EDITORA JusPODIVM
www.editorajuspodivm.com.br

LEIS PENAIS ESPECIAIS
Comentadas

COORDENAÇÃO

Rogério Sanches Cunha
Ronaldo Batista Pinto
Renee do Ó Souza

LEIS PENAIS ESPECIAIS
Comentadas

8ª edição | revista atualizada ampliada

2025

EDITORA JusPODIVM
www.editorajuspodivm.com.br

EDITORA *Jus*PODIVM
www.editorajuspodivm.com.br

Rua Canuto Saraiva, 131 – Mooca – CEP: 03113-010 – São Paulo – São Paulo
Tel: (11) 3582.5757
• Contato: https://www.editorajuspodivm.com.br/central-de-relacionamento

Copyright: Edições *Jus*PODIVM

Diagramação: Equipe *Jus*PODIVM

Capa: Ana Caquetti

C972l Cunha, Rogério Sanches.
Leis penais especiais comentadas / Coordenadores Rogério Sanches Cunha, Ronaldo Batista Pinto, Renee do Ó Souza – 8. ed. rev., atual. e ampl. – São Paulo: Ed. JusPodivm, 2025.
2528 p.

Bibliografia.
Vários autores.
ISBN 978-85-442-5665-7

1. Leis Extravagantes. 2. Direito Penal. 3. Leis de Biossegurança. 4. Transplante de Órgãos. 5. Ação Civil Pública. 6. Improbidade Administrativa. I. Cunha, Rogério Sanches. II. Pinto, Ronaldo Batista. III. Souza, Renee do Ó. IV. Título.

CDD 341.5

BIBLIOTECÁRIA RESPONSÁVEL

Ana Carolina Ribeiro Mois – CRB7 – RJ 007348/0

Apresentação da Obra

Com imensa alegria, lançamos a 8ª edição da obra *Leis Penais Especiais Comentadas*.

Deixamos claro para o leitor que a proposta sempre foi tratar, com a merecida profundidade, dos ASPECTOS CRIMINAIS das normas extravagantes, razão pela qual somente os artigos de natureza penal e processual penal foram comentados.

O compromisso assumido desde a edição inaugural foi mantido e aperfeiçoado.

Os comentários foram devidamente atualizados com as alterações legais ocorridas desde a última edição, além de terem sido inseridos os precedentes pertinentes mais recentes.

Cada assunto, escolhido por autores especialistas, foi explorado de forma ímpar e, portanto, com a digital do seu signatário.

Num só "corpo", o leitor terá a doutrina e a jurisprudência da legislação criminal extravagante, permitindo uma visão abrangente.

É sabido, por fim, que escrever um livro é admitir não ter a pretensão de esgotar a matéria, objetivo, aliás, que dificilmente se consegue. Porém, neste caso, consciente ou inconscientemente, os autores da obra esgotaram os temas mais relevantes. **"Navegaram por mares nunca dantes navegados"**.

As impressões dos leitores das edições passadas, por óbvio, contribuíram, e muito, para o aperfeiçoamento e sucesso da obra, razão pela qual aproveitamos o espaço para deixar nossos sinceros agradecimentos.

São Paulo, outubro de 2023.

Rogério Sanches Cunha
Ronaldo Batista Pinto
Renee do Ó Souza
Coordenadores

Sobre os Coordenadores e Autores

COORDENADORES E AUTORES

RENEE DO Ó SOUZA

Mestre em Direito. Promotor de Justiça em Mato Grosso. Autor de obras jurídicas e professor.

ROGÉRIO SANCHES CUNHA

Membro do Ministério Público do Estado de São Paulo. Professor da Escola Superior do Ministério Público dos Estados de São Paulo, Mato Grosso e Santa Catarina. Professor de Penal e Processo Penal do Curso RSConline. Fundador do site "http://www.meusitejuridico.com.br/". Cofundador e coordenador pedagógico do JUSPLAY. Autor de obras jurídicas.

RONALDO BATISTA PINTO

Promotor de Justiça do Estado de São Paulo. Mestre em Direito pela Universidade Estadual Paulista (UNESP).

AUTORES

ANTONIO HENRIQUE GRACIANO SUXBERGER

Doutor e Mestre em Direito. Promotor de Justiça no Distrito Federal. Professor do Programa de Mestrado e Doutorado em Direito do Centro Universitário de Brasília (UniCEUB). Professor da Fundação Escola Superior do MPDFT (FESMPDFT). Professor do Máster Oficial em Direitos Humanos, Interculturalidade e Desenvolvimento da Universidade Pablo de Olavide (Sevilha, Espanha) e Universidade Internacional da Andaluzia. Professor Investigador associado da linha "Derechos Humanos y Desarrollo" do Programa de Doutorado em Ciências Jurídicas e Políticas da Universidade de Pablo de Olavide. Pós-Doutor pelo *Ius Gentium Conimbrigae* (IGC) da Universidade de Coimbra.

FÁBIO ANDRÉ GUARAGNI

Doutor e Mestre em Direito das Relações Sociais pela UFPR, com pesquisa pós-doutoral na Università degli Studi di Milano. Professor de Direito Penal Econômico do Mestrado em Direito Empresarial e Cidadania do Unicuritiba. Professor de Direito Penal da Especialização e Graduação do Unicuritiba. Professor de Direito Penal da FEMPAR, CERS. Procurador de Justiça do Ministério Público do Estado do Paraná.

FÁBIO IANNI GOLDFINGER

Promotor de Justiça do Ministério Público Estadual/MS. Assessor Especial do Procurador-Geral de Justiça de MS. Pós-graduado no Curso de Investigação Criminal, Constituição e Direito de Defesa da Rede LFG. Autor de obras pela Editora Juspodivm.

FERNANDO CÉLIO DE BRITO NOGUEIRA

Promotor de Justiça em São Paulo. Atuou como assessor da Procuradoria-Geral de Justiça, na área criminal, entre maio de 2014 e janeiro de 2021. Especialista em Ciências Penais pela Rede LFG e em Direito Notarial e Registral Imobiliário pela Escola Paulista de Magistratura. Representou o Ministério Público no CEDATT, Conselho Estadual para Diminuição de Acidentes de Trânsito e Transportes. Foi professor em curso de especialização em Direito Penal e Processual Penal na FAAP, Fundação Armando Álvares Penteado, em Ribeirão Preto.

FRANCISCO DE ASSIS MACHADO CARDOSO

Promotor de Justiça do Ministério Público do Estado do Rio de Janeiro, tendo ingressado na carreira no ano de 2002. Durante o período, exerceu as funções de Coordenador do Grupo de Combate à Sonegação Fiscal e do Laboratório de Combate à Corrupção e à Lavagem de Dinheiro do MPRJ (LAB/LD). Pós-graduado em Criminologia pelo Instituto Superior do Ministério Público – ISP e Especialista em Inteligência pela Escola Superior de Guerra – ESG e pela Agência Brasileira de Inteligência – ABIN. Leciona como Professor convidado na Fundação Getulio Vargas – FGV/RIO e na Universidade Agostinho Neto, em Angola. Desde 2009, o autor atua, ainda, como colaborador técnico em questões antilavagem de dinheiro e contra o financiamento ao terrorismo (AML/CFT) para o GAFILAT e para o Banco Mundial, tendo participado de diversos processos de avaliação mútua e de avaliação nacional de riscos nos últimos anos.

JÚLIA FLORES SCHÜTT

Promotora de Justiça do Ministério Público do Estado do Rio Grande do Sul. Graduada pela Pontifícia Universidade Católica do Rio Grande do Sul – Faculdade de Ciências Jurídicas e Sociais. Mestranda na Universidade de Salamanca.

LUCIANO CASAROTI

Promotor de Justiça no Estado do Tocantins. Presidente da Associação Tocantinense do Ministério Público – ATMP. Membro do Conselho Deliberativo da Conamp. Pós-graduado em Direito Penal e Processual Penal pela Faculdade Damásio de Jesus. Foi Professor da Faculdade Damásio de Jesus – FDDJ e do Curso Preparatório para Exame de Ordem do Complexo Jurídico Damásio de Jesus. Membro do Conselho Editorial da Revista Jurídica do Ministério Público do Estado do Tocantins. Autor de obras jurídicas.

LUDMILA DE PAULA CASTRO SILVA

Promotora de Justiça do Ministério Público de Mato Grosso do Sul. Assessora Especial do Procurador-Geral de Justiça do Estado de Mato Grosso do Sul. Doutora em Direito do Estado pela Universidade de São Paulo-USP. Mestre em Direito Público pela Universidade Federal de Uberlândia-MG. Pós-graduada, em nível de especialização, em Crime Organizado, Corrupção e Terrorismo pela Universidade de Salamanca-Espanha. Graduada em Direito e Letras pela Universidade Federal de Uberlândia. Professora da Escola de Direito do Ministério Público-MS e do Curso de Pós-graduação em Segurança Pública e Fronteiras da Universidade Estadual de Mato Grosso do Sul.

MARIA CAROLINA SILVEIRA BERALDO

Promotora de Justiça em Minas Gerais. Mestre e doutora em Direito Processual Civil pela USP. Professora universitária. Professora de Direito Processual Penal na Universidade do Estado de Minas Gerais.

MARIANO PAGANINI LAURIA

Mestre em Constituição e Garantia de Direitos pela Universidade Federal do Rio Grande do Norte. Pós-graduado em Nível de Especialização em Direito Público pela Fundação Escola Superior do Ministério Público do Estado do Rio Grande do Sul. Ex-Defensor Público em Alagoas. Ex-Promotor de Justiça em Roraima. Ex-Membro Auxiliar da Corregedoria Nacional do Ministério Público (CNMP). Promotor de Justiça no Estado do Rio Grande do Norte.

MATHEUS KUHN GONÇALVES

Graduado em Direito pela Universidade Federal de Rondônia. Pós-graduado em Direito Penal, Processo Penal e Combate à Corrupção e Desvios de Verbas Públicas. Mestre em Ciências Jurídicas. Ex-Defensor Público do Estado do Tocantins. Professor Universitário, de Pós-Graduação e Cursos Preparatórios para Concurso Público e OAB. Autor de Obras Jurídicas. Palestrante. Promotor de Justiça do Ministério Público do Estado de Rondônia.

OLAVO EVANGELISTA PEZZOTTI

Promotor de Justiça. Doutorando e Mestre em Direito Processual Penal pela Faculdade de Direito da Universidade de São Paulo (USP). *Visiting Scholar* na *Stanford Law School.*

PEDRO IVO DE SOUSA

Doutor em Direito Constitucional na Scuola Dottorale Internazionale "Tullio Ascarelli" - Università degli Studi "Roma Tre" - IT. Mestre em "Direitos e Garantias Fundamentais" pela Faculdade de Direito de Vitória. Professor da Escola de Estudos Superiores do Ministério Público/AESMP. Professor no Curso de Direito da Universidade Federal do Espírito Santo - Direito Penal e Direito Processual Penal. Promotor de Justiça. Presidente da Associação Espírito-Santense do Ministério Público.

RAFAEL SCHWEZ KURKOWSKI

Doutorando em Direito pela Universidade Federal da Bahia (UFBA). Mestre em Direito pelo Centro Universitário de Brasília (UNICEUB). Especialista em Gestão Acadêmica do Ensino Superior pela Faculdade Pio Décimo (FAPIDE). Graduado em Ciências Jurídicas e Sociais pela Universidade Federal do Rio Grande do Sul (UFRGS). Promotor de Justiça do Ministério Público do Estado de Sergipe (MPSE). Coordenador Disciplinar da Corregedoria Nacional do Ministério Público (CNMP). Currículo Lattes: <http://lattes.cnpq.br/2470799563913344>.

RICARDO SILVARES

Promotor de Justiça do Ministério Público do Estado de São Paulo desde 1994. Professor em cursos de preparação para concursos (CERS), em pós-graduação (CERS/Estácio) e graduação (FACAMP), ministrando matérias relacionadas a Direito Penal, Processo Penal e Legislação do Ministério Público. Especialista em Direito Penal Econômico e Europeu pela Universidade de Coimbra, em convênio com o Instituto Brasileiro de Ciências Criminais – IBCCrim. Especialista em Direito Constitucional e Processo Constitucional pela EDB. Mestre e doutorando em Direito Processual Penal pela Faculdade de Direito da Universidade de São Paulo.

RODRIGO LEITE FERREIRA CABRAL

Doutor em Ciências Jurídicas e Políticas pela Universidad Pablo de Olavide (Espanha). Mestre em Criminologia e Ciências Forenses pela mesma Instituição. Foi pesquisador-visitante do Max-Planck-Institut para Direito Penal Estrangeiro e Internacional em Freiburg (Alemanha). Promotor de Justiça do Ministério Público do Estado do Paraná. Professor do PPGD (Mestrado) da UNIBRASIL. Professor Titular do Programa de Doutorado em Ciências Penais da Facultad de Ciencias Jurídicas y Sociales da Universidad San Carlos de Guatemala. Atualmente, é Professor Substituto de Direito Penal da Universidade Federal do Paraná. É, também, Professor da Fundação Escola do Ministério Público do Estado do Paraná (FEMPAR), da Pós-graduação em Compliance e Direito Anticorrupção do CERS e da Escola da Magistratura do Paraná (EMAP).

RONALDO VIEIRA FRANCISCO

Promotor de Justiça do Ministério Público do Estado de Mato Grosso do Sul, com atuação nas áreas de habitação e urbanismo e direitos humanos. Foi Delegado de Polícia do Estado do Paraná. Mestre em Direito Civil pela Pontifícia Universidade Católica de São Paulo – PUC/SP. Professor da Escola de Direito do Ministério Público – EDAMP e do Curso ÊNFASE, Preparatório para Concursos Públicos. Autor de obras jurídicas pela Editora Juspodivm.

VINÍCIUS MARÇAL

Promotor de Justiça-GO, professor do VipJus e autor de obras jurídicas. Ex-Delegado de Polícia do Distrito Federal e examinador de diversos concursos de ingresso na carreira do Ministério Público.

Prefácio

Trata-se de alentada, detalhada e profunda obra sobre as leis penais especiais.

Os autores, dominando, de maneira invejável, a dogmática jurídico-penal, fornecem elementos preciosos para os operadores do direito. E não é só! Tudo isto, em terreno legal e didaticamente pouco sistematizado.

Obra, pois, no campo de sua abrangência, fundamental e dignificante da nossa doutrina.

Sinto-me, pois, orgulhoso de ter pertencido durante mais de vinte anos a uma instituição que acabou ensejando, posteriormente, o surgimento de coletânea de tamanha envergadura. Os autores, com isto, engrandecem o Ministério Público e a doutrina nacional.

Ministro Felix Fischer

Superior Tribunal de Justiça

Sumário

CAPÍTULO 1

Contravenções Penais – Decreto-Lei nº 3.688/1941

Luciano Casaroti

INTRODUÇÃO

O Direito Penal é o conjunto de normas jurídicas que definem as infrações penais, cominando as sanções aplicáveis aos infratores. Esse conjunto de normas tem por finalidade a proteção dos bens jurídicos mais relevantes para a sobrevivência da sociedade, visando à manutenção da paz social.

Na lição de Magalhães Noronha, os "bens tutelados pelo Direito Penal não interessam exclusivamente ao indivíduo, mas a toda a coletividade. A relação existente entre o autor de um crime e a vítima é de natureza secundária, já que ela não tem o direito de punir. Mesmo quando exerce a *persecutio criminis*, não goza daquele direito, pois o que se lhe transfere unicamente é o *jus accusationis*, cessando qualquer atividade sua com a sentença transitada em julgado."[1]

Distinção entre crime e contravenção

O Brasil, assim como a Itália, Noruega e Suíça, adotou a teoria bipartida ou dicotômica, dividindo as infrações penais em: a) crimes ou delitos; b) contravenções penais. Assim, no Brasil, pode-se afirmar que infração penal é gênero do qual são espécies os crimes e as contravenções penais.

Há de se ter em mente que outros países, como França e Alemanha, adotam a teoria tripartida ou tricotômica, a qual divide as infrações penais em: a) crimes; b) delitos; c) contravenções penais.

Nos termos do art. 1º da Lei de Introdução ao Código Penal e da Lei das Contravenções Penais (Decreto-Lei nº 3.914/41), crime é a infração penal que tem como modalidade de pena privativa de liberdade a reclusão ou a detenção, quer isoladamente, quer alternativa ou cumulativamente com a pena de multa.

Por outro lado, considera-se contravenção penal a infração penal que a lei comina, isoladamente, pena de prisão simples ou de multa, ou ambas, alternativa ou cumulativamente. (art. 1º, Decreto-Lei nº 3.914/41).

A contravenção penal é também denominada como **delito liliputiano**[2], **crime vagabundo ou crime anão,** uma vez que as condutas descritas na Lei das Contravenções Penais afetam os bens jurídicos com menor gravidade do que nos crimes, e por consequência sofrem sanções mais leves.

1 NORONHA, Edgard Magalhães. Direito Penal. V. 1, 18º ed. São Paulo: Saraiva, 1980. p. 12.

2 A terminologia delito liliputiano tem origem em Liliput, uma ilha fictícia que faz parte do clássico livro "As Viagens de Guliver", do inglês Jonathan Swift. O protagonista da obra em questão, ao chegar em Liliput, é surpreendido

O principal marco distintivo entre crime e contravenção é quantitativo (grau de gravidade), dado pela natureza da pena privativa de liberdade cominada. Enquanto no crime as penas cominadas podem ser de reclusão e de detenção, além da multa, nas contravenções penais a pena aplicada consiste em prisão simples ou multa.

Cezar Roberto Bitencourt afirma que "Ontologicamente não há diferença entre crime e contravenção. As contravenções, que por vezes são chamadas de *crimes anões,* são condutas que apresentam menor gravidade em relação aos crimes, por isso sofrem sanções mais brandas. O fundamento da distinção é puramente *político – criminal* e o critério é simplesmente quantitativo ou extrínseco, com base na sanção, assumindo caráter formal. Com efeito, nosso ordenamento jurídico aplica a pena de prisão, para os crimes, sob as modalidades de reclusão e detenção, e, para as contravenções, quando for o caso, a de prisão simples (Decreto-lei n. 3.914/41). Assim, o critério distintivo entre crime e contravenção é dado pela natureza da pena privativa de liberdade cominada".[3]

Existem, ainda, outras distinções importantes:

- tentativa é punível nos crimes (art. 14, II, CP); nas contravenções não é cabível a tentativa (art. 4º da LCP);
- os crimes podem ser de ação penal pública (condicionada ou incondicionada) ou privada (art. 100, CP); as contravenções penais serão apuradas por meio de ação penal pública incondicionada (art. 17, LCP);
- o limite de cumprimento das penas privativas de liberdade decorrentes de crimes é de 40 (quarenta) anos (art. 75, CP)[4]; nas contravenções penais o limite temporal de cumprimento da pena é de 5 (cinco) anos (art. 10, LCP);
- desde que preenchidos os requisitos legais, os crimes praticados no estrangeiro **podem** ser punidos no Brasil (art. 7º, CP); as contravenções penais somente serão punidas quando cometidas em território nacional (art. 2º, LCP), ou seja, não se aplica o princípio da extraterritorialidade da lei penal brasileira em relação às contravenções penais;
- o período de *sursis* é de 2 a 4 anos, ou de 4 a 6 anos nos casos de *sursis* humanitário ou etário em casos de crimes (art. 77, CP); nas contravenções o período de *sursis* é de 1 a 3 anos (art. 11, LCP);
- Não se permite a aplicação do erro de direito para os crimes; nas contravenções penais é possível a aplicação do erro de direito;
- A pena privativa de liberdade prevista nas contravenções penais (prisão simples) deve ser cumprida apenas nos regimes semiaberto ou aberto, enquanto as penas de prisão nos crimes podem ser cumpridas nas três modalidades de regimes: fechado, semiaberto e aberto.

	Crime	Contravenção Penal
Tentativa	Punível	Não é cabível
Ação Penal	Pública (condicionada/incondicionada) ou Privada	Pública incondicionada

pelo tamanho minúsculo dos seus habitantes, que medem apenas 15 centímetros de altura. Por serem tão minúsculos, passam a ver Guliver como um gigante.

3 BITENCOURT, Cezar Roberto. Tratado de Direito Penal, parte especial, vol. 1. São Paulo: Saraiva, 2009, p. 222.

4 Art. 75. O tempo de cumprimento das penas privativas de liberdade não pode ser superior a 40 (quarenta) anos. A redação foi dada pela Lei 13.964/2019.

	Crime	Contravenção Penal
Limite das penas	40 (quarenta) anos	5 (cinco) anos
Princípio da extraterritorialidade	Aplica-se	Não se aplica
Sursis	2 a 4 anos, ou de 4 a 6 anos nos casos de *sursis* humanitário ou etário	1 a 3 anos
Erro de direito	Não se aplica	Aplica-se
Pena privativa de liberdade	Reclusão e detenção	Prisão simples
Regime de pena	Fechado, semiaberto e aberto	semiaberto ou aberto

Contravenções Penais e a Lei nº 9.099/95

As contravenções penais são consideradas infrações de menor potencial ofensivo, portanto, aplica-se a Lei nº 9.099/95[5], incidindo os seus institutos despenalizadores como a transação penal, composição civil do dano e a suspensão condicional do processo. Assim, em regra, adota-se o rito disposto no art. 61, Lei nº 9.099/95. Porém, nas situações de conexão entre contravenções e crimes que não sejam de menor potencial ofensivo, elas serão processadas pelo juízo comum estadual.

Contravenções penais e acordo de não persecução penal

A Lei nº 13.964/2019 inseriu o art. 28-A no Código de Processo Penal, passando a prever o acordo de não persecução penal, ajuste passível de ser celebrado entre o Ministério Público e o investigado, acompanhado por seu advogado, e que, uma vez cumprido, ensejará a extinção da punibilidade (art. 28-A, §13, CPP).

O inciso I do art. 28-A, do CPP prevê que, nas hipóteses em que for cabível transação penal de competência dos Juizados Especiais Criminais, não caberá o acordo de não persecução penal.

Nessa senda, como às contravenções penais se aplica a transação penal, instituto despenalizador previsto na Lei nº 9.099/95, consequentemente, não caberá acordo de não persecução penal para as infrações previstas na Lei de Contravenções Penais.

Convém ressaltar ainda que, nos termos do inciso III do mesmo dispositivo legal supracitado, também não poderá se beneficiar do acordo de não persecução penal o agente que tiver sido beneficiado com este mesmo instituto, com a transação penal ou suspensão condicional do processo nos 5 anos anteriores ao cometimento da infração.

Competência para o processamento das contravenções penais

Compete à **justiça estadual** julgar as contravenções penais, mesmo que cometidas contra bens, serviços ou interesse da União, autarquias ou empresas públicas federais.

O art. 109, IV da Constituição Federal[6] exclui a competência dos juízes federais para o julgamento das contravenções penais ainda que praticadas em detrimento de bens, serviços ou

5 Art. 61. Consideram-se infrações penais de menor potencial ofensivo, para os efeitos desta Lei, as contravenções penais e os crimes a que a lei comine pena máxima não superior a 2 (dois) anos, cumulada ou não com multa.

6 Art. 109, IV – os crimes políticos e as infrações penais praticadas em detrimento de bens, serviços ou interesse da União ou de suas entidades autárquicas ou empresas públicas, excluídas as contravenções e ressalvada a competência da Justiça Militar e da Justiça Eleitoral.

interesse da União ou de suas entidades autárquicas ou empresas públicas. No mesmo sentido, o Superior Tribunal de Justiça editou a Súmula nº 38: *Compete à Justiça Estadual Comum, na vigência da Constituição de 1988, o processo por contravenção penal, ainda que praticada em detrimento de bens, serviços ou interesse da União ou de suas entidades.*

Além disso, o Superior Tribunal de Justiça reconheceu a **competência absoluta** da justiça estadual para julgar as contravenções penais. Desse modo, **mesmo em se tratando de hipótese de conexão entre contravenção penal e crime de competência da Justiça federal**, deve ocorrer o **desmembramento do processo** e a contravenção penal deve ser julgada na justiça estadual. A propósito: *2. Firmando-se a competência do Juízo Federal para processar e julgar o crime de contrabando conexo à contravenção penal, impõe-se o desmembramento do feito, de sorte que a contravenção penal seja julgada perante o Juízo estadual. (CC 120.406/RJ, Rel. Ministra Alderita Ramos de Oliveira (Desembargadora Convocada do TJ/PE), Terceira Seção, DJe 01/02/2013).*

PARTE GERAL

Art. 1º Aplicam-se as contravenções às regras gerais do Código Penal, sempre que a presente lei não disponha de modo diverso.

O art. 1º traz o **princípio da especialidade** cuja finalidade é evitar o *bis in idem*, ou seja, a aplicação de duas normas incriminadoras para o mesmo fato. **Normal especial** é aquela que possui todos os elementos da norma geral e mais alguns, denominados especializantes. Para descobrir qual norma é especial, basta compararmos as normas abstratamente, analisando os elementos nelas descritos. A norma especial prevalece em relação à geral, afastando sua aplicação.

A Lei de Contravenções Penais é especial em relação ao Código Penal, desta forma, quando aquela regular determinado assunto, será aplicada. Todavia, se nada dispuser sobre o tema, aplicar-se-ão as regras gerais do Código Penal. Portanto, o Código Penal tem aplicação subsidiária à Lei das Contravenções Penais.

Aplicam-se às contravenções penais, por exemplo, as normas gerais do Código Penal pertinentes às excludentes de ilicitude, ao concurso de pessoas, às penas, ao concurso de infrações penais, as causas extintivas de punibilidades. Por outro lado, não incidem as normas previstas no CP referentes à tentativa, diante da previsão na LCP de que não é punível a tentativa de contravenção (art. 4º, LCP).

Art. 2º A lei brasileira só é aplicável à contravenção praticada no território nacional.

Uma vez praticada a infração penal é necessário saber qual é o âmbito de vigência da lei penal em sua amplitude espacial, ou seja, se a lei penal brasileira pode ser aplicada apenas às infrações penais cometidas em território nacional, ou também quando praticadas em território estrangeiro. Trata-se, assim, de questão de eficácia da lei penal no espaço.

A regra no direito brasileiro é o princípio da territorialidade (art. 5º, *caput*, CP), consistente na aplicação da lei penal brasileira aos crimes cometidos no território nacional. Excepcionalmente, é possível a aplicação da lei estrangeira a fatos ocorridos no Brasil, quando assim determinarem tratados e convenções internacionais. Neste prisma, podemos afirmar que em relação aos crimes o legislador adota o *princípio da territorialidade temperada:* aplicação da lei penal brasileira a crimes cometidos em território nacional, sem prejuízo do disposto em tratados, convenções ou regras internacionais.

Quanto às **contravenções penais**, o legislador optou pela aplicação do princípio da **territorialidade exclusiva ou absoluta** (art. 2º da LCP), segundo o qual a lei penal brasileira não se aplica a fatos contravencionais ocorridos fora do território brasileiro. Portanto, aplica-se a lei brasileira às contravenções cometidas em território nacional. Todavia, diferentemente do que ocorre com os crimes, no caso das contravenções penais a territorialidade é regra absoluta, isto é, não há possibilidade a aplicação da lei penal brasileira a fatos contravencionais praticados fora do território brasileiro.

Por fim, vale destacar que a expressão território nacional contida no art. 2º da LCP deve ser compreendida em seu sentido jurídico, ou seja, todo o espaço onde o Estado Brasileiro exerça sua soberania. Esse conceito não abarca apenas o interior das fronteiras geográficas (espaço físico), mas também engloba o chamado território por extensão:

a) *Território efetivo, físico ou real:* composto do solo, subsolo, águas territoriais e espaço aéreo correspondente.

b) *Território por extensão ou flutuante:* composto pelas embarcações e aeronaves brasileiras públicas ou a serviço do governo brasileiro onde quer que se encontrem; aeronaves e embarcações brasileiras, privada ou mercante, no espaço aéreo[7] correspondente ou em alto-mar[8], respectivamente, consoante dispõe o art. 5º, §§ 1º e 2º, do CP.

Impossibilidade de extradição de estrangeiro por fato contravencional

A Lei nº 13.445/2017 (Lei de Migração) dispôs que não se concederá a extradição quando o fato que motivar o pedido *não for considerado crime no Brasil ou no Estado requerente*. Assim, não existe a possibilidade de extradição de agente que pratica fato contravencional.

O Supremo Tribunal Federal, em 13.03.2018, atento ao art. 82, II da Lei de Migração, indeferiu pedido de extradição referente a conduta do agente tida como contravenção penal, autorizando a extradição do agente somente em relação ao crime por ele praticado:

> Extradição passiva instrutória. Dupla tipicidade. Entrega autorizada quanto ao crime de homicídio culposo majorado pela omissão de socorro. Impossibilidade de extradição pela contravenção penal de condução negligente. Extradição autorizada em parte. I – A autorização concedida por esta Suprema Corte para entrega do extraditando ao Estado requerente depende do preenchimento das condições gerais, dos requisitos específicos sobre a conduta criminosa e da assunção dos compromissos especificados no art. 96 da Lei de Migração (Lei 13.445/2017). II – A omissão de socorro praticada no contexto do art. 302 do Código de Trânsito Brasileiro – CTB enquadra-se, em tese, como majorante do tipo, e não como o tipo autônomo previsto no art. 304 do CTB. III – A contravenção penal de condução negligente não enseja extradição. IV – Extradição autorizada em parte. (Ext 1514, Relator (a): Min. Ricardo Lewandowski, Segunda Turma, julgado em 13/03/2018, acórdão eletrônico DJe-058 DIVULG 23-03-2018 PUBLIC 26-03-2018)

7 Espaço aéreo correspondente é aquele localizado acima do território brasileiro e mar territorial, conforme Lei nº 7.565/86 (Código Brasileiro de Aeronáutica).

8 Mar territorial compreende uma faixa de 12 milhas marítimas de largura, medidas a partir da linha de baixa-mar do litoral continental e insular brasileiro, tal como indicada nas cartas náuticas de grande escala, reconhecidas oficialmente no Brasil. (art. 1º, caput, da Lei 8.617/93).

Art. 3º Para a existência da contravenção, basta a ação ou omissão voluntária. Deve-se, todavia, ter em conta o dolo ou a culpa, se a lei faz depender, de um ou de outra, qualquer efeito jurídico.

Nos termos do art. 3º o elemento subjetivo nas contravenções penais é a simples voluntariedade da ação ou omissão, despida de qualquer finalidade. Assim, o reconhecimento do fato contravencional prescinde de dolo ou culpa (TACRIM-SP, JUTACRIM 49/302). Conforme leciona Silvio Maciel "só não haverá a contravenção se for uma *conduta involuntária* (que não decorra da vontade do agente, v.g. um ato reflexo ou uma ação praticada sob coação moral irresistível)".

A segunda parte do *caput,* contudo, possibilita a necessidade de dolo ou culpa nos tipos contravencionais quando a norma deixa clara a exigência deles para a tipicidade da conduta.

A doutrina classifica as contravenções penais em duas modalidades:

a) *contravenções típicas ou próprias*: basta a voluntariedade para sua configuração. Só depende de uma ação ou omissão voluntária, despida de qualquer elemento psíquico. É a regra nas contravenções penais;

b) *contravenções atípicas ou impróprias:* exigem o dolo ou a culpa na conduta do agente para tipificar o tipo contravencional.

Diante da teoria finalista adotada no Brasil, a doutrina passou a entender que o art. 3º não tem mais aplicabilidade, sob pena de admitir a responsabilidade objetiva, que foi vedada na reforma penal de 1984.

Sobre o tema, discorre Damásio de Jesus que "Hoje, entretanto, adotada a teoria finalista da ação e vedada a responsabilidade objetiva pela reforma penal de 1984, o disposto no art. 3º, que diz prescindir a contravenção de dolo ou culpa, está superado: a contravenção, assim como o crime, exige o dolo ou a culpa, como elemento normativo. Ausentes, o fato é atípico"[9].

Para Guilherme Nucci também se faz necessário o dolo e a culpa para caracterizar a contravenção penal: "para existência de uma contravenção penal – como ocorre no contexto dos crimes – há necessidade de se provar a configuração do dolo ou da culpa. No cenário das contravenções, quando o tipo for omisso, busca-se o dolo; do contrário, de algum modo, o legislador apontará para ato leviano do agente, configurador da culpa (ex.: art. 31, onde se lê 'não guardar com a *devida cautela* animal perigoso'. Se não há cautela, há desatenção, logo, imprudência ou negligência)".

Em se tratando de culpa, importa ressaltar que na contravenção penal, ela decorre da própria descrição típica do fato. Damásio de Jesus esclarece que "A admissão da modalidade culposa, nas contravenções, é diferente do sistema do CP. Neste, a culpa deve ser expressa (art. 18, parágrafo único). Nas hipóteses em que a infração é culposa, a LCP não emprega as expressões usuais do CP, como 'se o crime é culposo', no 'caso de culpa' etc. A existência da modalidade culposa, nas contravenções, decorre da própria descrição legal do fato. Exs. Dar causa a desabamento de construção 'por erro no projeto' (art. 29)". Portanto, se faz necessário que a lei contravencional empregue expressões indicativas de ausência de cuidado na prática da conduta.

São citados pela doutrina como exemplos de contravenção culposa a violação de lugar ou objeto (art. 26, LCP), arremesso ou colocação perigosa (art. 37, parágrafo único, LCP).

Por outro lado, não há na LCP contravenções preterdolosas, ou seja, no qual o agente pratica uma conduta anterior dolosa, e desta decorre um resultado posterior culposo (resultado agravador).

9 JESUS, Damásio de. Leis das Contravenções Penais,São Paulo: Saraiva, 2015, p. 40.

Art. 4º Não é punível a tentativa de contravenção.

A maioria das contravenções penais é infração de mera conduta ou formal, sem resultado naturalístico, o que por si só, inviabiliza a tentativa, pois não comporta fracionamento do *iter criminis.*

Há, porém, contravenções penais com caráter naturalístico, o que permitiria a aplicação do instituto da tentativa. Entretanto, devido ao baixo grau de potencialidade lesiva das contravenções penais, o legislador, por razões de política criminal, optou por não punir a tentativa de fatos contravencionais.

Victor Rios Gonçalves menciona que "hipótese comum de tentativa impunível ocorre na contravenção do jogo do bicho, quando o apostador é flagrado antes de entregar o dinheiro, ao tentar efetuar uma aposta. Teríamos, nesse caso, tentativa de jogo do bicho, mas a lei considera o fato impunível".

Vale chamar atenção que o conceito de infração de menor potencial ofensivo engloba tanto as contravenções penais quanto os crimes cuja pena máxima não ultrapasse dois anos. Porém, ao contrário das contravenções penais, os crimes de menor potencial ofensivo, em regra, admitem a tentativa.

A **consumação** das contravenções penais, assim como nos crimes, se perfaz com a realização de todos os elementos do tipo penal.

Art. 5º. As penas principais são:

I – prisão simples.

II – multa.

O Código Penal utiliza a classificação tripartida em relação as penas: a) penas privativas de liberdade; b) restritivas de direitos; c) multa. Por outro lado, vale destacar que em nossa legislação há três espécies de penas privativas de liberdade: a) reclusão; b) detenção; c) **prisão simples**. As duas primeiras aplicáveis aos crimes enquanto a prisão simples aplica-se **exclusivamente** as contravenções penais.

A pena de **prisão simples** é espécie de pena privativa de liberdade exclusiva das contravenções penais e deverá ser cumprida sem rigor penitenciário, em estabelecimento especial ou seção especial de prisão comum, em regime semiaberto ou aberto.

O magistrado, ao elaborar a dosimetria da pena de prisão simples, deve valer-se das mesmas regras de aplicação da pena prevista para o crime, utilizando o *sistema trifásico (art. 68, CP)*: pena base; agravantes e atenuantes; causas de aumento e de diminuição. Contudo, como as contravenções penais são consideradas infrações de menor potencialidade lesiva, em regra, são aplicadas medidas alternativas como transação penal e *sursis* processual, o que torna a prisão simples medida de rara aplicação prática.

A **pena de multa**, por sua vez, conforme Cleber Masson, pode ser conceituada como "espécie de sanção penal, de cunho patrimonial, consistente no pagamento de determinado valor em dinheiro, em favor do Fundo Penitenciário Nacional".[10]

A reforma de 1984 da Parte Geral do Código Penal adotou o critério do dia-multa, rompendo com o sistema de fixação do valor da sanção pecuniária vigente a época, o qual trazia

10 MASSON, Cleber. Direito Penal Parte Geral, Volume 1. São Paulo: Método, 2009, p. 657.

expresso o valor da multa. Foram revogados todos os dispositivos que fixavam a pena de multa em valores expressos, alcançando a Lei de Contravenções Penais e todas as demais leis que tinham valores expressos. Todavia, as leis penais que possuem critérios próprios, como a Lei de Drogas[11] , não foram alcançadas pelo novo critério adotado pela reforma do Código Penal, pois este só se aplica subsidiariamente. Portanto, a Lei de Contravenções Penais passou a ter as multas calculadas de acordo com o critério do dias-multa.

O juiz fixará a multa observando o sistema do dia-multa (art. 49 do CP), que será estabelecido da seguinte forma:

a) *Primeira etapa:* o juiz fixa o número de dias-multa que será de no mínimo 10 (dez) e no máximo 360 (trezentos e sessenta) dias-multa. Ressalta-se que o juiz utilizará como parâmetro para fixar o número de dias-multa as circunstâncias judiciais previstas no art. 59 do CP, as circunstâncias agravantes e atenuantes e as causas de aumento e diminuição de pena.

b) *Segunda etapa:* após a fixação do número de dias-multa o magistrado deverá atribuir o valor de cada dia-multa, não podendo ser inferior a 1/30 (um trigésimo) do maior salário mínimo mensal e nem superior a 5 (cinco) vezes esse salário. Quando o magistrado entender que o valor máximo aplicado será ineficaz, poderá aumentá-lo até o triplo (art. 60, § 1º, do CP). Na fixação do valor de cada dia-multa o juiz deverá atender, principalmente, à situação econômica do réu.

Pagamento da multa

Após o trânsito em julgado da sentença condenatória, o condenado será intimado para efetuar o pagamento da pena de multa em 10 (dez) dias. O juiz poderá, a requerimento do condenado e conforme as circunstâncias, permitir o pagamento parcelado da pena de multa (art. 50 do CP).

A pena de multa após o seu trânsito em julgado e, uma vez não paga, será executada perante o juiz da execução penal e considerada dívida de valor, aplicáveis as normas relativas à dívida ativa da Fazenda Pública, inclusive no que tange às causas de suspensão e interrupção da prescrição (art. 51, CP)[12].

Legitimidade para cobrança da multa

Segundo a jurisprudência majoritária, antes do julgamento da ADI 3150 pelo STF, cabia à Fazenda Pública com exclusividade a cobrança de multa pendente determinada em sentença condenatória. Neste sentido é o teor da Súmula 521 do STJ: "A legitimidade para a execução fiscal de multa pendente de pagamento imposta em sentença condenatória é exclusiva da Fazenda Pública".

Ocorre que o STF, em 13.12.2018, no julgamento da ADI 3150, decidiu que compete, prioritariamente, ao Ministério Público a legitimidade para executar perante a Vara de Execução Penal a cobrança da pena de multa pendente. Na hipótese de o Ministério Público não propor

11 A Lei de Drogas traz em seu bojo o número de dias multa que pode ser aplicado pelo magistrado. Exemplo: Art. 33. Importar, exportar, remeter, preparar, produzir, fabricar, adquirir, vender, expor à venda, oferecer, ter em depósito, transportar, trazer consigo, guardar, prescrever, ministrar, entregar a consumo ou fornecer drogas, ainda que gratuitamente, sem autorização ou em desacordo com determinação legal ou regulamentar: Pena – reclusão de 5 (cinco) a 15 (quinze) anos e ***pagamento de 500 (quinhentos) a 1.500 (mil e quinhentos) dias-multa.***

12 Art. 51, CP: Transitada em julgado a sentença condenatória, a multa será executada perante o juiz da execução penal e será considerada dívida de valor, aplicáveis as normas relativas à dívida ativa da Fazenda Pública, inclusive no que concerne às causas interruptivas e suspensivas da prescrição. Redação dada pela Lei º 13.964/2019.

a execução da multa no prazo de 90 dias, o Juiz da Vara de Execuções Penais intimará o órgão competente da Fazenda Pública, que deve proceder à cobrança na própria Vara de Execução Fiscal, com base na Lei da Dívida Ativa. Porém, com a entrada em vigor da Lei nº 13.964/2019, que alterou a redação do art. 51 do Código Penal, no sentido de que a pena de multa deve ser executada no juízo da execução penal, na medida em que não perde seu caráter de pena, entendemos que incumbe ao Ministério Público a legitimidade para executá-la, não podendo mais fazê-lo a Fazenda Pública, mesmo diante de eventual inércia do *Parquet*.

Art. 6º. A pena de prisão simples deve ser cumprida, sem rigor penitenciário, em estabelecimento especial ou seção especial de prisão comum, em regime semi-aberto ou aberto.

§ 1º O condenado a pena de prisão simples fica sempre separado dos condenados a pena de reclusão ou de detenção.

§ 2º O trabalho é facultativo, se a pena aplicada não excede a quinze dias.

Regime **de cumprimento de pena** é o meio pelo qual o agente cumpre a pena privativa de liberdade imposta. O art. 33, § 1º, do CP, prevê três regimes: fechado, semiaberto e aberto.

O réu condenado no regime fechado cumpre pena em estabelecimento de segurança máxima ou média; já o réu condenado em regime semiaberto terá sua pena executada em colônia agrícola, industrial ou em estabelecimento similar; por fim, no regime aberto a pena será executada em casa de albergado ou estabelecimento adequado, devendo o condenado trabalhar ou frequentar cursos durante o dia e recolher-se à noite e nos dias de feriado.

Como citado nos comentários do artigo anterior, a modalidade de pena privativa de liberdade prevista para as contravenções penais é a pena de prisão simples, que deve ser cumprida *sem rigor penitenciário*, em estabelecimento especial ou seção especial de prisão comum, em regime *semiaberto* ou *aberto*. A pena de prisão simples deverá ser cumprida em estabelecimento destinado exclusivamente aos contraventores. No caso de total ausência de estabelecimento penal próprio para o cumprimento da pena de prisão simples, ela deve ser executada em colônia penal ou casa de albergado, desde que os contraventores sejam colocados em separados daqueles que foram condenados pela prática de crimes, nos termos do art. 6º, parágrafo 1º. Neste sentido, é a lição de Guilherme Nucci[13]: "*se a prisão simples não deixa de ser uma pena privativa de liberdade, torna-se fundamental que exista controle, fiscalização do estado e restrição do direito de ir e vir. Seria esse estabelecimento uma espécie de colônia penal de contraventores – ou, no mínimo, uma Casa do Albergado de contraventores. Não existindo, os condenados por contravenção podem ser colocados em seção especial (significa, na prática, separados dos demais sentenciados por crimes) de prisões comuns, em regime semiaberto (colônia penal) ou aberto (Casa do Albergado).*"

As contravenções penais são consideradas infrações penais de menor potencialidade lesiva, assim, são aplicadas medidas alternativas como transação penal e *sursis* processual, o que torna a prisão simples medida de difícil aplicação prática.

Regime fechado e contravenções penais

A possibilidade de cumprimento pelos contraventores da pena de prisão simples em regime fechado é tema controvertido na doutrina. Para parcela da doutrina, o regime fechado poderia ser aplicado aos contraventores na hipótese de transferência (regressão) do condenado nos moldes do art. 33, *caput, in fine*, do CP (regressão de pena). No entanto, concordamos com a posição de Thiago Gandra[14], o qual entende que não se pode cumprir

13 NUCCI, Guilherme de Souza. Leis Penais e Processuais Penais Comentadas. Rio de janeiro: Forense, 2018, p.107.

14 GANDRA, Thiago.Lei das Contravenções Penais. Coleção Leis Especiais para Concursos. Salvador: Juspodivm, 2018, p.34.

a pena de prisão simples em regime fechado nem mesmo na hipótese de regressão, pois, "a LCP é expressa no sentido de que a prisão simples deve ser cumprida sem rigor penitenciário e o regime fechado é cumprido na penitenciária, segundo a LEP (art. 87); em segundo, porque a LCP também é expressa ao fixar que a prisão simples é cumprida em regime aberto ou semiaberto e, em terceiro, porque quando o legislador no art. 33 do CP, admitiu a regressão da pena de detenção ao regime fechado, o fez de forma expressa, sendo que o silêncio com relação à prisão simples é eloquente, ou seja, quer dizer que a vedação da regressão da prisão simples ao regime fechado foi uma opção do legislador, não cabendo ao intérprete ignorá-lo...". Nessa linha de entendimento, o STF decidiu que não é possível o recolhimento do réu condenado pela prática de contravenção penal, para cumprimento da pena imposta, em cadeia pública, sabidamente em condições mais gravosas do que as reveladas pelo regime fechado mantido em penitenciárias. A pena de prisão simples deve ser cumprida sem rigor penitenciário, em estabelecimento especial ou seção especial de prisão comum, em regime semiaberto ou aberto". (STF, HC69971/SP, relator: Min. Marco Aurélio, julgamento 02.03.1993, Segunda Turma)

Art. 7º. Verifica-se a reincidência quando o agente pratica uma contravenção depois de passar em julgado a sentença que o tenha condenado, no Brasil ou no estrangeiro, por qualquer crime, ou, no Brasil, por motivo de contravenção.

Reincidência é a circunstância de quem pratica uma infração penal, **depois do trânsito em julgado da sentença** que o tenha condenado por infração penal anterior.

O pressuposto da reincidência é a existência de uma sentença penal condenatória irrecorrível. O instituto da reincidência tem a natureza jurídica de agravante genérica de caráter subjetivo ou pessoal (art. 61, I, CP). Por se tratar de circunstância subjetiva, a reincidência não é comunicável aos demais participantes (coautor e partícipe) da infração penal.

O Brasil adota o sistema da temporariedade (art. 64, I, CP). Não há reincidência quando entre a data do cumprimento ou extinção da pena e a prática da nova infração penal decorrer um lapso temporal superior a 5 anos. Esse intervalo de tempo é chamado de **período depurador ou prescricional da reincidência.** Oportuno salientar que, **para efeitos de reincidência,** não se consideram os crimes militares próprios e políticos (art. 64, II, CP).

Frise-se que o Código Penal trata apenas da reincidência na hipótese do agente cometer novo crime, depois de transitar em julgado a sentença que, no País ou no estrangeiro, o tenha condenado por crime anterior (art. 63, CP). Por sua vez, a Lei de Contravenções Penais cuida também da hipótese da reincidência quando o agente pratica uma contravenção depois de passar em julgado a sentença que o tenha condenado, no Brasil ou no estrangeiro, por qualquer crime, ou, no Brasil, por motivo de contravenção (art.7º, LCP).

Nessa trilha, podemos afirmar que haverá reincidência nas seguintes hipóteses:

- se o agente é condenado em definitivo pela prática de um **crime, no país ou no exterior** e vem a praticar novo **crime;**
- se o agente é condenado em definitivo, no Brasil ou no exterior, pela prática de **crime** e vem a praticar **contravenção penal;**
- se o agente é condenado em definitivo pela prática de uma **contravenção penal** e vem a praticar **nova contravenção penal.**

Por sua vez, não haverá reincidência:

- Quando o agente é condenado em definitivo por contravenção e pratica um crime, porquanto o art. 63 do CP exige condenação por crime anterior.

Dessa forma podemos formar o seguinte quadro:

Condenação definitiva anterior	Nova infração	Resultado
Crime	Crime	Reincidente
Crime	Contravenção	Reincidente
Contravenção	Contravenção	Reincidente
Contravenção	Crime	Primário

Da análise do quadro acima, constata-se que o cometimento de uma contravenção penal após a condenação com trânsito em julgado por outra contravenção leva a reincidência, entretanto, a prática de um crime após o sujeito ter sido condenado definitivamente por uma contravenção penal não acarreta a reincidência. Para uma primeira corrente tal circunstância se deve ao esquecimento por parte do legislador. Discordamos desta posição. Concordamos com o entendimento de Gustavo Junqueira[15] no sentido de existir apenas uma aparente omissão, pois "A justificativa para a omissão legal é que, quando o sujeito tem condenação anterior por uma contravenção e vem a praticar nova contravenção, o acréscimo na nova pena será razoável e proporcional à condenação anterior, pois o juiz agravará somente a pena de uma nova contravenção (basta imaginar o acréscimo na condenação pela contravenção de vias de fato – art. 19 da LCP). Se o sujeito tem condenação anterior por uma contravenção e então pratica crime, a agravação da pena seria pouco razoável, eis que uma mera contravenção não justificaria a intensidade da gravação da pena de um crime (imagine-se a majoração da pena de um latrocínio – art. 157 do CP). Assim, não se trata de um esquecimento do legislador, mas, sim, de uma justificável busca da proporcionalidade e razoabilidade nas consequências da reincidência".

Por fim, o professor Rogério Sanches Cunha[16] lembra que nos termos do art. 7º da LCP "*(...) a contravenção cometida no estrangeiro nunca gera reincidência. Isso porque não existe extraterritorialidade da lei penal brasileira quando se trata da contravenção penal*".

Art. 8º. No caso de ignorância ou de errada compreensão da lei, quando escusáveis, a pena pode deixar de ser aplicada.

O dispositivo ao prever que a ignorância ou a errada compreensão da lei (erro de direito) pode ensejar a não incidência da pena, trouxe uma hipótese de perdão judicial.

O perdão judicial é uma causa de extinção de punibilidade, prevista no art. 107, IX, do CP. O STJ sumulou o entendimento, segundo o qual a sentença concessiva do perdão judicial é **declaratória da extinção da punibilidade**, não subsistindo qualquer efeito condenatório (Súmula 18, STJ). Estando preenchidos os requisitos para a concessão do perdão judicial, o agente terá o direito público subjetivo ao benefício.

Damásio de Jesus esclarece que **erro de direito** é uma espécie de erro de proibição, podendo ser escusável (invencível) ou inescusável (vencível). "Escusável é o que qualquer homem comum, nas mesmas circunstâncias, cometeria. Inescusável é o que poderia ser evitado pela prudência do homem normal". Por outro lado, a ignorância da lei é o completo desconhecimento da existência da regra legal. O agente nem sequer imagina a sua existência.

15 JUNQUEIRA, Gustavo. Manual de Direto Penal, Parte Geral, São Paulo: Saraiva, 2018, p. 642.

16 CUNHA, Rogério Sanches. Manual de Direito Penal: Parte Geral. 2. ed. Salvador: Juspodvim, 2014. p. 388.

O mesmo autor lembra que após a reforma penal de 1984, o erro de proibição (art. 21, *caput*, CP) quando escusável, exclui a culpabilidade. Já o art. 8º da LCP ainda que inevitável, só permite o perdão judicial. Conclui Damásio acerca do confronto entre as duas disposições que "o art. 8º da lei especial foi revogado pelo art. 21, *caput*, do CP. Se, no tocante ao crime, infração de maior gravidade, a legislação permite que o erro de proibição, em que se inclui o erro de direito, exclua a culpabilidade quando invencível, seria injusto que o mesmo não viesse a ocorrer em relação à contravenção, de menor poder ofensivo. Assim, para nós, desde que invencível o erro de direito, há exclusão da culpabilidade com a consequente absolvição do contraventor".

Por sua vez, Sílvio Maciel entende que o art. 21 do CP revogou apenas parcialmente o art. 8º da LCP, pois a ignorância da lei é sempre inescusável. Portanto, o art. 8º continua sendo aplicável. Já a "errada compreensão da lei significa o erro sobre a ilicitude do fato (erro de proibição). Neste ponto sim, o art. 8º está tacitamente revogado, porque o art. 21, *caput*, segunda parte, do CP prevê que o erro escusável sobre a ilicitude do fato é causa excludente de culpabilidade (causa de isenção de pena. O art. 21 do CP, neste ponto, é mais favorável do que o art. 8º da LCP, que apenas permite o perdão judicial em caso de erro sobre a ilicitude do fato.

No que se refere ao aspecto da ignorância da lei, o art. 21 do CP é expresso ao dispor que o desconhecimento da lei é inescusável. Ou seja, presume-se que a lei após ser publicada passa ao domínio de todos, sendo exigido do cidadão o seu cumprimento. Entretanto, a LCP nas hipóteses em que o contraventor realmente ignorava a previsão do tipo penal incriminador prevê a aplicação do perdão judicial. Vale ressaltar que no caso de ignorância da lei em relação a crimes, o desconhecimento do agente pode levar a aplicação da atenuante prevista no art. 65, II do CP, mas não ao perdão judicial.

Art. 9º A multa converte-se em prisão simples, de acordo com o que dispõe o Código Penal sobre a conversão de multa em detenção.

Parágrafo único. Se a multa é a única pena cominada, a conversão em prisão simples se faz entre os limites de quinze dias e três meses.

O art. 9º prevê a conversão da pena de multa em prisão simples, fazendo referência ao tratamento dado pelo Código Penal quanto a conversão pena de multa em detenção. Ocorre que a Lei nº9.268/96 deu nova redação ao art. 51 do CP, que conferia a possibilidade de conversão da pena de multa em privativa de liberdade.

Com a atual redação do art. 51 do CP passou a ser inviável a conversão da pena de multa em pena privativa de liberdade em caso de inadimplemento do condenado, portanto, o art. 9 da LCP foi **tacitamente revogado.**

Com efeito, a pena de multa prevista na Lei de Contravenções Penais não pode mais ser convertida em pena de prisão simples.

Art. 10. A duração da pena de prisão simples não pode, em caso algum, ser superior a cinco anos, nem a importância das multas ultrapassar cinquenta contos.

O tempo máximo de cumprimento das penas privativas de liberdade no Brasil é de 40 (quarenta) anos, nos termos do art. 75 do CP. Saliente-se que é possível a fixação da pena em montante superior a 40 anos, mas não pode ocorrer cumprimento da pena por tempo superior ao limite previsto.

Em caso de cumprimento da pena de prisão simples, o tempo máximo fixado na Lei de Contravenções Penais é de 5 anos. No entanto, a fixação da pena de prisão simples pode ser maior que 5 anos, em razão do concurso de contravenções. Logo, o agente que pratica diversas contravenções pode ser condenado a uma pena definitiva de prisão simples superior a 5 anos, mas somente cumprirá 5 anos.

Importante alinhavar que o cômputo da pena a ser cumprida para o gozo de eventuais benefícios prisionais tem como base a pena total, resultante do somatório de todas as condenações (Súmula 715, STF).Assim, o prazo máximo de 5 anos é considerado apenas para o tempo de cumprimento de pena. Esse limite não é aplicável para concessão de progressão de regime, livramento condicional, entre outros benefícios legais.

No que se refere à pena de multa, no caso das contravenções penais, em razão da inexistência da moeda prevista no art. 10 (conto de réis), não se aplica mais qualquer limite para cumulação de multas. Dessa forma, a multa a ser aplicada ao contraventor deve seguir os parâmetros previstos no Código Penal, conforme fundamentos inseridos nos comentários do art. 5º.

Art. 11. Desde que reunidas as condições legais, o juiz pode suspender por tempo não inferior a um ano nem superior a três, a execução da pena de prisão simples, bem como conceder livramento condicional.

O dispositivo em comento trata da suspensão condicional da pena (*sursis* penal), o qual consiste na suspensão da execução da pena privativa de liberdade, quando da prolação da sentença condenatória, por um determinado período de tempo e mediante determinadas condições. Tem prevalecido o entendimento de que o *sursis* penal tem natureza jurídica de modalidade de execução da pena privativa de liberdade.

Há quem sustente que o *sursis*, previsto na Lei de Contravenções Penais, é incondicionado, uma vez que o diploma normativo não faz menção a qualquer condição para seu cumprimento, além do período temporal. Entretanto, parece-nos mais correta a posição que estabelece que o contraventor deverá cumprir os requisitos descritos no art. 77 do CP, tendo em vista que devem ser aplicadas as regras gerais do Código Penal sempre que a LCP não disponha de modo diverso (art. 1º da LCP). Nessa trilha, são necessários os seguintes requisitos para concessão da suspensão condicional da pena:

- a pena imposta não seja superior a 2 anos;
- Incabível a substituição da pena privativa de liberdade por pena restritiva de direitos;
- circunstâncias judiciais favoráveis (art. 59 do CP);
- Não reincidente em crime doloso.

O **período de provas** nas contravenções penais é de 1 a 3 anos, diferentemente dos crimes em que o prazo é de 2 a 4 anos. No que pertine à revogação e prorrogação do *sursis* aplicado aos contraventores, incidem as normas previstas no art. 81 do CP.

O *sursis penal* é de difícil incidência prática no tocante às contravenções penais, uma vez que são aplicados primeiramente os institutos despenalizadores da Lei dos Juizados Especiais. Antes da sentença de mérito é oportunizado ao contraventor, a aceitar a proposta de transação e, na hipótese de não preencher os requisitos autorizadores da transação penal ou da recusa da proposta, ainda é possível a incidência da suspensão condicional do processo. Dessa forma, como o sursis penal é imposto na sentença condenatória e esta dificilmente ocorrerá na prática, apenas excepcionalmente se aplicará o art. 11 da LCP.

O artigo 11 prevê, ainda, o instituto do livramento condicional aos contraventores. O **livramento condicional** é um incidente de execução da pena que permite ao condenado à pena privativa de liberdade superior a 2 (dois) anos ter antecipada sua liberdade mediante o preenchimento de determinados requisitos. Desta feita, nas contravenções penais, o condenado cumpre determinado período da pena de prisão simples em estabelecimento prisional e, após, desde que preencha certos requisitos, cumprirá o restante em liberdade. Vale destacar que do mesmo modo que o *sursis* penal, o livramento condicional é de difícil aplicação prática posto que todas as contravenções penais são de menor potencial ofensivo.

Requisitos objetivos

- condenado à pena privativa de liberdade igual ou superior a 2 (dois) anos;
- ter reparado o dano, salvo efetiva impossibilidade de fazê-lo;
- ter cumprido a pena privativa de liberdade, parcialmente, conforme os patamares abaixo elencados:
  - mais de 1/3 (um terço) da pena se não for reincidente em crime doloso e tiver bons antecedentes;
  - 1/2 (metade) se for reincidente em crime doloso;
  - mais de 2/3 (dois terços), se estiver cumprindo pena por crime hediondo ou assemelhado.

Requisitos subjetivos

- ter comprovado:
  - bom comportamento durante a execução da pena;
  - não cometimento de falta grave nos últimos 12 meses;
  - bom desempenho no trabalho que lhe foi atribuído; e
  - aptidão para prover a própria subsistência mediante trabalho honesto.
- tenha reparado, salvo efetiva impossibilidade de fazê-lo, o dano causado pela infração.

Art. 12. As penas acessórias são a publicação da sentença e as seguintes interdições de direitos:

I – a incapacidade temporária para profissão ou atividade, cujo exercício dependa de habilitação especial, licença ou autorização do poder público;

II – a suspensão dos direitos políticos.

Parágrafo único. Incorrem:

a) na interdição sob nº I, por um mês a dois anos, o condenado por motivo de contravenção cometida com abuso de profissão ou atividade ou com infração de dever a ela inerente;

b) na interdição sob nº II, o condenado a pena privativa de liberdade, enquanto dure a execução do pena ou a aplicação da medida de segurança detentiva.

O dispositivo foi tacitamente revogado com a entrada em vigor da nova Parte Geral do Código Penal (Lei nº 7.209/84), que **excluiu as penas acessórias** do nosso ordenamento jurídico.

Art. 13. Aplicam-se, por motivo de contravenção, as medidas de segurança estabelecidas no Código Penal, à exceção do exílio local.

A medida de segurança constitui sanção penal de **cunho preventivo** imposta pelo Estado ao agente que é portador de doença ou perturbação mental e pratica uma infração penal.

A medida de segurança é aplicada ao semi-imputável e ao inimputável. Ela tem como finalidade a cura ou tratamento daquele que praticou fato típico, ilícito e culpável.

Antes da reforma do Código Penal em 1984, adotava-se o sistema do *duplo binário*, no qual era aplicada de forma cumulativa a pena privativa de liberdade e medida de segurança ao agente considerado perigoso, que havia praticado um fato previsto como infração penal. Primeiro o agente cumpria a pena privativa de liberdade e depois a medida de segurança. Após a reforma do Código Penal, adotou-se o **sistema vicariante**, ou seja, aplica-se pena ou medida de segurança. Aos imputáveis recai a pena privativa de liberdade, já aos inimputáveis, medida de segurança; e aos semi-imputáveis, pena ou medida de segurança, mas nunca as duas de forma cumulativa.

São pressupostos da medida de segurança: a) prática do fato descrito como infração penal para que seja imposta a medida de segurança; b) periculosidade do agente consubstanciada na potencialidade de praticar ações lesivas, não apenas para si mesmo, como para outrem.

A medida de segurança pode ser classificada em: *a) Detentiva*: consistente na internação em hospital de custódia e tratamento psiquiátrico (art. 96, I, CP). É aplicada nas hipóteses em que a pena cominada para o delito for de reclusão; *b) Restritiva:* o agente realiza tratamento ambulatorial (art. 96, II, do CP) sem necessitar de internação. É aplicada nas situações em que a pena cominada para a infração penal for de detenção.

Quanto às contravenções penais tendo em conta que a pena privativa de liberdade é a de prisão simples, entendemos que a medida de segurança aplicada aos contraventores, salvo se o grau de periculosidade do agente indicar necessidade da internação, deve ser a restritiva cujo tratamento é ambulatorial, cumprido em meio aberto, com obrigação de se submeter a acompanhamento médico e assistencial.

No que se refere à expressão *exílio local*, prevista no art. 13, *in fine*, foi revogada, uma vez que essa espécie de medida de segurança foi abolida pela reforma da parte geral do CP em 1984.

Art. 14. Presumem-se perigosos, além dos indivíduos a que se referem os ns. I e II do art. 78 do Código Penal:

I – o condenado por motivo de contravenção cometido, em estado de embriaguez pelo álcool ou substância de efeitos análogos, quando habitual a embriaguez;

II – o condenado por vadiagem ou mendicância;

O dispositivo foi tacitamente revogado com a entrada em vigor da nova Parte Geral do Código Penal (Lei nº 7.209/84), que veda a presunção de periculosidade com exceção dos inimputáveis.

Art. 15. São internados em colônia agrícola ou em instituto de trabalho, de reeducação ou de ensino profissional, pelo prazo mínimo de um ano:

I – o condenado por vadiagem (art. 59);

II – o condenado por mendicância (art. 60 e seu parágrafo);

Esse dispositivo também foi revogado tacitamente com a entrada em vigor da nova parte geral do Código Penal (Lei 7.209/84). Romeu de Almeida Salles afirma que "Tendo em conta a presunção absoluta de periculosidade, criada pelo art. 14 da Lei de Contravenções Penais (hoje revogado, conforme explicamos), as medidas de segurança previstas no art. 15 eram aplicadas obrigatoriamente àqueles infratores que se ajustavam aos incisos I e II. Ante o fato de que não é mais prevista a presunção de periculosidade, cai por terra a imposição de medida de segurança aos inimputáveis".

Art. 16. O prazo mínimo de duração da internação em manicômio judiciário ou em casa de custódia e tratamento é de seis meses.

Parágrafo único. O juiz, entretanto, pode, ao invés de decretar a internação, submeter o indivíduo a liberdade vigiada.

A medida de segurança é aplicada com prazo máximo indeterminado, persistindo enquanto não cessada a periculosidade do agente, que é constatada por meio de perícia médica.

De acordo com o Código Penal, após a reforma penal de 1984, a perícia médica deve ser realizada no *prazo mínimo de 1 (um) a 3 (três) anos* (art. 97, §1º, CP). Assim, parte da doutrina entende que o prazo mínimo de duração para a internação em manicômio ou em casa de custódia e tratamento passou a ser de 1 (um) a 3 (três) anos e não mais de 6 meses, como previsto no art. 16 da LCP.

Segundo Damásio de Jesus, "o dispositivo deve ser considerado alterado pela reforma penal de 1984 (Lei nº7.209/84). Hoje, em face do art. 97 do CP, a internação do inimputável é por tempo indeterminado, perdurando enquanto não for averiguada, mediante perícia médica, a cessação do estado perigoso. O prazo mínimo é de um a três anos. A verificação da cessação da periculosidade está disciplinada nos arts. 175 a 179 da LEP." Ousamos discordar. Entendemos que diante da menor potencialidade lesiva das contravenções penais é justificável um prazo mínimo menor para a medida de segurança, assim, não se vislumbra nenhuma contradição entre o art. 97 do CP e o art. 16 da LCP. Ademais, o prazo estabelecido pelo Código Penal (art. 97, CP) apenas se aplicaria para as contravenções penais, caso a LCP fosse omissa na fixação do prazo (art. 1º, LCP).

O parágrafo único do art. 16 prevê que o juiz pode aplicar a liberdade vigiada em vez de decretar a internação. Contudo, essa norma encontra-se **revogada**, tendo em vista que não mais subsiste o instituto da liberdade vigiada na esfera penal.

Art. 17. A ação penal é pública, devendo a autoridade proceder de ofício.

A regra em nosso ordenamento jurídico é a ação penal ser de natureza pública incondicionada (art. 100, CP). Assim, somente será pública condicionada a representação ou penal privada quando expressamente previsto na lei. O Ministério Público é o *dominus littis d*a ação penal pública, nos termos do art. 129, I da CF. Nessa trilha, como o art. 17 da LCP se limita a dizer que a ação penal nas contravenções penais é pública, forçoso reconhecer que ela é de natureza pública incondicionada, cabendo ao *Parquet* promovê-la perante o juízo competente.

Procedimento judicialiforme

Em relação à expressão *devendo a autoridade proceder de ofício* contida na parte final do dispositivo faz-se necessário maiores digressões. Antes da entrada em vigor da Constituição de 1988, o processo sumário poderia ser iniciado pelo Ministério Público e também *ex officio* pela autoridade policial ou judiciária[17], por meio de portaria, no caso das contravenções penais

17 Em 1976, ensinava Manoel Carlos da Costa Leite em relação à abertura da ação penal quanto as contravenções penais: As ações que objetivam punição por prática de contravenção independem de denúncia, e por duas formas poderão ter origem: por portaria da autoridade ou pelo auto da prisão em flagrante. A portaria pode provir da autoridade policial ou do juiz. Este pode ser provocado a baixá-la por representação do Ministério Público. É o que

e nos crimes de lesão corporal culposa e homicídio culposo. Tal sistema era denominado de procedimento judicialiforme.

Com o advento da Constituição de 1988, contudo, o Ministério Público assumiu a titularidade exclusiva da ação penal pública (art. 129, I da CF[18]), assim, a norma do procedimento judicialiforme em debate não foi recepcionada.

PARTE ESPECIAL

CAPÍTULO I

DAS CONTRAVENÇÕES REFERENTES À PESSOA

FABRICO, COMÉRCIO, OU DETENÇÃO DE ARMAS OU MUNIÇÃO

Art. 18. Fabricar, importar, exportar, ter em depósito ou vender, sem permissão da autoridade, arma ou munição: Pena – prisão simples, de três meses a um ano, ou multa, de um a cinco contos de réis, ou ambas cumulativamente, se o fato não constitui crime contra a ordem política ou social.

Derrogação

Com a entrada em vigor da Lei n.º 9.437/97, a Lei de Contravenções deixou de ter aplicação no que se refere às armas de fogo. Posteriormente, a Lei nº 9.437/97 foi revogada pelo Estatuto do Desarmamento (Lei nº 10.826/03), que passou a tipificar de modo mais sistemático as condutas típicas referentes às armas de fogo. Dessa forma, conclui-se que o artigo 18 da Lei das Contravenções Penais tem aplicação apenas no que se refere à arma branca (punhais, facas, canivetes), tendo sido revogado tacitamente quanto às armas de fogo.

Arma Branca. Aplicabilidade do dispositivo.

Questão controversa diz respeito à aplicabilidade da contravenção em estudo para as armas brancas, em razão da expressão "sem permissão da autoridade" contida no tipo penal.

Uma primeira corrente sustenta que o dispositivo legal não tem aplicação, pois o tipo penal exige que os núcleos verbais sejam praticados **"sem permissão da autoridade"**. Entretanto, não existe lei ou ato regulamentar para se pedir a permissão da autoridade. Dessa forma, estamos diante de uma norma penal em branco, sem o seu necessário complemento, e, portanto, não é possível a aplicação do artigo em comento[19].

Outra corrente, no entanto, explica que a expressão sem permissão da autoridade não se aplica as armas brancas, de modo que o art. 18 ainda está em vigência para o comércio ilegal de armas brancas.[20]

---

se depreende do art. 531 do CPP: "O processo das contravenções penais terá forma sumária, iniciando-se pelo auto de prisão em flagrante ou mediante portaria expedida pela autoridade policial ou pelo juiz ,de ofício ou a requerimento do Ministério Público." (Leite, Manoel da Costa, Lei das Contravenções Penais, ed. RT, 1976, p.64). Ressalta-se que a sistemática citada não foi recepcionada pela Constituição Federal e a redação do art. 531 do CPP foi alterada pela Lei nº 11.719, de 2008.

18 Art. 129. São funções institucionais do Ministério Público:I – promover, privativamente, a ação penal pública, na forma da lei.

19 Guilherme Nucci: " Não vemos possibilidade de aplicação para o art. 18, pois não há lei disciplinando a concessão de autorização da autoridade para fabricação, importação, exportação, depósito ou venda de uma faca de cozinha, por exemplo. Por outro lado, se o passatempo de alguém consistir em fabricar espadas ou lanças, conseguiria ele autorização da Polícia Federal (ou Estadual) para tanto? Se não há esse tipo de previsão, inviável é o tipo penal". NUCCI, Guilherme de Souza, Leis Penais e Processuais Penais Comentadas, Rio de Janeiro: Forense, 2018. p. 117.

20 Neste sentido é a lição de Damásio de Jesus: "Elemento normativo do Tipo: Consubstancia-se na expressão: "sem permissão da autoridade". Entendemos que não se aplica no tocante às armas brancas". (JESUS, Damásio de, Leis das Contravenções Penais, ed. Saraiva, 2015, p. 66).

Bem jurídico tutelado

A convivência em sociedade pode trazer conflito de interesses entre os cidadãos, sendo que os mais importantes são merecedores de intervenção penal, passando a ser considerados bens jurídicos penais. Os tipos penais têm por finalidade a proteção dos bens jurídicos mais relevantes para a coletividade. São bens jurídicos tutelados na seara penal, por exemplo, a vida, patrimônio, integridade física, honra.

A objetividade jurídica do art. 18 da LCP[21] é múltipla, tendo como objeto jurídico imediato a incolumidade pública, e como bem jurídico mediato a incolumidade física, a saúde e a proteção a vida das pessoas, pois a contravenção busca prevenir crimes como homicídio, lesão corporal, roubo.

Sujeitos da contravenção

O **sujeito ativo** pode ser qualquer pessoa, pois se cuida de contravenção penal comum. A lei não exige nenhuma qualidade especial para o sujeito que prática a conduta descrita no tipo penal.

O **sujeito passivo** é a coletividade, já que não há pessoa determinada.

Condutas

As condutas típicas são fabricar, importar, exportar, ter em depósito ou vender, sem permissão da autoridade, arma branca.

Fabricar é produzir, manufaturar o objeto material. *Importar* significa trazer para o país, enquanto o núcleo *exportar* consiste em retirar do país, enviar para fora do país. *Ter em depósito* é reter a arma branca em sua disposição, manter armazenado para o seu uso. *Vender* consiste em alienar mediante uma contraprestação em dinheiro ou qualquer outra coisa com valor comercial. Os cinco núcleos verbais contemplados no art. 18 fazem do porte de arma branca um tipo penal de ações múltiplas, misto alternativo ou de conteúdo variado. Assim, o sujeito que pratica no mesmo contexto fático e sucessivamente mais de uma ação típica, responderá por crime único, em razão do princípio da alternatividade. Ex. O agente fabrica a arma branca, tem em depósito e a exporta. A pluralidade de núcleos verbais efetivamente praticados deve ser sopesada na primeira fase da fixação da pena (art. 59 do CP), razão pela qual o agente que prática mais de um verbo nuclear merece ser sancionado com uma pena mais elevada do que aquele pratica apenas um. Porém, faltando proximidade entre as várias condutas haverá concurso de crimes (material ou mesmo crime continuado).

Segundo entendimento dominante, a conduta de vender exige habitualidade, isto é, reiteração do comportamento, para que se configure a contravenção. O dispositivo deve ser interpretado em consonância com seu título, que consiste no **comércio,** de modo que a venda de uma arma ou transações que não caracterizam o exercício de profissão por parte do agente, não tipificam a contravenção.

Com a revogação do tipo penal em estudo, quanto à arma de fogo e munição, o objeto material da contravenção do art. 18 se restringe a arma branca. Armas brancas podem ser entendidas como objeto não caracterizado como arma de fogo, sendo artefatos cortantes ou perfurantes. Por sua vez, nos termos do anexo III do Decreto nº 9.493, do Presidente da República, de 5 de setembro de 2018, arma de fogo é arma que arremessa projéteis empregando a força expansiva dos gases, gerados pela combustão de um propelente confinado em uma câmara, normalmente solidária a um cano, que tem a função de dar continuidade à combustão do propelente, além de direção e estabilidade ao projétil.

---

21 O Código de 1890, no art. 367, foi o primeiro diploma brasileiro a cuidar dessa modalidade: estabelecer, sem licença, fábrica de armas ou pólvora.

As armas brancas são classificadas em **próprias**, aquelas fabricadas com a finalidade de servir para ataque ou defesa (punhais, espadas) e **impróprias**, aquelas fabricadas para outras finalidades que podem por desvirtuamento lesionar (faca de cozinha, estilete ou martelo). Entendemos que somente as armas brancas próprias podem ser objeto material da contravenção do art. 18 da LCP, pois apenas elas servem especificamente como instrumento de ataque ou defesa.

O tipo penal contém um **elemento normativo** consistente na expressão **sem permissão da autoridade**. Na hipótese de haver a permissão da autoridade, portanto, o fato será considerado atípico.

Cuida-se de contravenção de *subsidiariedade expressa* uma vez que em seu preceito secundário contém a expressão "se o fato não constitui crime contra a ordem política ou social". Trata-se de um caso de subsidiariedade expressa, em que o legislador ressalva a possibilidade de a contravenção constituir, na verdade, crime contra a Segurança nacional, caso em que prevalece a norma de maior gravidade (a que define o crime). Ex. o fato pode configurar o crime descrito no art. 12 da Lei de Segurança Nacional (Lei nº 7.170, de 14-12-1983), que consiste em importar ou introduzir, no território nacional, por qualquer forma, sem autorização da autoridade federal competente, material militar privativo das Forças Armadas. E o parágrafo único pune a venda, o transporte etc. do objeto material referido[22].

Por fim, o agente que vende, fornece ainda que gratuitamente ou entrega, arma branca a criança ou adolescente responde pelo crime previsto no art. 242 do ECA[23].

Tipicidade subjetiva

Exige-se o dolo, isto é, a vontade livre e consciente de praticar os verbos do tipo penal. Inexiste elemento subjetivo específico. Não temos a forma culposa.

Consumação e tentativa

A infração penal se consuma com a prática de qualquer uma das condutas descritas no tipo penal. Em relação à conduta de *ter em depósito*, a contravenção é classificada como permanente, protraindo o seu momento consumativo no tempo e no espaço. Na modalidade exportar "deve ser considerado o momento da remessa efetuada a partir do território nacional. Se considerássemos que a consumação se dá quando a arma sai efetivamente do País, a punição seria inviável, porque o art. 2º da Lei das Contravenções Penais só pune as infrações dessa natureza cometidas em território nacional"[24]. A tentativa não é punível, consoante o disposto no art. 4º da LCP.

Ação penal

A ação penal é pública incondicionada nos termos do art. 17 da LCP. O rito a ser seguido é da Lei nº 9.099/95, aplicando-se os institutos despenalizadores como transação penal e a suspensão condicional do processo.

PORTE DE ARMA

Art. 19. Trazer consigo arma fora de casa ou de dependência desta, sem licença da autoridade:

Pena – prisão simples, de quinze dias a seis meses, ou multa, de duzentos mil réis a três contos de réis, ou ambas cumulativamente.

22 JESUS, Damásio de, Leis das Contravenções Penais, ed. Saraiva, 2015, p. 69.

23 Art. 242. Vender, fornecer ainda que gratuitamente ou entregar, de qualquer forma, a criança ou adolescente arma, munição ou explosivo: Pena – reclusão, de 3 (três) a 6 (seis) anos.

24 Victor Rios Gonçalves, Legislação Penal Especial Esquematizado, ed. Saraiva, 2017, p.241.

§ 1º A pena é aumentada de um terço até metade, se o agente já foi condenado, em sentença irrecorrível, por violência contra pessoa.

§ 2º Incorre na pena de prisão simples, de quinze dias a três meses, ou multa, de duzentos mil réis a um conto de réis, quem, possuindo arma ou munição:

a) deixa de fazer comunicação ou entrega à autoridade, quando a lei o determina;

b) permite que alienado menor de 18 anos ou pessoa inexperiente no manejo de arma a tenha consigo;

c) omite as cautelas necessárias para impedir que dela se apodere facilmente alienado, menor de 18 anos ou pessoa inexperiente em manejá-la.

Derrogação

Como mencionado nos comentários do artigo anterior, as condutas ilícitas relativas à arma de fogo e munição, atualmente, estão disciplinadas no Estatuto do Desarmamento (Lei nº 10.826/03), estando o porte ilegal de arma de fogo de uso permitido previsto no art. 14 e o de uso restrito contemplado no art. 16. Desta feita, o artigo 19 da Lei de Contravenções referente à arma de fogo e munição foi revogado.

Repercussão geral

Instalou-se indisfarçável divergência na doutrina e na jurisprudência sobre a aplicabilidade do art. 19 da LCP nos casos de porte de arma branca.

O STF, notando o caráter constitucional da controvérsia, por maioria, reconheceu a repercussão geral, sem suspensão dos processos.

A Procuradoria-Geral da República, em sede de parecer, se manifestou pela legalidade do art. 19 da LCP. Diante da relevância da matéria, vale transcrever parte da manifestação do MPF:

> "Nesse contexto, há de se verificar a ratio da opção legislativa pela manutenção do preceito incriminador em voga. Ora, afastar a vigência do dispositivo legal, concluindo pela atipicidade da conduta de portar armas, significa permitir que toda e qualquer pessoa possa transitar livremente munido de facas, canivetes, punhais e espadas, instrumentos frequentemente utilizados para a prática dos mais diversos crimes, incluindo-se aí lesões corporais graves, roubos e homicídios. O art. 19 da LCP incrimina a conduta de "Trazer consigo arma fora de casa ou de dependência desta, sem licença da autoridade". Nesse contexto cumpre observar que a Lei nº 9.437/97, e posteriormente a Lei nº10.826/03, apenas derrogou o dispositivo em comento, i.e., enquanto o porte de arma de fogo passou a ser regrado pela novel legislação, o porte de armas consideradas de menor potencial ofensivo permanece regido pelo art.19 da LCP. Nesse contexto, o elemento normativo do tipo, consubstanciado na expressão "sem licença da autoridade" não se aplica às armas brancas, relacionando somente com os artefatos de fogo. Considerando que não existe órgão que expeça autorização para o porte de armas brancas, todo porte de armas é proibido. Assim, a conduta de portar armas permanece ilícita. Desse modo, até que sobrevenha disposição legal em contrário, o tipo penal descrito no art. 19 da LCP possui plena aplicabilidade permanece em vigor, devendo se interpretada em conjunto com o art. 5º da Lei de introdução ao Direito Brasileiro (Decreto-Lei nº 4657/1942), tanto na fase preliminar prevista na Lei nº 9.099/95, quanto na instrução criminal. Nesse caso, a questão deve ser resolvida no exame subjetivo do agente (dolo) que porta a arma branca. Não se trata, aqui, da simples intenção de trazer consigo instrumentos potencialmente lesivos, mas da vontade livre e consciente de portá-los como se armas brancas fossem. Em outras palavras, a conduta que se pretende coibir com a norma proibitiva é o porte injustificável de instrumento capaz de ofender a incolumidade física de outrem, o que pode ser aferido, no caso concreto, a partir de elementos circunstanciais

> que auxiliem o intérprete a desvelar a intenção do autor do fato. Portanto, o Ministério Público Federal, alinhando-se ao posicionamento do Superior Tribunal de Justiça, entende que a norma ora objurgada encontra-se em vigor, devendo a proibição constante do art. 19 da LCP ser mantida, com expresso reconhecimento nesse sentido, uma vez que a licença a que o dispositivo legal alude referia-se tão somente ao porte de arma de fogo, atualmente regido pela Lei nº 10.826/2003. Conclui-se, assim, que a conduta de portar outras espécies de armas permanece proibida, salvo se o agente demonstrar a existência de justa causa para trazer consigo instrumento com especial potencialidade lesiva."

A Segunda Turma do STF, em julgamento posterior à decisão que reconheceu repercussão geral ao tema, havia dado provimento ao recurso ordinário em sede de *Habeas Corpus* para julgar improcedente a representação para apuração de ato infracional de porte ilegal de arma branca, sob o fundamento da inexistência de regulamentação exigida pelo tipo do art. 19 da LCP[25]. Assim, a sinalização do STF era de que não admitiria a aplicação do art. 19 da LCP, devido à falta de complemento da norma penal em branco. Contudo, ao final do julgamento da repercussão, definiu a seguinte tese:

> "O art. 19 da Lei de Contravenções penais permanece válido e é aplicável ao porte de arma branca, cuja potencialidade lesiva deve ser aferida com base nas circunstâncias do caso concreto, tendo em conta, inclusive, o elemento subjetivo do agente".

Bem jurídico tutelado

A norma penal tutela a incolumidade pública e a saúde das pessoas. A lei visa evitar que o agente munido com uma arma venha a praticar uma infração mais grave.

Sujeitos da contravenção

Trata-se de contravenção comum, portanto, o **sujeito ativo** pode ser qualquer pessoa. Não exige qualidade especial ao agente. No **polo passivo**, temos a coletividade.

Derrogação

Em relação às armas de fogo, o art. 19 da LCP teve sua vigência revogada desde a edição da Lei nº 9.437/97, que tornou crime o porte de arma de fogo. Nos dias atuais, com a revogação da Lei n º 9.437/97, o porte de arma de fogo está tipificado nos arts. 14 (Porte ilegal de arma de fogo de uso permitido) e 16 (Posse ou porte ilegal de arma de fogo de uso restrito) ambos do Estatuto do Desarmamento (Lei n º 10.826/03).

Dessa forma, o art. 19 da LCP passou a ter aplicação apenas para os casos de porte de arma branca quando praticado fora de casa ou de dependência desta, sem licença da autoridade. Nessa quadra, vem decidindo de forma reiterada o STJ: Não prospera o pleito de trancamento do processo por atipicidade da conduta, pois a jurisprudência desta Corte "é firme no sentido da possibilidade de tipificação da conduta de porte de arma branca como contravenção prevista no art. 19 do Decreto-Lei n. 3.688/1941" (RHC n. 56.128/MG, Rel. Ministro Ribeiro Dantas, DJe 26/3/2020). Agravo regimental não provido. (AgRg no RHC 127.595/MG, Rel. Ministro Rogério Schietti Cruz, Sexta Turma, julgado em 15/09/2020, DJe 23/09/2020).

---

25 Art. 19 da Lei das Contravenções Penais: "trazer consigo arma fora de casa ou de dependência desta, sem licença da autoridade". Para obter condenação pela contravenção, a acusação deve demonstrar que seria necessária a licença para porte da arma em questão. Não há previsão na legislação acerca da necessidade de licença de autoridade pública para porte de arma branca. Norma penal em branco, sem o devido complemento. Sua aplicação, até que surja a devida regulamentação, resta paralisada. 5. Dado provimento ao recurso a fim de julgar improcedente a representação para apuração de ato infracional. (RHC 134830, Relator(a): Min. GILMAR MENDES, Segunda Turma, julgado em 26/10/2016, PROCESSO ELETRÔNICO DJe-258 DIVULG 02-12-2016 PUBLIC 05-12-2016)

Essa posição é a que nos parece mais consentânea com a legislação em vigor. É fato que as armas brancas são detentoras de potencialidade lesiva e assim podem ser utilizadas para ofender a saúde das pessoas. Porém, entendemos que o porte de arma branca que tipifica o art. 19 da LCP é aquele que se dá de maneira ostensiva e em locais públicos para ataque ou defesa pessoal, pois colocam em risco a incolumidade pública e a saúde das pessoas, ofendendo o bem jurídico tutelado pela norma penal. Desse modo, incorre na contravenção do art. 19 da LCP o "agente que se apresenta em lúgar público, portando à cintura uma faca pontiaguda, com 20 cm de lâmina, com eventual propósito de ataque ou defesa, não sendo instrumento de trabalho, sendo certo que, com tal conduta, coloca em risco a incolumidade pública, que é o bem jurídico tutelado" (Tacrim/SP, RJTacrim 36/210).

Por sua vez, "não se caracteriza contravenção se o homem do campo traz consigo faca em circunstâncias usuais" (TACRIM-SP Rel. Vieira Mota-Jutacrim 56/224). Ora, em zonas rurais é costumeiro o porte de facão como instrumento de trabalho, sendo ilógico concluir pela tipificação da conduta. Logo, deve ser analisado o contexto fático com todas as suas circunstâncias para se concluir pela tipicidade da conduta.

Condutas

O preceito primário do tipo contravencional é *trazer consigo* arma fora de casa ou de dependência desta, sem licença da autoridade.

A locução **"trazer consigo"** significa levar junto ao corpo ou próximo a ele. É a situação em que o agente tem condições de pronta utilização da arma, mantendo-a sob sua disponibilidade imediata. Não é necessário, todavia, o contato físico direto com a arma, sendo suficiente que o agente tenha o objeto ao seu alcance em condições de seu uso imediato como, por exemplo, carregar a arma na bolsa ou no porta-luvas do veículo.

O tipo penal contém a expressão **"fora de casa ou da dependência desta"**, que constitui elemento espacial do tipo. Logo, o porte de arma branca no interior da casa ou de suas dependências não configura a contravenção penal em comento. O art. 150, § 4º do Código Penal que dispõe que a expressão "casa" compreende: *I – qualquer compartimento habitado; II – aposento ocupado de habitação coletiva; III – compartimento não aberto ao público, onde alguém exerce profissão ou atividade;* deve ser aplicado à contravenção penal em comento. Registre-se que são considerados componentes da casa, os jardins, garagens e quintais. Por outro lado, a jurisprudência não considera automóvel, trens, navios e aviões como extensão de casa. Assim, o porte de arma branca, nesses casos, caracteriza a contravenção.

A expressão **"sem licença da autoridade"** é tida como elemento normativo do tipo. Conforme explica Victor Gonçalves, "A opção de conceder ou não o porte a uma determinada pessoa está dentro de poder discricionário da autoridade responsável. Ocorre que, como não existe licença para o porte de arma branca, e considerando que o art. 19 da Lei das Contravenções Penais somente estaria em vigor em relação a estas, tal parte do dispositivo encontra-se sem aplicação prática. Existe, porém, entendimento minoritário de que o art. 19 estaria totalmente revogado, exatamente porque não existe licença para portar arma branca"[26].

O **objeto material** da norma penal do art. 19 da LCP é a **arma branca**, já que a parte referente às armas de fogo foi revogada, como afirmado anteriormente. Cuida-se de contravenção de perigo abstrato, bastando a mera probabilidade de dano para sua caracterização.

Para a tipificação do porte de arma branca se faz necessária uma interpretação compatível com a realidade social. Assim, entendemos que o porte apto a ensejar a contravenção é o porte de arma ostensivo, em locais públicos. Além disso, o objeto material tem que ter potencialidade lesiva, colocando, assim, em risco a incolumidade pública e a saúde das pessoas. Portanto,

26 GONÇALVES, Victor Eduardo Rios, Legislação Penal Especial Esquematizado. São Paulo: Saraiva, 2017, p.243.

incorre na contravenção do art. 19 da LCP o "agente que se apresenta em lugar público, portando à cintura uma faca pontiaguda, com 20 cm de lâmina, com eventual propósito de ataque ou defesa, não sendo instrumento de trabalho, sendo certo que, com tal conduta, coloca em risco a incolumidade pública, que é o bem jurídico tutelado" (Tacrim/SP, RJTacrim 36/210). Doutro lado, "não se caracteriza contravenção se o homem do campo traz consigo faca em circunstâncias usuais" (TACRIM-SP Rel. Vieira Mota-Jutacrim 56/224). Ora, em zonas rurais é costumeiro o porte de facão como instrumento de trabalho, sendo ilógico concluir pela tipificação da conduta. Logo, pensamos que deve ser analisado o contexto fático com todas as suas circunstâncias para se concluir pela tipicidade da conduta.

Confisco

Questão bastante discutida é a relativa à possibilidade de a sentença condenatória determinar o perdimento de bens, em favor do Estado, tidos como instrumentos ou produtos de contravenção penal, em razão das expressões instrumentos do crime e produtos do crime contidas no art. 91, inciso II, do Código Penal. Duas são as posições que se destacam:

a) **Inadmissibilidade do confisco:** não é possível o confisco do objeto material da contravenção de porte de arma, posto que o art. 91, II, "a", do CP utiliza a expressão "crime", não sendo possível dar interpretação ampliativa para estender as contravenções. Essa é a posição majoritária;

b) **Admissibilidade do confisco:** o artigo 1º da Lei das Contravenções Penais dispõe que "aplicam-se às contravenções penais as regras gerais do Código Penal, sempre que a presente Lei não disponha de modo diverso", firmando hipótese de aplicação subsidiária. Assim, tendo em vista que a Lei de Contravenções Penais é omissa no tocante ao confisco, deverão ser aplicadas as normas do Código Penal e, portanto, perfeitamente possível a aplicação do confisco às contravenções penais.

Concurso de infrações

Aplica-se o princípio da consunção (delito menos grave é absorvido pelo mais grave) a contravenção de porte de arma pelo crime de homicídio ou lesão corporal, desde que tais figuras delituosas guardem entre si uma relação de meio e de fim estreitamente vinculadas. Logo, não é possível aplicar a absorção do porte de arma branca no crime de lesão corporal quando o agente não utilizou o instrumento que ilegalmente portava para lesionar a vítima. Exemplo: o agente matou a vítima por meio de disparos de arma de fogo e no momento portava ostensivamente um facão. Neste caso, o agente responde pelo crime de homicídio e porte ilícito de arma branca.

Se o agente é surpreendido portando duas ou mais armas simultaneamente? Como só ocorreu uma conduta, o agente deve responder por uma única infração, devendo ser considerada na primeira fase de aplicação de pena (circunstância judicial, art. 59 do CP) o número de armas apreendidas. Portanto, não se aplica a norma do concurso formal de infrações.

Vale mencionar ainda que a Lei nº 13.964/2019 inseriu o inciso VII no parágrafo 2º do art. 157 do CP, majorando a pena do roubo quando o agente se utiliza de arma branca para empregar violência ou grave ameaça no crime de roubo. Nesta hipótese, a contravenção de arma branca fica absorvida pelo crime de roubo majorado, tendo em vista a incidência do princípio da consunção.

Majorante

O parágrafo único do art. 19 da LCP prescreve que a pena é aumentada de **um terço até metade**, se o agente já foi condenado, em sentença irrecorrível, por violência contra pessoa.

São elementos para a incidência da causa de aumento de pena: a) o trânsito em julgado da sentença condenatória; b) que a condenação irrecorrível seja derivada de crime ou contravenção praticado com violência contra pessoa.

Figuras assemelhadas

Romeu Salles Júnior, ao discorrer sobre as figuras assemelhadas, previstas no § 2º do art. 19 da LCP, esclarece que "o legislador não limitou a incriminação ao simples porte de arma sem licença da autoridade. Procurou ampliar o alcance do dispositivo, tendo em conta a cautela que deve o possuidor da arma ter em relação a determinadas pessoas que reclamam maior atenção".

Há posicionamento no sentido de que o §2º do art. 19 da LCP não é mais aplicável, pois "a interpretação teleológica do dispositivo nos revela que o mesmo foi evidentemente pensado para as hipóteses de arma de fogo e munição, de modo que soaria estranha a punição quando se trata de armas brancas. Ademais, há regulamentação sobre a necessidade de comunicação da posse ou entrega da arma branca à autoridade, por exemplo, nem mesmo há disposição que regule a armazenamento de arma branca em casa, de modo a impedir que um menor dela se apodere com facilidade. Assim, inaplicável a disposição legal"[27].

Dispõe o art. 19, § 2º da LCP que: Incorre na pena de prisão simples, de quinze dias a três meses, ou multa, de duzentos mil réis a um conto de réis, quem, possuindo arma ou munição: a) deixa de fazer comunicação ou entrega à autoridade, quando a lei o determina: b) permite que alienado menor de 18 anos ou pessoa inexperiente no manejo de arma a tenha consigo; c) omite as cautelas necessárias para impedir que dela se apodere facilmente alienado, menor de 18 anos ou pessoa inexperiente em manejá-la.

A contravenção de porte de arma é de **mera conduta**, portanto, não importa para sua configuração a real intenção do agente, bastando o porte da arma branca. É desnecessária para sua configuração a ocorrência de ameaça à pessoa ou à incolumidade pública, já que o legislador teve em mira a proteção da segurança pública. Nesse sentido: *Porte de arma – intenção do agente – Irrelevância– "A contravenção do art. 19 da Lei especial é de mera conduta, insuscetível de ensejar perquirição a respeito da intenção do agente, ao portar consigo arma de fogo, vez que o dano é presumido pelo legislador" (TACRIM-SP – Rev. – Rel. Renato Nalini-j. 17.06.1996).*

Vale destacar que na hipótese da letra "c" do § 2º do art. 19 da LCP, a contravenção se caracteriza com a conduta culposa, na modalidade negligência.

Consumação e tentativa

A **consumação** se dá no exato instante em que o agente traz consigo a arma para fora de casa ou de sua dependência. Damásio de Jesus lembra que a "contravenção pode ser eventualmente permanente, quando se prolonga no tempo. Essa circunstância, porém, não interfere na consumação, que se dá no primeiro instante da realização da conduta".

A **tentativa** não é possível (art. 4º da LCP).

Ação penal

A ação penal é pública incondicionada (art. 17, LCP). Aplica-se o rito da Lei nº 9.099/95, incidindo institutos despenalizadores como a transação penal e a suspensão condicional do processo.

---

27 Thiago Gandra, Lei das Contravenções Penais, ed. juspodivum, 2018, p. 63.

ANÚNCIO DE MEIO ABORTIVO

Art. 20. Anunciar processo, substância ou objeto destinado a provocar aborto:

Pena – multa de hum mil cruzeiros a dez mil cruzeiros.

Bem jurídico tutelado

O bem jurídico tutelado é a vida intrauterina. Secundariamente, a lei tutela a preservação da espécie humana. Busca-se evitar a prática de aborto. Damásio de Jesus explica que "constituindo o aborto um ilícito penal, é lógica a punição da publicidade de meios capazes de causá-lo."

Sujeitos da contravenção

Trata-se de contravenção comum, portanto, o **sujeito ativo** pode ser qualquer pessoa. É possível o concurso de agentes, em especial, sob a forma de instigação e auxílio. O **sujeito passivo** é o Estado.

Condutas

No tipo contravencional descrito no art. 20 da LCP pune-se o anúncio de processo, substância ou objeto destinado a provocar aborto.

Aborto é a interrupção da gravidez com a consequente morte do produto da concepção. Meio abortivo pode ser entendido como processo, substância ou objeto, de qualquer natureza, destinado a provocar a interrupção da gravidez com sacrifício do produto da concepção.

A conduta típica é **anunciar**, ou seja, tornar público, dar conhecimento. O legislador visa coibir a publicidade dos meios abortivos. Cuida-se de contravenção de **ação livre,** podendo ser praticada por qualquer meio de execução, assim o anúncio pode ocorrer por qualquer meio como jornal, televisão, panfletos, rádio. É evidente que o *processo, substância ou objeto* deve ser anunciado como meio abortivo. Se o anúncio tiver finalidade lícita, mesmo que o produto possa ser usado para o abortamento, a conduta será atípica.

O conteúdo do anúncio deve versar sobre processo, substância ou objeto com fim de provocar aborto. *Processo abortivo* é a sucessão de atos capazes de provocar o aborto. Compreende os produtos farmacêuticos, químicos e mecânicos. Não se estende, contudo, aos meios naturais. Desse modo, os processos que visam restringir a concepção mediante a abstinência da conjunção sexual, em períodos determinados da vida feminina, não estão abrangidos pelo tipo penal. *Substância* significa a matéria capaz de produzir o aborto. *Objetos* são os instrumentos com capacidade de levar ao abortamento.

O anúncio deve buscar atingir um número indeterminado de pessoas. Assim, se for dirigido a determinada pessoa, o agente não incorre na contravenção em estudo. Contudo, pode vir a responder pelo crime de participação no crime de aborto (art. 124, CP), se tiver ciência de que a destinatária da informação pretende fazer uso do meio abortivo.

Não caracteriza a infração penal a conduta de publicar pesquisas científicas e descobertas de determinado método abortivo, pois a lei quis proteger a preservação da espécie humana, evitando propaganda e campanhas contra o aumento da população, não estando abrangida pela norma a publicação de artigos com fins científicos.

Voluntariedade

Quanto à voluntariedade, exige-se o dolo consistente na vontade e consciência de fazer o anúncio de processo, substância ou objeto destinado a provocar o aborto.

Não é necessário que o agente vise lucro com o anúncio, visto que o tipo penal não exige qualquer vantagem. Além disso, não se exige que o processo, substância ou objeto anunciado, seja eficaz para o cometimento do aborto.

Não se pune a conduta culposa.

Consumação e tentativa

Ocorre a consumação no momento em que se torna público o anúncio de processo, substância ou objeto destinado interromper a vida extrauterina.

Trata-se de contravenção de **perigo abstrato**, isto é, dispensa a prova do risco efetivo, o qual é absolutamente presumido por lei, bastando a simples prática do anúncio de **processo, substância ou objeto destinado a provocar aborto**. O STF já se posicionou no sentido de que as infrações penais de perigo abstrato "*não representa, por si só, comportamento inconstitucional por parte do legislador penal. A tipificação de condutas que geram perigo em abstrato, muitas vezes, acaba sendo a melhor alternativa ou a medida mais eficaz para a proteção de bens jurídico-penais supraindividuais ou de caráter coletivo*".[28]

A tentativa não é punível (art. 4º, LCP).

Ação penal

A ação penal é de natureza pública incondicionada. São aplicáveis o rito e os institutos despenalizadores do Juizado Especial Criminal (Lei nº 9.099/95), sendo igualmente admitida a suspensão condicional do processo.

VIAS DE FATO

Art. 21. Praticar vias de fato contra alguém:

Pena – prisão simples, de quinze dias a três meses, ou multa, de cem mil réis a um conto de réis, se o fato não constitui crime.

§ 1º Aumenta-se a pena de 1/3 (um terço) até a metade se a vítima é maior de 60 (sessenta) anos.

§ 2º Se a contravenção é praticada contra a mulher por razões da condição do sexo feminino, nos termos do § 1º do art. 121-A do Decreto-Lei nº 2.848, de 7 de dezembro de 1940 (Código Penal), aplica-se a pena em triplo.

Bem jurídico tutelado

A norma penal tem como objetividade jurídica a incolumidade pessoal. Visa à proteção da incolumidade pessoal, quando não se consumarem as lesões corporais, que configuram delito mais grave.

Sujeitos da contravenção

Trata se de infração penal comum, assim, qualquer pessoa pode ser **sujeito ativo**. O **sujeito passivo** é qualquer pessoa.

Caso a vítima seja maior de 60 anos na data da conduta, o sujeito ativo incorre na causa de aumento de pena de 1/3 até metade prevista no § 1º do art. 21 da LCP, acrescido pelo art. 111 do Estatuto da Pessoa Idosa (Lei nº 10.741/03).

---

28 HC 104410, Relator: Min. Gilmar Mendes, Segunda Turma, julgado em 06/03/2012.

Caso a contravenção seja praticada contra mulher por razões da condição do sexo feminino, nos termos do § 1º do art. 121-A do Decreto-Lei nº 2.848, de 7 de dezembro de 1940 (Código Penal), o sujeito ativo incorre na causa de aumento de pena em triplo, nos termos do § 2º do art. 21 da LCP.

Condutas

O legislador brasileiro tipificou como crime as condutas que resultem em dano a integridade física (Código Penal), mas não se ocupou com as vias de fato, cabendo à Lei das Contravenções Penais incorporar ao seu elenco essa modalidade de infração.

A ação nuclear do tipo contravencional é praticar vias de fato contra alguém. Praticar é realizar, executar. Pode-se afirmar que **Vias de Fato** é a violência empregada contra pessoa sem a finalidade de provocar dano em seu corpo. Trata-se de infração penal que ataca a incolumidade física, consubstanciada em atos de ataque ou violência contra pessoa, desde que não caracterizem lesões corporais. Por exemplo: desferir tapas, empurrar pessoas, puxar cabelos, arremessar líquidos em determinada pessoa.

A **violência moral** praticada por palavras e gestos **não integra o tipo penal** em estudo. A violência empregada é física, material. Nesse sentido, os ensinamentos de José Duarte: "A violência puramente moral, por palavras e gestos, não se enquadra no art. 21. O legislador brasileiro inclui na categoria das contravenções penais referentes à pessoa, formula genérica que pode, realmente, abranger todas as ofensas. Mas parece-nos que a interpretação deve ser mais restrita, limitando-se aos *fatos materiais*, aos atos que produzem uma ofensa pessoal, concreta, real, física, sem lesões, sem vestígios[29].

É **desnecessária** a realização de exame de corpo de delito para comprovação da ocorrência de vias de fato, posto que o laudo de **exame** de **corpo** de **delito** não é o único meio passível de comprovação do cometimento da ocorrência da contravenção de **vias** de **fato**, principalmente porque, na maioria dos casos, não existem vestígios, o que enseja a possibilidade de comprovação por outros meios de prova. Neste sentido decidiu o TJMS: "Para a materialização da indigitada contravenção é desnecessária a juntada de laudo de exame de corpo delito, até porque, se houvesse lesão, o fato tipificaria infração penal mais grave (CP, artigo 129). Recurso improvido". No mesmo sentido decidiu o STJ: *De acordo com precedentes desta Corte, a contravenção penal de vias de fato nem sempre deixa vestígios, motivo pelo qual se permite a dispensa da realização do exame de corpo de delito. A materialidade, em tais casos, pode ser constatada pela ponderação do julgador a respeito de outros elementos probatórios, como previsto no art. 167 do Código de Processo Penal.3. Agravo regimental desprovido.(AgRg no AREsp 1422430/SP, Rel. Ministro ANTÔNIO SALDANHA PALHEIRO, SEXTA TURMA, julgado em 13/08/2019, DJe 26/08/2019)*

A contravenção de vias de fato é subsidiária, pois é absorvida pelos crimes em que o meio de execução é a violência física como lesão corporal, constrangimento ilegal e estupro. Cuida-se de **subsidiariedade expressa ou explícita,** pois contém em seu preceito primário a expressão "se o fato não constitui crime".

Distinção com outras infrações

Não se deve confundir vias de fato (art. 21, LCP) com a tentativa de lesão corporal. Na contravenção não existe a intenção de ofender a integridade física da vítima, enquanto na tentativa de lesão corporal o agente atua com *animus* de lesioná-la, mas não obtém êxito por circunstâncias alheias a sua vontade.

---

29 DUARTE, José. Comentários à Lei das Contravenções Penais, Volume II – Parte Especial. 2º ed. Rio de Janeiro: Forense, 1958, p. 45.

Se o agente, com a sua conduta, busca ofender a dignidade ou decoro da vítima incorre no crime de injúria real (art. 140, § 2º, do CP) e não na contravenção penal de vias de fato, pois há ofensa a honra subjetiva da vítima.

Victor Gonçalves esclarece que "quanto ao edema (inchaço), há divergência acerca da configuração de crime de lesões corporais ou da contravenção. Para alguns, depende do tamanho do edema". Além disso, explica o doutrinador que "A equimose e o hematoma configuram lesões corporais. Equimose é a mancha escura, resultante do rompimento de pequenos vasos sob a pele ou mucosa. Hematoma é o tumor passageiro formado por sangue extravasado. É a equimose com inchaço".

O corte de cabelo ou barba sem autorização da vítima pode configurar vias de fato, lesão corporal ou ainda injúria real. Segundo Fernando Capez "Nélson Hungria e Heleno Fragoso (1979, v. 325, nota de rodapé) sustentam que o corte de cabelo ou de barba, mesmo quando praticado aleatória ou violentamente, não deve ser considerado lesão corporal, mas vias de fato ou injúria real. No caso, configurará crime de injúria real se o corte for praticado com intuito de envergonhar ou humilhar a vítima. Não havendo essa intenção, poderá estar configurada tão somente a contravenção de vias de fato. Ela se dará na hipótese em que a violência praticada não deixar vestígios sensíveis. Os cortes de cabelo e de barba, normalmente, não deixam vestígios".

Majorante

O art. 21 da LCP, em seu § 1º, dispõe que a pena é aumentada em 1/3 (um terço) até a metade se a vítima é maior de 60 (sessenta) anos. O § 1º foi acrescentado pela Lei nº 10.741/03 (Estatuto da Pessoa Idosa). Vale lembrar que o art. 61, II, *h*, do CP, prevê a agravante genérica quando a vítima é maior de 60 anos. No entanto, no caso da contravenção de vias de fato, o juiz na segunda fase de aplicação da pena deve desconsiderar a agravante genérica sob pena de *bis in idem*, haja vista a necessidade de aplicação da causa de aumento.

A Lei n. 14.994/24 acrescentou o § 2º que prevê o aumento de pena em triplo se a contravenção for praticada contra mulher por razões da condição do sexo feminino, nos termos do § 1º do art. 121-A do Decreto-Lei nº 2.848, de 7 de dezembro de 1940 (Código Penal).

Voluntariedade

Quanto à voluntariedade, exige-se o dolo. A via de fato é contravenção dolosa, porque encerra um ato voluntário de agressão, revela o desejo de molestar, de ofender, de produzir um mal físico[30]. Não há previsão de elemento subjetivo específico. Também não se pune a forma culposa.

Consumação e tentativa

A consumação se dá no momento em que o agente passa a agredir, desferir golpes na vítima, ou seja, no momento da agressão. Inexiste resultado naturalístico, mesmo porque ocorrendo evento material o fato passa a configurar lesão corporal.

Não se pune a tentativa (art. 4º da LCP).

Ação penal

Nos termos do art. 17 da LCP, as contravenções penais são apuradas por meio de ações de natureza pública incondicionada.

30 DUARTE, José. Comentários à Lei das Contravenções Penais, 2º ed. Volume II – Parte Especial. Rio de Janeiro: Forense, p. 42.

Com a entrada em vigor da Lei dos Juizados Especiais (Lei nº 9.099/95), que passou a exigir a representação da vítima para os crimes de lesões corporais leve e culposa (art. 88), surgiu o entendimento de que, também para a contravenção penal de vias de fato se faria necessária a manifestação de vontade do ofendido como condição de procedibilidade, pois cuida-se de conduta com a mesma natureza, porém com menor potencial ofensivo (é um *minus*) em relação ao crime de lesão corporal. Desta feita não poderia sofrer tratamento processual mais austero.

Discordamos desse posicionamento. A modificação da natureza da ação penal no crime de lesão corporal leve ou culposa (art. 88, Lei dos Juizados Especiais) não se aplica à persecução da contravenção de vias de fato. Se a intenção do legislador era transformar a natureza da ação penal de pública incondicionada em pública condicionada à representação nas hipóteses de contravenções de vias de fato, o teria feito de forma expressa, assim como fez nos casos de lesão corporal leve e culposa. Portanto, é forçoso reconhecer que o silêncio do legislador foi eloquente, deliberado e não mero esquecimento, não se aplicando o art. 88 da Lei nº 9.099/95, que tornou condicionada à representação a ação penal relativa aos crimes de lesões corporais leves.

Além disso, o art. 17 do Decreto-lei nº 3.688/41 deve continuar a incidir a contravenção de vias de fato, pois "o argumento de que se justifica a representação do ofendido porque a infração é menos grave do que a lesão corporal não merece guarida porque, a se aplicar esta solução, todos os crimes de perigo que pudessem preceder a uma infração penal de ação penal pública condicionada também teriam a persecução penal modificada. Como exemplo, pode-se citar o art. 132 do Código Penal: se a lesão corporal de natureza leve é processada mediante representação do ofendido, aplicar-se-ia o mesmo procedimento à exposição da vida ou a saúde de outrem a perigo direto e iminente (Mirabete, Juizados Especiais Criminais, p. 140)"[31].

A 5ª Turma do STJ, em 24.05.2018, entendeu que *em relação ao crime de disparo de arma de fogo e à contravenção penal de vias de fato, contudo, descabe falar em trancamento da ação penal. Isso porque ambos os ilícitos são de ação pública incondicionada, na qual a atuação do Ministério Público independente de manifestação de vontade da ofendida ou de terceiros e, portanto, a retratação da companheira do réu não representa ausência de condição de procedibilidade e não tem qualquer repercussão quanto a tais condutas. Por certo, caso reste evidenciada a presença de justa causa para a persecução penal, deverá o Parquet oferecer denúncia contra o réu, em observância ao princípio da obrigatoriedade (CPP, art. 24). 7. A Lei de Contravenções Penais, em seu artigo 17, estabelece que a ação penal é pública em relação a todas as infrações tipificadas nesse diploma legal*[32].

Posto isso, acreditamos que a natureza jurídica da ação penal da contravenção de vias de fato permanece sendo pública incondicionada.

Violência contra a mulher

O STJ decidiu que "em casos de vias de fato, se praticada em contexto de violência doméstica ou familiar, não há falar em necessidade de representação da vítima para persecução penal".[33]

Conversão da pena

A possibilidade de conversão da pena privativa de liberdade por restritiva de direitos na hipótese da prática de vias de fato que envolva violência doméstica é tema divergente. A Segunda Turma do STF, em 8/10/2016, entendeu pela viabilidade da "conversão da pena privativa de

31 https://meusitejuridico.editorajuspodivm.com.br/2020/01/30/acao-penal-na-contravencao-de-vias-de-fato-cometida-contra-mulher-no-ambito-domestico-e-familiar/.

32 RHC 88.515/RJ, Rel. Ministro RIBEIRO DANTAS, QUINTA TURMA, julgado em 24/05/2018, DJe 30/05/2018.

33 STJ, AgRg no HC713415, 22/03/22.

liberdade por restritiva de direito nos moldes previstos no art. 17 da Lei Maria da Penha aos condenados pela prática da contravenção penal de vias de fato, por se tratar de modalidade de infração penal não alcançada pelo óbice do inciso I do art. 44 do Código Penal". (HC 131160, Relator(a): Min. Teori Zavascki).

Por sua vez, a Primeira Turma do STF, em 31.10.2017, decidiu pela inviabilidade da substituição da pena privativa de liberdade em restritiva de direitos nas hipóteses de cometimento de vias de fato no âmbito da violência doméstica, em síntese, sob os seguintes fundamentos: 1) a violência nos atos de agressão perpetrados contra a mulher no ambiente doméstico e familiar, cumpre estender a vedação contida no art. 44, I, do Código Penal à infração prevista no art. 21 do Decreto-Lei nº 3.688/1941; 2- a aplicação aos casos de violência doméstica de penas restritivas violaria a diretriz do artigo 226 da Constituição, o qual determina "a adoção de mecanismos que coíbam a violência no âmbito das relações familiares; 3- a Lei Maria da Penha rechaça, de modo peremptório, a aplicação de "institutos despenalizadores[34]".

A jurisprudência do STJ também é no sentido de que a prática de contravenção cometida com violência ou grave ameaça no ambiente doméstico impossibilita a substituição da pena privativa de liberdade por restritiva de direitos. Neste sentido, foi editada a Súmula 588 do STJ: "*A prática de crime ou contravenção penal contra a mulher com violência ou grave ameaça no ambiente doméstico impossibilita a substituição da pena privativa de liberdade por restritiva de direitos.* Dessa forma, podemos afirmar que é majoritária a jurisprudência no sentido da impossibilidade de conversão da pena privativa de liberdade em restritiva de direitos, no caso de vias de fato praticadas contra mulher no âmbito doméstico".

Princípio da insignificância. Vias de fato. Violência doméstica.

O princípio da insignificância incide quando presentes, cumulativamente, as seguintes condições objetivas: (a) mínima ofensividade da conduta do agente, (b) nenhuma periculosidade social da ação, (c) grau reduzido de reprovabilidade do comportamento, e (d) inexpressividade da lesão jurídica provocada.

A jurisprudência dos Tribunais Superiores vem rechaçando a aplicação do princípio da insignificância no que se refere às contravenções penais praticadas contra mulher no âmbito das relações domésticas, haja vista o bem jurídico tutelado. Mesmo que tenha ocorrido arrependimento por parte do autor e a sua conduta seja considerada de pouca gravidade e independente da vontade da vítima, a pena cominada deve ser aplicada. Logo, a reconciliação do casal não implica no reconhecimento da atipicidade material da conduta ou a desnecessidade de pena.[35]

Neste mesmo sentido já decidiu o STF[36]: "1. Mostra-se incabível a aplicação do princípio da insignificância "ante a excepcional vulnerabilidade da mulher no âmbito das relações domésticas" (RE nº 807.781/SP, Relator o Ministro Luiz Fux, DJe de 9/10/15), a ensejar juízo de maior reprovabilidade da conduta praticada pelo agravante, que pôs em risco a integridade física da vítima" (HC 141594 AgR, Relator(a): Min. Dias Toffoli, Segunda Turma, julgado em 09/06/2017).

INTERNAÇÃO IRREGULAR EM ESTABELECIMENTO PSIQUIÁTRICO

Art. 22. Receber em estabelecimento psiquiátrico, e nele internar, sem as formalidades legais, pessoa apresentada como doente mental:

34 HC 137888, Relator(a): Min. ROSA WEBER, Primeira Turma, julgado em 31/10/2017, PROCESSO ELETRÔNICO DJe-031 DIVULG 20-02-2018 PUBLIC 21-02-2018.

35 AgRg no HC 713.415/SC, Rel. Ministro REYNALDO SOARES DA FONSECA, QUINTA TURMA, julgado em 22/02/2022, DJe 25/02/2022.

36 *HC 141594 AgR, Relator(a): Min. DIAS TOFFOLI, Segunda Turma, julgado em 09/06/2017.*

Pena – multa, de trezentos mil réis a três contos de réis.

§ 1º Aplica-se a mesma pena a quem deixa de comunicar a autoridade competente, no prazo legal, internação que tenha admitido, por motivo de urgência, sem as formalidades legais.

§ 2º Incorre na pena de prisão simples, de quinze dias a três meses, ou multa de quinhentos mil réis a cinco contos de réis, aquele que, sem observar as prescrições legais, deixa retirar--se ou despede de estabelecimento psiquiátrico pessoa nele internada.

Bem jurídico tutelado

O tipo penal tutela dois bens jurídicos: regularidade dos serviços nos estabelecimentos psiquiátricos e a liberdade pessoal.

Sujeitos da contravenção

O **sujeito ativo** é o indivíduo com atribuições em estabelecimentos psiquiátricos para receber e internar a pessoa *apresentada como doente mental*. Lembra Romeu Salles Júnior que "se, eventualmente, outra pessoa participar da ação, sem qualidade para exercer aquelas atividades, será responsável também pela contravenção, pois tem aplicação à hipótese os princípios que regem o concurso de pessoas, especificamente no que diz respeito à participação (art. 29 do Código Penal)".

O **sujeito passivo** pode ser qualquer pessoa. A norma penal não restringe o sujeito passivo a pessoa doente mental, pois prevê pessoa **apresentada como doente mental**. Logo, tanto a pessoa sã quanto a doente mental pode ser apresentada como doente mental e, assim, figurar no polo passivo.

Victor Gonçalves esclarece que "se uma pessoa sã, mediante violência de familiares ou terceiros, for internada contra sua vontade, estará presente o crime de sequestro ou cárcere privado qualificado por ter sido o crime cometido mediante internação em hospital psiquiátrico".

Condutas

As condutas típicas consistem em *receber* (aceitar, acolher) e *internar* (abrigar) em estabelecimento psiquiátrico, pessoa apresentada como doente mental, sem as formalidades legais.

Trata-se de norma penal em branco, uma vez que a expressão "sem as formalidades legais" demonstra a necessidade de complemento da norma por outros atos normativos, que disciplinam as internações de pessoas com transtornos mentais.

A Lei Federal 10.216/2001, que dispõe sobre a proteção e os direitos das pessoas com transtornos mentais e que regula também as internações de dependentes químicos, prevê, em seu artigo 6º, que a internação psiquiátrica somente será realizada mediante **laudo médico** circunstanciado que caracterize os seus motivos.

Nos casos de internação **voluntária** (com o consentimento do usuário) ou **involuntária** (sem o consentimento do usuário e a pedido de terceiro), a internação será **autorizada por médico** com registro no Conselho Federal de Medicina do Estado onde está localizado o estabelecimento (art. 8º da Lei nº 10.216/01). Por sua vez, a internação compulsória (determinada pela Justiça), nos termos do art. 9º da Lei nº 10.216/01, somente pode ocorrer por **ordem judicial e nas situações elencadas lei.**

Além disso, a lei impõe que o Ministério Público seja comunicado da internação psiquiátrica involuntária, no prazo de setenta e duas horas, pelo responsável técnico do estabelecimento no qual tenha ocorrido, devendo esse mesmo procedimento ser adotado quando da respectiva alta.

O fato de o diretor do estabelecimento psiquiátrico, ou outra pessoa autorizada, dar alta ao paciente não desnatura a contravenção, desde que irregular a internação[37]. Além disso, a regularização *a posteriori* da internação não retira a tipicidade da conduta.

Por fim, importa destacar que existem formalidades para internação, as quais estão previstas na Portaria 2.391/2002[38] do Ministério da Saúde e que não observadas no momento da internação podem caracterizar a contravenção do art. 22.

Figura assemelhada

O § 1º imputa a mesma pena, a quem se omite em comunicar a autoridade competente, no prazo legal, a internação da pessoa sem obediência às formalidades legais, ante a urgência do caso concreto.

A norma penal pune o responsável que deixa de comunicar à autoridade competente, no prazo legal, o recebimento e a internação sem as devidas formalidades legais em razão de urgência.

Em casos de urgência, portanto, é possível a internação sem observância dos preceitos legais, mas a lei impõe o dever de comunicação à autoridade competente.

Vale apontar que o Ministério Público deve ser comunicado da internação psiquiátrica involuntária, não importando se é caso ou não de urgência, no **prazo de setenta e duas horas**, pelo responsável técnico do estabelecimento no qual tenha ocorrido, devendo esse mesmo procedimento ser adotado quando da respectiva alta (art. 8º, § 1º da Lei nº 10.216/01).

Formas qualificadas

O § 2º traz as figuras qualificadas do tipo penal, com pena de prisão simples de 15 dias a 3 meses ou multa, a conduta daquele que se deixa retirar (ir embora) ou despede (manda embora) de estabelecimento psiquiátrico a pessoa nele internada.

O dispositivo em análise diz respeito aos casos em que a pessoa já se encontra internada e teve autorizada sua saída ou despedida, sem observar os requisitos legais. Logo, o responsável pela desinternação da pessoa com transtornos mentais, sem observância dos dispositivos legais, responde criminalmente.

Voluntariedade

Quanto à voluntariedade, exige-se o dolo. Não se pune a conduta culposa. Explica Sílvio Maciel que se "alguém, por negligência ou imprudência, recebe ou interna um doente mental sem atentar para as formalidades legais, o fato é atípico, podendo ensejar alguma infração administrativa".

Consumação e tentativa

A **consumação** se dá no momento da internação da pessoa tida como doente mental, sem as formalidades legais. No caso do § 1º, a *consumação* ocorre com a expiração do prazo legal para comunicar a autoridade competente. Quanto às condutas descritas no § 2º *consumam*-se no instante em que a pessoa internada vai embora do estabelecimento psiquiátrico.

A tentativa não é punível (art. 4º, LCP).

37 JESUS, Damásio de, Leis das Contravenções Penais, ed. Saraiva, 2015, p.95.

38 Regulamenta o controle das internações psiquiátricas involuntárias (IPI) e voluntárias (IPV) de acordo com o disposto na Lei 10.216, de 6 de abril de 2002, e os procedimentos de notificação da Comunicação das IPI e IPV ao Ministério Público pelos estabelecimentos de saúde, integrantes ou não do SUS.

Ação penal

Trata-se de contravenção de ação penal pública incondicionada. São aplicáveis o rito e os institutos despenalizadores do Juizado Especial Criminal (Lei nº 9.099/95).

INDEVIDA CUSTÓDIA DE DOENTE MENTAL

Art. 23. Receber e ter sob custódia doente mental, fora do caso previsto no artigo anterior, sem autorização de quem de direito:

Pena – prisão simples, de quinze dias a três meses, ou multa, de quinhentos mil réis a cinco contos de réis.

Bem jurídico tutelado

Tutela-se a liberdade do doente mental, protegendo-o contra custódias irregulares em casa particular.

Sujeitos da contravenção

Trata-se de contravenção comum, o **sujeito ativo** pode ser qualquer pessoa. O **sujeito passivo** é o doente mental.

Conduta

A conduta típica consiste em *receber* (aceitar, acolher) e *ter sob custódia* (ter sob sua guarda, proteção e vigilância) doente mental, fora do caso previsto no artigo anterior, sem autorização de quem de direito.

Na hipótese do artigo anterior, como estudado, o recolhimento ocorre em "estabelecimento psiquiátrico". No art. 23, diante da expressão *"fora do caso do artigo anterior"* contida no tipo penal, a internação deve se dar em lugar **diverso de estabelecimento psiquiátrico** como, por exemplo, casa particular, de cura ou de repouso.

Para a configuração da conduta, o tipo penal prevê um elemento normativo consistente na expressão "sem autorização de quem de direito". Logo, se houver a autorização da pessoa responsável como membro da família, médico ou de um juiz, a conduta é atípica.

A contravenção de Indevida Custódia de Doente Mental é subsidiária, pois somente se configurará quando a conduta do agente não caracterizar a contravenção do artigo 22 da LCP. Cuida-se de **subsidiariedade expressa ou explicita**, pois contém em seu preceito primário "fora do caso previsto no artigo anterior".

Voluntariedade

Exige-se o dolo. É imprescindível a ciência do sujeito ativo da **ausência de autorização da pessoa responsável**. Não existe a forma culposa e nem elemento subjetivo específico do tipo.

Consumação e tentativa

A consumação se dá com o início da custódia da pessoa com transtorno mental. Não é possível a tentativa (art. 4º da LCP).

Ação penal

É de natureza pública incondicionada, conforme art. 17 da LCP. Como todas as contravenções penais são consideradas de menor potencial ofensivo, nos termos do art. 61 da Lei dos Juizados Especiais (Lei nº 9.0099/95), são aplicáveis o rito e os institutos despenalizadores do

Juizado Especial Criminal (Lei nº 9.099/95), sendo igualmente admitida a suspensão condicional do processo.

CAPÍTULO II
DAS CONTRAVENÇÕES REFERENTES AO PATRIMÔNIO
INSTRUMENTO DE EMPREGO USUAL NA PRÁTICA DE FURTO

Art. 24. Fabricar, ceder ou vender gazua ou instrumento empregado usualmente na prática de crime de furto:

Pena – prisão simples, de seis meses a dois anos, e multa, de trezentos mil réis a três contos de réis.

Bem jurídico tutelado

Entendemos que o tipo contravencional tem como *bem jurídico* a segurança da coletividade. Esse também é o entendimento de Guilherme Nucci: "embora o título dado a este capítulo seja das contravenções referentes ao patrimônio, o objeto jurídico tutelado é a segurança da coletividade, no aspecto patrimonial, mas não o patrimônio individual de alguém. Tanto assim quem, cometida a contravenção penal do art. 24, quem seria considerada como vítima? Se for a coletividade (crime vago, observa-se que o objeto jurídico não é patrimônio (este sempre pertence a alguém), mas a segurança jurídica (esta, sim, de interesse geral)." Vale frisar, no entanto, que há posição no sentido de que o bem tutelado é o patrimônio individual.

Sujeitos da contravenção

Trata se de infração penal comum, assim, qualquer pessoa pode ser **sujeito ativo**. O **sujeito passivo** é a coletividade, tendo em vista que não há lesão ao patrimônio de pessoa determinada. Cuida-se de crime de perigo.

Condutas

A conduta típica consiste em *fabricar* (criar, produzir, manufaturar, dar origem), *ceder* (doar, emprestar a título oneroso ou gratuito) ou *vender* (alienar por qualquer forma, transferindo a propriedade) gazua ou instrumento empregado usualmente na prática de crime de furto.

Ressalta-se que quem **adquire** gazua ou outro instrumento **não incorre na contravenção** em comento, posto que a conduta adquirir não vem descrita no tipo penal. Além disso, o agente que adquire o objeto material da contravenção penal em estudo não responde pelo crime de receptação, porquanto, não se trata de produto de crime.

O art. 24 da LCP trata-se de **tipo misto alternativo** (descreve mais de uma conduta em um único tipo penal), por conseguinte, o sujeito que pratica mais de uma conduta descrita no tipo, desde que no mesmo contexto fático responde por uma única infração penal, não havendo que se cogitar em concurso de crimes Portanto, o agente que além de fabricar, vende o instrumento empregado usualmente na prática de crime de furto responde apenas por uma única contravenção. No tipo misto alternativo, a prática de mais de uma conduta é aferida na primeira fase da dosimetria da pena (art. 59, CP), de modo que o sujeito que realiza mais de um verbo nuclear deve receber uma pena mais elevada do que aquele que prática apenas um.

O tipo penal tem como **objeto material** a *gazua* ou *outro instrumento empregado na prática de furto*. *Gazua* é a ferramenta apta a fazer funcionar fechaduras e cadeados. Em regra, é um pequeno pedaço de ferro ou instrumento curvo cuja finalidade é abrir fechaduras e cadeados, como a chave falsa ou "mixa". Quanto à expressão "outro instrumento empregado na prática de furto", esta alcança chave de fenda, serra, alicate, pinça. Como tais instrumentos podem servir para outros fins, se o agente tiver de boa-fé a sua conduta é atípica. Convém mencionar a existência de posicionamento doutrinário no sentido de que a expressão *outro instrumento empregado na prática de furto* é uma cláusula aberta e, portanto, viola o princípio da legalidade, o qual proíbe termos vagos nos tipos penais incriminadores.

O agente que fabrica o instrumento e o utiliza para a prática de furto responde apenas pelo crime, ficando absorvida a contravenção. A conduta descrita no art. 24 da LCP funciona como meio para o cometimento do crime de furto, ficando, assim, absorvida.

Questão controversa

A expressão *crime de furto* contida no tipo penal diverge a doutrina quanto ao seu sentido. Para Damásio de Jesus "a expressão *crime de furto* não se restringe ao fato descrito no art. 155 do CP. A norma pretende referir-se a instrumento empregado usualmente na prática de *subtração patrimonial*, seja furto, seja roubo".

Entendemos, contudo, que a interpretação da expressão crime de furto não pode ser ampliativa, mas sim restritiva sob pena de desvirtuar a *mens legis*.

Como bem aduz Guilherme Nucci, "O art. 24 da LCP tem objetivo certo: buscar punir a preparação do crime de furto, que, inclusive, possui forma qualificada quando praticado com emprego de chave falsa (art. 155, § 4º, III, CP). Não tem nenhum sentido incluir o roubo ou qualquer outro crime patrimonial. Gazuas servem para o cometimento do crime de roubo? Se este é concretizado pelo emprego de violência ou grave ameaça é natural supor que chaves falsas são irrelevantes para o art. 157 do Código Penal. Outros instrumentos usualmente empregados na prática de roubo – se este pudesse ser incluído no tipo do art. 24 – seriam infindáveis, abrangendo desde arma de fogo, passando por armas brancas de toda espécie, até mesmo a força física de autor mais forte que a vítima. A abrangência seria tamanha que o princípio da legalidade estaria completamente afastado".

Voluntariedade

Para a caracterização da infração penal é necessário que a conduta praticada seja dolosa. O tipo penal exige o elemento subjetivo específico caracterizado pelo conhecimento do agente que o objeto é usualmente utilizado para a prática de crime de furto.

Consumação e tentativa

A **consumação** ocorre com a fabricação do objeto. Prescinde-se da efetiva utilização do instrumento na prática de crime de furto. Constitui ilícito penal de mera conduta, não se exigindo que qualquer resultado seja produzido. Não é possível a **tentativa**, nos termos do art. 4º da LCP.

Ação penal

É de natureza pública incondicionada, conforme art. 17 da LCP. São aplicáveis o rito e os institutos despenalizadores do Juizado Especial Criminal (Lei nº 9.099/95), sendo igualmente admitida a suspensão condicional do processo.

POSSE NÃO JUSTIFICADA DE INSTRUMENTO DE EMPREGO USUAL NA PRÁTICA DE FURTO

Art. 25. Ter alguém em seu poder, depois de condenado, por crime de furto ou roubo, ou enquanto sujeito à liberdade vigiada ou quando conhecido como vadio ou mendigo, gazuas, chaves falsas ou alteradas ou instrumentos empregados usualmente na prática de crime de furto, desde que não prove destinação legítima: Pena – prisão simples, de dois meses a um ano, e multa de duzentos mil réis a dois contos de réis.

Revogação tácita

O Supremo Tribunal Federal, no RE 583.523, com reconhecimento de repercussão geral, declarou que o art. 25, LCP não foi recepcionado pela Constituição Federal. Segundo o STF o dispositivo é anacrônico, discriminatório e fere os princípios fundamentais da isonomia e dignidade da pessoa humana. Isto porque se percebeu que há no tipo o sopesamento dos aspectos subjetivos da condição pessoal e econômica do sujeito, para que reste caracterizada a contravenção penal. O fato de ter estabelecido condições específicas discriminatórias ao agente da infração penal (depois de condenado, por crime de furto ou roubo, ou enquanto sujeito à liberdade vigiada ou quando conhecido como vadio ou mendigo) conduz a flagrante incompatibilidade com os preceitos constitucionais.

Neste sentido, asseverou o ministro Gilmar Mendes relator do RE 583.523: *"Acolher o aspecto subjetivo como determinante para caracterização da contravenção penal equivale a criminalizar, em verdade, a condição pessoal e econômica do agente, e não fatos objetivos que causem relevante lesão a bens jurídicos importantes ao meio social. Nesse sentido, deve-se inadmitir infração penal que privilegia o direito penal do autor em detrimento do direito penal do fato"*.

Denota-se do artigo em estudo que o legislador considerou que determinadas pessoas possuem maior potencialidade de cometer infrações penais, no entanto, não é permitido presumir periculosidade do agente, sob pena de substituirmos um modelo de direito penal do fato para um modelo de direito penal do autor. Assim, nos parece que a decisão do STF é merecedora de elogio ao considerar não recepcionado o art. 25 da LCP.

Como o tipo contravencional não foi revogado expressamente passamos a discorrer sobre a infração penal.

Bem jurídico tutelado

A Lei *busca proteger* a segurança pública. De forma secundária, tutela também o patrimônio da coletividade. Quer se evitar a posse de objetos materiais usualmente empregados na prática de crime de furto.

Sujeitos da contravenção

Trata-se de contravenção própria, porquanto a enumeração legal é taxativa:

a) **pessoa condenada pelo delito de furto ou roubo:** é necessário o trânsito em julgado da condenação. A decisão deve estar transitada em julgado na data do fato. Não se faz necessário que o sujeito seja reincidente, bastando a existência de condenação irrecorrível anteriormente a prática da contravenção do art. 25 da LCP.

Não se pode dar interpretação extensiva com o fito de abranger outros crimes contra o patrimônio como estelionato, extorsão e apropriação indébita, pois há previsão expressa na lei quanto aos delitos de furto e roubo.

b) **o vadio e o mendigo desde que conhecidos como tais:** *Vadio* é o indivíduo que mesmo apto para o trabalho, se entrega a ociosidade. Saliente-se que a vadiagem tipifica a contravenção penal do art. 59 da LCP. Por sua vez, *mendigo* é pessoa entregue à mendicância, ou seja, vive de esmolas. Não se exige que o agente esteja praticando vadiagem ou mendicância no momento em que tem em seu poder os instrumentos mencionados.

Menciona Victor Gonçalves[39] que "Podia ser sujeito ativo aquele que estivesse sob liberdade vigiada. A liberdade vigiada, porém, espécie de medida de segurança, não existe mais em

39 GONÇALVES, Victor Eduardo Rios. Legislação Penal Especial Esquematizado, São Paulo: Saraiva, 2017.

nossa legislação desde a reforma da Parte Geral do código penal, em 1984 em razão disso, a norma está derrogada".

O sujeito passivo é a coletividade.

Condutas

A conduta típica consiste em *ter em seu poder* (ter a posse, a disponibilidade imediata do objeto, como, no porta-luvas do seu veículo) gazuas, chaves falsas, ou alteradas ou instrumentos empregados usualmente na prática de crime de furto ou roubo.

É imprescindível que a posse dos objetos materiais seja ilegítima, pois na destinação legítima o fato é atípico. É de se observar que, diante da expressão "desde que não prove destinação legítima" inserida no tipo penal, o ônus de se comprovar a legitimidade da destinação incumbe à defesa e não à acusação. Há entendimento, contudo, pela inconstitucionalidade da expressão, pois afronta os princípios constitucionais da presunção de inocência (art. 5º, inciso LVII, CF).

Os **objetos materiais** são gazuas, chaves falsas ou alteradas ou instrumentos empregados usualmente na prática de crime de furto.

Se a gazua ou instrumento similar é utilizado na prática do crime de furto, o agente responde pelo crime de furto qualificado (art. 155, § 4º, III, CP), restando absorvida a contravenção penal.

Quanto ao instituto da liberdade viajada constante no tipo, como já mencionado anteriormente, foi extinto na reforma penal de 1984.

Voluntariedade

Exige-se o dolo. Há o elemento subjetivo específico consistente na intenção de cometer crime de furto. Não há forma culposa.

Consumação e tentativa

A consumação se dá com a posse do objeto material da contravenção penal. Não é possível a tentativa (art. 4º, LCP).

Ação penal

É de natureza pública incondicionada, conforme art. 17 da LCP. São aplicáveis o rito e os institutos despenalizadores do Juizado Especial Criminal (Lei nº 9.099/95), sendo igualmente admitida a suspensão condicional do processo.

VIOLAÇÃO DE LUGAR OU OBJETO

Art. 26. Abrir alguém, no exercício de profissão de serralheiro ou ofício análogo, a pedido ou por incumbência de pessoa de cuja legitimidade não se tenha certificado previamente, fechadura ou qualquer outro aparelho destinado à defesa de lugar ou objeto:

Pena – prisão simples, de quinze dias a três meses, ou multa, de duzentos mil réis a um conto de réis.

Bem jurídico tutelado

Tutela-se o patrimônio alheio. Busca-se evitar que fechadura ou qualquer outro aparelho destinado à defesa de lugar ou objeto seja aberto por pessoas especialistas **sem cautelas** quanto à verificação da pessoa que determinou a abertura.

Sujeitos da contravenção

Trata-se de **contravenção própria**, pois o **sujeito ativo** somente pode ser o serralheiro ou quem exerça profissão análoga como mecânico, armeiro, chaveiro e ferreiro. Não é sujeito ativo aquele que, a pedido de terceiro consiga abrir cadeado, mas não exerce profissionalmente tais atividades.

O **sujeito passivo** é a pessoa que teve aberta a fechadura ou qualquer outro aparelho destinado à defesa de lugar ou objeto.

Condutas

A conduta típica consiste em abrir fechadura ou qualquer outro aparelho destinado à defesa de lugar (residência, estabelecimento comercial) ou objeto (carro, motocicleta). **Abrir** significa romper, permitir a entrada, desobstruir, dar acesso. A abertura de mais de uma fechadura do mesmo imóvel configura uma só contravenção.

A expressão "cuja legitimidade não se tenha certificado previamente" é demonstrativa que o agente atua com culpa na modalidade negligência. A culpa é o elemento normativo do tipo, tendo em vista a necessidade de um juízo de valoração diante do caso concreto. Portanto, cuida-se de **contravenção penal culposa**.

Pode se afirmar que o tipo descreve duas condutas: *a) comissiva:* consistente na abertura da fechadura ou aparelho destinado à defesa de lugar ou objeto; b) *omissiva:* consistente na falta de cautela (negligência) do agente em não se certificar da legitimidade daquele que solicita a abertura do imóvel ou objeto. Exemplo: o chaveiro não verifica se realmente é o proprietário ou possuidor do imóvel que solicitou a abertura da porta da residência.

O indivíduo que conscientemente abre fechadura ou outro aparelho destinado à defesa de lugar visando que outrem subtraia bens alheios, responde, **em concurso de pessoas**, pelo crime praticado por terceiro e não pela contravenção penal no art. 28 da LCP.

Voluntariedade

O, o tipo subjetivo "é representado pela culpa na modalidade negligência. É que o sujeito não procura se cientificar das qualidades da pessoa que lhe solicita a prática da ação."[40].

Consumação e tentativa

A consumação se dá no momento em que o agente abre a fechadura ou outro aparelho destinado à defesa de lugar. Se não acontecer a abertura ou houver desistência, o fato é atípico.

Anote-se que persiste a contravenção penal ainda que nenhum crime venha a ser praticado. Basta a abertura do cadeado ou qualquer aparelho destinado à defesa do lugar para consumação da contravenção em estudo, não se exige o cometimento de infração posterior. Dessa forma, cuida-se de contravenção de mera conduta, porquanto independe da ocorrência do resultado naturalístico.

Não é possível a tentativa (art. 4º da LCP).

Ação penal

É de natureza pública incondicionada, conforme art. 17 da LCP. Como todas as contravenções penais são consideradas de menor potencial ofensivo, nos termos do art. 61 da Lei dos Juizados Especiais (Lei nº 9.0099/95), são aplicáveis o rito e os institutos despenalizadores do

---

40 SALLES JÚNIOR, Romeu de Almeida, Lei das Contravenções Penais Interpretadas. São Paulo: OLiveira Mendes, 1998, p. 129.

Juizado Especial Criminal (Lei nº 9.099/95), sendo igualmente admitida a suspensão condicional do processo.

EXPLORAÇÃO DA CREDULIDADE PÚBLICA

Art. 27. Explorar a credulidade pública mediante sortilégios, predição do futuro, explicação de sonho, ou práticas congêneres:

Pena – prisão simples, de um a seis meses, e multa, de quinhentos mil réis a cinco contos de réis.

O tipo contravencional foi expressamente revogado pela Lei nº 9.521, de 27 de novembro de 1997.

DAS CONTRAVENÇÕES REFERENTES À INCOLUMIDADE PÚBLICA

DISPARO DE ARMA DE FOGO

Art. 28. Disparar arma de fogo em lugar habitado ou em suas adjacências, em via pública ou em direção a ela:

Pena – prisão simples, de um a seis meses, ou multa, de trezentos mil réis a três contos de réis.

Parágrafo único. Incorre na pena de prisão simples, de quinze dias a dois meses, ou multa, de duzentos mil réis a dois contos de réis, quem, em lugar habitado ou em suas adjacências, em via pública ou em direção a ela, sem licença da autoridade, causa deflagração perigosa, queima fogo de artifício ou solta balão aceso.

Derrogação

O art. 28, *caput*, foi revogado pelo art. 10, § 1º, III da Lei nº 9.437/97. Posteriormente, a Lei nº 9.437/97 foi revogada pela Lei nº 10.826/03 (Estatuto do Desarmamento) que disciplina a conduta de disparar com arma de fogo em local habitado em seu art. 15.

Conforme Guilherme Nucci, em relação às condutas descritas no parágrafo único "subsiste a contravenção apenas no tocante à queima de fogos. Em relação à soltura de balão, aplica-se o disposto no art. 42 da Lei 9.605/98. Quanto à deflagração, que significa explosão ou combustão, deve-se aplicar o disposto no art. 251, § 1º, do Código Penal".[41]. Dessa forma, apenas a conduta de queima de fogos de artifício, prevista no parágrafo único do art. 28 da LCP, encontra-se em vigência.

Bem jurídico tutelado

Tutela-se a incolumidade pública. O acionamento de fogos de artifício, sem as formalidades legais, como a autorização da autoridade competente, pode ocasionar incêndio, levando perigo à segurança das pessoas.

Sujeitos da contravenção

O sujeito ativo é qualquer pessoa. O sujeito passivo é a coletividade. Não há vítima definida.

41 NUCCI, Guilherme de Souza. *Leis Penais e Processuais Penais Comentadas*,Rio de Janeiro: Forense, 2018, p. 137.

Condutas

A norma penal tem como núcleo do tipo o verbo *causar*, que significa **originar, motivar, provocar** queima fogo de artifício.

O **objeto material** é o fogo de artifício consistente em explosivos dotados de um pavio para iniciar a combustão, comumente utilizados para a realização de shows pirotécnicos, visando a produzir efeitos visuais e sonoros em festas ou comemorações.

Trata-se de infração penal que não exige resultado naturalístico, ou seja, não necessita de dano a outrem para sua caracterização, bastando a mera probabilidade de dano a terceiros.

É necessário que a queima de fogos ou a soltura de balão seja praticada:

a) *em lugar habitado ou em suas adjacências: Lugar habitado* é aquele onde habitam pessoas, como, por exemplo, cidade, região, povoado. Por sua vez, as *adjacências* são as localidades que ficam próximas das residências das pessoas. Dessa forma, se o agente queimar fogos de artifícios em locais distantes de quaisquer habitações, não incorrerá na contravenção em estudo;

b) *em via pública ou em direção a ela: Via Pública* é o local de acesso a qualquer pessoa, como praças e ruas. É típica ainda a queima de fogos em locais privados, mas **em direção a via pública**, como, por exemplo, soltar rojões da varanda do apartamento, apontando para a rua.

Para tipicidade da contravenção, é necessário que a conduta seja praticada **sem autorização da autoridade competente,** que constitui elemento normativo do tipo. O Decreto-lei nº 4.238/42, que dispõe sobre a fabricação, o comércio e o uso de artigos pirotécnicos, é o diploma normativo responsável em disciplinar a concessão de **licença** para queima de fogos de artifícios.

Distinção

A contravenção do art. 28, parágrafo único, difere do crime de explosão[42] (art. 251 do CP), pois não obstante o parágrafo único do art. 28 do Decreto-Lei nº 3.688/41 fale em "queima de fogos de artifício", é de se observar que a conduta típica, no caso de contravenção, é aquela comumente conhecida como de "estourar" fogos de artifício para a realização de shows pirotécnicos, visando a produzir efeitos visuais e sonoros em festas ou comemorações, porém, de forma inadequada ou indevida, causando perigo à sociedade em geral. Se for comprovado que a conduta explosiva causou efetiva afronta à vida e à integridade física das pessoas ou concreto dano ao patrimônio de outrem, resta configurado o crime do art. 251 do CP. (TJ-PR 8495530 PR 849553-0 (Acórdão), Relator: José Mauricio Pinto de Almeida, Data de Julgamento: 12/04/2012, 2ª Câmara Criminal).

Por sua vez, "estando o tipo do art. 251 do CP, crime de explosão, entre aqueles denominados de perigo comum, é de se exigir, como circunstância elementar, a comprovação de que a conduta explosiva causou efetiva afronta à vida e à integridade física das pessoas ou concreto dano ao patrimônio de outrem, sob pena de faltar à acusação a devida demonstração da

---

42 Art. 251 – Expor a perigo a vida, a integridade física ou o patrimônio de outrem, mediante explosão, arremesso ou simples colocação de engenho de dinamite ou de substância de efeitos análogos: Pena– reclusão, de três a seis anos, e multa. § 1º – Se a substância utilizada não é dinamite ou explosivo de efeitos análogos: Pena – reclusão, de um a quatro anos, e multa. **Aumento de pena** § 2º – As penas aumentam-se de um terço, se ocorre qualquer das hipóteses previstas no § 1º, I, do artigo anterior, ou é visada ou atingida qualquer das coisas enumeradas no nº II do mesmo parágrafo. **Modalidade culposa** § 3º – No caso de culpa, se a explosão é de dinamite ou substância de efeitos análogos, a pena é de detenção, de seis meses a dois anos; nos demais casos, é de detenção, de três meses a um ano.

tipicidade. Por isso, ação de arremessar fogos e artifícios em local ocasionalmente despovoado, cuja consequência danosa ao ambiente foi nenhuma, não pode ser tido pela vertente do crime de explosão, podendo, no máximo se referir à contravenção do art. 28 do Decreto-Lei 3688/41" (STJ – HC 104.952/SP, Sexta Turma, julgado em 10/02/2009).

Se for realizada venda ou o fornecimento de fogos de artifício à criança ou adolescente, o agente incorre no crime do art. 244 do Estatuto da Criança e do Adolescente (Lei nº 8.069/90). De outro lado, a conduta de soltar balão aceso encontra guarida no art. 42 da Lei dos Crimes Ambientais (Lei 9.605/98).

Frise-se que segundo o art. 6º do Decreto-Lei nº 4.238/42[43] há fogos de artifício que podem ser vendidos a quaisquer pessoas, inclusive menores, e sua queima é livre, portanto, não é exigida a autorização da autoridade, de modo que a queima desses fogos não caracteriza a contravenção penal.

Se da queima de fogos de artifícios resultar em incêndio, a conduta caracteriza o crime do art. 250 do Código Penal, restando absorvida a contravenção em estudo, ante o princípio da consunção.

Quando o sujeito ativo tem como finalidade, com a queima dos fogos de artifício, lesionar ou matar pessoa certa, incorrerá no crime de lesão corporal ou de homicídio, tentados ou consumados, caso em que a contravenção do art. 28, parágrafo único fica absorvida.

Voluntariedade

É o dolo consistente na vontade de deflagrar fogos de artifícios sem autorização da autoridade.

Consumação e tentativa

A consumação se dá com a deflagração dos fogos de artifício, independente da produção de qualquer resultado naturalístico. Cuida-se portanto de contravenção de mera conduta. Não se pune a tentativa (art. 4º da LCP).

Ação penal

A contravenção penal é de natureza pública incondicionada, nos termos do art. 17 da LCP. São aplicáveis o rito e os institutos despenalizadores do Juizado Especial Criminal (Lei nº 9.099/95).

DESABAMENTO DE CONSTRUÇÃO

Art. 29. Provocar o desabamento de construção ou, por erro no projeto ou na execução, dar-lhe causa:

Pena – multa, de um a dez contos de réis, se o fato não constitui crime contra a incolumidade pública.

Bem jurídico tutelado

A incolumidade pública. O legislador procurou proteger à vida e a segurança das pessoas que podem ser colocadas em risco com o desabamento de construção.

---

43 Art. 6º Os fogos incluídos na classe C não podem ser vendidos a menores de 18 anos e sua queima depende de licença da autoridade competente, com hora e local previamente designados, nos seguintes casos: a) para festa pública, seja qual for o local; b) dentro do perímetro urbano, seja qual for o objetivo.

Sujeitos da contravenção

Na primeira modalidade (desabamento de construção), cuida-se de contravenção comum, assim, qualquer pessoa pode ser **sujeito ativo**.

Na segunda modalidade (por erro no projeto ou na execução), trata-se de **contravenção própria**, pois apenas o responsável pela obra, como engenheiro, mestre de obras, pode ser **sujeito ativo**. A lei exige maior responsabilidade do profissional, que deve tomar todas as cautelas para que não ocorra um sinistro na construção. O Sujeito passivo é a coletividade.

Condutas

Trata-se de norma penal que descreve duas condutas. A primeira conduta descrita no tipo penal é *provocar* (causar, promover) desabamento de construção. O agente pratica a conduta de forma proposital, intencional. *Desabamento* é a ruína, derrubada de construção concluída ou obra em execução. Desabamento difere de *desmoronamento* que significa movimentação do solo e não está previsto no tipo penal em comento. *Construção* é a obra que dá estrutura a um prédio, ponte, residência etc.

A segunda modalidade prevista no tipo penal é *dar causa a desabamento de construção, por erro no projeto ou na execução*. O agente não provoca o desabamento de forma direta, mas acaba dando causa a ele. Trata-se de **contravenção penal culposa,** em razão de erro no projeto ou na execução. A **culpa** é o **elemento normativo do tipo**.

Victor Gonçalves esclarece que "Se o agente provocar o desabamento em construção **alheia** (sem causar perigo comum), incorrerá em crime de **dano** ou dano **qualificado** (caso se trate de bem público). Assim, a contravenção em estudo só tem lugar quando o sujeito provoca desabamento em construção própria ou com autorização do dono. É evidente, entretanto, que, se houver autorização das autoridades competentes para demolição, o fato será atípico. Comete a contravenção, por exemplo, quem realiza a demolição total ou parcial de uma casa, sem licença da autoridade."[44]

Se o desabamento é culposo e leva a perigo de dano um número elevado de pessoas, configura o crime de desabamento culposo (art. 256, par. único, CP). A contravenção de desabamento de construção é subsidiaria, já que só incide *se o fato não constituir crime contra a incolumidade pública*. Cuida-se de subsidiariedade expressa ou explícita, pois vem prevista no preceito secundário do tipo penal.

A contravenção de desabamento de construção (art. 29, LCP) distingue-se do crime de desabamento ou desmoronamento[45] (art. 256, CP). O crime exige o perigo concreto, ou seja, deve ficar demonstrado o perigo de dano à vida, à integridade corporal ou patrimônio de outrem. Ademais, é necessário que o desabamento ocasione uma situação de perigo a um número indeterminado de pessoas ou bens. Portanto, é preciso que tal resultado ocorra efetivamente, ameaçando de forma concreta pessoas ou coisas, isto é, criando perigo comum. A contravenção de desabamento de construção, por sua vez, é de perigo abstrato, não exigindo que o desabamento tenha causado risco de vida, à integridade física ou incolumidade a pessoas. Se o desabamento ocorrer mediante o emprego de explosivo, resultando em perigo comum, o agente responde pelo crime de Explosão[46] (art. 251 do CP) em virtude do princípio da consunção ou absorção.

---

44 GONÇALVES, Victor Eduardo Rios. Legislação Penal Especial Esquematizado, São Paulo: Saraiva, 2017, p. 257.

45 Art. 256 – Causar desabamento ou desmoronamento, expondo a perigo a vida, a integridade física ou o patrimônio de outrem: Pena – reclusão, de um a quatro anos, e multa. **Modalidade culposa** Parágrafo único – Se o crime é culposo: Pena – detenção, de seis meses a um ano.

46 Art. 251 – Expor a perigo a vida, a integridade física ou o patrimônio de outrem, mediante explosão, arremesso ou simples colocação de engenho de dinamite ou de substância de efeitos análogos: Pena – reclusão, de três a seis anos, e multa. § 1º – Se a substância utilizada não é dinamite ou explosivo de efeitos análogos: Pena – reclusão, de

Se da conduta ocorrer a morte ou lesão corporal de alguém, o agente incide no art. 256, combinado com art. 258, ambos do Código Penal, ficando absorvida a contravenção do art. 29 da LCP. A propósito, decidiu TJDFT: "É inaplicável a norma contravencional (art. 29, LCP) violadora de bem jurídico de menor gravidade quando do desabamento resulta lesão corporal (art. 256, parágrafo único c/c art. 258, ambos do CP). Princípio da subsidiariedade. Desclassificação incabível"[47].

Voluntariedade

Na primeira modalidade consistente em *provocar desabamento de construção* exige-se o dolo. No tocante à conduta *dar causa a desabamento de construção*, a conduta é *culposa*, conforme se infere da expressão "erro no projeto ou na execução", ou seja, a derrubada da construção ou da obra ocorre em virtude de defeito no projeto ou não sua execução. Vale anotar que o erro no projeto ou na execução deve ficar comprovado por meio de perícia técnica que ateste a imperícia, imprudência ou negligência.

Consumação e tentativa

A consumação se dá com o desabamento total ou parcial da construção. Trata-se, portanto, de contravenção material, pois para sua consumação deve ocorrer o resultado naturalístico. Não se pune a tentativa (art. 4º da LCP).

Ação penal

A contravenção penal é de natureza pública incondicionada, nos termos do art. 17 da LCP. São aplicáveis o rito e os institutos despenalizadores do Juizado Especial Criminal (Lei nº 9.099/95).

PERIGO DE DESABAMENTO

Art. 30. Omitir alguém a providência reclamada pelo estado ruinoso de construção que lhe pertence ou cuja conservação lhe incumbe:

Pena – multa, de um a cinco contos de réis.

Bem jurídico tutelado

É a incolumidade pública. Busca-se prevenir o risco de lesão a pessoas indeterminadas ou de bens devido ao estado ruinoso da construção.

Sujeitos da contravenção

Só pode ser **sujeito ativo** o proprietário da construção ou responsável pela sua conservação, como síndico, mandatário, tutor e curador. Logo, trata-se de contravenção penal própria.

O **sujeito passivo** é a coletividade.

---

um a quatro anos, e multa. **Aumento de pena** § 2º – As penas aumentam-se de um terço, se ocorre qualquer das hipóteses previstas no § 1º, I, do artigo anterior, ou é visada ou atingida qualquer das coisas enumeradas no nº II do mesmo parágrafo. **Modalidade culposa** § 3º – No caso de culpa, se a explosão é de dinamite ou substância de efeitos análogos, a pena é de detenção, de seis meses a dois anos; nos demais casos, é de detenção, de três meses a um ano.

47 Acórdão n. 664434, 20110910214686APJ, Relator: DIVA LUCY DE FARIA PEREIRA 1ª Turma Recursal dos Juizados Especiais do Distrito Federal, Data de Julgamento: 19/03/2013, Publicado no DJE: 01/04/2013. Pág.: 195.

Condutas

A infração penal descreve uma conduta omissiva, consistente em deixar de tomar as cautelas necessárias para a conservação da construção com o fim de evitar o desmoronamento. O agente deixa de tomar as providências necessárias para evitar o desabamento.

O estado ruinoso da construção deve ser verificado com base nas normas administrativas que disciplinam a segurança das construções, como o Código de Obras.

O agente deve ter consciência do perigo de desabamento em razão do estado ruinoso da construção. Se o proprietário da construção ou responsável na conservação foi notificado da necessidade de reparos e se omite, incorre na contravenção em estudo. No entanto, o total desconhecimento do estado ruinoso da construção ou obra por parte do agente exclui a infração penal.

Ressalta-se que a contravenção não se configura somente quando ocorre o desabamento. Para tipicidade da infração penal, basta o perigo de desabamento, constatado pelo estado ruinoso da construção e a consciência do responsável pela sua conservação.

Trata-se de infração de perigo abstrato, não se exigindo a comprovação do efetivo risco de lesão ao bem tutelado.

O **objeto material** é a construção em estado ruinoso.

Voluntariedade

Quanto à voluntariedade, exige-se o dolo, ou seja, a consciência do estado ruinoso e o risco de desabamento da construção. Se o agente desconhecer tais circunstâncias, não responde pela contravenção.

Consumação e tentativa

Consuma-se com a simples omissão. Basta que o proprietário ou responsável pela construção tenha ciência do estado ruinoso e venha a se omitir em tomar as ações necessárias para o desabamento. Portanto, não é exigível que ocorra o desabamento para sua consumação. Cuida-se de contravenção de mera conduta, pois não é necessário o resultado naturalístico para sua configuração. Impunível a tentativa.

Ação penal

Trata-se de contravenção de ação penal pública incondicionada. São aplicáveis o rito e os institutos despenalizadores do Juizado Especial Criminal (Lei nº 9.099/95).

OMISSÃO DE CAUTELA NA GUARDA OU CONDUÇÃO DE ANIMAIS

Art. 31. Deixar em liberdade, confiar à guarda de pessoa inexperiente, ou não guardar com a devida cautela animal perigoso:

Pena – prisão simples, de dez dias a dois meses, ou multa, de cem mil réis a um conto de réis.

Parágrafo único. Incorre na mesma pena quem:

a) na via pública, abandona animal de tiro, carga ou corrida, ou o confia à pessoa inexperiente;

b) excita ou irrita animal, expondo a perigo a segurança alheia;

c) conduz animal, na via pública, pondo em perigo a segurança alheia.

Bem jurídico tutelado

É a incolumidade pública. A norma tutela a segurança da coletividade.

O legislador busca resguardar a segurança de pessoas indeterminadas de situações que possam causar ameaças de danos. Exemplo: um cão bravio que possa atacar diversas pessoas, ocasionando lesões a integridade física ou até mesmo a morte delas.

Sujeitos da contravenção

A contravenção é comum, assim, o **sujeito ativo** pode ser qualquer pessoa, proprietária ou possuidora do animal perigoso.

O **sujeito passivo** é a coletividade e, eventualmente, as pessoas atacadas pelo animal bravio.

Condutas

O *caput* do art. 31 prevê três condutas típicas, são elas:

a) **deixar em liberdade animal perigoso:** consiste em permitir que o animal perigoso fique em local público ou exposto ao público, sem qualquer tipo de aparato que restrinja a sua liberdade. Exemplo: proprietário que permite que seu cão bravio ande solto, sem focinheira, pelos logradouros públicos.

   Animal perigoso é todo aquele que possa oferecer risco a incolumidade física ou ao patrimônio de alguém. É o animal feroz, bravio, não domesticado. A propósito: "Por animal perigoso não deve ser entendido somente o bravio, o selvagem, o de ataque, mas todo aquele que, pela sua irracionalidade, possa oferecer a outra pessoa que não o seu proprietário a possibilidade de produzir um dano à integridade física ou ao patrimônio" (TACRIM-SP, JUTACRIM 18/198). A expressão animal perigoso constitui elemento normativo do tipo, pois exige um juízo de valor com base na experiência ordinária do intérprete.

b) **confiar à guarda de pessoa inexperiente animal perigoso:** quer dizer entregar o animal perigoso a pessoa que não possui conhecimento suficiente para dominar animais bravios. Exemplo: deixar a vigilância de um cão bravio com uma criança.

c) **não guardar com as devidas cautelas animal perigoso:** restringir a liberdade do animal, sem os devidos cuidados, permitindo que ele possa causar danos a integridade física ou ao patrimônio de terceiros.

A falta de cautela deve ser analisada em cada caso concreto, devendo observar as características do animal como seu porte ou grau de ferocidade. Anote-se que a raça do animal não é elemento essencial, mas sim, a sua periculosidade individualmente considerada.

Anote-se que o proprietário de animais tem a obrigação de guardá-los adequadamente. "Se o dono permite a fuga, presume-se que a vigilância foi descuidada, caracterizando o tipo descrito no art. 31 do Decreto-Lei nº 3.688/41".[48]

O cão de guarda é reconhecidamente perigoso para fins de tipificação da contravenção do art. 31 da LCP, pois é ensinado para atacar, embora em defesa da propriedade ou das coisas, de modo que, quando solto ou guardado sem as devidas cautelas, acarreta à insegurança pela potencialidade de dano a terceiros.

Se o animal bravio é deixado solto e este vem a causar efetivo dano a integridade física da pessoa, o agente responde pelo resultado, podendo, por exemplo, responder pelo crime de lesão corporal culposa. A propósito: "Havendo dano efetivo, a tipicidade penal é a do crime e não da mera contravenção. A característica desta é a possibilidade do evento lesivo" (RT317/369).

48 Acórdão n. 330245, 1ª Turma Recursal dos Juizados Especiais do Distrito Federal, Publicado 19/11/2008.

Trata-se de **contravenção de perigo**, bastando, para sua tipicidade, o perigo a um número indeterminado de pessoas, não exigindo a produção do dano.

O art. 31, em seu parágrafo único, elenca figuras equiparadas. As condutas descritas são de perigo abstrato, são elas:

a) **abandona na via pública animal de tiro, carga ou corrida ou o confia à pessoa inexperiente:** abandonar quer dizer deixar solto, sem fiscalização.

Via pública é um meio de acesso terrestre que pode ser trafegado por qualquer pessoa. É corriqueiro encontrar cavalos ou bois soltos à beira das estradas, tal conduta caracteriza a contravenção em comento, pois o animal pode atravessar ou mesmo ficar parado no meio da pista, acarretando riscos de acidentes. Vale anotar que o Código Civil de 2002, em seu art. 936[49], obriga o dono ou detentor do animal a indenizar a vítima pelo dano causado por este, salvo se conseguir provar a culpa da vítima ou força maior.

Animal de tiro é aquele que impulsiona veículos, como charretes e carroças. *Animal de carga* é o empregado para transportes de coisas como burros e mulas. *Animal de corrida* é o destinado a disputas de velocidades.

Pessoa inexperiente é aquela que não possui as habilidades mínimas para cuidar do animal.

b) **excita ou irrita animal, expondo a perigo a segurança alheia:** excitar animal significa provocar, atiçar o animal ao ataque. Irritar o animal significa provocar, deixar bravo. Há necessidade de que a conduta de excitar ou irritar o animal venha a expor a perigo a incolumidade física de outrem. Neste caso, cuida-se de perigo concreto de dano.

c) **conduz animal, na via pública, pondo em perigo a segurança alheia:** significa conduzir o animal com imperícia ou sem as cautelas necessárias considerando as características do animal ou do percurso. É necessária a demonstração do perigo real a terceiros, portanto, trata-se de contravenção de perigo concreto.

Se da condução do animal resultar em lesões corporais ou morte de terceiro, o agente responde pelo crime de lesão corporal (art. 129 do CP) ou homicídio (art. 121 do CP). Entendemos que a contravenção penal fica absorvida pelo crime de resultado. Vale apontar, contudo, que há entendimento no sentido de que haverá concurso formal entre o crime de lesão corporal culposa ou homicídio culposo e a contravenção do art. 31 da LCP.

Voluntariedade

Nas condutas descritas no *caput* de *deixar em liberdade* e *confiar à guarda de pessoa inexperiente*, o elemento volitivo é o dolo. Já na conduta não guardar o animal com as devidas cautelas temos a culpa. Por sua vez, as condutas descritas no parágrafo único são todas dolosas.

Consumação e tentativa

Em relação ao momento consumativo, leciona Damásio de Jesus: "No fato típico do caput, ocorre com o abandono do animal ou com a simples omissão de cautela; na alínea a, com a sua entrega a terceiro ou abandono; na alínea b, com a excitação ou irritação; na alínea c, com o perigo decorrente da condução perigosa".[50]

A tentativa é impunível, nos termos do art. 4º da LCP.

---

49 O dono, ou detentor, do animal ressarcirá o dano por este causado, se não provar culpa da vítima ou força maior.

50 JESUS, Damásio de. Leis das Contravenções Penais, ed. Saraiva, 2015, p. 112.

Ação penal

Trata-se de contravenção de ação penal pública incondicionada. São aplicáveis o rito e os institutos despenalizadores do Juizado Especial Criminal (Lei nº 9.099/95).

FALTA DE HABILITAÇÃO PARA DIRIGIR VEÍCULO

Art. 32. Dirigir, sem a devida habilitação, veículo na via pública, ou embarcação a motor em águas públicas:

Pena – multa, de duzentos mil réis a dois contos de réis.

Bem jurídico tutelado

Tutela-se a incolumidade pública, especialmente em relação ao respeito às normas administrativas relacionadas à direção e habilitação de embarcações a motor e à segurança em águas públicas.

Sujeitos da contravenção

O sujeito ativo pode ser qualquer pessoa. Não é exigida qualquer qualidade ou condição pessoal. O sujeito passivo é a coletividade.

Condutas

A primeira parte desse dispositivo – dirigir veículo na via pública sem habilitação – foi derrogada pelo art. 309 do Código de Trânsito[51]. Nesse sentido, o STF editou a Súmula 720: "O art. 309 do Código de Trânsito Brasileiro, que reclama decorra do fato perigo de dano, derrogou o art. 32 da Lei das Contravenções Penais no tocante à direção sem habilitação em vias terrestres".

Dessa forma, o preceito legal do art. 32 da LCP continua em vigor apenas para as situações de dirigir, sem a devida habilitação, embarcação a motor (meio de transporte sobre águas, impulsionado por combustão) em águas públicas. *Dirigir* consiste em conduzir, manobrar. Assim, no caso do agente ser surpreendido empurrando a embarcação não incide no tipo contravencional, pois para a tipicidade do ato é necessário conduzir a embarcação em águas públicas.

Diante da redação da norma penal verifica-se que não é exigida a habitualidade.

A doutrina é divergente quanto à natureza do perigo, ou seja, se a norma penal é de perigo concreto ou abstrato. Para os adeptos da **necessidade de perigo concreto**, o tipo penal exige, para sua consumação, a existência de dano ou perigo. Contudo, nos filiamos a posição que entende se trata de **perigo abstrato**, porquanto entendemos que se trata de contravenção de mera conduta, não existindo previsão na lei a exigir, para sua configuração, a exposição de alguém a perigo de dano. Nesse sentido: "*A contravenção do art. 32 da LCP é infração de mera conduta, dispensando a existência de risco concreto à incolumidade alheia, bastando para sua consumação a ação voluntária*" (Tacrim-SP, RJD 28/243). Este é o entendimento que tem prevalecido no STF: "*Patente que pretendeu o legislador apenar de forma mais gravosa a conduta do inabilitado que dirige causando perigo concreto de dano, tipificando-a como crime (art. 309 do CTB), sem que, com isso, tenha considerado insignificante, do ponto de vista penal, a hipótese em que o perigo não ocorre de fato (perigo abstrato), previsto no art. 32 da LC" (trecho do voto do ministro Ilmar Galvão, relator no RHC-80.362-8).* Portanto, ainda que o agente conduza a embarcação com observância das normas legais, não estando habilitado, incorre no tipo penal.

---

51 Art. 309. Dirigir veículo automotor, em via pública, sem a devida Permissão para Dirigir ou Habilitação ou, ainda, se cassado o direito de dirigir, gerando perigo de dano: Penas – detenção, de seis meses a um ano, ou multa.

Assim como existem diversas categorias de carteira nacional de habilitação para veículo terrestre, há diferentes modalidades de carteira para pilotar embarcação. O tipo penal exige que o sujeito seja legalmente habilitado, ou seja, deve se submeter às provas específicas para obter a carteira de habilitação de determinada categoria, assim, conclui-se que é **típica** a conduta daquele que conduz embarcação com habilitação de categoria diversa para qual é habilitado.

Se o agente está com a carteira cassada ou suspensa, ele responde pelo art. 32 da LCP, pois não está legalmente habilitado.

Por outro lado, configura infração administrativa e não a contravenção penal, o fato do agente apesar de legalmente habilitado não portar a habilitação, no momento da abordagem da fiscalização.

Não caracteriza a norma do art. 32 da LCP o fato do sujeito dirigir embarcação sem habilitação no interior de propriedade privada, porquanto, o tipo prevê que a conduta deve ser praticada em *águas públicas*.

É **elemento do tipo penal** que a embarcação seja **equipada com motor**, como Jet-ski e lancha. Dessa forma, a direção de embarcação desprovida de motor, como, por exemplo, barcos sem motorização, não tipifica a contravenção penal.

Tema controverso na jurisprudência e na doutrina é a solução para o caso do agente que na condução da embarcação comete crime de lesão corporal culposa ou homicídio culposo. Para a primeira corrente, a **contravenção fica absorvida pelo crime culposo**, haja vista tratar-se de reprimenda mais grave. A segunda posição defende que em se tratando de bens jurídicos diversos, vida e a incolumidade física da vítima para os crimes culposos, e incolumidade pública para a contravenção, **não se admite a aplicação do princípio da consunção ou absorção**. Logo, o agente responde pelo concurso material de infrações (art. 69 do CP). Existe ainda uma terceira posição, que aplica o princípio da absorção apenas se o crime culposo tiver sido cometido na modalidade imperícia, haja vista que a contravenção pune o condutor da embarcação justamente por presumir que ele é imperito.

Se o agente conduzir embarcação após fazer uso de drogas, expondo a dano potencial a incolumidade de terceira pessoa, responde pelo crime de condução de embarcação ou aeronave após consumo de drogas (art. 39, Lei nº 11.343/06), restando absorvida a contravenção em estudo.

Voluntariedade

O elemento volitivo é o dolo, representado pela vontade de dirigir embarcação sem ser legalmente habilitado para tanto.

Não se pune a conduta culposa.

Consumação e tentativa

A consumação ocorre no exato momento em que se inicia a condução da embarcação em águas públicas. A tentativa não é punível (art. 4º da LCP).

Ação penal

Trata-se de contravenção de ação penal pública incondicionada. São aplicáveis o rito e os institutos despenalizadores do Juizado Especial Criminal (Lei nº 9.099/95).

DIREÇÃO NÃO LICENCIADA DE AERONAVE

Art. 33. Dirigir aeronave sem estar devidamente licenciado:

Pena – prisão simples, de quinze dias a três meses, e multa, de duzentos mil réis a dois contos de réis.

Bem jurídico tutelado

O bem jurídico que a lei busca proteger é a incolumidade pública. Visa evitar a possibilidade de se colocar em risco a integridade física de terceiros com a conduta de quem dirige aeronave sem ter a licença expedida pelo órgão competente.

Sujeitos da contravenção

Trata se de infração penal comum, portanto, qualquer pessoa pode ser sujeito ativo. O sujeito passivo é a coletividade.

Condutas

A conduta típica consiste em *dirigir* (conduzir, manobrar) aeronave sem a licença para tanto. Nos termos do art. 106 do Código Brasileiro de Aeronáutica (Lei nº 7565/1986), considera-se *aeronave* todo aparelho manobrável em voo, que possa sustentar-se e circular no espaço aéreo, mediante reações aerodinâmicas, apto a transportar pessoas ou coisas. São exemplos de aeronaves os aviões, helicópteros e planadores.

O simples fato de o agente colocar a aeronave em movimento, como por exemplo, manobrando a aeronave, é o bastante para caracterizar a contravenção, haja vista que já está dirigindo. Portanto, não é necessário que a aeronave levante voo.

Além disso, não importa se a aeronave é pública ou privada, de pequeno ou grande porte, desde que o agente dirija sem estar devidamente habilitado a conduta será típica.

Trata-se de tipo penal de **perigo abstrato**, desta feita, não há necessidade de expor alguém a situação de risco. Assim, mesmo que o agente conduza a aeronave com observância das normas legais, mas não estando licenciado, incorre na contravenção em estudo.

A condução da aeronave com licença de categoria diversa daquela para qual é habilitado tipifica o ilícito penal. Da mesma forma, subsiste a contravenção penal a conduta do agente que conduz aeronave com licença cassada, suspensa ou vencida.

Ricardo Andreucci explica que "licença não se confunde com o brevê. É a autorização concedida ao titular do brevê e que lhe permite exercer a pilotagem, tendo o caráter técnico e administrativo e de polícia. Somente à licença faz menção a contravenção penal, a qual, para ser concedida, pressupõe que o agente tenha o brevê"[52]. A licença para condução de aeronave é obtida junto à ANAC – Agência Nacional de Aviação Civil. O tipo penal não exige o porte da licença, dessa forma, se o agente conduz a aeronave sem portar a autorização pode incorrer em infração administrativa (art. 302 do Código Brasileiro Aeronáutico), mas não responde pela contravenção.

Se o agente conduzir aeronave após fazer uso de drogas, expondo a dano potencial a incolumidade de terceira pessoa, responde pelo crime de condução de embarcação ou aeronave após consumo de drogas (art. 39, Lei nº 11.343/06), restando absorvida a contravenção em estudo.

Voluntariedade

A contravenção penal exige o dolo. Não se pune a conduta culposa.

Consumação e tentativa

A consumação se dá no momento em que se coloca a aeronave em movimento. Trata-se de contravenção de perigo abstrato, não se exigindo a demonstração do efetivo risco de dano. A tentativa não é punível (art. 4º da LCP).

52 ANDREUCCI, Ricardo Antônio. Legislação Penal Especial Esquematizado, ed. Saraiva, 2016, p. 48.

Ação penal

Trata-se de contravenção de ação penal pública incondicionada. São aplicáveis o rito e os institutos despenalizadores do Juizado Especial Criminal (Lei nº 9.099/95).

DIREÇÃO PERIGOSA EM VIA PÚBLICA

Art. 34. Dirigir veículos na via pública, ou embarcações em águas públicas, pondo em perigo a segurança alheia:

Pena – prisão simples, de quinze dias a três meses, ou multa, de trezentos mil réis a dois contos de réis.

Bem jurídico tutelado

É a incolumidade pública. Visa a regularidade e segurança no trânsito, com a condução de veículos e embarcações em obediência às normas de trânsito.

Sujeitos da contravenção

Trata se de infração penal comum, portanto, qualquer pessoa pode ser **sujeito ativo**. Não importando se habilitado ou não.

O **sujeito passivo** principal é a coletividade. Eventual vítima do perigo de dano é considerada sujeito passivo secundário.

Condutas

Com advento do Código de Trânsito Brasileiro (Lei nº 9.503/97), a embriaguez ao volante, o "racha" e o excesso de velocidade em determinados locais caracterizam os crimes tipificados nos arts. 306, 308 e 311 do CTB. Nota-se, portanto, que a norma penal do art. 34 da LCP teve seu espectro restringido, dado que a embriaguez ao volante, o racha e o excesso de velocidade foram erigidos à categoria de crimes. Logo, em relação às condutas mencionadas a contravenção de direção perigosa foi **tacitamente derrogada**.

Há divergência no que pertine à aplicação da contravenção em estudo para outros casos relacionados com o tráfego terrestre, ou se ela se aplica apenas quanto a conduta de dirigir embarcações em águas públicas. Para a primeira corrente, a contravenção do art. 34 está vigente apenas no que se refere à pilotagem perigosa de embarcação em águas públicas. Isso porque o Código de Trânsito disciplinou de forma abrangente toda a matéria administrativa e penal pertinente aos crimes relacionados ao tráfego terrestre de veículos automotores nas vias terrestres, não mais havendo espaço para aplicação de qualquer outra sanção penal além das previstas no referido Código. Sendo assim, é de se aplicar o princípio segundo o qual *"a lei posterior revoga a anterior quando expressamente o declare, quando seja com ela incompatível ou quando regule inteiramente a matéria de que tratava a lei anterior.* Neste sentido, vale trazer trecho da decisão do ministro Gilmar Mendes sobre o tema: *"Assim, o Código de Trânsito Brasileiro, em vigor desde 23 de setembro de 1997, procurou disciplinar na maior completude possível e de modo sistemático as normas concernentes ao tráfego de veículos automotores nas vias terrestres brasileiras. Além de os artigos 306, 308 e 311 do Código de Trânsito Brasileiro preverem condutas mais específicas que aquela do art. 34 da lei das Contravenções Penais, o Código procurou positivar regulação plena aplicável às condutas ocorrentes no trânsito". (decisão monocrática no ARE 635241, julgado em 27/07/2012).*[53]

53 No mesmo sentido: Nos termos da jurisprudência desta Corte, o art. 34 da Lei de Contravenções Penais foi derrogado pelo disposto no art. 311 do Código de Trânsito Brasileiro, "tendo em vista que Código de Trânsito Brasi-

Oportuno salientar que há posição no sentido contrário, segundo o qual o art. 34 da LCP continua em vigor para as demais condutas, que não a embriaguez ao volante, racha e dirigir em velocidade excessiva nas proximidades de escolas, hospitais, desde que ocorra perigo de dano. Neste sentido é a posição de Victor Rios Gonçalves[54]: *O fato de essas condutas terem sido transformadas em crime não significa que a contravenção de direção perigosa tenha sido revogada, na medida em que as demais hipóteses de condução perigosa de veículos em via pública – abrangidas pelo Código de Trânsito – continuam a encontrar enquadramento no art. 34 da Lei de Contravenções Penais*"[55].

Diante da divergência quanto à aplicação do tipo penal para a conduta de dirigir veículo em via pública expondo a segurança alheia a perigo de dano, resolvemos realizar os comentários abarcando as duas circunstâncias (dirigir veículos e embarcações).

A **conduta típica** consiste em **dirigir** (conduzir, manobrar) veículos na via pública, ou embarcação em águas públicas, expondo a segurança alheia a perigo de dano.

O legislador, preocupado com a segurança de um número indeterminado de pessoas, não descreveu quais comportamentos podem caracterizar a direção perigosa. No entanto, podemos citar como exemplo de condutas perigosas em via pública: a) dirigir na contramão da via pública, pois constitui manobra capaz de expor a perigo a incolumidade pública; b) conversão à esquerda para ingressar em pista contrária sem atenção aos veículos que trafegam no local; c) dirigir embarcação fazendo zigue-zague; d) dirigir veículo automotor desrespeitando sinais de trânsito.

O tipo penal contém um elemento espacial consistente na expressão "via pública". Fernando Capez define via pública como "local aberto a qualquer pessoa, cujo acesso seja sempre permitido e por onde seja possível a passagem de veículo automotor (ruas, avenidas, alamedas, praças etc.)".[56]

As ruas dos condomínios particulares pertencem ao Poder Público, nos termos da Lei nº 6.766/79. Portanto, a direção perigosa nesses locais pode tipificar a contravenção.

É entendimento majoritário que não se consideram via pública os estacionamentos dos shopping centers, dos postos de gasolina, estradas em interior de fazendas particulares e garagem de residência particular. Entretanto, nos filiamos à posição minoritária no sentido de que os estacionamentos dos shopping center, supermercados e dos postos de gasolina devem ser tidos como via públicas, já que são locais de acesso ao público em geral.

É necessário que a conduta do agente, ao dirigir veículo ou embarcação, **exponha a risco a segurança de outrem**. Para Victor Gonçalves "apesar de divergências, prevalece o entendimento de que a contravenção em tela é de perigo abstrato ou presumido, ou seja, basta que se prove que a manobra realizada é perigosa, sendo desnecessário demonstrar que pessoa certa e determinada tenha sido exposta a perigo"[57].

---

leiro regulou inteiramente a matéria referente à condução de veículo automotor nas vias terrestres do território nacional, não mais havendo espaço para aplicação de qualquer outra sanção penal além das previstas no aludido Código" (RESP nº 1633335/SP, Relator Ministro Sebastião Reis Júnior, Sexta Turma, DJ de 28/11/2016). (HC 581.283/SP, Rel. Ministro RIBEIRO DANTAS, QUINTA TURMA, julgado em 09/06/2020, DJe **15/06/2020**).

54 GONÇALVES, Victor Eduardo Rios, Legislação Penal Especial Esquematizado,. São Paulo: Saraiva, 2017, p.266.

55 No mesmo sentido, é a posição de Damásio de Jesus: "Hoje, conforme o caso, o fato constitui crime ou contravenção, adequando-se ao art. 34 da LCP ou àquelas disposições. Assim, a embriaguez ao volante amolda-se ao art. 306 do CTB; "racha" (art. 308 do CTB); dirigir veículo, cassada a habilitação, causando perigo de dano (art. 309 do CTB); dirigir veículo em excesso de velocidade nas proximidades de escolas, hospitais, estações de embarque ou desembarque de passageiros, logradouros estreitos ou onde haja grande concentração ou movimentação de pessoas, causando perigo de dano (art. 311 do CTB). Nas outras hipóteses, subsiste o art. 34 da LCP".

56 CAPEZ, Fernando. Curso de Direito Penal, Volume 4,. São Paulo: Saraiva, 2008, p. 311.

57 GONÇALVES, Victor Eduardo Rios. Legislação Penal Especial Esquematizado, São Paulo: Saraiva, 2017, p. 265.

É possível o concurso de pessoas desde que presente o vínculo psicológico entre o condutor e o terceiro.

No caso da conduta da direção perigosa resultar em lesões corporais ou morte culposa, há três posições: a) o crime culposo, por se tratar de crime de dano, absorve a contravenção do art. 34 da LCP; b) aplica-se o concurso material de infrações (art. 69 do CP), pois o crime culposo tem objetividade jurídica diversa da contravenção de direção perigosa; c) Se o crime culposo resultar de imperícia tem-se a absorção da contravenção, porém, ocorrendo negligência ou imprudência, aplica-se o concurso material de infrações.

A contravenção de direção perigosa (art. 34 da LCP) distingue-se do crime de perigo para a vida ou a saúde de outrem (art. 132 do CP). A contravenção do art. 34 da LCP é de perigo coletivo, expõe a perigo à incolumidade pública. Já o crime do art. 132 do CP é de perigo individual, o sujeito ativo coloca pessoa certa e determinada em perigo de dano.

Voluntariedade

A contravenção penal exige o dolo. Não se pune a conduta culposa.

Consumação e tentativa

A consumação se dá com a realização da manobra perigosa.

A tentativa não é punível (art. 4º da LCP).

Ação penal

Trata-se de contravenção de ação penal pública incondicionada. São aplicáveis o rito e os institutos despenalizadores do Juizado Especial Criminal (Lei nº 9.099/95).

ABUSO NA PRÁTICA DA AVIAÇÃO

Art. 35. Entregar-se na prática da aviação, a acrobacias ou a voos baixos, fora da zona em que a lei permite, ou fazer descer a aeronave fora dos lugares destinados a esse fim:

Pena – prisão simples, de quinze dias a três meses, ou multa, de quinhentos mil réis a cinco contos de réis.

Bem jurídico tutelado

É a incolumidade pública. Busca-se evitar que manobras perigosas e pousos em locais inadequados possam causar perigo comum ou colocar em risco segurança aeroviária.

Sujeitos da contravenção

O **sujeito ativo** pode ser qualquer pessoa. Se o sujeito não tiver a habilitação para pilotar a aeronave, o juiz deve agravar a pena na fase do art. 59 do CP. Não é necessário que o agente possua brevê para dirigir aeronave. O **sujeito passivo** é a coletividade.

Condutas

As condutas típicas são:

a) **Entregar-se (executar), na prática da aviação, a acrobacias (manobras anormais):** tipifica-se a conduta daquele que manobra aeronave de modo a colocar em risco a segurança de pessoas. As manobras podem ser praticadas por imprudência ou mero exibicionismo. O Código Brasileiro da Aeronáutica (Lei nº 7.565/86), em seu art. 17, dispõe que *"é proibido efetuar, com qualquer aeronave, voos de acrobacia ou evolução* *que possam constituir perigo para os ocupantes do aparelho, para o tráfego aéreo, para instalações ou pessoas na superfície. Parágrafo único. Excetuam-se da proibição, os voos de prova, produção e demonstração quando realizados pelo fabricante ou por unidades especiais, com a observância das normas fixadas pela autoridade aeronáutica".*

Se as manobras anormais são feitas em aeronaves destinadas ao transporte público, a conduta tipifica o crime previsto no art. 261, CP.

As acrobacias em espetáculos públicos, desde que devidamente autorizadas, não caracterizam a contravenção.

b) **Entregar-se (executar) na prática da aviação, a voos baixos, fora da zona legal permitida:** caracteriza a contravenção realizar voo abaixo da altura mínima estabelecida pelas normas legais, fora da zona permitida por lei, vale dizer, sobre as zonas habitadas.

Victor Gonçalves destaca que "De acordo com as Regras do Ar e Serviços de Tráfego Aéreo do Ministério da Aeronáutica/2006", item 5.1.4., exceto em operação de pouso e decolagem, o voo visual não será efetuado: a) sobre cidades, povoados, lugares habitados ou sobre grupos de pessoas ao ar livre, em altura inferior a **300 metros** (1000 pés) acima do mais alto obstáculo existente num raio de 600 metros em torno da aeronave; e b) em lugares não citados na alínea anterior, em altura inferior a 150 metros (500 pés) acima do solo ou água. Constitui, portanto, contravenção penal o voo abaixo dessas altitudes".[58]

c) **fazer descer a aeronave fora dos lugares destinados a esse fim:** os pousos e decolagens deverão ser executados, de acordo com procedimentos estabelecidos pelas normas de aviação (art. 17 da Lei nº 7.565/86). Dessa forma, o agente que pousa a aeronave em pista clandestina incorre na contravenção, exceto se o objetivo do pouso é a prática de crime mais grave, situação em que fica absorvida a contravenção. Exemplo: pouso em pistas clandestinas para o transporte de drogas ilícitas.

O pouso fora da área permitida o voo rasante ou a acrobacia para evitar a queda da aeronave pode caracterizar estado de necessidade, excluindo a ilicitude da conduta Além disso, são permitidos os voos baixos para pulverizações em plantações, desde que com autorização da autoridade competente.

Voluntariedade

A contravenção penal exige o dolo. Não se pune a conduta culposa.

Consumação e tentativa

A consumação se dá com a realização de acrobacia, voo baixo ou pouso da aeronave fora dos locais permitidos. Cuida-se de infração de mera conduta, pois independe da ocorrência do resultado naturalístico. É incabível a tentativa.

Ação penal

Trata-se de contravenção de ação penal pública incondicionada. São aplicáveis o rito e os institutos despenalizadores do Juizado Especial Criminal (Lei nº 9.099/95).

58 GONÇALVES, Victor Eduardo Rios. Legislação Penal Especial Esquematizado, São Paulo: Saraiva, 2017, p. 267.

SINAIS DE PERIGO

Art. 36. Deixar do colocar na via pública, sinal ou obstáculo, determinado em lei ou pela autoridade e destinado a evitar perigo a transeuntes:

Pena – prisão simples, de dez dias a dois meses, ou multa, de duzentos mil réis a dois contos de réis.

Parágrafo único. Incorre na mesma pena quem:

a) apaga sinal luminoso, destrói ou remove sinal de outra natureza ou obstáculo destinado a evitar perigo a transeuntes;

b) remove qualquer outro sinal de serviço público.

Bem jurídico tutelado

É a incolumidade pública. O legislador buscou prevenir a integridade física e a vida das pessoas.

Sujeitos da contravenção

Quanto à conduta descrita no *caput*, por se tratar de tipo omissivo, o **sujeito ativo** é aquele que tem o dever legal de colocar o sinal ou obstáculo. Cuida-se, portanto, de contravenção penal própria.

Em relação às figuras equiparadas descritas no parágrafo único do art. 36 da LCP, o **sujeito ativo** pode ser qualquer pessoa, tratando de contravenção penal comum.

Sujeito passivo é a sociedade. Secundariamente, os transeuntes eventualmente prejudicados pela omissão do agente.

Condutas

O *caput* da contravenção penal prevê uma conduta omissiva consistente em *deixar de colocar* na via pública, sinal ou obstáculo, determinado em lei ou pela autoridade, com o fim de evitar perigo a transeuntes.

Sinal deve ser compreendido como algo com finalidade de servir de alerta. *Obstáculo* é o objeto que serve de barreira à progressão. *Transeunte* são as pessoas que passam pelo local. *Via pública* é o meio de passagem terrestre aberta à circulação. Segundo o art. 60 do CTB as vias públicas podem ser: 1- vias urbanas: a) via de trânsito rápido; b) via arterial; c) via coletora; d) via local; e 2- vias rurais: a) rodovias; b) estradas.

Para tipicidade da norma penal, é necessária que a conduta omissiva venha acarretar perigo a um número indeterminado de transeuntes.

Trata-se de norma penal omissiva própria, uma vez que a omissão somente é relevante quando transgredido um dever de agir. Conforme pontuado por Romeu Salles Júnior, *"A lei faz menção expressa ao dever de agir quando faz reverência à determinação da lei ou por autoridade, com vistas a evitar o perigo para os transeuntes. Assim, somente haverá omissão com reflexos na órbita contravencional quando o agente deixar de colocar sinal ou obstáculo, em via pública, que tenha sido determinado por lei ou pela autoridade"*.[59]

O tipo penal contém um **elemento normativo** contido na expressão *"determinado por lei ou ato de autoridade"*. Assim, incide na contravenção do art. 36 da LCP, por exemplo, a pessoa

59 SALLES JÚNIOR, Romeu de Almeida. Lei das Contravenções Penais Interpretadas. São Paulo:OLiveira Mendes, 1998, p. 185.

que, em situação de emergência, necessita parar no leito viário, entretanto, deixa de colocar sinal de advertência obrigatório nos termos do art. 46 do CTB[60].

Damásio de Jesus lembra que se cuida de norma penal em branco, "cujo complemento (a lei) compete determinar quais os avisos que podem evitar perigo aos transeuntes. É necessário, pois, que o obstáculo ou sinal esteja previsto em lei ou que tenha sido determinada a sua colocação pela autoridade"[61].

O parágrafo único do art. 36 da LCP prevê figuras equiparadas às do *caput*. As condutas descritas são *comissivas*. A alínea "a" contém as seguintes condutas: *I- apagar sinal luminoso:* extinguir ou reduzir a luz, como no caso de desligar semáforos; *II- destruir o sinal:* é a inutilização do sinal; *III- remover o sinal*: retirar do local. Exemplo: remover placa luminosa que indica a proibição de ultrapassagem.

A alínea "b" tipifica a conduta daquele que *remove qualquer outro sinal de serviço público.* Chama atenção que o legislador novamente emprega o verbo *remover*, mas, agora, não está relacionado a sinal de trânsito (alínea "a") e sim à *remoção de sinal de serviço público*, ou seja, aquele destinado a prover as necessidades sociais coletivas e a desenvolver atividades permanentes e obrigatórias ligadas ao Estado. Exemplo: remoção de placa que indica o pelotão do corpo de bombeiros, de unidade de saúde.

Cumpre lembrar que se o agente remover o sinal de obstáculo, em caso de acidente automobilístico com vítima, a fim de induzir a erro o agente policial, o perito, ou o juiz, poderá responder pelo crime de fraude no procedimento apuratório (art. 312 do CTB).

Voluntariedade

O elemento volitivo é o dolo, abrangendo o conhecimento da existência de determinação legal ou da autoridade.

Consumação e tentativa

Na modalidade omissiva, descrita no *caput* do art. 36, a *consumação* ocorre quando o agente, diante da circunstância fática, se omite em cumprir com o dever de colocar na via pública o sinal ou obstáculo.

Na modalidade comissiva, prevista no parágrafo único, a *consumação* se dá no instante em que o sujeito realiza as condutas. Trata-se de infração de perigo abstrato, portanto, independe que pessoa certa e determinada seja exposta a risco.

Ação penal

Trata-se de contravenção de ação penal pública incondicionada. São aplicáveis o rito e os institutos despenalizadores do Juizado Especial Criminal (Lei nº 9.099/95).

ARREMESSO OU COLOCAÇÃO PERIGOSA

Art. 37. Arremessar ou derramar em via pública, ou em lugar de uso comum, ou do uso alheio, coisa que possa ofender, sujar ou molestar alguém: Pena – multa, de duzentos mil réis a dois contos de réis.

Parágrafo único. Na mesma pena incorre aquele que, sem as devidas cautelas, coloca ou deixa suspensa coisa que, caindo em via pública ou em lugar de uso comum ou de uso alheio, possa ofender, sujar ou molestar alguém.

---

60 Art. 46. Sempre que for necessária a imobilização temporária de um veículo no leito viário, em situação de emergência, deverá ser providenciada a imediata sinalização de advertência, na forma estabelecida pelo CONTRAN.

61 JESUS, Damásio de. Leis das Contravenções Penais, ed. Saraiva, 2015, p. 144.

Bem jurídico tutelado

É a incolumidade pública.

Sujeitos da contravenção

Trata-se de infração penal comum. O **sujeito ativo** pode ser qualquer pessoa. O **sujeito passivo** é a coletividade e, secundariamente, a pessoa exposta a perigo de dano.

Condutas

As condutas típicas previstas no tipo fundamental são *arremessar* (jogar, lançar com força) e *derramar* (deixar escorrer líquido). As condutas deverão ser praticadas *em direção a via pública* (livre acesso como ruas, avenidas e praças); ou *em lugar de uso comum* (acessível ao público como áreas comuns de condomínio, clubes); ou *ainda de uso alheio* (uso de terceiros como quintal do vizinho).

O **objeto material** é a coisa (objetos, líquidos, etc.) que possa ofender (lesionar), sujar (manchar, conspurcar) ou molestar (aborrecer, perturbar) outra pessoa. A contravenção se dá nas hipóteses em que o sujeito lança garrafas, latas, pedras em via pública, ou derrama óleo, tinta da janela do seu prédio, na via pública.

Para configurar a contravenção, é necessário que a coisa arremessada ou derramada tenha potencialidade para expor a perigo de dano uma ou mais pessoas, do contrário a conduta é atípica. Exemplo: derramar óleo em via pública, arremessar galhos de árvores em local onde há transeuntes.

Se o arremesso dos objetos, contudo, ocorrer em local público, mas isolado, onde não há ninguém transitando, o fato é atípico.

Cuida-se de contravenção de perigo concreto, pois exige a probabilidade concreta de dano, conforme se infere da expressão: *que possa ofender, sujar ou molestar alguém.*

Se em razão do arremesso ou derramamento ocorrer um resultado lesivo, como lesão corporal ou morte da pessoa atingida, pode restar caracterizado crime como lesão corporal ou homicídio culposos, restando absorvida a contravenção penal. Além disso, a conduta de arremessar ou derramar pode levar à configuração de crime contra a honra quando o agente tem como dolo a vontade de expor, humilhar ou difamar a vítima. O art. 37 da LCP é infração penal subsidiária.

O **parágrafo único do art. 37 da LCP** pune, com a mesma pena, conduta assemelhada ao *caput*, desde que o sujeito atue com culpa. Incide na figura assemelhada aquele que sem as devidas cautelas, *coloca* (insere em determinado lugar) ou *deixa suspensa* (pendura) coisa que, caindo em via pública ou em lugar de uso comum ou de uso alheio, possa ofender, sujar ou molestar alguém. Exemplo: vasos em sacadas de prédios ou em janelas de casas.

O agente é punido pela prática de uma conduta culposa, age sem o devido cuidado, porquanto *coloca* ou *deixa suspensa* coisa que pode cair em via pública, levando a risco terceira pessoa.

O arremesso de objeto sólido contra veículo destinado a transporte público pode caracterizar o crime de arremesso de projétil (art. 264, CP). Nos casos de lançamento de resíduos sólidos, líquidos ou gasosos, ou detritos, óleos ou substâncias oleosas, em desacordo com as exigências estabelecidas em leis ou regulamentos a conduta pode tipificar o crime ambiental previsto **no art. 54, § 2º da Lei de Proteção Ambiental, Lei nº. 9.605/98.**

Vale ressaltar que quem suja, mancha, picha edificação ou monumento urbano incorre no crime de pichar edificação (art. 65 da Lei nº 9.605/98) e não na contravenção penal em estudo.

Voluntariedade

O dolo é o *elemento subjetivo* das figuras descritas no *caput* do art. 37.

A conduta prevista no parágrafo único do art. 37 é culposa, pois praticada pela falta de cuidado do agente, caraterizada pela ausência de cautelas ao colocar ou deixar suspensa coisa que caindo em via pública ou em lugar de uso comum ou de uso alheio, possa ofender, sujar ou molestar alguém.

Consumação e tentativa

No *caput* do art. 37 da LCP a **consumação** se dá no momento em que é realizado o arremesso ou derramamento.

As figuras assemelhadas (art. 37, parágrafo único) à **consumação** ocorrem com a colocação perigosa, independentemente da ocorrência de outro resultado.

Não se admite a *tentativa* (art. 4º da LCP).

Ação penal

Trata-se de contravenção de ação penal pública incondicionada. São aplicáveis o rito e os institutos despenalizadores do Juizado Especial Criminal (Lei nº 9.099/95).

EMISSÃO DE FUMAÇA, VAPOR OU GÁS

Art. 38. Provocar, abusivamente, emissão de fumaça, vapor ou gás, que possa ofender ou molestar alguém:

Pena – multa, de duzentos mil réis a dois contos de réis.

Bem jurídico tutelado

É a incolumidade pública. Busca-se evitar que as pessoas sofram os efeitos de emissões de fumaça, gás ou vapor.

Sujeitos da contravenção

Trata-se de contravenção comum, portanto, o **sujeito ativo** pode ser qualquer pessoa. O **sujeito passivo** é a coletividade e, secundariamente, as pessoas que sofram os efeitos das emissões de fumaça, gás ou vapor.

Condutas

A conduta típica é *provocar* (emitir, lançar), abusivamente (ultrapasse uma atividade regular), emissão de fumaça, vapor ou gás, que possa ofender (causar dano às pessoas) ou molestar (aborrecer, perturbar) alguém.

O legislador não quer coibir toda emissão de fumaça, vapor ou gás, mas evitar que o excesso moleste ou ofenda número indeterminado de pessoas. A expressão *abusivamente* contida no tipo penal constitui *elemento normativo do tipo*, pois exige um juízo de valoração no que pertine a existência ou não de um abuso na emissão de fumaça, vapor ou gás.

Somente o mau uso, ou seja, o lançamento imoderado da emissão de fumaça, vapor ou gás, é que caracteriza a contravenção, por isso, mostra-se imprescindível a prova pericial para a comprovação que foram emitidos de forma abusiva e expuseram a perigo alguém. Nesse sentido entendeu o TJRS: "Tratando-se de fato ocorrido na zona rural, em que inexistentes vítimas em potencial, e não aferida a excessividade da fumaça, não há que se cogitar do tipo contravencional imputado ao réu"[62].

Cuida-se de infração de perigo concreto, portanto, para caracterizar a contravenção, a emissão de fumaça, vapor ou gás deve expor a coletividade a perigo de dano.

A conduta de lançar resíduos gasosos que resultam ou possam resultar em danos à saúde humana, ou provocar a mortandade de animais ou a destruição significativa da flora tipifica o crime do art. 54, § 2º, V, da Lei de Proteção Ambiental (Lei nº 9.605/98).

Além disso, a utilização de gás tóxico ou asfixiante, que exponha a perigo a vida, a integridade física ou o patrimônio de alguém caracteriza o crime de uso de gás tóxico ou asfixiante (art. 252, CP).

Voluntariedade

Quanto à voluntariedade, exige-se o dolo. O agente deve ter consciência que a emissão é abusiva. Não se pune a conduta culposa.

Consumação e tentativa

A consumação ocorre no instante da emissão abusiva de fumaça, vapor ou gás. Impunível a tentativa (art. 4º, LCP).

Ação penal

É de natureza pública incondicionada, conforme art. 17 da LCP. São aplicáveis o rito e os institutos despenalizadores do Juizado Especial Criminal (Lei nº 9.099/95), sendo igualmente admitida a suspensão condicional do processo.

CAPÍTULO IV
DAS CONTRAVENÇÕES REFERENTES À PAZ PÚBLICA

A Lei n. 14.197/2021, a qual acrescentou o Título XII na Parte Especial do Código Penal, relativo aos crimes contra o Estado Democrático de Direito, em seu artigo 4°, revogou o art. 39 da Lei de Contravenções Penais.

PROVOCAÇÃO DE TUMULTO

Art. 40. Provocar tumulto ou portar-se de modo inconveniente ou desrespeitoso, em solenidade ou ato oficial, em assembleia ou espetáculo público, se o fato não constitui infração penal mais grave;

Pena – prisão simples, de quinze dias a seis meses, ou multa, de duzentos mil réis a dois contos de réis.

Bem jurídico tutelado

O bem jurídico tutelado é a paz pública. A "lei visa a preservar a ordem das solenidades, atos oficiais, espetáculos e assembleias públicas"[63].

62 TJRS – Recurso Crime Nº 71004199261, Turma Recursal Criminal, Relator: Edson Jorge Cechet, Julgado em 15/04/2013.

63 JESUS, Damásio de, Leis das Contravenções Penais. São Paulo: Saraiva, 2015, p.154.

Sujeitos da contravenção

Contravenção penal comum. O **sujeito ativo**, portanto, pode ser qualquer pessoa, uma vez que o tipo penal não exige qualquer qualidade especial do agente.

Sujeito passivo é a coletividade.

Condutas

O tipo penal prevê duas condutas que, sendo praticadas, comprometem a paz pública porque levam ao mal-estar, o desprestígio, abalam a tranquilidade e a dignidade da solenidade, do ato oficial, da assembleia ou do espetáculo público. São elas:

a) ***provocar tumulto:*** quer dizer ser a causa do tumulto. É estimular a desordem, o alvoroço, a perturbação da ordem pública. Victor Gonçalves esclarece que a conduta de provocar tumulto "Admite qualquer modo de execução, como soltar animais (ratos, baratas) no interior de um cinema, fazer protesto mediante gritaria durante solenidade formal etc."[64]

b) ***portar-se de modo inconveniente ou desrespeitoso:*** significa agir de forma imprópria, inadequada, oposta ao decoro, à decência, à boa educação.

A pessoa que durante a representação de uma peça de teatro, se arroga no direito de interromper o espetáculo, proferindo expressões impróprias aos atores por discordar de suas opiniões sobre determinado tema, evidentemente, incide no art. 40 da LCP.

Convém ressaltar que o **objeto material** da contravenção em comento é a solenidade, ato oficial, assembleia e o espetáculo público.

Nessa esteira, o fato somente será típico quando as condutas são praticadas nos casos expressamente enumerados na lei, ou seja, em solenidade ou ato oficial, em assembleia ou espetáculo público.

Conforme explica Thiago Gandra, "*Solenidade*" é a cerimônia ou festividade formal. Com a presença de público; *"ato oficial"* é o evento organizado pelo estado; "*assembleia*" é a reunião de pessoas com interesses comuns, com o fim de deliberarem sobre algo; "*espetáculo público" é a apresentação de qualquer forma de arte que seja aberta ao público*[65].

Trata-se de **infração comissiva,** pois os núcleos apontam para comportamento positivo do sujeito ativo. Ademais os atos oficiais devem ser em locais públicos. Deste modo, não tipifica a infração penal a conduta do agente que causa tumulto em reunião ou evento promovido no interior de um clube, com acesso restrito aos sócios e convidados.

A jurisprudência é no sentido de que causar tumulto em **quermesse** não caracteriza a contravenção: *"Quermesse embora aberta ao público, em geral, não se confunde com espetáculo público. Este é algo destinado à distração ou entretenimento dos assistentes. É feito para assistir, ver ou admirar. Já aquela é bazar com leilão, venda ou sorteio de prendas ou mercadorias, em geral, com objetivos beneficentes (RT419:293)".*

Cuida-se de tipo contravencional de **subsidiariedade expressa**, pois a contravenção somente se aplica na hipótese de a conduta praticada não caracterizar infração penal mais grave. Assim, se o agente, com o fim de causar um alvoroço na solenidade, arremessa um objeto e este atinge um dos participantes do evento vindo a causar lesão corporal, ele responde pelo crime de lesão corporal.

---

64 GONÇALVES, Victor Rios, Legislação Penal Especial Esquematizado. São Paulo: Saraiva, 2017, p.273.

65 GANDRA, Thiago.Lei das Contravenções Penais. Salvador: Juspodivm, 2018, p. 115.

É um tipo penal classificado como de forma livre, pois admite qualquer forma de execução.

Voluntariedade

Quanto à voluntariedade, exige-se o dolo, vontade livre e consciente de portar-se de modo inconveniente ou desrespeitoso. Dessa forma, a lei pune o agente que provoca tumulto com fim de excitar os ânimos e acarretar perturbação da paz pública.

A conduta culposa não é punida.

Consumação e tentativa

Trata-se de contravenção material no que se refere a conduta "*provocar tumulto*", pois exige-se o resultado naturalístico para a consumação, qual seja, o tumulto.

Por outro lado, na modalidade *portar-se de modo inconveniente ou desrespeitoso*, cuida-se de contravenção de mera conduta, uma vez que independe da ocorrência do resultado naturalístico, assim, a contravenção está consumada no momento em que agente venha a se portar de modo inconveniente ou desrespeitoso. Tratando-se, assim, de contravenção penal de caráter instantâneo, sendo desnecessário, por exemplo, que, em razão da conduta inconveniente ou desrespeitosa do sujeito ativo, não se consiga terminar a solenidade.

Inadmissível a tentativa (art. 4º, LCP).

Ação Penal

A ação penal é de natureza pública incondicionada.

FALSO ALARMA

Art. 41. Provocar alarma, anunciando desastre ou perigo inexistente, ou praticar qualquer ato capaz de produzir pânico ou tumulto:

Pena – prisão simples, de quinze dias a seis meses, ou multa, de duzentos mil réis a dois contos de réis.

Bem jurídico tutelado

É a tranquilidade pública, no sentido de se manter a ordem pública voltada a proteção do bem-estar da coletividade.

Sujeitos da contravenção

O **sujeito ativo** é qualquer pessoa, tratando-se de contravenção penal comum. O **sujeito passivo** é a coletividade.

Condutas

Provocar alarma significa causar medo, susto, inquietação nas pessoas por meio de anúncio de desastre ou perigo inexistente. José Duarte ensina que "É imprescindível caráter de divulgação, de publicidade, sem o que não sobrevém o perigo de pânico. O simples segredar de um boato que não tem curso, não se enquadra na sanção penal. Deve a notícia ter um caráter de seriedade e referir-se a desastre ou perigo inexistentes." (DUARTE, José. *Comentários à Lei das Contravenções Penais*, Rio de Janeiro. Ed. Forense, 1958, 148).

A conduta típica pode ser praticada por meios variados como escritos, telefone, oralmente. Exemplo: o sujeito aciona o sistema do alarme de incêndio do cinema.

Para a caracterização da contravenção, é necessário a consciência, por parte do agente, de que *não é verdadeira a informação* que está propalando. Portanto, o agente atua com a finalidade de tirar o sossego público. Vale mencionar que se o agente incide em erro no que se refere a elementar "desastre ou perigo inexistente" a conduta é atípica em razão do instituto do erro de tipo.

Além disso, é exigido para tipicidade da conduta, a efetiva ocorrência do alarme (gritaria, tumulto) pelo anúncio do desastre ou perigo inexistente.

Na segunda parte do tipo penal, se pune a conduta de *praticar qualquer ato capaz de produzir pânico ou tumulto.*

De acordo com a redação, não se exige que ocorra efetivamente pânico ou tumulto, bastando que a conduta do agente seja capaz de produzir o resultado (idoneidade de causar o resultado).

Conforme Victor Gonçalves "se o sujeito provoca a ação de autoridade, comunicando a ocorrência de crime que sabe não se ter verificado, sua conduta é enquadrada no art. 340 do Código Penal, delito denominado "comunicação falsa de crime". Se o agente comunica falsamente a ocorrência de um crime a particulares, provocando alarma, configura-se a contravenção".[66]

Incide no art. 41 da LCP, contudo, o sujeito que aciona a autoridade pública ou particular comunicando um acidente ou um outro perigo cuja conduta não é considerada crime. Exemplo: acionar a polícia militar comunicando um acidente de veículos inexistente.

Divulgação de notícias falsas pela imprensa

A divulgação por meio de comunicação de notícias falsas ou de qualquer ato capaz de produzir tumulto ou pânico era tida como conduta descrita no art. 16, I da Lei n. 5.250/67. Ocorre que o STF, no julgamento da ADPF 130[67], reconheceu a **não recepção** da lei de Imprensa pela Constituição Federal de 1988. Dessa forma, o alarma praticado pela imprensa caracteriza o art. 41 da LCP.

---

66 GONÇALVES, Victor Eduardo Rios. Legislação Penal Especial Esquematizado, São Paulo: Saraiva, 2017, p.275.

67 EMENTA: ARGUIÇÃO DE DESCUMPRIMENTO DE PRECEITO FUNDAMENTAL (ADPF). LEI DE IMPRENSA. ADEQUAÇÃO DA AÇÃO. REGIME CONSTITUCIONAL DA "LIBERDADE DE INFORMAÇÃO JORNALÍSTICA", EXPRESSÃO SINÔNIMA DE LIBERDADE DE IMPRENSA. A "PLENA" LIBERDADE DE IMPRENSA COMO CATEGORIA JURÍDICA PROIBITIVA DE QUALQUER TIPO DE CENSURA PRÉVIA. A PLENITUDE DA LIBERDADE DE IMPRENSA COMO REFORÇO OU SOBRETUTELA DAS LIBERDADES DE MANIFESTAÇÃO DO PENSAMENTO, DE INFORMAÇÃO E DE EXPRESSÃO ARTÍSTICA, CIENTÍFICA, INTELECTUAL E COMUNICACIONAL. LIBERDADES QUE DÃO CONTEÚDO ÀS RELAÇÕES DE IMPRENSA E QUE SE PÕEM COMO SUPERIORES BENS DE PERSONALIDADE E MAIS DIRETA EMANAÇÃO DO PRINCÍPIO DA DIGNIDADE DA PESSOA HUMANA. O CAPÍTULO CONSTITUCIONAL DA COMUNICAÇÃO SOCIAL COMO SEGMENTO PROLONGADOR DAS LIBERDADES DE MANIFESTAÇÃO DO PENSAMENTO, DE INFORMAÇÃO E DE EXPRESSÃO ARTÍSTICA, CIENTÍFICA, INTELECTUAL E COMUNICACIONAL. TRANSPASSE DA FUNDAMENTALIDADE DOS DIREITOS PROLONGADOS AO CAPÍTULO PROLONGADOR. PONDERAÇÃO DIRETAMENTE CONSTITUCIONAL ENTRE BLOCOS DE BENS DE PERSONALIDADE: O BLOCO DOS DIREITOS QUE DÃO CONTEÚDO À LIBERDADE DE IMPRENSA E O BLOCO DOS DIREITOS À IMAGEM, HONRA, INTIMIDADE E VIDA PRIVADA. PRECEDÊNCIA DO PRIMEIRO BLOCO. INCIDÊNCIA A POSTERIORI DO SEGUNDO BLOCO DE DIREITOS, PARA O EFEITO DE ASSEGURAR O DIREITO DE RESPOSTA E ASSENTAR RESPONSABILIDADES PENAL, CIVIL E ADMINISTRATIVA, ENTRE OUTRAS CONSEQUÊNCIAS DO PLENO GOZO DA LIBERDADE DE IMPRENSA. PECULIAR FÓRMULA CONSTITUCIONAL DE PROTEÇÃO A INTERESSES PRIVADOS QUE, MESMO INCIDINDO A POSTERIORI, ATUA SOBRE AS CAUSAS PARA INIBIR ABUSOS POR PARTE DA IMPRENSA. PROPORCIONALIDADE ENTRE LIBERDADE DE IMPRENSA E RESPONSABILIDADE CIVIL POR DANOS MORAIS E MATERIAIS A TERCEIROS. RELAÇÃO DE MÚTUA CAUSALIDADE ENTRE LIBERDADE DE IMPRENSA E DEMOCRACIA. RELAÇÃO DE INERÊNCIA ENTRE PENSAMENTO CRÍTICO E IMPRENSA LIVRE. A IMPRENSA COMO INSTÂNCIA NATURAL DE FORMAÇÃO DA OPINIÃO PÚBLICA E COMO ALTERNATIVA À VERSÃO OFICIAL DOS FATOS. PROIBIÇÃO DE MONOPOLIZAR OU OLIGOPOLIZAR ÓRGÃOS DE IMPRENSA COMO NOVO E AUTÔNOMO FATOR DE INIBIÇÃO DE ABUSOS. NÚCLEO DA LIBERDADE DE IMPRENSA E MATÉRIAS APENAS PERIFERICAMENTE DE IMPRENSA. AUTORREGULAÇÃO E REGULAÇÃO SOCIAL DA ATIVIDADE DE IMPRENSA. NÃO RECEPÇÃO EM BLOCO DA LEI Nº 5.250/1967 PELA NOVA ORDEM CONSTITUCIONAL. EFEITOS JURÍDICOS DA DECISÃO. PROCEDÊNCIA DA AÇÃO.

Voluntariedade

Quanto à voluntariedade, exige-se o dolo, com a consciência de que a informação repassada é inverídica, ou seja, não existe desastre ou perigo.

Consumação e tentativa

A consumação da conduta prevista na primeira parte do tipo penal ocorre com o alarma. Desse modo, na primeira modalidade cuida-se de infração material, pois exige a ocorrência do resultado.

A consumação da conduta descrita na segunda parte do dispositivo se dá com a prática do ato capaz de ocasionar pânico ou tumulto. Não é necessária a efetiva ocorrência de pânico ou tumulto para a consumação da contravenção. Assim, não se exige a presença do resultado naturalístico que nem mesmo é previsto no tipo penal, portanto, trata-se de infração formal.

Não se pune a tentativa (art. 4º da LCP).

Ação penal

Trata-se de contravenção penal de ação penal pública incondicionada. São aplicáveis o rito e os institutos despenalizadores do Juizado Especial Criminal (Lei nº 9.099/95).

PERTURBAÇÃO DO TRABALHO OU DO SOSSEGO ALHEIOS

Art. 42. Perturbar alguém o trabalho ou o sossego alheios:

I – com gritaria ou algazarra;

II – exercendo profissão incômoda ou ruidosa, em desacordo com as prescrições legais;

III – abusando de instrumentos sonoros ou sinais acústicos;

IV – provocando ou não procurando impedir barulho produzido por animal de que tem a guarda:

Pena – prisão simples, de quinze dias a três meses, ou multa, de duzentos mil réis a dois contos de réis.

Bem jurídico tutelado

É a paz pública.

Sujeitos da contravenção

Trata-se de contravenção comum, assim, o **sujeito ativo** é qualquer pessoa. O **sujeito passivo** é a coletividade. Secundariamente, as pessoas prejudicadas com a perturbação.

Condutas

A descrição típica consiste em perturbar (incomodar, importunar, atrapalhar) o trabalho (atividade profissional) ou sossego (paz, tranquilidade, quietude) alheios (de terceiras pessoas) mediante determinadas circunstâncias descritas nos incisos do tipo penal. Pensamos que o legislador não agiu com a melhor técnica legislativa ao inserir no tipo a expressão "alguém", dando margem à interpretação que se trata da pessoa ofendida, quando na verdade se refere ao autor da contravenção, o que evidentemente é desnecessário, uma vez que estamos diante de uma contravenção contra a paz pública.

Como o bem jurídico é a paz pública, ou seja, a tranquilidade da coletividade, não subsiste a contravenção quando o fato atinge uma única pessoa. Para a tipicidade da conduta é necessário que ela atinja uma multiplicidade de pessoas[68]. Podemos, assim, dizer que há necessidade de uma **perturbação coletiva**. Nessa trilha, se apenas um indivíduo é importunado não estamos diante da contravenção do art. 42, posto a ausência de perturbação da paz social. Neste sentido, já decidiu o STF: *Habeas Corpus. 2. Contravenção Penal. 3. Perturbação do Trabalho ou Sossego Alheios. 4. Atipicidade da conduta. 5.* ***Ausência de perturbação à paz social.*** *6. Falta de justa causa. 7. Ordem concedida*[69].

A perturbação deve se dar com as seguintes ações:

a) **com gritaria ou algazarra (inciso I):** *Gritaria* é o som produzido pelo tom alto da voz humana. *Algazarra* é o barulho excessivo produzido por outras formas que não a voz humana. Incorre na contravenção quem, por exemplo, "sai à rua de madrugada batendo latas ou promovendo barulhenta queima de fogos de estampido" (Tacrim/SP-Jutacrim 57/313).

A lei busca coibir a perturbação real, intencional, assim, as manifestações de saúde ou felicidades não configuram a contravenção. A propósito: "O simples cantar, manifestação de saúde e de felicidade do cidadão, ainda que por vezes um tanto alto, não configura a infração do art. 42 da LCP". (TASP– RT 224/370).

O STF reconheceu a tipicidade da conduta no tipo contravencional do art. 42, inc. I da LCP, daquele que no afã de agredir determinada servidora de um posto de saúde, adentrou o recinto e, com gritaria e algazarra, perturbou a todos que ali se encontravam. Considerou o STF que "o agente, ao adentrar órgão público, perseguindo, aos gritos, determinada funcionária, perturbou a todos que ali se encontravam, resultando daí a adequação do fato à norma incriminadora"[70].

A liberdade de culto garantida pelo art. 5º, inc. VI da Constituição Federal, não serve para excluir a tipicidade dos responsáveis, pois o sossego e a tranquilidade alheia são bens jurídicos tutelados pelo ordenamento jurídico, de sorte que não é permitido a ninguém perturbar o trabalho ou sossego alheio com exercício de atividade ruinosa mesmo em se tratando de cultos religiosos. A propósito: Incorre nas sanções do art. 42, I e III, da LCP, os agentes que, durante cultos religiosos realizados durante a noite nos dias de semana e sábados, perturbam os vizinhos da sede da Igreja, utilizando-se de microfones e guitarras elétricas em volume alto, promovendo gritarias, lamentações e cânticos" (TACRIM-SP– RJD27/174).

b) **exercendo profissão incômoda ou ruidosa, em desacordo com as prescrições legais:** cuida-se de norma penal em branco, pois o tipo penal exige que a profissão incômoda ou ruidosa seja exercida em desacordo com as prescrições legais. Logo, trata-se de norma penal em branco, pois exige o complemento por outras normas legais e administrativas. Se tais normas regulamentadoras inexistem, a conduta perturbadora não caracteriza a contravenção em estudo. Além disso, se o agente contém autorização para sua atividade, o fato é atípico, ainda que provoque barulho ou ruídos.

c) **abusando de instrumentos sonoros ou sinais acústicos:** visa coibir o uso abusivo de aparelhos sonoros (aparelhos de sons) ou de sinais acústicos como buzinas e sinos. A conduta de utilizar os aparelhos sem excessos é fato atípico.

---

68 Já ensinava Manoel Carlos da Costa Leite que "a jurisprudência tem decidido que ficará a critério do juiz a apreciação de cada caso de perturbação, quer do trabalho, quer do sossego, não se devendo levar em conta o excesso de suscetibilidade do queixoso, mas sim a sensibilidade média dos cidadãos. Não bastará, para a integração da contravenção, a perturbação que só atinja um indivíduo ou um número muito restrito de pessoas. (LEITE, Manoel Carlos da Costa, Lei das Contravenções Penais, ed. Revista dos Tribunais, 1976, p. 188).

69 HC 85032, Relator(a): Min. GILMAR MENDES, Segunda Turma, julgado em 17/05/2005.

70 HC 108455, Relator(a): Min. LUIZ FUX, Primeira Turma, julgado em 10/09/2013.

Na hipótese de a poluição sonora se der em níveis tais que resultem ou possam resultar em danos à saúde humana, ficará configurado o crime de poluição sonora (art. 54 da Lei nº 9.605/98), restando absorvida a contravenção.

d) **provocando ou não procurando impedir barulho produzido por animal de que tem a guarda:** somente pratica essa conduta o agente que possui a guarda do animal. Há previsão de um comportamento positivo consistente em provocar (estimular) o animal a produzir barulho, e uma conduta omissiva consubstanciada em permanecer inerte, não impedindo o animal o qual tem a guarda em produzir o barulho.

Voluntariedade

A contravenção penal exige o dolo. Damásio de Jesus[71] explica que: "Na hipótese do inciso II deve abranger o conhecimento de que a conduta está sendo realizada em desacordo com as prescrições legais. No caso do inc. III deve alcançar a consciência de que o comportamento é abusivo."

Não se pune a conduta culposa.

Consumação e tentativa

A consumação ocorre no momento da prática do ato capaz de perturbar o trabalho ou sossego de alguém. Incabível a tentativa (art. 4º da LCP).

Ação penal

Trata-se de contravenção de ação penal pública incondicionada. São aplicáveis o rito e os institutos despenalizadores do Juizado Especial Criminal (Lei nº 9.099/95), sendo igualmente admitida a suspensão condicional do processo.

CAPÍTULO V
DAS CONTRAVENÇÕES REFERENTES À FÉ PÚBLICA

RECUSA DE MOEDA DE CURSO LEGAL

Art. 43. Recusar-se a receber, pelo seu valor, moeda de curso legal no país:

Pena – multa, de duzentos mil réis a dois contos de réis.

Bem jurídico tutelado

O **bem jurídico tutelado** é a validade do curso da moeda no País, levando a efeito a proteção das relações econômicas. O legislador teve como objetivo garantir a aceitação da moeda de curso legal para todos.

Sujeitos da contravenção

Trata se de infração penal comum, assim, qualquer pessoa pode ser **sujeito ativo**. O **sujeito passivo** é o Estado, bem como a pessoa cuja moeda foi recusada.

Condutas

A conduta típica consiste *recusar* (rejeitar, não aceitar) em receber moeda de curso legal em seu país pelo seu valor. Dessa forma, configura a contravenção tanto a conduta do agente

71 JESUS, Damásio de. Leis das Contravenções Penais. São Paulo: Saraiva, 2015, p. 161.

que rejeita receber a moeda de curso legal no país, como daquele que aceita receber por valor inferior ao nela declarado.

Para tipificação da norma penal em estudo prescinde-se da ocorrência de efetivo prejuízo para o Estado ou para qualquer pessoa. Cuida-se, portanto, de contravenção penal de mera conduta.

Cabe à União a emissão de moedas (art. 21, VII da CF).

Romeu Salles Júnior, citando os ensinamentos de Theodolindo Castigliose, esclarece que "Moeda de curso legal é a que, emitida pelos poderes competentes, o Estado, coativamente impõe a todos os cidadãos como meio de pagamento e efeito liberatório"[72]

Os títulos de crédito (cheque, duplicatas) e as moedas estrangeiras (dólar, euro) não se equiparam à moeda de curso legal e, portanto, podem ser recusados.

Vale anotar que o tipo penal não visa punir a falsificação de moeda. A conduta de falsificar moeda é mais grave e encontra enquadramento legal no art[73]. 289 do Código Penal.

Na hipótese da recusa ser legítima, como nos casos em que o dinheiro esteja danificado ou haja fundada suspeita de que a moeda é falsa, não configura a contravenção. O que tipifica a conduta é a *recusa injustificada*. Ademais, a negativa em receber moeda estrangeira ou que deixou de circular validamente em território nacional não caracteriza a contravenção.

Voluntariedade

Quanto à voluntariedade, exige-se o dolo. Não é punível a conduta culposa.

Consumação e tentativa

A *consumação* ocorre com a recusa à moeda ou pela aceitação por valor inferior. Não é cabível a *tentativa* (art. 4º da LCP).

Ação penal

Trata-se de contravenção de ação penal pública incondicionada. São aplicáveis o rito e os institutos despenalizadores do Juizado Especial Criminal (Lei nº 9.099/95).

IMITAÇÃO DE MOEDA PARA PROPAGANDA

Art. 44. Usar, como propaganda, de impresso ou objeto que pessoa inexperiente ou rústica possa confundir com moeda:

Pena – multa, de duzentos mil réis a dois contos de réis.

---

72 SALLES JÚNIOR, Romeu de Almeida. Lei das Contravenções Penais Interpretadas. São Paulo: Oliveira Mendes, 1998, p. 210.

73 Art. 289 – Falsificar, fabricando-a ou alterando-a, moeda metálica ou papel-moeda de curso legal no país ou no estrangeiro: Pena – reclusão, de três a doze anos, e multa. § 1º – Nas mesmas penas incorre quem, por conta própria ou alheia, importa ou exporta, adquire, vende, troca, cede, empresta, guarda ou introduz na circulação moeda falsa. § 2º – Quem, tendo recebido de boa-fé, como verdadeira, moeda falsa ou alterada, a restitui à circulação, depois de conhecer a falsidade, é punido com detenção, de seis meses a dois anos, e multa. § 3º – É punido com reclusão, de três a quinze anos, e multa, o funcionário público ou diretor, gerente, ou fiscal de banco de emissão que fabrica, emite ou autoriza a fabricação ou emissão: I – de moeda com título ou peso inferior ao determinado em lei; II – de papel-moeda em quantidade superior à autorizada. § 4º – Nas mesmas penas incorre quem desvia e faz circular moeda cuja circulação não estava ainda autorizada.

Bem jurídico tutelado

É a fé pública, no que diz respeito à proteção à moeda nacional. O tipo contravencional busca proteger a validade da moeda, ao mesmo tempo em que procura afastar condutas que possam fazer pessoas inexperientes e rústicas confundir com moeda os objetos ou impressos utilizados na propaganda.

Sujeitos da contravenção

Sujeito ativo é qualquer pessoa. O **sujeito passivo** é o Estado, bem como a pessoa inexperiente que possa ser lesada.

Condutas

A conduta típica consiste no *uso*, como propaganda, de impresso (ex. imitação de papel-moeda) ou objeto (ex. imitação de moeda metálica) que possa levar pessoa inexperiente (pessoa inocente, ingênua, como as crianças e adolescentes) ou rústica (pessoa sem instrução) a acreditar que se trata de moeda legal.

O impresso ou objeto devem ser distribuídos a terceiros como forma de propaganda. Como o texto menciona apenas a "moeda", esta abarca tanto a nacional como a **estrangeira**.

Exige-se que a reprodução imitadora seja apta a confundir alguém, pois se for grosseira e bem diversa da original, o fato é atípico, como, por exemplo, em dimensões muito maiores do que as normais.

Tipifica a conduta descrita no art. 44 da LCP a imitação inserida apenas no anverso de papel comum, desde que possa confundir com moeda oficial. Exemplo: o agente entrega a imitação dobrada, levando a erro o destinatário.

Trata-se de contravenção penal de **perigo abstrato**, assim, não necessita que alguém venha a sofrer prejuízo.

Importante frisar que se o sujeito ativo tiver como finalidade a falsificação de papel-moeda, sendo apta a levar a erro número indeterminado de pessoas, incorre no crime moeda falsa (art. 289, CP[74]).

Voluntariedade

Quanto à voluntariedade, exige-se o dolo. Não é punível a conduta culposa.

Consumação e tentativa

A **consumação** ocorre com o uso de impresso ou do objeto. A lei não exige que a pessoa seja enganada, bastando que o impresso ou objeto tenha probabilidade de confundir pessoa inexperiente ou rústica.

Tratando-se de contravenção que deixa vestígios, necessária a realização de perícia com o fito de verificar a potencialidade do papel ou moeda para confundir pessoas inexperientes.

Não é cabível a **tentativa** (art. 4º da LCP).

---

74 Art. 289 – Falsificar, fabricando-a ou alterando-a, moeda metálica ou papel-moeda de curso legal no país ou no estrangeiro: Pena – reclusão, de três a doze anos, e multa. § 1º – Nas mesmas penas incorre quem, por conta própria ou alheia, importa ou exporta, adquire, vende, troca, cede, empresta, guarda ou introduz na circulação moeda falsa. § 2º – Quem, tendo recebido de boa-fé, como verdadeira, moeda falsa ou alterada, a restitui à circulação, depois de conhecer a falsidade, é punido com detenção, de seis meses a dois anos, e multa. § 3º – É punido com reclusão, de três a quinze anos, e multa, o funcionário público ou diretor, gerente, ou fiscal de banco de emissão que fabrica, emite ou autoriza a fabricação ou emissão: I – de moeda com título ou peso inferior ao determinado em lei; II – de papel-moeda em quantidade superior à autorizada. § 4º – Nas mesmas penas incorre quem desvia e faz circular moeda, cuja circulação não estava ainda autorizada.

Ação penal

Trata-se de contravenção de ação penal pública incondicionada. São aplicáveis o rito e os institutos despenalizadores do Juizado Especial Criminal (Lei nº 9.099/95).

SIMULAÇÃO DA QUALIDADE DE FUNCIONÁRIO

Art. 45. Fingir-se funcionário público:

Pena – prisão simples, de um a três meses, ou multa, de quinhentos mil réis a três contos de réis.

Bem jurídico tutelado

É a fé pública. A Administração Pública tem interesse em preservar a credibilidade dos seus atos perante a sociedade. Assim, o legislador visa eliminar a possibilidade da prática de atos que atinjam a idoneidade do funcionalismo.

Sujeitos da contravenção

Trata-se de contravenção comum. O **sujeito ativo** é qualquer pessoa. Entendemos que o funcionário público pode ser sujeito ativo da contravenção do art. 45 da LCP na medida em que pode alegar exercer função ou cargo diverso do que realmente exerce ou detém.

O **sujeito passivo** é o Estado. Secundariamente, o órgão ou entidade pública a qual o contraventor alega pertencer.

Condutas

A conduta típica consiste em *fingir*, no sentido de fantasiar, simular, imitar, funcionário público. Nos termos do art. 327, *caput*, do CP, é funcionário público quem, ainda que transitoriamente ou sem remuneração, exerce cargo, emprego ou função pública.

Victor Gonçalves explica que na contravenção o agente, em regra, "atua por vaidade ou para obter pequenas vantagens morais. Ex. mentindo aos moradores de pequena cidade que é juiz de direito e que está no local para passar férias, o agente obtém respeito diferenciado da população, nos estabelecimentos comerciais, e, muitas vezes, acaba, eventualmente, sendo convidado para solenidades ou para se sentar com autoridades locais etc."[75]

Para caracterizar a contravenção penal em estudo, é necessária a potencialidade de levar em erro a autoridade ou um número indeterminado de pessoas quanto à qualidade do agente. Cuida-se de contravenção formal, não se exigindo a obtenção de qualquer vantagem econômica ou a obtenção de qualquer utilidade.

É desnecessária a reiteração de atos para tipificação da conduta. Logo, basta a prática de um só ato.

Trata-se de contravenção penal subsidiária, ficando absorvida se o fato constituir infração mais grave. Assim, se a pessoa procura se passar por delegado de polícia para constranger alguém, mediante violência ou grave ameaça, a fazer alguma coisa com o intuito de obter vantagem econômica, incide no crime de **extorsão (art. 158, CP)**, restando absorvida a contravenção do art. 45 da LCP.

---

75 GONÇALVES, Victor Eduardo Rios. Legislação Penal Especial Esquematizado, São Paulo: Saraiva, 2017, p. 261.

A contravenção em comento se distingue do crime de **usurpação de função** (art. 328, CP[76]). Neste, o agente usurpa (assume de forma ilegítima ou exerce indevidamente) o exercício da função, vindo a executar atos inerentes a ela. Há uma intromissão no aparelhamento Estatal por parte de um terceiro, que se arroga nas prerrogativas de uma função pública, e executa atos inerentes a ela. Na contravenção de simulação da qualidade de funcionário, o agente finge ser funcionário público, mas não chega a praticar atos típicos da função. Neste sentido: *1. O tipo penal inscrito no art. 328 do Código Penal exige que o agente, de forma ilegítima, execute ato relativo à função pública na qual não está legalmente investido, não bastando, apenas, que o agente atribua a si a qualidade de* ***funcionário público****, o que caracteriza o delito descrito no art. 45 da Lei de Contravenções Penais, que se amolda ao caso dos autos.(STJ- CC 122.366/SP, Rel. Ministra Alderita Ramos de Oliveira(Desembargadora Convocada do TJ/PE, julgado em 10/10/2012).*

Não se deve confundir a contravenção com o crime de **falsa identidade** (art. 307, CP), o qual exige um elemento subjetivo específico consistente em obter vantagem, em proveito próprio ou alheio, ou para causar dano a outrem. Por sua vez, a contravenção de simulação da qualidade de funcionário não exige qualquer finalidade especial.

Se o agente simula qualidade de funcionário público com o fim de fazer justiça com as próprias mãos para satisfazer pretensão, embora legítima, incorre no crime de **exercício arbitrário das próprias razões** (art. 345, CP[77]).

No caso do agente que aprovado em concurso público, assume suas funções antes de satisfazer as exigências legais ou continua a exercê-la, sem autorização, depois de saber que foi exonerado, removido, substituído ou suspenso, incide no crime de **exercício funcional ilegalmente antecipado ou prolongado** (art. 324, CP[78]).

A competência para o julgamento da contravenção penal é da justiça estadual ainda que o sujeito finja ser funcionário público federal, ante o enunciado da Súmula 38 do STJ: "*Compete à Justiça Estadual Comum, na vigência da Constituição de 1988, o processo por contravenção penal, ainda que praticada em detrimento de bens, serviços ou interesse da União ou de suas entidades*".

Voluntariedade

Quanto à voluntariedade, exige-se o dolo. Não se exige qualquer finalidade especial, caracterizador de elemento subjetivo especial do injusto. A finalidade, portanto, perseguida pelo agente não íntegra a figura típica.

Anote-se que, se eventualmente, o fim do agente for outro, além da simples ação de fingir-se funcionário público, poderá incorrer em outra infração. Exemplo: o agente se passa por funcionário público para lesar patrimônio de terceira pessoa, pode incorrer no crime de estelionato.

Não há previsão de modalidade culposa.

Consumação e tentativa

A consumação ocorre no instante em que o agente simula ser funcionário público, assumindo uma qualidade que não tem. Incabível a tentativa (art. 4º, LCP).

---

76 Art. 328 – Usurpar o exercício de função pública: Pena – detenção, de três meses a dois anos, e multa. Parágrafo único – Se do fato o agente aufere vantagem: Pena – reclusão, de dois a cinco anos, e multa.

77 Art. 345 – Fazer justiça pelas próprias mãos, para satisfazer pretensão, embora legítima, salvo quando a lei o permite: Pena – detenção, de quinze dias a um mês, ou multa, além da pena correspondente à violência. Parágrafo único – Se não há emprego de violência, somente se procede mediante queixa.

78 Art. 324 – Entrar no exercício de função pública antes de satisfeitas as exigências legais, ou continuar a exercê-la, sem autorização, depois de saber oficialmente que foi exonerado, removido, substituído ou suspenso: Pena – detenção, de quinze dias a um mês, ou multa.

Ação penal

Trata-se de contravenção de ação penal pública incondicionada. São aplicáveis o rito e os institutos despenalizadores do Juizado Especial Criminal (Lei nº 9.099/95), sendo igualmente admitida a suspensão condicional do processo.

USO ILEGÍTIMO DE UNIFORME OU DISTINTIVO

Art. 46. Usar, publicamente, de uniforme, ou distintivo de função pública que não exerce; usar, indevidamente, de sinal, distintivo ou denominação cujo emprego seja regulado por lei.

Pena – multa, de duzentos a dois mil cruzeiros, se o fato não constitui infração penal mais grave.

Bem jurídico tutelado

É a fé pública. O tipo penal tem como objetivo tutelar a regularidade do uso do uniforme e dos distintivos oficiais.

Sujeitos da contravenção

Trata-se de contravenção comum, assim, o **sujeito ativo** é qualquer pessoa. Ressalta-se que o funcionário público pode ser sujeito ativo desde que utilize uniforme ou distintivo de função que não exerce. O **sujeito passivo** é o Estado.

Condutas

A descrição típica apresenta duas modalidades de infração. A primeira conduta é *usar*, publicamente, de uniforme, ou distintivo de função pública que não exerce.

Uniforme é o fardamento de uma classe ou categoria. **Distintivo** pode ser entendido como sinal indicador de uma qualidade relacionada com o funcionário público.

O uso deve ser **em local público ou aberto ao público** para tipificar a conduta. Assim, o uso em locais e eventos particulares não caracteriza a contravenção penal em comento, como, por exemplo, o uso do uniforme em uma festa à fantasia.

A circunstância da vestimenta ou distintivo ser facilmente encontrada no comércio não afasta a tipicidade da conduta.

A segunda parte do *caput* tipifica a conduta daquele que *usa*, indevidamente, de sinal, distintivo ou denominação cujo emprego seja regulado por lei. O agente exerce a função pública, mas emprega o sinal ou distintivo de modo contrário às determinações legais.

Trata-se de contravenção eminentemente **subsidiária**, por expressa disposição contida em seu preceito secundário: "se o fato não constitui infração penal mais grave". Logo, se o fato caracteriza infração penal mais grave, a contravenção fica absorvida.

O agente que utiliza uniforme para fingir-se funcionário público incorre na contravenção de simulação da qualidade de funcionário (art. 45, LCP).

Por fim, o uso indevido de vestimentas ou distintivo militar caracteriza o crime de uso indevido de uniforme, distintivo ou insígnia militar por qualquer pessoa, previsto no art. 172 do Código Penal Militar, afastando, assim, a ocorrência da contravenção penal em comento. Assevera Thiago Gandra que "a Justiça militar da União tem competência para julgar os crimes militares definidos em lei (art.124, CR/88), não havendo qualquer restrição quanto à figura do acusado. Assim, praticado o crime do art. 172 do CPM quanto ao uniforme de militares da União, competente será a Justiça Militar dos Estados que está restrita ao julgamento de militares (art.125,§4º, CR/88) e, por isso, se um civil usa uniforme de um militar estadual, deverá ser processado e julgado pela Justiça Comum Estadual, conforme inclusive sumulado pelo STJ".[79]

Voluntariedade

Quanto à voluntariedade, exige-se o dolo, representado pela vontade consciente de vestir uniforme ou utilizar distintivo de função pública, em público, ou ainda, usar sinal ou distintivo, indevidamente, cujo emprego é regulamentado por lei.

Não se exige qualquer elemento subjetivo especial do tipo. Não existe previsão da modalidade culposa.

Consumação e tentativa

A consumação ocorre no momento em que o agente utiliza o uniforme ou o distintivo em público, independente de qualquer resultado naturalístico. Não se exige a reiteração de atos para a consumação. Logo, basta a prática de um só ato.

Incabível a tentativa (art. 4º da LCP).

Ação penal

Trata-se de contravenção de ação penal pública incondicionada. São aplicáveis o rito e os institutos despenalizadores do Juizado Especial Criminal (Lei nº 9.099/95), sendo igualmente admitida a suspensão condicional do processo.

CAPÍTULO VI
DAS CONTRAVENÇÕES RELATIVAS À ORGANIZAÇÃO DO TRABALHO
EXERCÍCIO ILEGAL DE PROFISSÃO OU ATIVIDADE

Art. 47. Exercer profissão ou atividade econômica ou anunciar que a exerce, sem preencher as condições a que por lei está subordinado o seu exercício:

Pena – prisão simples, de quinze dias a três meses, ou multa, de quinhentos mil réis a cinco contos de réis.

Bem jurídico tutelado

É interesse social que determinadas profissões e atividades econômicas somente sejam exercidas por pessoas com atributos e qualificações dispostas em lei. Há profissões e atividades econômicas que são regulamentadas pelo Estado, exigindo habilitação e condições técnicas específicas por parte daqueles que as exercem, como advogados, engenheiros, médicos.

O tipo penal busca coibir a simulação de atividade laboral especializada, hipótese em que se presume a habilitação do profissional. Assim, o *bem jurídico tutelado* é a organização do trabalho, notadamente as profissões que exigem habilitação ou qualificação técnica especializada.

Sujeitos da contravenção

Trata-se de contravenção comum, assim, o *sujeito ativo* é qualquer pessoa. O *sujeito passivo* é o Estado.

79 GANDRA, Thiago, Lei das Contravenções Penais. Coleção Leis Especiais para Concursos. Salvador: Juspodivm, 2018, p.129.

Condutas

A norma penal estabelece a conduta típica de exercer (desempenhar) ou anunciar (divulgar) que exerce profissão ou atividade econômica, sem preencher as condições a que, por lei, está subordinado o seu exercício.

Preleciona Sílvio Maciel que: "*profissão* é a atividade que requer conhecimentos especiais e geralmente preparação longa e intensiva; *atividade econômica* é qualquer atividade exercida com finalidade de obtenção de renda".[80]

Cuida-se de **norma penal em branco** cujo complemento serão as leis que disciplinam o exercício da profissão ou atividade econômica.

Para o STJ configura a contravenção de exercício ilegal a conduta do agente que, mesmo após o cancelamento de sua inscrição no Conselho Regional de Corretores de Imóveis – CRECI, continua a exercer atividades de corretagem de imóveis, pois exerce a profissão sem o preenchimento de condição legal a que está subordinado o seu exercício, qual seja, inscrição perante o órgão de fiscalização profissional (STJ, HC 104.924/MG).

O agente que se utiliza de documento falso para o cometimento da contravenção de exercício ilegal da profissão deve responder pelo concurso de crimes, diante do óbice na "impossibilidade de um crime tipificado no Código Penal ser absorvido por uma infração tipificada na Lei de Contravenções Penais" (STF, HC 121652).

A pessoa que não é inscrita na Ordem dos Advogados do Brasil – OAB, mas exerce a atividade da advocacia, incide na contravenção de exercício ilegal de profissão, pois viola o disposto no art. 1º da Lei nº 8.906/94[81].

O advogado que continua a exercer advocacia, mesmo com a inscrição suspensa ou impedido, pratica a contravenção de exercício ilegal da profissão, segundo entendimento prevalente na jurisprudência[82]. No entanto, há posicionamento no sentido de que o advogado incorre no crime de exercício de atividade com infração de decisão administrativa (art. 205, CP[83]) em razão da OAB possuir natureza de autarquia com regime especial.

Anote-se que em relação às profissões de médico, dentista e farmacêutico, existe o crime específico de exercício ilegal da medicina, arte dentária ou farmacêutica, previsto no art. 282 do CP[84], portanto, não caracteriza a contravenção do art. 47 da LCP.

Flanelinhas

Em relação aos lavadores ou guardadores de carros, que normalmente trabalham nas vias públicas (**flanelinhas**), cumpre destacar que a profissão de guardador e lavador autônomo de veículos automotores era regulamentada pela Lei nº 6.242/1975 e Decreto Federal nº 79.797/77[85].

O art. 1º da Lei nº 6.242/1975 estabelecia que "o exercício da profissão de guardador e lavador autônomo de veículos automotores, em todo o território nacional, depende de registro

80 MACIEL, Sílvio. Legislação Criminal Especial. São Paulo: RT, 2009, p.115.

81 São atividades privativas de advocacia: I – a postulação a órgão do Poder Judiciário e aos juizados especiais; II – as atividades de consultoria, assessoria e direção jurídicas.

82 HC 74471/RJ, Rel. Ministro Celso de Mello, Primeira Turma, julgado em 18/03/1997.

83 Art. 205 – Exercer atividade, de que está impedido por decisão administrativa: Pena – detenção, de três meses a dois anos, ou multa.

84 Art. 282 – Exercer, ainda que a título gratuito, a profissão de médico, dentista ou farmacêutico, sem autorização legal ou excedendo-lhe os limites: Pena – detenção, de seis meses a dois anos. Parágrafo único – Se o crime é praticado com o fim de lucro, aplica-se também multa.

85 Ressalta-se que entendemos que o Decreto nº 79.797/77 foi revogado tacitamente, pois ele apenas regulamentava a Lei nº6.242/1975 que não se encontra mais em vigor.

na Delegacia Regional do Trabalho Competente". Ocorre que a Lei nº 6.242/1975 foi revogada pela medida provisória nº 905/2019 de 11 de novembro de 2019. Entretanto, mesmo durante a vigência da lei citada, o STF, ao julgar o *Habeas Corpus* 115.046/MG, afastou a tipicidade material da conduta de três denunciados como incursos no art. 47 da LCP porque "a não observância dessa disposição legal pelos pacientes não gerou lesão relevante ao bem jurídico tutelado pela norma, bem como não revelou elevado grau de reprovabilidade, razão pela qual é aplicável, à hipótese dos autos, o princípio da insignificância".[86]

O Superior Tribunal de Justiça também vem decidindo que não caracteriza a contravenção de exercício ilegal de profissão ou atividade, a conduta dos lavadores e guardadores de veículos, pois a "contravenção de exercício irregular de profissão penaliza aquele que desempenha habitualmente profissão ou atividade econômica sem preencher as condições legais. O objetivo da infração penal é coibir a simulação de atividade laboral especializada, hipótese em que se presume a habilitação do profissional. Inviável concluir que o guardador ou lavador de carros exerça profissão ou atividade econômica especializada, apta a caracterizar a contravenção penal prevista no artigo 47 do Decreto-lei 3.688/1941. Isso porque lavar ou guardar automóveis são atividades que não exigem quaisquer conhecimentos técnicos ou habilidades específicas as quais, caso não preenchidas ou não observadas, possam ofender a proteção à organização do trabalho pelo Estado. Ademais, não geram perante a sociedade a presunção da habilitação do profissional"[87]. Além disso, expõe o julgado: "a mera exigência registro dos guardadores ou lavadores de veículos em Delegacias Regionais do Trabalho pela Lei 6.242/1975 não satisfaz a elementar do tipo, referente à necessidade da existência de condições que subordinam o exercício da profissão."[88]

A 5ª Turma do Superior Tribunal de Justiça também reconheceu a atipicidade do exercício da atividade desenvolvida pelo denominado "flanelinha", sem o registro nos órgãos competentes, "uma vez que a sua ausência não atingiria de forma significativa o bem jurídico tutelado pela norma penal."[89]

Frise-se que na hipótese do guardador de veículos "flanelinha" **constranger, mediante violência ou grave ameaça**, o proprietário do veículo a entregar-lhe determinada quantia em dinheiro como forma de pagamento ao estacionamento em local público, com o fim de obter indevida vantagem econômica, a conduta **caracteriza crime de extorsão (art. 158, CP).**

Voluntariedade

Quanto à voluntariedade, exige-se o dolo, representado pelo conhecimento da inexistência de condições legais para o exercício da profissão ou atividade. A propósito, decidiu o TJRS: "Ademais, não se pode olvidar que a grande maioria das pessoas que desempenham a atividade de guardador de veículos desconhece a regulamentação da profissão por lei, e, por conseguinte, não têm consciência da ilicitude do fato"[90].

Não se exige qualquer elemento subjetivo especial do tipo. Não existe previsão da modalidade culposa.

Consumação e tentativa

A **consumação** se dá no instante em que o agente pratica o ato ou efetua o anúncio do exercício da profissão ou atividade econômica. Não é necessário que o sujeito ativo obtenha vantagem patrimonial ou cause prejuízo a terceiros.

86 STF, HC: 115046/MG, Relator: Min. Ricardo Lewandowski, Segunda Turma, julgado em 19/03/2013.

87 HC 309.958/MG, Rel. Ministro Ribeiro Dantas, Quinta Turma, julgado em 22/09/2016.

88 HC 309.958/MG, Rel. Ministro Ribeiro Dantas, Quinta Turma, julgado em 22/09/2016.

89 RHC 88815/RJ, Rel. Ministro Felix Fischer, Quinta Turma, julgado em 28/11/2017.

90 Apelação Crime Nº 70040291049, Oitava Câmara Criminal, Tribunal de Justiça do RS, Relator: Danúbio Edon Franco, Julgado em 01/06/2011.

São divergentes a doutrina e jurisprudência quanto à exigência da habitualidade para a caracterização da infração. Para a corrente majoritária, o tipo contravencional exige a reiteração, não se conformando com a mera prática isolada ou esporádica. A norma penal requer que o agente aja com habitualidade, porquanto, o exercício de profissão ou atividade econômica implica reiteração, constância. A consumação, assim, só ocorre com a reiteração dos atos. Neste sentido, decidiu o STF: *a habitualidade exigida para a caracterização do exercício ilegal da profissão não se configura quando há a prática de um único ato privativo da profissão, configurando-se, porém, se, ainda que num processo apenas, seja em causa própria seja em favor de terceiro, o acusado praticar vários atos processuais, como ocorreu na hipótese sob julgamento. "Habeas corpus" indeferido*"[91].

Todavia, há posicionamento pelo qual não se exige a habitualidade dos atos para que esteja tipificada a contravenção. Logo, basta a prática de um ato para a consumação.

Incabível a **tentativa** (art. 4º da LCP).

Ação penal

Trata-se de contravenção de ação penal pública incondicionada. São aplicáveis o rito e os institutos despenalizadores do Juizado Especial Criminal (Lei nº 9.099/95), sendo igualmente admitida a suspensão condicional do processo.

EXERCÍCIO ILEGAL DO COMÉRCIO DE COISAS ANTIGAS E OBRAS DE ARTE

Art. 48. Exercer, sem observância das prescrições legais, comércio de antiguidades, de obras de arte, ou de manuscritos e livros antigos ou raros:

Pena – prisão simples de um a seis meses, ou multa, de um a dez contos de réis.

Bem jurídico tutelado

Tutela-se o controle do comércio de objetos antigos, obras de arte, livros raros ou antigos.

Sujeitos da contravenção

O **sujeito ativo** é qualquer pessoa que se dedica, sem observância das prescrições legais, ao comércio de objetos antigos, obras de arte, livros raros ou antigos.

O **sujeito passivo** é a coletividade.

Condutas

A conduta típica consiste em exercer, isto é, praticar, realizar, desempenhar comércio de antiguidades (objetos antigos, que além de seu valor de objeto útil, possui também um acréscimo considerável, devido a sua vetustez, por estar relacionado a um fato histórico, científico ou artístico); obras de arte (criação humana avaliada por sua função artística); manuscritos (objetos escritos à mão como livros); livros antigos (escritos há muito tempo) ou raros (poucos exemplares).

O tipo contém um elemento normativo, contido na expressão "sem observância das prescrições legais". Logo, se o comércio mencionado for exercido em acordo com as prescrições legais, o fato será atípico.

91 STF – HC: 75022 SP, Relator: MOREIRA ALVES, Data de Julgamento: 26/06/1997, PRIMEIRA TURMA, Data de Publicação: DJ 29-08-1997 PP-40218 EMENT VOL-01880-02 PP-00287.

Não importa o lugar do exercício desse comércio, podendo ser em local público, casa de comércio, residência, particular ou mesmo na rua (como ambulante).

Trata-se de norma penal em branco que exige o complemento por outra norma como o Decreto-Lei 25/37, a Lei nº 4.845/65, a Lei nº 5.471/68 e o Decreto nº 65.347/60.

Constituem-se objetos materiais da contravenção as antiguidades (objetos antigos, obras de arte, manuscritos e livros antigos (escritos há muito tempo) ou raros (poucos exemplares).

Sílvio Maciel destaca que "o comércio de símbolos, ornamentos ou distintivos, que contenham a cruz suástica ou gamada, com o fim de divulgar o nazismo, configura o crime previsto no art. 20, § 1º, da Lei 7.716/89, punido com pena de reclusão de 2 a 5 anos e multa".[92]

Se o comerciante adquire obras de arte roubadas com a finalidade de revendê-las, incide no crime de receptação qualificada (art. 180, § 1º, CP), que absorve a contravenção de exercício ilegal do comércio de coisas antigas e obras de arte.

Voluntariedade

Quanto à voluntariedade, exige-se o dolo, caracterizado pelo conhecimento do exercício do comércio de antiguidades, sem observar as prescrições legais. Não se exige qualquer elemento subjetivo especial do tipo.

Não existe previsão da modalidade culposa.

Consumação e tentativa

O tipo contravencional exige a habitualidade para sua configuração, pois o verbo da conduta (exercer) impõe a prática reiterada de comércio e não apenas um ato isolado. A consumação, assim, ocorre com a prática de atos reiterados de mercancia de antiguidades de obras de arte ou de manuscritos e livros antigos ou raros, sem obediência às prescrições legais.

Incabível a tentativa (art. 4º da LCP).

Ação penal

Trata-se de contravenção de ação penal pública incondicionada. São aplicáveis o rito e os institutos despenalizadores do Juizado Especial Criminal (Lei nº 9.099/95), sendo igualmente admitida a suspensão condicional do processo.

MATRÍCULA OU ESCRITURAÇÃO DE INDÚSTRIA E PROFISSÃO

Art. 49. Infringir determinação legal relativa à matrícula ou à escrituração de indústria, de comércio, ou de outra atividade:

Pena – multa, de duzentos mil réis a cinco contos de réis.

Bem jurídico tutelado

O legislador busca coibir o funcionamento irregular de empresas, indústrias ou outras atividades similares.

Sujeitos da contravenção

Cuida-se de infração penal própria. O **sujeito ativo** é a pessoa responsável em providenciar a matrícula ou a escrituração, nos termos dos estatutos da empresa. Em relação à matrícula,

92 MACIEL, Sílvio. Legislação Criminal Especial São Paulo: RT, 2009, p. 119.

em regra, é o proprietário da empresa a pessoa responsável em providenciá-la. Já quanto à escrituração, o funcionário da junta comercial, responsável pela verificação e fiscalização das prescrições legais, também pode ser sujeito ativo, desde que se omita do dever de notificar o requerente para sanar a irregularidade.

O **sujeito passivo** é a coletividade.

Condutas

A conduta típica consiste em infringir (violar, transgredir, desrespeitar) determinação legal (ato normativo) relativa à matrícula (registro em livros oficiais dos órgãos competentes em que são inscritas todas as pessoas que participem de uma atividade econômica) ou à escrituração (registros dos fatos administrativos decorrentes da atividade) de indústria, de comércio, ou de outra atividade.

A outra atividade mencionada no tipo penal é qualquer uma em que a legislação exija a escrituração ou a matrícula para seu regular exercício, tais como membros das bolsas de valores, corretores de mercadorias, despachantes e leiloeiros.

É condição para a tipicidade que a conduta contrarie determinação legal, voltada à matrícula ou escrituração de indústria ou empresa. A expressão "determinação legal" é tida como elemento normativo do tipo.

Trata-se de norma penal em branco, pois cabe à legislação ordinária complementá-la. O Código Civil, em seu art. 967, impõe ao empresário a obrigação de inscrever sua empresa no Registro Público de Empresas Mercantis, antes do início de suas atividades e cujo desrespeito configura contravenção. Oportuno salientar que também constitui obrigação da empresa ou indústria averbar na Junta Comercial as alterações do contrato social ou estatuto, sendo que a sua omissão caracteriza a contravenção.

Incide no crime de falsidade ideológica (art. 299, CP) o agente que presta informações falsas à Junta Comercial com a finalidade de fazer inserir informação falsa ou diversa da que devia constar no registro da empresa.

Voluntariedade

O elemento subjetivo é o dolo, representado pela consciência de que o agente está transgredindo **determinação legal.**

Não se exige qualquer elemento subjetivo especial do tipo.

Não há previsão da modalidade culposa.

Consumação e tentativa

Consuma-se com a prática do ato que caracteriza transgressão a uma determinação legal. Não se pune a tentativa (art. 4º da LCP).

Ação penal

Trata-se de contravenção de ação penal pública incondicionada. São aplicáveis o rito e os institutos despenalizadores do Juizado Especial Criminal (Lei nº 9.099/95), sendo igualmente admitida a suspensão condicional do processo.

CAPÍTULO VII
DAS CONTRAVENÇÕES RELATIVAS À POLÍCIA DE COSTUMES
JOGOS DE AZAR

Art. 50. Estabelecer ou explorar jogo de azar em lugar público ou acessível ao público, mediante o pagamento de entrada ou sem ele:

Pena – prisão simples, de três meses a um ano, e multa, de dois a quinze contos de réis, estendendo-se os efeitos da condenação à perda dos moveis e objetos de decoração do local.

§ 1º A pena é aumentada de um terço, se existe entre os empregados ou participa do jogo pessoa menor de dezoito anos;

§ 2º Incorre na pena de multa, de R$ 2.000,00 (dois mil reais) a R$ 200.000,00 (duzentos mil reais), quem é encontrado a participar do jogo, ainda que pela internet ou por qualquer outro meio de comunicação, como ponteiro ou apostador.

§ 3º Consideram-se, jogos de azar:

a) o jogo em que o ganho e a perda dependem exclusiva ou principalmente da sorte;

b) as apostas sobre corrida de cavalos fora de hipódromo ou de local onde sejam autorizadas;

c) as apostas sobre qualquer outra competição esportiva.

§ 4º Equiparam-se, para os efeitos penais, a lugar acessível ao público:

a) a casa particular em que se realizam jogos de azar, quando deles habitualmente participam pessoas que não sejam da família de quem a ocupa;

b) o hotel ou casa de habitação coletiva, a cujos hóspedes e moradores se proporciona jogo de azar;

c) a sede ou dependência de sociedade ou associação, em que se realiza jogo de azar;

d) o estabelecimento destinado à exploração de jogo de azar, ainda que se dissimule esse destino.

Repercussão geral

A recepção do art. 50 da Lei de Contravenção Penal pela Constituição Federal, é tema de repercussão geral no Supremo Tribunal Federal (Tema 924[93]). A questão chegou ao STF por meio do Recurso Extraordinário nº 966.177 do Rio Grande do Sul. O STF considerou que o tema controvertido é eminentemente constitucional, uma vez que o Tribunal de Justiça do Rio Grande do Sul afastou a tipicidade do jogo de azar lastreado em preceitos constitucionais relativos à livre iniciativa e às liberdades fundamentais, previstos nos artigos 1º, IV, 5º, XLI, e 170 da Constituição Federal.

Bem jurídico tutelado

O tipo penal visa proteger os bons costumes. O legislador buscou também proteger o patrimônio do jogador e de seus familiares, bem como afastar o vício em jogos dos quais o resultado depende exclusiva ou principalmente da sorte. Por sua vez, o *objeto material* da infração em exame é o jogo de azar.

Sujeitos da contravenção

Trata-se de infração penal comum, pode ser cometida por qualquer pessoa.

O **sujeito passivo** é o Estado, responsável pelo controle dos jogos de azar.

93 *Tema 924 - Tipicidade das condutas de estabelecer e explorar jogos de azar em face da Constituição da República de 1988. Recepção do "caput" do art. 50 do Decreto-Lei n. 3.688/1941 (Lei das Contravenções Penais).*

Condutas

São dois os núcleos previstos no tipo contravencional: a) *estabelecer que* significa instalar, manter o estabelecimento onde se tem os jogos de azar; b) *explorar* que quer dizer auferir lucro com o jogo de azar.

O tipo penal prevê que a prática do jogo de azar deve ocorrer em *lugar público* ou *acessível ao público*, com ou sem a exigência de pagamento para a entrada. **Lugar Público** é aquele de livre acesso como praças, ruas e parques. Já **lugar acessível ao público** é o local privado, onde é permitido o acesso da população como bares, restaurantes, clubes e casas noturnas.

Entendemos que a expressão "lugar público ou acessível ao público" não pode ser interpretada restritivamente, pois a *mens legis* foi de proibir o jogo de azar em um maior número de locais possíveis. Além disso, o § 4º do art. 50 da LCP tratou de equiparar, para efeitos penais, determinados locais a lugar acessível ao público: *a) a casa particular em que se realizam jogos de azar, quando deles habitualmente participam pessoas que não sejam da família de quem a ocupa; b) o hotel ou casa de habitação coletiva, a cujos hóspedes e moradores se proporciona jogo de azar; c) a sede ou dependência de sociedade ou associação, em que se realiza jogo de azar; d) o estabelecimento destinado à exploração de jogo de azar, ainda que se dissimule esse destino.*

Victor Gonçalves esclarece que em relação as casas particulares, "firmou-se entendimento de que só existe a contravenção quando o proprietário ou responsável admite aleatoriamente pessoas para participar dos jogos que ali acontecem, fazendo-o de forma habitual (conforme exige o tipo penal). Reuniões entre familiares ou amigos em determinada residência não configuram contravenção, ainda que ali sejam realizados jogos de azar mediantes apostas. Nesse sentido: jogo de azar doméstico ou equiparado a doméstico, mesmo a dinheiro, realizado como simples passatempo, sem aliciamento de vontades ou aproveitamento de inexperiência ou de paixão viciosa para auferição de lucros (não de mero "barato"), não constitui ilícito, mas mera distração penalmente inócua (Tacrim/SP. Rel. Azevedo Franceshini, Juatacrim 20/95)"[94] Jogo de azar pode ser compreendido como aquele cujo resultado depende exclusivamente da sorte. Conclui-se, portanto, que nos jogos de azar, a vitória depende muito mais da sorte do que da técnica ou habilidade do jogador.

O art. 50, § 3º da LCP enumera quais são as situações que devem ser consideradas jogo de azar:

a) **o jogo em que o ganho e a perda dependem exclusiva ou principalmente da sorte:** o jogo de azar é a atividade desenvolvida com intuito de lucro em que o ganho ou perda dependem exclusiva ou principalmente da sorte. Ele possui dois componentes: o risco e o fim de lucro. O risco está ligado a sorte do jogador. O bom resultado no jogo não depende da presteza ou habilidade do jogador.

Além disso, o jogador deve ter a intenção de auferir um ganho. O **fim de lucro** abrange todas as vantagens econômicas e não apenas o dinheiro. Dessa forma, se o jogo de azar for praticado sem apostas que busquem o lucro, não está configurada a contravenção em estudo. Saliente-se que eventual finalidade beneficente não afasta a contravenção, exceto se houver a autorização da autoridade competente.

São considerados **jogos de azar** pela jurisprudência: o jogo de dados, vulgarmente denominado jogo bozó; os jogos de baralho denominados vinte e um, sete e meio; a roleta, o jogo de dados, o jogo de chapinha ou pinguim.

Em relação ao conhecido jogo de chapinha, vale a lição de Victor Rios Gonçalves: *o jogo de chapinhas, muito comum em praças públicas, constitui jogo de azar, exceto se o agente empregar*

94 GONÇALVES, Victor Eduardo Rios. Legislação Penal Especial Esquematizado. São Paulo: Saraiva, 2017, p. 289.

alguma ***fraude*** *que impossibilite a vitória do apostador, hipótese em que responderá por rime de estelionato*[95].

Noutro giro, se as máquinas de caça-níquel ou vídeopoquer são adulteradas para diminuir a possibilidade de ganho do jogador caracteriza o crime contra a economia popular (art. 2º, IX, da Lei nº 1.521/51[96]), pois o agente obtém ganhos ilícitos de número indeterminado de vítimas mediante processo fraudulento.

Bingo: A denominada Lei Pelé, Lei nº 9.615/98, em seus arts. 59 a 81, autorizava os jogos de bingo. Contudo, a Lei nº 9.981/00 revogou os citados artigos, não se permitindo mais a exploração dos jogos de bingo. Desse modo, o jogo de bingo passou a caracterizar a contravenção penal do art. 50 da LCP.

Competência Legislativa

Compete a União, de forma privativa, legislar sobre sistemas de consórcios e sorteios, nos termos do art. 22, XX, da Constituição Federal. Atento a este preceito, o STF editou a Súmula Vinculante nº 2: "É inconstitucional a lei ou ato normativo Estadual ou Distrital que disponha sobre sistemas de consórcios e sorteios, inclusive bingos e loterias". Portanto, é inconstitucional eventual norma dos Estados e do Distrito Federal que venha a regulamentar os jogos de bingo.

Danos morais coletivos

A jurisprudência tem reconhecido o cabimento de **danos morais coletivos** contra aqueles que insistem em explorar jogos de bingo: "O dano moral sofrido pela coletividade decorre do caráter altamente viciante de jogos de azar, passíveis de afetar o bem-estar do jogador e desestruturar o ambiente familiar. A responsabilidade civil é objetiva, respondendo os réus, "independentemente da existência de culpa, pela reparação dos danos causados aos consumidores" (art. 12, *caput*, do CDC). 4. O dano moral coletivo prescinde da comprovação de dor, de sofrimento e de abalo psicológico, pois tal comprovação, embora possível na esfera individual, torna-se inaplicável quando se cuida de interesses difusos e coletivos".[97]

Máquina Caça Níquel ou videopôquer: em regra, caracterizam a contravenção penal de jogo de azar. No entanto, em caso de inserção de mecanismos manipuladores de resultados nas máquinas com a finalidade de impossibilitar o resultado em favor do apostador tipifica o crime do art. 2, inc. IX da Lei n. 1.521/51 (Lei de crimes contra a economia popular) e não a contravenção penal do art. 50 da LCP.

Cabe ainda frisar que a instrução normativa nº 309/2003 da Receita Federal proíbe a entrada no território nacional das denominadas máquinas caça-níqueis, bem como todo e qualquer acessório destinado ao funcionamento dos referidos equipamentos: *Art. 10 As máquinas de vídeo* **pôquer,** *vídeo bingo e caça níqueis, bem assim quaisquer outras máquinas eletrônicas programadas para exploração de jogos de azar, procedentes do exterior, devem ser apreendidas para fins de aplicação da pena de perdimento. Parágrafo único. 0 disposto neste artigo aplica-se, também, às partes, peças e acessórios importados, quando, no curso do despacho aduaneiro ou em procedimento fiscal posterior, ficar comprovada sua destinação ou utilização na montagem das referidas máquinas.* Dessa forma, a importação de máquinas caça-níquel ou videopôquer pode configurar o crime de descaminho (art. 334, § 1º, "c", do Código Penal).

---

95 GONÇALVES, Victor Eduardo Rios. Legislação Penal Especial Esquematizado. São Paulo: Saraiva, 2017, p. 289.

96 Art. 2º. São crimes desta natureza: ... IX – obter ou tentar obter ganhos ilícitos em detrimento do povo ou de número indeterminado de pessoas mediante especulações ou processos fraudulentos ("bola de neve", "cadeias", "pichardismo" e quaisquer outros equivalentes).

97 STJ – REsp 1.410.698/MG, Rel. Ministro Humberto Martins, Segunda Turma, DJe 30/6/2015; REsp 1.057.274/RS, Rel. Ministra Eliana Calmon, Segunda Turma, DJe 26/2/2010).5. Recurso Especial provido. (REsp 1464868/SP, Rel. Ministro HERMAN BENJAMIN, SEGUNDA TURMA, julgado em 22/11/2016, DJe 30/11/2016).

Se o agente, além de trazer as máquinas e peças do exterior, ainda explora o jogo de azar responde pelo crime descaminho em conjunto com a contravenção do art. 50 em **concurso material de crimes.** Como é da competência da justiça estadual o julgamento das contravenções penais, mesmo que conexas com delitos de competência da Justiça Federal (Súmula 38, STJ), deverá ocorrer o **desmembramento do processo**, de modo que o contrabando ou descaminho seja julgado na justiça federal, enquanto a contravenção deve ser julgada perante a justiça estadual.

Outro ponto que merece ser destacado é o entendimento do STJ no sentido da inaplicabilidade do princípio da insignificância para os crimes de contrabando de máquinas e materiais para a realização de jogos de azar. Neste sentido: "***Não se aplica o princípio da insignificância aos crimes de contrabando de máquinas caça-níqueis ou de outros materiais relacionados com a exploração de jogos de azar. (REsp 1.212.946-RS, Rel. Min. Laurita Vaz, julgado em 4/12/2012).***

Jogos de pôquer: a ilicitude dos jogos de pôquer é controversa na jurisprudência. Para aqueles que defende a legalidade, o jogo de pôquer não é jogo de azar, pois não depende – exclusiva ou principalmente da sorte. Nesse sentido decidiu o TJRS: "*No **pôquer**, o valor real ou fictício das cartas depende da habilidade do jogador, especialmente como observador do comportamento do adversário, às vezes bastante sofisticado, extraindo daí informações, que o leva a concluir se ele está, ou não, blefando. Não por acaso costuma-se dizer que o jogador de **pôquer** é um blefador. Por sua vez, esse adversário pode estar adotando certos padrões de comportamento, mas ardilosamente, isto é, para também blefar. Por exemplo, estando bem, mostra-se inseguro, a fim de o adversário aumentar a aposta, ou, estando mal, mostra-se seguro, confiante, a fim de o adversário desistir. Em suma, é um jogo de matemática e de psicologia comportamental.*[98]"

Porém, Victor Gonçalves ressalva que "para outros, constituem sempre ilícito penal, porque dependem da sorte na distribuição das cartas. Ressalve-se, todavia, que existem várias modalidades de pôquer, e a que normalmente ocorre em cassinos clandestinos é aquela em que os apostadores não jogam entre si e sim contra abanca, havendo uma aposta inicial prévia (pingo), seguida de posterior distribuição das cartas. Em tal modalidade, não há como se negar que a vitória depende principalmente da sorte".[99]

Não são considerados como jogos de azar, por sua vez, entre outros, o truco, o buraco e o snooker, pois são jogos em que o resultado depende também da habilidade do jogador e não exclusivamente da sorte.

b) as apostas sobre corrida de cavalos fora de hipódromo ou de local onde sejam autorizadas: as apostas em corridas de cavalo são permitidas desde que ocorram em acordo com a legislação. Dispõe o art. 8º da Lei n.º7.291/84 que "*as apostas em competições turfísticas só poderão ser efetuadas nos recintos ou dependências dos hipódromos, nas sedes ou subsedes sociais das entidades turfísticas, em agências e através de agentes por elas devidamente credenciados*". A par disto, o art. 9º, §2º do mesmo diploma normativo, dispõe que é inafiançável a contravenção decorrente de apostas sobre corridas de cavalos. Neste aspecto, nos filiamos à posição segundo o qual o dispositivo citado não foi recepcionado pela nossa Constituição Federal, pois esta prevê quais as infrações penais são inafiançáveis: racismo, tráfico e terrorismo. Além disso, se mostra desarrazoado que crimes muito mais graves sejam afiançáveis enquanto uma mera contravenção penal, infração de menor potencial ofensivo em que não se admite nem mesmo a prisão em flagrante, seja inafiançável.

98 TJRS/Mandado de Segurança n. 70025424086, de Porto Alegre, Primeira Câmara Cível, rel. Des. Irineu Mariani, j. 17.12.2008.

99 GONÇALVES, Victor Eduardo Rios. Legislação Penal Especial Esquematizado. São Paulo: Saraiva, 2017, p. 289.

c) **as apostas sobre qualquer outra competição esportiva:** conforme aduz Victor Rios Gonçalves[100] "a lei pune as apostas acerca do resultado de determinado jogo ou acerca do vencedor de certa competição". Esclarece ainda que "o chamado bolão, envolvendo dinheiro, quando toma proporções públicas, admitindo pessoas indeterminadas dele participem, caracteriza a infração".

O § 1º do art. 50 da LCP estabelece uma causa de aumento de pena, baseada na existência de empregado menor de 18 anos na casa de jogo ou se ele participa do jogo de azar. Assiste razão na existência da causa de aumento, pois os adolescentes e as crianças ainda estão em formação no que se refere à personalidade, sendo, portanto, mais suscetíveis ao vício do jogo. A causa de aumento é aplicável ao responsável pelo jogo de azar, como por exemplo, o proprietário do estabelecimento em que se pratica a contravenção.

Forma privilegiada

Além disso, o § 2º prevê que os apostadores (realiza a aposta no jogo) e os ponteiros (pessoas responsáveis em marcar e anotar as apostas) receberão pena de multa cujo valor está entre R$ 2.000,00 (dois mil reais) e R$ 200.000,00 (duzentos mil reais), dispensando a pena de prisão. Cuida-se de uma figura privilegiada, uma vez que não foi estipulado pena de prisão, aplicando-se apenas a pena de multa.

Efeitos da condenação

O legislador estabeleceu como pena ao condenado pela contravenção de jogo de azar, a pena de prisão simples e multa, porém, inovou ao prever de forma expressa a perda dos móveis e objetos de decoração do local como efeito da condenação.

Por fim, vale ressaltar que a cobrança de dívida de jogo contraída por brasileiro em cassino que funciona legalmente no exterior é juridicamente possível e não ofende a ordem pública, os bons costumes e a soberania nacional conforme decidiu, recentemente, o STJ[101].

Voluntariedade

A contravenção penal exige o dolo. Não há elemento subjetivo específico e nem previsão de conduta culposa.

Consumação e tentativa

A consumação se dá com estabelecimento ou exploração do jogo de azar. A jurisprudência majoritária exige como requisito para tipicidade da conduta a habitualidade, pois os núcleos estabelecer e explorar, trazem, em si, a noção de habitualidade para sua caracterização.

Não se pune a tentativa (art. 4º da LCP).

Ação penal

Trata-se de contravenção de ação penal pública incondicionada. É aplicável o rito e os institutos despenalizadores do Juizado Especial Criminal (Lei nº 9.099/95).

LOTERIA NÃO AUTORIZADA

Art. 51. Promover ou fazer extrair loteria, sem autorização legal:

Pena – prisão simples, de seis meses a dois anos, e multa, de cinco a dez contos de réis, estendendo-se os efeitos da condenação à perda dos moveis existentes no local.

---

100 GONÇALVES, Victor Eduardo Rios. Legislação Penal Especial Esquematizado. São Paulo: Saraiva, 2017, p.291.

101 REsp 1.628.974-SP, Rel. Min. Ricardo Villas Bôas Cueva, por unanimidade, julgado em 13/6/2017, DJe 25/8/2017.

§ 1º Incorre na mesma pena quem guarda, vende ou expõe à venda, tem sob sua guarda para o fim de venda, introduz ou tenta introduzir na circulação bilhete de loteria não autorizada.

§ 2º Considera-se loteria toda operação que, mediante a distribuição de bilhete, listas, cupões, vales, sinais, símbolos ou meios análogos, faz depender de sorteio a obtenção de prêmio em dinheiro ou bens de outra natureza.

§ 3º Não se compreendem na definição do parágrafo anterior os sorteios autorizados na legislação especial.

O artigo foi revogado e substituído pelo artigo 45 do Decreto-lei nº 6.259/44, que dispõe sobre o serviço de loterias.

Art. 52. Introduzir, no país, para o fim de comércio, bilhete de loteria, rifa ou tômbola estrangeiras: Pena – prisão simples, de quatro meses a um ano, e multa, de um a cinco contos de réis. Parágrafo único. Incorre na mesma pena quem vende, expõe à venda, tem sob sua guarda, para o fim de venda, introduz ou tenta introduzir na circulação, bilhete de loteria estrangeira.

O artigo foi revogado e substituído pelos artigos 46 e 50 do Decreto-lei 6.259/44, que dispõe sobre o serviço de loterias.

Art. 53. Introduzir, para o fim de comércio, bilhete de loteria estadual em território onde não possa legalmente circular: Pena – prisão simples, de dois a seis meses, e multa, de um a três contos de réis. Parágrafo único. Incorre na mesma pena quem vende, expõe à venda, tem sob sua guarda, para o fim de venda, introduz ou tonta introduzir na circulação, bilhete de loteria estadual, em território onde não possa legalmente circular.

O artigo foi revogado e substituído pelos arts. 46, 48 e 50 do Decreto-lei 6.259/44, que dispõe sobre o serviço de loterias, e tipifica as contravenções a ele referentes.

Art. 54. Exibir ou ter sob sua guarda lista de sorteio de loteria estrangeira: Pena – prisão simples, de um a três meses, e multa, de duzentos mil réis a um conto de réis. Parágrafo único. Incorre na mesma pena quem exibe ou tem sob sua guarda lista de sorteio de loteria estadual, em território onde esta não possa legalmente circular.

O artigo foi revogado e substituído pelo artigo 49 do Decreto-lei 6.259/44, que dispõe sobre o serviço de loterias, e tipifica as contravenções a ele referentes.

Art. 55. Imprimir ou executar qualquer serviço de feitura de bilhetes, lista de sorteio, avisos ou cartazes relativos a loteria, em lugar onde ela não possa legalmente circular: Pena – prisão simples, de um a seis meses, e multa, de duzentos mil réis a dois contos de réis.

O artigo foi revogado e substituído pelo artigo 51 do Decreto-lei 6.259/44, que dispõe sobre o serviço de loterias, e tipifica as contravenções a ele referentes.

Art. 56. Distribuir ou transportar cartazes, listas de sorteio ou avisos de loteria, onde ela não possa legalmente circular: Pena – prisão simples, de um a três meses, e multa, de cem a quinhentos mil réis.

O artigo foi revogado e substituído pelo artigo 52 do Decreto-lei 6.259/44, que dispõe sobre o serviço de loterias, e tipifica as contravenções a ele referentes.

Art. 57. Divulgar, por meio de jornal ou outro impresso, de rádio, cinema, ou qualquer outra forma, ainda que disfarçadamente, anúncio, aviso ou resultado de extração de loteria, onde a circulação dos seus bilhetes não seria legal: Pena – multa, de um a dez contos de réis.

O artigo foi revogado e substituído pelos arts. 55, 56 e 57 do Decreto-lei 6.259/44, que dispõe sobre o serviço de loterias, e tipifica as contravenções a ele referentes.

Art. 58. Explorar ou realizar a loteria denominada jogo do bicho, ou praticar qualquer ato relativo à sua realização ou exploração: Pena – prisão simples, de quatro meses a um ano, e multa, de dois a vinte contos de réis. Parágrafo único. Incorre na pena de multa, de duzentos mil réis a dois contos de réis, aquele que participa da loteria, visando a obtenção de prêmio, para si ou para terceiro.

Revogação

A contravenção do jogo de bicho, prevista no art. 58 da LCP, foi revogada tacitamente e substituída pelo art. 58 do Decreto-Lei nº 6.259/44, que dispõe sobre o serviço de loterias e dá outras providências. Assim, o tipo penal da contravenção penal do jogo do bicho passou a ter a seguinte redação:

> *Art. 58. Realizar o denominado "jôgo do bicho", em que um dos participantes, considerado comprador ou ponto, entrega certa quantia com a indicação de combinações de algarismos ou nome de animais, a que correspondem números, ao outro participante, considerado o vendedor ou banqueiro, que se obriga mediante qualquer sorteio ao pagamento de prêmios em dinheiro. Penas: de seis (6) meses a um (1) ano de prisão simples e multa de dez mil cruzeiros (Cr$ 10.000,00) a cinqüenta mil cruzeiros (Cr$ 50.000,00) ao vendedor ou banqueiro, e de quarenta (40) a trinta (30) dias de prisão celular ou multa de duzentos cruzeiros (Cr$ 200,00) a quinhentos cruzeiros (Cr$ 500,00) ao comprador ou ponto.§ 1º Incorrerão nas penas estabelecidas para vendedores ou banqueiros: a) os que servirem de intermediários na efetuação do jôgo; b) os que transportarem, conduzirem, possuírern, tiverem sob sua guarda ou poder, fabricarern, darem, cederem, trocarem, guardarem em qualquer parte, listas com indicações do jôgo ou material próprio para a contravenção, bem como de qualquer forma contribuírem para a sua confecção, utilização, curso ou emprêgo, seja qual for a sua espécie ou quantidade; c) os que procederem à apuração de listas ou à organização de mapas relativos ao movimento do jôgo; d) os que por qualquer modo promoverem ou facilitarem a realização do jôgo. § 2º Consideram-se idôneos para a prova do ato contravencional quaisquer listas com indicações claras ou disfarçadas, uma vez que a perícia revele se destinarem à perpetração do jôgo do bicho.*

Considerando a importância do tema, os comentários a respeito da contravenção do jogo do bicho, tipificado no Decreto-lei nº 6.259/44, foram inseridos nesta obra.

Bem jurídico tutelado

O tipo contravencional visa proteger os bons costumes. O legislador buscou também proteger o patrimônio do jogador e de seus familiares.

Sujeitos da contravenção

O tipo penal tem como **sujeito ativo** o banqueiro ou vendedor, o apontador ou ponto e o intermediário. Damásio de Jesus[102] esclarece: *Banqueiro é o sujeito que, recebendo do apontador ou*

102 JESUS, Damásio de, Leis das Contravenções Penais. São Paulo: Saraiva, 2015, p. 205.

ponto o bilhete contendo a aposta do jogo, obriga-se a lhe pagar o prêmio em dinheiro que lhe couber em sorteio. Apontador ou ponto, também chamado de comprador, é o agente que entrega ao banqueiro ou a seu intermediário a lista ou talão contendo a indicação dos jogos, junto com o valor da aposta".

Existe também a figura do intermediário responsável pelo recolhimento das apostas com os apostadores e do seu envio ao banqueiro. O intermediador é punido com a mesma pena do banqueiro, nos termos do art. 58, §1º, "a", do Decreto-lei nº 6.259/44.

A identificação do banqueiro ou do apostador é **desnecessária** para a punição do intermediário. Em que pese a contravenção do jogo do bicho ser plurissubjetiva, ou seja, é elemento do tipo penal a colaboração de mais de um agente, é sabido que a responsabilidade penal é individual, não se exigindo a punição de todas as pessoas envolvidas. Neste sentido, é o enunciado da Súmula 51 do STJ: A punição do intermediador, no jogo do bicho, independe da identificação do "apostador" ou do "banqueiro".

Além do banqueiro, do apostador e do intermediário há diversas outras pessoas que contribuem para a realização do jogo do bicho, como por exemplo a pessoa que passa recolhendo as apostas junto aos intermediários, o agente que realiza o sorteio. Atento a essa circunstância, o legislador enumerou um grande número de condutas puníveis no art. 58, § 1º alíneas "b", "c" e "d", explicitando que os agentes que as praticarem incorrerão nas mesmas penas do banqueiro.

O **sujeito passivo** é o Estado.

Condutas

O tipo penal tem como ação nuclear o verbo "realizar" que significa fazer, concretizar o jogo do bicho. O legislador buscou conferir a norma incriminadora um conceito bastante amplo, visando abarcar todos aqueles que de alguma forma contribuem para realização do jogo do bicho.

As apostas do jogo do bicho, em regra, são realizadas por meio de abreviaturas e símbolos. Assim, o art. 58,§2º do Decreto-lei nº 6.259/44 dispõe que "consideram-se idôneos para a prova do ato contravencional quaisquer listas com indicações claras ou disfarçadas, uma vez que a perícia revele se destinarem à perpetração do jôgo do bicho". Victor Rios Gonçalves[103] afirma que "é sempre necessária a realização de perícia para comprovar que o material apreendido é próprio do jogo". Ousamos discordar. Entendemos que a perícia apenas será necessária quando ocorrer dúvidas quanto a natureza do material apreendido. Neste sentido já decidiu o TJDF:

2 – Como ocorreu a confissão pelo recorrente de que era apontador de jogo de bicho, **desnecessário qualquer perícia no material apreendido** com o mesmo.

3 – O presente tipo penal é constitucional e não se pode aplicar o princípio da adequação social, vez que " o jogo do bicho deixa notórias seqüelas anti-sociais, já que em seus bastidores proliferam a corrupção, disputas entre quadrilhas, subornos e até mortes" (Acórdão nº 800337, 20130310097703APJ, Relator: LEANDRO BORGES DE FIGUEIREDO 1ª Turma Recursal dos Juizados Especiais do Distrito Federal, Data de Julgamento: 01/07/2014).

A Lei nº 1.508/51 disciplinou o processo de apuração da contravenção do jogo do bicho. Porém, com a entrada em vigor da Lei dos Juizados Especiais foi estabelecido o procedimento sumaríssimo para as infrações de menor potencial ofensivo, que abarca todas as contravenções penais, de modo que o procedimento da Lei 1.508/51 não é mais adotado.

Sonegação Fiscal. Valores obtidos com a atividade de jogo do bicho

A jurisprudência é no sentido de que os valores obtidos com atividades ilícitas e não declarados a receita federal caracterizam crime contra a ordem tributária da Lei nº 8.137/90. Em

103 GONÇALVES, Victor Eduardo Rios. Legislação Penal Especial Esquematizado. São Paulo: Saraiva, 2017, p. 275.

23.08.2011, o STF entendeu pela **existência de obrigação tributária** ante a ausência de declaração de renda obtida com a atividade contravencional do jogo do bicho: "*2. A jurisprudência da Corte, à luz do art. 118 do Código Tributário Nacional, assentou entendimento de ser possível a tributação de renda obtida em razão de atividade ilícita, visto que a definição legal do fato gerador é interpretada com abstração da validade jurídica do ato efetivamente praticado, bem como da natureza do seu objeto ou dos seus efeitos. Princípio do non olet. Vide o HC nº 77.530/RS, Primeira Turma, Relator o Ministro Sepúlveda Pertence, DJ de 18/9/98. 3. Ordem parcialmente conhecida e denegada.*(HC 94240, Relator(a): Min. Dias Toffoli, Primeira Turma, julgado em 23/08/2011).

Voluntariedade

A contravenção penal exige o dolo. Não há elemento subjetivo específico e nem previsão de conduta culposa.

Consumação e tentativa

Conforme explica Romeu de Almeida Salles Júnior: "*o momento consumativo deve ser estudado em função do comportamento do agente. Em primeiro plano, consuma-se no momento em que o agente se encontra na posse da lista, ou a está transportando, guardando, fabricando, cedendo etc. O instante em que a aposta é feita considera-se momento consumativo para o agente tido como apostador*"[104].

A tentativa é inadmissível.

Ação penal

Trata-se de contravenção de ação penal pública incondicionada. É aplicável o rito e os institutos despenalizadores do Juizado Especial Criminal (Lei nº 9.099/95).

VADIAGEM

Art. 59. Entregar-se alguém habitualmente à ociosidade, sendo válido para o trabalho, sem ter renda que lhe assegure meios bastantes de subsistência, ou prover à própria subsistência mediante ocupação ilícita:

Pena – prisão simples, de quinze dias a três meses.

Parágrafo único. A aquisição superveniente de renda, que assegure ao condenado meios bastantes de subsistência, extingue a pena.

Bem jurídico tutelado

O bem jurídico tutelado são os bons costumes.

O legislador, entendendo que a pessoa ociosa e sem possibilidade de subsistência tende a praticar crimes patrimoniais, buscou tipificar a vadiagem como forma de prevenir o cometimento de crimes patrimoniais.

Sujeitos da contravenção

O **sujeito ativo** é a pessoa válida para o trabalho e desprovida de renda lícita suficiente para sua subsistência.

Sujeito passivo é o Estado.

---

104 SALLES JÚNIOR, Romeu de Almeida Lei das Contravenções Penais Interpretadas. São Paulo: I Oliveira Mendes, 1998, p. 253.

Condutas

O tipo penal estabelece duas condutas típicas. A primeira é *entregar-se a ociosidade*. Damásio de Jesus ensina que o agente ocioso ou vadio "é o que não trabalha, preguiçoso; aquele que, sendo apto para o trabalho, não possui ocupação, não tendo renda para sua subsistência".[105]

O tipo penal exige a habitualidade da ociosidade, ou seja, é necessária a reiteração do ócio. Além disso, é indispensável que a ociosidade seja voluntária. O agente que fica, de forma eventual e temporária, sem trabalhar por falta de emprego não incorre na contravenção.

A segunda conduta prevista no tipo penal consiste em *prover a própria subsistência mediante ocupação ilícita*.

Manuel Carlos Costa Leite pontua que: "Ocupação ilícita será aquela proibida por lei, mas para a qual não exista sanção penal, por não ter sido declarada crime ou contravenção".[106]

Não é considerada vadia, a pessoa que, embora não tenha um emprego regular, ocupa-se com pequenos serviços, como, por exemplo, exerce o mister de camelô.

A jurisprudência majoritária é no sentido da **atipicidade** daquele que exerce a atividade de lavador de veículos em via pública, de vendedor ambulante em feira pública, de trabalhador avulso. Já a **atividade de cambista** em eventos esportivos, em que o agente vende ingressos por preço superior ao estampado no bilhete, caracteriza o crime do art. 41-F da Lei nº 12.299/2010 (Estatuto do Torcedor), cuja pena é de reclusão de 1 a 2 anos e multa.

O **condenado foragido** da justiça não tem como buscar um emprego e por isso não incorre na contravenção. Os conceitos de vadiagem e de réu foragido não podem coexistir, excluindo um ao outro.

O parágrafo único traz uma causa de extinção da punibilidade, pois prevê que "a aquisição superveniente de renda, que assegure ao condenado meios bastantes de subsistência, extingue a pena".

A extinção da punibilidade pode ser decretada na fase pré-processual, durante a ação penal e ainda na própria fase da execução penal.

Voluntariedade

Quanto à voluntariedade, exige-se o dolo, representado pela vontade de não fazer nada, permanecer no ócio, mesmo tendo a oportunidade de trabalhar.

Não se exige qualquer elemento subjetivo especial do tipo. Inexiste a forma culposa.

Consumação e tentativa

Quanto à primeira modalidade descrita no tipo contravencional, ocorre a consumação com o primeiro ato capaz de comprovar a habitualidade na ociosidade. Em relação à segunda modalidade da conduta, a consumação se dá com a habitualidade da ocupação ilícita do agente vadio.

Ação penal

Trata-se de contravenção de ação penal pública incondicionada. São aplicáveis o rito e os institutos despenalizadores do Juizado Especial Criminal (Lei nº 9.099/95).

> **Art. 60.** Mendigar, por ociosidade ou cupidez: Pena – prisão simples, de quinze dias a três meses.

105 JESUS, Damásio de. Leis das Contravenções Penais. São Paulo: Saraiva, 2015, p. 214.

106 Manuel Carlos Costa Leite. Lei das Contravenções Penais. São Paulo: RT, 1976, p. 379.

Parágrafo único. Aumenta-se a pena de um sexto a um terço, se a contravenção é praticada:

a) de modo vexatório, ameaçador ou fraudulento;

b) mediante simulação de moléstia ou deformidade;

c) em companhia de alienado ou de menor de dezoito anos.

O artigo foi revogado pela Lei nº 11.983, de 2009.

IMPORTUNAÇÃO OFENSIVA AO PUDOR

Art. 61. Importunar alguém, em lugar público ou acessível ao público, de modo ofensivo ao pudor:

Pena – multa, de duzentos mil réis a dois contos de réis.

A Lei **13.718/18** alterou dispositivos do **Código Penal** referentes aos delitos contra a dignidade sexual e **revogou o art. 61 da Lei de Contravenções Penais.**

Concordamos com o posicionamento de Rogério Sanches Cunha, segundo o qual "não se pode falar, no entanto, em *abolitio criminis* relativa à contravenção, pois estamos, na verdade, diante do princípio da continuidade normativo-típica"[107].

EMBRIAGUEZ

Art. 62. Apresentar-se publicamente em estado de embriaguez, de modo que cause escândalo ou ponha em perigo a segurança própria ou alheia:

Pena – prisão simples, de quinze dias a três meses, ou multa, de duzentos mil réis a dois contos de réis.

Parágrafo único. Se habitual a embriaguez, o contraventor é internado em casa de custódia e tratamento.

Bem jurídico tutelado

É a preservação dos bons costumes. Secundariamente, a incolumidade pública.

Sujeitos da contravenção

O sujeito ativo pode ser qualquer pessoa, porquanto, trata-se de contravenção comum.

O sujeito passivo é a coletividade, terceiros expostos ao escândalo ou perigo, e o próprio sujeito ativo. Observa Guilherme Nucci que se trata de uma exceção no direito penal, "punindo-se aquele que coloca em risco sua própria pessoa".[108]

Condutas

A conduta típica consiste em *apresentar-se publicamente em estado de embriaguez.*

Fernando Capez conceitua embriaguez como "causa capaz de levar à exclusão da capacidade de entendimento e vontade do agente, em virtude de uma intoxicação aguda e transitória

107 https://meusitejuridico.editorajuspodivm.com.br/2018/09/25/lei-13-71818-introduz-modificacoes-nos-crimes--contra-dignidade-sexual/.

108 NUCCI, Guilherme de Souza. Leis Penais e Processuais Penais Comentadas, Rio de janeiro: Forense, 2018, p. 184.

causada por álcool ou qualquer substância de efeitos psicotrópicos, sejam eles entorpecentes (morfina, ópio etc.), estimulantes (cocaína) ou alucinógenos (ácido lisérgico)".[109]

Como os efeitos da ingestão de bebidas alcoólicas variam de pessoa para pessoa, levando em conta o estado do organismo da pessoa e outros fatores, a lei não fixa um grau de embriaguez para configurar o tipo contravencional.

A embriaguez por si só constitui fato atípico. Além do estado de embriaguez, o tipo penal exige outros requisitos para tipicidade do fato: a) necessidade da provocação de escândalo: que pode ser entendido como alvoroço, tumulto. Exemplo: proferir palavras de baixo calão para que todos ouçam; b) colocar em perigo a segurança própria ou de terceiros: tratando-se de uma infração de perigo, basta a probabilidade de dano. Não é exigido o resultado naturalístico; c) o ébrio deve se apresentar publicamente embriagado, assim, o fato pode ocorrer em ruas, logradouros públicos, praças, cinemas, shopping centers, festas particulares desde que haja um número indeterminado de pessoas.

Não é exigida a habitualidade da embriaguez para tipificar a contravenção. Porém, o parágrafo único prevê que nos casos de embriaguez habitual, o agente deve ser internado em casa de custódia e tratamento.

A prova do estado de embriaguez, em regra, deve ser realizada pela prova pericial, mas diante de sua impossibilidade pode ser suprida pela prova testemunhal.

Anote-se que se em razão da embriaguez o agente vier a praticar vias de fato em terceira pessoa, esta será absorvida, tendo em vista a maior gravidade da pena da contravenção de embriaguez.

É predominante na jurisprudência que em caso de resistência do ébrio, a contravenção penal da embriaguez é absorvida pelo crime de resistência. Para Damásio de Jesus, entretanto, "só há absorção quando a resistência constitui manifestação da embriaguez; se as duas condutas, da embriaguez e da resistência, podem ser separadas, há concurso de infrações".[110]

O ébrio que conduzir veículo com capacidade psicomotora alterada em razão da influência de álcool ou de outra substância psicoativa que determine dependência incorre no crime de embriaguez ao volante (art. 306, CTB). Ademais, se o agente embriagado vem a cometer um crime de lesão corporal ou homicídio culposo na direção de veículo, a contravenção penal, também, fica absorvida, face a prevalência da regra de que a *major absorvet minorem* (Tacrim-SP, Rel. Machado Araújo, RT432/368).

Se a conduta do ébrio vem a expor a vida ou a saúde de outrem a perigo direto e iminente está configurado o crime de Perigo para a vida ou saúde de outrem (art. 132, CP).

Voluntariedade

O elemento subjetivo é o dolo. Vale ressaltar que a ingestão da bebida capaz de levar a embriaguez deve ser voluntária. Não se exige qualquer elemento subjetivo especial do tipo.

Não há previsão da modalidade culposa.

Consumação e tentativa

A consumação ocorre no momento em que o agente se apresenta em estado de embriaguez, vindo a causar escândalo ou expondo a incolumidade física própria ou alheia a perigo de dano. Vale apontar que a contravenção se consuma com a mera probabilidade de dano.

Não se pune a tentativa, nos termos do art. 4º da LCP.

---

109 CAPEZ, Fernando. Direito Penal Simplificado, parte especial. São Paulo: Saraiva, 2012, p. 337.

110 JESUS, Damásio de. Leis das Contravenções Penais. São Paulo: Saraiva, 2015, p. 226.

Ação penal

Trata-se de contravenção de ação penal pública incondicionada. É aplicável o rito e os institutos despenalizadores do Juizado Especial Criminal (Lei nº 9.099/95), sendo igualmente admitida a suspensão condicional do processo.

BEBIDAS ALCOÓLICAS

Art. 63. Servir bebidas alcoólicas:

I – (Revogado pela Lei nº 13.106, de 2015);

II – a quem se acha em estado de embriaguez;

III – a pessoa que o agente sabe sofrer das faculdades mentais;

IV – a pessoa que o agente sabe estar judicialmente proibida de frequentar lugares onde se consome bebida de tal natureza:

Pena – prisão simples, de dois meses a um ano, ou multa, de quinhentos mil réis a cinco contos de réis.

Bem jurídico tutelado

É a preservação dos bons costumes e a saúde da pessoa embriagada, de quem sofre das faculdades mentais, e das pessoas proibidas judicialmente de frequentarem determinados lugares.

Sujeitos da contravenção

O **sujeito ativo** pode ser qualquer pessoa.

O **sujeito passivo** é a coletividade, o embriagado, os doentes mentais e a pessoa judicialmente proibida de frequentar lugares onde se consome bebida alcoólica.

Condutas

A Lei nº 13.106/15 revogou expressamente o inciso I do art. 63 da LCP, o qual tipificava a conduta de servir bebida a menor de 18 anos. O mencionado diploma normativo, entre outras modificações, incluiu a conduta de servir, a criança ou a adolescente, bebida alcoólica ou, sem justa causa, outros produtos cujos componentes possam causar dependência física ou psíquica no tipo penal do art. 243 do Estatuto da Criança e do Adolescente.

Para Guilherme Nucci a contravenção é desnecessária: "Bares, restaurantes e uma infinidade de estabelecimentos públicos similares servem, todos os dias, doses e mais doses de bebidas alcoólicas a quem já está embriagado, por exemplo. O importante nessas situações, é ter dinheiro para pagar a bebida; o restante é supérfluo. Se fecharmos os olhos à realidade, estamos, na verdade, consagrando o direito penal teatral, aquele que simula punir infratores, enquanto estes fingem respeitar a norma estabelecida pelo Estado. Não se quer, com isso, defender a atitude daqueles que contribuem para a embriaguez alheia, mas simplesmente deixar claro que não se trata de um tema da alçada penal".[111]

A ação tipificada é servir (fornecer, entregar) bebida alcoólica a pessoa embriagada, a doentes mentais e a pessoa proibida de frequentar lugares onde se consome bebida alcoólica.

O ato de servir pressupõe atividade dirigida a alguém, imediata ou mediatamente, o uso de bebida alcoólica. A conduta pode ser praticada em locais públicos ou particulares.

111 NUCCI, Guilherme de Souza. Leis Penais e Processuais Penais Comentadas. Rio de Janeiro: Forense 2018, p. 185.

É tema divergente na doutrina e jurisprudência quanto à possibilidade de incorrer na contravenção a pessoa que vende bebida alcoólica para as pessoas indicadas no tipo penal. Segundo a primeira corrente como a expressão servir abrange a ação de vender, o agente que vende para consumo posterior as pessoas descritas no tipo penal incorre na contravenção. Já a segunda posição entende que não tem como confundir as condutas de servir e vender, pois são distintas e, portanto, o agente que vende bebida alcoólica para as pessoas mencionadas no tipo penal não responde pelo art. 63 da LCP.

A conduta de servir bebida alcoólica somente configura a contravenção se o agente o faz para determinadas pessoas:

a) **a quem se acha em estado de embriaguez:** é necessário que a embriaguez da vítima seja manifesta, patente. A propósito: "Na apreciação do grau de embriaguez, para reconhecimento da contravenção de servir bebida alcoólica a quem já se acha embriagado, ser preferível, quase, cogitar-se do comportamento público do sujeito passivo, muitas vezes mais significativo do que o teor de álcool em seu sangue, sujos efeitos variam de um indivíduo para outro (TJMG – ac– Rel. Agostinho De Oliveira – RT 524/444).

Ainda que a pessoa tenha chegado sóbria ao local, no instante em que ela passa a estar embriagada e lhe é servida mais uma dose estará tipificada a conduta. Ressalta-se que a conduta de servir as primeiras doses a uma pessoa ainda sóbria é fato atípico.

b) **a pessoa que o agente sabe sofrer das faculdades mentais**: o tipo penal não faz exigência quanto ao grau de perturbação mental da pessoa, assim, basta que a pessoa tenha reduzida a sua capacidade de entendimento.

Em razão da expressão "sabe sofrer das faculdades mentais" contida no tipo penal, mostra-se imprescindível que o sujeito ativo saiba tenha plena consciência de que a pessoa a quem serve bebida alcoólica sofre das faculdades mentais.

c) **pessoa que o agente sabe estar judicialmente proibida de frequentar lugares onde se consome bebida de tal natureza**: o sujeito ativo deve ter consciência efetiva (real) do impedimento da pessoa servida frequentar o lugar. A proibição de frequentar determinados lugares deve ser resultado de ordem judicial.

Voluntariedade

O elemento subjetivo é o dolo. As condutas previstas nos incisos III e IV possuem também como elemento subjetivo, as circunstâncias do agente ter conhecimento da doença mental ou da proibição judicial da pessoa frequentar lugar onde se consome bebida alcoólica. Impunível a conduta culposa.

Consumação e tentativa

Consuma-se a contravenção penal com o ato de servir a bebida alcoólica às pessoas elencadas no tipo penal. Não importa se a pessoa consome ou não a bebida alcoólica. Não se pune a tentativa, nos termos do art. 4º da LCP.

Ação penal

Trata-se de contravenção de ação penal pública incondicionada. É aplicável o rito e os institutos despenalizadores do Juizado Especial Criminal (Lei nº 9.099/95), sendo igualmente admitida a suspensão condicional do processo.

CRUELDADE CONTRA ANIMAIS

Art. 64. Tratar animal com crueldade ou submetê-lo a trabalho excessivo:

Pena – prisão simples, de dez dias a um mês, ou multa, de cem a quinhentos mil réis.

§ 1º Na mesma pena incorre aquele que, embora para fins didáticos ou científicos, realiza em lugar público ou exposto ao público, experiência dolorosa ou cruel em animal vivo.

§ 2º Aplica-se a pena com aumento de metade, se o animal é submetido a trabalho excessivo ou tratado com crueldade, em exibição ou espetáculo público.

O dispositivo foi tacitamente revogado pela Lei dos Crimes Ambientais, porquanto todas as condutas descritas no art. 64 da LCP foram abarcadas pelo art. 32 da Lei nº 9605/98, cuja pena é de detenção de 3 meses a 1 ano.

PERTURBAÇÃO DA TRANQUILIDADE

Art. 65. Molestar alguém ou perturbar-lhe a tranquilidade, por acinte ou por motivo reprovável: (Revogado pela Lei nº 14.132, de 2021)

Pena – prisão simples, de quinze dias a dois meses, ou multa, de duzentos mil réis a dois contos de réis.

O artigo 65 foi revogado pela Lei n. 14.132/2021, que acrescenta o art. 147-A ao Código Penal, para prever o crime de perseguição, conhecido como Stalking. O legislador, atento às graves consequências psicológicas que podem ser ocasionadas às vítimas, passou a punir mais severamente a conduta.

O art. 147-A do CP considera como crime o ato de seguir ou acompanhar uma pessoa, de maneira reiterada ou constante, com ameaças à sua integridade física ou psicológica, causando constrangimentos e intimidações que resultem em restrição ou perturbação de sua liberdade ou privacidade.

Concordamos com o professor Rógerio Sanches, que esclarece: "A nosso ver, o legislador se equivocou, porque nem todas as condutas abrangidas pelo tipo da contravenção são compatíveis com as características do art. 147-A. Se compararmos a redação do art. 65 com a do art. 147-A, veremos que a contravenção é mais abrangente. O ato de molestar alguém ou perturbar-lhe a tranquilidade por acinte ou por motivo reprovável não precisa envolver ameaça nem restrição à capacidade de locomoção ou à privacidade. Há inúmeras condutas de perturbação que não se enquadram nos termos de certa forma restritivos do art. 147-A."[112]

Dessa forma, forçoso concluir que ocorreu a *abolitio criminis apenas para as condutas contidas no art. 65 da LCP que não foram abarcadas pelo art. 147- A do CP.*

Conforme consta na decisão da 6° Turma do STJ: "De fato, a parte final do art. 147-A do Código Penal prevê a conduta de perseguir alguém, reiteradamente, por qualquer meio e "de qualquer forma, invadindo ou perturbando sua esfera de liberdade ou privacidade", circunstância que, a toda evidência, já estava contida na ação de "molestar alguém ou perturbar-lhe a tranquilidade, por acinte ou por motivo reprovável", quando cometida de forma reiterada, porquanto a tutela da liberdade também abrange a tranquilidade. No caso, está consignado que o acusado, mesmo depois de processado e condenado em primeira instância pelo mesmo

112 https://meusitejuridico.editorajuspodivm.com.br/2021/04/01/lei-14-13221-insere-no-codigo-penal-o-art-147-para-tipificar-o-crime-de-perseguicao/.

crime (art. 65 da LCP), cometido contra a mesma vítima, voltou a tentar contato ao lhe enviar três e-mails e um presente. Assim, considerando que o comportamento é reiterado - ação que, no momento atual, está contida no art. 147-A do Código Penal, em razão do princípio da continuidade normativo-típica - de rigor, no caso, a incidência da lei anterior mais benéfica (art. 65 do Decreto Lei n. 3.688/1941)".[113]

Destaca-se que os réus cujas condutas foram praticadas anteriormente a vigência do art. 147-A do CP e que pelo princípio da continuidade normativa típica permanecem sendo ilícitas, deverão responder nas penas do art. 65 do Decreto-Lei nº 3.688/1941, porquanto a lei anterior era mais benéfica.

Art. 66. Deixar de comunicar à autoridade competente:

I – crime de ação pública, de que teve conhecimento no exercício de função pública, desde que a ação penal não dependa de representação;

II – crime de ação pública, de que teve conhecimento no exercício da medicina ou de outra profissão sanitária, desde que a ação penal não dependa de representação e a comunicação não exponha o cliente a procedimento criminal:

Pena – multa, de trezentos mil réis a três contos de réis.

Bem jurídico tutelado

O tipo penal tem como objetividade jurídica o regular funcionamento da administração pública, em especial o bom andamento da justiça.

Sujeitos da contravenção

Só podem ser **sujeito ativo** da contravenção penal prevista no art. 66, I, da LCP, os funcionários públicos. Trata-se, portanto, de contravenção penal própria a exigir qualidade de funcionário público do autor da conduta descrita.

Quanto ao inciso II do mesmo artigo, a contravenção só pode ser praticada por médicos ou profissionais da área sanitária. Assim, também cuida-se de contravenção penal própria.

Anote-se que em ambos os casos exige-se que o sujeito ativo tenha tomado conhecimento do crime no desempenho de suas funções.

O **sujeito passivo** é o Estado.

Condutas

O tipo contravencional possui duas condutas típicas omissivas. A primeira consiste em deixar o funcionário público de comunicar à autoridade competente ocorrência de crime que tomou ciência no exercício da função.

Cuida-se de tipo penal omissivo próprio em que o sujeito ativo se omite em informar a ocorrência de um crime. Destaca-se que não é necessário para o enquadramento legal da conduta que o funcionário público tenha conhecimento da autoria, basta a ciência da ocorrência do delito.

Para efeitos do tipo penal em estudo, autoridade competenteé a aquela com atribuição específica vinculada à investigação criminal, tais como o membro do Ministério Público e Delegado de Polícia.

---

113 AgRg nos EDcl no REsp 1.863.977-SC, Rel. Min. Laurita Vaz, Sexta Turma, por unanimidade, julgado em 14/12/2021, DJe 17/12/2021.

Para tipificar o tipo penal, o crime do qual o sujeito ativo teve ciência deve ser de natureza pública incondicionada, uma vez que o inciso I do art. 66 da LCP contém a expressão "desde que a ação penal não dependa de representação", deixando claro que não se pode tratar de crime cuja natureza da ação seja pública condicionada. Assim, é atípica a conduta de omitir o cometimento de contravenção, porquanto, redação do tipo contravencional do art. 66 contém a expressão crime. Da mesma forma, não há infração se o agente se omite em comunicar à autoridade crime de ação penal privada ou pública condicionada a representação.

Ademais, se a omissão tiver como finalidade satisfazer sentimento ou interesse pessoal, o agente incide no crime de prevaricação (art. 319, CP) e não pela contravenção de omissão de crime.

Se a conduta omissiva for para beneficiar subordinado que tenha praticado infração no exercício do cargo, estar-se-á diante do crime de condescendência criminosa (art. 320, CP).

O inciso II do art. 66 prevê a conduta típica do médico ou profissional da área sanitária que, tendo ciência no exercício da sua profissão de crime de natureza pública incondicionada e a comunicação não exponha o cliente a procedimento criminal, deixe de comunicar a autoridade competente.

O segredo médico ou sigilo médico é uma das formas de segredo profissional e se constitui numa das mais acentuadas e tradicionais características da profissão médica. O legislador levou em consideração o sigilo médico com seus pacientes. De modo que "não se aperfeiçoa a contravenção do art. 66, II, se da comunicação pode resultar procedimento criminal contra o cliente do médico que se omite" (TJSP, Rel. Silva Leme, RT430/316).

A expressão *procedimento criminal* contida na parte *in fine* do art. II, art. 66, da LCP deve ser entendida em seu sentido lato, abrangendo qualquer espécie de investigação ou processo criminal.

Voluntariedade

A contravenção penal exige que a conduta omissiva seja dolosa para sua configuração.

Consumação e tentativa

Por se tratar de contravenção omissiva, a consumação se dá no momento em que o agente deixa de comunicar, por tempo juridicamente relevante, a ser verificado diante do caso concreto, as autoridades sobre a ocorrência de crime.

Como o tipo penal é omissivo próprio, a tentativa é impossível.

Ação penal

Nos termos do art. 17 da LCP, as contravenções penais são apuradas por meio de ações de natureza pública incondicionada. São aplicáveis o rito e os institutos despenalizadores do Juizado Especial Criminal (Lei nº 9.099/95), sendo igualmente admitida a suspensão condicional do processo.

INUMAÇÃO OU EXUMAÇÃO DE CADÁVER

Art. 67. Inumar ou exumar cadáver, com infração das disposições legais:

Pena – prisão simples, de um mês a um ano, ou multa, de duzentos mil réis a dois contos de réis.

Bem jurídico tutelado

Tutela-se o regular funcionamento da administração pública, no que se refere ao respeito das normas referentes à inumação e exumação de cadáveres.

Sujeitos da contravenção

Cuida-se de contravenção penal comum, isto é, qualquer pessoa pode ser **sujeito ativo**. O sujeito passivo é o Estado, no seu legítimo interesse do desenvolvimento dos procedimentos legais para a inumação e exumação de cadáveres.

Condutas

A conduta típica consiste em inumar (enterrar) e exumar (desenterrar) cadáver em desacordo com disposições legais. Cezar Roberto Bitencourt ensina que: "cadáver, na definição de Von Liszt, "é o corpo humano inanimado, enquanto a conexão de suas partes não cessou de todo". Cadáver, na definição popular, é o corpo humano sem vida, embora se possa acrescentar que o é enquanto conserva a aparência humana; os restos dele em completa decomposição ou mesmo cinzas não são parte de cadáver, como os escombros de uma construção destruída ou demolida podem ser considerados como tais"[114].

O natimorto pode ser entendido como cadáver. Já o feto "nunca é corpo humano, mas parte das vísceras da mulher, ainda não pertence à estrutura fisiológica da mãe (Tacrim-SP, Rel. Onei Raphael, RT 398/309). O feto, portanto, não pode ser objeto material dessa contravenção penal.

A conduta de inumar (enterrar) e exumar (desenterrar) tornam-se típicas se forem desobedecidas às disposições legais. Trata-se de norma penal em branco, pois o tipo penal se reporta a uma regulamentação específica não contida na redação do artigo.

A Lei de Registros Públicos (Lei nº 6.015/73) estabelece em seu **capítulo IX, artigos 77 a 88, o procedimento que deve anteceder o sepultamento ou inumação. O art. 77 da Lei, por exemplo, prevê que** "Nenhum sepultamento será feito sem certidão do oficial de registro do lugar do falecimento ou do lugar de residência do de cujus, quando o falecimento ocorrer em local diverso do seu domicílio, extraída após a lavratura do assento de óbito, em vista do atestado de médico, se houver no lugar, ou em caso contrário, de duas pessoas qualificadas que tiverem presenciado ou verificado a morte". Existem outras normas Estaduais e Municipais que regulamentam as formalidades pertinentes aos sepultamentos e exumações, as quais também devem ser respeitadas.

Além disso, o art. 163 do CPP trata da exumação para exame cadavérico: "Em caso de exumação para exame cadavérico, a autoridade providenciará para que, em dia e hora previamente marcados, se realize a diligência, da qual se lavrará auto circunstanciado".

Incorre no crime de ocultação de cadáver (art. 211, CP) o agente que enterra o cadáver sem a observância das formalidades legais e no intuito de escondê-lo. Já o efetivo impedimento ou perturbação de enterro ou cerimônia fúnebre constitui o crime previsto no art. 209 do CP (Impedimento ou Perturbação de Cerimônia Funerária). A violação ou profanação de sepultura ou urna, por sua vez, caracteriza o crime de Violação de Sepultura (art. 210, CP).

Voluntariedade

Exige-se o dolo. Ressalta-se que o sujeito ativo deve ter o conhecimento de que transgride disposições legais relacionadas à inumação ou à exumação.

Não se exige finalidade especial orientando o comportamento do agente. Impunível a conduta culposa.

114 BITENCOURT, Cezar Roberto Bitencourt. Tratado de Direito Penal, parte especial, vol. 3. São Paulo: Saraiva, 2009, p. 424.

Consumação e tentativa

Nos perfilhamos a posição segundo a qual a consumação ocorre quando o agente consegue efetivamente enterrar ou desenterrar o cadáver, e não com o mero início desses procedimentos. Contudo, há posicionamento no sentido de que a consumação se dá com o início do sepultamento ou ao ato de desenterrar cadáver.

Não é cabível a tentativa (art. 4º da LCP).

Ação penal

Trata-se de contravenção de ação penal pública incondicionada. São aplicáveis o rito e os institutos despenalizadores do Juizado Especial Criminal (Lei nº 9.099/95).

RECUSA DE DADOS SOBRE A PRÓPRIA IDENTIDADE OU QUALIFICAÇÃO

Art. 68. Recusar à autoridade, quando por esta, justificadamente solicitados ou exigidos, dados ou indicações concernentes à própria identidade, estado, profissão, domicílio e residência:

Pena – multa, de duzentos mil réis a dois contos de réis.

Parágrafo único. Incorre na pena de prisão simples, de um a seis meses, e multa, de duzentos mil réis a dois contos de réis, se o fato não constitui infração penal mais grave, quem, nas mesmas circunstâncias, faz declarações inverídicas a respeito de sua identidade pessoal, estado, profissão, domicílio e residência.

Bem jurídico tutelado

É o regular funcionamento da Administração Pública. Busca-se evitar a criação de obstáculos à atuação das autoridades em sua ação preventiva.

Sujeitos da contravenção

O sujeito ativo pode ser qualquer pessoa tanto na forma simples quanto na qualificada. O sujeito passivo é o Estado.

Condutas

A conduta típica em sua forma simples, prevista no *caput* do artigo, consiste em recusar-se (negar-se, resistir, opor-se) a fornecer os dados ou indicações pertinentes à própria identidade, estado, profissão, domicílio e residência à autoridade, quando por esta, justificadamente solicitados ou exigidos. Solicitar significa pedir, rogar. Exigir quer dizer ordenar, mandar, intimar.

A recusa por parte do agente pode ser expressa, isto é, contrapõe-se de forma direta à solicitação ou exigência; ou tácita, por meio da prática de atos que demonstrem a intenção de não atender a solicitação ou exigência.

Romeu Salles Júnior esclarece à expressão autoridade como "alcance amplo, abrangendo a autoridade policial, judiciária, administrativa ou qualquer pessoa no exercício de atividade que possa gerar a condição de, justificadamente, exigir ou solicitar **os dos mencionados no dispositivo**".[115]

Se a autoridade não se apresenta como tal ou o agente ignora essa condição, não há de se falar na tipificação do art. 68 da LCP. Ademais, só existe a contravenção em estudo se a solicitação ou exigência for legítima.

---

115 SALLES JÚNIOR, Romeu de Almeida. Lei das Contravenções Penais Interpretadas. São Paulo: Oliveira Mendes, 1998, p. 322.

Na forma qualificada (par. único do art. 68, LCP), a conduta típica consiste em, nas mesmas circunstâncias da forma simples, o agente fazer declarações inverídicas a respeito de sua identidade pessoal, estado, profissão, domicílio e residência.

A conduta típica na figura qualificada distingue-se da simples, pois nesta o agente recusa-se a fornecer seus dados, já na forma qualificada ele presta declarações falsas quanto a seus dados. Em sua forma simples a pena é de multa, já na figura qualificada a pena é de prisão simples e multa.

Trata-se de tipo penal de subsidiariedade expressa, pois o próprio tipo penal consta a expressão "se o fato não constitui infração penal mais grave".

A retratação do réu em tempo oportuno, apresentando seus dados verdadeiros, por exemplo, enquanto não terminar a realização do ato que ensejou sua identificação, exclui a contravenção penal. Nesse sentido: *"Se o réu se retratou, oportunamente, fornecendo seu verdadeiro nome, não há falar na contravenção do art. 68 da respectiva lei (TACRIM-SP-RT446/402).*

A contravenção penal de recusa de dados sobre a própria identidade ou qualificação (art. 68, LCP) se distingue do crime de falsa identidade (art. 307, CP) pela finalidade do agente. Quando o agente se recusa a fornecer os dados identificadores ou os fornece com informações inverídicas com o fim de obter vantagem para si ou para outrem, ou provocar dano a terceiro incorre no crime de falsa identidade. Entretanto, não havendo tal finalidade, a conduta encontra tipificação no art. 68 da LCP.

Oportuno destacar que o STF decidiu, em sede de repercussão geral, que incide no crime de falsa identidade o réu que presta declarações falsas a autoridade policial com o propósito de ocultar os seus maus antecedentes: "O princípio constitucional da autodefesa (art. 5º, inciso LXIII, da CF/88) não alcança aquele que atribui falsa identidade perante autoridade policial com o intento de ocultar maus antecedentes, sendo, portanto, típica a conduta praticada pelo agente (art. 307 do CP)" (RE 640139 RG, Relator(a): Min. DIAS TOFFOLI, julgado em 22/09/2011, PUBLIC 14-10-2011).

Voluntariedade

Exige-se o dolo para a configuração da contravenção tanto na figura simples (*caput*) quanto qualificada (parágrafo único). Não se admite a forma culposa.

Consumação e tentativa

A consumação da figura prevista no *caput* ocorre no momento da negativa, isto é, da recusa ao atendimento da solicitação ou exigência da autoridade. Já na figura qualificada a consumação se dá quando o agente presta a declaração falsa para a autoridade.

Não é possível a tentativa, nos termos do art. 4º da LCP.

Ação penal

É de natureza pública incondicionada, conforme art. 17 da LCP. Tanto na forma simples quanto na qualificada, são aplicáveis o rito e os institutos despenalizadores do Juizado Especial Criminal (Lei nº 9.099/95), sendo igualmente admitida a suspensão condicional do processo.

Art. 69. Exercer, no território nacional, atividade remunerada o estrangeiro que nele se encontre como turista, visitante ou viajante em trânsito: Pena – prisão simples, de três meses a um ano.

O referido artigo foi revogado pela Lei nº 6.815, de 19.8.1980.

Art. 70. Praticar qualquer ato que importe violação do monopólio postal da União: Pena – prisão simples, de três meses a um ano, ou multa, de três a dez contos de réis, ou ambas cumulativamente.

O artigo 70 foi revogado pela Lei nº 6.538/78, que disciplina o serviço postal e tipificou como crime a referida conduta.

Art. 71. Ressalvada a legislação especial sobre florestas, caça e pesca, revogam-se as disposições em contrário.

Art. 72. Esta lei entrará em vigor no dia 1º de janeiro de 1942.

CAPÍTULO 2

Crimes contra a economia popular – Lei nº 1.521, de 26 de dezembro de 1951

Renee do Ó Souza

Art. 1º. Serão punidos, na forma desta Lei, os crimes e as contravenções contra a economia popular, Esta Lei regulará o seu julgamento.

INTRODUÇÃO

Aponta-se o Decreto 19.604/1931, que punia os falsificadores e fraudadores de gêneros alimentícios, como primeiro diploma legal destinado ao criminalizar as condutas contra a economia. Depois, incentivado pela Constituição de 1937 que previa no art. 141 uma atuação estatal intervencionista junto a economia e determinava a equiparação dos crimes contra a economia popular como crimes contra o Estado[1], foi editado o Decreto-lei 869/1938, responsável pela inauguração de uma série de prescrições até então inexistentes na legislação penal brasileira. Editadas quando o Brasil vivia o Estado Novo, ainda regido por um ideal estatal intervencionista ambas as leis, inclusive a Lei 1.521/1951, devem ser compreendidas como fruto da concepção de que a livre iniciativa e a liberdade de mercado devem ser protegidas até o limite em que o exercício dessas liberdades não represente riscos ou danos a ordem econômica dos cidadãos em geral[2].

É certo que, no tocante à ordem econômica, a nota característica constitucional atual é a liberdade de atuação motivo pelo qual, assim como ocorre com os outros diplomas legais editados sobre o assunto[3], a compreensão atual da Lei 1.521/1951 deve ser feita como uma regulação

---

1 Art. 141. A Lei fomentará a economia popular, assegurando-lhe garantias especiais. Os crimes contra a economia popular são equiparados aos crimes contra o Estado, devendo a Lei cominar-lhes e prescrever-lhes processos e julgamentos adequados à sua pronta e segura punição.

2 Neste sentido é a lição de Magalhães de Noronha: "A igualdade econômica não existe; talvez não existirá nunca. Mas a atenuação da desigualdade é possível. O Estado, como coordenador das atividades sociais, não pode ser indiferente à solução do problema. Já se passaram os tempos em que a fôrça coercitiva podia sufocar no homem os anseios de felicidade. Incumbe àquele proporcionar ao indivíduo condições de vida, de acôrdo com sua dignidade humana". (NORONHA, Edgard Magalhães. Dos crimes contra a economia popular. Revista da Faculdade de Direito UFPR, v. 2, 1954. p. 325.).

3 As disposições que protegem a ordem econômica lato sensu e a economia popular estão previstas em vários diplomas legislativos: Lei nº 1.521/51 (economia popular), Lei nº 7.492/86 (crimes contra o sistema financeiro), Lei nº 8.137/90 (define, dentre outros, crimes contra a ordem econômica e as relações de consumo), Lei nº 8.176/91 (crimes referentes derivados de petróleo, gás natural e demais combustíveis líquidos carburantes) e Lei 12.529/2011 (Lei Antitruste).

jurídica excepcional da economia na esfera penal, de modo a guarnecer o maior espaço e liberdade possível à atuação dos cidadãos. Essa excepcionalidade penal-regulatória, porém, não deve desbordar para a falta de respostas penais aos ilícitos econômico, como denunciado pela construção criminológica do *white colar crime* em que perpetradores de grandes fraudes fiscais, geralmente ocupantes de grandes postos de trabalho e prestígio social, a despeito dos danos sociais causados por seus ilícitos, não são devidamente identificados e responsabilizados criminalmente.

Além do lucro acima dos padrões de normalidade[4], nos crimes previstos na Lei 1.521/1951 podem ser identificadas as mesmas características da chamada criminalidade econômica mencionadas por Raúl Cervini marcadas pelo abuso de poder econômico, político ou de especialização profissional; elevada danosidade material e social; aparência de legalidade absoluta; mutabilidade dos mecanismos econômicos; caráter múltiplo e indeterminado das vítimas; transnacionalização das condutas e impunidade dos autores[5].

Mas é inegável que hoje se identifica uma certa desatualização da Lei 1.521/1951 frente à modernização das técnicas e práticas econômicas, situação que, paradoxalmente, pode justificar tanto sua desnecessidade quanto sua reforma, ambas situações acentuadamente constatadas frente a edição das Leis nº 7.492/86, 8.078/1990, 8.137/1990, Lei nº 8.176/91 e 12.529/2011. Esse arcabouço jurídico constitui-se em uma noção mais contemporânea de regulação econômica, centrado na delegação das funções fiscalizatórias das atividades empresariais extrapenais, que, para muitos, é mais dinâmica e efetiva que a tutela penal.

Insta por fim deixar registrado que muitos dos crimes previstos na Lei 1.521/1951 se encontram quase em desuso e outros revogados por novas leis penais, sobretudo pela Lei 8.137/1990, conforme será apontado a seguir.

BEM JURÍDICO TUTELADO

Desde sua concepção original, entende-se que a Lei 1.521/1951 protege a economia popular, que "é a resultante do complexo de interesses econômicos domésticos, familiares e individuais, embora como *fictio juris,* constituindo *in abstrato* um patrimônio do povo, isto é, de um indefinido número de indivíduos na vida em sociedade[6]". Nisso reside sua distinção para os tradicionais crimes contra o patrimônio previstos no Código Penal, de viés essencialmente individual, público ou privado. Para Araújo Lima, a economia popular é o "complexo de interesses econômicos domésticos, familiares e individuais, embora *fictio juris,* constituindo *in abstrato* um patrimônio do povo, isto é, de um indefinido número de indivíduos na vida em sociedade[7]."

Modernamente, em um exercício de releitura valorativa, pode-se contextualizar que o bem jurídico tutelado pela Lei 1.521/1951 é, de forma geral, a ordem econômica prevista no art. 170 da Constituição Federal, entendida como um sistema de interesses e relações econômicas encadeadas e interdependentes dirigidas ao justo desenvolvimento da nação. Vislumbra-se assim uma proteção à estabilidade financeira nacional, da concorrência, do fluxo legítimo de recursos entre os cidadãos, investidores e instituições. De forma mais pontual, também se

4 Motivo pelo qual podemos habilitar estes como *crimes produtores*, designação dada às infrações antecedentes ao crime de lavagem de capitais previsto na Lei 9.613/1998, para onde remetemos o leitor para um estudo acurado nesta mesma obra.

5 CERVINI, Raúl. Macrocrirninalidad económica - Apuentes para una aproximación metodológica. Revista Brasileira de Ciências Criminais, n. 11. São Paulo: Revista dos Tribunais, jul, 1995. p. 72.

6 SILVA, José Geraldo da; GENOFRE, Fabiano; LAVORETI, Wilson. Leis Penais Especiais Anotadas. Campinas: Millenium, 2002, p. 227.

7 ARAÚJO Jr., João Marcello de. *Dos crimes contra a ordem econômica.* São Paulo: RT, 1995. p. 85.

identifica a proteção penal da produção, distribuição e consumo de bens e serviços que devem contar com uma intervenção estatal capaz de evitar deformações no equilíbrio natural entre os agentes e em toda a economia.

Sob qualquer ponto de vista, porque não direcionada especificadamente a uma ou a outra pessoa, pode-se constatar tratar-se de lei penal com uma inegável feição supraindividual, que busca a construção de um ambiente de negócios econômicos pautados pela integridade e eticidade, valores jurídicos que se antagonizam na busca desenfreada pelo lucro injusto obtido às custas da ruína geral.

SUJEITOS DO CRIME

Os crimes previstos na Lei 1.521/1951 são comuns uma vez que podem ser cometidos por qualquer pessoa, desprovidas de qualidades especiais. Alguns núcleos verbais contidos nos vários crimes da lei expressam condutas praticadas por pessoas que detenham algum tipo de poder decisório, característica que deve ser aferida no caso concreto e levando-se em conta as divisões internas da empresa em que se operou o ato.

Deve-se atentar ao disposto no § 1º do art. 4º da Lei que trata da responsabilidade daqueles que intervêm na operação usuária, norma de extensão necessária para coibir o delito de usura estruturado em departamentalizações internas, conforme comentado mais à frente.

Inegável que muitos dos crimes previstos na Lei 1.521/1951 são operacionalizados por meio de corporações, usadas como verdadeiras cortinas ou biombos em que pessoas inescrupulosas se escondem por detrás. Lamentavelmente, os entes coletivos não podem ser penalmente responsabilizados devido à falta de previsão constitucional para tanto porque, embora haja alguma controvérsia, prevalece que a previsão constitucional do art. 173, § 5º, não autoriza a responsabilidade penal das pessoas jurídicas pelos ilícitos praticados contra a ordem econômica e financeira e contra a economia popular[8].

Quanto ao *sujeito passivo*, predomina que são delitos praticados em face de um número indeterminado de pessoas. Rogério Greco usa este critério, por exemplo, para diferenciar o crime de estelionato e alguns crimes contra a economia popular, quando, nos comentários ao art. 171 do Código Penal, ensina: "Há necessidade, entretanto, de que o sujeito passivo seja pessoa determinada, pois, caso contrário, se o delito for praticado contra um número indefinido de pessoas, poderá ser desclassificado para uma das hipóteses previstas na Lei nº 1.521, de 26 de dezembro de 1951, que dispõe sobre os crimes contra a economia popular, ou mesmo uma das infrações penais contra a relação de consumo previstas pelo Código de Defesa do Consumidor (Lei nº 8.078, de 11 de setembro de 1990)[9]". Contudo, já se decidiu desnecessária a identificação das vítimas: "Crimes contra a economia popular. Identificação individual das vítimas. Irrelevância. Caracterização. Em sede de crime contra a economia popular, é irrelevante a não identificação individual das vítimas, bastando para sua caracterização, a exposição a perigo do patrimônio do povo" (TACrimSP, Ap. 696.671, Rel. Nogueira Filho). E ainda: "O delito contra a economia popular se insere entre os mais graves, visto que premeditado e contra um sem

---

8 Defendendo a possibilidade de responsabilidade penal da pessoa jurídica por força do dispositivo constitucional citado, ensina Guilherme de Souza Nucci: "Cremos estar a razão com aqueles que sustentam a viabilidade de a pessoa jurídica responder por crime no Brasil, após a edição da Lei 9.605/98, que cuida dos crimes contra o meio ambiente, por todos os argumentos supracitados. E vamos além: seria possível, ainda, prever outras figuras típicas contemplando a pessoa jurídica como autora de crime, mormente no contexto dos delitos contra a ordem econômica e financeira e contra a economia popular (art. 173, § 5.º, CF). Depende, no entanto, da edição de lei a respeito". (NUCCI, Guilherme de Souza. Manual de Direito Penal. 16. ed. Rio de Janeiro: Forense, 2020, p. 233.). No mesmo sentido entende Julio F. Mirabete, para quem devem ser aplicadas as penas compatíveis com sua natureza (MIRABETE, Julio Fabbrini. Manual de Direito Penal, v. 1. 7.a ed. rev. e amp. São Paulo: Atlas, 1993, p. 118.).

9 GRECO. Rogério. Código Penal Comentado, 11. ed. – Niterói-RJ: Impetus, 2017. p. 960.

número de vítimas, todas desprotegidas, pois não podem perceber a fraude" (TACrimSP, Ap., Rel. Edmeu Carmesini, JUTACrim 79/273).

As pessoas jurídicas também podem ser vítimas dos crimes contra a economia popular.

ELEMENTO SUBJETIVO

Todos os crimes previstos na Lei 1.521/1951 admitem dolo direto e indireto. Não há nenhum delito culposo. Anote-se ainda que alguns tipos exigem *elementos subjetivo especial*, conforme será examinado. De todo modo, já se decidiu que "A despeito de sujeito passivo indeterminado, o crime contra a economia popular exige a prova da vontade de fraudar como parte integrante de suas figuras típicas" (TACrimSP, Ap., Rel. Fortes Barbosa, JUTACrim 82/208).

AÇÃO PENAL

Todos os crimes contra a economia popular são de ação penal pública incondicionada.

COMPETÊNCIA

Os crimes contra a economia popular previstos na Lei nº 1.521/51 são de competência da Justiça Estadual. Sobre o assunto, a súmula nº 498 do Supremo Tribunal Federal preceitua que *compete à Justiça dos Estados, em ambas as instâncias, o processo e o julgamento dos crimes contra a economia popular.*

Observadas as regras de conexão, todavia, nada impede que sejam eventualmente julgados por ramos especiais da justiça brasileira.

> **Art. 2º.** São crimes desta natureza:

O rol de crimes previstos nos incisos do art. 2º caracteriza-se pela ação fraudulenta ou abusiva do agente, realizada das mais diferentes formas de especulação gananciosa, produtora de um enriquecimento sem motivo ou anormal e causadora de prejuízo a muitas pessoas. Trata-se de uma dura resposta penal àqueles que ultrapassam os limites da licitude em meio à ampla sombra das liberdades dos contratos.

> I - recusar individualmente em estabelecimento comercial à prestação de serviços essenciais à subsistência; sonegar mercadoria ou recusar vendê-la a quem esteja em condições de comprar a pronto pagamento;

A redação deste dispositivo indica descrição de dois crimes diferentes: na primeira parte, há a recusa de prestação de serviços essenciais e, na segunda parte, o chamado crime de sonegação de estoques que foi revogado pelo art. 7º, VI, da Lei 8.137/1990, que conferiu uma redação mais abrangente à conduta proscrita e que dispõe: "*Art. 7° Constitui crime contra as relações de consumo: (...) VI - sonegar insumos ou bens, recusando-se a vendê-los a quem pretenda comprá-los nas condições publicamente ofertadas, ou retê-los para o fim de especulação*".

Resta então examinar a descrição típica da parte inicial do dispositivo.

O **crime de recusa de prestação de serviços essenciais à subsistência** é norma penal em branco cujo complemento pode ser feito a partir do disposto no parágrafo único do art. 2º da Lei para abranger os serviços *de primeira necessidade ou necessários ao consumo do povo indispensáveis à subsistência do indivíduo em condições higiênicas e ao exercício normal de suas atividades. Estão compreendidos nesta definição os artigos destinados à alimentação,* *ao vestuário e à iluminação, os terapêuticos ou sanitários, o combustível, a habitação e os materiais de construção*. Isso significa que não é a recusa de prestação de quaisquer serviços que enseja a caracterização do delito em estudo, mas somente dos chamados essenciais à subsistência. Como se trata de elemento normativo do tipo, deve-se entender serviços essenciais aqueles indispensáveis ao atendimento das necessidades inadiáveis da comunidade, assim considerados aqueles que, se não atendidos, colocam em perigo a sobrevivência, a saúde ou a segurança da população.

Além disso, só haverá crime se a recusa ocorrer no interior do estabelecimento comercial, expressão que parece referir-se ao local em que a atividade econômica é exercida, como a loja, oficina ou fábrica. O termo não foi empregado no sentido técnico do art. 1.142 do CC, segundo o qual: "Considera-se estabelecimento todo complexo de bens organizado, para exercício da empresa, por empresário, ou por sociedade empresária". De qualquer modo, "Incorre nas penas do art. 2.º, I, da Lei 1.521/51, o agente que se recusa a vender gasolina a quem, tendo chegado antes do fechamento do autoposto, aguarda atendimento na fila" (TACrimSP, Ap. 832.495, Rel. Evaristo de Morais).

Parece importante destacar que inexistirá crime se houver alguma motivação legítima para a recusa, como, por exemplo, quando o serviço não pode ser prestado em razão da falta de crédito do contratante. Neste sentido: "Inconfigura-se o delito do art. 2.º, I, da Lei 1.521/51, se o dono de posto de gasolina não efetua a venda de combustíveis, em virtude de greve de frentistas que impossibilita o funcionamento do estabelecimento, pois além do motivo de força maior, ocorre a inexigibilidade de conduta diversa por parte do agente" (TACrimSP, RO 681.289, Rel. Ribeiro dos Santos).

O núcleo verbal – recusar – expressa conduta comissiva que consiste em deixar de fornecer o serviço, razão pela qual é um crime formal, que se consuma no momento em que o agente recusa, isto é, nega realizar o serviço. O crime não parece incompatível com a forma tentada. Anote-se ainda que "Para a caracterização do delito descrito no art. 2.º, I, da Lei 1.521/51 exige-se apenas a conduta objetiva, prescindindo-se da demonstração de ter o agente causado perigo concreto ou dano efetivo a interesses jurídicos individuais, vez que tal crime não se vincula diretamente à pessoa humana, mas à ordem econômica" (TACrimSP, HC 241.166, Voto vencedor: Rulli Junior).

Como se vê, a conduta descrita neste tipo penal é deveras restritiva, o que denota a desatualização da Lei frente alguns direitos básicos dos consumidores como o da igualdade nas contratações (CDC, art. 6º, II), tutelados com mais eficácia pelas disposições cíveis e administrativas do Código de Defesa do Consumidor que prevê, no artigo 39 que "É vedado ao fornecedor de produtos ou serviços, dentre outras práticas abusivas II - recusar atendimento às demandas dos consumidores, na exata medida de suas disponibilidades de estoque, e, ainda, de conformidade com os usos e costumes; IX - recusar a venda de bens ou a prestação de serviços, diretamente a quem se disponha a adquiri-los mediante pronto pagamento, ressalvados os casos de intermediação regulados em leis especiais".

Conflito de normas: Se a recusa for motivada pelo fato de o pagamento ser ofertado em moeda de curso legal no país, haverá a contravenção penal do art. 43 da LCP.

Se a recusa for motivada em razão de preconceito de raça, cor, etnia, religião ou procedência nacional ou ainda por homofobia e transfobia, haverá crime previsto na Lei 7.716/1989.

II - favorecer ou preferir comprador ou freguês em detrimento de outro, ressalvados os sistemas de entrega ao consumo por intermédio de distribuidores ou revendedores;

Trata-se de crime revogado pelo disposto no art. 7º, I, da Lei no 8.137/1990.

> III - expor à venda ou vender mercadoria ou produto alimentício, cujo fabrico haja desatendido a determinações oficiais, quanto ao peso e composição;

Prevalece que este crime foi revogado pelo disposto no art. 7º, II, da Lei 8.137/1990.

> IV - negar ou deixar o fornecedor de serviços essenciais de entregar ao freguês a nota relativa à prestação de serviço, desde que a importância exceda de quinze cruzeiros, e com a indicação do preço, do nome e endereço do estabelecimento, do nome da firma ou responsável, da data e local da transação e do nome e residência do freguês;

Para parte da doutrina, este delito foi revogado pelo art. 1º, V, da Lei 8.137/1990 que é mais grave porque tem pena de reclusão, de 02 à 05 anos, e multa.

Parece mesmo ser o melhor entendimento, mesmo quando se verifica que o crime do art. 2º, IV, da Lei n 1.521/1951 é especial, porque se refere, especificadamente, ao fornecedor de serviços essenciais. Isso porque o delito em estudo tem um elemento típico objetivo – *desde que a importância exceda a quinze cruzeiros* – que, em razão de sua enorme desatualização é impossível de ser identificado. Por isso se verifica que a aquela outra norma penal é a única capaz de abranger as condutas aqui descritas.

> V - misturar gêneros e mercadorias de espécies diferentes, expô-los à venda ou vendê-los, como puros; misturar gêneros e mercadorias de qualidades desiguais para expô-los à venda ou vendê-los por preço marcado para os de mais alto custo;

Prevalece que este dispositivo foi revogado pelo Art. 7º, III, da Lei no 8.137/1990.

Adulteração de combustível: A tipificação da conduta daquele que comercializa combustível adulterado era originalmente subsumível ao tipo previsto no art. 2º, V, da Lei 1.521/51 (Lei de Economia Popular); aludido regramento deixou, todavia, de ser aplicável à matéria, com a edição de legislação posterior mais específica, a Lei 8.137/90. Não cabe, tampouco, aplicar-se à matéria a previsão legal contida no art. 1º, I, da Lei nº 8.176/91 uma vez cuidar-se de diploma legal que, apesar de aparentar, em uma análise superficial, ser mais específico do que o texto de 1990, destina-se apenas a tipificar as condutas atentatórias à ordem econômica que estão centradas antes no uso, no armazenamento e na revenda clandestinos de combustíveis. Na medida em que combustível adulterado corresponde a produto impróprio ao consumo, a conduta do agente que o revende se enquadra, com efeito, com perfeição no tipo penal descrito no art. 7º, IX, da Lei 8.137/90, consoante o qual constitui crime contra as relações de consumo vender, ter em depósito para vender ou expor à venda ou, de qualquer forma, entregar matéria-prima ou mercadoria, em condições impróprias ao consumo. (TJSP. Apelação 000235-50.2008.8.26.0595).

> VI - transgredir tabelas oficiais de gêneros e mercadorias, ou de serviços essenciais, bem como expor à venda ou oferecer ao público ou vender tais gêneros, mercadorias ou serviços, por preço superior ao tabelado, assim como não manter afixadas, em lugar visível e de fácil leitura, as tabelas de preços aprovadas pelos órgãos competentes;

Prevalece que este crime foi revogado pelo disposto no art. 6º, I e II, da Lei 8.137/1990, que previa:

"Art. 6º Constitui crime da mesma natureza:

I - vender ou oferecer à venda mercadoria, ou contratar ou oferecer serviço, por preço superior ao oficialmente tabelado, ao regime legal de controle;

II - aplicar fórmula de reajustamento de preços ou indexação de contrato proibida, ou diversa daquela que for legalmente estabelecida, ou fixada por autoridade competente;".

Estes crimes foram revogados pela Lei nº 12.529/2011 (art. 127) o que, diante da falta de disposição repristinatória expressa, não restaurou automaticamente a vigência da lei original (art. 2º, § 3º, da Lei de Introdução às Normas do Direito Brasileiro).

De todo modo, atualmente, a conduta descrita nestes tipos configura infração não penal às normas protetivas previstas no Código de Defesa do Consumidor, mais precisamente ao disposto no art. 41, que prevê "Art. 41. No caso de fornecimento de produtos ou de serviços sujeitos ao regime de controle ou de tabelamento de preços, os fornecedores deverão respeitar os limites oficiais sob pena de não o fazendo, responderem pela restituição da quantia recebida em excesso, monetariamente atualizada, podendo o consumidor exigir à sua escolha, o desfazimento do negócio, sem prejuízo de outras sanções cabíveis".

VII - negar ou deixar o vendedor de fornecer nota ou caderno de venda de gêneros de primeira necessidade, seja à vista ou a prazo, e cuja importância exceda de dez cruzeiros, ou de especificar na nota ou caderno - que serão isentos de selo - o preço da mercadoria vendida, o nome e o endereço do estabelecimento, a firma ou o responsável, a data e local da transação e o nome e residência do freguês;

Para parte da doutrina, este delito foi revogado pelo delito previsto no art. 1º, V, da Lei 8.137/1990, que é mais grave porque tem pena de reclusão, de 02 à 05 anos, e multa.

Parece mesmo ser o melhor entendimento, mesmo quando se verifica que o crime do art. 2º, VII, da Lei 1.521/1951, é especial, porque se refere, especificadamente, ao fornecedor de gêneros de primeira necessidade. Isso porque o delito em estudo tem um elemento típico objetivo – *e cuja importância exceda de dez cruzeiros* – que, em razão de sua desatualização, é impossível de ser identificado, pelo que se verifica que a aquela norma penal é a única capaz de abranger as condutas aqui descritas.

VIII - celebrar ajuste para impor determinado preço de revenda ou exigir do comprador que não compre de outro vendedor;

Este dispositivo criminaliza a chamada **carteirização**, notabilizada pela convergência de preços que prejudica a concorrência mediante a formação de oligopólios. Prevalece tratar-se de tipo penal revogado pelo art. 4º da Lei 8.137/1990.

IX - obter ou tentar obter ganhos ilícitos em detrimento do povo ou de número indeterminado de pessoas mediante especulações ou processos fraudulentos ("bola de neve", "cadeias", "pichardismo" e quaisquer outros equivalentes);

Trata o dispositivo da chamada **exploração fraudulenta de credulidade pública**, conduta criminalizada desde o Decreto-lei 869/1938, primeiro diploma legal que versava sobre os crimes contra economia popular.

O tipo tem como núcleos verbais "obter" e "tentar obter", equiparando-se a forma tentada ao crime consumado (característica dos chamados crimes de atentado). Isso acontece porque o legislador iguala a reprovação entre a forma consumada e tentada de tal forma que ignora a diferença na pena que a modalidade tentada geralmente enseja.

Como explica Fabio Guaragni: "O objeto material da conduta consiste em 'ganhos ilícitos', obtidos em 'detrimento' – prejuízo – do povo, isto é, número indeterminado de pessoas. (...) Se o objeto material da conduta – ganhos ilícitos – depende da concorrência dos meios apontados em lei, é dizer, serão ilícitos os ganhos obtidos mediante especulações ou processos fraudulentos, importa descartar o que eles são. Com efeito, são processos fraudulentos aqueles capazes de ilaquear a boa-fé das pessoas, induzindo-as ou mantendo-as em erro. Daí dizer Elias de Oliveira que o artigo prevê uma espécie de estelionato contra um indeterminado número de pessoas.[10]".

A incriminação apoia-se sobretudo na especulação ou processos fraudulentos que pressupõem atuação ilusória do agente acerca do negócio jurídico encetado, além da boa-fé, ingenuidade e ignorância das vítimas. A fraude é praticada mediante algum artifício (objetos, artefatos ou máquinas), ardil (conversas mentirosas e enganosas) ou qualquer outro modo que engane a vítima de modo a induzi-la ou mantê-la em erro e convencê-la a celebrar o suposto negócio. Os elementos normativos do tipo "especulação ou processo fraudulentos" permitem uma abrangência típica apta a subsumir uma gama grande de comportamentos ilícitos, o que nos leva a caracterizar este como sendo um crime de ação livre, ou seja, que pode ser praticado por qualquer meio de execução.

De todo modo, cumpre destacar que há no dispositivo dois meios de obter ganhos ilícitos: mediante especulações ou por via de processos fraudulentos. No primeiro modo de cometimento do crime, a especulação deve ser entendida como cobrança de preços exorbitantes que vise a lucros extraordinários em razão das condições da mercadoria, geralmente escassa ou extinta, mas revestido de ilicitude.

A especulação é essencialmente distinta dos processos fraudulentos que a lei exemplifica motivo pelo qual a enumeração de várias espécies de golpes contidas no tipo penal serve para identificar aqueles mais conhecidos à época da edição da Lei 1.521/1951, mas não deve ser entendido como um rol taxativo de condutas criminosas. Por isso já se reconheceu caracterizado o delito na conduta do comerciante que fecha seu posto de gasolina antes da hora habitual só para poder locupletar-se com o aumento no preço dos combustíveis (TACrimSP, Ap. 765151, Rel. Eduardo Pereira).

Observe-se tratar-se de crime de perigo. Por isso é irrelevante, para sua configuração, a prova de dano efetivo visto tratar-se crime de natureza formal.

Segundo Nélson Hungria, a "**bola de neve**", também conhecida como "sistema cooperativo de venda", seria a organização de um engano contra o público, pelo qual, com a irresistível promessa de ceder por preço exíguo um objeto de notável valor, se induz aos possíveis compradores à aquisição de bilhetes especiais, fazendo-os assumir a tarefa de, por sua vez, induzir mais gente com iguais compras, sob as mesmas condições. Assim, um negociante que promete entregar uma bicicleta por dez liras e emite títulos por tal quantia, aos quais são anexos cinco cupons do mesmo valor. O primeiro comprador paga, portanto, sessenta liras, das quais pode recuperar cinquenta, passando adiante os cinco cupons, cada qual correspondendo a outros cinco bilhetes com cinco cupons respectivamente, destinados a idêntica distribuição; e quando os cinco adquirentes houverem pago a sua quota (mantida a obrigação de colocar seus cupons), o afortunado primeiro comprador receberá a bicicleta; mas a decepção será para os compradores sucessivos, que acabarão fatalmente por não encontrar como colocar os cupons, pois a

---

10 GUARAGNI, Fabio André. Cambismo nos Espetáculos Desportivos: afronta à proteção do consumidor e ao desenvolvimento socioeconômico. Revista de Direito do Consumidor. vol. 93/2014. p. 131 – 155. Maio - Jun / 2014. DTR\2014\2102. p. 11.

rede se estenderá prodigiosamente, e um vasto número deles, embora haja pago, não receberá coisa alguma[11].

As "**cadeias**", segundo Rui Stocco são uma espécie de capitalização captadora, em que os últimos sempre ficam espoliados, semelhantes às chamadas "correntes da felicidade" ou "correntes da sorte", que frequentemente aparecem com nova roupagem prometendo ganhos altos e fáceis para quem ingressar na 'cadeia', colocando o seu nome no último lugar de uma lista, e enviando uma determinada importância em dinheiro (ou qualquer outro bem) para o primeiro nomeado na mesma lista, dando início a listas novas[12].

O objeto material do crime são os ganhos ilícitos, frutos da especulação e processos fraudulentos que violam a economia popular e saúde econômica de um número indeterminado de pessoas.

A redação típica emprega dois verbos (obter e tentar obter) que indicam tratar-se de crime material, classificação que acaba tendo diminuta relevância visto tratar-se de crime de atentado em que a pena da tentativa é a mesma do crime consumado.

Pirâmide financeira: a prática conhecida como pirâmide financeira caracteriza o crime em estudo, porque se insere no conceito de *cadeia* acima descrito. Também conhecido como **esquema Ponzi**[13] ou **pichardismo**, é um sistema reintefrativo que, segundo José Geraldo da Silva advém do golpe aplicado pelo italiano Manoel Severo Pichardo, caracteriza-se pela falsa promessa de restituição do dinheiro da venda de produtos após algum tempo, o que não ocorre, lesando o patrimônio coletivo e possibilitando ganho excepcional para o organizador da fraude[14].

Trata-se de um "modelo de negócio" necessariamente insustentável, caracterizado pela (i) remuneração percebida pelos seus participantes baseada principalmente na quantidade de pessoas recrutadas à rede e na venda de produtos a essas pessoas; (ii) na existência de alto volume de estoque, com quantidade de produtos superior à possibilidade de venda; e (iii) baixo índice de venda no varejo. Como sintetiza Francisco Dirceu de Barros, "O modus operandi é simples, consiste na promessa fraudulenta, ao comprador, do fornecimento de determinada mercadoria, depósito de valor, acesso a site e, após algum tempo, restituir-lhe os valores pagos com muitos lucros, em sistema de "pirâmide" em que todos vão ficar ricos, milionários, em pouco tempo[15]". O esquema se baseia assim no crescimento permanente da base do investimento de modo que os novos participantes financiam os mais antigos. Mas devido a inexistência de rendimentos reais e exigência de um inviável e progressivo aumento dessa base de investimento, a estrutura é incapaz de existir por muito tempo o que resulta no seu colapso e causação de prejuízos para um número significativo de pessoas.

Neste sentido, já se decidiu: "O ganho ilícito em detrimento de número indeterminado de pessoas, denominado 'pirâmide', encaixa-se na modalidade 'cadeia' do art. 2.º da Lei 1.521/51, pois sua formação é *ad infinitum* e a cada momento, cada partícipe surge como iniciador de

11 HUNGRIA, Nélson. Dos Crimes contra a Economia Popular e das Vendas a Prestação com Reserva de Domínio. Rio de Janeiro: Editora Jacintho, 1939, p.72.

12 STOCCO, Rui. Economia popular e relações de consumo, in Leis penais especiais e sua interpretação jurisprudencial. 7. ed., São Paulo: Revista dos Tribunais. 2001. v.1, p. 1.443.

13 Nome pelo qual o sistema de pirâmide financeira é conhecido nos Estados Unidos, cujo nome remete ao imigrante italiano Charles Ponzi, na década de 1920.

14 SILVA, José Geraldo da; GENOFRE, Fabiano; LAVORETI, Wilson. Leis Penais Especiais Anotadas. Campinas: Millenium, 2002. p.232.

15 BARROS, Francisco Dirceu. O crime de pichardismo: golpe na net atrai milhares de pessoas. In: https://franciscodirceubarros.jusbrasil.com.br/artigos/121941072/o-crime-de-pichardismo-golpe-na-net-atrai-milhares-de-pessoas. Acesso em 23 out 2021.

nova pirâmide, porém à sua caracterização é necessária a verificação da fraude, do ardil engendrado e sua prática pelo acusado" (TACrimSP, RO 635.827, Rel. Marrey Leto).

Ainda: A Turma negou provimento a recurso de apelação interposta por réu condenado pela prática de crime contra a economia popular. Segundo a Relatoria, o acusado distribuía panfletos em via pública com propaganda de sistema conhecido por 'pirâmide financeira', em que uma pessoa convida outra, e assim sucessivamente, para realizar doação de módica quantia, prometendo, em contrapartida, lucros exorbitantes aos integrantes do grupo. Nesse contexto, a Julgadora explicou que a conduta de tentar obter ganhos ilícitos em detrimento do povo ou de número indeterminado de pessoas mediante especulações ou processos fraudulentos constitui crime contra a economia popular (art. 2º, inciso IX da Lei 1.521/1951). Para os Julgadores, a 'pirâmide financeira' constitui método de captação de recursos voltado para ludibriar eventuais incautos mediante a promessa de ganho fácil que jamais se concretizará, a não ser em benefício daquele que encabeça o grupo. Dessa forma, ao reconhecer a ilicitude e reprovabilidade da conduta, o Colegiado confirmou a condenação pela prática de crime contra a economia popular. (Acórdão n.524839, 20080310223220APJ, Rel. Diva Lucy De Faria Pereira, 1ª T. Recursal dos Juizados Especiais Cíveis e Criminais do DF. J. 02/08/2011, p. no DJE: 08/08/2011. Pág.: 175).

Anote-se ainda que segundo o Superior Tribunal de Justiça, "A 'pirâmide financeira' não se enquadra no conceito de 'atividade financeira', para fins da incidência da Lei n. 7.492/1986, amoldando-se mais ao delito previsto no art. 2º, IX, da Lei 1.521/1951 (crime contra a economia popular)" (STJ. CC 146.153/SP. Julg. 17/5/2016)/ (RHC 161635 / DF. Julg. 30/08/2022).

Recentemente, percebe-se um aumento vertiginoso de ocorrência do crime de pirâmide financeira em razão da ascensão das chamadas **criptomoedas**, ativo ainda não totalmente regulamentado pelo sistema financeiro, informalidade que cria um atrativo maior para os incautos e permite uma manipulação informacional ainda maior dos operadores do esquema. A recente Lei Federal n. 14.478/2022, publicada no dia 22.12.2022, atenta a essa lacuna, passou a regulamentar o assunto estabelecendo as diretrizes na prestação de serviços de ativos virtuais e regulamentação das prestadoras desses serviços. Referida lei passou a prever o crime de fraude com a utilização de ativos virtuais, valores mobiliários ou ativos financeiros, que possui semelhanças com o crime de pirâmide. Para nós, entretanto, a **diferença entre o crime de pirâmide e o crime do art. 171-A do CP** é que recém-incorporado delito demanda, inexoravelmente, que a artimanha empregada se mostre apta a induzir ou manter em ilusão um indivíduo, restringindo-se, ademais, a lesar interesses alheios. Torna-se, portanto, imperativo o escrutínio e delimitação de personalidades específicas atingidas pela conduta. Não obstante, no tocante aos crimes dirigidos à economia popular, sobressai a característica de que a enganosidade perpetrada visa uma coletividade indeterminada de lesados. Nesse diapasão, quando o agente, mediante a utilização de moedas virtuais, concretiza as infames estratégias concebidas sob a alcunha de "pirâmides", consoante o estipulado na Lei Federal nº 1.521/1951, emerge a responsabilização pela infração prevista no diploma legal especial, haja vista a sua finalidade dirigida a uma miríade indeterminada de destinatários.

Concurso material entre crime de pirâmide e estelionato: recentemente o Superior Tribunal de Justiça RHC 161.635) decidiu que a identificação das pessoas lesadas de forma genérica e dos prejuízos que elas sofreram pode vir a ser importante para a avaliação da pena-base em caso de condenação, mas essa especificação de vítimas não deve caracterizar infração penal autônoma, sob pena de dupla punição dos réus pelos mesmos fatos. Isso porque, segundo entende o STJ, a mera identificação das vítimas no crime contra a economia popular não autoriza a responsabilização do agente pela prática simultânea de estelionato. Segundo restou assentado, no crime contra a economia popular, o objetivo não é enganar vítimas determinadas, mas qualquer um que demonstre interesse no negócio oferecido.

Todavia, restou expressamente ressalvada a possibilidade de concurso material entre o crime de pirâmide e o estelionato quando a vítima é diretamente induzida em erro e assim entrar na pirâmide financeira por intermediadores que agiam em nome da empresa investigada. Nesses casos, há duas condutas típicas: uma voltada contra o público em geral, e outra voltada contra o patrimônio particular de vítimas específicas.

Diferença do crime previsto no inciso IX do art. 2º da Lei 1.521/1951 para o estelionato: a principal diferença está no fato de que no crime contra a economia popular há um número indeterminado de pessoas lesadas pelo agente. Segundo o STJ, "Distingue-se o estelionato (art. 171 do CP) do crime do art. 2º, IX, da Lei n. 1.521/51 (crime contra a economia popular) pelo direcionamento a vítimas determinadas ou indeterminadas. Se for vítima determinada será estelionato. Se indeterminada, será crime contra a economia popular" (STJ. HC 464608 / PE. Julg. 06/02/2018). Assim, dando-se direcionamento genérico, pela internet, a pessoas físicas ou até jurídicas, a localização de algumas das vítimas não transmuta o crime contra a economia popular em estelionato, nem gera concurso de crimes." (STJ. HC 464608 / PE. Julg. 06/02/2018).

***Marketing* Multinível**: embora, por si só, não seja ilícito, o marketing Multinível pode ser uma camuflagem para um esquema de pirâmide. Neste sentido: Negócio realizado com a falsa aparência de marketing multinível e que encerra verdadeira ilicitude conhecida por corrente ou pirâmide fraudulenta (obrigar o contratante a arregimentar novos subscritores para receber bonificações compensatórias do valor pago para ingresso na cadeia que favorece exclusivamente quem vende a ilusão do lucro fácil) - Prática condenada (art. 2º, IX, da Lei 1.521/51) e que não sobrevive com a cumplicidade da internet, por falta de boa-fé objetiva quanto ao dever *post factum finitum* - Provimento, em parte, rescindindo o contrato (art. 166, II, do CC), obrigando a devolução da quantia paga atualizada, excluído o dano moral. (9088484-23.2009.8.26.0000 Apelação/Perdas e Danos; Data do julgamento: 07/10/2010; TJSP).

Compra premiada: em sentido vulgar, assemelha-se à pirâmide financeira, porém, diferente desta, não é caracterizada pela remuneração baseada principalmente na quantidade de pessoas recrutadas à rede e na venda de produtos a essas pessoas. Na verdade, essa atividade configura captação antecipada de poupança popular, cujo desempenho impõe prévia autorização do Ministério da Fazenda. Assim, o seu exercício sem essa autorização configura o delito previsto no art. 16 da Lei nº 7.492/86. Neste sentido já decidiu a 2ª Câmara de Coordenação e Revisão do Ministério Público Federal. Voto 3675/2014. IP 00113/201. Origem: Tucuri/PA. Rel. Raquel Elias Ferreira Dodge. J. 9/06/2014.

Pirâmide financeira *versus* crime contra o sistema financeiro: CONFLITO NEGATIVO DE COMPETÊNCIA. PROCESSUAL PENAL. INQUÉRITO POLICIAL. CONFLITANTES: JUÍZOS ESTADUAL E FEDERAL. "PIRÂMIDE FINANCEIRA". CONFIGURAÇÃO, OU NÃO, DE CRIME QUE LESIONE BENS, SERVIÇOS OU INTERESSE DA UNIÃO OU DE SUAS ENTIDADES AUTÁRQUICAS OU EMPRESAS PÚBLICAS. RECONHECIMENTO QUE COMPETE À JUSTIÇA COMUM FEDERAL.[...] 3. "A atividade fraudulenta de captação e aplicação de recursos de particulares, com promessa de rendimentos superiores aos oferecidos pelas instituições financeiras legalizadas e atuantes no mercado, não consubstancia operação financeira, afetando, somente, o patrimônio das vítimas" (STJ, CC n. 23.123/RS, rel. Min. Vicente Leal, 3ª Seção, j. em 10/03/1999, DJ 12/04/1999, p. 96). "A captação de recursos decorrente de 'pirâmide financeira' não se enquadra no conceito de 'atividade financeira', para fins da incidência da Lei n. 7.492/1986, amoldando-se mais ao delito previsto no art. 2º, IX, da Lei 1.521/1951 (crime contra a economia popular)" (STJ, CC n. 146.153/SP, rel. Min. Reynaldo Soares Da Fonseca, 3ª Seção, j. em 11/05/2016, DJe 17/05/2016). (Conflito de Competência nº 195.150-SP, STJ, 3° Seção, Rel. Min. Laurita Vaz, j. em 12.04.2023, publicado no DJ em 19.04.2023). Assim, "Segundo o STJ, compete à Justiça Comum Estadual julgar os crimes contra a economia popular, na esteira do enunciado da Súmula n. 498 do STF, que dispõe: 'Compete à Justiça dos Estados, em ambas as instâncias, o processo e o julgamento dos crimes contra a economia popular'" (STJ. CC 146153 / SP. Julg. 08/05/2018).

Exploração de máquinas de videopôquer (pôquer eletrônico): Há três orientações: 1ª) a programação para fraudar o apostador conduz o fato a crime contra a economia popular, nos termos do art. 2º, IX, da Lei n. 1.521/51 (STJ, REsp 1.954, 6ª Turma, *DJU*, 4 fev. 1991, p. 584; TACrimSP, RO 562.349,*JTACrimSP*, *99*:363; RCrim 548.409, *RT*,*648*:300). Neste sentido, já decidiu o STF: "Reconhecido que o paciente locava máquinas previamente preparadas para induzir em erro os usuários, bem como indeterminado número de pessoas, causando-lhes prejuízo patrimonial real ou o perigo de dano, não há como considerar atípica sua conduta, sob o ângulo da Lei de Economia Popular (art. 2.º, IX)" (STF, HC, Rel. Ilmar Galvão, RTJE 108/221); 2ª) o fato configura mera contravenção de jogo de azar (*RT, 626*:152); 3ª) trata-se de ato preparatório impunível (TACrimSP, RO 529.315, rolo-flash 486/086 da Seção de Estudos, acórdão tratando de aquisição de máquinas).

Cumpre destacar que nem sempre a perícia é indispensável visto que "Em sede dos crimes contra a economia popular, é irrelevante para a configuração da infração de exploração do jogo de videopôquer, o fato de não terem sido todas as máquinas examinadas pelos peritos, vez que utilizam-se do mesmo sistema fraudulento, isto é, programa ou software contido na placa do microcomputador de cada uma" (TACrimSP, Ap. 682.987, Rel. Silva Rico).

Cambismo: Para alguns, o cambismo[16] configura este crime do art. 2º, inciso IX, da Lei n. 1.521/51 (Lei de Economia Popular). Neste sentido: "Incorre nas penas do art. 2.º, IX, da Lei 1.521/51, o agente que compra ingressos de espetáculo e os revende por preço superior ao real" (TACrimSP, Rec.911.579, Rel. Roberto Mortari). Contudo, se os ingressos vendidos forem esportivos, ante o advento da Lei n. 12.299/2010 e agora da Lei Geral do Esporte, a conduta configura o delito previsto no art. 166 desta Lei.

"Jogo de chapinha" e estelionato: "Jogo de chapinha". Agente que não coloca a bolinha nas tampinhas. Configuração. Impossibilidade. Estelionato. Caracterização. "O modus operandi dos agentes que praticam o 'jogo da chapinha', ou 'tampinha', ou 'papa', consistente na ação do banqueiro em deixar de colocar a bolinha nas tampinhas, num golpe de prestidigitação imperceptível, só tem o condão de iludir os mais incautos, despreparados, simplórios, parvos e bobos, jamais com eficácia para um dano efetivo ou potencial ao patrimônio de um indefinido número de pessoas, razão pela qual tal conduta não pode tipificar crime contra a economia popular, mas sim estelionato" (TACrimSP, Ap. 761.967, Rel. José Habice).

X - violar contrato de venda a prestações, fraudando sorteios ou deixando de entregar a coisa vendida, sem devolução das prestações pagas, ou descontar destas, nas vendas com reserva de domínio, quando o contrato for rescindido por culpa do comprador, quantia maior do que a correspondente à depreciação do objeto.

Esta figura delitiva procura inibir a fraude decorrente de pagamento de prestações ou carnês, com promessa de posterior entrega da mercadoria que não se concretiza, quer pela fraude no sorteio, quer pela não entrega do bem. Ainda sob a vigência do Decreto-lei 869/1938, que tinha igual figura delitiva, ensinava Nélson Hungria que o Estado Novo brasileiro já não poderia aceitar uma ordem jurídica ligada a um irrestrito poder vinculante da vontade individual,

16 A atividade do cambista caracteriza especulação quando oferece a um número indefinido de pessoas ingressos ou bilhetes para espetáculos públicos a preços acima do fixado pela entidade promotora do evento, fazendo-o em consequência de sua falta no mercado, gerada – mais das vezes – pelos próprios cambistas, como ato preparatório, ao adquirirem ingressos em grande quantidade e esgotá-los, associados ou não. A norma proibitiva da atividade estampada no art. 2.º, IX, da Lei 1.521/1951 resta atingida. (GUARAGNI, Fábio André. Cambismo Nos Espetáculos Desportivos: afronta à proteção do consumidor e ao desenvolvimento socioeconômico. Revista de Direito do Consumidor. vol. 93/2014. p. 131 – 155. Maio - Jun / 2014. DTR\2014\2102. p. 11.).

tinha que intervir na ordem econômica para impedir que o direito privado, sob o pretexto das liberdades contratuais, continuasse a favorecer o interesse dos mais fortes perante os mais fracos. Ou seja, o Estado tinha que reassumir o seu papel de direção e controle para assegurar um maior equilíbrio nas relações jurídico-econômicos. Assim mencionava: "Sob o pálio da Constituição de 37, o decreto-lei 869 não vacilou em romper com o tabu do arbítrio da ação individual na economia dos contratos. Identifica-se nele um nítido traço da nova e promissora política do dirigismo do Estado nas relações de direito privado[17]".

Anote-se que o crime pode ser cometido por meio (i) de fraude aos sorteios; (ii) da não entrega da coisa vendida, sem devolução das prestações pagas; ou (iii) do desconto indevido nas vendas com reserva de domínio. O contrato de venda a prestações é o objeto material do delito.

Trata-se de crime material que admite tentativa.

XI - fraudar pesos ou medidas padronizados em lei ou regulamentos; possuí-los ou detê-los, para efeitos de comércio, sabendo estarem fraudados.

Há duas maneiras de cometer o crime do inciso XI do art. 2º da Lei 1.521/1951. Na primeira, o crime é praticado mediante o emprego de alguma fraude que altera materialmente o instrumento ou aparelho destinado a medir ou pesar determinados produtos, o que engana o consumidor e aumenta, indevidamente, o lucro do comerciante. Na segunda forma, o delito se aperfeiçoa com a simples posse ou detenção, para efeitos de comércio, destes aparelhos fraudados.

É o que ocorre com a alteração ou posse de equipamentos de aferição como imãs em balanças de precisão, dispositivos ocultos que alteram taxímetro, etc. Via de regra, a materialidade delitiva reclama perícia oficial junto ao objeto material do crime visando aferir sua capacidade fraudulenta.

Perceba-se que, para o crime ocorrer, o próprio comerciante deve ter realizado a fraude ou ao menos ter conhecimento dela. "Comerciante que expõe à venda produto alimentício que adquire de fabricante, com peso, sem saber, menor que o descrito na embalagem, não comete o delito contra a economia popular, pois a rigor ele é o primeiro adquirente e é também enganado, estando ausente na sua conduta o dolo, ainda que genérico" (TACRimSP, HC 201.876, Rel. Sidnei Benetti).

Observe-se que a fraude não recai exatamente no produto em si, mas em equipamento destinado a mensurar seus pesos ou medidas.

Além disso, trata-se de crime doloso. Caso reste demonstrado que alteração do equipamento que realiza a pesagem e medição dos produtos ocorreu sem conhecimento do responsável, ante a inexistência de modalidade culposa, inocorre o crime em estudo. Neste sentido: "A comercialização de produto com peso inferior ao indicado na embalagem, crime capitulado no art. 2.º, XI, da Lei 1.521/51, exige para a sua caracterização o dolo específico de defraudação, sendo insuficiente a mera constatação de diferença no peso da mercadoria" (TACrimSP, Ap. 364.081, Rel. Hélio de Freitas). Pode, eventualmente, restar configurada infração ao Código de Defesa do Consumidor.

Como se pode perceber, trata-se de tipo misto alternativo, e, em qualquer das duas hipóteses de um delito de perigo, cuja consumação não depende de efetividade dano. A segunda modalidade delitiva é infração permanente.

17 HUNGRIA, Nélson. Dos Crimes contra a Economia Popular e das Vendas a Prestação com Reserva de Domínio. Rio de Janeiro: Editora Jacintho, 1939, p.94.

Pena - detenção, de 6 (seis) meses a 2 (dois) anos, e multa, de dois mil a cinqüenta mil cruzeiros.

A pena privativa de liberdade cominada aos crimes do artigo 2º da Lei 1.521/1951 é de detenção de 06 meses a 02 anos de modo que todos são crimes de menor potencial ofensivo e, portanto, são de competência do juizado especial criminal.

No tocante à pena de multa, deve-se atentar para o disposto no art. 2º da Lei 7.209/1984, que prevê que "são canceladas, na Parte Especial do Código Penal e nas leis especiais alcançadas pelo art. 12 do Código Penal, quaisquer referências a valores de multas, substituindo-se a expressão multa de por multa". Assim sendo, o tema é regulado pelo art. 49 do CP.

Parágrafo único. Na configuração dos crimes previstos nesta Lei, bem como na de qualquer outro de defesa da economia popular, sua guarda e seu emprego considerar-se-ão como de primeira necessidade ou necessários ao consumo do povo, os gêneros, artigos, mercadorias e qualquer outra espécie de coisas ou bens indispensáveis à subsistência do indivíduo em condições higiênicas e ao exercício normal de suas atividades. Estão compreendidos nesta definição os artigos destinados à alimentação, ao vestuário e à iluminação, os terapêuticos ou sanitários, o combustível, a habitação e os materiais de construção.

Trata-se de norma explicativa que serve para emprestar uma definição legal acerca dos gêneros ou coisas de primeira necessidade.

Art. 3º São também crimes desta natureza:

Os crimes previstos nos incisos do art. 3º da Lei dos crimes contra a economia popular descrevem condutas de concorrência desleal e concentração econômica, tais como desabastecimento, carteirização, "dumping", fraudes operacionais e de informações e fraudes de administração. São ilícitos complexos e extremamente nocivos a ordem econômica, razão pela qual constituem também infração à Lei Antitruste (Lei 12.529/201).

I - destruir ou inutilizar, intencionalmente e sem autorização legal, com o fim de determinar alta de preços, em proveito próprio ou de terceiro, matérias-primas ou produtos necessários ao consumo do povo;

Prevalece que este dispositivo foi revogado pelo art. 7º, VIII, da Lei no 8.137/1990.

II - abandonar ou fazer abandonar lavoura ou plantações, suspender ou fazer suspender a atividade de fábricas, usinas ou quaisquer estabelecimentos de produção, ou meios de transporte, mediante indenização paga pela desistência da competição;

Este delito é uma subespécie de destruição de bens econômicos e de meios de produção em que o agente interrompe a produção de determinadas atividades comerciais mediante pagamento de uma indenização. A interrupção causa danos para a produção interna e diminui notavelmente o consumo da população. Esse pagamento visa fazer com que outro agente econômico desista da competição de maneira que ambos auferem vantagens com a situação, em detrimento de terceiros concorrentes. Comentando a infração correlata existente no

Decreto-lei 839/1938, ensina Nélson Hungria: "Trata-se de um característico ato de monopólio: um indivíduo ou um grupo de indivíduos obtêm, mediante o interessado afastamento de competidores, a exclusividade da oferta de um produto ou de um serviço de transporte, para consequente imposição de factícios preços altos. (...) Ninguém pode especular em detrimento da economia popular[18]".

É infração centrada no desbordo à liberdade de ação dos agentes privados, como bem anotado por Roberto Lyra, que destacava as suas consequências danosas: "Mesmo sob o regime da liberdade do comércio e da indústria, reconhecendo aos produtores a faculdade de fixar, como entenderem, seus preços de venda e aos compradores a de fixar os preços por que querem comprar, certos falseamentos da lei da oferta e da procura, como verdadeiro regulador de preços, exorbitavam o mínimo ético, comercial e industrialmente[19]".

O pagamento da indenização é o elemento central de caracterização da infração em estudo. É o principal indicativo do abuso do direito de propriedade e da liberdade de agir do agente econômico e qualificativo suficiente para a identificação do injusto penal. Por isso não vemos como possa confundir a situação descrita neste tipo penal com eventual exercício regular do direito de greve, principalmente diante da disposição do art. 9º, § 2º, da Constituição Federal.

Trata-se de delito material, cujo momento consumativo se dá com a efetiva supressão da concorrência.

O delito em estudo pode ser caracterizado como um pequeno fragmento de tipificação da **corrupção privada** em que a realização de um negócio entre entes privados, geralmente regidos, portanto, pela liberdade de contratar, são erigidos a ilicitude devido os resultados difusos que provocam. Na verdade, a chamada corrupção privada é entendida como atos de subornos e pagamento de vantagens indevidas em negócios privados, sem a participação de servidores públicos, mas que produzem efeitos nocivos para o desenvolvimento sustentável do mercado. É bom que se registre que, embora essa seja uma tendência no âmbito da União Europeia, principalmente porque esse tipo de comportamento fere direitos do consumidor, a livre concorrência e a boa-fé nas relações contratuais, a legislação brasileira é tímida no tema. Anote-se que o Brasil é signatário da Convenção das Nações Unidas contra a Corrupção, firmada em novembro de 2009, pela qual se obrigou, conforme o art. 21, a tipificar o suborno no setor privado que é combatida no mundo todo e até mesmo de forma transnacional. Cita-se, como exemplo, o *Foreign Corrupt Practices Act-FCPA*, lei federal norte-americana promulgada em 1977. Destaca-se, ainda, o moderno *Bribery Act* 2010, legislação do Reino Unido, por meio do qual são puníveis pagamentos de suborno ou propina entre particulares, visando vantagens indevidas. Trata-se do chamado *private-to-private bribery*, com até 10 (dez) anos de prisão e/ou multa. No Brasil, tramita no Congresso Nacional o Projeto de Lei nº 5.895/16, a qual tipifica o crime de corrupção no setor privado, por meio de alterações na Lei nº 9.279/96 que prevê que, como crime de concorrência desleal, a conduta do ente privado que prometer ou oferecer, receber ou aceitar vantagem para desviar clientela ou celebrar contratos de outro ente privado poderá ser apenada com detenção, de 3 (três) meses a 1 (um) ano, ou multa. Além desse, o projeto do Novo Código Penal (Projeto de Lei do Senado nº 236, de 2012) também tipifica a corrupção privada, ao trazer a chamada "Corrupção entre particulares", em seu art. 167, cuja pena prevista é de prisão, de 1 (um) a 4 (quatro) anos. De se destacar, todavia, que essa pena é consideravelmente inferior àquelas previstas no atual Código Penal para os crimes de corrupção (reclusão, de 2 (dois) a 12 (doze) anos, e multa).

---

18 HUNGRIA, Nélson. **Dos Crimes contra a Economia Popular e das Vendas a Prestação com Reserva de Domínio**. Rio de Janeiro: Editora Jacintho, 1939, p.36.

19 LYRA, Roberto. **Crimes contra a economia popular; doutrina, legislação e jurisprudência**. Rio de Janeiro: Jacinto, 1940, p. 103.

> III - promover ou participar de consórcio, convênio, ajuste, aliança ou fusão de capitais, com o fim de impedir ou dificultar, para o efeito de aumento arbitrário de lucros, a concorrência em matéria de produção, transportes ou comércio;

Este crime exige uma pluralidade de pessoas (naturais ou jurídicas) que manobram coletivamente a concorrência por meio de consórcio, convênio, ajuste, aliança, fusão de capitais de modo a obstá-la (a concorrência). Aqui, associação criminosa é voltada a elevação artificial dos preços de determinados produtos e ao aumento injustificado do lucro, atitude danosa aos consumidores e à livre concorrência mas que deve ser bem diferenciada das uniões e coligações constituídas voltadas para a defesa ou legítimo incremento de um ramo empresarial ou industrial.

Como ensinava Roberto Lyra no estudo do delito correlato previsto no Decreto n.º 839/1938, "Essas colisões, que antes da guerra de 1914 eram chamadas de "*trusts*" ou "*cartels*", têm por finalidade a influência direta sobre o curso econômico, limitando a produção para evitar a depreciação dos produtos, por exemplo, possuindo extremo poder, capaz de impôr preços arbitrários e suprimir toda a concorrência[20]". E sintetiza Nélson Hungria: "são os *trusts* maléficos, que o Estado não pode tolerar, sob pena de mentir a sua missão de defesa do interesse do coletivo[21]".

Também incorre nesse inciso o *dumping*, isto é, expediente anormal que costumam fazer uso as federações capitalistas, prevalecendo-se da situação de monopólio para adotar a baixa dos preços nas vendas de produtos nacionais para o exterior, mediante a compensação de preços exorbitantes no mercado interno[22].

O delito se consuma com a pura e simples formação de consórcio, convênio, ajuste, aliança ou fusão de capitais, com o fim específico de dificultar ou impedir a concorrência – pouco importando se de fato foi alcançado o objetivo proposto. Na verdade, o intuito de lucro arbitrário, que deve ocorrer em decorrência da manobra ilegal realizada que obstou a concorrência é o elemento subjetivo especial (finalidade específica) do tipo.

Registre-se que inexiste qualquer tipo de excludente ou justificativa, ao contrário, constitui agravante (art. 61, II, 'j', do CP), o aumento arbitrário de preços de produtos do comércio em casos de calamidade pública[23]. Nesses casos, não há que se falar em normal variação de preços de produtos regidas pela lei da oferta e da procura ou de livre mercado porque a emergência, inegavelmente, atinge a liberdade de escolha e a autonomia da vontade nas relações comerciais. A aquisição de produtos e serviços durante este período, sobretudo aqueles de primeira necessidade, decorre de uma imposição geral, de maneira que, nessas extremas condições adversas, as pessoas não são realmente livres para escolher. Valem aqui as lições de Michael Sandel sobre o aumento abusivo de preços após a catástrofe provocada pelo furacão Charley, em 2004 nos EUA: "Em tempos de dificuldades, uma boa sociedade se mantém unida. Em vez de fazer pressão para obter mais vantagens, as pessoas tentam se ajudar mutuamente. Uma sociedade na qual os vizinhos são explorados para a obtenção de lucros financeiros em tempos de crise não é uma sociedade boa. A ganância excessiva é, portanto, um vício que a boa sociedade deve procurar desencorajar, na medida do possível. As leis do abuso de preços podem não pôr fim

---

20 LYRA, Roberto. **Crimes contra a economia popular; doutrina, legislação e jurisprudência**. Rio de Janeiro: Jacinto, 1940, p. 106.

21 HUNGRIA, Nélson. **Dos Crimes contra a Economia Popular e das Vendas a Prestação com Reserva de Domínio**. Rio de Janeiro: Editora Jacintho, 1939, p.39.

22 HUNGRIA, Nélson. **Dos Crimes contra a Economia Popular e das Vendas a Prestação com Reserva de Domínio**. Rio de Janeiro: Editora Jacintho, 1939, p.39-40.

23 Situação infelizmente constatada recentemente na epidemia do novo Coronavírus/Covid-19 de 2020.

à ganância, mas podem ao menos restringir sua expressão descarada e demonstrar o descontentamento da sociedade. Punindo o comportamento ganancioso ao invés de recompensá-lo, a sociedade afirma a virtude cívica do sacrifício compartilhado em prol do bem comum.[24]".

Este tipo de conduta amolda-se ainda às normas administrativas do art. 39, X e 51, IV e X, ambos do CDC, e art. 36, III, da Lei 12.529/2011.

IV - reter ou açambarcar matérias-primas, meios de produção ou produtos necessários ao consumo do povo, com o fim de dominar o mercado em qualquer ponto do País e provocar a alta dos preços;

Trata-se de tipo penal que protege, diretamente, a economia e o consumidor, cujos interesses deve prevalecer sobre os especuladores[25].

O ardil e a manipulação da cadeia produtiva são elementos cruciais para compreensão do crime já que, como se sabe, em uma fórmula mais simplificada, nas atividades comerciais, o lucro é obtido entre a diferença do preço de custo da produção ou da compra do produto e o preço da venda ou revenda. A incriminação aqui recai sobre comportamentos que ardilosamente artificializam a majoração dos preços mediante o desabastecimento de determinadas matérias primas, meios de produção ou produtos. Todavia, a dinâmica e imprevisão inerentes à economia dão ao tipo penal uma abertura interpretativa razoável, o que levou a arguta explicação de Roberto Lyra: "Se um comerciante se provê, adiantadamente, de certas mercadorias, para evitar uma alta eventual dos preços sobre o mercado, tal provisão pode ser considerada como ato de previsão, enquanto outros constituem açambarcamento. No caso concreto cabe ao juiz o estabelecimento das fronteiras entre o lícito e o ilícito[26]".

Nélson Hungria, a seu modo, ensinava: "nos casos incertos, o juiz terá de pronunciar o *non liquet* ou o *in dubio pro reo;* mas com a incriminação legal, não ficarão impunes aqueles que forem achados, inconfundivelmente, a especular com as necessidades do povo[27]".

O açambarcamento, como ensina Magalhães de Noronha, é a aquisição da totalidade de produtos em determinada praça, destinada a anular a concorrência, para fim de imposição de preço[28].

A consumação ocorre quando o agente, visando à dominação do mercado e à alta de preços, retém ou açambarca matérias primas, meios de produção ou produtos, indiferentemente de atingir aqueles objetivos. Deve, contudo, ser aferida a idoneidade potencial da conduta para a obtenção desses resultados.

V - vender mercadorias abaixo do preço de custo com o fim de impedir a concorrência.

Este dispositivo criminaliza o chamado *dumping comercial* (americanos chamavam de *cutting prices*) que consiste na venda de mercadoria abaixo do preço de custo com a ideia de

24 SANDEL, Michael J. Justiça: O que é fazer a coisa certa. tradução de Heloisa Matias e Maria Alice Máximo. 4ª ed., Rio de Janeiro: Civilização Brasileira, 2011, p. 16.

25 HUNGRIA, Nélson. **Dos Crimes contra a Economia Popular e das Vendas a Prestação com Reserva de Domínio**. Rio de Janeiro: Editora Jacintho, 1939, p.43.

26 LYRA, Roberto. **Crimes contra a economia popular; doutrina, legislação e jurisprudência**.. Rio de Janeiro: Jacinto, 1940, p. 105.

27 HUNGRIA, Nélson. **Dos Crimes contra a Economia Popular e das Vendas a Prestação com Reserva de Domínio**. Rio de Janeiro: Editora Jacintho, 1939, p.43.

28 NORONHA, Edgard Magalhães. Dos crimes contra a economia popular. Revista da Faculdade de Direito UFPR, v. 2, 1954. p. 315/316.

prejudicar a concorrência, prática famosa no comercio internacional principalmente no que diz respeito à produtos orientais.

De todo modo, prevalece tratar-se de tipo revogado pelo art. 7º, VI, da Lei 8.137/1990.

> VI - provocar a alta ou baixa de preços de mercadorias, títulos públicos, valores ou salários por meio de notícias falsas, operações fictícias ou qualquer outro artifício;

Neste tipo penal, o agente provoca abalos na economia popular mediante emprego de artifícios que atingem os preços no mercado porque alteram o equilíbrio entre oferta e procura que deve operar sem interferências indevidas e perturbações ilicitamente especulativas. Como ensina Pedrazzi: "Ao reprimir as manobras artificiosas que alteram o jogo normal da oferta e da procura, a lei penal tutela o mecanismo da formação dos preços no mercado [...], de interferências indevidas e de perturbações outras. Beneficiário da tutela penal é, antes de tudo, o público em geral, que constitui a vítima atingida pelas especulações mais desabusadas. [...] manobras artificiosas, que hajam alterado o funcionamento do mercado; enquanto divergentes daquela que teria sido a resultante do jogo normal de oferta e procura[29]".

O crime é essencialmente doloso em que o agente, por meio de atos arrolados no tipo, intencionalmente provoca a alta ou baixa de preços de mercadorias, títulos públicos, valores ou salários. A especulação ilícita pode ser praticada por meio de notícias falsas como uma suposta seca na plantação provocando perdas a serem revertidas numa elevação dos preços ou por meio de uma operação fictícia como a suposta venda de produtos para o exterior a fim de provocar uma alta da matéria no mercado interno ou ainda por qualquer ou meio assemelhado.

Para que haja a consumação, não é necessário que ocorra a alteração dos preços, bastando a utilização dos artifícios para atingir tal fim. Por isso, é crime formal.

> VII - dar indicações ou fazer afirmações falsas em prospectos ou anúncios, para fim de substituição, compra ou venda de títulos, ações ou quotas;

O objetivo aqui é combater a valorização fictícia de títulos, ações ou quotas de empresas que mediante anúncios falsos que enganam muitas pessoas de boa-fé.

É crime de natureza formal cuja consumação ocorre mediante o simples fato de distribuir prospectos ou fazer anúncios com informações falsas, pouco importando que o agente tenha conseguindo alcançar o resultado almejado, ou seja, a subscrição de um título, ação ou quota[30].

De toda forma, não devem ser consideradas afirmações falsas comentários realizados mediante apreciação feita por agentes do mercado, ainda que especulativas, no exercício de suas atividades profissionais. Nestas situações, além de vislumbrar a inexistência de intenção criminosa, o agente age mediante exercício regular de sua atividade profissional.

Não nos parece ter o este delito sido revogado pelo art. 67 do Código de Defesa do Consumidor porque aqui a publicidade enganosa visa à comercialização de ações, ou quotas, e não recai sobre os produtos oferecidos ao público em geral.

---

29 PEDRAZZI, Cesare. Tratado de direito penal econômico: direito penal das sociedades anônimas. São Paulo: Revista dos Tribunais, 1973. p. 239-240, 243.

30 HUNGRIA, Nélson. **Dos Crimes contra a Economia Popular e das Vendas a Prestação com Reserva de Domínio**. Rio de Janeiro: Editora Jacintho, 1939, p. 64.

VIII - exercer funções de direção, administração ou gerência de mais de uma empresa ou sociedade do mesmo ramo de indústria ou comércio com o fim de impedir ou dificultar a concorrência;

Neste delito, o agente acumula a função de direção, administração ou gerência de mais de uma empresa de modo a provocar uma manipulação concorrencial, situação que pode resultar também em um monopólio decorrente da concentração da gestão de várias empresas em uma só pessoa. O tipo penal busca assim impedir o monopólio danoso à indústria e ao comércio, e como bem explicava Hungria, em lição que se aproveita ao caso ainda que originalmente se referia ao tipo penal correlato previsto no Decreto 938/1938: "(...) a lei não se refere ao caso das empresas dirigidas pela mesma pessoa que as fundou ou adquiriu, mas ao daqueles que, com formação ou existência autônomas, são empolgadas pela atividade monopolista de uma mesma chefia. Se ocorre entre as empresas um prévio ajuste, para o efeito da direção única, o crime que se configura já não é do inciso VIII, mas o do inciso III[31]".

Observe-se que somente há crime se o exercício de unidade de chefia ocorrer em mais de uma empresa do mesmo ramo.

O tipo penal exige finalidade específica que é impedir a concorrência.

Trata-se de delito formal, de forma que basta o exercício de gerência simultânea, subordinada ao fim proposto, para que o crime se apresente perfeito.

Conflito com o art. 177 do Código Penal: Há uma semelhança típica do crime em estudo com o crime de *Fraudes e abusos na fundação ou administração de sociedade por ações* previsto no art. 177 do Código Penal assim redigido: "Art. 177 - Promover a fundação de sociedade por ações, fazendo, em prospecto ou em comunicação ao público ou à assembléia, afirmação falsa sobre a constituição da sociedade, ou ocultando fraudulentamente fato a ela relativo: Pena - reclusão, de um a quatro anos, e multa, **se o fato não constitui crime contra a economia popular**".

Como se vê, o preceito secundário do art. 177 ressalva a possibilidade de o fato constituir crime contra a economia popular, o que indica tratar-se de caso de subsidiariedade expressa. A despeito da semelhança entre as descrições típicas, haverá crime contra a economia popular quando a conduta atinge um número indeterminado de pessoas. Caso a conduta exponha a perigo de lesão uma pessoa ou um número determinado e pequeno de pessoas resta caracterizado o crime do Código Penal.

IX - gerir fraudulenta ou temerariamente bancos ou estabelecimentos bancários, ou de capitalização; sociedades de seguros, pecúlios ou pensões vitalícias; sociedades para empréstimos ou financiamento de construções e de vendas e imóveis a prestações, com ou sem sorteio ou preferência por meio de pontos ou quotas; caixas econômicas; caixas Raiffeisen; caixas mútuas, de beneficência, socorros ou empréstimos; caixas de pecúlios, pensão e aposentadoria; caixas construtoras; cooperativas; sociedades de economia coletiva, levando-as à falência ou à insolvência, ou não cumprindo qualquer das cláusulas contratuais com prejuízo dos interessados;

Há controvérsia sobre a revogação parcial deste delito pelo artigo 4.º da Lei 7.492/86 que passou a prever o crime de gestão fraudulenta de instituições financeiras[32]. Parece que, tratan-

31 HUNGRIA, Nélson. **Dos Crimes contra a Economia Popular e das Vendas a Prestação com Reserva de Domínio.** Rio de Janeiro: Editora Jacintho, 1939, p. 45.

32 Para Fabio Roque, "A despeito da similitude, não há que fazer confusão entre os dois tipos penais. Sem embargo, é relevante notar que a Lei 7.492/86 não trouxe um rol exauriente de instituições (optando, como visto, por concei-

do-se de condutas praticadas por empresas não financeiras, persiste o delito em estudo. Por isso há precedente reconhecendo este delito no caso de a gestão fraudulenta atingir consórcios: "Muito embora a exploração fraudulenta de consórcios não esteja incluída entre as condutas previstas no n. IX, do art. 3.º, da Lei 1.521/51, a espécie aí encontra guarida incriminadora, pois trata-se de tipo mais amplo, não se precisando recorrer à analogia ou à interpretação analógica" (TACrimSP, Ap. 321.855, Voto vencido: Roberto Grassi).

De um modo geral, aqui o legislador procurou coibir o mau administrador do dinheiro alheio, que age com fraude ou temeridade. Segundo o saudoso Hungria "A rigorosa penalidade cominada não atingirá somente os autênticos fraudatores, senão também os temerários, os que agem com dolo eventual ou culpa dolo próxima, arriscando inescrupulamente o dinheiro que lhes foi confiado. Até agora a lei penal, afora o caso de falência culposa, não chamava a contas o indivíduo que, deixando-se empolgar pela ilusão de êxito de uma empresa, não obstante a previsível inviabilidade desta, atrai inconsideradamente outrem ao seu erro, grangeando anormalmente o dinheiro alheio, que afinal subverte na sua aventura[33]".

Observe-se que, neste delito, a gestão fraudulenta ou temerária é atrelada à falência ou insolvência da instituição ou ainda, exige que conduta cause prejuízo aos interessados em razão do não cumprimento de cláusulas contratuais.

O núcleo verbal – gerir – indica que o crime é ínsito àqueles que efetivamente administram a empresa, bem como seus gerentes e diretores, desde que detenham efetivo poder de mando e direção. Embora haja posição em sentido contrário, entendemos desnecessária a habitualidade ou reiteração de condutas no tempo, interpretação que impediria a responsabilização do administrador que, em um único ato, produzisse a ruína da empresa. Deste modo, afigura-se possível que a prática de ato único de gestão que produz uma situação de quebra é suficiente para a caracterização do delito em estudo.

Os elementos normativos do tipo – fraude e temeridade – expressam a essência do comportamento incriminado porque indicativos de que a insolvência ou falência da corporação é consequência direta de uma gestão deliberadamente irresponsável, destituída de prudência, afoita e descumpridora dos padrões e marcos regulatórios adequados, desalinhada dos parâmetros que norteiam o gerenciamento dos riscos estabelecidos pela atividade desenvolvida.

Predomina o entendimento tratar-se de crime doloso que inadmite o dolo eventual. Para Elias de Oliveira, todavia, o termo "temerariamente" é indicador de dolo eventual, dependente do resultado para complementar seu sentido (o resultado definia o risco que o agente assumia)[34].

X - fraudar de qualquer modo escriturações, lançamentos, registros, relatórios, pareceres e outras informações devidas a sócios de sociedades civis ou comerciais, em que o capital seja fracionado em ações ou quotas de valor nominativo igual ou inferior a um mil cruzeiros com o fim de sonegar lucros, dividendos, percentagens, rateios ou bonificações, ou de desfalcar ou de desviar fundos de reserva ou reservas técnicas.

tuar instituição financeira em seu art. 1º). Ademais, depreende-se da leitura do disposto na Lei de crimes contra a economia popular que a falência ou insolvência são elementares do tipo, o que não ocorre na Lei dos crimes contra o Sistema Financeiro Nacional" (ROQUE, Fabio. TÁVORA, A Nestor. ALENCAR, Rosmar Rodrigues. Legislação Criminal para concursos. Salvador: Juspodivm 2016. p. 292/293).

33 HUNGRIA, Nélson. **Dos Crimes contra a Economia Popular e das Vendas a Prestação com Reserva de Domínio**. Rio de Janeiro: Editora Jacintho, 1939, p. 66.

34 OLIVEIRA, Elias de. *Crimes contra a economia popular e o júri tradicional (doutrina, jurisprudência e legislação)*. Rio de Janeiro: Freitas Bastos, 1952, p. 154.

Prevalece tratar-se de crime revogado pelo art. 4º da Lei 7.492/1986 (Crimes contra o sistema financeiro). De todo modo, esta é uma espécie de falsidade ideológica contra o patrimônio de várias pessoas que integram o quadro societário por cotas ou ações.

> Pena - detenção, de 2 (dois) anos a 10 (dez) anos, e multa, de vinte mil a cem mil cruzeiros.

A pena privativa de liberdade cominada aos crimes do artigo 3º da Lei 1.521/1951 é de detenção de 02 anos a 10 anos.

No tocante à pena de multa, deve-se atentar para o disposto no art. 2º da Lei 7.209/1984, que prevê que "são canceladas, na Parte Especial do Código Penal e nas leis especiais alcançadas pelo art. 12 do Código Penal, quaisquer referências a valores de multas, substituindo-se a expressão multa de por multa". Assim sendo, o tema é regulado pelo art. 49 do CP.

Insta destacar que, por terem pena mínima inferior a 04 anos, é cabível Acordo de Não Persecução Penal em todos os crimes previstos no rol do art. 3º da Lei 1.521/1951.

> **Art. 4º** Constitui crime da mesma natureza a usura pecuniária ou real, assim se considerando:
>
> a) cobrar juros, comissões ou descontos percentuais, sobre dívidas em dinheiro superiores à taxa permitida por lei; cobrar ágio superior à taxa oficial de câmbio, sobre quantia permutada por moeda estrangeira; ou, ainda, emprestar sob penhor que seja privativo de instituição oficial de crédito; (Vide Lei nº 1.807, de 1953);
>
> b) obter, ou estipular, em qualquer contrato, abusando da premente necessidade, inexperiência ou leviandade de outra parte, lucro patrimonial que exceda o quinto do valor corrente ou justo da prestação feita ou prometida.

Trata-se do **crime de usura**, também chamado de **agiotagem**, caracterizado de um modo geral por empréstimos altamente especulativos, fundado em juros excessivos e/ou exorbitantes. A prática também é denominada como anatocismo e no direito antigo como onzena.

A exploração econômica por meio de contratos celebrados com taxas de juros abusivas é vedada pela legislação brasileira. Neste sentido são as disposições da chamada Lei da Usura (Decreto 22.626/1933) e Código Civil (artigos 406, 591 e 890), legislação essa que deve ser tomada como complemento normativo para a compreensão acerca da taxa limite a taxa de juros permitida nos contratos de mútuo. A superação dos limites torna os juros indevidos e escorchantes, quando são chamados de *juros usurários*.

A nocividade da usura é tamanha que há muito tempo foi erigida à categoria de crime[35], conforme o histórico descrito por Roberto Lyra: "As ordenações do Reino (livro V), que constituíram nossa legislação penal até 1830, previam a usura como crime, com a pena de dois anos de degredo na África dobrada na reincidência. A Constituição de 1934, no artigo 17, parágrafo único, proibia a usura, mandando puni-la na forma da lei. O decreto n. 22.626, de 7 de abril de 1933, reincorporou a espécie suprimida no código de 1830. A Constituição de 1937 reproduziu a recomendação feita em 1934 ao legislador ordinário[36]". Além disso, referido doutrinador explicava por que não via exagero algum na repressão penal da usura porque, para ele, é "o crime

35 Na verdade, a repulsa à agiotagem vem de longe como se vê no livro de Êxodo, do Deuteronômio e das XII Tábuas.

36 LYRA, Roberto. **Crimes contra a economia popular; doutrina, legislação e jurisprudência**. Rio de Janeiro: Jacinto, 1940, p. 158.

que incide sobre a miséria, que na avareza insaciável suga até a última gota de suor e de sangue de suas vítimas prediletas: os necessitados.[37]".

Com a forte argumentação que lhe era peculiar, Nélson Hungria aponta porque a conduta é penalmente relevante: "Parasitária e ávida, predominando entre as classes desajustadas da fortuna, a usura e como ventosa em corpo anêmico, ou vermina em organismo depauperado. Empoleirando-se na cruz carregada pelos pobres, ela se nutre das aperturas financeiras, intensificando-as, prolongando-as, refletindo-se maleficamente sobre toda a vida econômica. Reprovada pela moral, mesmo nos países em que as leis a permitem, a usura vive embiocada, receosa de ser descoberta. Vive e age como o cupim: dissimuladamente, sub-repticiamente. Mas, se teme a publicidade, não conhece escrúpulos na execução dos seus tortuosos processos para garantir-se contra a risco do dinheiro mutuado[38]".

Tamanha a repulsa à usura no ordenamento jurídico que sua objeção é textual no art. 21.3 da **Convenção Interamericana dos Direitos Humanos – Pacto de San José da Costa Rica**, internalizado no Brasil por meio do Decreto 678/1992 que dispõe que "Tanto a usura como qualquer outra forma de exploração do homem pelo homem devem ser reprimidas pela lei".

Insta destacar que a usura não compreende apenas o lucro desproporcional em contrato de mútuo, mas também se estrutura na ingenuidade, necessidade extrema e inexperiência de uma das partes, vetores que podem ser aferidos a partir da desproporção existente entre as prestações, que acarreta uma verdadeira ruptura de equilíbrio na formação do negócio e também uma onerosidade excessiva.

Sem essa onerosidade excessiva, o contrato de empréstimo em condições normais não caracteriza, por si só, o crime de usura. Neste sentido: "Inocorre o delito previsto no art. 4.º, a, da Lei 1.521/51, se restar comprovado que os empréstimos feitos pelos réus às pretensas vítimas se processaram em condições normais, não se vislumbrando a ocorrência de abuso da necessidade das mesmas, máxime inexistindo alegação de que foram coagidas ou obrigadas a aceitar a taxa livremente acertada" (TACrimSP, Ap. 846.639, Rel. Passos de Freitas).

Eventual inconformismo com o sistema financeiro oficial não pode servir para justificar condutas proibidas pela lei, conforme já restou decidido: "A prática de usura pecuniária ou real, prevista no art. 4.º, a, da Lei 1.521/51, não pode ser relevada a pretexto de que os estabelecimentos bancários também excedam as taxas legais, vez que estes são fiscalizados pelo Banco Central" (TACrimSP, Rec. 400.905, Rel. Segurado Braz). Nesses casos, a regulação estatal cria um risco permitido para o desempenho da atividade financeira, o que de um modo geral, encontra-se expresso na Súmula 596 do Supremo Tribunal Federal: "As disposições do Decreto 22.626/1933 não se aplicam às taxas de juros e aos outros encargos cobrados nas operações realizadas por instituições públicas ou privadas, que integram o Sistema Financeiro Nacional".

A alínea "a" trata da chamada **usura pecuniária**, que segundo Manoel Pedro Pimentel é conceituada como "a obtenção de lucros exagerados, através de juros cobrados por empréstimos em dinheiro, ou por meio de contratos que tenham por objetivo negócios em valores traduzíveis em pecúnia[39]". Aqui o crime pode ser cometido de três formas. Na primeira o agente cobra juros sobre dívidas em dinheiro superiores a taxa permitida por lei. Na segunda modalidade o agente cobra ágio superior a taxa de câmbio, sobre quantia permutada por moeda estrangeira. Na terceira, o agente empresta mediante penhor, ato privativo da Caixa Econômica Federal.

37 LYRA, Roberto. **Crimes contra a economia popular; doutrina, legislação e jurisprudência**. Rio de Janeiro: Jacinto, 1940, p. 159

38 HUNGRIA, Nélson. **Dos Crimes contra a Economia Popular e das Vendas a Prestação com Reserva de Domínio**. Rio de Janeiro: Editora Jacintho, 1939, p. 146-147.

39 PIMENTEL, Manoel Pedro. Legislação Penal Especial, ed. RT, 1972, p. 42.

Trata-se de delito material, que só se consuma com a cobrança de juros excessivos, independente da quitação da dívida. Assim, a mera estipulação de juros a maior em contrato de mútuo já caracteriza a conduta criminosa.

O sujeito ativo é o credor que exige os juros usurários, denominado no jargão popular como agiota. A prática de usura por agente público também caracteriza, em regra, infração disciplinar como ocorre na Lei 8.112/1990 (art. 217, inciso VIII).

Importante anotar que o STF já decidiu que "Para a caracterização do delito de usura real, previsto no art. 4º, a, da Lei 1.521/51 ("Constitui crime da mesma natureza a usura pecuniária ou real, assim se considerando: a) cobrar juros, comissões ou descontos percentuais, sobre dívidas em dinheiro, superiores à taxa permitida por lei; ..."), não se exige a pluralidade de sujeitos passivos. Com esse fundamento, a Turma, entendendo presente a habitualidade da prática do referido crime contra a mesma vítima, indeferiu habeas corpus em que se sustentava que a conduta do paciente - empréstimo de dinheiro mediante a cobrança de taxa de juros de 35% ao mês, acima do permitido em lei - seria atípica uma vez que, tratando-se de crime contra a economia popular, não teria lesionado um número indefinido de pessoas, mas apenas o patrimônio de uma só vítima" (INFORMATIVO Nº 103. HC 76.593-MS, rel. Min. Octavio Gallotti, 17.3.98).

Há posição doutrinária que sustenta que este delito foi revogado pelo art. 7º, V, da Lei 8.137/1990, ou ainda pelo art. 8º da Lei dos Crimes contra o Sistema Financeiro. Luiz Regis Prado sustenta que não houve revogação. Para o professor: "A conduta delitiva prevista no art. 8.º da Lei 7.492/1986 que busca prevenir e coibir a exigência ilegal de qualquer tipo de remuneração sobre operações realizadas no mercado financeiro. Semelhante disposição vedando tal exigência pode ser encontrada no art. 4.º, a, da Lei 1.521, de 26.12.1951 – Lei de Economia Popular (delito de usura). Contudo, os bens jurídicos tutelados são distintos e a subsunção deve ser feita em consonância com o caso concreto[40]".

Deste modo, caso reste comprovado que a pessoa física utilizava capital próprio para efetuar empréstimos a juros exorbitantes, estará caracterizado o crime de usura, previsto no art. 4º da Lei nº 1.521/51, de competência da Justiça Estadual. Nessa linha: TRF4, ACR 2000.70.03.004989-3, Oitava Turma, Relator Élcio Pinheiro de Castro, D.E. 08/10/2008. No sentido da competência da Justiça Estadual para processar e julgar supostos delitos praticados por operações de empréstimo, utilizando cartão de crédito com simulação de compra, lesando vítima e outros clientes, na medida em que são crimes contra a economia popular, não consubstanciando operações financeiras: STJ – CC 32.092/ SP – 3ª Seção – Rel. Min. Vicente Leal – Publicação: DJ 08/04/2002 p. 128.

O STJ também já decidiu que a se o contrato envolver recursos próprios, geralmente ocorrida entre particulares pela prática de agiotagem, entende-se ser crime de usura do art. 4 da Lei 1.521/51, cuja competência é da justiça estadual (STJ, CC 39.744/SP, Rel. Ministra LAURITA VAZ, TERCEIRA SEÇÃO, j. 23.06.2004, entre tantos outros).

É possível concurso material com crime de estelionato: "Pratica o delito de usura pecuniária, previsto no art. 4.º da Lei 1.521/51 e estelionato, o agente que concede empréstimos cobrando juros extorsivos, e ainda, através de meios fraudulentos, consegue a transferência da linha telefônica da vítima para seu nome" (TACrimSP, Ap. 907.323, Rel. Damião Cogan).

Na alínea "b" está prevista a **usura real**, que é traduzida por uma vantagem em bens patrimoniais de qualquer natureza, inclusive imóveis, inserida em contratos como de compra e venda, cessão de créditos, arrendamento, mandato e serviços. Aqui há uma grande desproporção entre o preço justo e o lucro auferido, geralmente decorrente de contratos leoninos, fruto

40 PRADO, Luiz Regis. Direito Penal Econômico. 8. ed. Rio de Janeiro: Forense, 2019, p. 204.

do desespero de uma das partes. É a necessidade incomum da vítima, ou ainda sua falta de vivência nos negócios ou mesmo a precipitação e irreflexão que abrem caminho para o abuso. Segundo ensina Hungria, para que ocorra o crime, necessário que o autor se aproveite da situação opressiva e de atual necessidade do outro contratante, mesmo que transitória; ou que haja abuso da inexperiência da vítima, entendendo-se essa como a qualidade resultante da falta de conhecimento de negócios, ausência de entendimento sob o ponto de vista econômico; por fim, a leviandade, isto é, o descaso com as consequências ulteriores do próprio ato[41].

Observe-se que a premente necessidade, inexperiência ou leviandade do mutuário são elementos normativos do tipo. Deve-se entender como *premente necessidade* a circunstância emergencial e a insuficiência de recursos a que acometem a vítima que lhe motivam a tomar o empréstimo como acontece nos casos de emergência de saúde. A *inexperiência* é identificada na falta de vivência e prática de atos financeiros. Por fim, a *leviandade* da parte se dá mediante descuido que resulta na contratação mediante juros exorbitantes.

A usura real, que mantém grande ligação com o instituto da lesão prevista no art. 157 do Código Civil, é crime formal de modo que basta a simples estipulação do lucro exagerado para que ocorra sua consumação.

É necessário o dolo do aproveitamento, isto é, deve ser observado que o agente, para estipulação ou obtenção do lucro demasiado, prevaleceu-se da premente necessidade, inexperiência ou leviandade da vítima[42].

Conflito de normas: se o crime for cometido por militares, restará caracterizado o crime de usura do Código Penal Militar, previsto no art. 267.

Pena - detenção, de 6 (seis) meses a 2 (dois) anos, e multa, de cinco mil a vinte mil cruzeiros.

A pena privativa de liberdade cominada aos crimes do artigo 4º da Lei 1.521/1951 é de detenção de 06 meses a 02 anos de modo que todos são crimes de menor potencial ofensivo e, portanto, são de competência do juizado especial criminal.

No tocante à pena de multa, deve-se atentar para o disposto no art. 2º da Lei 7.209/1984 que prevê que "são canceladas, na Parte Especial do Código Penal e nas leis especiais alcançadas pelo art. 12 do Código Penal, quaisquer referências a valores de multas, substituindo-se a expressão multa de por multa". Assim sendo, o tema é regulado pelo art. 49 do CP.

§ 1º. Nas mesmas penas incorrerão os procuradores, mandatários ou mediadores que intervierem na operação usuária, bem como os cessionários de crédito usurário que, cientes de sua natureza ilícita, o fizerem valer em sucessiva transmissão ou execução judicial.

Norma de extensão: O dispositivo deve ser compreendido como uma norma de extensão que institui uma **coautoria sucessiva**, possível aqui porque os contratos de mútuo, além de serem considerados de trato sucessivo no tempo, são transmissíveis, de modo que ao investir-se como credor, o cessionário sucessivo ofende o bem jurídico já afetado anteriormente pelo credor originário, desde que tenha ciência da natureza ilícita do negócio jurídico e das taxas de juros ilegais. É o que já acontece, por exemplo, com o art. 138, § 1.º do CP que responsabiliza "quem propala ou divulga a calúnia precedente, sabendo falsa a imputação".

41 HUNGRIA, Nélson. **Dos Crimes contra a Economia Popular e das Vendas a Prestação com Reserva de Domínio**. Rio de Janeiro: Editora Jacintho, 1939, p.169.

42 HUNGRIA, Nélson. **Dos Crimes contra a Economia Popular e das Vendas a Prestação com Reserva de Domínio**. Rio de Janeiro: Editora Jacintho, 1939, p. 169.

De qualquer modo, deve restar demonstrado que essas pessoas agiram com dolo, de que há vínculo entre suas condutas e o resultado, devendo essas circunstâncias serem devidamente descritas na denúncia criminal.

§ 2º. São circunstâncias agravantes do crime de usura:

I - ser cometido em época de grave crise econômica;

II - ocasionar grave dano individual;

III - dissimular-se a natureza usurária do contrato;

IV - quando cometido:

a) por militar, funcionário público, ministro de culto religioso; por pessoa cuja condição econômico-social seja manifestamente superior à da vítima;

b) em detrimento de operário ou de agricultor; de menor de 18 (dezoito) anos ou de deficiente mental, interditado ou não.

Agravantes do crime de usura: observe-se que as circunstâncias agravantes previstas no art. 4º, § 2º, da Lei 1.521/1951 são complementares àquelas previstas no Código Penal.

Deve-se atentar para a inexistência de agravante no caso de o crime ser cometido (i) contra analfabeto e (ii) contra servidor público (observe-se que há agravante no caso de crime cometido *por* funcionário público). Anote-se, contudo, que é comum a caracterização da usura como infração disciplinar como ocorre na Lei 8.112/1990 (art. 117, XIV).

A Lei 1.521/1951 não prevê atenuantes.

Art. 5º Nos crimes definidos nesta lei, haverá suspensão da pena e livramento condicional em todos os casos permitidos pela legislação comum. Será a fiança concedida nos têrmos da legislação em vigor, devendo ser arbitrada dentro dos limites de Cr$ 5.000,00 (cinco mil cruzeiros) a Cr$ 50.000,00 (cinqüenta mil cruzeiros), nas hipóteses do artigo 2º, e dentro dos limites de Cr$ 10.000,00 (dez mil cruzeiros) a Cr$100.000,00 (cem mil cruzeiros) nos demais casos, reduzida à metade dentro dêsses limites, quando o infrator fôr empregado do estabelecimento comercial ou industrial, ou não ocupe cargo ou pôsto de direção dos negócios. (Redação dada pela Lei nº 3.290, de 1957).

Art. 6º Verificado qualquer crime contra a economia popular ou contra a saúde pública (Capítulo III do Título VIII do Código Penal) e atendendo à gravidade do fato, sua repercussão e efeitos, o juiz, na sentença, declarará a interdição de direito, determinada no art. 69, IV, do Código Penal, de 6 (seis) meses a 1 (um) ano, assim como, mediante representação da autoridade policial, poderá decretar, dentro de 48 (quarenta e oito) horas, a suspensão provisória, pelo prazo de 15 (quinze) dias, do exercício da profissão ou atividade do infrator.

Efeitos da condenação: O art. 6º da Lei 1.521/1951 estabelece um efeito automático da sentença penal condenatória consistente na proibição de exercício de profissão ou atividade comercial, sanção prevista atualmente no art. 47, II, do CP.

Ante a falta de previsão específica, o prazo de vigência deste efeito penal é o equivalente a tempo de cumprimento da pena aplicada na sentença penal condenatória.

Art. 7º Os juízes recorrerão de ofício sempre que absolverem os acusados em processo por crime contra a economia popular ou contra a saúde pública, ou quando determinarem o arquivamento dos autos do respectivo inquérito policial.

Reexame necessário: O art. 7º da Lei dos crimes contra a Economia Popular tem uma previsão incomum que se constitui em uma espécie de recurso de ofício da decisão que homologa o arquivamento de inquérito policial ou profere sentença absolutória nos crimes contra a economia popular e contra a saúde pública. No caso de o tribunal dar provimento ao recurso de ofício, deverá remeter os autos ao Procurador-Geral, para que atue de acordo com o art. 28 do CPP, seja para oferecer denúncia, designar outro membro do MP para fazê-lo, ou insistir no arquivamento, decisão que encerrará o inquérito policial.

Na verdade, a providência determinada neste dispositivo não tem verdadeira natureza jurídica de recurso visto que ausente o pressuposto básico da voluntariedade. Prevalece tratar-se de condição de eficácia da decisão.

Entendemos que o artigo 7º da Lei 1.521/1951 não foi recepcionado pela Constituição Federal, uma vez que viola o princípio acusatório, consagrado expressamente no artigo 3º-A do Código de Processo Penal. O reexame necessário em questão contraria a premissa fundamental de que é vedado ao juiz assumir a iniciativa *ex officio* da persecução penal, especialmente na fase pré-processual.

Nesse sentido, o artigo 28 do Código de Processo Penal, mesmo após os ajustes promovidos pelo Supremo Tribunal Federal, mediante o julgamento das Ações Diretas de Inconstitucionalidade nºs 6298, 6299, 6300 e 6305, estabelece que qualquer discordância por parte do juiz em relação ao arquivamento de investigações pré-processuais deve ser voluntária. A ausência de discordância, por sua vez, indica a suficiência e apropriada adequação da decisão.

Portanto, a implementação de uma etapa de reanálise automática pelo Poder Judiciário, como a atualmente em discussão, representa uma violação ao princípio da inércia judicial e uma inadequada substituição da atuação do dominus litis, o órgão detentor do monopólio da ação penal.

Art. 8º. Nos crimes contra a saúde pública, os exames periciais serão realizados, no Distrito Federal, pelas repartições da Secretaria-Geral da Saúde e Assistência e da Secretaria da Agricultura, Indústria e Comércio da Prefeitura ou pelo Gabinete de Exames Periciais do Departamento de Segurança Pública e nos Estados e Territórios pelos serviços congêneres, valendo qualquer dos laudos como corpo de delito.

Art. 9º: (Revogado pela Lei nº 6.649, de 1979)

Art. 10. Terá forma sumária, nos termos do Capítulo V, Título II, Livro II, do Código de Processo Penal, o processo das contravenções e dos crimes contra a economia popular, não submetidos ao julgamento pelo júri. (Vide Decreto-lei nº 2.848, de 1940)

§ 1º. Os atos policiais (inquérito ou processo iniciado por portaria) deverão terminar no prazo de 10 (dez) dias.

§ 2º. O prazo para oferecimento da denúncia será de 2 (dois) dias, esteja ou não o réu preso.

§ 3º. A sentença do juiz será proferida dentro do prazo de 30 (trinta) dias contados do recebimento dos autos da autoridade policial (art. 536 do Código de Processo Penal).

§ 4º. A retardação injustificada, pura e simples, dos prazos indicados nos parágrafos anteriores, importa em crime de prevaricação (art. 319 do Código Penal).

PROCEDIMENTO: o processamento dos crimes contra a Economia Popular segue o rito sumaríssimo para os crimes e menor potencial ofensivo, ou o sumário, para os demais.

BIBLIOGRAFIA

ARAÚJO Jr., João Marcello de. Dos crimes contra a ordem econômica. São Paulo: RT, 1995.

BARROS, Francisco Dirceu. O crime de pichardismo: golpe na net atrai milhares de pessoas. In: https://franciscodirceubarros.jusbrasil.com.br/artigos/121941072/o-crime-de-pichardismo-golpe-na-net-atrai-milhares-de-pessoas. Acesso em 23 out 2021.

CERVINI, Raúl. Macrocrirninalidad económica - Apuentes para una aproximación metodológica. Revista Brasileira de Ciências Criminais, n. 11. São Paulo: Revista dos Tribunais, jul, 1995.

GRECO. Rogério. Código Penal Comentado, 11. ed. – Niterói-RJ: Impetus, 2017.

GUARAGNI, Fábio André. Cambismo Nos Espetáculos Desportivos: afronta à proteção do consumidor e ao desenvolvimento socioeconômico. Revista de Direito do Consumidor. vol. 93/2014. p. 131 – 155. Maio - Jun / 2014. DTR\2014\2102.

HUNGRIA, Nélson. Dos Crimes contra a Economia Popular e das Vendas a Prestação com Reserva de Domínio. Rio de Janeiro: Editora Jacintho, 1939.

LYRA, Roberto. Crimes contra a economia popular; doutrina, legislação e jurisprudência. Rio de Janeiro: Jacinto, 1940.

MIRABETE, Julio Fabbrini. Manual de Direito Penal, v. 1. 7.a ed. rev. e amp. São Paulo: Atlas, 1993.

NORONHA, Edgard Magalhães. Dos crimes contra a economia popular. Revista da Faculdade de Direito UFPR, v. 2, 1954.

NUCCI, Guilherme de Souza. Manual de Direito Penal. 16. ed. Rio de Janeiro: Forense, 2020.

OLIVEIRA, Elias. Crimes Contra a Economia Popular. Rio de Janeiro: Ed. Freitas Bastos, 1952.

PEDRAZZI, Cesare. Tratado de direito penal econômico: direito penal das sociedades anônimas. São Paulo: Revista dos Tribunais, 1973.

PIMENTEL, Manoel Pedro. Legislação Penal Especial, ed. RT, 1972.

PRADO, Luiz Regis. Direito Penal Econômico. 8. ed. Rio de Janeiro: Forense, 2019.

SANDEL, Michael J. Justiça: O que é fazer a coisa certa. tradução de Heloisa Matias e Maria Alice Máximo. 4ª ed., Rio de Janeiro: Civilização Brasileira, 2011.

SILVA, José Geraldo da; GENOFRE, Fabiano; LAVORETI, Wilson. Leis Penais Especiais Anotadas. Campinas: Millenium, 2002.

STOCCO, Rui. Economia popular e relações de consumo, in Leis penais especiais e sua interpretação jurisprudencial. 7. ed., São Paulo: Revista dos Tribunais. 2001. v.1.

CAPÍTULO 3

Genocídio – Lei nº 2.889/1956

Matheus Kuhn Gonçalves

1. INTRODUÇÃO E BALIZAS HISTÓRICAS DO GENOCÍDIO

Atualmente, entende-se o genocídio, do ponto de vista legal, como a intenção de destruir, no todo ou em parte, grupo nacional, étnico, racial ou religioso, por intermédio da morte dos membros do grupo, da prática de lesão grave à integridade física ou mental, da submissão a condições de existência capazes de ocasionar-lhes a destruição física ou parcial, da adoção de medidas para impedir o nascimento de novos integrantes, bem como da transferência forçada de crianças do grupo para outro grupo.

Tem-se que o vocábulo genocídio deriva da junção da expressão grega *genos*, que significa raça, com a expressão latina *cidio* (*coedere*), que significa matar. Portanto, em tradução livre, tem-se "matar uma raça" ou "exterminar uma raça".

Conceitualmente, o primeiro estudioso a se debruçar sobre o significado de genocídio foi o polonês Rafael Lemkin, no ano de 1944, a fim de entender a qualificação jurídica dos atos ocorridos na Segunda Guerra Mundial na Alemanha. Vale dizer, questionava o referido autor se a multiplicidade de mortes ocorridas no período eram homicídios em massa ou se se tratava de delito distinto, concluindo que:

> pensamos que não, porque não ressalta a motivação do crime, especialmente quando a motivação está baseada em considerações raciais, nacionais ou religiosas de destruir uma nação e apagar sua personalidade cultural [...].[1]

Trabalhando o entendimento de Rafael Lemkin, o professor Heleno Fragoso faz distinção entre homicídio e genocídio:

> A expressão genocídio foi inventada em 1944 por LEMKIN, professor polonês, radicado nos Estados Unidos, que em sua comunicação à Conferência de Bruxelas, assim o definiu: 'O crime de genocídio é um crime especial, consistente em destruir intencionalmente grupos humanos, raciais, religiosos ou nacionais, e, como o homicídio singular, pode ser cometido tanto em tempo de paz como em tempo de guerra. Em território ocupado pelo inimigo e em tempo de guerra,

1 LEMKIN, Raphael. **Axis Rule in Europe:** Laws of Occupation, Analysis of Government, Proposals for Redress. Washington: Carnegie Endowment for International Peace, 1944, apud GIL, Alicia. **El genocidio y otros crimines internacionales.** Valencia: Colección Interciencias, 1999, p. 125.

> será crime de guerra, e se na mesma ocasião se comete contra os próprios súditos, crimes contra a Humanidade. O crime de genocídio acha-se composto por vários atos subordinados todos ao dolo específico de destruir um grupo humano.'[2]

Historicamente, não existe consenso literário sobre o marco preciso do início dessa prática. Todavia, há registros históricos de que tais práticas são tão antigas quanto a própria existência da humanidade, tendo em vista que "a ideia de exterminar um grupo diferente é praticamente inerente à condição humana".[3]

Assim, verifica-se que o instinto genocida, de destruição e extermínio dos povos, acompanha a existência humana, contudo, o tratamento criminal da conduta é relativamente recente no ordenamento jurídico internacional e nacional. Para Antônio Lopes Monteiro:

> adotando-se um conceito formal de delito, seria difícil focalizar o aparecimento do crime de genocídio no transcorrer da vida humana. Ele seria constante na história. A luta é um fato de evolução histórica, e mantêm-se em sua essência e finalidade. Homens e povos surgem e desaparecem. Nações inteiras se apagam ante os novos tempos. Mas este tipo de genocídio revela instintos de agressão, de domínio e de conservação.[4]

Dessa forma, passou-se a se preocupar com o tratamento jurídico da prática de genocídio a partir da aprovação da Convenção para a Prevenção e Castigo do Crime de Genocídio, em dezembro de 1948, na cidade de Paris, na III Sessão da Assembleia Geral das Nações Unidas. Esse documento internacional entrou em vigor em 1951, tendo o Brasil aderido a ele por intermédio do Decreto-Legislativo n.º 02/51, sendo promulgado na ordem interna pelo Decreto n.º 30.822/52.

A Convenção para a Prevenção e Castigo do Crime de Genocídio, em seu Artigo 1º, expede um mandado de criminalização aos Estados signatários deste instrumento internacional, ou seja, determina que estes criminalizem a conduta de genocídio na ordem interna, seja em tempo de guerra ou paz:

> As Partes Contratantes confirmam que o genocídio, quer cometido em tempo de paz ou em tempo de guerra, é um crime contra o Direito Internacional, que elas se comprometem a prevenir e a punir.

Dessa forma, atendendo a esse mandado de criminalização, o Estado brasileiro editou a Lei n.º 2.889/56, que define e pune o crime de genocídio na ordem interna.

1.1. Crítica ao modelo adotado pelo legislador

Ao editar a Lei n.º 2.889/56 e definir o delito de genocídio (art. 1º), o legislador apenas repetiu as condutas descritas no art. 2º da Convenção para a Prevenção e Castigo do Crime de Genocídio. Vejamos:

---

2 FRAGOSO, Heleno Cláudio. Genocídio. **Revista de Direito Penal.** São Paulo, n. 9-10, p. 27-36, jan./jun. 1973.

3 PONTE, Leila Hassem da. **Genocídio.** São Paulo: Saraiva, 2013, p. 17.

4 MONTEIRO, Antonio Lopes. **Crimes hediondos:** texto, comentários e aspectos polêmicos. 8. ed. São Paulo: Saraiva, 2008, p. 83.

Art. 1º da Lei n.º 2.889/56	Art. 2º da Convenção para a Prevenção e Castigo do Crime de Genocídio
Art. 1º Quem, com a intenção de destruir, no todo ou em parte, grupo nacional, étnico, racial ou religioso, como tal: a) matar membros do grupo; b) causar lesão grave à integridade física ou mental de membros do grupo; c) submeter intencionalmente o grupo a condições de existência capazes de ocasionar-lhe a destruição física total ou parcial; d) adotar medidas destinadas a impedir os nascimentos no seio do grupo; e) efetuar a transferência forçada de crianças do grupo para outro grupo;	Na presente Convenção entende-se por genocídio qualquer dos seguintes atos, cometidos com a intenção de destruir no todo ou em parte, um grupo nacional, étnico, racial ou religioso, como tal: a) matar membros do grupo; b) causar lesão grave à integridade física ou mental de membros do grupo; c) submeter intencionalmente o grupo a condição de existência capazes de ocasionar-lhe a destruição física total ou parcial; d) adotar medidas destinadas a impedir os nascimentos no seio de grupo; e) efetuar a transferência forçada de crianças do grupo para outro grupo.

Assim, parte da doutrina tece críticas ao modelo adotado para criminalização desta conduta, afirmando que "embora louvável a aderência ao movimento internacional para a repressão desse crime, pode-se verificar a infelicidade do legislador de 1956 ao estabelecer as reprimendas, pois que procedeu à remissão a dispositivos já existentes no Código Penal, quando, ao contrário, deveria ter considerado que o genocídio, embora se aproxime das figuras do homicídio, da lesão corporal etc., possui objetividade jurídica muito mais abrangente, não se limitando à vida humana ou à integridade física do indivíduo."[5]

1.2. Norma Penal em Branco às avessas, ao revés ou invertida

É a hipótese em que o preceito secundário da norma penal (sanção) precisa ser complementado. Nesta situação, o complemento da norma penal em branco somente pode ser realizado por lei, tendo em vista que só a lei pode cominar pena (princípio da legalidade).

Esse é o caso do crime de Genocídio (art. 1º da Lei n.º 2.889/56), tendo em vista que o preceito secundário do tipo penal remete à pena de outros crimes. Vejamos:

Preceito Secundário do Crime de Genocídio (sanção penal)
Será punido: Com as penas do art. 121, § 2º, do Código Penal, no caso da letra a; Com as penas do art. 129, § 2º, no caso da letra b; Com as penas do art. 270, no caso da letra c; Com as penas do art. 125, no caso da letra d; Com as penas do art. 148, no caso da letra e.

1.3. Tribunal Penal Internacional e Estatuto de Roma

A Constituição Federal declarou, em seu artigo 5º, § 3º, que o Brasil se submete à jurisdição do Tribunal Penal Internacional a cuja criação tenha manifestado adesão.

5 CUNHA, Rogério Sanches da. **Legislação Penal Especial.** Coleção Ciências Criminais. v. 6. São Paulo: Revista dos Tribunais, 2009. p. 396.

Pelo Decreto n.º 4.388/02, o Brasil manifestou adesão ao Estatuto de Roma, o qual dispõe sobre as regras do Tribunal Penal Internacional, informando, ainda, que a competência desse Tribunal restringir-se-á aos crimes mais graves, que afetam a comunidade internacional no seu conjunto, sendo que tal órgão terá competência para julgar os seguintes crimes: a) o crime de genocídio; b) crimes contra a humanidade; c) crimes de guerra; e d) o crime de agressão (art. 5º, item 1, do Estatuto de Roma).

É válido registrar que o Tribunal Penal Internacional possui competência para o julgamento de pessoas, não a possuindo para o julgamento de delitos atribuídos aos Estados Nacionais. E ainda, o mencionado Tribunal têm competência subsidiária com caráter de complementaridade, ou seja, somente será chamado a julgar as infrações penais no caso de omissão ou incapacidade por parte do Estado Nacional. Portanto, como regra, o dever de processar e julgar é do Estado Nacional, sendo que, somente na sua omissão ou incapacidade é que haverá a atração da competência internacional do tribunal.

Para o Estatuto de Roma (art. 6º), entende-se por "genocídio" qualquer um dos atos que a seguir se enumeram, praticados com intenção de destruir, no todo ou em parte, um grupo nacional, étnico, racial ou religioso, enquanto tal: a) Homicídio de membros do grupo; b) Ofensas graves à integridade física ou mental de membros do grupo; c) Sujeição intencional do grupo a condições de vida com vista a provocar a sua destruição física, total ou parcial; d) Imposição de medidas destinadas a impedir nascimentos no seio do grupo, bem como; e) Transferência, à força, de crianças do grupo para outro grupo.

Ademais, o art. 7º do documento em estudo traz os nominados **crimes contra a humanidade.** Segundo o artigo 7º, item 1, do Estatuto de Roma, entende-se por **crime contra a humanidade** qualquer um dos atos seguintes, quando cometido no quadro de um ataque, generalizado ou sistemático, contra qualquer população civil, havendo conhecimento desse ataque: a) Homicídio; b) Extermínio; c) Escravidão; d) Deportação ou transferência forçada de uma população; e) Prisão ou outra forma de privação da liberdade física grave, em violação das normas fundamentais de direito internacional; f) Tortura; g) Agressão sexual, escravatura sexual, prostituição forçada, gravidez forçada, esterilização forçada ou qualquer outra forma de violência no campo sexual de gravidade comparável; **h) Perseguição de um grupo ou de uma coletividade que possa ser identificada, por motivos políticos, raciais, nacionais, étnicos, culturais, religiosos ou de gênero, tal como definido no parágrafo 3º, ou em função de outros critérios universalmente reconhecidos como inaceitáveis no direito internacional, relacionados com qualquer ato referido neste parágrafo ou com qualquer crime da competência do Tribunal**; i) Desaparecimento forçado de pessoas; j) Crime de *apartheid*; k) Outros atos desumanos de caráter semelhante, que causem intencionalmente grande sofrimento ou afetem gravemente a integridade física ou a saúde física ou mental.

Na mesma senda, o Estatuto de Roma conceitua **perseguição** como a privação intencional e grave de direitos fundamentais em violação do direito internacional, por motivos relacionados com a identidade do grupo ou da coletividade em causa (art. 7º, item 2, "g") e **extermínio** como a sujeição intencional a condições de vida, tais como a privação do acesso a alimentos ou medicamentos, com vista a causar a destruição de uma parte da população (art. 7º, item 2, "b").

Dito isso, deve-se frisar que, ao contrário do que é aplicado na ordem jurídica interna (que possui como regra a prescritibilidade do crime de genocídio), a prática de crimes contra a humanidade, no contexto do Tribunal Penal Internacional, é considerada imprescritível, conforme dispõe o art. 29 do Estatuto de Roma.[6]

6 Artigo 29. Imprescritibilidade: Os crimes da competência do Tribunal não prescrevem.

1.4. Bem Jurídico Tutelado

O crime de genocídio é considerado crime contra a humanidade. Nesse diapasão, deve-se ressaltar que o bem jurídico tutelado pela norma é de natureza supraindividual, pois, conforme já decidiu o Supremo Tribunal Federal, "o tipo penal do delito de genocídio protege, em todas as suas modalidades, bem jurídico coletivo ou transindividual, figurado na existência do grupo racial, étnico ou religioso, a qual é posta em risco por ações que podem também ser ofensivas a bens jurídicos individuais, como o direito à vida, à integridade física ou mental, à liberdade de locomoção [...]".[7]

1.5. Competência

A competência do crime de genocídio é definida a depender dos elementos do caso concreto. Pode-se ter a precipitada sensação de que, por se tratar de crime contra a humanidade, violador de direitos humanos, necessariamente será julgado pela Justiça Federal, o que, de fato, não é verdade. Em regra, o crime de genocídio é julgado pela Justiça Estadual, podendo, obviamente, ser deslocada para a Justiça Federal, a depender das circunstâncias do caso concreto. Para Guilherme Nucci:

> O bem jurídico afetado diretamente é a vida humana, lastreado na intenção específica de destruição de um grupo. No caso, com uma vítima ou várias, é competente a Justiça Estadual.[8]

O crime de genocídio pode ser praticado mediante diversas condutas, sendo que cada uma delas atrai a competência de determinado órgão jurisdicional.

A primeira hipótese da prática de genocídio diz respeito a "matar membros do grupo". Portanto, nesse cenário, temos um crime doloso contra a vida (raciocínio que também é extensível à alínea "d", quando se refere à prática de aborto), que atrai a competência constitucional do Tribunal do Júri Estadual, nos termos do art. 5º, XXXVIII, "d", da Constituição Federal, uma vez que este é o juízo competente para o julgamento dos crimes dolosos contra a vida e os conexos a eles.

As demais questões previstas no tipo penal (causar lesão grave à integridade física ou mental de membros do grupo; submeter intencionalmente o grupo a condições de existência capazes de ocasionar-lhe a destruição física total ou parcial; adotar medidas destinadas a impedir os nascimentos no seio do grupo; efetuar a transferência forçada de crianças do grupo para outro grupo) são de competência do Juízo Singular estadual, pois não se tratam de situações atinentes a crimes dolosos contra a vida.

Em relação à competência da Justiça Federal, tem-se a prática de genocídio contra índios. Inicialmente, como regra, o crime praticado por ou contra índio é julgado pela Justiça Estadual, nos exatos termos da Súmula 140 do STJ. Excepciona-se o verbete quando envolver Direitos Indígenas (art. 109, XI, da CF).

Dessa maneira, o genocídio perpetrado contra índios atrai a competência de um juiz federal singular, pois não se trata de crime doloso contra a vida. No entanto, se for praticado mediante a morte de membros do grupo, o agente deverá responder pelo genocídio em concurso formal impróprio com os delitos de homicídio (em continuidade delitiva), não sendo possível a aplicação do princípio da consunção (pois se têm bens jurídicos diversos). Nesse caso, os homicídios serão julgados por um Tribunal do Júri Federal, que exercerá força atrativa

---

7 RE 351487, Relator(a): Min. CEZAR PELUSO, Tribunal Pleno, julgado em 03/08/2006.

8 NUCCI, Guilherme de Souza. **Leis penais e processuais penais comentadas.** 4. ed. rev., atual. e ampl. São Paulo: Editora Revista dos Tribunais, 2009, p. 624.

em relação ao crime conexo de genocídio.[9] Nesse sentido, colaciona-se a jurisprudência do Supremo Tribunal Federal:

> COMPETÊNCIA - GENOCÍDIO – INDÍGENAS. A competência para julgar a ação penal em que imputada a figura do genocídio, praticado contra indígenas na disputa de terras, é da Justiça Federal. Na norma definidora da competência desta para demanda em que envolvidos direitos indígenas, inclui-se a hipótese concernente ao direito maior, ou seja, a própria vida. (RE 179485 AM. Min. MARCO AURÉLIO).

Sublinhe-se que a Corte Suprema também já firmou entendimento de que existindo concurso formal entre o delito de genocídio e homicídio doloso, quando cometidos no mesmo contexto fático, a competência será do Tribunal do Júri Federal. Transcrevemos:

> [...] Compete ao tribunal do júri da Justiça Federal julgar os delitos de genocídio e de homicídio ou homicídios dolosos que constituíram modalidade de sua execução. (STF, RE 351.487/RR, Plenário, Rel. Min. Cezar Peluso, 03/08/2006).

Ainda no mesmo propósito, é possível o declínio da competência para a Justiça Federal no caso de suscitação do incidente de deslocamento de competência, previsto no art. 109, V-A, da Constituição Federal, em casos de grave violação de direitos humanos, caso haja a necessidade de assegurar o cumprimento de obrigações decorrentes de tratados internacionais sobre direitos humanos dos quais o Brasil seja signatário. Todavia, o referido incidente só pode ser ventilado se houver indícios de que as autoridades estaduais não estão apurando os fatos de forma adequada, o que gera a necessidade da remessa do procedimento apuratório para a instância federal, para garantir que o Estado brasileiro cumpra as obrigações fixadas no tratado internacional sobre direitos humanos do qual é parte.

Assim, verificando o PGR que estão presentes os requisitos acima, deverá suscitar o incidente de deslocamento de competência para a Justiça Federal, perante o STJ, o qual, se julgado procedente, sucederá a remessa dos autos.

1.6. Extraterritorialidade

Extraterritorialidade é a possibilidade de a lei brasileira ser aplicada a crimes praticados em outros países. Segundo o art. 7º, I, "d", do Código Penal, aplica-se a lei brasileira ao crime praticado no estrangeiro, quando houver a prática de genocídio e o agente for brasileiro ou domiciliado no Brasil. O referido dispositivo traz hipótese de **extraterritorialidade incondicionada**, ou seja, aplica-se a lei brasileira ainda que o agente tenha sido absolvido ou condenado no estrangeiro (art. 7º, § 2º, do CP). Em outras palavras, independentemente de qualquer condição, haverá a aplicação da lei pátria ao criminoso.

Nesse sentido, existem precedentes na jurisprudência que justificam a competência do Estado brasileiro. Vejamos:

> [...] 2. Independentemente de os fatos terem ocorrido em território brasileiro ou venezuelano, não está afastada a jurisdição da Justiça brasileira para julgar o crime de genocídio, consoante preceitua a letra d do inc. I do art. 7º do Código Penal,

9 [...] 1. A competência para processar e julgar acusados da prática do crime de genocídio contra etnia indígena, quando não houver denúncia também pela prática do crime de homicídio, é do juízo federal singular, e não do Tribunal do Júri Federal, porquanto o objeto jurídico tutelado nesse delito não é a vida em si mesma, mas, sim, a sobrevivência, no todo ou em parte, de um grupo nacional, étnico, racial ou religioso. [...] Tribunal Regional Federal da 1ª Região TRF-1 - APELAÇÃO CRIMINAL: ACR 17140 RR 1997.01.00.017140-0.

uma vez que os acusados são brasileiros e domiciliados no Brasil. Trata-se de caso especial de extraterritorialidade incondicionada pelo princípio da justiça universal. Há aplicação da lei brasileira ainda que o agente seja absolvido ou condenado no estrangeiro, segundo dispõe o § 1º do art. 72 do Código Penal. [...]. Tribunal Regional Federal da 1ª Região TRF-1 - APELAÇÃO CRIMINAL: ACR 17140 RR 1997.01.00.017140-0.

Segundo a doutrina, existem divergências de qual o princípio adotado para a extraterritorialidade atinente ao crime de genocídio, a fim de justificar a aplicação da lei brasileira, gerando dúvidas em relação à utilização do princípio da Justiça Universal, Nacionalidade Ativa ou da Defesa. Transcrevemos a lição de Fernando Capez e Edilson Mougenot Bonfim sobre o tema:

> — alínea d: para alguns, princípio da justiça universal (o genocida será punido de acordo com a lei do país em que estiver); para outros, princípio da nacionalidade ativa (exige que o agente seja brasileiro. Note-se, porém, que a lei se contenta com o domicílio do agente em território nacional, ainda que este não seja brasileiro. Isso afasta a incidência do princípio da nacionalidade ativa); para uma terceira corrente, princípio real, da defesa ou de proteção (quando o genocídio atinge um bem brasileiro, aplica-se a lei brasileira. Como esse é um crime contra a humanidade, o bem jurídico de todos os países sempre será atingido, tornando possível invocar tal princípio).[10]

1.7. Hediondez do Crime de Genocídio

A Lei n.º 8.072/90 também incluiu no rol dos crimes hediondos o delito de genocídio previsto nos artigos 1º, 2º e 3º da Lei n.º 2.889/56, tentado ou consumado. Portanto, foram etiquetados como hediondos o delito de genocídio propriamente dito (art. 1º), a associação para a prática de genocídio (art. 2º) e a incitação ao genocídio (art. 3º).

Assim, todas as figuras criminosas previstas na lei do genocídio são consideradas crimes hediondos, trazendo todas as consequências e vedações contidas na Lei n.º 8.072/90.

Com a entrada em vigor da Lei 13.964/19 (conhecida como "Lei Anticrime"), mantiveram-se os delitos acima no rol dos crimes hediondos, tendo a referida reforma realizado apenas uma mudança estrutural no dispositivo, retirando-se os delitos de genocídio do art. 1º, parágrafo único, da Lei 8.072/90, e os alocando no art. 1º, parágrafo único, inciso I, da mesma lei. Vejamos:

Antes da Lei 13.964/19	Depois da Lei 13.964/19
Parágrafo único. Consideram-se também hediondos o crime de genocídio previsto nos arts. 1º, 2º e 3º da Lei nº 2.889, de 1º de outubro de 1956, e o de posse ou porte ilegal de arma de fogo de uso restrito, previsto no art. 16 da Lei nº 10.826, de 22 de dezembro de 2003, todos tentados ou consumados.	Parágrafo único. Consideram-se também hediondos, tentados ou consumados: I – o crime de genocídio, previsto nos arts. 1º, 2º e 3º da Lei n. 2.889, de 1º de outubro de 1956.

10 BONFIM, Edilson, CAPEZ, Fernando. **Direito Penal - Parte Geral**. São Paulo: Saraiva, 2004, p. 219.

1.8. Prisão Temporária

É cabível prisão temporária para o crime de genocídio (arts. 1º, 2º e 3º), em qualquer de suas formas típicas, conforme art. 1º, III, alínea "m", da Lei 7.960/89.

O prazo será de 30 (trinta) dias prorrogáveis por mais 30 (trinta). Isso porque o artigo 2º, § 4º[11], da Lei dos Crimes Hediondos dilata o prazo da temporária para os crimes hediondos e equiparados, aumentando de 05 (cinco) dias prorrogáveis por mais 05 (cindo), para 30 (trinta) dias prorrogáveis por mais 30 (trinta) dias.

1.9. Homicídio em atividade típica de grupo de extermínio e Genocídio (Lei n.º 2.889/56)

O homicídio praticado em atividade típica de grupo de extermínio não se confunde com crime de genocídio previsto na Lei n.º 2.889/56. Vejamos as diferenças:

Ao homicídio praticado em atividade típica de grupo de extermínio, dá-se o nome de **homicídio condicional**. É assim chamado tendo em vista que é necessário o preenchimento de uma condição para sua caracterização, qual seja: ser praticado em atividade típica de grupo de extermínio.

Nesse sentido, foi editada a Lei n.º 12.720/12, que "dispõe sobre o crime de extermínio de seres humanos; altera o Decreto-Lei nº 2.848, de 7 de dezembro de 1940 – Código Penal; e dá outras providências". Todavia, o legislador ordinário não conceituou "grupo de extermínio". Assim, tal tarefa fica a cargo da doutrina.

Entende-se por grupo de extermínio a reunião de pessoas que, na ausência do Estado, buscam o extermínio de determinados grupos socialmente desprestigiados, por meio de matanças generalizadas, prática de chacina etc. É composto por pessoas que se autointitulam justiceiras e, a pretexto de proteger a sociedade, exterminam pessoas rotuladas como perigosas.

A legislação também não esclarece quantos participantes são necessários para caracterizar um grupo de extermínio. Essa missão também ficou a cargo da doutrina.

a) Fernando Capez afirma que "o grupo pode ser formado por, no mínimo, duas pessoas (como é no caso de associação criminosa - art. 35, *caput*, e parágrafo único, da Lei de Drogas), admitindo-se, ainda, que somente uma delas execute a ação."[12] Em que pese esta posição, entendemos que não deve ser acolhida, pois grupo não se confunde com par. Quando o legislador quer se referir à união de duas pessoas, ele o faz expressamente, como o fez no delito de furto qualificado (art. 155, § 4º, IV, do Código Penal – mediante concurso de duas ou mais pessoas) e de roubo majorado (art. 157, § 2º, II, do Código Penal – se há o concurso de duas ou mais pessoas).

b) Com base na Lei n.º 12.694/2012 (que dispõe sobre o processo e o julgamento colegiado em primeiro grau de jurisdição de crimes praticados por organização criminosa), Rogério Sanches da Cunha menciona que "deve-se usar o mesmo conceito de 'grupo' trazido no seu artigo 2º, que se contenta com a reunião de três ou mais pessoas".[13]

c) Para Alberto Silva Franco, "tudo parece indicar que o legislador teve em mira, ao compor a expressão 'grupo de extermínio', o tipo do art. 288 do Código Penal, e tal postura pode ser extraída da expressão 'típica' acrescida ao vocábulo 'atividade'. Ora, a única

11 "§ 4º A prisão temporária, sobre a qual dispõe a Lei n.º 7.960, de 21 de dezembro de 1989, nos crimes previstos neste artigo, terá o prazo de 30 (trinta) dias, prorrogável por igual período em caso de extrema e comprovada necessidade" (Incluído pela Lei n.º 11.464, de 2007).

12 CAPEZ, Fernando. **Curso de Direito Penal**. v. 2., 9.ed. São Paulo: Saraiva, 2009, p. 29.

13 CUNHA, Rogério Sanches. **Manual de Direito Penal.** Parte Especial (arts. 121 ao 361). Volume Único. 5. ed. rev., atual. e ampl. Salvador: Juspodivm, 2013, p. 687.

'atividade típica' que pode servir de parâmetro ao 'grupo de extermínio' é a da quadrilha ou bando, cuja existência está vinculada ao número mínimo de quatro pessoas. Em conclusão, não há cogitar de 'grupo de extermínio' que não tenha, no mínimo, quatro pessoas, direta e imediatamente, envolvidas".[14] Com efeito, após a entrada em vigor da Lei n.º 12.850/13, foi revogado o crime de quadrilha ou bando e instituído o delito associação criminosa, para o qual se exigem no mínimo 03 (três) pessoas.

d) Com a entrada em vigor da Lei n.º 12.850/13 (que dispõe sobre organização criminosa), alterou-se de 03 (três) para 04 (quatro) o número mínimo de integrantes para a caracterização de organização criminosa. Assim, com essa mudança legislativa, é possível que aqueles que se filiavam à corrente descrita no item "b" alterem seu entendimento. Todavia, pensamos não ser aplicável o parâmetro previsto na Lei de Organizações Criminosas, uma vez que esta exige certas especificidades (grau de organização, divisão de tarefas etc.) que a formação de um grupo não exige.

Entendemos que, para a caracterização de "grupo", deve ser exigido o número mínimo de 03 (três) pessoas, utilizando-se como parâmetro o conceito de associação criminosa previsto no artigo 288 do Código Penal (alterado pela Lei n.º 12.850/13). Isso porque, utilizando-se como critério a interpretação sistemática, vê-se que o legislador alocou o artigo 288-A do Código Penal (que trata sobre constituição de milícia privada, **grupo** ou esquadrão) no mesmo contexto do artigo 288 do Código Penal, no Título "Dos Crimes contra a Paz Pública". Desse modo, acreditamos ser possível o empréstimo do parâmetro utilizado pelo artigo 288 do Código Penal (alterado pela Lei n.º 12.850/13).

Ademais, se o homicídio for praticado por grupo de extermínio, a pena é aumentada de 1/3 (um terço) até a metade, conforme artigo 121, § 6º, do Código Penal. Essa causa de aumento de pena foi instituída em 2012, pela Lei n.º 12.720.

Portanto, o delito de homicídio praticado em atividade típica de grupo de extermínio é crime doloso contra a vida, que tutela bem jurídico individual. Além disso, exige-se número mínimo de associados, pois se necessita da composição de um grupo.

Por sua vez, no crime de genocídio o agente tem a intenção de colocar fim, total ou parcialmente, em grupo nacional, étnico, racial ou religioso, seja por intermédio da morte dos membros do grupo, da prática de lesão grave à integridade física ou mental, da submissão a condições e existência capazes de ocasionar-lhes a destruição física ou parcial, da adoção de medidas para impedir o nascimento de novos integrantes, bem como a transferência forçada de crianças do grupo para outro grupo. Vê-se, por conseguinte, que o bem jurídico tutelado não é a vida, mas sim a existência de grupo nacional, étnico, racial ou religioso.

Lado outro, não se trata de delito de concurso necessário, podendo ser praticado por um único agente, que tenha como intenção a eliminação dos grupos especificados pela lei.

Dessa maneira, no delito de homicídio praticado em atividade típica de grupo de extermínio, deve o agente necessariamente atentar contra a vida da vítima (o dolo do criminoso é de matar). Já no crime de genocídio, embora possa ser praticado por intermédio da morte de membros dos grupos, não necessariamente precisa ser praticado por este meio, podendo sê-lo executado de outras formas (o dolo do criminoso é de colocar fim, total ou parcialmente, em grupo nacional, étnico, racial ou religioso). Cite-se, como exemplo de genocídio, a distribuição de anticoncepcional para os índios, a fim de que não mais tenham descendência. Sobre o tema, o Supremo Tribunal Federal já se manifestou:

14 FRANCO, Alberto Silva. **Crimes Hediondos.** 7. ed. rev., atual. e ampl. São Paulo: Revista dos Tribunais, 2011, p. 551.

> 1. CRIME. Genocídio. Definição legal. Bem jurídico protegido. Tutela penal da existência do grupo racial, étnico, nacional ou religioso, a que pertence a pessoa ou pessoas imediatamente lesionadas. Delito de caráter coletivo ou transindividual. Crime contra a diversidade humana como tal. Consumação mediante ações que, lesivas à vida, integridade física, liberdade de locomoção e a outros bens jurídicos individuais, constituem modalidade executórias. Inteligência do art. 1º da Lei nº 2.889/56, e do art. 2º da Convenção contra o Genocídio, ratificada pelo Decreto nº 30.822/52. [...] RE 351487, Relator(a): Min. CEZAR PELUSO, Tribunal Pleno, julgado em 03/08/2006.

1.10. Reparação Mínima, Dano na Sentença e Dano Moral Coletivo

Historicamente, o Direito Penal é permeado por questões relativas ao processamento e à aplicação de sanções aos acusados, esquecendo-se da reparação e assistência à vítima do delito. De alguns anos para cá, surgiu uma forte tendência legislativa, jurisprudencial e interpretativa, mais moderna e efetiva, de buscar a reparação do dano da vítima no bojo do processo criminal. Para que se compreenda a questão, faremos um passeio pela legislação extravagante até se chegar ao dano moral coletivo e à sua possibilidade de aplicação ao crime de genocídio.

O Código de Trânsito Brasileiro, por exemplo, previu a multa reparatória no artigo 297. Tal instituto consiste no pagamento de indenização em favor da vítima ou de seus sucessores sempre que houver prejuízo material resultante do crime. Vale dizer, o Juízo Criminal poderá fixar perdas e danos à vítima na sentença penal condenatória.

Essa previsão segue a tendência inaugurada pela Lei n.º 9.099/95, que busca, sempre que possível e com primazia, ressarcir a vítima dos prejuízos sofridos por ocasião da infração penal. Nesse sentido, instituiu o legislador, no artigo 74 da Lei n.º 9.099/95, a composição civil do dano, que incentiva a reparação dos prejuízos sofridos pela vítima, causando, inclusive, a extinção da persecução penal.

No mesmo sentido, o artigo 20, *caput*, da Lei n.º 9.605/98 (Lei de Crimes Ambientais) impõe que a sentença penal condenatória fixe valor mínimo de indenização civil para reparação dos danos causados pela infração, levando-se em conta os prejuízos sofridos pela vítima ou pelo meio ambiente. Semelhante ao que ocorre com a multa reparatória do Código de Trânsito é o Juízo Criminal fixando indenização civil em processo penal.

Ainda na legislação processual, encontramos, também, o artigo 387, IV, do Código de Processo Penal (com redação dada pela Lei n.º 11.719/08), o qual autoriza o Juízo Criminal a fixar valor mínimo para a reparação dos danos causados pela infração, considerando os prejuízos sofridos pelo ofendido.

Portanto, percebe-se que o legislador passou a dar maior atenção à vítima do delito, facilitando, ao menos no âmbito legal, a possibilidade de ressarcimento de seus prejuízos, sem que haja necessidade de ingressar com ação indenizatória no âmbito civil.

Nos termos do artigo 387, IV, do Código de Processo Penal, a jurisprudência do Superior Tribunal de Justiça já admitiu que o Juízo Criminal fixe, a título de reparação mínima, danos morais, desde que o magistrado o faça de forma fundamentada e, ao proferir a sentença penal condenatória, se sinta apto para quantificá-lo diante do caso concreto. Vejamos o aresto publicado no Informativo 588:

> DIREITO PROCESSUAL PENAL. POSSIBILIDADE DE FIXAÇÃO DE VALOR MÍNIMO PARA COMPENSAÇÃO DE DANOS MORAIS SOFRIDOS PELA VÍTIMA DE INFRAÇÃO PENAL. **O juiz, ao proferir sentença penal condenatória, no momento de fixar o valor mínimo para a reparação dos danos causados pela infração (art. 387, IV, do CPP), pode, sentindo-se apto diante de um caso**

concreto, quantificar, ao menos o mínimo, o valor do dano moral sofrido pela vítima, desde que fundamente essa opção [...]. REsp 1.585.684-DF, Rel. Min. Maria Thereza de Assis Moura, julgado em 9/8/2016, DJe 24/8/2016.

Recentemente, inclusive, o Superior Tribunal de Justiça entendeu ser possível a fixação de danos morais em sentença penal condenatória, nos casos de violência doméstica e familiar contra a mulher, desde que haja pedido expresso do Ministério Público ou da mulher-vítima, mesmo que não seja especificada a quantia e independentemente de instrução probatória.[15]

Portanto, pelo que foi demonstrado, entendemos ser perfeitamente cabível a reparação civil mínima do dano (seja material, seja moral) no bojo da ação penal.

Da mesma forma, entendemos ser possível a fixação de dano moral coletivo em sentença penal condenatória, obviamente, quando o bem jurídico tutelado for difuso ou coletivo, nos termos do que leciona o art. 81 do Código de Defesa do Consumidor. Trata-se de mero desdobramento do diálogo das fontes e da aplicação concreta do direito penal de terceira via (que nada mais é que a possibilidade de reparação do dano no âmbito criminal).

Compreende-se por interesses ou direitos difusos os transindividuais, de natureza indivisível, de que sejam titulares pessoas indeterminadas e ligadas por circunstâncias de fato. Destarte, tratam-se daqueles interesses ou direitos que não dizem respeito a uma única pessoa, mas a uma coletividade de pessoas que possuem um número tão significativo de componentes que não se consegue identificá-los ou determiná-los (art. 81, I, do CDC). É possível citar como exemplo, na seara criminal, a lesão ao meio ambiente, a prática de tráfico de drogas (que atinge um número indeterminado de pessoas) e o genocídio (que atinge um grupo nacional, étnico, racial ou religioso).

Por sua vez, interesses ou direitos coletivos são os transindividuais de natureza indivisível de que seja titular grupo, categoria ou classe de pessoas ligadas entre si ou com a parte contrária por uma relação jurídica base. Assim, tratam-se daqueles interesses em que seus titulares são determináveis, exatamente porque possuem entre eles ou com a parte contrária uma relação jurídica base pré-existente (art. 81, II, do CDC). É possível citar como exemplo, no âmbito criminal, o genocídio que atingir um grupo nacional, étnico, racial ou religioso específico.

Feitas essas considerações, vamos à análise do dano moral coletivo.

Para Carlos Alberto Bittar Filho:

> [...] **O dano moral coletivo é a injusta lesão da esfera moral de uma dada comunidade, ou seja, é a violação antijurídica de um determinado círculo de valores coletivos**. Quando se fala em dano moral coletivo, está-se fazendo menção ao fato de que o patrimônio valorativo de uma certa comunidade (maior ou menor), idealmente considerado, foi agredido de maneira absolutamente injustificável do ponto de vista jurídico: quer isso dizer, em última instância, que se feriu a própria cultura, em seu aspecto imaterial. Tal como se dá na seara do dano moral individual, aqui também não há que se cogitar de prova da culpa, devendo-se responsabilizar o agente pelo simples fato da violação (*damnum in re ipsa*).[16]

Logo, é correta a afirmação de que o dano moral coletivo é a injusta lesão na esfera extrapatrimonial, ao patrimônio ideal de uma determinada comunidade, ou seja, a violação antijurídica de um dado círculo de valores coletivos de natureza imaterial.

---

15 STJ. 3ª Seção. REsp 1.643.051-MS, Rel. Min. Rogerio Schietti Cruz, julgado em 28/02/2018 (recurso repetitivo) (Info 621).

16 BITTAR FILHO, Carlos Alberto. **Do dano moral coletivo no atual contexto jurídico brasileiro**. Disponível em: <http://www.egov.ufsc.br/portal/sites/default/files/anexos/30881-33349-1-PB.pdf>. Acesso em: 24 set. 2018, às 08:54.

Não há dúvidas, portanto, de que a coletividade, como tal considerada, é sujeito de direitos, portadora de atributos subjetivos, podendo certamente ser atingida pelos efeitos de um ato ilícito, causador de dano moral, a ensejar tutela macroindividual. Nessa linha, tem-se que a violação do direito da coletividade pode gerar dano moral coletivo quando ocorrer ofensa ao patrimônio imaterial, digno de proteção jurídica.

Considerando que o delito de genocídio refere-se à intenção de destruir, no todo ou em parte, grupo nacional, étnico, racial ou religioso, por intermédio da morte dos membros do grupo, da prática de lesão grave à integridade física ou mental, da submissão a condições e existência capazes de ocasionar-lhes a destruição física ou parcial, da adoção de medidas para impedir o nascimento de novos integrantes, bem como a transferência forçada de crianças do grupo para outro grupo, vê-se que é possível o enquadramento nas hipóteses de violação de direitos difusos e coletivos. Além do mais, trata-se de crime contra a humanidade, que atinge um número indeterminado de pessoas ou grupo determinado ou determinável (de que se tenha vontade de extinguir).

Ademais, como se sabe, a indenização por danos morais não tem só o papel de punir, mas, sobretudo, de prevenir futuras omissões, de modo a evitar que o causador do dano pratique, novamente, atos semelhantes.

Vale ressaltar que o dinheiro advindo das indenizações não vai para os cofres públicos estatais, mas sim para o Fundo de Defesa dos Direitos Difusos, a fim de ser utilizado na recuperação do bem lesado (art. 13 da Lei n.º 7.347/85). No ponto, a reestruturação do grupo nacional, étnico, racial ou religioso agredido.

Dessa forma, não vemos óbice para que seja determinada a reparação civil mínima do dano moral coletivo no crime de genocídio (e em outros delitos em que o bem jurídico tutelado seja difuso ou coletivo), não impedindo, obviamente, que seja manejada ação própria no juízo cível para a integral reparação do dano (material e moral).

2. GENOCÍDIO

O PRESIDENTE DA REPÚBLICA:

Faço saber que o Congresso Nacional decreta e eu sanciono a seguinte Lei:

Art. 1º Quem, com a intenção de destruir, no todo ou em parte, grupo nacional, étnico, racial ou religioso, como tal: (Vide Lei nº 7.960, de 1989)

a) matar membros do grupo;

b) causar lesão grave à integridade física ou mental de membros do grupo;

c) submeter intencionalmente o grupo a condições de existência capazes de ocasionar-lhe a destruição física total ou parcial;

d) adotar medidas destinadas a impedir os nascimentos no seio do grupo;

e) efetuar a transferência forçada de crianças do grupo para outro grupo;

Será punido:

Com as penas do art. 121, § 2º, do Código Penal, no caso da letra a;

Com as penas do art. 129, § 2º, no caso da letra b;

Com as penas do art. 270, no caso da letra c;

Com as penas do art. 125, no caso da letra d;

Com as penas do art. 148, no caso da letra e;

2.1. Estudo do Tipo

A conduta descrita no tipo penal traz a seguinte incriminação: "quem, com a intenção de destruir, no todo ou em parte, grupo nacional, étnico, racial ou religioso". Portanto, para que haja a exata subsunção dos fatos à norma, é mister que a intenção do agente seja de destruir, no todo ou em parte, grupo nacional, étnico, racial ou religioso. Outros segmentos com características diversas das expressamente previstas no art. 1º não estão englobados pelo delito de genocídio, a exemplo de classe política, ideológica, unidas por questões de gênero ou orientação sexual etc.

Dessa forma, importante delimitar, com o máximo de precisão, o que significa grupo nacional, étnico, racial ou religioso. Andreucci traz a seguinte definição:

> conjunto de pessoas dispostas proximamente e formando um todo, que tem características, traços, interesses e objetivos comuns. Pode ser visto sob a ótica nacional (grupo pertencente a uma determinada nação), étnica (grupo com uma mesma cultura, língua, origem e história), racial (grupo relativo às características físicas) ou religiosa (grupo que adota uma mesma crença).[17]

O genocídio pode ser classificado doutrinariamente em 03 (três) espécies distintas, quais sejam: A) Genocídio físico; B) Genocídio biológico e C) Genocídio cultural.

O genocídio físico é a hipótese em que se busca a eliminação dos membros do grupo. Nesta modalidade enquadram-se as seguintes condutas criminosas: matar membros do grupo, causar lesão grave à integridade física ou mental de membros do grupo e submeter intencionalmente o grupo a condições de existência capazes de ocasionar-lhe a destruição física total ou parcial.

O genocídio biológico, por sua vez, é aquele destinado a impedir novos nascimentos no âmbito do grupo ou fomentar a separação de seus membros. Esta prática compreende as condutas descritas nas alíneas "d" e "e", do art. 1º.

Entende-se por genocídio cultural os "atentados contra o direito ao uso da própria língua; destruição de monumentos e instituições de arte, história ou ciência."[18] Como se percebe do art. 1º, o legislador não tipificou essa hipótese.

2.2. Condutas Incriminadas

O artigo 1º, em suas alíneas, traz as seguintes condutas incriminadoras: a) matar membros do grupo; b) causar lesão grave à integridade física ou mental de membros do grupo; c) submeter intencionalmente o grupo a condições de existência capazes de ocasionar-lhe a destruição física total ou parcial; d) adotar medidas destinadas a impedir os nascimentos no seio do grupo e efetuar a transferência forçada de crianças do grupo para outro grupo.

2.2.1. *Alínea "a": matar membros do grupo*

2.2.1.1 Condutas

A primeira conduta destacada no tipo penal é matar membros do grupo. Vale dizer, a prática do genocídio ocorre por intermédio do homicídio. O agente procura exterminar, no todo ou em parte, grupo nacional, étnico, racial ou religioso, elegendo como meio para realização do extermínio a conduta "matar".

---

17 ANDREUCCI, Ricardo Antonio. **Legislação penal especial**. 12. ed. São Paulo: Saraiva, 2017, p. 392.

18 SAVAZZONI, Simone de Alcantara. Crime de Genocídio. Disponível em http://www.lfg.com.br. 04 julho. 2009. Acesso em 10/12/2018, às 14:45.

Deve ser ressaltado, no entanto, que o homicídio não se confunde com o genocídio e vice-versa. A distinção entre ambos os delitos é que, no homicídio, a intenção do agente (o dolo) é dirigida para eliminação da vida da vítima (*animus necandi*). Por sua vez, no genocídio, a intenção do agente é exterminar, no todo ou em parte, grupo nacional, étnico, racial ou religioso, e o meio escolhido para se chegar a esse desiderato é por intermédio da morte dos membros do grupo. Como ensinam Nestor Távora, Fábio Roque e Rosmar Rodrigues: "é necessário, portanto, que o agente tenha a consciência de que a(s) vítimas(s) integre(m) o grupo (nacional, étnico, racial ou religioso) e tenha a intenção de destruí-lo, total ou parcialmente."[19].

Ademais, o genocídio só admite a modalidade dolosa, enquanto o homicídio permite tanto a modalidade dolosa quanto a culposa.

No ponto, deve-se alertar que o tipo penal não exige número mínimo de vítimas para a caracterização do delito de genocídio, significando dizer que, mesmo que haja a morte de apenas um ou alguns membros do grupo, é possível o enquadramento nesta conduta criminosa. O que deve ficar claro no caso concreto é que, independentemente do número de membros do grupo afetado, o agente tinha a intenção de exterminar no todo ou em parte grupo nacional, étnico, racial ou religioso. Nesse sentido, Heleno Cláudio Fragoso faz a reflexão:

> embora a definição do delito se refira a 'membros de um grupo', pode-se configurar o crime ainda que um só seja vítima, desde que atingido o caráter impessoal, como membro de um grupo nacional, étnico, racial ou religioso.[20]

Se o genocídio for praticado mediante a morte de membros do grupo, o agente deverá responder pelo genocídio em concurso formal impróprio com os delitos de homicídio (em continuidade delitiva), não sendo possível a aplicação do princípio da consunção (pois se têm bens jurídicos diversos). Esse é o entendimento da Corte Constitucional:

> **Ações criminosas resultantes de desígnios autônomos. Submissão teórica ao art. 70, caput, segunda parte, do CP**. Condenação dos réus apenas pelo delito de genocídio. (...) Impossibilidade de reformatio in pejus. Não podem os réus, que cometeram, em concurso formal, na execução do delito de genocídio, doze homicídios, receber a pena destes além da pena daquele, no âmbito de recurso exclusivo da defesa. (RE 351.487, rel. min. Cezar Peluso, j. 3-8-2006, P, DJ de 10-11-2006)

2.2.1.2 Sujeitos do Crime

Em relação ao sujeito ativo, trata-se de crime comum, pois pode ser praticado por qualquer pessoa. Quanto ao sujeito passivo, trata-se de crime próprio, pois exige característica especial da vítima, qual seja, pertencer/ser membro do grupo nacional, étnico, racial ou religioso.

2.2.1.3 Tipo Subjetivo

O elemento subjetivo exigido para a caracterização do genocídio é o dolo, não havendo o crime na modalidade culposa. É necessária, também, a presença do elemento subjetivo do tipo (finalidade especial do agente), qual seja, "a intenção de destruir, no todo ou em parte, grupo nacional, étnico, racial ou religioso".

---

19 ROQUE, Fábio; TÁVORA, Nestor; ALENCAR, Rosmar Rodrigues. **Legislação Criminal para Concursos.** Salvador: Juspodivm, 2016, p. 76.

20 FRAGOSO, Heleno Cláudio. **Lições de direito penal.** Parte especial. v. I, 9. ed. Rio de Janeiro: Forense, 1997, p. 85.

2.2.1.4 Consumação e Tentativa

A hipótese da alínea "a" é considerada crime material, ou seja, para configuração do delito é necessário resultado naturalístico, consistente na morte de algum membro do grupo. Admite-se a tentativa, por se tratar de crime plurissubsistente (em que a ação é dividida em vários atos).

2.2.1.5 Penas

A pena prevista para esta alínea é a mesma do art. 121, § 2º, do Código Penal e, portanto, de reclusão de 12 (doze) a 30 (trinta) anos.

Nos termos do art. 59 da Lei 6.001/73, se a vítima do crime contra a pessoa, patrimônio ou costume for um índio, ligado ou não à comunidade indígena, a pena será aumentada de 1/3 (um terço). Divergindo da nossa posição, Ponte disserta que "o art. 59 da Lei n. 6.001/73 não se aplica à hipótese de genocídio praticado contra índio, já que este delito não possui natureza jurídica de crime contra a pessoa."[21] Entendemos pela aplicação do aumento do art. 59 da Lei 6.001/73, pois, embora o bem jurídico tutelado não seja propriamente a vida, mas sim a existência do grupo, ao se falar em eliminação/extermínio de povos, deve-se considerar a vida de forma ampla, no sentido de requisito para existência dos componentes do grupo, o que, para nós, atrai a aplicação da majorante.

2.2.2. *Alínea "b": causar lesão grave à integridade física ou mental de membros do grupo*

2.2.2.1 Condutas

A segunda conduta trazida pelo tipo penal é causar lesão grave à integridade física ou mental de membros do grupo. Para a exata compreensão desse dispositivo, deve-se interpretá-lo em conjunto com os arts. 129, §§ 1º e 2º, do Código Penal, norma que elenca quais são as hipóteses de lesões corporais graves e gravíssimas.

Diga-se que, embora a alínea "b" fale em lesão grave à integridade física, obviamente também abrange a lesão de natureza gravíssima.

Destaque-se que, em princípio, o genocídio é uma conduta criminosa destinada a destruir no todo ou em parte determinados grupos, ou seja, o que se deseja é a eliminação de grupo nacional, étnico, racial ou religioso. No entanto, a alínea "b" previu que o genocídio também se configura com a prática de lesão corporal de natureza grave. Vale dizer, mesmo não havendo a destruição/eliminação integral dos membros do grupo, haverá a existência do crime de genocídio, pois o tipo penal da alínea "b" se contenta com a prática de lesão grave à integridade física ou mental contra membros do grupo. Guilherme Nucci explica o motivo:

> Na realidade, considera-se genocídio em nítida interpretação extensiva (falar em genocídio, em sentido estrito, seria apenas exterminar pessoas pertencentes a determinado grupo), feita pelo próprio legislador, respeitado, pois, o princípio da legalidade, a lesão corporal grave, cuja possibilidade de provocar ofensa fatal a alguém é elevada.[22]

Há dúvidas se a lesão corporal seguida de morte, com a intenção de destruir, no todo ou em parte, grupo nacional, étnico, racial ou religioso é considerada genocídio. Parte da doutrina

---

21 PONTE, Leila Hassem da. **Genocídio.** São Paulo: Saraiva, 2013, p. 68.

22 NUCCI, Guilherme de Souza. **Leis penais e processuais penais comentadas**. 4. ed. rev., atual. e ampl. São Paulo: Revista dos Tribunais, 2009, p. 627.

entende que a lesão corporal seguida de morte não pode configurar o delito de genocídio, sob pena de violação do princípio da legalidade, uma vez que a alínea "b" não traz expressamente essa hipótese de lesão corporal.

A nosso sentir, a lesão corporal seguida de morte, desde que com intenção de destruir, no todo ou em parte, grupo nacional, étnico, racial ou religioso, é conduta apta a ensejar a prática do crime de genocídio. Primeiro porque, no cerne, o conceito de genocídio perpassa pela destruição/extermínio de determinado grupo, ou seja, se se admite a lesão grave e gravíssima como hipótese de conduta genocida (e que não causa propriamente destruição do grupo, mas somente lesão), obviamente que a lesão seguida de morte, que é conduta mais gravosa (já que efetivamente provoca a eliminação dos membros do grupo), também deve ser considerada conduta genocida.

Ademais, a alínea "a" traz a hipótese de "matar membros do grupo". Portanto, lesão seguida de morte, de maneira ampla, é uma situação de matar membros do grupo. Lembre-se que, embora a morte se dê de forma culposa, a lesão corporal se dá de forma dolosa (e a lesão grave já está descrita no tipo como ato caracterizador de conduta genocida). Portanto, muito mais gravoso que uma lesão grave é uma lesão que traz como consequência a morte do agente.

Nesse prisma, ainda que se possa alegar que a lesão seguida de morte é crime preterdoloso (dolo na conduta antecedente e culpa na conduta consequente), o dolo exigido no delito de genocídio é de destruição do grupo e não de praticar lesão ou matar. Assim, para nós, existindo a morte culposa (resultado agravador), após uma conduta dolosa (lesão corporal), com o intuito de destruir no todo ou em parte o grupo, deve ser tratado como genocídio.

Já a lesão mental, segundo Nestor Távora, Fábio Roque e Rosmar Rodrigues, "pode ser praticada por meio de outros crimes, tais como a tortura psicológica, os crimes sexuais, etc."[23].

2.2.2.2 Sujeitos do Crime

Em relação ao sujeito ativo, trata-se de crime comum, pois pode ser praticado por qualquer pessoa. Quanto ao sujeito passivo, trata-se de crime próprio, pois exige característica especial da vítima, qual seja, pertencer/ser membro do grupo nacional, étnico, racial ou religioso.

2.2.2.3 Tipo Subjetivo

O elemento subjetivo exigido para a caracterização deste genocídio é o dolo, não havendo o crime na modalidade culposa. É necessária, também, a presença do elemento subjetivo do tipo (finalidade especial do agente), qual seja, "a intenção de destruir, no todo ou em parte, grupo nacional, étnico, racial ou religioso".

2.2.2.4 Consumação e Tentativa

A hipótese da alínea "b" é considerada crime material, ou seja, para configuração do delito é necessário resultado naturalístico, consistente na lesão de algum membro do grupo. Admite-se a tentativa, por se tratar de crime plurissubsistente (em que a ação é dividida em vários atos).

2.2.2.5 Penas

A pena prevista para esta alínea é a mesma do art. 129, § 2º, do Código Penal e, portanto, de reclusão de 02 (dois) a 08 (oito) anos.

23 ROQUE, Fábio; TÁVORA, Nestor; ALENCAR, Rosmar Rodrigues. **Legislação Criminal para Concursos.** Salvador: Juspodivm, 2016. p. 77.

2.2.3. *Alínea "c": submeter intencionalmente o grupo a condições de existência capazes de ocasionar-lhe a destruição física total ou parcial*

2.2.3.1 Condutas

A terceira conduta destacada no tipo penal é submeter intencionalmente o grupo a condições de existência capazes de ocasionar-lhe a destruição física total ou parcial.

Para realização dessa conduta incriminada, não se exige uma forma pré-definida no tipo penal, ou seja, a execução do crime pode ocorrer das mais variadas maneiras. A história nos mostra que essa prática pode se dar por intermédio de internação em campos de concentração, redução à condição análoga a de escravo, cessação no fornecimento de medicamentos e remédios, dentre outras.

O núcleo do tipo da alínea "c" é o verbo "submeter", que significa sujeitar, forçar, dominar pela força, subjugar. Busca-se colocar o grupo nacional, étnico, racial ou religioso em condições tais de existência que sejam capazes de ocasionar-lhes a destruição física total ou parcial.

Observe-se que a pretensão do agente, nesta conduta, é ocasionar a destruição física (total ou parcial), e não a mental. Vejamos o escólio de Guilherme Nucci:

> [...] Neste caso, prevê-se, na essência, um crime de perigo concreto, idôneo a gerar o dano, que é a destruição dos integrantes do grupo em virtude da nacionalidade, etnia, raça ou religião. É razoável considerar atitude genocida a inserção de pessoas em condições sub-humanas de subsistência, com o intuito de atingir, em breve tempo, o dano, isto é, a eliminação do grupo [...][24].

2.2.3.2 Sujeitos do Crime

Em relação ao sujeito ativo, trata-se de crime comum, pois pode ser praticado por qualquer pessoa. Quanto ao sujeito passivo, trata-se de crime próprio, pois exige característica especial da vítima, qual seja, pertencer/ser membro do grupo nacional, étnico, racial ou religioso.

2.2.3.3 Tipo Subjetivo

O elemento subjetivo exigido para a caracterização deste genocídio é o dolo, não havendo o crime na modalidade culposa. É necessário, também, a presença do elemento subjetivo do tipo (finalidade especial do agente), qual seja, "a intenção de destruir, no todo ou em parte, grupo nacional, étnico, racial ou religioso".

Verifica-se que a alínea "c" traz ainda o termo **intencionalmente**. Como visto acima, o delito de genocídio somente é praticado na modalidade dolosa. Portanto, ao incluir o advérbio "intencionalmente", o legislador apenas ratificou a necessidade de o delito ser praticado na modalidade dolosa.

2.2.3.4 Consumação e Tentativa

A hipótese da alínea "c" é considerada crime permanente, ou seja, sua consumação se protrai no tempo.

Nesse ponto, surge uma interessante discussão sobre a possibilidade de genocídio por omissão. Carlos Canedo[25], com o qual concordamos, faz a seguinte ponderação:

---

24 NUCCI, Guilherme de Souza. **Leis penais e processuais penais comentadas**. 4. ed. rev., atual. e ampl. São Paulo: Revista dos Tribunais, 2009, p. 628.

25 CANÊDO, Carlos. "O genocídio como crime internacional." Belo Horizonte: Del Rey, 1999. p. 192.

> O verbo 'submeter' é positivo, ou seja, indica ação em sentido estrito. O tipo correspondente descreve, em abstrato, uma conduta positiva (submeter intencionalmente o grupo...), mas é pela via da omissão que o agente atinge o resultado que a lei proíbe.

E arremata trazendo-nos um exemplo:

> A forma prevista na alínea c do art. 1º da Lei n. 2.889/56 [...], por exemplo, permite que se cometa um genocídio privando um grupo de alimentação, cuidados médicos e sanitários, etc. de tal modo que pereça ou seja, em parte, dizimado. Do mesmo modo, nada impede que se matem membros de um grupo privando-o de meios de existência, desde que, em ambos os casos, haja, por parte do sujeito ativo, o dever agir.

Portanto, para que haja a consumação de um genocídio na modalidade omissiva é necessário trabalhar com o conceito de crime omissivo por comissão ou omissivo impróprio, qual seja, havendo o dever jurídico de agir (art., 13, § 2º, do Código Penal) e, diante disso, existindo uma omissão juridicamente relevante por parte do agente, deve ele responder pelo resultado como se tivesse praticado a ação.

Não tem se admitido a tentativa na hipótese da alínea "c".

2.2.3.5 Penas

A pena prevista para esta alínea é a mesma do art. 270 do Código Penal (envenenamento de água potável ou substância alimentícia ou medicinal) e, portanto, de reclusão de 10 (dez) a 15 (quinze) anos.

2.2.4. *Alínea "d": adotar medidas destinadas a impedir os nascimentos no seio do grupo*

2.2.4.1 Condutas

A quarta conduta trazida pelo tipo penal é adotar medidas destinadas a impedir os nascimentos no seio do grupo.

Busca-se com a presente conduta evitar que haja nascimento de novos membros/integrantes no seio do grupo nacional, étnico, racial ou religioso. A execução do delito pode ocorrer das mais variadas formas, a exemplo da prática de aborto, ministração de anticoncepcional, esterilização compulsória, proibição de relacionamento entre homens e mulheres etc.

Registre-se que as medidas destinadas a impedir os nascimentos de novos membros do grupo podem ser preventivas ou destrutivas. Vale dizer, é possível que o agente pratique atos para que se evitem novas concepções (ex: ministração de anticoncepcional, impedimento da prática sexual entre os membros do grupo) ou para que, já havendo a concepção do novo membro, haja a sua destruição (ex: práticas abortivas).

Guilherme Nucci faz um alerta em relação à esterilização, lecionando que:

> Cuidando-se de esterilização, embora exista uma figura típica própria (art. 17, Lei 9.263/96), com referência ao induzimento ou instigação, se a conduta do agente se volta a uma coletividade, deve ser aplicado o disposto na alínea *d* do art. 1.º desta Lei, conforme dispõe o art. 17, parágrafo único, da Lei 9.263/96. Nos casos de aborto, no entanto, inexiste dúvida, aplicando-se a Lei do Genocídio.[26]

26 NUCCI, Guilherme de Souza. **Leis penais e processuais penais comentadas**. 4. ed. rev., atual. e ampl. São Paulo: Revista dos Tribunais, 2009, p. 629.

2.2.4.2 Sujeitos do Crime

Em relação ao sujeito ativo, trata-se de crime comum, pois pode ser praticado por qualquer pessoa. Quanto ao sujeito passivo, trata-se de crime próprio, pois exige característica especial da vítima, qual seja, pertencer/ser membro do grupo nacional, étnico, racial ou religioso. Tem-se, ainda, como sujeito passivo, no caso da prática de aborto, o embrião ou o feto.

2.2.4.3 Tipo Subjetivo

O elemento subjetivo exigido para a caracterização deste genocídio é o dolo, não havendo o crime na modalidade culposa. É necessária, também, a presença do elemento subjetivo do tipo (finalidade especial do agente), qual seja, "a intenção de destruir, no todo ou em parte, grupo nacional, étnico, racial ou religioso".

2.2.4.4 Consumação e Tentativa

A hipótese da alínea "d" é considerada crime formal, ou seja, para configuração do delito, não é necessário que haja o impedimento dos nascimentos.

Admite-se a tentativa, por se tratar de crime plurissubsistente (em que a ação é dividida em vários atos). Cite-se como exemplo uma comitiva de agentes que são flagrados pela Funai em uma aldeia indígena prestes a colocar Dispositivo Intra-Uterino (DIU) nas mulheres do grupo, mas que são impedidos de fazê-lo. Sabe-se que o referido dispositivo é utilizado para evitar a concepção e que, habitualmente, tem validade de aproximadamente 10 (dez) anos.

2.2.4.5 Penas

A pena prevista para esta alínea é a mesma do art. 125 do Código Penal (aborto provocado por terceiro) e, portanto, de reclusão de 03 (três) a 10 (quinze) anos.

2.2.5. *Alínea "e": efetuar a transferência forçada de crianças do grupo para outro grupo.*

2.2.5.1 Condutas

A alínea "e" criminaliza a conduta de efetuar a transferência forçada de crianças do grupo para outro grupo. Vale dizer, quando se desloca uma criança de um grupo nacional, étnico, racial ou religioso para outro, a fim de proporcionar a destruição total o parcial deste, haverá a caracterização do crime.

Ao se transferir de forma forçada uma criança de um grupo para outro, busca-se enfraquecer esta reunião de pessoas. Sabe-se que cada grupo possui características e costumes próprios. Uma das formas de destruí-los é evitar que os membros de tenra idade tenham contato com os ensinamentos que lhes são característicos, perdendo, assim, ao longo do tempo, a essência do grupo nacional, étnico, racial ou religioso de que fazia parte.

A conduta incriminada refere-se à transferência forçada de crianças, ou seja, pessoas até doze anos de idade incompletos (art. 2º do E.C.A.). Caso ocorra a transferência de adolescentes ou adultos, não haverá a prática dessa infração penal.

2.2.5.2 Sujeitos do Crime

Em relação ao sujeito ativo, trata-se de crime comum, pois pode ser praticado por qualquer pessoa. Quanto ao sujeito passivo, trata-se de crime próprio, pois exige característica especial da vítima, qual seja, ser criança (até 12 anos incompletos) e pertencer/ser membro do grupo nacional, étnico, racial ou religioso.

2.2.5.3 Tipo Subjetivo

O elemento subjetivo exigido para a caracterização deste genocídio é o dolo, não havendo o crime na modalidade culposa. É necessária, também, a presença do elemento subjetivo do tipo (finalidade especial do agente), qual seja, "a intenção de destruir, no todo ou em parte, grupo nacional, étnico, racial ou religioso".

2.2.5.4 Consumação e Tentativa

A hipótese da alínea "e" é considerada crime formal, pois não se exige a efetiva privação da liberdade ou a destruição total ou parcial do grupo. Admite-se a tentativa, por se tratar de crime plurissubsistente (em que a ação é dividida em vários atos).

2.2.5.5 Penas e Benefícios Despenalizadores

A pena prevista para esta alínea é a mesma do art. 148 do Código Penal (sequestro e cárcere privado) e, portanto, de reclusão de 01 (um) a 03 (três) anos.

Considerando que a pena prevista para o crime é de 01 (um) a 03 (três) anos, autoriza-se a proposta de suspensão condicional do processo nos termos do artigo 89 da Lei n.º 9.099/95, haja vista que a pena mínima cominada ao delito não ultrapassa 01 (um) ano.

2.3. Natureza da Ação Penal

A ação penal em todas as hipóteses descritas no art. 1º é pública incondicionada.

2.4. Questões Controvertidas

2.4.1. Genocídio Comum e Genocídio Militar

O art. 208 do Código Penal Militar também dispõe sobre o delito de genocídio. Da mesma maneira, os arts. 401 e 402 do código castrense trazem o crime de genocídio em zona militarmente ocupada.

Vejamos as condutas genocidas correspondentes e as não correspondentes da Lei 2.889/56 e do art. 208 do CPM:

Art. 1º da Lei 2.889/56	Art. 208 do Código Penal Militar
Art. 1º Quem, com a intenção de destruir, no todo ou em parte, grupo nacional, étnico, racial ou religioso, como tal: **a)** matar membros do grupo. Será punido: com as penas do art. 121, § 2º, do Código Penal, no caso da letra a.	**Art. 208.** Matar membros de um grupo nacional, étnico, religioso ou pertencente a determinada raça, com o fim de destruição total ou parcial desse grupo: Será punido: com reclusão, de quinze a trinta anos.
b) causar lesão grave à integridade física ou mental de membros do grupo. Será punido: com as penas do art. 129, § 2º, no caso da letra b.	**I** - infligir lesões graves a membros do grupo. Será punido: com reclusão, de quatro a quinze anos
c) submeter intencionalmente o grupo a condições de existência capazes de ocasionar-lhe a destruição física total ou parcial. Será punido: com as penas do art. 270, no caso da letra c.	**II** - submeter o grupo a condições de existência, físicas ou morais, capazes de ocasionar a eliminação de todos os seus membros ou parte deles. Será punido: com reclusão, de quatro a quinze anos

Art. 1º da Lei 2.889/56	Art. 208 do Código Penal Militar
Não encontra correspondência típica similar no art. 1º	**III** - forçar o grupo à sua dispersão. Será punido: com reclusão, de quatro a quinze anos
d) adotar medidas destinadas a impedir os nascimentos no seio do grupo. Será punido: com as penas do art. 125, no caso da letra d.	**IV** - impor medidas destinadas a impedir os nascimentos no seio do grupo. Será punido: com reclusão, de quatro a quinze anos
e) efetuar a transferência forçada de crianças do grupo para outro grupo. Será punido: Com as penas do art. 148, no caso da letra e.	**V** - efetuar coativamente a transferência de crianças do grupo para outro grupo. Será punido: com reclusão, de quatro a quinze anos

Inicialmente, verifica-se que as penas impostas ao genocídio comum e ao militar são distintas. Enquanto o genocídio comum possui pena variável a depender da conduta praticada, o genocídio militar possui pena de reclusão de quinze a trinta anos para hipótese descrita no art. 208, *caput* e pena de reclusão de quatro a quinze anos para os casos assimilados (art. 208, parágrafo único, incisos I a V).

Em relação ao sujeito ativo, "é o militar federal ou dos Estados, assim como o civil, este último restrito, exclusivamente, à esfera federal em face da limitação constitucional das Cortes Castrenses Estaduais, expressa no art. 125, § 4º, da Constituição Federal."[27]

A única conduta que não encontra similar correspondência típica entre os diplomas legais é a do art. 208, p. ú, III, do CPM. Tal verbete orienta que será punido com reclusão, de quatro a quinze anos, quem, com o fim de destruição total ou parcial de grupo nacional, étnico, religioso ou pertencente à determinada raça, forçar a sua dispersão.

Forçar a dispersão do grupo significa causar a sua desconexão/separação, acarretando, por conseguinte, a perda de seus traços marcantes e, consequentemente, gerando o enfraquecimento da comunidade.

A competência para o julgamento do delito do art. 208 é da Justiça Militar, sendo que, o genocídio militar, "mesmo que resulte na morte de civis, a competência não será do Tribunal do Júri, mas dos Conselhos de Justiça da Justiça Militar, já que o delito não se enquadra entre aqueles tidos por 'contra civil'."[28]

Já os arts. 401 e 402 descrevem a prática do genocídio (art. 208) em zona militarmente ocupada, ou seja, a conduta delituosa deve ser praticada em uma região que esteja sob o controle militar para que haja a exata subsunção ao tipo penal.

Em relação ao bem jurídico tutelado, tipos objetivo e subjetivo e elemento subjetivo do tipo, aplicam-se as mesmas regras já estudadas no art. 1º da Lei 2.889/56.

Importante salientar, por fim, que, diferente do genocídio comum, o genocídio militar não é considerado crime hediondo, uma vez que não se encontra no rol da Lei dos Crimes Hediondos. Nesse sentido é o escólio de Alberto da Silva Franco, citando Lauro Ribeiro Escobar:

> O legislador, no texto da lei nº 8.072/90, arrolou os crimes que considerou hediondos, colocou o respectivo artigo de cada crime (v. G. -Latrocínio -art. 157, § 3º, in fine) e ao final apontou a lei que se referem os artigos mencionados, isto é,

27 NEVES, Cícero Alves Coimbra. Manual de direito penal militar, 4ª edição. Saraiva, 11/2013. pág. 1050.

28 Idem.

o Código Penal Comum -Decreto-Lei n. 2.848, de 7 de dezembro de 1940 - e a lei n. 2.889/56 -referente ao genocídio. Assim, deixou a descoberto toda a legislação penal militar, de maneira que os crimes nela previstos não são considerados hediondos, até porque inexiste analogia in malam partem em Direito Penal, principalmente no tocante às normas que descrevem crimes ou impõe sanções.[29]

2.4.2 Terrorismo e Genocídio

O genocídio não se confunde com o terrorismo. Na ótica política, Tony Blair conceitua terrorismo como conduta destinada a "amedrontar pessoas, transtornar suas vidas normais, produzir caos e desordem, distorcer as verdadeiras e sensatas tomadas de decisões".[30]

Segundo o art. 2º da Lei 13.260/16 (Lei Antiterrorismo), o terrorismo consiste na prática, por um ou mais indivíduos, de determinados atos[31], por razões de xenofobia, discriminação ou preconceito de raça, cor, etnia e religião, quando cometidos com a finalidade de provocar terror social ou generalizado, expondo a perigo pessoa, patrimônio, a paz pública ou a incolumidade pública.

Percebe-se, portanto, que o elemento subjetivo do tipo do delito de terrorismo difere-se do de genocídio. Enquanto no terrorismo a finalidade especial do agente é provocar terror social ou generalizado, no crime de genocídio o especial fim de agir do indivíduo se destina a destruir, no todo ou em parte, grupo nacional, étnico, racial ou religioso.

2.4.3. Genocídio e Limpeza Étnica

Genocídio não se confunde com limpeza étnica. Savazzoni esclarece que:

> Limpeza étnica compreende o assassinato, a tortura, a prisão e detenção arbitrárias, execuções extrajudiciais e agressões sexuais, aprisionamento da população civil, ataques militares deliberados ou ameaças de ataques a civis e em áreas civis e detenção injustificada das propriedades, ou seja, a limpeza étnica é a eliminação sistemática da população civil com base em critério étnicos, visando obrigá-la a abandonar os territórios onde vive.[32]

Vê-se que, na limpeza étnica, o que se busca é o deslocamento da população de um determinado território para outro. Todavia, sem o intuito de exterminar/eliminar o grupo. Já o genocídio busca a destruição/extermínio total ou parcial do grupo (e não o mero deslocamento).

29 Crimes Hediondos: Notas sobre a Lei 8.072/90, São Paulo: Revista dos Tribunais, 1991, p. 137.

30 TONY BLAIR apud MENDES, Cristiano Garcia. Os discursos de Tony Blair: o conceito de terrorismo e as instabilidades de suas estruturas, publicado em: Contexto Internacional, 2010, Vol. 32, p. 14.

31 Art. 2º, 1º, da Lei 13.260/2016. São atos de terrorismo: I - usar ou ameaçar usar, transportar, guardar, portar ou trazer consigo explosivos, gases tóxicos, venenos, conteúdos biológicos, químicos, nucleares ou outros meios capazes de causar danos ou promover destruição em massa; IV - sabotar o funcionamento ou apoderar-se, com violência, grave ameaça a pessoa ou servindo-se de mecanismos cibernéticos, do controle total ou parcial, ainda que de modo temporário, de meio de comunicação ou de transporte, de portos, aeroportos, estações ferroviárias ou rodoviárias, hospitais, casas de saúde, escolas, estádios esportivos, instalações públicas ou locais onde funcionem serviços públicos essenciais, instalações de geração ou transmissão de energia, instalações militares, instalações de exploração, refino e processamento de petróleo e gás e instituições bancárias e sua rede de atendimento; V - atentar contra a vida ou a integridade física de pessoa.

32 SAVAZZONI, Simone de Alcantara. Crime de Genocídio. Disponível em http://www.lfg.com.br. 04 julho. 2009. Acesso em 10/12/2018, às 14:45.

3. ASSOCIAÇÃO PARA A PRÁTICA DO GENOCÍDIO

Art. 2º Associarem-se mais de 3 (três) pessoas para prática dos crimes mencionados no artigo anterior: (Vide Lei nº 7.960, de 1989)
Pena: Metade da cominada aos crimes ali previstos.

Trata-se de hipótese específica de associação criminosa. Da mesma forma que a legislação penal tipifica o delito de associação criminosa (art. 288 do Código Penal) e associação para o tráfico (art. 35 da Lei n.º 11.343/06), também traz a hipótese de associação para a prática de genocídio (condutas descritas no art. 1º).

3.1. Sujeitos do Crime

Ativo: trata-se de crime comum, podendo ser praticado por qualquer pessoa.

Passivo: trata-se de crime contra a humanidade.

3.2. Bem Jurídico Tutelado

O bem jurídico tutelado é a paz pública.

3.3. Estudo do Tipo Penal

a) Associarem-se mais de 03 (três) pessoas

Associar significa compartilhar, unir, cooperar para um fim comum. A principal característica da associação é a estabilidade e permanência do vínculo associativo (*societas sceleris*). Ausentes esses elementos, estar-se-á diante de um mero concurso de pessoas, e não de uma associação criminosa.

Ainda no mesmo propósito, vê-se que a associação de que trata o artigo 2º exige a presença de, no mínimo, quatro pessoas. Dentre outras, essa característica a difere da associação criminosa do artigo 288 do Código Penal (associarem-se 03 ou mais pessoas) e da associação para o tráfico prevista na Lei n.º 11.343/06 (associação de 02 ou mais pessoas).

O tipo penal não exige que todos os associados sejam maiores e capazes ou que todos sejam identificados, de forma que estará configurado o delito de associação para a prática de genocídio ainda que o coassociado seja menor de idade. Nessa hipótese, haverá, também, a incidência do crime de corrupção de menores (art. 244-B do ECA).[33]

b) Para prática dos crimes mencionados no artigo anterior

A finalidade específica da associação descrita no art. 2º é a prática dos crimes previstos no art. 1º da Lei de Genocídio.

A expressão "para prática dos crimes mencionados no artigo anterior" refere-se aos crimes que a associação pode praticar, e não a uma característica dela (a característica é a estabilidade e a permanência). Em outras palavras: uma associação estável e permanente pode praticar, de forma reiterada ou não, os crimes previstos no art. 1º. Vale dizer, praticando várias vezes os citados crimes ou apenas uma vez, o delito de associação para a prática do crime de genocídio já estará configurado.

Nessa toada, é necessário esclarecer que o delito do artigo 2º é crime formal e autônomo, ou seja, consuma-se independentemente da prática de quaisquer dos delitos previstos no art.

33 Súmula 500 do STJ: A configuração do crime do art. 244-B do ECA independe da prova da efetiva corrupção do menor, por se tratar de delito formal.

1º. Sendo assim, perfeitamente possível o reconhecimento do concurso material entre o crime de associação para a prática de genocídio e os crimes previstos nos art. 1º.

3.4. Tipo Subjetivo

O elemento subjetivo exigido para a caracterização do delito é o dolo, não havendo o crime na modalidade culposa. É necessária, também, a presença do elemento subjetivo do tipo (finalidade especial do agente), qual seja, "a intenção de destruir, no todo ou em parte, grupo nacional, étnico, racial ou religioso".

3.5. Consumação e Tentativa

Consuma-se com a formação da associação criminosa, independentemente da prática de quaisquer dos crimes previstos no art. 1º. Havendo a prática de quaisquer desses crimes, ocorrerá concurso material de delitos.

Trata-se de crime permanente, cuja consumação se protrai no tempo.

Não tem se admitido a tentativa, pois ou existe a associação criminosa estabelecida de forma estável e permanente e o crime se consuma, ou não. Os atos destinados à formação da associação criminosa são meramente preparatórios e, portanto, impuníveis.

3.6. Natureza da Ação Penal

A ação penal em todas as hipóteses descritas no art. 2º é pública incondicionada.

3.7. Pena

Trata-se de hipótese de norma penal em branco às avessas. Dispõe o preceito secundário do tipo penal que a pena para o delito do art. 2º será "metade da cominada aos crimes ali previstos". Vale dizer, a depender de qual espécie de genocídio a associação criminosa praticar (art. 1º, alíneas "a" a "e"), haverá uma pena distinta.

Victor Eduardo Rios Gonçalves traz uma importante reflexão sobre a aplicação dos parâmetros do art. 8º da Lei de Crimes Hediondos ao crime de associação para a prática de genocídio:

> O art. 8º da Lei dos Crimes Hediondos (Lei n. 8.072/90) dispõe que "será de 3 a 6 anos de reclusão, a pena prevista no art. 288 do Código Penal, quando se tratar de crimes hediondos, prática da tortura, tráfico ilícito de entorpecentes e drogas afins ou terrorismo". Como o genocídio é previsto como crime hediondo no art. 1º, parágrafo único, da mesma Lei, há quem defenda que, atualmente, a pena da associação para o genocídio será sempre de 3 a 6 anos. De ver-se, entretanto, que o dispositivo faz remissão ao crime do art. 288 do Código Penal, o que torna controvertida a possibilidade de sua extensão ao crime de associação da lei especial do genocídio, mesmo porque o mencionado art. 288 foi modificado pela Lei n. 12.850/2013, que, além de alterar o nome para associação criminosa, reduziu o número mínimo de integrantes para três. Assim, a interpretação de que o art. 8º (e sua combinação com o art. 288 do CP) se estende ao delito de associação para o genocídio teria que levar também à conclusão de que, atualmente, o número mínimo de integrantes seria o de três. A melhor interpretação, portanto, é no sentido de que o crime do art. 2º da Lei n. 2.889/56 (associação para o genocídio), por estar previsto em lei especial — com requisitos e penas próprias —, continua totalmente em vigor, sem qualquer modificação decorrente de leis posteriores.[34]

34 GONÇALVES, Victor Rios, BALTZAR JUNIOR, José. **Legislação penal especial esquematizado**. 3. ed. São Paulo: Saraiva, 2017, p. 397-398.

4. INCITAÇÃO AO GENOCÍDIO

> **Art. 3º** Incitar, direta e publicamente alguém a cometer qualquer dos crimes de que trata o art. 1º: (Vide Lei nº 7.960, de 1989)
>
> Pena: Metade das penas ali cominadas.
>
> § 1º A pena pelo crime de incitação será a mesma de crime incitado, se este se consumar.
>
> § 2º A pena será aumentada de 1/3 (um terço), quando a incitação for cometida pela imprensa.

4.1. Sujeitos do Crime

Ativo: trata-se de crime comum, podendo ser praticado por qualquer pessoa.

Passivo: trata-se de crime contra a humanidade.

4.2. Bem Jurídico Tutelado

O bem jurídico tutelado é a paz pública.

4.3. Estudo do Tipo Penal

O tipo penal traz a conduta *incitar*, que significa estimular, incentivar, encorajar, estimular alguém a agir. A incitação deve ser realizada de forma direta, ou seja, sem intermediários. Ainda, o agente deve fazê-lo de forma pública (à vista de outras pessoas, às claras, publicamente).

Para configuração do delito, a incitação deve ser destinada a prática de qualquer dos crimes previstos no art. 1º.

Além disso, o art. 3º descreve que a conduta incitar deve ser destinada a "alguém". Portanto, a pessoa certa e determinada. A conduta praticada visando pessoas indeterminadas se amolda ao crime do artigo 286 do Código Penal (Incitação ao Crime).

4.4. Tipo Subjetivo

O elemento subjetivo exigido para a caracterização do delito é o dolo, não havendo o crime na modalidade culposa. É necessária, também, a presença do elemento subjetivo do tipo (finalidade especial do agente), qual seja, "a intenção de destruir, no todo ou em parte, grupo nacional, étnico, racial ou religioso".

4.5. Consumação e Tentativa

Consuma-se com a efetiva incitação, independentemente da prática de quaisquer dos crimes previstos no art. 1º (crime formal).

A incitação pode se dar de forma verbal (crime unissubsistente) ou escrita (crime plurissubsistente).

Admite-se a tentativa na modalidade escrita, tendo em vista que nessa hipótese é possível o fracionamento da conduta.

4.6. Natureza da Ação Penal

A ação penal em todas as hipóteses descritas no art. 3º é pública incondicionada.

4.7. Princípio da Especialidade e Aplicação da Pena

O presente delito é crime especial em relação ao delito do art. 286 do Código Penal. O Código Penal faz referência à conduta "incitar, publicamente, a prática de crime". Nessa hipótese, caso o destinatário da incitação cometa o crime sugerido, o agente que incitou responderá pela infração do art. 286 e também pelo crime incitado, na modalidade participação (instigação ou induzimento), em concurso formal, próprio ou impróprio (art. 70, *caput*, do CP), dependendo da situação concreta.

Já o art. 3º da Lei do Genocídio determina que a incitação pública deve fomentar o sujeito a cometer qualquer dos crimes de que trata o art. 1º. Esta norma penal, diferente do art. 286 do Código Penal, traz hipótese de norma penal em branco às avessas, dispondo seu preceito secundário que a pena será "metade da cominada aos crimes ali previstos". Vale dizer, a depender de qual espécie de genocídio for praticado (art. 1º, alíneas "a" a "e"), haverá uma pena distinta.

Além disso, também de forma diversa ao art. 286 do Código Penal, o § 1º orienta que se houver a consumação do crime incitado (qualquer das condutas do art. 1º), a pena do delito de incitação será a mesma do crime de genocídio. Vale dizer, caso o destinatário da incitação cometa uma das condutas genocidas do art. 1º, o agente que incitou responderá pela infração do art. 3º (somente por ela), contudo com a pena referente ao art. 1º, variando de acordo com a situação concreta.

4.8. Causa de Aumento

A pena será aumentada de 1/3 (um terço), quando a incitação for cometida pela imprensa, isso porque quando propagada pela imprensa atinge um número maior de pessoas e, portanto, possui mais potencialidade lesiva.

5. CAUSA DE AUMENTO GENÉRICA

> **Art. 4º** A pena será agravada de 1/3 (um terço), no caso dos arts. 1º, 2º e 3º, quando cometido o crime por governante ou funcionário público.

Os delitos de genocídio (art. 1º), associação para a prática de genocídio (art. 2º) e incitação ao genocídio (art. 3º) são classificados como crimes comuns, os quais podem ser praticados por qualquer pessoa, não se exigindo nenhuma qualidade especial do agente que os pratica.

Assim, se cometido por governante (chefe do Poder Executivo em qualquer nível) ou funcionário público, haverá a majoração da pena de 1/3 (um terço).

Registre-se que, embora o art. 4º faça menção a "pena será agravada de 1/3 (um terço)", não se trata de uma agravante, mas sim de causa de aumento de pena a ser considerada na terceira fase da aplicação da reprimenda.

6. PUNIÇÃO DA TENTATIVA

> **Art. 5º** Será punida com 2/3 (dois terços) das respectivas penas a tentativa dos crimes definidos nesta lei.

O art. 14 do Código Penal dispõe que, salvo disposição em contrário, pune-se a tentativa com a pena correspondente ao crime consumado, diminuída de um a dois terços. Destarte, como regra geral, tem-se que para o crime tentado aplica-se uma redução de 1/3 (um terço) a 2/3 (dois terços) da pena, a depender do *iter criminis* percorrido, ou seja, quanto mais perto da consumação o agente chegou, menor será a diminuição; quanto mais longe da consumação o agente chegou, maior será a diminuição.

Percebe-se que o próprio art. 14 do Código Penal faz uma ressalva em relação à tentativa, informando que será punida com a pena correspondente ao crime consumado, com a redução de um terço a dois terços, *salvo disposição em contrário.*

O art. 5º da Lei do Genocídio trouxe exceção à regra, determinando que, para os crimes previstos nesta Lei, a tentativa será punida com 2/3 (dois terços) das respectivas penas. Assim, os crimes descritos na Lei de Genocídio, quando na modalidade tentada, terão redução de apenas 1/3 (um terço) da pena, não deixando margem para o julgador analisar o *iter criminis* percorrido pelo agente.

7. CRIME POLÍTICO E EXTRADIÇÃO

Art. 6º Os crimes de que trata esta lei não serão considerados crimes políticos para efeitos de extradição.

O art. 5º, LII, da Constituição Federal dispõe que não será concedida extradição de estrangeiro por crime político ou de opinião. O art. 6 da Lei de Genocídio orienta que os crimes previstos nela não serão considerados políticos para fins de extradição. Portanto, será possível a extradição do autor de crime de genocídio, não podendo se alegar, em seu benefício, que se trata de crime político.

Art. 7º Revogam-se as disposições em contrário.

Rio de Janeiro, 1 de outubro de 1956; 135º da Independência e 68º da República.

JUSCELINO KUBITSCHEK

Nereu Ramos

CAPÍTULO 4

Crimes Eleitorais Previstos no Código Eleitoral – Lei nº 4.737/65

Olavo Evangelista Pezzotti[1]

1. CONSIDERAÇÕES SOBRE AS SANÇÕES PENAIS APLICÁVEIS AOS CRIMES ELEITORAIS (ARTIGOS 284 A 286 DO CÓDIGO ELEITORAL)

Diferentes sistemas de determinação da sanção penal podem ser acolhidos pelo legislador, conforme se pretenda prestigiar mais o princípio da individualização da pena ou os valores da segurança jurídica.

Na doutrina penalista brasileira, fala-se conceitualmente em sistema de "absoluta determinação" em referência aos modelos nos quais a sanção penal é estritamente determinada no plano legislativo, sem deixar margem de discricionariedade ao Poder Judiciário. Como exemplo, o Código Criminal do Império acolhia uma sistematização rígida das sanções, de acordo com critérios associados a três graus de sancionamento – máximo, médio e mínimo[2]:

> Art. 63. Quando este Codigo não impõe pena determinada, fixando sómente o maximo, e o minimo, considerar-se-hão tres gráos nos crimes, com attenção ás suas circumstancias aggravantes, ou attenuantes, sendo maximo o de maior gravidade, á que se imporá o maximo da pena; o minimo o da menor gravidade, á que se imporá a pena minima; o médio, o que fica entre o maximo, e o minimo, á que se imporá a pena no termo medio entre os dous extremos dados.

Desse modo, no Código Criminal do Império, duas eram as possibilidades quanto à cominação penal *in abstrato*: 1) pena fixa, determinada pelo legislador de forma estrita no preceito secundário do tipo penal; 2) pena abstratamente cominada pela exposição de patamares mínimo e máximo – mas sem haver, na prática, discricionariedade judicial para a imposição da sanção, por força do regramento contido no art. 63 do Código Criminal do Império.

A doutrina encontrava justificativa para desse sistema no art. 179, §13, da Constituição do Império, o qual asseverava que "a lei será igual para todos, quer proteja, quer castigue". A transposição desse preceito para o modelo de sancionamento acolhido pelo Código Criminal visava conferir segurança ao jurisdicionado quanto às consequências de condutas típicas, atribuindo-se respostas penais uniformes àqueles que praticavam condutas similares. Incidindo agravantes, o caso seria de aplicação da pena em grau máximo; atenuantes, em grau mínimo;

1 Promotor de Justiça. Doutorando e Mestre em Direito Processual Penal pela Faculdade de Direito da Universidade de São Paulo (USP). *Visiting Scholar* na *Stanford Law School*.

2 PRADO, Luiz Régis. Curso de Direito Penal Brasileiro. São Paulo: Revista dos Tribunais, 2011, p. 726.

agravantes e atenuantes, em concurso, grau médio. O sancionamento também ocorreria em patamar médio no caso de ausência de quaisquer circunstâncias agravantes ou atenuantes. Correntes excessivamente preocupadas com a segurança jurídica repudiavam um sistema em que[3]:

> "diversos indivíduos, cujos delictos estivessem revestidos das mesmas circumstancias aggravantes e attenuantes, seriam punidos em umas comarcas com o médio das penas estabelecidas nos artigos em que houvessem incorrido, e, em outras, com o máximo ou o mínimo, seguindo-se a desigualdade das penas, contra o preceito do art. 179, § 13, da Constituição do Império" (TINOCO, Antonio Luiz Ferreira; Código Criminal do Império do Brazil Annotado. Rio de Janeiro: Imprensa Industrial, 1886, p. 122).

Alternativa ao modelo de "absoluta determinação" é o sistema de "penas indeterminadas" ou de "absoluta indeterminação"[4]. O valor preponderante nele não é a segurança jurídica, mas a individualização da pena e a maior eficácia dos programas de ressocialização e de prevenção, diante das características pessoais do apenado. Esse modelo se apresenta pela inexistência de limites de sanção pelo legislador, deixando grande margem de discricionariedade ao Poder Judiciário ou aos órgãos de execução penal.

A indeterminação parte do plano legislativo, mas deve cessar em algum momento, por um processo de individualização que pode ficar cargo do Poder Judiciário ou de órgãos de execução penal. No primeiro caso, o próprio juízo penal fixa a pena – com larga discricionariedade – concomitante ou posteriormente à prolação da sentença condenatória. No último modelo, que é encontrado em sistemas jurídicos estrangeiros, é possível que se deixe a individualização da pena aos órgãos de execução penal, que desenham um programa preventivo e ressocializador que seja adequado às condições do indivíduo.

Vários Estados dos Estados Unidos da América adotaram o modelo de sentença indeterminada, conferindo aos órgãos de execução[5] o poder para definir a extensão da sanção, conforme a perspectiva de sucesso das finalidades preventivas da pena, mas não sem críticas. Os principais opositores desse modelo expõem que as "sentenças indeterminadas" constituem um direito penal do autor, no qual as sanções se adequam ao indivíduo, não ao fato, cedendo demasiado espaço a injustiças e sanções desproporcionais[6].

---

3 Para parcela da doutrina, o juiz não poderia dar maior ou menor importância a certas circunstâncias agravantes ou atenuantes, devendo tratá-las com equivalência, para não se deixar margem ao arbítrio judicial (TINOCO, Antonio Luiz Ferreira; **Código Criminal do Império do Brazil Annotado**. Rio de Janeiro: Imprensa Industrial, 1886, p. 121/122). No entanto, havia entendimento divergente e preponderante, no sentido de que o juiz poderia considerar o número superior de atenuantes para anular agravantes – e vice-versa - ou atribuir valor distinto a elas, para fins de compensação: "A revista do Supremo Tribunal, citada na nota 122, diz ainda: que no concurso de circumstancias aggravantes e attenuantes, é forçoso atender-se á sua quantidade e qualidade, para determinar-se o gráo da pena, preponderando o elemento attenuante; quando as circumstancias são tantas ou taes, que qusasi justificam o crime [...] A Revista do mesmo Supremo Tribunal n. 1682, estatue ainda: que não se avaliam as circumstancias, quer aggravantes, quer atenuantes, por seu numero e sim por sua *importancia* e resultado" (PESSOA. V. A de Paula. **Codigo Criminal do Imperio do Brazil Annotado**. Rio de Janeiro: Livraria Popular, 1876, p 69). Mesmo se acolhida essa leitura, o sistema permanecia sendo o de "absoluta determinação", pois a pena só poderia ser aplicada no patamar peremptoriamente fixado no preceito secundário do tipo ou com observância aos critérios de grau máximo, mínimo e médio constantes do art. 63 do Código Criminal do Império.

4 PRADO, Luiz Régis. Curso de Direito Penal Brasileiro. São Paulo: Revista dos Tribunais, 2011, p. 726.

5 A sentence is more or less indeterminate to the extent that the amount of time actually to be served is decided not by the judge at the time sentence is imposed, but rather by an administrative board while the sentence is being served. Thus, a judicially imposed sentence of from one day to life, the actual duration to be determined by the parole board after service of sentence has been commenced, is a wholly indeterminate sentence" (DERSHOWITZ, Alan. Indeterminate sentencing as a mechanism of preventive confinement. **The American Journal of Comparative Law**, Volume 22, Issue 1, Supplement, 1974, p. 591–614).

6 "The thrust of the emerging opposition is that the indeterminate sentence, with its focus on the prevention of crime and the rehabilitation of the criminal, neglects the fundamental and age-old requirements of justice and

O modelo de sentenças indeterminadas viola o princípio da legalidade, mostrando-se incompatível com a Constituição Federal por ofensa ao art. 5º, XXXIX. É em sua vertente de *nulla poena sine lege* que a cominação indeterminada de pena não satisfaz o princípio da legalidade. A uma, porque a legalidade só é materialmente respeitada quando as previsões legais conferem segurança jurídica aos destinatários da norma, que devem ter ciência das consequências legais de suas condutas, exigindo-se previsibilidade quanto à intensidade de respostas punitivas. Para além disso, a pena indeterminada rompe o nexo que deve existir entre a conduta proscrita a resposta punitiva. A sanção passa - notadamente no modelo de pena indeterminada cuja delimitação se deixa a cargo de órgãos de execução – a funcionar exclusivamente como medida preventiva de desvio.

O objetivo da pena indeterminada não é precipuamente promover uma retribuição ao delito praticado, mas impedir a concretização de um perigo, de caráter meramente abstrato, de delitos futuros[7]. Não menos relevante, a pena indeterminada pode desaguar em pena de caráter perpétuo, esbarrando no óbice do art. 5º, XLVII, *b*, CF.

Por fim, conhece-se o sistema da "relativa determinação da pena", pelo qual o Poder Legislativo estabelece patamares mínimos e máximos aos tipos penais incriminadores, restando ao Poder Judiciário a incumbência de fixar, nos casos concretos, a pena certa a ser cumprida pelo condenado[8]. O modelo de relativa determinação subsiste, mesmo nos casos em que há indeterminação quanto à pena mínima e o legislador se limita a fixar o teto sancionatório.

No direito brasileiro, a regra é de que o preceito primário seja seguido por uma cominação abstrata com limites mínimos e máximos peculiares a cada tipo penal. A sistemática do Código Eleitoral é distinta.

O art. 284 do Código Eleitoral estabelece penas mínimas, que se aplicam de maneira uniforme a todos os delitos especificados naquele diploma, conforme se trate de pena de detenção ou de reclusão. Veja-se:

> Art. 284. Sempre que este Código não indicar o grau mínimo, entende-se que será ele de 15 (quinze) dias para a pena de detenção e de 01 (um) ano para a de reclusão.

No silêncio do preceito secundário dos tipos penais contidos no Código Eleitoral, a pena mínima será de 15 dias, nos crimes puníveis com detenção; de 1 ano, nos crimes puníveis com reclusão.

Mantido no Código Eleitoral o sistema da relativa determinação da pena, o art. 285 dispõe que:

> Art. 285. Quando a lei determina a agravação ou atenuação da pena sem mencionar o "quantum", deve o juiz fixá-lo entre um quinto e um terço, guardados os limites da pena cominada ao crime.

---

proportionality: letting the punishment fit the crime rather than the criminal" (DERSHOWITZ, Alan. Indeterminate sentencing as a mechanism of preventive confinement. **The American Journal of Comparative Law**, Volume 22, Issue 1, Supplement, 1974, p. 591–614).

7 Haveria a construção de um modelo *equiparado* ao que Luigi Ferrajoli identifica como "sistema puramente subjetivista do 'tipo de autor'", que carece do princípio da retributividade. Nesse sistema a punição: "assume a natureza de medida preventiva de desvio, em vez de retributiva, não – tenha-se em conta – a função de 'prevenção geral', exercida por sua ameaça legal preventiva como consequência do delito, mas uma função de 'prevenção especial, ligada a sua cominação preventiva como um *prius* em vez de um *posterius* relativamente ao fato criminoso. É evidente o caráter não igualitário, ademais de puramente decisionista, desse esquema de prevenção punitiva. De conformidade com ele, o direito e o processo se transformam de sistema de retribuição, dirigido a prevenir os fatos delituosos por meio da comprovação e da punição dos já ocorridos, em sistema de pura prevenção, dirigido a afrontar a mera suspeita de delitos [...] ou o mero perigo de delitos futuros". (FERRAJOLI, Luigi. **Direito e Razão**. 1ª Edição e-book baseada na 4ª edição impressa. São Paulo: Revista dos Tribunais, 2014, n.p).

8 PRADO, Luiz Regis. **Curso de Direito Penal**... p. 727.

Diante do referido dispositivo, questiona-se se o Código Eleitoral contraria, de alguma forma, o modelo trifásico de dosimetria penal, acolhido pela reforma que se operou sobre a Parte Geral do Código Penal em 1984 (Lei n.º 7.209/84), conforme explanação contida no item 51 da Exposição de Motivos[9], abaixo colacionado, e no art. 68[10] do Código Penal:

> 51. Decorridos quarenta anos da entrada em vigor do Código Penal, remanescem as divergências suscitadas sobre as etapas da aplicação da pena. O Projeto opta claramente pelo **critério das três fases**, predominante na jurisprudência do Supremo Tribunal Federal. Fixa-se, inicialmente, a pena-base, obedecido o disposto no artigo 59, consideram-se, em seguida, as circunstâncias atenuantes e agravantes, incorporam-se ao cálculo, finalmente, as causas de diminuição e aumento. Tal critério permite o completo conhecimento da operação realizada pelo juiz e a exata determinação dos elementos incorporados à dosimetria. Discriminado, por exemplo, em primeira instância, o quantum da majoração decorrente de uma agravante, o recurso poderá ferir com precisão essa parte da sentença, permitindo às instâncias superiores a correção de equívocos hoje sepultados no processo mental do juiz. Alcança-se, pelo critério, a plenitude da garantia constitucional da ampla defesa.

Quando o Código Penal trata das circunstâncias agravantes e atenuantes, enumeradas nos seus artigos 61 a 66, não estabelece os patamares de atenuação ou agravamento que devem ser observados pelo juiz, diferentemente do que se verifica na regra geral do art. 285 do Código Eleitoral. Há, nesse aspecto, discricionariedade judicial, de modo que se possa adequar a intensidade da resposta penal às circunstâncias do caso concreto, por critérios de proporcionalidade. Nesse sentido, resta sedimentada a jurisprudência dos tribunais superiores[11].

Mais além, as agravantes e atenuantes genéricas devem ser balizadas com observância aos limites mínimo e máximo contidos na cominação *in abstrato*, em consonância com os preceitos secundários dos tipos penais, jamais se projetando para além do máximo ou posicionando-se aquém do mínimo legal, na esteira da Súmula 231 do Superior Tribunal de Justiça[12].

---

9 BRASIL. Câmara dos Deputados. Decreto-Lei n.º 2.848, de 7 de dezembro de 1940. Exposição de Motivos n. 211, de 9 de maio de 1983. Brasília, 1983. Disponível em: https://www2.camara.leg.br/legin/fed/declei/1940-1949/decreto-lei-2848-7-dezembro-1940-412868-exposicaodemotivos-148972-pe.html. Acesso em: 27/11/2022.

10 Art. 68 - A pena-base será fixada atendendo-se ao critério do art. 59 deste Código; em seguida serão consideradas as circunstâncias atenuantes e agravantes; por último, as causas de diminuição e de aumento. (Redação dada pela Lei nº 7.209, de 11.7.1984)

11 A título de exemplo: "2. [...] o Código Penal não estabelece limites mínimo e máximo de aumento de pena a serem aplicados em razão de circunstâncias agravantes, motivo pelo qual cabe ao Juízo sentenciante sopesar as circunstâncias existentes no caso concreto, fixando o patamar necessário dentro de parâmetros razoáveis e proporcionais (AgRg nos EDcl no REsp n. 1.533.597/RS, Ministro Ribeiro Dantas, Quinta Turma, DJe 1º/8/2018). 3. Para a fixação da pena provisória, o Código Penal não estabelece limites mínimo e máximo de aumento ou redução de pena em razão da incidência das agravantes e atenuantes genéricas. Diante disso, a doutrina e a jurisprudência pátrias anunciam que cabe ao magistrado sentenciante, nos termos do princípio do livre convencimento motivado, aplicar a fração adequada ao caso concreto, em obediência aos postulados da razoabilidade e da proporcionalidade. Precedentes" (AgRg no REsp n. 2.001.582/MG, relator Ministro Sebastião Reis Júnior, Sexta Turma, julgado em 14/11/2022, DJe de 17/11/2022.)

Tem preponderado, entretanto, o entendimento de que, na ausência de justificativa que conste de motivação judicial adequada, deve ser adotada a fração paradigma de 1/6 da pena-base pela incidência de agravantes ou atenuantes genéricas, conferindo-se tratamento uniforme a imputados que se encontrem em situações similares. De acordo com a jurisprudência do Superior Tribunal de Justiça, "deve ser adotada a fração paradigma de 1/6 (um sexto) para aumento ou diminuição da pena pela incidência das agravantes ou atenuantes genéricas, ante a ausência de critérios para a definição do patamar pelo legislador ordinário, **devendo o aumento superior ou a redução inferior à fração paradigma estar devidamente fundamentado**" (AgRg no HC 370.184/RS, Rel. Ministro FELIX FISCHER, QUINTA TURMA, julgado em 09/05/2017, DJe 22/05/2017); (AgRg no AREsp n. 1.833.969/TO, Ministra Laurita Vaz, Sexta Turma, DJe de 28/5/2021)" Não há grifos no original.

12 "A incidência da circunstância atenuante não pode conduzir à redução da pena abaixo do mínimo legal".

Diversamente, nas causas de aumento ou diminuição de pena, os patamares de exasperação ou redução são expressos pelo legislador e podem ultrapassar o máximo contido na cominação *in abstrato* ou posicionar-se abaixo do mínimo legal.

Nesses moldes, nos casos em que o legislador determina o *quantum* de aumento ou diminuição de pena, identifica-se a circunstância como causa de aumento ou de diminuição, a incidir na terceira fase da dosimetria penal e se afastando o seu reconhecimento como atenuante ou agravante genérica. É o que ocorre, por exemplo, com os crimes tentados, na esteira do disposto pelo art. 14, parágrafo único, do Código Penal[13].

Feitas essas observações, passa-se à interpretação do conteúdo redacional do art. 285 do Código Eleitoral. O dispositivo versa sobre agravantes e atenuantes – a serem consideradas na segunda fase da dosimetria penal – ou sobre causas de aumento e de diminuição de pena? A dosimetria penal nos crimes eleitorais é distinta do que se impõe pela regra do Código Penal? De antemão, tem-se não existir na Lei n. 4.737/65 qualquer dispositivo que contradiga expressamente o comando normativo do art. 68 do Código Penal. Por tal motivo, o procedimento trifásico de dosimetria subsiste no regramento do Código Eleitoral. Resta o questionamento sobre a natureza jurídica das causas de "agravação ou atenuação" referidas no art. 285.

A interpretação não é tão simples e encontra dificuldades na redação legal. Sinalizam-se referências à segunda fase da dosimetria penal pelo emprego dos termos "agravação ou atenuação", bem como pela parte final da redação, que determina sejam guardados os "limites da pena cominada ao crime", tratamento alinhado ao enunciado da Súmula 231 do Superior Tribunal de Justiça. De outra sorte, a imposição de patamares fixos de exasperação ou redução de pena é compatível com causas de aumento ou de diminuição, que integrariam a terceira etapa da dosimetria penal.

Diante desse conflito entre as informações que poderiam indicar a natureza jurídica das circunstâncias referidas no art. 285 do Código Eleitoral, o melhor método para compreensão do dispositivo é o de interpretação sistemática, procedendo-se à leitura de todo o Código Eleitoral, com o fim de se promover um entendimento mais consentâneo com o diploma no qual está inserido.

Em diversos tipos penais contidos no Código Eleitoral, o legislador inseriu nos preceitos secundários circunstâncias de agravação da pena, paralelamente ao desenho dos patamares mínimo e máximo cominados abstratamente. Apesar de se referir a "pena agravada", em muitas dessas passagens o legislador nada diz sobre o *quantum* de exasperação. A aplicação desses preceitos demanda complementação pela incidência da norma geral ora em comento. É justamente para dispositivos assim construídos, dentro do Código Eleitoral, que se erigiu a redação do art. 285.

Exemplificativamente, nos crimes de falsificação de documento público para fins eleitorais e falsidade ideológica eleitoral (artigos 348 e 350, respectivamente, do Código Eleitoral), após a cominação abstrata da pena em preceito secundário, insere-se a fórmula "se o agente é funcionário público e comete o crime prevalecendo-se do cargo, a pena é agravada", sem qualquer referência ao *quantum* de exasperação. Essas fórmulas não traduzem agravantes genéricas, pois correlatas a circunstâncias peculiares de determinados tipos penais, que repercutirão sobre a sanção nos patamares estabelecidos pela regra do art. 285 do Código Eleitoral. Trata-se, portanto, de norma que delimita o alcance das causas de aumento ou de diminuição de pena contidas no Código Eleitoral, referindo-se à terceira fase da dosimetria penal.

Para fins comparativos, sempre que o Código Penal de 1940 traz em complementação aos preceitos secundários dos tipos penais circunstâncias que são peculiares ao crime e que versam

13 Parágrafo único - Salvo disposição em contrário, pune-se a tentativa com a pena correspondente ao crime consumado, diminuída de um a dois terços.(Incluído pela Lei nº 7.209, de 11.7.1984)

sobre a exasperação das penas em patamares fixos, desenham-se causas de aumento de pena, não meras agravantes a serem consideradas na segunda fase da dosimetria penal.

Sob essa perspectiva, a interpretação sistemática do Código Eleitoral e a analogia com a técnica legislativa empregada no Código Penal forçam à conclusão de que o art. 285 do Código Eleitoral se aplica às causas de aumento e de diminuição de pena previstas no próprio diploma. Como resultado, não se aplica o art. 285 às agravantes e atenuantes genéricas contidas no Código Penal.

Resta um questionamento: como compatibilizar a natureza jurídica das circunstâncias versadas no art. 285 com a parte final da redação legal, que determina serem "guardados os limites da pena cominada ao crime"? A parte derradeira do dispositivo, como dito, traduz regramento símile ao que se extrai da Súmula 231 do STJ, aplicável somente a atenuantes e a agravantes, não a causas de aumento e de diminuição de pena. O melhor a se fazer para emprestar coerência a todo o sistema de dosimetria penal, é desprezar a parte final do art. 285, de sorte que não se impeça a majoração ou a diminuição da pena para além ou para aquém do mínimo e do máximo[14].

A reforma da Parte Geral do Código Penal é posterior ao Código Eleitoral, razão pela qual o regime geral de dosimetria penal consagrado pelo art. 68, CP, deve nortear também a legislação extravagante, revogando-se tacitamente a parte final do art. 285 da Lei n. 4.737/65. Entendimento em sentido contrário levaria a uma insuperável incoerência no regime de dosimetria. Como bem observado doutrinariamente:

> "esse posicionamento traz, ainda, maior facilidade na aplicação da pena de crimes eleitorais julgados conjuntamente com os conexos, na medida em que haverá critério uniforme na aplicação do método trifásico de dosimetria da pena, evitando a situação inusitada de adotar *quantum* fixo na segunda fase da dosimetria da pena nos crimes eleitorais e, ao reverso, deixar o aumento ou diminuição na discricionariedade do juízo nos crimes comuns (leia-se, não eleitorais)"[15].

Não se perca de vista que o Código Eleitoral se submete às regras gerais do Código Penal, conforme art. 287 da Lei n. 4.737/65, justificando-se a revogação tácita da parte final do art. 285 do Código Eleitoral.

1.1. REGRAMENTO DA PENA DE MULTA APLICÁVEL AOS CRIMES ELEITORAIS

Para além dessas disposições próprias, atinentes à pena privativa de liberdade, o Código Eleitoral traz uma normativa especial concernente às penas de multa, a qual deve se sobrepor às normas gerais do Código Penal. Nesse aspecto, considerando que as normas especiais do Código Eleitoral não prejudicam de forma estrutural o sistema do Código Penal, deve preponderar o critério da especialidade, restando plenamente aplicável o art. 286 do Código Eleitoral *verbis*:

> Art. 286. A pena de multa consiste no pagamento ao Tesouro Nacional, de uma soma de dinheiro, que é fixada em dias-multa. Seu montante é, no mínimo, 1 (um) dia-multa e, no máximo, 300 (trezentos) dias-multa.
>
> § 1º O montante do dia-multa é fixado segundo o prudente arbítrio do juiz, devendo êste ter em conta as condições pessoais e econômicas do condenado, mas não pode ser inferior ao salário-mínimo diário da região, nem superior ao valor de um salário-mínimo mensal.

---

14 ZÍLIO, Rodrigo Lopes. **Crimes Eleitorais**: direito material e processual eleitoral: uma análise objetiva. Salvador: Juspodivm, 2014, p. 32.

15 ZÍLIO, Rodrigo Lopes. Crimes Eleitorais... p. 33.

§ 2º A multa pode ser aumentada até o triplo, embora não possa exceder o máximo genérico caput, se o juiz considerar que, em virtude da situação econômica do condenado, é ineficaz a cominada, ainda que no máximo, ao crime de que se trate.

O principal ponto distintivo entre o regime previsto no Código Penal e o que consta do artigo 286 do Código Eleitoral reside nos patamares mínimo e máximo da pena de multa. Enquanto no art. 49 do Código Penal se impõe que a sanção "será, no mínimo, de 10 (dez) e, no máximo, de 360 (trezentos e sessenta) dias-multa", o artigo em referência estabelece o mínimo de 01 (um) e o máximo de 300 (trezentos) dias-multa.

Como se nota, o dia-multa é a unidade de referência da sanção pecuniária, cuja determinação deve ser produto de um **procedimento bifásico**. Em uma primeira etapa, quantificam-se os próprios dias-multa, guardando-se um paralelismo com a dosimetria da pena privativa de liberdade. Com isso, quer-se dizer que a fixação dos dias-multa deve observar, além da condição econômica do sentenciado, a gravidade do crime, suas circunstâncias e o grau de reprovabilidade do comportamento, de modo que a fixação da pena-base acima do mínimo legal, pelos critérios já citados, justifica também a exasperação da pena pecuniária. Há de se guardar paralelismo, igualmente, com a incidência de agravantes e atenuante, causas de aumento e diminuição de pena. Assim deve ser porque a multa se presta a funcionar como uma "contramotivação" para a prática de crimes, apresentando não só um caráter preventivo, desestimulando condutas delituosas[16], mas também sancionatório-retributivo.

No Código Eleitoral, ao contrário do que ocorre no Código Penal, a **regra é que os preceitos secundários dos tipos penais contenham patamares mínimo e máximo específicos**, peculiares a cada infração, já se considerando na própria cominação abstrata a proporcionalidade entre a sanção pecuniária e a gravidade do crime. Mesmo assim, haverá uma margem para adequação da resposta penal pecuniária às especificidades do caso concreto, em sintonia com a dosimetria da pena privativa de liberdade.

Em relação aos crimes introduzidos no Código Eleitoral tardiamente, como ocorre com os artigos 326-A, 326-B e 354-A, *v.g*, seguiu-se o modelo do Código Penal, sem especificação de patamares mínimo e máximo peculiares aos respectivos tipos, com cominação absolutamente indeterminada de pena de "multa". Nesses casos, o critério de gravidade deve ser considerado pelo juiz, no caso concreto, para majorar ou não a quantidade de dias-multa a ser aplicada, observando-se os limites expressos no *caput* do art. 286[17].

Fixada a quantidade de dias-multa, segue-se à segunda etapa de determinação da sanção pecuniária, consistente na especificação do valor referente a cada um deles. Nessa seara, não mais se busca uma relação de proporcionalidade entre a gravidade do fato e a sanção pecuniária, mas entre a capacidade econômica do sentenciado e a pena de multa. As normas de fixação constam do art. 286, §1º, do Código Eleitoral, acima. A expressão "salário-mínimo diário da região" deve ser interpretada conforme o art. 7º, IV, da Constituição Federal, para ser compreendida como o valor correspondente a 1/30 do "salário-mínimo nacionalmente unificado". Assim, cada dia-multa não poderá ser inferior a esse valor e não poderá superar o que corresponder a um salário-mínimo mensal.

---

16 A, assim, reconhecer o caráter preventivo da pena de multa: ZAFARONI, Eugenio Raul; PIERANGELI, José Henrique. **Manual de Direito Penal Brasileiro**: parte geral. 4ª Ed. São Paulo: revista dos Tribunais, 2002, p. 814.

17 É o que se sugere doutrinariamente no estudo da Parte Geral do Código Penal, em situações tais: "a pena de multa deve atender também à natureza do crime, já que não há mais, na Parte Especial, limites mínimos e máximos abstratamente considerados para cada tipo penal. Não atende aos princípios de justiça fixar-se a multa tendo em vista apenas a condição econômica do sentenciado, sem atender a gravidade do crime por ele praticado" (MIRABETE, Julio Fabbrini; FABBRINI, Renato Nascimento. **Manual de Direito Penal**: Parte Geral. 27ª Ed. São Paulo: Atlas, 2011, p. 278).

Por fim, o §2º do art. 286 assevera que, em uma excepcional terceira etapa, a multa pode ser aumentada até o triplo, desde que não ultrapasse o valor máximo do *caput* – 300 dias multa. Nesses termos, será possível ultrapassar o valor máximo contido nos preceitos secundários dos tipos penais, mas nunca o limite do art. 286, *caput*.

A título de exemplo, no caso do crime previsto no art. 289, "inscrever-se fraudulentamente o eleitor", cuja pena de multa é cominada abstratamente entre 15 e 30 dias-multa, é possível que, ao final da dosimetria, o magistrado triplique a sanção pecuniária, mesmo que esta ultrapasse o máximo expresso no preceito secundário. Sob essa ilustração, a multa jamais ultrapassará 90 (noventa) dias-multa (o triplo do máximo cominado abstratamente), o que se mostra compatível com o art. 286, §2º, do Código Eleitoral, por não superar o teto imposto pelo *caput*.

A incidência excepcional do art. 286, §2º, só se justifica, nos moldes legais, se o juiz considerar que, pela capacidade econômica do condenado a multa será ineficaz para os fins a que se presta, retributivos e preventivos. Trata-se do caso em que, por dispor de patrimônio elevado, o imputado seja capaz de efetuar o pagamento sem assimilar o caráter sancionatório da pena pecuniária.

1.2. EXECUÇÃO DA PENA DE MULTA

O Supremo Tribunal Federal, pelo julgamento da Ação Direta de Inconstitucionalidade n.º 3150, em conjunto com a 12.ª Questão de Ordem em Execução Penal relativa à Ação Penal n.º 470, decidiu, por maioria de votos, que a atribuição para execução da pena de multa é prioritariamente do Ministério Público, reconhecendo-se a competência do juízo da execução penal para o processamento do feito, mediante o rito previsto no art. 164 da Lei de Execução Penal (Lei n.º 7.210/84). A competência do juízo de execução penal foi incorporada ao artigo 51 do Código Penal, com a redação que lhe foi conferida pela Lei n.º 13.964/19 (Pacote Anticrime).

Sem prejuízo, considerando que, a despeito de sua natureza de sanção penal, a multa aplicada se converte em dívida de valor, despertando o interesse arrecadatório da Fazenda Pública, esta detém atribuição subsidiária para a execução, caso o Ministério Público não a proponha em prazo razoável - assim considerado pelo Supremo Tribunal Federal o intervalo de 90 (noventa) dias, contados a partir da intimação do *Parquet*. Nesse caso específico, a ação deve ser proposta na Vara de Execução Fiscal, com o rito da Lei n. 6.830/1980[18].

É importante salientar que, em julgamento de embargos de declaração na ADI n. 3150, o Supremo Tribunal Federal modulou os efeitos da decisão citada, para definir que a Fazenda

18 Ementa: Execução penal. Constitucional. Ação direta de inconstitucionalidade. Pena de multa. Legitimidade prioritária do Ministério Público. Necessidade de interpretação conforme. Procedência parcial do pedido. 1. A Lei nº 9.268/1996, ao considerar a multa penal como dívida de valor, não retirou dela o caráter de sanção criminal, que lhe é inerente por força do art. 5º, XLVI, c, da Constituição Federal. 2. Como consequência, a legitimação prioritária para a execução da multa penal é do Ministério Público perante a Vara de Execuções Penais. 3. Por ser também dívida de valor em face do Poder Público, a multa pode ser subsidiariamente cobrada pela Fazenda Pública, na Vara de Execução Fiscal, se o Ministério Público não houver atuado em prazo razoável (90 dias). 4. Ação direta de inconstitucionalidade cujo pedido se julga parcialmente procedente para, conferindo interpretação conforme à Constituição ao art. 51 do Código Penal, explicitar que a expressão "aplicando-se-lhes as normas da legislação relativa à dívida ativa da Fazenda Pública, inclusive no que concerne às causas interruptivas e suspensivas da prescrição", não exclui a legitimação prioritária do Ministério Público para a cobrança da multa na Vara de Execução Penal. Fixação das seguintes teses: (i) O Ministério Público é o órgão legitimado para promover a execução da pena de multa, perante a Vara de Execução Criminal, observado o procedimento descrito pelos artigos 164 e seguintes da Lei de Execução Penal; (ii) Caso o titular da ação penal, devidamente intimado, não proponha a execução da multa no prazo de 90 (noventa) dias, o Juiz da execução criminal dará ciência do feito ao órgão competente da Fazenda Pública (Federal ou Estadual, conforme o caso) para a respectiva cobrança na própria Vara de Execução Fiscal, com a observância do rito da Lei 6.830/1980.
(ADI 3150, Relator(a): MARCO AURÉLIO, Relator(a) p/ Acórdão: ROBERTO BARROSO, Tribunal Pleno, julgado em 13/12/2018, PROCESSO ELETRÔNICO DJe-170 DIVULG 05-08-2019 PUBLIC 06-08-2019)

Pública detém competência concorrente para promoção de execuções penais findas ou iniciadas anteriormente ao trânsito em julgado da ADI 3150[19]. Destarte, a Fazenda Pública deve continuar a conduzir as ações executivas propostas antes do marco temporal proposto, não cabendo ao Ministério Público assumir o polo ativo de tais feitos, o que seria contrário ao postulado da economia processual.

Não se desconhece que surgiu densa controvérsia nos tribunais brasileiros sobre eventual superação do decidido pelo Supremo Tribunal Federal na ADI 3150 pela nova redação conferida ao art. 51 do Código Penal. Parcela das decisões é no sentido de que a Lei n. 13.964/2019 retirou a competência subsidiária da Fazenda Pública para a propositura da ação de execução da pena de multa, que passaria a ser atribuição exclusiva - não apenas meramente prioritária – do Ministério Público. A questão é objeto do Recurso Extraordinário n. 1.377.843, com repercussão geral reconhecida pela Corte (Tema 1.219), ainda pendente de julgamento[20]. No entanto, depreende-se da nova redação do art. 51 que se reafirma a natureza da multa penal como "dívida de valor", de maneira que permanecem íntegros os argumentos lançados pelo Supremo Tribunal Federal no julgamento da ADI 3150. A Lei n. 13.964/19 em nada supera, por isso, o que se decidiu no julgamento da Ação Direta de Inconstitucionalidade referida.

2. NÃO DECLARAÇÃO DE IMPEDIMENTO PARA SER MEMBRO DE MESA RECEPTORA

Art. 120. Constituem a mesa receptora um presidente, um primeiro e um segundo mesários, dois secretários e um suplente, nomeados pelo juiz eleitoral sessenta dias antes da eleição, em audiência pública, anunciado pelo menos com cinco dias de antecedência. (Redação dada pela Lei nº 4.961, de 4.5.1966)

§ 1º Não podem ser nomeados presidentes e mesários:

I – os candidatos e seus parentes ainda que por afinidade, até o segundo grau, inclusive, e bem assim o cônjuge;

II – os membros de diretórios de partidos desde que exerça função executiva;

III – as autoridades e agentes policiais, bem como os funcionários no desempenho de cargos de confiança do Executivo;

IV – os que pertencerem ao serviço eleitoral.

§ 2º Os mesários serão nomeados, de preferência entre os eleitores da própria seção, e, dentre estes, os diplomados em escola superior, os professores e os serventuários da Justiça.

---

19 Ementa: Processo penal. Constitucional. Embargos de declaração em ação direta de inconstitucionalidade. Modulação temporal da decisão. [...] 2. Antes do julgamento da presente ação direta, foram propostas ações de execução de penas de multa criminal, promovidas por iniciativa da Fazenda Pública. 3. Tais ações foram iniciadas com fundamento não apenas em lei, mas em entendimento consolidado do Superior Tribunal de Justiça (Súmula 521). 4. Ademais, os fundamentos que levaram à procedência da presente ação direta têm por objetivo conferir maior eficácia às funções da pena – e não o seu enfraquecimento, pela invalidação de sanções anteriormente aplicadas. 5. Diante do exposto, por razões de segurança jurídica e de excepcional interesse social, devem ser modulados temporalmente os efeitos da decisão, de modo a estabelecer a competência concorrente da Procuradoria da Fazenda Pública quanto às execuções findas ou iniciadas até a data do trânsito em julgado da presente ação direta de inconstitucionalidade. 6. Embargos de declaração conhecidos e providos (ADI 3150 ED, Relator(a): ROBERTO BARROSO, Tribunal Pleno, julgado em 20/04/2020, PROCESSO ELETRÔNICO DJe-124 DIVULG 19-05-2020 PUBLIC 20-05-2020).

20 RECURSO EXTRAORDINÁRIO. CRIMINAL. REPRESENTATIVO DA CONTROVÉRSIA. EXECUÇÃO DE PENA DE MULTA. LEGITIMIDADE ATIVA. ENTENDIMENTO CONSOLIDADO NA ADI 3.150. SUPERVENIÊNCIA DA LEI 13.964/2019. MULTIPLICIDADE DE RECURSOS EXTRAORDINÁRIOS. PAPEL UNIFORMIZADOR DO SUPREMO TRIBUNAL FEDERAL. RELEVÂNCIA DA QUESTÃO CONSTITUCIONAL. MANIFESTAÇÃO PELA EXISTÊNCIA DE REPERCUSSÃO GERAL. (RE 1377843 RG, Relator(a): MINISTRO PRESIDENTE, Tribunal Pleno, julgado em 02/06/2022, PROCESSO ELETRÔNICO DJe-113 DIVULG 09-06-2022 PUBLIC 10-06-2022).

§ 3º O juiz eleitoral mandará publicar no jornal oficial, onde houver, e, não havendo, em cartório, as nomeações que tiver feito, e intimará os mesários através dessa publicação, para constituírem as mesas no dia e lugares designados, às 7 horas.

§ 4º Os motivos justos que tiverem os nomeados para recusar a nomeação, e que ficarão a livre apreciação do juiz eleitoral, somente poderão ser alegados até 5 (cinco) dias a contar da nomeação, salvo se sobrevindos depois desse prazo.

§ 5º Os nomeados que não declararem a existência de qualquer dos impedimentos referidos no § 1º incorrem na pena estabelecida pelo Art. 310.

Bem jurídico tutelado

O objeto jurídico do crime em comento é a segurança e a legitimidade do processo eleitoral, além da impessoalidade dos serviços prestados pela Justiça Eleitoral. As mesas receptoras desempenham importantes papeis para o adequado desenvolvimento dos trabalhos eleitorais, competindo aos seus membros a organização dos trabalhos nas seções eleitorais desde o início até o término das votações. Devem, ainda, zelar pelo sigilo dos votos de cada um dos eleitores. Para o adequado desempenho dessas funções, espera-se que os integrantes atuem com isenção. É, por isso, salutar a proibição da participação de candidatos, parentes de candidatos, membros de diretórios de partidos e ocupantes de cargos de confiança no Poder Executivo como membros das mesas receptoras, pois seus interesses pessoais poderiam refletir na boa condução dos trabalhos.

Sujeitos do crime

O tipo penal em comento se constitui como crime de mão própria, inadmitindo coautoria. O sujeito ativo deve ostentar posição jurídica particular, decorrente de sua nomeação para compor a mesa receptora de votos. O crime somente se aperfeiçoa pelo seu *non facere* – consistente na abstenção de apresentação da causa de impedimento, no prazo de até 05 (cinco) dias, contado do ato de nomeação ou da caracterização de impedimento superveniente.

Sujeito passivo do crime é o Estado.

Conduta

O 120, § 5º expressa que "os nomeados que não declararem a existência de qualquer dos impedimentos referidos no § 1º incorrem na pena estabelecida pelo Art. 310". Trata-se, portanto, de crime omissivo próprio, que se aperfeiçoa se o sujeito ativo deixar de declarar, no prazo legal, a caracterização de uma das causas de impedimento previstas no §1º. À evidência, não se exige a ocorrência de qualquer resultado naturalístico. Subsiste o crime, ainda que o impedido deixe de atuar no pleito.

Eventuais causas de impedimento constantes de outros diplomas normativos não se prestam a aperfeiçoar a conduta típica em questão, consectário do princípio da taxatividade da lei penal.

Consumação e tentativa

Ocorre a consumação do delito pelo simples decurso do prazo previsto no §4º - 05 (cinco) dias para declaração ao juiz eleitoral, pelo nomeado, da causa de impedimento, desde que se trate de conduta dolosa. Mostra-se indispensável o conhecimento das elementares do tipo por parte do agente para que se caracterize a infração.

Em regra, o prazo se inicia com a publicação da nomeação, nos moldes do §3º. Em se tratando de causa superveniente de impedimento, o prazo será computado a partir do dia em que esta restar configurada.

Não se admite a tentativa, haja vista se tratar de crime omissivo e unissubsistente.

Pena

O artigo ao qual faz remissão o § 5º prevê a pena de detenção de até seis meses ou pagamento de 90 a 120 dias-multa.

Não comparecimento injustificado à mesa receptora

Não se trata de conduta criminosa, mas que se amolda ao art. 124 do Código Eleitoral, sujeitando-se o faltoso à pena de multa na proporção de 50% (cinquenta por cento) do salário-mínimo a 1 (um) salário-mínimo vigente na zona eleitoral. Em se tratando de servidor público, o faltoso se sujeitará à sanção de suspensão por até 15 (quinze) dias. As penas se aplicam em dobro se, em decorrência da falta, a mesa receptora de votos deixar de funcionar por culpa dos ausentes. Há, igualmente, duplicação da sanção nos casos em que o membro da mesa abandonar os trabalhos no decurso da votação, sem justa causa apresentada ao juiz no prazo de até três dias após a ocorrência.

Segundo a posição jurisprudencial preponderante, a ausência de comparecimento de indivíduo convocado para compor as mesas não caracteriza, igualmente, o crime previsto no art. 344 do Código Eleitoral, considerando a existência de previsão sancionatória específica no art. 124, que atribui à conduta o caráter de infração administrativa.

Nesse sentido:

> AGRAVO REGIMENTAL. AGRAVO. RECURSO ESPECIAL ELEITORAL. INADMISSÃO NA ORIGEM. REVISÃO CRIMINAL. CRIME DE RECUSA OU ABANDONO DE SERVIÇO ELEITORAL. ART. 344 DO CÓDIGO ELEITORAL. NÃO COMPARECIMENTO DE MESÁRIO CONVOCADO. ATIPICIDADE. ART. 124 DO CÓDIGO ELEITORAL. PREVISÃO DE SANÇÃO ADMINISTRATIVA. AUSÊNCIA DE RESSALVA DE CUMULAÇÃO COM SANÇÃO PENAL. PRINCÍPIO DA INTERVENÇÃO MÍNIMA. DESPROVIMENTO. 1. A ausência de mesário no dia do pleito não caracteriza crime, mas infração administrativa, em razão do disposto no art. 124 do Código Eleitoral, que não contém ressalva quanto à possibilidade de cumulação com a reprimenda de natureza penal (TSE. HC nº 638/SP, Rel. Min. Marcelo Ribeiro, julgado em 28.4.2009, DJe de 21.5.2009). 2. Aplica-se na espécie o princípio da intervenção mínima, norteador do poder punitivo do Estado, segundo o qual o Direito Penal tem caráter subsidiário em relação aos demais ramos do ordenamento jurídico, de modo que somente deverá ser invocado em *ultima ratio*, quando os demais ramos não forem capazes de assegurar a proteção dos bens de maior relevância. 3. O incentivo à participação voluntária dos cidadãos nos trabalhos realizados no dia da votação, institucionalmente operacionalizado pelo Tribunal Superior Eleitoral por meio do Programa Mesário Voluntário, é desiderato que não se coaduna com a severidade de punição na esfera penal ao mesário faltoso, especialmente diante da proporcional e razoável penalidade pecuniária aplicável aos termos estabelecidos no art. 124 do CE. 4. Agravo regimental desprovido. (TSE. Agravo de Instrumento nº 4184, Acórdão, Relator(a) Min. Tarcisio Vieira De Carvalho Neto, Publicação: DJE - Diário de justiça eletrônico, Tomo 033, Data 17/02/2020, Página 13/14)

Em sentido contrário, prestigiando a independência entre as diferentes esferas de responsabilização:

> "HABEAS CORPUS". CRIME PREVISTO NO ARTIGO 344 DO CÓDIGO ELEITORAL. TRANCAMENTO DA AÇÃO PENAL. ARTIGO 124 DO CÓDIGO ELEITORAL. SEARA ADMINISTRATIVA E PENAL. INDEPENDÊNCIA DAS INSTÂNCIAS. POSSIBILIDADE DE CUMULAÇÃO DAS SANÇÕES. [...] (TRE-SP. MAND. SEG. HABEAS CORPUS ATÉ PROC. 2213 nº 2199, Acórdão de Relator(a) Min. Suzana de Camargo Gomes, Publicação: DOE - Diário Oficial do Estado, Data 02/10/2003)

Situação específica se caracteriza se o indivíduo, além de não comparecer para prestar o serviço eleitoral para o qual foi convocado, apropria-se de valores que deveriam ser destinados àqueles que efetivamente atuaram em favor da Justiça Eleitoral.

Em caso concreto, indivíduo convocado na qualidade de presidente da mesa receptora dos votos recebera, no dia anterior ao do pleito, R$ 88,00 que deveriam ser destinados aos mesários, a título de auxílio-alimentação. Além de não comparecer, o sujeito se apropriou dos recursos, o que implicou sua condenação pela prática do crime de peculato. O Tribunal Regional Eleitoral de São Paulo, inclusive, afastou a incidência do princípio da insignificância. Veja-se:

> RECURSO CRIMINAL. MESÁRIO NOMEADO PRESIDENTE DE MESA RECEPTORA DE VOTOS QUE NÃO SE APRESENTA PARA OS TRABALHOS NO DIA DO PLEITO E APROPRIA-SE DO VALOR RELATIVO À REFEIÇÃO DOS MEMBROS DA MESA. PECULATO CONFIGURADO (ART. 312 DO CÓDIGO PENAL). INAPLICABILIDADE DO PRINCÍPIO DA INSIGNIFICÂNCIA, EM RAZÃO DE O BEM JURÍDICO PROTEGIDO PELA NORMA NÃO SE RESTRINGIR À PRESERVAÇÃO DO PATRIMÔNIO DA ADMINISTRAÇÃO, MAS TAMBÉM DE SEUS PRINCÍPIOS FUNDAMENTAIS, ENTRE OS QUAIS ESTÁ O DA MORALIDADE, DIRETAMENTE ATINGIDO PELA CONDUTA DO AGENTE. RECURSO DESPROVIDO. 1. TRATA-SE DE RECURSO INTERPOSTO EM FACE DE SENTENÇA QUE CONDENOU O RECORRENTE ÀS PENAS DO ART. 312 DO CÓDIGO PENAL EM RAZÃO DE, NA CONDIÇÃO DE PRESIDENTE DE MESA RECEPTORA DE VOTOS, HAVER-SE APROPRIADO DO VALOR RELATIVO AO AUXÍLIO-ALIMENTAÇÃO DOS MESÁRIOS. 2. A APLICAÇÃO DO PRINCÍPIO DA INSIGNIFICÂNCIA VISANDO A DESCONSTITUIR A TIPICIDADE DA CONDUTA PENAL NÃO PODE DAR-SE EM SITUAÇÕES EM QUE A REPROVABILIDADE E PERICULOSIDADE SOCIAL DA CONDUTA SEJAM GRAVES, TENDO ELA ATENTADO NÃO APENAS CONTRA O PATRIMÔNIO PÚBLICO, MAS CONTRA OS PRINCÍPIOS VETORES DA ADMINISTRAÇÃO PÚBLICA, ENTRE ELES A MORALIDADE. PRECEDENTES DO SUPREMO TRIBUNAL FEDERAL. 3. RECURSO DESPROVIDO (Recurso Criminal nº 8214, Acórdão, Relator(a) Min. Luiz Guilherme da Costa Wagner Junior, Publicação: DJESP - Diário da Justiça Eletrônico do TRE-SP, Data 13/08/2014).

Mesa receptora de votos x mesa receptora de justificativas

Os artigos 119 a 120 referem-se expressamente à mesa receptora de votos, não tratando da mesa concebida específica e exclusivamente para o recebimento de justificativas. Ocorre que as resoluções da Justiça Eleitoral usualmente acolhem a possibilidade de constituição de mesa autônoma de justificativas.

A título de exemplo, a Resolução n. 23.631/20, do Tribunal Superior Eleitoral, previu a possibilidade de constituição, nas seções eleitorais, de mesas receptoras exclusivamente destinadas à colheita de justificativas[21]. Em regra, os mesmos impedimentos para nomeação para mesa receptora de votos se aplicam às mesas receptoras de justificativas[22].

---

21 Art. 241. Os tribunais regionais eleitorais poderão instalar, nos locais de votação, mesas receptoras de justificativas exclusivamente para o recebimento dos formulários Requerimento de Justificativa Eleitoral (RJE).

22 Como se vê, por exemplo, da Resolução / TSE n. 23.456, que regulamentou as eleições de 2016: Art. 11. Não poderão ser nomeados para compor as Mesas Receptoras de Votos e as de Justificativas, bem como para atuar no apoio logístico (Código Eleitoral, art. 120, § 10, incisos I a IV; e Lei nº 9.504/1997, art. 63, § 20): - os candidatos e seus parentes, ainda que por afinidade, até o segundo grau, inclusive, e o cônjuge; II - os membros de diretórios de partido político, desde que exerçam função executiva; III - as autoridades e os agentes policiais, bem como os funcionários no desempenho de cargos de confiança do Poder Executivo; IV - os que pertencem ao serviço eleitoral; V - os elei-

Não obstante, em decorrência dos princípios da legalidade e da taxatividade da lei penal, os nomeados para compor exclusivamente mesas receptoras de justificativas que estiverem incursos em causa de impedimento e deixarem de declará-la não se sujeitarão às penas do art. 120, §5º, do Código Eleitoral.

3. INUTILIZAÇÃO OU ARREBATAMENTO DA LISTA DE CANDIDATOS

> **Art. 129.** Nas eleições proporcionais os presidentes das mesas receptoras deverão zelar pela preservação das listas de candidatos afixadas dentro das cabinas indevassáveis tomando imediatas providências para a colocação de nova lista no caso de inutilização total ou parcial.
>
> Parágrafo único. O eleitor que inutilizar ou arrebatar as listas afixadas nas cabinas indevassáveis ou nos edifícios onde funcionarem mesas receptoras, incorrerá nas penas do artigo 297.

Listas de candidatos

Os juízes eleitorais devem enviar ao presidente de cada mesa receptora de votos, pelo menos 72 (setenta e duas) horas antes da eleição, as relações dos candidatos e dos partidos registrados, as quais deverão ser afixadas no recinto das seções eleitorais em lugar visível. Dentro das cabinas indevassáveis, devem ser afixadas as relações de candidatos a eleições proporcionais (art. 133, II, Código Eleitoral).

Caso o presidente da mesa não tiver recebido o material até 48 (quarenta e oito) horas antes do pleito, deverá diligenciar para obtê-lo (art. 133, § 2º).

O principal desiderato da afixação das listas de candidatos e partidos na seção eleitoral e na cabina de votação é dar publicidade aos registros e, principalmente, permitir que o eleitor possa se guiar e obter números de partidos e candidatos, além de informações que forem necessárias para o exercício do direito ao voto.

Menção às penas do art. 297 e comparação entre os artigos

A principal diferença do tipo penal em comento e aquele previsto no art. 297 reside no aspecto subjetivo da conduta do agente. Aqui, a finalidade do agente é simplesmente de inutilizar ou arrebatar a as listas afixadas nas cabinas ou nos edifícios em que funcionem as mesas receptoras, independentemente do propósito de embaraçar ou impedir o exercício do sufrágio.

Já o tipo penal do art. 297 tem como objetividade jurídica o livre exercício do voto, o que não é necessariamente afetado pela conduta prevista no art. 129, parágrafo único, do Código Eleitoral. Por via de consequência, o art. 297 pressupõe que o agente atue com a finalidade de atingir o livre exercício do sufrágio. Os tipos penais, portanto, embora possuam penas idênticas, não se confundem.

Não obstante, exemplificativamente, o ato de destruir a lista afixada em cabina pode ter como propósito embaraçar votos de eleitores. Nesse caso, a destruição se apresentaria como crime meio para o alcance do delito previsto no art. 297, restando por este absorvido.

O entendimento defendido em anteriores edições deste livro no sentido de que a destruição de lista jamais se prestaria a embaraçar o exercício do voto deve ser superado. Pontuava-se

---

tores menores de dezoito anos. § 1 0 Para as Mesas que sejam exclusivamente Receptoras de Justificativas e para atuação como apoio logístico, não se aplica a vedação do inciso IV.

que, pela possibilidade de afixação de nova lista imediatamente após a destruição, haveria crime impossível pela ineficácia do meio. Ocorre que, para a incidência do artigo 17 do Código Penal brasileiro, a impropriedade do objeto ou a ineficácia do meio empregado para a prática do delito devem ser absolutas. A ineficácia apontada no exemplo não seria inerente à ação criminosa, mas produto de possível atuação reparadora da Justiça Eleitoral. Ineficácia relativa, portanto. A esperada atuação reparadora pode simplesmente não ocorrer. A propósito, "não exclui a existência da tentativa a utilização meio relativamente inidôneo, quando há um perigo, ainda que mínimo, para o bem jurídico que o agente pretende atingir"[23]. A afixação de lista nova, na hipótese aventada nas edições anteriores, seria circunstância alheia à vontade do agente, elemento caracterizador de tentativa.

A pena cominada para o delito é de detenção, de até seis meses, e pagamento de 60 a 100 dias-multa.

Bem jurídico tutelado

O crime previsto no artigo 129, parágrafo único, tem como objeto jurídico a regularidade dos serviços prestados pela Justiça Eleitoral, notadamente no âmbito dos atos preparatórios da votação.

Sujeitos do crime

Trata-se de crime próprio, exigindo-se do sujeito ativo a qualidade de "eleitor". Só se qualifica como autor do delito, portanto, aquele que tenha se submetido ao alistamento eleitoral, com deferimento de sua inscrição.

Não pode ser autor do delito o indivíduo que tiver apresentado Requerimento de Alistamento Eleitoral – RAE, sem que tenha sobrevindo o deferimento de sua inscrição. Somente a partir do momento em que deferido o alistamento – por decisão do juiz eleitoral – passa o indivíduo a ser considerado eleitor.

Nada impede que o eleitor se valha de terceiros para a prática do crime, não se tratando de delito de mão própria. Em circunstâncias tais, havendo unidade de desígnios, a elementar consistente na qualidade de "eleitor", condição de caráter pessoal, comunicar-se-á entre coautores e partícipes, nos moldes do art. 30 do Código Penal.

É irrelevante, para a caracterização do delito, a zona ou a seção eleitoral às quais se encontra vinculado o eleitor. A qualidade de cidadão é inerente ao indivíduo, inexistindo adstrição territorial, dentro do território nacional, que lhe restrinja o alcance. É possível, nesse sentido, que o indivíduo pratique o delito fora de seu domicílio eleitoral.

Como sujeito passivo do crime, posiciona-se o Estado.

Conduta típica

Da redação do tipo penal - "o eleitor que inutilizar ou arrebatar as listas afixadas nas cabinas indevassáveis ou nos edifícios onde funcionarem mesas receptoras, incorrerá nas penas do artigo 297" – extraem-se duas condutas nucleares, consistentes em "inutilizar" e "arrebatar".

"Inutilizar" consiste em tornar imprestável ou sem utilidade, causar dano ou estrago que torne a coisa inútil. Tal conduta abrange o ato de destruir, rasgar ou tornar, de qualquer forma, a lista ilegível, como ocorreria se fosse contra ela lançada tinta de cor escura, capaz de impedir sua adequada leitura.

23 MIRABETE, Julio Fabbrini; FABBRINI, Renato N. **Manual de Direito Penal**: parte geral: arts. 1º a 120 do CP - volume 1. 34ª ed. São Paulo: Atlas, 2019, p. 156.

"Arrebatar", por sua vez, caracteriza-se pelo ato de retirar do local originário, por arrancamento, subtração ou de qualquer outra forma, de modo que se ponha o documento fora do alcance daqueles que a ele deveriam ter acesso.

É indispensável que as listas estejam afixadas nas cabinas indevassáveis ou nos edifícios em que funcionem as mesas receptoras. Se os documentos forem arrebatados em local diverso – por exemplo, em edifício da Justiça Eleitoral, antes da remessa determinada pelo art. 133, II, do Código Eleitoral - não se aperfeiçoará o crime em questão. Não obstante, é possível que se caracterize delito diverso, por exemplo, supressão de documento (art. 305, CP), crime formal, que se consuma independentemente de dano efetivo.

4. INSTALAÇÃO DE ZONAS ELEITORAIS EM PROPRIEDADE PRIVADA RURAL

Art. 135. Funcionarão as mesas receptoras nos lugares designados pelos juízes eleitorais 60 (sessenta) dias antes da eleição, publicando-se a designação.

§ 1º A publicação deverá conter a seção com a numeração ordinal e local em que deverá funcionar com a indicação da rua, número e qualquer outro elemento que facilite a localização pelo eleitor.

§ 2º Dar-se-á preferência aos edifícios públicos, recorrendo-se aos particulares se faltarem aqueles em número e condições adequadas.

§ 3º A propriedade particular será obrigatória e gratuitamente cedida para esse fim.

§ 4º É expressamente vedado uso de propriedade pertencente a candidato, membro do diretório de partido, delegado de partido ou autoridade policial, bem como dos respectivos cônjuges e parentes, consanguíneos ou afins, até o 2º grau, inclusive.

§ 5º Não poderão ser localizadas seções eleitorais em fazenda sítio ou qualquer propriedade rural privada, mesmo existindo no local prédio público, incorrendo o juiz nas penas do Art. 312, em caso de infringência. (Redação dada pela Lei nº 4.961, de 4.5.1966)

§ 6º Os Tribunais Regionais, nas capitais, e os juízes eleitorais, nas demais zonas, farão ampla divulgação da localização das seções.

§ 6º-A. Os Tribunais Regionais Eleitorais deverão, a cada eleição, expedir instruções aos Juízes Eleitorais para orientá-los na escolha dos locais de votação, de maneira a garantir acessibilidade para o eleitor com deficiência ou com mobilidade reduzida, inclusive em seu entorno e nos sistemas de transporte que lhe dão acesso. (Redação dada pela Lei nº 13.146, de 2015)

§ 7º Da designação dos lugares de votação poderá qualquer partido reclamar ao juiz eleitoral, dentro de três dias a contar da publicação, devendo a decisão ser proferida dentro de quarenta e oito horas. (Incluído pela Lei nº 4.961, de 4.5.1966)

§ 8º Da decisão do juiz eleitoral caberá recurso para o Tribunal Regional, interposto dentro de três dias, devendo no mesmo prazo, ser resolvido. (Incluído pela Lei nº 4.961, de 4.5.1966)

§ 9º Esgotados os prazos referidos nos §§ 7º e 8º deste artigo, não mais poderá ser alegada, no processo eleitoral, a proibição contida em seu § 5º. (Incluído pela Lei nº 6.336, de 1º.6.1976)

"Coronelismo" e voto

Vitor Nunes Leal, em "Coronelismo, Enxada e Voto", explica a relação promíscua existente no interior do Brasil entre o poder econômico que se expressa por meio de propriedades rurais e o domínio exercido pelos "coronéis" sobre a esfera política. Detentores do poder privado, os "coronéis" acabam por assumir postos públicos de poder, contando com os chamados "votos de cabresto". Segundo o autor, os votos de cabresto decorrem de uma relação de dependência do trabalhador rural, extremamente pobre, em relação ao "coronel". Visando reduzir as condições inerentes a sua miséria, a categoria de trabalhadores rurais aceita favores e concessões, que dão origem a uma relação de fidelidade com o "coronel", o qual tende a manter autoridade sobre grandes lotes de "votos de cabresto"[24].

Permitir a instalação de seções eleitorais em propriedade rural privada, diante dessa realidade sociocultural do meio rural, seria admitir maiores espaços de mandonismo, com potencial de influência massiva sobre a população local, prejudicando-se o livre exercício do sufrágio. Daí a razão de ser do tipo penal previsto no art. 135, §5º, do Código Eleitoral.

Bem jurídico tutelado

O tipo penal em comento tutela a regularidade do processo eleitoral e a imparcialidade dos serviços da Justiça Eleitoral. Tutela-se, igualmente, o livre exercício do sufrágio, afastando-se as estruturas necessárias ao processo eleitoral do domínio do poder econômico rural.

Em determinadas localidades rurais, apenas trabalhadores vinculados a poucos proprietários de terras são os eleitores, permitindo-se rastreamento de votos e pressões – diretas ou indiretas – sobre o exercício do sufrágio. No sentido de reconhecer que a instalação de seções eleitorais e mesas receptoras em propriedades rurais pode vulnerar o livre exercício do direito ao voto:

> Recurso Eleitoral. Improcedência do pedido de extinção das seções eleitorais sediadas em prédios públicos (escolas municipais) situados na zona rural, em propriedade particular de líderes políticos. Nas referidas seções, de regra, votam apenas as pessoas residentes nas próprias fazendas, o que possibilita o **rastreamento dos votos e o exercício de pressões sobre os eleitores**. Recurso a que se dá provimento.
>
> (TER-MG. RECURSO ELEITORAL n 23352004, ACÓRDÃO n 3188 de 27/09/2004, Relator ANTÔNIO LUCAS PEREIRA, Publicação: DJMG - Diário do Judiciário-Minas Gerais, Data 27/10/2004, Página 86. Não há grifos na ementa original).

Sujeitos do crime

Trata-se de crime de mão própria, exigindo-se do sujeito ativo a qualificação de juiz eleitoral, que deve deter competência para determinar a instalação da seção eleitoral no âmbito da sua respectiva zona de atuação, nos termos do *caput* do artigo.

Ademais, não é possível a prática do crime por meio de terceiro, pressupondo-se atuação pessoal do juiz competente. Nesses moldes, como regra, não se admite coautoria.

Como sujeito passivo do crime, posiciona-se o Estado.

---

24 "Qualquer que seja, entretanto, o chefe municipal, o elemento primário desse tipo de liderança é o 'coronel', que comanda um lote considerável de *lotes de cabresto*. A força eleitoral empresta-lhe prestígio político, natural coroamento de sua privilegiada situação econômica e social de dono de terras. Dentro da esfera própria de influência, o 'coronel' resume em sua pessoa, sem substituí-las, importantes instituições sociais. Exerce, por exemplo, uma ampla jurisdição sobre seus dependentes [...]. Essa ascendência resulta muito naturalmente da sua qualidade de proprietário rural [...]. O roceiro vê sempre no 'coronel um homem rico, ainda que não o seja; rico, em comparação com sua pobreza sem remédio. [...] É, pois, para o próprio 'coronel' que o roceiro apela nos momentos de apertura, comprando fiado em seu armazém para pagar com a colheita, ou pedindo dinheiro, nas mesmas condições, para outras necessidades [...]. O lógico é o que presenciamos: no plano político, ele luta com o 'coronel' e pelo 'coronel'. Aí estão os votos de cabresto, que resultam, em grande parte, da nossa organização econômica rural" (LEAL, Vitor Nunes. **Coronelismo, Enxada e Voto**: o município e o regime representativo no Brasil. 7ª Ed. São Paulo: Companhia das Letras, 2012, p. 45-47.

Consumação e tentativa

Consuma-se o crime com a publicação da designação judicial da seção eleitoral para funcionamento em local descrito no art. 135, §5º.

Considerando que as decisões judiciais, como regra geral, apenas surtem efeitos a partir da publicação, trata-se de crime material. Praticada a conduta pelo juiz eleitoral, com designação da seção em local proscrito pelo tipo penal incriminador, a consumação do crime só ocorre com a publicação do *decisum*. Enquanto esta não ocorrer, o magistrado poderá revogar a decisão, o que caracterizará arrependimento eficaz (art. 15 do Código Penal), caso impedida a publicação da decisão original. Sem a publicação, a designação de fazenda, sítio ou qualquer espécie de propriedade rural privada para a instalação de seção eleitoral não se concretizará.

Em se tratando de crime material, é possível a tentativa. A título de exemplo, seria o caso em que juiz eleitoral substituto procede nos moldes do art. 135, §5º, mas o juiz titular reassume a Zona Eleitoral a tempo de revogar a decisão, antes que ocorra sua publicação.

5. INSCRIÇÃO FRAUDULENTA DE ELEITOR

> **Art. 289.** Inscrever-se fraudulentamente eleitor:
>
> Pena – Reclusão até cinco anos e pagamento de cinco a 15 dias-multa.

Alistamento Eleitoral

Nos termos do artigo 42 do Código Eleitoral, o alistamento do eleitor ocorre mediante qualificação e inscrição. Consiste a qualificação no ato pelo qual se individualiza o eleitor, o que se opera pelo fornecimento de informações pessoais que servirão para aferir o preenchimento dos requisitos constitucionais e legais ao exercício da capacidade eleitoral ativa. Constatando-se a presença dos requisitos, opera-se a inscrição do indivíduo cadastro de eleitores, aperfeiçoando-se o alistamento eleitoral originário.

Ao lado desse procedimento, encontram regulamentação nas normas eleitorais as formas de alistamento derivado, denominadas **revisão** e **transferência**.

É possível que, depois de inscrito, o eleitor precise alterar o local de votação, dentro do mesmo Município no qual está cadastrado, retificar dados pessoais ou regularizar sua inscrição. Em casos tais, o procedimento aplicável é o da revisão, previsto no art. 6º da Resolução n. 21.583/TSE[25].

Em seus artigos 5º e 18, diploma normativo igualmente regulamenta o procedimento de transferência, aplicável nos casos em que houver mudança de domicílio eleitoral.

A jurisprudência se consolidou no sentido de que o crime previsto no art. 289 do Código Eleitoral pode se aperfeiçoar tanto mediante atos de alistamento originário quanto por meio de atos de alistamento derivado.

Nesse sentido:

> [...]
>
> 4. In casu, a recorrente diligenciou, de modo voluntário, perante a 149ª Zona Eleitoral do Município de Recife/PE, o requerimento de duas operações de **revisão** biométrica em

25 Art. 6º Deve ser consignada OPERAÇÃO 5 – REVISÃO quando o eleitor necessitar alterar local de votação no mesmo município, ainda que haja mudança de zona eleitoral, retificar dados pessoais ou regularizar situação de inscrição cancelada nas mesmas condições previstas para a transferência a que se refere o § 3º do art. 5º.

> títulos eleitorais que supostamente lhe pertenciam. Para tanto, apresentou dois documentos de identidade com numerações distintas, porém com idêntico padrão de impressões digitais, o que foi confirmado mediante perícia papiloscópica nos prontuários a eles correspondentes.
>
> [...]
>
> 7. A expressão "inscrever-se", contida na norma incriminadora descrita no art. 289 do CE, é gênero do qual são espécies as demais modalidades de alistamento eleitoral. Precedente do TSE.
>
> [...]
>
> (TSE. Recurso em Habeas Corpus nº 060057294, Acórdão, Relator(a) Min. Tarcisio Vieira De Carvalho Neto, Publicação: DJE - Diário de justiça eletrônico, Tomo 239, Data 04/12/2018. Não há grifos no original).

Bem jurídico tutelado

O art. 289 tutela os serviços prestados pela Justiça Eleitoral e a própria regularidade do processo eleitoral. Mais especificamente, o tipo penal: "visa proteger a higidez do cadastro eleitoral, evitando a inscrição/transferência fraudulenta de eleitores, sem qualquer vínculo com o município para o qual se requer o cadastro. O que se pretende impedir é a situação, não tão incomum, promovida em regra por determinados candidatos ou certos partidos que tencionam formar um "curral eleitoral" em lugares específicos, providenciando, para tal finalidade, lista irregular de 'apoiadores'" (Recurso Criminal nº 3645, Acórdão, Relator(a) Min. Claudia Lúcia Fonseca Fanucchi, Publicação: DJESP - Diário da Justiça Eletrônico do TRE-SP, Data 19/12/2018).

Sujeitos do crime

"Se", na conduta nuclear "inscrever-se", exerce função sintática de pronome reflexivo. Embora não se exija do sujeito ativo qualquer qualificação especial, tratando-se de delito que pode ser cometido por qualquer pessoa, exige-se atuação direta e pessoal do autor, que deverá postular sua inclusão no cadastro eleitoral. Nesse aspecto, o tipo penal do art. 289 do Código Eleitoral expressa um crime de mão própria, pois pressupõe atuação pessoal do agente, inadmitindo-se coautoria.

A própria regulamentação do alistamento eleitoral implica a necessidade de atuação pessoal do sujeito ativo, pois a legislação o concebe como um procedimento composto por atos personalíssimos, o que se pode ver do art. 45 do Código Eleitoral[26]. Nem por isso o tipo exige alguma qualificação particular do sujeito ativo. Qualquer pessoa pode, mediante fraude – a exemplo do uso de documentos falsos – pôr-se a se inscrever como eleitor. Veja-se que a condição prévia de "eleitor" não é exigida pelo tipo penal, sendo ela dispensável, notadamente caso se trate de inscrição originária.

Não obstante, com foco na necessidade de atuação pessoal do agente, há entendimento jurisprudencial qualificando o delito em comento como crime de mão própria. Trata-se da leitura preponderante no Tribunal Superior Eleitoral:

> EMBARGOS DE DECLARAÇÃO. AGRAVO REGIMENTAL. RECURSO ESPECIAL. CRIME. ART. 289 DO CÓDIGO ELEITORAL. INSCRIÇÃO FRAUDULENTA. DELITO

---

26 Art. 45. O escrivão, o funcionário ou o preparador recebendo a fórmula e documentos determinará que o alistando date e assine a petição e em ato contínuo atestará terem sido a data e a assinatura lançados na sua presença; em seguida, tomará a assinatura do requerente na folha individual de votação" e nas duas vias do título eleitoral, dando recibo da petição e do documento.

> DE MÃO PRÓPRIA. AUXÍLIO MATERIAL DE TERCEIRO. PARTÍCIPE. EMENDATIO LIBELLI. INSTÂNCIA ESPECIAL. POSSIBILIDADE. OMISSÕES. INEXISTÊNCIA. REJEIÇÃO.
>
> (TSE. Recurso Especial Eleitoral nº 10235, Acórdão, Relator(a) Min. Herman Benjamin, Publicação: DJE - Diário de justiça eletrônico, Tomo 234, Data 12/12/2016, Página 34-35)

Assim, embora não se exija do agente uma qualificação especial prévia, pelos motivos já referidos, a caracterização do crime pressupõe atuação pessoal e direta.

A participação é admissível, observadas as ressalvas feitas nos comentários aos artigos 290 e 291 do Código Eleitoral.

É possível que haja participação por cumplicidade material – pelo fornecimento de meios para a prática delitiva, por exemplo, como ocorreria no caso de contrafação de documento para que o autor possa praticar o delito - ou moral, por meio de instrução ou orientação. Já decidiu o TSE que "a indução à prática da inscrição fraudulenta perfectibiliza o tipo do artigo 290 do Código Eleitoral. Se, porém, há prestação de auxílio material à conduta delitiva, está caracterizada a participação no delito do artigo 289 do Código Eleitoral" (Recurso Especial Eleitoral nº 571991, Acórdão, Relator(a) Min. Maria Thereza de Assis Moura, Publicação: DJE - Diário de justiça eletrônico, Tomo 58, Data 25/03/2015, Página 37).

Ainda no sentido de se reconhecer a responsabilização de terceiro, na qualidade de partícipe:

> AGRAVO REGIMENTAL. RECURSO ESPECIAL. CRIME. ART. 289 DO CÓDIGO ELEITORAL. INSCRIÇÃO FRAUDULENTA DE ELEITOR. DELITO DE MÃO PRÓPRIA. AUXÍLIO MATERIAL DE TERCEIRO. PARTÍCIPE. POSSIBILIDADE. DESPROVIMENTO.
>
> [...]
>
> 10. No caso, é incontroverso que Ademir Mattoso firmou, como testemunha, declaração falsa de endereço de Samuel Galeano Burgos, que serviu para instruir processo de transferência eleitoral.
>
> 11. Eleitor que, de algum modo, auxilia outrem a praticar o crime do art. 289 do Código Eleitoral - inscrição fraudulenta - responde como partícipe, nos termos do art. 29 do Código Penal e de precedentes desta Corte Superior.
>
> 12. O decisum agravado não se fundou em meros indícios. Quem, por livre e espontânea vontade, ratifica como testemunha declaração de terceiro, concorda com o teor ali existente e deve arcar com as consequências jurídico-penais de sua conduta.
>
> 13. Agravo regimental não provido.
>
> (TSE. Recurso Especial Eleitoral nº 10235, Acórdão, Relator(a) Min. Herman Benjamin, Publicação: DJE - Diário de justiça eletrônico, Data 20/10/2016).

Como sujeito passivo, posiciona-se o Estado.

Condutas

Como antecipado, a conduta nuclear "inscrever-se" abrange tanto o alistamento eleitoral originário como os atos de revisão e transferência, considerados formas derivadas de alistamento / inscrição eleitoral:

> RECURSO ESPECIAL. PRESSUPOSTOS. TRANSGRESSÃO À NORMA ELEITORAL: INDUZIMENTO. INSCRIÇÃO ELEITORAL: TRANSFERÊNCIA. TIPICIDADE: ART. 284 E 290, CE. [...] 2.1 A jurisprudência da Corte é no sentido de que a expressão «inscrição», contida no art. 290 do Código Eleitoral, é gênero do qual a «transferência» é espécie. Tipicidade da conduta.

> (TSE. Recurso Especial Eleitoral nº 15177, Acórdão de , Relator(a) Min. Maurício Corrêa, Publicação: DJ - Diário de justiça, Data 22/05/1998, Página 72)

No mesmo sentido:

> 7. A expressão "inscrever-se", contida na norma incriminadora descrita no art. 289 do CE, é gênero do qual são espécies as demais modalidades de alistamento eleitoral. Precedente do TSE. [...]. 9. Recurso ordinário em habeas corpus desprovido.
>
> (Recurso em Habeas Corpus nº 060057294, Acórdão, Relator(a) Min. Tarcisio Vieira De Carvalho Neto, Publicação: DJE - Diário de justiça eletrônico, Tomo 239, Data 04/12/2018)

O tipo penal ainda exige que a inscrição se opere por meio fraudulento, caracterizado por comportamento artificioso, ardiloso, de má-fé. É comum que referido delito ocorra pela apresentação de dados falsos à Justiça Eleitoral, quando do requerimento de inscrição como eleitor.

Para a caracterização do crime, exige-se apenas o dolo genérico de o indivíduo inscrever-se – de forma originária ou derivada – fraudulentamente como eleitor, não se exigindo finalidade eleitoral específica.

> 4. A leitura do art. 289 do Código Eleitoral evidencia que o crime de inscrição fraudulenta de eleitor não demanda **nenhuma finalidade eleitoral específica** para sua configuração, de modo que, para subsunção da conduta ao tipo penal, basta a vontade consciente do agente para realizar, mediante expediente ardil, **transferência** ou **inscrição eleitoral** (dolo genérico), tal como reconhecido no acórdão recorrido. (TSE. AgRg no AREsp 531.930/SC, Sexta Turma, Rel. Ministro Sebastião Reis Júnior, DJe 13/2/2015)" (TSE. AgRg no REsp nº 1.738.490/GO, Rel. Min. Felix Fischer, Quinta Turma, DJe de 10.9.2018).

Declaração falsa de domicílio para fins de inscrição fraudulenta

Caracteriza o crime previsto no art. 289 do Código Eleitoral a declaração falsa de domicílio para fins de inscrição fraudulenta. Na hipótese, fica absorvida a espécie delitiva prevista no art. 350 do Código Eleitoral – falsidade ideológica – por incidência do princípio da consunção, tratando-se de crime praticado como meio para a realização do tipo penal em comento.

Aderindo a esse entendimento:

> [...]
>
> 3. Na hipótese do crime de previsto no art. 289 do Código Eleitoral (inscrever-se, fraudulentamente, o eleitor), com apresentação de declaração falsa de endereço para fins de transferência eleitoral, utiliza-se o princípio da consunção, a falsificação é considerada crime meio e deve ser absolvido pelo crime fim, que é a inscrição fraudulenta.
>
> 4. Conforme entendimento do Tribunal Superior Eleitoral, para a configuração do delito do art. 350 do Código Eleitoral, é necessário que a declaração falsa prestada para fins eleitorais seja firmada pelo próprio eleitor interessado (TSE. Recurso Criminal n 507, ACÓRDÃO n 507 de 26/07/2016, Relator HENRIQUE PEREIRA DOS SANTOS, Publicação: DJE - Diário da Justiça Eletrônico, Tomo 135, Data 28/07/2016, Página 2).

Sem prejuízo, há de se memorar que o conceito de domicílio, para fins eleitorais, é mais amplo do que o aplicável ao direito civil. Como consectário, não se tem considerado falsa a declaração de domicílio eleitoral, com requerimento de inscrição em determinada circunscrição, quando o eleitor, a despeito de não residir no local, possui familiares, negócios, vínculos afetivos, sociais ou profissionais, na localidade:

> [...]
>
> 5. A comprovação de vínculos familiar e afetivo constitui requisito suficiente para a comprovação de residência, afastando a incidência do tipo penal do artigo 289 do Código Eleitoral.

> 6. Não havendo provas suficientes para comprovar a existência de ilícito eleitoral na caracterização de fraude na inscrição eleitoral prevalece o princípio do in dúbio pro réu, absolvendo o réu.
>
> 7. Recurso desprovido.
>
> (TSE. Recurso Criminal n 507, ACÓRDÃO n 507 de 26/07/2016, Relator HENRIQUE PEREIRA DOS SANTOS, Publicação: DJE - Diário da Justiça Eletrônico, Tomo 135, Data 28/07/2016, Página 2)

Como se sabe, o domicílio é o fator que determina em que local deve o indivíduo se alistar e que define a base territorial de eventual candidatura. No âmbito das relações civis o conceito de domicílio pressupõe a pretensão de se estabelecer, em local determinado e de forma definitiva, residência. Já para fins eleitorais, o art. 42, parágrafo único, do Código Eleitoral, adota uma concepção mais abrangente, estatuindo que "para o efeito da inscrição, é domicílio eleitoral o lugar de residência ou moradia do requerente, e, verificado ter o alistando mais de uma, considerar-se-á domicílio qualquer delas". É assim que, entre diversos domicílios eleitorais, o requerente poderá optar por se inscrever na circunscrição eleitoral relacionada a qualquer deles.

Consumação e tentativa

Trata-se de crime material, cuja consumação pressupõe o deferimento da inscrição requerida pelo eleitor, com efetiva inclusão no cadastro eleitoral. Sem o deferimento, não se aperfeiçoa o alistamento, nos termos do art. 42 do Código Eleitoral.

Em sentido contrário, defendendo tratar-se de crime formal, operando-se o momento consumativo no instante em que o indivíduo requer sua inscrição eleitoral mediante fraude, independentemente de posterior deferimento:

> [...]
>
> 3. Por se tratar de crime comissivo, o delito descrito no art. 289 do Código Eleitoral se **consuma com o comparecimento do eleitor à Justiça Eleitoral para requerer o respectivo alistamento**.
>
> [...]
>
> Nesse contexto, visto que, entre as datas nas quais requeridas cada uma das revisões (7.4.2014 e 12.11.2014) e o dia do recebimento da denúncia, ocorrido em 30.11.2017, não transcorreu o prazo de doze anos, não há falar na ocorrência da causa extintiva da punibilidade [...] (TSE. Recurso em Habeas Corpus nº 060057294, Acórdão, Relator(a) Min. Tarcisio Vieira De Carvalho Neto, Publicação: DJE - Diário de justiça eletrônico, Tomo 239, Data 04/12/2018).
>
> Igualmente:
>
> [...]
>
> 2. O bem jurídico protegido pelo artigo 289 (inscrição fraudulenta) do Código Eleitoral é a higidez do alistamento eleitoral, a verdade dos dados lançados no cadastro, para a tipificação do crime previsto basta a vontade livre e consciente de inscrever-se fraudulentamente, sendo dispensável a averiguação de resultado ou vantagem, pois trata-se de crime formal.
>
> [...]
>
> (TRE-TO. Recurso Criminal n 127, ACÓRDÃO n 127 de 22/10/2019, Relator MARCELO CÉSAR CORDEIRO, Publicação: DJE - Diário da Justiça Eletrônico, Tomo 198, Data 24/10/2019, Página 2).

Registre-se que o resultado material possivelmente decorrente da infração é a efetiva inserção do indivíduo no cadastro de eleitores de determinada circunscrição, não a obtenção de vantagem qualquer. Nesse ponto, tem razão a Corte ao asseverar que se dispensa a obtenção de vantagem para a caracterização do crime. Não obstante, o resultado que decorre necessariamente da ação criminosa não é esse, mas a efetivação da inscrição fraudulenta pretendida pelo eleitor, sem o que não se consuma o crime. Reafirma-se, assim, a natureza material da infração.

Há, ainda, entendimento de que se trata de crime de mera conduta.

> RECURSO CRIMINAL. AÇÃO PENAL. (ART. 289 DO CÓDIGO ELEITORAL). PRELIMINAR. CERCEAMENTO DE DEFESA. REJEITADA. MÉRITO. CRIME IMPOSSÍVEL. INSCRIÇÃO ELEITORAL FRAUDULENTA. USO DE DOCUMENTO FALSO. VÍNCULO ECONÔMICO E FAMILIAR. NÃO COMPROVADO. PENA-BASE. FIXADA NO MÍNIMO LEGAL. RECURSO IMPROVIDO.
>
> [...]
>
> 3. Na espécie, ao requerer a transferência do alistamento eleitoral, utilizando ficha médica cadastral falsificada, caracteriza a tipicidade prevista no art. 289 do Código Eleitoral, sendo o tipo de mera conduta, o indeferimento da transferência não afasta a conduta. (Recurso Criminal n 397, ACÓRDÃO n 397 de 22/10/2019, Relator(aqwe) MARCELO CÉSAR CORDEIRO, Publicação: DJE - Diário da Justiça Eletrônico, Tomo 198, Data 24/10/2019, Página 2)

Não deve prosperar o entendimento, haja vista que o resultado naturalístico decorrente da ação, consistente na efetivação da inscrição fraudulenta, não é só possível – o que já afastaria a qualificação do delito como crime de mera conduta – mas necessário à vulneração do bem jurídico tutelado pela norma – qual seja, a higidez do cadastro eleitoral – bem como à consumação do crime.

> [...]
>
> 2. Ainda que o crime previsto no artigo 289 do Código Eleitoral seja qualificado de mão própria, na medida em que somente pode ser praticado pelo eleitor, não admite a coautoria, mas é possível a participação através de cumplicidade (TSE - REspe: 571991 RN, Relator: Min. MARIA THEREZA ROCHA DE ASSIS MOURA, Data de Julgamento: 03/03/2015, Data de Publicação: DJE - Diário de justiça eletrônico, Tomo 58, Data 25/03/2015, Página 37).
>
> (Recurso Criminal n 2468, ACÓRDÃO n 2468 de 11/02/2020, Relator ÂNGELA ISSA HAONAT, Publicação: DJE - Diário da Justiça Eletrônico, Tomo 28, Data 13/02/2020, Página 1 e 2).

Em se tratando de crime material e plurissubsistente, o delito previsto no art. 289 admite a tentativa, a exemplo do caso em que o eleitor, pretendendo ver-se inscrito fraudulentamente no cadastro eleitoral, tem seu pedido indeferido pois revelada falsa declaração de domicílio eleitoral.

6. INDUÇÃO À INSCRIÇÃO IRREGULAR DE ELEITOR

> **Art. 290.** Induzir alguém a se inscrever eleitor com infração de qualquer dispositivo deste Código.
>
> Pena – Reclusão até 2 anos e pagamento de 15 a 30 dias-multa.

Conduta nuclear, comentários gerais e necessidade de reformulação jurisprudencial.

Tem preponderado na doutrina e na jurisprudência que, em relação ao art. 289, o art. 290 do Código Eleitoral encerra uma exceção à teoria monista, aplicável ao concurso de pessoas.

Como se sabe, a regra geral é a de que "quem, de qualquer modo, concorre para o crime incide nas penas a este cominadas" (art. 29, CP)[27].

Na ausência do tipo penal em comento, aquele que viesse a **induzir** o indivíduo a fraudulentamente inscrever-se eleitor responderia por violação ao art. 289 do Código Eleitoral, na qualidade de partícipe, na forma do artigo 29 do Código Penal. Supostamente afastando a regra geral, o legislador teria optado por promover uma tipificação autônoma do induzimento à inscrição fraudulenta por meio do art. 290 do Código Eleitoral.

Não nos parece, entretanto, que a interpretação preponderante esteja correta.

Primeiro, há de se notar que a gravidade *in abstrato* dos dois crimes é bastante distinta. Enquanto o art. 289 prevê pena privativa de liberdade de até cinco anos – tratando-se de delito de médio potencial ofensivo – a infração penal do art. 290 é crime de menor potencial ofensivo, com pena máxima de dois anos.

Veja-se que, no art. 290, a conduta nuclear é "induzir", consistente na ação de incutir em mente alheia ideia criminosa antes inexistente. Induzir, não se confunde com instigar, forma distinta de participação. Caso o indivíduo a quem se dirige a conduta estiver predisposto à prática da inscrição eleitoral fraudulenta, a conduta daquele que incentiva o delito e reforça a pretensão preexistente se caracterizará como **instigação**. Como o art. 290 prevê exclusivamente a atuação pelo **induzimento**, o instigador da inscrição eleitoral fraudulenta não estará incurso no tipo penal em estudo. Já decidiu o TSE:

> "A conduta daquele que reforça uma ideia pré-existente ou que viabiliza meios para que a inscrição fraudulenta ocorra não se insere no art. 290 do Código Eleitoral" (TSE. REspe nº 1987-60/AL, rel. Min. Luiz Fux, DJe de 16.3.2017)".

Por outro lado, não se pode considerar atípica a atuação do instigador. Mantida a lógica da interpretação reinante, se o art. 290 se limitou a tratar a forma de participação pelo **induzimento**, a consequência não é que as demais formas de participação situam-se em um vazio penal. A regra geral do art. 29 permanece em vigor, afastando-se dela apenas as circunstâncias abarcadas por normas especiais, nos limites estritos da especialidade. Sob a aplicação da norma geral, portanto, o **instigador** fatalmente restaria incurso no art. 289 do Código Eleitoral.

Haveria nesse caso uma inexplicável situação em que aquele que **induz** o indivíduo a inscrever-se eleitor em desacordo com a Lei Eleitoral se sujeita à pena máxima de 02 anos de reclusão, enquanto aquele que **instiga** ou presta auxílio ao mesmo propósito se sujeita à pena máxima de 05 anos de reclusão, pela caracterização do crime previsto no art. 289 do Código Eleitoral c.c o art. 29 do Código Penal.

O que se vê é que somente haveria coerência sistêmica na suposta exceção à teoria monista se todas as formas de participação no crime do art. 289 estivessem abrangidas pelo artigo 290. Se assim fosse, teria optado o legislador por conferir tratamento mais leniente ao partícipe, mais gravoso ao autor. Porém, não é disso que se trata.

O ajuste a essa interpretação que gera distorções deve partir da compreensão de que a verdadeira distinção entre os dois delitos reside na forma de materialização da inscrição eleitoral indevida, o que se extrai das próprias elementares dos tipos.

27 Nesse sentido: "é uma exceção à regra, eis que o preceito quebra o princípio da unidade do crime, pois, a rigor, quem induz alguém a se inscrever fraudulentamente deveria ser coautor do delito previsto no art. 289 do mesmo Código. Entretanto, o Cód. Eleitoral preferiu criar uma figura específica para aquele que induz e outra para o agente que se inscreve fraudulentamente" (STOCO, Rui; STOCO, Leandro de Oliveira. **Legislação Eleitoral Interpretada**: doutrina e jurisprudência. 1ª ed. em ebook baseada na 5ª ed. impressa. São Paulo: Revista dos Tribunais, 2014, sem páginas).

Nesse aspecto, a incidência do art. 290 do Código Eleitoral pode se projetar para além dos limites do art. 289. Há distinção clara quanto ao alcance das condutas proscritas, na medida em que o art. 290 não faz qualquer referência à fraude, elementar contida no art. 289. Para a caracterização do crime tratado neste tópico, haverá tipicidade se o agente *induzir* alguém a se inscrever eleitor "com infração de *qualquer* dispositivo do Código", independentemente do emprego de meio fraudulento. É a fraude que justifica, portanto, o tratamento penal mais severo dispensado ao art. 289.

Por outro lado, há de se questionar qual a razão de ser do tipo penal autônomo do art. 290. O que pretende o legislador com o art. 290 é erigir um regime sancionatório que não deixe margem de impunidade aos aliciadores de eleitores e à captação maliciosa de votos, com potencial de manipulação do exercício do sufrágio.

Tanto essa é uma preocupação central do Código Eleitoral, que as condutas relacionadas ao aliciamento de eleitores são criminalizadas sob diferentes óticas – nos artigos 290, 299, 300, 301 e 334 do diploma legal.

O art. 290, portanto, é um soldado de reserva, para punição de eventuais aliciadores de eleitores que atuem induzindo inscrições eleitorais em desacordo com a legislação, sem que haja caracterização de fraude. Igualmente deve incidir o dispositivo nos casos de ausência de culpabilidade por parte do eleitor que, induzido a fazê-lo, promove a inscrição, mesmo que haja emprego de fraude[28].

Por outro lado, havendo unidade de desígnios entre aquele que pratica o induzimento e o eleitor que se inscreve fraudulentamente, ambos estarão incursos no art. 289 do Código Eleitoral, c.c. o art. 29 do Código Penal, já que a elementar "fraude" está presente na esfera de conhecimento de todos aqueles que concorrem para o crime e é elemento de especialidade do art. 289, em comparação com o art. 290.

Como se vê, a verdadeira relação de especialidade entre as normas ocorre no sentido de que induzir alguém a se inscrever mediante fraude (art. 289, c.c. o art. 29, CP) é mais restrito do que induzir alguém a se inscrever mediante violação a qualquer norma eleitoral (art. 290, CE), restando caráter subsidiário à última forma de tipificação e reconhecendo-se natureza especial à norma do art. 290, ao alcançar o induzimento de inscrição mediante fraude[29].

Essa é a melhor interpretação para que se mantenha a coerência orgânica entre os artigos 289 e 290 do Código Eleitoral, sem que haja desproporcionalidade das penas cominadas para indução, auxílio ou instigação, de como que a forma de participação mais abrangente – induzir – esteja a receber um tratamento menos rigoroso do que a conduta menos determinante – instigar.

A criminalização em separado se justifica pelo único fato – já dito – de se pretender não deixar margem de impunidade aos aliciadores de eleitores.

Feitas essas ponderações, os demais tópicos, abaixo, expressam os entendimentos consolidados na jurisprudência e na doutrina majoritárias.

Bem jurídico tutelado

Assim como ocorre com o art. 289, o art. 290 tutela especificamente "a higidez do cadastro eleitoral, evitando a inscrição/transferência fraudulenta de eleitores, sem qualquer vínculo com

28 Se o eleitor é induzido em erro pelo aliciador e se inscreve fraudulentamente, sem conhecer o elemento de fraude, não haverá dolo e, portanto, não haverá crime, tornando-se impossível a responsabilização do aliciador a título de participação no crime do art. 289. Em se tratando de crime de mão própria, igualmente não haveria como se falar em autoria mediata, restando somente a responsabilização isolada pela instigação, proscrita pelo art. 290 do Código Eleitoral, dispositivo aplicável à hipótese.

29 Nas edições anteriores desta obra, já se defendia que não há necessidade de fraude para caracterização do crime previsto no art. 290 do Código Eleitoral, interpretação alinhada ao texto legal.

o município para o qual se requer o cadastro. O que se pretende impedir é a situação, não tão incomum, promovida em regra por determinados candidatos ou certos partidos que tencionam formar um "curral eleitoral" em lugares específicos, providenciando, para tal finalidade, lista irregular de 'apoiadores'" (Recurso Criminal nº 3645, Acórdão, Relator(a) Min. Claudia Lúcia Fonseca Fanucchi, Publicação: DJESP - Diário da Justiça Eletrônico do TRE-SP, Data 19/12/2018).

Por óbvio, também se pretende evitar o exercício de faculdades inerentes à cidadania ativa por indivíduos que não preenchem os requisitos constitucionais e legais para tanto.

Sujeitos do crime

Quanto ao sujeito ativo, trata-se de crime comum, não se exigindo do autor qualquer qualificação especial para a prática do delito.

Sujeito passivo do crime é o Estado.

Condutas

A conduta nuclear é "induzir" consistente na ação de incutir em mente alheia ideia criminosa antes inexistente. Caso o indivíduo a quem se dirige a conduta estiver predisposto à prática da inscrição eleitoral fraudulenta, a conduta daquele que incentiva o delito e reforça a pretensão criminosa preexistente se caracterizará como instigação, restando o agente incurso no art. 289 do Código Eleitoral, aplicando-se a regra geral do art. 29 do Código Penal:

> "A conduta daquele que reforça uma ideia pré-existente ou que viabiliza meios para que a inscrição fraudulenta ocorra não se insere no art. 290 do Código Eleitoral" (REspe nº 1987-60/AL, rel. Min. Luiz Fux, DJe de 16.3.2017.)

Como consectário do princípio da taxatividade da lei penal, somente inscrições com infração ao Código Eleitoral caracterizam o tipo penal. Não são abrangidas pelo tipo infrações a Resoluções do Tribunal Superior Eleitoral ou outras fontes normativas legais ou infralegais, pois fora do alcance do tipo[30]. A redação do preceito primário se refere a "dispositivo" do Código, não a preceitos, princípios ou diretrizes, termos que poderiam ter conotação mais ampla.

Quanto ao meio de caracterização do crime, basta que a inscrição ocorra mediante infração a qualquer das normas do Código, independentemente de fraude.

Como pontuado no artigo antecedente, o ato de inscrição referido no tipo penal abrange tanto a inscrição originária quanto a derivada, abarcando os procedimentos de revisão e transferência.

A indução pode ocorrer mediante o oferecimento de vantagens, para fins de realização de inscrição derivada por transferência do título. Em casos tais, se o oferecimento da vantagem tiver como propósito obter voto ou conseguir abstenção, não haverá consunção entre o crime previsto no art. 290 do Código Eleitoral e o crime previsto no art. 299, mas concurso de crimes, pela existência de infrações autônomas, com desígnios autônomos e objeto jurídico distintos:

> SENTENÇA QUE APLICOU PRINCÍPIO DA CONSUNÇÃO AO CONSIDERAR QUE O CRIME DO ARTIGO 299, DO CÓDIGO ELEITORAL ABSORVEU O DO PREVISTO NO ARTIGO 290, DO MESMO DIPLOMA LEGAL. DESCABIMENTO. PRECEDENTES. IMPOSSIBILIDADE DE APLICAÇÃO DO MENCIONADO PRINCÍPIO ENTRE OS CRIMES DESCRITOS, PORQUANTO SÃO TIPOS PENAIS DIVERSOS, APERFEIÇOAM-SE DE FORMA INDEPENDENTE E, NO CASO EM TESTILHA, AS AÇÕES POSSUÍAM DESÍGNIOS AUTÔNOMOS. CONDENAÇÃO DECRETADA [...].

30 Em sentido contrário: "Urge interpretar extensivamente a norma legal. Assim, a infringência a qualquer preceito eleitoral, independentemente de estar ou não localizada no Código, enseja a ocorrência do delito em tela" (GOMES, José Jairo. **Crimes Eleitorais em Espécie**. São Paulo: Atlas, 2015, p.41.

(TRE-SP. Recurso Criminal nº 274, Acórdão, Relator(a) Des. Claudia Lúcia Fonseca Fanucchi, Publicação: DJESP - Diário da Justiça Eletrônico do TRE-SP, Data 22/05/2018)

Consumação e tentativa

O crime se consuma com o início do processo administrativo de inscrição eleitoral em desacordo com as normas do Código, independentemente da obtenção de qualquer resultado:

> 1. Os crimes previstos nos artigos 290 e 299 do Código Eleitoral são de mera conduta, não exigindo a produção de resultado para sua tipificação (TSE. RECURSO ESPECIAL ELEITORAL nº 28535, Acórdão, Relator(a) Min. Fernando Gonçalves, Publicação: RJTSE - Revista de jurisprudência do TSE, Volume 20, Tomo 4, Data 29/09/2009, Página 236).

A tentativa não é admissível, tratando-se de crime unissubsistente. Não é punível a conduta do instigador enquanto o indivíduo que se busca induzir não inicia o procedimento eleitoral de inscrição originária ou derivada. Por outro lado, o início do procedimento implica a imediata consumação do delito, independentemente de resultado, como já posto.

7. EFETUAR O JUIZ INSCRIÇÃO FRAUDULENTA DE ALISTADO

> **Art. 291.** Efetuar o juiz, fraudulentamente, a inscrição de alistando.
>
> Pena - Reclusão até 5 anos e pagamento de cinco a quinze dias-multa.

Bem jurídico tutelado

O tipo penal, assim como os dois anteriores, tutela "a higidez do cadastro eleitoral". Também se pretende evitar o exercício de direitos inerentes à cidadania por indivíduos que não preenchem os requisitos constitucionais e legais para tanto.

Sujeitos ativo e passivo

Trata-se de crime de mão própria, que somente pode ser perpetrado pelo juiz eleitoral competente para proceder à inscrição, assim também considerado o magistrado que se encontre no exercício da função por designação de Tribunal Eleitoral (art. 283, I, do Código Eleitoral). Pela qualificação referida, admite-se participação, mas não coautoria, sendo possível que outros servidores públicos ou particulares concorram para o crime a ser praticado pessoalmente pelo magistrado.

Não só o juiz de primeiro grau pode perpetrar o crime, mas também autoridades judiciárias hierarquicamente superiores, no exercício de competência recursal. Dispõe o art. 7º, § 1º, da Lei n. 6.996/82 que "do despacho que indeferir o requerimento de inscrição, caberá recurso interposto pelo alistando pelo prazo de 5 (cinco) dias e, do que o deferir, poderá recorrer qualquer delegado de Partido Político no prazo de 10 (dez) dias". O recurso que busca reverter decisão que indefere alistamento eleitoral é de competência do Tribunal Regional Eleitoral, cujos desembargadores podem, caso procedam fraudulentamente na realização da inscrição, ser sujeitos ativos do crime em comento. O termo "juiz" pode ser interpretado extensivamente para alcançar a autoridade judiciária competente com aptidão para proceder à inscrição fraudulenta.

O juiz eleitoral que se inscrever fraudulentamente eleitor, fora do exercício da atividade jurisdicional e na qualidade de cidadão, restará incurso no art. 289 do Código Eleitoral.

Caso haja conluio entre o indivíduo que se inscreve fraudulentamente como eleitor e o juiz eleitoral que promove a inscrição fraudulenta, haverá uma exceção à teoria monista, de sorte que o cidadão responderá pela prática do crime previsto no artigo 289, enquanto o juiz responderá pela ofensa ao art. 291 do Código Eleitoral.

Sujeito passivo é o Estado.

Conduta, consumação e tentativa.

Cabem aqui os mesmos comentários tecidos em relação ao artigo 289 do Código Eleitoral, para o qual remetemos o leitor.

Questões processuais penais

Ao estabelecer a competência originária dos tribunais, a Constituição Federal prevê que compete privativamente aos "Tribunais de Justiça julgar os juízes estaduais e do Distrito Federal e Territórios, bem como os membros do Ministério Público, nos crimes comuns e de responsabilidade, ressalvada a competência da Justiça Eleitoral". A ressalva aqui se aplica quanto à competência da Justiça Eleitoral.

Caso se impute a juiz direito – designado para atuar como juiz eleitoral – delito relacionado às competências eleitorais, competente para processo e julgamento da ação penal será o Tribunal Regional Eleitoral, não o Tribunal de Justiça de origem do magistrado.

8. NEGATIVA OU RETARDAMENTO INJUSTIFICADO DE INSCRIÇÃO ELEITORAL

> **Art. 292.** Negar ou retardar a autoridade judiciária, sem fundamento legal, a inscrição requerida:
>
> Pena - Pagamento de 30 a 60 dias-multa.

Bem jurídico tutelado

O tipo penal tutela primariamente os direitos correlatos à cidadania ativa e à cidadania passiva do indivíduo[31]. Sem o alistamento eleitoral, ficam tolhidos os direitos de votar e de ser votado, assegurados constitucionalmente àquele que preencher os requisitos constitucionais e legais. Recorde-se que o alistamento eleitoral é tanto pressuposto para o exercício do voto quanto condição de elegibilidade, nos termos do art. 14 e §§ da Constituição Federal.

Também se pode dizer que há proteção ao *status ativo*[32] do indivíduo perante o Estado – o que já abrange a cidadania nas diferentes dimensões do sufrágio – ativa e passiva.

Igualmente, protege-se o caráter *universal* do sufrágio, pois não cabe a qualquer autoridade restringir, por motivos extralegais, a ampla dimensão que o constituinte conferiu aos direitos políticos.

---

31 Por cidadania ativa deve-se entender o direito de votar e eleger representantes. A cidadania passiva, por sua vez, caracteriza-se pelo direito de ser votado, eleito, escolhido como representante do povo em processo eleitoral.

32 Faz-se, aqui, referência à teoria dos quatro *status* de Georg Jellinek (JELLINEK, Georg. *System der Subjektiven öffentlichen Rechte*, 2ª ed., Tubinga, 1905, pp. 86). Cada um dos *status* se presta, segundo o autor, a qualificar a posição do indivíduo perante o Estado, considerando a sua forma de com ele se relacionar. Muito sinteticamente, o *status passivo* se qualifica por uma posição de dever / sujeição do indivíduo às normas de conduta provenientes do Estado. O *status negativo* – ou *status libertatis* – o ponto focal é a autonomia do indivíduo, que deve permanecer livre de ingerências estatais. Trata-se de posição de garantia. Por sua vez, o *status positivo* – ou *status civitatis* – se expressa pela possibilidade de o indivíduo exigir do Estado prestações positivas para a realização de seus direitos ou de suas necessidades. Por fim, o *status ativo* – ou *status de cidadania ativa* – se caracteriza pela atribuição ao indivíduo de competências que permitam sua efetiva participação na vida do Estado, na concepção dinâmica da vontade estatal.

Sujeitos ativo e passivo

Trata-se de crime de mão própria, que só pode ser cometido pessoalmente pela autoridade judiciária competente. Sobre esse ponto, são aplicáveis os comentários feitos ao art. 291, acima.

Sujeito passivo é o cidadão que tem sua inscrição retardada ou negada, sem fundamento legal. Secundariamente, o Estado pode ser visto como sujeito passivo, pois há imposição de barreiras indevidas à universalidade do sufrágio, preceito que rege a vida política da República Federativa do Brasil (art. 14 da Constituição Federal).

Conduta

O crime pode ser perpetrado na forma comissiva (negar) ou omissiva (retardar). O retardamento se caracteriza justamente por um *non facere*, pela inércia da autoridade judiciária, que deixa de se manifestar sobre o alistamento eleitoral.

O elemento subjetivo do tipo é o dolo, de modo que não caracteriza o crime o retardamento por circunstâncias alheias à vontade da autoridade judiciária, como uma invencível sobrecarga de trabalho. Também pelo aspecto necessariamente doloso do crime, não se pode interpretar o art. 292 de forma a se caracterizar "crime de hermenêutica". Assim, eventual negativa fundamentada, com expressão de entendimento judicial admissível, embora minoritário, não caracteriza o delito.

A caracterização do crime pressupõe, portanto, negativa arbitrária, que subverte claramente as decisões políticas adotadas pelo constituinte ou pelo legislador. Seria o caso de indeferimento de alistamento de analfabeto, sob o fundamento de que este poderia ter dificuldades para compreender as questões afetas à vida política do Estado.

Não se confunde a negativa sem fundamento legal com negativa por decisão imotivada. A ausência de motivação da decisão judicial pode implicar a nulidade da decisão e a violação dos deveres do magistrado, mas não necessariamente o crime se, no caso concreto, observar-se a efetiva existência de causa impeditiva da inscrição eleitoral.

Consumação e tentativa

Trata-se de crime de mera conduta, que não admite a forma tentada.

Quanto à modalidade *negar*, embora decisões judiciais produzam efeitos, regra geral, a partir da publicação em veículo oficial, a consumação ocorre no momento da prolação da decisão nos autos, haja vista que o tipo penal dispensa a ocorrência de qualquer resultado naturalístico. Por isso, também não repercute sobre a tipicidade a reversão da negativa por instância superior, mesmo que se afaste qualquer prejuízo concreto ao cidadão.

9. PERTURBAR OU IMPEDIR O ALISTAMENTO

> **Art. 293.** Perturbar ou impedir de qualquer forma o alistamento:
>
> Pena – Detenção de 15 dias a seis meses ou pagamento de 30 a 60 dias-multa

Bem jurídico tutelado

O tipo penal tutela os direitos correlatos à cidadania ativa e à cidadania passiva do indivíduo cujo alistamento se pretende garantir[33].

33 Por cidadania ativa deve-se entender o direito de votar e eleger representantes. A cidadania passiva, por sua vez, caracteriza-se pelo direito de ser votado, eleito, escolhido como representante do povo em processo eleitoral.

Com o *impedimento* do alistamento eleitoral, ficariam tolhidos os direitos de votar e de ser votado, assegurados constitucionalmente àquele que preencher os requisitos constitucionais e legais. Recorde-se que o alistamento eleitoral é tanto pressuposto para o exercício do voto quanto condição de elegibilidade, nos termos do art. 14 e §§ da Constituição Federal.

Mais além, protege-se a regularidade dos serviços prestados pela Justiça Eleitoral, especialmente o próprio alistamento eleitoral.

Sujeitos do crime

Trata-se de crime comum, que pode ser perpetrado por qualquer pessoa. Admite-se coautoria e participação.

Figuram como sujeitos passivos do crime tanto o cidadão afetado pela indevida interferência no processo de alistamento eleitoral quanto o Estado, cujos serviços administrativos correlatos à Justiça Eleitoral são prejudicados.

Condutas

Trata-se de tipo misto alternativo. As condutas nucleares "perturbar" e "impedir" são independentes e autônomas. Qualquer delas, isoladamente, presta-se à caracterização do delito. Por outro lado, diante da prática cumulativa de ambas as condutas, haverá um único crime.

"Perturbar" significa opor embaraço ao alistamento, gerar transtorno ao procedimento. Em se tratando de crime de forma livre, o meio para que se gere a perturbação pode ser qualquer um eleito pelo sujeito ativo – violência, ocultação de documentos, prestação de informações falsas, ameaça etc. – sem prejuízo do concurso de crimes, caso o meio empregado para o delito seja crime mais grave do que a infração penal em comento.

A título de exemplo, o empregador que, diante da comunicação feita pelo empregado nos termos do art. 48 do Código Eleitoral, ameaça-o de demissão pela noticiada ausência, tentando dissuadi-lo do alistamento, pratica a conduta de perturbar o alistamento eleitoral.

Em relação à conduta de "impedir", o obstáculo oposto pelo sujeito ativo é intransponível, inviabilizando o alistamento, projetando-se para além da "perturbação".

A conduta pode se dirigir a procedimento específico de alistamento – afetando individualmente o cidadão – ou ao processo de alistamento de forma mais ampla, prejudicando o próprio funcionamento do serviço.

Por tal abertura do tipo penal alguns autores defendem a sua inconstitucionalidade, por violação ao princípio da taxatividade da Lei Penal. É o caso de Luiz Carlos dos Santos Gonçalves, ao pontuar que o tipo "não indica se a perturbação é de um alistamento em particular, de todo o processo de alistamento ou de parte dele". Trata-se, contudo, de entendimento minoritário.

Por fim, o significado da expressão "alistamento" constante do tipo abrange tanto o ingresso originário no cadastro eleitoral como os atos de alistamento derivado – transferência e revisão.

Consumação e tentativa

Na modalidade "perturbar", trata-se de crime formal, que pode se consumar ainda que posteriormente ocorra o alistamento eleitoral. Contudo, a perturbação há de se apresentar como um obstáculo razoável, com potencial efetivo de dano ou de exposição do bem jurídico tutelado pela norma a perigo. A ação de "impedir", por sua vez, encerra uma hipótese de crime material, exigindo-se que o alistamento dos indivíduos prejudicados reste, de fato, inviabilizado.

Em se tratando de crime de forma livre, a tentativa é possível nas duas modalidades, desde que a forma "perturbar" se revista de caráter plurissubsistente.

10. RETENÇÃO DE TÍTULO ELEITORAL

> **Art. 295.** Reter título eleitoral contra a vontade do eleitor:
>
> Pena – Detenção até dois meses ou pagamento de 30 a 60 dias-multa.

Revogação tácita

Parcela doutrinária defende que o art. 295 do Código Eleitoral foi tacitamente revogado pelo art. 91, parágrafo único, da Lei 9.504/97, cuja redação segue:

> Art. 91. Nenhum requerimento de inscrição eleitoral ou de transferência será recebido dentro dos cento e cinqüenta dias anteriores à data da eleição.
>
> Parágrafo único. A retenção de título eleitoral ou do comprovante de alistamento eleitoral constitui crime, punível com detenção, de um a três meses, com a alternativa de prestação de serviços à comunidade por igual período, e multa no valor de cinco mil a dez mil UFIR.

Pela revogação do dispositivo, posicionam-se Luiz Carlos dos Santos Gonçalves e José Jairo Gomes. Pontuam os autores que o art. 91, por ser posterior e por regular integralmente a mesma matéria do art. 295 do Código Eleitoral, promoveu a revogação tácita do dispositivo, nos termos do art. 2º, §1º, *in fine*, da Lei de Introdução às Normas do Direito Brasileiro[34].

Mais além, a contrariedade à vontade do eleitor está implícita na ideia de "retenção" do título eleitoral. O Direito Penal é redigo pelo princípio da ofensividade, de sorte que a mera detenção de documento alheio por vontade do próprio titular ou com a anuência deste não passaria de irrelevante penal.

Razão assiste, por isso, aos doutrinadores citados. Não há distinção relevante entre as figuras típicas. Em verdade, o art. 91 da Lei n. 9.504/97 seria mais amplo, por abranger a retenção não só do título de eleitor, mas também do comprovante de alistamento eleitoral. Recorde-se, porém, que, com o processamento eletrônico do alistamento eleitoral, instituído pela Lei n. 7.444/85, o "comprovante de alistamento" deixou de existir. Para se inscrever eleitor, o alistando deve se dirigir ao Cartório Eleitoral, onde preencherá requerimento próprio – Requerimento de Alistamento Eleitoral (RAE). Atestada a exatidão dos dados, o título é imediatamente entregue ao eleitor, sem necessidade de emissão de "comprovante de alistamento".

De todo modo, tem-se por relevante o fato de que a integralidade do tipo penal previsto no art. 295 foi absorvida pelo art. 91 da Lei n. 9.504/97.

Em oposição, parcela da doutrina[35] e da jurisprudência[36] defende que o crime previsto no art. 91 da Lei n. 9.504/97 seria próprio, exigindo-se do sujeito ativo a qualidade de servidor público detentor de competência para o processamento do alistamento eleitoral. Não obstante, o que se vê é que a redação mais nova é ampla e não indica a exigência de qualificação especial do sujeito ativo, tratando-se de crime comum.

---

34 GONÇALVES, Luiz Carlos dos Santos. op. cit. p. 39. GOMES, José Jairo. op. cit. p. 252.

35 GOMES, Suzana de Camargo. **Crimes Eleitorais.** São Paulo: Revista dos Tribunais, 2010, p. 111.

36 TRE-SP. Recurso Criminal nº 43105, Acórdão, Relator(a) Des. Manuel Pacheco Dias Marcelino, Publicação: DJESP - Diário da Justiça Eletrônico do TRE-SP, Data 04/12/2017.

Não se nega, por outro lado, a deficiência da técnica legislativa empregada na redação legal, com estabelecimento de um tipo penal autônomo em um parágrafo único que aglutina os preceitos primário e secundário da infração.

Para maiores comentários sobre o tipo penal, remete-se o leitor aos comentários tecidos ao art. 91, parágrafo único, da Lei n. 9.504/97. A mesma *ratio* lá exposta se aplicaria ao art. 295 do Código Eleitoral.

11. DESORDEM DOS TRABALHOS ELEITORAIS

Art. 296. Promover desordem que prejudique os trabalhos eleitorais;

Pena – Detenção até dois meses e pagamento de 60 a 90 dias-multa.

Alcance do tipo e suposto vício de constitucionalidade.

Embora a expressão *trabalhos eleitorais* seja relativamente vaga, não há vício de constitucionalidade no presente dispositivo. A interpretação do crime em comento deve ser, entretanto, restrita, tanto em relação ao que se pode caracterizar como "desordem" quanto ao que se qualifica como "trabalhos eleitorais".

Acerca do primeiro aspecto, não é qualquer "desordem" em dia de eleição ou superficialmente conectada às eleições que se presta à configuração do crime. O ato a se considerar como "desordem" deve ter o condão de dar causa a efetivo prejuízo aos trabalhos eleitorais.

Adicionalmente, por "trabalhos eleitorais" deve-se entender atos e procedimentos da Justiça Eleitoral diretamente conectados ao exercício do sufrágio e à efetivação da soberania popular por meio do voto, aí abrangidas "as atividades durante a votação que tenham em vista propiciar o exercício do direito do sufrágio" e "as atividades concernentes à apuração e totalização de votos"[37]. Não nos parece que o termo "trabalhos eleitorais" abranja atos distantes da própria eleição, como o alistamento eleitoral, já tutelado por diversos outros tipos penais, ou atos genéricos da Justiça Eleitoral, tais como audiências. "Trabalhos eleitorais", assim, não se confunde com o que se poderia entender por "trabalhos da Justiça Eleitoral". O último termo teria conotação mais abrangente.

Nas eleições presidenciais de 2018, atuando como promotor da 36ª Zona Eleitoral, recebi a informação de que, em Seção Eleitoral específica, um eleitor estaria com um celular em mãos, na cabina de votação, bradando que havia registrado em vídeo uma prava de fraude nas urnas eletrônicas. Os servidores da Justiça Eleitoral tentaram conter o cidadão, sem sucesso, esclarecendo que a posse de aparelhos celulares na cabina de votação estaria proibida pelo art. 91-A, parágrafo único, da Lei n. 9.504/97. Enquanto o eleitor não era convencido a deixar a cabina e continuava alegar que as eleições seriam fraudadas, os trabalhos naquela Seção foram não só prejudicados, mas paralisados por tempo considerável. Diante da chegada do Promotor Eleitoral, do Juiz Eleitoral e de reforço policial, o cidadão alegou que o suposto vídeo havia desaparecido de seu aparelho. Mais tarde, admitiu que apenas havia esquecido o número de seu candidato a governador e provavelmente acabou anulando seu voto acidentalmente. Em seu desfavor, lavrou-se termo circunstanciado pela prática dos crimes previstos nos artigos 296 e 347 do Código Eleitoral. O caso foi, depois, resolvido com transação penal.

Não há dúvidas de que a conduta narrada se caracterizou como promoção de desordem que prejudicou os trabalhos eleitorais, pois os outros eleitores daquela Seção ficaram impedidos de votar, enquanto o autor não foi contido pelas autoridades eleitorais.

37 GOMES, José Jairo. op. cit. p. 48.

No âmbito do Tribunal Regional Eleitoral de Rondônia, reconheceu-se ofensa ao art. 296 do Código Eleitoral em ocasião na qual indivíduos, posicionados em frente ao local de votação, lançaram objetos contra policiais e juiz eleitoral que realizavam diligências com o propósito de reprimir atos de "boca-de-urna". O grupo ainda tentou impedir a retirada das urnas eletrônicas do local de votação. Houve prejuízo aos trabalhos de fiscalização voltados à preservação da regularidade das eleições, bem como ao trabalho de coleta e apuração de votos (TRE-RO. Apelação Criminal n.º 63, ACÓRDÃO n. 98/2007 de 10/04/2007, Relator(a) FRANCISCO MARTINS FERREIRA, Publicação: DJ – Diário de justiça, Tomo 72, Data 19/04/2007, Página A-59).

Da mesma forma, o Tribunal Regional Eleitoral de São Paulo já apreciou e reconheceu a constitucionalidade do art. 296 do Código Eleitoral. No caso, eleitor havia causado tumulto na sala de votação, ao negar-se a deixar o aparelho celular com os serventuários, antes de ingressar na cabina de votação. Naquele caso concreto, contudo, não se constatou efetivo prejuízo aos trabalhos eleitorais, razão pela qual houve absolvição (TRE-SP. Recurso Criminal nº 812, Acórdão, Relator(a) Des. Antônio Carlos Mathias Coltro, Publicação: DJESP - Diário da Justiça Eletrônico do TRE-SP, Data 02/07/2013).

Ainda na jurisprudência do Tribunal Regional Eleitoral de São Paulo, condenou-se eleitor por infração ao art. 296, em caso no qual o cidadão pretendia acompanhar terceiro na cabina de cotação. Diante do impedimento dos servidores da Justiça Eleitoral, que atuaram acertadamente para assegurar o sigilo do voto, o autor passou a ofender os presentes e recusou-se a se retirar, conduta que acabou por interromper os trabalhos (TRE-SP. Recurso Criminal nº 2092, Acórdão, Relator(a) Des. Galdino Toledo Júnior, Publicação: DJESP - Diário da Justiça Eletrônico do TRE-SP, Data 27/05/2010, Página 12).

Em todos os casos citados, os "trabalhos eleitorais" prejudicados estavam diretamente ligados aos atos de votação. Assim, contextualizando-se o termo "desordem" diante das demais elementares do tipo penal e interpretando-se adequadamente o que se caracteriza como "trabalhos eleitorais", não há ofensa ao princípio da taxatividade da lei penal no tipo em questão ou qualquer outro vício de constitucionalidade[38].

Não prospera, por isso, o entendimento de Susana de Camargo Gomes, emprestando sentido demasiadamente largo ao termo "trabalhos eleitorais" para alcançar até mesmo atos de registro de candidatura ou de propaganda eleitoral[39].

Bem jurídico tutelado

O art. 296 promove a tutela da regularidade dos trabalhos eleitorais, protegendo-o contra interrupções ou interferências que lhes prejudiquem o andamento e afetem o sufrágio.

Sujeitos do crime

Trata-se de crime comum, que pode ser perpetrado por qualquer pessoa. Admite-se coautoria e participação.

Como sujeito passivo, posiciona-se o Estado.

Condutas

"Promover" significa causar, gerar, provocar ou pôr em execução a "desordem". Não basta ao tipo penal, contudo, que haja promoção de desordem. É indispensável o prejuízo aos trabalhos eleitorais, nos moldes já postos acima, em comentários sobre o alcance do tipo penal.

---

38 Em sentido contrário, Luiz Carlos dos Santos Gonçalves defende a inconstitucionalidade do artigo 296 do Código Eleitoral. GONÇALVES, Luiz Carlos dos Santos. op. cit. p. 39/40.

39 GOMES, Suzana de Camargo. **Crimes Eleitorais.** São Paulo: Revista dos Tribunais, 2010, p. 307.

Quanto ao aspecto subjetivo da conduta, o dolo é genérico, consistente na pretensão de promover desordem que gere prejuízo aos trabalhos eleitorais. é indispensável que agente deseje ou assuma o risco de, por meio da desordem, causar prejuízo aos trabalhos eleitorais, tratando-se de crime doloso.

Consumação e tentativa

Trata-se de crime material, que não prescinde de resultado naturalístico para sua consumação. Deve haver efetivo prejuízo aos trabalhos eleitorais para o aperfeiçoamento do delito. Por isso, o tipo é plurissubsistente, admitindo a tentativa.

12. IMPEDIMENTO OU EMBARAÇO AO SUFRÁGIO

Art. 297. Impedir ou embaraçar o exercício do sufrágio:

Pena – Detenção até seis meses e pagamento de 60 a 100 dias-multa.

Bem jurídico tutelado

O art. 297 do Código Eleitoral tutela o livre exercício do sufrágio, pelo qual se assegura ao cidadão o direito de participar ativamente da vida política do Estado. Recorde-se que o exercício do sufrágio abrange não só as eleições periódicas de representantes do povo, mas também votações em plebiscitos e referendos, formas de expressão da soberania popular.

Sujeitos do crime

Trata-se de crime comum, que pode ser praticado por qualquer pessoa. Admite-se coautoria e participação.

Como sujeito passivo, posiciona-se o eleitor, que sofre indevida constrição no exercício do sufrágio.

Condutas

Trata-se de tipo misto alternativo. As condutas nucleares "embaraçar" e "impedir" são independentes e autônomas. Qualquer delas, isoladamente, presta-se à caracterização do delito. Por outro lado, diante da prática cumulativa de ambas as condutas, haverá um único crime.

"Embaraçar" significa opor obstáculos, dificultar o exercício do sufrágio. Em se tratando de crime de forma livre, o meio para que se gere o embaraço pode ser qualquer um eleito pelo sujeito ativo – violência, ocultação de documentos, ameaças etc. – sem prejuízo do concurso de crimes, caso o meio empregado para o delito seja crime mais grave do que a infração penal em comento. Se houver emprego de violência para coagir alguém a votar ou não votar em candidato ou partido específico, contudo, o crime será o do art. 301 do Código Eleitoral.

Em relação à conduta de "impedir", o obstáculo oposto pelo sujeito ativo é intransponível, inviabilizando efetivamente o exercício do sufrágio, o que se projeta para além do "embaraço".

Caracteriza o crime previsto no art. 297 a conduta do empregador que, no dia das eleições, impede que o empregado exerça seu direito ao voto.

Em caso concreto apreciado pelo Tribunal Regional Eleitoral de São Paulo, o imputado, discordando do candidato a Presidente da República escolhido pela esposa, impediu que ela registrasse seu voto na cabina e, mais além, depois de liberada a urna eletrônica pelos mesários, votou no lugar dela. Restou o autor condenado pela prática do crime previsto no art. 297, em concurso material com o art. 309, ambos do Código Eleitoral (Recurso Criminal nº 2704, Acórdão, Relator(a) Des. Fábio Prieto de Souza, Publicação: DJESP - Diário da Justiça Eletrônico do TRE-SP, Data 16/07/2018).

Consumação e tentativa

Na modalidade "embaraçar", trata-se de crime formal, que pode se consumar ainda que posteriormente ocorra o exercício do sufrágio pelo indivíduo. Contudo, o embaraço há de se apresentar como um obstáculo razoável, com potencial efetivo de dano ou de exposição do bem jurídico tutelado pela norma a perigo. A ação de "impedir", por sua vez, encerra uma hipótese de crime material, exigindo-se que o exercício do sufrágio reste impossibilitado pela ação delitiva.

Em se tratando de crime de forma livre, a tentativa é possível nas duas modalidades.

13. PRISÃO NOS DIAS QUE ANTECEDEM AS ELEIÇÕES

Art. 298. Prender ou deter eleitor, membro de mesa receptora, fiscal, delegado de partido ou candidato, com violação do disposto no Art. 236:

Pena – Reclusão até quatro anos.

Art. 236. Nenhuma autoridade poderá, desde 5 (cinco) dias antes e até 48 (quarenta e oito) horas depois do encerramento da eleição, prender ou deter qualquer eleitor, salvo em flagrante delito ou em virtude de sentença criminal condenatória por crime inafiançável, ou, ainda, por desrespeito a salvo-conduto.

§ 1º Os membros das mesas receptoras e os fiscais de partido, durante o exercício de suas funções, não poderão ser detidos ou presos, salvo o caso de flagrante delito; da mesma garantia gozarão os candidatos desde 15 (quinze) dias antes da eleição.

§ 2º Ocorrendo qualquer prisão o preso será imediatamente conduzido à presença do juiz competente que, se verificar a ilegalidade da detenção, a relaxará e promoverá a responsabilidade do coator.

Comentários gerais

O artigo 236 do Código Eleitoral prevê hipóteses de imunidade formal em favor de eleitores, ao prever que "nenhuma autoridade poderá, desde 5 (cinco) dias antes e até 48 (quarenta e oito) horas depois do encerramento da eleição, prender ou deter qualquer eleitor, salvo em flagrante delito ou em virtude de sentença criminal condenatória por crime inafiançável, ou, ainda, por desrespeito a salvo-conduto".

Aplicando-se literalmente o dispositivo, não seria possível efetuar prisões preventivas ou temporárias determinadas por autoridades judiciárias competentes, dentro no período compreendido entre os 05 (cinco) dias anteriores e as 48 (quarenta e oito) horas posteriores ao encerramento das eleições. Não obstante, há de se contextualizar no tempo a redação do art. 236 do Código Eleitoral, promulgado em 1965.

No ano de 1965, os Capítulos III, IV e V, do Título IX do Código de Processo Penal preservavam integralmente suas redações originais, que continham hipóteses de prisão preventiva obrigatória e de prisão administrativa. Impositivamente, o artigo 312 previa que a prisão preventiva deveria ser decretada nos crimes a que fosse cominada pena máxima de reclusão por tempo igual ou superior a 10 anos. A simples imputação de crime de elevada gravidade *in abstrato*, por isso, implicava a prisão preventiva do acusado[40].

Não se pode olvidar que, em ações penais referentes a crimes com penas máximas iguais ou superiores a 08 (oito) anos de reclusão, nem mesmo a prolação de sentença absolutória

40 GOMES, Suzana de Camargo. **Crimes Eleitorais.** São Paulo: Revista dos Tribunais, 2010, p. 307.

permitia a concessão de liberdade, caso houvesse interposição de recurso de apelação pelo órgão de acusação. Veja-se: a obrigatoriedade da prisão preventiva subsistia até mesmo à autoridade da sentença absolutória (redação original do art. 596, CPP).

Mais gravemente, o art. 319 do Código de Processo Penal previa hipóteses de prisão administrativa, cuja decretação poderia ser imposta, nos Estados, até mesmo por chefes de repartições públicas federais, em desfavor de servidor público responsável por dinheiros e valores pertencentes à Fazenda Nacional[41]. O Decreto-Lei n. 3.415/41 previa a possibilidade de prisão administrativa, inclusive, de indivíduos que, "sendo ou não funcionários públicos", tivessem contribuído, "material ou intelectualmente" para apropriação ou desvio de bens pertencentes à Fazenda Nacional ou sob sua guarda[42]. Decretada a prisão pela autoridade administrativa, esta requisitaria seu cumprimento à autoridade policial, que deveria efetivá-la (art. 319, I, §1º, CPP, em sua redação original). Somente depois de decretação da prisão o Poder Judiciário seria comunicado do ato (art. 214, §1º, da Lei n. 1.711/1952; art. 3º do Decreto-Lei 3.415/41).

A prisão administrativa conferia aos coronéis – já citados nos comentários ao art. 135, acima – um grande poder de fato para a manipulação dos votos de cabresto. Na realidade do Brasil rural, a influência político-econômica exercida pelos coronéis permitia massivas indicações para a ocupação de cargos públicos, em todas as esferas de poder. Victor Nunes Leal, apresentando o retrato da dinâmica da representatividade política brasileira em 1948, já sob a vigência do Código de Processo Penal de 1941, escreveu:

> [...] em todos esses graus da escala política impera, como não podia deixar de ser, o sistema de reciprocidade, e **todo o edifício vai assentar na base, que é o "coronel"**, fortalecido pelo entendimento que existe entre ele e a situação política dominante em seu Estado, através dos chefes intermediários. **O bem e o mal, que os chefes locais estão em condições de fazer aos seus jurisdicionados**, não poderiam assumir as proporções habituais sem o apoio da situação política estadual para uma e outra coisa. Em primeiro lugar, grande cópia de favores pessoais depende fundamentalmente, quando não exclusivamente, das autoridades estaduais. Com o chefe local — quando amigo — é que se entende o governo do Estado em tudo quanto respeite aos interesses do município. Os próprios **funcionários estaduais**, que servem no lugar, são escolhidos por sua indicação. Professoras primárias, coletor, funcionários da coletoria, **serventuários da justiça, promotor público**, inspetores do ensino primário, servidores da saúde pública etc., para tantos cargos a indicação ou aprovação do chefe local costuma ser de praxe. Mesmo quando o governo estadual tem candidatos próprios, evita nomeá-los, desde que venha isso a representar quebra de prestígio do chefe político do município. Se algum funcionário estadual entra em choque com este, a maneira mais conveniente de solver o impasse é removê-lo, às vezes com melhoria de situação, se for necessário. A influência do chefe local nas nomeações **atinge os próprios cargos federais**, como coletor, agente do correio, inspetor de ensino secundário e comercial etc. e os cargos das autarquias (cujos quadros de pessoal têm sido muito ampliados), porque também é praxe do governo da União, em sua política de compromisso com a situação estadual, aceitar indicações e pedidos dos chefes políticos nos Estados[43].

---

41 Assim previa a Lei n. 1.711/1952: Art. 214. Cabe ao Ministro de Estado, ao Diretor Geral da Fazenda Nacional e, nos Estados, aos diretores de repartições federais ordenar, fundamentalmente e por escrito, a prisão administrativa ao responsável por dinheiro e valores pertencentes à, Fazenda Nacional ou que se acharem sob a guarda desta, no caso de alcance ou omissão em efetuar as entradas nos devidos prazos.

42 Parcela da doutrina ainda defendia que: "contra a prisão administrativa não caberá recurso algum judicial, antes de esgotado o prazo de três meses". Somente ao final do período, seria cabível a concessão de ordem em *habeas corpus* para a restituição da liberdade (NAUD, Leda Maria Cardoso. Revista de informação legislativa, v. 3, n. 11, p. 263-286, set. 1966).

43 LEAL, Victor Nunes. **Coronelismo, enxada e voto**: o Município e o regime representativo... p. 34.

A unidade de interesses existente entre coronéis e chefes municipais e o respeito que as autoridades estaduais e federais dispensavam ao poder local maximizava o poder de fato do coronel, que tinha toda a estrutura pública à disposição. O servidor público que viesse a colidir com os chefes locais acabaria removido ou sancionado de forma outra, como bem lembrou o autor citado acima. Não havia independência por parte das autoridades administrativas, tampouco por parte da Polícia.

É por isso que a concessão legal de poderes para decretação de prisão administrativa aos servidores públicos chefes de repartições locais conferia, colateralmente, grande poder de fato aos coronéis. Para que se tenha dimensão do alcance da norma, prisões poderiam ser decretadas por diretores regionais do Departamento dos Correios e Telégrafos (Tribunal Federal de Recursos. *Habeas Corpus* 721. Rel. Min. J. J. Queiroz. Revista Forense, n.º 185, 1959, págs. 308 a 310), por diretor-geral da Caixa Econômica Federal (TJSP. Recurso em *Habeas Corpus* n.º 64.827. J: 17/11/1959, Revista Forense, n.º 193, 1961, p. 343 a 344), entre outros ocupantes de cargos públicos de direção.

Dentro da ampla gama de "bem e mal" que tais figuras poderiam impor ao seu eleitorado, certamente se destacavam as prisões preventivas obrigatórias por imputações temerárias provenientes dos órgãos de persecução penal – àquele tempo desprovidos de independência – e as prisões administrativas decretadas por servidores públicos subservientes ao coronelato e aos detentores de poder político. Diante desse cenário, impunha-se a proteção do art. 236 do Código Eleitoral, cuja eficácia o art. 298 pretendia resguardar.

Diversas condutas proscritas pelo Código Eleitoral visam justamente assegurar o efetivo exercício do direito de voto, blindando o sufrágio de atos de força que pudessem impedir o eleitor de exercer a cidadania ativa. Nesse sentido, já foram estudados os atos de retenção de título eleitoral (art. 295) e de impedimento do exercício do sufrágio (art. 297). Na mesma linha, serão apreciados os crimes do artigo 300 e 302 do Código Eleitoral, entre outros.

É nesse contexto que se inseria o art. 298 do Código Eleitoral. A prisão de eleitores poderia ser mais um dos diversos artifícios empregados pelos detentores de poder político-econômico para tolher o direito de voto. O quanto esses recursos foram efetivamente empregados no Brasil para manipular o cenário eleitoral pressupõe uma pesquisa empírica de difícil concretização. Não obstante, a interpretação histórica não nos deixa dúvidas sobre o contexto e a finalidade da criminalização.

Ocorre que a prisão preventiva passou por drásticas reformas, mesmo antes da Constituição Federal de 1988 e, com o advento desta, qualquer forma de prisão administrativa deixou de existir. Prevê o art. 5º, LXI, da Constituição Federal que "ninguém será preso senão em flagrante delito ou por ordem escrita e fundamentada de autoridade judiciária competente, salvo nos casos de transgressão militar ou crime propriamente militar, definidos em lei". Não há, portanto, na ordem constitucional vigente, prisão administrativa ou prisão preventiva que não tenha sido determinada por autoridade judiciária competente.

Dentre as modalidades de prisão hoje existentes, a prisão em flagrante é a que carrega consigo o maior potencial de arbítrio, por poder ser efetivada por *qualquer do povo*, nos moldes do artigo 301 do Código de Processo Penal, de constitucionalidade induvidosa. Apenas posteriormente – embora com grande brevidade – a prisão em flagrante se submete à apreciação do Poder Judiciário.

No entanto, é justamente a prisão em flagrante autorizada pelo artigo 236 do Código Eleitoral, mesmo no período de imunidade formal que se pretendeu estabelecer em favor de eleitores. Não é possível que se defenda existir maior margem de arbitrariedade para restrição da cidadania ativa em prisões preventivas decretadas por autoridades judiciárias competentes do que em prisões em flagrante, que podem ser promovidas em caráter pré-cautelar por iniciativa de qualquer do povo, bastando que haja, para formalização, autuação por autoridade policial.

Nota-se que o art. 236 do Código Eleitoral perdeu completamente o sentido diante da ordem constitucional vigente, especialmente por se considerar que não mais existe qualquer forma de prisão preventiva obrigatória ou administrativa. Do que adiantaria proteger o eleitor do suposto arbítrio judicial em decretação de prisão preventiva e deixá-lo à mercê da prisão em flagrante?

É assim que o art. 236 só se justificava em um cenário no qual havia prisões administrativas e prisões preventivas obrigatórias, considerando-se todo o contexto político-social explanado acima.

Em última análise, tem-se que o art. 236 não foi recepcionado pela Constituição Federal. Consequentemente, o art. 298 do Código Eleitoral também não o foi. Ambos os dispositivos restringem, de maneira desproporcional, o alcance da autoridade conferida pelo artigo 5º, LXI, da Constituição Federal, ao Poder Judiciário. Não pode a Lei Ordinária restringir o alcance da jurisdição penal, impossibilitando o cumprimento de prisão preventiva decretada por juiz competente e, paralelamente, autorizar a realização de prisão em flagrante por qualquer do povo, sob o argumento de que se pretende proteger o eleitor contra arbitrariedades que poderiam restringir o exercício do sufrágio. Faltaria lógica, racionalidade e eficiência ao suposto sistema de proteção.

Nesse sentido, a prisão determinada por "ordem escrita e fundamentada de autoridade judiciária competente", com fundamento amparado na nova ordem constitucional, não sofre – e não pode sofrer - indevida restrição pelos dispositivos infraconstitucionais ora em análise[44].

Trata-se o art. 298 do Código Eleitoral, portanto, de dispositivo não recepcionado pela Constituição Federal de 1988.

14. CORRUPÇÃO ELEITORAL

> **Art. 299.** Dar, oferecer, prometer, solicitar ou receber, para si ou para outrem, dinheiro, dádiva, ou qualquer outra vantagem, para obter ou dar voto e para conseguir ou prometer abstenção, ainda que a oferta não seja aceita:
>
> Pena – reclusão até quatro anos e pagamento de cinco a quinze dias-multa.

Apontamentos introdutórios – abuso de poder econômico, crime de corrupção eleitoral e captação ilícita de sufrágio - distinções

A Constituição Federal de 1988 reconhece que a influência do poder econômico apresenta potencial para distorcer a normalidade e a legitimidade das eleições (art. 14, §9º). Por isso, determina que o legislador proteja tais valores pela previsão de hipóteses de inelegibilidade daqueles que façam mau uso do poder econômico para manipular a vontade do eleitor ou desequilibrar os pleitos.

De maneira mais enfática, o art. 237 do Código Eleitoral assevera que "a interferência do poder econômico e o desvio ou abuso do poder de autoridade, em desfavor da liberdade do voto, serão coibidos e punidos".

Nota-se que os termos "influência" e "interferência" não foram grafados em vão. Optou-se por uma redação mais abrangente, afastando-se o emprego do vocábulo "abuso", que poderia

44 Em sentido semelhante, fazendo referência aos requisitos para a decretação de prisão preventiva: "impedir que um juiz determine a prisão preventiva de um candidato nos 15 dias antes do pleito, por exemplo, poderia 'liberar' pessoa inescrupulosa para praticar atos contrários à ordem pública, ou a constranger testemunhas ou medidas para se furtar à aplicação da lei penal. O mesmo em relação ao eleitor. A despeito de foragido da justiça, ele teria essa indenidade prisional por uma semana inteira, cinco dias antes e dois depois da eleição? Como justificá-lo? (GONÇALVES, Luiz Carlos dos Santos. op. cit. p. 43). O autor, contudo, entende que o dispositivo subsiste especificamente para a proteção de mesários e fiscais de partido, subsistindo a incompatibilidade com a Constituição apenas quanto aos eleitores e candidatos.

ser interpretado estritamente para compreender somente atos qualificados como a infração eleitoral de "abuso de poder econômico". Com isso, nenhuma interferência econômica sobre a livre formação da vontade do eleitor é admitida, mesmo que não se caracterize o ato abusivo de poder econômico.

Evidentemente, alguma margem de influência do poder econômico sempre haverá nos processos eleitorais, por financiamento das campanhas, pelas propagandas e por outros fatores. Há, contudo, limites. Naturalmente, o que o legislador busca coibir é o desvio de conduta, a ruptura da norma eleitoral pelo poder econômico voltada a manipular ilegalmente a livre vontade do eleitor, o que justifica a incidência de rigoroso regime repressivo.

Corriqueiramente, o poder econômico interfere na corrida eleitoral por atos de corrupção eleitoral e captação ilícita de sufrágio – o que pode ou não caracterizar "abuso de poder econômico", a depender do alcance e da dimensão da conduta. Na prática, é comum que ocorra também o influxo de recursos financeiros não contabilizados – por meio de arrecadação e gastos ilícitos durante a campanha eleitoral, o que isoladamente caracteriza a infração do art. 30-A da Lei n. 9.504/97.

Crime de corrupção eleitoral, abuso de poder econômico e captação ilícita de sufrágio são infrações autônomas e com características distintas – não se confundem. É possível, contudo, que haja sobreposição dessas infrações diante de um mesmo plano fático.

Como ponto comum, as três irregularidades visam corromper a livre formação da vontade política do eleitor, exercendo influência que o leve a votar de acordo com interesses de indivíduos ou grupos específicos. As principais características das referidas infrações são tratadas brevemente a seguir, para delimitação conceitual e noções gerais, evitando confusões entre os termos e para preciso entendimento do âmbito de incidência de cada ilícito. De antemão, ressalte-se que as infrações por abuso de poder econômico e captação ilícita de sufrágio não possuem natureza criminal, diferentemente da corrupção eleitoral, prevista no art. 299 do Código Eleitoral.

Abuso de poder econômico

O abuso de poder econômico pressupõe o emprego desproporcional e excessivo de recursos patrimoniais, públicos ou privados - em benefício eleitoral do candidato e que seja capaz de comprometer a legitimidade do pleito e a paridade de armas entre os concorrentes (REspe nº 941-81/T0, Rel. Min. Maria Thereza de Assis Moura, j. em 15.12.2015).

Ainda que não haja a injeção de recursos financeiros, a prestação – ainda que gratuita - de serviços ou o desenvolvimento de atividades economicamente apreciáveis em favor de eleitores, de forma estrutural, também se presta à caracterização de abuso de poder econômico. Quanto a esse aspecto há de se ressaltar que atividades filantrópicas ou assistenciais geram custos, independentemente de serem estes suportados pelo candidato ou por terceiros. É por isso que a intermediação de serviços de saúde prestados gratuitamente pelo SUS com o propósito de favorecer e aliciar eleitores, por exemplo, presta-se à caracterização do abuso de poder econômico, como já se reconheceu jurisprudencialmente[45].

Não obstante, em qualquer caso o abuso de poder econômico pressupõe concreto prejuízo ao equilíbrio do pleito eleitoral. Por essa razão, ato isolado de captação ilícita de voto não serve à caracterização de infração dessa natureza, haja vista que eleitor único não teria impacto de grande dimensão sobre a disputa eleitoral.

45 Nesse sentido, reconhecendo-se abuso de poder econômico na conduta de candidato a vereador que intermediou exames, consultas e cirurgias, com a finalidade de angariar votos: TSE; REspe 319-31/RJ, redatora para acórdão Min. Luciana Lóssio, DJe de 31.3.2016. Ainda, reconhecendo-se a infração em caso de "aproveitamento eleitoreiro de instituição filantrópica: TSE; RO nº 8003-19/RJ, Rel. Min. Herman Benjamin, DJE de 19.12.2018.

O abuso de poder econômico enseja a responsabilização pessoal do candidato beneficiário do ato – sem necessidade de comprovação de elemento subjetivo específico - por meio de Ação de Investigação Judicial Eleitoral (AIJE), prevista no art. 22 da Lei Complementar n. 64/90, cuja procedência implica: a) cassação do registro da candidatura; b) cassação do diploma, caso já tenha sido este expedido; e c) inelegibilidade para as eleições a se realizarem nos 8 (oito) anos subsequentes à eleição em que se verificou o ato abusivo.

Caso já tenha ocorrido a diplomação na data da propositura da ação, as mesmas sanções podem ser buscadas por meio da Ação de Impugnação de Mandato Eletivo (AIME), no prazo e nos termos do artigo 14, §10, da Constituição Federal (15 dias, contados da diplomação).

Ao lado do recurso contra a expedição de diploma (art. 262, IV, do Código Eleitoral) a AIJE e a AIME são doutrinariamente qualificadas como "ações genéricas", pois tratam de infrações abertas, não taxativas, que podem prosperar sem que seja necessário buscar uma perfeita adequação típica entre fato e norma[46].

O objetivo central dessas ações é a proteção de um bem jurídico comum – a normalidade e a legitimidade do pleito eleitoral. Justamente por ser o abuso de poder econômico uma infração aberta, não taxativa, é indispensável que haja prova do efetivo prejuízo ao bem jurídico tutelado pela norma. Sem essa limitação, o espaço de sancionamento aos candidatos seria demasiado amplo, permitindo-se atuações arbitrárias no controle da arena eleitoral. Em última instância, se assim fosse, o próprio bem jurídico tutelado – normalidade das eleições – seria prejudicado pela excessiva abertura dos espaços punitivos do Direito Eleitoral, sujeitando-se os pleitos a intervenções imprevisíveis e voluntaristas.

É assim que doutrina e jurisprudência têm preservado o entendimento uníssono de que o ato economicamente abusivo deve ser revestido de elevada magnitude, apresentando força suficiente para beneficiar determinado candidato em detrimento dos demais e prejudicar a normalidade e a lisura do processo eleitoral[47]. Por outro lado, não se procede à análise sobre a potencialidade do fato para alterar o resultado da eleição, fator expressamente dispensado pelo legislador no art. 22, XVI, da Lei n. 64/90. Basta que haja prejuízo ao equilíbrio e à normalidade do pleito.

Em síntese, o abuso do poder econômico é infração genérica: a) não sujeita à taxatividade ou à legalidade estrita; b) que implica responsabilização do candidato por ela favorecido; c) enseja a propositura de Ação de Investigação Judicial Eleitoral (AIJE; art, 22, LC 64/90) ou de AIME (art. 14, §10, CF), a depender da etapa em que se encontra o processo eleitoral; d) sancionável com cassação de registro ou cassação de diploma e inelegibilidade; e) pressupõe atuação de ampla magnitude no sentido de se desequilibrar o pleito eleitoral; f) de natureza não criminal.

Mas não é o abuso do poder econômico a única infração eleitoral concebida com o propósito de coibir o aliciamento de eleitores com o emprego de recursos financeiros.

Captação Ilícita de Sufrágio

A captação ilícita de sufrágio é infração eleitoral prevista no art. 41-A da Lei n. 9.504/1997, consistente na conduta de o candidato "doar, oferecer, prometer, ou entregar, ao eleitor, com o

46 ZILIO, Rodrigo Lopes. Potencialidade, Gravidade e Proporcionalidade: uma análise do art. 22, inciso XVI, da Lei Complementar n. 64/90. **REVISTA DO TRE-RS**. Porto Alegre: Tribunal Regional Eleitoral do Rio Grande do Sul, v. 16, n. 33, jul./dez. 2011. p. 15.

47 "Neste norte, a potencialidade lesiva, apta a revelar quebra da normalidade e lisura do processo eleitoral, figura como elemento fundamental para a caracterização do ato de abuso de poder. Ou seja, a potencialidade lesiva é elemento constitutivo do ato de abuso de poder" (ZILIO, Rodrigo Lopes. Potencialidade, Gravidade e Proporcionalidade: uma análise do art. 22, inciso XVI, da Lei Complementar n. 64/90. **REVISTA DO TRE-RS**. Porto Alegre: Tribunal Regional Eleitoral do Rio Grande do Sul, v. 16, n. 33, jul./dez. 2011. p. 25).

fim de obter-lhe o voto, bem ou vantagem pessoal de qualquer natureza, inclusive emprego ou função pública, desde o registro da candidatura até o dia da eleição, inclusive". O ilícito prescinde de prejuízo efetivo ao equilíbrio do pleito eleitoral, bastando que haja perfeita adequação típica entre fato e norma proibitiva, além de prova de conduta dolosa do candidato.

A jurisprudência do Tribunal Superior Eleitoral tem reafirmado que:

> "a configuração da captação ilícita de sufrágio depende, além do requisito temporal (ato praticado em período compreendido entre o registro de candidatura e a data da eleição), de três elementos: (i) a prática de qualquer das condutas de doar, ofertar, prometer, ou entregar bem ou vantagem pessoal de qualquer natureza ao eleitor; (ii) a finalidade eleitoral da conduta; e (iii) a participação, direta ou indireta, do candidato, ou, ao menos, o consentimento, a anuência, o conhecimento ou mesmo a ciência dos fatos que resultaram na prática do ilícito eleitoral Recurso Especial Eleitoral nº 167, Acórdão, Relator(a) Min. Luís Roberto Barroso, Publicação: DJE - Diário da justiça eletrônica, Tomo 175, Data 10/09/2019, Página 14-15).

Assim, diferentemente das infrações sancionáveis por meio de ações genéricas, a responsabilização do candidato por captação ilícita de sufrágio pressupõe prova do elemento subjetivo da conduta, dispensando-se, todavia, que haja pedido explícito de votos (art. 41-A, §1º). Na esteira da jurisprudência acima colacionada, também reputamos suficiente que o candidato adira subjetivamente à conduta de terceiro, quando não atuar pessoalmente. O agir direto e pessoal, portanto, não é essencial ao ilícito. A imputação e o processamento por captação ilícita de sufrágio se dão por meio de oferecimento de representação específica, cujo ajuizamento deve ocorrer até a data da diplomação (art. 41-A, §3º). Ademais, a infração sujeita o candidato às penas de multa e de cassação de registro de candidatura ou do diploma, além de induzi-lo à inelegibilidade, nos termos do art. 1º, I, *j*, da LC n.º 64/90.

Recorde-se que somente o candidato pode ser responsabilizado nos moldes do art. 41-A da Lei n. 9.504/97 – terceiros, partidos políticos e coligações não ostentam legitimidade para figurar no polo passivo da representação, ainda que tenham concorrido para o ato[48].

Há sobreposição entre a infração de captação ilícita de sufrágio e o crime de corrupção eleitoral, previsto no art. 299 do Código Eleitoral, tratando-se de infrações de natureza diversas. Somente a proscrição do Código Eleitoral possui natureza criminal.

Em síntese, a captação ilícita de sufrágio é infração específica: a) sujeita à taxatividade ou à legalidade estrita; b) que implica responsabilização do candidato por ela favorecido; c) dispensa a ocorrência de prejuízo efetivo ao equilíbrio das eleições; d) enseja a propositura de representação, até a data da diplomação; e) sancionável com cassação de registro ou cassação de diploma e inelegibilidade; f) de natureza não criminal.

Captação ilícita de sufrágio por meio de doação de combustível

É corriqueira a distribuição de combustíveis em período eleitoral – indiscriminadamente e em favor de eleitores - como forma de promover captação ilícita de sufrágio. O Tribunal Superior Eleitoral vem entendo que se trata de conduta que se amolda ao artigo 41-A da Lei n. 9.504/97 (REspe nº 355-73/MS, Rel. Min. Luiz Fux, j. em 06.09.2016).

Captação ilícita de sufrágio em grandes proporções, alcançado parcela considerável do eleitorado

Se a captação ilícita de sufrágio atinge número considerável de eleitores, além de se caracterizar a infração do art. 41-A da Lei n. 9.504/97, configura-se paralelamente o ilícito de abuso

48 Embora o ato ilícito possa ser levado a efeito por terceiro não candidato, esse não possui legitimidade para figurar no polo passivo da demanda fundada no art. 41–A da Lei nº 9.504/1997. Precedentes (RECURSO ESPECIAL ELEITORAL nº 55136, Acórdão, Relator(a) Min. Edson Fachin, Publicação: DJE - Diário da justiça eletrônica, Tomo 200, Data 06/10/2020).

de poder econômico, nos moldes do art. 22 da LC 64/90. O Tribunal Superior Eleitoral manteve decisão do TRE-MG que reconheceu abuso de poder econômico em caso de distribuição de 1.575 litros de combustível em Município com 5.000 eleitores (Recurso Especial Eleitoral nº 167, Acórdão, Relator(a) Min. Luís Roberto Barroso, Publicação: DJE - Diário da justiça eletrônica, Tomo 175, Data 10/09/2019, Página 14-15).

Compra de voto único

Apta a caracterizar captação ilícita de sufrágio e crime corrupção eleitoral, desde que preenchidas todas as elementares das figuras legais. Por outro lado, não se presta, por si só, à caracterização de abuso de poder econômico.

Abuso de poder econômico, corrupção eleitoral e fraude como *causa de pedir* da Ação de Impugnação de Mandato Eletivo (art. 14, §10, da Constituição Federal)

O constituinte expressa nenhuma tolerância com a influência econômica sobre a livre formação e expressão da vontade do leitor, prevendo a própria corrupção como fundamento autônomo da Ação de Impugnação de Mandato Eletivo. Um singular ato caracterizado como captação ilícita de sufrágio, por isso, pode compor a causa de pedir da ação eleitoral mencionada[49], ainda que não se ocorra abuso de poder econômico. Assim, a prática do crime previsto no art. 299 do Código Eleitoral é suficiente para embasamento de Ação de Impugnação de Mandato Eletivo.

Absolvição em ação penal por corrupção eleitoral por ausência de provas. Ausência de repercussão sobre eventual AIJE, AIME ou Representação por captação ilícita de sufrágio ou abuso de poder econômico

"A absolvição do réu, por falta de provas, da imputação de crime de corrupção eleitoral (art. 299 do CE), nos autos de ação penal, por si só, não tem o condão de afastar a condenação por captação ilícita de sufrágio e abuso do poder econômico em sede de ação de investigação judicial eleitoral, pois a jurisprudência desta Corte consolidou-se no sentido da incomunicabilidade das esferas criminal e civil-eleitoral" (Recurso Especial Eleitoral nº 82911, Acórdão, Relator(a) Min. Admar Gonzaga, Publicação: DJE - Diário da justiça eletrônica, Volume, Tomo 170, Data 02/09/2016, Página 72/73).

Comentários ao crime previsto no art. 299 do Código Eleitoral

Bem jurídico tutelado

O artigo 299 do Código Eleitoral tutela primariamente a lisura do pleito eleitoral, bem como o regular desenvolvimento do processo eleitoral. Os eleitores devem formar suas convicções pela avaliação livre e consciente das opções disponíveis na arena eleitoral - espaço de circulação de ideias, propostas e programas.

Para garantia do equilíbrio do pleito, o direito promove detalhada regulação das formas de veiculação das campanhas e de propostas (propagandas, comícios e reuniões), proscreve e sanciona atos de abuso de poder político e econômico e retira das disputas eleitorais aqueles que violam as regras do jogo democrático, de modo a desequilibrá-lo (hipóteses de cassação de registro, de diploma e de inelegibilidade por condutas vedadas).

49 O mesmo raciocínio se aplica à fraude: "Nos termos do art. 14, § 10, da Constituição Federal, a ocorrência de fraude é fundamento autônomo para o ajuizamento da ação de impugnação de mandato eletivo, ainda que não se alegue corrupção ou abuso do poder econômico" (Recurso Especial Eleitoral nº 55749, Acórdão, Relator(a) Min. Edson Fachin, Publicação: DJE - Diário da justiça eletrônica, Data 16/09/2019).

Quando há entrega, promessa ou oferecimento de vantagem indevida ao eleitor, esse delicado cenário eleitoral sofre interferência do poder econômico fora dos limites postos, desequilibrando a corrida por cargos eletivos. A perspectiva de ganho direto e individual tende a ser assimilada com facilidade pelo eleitor, reduzindo a eficácia das demais normas do sistema que buscam preservar a lisura do pleito e a igualdade entre os candidatos.

As normas do campo eleitoral também sofrem redução de eficácia nos casos em que a iniciativa da corrupção parte do próprio eleitor, que solicita ou recebe vantagem para dar voto ou prometer abstenção. Em casos tais, ofende o eleitor a lisura do pleito, precificando o voto e estabelecendo comércio em torno do direito ao sufrágio – valor essencial ao sadio funcionamento do regime democrático.

Se o bem jurídico tutelado fosse somente a liberdade de voto do eleitor, não haveria lesão ao bem jurídico na conduta do cidadão que, voluntariamente, solicita vantagem para votar em determinado candidato. Inexistiria, na hipótese, ofensividade a bem jurídico alheio e restaria a conduta desprovida de tipicidade material.

Nesse sentido, posiciona-se Luiz Carlos do Santos Gonçalves, ao defender que os bens jurídicos tutelados pelo art. 299 do Código Eleitoral são: a lisura e a legitimidade do pleito, além de "um padrão ético que deve permear as campanhas e as escolhas que se fazem nos pleitos"[50].

Não obstante, prepondera na doutrina e na jurisprudência que o bem jurídico tutelado pelo art. 299 do Código Eleitoral é "o livre exercício do voto ou da abstenção" (Agravo de Instrumento nº 20903, Acórdão, Relator(a) Min. Gilmar Mendes, Publicação: DJE - Diário da justiça eletrônica, Tomo 43, Data 05/03/2015, Página 44/45).

Sujeitos do crime

A corrupção eleitoral ativa, caracterizada pelos verbos *dar, oferecer* e *prometer,* é crime comum, que pode ser praticado por qualquer pessoa, admitindo-se hipóteses de coautoria e participação. Não se exige do corruptor eleitoral ativo a qualidade de candidato ou qualquer outra qualificação especial. É possível que a conduta seja praticada com a finalidade de obtenção de voto em favor de terceiro, portanto.

Da mesma forma, a corrupção eleitoral passiva, que se expressa pelas ações de *solicitar* ou *receber* vantagem, para si ou para outrem, para obter ou dar voto ou para conseguir ou prometer abstenção, não exige que o autor seja a pessoa apta a votar. É possível que haja solicitação de vantagem para obtenção de voto de outrem. Assim, caracteriza-se o crime nas hipóteses em que o corruptor passivo estabelece mercancia com votos alheios[51].

Exemplificativamente, haveria tipicidade na conduta do empregador que solicita vantagem para suposto direcionamento dos votos de seus empregados. Há ofensa ao bem jurídico tutelado pela norma e preenchimento das elementares. Reforce-se que o crime se aperfeiçoa tanto diante da solicitação de vantagem para *dar* voto quanto pela conduta voltada a *obter* voto de terceiro ou *conseguir* a abstenção de outrem.

Como sujeito passivo, encontra-se o Estado – não o eleitor, reforçando-se o posicionamento acerca do bem jurídico tutelado.

Condutas

Em todas as modalidades, trata-se de crime comissivo, exigindo-se atuação positiva na corrupção eleitoral ativa tanto quanto na corrupção eleitoral passiva. Mais além, é crime de forma

50 GONÇALVES, Luiz Carlos dos Santos. op. cit. p. 45

51 Em sentido semelhante: GOMES, José Jairo. Crimes e Processo Penal... op. cit. p. 54.

livre, que pode ser praticado por diferentes meios. Ainda, é crime de ação múltipla, de modo que a concorrência de condutas nucleares em um mesmo contexto caracteriza crime único.

A conduta do corruptor eleitoral deve ser dirigida a indivíduo apto a votar. Assim, embora não se exija dos sujeitos ativos qualquer qualificação especial, a ação deve visar ao aliciamento de indivíduo detentor de capacidade eleitoral ativa – o que se infere do elemento subjetivo do tipo, consistente na finalidade específica de obter voto ou conseguir abstenção[52].

Não se caracteriza o delito pelo oferecimento genérico de serviços, sem que seja possível a individualização de cidadãos visados. Por outro lado, basta que o serviço tenha sido oferecido ou prestado a um único indivíduo apto a votar, com a perspectiva de obtenção de voto, para que se aperfeiçoe o crime previsto no art. 299 do Código Eleitoral.

O aperfeiçoamento do delito dispensa a ocorrência de pedido explícito de votos. Basta que o autor do fato evidencie que a vantagem oferecida, prometida, solicitada ou recebida está inserida em contexto de *quid pro quo* eleitoral – de modo que a contrapartida esperada ou ofertada seja o direcionamento do voto ou a abstenção eleitoral.

A vantagem oferecida pode ser de qualquer natureza, ainda que desprovida de caráter patrimonial. Além disso, a vantagem pode ser direcionada ao próprio eleitor ou a terceiro, como ocorreria diante da promessa do candidato de garantir a familiar do eleitor um benefício qualquer.

Considerando que a condição de candidato não é essencial à caracterização do crime, a ação delitiva pode ser praticada em qualquer momento, mesmo fora do período eleitoral ou antes do registro da candidatura:

> Em se tratando de corrupção eleitoral, irrelevante é o período em que se deu a conduta típica, pois a condição de candidato não é fundamental para a consumação do crime, que pode ocorrer em qualquer tempo. Para a configuração deste tipo penal, basta que a vantagem oferecida esteja vinculada à obtenção de votos. Precedente (Agravo de Instrumento nº 383, Acórdão, Relator(a) Min. Luís Roberto Barroso, Publicação: DJE - Diário da justiça eletrônica, Tomo 102, Data 26/05/2020)

Há, nesse ponto, evidente distinção em relação à infração de captação ilícita de sufrágio prevista no art. 41-A da Lei n. 9.504/97, que pressupõe que o infrator ostente formalmente a qualidade de "candidato".

Tipicidade subjetiva

O elemento subjetivo do tipo penal previsto no art. 299 do Código Eleitoral é o dolo específico, que se consubstancia na finalidade especial de obter ou dar voto, conseguir ou prometer abstenção. Trata-se de conclusão que decorre da simples leitura do preceito primário do tipo[53].

É por isso que, diante de certos casos concretos, o Tribunal Superior Eleitoral tem entendido que a distribuição de combustível para participação em carreata, em quantidade compatível com o trecho do deslocamento, não caracteriza o delito, pois a vantagem oferecida não excederia o necessário para o ato, inexistindo clareza quanto à finalidade específica de "obter voto" ou "conseguir abstenção" (TSE. Agravo de Instrumento nº 9389, Acórdão, Relator(a) Min. Edson Fachin, Publicação: DJE - Diário da justiça eletrônica, Tomo 96, Data 27/05/2021).

Por outro lado, a distribuição de vale-combustível acompanhado de "santinhos" de determinado candidato (TSE. Agravo de Instrumento nº 060211103, Acórdão, Relator(a) Min.

52 Nesse sentido: RHC 452–24/MG, Rel. Min. Laurita Vaz, Rel. para o acórdão Min. Henrique Neves da Silva, *DJe* de 25.4.2013.

53 No mesmo sentido: TSE. Agravo de Instrumento nº 9389, Acórdão, Relator(a) Min. Edson Fachin, Publicação: DJE - Diário da justiça eletrônica, Tomo 96, Data 27/05/2021.

Tarcisio Vieira De Carvalho Neto, Publicação: DJE - Diário da justiça eletrônica, Tomo 174, Data 31/08/2020, Página 0) pode ser entendida como suficiente para a caracterização do delito, ainda que inexistente pedido explícito de voto, apresentando-se o contexto fático como forte indicativo do especial fim de agir exigido pelo tipo penal.

Indispensável, em cada caso concreto, que se avaliem cuidadosamente as circunstâncias, com o propósito de se chegar à conclusão acerca da finalidade do agente. O dolo, como regra geral, é elemento invisível da conduta, que não pode ser acessado diretamente pelo julgador. Apenas a análise racional e lógica das circunstâncias fáticas permite que, por inferência, conheça-se de forma indireta o que desejava o autor ao tempo da conduta.

A distribuição excessiva de combustíveis, em quantidade incompatível com o deslocamento de carreata ou com vistas a uma suposta contrapartida módica – como a mera aposição de adesivos em veículo – pode indicar o dolo do agente de obter o voto do eleitor mediante concessão de vantagem, com uma tentativa de mascarar a finalidade da conduta e reduzir as chances de responsabilização penal.

Promessa de nomeação para cargo público condicionada à eleição de determinado candidato

Se a conduta for praticada com a finalidade de obter o voto, a promessa de futura nomeação para cargo público caracteriza, *in tese*, o crime previsto no art. 299 do Código Eleitoral (Recurso em Habeas Corpus nº 060165928, Acórdão, Relator(a) Min. Luis Felipe Salomão, Publicação: DJE - Diário da justiça eletrônica, Tomo 61, Data 07/04/2021). O pedido de voto, nessas ocasiões, tende a ser implícito, o que não afasta a tipicidade da conduta.

Oferta de atendimento ambulatorial em associação privada a eleitores não associados, com o propósito de obter votos

O Tribunal Superior Eleitoral entendeu que a oferta de atendimento ambulatorial em associação privada, em favor de eleitores não associados à entidade e em troca de votos, caracteriza o crime previsto no art. 299 do Código Eleitoral (Recurso em Habeas Corpus nº 060006347, Acórdão, Relator(a) Min. Luis Felipe Salomão, Publicação: DJE - Diário da justiça eletrônica, Tomo 24, Data 11/02/2021).

Prestação de serviço a baixo custo com finalidade de obter votos – caracterização do crime, ainda que haja a qualificação de "projeto social"

A prestação de serviço por preço notavelmente abaixo do valor de mercado, com o propósito de obtenção de votos, caracteriza o crime previsto no art. 299 do Código Eleitoral.

Em caso concreto, o Tribunal Superior Eleitoral reconheceu a tipicidade da conduta do indivíduo que, a pretexto de desenvolver projeto social, colocou à disposição da comunidade local academia de musculação, cobrando mensalidades a preços irrisórios, como forma de oferecer vantagem aos frequentadores do estabelecimento. No plano fático, o indivíduo responsável pelo espaço abordava os alunos, pedindo votos a sua esposa, candidata à vereadora (Recurso Especial Eleitoral nº 8958, Acórdão, Relator(a) Min. Og Fernandes, Publicação: DJE - Diário da justiça eletrônica, Tomo 203, Data 18/10/2019, Página 64/65).

Consumação e tentativa

Trata-se o delito previsto no art. 299 do Código Eleitoral de crime instantâneo, cuja consumação ocorre no exato momento em que o agente executa a conduta nuclear – dar, oferecer, prometer, solicitar ou receber. Igualmente, qualifica-se como delito formal, de sorte que se dispensa a ocorrência de qualquer resultado para a consumação do delito. Nesse sentido, a redação do tipo penal assevera expressamente que o crime se caracteriza ainda que "a oferta não seja aceita".

É possível que, como resultado da avença que resulta da corrupção eleitoral, efetivamente ocorra abstenção ou obtenção de voto, mas tais elementos são prescindíveis para a consumação do crime e expressam mero exaurimento da conduta delitiva.

15. COAÇÃO ELEITORAL MORAL PRATICADA POR SERVIDOR PÚBLICO

> **Art. 300.** Valer-se o servidor público da sua autoridade para coagir alguém a votar ou não votar em determinado candidato ou partido:
>
> Pena – detenção até seis meses e pagamento de 60 a 100 dias-multa.
>
> Parágrafo único. Se o agente é membro ou funcionário da Justiça Eleitoral e comete o crime prevalecendo-se do cargo a pena é agravada.

Bem jurídico tutelado

O crime previsto no art. 300 do Código Eleitoral tutela a liberdade de voto do eleitor - o livre exercício do sufrágio.

Secundariamente, tutela-se a lisura e o equilíbrio do pleito eleitoral. Na prática eleitoral, é comum a utilização da máquina pública de modo a se promover o desequilíbrio do pleito em favor de candidatos ou partidos específicos. O emprego estrutural da máquina administrativa caracteriza abuso de poder político, proscrito pelo art. 14, §9º, da Constituição Federal, e pela Lei Complementar n. 64/1990 (art. 19 e art. 22, XIV). É usual que o abuso de poder político se opere pelo desvio da atuação de servidores públicos que, por vínculos hierárquicos ou morais, valem-se de suas funções para beneficiar candidatos em detrimento da lisura eleitoral. Nesses quadros, opera-se um desvio de finalidade das funções públicas, que são direcionadas à manipulação da vontade do eleitor.

É nesse sentido que, colateralmente, a criminalização das condutas daqueles servidores públicos que individualmente coagem eleitores presta-se a desencorajar práticas mais amplas, que poderiam configurar abuso de poder político.

Pela sensibilidade de ambos os bens jurídicos tutelados pela norma e pela gravidade da conduta descrita, a pena cominada abstratamente ao delito expressa injustificável leniência.

Sujeitos do crime

Trata-se de crime próprio, que só pode ser praticado por servidor público. Nos crimes eleitorais, o conceito de servidor público deve ser extraído do art. 283 do Código Eleitoral:

> **Art. 283.** Para os efeitos penais são considerados membros e funcionários da Justiça Eleitoral:
>
> I - os magistrados que, mesmo não exercendo funções eleitorais, estejam presidindo Juntas Apuradoras ou se encontrem no exercício de outra função por designação de Tribunal Eleitoral;
>
> II - Os cidadãos que temporariamente integram órgãos da Justiça Eleitoral;
>
> III - Os cidadãos que hajam sido nomeados para as mesas receptoras ou Juntas Apuradoras;
>
> IV - Os funcionários requisitados pela Justiça Eleitoral.
>
> § 1º Considera-se funcionário público, para os efeitos penais, além dos indicados no presente artigo, quem, embora transitoriamente ou sem remuneração, exerce cargo, emprego ou função pública.

> § 2º Equipara-se a funcionário público quem exerce cargo, emprego ou função em entidade paraestatal ou em sociedade de economia mista.

Em se tratando a qualidade de servidor público de circunstância pessoal e elementar do crime em apreço, incide a norma de extensão prevista na parte final do art. 30 do Código Penal: "não se comunicam as circunstâncias e as condições de caráter pessoal, salvo quando elementares do crime". Por isso, admite-se a coautoria e a participação de particular, de modo que qualificação de servidor público alcança o *extraneus* que concorre para o delito. Indispensável, para tanto, que haja vínculo subjetivo entre os coautores e que o particular conheça a qualidade de servidor público do outro agente.

Como sujeito passivo, figura o eleitor, cuja liberdade de voto é atingida pela conduta, além do Estado.

Condutas

Coagir significa constranger alguém a agir ou a deixar de agir, em desacordo com sua vontade. No entanto, a conduta proscrita é a de "*valer-se* o servidor público de sua autoridade para *coagir* [...]". Logo, a simples ação do servidor público com abuso ou desvio de poder, desde que revestida da finalidade de coagir alguém a votar ou não em determinado candidato ou partido, aperfeiçoa o delito. Não se criminaliza a efetiva coação, mas o mero abuso de função pública com o propósito de coagir o eleitor, ainda que o resultado visado pelo agente não seja alcançado.

No tipo penal em comento, a coação pretendida se presta a tolher o direito do eleitor de escolher livremente tanto candidatos quanto partidos políticos.

Importante questionar se o agente deve se encontrar no exercício das competências legais do cargo ou função pública para que ocorra o delito. A resposta é negativa. Exige-se vínculo entre a ação delitiva e o cargo ou função pública ocupada pelo servidor – o que se denomina "nexo funcional" – mas não há necessidade de o indivíduo praticar a ação quando estiver no formal exercício de cargo e dentro das estritas margens de competência administrativa.

Há casos em que o nexo funcional é evidente – a exemplo do delegado de Polícia que ameaça prender aqueles que votarem em determinado candidato. Outros casos, mais sutis, podem suscitar dúvidas. Em hipótese na qual a autoridade detentora de poder de exoneração *ad nutum* ameace exonerar servidor ocupante de cargo em comissão, caso este vote em certo candidato, igualmente resta caracterizado o crime. Embora a livre exoneração se encontre dentro das atribuições regulares do cargo, há desvio de finalidade na atuação da autoridade, que abusa do poder legal para a consecução de fim ilícitos – constranger eleitor no exercício do direito ao sufrágio.

Da mesma forma, há nexo funcional no caso do servidor que se vale do prestígio do serviço público para intimidar e constranger eleitores, mesmo que atue fora de suas atribuições legais. Todavia, embora seja desnecessário ao tipo penal que a coação alcance o resultado projetado pelo autor, é indispensável que a conduta tenha potencial efetivo de incutir na vítima receio ou temor de ser prejudicada. O mal projetado pelo servidor público com o fim de coagir o eleitor deve ser, por isso, sério, grave e verossímil[54]. Não se enquadra no tipo, por isso, a ameaça de suspensão de benefícios assistenciais dos quais o eleitor sequer é destinatário[55].

---

54 No mesmo sentido: TSE. Agravo de Instrumento nº 9389, Acórdão, Relator(a) Min. Edson Fachin, Publicação: DJE - Diário da justiça eletrônica, Tomo 96, Data 27/05/2021.

55 TRE-SC; Recurso Em Processo-Crime Eleitoral n. 462, Acórdão n. 18643 de 17/12/2003, Relator ALEXANDRE D'IVANENKO, Publicação: DJESC - Diário da Justiça do Estado de Santa Catarina, Data 17/12/2003, Página 1.

Se houver emprego de violência para coagir o eleitor, restará aperfeiçoado o crime do artigo 301 do Código Eleitoral, resolvendo-se o conflito aparente de normas pela aplicação do critério de especialidade, ainda que o agente seja servidor público. Isso porque, no presente tipo penal, a coação se ampara simplesmente sobre a autoridade da função pública. Eventual violência se projeta para além do tipo penal, assim como a grave ameaça que possui projeção para além da função – igualmente elementar do crime previsto no art. 301 do Código Eleitoral.

O tipo penal exige a qualidade de "candidato" do indivíduo que se pretende beneficiar ou prejudicar no cenário eleitoral, o que só se caracteriza posteriormente ao efetivo registro da candidatura. Diversamente, a ação voltada a beneficiar ou prejudicar partido político pode ser praticada a qualquer tempo, mesmo fora do período eleitoral e antes do registro de candidaturas.

Consumação e tentativa

O crime se consuma no exato momento em que o servidor, valendo-se da autoridade, busca coagir o eleitor a votar ou não votar em determinado candidato ou partido. Dispensa-se qualquer resultado para a consumação do delito, tratando-se de crime formal. Como a própria expressão abusiva da autoridade consuma o delito, trata-se de crime unissubsistente, não se admitindo a tentativa.

Tipicidade subjetiva

O elemento subjetivo do tipo é o dolo específico, consistente na vontade de constranger o eleitor a votar ou deixar de votar em determinado partido ou candidato. Não basta o dolo genérico de valer-se abusivamente da autoridade do cargo ou função pública contra o eleitor.

16. COAÇÃO ELEITORAL VIOLENTA OU PRATICADA POR PARTICULAR

> **Art. 301.** Usar de violência ou grave ameaça para coagir alguém a votar, ou não votar, em determinado candidato ou partido, ainda que os fins visados não sejam conseguidos:
>
> Pena – reclusão até quatro anos e pagamento de cinco a quinze dias-multa.

Bem jurídico tutelado

O crime previsto no art. 301 do Código Eleitoral tutela a liberdade de voto do eleitor - o livre exercício do sufrágio – a liberdade do eleitor de escolher seus candidatos e partidos políticos.

Sujeitos do crime

Trata-se de crime comum, que pode ser praticado por qualquer pessoa, admitindo-se hipóteses de coautoria e participação.

Como sujeito passivo, encontra-se o eleitor contra quem se dirige a conduta violenta; secundariamente, o Estado.

Condutas

Coagir significa constranger alguém a agir ou a deixar de agir, em desacordo com sua vontade. No entanto, a conduta proscrita é a de "*usar* de violência ou grave ameaça para *coagir*". Logo, a simples ação violenta ou de grave ameaça dirigida contra o eleitor, desde que revestida da finalidade de coagi-lo a votar ou não em determinado candidato ou partido, aperfeiçoa o delito. Não se criminaliza a efetiva coação – resultado possível, porém não necessário ao delito

– mas o mero emprego de violência ou grave ameaça com o fim de coagir o eleitor, ainda que o resultado visado pelo agente não seja alcançado.

No tipo penal em comento, a coação pretendida se presta a tolher o direito do eleitor de escolher livremente tanto candidatos quanto partidos políticos.

Consiste a violência no emprego de energia pelo agente contra a estrutura corporal do sujeito passivo, em proporção suficiente para lesionar ou expor a perigo a sua integridade. É possível que a violência se opere por força direta do agente ou pela utilização de outros meios – como choque elétrico, calor, composições ácidas, deflagração de projétil etc.

Já a grave ameaça se caracteriza pela promessa de prática de mal injusto e grave, que seja capaz de causar na vítima temor, abalo moral, com aptidão para reduzir a sua capacidade de autodeterminação. Não se exige que a vítima efetivamente apresente qualquer reação emocional negativa à ameaça, para a satisfação da elementar do tipo penal. Basta que, objetivamente analisada, a promessa de mal apresente potencial para impactar a estabilidade emocional da vítima.

O tipo penal exige a qualidade de "candidato" do indivíduo que se pretende beneficiar ou prejudicar no cenário eleitoral, o que só se caracteriza posteriormente ao efetivo registro da candidatura. Diversamente, a ação voltada a beneficiar ou prejudicar partido político pode ser praticada a qualquer tempo, mesmo fora do período eleitoral e antes do registro de candidaturas.

Consumação e tentativa

O crime se consuma no exato momento em que o autor, emprega violência ou grave ameaça, com o fim de coagir o eleitor a votar ou não votar em determinado candidato ou partido. Dispensa-se qualquer resultado para a consumação do delito, tratando-se de crime formal. Como a própria expressão da violência ou grave ameaça consuma o delito, trata-se de crime unissubsistente, não se admitindo a tentativa.

Tipicidade subjetiva

O elemento subjetivo do tipo é o dolo específico, consistente na vontade de constranger o eleitor a votar ou deixar de votar em determinado partido ou candidato.

17. PROMOVER A CONCENTRAÇÃO DE ELEITORES NO DIA DA ELEIÇÃO COM O FIM DE IMPEDIR, ATRAPALHAR OU FRAUDAR O VOTO

> **Art. 302.** Promover, no dia da eleição, com o fim de impedir, embaraçar ou fraudar o exercício do voto a concentração de eleitores, sob qualquer forma, inclusive o fornecimento gratuito de alimento e transporte coletivo:
>
> Pena – reclusão de quatro (4) a seis (6) anos e pagamento de 200 a 300 dias-multa.

Comparação com o crime previsto no art. 11, III, da Lei n. 6.091/74

O art. 11, III, da Lei n. 6.091/74 criminalizou o fornecimento de transporte a eleitores no dia anterior até o dia posterior à eleição, ressalvados os veículos: a) a serviço da Justiça Eleitoral; b) coletivos, de linhas regulares e não fretados; c) de uso individual do proprietário, para o exercício do próprio voto e dos membros de sua família; d) de aluguel, empregados em suas finalidades típicas, sem fins eleitorais. Igualmente, o referido tipo penal tipificou a conduta de fornecer refeições aos eleitores.

Quanto ao citado tipo, a jurisprudência se desenvolveu no sentido de que, sem a finalidade de aliciamento, não haveria ofensa à lisura e ao equilíbrio do pleito por simples transporte de eleitor[56], restando a conduta fora do alcance da norma proibitiva.

Nesses moldes, a caracterização do delito exige que a conduta nuclear seja perpetrada com o dolo específico de favorecer ou prejudicar, com o fornecimento de alimento ou transporte, certo candidato ou partido político, afetando-se o bem jurídico tutelado pela norma. Destarte, o fornecimento de tais utilidades perfaz a própria conduta nuclear proscrita, que deve ser complementada pelo elemento subjetivo específico.

De maneira distinta, no crime previsto do art. 302 do Código Eleitoral, o fornecimento gratuito de transporte coletivo e de refeição não é conduta nuclear, constituindo-se como um simples meio para a prática da ação de "promover a concentração de eleitores", com a finalidade especial de "impedir, embaraçar ou fraudar o exercício do voto". Nesses moldes, a parte final do dispositivo estabelece apenas um norte interpretativo acerca dos meios pelos quais seria possível ao agente praticar a conduta vedada, gerando um espaço de interpretação analógica.

Mais além, o dolo específico de "impedir, embaraçar ou fraudar o exercício do voto", exigido pelo artigo 302 do Código Eleitoral, não integra norma penal proibitiva da Lei n. 6.091/74, que se contenta com a finalidade de obtenção de vantagem eleitoral em favor de partido ou candidato. Não há sobreposição entre os tipos, portanto.

O que ocorre é uma questão de ordem prática, que torna o art. 302 do Código Eleitoral quase inaplicável aos casos em que há fornecimento de transporte e refeição a eleitores. É mais fácil provar a prática desses atos, com finalidade eleitoral, do que os associar às outras elementares do art. 302. Se basta o transporte com fim eleitoral, submeter à ação penal as circunstâncias de "promover [...] a concentração de eleitores" com o fim de "embaraçar ou fraudar o exercício do voto" torna-se desnecessário. Some-se a isso o fato de que as penas cominadas aos crimes são idênticas, mas todos esses fatores não são suficientes para que se reconheça derrogação tácita – já que em um tipo o fornecimento de transporte ou refeição é a própria conduta nuclear, enquanto no outro se trata de meio para a prática da ação proibida, sob elementares subjetivas específicas.

O que se vê é que a Lei n. 6.091/74 não incorporou as elementares do art. 302, fazendo referência ao dispositivo ora em comento somente no preceito secundário do tipo penal, quando da cominação da pena – *in abstrato*.

Sem prejuízo dessas distinções, há uma tendência na jurisprudência de se reconhecer a revogação tácita da parte final do art. 302 do Código Eleitoral, pelo art. 11, III, da Lei n. 6.091/74[57]. Ademais, em relação ao fornecimento de transporte, o crime previsto na Lei n. 6.091/74 possui incidência temporal mais ampla, abrangendo não só o dia da eleição – como se vê no art. 302 – mas também o dia anterior ao pleito e o dia imediatamente posterior.

Bem jurídico tutelado

Tutela-se primariamente o livre exercício do sufrágio, pois a concentração de eleitores necessária à caracterização do crime se presta especificamente a impedir, embaraçar ou fraudar o exercício do voto. Secundariamente, protege-se a lisura e o equilíbrio do pleito.

---

56 Igualmente: "o transporte de eleitores, desde o dia anterior até o posterior à eleição, constitui conduta criminosa, desde que realizado com finalidade eleitoral, ou seja, desde que a vontade deliberada do agente seja no sentido de obter vantagem de ordem eleitoral" (GOMES, Suzana de Camargo. **Crimes Eleitorais**. 4ª ed. São Paulo: RT, 2010, p. 214).

57 Recurso Especial Eleitoral nº 21401, Acórdão de , Relator(a) Min. Fernando Neves, Publicação: DJ - Diário de justiça, Volume 1, Data 21/05/2004, Página 132.

Sujeitos do crime

Trata-se de crime comum, de sorte que não se exige do agente qualquer característica específica. Como sujeitos passivos, figuram indivíduos eventualmente prejudicados no livre exercício do sufrágio, bem como o Estado.

Condutas

A conduta proscrita pela norma é a de *promover*, no dia da eleição, a concentração de eleitores, com o fim de impedir, embaraçar ou fraudar o exercício do voto. *Promover* pode ser entendido como realizar, impulsionar ou pôr em execução determinada conduta ou plano de ação, bem como fornecer estrutura para que este opere – *propiciar*, *providenciar*.

Referido elemento nuclear possui espectro de incidência que se projeta para além da ação do indivíduo que pessoalmente agrupa os eleitores, alcançando aqueles que fornecem a estrutura material para que isso ocorra. Assim, os proprietários dos imóveis em que ocorrem eventos concebidos com o propósito de concentrar eleitores, de modo a embaraçar ou impedir o direito de voto, e que disponibilizam seus espaços para a prática do crime, incorrem no artigo 302 na qualidade de autores, assim como os produtores de eventuais shows artísticos dirigidos a essa finalidade. Não serão eles partícipes que prestaram mero auxílio material ao crime, pois praticam direta e pessoalmente a ação nuclear *promover*.

Da mesma forma, embora o ato de *participar* da concentração não seja típico, parcela doutrinária entende que o "estímulo ou apoio aos circunstantes pode ser interpretado como ato de promoção"[58] – pela abrangência conceitual da conduta nuclear constante do tipo penal.

Embora o tipo penal se refira ao "dia da eleição", encerrado o processo de votação não mais se verifica perigo ao bem jurídico tutelado pelo tipo penal – de modo que as concentrações *iniciadas* posteriormente à votação não caracterizam o delito em tela. Ainda sobre o alcance da norma, o Tribunal Superior Eleitoral já decidiu que o art. 302 não se aplica aos dias de realização de plebiscitos e referendos, com campo de incidência limitado às eleições para escolhas de candidatos a cargos eletivos.

O tipo penal não se confunde com o ilícito de natureza civil previsto no art. 39-A, §1º, da Lei n. 9.504/97:

> § 1º. É vedada, no dia do pleito, até o término do horário de votação, a aglomeração de pessoas portando vestuário padronizado, bem como os instrumentos de propaganda referidos no caput, de modo a caracterizar manifestação coletiva, com ou sem utilização de veículos. (Incluído pela Lei nº 12.034, de 2009)

O dispositivo em questão protege a paz social nos dias de eleição, notadamente em tempos de acentuada polarização, em que manifestações coletivas de grupos políticos opostos poderiam gerar conflitos que prejudicariam o fluxo dos trabalhos eleitorais. Também se garante a efetividade das normas que proíbem propaganda no dia das eleições e ações de boca-de-urna. Portanto, trata-se de norma que integra esfera distinta de responsabilidade e com finalidades autônomas.

Tipicidade subjetiva

O elemento subjetivo do tipo é o dolo específico, consistente no fim de impedir, embaraçar ou fraudar o exercício do voto.

58 GOMES, José Jairo. op. cit. p. 68.

Consumação e tentativa

O crime se consuma com a efetiva promoção da concentração de eleitores, ainda que não se materialize o impedimento, o embaraço ou a fraude ao exercício do voto. Por isso, é crime formal. Mais além, é crime plurissubsistente, admitindo-se a tentativa.

18. MAJORAÇÃO DE PREÇOS DE SERVIÇOS E UTILIDADES

> **Art. 303.** Majorar os preços de utilidades e serviços necessários à realização de eleições, tais como transporte e alimentação de eleitores, impressão, publicidade e divulgação de matéria eleitoral.
>
> Pena - pagamento de 250 a 300 dias-multa.

O art. 303 do Código Eleitoral não foi recepcionado pela Constituição Federal, por atentar contra a livre iniciativa, fundamento da República Federativa do Brasil (art. 1º, IV, CF) e contra os princípios da ordem econômica, notadamente a livre concorrência (art. 170, IV, CF).

Tais preceitos não proíbem que, em certa medida, ocorra a intervenção do Estado na economia e na iniciativa privada. No entanto, há de se recordar que a perspectiva de repressão à dominação de mercados, à eliminação da concorrência e ao aumento arbitrário dos lucros - objetivos acolhidos expressamente pelo texto constitucional (art. 173, §4º) e que admitem intervenções nas atividades da iniciativa privada e da livre concorrência - não dá guarida para que o legislador estabeleça cláusulas genéricas de controle de preços, ignorando a existência de oscilações de mercado sujeitas a inúmeras variáveis[59].

19. RECUSA DE FORNECIMENTO REGULAR DE ALIMENTAÇÃO E DOS MEIOS DE TRANSPORTE A TODOS NO DIA DA ELEIÇÃO

> **Art. 304.** Ocultar, sonegar açambarcar ou recusar no dia da eleição o fornecimento, normalmente a todos, de utilidades, alimentação e meios de transporte, ou conceder exclusividade dos mesmos a determinado partido ou candidato:
>
> Pena – pagamento de 250 a 300 dias-multa.

Bem jurídico tutelado

O artigo 304 do Código Eleitoral tutela, primariamente, o livre exercício do sufrágio, bem como a regularidade das eleições. A recusa de fornecimento de transporte ou outras utilidades poderia prejudicar o acesso aos locais de votação e o desempenho dos poderes inerentes à cidadania ativa. Igualmente, tutela-se a igualdade entre os candidatos e o equilíbrio do pleito, pois a parte final do tipo proscreve a prestação de sérvio discriminatória, que ocorreria em favor apenas de paridos políticos ou candidatos determinados – não da população em geral.

Sujeitos do crime

Parcela doutrinária defende se tratar de crime próprio, exigindo-se do agente a qualidade de empresário - pois o fornecimento de produtos e sérvios seria atividade de natureza empresarial (GOMES, José Jairo. op. cit. p. 71).

59 Nesse sentido, tem-se manifestado majoritariamente a doutrina. Por todos: GONÇALVES, Luiz Carlos dos Santos. op. cit. p. 61; GOMES, José Jairo. op. cit. p. 71.

No entanto, trata-se de crime comum. É possível que a prestação do serviço e o fornecimento de bens, ainda que vinculados a determinada *atividade* empresarial, sejam operados pessoalmente por indivíduo que não ostenta a qualidade de empresário – colaborador eventual, empregado etc. Se o motorista responsável por linha urbana de ônibus, por iniciativa própria, recusar o embarque de eleitores de determinado partido político, se o gerente de certo restaurante decide baixar as portar do estabelecimento, com o propósito de negar atendimento a eleitores, restará caracterizado o delito[60]. A natureza comum do delito fica clara especialmente pela análise das condutas nucleares, que podem ser praticadas por aquele que ostenta uma relação provisória com a prestação do serviço ou com o fornecimento das utilidades, sem necessariamente figurar como empresário.

Quanto a esse ponto, o trecho "normalmente a todos" indica o caráter de disponibilidade geral inerente ao serviço ou ao fornecimento de bens, não à qualidade do sujeito ativo. O serviço de transporte público coletivo, prestado por concessionários, por sua própria natureza deve ser normalmente prestado a todos, sem discriminação. A recusa de prestação, muito claramente, não exige qualquer qualidade especial do agente.

Como sujeito passivo, figura o eleitor que teve o acesso a bens e serviços negado, assim como o Estado.

Condutas

Trata-se de tipo misto alternativo, cujas condutas nucleares são *ocultar, sonegar, açambarcar* ou *recusar*.

Açambarcar significa tomar para si, assenhorar-se de algo; ainda, pode representar o domínio exclusivo sobre determinada atividade, em prejuízo de outros; monopolizar. *Sonegar* equivale a omitir, deixar de revelar a quem de direito, quando solicitado a fazê-lo. *Ocultar*, por sua vez, significa esconder, tornar oculto ou inacessível. Por fim, o ato de *recusar* ocorre pela negativa de fornecimento, diante da solicitação de outrem.

O crime pode se aperfeiçoar durante todo o dia da eleição – mesmo após o encerramento da votação. Haveria constrangimento ao eleitor contra quem houvesse recusa de fornecimento de serviços ou bens, mesmo depois do materializado seu voto, o que atentaria contra o *livre exercício* dos poderes inerentes à cidadania ativa.

Não são alcançados pelo tipo penal atos que expressam regularmente o princípio da livre iniciativa no exercício de atividade econômica e que não apresentem motivação eleitoral. Haveria ausência de dolo.

As "utilidades" referidas no tipo penal devem possuir relevância para o regular funcionamento das eleições, sob pena de atipicidade material da conduta – inexistindo ofensa ao bem jurídico tutelado pela norma.

Anote-se que a recusa individual, em estabelecimento comercial à prestação de serviços essenciais à subsistência, assim como a sonegação de mercadoria ou a recusa de venda de mercadoria a quem esteja em condições de comprar a pronto pagamento, igualmente caracteriza o crime contra a economia popular previsto no art. 2º, I, da Lei n. 1.521/51. Tais condutas, quando praticadas no contexto do art. 304 do Código Eleitoral, implicarão concurso formal de crimes, diante da existência de desígnios autônomos e de bens jurídicos diversos.

Consumação e tentativa

Trata-se de crime formal, cuja consumação ocorre independentemente da realização de qualquer resultado. Ademais, é crime instantâneo, consumando-se imediatamente quando da prática das condutas nucleares comissivas ou omissivas.

60 Luiz Carlos dos Santos Gonçalves também entende se tratar de crime comum: "Não se exige, do sujeito ativo, qualquer qualidade especial" (op. cit. p. 62).

Nas modalidades *ocultar, sonegar* e *recusar*, trata-se de crime unissubsistente, não se admitindo a tentativa. *Açambarcar*, por sua vez, expressa crime plurissubsistente, admitindo-se a tentativa.

20. INTERVENÇÃO INDEVIDA NA MESA RECEPTORA DE VOTOS

Art. 305. Intervir autoridade estranha à mesa receptora, salvo o juiz eleitoral, no seu funcionamento sob qualquer pretexto:

Pena – detenção até seis meses e pagamento de 60 a 90 dias-multa.

Bem jurídico tutelado

O artigo 305 do Código Eleitoral tutela o regular desenvolvimento dos trabalhos eleitorais, especialmente das atribuições da mesa receptora de votos e justificativas. De acordo com o disposto no art. 139 do Código Eleitoral, compete ao presidente da mesa receptora e ao juiz eleitoral a direção dos trabalhos, de sorte que a intervenção de autoridade estranha poderia implicar prejuízos à atuação da mesa.

Sujeitos do crime

Trata-se de crime próprio que exige do sujeito ativo a qualidade de agente público – "autoridade". O delito poder perpetrado por autoridade civil ou militar, bem como por autoridade judiciária que não detenha competência para funcionar como juiz eleitoral na seção afetada. Ao do alcance da norma penal o "juiz eleitoral", o preceito primário do tipo refere-se à autoridade judiciária detentora de competência, não a qualquer juiz eleitoral.

Em se tratando a qualidade de "autoridade" de circunstância pessoal e elementar do crime em apreço, incide a norma de extensão prevista na parte final do art. 30 do Código Penal: "não se comunicam as circunstâncias e as condições de caráter pessoal, salvo quando elementares do crime". Por isso, admite-se a coautoria e a participação de particular, de modo que qualificação de servidor público alcança o *extraneus* que concorre para o delito – seja praticando a intervenção pessoalmente em concurso com o agente público ou auxiliando-o, instigando-o ou induzindo-o a fazê-lo. Indispensável, para tanto, que haja vínculo subjetivo entre os coautores e que o particular conheça a qualidade de servidor público do outro agente.

É indispensável que a intervenção praticada pelo agente público apresente nexo funcional – passível de caracterização se o autor estiver no exercício do cargo (policial fardado, por exemplo) ou fizer menção a sua função pública. Se o indivíduo, embora agente público, praticar a intervenção como mero particular, não ocorrerá o crime do art. 305 do Código Eleitoral.

Como sujeito passivo, posiciona-se o Estado.

Condutas

Proscreve-se a conduta de *intervir*, que significa *interferir, ingerir-se, intrometer-se* no funcionamento da mesa receptora. Como pontuado nas direções anteriores desta obra, contudo, não se consideram intervenções criminosas, os atos de fiscalização praticados por candidatos registrados, fiscais de partidos e delegados dos partidos, aos quais o art. 132 do Código Eleitoral confere autoridade fiscalizatória. Assim, por força de norma constante do próprio Código Eleitoral, não pode a fiscalização reconhecida como legítima pelo legislador ser considerada *intervenção* para fins do art. 305 do mesmo diploma legal.

Igualmente, o art. 72 da Lei Complementar n. 75/93, prevê caber ao Ministério Público exercer suas funções constitucionais e legais em todas as fases do processo eleitoral. Como o guardião constitucional da ordem jurídica e do regime democrático (art. 127, CF), o Ministério

Público Eleitoral tem, portanto, atribuição para fiscalizar o desenvolvimento dos trabalhos eleitorais, em todas as suas facetas. No desempenho de suas regulares atribuições, pode o membro do Ministério Público requisitar informações e ter livre acesso aos locais públicos relacionados às diferentes etapas e procedimentos do pleito eleitoral. Evidentemente, tais atos não são considerados *intervenções* criminosas, pois praticados no cumprimento do dever legal – em observância a mandamento constitucional – e com utilização de prerrogativas legais que expressam exercício regular de direito. O que não pode é o promotor abusar da atuação fiscalizatória, praticando intervenção atípica e que prejudique o bem jurídico tutelado pela norma, hipótese em que restará incurso no art. 305 do Código Eleitoral.

Consumação e tentativa

Trata-se de crime formal, dispensando-se resultado naturalístico para sua consumação, que ocorre instantaneamente com o ato de intervenção. Não se exige efetivo prejuízo à mesa receptora. Trata-se, ainda, de crime plurissubsistente, que admite tentativa.

21. DESRESPEITO À ORDEM DE VOTAÇÃO

Art. 306. Não observar a ordem em que os eleitores devem ser chamados a votar:

Pena - pagamento de 15 a 30 dias-multa.

Bem jurídico tutelado – não recepção do artigo 306 pela Constituição Federal de 1988

Trata-se de crime que visa tutelar o bom andamento dos trabalhos eleitorais, a disciplina nas eleições.

No entanto, a conduta descrita no *caput* não apresenta potencial mínimo para ofender o bem jurídico que se pretendeu tutelar. O Direito Penal não pode ser banalizado como instrumento voltado à promoção de atos de educação e civilidade – como aguardar em fila. O potencial de lesão a bens jurídicos é fator necessário à criminalização de condutas *in abstrato*, que limita a discricionariedade legislativa na construção de tipos penais incriminadores. Restam, por isso, excluídas do alcance do direito penal as práticas consideradas meramente imorais – como *furar a fila de votação*[61].

Trata-se de crime não recepcionado pela Constituição Federal de 1988 e que viola o princípio da *ofensividade* e da *intervenção mínima*.

Se a conduta do eleitor implicar a promoção de *desordem* que prejudique os trabalhos eleitorais, o crime será o do art. 296 do Código Eleitoral, acima comentado, restando absolutamente esvaziado o artigo ora em comento.

22. CRIMES RELACIONADOS A CÉDULAS DE VOTAÇÃO

Art. 307. Fornecer ao eleitor cédula oficial já assinalada ou por qualquer forma marcada:

Pena - reclusão até cinco anos e pagamento de 5 a 15 dias-multa.

Art. 308. Rubricar e fornecer a cédula oficial em outra oportunidade que não a de entrega da mesma ao eleitor.

61 No sentido de ser a potencial ofensa a bem jurídico pressuposto de criminalização de condutas e de estarem excluídas do alcance do direito penal as ações e omissões que repercutem exclusivamente no campo da moral: ROXIN, Claus. **Derecho Penal**: Parte General. Tomo I. Madrid: Civitas, 1997, p. 52/53.

Pena - reclusão até cinco anos e pagamento de 60 a 90 dias-multa.

Com a adoção das urnas eletrônicas e com a implantação do sistema de identificação biométrica no Brasil, os crimes previstos no art. 307 e 308 do Código Eleitoral caíram em desuso.

Na rara hipótese de a urna eletrônica apresentar defeito e não ser possível a substituição, adota-se excepcionalmente a votação por cédula, caso em que poderão ser praticadas as condutas criminosas especificadas nos artigos 307 e 308 do Código Eleitoral.

23. VOTAR OU TENTAR VOTAR EM DUPLICIDADE OU EM LUGAR DE OUTRO ELEITOR

Art. 309. Votar ou tentar votar mais de uma vez, ou em lugar de outrem:

Pena – reclusão até três anos.

Bem jurídico tutelado

A Constituição Federal estabelece o sufrágio universal, que tem como pressuposto lógico a igualdade entre os cidadãos no exercício do direito ao voto. Os votos de todos os indivíduos possuem igual valor, inadmitindo-se qualquer espécie de discriminação ou privilégio quanto a esse aspecto. É por essa razão que não se pode admitir voto em duplicidade, permitindo-se que certos eleitores possuam mais influência sobre o resultado do processo eleitoral do que outros.

Mais além, a ninguém é dado exercer o sufrágio em nome de outrem, suprimindo o direito do titular do voto de escolher pessoalmente seus candidatos e partidos políticos. Da mesma forma, para a garantia de lisura das eleições, não é admissível o voto por intermediários – representante ou mandatário.

Por isso, o bem jurídico tutelado pela norma é a igualdade no exercício do sufrágio, além da lisura do pleito eleitoral.

Sujeitos do crime

Na modalidade *votar* ou *tentar votar mais de uma vez*, trata-se de crime próprio, exigindo-se do autor a qualidade de eleitor, mesmo que essa tenha sido alcançada mediante inscrição fraudulenta (art. 289 do Código Eleitoral). *Votar* ou *tentar votar em lugar de outrem*, por outro lado, expressa hipótese de crime comum.

Como sujeito passivo, figura o Estado e, eventualmente, o eleitor privado do direito de voto, caso alguém tenha votado em seu nome.

Condutas

O tipo penal ora em comento trata de uma hipótese de "crime de atentado" ou "crime de empreendimento". Assim se qualificam os delitos cuja tentativa consta expressamente do tipo penal como conduta nuclear. Como consequência do emprego dessa técnica legislativa, a tentativa resta equiparada ao crime consumado, afastando-se a regra geral do art. 14, parágrafo único, do Código Penal:

Art. 14. Diz-se o crime: (Redação dada pela Lei nº 7.209, de 11.7.1984)

[...]

II - tentado, quando, iniciada a execução, não se consuma por circunstâncias alheias à vontade do agente. (Incluído pela Lei nº 7.209, de 11.7.1984);

> Parágrafo único - **Salvo disposição em contrário**, pune-se a tentativa com a pena correspondente ao crime consumado, diminuída de um a dois terços (Incluído pela Lei nº 7.209, de 11.7.1984).

Afasta-se, destarte, a teoria objetiva[62], que rege a punibilidade da tentativa, aderindo-se excepcionalmente à teoria subjetiva[63]. Assim, *votar ou tentar mais de uma vez* e *votar ou tentar votar em lugar de outrem* caracterizam igualmente o crime previsto no art. 309 do Código Eleitoral. Eventual prejuízo superior ao bem jurídico tutelado pela norma deve ser considerado na primeira fase da dosimetria penal – por exemplo se houver associação entre indivíduos de modo que diversos agentes possam votar múltiplas vezes, com dano efetivo às eleições.

Para viabilizar a multiplicidade de votos por um mesmo indivíduo, os autores normalmente fazem uso de documentos de identidade e títulos eleitorais falsos. Em caso concreto submetido à apreciação do TSE, o réu, vereador do Município de Queimados/RJ, candidato à reeleição, teria se associado a outros indivíduos para, com utilização de documentos falsos, vencer o pleito em curso. Houve suposta colaboração de um servidor da Justiça Eleitoral, por meio da alegada emissão de títulos eleitorais vinculados a diferentes seções, com diferentes documentos falsos dos executores dos votos. O expediente permitiu que os acusados alegadamente votassem diversas vezes no candidato (Recurso em *Habeas Corpus* nº 060760581, Acórdão, Relator(a) Min. Tarcisio Vieira De Carvalho Neto, Publicação: DJE - Diário da justiça eletrônica, Tomo 34, Data 18/02/2019).

Na situação narrada, aperfeiçoou-se o crime de *votar mais de uma vez*, por parte dos eleitores, em concurso material com o crime de inscrição fraudulenta (art. 289), em relação aos títulos eleitorais emitidos mediante fraude. A imputação corretamente apontou os dois delitos, que protegem bens jurídicos diversos – higidez do cadastro eleitoral, no caso do art. 289, e igualdade no exercício do sufrágio, em relação ao crime em comento.

Votar em nome de outrem que também usualmente se opera pelo emprego de fraude – especialmente o uso de documentos falsos. Em outro caso concreto apreciado pelo TRE-SP, o acusado fez uso de título eleitoral de terceiro e, apresentando documento falso, votou em nome do cidadão prejudicado, nas eleições de 2012. Posteriormente, nas eleições de 2014, tentou proceder da mesma forma, mas a fraude foi percebida pelos servidores da Justiça Eleitoral (Recurso Criminal nº 3006, Acórdão, Relator(a) Des. Claudia Lúcia Fonseca Fanucchi, Publicação: DJESP - Diário da Justiça Eletrônico do TRE-SP, Data 02/07/2018). Nota-se que o crime deve ser imputado em sua forma consumada nas duas situações, pois a conduta de *tentar* é suficiente para aperfeiçoar o tipo penal.

Art. 309 e crime impossível

Em decorrência do princípio da *ofensividade*, é indispensável que a *tentativa* apresente risco ao bem jurídico tutelado pela norma. Assim, ainda que a ação seja frustrada, deve haver na tentativa um potencial intrínseco de sucesso, que só não é alcançado por circunstâncias alheias

62 Segundo a qual a "punibilidade da tentativa fundamenta-se no *perigo a que é exposto o bem jurídico*, e a repressão se justifica uma vez iniciada a execução do crime. Não se equipara o dano ou perigo ocorrido na tentativa com o que resultaria do crime consumado" (BITENCOURT, Cezar Roberto. **Código Penal Comentado**. 7ª Ed. São Paulo: Saraiva, 2012, p. 160). Tal teoria é a adotada pelo Código Penal, o que reflete na distinção da pena que se aplica ao crime tentado em comparação ao delito consumado.

63 Que "fundamenta a punibilidade da tentativa na vontade do autor contrária ao Direito. ara essa teoria, o elemento moral, a vontade do autor é decisiva, porque está completa, perfeita. Imperfeito é o delito, que não chega a consumar-se. Por isso, segundo essa teoria, a pena da tentativa deve ser a mesma do crime consumado" (BITENCOURT, Cezar Roberto. **Código Penal Comentado**. 7ª Ed. São Paulo: Saraiva, 2012, p. 160).

à vontade do agente. O meio empregado para o delito, portanto, deve teoricamente apresentar aptidão para lesar o bem jurídico.

É assim que o uso de documentos grosseiramente falsificados com o propósito de votar duas vezes não caracteriza o delito na modalidade *tentar*, traduzindo mera hipótese de crime impossível. Não existe margem para lesão ao bem jurídico, dada a absoluta ineficácia do meio empregado. A "tentativa", nesse caso, não é passível de punição, pois o artigo 17 do Código Penal aplica-se até mesmo aos crimes de atentado.

O avanço da informatização e a difusão dos sistemas de identificação biométrica pelas Zonas e Seções Eleitorais do país não são fatores que conduzem, por si sós, à impossibilidade de prática dos delitos previstos no art. 309. Se a aposição de digital no sistema de identificação for necessária, na Seção, para a liberação da urna eletrônica, a apresentação de documento isoladamente será absolutamente ineficaz para a fraude, mas outros artifícios podem ser utilizados de modo a fraudar a segurança eleitoral, o que deve ser avaliado em cada caso concreto.

Consumação e tentativa

Trata-se de crime formal, cuja consumação ocorre assim que iniciada a execução do delito, ultrapassando-se a barreira dos atos preparatórios e caracterizando-se a tentativa.

24. PRÁTICA DE IRREGULARIDADES QUE DETERMINAM ANULAÇÃO DA VOTAÇÃO

Art. 310. Praticar, ou permitir membro da mesa receptora que seja praticada, qualquer irregularidade que determine a anulação de votação, salvo no caso do Art. 311:

Pena - detenção até seis meses ou pagamento de 90 a 120 dias-multa.

Bem jurídico tutelado

O tipo penal previsto no art. 310 do Código Eleitoral tutela a higidez do pleito eleitoral, a regularidade das eleições.

Sujeitos do crime

Trata-se de crime próprio, que só pode ser perpetrado pelo membro da mesa receptora de votos. É passível de incidência a norma de extensão prevista na parte final do art. 30 do Código Penal: "não se comunicam as circunstâncias e as condições de caráter pessoal, salvo quando elementares do crime". Por isso, admite-se a coautoria e a participação de particular, de modo que qualificação especial que se exige do sujeito ativo alcança o *extraneus* que concorre para o delito – seja praticando a irregularidade pessoalmente em concurso com membro da mesa ou auxiliando-o, instigando-o ou induzindo-o a fazê-lo. Indispensável, para tanto, que haja vínculo subjetivo entre os coautores e que o particular conheça a qualidade do outro agente.

Conduta

O tipo penal expressa duas condutas nucleares – uma comissiva, consistente na ação de *praticar*, e outra omissiva, pelo ato de *permitir* que seja praticada irregularidade que acarrete a anulação da votação.

Trata-se de tipo misto alternativo. As condutas nucleares "praticar" e "permitir" são independentes e autônomas. Qualquer delas, isoladamente, presta-se à caracterização do delito. Por outro lado, diante da prática cumulativa de ambas as condutas, haverá um único crime.

Na modalidade *permitir*, o crime é omissivo impróprio. A infração só pode ser imputada ao membro da mesa omisso, se o resultado ocorrer efetivamente e, mais além, se ficar demonstrado que a ação determinada pela norma e esperada do agente efetivamente poderia ter sido por ele praticada, apresentando possibilidade, ainda que remota, de evitar o resultado lesivo. Sem esses fatores, a omissão não será penalmente relevante para fins do art. 310 do Código Eleitoral.

O dolo que se exige do agente é genérico de praticar a infração que determine a futura anulação da votação ou de permitir que seja a infração praticada. Não há necessidade de a conduta objetivar especificamente a anulação da votação - basta que esse resultado se apresente na esfera de previsibilidade objetiva do autor.

Consumação e tentativa

O tipo penal do art. 310 do Código eleitoral estabelece hipótese de crime material, cuja consumação pressupõe a anulação da votação. A redação é peremptória quanto à exigência do resultado. A irregularidade deve se desenvolver de modo que "determine a anulação da votação".

Sem prejuízo do disposto no tópico acima quanto ao aspecto subjetivo da conduta, admite-se a tentativa, caso o autor, por meio da irregularidade, deseje ou assuma o risco de dar causa à anulação da votação – resultado que acaba por não se verificar por circunstâncias alheias à vontade do agente.

25. VIOLAÇÃO DO SIGILO DO VOTO

> **Art. 312.** Violar ou tentar violar o sigilo do voto:
>
> Pena – detenção até dois anos.

Bem jurídico tutelado

Dispõe o art. 14 da Constituição Federal que o voto é direto, secreto, universal e periódico. O segredo do voto é o bem jurídico tutelado pelo tipo penal em comento Trata-se de garantia indispensável à lisura do processo eleitoral e ao livre exercício do sufrágio. Pelo sigilo do voto, assegura-se ao eleitor condição satisfatória para votar livre de pressões e intimidações daqueles que queiram interferir no exercício de seus poderes inerentes à cidadania ativa.

Sujeitos do crime

O crime do artigo 312 do Código Eleitoral é comum, não se exigindo do agente qualquer qualificação especial para sua prática.

Como sujeito passivo, encontra-se o eleitor que tem o sigilo de seu voto violado; secundariamente, o Estado.

Condutas

Assim como o art. 309 do Código Eleitoral, trata-se de mais uma hipótese de "crime de atentado" ou "crime de empreendimento". Assim se qualificam os delitos cuja tentativa consta expressamente do tipo penal como conduta nuclear. Como consequência do emprego dessa técnica legislativa, a tentativa resta equiparada ao crime consumado, afastando-se a regra geral do art. 14, parágrafo único, do Código Penal:

> Art. 14. Diz-se o crime: (Redação dada pela Lei nº 7.209, de 11.7.1984)
>
> [...]
>
> II - tentado, quando, iniciada a execução, não se consuma por circunstâncias alheias à vontade do agente. (Incluído pela Lei nº 7.209, de 11.7.1984);

> Parágrafo único - **Salvo disposição em contrário**, pune-se a tentativa com a pena correspondente ao crime consumado, diminuída de um a dois terços (Incluído pela Lei nº 7.209, de 11.7.1984).

Afasta-se, destarte, a teoria objetiva[64], que rege a punibilidade da tentativa, aderindo-se excepcionalmente à teoria subjetiva[65]. Assim, *violar* ou *tentar* violar o sigilo do voto caracterizam igualmente o crime previsto no art. 312 do Código Eleitoral.

Violar significa *devassar* o sigilo do voto, sem a permissão do eleitor prejudicado. Se assim desejar, o eleitor poderá revelar livremente o destino de seus votos, o que não representa o tipo penal, já que se trata o cidadão ativo do titular do direito subjetivo ao sigilo do voto.

Não obstante, no curso do processo de votação, o eleitor não poderá renunciar às formalidades essenciais que garantem o sigilo do voto. Não pode, por isso, autorizar o eleitor que terceiros o acompanhem na cabina de votação. Impede-se que outras pessoas visualizem diretamente a ação do eleitor na urna eletrônica. Por isso, viola o sigilo de voto e pratica o delito aquele que, sem autorização do presidente da mesa, ingressa com o eleitor na cabina e acompanha a votação, mesmo que o eleitor expresse concordância.

Ressalvam-se, no entanto, os casos indispensáveis ao exercício do voto de eleitor com deficiência ou mobilidade reduzida (art. 76, §1º, IV, da Lei n. 13.146/2015). Nessas hipóteses, o eleitor pode ser acompanhado pela pessoa de confiança que indicar, desde que não se trate de alguém que esteja a serviço da Justiça Eleitoral, de partido político ou coligação. Ademais, o presidente da mesa deve atestar direta e pessoalmente a imprescindibilidade da presença do acompanhante (Resolução 23.611/2019).

Também por esses motivos não se admite ao eleitor o registo audiovisual do processo de votação:

> Art. 99. Na cabina de votação, é vedado ao eleitor portar aparelho de telefonia celular, máquinas fotográficas, filmadoras, equipamento de radiocomunicação ou qualquer instrumento que possa comprometer o sigilo do voto (Lei nº 9.504/1997, art. 91-A, parágrafo único).
>
> Parágrafo único. Para que o eleitor possa se dirigir à cabina de votação, os aparelhos mencionados no caput poderão ficar sob a guarda da mesa receptora ou deverão ser mantidos em outro local de escolha do eleitor.

Memore-se que o art. 220, IV, do Código Eleitoral assevera ser "nula a votação quando preterida formalidade essencial do sigilo dos sufrágios".

Consumação e tentativa

Trata-se de crime formal, cuja consumação ocorre assim que iniciada a execução do delito, ultrapassando-se a barreira dos atos preparatórios e caracterizando-se a tentativa.

---

64 Que "fundamenta a punibilidade da tentativa na vontade do autor contrária ao Direito. ara essa teoria, o elemento moral, a vontade do autor é decisiva, porque está completa, perfeita. Imperfeito é o delito, que não chega a consumar-se. Por isso, segundo essa teoria, a pena da tentativa deve ser a mesma do crime consumado" (BITENCOURT, Cezar Roberto. **Código Penal Comentado**. 7ª Ed. São Paulo: Saraiva, 2012, p. 160).

65 Que "fundamenta a punibilidade da tentativa na vontade do autor contrária ao Direito. ara essa teoria, o elemento moral, a vontade do autor é decisiva, porque está completa, perfeita. Imperfeito é o delito, que não chega a consumar-se. Por isso, segundo essa teoria, a pena da tentativa deve ser a mesma do crime consumado" (BITENCOURT, Cezar Roberto. **Código Penal Comentado**. 7ª Ed. São Paulo: Saraiva, 2012, p. 160).

26. DIVULGAÇÃO DE FATOS INVERÍDICOS – *FAKE NEWS*

Art. 323. Divulgar, na propaganda eleitoral ou durante período de campanha eleitoral, fatos que sabe inverídicos em relação a partidos ou a candidatos e capazes de exercer influência perante o eleitorado: (Redação dada pela Lei nº 14.192, de 2021)

Pena - detenção de dois meses a um ano, ou pagamento de 120 a 150 dias-multa.

Parágrafo único. Revogado. (Redação dada pela Lei nº 14.192, de 2021).

§ 1º Nas mesmas penas incorre quem produz, oferece ou vende vídeo com conteúdo inverídico acerca de partidos ou candidatos. (Incluído pela Lei nº 14.192, de 2021)

§ 2º Aumenta-se a pena de 1/3 (um terço) até metade se o crime: (Incluído pela Lei nº 14.192, de 2021)

I - é cometido por meio da imprensa, rádio ou televisão, ou por meio da internet ou de rede social, ou é transmitido em tempo real; (Incluído pela Lei nº 14.192, de 2021)

II - envolve menosprezo ou discriminação à condição de mulher ou à sua cor, raça ou etnia. (Incluído pela Lei nº 14.192, de 2021)

Considerações introdutórias sobre o conceito de "fato inverídico" e *fake news* na propaganda eleitoral: limites

A propaganda eleitoral é meio oficial pelo qual partidos políticos e candidatos estabelecem comunicação difusa com o eleitorado, com a finalidade de convencer o cidadão a votar em determinado candidato ou legenda e a rejeitar os seus concorrentes. Nas corridas eleitorais majoritárias, ganha quem obtiver mais votos; portanto, ganha o grupo político que conseguir persuadir mais eleitores a votar como se deseja[66].

Assim, enquanto típico instrumento de persuasão, a propaganda possui potencial para desequilibrar e definir a disputa eleitoral. Por isso, é ela regulada por lei, estabelecendo-se critérios que garantam que as diferentes narrativas políticas sejam apresentadas ao eleitor de forma justa e de modo a preservar a isonomia entre os candidatos.

Sob essa perspectiva, para garantia da lisura da corrida eleitoral e para que o eleitor possa formar sua convicção livre de manipulações ilegítimas, não se admite que, em meio à contraposição de ideias, de propostas de governo e de narrativas, os concorrentes promovam a veiculação de fatos falsos. Não se exige consenso sobre a interpretação dos fatos – o dissenso é inerente aos regimes democráticos e naturalmente integra os debates políticos. O que não se admite é a propagação da *mentira* – com exposição de fatos que não encontram suporte mínimo na realidade.

Para melhor compreender o espectro admissível de divergência nas colidentes retóricas eleitorais, é importante revelar a natureza essencial do argumento político compatível com os regimes democráticos. Na retórica eleitoral, a argumentação passa pela retratação de um mundo atual "possível", que pode ser igual ou um pouco diferente do mundo atual "real". Diante do cenário apresentado, projeta-se um "futuro mundo possível", por meio de argumentações que podem ter duas principais vertentes: a) de valoração negativa do mundo atual, que será substituído por um cenário positivo futuro, projetado pelo partido ou pelo candidato – argumentação típica de oposição; b) de valoração positiva do cenário atual, apresentando-se uma perspectiva de melhora, pela continuidade dos programas de governo presentes ou pelo seu

66 FIGUEIREDO, M.; ALDÉ, A.; DIAS, H.; JORGE, V. L. Estratégias de persuasão eleitoral. **Opinião Pública**, Campinas, vol. IV, nº 3, novembro, 1997, p. 182-203.

aperfeiçoamento – argumento típico de situação, em caso de candidatura à reeleição ou de suporte a pretenso sucessor[67].

Esses argumentos são sempre *ficcionais* – não encontram eco na realidade. Primeiro, porque tratam de um mundo *futuro* projetado por ideias abstratas e que, portanto, não podem ser considerados *fatos*. Não há garantia de que o mundo projetado se concretizará. Destarte, esses argumentos não comportam a valoração sobre serem *verídicos* ou *inverídicos*. Segundo, porque a leitura de mundo *atual*, positiva ou negativa, é produto de inferência que pressupõe juízos de valor a partir do mundo atual real[68]. Sobre o mesmo plano de realidade, há margens diferentes de interpretação acerca dos fatos e, nem sempre que houver conclusões distintas na leitura dos acontecimentos se estará a contrapor *verdade* e *mentira*. Esse espaço de divergência é absolutamente legítimo na propaganda eleitoral, inclusive quanto aos fatos "em relação a partidos ou a candidatos".

A transição do mundo real para o mundo possível ou projetado dos discursos políticos e das propagandas eleitorais se opera, dessa forma, pela análise crítica de fatos, de forma contextualizada, com incursão de elementos históricos, sociais e pela leitura particular dos cenários econômico, social e político promovida pelos diferentes candidatos e partidos. Não há, assim, admissão da *mentira*, mas da maleabilidade do discurso – sem a qual haveria a proposição de uma visão uniforme de mundo, o que é incompatível com as eleições que ocorrem em Estados democráticos.

Ilustrativamente – candidato do Partido Democrata nos Estados Unidos poderia dizer que ex-Presidente republicano deu causa às mortes ocorridas na invasão ao Capitólio, ocorrida em 06 de janeiro de 2021, por ter supostamente instigado o movimento. Igualmente, candidato do Partido Republicano poderia dizer que governador democrata da California incentivou aglomerações e deu causa a mortes posteriores por *covid*, ao participar de festas sem máscara, em pleno *lockdown*. A base das duas argumentações seriam dois fatos básicos: a) o Capitólio foi invadido por apoiadores do Partido Republicano em 06 de janeiro de 2021; b) Governador da Califórnia foi flagrado em um restaurante californiano em 06 de novembro de 2020, descumprindo medidas determinadas por seus próprios decretos para conter da propagação do *coronavírus*. Nos exemplos postos, diante de fatos verdadeiros, os opositores políticos teriam apresentado inferências que levariam a conclusões exageradas e insuscetíveis de comprovação científica. As conclusões apresentariam deficiências do ponto de vista lógico e poderiam ser consideradas *falácias*, por excessiva generalização. No entanto, o que não se admite na norma acima é o *fato inverídico*, que não se confunde com a argumentação lógica deficiente. Esta não está sujeita ao Direito Penal, mas à análise crítica e racional do eleitor. Nas ilustrações propostas, haveria apenas diferentes *interpretações* sobre o impacto de certos fatos, mas não a concepção ou divulgação de *fatos inverídicos*. Assim se deve entender – ou o discurso político acabaria prejudicialmente contido pela norma.

Em tempos de excessiva banalização do que pode ser considerado *fake news*, o operador do Direito Penal não pode ceder aos rótulos fáceis, sob pena de inviabilizar o debate político e a exposição de diferentes interpretações de mundo. Deve o operador compreender o conteúdo da norma proibitiva, enxergar o bem jurídico tutelado e, em cada caso concreto, avaliar criteriosamente o preenchimento das elementares do tipo.

67 FIGUEIREDO, M.; ALDÉ, A.; DIAS, H.; JORGE, V. L. Estratégias de persuasão eleitoral. **Opinião Pública**, Campinas, vol. IV, nº 3, novembro, 1997, p. 182-203.

68 Idem. Ibidem.

Alargamento do tipo penal pela Lei n. 14.192/2021, criminalização das *fake news* propaladas no período de campanha eleitoral

Antes do advento da Lei n. 14.192/2021, o tipo penal previsto no art. 323 do Código Eleitoral criminalizava apenas a divulgação de fatos inverídicos sobre candidatos ou partidos, capazes de exercer influência perante o eleitorado, que ocorresse especificamente por meio da propaganda política. Com a nova redação, a ação será considerada criminosa quando ocorrer por meio de propaganda ou, de qualquer outra forma, "durante o período de campanha eleitoral".

Veja-se que o tipo penal não se refere a *atos* de campanha eleitoral, mas somente ao *período* da campanha eleitoral. Assim, passa a ser crime a conduta de "divulgar fatos que sabe inverídicos em relação a partidos ou a candidatos e capazes de exercer influência perante o eleitorado": a) na propaganda eleitoral, dentro ou fora do período de campanha; ou, alternativamente, b) durante o período de campanha, mesmo que não seja por atos típicos de propaganda ou campanha. Nota-se, ainda, que, fora do período de campanha, o art. 323 incide para alcançar a propagação de informações falsas por meio de propaganda extemporânea.

A alteração reflete as necessidades do mundo contemporâneo, que conta com novas tecnologias comunicacionais que permitem a rápida difusão de ideias por veículos informais, notadamente os aplicativos de comunicação instantânea e as redes sociais. Embora a propaganda eleitoral continue a exercer importante função no convencimento do cidadão, o alcance das mídias sociais é indiscutivelmente superior. As redes atuais permitem fluxo incessante de informações, enquanto a propaganda por rádio e televisão atinge apenas o telespectador ou ouvinte que estiver conectado à emissora no exato momento da difusão. Movimentos políticos, militâncias partidárias e o cidadão podem conceber e divulgar narrativas sem os inconvenientes dos controles editoriais e de maneira eficiente.

Embora, em primeira análise, esse cenário possa parecer saudável para garantir o pluralismo e a liberdade nas discussões políticas em Estados Democráticos, nele há fatores que, em verdade, colocam em risco a livre formação do convencimento do eleitor – cujo entendimento pode acabar deturpado pela divulgação concertada de fatos inverídicos. No contexto das atuais tecnologias de comunicação, os principais fatores de risco são: a) a constituição de um ambiente favorável ao anonimato; b) a crescente irrelevância da credibilidade da fonte primária da informação; c) a ausência de filtros de checagem típicos dos veículos de imprensa; d) a dificuldade de conter informações falsas já postas em circulação.

O primeiro elemento a se considerar é que, em ambientes democráticos, o princípio que assegura a livre manifestação do pensamento e a liberdade de expressão, de convicções filosóficas ou políticas, sustenta-se pela existência de margens de responsabilização de cada cidadão. Quem participa da vida política e opta por tornar públicas as suas posições está sujeito a responder por eventuais abusos cometidos com a liberdade de expressão. É a democracia um mercado livre de ideias, mas veda-se o anonimato, para a garantia de um jogo democrático hígido. Sobre o necessário contrapeso imposto pela vedação ao anonimato à livre manifestação do pensamento:

> "É fácil imaginar que, exercido irresponsavelmente, esse direito tornar-se-ia uma fonte de tormento aos indivíduos na sociedade. A todo instante poderiam ser objeto de informações inverídicas, de expressões valorativas de conteúdo negativo, tudo isso feito sem qualquer benefício social, mas com a inevitável consequência de causar danos morais e patrimoniais às pessoas referidas. A Constituição cuida neste mesmo parágrafo sob comento de estabelecer um sistema de responsabilidade bastante desenvolvido e eficaz [...] proíbe-se o anonimato"[69].

69 BASTOS, Celso Ribeiro. Curso de Direito Constitucional. 20. ed. São Paulo: Saraiva, 1999, p. 189.

O problema é que as mídias sociais, ao mesmo tempo em que ampliam os espaços de manifestação no livre mercado de ideias, diminuem a eficácia do sistema constitucional de responsabilização e *accountability*, pois viabilizam o anonimato. Eleições recentes foram impactadas pela ação de *perfis falsos* e de *bots*[70] (robôs) que enganaram os algoritmos das redes e provocaram mais engajamento, em favor de candidatos e partidos específicos ou garantindo maior alcance de narrativas ou informações, notadamente as falsas[71]. Uma peça publicitária eleitoral oficialmente assinada por profissional pode ter alcance inferior ao de um *meme* satírico anônimo, de circulação livre pelas redes sociais e pelos aplicativos de mensagens instantâneas.

As garantias de anonimato proporcionadas pelas redes sociais e pela *internet* estimulam a expressão desleal de ideias e narrativas, agravando os riscos ao equilíbrio do pleito eleitoral. A antiga redação do art. 323, por isso, preocupada exclusivamente com a propaganda eleitoral, estava claramente defasada.

O segundo elemento negativo que decorre do cenário comunicacional que provém das redes sociais e das tecnologias modernas é a aparente irrelevância da reputação dos veículos de informação, hoje bastante informais – o poder de difusão de fatos e narrativas está à disposição de todos. Nesse quadro de multiplicidade de fontes informais, ao usuário da *internet* a credibilidade da informação é mais associada à forma de apresentação da narrativa do que à qualidade da fonte. Se os elementos que circundam a informação falsa lhe emprestam aparente credibilidade, a origem primária da informação se torna elemento de segunda importância[72]. Quando o *internauta* acessa conteúdo compartilhado por pessoa de sua confiança ou que possui engajamento de grande quantidade de *perfis*, a tendência é que se confie na informação. Trata-se de um ambiente favorável à disseminação de informações falsas por qualquer ator que tenha em mãos um aparelho conectado à internet e imprima boa aparência à mentira.

O terceiro fator diz respeito à ausência de filtros de checagem que os veículos tradicionais de imprensa empregam *antes* de promover uma informação. A incidência de informações falsas na imprensa tradicional tende a ser menor, pelo princípio jornalístico que exige checagem de fatos previamente às publicações. Adicionalmente, pelo ideal de imparcialidade e visando à completude da informação, normalmente as partes envolvidas em notícias são previamente ouvidas – o que reduz o impacto e a dimensão de eventuais desinformações.

Por fim, o poder de contenção de ideias, informações falsas ou de narrativas proibidas (violentas ou discriminatórias, por exemplo), já postas em circulação, é praticamente inexistente na *internet*. Quando o poder de comunicação estava concentrado nas mãos de órgãos de imprensa, a propagação da informação falsa poderia ser facilmente contida, pelo consenso em deixar de divulgá-la ou por determinação judicial nesse sentido. A multiplicidade de fontes da

70 Contas automatizadas de redes sociais que atuam por meio de algoritmos em vez de atuar pela ação direta de pessoas reais. Os *bots* políticos são criados com a única finalidade de amplificar o conteúdo político favorável a determinado candidato, partido ou grupo de interesse: BAROJAN, Donara. **Building Digital Resilience Ahead of Elections and Beyond**. In: Jayakumar, Shashi. **Desinformation and fake news**. Singapore: Palgrave Macmillan, [2021] p. 65.

71 Citando a tentativa de influência Russa nas eleições presidenciais norte-americanas de 2016: ANG, Benjamin et el. Disinformation & Fake News: Meanings, Present, Future. In: Jayakumar, Shashi. **Desinformation and fake news**. Singapore: Palgrave Macmillan, [2021] p. 8/9. Mais gravemente, os autores pontuam que as notícias falsas de natureza política são as que mais "viralizam" e em maior velocidade do que qualquer outra forma de informação falsa. Reforçam o papel das redes sociais nesse cenário ao pontuar que, somente em 2019, a rede social *Facebook* encerrou 5,4 bilhões de perfis falsos.

72 Edson Tandoc, analisando dados, concluiu que indivíduos julgam a credibilidade de uma informação coletada na rede social mais pelo número de *likes*, comentários e compartilhamentos do que pela origem da informação. Além disso, a avaliação da credibilidade primária da fonte de informação tem menor importância quando a fonte imediata, que levou o conteúdo diretamente ao leitor, é pessoa de seu convívio pessoal. Assim, acidentalmente, amigos e familiares avalizam a notícia falsa, sem maiores preocupações com a origem: TANDOC JR, Edson C. Tools of Disinformation: How Fake News Gets to Deceive. In: Jayakumar, Shashi. **Desinformation and fake news**. Singapore: Palgrave Macmillan, 2021, p. 35-46.

internet torna quase impossível conter a disseminação de informações falsas disponíveis, ainda que certas plataformas se esforcem nesse sentido[73].

Por isso, considerando que os meios mais modernos de comunicação são suscetíveis à propagação massiva de informações falsas e que o impacto das redes sobre os resultados das eleições tende a ser tão ou mais relevante do que o causado pela propaganda eleitoral, a antiga redação do art. 323 do Código Eleitoral havia se tornado insuficiente para uma adequada tutela penal. Não faz sentido criminalizar a divulgação de informações falsas pela propaganda eleitoral e, de forma contraditória, deixar terreno livre às *fake news* nos demais campos de comunicação da sociedade.

Criminalizar as *fake news* e processar o cidadão por supostamente *divulgá-las*, por outro lado, exige um ambiente democrático maduro e com operadores do sistema de Justiça que não banalizem a incidência do tipo penal. O novo art. 323, se mal-empregado, pode funcionar como instrumento de censura ou de perseguição ideológica. Para que esse desvirtuamento da norma penal não ocorra, em cada singular caso o operador do direito deve observar se a conduta sob análise efetivamente ofende ou expõe a perigo o bem jurídico tutelado, ou seja, se há potencial de relevante "influência sobre o eleitorado", nos moldes esclarecidos no tópico que segue.

Bem jurídico tutelado

Em sua redação originária, o art. 323 apenas criminalizava a divulgação de fatos inverídicos por meio da propaganda política, sem alcançar manifestações promovidas pelo cidadão ordinário, em sua vida cotidiana. Na redação atual, a norma pode incidir sobre a manifestação de qualquer indivíduo e por qualquer meio – desde que durante o período de campanha eleitoral. Para prevenir persecuções penais injustas, que poderiam inibir as manifestações políticas, é indispensável entender exatamente a objetividade jurídica do tipo penal em comento.

O artigo 323 tutela a lisura da campanha eleitoral e da propaganda, mas, sobretudo, a igualdade de condições entre os candidatos e o equilíbrio do pleito. Nesse sentido, proscreve-se a divulgação de fatos inverídicos que possuam o efetivo potencial de exercer influência sobre o eleitorado.

As campanhas eleitorais são regidas por regras estritas e pela legalidade[74]. Os atos que as compõem são regulamentados e devem ser praticados nos moldes postos, para garantia de que não haverá deslealdade na corrida eleitoral e de que os concorrentes se utilizarão das mesmas ferramentas para persuadir o eleitor. Em última instância, a paridade de armas e dos instrumentos de persuasão é indispensável à isonomia entre partidos e candidatos, bem como ao equilíbrio do pleito. Nesse cenário, informações falsas apresentam-se como ilícitos e desleais instrumentos de persuasão, com potencial para desequilibrar a disputa.

Por isso, também se pode dizer que a norma protege a livre formação da opinião e da convicção do eleitor, cujo entendimento poderia ser deturpado pelo contato com informações falsas. O voto só pode ser considerado livre e consciente se for livre de desinformação.

Porém, o que não deseja a norma – e nem poderia – é constranger os espaços de discussão política na sociedade. Como nos faz recordar Robert Post, entre todos os direitos e garantias, é a livre manifestação do pensamento que melhor desempenha a função de "guardiã

---

73 Essas vulnerabilidades são exploradas não só no cenário eleitoral, para a propagação de *fake news*, mas por grupos terroristas, cujos discursos não seriam admissíveis nos veículos oficiais de comunicação. Sobre a atuação da *Al-Qaeda*, de *jihadistas* e outros grupos terroristas nas mídias sociais para fins de propaganda e recrutamento, explorando as vulnerabilidades postas: WEIMANN, Gabriel. **New Terrorism and New Media**. Washington, DC: Commons Lab of the Woodrow Wilson International Center for Scholars, 2014.

74 Pontuando que a propaganda se submete ao princípio da legalidade: GOMES, José Jairo. op. cit. p. 99.

da democracia"[75]. A liberdade difusa de criticar governantes, planos de governo, candidatos, partidos, ideologias e discursos é indispensável para que o protagonismo em torno da atividade política permaneça nas mãos do povo – detentor da titularidade de todo e qualquer poder em Estados Democráticos.

E como esses valores poderiam ser prejudicados pelo mau emprego do art. 323 do Código Eleitoral?

A busca pela verdade, o avanço científico e a evolução das teorias políticas só encontram terreno fértil em ambientes abertos às divergências e a visões eventualmente conflitantes. Mesmo que uma determinada versão dos fatos conte com suporte da maioria, o relativo consenso não pode ser invocado para criminalizar diferentes interpretações sobre eles, tampouco a formulação de hipóteses aventadas racionalmente. Os progressos científicos, a propósito, têm a formulação de hipóteses como ponto de partida e, não raro, a evolução da ciência comprova que o consenso anteriormente existente não passava de um equívoco compartilhado pela maioria.

John Stuart Mill pontuava, por isso, que a busca pela verdade pressupõe tolerância da maioria com as opiniões e visões minoritárias, sob pena de se admitir que os fundamentos da democracia se corrompam para admitir uma forma peculiar de tirania – a "tirania da maioria", usualmente sustentada por atos de autoridade pública contra as vozes minoritárias[76].

Destarte, opiniões minoritárias, visões minoritárias de mundo, hipóteses aventadas e questionamentos, ainda que desprovidos de embasamento científico, não se confundem com fatos inverídicos. Questionar os pontos de consenso não é o mesmo que conceber e divulgar fatos falsos com o propósito de corromper a lisura da corrida eleitoral. Eventuais deficiências nas hipóteses e inconveniências nas opiniões devem ser reveladas por meio do próprio debate público, não por intervenção do direito penal, salvo quanto ao discurso violento, de ódio ou discriminatório, que lesa direitos de coletividades ou indivíduos e, por isso, comporta intervenção punitiva.

Nesse sentido, pela ilegitimidade do exercício de qualquer poder coercitivo estatal sobre a expressão de ideias e opiniões – sempre guardando-se a premissa de ausência de lesão a direitos alheios:

> "Se toda a humanidade tivesse a mesma opinião e só uma pessoa fosse de opinião contrária, a humanidade não teria mais justificativa para silenciar essa única pessoa do que ela, se tivesse esse poder, teria para silenciar a humanidade [...]. Nunca podemos ter certeza de que a opinião que tentamos reprimir é falsa; mesmo que tivéssemos certeza, reprimi-la seria um mal mesmo assim. A opinião que se está tentando suprimir por meio da autoridade pode ser verdadeira. Aqueles que querem suprimi-la negam sua verdade, mas eles não são infalíveis. Não têm autoridade para decidir a questão em nome de toda a humanidade e excluir todas as outras pessoas da possibilidade de julgar [...]. Opiniões e práticas errôneas

75 POST, Robert C. **Democracy, expertise and academic freedom**. New Haven, Yale University Press, 2012, p. 15.

76 "A tirania da maioria [...] é [...] em geral tida como temível, especialmente por operar através de atos de autoridade públicas. Mas os pensadores perceberam que, quando a própria sociedade é o tirano – a sociedade como coletivo, acima dos indivíduos isolados que a compões – seus meios para tiranizar não se restringem aos atos que possa cometer pelas mãos de seus funcionários políticos [...] portanto, a proteção contra a tirania do magistrado não é suficiente; também é preciso proteção **contra a tirania da opinião e do sentimento prevalente**" (MILL, John Stuart. Sobre a Liberdade. São Paulo: Penguin, p. 41.)

Em evolução, Mill pontua que o âmbito apropriado da liberdade humana "compreende, em primeiro lugar, o domínio interior da consciência; exigindo liberdade de consciência e, seu sentido mais abrangente; liberdade de pensamento e de sentimento; liberdade absoluta de opinião em relação a todas as questões, práticas ou especulativas, científicas, morais ou teleológicas" (p.46). O único temperamento que se admite a essa esfera de direitos decorre da subordinação geral da teoria de Mill ao princípio da alteridade e da ofensividade. Só se pode constringir a liberdade de quem quer que seja diante da prática de atos que prejudiquem outros membros da sociedade (op. cit. p. 44/45).

> gradualmente se rendem aos fatos e à argumentação, mas para que fatos e argumentações produzam efeito na mente, devem ser trazidos até ela (MILL, John Stuart. Sobre a Liberdade. São Paulo: Penguin, p. 49-51).

As divergências, naturais ao livre mercado de ideias, portanto, pavimentam os caminhos para a revelação e a consolidação das verdades. Seria um contrassenso reprimir, em um Estado Democrático, os debates públicos sob o pretexto de se conter a propagação da mentira.

Daí, decorre a primeira conclusão quanto ao conteúdo proibitivo da norma: reprimir opiniões, divergências e a livre formulação de hipóteses não só está fora do âmbito de tutela do art. 323, como também ofende o ideal democrático que circunda as eleições e a vida política. Questionar o consenso também não pode ser crime – salvo se a intenção for manter vigente os sistemas punitivos que queimaram Giordano Bruno, condenaram Galileu Galilei e forçaram Sócrates ao suicídio.

A propósito, já decidiu o Supremo Tribunal Federal, ao decidir pela inconstitucionalidade do art. 45, II, da Lei n. 9.504/97:

> [...] A livre discussão, a ampla participação política e o princípio democrático estão interligados com a liberdade de expressão, tendo por objeto não somente a proteção de pensamentos e ideias, mas também opiniões, crenças, realização de juízo de valor e críticas a agentes públicos, no sentido de garantir a real participação dos cidadãos na vida coletiva. 3. São inconstitucionais os dispositivos legais que tenham a nítida finalidade de controlar ou mesmo aniquilar a força do pensamento crítico, indispensável ao regime democrático. Impossibilidade de restrição, subordinação ou forçosa adequação programática da liberdade de expressão a mandamentos normativos cerceadores durante o período eleitoral. 4. Tanto a liberdade de expressão quanto a participação política em uma Democracia representativa somente se fortalecem em um ambiente de total visibilidade e possibilidade de exposição crítica das mais variadas opiniões sobre os governantes. 5. **O direito fundamental à liberdade de expressão não se direciona somente a proteger as opiniões supostamente verdadeiras, admiráveis ou convencionais, mas também aquelas que são duvidosas, exageradas, condenáveis, satíricas, humorísticas, bem como as não compartilhadas pelas maiorias.** Ressalte-se que, mesmo as declarações errôneas, estão sob a guarda dessa garantia constitucional. 6. Ação procedente para declarar a inconstitucionalidade dos incisos II e III (na parte impugnada) do artigo 45 da Lei 9.504/1997, bem como, por arrastamento, dos parágrafos 4º e 5º do referido artigo (ADI 4451, Relator(a): ALEXANDRE DE MORAES, Tribunal Pleno, julgado em 21/06/2018, PROCESSO ELETRÔNICO DJe-044 DIVULG 01-03-2019 PUBLIC 06-03-2019. Grifei).

Mas, se as opiniões e hipóteses questionadoras não ensejam a incidência do art. 323 – que criminaliza a divulgação de *fatos* inverídicos, não opiniões – como o tipo penal poderia ser manejado de modo a prejudicar a fluidez do debate público?

Para impedir que o artigo 323 seja aplicado de modo que seu poder de prevenção geral gere temor nos cidadãos comuns, desencorajando-os de participar da vida política, alguns critérios devem ser observados na avaliação de eventual lesão ao bem jurídico tutelado pela norma. O emprego excessivo da norma, de forma pouco criteriosa, trará o efeito colateral de inibir debates públicos.

Em função disso, como regra geral, a expressão de um cidadão comum, sem visibilidade pública e sem poder de convencimento, não empresta ao fato inverídico, ainda que grave, o poder de "exercer influência sobre o eleitorado". Não haverá ofensa ao bem jurídico diante de uma falsa narrativa de indivíduo isolado, se o fato não ecoar minimamente e não for revestido de potencialidade lesiva. Não é um compartilhamento de notícia falsa entre familiares, por meio de aplicativos de mensagem, relevante penal. Tampouco o será um debate acalorado entre conhecidos, com narrativas falsas sobre candidatos ou partidos, em exageros típicos do debate político. Também não é relevante a crítica individual em redes sociais, ainda que a acidez e a imprecisão típicas dos debates que ocorrem na arena política levem o cidadão a uma narrativa falsa isolada, sem importância para o cenário eleitoral. Nesses exemplos, não há qualquer risco à igualdade de condições entre os candidatos ou ao equilíbrio do pleito eleitoral, principais bens jurídicos tutelados pela norma.

Por outro lado, é possível que a mentira a princípio incapaz de lesar o bem jurídico seja alimentada dolosamente, de modo a apresentar potencial de impacto. Nesse caso, assim que o fato inverídico se revestir de potencial objetivo de exercer influência sobre o eleitorado, configura-se ofensa ou risco de lesão ao bem jurídico tutelado, de modo que as condutas voltadas a conceber e a impulsionar a narrativa – desde que o autor tenha conhecimento de que está aderindo a uma "rede de *fake news*" - passam a caracterizar o crime.

Por esse critério, não haverá qualquer dúvida do risco ao bem jurídico se houver o emprego doloso de artifícios voltados a conferir credibilidade superior à *mentira*, ainda que ao final sejam ineficazes. O mero emprego desses artifícios para impulsionar o fato inverídico representa risco de lesão à norma e ao bem jurídico protegido.

Quanto a esse aspecto, indicam o potencial lesivo da conduta, exemplificativamente: a) o emprego de *bots* para impulsionamento de conteúdo falso em redes sociais; b) a utilização de perfis e contas falsos em redes sociais, sob a gestão do mesmo indivíduo ou grupo responsável pela concepção e divulgação da narrativa, com o propósito de gerar maior engajamento (*likes*, comentários, compartilhamentos), aumentando a credibilidade e a visibilidade da versão inverídica; c) conluio entre diversos agentes para a divulgação do conteúdo falso; d) reprodução sistemática do conteúdo falso em diferentes plataformas, com o propósito de deflagrar sua "viralização", assim como o disparo de mensagens em massa.

Independentemente do emprego de artifícios tais, haverá potencialidade lesiva na conduta de agentes políticos, partidos, coligações, autoridades de Estado, pessoas notórias e que tenham poder de influência sobre parcela considerável do eleitorado, que dolosamente divulgarem fatos inverídicos em relação a partidos e candidatos e que tenham potencial para exercer influência sobre os eleitores.

Igualmente, a propagação de fatos inverídicos por meio de propaganda eleitoral apresenta alcance que representa ameaça ao equilíbrio do pleito e materializa ofensa à igualdade de condições entre os candidatos. Justamente por isso, na redação original do art. 323, não se justificavam as discussões propostas acima, pois o legislador se ocupava somente da propaganda política, sem possibilidade de incidência da norma penal em caso de manifestações promovidas pelo cidadão em sua vida cotidiana.

Sujeitos do crime

Trata-se de crime comum. Não se exige do sujeito ativo qualquer qualificação especial.

Como sujeitos passivos, figuram os partidos ou candidatos eventualmente prejudicados pela informação falsa, bem como os concorrentes do candidato ou partido favorecido pela circulação do fato inverídico. Secundariamente, figura no polo passivo o Estado.

Condutas

Trata-se de crime comissivo e, durante o período de campanha eleitoral, de forma livre, pois pode ser praticado por qualquer meio. Fora do período de campanha eleitoral, trata-se de crime de forma vinculada, que só pode ser perpetrado por meio de atos qualificados como propaganda eleitoral (extemporânea).

A ação nuclear do tipo fundamental é exclusivamente a de *divulgar* – que significa difundir, propalar, transmitir, veicular, disseminar.

"Propaganda eleitoral"

O alcance do termo "propaganda eleitoral" demanda esclarecimentos. Distinguem-se a *propaganda eleitoral*, a *propaganda partidária* e a *propaganda intrapartidária*.

A propaganda intrapartidária está prevista no art. 36, §1º, da Lei n. 9.504/97 e, como o nome sugere, tem como destinatários somente os membros do partido político do qual faz parte o pré-candidato a determinado cargo eletivo. O objetivo da propaganda intrapartidária é direcionar os votos dos demais filiados do partido em "eleições internas", para que o interessado seja escolhido como representante da legenda em eleições oficiais. Dada a natureza e a finalidade da propaganda intrapartidária, é vedado o uso de rádio, televisão ou *outdoor*. Não visa, portanto, alcançar o eleitorado.

Por outro lado, a propaganda partidária tem por objetivo a "divulgação do programa e da proposta política do partido"[77], sem vinculação a determinado pleito eleitoral e sem menção a nomes de candidatos a cargos eletivos. A finalidade dessa espécie de propaganda é angariar ou fidelizar adeptos ao partido. Com a revogação do art. 45 e seguintes da Lei n. 9.096/95, pelo art. 5º da Lei nº13.487, a propaganda partidária gratuita no rádio e na televisão foi extinta. No entanto, tramita no Congresso Nacional o PL n.º 4.572/2019, que visa restabelecê-la[78].

A propaganda eleitoral, por fim, como esclarecido no item inaugural deste artigo, é meio oficial pelo qual partidos e candidatos estabelecem comunicação difusa com o eleitorado, com o propósito de convencer o cidadão a votar em determinado candidato e a rejeitar os seus concorrentes. Visa, portanto, ao eleitorado.

Antes da reforma operada pela Lei n. 14.192/2021, o tipo penal referia-se genericamente à "propaganda", sem a qualificação "eleitoral", razão pela qual preponderava o entendimento de que o tipo abrangia as três espécies de propaganda citadas[79]. Mesmo àquele tempo, o entendimento prevalente merecia reparos.

Somente a propaganda partidária e a eleitoral visavam ao "eleitorado", grupo que a norma pretendia manter livre da conduta proscrita. A propaganda intrapartidária, por outro lado, tinha alcance limitado. Interpretando-se o termo "propaganda" no contexto do tipo penal, evidentemente a propaganda intrapartidária estava fora do âmbito de criminalização. Tanto assim deveria ser que, na recente reforma legislativa, a previsão passou a tratar expressamente de "propaganda eleitoral".

Quanto à propaganda partidária, se esta for restabelecida pela aprovação do Projeto de Lei mencionado, restará ela alcançada pelo termo "propaganda eleitoral". Admite-se tal interpretação, dado o alcance lexical das palavras, a despeito das classificações doutrinárias expostas. Isso porque a propaganda partidária visa justamente promover o partido junto ao "eleitorado". Ora, a atividade partidária é voltada à obtenção de votos em favor da legenda e de seus candidatos, em prejuízo dos concorrentes. Assim, ainda que não haja a promoção de candidato específico, a propaganda partidária será propaganda eleitoral em sentido lato – visando convencer o eleitor a aderir ao partido e aos seus ideais, por meio de filiação e, claro, pelo voto. Nesse cenário, restaria excluída do alcance do termo apenas a propaganda intrapartidária, por ter direcionamento diverso e objetivo peculiar.

---

77 CÂNDIDO, Joel José. **Direito Eleitoral Brasileiro**. 13. ed., revista, atualizada e ampliada. Bauru: Édipro, 2008.

78 A Câmara dos Deputados aprovou recente substitutivo ao Projeto de Lei n. 4.572/2019, que prevê o retorno das propagandas partidárias em rádio e televisão. O PL foi encaminhado ao Senado Federal para apreciação. De toda maneira, a propaganda partidária se dirigia ao "eleitorado" e manterá essa característica, se for restabelecida pela aprovação do Projeto de Lei citado.

79 GOMES, José Jairo. op. cit. p. 100: "o termo propaganda é usado em seu sentido genérico, não sendo especificada a espécie a que ele se refere. A ausência de determinação legal revela que a conduta não se restringe ao âmbito da propaganda eleitoral, abrangendo as demais espécies aludidas, a saber: partidária, intrapartidária e extemporânea ou antecipada".

Propaganda extemporânea e "período de campanha"

O período de campanha inicia-se no dia 16 de agosto do ano das eleições e se estende até o dia do pleito. Esse é o intervalo temporal ao qual se refere o legislador no preceito primário do art. 323. No que diz respeito a essa elementar, o tipo penal é norma penal em branco, que necessita da complementação de outros diplomas normativos. Sem normas as eleitorais, não é possível definir qual é o "período de campanha", esvaziando-se parcialmente a aplicabilidade da norma. A propósito, antes da Lei n. 13.465/2015, que alterou o art. 36 da Lei n. 9.504/97, o período de campanha se iniciava em 06 de julho do ano das eleições. Portanto, o significado do termo pode variar, conforme flutuação da normativa eleitoral. Neste ponto, importa recordar que é justamente no curso do período de campanha que se admite a veiculação de propaganda eleitoral regular (art. 36 da Lei n. 9.504/97).

O que se nota da redação do tipo é que, diante do referencial posto pelo legislador, a ação nuclear pode ser praticada em dois diferentes contextos temporais "durante o período de campanha" ou fora dele. No primeiro caso, admite-se a prática do crime por qualquer meio, inclusive pela propaganda eleitoral. E o que dizer sobre a ação perpetrada fora do período de campanha? Nesse caso, só haverá incidência da norma penal se a divulgação do fato inverídico ocorrer especificamente por meio de "propaganda eleitoral". É o que revela o emprego da conjunção alternativa "ou" na redação legal. A conduta será revestida de tipicidade se, alternativamente, for praticada: a) dentro do período eleitoral, de qualquer forma e por qualquer meio; b) fora do período eleitoral, desde que por meio de propaganda.

Sob outro ângulo, no contexto do art. 323 do Código Eleitoral, o termo "propaganda eleitoral" refere-se exatamente à propaganda extemporânea[80]. Se a intenção do legislador fosse alcançar somente a propaganda veiculada no período devido, não seria necessário fazer menção expressa à "propaganda eleitoral".

"Fato inverídico"

Conforme pontuado nos três tópicos inaugurais de comentários a este artigo, questionamentos, hipóteses, opiniões, críticas e posicionamentos ideológicos não podem ser considerados "fatos", tampouco "inverídicos". Além disso, em cada caso concreto deve se avaliar o potencial de impacto da conduta sobre o eleitorado, a fim de se aferir a tipicidade material da ação, como se expôs no ponto correlato ao bem jurídico tutelado. Quanto a esses aspectos, remete-se o leitor aos tópicos antecedentes, evitando-se repetição.

Em sentido lexical, "fato" pode significar a ação humana ou evento ocorrido no mundo fenomênico; acontecimento verificado em tempo e local certos, ainda que sejam essas circunstâncias desconhecidas ou mantidas ocultas por eventual narrador. Também são considerados "fatos" os produtos dessas ações ou acontecimentos. Nessa acepção, "fato" se refere à conduta humana ou evento *positivos* (fatos positivos) – que se manifestam no mundo exterior de forma que possam ser percebidos pelos sentidos.

"Fato" também pode representar a ação ou o evento de existência negada, o ato que deixou de ser praticado (omissão) ou o evento não ocorrido – *fato negativo* – além das consequências que podem ser atribuídas à inação[81].

80 Como visto, a propaganda eleitoral só é regularmente permitida a partir de 16 de agosto do ano em que se realizam as eleições – data que marca o início das campanhas eleitorais – até o dia do pleito. A propaganda realizada fora do período de campanha é considerada extemporânea, sujeitando o agente à pena de multa (art. 36, § 3º, da Lei n. 9.504/97). A esta que se refere o termo "propaganda eleitoral" no art. 323 do Código Eleitoral.

81 Embora nenhuma consequência possa ser atribuída ao nada, já que a omissão não produz diretamente alterações no mundo exterior – *ex nihilo nihil fit* – é possível vincular certos resultados a fatos negativos de forma artificial. Em geral, é possível que se considere um evento como consectário de uma omissão nos casos em que: a) esperava-se a

O "fato" que interessa ao tipo penal é apenas aquele que se confunde com a conduta humana – omissiva ou comissiva – ou dela decorre. Somente esses "fatos" têm o potencial de impactar as impressões do eleitorado sobre partidos políticos e candidatos. Restam excluídos os eventos naturais e os fatos não atribuíveis ao homem.

Ademais, ainda no sentido lexical, "fato" pode significar algo de existência indiscutível – verdade consolidada. Sob essa ótica, "a terra é redonda" pode ser considerado um "fato", pois se trata de afirmação considerada verdadeira pelo consenso científico. Contestar fatos dessa natureza pode demonstrar desconhecimento ou deficiência de raciocínio lógico, mas não é esse o significado da elementar que, reitere-se, abarca somente a conduta humana e suas consequências. Esse entendimento de "fato", portanto, também não integra a norma.

Em síntese, incluem-se no conceito de "fato" do tipo penal:

1) o "fato negativo" propalado: a exemplo da suposta omissão de um candidato em prover sustento e educação aos seus filhos;
2) a alegada consequência de um fato negativo: como a afirmação de que morte de filho decorreu da omissão do genitor em prover o seu sustento;
3) o "fato positivo" propalado: a exemplo de suposta ação lesiva praticada por um candidato;
4) a alegada consequência do fato positivo: como a afirmação de que, em decorrência da ação lesiva, alguma pessoa sofreu uma deformidade permanente.

Em todos esses exemplos, o fato deve ser revestido de alguma determinação, porém sem necessidade de exposição de circunstâncias exatas. A narrativa deve consistir na imputação de fato concreto e determinado. O fato vago e indeterminado não preenche a elementar do tipo, embora possa caracterizar crime de injúria[82].

O "fato" suposto só passa a ser relevante para o tipo a partir do momento em que é divulgado, propalado, difundido pelo agente. Há, pela ação nuclear, a transmissão de uma narrativa relativa a condutas humanas ou a consequências atribuídas a condutas humanas. Além disso, o fato há de ser *inverídico* – ou seja, não correspondente à realidade.

Caso a divulgação seja de *fato negativo*, a narrativa será considerada inverídica pelo conhecimento de que o fato cuja existência se nega, em verdade, ocorreu. Em sentido oposto, se a divulgação compreender *fato positivo*, a sua inveracidade será revelada se restar evidenciado que o fato alegado jamais ocorreu. Também se revela a falsidade pela atribuição a alguém de fato praticado por outrem – *inveracidade* quanto à autoria.

Em relação às consequências atribuídas a determinada ação, o caráter inverídico da narrativa pode ser constatado de duas formas: a) pela comprovação da inexistência da consequência alegada – *fato inexistente*; b) pela comprovação de ausência de nexo causal (em caso de vinculação a *fato positivo*) ou lógico (em caso de vinculação a *fato negativo*) entre a conduta apontada e o resultado atribuído ao agente.

prática de uma conduta positiva ou a realização de um evento; b) por um exercício racional hipotético, concluir-se que, caso a conduta esperada tivesse sido praticada, o resultado sob análise não teria ocorrido. Não se está aqui a tratar da omissão penalmente relevante, mas da argumentação lógica que permite, pelo discurso, atribuir um resultado qualquer ao indivíduo que permaneceu inerte.

82 Embora nenhuma consequência possa ser atribuída ao nada, já que a omissão não produz diretamente alterações no mundo exterior – *ex nihilo nihil fit* – é possível vincular certos resultados a fatos negativos de forma artificial. Em geral, é possível que se considere um evento como consectário de uma omissão nos casos em que: a) esperava-se a prática de uma conduta positiva ou a realização de um evento; b) por um exercício racional hipotético, concluir-se que, caso a conduta esperada tivesse sido praticada, o resultado sob análise não teria ocorrido. Não se está aqui a tratar da omissão penalmente relevante, mas da argumentação lógica que permite, pelo discurso, atribuir um resultado qualquer ao indivíduo que permaneceu inerte.

Quanto a esse ponto, recorde-se que o discurso genérico atribuindo resultados negativos a um candidato, com o propósito de criticar programas de governo, ações governamentais, ideologias e discursos dos concorrentes e de seus partidos não caracterizam o crime, conforme tópico inaugural dos comentários a este artigo. Para que tenha relevância penal, a atribuição de supostas consequências fáticas a condutas praticadas por concorrentes deve ser revestida de relativa precisão e acompanhada da finalidade de *falsear* a verdade, sob pena de banalização da norma e prejuízos aos debates políticos.

O ônus de provar a falsidade é da acusação. A imputação impõe ao acusador o ônus de provar o crime em todas as suas elementares. A ação penal deve ser proposta amparada por elementos que demonstrem a falsidade da narrativa cuja divulgação se atribui ao acusado.

Por fim, o fato inverídico não deve ser necessariamente prejudicial ao candidato ou ao partido. É possível que a divulgação de fatos inverídicos ocorra com o propósito de promover partidos ou candidatos, exercendo-se influência sobre o eleitorado para constituição de uma imagem positiva de certos concorrentes. A conduta, da mesma forma, violaria a paridade armas entre os candidatos e a igualdade no pleito. Há caracterização do delito nesse cenário[83].

Tipo subjetivo

O elemento subjetivo do tipo é o dolo genérico, consistente na vontade livre e consciente de divulgar fato em relação a partido ou candidato que sabe inverídico. É indispensável que o agente conheça o caráter *inverídico* da narrativa – reconhecendo a presença de todas as elementares do tipo. Não se exige a finalidade específica de exercer influência sobre o eleitorado.

Consumação e tentativa

Trata-se de crime formal. Não se exige, para a consumação, que ocorra efetiva influência sobre o eleitorado. O delito se aperfeiçoa no exato momento em que terceiro toma conhecimento do fato inverídico.

No entanto, é indispensável que, objetivamente considerado, o fato apresente gravidade suficiente para exercer influência perante o eleitorado e que o meio de divulgação seja apto a viabilizar esse impacto, sob pena de ausência de perigo ao bem jurídico e caracterização de crime impossível por absoluta ineficácia do meio (art. 17, Código Penal).

Admite-se a tentativa, se a forma de execução do delito for plurissubsistente.

Conduta equiparada

> § 1º Nas mesmas penas incorre quem produz, oferece ou vende vídeo com conteúdo inverídico acerca de partidos ou candidatos. (Incluído pela Lei nº 14.192, de 2021)

As figuras equiparadas introduzidas pelo §1º do artigo 323 do Código Eleitoral criminalizam as condutas nucleares de *produzir* (elaborar, criar, fabricar, conceber, montar), *oferecer* (colocar à disposição, dar em oferta) e *vender* (trocar por dinheiro, entregar a terceiro em troca de preço convencionado).

De antemão, em decorrência do decidido pelo Supremo Tribunal Federal na Ação Direta de Inconstitucionalidade n. 4451/DF, estão excluídas do âmbito proibitivo da norma trucagens

83 No sentido de que o art. 323: "tem como elemento constitutivo do tipo a aptidão dos fatos irreais divulgados na propaganda eleitoral causarem influência no eleitorado, **seja de ordem positiva ou negativa em relação a candidato ou partido**": Recurso Criminal nº 85952, Acórdão, Relator(a) Des. Claudia Lúcia Fonseca Fanucchi, Publicação: DJESP - Diário da Justiça Eletrônico do TRE-SP, Data 10/10/2017. Grifei).

e montagens de áudio e vídeo concebidos com o propósito de criticar de forma satírica os candidatos. Quando o propósito da ação é dar alcance à crítica pela sátira, pela hipérbole, pelo exagero, não há desinformação, mas o emprego de figuras de linguagem e técnicas de expressão que se prestam a transmitir ideias de forma eficiente e persuasiva. Não pode o legislador atuar para criminalizar condutas necessárias ao fomento e à exposição do pensamento crítico[84].

No contexto do art. 323, as figuras equiparadas tutelam os mesmos bens jurídicos protegidos pelo *caput*, de sorte que só se qualificam como criminosas as ações voltadas a desinformar o eleitorado, por meio da divulgação de fatos inverídicos.

Assim, embora o §1º não especifique que o vídeo com conteúdo inverídico deva ter potencial para exercer influência sobre o eleitorado, deve-se considerar que sem tal requisito não haveria ofensa ao bem jurídico tutelado pela norma.

Caracterizam o delito as montagens que descontextualizam ações de candidatos e partidos, com o propósito de gerar uma narrativa inverídica com potencial de impacto sobre a corrida eleitoral. Também se amoldam ao tipo penal as montagens de *deep fake*, que projetam artificialmente a imagem da vítima, notadamente seu rosto, em situações das quais não participou ou nas quais não esteve presente. Durante as eleições de 2018, às vésperas do segundo turno, a corrida eleitoral para o cargo de Governador, no Estado de São Paulo, foi impactada pela divulgação de um vídeo falso, que retratava o candidato João Doria em uma cena sexual, com diversas mulheres. Peritos independentes contratados por veículos de imprensa constataram que se tratava de montagem[85]. Certamente, a produção, o oferecimento ou a venda daquele vídeo se enquadrariam na figura equiparada ora em comento – caso a norma estivesse em vigor ao tempo do fato.

Quem *divulga* o vídeo que retrata uma informação inverídica, guardadas todas as considerações já feitas acima, responde pela figura fundamental contida no *caput* do art. 323 do Código Eleitoral.

Causas de aumento de pena

O §2º do art. 323 passou a prever duas causas de aumento de pena, na proporção de 1/3 até a metade, aplicáveis igualmente às condutas descritas no *caput* e no §1º da norma proibitiva.

A primeira causa de aumento de pena diz respeito ao meio de execução do delito, a incidir se o crime "é cometido por meio da imprensa, rádio ou televisão, ou por meio da internet ou de rede social, ou é transmitido em tempo real". Conforme já exposto, referidos veículos possuem grande visibilidade. A conduta por meio deles praticada e expõe o bem jurídico tutelado pela norma a perigo superior, justificando-se a existência da causa de aumento de pena. Na definição do montante a ser aplicado – entre 1/3 até a metade – o juiz pode considerar o alcance da plataforma utilizada e de eventuais meios de impulsionamento. O emprego de meios artificiais de interação, por exemplo, certamente deve ser considerado para impor exasperação da pena

84 Por meio da referida Ação Direta de Inconstitucionalidade, o Supremo Tribunal Federal declarou inconstitucionais os incisos II e II do art. 45 da Lei n. 9.504/97: Art. 45. Encerrado o prazo para a realização das convenções no ano das eleições, é vedado às emissoras de rádio e televisão, em sua programação normal e em seu noticiário: (Redação dada pela Lei nº 13.165, de 2015)

[...]

II - usar trucagem, montagem ou outro recurso de áudio ou vídeo que, de qualquer forma, degradem ou ridicularizem candidato, partido ou coligação, ou produzir ou veicular programa com esse efeito; (Vide ADIN 4.451)

III - veicular propaganda política ou difundir opinião favorável ou contrária a candidato, partido, coligação, a seus órgãos ou representantes; (Vide ADIN 4.451)

85 A título de exemplo: https://vejasp.abril.com.br/blog/poder-sp/pericia-aponta-montagem-em-video-intimo-atribuido-a-joao-doria/.

em patamar superior. Por outro lado, uma publicação em *blog* de visibilidade insignificante justificaria o aumento da pena em patamar mínimo.

Pontue-se que qualquer **aplicação de *internet*** justifica a incidência da causa de aumento de pena, que é objetiva – e-mail, aplicativos de comunicação instantânea que façam uso de rede de dados – como o *Whatsapp*, o *Telegram* e o *Signal*, que não operam mediante uso de linha telefônica, mas por conexão à internet.

A segunda causa de aumento de pena incide se o crime envolver "menosprezo ou discriminação à condição de mulher ou à sua cor, raça ou etnia". O legislador, neste ponto, buscou "garantir os direitos de participação política da mulher, vedadas a discriminação e a desigualdade de tratamento". A causa de aumento está em consonância com os objetivos expressos na Constituição Federal, que repudia toda espécie de discriminação (art. 3º, IV, art. 5º, *caput*, e XLI).

Não obstante, a redação é deficiente, pois, em relação à discriminação por motivos de "cor, raça e etnia" vinculam-se esses atributos à condição de mulher, o que se evidencia pelo emprego do pronome possessivo "sua", bem como pelo parecer emitido no curso do processo legislativo, que esclarece a finalidade da causa de aumento de pena como a de tutelar o gênero feminino e a "cor, raça ou etnia da mulher":

> "Analisando o mérito das proposições, cabe destacar, primeiramente, que fizemos a opção por tratar da violência política contra o gênero feminino, **bem como em relação à cor, raça ou etnia da mulher,** a fim de construir uma estratégia legislativa específica para as mulheres violentadas em sua atuação política"[86]

Atos de discriminação racista não perdem essa natureza quando a vítima é do sexo masculino. O ideal seria que a discriminação racial tivesse sido tratada como causa de aumento de pena independentemente do gênero da vítima. Ambos os fatores poderiam constituir causas de aumento de pena autônomas.

Em decorrência do princípio da taxatividade, fica fora da causa de aumento de pena a conduta com viés de discriminação racial praticada contra homens, lamentavelmente. Não obstante, a circunstância deve ser valorada na primeira fase da dosimetria penal.

27. CALÚNIA ELEITORAL

Art. 324. Caluniar alguém, na propaganda eleitoral, ou visando fins de propaganda, imputando-lhe falsamente fato definido como crime:

Pena – detenção de seis meses a dois anos, e pagamento de 10 a 40 dias-multa.

§ 1º Nas mesmas penas incorre quem, sabendo falsa a imputação, a propala ou divulga.

§ 2º A prova da verdade do fato imputado exclui o crime, mas não é admitida:

I – se, constituindo o fato imputado crime de ação privada, o ofendido, não foi condenado por sentença irrecorrível;

II – se o fato é imputado ao Presidente da República ou chefe de governo estrangeiro;

III – se do crime imputado, embora de ação pública, o ofendido foi absolvido por sentença irrecorrível.

O crime previsto no artigo 324 do Código Eleitoral – *calúnia eleitoral* – guarda paralelo com o tipo penal constante do art. 138 do Código Penal – *calúnia*. Entretanto, a dispositivo ora em

86 Disponível em: https://www.camara.leg.br/proposicoesWeb/prop_mostrarintegra?codteor=1949007; Acesso em: 09/12/2021. Destaquei.

comento possui relação de especialidade frente ao artigo 138 do Código Penal, por apresentar elementares que não constam da norma geral. Para a caracterização do delito eleitoral, exige-se que a calunia seja praticada especificamente "na propaganda eleitoral ou visando fins de propaganda".

Ademais, a calúnia eleitoral é crime de ação penal pública incondicionada, assim como ocorre com todos os demais crimes eleitorais, por força do art. 355 do Código Eleitoral. É razoável que assim seja, pois os crimes eleitorais representam lesão ou ameaça de lesão a bens jurídicos indisponíveis, como a lisura dos pleitos, a igualdade entre os candidatos e, no caso da calúnia eleitoral, o direito do eleitor de ser corretamente informado sobre os fatos veiculados no contexto da corrida eleitoral, para que possa formar livre e conscientemente suas convicções, definindo o destino de seus votos.

Bem jurídico tutelado

O artigo 324 tutela a honra objetiva, ou seja, a reputação de que goza o indivíduo junto aos demais membros da sociedade. Mais além, protege-se a lisura e a veracidade da propaganda eleitoral e a paridade de armas entre os candidatos para convencimento do eleitor. Não se admite o emprego de narrativas inverídicas na campanha eleitoral ou para fins de persuasão. Desse modo, o candidato que adota conduta desleal na comunicação com o eleitorado faz uso de recurso que não se está disponível aos concorrentes.

Sujeitos do crime

Trata-se de crime comum, não se exigindo do sujeito ativo qualquer qualificação especial.

Como sujeitos passivos, figuram o indivíduo cuja honra objetiva é afetada, bem como o Estado e sociedade, dada a desinformação promovida pelo crime no cenário eleitoral. As pessoas jurídicas podem, igualmente, ser vítimas de crime de calúnia, desde que a imputação se refira a delitos que podem ser atribuídos a elas, nos moldes do art. 225, §3º, e 173, §5º, da Constituição Federal; art. 336, CE).

Não se exige a qualidade de "candidato" ou qualquer qualificação específica do autor ou da vítima. Qualquer indivíduo pode praticar o crime de calúnia eleitoral ou dele ser vítima, bastando que estejam preenchidas as elementares do tipo penal.

Conduta e figura equiparada

Caluniar significa justamente a ação de imputar falsamente a alguém fato definido como crime. O §1º ainda criminaliza a conduta de *propalar* ou *divulgar* a imputação inverídica.

Para incidência do art. 324 do Código Eleitoral, é indispensável que a ação seja praticada por meio de "propaganda eleitoral" ou visando a fins de propaganda. A propaganda eleitoral é o meio oficial pelo qual partidos e candidatos estabelecem comunicação difusa com o eleitorado, com o propósito de convencer o cidadão a votar em concorrente e a rejeitar os seus adversários. Como se nota, o tipo penal apresenta preocupação com a livre formação do convencimento do eleitor, que não deve ter a sua percepção manipulada por desinformação. O termo alcança tanto a propaganda praticada regularmente durante o período de campanha quanto a propaganda extemporânea.

Quanto à conduta praticada para "fins de propaganda", assim se considera quando a calúnia tem o objetivo de influenciar as campanhas eleitorais. A ação situa-se fora da propaganda eleitoral, mas o agente atua com a finalidade especial de influenciar as campanhas. Trata-se, no âmbito dessa elementar, de propaganda dissimulada. Na prática, especialmente em eleições municipais, é corriqueiro o desvirtuamento de jornais locais, que passam a funcionar como panfletos de propaganda eleitoral disfarçada[87].

---

87 Em caso concreto submetido à apreciação do TSE, segundo avaliação do Tribunal de origem: "restou caracterizado de forma inequívoca incidência do abuso do poder econômico pela **utilização indevida do jornal de propriedade**

Considerando a exigência de que a ação seja praticada em propaganda eleitoral ou para fins de propaganda, manifestações de cidadãos em círculos fechados, com viés crítico e no seio de discussões políticas que se estabeleçam na sociedade, não caracterizam os crimes eleitorais contra a honra descritos nos artigos 324 e 325 do Código Eleitoral. Na esteira do exposto nos comentários ao artigo 323 do Código eleitoral, é indispensável que se preserve os espaços de livre manifestação do pensamento para a preservação do princípio democrático.

O tipo penal ainda conta com o elemento normativo representado pela expressão "falsamente". Por isso, caso a imputação de crime a terceiro, no contexto de propaganda eleitoral e para fins de propaganda, retrate fato verdadeiro, a conduta será atípica. É, ainda, indispensável que o autor saiba da falsidade da imputação – conhecendo todas as elementares do tipo, sob pena de se caracterizar responsabilização penal objetiva.

É por isso que o fato amplamente exposto por veículos de comunicação, se divulgado pelo suposto agente, não se presta a caracterizar o delito, como regra geral. Nesse sentido:

> "Quando ouvido em juízo, o recorrido sustentou que proferiu as palavras ensejadoras da presente ação penal baseando-se em fatos notórios e amplamente disseminados pela mídia, não tendo, portanto, o intuito de imputar falsamente crime de estelionato à recorrente. Essa afirmação do recorrido, somada ao fato de a mídia efetivamente ter alardeado o envolvimento da recorrente no esquema criminoso de negociação de casas populares e ante a evidência de tais suspeitas terem sido objeto de diversos procedimentos apuratórios, permite inferir que ainda que o fato criminoso fosse falso, o recorrido não tinha conhecimento de tal falsidade" (TSE. Recurso Criminal nº 251, Acórdão, Relator(a) Des. Carlos Eduardo Cauduro Padin, Publicação: DJESP - Diário da Justiça Eletrônico do TRE-SP, Data 10/03/2016).

Não obstante essa interpretação, é possível que, diante da realidade dos fatos e pelas peculiaridades de caso concreto, comprove-se que o indivíduo tinha conhecimento da falsidade da informação veiculada pela imprensa. Nessa perspectiva, não importará a suposta *notoriedade* do fato se ficar comprovado que se tratava de narrativa falsa e que o agente tinha conhecimento dessa circunstância. Imagine-se, por exemplo, que o próprio agente impulsione a narrativa inverídica, fazendo uso de mídias sociais, veículos de comunicação e outras ferramentas que possam emprestar à imputação o rótulo de "fato notório". Não seria razoável o argumento de que lhe faltaria conduta dolosa.

Além de inverídico, o fato imputado à vítima deve ser determinado e definido em lei como crime. Não basta para a configuração do crime a imputação de fatos genéricos e imprecisos, embora possa haver crime de injúria nessa hipótese, a depender das circunstâncias. Nesse sentido:

> [...] 3. Não procede, tampouco, a pretensão do agravante de que seja reconhecida a configuração do crime de calúnia, uma vez que, para caracterizar o referido tipo penal, exige-se que tenha sido imputado a alguém fato determinado que seja definido como crime, não sendo suficiente a imputação de fatos genéricos, como ocorrido na espécie. Precedentes do TSE e do STF. [...] (Recurso Especial Eleitoral nº 54168, Acórdão, Relator(a) Min. Napoleão Nunes Maia Filho, Publicação: DJE - Diário da justiça eletrônica, Tomo 185, Data 14/09/2018, Página 96/97).

A veracidade do fato – que implica a atipicidade da conduta do agente – pode ser demonstrada por meio de procedimento incidental de *exceção da verdade* (*exceptio veritatis*), aplicando-se por analogia o art. 323 do Código Eleitoral. Ainda que o § 2º, II, do art. 324, pontue não caber a exceção da verdade nos casos em que o agente imputar fato criminoso ao "Presidente da República ou chefe de governo estrangeiro", a interpretação que se deve dar ao dispositivo

---

dos recorrentes para fins de propaganda eleitoral, mesmo que de forma dissimulada" (Agravo de Instrumento nº 142170, Acórdão, Relator(a) Min. Marcelo Ribeiro, Publicação: DJE - Diário da justiça eletrônica, Página 96. Grifei).

é de que, nesse caso, não cabe o *procedimento* de exceção da verdade. Sem prejuízo, o acusado pode se valer de todos os meios de prova para comprovar a veracidade dos fatos. Se o fizer, necessariamente deverá ser absolvido, pois desaparecerá a elementar "falsamente", indispensável à caracterização do tipo penal. Não se admite a configuração de "calúnia de fato verdadeiro", um contrassenso em termos.

Tipicidade subjetiva

Se a conduta for praticada no âmbito da propaganda eleitoral, exige-se apenas a comprovação do dolo genérico de imputar à vítima, falsamente, a prática de fato definido como crime, dispensando-se finalidade especial de agir e específico *animus caluniandi*.

Por outro lado, se a ação for perpetrada fora da propaganda eleitoral, o elemento subjetivo do tipo é o dolo específico, consistente na vontade livre e consciente de caluniar a vítima, com particular *animus caluniandi* para "fins de propaganda".

Consumação e tentativa

Trata-se de crime formal. Não se exige, para a consumação, que ocorra efetiva influência sobre o eleitorado ou efetivo prejuízo à honra objetiva. O delito se aperfeiçoa no exato momento em que terceiro toma conhecimento da falsa imputação.

Admite-se a tentativa, se a forma de execução do delito for plurissubsistente.

Causas de aumento de pena

Aplicam-se à *calúnia eleitoral* as causas de aumento de pena previstas no art. 327 do Código Eleitoral:

> **Art. 327.** As penas cominadas nos arts. 324, 325 e 326 aumentam-se de 1/3 (um terço) até metade, se qualquer dos crimes é cometido: (Redação dada pela Lei nº 14.192, de 2021)
>
> I - contra o Presidente da República ou chefe de governo estrangeiro;
>
> II - contra funcionário público, em razão de suas funções;
>
> III - na presença de várias pessoas, ou por meio que facilite a divulgação da ofensa.
>
> IV - com menosprezo ou discriminação à condição de mulher ou à sua cor, raça ou etnia; (Incluído pela Lei nº 14.192, de 2021)
>
> V - por meio da internet ou de rede social ou com transmissão em tempo real. (Incluído pela Lei nº 14.192, de 2021)

Os incisos IV e V são produto de recente alteração legislativa promovida pela Lei n. 14.192/2021.

A causa de aumento de pena prevista no art. 327, IV, incide se o crime envolver "menosprezo ou discriminação à condição de mulher ou à sua cor, raça ou etnia". O legislador, neste ponto, buscou "garantir os direitos de participação política da mulher, vedadas a discriminação e a desigualdade de tratamento". A causa de aumento está em consonância com os objetivos expressos na Constituição Federal, que repudia toda espécie de discriminação (art. 3º, IV, art. 5º, *caput*, e XLI).

Não obstante, a redação é deficiente, pois, em relação à discriminação por motivos de "cor, raça e etnia" vinculam-se esses atributos à condição de mulher, o que se evidencia pelo emprego do pronome possessivo "sua", bem como pelo parecer emitido no curso do processo legislativo, que esclarece a finalidade da causa de aumento de pena como a de tutelar o gênero feminino e a "cor, raça ou etnia da mulher":

> "Analisando o mérito das proposições, cabe destacar, primeiramente, que fizemos a opção por tratar da violência política contra o gênero feminino, **bem como em relação à cor, raça ou etnia da mulher,** a fim de construir uma estratégia legislativa específica para as mulheres violentadas em sua atuação política"[88]

Atos de discriminação racista não perdem essa natureza quando a vítima é do sexo masculino. O ideal seria que a discriminação racial tivesse sido tratada como causa de aumento de pena independentemente do gênero da vítima. Ambos os fatores poderiam constituir causas de aumento de pena autônomas.

Em decorrência do princípio da taxatividade, fica fora da causa de aumento de pena a conduta com viés de discriminação racial praticada contra homens, lamentavelmente. Não obstante, a circunstância deve ser valorada na primeira fase da dosimetria penal.

Já a causa de aumento de pena do art. 327, V, diz respeito ao meio de execução do delito, a incidir se o crime "por meio da internet ou de rede social ou com transmissão em tempo real". Conforme já exposto nos comentários ao art. 323, as aplicações de internet e as redes sociais possuem grande visibilidade. A conduta por meio delas praticada expõe o bem jurídico tutelado pela norma a perigo superior, justificando-se a existência da causa de aumento de pena. Na definição do montante a ser aplicado – entre 1/3 até a metade – o juiz pode considerar o alcance da plataforma utilizada e de eventuais meios de impulsionamento. A utilização de meios artificiais de interação, por exemplo, certamente deve ser considerada para impor exasperação da pena em patamar superior. Por outro lado, uma publicação em *blog* de visibilidade insignificante justificaria o aumento da pena em patamar mínimo.

Pontue-se que qualquer **aplicação de *internet*** justifica a incidência da causa de aumento de pena, que é objetiva – e-mail, aplicativos de comunicação instantânea que façam uso de rede de dados – como o *Whatsapp*, o *Telegram* e o *Signal*, que não operam mediante uso de linha telefônica, mas por conexão à internet.

28. DIFAMAÇÃO ELEITORAL

> **Art. 325.** Difamar alguém, na propaganda eleitoral, ou visando a fins de propaganda, imputando-lhe fato ofensivo à sua reputação:
>
> Pena – detenção de três meses a um ano, e pagamento de 5 a 30 dias-multa.
>
> Parágrafo único. A exceção da verdade somente se admite se ofendido é funcionário público e a ofensa é relativa ao exercício de suas funções.

O crime previsto no artigo 325 do Código Eleitoral – *difamação eleitoral* – guarda paralelo com o tipo penal constante do art. 139 do Código Penal – *difamação*. Entretanto, a dispositivo ora em comento possui relação de especialidade frente ao artigo 139 do Código Penal, por apresentar elementares que não constam da norma geral. Para o delito eleitoral, exige-se que a difamação seja praticada especificamente "na propaganda eleitoral ou visando a fins de propaganda".

Ademais, a difamação eleitoral é crime de ação penal pública incondicionada, assim como todos os demais crimes eleitorais, por força do art. 355 do Código Eleitoral. É razoável que assim seja, pois os crimes eleitorais representam lesão ou ameaça de lesão a bens jurídicos indisponíveis, como a lisura dos pleitos, a igualdade entre os candidatos e, no caso da difamação

88 Disponível em: https://www.camara.leg.br/proposicoesWeb/prop_mostrarintegra?codteor=1949007; Acesso em: 09/12/2021. Destaquei.

eleitoral, o direito do eleitor de ser corretamente informado sobre os fatos veiculados no contexto da corrida eleitoral, para que possa formar conscientemente suas convicções, definindo o destino de seus votos.

Bem jurídico tutelado

O artigo 325 tutela a honra objetiva, ou seja, a reputação de que goza o indivíduo junto aos demais membros da sociedade. Mais além, protege-se a lisura e a veracidade da propaganda eleitoral e a paridade de armas entre os candidatos para convencimento do eleitor. Não se admite o emprego de narrativas inverídicas na campanha eleitoral ou para fins de persuasão. Desse modo, o candidato que adota conduta desleal na comunicação com o eleitorado faz uso de recurso que não se está disponível aos concorrentes.

Sujeitos do crime

Trata-se de crime comum, não se exigindo do sujeito ativo qualquer qualificação especial.

Como sujeitos passivos, figuram o indivíduo cuja honra objetiva é afetada, bem como o Estado e sociedade, dada a desinformação promovida pelo crime no cenário eleitoral. As pessoas jurídicas podem, igualmente, ser vítimas de crime de difamação.

Não se exige a qualidade de "candidato" ou qualquer qualificação específica do autor ou da vítima. Qualquer indivíduo pode praticar o crime ou dele ser vítima, bastando que estejam preenchidas as elementares do tipo penal. Veja-se:

> 3. Para a configuração do crime de difamação descrito no art. 325 do Código Eleitoral não é necessário que o agente ou o ofendido seja candidato, sendo suficiente que o ato seja praticado no âmbito da propaganda eleitoral ou visando a fins de propaganda (Habeas Corpus nº 114080, Acórdão, Relator(a) Min. Marcelo Ribeiro, Publicação: DJE - Diário da justiça eletrônica, Tomo 214, Data 11/11/2011, Página 53).

Conduta

Difamar significa justamente a ação de atribuir a alguém fato ofensivo à reputação.

Para incidência do art. 325 do Código Eleitoral, é indispensável que a conduta seja praticada por meio de "propaganda eleitoral" ou visando a fins de propaganda. A propaganda eleitoral é o meio oficial pelo qual partidos e candidatos estabelecem comunicação difusa com o eleitorado, com o propósito de convencer o cidadão a votar em concorrente e a rejeitar os seus adversários. Como se nota, o tipo penal apresenta preocupação com a livre formação do convencimento do eleitor, que não deve ter a sua percepção manipulada por desinformação. O termo alcança tanto a propaganda praticada regularmente durante o período de campanha quanto a propaganda extemporânea. Ademais, quando perpetrada a conduta por meio de propaganda eleitoral, não se questiona a finalidade do agente, configurando-se o crime.

Quanto à conduta praticada para "fins de propaganda", assim se considera quando a difamação, embora fora da propaganda eleitoral, volta-se a influenciar as campanhas. Trata-se, no âmbito dessa elementar, de propaganda dissimulada.

Considerando a exigência de que a ação seja praticada em propaganda eleitoral ou para fins de propaganda, manifestações de cidadãos, com viés crítico e no seio de discussões políticas que se estabeleçam na sociedade, não caracterizam os crimes eleitorais contra a honra descritos nos artigos 324 e 325 do Código Eleitoral. Na esteira do exposto nos comentários ao artigo 323 do Código eleitoral, é indispensável que se preservem os espaços de livre manifestação do pensamento para a salvaguarda do regime democrático.

Diferentemente do que ocorre no crime de calúnia, o preceito primário do delito de difamação eleitoral não conta com o elemento normativo representado pela expressão "falsamente".

Ocorre que os crimes previstos no Código Eleitoral possuem objetividade jurídica própria, tutelando valores indisponíveis, que se projetam para além da proteção já proporcionada pelo Código Penal. Se o propósito fosse exclusivamente o de tutelar a honra objetiva da vítima, não haveria necessidade de específica criminalização, já que, diante da ausência da norma em comento, a conduta se enquadraria no tipo geral do art. 139 do Código Eleitoral.

Por isso, para que seja revestida de relevância jurídica no contexto dos crimes eleitorais, a imputação de fato ofensivo à honra de terceiro, por meio de propaganda eleitoral ou para fins de propaganda, deve ocorrer mediante narrativa inverídica ou desleal. A ausência de elementar específica nesse sentido não afasta a necessidade de se avaliar a tipicidade material da conduta, avaliando-se eventual ofensa ao bem jurídico ou sua exposição a perigo. Nesse sentido:

> "O tipo penal não exige que o fato imputado seja falso, contentando-se, aparentemente com a ofensividade à reputação. Em tese, a divulgação de fato verdadeiro poderia caracterizar o crime. Pensamos, todavia, de modo diverso, especialmente diante das características próprias do debate e das campanhas eleitorais. Ainda que, no Código Penal, não se exija caráter mentiroso no fato imputado, a criminalização eleitoral disso não pode prescindir. É por meio das eleições que se dá a escolha de representantes que exercerão o poder em nome do povo. As campanhas e debates eleitorais devem se prestar ao mais amplo esclarecimento do eleitorado sobre as propostas, qualidades e defeitos dos candidatos, não sendo possível tolhê-los, ou a terceiros, na divulgação de fatos verdadeiros que possam contraindicar sua escolha pelo eleitorado [...]. É menor a proteção da privacidade e da intimidade de quem se lança a um cargo público eletivo [...]. O bem jurídico tutelado é a lisura do pleito eleitoral e não apenas a honra da vítima direta"[89].

Igualmente nesse sentido, o Tribunal Regional Eleitoral de São Paulo reverteu condenação pela prática de crime de difamação em caso no qual o imputado compartilhou notícias jornalísticas ofensivas à honra de determinado candidato, para fins de propaganda em favor de seus concorrentes. Considerou o TRE-SP que o "recorrente agiu crendo serem verdadeiras as informações constantes naquelas matérias jornalísticas, sobretudo se se considerar tratar-se de notícias divulgadas por veículos de comunicação" (Recurso Criminal nº 615, Acórdão, Relator(a) Des. Claudia Lúcia Fonseca Fanucchi, Publicação: DJESP - Diário da Justiça Eletrônico do TRE-SP, Data 16/11/2017).

Ainda com essa perspectiva, não se pode restringir os debates em campanha de modo a se proibir a divulgação de fatos verdadeiros que, projetando-se para além da esfera da privacidade dos candidatos, podem interessar ao eleitorado e repercutir sobre o direcionamento do voto. É característico da arena eleitoral a realização de discursos contundentes e ácidos, típicos das eleições democráticas. A exposição de fatos que interessem aos eleitores não pode ser contida, pelo simples argumento de conterem eventuais circunstâncias que desabonem os candidatos.

No entanto, tem preponderado na doutrina e na jurisprudência que a difamação eleitoral prescinde da falsidade da imputação. Restaria caracterizado o crime, sob essa ótica, pela veiculação de fatos ofensivos à reputação, ainda que verdadeiros[90].

Tipicidade subjetiva

Se a conduta for praticada no âmbito da propaganda eleitoral, exige-se apenas a comprovação do dolo genérico de imputar à vítima fato ofensivo à reputação, dispensando-se finalidade especial de agir e específico *animus difamandi*.

89 GONÇALVES, Luiz Carlos. op. cit. p. 86/87.
90 GOMES, Suzana de Camargo. **Crimes Eleitorais**. 4ª Ed. São Paulo: RT, 2010, p. 154.

Por outro lado, se a ação for perpetrada fora da propaganda eleitoral, o elemento subjetivo do tipo é o dolo específico, consistente na vontade livre e consciente de difamar a vítima, com particular *animus difamandi* para "fins de propaganda".

Consumação e tentativa

Trata-se de crime formal. Não se exige, para a consumação, que ocorra efetiva influência sobre o eleitorado ou efetivo prejuízo à honra objetiva da vítima. O delito se aperfeiçoa no exato momento em que terceiro toma conhecimento da falsa imputação.

Admite-se a tentativa, se a forma de execução do delito for plurissubsistente.

Causas de aumento de pena

Aplicam-se à *difamação eleitoral* as causas de aumento de pena previstas no art. 327 do Código Eleitoral:

> **Art. 327.** As penas cominadas nos arts. 324, 325 e 326 aumentam-se de 1/3 (um terço) até metade, se qualquer dos crimes é cometido: (Redação dada pela Lei nº 14.192, de 2021)
>
> I - contra o Presidente da República ou chefe de governo estrangeiro;
>
> II - contra funcionário público, em razão de suas funções;
>
> III - na presença de várias pessoas, ou por meio que facilite a divulgação da ofensa.
>
> IV - com menosprezo ou discriminação à condição de mulher ou à sua cor, raça ou etnia; (Incluído pela Lei nº 14.192, de 2021)
>
> V - por meio da internet ou de rede social ou com transmissão em tempo real. (Incluído pela Lei nº 14.192, de 2021)

Os incisos IV e V são produto de recente alteração legislativa promovida pela Lei n. 14.192/2021.

A causa de aumento de pena prevista no art. 327, IV, incide se o crime envolver "menosprezo ou discriminação à condição de mulher ou à sua cor, raça ou etnia". O legislador, neste ponto, buscou "garantir os direitos de participação política da mulher, vedadas a discriminação e a desigualdade de tratamento". A causa de aumento está em consonância com os objetivos expressos na Constituição Federal, que repudia toda espécie de discriminação (art. 3º, IV, art. 5º, *caput*, e XLI).

Não obstante, a redação é deficiente, pois, em relação à discriminação por motivos de "cor, raça e etnia" vinculam-se esses atributos à condição de mulher, o que se evidencia pelo emprego do pronome possessivo "sua", bem como pelo parecer emitido no curso do processo legislativo, que esclarece a finalidade da causa de aumento de pena como a de tutelar o gênero feminino e a "cor, raça ou etnia da mulher":

> "Analisando o mérito das proposições, cabe destacar, primeiramente, que fizemos a opção por tratar da violência política contra o gênero feminino, **bem como em relação à cor, raça ou etnia da mulher,** a fim de construir uma estratégia legislativa específica para as mulheres violentadas em sua atuação política"[91]

Atos de discriminação racista não perdem essa natureza quando a vítima é do sexo masculino. O ideal seria que a discriminação racial tivesse sido tratada como causa de aumento de

---

91 Disponível em: https://www.camara.leg.br/proposicoesWeb/prop_mostrarintegra?codteor=1949007; Acesso em: 09/12/2021. Destaquei.

pena independentemente do gênero da vítima. Ambos os fatores poderiam constituir causas de aumento de pena autônomas.

Em decorrência do princípio da taxatividade, fica fora da causa de aumento de pena a conduta com viés de discriminação racial praticada contra homens, lamentavelmente. Não obstante, a circunstância deve ser valorada na primeira fase da dosimetria penal.

Já a causa de aumento de pena do art. 327, V, diz respeito ao meio de execução do delito, a incidir se o crime "por meio da internet ou de rede social ou com transmissão em tempo real". Conforme já exposto nos comentários ao art. 323, as aplicações de internet e as redes sociais possuem grande visibilidade. A conduta por meio delas praticada expõe o bem jurídico tutelado pela norma a perigo superior, justificando-se a existência da causa de aumento de pena. Na definição do montante a ser aplicado – entre 1/3 até a metade – o juiz pode considerar o alcance da plataforma utilizada e de eventuais meios de impulsionamento. A utilização de meios artificiais de interação, por exemplo, certamente deve ser considerada para impor exasperação da pena em patamar superior. Por outro lado, uma publicação em *blog* de visibilidade insignificante justificaria o aumento da pena em patamar mínimo.

Pontue-se que qualquer **aplicação de *internet*** justifica a incidência da causa de aumento de pena, que é objetiva – e-mail, aplicativos de comunicação instantânea que façam uso de rede de dados – como o *Whatsapp*, o *Telegram* e o *Signal*, que não operam mediante uso de linha telefônica, mas por conexão à internet.

29. INJÚRIA ELEITORAL

> **Art. 326.** Injuriar alguém, na propaganda eleitoral, ou visando a fins de propaganda, ofendendo-lhe a dignidade ou o decôro:
>
> Pena – detenção até seis meses, ou pagamento de 30 a 60 dias-multa.
>
> § 1º O juiz pode deixar de aplicar a pena:
>
> I – se o ofendido, de forma reprovável, provocou diretamente a injúria;
>
> II – no caso de retorsão imediata, que consista em outra injúria.
>
> § 2º Se a injúria consiste em violência ou vias de fato, que, por sua natureza ou meio empregado, se considerem aviltantes:
>
> Pena – detenção de três meses a um ano e pagamento de 5 a 20 dias-multa, além das penas correspondentes à violência prevista no Código Penal.

O crime previsto no artigo 326 do Código Eleitoral – *injúria eleitoral* – guarda paralelo com o tipo penal constante do art. 140 do Código Penal – *injúria*. Entretanto, a dispositivo ora em comento possui relação de especialidade frente ao artigo 140 do Código Penal, por apresentar elementares que não constam da norma geral. Para o delito eleitoral, exige-se que a difamação seja praticada especificamente "na propaganda eleitoral ou visando a fins de propaganda".

Ademais, a injúria eleitoral é crime de ação penal pública incondicionada, assim como todos os demais crimes eleitorais, por força do art. 355 do Código Eleitoral. É razoável que assim seja, pois os crimes eleitorais representam lesão ou ameaça de lesão a bens jurídicos indisponíveis, como a lisura dos pleitos, que pode ser afetada pela deterioração dos debates, mediante o direcionamento abusivo de ofensas na comunicação com o eleitorado.

Bem jurídico tutelado

O artigo 326 tutela a honra subjetiva, ou seja, a autoestima do indivíduo, a concepção que o sujeito tem de si próprio. Mais além, protege-se a lisura da propaganda eleitoral.

Sujeitos do crime

Trata-se de crime comum, não se exigindo do sujeito ativo qualquer qualificação especial. Como sujeitos passivos, figuram o indivíduo cuja honra subjetiva é afetada, bem como o Estado e sociedade, dada a degradação do debate eleitoral causada pelo uso abusivo de expressões injuriosas. As pessoas jurídicas não podem ser vítimas do crime de *injúria eleitoral*, pois a elas se reconhece apenas a honra objetiva, que não se encontra no âmbito de proteção da norma em questão.

Não se exige a qualidade de "candidato" ou qualquer qualificação específica do autor ou da vítima. Qualquer indivíduo pode praticar o crime ou dele ser vítima, bastando que estejam preenchidas as elementares do tipo penal.

Conduta

Injuriar significa justamente a ação de ofender a dignidade ou decoro de alguém. Por *dignidade*, entendem-se os atributos morais do indivíduo; por *decoro*, seus atributos físicos e intelectuais[92].

Diferentemente do que ocorre nos crimes de calúnia e difamação, no crime de *injúria* não se imputa *fato* à vítima, mas se lhe direciona ofensa, insulto, ultraje, xingamento. Por isso, não há qualquer margem de discussão sobre "verdade".

Ademais, para incidência do art. 326 do Código Eleitoral, é indispensável que a conduta seja praticada por meio de "propaganda eleitoral" ou visando a fins de propaganda. A propaganda eleitoral é o meio oficial pelo qual partidos e candidatos estabelecem comunicação difusa com o eleitorado, com o propósito de convencer o cidadão a votar em concorrente e a rejeitar os seus adversários. O termo alcança tanto a propaganda praticada regularmente durante o período de campanha quanto a propaganda extemporânea.

Quanto à conduta praticada para "fins de propaganda", assim se considera quando a difamação, embora fora da propaganda eleitoral, volta-se a influenciar as campanhas. Trata-se, no âmbito dessa elementar, de propaganda dissimulada.

Considerando a exigência de que a ação seja praticada em propaganda eleitoral ou para fins de propaganda, manifestações de cidadãos, com viés crítico e no seio de discussões políticas que se estabeleçam na sociedade, não caracterizam os crimes eleitorais contra a honra descritos nos artigos 326 do Código Eleitoral, ainda que haja emprego de expressões injuriosas. Na esteira do exposto nos comentários ao artigo 323 do Código eleitoral, é indispensável que se preservem os espaços de livre manifestação do pensamento para a salvaguarda do princípio democrático.

Concordamos com o alerta de Luiz Carlos dos Santos Gonçalves (op. cit. p. 89), para quem a aplicação do art. 326 do Código Eleitoral deve ser cautelosa, para que se evite o cerceamento do debate eleitoral, a pretexto de se proteger a honra subjetiva de alguém. No ambiente de disputa entre os candidatos, há espaço para críticas acentuadas, permitindo-se que haja apontamento de vícios, defeitos e características pessoais que, no contexto do discurso, candidatos e partidos atribuem aos concorrentes, com o propósito de chamar votos para si.

O art. 326, portanto, deve ser aplicado para coibir o excesso, a ofensa gratuita e desprovida de elemento crítico; o discurso vazio, simplesmente ofensivo, sem que haja prevalência do aspecto argumentativo.

Injúria real

De forma diversa, não existe margem de admissão à forma equiparada prevista no art. 326, §2º. É inadmissível o emprego de violência, em qualquer grau, no curso do processo

92 BITENCOURT, Cezar Roberto. **Código Penal**... p. 470.

eleitoral, mesmo que o propósito do agente seja apenas o de aviltar a vítima, não de lhe causar lesões.

Tipicidade subjetiva

Exige-se específico *animus diffamandi vel injuriandi*, a intenção de ofender, menosprezar, atingir a honra subjetiva da vítima. Não se qualifica o crime.

A intenção do agente, por sua vez, tende a se revelar pela análise contextualizada da conduta supostamente criminosa. São as circunstâncias que gravitam em torno da ação que demonstram os motivos subjacentes ao agir. Ninguém é capaz de enxergar exatamente o que existe na mente alheia, mas se pode inferir, por uma análise racional e global dos fatos, o propósito que move o autor. Se uma expressão injuriosa acompanha uma crítica incisiva de certa política governamental, esta tende a ser o principal objeto da manifestação.

É válido recordar o caso *Watts v. United States*, submetido à Suprema Corte dos Estados Unidos em 1969. Watts havia sido condenado pela Corte Distrital de Columbia pela prática do crime de *ameaça* ao Presidente da República e recorreu à Suprema Corte, alegando estar acobertado pela Primeira Emenda à Constituição Americana, que protege a liberdade de expressão (*freedom of speech*). Quanto aos fatos, apurou-se que, em 1966, aos 18 anos e no seio de uma discussão política, inconformado com a possibilidade de servir ao exército e de ser enviado à Guerra do Vietnã, o cidadão em questão afirmou publicamente que, caso o Estado o obrigasse a carregar um rifle, o primeiro homem que ele colocaria sob sua mira seria o próprio presidente da República, o que teoricamente poderia caracterizar o crime de *ameaça*.

Ao apreciar o caso, a Suprema Corte assentou, primeiramente, que a linguagem utilizada na arena política é geralmente **ofensiva, insultante e imprecisa**. Além disso, em nações comprometidas com o princípio de que questões públicas devem ser debatidas de maneira desimpedida e irrestrita, o discurso político pode normalmente incluir ataques ácidos e veementes ao Governo e aos seus agentes, o que inclui os membros do Executivo, do Legislativo ou do Judiciário. Contextualizando a discussão, estava claro que o verdadeiro *animus* do indivíduo era de expressar argumentos de oposição política à Presidência e à própria Guerra do Vietnã, a despeito de tê-lo feito de maneira desnecessariamente áspera.

Não havia *real* ameaça ao Estado ou ao Chefe do Poder Executivo, mas apenas uma contundente crítica à política vigente. Tais posturas, isoladamente e em um Estado Democrático, não poderiam justificar qualquer responsabilização criminal do autor da manifestação.

Em caso mais recente – *United States v. Bagdasarian* – a Corte de Apelação dos Estados Unidos para o Nono Circuito acrescentou que, nos casos em que palavras podem dar ensejo à responsabilização criminal, todas as circunstâncias devem ser analisadas para extrair o verdadeiro significado dos dizeres proferidos, sem que o intérprete se prenda às literalidades, notadamente quando se trata de matéria política.

O mesmo raciocínio aqui se aplica. No contexto de críticas lançadas na corrida eleitoral, o emprego de discursos contundentes e contextualizados não pode se confundir com crimes de injúria, ainda que haja argumentação grosseira e relativamente ofensiva.

Causas de aumento de pena

Aplicam-se à *injúria eleitoral* as causas de aumento de pena previstas no art. 327 do Código Eleitoral:

> **Art. 327.** As penas cominadas nos arts. 324, 325 e 326 aumentam-se de 1/3 (um terço) até metade, se qualquer dos crimes é cometido: (Redação dada pela Lei nº 14.192, de 2021)
>
> I - contra o Presidente da República ou chefe de governo estrangeiro;

II - contra funcionário público, em razão de suas funções;

III - na presença de várias pessoas, ou por meio que facilite a divulgação da ofensa.

IV - com menosprezo ou discriminação à condição de mulher ou à sua cor, raça ou etnia; (Incluído pela Lei nº 14.192, de 2021)

V - por meio da internet ou de rede social ou com transmissão em tempo real. (Incluído pela Lei nº 14.192, de 2021)

Os incisos IV e V são produto de recente alteração legislativa promovida pela Lei n. 14.192/2021.

A causa de aumento de pena prevista no art. 327, IV, incide se o crime envolver "menosprezo ou discriminação à condição de mulher ou à sua cor, raça ou etnia". O legislador, neste ponto, buscou "garantir os direitos de participação política da mulher, vedadas a discriminação e a desigualdade de tratamento", conforme esclarecedor parecer exarado no curso do processo legislativo[93]. A causa de aumento está em consonância com os objetivos expressos na Constituição Federal, que repudia toda espécie de discriminação (art. 3º, IV, art. 5º, *caput*, e XLI).

Não obstante, a redação é deficiente, pois, em relação à discriminação por motivos de "cor, raça e etnia" vinculam-se esses atributos à condição de mulher, o que se evidencia pelo emprego do pronome possessivo "sua", bem como pelo parecer emitido no curso do processo legislativo, que esclarece a finalidade da causa de aumento de pena como a de tutelar o gênero feminino e a "cor, raça ou etnia da mulher":

> "Analisando o mérito das proposições, cabe destacar, primeiramente, que fizemos a opção por tratar da violência política contra o gênero feminino, **bem como em relação à cor, raça ou etnia da mulher,** a fim de construir uma estratégia legislativa específica para as mulheres violentadas em sua atuação política"[94]

Atos de discriminação racista não perdem essa natureza quando a vítima é do sexo masculino. O ideal seria que a discriminação racial tivesse sido tratada como causa de aumento de pena independentemente do gênero da vítima. Ambos os fatores poderiam constituir causas de aumento de pena autônomas.

Em decorrência do princípio da taxatividade, fica fora da causa de aumento de pena a conduta com viés de discriminação racial praticada contra homens, lamentavelmente. Não obstante, a circunstância deve ser valorada na primeira fase da dosimetria penal.

Já a causa de aumento de pena do art. 327, V, diz respeito ao meio de execução do delito, a incidir se o crime "por meio da internet ou de rede social ou com transmissão em tempo real". Conforme já exposto nos comentários ao art. 323, as aplicações de internet e as redes sociais possuem grande visibilidade. A conduta por meio delas praticada expõe o bem jurídico tutelado pela norma a perigo superior, justificando-se a existência da causa de aumento de pena. Na definição do montante a ser aplicado – entre 1/3 até a metade – o juiz pode considerar o alcance da plataforma utilizada e de eventuais meios de impulsionamento. A utilização de meios artificiais de interação, por exemplo, certamente deve ser considerada para impor exasperação da pena em patamar superior. Por outro lado, uma publicação em *blog* de visibilidade insignificante justificaria o aumento da pena em patamar mínimo.

93 Disponível em: https://www.camara.leg.br/proposicoesWeb/prop_mostrarintegra?codteor=1949007; Acesso em: 09/12/2021.

94 Disponível em: https://www.camara.leg.br/proposicoesWeb/prop_mostrarintegra?codteor=1949007; Acesso em: 09/12/2021.

Pontue-se que qualquer **aplicação de *internet*** justifica a incidência da causa de aumento de pena, que é objetiva – e-mail, aplicativos de comunicação instantânea que façam uso de rede de dados - como o *Whatsapp*, o *Telegram* e o *Signal*, que não operam mediante uso de linha telefônica, mas por conexão à internet.

Consumação e tentativa

Trata-se de crime formal. Não se exige, para a consumação, que ocorra efetiva influência sobre o eleitorado ou efetivo prejuízo à honra objetiva da vítima. O delito se aperfeiçoa no exato momento em que a vítima toma conhecimento da injúria, dispensando-se que os fatos sejam conhecidos por terceiro.

Admite-se a tentativa, se a forma de execução do delito for plurissubsistente (injúria real).

30. DENUNCIAÇÃO CALUNIOSA ELEITORAL

> **Art. 326-A.** Dar causa à instauração de investigação policial, de processo judicial, de investigação administrativa, de inquérito civil ou ação de improbidade administrativa, atribuindo a alguém a prática de crime ou ato infracional de que o sabe inocente, com finalidade eleitoral: (Incluído pela Lei nº13.834, de 2019)
>
> Pena - reclusão, de 2 (dois) a 8 (oito) anos, e multa. (Incluído pela Lei nº13.834, de 2019)
>
> § 1º A pena é aumentada de sexta parte, se o agente se serve do anonimato ou de nome suposto. (Incluído pela Lei nº13.834, de 2019)
>
> § 2º A pena é diminuída de metade, se a imputação é de prática de contravenção. (Incluído pela Lei nº13.834, de 2019)
>
> § 3º Incorrerá nas mesmas penas deste artigo quem, comprovadamente ciente da inocência do denunciado e com finalidade eleitoral, divulga ou propala, por qualquer meio ou forma, o ato ou fato que lhe foi falsamente atribuído. (Incluído pela Lei nº13.834, de 2019)

Antes do advento da Lei n. 13.834/2019, não existia o crime de denunciação caluniosa eleitoral, de sorte que tal conduta, ainda que fosse praticada com finalidade eleitoral, restava submetida à norma geral do art. 339 do Código Penal.

Com a introdução do dispositivo no Código Eleitoral, a lacuna foi sanada e se estabeleceu um paralelismo quase perfeito entre o art. 339, CP, e o artigo 326-A do Código Eleitoral.

Contudo, o art. 339 do Código Penal foi alterado em 2020, pela Lei n. 14.110/2020, enquanto a redação do presente dispositivo permaneceu inalterada. Houve ampliação do âmbito de incidência da norma geral, de modo que o Código Eleitoral perdeu a equivalência que guardava com o Código Penal. Como consequência, há pontos no art. 339 que não foram reproduzidos no art. 326-A do Código Eleitoral. Nesse sentido, a denunciação caluniosa do Código Penal incide nos casos em que o agente dê causa à instauração de procedimento mediante imputação falsa não só de crime, mas também de "infração ético-disciplinar" ou "ato ímprobo", o que não consta do Código Eleitoral. Nessas ocasiões, ainda que o agente atue impelido por finalidade eleitoral, haverá de incidir o art. 339 do Código Penal, por ausência de adequação típica entre a conduta e o art. 326-A do Código Eleitoral. Como consequência, será competente para julgar a causa a Justiça Comum, aplicando-se a antiga lógica prevalente:

> Ação penal. Justiça Eleitoral. Incompetência. Denunciação caluniosa.
>
> 1. Considerando que o art. 339 do Código Penal não tem equivalente na legislação eleitoral, a Corte de origem assentou a incompetência da Justiça Eleitoral para exame do fato narrado na denúncia - levando-se em conta que a hipótese

dos autos caracteriza, em tese, ofensa à administração desta Justiça Especializada -, anulou a sentença e determinou a remessa dos autos à Justiça Federal.

(Agravo de Instrumento nº 26717, Acórdão, Relator(a) Min. Arnaldo Versiani, Publicação: DJE - Diário da justiça eletrônica, Data 07/04/2011, Página 42)

Do contrário, havendo equivalência entre os tipos diante do caso concreto, a finalidade eleitoral provoca a caracterização do crime previsto no art. 326-A, fixando-se a competência da Justiça Eleitoral.

31. VIOLÊNCIA POLÍTICA CONTRA A MULHER

Art. 326-B. Assediar, constranger, humilhar, perseguir ou ameaçar, por qualquer meio, candidata a cargo eletivo ou detentora de mandato eletivo, utilizando-se de menosprezo ou discriminação à condição de mulher ou à sua cor, raça ou etnia, com a finalidade de impedir ou de dificultar a sua campanha eleitoral ou o desempenho de seu mandato eletivo. (Incluído pela Lei nº 14.192, de 2021)

Pena - reclusão, de 1 (um) a 4 (quatro) anos, e multa. (Incluído pela Lei nº 14.192, de 2021)

Parágrafo único. Aumenta-se a pena em 1/3 (um terço), se o crime é cometido contra mulher: (Incluído pela Lei nº 14.192, de 2021)

I - gestante; (Incluído pela Lei nº 14.192, de 2021)

II - maior de 60 (sessenta) anos; (Incluído pela Lei nº 14.192, de 2021)

III - com deficiência. (Incluído pela Lei nº 14.192, de 2021)

O art. 326-B foi introduzido no Código Eleitoral pela Lei n. 14.192/2021, que reconhece normativamente a existência de "violência política" contra a mulher e busca coibi-la. Por meio do diploma referido, assim se definiu a violência política contra a mulher:

Art. 3º Considera-se violência política contra a mulher toda ação, conduta ou omissão com a finalidade de impedir, obstaculizar ou restringir os direitos políticos da mulher.

Parágrafo único. Constituem igualmente atos de violência política contra a mulher qualquer distinção, exclusão ou restrição no reconhecimento, gozo ou exercício de seus direitos e de suas liberdades políticas fundamentais, em virtude do sexo.

Como se nota, o conceito de violência política contra a mulher forjado pelo legislador abrange a conduta descrita no art. 326-B do Código Eleitoral, mas nele não se esgota, apresentando uma acepção mais ampla. Em verdade, o art. 3º da Lei n, 14.192/21 alarga até mesmo o alcance do art. 7º da Lei Maria da Penha, que contém um rol exemplificativo de formas de violência contra a mulher. Com o novo diploma, a violência política passa a ser expressamente reconhecida em lei, ao lado das violências física, psicológica, sexual, patrimonial e moral, já expressamente citadas na Lei n. 11.340/2006.

Trata-se de medida importante para a construção de uma consciência coletiva em torno de um fenômeno que, embora claramente existente, era ignorado no plano legislativo.

Diante da perspectiva de coibir a violência política contra a mulher, o legislador encontra amparo no objetivo constitucional da República Federativa do Brasil de "promover o bem de todos, sem preconceitos de origem, raça, sexo, cor, idade e quaisquer outras formas de discriminação" (art. 3º, IV, da Constituição Federal). É nesse contexto que se promove a inclusão do art. 326-B do Código Eleitoral, com as características que serão a seguir expostas.

Bem jurídico tutelado pela norma

O art. 326-B tutela o direito das mulheres à participação política, o pluralismo político – dada a sub-representatividade feminina no cenário político brasileiro[95] – bem como o livre desempenho, pela mulher, da campanha eleitoral e do mandato eletivo. É sabido que as mulheres ficam mais vulneráveis a investidas violentas no decorrer de suas campanhas[96], o que compromete a igualdade entre candidatos e, consequentemente, a lisura do pleito, também objeto de tutela da norma.

Sujeitos do crime

Quanto ao sujeito ativo, trata-se de crime comum, não se exigindo do autor qualquer qualificação especial para a prática do delito. É possível, portanto, que a autoria do crime seja atribuída a outra mulher.

Sujeito passivo, entretanto, só pode ser a mulher que figure como: a) candidata a cargo eletivo; ou b) detentora do mandato eletivo.

"Candidata" como sujeito passivo do crime

Só se considera "candidata" aquela que teve o registro de candidatura efetivado pela Justiça Eleitoral, o que ocorre a partir do trânsito em julgado da sentença judicial constitutiva. Estão excluídas do âmbito de proteção da norma, assim, as pré-candidatas, indicadas por convenção partidária, mas com registro ainda não efetivado pela Justiça Eleitoral. Nota-se que a norma faz paralelo entre "candidata" e "campanha eleitoral", não deixando dúvidas quanto ao significado do termo.

Não é necessário, contudo, que se tenha iniciado o período de campanha. A conduta criminosa pode ser perpetrada contra a candidata antes da campanha, com a finalidade de impedir ou embaraçar suas atividades futuras. Basta, reitere-se, que ostente a condição exigida pelo tipo penal, após o devido registro de candidatura.

A qualidade de candidata subsiste até o encerramento das votações. A partir de então, encerra-se a campanha eleitoral, encerra-se o pleito. Não há mais corrida eleitoral. A posterior proclamação dos resultados apenas revela o resultado do pleito já finalizado.

Não pode ser outra a interpretação quanto ao alcance do termo. Além de o tipo penal se referir expressamente à condição de "candidata", deixa transparecer que – com relação a esse sujeito passivo – a norma visa coibir condutas voltadas a "impedir ou dificultar a campanha eleitoral". É por isso que não subiste a condição que o tipo penal exige da vítima, depois do encerramento da campanha e das votações.

Assim, a conduta praticada posteriormente ao encerramento da votação: a) não pode atingir "candidata"; e b) não pode ser praticada com o fim específico de "impedir ou dificultar a campanha eleitoral" que já se encontra encerrada.

---

95 GUEDES, Jefferson Carús; NÓBREGA, Ana Karina Vasconcelos da. Da sub-representatividade feminina na política com ênfase no art. 10, § 3º da lei nº 9.504/97: ineficácia das ações afirmativas e a busca pelo modelo político ideal. Brazilian Journal of Development, Curitiba, v. 5, n. 8, p. 12096-12122, ago. 2019. Os atores apuraram, ao tempo da publicação, que as mulheres representavam 52% do eleitorado nacional, mas ocupavam apenas 11% dos assentos do Congresso Nacional.

96 Nesse sentido, os números de atos de violência política praticados diretamente contra as mulheres candidatas a cargos eletivos no ano de 2020, pelas redes sociais: BRASIL. Câmara dos Deputados. Parecer Proferido em Plenário ao PL n.º 349, de 2015. Dep. Angela Amin. Disponível em: https://www.camara.leg.br/proposicoesWeb/prop_mostrarintegra;jsessionid=node0g5w3zfi469dme60549mc49xd274952.node0?codteor=1949007&filename=Tramitacao-PRLP+1+%3D>+PL+349/2015. Acesso em: 10/12/2021.

"Detentora de mandato eletivo" como sujeito passivo do crime e a posição da "candidata eleita".

Com o encerramento da votação, não se mantém a condição de candidata. Porém, em se tratando de "candidata eleita", deve-se interpretar extensivamente o termo, sem que se configure analogia *in malam partem*.

A interpretação extensiva visa conferir interpretação lógica à norma e não ofende o princípio da taxatividade. Ademais, é corriqueiro e amplamente aceito o termo "candidato eleito" para se referir àqueles que se sagraram vencedores nas eleições, mas ainda não tomaram posse do cargo eletivo. E especificamente quanto a essa figura – candidata eleita e não empossada – é possível que, a partir da proclamação do resultado, as condutas proscritas sejam praticadas com o fim de dificultar ou embaraçar o desempenho do mandato eletivo a se iniciar em futuro próximo.

Quanto a esse aspecto, estão preenchidos os requisitos desenhados pela doutrina penalista para admissão da interpretação extensiva, que não se confunde com a analogia.

Segundo Claus Roxin, na interpretação da norma penal incriminadora, o juiz detém margem de flutuação entre as diversas possibilidades de significado dos termos empregados pelo legislador. Afinal, o preceito penal só passa a ser "determinado" com sua interpretação judicial e aplicação concreta. Esclarece o autor que essa leitura não conflita com o princípio da legalidade, pois o legislador estabelece, com o sentido literal dos preceitos, um marco de regulação que há de ser especificado pelo juiz. À evidência, esse marco tem limites impostos pelo sentido literal possível da linguagem empregada no texto legal. É dentro dessas margens que o juiz, considerando a interpretação histórica, o contexto sistemático-legal e as finalidades da lei (interpretação teleológica), busca o alcance exato da norma penal – o que pode ser feito mediante interpretação restritiva ou extensiva. O que não se admite é que o juiz fuja dos sentidos literais possíveis do preceito penal – pois assim se caracterizaria analogia e ofensa ao princípio da legalidade[97].

Do ponto de vista normativo, não há definição mais precisa para designar aquele que, vencedor no pleito, ainda não tomou posse do cargo para o qual foi eleito, senão "candidato eleito". A lei eleitoral não usa termo próprio para definir indivíduo que ocupa referida posição jurídica.

Logo, o primeiro ponto a se considerar é que "candidata" no tipo penal pode abarcar a mulher que ocupa a posição de eleita e não empossada, pois em sintonia com a linguagem corriqueiramente utilizada. Mais além, as condutas proscritas pelo tipo penal podem ser perpetradas com a finalidade "impedir ou dificultar o desempenho de mandato eletivo", o que pode ocorrer: i) tanto em detrimento da "candidata" já eleita – em relação ao exercício que se apresenta em horizonte próximo; ii) quanto em prejuízo da mulher que já tomou posse do cargo, figurando como detentora do mandato.

Reitere-se: não há outro termo que poderia ter sido empregado de maneira mais clara pelo legislador. Adicionalmente, violaria frontalmente a finalidade da norma deixar a candidata eleita fora da proteção do tipo penal, sujeita às condutas lesivas que poderiam expor a perigo o regular desempenho do mandato eletivo.

---

97 "La verdad es que siempre sucede que el contenido de um precepto penal sólo es "determinado", en el sentido de una claridad excluyente de dudas, mediante la interpretación judicial. Y la pregunta es cómo se puede conciliar esto con el art. 103 II GG, según el cual la punibilidad ha de estar "determinada **legalmente**" antes del hecho. Pues bien, con razón la doc. dom. no extrae de ahí la consecuencia de que el principio de legalidad esté superado por el cambio en la forma de entender la aplicación judicial del Derecho (para más detalles al respecto nm. 31, 36 ss.), sino que parte de la base de que el legislador crea con el tenor literal de un precepto un marco de regulación que es rellenado y concretado por el juez. A ese respecto el marco es delimitado por el sentido literal posible en el lenguaje corriente del texto de la ley, mientras que el juez efectúa dentro de ese marco la interpretación, considerando el significado literal más próximo, la concepción del legislador histórico y el contexto sistemático-legal, y según el fin de la ley (interpretación teleológica). Por lo demás, según el fin de la ley **la interpretación puede ser tanto restrictiva como extensiva**" (ROXIN, Claus. **Derecho Penal**: Parte General. Tomo I. Madrid: Civitas, 1997, p. 148/149. Grifei).

Por que esse raciocínio não cabe ao "candidato derrotado"? Porque este não realiza campanha e não tem mandato futuro a ser protegido. Alargar o termo para alcançá-lo, sim, seria fugir do terreno demarcado pelo legislador, analogia *in malam partem*.

Por fim, passa-se a deter o mandato eletivo com a respectiva posse, não com a expedição do diploma. Este é ato da Justiça Eleitoral, que marca o encerramento de todo o processo eleitoral. Posse e exercício ocorrem posteriormente. É com a posse que a mulher passa a figurar como "detentora de mandato eletivo".

Conduta

As condutas nucleares são "assediar, constranger, humilhar, perseguir ou ameaçar". Embora o tipo preveja que as condutas podem ser praticadas por "qualquer meio", é indispensável que o autor se utilize de "menosprezo ou discriminação à condição de mulher ou à sua cor, raça ou etnia".

É possível dizer, por isso, que se trata de crime de forma livre, que pode ser praticado por gestos, palavras, atos físicos, manipulação psicológica etc., mas que necessariamente deve envolver elementos explícitos ou implícitos de violência de gênero, étnica ou racial.

Tipicidade Subjetiva

O elemento subjetivo do tipo é o dolo específico, consistente na finalidade de impedir ou de dificultar a campanha eleitoral da candidata ou o desempenho de mandato eletivo. Não basta o dolo genérico de constranger, humilhar ou perseguir. As condutas nucleares e o fim visado pelo agente estão voltados a atingir o bem jurídico tutelado pela norma penal – o direito da mulher à livre participação política.

Consumação e tentativa

Trata-se de crime formal, que se consuma instantaneamente com a prática da conduta nuclear, com menosprezo ou discriminação à condição de mulher ou à sua cor, raça ou etnia, independentemente de ocorrer efetivo impedimento ou embaraço ao desempenho do mandato eletivo ou à campanha eleitoral.

Causas de aumento de pena

As penas são aumentadas de 1/3 até a metade se a vítima for mulher gestante, com deficiência ou maior de 60 (sessenta) anos. Não incidem as causas de aumento de pena previstas no art. 327. O legislador fez menção apenas ao art. 326, *caput*, nada dizendo acerca do art. 326-B, de modo que não há repercussão na terceira fase da dosimetria da pena se o crime em comento for perpetrado "por meio da internet ou de rede social ou com transmissão em tempo real". Tais fatores podem ser considerados na primeira fase da dosimetria penal, contudo.

32. FALSIDADE MATERIAL DE DOCUMENTO PÚBLICO

> **Art. 348.** Falsificar, no todo ou em parte, documento público, ou alterar documento público verdadeiro, para fins eleitorais:
>
> Pena – reclusão de dois a seis anos e pagamento de 15 a 30 dias-multa.
>
> § 1º Se o agente é funcionário público e comete o crime prevalecendo-se do cargo, a pena é agravada.
>
> § 2º Para os efeitos penais, equipara-se a documento público o emanado de entidade paraestatal, inclusive fundação do Estado.

O tipo penal expresso no art. 348 do Código Eleitoral guarda paralelo com o crime contido no art. 297 do Código Penal, que tem por objeto a conduta de:

> Art. 297 - Falsificar, no todo ou em parte, documento público, ou alterar documento público verdadeiro:

O ponto distintivo entre os tipos penais repousa no elemento subjetivo, de tal modo que a conduta só encontrará adequação típica ao art. 348 do Código Eleitoral se for praticada "para fins eleitorais".

No falso material, há elaboração fraudulenta de documento ou alteração física do documento verdadeiro, o que não se confunde com a falsidade ideológica, que se consuma pela inserção de informação falsa em documento legítimo (conduta comissiva) ou pela omissão, em documento verdadeiro, de informação que dele deveria constar. O falso material se aperfeiçoa tanto pela *adulteração* material de documento verdadeiro quanto pela *confecção* de documento essencialmente falso.

De modo distinto, na falsidade ideológica, o documento é materialmente verdadeiro, pois elaborado por quem de direito e sobre suporte físico legítimo.

Bem jurídico tutelado

O tipo penal previsto no art. 348 do Código Eleitoral tutela a fé pública eleitoral, consistente na "confiança, na lisura e na veracidade das informações prestadas em âmbito eleitoral"[98].

Sujeitos do crime

Trata-se de crime comum, que pode ser cometido por qualquer pessoa, isoladamente ou mediante concurso. No entanto, se o agente for funcionário público e cometer o crime prevalecendo-se do cargo, a pena será agravada, nos termos do art. 285 do Código Eleitoral[99].

Sujeito passivo é o Estado, que sofre prejuízo na credibilidade dos documentos que lhe são atribuídos. Tem-se, ainda, como sujeito passivo, a coletividade, interessada na preservação da confiança que recai sobre os documentos públicos em circulação.

Objeto material

O objeto material do crime é o documento público sobre o qual recai a adulteração material ou o próprio documento essencialmente falso, que se apresenta como se fosse um documento público autêntico.

Pode-se conceituar "documento" como o "objeto que dá suporte à informação, serve para comunicar e é durável". Trata-se de definição composta pela junção de um elemento de natureza material – com foco no objeto que serve de suporte à informação – e outro de viés conceitual, consubstanciado no conteúdo informacional do documento[100].

Quanto ao objeto de suporte da informação, deve se tratar de elemento que permita o registro e a circulação desta, de forma estável: papéis, arquivos eletrônicos de formato adequado etc. Em relação ao elemento informacional contido no documento, não se limita o tipo a criminalizar a falsidade de dados escritos. Há potencial falsidade material na modificação ou na

---

98 BRASIL. Tribunal Regional Eleitoral de Sergipe. Recurso Criminal Eleitoral 060000465/SE, Relator(a) Des. Ana Lúcia Freire De Almeida Dos Anjos, Acórdão de 30/07/2024, publicado no(a) Diário de Justiça Eletrônico 139, data 01/08/2024.

99 V. comentários ao item 1 deste Capítulo.

100 ORTEGA, Cristina Dotta; LARA, Marilda Lopes Ginez de. A noção de documento: de Otlet aos dias de hoje. In: **IX Congress Isko-Spain.** Valencia, p. 120-139, 2009, P. 126-127.

concepção fraudulenta de informações não escritas, mas representadas por imagens e símbolos que complementam o sentido de um documento público.

Sob esse prisma, há falsificação de documento público na substituição de uma fotografia de cédula de identidade verdadeira, por exemplo:

> EMENTA: "Habeas corpus". Substituição de fotografia em documento público de identidade. Tipificação. - Sendo a alteração de documento público verdadeiro uma das duas condutas típicas do crime de falsificação de documento público (artigo 297 do Código Penal), a substituição da fotografia em documento de identidade dessa natureza caracteriza a alteração dele, que não se cinge apenas ao seu teor escrito, mas que alcança essa modalidade de modificação que, indiscutivelmente, compromete a materialidade e a individualização desse documento verdadeiro, até porque a fotografia constitui parte juridicamente relevante dele. "Habeas corpus" indeferido.
>
> (HC 75690, Relator(a): MOREIRA ALVES, Primeira Turma, julgado em 10-03-1998, DJ 03-04-1998 PP-00004 EMENT VOL-01905-03 PP-00561)

Assim, a modificação da fotografia em documento de identificação, com o intuito de votar em nome de terceiro, configura o crime previsto no art. 348 do Código Eleitoral. Nesse exemplo, em sendo lançado o voto, considerando que a potencialidade lesiva do falso sobre uma cédula de identidade não se esgota na consumação do tipo penal previsto no art. 309 do Código Eleitoral, o falsificador responderá por concurso de crimes.

Em termos semelhantes, visando à complementação conceitual, prevê o art. 351 do Código Eleitoral:

> Art. 351. Equipara-se a documento (348, 349 e 350), para os efeitos penais, a fotografia, o filme cinematográfico, o disco fonográfico ou fita de ditafone a que se incorpore declaração ou imagem destinada à prova de fato juridicamente relevante.

Nesses termos, o que importa não é se a informação se expressa por meio escrito, mas se diz respeito a fato juridicamente relevante, ainda que se manifeste por outras formas.

Tipo penal autônomo para a falsificação material de documento público

Seguindo a tendência do Código Penal, o legislador eleitoral trata a falsificação de documento público em tipo penal distinto daquele que versa sobre a falsidade material do documento particular. Nesse contexto, impõe penas mais rigorosas à falsificação de documento público.

A opção legislativa se justifica pelo fato de que os documentos públicos gozam de uma superior presunção social de legitimidade e materializam atos que são atribuídos à autoridade do Estado, cujo prestígio se deve preservar para o correto funcionamento da vida em sociedade. O caráter "público" do documento decorre do fato de que a competência para sua emissão é de órgão da Administração Pública direta ou indireta, restando abrangidas as sociedades de economia mista, empresas públicas, fundações públicas e autarquias.

Igualmente, o Código Eleitoral considera como documento público aquele que emana de entidade paraestatal, termo que alcança não apenas as entidades que integram a administração indireta, mas também os serviços sociais autônomos[101].

Conduta

O tipo penal trata das condutas nucleares de *falsificar*, no todo em parte, documento público, ou *alterar* documento público verdadeiro.

101 CARVALHO FILHO, José dos Santos de. **Manual de Direito Administrativo**. 28ª ed. São Paulo: Atlas, 2015, p. 484.

A conduta de *falsificar* corresponde a fabricar, conceber, forjar, contrafazer, criar, produzir documento falso. A falsificação total se aperfeiçoa pela produção integral de um documento fictício, enquanto na falsidade parcial há contrafação de uma parte de um documento composto por seções individualizáveis, como ocorre com a inserção de folha falsa em um passaporte legítimo.

Pela *alteração*, opera-se a conduta sobre um documento autêntico, legítimo, verdadeiro, que sofre adulteração pelo acréscimo, pela supressão ou pela modificação de dados ou informações.

Se houver a prática de mais de uma conduta nuclear, sobre um mesmo objeto material, haverá crime único. Se em uma mesma carteira de trabalho, por exemplo, o autor *falsifica* uma folha inteira e altera o conteúdo de uma folha legítima, haverá crime único. A pluralidade de crimes pressupõe pluralidade de documentos.

Tipicidade subjetiva

É o dolo específico de, por meio do falso, alcançar "fins eleitorais". A expressão diz respeito a "qualquer falsidade correlacionada às atividades-fim da Justiça eleitoral", com aptidão para causar prejuízo às finalidades perseguidas pela realização do pleito eleitoral e pelas instituições vinculadas ao processo eleitoral[102].

Consumação e tentativa

Trata-se de crime formal, cuja consumação independe do alcance ou da realização de qualquer resultado lesivo. Permite-se a tentativa, pelo caráter plurissubsistente do delito.

Sanção e benefícios despenalizadores

A pena será de reclusão de dois a seis anos e pagamento de 10 a 20 dias-multa.

Não se admite a transação penal, pois superados os limites do art. 76 da Lei n. 9.099/95.

Considerando que a pena mínima é superior a um ano, o crime também não é compatível com o instituto da suspensão condicional do processo, nos termos do art. 89 da Lei n. 9.099/95.

Por outro lado, admite-se o acordo de não persecução penal, pois a pena mínima cominada abstratamente é inferior a quatro anos.

A pena deve ser agravada se o agente for funcionário público, com observância às diretrizes do art. 285 do Código Eleitoral.

33. FALSIDADE MATERIAL DE DOCUMENTO PARTICULAR PARA FINS ELEITORAIS

> **Art. 349.** Falsificar, no todo ou em parte, documento particular ou alterar documento particular verdadeiro, para fins eleitorais:
>
> Pena – reclusão até cinco anos e pagamento de 3 a 10 dias-multa.

O tipo penal expresso no art. 349 do Código Eleitoral guarda paralelo com o crime contido no art. 298 do Código Penal, que tem por objeto a conduta de:

---

102 BRASIL. Tribunal Superior Eleitoral. Agravo Regimental No Agravo Em Recurso Especial Eleitoral 47778/CE, Relator(a) Min. Alexandre de Moraes, Acórdão de 16/02/2023, Publicado no(a) Diário de Justiça Eletrônico 35, data 09/03/2023.

> Art. 298 - Falsificar, no todo ou em parte, documento particular ou alterar documento particular verdadeiro.

O ponto distintivo entre os tipos penais repousa no elemento subjetivo, de tal modo que a conduta só encontrará adequação típica no art. 349 do Código Eleitoral se for praticada "para fins eleitorais".

Todas as considerações feitas em relação ao tipo penal do art. 348 do Código Eleitoral aqui se aplicam, exceto no que diz respeito ao objeto material do crime e às sanções cabíveis. Na figura do art. 349, a conduta recai sobre documento particular, assim compreendidos todos aqueles que não se enquadram na definição de documento público. Nota-se que o conceito de "documento particular" é residual, guardadas as considerações postas no artigo anterior sobre "documento público".

A pena será de reclusão de um a cinco anos, além do pagamento de 3 a 10 dias-multa.

Não se admite a transação penal, pois superados os limites do art. 76 da Lei n. 9.099/95.

Considerando que a pena mínima é igual a um ano, o crime também é compatível com o instituto da suspensão condicional do processo, nos termos do art. 89 da Lei n. 9.099/95.

Além disso, admite-se o acordo de não persecução penal, pois a pena mínima cominada abstratamente é inferior a quatro anos.

34. FALSIDADE IDEOLÓGICA ELEITORAL

> **Art. 350.** Omitir, em documento público ou particular, declaração que dele devia constar, ou nele inserir ou fazer inserir declaração falsa ou diversa da que devia ser escrita, para fins eleitorais:
>
> Pena – reclusão até cinco anos e pagamento de 5 a 15 dias-multa, se o documento é público, e reclusão até três anos e pagamento de 3 a 10 dias-multa, se o documento é particular.
>
> Parágrafo único. Se o agente da falsidade documental é funcionário público e comete o crime prevalecendo-se do cargo ou se a falsificação ou alteração é de assentamentos de registro civil, a pena é agravada.

O tipo penal expresso no art. 350 do Código Eleitoral guarda evidente paralelo com o crime do art. 299 do Código Penal, que tem por objeto a conduta de:

> "Omitir, em documento público ou particular, declaração que dele devia constar, ou nele inserir ou fazer inserir declaração falsa ou diversa da que devia ser escrita, com o fim de prejudicar direito, criar obrigação ou alterar a verdade sobre fato juridicamente relevante".

O ponto distintivo entre os tipos penais consiste no elemento subjetivo do tipo, de tal modo que a conduta só encontrará adequação típica no art. 350 do Código Eleitoral se for praticada "para fins eleitorais".

A figura típica sob análise não versa sobre a falsificação material do documento, tratada nos artigos 348 e 349 do Código Eleitoral. No falso material, há elaboração fraudulenta de documento ou alteração física do documento verdadeiro, para fins eleitorais.

A falsidade ideológica, por sua vez, não se aperfeiçoa pela *adulteração* material de documento verdadeiro ou pela *confecção* de documento essencialmente falso. Na falsidade ideológica, o documento é materialmente verdadeiro, pois elaborado por quem de direito e sobre suporte físico legítimo. O *falsum* se expressa apenas pelo conteúdo intelectual do documento, que não corresponde à verdade.

Bem jurídico tutelado

O tipo penal previsto no art. 350 do Código Eleitoral tutela a fé pública eleitoral, consistente na "confiança, na lisura e na veracidade das informações prestadas em âmbito eleitoral"[103].

Sujeitos do crime

Trata-se de crime comum, que pode ser cometido por qualquer pessoa, isoladamente ou mediante concurso. No entanto, se o agente for funcionário público e cometer o crime prevalecendo-se do cargo, a pena será agravada, nos termos do art. 285 do Código Eleitoral[104].

Sujeito passivo é a coletividade, pela lesão causada à credibilidade de que devem gozar os documentos públicos e particulares nas relações cotidianas.

Objeto material

O objeto material do crime é o documento público ou particular sobre o qual recai o crime de falsidade ideológica.

Conduta

O tipo penal expressa três condutas nucleares alternativas: a) duas condutas comissivas, consistentes na ação de *inserir* ou *fazer inserir*, em documento público ou particular, declaração falsa ou diversa da que deveria constar; b) uma conduta omissiva, consistente em *omitir*, em documento público ou particular, declaração que dele devia constar.

Trata-se de tipo misto alternativo, de sorte que as três modalidades de conduta são autônomas e independentes. Qualquer delas, isoladamente, implica a caracterização do crime. Em contrapartida, se houver a prática de mais de uma conduta nuclear, sobre um mesmo objeto material, haverá crime único. A pluralidade de crimes pressupõe pluralidade de documentos.

Assim, a aferição de eventual concurso de infrações deve lançar olhar preponderante sobre o objeto material do crime e sobre o bem jurídico tutelado pela norma. Inserir duas ou mais declarações falsas em documento único não implica multiplicidade de objetos materiais e não exprime mais de uma violação à fé pública eleitoral. O maior ou menor alcance da declaração falsa ou a intensidade da lesão jurídica pela falsidade que recai sobre documento único são fatores que podem ser valorados como "consequências" do crime, caracterizando-se como circunstâncias judiciais desfavoráveis na primeira fase da dosimetria penal.

Em sua modalidade omissiva, trata-se de crime omissivo próprio ou puro, pois a simples abstenção de ação leva à consumação do crime, não se exigindo qualquer resultado material. Sob esse prisma, há crime quando o agente "omite, silencia, esconde, cala-se sobre fato ou qualquer circunstância que tem o dever de declarar ou revelar para que seja registrado no documento"[105].

Entre as modalidades comissivas, há de se distinguir a ação de *inserir* daquela de *fazer inserir*. A primeira corresponde à atuação direta e pessoal do sujeito ativo do crime que, de maneira imediata, introduz a informação falsa no documento materialmente legítimo.

Diversamente, na conduta de *fazer inserir* a declaração falsa, o agente se vale de um terceiro, que registra a declaração em documento público ou particular a pedido ou no interesse do agente.

103 BRASIL. Tribunal Regional Eleitoral de Sergipe. Recurso Criminal Eleitoral 060000465/SE, Relator(a) Des. Ana Lúcia Freire De Almeida Dos Anjos, Acórdão de 30/07/2024, publicado no(a) Diário de Justiça Eletrônico 139, data 01/08/2024.

104 V. comentários ao item 1 deste Capítulo.

105 GOMES, José Jairo. **Crimes Eleitorais e Processo Penal Eleitoral**. 4ª Ed. São Paulo: Atlas, 2020, p. 224.

Por evidente, se o terceiro atuar sem conhecimento do ilícito, de boa-fé, a imputação deve ser em desfavor apenas daquele que "fez inserir", a seu pedido, a informação falsa em documento público ou particular. É caso do eleitor que se dirige ao cartório da Justiça Eleitoral e presta declarações falsas ao servidor habilitado, para que este insira os dados inverídicos em suas bases cadastrais. Tendo o servidor atuado sem dolo, não é possível imputar a ele a conduta de "inserir" dados falsos em documentos, para fins eleitorais.

De modo distinto, ainda no exemplo posto, se o servidor atuar em conluio com aquele que prestou as declarações falsas, haverá autoria imediata do crime de falsidade ideológica na modalidade "inserir" por parte do agente público, respondendo o eleitor de acordo com as regras de concurso de pessoas, por ter determinado ou instigado a ação proscrita.

Por isso, não se pode afirmar categoricamente que, na modalidade "fazer inserir" se "encontra abrangida a conduta de quem induz, instiga ou determina outrem a inserir declaração falsa em documento"[106].

Tipicidade subjetiva

É o dolo específico de, por meio do falso, alcançar "fins eleitorais". A expressão diz respeito a "qualquer falsidade correlacionada às atividades-fim da Justiça eleitoral", com aptidão para causar prejuízo às finalidades perseguidas pela realização do pleito eleitoral e pelas instituições vinculadas ao processo eleitoral[107].

Consumação e tentativa

Trata-se de crime formal, cuja consumação independe do alcance ou da realização de qualquer resultado lesivo.

É impossível a tentativa na conduta omissiva, como é típico dos crimes omissivos próprios e unissubsistentes. Em relação aos crimes comissivos, as condutas de "inserir" e "fazer inserir" são compatíveis com a figura da tentativa, por se tratar de crime plurissubsistente, que admite o fracionamento do curso delitivo, a partir do início da execução.

Sanção e benefícios despenalizadores

A pena será de reclusão de até cinco anos e pagamento de 5 a 15 dias-multa, se o documento for público, e de reclusão até três anos, além do pagamento de 3 a 10 dias-multa, se o documento for particular. Não se admite, em ambos os casos, a transação penal, pois superados os limites do art. 76 da Lei n. 9.099/95.

Em atenção ao art. 284 do Código Eleitoral e diante do silêncio do art. 350 quanto à pena mínima, está será de 01 (um) ano, guardando a compatibilidade do delito com o instituto da suspensão condicional do processo, nos termos do art. 89 da Lei n. 9.099/95.

É também cabível o acordo de não persecução penal, pois a pena mínima cominada abstratamente é inferior a quatro anos.

A pena deve ser agravada se o agente for funcionário público ou se a conduta recair sobre assentamentos de registro civil. Os assentos de registro civil se constituem em um gênero que compreende as espécies: a) registro; b) averbação; c) anotação; e d) transcrição. As informações que se expressam por esses atos estarão contidas em "assentamentos de registro civil", que podem ser o objeto material do crime previsto no art. 350, parágrafo único, do Código Eleitoral.

106 GOMES, José Jairo. **Crimes Eleitorais e Processo Penal Eleitoral**. 4ª Ed. São Paulo: Atlas, 2020, p. 225.

107 BRASIL. Tribunal Superior Eleitoral. Agravo Regimental No Agravo Em Recurso Especial Eleitoral 47778/CE, Relator(a) Min. Alexandre de Moraes, Acórdão de 16/02/2023, Publicado no(a) Diário de Justiça Eletrônico 35, data 09/03/2023.

Nos termos doutrinários sobre a matéria:

> "Registro é o assento principal e se refere aos principais fatos ou atos inerentes à existência da pessoa humana [...]. No Registro Civil, alguns registros têm efeito meramente declaratório, como o de nascimento, o de óbito, o de ausência, emancipação e interdição [...]. As averbações são assentos acessórios, que se referem a modificações no teor do registro. Assim, por exemplo, no registro de nascimento são averbadas as retificações de nome do registrando [...]. A anotação é a referência feita em determinado registro, a um ato posterior da vida civil registrado em outro livro. Em outras palavras, a anotação é um assento-remissão, isto é, tem a finalidade de interligar os registros, garantindo uma informação atual e mais segura sobre o estado da pessoa natural. Assim, por exemplo, feito o registro de casamento de determinada pessoa, deve ser feita a anotação do casamento no seu registro de nascimento [...]. Finalmente, "transcrição" nada mais é do que o registro integral de um título ou documento, isto é, a reprodução termo por termo, do conteúdo de um documento[108].

Exemplificativamente, pode-se promover inverídica anotação sobre opção de nacionalidade em registro civil, com o objetivo de indicar o preenchimento da condição de elegibilidade do art. 14, §3º, I, da Constituição Federal, o que caracterizaria o crime em comento, com a causa de aumento de pena.

"Caixa dois" eleitoral

Em toda eleição se estabelece um limite de gastos de campanha, tanto para os pleitos majoritários quanto para os proporcionais. Imposto o teto, não se admite dispêndio de recursos em patamar superior. Nos termos do art. 18-B da Lei n. 9.504/97, o descumprimento dos limites de gastos fixados pela Justiça Eleitoral acarreta sanção de "multa, em valor equivalente a 100% da quantia que ultrapassar o limite estabelecido", sem prejuízo da apuração de potencial ocorrência de abuso de poder econômico.

Diante desse quadro, toda movimentação financeira em campanha eleitoral está sujeita à prestação de contas, para conferir transparência ao processo eleitoral, garantir o respeito aos limites de gastos, com consequente preservação do equilíbrio do pleito e para preservar a eficácia da regulamentação. Trata-se de dever que recai sobre candidatos, seus vices e suplentes, bem como sobre os diretórios partidários nacionais e estaduais.

Com objetivo de propiciar um melhor controle, a legislação eleitoral prevê ser "obrigatório para o partido e para os candidatos abrir conta bancária específica para registrar todo o movimento financeiro de campanha" (art. 22 da Lei n. 9.504/97). Trata-se com rigor o emprego de recursos oriundos de fontes distintas da conta específica de que trata o art. 22. Tal conduta implicará a desaprovação da prestação de contas do partido ou candidato. Se houver adicional comprovação de abuso de poder econômico pelo gasto excessivo, procede-se com o registro de candidatura ou com a cassação de diploma, se este já tiver sido expedido:

> Art. 22, §3º: "O uso de recursos financeiros para pagamentos de gastos eleitorais que não provenham da conta específica de que trata o caput deste artigo implicará a desaprovação da prestação de contas do partido ou candidato; comprovado abuso de poder econômico, será cancelado o registro da candidatura ou cassado o diploma, se já houver sido outorgado".

Encerradas as eleições, os candidatos e partidos devem prestar contas de arrecadação e gastos, conforme artigos 28, 33 e 34 da Lei n. 9.096/95. É possível, no entanto, que, durante a campanha, partidos e candidatos tenham recebido recursos de fontes vedadas (art. 24 da Lei n. 9.504/97) ou tenham realizado despesas excessivas, que transpõem os limites impostos. Para

108 LOUREIRO, Luiz Guilherme. **Registro Público:** teoria e prática. São Paulo: Método, 2014, p. 41-42.

burlar a fiscalização de suas contas, é comum que, em tais circunstâncias, os interessados ocultem atos de entrada e saída de recursos, deixando de fazer constar da prestação a totalidade das informações que deveriam ser submetidas à Justiça Eleitoral.

Nesse caso, há omissão de declaração que deveria constar de documento público – procedimento de prestação de contas – para fins eleitorais, aperfeiçoando-se a adequação típica da conduta ao art. 350 do Código Eleitoral. A prática de se estabelecer um fluxo paralelo ao oficial, para emprego oculto em campanha eleitoral, ficou conhecida como "caixa dois".

Crimes eventualmente conexos devem ser submetidos a processo e julgamento perante a Justiça Eleitoral. Veja-se a jurisprudência aplicável:

> "Constatando-se elementos da prática de arrecadação paralela de campanha (caixa dois) e de omissão de valores na prestação de contas eleitoral, imbricados à execução de delitos comuns (art. 76 do CPP), é impositivo o processo e julgamento na Justiça Eleitoral de todos os crimes apurados na ação penal, tratando-se de regra de competência absoluta, portanto, improrrogável" (BRASIL. Tribunal Superior Eleitoral. Agravo Em Recurso Especial Eleitoral 060004595/PR, Relator(a) Min. Carlos Horbach, Acórdão de 02/02/2023, Publicado no(a) Diário de Justiça Eletrônico 52, data 28/03/2023, pag. 285-287).
>
> "OMISSÃO. DECLARAÇÃO. RECURSOS FINANCEIROS. PRESTAÇÃO DE CONTAS. CRIME. ART. 350 DO CÓDIGO ELEITORAL. CONFIGURAÇÃO. POSSIBILIDADE.
>
> 6. A omissão de recursos em ajuste contábil de campanha pode vir a caracterizar o crime do art. 350 do Código Eleitoral a depender das circunstâncias do caso e de sua interferência na autenticidade ou fé pública eleitoral. Precedentes desta Corte Superior e do c. Supremo Tribunal Federal" (BRASIL. Tribunal Superior Eleitoral. Agravo Regimental Em Recurso Especial Eleitoral 9702/MS, Relator(a) Min. Herman Benjamin, Acórdão de 13/11/2018, Publicado no(a) Diário de Justiça Eletrônico, data 21/02/2019).

Acerca da natureza pública do procedimento de prestação de contas:

> "A prestação de contas é conceituada por este Tribunal e pela c. Suprema Corte como documento de natureza pública. Assim, na hipótese do crime de falsidade ideológica para fins eleitorais em processo contábil, a pena é de até cinco anos de reclusão (art. 350 do CPP), inexistindo afronta ao art. 313, I, do CPP" (BRASIL. Tribunal Superior Eleitoral. Habeas Corpus 060434813/RJ, Relator(a) Min. Jorge Mussi, Acórdão de 03/05/2018, Publicado no(a) Diário de Justiça Eletrônico 183, data 12/09/2018).

35. FALSO RECONHECIMENTO DE FIRMA OU LETRA PARA FINS ELEITORAIS

> **Art. 352.** Reconhecer, como verdadeira, no exercício da função pública, firma ou letra que o não seja, para fins eleitorais:
>
> Pena – reclusão até cinco anos e pagamento de 5 a 15 dias-multa se o documento é público, e reclusão até três anos e pagamento de 3 a 10 dias-multa se o documento é particular.

O tipo penal expresso no art. 352 do Código Eleitoral guarda paralelo com o crime contido no art. 300 do Código Penal, que tem por objeto a conduta de:

> Art. 300 - Reconhecer, como verdadeira, no exercício de função pública, firma ou letra que o não seja:

O ponto distintivo entre os tipos penais repousa no elemento subjetivo, de tal modo que a conduta só encontrará adequação típica ao art. 352 do Código Eleitoral se for praticada "para fins eleitorais". Em ambos os tipos penais, no entanto, exige-se que o agente se encontre no exercício de função pública.

Bem jurídico tutelado

O tipo penal previsto no art. 352 do Código Eleitoral tutela a fé pública eleitoral, consistente na "confiança, na lisura e na veracidade das informações prestadas em âmbito eleitoral"[109].

Sujeitos do crime

Trata-se de crime próprio, que só pode ser cometido por agente público habilitado ao reconhecimento de firma ou letra de outrem, a exemplo dos tabeliães e dos agentes consulares, quanto aos atos de tabelionato praticados na sede do Consulado (art. 18 da LINDB), sem prejuízo de outros agentes públicos investidos legalmente de tais poderes.

Objeto material

O objeto material do crime é o documento no qual se procede ao reconhecimento, como verdadeira, de firma ou letra sabidamente falsa. Em relação ao conceito de "documento" e a sua natureza "pública" ou "privada", vejam-se as anotações lançadas sob os artigos 348 e 349, acima.

Conduta

O tipo penal expressa a conduta nuclear de *reconhecer*, como verdadeira, firma ou letra sabidamente falsa, para fins eleitorais.

O "reconhecimento de firma" é típica atividade notarial, pela qual se certifica que a firma constante de determinado documento, de fato, provém da pessoa que está identificada como subscritora[110]. Há dois procedimentos pelos quais o tabelião pode proceder ao reconhecimento de firma, cada um deles com um grau diferente de segurança quanto à veracidade do que se certifica.

No reconhecimento de firma por semelhança, certifica-se que a firma avaliada se assemelha aos padrões identificados em assinatura previamente depositada, pelo respectivo titular, no serviço notarial. O que se certifica, portanto, é a semelhança entre as assinaturas. Nesse procedimento, não se garante a autenticidade do documento, mas se confere relativa segurança à informação de que a assinatura foi lançada por pessoa determinada. No reconhecimento de firma por autenticidade, certifica-se que a firma proveio do punho daquele que comprovou pessoalmente sua identidade ao notário, lançando sua assinatura na presença do oficial. Assegura-se com absoluta certeza, dessa forma, que a firma foi aposta pela pessoa de que se trata.

Quanto à natureza do documento sobre o qual se reconhece firma:

> "Importante ressaltar que a intervenção do notário em um documento particular não o transforma em documento público. O documento continua sendo considerado particular para os fins do Direito"[111].

Então, em se tratando de ofensa ao artigo 352 do Código Eleitoral, para o fim de se definir a natureza do documento e, consequentemente, a sanção cabível, o que interessa é a natureza do documento considerado isoladamente, de sorte que o ato notarial não se presta a emprestar ao documento particular o caráter de público.

Situação distinta ocorre quando o próprio selo de autenticação ou a própria certidão do tabelião são o objeto de falsificação. Nesse caso, haverá falsificação de documento público

---

109 BRASIL. Tribunal Regional Eleitoral de Sergipe. Recurso Criminal Eleitoral 060000465/SE, Relator(a) Des. Ana Lúcia Freire De Almeida Dos Anjos, Acórdão de 30/07/2024, publicado no(a) Diário de Justiça Eletrônico 139, data 01/08/2024.

110 LOUREIRO, Luiz Guilherme. **Registro Público:** teoria e prática. São Paulo: Método, 2014, p. 803.

111 LOUREIRO, Luiz Guilherme. **Registro Público**... p. 804.

– correspondente àquele que deveria ter sido legitimamente emitido pelo notário – ou de selo público, nos moldes do art. 296, II, do Código Penal.

Tipicidade subjetiva

É o dolo específico de, por meio do falso, alcançar "fins eleitorais". A expressão diz respeito a "qualquer falsidade correlacionada às atividades-fim da Justiça eleitoral", com aptidão para causar prejuízo às finalidades perseguidas pela realização do pleito eleitoral e pelas instituições vinculadas ao processo eleitoral[112].

Consumação e tentativa

Trata-se de crime formal, cuja consumação independe do alcance ou da realização de qualquer resultado lesivo.

Sanção e benefícios despenalizadores

A pena será de reclusão de até cinco anos e pagamento de 5 a 15 dias-multa, se o documento for público, e de reclusão até três anos, além do pagamento de 3 a 10 dias-multa, se o documento for particular. Não se admite, em ambos os casos, a transação penal, pois superados os limites do art. 76 da Lei n. 9.099/95.

Em atenção ao art. 284 do Código Eleitoral e diante do silêncio do art. 352 quanto à pena mínima, está será de 01 (um) ano, guardando a compatibilidade do delito com o instituto da suspensão condicional do processo, nos termos do art. 89 da Lei n. 9.099/95.

É também cabível o acordo de não persecução penal, pois a pena mínima cominada abstratamente é inferior a quatro anos.

36. USO DE DOCUMENTO FALSO PARA FINS ELEITORAIS

> **Art. 353.** Fazer uso de qualquer dos documentos falsificados ou alterados, a que se referem os arts. 348 a 352:
>
> Pena – a cominada à falsificação ou à alteração.

O tipo penal expresso no art. 353 do Código Eleitoral guarda paralelo com o crime contido no art. 304 do Código Penal, que tem por objeto a conduta de:

> Art. 304 - Fazer uso de qualquer dos papéis falsificados ou alterados, a que se referem os arts. 297 a 302:

O ponto distintivo entre os tipos penais repousa no elemento subjetivo, de tal modo que a conduta só encontrará adequação típica ao art. 353 do Código Eleitoral se for praticada "para fins eleitorais". A finalidade eleitoral não consta explicitamente do art. 353, mas, pela alusão feita aos artigos 348 a 352 do Código Eleitoral, tem-se que o uso do documento também deve estar correlacionado ao especial fim de agir. A expressa menção aos outros tipos penais implica incorporação dos elementos contidos nos dispositivos referidos.

Trata-se de crime acessório, parasitário, que não existe de forma autônoma e cuja caracterização depende da prévia existência dos crimes previstos nos artigos 348 a 352 do Código eleitoral.

112 BRASIL. Tribunal Superior Eleitoral. Agravo Regimental No Agravo Em Recurso Especial Eleitoral 47778/CE, Relator(a) Min. Alexandre de Moraes, Acórdão de 16/02/2023, Publicado no(a) Diário de Justiça Eletrônico 35, data 09/03/2023.

Bem jurídico tutelado

O tipo penal previsto no art. 353 do Código Eleitoral tutela a fé pública eleitoral, consistente na "confiança, na lisura e na veracidade das informações prestadas em âmbito eleitoral"[113].

Sujeitos do crime

Trata-se de crime comum, que pode ser praticado por qualquer pessoa, isoladamente ou mediante concurso de agentes.

Objeto material

O objeto material do crime é o documento falso que se emprega para fins eleitorais, podendo recair a conduta sobre qualquer dos documentos referidos nos artigos 348 a 352 do Código Eleitoral.

Conduta

O tipo penal expressa a conduta nuclear de *fazer uso* de documento falso. Aperfeiçoa-se o crime pela ação de *empregar*, *utilizar* o documento material ou ideologicamente falso. A simples *posse* do documento não é alcançada pela criminalização, conforme tem decidido o Supremo Tribunal Federal em relação ao crime previsto no art. 304 do Código Penal, cuja estrutura típica muito se assemelha à do art. 353 do Código Eleitoral:

> [...] A simples posse de documento falso não basta à caracterização do delito previsto no art. 304 do Código Penal, sendo necessária sua utilização visando atingir efeitos jurídicos.
>
> (Ext 1183, Relator(a): DIAS TOFFOLI, Tribunal Pleno, julgado em 24-06-2010, DJe-164 DIVULG 02-09-2010 PUBLIC 03-09-2010 EMENT VOL-02413-01 PP-00195 LEXSTF v. 32, n. 381, 2010, p. 368-389)

Sob esse viés, é indispensável à efetiva utilização do documento, com o propósito de fazê-lo produzir efeitos jurídicos. Trata-se, portanto, de crime comissivo.

Tipicidade subjetiva

É o dolo específico de, por meio do uso do documento falso, alcançar "fins eleitorais". A expressão diz respeito a "qualquer falsidade correlacionada às atividades-fim da Justiça eleitoral", com aptidão para causar prejuízo às finalidades perseguidas pela realização do pleito eleitoral e pelas instituições vinculadas ao processo eleitoral[114].

Consumação e tentativa

Trata-se de crime formal, cuja consumação independe do alcance ou da realização de qualquer resultado lesivo. Não se admite a tentativa, pois o uso de documento falso se consubstancia mediante conduta unissubsistente.

Sanção e benefícios despenalizadores

A pena será correspondente às dos tipos penais expressos nos artigos 348 a 352 do Código Eleitoral, conforme a natureza do documento empregado. Para especificação das sanções e dos benefícios cabíveis, v. os comentários sob os tipos penais correspondentes.

---

113 BRASIL. Tribunal Regional Eleitoral de Sergipe. Recurso Criminal Eleitoral 060000465/SE, Relator(a) Des. Ana Lúcia Freire De Almeida Dos Anjos, Acórdão de 30/07/2024, publicado no(a) Diário de Justiça Eletrônico 139, data 01/08/2024.

114 BRASIL. Tribunal Superior Eleitoral. Agravo Regimental No Agravo Em Recurso Especial Eleitoral 47778/CE, Relator(a) Min. Alexandre de Moraes, Acórdão de 16/02/2023, Publicado no(a) Diário de Justiça Eletrônico 35, data 09/03/2023.

CAPÍTULO 5

Responsabilidade dos Prefeitos – Decreto nº 201/1967

Renee do Ó Souza

INTRODUÇÃO

A Constituição Federal vigente concedeu destacada posição aos Municípios, que passaram a ser considerados unidades da federação e gozar de plena autonomia política, administrativa e orçamentária.

O **Prefeito Municipal** é a autoridade máxima do executivo municipal, pelo que acumula funções de representação política do município, direção e gestão orçamentária, além de representação jurídica. Como bem anota Nelson Nery, *"as decisões são tomadas exclusivamente por ele, sem ter obrigação de consultar quem quer que seja, tendo obrigação apenas de prestar contas à Câmara Municipal. Não está sequer submetido às autoridades federais ou estaduais, havendo plena liberdade em seus atos, observadas as disposições constitucionais e orgânicas"*.[1] Suas nobres funções ensejam responsabilidades para com a coisa pública, de modo que condutas contrárias a esse regime jurídico caracterizam ilícitos de diferentes matizes.

Podem ser, então, responsabilizados por infrações político-administrativas, denominadas de crimes de responsabilidade, que resultam em sanções de perda do cargo (*impeachment*) e inabilitação para o exercício do cargo, julgados pelo Poder Legislativo Municipal. Conforme já decidiu o STF, os crimes de responsabilidade, em sentido estrito dos Prefeitos, estão previstos no art. 4º do Decreto-Lei 201/1967 (STF. Plenário. HC 70671, Rel. Min. Carlos Velloso, j. 13/04/1994).

Além desta espécie de responsabilidade, os Prefeitos podem praticar crimes comuns, muitos deles previstos no Decreto-Lei 201/1967. Assim, embora o art. 1º desse diploma afirme que os delitos nele elencados são "crimes de responsabilidade", na verdade, prevê infrações penais funcionais cujo preceito secundário enseja pena privativa de liberdade e que devem ser julgadas pelo Poder Judiciário.

Embora essa distinção seja clara na jurisprudência e na doutrina, como anota José Paulo Baltazar Júnior, "a expressão 'crime de responsabilidade' é equívoca, pois o CPP a utiliza no Cap. II do Tít. II do Livro II, fazendo referência, em verdade, a crimes funcionais".[2]

Os crimes previstos no Decreto-Lei 201/1967 são todos **próprios,** uma vez que somente podem ser praticados pela pessoa que se encontra na função de Prefeito, ainda que exercida por pouco tempo, seja pelo Vice-Prefeito, seja pelo Presidente da Câmara de Vereadores ou outrem.

É admitida, todavia, a **coautoria ou participação** uma vez que a qualidade de Prefeito, por ser elementar do tipo, comunica-se aos demais, nos termos do art. 30 do Código Penal. Nesse

1 COSTA, Nelson Nery. Direito municipal brasileiro. 6ª ed. Rio de Janeiro: Forense, 2014. Item 7.4.

2 BALTAZAR JUNIOR, José Paulo. Crimes Federais. São Paulo: Saraiva. 10ª. ed. 2015. p. 515.

sentido, já se decidiu: "apesar de se tratar, o crime do art. 1º do Dec.-Lei n. 201/1967, de delito próprio, somente podendo ser praticado por Prefeito, a jurisprudência admite a participação na referida prática delituosa, nos termos do art. 30 do CP" (STF, 2ª Turma, Inq. 3.634/DF, Rel. Min. Gilmar Mendes, j. 02/06/2015, DJe 119 19/06/2015). Poderão, então, responder pelos crimes previstos nessa lei, outro funcionário público que auxilia o Prefeito a praticar o crime e mesmo o particular que também concorra para tanto, como no caso julgado pela Suprema Corte em que o Prefeito, um Deputado e determinados empresários, que mantinham um conluio entre si, responderam pelo delito do art. 1º, I, do DL 201/67 (STF. 2ª Turma. Inq 3634/DF, Rel. Min. Gilmar Mendes, j. 2/6/2015 (Info 788)).

Sobre o vice-prefeito, vide comentários ao art. 3º. desta Lei.

Término do mandato: Praticada a conduta tipificada no Decreto-Lei 201/1967, a caracterização do crime especial, seguindo o disposto no art. 4º. do Código Penal, permanece incólume a tipificação, ainda que o Prefeito deixe o mandato eletivo. Nesse sentido, diz a Súmula 164-STJ que o Prefeito municipal, após a extinção do mandato, continua sujeito a processo por crime, previsto no art. 1º do Dec. Lei n. 201, de 27/02/67, enquanto que a Súmula 703-STF afirma que a extinção do mandato do Prefeito não impede a instauração de processo pela prática dos crimes previstos no art. 1º do DL 201/67. Para maiores aprofundamentos, vide comentários ao art. 2º. desta Lei.

De um modo geral, o **bem jurídico** categorial (ou geral) tutelado aqui pelo legislador é o patrimônio da Administração Pública, a preservação da probidade administrativa, idoneidade e austeridade das finanças públicas. Trata-se, como anota Bernd Schünemann, em relação aos tipos de corrupção, de proteção do **bem jurídico de confiança**, categoria cunhada por Hefendehl, que compreende os bens coletivos cuja existência depende da confiança dos cidadãos em certo estado de coisas, na probidade nos serviços e nas instituições públicas.[3]

Mas alguns tipos apresentam bens jurídicos específicos, cada qual relacionado a um aspecto mais peculiar, conforme adiante se verificará.

Em regra, o **sujeito passivo** dos crimes previstos nesta Lei é o Município. No entanto, a depender do caso concreto, poderá também ser **vítima do crime** o Estado ou a União. É o caso em que o Prefeito se apropria ou desvia bens ou rendas públicas pertencentes ao ente estadual ou federal (Por exemplo, Prefeito que desvia recursos de um convênio federal).

Ordenador de despesa: O prefeito municipal é o gestor máximo no plano municipal. Após a posse, torna-se a autoridade pública competente, constituída pela lei, como ordenador de despesa, *ex vi*, art. 84 da Lei Federal nº 4.320/64 e 80 do Decreto-Lei nº 200/67. É o responsável pela administração superior do ente público municipal e cujos atos de gestão resultem a utilização, a arrecadação, a guarda, o gerenciamento ou a administração de dinheiros, bens e valores públicos, pelos quais o ente responda ou que, em nome desse, assuma obrigações de natureza pecuniária.

Na qualidade de gestor do patrimônio, é inerente ao Prefeito, por meio de decretos, portarias e outros atos e contratos administrativos, o poder de autorizar serviços, contratar, deslocar servidores, aceitar ou não pedidos de disponibilidade patrimonial, ceder tratores para obras, etc.

O Prefeito ocupa posição hierárquica elevada, com amplo poder decisório e dever irrenunciável de fiscalizar a atividade desenvolvida por servidores de escala inferior. Trata-se de agente político que ocupa o ápice da pirâmide administrativa hierárquica em âmbito municipal, goza de amplo poder decisório e que edita atos que personificam a vontade do Município.

O Prefeito, geralmente, emite atos administrativos simples (entendido como aquele independe de qualquer outra providência de outro agente público para ser válido), concretos

3 SCHÜNEMANN, Bernd; GRECO, Luís. Estudos de direito penal, direito processual penal e filosofia do direito. São Paulo: Marcial Pons, 2013. p. 63.

(destinatários certos e determinados), unilaterais (sem a participação do destinatário), constitutivos (cria, modifica ou extingue direitos) e perfeitos (plenamente exequível porque reúne, nele mesmo, todos os elementos capazes de tornar a manifestação da vontade realizável a partir dele mesmo).

Presentes essas características, que fazem com que os atos produzam efeitos imediatamente após serem editados, resta consumada a maioria das infrações previstas no Decreto-Lei 201/1967. Essas características tornam a maioria dos delitos do Decreto-Lei 201/1967, a seguir estudados, como crimes de mera conduta, notadamente quando o núcleo verbal do tipo expressa atos mandamentais. O crime de mera conduta é "aquele que apenas descreve a conduta delituosa, sem mencionar qualquer resultado naturalístico, que, obviamente, é dispensável. Pune-se o agente pela simples atividade, como, por exemplo, no porte ilegal de arma e na violação de domicílio[4]".

Estudo geral do dolo nos crimes funcionais: O dever de lealdade implica o permanente dever de fiscalização que se robustece pela posição de superior hierárquico ocupada pelo Prefeito. Esse regime jurídico cria uma condição adequada para considerar íntegra sua responsabilidade penal, mesmo nos casos em que sua decisão tenha sido antecedida de parecer jurídico. Em alguns casos, o parecer lavrado idoneamente pelo órgão competente, sem indício de que constitua etapa da suposta empreitada criminosa, apto a conferir embasamento jurídico ao ato, inclusive quanto à observância das formalidades do procedimento, pode em princípio servir de parâmetro para aferição do dolo em sua conduta, ainda que sob a perspectiva do erro de proibição (art. 21 do Código Penal).

Anote-se, entretanto, que o erro capaz de afastar o dolo é aquele fruto da falta de conhecimento atual e potencial da ilicitude. Ora, o parecer prévio da consultoria jurídica posto à apreciação do Prefeito, quando não é vinculante, não lhe retira a plena consciência da ilicitude do fato. Ademais, o erro não é capaz de afastar o dolo quando do agente público é exigível padrão de conduta condizente com senso de responsabilidade compatível com sua gama de funções e com os princípios que regem a matéria. É injustificável que, no atual estágio de desenvolvimento da administração pública, o gestor aja sem empenho em se (in)formar ou conhecer adequadamente a possível gama de ilegalidades que margeiam seus atos. Logo, se a busca pela informação é viável, e mais do que isso, é dever inerente à função pública, não há que se falar em erro de proibição escusável.

Parece ter nesses casos a **teoria da cegueira deliberada** (*willful blindness, conscious avoidance ou deliberate ignorance*) que inclui na responsabilidade penal subjetiva, além dos casos de conhecimento efetivo dos elementos objetivos que configuram uma conduta criminosa, aqueles cujo desconhecimento foi, suposta e intencionalmente, pretendido pelo agente. Em outras palavras, nesses casos, o agente pode e deve conhecer os elementos objetivos da conduta criminosa, mas prefere, deliberadamente, pôr-se ou manter-se na ignorância. O agente não toma ciência das ilegalidades porque deliberadamente se esquiva de conhecê-las.[5]

4 CUNHA, Rogério Sanches. Manual de direito penal: parte geral (arts. 1º ao 120) – 4. ed. Salvador: Juspodivm, 2016. p. 164.

5 Embora existam poucos precedentes jurisprudenciais aplicando a teoria da cegueira, a maioria em caso de crimes de Lavagem de Dinheiro, destacamos o seguinte porque refere-se a crime de corrupção, ilícito semelhante aos estudados nesta lei. "Corrupção Eleitoral. Eleições 2006. Fornecimento contínuo de sopa, cestas-básicas e patrocínio de cursos. Propósito de voto em candidato à reeleição a Deputado Estadual. Período eleitoral. Filantropia. Desvirtuamento. Oportunismo eleitoreiro. Materialidade e autoria comprovadas. Fatos conhecidos e provados reveladores do ilícito. (...) III – *"Dolus directus"* presente. Imputação viável, no mínimo, a título *"dolus eventualis"* (CP, art. 18, I, 2ª parte): mesmo seriamente considerando a possibilidade de realização do tipo legal, a agente não se deteve, conformando-se ao resultado. Teoria da "cegueira deliberada" (*"willful blindness"* ou *"conscious avoidance doctrine"*). VI – A corrupção eleitoral, em qualquer de suas modalidades, inclui-se no rol dos crimes formais. Para configurá-la, basta o dano potencial ou o perigo de dano ao interesse jurídico protegido, cuja segurança fica, des-

Desse modo, mesmo diante de um parecer jurídico, é dever do agente público pautar sua decisão pelas regras do regime jurídico da administração, tais como, economicidade, planejamento, finalidade, etc. É seu dever adotar medidas para conhecer e informar-se sobre os inúmeros e multidisciplinares riscos, sejam de natureza contábil, financeira, jurídica ou social, capazes de levar à ilicitude da conduta. A ausência desse tipo de cautela é apta a compor a consciência direta do tipo subjetivo como, por exemplo, em casos em que o parecer se utiliza de embasamento jurídico (doutrinário, legal e jurisprudencial) ou tese jurídica inaceitável ou teratológica ou não aponta flagrantes vícios, de forma que maculam a legalidade do ato.

Confira-se, a propósito, a lição da doutrina de Stoco: "mas, em se tratando de crime que exige sujeito ativo qualificado, agentes públicos categorizados e profissionais que atuam na Administração Pública em áreas de poder, de administração e de execução, dispondo de setores especializados e assessoria técnica, em que inúmeros órgãos governamentais (inclusive os Tribunais de Contas) e de classe prestam apoio e orientação, será difícil vislumbrar a hipótese de erro, embora não se possa afastar, a priori, essa possibilidade.(...) Isso porque, exigindo a Carta Magna obediência aos princípios da legalidade, da moralidade e da probidade administrativa e estando expressamente previsto nas leis e regulamentos administrativos aquilo que o Chefe de Poder, detentor de cargo de direção e demais servidores podem fazer, não lhes sobrando qualquer margem de discricionariedade na gestão fiscal e condução das finanças públicas, ressuma difícil imaginar absoluta ignorância e despreparo do agente público que obnubile o seu discernimento".[6]

Recepção do Decreto-Lei: O Decreto-Lei é espécie normativa atualmente inexistente no regime constitucional vigente. Todavia, nos termos da Súmula 496 do STF, "são válidos porque salvaguardados pelas disposições Constitucionais Transitórias da Constituição Federal de 1967, os decretos-Lei expedidos entre 24 de janeiro e 15 de março de 1967". Sendo assim, o Decreto-Lei 201/1967 foi **recepcionado** pela CF de 1988.

Concurso de crimes: o delito de uso de documentos falsos deve ser absorvido quando praticado com o fim de realizar os crimes de responsabilidade previstos nesta lei? Por exemplo, Prefeito que emite prestação de contas falsa, para omitir desvio de recurso recebido em um determinado convênio. Se os documentos falsos forem usados para evitar o descobrimento do desvio de recursos, embora haja entendimento pela absorção (TRF1, AC 200241000026931, Rel. Pedro Braga. 21.7.2009), em razão da autonomia dos bens jurídicos lesados, mais adequado entender pela existência de delito autônomo, com a agravante prevista no art. 61, II, "b", do CP, uma vez que constitui conduta que envolve atos estranhos à consumação do delito antecedente. Nesse sentido TRF4 AC 200471040102164, Rel. Élcio. 8ª. T. 1º.10.2008.

Assim, a caracterização de concurso material de crimes nos afigura mais adequada, porque os crimes previstos no Decreto-Lei 201/1967 não dependem, necessariamente, da prévia falsificação de documentos, que, na maioria das vezes, enseja a caracterização de crimes mais graves do que os previstos no Decreto.

Há divergência, ainda, quanto à absorção pelo crime de peculato, quando antecedido por uma **dispensa indevida ou fraude à Licitação**. Uma primeira corrente entende que inexiste absorção, uma vez que esses crimes possuem momentos consumativos e objetos jurídicos diversos, além de serem delitos praticados mediante condutas autônomas e distintas entre si, posição que entendemos a mais correta.[7] Uma segunda corrente argumenta pela absorção, por

tarte, pelo menos, ameaçada", segundo Nélson Hungria. (...)" (TRE-RO. RC 89. Rel. Des. Élcio Arruda. j. 23/11/2010, DJe de 30/11/2010).

6 STOCO, Rui. e outros, Leis Penais Especiais e sua interpretação Jurisprudencial, São Paulo: RT, 7ª. 2002, p. 2736.

7 Neste sentido: *STJ, Recurso Especial nº 504785/PB, 5ª Turma, Rel. Min. José Arnaldo da Fonseca, DJ 28.10.2003.*

considerar que o crime de peculato, além de mais grave, possui bem jurídico mais amplo que os crimes de licitação.

Lavagem de dinheiro: Os delitos previstos no Decreto-Lei 201/1967 comumente são antecedentes às infrações à Lei 9.613/1998 (Lei de Lavagem de Dinheiro), pois, não raro, concretizam negócios fraudulentos, envolvendo altas cifras que, posteriormente, são ocultadas pelos agentes infratores.

Penas: O Decreto-Lei 201/1967 segue sistemática pouco usual em que o preceito secundário da norma penal, destinado a estabelecer a pena prevista para o crime, está contemplada em um único dispositivo de modo remissivo. Assim, prevê o art. 1º., §1º do diploma que "os crimes definidos nêste artigo são de ação pública, punidos os dois itens I e II, com a pena de reclusão, de dois a doze anos, e os demais, com a pena de detenção, de três meses a três anos".

Feito esse breve introito, vamos analisar, em seguida, cada figura criminosa sob os seguintes aspectos: bem jurídico tutelado, sujeitos (ativo e passivo), conduta, voluntariedade, consumação e ação penal.

Art. 1º. São crimes de responsabilidade dos prefeitos municipal, sujeitos ao julgamento do poder judiciário, independentemente do pronunciamento da câmara dos vereadores:

Independência das instâncias: Trata-se de disposição que deixa claro que a responsabilidade criminal do Prefeito independe da análise do fato na esfera Político-administrativa.

A independência das instâncias é decorrência do princípio republicano, de modo que, não raro, o agente que realiza uma conduta ilícita pode ser responsabilizado na esfera civil, penal, administrativa e política. É disso que cuida este dispositivo.

É, assim, disposição que reforça o sistema constitucional da independência de instâncias vigentes no Brasil, previsto, por exemplo, nos artigos 935 do CC, 64 do CPP, 315 do CPC e 12 da Lei n.º 8.429/92. Anote-se que o sistema vigente no país é o da incomunicabilidade relativa, de modo que a absolvição no processo criminal será considerada irrelevante para a esfera cível, no caso de (a) insuficiência de provas; (b) extinção da punibilidade ou (c) extinção por questões processuais. Por outro lado, a sentença penal tem caráter prejudicial à esfera cível (1) no caso de absolvição por excludente penal (art. 65 do CPP) ou no caso de ser reconhecida a inexistência material do fato (art. 66 do CPP) e, (2) no caso de sentença condenatória que afirmar a ocorrência do crime e sua autoria (art. 63 do CPP e 935 do CC).

Neste sentido, referindo-se à independência frente ao sistema previsto na Lei 8.429/92, decidiu recentemente o Superior Tribunal de Justiça que "Os agentes políticos municipais se submetem aos ditames da Lei de Improbidade Administrativa, sem prejuízo da responsabilização política e criminal estabelecida no DL 201/67". (STJ. 1ª Turma. AREsp 2.031.414-MG, Rel. Min. Gurgel de Faria, julgado em 13/6/2023 (Info 779)).

Em decorrência desse sistema de independência da instância, eventual aprovação do ato na esfera dos **Tribunais de Contas** não prejudica sua análise na esfera penal, visto não ser considerada como condição objetiva de punibilidade, nem de procedibilidade. A responsabilidade penal independe da conclusão do Tribunal de Contas, ainda que tenha aprovado as contas do ente administrativo. É a posição do STJ: "(...) resta consolidado nesta Corte Superior e no Pretório Excelso o entendimento de que o fato de o Tribunal de Contas eventualmente aprovar as contas a ele submetidas, não obsta, em princípio, diante da alegada independência entre as instâncias administrativa e penal, a persecução criminal promovida pelo Ministério Público, bem como a correspondente responsabilização dos agentes envolvidos em delitos de malversação de dinheiros públicos. Precedentes do STJ e do STF. (...)" (HC 156.234-DF, 5.ª T., rel. Napoleão Nunes Maia Filho, 06.04.2010, v.u.)".

Por isso não há subordinação da denúncia a pronunciamento prévio da Câmara de Vereadores e nem conexão entre o julgamento político e o judicial.

Embora a decisão do Tribunal de Contas seja indiferente para a caracterização do crime, pode servir como **alerta (*red flag*)** suficiente da ilegalidade da conduta ou de identificação do dolo. Em sentido semelhante, já decidiu o Supremo Tribunal Federal: "*in casu*, a denúncia imputa ao réu a suposta prática do crime tipificado no art. 1º, I, do DL 201/1967, em continuidade delitiva (...). A prática dos atos reputados ilícitos pelo denunciado posteriormente à decisão do Tribunal de Contas competente, que concluiu pela irregularidade, é suficiente para denotar, ao menos em sede de cognição sumária, o dolo do agente. (...) A denúncia que se reveste de justa causa impõe seja admitida em razão da suposta prática, pelo acusado, de forma consciente e voluntária, de desvio de rendas públicas, *in casu*, em proveito da empresa (...), fato esse que se amolda ao delito previsto no art. 1º, I, do DL 201/1967 (...)" (Inq 2.588, rel. min. Luiz Fux, j. 25-4-2013, P, *DJE* de 17-5-2013).

A atuação prévia do Tribunal de Contas como instrumento para evidenciar o dolo já foi utilizada também no Recurso Especial Eleitoral 8.502/2012, em que o Tribunal Superior Eleitoral manteve como inelegível prefeito alertado previamente pelo TCE-SP sobre irregularidades, as quais, mais tarde, ensejaram a reprovação das contas municipais pela respectiva Câmara de Vereadores e, por fim, permitiram ao Judiciário considerá-las como atos de improbidade na via eleitoral competente.

A independência de instâncias não impede, todavia, que uma prova produzida em um processo seja compartilhada e transportada para outro processo. Em outras palavras, é admitida a **prova emprestada,** tanto para apuração dos crimes, como das infrações político-administrativas a que está sujeito o Prefeito Municipal. Nesse sentido, já decidiu o STF: "é possível compartilhar as provas colhidas em sede de investigação criminal para serem utilizadas, como prova emprestada, em inquérito civil público e em outras ações decorrentes do fato investigado. Esse empréstimo é permitido mesmo que as provas tenham sido obtidas por meio do afastamento ("quebra") judicial dos sigilos financeiro, fiscal e telefônico" (1ª Turma. Inq 3305 AgR/RS, Rel. Min. Marco Aurélio, red. p/ o acórdão Min. Roberto Barroso, j. 23/2/2016 (Info 815))[8].

I – Apropriar-se de bens ou rendas públicas, ou desviá-los em proveito próprio ou alheio:

Bem Jurídico Tutelado

Administração Pública, tanto em seu aspecto patrimonial, consistente na preservação do erário, como também em sua face moral, representada pela lealdade e probidade dos agentes públicos.

Sujeitos do Crime

Sujeito ativo é o Prefeito Municipal. A condição pessoal do agente (de funcionário público) comunica-se ao coautor, porque elementar do crime (CP, art. 30), razão pela qual admite-se a coautoria e participação com *extraneus*, desde que ele tenha conhecimento dessa condição pessoal do autor.

---

8 Sobre a prova emprestada, cabe fazer o registro de que o STJ já entendeu possível a prova ser emprestada mesmo que a parte contra a qual ela será utilizada não tenha participado do processo originário onde foi produzida, desde que assegurado o contraditório. Restou registrado que a prova emprestada não pode se restringir a processos em que figurem partes idênticas, sob pena de se reduzir excessivamente sua aplicabilidade sem justificativa razoável para isso. (STJ. Corte Especial. EREsp 617.428-SP, Rel. Min. Nancy Andrighi, j. 4/6/2014 (Info 543).

Assim, o terceiro beneficiário do bem ou renda pública desviados, responde pelo crime em estudo, na condição de partícipe ou coautor.

Sujeito passivo é o Estado, lesado no seu patrimônio material ou moral.

Condutas

Trata-se de crime especial em relação ao art. 312 do Código Penal, nominado como peculato. Todavia, diferente daquele, nesse tipo só foram previstas as modalidades de Peculato-apropriação e Peculato-desvio, restando excluídos do Decreto-Lei 201/1967 as demais formas de Peculato previstos no Código Penal, quais sejam, Peculato furto (art. 312, § 1º.), Peculato culposo (312, § 2º.), Peculato mediante erro de outrem (ou Peculato Estelionato – art. 313) e o Peculato eletrônico (arts. 313-A e 313-B).

O prefeito municipal é o gestor máximo no plano municipal e, após a posse, é a autoridade pública competente constituída pela Lei como ordenador de despesa, *ex vi*, art. 84 da Lei Federal nº 4.320/64 e 80 do Decreto-Lei nº 200/67, que é a pessoa responsável pela administração superior do ente público municipal e de cujos atos de gestão resultem a utilização, a arrecadação, a guarda, o gerenciamento ou a administração de dinheiros, bens e valores públicos pelos quais o ente responda ou que, em nome desse, assuma obrigações de natureza pecuniária.

Na qualidade de gestor do patrimônio municipal, é inerente ao Prefeito, por meio de decretos, portarias e outros atos e contratos administrativos, o poder de autorizar serviços, contratar, deslocar servidores, aceitar ou não pedidos de disponibilidade patrimonial, ceder tratores para obras.

Assim, no **Peculato-apropriação**, o agente apropria-se (*apodera-se*), isto é, assume a posse dos bens ou rendas públicas que tem sob sua administração, passando a utilizá-los como se dono fosse, seja retendo-os, consumindo-os ou alienando-os. Nesse momento, o Prefeito deixa de agir como gestor público, pois, faz sua a coisa pública.

O segundo núcleo verbal é desviar (*malversar, direcionar*) e refere-se ao **Peculato-desvio,** em que o Prefeito dá destinação diversa dos bens ou rendas públicas, em proveito próprio ou de outrem.

Diante da semelhança entre as condutas, trata-se de tipo misto alternativo.

O **objeto material** do crime são os bens ou rendas públicas.

Ao contrário do peculato do Código Penal, no inciso I do Decreto-Lei 201/1967, os bens particulares não são objeto material do crime, exceto se foram doados ao Poder Público para distribuição gratuita e o Prefeito deles se apropriar ou desviar (STJ, RHC 1.937, 6ª Turma, DJU, 1º mar. 1993, p. 2535). De qualquer forma, não há que se falar em atipicidade no caso de o Prefeito se apropriar ou desviar esse tipo de bem, pois, poderá responder pelo crime do Código Penal, que é, nesse aspecto, subsidiário em relação ao do Decreto-Lei 201/1967.

Bens são os objetos corpóreos dotados ou não de valor patrimonial, como veículos, máquinas, equipamentos, eletroeletrônicos, móveis, ou material de qualquer natureza. Em que pese o artigo 98 do Código Civil restringir bens públicos aos pertencentes às pessoas jurídicas de direito público interno, segundo a orientação de Celso Antônio Bandeira de Mello, devem ser compreendidos bens públicos todos os que pertençam a pessoas jurídicas de direito público, bem como os que estejam afetados à prestação de um serviço público[9]. Assim sendo, os bens alugados ou cuja posse sejam de algum ente público podem ser objeto material do delito em estudo.

Tendo em vista a previsão do art. 155 § 3º, do Código Penal, a energia elétrica, por se constituir em "bem móvel" pode ser objeto material de peculato, se desviada para propriedade particular do Prefeito, por exemplo.

9 BANDEIRA DE MELLO, Celso Antônio. Curso de direito administrativo. 26. ed. São Paulo: Malheiros, 2009. p. 913.

Diversamente do que ocorre no Código Penal, o tipo não restringe o objeto a bens móveis, de modo que os bens imóveis também podem constituir objeto material do delito em estudo. Desse modo, se um Prefeito "doa" informalmente ao particular uma área pública, que seria destinada à construção de uma praça, para a instalação da sede de empresa, o delito mostra-se realizado, ainda que, perante o Cartório de Registro de Imóveis, a área continue sendo pública.

Para a caracterização do crime não é necessária a formal mudança na titularidade jurídica dos bens desencaminhados, embora seja necessário demonstrar o ânimo de assenhoramento definitivo, sob pena de caracterização do peculato de uso, figura estudada a seguir, no inciso II.

Assim, via de regra, a verificação do peculato é feita com demonstração de que o beneficiário experimenta algum dos atributos do direito de propriedade, quais sejam o direito de usar *(jus utendi)*, que implica a possibilidade de usar a coisa de acordo com a vontade do proprietário e a de excluir estranhos de igual uso; o direito de gozar ou usufruir (*jus fruendi*), que envolve o poder de colher os frutos e aproveitar seus produtos; o direito de dispor da coisa (*jus abutendi*), que é a possibilidade deferida a alguém de aliená-la, o que compreende a faculdade de consumir a coisa, dividi-la ou a gravá-la. Por isso que, no caso de um veículo público desviado, ainda que o registro junto ao órgão de trânsito não tenha sido alterado, haverá peculato, se foi entregue para, permanentemente, integrar o patrimônio do beneficiário. Anote-se que, nos casos de bens móveis, a transferência da propriedade opera-se com a mera tradição.

Rendas públicas são os valores, numerários e recursos financeiros pertencentes à administração pública, fruto de repasses advindos de convênios, contratos, fundos, repasses constitucionais, etc.

Assim, se o Prefeito se apropria de rendimento de dinheiro pertencente à municipalidade, depositado indevidamente em sua conta bancária pessoal, como se fosse dinheiro próprio, comete o delito de peculato. Nesse sentido já decidiu o STF: "no peculato de uso, previsto no inciso II do art. 1º do DL 201/1967, o sujeito ativo do crime utiliza-se, ilicitamente, de bens, rendas ou serviços públicos, em seu proveito ou de terceiros, agente público ou não. Não se pode falar em peculato de uso, quando versar sobre dinheiro, ou seja, coisa fungível. Se o funcionário usar dinheiro que tem sob sua guarda para seu próprio benefício, pratica o delito de peculato." (Inq 3.108, rel. min. Dias Toffoli, j. 15-12-2011, P, DJE de 22-3-2012).

Trata-se de **crime de ação livre**. Assim, comete o crime de peculato o Prefeito que emite notas de empenho falsas, para transferir recursos públicos para terceiro beneficiário, ou empresta dinheiro público para terceiro, para perceber os juros.

No caso de o Prefeito ter um crédito a ser exigido da Administração Pública e resolver apropriar-se do dinheiro público, com o fim de realizar a compensação extrajudicial, comete o crime em estudo, pois o dinheiro público está vinculado, por Lei ou ato administrativo, a determinados fins públicos. No momento em que dele se apropria, a Administração Pública fica, de forma ilegal, privada da disponibilidade daquele dinheiro. Nesse sentido, é o escólio de Nélson Hungria[10] e E. Magalhães Noronha[11].

Giovani Corralo[12] traz um rol de casos em que Tribunais reconheceram o peculato como no uso de recursos pegos diretamente na secretaria do município, pelo Prefeito, para o pagamento dos seus credores pessoais, ao invés dos credores da Municipalidade[13]; o uso de re-

10 HUNGRIA, Nélson F. Comentários ao Código Penal, cit., v. 9, p. 338.

11 NORONHA, E. Magalhães de. Direito penal, cit., v. 4, p. 215.

12 CORRALO, Giovani da Silva. Responsabilidade de Prefeitos e Vereadores: Comentários ao Decreto-Lei n.º 201/67. São Paulo: Atlas, 2015, p. 13/14.

13 TJRS, Apel. 70024650525, 4ª Câmara Criminal, Rel. Des. Gaspar Marques Batista, DJ 19.09.2008.

cursos públicos para a promoção pessoal em veículo de comunicação – jornal e televisão[14]; a locupletação em obras superfaturadas[15]; a distribuição de gêneros alimentícios a pessoas carentes sem anteparo legal ou a existência de critérios objetivos para os contemplados[16]; a apropriação de arquivos do município após o término do mandato[17]; a apropriação de máquinas fotocopiadora do Município com o seu uso em repartição privada[18]; o uso de nota fiscal forjada para comprovar determinada despesa pública, com o desvio para si dos valores[19]; a contratação de advogado com recursos públicos para a defesa em assuntos particulares[20]; o recebimento indevido de indenização de diárias de viagens que não se efetivaram[21].

É imprescindível que a apropriação ou desvio sejam praticadas em razão das facilidades proporcionadas pelo cargo de Prefeito. Caso, por exemplo, para desviar ou apropriar-se do bem, tenha que arrombar porta de uma repartição de que não tenha a gestão, pratica crime de furto qualificado e não peculato.

Se o desvio ocorre em proveito da própria Administração Pública, não há caracterização do crime em estudo. Nesse caso, o fato pode configurar o delito do art. 315 do Código Penal ou do inciso III do Decreto-Lei 201/1967.

A Questão do funcionário público fantasma: Trata-se de questão complexa, seja por causa da grande variedade de situações que coloquialmente são conhecidas como funcionários fantasmas, seja em razão da tipificação que essas condutas têm na Lei penal vigente. Vejamos:

Primeira hipótese: Caso de funcionário fantasma propriamente dito, entendido como aquele oficialmente nomeado, mas não exerce nenhum tipo de serviço afeto ao cargo público, embora conste na folha de pagamento do ente público. Por exemplo, quando o Prefeito contrata pessoa para ser secretária de seu escritório particular, mas é nomeada como assessora de seu gabinete municipal, percebendo seus vencimentos do ente público. Nesse caso, resta caracterizado o peculato-desvio, que terá por objeto material do delito (bem móvel) a remuneração desviada pelo servidor nomeante. Embora se referindo ao crime de peculato-desvio do Código Penal, nesse sentido já decidiu o STF: "nessas hipóteses, tem-se um pseudo funcionário público, que, na verdade, é um empregado privado de um outro funcionário, o qual está formalmente na condição de funcionário apenas como meio para o desvio do dinheiro público utilizado no pagamento de seus salários. (STF. 1ª Turma. Inq 3776, Rel. Min. Rosa Weber, j. 07/10/2014)[22]. Há, todavia, entendimento em sentido contrário defendido pelo STJ: "O pagamento de remuneração a funcionários fantasmas não configura apropriação ou desvio de verba pública, previstos pelo art. 1º, inciso I, do Decreto-Lei nº 201/67. O pagamento de salário não configura apropriação ou desvio de verba pública, previstos pelo art. 1º, I, do Decreto-Lei nº 201/67, pois a remuneração é devida, ainda que questionável a contratação de parentes do Prefeito" (STJ. 6ª Turma. AgRg no AREsp 1.162.086-SP, Rel. Min. Nefi Cordeiro, julgado em 05/03/2020 (Info 667)).

---

14 TJRS, Apel. 70034468025, 4ª Câmara Criminal, Rel. Des. Aristides Pedroso de Albuquerque Neto, DJ 27.07.2010.

15 TJRS, Apel. 70032141061, 4ª Câmara Criminal, Rel. Des. Constantino Lisboa de Azevedo, DJ 28.10.2011.

16 TJRS, Apel. 70036148344, 4ª Câmara Criminal, Rel. Des. Constantino Lisboa de Azevedo, 16.01.2012.

17 TJMG, Embargos Infringentes 1.0210.05.028085-3/002, Rel. Des. Jane Silva, DJ 27.05.2010.

18 TJPR, Apel. Crim. 16.755181-9, Rel. Des. Lidio José Rotoli de Macedo, 2ª Câmara Criminal, publ. 13.01.2012.

19 TJPR, Apel. Crim. 499548-6, Rel. Juíza Cpnv. Lilian Romero, 2ª Câmara Criminal, DJ 18.092008.

20 TJSP, Apel. 0001418-96-2003.8.26.0412, Rel Des. J. Martins, 15ª Câmara de Direito Criminal, jul. 17.01.2012.

21 STJ, HC 55251/MS, Rel. Min. Og Fernades, 6ª T., Dje 05.05.2011.

22 Recentemente, porém, o Superior Tribunal de Justiça decidiu que "O pagamento de remuneração a funcionários fantasmas não configura apropriação ou desvio de verba pública, previstos pelo art. 1º, inciso I, do Decreto-Lei nº 201/67. O pagamento de salário não configura apropriação ou desvio de verba pública, previstos pelo art. 1º, I, do Decreto-Lei nº 201/67, pois a remuneração é devida, ainda que questionável a contratação de parentes do Prefeito". (STJ. 6ª Turma. AgRg no AREsp 1.162.086-SP, Rel. Min. Nefi Cordeiro, julgado em 05/03/2020 (Info 667)).

Segunda hipótese: Caso de funcionário público nomeado exercer sua função pública e, simultaneamente, prestar serviços particulares para o Prefeito, que é a autoridade nomeante. Por exemplo, uma assessora de gabinete que trabalha normalmente nessa função, mas que, devido a sua formação como contadora, em razão da exigência do Prefeito que a nomeou, vez por outra, preste serviços de contabilidade na empresa privada mantida pela família do alcaide. Aqui o servidor trabalha para a Administração Pública, mas também, concorrentemente, presta serviços, no horário de expediente, para o Prefeito. Essa conduta configura peculato do art. 1º, II, do Decreto-Lei 201/1967, que, conforme será visto, excepcionalmente, tipifica o peculato de uso de serviços públicos que abrange a mão de obra dos servidores públicos. Esse crime terá, como objeto material, os serviços públicos utilizados em proveito do Prefeito.

Obs.: No caso de a autoridade nomeante não ser Prefeito, segundo o STF, o fato é atípico. Isso porque, exceto no caso do Decreto-Lei 201/1967, inexiste tipificação do crime de peculato de uso de serviços públicos. (STF. 2ª Turma. AP 504/DF, rel. orig. Min. Carmem Lúcia, red. p/ o acórdão Min. Dias Toffoli, j. 9/8/2016 (Info 834)).

A questão da rachadinha: Caso o prefeito se aproprie de parte da remuneração de servidores comissionados, prática conhecida como "rachadinha", resta praticado o crime de peculato previsto neste dispositivo (art. 1º, inciso I, do Decreto-Lei n.º 201/1967). Embora se referindo a conduta praticada por parlamentares, hipótese em que restaria configurada a infração ao peculato do art. 312 do CP, assim já decidiu o STJ: "1. A conduta praticada pela recorrente amolda-se ao crime de peculato-desvio, tipificado na última parte do art. 312 do Código Penal. 2. Situação concreta em que parte dos vencimentos de funcionários investidos em cargos comissionados no gabinete da vereadora, alguns que nem sequer trabalhavam de fato, eram para ela repassados e posteriormente utilizados no pagamento de outras pessoas que também prestavam serviços em sua assessoria, porém sem estarem investidas em cargos públicos. (...). (REsp 1.244.377/PR, Rel. Min. Sebastião Reis Júnior, 6ª T. j em 03/04/2014) E ainda: REsp 1.723.969/PR, rel. Min. Joel Ilan Paciornik, Quinta Turma, julg. em 16.05.2019; RHC 10.845/SP, rel. Min. Gilson Dipp, Quinta Turma, julg. em 13/03/2001; REsp nº 1.776.680-MG, rel Min. Jorge Mussi, Quinta Turma, julg. em 11.02.2020.

Voluntariedade

A tipicidade subjetiva é o dolo, consistente na vontade livre e consciente de apropriar-se ou desviar os bens ou rendas públicas em proveito próprio ou de outrem.

Nesse crime é necessário o ânimo de assenhoramento definitivo. Caso inexista, restará caracterizado o delito previsto no inciso II a seguir estudado. É a presença de ânimo de assenhoramento definitivo que diferencia esses crimes.

A vontade de se assenhorar definitivamente ("*animus rem sibi habendi*") não se confunde com dolo específico, que é inexigível no crime. Não é necessário dolo de causar prejuízo. Nesse sentido já se decidiu: "I – O art. 1º, III, do Decreto-Lei nº 201/67 pune o ato de desviar, ou aplicar indevidamente, rendas ou verbas públicas. **II – Tal delito se perfaz pela simples prática da conduta estabelecida em lei, independentemente da existência de efetivo prejuízo ao interesse da Administração Pública. Seu elemento subjetivo corresponde ao dolo genérico – vontade deliberada e consciente de desviar, ou aplicar indevidamente, as verbas ou rendas públicas não há de se falar, pois, em exigência do dolo específico, representado pelo fim de prejudicar a Administração Pública**. III – As condutas previstas no art. 1º, III, do Decreto-Lei nº 201/67 não se confundem com aquelas do art. 1º, I, do mesmo diploma legal. Na hipótese do inciso I, mais grave, à semelhança do peculato (art. 312 do CP), o desvio de verbas públicas é realizado em proveito próprio ou alheio. No caso do inciso III, menos rigoroso, o desvio ou aplicação indevida das rendas ou verbas (de forma semelhante ao tipo do art. 315 do CP), é empregado em favor da própria Administração Pública ou da coletividade que ela representa. Precedentes do STJ. IV – O fato de Prefeito Municipal realizar despesa indevida e irregular, na execução de convênio firmado com o Ministério da Saúde, contratando serviços não estabelecidos nas cláusulas do ajuste, caracteriza, em tese, a infração do art. 1º, III, do Decreto-Lei nº 201/67. V – Recurso em sentido estrito provido, a fim de que a denúncia seja recebida." (TRF5. Des. Margarida Cantarelli – 4ª T. – Proc.200783050000646 – DJ Data 02/10/2007 – Página 519 – Nº 190).

O Decreto-Lei 201/1967 não prevê modalidade culposa, mas é possível a subsunção da conduta culposa ao crime de Peculato culposo previsto no art. 312, § 2º., do Código Penal, que atua como norma subsidiária.

Consumação e Tentativa

Na modalidade de apropriar-se, o crime consuma-se no momento em que o Prefeito se apropria do bem ou da renda pública, dispondo dos mesmos como se dono fosse. É a conduta do alcaide, que passa agir no uso, gozo e disposição dos objetos materiais que demonstra a inversão de ânimo.

Na segunda modalidade, a consumação ocorre com a destinação diferente do bem ou renda pública, que se caracteriza pelo uso do objeto material no interesse particular.

Por isso é classificado como crime material.

A tentativa é admitida em qualquer das modalidades. Por exemplo, determinado o desvio da renda pública, por circunstâncias alheias, os valores não chegam ao destinatário.

A **reparação do dano** produz os efeitos do arrependimento posterior, se ocorrer antes do recebimento da denúncia (CP, art. 16), ou de atenuante genérica (Código Penal, art. 65), mas não extingue a punibilidade.

Falsificação de documentos e peculato: no caso de todo o procedimento do qual decorreu o desvio ser uma farsa, verdadeira simulação, além do peculato, poderá o agente responder pela falsidade de documentos públicos, pois os momentos consumativos e os objetos jurídicos desses tipos penais são diversos, além de serem delitos praticados mediante condutas autônomas e distintas entre si. Vide tópico, na introdução, sobre concurso de crimes.

Princípio da insignificância: embora seja cabível, em situações excepcionais, reconhecer o princípio da insignificância no crime de peculato previsto no Código Penal, notadamente em casos de bens de reduzido valor ou inservíveis para o ente público, cujo desvio não represente desfalque patrimonial da administração pública e nem enriquecimento ilícito de quem quer que seja, no âmbito do Decreto 201/1967, ante o disposto no art. 1º., II, o referido princípio tem sua incidência ainda mais reduzida, conforme será adiante comentado. De qualquer forma, há precedentes nos dois sentidos.

Reconhecendo a insignificância: "A 2ª Turma, por maioria, concedeu *habeas corpus* para reconhecer a aplicação do princípio da insignificância e absolver o paciente ante a atipicidade da conduta. Na situação dos autos, ele fora denunciado pela suposta prática do crime de peculato, em virtude da subtração de 2 luminárias de alumínio e fios de cobre. Aduzia a impetração, ao alegar a atipicidade da conduta, que as luminárias: a) estariam em desuso, em situação precária, tendo como destino o lixão; b) seriam de valor irrisório; e c) teriam sido devolvidas. Considerou-se plausível a tese sustentada pela defesa. Ressaltou-se que, em casos análogos, o STF teria verificado, por inúmeras vezes, a possibilidade de aplicação do referido postulado. Enfatizou-se que essa Corte já tivera oportunidade de reconhecer a admissibilidade de sua incidência no âmbito de crimes contra a Administração Pública. Observou-se que os bens seriam inservíveis e não haveria risco de interrupção de serviço. Vencida a Min. Ellen Gracie, que indeferia ordem. Salientava que o furto de fios de cobre seria um delito endêmico no Brasil, a causar enormes prejuízos, bem assim que o metal seria reaproveitável." (HC 107370/SP, rel. Min. Gilmar Mendes, 26.4.2011, STF, 2ª Turma, Brasília, 18 a 29 de abril de 2011, *informativo* n. 624).

Refutando o princípio da insignificância: "RECURSO ESPECIAL. PENAL. PECULATO. CRIME CONTRA A ADMINISTRAÇÃO PÚBLICA. PRINCÍPIO DA INSIGNIFICÂNCIA. TRANCAMENTO DA AÇÃO PENAL. IMPOSSIBILIDADE. 1. É inaplicável o princípio da insignificância nos crimes contra a Administração Pública, ainda que o valor da lesão possa ser considerado ínfimo, porque a norma busca resguardar não somente o aspecto patrimonial, mas a moral administrativa, o que torna inviável a afirmação do desinteresse estatal à sua repressão." (STJ. Resp. 655.946/DF, Rel. Min. LAURITA VAZ, 5ª T. DJ 26/3/2007). Ou, ainda: "não é possível a aplicação do princípio da insignificância a Prefeito, em razão mesmo da própria condição que ostenta, devendo pautar sua conduta, à frente da municipalidade, pela ética e pela moral, não havendo espaço para quaisquer desvios de conduta. (...)" (HC 148.765/SP, Rel. Min. Maria Thereza de Assis Moura, 6ª Turma, j. 11/05/2010). A matéria foi sumulada em 20/11/2017 pelo Superior Tribunal de Justiça com o seguinte verbete: "Súmula 599: O princípio da insignificância é inaplicável aos crimes contra a Administração Pública".

II – Utilizar-se, indevidamente, em proveito próprio ou alheio, de bens, rendas ou serviços públicos;

Bem Jurídico Tutelado

Administração Pública, tanto em seu aspecto patrimonial, consistente na preservação do erário, como também em sua face moral, representada pela lealdade e probidade dos agentes públicos.

Sujeitos do Crime

Sujeito ativo é o Prefeito Municipal. A condição pessoal do agente (de funcionário público) comunica-se ao coautor, porque elementar do crime (CP, art. 30), razão pela qual se admite a coautoria e participação com extraneus, desde que ele tenha conhecimento dessa condição pessoal do autor.

Sujeito passivo é o Estado, lesado no seu patrimônio material ou moral.

Condutas

Este tipo penal criminalizou o chamado **peculato de uso**, infração sem correspondência no Código Penal[23]. Nesse tipo, o legislador foi mais rigoroso e incrementou a proteção penal do patrimônio público, porque incriminou a conduta de utilização indevida dos bens, rendas ou serviços públicos. Diferentemente do Código Penal, aqui o legislador antecipou a reprovabilidade penal da conduta, a ponto de incriminar a mera utilização do bem, independentemente da inversão de ânimo, o que pode ser batizado como Peculato de uso (STF. AP 441. Toffoli, Pl. m. 8.3.12).

O núcleo verbal é utilizar (*usar, empregar*) o objeto material em proveito próprio ou de outrem.

O objeto material do crime são os bens ou rendas ou serviços públicos. Vejamos cada um deles, separadamente:

---

23 O art. 350 do Código Penal comum de 1969 – Decreto-Lei n. 1.004, de 21 de outubro de 1969 –, revogado antes de sua entrada em vigor – previa a figura do peculato de uso com a seguinte redação: "Usar, para fins alheios ao serviço, ou permitir que outrem, indevidamente, faça uso de veículos ou qualquer outra coisa infungível de não pequeno valor, que, pertencente à administração pública ou sob sua guarda, lhe tenha sido entregue em razão do cargo". A pena cominada era de detenção, até um ano, ou pagamento não excedente a vinte dias-multa.

Bens são os objetos corpóreos que podem ser transportados e dotados de valor patrimonial, como veículos, máquinas, equipamentos, eletroeletrônicos, móveis, ou material de qualquer natureza. Em que pese o artigo 98 do Código Civil restringir bens públicos aos pertencentes às pessoas jurídicas de direito público interno, segundo a orientação de Celso Antônio Bandeira de Mello, deve-se compreender bens públicos todos os que pertencem a pessoas jurídicas de direito público, bem como os que estejam afetados à prestação de um serviço público.[24] Ao contrário do peculato do Código Penal, no inciso II do Decreto-Lei 201/1967, os **bens particulares** não são objeto material do crime, exceto se foram doados ao Poder Público, para distribuição gratuita, e o Prefeito deles se utilizar.

Rendas públicas são os valores, numerários e recursos financeiros pertencentes à administração pública. Caso o Prefeito deixe de efetuar o repasse para instituição bancária dos **créditos consignados em folha de pagamento dos servidores municipais**, ainda que utilize os recursos para pagamento da folha, segundo o Supremo Tribunal Federal, comete o crime de peculato do art. 1º., inciso I, do Decreto-Lei 201/1967 c.c. art. 359-C do Código Penal: "DIREITO PENAL. AÇÃO PENAL ORIGINÁRIA. PECULATO-DESVIO. ASSUNÇÃO DE OBRIGAÇÃO NO ÚLTIMO ANO DE MANDATO. 1. Se o acusado, consciente e voluntariamente, se apropria de verbas cuja detenção se dá em razão do cargo que ocupa e se as emprega em finalidade diversa daquelas a que se destinam, pratica o delito de **peculato desvio**, desimportante não tenha o desvio se dado em proveito próprio. 2. No caso sob exame, o Município é mero depositário das contribuições, descontadas dos contracheques de seus servidores para pagamento de empréstimos consignados, as quais pertencem ao Banco. 3. Por outro lado, ao impedir a quitação das obrigações, o gestor ordena ou autoriza assunção de obrigação. No caso dos autos, sem adimpli-la no mesmo exercício financeiro, nem deixar receita para quitação no ano seguinte, nos termos do artigo 359-C, do Código Penal. 4. Nada obstante a crise financeira por que passava o Município, a contratação de pessoal e os repasses voluntários a instituições não governamentais, impedem a configuração da dirimente de inexigibilidade de conduta diversa, a afastar o juízo de reprovação penal da conduta. 4. Pretensão punitiva julgada procedente para condenar o acusado pela prática dos crimes previstos nos arts. 312, 359-C, na forma dos arts. 29, 71 e 70, todos do Código Penal[25]" (Ação Penal 916 – AP. 1ª. T. Rel. Min. Roberto Barroso. 17/05/2016).

Os bens e rendas públicas também são objeto material do peculato descrito no inciso anterior. Para distinguir a conduta que caracteriza cada uma dessas infrações, no caso de utilização dos bens ou rendas públicas em proveito próprio ou alheio, deve-se analisar o **ânimo de assenhoramento definitivo**. Assim, caso o Prefeito utilize o bem ou a renda pública sem a pretensão de tornar-se dono definitivo, auferindo vantagens parciais desse uso, comete o delito previsto no inciso II do Decreto-Lei 201/1967. Há precedente do STF reconhecendo que comete crime de peculato comum, e não peculato de uso, o Prefeito que usa o dinheiro público em proveito próprio: "No peculato de uso, previsto no inciso II do art. 1º do DL 201/1967, o sujeito ativo do crime utiliza-se, ilicitamente, de bens, rendas ou serviços públicos, em seu proveito ou de terceiros, agente público ou não. Não se pode falar em peculato de uso quando versar sobre dinheiro, ou seja, coisa fungível. Se o funcionário usar dinheiro que tem sob sua guarda para seu próprio benefício, pratica o delito de peculato." (Inq 3.108, rel. min. Dias Toffoli, j. 15-12-2011, P, DJE de 22-3-2012).

24 BANDEIRA DE MELLO, Celso Antônio. Curso de direito administrativo. 26. ed. São Paulo: Malheiros, 2009. p. 913.

25 Embora o julgado mencione que o acusado, mesmo sendo Prefeito à época dos fatos foi condenado por infração ao art. 312 do Código Penal, reafirma-se que a conduta de peculato-desvio praticada por Prefeito Municipal configura crime previsto no art. 1º, I, do Decreto-Lei 201/1967.

Serviços públicos, segundo o art. 6º., XI, da Lei 14.133/2021 são as atividades destinadas a obter determinada utilidade, intelectual ou material, de interesse da Administração, tais como demolição, conserto, instalação, montagem, operação, conservação, reparação, adaptação, manutenção, transporte, locação de bens, publicidade, seguro ou trabalhos técnico-profissionais. São as prestações e atividades realizadas pela Administração Pública, visando à satisfação das necessidades coletivas. Segundo Celso Antônio Bandeira de Mello, "serviço público é toda atividade de oferecimento de utilidade e comodidade material destinada à satisfação da coletividade em geral, mas fruível singularmente pelos administrados, que o Estado assume como pertinente a seus deveres e presta por si mesmo ou por quem lhe faça as vezes, sob regime de Direito Público – portanto, consagrador de prerrogativas de supremacia e de restrições especiais –, instituído em favor dos interesses definidos como públicos no sistema normativo".[26] Como o serviço público é prestado mediante a atividade laboral dos seus servidores, no mais das vezes, a utilização do trabalho do servidor público, empregado ou terceiros contratados pela Administração Pública será o objeto da infração. Assim, configura esse crime a utilização de servidor público para realização de qualquer atividade em proveito pessoal do Prefeito ou de terceiros, ainda que desempenhe sua atividade pública simultaneamente. É que, durante o horário de expediente e no cumprimento de sua função pública, o servidor só pode desempenhar atividades relacionadas ao interesse público, sob pena de desvio de função.

A utilização do serviço público ocorre com a prestação da atividade manual ou intelectual pertencente à administração pública em proveito do próprio alcaide ou de outrem, como no caso da utilização de servidor público em horário de serviço em escritório particular ou comitê político de algum apaniguado.

Como **exemplo de condutas que caracterizam o crime de peculato de uso** cometido por Prefeito, colacionamos os seguintes: uso gracioso de máquinas, veículos, pedras e servidores municipais em britador de empresa privada, cujas britas foram adquiridas pelo Município sem qualquer redução de preço[27]; cessão gratuita de bem público para o Chefe de Gabinete do Prefeito para a construção de uma casa de alvenaria para sua residência[28]; uso do veículo oficial para deslocar-se até um motel para atividade estranha à função[29]; uso de máquinas e servidores em obra particular por três dias para construção de um açude[30]; utilização dos procuradores do município para ajuizamento de ação indenizatória cível para proveito pessoal[31]; utilização de veículo da Prefeitura para serviço particular ou para férias[32] e aplicação de recursos públicos no mercado financeiro e detenção para proveito pessoal dos rendimentos auferidos[33].

Questão do funcionário fantasma: ver comentários em seção anterior, neste mesmo trabalho.

O **elemento normativo do tipo "indevidamente"** refere-se à falta de autorização legal ou inobservância de formalidades legais ou regulamentares para o uso do bem, renda ou serviço

---

26 BANDEIRA DE MELLO, Celso Antônio. Curso de direito administrativo. 26. ed. São Paulo: Malheiros, 2009. p. 671.

27 TJRS, Apelação Crime 70007333164, Rel. Des. Aristides Pedroso de Albuquerque Neto, 4º Câmara Criminal, julgado em 12.04.2007.

28 TJRS, Apelação Crime 70023469869, Rel. Des. Aristides Pedroso de Albuquerque Neto, 4ª Câmara Criminal, julgado em 19.06.2008.

29 TJRS, Apelação Crime 70023628811, Rel. Des. Gaspar Marques Batista, 4ª Câmara Criminal, julgado em 31.07.2008.

30 Ação Penal - Procedimento Ordinário 70030772933, Rel. Des. Gaspar Marques Batista, 42 Câmara Criminal, DJ 05.08.2011. Na mesma situação se encontra a utilização de servidores públicos e máquinas para a prestação de serviços a particular sem qualquer ressarcimento da municipalidade (TJRS, Processo Crime 699800868, Rel. Des. Danúbio Edon Franco, 42 Câmara Criminal, julgado em 24.06.1999).

31 TJPR, Acórdão 447.454784-0, Rel. Des. Lilian Romero, 2ª Câmara Criminal, DJ 27.06.2008.

32 TJMG, CO 1.0000.03.404078-2/000(1), Rel. Des. Luiz Carlos Biasutti, DJ 03.08.2004.

33 TJSC, Acórdão 1988.068062-1, Rel. Des. Paulo Gallotti, 1 Câm. Crim, j. 12.05.1998.

público em proveito próprio ou alheio, o que é desemboca na análise sobre finalidade pública do ato. Será indevida a utilização do bem, renda ou serviço público quando houver desvio de finalidade, que ocorre quando o ato visa atender interesses privados. Mas não só à falta de autorização legal, enquanto ato formal, se refere o tipo. A autorização legal concedida sem pressupostos legais que atendam aos princípios da administração pública caracteriza desvio de finalidade do ato, afinal, após o reconhecimento da normatividade dos princípios, no contexto de centralidade da Constituição, a legalidade deixou de ser o único parâmetro para verificação da validade da atuação administrativa. A legitimidade passa pela análise do princípio da juridicidade, que não aceita a concepção da Administração vinculada exclusivamente às regras prefixadas nas leis, mas sim ao próprio Direito, o que inclui as regras e princípios previstos na Constituição. A juridicidade amplia a margem de controle dos atos jurídicos, de modo a assegurar que a atuação administrativa não seja, por via transversa, um artifício ou escudo à violação da ordem jurídica pelo administrador.

Assim, por exemplo, caso haja cessão dos maquinários e funcionários públicos, autorizada por meio de Lei municipal, nada impede seja o Prefeito condenado no delito em estudo, tendo em vista a flagrante inconstitucionalidade da Lei municipal por ferir, dentre outros, o princípio republicano.

Leis municipais que concedem o uso de máquinas e servidores públicos violam princípios constitucionais da administração pública e por isso vêm, constantemente, sendo declaradas inconstitucionais, conforme se verifica em julgados de todo o Brasil[34].

Mas o termo "indevidamente" também permite sejam analisadas as particularidades do caso, a fim de verificar ausência no desvalor da conduta ou mesmo a ocorrência de excludente da ilicitude, como no caso em que é excepcionalmente utilizado um veículo escolar para transportar paciente em estado grave, para outra cidade, em dia de domingo, devido ao péssimo estado de funcionamento de ambulância de determinado município.

Porém, neste caso, resta o alerta: se a utilização do bem, renda ou serviço público ocorre em proveito da própria Administração Pública não há caracterização do crime em estudo, mas da infração prevista no inciso III a seguir estudado.

Questão do uso do serviço de advocacia pública para defesa pessoal do Prefeito em demandas ajuizadas em razão da função pública: Sobre a isso há duas correntes:

1ª) Pela inexistência de ilicitude: No caso de uso do serviço de advocacia pública para defesa pessoal do prefeito, em demandas ajuizadas em razão da função pública, não há ilicitude alguma, afinal o serviço não é utilizado no interesse particular do Prefeito, mas em razão da necessária preservação da higidez do mandato, em face de ataques externos. Estar-se-ia resguardando a autonomia do município e a soberania popular manifestada no voto. Nesse sentido, é a posição de Rui Stoco: "por essa razão, não nos parece que a defesa produzida por procurador do município, em favor do Prefeito Municipal, enquanto no exercício do cargo, quando acusado da prática de crime comum ou de responsabilidade, caracterize uso indevido de serviços públicos, previsto no inciso II do art. 1º. do Dec.-Lei 201/67, pois o que se põe em relevo é a dignidade do cargo e não a pessoa física do Chefe do Executivo local. A defesa do seu mandado (sic) não se traduz em mera proteção pessoal ou de interesse privado, mas do interesse público" (Op. Cit. p. 2698). Assim decidiu o STJ – 6ª. T. – Resp. – Rel. Vicente Leal – j. 01.12.1997 – DJU 27.04.1998, p. 223).

2ª) Pela impossibilidade: centra-se na ideia de que os recursos, bens e serviços públicos devem ser empregados no atendimento de interesse público direto. Além disso, o art. 132 da

34 Neste sentido: TJ-MG – Ação Direta Inconst: 10000121136154000 MG, Rel. Kildare Carvalho, j. 10/07/2013, Órgão Especial, Data de Publicação: 23/08/2013. Ou ainda: TJ-MS, Relator: Des. Claudionor Miguel Abss Duarte, j. 28/05/2014, Órgão Especial.

Constituição Federal somente admite a representação do Estado e não do agente, pelo que defender a pessoa do Prefeito ensejaria violação ao princípio da impessoalidade. O Superior Tribunal de Justiça já decidiu ser inviável o dispêndio de recursos públicos para a defesa de gestores acusados de praticarem ilicitudes, principalmente em ação que versa sobre ato pessoal do agente político contra o órgão público que o remunera, alegando que a defesa de um ato pessoal do agente público, voltado contra o órgão público, não deve ser custeada por este (STJ – AgRg-Resp. 681.571/GO – 2 T. – Rel. Min. Eliana Calmon – DJU 29.06.2006). Adotada essa corrente, a utilização dos serviços de advocacia pública pelo Prefeito caracteriza o delito em estudo.

De qualquer forma, afigura-nos necessário verificar, consoante as peculiaridades do caso concreto, se há interesse público que justifique essa atuação.

A questão é posta somente nos casos em que os serviços são utilizados para defender o Prefeito nos processos decorrentes de sua atividade funcional, não sendo sequer cogitada a possibilidade de se utilizar desse serviço para defesa em ações absolutamente estranhas ao exercício da função pública.

Voluntariedade

O elemento subjetivo do tipo é dolo (direito ou eventual) que é a vontade livre e consciente de utilizar os bens, rendas ou serviços públicos, em proveito próprio ou alheio.

O tipo não menciona tempo mínimo de utilização do objeto material, de modo que a caracterização do dolo é feita pelas condutas que demonstram a inequívoca vontade de utilizar bens, rendas ou serviços públicos, sem autorização legal, em proveito próprio ou alheio. Como destacado antes, nesse tipo inexiste o ânimo de assenhoramento definitivo que, se caracterizado, implica a tipificação da conduta no crime do inciso I do art. 1º do Decreto/Lei 201/1967.

O tipo exige "dolo específico" (elemento subjetivo especial) que é vontade do Prefeito de gerar proveito a si ou terceiro, verificável frente ao termo "indevidamente" contido no tipo. Noutra linha, o STF já reconheceu o dolo específico de lesar o erário. Neste sentido Inq 2.646, rel. min. Ayres Britto, j. 25-2-2010, P, *DJE* de 13-8-2010., e ainda AP 416, rel. min. Luiz Fux, j. 8-3-2012, P, *DJE* de 18-6-2012 e ainda AP 372, rel. min. Dias Toffoli, j. 16-12-2010, P, *DJE* de 4-4-2011.

Não há modalidade culposa, nem mesmo no Código Penal.

Consumação e Tentativa

O delito consuma-se com a utilização, ainda que o objeto material seja restituído. A utilização dos bens, rendas ou serviços públicos realiza-se com o uso ou gozo inerentes de cada um dos objetos materiais, o que gera a vantagem individual ao patrimônio do beneficiário. Trata-se, portanto, de crime material.

A tentativa é possível. Por exemplo, uma determinação escrita, emitida pelo Prefeito, para que o setor responsável da administração execute o serviço público em sua propriedade rural, é apreendida antes de iniciadas as atividades.

O STF já aplicou o **princípio da insignificância** nesse crime em caso em que o ex-prefeito, no exercício de suas atividades funcionais, utilizara-se de máquinas e caminhões de propriedade da prefeitura para efetuar terraplenagem em terreno de sua residência, prática comum na municipalidade mas que teve as despesas ressarcidas, notadamente a remuneração dos condutores e abastecimento de óleo diesel, valores que não ultrapassavam o valor de R$ 40,00 (HC 104286/SP, rel. Min. Gilmar Mendes, 3.5.2011" (*Informativo* STF, 2ª Turma, Brasília, 2 a 6 de maio de 2011, n. 62).

Entretanto, o julgado parece laborar em equívoco. O tipo descrito no inciso II do art. 1º. do Decreto-Lei 201/1967 não exige propriamente lesão patrimonial ao erário, até porque este é um resultado incomum na utilização transitória do bem, renda ou serviço público. Não se pode equiparar o inciso I e II do artigo 1º. do Decreto-Lei 201/1967. No inciso II, o legislador foi mais rigoroso e antecipou a reprovabilidade penal da conduta, a ponto de incriminar a mera utilização do bem, independentemente da inversão de ânimo.

De qualquer forma, ainda que desconsiderado o **desgaste natural do maquinário público decorrente de sua utilização,** ao produzir vantagem econômica individual indevida, a conduta viola o equilíbrio da livre concorrência e vários postulados do Estado Democrático de Direito, como os princípios da administração pública e o princípio republicano, segundo os quais, o Poder Público deve servir todos os cidadãos indistintamente, sem prejudicar ou beneficiar ninguém. Além disso, resta consolidado que os crimes contra administração protegem também aspectos imateriais como a moral administrativa e a confiança nos serviços públicos. Com esta teleologia, são os seguintes julgados: "O entendimento firmado nas Turmas que compõem a Terceira Seção do Superior Tribunal de Justiça é no sentido de que não se aplica o princípio da insignificância aos crimes contra a Administração Pública, ainda que o valor da lesão possa ser considerado ínfimo, uma vez que a norma visa resguardar não apenas o aspecto patrimonial, mas, principalmente, a moral administrativa" (STJ – AgRg no Resp. 1.275.835/SC – Rel. Min. Adilson Vieira Macabu (Desembargador Convocado do TJ/RJ) – 5ª Turma – j. 11.10.2011, *DJe* 1º.02.2012). Também seguem este entendimento os julgados: STJ – HC 109.639/SP – Rel. Min. Vasco Della Giustina (Desembargador Convocado do TJ/RS) – 6ª Turma – j. 06.09.2011, DJe 26.09.2011; STJ – HC 167.515/SP – Rel. Min. Laurita Vaz – 5ª Turma – j. 16.11.2010, DJe 06.12.2010 e STJ – AgRg no Ag 1.133.678/SC – Rel. Min. Felix Fischer – 5ª Turma – j. 13.08.2009, DJe 16.11.2009.

III – Desviar, ou aplicar indevidamente, rendas ou verbas públicas.

Bem Jurídico Tutelado

Administração Pública, tanto em seu aspecto patrimonial, consistente na preservação do erário, como também em sua face moral, representada pela lealdade e probidade dos agentes públicos. Secundariamente, é tutelada norma prevista no art. 167, VI, da CF, que consagra a chamada proibição do estorno, e a autonomia do orçamento público, o qual se apresenta como importante instrumento de realização da democracia participativa.

Sujeitos do Crime

Sujeito ativo é o Prefeito Municipal. A condição pessoal do agente (de funcionário público) comunica-se ao coautor, porque elementar do crime (CP, art. 30), razão pela qual se admite a coautoria e participação com extraneus, desde que ele tenha conhecimento dessa condição pessoal do autor.

Sujeito passivo é o Estado, lesado no seu patrimônio material ou moral.

Condutas

Trata-se de crime análogo ao previsto no art. 315 do Código Penal e à infração prevista no art. 11 da Lei 1.079/50, com pequena diferença redacional.

Há dois núcleos verbais que têm relação prejudicial, de modo que se trata de tipo misto alternativo.

O crime consiste em desviar (*direcionar, remanejar*) e/ou aplicar (*investir, empregar*) as rendas ou verbas públicas de forma indevida, isto é, sem autorização legal, ou em desacordo com Lei ou sem a observância de formalidades legais ou regulamentares para tanto.

O **objeto material** do crime é verba ou renda pública. Segundo Hungria, "*verbas* (públicas) são dinheiros especificamente destinados pela Lei orçamentária (dotações) a este ou aquele serviço público ou fim de utilidade pública. *Rendas* (públicas) são todos os dinheiros percebidos pela Fazenda Pública ou a essa pertencentes, seja qual for a sua origem legal. Se as *verbas* destinadas a um serviço não podem ser, total ou parcialmente, aplicadas em outro, as *rendas* não podem ser empregadas senão mediante determinações legais".[35]

Para a caracterização desse tipo, o destinatário da verba ou renda pública desviada deve ser o próprio ente público, uma vez que, se realizado em benefício do próprio prefeito ou de terceira pessoa, restará caracterizado o crime de Peculato do art. 1º., inciso I, do Decreto-Lei 201/1967. À luz da doutrina administrativista, ocorre aqui um desvio de finalidade específico em que o ato mantém em si mesmo atendimento ao interesse público, não obstante com fim diverso ao determinado anteriormente[36].

Como sintetiza Heleno Fragoso, em lição que, embora se refira ao art. 315 do código penal, é aplicável a esse tipo penal: "Trata-se fundamentalmente de perturbação do regular funcionamento da administração pública, que exige a aplicação dos fundos públicos em sua destinação legal. Salvo o caso de estado de necessidade, não exclui o crime a aplicação de verbas ou rendas em fins que sejam reais ou supostamente de maior interesse e proveito para os serviços públicos, o que, todavia, deverá ser considerado na fixação e na medida da pena"[37].

Fosse permitido o desvio e aplicação das verbas ou rendas públicas, sem a autorização legal ou sem a observância de formalidades legais ou regulamentares, o Prefeito poderia gerir os recursos públicos sem qualquer tipo de participação e controle do legislativo e mesmo do cidadão. Isso levaria ao desmoronamento do sistema constitucional de *checks and balences* e de controle da atividade orçamentária.

O **elemento normativo do tipo "indevidamente"**, como comentado no inciso anterior, refere-se ao desvio de finalidade do ato e à falta de autorização legal ou à contrariedade direta à Lei ou à inobservância de formalidades legais ou regulamentares para aplicação da renda ou verba pública.

Assim, por exemplo, a realização de despesas do orçamento da saúde com ações e serviços descritos nos incisos I a X, do art. 4º, da Lei Complementar 141/12, quando constatada finalidade de burlar aplicação mínima constitucionalmente prevista, pode caracterizar o delito em estudo. Ou o caso do Prefeito que usa de recursos dos fundos municipais sem a respectiva aprovação do conselho pertinente, conforme previsto em legislação local.

Mas o tipo não se refere somente à falta de autorização legal, enquanto ato formal. Mesmo a autorização legal concedida sem pressupostos legais, isto é, que desatenda os princípios da administração pública, caracteriza desvio de finalidade do ato, afinal, após o reconhecimento da normatividade dos princípios, no contexto de centralidade da Constituição, a legalidade deixou de ser o único parâmetro para verificação da validade da atuação administrativa. A legitimidade passa pela análise do princípio da juridicidade que não aceita a concepção da Administração vinculada exclusivamente às regras prefixadas nas leis, mas sim ao próprio Direito, o que inclui as regras e princípios previstos na Constituição. A juridicidade amplia a margem de controle dos atos jurídicos, de modo a assegurar que a atuação administrativa não seja, por via transversa, um artifício ou escudo à violação da ordem jurídica pelo administrador.

Assim, por exemplo, pode haver o crime, se a aplicação das rendas ou verbas públicas se basear em Lei municipal flagrantemente inconstitucional.

---

35 HUNGRIA, Nélson. Comentários ao código penal. Rio de Janeiro: Forense. 2. ed. v. 9, p. 357.

36 "O delito previsto no art. 1º, III, do DL 201/1967 consiste em o administrador público aplicar verba pública em destinação diversa da prevista em lei. Não se trata, portanto, de desviar em proveito próprio." (STF. 1ª Turma. AP 984/AP, Rel. Min. Roberto Barroso, julgado em 11/6/2019 (Info 944)).

37 FRAGOSO, Heleno Cláudio. Lições de Direito Penal, Rio de Janeiro: Forense, 1981. v. 2. p. 405.

O termo "indevidamente" também permite que sejam analisadas as particularidades do caso, a fim de verificar ausência no desvalor da conduta ou mesmo a ocorrência de excludente da ilicitude.

Importa destacar que não é qualquer alteração de destinação da verba pública, ainda que realizada no interesse público, que será considerada justificada pelo estado de necessidade. Com efeito, o administrador público municipal deve se ater às destinações das verbas previstas na Lei orçamentária, devidamente tituladas e codificadas afinal a objetividade jurídica do delito de aplicação de verbas públicas é, não só a malversação do patrimônio público, mas também o acatamento aos planos administrativos a que devem se jungir os governantes (Tribunal de Alçada de Minas Gerais – Recurso Criminal nº. 1.030).

Como **exemplo de condutas que caracterizam** este delito, podemos citar: transferência de recursos para entidade privada sem a exigência da prestação de contas dos recursos anteriormente destinados (aplicação indevida)[38]; aplicação de recursos do Ministério da Saúde em finalidade diversa, em desacordo com o programa (desvio)[39]; aplicação de verbas "carimbada" em outra finalidade que não a determinada por lei, salvo nos casos de calamidade pública ou emergência comprovados (desvio)[40]; não aplicação da receita proveniente de impostos e transferência na manutenção do ensino (desvio e aplicação indevida)[41]; utilização das verbas oriundas do Fundo Nacional de Saúde (vinculadas a determinado programa de saúde) para o pagamento de débitos da Secretaria Municipal de Saúde junto ao instituto de previdência do Município[42].

A destinação irregular das verbas públicas é severamente rechaçada pelo ordenamento jurídico e pode justificar intervenção no ente federativo, quando não tiver sido aplicado o mínimo exigido da receita municipal na manutenção e desenvolvimento do ensino e nas ações e serviços públicos de saúde (CF, art. 35, III), além de caracterizar ato de improbidade administrativa (LIA, art. 10, XI).

Voluntariedade

O elemento subjetivo é o dolo (direto ou eventual). Inexiste qualquer tipo de dolo específico, intuito de lucro ou de causar prejuízo.

Não admite modalidade culposa.

Consumação e Tentativa

Trata-se de crime formal que se consuma no momento em que o Prefeito desvia ou aplica a renda ou verba pública de forma distinta da prevista originalmente, razão pela qual concordamos com José Paulo Baltazar Júnior o qual defende que a devolução dos valores não afasta o crime.[43] Como já decidiu o STF: "Para a configuração deste crime, é irrelevante verificar se houve, ou não, efetivo prejuízo para a Administração Pública." (STF. 1ª Turma. AP 984/AP, Rel. Min. Roberto Barroso, julgado em 11/6/2019 (Info 944)).

É admitida a tentativa, em caso de a determinação emitida pelo prefeito não ser cumprida por circunstâncias alheias à sua vontade, como por exemplo, não concretização da operação bancária de transferência do valor.

---

38 TJRS, Processo Crime 696800960, 4: Câmara Criminal, Rel. Des. Vladimir Giacomuzz, Julgado em 18.03.1999.

39 TJPR, Acórdão 520.315759, 22 Câmara Criminal, Rel. Des. João Kopytowski, Julgado em 06.12.2007. Neste julgado afastou-se a aplicação do princípio da insignificância.

40 TJMG, Processo 1.0000.00.264392-2/000(2), Rel. Des. Márcia Milanez, Julgado em 09.12.2003.

41 TJMG, Processo 1.0000.00.229855-2/000(1), Rel. Des. Luiz Carlos Viasutti, Julgado em 23.04.2002.

42 STF. 1ª Turma. AP 984/AP, Rel. Min. Roberto Barroso, julgado em 11/6/2019 (Info 944).

43 BALTAZAR JÚNIOR, José Paulo. Crimes Federais. 10ª ed., Saraiva: São Paulo. 2015. p. 525.

> IV – Empregar subvenções, auxílios, empréstimos ou recursos de qualquer natureza, em desacordo com os planos ou programas a que se destinam.

Bem Jurídico Tutelado

Administração Pública, tanto em seu aspecto patrimonial, consistente na preservação do erário, como também em sua face moral, representada pela lealdade e probidade dos agentes públicos. Secundariamente, é tutelado orçamento público, o qual se apresenta como importante instrumento de realização da democracia participativa.

Sujeitos do Crime

Sujeito ativo é o Prefeito Municipal. A condição pessoal do agente (de funcionário público) comunica-se ao coautor, porque elementar do crime (CP, art. 30), razão pela qual se admite a coautoria e participação com extraneus, desde que ele tenha conhecimento dessa condição pessoal do autor.

Sujeito passivo é o Estado, lesado no seu patrimônio material ou moral.

Condutas

Esse crime é bastante similar ao previsto no inciso anterior. Diferencia-se apenas porque naquele o objeto material são as verbas e rendas públicas, enquanto nesse são *subvenções, auxílios, empréstimos* ou *recursos de qualquer natureza*, atos que denotam que aqui a conduta tipificada gira em torno não somente dos recursos (re)manejados junto ao cofre do Município, mas de outros recursos ligados a outras entidades, inclusive da sociedade civil organizada. Há entre os tipos, portanto, uma relação de especialidade, sendo este especial em relação àquele.

A conduta consiste em empregar (*destinar, aplicar, usar*) uma das operações financeiras descritas em desacordo com os planos ou programas a que se destinam.

Os atos administrativos que **constituem objeto material** do crime são as seguintes:

Subvenções: Nos termos do art. 12, § 3º, da Lei 4.320/1964, são as transferências destinadas a cobrir despesas de custeio das entidades beneficiadas, distinguindo-se como: I – subvenções sociais, as que se destinem a instituições públicas ou privadas de caráter assistencial ou cultural, sem finalidade lucrativa; II – subvenções econômicas, as que se destinem a empresas públicas ou privadas de caráter industrial, comercial, agrícola ou pastoril.

Auxílios: Nos termos do art. 12, § 6º, da Lei 4.320/1964, são transferências de Capital às dotações para investimentos ou inversões financeiras que outras pessoas de direito público ou privado devam realizar, devidamente previstas nas leis orçamentárias. Diferenciam-se das subvenções porque não se destinam as despesas de manutenção.

Empréstimo: é o contrato pelo qual uma pessoa entrega dinheiro a outra que tem o dever de restituí-lo após determinado tempo, acrescido de juros estipulados. Está regulamentado pelos arts. 579 a 592 do Código Civil.

Recursos de qualquer natureza: é cláusula geral que procura abarcar outras espécies de valores oriundos, por exemplo, de financiamento ou de convênio. Nesse sentido, é a condenação noticiada no informativo 586 do STF: "(...) Entendeu-se que o parlamentar, na condição de prefeito do Município de Caucaia/CE, por vontade livre e consciente, aplicara, na construção de passagens molhadas, recursos transferidos pelo Ministério do Meio Ambiente ao Município, mediante convênio, destinados à construção de um açude público. Salientou-se que o convênio fora assinado pelo então prefeito, assim como todos os pedidos de alteração de prazo, feitos em diversos termos aditivos, havendo, em todos eles, cláusulas de ratificação do objeto inicialmente conveniado. Observou-se que o então prefeito, embora ocasionalmente transferisse a respectiva administração do Município à vice-prefeita, pessoalmente mantinha sob seu comando todos os incidentes contratuais relacionados com o convênio em causa. Afastou-se, por conseguinte, o argumento de que a ordem de alteração do objeto pactuado tivesse partido exclusivamente do então secretário de infraestrutura municipal, o qual, em juízo, dissera que pedira a alteração do objeto do convênio em obediência à ordem do então prefeito. Ponderou-se que, se o convênio e mais 7 termos aditivos foram todos assinados pelo acusado, não seria razoável aceitar a tese de que uma significativa alteração da finalidade principal do projeto tivesse sido apenas em decorrência da vontade pessoal do secretário do Município. Considerou-se, ademais, a existência de notas fiscais comprovando que, antes do sétimo termo aditivo do convênio, o Município pagara a construtora para a construção de uma passagem molhada." (AP 409/CE, rel. Min. Ayres Britto, 13.5.2010).

Giobani Corralo explica essas operações: "A subvenção e o auxílio possuem em comum o fato de se constituírem em transferências para instituições públicas ou privadas, essas sem fins lucrativos, mediante convênio, termo de parceria ou contrato de gestão[44]. Em ambas as situações há o dever de prestar contas dos recursos recebidos, nos termos da normatização específica. Entretanto, há diferenças: (a) a subvenção é espécie de transferência corrente, enquanto o auxílio é espécie de transferência de capital; (b) as subvenções são marcadas por certa continuidade, logo, mais perenes, já os auxílios são eventuais; (c) as subvenções podem ser sociais em nível local, focada às entidades de assistência social, médicas e educacionais, sem fins lucrativos, sempre que a aplicação de tais recursos se mostrar mais vantajosa economicamente, o que deve ser aferido com base na contraprestação dos seus serviços. Os auxílios, por sua vez, independem da contraprestação direta de bens e serviços; (d) as subvenções têm por base um serviço essencial, enquanto os auxílios têm por escopo um investimento ou inversão financeira[45]".

Todas essas operações só podem ser praticadas pelo Prefeito de acordo com a previsão vinculante e específica contida nos planos e programas a que se destinam. Se ele as empregar diferentemente e em desacordo com o que previa o plano ou programa a que se destinavam originalmente, incorre nesse delito. Por isso, exatamente como no inciso anterior, há aqui um desvio de finalidade específico consistente no emprego dos recursos públicos em contrariedade à finalidade anteriormente especificada. De todo modo, para a caracterização desse tipo, o recurso público, embora em desacordo com as especificidades anteriores, permanece com o próprio ente público, uma vez que, se empregado ou desviado em benefício do próprio prefeito ou de terceira pessoa, restará caracterizado o crime de Peculato do art. 1º., inciso I, do Decreto-Lei 201/1967.

Assim, por exemplo, se o Prefeito emprega recursos para pagamento de precatórios em desacordo com o programa criado para tanto, incorre nesse delito. Nesse sentido decidiu o STF: "o Tribunal, por maioria, julgou procedente, em parte, ação penal promovida pelo Ministério Público do Estado do Paraná para condenar Deputado Federal pela prática dos crimes tipificados no art. 1º, IV e V, do Decreto-Lei 201/67 às penas de 3 meses de detenção, para cada

44 Estes são os instrumentos de pactuação do poder público com a sociedade civil organizada. Os convênios encontram respaldo legal na Lei 14.133/2021 e podem ser firmados com pessoas jurídicas de direito privado sem fins lucrativos ou com outras pessoas jurídicas de direito público, para a persecução de fins comuns. O termo de parceria está regido na lei 9.790/99 e pode ser firmado por pessoas jurídicas da sociedade civil que tenham a qualificação de organização da sociedade civil de interesse público. O contrato de gestão está fundamentado na Lei 9.637/98 e somente pode ser formalizado com pessoas jurídicas da sociedade civil com qualificação de organização social. Em todas as situações listadas pode ocorrer o repasse de recursos públicos, o que deverá estar consignado na legislação orçamentária.

45 CORRALO, Giovani da Silva. Responsabilidade de Prefeitos e Vereadores: Comentários ao Decreto-Lei n.º 201/67. São Paulo: Atlas, 2015, p. 18/19.

tipo penal, e declarou extinta a pretensão punitiva do Estado, pela consumação da prescrição penal, com base no art. 109, VI, c/c o art. 110, § 1º, e o art. 119, todos do CP, na redação anterior à Lei 12.234/2010. Entendeu-se que o acusado, no exercício do mandato de Prefeito Municipal de Curitiba/PR, teria dolosamente determinado, sem a prévia inclusão no orçamento público e em afronta à ordem de precedência cronológica, o pagamento de precatório resultante de ação de desapropriação, mediante a utilização de recursos do empréstimo do Banco Interamericano de Desenvolvimento – BID, destinados ao implemento do projeto de transporte urbano da capital paranaense. Quanto ao delito previsto no inciso IV do art. 1º do Decreto-Lei 201/67, ficou vencido o Min. Marco Aurélio, revisor, que julgava a ação improcedente (AP 503/PR, rel. Min. Celso de Mello, 20.5.2010).

Como **exemplo de condutas que caracterizam este delito**, podemos citar: recursos recebidos do Ministério do Meio Ambiente para construção de açude público visando ao abastecimento de água que são empregados na construção de "passagens molhadas[46]"; transferência de valores consignados em convênio para a construção de creche para o pagamento de fornecedores com a coautoria do Secretário de finanças[47]; emprego de verbas públicas em desacordo com convênio, o que não exige prova de proveito próprio ou de terceiro, nem de prejuízo ao erário, mas simplesmente a conduta livre e consciente do agente empregar irregularmente a verba recebida[48]; uso de fundos para a execução de convênio com a Secretaria de Educação do Estado para fazer frente a despesas de custeio da administração[49].

Voluntariedade

O elemento subjetivo é o dolo (direto ou eventual). Inexiste qualquer tipo de dolo específico ou intuito de lucro ou de causar prejuízo.

Não admite modalidade culposa.

Consumação e Tentativa

Trata-se de crime formal que se consuma no momento em que o Prefeito emprega a subvenção, auxílio, empréstimo ou os recursos públicos de forma distinta da prevista originalmente, em desacordo com o plano ou programa vigente.

É admitida a tentativa, no caso de a determinação emitida pelo prefeito não ser cumprida por circunstâncias alheias à sua vontade, como por exemplo, não concretização da operação bancária de transferência do valor.

> V – Ordenar ou efetuar despesas não autorizadas por lei, ou realizá-las em desacordo com as normas financeiras pertinentes.

Bem Jurídico Tutelado

Administração Pública, tanto em seu aspecto patrimonial, consistente na preservação do erário, como também em sua face moral, representada pela lealdade e probidade dos agentes públicos. Secundariamente, é tutelado o orçamento público e a regularidade financeira do Estado.

---

46 STJ, Ação Penal 409/CE, Rel. Min. Ayres Britto, DJ 01.07.2010.

47 TJPR, Acórdão 617.387661-1, Rel. Des. Noeval de Quadros, 2ª Câmara Criminal, DJ 01.06.2007.

48 TJPR, Acórdão 643.349716-7; Rel. Des Noeval de Quadros, 2ª Câmara Criminal, DJ 26.01.2007.

49 TJSP, Apelação com revisão 9230279-27.2003.8.26.0000, 7ª Câmara de Direito Privado. Rel. Des. Coimbra Schmidt, Data de Registro 23.05.2007.

Sujeitos do Crime

Sujeito ativo é o Prefeito Municipal. A condição pessoal do agente (de funcionário público) comunica-se ao coautor, porque elementar do crime (CP, art. 30), razão pela qual se admite a coautoria e participação com extraneus, desde que ele tenha conhecimento dessa condição pessoal do autor.

Sujeito passivo é o Estado, lesado no seu patrimônio material ou moral.

Condutas

Trata-se de conduta análoga à prevista no artigo 359-D do Código Penal. Esse crime, contudo, é especial porque aplicável especificadamente aos Prefeitos.

Os três verbos nucleares do tipo possuem relação consequencial, de modo que esse é mais um tipo misto alternativo.

Ordenar (*mandar, determinar*) e efetuar (*realizar*) são as ações típicas do Prefeito que realiza (*concretizam, fazem*) as despesas não autorizadas por Lei ou em desacordo com as normas financeiras.

É mais um caso de norma penal em branco cujo complemento, essencial para a compreensão da conduta ilícita, é dado por outras leis. Para Aliomar Baleeiro, despesa pública "é a aplicação de certa quantia em dinheiro, por parte da autoridade ou agente público competente, dentro duma autorização legislativa, para execução de fim a cargo do Governo".[50] O manejo desses recursos deve ser pelo processamento formalmente estabelecido em lei, conforme passamos a analisar.

O art. 167, II, da CF, proíbe a realização de qualquer despesa pública sem prévia inclusão orçamentária ou mediante créditos adicionais. Assim, toda despesa pública deve, necessariamente, constar no orçamento anual (ou em Créditos Adicionais) para receber a competente autorização legislativa que permita a sua execução.

No plano infraconstitucional, as chamadas normas financeiras, destinadas a funcionalidade e operacionalização das despesas públicas, são regidas principalmente pela Lei Complementar 101/2000 (Lei de Responsabilidade Fiscal), Lei 4.320/1964 e Lei 14.133/2021. Assim, por exemplo, o art. 16 da Lei Complementar 101/2000 (Lei de Responsabilidade Fiscal) menciona que "*Serão consideradas não autorizadas, irregulares e lesivas ao patrimônio público a geração de despesa ou assunção de obrigação que não atendam o disposto nos arts. 16 e 17*". Segundo esses artigos, uma despesa somente pode ser realizada, se atender simultaneamente às seguintes condições: demonstrar o impacto orçamentário-financeiro no exercício, demonstrar que não afeta o cumprimento das metas fiscais, apresentar compatibilidade com o PPA e a LDO e tiver adequação orçamentária com a LOA.

De outro lado, a realização da despesa em desrespeito ao formal processo de pagamento pode caracterizar o delito. É o que sustenta Paulo Mascarenhas: "quem ordena ou realiza uma despesa não prevista no orçamento ou em desacordo com as normas financeiras, v.g. fazer pagamento sem ou antes de emitir a competente nota de empenho e a liquidação, comete, também, crime de responsabilidade. A Lei 4.320/64 determina que a efetivação da despesa atenderá aos seguintes requisitos: prévio empenho (arts. 58 a 61), ou seja, o reconhecimento formal da existência do débito e nome do credor lançado em documento específico (nota de empenho); a liquidação, que é a verificação do direito do credor em face dos títulos e documentos comprobatórios do crédito (art. 63); e o pagamento, que nada mais é que a entrega do numerário ao

50 BALEEIRO, Aliomar. *Uma Introdução à Ciência das Finanças*. 9ªed. Rio de Janeiro: Forense: 1973. p. 81.

credor, mediante quitação, na forma e condições legais (arts. 62, 64 e 67). Portanto, qualquer alteração da ordem prevista e determinada na Lei caracteriza crime de responsabilidade".[51]

A lição é irrepreensível, pois, o processo de pagamento é manifestação do princípio da oficialidade dos atos da administração pública, que possibilita a fiscalização pelos órgãos de controle e pela sociedade. Por isso, já se entendeu ocorrido este crime, no caso em que houve pagamento integral por obra que nem sequer havia sido iniciada, em contrariedade às normas para efetivação do gasto público, que preveem pagamentos à medida em que as obras vão sendo realizadas. O fato de que a obra tenha sido, ao final, realizada, ainda que a destempo, afasta a incidência do inc. I, mas não do inc. V (TRF 3, AC 97030373690, Gemaque. 1ª T., u. 3.8.10).

Alguns **exemplos de condutas caracterizadoras deste delito** são repasse de recursos a entidade privada sem dotação orçamentária ou crédito especial e sem possibilidades financeiras[52]; despesas com a ausência de empenhos ou comprovação de contraprestação aos pagamentos ilegalmente feitos[53]; despesas sem empenho e sem suficiente complementação orçamentária[54]; homologação de convites que desatendiam normas da Lei 8.666/1993[55]; despesas feita com base em decreto que, à revelia do Poder Legislativo, abriu crédito adicional suplementar no orçamento[56].

Voluntariedade

O elemento subjetivo é o dolo (direito ou eventual), consistente na vontade livre e consciente de ordenar a geração de despesa não autorizada ou realizá-la em desacordo com as normas financeiras. Não se exige nenhuma finalidade específica.

Todavia, embora se referindo ao art. 359-D do CP, crime semelhante ao presente, já se decidiu que não há crime, se a despesa era legítima: STJ: APn 477/PB, rel. Min. Eliana Calmon, Corte Especial, j. 04.03.2009 e STJ: APn 389/ES, rel. Min. Nilson Naves, Corte Especial, j. 15.03.2006.

O julgado, porém, ignora que, na administração pública, vigora a regra da estrita legalidade pela qual, à administração só é lícito fazer o que está devidamente previsto na lei. O gestor, portanto, só pode ordenar as despesas autorizadas por lei, sob pena de praticar ato ilícito. Ademais, ante a previsão do art. 21 da LRF, esse tipo de ato é nulo de pleno direito, o que caracteriza esse crime como de perigo abstrato, pelo que o prejuízo às finanças públicas e à probidade administrativa é presumido, de forma absoluta, pelo tipo penal.

Não admite a modalidade culposa.

Consumação e Tentativa

Trata-se de crime de mera conduta que se consuma no momento em que o Prefeito emite a ordem concretizando a despesa não autorizada em Lei ou em desacordo com normas financeiras. A conduta exaure-se num único ato que materializa a ordem emitida pelo Prefeito. O cumprimento da ordem com a constituição da despesa ou seu pagamento são exaurimento do crime.

Aliás, o verbo "ordenar" contido no tipo já foi analisado pelo insuperável Nélson Hungria, o qual arrematou: "consuma-se o crime, em relação ao expedidor da ordem ilegal, desde que

51 MASCARENHAS, Paulo. Improbidade Administrativa e crime de responsabilidade de prefeitos. ed. RCN. 3ª. p. 77/78.

52 TJRS, Processo Crime 696800960, 42 Câmara Criminal, Rel. Des. Vladimir Giacomuzzi, Julgado em 18.03.1999.

53 TJPR, Acórdão 287.555728-8, 22 Câmara Criminal, Rel. Des. Lídio José Rotoli, DJ 30.10.2009.

54 TJPR, Acórdão 829.141691-9, 22 Câmara Criminal, Rel. Des. Mário Helton Jorge, DJ 22.11.2004.

55 TJPR, Acórdão 1 102.64297-7, 22 Câmara Criminal, Rel. Des. Gil Trotta Telles, DJ 20.05.2002.

56 TJPR, Acórdão 1156.67845-5, 22 Câmara Criminal, Rel. Des. Carlos A. Hoffmann DJ 21.05.2001.

seja esta expedida, oralmente ou por escrito, isto é, desde que se cria o perigo de ser executada pouco importando que o não seja efetivamente..."[57].

A posterior aprovação de Lei autorizando a despesa é irrelevante visto que "É indispensável que os prefeitos municipais se conscientizem de que o erário há de ser administrado com zelo e cuidado. Assim, procedendo o alcaide à despesa à conta de dotações cujos saldos não comportem realização, há que se reconhecer consumado o delito do art. 1º., V, do Dec.-Lei 201/67, ainda que posteriormente as dotações venham a ser suplementadas" (Tacrim/SP – Ap. Crim – Rel. Juiz Camargo Sampaio – JUTA-Crim/SP 32/186).

A tentativa é então incabível.

> VI – Deixar de prestar contas anuais da administração financeira do município a câmara de vereadores, ou ao órgão que a constituição do estado indicar, nos prazos e condições estabelecidos.

Bem Jurídico Tutelado

Administração Pública, tanto em seu aspecto patrimonial, consistente na preservação do erário, como também em sua face moral, representada pela lealdade e probidade dos agentes públicos. Tutela-se também o princípio republicano que impõe o dever de todos os agentes públicos prestarem contas de sua atuação.

Sujeitos do Crime

Sujeito ativo é o Prefeito Municipal. A condição pessoal do agente (de funcionário público) comunica-se ao coautor, porque elementar do crime (CP, art. 30), razão pela qual se admite a coautoria e participação com extraneus, desde que ele tenha conhecimento dessa condição pessoal do autor. A obrigação de prestar contas recai sobre o Prefeito que esteja em exercício no momento em que o prazo para fazê-lo termina, ainda que diga respeito a atos praticados por antecessor.

Sujeito passivo é o Estado, lesado no seu patrimônio material ou moral.

Condutas

Trata-se de crime omissivo visto que o núcleo verbal é deixar de prestar, que significa sonegar, omitir ou deixar de fazer ou de cumprir com a obrigação de prestar contas. Essa omissão ou o retardo da prestação de contas constituem instrumento para a ocultação da prática de crimes referentes à má aplicação e/ou desvio de verbas públicas, ou à dilapidação do patrimônio público. É conduta altamente reprovável, porque impede que os órgãos de controle externo possam apurar as contas e, dependendo da situação apurada, promover o ressarcimento ao Erário.

Por isso, a obrigação dos municípios de prestar constas é constitucional e deve ser feita nos prazos fixados em Lei (CF, art. 30, III).

De um modo geral, o Prefeito está obrigado a prestar contas à Câmara Municipal, ao Tribunal de Contas do Estado e ao Tribunal de Contas da União, relativamente aos recursos dela recebidos.

O dever de prestar contas decorre do princípio constitucional da publicidade, que busca tornar todos os atos da gestão acessíveis aos cidadãos, além de submetê-los a controle e

57 HUNGRIA, Nélson. Comentários ao Código Penal. Rio de Janeiro: Forense. 1958. vol. IX. p. 508.

fiscalização contábil, financeira, orçamentária, operacional e patrimonial, quanto à legalidade, legitimidade, economicidade, aplicação das subvenções e renúncia de receitas.

Ademais, a Lei de Responsabilidade Fiscal, no art. 48, qualifica a prestação de contas como instrumento de transparência da gestão fiscal. No art. 58, a mesma Lei dispõe: "a prestação de contas evidenciará o desempenho da arrecadação em relação à previsão, destacando as providências adotadas no âmbito da fiscalização das receitas e combate à sonegação, as ações de recuperação de créditos nas instâncias administrativa e judicial bem como as demais medidas para incremento das receitas tributárias e de contribuições".

Arremata Hely Lopes Meirelles: "o dever de prestar contas é decorrência natural da administração como encargo de gestão de bens e interesses alheios. Se o administrador corresponde ao desempenho de um mandato de zelo e conservação de bens e interesses de outrem, manifesto é que quem o exerce deverá contas ao proprietário. No caso do administrador público, esse dever ainda mais se alteia, porque a gestão se refere a bens e interesses da coletividade e assume o caráter de um múnus público, isto é, de um encargo para com a comunidade. Daí o dever indeclinável de todo administrador público – agente político ou simples funcionário – de prestar contas de sua gestão administrativa, e nesse sentido é a orientação de nossos Tribunais".[58]

O dever de prestar contas é significativo, tanto que seu descumprimento, além de configurar ato de improbidade administrativa, prevista no inciso VI do art. 11, da Lei 8.429/1992 (desde que visando ocultar irregularidades, conforme redação dada pela Lei 14.230/2021), é também motivo para intervenção do Estado-Membro do Município, conforme inciso II do art. 35 da Lei Maior.

Como dissemos acima, a obrigação de prestar contas recai sobre o Prefeito que esteja em exercício no momento em que o prazo para o fazer termina, ainda que diga respeito a atos praticados por antecessor. Sob pena de esvaziamento da norma, inclui-se no dever de prestar contas, a obrigação de serem encaminhadas a documentação necessária e indispensável que atenda às exigências dos normativos que disciplinam a matéria. Evidentemente que inexiste crime caso o novo prefeito demonstre a impossibilidade material para prestar contas diante, por exemplo, do extravio da documentação necessária, o que deve ser objeto de comprovação real e medidas visando resguardo do patrimônio público do Município.

Voluntariedade

O elemento subjetivo é o dolo. Por tratar-se de crime omissivo, não admite o dolo eventual. Não existe elemento subjetivo específico como eventual vontade de causar prejuízo ao patrimônio público ou outro fim especial. O Superior Tribunal de Justiça já entendeu que não afasta o dolo no caso de o Prefeito realizar a prestação de contas tardia (STJ. Resp. 707.314 MA, Rel. Min. Maria Thereza de Assis Moura, 6ª T., DJE 01.01.2010) Porém, o mesmo tribunal já afastou o elemento subjetivo diante de pequeno atraso (STJ. Resp. 735.481/MA, Rel. Min. José Arnaldo da Fonseca, 5ª T., DJ 24.10.2005), o que de um modo geral indica que devem ser avaliadas as circunstâncias do caso concreto para, a partir do reconhecimento da intempestividade da prestação de contas pelo Prefeito, verificar-se a presença do elemento volitivo, especificamente o dolo, notadamente em situações em que o atraso seja mínimo, ou plenamente justificável[59].

Não admite modalidade culposa.

58 MEIRELLES, Hely Lopes. Direito administrativo brasileiro. 25. ed. São Paulo: Malheiros, 2000, p. 100/101.

59 Neste sentido decidiu recentemente o STJ: "Assim, embora tenha havido a entrega da prestação de contas em momento posterior ao estipulado, tudo sugere que o atraso na prestação de contas ocorreu muito mais por uma falha ou mesmo por uma desorganização administrativa, do que por uma vontade livre e consciente de sonegar informações necessárias e obrigatórias à aplicação de recursos transferidos ao Município" (Processo: REsp 1.695.266-PB, Rel. Min. Rogerio Schietti Cruz, Sexta Turma, por unanimidade, julgado em 23/06/2020, DJe 10/08/2020).

Consumação e Tentativa

O crime consuma-se com o decurso do prazo indicado na Lei que estabeleceu o dever de prestar constas. Trata-se de crime a prazo, entendido como "aquele em que o tipo penal exige, para sua configuração, o decurso de certo espaço de tempo".[60] Anote-se que o prazo para o encaminhamento das contas para o parlamento municipal é fixado pelas Leis Orgânicas, enquanto que para o Tribunal de Contas pode estar previsto nas Constituições estaduais.

Uma vez decorrido o prazo legal sem a prestação de contas, a infração é imediatamente consumada. Desse modo, eventual prestação de constas intempestiva não tem o condão de afastar a caracterização do crime, ante o disposto no art. 4º. do Código Penal.

Sobre a prestação de contas intempestiva, embora se refira à Lei de Improbidade, são precisas as lições de Sergei Medeiros Araújo: "deve-se excluir, de plano, a absurda hipótese de considerar escusada a improbidade, ou afastada a incidência do tipo, em razão da apresentação da prestação de contas após a propositura da ação. [...]. Acatar a tese de atipicidade da conduta nessa situação, além de configurar nítida violação à moralidade, seria abrir as portas para fraudes contra a efetividade ao art.11, VI, da Lei n. 8.429/92. O atraso prolongado acaba por deixar evidente o menoscabo da Lei e o desiderato de quedar-se inerte o gestor, impedindo aquilo que é justamente o objetivo da prestação: o exame da correta aplicação do recurso".[61] No mesmo sentido, já decidiu o STJ. (Resp. 448543, Arnaldo Lima, 6ª T., m. 6.9.07).

O tipo não exige resultado naturalístico ou dano patrimonial. Por isso, é irrelevante a posterior aprovação das contas prestadas intempestivamente, porquanto a reprovação das contas não é elementar do tipo.

Por tratar-se de crime omissivo, inadmite tentativa.

> VII – Deixar de prestar contas, no devido tempo, ao órgão competente, da aplicação de recursos, empréstimos, subvenções ou auxílios internos ou externos, recebidos a qualquer título.

Bem Jurídico Tutelado

O tipo tutela a Administração Pública, tanto em seu aspecto patrimonial, consistente na preservação do erário, como também em sua face moral, representada pela lealdade e probidade dos agentes públicos.

Sujeitos do Crime

Sujeito ativo é o Prefeito Municipal. "Responde pelo delito o Prefeito Municipal que ocupa o cargo ao tempo em que é devida a prestação de contas (TRF 5, AP 200281000041079, Almeida Fº, Pl., m., 10.3.10) e não aquele que responde pela Prefeitura, quando firmado o negócio jurídico ou recebidos os recursos, se a prestação de contas era devida depois do encerramento de sua gestão (TRF 5, Inq. 200782010028590, Maximiliano Cavalcante, PL., u., 2.12.09).

A condição pessoal do agente (de funcionário público) comunica-se ao coautor, porque elementar do crime (CP, art. 30), razão pela qual se admite a coautoria e participação com extraneus, desde que ele tenha conhecimento dessa condição pessoal do autor.

Sujeito passivo é o Estado, lesado no seu patrimônio material ou moral.

---

60 GRECO, Rogério. Código Penal Comentado. 11. ed. – Niterói: Ímpetos. 2017. p. 76.

61 ARAÚJO. Sergei Medeiros. A improbidade administrativa em razão do descumprimento do dever fundamental de prestar contas. In "Questões práticas sobre improbidade administrativa. ed. ESMPU, 2011, p.28.

Condutas

Trata-se de delito análogo ao anterior, diferenciando-se apenas no tocante ao objeto material, os quais, aqui, são recursos, empréstimos, subvenções e auxílios à entidade ou órgãos que deverão receber a prestação de contas.

Da mesma forma, trata-se de crime omissivo, visto que o núcleo verbal é deixar de prestar, que significa sonegar, omitir ou deixar de fazer ou de cumprir com a obrigação de prestar contas, a qual deve ser feita nos prazos fixados nos contratos ou atos administrativos bilaterais celebrados com outras pessoas, como contratos, convênios ou consórcios.

Afora essa especificidade, o delito é correlato ao previsto no inciso VI, pelo que as considerações feitas naquela ocasião são aqui aplicáveis.

Voluntariedade

O elemento subjetivo é o dolo. Por tratar-se de crime omissivo, não admite o dolo eventual. Não existe elemento subjetivo específico como eventual vontade de causar prejuízo ao patrimônio público ou outro fim especial.

Não admite modalidade culposa.

Consumação e Tentativa

O crime consuma-se com o decurso do prazo indicado no contrato ou equivalente, que estabeleceu o dever de prestar contas. Trata-se de crime a prazo. Uma vez decorrido o prazo legal sem a prestação de contas, a infração é imediatamente consumada. Desse modo, eventual prestação de contas intempestiva não tem o condão de afastar a caracterização do crime, ante o disposto no art. 4º. do Código Penal.

Por tratar-se de crime omissivo, inadmite tentativa.

Sobre a prestação de contas intempestiva, vide comentários ao tipo, no inciso anterior.

> VIII – Contrair empréstimo, emitir apólices, ou obrigar o município por títulos de crédito, sem autorização da câmara, ou em desacordo com a lei.

Bem Jurídico Tutelado

Administração Pública, tanto em seu aspecto patrimonial, consistente na preservação do erário, como também em sua face moral, representada pela lealdade e probidade dos agentes públicos. Tutelam-se ainda as finanças públicas e o equilíbrio orçamentário, estabelecendo-se um controle sobre endividamento do Município.

Sujeitos do Crime

Sujeito ativo é o Prefeito Municipal. A condição pessoal do agente (de funcionário público) comunica-se ao coautor, porque elementar do crime (CP, art. 30), razão pela qual se admite a coautoria e participação com extraneus, desde que ele tenha conhecimento dessa condição pessoal do autor.

Sujeito passivo é o Estado, lesado no seu patrimônio material ou moral.

Condutas

A primeira conduta contida no tipo não tem nenhuma relação com a segunda, caracterizando-se como atos distintos. Contrair (*celebrar, adquirir*) empréstimo é operação financeira distinta da conduta de emitir (*expedir, confeccionar*) apólice e obrigar (*vincular*) por título de crédito, de modo que, nesse ponto, o tipo é misto cumulativo, entendido como aquele em que "a Lei estabelece várias condutas nucleares que, se praticadas seguidamente, ainda que em contexto único, ensejam o concurso material".[62]

O prefeito pode praticar a primeira conduta sem que possa identificar relação consequencial com a segunda. Aliás, o modo de agir para a realização de cada uma dessas operações financeiras é absolutamente distinto em uma e em outras, pelo que não é possível identificar uma progressividade criminosa entre elas.

Contrair empréstimo é a celebração de contrato em que o Município recebe determinada quantia em dinheiro e se compromete a restituí-lo, após determinado tempo, acrescido de juros estipulados. Está regulamentado pelos arts. 579 à 592 do Código Civil.

Emitir apólice ou obrigar o Município por títulos de crédito é atribuir responsabilidade creditícia ao município, por meio da emissão de documentos. São títulos da dívida pública, nos termos do art. 29, inc. II, da Lei Complementar 101/2000 – Lei de Responsabilidade Fiscal.

Ambas as operações financeiras (empréstimo ou emissão de título de crédito) devem ser autorizadas previamente pelo legislativo municipal e necessitam cumprir as disposições legais limitadoras do endividamento público e seus respectivos procedimentos, pelo que, neste ponto, está é uma norma penal em branco[63]. Caso realize essas operações sem a Lei ou em desacordo com a lei, cometerá o delito em estudo.

O crime do art. 359-H do Código Penal é semelhante ao desse inciso, aplicável, portanto, aos demais agentes públicos que não sejam Prefeitos.

E se o Prefeito emite cheque para desconto em contas-correntes especiais? Comete o crime em estudo?

Altamiro de Araújo Lima Filho responde: "neste ponto vale indagar acerca da emissão de cheque sacável de conta corrente bancária da municipalidade e de forma irregular, isto é, sem autorização da câmara ou de lei. Configuraria ou não o delito descrito no item em comento? A resposta, por certo, envolve o conceito que se tenha acerca da natureza jurídica de tal título. Em se admitindo seja ele um título de crédito, a resposta será positiva; considerando-o como título de disposição, ou seja, meio de pagamento à vista, a resposta será negativa".[64]

O mesmo autor lembra sobre a questão relacionada à emissão de *vale*, fato comum em pequenos municípios, o qual, por não possuir os requisitos formais de um título crédito formal, não se amolda ao tipo do inciso VIII.[65]

Voluntariedade

O elemento subjetivo é o dolo (direto ou eventual). Inexiste qualquer tipo de dolo específico ou intuito de lucro ou de causar prejuízo.

Não admite modalidade culposa.

62 CUNHA. Rogério Sanches. Manual de direito penal: parte geral (arts. 1 *o* ao 120). 4. ed. Salvador: Juspodivm, 2016. p. 250.

63 De um modo geral, essas operações de crédito dependem, além da prévia e específica autorização legislativa, de inclusão na Legislação orçamentária e da proibição de operações que excedam o montante das despesas de capital, ressalvadas as autorizadas em créditos suplementares ou especiais com finalidade precisa, aprovadas pelo Legislativo por maioria absoluta (CF, 167, III). Devem ser observadas ainda as normativas do Senado Federal constantes da Resolução 43/2001.

64 LIMA FILHO, Altamiro de Araújo. Prefeitos e vereadores: crimes e infrações de responsabilidade. Leme-SP: Mundo Jurídico. 4ª. ed., 2012. p. 198.

65 LIMA FILHO, Altamiro de Araújo. Prefeitos e vereadores: crimes e infrações de responsabilidade. Leme-SP: Mundo Jurídico. 4ª. ed., 2012. p. 199/200.

Consumação e Tentativa

Trata-se de crime formal que se consuma no momento em que o Prefeito contrai o empréstimo ou emite o título de crédito, sem a autorização legal.

A tentativa é possível.

> IX – Conceder empréstimo, auxílios ou subvenções sem autorização da câmara, ou em desacordo com a lei.

À luz da nova Lei de Licitações (artigo 76, I, da Lei nº 14.133/2021) a alienação de bens imóveis da Administração Pública continua subordinada à existência de interesse público devidamente justificado, prévia avaliação e autorização legislativa, porém, deve ser feita pela modalidade de leilão.

Bem Jurídico Tutelado

Administração Pública, tanto em seu aspecto patrimonial, consistente na preservação do erário, como também em sua face moral, representada pela lealdade e probidade dos agentes públicos. Tutelam-se, ainda, as finanças públicas e o equilíbrio orçamentário, estabelecendo-se um controle sobre o endividamento do Município.

Sujeitos do Crime

Sujeito ativo é o Prefeito Municipal. A condição pessoal do agente (de funcionário público) comunica-se ao coautor, porque elementar do crime (CP, art. 30), razão pela qual se admite a coautoria e participação com extraneus, desde que ele tenha conhecimento dessa condição pessoal do autor.

Sujeito passivo é o Estado, lesado no seu patrimônio material ou moral.

Condutas

Trata-se de delito que complementa as figuras dos incisos IV e VIII, na medida em que busca criminalizar a conduta do Prefeito que concede (*permite, fornece*) empréstimos, auxílios ou subvenções, sem a autorização do legislativo municipal ou em desacordo com a lei.

A concessão dessas benesses compromete o tesouro municipal, razão pela qual a realização desses atos deve ser autorizada por meio de Lei específica e cercada de cautelas que visem assegurar o atendimento ao interesse público, pois, ao administrador público não é dado o direito de fazer cortesia às custas do povo. Essas operações devem objetivar sempre uma contraprestação de interesse de toda a comunidade: "as subvenções e auxílios financeiros, sendo atos de liberalidade do Município, devem também ser autorizados por Lei local, discutida e votada com as cautelas especiais previstas na legislação – local – e no regimento interno da Câmara. Tais subvenções e auxílios só devem ser liberalizados para realização de obras, serviços e atividades de interesse público, e não para atendimento de interesses particulares de munícipes. (...). Por isso, deve o Município concedê-la restritivamente, nos casos em que haja interesse público, para estimular atividades reputadas úteis à coletividade".[66]

Por isso que as operações mencionadas devem observar os mandamentos da Lei de responsabilidade fiscal, especificadamente no tocante a destinação de recursos públicos para o setor privado (LRF, art. 26 e ss.), a saber: (a) lei específica; (b) critérios da lei de diretrizes orçamentárias; (c) previsão na lei orçamentária anual. Deve-se analisar ainda a disciplina da matéria pela Lei Orgânica Municipal e as limitações de cada um dos marcos legais que regulam

66 MEIRELLES, Hely Lopes. Direito Municipal Brasileiro. São Paulo: Malheiros. 9ª. ed. 1997. p. 491 e 495.

cada uma das entidades beneficiárias das operações acima: convênios (Lei 14.133/2021), termo de parceria (Lei 9.790/1999), contrato de gestão (Lei 9.637/1998), etc.

Como bem sintetizam Fábio Roque Araújo e outros: "Em resumo, tanto para erigir o Município à condição de devedor, quanto à de credor, é imperioso que haja a autorização da câmara dos Vereadores e a observância da legislação, sob pena de termos consumados os crimes mencionados".[67]

Voluntariedade

O elemento subjetivo é o dolo (direto ou eventual). Inexiste qualquer tipo de dolo específico ou intuito de lucro ou de causar prejuízo.

Não admite modalidade culposa.

Consumação e Tentativa

Trata-se de crime formal que se consuma no momento em que o Prefeito concede as benesses legais, sem a autorização legal. A tentativa é possível.

> X – Alienar ou onerar bens imóveis, ou rendas municipais, sem autorização da câmara, ou em desacordo com a lei.

Bem Jurídico Tutelado

Administração Pública, tanto em seu aspecto patrimonial, consistente na preservação do erário, como também em sua face moral, representada pela lealdade e probidade dos agentes públicos.

Sujeitos do Crime

Sujeito ativo é o Prefeito Municipal. A condição pessoal do agente (de funcionário público) comunica-se ao coautor, porque elementar do crime (CP, art. 30), razão pela qual se admite a coautoria e participação com extraneus, desde que ele tenha conhecimento dessa condição pessoal do autor.

Sujeito passivo é o Estado, lesado no seu patrimônio material ou moral.

Condutas

Alienar é transferir, a título oneroso ou gratuito, a propriedade de bens imóveis do município, seja por meio de venda, doação, dação em pagamento, permuta ou investidura. Onerar é gravar com ônus (real) os bens imóveis, fazendo cair sobre ele um direito real, em decorrência de cláusula contratual ou disposição legal (art. 1.225 do Código Civil). É o caso, por exemplo, da hipoteca, anticrese e a penhora. Há uma relação de prejudicialidade de uma conduta na outra, razão pela qual se trata de tipo misto alternativo.

Os objetos materiais sãos os bens imóveis e rendas públicas pelo que se verifica uma contradição na sistematização da lei, principalmente porque a alienação é ato formal de transferência da propriedade, que implica na alteração no registro do imóvel. A reprovabilidade da conduta é maior, uma vez que o desfalque do patrimônio do município e a atuação desidiosa do gestor são significativamente elevados.

67 ROQUE, Fabio. TAVORA, Nestor. ALENCAR, Rosmar Rodrigues. Legislação Criminal para concursos. Salvador: Juspodivm. 2016. p. 977.

Com efeito, a indevida alienação de bem público móvel implica a caracterização do crime previsto no inciso I, cuja pena é substancialmente mais elevada que a do inciso X. A alienação indevida de bem imóvel, geralmente de valor superior aos bens móveis, tem pena menor.

Além disso, a alienação de renda municipal resultará no desvio de renda pública, o que caracteriza infração ao inciso I do art. 1º. do Decreto-Lei 201/1967, razão pela qual, quanto às rendas públicas, só é possível a caracterização deste crime no caso de oneração, operação de crédito usual como meio de a municipalidade prestar garantias para concessão de empréstimos, por exemplo.

O elemento normativo do tipo – *desacordo com a lei* – remete a análise do artigo 76 da Lei nº 14.133/2021, que subordina a alienação de bens imóveis da Administração Pública à existência de interesse público devidamente justificado, prévia avaliação, autorização legislativa, licitação na modalidade de leilão e critério de julgamento por meio lance. O descumprimento desses parâmetros poderá ensejar a tipicidade formal da conduta aqui descrita.

Voluntariedade

O elemento subjetivo é o dolo (direito ou eventual) consistente na vontade livre e consciente de alienar ou onerar bens imóveis ou rendas municipais, sem a autorização da câmara ou em desacordo com a lei. Não se exige dolo específico do Prefeito.

Inexiste a figura culposa.

Consumação e Tentativa

Na primeira modalidade, o crime consuma-se com a alienação que, em se tratando de bem imóvel, só ocorre após o registro da transferência no Cartório de imóveis, *ex vi*, art. 1275, parágrafo único, do Código Civil.

Na modalidade da oneração de bens imóveis, o delito também se consuma com o registro na matrícula do imóvel.

Observa-se, porém, que o tipo penal não exige o efetivo registro da transferência ou da oneração.

A alienação e oneração da renda pública realizam-se com a realização das condutas do Prefeito. Trata-se de crime material.

A tentativa é possível. Por exemplo, Prefeito realiza a transferência do imóvel, mas o beneficiário não aperfeiçoa o ato subscrevendo a escritura pública.

XI – Adquirir bens, ou realizar serviços e obras, sem concorrência ou coleta de preços, nos casos exigidos em lei.

Trata-se de dispositivo tacitamente revogado pelo art. 89 da Lei 8.666/1993, que, por sua vez, foi revogado pelo crime do art. 337-E do Código Penal, atual norma penal sobre o assunto.

STF: "O Prefeito Municipal, ainda que não seja ordenador de despesas, pode ser processado criminalmente pelos crimes previstos na Lei 8666/93 – Lei das Licitações, se a acusação o enquadrar como mentor intelectual dos crimes" (Inq 2578 PA, Pleno, rel. Ricardo Lewandowski, 06.08.2009, v. u.). Também assim entende o Superior Tribunal de Justiça: "Não procede a alegação segundo o qual as condutas praticadas, concernentes à dispensa de licitação, não estariam subsumidas ao art. 89, da Lei 8.666/93, mas ao inciso XI, do Decreto 201/67, na medida em que praticadas no exercício financeiro do ano de 2000, ou seja, na vigência da Lei n.º 8.666/93, aplicável, também, no âmbito dos municípios. Precedentes do STF" (STJ. HC 204.285/PR, Rel. Min. Laurita Vaz, 5ª T., DJE 05.09.2012).

XII – Antecipar ou inverter a ordem de pagamento a credores do município, sem vantagem para o erário.

Bem Jurídico Tutelado

São protegidas a moralidade administrativa, a boa-fé e a igualdade entre os credores da administração pública.

Sujeitos do Crime

Sujeito ativo é o Prefeito Municipal. A condição pessoal do agente (de funcionário público) comunica-se ao coautor, porque elementar do crime (CP, art. 30), razão pela qual se admite a coautoria e participação com extraneus, desde que ele tenha conhecimento dessa condição pessoal do autor.

Sujeito passivo é o Estado, lesado no seu patrimônio material ou moral. Secundariamente os credores preteridos também são sujeitos passivos do crime.

Condutas

Trata-se do **crime de pagamento antecipado.**

Os verbos contidos no tipo são antecipar (*adiantar*) e inverter (*trocar, alterar*) que possuem significados semelhantes. Trata-se, desse modo, de tipo misto alternativo.

A conduta típica consiste em alterar ou subverter, de um modo geral, a ordem de pagamento dos credores do Município.

O dispositivo tem a mesma ideia contida no art. 100 da Constituição Federal, que instituiu a ordem cronológica de pagamento dos precatórios.

Parte-se da ideia de que, em respeito aos princípios constitucionais da impessoalidade, da moralidade e transparência, deve o pagamento dos credores do Município ser feito mediante obediência a uma ordem (sequência) de sua exigibilidade. Obedecer a uma ordem cronológica de pagamento, prevista na parte final do art. 37 da Lei 4.320/1964, é prática que se insere na condução impessoal da administração pública, que deve agir sem protecionismos ou retaliações aos seus credores.

O pagamento antecipado ou invertido dessa ordem cronológica caracteriza o crime em tela.

Há **elemento normativo no tipo**, qual seja, "sem vantagem para o erário", o que implica a inexistência de crime, caso a antecipação ou inversão resulte alguma espécie de proveito econômico-financeiro. Assim, por exemplo, caso a antecipação gere em desconto significativo concedido pelo credor, haverá vantagem para o erário e inexistirá o crime em estudo.

Trata-se de tipo semelhante ao crime previsto na segunda parte do art. 337-H do Código Penal (antigo artigo 92 da Lei 8.666/1993). O crime do Decreto-Lei utiliza-se de elementares mais abertas, mas é especial, porque se refere exclusivamente aos credores do município e tem como sujeito ativo apenas o Prefeito Municipal.

Esta conduta pode configurar também infração à Lei Anticorrupção Empresarial (art. 5º, IV, 'f', ou, 'g', da Lei 12.846/13), que instituiu a responsabilização administrativa e civil de pessoas jurídicas, pela prática de atos contra a administração pública, nacional ou estrangeira.

Voluntariedade

O elemento subjetivo é o dolo (direto ou eventual) consistente na vontade livre e consciente de realizar os verbos do tipo. Não há elemento subjetivo específico. Não admite modalidade culposa.

Consumação e Tentativa

O crime consuma-se no momento em que Prefeito antecipa ou inverte a ordem cronológica de pagamento de credores, o que ocorre no momento em que emite decisão/determinação nesse sentido.

Trata-se de crime de mera conduta, portanto.

Não se admite a tentativa, porque a conduta é praticada mediante ato único, qual seja, a decisão do Prefeito, determinando a antecipação ou inversão. A realização ou não do pagamento é fase irrelevante para a caracterização do delito.

XIII – Nomear, admitir ou designar servidor, contra expressa disposição de lei.

Bem Jurídico Tutelado

São protegidos o direito fundamental à probidade administrativa, em especial os princípios da impessoalidade e moralidade administrativa, bem como a regra do concurso público.

Sujeitos do Crime

Sujeito ativo é o Prefeito Municipal. A condição pessoal do agente (de funcionário público) comunica-se ao coautor, porque elementar do crime (CP, art. 30), razão pela qual se admite a coautoria e participação com extraneus, desde que ele tenha conhecimento dessa condição pessoal do autor.

Sujeito passivo é o Estado, lesado no seu patrimônio material ou moral.

Condutas

Nomear (*indicar, Identificar*), admitir (*contratar, empregar*) e designar (*identificar*) são os verbos do tipo que representam ações múltiplas de caráter equivalente. Trata-se, desse modo, de tipo misto alternativo.

Por meio de qualquer uma dessas condutas, o Prefeito determina o ingresso dos cidadãos ao serviço público. Haverá crime, contudo, se o ingresso é feito contra expressa disposição de lei, o que pode ocorrer de modo variado.

Como se sabe, segundo a Constituição Federal, a maneira ordinária de recrutamento de pessoas para trabalharem para a Administração Pública é por meio do **concurso público**, conforme prevê o art. 37, II, *in verbis*: "Art. 37 (...) II – a investidura em cargo ou emprego público depende de aprovação prévia em concurso público de provas ou de provas e títulos, de acordo com a natureza e a complexidade do cargo ou emprego, na forma prevista em lei, ressalvadas as nomeações para cargo em comissão declarado em Lei de livre nomeação e exoneração".

O concurso público, segundo o inciso III do mesmo art. 37, tem prazo de validade de até dois anos, prorrogável uma única vez, por até dois anos.

Segundo o § 2º da Constituição, a não observância do disposto nos incisos II e III implicará a nulidade do ato e a punição da autoridade responsável, nos termos da lei.

Trata-se de mandamento de tutela expresso da Constituição, que serve de amparo para o crime em análise.

Além da ressalva final contida no inciso II, que admite a nomeação para os **cargos em comissão**, a Carta Magna prevê ainda, como forma de ingresso no serviço público, a **contratação temporária por excepcional interesse público**, prevista no inciso IX do mesmo art. 37 da CF, que pode ser regulamentada em âmbito municipal, obedecidos os parâmetros constitucionais[68].

68 Já se reconheceu haver o crime em caso em que o Prefeito terceirizou a contratação de funcionários para a prestação de serviços, sem concurso e sem a demonstração da efetiva necessidade temporária de excepcional inte-

Assim, "(...) ressalto que, em casos análogos, esta Suprema Corte tem reconhecido que a existência de leis municipais autorizando a contratação temporária de agentes públicos, para atender a necessidade de excepcional interesse público, afasta a tipicidade da conduta referente ao art. 1º, XIII, do DL 201/1967, que exige a nomeação, admissão ou designação de servidor contra expressa disposição de lei". (HC 104.078, voto do rel. min. Gilmar Mendes, j. 7-6-2011, 2ª T, *DJE* de 5-8-2011).

Existe, ainda, a possibilidade de contratar pessoal mediante **processo seletivo público**, espécie de seleção prevista no art. 198, § 4º, da CF, adstrita aos agentes comunitários de saúde e agentes de combate às endemias.

Essas são as formas constitucionalmente previstas para a contração de servidores, de modo que haverá o crime em estudo se a nomeação, admissão ou designação se der contra essas disposições. Nesse sentido: "Crime de responsabilidade. Prefeito. Art. 1º, XIII, do Dec.-Lei n. 201/1967. Art. 37, inc. II e IX, da Constituição Federal. A nomeação ou contratação de servidor público, pelo Prefeito Municipal, para cargo público isolado ou em carreira, com inobservância do disposto no art. 37, inc. II, da Lei Maior, pode constituir, em tese, o crime de que trata o inc. XIII, do art. 1º, do Dec.-Lei 201/1967. Recurso conhecido e provido" (STJ, 5ªT., Resp. n. 113.316, rel. Min. Arnaldo da Fonseca, j. em 28/4/1997, *RSTJ* 100/271). No mesmo sentido: Resp. n. 138.397, rel. Min. Arnaldo da Fonseca, j. em 3/2/1998, *RT* 752/561.

A Lei municipal editada visando a regulamentação desse dispositivo constitucional, contudo, não pode desvirtuar os limites impostos pela Carta Magn, sob pena de ser inconstitucional. Nesse sentido: "CONTRATAÇÃO TEMPORÁRIA. São inconstitucionais, por violarem o art. 37, IX, da CF/88, a autorização legislativa genérica para contratação temporária e a permissão de prorrogação indefinida do prazo de contratações temporárias". (STF. Plenário. ADI 3662/MT, Rel. Min. Marco Aurélio, j. 23/3/2017. Info 858).

Do mesmo modo, haverá o crime em estudo **se a contratação for feita com fundamento em Lei absolutamente inconstitucional**, com afronta direta aos princípios da administração pública, afinal, após o reconhecimento da normatividade dos princípios, no contexto de centralidade da Constituição, a legalidade deixou de ser o único parâmetro para verificação da validade da atuação administrativa. A legitimidade passa pela análise do princípio da juridicidade, que não aceita a concepção da Administração vinculada exclusivamente às regras prefixadas nas leis, mas sim ao próprio Direito, o que inclui as regras e princípios previstos na Constituição. A juridicidade amplia a margem de controle dos atos jurídicos, de modo a assegurar que a atuação administrativa não seja, por via transversa, um artifício ou escudo à violação da ordem jurídica pelo administrador.

Assim, por exemplo, caso Lei municipal crie cargos em comissão ou autorize contratação temporária em situações absolutamente contrárias ao regime constitucional supracitado, notadamente em situações em que a provação da Lei não passa de um estratagema para disfarçar a violação à Constituição, o Prefeito pode ser condenado com base no delito em estudo, haja vista a inconstitucionalidade da Lei municipal por ferimento, dentre outros, ao princípio republicano.

Claro que, nesses casos, deverá ser aferido o dolo da conduta, que pressupõe a vontade de violar o sistema normativo constitucional de nomeação, admissão e designação de servidores.

Mas não só. Também haverá o delito em estudo, se o Prefeito realizar contratações contra expressa disposições de leis, como ocorre com as disposições contidas no art. 73, V, da Lei 9.504/1997 e art. 21, parágrafo único, da Lei Complementar 101/2000.

---

resse público (TJPR, Acórdão 61.725457-9, 2ª Câmara Criminal, Rel. Lidia Maejima, data publicação 16.09.2011) ou que admitiu servidor temporário para função de motorista escolar por prazo muito superior ao estipulado em lei (TJMG, processo 1.0000.09.505040-7/000(1), Rel. Des. José Antonio Baía Borges, data publicação 30.07.2010).

A questão do Nepotismo: Insta desde já assentar que o Superior Tribunal de Justiça já decidiu que "A nomeação de cargos em comissão sem atribuições de direção, chefia e assessoramento, mas meramente técnicas e que não pressupõem vínculo de confiança, pode, em tese, caracterizar a prática de crime de responsabilidade previsto no art. 1º, XIII, do Decreto-Lei nº 201/1967" (REsp 1.682.764, Rel. Min. Joel Ilan Paciornik, Quinta Turma do STJ, j. em 06.11.2018). Trata-se de entendimento que deve ser visto como ponto de partida para análise acerca da caracterização do crime no caso de nepotismo.

Como visto, o tipo em estudo é norma penal em branco de modo que seu complemento, em regra, deve ser feito por meio de lei. Ocorre que inexiste um conceito dado por uma Lei geral do que venha a ser nepotismo o qual, de um modo geral, é entendido como a nomeação de parentes próximos para os cargos de livre nomeação.

Em alguns casos, existem leis federais, estaduais e municipais, que definem e proíbem a prática do nepotismo. Nesses casos, não há dúvida, essas leis podem ser usadas como complemento da norma penal em branco, em estudo. Assim, ocorre, por exemplo, com a Lei 13.303/2016, que, no âmbito das empresas Estatais, veda a indicação, para Conselho de Administração e diretoria dessas estatais, de parentes consanguíneos ou afins, até terceiro grau, entre si.

Inegável, contudo, que a prática passou a ser vedada, de um modo geral, em todo o Brasil, por força da Súmula Vinculante nº. 13 do STF, editada em 2008, que dispõe: "a nomeação de cônjuge, companheiro, ou parente, em linha reta, colateral ou por afinidade, até o 3º grau inclusive, da autoridade nomeante ou de servidor da mesma pessoa jurídica, investido em cargo de direção, chefia ou assessoramento, para o exercício de cargo em comissão ou de confiança, ou, ainda, de função gratificada na Administração Pública direta e indireta, em qualquer dos Poderes da União, dos Estados, do Distrito Federal e dos Municípios, compreendido o ajuste mediante designações recíprocas, viola a Constituição".

A questão que se coloca é: há o crime do inciso XIII do art. 1º do Decreto-Lei 201/67, se o Prefeito nomear servidor contra a disposição da súmula vinculante nº 13? Quer nos parecer que sim, uma vez que o nepotismo é prática que viola os princípios constitucionais da impessoalidade, moralidade e eficiência que possuem caráter vinculativo-normativo suficiente para compor o tipo penal ora em estudo. Como ensina Luís Roberto Barroso, "atualmente, passou a ser premissa do estudo da Constituição o reconhecimento de sua força normativa, do caráter vinculativo e obrigatório de suas disposições. Vale dizer: as normas constitucionais são dotadas de imperatividade, que é atributo de todas as normas jurídicas, e sua inobservância há de deflagrar os mecanismos próprios de coação, de cumprimento forçado".[69]

Como dito acima, com o reconhecimento da normatividade dos princípios, no contexto de centralidade da Constituição, a legalidade deixou de ser o único parâmetro para verificação da validade da atuação administrativa. A legitimidade dos atos passa pela análise do princípio da juridicidade, que não aceita a concepção da Administração vinculada exclusivamente às regras prefixadas nas leis, mas sim ao próprio Direito, o que inclui as regras e princípios previstos na Constituição e as decisões proferidas pelos Tribunais Superiores que detém, segundo Hassemer, a tarefa de desenvolver o direito. A juridicidade amplia a margem de controle dos atos jurídicos, de modo a assegurar que a atuação administrativa não seja, por via transversa, um artifício ou escudo à violação da ordem jurídica pelo administrador.

Não há que se exigir, desse modo, que a contratação contrarie Lei em sentido estrito para a caracterização do tipo penal em estudo. Os comandos normativos constitucionais são suficientes para servir de complemento à norma penal em branco[70]. E nem se alegue violação ao

---

69 BARROSO, Luís Roberto. Curso de direito Constitucional Contemporâneo. São Paulo: Saraiva. 5ª. ed. 2015. p. 296.

70 De forma semelhante defende Giovani Corralo: "O mandamento *contra expressa disposição de lei* não pode ser compreendido num formalismo positivista, aos termos da Escola da Exegese, inspiradora de posturas agarradas

princípio da taxatividade, uma vez que "a precisão que se exige da Lei penal está no descrever condutas específicas, sem que se vede, entretanto, a inclusão, no conteúdo descritivo, de expressões de amplo alcance, que aumentem o campo da norma incriminadora. Desde que a parte nuclear do 'tipo' não deixe margem a dúvidas, as expressões que a ele se acrescentam podem depender de interpretação para aplicar-se à norma, e nem por isso se desnatura o caráter incriminador desta".[71]

Ademais, o uso de tipo penal aberto não é vedado à Lei penal.[72] Segundo Roberto Bitencourt, citando lições de Claus Roxin, para esses casos, "a solução correta deverá ser encontrada mediante os 'princípios da interpretação em Direito Penal'. Segundo esses princípios, 'um preceito penal será suficientemente preciso e determinado se, e na medida em que, do mesmo se possa deduzir um claro fim de proteção do legislador e que, com segurança, o teor literal siga marcando os limites de uma extensão arbitrária da interpretação".[73]

A rigor, a súmula marca os limites do nepotismo que decorre, como dito, da Constituição Federal. A certeza dos tipos penais, ensina Winfried Hassemer, depende da *lealdade da jurisprudência*, que pode corrigir erros notórios, por meio de uma interpretação conforme a Constituição Federal[74], essencialmente a tarefa das Súmulas Vinculantes e da Excelsa Corte[75]. Ao contrário do que possa parecer, portanto, a súmula delimita e restringe a possível abertura excessiva do tipo penal, emprestando-lhe o necessário mandato de certeza.

Assim, no que se refere ao tema do nepotismo, principalmente nos casos em que a configuração da ilicitude é flagrante, a Súmula Vinculante nº. 13 do STF é capaz de fornecer a precisão necessária para complementar, com segurança, o tipo penal em estudo, afinal, permite ao cidadão comum a perfeita identificação do comportamento proibido pela norma jurídica, notadamente nos casos em que há consenso acerca da caracterização do nepotismo[76].

Nada impede, além disso, que Constituições Estaduais (como faz o art. 20, § 5º, da Constituição do Estado do Rio Grande do Sul), leis estaduais, ou leis municipais, que regulamentem o nepotismo, possam ser utilizadas como o complemento normativo exigido pelo tipo.

---

a uma interpretação literal, como se a norma jurídica fosse portadora de um sentido preexistente ou de sentidos unívocos. O grande imbróglio é que o Decreto-lei 201/67 foi elaborado sob forte inspiração positivista, que reinou hegemonicamente durante décadas anteriores à Constituição de 1988, cujos efeitos ainda perdura. Este dispositivo legal, para se afeiçoar à nova ordem constitucional, deve considerar *expressa disposição de lei* não somente as regras constitucionais e infraconstitucionais vinculantes à nomeação, admissão e designação de servidor público, mas toda a principiologia subjacente, desde que expressa em comandos legais" (CORRALO, Giovani da Silva. Responsabilidade de Prefeitos e Vereadores: Comentários ao Decreto-Lei n.º 201/67. São Paulo: Atlas, 2015, p. 36).

71 MARQUES, José Frederico Marques. Tratado de direito penal, v. 1, p. 186.

72 Além disso, como anotado por Luís Greco, a utilização de conceitos valorativos, típico do funcionalismo penal, não são menos seguros ao direito penal. Ensina o doutrinador: "sequer conceitos ontológicos (por ex., finalidade; domínio do fato) possuem a univocidade que seus defensores lhes atribuem. Em segundo lugar, uma vez admitido que a tarefa do direito não está em descrever a realidade, mas em realizar valores, tais como a dignidade humana e a garantia ao livre desenvolvimento da personalidade, a utilização de conceitos valorados se torna inevitável. Cumpre, isso sim, concretizá-los, tornando-os mais seguros e precisos, através do exame da matéria jurídica". (GRECO, Luís. *Introdução à dogmática funcionalista do delito. Introdução à dogmática funcionalista do delito (em* comemoração *aos trinta anos de "Política criminal e sistema jurídico-penal", de Roxin).* In: POLETTI, Ronaldo Rebello de Britto (Org.). Revista Notícia do Direito brasileiro. Nova série. n. 7. Brasília: UnB, Faculdade de Direito, 2000, p. 18).

73 BITENCOURT, Cezar Roberto. Tratado de Direito Penal Vol. 1 – Parte Geral, 23ª edição, 2017. p. 55.

74 HASSEMER, Winfried. Introdução aos fundamentos do Direito Penal. Traduzido por Pablo Rodrigo Alflen da Silva. Porto Alegre: Sérgio Antonio Fabris. 2005. p. 338.

75 A interpretação conforme à Constituição Federal pode produzir interpretações que delineiam os tipos penais, como ocorre nas decisões proferida em sede de Repercussão Geral (CF, 102, § 3º) e Súmulas Vinculantes (CF, 103-A).

76 Assim já entendeu o TJPR em caso de nomeação de filho do vice-prefeito, por duas vezes, para cargo em comissão de diretor do departamento de educação e Chefe de Gabinete, com a aplicação da respectiva súmula (TJPR, Acórdão 15.685975-8, 2ª Câmara Criminal, Rel. Roberto Portugal BAcellar, Data da publicação 18.01.2012).

Nesse sentido, foi noticiado no informativo 769 do STF que, embora a 1ª Turma, por maioria, tenha provido a apelação para, por ausência de dolo, absolver parlamentar, então prefeito municipal, condenado pela prática do crime previsto no art. 1º, XIII, do Decreto-Lei 201/1967, reconheceu a possibilidade de Lei municipal ser complemento do tipo. (AP 595/SC, rel. Min. Luiz Fux, 25.11.2014).

São **exemplos que ensejaram a caracterização deste delito** a nomeação de funcionária pública contrariando expressa disposição legal[77]; a designação ou alteração de função de servidor celetista, sem concurso público, constitui crime, sendo inaceitável a arguição de que teria ocorrido promoção ante a inexistência de plano de carreira, restando cristalino o intuito de beneficiar os servidores com atribuição mais qualificadas e melhor remuneração[78]; nomeação para cargo comissionado de servidor que exercia dois cargos de professor na rede pública, com percebimento de três remunerações[79]; nomeação de servidores por meio de concurso em número superior às vagas criadas por lei[80]; contratação de profissionais como autônomos, após edital de seleção, com base na Lei 14.133/2021[81].

A conduta ora tipificada também caracteriza ato de improbidade administrativa, previsto na Lei 8.429/92, com a redação dada pela 14.230/2021 (art. 11, V ou XI, conforme o caso).

Voluntariedade

O elemento subjetivo é o dolo (direito ou eventual). É a vontade livre e consciente de contratar pessoa contra disposição prevista em lei.

Não há elemento subjetivo do tipo específico.

Não admite modalidade culposa.

Consumação e Tentativa

Trata-se de crime de mera conduta, pois não há previsão de qualquer resultado, seja a investidura, seja a entrada em exercício da pessoa contratada. O STJ já decidiu: "A contratação temporária de servidores em desconformidade com a legislação pode caracterizar, em tese, a prática do crime de responsabilidade previsto no artigo 1º, inciso XIII, do Decreto-Lei nº 201/1967 (RHC 152.065 AgR, Rel. Min. Dias Toffoli, Segunda Turma do STF, j. em 07.08.2018). Trata-se de crime formal, porque basta a conduta de admitir, nomear ou designar pessoa para exercer cargo ou função pública em desconformidade com a legislação pertinente, independente do prejuízo à Administração Pública ou vantagem ao Prefeito para sua consumação" (HC 370.824, Rel. Min. Ribeiro Dantas, 5ª T., j. em 10.10.2017).

Não admite tentativa, uma vez que o ato de nomeação, admissão e designação praticado pelo Prefeito é ato administrativo simples, isto é, independe de qualquer outra providência do Prefeito para ser válido. Ademais, é ato perfeito, isto é, reúne nele mesmo todos os elementos capazes de torná-lo manifestação da vontade do prefeito e, por isso mesmo, é plenamente exequível a partir dele mesmo. Essas características fazem com que produza efeitos imediatamente após ser editado, o que consuma, instantaneamente, a infração em tela.

---

77 TJRS, Processo Crime 697802361, 4ª Câmara Criminal, Rel. Des. Constantino Lisboa de Azevedo, Julgado em 09.12.1999.

78 TJRS, Processo Crime 694101957, 4ª Câmara Criminal, Rel. Des. Danúbio Edson Franco, Julgado em 11.11.1997.

79 TJPR, Acórdão 86.678682-7, 2ª Câmara Criminal, Rel. Lilian Romero, Data da publicação 22.06.2011.

80 TJPR, Acórdão 422.470630-7, 2ª Câmara Criminal, Rel. Lilian Romero, Data de Publicação 15.08.2008.

81 Exemplo do professor Giovanni Corralo (CORRALO, Giovani da Silva. Responsabilidade de Prefeitos e Vereadores: Comentários ao Decreto-Lei n.º 201/67. São Paulo: Atlas, 2015, p. 37).

XIV – Negar execução a Lei federal, estadual ou municipal, ou deixar de cumprir ordem judicial, sem dar o motivo da recusa ou da impossibilidade, por escrito, à autoridade competente.

Bem Jurídico Tutelado

Tutelam-se o princípio da legalidade e a força das decisões judiciais.

Sujeitos do Crime

Sujeito ativo é o Prefeito Municipal. A condição pessoal do agente (de funcionário público) comunica-se ao coautor, porque elementar do crime (CP, art. 30), razão pela qual se admite a coautoria e participação com extraneus, desde que ele tenha conhecimento dessa condição pessoal do autor.

Sujeito passivo é o Estado, lesado no seu patrimônio material ou moral.

Condutas

Há na verdade dois crimes narrados no tipo. O primeiro é negar execução à Lei federal, estadual e municipal. O segundo é deixar de cumprir ordem judicial. As condutas não são fungíveis entre si, de modo que se trata de tipo misto cumulativo.

O primeiro crime – negar execução à Lei – tem como núcleo o verbo negar (*refutar, afastar, ignorar*) e objeto material a Lei federal, estadual e municipal.

Trata-se de tipo que deve ser analisado com cuidado.

As condutas do Prefeito contrárias à Lei federal, estadual ou municipal não podem ser, indiscriminadamente, aptas a caracterizar o crime em tela, sob pena de violação ao princípio da subsidiariedade. Embora, para o Prefeito, que é agente público, vigore também o princípio da legalidade pública, segundo o qual somente pode fazer aquilo que esteja expressamente previsto e autorizado na lei, dada a redação contida no tipo, que menciona "negar execução à lei", haverá crime, se ele negar cumprimento de algum comando legal específico exequível contido, geralmente, em Lei de efeito concreto, seja federal, estadual ou municipal. Com efeito, a Lei de efeito concreto é aquela que regula situação certa e determinada, que opera um comando específico e exequível e que se dirige às pessoas certas e determinadas. Nesse caso, o descumprimento da Lei prejudica os efeitos específicos pretendidos e as pessoas certas e determinadas alcançadas pelo comando, razão pela qual a tutela penal é viável, principalmente frente à identificação dos sujeitos passivos da omissão do Prefeito.

Afora essa situação, a negativa de executar Lei federal, estadual ou municipal, pode caracterizar eventualmente crime de prevaricação ou outro crime, conforme o caso. Foi exatamente o que já reconheceu o Supremo Tribunal: "a apropriação indébita previdenciária (art. 168-A do CP) prevalece sobre o tipo previsto no art. 1º, XIV, do DL 201/1967, quando a hipótese versa descumprimento de Lei municipal atinente a recolhimento a autarquia previdenciária" (AP 450, rel. min. Teori Zavascki, j. 18-11-2014, 2ª T, *DJE* de 11-2-2015).

Em regra, **não é dado ao Prefeito negar o cumprimento de Lei que entenda inconstitucional** uma vez que, enquanto não declarada formalmente inconstitucional, a Lei é eficaz e vinculante. De todo modo, em casos extremos, de flagrante inconstitucionalidade, em que o Prefeito tenha manejado as medidas adequadas para a invalidação da Lei (municipal), a questão poderá ser analisada à luz do dolo.

O segundo delito previsto no tipo é deixar de cumprir (*desobedecer, descumprir, desrespeitar*) ordem judicial.

Trata-se de crime análogo à desobediência, previsto no art. 330 do Código Penal, mas é especial, ante a peculiaridade de ser imputável a Prefeitos, além de aqui, restringir-se às ordens judiciais.

Assim sendo, o prefeito, que descumprir ordens legais de outras autoridades, poderá responder pelo crime de desobediência do art. 330 do Código Penal. Se recusar, retardar ou omitir dados técnicos indispensáveis à propositura da ação civil pública requisitados pelo Ministério Público, poderá responder pelo crime do art. 10 da Lei 7.347/1985 (Lei da Ação Civil Pública).

Embora haja divergência na doutrina tradicional acerca da possibilidade de funcionário público praticar crime de desobediência ou prevaricação, no caso de Prefeito Municipal, a discussão é resolvida pela tipificação expressa feita pelo Decreto-Lei 201/1967.

A tipificação do descumprimento ou desobediência de ordem judicial é imprescindível para compelir o agente público a cumprir as decisões judiciais, principalmente nos provimentos jurisdicionais cominatórios, em que a atuação positiva ou negativa do agente é mais significativa do que eventual pagamento em pecúnia.

O elemento normativo do tipo "sem dar o motivo da recusa ou da impossibilidade, por escrito, à autoridade competente" só afasta o crime, se o Prefeito demonstrar a impossibilidade material de execução da ordem, circunstância que deverá ser apreciada pela autoridade judiciária. Nesse sentido, é a lição de Altamiro de Araújo Lima Filho: "em preliminar, somente ao próprio Judiciário compete decidir se o motivo da recusa é válido. Se é tido por tal, inexiste crime. Se, ao contrário, não o é, encontra-se plenificado o fato delituoso" (Op. cit. p. 230).

A questão da ciência inequívoca do Prefeito: É comum o Judiciário expedir ordem judicial em face do Município, muitas vezes, endereçando-a à Procuradoria do Município. Nesses casos, para caracterização do crime em estudo, de acordo com a jurisprudência do STF, é indispensável que o MP comprove a inequívoca ciência do Prefeito a respeito da ordem judicial, não sendo suficiente que a determinação judicial tenha sido comunicada a terceiros. Vale lembrar, ainda, que os Procuradores Municipais representam o Município e não o Prefeito. Dessa forma, é certo que, ao intimar a Procuradoria, há comunicação válida para o Município, mas não para o Prefeito. Assim, o Município poderá sofrer sanções cíveis pelo descumprimento (por exemplo, astreintes, etc.), mas, para que o Prefeito possa ser responsabilizado criminalmente, é indispensável a sua intimação pessoal, sobretudo em municípios grandes, o que torna factível que o prefeito não saiba de decisões judiciais ou de seu descumprimento, pois possuem administração descentralizada. Nesse sentido, já decidiu o STF. 1ª Turma. AP 555/SC, Rel. Min. Rosa Weber, j. 6/10/2015 (Info 802).

Tanto a inexecução de Lei como descumprimento de ordem ou decisão judicial são severamente rechaçados pelo ordenamento jurídico e podem justificar intervenção no ente federativo (CF, art. 35, IV), além de caracterizar ato de improbidade administrativa (LIA, art. 11, II).

Voluntariedade

O elemento subjetivo é dolo (direto ou eventual). Não se exige elemento subjetivo especial ("dolo específico"). Desnecessária intenção de descumprir a Lei ou a ordem judicial por algum motivo específico, seja para ajudar alguém, seja para ter vantagem pecuniária.

Não é admitida a modalidade culposa.

Consumação e Tentativa

Os núcleos verbais utilizados são omissivos. A consumação ocorre após caracterizada a omissão em executar a Lei ou em descumprir a decisão judicial, seja por meio de ato manifestamente contrário ao cumprimento da Lei ou da decisão, seja por meio do transcurso do prazo para tanto. Caso a Lei ou a decisão sejam cumpridas, injustificadamente, após o transcurso do prazo, o crime continua existente, devendo essa circunstância ser levada em consideração na dosimetria da pena.

A tentativa é inadmissível.

XV – Deixar de fornecer certidões de atos ou contratos municipais, dentro do prazo estabelecido em lei.

Bem Jurídico Tutelado

O tipo tutela a Administração Pública, o princípio da publicidade, a transparência e o direito à informação.

Sujeitos do Crime

Sujeito ativo é o Prefeito Municipal. A condição pessoal do agente (de funcionário público) comunica-se ao coautor, porque elementar do crime (CP, art. 30), razão pela qual se admite a coautoria e participação com extraneus, desde que ele tenha conhecimento dessa condição pessoal do autor.

Sujeito passivo é o Estado, lesado no seu patrimônio material ou moral.

Condutas

A conduta típica é deixar de fornecer (*sonegar, não apresentar, não entregar*) certidões de atos ou contratos municipais, no prazo legal.

Além do dever de prestar contas, que constitui objeto jurídico do crime previsto no inciso VI do art. 1º. do Decreto-Lei 201/1967, o Poder Público tem o dever de fornecer certidões de atos ou contratos municipais, seja em decorrência do direito da coletividade à transparência, subprincípio da publicidade, seja em decorrência do direito à informação, que pode ter contornos individuais.

A Constituição da República garante aos cidadãos o direito de receber informações dos órgãos públicos, relativas ao interesse particular, coletivo ou geral, desde que não sejam contrárias à segurança da Sociedade e do Estado. Esses dados devem ser fornecidos em prazo legal e sob pena de responsabilidade (CF, art. 5º., XXXIII). Assegura, ainda, independentemente do pagamento de qualquer taxa, "a obtenção de certidões em repartições públicas, para a defesa de direitos e esclarecimento de situações de interesse pessoal (CF, art. 5º., XXXIV, b).

Esse dever pode estar previsto em leis em geral, como ocorre com a Lei 9.051/1995 ou Lei de Acesso à informação (Lei 12.527/2011), ou em cláusulas de contratos ou convênios celebrados com o Município.

As **certidões** são os documentos que atestam alguma informação constante de registro ou banco de dados do Município. Os contratos são as avenças celebradas pelo município, nos termos da Lei 14.133/2021, que, em regra, são públicos.

Naturalmente não há se falar em crime, se a recusa em fornecer a certidão do ato ou contrato ocorrer em casos em que haja sigilo ou segredo de justiça. Nesses casos, porém, deve haver decisão denegatória motivada, assegurado o direito à informação parcial nos termos da Lei 12.527/2011 (art. 7º., § 2º.).

O **prazo** para o fornecimento da certidão ou do contrato geralmente é previsto em lei, de modo que, nesse particular, se trata de norma penal em branco. A Lei 9.051/1995, que regulamenta o direito fundamental à obtenção de certidões para interesse pessoal, fixa prazo de 15 para sua expedição, contado do registro do pedido no órgão expedidor. Também pratica o Prefeito que deixa de fornecer a certidão do ato dentro do prazo em Mandado de Segurança (TJPR, Apelação Crime, 698801875, 4ª Câmara Criminal, Rel. Des. Vladimir Giacomuzzi, julgado em 17.11.1998).

A conduta descrita nesse tipo penal também pode caracterizar ato de improbidade administrativa (Lei 8.429/1992, artigo 11, IV).

Voluntariedade

O elemento subjetivo é o dolo (direito ou eventual), consistente na vontade livre e consciente de sonegar a certidão ou o contrato. Não há elemento subjetivo específico, sendo desnecessária vontade de privilegiar ou prejudicar alguém ou de causar dano. Não admite modalidade culposa.

Consumação e Tentativa

Trata-se de crime omissivo e de mera conduta, uma vez que se consuma com o transcurso do prazo, sem que o Prefeito forneça a certidão ou os contratos solicitados.

Inadmite a forma tentada.

XVI – Deixar de ordenar a redução do montante da dívida consolidada, nos prazos estabelecidos em lei, quando o montante ultrapassar o valor resultante da aplicação do limite máximo fixado pelo senado federal;

Bem Jurídico Tutelado

É a Administração Pública municipal, especialmente sob o aspecto da moralidade, probidade e a austeridade das finanças públicas municipais.

Sujeitos do Crime

Sujeito ativo é o Prefeito Municipal. A condição pessoal do agente (de funcionário público) comunica-se ao coautor, porque elementar do crime (CP, art. 30), razão pela qual se admite a coautoria e participação com extraneus, desde que ele tenha conhecimento dessa condição pessoal do autor.

Sujeito passivo é o Estado, lesado no seu patrimônio material ou moral.

Condutas

Trata-se de crime inserido no Decreto-Lei 201/1967 pela Lei 10.028/2000, que foi editada com intuito de dar tratamento criminal para o descumprimento das disposições da Lei Complementar 101, de 4 de maio de 2000 (Lei de Responsabilidade Fiscal).

O dispositivo criminaliza a quebra do dever do Prefeito, que verifica situação de endividamento ilegal do município e não adota medida necessária para reduzir o comprometimento financeiro da administração municipal. Esse dever de redução da dívida consolidada está inserto no art. 31 da Lei Complementar 101, de 4 de maio de 2000 (Lei de Responsabilidade Fiscal) que prevê:

> *Art. 31. Se a dívida consolidada de um ente da Federação ultrapassar o respectivo limite ao final de um quadrimestre, deverá ser a ele reconduzida até o término dos três subsequentes, reduzindo o excedente em pelo menos 25% (vinte e cinco por cento) no primeiro. § 1º Enquanto perdurar o excesso, o ente que nele houver incorrido: I – estará proibido de realizar operação de crédito interna ou externa, inclusive por antecipação de receita, ressalvado o refinanciamento do principal atualizado da dívida mobiliária; II – obterá resultado primário necessário à recondução da dívida ao limite, promovendo, entre outras medidas, limitação de empenho, na forma do art. 9º. § 2º Vencido o prazo para retorno da dívida ao limite, e enquanto perdurar o excesso, o ente ficará também impedido de receber transferências voluntárias da União ou do Estado. § 3º As restrições do § 1º aplicam-se imediatamente se o montante da dívida exceder o limite no primeiro quadrimestre do último ano do mandato do Chefe do Poder Executivo. § 4º O Ministério da Fazenda divulgará, mensalmente, a relação dos entes que tenham ultrapassado os limites das dívidas consolidada e mobiliária. § 5º As normas deste artigo serão observadas nos casos de descumprimento dos limites da dívida mobiliária e das operações de crédito internas e externas.*

A conduta típica é deixar de ordenar (*não determinar, abster-se de mandar*) a diminuição da dívida consolidada na forma legal.

O núcleo verbal caracteriza a infração como omissiva.

Rui Stoco bem observa que a dicção do preceito impede que o prefeito se livre da responsabilização penal pelo só fato de argumentar que a desobediência ao preceito decorreu de inércia, má-fé, omissão ou incompetência de seus prepostos. A ação física punível é justamente a omissão do prefeito, por deixar de determinar aos seus auxiliares diretos pelo gerenciamento da dívida e a obediência aos limites estabelecidos dentro do prazo fixado.[82]

O tipo emprega elementares que devem ser complementadas por conceitos de outras leis, por isso, é norma penal em branco.

Faz-se necessário compreender (1) montante da dívida consolidada; (2) o prazo para redução estabelecido em lei; (3) ato do Senado Federal que fixa o limite máximo do montante da dívida consolidada.

O conceito de **dívida consolidada** é dado pelo art. 29 da Lei de Responsabilidade Fiscal (Lei Complementar 101/2000):

> *Art. 29. Para os efeitos desta Lei Complementar, são adotadas as seguintes definições:*
>
> *I – Dívida pública consolidada ou fundada: montante total, apurado sem duplicidade, das obrigações financeiras do ente da Federação, assumidas em virtude de leis, contratos, convênios ou tratados e da realização de operações de crédito, para amortização em prazo superior a doze meses;*
>
> *(...)*
>
> *§ 3º Também integram a dívida pública consolidada as operações de crédito de prazo inferior a doze meses cujas receitas tenham constado do orçamento.*

Além disso, "*Os precatórios judiciais não pagos durante a execução do orçamento em que houverem sido incluídos integram a dívida consolidada, para fins de aplicação dos limites*" (art. 30, § 7º, da LRF).

O **prazo** em que o prefeito deve reduzir o montante da dívida consolidada é fixado pela própria Lei de Responsabilidade Fiscal (Lei Complementar 101/2000), em seu art. 30, § 4º: "*para fins de verificação do atendimento do limite, a apuração do montante da dívida consolidada será efetuada ao final de cada quadrimestre*".

O **limite máximo** fixado pelo Senado Federal é feito por meio de Resolução e serve de baliza para a atuação do Prefeito.

Os limites para a dívida consolidada dos Estados e dos Municípios estão definidos, a partir 20 de dezembro de 2001, pela Resolução nº 40 do Senado Federal, a quem compete, nos termos da Constituição Federal, definir limites de endividamento e condições para contratação de operações de crédito.

Voluntariedade

O elemento subjetivo é o dolo (direto e eventual) consistente na vontade livre e consciente de deixar de reduzir o montante da dívida consolidada, no prazo e forma determinado na lei.

Não admite modalidade culposa.

Consumação e Tentativa

O crime consuma-se após o transcurso do prazo que o Prefeito tinha para reduzir o montante da dívida consolidada, até o limite máximo fixado pelo Senado Federal.

Por ser crime omissivo, não admite tentativa.

82 STOCO Rui e outros. Leis Penais Especiais e sua interpretação Jurisprudencial, São Paulo: RT, 7ª. ed. 2002, p. 2734.

XVII – Ordenar ou autorizar a abertura de crédito em desacordo com os limites estabelecidos pelo senado federal, sem fundamento na Lei orçamentária ou na de crédito adicional ou com inobservância de prescrição legal;

Bem Jurídico Tutelado

É a Administração Pública municipal, especialmente sob o aspecto da moralidade, probidade e a austeridade das finanças públicas municipais.

Sujeitos do Crime

Sujeito ativo é o Prefeito Municipal. A condição pessoal do agente (de funcionário público) comunica-se ao coautor, porque elementar do crime (CP, art. 30), razão pela qual se admite a coautoria e participação com extraneus, desde que ele tenha conhecimento dessa condição pessoal do autor. Sujeito passivo é o Estado, lesado no seu patrimônio material ou moral.

Condutas

Trata-se de crime inserido no Decreto-Lei 201/1967 pela Lei 10.028/2000, que foi editada com intuito de dar tratamento criminal para o descumprimento das disposições da Lei Complementar 101, de 4 de maio de 2000 (Lei de Responsabilidade Fiscal).

Há semelhança entre esse inciso XVII e o tipo previsto no inciso XX, pois ambos envolvem operação de crédito realizada em desacordo com a lei. Distinguem-se, todavia, porque, no inciso em estudo, a operação de crédito é contratada em violação ao limite estabelecido pelo Senado ou, de um modo geral, com inobservância legal, enquanto, no inciso XX, a operação de crédito é contratada com pessoa impedida de fazê-lo (entes da Federação). O dispositivo procurou criminalizar o endividamento ilegal dos municípios, por meio de gestão temerária do prefeito, que pode ocorrer por meio de operações de crédito e pela abertura de novos créditos.

Os verbos ordenar (*mandar, determinar*) e autorizar (*permitir, admitir, aprovar*) têm sentidos semelhantes entre si, pelo que se trata de tipo misto alternativo.

Novamente o tipo emprega elementares que devem ser complementadas por meio de conceitos contidos em outras leis, pelo que se constitui em norma penal em branco.

Por isso, inicialmente, faz-se necessário fixar o conceito legal de operação de crédito, o qual servirá para compreensão de vários outros crimes introduzidos pela Lei 10.028/2000. **Operação de crédito**, nos termos do art. 29, III, da Lei de Responsabilidade Fiscal, é o compromisso financeiro assumido em razão de mútuo, abertura de crédito, emissão e aceite de título, aquisição financiada de bens, recebimento antecipado de valores provenientes da venda a termo de bens e serviços, arrendamento mercantil e outras operações assemelhadas, inclusive com o uso de derivativos financeiros. Prevê o § 1º do art. 29 que se equipara a operação de crédito a assunção, o reconhecimento ou a confissão de dívidas pelo ente da Federação, sem prejuízo do cumprimento das exigências dos arts. 15 e 16. As operações de crédito são os principais meios de os municípios obterem recursos junto às instituições financeiras, de modo que a regulamentação dessas atividades é medida que busca impedir o comprometimento financeiro do município.

Faz-se necessário compreender ainda (1) limites de abertura de crédito estabelecidos pelo Senado Federal; (2) Operação de crédito; (3) leis aplicáveis ao caso.

Os limites de abertura de crédito são estabelecidos pelo Senado Federal, mediante resolução (CF, art. 52, VII).

A mesma Lei prevê, nos arts. 32 e 33, os critérios que devem ser obedecidos para contratação de operações de crédito, sendo que a violação dessas prescrições legais constitui último elemento do tipo.

Cezar Roberto Bitencourt ensina que, "além de estar em desacordo com os limites estabelecidos pelo Senado Federal, para tipificar esse crime, é necessário que a abertura de crédito seja autorizada sem fundamento na Lei orçamentária ou na de crédito adicional ou com inobservância de prescrição legal.

(...)

Por outro lado, se o Prefeito determinar a abertura de crédito de acordo com os limites estabelecidos pelo Senado Federal, tampouco tipificará a infração penal *sub examen*, mesmo que o faça com inobservância de qualquer das três leis mencionadas no tipo penal, pois lhe falta a primeira elementar normativa, "em desacordo com os limites estabelecidos...". Na verdade, as elementares — em desacordo com os limites estabelecidos pelo Senado Federal, sem fundamento na Lei orçamentária ou na de crédito adicional ou com inobservância de prescrição legal — são cumulativas. Em outras palavras, todas devem estar presentes na representação do agente, e, assim sendo, com qualquer delas não tendo sido abrangida pelo dolo, será impossível o aperfeiçoamento da conduta".[83]

Ousamos discordar do mestre, uma vez que o tipo exige que qualquer etapa do processo financeiro de abertura de crédito obedeça rigorosamente ao instituído pela Lei de Responsabilidade Fiscal. Caso o prefeito autorize a abertura de crédito dentro do limite estabelecido pelo Senado, mas sem observância da Lei Orçamentária ou com inobservância, por exemplo, dos arts. 32 e 33 da Lei de Responsabilidade Fiscal, incide no crime em tela. No mesmo sentido, é o escólio de Rui Stoco, segundo o qual "evidentemente não se exige que o agente pratique todas as condutas da norma para que o crime se configure. Basta que o prefeito ordene ou autorize a abertura de crédito com infração a qualquer uma das três proibições contidas no inciso. Significa, ainda, que, havendo autorização do Senado, mas descumprido o limite fixado na Lei complementar ou ordinária ou na Lei orçamentária, o crime se aperfeiçoa".[84]

Por isso, configura também o crime previsto nesse inciso XVII, a **abertura de créditos adicionais** sem a observância das prescrições legais. No vigente sistema orçamentário vigente, o Prefeito somente pode abrir novos créditos, denominados créditos adicionais, mediante procedimentos previstos na Constituição e na Lei 4.320/64, desde que necessários para corrigir ou amenizar situações que surgem, durante a execução orçamentária, por razões de fatos de ordem econômica ou imprevisíveis. Os créditos adicionais são incorporados aos orçamentos em execução. Os créditos adicionais podem ser de três tipos: a) Créditos Suplementares: destinados ao reforço de dotações orçamentárias existentes. São autorizados previamente por lei, podendo essa autorização legislativa constar da própria lei orçamentária, e abertos por decreto do Poder Executivo. A vigência do crédito suplementar é restrita ao exercício financeiro referente ao orçamento em execução; b) Créditos Especiais: destinados a autorização de despesas não previstas ou fixadas nos orçamentos aprovados. Sendo assim, o crédito especial cria um novo projeto ou atividade, o uma categoria econômica ou grupo de despesa inexistente em projeto ou atividade integrante do orçamento vigente. São sempre autorizados por lei específica e abertos por decreto do Executivo e tem vigência no exercício em que forem autorizados, salvo se o ato autorizativo for promulgado nos últimos quatro meses (setembro a dezembro) do referido exercício, caso em que, é facultada sua reabertura no exercício subsequente, nos limites dos respectivos saldos, sendo incorporados ao orçamento do exercício financeiro subsequente (CF, art. 167, § 2º); c) Créditos Extraordinários: destinados para atender a despesas imprevisíveis e urgentes, como as decorrentes de guerra, comoção interna ou calamidade pública (CF. art. 167, § 3). São abertos por Decreto do Poder Executivo, que encaminha para conhecimento do Poder

83 BITENCOURT, Cezar Roberto. Tratado de Direito Penal. Parte Especial. Vol. 5. 8ªed. São Paulo: Saraiva. 2014. p. 536/537.

84 STOCO Rui e outros. Leis Penais Especiais e sua interpretação Jurisprudencial, São Paulo: RT, 7ª. ed. 2002, p. 2737.

Legislativo, devendo ser convertido em lei no prazo de trinta dias. Vigoram dentro do exercício financeiro em que foram abertos, salvo se o ato da autorização ocorrer nos últimos quatro meses (setembro a dezembro) daquele exercício, hipótese pela qual poderão ser reabertos, nos limites dos seus saldos, incorporando-se ao orçamento do exercício seguinte.

A abertura de crédito adicional suplementar, sem fonte de recursos correspondentes, constitui expediente artificioso, que repercute na correta execução da Lei Orçamentária Anual, significando afronta grave aos arts. 166, § 3º, inc. II e 167, inc. V, ambos da Constituição Federal, ao art. 43 da Lei Federal nº 4.320/64 e ao art. 1º, § 1º, da Lei Complementar nº 101/2000, provocando grave desequilíbrio nas contas públicas do Município, o que caracteriza a elementar final do tipo 'inobservância de prescrição legal'.

A acusação contra prefeito municipal de ter aberto, por meio de decretos, créditos adicionais sem a existência das correspondentes receitas excedentes, que, em tese, revelaria o crime objeto do art. 1º, XVII, do DL 201/1967, deve trazer em seu bojo as datas em que tais atos foram assinados pelo chefe do Executivo ou publicados no Diário Oficial. Em se tratando do delito do art. 1º, XVII, do DL 201/1967, não é suficiente, para fins do art. 41 do CPP, a menção apenas ao exercício financeiro em que os ilícitos penais, em tese, teriam se materializado. (STF. Inq 3.038, rel. min. Ricardo Lewandowski, j. 10-11-2011, PDJE de 6-2-2012).

Voluntariedade

O elemento subjetivo é o dolo (direto ou eventual) consistente na vontade livre e consciente de ordenar ou autorizar os atos de abertura de crédito sem a observância das demais formalidades necessárias descritas no tipo. Não há dolo específico.

Não há modalidade culposa.

Consumação e Tentativa

Trata-se de crime de mera conduta, pois não há previsão de resultado. O crime consuma-se com a mera ordem ou autorização emitida pelo prefeito, ainda que não haja efetiva assunção de compromisso financeiro.

Não admite tentativa, uma vez que a decisão do prefeito que ordena e autoriza a abertura de crédito, nos moldes supracitados, é ato administrativo simples, isto é, independe de qualquer outra providência do Prefeito para ser válido. Ademais, é ato perfeito, isto é, reúne nele mesmo todos os elementos capazes de torná-lo manifestação da vontade do prefeito e, por isso, é plenamente exequível a partir dele mesmo. Essas características fazem com que produza efeitos imediatamente após ser editado, o que instantaneamente consuma a infração em tela.

Aliás, o verbo ordenar contido no tipo já foi analisado pelo insuperável Nélson Hungria, o qual arrematou: "consuma-se o crime, em relação ao expedidor da ordem ilegal, desde que seja esta expedida, oralmente ou por escrito, isto é, desde que se cria o perigo de ser executada, pouco importando que o não seja efetivamente..." (HUNGRIA, Nélson. Comentários ao Código Penal. Rio de Janeiro: Forense. 1958. vol. IX. p. 508).

> XVIII – Deixar de promover ou de ordenar, na forma da lei, o cancelamento, a amortização ou a constituição de reserva para anular os efeitos de operação de crédito realizada com inobservância de limite, condição ou montante estabelecido em lei;

Bem Jurídico Tutelado

É a Administração Pública municipal, especialmente sob o aspecto da moralidade, probidade e a austeridade das finanças públicas municipais.

Sujeitos do Crime

Sujeito ativo é o Prefeito Municipal. A condição pessoal do agente (de funcionário público) comunica-se ao coautor, porque elementar do crime (CP, art. 30), razão pela qual se admite a coautoria e participação com extraneus, desde que ele tenha conhecimento dessa condição pessoal do autor.

Sujeito passivo é o Estado, lesado no seu patrimônio material ou moral.

Condutas

Trata-se de crime inserido no Decreto-Lei 201/1967 pela Lei 10.028/2000, que foi editada com intuito de dar tratamento criminal para o descumprimento das disposições da Lei Complementar n. 101, de 4 de maio de 2000 (Lei de Responsabilidade Fiscal).

No tipo penal anterior, é punível a conduta do Prefeito que causa, por meio de operações de crédito ilegais, o endividamento indevido do Município. Neste inciso XVIII, é tipificada a conduta do Prefeito que não toma as medidas necessárias para anular ou minorar o endividamento ilegal.

Há entre os dois crimes uma relação sequencial. "No tipo do inciso XVII, o prefeito realiza a operação de crédito de forma irregular. No inciso XVIII, o prefeito deixa de corrigir o equívoco praticado anteriormente, pois não promove nem ordena o cancelamento, a amortização ou a constituição de reserva para anular os efeitos de tal operação".[85]

Naturalmente, caso o prefeito pratique o crime do primeiro inciso, não pode ser responsabilizado pela conduta prevista no segundo, porque aquela conduta é prioritária sobre essa. Como bem anotam os autores acima, nesse caso, a conduta do inciso XVIII é um *post factum* impunível.

No caso, contudo, de haver sucessão de prefeitos, em que um deles pratica o crime do inciso XVII e, logo em seguida, outro toma posse do mandato eletivo, surge o dever, para este, de cancelar as operações de crédito ilegais, sob pena de ser responsabilizado pelo crime do inciso XVIII. Nesse caso, não haverá sobreposição de responsabilização, afinal, não há propriamente fato posterior irrelevante, mas descumprimento autônomo de dever funcional do novo alcaide e nova violação, independente do bem jurídico tutelado pela norma.

Ocorrida a operação de crédito ilegal, é dever do prefeito tomar medidas para sanar a irregularidade. Por isso, os núcleos verbais são deixar de promover (*não fazer, não providenciar, não agir*) ou deixar de ordenar (*não determinar, não mandar*). São condutas omissivas semelhantes pelo que o tipo é misto alternativo.

Como mencionado por ocasião do estudo ao inciso XVI, a dicção da forma verbal "deixar de ordenar" impede que o prefeito se livre da responsabilização penal pelo só fato de argumentar que a desobediência ao preceito decorreu de inércia, má-fé, omissão ou incompetência de seus prepostos. A ação física punível é justamente a omissão do prefeito, por deixar de determinar aos seus auxiliares diretos.

As medidas que o prefeito deve adotar, visando anular as operações de crédito ilegais são o cancelamento, a amortização ou a constituição de reserva.

O *cancelamento* é a anulação da operação realizada com inobservância da Lei de Responsabilidade fiscal, conforme se extrai do §1º do art. 33 da Lei Complementar 101/2000 (LRF).

A *amortização* é o pagamento parcial e periódico, a médio prazo, da dívida.

Constituição de reserva é formação de fundo de valores destinados ao pagamento futuro da dívida.

85 ROQUE, Fabio. TAVORA, Nestor. ALENCAR, Rosmar Rodrigues. Op. cit. p. 987.

Há uma aparente contradição no tipo uma vez que a operação de crédito realizada em desacordo com a lei, por ser ilegal, deve, em princípio, ante o princípio da autotutela, sempre ser anulada. Assim, via de regra, a única medida exigível do prefeito é o cancelamento da operação. Todavia, excepcionalmente, nos casos em que não há nulidade plena da operação de crédito, como, por exemplo, aquelas eventualmente legitimadas via poder judiciário e que vincule terceiros de boa-fé, alcançadas pela teoria do fato consumado, o alcaide deve adotar as outras medidas, seja a amortização, seja a constituição de fundo de reserva, ambas medidas aptas a anular os efeitos da operação de crédito ilegal.

Novamente o tipo emprega elementares que devem ser complementadas por meio de conceitos contidos em outras leis, pelo que se constitui em norma penal em branco. "Os limites, a condição ou montante estabelecido em lei" referido no tipo foram fixados pela Lei 9.995/2000.

Voluntariedade

O elemento subjetivo é o dolo (direto) consistente na vontade livre e consciente de deixar de promover ou deixar de ordenar as medidas indicadas no tipo para anular os efeitos da operação de crédito ilegal. Não há dolo específico.

Não há modalidade culposa.

Consumação e Tentativa

Trata-se de crime de mera conduta. O crime consuma-se com a mera conduta omissiva do prefeito, pois não há previsão de resultado naturalístico.

Não admite tentativa.

> XIX – Deixar de promover ou de ordenar a liquidação integral de operação de crédito por antecipação de receita orçamentária, inclusive os respectivos juros e demais encargos, até o encerramento do exercício financeiro;

Bem Jurídico Tutelado

É a Administração Pública municipal, especialmente sob o aspecto da moralidade, probidade e a austeridade das finanças públicas municipais.

Sujeitos do Crime

Sujeito ativo é o Prefeito Municipal.

Sujeito passivo é o Estado, lesado no seu patrimônio material ou moral.

Condutas

Trata-se de crime inserido no Decreto-Lei 201/1967 pela Lei 10.028/2000, que foi editada com intuito de dar tratamento criminal para o descumprimento das disposições da Lei Complementar n. 101, de 4 de maio de 2000 (Lei de Responsabilidade Fiscal).

O legislador pretende impedir a transferência de dívidas de um exercício financeiro para outro, de modo que a Lei de Responsabilidade Fiscal determina que as operações de crédito por antecipação de receita devam ser liquidadas integralmente, até o encerramento do exercício financeiro em que foram antecipadamente realizadas. Nos termos do art. 38 da LRF, "*a operação de crédito por antecipação de receita destina-se a atender insuficiência de caixa durante o exercício financeiro e cumprirá as exigências mencionadas no art. 32 e mais as seguintes: I – realizar-se-á somente a partir do décimo dia do início do exercício; II – deverá ser liquidada, com juros e outros encargos incidentes, até o dia dez de dezembro de cada ano; III – não será autorizada se forem cobrados outros encargos que não a taxa de juros da operação, obrigatoriamente prefixada ou indexada à taxa básica financeira, ou à que vier a esta substituir; IV – estará proibida: a) enquanto existir operação anterior da mesma natureza não integralmente resgatada; b) no último ano de mandato do Presidente, Governador ou Prefeito Municipal*".

Citando Geraldo Ataliba, Cezar Roberto Bitencourt explica que "a operação de crédito por antecipação da receita é um tipo de empréstimo que o Poder Público faz com a exclusiva finalidade de suprir eventuais quedas de arrecadação, ou para enfrentar determinados períodos em que as suas receitas ordinárias são de tal forma baixas, que não cobrem os dispêndios normais e ordinários".[86]

"Trata-se, então, de realizar uma operação de crédito cujo lastro seja uma receita futura, ainda não concretizada, mas prevista no orçamento. O endividamento se justifica porque a receita até então obtida não foi suficiente para fazer frente às despesas assumidas pelo Estado. Daí, portanto, a necessidade de "antecipar" uma receita futura e corrigir a ausência de recursos orçamentários".[87]

Ocorrida a operação de crédito por antecipação de receita, é dever do prefeito liquidá-la no prazo previsto. Por isso, os núcleos verbais são deixar de promover (*não fazer, não providenciar, não agir*) ou deixar de ordenar (*não determinar, não mandar*). São condutas omissivas semelhantes pelo que o tipo é misto alternativo, entendido como aquele em que "a Lei estabelece diversos núcleos que, se praticados no mesmo contexto fático, caracterizam o cometimento de apenas um delito.[88]

Como mencionado por ocasião do estudo ao inciso XVI, a dicção da forma verbal "deixar de ordenar" impede que o prefeito se livre da responsabilização penal pelo só fato de argumentar que a desobediência ao preceito decorreu de inércia, má-fé, omissão ou incompetência de seus prepostos. A ação física punível é justamente a omissão do prefeito, por deixar de determinar aos seus auxiliares diretos.

Liquidar é quitar ou pagar. Da forma como está regida a sentença gramatical do tipo, para não incorrer no crime, o prefeito deve promover ou ordenar a liquidação integral. Caso ocorra a liquidação parcial, ainda que no prazo legal, incorrerá no crime em estudo.

Do mesmo modo, a liquidação realizada depois de encerrado o exercício financeiro não afasta o crime, tratando-se de conduta que pode ser levada em conta na dosimetria da pena.

Voluntariedade

O elemento subjetivo é o dolo (direto) consistente na vontade livre e consciente de deixar de promover ou deixar de ordenar a liquidação integral de crédito por antecipação de receita. Não há dolo específico.

Não há modalidade culposa.

Consumação e Tentativa

Trata-se de crime de mera conduta. O crime consuma-se com a mera conduta omissiva do prefeito, pois, não há previsão de resultado naturalístico. No caso específico, o crime se consuma no primeiro dia, após encerrado o exercício financeiro, sem que o Prefeito tenha determinado a liquidação da operação de crédito.

Não admite tentativa.

---

86 BITENCOURT, Cezar Roberto. Tratado de Direito Penal. Parte Especial. Vol. 5. 8ªed. São Paulo: Saraiva. 2014. p. 543.

87 PISCITELLI, Tathiane. Direito financeiro esquematizado. 4. ed. Rio de Janeiro: Forense, São Paulo: MÉTODO, 2014. p. 182.

88 CUNHA. Rogério Sanches. Manual de direito penal: parte geral (arts. 1 o ao 120). 4. ed. Salvador: Juspodivm, 2016. p. 250.

XX – Ordenar ou autorizar, em desacordo com a lei, a realização de operação de crédito com qualquer um dos demais entes da federação, inclusive suas entidades da administração indireta, ainda que na forma de novação, refinanciamento ou postergação de dívida contraída anteriormente;

Bem Jurídico Tutelado

É a Administração Pública municipal, especialmente sob o aspecto da moralidade, probidade e a austeridade das finanças públicas municipais.

Sujeitos do Crime

Sujeito ativo é o Prefeito Municipal. A condição pessoal do agente (de funcionário público) comunica-se ao coautor, porque elementar do crime (CP, art. 30), razão pela qual se admite a coautoria e participação com extraneus, desde que ele tenha conhecimento dessa condição pessoal do autor.

Sujeito passivo é o Estado, lesado no seu patrimônio material ou moral.

Condutas

Trata-se de crime inserido no Decreto-Lei 201/1967 pela Lei 10.028/2000, que foi editada com intuito de dar tratamento criminal para o descumprimento das disposições da Lei Complementar n. 101, de 4 de maio de 2000 (Lei de Responsabilidade Fiscal).

Trata-se de tipificação semelhante à contida no art. 359-A do Código Penal[89], embora aqui a conduta seja mais específica.

Há semelhança entre esse inciso e o previsto o inciso XVII, pois ambos envolvem operação de crédito realizada em desacordo com a lei. Distinguem-se, todavia, porque, no inciso XVII, a operação de crédito é contratada em violação ao limite estabelecido pelo Senado e sem fundamento da Lei Orçamentária, enquanto, nesse inciso em estudo, a operação de crédito é contratada com pessoa impedida de fazê-lo (entes da Federação).

A fim de controlar o endividamento do setor público, a Lei de Responsabilidade Fiscal, no art. 35, prevê: "*é vedada a realização de operação de crédito entre um ente da Federação, diretamente ou por intermédio de fundo, autarquia, fundação ou empresa estatal dependente, e outro, inclusive suas entidades da administração indireta, ainda que sob a forma de novação, refinanciamento ou postergação de dívida contraída anteriormente*".

Trata-se de mecanismo que busca assegurar o equilíbrio federativo, evitando-se a existência de pendências financeiras entre os entes.

O artigo 35, em seus §§ 1º e 2º, estabelece algumas exceções, sendo lícita a realização de operações de crédito entre instituição financeira estatal e o ente da Federação, desde que o empréstimo se destine a: "*I – financiar, direta ou indiretamente, despesas correntes e II – refinanciar dívidas não contraídas junto à própria instituição concedente*".

Os verbos ordenar (*mandar, determinar*) e autorizar (*permitir, admitir, aprovar*) têm relação de semelhança entre si, pelo que se trata de tipo misto alternativo.

89 Que dispõe: Art. 359-A. Ordenar, autorizar ou realizar operação de crédito, interno ou externo, sem prévia autorização legislativa. Pena – reclusão, de 1 (um) a 2 (dois) anos. Parágrafo único. Incide na mesma pena quem ordena, autoriza ou realiza operação de crédito, interno ou externo: I – com inobservância de limite, condição ou montante estabelecido em Lei ou em resolução do Senado Federal; II – quando o montante da dívida consolidada ultrapassa o limite máximo autorizado por lei.

Desse modo, comete o crime em estudo o Prefeito que ordena ou autoriza operação de crédito em desacordo com essa proibição.

A fórmula final "*ainda que na forma de novação, refinanciamento ou postergação da dívida contraída anteriormente*" enumera alguns atos jurídicos que constituem operação de crédito por extensão, conforme prevê o § 1º do art. 29 da Lei de Responsabilidade Fiscal, o qual prevê que se equipara a operação de crédito a assunção, o reconhecimento ou a confissão de dívidas pelo ente da Federação, sem prejuízo do cumprimento das exigências dos arts. 15 e 16.

A conduta descrita nesse tipo configura crime de responsabilidade previsto no art. 10, número 9, da Lei 1.079/1950.

Pedaladas fiscais: Trata-se de expressão que, grosso modo, significa a prática de atrasar, intencionalmente, o pagamento de compromissos com bancos públicos, destinado para quitação de subvenções de programas públicos. De acordo com o esposado no emblemático acórdão nº 1464/2015, Processo nº 005.335/2015-9, do Tribunal de Contas da União, pedalada fiscal é um termo que se refere a operações orçamentárias realizadas pelo Tesouro Nacional, não previstas na legislação, que consistem em atrasar o repasse de verba a bancos públicos e privados, com a intenção de aliviar a situação fiscal do governo em um determinado mês ou ano, apresentando melhores indicadores econômicos ao mercado financeiro e aos especialistas em contas públicas. Com essa conduta, o repasse atrasado constitui-se em um crédito em decorrência de um inadimplemento contratual.

Aqui surge a polêmica em torno da questão.

Para uma primeira corrente, esse crédito é apto a caracterizar-se como uma operação de crédito, a teor do que prevê o art. 29, inciso II e seu § 1º, da LRF. Seria, portanto, uma manobra para despistar a vedação contida nos arts. 35 e 36 da Lei de Responsabilidade Fiscal, o que é suficiente para caracterizar o elemento normativo do tipo "em desacordo com a lei". Como os bancos públicos são entidades da administração pública indireta, as pedaladas fiscais podem caracterizar infração ao inciso em estudo (inciso XX), ou ainda, dependendo das particularidades do caso, ao inciso XVII.

Para uma segunda corrente, o crédito decorrente desse inadimplemento não caracteriza operação de crédito, porque não tem natureza originária. É mera consequência legal acessória à obrigação original descumprida. Assim sendo, não é possível o alargamento do conceito do art. 29 da LRF para alcançar as pedalas fiscais, uma vez que, no direito penal, é proibida a analogia *in malam partem.*

Entendemos correta a primeira corrente, uma vez que o caso não envolve analogia *in malam partem,* mas interpretação extensiva, integrada por outros institutos jurídicos, como assunção, reconhecimento e confissão de dívida, os quais são definidos pela própria Lei de Responsabilidade Fiscal como forma equiparada de emissão de títulos e de operação de crédito. Além disso, o tipo penal em estudo utiliza redação extensiva que abarca atos capazes de postergar a dívida antes contraída, justamente visando abarcar manobras de várias espécies que atentem contra a austeridade fiscal pretendida pela Lei.

Voluntariedade

O elemento subjetivo é o dolo (direto ou eventual) consistente na vontade livre e consciente de ordenar ou autorizar os atos de abertura de crédito, sem a observância das demais formalidades necessárias descritas no tipo. Não há dolo específico.

Não há modalidade culposa.

Consumação e Tentativa

Trata-se de crime de mera conduta, pois não há previsão de resultado, de modo que o crime se consuma com a mera emissão do ato pelo Prefeito, independentemente da efetiva realização da operação de crédito.

Não admite tentativa, uma vez que a decisão do prefeito, que ordena e autoriza a abertura de crédito nos moldes anteriormente mencionados, é ato administrativo simples, isto é, independe de qualquer outra providência do Prefeito para ser válido. Ademais, é ato perfeito, isto é, reúne nele mesmo todos os elementos capazes de torná-lo manifestação da vontade do prefeito e, por isso, é plenamente exequível a partir dele mesmo. Essas características fazem com que produzam efeitos imediatamente após serem editados, o que consuma a infração em tela.

Aliás, o verbo ordenar contido no tipo já foi analisado pelo insuperável Nélson Hungria, o qual arrematou: "Consuma-se o crime, em relação ao expedidor da ordem ilegal, desde que seja esta expedida, oralmente ou por escrito, isto é, desde que se cria o perigo de ser executada pouco importando que o não seja efetivamente..."[90]

XXI – Captar recursos a título de antecipação de receita de tributo ou contribuição cujo fato gerador ainda não tenha ocorrido;

Bem Jurídico Tutelado

É a Administração Pública municipal, especialmente sob o aspecto da moralidade, probidade e a austeridade das finanças públicas municipais.

Sujeitos do Crime

Sujeito ativo é o Prefeito Municipal. A condição pessoal do agente (de funcionário público) comunica-se ao coautor, porque elementar do crime (CP, art. 30), razão pela qual se admite a coautoria e participação com extraneus, desde que ele tenha conhecimento dessa condição pessoal do autor. Sujeito passivo é o Estado, lesado no seu patrimônio material ou moral.

Condutas

Trata-se de crime inserido no Decreto-Lei 201/1967 pela Lei 10.028/2000, que foi editada com intuito de dar tratamento criminal para o descumprimento das disposições da Lei Complementar n. 101, de 4 de maio de 2000 (Lei de Responsabilidade Fiscal).

A fim de controlar o endividamento do setor público, a Lei de Responsabilidade Fiscal, no art. 37, I, dispõe: "Art. 37: Equiparam-se a operações de crédito e estão vedados: (...) I – captação de recursos a título de antecipação de receita de tributo cujo fato gerador ainda não tenha ocorrido, sem prejuízo do disposto no § 7º do artigo 150 da Constituição."

"A pretensão do legislador foi a de proibir operações de endividamento que tenham por lastro receitas tributárias ainda não realizadas, tendo-se em vista a não ocorrência dos fatos geradores respectivos. As receitas tributárias apenas poderão fazer frente a uma operação de crédito, caso a estimativa prevista na LOA tenha, efetivamente, se concretizado, e tal pode ser aferido pela realização do fato jurídico que resulta na incidência tributária e, assim, no dever do sujeito passivo de recolher o tributo".[91]

A intenção do legislador foi evitar que o Prefeito Municipal, com base em futurologia contábil frente a provável arrecadação tributária, ainda que referente a outros exercícios financeiros, obtenha recursos, utilizando-se da antecipação de receita orçamentária.

"Trata-se de mais um mecanismo que busca assegurar o equilíbrio federativo, evitando-se a existência de pendências financeiras entre os entes. Isso porque a mera expectativa de

90 HUNGRIA, Nélson. Comentários ao Código Penal. Rio de Janeiro: Forense. 1958. vol. IX. p. 508.

91 PISCITELLI, Tathiane. Direito financeiro esquematizado. 4. ed. Rio de Janeiro: Forense, São Paulo: MÉTODO, 2014. p. 177.

arrecadar não significa arrecadação efetiva, considerando não só as oscilações econômicas e financeiras, mas principalmente o fato de sonegação e evasão fiscal pelos mecanismos da imunidade, isenção e não incidência são fatos incontestes".[92]

Por isso, captar (*obter, adquirir, contratar*) recursos por meio de operação de crédito com lastro e garantia que comprometa a receita tributária, sem que o fato gerador tenha ocorrido, configura o crime em estudo.

Para obter recursos por antecipação de receita, o prefeito somente poderá empenhar receita tributária como garantia, quando o fato gerador do tributo já tiver ocorrido.

Voluntariedade

O elemento subjetivo é o dolo (direto ou eventual) consistente na vontade livre e consciente de captar recursos, utilizando-se de receita tributária cujo fato gerador não tenha ocorrido. Não há dolo específico.

Não há modalidade culposa.

Consumação e Tentativa

Da maneira como está redigido, ao contrário de outros tipos, o núcleo verbal destaca a ocorrência do resultado. O crime se consuma com a captação/obtenção dos recursos, pelo que se caracteriza como crime material.

Assim, admite tentativa, como no caso de o prefeito autorizar a captação do recurso por meio da operação de crédito antecipada, utilizando-se de receita tributária sem a ocorrência do fato gerador, mas, antes da efetiva captação do recurso, por circunstâncias alheias à sua vontade, a operação é suspensa.

> XXII – Ordenar ou autorizar a destinação de recursos provenientes da emissão de títulos para finalidade diversa da prevista na Lei que a autorizou;

Bem Jurídico Tutelado

É a Administração Pública municipal, especialmente sob o aspecto da moralidade, probidade administrativa e a austeridade das finanças públicas municipais.

Sujeitos do Crime

Sujeito ativo é o Prefeito Municipal. A condição pessoal do agente (de funcionário público) comunica-se ao coautor, porque elementar do crime (CP, art. 30), razão pela qual se admite a coautoria e participação com extraneus, desde que ele tenha conhecimento dessa condição pessoal do autor.

Sujeito passivo é o Estado, lesado no seu patrimônio material ou moral.

Condutas

Trata-se de crime inserido no Decreto-Lei 201/1967 pela Lei 10.028/2000, que foi editada com intuito de dar tratamento criminal para o descumprimento das disposições da Lei Complementar n. 101, de 4 de maio de 2000 (Lei de Responsabilidade Fiscal).

É figura penal que se assemelha à prevista nos incisos III, IV e V do Decreto-Lei 201/1967 e art. 315 do Código Penal, porque também busca punir a alteração, indevida, da destinação

92 STOCO, Rui. e outros, Leis Penais Especiais e sua interpretação Jurisprudencial, São Paulo: RT, 7ª. 2002, p. 2745.

de determinada verba pública. Todavia, possui objeto material específico, qual seja, os recursos provenientes da emissão de títulos.

Pratica esse crime o prefeito que ordenar (*mandar, determinar*) e autorizar (*permitir, admitir, aprovar*) a destinação do recurso, oriundo da emissão de título, para a finalidade diferente da prevista na Lei que a autorizou. Há relação de semelhança entre os núcleos verbais, pelo que se trata de tipo misto alternativo.

Como explica Cezar Roberto Bitencourt, "a emissão de títulos da dívida pública depende sempre de Lei que a autorize e será sempre vinculada, isto é, terá destinação específica, ou seja, sua finalidade deverá, necessariamente, constar do texto legal. Essa obrigatoriedade vinculativa ganha mais coercibilidade com a transformação de sua desobediência em crime. A experiência tem demonstrado que é inócuo estabelecer proibições ou criar obrigações aos agentes públicos, se seu descumprimento não vier acompanhado das respectivas sanções".[93]

Os recursos provenientes da emissão de títulos constituem autênticas rendas públicas, isto é, dinheiro percebido pela Fazenda Pública e que se destinam, segundo previsão em lei, a uma finalidade específica.

No crime em estudo, o destinatário do recurso deve ser o próprio ente público. Se a ordem ou autorização destinar o recurso em benefício próprio ou para terceira pessoa, restará caracterizado o crime de Peculato do art. 1º., inciso I, do Decreto-Lei 201/1967, ainda que na forma tentada.

Fosse permitida a destinação do recurso para finalidade diversa da prevista na Lei que autorizou a emissão de títulos, o Prefeito poderia gerir os recursos públicos, sem qualquer tipo de participação ou controle do legislativo e mesmo do cidadão. Isso levaria ao desmoronamento do sistema constitucional de *checks and balences* e de controle da atividade orçamentária.

Voluntariedade

O elemento subjetivo é o dolo (direto ou eventual) consistente na vontade livre e consciente de determinar a destinação dos recursos, oriundos da emissão de títulos, para finalidade diversa à prevista antes na lei. Não há exigência de elemento subjetivo específico (finalidade especial).

Não há modalidade culposa.

Consumação e Tentativa

Trata-se de crime de mera conduta, pois não há previsão de resultado e nem da efetiva abertura do crédito.

Como bem observou Rui Stoco, "preferiu o legislador de agora estabelecer como ação física e núcleo do tipo a conduta expressa pelos verbos 'ordenar' e 'autorizar' a aplicação dos recursos derivados da venda de títulos da dívida pública em projeto diverso do que fora estabelecido, ou seja, desvio de destinação do produto da arrecadação da venda de títulos, deixando claro que a ocorrência, ou não, do resultado material (e não jurídico) mostra-se irrelevante para a realização do tipo".[94]

Esse delito não admite tentativa, uma vez que a decisão do prefeito que ordena e autoriza a abertura de crédito, nos moldes mencionados, é ato administrativo simples, isto é, independe de qualquer outra providência do Prefeito para ser válido. Ademais, é ato perfeito, porque reúne nele mesmo todos os elementos capazes de torná-lo manifestação da vontade do prefeito e, por isso, é plenamente exequível a partir dele mesmo. Essas características fazem com que produzam efeitos imediatamente após serem editados, o que consuma a infração em tela.

93 BITENCOURT, Cezar Roberto. Tratado de Direito Penal. Parte Especial. Vol. 5. 8ª ed. São Paulo: Saraiva. 2014. p. 550.

94 STOCO, Rui. e outros, Leis Penais Especiais e sua interpretação Jurisprudencial, São Paulo: RT, 7ª. 2002, p. 2747.

Aliás, o verbo ordenar contido no tipo já foi analisado pelo insuperável Nélson Hungria, o qual arrematou: "consuma-se o crime, em relação ao expedidor da ordem ilegal, desde que seja esta expedida, oralmente ou por escrito, isto é, desde que se cria o perigo de ser executada pouco importando que o não seja efetivamente..."[95]

> XXIII – Realizar ou receber transferência voluntária em desacordo com limite ou condição estabelecida em lei.

Bem Jurídico Tutelado

É a Administração Pública municipal, especialmente sob o aspecto da moralidade, probidade administrativa e a austeridade das finanças públicas municipais.

Sujeitos do Crime

Sujeito ativo é o Prefeito Municipal. A condição pessoal do agente (de funcionário público) comunica-se ao coautor, porque elementar do crime (CP, art. 30), razão pela qual se admite a coautoria e participação com extraneus, desde que ele tenha conhecimento dessa condição pessoal do autor.

Sujeito passivo é o Estado, lesado no seu patrimônio material ou moral.

Condutas

Trata-se de crime inserido no Decreto-Lei 201/1967 pela Lei 10.028/2000, que foi editada com intuito de dar tratamento criminal para o descumprimento das disposições da Lei Complementar n. 101, de 4 de maio de 2000 (Lei de Responsabilidade Fiscal).

Esse tipo busca tutelar, no âmbito penal, as disposições do art. 25 da LRF, que conceitua transferência voluntária como a entrega de recursos correntes ou de capital, realizado entre entes políticos, a título de cooperação, auxílio ou assistência financeira. É classificada como voluntária porque é originada de um acordo bilateral de vontade dos governos. A LRF exige, para a realização de transferência voluntária, os seguintes requisitos:

I. existência na LOA do ente transferidor de dotação específica;

II. observância da VEDAÇÃO de transferência voluntária de recursos pelos governos federal e estaduais e suas instituições financeiras, para pagamento de despesas com pessoal ativo, inativo e pensionista, dos estados, do Distrito Federal e dos municípios (inciso X, art. 167, da CF/1988);

III. comprovação, por parte do beneficiário (recebedor de recursos), de:

III.1. Adimplência tributária e financeira para com o ente transferidor;

III.2. Cumprimento dos limites constitucionais relativos à educação e à saúde.

A conduta típica, destarte, é realizar (*efetivar, efetuar*) ou receber (*adquirir*) os recursos fruto da transferência voluntária em desacordo com essas disposições. Dada a semelhança entre os núcleos verbais, trata-se de tipo misto alternativo.

Voluntariedade

O elemento subjetivo é o dolo (direto ou eventual) consistente na vontade livre e consciente de determinar a destinação dos recursos, oriundos da emissão de títulos, para finalidade

95 HUNGRIA, Nélson. Comentários ao Código Penal. Rio de Janeiro: Forense. 1958. vol. IX. p. 508.

diversa à prevista antes na lei. Não há exigência de elemento subjetivo específico (finalidade especial).

Não há modalidade culposa.

Consumação e Tentativa

Da maneira como está redigido, ao contrário de outros tipos, o núcleo verbal destaca a ocorrência do resultado. O crime se consuma com a realização ou o recebimento efetivo da transferência de recursos, pelo que se caracteriza como crime material.

Assim, admite tentativa, como no caso de o prefeito autorizar a transferência do recurso, mas, antes da efetivação do ato, por circunstâncias alheias à sua vontade, a operação é bancária de transferência do valor é interrompida.

> §1º Os crimes definidos nêste artigo são de ação pública, punidos os dos itens I e II, com a pena de reclusão, de dois a doze anos, e os demais, com a pena de detenção, de três meses a três anos.

Ação Penal: Dada a relevância dos bens jurídicos tutelados pelos crimes definidos no Decreto-Lei 201/1967, as ações que os veiculam são de iniciativa pública incondicionada, isto é, são promovidas pelo Ministério Público, instituição pública constitucionalmente legitimada para tanto (CF, 129, I).

A disposição é complementar ao disposto no art. 24, § 2º., do Código de Processo Penal, o qual prevê que seja qual for o crime, quando praticado em detrimento do patrimônio ou interesse da União, Estado e Município, a ação penal será pública.

Penas: O Decreto-Lei 201/1967 utiliza técnica pouco comum, fazendo previsão em outro artigo da Lei das penas cabíveis aos seus vários crimes.

Para os crimes previstos nos incisos I e II, a pena é de reclusão de dois a doze anos. Trata-se da mesma pena prevista no peculato do Código Penal e sujeita às mesmas críticas, a começar pela diferença substancial entre pena mínima e máxima, notadamente em situação de violação a interesses coletivos nobres, como são os relacionados a probidade administrativa.

Essa pena impede sejam aplicados a esses tipos penais os institutos despenalizadores da Lei 9.099/1995 e a Suspensão Condicional do Processo (art. 89 da mesma Lei). Todavia, mostra-se cabível nesses crimes a celebração do Acordo de Não Persecução Penal previsto no art. 28-A do CPP, com redação dada pela Lei 13.964/2019, desde que necessário e suficiente para reprovação e prevenção do crime.

Os demais crimes, previstos nos outros incisos, têm pena de detenção de três meses a três anos. Assim, embora não sejam crimes de menor potencial ofensivo, pelo que resta incabível a transação penal, mostra-se possível a suspensão condicional do processo, prevista no art. 89 da Lei 9.099/1995.

Nos delitos apenados com detenção, é vedada a interceptação telefônica, uma vez que tal meio de prova somente pode ser adotado quando o delito é apenado com reclusão (Lei 9.262/96, art. 2º, III). Não há impedimento, porém, ao recurso à interceptação, quando houver conexão com crimes apenados com reclusão, como corrupção ou quadrilha (TRF2, HC 200702010047568/RJ, 30.5.07).

De um modo geral, percebe-se que as penas brandas colaboram para a ineficácia da sanção penal, notadamente pela possibilidade de serem alcançadas pela prescrição da pretensão punitiva.

> § 2º A condenação definitiva em qualquer dos crimes definidos neste artigo, acarreta a perda de cargo e a inabilitação, pelo prazo de cinco anos, para o exercício de cargo ou função pública, eletivo ou de nomeação, sem prejuízo da reparação civil do dano causado ao patrimônio público ou particular.

Perda do cargo: consiste no rompimento do vínculo funcional entre Estado e servidor público, por meio de decisão judicial.

Trata-se do efeito secundário da sentença penal condenatória análogo ao previsto no artigo 92, I, do Código Penal. Outras leis fazem a mesma previsão como art. 1º, § 5º, da Lei 9.455/97 (Lei de Tortura), art. 16 e 18 da Lei n.º 7.716/89 (Lei contra o Racismo), e art. 4º, III, da Lei 13.869/2013 (Lei do Abuso de Autoridade). Diante da diferença de tratamento frente o Código Penal, entendemos que no Decreto-Lei 201/1967 a perda do cargo independe da quantidade de pena e é automática, isto é, independe de comando expresso na sentença penal condenatória, uma vez que, nos delitos funcionais, este efeito penal insere-se nas finalidades preventivas da pena. Na verdade, a perda do cargo como efeito secundário de uma sentença penal insere-se no dever do Estado de manter-se representado por pessoas dignas de confiança, como bem explica o Procurador de Justiça Paulo Busato: "quando o Estado reconhece, por seu aparato mais ingente de controle social, que restou evidenciado que um de seus próprios representantes atuou de forma intolerável, não é razoável pretender que o próprio Estado siga sendo representado por tal pessoa. Na verdade, aquele que abraça a vida pública abre mão de parte de sua condição de agente privado, para submeter-se a uma vida de representação. Constitui uma contradição que o Estado seja controlado por violadores de regras que ele próprio se propõe a cumprir, por exigência daquele em função dos quais ele foi criado".[96]

Há posição, tanto no STF[97] quanto no STJ[98], de que a perda do cargo não é automática e por isso é indispensável que a decisão condenatória a motive concretamente a necessidade do afastamento. A afirmação de que a perda do cargo não é automática deve ser bem compreendida visto que não pode significar apenas que a sentença condenatória deve motivar sua aplicação, afinal, o dever de motivar as decisões judiciais decorre do art. 93, IX, da Constituição Federal. A melhor interpretação é de que esses efeitos devem ser expressamente fixados na sentença porque não são *ex lege*, isto é, não são vinculativos e o juiz pode considerá-los dispensáveis para determinado caso concreto. É na dosimetria da pena que o magistrado, levando em conta critérios de necessidade e suficiência para reprovação e prevenção do crime, aplicará ou não os efeitos extrapenais. Na prática, a facultatividade eleva o ônus argumentativo do magistrado que deve, analiticamente, demonstrar que, além de se tratar de hipótese que autoriza a aplicação deste efeito extrapenal, que este se mostra adequado ao caso concreto. Neste sentido é que se deve interpretar a afirmação de que são efeitos não automáticos que necessitam ser motivadamente declarados na sentença.

Embora haja entendimento em sentido contrário[99], entendemos que o Prefeito, caso ocupe outro cargo público quando da prolação da sentença penal condenatória, pode perder o

96 BUSATO, Paulo Cesar. Direito Penal. Parte Geral. São Paulo: Atlas. 2ª ed. 2015. p. 1003.

97 STF, AP 441, Relator(a): Min. DIAS TOFFOLI, Tribunal Pleno, julgado em 08/03/2012.

98 As penas acessórias previstas no § 2º do art. 1º do Decreto-Lei n. 201/67 - perda de cargo e a inabilitação, pelo prazo de cinco anos, para o exercício de cargo ou função pública, eletivo ou de nomeação - não decorrem automaticamente da condenação, devendo o magistrado fundamentar a sua aplicação. Precedentes." (HC 481.010/BA, Rel. Min. Joel Ilan Paciornik, Quinta Turma, julgado em 13/12/2018, DJe 19/12/2018).

99 É a posição de Cezar Roberto Bitencourt que exige uma correlação entre o crime e a atividade exercida. Ensina o professor: "A perda deve restringir-se somente àquele cargo, função ou atividade no exercício do qual praticou o abuso, porque a interdição pressupõe que a ação criminosa tenha sido realizada com abuso de poder ou violação

novo cargo vez que o desligamento do agente com a administração se dá porque sua inaptidão jurídica é geral. A perda do cargo insere-se na defesa da administração pública em sentido amplo e por isso não pode sofrer limitações espaciais. Entender o contrário permitiria tratar cargos públicos com padrão de moralidade distintos.

Inabilitação, por cinco anos, para o exercício de cargo ou função pública, eletivo ou de nomeação: Há divergência quanto à natureza dessa pena, se autônoma ou acessória à privativa de liberdade. No STJ prevalece tratar-se de pena autônoma[100].

O Supremo Tribunal Federal também adota a corrente que entende tratar-se de pena autônoma: "crime de responsabilidade de prefeito municipal, ao qual foram cominadas as penas de multa e de inabilitação para exercício de cargo ou função pública. Reconhecimento da prescrição da pretensão punitiva do réu em relação à pena de multa aplicada, que se tornou definitiva ante a inexistência de recurso da acusação. Hipótese, entretanto, em que o processo deve prosseguir em face da pena restritiva de direito cominada que, por possuir natureza independente e autônoma em relação à pena de multa, prescreve a seu tempo, não sendo alcançada pela prescrição desta. (AI 379.392 QO, rel. min. Ilmar Galvão, j. 25-6-2002, 1ª T, DJde 16-8-2002). No mesmo sentido, são ARE 643.672 AgR, rel. min. Gilmar Mendes, j. 11-9-2012, 2ª T, DJE de 15-10-2012 e ainda AI 742.100 AgR, rel. min. Dias Toffoli, j. 8-2-2011, 1ª T, DJEde 29-3-2011.

Uma vez considerada a pena do art. 1º, § 2º, do Decreto-Lei nº 201/1967 (perda do cargo e inabilitação) como autônoma e levando-se em conta que sua duração é de cinco anos, sua prescrição ocorre em doze anos, por força do art. 109, III, do Código Penal.

Assim, em razão do descompasso entre o prazo prescricional das penas, é possível que seja reconhecida a extinção da punibilidade somente da pena privativa de liberdade (e das restritivas de direito nas quais podem se converter) e da multa, mantendo-se incólume a da inabilitação.

O STJ já entendeu que a inabilitação não está limitada apenas ao Prefeito condenado, abrangendo todos os envolvidos no delito, coautores ou partícipes (STJ, REsp. 905.326/SC, Rel. Min. Gilson Dipp, 5ª T., julgado em 10/05/2007, DJ 29/06/2007).

Art. 2º. O processo dos crimes definidos no artigo anterior é o comum do juízo singular, estabelecido pelo código de processo penal, com as seguintes modificações:

Competência: Prefeitos possuem, por força da Constituição da República, foro por prerrogativa de função e são julgados pelo Tribunal de Justiça, conforme expressa previsão do art. 29, inciso X.

O Prefeito será julgado pelo TJ, se o crime for de **competência da Justiça Estadual**. Se for da competência da Justiça Federal, será julgado pelo Tribunal Regional Federal e, se for da Justiça Eleitoral, pelo Tribunal Regional Eleitoral. Esse é o entendimento do STF, conforme Súmula 702 STF: a competência do Tribunal de Justiça para julgar prefeitos restringe-se aos crimes de competência da justiça comum estadual; nos demais casos, a competência originária caberá ao respectivo tribunal de segundo grau.

Algumas questões merecem ser esclarecidas.

---

de dever que lhe é inerente". (BITENCOURT, Cezar Roberto. Código Penal Comentado. Editora Saraiva. 2ª edição. 2004, p. 306).

100 Resp. 945.828-PR, DJe 18/10/2010; HC 91.954-RJ, DJe 3/8/2009, e Resp. 885.452-PR, DJe 14/4/2008. Resp. 1.182.397-RS, Rel. Min. Gilson Dipp, j. 13/3/2012. (Informativo nº 0493), e AgRg nos EDcl no AREsp 21.137/PR, Rel. Ministra Laurita Vaz, 5ª T., j. 03/05/2012, DJe 10/05/2012; Resp. 784.680-SC, DJ 2/5/2006; Resp. 738.891-PR, DJ 19/12/2005, e Resp. 620.958-SC, DJ 6/9/2004. Resp. 778.664-PR, Rel. Min. Paulo Gallotti, j. 24/10/2006. (Informativo nº 0302).

A competência constitucional não é desfeita se o prefeito é afastado cautelarmente em ação civil pública, mesmo porque o afastamento é medida cautelar precária.

Caso o Prefeito pratique crime doloso contra a vida deverá ser julgado no Tribunal de Justiça, considerando tratar-se de regra de competência especial.

Havia entendimento de que caso fosse Prefeito de determinada cidade de um Estado e praticasse crime em outra cidade de outro Estado, deveria ser julgado pelo Tribunal de Justiça do Estado onde se localizava o Município que ele administrava (STJ, Conflito de competência. 120.848-PE, Rel. Min. Laurita Vaz, j. 14/3/2012). Essa situação dificilmente se repetirá visto que, doravante, deverá prevalecer a nova regra decorrente do julgamento da **Ação Penal n.º 937**, em que o Supremo Tribunal Federal decidiu que o **foro por prerrogativa de função aplica-se apenas aos crimes cometidos durante o exercício do cargo e relacionados às funções desempenhadas**. Isso porque as normas da Constituição de 1988 que estabelecem as hipóteses de foro por prerrogativa de função devem ser interpretadas restritivamente, aplicando-se apenas aos crimes que tenham sido praticados durante o exercício do cargo e em razão dele. Além disso, mesmo que o crime tenha sido cometido após a investidura no mandato, se o delito não apresentar relação direta com as funções exercidas, também não haverá foro privilegiado (STF. Plenário. AP 937 QO/RJ, Rel. Min. Roberto Barroso, julgado em 03/05/2018). Recentemente o STF decidiu também pela inexistência de foro por prerrogativa no caso de o crime ter sido cometido em mandato de Prefeito ocupado antes. Assim restou ementado: "FORO POR PRERROGATIVA DE FUNÇÃO. CRIME COMETIDO EM MANDATO ANTERIOR. LAPSO TEMPORAL DE 4 ANOS ENTRE O TÉRMINO DE UM MANDATO E O INÍCIO DO OUTRO. QUESTÃO DE ORDEM NA AÇÃO PENAL 937. DETERMINAÇÃO DE REMESSA DOS AUTOS À PRIMEIRA INSTÂNCIA (...) Agravante investigado perante o Tribunal de Justiça, por ter dispensado licitação fora das hipóteses previstas em lei e ter cometido crime de responsabilidade, quando exercia o cargo de prefeito do Município de Pau de Ferros. Recorrido que não foi reeleito, vindo ocupar o cargo novamente após lapso temporal de 4 anos. 3. Delitos atribuídos ao agravante que não foram cometidos durante o exercício do atual cargo e não estão relacionadas às funções agora desempenhadas. 4. Determinação de imediata remessa dos autos à primeira instância. Precedentes" (STF. RE 1288052 AgR/RN. 1ª T., unânime. Rel. Min. Alexandre de Moares, sessão virtual 09.10.2020 à 19.10.2020. DJ 27.10.2020). O STJ também adota esse entendimento (STJ. Agravo Regimental no Agravo em Recurso Especial n.º 2.027279-BA, 5ª T., Rel. Min. Ribeiro Dantas, j. em 26.4.2022, DJ 284.2022).

O crime será de **competência da Justiça Federal**, nos termos do art. 109, IV, da Constituição da República, se praticado em detrimento de bens, serviços ou interesses da União, de suas entidades autárquicas ou empresas públicas.

Caso haja lesão à entidade federal, ou caso haja concurso de crimes, um de competência da justiça estadual e outro da federal, deve ser aplicada a Súmula 122 do STJ, segundo a qual, "compete à Justiça Federal o processo e julgamento unificado dos crimes conexos de competência federal e estadual, não se aplicando a regra do art. 78, II, a, do Código de Processo Penal".

Questão complexa é a definição da competência para processar os crimes que envolvam repasse de **verbas federais**. Mesmo nesses casos, pode ser fixada a competência da justiça estadual, não sendo suficiente, para atrair a competência da justiça federal, a existência de repasse de verbas, em decorrência de convênio da União com Estado-membro. Nesse caso, é aplicável a Súmula 209 do STJ: "compete à Justiça Estadual processar e julgar prefeito por desvio de verba transferida e incorporada ao patrimônio municipal".

Serão, entretanto, da Justiça Federal, os crimes relacionados a verbas federais sujeitas à fiscalização pelo Tribunal de Contas da União ou quando houver efetivo pagamento da despesa pública com verbas da União, situação que evidencia o interesse da União eventualmente violado pelo delito. Essa parece ser a teleologia da Súmula 208 do STJ: "Compete à Justiça Federal processar e julgar prefeito municipal por desvio de verba sujeita a prestação de contas perante órgão federal".

Órgão do Tribunal (especial ou turma): Diante do silêncio da Carta Magna, quanto ao órgão jurisdicional, prevalece que o julgamento deve ser feito pelo órgão fracionário indicado pelo Regimento Interno do Tribunal: "cabe, exclusivamente, ao Regimento Interno do Tribunal de Justiça atribuir competência ao Pleno, ou ao Órgão Especial, ou a órgão fracionário, para processar e julgar Prefeitos Municipais (CF, art. 29, X, e art. 96, I, "a")" (STF – HC 73.232/GO – 2ª Turma – Rel. Min. Maurício Corrêa – DJ 03/05/1996).

Renúncia ao mandato: Em regra, extinto o mandato, mesmo pela renúncia, cessa o foro por prerrogativa de função e o processo deverá ser remetido para julgamento em 1ª instância, afinal, tratando-se de crime comum, praticado por detentores de foro privativo no STF, a competência será dessa Corte somente enquanto durar o cargo ou mandato.

Todavia, o STF já decidiu, excepcionalmente, que não haverá modificação de competência, mesmo com a renúncia do réu, se o julgamento já havia sido iniciado. (...). Uma vez iniciado o julgamento de Parlamentar na Suprema Corte, a superveniência do término do mandato eletivo não desloca a competência para outra instância. (STF. Plenário. Inq 2295, Rel. p/ Acórdão Min. Menezes Direito j. 23/10/2008).

Além dessa exceção, o Supremo também entendeu não haver modificação da competência, se a renúncia se caracterizar como fraude processual e abuso de direito, caracterizados quando a instrução já tiver sido realizada e a renúncia objetivar apenas retardar o julgamento (STF. Plenário. AP 396/RO, Rel. Min. Carmem Lúcia, j. 28/10/2010). Posteriormente, o Supremo destacou que a fraude é verificável, ainda, quando o processo já está instruído e pronto para ser julgado, não sendo o caso, quando ainda faltam as alegações finais da defesa, a preparação do voto pelo Relator e ausência de perigo de prescrição da pena em abstrato. (STF. Plenário. AP 536 QO/MG, rel. Min. Roberto Barroso, j. 27/3/2014).

A questão foi consolidada no julgamento da Ação Penal 937 em que o Supremo Tribunal Federal fixou como limite processual para a perpetuação do julgamento na Instância Superior o final da instrução. Decidiu-se: "Após o final da instrução processual, com a publicação do despacho de intimação para apresentação de alegações finais, a competência para processar e julgar ações penais não será mais afetada em razão de o agente público vir a ocupar outro cargo ou deixar o cargo que ocupava, qualquer que seja o motivo (STF. Plenário. AP 937 QO/RJ, Rel. Min. Roberto Barroso, julgado em 03/05/2018).

Importante destacar que o fim do mandato não altera a natureza da infração cometida que foi tipificada pelo Decreto-Lei 201/1967, de modo que continua sendo julgado pelos crimes especiais, desde que praticados durante o mandato. Nesse sentido, são as Súmulas 703 do STF e 164 do STJ.

Súmula 703 do STF: a extinção do mandato do prefeito não impede a instauração de processo pela prática dos crimes previstos no art. 1º do DL 201/1967.

Súmula 164 do STJ: o prefeito municipal, após a extinção do mandato, continua sujeito a processo por crime previsto no art. 1º do Dec.-Lei 201, de 27/02/67.

Investigação dos Crimes Praticados por Prefeitos

O texto constitucional não condiciona a investigação dos crimes praticados por Prefeitos a qualquer tipo de **autorização prévia do Tribunal de Justiça,** até porque esse tipo de exigência viola o art. 129, I e VIII, da Constituição da República. Assim sendo, o Superior Tribunal de Justiça já decidiu que não há necessidade de prévia autorização do Judiciário, para a instauração de inquérito ou procedimento investigatório criminal contra investigado com foro por prerrogativa de função. Logo, não há razão jurídica para condicionar a investigação de autoridade com foro por prerrogativa de função à prévia autorização judicial (STJ. 5ª Turma. Resp.

1563962/RN, Rel. Min. Reynaldo Soares da Fonseca, j. 08/11/2016). É a posição da 6ª Turma do STJ também: (Agravo Regimental no Recurso Especial n.º 1.851.388/GO, STJ, 6ª T, Unânime. Rel. Min. Sebastião Reis Júnior. J. 16.6.2020).

Recentemente, o STF entendeu em sentido oposto: "1. A autoridade policial instaurou inquérito para investigar Prefeito por atos contemporâneos ao exercício da função pública, sem submeter as investigações ao controle do Tribunal de Justiça. 2. Ofensa ao art. 29, X, da CF, porque a ciência do Tribunal de Justiça ocorreu em momento posterior à instauração do inquérito policial. Nos casos de prerrogativa de foro, a atividade de supervisão judicial deve ser constitucionalmente desempenhada durante toda a tramitação das investigações, desde a abertura dos procedimentos investigatórios até o eventual oferecimento, ou não, da denúncia, pelo *dominus litis* (Inq. 2.411/MT, da minha relatoria, Tribunal Pleno, DJe 10.10.2007). 3. O devido processo legal é ainda mais necessário nas fases preliminares da persecução penal, em que os atos praticados pelos agentes estatais visam à obtenção de elementos informativos para subsidiar o futuro oferecimento da ação penal. 4. Embargos rejeitados para manter o acórdão da Segunda Turma desta Corte que, reconhecendo flagrante desobediência ao foro por prerrogativa de função, deu provimento a recurso extraordinário interposto pela defesa para declarar a nulidade de todos os atos praticados nos autos do inquérito policial" (STF, RE 1322854 AgR-EDv, Rel. Min. Gilmar Mendes, Tribunal Pleno, j. 3/7/2023).

Todavia, no caso de autoridade com foro por prerrogativa no Supremo Tribunal Federal, exige-se autorização para a instauração da investigação (STF, Inq. 2411 QO).

Quebra de sigilo bancário da conta bancária do Município: Em caso de desvio de recursos públicos da municipalidade, ainda que transferidos para contas bancárias, é admitida a requisição direta dessas transações diretamente pelo Ministério Público, ou seja, é desnecessária a ordem judicial. Neste sentido entende o Supremo Tribunal Federal:

Recurso ordinário em habeas corpus. Ação penal. Associação criminosa, fraude a licitação, lavagem de dinheiro e peculato (arts. 288 e 313-A, CP; art. 90 da Lei nº 8.666/93; art. 1º da Lei nº 9.613/98 e art. 1º, I e II, do DL nº 201/67). Trancamento. Descabimento. Sigilo bancário. Inexistência. Conta corrente de titularidade da municipalidade. Operações financeiras que envolvem recursos públicos. Requisição de dados bancários diretamente pelo Ministério Público. Admissibilidade. Precedentes. Extensão aos registros de operações bancárias realizadas por particulares, a partir das verbas públicas creditadas naquela conta. Princípio da publicidade (art. 37, caput, CF). Prova lícita. Recurso não provido. 1. Como decidido pelo Supremo Tribunal Federal, ao tratar de requisição, pelo Tribunal de Contas da União, de registros de operações financeiras, "o sigilo de informações necessárias para a preservação da intimidade é relativizado quando se está diante do interesse da sociedade de se conhecer o destino dos recursos públicos" (MS nº 33.340/DF, Primeira Turma, Relator o Ministro Luiz Fux, DJe de 3/8/15). 2. Assentou-se nesse julgado que as "operações financeiras que envolvam recursos públicos não estão abrangidas pelo sigilo bancário a que alude a Lei Complementar nº 105/2001, visto que as operações dessa espécie estão submetidas aos princípios da administração pública insculpidos no art. 37 da Constituição Federal (...)". 3. O Supremo Tribunal Federal reconheceu ao Ministério Público Federal o poder de requisitar informações bancárias relativas a empréstimos subsidiados pelo Tesouro Nacional, ao fundamento de que "se se trata de operação em que há dinheiro público, a publicidade deve ser nota característica dessa operação" (MS nº 21.729/DF, Pleno, Relator para o acórdão o Ministro Néri da Silveira, DJ 19/10/01). 4. Na espécie, diante da existência de indícios da prática de ilícitos penais com verbas públicas, o Ministério Público solicitou diretamente à instituição financeira cópias de extratos bancários e microfilmagens da conta corrente da municipalidade, além de fitas de caixa, para a apuração do real destino das verbas. 5. O poder do Ministério Público de requisitar informações bancárias de conta corrente de titularidade da prefeitura municipal compreende, por extensão, o acesso aos registros das operações bancárias realizadas por particulares, a partir das verbas públicas creditadas naquela conta. 6. De nada adiantaria permitir ao Ministério Público requisitar diretamente os registros das operações feitas na conta bancária da municipalidade e negar-lhe o principal: o acesso ao real destino dos recursos públicos, a partir do exame de operações bancárias sucessivas (v.g., desconto de cheque emitido pela Municipalidade na boca do caixa, seguido de transferência a particular do valor sacado). 7. Entendimento em sentido diverso implicaria o esvaziamento da própria finalidade do princípio da publicidade, que é permitir o controle da atuação do administrador público e do emprego de verbas públicas. 8. Inexistência de prova ilícita capaz de conduzir ao trancamento da ação penal. 9. Recurso não provido (STF. ROC em HC n.º 133.118-CE. Rel. Min. Dias Toffoli. 2ª T, j. 26/09/2017, publ. 9/03/2018).

Interceptação telefônica e serendipidade: A simples menção ao nome de autoridades detentoras de prerrogativa de foro, seja em depoimentos prestados por testemunhas ou investigados, seja em diálogos telefônicos interceptados, assim como a existência de informações, até então, fluidas e dispersas a seu respeito, são insuficientes para o deslocamento da competência para o Tribunal hierarquicamente superior. (STF. 2ª Turma. Rcl 25497 AgR/RN, rel. Min. Dias Toffoli, j. 14/2/2017 – Info 854).

Em sentido semelhante: "não é ilícita a interceptação telefônica autorizada por magistrado aparentemente competente ao tempo da decisão e que, posteriormente, venha a ser declarado incompetente. Trata-se da aplicação da chamada 'teoria do juízo aparente'". (STF. 2ª Turma. HC 110496/RJ, rel. Min. Gilmar Mendes, j. 9/4/2013. (Info 701)).

I – Antes de receber a denúncia, o juiz ordenará a notificação do acusado para apresentar defesa prévia, no prazo de cinco dias. Se o acusado não for encontrado para a notificação, ser-lhe-á nomeado defensor, a quem caberá apresentar a defesa, dentro no mesmo prazo.

O procedimento para o julgamento dos crimes de responsabilidade praticados por Prefeitos, contido no Decreto-Lei 201/1967, deve ser acrescido das disposições da Lei 8.038/1990, que trata do procedimento no âmbito dos Tribunais, foro competente para o julgar os Prefeitos que estiverem no mandato.

As disposições contidas no Decreto-Lei 201/1967 serão aplicadas, portanto, quando compatíveis com o rito previsto pela Lei 8.038/1990, ou caso o réu não ostente mais o foro por prerrogativa de função em decorrência de extinção do mandato eletivo.

A peculiaridade do procedimento é a previsão de notificação do acusado para apresentar defesa prévia, antes da denúncia ser recebida, exatamente como já ocorre no procedimento dos crimes funcionais (art. 514 e ss. do CPP) e da Lei 8.038/1990.

Caso o réu não seja notificado pessoalmente, não é necessária a notificação por edital, devendo ser-lhe nomeado defensor, para apresentar defesa. Trata-se de providência menos onerosa do que a notificação editalícia. Não há que se falar em nulidade, uma vez que, após o recebimento da denúncia, dado o silêncio da lei, deverá ser adotado o rito ordinário. Assim, caso não seja encontrado de novo, será citado por edital, conforme prevê o art. 361 do CPP, que enseja, conforme a situação, a aplicação do art. 366 do CPP.

II – Ao receber a denúncia, o juiz manifestar-se-á, obrigatória e motivadamente, sobre a prisão preventiva do acusado, nos casos dos itens I e II do artigo anterior, e sobre o seu afastamento do exercício do cargo durante a instrução criminal, em todos os casos.

Nos casos de denúncias por crimes previstos nos incisos I e II do Decreto-Lei 201/1967, que versam sobre os crimes mais graves daquele diploma, o juiz deverá decidir sobre a prisão preventiva do acusado.

Segundo o art. 312 do CPP, a prisão preventiva poderá ser decretada como garantia da ordem pública, da ordem econômica, por conveniência da instrução criminal, ou para assegurar a aplicação da Lei penal, quando houver prova da existência do crime e indício suficiente de autoria.

Ademais, esses delitos satisfazem o pressuposto do art. 313, inciso I, do CPP, que dispõe: "nos termos do art. 312 deste Código, será admitida a decretação da prisão preventiva: I – nos crimes dolosos punidos com pena privativa de liberdade máxima superior a 4 (quatro) anos".

De qualquer forma, a prisão preventiva deve ser decretada, se absolutamente necessária e adequada, e não de forma obrigatória ou automática como induz o dispositivo em estudo.

Afastamento do cargo: Trata-se de medida cautelar diversa da prisão preventiva e que, portanto, deve ser regida pelo art. 282 do CPP, sendo cabível em todos os crimes previstos no Decreto-Lei 201/1967. O afastamento do Prefeito do cargo é espécie de suspensão do exercício de função pública, medida prevista no art. 319, VI, do CPP, cabível, destarte, quando houver justo receio de utilização da função, para a prática de infrações penais.

Para ser decretada, deve ser demonstrado que o agente se utiliza, reiteradamente, das prerrogativas ou vantagens de sua função para a prática do delito ou, pelo menos, para realizá-lo com maior facilidade, com maior lucratividade ou com a certeza de que, nesta condição, serão menores as chances de ser descoberto.

Nesse sentido já decidiu o STJ: "(...) II – O afastamento do cargo público, no caso de prefeito municipal, impõe fundamentação concreta apta a evidenciar a necessidade de utilização da medida extrema. III – In casu, a r. decisão que determinou o afastamento encontra-se devidamente fundamentada no risco de reiteração da conduta delitiva verbis: o "alegado envolvimento dos denunciados em tratativas e fraudes licitatórias que beneficiariam a empresa Viaplan Engenharia Ltda, em troca de vantagens indevidas, revela a impossibilidade de permanência nos cargos, de forma a acautelar a ordem pública. Verificada a necessidade de apuração de delitos supostamente cometidos pelos denunciados, sua permanência nos cargos possibilitaria a reiteração das condutas e a indevida interferência na instrução criminal, devendo-se resguardar nesse momento o interesse público". Ordem denegada. (HC 312.016/SC, Rel. Ministro Felix Fischer, 5ª T., j. 16/04/2015, DJe 05/05/2015).

O descumprimento dessa medida cautelar pode ensejar a decretação da prisão preventiva, conforme prevê o art. 282, § 4º., do CPP.

Ambas as medidas, prisão preventiva e afastamento do cargo, no caso de o prefeito ainda estar no exercício do mandato, devem observar a regra de competência originária e serem decretadas pelo relator da ação penal.

> III – Do despacho, concessivo ou denegatório, de prisão preventiva, ou de afastamento do cargo do acusado, caberá recurso, em sentido estrito, para o tribunal competente, no prazo de cinco dias, em autos apartados. O recurso do despacho que decreta a prisão preventiva ou o afastamento do cargo terá efeito suspensivo.

Diferentemente do Código de Processo Penal, o Decreto-Lei 201/1967 prevê a interposição de Recurso em sentido estrito, no caso de decisão que decreta a Prisão Preventiva. De todo modo, mesmo nesses casos, poderá a defesa impetrar *Habeas Corpus*, buscando a desconstituição da prisão decretada.

O prazo de interposição de cinco dias é o mesmo do CPP. Diante do silêncio da lei, aplicado o art. 588 do CPP, o prazo para oferecimento das razões é de dois dias.

Diferentemente do que prevê o art. 584 do CPP, o RESE aqui terá efeito suspensivo.

Caso o prefeito ainda esteja no exercício do mandato eletivo, observada a regra de competência originária do Tribunal de Justiça instituída pela Constituição de 1988, o recurso não será propriamente em sentido estrito. Nos termos do art. 39 da Lei 8.038/1990, da decisão que causa algum gravame ao réu, inclusive a decretação de sua prisão, cabe recurso de agravo regimental, o qual tem a mesma natureza do recurso em sentido estrito, inclusive quanto ao juízo de retratação.

§ 1º Os órgãos federais, estaduais ou municipais, interessados na apuração da responsabilidade do prefeito, podem requerer a abertura do inquérito policial ou a instauração da ação penal pelo ministério público, bem como intervir, em qualquer fase do processo, como assistente da acusação.

Trata-se de disposição que reproduz as normas do art. 5º, § 3º, e art. 27, ambos do Código de Processo Penal, que regulamentam a *delatio criminis* consistente na possibilidade de qualquer cidadão levar ao conhecimento das autoridades informações sobre a existência de algum delito.

Assistente de acusação: A Lei prevê, ainda, a possibilidade de esses órgãos intervirem, em qualquer fase do processo, como assistente de acusação.

Trata-se uma das raras hipóteses de intervenção de assistente de acusação recair sobre pessoa jurídica de direito público. A assistência tem natureza acessória, conforme se extrai do art. 268 e ss. do CPP.

O ingresso dessas entidades no processo deve ocorrer como assistentes de acusação. No processo penal, é incabível a figura do *amicus curiae*. Nesse sentido já decidiu o STF: determinado Deputado Federal estava respondendo à ação penal no STF, pela suposta prática do crime de peculato. O partido político que ele integra requereu a sua intervenção no feito como *amicus curiae*. O STF indeferiu o pedido, afirmando que a agremiação partidária, autoqualificando-se como *amicus curiae*, pretendia, na verdade, ingressar numa posição que a relação processual penal não admite, considerados os estritos termos do CPP. STF. 1ª Turma. AP 504/DF, rel. orig. Min. Carmem Lúcia, red. p/ o acórdão Min. Dias Toffoli, j. 9/8/2016 (Info 834).

Considerando o precedente do Superior Tribunal de Justiça (Recurso Especial nº 1.164.017), o qual definiu que a Câmara de Vereadores não possui personalidade jurídica, apenas personalidade judiciária, pelo que só pode demandar em juízo para defender seus interesses institucionais, entendidos como aqueles relacionados ao funcionamento, autonomia e independência do órgão, não é possível que o Parlamento municipal intervenha em ação penal, ainda que se trate de crime contra a administração.

§ 2º Se as previdências para a abertura do inquérito policial ou instauração da ação penal não forem atendidas pela autoridade policial ou pelo Ministério Público estadual, poderão ser requeridas ao Procurador-Geral da República.

O dispositivo procura criar um mecanismo recursal, contra a omissão da autoridade policial ou do membro do Ministério Público, que não promove a abertura do inquérito policial ou a ação penal.

A redação é equivocada por vários motivos.

No caso de omissão da autoridade policial, pode a parte insurgir-se, valendo-se do recurso administrativo previsto no art. 5º., § 4º., do CPP, levando à chefia daquela instituição o conhecimento do caso.

Na hipótese de omissão do Ministério Público Estadual, o fato deve ser levado ao conhecimento do Procurador-Geral de Justiça do respectivo Estado, chefe da instituição em âmbito estadual e não do Procurador-Geral da República, que é o chefe do Ministério Público da União.

Não há que se falar em deslocamento da legitimidade do Ministério Público Estadual para o Ministério Público Federal, porque inexiste a possibilidade desse ramo do *parquet* atuar junto a justiça estadual, exceto em caso de atuação conjunta.

Com efeito, a Constituição Federal dotou os ramos do Ministério Público com autonomia e independência, de modo que inexiste meios do Procurador-Geral de República atuar de forma supletiva, diante da inércia do Ministério Público Estadual.

> **Art. 3º.** O vice-prefeito, ou quem vier a substituir o prefeito, fica sujeito ao mesmo processo do substituído, ainda que tenha cessado a substituição.

A redação é ambígua, mas o dispositivo deve ser entendido como norma que procura estabelecer que o vice-prefeito que pratica qualquer dos crimes previstos no Decreto-Lei 201/1967 responde por esses delitos, ainda que deixe o cargo de prefeito em seguida.

"Em resumo, o dispositivo sob exame apenas esclarece que, uma vez exercendo o cargo de prefeito municipal, ainda que de forma esporádica, eventual, a título precário, o substituto deve ser responsabilizado pelos atos praticados na condução da gestão pública municipal".[109]

REFERÊNCIAS BIBLIOGRÁFICAS

ARAÚJO. Sergei Medeiros. A improbidade administrativa em razão do descumprimento do dever fundamental de prestar contas. In "Questões práticas sobre improbidade administrativa". ed. ESMPU, 2011.

BALEEIRO, Aliomar. Aliomar. Uma Introdução à Ciência das Finanças. 9ª ed. Rio de Janeiro: Forense: 1973.

BALTAZAR JUNIOR, José Paulo. Crimes Federais. São Paulo: Saraiva. 10ª. ed. 2015.

BANDEIRA DE MELLO, Celso Antônio. Curso de direito administrativo. 26ª ed. São Paulo: Malheiros, 2009.

BARROSO, Luís Roberto. Curso de direito Constitucional Contemporâneo. São Paulo: Saraiva. 5ª. ed. 2015.

BITENCOURT, Cezar Roberto. Tratado de Direito Penal. Vol. 1 – Parte Geral, 23ª edição, 2017.

BITENCOURT, Cezar Roberto. Tratado de Direito Penal. Parte Especial. Vol. 5. 8ª ed. São Paulo: Saraiva. 2014.

CORRALO, Giovani da Silva. Responsabilidade de Prefeitos e Vereadores: Comentários ao Decreto-Lei n.º 201/67. São Paulo: Atlas, 2015.

COSTA, Nelson Nery. Direito municipal brasileiro. 6ª ed. Rio de Janeiro: Forense, 2014.

CUNHA. Rogério Sanches. Manual de direito penal: parte geral (arts. 1 ao 120). 4. ed. Salvador: Juspodivm, 2016.

FRAGOSO, Heleno Cláudio. Lições de Direito Penal, Rio de Janeiro: Forense, 1981. v. 2.

GRECO, Luís. Introdução à dogmática funcionalista do delito. Introdução à dogmática funcionalista do delito (em comemoração aos trinta anos de "Política criminal e sistema jurídico-penal", de Roxin). In: POLETTI, Ronaldo Rebello de Britto (Org.). Revista Notícia do Direito brasileiro. Nova série. n. 7. Brasília: UnB, Faculdade de Direito, 2000.

GRECO, Rogério. Código Penal Comentado. 11. ed. – Niterói: Ímpetos. 2017.

HASSEMER, Winfried. Introdução aos fundamentos do Direito Penal. Traduzido por Pablo Rodrigo Alflen da Silva. Porto Alegre: Sérgio Antonio Fabris. 2005.

HUNGRIA, Nélson. Comentários ao código penal. Rio de Janeiro: Forense. 2. ed. v. 9.

LIMA FILHO, Altamiro de Araújo. Prefeitos e vereadores: crimes e infrações de responsabilidade. Leme-SP: Mundo Jurídico. 4ª. ed., 2012.

MARQUES, José Frederico Marques. *Tratado de direito penal,* v. 1.

MASCARENHAS, Paulo. Improbidade Administrativa e crime de responsabilidade de prefeitos. ed. RCN. 3ª. p. 77/78.

MEIRELLES, Hely Lopes. Direito administrativo brasileiro. 25. ed. São Paulo: Malheiros, 2000, p. 100/101.

MEIRELLES, Hely Lopes. Direito Municipal Brasileiro. São Paulo: Malheiros. 9ª. ed. 1997.

NORONHA, E. Magalhães de. Direito penal, cit., v. 4.

---

101 ROQUE, Fábio. TÁVORA, Nestor. ALENCAR, Rosmar Rodrigues. Legislação Criminal para concursos. Salvador: Juspodivm. 2016.p. 1003.

PISCITELLI, Tathiane. Direito financeiro esquematizado. 4. ed. Rio de Janeiro: Forense, São Paulo : MÉTODO, 2014.

ROQUE, Fábio. TÁVORA, Nestor. ALENCAR, Rosmar Rodrigues. Legislação Criminal para concursos. Salvador: Juspodivm. 2016.

SCHÜNEMANN, Bernd; GRECO, Luís. Estudos de direito penal, direito processual penal e filosofia do direito. São Paulo: Marcial Pons, 2013.

STOCO, Rui. e outros, Leis Penais Especiais e sua interpretação Jurisprudencial, São Paulo: RT, 7ª. 2002.

CAPÍTULO 6

Lei de Alimentos – Lei nº 5.478/1968

Maria Carolina Silveira Beraldo

INTRODUÇÃO

Sobreviver talvez seja o primeiro direito fundamental do ser humano, razão pela qual a garantia aos alimentos surge como princípio da preservação da dignidade humana (CF, 1º, III)[1] e tem natureza de direito da personalidade, pois assegura a inviolabilidade do direito à vida e à integridade física.

Aprovada em 1968, a Lei n. 5.478 (lei de alimentos) dispõe sobre a demanda de alimentos, estabelecendo rito específico, forma de execução e prazo prescricional das prestações mensais.

É no contexto da efetividade da execução do acordo de alimentos ou do comando judicial que determina o pagamento de alimentos que se insere o crime contra a administração da justiça tipificado no artigo 22 da lei de alimentos, e que será adiante analisado.

Preliminarmente ao estudo do tipo penal em questão, faz-se necessária breve análise de sua atualidade e vigência, a despeito do Código de Processo Civil de 2015 (CPC) ter expressamente revogado alguns dispositivos da lei de alimentos.[2]

Com efeito, a Lei n. 5.478/68 subsiste parcialmente aplicável no que diz respeito ao rito e ao crime ali cominado, tendo sido revogados apenas os dispositivos atinentes à execução, uma vez que o Código de Processo Civil tratou expressamente sobre o tema.

A parcial vigência do referido artigo 22 se extrai das próprias disposições do CPC. O parágrafo único do artigo 693 do CPC determina que a ação de alimentos observará o procedimento previsto em legislação específica (leia-se a Lei de Alimentos n. 5.478/68), aplicando-se, no que couber, as disposições deste Capítulo.

Ressalta-se, especialmente quanto à conduta delitiva de *recusar, ou procrastinar a executar ordem de descontos em folhas de pagamento,* prevista no art. 22, *parágrafo único*, da Lei

---

1 DIAS, Maria Berenice. Manual de Direito das Famílias, 12ª ed. São Paulo: Editora Revista dos Tribunais. 2017. p. 582.

2 Reputa-se relevante destacar, ainda, antes de adentrar o tema dos crimes previstos na Lei de Alimentos, o recente entendimento do C. STJ acerca da prisão civil por dívida de alimentos, que conforme expressamente preconiza o art. 528, §4º, do CPC, deve ser cumprida em regime fechado.

Consta do Informativo nº 824 do STJ a seguinte conclusão: *"A ausência de vagas no sistema penitenciário, por si só, não justifica a substituição do regime fechado pelo regime aberto no cumprimento da prisão civil decretada com base no art. 528 do CPC/2015" (STJ - REsp 2.104.738-RS, 3ª Turma, Rel. Min. Marco Aurélio Bellizze, julgado em 3/9/2024).* Conforme se extrai da citada decisão, a substituição do regime por eventual alegação de superlotação das unidades prisionais, tornaria letra morta a regra do art. 528, §4º do CPC, evidenciando-se a necessidade de a autoridade judiciária local, em atuação dialógica com os demais Poderes, buscar meios de gerir a falta de vagas no sistema penitenciário, sem se olvidar da finalidade principal da prisão civil, qual seja, coagir o devedor a adimplir os alimentos essenciais à sobrevivência digna do alimentado.

de Alimentos, conforme será exposto adiante, haver divergência acerca do enquadramento da conduta em tal delito ou no crime de desobediência (Art. 330 do Código Penal), com base no art. 529, §1º, do CPC.

Ademais, o inciso V do artigo 1.072 do CPC expressamente revogou apenas os arts. 16 a 18 da Lei n. 5.478/68, uma vez que é a lei processual civil que regula o cumprimento de sentença ou acordo de alimentos. Assim, considerando-se a máxima segundo a qual *inclusio unius alterius exclusio*, tem-se a interpretação de que o legislador foi explícito em relação aos dispositivos que pretendia revogar; em não se enquadrando o crime em questão nas revogações, remanesce cabível e aplicável o artigo que o disciplina, nos termos a seguir expostos.

Art. 22. Constitui crime contra a administração da Justiça deixar o empregador ou funcionário público de prestar ao juízo competente as informações necessárias à instrução de processo ou execução de sentença ou acordo que fixe pensão alimentícia:

Pena - Detenção de 6 (seis) meses a 1 (um) ano, sem prejuízo da pena acessória de suspensão do emprego de 30 (trinta) a 90 (noventa) dias.

A primeira análise cabível em relação ao dispositivo passa pela constatação de ser o tipo penal em questão específico para o trato i) da obrigação dos empregadores ou funcionários públicos de prestar ao juízo competente as informações necessárias à instrução do processo ou execução de sentença ou acordo que fixe pensão alimentícia, e ii) da obrigação de todo aquele que, de qualquer modo, possa ajudar o devedor a eximir-se ao pagamento de pensão alimentícia judicialmente acordada, fixada ou majorada, de não fazê-lo, bem como de não se recusar ou procrastinar a execução de ordem de descontos em folhas de pagamento, expedida pelo juiz competente.

OBRIGAÇÃO DE PRESTAR INFORMAÇÕES

Constitui crime, nos termos do *caput* do Art. 22 da lei de alimentos, deixar o empregador ou funcionário público de prestar ao juízo competente **informações necessárias à instrução de processo ou execução de sentença ou acordo que fixe pensão alimentícia**.

Veja-se que o dispositivo em questão pune a mera abstenção na prestação de informações relevantes à demanda de alimentos, não se relacionando com a obrigação de prática direta de atos de desconto para pagamento.

A condenação em alimentos pressupõe a fixação do *quantum debeatur*, o qual, como se sabe, é aferido a partir não apenas das necessidades efetivas do alimentando, mas das possibilidades econômicas do alimentante. A análise dessa possibilidade econômica passa necessariamente pela obtenção de informações concretas sobre seus vencimentos e, não raro, diante das escusas e recusas apresentadas pelo devedor, o alimentando e o Juízo devem recorrer a informações prestadas por terceiros.

Em deixando o empregador (particular ou funcionário público) de prestar ao juízo as informações necessárias, estará incurso nas sanções do artigo 22: detenção de 6 (seis) meses a 1 (um) ano, sem prejuízo da pena acessória de suspensão do emprego de 30 (trinta) a 90 (noventa) dias.

Em tema de competência, caso se trate de funcionário público federal no exercício de suas funções e com estas relacionado, sobressai a competência da Justiça Federal para o seu processo e julgamento (STJ, CC 28573 RS 200/0009189-8, DJ 30/10/00, Rel. Min. Gilson Dipp).

Bem jurídico tutelado

O objeto material tutelado é a informação exigida, que garante direito do alimentando. O bem jurídico é a proteção ao alimentando e, secundariamente, a administração da justiça.

Sujeito ativo do crime

Trata-se de crime próprio. O sujeito ativo, como explicitado na norma, será o empregador ou o funcionário público.

A locução *empregador* se aplica tanto ao empresário pessoa física quando ao empresário detentor dos atos de gestão, caso se trate de empregador pessoa jurídica.

Voluntariedade

O elemento subjetivo é o dolo, que é a vontade consciente de deixar de prestar informações judicialmente requisitadas.

Inexiste modalidade culposa.

Consumação e tentativa

Trata-se de crime omissivo próprio, que se consuma com o esgotamento do prazo para prestação das informações requisitadas pelo Juízo e a omissão do agente, independentemente do conhecimento dessas mesmas informações, *a posteriori*, por outras vias.

Sendo delito unissubsistente, **inviável** a tentativa, pois a execução não pode ser fracionada em vários atos.

Ação Penal

Trata-se de crime de ação penal pública incondicionada.

Por ser crime de menor potencial ofensivo, aplicam-se os benefícios da Lei nº 9.099/95. Em caso de condenação, é cabível a substituição da pena privativa por pena restritiva de direitos, observados os requisitos do artigo 44, ou a concessão de *sursis*, nos termos do artigo 77, ambos do Código Penal.

> Parágrafo único. Nas mesmas penas incide quem, de qualquer modo, ajuda o devedor a eximir-se ao pagamento de pensão alimentícia judicialmente acordada, fixada ou majorada, ou se recusa, ou procrastina a executar ordem de descontos em folhas de pagamento, expedida pelo juiz competente.

Obrigações de efetuar desconto em folha de pagamento, sem indevida procrastinação, bem como de não auxiliar o devedor a eximir-se do pagamento de pensão alimentícia judicialmente acordada, fixada ou majorada

Em relação ao tipo penal em questão, presente no parágrafo único do art. 22 da lei de alimentos, verifica-se que o legislador pretendeu punir não apenas o empregador que deixa de praticar os atos materiais de desconto em folha de pagamento, para repasse direto ao juízo ou ao alimentando, bem como o empregador que auxilia o devedor a eximir-se do pagamento de pensão alimentícia, praticando atos diretos ou indiretos cooperativos para o não pagamento.

Ocorre que, como explicitado acima, o CPC inovou em matéria de execução de alimentos e, em seus artigos 529 (cumprimento de sentença de alimentos) e 912 (execução de alimentos), trouxe disposições específicas em relação à punição do empregador que deixa de praticar os atos materiais de desconto em folha de pagamento, para repasse direto ao juízo ou alimentando.

Nos termos do CPC, o juiz, a pedido do exequente, oficiará à autoridade, à empresa ou ao empregador, determinando, sob pena de **crime de desobediência**, o desconto a partir da primeira remuneração posterior do executado, a contar do protocolo do ofício.[3]

3 Art. 529. Quando o executado for funcionário público, militar, diretor ou gerente de empresa ou empregado sujeito à legislação do trabalho, o exequente poderá requerer o desconto em folha de pagamento da importância da prestação alimentícia.

Assim, tem-se que o CPC passou a prever o crime de desobediência do Art. 330 do Código Penal especificamente para o trato da obrigação dos empregadores ou funcionários públicos de promover atos materiais de desconto e pagamento de pensão alimentícia, fato que anteriormente se encontrava no crime do parágrafo único do Art. 22 da lei de alimentos.

É preciso destacar, entretanto, que há divergência acerca do crime a ser imputado diante de tal conduta, sobretudo considerando-se o art. 22 da Lei de Alimentos, lei especial em vigência, e o art. 529, §1º, do CPC, que aponta o crime de desobediência (art. 330 do CP).

Observando-se o diploma processual civil, a omissão na prática de atos materiais de desconto em folha determinada judicialmente caracteriza o delito de desobediência do Código Penal, aplicando-se, *in casu*, as penas lá relacionadas, quais sejam detenção, de 15 (quinze) dias a 6 (seis) meses, e multa.

Nesse sentido, inclusive, corroborando a aplicação do delito tipificado no Código Penal, Donizetti[4] explica:

> "O Código atual também esclarece que a autoridade ou o empregador que deixar de descontar as verbas determinadas pelo juiz poderá responder por crime de desobediência (art. 330 do CP). Essa disposição (art. 529, §1º) vai ao encontro do que já estava disciplinado no parágrafo único do art. 22 da Lei de Alimentos (Lei nº 5.478/1968)."

Por outro lado, destaca-se, ainda, haver entendimento diverso no sentido de que a conduta permanece se enquadrando no delito tipificado na própria legislação especial, vez que não houve a sua revogação pelo diploma processual cível.[5] É o que defende André Roque[6], em comentários ao art. 529 do CPC:

> "Por fim, o §1º do dispositivo em análise prevê que o desatendimento à ordem judicial configuraria crime de desobediência. Aqui, cabe uma ressalva: a hipótese é tipificada de forma específica pelo art. 22, parágrafo único da Lei nº 5.478/1968 - não revogado pelo

---

§ 1º Ao proferir a decisão, o juiz oficiará à autoridade, à empresa ou ao empregador, determinando, **sob pena de crime de desobediência**, o desconto a partir da primeira remuneração posterior do executado, a contar do protocolo do ofício.

§ 2º O ofício conterá o nome e o número de inscrição no Cadastro de Pessoas Físicas do exequente e do executado, a importância a ser descontada mensalmente, o tempo de sua duração e a conta na qual deve ser feito o depósito.

§ 3º Sem prejuízo do pagamento dos alimentos vincendos, o débito objeto de execução pode ser descontado dos rendimentos ou rendas do executado, de forma parcelada, nos termos do caput deste artigo, contanto que, somado à parcela devida, não ultrapasse cinquenta por cento de seus ganhos líquidos.

4 DONIZETTI, Elpídio. **Curso de Direto Processual Civil** – Volume Único. 27. ed. São Paulo: Atlas, 2024. *E-book (n.p).*

5 EXECUÇÃO DE ALIMENTOS – PEDIDO DO EXEQUENTE PARA QUE A EMPREGADORA DO EXECUTADO FOSSE INTIMADA A CUMPRIR INTEGRALMENTE O DÉBITO ALIMENTAR – O FATO DE A EMPRESA TER SIDO NEGLIGENTE NO CUMPRIMENTO DA ORDEM JUDICIAL NÃO TEM O CONDÃO DE RESPONSABILIZÁ-LA PELO DÉBITO ALIMENTAR, QUE É PESSOAL E DE RESPONSABILIDADE DO EXECUTADO – NADA OBSTANTE, **CUMPRE AO MM JUIZ DO FEITO DETERMINAR A INSTAURAÇÃO DE INQUÉRITO POLICIAL POR INFRAÇÃO AO PRECEITO PRIMÁRIO CONTIDO NO PARÁGRAFO ÚNICO DO ART. 22 DA LEI 5.478/68** - DECISÃO MANTIDA – AGRAVO DESPROVIDO. (TJ-SP 21480296520178260000 SP 2148029-65.2017.8.26.0000, Relator: Theodureto Camargo, Data de Julgamento: 18/12/2017, 8ª Câmara de Direito Privado, Data de Publicação: 18/12/2017)

APELAÇÃO-CRIME. **ART. 22, PARÁGRAFO ÚNICO, DA LEI 5.478/68.** INSUFICIÊNCIA DO CONJUNTO PROBATÓRIO ACERCA DO DOLO. SENTENÇA CONDENATÓRIA REFORMADA. O quadro probatório produzido na instrução não permite certeza a respeito do elemento subjetivo do tipo. Prova que demonstra que o devedor de alimentos percebia valor inferior ao desconto determinado judicialmente ao empregador, não sendo possível presumir, por esse motivo, que o descumprimento da ordem fosse intencional. Absolvição com base no princípio in dubio pro reo. RECURSO PROVIDO. (Recurso Crime Nº 71008393225, Turma Recursal Criminal, Turmas Recursais, Relator: Edson Jorge Cechet, Julgado em 13/05/2019). (TJ-RS - RC: 71008393225 RS, Relator: Edson Jorge Cechet, Data de Julgamento: 13/05/2019, Turma Recursal Criminal, Data de Publicação: Diário da Justiça do dia 24/05/2019)

6 GAJARDONI, Fernando da Fonseca; DELLORE, Luiz; ROQUE, André Vasconcellos; OLIVEIRA JR., Zulmar Duarte de. Comentários ao código de processo civil. 5. ed. Rio de Janeiro: Forense, 2022. *E-book (n.p).*

art. 1.072 do CPC -, cujas penas prevalecem sobre o tipo geral delimitado pelo art. 330 do Código Penal".

Já no que diz respeito ao delito imputável a todo aquele que de qualquer modo, ajuda o devedor a eximir-se ao pagamento de pensão alimentícia judicialmente acordada, fixada ou majorada, subsiste íntegra a segunda parte do parágrafo único do art. 22 da lei de alimentos. Assim, o empregador ou funcionário de empresa que atenda à solicitação de baixa da CLT de empregado, ou o que o registre com salário a menor, por exemplo, tudo com fim único de auxiliá-lo a eximir-se da obrigação, continuando a remunerar seu trabalho "por fora" e/ou a maior, pratica diretamente o crime em questão, e deverá por ele ser responsabilizado.

Em tema de competência, caso se trate de funcionário público federal no exercício de suas funções e com estas relacionado, sobressai a competência da Justiça Federal para o seu processo e julgamento (STJ, CC 28573 RS 200/0009189-8, DJ 30/10/00, Rel. Min. Gilson Dipp).

Bem jurídico tutelado

O objeto material é a lisura da conduta de terceiro (seu bem proceder) legalmente obrigado a atuar para a consecução do bem jurídico. O bem jurídico é a proteção ao alimentando e, secundariamente, a administração da justiça.

Sujeitos ativos do crime

O sujeito ativo, como explicitado na norma, será o empregador, o funcionário público ou qualquer pessoa que, de qualquer modo, auxilie o devedor a subtrair-se de sua obrigação alimentar.

Voluntariedade

O elemento subjetivo é o dolo, que é a vontade consciente de ajudar o devedor a eximir-se ao pagamento de pensão alimentícia judicialmente acordada, fixada ou majorada.

Inexiste modalidade culposa.

Consumação e tentativa

O crime pode ser cometido de forma livre, por ação ou omissão, e se consuma quando o devedor se exime do pagamento de pensão alimentícia.

Caso o devedor, mesmo tentando eximir-se do pagamento, não consiga, ainda assim os atos materiais diretos ou indiretos de auxílio constituem tentativa (ex: baixa indevida na CTPS).

Ação Penal

Trata-se de crime de ação penal pública incondicionada.

Por ser crime de menor potencial ofensivo, aplicam-se os benefícios da Lei nº 9.099/95. Em caso de condenação, é cabível a substituição da pena privativa de liberdade por pena restritiva de direitos, observados os requisitos do artigo 44, ou a concessão de *sursis*, nos termos do artigo 77, ambos do Código Penal.

Pena

A pena dos delitos em questão varia de detenção de 6 (seis) meses a 1 (um) ano, sem prejuízo da pena acessória de suspensão do emprego de 30 (trinta) a 90 (noventa) dias. Veja-se que a suspensão do emprego, aplicável a servidores públicos, é verdadeira penalidade de caráter sancionatório e, portanto, acaso seja imposta, o será com prejuízo dos vencimentos (diferentemente, portanto, do afastamento cautelar, em que há afastamento do exercício das atividades sem prejuízo da remuneração mensal).

Quadro comparativo dos tipos penais de desobediência em tema de alimentos

Art. 22, Lei n. 5.478/68	Arts. 529 e 912, CPC
Art. 22, Lei n. 5.478/68: Constitui crime contra a administração da Justiça deixar o empregador ou funcionário público de prestar ao juízo competente as informações necessárias à instrução de processo ou execução de sentença ou acordo que fixe pensão alimentícia: Pena - Detenção de 6 (seis) meses a 1 (um) ano, sem prejuízo da pena acessória de suspensão do emprego de 30 (trinta) a 90 (noventa) dias. Parágrafo único. Nas mesmas penas incide quem, de qualquer modo, ajuda o devedor a eximir-se ao pagamento de pensão alimentícia judicialmente acordada, fixada ou majorada, ou se recusa, ou procrastina a executar ordem de descontos em folhas de pagamento, expedida pelo juiz competente.	Arts. 529 e 912, CPC: Quando o executado for funcionário público, militar, diretor ou gerente de empresa ou empregado sujeito à legislação do trabalho, o exequente poderá requerer o desconto em folha de pagamento da importância da prestação alimentícia. § 1º Ao proferir a decisão, o juiz oficiará à autoridade, à empresa ou ao empregador, determinando, sob pena de **crime de desobediência**, o desconto a partir da primeira remuneração posterior do executado, a contar do protocolo do ofício. § 2º O ofício conterá o nome e o número de inscrição no Cadastro de Pessoas Físicas do exequente e do executado, a importância a ser descontada mensalmente, o tempo de sua duração e a conta na qual deve ser feito o depósito. § 3º Sem prejuízo do pagamento dos alimentos vincendos, o débito objeto de execução pode ser descontado dos rendimentos ou rendas do executado, de forma parcelada, nos termos do caput deste artigo, contanto que, somado à parcela devida, não ultrapasse cinquenta por cento de seus ganhos líquidos. **Desobediência** Art. 330, CP: Desobedecer a ordem legal de funcionário público: Pena - detenção, de quinze dias a seis meses, e multa.

CAPÍTULO 7

Estatuto do Índio – Lei nº 6.001/1973

Ludmila de Paula Castro Silva

INTRODUÇÃO

O reconhecimento legal dos direitos indígenas no Brasil atravessa intrincado processo, marcado por delongado caminho de luta por sobrevivência, disputa por terras e busca por respeito a direitos essenciais, como alimentação, educação, saúde e segurança. Sem olvidar disposições normativas editadas no período colonial, a previsão da integração do indígena à sociedade civil somente ganhou respaldo relevante nas Constituições Federais brasileiras de 1934 e 1967 (Emenda Constitucional nº 1/1969), assim como no Estatuto do Índio, enunciado pela Lei nº 6.001/1973, que em seu artigo 1º traz expressamente o propósito de preservar a cultura dos índios e integrá-los, progressiva e harmoniosamente, à comunhão nacional.

A Constituição Federal de 1988 (CF/1988) demonstrou atenção à política indigenista, quebrando o paradigma integracionista e reconhecendo aos índios sua organização social, costumes, línguas, crenças e tradições, assim como os direitos originários sobre as terras que tradicionalmente ocupam (artigo 231, CF/1988[1]). Positivou-se constitucionalmente a possibilidade de que os índios, suas comunidades e organizações vindiquem os seus direitos e interesses em juízo, intervindo o Ministério Público em todos os atos do processo (artigo 232, CF/1988).

Firmada a nova ordem constitucional, relevante citar outras normas que buscam a proteção do indígena e de sua cultura: Decreto n. 26, de 4/2/1991, que trata da educação indígena no Brasil; Decreto n. 1.775, de 8/1/1996, que dispõe sobre o processo administrativo de demarcação de terras indígenas; Decreto n. 3.156, de 27/8/1999, que estabelece as condições para a prestação de assistência à saúde dos povos indígenas, no âmbito do Sistema Único de Saúde, pelo Ministério da Saúde; Decreto n. 7.747, de 5/6/2012, que dispõe sobre a política nacional de gestão territorial e ambiental de terras indígenas (PNGATI); e Resolução nº 287, de 25/6/2019, do Conselho Nacional de Justiça, que estabelece procedimentos ao tratamento das pessoas indígenas acusadas, rés, condenadas ou privadas de liberdade, e dá diretrizes para assegurar os direitos dessa população no âmbito criminal do Poder Judiciário.

A Convenção nº 169 da Organização Internacional do Trabalho (OIT) sobre Povos Indígenas e Tribais caminha em sintonia também ao preceito constitucional do artigo 215 da CF/1988, que traduz o compromisso do Estado de garantir o pleno exercício dos direitos culturais e acesso

1 O Supremo Tribunal Federal, no Habeas Corpus 79.530, Rel. Min. Ilmar Galvão, DJ de 25-02-2000, estabeleceu que é de natureza civil, e não criminal, a tutela que a carta Constitucional estabeleceu no *caput* do art. 231, não se podendo confundir os respectivos direitos concedidos aos índios com o dever do Estado em proteger-lhes a vida e a integridade física, dever não restrito aos indígenas, mas estendido a todas as demais pessoas.

às fontes da cultura nacional, bem como apoiar e incentivar a valorização e a difusão das manifestações culturais.

As disposições da CF/1988 que cuidam da situação do índio revelam que estes receberam um assento de destaque, consagrando o relativismo cultural e étnico como eixo norteador das demais normas sobre o tema. Esse reconhecimento converge para a não recepção do artigo 1º do Estatuto do Índio e outros dispositivos, como por exemplo o artigo 7º, que sujeita ao regime tutelar os índios e as comunidades indígenas não integradas à comunhão nacional.

Uma visão geral sobre o Estatuto do Índio em vigor impõe observar que conta com 68 artigos, divididos em 7 títulos, sendo que 30 dispositivos dizem respeito às terras dos índios[2] (Título III) e bens e renda do patrimônio indígena (Título IV). Consta, ainda, previsão quanto aos princípios que regem a matéria (Título I), direitos civis e políticos (Título II), educação, cultura e saúde (Título V), normas penais (Título VI) e disposições gerais (Título VII).

Tramita perante a Câmara dos Deputados, desde 1991, o Projeto de Lei 2.057, que dispõe sobre o Estatuto das Sociedades Indígenas e já recebeu diversos substitutivos[3]. Caso aprovado e sancionado, substituirá o atual Estatuto do Índio, promovendo mudanças significativas no tratamento do indígena. Em que pese tal projeto de lei não preveja soluções para todos os aspectos causadores de controvérsias doutrinárias e jurisprudenciais, lastreadas em dificuldades práticas de processamento e penalização dos crimes praticados por indígenas, prestigia o respeito aos usos, costumes e tradições da sociedade indígena em consonância com o relativismo cultural e étnico que marca a Constituição Federal de 1988.

Tal prestígio pode ser vislumbrado também na Resolução nº 287/2019, editada pelo Conselho Nacional de Justiça, que estabelece procedimentos para tratamento das pessoas indígenas acusadas, rés, condenadas ou privadas de liberdade, e dá diretrizes para assegurar os direitos dessa população no âmbito criminal do Poder Judiciário. Sob o pálio da função do CNJ de fiscalizar e normatizar os atos praticados pelos órgãos do Poder Judiciário, a Resolução ora referida apresentou uma integração da Lei nº 6.001/1973, complementando-a em diversos aspectos e fixando posição em pontos controvertidos da jurisprudência. A Resolução supre lacunas legislativas, iluminando a atuação jurisdicional que há muito tempo anseia pela normatização condizente nesta seara, dado que o condizente projeto de lei data de 1991.

Procedidas às considerações preliminares, incumbe tecer comentários sobre as normas penais constantes do Título VI da Lei nº 6.001/1973.

CAPÍTULO I - DOS PRINCÍPIOS

Art. 56. No caso de condenação de índio por infração penal, a pena deverá ser atenuada e na sua aplicação o Juiz atenderá também ao grau de integração do silvícola.

Parágrafo único. As penas de reclusão e de detenção serão cumpridas, se possível, em regime especial de semiliberdade, no local de funcionamento do órgão federal de assistência aos índios mais próximos da habitação do condenado.

2 Chama-se indigenato a fonte primária da posse das terras originalmente pertencentes aos índios. Sua origem está no Alvará de 1º de abril de 1680, que foi ratificado e estabeleceu uma reserva de terras aos índios como senhores primários e naturais delas. João Mendes Júnior trata as referidas terras tradicionalmente ocupadas pelos índios como sendo terras congenitamente possuídas. (MENDES JÚNIOR, João. *Os indígenas do Brasil, seus direitos individuais e políticos*. São Paulo: Hennies Irmãos, 1912. p. 62 apud BULOS, Uadi Lâmego. Curso de direito constitucional. São Paulo: Saraiva, 2007. p. 1.340).

3 O Ministério Público Federal, em 14.06.1994 (Ofício/PGR/GAB/Nº 1067), apresentou diversas sugestões, inclusive na esfera penal, para alteração do projeto, as quais, em sua maioria, foram acolhidas pelo parlamentar relator.

Na esteira do artigo 3º da Lei nº 6.001/1973, considera-se índio ou silvícola *todo indivíduo de origem e ascendência pré-colombiana que se identifica e é identificado como pertencente a um grupo étnico cujas características culturais o distinguem da sociedade nacional.*

O mesmo dispositivo define, ainda, comunidade indígena ou grupo tribal como *um conjunto de famílias ou comunidades índias, quer vivendo em estado de completo isolamento em relação aos outros setores da comunhão nacional, quer em contatos intermitentes ou permanentes, sem contudo estarem neles integrados.*

Os índios são classificados, no bojo do artigo 4º da Lei nº 6.001/1973, em: *I - Isolados - Quando vivem em grupos desconhecidos ou de que se possuem poucos e vagos informes através de contatos eventuais com elementos da comunhão nacional; II - Em vias de integração - Quando, em contato intermitente ou permanente com grupos estranhos, conservam menor ou maior parte das condições de sua vida nativa, mas aceitam algumas práticas e modos de existência comuns aos demais setores da comunhão nacional, da qual vão necessitando cada vez mais para o próprio sustento; III - Integrados - Quando incorporados à comunhão nacional e reconhecidos no pleno exercício dos direitos civis, ainda que conservem usos, costumes e tradições característicos da sua cultura.*

Partindo desses conceitos, o *caput* do dispositivo em comento insere o indígena como sujeito ativo de infração penal, determinando que, em caso de condenação, a dosimetria da pena deverá considerar a incidência de atenuante e avaliar o seu grau de integração, respeitando-se os parâmetros estabelecidos no artigo 4º da Lei nº 6.001/1973.

Pode-se dizer que a norma penal está revestida de simplicidade em sua redação, considerada a complexidade de seu reflexo, gerando celeuma em sua aplicação. A jurisprudência prevalecente concentra-se em designar que a disposição abrange somente o silvícola não integrado à comunhão nacional[4]. A análise do processo de integração ou não do silvícola é complexa e parte de variados critérios, diversos do autorreconhecimento, a saber: a fluência na língua portuguesa, o grau de escolaridade, a habilidade para condução de veículos automotores, a qualidade de eleitor, o nível de ingerência em organização criminosa, a desenvoltura para a prática criminosa, etc.[5]

---

4 AGRAVO REGIMENTAL EM RECURSO ESPECIAL. PENAL. CRIME DE INCÊNDIO. INDÍGENA INTEGRADO À SOCIEDADE BRASILEIRA. PLEITO DE APLICAÇÃO DA ATENUANTE DO ART. 56, PARÁGRAFO ÚNICO DA LEI 6.001/73. IMPOSSIBILIDADE. 1. Este Tribunal Superior possui entendimento de que o art. 56, parágrafo único, da Lei nº 6.0001/73 (Estatuto do Índio), a embasar a pretensão de atenuação da reprimenda, somente se destina à proteção do silvícola não integrado à comunhão nacional; ou seja, esse dispositivo legal não pode ser aplicado em favor do indígena já adaptado à sociedade brasileira. 2. Agravo regimental a que se nega provimento. STJ. Quinta Turma. Agravo Regimental no Recurso Especial n. 1.361.948/PE. Relator Ministro Marco Aurélio Bellizze. Julgado em 10/9/2013; publicado em 16/9/2013. Decisão unânime.

PENAL. ROUBO DE VEÍCULO A SERVIÇO DA FUNAI. CONDIÇAO DE INDÍGENA DOS ACUSADOS. COMPLETA INTEGRAÇAO À SOCIEDADE BRASILEIRA. LEI Nº 6.001/73. INAPLICABILIDADE. ATENUAÇAO DA SANÇAO E REGIME DE SEMILIBERDADE. IMPOSSIBILIDADE. DOSIMETRIA DA PENA. MÉTODO TRIFÁSICO. AJUSTE QUANTO A UM DOS RÉUS.1. A simples qualidade de silvícola não é suficiente para que a pena dos acusados seja atenuada e, muito menos, que o regime inicial de seu cumprimento se dê através de semiliberdade, sendo imprescindível, para tanto, que o índio não esteja integralmente adaptado à comunidade nacional.2. Caso em que, apesar de ostentarem a condição de indígenas, os réus estão completamente integrados à civilização, tendo em vista que, além de conhecerem bem o idioma, têm plena capacidade de compreender o caráter ilícito dos seus atos, não lhes sendo aplicável, portanto, as disposições da Lei nº 6.001/73 (Estatuto do Índio).3. As provas apuradas no curso do inquérito e em juízo demonstram, suficientemente, a responsabilidade penal dos acusados quanto ao crime tipificado no art. 157, § 2º, II, do CP (roubo de veículo que estava a serviço da FUNAI).4. Estando devidamente demonstrados a primariedade de um dos acusados, a sua boa conduta social, o grau de culpabilidade e as baixas consequências oriundas da infração, justifica-se a diminuição da pena para o mínimo legal.5. Apelação parcialmente provida. TRF-5. Segunda Turma. Apelação n. 200683050003400. Relator Desembargador Federal Luiz Alberto Gurgel de Faria. Publicado em 26/11/2008.

5 Neste sentido: CRIMINAL. HC. TRÁFICO DE ENTORPECENTES. PORTE ILEGAL DE ARMA. ÍNDIO. NULIDADE. CERCEAMENTO DE DEFESA. FALTA DE PERÍCIA ANTROPOLÓGICA. DISPENSABILIDADE. RÉU INDÍGENA INTEGRADO À SOCIEDADE. PLEITO DE CONCESSÃO DO REGIME DE SEMILIBERDADE. ART. 56, PARÁGRAFO ÚNICO DA LEI N.º 6.001/73. IMPOSSIBILIDADE. CONDENAÇÃO POR CRIME HEDIONDO. ORDEM DENEGADA. I. Hipótese em que o paciente, índio Guajajara, foi condenado, juntamente com outros três co-réus, pela prática de tráfico ilícito de entorpecentes, em

A Convenção nº 169 da OIT considera que a consciência de sua identidade indígena ou tribal deverá ser considerada como critério fundamental para determinar os grupos aos que se aplicam as disposições nela contidas (artigo 1º, 2). Diante disso, tem-se que a Convenção erigiu como critério essencial o autorreconhecimento, de modo que as demais características serão utilizadas a título de excepcionalidade. Todavia, com sabedoria, a jurisprudência majoritária, na seara criminal, faz a conjugação com outros critérios, evitando que a *ratio decidendi* é convergente a evitar que pessoas que convivem plenamente na sociedade não indígena e assim se reconheçam, ainda que tenham raízes étnicas indígenas, sejam beneficiadas com a atenuação da pena sem respaldo em critério razoável que estabeleça o entrelaçamento adequado com a desequiparação concedida. Em outros termos, a qualificação como silvícola não pode gerar uma atenuação automática da pena, *assim também como não provoca* a sua inserção em regime especial de aprisionamento, pelo simples fato de possuir tal raiz étnica.

Conveniente mencionar que, partindo da classificação do artigo 4º do Estatuto do Índio, em vários dispositivos ao longo do diploma há expressa referência ao grau de integração do índio, conforme se vê dos artigos: 2º, inciso II; 6º, parágrafo único; 7º, *caput*; 8º, *caput*; 12, *caput*; 16, §2º; 58, inciso III; e 59.

Nesta senda, ainda que o artigo 56 em comento faça menção à necessidade de atender ao grau de integração do silvícola, teria sido mais técnico e hialino se fizesse tal especificação como procedeu em outros dispositivos da Lei, já que o índio integrado não perde sua qualidade intrínseca, ainda que passe a conviver em comunhão nacional. Em sentido contrário à jurisprudência consolidada, se fosse avaliada somente a interpretação literal do artigo, face à ausência de designação classificatória, deveria ser a atenuante aplicada a todos os índios – sem prejuízo da incidência da limitação constante do Enunciado de Súmula do Superior Tribunal de Justiça nº 231[6] –, já que o artigo dispõe que, além de considerá-la na aplicação da pena, o juiz deve *também* observar o grau de integração do silvícola.

Entretanto, sobre o tema, verifica-se uma possível mudança de paradigma com a edição da Resolução nº 287/2019, do Conselho Nacional de Justiça (CNJ). Isto porque, o seu artigo 2º dispõe que os respectivos procedimentos serão *aplicados a todas as pessoas que se identifiquem como indígenas, brasileiros ou não, falantes tanto da língua portuguesa quanto de línguas nativas, independentemente do local de moradia, em contexto urbano, acampamentos, assentamentos, áreas de retomada, terras indígenas regularizadas e em diferentes etapas de regularização fundiária*. Acrescenta o artigo 3º que *o reconhecimento da pessoa como indígena se dará por meio da autodeclaração, que poderá ser manifestada em qualquer fase do processo criminal ou na audiência de custódia*.

O CNJ considerou, por consequência, a possibilidade de autodeclaração da pessoa indígena no âmbito do processamento criminal e, caso isto ocorra, a autoridade judicial *deverá*

---

associação, e porte ilegal de arma de fogo, pois mantinha plantio de maconha na reserva indígena Piçarra Preta, do qual era morador. II. Não é indispensável a realização de perícia antropológica, se evidenciado que o paciente, não obstante ser índio, está integrado à sociedade e aos costumes da civilização. III. Se os elementos dos autos são suficientes para afastar quaisquer dúvidas a respeito da inimputabilidade do paciente, tais como a fluência na língua portuguesa, certo grau de escolaridade, habilidade para conduzir motocicleta e desenvoltura para a prática criminosa, como a participação em reuniões de traficantes, não há que se falar em cerceamento de defesa decorrente da falta de laudo antropológico. IV. Precedentes do STJ e do STF. V. Para a aplicação do art. 56, parágrafo único, da Lei n.º 6.001/76, o qual se destina à proteção dos silvícolas, é necessária a verificação do grau de integração do índio à comunhão nacional. VI. Evidenciado, no caso dos autos, que paciente encontra-se integrado à sociedade, não há que se falar na concessão do regime especial de semiliberdade previsto no Estatuto do Índio, o qual é inaplicável, inclusive, aos condenados pela prática de crime hediondo ou equiparado, como ocorrido in casu. Precedentes. VII. Ordem denegada. STJ. Quinta Turma. Habeas Corpus n. 30.113/MA. Relator Ministro Gilson Dipp. Julgado em 5/10/2004; publicado em 16/11/2004. Decisão unânime.

6 A incidência da circunstância atenuante não pode conduzir à redução da pena abaixo do mínimo legal.

indagar acerca da etnia, da língua falada e do grau de conhecimento da língua portuguesa (art. 3, § 2º, da Resolução nº 287/2019, CNJ) e remeter as cópias dos autos do processo à regional da Fundação Nacional do Índio – FUNAI mais próxima em até 48 (quarenta e oito) horas (art. 3, § 3º, da Resolução nº 287/2019, CNJ).

Outro aspecto digno de nota circunda a obrigatoriedade ou não de realização de laudo antropológico para aferição do nível de integração do indígena autor de crime e sua consequente responsabilização, a partir de exame por profissional habilitado, levando em conta aspectos culturais do povo ou comunidade a que pertence o respectivo indígena[7].

Luciano Mariz Maia entende que a perícia antropológica se impõe quando há a necessidade de se documentar a realidade e a verdade de fatos em torno de índios, quilombolas, ciganos, populações tradicionais, suas comunidades e organizações; quando os fatos sociais em torno desses grupos e comunidades necessitam ser interpretados na sua significação individual e na sua dinâmica social e coletiva; para interpretar e aplicar o Direito a essas comunidades e seus membros. A perícia antropológica caracteriza-se não apenas por ser feita por antropólogo, mas, acima de tudo, por adotar metodologia propriamente antropológica[8].

A jurisprudência dominante inclina-se em considerar dispensável o exame antropológico destinado a aferir o grau de integração do índio na sociedade, caso seja possível afirmar sua imputabilidade plena com fundamento na avaliação dos mesmos elementos de convicção supramencionados para fins de incidência da atenuante prevista no *caput*[9].

É compreensível que a jurisprudência assim se posicione, tendo em vista que vigora no processo penal o princípio da verdade real e a liberdade probatória. Deste modo, caso o magistrado entenda ser cabível a perícia antropológica, é plenamente possível a sua determinação. Em sentido contrário, caso o juiz se mostre convencido de que se está diante de um silvícola integrado à comunidade, pode ser dispensada a realização da perícia, desde que o faça de forma motivada, atendendo ao mandamento do artigo 93, inciso IX, CF/1988.

Nesse aspecto, o artigo 6º da Resolução nº 287, do CNJ, dispõe que, *ao receber denúncia ou queixa em desfavor de pessoa indígena, a autoridade judicial poderá determinar, sempre que possível, de ofício ou a requerimento das partes, a realização de perícia antropológica, que fornecerá subsídios para o estabelecimento da responsabilidade da pessoa acusada*. Extrai-se que a normativa manteve a realização do exame antropológico a título de faculdade ao magistrado, mas cumpre anotar que, ainda que utilize o verbo *poder* quando trata da determinação de realização da perícia, acrescentou a expressão *sempre que possível*, evidenciando uma tendência a que o procedimento seja entendido como regra, e não uma exceção, quando o caso envolver pessoa indígena.[10]

---

7 O Projeto de Lei 2.057/1991, na tentativa de corrigir a falta de técnica do atual Estatuto do Índio, estabelece, em seu artigo 90, que o juiz deverá realizar a perícia antropológica. Observe-se: "Nos processos criminais contra índios, o juiz ordenará a realização de perícia antropológica, que determinará o grau de consciência da ilicitude do ato praticado, para efeito da aplicação do disposto no Artigo 21 do Código Penal."

8 *Do Papel da Perícia Antropológica na Afirmação dos Direitos dos Índios*. Disponível em: http://www.mpf.mp.br/atuacao-tematica/ccr6/documentos-e-publicacoes/artigos/docs_artigos/do_papel_da_pericia_antropologica_na_afirmacao_dos_direitos_dos_indios.pdf. Acesso em: 11 dez. 2022.

9 Neste sentido: STF. Primeira Turma. Habeas Corpus n. 79.530. Relator Ministro Ilmar Galvão. Julgado em 16/12/1999, publicado em 25/2/2000; STF. Primeira Turma. Habeas Corpus n. 85.198. Relator Ministro Eros Grau. Julgado em 17/11/2005, publicado em 9/12/2005; TJMS. RVCR: 14045378820168120000 - MS 1404537-88.2016.8.12.000. Relator Desembargador Jairo Roberto de Quadros. Data de Julgamento: 09/08/2017, 2ª Seção Criminal.

10 No julgamento do RHC 86.305/RS (Rel. Ministro Rogerio Schietti Cruz, 6ª Turma, julgado em 01/10/2019, DJe 18/10/2019) restou consignado que "*(...) a realização do estudo antropológico se apresenta como relevante instrumento de melhor compreensão dos contornos socioculturais dos fatos analisados, bem como dos próprios indivíduos a quem são imputadas as condutas delitivas, de modo a auxiliar o Juízo de primeiro grau na imposição de eventual reprimenda, mormente diante do que prescreve o art. 56 do Estatuto do Índio, segundo o qual, "[n]o caso de condenação de índio por infração penal, a pena deverá ser atenuada e na sua aplicação o Juiz atenderá também ao grau de integração do silvícola*".

Cumpre mencionar que, recentemente, o Superior Tribunal de Justiça (STJ) decidiu no sentido de que a nomeação de tradutor-intérprete e antropólogo é desejada, mas não indispensável, como dispõem os artigos 5º e 6º da Resolução n. 287/2019 do CNJ, respectivamente. No caso concreto julgado, observou que o réu estava perfeitamente adaptado à sociedade civil, tendo suficiente compreensão dos usos e costumes nacionais, possuindo fluência na língua portuguesa, circunstância que reforça sua plena integração social, tornando desnecessária a realização de laudo antropológico e afastando a necessidade de intérprete para a sua inquirição.[11]

Abordando a transição do paradigma integracionista para o paradigma do multiculturalismo, com ênfase na observância da Convenção nº 169 da OIT, norma com *status* supralegal, bem como partindo da premissa de que a análise não pode se circunscrever ao fato de o índio estar ou não integrado à cultura ocidental, o Supremo Tribunal Federal (STF), em julgamento proferido em caso de competência do Tribunal do Júri e diante da importância de conceder ao corpo de jurados o entendimento sobre a matriz cultural e moldura sociológica de ambiência dos fatos no contexto do indígena processado, concedeu a ordem para reconhecer o direito à perícia antropológica como algo essencial ao exercício do direito de defesa, fundamentando que:

> [...] a perícia antropológica não se restringe à análise do entendimento do acusado sobre os fatos delituosos praticados, mas também se destina a uma perspectiva multiculturalista para perfeito enquadramento do fato criminoso no contexto completo para perfeita compreensão dos julgadores. [...] A realização da perícia antropológica não visa a retirar do recorrente a responsabilização judicial, mas entender o fato em análise também em sua moldura cultural específica, na qual o recorrente e a vítima estão inseridos, o que pode ser diferente, mais grave ou mais branda que na cultura não indígena. Também o laudo poderia demonstrar se o fato delituoso foi objeto de reação segundo a cultura do réu e da vítima e se a personalidade ou as consequências do crime para a comunidade na qual se tenha dado.[12]

Importa dizer que o estudo antropológico visa a compreensão da diversidade cultural, vinculada aos elementos étnicos, históricos e culturais, e não a aferição do grau de imputabilidade do índio. No que tange aos fundamentos da teoria do delito, o tratamento jurídico-penal do indígena constitui tema que gera diversos embates, especificamente quanto à culpabilidade, em seu aspecto afeto à imputabilidade.

A título elucidativo, Juarez Tavares explica que Claus Roxin, ao debruçar-se sobre a culpabilidade, afirma que seu conceito está ligado à ideia de acessibilidade normativa, ou seja, agente culpável é aquele que, em virtude de sua constituição psíquica e mental estava, no momento da prática do fato, em condições de atender o apelo da norma. Já Reinhard Merkel trabalha com dois conceitos: receptividade e reatividade. Dessa forma, o agente deve ser receptivo ao ser capaz de sentir o sentido da norma; e depois, ter a capacidade de reagir adequadamente a essa receptividade ou compreensão da norma[13].

Refletindo sobre a condição do silvícola, as lições de Roxin e Merkel são perfeitamente aplicáveis, pois as ideias citadas colocam no centro do debate a acessibilidade normativa, que é capaz de superar a antiga discussão sobre a existência ou não da liberdade de vontade ou poder de agir de um silvícola de um ou de outro modo.

---

11 STJ. 5ª Turma. Recurso em Habeas Corpus nº 141.827 – MS (2021/0023758-2). Relator Ministro Ribeiro Dantas. Julgado em 13/4/2021, DJe 16/04/2021. Nesse sentido ainda: STJ. 6ª Turma. Recurso Especial nº 1.129.637/SC. Relator Ministro Sebastião Reis Júnior. Julgado em 25/2/2014, DJe 10/3/2014.

12 STF. Recurso Ordinário em Habeas Corpus nº 199.360 – MS (0202326-91.2020.3.00.0000). Relatora Ministra Carmen Lúcia. Julgado em 6/4/2021, DJe 13/4/2021.

13 ROXIN, Claus; MERKEL, Reinhard. Apud TAVARES, Juarez. Fundamentos da teoria do delito. Florianópolis: Tirant lo Blanch, 2018, p. 418.

Mirabete e Fabbrini entendem que o silvícola pode ser incluído na cláusula de desenvolvimento mental incompleto[14], desde que fique demonstrada sua inadaptação à vida no meio civilizado. Anotam que não se trata de algo patológico ou teratológico, mas da ausência de adaptação à vida social de nosso nível às normas complexas que a regulam e aos critérios de valores de nossos julgamentos que colocam os indígenas em condição de incapacidade total ou parcial de entendimento e orientação volitiva na qualidade e grau exigidos pela legislação penal. Ressaltam que não basta a condição de silvícola, exigindo-se a demonstração, por perícia, que tenha o agente desenvolvimento mental incompleto.[15]

Pondera Marcela Baudel de Castro que no Estatuto do Índio a questão da culpabilidade é resumida ao critério da inimputabilidade, à luz da divisão já ultrapassada entre índios isolados, integrados e em vias de integração. Entende, assim, que são inimputáveis os índios isolados, imputáveis os integrados, e a depender de exame antropológico será definida a culpabilidade dos índios em vias de integração, os quais, em sua maioria, apresentam-se como semi-imputáveis. A redução da pena trazida pela Lei nº 6.001/1973 será aplicada a depender do grau de integração do indígena, subsidiariamente à diminuição presente na hipótese de culpabilidade reduzida, prevista no parágrafo único do artigo 26, do Código Penal, que dispõe sobre a redução de pena, se o agente, em virtude de perturbação de saúde mental ou por desenvolvimento mental incompleto ou retardado não era inteiramente capaz de entender o caráter ilícito do fato ou de determinar-se de acordo com esse entendimento.[16]

Leciona Edilson Vitorelli que a aplicação do erro de proibição traduziria a compatibilização do Direito Penal com o respeito constitucional à organização social, costumes, crenças e tradições indígenas[17], visto que a seleção de condutas reprováveis penalmente tem sustentáculo marcadamente cultural, de modo que podem não coincidir com os bens eleitos por uma cultura distinta. Defende, portanto, que a reprovação imposta pelo Direito Penal só recairia sobre a conduta do índio que conhecesse os valores tutelados pela norma penal e tivesse vontade livre e consciente de transgredir o bem jurídico.[18]

Examinando a questão da inimputabilidade penal dos índios, conclui Monia Peripolli Dias que não se sustenta mais o critério de que estes possuem mentalidade incompleta ou retardada, visto que, ocorrendo essa colisão cultural, importa tão somente perquirir se, de acordo com a sua cultura e seus costumes, o indígena tinha condições de compreender o caráter ilícito daquela conduta positivada como crime, segundo os padrões da cultura da sociedade envolvente.[19]

Na esteira do entendimento de Rogério Sanches Cunha, a condição de índio não integrado não gera presunção de incapacidade penal, sendo a regra a sua imputabilidade, passível de ser

14 Este é o entendimento adotado na Exposição de Motivos do Código Penal de 1940 e assentado na doutrina tradicional, podendo ser citado na mesma linha a lição de Guilherme de Souza Nucci: "O desenvolvimento mental incompleto ou retardado consiste numa limitada capacidade de compreensão do ilícito ou da falta de condições de se autodeterminar, conforme o precário entendimento, tendo em vista ainda não ter o agente atingido a sua maturidade intelectual e física, seja por conta da idade, seja porque apresenta alguma característica particular, como o silvícola não civilizado ou o surdo sem capacidade de comunicação." Direito Penal. 3. ed. São Paulo: Editora Revista dos Tribunais, 2007, p. 290.

15 MIRABETE, Júlio Fabbrini e FABBRINI, Renato N. Manual de Direito Penal, volume 1: parte geral. 28. ed. São Paulo: Atlas, 2012, p. 199.

16 O tratamento jurídico-penal conferido aos indígenas no ordenamento jurídico brasileiro. Disponível em: https://egov.ufsc.br/portal/conteudo/o-tratamento-jur%C3%ADdico-penal-conferido-aos-ind%C3%ADgenas-no-ordenamento-jur%C3%ADdico-brasileiro-0. Acesso em: 11 dez. 2022.

17 O Projeto de Lei 2.057/1991 adota o critério do erro de proibição no que concerne à alocação da culpabilidade do indígena, distanciando-se da mera atribuição de inimputabilidade, conforme seu artigo 90.

18 Estatuto do Índio. Lei nº 6.001/1973. 4.ed. Salvador: Editora JusPodivm, 2018, p. 391.

19 DIAS, Monia Peripolli. O tratamento jurídico-penal dispensando aos indígenas: frente à colisão cultural desse povo com a cultura preponderante brasileira. Editora Novas Edições Acadêmicas, 2014.

afastada quando se tratar de doente mental, menor de 18 anos na data dos fatos ou acometido por embriaguez acidental completa. Aduz, ainda, que diante do caso concreto a não integração do índio pode ser causa excludente da culpabilidade, fundamentada na ausência de potencial consciência da ilicitude ou inexigibilidade de conduta diversa.[20]

Para fins do estudo do dispositivo de lei ora comentado, anotando a premissa de que a imputabilidade situa-se em campo diverso do conceito social referente ao nível de integração do indígena, mister dizer que resta inviável a aplicação concomitante e sobreposta, neste aspecto da dosimetria da pena, do Estatuto do Índio e do Código Penal, porque a mesma circunstância afeta à ausência – ainda que parcial – de compreensão do indígena sobre o caráter ilícito do fato justifica tanto a incidência de atenuante, na forma do artigo 56, da Lei nº 6.001/1973, como a causa de diminuição de pena, com lastro no artigo 26, parágrafo único, do Código Penal.

Quanto ao regime de cumprimento de pena a ser fixado, o parágrafo único do artigo 56 traz regra especial em relação ao artigo 33 do Código Penal, determinando que as penas de reclusão e detenção serão cumpridas, se possível, em regime especial de semiliberdade, no local de funcionamento do órgão federal de assistência aos índios mais *próximos*[21] da habitação do condenado.

O espírito da lei remete à manutenção do agente criminoso indígena em local que prestigie contato com sua cultura, encaminhando-o à Fundação Nacional do Índio - FUNAI[22] ou outro órgão federal de assistência aos índios, se houver. O preceito normativo traz comando de difícil execução, pela ausência de estruturação da FUNAI para encarcerar presos, seja no que se refere à deficiência nos quesitos segurança e recursos humanos, seja pela desnaturação de sua função primeva.

Relevante mencionar que a Resolução nº 287/2019, do CNJ, prevê que, não sendo caso de seguir os mecanismos próprios da comunidade indígena para fins de responsabilização (artigo 7º), *excepcionalmente, quando da definição da pena e do regime de cumprimento a serem impostos à pessoa indígena, a autoridade judicial deverá considerar as características culturais, sociais e econômicas, suas declarações e a perícia antropológica, de modo a: I - aplicar penas restritivas de direitos adaptadas às condições e prazos compatíveis com os costumes, local de residência e tradições da pessoa indígena; II - considerar a conversão da multa pecuniária em prestação de serviços à comunidade, nos termos previstos em lei; e III - determinar o cumprimento da prestação de serviços à comunidade, sempre que possível e mediante consulta prévia, em comunidade indígena* (artigo 9º).

O CNJ arrematou este ponto ao deliberar, no artigo 10 da Resolução supramencionada, que *não havendo condições para aplicação do disposto nos artigos 7º e 9º, a autoridade judicial deverá aplicar, sempre que possível e mediante consulta à comunidade indígena, o regime especial de semiliberdade previsto no art. 56 da Lei nº 6.001/1973, para condenação a penas de reclusão e de detenção*. Para tanto, a autoridade judicial poderá buscar articulação com as autoridades comunitárias indígenas da Comarca ou Seção Judiciária, bem como estabelecer parceria com a FUNAI ou outras instituições, com vistas à qualificação de fluxos e procedimentos.

Nesse ponto pairam fundadas dúvidas sobre a acurácia do cumprimento da pena e da fiscalização da respectiva execução, uma vez que não se pode depreender que o regime especial de semiliberdade fiscalizado por autoridades indígenas ou FUNAI tenha os mesmos rigores da

20 CUNHA, Rogério Sanches. Manual de direito penal: parte geral. 8.ed. Salvador: Juspodivm, 2020, p. 369.

21 Transcrição feita nos exatos termos que constam na Lei nº 6.001/1973, em que pese o erro de concordância nominal.

22 Foi criada por via da Lei nº 5.371, em 1967, com o intuito de ser o principal órgão oficial indigenista do Brasil. A FUNAI coordena e executa todas as políticas indigenistas feitas pelo Governo Federal, tendo por objetivo proteger e promover os direitos dos povos indígenas no Brasil, bem como estudos de identificação, demarcação, regularização fundiária e registro de terras tradicionalmente ocupadas pelos povos indígenas.

execução de pena tradicionalmente observada pelo Estado. O risco de impunidade é imenso, pois, sem o alcance dos olhos e das mãos do Estado, a pena aplicada ao indígena fiscalizada por um par pode ganhar características diversas daquelas pretendidas e necessárias à prevenção geral e específica do crime.

Sem olvidar que a intenção do legislador é dar tratamento diferenciado ao indígena para que possa cumprir a pena sem afastar-se de suas origens culturais, importa sobrelevar que o Estatuto do Índio entrou em vigor no ano de 1973, antes da Constituição Federal de 1988 e da Lei dos Juizados Especiais (Lei nº 9.099/1995). Com a edição desta última, houve significativa alteração da sistemática processual dos crimes e contravenções penais de menor potencial ofensivo, de sorte que, em se tratando de crimes abrangidos pela competência do Juizado Especial Criminal ou que tenham pena mínima cominada igual ou inferior a um ano, a aplicação do regime de semiliberdade exclui a oportunidade de o indígena ter acesso a medidas mais brandas e não restritivas da liberdade, como a transação penal e a suspensão condicional do processo.

Levando em consideração que o parágrafo único do artigo 56 da Lei nº 6.001/1973 faz alusão ao *regime de cumprimento de pena*, tem-se que tal disposição respeita à fase de execução, incutindo sua inaplicabilidade em caso de prisão cautelar. Deve, ainda, ser ponderado que os fundamentos para decretação desta revestem-se de outro objetivo, com lastro no artigo 312, do Código de Processo Penal, vinculando-se à garantia da ordem pública, da ordem econômica, da aplicação da lei penal e conveniência da instrução criminal.

Art. 57. Será tolerada a aplicação, pelos grupos tribais, de acordo com as instituições próprias, de sanções penais ou disciplinares contra os seus membros, desde que não revistam caráter cruel ou infamante, proibida em qualquer caso a pena de morte.

A função jurisdicional concentra-se nas mãos do Estado, pois ele detém o monopólio da violência, todavia, excepcionalmente, em algumas situações pontuais dentro do sistema jurídico, o Estado admite o emprego de sanções por aqueles que não integram os seus quadros.

Destarte, a premissa inicial do dispositivo em estudo consiste em considerar possível a aplicação de sanções penais e disciplinares pelos grupos indígenas em relação a seus membros, sem prejuízo da aplicação da lei penal convencional. Isso porque, o dispositivo supra estabelece a condicionante de que tais sanções não podem ter caráter cruel ou infamante, vedando ainda a pena de morte, o que se coaduna aos preceitos previstos no artigo 5º, inciso XLVII, alíneas 'a' e 'e' da Carta Magna.

O artigo 57 do Estatuto do Índio precisa ser interpretado também à luz dos artigos 5º, inciso XXXV, e 231 da CF/1988. Nesse sentido, Edilson Vitorelli observa que se trata de compatibilizar a aplicação de duas normas constitucionais igualmente originárias. Aduz o autor que o Estado deve interferir apenas na hipótese em que a sanção indígena se mostrar em flagrante desrespeito aos direitos humanos internacionalmente reconhecidos, cabendo ao Poder Judiciário analisar se a sanção indígena se ateve aos limites dos direitos humanos, não podendo ingressar no mérito de sua justiça. Entende, por conseguinte, que a regra deve ser a de que o Estado não deve sobrepor sua sanção à hipótese em que o crime já tenha sido punido de acordo com o sistema jurídico-penal indígena.[23]

Com o devido respeito a tal construção doutrinária, necessário confrontá-la, pois, se é certo que a penalização aplicada pelos grupos tribais deve respeitar os direitos humanos, também é certo que tal sanção deve ser proporcional ao crime cometido para conceder a justa medida de resposta, desestimulando a reiteração da conduta. E justamente atentando para esse juízo

23 Estatuto do Índio. Lei nº 6.001/1973. 4.ed. Salvador: Editora JusPodivm, 2018, p. 399.

de proporcionalidade tem-se por indeclinável que a jurisdição estatal não pode ser excluída de seu poder de análise, ainda que para tanto necessite adentrar no mérito da justiça da decisão.

Note-se que não se está a tratar meramente da ausência de proporcionalidade de eventual aplicação de uma pena de um mês de detenção para um homicídio, mas também sobre a hipótese de que a comunidade indígena aplique penas vedadas pelo ordenamento jurídico, como, por exemplo, uma pena de banimento da aldeia, o que encontra obstáculo no art. 5º, inc. XLVII, da CF/1988. O mesmo impedimento existe caso a comunidade indígena aplique penas de morte, de caráter perpétuo, de trabalhos forçados e cruéis.

A Resolução nº 287/2019, do CNJ, prevê no artigo 7º, que *a responsabilização de pessoas indígenas deverá considerar os mecanismos próprios da comunidade indígena a que pertença a pessoa acusada, mediante consulta prévia.* O respectivo parágrafo único dispõe que *a autoridade judicial poderá adotar ou homologar práticas de resolução de conflitos e de responsabilização em conformidade com costumes e normas da própria comunidade indígena, nos termos do art. 57 da Lei nº 6.001/73.*

O Tribunal de Justiça de Roraima, interpretando o artigo 57 do Estatuto do Índio, sob a égide do artigo 231 da CF/1998, em caso que envolvia a prática de homicídio entre indígenas, decidiu pelo reconhecimento da autonomia das comunidades indígenas na aplicação de penalidade, afastando a atuação do Poder Judiciário em observância ao princípio *non bis in idem.*[24]

Sob a argumentação de que deve ser resguardada a manifestação cultural da etnia, praticada dentro da coletividade, nos limites da aldeia indígena, assim como seu modo de vida, tradições, crenças e formas de expressão do direito ao autorreconhecimento, o Ministério Público Federal (MPF), em sede extrajudicial, considerou que um homicídio de indígena, valendo-se de arma de fogo e esquartejamento em ritual tradicional da etnia *Munduruku* denominado "Pajelança Brava", não deve ser objeto de intervenção judicial, pois, caso fosse, ocorreria ofensa aos meios culturais de aplicação de justiça e encontraria expressiva resistência dos indígenas. No bojo da decisão de arquivamento, chega-se a mencionar que tal perspectiva deve ser aplicada *ainda que as comunidades indígenas tenham um elevado nível de comunicação com a sociedade envolvente, pois os diferentes sistemas de valores éticos e culturais importam na consideração*

24. APELAÇÃO CRIMINAL. HOMICÍDIO. CRIME PRATICADO ENTRE INDÍGENAS NA TERRA INDÍGENA MANOÁ/PIUM. REGIÃO SERRA DA LUA, MUNICÍPIO DE BONFIM-RR. HOMICÍDIO ENTRE PARENTES. CRIME PUNIDO PELA PRÓPRIA COMUNIDADE (TUXAUAS E MEMBROS DO CONSELHO DA COMUNIDADE INDÍGENA DO MANOÁ). PENAS ALTERNATIVAS IMPOSTAS, SEM PREVISÃO NA LEI ESTATAL. LIMITES DO ART. 57 DO ESTATUTO DO ÍNDIO OBSERVADOS. DENÚNCIA DO MINISTÉRIO PÚBLICO. IMPOSSIBILIDADE DE PERSECUÇÃO PENAL. JUS PUNIENDI ESTATAL A SER AFASTADO. NON BIS IN IDEM. QUESTÃO DE DIREITOS HUMANOS. HIGIDEZ DO SISTEMA DE RESPONSABILIZAÇÃO PENAL PELA PRÓPRIA COMUNIDADE. LEGITIMIDADE FUNDADA EM LEIS E TRATADOS. CONVENÇÃO 169 DA OIT. LIÇÕES DO DIREITO COMPARADO. DECLARAÇÃO DE AUSÊNCIA DO DIREITO DE PUNIR ESTATAL QUE DEVE SER MANTIDA. APELO MINISTERIAL DESPROVIDO. Se o crime em comento foi punido conforme os usos e costumes da comunidade indígena do Manoá, os quais são protegidos pelo art. 231 da Constituição, e desde que observados os limites do art. 57 do Estatuto do Índio, que deva penas cruéis, infamantes e a pena de morte, há de se considerar penalmente responsabilizada a conduta do apelado; A hipótese de a jurisdição penal estatal suceder à punição imposta pela comunidade indica clara situação de ofensa ao princípio non bis in idem; O debate passa a ser de direitos humanos quando se têm em conta não apenas direitos e garantias processuais penais do acusado, mas também direito à autodeterminação da comunidade indígena de compor os seus conflitos internos, todos previstos em tratados internacionais de que o Brasil faz parte; Embora ainda em aberto o debate no direito brasileiro, existe forte inclinação, sobretudo em razão da inspiração do seu preâmbulo, para se considerar a Convenção 169 da OIT (incluindo o seu art. 9º) como um tratado de direitos humanos, portanto com status supralegal, nos termos da jurisprudência do STF; Se até países como os Estados Unidos e a Austrália, que votaram contra a Declaração das Nações Unidas sobre os Direitos dos Povos Indígenas, de 2007, têm precedentes reconhecendo a autonomia do jus puniendi de seus povos autóctones em relação ao direito de punir do Estado, razoavelmente se conclui que esse reconhecimento também se impõe ao Brasil; - Declaração de ausência do direito de punir do Estado mantida. TJRR – ACr 0090.10.000302-0, Rel. Des. MAURO CAMPELLO, Câmara Única, julg.: 18/12/2015, public.: 17/02/2016, p. 13.

de que aquela conduta é normal e aceita dentro do grupo a que pertencem, impedindo que a norma seja internalizada.[25]

O emblemático julgamento supramencionado, apesar de contrário à praxe forense, ganhou ressonância na comunidade jurídica e vem sendo utilizado como referência de reconhecimento da cultura dos povos indígenas, todavia, importa fazer algumas considerações sobre os equívocos e incoerências que apresenta. Com a devida vênia às razões mencionadas no julgado, o princípio da inafastabilidade da jurisdição deve ser memorado diante da impossibilidade de extirpar do Estado o exercício do poder de punir, ainda que seja para verificar criteriosamente a proporcionalidade da penalidade aplicada, o que no caso em apreço não foi feito.

A interpretação mais congruente, na esteira do disposto no art. 57 do Estatuto do Índio, reforçado pelo parágrafo único do art. 7º, da Resolução nº 287, do CNJ, é no sentido de que caso a autoridade judicial entenda adequado "pode homologar a prática de resolução de conflitos e de responsabilização em conformidade com costumes e normas da própria comunidade indígena". A Resolução ainda acrescenta no art. 9º que, não sendo caso de aplicação dessa regra, quando da definição da pena e do regime de cumprimento a serem impostos ao indígena, a autoridade judicial deverá considerar as características culturais, sociais e econômicas, suas declarações e a perícia antropológica.

Outro aspecto inconsistente do referido julgado do TJRR concentra-se no fato de ser indeclinável que a admissão da aplicação de sanções penais e disciplinares, como decorrência dos princípios da autonomia e autodeterminação dos povos, atente para os graus de integração dos indígenas, pois a tolerância deverá ser teoricamente maior quanto menos integrado for certo grupo comunitário à comunhão nacional.

Neste contexto, é indeclinável a necessidade de que sejam conjugadas as normas de direito internacional, podendo-se citar a Convenção nº 169 da OIT, que, em seu artigo 9º, 1, prevê o respeito aos métodos tradicionais dos povos para repressão dos delitos cometidos por seus membros, os quais devem ser compatíveis com o sistema jurídico nacional e com os direitos humanos internacionalmente reconhecidos. Em outras palavras, um crime perpetrado por indígena não pode ser acobertado sob o manto supremo da cultura, naturalizando uma grave violação a direitos humanos, sob pena de validar os métodos tradicionais dos povos em prol da impunidade e transgressão dos valores essenciais da vida humana, ainda mais quando se trata de um indígena que conhece as proibições mundanas, mesmo que não tenha ciência dos estritos termos contidos na lei.

Relevante aduzir que a Convenção Americana sobre Direitos Humanos, em seu artigo 4º, 3, dispõe que *não se pode restabelecer a pena de morte nos Estados que a hajam abolido* e no artigo 5º, 2, prevê que *ninguém deve ser submetido a torturas, nem a penas ou tratos cruéis, desumanos ou degradantes.*

Aplicável à espécie o princípio da vedação do retrocesso no que tange à dignidade da pessoa humana lastreada pelos direitos fundamentais, garantidos em âmbito nacional, e direitos humanos, de alcance internacional. Nesta perspectiva, a conduta de grupos tribais consistente na imposição de sanções de caráter cruel, infamante ou mesmo a pena de morte como forma de castigo constitui crime a ser tipificado de acordo com a conduta praticada.[26]

---

25 No caso concreto, a 2ª Câmara de Coordenação e Revisão Criminal do MPF, em sessão colegiada, por unanimidade, deliberou pela homologação do arquivamento do Procedimento de Investigação Criminal (PIC) nº 1.23.008.000394/2015-61. (Relator: Francisco de Assis Vieira Sanseverino; Membros: Carlos Frederico Santos e Luiza Cristina Fonseca Frischeisen)

26 Nesse sentido: HABEAS CORPUS. PROCESSO PENAL. TORTURA. CRIME EM RAZÃO DE COSTUMES INDÍGENAS. DISPUTA DE TERRAS INDÍGENAS. COMPETÊNCIA DA JUSTIÇA FEDERAL. TIPICIDADE. ORDEM NÃO CONHECIDA. 1. Compete à Justiça Federal o processamento e o julgamento da ação penal quando a motivação do delito envolve questões intrínsecas de direitos e cultura indígenas, como ocorre na hipótese. 2. Nos termos do art. 57 do Estatuto

CAPÍTULO II
DOS CRIMES CONTRA OS ÍNDIOS

Art. 58. Constituem crimes contra os índios e a cultura indígena:

I - escarnecer de cerimônia, rito, uso, costume ou tradição culturais indígenas, vilipendiá-los ou perturbar, de qualquer modo, a sua prática. Pena - detenção de um a três meses;

II - utilizar o índio ou comunidade indígena como objeto de propaganda turística ou de exibição para fins lucrativos. Pena - detenção de dois a seis meses;

III - propiciar, por qualquer meio, a aquisição, o uso e a disseminação de bebidas alcoólicas, nos grupos tribais ou entre índios não integrados. Pena - detenção de seis meses a dois anos.

Parágrafo único. As penas estatuídas neste artigo são agravadas de um terço, quando o crime for praticado por funcionário ou empregado do órgão de assistência ao índio.

BEM JURÍDICO TUTELADO

O delito em questão tem como objetividade jurídica a tutela da cultura indígena, que pode ser definida como o arcabouço de características (costumes, danças, artes, ritos, tradições, etc) que determinam um grupo, tornando-o singular e particularmente diferenciado da sociedade circundante.

SUJEITOS DOS CRIMES

Os crimes são comuns, de modo que qualquer pessoa pode ser sujeito ativo. De outro lado, somente o índio ou comunidade indígena pode ser sujeito passivo. Cumpre observar que, diferentemente dos demais incisos, o inciso III do artigo 58 da Lei 6.001/1973 especifica a incidência da norma quando o ofendido for grupo tribal ou índio não integrado, remetendo à noção já mencionada do artigo 4º da Lei 6.001/1973 quanto à designação dos índios em isolados ou não integrados, em vias de integração e integrados.

Trata-se, por conseguinte, de crime comum no que se refere ao sujeito ativo, e próprio quanto ao ofendido.

O parágrafo único do art. 58 menciona que as penas estatuídas são *agravadas de um terço quando o crime for praticado por funcionário ou empregado do órgão de assistência ao índio.* Em verdade, trata-se de causa especial de aumento de pena, e não agravante, conforme termo utilizado no dispositivo. A título de funcionário ou empregado do órgão de assistência ao índio está também abrangido o agente que, ainda de forma temporária e ocasional, recebe delegação para exercício das funções respectivas, na esteira da definição de funcionário público para efeitos penais estabelecida no art. 327 do Código Penal. O aumento de pena justifica-se pela elevada reprovabilidade da conduta daquele que, respaldado pela confiança atribuída pelo Estado e pelos indígenas, viola seu dever de resguardo da cultura condizente por intermédio dos atos descritos no tipo penal.

---

do Índio, não é permitido aos líderes de grupos tribais a imposição de sanções de caráter cruel ou infamante, nem de pena de morte contra seus membros, sendo típica, portanto, a conduta que impôs à vítima intenso sofrimento físico, como forma de aplicar castigo. 3. Fixado pelas instâncias ordinárias, com amplo arrimo no acervo probatório, que a vítima - indígena sob sua autoridade - foi submetida a intenso sofrimento físico, não há como ilidir essa conclusão, pois demandaria revolvimento de provas e fatos, não condizente com a via estreita do remédio constitucional, que possui rito célere e desprovido de dilação probatória. 4. Habeas corpus não conhecido. STJ-HC 208.634/RS, Rel. Ministro Rogério Schietti Cruz, Sexta Turma, julgado em 14/6/2016, DJe 23/6/2016.

CONDUTAS

O inciso I do dispositivo revela a proteção às cerimônias, ritos, costumes ou tradições culturais indígenas, criminalizando as condutas de *escarnecer*[27], *vilipendiar* ou *perturbar* a sua prática. Por certo, a incidência do Direito Penal, como derradeira trincheira, faz-se necessária visando mormente a perpetuação dos rituais indígenas e, via direta, da sua própria cultura, que acaba por ser desprestigiada pela tendência integracionista à sociedade não indígena que, entre idas e vindas, vigorou por longos anos no histórico constitucional e legislativo brasileiro.

O inciso II do dispositivo antepara a imagem dos índios e comunidades indígenas a fim de que não sejam explorados com intenção de lucro, por via de exposição de qualquer natureza. Ainda que se considere que muitas comunidades indígenas estão fixadas em lugares de belezas esplendorosas, não se pode *utilizar* a figura do índio e sua respectiva imagem como subterfúgio a incrementar o turismo, já que isto traria a noção equivocada de que o índio não detém individualidade e significação humana, mas sim constituiria o ambiente. Eis a importância do tipo penal: resguardar a imagem do indígena com a igualdade a que faz jus na qualidade de ser humano.

O inciso III criminaliza a conduta tendente a viabilizar ou *propiciar* a introdução de bebidas alcoólicas no seio de grupos tribais ou entre índios não integrados, isto é, pune a conduta de quem vende ou fornece bebidas alcoólicas, e não criminaliza a conduta do indígena que consome tais produtos. Extrai-se que o tipo penal pretende proteger os índios e também grupos tribais que não têm contato com a sociedade externa, de modo que aqueles indígenas integrados ou em vias de integração não estão abrangidos como ofendidos.

Interessante notar que a conduta descrita encontra correspondência, ainda que não exata quanto ao verbo do tipo penal nem quanto ao preceito secundário, no artigo 243 do Estatuto da Criança e do Adolescente (ECA), o que nos rememora a intenção de tutelar o indígena como se incapaz fosse de reger os atos da própria vida, cláusula esta que fora abandonada pela sistemática da Constituição Federal de 1.988.

VOLUNTARIEDADE

Exige-se o dolo (direto ou eventual), inexistindo a forma culposa.

CONSUMAÇÃO E TENTATIVA

Os crimes previstos no artigo 58 do Estatuto do Índio são formais e consumam-se com a prática das condutas descritas, independentemente do resultado naturalístico. A tentativa é possível.

AÇÃO PENAL

No silêncio da lei, a ação penal para processamento de tais crimes é pública incondicionada.

Os tipos penais admitem a concessão de suspensão condicional do processo (art. 89, da Lei 9.099/95) e, em se tratando de crimes de menor potencial ofensivo de competência do Juizado Especial Criminal, cabível a transação penal (art. 76, da Lei 9.099/95).

Art. 59. No caso de crime contra a pessoa, o patrimônio ou os costumes, em que o ofendido seja índio não integrado ou comunidade indígena, a pena será agravada de um terço.

27 Significa fazer escárnio, troçar, zombar de algo ou alguém. (FERREIRA, Aurélio Buarque de Holanda. Novo Dicionário Aurélio da língua portuguesa. 4.ed. Curitiba: Ed. Positivo, 2009, p.789.)

A Lei 6.001/1973 traz mais uma vez a imprópria denominação de que a pena será *agravada*, sendo que, em verdade, deve ser o incremento nomeado como causa especial de aumento de pena, incidente na terceira fase da dosimetria da pena.

Em que pese o viés integracionista proposto pelo Estatuto do Índio, este não deixou de prever maior reprimenda ao agente que se arvora na ação de atingir a pessoa, o patrimônio e os costumes de índio não integrado ou comunidade indígena. O aumento da pena justifica-se, no primeiro caso, por se tratar de indígena isolado, que em tese desconhece os artifícios e ardis da sociedade em geral, inclusive no que concerne ao mundo da criminalidade.

Se é fato que o critério biopsicológico, que considera o desenvolvimento mental incompleto ou retardado, não é suficiente para abranger toda a complexa questão da (in) imputabilidade dos indígenas, também é verdade que a aculturação destes – ao menos no que concerne aos conhecimentos da sociedade externa ao seu grupo – gera maior facilidade de sua captação por agentes criminosos.

No segundo caso, sem prejuízo da utilização do mesmo argumento, tem lastro a exacerbação da reprimenda por atingir não só um indígena, e sim toda uma comunidade indígena, o que pressupõe maior extensão do dano provocado.

Importante observar a aplicabilidade da Lei nº 2.889/56, que define e pune o crime de genocídio, já que os indígenas também são identificados como grupos étnicos e, nesta condição, havendo dolo no que concerne a sua destruição, por via de qualquer das condutas descritas no artigo 1º da referida Lei, não será caso, *a priori*[28], de incidência de crime contra a pessoa previsto no Código Penal, sendo adequada a imputação de crime de genocídio, de competência federal, para resguardar o bem jurídico afeto à vida em comum de uma etnia.

---

28 Deve-se fazer análise aprofundada do caso concreto, que poderá trazer nuances que provoquem a incidência de crime contra a pessoa, mormente contra a vida na forma de homicídio, caso o dolo concentre-se em extirpar a vida de pessoa isoladamente considerada, e não de um grupo nacional, étnico, racial ou religioso. Na sistemática do Direito Penal, o dolo do agente constitui o ponto central para definição do tipo penal, delimitando, ato contínuo, a própria competência jurisdicional, de modo que havendo concurso de crimes de homicídio e genocídio devem ser observados o artigo 5º, inciso XXXVIII, alínea d, da Constituição Federal e artigos 74, §1º e 78, inciso I, do Código de Processo Penal.

CAPÍTULO 8

Parcelamento do Solo Urbano – Lei nº 6.766/1979

Ronaldo Vieira Francisco

INTRODUÇÃO

O crescimento desenfreado e desordenado de loteamentos à margem da legislação vigente da época, idealizados por loteadores que agiam em prejuízo das classes menos favorecidas, levou a criação, em 19 de dezembro de 1979, da nova Lei sobre os loteamentos urbanos, conhecida por "*Lei Lehmann*", em homenagem ao senador autor do projeto.

Parcelamento do solo urbano pode ser conceituado como "o processo urbanístico, cuja finalidade é proceder à divisão de gleba, para fins de ocupação, compreendendo o parcelamento, o loteamento e o desmembramento[1]".

Vale destacar que os *possuidores* e os *detentores* não podem promover o parcelamento do solo, mas poderão fazê-lo os *proprietários, coproprietários* e os *empreendedores*.

A Lei de Parcelamento do Solo Urbano em alteração promovida pela Lei n. 14.118, de 2021, passou a dispor a respeito do **empreendedor**, figura cujo conceito está intimamente relacionado ao **critério da finalidade**. Isto porque pelo novo art. 2º-A, *caput*, da Lei n. 14.118/21, apenas será considerado **empreendedor**, para **fins de loteamento urbano**, o **responsável** pela **implantação** do parcelamento, que corresponderá:

(1) àqueles **indicados em regulamento** (da Prefeitura Municipal, ou do Distrito Federal, conforme o caso, vide art. 12 da Lei de Parcelamento);

(2) ao **proprietário do imóvel** a ser parcelado;

(3) ao **compromissário comprador**, **cessionário** ou **promitente cessionário,** ou o **foreiro**, desde que o proprietário expresse sua **anuência em relação ao empreendimento** e **sub-rogue-se** nas obrigações do compromissário comprador, cessionário ou promitente cessionário, ou do foreiro, em **caso de extinção do contrato;**

(4) ao **ente da administração pública** direta ou indireta **habilitado** a promover a desapropriação com a finalidade de implantação de parcelamento habitacional ou de realização de regularização fundiária de interesse social, desde que tenha ocorrido a **regular imissão na posse;**

(5) à **pessoa física** ou **jurídica** contratada pelo **proprietário do imóvel** a ser parcelado ou pelo poder público para **executar** o parcelamento ou a regularização fundiária,

1 SILVA, Edson Jacinto da. Parcelamento e desmembramento do solo urbano. Leme: Led, 1999, p. 4.

em forma de **parceria**, sob regime de **obrigação solidária**, devendo o contrato ser **averbado** na matrícula do imóvel no competente registro de imóveis e;

(6) à **cooperativa habitacional** ou **associação de moradores**, quando autorizada pelo titular do domínio, ou associação de proprietários ou compradores que assuma a responsabilidade pela implantação do parcelamento.

O *condômino* pode realizar o parcelamento do solo, exigindo-se a anuência de todos os demais condôminos, mediante acordo expresso. Isso porque o condomínio é caracterizado pela multiplicidade de titulares.

O *loteador* pode ser *pessoa jurídica*. Será indispensável, contudo, que o estatuto ou contrato social tenha previsão expressa desse objeto social, e que autorize os representantes a atuar nesse ramo.

Por outro lado, o parcelamento do solo para fins urbanos só é admitido em zonas urbanas, de expansão urbana ou de urbanização específica, áreas estas definidas pelo plano diretor ou aprovadas por Lei municipal (LPSU, art. 3º).

A Lei n. 6.766, de 1979, define o *loteamento urbano* como a divisão voluntária do solo em lotes destinados a edificação, com *abertura de novas vias de circulação*, de logradouros públicos ou prolongamento, modificação ou ampliação das vias existentes, na forma da legislação pertinente.

O *desmembramento* também é conceituado na Lei do Parcelamento como sendo a divisão da gleba em lotes destinados a edificação, *com aproveitamento do sistema viário existente*.

Como se percebe, o *loteamento* e o *desmembramento* são modalidades de parcelamento do solo urbano que diferenciam. Isto porque o desmembramento não implica a abertura de novas vias e logradouros públicos, nem no prolongamento, modificação ou ampliação dos já existentes, o que ocorre em relação ao loteamento.

Segundo HELY LOPES MEIRELES, "*loteamento* é meio de urbanização e só se efetiva por procedimento voluntário e formal do proprietário da gleba, que planeja sua divisão e a submete à aprovação da prefeitura, para subsequente inscrição no Registro Imobiliário, transferência gratuita das áreas das vias públicas e espaços livres ao município e alienação dos lotes aos interessados".

O *desmembramento* continua o autor "... é apenas repartição da gleba, sem atos de urbanização, e tanto pode ocorrer pela vontade do proprietário (venda, doação etc.) como por imposição judicial (arrematação, partilha etc.), em ambos os casos sem qualquer transferência de área ao domínio público[2]".

Portanto, o *loteamento* é a repartição de terra de que resulta a ampliação do sistema urbanístico, enquanto o *desmembramento* sucede dentro do espaço urbano existente, influenciando apenas na densidade de ocupação dos espaços já urbanizados, sem afetar, assim, os delineamentos das vias e logradouros preexistentes.

Outros conceitos possuem relação com o parcelamento do solo urbano.

Arruamento caracteriza-se *unicamente* pela abertura de vias de circulação na gleba, como início de urbanização, a ser realizado pelo proprietário, com aprovação da prefeitura, e transferência gratuita das áreas das ruas ao município.

O ente público local também pode realizar o arruamento, mediante indenização aos titulares do domínio da área, para a interligação das novas ruas ao sistema viário municipal existente. Desse modo, pode ocorrer o arruamento sem loteamento ou desmembramento.

O *arruamento*, portanto, é o traçado definidor das vias públicas e espaços livres da cidade

2 MEIRELLES, Hely Lopes. *Direito municipal brasileiro*. 14. ed. São Paulo: Malheiros, 2006, p. 558.

Em se tratando de *loteamento*, o arruamento é um requisito prévio, como exigência dos municípios para toda área em urbanização.

Outro aspecto relevante do parcelamento do solo urbano diz respeito às áreas públicas constantes de loteamentos privados.

Após a aprovação pela prefeitura municipal do loteamento e de sua inscrição no Registro Imobiliário, as vias e praças, os espaços livres e as áreas destinadas a edifícios públicos e outros equipamentos urbanos, constantes do projeto e do memorial descritivo, passam a integrar o domínio do município, independentemente de título aquisitivo. Isto porque as vias e logradouros são sempre públicos, considerados *bem de uso comum do povo* (LPSU, art. 22, *caput*).

Ademais, mesmo em relação aos *parcelamentos implantados e não registrados*, o município pode requerer, por meio da apresentação da planta do parcelamento elaborada pelo loteador ou aprovada pelo município, o *registro das áreas destinadas a uso público*, que passarão da mesma forma a integrar seu domínio (LPS, art. 22, parágrafo único).

Em recente modificação, a Lei de Parcelamento passou a admitir, de maneira expressa, o *loteamento de acesso controlado*, muito comum nos grandes centros, até então não contemplado na Lei 6.766/1979, mas admitido por leis locais em muitos municípios (art. 2º, § 8º, com redação dada pela Lei n. 13.465, de 2017).

Sobre isso HELY LOPES MEIRELLES dizia: "*loteamentos especiais* estão surgindo, principalmente nos arredores das grandes cidades, visando a descongestionar as metrópoles. Para esses loteamentos não há, ainda, legislação superior específica que oriente a sua formação, mas nada impede que os municípios editem normas urbanísticas locais adequadas a essas urbanizações. E tais são os denominados 'loteamentos fechados', 'loteamentos integrados', 'loteamentos em condomínio', com ingresso só permitido aos moradores e pessoas por eles autorizadas e com equipamentos e serviços urbanos próprios, para autossuficiência da comunidade. Essas modalidades merecem prosperar. Todavia, impõe-se um regramento legal prévio para disciplinar o sistema de vias internas (que em tais casos não são bens públicos de uso comum do povo) e os encargos de segurança, higiene e conservação das áreas comuns e dos equipamentos de uso coletivo dos moradores, que tanto podem ficar com a prefeitura como com os dirigentes do núcleo, mediante convenção contratual e remuneração dos serviços por preço ou taxa, conforme o caso[3]".

A Lei n. 13.465, de 2017, também criou o *condomínio de lotes*, inserindo-o no Código Civil, art. 1.358-A.

Por essa nova *modalidade de condomínio*, permite-se que, em terrenos, partes sejam designadas de lotes, de propriedade exclusiva, e partes sejam de propriedade comum dos condôminos.

A Lei n. 14.382, de 27 de junho de 2022 (antiga MP n. 1.08/21) atualizou a redação do 1.358-A, § 2º, do CC, nele incluindo dois novos incisos. No inciso I, determinou-se a aplicação, no que couber, ao condomínio de lotes, o que dispõe o Cód. Civil em relação ao **condomínio edilício** (CC, arts. 1.331 e seguintes). No inciso II, o novo comando legal estabeleceu regras importantes: (a) uma quanto à aplicabilidade do **regime jurídico das incorporações imobiliárias** (Lei n. 4.591/64) ao condomínio de lotes; (b) e outra, equiparando o empreendedor (art. 2º-A da Lei 6.766/79) ao incorporador quanto aos aspectos **civis** e **registrários**.

Com claros reflexos no direito urbanístico, a Lei n. 13.777/18 instituiu **nova figura jurídica** até então **sem disciplinada legal** no Brasil, mas aceita em outros países.

Trata-se do **condomínio em multipropriedade**, cujos contornos legais foram inseridos nos arts. 1.358-B a 1.358-U, todos do Código Civil, e nos arts. 176 e 178 da Lei n. 6.015, de 1973.

3 MEIRELLES, Hely Lopes. *Direito municipal brasileiro*. 14. ed. São Paulo: Malheiros, 2006, p. 562.

Em linhas gerais, **multipropriedade** é o modo de utilização da propriedade em condomínio conhecido por *sistema "time-charing" (tempo repartido) ou propriedade compartilhada.*

> Nas lições de Gustavo Teppedino, em obra anterior[4] à Lei n. 13.777, de 2018, *"... multipropriedade de forma genérica é a relação jurídica de aproveitamento econômico de uma coisa móvel ou imóvel, repartida em unidades fixas de tempo, de modo que diversos titulares possam, cada qual a seu turno, utilizar-se da coisa com exclusividade e de maneira perpétua. O sistema utilizado para os imóveis é conhecido como time-sharing... No Brasil, tal fenômeno surgiu timidamente sem legislação específica, sendo assim, nasceu a dificuldade de conceituar a multipropriedade como direito real. Nesse sistema, todos os multiproprietários são condôminos, mas esse condomínio somente será exclusivo na unidade autônoma no tempo fixado no pacto. Sem permissão legal, contudo, não pode ser conferido direito real aos multiproprietários. Uma das soluções encontradas, até então, era registrar o empreendimento em nome de pessoa centralizadora de contratos (trustee), que concede e organiza a utilização periódica. Nesse caso, a relação dos multiusuários seria de direito obrigacional com o proprietário da coisa. Outra solução era constar na escritura a aquisição por vários titulares de períodos de* ***07 dias*** *em cada ano, atribuindo-se a cada unidade cinquenta e dois períodos compartilhados. Todos os adquirentes são coproprietários de fração ideal, não se identificando a unidade, a não ser no vínculo obrigacional. Um pacto adjeto meramente contratual o fará. Não existia, desse modo, constituição de unidades autônomas, invocando-se as normas típicas do condomínio ordinário. A relação de tempo fica exposta em regulamento. A administração é atribuída a empresa, que normalmente reserva para si frações ideais, correspondentes a duas semanas do ano todos os apartamentos"*

Logo, com a Lei n. 13.777, de 20 de dezembro de 2018, a **multipropriedade** ganhou regulamentação própria no Brasil, até então inexistente.

Também relacionado ao parcelamento do solo urbano temos o *desdobro* ou *fracionamento*, por meio dos quais se promove a **divisão da área do lote para formação de novo** ou **de novos lotes**, respeitadas as exigências mínimas de dimensionamento e índices urbanísticos para edificação segundo dispuser a Lei municipal, e respeitada a área mínima dos lotes prevista no art. 4º, II, da Lei 6.766/1979.

A Lei 6.766/1979 **não disciplina o desdobro**, remetendo aos Municípios ou Distrito Federal sua regulamentação (art. 4º, § 1º, e art. 11, parágrafo único).

A rigor, a *divisão de lotes* nada mais é do que um *desmembramento impróprio*, porque recai sobre a área dos lotes, e não de uma gleba (art. 2º, § 2º, da Lei 6.766/1979).

Por essa razão, **ao desdobro não se aplicam os rigores** do processo de desmembramento propriamente dito, previsto no art. 18 da Lei de 1979, exceto quando, analisada em concreto, a divisão dos lotes mediante desdobros sucessivos encobertar verdadeiros loteamentos ou desmembramentos dissimulados.

A doutrina ainda destaca outros conceitos relacionados ao traçado urbano, que são o *alinhamento*, o *nivelamento*, a *salubridade urbana*, a *segurança* e a *funcionalidade*.

Superados estes conceitos inaugurais, sob outra perspectiva, a **competência para legislar sobre Direito urbanístico é concorrente** (CF, art. 24, I).

Assim, à **União** compete editar **normas gerais** (CF, art. 24, § 1º), enquanto aos **Estados-membros** (CF, art. 24, § 2º) e aos **Municípios** (CF, art. 30, I e II) caberá a complementação para atender às peculiaridades regionais e locais.

É o que prevê a Lei Federal 6.766/79, no art. 1º, parágrafo único, segundo o qual "os estados, o Distrito Federal e os municípios poderão estabelecer normas complementares relativas

4 TEPEDINO, Gustavo. *Multipropriedade imobiliária*. São Paulo: Saraiva, 1993, p. 01.

ao parcelamento do solo municipal para adequar o previsto nesta Lei às peculiaridades regionais e locais".

Lei de Parcelamento do Solo Urbana dispõe em capítulo próprio sobre os **contratos** por ela regidos, referindo-se os arts. 25, 26, § 3º, e 18, VI, da Lei n. 6.766/79, aos seguintes: (a) *compra e venda*; (b) *promessa de venda*; (c) *cessão*; (d) *promessa de cessão*; e, nos loteamentos populares, (e) *cessão da posse*. A Lei ainda determina que ao submeter o loteamento a registro um dos documentos que deve acompanhar o ato é o **contrato padrão** (*modelo de contrato*) ao qual estrão sujeitos os negócios envolvendo os loteamentos.

De maneira geral, os contratos regidos pela Lei 6.766/79 poderão ser feitos por **escritura pública** ou **por instrumento particular**, de acordo com o **modelo depositado** (LPS, arts. 18, VI, e 26).

Quanto ao registro, aliás, a Lei n. 14.382/22 modificou o art. 169 da Lei n. 6.015/73, acrescentando-lhe o § 1º, pelo qual o **registro do loteamento** e do **desmembramento** que abranger imóvel localizado em **mais de uma circunscrição imobiliária serão feitos em todas elas**, devendo as matrículas das unidades imobiliárias ser abertas na serventia do registro de imóveis da circunscrição em que estiver situada a unidade imobiliária, procedendo-se às averbações remissivas (LRP, art. 169, II).

Ainda no capítulo que dispõe sobre o **registro** do loteamento e do desmembramento (Capítulo VI), a Lei n. 14.620, de 13 de julho de 2023, nos arts. 18-A a 18-F, passou a admitir a instituição do **patrimônio de afetação**, segundo qual o terreno e a infraestrutura, bem como os demais bens e direitos a ele vinculados, manter-se-ão apartados do patrimônio do loteador e constituirão patrimônio de afetação, destinado à consecução do loteamento correspondente e à entrega dos lotes urbanizados aos respectivos adquirentes.

Trata-se de **patrimônio incomunicável** com os demais bens, direitos e obrigações do patrimônio geral do loteador ou de outros patrimônios de afetação por ele constituídos e **só responde** por dívidas e obrigações vinculadas ao loteamento respectivo e à entrega dos lotes urbanizados aos respectivos adquirentes, sujeitando o loteador, todavia, pelos prejuízos que der causa ao patrimônio de afetação (art. 18, §§ 1º e 2º).

Considera-se **constituído** o patrimônio de afetação mediante **averbação**, a qualquer tempo, no Registro de Imóveis, de termo firmado pelo loteador e, quando for o caso, também pelos titulares de direitos reais de aquisição de lotes objeto de loteamento (art. 18-B, *caput*).

O patrimônio de afetação pode ser **fiscalizado** por pessoa física ou jurídica, por nomeação da Comissão de Representantes, da Prefeitura e da instituição financiadora da infraestrutura, cabendo a quem nomear arcar com suas expensas (art. 18-C).

A **extinção** do patrimônio de afetação também se dá pela **averbação** do termo de verificação emitido pelo órgão público competente, pelo registro dos títulos de domínio ou de direito de aquisição em nome dos respectivos adquirentes e, quando for o caso, pela extinção das obrigações do loteador perante eventual instituição financiadora da obra (art. 18-E).

Por outro lado, os efeitos da **decretação da falência** ou da **insolvência civil** do loteador não atingem os patrimônios de afetação constituídos, não integrando a massa concursal o terreno, a obra até então realizada e os demais bens, direitos creditórios, obrigações e encargos objeto do loteamento (art. 18-F). Outra significativa mudança operada na Lei de Parcelamento pela Lei n. 14.620, de 2023, refere-se à **aquisição das áreas públicas pelo registro do loteamento**, sobre o qual dispõe o art. 22. Isto porque desde a data de registro do loteamento, passam a integrar o domínio do Município as vias e praças, os espaços livres e as áreas destinadas a edifícios públicos e outros equipamentos urbanos, constantes do projeto e do memorial descritivo.

Pelo novo art. 22, § 1º, na hipótese de parcelamento do **solo implantado e não registrado**, o Município poderá requerer, por meio da apresentação de planta de parcelamento elaborada pelo loteador ou aprovada pelo Município e de declaração de que o parcelamento se encontra implantado, o registro das áreas destinadas a uso público, que passarão dessa forma a integrar o seu domínio.

Todavia, somente a partir da emissão do Termo de Verificação e Execução de Obras (TVEO), o Município promoverá a individualização dos lotes no cadastro imobiliário municipal em nome do adquirente ou compromissário comprador no caso dos lotes comercializados e, em nome do proprietário da gleba, no caso dos lotes não comercializados (art. 18, § 3º).

Algumas mudanças importantes na Lei de Parcelamento introduzidas pela Lei n. 13.786/2018 merecem destaque.

Pelo art. 26-A, todos os contratos regidos pela Lei n. 6.766/79 devem conter no campo inicial do instrumento, de um ***quadro resumo*** do qual conste as cláusulas obrigatórias que especifica, entre elas o preço total a ser pago pelo imóvel (inciso I).

A falta de quaisquer destas cláusulas obrigatórias (art. 26-A, § 1º), e não providenciado pelo loteador o aditamento do contrato para sanar a omissão, em **30 dias**, caracterizará **justa causa**, apta a permitir rescisão do contrato pelo adquirente (art. Art. 26-A, § 1º).

Entre as novidades da nova lei estão as **cláusulas relacionadas às consequências do *desfazimento* do contrato**, em relação às quais o legislador passou a exigir *anuência prévia e específica* do adquirente do lote, mediante assinatura junto a essas cláusulas, as quais devem ser **redigidas com destaque**, permitindo sua imediata e fácil compreensão (art. 26-A, V, § 2º; CDC, art. 54, § 4º).

O novo art. 32-A da Lei n. 6.766/79, dispõe sobre a **restituição dos valores pagos pelo adquirente**, quando a resolução do contrato por imputada a ele, sem prejuízo da indenização pelas **benfeitorias necessárias ou úteis**, exceto quando feitas em desconformidade com o contrato ou com a lei (LPSU, art. 34).

Os contratos regidos pela Lei n. 6.766, de 1979, valerão como **título** para o registro da propriedade do lote adquirido, quando acompanhados da respectiva **prova de quitação** (LPS, art. 26, § 6º).

O art. 3º, *caput*, da Lei 6.766/1979, estabelece que "somente será admitido o parcelamento do solo para *fins urbanos* em *zonas urbanas*, de *expansão urbana* ou de *urbanização específica*, assim definidas pelo *plano diretor* ou *aprovadas por Lei municipal*".

A Lei 6.766/1979, portanto, é inaplicável aos loteamentos para *fins rurais ou agrários*, os quais estão sujeitos a legislação própria, que compreende o Estatuto da Terra (Lei 4.504/1964) e seu regulamento (Decreto 59.428/1966), a Lei 5.868/1972, o Decreto-Lei 58/1937 e a Instrução do Incra 17-b/1980.

O Decreto-Lei 58, de 1937, que inicialmente, abrangia os loteamentos urbanos e rurais, acabou por ser derrogado tacitamente pela Lei 6.766/1979, seguindo vigente apenas para regular o parcelamento do solo rural (art. 1º) e a adjudicação compulsória desses imóveis (arts. 16 e 22).

Os *loteamentos agrários* destinam-se à exploração econômica da terra, de natureza agrícola, pecuária, extrativa ou agroindustrial (Estatuto da Terra, art. 4º, I).

De modo diverso, os *loteamentos urbanos* têm por objetivo a urbanização, edificação e ocupação do solo urbano, com a finalidade de habitação, indústria ou comercio.

Para a Lei 6.766/1979 só é loteamento urbano aquele que tenha *finalidade urbana* e que se situe em *zona urbana*, de *expansão urbana* ou de *urbanização específica*, assim definidas pelo plano diretor ou aprovadas por Lei municipal.

Pode-se dizer, assim, que o *loteamento urbano* é aquele que reúne os seguintes requisitos: (a) *finalístico* (devem ser os lotes destinados à moradia, ao lazer, ao comércio, à indústria) e; (b) *espacial* (deve estar situado *situar em zona urbana, de expansão urbana ou de urbanização específica*).

O loteamento rural caracteriza-se por sua *destinação,* pois os lotes servirão para as atividades de exploração extrativa agrícola, pecuária ou agroindustrial (art. 4º, I, do Estatuto da Terra). A destinação econômica define, qualifica e singulariza o imóvel rural, não sendo relevante sua localização, quer se encontre no perímetro urbano ou rural.

Para a doutrina, em referência ao art. 3º, caput, da Lei 6.766/1979,[5] ao município *"não cabe estabelecer os critérios de definição das zonas urbanas ou de expansão urbana"*; a ele compete *"definir os seus contornos, ou seja, para delimitá-los de modo específico e concreto no âmbito do seu território"* (Mukai, Toschio. *Loteamentos e desmembramentos urbanos.* São Paulo: Sugestões Literárias, 1980, p. 18).

Por meio do zoneamento de seu território, o município estabelece o traçado e delimita as zonas urbanas, de expansão urbana ou de urbanização específica.

Em todo caso, os Municípios devem respeitar as áreas consideradas urbanas ou rurais por Lei federal, como na hipótese do Estatuto da Terra (Lei Federal 4.504, de 1964, art. 4º, I).

Nesse sentido decidiu o STJ, ao afirmar que "é a municipalidade que, com base no art. 30 da Constituição Federal/1988, estabelece a sua zona rural e a sua zona urbana, observado por exclusão o conceito apresentado pelo Estatuto da Terra (Lei 4.504/1964) para imóvel rural para definir os imóveis urbanos. Apesar de o critério de definição da natureza do imóvel não ser a localização, mas a sua *destinação econômica,* os municípios podem, observando a vocação econômica da área, criar zonas urbanas e rurais. Assim, mesmo que determinado imóvel esteja em zona municipal urbana, pode ser, dependendo da sua exploração, classificado como rural" (STJ, AR 3971 / GO).

Interessante que em relação à implantação de *chácaras de lazer ou sítios de recreio* em zona rural, prevalece o entendimento de considerá-los loteamentos urbanos, pois o lazer é uma atividade urbana, e deve obedecer aos preceitos da Lei 6.766/1979. É o que determinam os arts. 94 a 96 do Decreto 59.428, de 1966[6].

Portanto, a natureza do loteamento (rural ou urbana) não se define pelo local onde localizado, mas por sua *finalidade* (moradia, comércio, indústria, fins institucionais) e pela *destinação.* Nesse sentido: STJ, REsp. 783325.

O *plano diretor* ou *plano diretor de desenvolvimento* é o instrumento básico da política de desenvolvimento e de expansão urbana, *obrigatório para cidades com mais de 20 mil habitantes,* devendo ser aprovado pela Câmara Municipal (CR, art. 182, § 1º).

Nas palavras de HELY LOPES MEIRELLES, o plano diretor é o "complexo de normas legais e diretrizes técnicas para o desenvolvimento global constante do município, sob os aspectos físico, social, econômico e administrativo, desejado pela comunidade local. Deve ser a expressão das aspirações dos munícipes quanto ao progresso do território municipal no seu conjunto cidade/campo" (*Direito municipal brasileiro.* 14. ed. São Paulo: Malheiros: 2006, p. 538).

Compete ao município, de maneira privativa e irretratável, por meio de *Lei municipal* ou do *plano diretor*, estabelecer as áreas consideradas *urbanas* ou *urbanizáveis*, de *expansão urbana* e de *urbanização específica*, sobre as quais poderá aprovar o parcelamento do solo.

No que se refere ao conceito das *espécies de solo urbano*, distinta a lição de Sérgio Frazão do Couto, para quem: (i) *solo urbano propriamente dito* – porção territorial onde existem erigidas, continuamente, as moradias dos seus habitantes, as vias de circulação entre as unidades

---

5 Art. 3º, *caput*, da Lei 6.766/1979: *"Somente será admitido o parcelamento do solo para fins urbanos em* **zonas urbanas, de expansão urbana** *ou de* **urbanização específica, assim definidas pelo plano diretor** *ou* **aprovadas por Lei municipal",** grifamos.

6 Superior Tribunal de Justiça: As chácaras são consideradas *"loteamentos mistos* (urbano e rural), determinando que a unidade de medida a ser aplicada para as *chácaras loteadas é o metro quadrado*, e para as *chácaras não loteadas é o hectare"* (EDcl no REsp 363900/GO, Rel. Min. Francisco Peçanha Martins, Segunda Turma).

residenciais, os serviços próprios, direção político-administrativa; (ii) *solo de expansão urbana* – porção territorial indefinida aos redor das cidades, para onde possa seu crescimento se dirigir, pela agregação de novos componentes urbanísticos constantes da zona urbana propriamente dita; (iii) *solo urbanizável* – aquele onde as condições geológicas, sanitárias, ecológicas, etc., impedem atualmente sua ocupação pela população, sem riscos para ela, até as correções necessárias para torná-lo habitável (COUTO, Sérgio Frazão do. *Manual prático do parcelamento do solo urbano*. Forense. Rio de Janeiro: 1981, p. 8-11).

Assevera o autor, ainda, que esses tipos de solo urbano podem sofrer mutações nas categorias classificatórias por força de normas legais pertinentes ou fatos sociais e obras governamentais que incidam sobre eles.

Quanto à competência dos crimes da Lei n. 6.766/79 (Lei de Loteamentos), já se decidiu pela ***justiça federal***, quando o loteamento irregular ocorrer em terras de propriedade da União[7]. Porém, há decisões em sentido contrário, afirmando que o processo e julgamento destes crimes devem tramitar perante a ***justiça estadual*** quando **inexistente** o interesse da União, independentemente do titular do domínio[8] ou mesmo quando o delito, a despeito da área pertencer ao patrimônio da União, tenha consequências restritas aos particulares e aos interesses locais[9].

Por último, na *fixação da pena*, são circunstâncias judiciais desfavoráveis ao réu o parcelamento irregular de área destinada à proteção ambiental, decidiu o Superior Tribunal de Justiça[10]. Feitas estas considerações gerais sobre a Lei do Parcelamento do Solo Urbano, passemos

---

7 CRIMINAL. LOTEAMENTO IRREGULAR. Lei Nº 6.766/79. TERRAS DA UNIÃO. Art. 109, IV, DA CF. COMPETÊNCIA DA JUSTIÇA FEDERAL. Compete à Justiça Federal processar e julgar suposto delito de loteamento irregular (art. 50 da Lei nº 6.766/79) praticado em terreno de propriedade União. Precedentes do STJ e do STF. Conflito conhecido para declarar a competência do Juízo Federal da 12ª Vara da Seção Judiciária do Distrito Federal, o Suscitado. (CC 43.376/DF, Rel. Ministro PAULO MEDINA, TERCEIRA SEÇÃO, julgado em 25/05/2005, DJ 05/09/2005, p. 202).

8 HABEAS CORPUS. CRIME DE PARCELAMENTO DE SOLO. Art. 50 DA Lei N.º 6.766/79. COMPETÊNCIA. TERRA DA UNIÃO. CONTROVÉRSIA EM TORNO DO DESCUMPRIMENTO LEGAL DE REGISTRO. INEXISTÊNCIA DE QUALQUER INTERESSE DA UNIÃO. CONSUNÇÃO AFASTADA NOS AUTOS. JUSTIÇA LOCAL.O descumprimento à norma do Registro Público no caso do parcelamento do solo reclama o interesse local, independentemente da titularidade do domínio, a não ser que demonstrado nos autos o interesse da União para efeito de firmar a competência federal. In casu, toda a discussão volveu-se para o interesse do Município quanto à irregularidade do parcelamento, tendo as decisões condenatórias afastado qualquer outra possibilidade inclusive no tocante a possível consunção. Ordem denegada para manter a competência da Justiça Local. (HC 39.670/RO, Rel. Ministro JOSÉ ARNALDO DA FONSECA, QUINTA TURMA, julgado em 15/02/2005, DJ 07/03/2005, p. 315).

9 CONSTITUCIONAL. PENAL. COMPETÊNCIA. PARCELAMENTO IRREGULAR DO SOLO URBANO. Art. 50 DA Lei N.º 6.766/79. AUSÊNCIA DE PREJUÍZO DIRETO À UNIÃO. COMPETÊNCIA DA JUSTIÇA DO DISTRITO FEDERAL.- Compete à Justiça Estadual ou do Distrito Federal, conforme o caso, processar e julgar ação penal relativa a delito de parcelamento irregular do solo urbano, previsto na Lei 6.766/79, ainda que se trate de área integrante do patrimônio da União, desde que não se verifique prejuízo direto a esta entidade, restringindo-se as conseqüências do crime a particulares e à Administração Municipal ou do Distrito Federal.- Conflito conhecido. Competência do Juízo de Direito do Distrito Federal. (CC 34.454/DF, Rel. Ministro VICENTE LEAL, TERCEIRA SEÇÃO, julgado em 12/06/2002, DJ 01/07/2002, p. 210).

10 HABEAS CORPUS. PARCELAMENTO IRREGULAR DO SOLO URBANO. DOSIMETRIA. PENA-BASE. FIXAÇÃO ACIMA DO MÍNIMO LEGAL. CIRCUNSTÂNCIAS JUDICIAIS.DESFAVORABILIDADE. ÁREA DE PROTEÇÃO AMBIENTAL. FRAUDE EM DOCUMENTOS PÚBLICOS. MAUS ANTECEDENTES. PERSONALIDADE VOLTADA À PRÁTICA CRIMINOSA. FUNDAMENTAÇÃO. EXISTÊNCIA. AUSÊNCIA DE MANIFESTA ILEGALIDADE OU ABUSO DE PODER RECONHECÍVEIS DE PLANO. CONSTRANGIMENTO ILEGAL NÃO EVIDENCIADO. 1. A elevação da pena-base encontra-se justificada pela desfavorabilidade de algumas das circunstâncias judiciais, sobretudo porque se trata de parcelamento irregular de área destinada à proteção ambiental, realizado mediante fraude de documentos públicos, por agente que se utilizou de seus conhecimentos profissionais para providenciar documentos fraudulentos que conferissem a aparência de legalidade ao empreendimento e que ostenta em sua folha de antecedentes registros relativos ao envolvimento com outros quatro delitos da mesma espécie.2. Existindo elementos concretos dos autos que apontam para a desfavorabilidade de circunstâncias judiciais, não há o que se falar em ilegalidade a ser sanada através da via eleita na imposição da sanção básica acima do mínimo.3. A revisão da pena imposta pelas instâncias ordinárias via *habeas*

à análise, em seguida, de cada figura penal previstas nos artigos 50 a 52, sob os seguintes aspectos: bem jurídico tutelado, sujeitos (ativo e passivo), conduta, voluntariedade, consumação e ação penal.

> **CAPÍTULO IX**
> **DISPOSIÇÕES PENAIS**
>
> **Art. 50.** Constitui crime contra a Administração Pública.
>
> I – dar início, de qualquer modo, ou efetuar loteamento ou desmembramento do solo para fins urbanos, sem autorização do órgão público competente, ou em desacordo com as disposições desta Lei ou das normas pertinentes do Distrito Federal, Estados e Municípios;
>
> II – dar início, de qualquer modo, ou efetuar loteamento ou desmembramento do solo para fins urbanos sem observância das determinações constantes do ato administrativo de licença;
>
> III – fazer ou veicular em proposta, contrato, prospecto ou comunicação ao público ou a interessados, afirmação falsa sobre a legalidade de loteamento ou desmembramento do solo para fins urbanos, ou ocultar fraudulentamente fato a ele relativo.
>
> Pena: Reclusão, de 1(um) a 4 (quatro) anos, e multa de 5 (cinco) a 50 (cinqüenta) vezes o maior salário mínimo vigente no País.
>
> Parágrafo único – O crime definido neste artigo é qualificado, se cometido.
>
> I – por meio de venda, promessa de venda, reserva de lote ou quaisquer outros instrumentos que manifestem a intenção de vender lote em loteamento ou desmembramento não registrado no Registro de Imóveis competente.
>
> II – com inexistência de título legítimo de propriedade do imóvel loteado ou desmembrado, ressalvado o disposto no art. 18, §§ 4º e 5º, desta Lei, ou com omissão fraudulenta de fato a ele relativo, se o fato não constituir crime mais grave.
>
> Pena: Reclusão, de 1 (um) a 5 (cinco) anos, e multa de 10 (dez) a 100 (cem) vezes o maior salário mínimo vigente no País.

Bem Jurídico Tutelado

O crime do art. 50, e parágrafo único, da Lei 6.766, de 1979, dispõe sobre as condutas que desrespeitam as normas disciplinadoras do parcelamento do solo urbano.

Não são delitos contra a economia popular, mas sim crimes contra a Administração Pública, de modo que os tipos penais da Lei do Parcelamento Urbano têm como objetividade jurídica a moralidade administrativa, as normas de urbanização, e polícia urbanística.

Sujeitos do Crime

O crime é comum, podendo ser cometido por qualquer pessoa, como o proprietário da gleba a ser desmembrada ou loteada de maneira irregular ou mesmo o empreendedor, nova figura criada pela Lei n. 14.118/21.

Sujeito passivo imediato é a Administração Pública (Estado, Município ou Distrito Federal); mediato o adquirente do lote em um loteamento irregular.

---

corpus é possível, mas somente em situações excepcionais, de manifesta ilegalidade ou abuso de poder reconhecíveis de plano, sem maiores incursões em aspectos circunstanciais ou fáticos e probatórios, consoante orientação pacificada neste Superior Tribunal, o que, como visto, não é o caso.4. Ordem denegada. (HC 209.121/DF, Rel. Ministro JORGE MUSSI, QUINTA TURMA, julgado em 12/06/2012, DJe 03/10/2012).

Condutas

No inciso I, a conduta típica é: *dar início* (envolve a prática de atos concretos preparatórios, tais como terraplanagem, demarcação) de qualquer modo, ou *efetuar* (compreende atos avançados e específicos, como realizar a abertura de ruas, marcação de quadras, lotes) loteamento ou desmembramento do solo para fins urbanos, sem autorização do órgão público competente, ou em desacordo com as disposições desta Lei ou das normas pertinentes do Distrito Federal, Estados e Municípios[11].

O início de um loteamento ou desmembramento urbano depende de **aprovação** do Município ou Distrito Federal para que sejam analisados os **requisitos** legais necessários a sua implantação, de acordo com o que estabelece o art. 12 da Lei n. 6.766/79.

Na **1ª parte** do inciso I tipifica-se a conduta **de quem dar início** ou **efetuar**, por qualquer ato material, loteamento ou desmembramento, para **fins urbanos**, sem **aprovação** do órgão competente. A implantação de loteamento ou desmembramento, para **fins urbanos**, deve ser precedida de **aprovado** pela Prefeitura Municipal ou pelo Distrito Federal, quando for o caso, conforme exigência do art. 12 da Lei n. 6.766/79, ato sem o qual a subdivisão da gleba considerada ilegal e criminosa. É da violação deste tipo penal que muitas vezes surgem os loteamentos clandestinos ou mesmo os núcleos urbanos informais, sobre os quais dispõe o art. 11, II e III, da Lei n. 13.465/2017.

Por sua vez, a **2ª parte** do inciso I prevê o crime de **dar início** ou **efetuar** loteamento ou desmembramento, para fins urbanos, em **desacordo** com as disposições desta **Lei** ou das **normas pertinentes** do Distrito Federal, Estados e Municípios. Aqui temos uma norma penal em branco heterogênea (ou própria). Isto porque o **complemento normativo** deste tipo penal pode emanar de **fonte normativa diversa**, ou seja, dos Estados, Distrito Federal ou Municípios.

De acordo com o art. 1º, *caput*, da Lei n. 6.766/79, o parcelamento do solo para fins urbanos será regido por esta Lei. No entanto, os Estados, o Distrito Federal e os Municípios poderão estabelecer normas complementares relativas ao parcelamento do solo para adequar o previsto nesta Lei às peculiaridades regionais e locais.

Deste modo, incide no delito acima quem promover a subdivisão da gleba mediante loteamento ou desmembramento, com fins urbanos, quer **infringindo** a **Lei** n. 6.766/79, quer desatendendo quaisquer as **normas complementares** dos Estados, DF, ou Municípios do local onde **situado** o empreendimento.

Assim, incide neste tipo penal aquele que **der início, de qualquer modo**, ou **efetuar** loteamento ou desmembramento, para fins urbanos, **violando um dos requisitos urbanísticos** previstos no art. 4º, incisos I a IV, da Lei n. 6.766/79.

Referido dispositivo recebeu alterações em 2019 e em 2021.

A Lei n. 13.913, de 2019, **modificou a redação do inciso III**, para dispor que ao longo das **faixas de domínio público das rodovias**, a reserva de faixa não edificável de, **no mínimo**, **15 metros** de cada lado, poderá ser **reduzida** por **lei municipal** ou **distrital** que aprovar o instrumento do planejamento territorial, até o **limite mínimo** de **5 metros** de cada lado.

Outra inovação na Lei de Parcelamento do Solo Urbano sobreveio da Lei n. 14.285, de 29 de dezembro de 2021, que alterou o **art. 4º, III-A**, da Lei n. 6.766/79, estabelecendo que ao longo da faixa de **domínio das ferrovias**, será obrigatória a reserva de uma **faixa não edificável** de, no mínimo, **15 metros de cada lado.**

---

11 Nesse sentido: "(...) Para a configuração do crime previsto no artigo 50, inciso I, da Lei n. 6.766/97 é necessário que o sujeito ativo realize modificações físicas na área a ser loteada ou desmembrada, ou ao menos dê início a tais alterações, sem que para tanto tenha autorização do órgão público competente, ou o faça em desacordo com a legislação aplicável... " (STJ,.HC 121.718/PR, Rel. Ministro Adilson Vieira Macabu, Rel. p/ Acórdão Ministro Jorge Mussi, Quinta Turma, julgado em 05/06/2012, DJe 31/08/2012).

Na mesma modificação foi inserido o **novo inciso III-B ao art. 4º**, para dispor que ao **longo das águas correntes e dormentes**, as áreas de **faixas não edificáveis** deverão respeitar a **lei municipal** ou **distrital** que aprovar o instrumento de planejamento territorial e que **definir e regulamentar** a largura das **faixas marginais** de **cursos d´água naturais em área urbana consolidada**, nos termos da **Lei nº 12.651/2012**, com **obrigatoriedade de reserva** de uma **faixa não edificável** para **cada trecho de margem**, indicada em diagnóstico socioambiental elaborado pelo Município.

A Lei n. 12.651/2012, que dispõe sobre a **proteção da vegetação nativa** nas áreas que especifica, foi modificada pela Lei n. 14.285/2021, para definir, entre outras novidades, os **critérios objetivos** necessários para se classificar a **área como urbana consolidada**, são eles:

(A) estar incluída no perímetro urbano ou em zona urbana pelo plano diretor ou por lei municipal específica;

(B) dispor de sistema viário implantado;

(C) estar organizada em quadras e lotes predominantemente edificados;

(D) apresentar uso predominantemente urbano, caracterizado pela existência de edificações residenciais, comerciais, industriais, institucionais, mistas ou direcionadas à prestação de serviços;

(E) dispor de, no mínimo, **2 (dois) dos seguintes equipamentos de infraestrutura urbana implantados**:

1. *drenagem de águas pluviais;*
2. *esgotamento sanitário;*
3. *abastecimento de água potável;*
4. *distribuição de energia elétrica e iluminação pública; e*
5. *limpeza urbana, coleta e manejo de resíduos sólidos.*

Em resumo, ficaram assim as novas regras:

REQUISITOS URBANÍSTICOS			
Sistema de circulação e equipamentos comunitários e urbanos	**Área e frente (testada) mínima dos lotes**	**Faixa não edificável das RODOVIAS**	**Articulação das vias do loteamento com as vias adjacentes oficiais**
• as áreas destinadas a *sistemas de circulação*, a *implantação de equipamento urbano e comunitário*, bem como a *espaços livres de uso público*, **serão proporcionais** à densidade de ocupação prevista pelo **plano diretor** ou aprovada por **lei municipal** para a zona em que se situem	• os lotes terão área mínima de 125 m² e **frente mínima** de 5 metros, **salvo** quando o loteamento se destinar a *urbanização específica* ou *edificação de conjuntos habitacionais de interesse social*, previamente aprovados pelos órgãos públicos competentes	• ao longo das **faixas de domínio público das rodovias**, a reserva de faixa **não edificável** de, no mínimo, **15 metros de cada lado**. Tal faixa poderá ser **reduzida** por **lei municipal** ou **distrital** que aprovar o instrumento do planejamento territorial, até o limite mínimo de 5 cinco metros de cada lado	• as **vias de loteamento deverão articular-se** com as vias adjacentes oficiais, existentes ou projetadas, e harmonizar-se com a topografia local.
(LPSU, art. 4º, I)	(LPSU, art. 4º, II)	(LPSU, art. 4º, III)	(LPSU, art. 4º, IV)

		Faixa não edificável das FERROVIAS	
		• ao longo da faixa de **domínio das ferrovias**, será obrigatória a reserva de uma **faixa não edificável de**, no mínimo, **15 metros** de cada lado (LPSU, art. 4º, III-A)	
		Faixa não edificável das ÁGUAS CORRENTES e DORMENTES	
		• ao longo das **águas correntes** e **dormentes**, as áreas de **faixas não edificáveis** deverão respeitar a **lei municipal** ou **distrital** que aprovar o instrumento de planejamento territorial e que definir e regulamentar a largura das faixas marginais de cursos d´água naturais **em área urbana consolidada**, nos termos da Lei nº 12.651/2012 (vide acima), com **obrigatoriedade** de reserva de uma faixa não edificável para **cada trecho de margem**, indicada em **diagnóstico socioambiental** elaborado pelo Município. (LPSU, art. 4º, III-B)	
		Faixa *non aedificandi* dos EQUIPAMENTOS URBANOS	
		• O Poder Público competente poderá complementarmente exigir, em cada loteamento, a reserva de faixa *non aedificandi* destinada a **equipamentos urbanos.**	

		Atenção: urbanos são os equipamentos públicos de abastecimento de água, serviços de esgotos, energia elétrica, coletas de águas pluviais, rede telefônica e gás canalizado. (LPSU, art. 5º)	

Por outro lado, é preciso atentar que a Lei n. 13.913/2019 ao **modificar** os requisitos urbanísticos em relação às **faixas não edificantes** (das rodovias, ferrovias e águas) permitiu a possibilidade do **direito de permanência.**

Este direito passa a ser reconhecido quando as **edificações** estivem situadas em **áreas contíguas às** faixas de domínio público **dos trechos de rodovia**, mas somente quando **atravessem perímetros urbanos** ou estejam em **áreas urbanizadas passíveis de serem incluídas** em perímetro urbano.

Nesta hipótese, as edificações devem ter sido construídas **até a data de promulgação** da Lei n. 13.913/2019, caso em que ficam **dispensadas da observância** da exigência prevista no inciso III do art. 4º da Lei n. 6.766/79, **salvo** por ato devidamente fundamentado do poder público municipal ou distrital.

Já decidiu o STJ, ao interpretar o artigo 50, inciso I, da Lei 6.766/1979, que se o loteamento é regularizado antes do oferecimento da denúncia, não se caracteriza o crime previsto no art. 50, I, da Lei n. 6.766/79[12].

Isso porque o loteamento iniciado **sem a autorização do órgão público competente**, entre o momento da investigação ao tempo do oferecimento da denúncia, já estava devidamente regularizado, o que revelaria a atipicidade da conduta a eles imputada[13].

Mais recentemente, o STJ manteve o entendimento da **inexistência do crime**, no sentido de que se o loteamento é **regularizado antes do oferecimento** da denúncia, não se vislumbra a existência de **dolo** do agente, motivo pelo qual não há que se falar em crime[14].

Não se afasta, ainda, nos crimes de parcelamento clandestino ou irregular do solo urbano, as **medidas cautelares de busca e apreensão**[15] ou mesmo a **prisão preventiva**[16], como forma de **interromper** as atividades criminosas.

Por outro lado, entende o STJ que **compete à Justiça Federal** processar e julgar **crime de esbulho** referente a loteamento irregular (art. 50 da Lei n. 6.766/1979) de terras de **propriedade da União**, ex vi do art. 109, IV, da CF/1998[17].

Isto ocorre porque os delitos de alienação de coisa alheia como própria e o esbulho, em razão do *princípio da consunção*, absorvem o delito de loteamento clandestino de solo urbano (que é da competência do município ou Distrito Federal) e constitui mera desobediência a

12 STJ, REsp 555.519-SC, Rel. Min. Gilson Dipp, julgado em 14/9/2004, Informativo 221.

13 STJ, RHC 33.909/RJ, Rel. Ministro Jorge Mussi, Quinta Turma, julgado em 15/10/2013, DJe 23/10/2013; Ainda: STJ – HC 56726-SP, RHC 11602-SP, REsp 172516-RS.

14 STJ, AgRg no AgRg no AREsp 1699623/GO, Rel. Ministro Reynaldo Soares da Fonseca, publicado em 27/11/2020.

15 STJ, AgRg no RHC 140065 / MG, Rel. Ministro Ribeiro Dantas, publicado em 08/03/2021.

16 STJ, AgRg no AgRg no AREsp 1699623 / GO, Rel. Ministra Laurita Vaz, publicado em 27/11/2020.

17 STJ, Informativo 154.

regramento administrativo constante da Lei de Registros Públicos (art. 50 da Lei n. 6.766/1979), apenas ato preparatório para aquelas outras condutas típicas[18].

No inciso II do art. 50 a conduta é: *dar início* (envolve a prática de atos concretos preparatórios, tais como terraplanagem, demarcação) de qualquer modo, ou *efetuar* (compreende atos avançados e específicos, como realizar a abertura de ruas, marcação de quadras, lotes) loteamento ou desmembramento do solo para fins urbanos *sem observância das determinações constantes do ato administrativo de licença.*

Neste tipo penal, ocorre o *desvio* da licença concedida, atuando o agente de forma não consentida pela administração.

Portanto, se o agente der início a loteamento ou desmembramento sem autorização, ou em desacordo com a Lei nacional ou local de parcelamento, a hipótese é do inciso I; se possui autorização, mas se afasta dos seus termos, a incidência desloca-se para o inciso II.

A conduta no inciso III do art. 50 é seguinte: *fazer* (criar, elaborar, produzir) ou *veicular* (difundir, espalhar, divulgar) em proposta, *contrato* (ajuste, negócio), *prospecto* (folheto, panfleto, volante) ou *comunicação* (anúncio, notícia, nota, mensagens) ao público ou a interessados, afirmação falsa sobre a legalidade de loteamento ou desmembramento do solo para fins urbanos, ou ocultar fraudulentamente fato a ele relativo.

Trata-se aqui de tipo penal misto alternativo, que se verifica quando a Lei estabelece diversos núcleos que, se praticados no mesmo contexto fático, caracterizam o cometimento de apenas um delito.

Na 1ª figura, pune-se a *afirmação falsa* (declaração ou conteúdo inverídico, inexato, inautêntico) sobre a *legalidade* de loteamento ou desmembramento do solo para fins urbanos, ao público ou interessados. Nesse caso, o empreendimento, na verdade, não cumpre o próprio ato da licença, até nem mesmo a possui, ou mesmo descumpre as leis de regência do parcelamento do solo urbano.

Por sua vez, a 2ª figura refere-se a *ocultar fraudulentamente* fato a ele relativo. Aqui se utiliza do engano, do embuste, para manter em erro o público ou interessado na aquisição de lotes, não estando eles legalizados, mediante omissão penalmente relevante.

Com a modificação da Lei de Parcelamento promovida pela Lei n. 13.786, de 2018, as condutas previstas no art. 50, inciso III, da Lei n. 6.766/79, passam a ser identificadas com mais celeridade e precisão, notadamente quando o crime é praticado por meio de contrato.

Isto foi possível porque o **art. 26-A da Lei n. 6.766/79** passou a exigir, **nos contratos regidos por esta lei**, a inserção de quadro-resumo, logo no início do instrumento, no qual conste o número do registro do loteamento ou do desmembramento, a matrícula do imóvel e a identificação do cartório de registro de imóveis competente (inciso X), de maneira que o próprio adquirente dos lotes ou agentes públicos poderão comparar, de pronto, em mera consulta ao CRI, a legalidade do loteamento ou mesmo se há ocultação fraudulenta de fato a ele relativo.

18 STJ, CC 35.335-DF, DJ 2/2/2004; CC 36.122-DF, DJ 19/12/2002, e CC 35.744-DF, DJ 28/10/2002. **Em julgado relacionado à Colônia Agrícola Vicente Pires, também firmou o STJ o entendimento pela competência da Justiça Federal.** Na hipótese, trata-se de conflito de competência entre a Justiça Federal e a do Distrito Federal quanto à competência para o processo e julgamento de ação penal instaurada para apuração de possível crime de parcelamento irregular de solo urbano em terras contidas na Colônia Agrícola Vicente Pires, situada em Taguatinga-DF. A Seção entendeu ser competente a Justiça Federal, por estar configurada efetiva ofensa a bens e interesses da União (art. 109, I, da CF/1988). O fundamento é de que a gleba em questão foi desapropriada de espólio em ação movida pelo Estado de Goiás, que veio a ser substituído pela União Federal, não tendo se incorporado ao patrimônio da Terracap, e de que o crime de loteamento clandestino (art. 50, I e II, da Lei n. 6.766/1979) pode ser considerado como crime-meio para eventual alienação de coisa alheia como própria (art. 171, I, do CP) e esbulho do bem da União (art. 20 da Lei n. 4.947/1966), podendo ser por esses absorvido, por força do princípio da consumação. Note-se que a conduta delituosa não teve, como objetivo final, a mera desobediência à citada Lei de Registros Públicos, mas sim possível fraude decorrente de alienação de área da União como se fosse própria. CC 35.744-DF, Rel. Min. Gilson Dipp, julgado em 9/10/2002.

O parágrafo único do art. 50 contempla duas qualificadoras, que redefinem o *máximo* da pena privativa de liberdade cominada em abstrato nos tipos simples, e duplicam a pena de multa.

No parágrafo único, inciso I, do art. 50 compreendem-se as condutas do alienante praticadas por meio de *venda*, *promessa de venda* ou *reserva de lote* ou *quaisquer outros instrumentos que manifestem a intenção de vender lote* em loteamento ou desmembramento não registrado no Registro de Imóveis competente.

Ocorrendo o negócio nestas condições, o crime qualificado estará consumado. Inexistindo a intenção de vender, restará configurado o delito em sua forma simples (art. 50, *caput*, I, da Lei n. 6.766/79).

No inciso II, pune com maior severidade quem pratica negócios sem que seja dono (venda a *non domino*), disposição esta inaplicável aos parcelamentos populares precedidos de desapropriação judicial em curso e com imissão provisória na posse (Lei 6.766/1979, art. 18, §§ 4º e 5º). A qualificadora ainda faz referência à omissão fraudulenta de fato relativo à inexistência de título legítimo de propriedade do imóvel loteado ou desmembrado, como ocorre no caso de penhora ou evicção.

Surge a dúvida se estas qualificadoras apenas tornam mais grave o tipo simples, previsto nos incisos I, II e III do art. 50 da Lei n. 6.766/79, ou se são verdadeiros tipos penais autônomos. Para *uma corrente*, as formas do parágrafo único do art. 50 da Lei 6.766 apenas qualificam os crimes simples previstos no caput. *Para outra*, existe a possibilidade de se incorrer unicamente na figura qualificada do art. 50, parágrafo único, inciso I, da Lei 6.766/1979, com isso reconhecendo-se a possibilidade do concurso material de crimes com as condutas previstas no *caput* do art. 50[19].

Outro aspecto relevante dos crimes previstos no art. 50 da Lei Federal 6.766/1979 refere-se ao *termo inicial da prescrição*.

Para a 1ª primeira corrente, entende-se que o crime em questão é **permanente**; para uma 2ª corrente, esse delito é **instantâneo de efeitos permanentes**.

O STJ já se manifestou no sentido de que o crime do art. 50, parágrafo único, inciso I, da Lei 6.766/1979, seria hipótese de crime permanente. Diante desse entendimento, o lapso prescricional começaria a fluir a partir do momento em que cessa a permanência, diretamente relacionada à vontade do sujeito ativo do delito, que pode fazer cessar ou não a consumação dos delitos. Nesse sentido: REsp. 5410/SP; HC 209.195/RJ.

A orientação consolidada do STJ, todavia, é no sentido de que os crimes de loteamento irregular do solo urbano *são instantâneos de efeitos permanentes*, coincidindo o **marco inicial do prazo prescricional com a data do início do loteamento**, ou seja, a da **consumação**. Nesse sentido: HC 83.203/PR; REsp. 566.076/DF; RHC 7.821/SP[20].

---

19 HABEAS CORPUS. PARCELAMENTO IRREGULAR DO SOLO URBANO. CRIME INSTANTÂNEO DE EFEITOS PERMANENTES. FORMA QUALIFICADA. CONSUMAÇÃO COM A REUNIÃO DOS ELEMENTOS QUALIFICADORES. PRESCRIÇÃO. INOCORRÊNCIA. ORDEM DENEGADA.O crime de parcelamento irregular do solo urbano, praticado na forma qualificada, exige elementos normativos não previstos no tipo-base, descritos nos incisos do parágrafo único do artigo 50 da Lei 6.766/79. As circunstâncias qualificadoras integram o tipo penal e sua ocorrência é necessária para que se verifique a consumação do delito, e, em consequência, tenha início o lapso do prazo prescricional. Não decorrido o prazo exigido pelo art. 109 inc. III do Código Penal, impossível decretar-se a extinção da punibilidade pela prescrição da pretensão punitiva. Ordem denegada. (HC 59.411/MG, Rel. Ministro PAULO MEDINA, SEXTA TURMA, julgado em 20/03/2007, DJ 03/09/2007, p. 228).

20 AGRAVOS REGIMENTAIS. RECURSO ESPECIAL. DIREITO PENAL E LEGISLAÇÃO EXTRAVAGANTE. Lei N. 6.766/1979. Lei DO PARCELAMENTO DO SOLO URBANO.MARCO A QUO DA PRESCRIÇÃO. DELITO INSTANTÂNEO DE EFEITOS PERMANENTES. OCORRÊNCIA DE PRESCRIÇÃO IN CASU. RESTABELECIMENTO DA SENTENÇA. EXTINÇÃO DA PUNIBILIDADE VERIFICADA.1. O crime de loteamento irregular de solo urbano possui natureza de crime instantâneo de efeitos permanente, isto é, o marco inicial do prazo prescricional é a data do início do loteamento, ou seja, a da consumação.2. Os agravos regimentais não merecem prosperar, porquanto as razões reunidas nas insurgências são incapazes de infirmar o entendimento assentado na decisão agravada.3. Agravos regimentais improvidos. (AgInt no REsp 1580947/RS, Rel. Ministro SEBASTIÃO REIS JÚNIOR, SEXTA TURMA, julgado em 18/08/2016, DJe 05/09/2016). Ainda, STJ: HC 83203-PR, REsp 566076-DF, RHC 7821-SP.

Tem-se se decidido ainda, em **relação à prescrição**, que o **termo inicial** é a data do **início do loteamento**, momento em que o **crime se consumou** e, ainda, nos casos em que o **Ministério Público não declina na denúncia** o(s) **dia(s) preciso(s) dos fatos**, indicando apenas **um período de tempo** dentro do qual a conduta teria sido praticada, o STJ e o STF, consideram a **data mais benéfica ao acusado** como sendo aquela a ser tida em conta para o cômputo do lapso prescricional[21].

A respeito do momento consumativo do crime, merece destaque o posicionamento do eminente Rui Rosado De Aguiar Júnior, para quem "[..] O crime é de consumação instantânea, ainda que da ação decorram efeitos permanentes, como no caso de abertura de ruas, placas de propaganda afixadas no local etc. A consumação se dá com a prática da ação de dar início ao parcelamento, através de uma das diversas condutas já enumeradas, e independe da efetiva realização do projeto [..] ("Normas penais sobre o parcelamento do solo urbano", na obra Leis penais especiais e sua interpretação jurisprudencial (Normas penais sobre o parcelamento do solo urbano. In: Pessoa, Álvaro (coord.). Direito do urbanismo: uma visão sociojurídica, São Paulo: Ibam, 1981, p. 212.

Para o STF o *delito de parcelamento irregular de solo urbano* (Lei 6.766/1979, art. 50) é **instantâneo de efeitos permanentes**, de modo que o prazo prescricional começa a correr da data em que se iniciou o loteamento, não se levando em conta a data da realização das vendas dos lotes irregulares. Nesse sentido: HC 71.259/SP. HC 74.757/SP; HC 76.501/SE.343.

Em situações nas quais houver parcelamento irregular do solo urbano em **continuidade delitiva**, em que haja vítimas e locais distintos, a reunião de processos por conexão é considerada conveniência do julgador[22].

Voluntariedade

Em relação à voluntariedade, todos os crimes referidos nos incisos I a III do art. 50, *caput*, da Lei n. 6.766/79, exigem o dolo genérico[23]. Não é previsto o elemento subjetivo específico Ainda que todos os incisos I a III do art. 50 façam referência aos "fins urbanos", este não é um fim especial de agir, mas a **destinação** a ser dada para a gleba subdividida ilegalmente, ou seja, uma qualificação que faz com que o imóvel seja urbano. Como se sabe, há parcelamentos do solo com outros fins, como os agrários, os quais estão sujeitos à disciplina legal diversa do

---

21 STJ, RHC n. 65.785/RJ, Quinta Turma, Rel. Min. Jorge Mussi, DJe de 27/04/2018.

22 AGRAVO REGIMENTAL NO RECURSO EM HABEAS CORPUS. PARCELAMENTO IRREGULAR DO SOLO URBANO. CRIME CONTRA RELAÇÃO DE CONSUMO. PREVENÇÃO. CONTINUIDADE DELITIVA. VÍTIMAS E LOCAIS DISTINTOS. REUNIÃO DE PROCESSOS POR CONEXÃO. CONVENIÊNCIA DO JULGADOR. PREJUÍZO À INSTRUÇÃO CRIMINAL. PROCESSO JÁ JULGADO. INCIDÊNCIA DA SÚMULA 235/STJ. A caracterização da continuidade delitiva pressupõe a existência de ações praticadas em idênticas condições de tempo, lugar e modo de execução **(requisitos objetivos)**, além de um liame a indicar a unidade de desígnios **(requisito subjetivo)**" (AgRg no HC n. 745.388/RS, relator Ministro Reynaldo Soares da Fonseca, Quinta Turma, julgado em 14/6/2022, DJe de 20/6/2022.). 2. Na hipótese, embora os crimes tenham ocorrido mediante o mesmo modus operandi, foram praticados contra vítimas diferentes em cidades distintas, que sequer são Municípios limítrofes. As cidades de Teodoro Sampaio/SP e Presidente Venceslau/SP distam aproximadamente a 83km uma da outra. 3. "Esta Corte, há muito, já sufragou entendimento de que **"a reunião de processos em razão da conexão é uma faculdade do Juiz, conforme interpretação a contrario sensu do art. 80 do Código de Processo Penal que possibilita a separação de determinados processos"** (RHC 29.658/RS, Rel. Ministro GILSON DIPP, QUINTA TURMA, DJe 8/2/2012). (AgRg no RHC n. 157.077/SP, relator Ministro Ribeiro Dantas, Quinta Turma, julgado em 3/5/2022, DJe de 10/5/2022).

23 STJ, REsp 63640 / SP, Ministro GILSON DIPP: "CRIMINAL. RECURSO ESPECIAL. LOTEAMENTO IRREGULAR. AÇÃO PENAL TRANCADA PELA ATIPICIDADE DA CONDUTA. **AUSÊNCIA DE DOLO**. PRETENSÃO DE REEXAME DO CONJUNTO FÁTICO-PROBATÓRIO. SÚM. Nº 07/STJ. CRIME FORMAL. AUSÊNCIA DE PREQUESTIONAMENTO. RECURSO NÃO-CONHECIDO. I - O recurso especial não se presta à revisão de decisão que concedeu habeas corpus para o **trancamento de ação penal por falta de justa causa, devidamente motivado na atipicidade da conduta, por ausência de dolo**, pois envolveria verdadeira reapreciação dos aspectos fático-probatórios, pretensão impossível de ser satisfeita nesta sede, em respeito ao enunciado da Súm. nº 07 desta Corte".

Decreto-lei n. 58/37 e do Estatuto da Terra. O art. 1º da Lei n. 6.766/79, aliás, deixa expresso que o parcelamento do solo para **fins urbanos** será regido por esta Lei.

Não há conduta culposa.

Consumação e Tentativa

A consumação do delito previsto no art. 50, inciso I, da Lei n. 6.766/79 ocorre quando do **início**, pela prática de qualquer ato material, ou assim que se **efetuar** loteamento ou desmembramento do solo, para fins urbanos sem autorização do órgão público competente, ou em desacordo com as disposições desta Lei ou das normas pertinentes dos Estados, Distrito Federal e Municípios. O delito é de consumação instantânea, mas de efeitos permanentes (ex: abertura de ruas)[24].

Com relação ao inciso II do art. 50 o momento consumativo ocorre com o **desvio** das determinações que constam do ato administrativo da licença.

No inciso III, consuma-se o crime com a **criação** ou **divulgação** da afirmação falsa, independentemente do resultado natural, ou seja, de eventual prejuízo. Na conduta de ocultação fraudulenta, a consumação se dá com a simples **omissão** do agente.

Admite-se a tentativa em todas as condutas.

Ação Penal

No silêncio da lei, a ação penal neste crime é pública incondicionada.

Admite-se a suspensão condicional do processo (art. 89, da Lei 9.099/95), nas figuras simples e qualificadas. Em qualquer caso, havendo condenação, permite-se a substituição da pena privativa de liberdade por restritiva de direitos (CP, art. 44), e é cabível, conforme o caso, a concessão da suspensão condicional da pena (CP, art. 77).

Acordo de Não Persecução Penal – ANPP

Permite-se ainda, observados os parâmetros do art. 28-A do Código de Processo Penal, o acordo de não persecução penal, pois se trata de infração penal sem violência ou grave ameaça à pessoa, cuja pena mínima, atribuída em abstrato a todas as condutas do art. 50, *caput*, e parágrafo único, é inferior a 4 (quatro) anos.

> **Art. 51.** Quem, de qualquer modo, concorra para a prática dos crimes previstos no artigo anterior desta Lei incide nas penas a estes cominadas, considerados em especial os atos praticados na qualidade de mandatário de loteador, diretor ou gerente de sociedade.
>
> Parágrafo único. (VETADO)

Bem Jurídico Tutelado

A norma de extensão do art. 51 da Lei 6.766/79 têm como objetividade jurídica a moralidade administrativa, as normas de urbanização, e polícia urbanística.

24 STJ, EDcl no AgRg no AREsp 1378944 / RJ, Rel. EOPOLDO DE ARRUDA RAPOSO (DESEMBARGADOR CONVOCADO DO TJ/PE): "... O crime de **parcelamento ilegal de solo é instantâneo de efeitos permanentes**, razão pela qual o termo inicial do prazo prescricional é a data do início do loteamento, momento em que o crime se consumou e, ainda, nos casos em que o Ministério Público não declina na denúncia o(s) dia(s) preciso(s) dos fatos, indicando apenas um período de tempo dentro do qual a conduta teria sido praticada, esta Corte Superior de Justiça e o Supremo Tribunal Federal tem reputado a data mais benéfica ao acusado como sendo aquela a ser tida em conta para o cômputo do lapso prescricional. (RHC n. 65.785/RJ, Quinta Turma, Rel. Min. Jorge Mussi, DJe de 27/04/2018)".

Sujeitos do Crime

Trata-se de norma disciplinadora do concurso agentes (coautores, partícipes) para a prática dos crimes previstos no art. 50 da Lei de Parcelamento, sendo especial em relação ao art. 29 do CP.

O preceito da norma manda considerar **em especial** os atos praticados na *qualidade de mandatário do loteador, diretor ou gerente de sociedade.*

Independentemente do reconhecimento das agravantes do art. 62 do Código Penal, o legislador quis deixar expresso que o representante do loteador e aqueles que atuam na condução da pessoa jurídica loteadora necessariamente estão sujeitos aos crimes do art. 50 da Lei de Parcelamento.

Condutas

Trata-se de disposição especial em relação à regra de extensão subjetiva prevista no art. 29 do CP, por se referir ao concurso de pessoas que se vinculam subjetivamente para a prática dos crimes previstos no art. 50 da Lei 6.766, de 1979.

Deve-se ter consideração especial pelos atos praticados pelo *mandatário do loteador, diretor* ou *gerente de sociedade*, compreendendo o preceito a responsabilidade pessoal destes agentes ainda quando pratiquem os crimes por meio de pessoa jurídica.

Voluntariedade

Em relação à voluntariedade, em todos os crimes referidos nos incisos I a III do art. 50, *caput*, da Lei n. 6.766/79, exige-se o dolo. Não é previsto o elemento subjetivo específico e nem tampouco a forma culposa.

Consumação e Tentativa

Trata-se de norma de extensão subjetiva que nitidamente acolhe a teoria monista ou seja, os autores, coautores e participes de um crime, ainda que praticado por várias pessoas em colaboração, continua único, indivisível.

> **Art. 52.** Registrar loteamento ou desmembramento não aprovado pelos órgãos competentes, registrar o compromisso de compra e venda, a cessão ou promessa de cessão de direitos, ou efetuar registro de contrato de venda de loteamento ou desmembramento não registrado.
>
> Pena: Detenção, de 1 (um) a 2 (dois) anos, e multa de 5 (cinco) a 50 (cinqüenta) vezes o maior salário mínimo vigente no País, sem prejuízo das sanções administrativas cabíveis.

Bem Jurídico Tutelado

O crime tem como objetividade jurídica a moralidade administrativa, as normas de urbanização e polícia urbanística.

Sujeitos do Crime

Trata-se de crime de mão própria ou de atuação pessoal, pois só pode ser praticado diretamente pelo *oficial de registro*, os *substitutos designados* ou *escreventes autorizados*, agentes admitidos pela Lei para o *"registro"* de loteamento, desmembramento e contratos que tenham por objeto lotes em parcelamentos urbanos (Lei 6.766, art. 19, § 5º; Lei 8.935, de 1994, art. 20).

Sujeito passivo é a administração pública, de forma imediata, e eventualmente, o particular lesado pelo registro indevido (sujeito mediato).

Condutas

A conduta típica é: *registrar* (transcrever, em livro próprio, como prova de autenticidade) loteamento ou desmembramento *não aprovado* pelos órgãos competentes, registrar o compromisso de compra e venda, a cessão ou promessa de cessão de direitos, ou efetuar registro de contrato de venda de loteamento ou desmembramento *não registrado*.

Compreende o tipo penal em apreço os loteamentos ou desmembramentos *não aprovados* (*clandestinos*) e os instrumentos contratuais referentes a loteamentos e desmembramentos que, apesar de aprovados, não foram registrados (*irregulares*).

Voluntariedade

Em relação à voluntariedade, exige-se o dolo. Não é previsto o elemento subjetivo específico e nem tampouco a forma culposa.

Consumação e Tentativa

A consumação ocorrerá com registro do loteamento ou desmembramento não aprovado pela Prefeitura Municipal (ou Distrito Federal), ou com o registro dos instrumentos contratuais de venda de lote ainda não registrado.

Admite-se tentativa.

Ação Penal

No silêncio da lei, a ação penal neste crime é pública incondicionada.

Admite-se a transação penal e a suspensão condicional do processo (art. 89, da Lei 9.099/95). Em caso de condenação, permite-se a substituição da pena privativa de liberdade por restritiva de direitos (CP, art. 44), e é cabível, conforme o caso, a concessão da suspensão condicional da pena (CP, art. 77).

Acordo de Não Persecução Penal – ANPP

Em razão do cabimento da transação penal de competência dos Juizados Especiais Criminais, não se aplica o acordo de não persecução penal ao crime previsto neste artigo, segundo dispõe o art. 28-A, § 2º, I, do CPP.

BIBLIOGRAFIA

ARRUDA ALVIM. Livro introdutório ao Direito das coisas. São Paulo: Forense, 2013.

_____. Novo contencioso cível no CPC/2015. São Paulo: RT, 2016.

ARRUDA ALVIM, José Manuel de; CAMBLER, Everaldo (coords.). Estatuto da Cidade. São Paulo: Revista dos Tribunais, 2014.

ALEXANDRINO, Marcelo; PAULO, Vicente. Direito administrativo descomplicado. 20. ed. rev. e atual. Rio de Janeiro/São Paulo: Forense/Método, 2012.

BORGES, Paulo Torminn. Institutos básicos de Direito agrário. 10. ed. São Paulo: Saraiva, 1996.

CARVALHO FILHO, José dos Santos. Comentários ao Estatuto da Cidade. 5. ed. São Paulo: Atlas, 2013.

_____. Manual de Direito administrativo. 25. ed. São Paulo: Atlas, 2012.

CENEVIVA, Walter. Lei dos Registros Públicos comentada. 20. ed. São Paulo: Saraiva, 2010.

CHALHUB, Melhim Namem. Direitos reais. São Paulo: Forense, 2003.

CUNHA JR., Dirley da. Curso de Direito administrativo. 11. ed. rev., ampl. e atual. Salvador: Juspodivm, 2012.

DI PIETRO, Maria Sylvia Zanella. Direito administrativo. 26. ed. São Paulo: Atlas, 2013.

FANTI, Alexandre et al. Direito imobiliário: legislação comentada. 2. ed. São Paulo: Terla, 2011.

FARIAS, Cristiano Chaves de; ROSENVALD, Nelson. Direitos reais. 9. ed. Salvador: Juspodivm, 2013.

FIGUEIREDO, Lúcia Valle. Curso de Direito administrativo. 6. ed. rev., ampl. e atual. São Paulo: Malheiros. 2003.

FIORILLO, Celso Antônio Pacheco; FERREIRA, Renata Marques. Estatuto da Cidade comentado. 6. ed. São Paulo: Saraiva. 2014.

GASPARINI, Diógenes. Direito administrativo. 17. ed. São Paulo: Saraiva, 2012.

_____. Município e o parcelamento do solo. 2. ed. São Paulo: Saraiva, 1988.

GONÇALVES, Carlos Roberto. Direito das coisas esquematizado. São Paulo: Saraiva, 2013.

JUSTEN FILHO, Marçal. Direito administrativo. 8. ed. rev., ampl. e atual. Belo Horizonte: Fórum, 2012.

LOUREIRO, Luiz Guilherme. Registros públicos. 3. ed. São Paulo: Método, 2012.

LOURENÇO, Eva; MARCONI, Maria. Ensino superior. 5. ed. Rio de Janeiro: Paz e Terra, 2002.

MACHADO, Paulo Afonso Leme. Direto Ambiental Brasileiro. 11. ed. São Paulo. Malheiros, 2003.

MARINELA, Fernanda. Direito administrativo. 5. ed. rev., ampl., reform. e atual. Niterói: Impetus, 2012.

MAZZA, Alexandre. Manual de Direito administrativo. 3. ed. São Paulo: Saraiva, 2013.

MEDAUAR, Odete. Direito administrativo moderno. 16. ed. rev. e atual. São Paulo: Revista dos Tribunais, 2012.

MELLO, Celso Antônio Bandeira de. Curso de Direito administrativo. 30. ed. rev., atual. e ampl. São Paulo: Malheiros, 2013.

MILARÉ, Édis. Direito do Ambiente. 5. ed. São Paulo, RT, 2005.

MEIRELLES, Hely Lopes. Direito administrativo brasileiro. 39. ed. atual. São Paulo: Malheiros, 2013.

_____. Direito municipal brasileiro. 14. ed. São Paulo: Malheiros, 2014.

MONTEIRO, Washington de Barros. Direito das coisas. 42. ed. São Paulo: Saraiva, 2012.

MOREIRA NETO, Diogo de Figueiredo. Curso de Direito administrativo. 14. ed. rev., ampl. e atual. Rio de Janeiro: Forense, 2006.

NEVES, Daniel Amorim Assumpção. Novo Código de Processo Civil comentado. Salvador: Juspodivm, 2016.

NOHARA, Irene Patrícia. Direito administrativo. 2. ed. atual. e rev. São Paulo: Atlas, 2012.

OPITZ, Oswaldo; OPITZ, Silvia C. B. Curso completo de Direito agrário. 7. ed. São Paulo: Saraiva, 2013.

PINTO, Victor Carvalho. Direito urbanístico: plano diretor e direito de propriedade. 4. ed. São Paulo: Revista dos Tribunais, 2014.

RODRIGUES, Silvio. Direito das coisas. 28. ed. São Paulo: Saraiva, 2009.

RIZZARDO, Arnaldo. Direito das coisas. 7. ed. São Paulo: Forense, 2013.

CAPÍTULO 9

Ação Civil Pública – Lei nº 7.347/1985

Matheus Kuhn Gonçalves

Art. 10. Constitui crime, punido com pena de reclusão de 1 (um) a 3 (três) anos, mais multa de 10 (dez) a 1.000 (mil) Obrigações Reajustáveis do Tesouro Nacional – ORTN, a recusa, o retardamento ou a omissão de dados técnicos indispensáveis à propositura da ação civil, quando requisitados pelo Ministério Público.

1. INTRODUÇÃO

O Ministério Público é instituição permanente, essencial à função jurisdicional do Estado, incumbindo-lhe a defesa da ordem jurídica, do regime democrático e dos interesses sociais e individuais indisponíveis (art. 127, CF/88).

Segundo o artigo 129 da Constituição Federal, são funções institucionais do Ministério Público, dentre outras: promover o inquérito civil e a ação civil pública, para a proteção do patrimônio público e social, do meio ambiente e de outros interesses difusos e coletivos; expedir notificações nos procedimentos administrativos de sua competência, requisitando informações e documentos para instruí-los; e requisitar diligências investigatórias e a instauração de inquérito policial, indicados os fundamentos jurídicos de suas manifestações processuais.

Sendo guardião da ordem jurídica, do regime democrático e dos interesses sociais e individuais indisponíveis, a Constituição muniu o Ministério Público de uma série de poderes e garantias, a fim de buscar a tutela do interesse público e social. Conferiu-se, então, ao Ministério Público o chamado poder requisitório, ou seja, a possibilidade de requisitar de qualquer organismo público ou particular certidões, informações, exames ou perícias, a fim de instruir e embasar o inquérito civil sob sua presidência.

O poder requisitório do Ministério Público tem natureza de **ordem legal.** Vale dizer, quando o órgão ministerial realiza uma requisição, esta não tem caráter facultativo, não se tratando de um pedido (ou de uma liberalidade concedida ao destinatário). Possui natureza cogente e caráter de ordem legal, de modo que o seu descumprimento poderá ensejar responsabilização civil e criminal. Nesse sentido, Hugo Nigro Mazzilli leciona que:

> Nos procedimentos a seu cargo, o membro do Ministério Público pode expedir **requisição** de diligências, certidões, documentos ou informações. As requisições não são pedidos (requerimentos), mas sim consistem em ordem legal para que se entregue, apresente ou forneça algo; daí porque seu desatendimento doloso pode configurar até mesmo infração

> penal. [...] A falta injustificada ou o retardamento indevido do cumprimento das requisições importará a responsabilidade de quem lhes deu causa. O desatendimento às requisições é sancionado porque, para desincumbir-se de seus misteres em defesa da Constituição e das leis, no zelo de interesses indisponíveis do indivíduo e da coletividade, e no desempenho da ação penal e da ação civil pública, o Ministério Público precisa de instrumentos eficazes como a notificação de pessoas e a requisição de documentos e informações. Se o desatendimento às requisições não fosse sancionado, a norma que lhe confere poderes de investigação teria mero caráter moral, sem força coercitiva ínsita à norma jurídica. Poderá haver crime contra a administração pública, apenas sob forma dolosa, em caso de recusa, retardamento ou omissão de dados técnicos indispensáveis à propositura da ação civil pública, quando regularmente requisitados pelo Ministério Público.[1]

A título de ilustração a respeito do poder requisitório do Ministério Público, é possível que o Promotor de Justiça requisite diretamente da instituição financeira dados da movimentação financeira da conta-corrente do Município, com a finalidade de proteger o patrimônio público, sem que isso viole a intimidade e a vida privada. Vejamos:

> HABEAS CORPUS. DENÚNCIA RECEBIDA NO TRIBUNAL DE JUSTIÇA DO CEARÁ. CRIMES, EM TESE, PRATICADOS POR AGENTES PÚBLICOS CONTRA A ADMINISTRAÇÃO (QUADRILHA, LICITAÇÕES, E DECRETO LEI N. 201/1967). ALEGAÇÃO DE ILICITUDE DA PROVA. QUEBRA DE SIGILO BANCÁRIO SEM AUTORIZAÇÃO JUDICIAL. ENTE PÚBLICO. DESNECESSIDADE. PROTEÇÃO À INTIMIDADE/PRIVACIDADE. INOCORRÊNCIA. PRINCÍPIOS DA PUBLICIDADE E DA MORALIDADE PÚBLICA. REQUISIÇÃO PELO MINISTÉRIO PÚBLICO DE MOVIMENTAÇÃO DA CONTA-CORRENTE DO MUNICÍPIO DE POTENGI/CE. POSSIBILIDADE. 1. Encontra-se pacificada na doutrina pátria e na jurisprudência dos Tribunais Superiores que o sigilo bancário constitui espécie do direito à intimidade/privacidade, consagrado no art. 5º, X e XII, da Constituição Federal. 2. No entanto, as contas públicas, ante os princípios da publicidade e da moralidade (art. 37 da CF), não possuem, em regra, proteção do direito à intimidade/privacidade, e, em consequência, não são protegidas pelo sigilo bancário. Na verdade, a intimidade e a vida privada de que trata a Lei Maior referem-se à pessoa humana, aos indivíduos que compõem a sociedade, e às pessoas jurídicas de Direito privado, inaplicáveis tais conceitos aos entes públicos. 3. Assim, conta-corrente de titularidade de Prefeitura Municipal não goza de proteção à intimidade/privacidade, tampouco do sigilo bancário, garantia constitucional das pessoas naturais e aos entes particulares. 4. Nessa linha de raciocínio, lícita a requisição pelo Ministério Público de informações bancárias (emissão de cheques e movimentação financeira) de titularidade da Prefeitura Municipal de Potengi/CE, com o fim de proteger o patrimônio público, não se podendo falar em quebra ilegal de sigilo bancário. 5. "Operações financeiras que envolvam recursos públicos não estão abrangidas pelo sigilo bancário a que alude a Lei Complementar nº 105/2001, visto que as operações dessa espécie estão submetidas aos princípios da administração pública insculpidos no art. 37 da Constituição Federal" (MS-33.340/STF, Relator Ministro LUIZ FUX, 1ª Turma, DJe de 3/8/2015). 6. Habeas corpus denegado. (STJ- HC 308493/CE).

Ademais, a criminalização da conduta daquele que deixa de cumprir as requisições do Ministério Público privilegia a celeridade do inquérito civil, a fim de que este não se arraste por demasiado tempo[2]. Nesse sentido é o escólio de Mauro Roberto de Mattos:

1 MAZZILLI, Hugo Nigro. **O inquérito civil:** investigações do Ministério Público, compromissos de ajustamento e audiências públicas. São Paulo: Saraiva, 1999, p. 166-167, 170-171.

2 Nesse sentido, inclusive, a Lei de Improbidade foi alterada pela Lei nº 14.230, de 2021, a qual passou a prever no art. 23, § 2º que "o inquérito civil para apuração do ato de improbidade será concluído no prazo de 365 (trezentos e sessenta e cinco) dias corridos, prorrogável uma única vez por igual período, mediante ato fundamentado submetido

Igualmente, visando dar maior efetividade da instrução do inquérito civil, a proposta do art. 10 em questão considera crime, punindo com pena de reclusão de um a três anos, mais multa de R$ 320,10, a recusa, o retardamento ou a omissão de dados técnicos indispensáveis à propositura da ação civil, quando requisitados pelo presidente do inquérito civil. Essa medida privilegia justamente a celeridade para que o inquérito civil não se arraste por muito tempo.[3]

2. ANÁLISE DO TIPO PENAL

As condutas típicas aptas à caracterização do crime consistem na **recusa,** no **retardamento** ou na **omissão** de dados técnicos indispensáveis à propositura da ação civil, quando requisitados pelo Ministério Público.

Recusar significa negar, não aceitar, rejeitar a requisição da autoridade. Retardar significa atrasar, demorar, protelar, adiar, procrastinar. Omitir significa deixar de fazer, deixar de responder ou de encaminhar os dados requisitados.

A requisição que constitui o crime é aquela de dados técnicos indispensáveis à propositura da ação civil. Sendo assim, se os dados requisitados pelo *Parquet* forem dispensáveis para a propositura da ação, não há que se falar em crime. Hugo Nigro Mazzilli explica o que deve ser entendido por indispensável:

> [...] O absolutamente necessário, não apenas útil. Se a ação puder ser proposta, ainda que não tão perfeitamente, não se poderá afirmar a indispensabilidade do dado sonegado. Em tese, a sonegação de dados úteis poderá ser prevaricação ou desobediência.[4]

Nesse contexto, se ficar demonstrada, no curso do inquérito civil, a ausência de lesão ou risco de lesão ao interesse público e, por consequência, a falta de interesse de agir no ajuizamento de instrumentos de tutela coletiva, não há que se falar no crime do art. 10 da Lei nº 7.347/85, tendo em vista que as informações requisitadas são prescindíveis. Vejamos a posição do Superior Tribunal de Justiça:

> PENAL. PROCESSUAL PENAL. *HABEAS CORPUS* SUBSTITUTIVO DE RECURSO OU DE REVISÃO CRIMINAL. NÃO CABIMENTO. ART. 10 DA LEI Nº 7.347/85. TRANCAMENTO DA AÇÃO PENAL. INÉPCIA. ATIPICIDADE DA CONDUTA. PROMOÇÃO DE ARQUIVAMENTO DE INQUÉRITO CIVIL ANTE A FALTA DE LESÃO OU RISCO DE LESÃO AO INTERESSE PÚBLICO. AUSÊNCIA DE ELEMENTAR DO TIPO PENAL. ATIPICIDADE RECONHECIDA. ORDEM CONCEDIDA DE OFÍCIO. 1. Ressalvada pessoal compreensão diversa, uniformizou o Superior Tribunal de Justiça ser inadequado o *writ* em substituição a recursos especial e ordinário, ou de revisão criminal, admitindo-se, de ofício, a concessão da ordem ante a constatação de ilegalidade flagrante, abuso de poder ou teratologia. 2. O trancamento da ação penal por meio do *habeas corpus* só é cabível quando houver comprovação, de plano, da ausência de justa causa, seja em razão da atipicidade da conduta supostamente praticada pelo acusado, seja da ausência de indícios de autoria e materialidade delitivas, ou ainda da incidência de causa de extinção da punibilidade. 3. Considerando que restou apurado no inquérito civil, a ausência de lesão ou risco de

---

à revisão da instância competente do órgão ministerial, conforme dispuser a respectiva lei orgânica." Demais disso, o art. 23, § 3º determina que "encerrado o prazo previsto no § 2º deste artigo, a ação deverá ser proposta no prazo de 30 (trinta) dias, se não for caso de arquivamento do inquérito civil". Portanto, as novas disposições cuidam de imprimir celeridade às investigações ocorridas no bojo do inquérito civil (nesse caso específico, no que diz respeito aos atos de improbidade).

3 MATTOS, Mauro Roberto de. **Inquérito Civil e Ação Civil Pública de Improbidade Administrativa** – Limites à sua Instauração. Rio de Janeiro: Forense, 2014.

4 MAZZILLI, Hugo Nigro. **O inquérito civil:** investigações do Ministério Público, compromissos de ajustamento e audiências públicas. São Paulo: Saraiva, 1999, p. 170.

lesão ao interesse público e, por consequência, a falta de interesse de agir no ajuizamento de instrumentos de tutela coletiva, infere-se que se mostravam prescindíveis as informações requisitadas, motivo pelo qual cabível o trancamento da denúncia, por inadequação típica ao art. 10 da Lei 7.347/85 4. *Habeas corpus* não conhecido, mas concedida a ordem, de ofício, para determinar o trancamento da ação penal ante a atipicidade da conduta. (HABEAS CORPUS Nº 370.951 – RJ).

Dados técnicos são aqueles que se referem "a qualquer informação que se vincule diretamente a um conhecimento ou trabalho específico, inerentes a determinado ofício ou profissão."[5] Nesse prisma é o entendimento do Superior Tribunal de Justiça:

> PROCESSUAL PENAL. RECURSO ESPECIAL. CONTRARIEDADE AOS ARTIGOS 1º DO CP, 381, INCISO III, DO CPP E 10 DA LEI Nº 7.347/85. [...] EXPRESSÃO DADOS TÉCNICOS. [...] IV – A expressão "dados técnicos" "se refere a qualquer informação dependente de um conhecimento ou trabalho específico, que seja peculiar de determinado ofício ou profissão" cf. RHC nº 12359/MG, Rel. Min. Gilson Dipp, DJU de 01/07/2002. V – No caso em tela, as informações solicitadas pelo Ministério Público se enquadram no conceito de "dados técnicos", uma vez que dizem respeito aos procedimentos observados na rotina de funcionamento da Prefeitura Municipal de Rio Grande/RS. Isso porque os dados requeridos se referiam, v.g., a contratos celebrados pelo Município, se houve licitação em determinada contratação etc. Recurso parcialmente conhecido e, nesta parte, desprovido. (STJ, REsp 785.129/RS, Rel. Ministro Felix Fischer, Quinta Turma, julgado em 29/06/2006, DJ 14/08/2006).

É válido frisar que o art. 10 da Lei nº 7.347/85 não faz qualquer menção específica quanto à necessidade de que os dados possam ser obtidos exclusivamente de determinado ente ou indivíduo que recebeu a requisição, mas somente a respeito da imprescindibilidade dos dados à propositura de ação civil pública. Dessa forma, ainda que a informação possa ser obtida por outro meio ou por outra fonte, ainda existirá o crime se houver a sonegação dos dados técnicos requisitados pelo *Parquet,* uma vez que o citado dispositivo apenas menciona a imprescindibilidade dos dados para a propositura da ação civil pública, e não a exclusividade da fonte.

3. CONFLITO APARENTE DE NORMAS E PRINCÍPIO DA ESPECIALIDADE

Importante esclarecer que outros diplomas legais trazem incriminações semelhantes à descrita no art. 10 da Lei da Ação Civil Pública, surgindo, eventualmente, um conflito aparente de normas.

Inicialmente, o crime previsto na Lei da Ação Civil Pública se configura na hipótese em que houver recusa, retardamento ou omissão de dados técnicos indispensáveis à propositura da ação civil, quando requisitados pelo Ministério Público. Os dados técnicos indispensáveis à propositura da ação civil pública são aqueles correlatos ao disposto no art. 1º da Lei nº 7.347/85. Vale dizer, o objeto da ação civil pública em que os dados foram recusados, omitidos ou retardados deve ser relacionado à defesa do meio ambiente, do consumidor, de bens e direitos de valor artístico, estético, histórico, turístico e paisagístico, de qualquer outro interesse difuso ou coletivo (norma de encerramento), por infração à ordem econômica, à ordem urbanística, à honra e à dignidade de grupos raciais, étnicos ou religiosos e do patrimônio público e social.

Se os dados técnicos recusados, retardados ou omitidos disserem respeito à defesa de pessoas portadoras de necessidades especiais, o crime será o do art. 8º, IV, da Lei nº 7.853/89 (que dispõe sobre o apoio às pessoas portadoras de deficiência), tendo em vista que se trata de norma especial em relação à prevista no artigo 10 da LACP. Vejamos:

5 NOTA TÉCNICA JURÍDICA Nº 001/2013 – CAOP–CRI – Ministério Público do Estado de Rondônia, p. 07.

> Art. 8º. Constitui crime punível com reclusão de 2 (dois) a 5 (cinco) anos e multa: (Redação dada pela Lei nº 13.146, de 2015)
>
> VI – recusar, retardar ou omitir dados técnicos indispensáveis à propositura da ação civil pública objeto desta Lei, quando requisitados. (Redação dada pela Lei nº 13.146, de 2015)

No mesmo sentido, se a ação ou omissão do agente visa impedir ou embaraçar ação de autoridade judiciária, membro do Conselho Tutelar ou do Ministério Público no exercício de função prevista no Estatuto da Criança e do Adolescente, o crime será o do artigo 236 da Lei nº 8.069/90, que dispõe o seguinte:

> Art. 236. Impedir ou embaraçar a ação de autoridade judiciária, membro do Conselho Tutelar ou representante do Ministério Público no exercício de função prevista nesta Lei:
>
> Pena – detenção de seis meses a dois anos.

Na hipótese de procedimentos investigatórios que não versem sobre os temas tratados na Lei da Ação Civil Pública (Lei nº 7.347/85), no Estatuto da Criança e do Adolescente (Lei nº 8.069/90) e na Lei nº 7.853/89, ou "quando a recusa, o retardamento ou a omissão de fornecimento de dados técnicos não forem **indispensáveis** para a propositura de ações civis públicas ou coletivas relacionadas a tais Leis, o desatendimento à requisição ministerial poderá constituir, conforme o caso, os delitos de **prevaricação** ou **desobediência**, previstos no Código Penal."[6] Nessas hipóteses, se o agente que descumpre a requisição ministerial for servidor público, o crime será o de prevaricação (art. 319 do CP). Contudo, se o agente que descumpre a requisição ministerial for particular, o crime será o de desobediência (art. 330 do CP).

Hugo Nigro Mazzilli bem discorre sobre o tema:

> A lei que dispõe sobre a proteção de pessoas portadoras de deficiência erige a crime punível com reclusão e multa 'recusar, retardar ou omitir dados técnicos indispensáveis à propositura da ação civil objeto desta Lei, quando requisitados pelo Ministério Público'. Nas demais hipóteses, o desatendimento à requisição ministerial poderá configurar, conforme o caso, prevaricação ou desobediência. A Lei da Ação Civil Pública considerou, pois, crime contra a administração pública a ação física consistente em recusa, retardamento ou omissão de dados técnicos indispensáveis à propositura da ação civil, quando requisitados pelo Ministério Público; puniu-a com reclusão de um a três anos, além de multa. Pune-se aí apenas a sonegação de informações ao órgão do Ministério Público, desde que necessárias ao ajuizamento de ação civil pública em defesa de qualquer interesse difuso ou coletivo. Se os dados sonegados disserem respeito à defesa de pessoas portadoras de deficiência, a pena será maior. [...] Assim, estão fora do alcance das normas penais da Lei da Ação Civil Pública e da Lei nº 7.853/89 as requisições feitas pelo Ministério Público em matéria que não verse a defesa de interesses metaindividuais; estão dentro do alcance da Lei nº 7.347/85 as requisições ministeriais de documentos ou informações indispensáveis à propositura de ação civil pública ou coletiva em defesa de quaisquer interesses difusos, coletivos e individuais homogêneos; e pelo princípio da especialidade, estão dentro do alcance da Lei nº 7.853/89 as requisições ministeriais em matéria de defesa de interesses de pessoas portadoras de deficiência. [...] Se **a ação cometida visar a impedir ou embaraçar a ação de representante do Ministério Público no exercício de função prevista no Estatuto da Criança e do Adolescente, poderá haver outro crime.**[7]

6 NOTA TÉCNICA JURÍDICA Nº 001/2013 – CAOP–CRI – Ministério Público do Estado de Rondônia, p. 04.

7 MAZZILLI, Hugo Nigro. **O inquérito civil:** investigações do Ministério Público, compromissos de ajustamento e audiências públicas. São Paulo: Saraiva, 1999, p. 166-167, 170-171.

4. (DES)NECESSIDADE DA EXISTÊNCIA DE INQUÉRITO CIVIL

Para configuração do crime do art. 10 da Lei da Ação Civil Pública, não há necessidade da existência de inquérito civil público instaurado. Vale dizer, é possível que no bojo de outros procedimentos, a exemplo dos procedimentos investigatórios preliminares ou procedimentos administrativos, haja o descumprimento de requisições ministeriais.

O Ministério Público pode realizar requisições em outras espécies de procedimento, e não somente nos inquéritos civis públicos. Ademais, o artigo 9º da Lei nº 7.347/85 afirma que, se o órgão do Ministério Público, após esgotadas todas as diligências, se convencer da inexistência de fundamento para a propositura da ação civil pública, promoverá o arquivamento do inquérito civil ou das peças informativas, de forma fundamentada. Ora, se o Ministério Público pode arquivar tanto o inquérito civil quanto outras peças informativas, significa dizer que não precisa existir inquérito civil para o manejo da ação civil pública, podendo o membro do *Parquet* fazê-lo com base em outras peças informativas. Sendo assim, o inquérito civil público não é o meio exclusivo de obtenção de provas para propositura da ação civil pública. Desse modo, existindo outros tipos de procedimentos que também são adequados para lastrear o manejo da ação coletiva, sempre que houver sonegação de dados técnicos indispensáveis nesses procedimentos, haverá o crime do art. 10 da Lei nº 7.347/85. Nesse sentido é a Nota Técnica do CAOP-Criminal do Ministério Público do Estado de Rondônia:

> Visto isso, entende-se que o artigo 10 da Lei nº 7.347/85 incide não somente nas hipóteses de desatendimento de requisição originadas em Inquéritos Civis Públicos, mas também em Procedimentos de Investigação Preliminar e Procedimentos Administrativos, desde que as requisições oriundas destes feitos também visem a obtenção de informações essenciais à propositura de ações civis públicas.[8]

5. PRAZO PARA O CUMPRIMENTO DAS REQUISIÇÕES E NECESSIDADE DE ADVERTÊNCIA NO CORPO DA REQUISIÇÃO

É necessário que o membro do Ministério Público conceda o prazo mínimo de 10 (dez) dias úteis para que o agente público ou o particular encaminhe os dados técnicos indispensáveis à propositura da ação civil pública. Isso é o que dispõe o art. 8º, § 1º, da Lei nº 7.347/85:

> § 1º O Ministério Público poderá instaurar, sob sua presidência, inquérito civil, ou requisitar, de qualquer organismo público ou particular, certidões, informações, exames ou perícias, no prazo que assinalar, o qual não poderá ser inferior a 10 (dez) dias úteis.

Além do mais, a Resolução nº 181/2017 do Conselho Nacional do Ministério Público, a qual trata sobre o Procedimento Investigatório Criminal no âmbito do Parquet, também estabelece o prazo razoável de até 10 (dez) dias úteis para o atendimento das requisições, no art. 7º, § 3º:

> § 3º As requisições do Ministério Público serão feitas fixando-se prazo razoável de até 10 (dez) dias úteis para atendimento, prorrogável mediante solicitação justificada.

Obviamente que, havendo justificada relevância e urgência na obtenção das informações, será possível a redução do prazo de 10 (dez) dias úteis. Diante disso, estando o agente dentro do prazo de 10 (dez) dias úteis, não há que se falar em crime. Havendo a omissão do prazo para resposta no bojo do ofício requisitório ou fixação de prazo menor que 10 (dez) dias (à exceção das hipóteses de justificada relevância e urgência), também não há que se falar em crime.

8 NOTA TÉCNICA JURÍDICA Nº 001/2013 – CAOP–CRI – Ministério Público do Estado de Rondônia, p. 04.

No mesmo viés, entende-se que é necessária a advertência no corpo da requisição de que o seu não cumprimento poderá acarretar a prática do crime do art. 10 da Lei nº 7.347/85. Isso porque o mencionado crime somente se consuma na modalidade dolosa, não havendo previsão de conduta culposa, devendo, portanto, ter o agente ciência de que sua conduta é ilícita.[9]

6. NECESSIDADE DE ENTREGA PESSOAL DA REQUISIÇÃO À AUTORIDADE, AO SERVIDOR OU AO PARTICULAR

Para configuração do delito, é necessária a entrega pessoal da requisição à autoridade, ao servidor público ou ao particular, a fim de que o agente tenha ciência inequívoca do dever de prestar informações ao Ministério Público.

O crime de desobediência exige que a ordem seja transmitida diretamente ao réu, seja por meio escrito ou verbal. Contudo, há necessidade de se demonstrar que ele tinha conhecimento inequívoco da ordem. Por essa razão, é importante que a requisição seja feita em duas vias e entregue pessoalmente ao destinatário, devendo este apor assinatura, a fim de demonstrar sua perfeita ciência. Nesse sentido, já decidiu o Superior Tribunal de Justiça:

> PENAL. PREFEITO MUNICIPAL. PROPOSTA DE TRANSAÇÃO PENAL. ART. 330 DO CP (DESOBEDIÊNCIA). CIÊNCIA PESSOAL DA REQUISIÇÃO EFETIVADA PELO MINISTÉRIO PÚBLICO DO TRABALHO. INEXISTÊNCIA. INTENÇÃO DELIBERADA DE DESCUMPRIR. FALTA DE DEMONSTRAÇÃO. RESPONSABILIZAÇÃO OBJETIVA. AUSÊNCIA DE JUSTA CAUSA CONFIGURADA. 1. Segundo precedentes desta Corte, para configuração do crime de desobediência é necessário que haja a notificação pessoal do responsável pelo cumprimento da ordem, de modo a se demonstrar que teve ciência inequívoca da sua existência e, após, teve a intenção deliberada de não cumpri-la. (STJ, HC 226.512/RJ, Sexta Turma, Rel. Ministro Sebastião Reis Júnior, julgado em 9/10/2012, DJe 30/11/2012).

7. AÇÃO PENAL E BENEFÍCIOS DA LEI Nº 9.099/95 E ACORDO DE NÃO PERSECUÇÃO PENAL

A ação penal é pública incondicionada.

Não é infração de menor potencial ofensivo, pois a pena máxima é superior a 02 (dois) anos.

Considerando que se trata de infração penal sem violência ou grave ameaça e com pena mínima inferior a 4 (quatro) anos, o Ministério Público poderá propor acordo de não persecução penal, desde que necessário e suficiente para reprovação e prevenção do crime.

É possível, ainda, a suspensão condicional do processo, tendo em vista que a pena mínima é igual ou inferior a 01 (um) ano.

9 O crime previsto no artigo 10 da Lei nº 7.347/85 caracteriza-se com a ciência do acusado acerca da indispensabilidade para a propositura de Ação Civil Pública de dados técnicos requisitados pelo Ministério Público Federal. Se não consta da requisição a informação de que os documentos são imprescindíveis ao ajuizamento da ACP, bem como de que o descumprimento da solicitação configura um ilícito penal, o não atendimento é conduta atípica, em face da ausência de dolo. (TRF – 4ª Região, RecCrSE 2004.70.01.011582-8, PR, Rel. Des. Fed. Luiz Fernando Wowk Penteado, julgado em 03/09/2008).

CAPÍTULO 10

Sistema Financeiro Nacional – Lei nº 7.492/1986

Rodrigo Leite Ferreira Cabral

INTRODUÇÃO

A Lei dos Crimes contra o Sistema Financeiro Nacional (Lei n. 7.492/96), conhecida como *"Lei dos Crimes do Colarinho Branco"*[1] trata – ainda que de forma pouco sistemática – das quatro principais facetas que marcam a configuração do Sistema Financeiro: **a)** o Mercado Financeiro; **b)** o Mercado de Crédito; **c)** o Mercado de Capitais e **d)** o Mercado de Câmbio[2].

Os delitos criados pela Lei giram, pois, em torno de temas como: **valores mobiliários** (artigos 2º, 7º e 9º); proteção da **instituição financeira**, de suas **operações** e sua respectiva **fiscalização** (artigos 3º, 4º, 5º, 6º, 10, 11, 16, 17, 18, 19, 20 e 23); proteção dos procedimentos de **intervenção**, **liquidação extrajudicial** e **falência** (artigos 12, 13, 14 e 15) e controle das **operações de câmbio** (artigos 21 e 22).

Ademais, a tutela penal do Sistema Financeiro constitui uma das manifestações mais importantes do denominado Direito penal econômico[3], e, como se verá, um dos aspectos mais importantes para a compreensão dos delitos previstos na Lei 7.492/86 será precisamente a adequada identificação dos bens jurídicos protegidos pelos tipos penais que ela criou.

Nesse particular, é certo afirmar que referida lei utiliza amplamente a técnica de tipificação consistente no uso de delitos de perigo abstrato[4].

Assim, uma primeira premissa fundamental para a interpretação dos bens jurídicos tutelados pela Lei em questão é que ela busca proteger e tutelar fundamentalmente a credibilidade do sistema (bem jurídico esse que será, quase sempre, o pano de fundo de muitos delitos).

---

1 Em referência à conhecida expressão cunhada por SUTHERLAND, fazendo a alusão a empresários e profissionais de estamentos mais abastados da sociedade, que normalmente usam roupas com colarinho branco (em contraposição aos delitos praticados por pessoas das classes operarias, que usam colarinho azul – delitos do colarinho azul). Cf. SUTHERLAND, Edwin H. El Delito de Cuello Blanco. Buenos Aires: BDEF, 2016.

2 NEWLANDS JUNIOR. Carlos Arthur. Sistema Financeiro e Bancário. 5ª ed. São Paulo: Gen, 2015, p. 83 e ss.

3 TIEDEMANN elenca os seguintes blocos legislativos que marcam o Direito penal Econômico: i) Direito penal financeiro; ii) Direito penal dos balanços; iii) Direito penal das sociedades de capital; iv) Direito penal da concorrência; e iv) Direito penal da proteção dos consumidores. Cf.: TIEDEMANN, Klaus. *Manual de Derecho Penal Económico: Parte General y Especial*. Valencia: Tirant lo Blanch, 2010, pp. 79 e ss.

4 Como pontua ROXIN: *"Delitos de perigo abstrato são aqueles em que se pune uma conduta que é, em si, tipicamente perigosa, não se exigindo, no caso concreto, a ocorrência efetiva de um resultado de colocação em perigo."* ROXIN, Claus. Derecho Penal. Parte General. Tomo I. Fundamentos. La estructura de la Teoría del Delito, trad. de Diego Manuel Luzón Peña, Miguel Díaz y García Conlledo y Javier de Vicente Remesal. Madrid: Thomson Civitas, 2003, p. 407.

Aliás, a tutela da integridade do sistema será realizada, de um lado, por meio da proteção de um **bem jurídico coletivo institucionalizado**, não individualizável (que caracteriza os crimes, também, denominados de delitos de bem jurídico intermediário espiritualizado)[5].

De outro, por meio da proteção de um **patrimônio individual**, mas que mediatamente protegerá um bem jurídico supra-individual geral[6], sendo certo, também, que a jurisprudência do Superior Tribunal de Justiça não tem admitido a aplicação do princípio da insignificância para os crimes contra o sistema financeiro nacional[7].

Em suma, ora a Lei protegerá um bem jurídico coletivo, ora protegerá um bem jurídico individual. O pano de fundo, porém, será frequentemente a proteção da credibilidade do Sistema Financeiro Nacional.

Com isso em mente, é certo que tal diferenciação constituirá critério relevantíssimo para a interpretação dos bens jurídicos tutelados em cada tipo penal criado pela Lei, sempre levando-se em conta que, mediata ou imediatamente, os delitos acabam por tutelar o Sistema Financeiro Nacional.

Por fim, convém fazer uma última observação introdutória. Como recurso didático, para auxiliar a compreensão dos crimes da Lei em comento, optou-se aqui por identificar cada delito examinado com um nome que traduzisse da forma mais adequada possível o objeto da incriminação, apesar da lei não adotar expressamente nenhum *nomen iuris* e nada obstante as dificuldades que tal tarefa releva, já que, muitos delitos, abrangem uma série bastante variada de condutas que, muitas vezes, não podem ser delimitados sob um único conceito.

DO CONCEITO PENAL DE INSTITUIÇÃO FINANCEIRA

Art. 1º Considera-se instituição financeira, para efeito desta lei, a pessoa jurídica de direito público ou privado, que tenha como atividade principal ou acessória, cumulativamente ou não, a captação, intermediação ou aplicação de recursos financeiros (Vetado) de terceiros, em moeda nacional ou estrangeira, ou a custódia, emissão, distribuição, negociação, intermediação ou administração de valores mobiliários.

Parágrafo único. Equipara-se à instituição financeira:

I – a pessoa jurídica que capte ou administre seguros, câmbio, consórcio, capitalização ou qualquer tipo de poupança, ou recursos de terceiros;

I-A - a pessoa jurídica que ofereça serviços referentes a operações com ativos virtuais, inclusive intermediação, negociação ou custódia;

II – a pessoa natural que exerça quaisquer das atividades referidas neste artigo, ainda que de forma eventual.

---

5 Sobre esses delitos, RODRÍGUEZ MONTAÑÉS explica que: *"Através dos 'delitos com bem jurídico intermediário espiritualizado', na denominação de SCHÜNEMANN, se protegem bens jurídicos supra-individuais nos quais a tipificação de uma lesão ou colocação concreta em perigo é dificilmente imaginável, pois o menoscabo de tais bens de caráter imaterial se produz mais do que a cada ato individual, mas pela reiteração generalizada de condutas que não respeitam as regras básicas que asseguram o sistema e seu funcionamento."* RODRÍGUEZ MONTAÑÉS, Teresa. Delitos de peligro, dolo e imprudencia. Buenos Aires: Rubinzal-Culzoni, 2004, pp. 354-355.

6 Como afirma MARTÍNEZ-BUJÁN PÉREZ, *"existem outros delitos econômicos (no mais amplo sentido da expressão), cujo bem jurídico diretamente tutelado não é de natureza supra-individual, mas sim puramente individual (o patrimônio), por mais que se considere que mediatamente possam afetar à ordem econômica."* MARTÍNEZ-BUJÁN PÉREZ. Derecho Penal Económico y de la Empresa: parte general. 3ª ed. Valencia: Tirant lo Blanch, 2011, p. 190.

7 Nessa linha, confira-se: *"Firmou-se a jurisprudência desta Corte no sentido de que inaplicável o princípio da insignificância aos crimes contra o sistema financeiro, tendo em vista a necessidade de maior proteção à sua estabilidade e higidez (AgRg no AREsp 975.414/TO, Rel. Ministro SEBASTIÃO REIS JÚNIOR, SEXTA TURMA, DJe 30/05/2017). Precedentes" (REsp 1580638/RS, Rel. Ministro NEFI CORDEIRO, SEXTA TURMA, julgado em 22/8/2017, DJe 31/8/2017)"* (STJ - AgRg no AREsp 1717393/MS, Rel. Ministro JOEL ILAN PACIORNIK, QUINTA TURMA, julgado em 04/05/2021, DJe 07/05/2021).

O primeiro artigo da Lei n. 7.492/86 tem o objetivo de fixar, desde o princípio, o conceito penal de instituição financeira, que servirá de parâmetro e limite interpretativo para todos os tipos penais previstos nesta Lei[8].

Na espécie, o legislador adotou um **critério funcional-material** para definir instituição financeira.

Desse modo, não se leva em conta o atributo formal ou mera denominação da instituição financeira, mas sim as funções efetivamente exercidas por ela.

Ademais, o legislador optou por assentar expressamente que determinadas características são irrelevantes para a caracterização ou não da instituição financeira.

Por isso, para o conceito de instituição financeira **não importa** que: **a)** se trate de pessoa física (no conceito por equiparação) ou jurídica, podendo ser, neste caso, uma pessoa jurídica de direito público ou privado; **b)** a atividade realizada seja principal ou acessória, **c)** tal atividade seja realizada cumulativamente ou não com outras; e **d)** as operações sejam feitas em moeda nacional ou estrangeira.

Uma vez assentadas essas premissas iniciais, é possível afirmar-se que o artigo em comento estabelece que o conceito de instituição financeira pode estar caracterizado em três diferentes modalidades: **i)** a instituição financeira propriamente dita; **ii)** a instituição financeira do Mercado de Capitais e **iii)** a instituição financeira por equiparação[9], que serão explicadas a seguir:

i) Instituição financeira propriamente dita: As instituições financeiras propriamente ditas são caracterizadas pela prática das funções que constituem o núcleo central do que normalmente realiza uma Instituição financeira. Trata-se daquelas atividades fiscalizadas diretamente pelo Banco Central (BC). Essa modalidade de instituição financeira vem conceituada pela primeira parte do art. 1º, da Lei n. 7.492/86 (LCSFN).

São três as atividades que marcam essa conceituação: **a)** a **captação** de recursos financeiros de terceiros, consubstanciada pela atração e aglutinação de capital com o objetivo de promover aplicações futuras; **b)** a **intermediação** de recursos financeiros de terceiros, que ocorre com o repasse ou transferência desses recursos de uma instituição para a outra e **c)** a **aplicação** de recursos financeiros de terceiros, que se dá com o investimento dos recursos captados, com o objetivo de obter remuneração[10].

Portanto, captação, intermediação e aplicação são os três verbos que marcam os rasgos característicos das instituições financeiras propriamente ditas.

ii) Instituição financeira do Mercado de Capitais: As instituições financeiras do Mercado de Capitais são aquelas cujas atividades são descritas na segunda parte do art. 1º, da LCSFN e que são realizadas fundamentalmente por aquelas instituições responsáveis pela custódia, emissão, distribuição, negociação, intermediação ou administração de **valores mobiliários**[11].

---

8 Trata-se, pois, de um claro exemplo de interpretação autêntica, em que o legislador estabelece de antemão um conceito penal para esclarecer as hipóteses em que os tipos penais podem ser aplicados.

9 Cf.: TORTIMA, José Carlos. Crimes contra o Sistema Financeiro Nacional: Uma contribuição ao Estudo da Lei n. 7.492/86. 3ª ed. Lumen Juris: Rio de Janeiro, 2011. pp. 13-14.

10 TORTIMA. Crimes contra o Sistema Financeiro Nacional, p. 07. É interessante notar que aqui é imprescindível que se opere com recursos de terceiros (a previsão da inclusão de recursos próprios foi vetada pelo Presidente da República). Assim, constata-se que o conceito penal de instituição financeira **difere daquele previsto na Lei n. 4.595/65**, que estabelece, em seu art. 17 o seguinte conceito de Instituição Financeira: *"Art. 17. Consideram-se instituições financeiras, para os efeitos da legislação em vigor, as pessoas jurídicas públicas ou privadas, que tenham como atividade principal ou acessória a coleta, intermediação ou aplicação de recursos financeiros próprios ou de terceiros, em moeda nacional ou estrangeira, e a custódia de valor de propriedade de terceiros. Parágrafo único. Para os efeitos desta lei e da legislação em vigor, equiparam-se às instituições financeiras as pessoas físicas que exerçam qualquer das atividades referidas neste artigo, de forma permanente ou eventual."*

11 O conceito de valores mobiliários é estabelecido pelo art. 2º da Lei n. 6.385/76, com redação dada pela Lei n. 10.303/01: *"Art. 2º. São valores mobiliários sujeitos ao regime desta Lei: I – as ações, debêntures e bônus de subscrição;*

Tais instituições são fiscalizadas principalmente pela Comissão de Valores Imobiliários (CVM) e têm como eixo gravitacional de atividades os valores mobiliários, que, como se verá, constituem o núcleo central de alguns dos delitos previstos pela Lei examinada.

iii) Instituição financeira por equiparação: Por fim, o conceito de instituição financeira por equiparação é aquele estabelecido pelos incisos I e II, do parágrafo único, do art. 1º da LCSFN[12].

O inciso I é voltado para a **pessoa jurídica** e abrange as seguintes ações: captar ou administrar **seguros**[13], **câmbio**[13], **consórcio**[13], **capitalização** ou qualquer tipo de **poupança** ou recursos de terceiros.

Já o inciso II é destina-se às **pessoas físicas** que exerçam qualquer das atividades indicadas no inciso I, ainda que essa atividade seja realizada de modo eventual.[14]

II – os cupons, direitos, recibos de subscrição e certificados de desdobramento relativos aos valores mobiliários referidos no inciso II; III – os certificados de depósito de valores mobiliários; IV – as cédulas de debêntures; V – as cotas de fundos de investimento em valores mobiliários ou de clubes de investimento em quaisquer ativos; VI – as notas comerciais; VII – os contratos futuros, de opções e outros derivativos, cujos ativos subjacentes sejam valores mobiliários; VIII – outros contratos derivativos, independentemente dos ativos subjacentes; e IX – quando ofertados publicamente, quaisquer outros títulos ou contratos de investimento coletivo, que gerem direito de participação, de parceria ou de remuneração, inclusive resultante de prestação de serviços, cujos rendimentos advêm do esforço do empreendedor ou de terceiros. § 1º Excluem-se do regime desta Lei: I – os títulos da dívida pública federal, estadual ou municipal; II – os títulos cambiais de responsabilidade de instituição financeira, exceto as debêntures."

12 Sobre o conceito de Instituição Financeira por Equiparação, o Supremo Tribunal Federal já assentou que: *"A norma inscrita no art. 1º e respectivo parágrafo único da Lei nº 7.492/86 traduz verdadeira interpretação autêntica dada pelo próprio legislador quando edita diplomas legislativos de caráter geral, inclusive aqueles de conteúdo eminentemente penal. Essa cláusula normativa, em realidade, objetiva explicitar, mediante autêntica interpretação emanada do próprio legislador, o âmbito de incidência material da Lei nº 7.492/86, vinculando a compreensão e a incidência dos tipos penais nela definidos ao sentido claramente abrangente da expressão "instituição financeira", inclusive para efeito de adequação de condutas aos elementos que compõem as estruturas típicas constantes do art. 4º e do art. 16 de referido diploma legislativo. – Consequente legitimidade do enquadramento, na figura típica do art. 4º da Lei nº 7.492/86 (crime de gestão fraudulenta), da conduta de pessoas físicas ou de pessoas jurídicas que operem sem autorização do Banco Central do Brasil (hipótese em que também haverá concurso formal com o delito tipificado no art. 16 de referido diploma legislativo), em razão da equiparação legal de tais pessoas, para fins penais, à instituição financeira (Lei nº 7.492/86, art. 1º, parágrafo único). (...)"* (STF – **RHC 117270** AgR, Relator(a): Min. CELSO DE MELLO, Segunda Turma, julgado em 06/10/2015, PROCESSO ELETRÔNICO DJe-209 DIVULG 19-10-2015 PUBLIC 20-10-2015).

13 Veja-se que o Superior Tribunal de Justiça entende que a atividade das operadoras de plano de saúde não caracteriza atividade de seguradora, conforme o seguinte precedente: "1. De acordo com a imputação contida na denúncia, o denunciado teria praticado fraudes à frente de uma operadora de plano de saúde, sendo acusado do delito de gestão fraudulenta (Lei nº 7.492/86, art. 4º, caput). 2. As operadoras de planos de saúde não consubstanciam instituições financeiras em sentido próprio – pois não captam, intermedeiam ou aplicam recursos financeiros de terceiros – nem instituições financeiras atuantes no mercado de capitais – dado que não realizam atividade de custódia, emissão, distribuição, negociação, intermediação ou administração de valores mobiliários. Podem, em tese, apenas ser enquadradas como instituições financeiras por equiparação, com fulcro no artigo 1º, parágrafo único, da Lei nº 7.492/86. 3. Operadoras de plano de assistência à saúde não possuem natureza jurídica uniforme, podendo assumir a forma de cooperativas, sociedades simples, sociedades empresárias ou entidades de autogestão. 4. Sociedades seguradoras podem atuar como operadoras de plano de assistência à saúde "desde que estejam constituídas como seguradoras especializadas nesse seguro", de acordo com os artigos 1º e 2º da Lei nº 10.185/2001. 5. Portanto, as seguradoras especializadas em saúde são apenas uma das modalidades de pessoas jurídicas autorizadas a atuar como operadoras de plano de assistência à saúde. A diferença fundamental entre tais seguradoras e as demais operadoras de plano de assistência à saúde consiste na possibilidade que lhes é franqueada de negociarem – captarem e administrarem – seguro-saúde, produto inconfundível com as demais formas de planos privados de assistência à saúde. 6. No caso concreto, a operadora de plano de saúde que teria sido objeto das fraudes não é uma sociedade seguradora, pois não comercializa seguros-saúde e não está constituída sob a forma de sociedade anônima. 7. No direito penal, é vedada a analogia in malan partem, por afronta ao princípio da legalidade (artigo 5º, XXXIX, Constituição, e artigo 1º do Código Penal), de modo que não é legítima a equiparação das demais operadoras de planos privados de assistência à saúde às seguradoras. 8. As condutas narradas podem caracterizar crimes contra o patrimônio – como estelionato e apropriação indébita – ou crimes falimentares, mas não crime contra o sistema financeiro nacional. 9. Conflito conhecido para declarar a competência do Juízo de Direito da 1ª Vara Criminal de Belo Horizonte/MG, ora suscitante." (STJ – CC 148.110/MG, Rel. Ministro REYNALDO SOARES DA FONSECA, Rel. p/ Acórdão Ministra MARIA THEREZA DE ASSIS MOURA, TERCEIRA SEÇÃO, julgado em 23/11/2016, DJe 13/12/2016).

14 Então incluídas nesse conceito as agências de turismo que realizam operações de câmbio. Nesse sentido, reafirmou-se recentemente o seguinte (ainda que a questão penal tenha sido vista como questão de fundo): *"ADMINISTRATIVO.*

Veja que a Lei 14.478, de 21 de dezembro de 2022[15], incluiu o inciso I-A do parágrafo único do art. 1º, estabelecendo nova modalidade de instituição financeira por equiparação, consistente na "pessoa jurídica que ofereça serviços referentes a operações com ativos virtuais, inclusive intermediação, negociação ou custódia". O alvo principal aqui foi precisamente regular e controlar (inclusive desde uma perspectiva penal) as denominadas criptomoedas ou moedas virtuais[16], cujo exemplo mais famoso é o Bitcoin.

Portanto, agora também são instituições financeiras por equiparação as pessoas jurídicas[17] que executam, em nome de terceiros, (i) a troca entre ativos virtuais e moeda nacional ou estrangeira; (ii) troca entre um ou mais ativos virtuais; (iii) realiza a transferência de ativos virtuais; (iv) viabiliza a custódia ou administração de ativos virtuais ou de instrumentos que possibilitem controle sobre ativos virtuais (como sites ou APPs); (v) tem participação em serviços financeiros e prestação de serviços relacionados à oferta por um emissor ou venda de ativos financeiros, tudo isso, nos termos do art. 5º da Lei 14.478/22.

Outra questão que surge é a de saber o que é efetivamente abrangido pelo conceito "ativos virtuais". Nesse sentido, há um longo debate sobre qual a classificação jurídica das moedas virtuais, em especial criptomoedas. Questiona-se sua classificação como moedas, pela falta do curso forçado e pela inexistência de centralização e controle estatal. Há contraposição defendendo que o conceito de moeda não vem do Estado, mas sim do uso e prática comum das pessoas que operam no mercado[18]. No âmbito dos Estados Unidos, desde 2014, compreende-se o Bitcoin como um bem, uma mera propriedade, enquanto parte dos estudiosos do tema defende que as moedas virtuais deveriam ser tratadas como *comodities*[19].

Sem embargo dessa discussão, é certo que, com a Lei 14.478/22, o legislador brasileiro acabou por compreender a moeda digital como ativo virtual, que consiste na "representação digital de valor que pode ser negociada ou transferida por meios eletrônicos e utilizada para realização de pagamentos ou com propósito de investimento" (art. 3º). No entanto, expressamente excluiu a sua caracterização como moeda. Nesse sentido, os incisos do art. 3º claramente afasta

RECURSO ESPECIAL DO PARTICULAR. AGÊNCIA DE TURISMO CREDENCIADA PARA ATUAR EM OPERAÇÕES DE CÂMBIO. EQUIPARAÇÃO À INSTITUIÇÃO FINANCEIRA. INTELIGÊNCIA DO ART. 17 DA LEI N. 4.595/64 (LEI DO SISTEMA FINANCEIRO NACIONAL). SUBMISSÃO AO PODER FISCALIZADOR DO BACEN. 1. A teor do art. 17 da Lei n. 4.595/64, "Consideram-se instituições financeiras, para os efeitos da legislação em vigor, as pessoas jurídicas públicas ou privadas, que tenham como atividade principal ou acessória a coleta, intermediação ou aplicação de recursos financeiros próprios ou de terceiros, em moeda nacional ou estrangeira, e a custódia de valor de propriedade de terceiros". 2. A agência de turismo, devidamente autorizada a efetuar operações de câmbio, enquadra-se, por equiparação, na exegese mais ampla de instituição financeira, por isso atraindo a regular fiscalização do Banco Central do Brasil, que a exerce com base nos arts. 10, IX, e 11, III, da mesma Lei n. 4.595/64. 3. Em hipótese assemelhada, mas na seara dos crimes contra o Sistema Financeiro Nacional, o STJ já teve ensejo de decidir que "As pessoas jurídicas que realizam operações de câmbio equiparam-se, pelo art. 1º, inc. I, da Lei nº 7.492/86, e para os efeitos da lei, às instituições financeiras" (RHC 9.281/PR, Rel. Ministro GILSON DIPP, 5ª Turma, DJe 30/10/2000). 4. Logo, nenhuma irregularidade se verifica na conduta da entidade credenciante (Bacen), ao fiscalizar as atividades da agência por ela autorizada a operar no mercado de câmbio. 5. Recurso especial não provido." (STJ - REsp 1434625/CE, Rel. Ministro SÉRGIO KUKINA, PRIMEIRA TURMA, julgado em 09/04/2019, DJe 15/04/2019).

15 Essa Lei somente entrou em vigor 180 (cento e oitenta) dias de sua publicação oficial, nos termos do seu art. 14. Essa informação é bastante relevante para evitar-se eventuais retroações *in malam parte*.

16 O conceito de moedas virtuais não se confunde com o de moedas digitais. Estas constituem a mera representação digital de uma moeda real, emitida pelo Banco Central. Já a moeda virtual (conceito que inclui os Bitcoins) têm sua emissão descentralizada, cuja emissão não passa e não é controlada pelo Poder Estatal, mas sim por controles técnicos bem definidos. O Bitcoin, por exemplo, são controlados por algoritmo criptográfico. Cf. ANDRADE, Mariana Dionísio de. Tratamento jurídico das criptomoedas: a dinâmica dos bitcoins e o crime de lavagem de dinheiro. Revista Brasileira de Políticas Públicas, Brasília, v. 7, n. 3, dez. 2017, p. 46.]

17 Ou naturais, nos termos do art. 1º, parágrafo único, II, LCSF.

18 Sobre esse debate, cf.: SILVEIRA, Renato de Mello Jorge. Bitcoin e suas Fronteiras penais: Em busca do marco penal das criptomoedas. Belo Horizonte: D'Plácido, 2018, pp. 89 e ss.

19 SILVEIRA, Renato de Mello Jorge. Bitcoin e suas Fronteiras penais: Em busca do marco penal das criptomoedas. Belo Horizonte: D'Plácido, 2018, p. 116.

do conceito de ativo virtual: (i) a moeda nacional e moedas estrangeiras; (ii) moeda eletrônica, nos termos da Lei nº 12.865, de 9 de outubro de 2013; (iii) os instrumentos que provejam ao seu titular acesso a produtos ou serviços especificados ou a benefício proveniente desses produtos ou serviços, a exemplo de pontos e recompensas de programas de fidelidade; e (iv) as representações de ativos cuja emissão, escrituração, negociação ou liquidação esteja prevista em lei ou regulamento, a exemplo de valores mobiliários e de ativos financeiros.

Em suma, é possível dizer que agora a pessoa física ou jurídica que opere ativos virtuais passa a ser considerada como instituição financeira por equiparação, podendo aplicar-se os tipos penais da Lei dos Crimes contra o Sistema Financeiro Nacional às condutas relacionadas à essa atividade (como é o caso, por exemplo, dos artigos 3º, 4º, 10, 12, 13, 14, 16 e 18) ou quando o objeto material do delito financeiro envolver conceito abarcado pelo de ativo virtual (como é o caso do art. 5º e 22).[20]

DO CRIME DE TÍTULOS OU VALORES MOBILIÁRIOS IRREGULARES

Art. 2º Imprimir, reproduzir ou, de qualquer modo, fabricar ou pôr em circulação, sem autorização escrita da sociedade emissora, certificado, cautela ou outro documento representativo de título ou valor mobiliário:

Pena – Reclusão, de 2 (dois) a 8 (oito) anos, e multa.

Parágrafo único. Incorre na mesma pena quem imprime, fabrica, divulga, distribui ou faz distribuir prospecto ou material de propaganda relativo aos papéis referidos neste artigo.

1. BEM JURÍDICO TUTELADO

A identificação do bem jurídico tutelado pelo tipo penal do art. 2º da Lei n. 7.492/86 não é harmoniosa na doutrina, existindo posições que defendem que ele é caracterizado pela: a) regularidade formal dos processos de emissão e negociação dos valores mobiliários[21] ou b) credibilidade pública dos títulos e valores mobiliários[22].

Neste trabalho defende-se que o bem jurídico tutelado pelo tipo penal é a **credibilidade pública dos valores mobiliários**, uma vez que o que a norma pretende tutelar é efetivamente a confiança na circulação dos títulos e valores mobiliários. Isso porque é precisamente a formalização da autorização escrita da sociedade emissora, que assegura essa credibilidade. Em outras palavras, é exatamente essa autorização escrita que outorga a validade necessária para o tráfico dos aludidos documentos.

Não parece correto, pois, identificar o bem jurídico com a regularidade formal dos processos de emissão dos valores imobiliários precisamente porque esse requisito burocrático não

20 Essa alteração legislativa deverá levar a uma alteração também na jurisprudência do STJ, que entendia que: "A operação envolvendo compra ou venda de criptomoedas não encontra regulação no ordenamento jurídico pátrio, pois as moedas virtuais não são tidas pelo Banco Central do Brasil (BCB) como moeda, nem são consideradas como valor mobiliário pela Comissão de Valores Mobiliários (CVM), não caracterizando sua negociação, por si só, os crimes tipificados nos arts. 7o, II, e 11, ambos da Lei n. 7.492/1986, nem mesmo o delito previsto no art. 27-E da Lei n. 6.385/1976' (CC 161.123/SP, Rel. Ministro SEBASTIÃO REIS JÚNIOR, TERCEIRA SEÇÃO, DJe 5/12/2018)." (STJ - CC n. 170.392/SP, relator Ministro JOEL ILAN PACIORNIK, Terceira Seção, julgado em 10/6/2020, DJe de 16/6/2020). Nesse sentido, também e afastando a competência da Justiça Federal: STJ - CC n. 195.150/SP, relatora Ministra Laurita Vaz, Terceira Seção, julgado em 12/4/2023, DJe de 19/4/2023. Aqui, porém, não houve o enfrentamento da questão trazida pela nova lei, uma vez que inaplicável ao caso.

21 BITTENCOURT, Cezar Roberto. Tratado de Direito Penal Econômico. Vol. 1. São Paulo: Saraiva, 2016, p. 232; TORTIMA. Crimes contra o Sistema Financeiro Nacional, p. 19. DE SANTIS, Fausto Martins. Delinquência Econômica e Financeira. Rio de Janeiro: Gen, 2015, p. 41.

22 PRADO, Luiz Régis. Direito Penal Econômico, 6ª ed. São Paulo: RT, 2014, p. 149.

é um fim em si mesmo, não é o bem tutelado, mas sim é um instrumento para assegurar a credibilidade do fluxo dos títulos ou valores mobiliários, que é, ao fim e ao cabo, o bem jurídico tutelado pela norma penal.

Do mesmo modo, é de se rechaçar a identificação do bem jurídico com a ideia de boa execução da política econômica do governo, pois a emissão de certificado, cautela ou outros documentos representativos de título ou valor imobiliário não guardam relação direita com eventual política econômica do governo, mas sim, como já dito, com a credibilidade da circulação desses documentos.

2. SUJEITOS DO CRIME

O sujeito ativo do crime pode ser qualquer pessoa, tratando-se, pois, de crime comum, já que o tipo penal não exige nenhuma circunstância ou condição especial do autor.

O sujeito passivo é o Estado, pois é o responsável pelo Sistema Financeiro Nacional e, consequentemente, pela manutenção da credibilidade pública dos títulos e valores mobiliários[23]. Por via reflexa, a empresa, também, é atingida, assim como os investidores em potencial que são expostos aos títulos irregulares ou à sua publicidade.

3. CONDUTAS TÍPICAS (TIPICIDADE OBJETIVA)

Antes de iniciar o comentário a respeito da tipicidade objetiva do delito do art. 2º da LCSFN, é de se ter em conta que, atualmente, grande parte dos títulos e valores mobiliários não ostentam mais a forma escrita, sendo caracterizados preponderantemente por títulos escriturais e informáticos, razão pela qual os verbos imprimir e reproduzir acabam por, de forma bastante significativa, perder sua relevância prática na atualidade[24].

Feito esse esclarecimento inicial, é correto dizer que o tipo penal previsto no art. 2º consubstancia, em verdade, três condutas distintas, com significados diferentes.

Uma diz respeito à irregularidade na **emissão** dos documentos que demonstram o título ou valor imobiliário (conduta do *caput*, primeira parte), outra diz respeito à **circulação** desses títulos (conduta do *caput*, segunda parte)[25] e, por fim, a última se refere à **publicidade** dos aludidos documentos emitidos irregularmente (conduta descrita no parágrafo único).

Assim, para maior clareza, estudaremos separadamente cada uma dessas condutas.

i) Produção irregular de título ou valor mobiliário: A produção de títulos ou valores mobiliários por uma empresa tem uma série de consequências para o seu futuro, vez que

---

23 BITTENCOURT defende que o sujeito passivo pode ser qualquer pessoa que tenha sido lesionada pelos autores da infração penal. BITTENCOURT. Tratado de Direito Penal Econômico, p. 232. No entanto, considerando-se que o bem jurídico, de acordo com defendido neste trabalho, é a credibilidade pública dos títulos e valores mobiliários, mantém-se aqui que o sujeito passivo que tem seu bem jurídico lesionado é o Estado.

24 A esse respeito, LOBO consigna: *"Antes dos títulos escriturais e da informática era difícil conceber título de crédito que não fosse registrado em papel. Daí, a cartularidade ter sido entendida como registro do conteúdo de um título de crédito mediante linguagem escrita em um papel, quando, na verdade, seu significado é o registro do conteúdo de um título de crédito no documento que o representa, seja esse documento um papel ou lançamento em meio eletrônico ou outra base material hábil que possa surgir com o desenvolvimento da tecnologia. Hoje, grande número de títulos de crédito e valores mobiliários circula no mercado mediante lançamento por meios eletrônicos efetuados pelas instituições financeiras autorizadas sem que jamais tenham sido emitidos papéis para representá-los."* LOBO, Carlos Augusto da Silveira. *Os valores mobiliários*, *in* Doutrinas Essenciais: Direito Empresarial, vol. VIII, Mercado de Capitais. São Paulo: RT, 2011, p. 129.

25 Nesse sentido, TORTIMA consigna que: *"(...) no contexto da redação dada ao dispositivo sob comento, as duas primeiras expressões, imprimir e reproduzir, estão, na prática, compreendidas no conceito mais abrangente da terceira, fabricar, que deve ser entendida como o ato de criar o documento representativo do título ou valor mobiliário. Aliás, a fórmula redundante do legislador, adotada na redação do dispositivo em análise, recebeu da doutrina merecidas críticas. Duas, portanto, são as condutas incriminadas na cabeça do art. 2º: criar o documento sem autorização da sociedade emissora e, nessas condições, fazê-lo circular."* TORTIMA. Crimes contra o Sistema Financeiro Nacional, pp. 19-20.

envolvem a sua própria credibilidade e nome, o seu valor de mercado, a possibilidade de aporte de novos investimentos, assim como a possibilidade de receber sanções administrativas, penais e civis, além do que envolve o patrimônio de terceiros, titulares dos aludidos títulos e que tenham investido recursos neles.

De tal maneira, a emissão de títulos à revelia dos órgãos competentes da empresa pode representar sério prejuízo à sua credibilidade. Por essa razão, o legislador decidiu criminalizar a conduta de agentes que os emitem de forma irregular.

Assim, a lei penal proíbe a produção de títulos, sem a autorização escrita da sociedade emissora, incriminando as condutas de **imprimir**, **reproduzir** ou, de qualquer modo, **fabricar** os documentos representativos de título ou valor imobiliários.

Alguns autores criticam a redundância dos verbos previstos no tipo penal, que, em muitos casos, se sobrepõem. A verdade, porém, é que o legislador acabou escolhendo pecar pelo excesso, mas sem correr o risco de deixar de criminalizar alguma dessas condutas.

ii) circulação de título ou valor mobiliário irregular: Da mesma forma que o legislador pune aquele que emite, sem autorização escrita da sociedade emissora, castiga também aquele que põe em circulação aludidos documentos que foram emitidos irregularmente. Aqui a conduta proibida potencializa a lesão à credibilidade dos títulos emitidos pela empresa, ao jogá-los para circular no mercado.

iii) publicidade de título ou valor mobiliário irregular: O art. 2º, em seu parágrafo único, pune, também, a conduta daquele que promove a publicidade dos títulos emitidos irregularmente, ao incriminar a conduta de imprimir, fabricar, divulgar, distribuir ou fazer distribuir prospectos ou material de **propaganda** relativos aos títulos irregulares.

Uma vez mais, o legislador visa coibir que se dê amplo conhecimento da existência desses títulos que, em verdade, são irregulares. Assim, busca-se conter os danos à credibilidade dos títulos da empresa, que acabam sendo potencializados com a publicidade desse material ilegalmente produzido.

Sobre os **elementos normativos do tipo**, é importante consignar que o **certificado** de título ou valor mobiliário é o documento que comprova a titularidade desses documentos, enquanto que a **cautela** nada mais é do que o título provisório da ação, que é utilizando enquanto o documento definitivo não é elaborado (certificado). Por fim, constata-se que o legislador utilizou-se de expressão aberta, ao prever a criminalização da emissão irregular de **outro documento representativo** de título ou valor mobiliário, buscando, com isso, precaver-se contra eventuais alterações de conceituação ou nomenclatura relativamente à propriedade de valores ou títulos mobiliários[26].

Veja-se que o delito em questão é um **crime de perigo abstrato**, não existindo a necessidade, para a sua configuração, da comprovação do efetivo dano à **credibilidade pública dos valores mobiliários**. Ademais, os crimes previstos no art. 2º são, em geral, **crimes materiais**, com exceção das condutas de circulação, divulgar, distribuir ou fazer distribuir, que são de **mera conduta**.

26 A esse respeito, PRADO explica: *"Como elementos normativos do tipo destacam-se os termos* certificado, *que na área de investimento financeiro ou monetário, designa 'os documentos que atestam compra de papéis (v.g. certificado de compra de ações) ou valores (certificado de investimento). Alguns deles (v.g., certificado de depósito bancário – CDB) são negociáveis.* Cautela *'na terminologia das sociedades anônimas, é o termo aplicado para indicar o* título provisório *da ação, enquanto não se extrai o título definitivo. E, por extensão, emprega-se para designar todo título provisório de obrigação, a valer enquanto não é dado o título legal.* Documento *é o escrito especial ou eventualmente destinado à prova de fato jurídico relevante e que, no dispositivo em análise, deve ser representativo do título, o qual certifica a propriedade de um bem ou valor, sendo negociável e apreciável economicamente, ou valor mobiliário, que 'são títulos negociáveis em bolsa que representam a dívida de uma empresa ou de um governo ou controle de um bem."* PRADO, Luiz Régis. Direito Penal Econômico, 6ª ed. São Paulo: RT, 2014, pp. 149-150.

4. TIPICIDADE SUBJETIVA

A imputação subjetiva, relativamente ao delito previsto no art. 2º do LCSFN, somente pode ser feita a título de dolo, uma vez que não há previsão específica para a incriminação das condutas culposas.

Desse modo, deve restar demonstrado que o agente atuou com consciência e vontade de realizar os elementos do tipo objetivo.

É importante registrar que a exigência, exposta no tipo penal, de prévia autorização escrita deixa pouquíssima margem para a alegação de desconhecimento dessa elementar, somente sendo plausível em caso de erro inescusável, como é o caso, por exemplo, da falsificação por terceiro dessa autorização, com entrega ao agente que realiza o verbo típico como instrumento do autor mediato.

Da mesma forma, convém ressaltar que a conduta prevista no parágrafo único, consubstanciada pela propaganda, exige, também, a consciência por parte do agente sobre as irregularidades descritas no tipo penal que atingiam o documento.

5. CONSUMAÇÃO E TENTATIVA

A análise sobre consumação do crime do art. 2º da LCSFN deve ser examinada de acordo com cada uma das hipóteses de sua configuração típica.

Assim, na modalidade de produção irregular de título ou valor mobiliário, o delito se consuma com a sua impressão, reprodução ou fabricação. O crime nessas hipóteses, como visto, é material, pois exige um resultado naturalístico. Nesses casos, também, é admissível a tentativa, já que possível a interrupção do *iter* delitivo.

Na modalidade da circulação de título ou valor mobiliário irregular, o delito se consuma com a mera colocação em circulação (colocação à disposição do mercado) dos documentos, tratando-se, pois, de crime de mera conduta (é prescindível, pois o seu efetivo repasse ou prejuízo a terceiros). A tentativa nesses casos parece rara.

Por fim, o crime na modalidade de publicidade do título ou valor imobiliário, consuma-se com a impressão, fabricação, divulgação, distribuição ou fazer que se distribua prospecto e material de propaganda dos papéis irregulares. Aqui, na ação de imprimir e fabricar é crime material (pois exige a materialização do documento). Nesses casos, é admitida a tentativa.

As ações de divulgar, distribuir ou fazer distribuir são de mera conduta, mas é possível, ainda que difícil, a tentativa, já que os documentos devem alcançar ou chegar a conhecimento de terceiros, podendo existir fracionamento dos atos.

6. AÇÃO PENAL

A ação penal é pública incondicionada. Não cabe transação penal, nem suspensão condicional do processo. Sem embargo, em tese, cabe acordo de não persecução penal, vez que a pena mínima é inferior a 04 (quatro) anos (CPP, art. 28-A).

DO CRIME DE DIVULGAÇÃO DE INFORMAÇÃO FALSA OU PREJUDICIAL

Art. 3º Divulgar informação falsa ou prejudicialmente incompleta sobre instituição financeira:

Pena – Reclusão, de 2 (dois) a 6 (seis) anos, e multa.

1. BEM JURÍDICO TUTELADO

O bem jurídico protegido pela norma é a higidez e estabilidade do Sistema Financeiro Nacional, pois a circulação de informações confiáveis é fundamental para emprestar credibilidade ao sistema, razão pela qual – para preservar sua estabilidade – é que a norma proíbe a divulgação de informações falsas ou prejudicialmente incompletas sobre instituição financeira[27].

Evidentemente, uma vez violada a higidez e a estabilidade do Sistema podem, reflexamente, ser danificados bens jurídicos individuais das instituições financeiras e dos próprios usuários do sistema em geral.

Sem embargo, deve-se reafirmar aqui que o bem jurídico tutelado pelo tipo penal em questão repousa apenas na higidez do sistema, constituindo-se, pois, **crime de perigo**.

Veja-se que eventual lesão ou colocação em perigo dos bens jurídicos individuais não são exigidos para a caracterização do delito, podem, eventualmente, e se for o caso, constituir crime específico contra o patrimônio privado[28].

2. SUJEITOS DO CRIME

O sujeito ativo do crime pode ser qualquer pessoa, tratando-se, pois, de crime comum, já que o tipo penal não exige qualquer circunstância ou condição especial do autor. Assim, pode ser praticado por integrantes da instituição financeira ou por pessoas externas a ela.

No entanto, é de se fazer uma ressalva, pois, para cometer esse delito, o sujeito ativo deve ostentar alguma posição de relevo na instituição ou em sua órbita. Isso porque, caso se trate de uma pessoa que não tenha qualquer relação com a instituição financeira, com o mercado, com órgãos de controle ou que ostente outra condição que lhe empreste relevância (ainda que essa relevância seja obtida de forma fraudulenta), obviamente, não será reconhecida por terceiros qualquer credibilidade nas informações prestadas[29].

Assim, por exemplo, se um transeunte qualquer começa a divulgar informações falsas sobre uma instituição financeira na praça do centro de uma cidade, não ostentará ele qualidades mínimas de credibilidade que sejam necessárias para a configuração do delito.

Por isso, aqui se defende que o tipo penal é de perigo hipotético (ou crime de perigo abstrato-concreto)[30].

Apesar dessa problematização, não é possível afirmar-se de antemão quem pode ou não ser sujeito ativo deste delito (daí porque se trata de crime comum), devendo a situação acima indicada ser avaliada no caso concreto, de acordo com suas circunstâncias e contexto da ação.

O sujeito passivo é o Estado, já que responsável pela preservação do Sistema Financeiro Nacional e, consequentemente, pela manutenção da higidez e estabilidade do Sistema. Por via reflexa, a empresa, também, é atingida, assim como os investidores em potencial que são expostos às informações falsas ou prejudicialmente incompletas.

3. CONDUTAS TÍPICAS (TIPICIDADE OBJETIVA)

O verbo da conduta típica é divulgar, que consiste em, de qualquer modo (verbal, escrito, por internet, etc.), dar a conhecimento de terceiros, tornar públicos, determinados fatos.

---

27 Nesse sentido: TORTIMA. Crimes contra o Sistema Financeiro Nacional, pp. 19-20; PRADO. Direito Penal Econômico, p. 153.

28 Com outra perspectiva, BITTENCOURT defende que os bens jurídicos protegidos são plúrimos, protegendo a instituição financeira, os investidores em geral e o sistema financeiro. BITTENCOURT. Tratado de Direito Penal Econômico, p. 239.

29 Cf.: BITTENCOURT. Tratado de Direito Penal Econômico, pp. 240-241.

30 A esse respeito TORIO LÓPEZ consigna que: *"Dentro dos delitos de perigo abstrato, que não exigem um perigo real para o bem jurídico como plus posterior à ação, existem o que denominamos de delitos de perigo hipotético. Neles é necessária, ainda que também suficiente, uma ação perigosa, idônea a causar o perigo para o bem jurídico protegido. (...) O característico desse delito não é a realidade do perigo para o bem jurídico protegido, mas sim a sua possibilidade. Os delitos de perigo hipotético são, pois, delitos de perigo possível."* TORIO LÓPEZ, Angel. Los delitos de peligro hipotético. Anuario de Derecho Penal y Ciencias Penales (ADP). Tomo 34. 1981, p. 838. Cf.: BITTENCOURT. Tratado de Direito Penal Econômico, pp. 240-241.

Ademais, a divulgação deve veicular: **a)** informação falsa ou **b)** informação prejudicialmente incompleta sobre a instituição financeira.

a) A respeito da concepção de informação falsa, é possível identificar duas perspectivas para a sua caracterização. Uma objetiva, no sentido de que é falsa a informação em que, objetivamente, há uma desconformidade entre o informado e a respectiva situação ou fato ocorrido. Por outro lado, é possível defender-se uma concepção subjetiva, em que existe informação falsa quando o autor não declara aquilo que ele crê ser verdadeiro, mas sim situação diversa. A posição mais adequada, porém, é uma teoria mista a respeito de falsidade. Assim, faz-se necessária a conjugação desses dois critérios (objetivo e subjetivo), ou seja, há informação falsa quando: i) existe uma desconformidade entre o declarado e o ocorrido e ii) o autor tem consciência de tal desconformidade (perspectiva essa que deve ser analisada no âmbito do tipo subjetivo)[31].

b) Já informação prejudicialmente incompleta se faz presente quando a pessoa que divulga a informação deliberadamente omite determinados aspectos relevantes para a sua significação, de modo que tal incompletude distorça a compreensão externa e a qualidade dessa informação.

Nesse caso, a informação dada não é propriamente falsa, mas a omissão de dados relevantes a seu respeito acaba por distorcer o seu sentido verdadeiro, transmitindo uma informação sobre a instituição financeira que não corresponde totalmente ao ocorrido.

Aqui, da mesma forma, é necessário que o autor sabia que a informação efetivamente seja incompleta e que ele saiba dessa circunstância (aspectos esses que devem ser analisados no tipo subjetivo).

É importante consignar, ademais, que tanto a informação falsa quanto a informação incompleta devem fazer referencia a dados relevantes a respeito da instituição financeira, não sendo suficiente para caracterizar o tipo penal a divulgação de dados irrelevantes ou laterais da empresa, que não ostentem sequer potencialidade minimamente suficiente para macular ou distorcer as informações sobre a instituição.

Assim, por exemplo, a divulgação falsa da demissão de determinado funcionário sem função de relevo na empresa e sem reflexos na sua imagem, ainda que seja falsa, não tem dignidade suficiente para caracterizar o delito em questão.

Por fim, não se deve confundir a presente figura típica com o crime do art. 171, § 1º, inciso I, do Código Penal, uma vez que o crime contra o sistema financeiro tem elementares específicas não trazidas pela figura do Código Penal, devendo, no conflito aparente de normas, ser aplicado o princípio da especialidade, ou seja, preenchendo-se as elementares do crime do art. 3º da LCSTN, deve ser este o aplicado.

4. TIPICIDADE SUBJETIVA

A imputação subjetiva do crime somente poderá ser feita a título de dolo, não existindo previsão culposa para o crime.

É perfeitamente possível a caracterização do crime por dolo eventual, quando o agente, apesar da existência de diversos indicativos de que a informação era falsa, assume o risco e a publica assim mesmo.

Além disso, não se faz necessário nenhum elemento subjetivo do tipo diverso do dolo (ou, como equivocadamente se tem denominado, não há necessidade de *"dolo específico"*).

Como visto acima, é essencial que o autor tenha consciência da falsidade da informação e da sua incompletude, conforme o caso.

---

31 Esse mesmo raciocínio é empregado na conceituação de falsidade para o crime de falso testemunho, cf.: VIVES ANTÓN, Salvador Tomás. Derecho Penal, Parte Especial, 3ª ed. Valencia: Tirant lo Blanch, 2010, p. 749.

5. CONSUMAÇÃO E TENTATIVA

O crime consuma-se quando a informação falsa ou prejudicialmente incompleta alcança terceiros, de modo que delito é de **mera conduta**. Ademais, é crime de **perigo hipotético** (uma vez que a informação deve ter a potencialidade de causar prejuízo), razão pela qual é prescindível a existência de um efetivo prejuízo à credibilidade da instituição financeira.

Veja-se que, mesmo na modalidade de divulgação de informação prejudicialmente incompleta, entendemos – ao contrário de BITTENCOURT – que o crime também é de **perigo hipotético**, não sendo necessária prova do prejuízo[32].

Na verdade, a incompletude deve prejudicar a qualidade da informação, deve distorcer o seu sentido, não sendo exigível que prejudique a instituição financeira propriamente dita.

Com relação à possibilidade ou não da tentativa, ainda que se trate de um crime de mera conduta, ela é possível, nos específicos casos em que exista um espaço temporal entre a ação do agente e o efetivo alcance da informação a terceiro, oportunidade em que esse *iter* pode, de alguma forma, ser interrompido, caracterizando a tentativa.

6. AÇÃO PENAL

A ação penal é pública incondicionada. Não cabe transação penal, nem suspensão condicional do processo. Sem embargo, em tese, cabe acordo de não persecução penal, vez que a pena mínima é inferior a 04 (quatro) anos (CPP, art. 28-A).

DO CRIME DE GESTÃO FRAUDULENTA E TEMERÁRIA DE INSTITUIÇÃO FINANCEIRA

Art. 4º Gerir fraudulentamente instituição financeira:

Pena – Reclusão, de 3 (três) a 12 (doze) anos, e multa.

Parágrafo único. Se a gestão é temerária:

Pena – Reclusão, de 2 (dois) a 8 (oito) anos, e multa.

1. BEM JURÍDICO TUTELADO

O bem jurídico protegido pelo crime do art. 4º da LCSFN, é a higidez do Sistema Financeiro Nacional, uma vez que tutela a correção das operações financeiras realizadas no sistema, além de proteger o patrimônio privado da própria instituição e dos investidores[33].

---

32 BITTENCOURT afirma: *"Na modalidade de prejudicialmente incompleta, trata-se de perigo concreto, devendo-se demonstrar a potencialidade lesiva da prejudicialidade da informação incompleta, sob pena de não configurar a figura típica."* BITTENCOURT. Tratado de Direito Penal Econômico, p. 247. Nada obstante tal argumentação, a potencialidade lesiva deve existir nas duas figuras, ou seja, abstratamente as informações falsas ou incompletas têm que ter a potencialidade de afetar a higidez do sistema financeiro. Por essa razão é que se trata de crime de perigo hipotético (ou abstrato-concreto). Isso porque, como já dito, informações irrelevantes, ainda que falsas, não são idôneas a caracterizar o delito. Ademais, a exigência dessa potencialidade não quer significar que se trate de um crime de perigo concreto, já que tal técnica de tipificação exige *"que a ação do sujeito ativo cause um resultado consistente na criação de um concreto perigo de lesão para o bem tutelado, ou seja, em condições tais que seja possível afirmar que referido bem jurídico esteve em uma situação muito próxima à lesão"* (MARTÍNEZ-BUJÁN PÉREZ. Derecho Penal Económico y de la Empresa: parte general. 3ª ed. Valencia: Tirant lo Blanch, 2011, p. 192) ou, como afirma ROXIN, *"quando o resultado lesivo não ocorre apenas por casualidade"* (ROXIN, Claus. Derecho Penal. Parte General. Tomo I, p. 405). Cf. também: SCHÜNEMANN, Bernd. Moderne Tendenzen in der Dogmatik der Fahrlässigkeit- und Gefährdungsdelikte, Juristische Arbeitsblätter (JA), 1975, StR, pp. 796-797).

33 Cf.: BITTENCOURT. Tratado de Direito Penal Econômico, p. 250. TORTIMA. Crimes contra o Sistema Financeiro Nacional, p. 32. No mesmo sentido, já decidiu o Supremo Tribunal Federal no **Inq 2589**, Relator(a): Min. LUIZ FUX, Primeira Turma, julgado em 16/09/2014, ACÓRDÃO ELETRÔNICO DJe-200 DIVULG 13-10-2014 PUBLIC 14-10-2014 e **HC 95515**, Relator(a): Min. ELLEN GRACIE, Segunda Turma, julgado em 30/09/2008, DJe-202 DIVULG 23-10-2008 PUBLIC 24-10-2008 EMENT VOL-02338-04 PP-00758.

2. SUJEITOS DO CRIME

O delito em questão é especial, uma vez que somente aqueles agentes descritos no art. 25 do LCSFN poderão ser sujeitos ativos do delito (gestores)[34]. Veja-se que a jurisprudência do STJ entende que "se o gerente de uma agência bancária detiver poderes reais de gestão, é-lhe possível a imputação do crime previsto no art. 4º da Lei n. 7.492/86"[35]. Ademais, é importante lembrar que, com a Lei n. 14.478/22, os gestores de prestadoras de serviços de ativos virtuais, também, poderão ser sujeitos ativos do delito.

O sujeito passivo é o Estado, já que é o responsável pela preservação do Sistema Financeiro Nacional e, consequentemente, pela manutenção da higidez e estabilidade do Sistema. Por via reflexa, a instituição financeira, também, é atingida, assim como os investidores em potencial que são expostos à gestão fraudulenta ou temerária.

3. CONDUTAS TÍPICAS (TIPICIDADE OBJETIVA)

Antes de adentrar às condutas típicas do art. 4º da LCSFN, é de se fazer dois registros.

O primeiro diz respeito à procedência da crítica existente ao tipo penal no que diz respeito à sua abertura, já que o mais adequado seria que a lei descrevesse com maior detalhamento a conduta típica.

O segundo ponto é que aludido tipo penal consubstancia dois delitos distintos, ainda que guardem semelhança: o crime de gestão fraudulenta e o de gestão temerária.

Assim, as condutas típicas desses dois delitos serão examinadas separadamente:

a) Do crime de gestão fraudulenta:

O tipo penal descreve que a conduta criminosa é a de gerir fraudulentamente instituição financeira.

Gestão aqui significa administrar, dirigir a instituição financeira. Assim, a conduta típica é consubstanciada pela administração da instituição com o emprego de fraude, de engano.

Conforme pontua TORTIMA, a gestão financeira *"é a administração marcada pela fraude, pelo ardil, por manobras desleais, em regra com o objetivo de obter indevida vantagem para o próprio agente ou para outrem, em prejuízo de terceiro de boa-fé (acionistas, sócios, credores etc.)."*[36]

Aqui a fraude por ser exercida de diversas formas, seja por meio de falsificação de documentos fiscais, simulação de contratos, superfaturamento de obras ou serviços, adulteração de registros contábeis[37], societários ou patrimoniais etc. Em suma, toda e qualquer fraude com o objetivo de gerir de modo fraudulento a instituição financeira[38].

---

34 Nesse sentido, já decidiu o Supremo Tribunal Federal que: *"A interpretação sistemática da Lei nº 7.492/86 afasta a possibilidade de haver gestão fraudulenta por terceiro estranho à administração do estabelecimento bancário."* (HC 93553, Relator(a): Min. MARCO AURÉLIO, Tribunal Pleno, julgado em 07/05/2009, DJe-167 DIVULG 03-09-2009 PUBLIC 04-09-2009 EMENT VOL-02372-02 PP-00422 LEXSTF v. 31, n. 369, 2009, p. 400-414).

35 STJ - AgRg no REsp n. 1.895.898/RS, relator Ministro Sebastião Reis Júnior, Sexta Turma, julgado em 6/3/2023, DJe de 10/3/2023; STJ - RHC n. 147.307/PE, relator Ministro Olindo Menezes (Desembargador Convocado do TRF 1ª Região), Sexta Turma, julgado em 29/3/2022, DJe de 1/4/2022.

36 TORTIMA. Crimes contra o Sistema Financeiro Nacional, p. 36.

37 É dizer, condutas em que o crime do art. 10 é meio para o crime do art. 4º.

38 Alguns outros exemplos de hipóteses de gestão fraudulenta, podem ser vistos no julgamento pelo Plenário do Supremo Tribunal Federal no caso mensalão, verbis: *"GESTÃO FRAUDULENTA DE INSTITUIÇÃO FINANCEIRA (ART. 4º da LEI 7.492/1986). SIMULAÇÃO DE EMPRÉSTIMOS BANCÁRIOS E UTILIZAÇÃO DE DIVERSOS MECANISMOS FRAUDULENTOS PARA ENCOBRIR O CARÁTER SIMULADO DESSAS OPERAÇÕES DE CRÉDITO. ATUAÇÃO COM UNIDADE DE DESÍGNIOS E DIVISÃO DE TAREFAS. PROCEDÊNCIA PARCIAL DO PEDIDO. O crime de gestão fraudulenta de instituição financeira (art. 4º da Lei 7.492/1986) configurou-se com a simulação de empréstimos bancários e a utilização de diversos mecanismos fraudulentos para encobrir o caráter simulado dessas operações de crédito, tais como: (1) rolagem da suposta dívida mediante, por exemplo, sucessivas renovações desses empréstimos fictícios, com incorporação de encargos e realização de estornos de valores relativos aos encargos financeiros devidos, de modo a impedir que essas operações apresentassem atrasos; (2)*

O delito em questão não exige um efetivo prejuízo patrimonial à instituição financeira ou uma debilidade à higidez do sistema, tratando-se, pois, de crime formal[39]. Assim, caso exista algum prejuízo patrimonial para a pessoa física ou jurídica, pode ocorrer eventualmente o concurso de outros delitos, como estelionato, apropriação indébita, dentre outros.

Ademais, é de se ter em conta que, como já decidiu o Supremo Tribunal Federal, *"o delito de gestão fraudulenta tanto pode ser cometido em instituição financeira autorizada quanto em instituição financeira não autorizada pelo Branco Central do Brasil (BACEN), sob pena de atribuir-se inadmissível tratamento privilegiado àquele – não importando se pessoa física ou jurídica – que atua, ilegalmente, sem a necessária e prévia autorização do BACEN, nos diversos segmentos abrangidos pelo sistema financeiro nacional: (a) mercado monetário, (b) mercado de crédito, (c) mercado de câmbio e (d) mercado de capitais."* (STF – RHC 117270 AgR, Relator(a): Min. CELSO DE MELLO, Segunda Turma, julgado em 06/10/2015, PROCESSO ELETRÔNICO DJe-209 DIVULG 19-10-2015 PUBLIC 20-10-2015).

Por fim, é de se considerar que não se faz necessária a habitualidade da gestão fraudulenta, bastando um ato fraudulento para tanto. Tal afirmativa decorre do fato de o tipo penal não exigir tal habitualidade, além do que, muitas vezes, um simples ato fraudulento tem altíssima potencialidade lesiva. Ademais, quantos atos são necessários para configurar a habitualidade? Quantas fraudes? Há quanto tempo tais fraudes devem ser praticadas para a caracterização do delito? Não é possível afirmar-se, mesmo porque, como já dito, tal habitualidade não é extraída do tipo penal[40].

---

incorreta classificação do risco dessas operações; (3) desconsideração da manifesta insuficiência financeira dos mutuários e das garantias por ele ofertadas e aceitas pelo banco; e (4) não observância tanto de normas aplicáveis à espécie, quanto de análises da área técnica e jurídica do próprio Banco Rural S/A. Ilícitos esses que também foram identificados por perícias do Instituto Nacional de Criminalística e pelo Banco Central do Brasil. Crime praticado em concurso de pessoas, com unidade de designios e divisão de tarefas. Desnecessidade, para a configuração da co-autoria delitiva, de que cada um dos agentes tenha praticado todos os atos fraudulentos que caracterizaram a gestão fraudulenta de instituição financeira. Pela divisão de tarefas, cada co-autor era incumbido da realização de determinadas condutas, cujo objetivo era a realização do delito." (STF – AP 470, Relator(a): Min. JOAQUIM BARBOSA, Tribunal Pleno, julgado em 17/12/2012, ACÓRDÃO ELETRÔNICO DJe-074 DIVULG 19-04-2013 PUBLIC 22-04-2013 RTJ VOL-00225-01 PP-00011).

39 Nesse sentido, afirma FELDENS: *"Uma primeira consideração dogmática em torno dos tipos de gestão fraudulenta e temerária de instituição financeira diz respeito à sua alocação na categoria de crimes de perigo abstrato. É o risco de dano (perigo) ao sistema financeiro nacional o fundamento do delito, requisito necessário para que a conduta adquira contornos típicos."* FELDENS, Luciano. *Gestão Financeira e Temerária de Instituição Financeira:* Contornos identificadores do tipo, *in* Crimes Financeiros e Corretados. São Paulo: Saraiva, 2011, p. 91. A esse respeito, o Supremo Tribunal Federal já decidiu que: *"O tipo penal contido no art. 4 , da Lei n 7.492/86, consiste em crime de perigo, não sendo necessária a produção de resultado naturalístico em razão da gestão fraudulenta. É relevante, para a verificação da adequação típica, que haja conduta fraudulenta do gestor da instituição financeira (ou a ela equiparada), eis que a objetividade jurídica do tipo se relaciona à proteção da transparência, da lisura, da honradez, da licitude na atividade de gestão das instituições financeiras."* (STF – HC 95515, Relator(a): Min. ELLEN GRACIE, Segunda Turma, julgado em 30/09/2008, DJe-202 DIVULG 23-10-2008 PUBLIC 24-10-2008 EMENT VOL-02338-04 PP-00758). No mesmo sentido, já se posicionou o Superior Tribunal de Justiça: *"O tipo penal do art. 4º da Lei 7.492/86 é crime formal consumando-se mediante a comprovação da gestão fraudulenta, independentemente da efetiva lesão ao patrimônio de instituição financeira ou prejuízo dos investidores, poupadores ou assemelhados."* (STJ – AgRg no AREsp 926.372/SP, Rel. Ministro NEFI CORDEIRO, SEXTA TURMA, julgado em 15/12/2016, DJe 02/02/2017).

40 O Supremo Tribunal Federal tem posição firmada a respeito da desnecessidade do requisito habitualidade para a configuração do delito de gestão temerária. Nesse sentido: *"Crime de gestão temerária de instituição financeira. Lei 7.492/86, art. 4º, parágrafo único. Crime acidentalmente habitual. Embora um único ato seja apto à configuração da conduta tipificada, a sua reiteração não configura pluralidade de delitos. Precedentes. Concessão de habeas corpus de ofício para excluir da condenação o aumento resultante da continuidade delitiva."* (STF – AI 714266 AgR-ED, Relator(a): Min. GILMAR MENDES, Segunda Turma, julgado em 05/02/2013, ACÓRDÃO ELETRÔNICO DJe-040 DIVULG 28-02-2013 PUBLIC 01-03-2013). *"É possível que um único ato tenha relevância para consubstanciar o crime de gestão fraudulenta de instituição financeira, embora sua reiteração não configure pluralidade de delitos. Crime acidentalmente habitual."* (STF – HC 89364, Relator(a): Min. JOAQUIM BARBOSA, Segunda Turma, julgado em 23/10/2007, DJe-070 DIVULG 17-04-2008 PUBLIC 18-04-2008 EMENT VOL-02315-03 PP-00674). Assim, também, a jurisprudência do Superior Tribunal de Justiça, que denomina o delito de *"habitual impróprio"*: *"Pacificou-se nos Tribunais Superiores o entendimento de que o crime de gestão fraudulenta classifica-se como habitual impróprio, bastando uma única ação para que se configure. Precedentes do Superior Tribunal de Justiça - STJ e do Supremo Tribunal Federal - STF (HC 284.546/*

Por fim, é importante ressaltar que, caso a gestão de instituição financeira de ativos virtuais (criptomoedas), valores mobiliários ou ativos financeiros, seja realizada pontualmente com o fim de obter vantagem ilícita, em prejuízo alheio, mediante a indução ou manutenção em erro, por artifício, ardil ou qualquer outro meio fraudulento, restará caracterizado o tipo penal do art. 171-A, CP.

Em outras palavras, resta caracterizado o crime do art. 171-A, CP (e não o do art. 4º da Lei dos Crimes Contra o Sistema Financeiro), quando a gestão fraudulenta ostentar as seguintes características especializantes: (i) gestão, por pessoa física ou jurídica, de operações que envolvam ativos virtuais, valores mobiliários ou quaisquer ativos financeiros; (ii) presença do especial fim de agir, é dizer, a gestão é voltada a fins ilícitos, consistentes na obtenção de vantagem ilícita, em prejuízo alheio; (iii) realização de ações que induzam ou mantenham em erro uma ou várias pessoas determinadas em erro; (iv) com o emprego de artifício, ardil ou qualquer outro meio fraudulento; (v) não é necessário o prejuízo alheio, uma vez que se trata de crime formal, em que o legislador antecipou o momento consumativo.

Em geral (ainda que possa ocorrer situações diversas), o crime de gestão fraudulenta envolve a administração de instituições financeiras que foram criadas para finalidades lícitas, em que o gestor acaba por realizar gestão fraudulenta. Por outro lado, o tipo penal do art. 171-A, CP, geralmente, restará caracterizado naquelas instituições financeiras (que, muitas vezes, realizam suas atividades inclusive sem autorização estatal) que são criadas com o objetivo de fraudar "clientes", sob a justificativa de intermediar o investimento em criptomoedas.

b) Do crime de gestão temerária:

Com relação ao crime de gestão temerária, da mesma forma, deve-se ter em conta que gerir significa administrar, dirigir, instituição financeira.

Aqui, para a caracterização do delito, deve essa gestão ser temerária, ou seja, deve o autor atuar de modo tal que coloque em risco desarrazoado o patrimônio e a higidez da instituição financeira, ignorando, assim, os elementos objetivos que formam o contexto da ação e que permitem inferir um risco substancial existente na ação que o autor realiza.

As condutas que caracterizam o delito de gestão temerária podem ocorrer por meio de condutas como operações especulativas de desmedido risco, deliberada omissão em dar ciência aos investidoras sobre o risco inerente a determinada operação, a violação de normativa interna sobre os riscos e análises que devem ser feitos antes de determinadas operações financeiras, autorização de empréstimos sem as devidas cautelas, oferecimento de empréstimo para pessoas notoriamente inadimplentes, dispersão de recursos em despesas não operacionais ou meramente supérfluas, a prática de atos de liberalidade com os bens e recursos da instituição, etc.[41]

SP, Rel. Ministro JORGE MUSSI, QUINTA TURMA, DJe 8/3/2016)." (STJ - AgRg no AREsp 1440594/RS, Rel. Ministro JOEL ILAN PACIORNIK, QUINTA TURMA, julgado em 21/11/2019, DJe 02/12/2019).

41 Cf.: TORTIMA. Crimes contra o Sistema Financeiro Nacional, p. 37. O Supremo Tribunal Federal faz a seguinte diferenciação entre o delito de gestão fraudulenta e temerária:"(...0 1. A gestão fraudulenta, prevista no art. 4º, caput, da Lei 7.492/1986 caracteriza-se penalmente pela conduta de gerir fraudulentamente instituição financeira, crime que não se confunde com aquele previsto no parágrafo único do mesmo art. 4º (gestão temerária de instituição financeira), de menor lesividade e menor gravidade penal, embora ambos visem a tutelar o mesmo bem jurídico, qual seja, a estabilidade e higidez do sistema financeiro nacional. 2. A tutela penal das duas condutas, em linhas gerais, visa a resguardar a atuação segura das instituições financeiras, mormente em consideração à volatilidade e risco financeiro que são inerentes a uma economia de natureza globalizada, de cujo regular funcionamento é fiadora a confiança dos investidores na higidez das aludidas instituições. 3. a gestão fraudulenta diferencia-se da gestão temerária, porquanto a primeira consubstancia-se na prática de atos de gestão de uma instituição financeira, pelo emprego de fraude, ardil ou qualquer manobra de natureza desleal que vise a induzir terceiras pessoas em erro e, desse modo, produzir um ou mais resultados predeterminados pelo agente, que age com dolo, associada à obtenção de vantagem indevida em proveito próprio ou alheio. 4. O objetivo do legislador ao criminalizar a gestão temerária não foi o de penalizar a conduta do gestor de induzir terceiras pessoas em erro para auferir vantagem, mas sim a conduta que, embora praticada abertamente, sem qualquer ardil ou tentativa de ocultação, atente,

4. TIPICIDADE SUBJETIVA

A tipicidade subjetiva do delito de gestão fraudulenta é o dolo, de modo que o agente deve agir com consciência e vontade de empregar meio fraudulento para administrar ou dirigir a instituição financeira.

Já a tipicidade subjetiva do crime de gestão temerária merece um estudo mais detalhado. Na verdade, grande parte da doutrina afirma tratar-se de um delito que se pratica com dolo eventual, ou seja, em que o agente assumi o risco para a prática delituosa[42].

Sem embargo de tal posição, defende-se neste trabalho que o mais adequado para compreender a caracterização da tipicidade subjetiva do delito em questão é a invocação do conceito de temeridade, cuja gramática pode ser extraída do conceito de *recklessness* do Direito penal anglo-americano. A temeridade anglo-saxã é uma forma de imputação subjetiva intermediária entre o dolo eventual e a imprudência (culpa)[43].

A *recklessness*, como pontua OXMAN, ocorre *"nos casos em que se executa, de modo injustificado, uma ação que demonstra a não consideração de um risco substancial que uma pessoa razoável teria levado em conta no momento da realização de um fato, seja devido ao seu elevado perigo, ou bem, por conta das possíveis consequências danosas ou lesivas de interesses de terceiros que resultam inerentes à realização da conduta."*[44]

Assim, neste último caso, será precisamente essa temeridade na ação que caracterizará o elemento subjetivo do tipo, em que o agente deverá intencionalmente realizar uma ação que contextualmente envolva uma situação de elevado risco e de desconsideração dos eventuais resultados lesivos decorrentes de tal conduta. O agente despreza todos os sinais objetivos que permitem inferir que a ação praticada envolve elevado e desarrazoado risco, no específico contexto da ação.

De tal maneira, para a caracterização do tipo subjetivo do crime de gestão temerária, deverá o agente, com consciência e vontade, agir de forma temerária, conforme explicitado acima. Trata-se, pois, de imputação dolosa.

Dito isso, cumpre frisar que, tanto para o crime de gestão fraudulenta, quanto para o de gestão temerária, não é prevista a modalidade culposa, nem se faz necessária presença de um especial fim de agir.

---

quando acarretar risco injustificável ou desproporcional ao universo de investidores, contra a higidez da instituição financeira administrada. 5. A gestão fraudulenta no âmbito doutrinário é reconhecida por força do ardil, compreendido via condutas comissivas ou omissivas, desde que, em quaisquer dos casos, vise a induzir terceiras pessoas em erro. Trata-se, por exemplo, da não inclusão deliberada, nos balanços ou registros da instituição, de informações concernentes à situação de higidez financeira, com o objetivo de iludir terceiros investidores e/ou órgãos oficiais de fiscalização do mercado." STF - AP 892, Relator(a): LUIZ FUX, Primeira Turma, julgado em 26/02/2019, ACÓRDÃO ELETRÔNICO DJe-104 DIVULG 17-05-2019 PUBLIC 20-05-2019.

42 Cf.: BITTENCOURT. Tratado de Direito Penal Econômico, p. 277. TORTIMA. Crimes contra o Sistema Financeiro Nacional, p. 43. PRADO. Direito Penal Econômico, p. 165.

43 Veja-se que a tipificação dessa figura intermediária, aqui defendida, em que se interacionam dolo eventual e culpa consciente (imprudência), acaba por gerar perplexidade naqueles que não trabalham com a ideia de *recklessness*. Nesse sentido, fica bem clara na dificuldade do Supremo em definir o elemento volitivo do delito de gestão temerária. Vale conferir o HC 90156, em que ora afirma-se tratar de conduta culposa (voto Min. Marco Aurélio) ora de conduta com dolo eventual (voto Min. Sepúlveda Pertence). Cf.: HC 90156, Relator(a): Min. MARCO AURÉLIO, Primeira Turma, julgado em 13/03/2007, DJe-023 DIVULG 24-05-2007 PUBLIC 25-05-2007 DJ 25-05-2007 PP-00077 EMENT VOL-02277-01 PP-00165.

44 OXMAN, Nicolás. *Sistemas de Imputación subjetiva en Derecho penal*: el modelo angloamericano. Valencia: Tirant lo Blanch, 2016, p. 120. Sobre a *recklessness*, vide também: DRESSLER, Joshua. *Understanding Criminal Law*. 6ª ed. New Providence: LexisNexis, 2012, pp. 130 e ss. ELLIOT, Catherine; QUINN, Frances. Criminal Law. 5ª ed. Harlow: Pearson, 2012, pp. 15 e ss. SIMESTER, A.P; SPENCER, J.R.; SULLIVAN, G.R.; VIRGO, G.J. *Simester and Sullivan's Criminal Law*: Theory and Doctrine. 4ª ed. Oxford/Portland: Hart Publishing, 2010, pp. 134 e ss.

5. CONSUMAÇÃO E TENTATIVA

O crime de gestão fraudulenta consuma-se com a realização do ato de gestão em que é empregado o meio fraudulento.

O crime de gestão temerária, por sua vez, também, se consuma com a realização do ato temerário de gestão.

Nos dois casos é prescindível a ocorrência de dano ou lesão ao bem jurídico, já que se trata de crime de **perigo abstrato**. Além disso, é possível afirmar que os delitos são formais, não dependendo, portanto, da existência de efetivo dano, no caso concreto[45].

Também é importante frisar que o delito em questão é crime habitual impróprio, de modo que a realização de apenas um ato de gestão fraudulenta ou temerária já é suficiente para a sua consumação, sendo prescindível, pois, a habitualidade da conduta[46]. Sem embargo, por ser delito habitual (ainda que impróprio), a pluralidade de fatos não configura pluralidade de delitos[47].

Apesar disso, nos dois delitos é possível a tentativa, quando entre a ação do agente e a realização efetiva do ato de gestão, seja possível identificar um espaço de tempo que autorize a interrupção do *iter* criminal.

---

45 É o que se consolidou na jurisprudência do STJ: *"O tipo penal do art. 4º da Lei 7.492/86 é crime formal consumando-se mediante a comprovação da gestão fraudulenta, independentemente da efetiva lesão ao patrimônio de instituição financeira ou prejuízo dos investidores, poupadores ou assemelhados" AgRg no AREsp 926.372/SP, Rel. Ministro NEFI CORDEIRO, SEXTA TURMA, julgado em 15/12/2016, DJe 2/2/2017)."* STJ - AgRg no REsp 1877651/PR, Rel. Ministro JOEL ILAN PACIORNIK, QUINTA TURMA, julgado em 14/09/2021, DJe 20/09/2021.

46 Essa é a jurisprudência dos Tribunais Superiores, conforme se verifica da ementa do seguinte julgado do STJ: *"Pacificou-se nos Tribunais Superiores o entendimento de que o crime de gestão fraudulenta classifica-se como habitual impróprio, bastando uma única ação para que se configure. Precedentes do Superior Tribunal de Justiça - STJ e do Supremo Tribunal Federal - STF (HC 284.546/SP, Rel. Ministro JORGE MUSSI, QUINTA TURMA, DJe 8/3/2016). 1.1. Consoante outro precedente (HC 39.908/PR, Rel. Min. ARNALDO ESTEVES LIMA, DJ 03.04.2006), contemporâneo ao cometimento do delito entre 2003 e 2004, já havia nesta Corte adoção do entendimento de que o crime de gestão fraudulenta era habitual impróprio, sendo certo que a aplicação do referido entendimento no caso concreto, por se tratar de consolidação jurisprudencial, não viola o impeditivo de retroatividade de norma mais gravosa ao réu. 2. O dissídio jurisprudencial deve ser conhecido quando existir similitude fática entre o acórdão recorrido e o acórdão paradigma, o que não foi verificado no presente caso. 3. Agravo regimental desprovido."* (STJ - AgRg no AREsp 1440594/RS, Rel. Ministro JOEL ILAN PACIORNIK, QUINTA TURMA, julgado em 21/11/2019, DJe 02/12/2019). No mesmo sentido: STJ -AgRg no REsp 1877651/PR, Rel. Ministro JOEL ILAN PACIORNIK, QUINTA TURMA, julgado em 14/09/2021, DJe 20/09/2021; STJ - AgRg no REsp 1877651/PR, Rel. Ministro JOEL ILAN PACIORNIK, QUINTA TURMA, julgado em 14/09/2021, DJe 20/09/2021.

47 Vide, a título de exemplo, o seguinte julgado do STJ: *"HABEAS CORPUS. PENAL. PROCESSO PENAL. AÇÃO PENAL ORIGINÁRIA. TRF3. CRIME CONTRA O SISTEMA FINANCEIRO NACIONAL (LEI N. 7.492/1986). GESTÃO TEMERÁRIA (ART. 4º, PARÁGRAFO ÚNICO, DA MESMA LEI). ADMINISTRADOR DO BANESPA. BIS IN IDEM CONFIGURADO. ABSOLVIÇÃO. 1. O crime de gestão temerária de instituição financeira caracteriza-se como crime acidentalmente habitual, razão pela qual, embora um único ato seja suficiente para a configuração do crime, a sua reiteração não configura pluralidade de delitos. Precedentes do STJ e do STF. 2. Na hipótese dos autos, mesmo sendo praticados os atos de gestão temerária em situações distintas e com aparentes finalidades diversas, de rigor a aplicação do posicionamento jurisprudencial consolidado, tanto no Superior Tribunal de Justiça quanto no Supremo Tribunal Federal, no sentido de que o crime de gestão temerária de instituição financeira (art. 4º, parágrafo único, da Lei n. 7. 492/1986) é habitual impróprio ou acidentalmente habitual, pois um único ato pode ser suficiente para a configuração do crime, mas a repetição de atos não configura pluralidade de delitos. 3. Existindo a condenação anterior, transitada em julgado, do ora paciente Nelson Mancini Nicolau, também pela gestão temerária como administrador da mesma instituição, Banespa, segundo narram as denúncias, em datas próximas, com todos os atos praticados no mesmo exercício, no ano de 2006, configura-se o alegado bis in idem, envolvendo a Ação Penal n. 2006.03.00.026541-0, já transitada em julgado, e a Ação Penal n. 2006.03.00.008798-1, objeto do REsp n. 1. 352.043/SP. 4. Ordem concedida para reconhecer o bis in idem e absolver o ora paciente Nelson Mancini Nicolau, nos termos do art. 386, VI, do CPP, das imputações constantes da Ação Penal n. 2006.03.00.008798-1."* (STJ - HC 391.053/SP, Rel. Ministro SEBASTIÃO REIS JÚNIOR, SEXTA TURMA, julgado em 30/05/2019, DJe 02/08/2019)

6. AÇÃO PENAL

A ação penal é pública incondicionada. Não cabe transação penal, nem suspensão condicional do processo. Sem embargo, em tese, cabe acordo de não persecução penal, vez que a pena mínima é inferior a 04 (quatro) anos (CPP, art. 28-A).

DO CRIME DE APROPRIAÇÃO INDÉBITA FINANCEIRA

Art. 5º Apropriar-se, quaisquer das pessoas mencionadas no art. 25 desta lei, de dinheiro, título, valor ou qualquer outro bem móvel de que tem a posse, ou desviá-lo em proveito próprio ou alheio:

Pena – Reclusão, de 2 (dois) a 6 (seis) anos, e multa.

Parágrafo único. Incorre na mesma pena qualquer das pessoas mencionadas no art. 25 desta lei, que negociar direito, título ou qualquer outro bem móvel ou imóvel de que tem a posse, sem autorização de quem de direito.

1. BEM JURÍDICO TUTELADO

Como se sabe, um dos valores mais importantes para a higidez e o bom funcionamento do Sistema Financeiro é a confiança.

Assim, o tipo penal em comento busca reforçar a proteção dessa confiança, de modo que os investidores e demais proprietários de dinheiro, títulos, valores e outros bens, estejam suficientemente seguros e tranquilos para entregar a posse desses bens aos controladores e administradores de instituições financeiras.

Ora, se os investidores ou clientes não têm confiança em entregar a posse de seus bens às instituições financeiras não há higidez do Sistema Financeiro, que entra em colapso.

Por essa razão, ainda que o tipo penal também proteja o patrimônio particular dessas pessoas, a razão para a criação de um tipo específico de apropriação indébita (que transcende a proteção do art. 168 do CP), foi precisamente resguardar a higidez do sistema financeiro.

Aqui, pois, a proteção é plúrima, tanto da propriedade do particular, quanto da higidez do sistema.

2. SUJEITOS DO CRIME

O crime do art. 5º da LCSFN é delito especial (crime próprio), já que o tipo penal exige uma especial qualidade do autor, pois somente pode ser cometido por aquelas pessoas descritas no art. 25 da mesma Lei. É dizer, *"o controlador e os administradores de instituição financeira, assim considerados os diretores, gerentes"* e *"o interventor, o liquidante ou o síndico"*.

É importante consignar que os *"membros de conselhos estatutários"* não poderão ser incluídos como sujeito ativos, já que tal expressão foi objeto de veto pelo Presidente da República.

O sujeito passivo é o Estado, uma vez que é o responsável pelo Sistema Financeiro Nacional e, consequentemente, pela manutenção da higidez e estabilidade do Sistema. Ademais, será, também, sujeito passivo o proprietário dos bens que foram objeto de apropriação indébita e eventuais titulares de direitos reais de garantia, como o usufrutuário ou credor pignoratício, já que a lei expressamente previu como típica, em seu parágrafo único, a negociação sem autorização também dos bens imóveis[48].

48 BITTENCOURT. Tratado de Direito Penal Econômico, p. 290.

3. CONDUTAS TÍPICAS (TIPICIDADE OBJETIVA)

As condutas típicas são materializadas por três verbos: a) **apropriar-se**; b) **desviar** e c) **negociar** sem autorização.

a) A **apropriação** pressupõe **prévia posse** por parte do autor do delito e essa posse tem que ser em nome de outrem e não em nome próprio. É dizer, o autor do delito tinha a posse legítima do bem em razão da entrega feita pelo proprietário ou em nome do proprietário. Uma vez tendo essa posse, o autor acaba por se apropriar desse bem, passa agir como se dono do bem fosse. Costuma-se falar em inversão do *animus* da posse, mas na verdade – considerando-se a impossibilidade de punir-se meros estados mentais – o que expressa a apropriação nada mais é do que um **comportamento** do autor como se dono do bem fosse, o que pode se materializar por meio do gozo próprio do bem, sua disponibilidade ou mesmo a negativa da sua devolução. Em suma, existe o delito quando caracterizada a apropriação do bem pelo autor e, como afirma BUSATO, ao comentar o delito similar do Código Penal, *"a expressão apropriar-se só pode significar uma coisa: tomar para si a propriedade. Isso deve ficar claro no ato praticado pelo agente"*[49]. Resumindo, para a configuração da conduta típica da apropriação deve existir **inicialmente** uma **posse legítima** que posteriormente é **transformada em ilegítima** pela apropriação manifestada pelo comportamento "*externo*" do autor, que passa a agir como se dono do bem fosse.

É importante registrar que essa figura delitiva somente é caracterizada quando há apropriação de bens móveis.

b) Já o **desvio** – segunda modalidade de configuração do delito – significa mudar o curso do bem, dar destinação diversa da originariamente atribuída. Aqui, a exemplo do caso anterior, o autor tem a posse legítima. O agente, porém, passa a utilizar-se do bem ultrapassando os limites finalísticos definidos pelo proprietário. Aqui há um uso irregular, *ultra vires*, do bem. Para a caracterização dessa modalidade do delito, não se faz necessária a intenção de apropriação do bem pelo autor, bastando a simples intenção de aplicar o bem em finalidade diversa.

Da mesma forma, essa modalidade do delito somente existe quando se tratam de bens móveis.

c) Por fim, a última forma de caracterização do crime ocorre com a negociação sem autorização do bem. Conforme pontua BITTENCOURT, negociação significa *"comerciar, seja por venda ou permuta, dação em pagamento, empréstimo ou garantia pignoratícia"*[50]. Ou seja, o autor do delito realiza algum negócio jurídico de disposição do bem sem a autorização do proprietário.

Esse negócio deve, pois, ser realizado sem a autorização expressa ou implícita do proprietário e pode abranger tanto bens móveis quanto imóveis.

4. TIPICIDADE SUBJETIVA

O elemento subjetivo do delito é somente o dolo.

Com relação à primeira figura, é importante consignar que o dolo é caracterizado pela consciência e vontade de se apropriar, não existindo qualquer elemento subjetivo diverso do dolo, já que o verbo apropriar-se consubstancia, por si só, uma manifestação da intenção do autor de ser dono do bem[51].

---

49 BUSATO, Paulo César. Direito Penal: parte especial 1. São Paulo: Atlas, 2014, p. 512.

50 BITTENCOURT. Tratado de Direito Penal Econômico, p. 294.

51 BUSATO. Direito Penal: parte especial 1, p. 512.

Aliás, como já adiantado, esse ânimo, não pode ser caracterizado por um estado mental ou elemento *"interno"* do sujeito, mas sim por manifestações externas que expressam a intenção do agente de agir como se dono do bem fosse.

5. CONSUMAÇÃO E TENTATIVA

O crime em questão é material e de lesão. Ele se consuma: **a)** no primeiro caso, com a manifestação externa de uma intenção de apropriação; **b)** na segunda, com a efetiva aplicação do bem em finalidade diversa da autorizada e **c)** na terceira, por meio da realização do negócio jurídico sem a autorização do dono.

Ademais, é de se ter claro que a apropriação indébita não é caracterizada por um mero ato de disposição. É necessário um mínimo de efetividade da disposição. Isto é, ainda que não se tenha adquirido ou transferido o domínio, é imprescindível que exista, pelo menos, um menoscabo do direito de propriedade do seu dono[52].

A tentativa, apesar de difícil caracterização, é possível, nas hipóteses em que entre a conduta e o resultado possa existir algum espaço temporal.

6. AÇÃO PENAL

A ação penal é pública incondicionada. Não cabe transação penal, nem suspensão condicional do processo. Sem embargo, em tese, cabe acordo de não persecução penal, vez que a pena mínima é inferior a 04 (quatro) anos (CPP, art. 28-A).

DO CRIME DE INDUÇÃO OU MANUTENÇÃO EM ERRO A RESPEITO DE OPERAÇÃO OU SITUAÇÃO FINANCEIRA

Art. 6º Induzir ou manter em erro, sócio, investidor ou repartição pública competente, relativamente a operação ou situação financeira, sonegando-lhe informação ou prestando-a falsamente:

Pena – Reclusão, de 2 (dois) a 6 (seis) anos, e multa.

1. BEM JURÍDICO TUTELADO

Aqui, uma vez mais, o bem jurídico protegido é a higidez do Sistema Financeiro Nacional, promovida, neste caso, por meio da transparência das operações e situações financeiras e pela necessária veracidade das informações prestadas, que emprestam credibilidade e confiabilidade ao sistema.

Indiretamente, são, também, protegidos os interesses dos investidores e sócios que são beneficiados pelas informações fidedignas e pela fiscalização das autoridades.

2. SUJEITOS DO CRIME

O crime em questão é um delito especial, uma vez que somente pode praticá-lo quem tem o dever de prestar as informações fidedignas, sendo normalmente cometido pelas pessoas indicadas no art. 25. Apesar de ser possível que pessoas como contadores, auditores ou *compliance officers* tenham por contrato ou por lei, também, o dever de prestar determinadas informações[53].

---

52 VIVES ANTÓN; GONZÁLEZ CUSSAC. Derecho Penal, Parte Especial, pp. 466-467.

53 BITTENCOURT indaga se esse não seria um *"crime relativamente impróprio"*, precisamente pela possibilidade de que seus autores sejam pessoas diversas das definidas no art. 15, tais como *"auditor, contador ou algo que o valha"*.

O sujeito passivo é sempre o Estado, que é o responsável pela manutenção da higidez do sistema. Indiretamente, podem ser atingidos os eventuais investidores ou sócios em relação os quais foi sonegada a informação ou que venham a receber a informação incorreta.

3. CONDUTAS TÍPICAS (TIPICIDADE OBJETIVA)

As condutas típicas são caracterizadas por dois verbos principais: **induzir** ou **manter** em **erro**.

Induzir em erro significa levar a pessoa a uma situação em que ela possa ter uma falsa compreensão ou percepção da realidade. São atos que conduzem alguém a conclusões equivocadas. Aqui a pessoa não estava equivocada, mas com a ação do agente passou a incidir em erro.

Já manter em erro significa a ação levada a cabo pelo agente com o intuito de manter o equívoco da pessoa. Neste caso, a pessoa já estava em erro e a ação do autor impediu que ela se apercebesse desse equívoco, continuando, assim, em uma situação de falsa percepção da realidade, de engano.

O erro aqui, porém, deve estar referido necessariamente a uma operação ou situação financeira[54].

Ademais, esse erro não pode ser obtido por qualquer forma. A causa do erro é vinculada e deve necessariamente decorrer de duas fontes: **a)** da **sonegação** de informações ou **b)** das **informações falsas** que foram prestadas pelo agente.

a) A sonegação de informação não é caracterizada por uma simples omissão em prestar informações. É necessário que o agente negue as informações quando solicitadas ou que as esconda, oculte do interessado quando ele vai buscá-las.

Aqui se faz presente uma ação de ocultação de informações. Nesse caso, como preconiza TIEDEMANN, no contexto alemão, mas em raciocínio perfeitamente aplicável à espécie, *"se tratam nesses casos de informações manipuladoras, que impedem ou dificultam o exame da real situação, por exemplo, quando o agente se esquiva conscientemente de um pedido de informações de um acionista, entregando uma informação objetivamente sem substância."*[55]

b) Já as informações falsas são aquelas que o autor do delito presta em desacordo com a realidade, sabendo de tal situação[56].

4. TIPICIDADE SUBJETIVA

O elemento subjetivo aqui somente pode ser o dolo, não existindo delito na modalidade culposa, não sendo, do mesmo modo, exigido elemento subjetivo diverso do dolo.

5. CONSUMAÇÃO E TENTATIVA

A consumação se dá quando o agente efetivamente induz a vítima a erro com suas informações falsas ou sonegadas ou quando, com sua intervenção por meio dessas informações

---

BITTENCOURT. Tratado de Direito Penal Econômico, p. 301. No entanto, reafirmamos aqui o caráter de delito especial, já que – não existindo o dever de prestar informação – carece o agente da qualidade especial implicitamente prevista no tipo penal.

54 PRADO explica que: *"operação financeira é a realização de negócios financeiros, e situação financeira 'exprime o estado, a posição, ou a condição financeira de uma pessoa ou de um estabelecimento, isto é, indica as suas possibilidades ou os recursos pecuniários de que possa dispor'* [Plácido e Silva]". PRADO. Direito Penal Econômico, p. 165.

55 TIEDEMANN, Klaus. *Manual de Derecho Penal Económico: Parte General y Especial.* Valencia: Tirant lo Blanch, 2010, p. 392.

56 O Superior Tribunal de Justiça reconheceu essa figura na seguinte hipótese: *"Para o pleito de atipicidade da conduta prevista no art. 6º da lei n. 7.492/86, tem-se que a conduta ensejadora da condenação decorreu de inserção de elementos falsos exigidos na legislação em demonstrativos contábeis, havendo manutenção dos consorciados em erro. Eventual posterior ajuste da informação, que no caso não se relaciona com a comunicação dos consorciados da existência de créditos, também não afasta a conduta consumada ao seu tempo"*. STJ - AgRg no AgRg no AREsp n. 2.383.997/GO, relator Ministro Joel Ilan Paciornik, Quinta Turma, julgado em 7/11/2023, DJe de 13/11/2023.

falsas ou sonegadas, faça com que o agente permaneça na situação de falsa percepção da realidade.

A tentativa é cabível, bastando, para tanto, que, no *iter* entre a ação do autor de prestar informações falsas ou sonegá-las e a indução ou manutenção em erro, seja a ação interrompida por circunstâncias alheias à vontade do agente.

6. AÇÃO PENAL

A ação penal é pública incondicionada. Não cabe transação penal, nem suspensão condicional do processo. Sem embargo, em tese, cabe acordo de não persecução penal, vez que a pena mínima é inferior a 04 (quatro) anos (CPP, art. 28-A).

DO CRIME DE TÍTULOS OU VALORES MOBILIÁRIOS FRAUDULENTOS

Art. 7º Emitir, oferecer ou negociar, de qualquer modo, títulos ou valores mobiliários:

I – falsos ou falsificados;

II – sem registro prévio de emissão junto à autoridade competente, em condições divergentes das constantes do registro ou irregularmente registrados;

III – sem lastro ou garantia suficientes, nos termos da legislação;

IV – sem autorização prévia da autoridade competente, quando legalmente exigida:

Pena – Reclusão, de 2 (dois) a 8 (oito) anos, e multa.

1. BEM JURÍDICO TUTELADO

A aqui, a exemplo do ocorre com o delito previsto no art. 2º da Lei n. 7.492/86, o bem jurídico protegido é a credibilidade pública dos valores mobiliários, pois se pretende punir a emissão, o oferecimento ou negociação de títulos ou valores mobiliários inidôneos, com o objetivo de assegurar a confiança pública nas transações realizadas com títulos mobiliários.

Reflexamente, o tipo penal, também, protege o patrimônio dos investidores e destinatários dos valores mobiliários.

Vale consignar que se coloca em primeiro plano o bem jurídico da credibilidade dos valores mobiliários, pois o tipo penal não exige um prejuízo aos investidores, sendo que a emissão e circulação já são potencialmente suficientes para contaminar, de forma abstrata, o ambiente sadio que deve imperar no Sistema Financeiro.

2. SUJEITOS DO CRIME

O sujeito ativo do crime pode ser qualquer pessoa, tratando-se, pois, de crime comum, uma vez que o tipo penal não exige nenhuma circunstância ou condição especial do autor.

O sujeito passivo é o Estado, já que responsável pelo Sistema Financeiro Nacional e, consequentemente, pela manutenção da credibilidade pública dos títulos e valores mobiliários. Por via reflexa, os investidores, também, são atingidos, já que em contato com valores mobiliários inidôneos.

3. CONDUTAS TÍPICAS (TIPICIDADE OBJETIVA)

O tipo penal traz três verbos: **emitir**, **oferecer** e **negociar**. Emitir é produzir colocando em circulação ou expedir. Oferecer é apresentar para terceiros. Negociar é celebrar negócios jurídicos com aludidos títulos.

Os títulos podem padecer dos seguintes vícios:

a) ser **falsos** (quando o título é originariamente falso, uma imitação de um título verdadeiro) ou **falsificados** (quando o título era verdadeiro, mas sofreu adulterações para a sua falsificação);

b) não ter registro[57] prévio perante as autoridades competentes, as ter em **condições divergentes** das constantes do registro ou estarem **irregularmente registrados.** Nesta modalidade, o delito ocorre quando o responsável pela emissão pública de valores mobiliários, o faz sem obter o prévio registro junto à Comissão de Valores Mobiliários, violando o preceituado no art. 19 da Lei n. 6.385/76 (Lei do Mercado de Capitais)[58].

Da mesma forma é caracterizado o crime, se a emissão é feita de maneira **distinta** dos limites previamente estabelecidos pelo registro.

Além disso, caso o registro obtido padeça de alguma **irregularidade**, também, haverá aqui a configuração típica.

Existem, em suma, nesta hipótese, três figuras típicas: i) **falta** de prévio registro para a emissão; ii) emissão de modo **divergente** do previamente registrado; e iii) emissão com registro que padeça de alguma **irregularidade**.

c) não possuírem lastro ou **garantias suficientes**, nos termos da lei. Neste caso, é punível a conduta quando o título não tem um embasamento financeiro que assegure os valores nele contido[59].

d) terem sido **emitidos sem autorização prévia** da autoridade competente, quando for exigido por lei. Neste caso, de acordo com o título ou valor mobiliário de que se trate, existirá, se for o caso, uma autoridade administrativa competente para previamente autorizar a sua emissão. O Banco Central é autoridade administrativa, em geral, com atribuição para autorizar a emissão de títulos ou valores mobiliários (Lei n. 4.728/65, art. 3º, V e VI).

De modo resumido, pode-se afirmar que o crime deste artigo pode ocorrer por **falsidade**, **falta** ou **inadequação** do **registro**, **falta** de **lastro** ou **falta** de **autorização prévia**.

---

57 É importante deixar claro que no registro, em regra, não se analisa o mérito da oferta, mas apenas realiza-se uma avaliação a respeito da sua regularidade formal. Sobre esse tema, BUSCHINELLI explica que: *"Normalmente, não compete à CVM analisar o mérito da oferta, mas tão somente atestar o cumprimento dos requisitos formais de registro. O registro por parte da CVM não garante a veracidade das informações prestadas, nem deriva de um julgamento sobre a qualidade da companhia, sua viabilidade, sua administração, sua situação econômico-financeira ou sobre os valores mobiliários a serem distribuídos. Ele é concedido de acordo com critérios formais de legalidade (Instrução CVM 400/03, art. 56, § 7º). A única possibilidade de controle da viabilidade da oferta consta do art. 82, § 2º da Lei das Sociedades Anônimas. Nos termos desse dispositivo, a CVM pode denegar o registro da oferta pública por inviabilidade ou temeridade do empreendimento, ou por inidoneidade de seus fundadores."* BUSCHINELLI, Gabriel Saad Kik. Comentário à Lei do Mercado de Capitais, Lei n. 6.385/76. São Paulo: Quartier Latin. 2015, p. 397.

58 Como consigna BUSCHINELLI, ao comentar referido dispositivo: *"O conceito de emissão pública é central para a delimitação do perímetro de ação regulatória e fiscalizatória da CVM. Interpretando a* contrario sensu *o disposto no art. 19, pode-se afirmar que as emissões privadas não estão sujeitas a registro perante a CVM, circunstância que subtrai do regulador a competência para fiscalizá-las."* BUSCHINELLI. Comentário à Lei do Mercado de Capitais, p. 380. Sobre a discussão a respeito dos critérios de quando se está diante de uma oferta pública ou de uma oferta privada, cf.: BUSCHINELLI. Comentário à Lei do Mercado de Capitais, pp. 383 e ss. Nada obstante tal discussão, relevante consignar o seguinte trecho da exposição de motivos da referida lei: *"Apenas a emissão pública (isto é, a emissão oferecida publicamente) está sujeita a registro. Não se aplica essa norma à emissão particular, como é o caso da emissão negociada com um grupo reduzido de investidores, que tenham acesso ao tipo de informação que o registro visa a divulgar. Se estes, porém, adquirem a emissão com o fim de a colocar no mercado, mediante oferta pública, estão sujeitos às mesmas restrições que a companhia emissora."*

59 Sobre essa hipótese do crime, BITTENCOURT consigna que: *"'Lastro' e 'garantia', seguramente, têm significados distintos, embora ambos signifiquem formas diversas de assegurar que a instituição financeira atua corretamente ao colocar títulos no mercado financeiro. 'Lastro', sem uma definição técnica específica, tem o sentido de respaldo, de cobertura de uma operação por outra. 'Garantia', por sua vez, pode ser real ou pessoal, prevista na legislação. Títulos e valores mobiliários devem ter lastro e garantia suficientes para poderem circular como se 'moeda' fossem do sistema mobiliário."* BITTENCOURT. Tratado de Direito Penal Econômico, p. 316.

4. TIPICIDADE SUBJETIVA

A imputação subjetiva neste delito somente pode ser feita a título de dolo. Assim, deve existir a intenção de emitir, oferecer ou negociar, de qualquer modo, títulos ou valores mobiliários que padeçam das características descritas no tipo objetivo.

Aqui é necessário que o agente tenha conhecimento: **i)** da falsidade (art. 7º, I); **ii)** da ausência de registro, das condições divergentes do registro e das suas eventuais irregularidades (art. 7º, II); **iii)** da falta de lastro ou garantia suficientes (art. 7º, III) ou, por fim, **iv)** da ausência de autorização prévia, quando exigida.

Esse conhecimento pode se dar, ademais, por meio de dolo eventual, em que o agente, apesar de não ter conhecimento pleno, deliberadamente coloca-se em uma situação de ignorância, assumindo o risco a respeito da presença dos elementos objetivos do tipo penal que deveria conhecer.

5. CONSUMAÇÃO E TENTATIVA

O crime se consuma com a realização das ações de **emitir**, **oferecer** ou **negociar** títulos ou valores mobiliários nas condições estabelecidas pelos incisos do art. 7º.

É possível a tentativa na modalidade negociar, quando, no decorrer da ação de negociação, possa ser ela interrompida, por circunstâncias alheias à vontade do agente, antes de sua consumação[60].

6. AÇÃO PENAL

A ação penal é pública incondicionada. Não cabe transação penal, nem suspensão condicional do processo. Sem embargo, em tese, cabe acordo de não persecução penal, vez que a pena mínima é inferior a 04 (quatro) anos (CPP, art. 28-A).

DO CRIME DE COBRANÇA DE JUROS, COMISSÃO OU REMUNERAÇÃO EM DESACORDO COM A LEGISLAÇÃO

Art. 8º Exigir, em desacordo com a legislação (Vetado), juro, comissão ou qualquer tipo de remuneração sobre operação de crédito ou de seguro, administração de fundo mútuo ou fiscal ou de consórcio, serviço de corretagem ou distribuição de títulos ou valores mobiliários:

Pena – Reclusão, de 1 (um) a 4 (quatro) anos, e multa.

1. BEM JURÍDICO TUTELADO

Neste caso, entendemos que o bem jurídico tutelado é a higidez e regularidade do Sistema Financeiro Nacional e não o patrimônio privado do usuário[61].

---

60 Como afirma TORTIMA: *"A tentativa será possível unicamente na alternativa de negociar, por se tratar de conduta plurissubsistente. Já as ações de emitir e oferecer os títulos não comportam a tentativa por ser impossível o fracionamento temporal do iter, sendo que qualquer antecedente à consumação do ato de emitir ou oferecer os títulos inquinados ficariam no plano dos atos preparatórios, sabidamente impuníveis.* TORTIMA. Crimes contra o Sistema Financeiro Nacional, pp. 67-68.

61 BITTENCOURT sustenta *"ardorosamente, que, prioritariamente, neste art. 8º, o objeto jurídico é a proteção do patrimônio dos usuários do sistema financeiro nacional, que acreditam na 'boa execução da política econômica do governo."* BITTENCOURT. Tratado de Direito Penal Econômico, p. 320. No mesmo sentido TORTIMA, muito embora consigne que a tutela do bem jurídico do usuário: *"representa apenas um aspecto do objetivo maior de resguardar a própria confiabilidade do*

Isso por uma razão muito simples, o tipo penal não exige prejuízo ou lesão ao bem jurídico privado do usuário. O que pretende o tipo penal é debelar a simples prática de exigir juros, comissão ou qualquer tipo de comissão no âmbito do Sistema Financeiro Nacional, de modo a assegurar maior credibilidade ao sistema, garantindo, assim, a sua higidez.

2. SUJEITOS DO CRIME

O sujeito ativo do crime pode ser qualquer pessoa, tratando-se, pois, de crime comum, uma vez que o tipo penal não exige qualquer circunstância ou condição especial do autor.

Apesar disso, é de se reconhecer, que o tipo penal, na prática, somente poderá ser realizado pelas pessoas que estejam em condições de realizar as exigências extorsivas.

O sujeito passivo é o Estado, já que responsável pelo Sistema Financeiro Nacional e, consequentemente, pela manutenção da credibilidade pública dos títulos e valores mobiliários. Por via reflexa, a pessoa que tenha sido sujeitada à cobrança extorsiva.

3. CONDUTAS TÍPICAS (TIPICIDADE OBJETIVA)

O verbo típico do crime aqui em exame é o exigir. Em Direito penal esse verbo demanda uma atitude bastante agressiva do autor, já que *"tem o sentido de obrigar, ordenar, impor ao sujeito passivo o atendimento de sua pretensão, no caso, juro, comissão ou qualquer tipo de remuneração sobre as operações mencionadas no tipo penal"*[62].

No entanto, não se pode reduzir o alcance desse tipo penal aos casos em que há violência física ou psicológica[63], mas, também, naqueles casos em que a vítima esteja premida por uma situação de especial sujeição ao autor do delito, e este, na cobrança, abusa dessa premente necessidade.

Ademais, essa exigência deve estar referida a juro, comissão ou outro tipo de remuneração, que deve derivar de operação de crédito ou de seguro, administração de fundo mútuo ou fiscal, ou de consórcio, serviço de corretagem ou distribuição de lucro ou valores mobiliários.

O problema deste tipo penal, no entanto, diz respeito à elementar *"em desacordo com a legislação"* de modo que para a sua caracterização faz-se necessário que a Lei fixe os limites relativos aos valores de juro, comissão ou remunerações que podem ser cobrados, o que não existe na atualidade, de modo que[64]. Assim, a aplicabilidade deste dispositivo, no quadro normativo atual, torna-se na prática impossível.

Ademais, não parece adequado ler esse elemento normativo como se fosse uma forma dizer que o tipo penal proíbe *"vantagem indevida"*[65], uma vez que tal interpretação, nos parece, ultrapassa os limites oferecidos pelo texto do tipo penal.

4. TIPICIDADE SUBJETIVA

O crime em comento somente é punível na figura dolosa.

SFN, cujos reflexos na boa execução da política econômica do governo já foram acentuados." TORTIMA. Crimes contra o Sistema Financeiro Nacional, p. 69. Já PRADO defende que o tipo penal tutela *"a higidez das negociações efetuadas no mercado financeiro e os investidores que tiveram o patrimônio prejudicado."* PRADO. Direito Penal Econômico, p. 171.

62 BITTENCOURT. Tratado de Direito Penal Econômico, p. 321.

63 BITTENCOURT. Tratado de Direito Penal Econômico, p. 321.

64 Sobre a inexistência de qualquer limite previsto em lei para a cobrança de juros, comissão ou remuneração, cf.: TORTIMA. Crimes contra o Sistema Financeiro Nacional, pp. 70 e ss.

65 Nesse sentido, BITTENCOURT afirma: *"A elementar normativa constante do tipo penal – exigência em desacordo com a legislação -, indiscutivelmente, é uma forma diferente de o legislador proibir a obtenção coercitivamente de vantagem indevida, para não dizer ilegal."* BITTENCOURT. Tratado de Direito Penal Econômico, p. 322.

5. CONSUMAÇÃO E TENTATIVA

O crime em questão é formal, de modo que basta a exigência para a sua consumação.

A tentativa é, em tese, cabível quando entre a ação de exigir seja realizada por meio de atos que temporalmente possam ser interceptados, impedindo a consumação, como é o caso de uma exigência via correio, que acaba sendo interceptado pela polícia antes de chegar à vítima.

6. AÇÃO PENAL

A ação penal é pública incondicionada. Não cabe transação penal, mas é cabível a suspensão condicional do processo e, eventualmente, o acordo de não persecução penal, vez que a pena mínima é inferior a 04 (quatro) anos (CPP, art. 28-A).

DA FRAUDE POR MEIO DE FALSIDADE IDEOLÓGICA FINANCEIRA

Art. 9º Fraudar a fiscalização ou o investidor, inserindo ou fazendo inserir, em documento comprobatório de investimento em títulos ou valores mobiliários, declaração falsa ou diversa da que dele deveria constar:

Pena – Reclusão, de 1 (um) a 5 (cinco) anos, e multa.

1. BEM JURÍDICO TUTELADO

O bem jurídico protegido pelo tipo penal do art. 9º é a higidez do Sistema Financeiro Nacional, já que busca proteger a fiscalização realizada pelos entes estatais sobre as instituições financeiras, assim como tutelar o investidor contra fraudes.

2. SUJEITOS DO CRIME

O sujeito ativo do crime pode ser qualquer pessoa, tratando-se, pois, de crime comum, uma vez que o tipo penal não exige nenhuma circunstância ou condição especial do autor.

O sujeito passivo é o Estado quando a vítima da fraude for a fiscalização e o é, também, o investidor quando seja ele o diretamente enganado.

3. CONDUTAS TÍPICAS (TIPICIDADE OBJETIVA)

O verbo típico é fraudar a fiscalização ou investidor, no sentido de enganá-lo, induzi-lo a erro. Essa fraude, porém, deve ser necessariamente realizada por meio de uma falsidade ideológica, ou seja, inserindo (diretamente) ou fazendo inserir (indiretamente, por interposta pessoa) declaração falsa (que não corresponda com a realidade) ou declaração diversa da que deveria constar (que não corresponda com a informação que deveria constar), em documento comprobatório de investimento em títulos ou valores mobiliários.

Para a caracterização do delito, a falsidade ideológica deve ter idoneidade suficiente para enganar, para fraudar. É dizer, deve haver uma causalidade entre a falsidade ideológica e o engano da fiscalização ou do investidor.

4. TIPICIDADE SUBJETIVA

A imputação subjetiva é feita a título de dolo. Deve o agente atuar, pois, com consciência e vontade de fraudar a fiscalização ou o investidor, por meio da falsidade ideológica.

O tipo penal exige especial fim de agir e não prevê a incriminação de conduta culposa.

5. CONSUMAÇÃO E TENTATIVA

A consumação do delito se dá com a fraude. Assim, ocorre no momento em que o agente fiscalizador ou o investidor é enganado pelo documento ideologicamente falso.

Aqui, se trata de crime de lesão, em que é exigido a efetiva violação da fiscalização e do investidor.

É possível a tentativa quando, apesar da falsidade ideológica, o agente não consiga efetivamente enganar a fiscalização ou o investidor.

6. AÇÃO PENAL

A ação penal é pública incondicionada. Não cabe transação penal, mas é cabível a suspensão condicional do processo e, eventualmente, o acordo de não persecução penal, vez que a pena mínima é inferior a 04 (quatro) anos (CPP, art. 28-A).

DO CRIME DE FALSIFICAÇÃO DE DEMONSTRATIVOS CONTÁBEIS:

Art. 10. Fazer inserir elemento falso ou omitir elemento exigido pela legislação, em demonstrativos contábeis de instituição financeira, seguradora ou instituição integrante do sistema de distribuição de títulos de valores mobiliários:

Pena – Reclusão, de 1 (um) a 5 (cinco) anos, e multa.

1. BEM JURÍDICO TUTELADO

O bem jurídico aqui protegido, também, é o da higidez do Sistema Financeiro Nacional, já que a incriminação busca assegurar a veracidade dos demonstrativos contábeis das instituições financeiras, de modo a oferecer um ambiente transparente e confiável para os negócios jurídicos[66].

Sobre a importância de tal modalidade de incriminação, DI NICOLA assevera que: *"não se pode pretender levar a bom termo a luta contra a criminalidade econômica se não se inicia decididamente os ataques contra o mecanismo do qual se valem os delinquentes econômicos para o sucesso de suas atividades delitivas, contra a falsificação dos demonstrativos contábeis."*[67]

2. SUJEITOS DO CRIME

O sujeito ativo do crime pode ser qualquer pessoa, tratando-se, pois, de crime comum, uma vez que o tipo penal não exige nenhuma circunstância ou condição especial do autor.

Na forma omissiva, porém, trata-se de delito especial, pois somente quem tem o dever jurídico de prestar a informação é que pode cometer essa modalidade do crime.

---

66 DI NICOLA, *La falsificazione dei bilanci come strumento di criminalità economica*, in Il diritto penale europeo dell'economia. Roma, 1983, p. 120, *apud* FARALDO CABANA, Patricia. Los delitos societarios, 2ª ed. Valencia: Tirant lo Blanch, 2012, p. 96.

67 Os demonstrativos contábeis, como explica COELHO, têm como função: *"possibilitar o conhecimento, pelos acionistas e por terceiros, de sua situação patrimonial, econômica e financeira, bem como dos resultados positivos ou negativos alcançados pela empresa. Essas demonstrações não são úteis apenas para o direito societário comercial. Servem também a finalidades preceituadas pela legislação tributária, que exige das sociedades anônimas ainda outras demonstrações. São instrumentos valiosos, por outro lado, para a administração da sociedade e o controle gerencial, desempenhando, desse modo, funções não jurídicas também. O estudo dessas demonstrações pelo direito comercial restringe-se aos dados relevantes para o tratamento das relações entre os acionistas e destes com os órgãos de administração."* COELHO, Fábio Ulhoa. Manual de Direito Comercial: Direito da Empresa. 23ª ed. São Paulo: Saraiva, pp. 245-246.

O sujeito passivo é o Estado, considerando sua responsabilidade na tutela do Sistema Financeiro. Indiretamente, o crime pode prejudicar tanto a instituição financeira, que pode ter sua credibilidade abalada ou mesmo ter de responder com seu patrimônio por conta das falsidades, e o investidor eventualmente prejudicado pela informação falsa.

3. CONDUTAS TÍPICAS (TIPICIDADE OBJETIVA)

A tipicidade objetiva é consubstanciada por duas condutas, uma ativa (fazer inserir) e outra omissiva (omitir), dizendo elas respeito às informações constantes (ou que deveriam constar) dos demonstrativos contábeis de instituição financeira, seguradora ou outra instituição integrante do sistema de distribuição de valores mobiliários.

Em poucas palavras, o crime se caracteriza pela falsidade ideológica dos demonstrativos contábeis.

É importante consignar que o legislador, ao tipificar a figura do *"fazer inserir"* evidentemente, evidentemente, englobou também a conduta de inserir diretamente.

Na verdade, fazer inserir significa, em última analise, inserir, muito embora, geralmente, essa locução queira expressar a instrumentalização de terceiro para a prática do delito. No entanto, quem instrumentaliza terceiro, ao fim e ao cabo, acaba praticado o crime com domínio do fato, razão pela qual não há razão para diferenciar a conduta de inserir ou fazer inserir, com o que é de se afirmar que o tipo penal abrange tanto as condutas diretas (autoria), quanto as indiretas (participação ou autoria mediata)[68].

O crime na modalidade omissiva, como visto, somente pode ser realizado por quem tem por lei ou regulamento o dever jurídico de elaborar os demonstrativos contábeis das pessoas jurídicas referidas no tipo penal.

4. TIPICIDADE SUBJETIVA

A responsabilização penal somente pode ser feita, no seu aspecto subjetivo, a título de dolo.

O tipo penal não exige especial fim de agir e não prevê a incriminação de conduta culposa.

5. CONSUMAÇÃO E TENTATIVA

A maior parte da doutrina defende que o crime se consuma com a inserção das informações ideologicamente falsas nos demonstrativos contábeis[69].

No entanto, nos parece que o delito se configura com a efetiva formalização dos demonstrativos contábeis, uma vez que somente a partir desse momento é possível tecnicamente afirmar-se que se está diante de um demonstrativo contábil. Ou seja, quando a inserção da informação e a formalização dos demonstrativos se dá em momentos distintos, somente neste segundo momento é possível falar-se na consumação do delito.

Já na modalidade omissiva, consuma-se o crime no momento em que é formalizado o demonstrativo contábil sem a informação que deveria dele constar.

A tentativa é possível, apesar de difícil caracterização, precisamente naqueles casos em que exista um lapso temporal entre a inserção na planilha e a formalização contábil.

---

68 Em sentido contrário, cf.: BITTENCOURT. Tratado de Direito Penal Econômico, pp. 336 e ss.

69 Cf.: BITTENCOURT. Tratado de Direito Penal Econômico, p. 339; TORTIMA. Crimes contra o Sistema Financeiro Nacional, p. 81; PRADO. Direito Penal Econômico, p. 179.

6. AÇÃO PENAL

A ação é pública incondicionada. Não cabe transação penal, mas é cabível a suspensão condicional do processo e, eventualmente, o acordo de não persecução penal, vez que a pena mínima é inferior a 04 (quatro) anos (CPP, art. 28-A).

> **DO CRIME DE CONTABILIDADE PARALELA**
>
> **Art. 11.** Manter ou movimentar recurso ou valor paralelamente à contabilidade exigida pela legislação:
>
> Pena – Reclusão, de 1 (um) a 5 (cinco) anos, e multa.

1. BEM JURÍDICO TUTELADO

O bem jurídico tutelado pelo delito do art. 11 é, a exemplo dos crimes anteriores, também, a higidez do Sistema Financeiro Nacional.

Isso porque, a veracidade da contabilidade das empresas é primordial para que o sistema funcione de forma transparente e confiável, além do que a correta contabilização dos recursos é imprescindível para uma cobrança equânime de tributos e, como consequência, uma concorrência mais justa.

2. SUJEITOS DO CRIME

O tipo penal ora estudado não prevê circunstância ou qualidade específica para que a pessoa seja sujeito ativo do crime, razão pela qual não é possível afirmar tratar-se de um delito especial, muito embora os autores previsíveis deste crime sejam as pessoas indicadas no art. 25 da LCSFN.

O sujeito passivo é o Estado, considerando sua responsabilidade na tutela do Sistema Financeiro. Em segundo plano, podem ser os investidores ou outros lesados pela existência de recursos não contabilizados.

3. CONDUTAS TÍPICAS (TIPICIDADE OBJETIVA)

A conduta típica é consubstanciada pela manutenção de contabilidade paralela, não oficial, o vulgarmente chamado *"caixa dois"*. É dizer, a tipicidade objetiva ocorre quando não são registradas na contabilidade oficial da empresa movimentações financeiras que dela deveria constar.

O outro núcleo do tipo é materializado pela movimentação de recursos ou valores sem a devida realização da contabilização oficial por parte da Instituição financeira. Assim, o crime em exame somente incide se praticado no âmbito de uma instituição financeira, nos termos do conceito penal trazido pelo art. 1º.

A contabilidade exigida por lei para as Sociedades Anônimas é a prevista nos artigos 175 a 188 da Lei n. 6.404/76 (Lei das S.A).

4. TIPICIDADE SUBJETIVA

A tipicidade subjetiva somente pode ser consubstanciada pelo dolo, de modo que o agente deve ter consciência e vontade de manter ou movimentar recurso ou valor paralelamente à contabilidade oficial da instituição financeira.

O tipo penal não exige especial fim de agir e não prevê a incriminação de conduta culposa.

5. CONSUMAÇÃO E TENTATIVA

O crime de manter contabilidade paralela se consuma no momento em que a informação deveria constar da contabilidade oficial da instituição financeira, mas tal escrituração não é realizada. Neste caso, os efeitos do delito se protraem no tempo, enquanto não é regularizada a contabilidade, constituindo, pois, crime permanente.

Já com relação ao momento consumativos do crime praticado na modalidade de movimentar recurso não contabilizado apresenta alguma divergência em sua identificação.

Para BITENCOURT, o delito nessa modalidade se consuma no momento da movimentação financeira[70].

No entanto, como ponderação contrária a esse entendimento, é de se afirmar que, entre a realização da movimentação e o momento em que ela deve ser lançada na contabilidade, pode existir um intervalo temporal (máxime quando o lançamento de tais informações não é automatizado), de modo que o lançamento da informação contábil da movimentação contábil pode ocorrer em momento posterior.

De tal maneira, defende-se aqui que o crime se consuma no preciso momento em que deveria a informação da movimentação ser lançada na contabilidade e tal providência não é tomada.

A tentativa aqui não é admissível, já que o crime se consuma e é realizado no momento em que a informação deveria ser lançada na contabilidade, não havendo, pois, espaço de tempo entre ação e consumação.

6. AÇÃO PENAL

A ação é pública incondicionada. Não cabe transação penal, mas é cabível a suspensão condicional do processo e, eventualmente, o acordo de não persecução penal, vez que a pena mínima é inferior a 04 (quatro) anos (CPP, art. 28-A).

DO CRIME DE SONEGAÇÃO DE INFORMAÇÕES

Art. 12. Deixar, o ex-administrador de instituição financeira, de apresentar, ao interventor, liquidante, ou síndico, nos prazos e condições estabelecidas em lei as informações, declarações ou documentos de sua responsabilidade:

Pena – Reclusão, de 1 (um) a 4 (quatro) anos, e multa.

1. BEM JURÍDICO TUTELADO

O crime em tela busca proteger a higidez dos processos de liquidação extrajudicial, intervenção ou falência, pretendendo dar plena transparência a esses procedimentos, de modo a proteger, fundamentalmente, os credores das instituições financeiras. De forma indireta, protege, também, o Sistema Financeiro, já que busca evitar que empresas em situações de dificuldades acabem por contaminar o sistema, o que, muitas vezes, pode, inclusive, gerar um efeito dominó, prejudicando outros atores do SFN.

2. SUJEITOS DO CRIME

O crime do art. 12 da LCSFN é um delito especial (crime próprio), já que a lei expressamente exige uma determinada condição do agente, nomeadamente a condição de ex-administrador,

70 BITTENCOURT. Tratado de Direito Penal Econômico, p. 344.

figura essa que inclui, também, os ex-diretores e os ex-gerentes, nos termos do art. 25 e seu parágrafo único da Lei em comento.

O sujeito passivo será a instituição financeira e os investidores. Também são prejudicados o interventor, o liquidante ou o síndico, já que, por conta da sonegação de informações, têm seu trabalho de saneamento da empresa prejudicado ou dificultado. Por fim, em última análise, também é atingido o Estado em seu dever de decidir a respeito da liquidação extrajudicial, da intervenção e da falência, além de ter o dever de preservar a higidez do SFN.

3. CONDUTAS TÍPICAS (TIPICIDADE OBJETIVA)

Inicialmente, é de rigor explicar que as instituições financeiras têm um regime específico de execução concursal. Ela tem natureza extrajudicial, é capitaneada pelo Banco Central e é prevista na Lei n. 6.024/74.

No entanto, tal previsão não impede que a instituição financeira – caso não esteja sob liquidação extrajudicial ou intervenção decretada pelo Banco Central – seja submetida ao processo judicial de falência. Além disso, em casos específicos previstos em lei (LILE, art. 21, "b" e art. 12, "d"), poderá o Banco Central autorizar seja realizado pedido de falência da Instituição financeira em juízo[71].

De tal maneira, é possível afirmar-se que a instituição financeira está sujeita, tanto ao regime de intervenção[72] e liquidação[73] (Lei n. 6.024/74) quanto ao regime de falência (Lei n. 11.101/05).

Feita essa contextualização, verifica-se que a conduta típica aqui examinada **pressupõe** que a instituição financeira encontre-se em situação de **liquidação extrajudicial** (procedimento definido pela Lei n. 6.024/74, que prevê tratamento diferenciado para as Instituições Financeiras que estejam em situação semelhante à falimentar) ou **situação falimentar** (para os casos de instituições equiparadas à instituição financeira, como é o caso dos consórcios)[74].

Estando em tais condições, a conduta típica se consubstancia por uma **omissão**, que pode se dar: **a)** com a **não apresentação** de informações, declarações ou documentos; **b)** com a sua apresentação **fora do prazo exigido**; ou **c)** com a apresentação **em desacordo** com as condições estabelecidas por lei. Em suma, vê-se que o delito se caracteriza, ao fim e ao cabo, com a não apresentação de informações, declarações ou documentos no prazo e condições estabelecidos lei.

---

71 COELHO. Manual de Direito Comercial, p. 239.

72 Sobre o procedimento de intervenção, o art. 2º, da Lei n. 6.024/74, prevê o seguinte: *"Art. 2º Far-se-á a intervenção quando se verificarem as seguintes anormalidades nos negócios sociais da instituição: I – a entidade sofrer prejuízo, decorrente da má administração, que sujeite a riscos os seus credores; II – forem verificadas reiteradas infrações a dispositivos da legislação bancária não regularizadas após as determinações do Banco Central do Brasil, no uso das suas atribuições de fiscalização; III – na hipótese de ocorrer qualquer dos fatos mencionados nos artigos 1º e 2º, do Decreto-lei nº 7.661, de 21 de junho de 1945 (lei de falências), houver possibilidade de evitar-se, a liquidação extrajudicial."*

73 Já a respeito do o procedimento de liquidação extrajudicial, o art. 15, da Lei n. 6.024/74, dispõe: *"Art. 15. Decretar-se-á a liquidação extrajudicial da instituição financeira: I – ex officio: a) em razão de ocorrências que comprometam sua situação econômica ou financeira especialmente quando deixar de satisfazer, com pontualidade, seus compromissos ou quando se caracterizar qualquer dos motivos que autorizem a declararão de falência; b) quando a administração violar gravemente as normas legais e estatutárias que disciplinam a atividade da instituição bem como as determinações do Conselho Monetário Nacional ou do Banco Central do Brasil, no uso de suas atribuições legais; c) quando a instituição sofrer prejuízo que sujeite a risco anormal seus credores quirografários; d) quando, cassada a autorização para funcionar, a instituição não iniciar, nos 90 (noventa) dias seguintes, sua liquidação ordinária, ou quando, iniciada esta, verificar o Banco Central do Brasil que a morosidade de sua administração pode acarretar prejuízos para os credores; II – a requerimento dos administradores da instituição – se o respectivo estatuto social lhes conferir esta competência – ou por proposta do interventor, expostos circunstanciadamente os motivos justificadores da medida."*

74 BITTENCOURT. Tratado de Direito Penal Econômico, p. 348.

O fato de o agente apresentar as informações, declarações ou documentos fora do prazo ou em desacordo com as informações não transforma o tipo penal em um crime comissivo, já que o relevante não é a ação realizada, mas sim a omissão, ou seja, a conduta que o agente tinha o dever jurídico de realizar.

4. TIPICIDADE SUBJETIVA

Sob o aspecto subjetivo, é punível apenas a conduta realizada dolosamente. Assim, deve o agente, com consciência e vontade, deixar de prestar as informações necessárias ou de prestá-las fora do prazo ou condições estabelecidas por lei.

O tipo penal não exige especial fim de agir e não prevê a incriminação de conduta culposa. Assim, caso essa omissão decorra de uma violação ao dever objetivo de cuidado (culpa) a conduta será atípica.

Para avaliar se o agente omitiu-se dolosa ou culposamente deverá ser analisado o contexto da omissão, as manifestações do agente, os antecedentes e consequentes do seu não fazer.

5. CONSUMAÇÃO E TENTATIVA

O crime se consuma no momento em que o agente tinha o dever de prestar as informações (quando as deixa de prestar ou as prestas intempestivamente) ou, se apresentada dentro do prazo, mas em desacordo com as condições estabelecidas por lei, o crime se consuma no momento da apresentação das informações.

Tratando-se de crime omissivo próprio não é admissível a tentativa, já que, neste caso, é consubstanciado por um não fazer específico, em que não é possível diferenciar-se temporalmente a omissão e a consumação do delito.

6. AÇÃO PENAL

A ação penal é pública incondicionada. Não cabe transação penal, mas é cabível a suspensão condicional do processo e, eventualmente, o acordo de não persecução penal, vez que a pena mínima é inferior a 04 (quatro) anos (CPP, art. 28-A).

DO CRIME DE DESVIO DE BENS

Art. 13. Desviar (Vetado) bem alcançado pela indisponibilidade legal resultante de intervenção, liquidação extrajudicial ou falência de instituição financeira.

Pena – Reclusão, de 2 (dois) a 6 (seis) anos, e multa.

Parágrafo único. Na mesma pena incorra o interventor, o liqüidante ou o síndico que se apropriar de bem abrangido pelo caput deste artigo, ou desviá-lo em proveito próprio ou alheio.

1. BEM JURÍDICO TUTELADO

O crime do art. 13 da LCSFN tutela o patrimônio da instituição financeira e de seus credores, protegendo, também, a higidez dos processos de liquidação, intervenção e falência, uma vez que busca garantir, com o patrimônio dos seus administradores, eventuais dívidas e despesas da instituição. Com isso, protege-se, também, a exemplo do delito anterior, o Sistema Financeiro evitando-se contaminação do sistema com o não pagamento de credores e a deterioração da situação financeira da instituição financeira.

2. SUJEITOS DO CRIME

A figura criminal prevista no *caput* do artigo em exame – apesar de aparentar ser delito comum – é um crime especial, uma vez que somente pode ser cometido pelos administradores da instituição financeira em intervenção, liquidação ou falência, ou, se for o caso, pelas pessoas referidas no § 2º, do 36 da Lei n. 6.024/ 74 (LILE).

Isso porque, aludido artigo da LILE, prevê a indisponibilidade automática dos bens dos administradores das instituições financeiras em intervenção, em liquidação extrajudicial ou em falência, podendo tal indisponibilidade ser estendida a outras pessoas como os gerentes, conselheiros fiscais e demais pessoas que concorreram para a decretação da intervenção ou liquidação extrajudicial[75].

Ademais, o crime previsto no parágrafo único, também, é delito especial, já que somente poderá ser cometido pelo interventor, liquidante ou síndico.

O sujeito passivo será a instituição financeira e seus acionistas, além do Estado que também é atingido, já que tem o seu dever de decidir a respeito da liquidação extrajudicial, da intervenção e da falência das instituições financeiras, além de ter o dever de preservar a higidez do SFN.

3. CONDUTAS TÍPICAS (TIPICIDADE OBJETIVA)

Inicialmente, cumpre consignar que, a exemplo do crime anterior, para a caracterização do delito em questão, é **pressuposto** que tenha sido feita a intervenção pelo Banco Central, tenha sido decretada a liquidação extrajudicial ou a falência.

Dito isso, verifica-se que as condutas típicas podem ser divididas em duas ações fundamentais:

a) a **ação do administrador** (ou outra pessoa referida no § 2º, do 36 da LILE) que desvia bens alcançados pela indisponibilidade legal. Assim, incrimina-se a ação da pessoa que dá destinação diversa à determinada pela indisponibilidade (ou seja, finalidade de garantia) ou tenta burlar os efeitos dessa indisponibilidade, seja ocultando os bens, seja transferindo-os a terceiros.

b) a **ação do interventor, liquidante ou síndico** que – diante da posse dos bens dos administradores atingidos pela indisponibilidade, que passa a ter por conta do exercício de suas funções – acaba por apropriar-se deles ou desviar em proveito próprio ou alheio.

Para a caracterização da apropriação, como visto, faz-se necessária a prévia posse por parte do autor do delito dos bens indisponíveis. Assim, uma vez tendo o administrador essa posse, para a caracterização do delito, deve ele apropriar-se desse bem, agindo como se dono dele fosse.

4. TIPICIDADE SUBJETIVA

O crime somente é punível a título de dolo.

---

75 *"Art. 36. Os administradores das instituições financeiras em intervenção, em liquidação extrajudicial ou em falência, ficarão com todos os seus bens indisponíveis não podendo, por qualquer forma, direta ou indireta, aliená-los ou onerá-los, até apuração e liquidação final de suas responsabilidades. § 1º A indisponibilidade prevista neste artigo decorre do ato que decretar a intervenção, a extrajudicial ou a falência, atinge a todos aqueles que tenham estado no exercício das funções nos doze meses anteriores ao mesmo ato. § 2º Por proposta do Banco Central do Brasil, aprovada pelo Conselho Monetário Nacional, a indisponibilidade prevista neste artigo poderá ser estendida: a) aos bens de gerentes, conselheiros fiscais e aos de todos aqueles que, até o limite da responsabilidade estimada de cada um, tenham concorrido, nos últimos doze meses, para a decretação da intervenção ou da liquidação extrajudicial, b) aos bens de pessoas que, nos últimos doze meses, os tenham a qualquer título, adquirido de administradores da instituição, ou das pessoas referidas na alínea anterior desde que haja seguros elementos de convicção de que se trata de simulada transferência com o fim de evitar os efeitos desta Lei. § 3º Não se incluem nas disposições deste artigo os bens considerados inalienáveis ou impenhoráveis pela legislação em vigor."*

Assim, na figura do *caput*, deve o agente ter conhecimento que o bem foi atingido pela disponibilidade e intenção de desviá-lo. Essa modalidade (prevista no *caput*) não prevê especial fim de agir.

Na figura do parágrafo único, primeira parte, o dolo é caracterizado pela consciência e vontade de se apropriar, não existindo nenhum elemento subjetivo diverso, já que o verbo apropriar-se consubstancia, em si mesmo, uma manifestação da intenção de ser dono do bem.

Aliás, como já comentado no artigo 5º, esse ânimo não pode ser caracterizado por um estado mental ou elemento *"interno"* do sujeito, mas sim por manifestações externas que expressam a intenção do autor de agir como se dono do bem fosse.

Por fim, a conduta prevista na segunda parte, do parágrafo único, exige um especial fim de agir, consistente em desviar o bem em proveito próprio ou alheio. A intenção de apropriação deve ser aqui demonstrada por meio de condutas externas do agente, que passa a agir como se dono fosse do bem apropriado.

No delito em questão não há previsão para a incriminação de conduta culposa.

5. CONSUMAÇÃO E TENTATIVA

As ações tipificadas pelo art. 13 consubstanciam crimes materiais e de lesão e se consumam: **a**) no primeiro caso, com a efetiva aplicação do bem indisponível em finalidade diversa da autorizada; **b**) na segunda (parágrafo único, primeira parte), com a manifestação externa de uma intenção de apropriação e **c**) na terceira, também pelo desvio no emprego do bem, em benefício próprio ou alheio.

A tentativa, apesar de excepcional, é admitida, nas hipóteses em que possa existir algum lapso temporal entre a ação do agente e a efetiva realização do desvio ou apropriação[76].

6. AÇÃO PENAL

A ação penal é pública incondicionada. Não cabe transação penal, nem suspensão condicional do processo. Sem embargo, em tese, cabe acordo de não persecução penal, vez que a pena mínima é inferior a 04 (quatro) anos (CPP, art. 28-A).

DO CRIME DE APRESENTAÇÃO FALSA DE CRÉDITO OU RECLAMAÇÃO

Art. 14. Apresentar, em liquidação extrajudicial, ou em falência de instituição financeira, declaração de crédito ou reclamação falsa, ou juntar a elas título falso ou simulado:

Pena – Reclusão, de 2 (dois) a 8 (oito) anos, e multa.

Parágrafo único. Na mesma pena incorre o ex-administrador ou falido que reconhecer, como verdadeiro, crédito que não o seja.

1. BEM JURÍDICO TUTELADO

O bem protegido pelo delito em questão é o patrimônio da instituição financeira, uma vez que pretende protegê-la contra tentativas de se criar falsas dívidas para a pessoa jurídica.

76 A esse respeito, BITTENCOURT explica que: *"Tratando-se de crime material, a tentativa é teoricamente, possível, embora de difícil configuração. A despeito da dificuldade de sua comprovação, a identificação da tentativa fica na dependência da possibilidade concreta de se constatar a exteriorização do ato de vontade do sujeito ativo, capaz de demonstrar a alteração da intenção do agente de apropriar-se do bem alheio, invertendo a natureza da posse. Não se pode negar a configuração da tentativa quando, por exemplo, o proprietário surpreende o possuidor efetuando a venda do bem que lhe pretende e somente a intervenção daquele – circunstância alheia à vontade do agente – impede*

Tutela-se indiretamente os credores da Instituição que seriam prejudicados caso a ela efetuasse pagamentos de débitos inexistentes, especialmente estando a instituição enfrentando dificuldades, como é o caso das que se encontram em liquidação extrajudicial, intervenção ou falência.

2. SUJEITOS DO CRIME

A figura típica prevista no *caput* do art. 14 é um delito comum, podendo ser cometido por qualquer pessoa.

Já a figura do parágrafo único, estabelece um delito especial, vez que somente o ex-administrador ou o falido podem praticá-lo.

O sujeito passivo é a instituição financeira e os credores. Por via reflexa, o Estado também é atingido, já que responsável pela correção do procedimento de liquidação extrajudicial ou de falência, assim como pela higidez do sistema financeiro.

3. CONDUTAS TÍPICAS (TIPICIDADE OBJETIVA)

Inicialmente, para a caracterização do delito em questão, imprescindível que previamente exista **decretação de liquidação extrajudicial** pelo Banco Central (art. 3º, Lei 6.024/74) ou uma **sentença** que decrete a **falência** (art. 9º, Lei n. 11.101/05).

Cumprido esse pressuposto para a caracterização do delito em comento, verifica-se que a conduta típica pode ser dividida em duas.

a) A primeira conduta é a do **suposto credor** que apresenta **falsa declaração** de **crédito** ou **reclamação** (figura do *caput* do art. 14). Neste caso, o autor do crime, na habilitação de crédito, apresenta essa declaração ou reclamação falsa.

É importante consignar, porém, que não caracteriza delito o simples fato de uma pessoa apresentar uma pretensão de crédito potencialmente legítimo, ainda que, ao fim, não tenha sido acolhida tal pretensão. Isso significa que não é toda a apresentação de crédito, cuja habilitação tenha sido rejeitada, que dá lugar ao delito. Para que este se aperfeiçoe o crime, faz-se necessária a falsidade do crédito, não a sua controvérsia.

b) A segunda é a do **ex-administrador** ou **falido** que reconhece como verdadeiro **crédito falso**. Assim, nessa hipótese, o ex-administrador ou falido – anteriormente responsável por reconhecer os créditos que lhe eram apresentados –, acaba por reconhecê-los, apesar de saber que se tratava de um crédito falso.

4. TIPICIDADE SUBJETIVA

O crime somente é punível a título de dolo. Tanto na figura do *caput* quanto na do parágrafo primeiro deve o agente ter ciência da falsidade do crédito.

O tipo penal não exige especial fim de agir e não prevê a incriminação de conduta culposa.

5. CONSUMAÇÃO E TENTATIVA

Na primeira figura, o crime se consuma com a apresentação do crédito ou reclamação falsos, sendo prescindível a sua habilitação e pagamento.

Na segunda modalidade, basta o reconhecimento do crédito pelo ex-administrador ou falido para a caracterização do crime, não sendo necessário seu pagamento.

---

a tradição do objeto ao comprador, desde que nenhum ato anterior tenha demonstrado essa intenção." BITTENCOURT. Tratado de Direito Penal Econômico, p. 357.

Nas duas hipóteses, considerando que os delitos são de mera conduta e unissubsistentes não é admitida a tentativa, com exceção da modalidade juntar, em que é, em tese, possível a forma tentada.

6. AÇÃO PENAL

A ação é pública incondicionada. Não cabe transação penal, nem suspensão condicional do processo. Sem embargo, em tese, cabe acordo de não persecução penal, vez que a pena mínima é inferior a 04 (quatro) anos (CPP, art. 28-A).

DO CRIME DE MANIFESTAÇÃO FALSA SOBRE INSTITUIÇÃO FINANCEIRA

Art. 15. Manifestar-se falsamente o interventor, o liquidante ou o síndico, (Vetado) à respeito de assunto relativo a intervenção, liquidação extrajudicial ou falência de instituição financeira:

Pena – Reclusão, de 2 (dois) a 8 (oito) anos, e multa.

1. BEM JURÍDICO TUTELADO

Como já dito aqui, a credibilidade das instituições financeiras é um elemento fundamental para a higidez do Sistema Financeiro. A proteção a essa higidez tem particular relevância quando uma instituição financeira encontra-se sob uma situação de especial vulnerabilidade, como é o caso daquelas que se encontram sob intervenção, liquidação extrajudicial ou falência. Por essa razão é que o tipo penal em exame proíbe que o interventor, o liquidante ou o síndico manifestem-se falsamente a respeito de assunto relativo às suas atividades de socorro e saneamento junto à instituição financeira.

De tal maneira, é possível afirmar que o bem jurídico tutelado é o de assegurar a higidez do Sistema Financeiro por meio da especial proteção aos procedimentos de liquidação extrajudicial, intervenção e falência das instituições financeiras.

2. SUJEITOS DO CRIME

O crime em questão é especial, vez que somente pode ser praticado por determinadas pessoas, ou seja, o interventor, o liquidante ou o síndico.

O sujeito passivo é a instituição financeira e, em última análise, também, o Estado, já que, como visto, tem o dever de tutelar a higidez do SFN e dos procedimentos de liquidação, intervenção e falência.

3. CONDUTAS TÍPICAS (TIPICIDADE OBJETIVA)

Inicialmente, para a caracterização do delito, imprescindível que tenha sido promovida intervenção pelo Banco Central, tenha sido decretada a liquidação extrajudicial ou a falência.

A conduta típica aperfeiçoa-se aqui com uma manifestação do interventor, do liquidante ou do síndico (conforme o caso) a respeito de assunto relativo ao respectivo procedimento, devendo essa manifestação narrar fatos que não correspondem com a verdade (falsos).

Deve ele, pois, expressar-se, de qualquer maneira (escrita, verbal, por gestos, etc.), sobre fatos que sabe que são inverídicos. É dizer, que não tenham ocorrido ou que não correspondam com a situação encontrada na Instituição financeira ou verificada durante o procedimento de liquidação, intervenção ou falência. Ademais, o delito somente ocorre se as informações digam respeito à intervenção, liquidação extrajudicial ou falência da instituição financeira:

Evidentemente, o assunto declarado deve ter alguma relevância no procedimento de intervenção, liquidação ou falência ou na vida da instituição financeira, não caracterizando o delito quando se tratar de fato que não tenha, de modo manifesto, nenhuma importância para a situação em que se encontra a empresa. O delito aqui é pois de perigo hipotético.

Por fim, deve tal informação chegar a conhecimento de terceiros que não estejam envolvidos no procedimento de intervenção, liquidação ou falência.

4. TIPICIDADE SUBJETIVA

O crime somente é punível na modalidade dolosa. Assim, deve o agente ter conhecimento da falsidade do assunto e ter a intenção de manifestar-se sobre ele.

O tipo penal não exige especial fim de agir e não prevê a incriminação de conduta culposa.

5. CONSUMAÇÃO E TENTATIVA

O crime, por se tratar de mera conduta, consuma-se com a simples manifestação.

É possível excepcionalmente a tentativa nos casos em que exista um lapso temporal entre a conduta do agente e o momento em que ela chegue a conhecimento de terceiros. Assim, por exemplo, existe tentativa quando a manifestação é feita por meio de uma carta que acaba sendo interceptada, evitando-se que chegue a conhecimento de terceiros.

6. AÇÃO PENAL

A ação penal é pública incondicionada. Não cabe transação penal, nem suspensão condicional do processo. Sem embargo, em tese, cabe acordo de não persecução penal, vez que a pena mínima é inferior a 04 (quatro) anos (CPP, art. 28-A).

DO CRIME DE OPERAÇÃO ILEGAL DE INSTITUIÇÃO FINANCEIRA

Art. 16. Fazer operar, sem a devida autorização, ou com autorização obtida mediante declaração (Vetado) falsa, instituição financeira, inclusive de distribuição de valores mobiliários ou de câmbio:

Pena – Reclusão, de 1 (um) a 4 (quatro) anos, e multa.

1. BEM JURÍDICO TUTELADO

O bem jurídico tutelado pelo delito do art. 16 da LCSFN é a higidez do Sistema Financeiro, já que busca reprimir as operações financeiras realizadas por pessoas físicas e jurídicas que não façam parte de uma instituição financeira legalizada (de acordo com seu conceito penal, previsto no art. 1º desta Lei). É dizer, busca-se reprimir a prática de operações financeiras à margem do sistema ou em desacordo com a sua normativa.

2. SUJEITOS DO CRIME

O delito em questão é comum, podendo, portanto, ter como sujeito ativo qualquer pessoa.

O sujeito passivo é primariamente o Estado e também eventual investidor ou prejudicado pela ação dos sujeitos que atuaram à margem do Sistema Financeiro.

3. CONDUTAS TÍPICAS (TIPICIDADE OBJETIVA)

A conduta típica é caracterizada por fazer operar ilegalmente Instituição financeira.

O primeiro requisito para a configuração típica é que ocorra uma das duas hipóteses:

a) que a atividade seja realizada **sem a devida autorização**. Aqui existe a prática de atos privativos de instituição financeira sem nenhuma autorização ou formalização perante os órgãos fiscalizadores.

b) que a **autorização** tenha sido obtida com base em declaração falsa (ideológica ou materialmente falsa). Aqui o agente tem autorização do Estado para operar. No entanto, tal autorização foi obtida por meio de engano aos órgãos estatais, realizado por meio de falsidade material ou ideológica.

No entanto, para a completa identificação do delito em questão, é fundamental saber quais as atividades exigem uma autorização válida.

Dessa forma, é de rigor socorrer-se do conceito penal de instituição financeira, que, como já visto, é um conceito funcional-material, pois não erige como critério definidor um atributo formal, mas sim as atividades praticadas.

Assim, o conceito penal é que descreverá precisamente as condutas que são praticadas no âmbito de uma instituição financeira e que, portanto, necessitam de uma autorização válida do Banco Central para operar[77].

De tal maneira, as condutas que podem caracterizar o presente tipo penal, devem ser as seguintes: **a)** a **captação de recursos financeiros** de terceiros, que consiste na atração e aglutinação de capital com o objetivo de promover-se aplicações futuras; **b)** a **intermediação de recursos financeiros** de terceiros, que ocorre com o repasse ou transferência desses recursos de uma Instituição para a outra; **c) aplicação de recursos financeiros de terceiros**, que se dá com o investimento dos recursos captados, com o objetivo de obter remuneração; **d)** a custódia, emissão, distribuição, negociação, intermediação ou administração de **valores mobiliários**; **e) captação e administração de seguros, câmbio, consórcio**, **capitalização** ou qualquer tipo de **poupança** ou **recursos de terceiros** (por pessoa jurídica); **f)** a prática, por **pessoa física**, ainda que de modo eventual, de **qualquer das atividades acima** descritas; **g)** a **distribuição de valores mobiliários** ou **de câmbio** (conforme previsto expressamente na parte final do art. 16); h) por fim, a **prestação de serviço de ativos virtuais**, cuja atividade exige autorização do Poder Público, nos termos do art. 2º da Lei n. 14.478/22.

Como se pode ver, o próprio conceito de instituição financeira permite a sua caracterização, ainda que de modo eventual, razão pela qual não é admissível a posição de determinados autores que exigem a habitualidade como requisito para a configuração do delito em questão, ainda que, em muitos casos, seja precisamente a habitualidade e a relevância da ação que serão os critérios pelos quais será possível inferir de forma clara a prática de ação de operação Instituição financeira.

Aliás, não parece correta a posição que afirma que é a diferença dos verbos típicos (operar e fazer operar) que faz com que se exija o requisito da habitualidade. Isso porque,

---

77 Lei n. 4.595/64, art. 10, X e art. 18, *verbis*: *"Art. 10. Compete privativamente ao Banco Central da República do Brasil: (...) X – Conceder autorização às instituições financeiras, a fim de que possam: a) funcionar no País; b) instalar ou transferir suas sedes, ou dependências, inclusive no exterior; c) ser transformadas, fundidas, incorporadas ou encampadas; d) praticar operações de câmbio, crédito real e venda habitual de títulos da dívida pública federal, estadual ou municipal, ações Debêntures, letras hipotecárias e outros títulos de crédito ou mobiliários; e) ter prorrogados os prazos concedidos para funcionamento; f) alterar seus estatutos; g) alienar ou, por qualquer outra forma, transferir o seu controle acionário. (...) Art. 18. As instituições financeiras somente poderão funcionar no País mediante prévia autorização do Banco Central da República do Brasil ou decreto do Poder Executivo, quando forem estrangeiras. § 1º Além dos estabelecimentos bancários oficiais ou privados, das sociedades de crédito, financiamento e investimentos, das caixas econômicas e das cooperativas de crédito ou a seção de crédito das cooperativas que a tenham, também se subordinam às disposições e disciplina desta lei no que for aplicável, as bolsas de valores, companhias de seguros e de capitalização, as sociedades que efetuam distribuição de prêmios em imóveis, mercadorias ou dinheiro, mediante sorteio de títulos de sua emissão ou por qualquer forma, e as pessoas físicas ou jurídicas que exerçam, por conta própria ou de terceiros, atividade relacionada com a compra e venda de ações e outros quaisquer títulos, realizando nos mercados financeiros e de capitais operações ou serviços de natureza dos executados pelas instituições financeiras. § 2º O Banco Central da Republica do Brasil, no exercício da fiscalização que lhe compete, regulará as condições de concorrência entre instituições financeiras, coibindo-lhes os abusos com a aplicação da pena (Vetado) nos termos desta lei. § 3º Dependerão de prévia autorização do Banco Central da República do Brasil as campanhas destinadas à coleta de recursos do público, praticadas por pessoas físicas ou jurídicas abrangidas neste artigo, salvo para subscrição pública de ações, nos termos da lei das sociedades por ações."*

tal interpretação transcende os limites do texto legal e o uso de tais palavras. Na verdade, a utilização da expressão fazer operar pretende responsabilizar os administradores, os autores mediados ou instigadores (conforme for o caso). As pessoas que têm o poder de mando na empresa que realiza tais operações e não os executores materiais dos fatos, como é o caso dos funcionários.

Como a referida diferença entre os verbos típicos operar e fazer operar nada tem a ver com uma suposta exigência de habitualidade para a caracterização do crime ora examinado.

4. TIPICIDADE SUBJETIVA

A imputação subjetiva do delito em questão somente pode ser feita a título doloso, consistente na consciência e vontade de fazer operar ilegalmente instituição financeira.

O tipo penal não exige especial fim de agir e não prevê a incriminação de conduta culposa.

5. CONSUMAÇÃO E TENTATIVA

O crime se consuma com a simples realização das condutas que caracterizam, para fins penais, uma instituição financeira, prescindindo, pois, de qualquer resultado naturalístico.

A tentativa é possível nos casos em que entre a realização da ação material do agente e a caracterização da conduta existe um espaço de tempo, em que a configuração do delito possa ser interrompida por circunstâncias alheias à vontade do agente[78].

6. AÇÃO PENAL

A ação é pública incondicionada. Não cabe transação penal, mas é cabível a suspensão condicional do processo e, eventualmente, o acordo de não persecução penal, vez que a pena mínima é inferior a 04 (quatro) anos (CPP, art. 28-A).

DO CRIME DE RECEBIMENTO OU CONCESSÃO ILEGAL DE EMPRÉSTIMO OU ADIANTAMENTO

Art. 17. Tomar ou receber crédito, na qualidade de qualquer das pessoas mencionadas no art. 25, ou deferir operações de crédito vedadas, observado o disposto no art. 34 da Lei nº 4.595, de 31 de dezembro de 1964:

Pena – Reclusão, de 2 (dois) a 6 (seis) anos, e multa.

Parágrafo único. Incorre na mesma pena quem:

I – em nome próprio, como controlador ou na condição de administrador da sociedade, conceder ou receber adiantamento de honorários, remuneração, salário ou qualquer outro pagamento, nas condições referidas neste artigo;

II – de forma disfarçada, promover a distribuição ou receber lucros de instituição financeira.

1. BEM JURÍDICO TUTELADO

O bem jurídico tutelado pelo tipo penal do art. 17 é a higidez do Sistema Financeiro, por meio da proteção do patrimônio da instituição financeira contra potenciais lesões, derivadas de uma instrumentalização, em benefício próprio, da posição de mando, e pessoas que orbitam

78 O Superior Tribunal de Justiça já decidiu que: *"O crime de fazer operar instituição financeira sem autorização é delito autônomo, que se consuma com o mero funcionamento da instituição financeira e não compartilha do mesmo fim da conduta de evadir divisas, não tendo invocação o princípio da consunção."* (STJ – AgRg no REsp 1455581/PR, Rel. Ministra MARIA THEREZA DE ASSIS MOURA, SEXTA TURMA, julgado em 17/12/2015, DJe 02/02/2016).

em seu entorno, ou mesmo com abuso de alguma posição de privilégio ou influência sobre a instituição financeira, conforme hipóteses descritas no art. 34 da Lei n. 4.595/64.

Aqui, também, se protege o patrimônio da instituição financeira e, consequentemente, dos seus investidores.

2. SUJEITOS DO CRIME

O delito em exame é especial, pois somente pode ter como sujeito ativo pessoas que detenham uma especial qualidade, no caso, aquelas descritas no art. 25 da LCSFN[79].

O sujeito passivo é o Estado e, indiretamente, a pessoa jurídica e seus acionistas.

3. CONDUTAS TÍPICAS (TIPICIDADE OBJETIVA)

As ações tipificadas pelo art. 17 da LCSFN podem ser divididas em quatro modalidades, a saber:

a) a ação do controlador, administrador (diretores e gerentes), interventor, liquidante ou síndico, de **tomar** ou **receber crédito** da instituição financeira, de modo direto ou indireto. Veja-se que, com a reforma do tipo penal, realizada pela n. 13.506/17, o legislador optou por utilizar a expressão crédito, como um gênero. Antes, o legislador limitava a tipicidade a duas espécies de crédito, consistentes no empréstimo ou adiantamento. Desse modo, atualmente o crime abarca toda e qualquer forma de crédito.

Ademais, para a caracterização dessa modalidade do crime, deve o agente, apesar de ostentar uma posição de controle da instituição financeira, vale-se dessa condição para tomar ou receber o crédito.

b) a ação de deferir **crédito em operação vedada pela lei, nos termos do art. 34 da Lei n. 4.595/64**. Referido dispositivo veda a concessão de crédito a uma série de pessoas, físicas e jurídicas, que ostentem alguma posição de privilégio ou influência sobre a instituição financeira (as denominadas partes relacionadas), tais como: seus controladores; seus diretores e membros de órgãos estatutários ou contratuais; os respectivos cônjuge, o companheiro e os parentes, consanguíneos ou afins, até o segundo grau, das citadas pessoas; as pessoas físicas com participação societária qualificada em seu capital; as pessoas jurídicas: com participação qualificada em seu capital; em cujo capital, direta ou indiretamente, haja participação societária qualificada; nas quais haja controle operacional efetivo ou preponderância nas deliberações, independentemente da participação societária; que possuírem diretor ou membro de conselho de administração em comum. Tudo isso, nos termos do aludido art. 34 da **Lei n. 4.595/64**.

Incrimina-se aquele que defere internamente empréstimo às pessoas acima indicadas, o que causa perigo abstrato de comprometer as finanças da empresa, por conta do tratamento privilegiado que as aludidas pessoas normalmente obtêm ao obter crédito junto à instituição financeira que esteja, de alguma forma, sob o seu espectro de influência.

---

79 Nesse sentido, o Min. Joaquim Barbosa do Supremo Tribunal Federal, ao decidir sobre o crime em questão, assentou que: *"parece-me claro que o crime supostamente praticado pelo paciente é classificado como 'próprio quanto ao sujeito ativo', porque exige deste uma especial qualidade, consistente, por remissão expressa do art. 25 da mesma lei, em ser controlador, administrador, diretor ou gerente de instituição financeira."* (STF – HC 84238, Relator(a): Min. JOAQUIM BARBOSA, Segunda Turma, julgado em 10/08/2004, DJ 10-09-2004 PP-00066 EMENT VOL-02163-01 PP-00164 RT v. 94, n. 831, 2005, p. 525-527 LEXSTF v. 27, n. 313, 2005, p. 484-488). Apesar dessa afirmação constante do corpo do voto, a ementa do julgado acabou ficando um pouco confusa, o que poderia legar a crer, equivocadamente, que o STF entendeu que o delito não é próprio. A ementa foi lançada com o seguinte teor: *"CRIMINAL. HABEAS CORPUS. CRIMES CONTRA O SISTEMA FINANCEIRO. ART. 17 DA LEI 7.492/1986. CIRCUNSTÂNCIA DE CARÁTER PESSOAL. ELEMENTAR DO CRIME. ART. 30 DO CÓDIGO PENAL. Rejeitada a alegação de que o crime tipificado no art. 17 da Lei 7.492/1986 é próprio quanto ao sujeito ativo. Aplicação do art. 30 do Código Penal. Pedido indeferido."* De tal maneira, apesar da possibilidade de confusão, é de se ter claro que o STF entendeu que o delito do art. 17 da LCSFN é especial, é crime próprio.

c) a ação de, em nome próprio, como controlador ou na condição de administrador da sociedade, **conceder** ou **receber adiantamento** de honorários, remuneração, salário ou qualquer outro pagamento, nas condições referidas no artigo em exame.

Aqui pune-se a conduta da pessoa que exerça a função de controlador ou administrador da instituição financeira e, mesmo assim, se beneficie (receber) ou beneficie a terceiro (conceder) recursos por meio de adiantamento de honorários, remuneração, salário ou qualquer outro pagamento.

Essas condutas muitas vezes ocorrem quando se antevê o risco da instituição financeira passar dificuldades financeiras, sendo que tais administradores acabam por resguardar-se da eventual insolvência, garantindo assim valores que poderiam no futuro ser-lhes devida, prejudicando, dessa maneira, ainda mais a instituição financeira em condições precárias de saúde financeira.

d) a ação de **promover**, de forma disfarçada, **a distribuição** ou **receber lucros de instituição financeira.**

Aqui pune-se, também, a tentativa de burla às proibições contidas nas outras condutas previstas no art. 17, ao incriminar-se a promoção de distribuição ou mesmo o recebimento de lucros da Instituição financeira de forma disfarçada, ou seja, por meio de estratagemas que pretendam esconder o real intuito de beneficiar financeiramente as pessoas indicadas no tipo penal.

Em todas as modalidades, trata-se de delito de perigo abstrato, prescindindo, pois, da prova de efetivo prejuízo à instituição financeira.

4. TIPICIDADE SUBJETIVA

As ações descritas no tipo penal do art. 17 somente são punidas quando realizadas dolosamente, ou seja, com consciência e vontade de realizar as condutas descritas no tipo objetivo.

O tipo não exige um especial fim de agir. Além disso, a modalidade culposa não é punida.

5. CONSUMAÇÃO E TENTATIVA

O crime se consuma: **a)** no momento em que o agente toma ou recebe o empréstimo ou adiantamento (na primeira parte do *caput* do art. 17); **b)** com a ação de deferir o empréstimo ou adiantamento (na segunda parte do *caput* do art. 17); **c)** com a conduta de **conceder** ou **receber adiantamento** de honorários, remuneração, salário ou qualquer outro pagamento, nas condições referidas no artigo em exame; e **d)** com a conduta de promover, de forma disfarçada, a distribuição de lucros ou com o seu recebimento.

A tentativa é cabível apenas nos casos em que for possível a diferença temporal entre a ação e a realização do significado contido no tipo penal.

As ações de deferir e conceder são crimes de mera conduta, prescindindo, pois, de resultado naturalístico.

Já a conduta de promover a distribuição é crime formal, dispensando o resultado naturalístico para a sua consumação.

Por fim, a ação de tomar e receber caracterizam crimes materiais, em que se faz necessário o efetivo resultado naturalístico (de tomar ou receber) para a sua consumação.

6. AÇÃO PENAL

A ação penal é pública incondicionada. Não cabe transação penal, nem suspensão condicional do processo. Sem embargo, em tese, cabe acordo de não persecução penal, vez que a pena mínima é inferior a 04 (quatro) anos (CPP, art. 28-A).

DO CRIME DE VIOLAÇÃO DE SIGILO DE OPERAÇÃO FINANCEIRA

Art. 18. Violar sigilo de operação ou de serviço prestado por instituição financeira ou integrante do sistema de distribuição de títulos mobiliários de que tenha conhecimento, em razão de ofício:

Pena – Reclusão, de 1 (um) a 4 (quatro) anos, e multa.

1. BEM JURÍDICO TUTELADO

O bem jurídico protegido pela norma do art. 18 é o sigilo das operações realizadas por instituições financeiras e, como consequência, também, busca preservar a higidez e credibilidade do Sistema Financeiro.

2. SUJEITOS DO CRIME

O crime em questão é próprio (especial), uma vez que somente pode ter como sujeito ativo pessoa que tenha acesso a informações sigilosas, por exercer alguma função na instituição financeira. Em outras palavras, somente pode praticar o delito quem tenha conhecimento da operação ou serviço prestado por instituição financeira em razão do ofício que exerce.

O sujeito passivo é o titular do sigilo e a própria instituição financeira. Indiretamente, tendo em conta que o delito põe em descrédito instituição do sistema financeiro, o Estado também é afetado.

3. CONDUTAS TÍPICAS (TIPICIDADE OBJETIVA)

A conduta típica é caracterizada pela violação, pela revelação do conteúdo de operação ou serviço prestado por instituição financeira, para terceiros, que não tenham acesso autorizado a ela.

O delito somente se caracteriza se o autor toma conhecimento sobre o teor de operação ou serviço sigiloso em razão do ofício por ele exercido.

Assim, o acesso às informações sigilosas se dá legitimamente, por conta do exercício do ofício. A ilicitude está, pois, na divulgação das informações a terceiros que não tenham acesso lícito a referidos dados.

4. TIPICIDADE SUBJETIVA

O crime somente é punível quando praticado dolosamente. É dizer, quando o agente tem consciência e vontade de violar sigilo de operação ou de serviço. Não é exigido pelo tipo especial fim de agir do agente.

A conduta não é punível a título de imprudência. Assim, caso um funcionário de instituição financeira deixe de observar o dever objetivo de cuidado na tutela da informação e terceira pessoa acaba por acessá-la, em virtude dessa falha, não será delituosa tal conduta (desde que, evidentemente, não seja essa falha deliberada).

5. CONSUMAÇÃO E TENTATIVA

O crime se consuma quando terceira pessoa – não autorizada – tem acesso à informação sigilosa.

É possível a tentativa se entre a ação do agente e o efetivo acesso a ela por terceiro é interrompida por circunstâncias alheias à vontade do autor.

6. AÇÃO PENAL

A ação penal é pública incondicionada. Não cabe transação penal, mas é cabível a suspensão condicional do processo e, eventualmente, o acordo de não persecução penal, vez que a pena mínima é inferior a 04 (quatro) anos (CPP, art. 28-A).

DO CRIME DE FINANCIAMENTO FRAUDULENTO

Art. 19. Obter, mediante fraude, financiamento em instituição financeira:

Pena – Reclusão, de 2 (dois) a 6 (seis) anos, e multa.

Parágrafo único. A pena é aumentada de 1/3 (um terço) se o crime é cometido em detrimento de instituição financeira oficial ou por ela credenciada para o repasse de financiamento.

1. BEM JURÍDICO TUTELADO

O delito do art. 19 protege fundamentalmente o bem jurídico do patrimônio da instituição financeira. Reflexamente, porém, ataca a higidez do Sistema Financeiro. Isso porque, a concessão fraudulenta de financiamento pode prejudicar a saúde financeira da instituição e tem, também, a potencialidade de abalar a credibilidade do Sistema, já que para *"o bom e regular funcionamento do mercado financeiro, é indispensável assegurar-se a retidão, a correção e a moralidade de todas as suas operações como resultado do controle oficial exercido pelo Governo."*[80]

2. SUJEITOS DO CRIME

O sujeito ativo do delito pode ser qualquer pessoa. Trata-se, pois, de crime comum, já que não é exigida nenhuma qualidade especial para ser seu autor, ou seja, para obter fraudulentamente o financiamento da instituição financeira.

O sujeito passivo é a própria instituição financeira. Reflexamente, seus sócios, acionistas, investidores e o próprio Estado.

---

80 BITTENCOURT. Tratado de Direito Penal Econômico, p. 409. Para enriquecer a discussão, vale consignar que o §265b do Código Penal alemão (StGB) tem tipificação semelhante, o denominado estelionato de crédito (*Kreditbetrug*). Sobre a questão do bem jurídico protegido, existem três posições, conforme pontua MARTÍNEZ BUJÁN-PÉREZ: *"Desde a sua introdução no CP alemão, a identificação do bem jurídico protegido tem sido objeto de viva discussão. A controvérsia parte do reconhecimento de dois possíveis objeto de tutela: de um lado, o patrimônio do outorgante do crédito, concebido como um interesse individual; de outro lado, o sistema creditício, entendido como um interesse supra-individual de caráter institucional. Como base nesses dois bens jurídicos, é possível distinguir na doutrina alemã todas combinações possíveis, que, se forem conduzidas às suas linhas básicas, poderiam ser resumidas em três posições. A primeira (sem dúvida a que possui menos defensores na doutrina e jurisprudência) sustenta que o bem jurídico primordialmente protegido é o sistema creditício (inclusive, alguns autores, indicam a 'economia nacional'). A segunda posição (que conta com abundantes e relevantes partidários) considera que o §265b tutela os dois bens jurídicos citados e ressalta que o bem institucional, representado pela proteção ao sistema creditício, é um bem jurídico genuíno, que possui, no mínimo, o mesmo alcance do bem individual do patrimônio do outorgante de crédito. A terceira posição (amplamente difundida na doutrina atual e acolhida pela posição do Tribunal Supremo alemão), entende que o único bem jurídico diretamente protegido em sentido técnico, que se situa em primeiro plano do dito preceito, é o patrimônio do outorgante de crédito, sem prejuízo de que se reconheça eventualmente que de forma mediata se pretende tutelar também o sistema creditício como instituição fundamental em uma economia de mercado."* MARTÍNEZ BUJÁN-PÉREZ, Carlos. Estafa de Inversores y de Crédito: El art. 282 bis del Código Penal. Valencia: Tirant lo Blanch, 2012, pp. 51-52. Adotando essa última posição, HELLMANN afirma que o bem jurídico protegido é particular do outorgante de crédito (*Kreditgeber*), sendo que *"a proteção do sistema de crédito é um mero reflexo."* HELLMANN, Uwe. *Nomos-Kommentar zum Strafgesetzbuch. § 265b.* KINDHÄUSER, Urs; NEUMANN, Ulfrid; PAEFFGEN, Hans-Ulrich Ulfrid (org.). Baden-Baden: Nomos-Verl.-Ges., 2010, p. 1919. BITTENCOURT defende que se trata de um delito pluriofensivo, atingido tanto a instituição financeira, seus acionistas, investidores, quando o sistema financeiro: BITTENCOURT. Tratado de Direito Penal Econômico, p. 409.

3. CONDUTAS TÍPICAS (TIPICIDADE OBJETIVA)

A condutas típica é caracterizada pela obtenção de financiamento junto à instituição financeira mediante o emprego de fraude, que pode ocorrer das formas mais variadas possíveis com o objetivo de incidir ou manter a instituição em erro com relação ao tomador do financiamento[81].

A fraude poderá ser obtida, por exemplo, mediante a apresentação falsa de documentos societários, balancetes, quadros patrimoniais ou de qualquer outra informação que leve à instituição financeira a conceder o empréstimo em situações que normalmente não o concederia.

Ademais, a fraude somente ocorre se o tomador do financiamento obtém alguma situação de vantagem em relação a ausência do engano. Em outras palavras, somente resta caracterizado o delito se, com o engano, o tomador do financiamento obtém uma situação mais vantajosa, por exemplo, seja obtendo o crédito que normalmente não obteria, seja obtendo taxas ou condições mais vantajosas das que deveria receber[82].

Assim, o engano tem que ser relevante para a concessão do crédito (*entscheidungserheblichkeit*), devendo existir, pois, uma causalidade entre a fraude e a concessão do financiamento[83].

Sem embargo, é importante ressaltar que para a caracterização deste tipo penal não é necessário um dano efetivo ou potencial ao sistema financeiro[84], de modo que, mesmo que não esteja presente esse resultado[85], ainda sim caracterizado está o crime do art. 19 da Lei Contra o Sistema Financeiro e assentada está a competência da Justiça Federal[86].

---

81 O financiamento, conforme explica ABRÃO: se caracteriza quando *"o numerário é adiantado pelo banco ao cliente para um empreendimento determinado, previamente conhecido por aquele, podendo o fornecedor do dinheiro fiscalizar a aplicação dos fundos (...)"* ABRÃO, Nelson. *Direito Bancário.* 16ª ed. Saraiva: São Paulo, 2016, pp. 155-156. Ademais, sobre esse tema, consigna que: *"(...) o financiamento para ser concedido e automaticamente liberado depende do exame previamente realizado pela instituição financeira acerca das condições implícitas do negócio, querendo com isso representar uma avaliação da realidade, na viabilidade que disponibiliza o crédito."* ABRÃO. *Direito Bancário*, p. 156. Veja-se que o simples financiamento de veículo já caracteriza o crime em questão, sendo desnecessária qualquer finalidade empreendedora. Nesse sentido: *"PROCESSO PENAL. AGRAVO REGIMENTAL NO RECURSO ESPECIAL. FRAUDE PARA OBTENÇÃO DE FINANCIAMENTO BANCÁRIO PARA AQUISIÇÃO DE VEÍCULO AUTOMOTOR. CRIME CONTRA O SISTEMA FINANCEIRO NACIONAL. ART. 19 DA LEI N. 7.492/1986. CONFIGURAÇÃO. COMPETÊNCIA DA JUSTIÇA FEDERAL. 1. Tratando-se de fraude para obtenção de financiamento bancário visando a compra de veículo automotor - operação financeira caracterizada pela destinação vinculada da verba emprestada -, fica tipificado o crime contra o sistema financeiro nacional previsto no art. 19 da Lei n. 7.492/1986, o que atrai a competência da Justiça Federal. Precedentes. 2. Agravo regimental desprovido."* (STJ - AgRg no REsp 1806106/SP, Rel. Ministro ANTONIO SALDANHA PALHEIRO, SEXTA TURMA, julgado em 27/08/2019, DJe 04/09/2019) Em sentido contrário já decidiu anteriormente o TRF4: *"PENAL. ART. 19 DA LEI Nº 7.492/86. CONCEITO DE FINANCIAMENTO. COMPETÊNCIA. – Segundo a doutrina comercialista, financiamento é mútuo com finalidade vinculada (COELHO, Fábio Ulhoa. Manual de Direito Comercial. 5 ed. São Paulo: Saraiva, 1997. MARTINS, Fran. Contratos e Obrigações Comerciais. 14 ed. Rio de Janeiro: Forense, 1999), não estando abrangido em seu campo conceitual o contrato de mútuo simples, assim entendido aquele desprovido de qualquer finalidade empreendedora. – Se alguém obtém, mediante fraude, empréstimo em instituição financeira, sem se obrigar a dar ao dinheiro finalidade específica (desenvolvimento de atividade econômica, aquisição de casa própria etc.), comete, em tese, o crime de estelionato, e não aquele previsto no art. 19 da Lei que define os Crimes contra o Sistema Financeiro Nacional. – Competência estadual reconhecida."* (TRF4, RSE 2003.71.00.062833-0, OITAVA TURMA, Relator PAULO AFONSO BRUM VAZ, DJ 05/05/2004).

82 Nesse sentido, também, a doutrina alemã: HELLMANN. *NK.* § *265b*, p. 1919. Caso não esteja presente a vantajosidade, é possível, por exemplo, a caracterização do delito de uso de documento falso.

83 Cf.: HELLMANN. *NK.* § *265b*, pp. 1919-1920.

84 Essa é posição firmada pela 3ª Seção do Superior Tribunal de Justiça, no caso paradigma assim ementado: *"O tema foi amplamente debatido em precedente no qual esta Corte Superior manteve sua jurisprudência no sentido de que o crime tipificado no art. 19 da Lei n. 7.492/86 não exige, para a sua configuração, efetivo ou potencial abalo ao Sistema Financeiro"* (EDcl no AgRg no CC 156.185/MG, Rel. Ministro REYNALDO SOARES DA FONSECA, TERCEIRA SEÇÃO, DJe 7/5/2018). No mesmo sentido da consolidada jurisprudência: AgRg no AgRg no AREsp 1642491/SP, Rel. Ministro JOEL ILAN PACIORNIK, QUINTA TURMA, julgado em 19/05/2020, DJe 29/05/2020; AgRg no REsp 1761580/PE, Rel. Ministro ROGERIO SCHIETTI CRUZ, SEXTA TURMA, julgado em 28/04/2020, DJe 30/04/2020.

85 Nesse sentido: *"As fraudes pressupõem, em maior ou menor medida, a existência de falhas nos procedimentos de segurança usualmente adotados. Além disso, basta a obtenção do financiamento mediante fraude para caracterizar o delito do art. 19 da Lei n. 7.492/1986."* STJ - AgRg no AREsp n. 2.422.623/SP, relator Ministro Messod Azulay Neto, Quinta Turma, julgado em 11/6/2024, DJe de 17/6/2024.

86 Nesse sentido: *"PENAL E PROCESSO PENAL. CONFLITO DE COMPETÊNCIA. FINANCIAMENTO FRAUDULENTO JUNTO A INSTITUIÇÃO FINANCEIRA PARA A AQUISIÇÃO DE VEÍCULO AUTOMOTOR. FINANCIAMENTO COM DESTINAÇÃO ESPECÍ-*

O tipo penal prevê, ademais, uma majorante, aplicável às hipóteses em que a instituição financeira enganada seja oficial ou por ela credenciada para o repasse de financiamento.

4. TIPICIDADE SUBJETIVA

O tipo penal somente prevê a imputação subjetiva a título de dolo. Veja-se que esse dolo é consubstanciado pela consciência e vontade, no momento da celebração do contrato com a Instituição Financeira, de realizar o financiamento com a intenção de não pagá-lo, não se confundindo, portanto, com o simples inadimplemento[87]. Não há a exigência de um especial fim de agir e não existe a incriminação de conduta culposa.

5. CONSUMAÇÃO E TENTATIVA

O crime se consuma no momento da concessão do financiamento, mais precisamente quando da assinatura do contrato[88]. Não é necessária a existência, porém, de efetivo prejuízo à instituição ou mesmo ao Sistema Financeiro[89].

FICA. CARACTERIZAÇÃO, EM TESE, DO DELITO DESCRITO NO ART. 19 DA LEI N. 7.492/86. AUSÊNCIA DE NECESSIDADE DE POTENCIAL ABALO DO SISTEMA FINANCEIRO COMO UM TODO PARA A CONFIGURAÇÃO DO DELITO. COMPETÊNCIA DA JUSTIÇA FEDERAL. MATÉRIA RECENTEMENTE ANALISADA PELO COLEGIADO. 1. A tese do Ministério Público Federal no sentido de que compete à Justiça Estadual apurar condutas delitivas que afetam apenas o patrimônio de instituições financeira e não o Sistema Financeiro como um todo não prosperou nesta Corte, a qual entende que para a configuração do delito descrito no art. 19 da Lei n. 7.492/86, basta a obtenção, mediante fraude, de financiamento em instituição financeira com destinação específica dos valores obtidos. 2. No caso dos autos, tendo em vista que o investigado teria obtido financiamento bancário com destinação específica para adquirir automóvel usando documento falso em nome de terceiro, resta caracterizada a competência da Justiça Federal, na esteira da pacífica jurisprudência do Superior Tribunal de Justiça - STJ.Precedentes. 3. O tema foi amplamente debatido em precedente no qual esta Corte Superior manteve sua jurisprudência no sentido de que o crime tipificado no art. 19 da Lei n. 7.492/86 não exige, para a sua configuração, efetivo ou potencial abalo ao Sistema Financeiro (EDcl no AgRg no CC 156.185/MG, Rel. Ministro REYNALDO SOARES DA FONSECA, TERCEIRA SEÇÃO, DJe 7/5/2018.) O mencionado paradigma tem sido mantido pela Terceira Seção nos julgamentos que o sucederam. Precedente: AgRg no CC 161.091/SE, de minha relatoria, TERCEIRA SEÇÃO, DJe 6/2/2019) 4. Conflito conhecido para declarar competente o Juízo Federal da 23ª Vara da Seção Judiciária do Estado do Paraná, o suscitado." (STJ - CC 167.315/PR, Rel. Ministro JOEL ILAN PACIORNIK, TERCEIRA SEÇÃO, julgado em 28/08/2019, DJe 06/09/2019). Assim também: STJ - AgRg no REsp n. 2.140.618/PR, relator Ministro Joel Ilan Paciornik, Quinta Turma, julgado em 7/10/2024, DJe de 14/10/2024.

87 A esse respeito, correta a decisão do Superior Tribunal de Justiça, ao assentar: *"Para a configuração do delito descrito no art. 19 da Lei n. 7.492/1986, segundo a pacífica orientação desta Corte, basta a obtenção, mediante fraude, de financiamento em instituição financeira. Logo, o dolo do agente, que caracteriza o referido crime, não é aferido devido ao pagamento ou não de parcelas referentes ao financiamento, mas em momento anterior, isto é, por ocasião da celebração do financiamento, que pressupõe a utilização de fraude."* (STJ - AgRg no REsp 1761580/PE, Rel. Ministro ROGERIO SCHIETTI CRUZ, SEXTA TURMA, julgado em 28/04/2020, DJe 30/04/2020).

88 Essa é a posição do Superior Tribunal de Justiça: "O crime de "obter, mediante fraude, financiamento em instituição financeira", se consuma no momento em que assinado o contrato de obtenção de financiamento, mediante fraude, tal como se efetivou no presente caso, segundo a narrativa da Corte originária." (STJ – AgRg no Resp n. 2.002.450/SE, relator Ministro Joel Ilan Paciornik, Quinta Turma, julgado em 17/4/2023, Dje de 19/4/2023).

89 Assim, confira-se o seguinte julgado que sintetiza a posição do STJ: *"PENAL E PROCESSO PENAL. CONFLITO DE COMPETÊNCIA. FINANCIAMENTO FRAUDULENTO JUNTO A INSTITUIÇÃO FINANCEIRA PARA A AQUISIÇÃO DE VEÍCULO AUTOMOTOR. FINANCIAMENTO COM DESTINAÇÃO ESPECÍFICA. CARACTERIZAÇÃO, EM TESE, DO DELITO DESCRITO NO ART. 19 DA LEI N. 7.492/86. AUSÊNCIA DE NECESSIDADE DE POTENCIAL ABALO DO SISTEMA FINANCEIRO COMO UM TODO PARA A CONFIGURAÇÃO DO DELITO. COMPETÊNCIA DA JUSTIÇA FEDERAL. MATÉRIA RECENTEMENTE ANALISADA PELO COLEGIADO. 1. A tese do Ministério Público Federal no sentido de que compete à Justiça Estadual apurar condutas delitivas que afetam apenas o patrimônio de instituições financeira e não o Sistema Financeiro como um todo não prosperou nesta Corte, a qual entende que para a configuração do delito descrito no art. 19 da Lei n. 7.492/86, basta a obtenção, mediante fraude, de financiamento em instituição financeira com destinação específica dos valores obtidos. 2. No caso dos autos, tendo em vista que o investigado teria obtido financiamento bancário com destinação específica para adquirir automóvel usando documento falso em nome de terceiro, resta caracterizada a competência da Justiça Federal, na esteira da pacífica jurisprudência do Superior Tribunal de Justiça - STJ. Precedentes. 3. O tema foi amplamente debatido em precedente no qual esta Corte Superior manteve sua jurisprudência no sentido de que o crime tipificado no art. 19 da Lei n. 7.492/86 não exige, para a sua configuração, efetivo ou potencial abalo ao Sistema Financeiro (EDcl no AgRg no CC*

A tentativa é perfeitamente possível, bastando que entre a ação que pretende ser enganosa e a obtenção do financiamento exista uma interrupção do *iter criminis*. Esse é caso, por exemplo, quando o gerente do banco percebe a falsidade e nega a concessão do crédito.

6. AÇÃO PENAL

A ação penal é pública incondicionada. Não cabe transação penal, nem suspensão condicional do processo. Sem embargo, em tese, cabe acordo de não persecução penal, vez que a pena mínima é inferior a 04 (quatro) anos (CPP, art. 28-A).

DO CRIME DE DESVIO DE FINALIDADE NA APLICAÇÃO DE FINANCIAMENTO

Art. 20. Aplicar, em finalidade diversa da prevista em lei ou contrato, recursos provenientes de financiamento concedido por instituição financeira oficial ou por instituição credenciada para repassá-lo:

Pena – Reclusão, de 2 (dois) a 6 (seis) anos, e multa.

1. BEM JURÍDICO TUTELADO

Defende-se aqui que o bem jurídico protegido por este tipo penal é a credibilidade e higidez do Sistema Financeiro Nacional, já que busca assegurar o adequado e correto uso dos valores financiados às finalidades para as quais foi liberado[90].

Um dos pontos caracterizadores do negócio jurídico do financiamento patrocinado por instituição financeira oficial – ou por instituição credenciada para repassá-lo – é a sua vinculação à uma finalidade e precisamente por conta dessa vinculação muitas vezes são oferecidos juros e condições especiais de crédito, para fomentar determinado setor da economia.

Ignorar essas vinculações e aplicar os valores em finalidades diversas prejudica e põe em descrédito todo um programa de prioridades que orienta o Sistema Financeiro Nacional.

2. SUJEITOS DO CRIME

O sujeito ativo do crime é qualquer pessoa que aplique os recursos financiados[91].

O sujeito passivo será o Estado e a instituição financeira.

156.185/MG, Rel. Ministro REYNALDO SOARES DA FONSECA, TERCEIRA SEÇÃO, DJe 7/5/2018.) O mencionado paradigma tem sido mantido pela Terceira Seção nos julgamentos que o sucederam. Precedente: AgRg no CC 161.091/SE, de minha relatoria, TERCEIRA SEÇÃO, DJe 6/2/2019) 4. Conflito conhecido para declarar competente o Juízo Federal da 23ª Vara da Seção Judiciária do Estado do Paraná, o suscitado". (STJ - CC 167.315/PR, Rel. Ministro JOEL ILAN PACIORNIK, TERCEIRA SEÇÃO, julgado em 28/08/2019, DJe 06/09/2019). O caso paradigma tem a seguinte ementa, citada apenas na parte que interessa: *"Não há como se imputar omissão ao acórdão recorrido se ele expressamente afastou a necessidade de lesão efetiva ou potencial (ameaça) ao funcionamento do Sistema Financeiro Nacional para enquadramento da conduta no art. 19 da Lei 7.492/86 e deixou claro que destinação específica do empréstimo contraído é de vital importância para a caracterização do delito como crime de estelionato ou como crime contra o Sistema Financeiro Nacional, rejeitando, assim, as teses postas pelo Ministério Público Federal."* (STJ - EDcl no AgRg no CC 156.185/MG, Rel. Ministro REYNALDO SOARES DA FONSECA, TERCEIRA SEÇÃO, julgado em 11/04/2018, DJe 07/05/2018). Sobre a distinção entre o crime de estelionato e o delito do art. 19 da Lei dos Crimes contra o Sistema Financeiro, o STJ assenta que: *"2. "Em outras palavras, se a fraude é praticada para a obtenção de qualquer tipo de empréstimo, a conduta caracteriza o delito de estelionato; todavia, se a fraude é destinada ao específico objetivo de obtenção de financiamento se está diante do crime contra o sistema financeiro nacional. Precedentes" (AgRg no CC 151.973/MG, Rel. Ministro RIBEIRO DANTAS, TERCEIRA SEÇÃO, julgado em 8/8/2018, DJe 15/8/2018)."* (AgRg no AREsp 1717393/MS, Rel. Ministro JOEL ILAN PACIORNIK, QUINTA TURMA, julgado em 04/05/2021, DJe 07/05/2021).

90 Nesses casos de desvio de finalidade do financiamento, verifica-se que quando: *"o interessado passa a fazer uso distinto (...) mina a possibilidade de terceiros fazerem utilização do valor, complicando a perspectiva de sua credibilidade."* ABRÃO. *Direito Bancário*, p. 157.

91 TORTIMA a esse respeito explica: *"O agente do crime sob comentário poderá ser qualquer pessoa que, habilitando-se ao financiamento, altere a destinação de seu uso. A participação de funcionários da instituição lesada, é perfeitamente*

3. CONDUTAS TÍPICAS (TIPICIDADE OBJETIVA)

A conduta típica resta caracterizada com a efetiva aplicação dos recursos em desconformidade com as finalidades vinculantes previamente previstas no contrato de financiamento ou em lei.

Assim, os termos do contrato ou da lei são como um trilho que deve ser seguido pelo financiado. A aplicação dos recursos em finalidades distintas da trilhada pelo negócio jurídico ou pela legislação caracteriza o tipo objetivo do delito em exame.

É de se ressaltar que o delito somente se caracteriza quando o financiamento é concedido por instituição financeira oficial ou por instituição credenciada para repassá-lo.

Assim, caso exista desvio de finalidade em financiamentos patrocinados por instituições financeiras meramente privadas não estará configurado o crime, mas apenas um ilícito civil[92].

4. TIPICIDADE SUBJETIVA

O crime somente é punido a título de dolo. Assim, deve o agente ter consciência da finalidade prevista em lei ou contrato (normalmente essa consciência é demonstrada por meio do contrato escrito) e ter a intenção de aplicar os recursos em finalidade diversa.

Não é punível a conduta culposa, nem é exigido qualquer especial fim de agir do autor do delito.

5. CONSUMAÇÃO E TENTATIVA

O crime se consuma no preciso momento em que o agente aplica os recursos em finalidade diversa da prevista em lei ou contrato[93].

A tentativa é possível quando entre a ação do autor e a sua efetiva aplicação exista um lapso temporal que permita a interrupção do *iter* por terceiros ou por outra circunstância alheia à vontade do agente.

6. AÇÃO PENAL

A ação penal é pública incondicionada. Não cabe transação penal, nem suspensão condicional do processo. Sem embargo, em tese, cabe acordo de não persecução penal, vez que a pena mínima é inferior a 04 (quatro) anos (CPP, art. 28-A).

DO CRIME DE FALSA IDENTIDADE

Art. 21. Atribuir-se, ou atribuir a terceiro, falsa identidade, para realização de operação de câmbio:

Pena – Detenção, de 1 (um) a 4 (quatro) anos, e multa.

---

possível. É certo que praticam o ilícito, normalmente, os administradores de empresas beneficiárias do financiamento. Mas nada impede que na mesma conduta incida o indivíduo comum, sem vínculos com pessoas jurídicas, como é o caso do pequeno, médio ou eventualmente até grande produtor rural, que obtenha o empréstimo em nome próprio, para suposta aplicação na lavoura." TORTIMA. Crimes contra o Sistema Financeiro Nacional, p. 128.

92 Veja-se que, de acordo com ABRÃO, *"comprovado que o valor financiado não teve a destinação prevista, será antecipado o vencimento do contrato e, consequentemente, deverá ocorrer o cumprimento da obrigação"* ABRÃO. *Direito Bancário*, p. 157.

93 Como assentado pelo STJ: *"A consumação do delito previsto no art. 20 da Lei n. 7.492/1996 é aquela em que o acusado aplica, com finalidade diversa da prevista em lei ou contrato, recursos provenientes de financiamento, o que não se confunde com a data em que é firmado o contrato com a instituição financeira."* (STJ - AgRg no AREsp 531.544/RR, Rel. Ministro ROGERIO SCHIETTI CRUZ, SEXTA TURMA, julgado em 10/03/2020, DJe 17/03/2020).

Parágrafo único. Incorre na mesma pena quem, para o mesmo fim, sonega informação que devia prestar ou presta informação falsa.

1. BEM JURÍDICO TUTELADO

O bem jurídico protegido, uma vez mais, é a higidez do Sistema Financeiro, pois a veracidade da identidade dos que realizam operações de câmbio é imprescindível para o controle e fiscalização do fluxo das reservas cambiais do país.

2. SUJEITOS DO CRIME

O sujeito ativo pode ser qualquer pessoa, tratando-se, pois, de delito comum.

O sujeito passivo é o Estado, já que responsável por manter a higidez do Sistema e fiscalizar as operações de câmbio.

3. CONDUTAS TÍPICAS (TIPICIDADE OBJETIVA)

A conduta típica é caracterizada pela ação de, no momento de realizar operação de câmbio, atribuir falsa identidade a si mesmo ou a terceiro[94].

Em outras palavras, no momento em que o agente fizer a troca de moeda nacional por estrangeira, acaba ele por fazer-se passar por outra pessoa.

Caso o agente realize o contrato de câmbio em nome outrem, o delito se aperfeiçoa com a atribuição de identidade falsa a essa terceira pessoa.

No caso, o agente poderá atribuir-se falsa identidade ao responder verbalmente o agente autorizado para a operação de câmbio ou ao preencher pessoalmente o contrato, sendo que essas duas condutas, normalmente, vêm acompanhadas da entrega de documento falso de identificação.

A atribuição de falsa identidade a terceiro, normalmente, vem relacionada à realização de contrato de câmbio por meio de procuração.

Aqui a falsa identidade pode ser realizada para inúmeros fins, mas o tipo penal, como se verá, não exige uma finalidade específica para a sua caracterização. No entanto, tal atribuição de falsa identidade muitas vezes tem por objetivo evitar o rastreamento de dinheiro ilícito.

Além disso, configura conduta típica prevista no parágrafo único, a sonegação de informação que deveria prestar ou a prestação de informação falsa para a realização de operação de câmbio. Neste caso, a lei pune também quem omite ou oculta (ou presta falsamente) informações que deveriam constar do contrato de câmbio.

Com relação ao verbo sonegar, aqui, podem estar incluídas informações relativas à identidade do autor ou de terceiro. Já no que diz respeito ao verbo prestar falsamente evidentemente

94 Para a realização de operação de câmbio, faz-se necessária, em regra, a celebração de um contrato de câmbio, que: *"é um instrumento particular, bilateral, no qual um vendedor se compromete a entregar determinada quantidade de moedas estrangeiras, sob determinadas condições (taxas, prazos, formas de entrega) a um comprador, recebendo em contrapartida o equivalente em moeda nacional.*

O contrato de câmbio é o instrumento por intermédio do qual se efetua a operação de câmbio, tanto o câmbio manual quanto o sacado. Nele, constam necessariamente, dentre outras informações, a moeda estrangeira que o agente do mercado está comprando ou vendendo, a taxa contratada, o valor correspondente em moeda nacional, os nomes do comprador e do vendedor (e respectivas assinaturas). O contrato de câmbio é o documento que formaliza a operação, ou seja, é o comprovante a ser apresentado à fiscalização." NEWLANDS JUNIOR. Sistema Financeiro e Bancário, p. 337. Como visto, um dos requisitos do contrato de câmbio é que conste a identidade das pessoas que o estão celebrando. Tal informação presta-se precisamente para controlar o fluxo das reservas cambiais do país.

diz respeito à informações outras que não gravitem em torno da identidade, uma vez que essa conduta já está abarcada pela figura do *caput*.

4. TIPICIDADE SUBJETIVA

O crime somente é praticado quando cometido dolosamente, devendo existir consciência e vontade de atribuir falsa identidade ou sonegar ou prestar informações falsas.

Ademais, aqui é imprescindível um elemento subjetivo diverso do dolo, consistente na finalidade da falsa identidade, que é a realização de operação de câmbio. Não exige, porém, o tipo penal nenhuma finalidade específica para a realização da operação de câmbio. Em outras palavras, pouco importa a finalidade pela qual o agente realizou referido contrato, com identidade falsa.

Não há punição a título de culpa.

5. CONSUMAÇÃO E TENTATIVA

O crime se consuma no momento em que é celebrado o contrato de câmbio com a identidade falsa do autor ou de terceiro (*caput*) ou com as outras informações sonegadas ou falsas, que deveriam constar da operação (parágrafo único).

É possível a tentativa, nos casos em que exista um lapso temporal entre a atribuição de identidade falsa, sonegação de informações e prestação de informações falsas e a efetiva celebração do contrato de câmbio e, nesse ínterim, seja interrompida a ação delitiva por circunstâncias alheias à vontade do agente.

6. AÇÃO PENAL

A ação penal é pública incondicionada. Não cabe transação penal, mas é cabível a suspensão condicional do processo e, eventualmente, o acordo de não persecução penal, vez que a pena mínima é inferior a 04 (quatro) anos (CPP, art. 28-A).

DO CRIME DE EVASÃO DE DIVISAS

Art. 22. Efetuar operação de câmbio não autorizada, com o fim de promover evasão de divisas do País:

Pena – Reclusão, de 2 (dois) a 6 (seis) anos, e multa.

Parágrafo único. Incorre na mesma pena quem, a qualquer título, promove, sem autorização legal, a saída de moeda ou divisa para o exterior, ou nele mantiver depósitos não declarados à repartição federal competente.

1. BEM JURÍDICO TUTELADO

O tipo penal do artigo 21 – um dos mais importantes da Lei dos Crimes contra o Sistema Financeiro – tem como bem jurídico a ser tutelado a higidez do Sistema Financeiro, protegida pelo controle e fiscalização do fluxo das reservas cambiais do país e pelo resguardo da regularidade do mercado de câmbio[95].

95 Nesse sentido, FELDENS e SCHMIDT afirmam: *"As três formas delitivas do artigo 22 da Lei n. 7.492/86 têm uma mesma objetividade jurídica genérica (sendo a generalíssima o Sistema Financeiro Nacional), apesar de cada qual possuir sua própria objetividade jurídica específica. O objetivo jurídico genérico é regular a execução da política cambial estatal, potencialmente lecionável nos casos de moeda nacional ou estrangeira que possa (ou que venha efetivamente a) sair do nosso País à míngua de qualquer controle, assim como na hipótese de disponibilidades mantidas por brasileiros no exterior sem a devida declaração ao órgão competente."* FELDENS, Luciano; SCHMIDT, Andrei Zenkner. *O Delito de Evasão*

2. SUJEITOS DO CRIME

O crime pode ter como sujeito passivo qualquer pessoa, vez que se trata de crime comum, considerando que a lei não prevê nenhuma circunstância especial que deve ostentar o agente para praticá-lo.

O sujeito passivo do delito é o Estado, pois é o responsável pela tutela do Sistema Financeiro e o controle do fluxo das reservas cambiais.

3. CONDUTAS TÍPICAS (TIPICIDADE OBJETIVA)

O crime de evasão de divisas, em verdade, comporta três condutas distintas, que poderiam, inclusive, ser tipificadas em três delitos distintos.

O exame será feito, pois, de acordo com essa tríplice divisão:

a) Operação de câmbio para evasão de divisas:

A primeira conduta tipificada pelo art. 22 incrimina a realização de operações de câmbio ilegais com o intuito de promover evasão (fuga, saída) de divisas do país.

Aqui o que se proíbe é a operação de câmbio não autorizada. Some-se a isso o especial fim de agir consistente no objetivo de promover a evasão de divisas.

Assim, não é necessário para a caracterização do delito em questão que as divisas sejam efetivamente levadas para o exterior, bastando comprovar a operação de câmbio ilegal somada ao objetivo de evasão.

A elementar do tipo é efetuar operações de câmbio, ou seja, realizar a compra e venda de moedas de distintos países.

Ademais, essa operação, para caracterizar delito, não pode evidentemente estar autorizada. Não autorizada aqui significa proibida[96].

É importante ressaltar que o tipo penal proíbe tão somente a evasão, a saída de divisas por meio de operações ilícitas de câmbio, sendo que a entrada, o ingresso de tais divisas ilicitamente, ainda que constitua ilícito administrativo, não é criminalizada.

b) Saída de moeda ou divisa para o exterior:

Aqui a conduta incriminada é a evasão de divisas propriamente dita. Assim, o tipo penal proíbe que o autor saia do território nacional com moeda ou divisa, sem autorização legal.

---

de Divisas 20 anos depois: Sua redefinição típica em face das modificações das políticas cambiais brasileiras, in Crimes contra o Sistema Financeiro Nacional: 20 anos da Lei n. 7.492/86. Belo Horizonte: Del Rey, 2006, p. 77. Sobre os denominados delitos cambiais, classificação que abarca como um dos exemplos mais evidentes o delito de evasão de divisas, SCHMIDT preconiza que: *"A tutela jurídico-penal sobre operações de câmbio está diretamente relacionada à política monetária, porém no que diz respeito às estratégias de definição de preço da moeda nacional em comparação com as moedas estrangeiras. Por força dessa especialidade, reputamos prudente falar-se em política cambial.*
Em países cuja economia ainda necessita de controle administrativo sobre operações de câmbio e entrada e saída de moeda, condutas que afetem significativamente o normal funcionamento do mercado de câmbio podem influenciar variações abruptas na (des)valorização da moeda nacional, segundo a maior ou menor oferta de moeda estrangeira." SCHMIDT, Andrei Zenkner. *Direito Penal Econômico*: Parte Geral. Porto Alegre: Livraria do Advogado, 2015, p. 103.

96 A esse respeito, esclarecem FELDENS e SCHMIDT sobre a elementar "operação de câmbio não autorizada" que: *"(...) a descrição dessa elementar padece, no atual regime, de vício semântico: a adequação típica da conduta não exige a não autorização da operação de câmbio, mas, sim, a sua verificação em desconformidade às normas cambiais incidentes na espécie. A partir da criação do Sisbacen em 1992, o Bacen deixou de exigir autorização prévia para a concretização da grande maioria das operações de câmbio, cuja legislação sujeita-se, desde então, a um controle,* a posteriori, *da transação. Nesse rumo, é incorreto argumentar, como o faz boa parte da jurisprudência brasileira, no sentido de que a tipicidade da conduta pressupõe que a operação de câmbio não seja autorizada."* FELDENS; SCHMIDT. *O Delito de Evasão de Divisas 20 anos depois*, pp. 81-82. Nesse sentido, também, já assentou o STJ: *"Não se exige autorização específica para cada ato concreto de remessa, mas que as operações sejam efetuadas na forma dos atos normativos do Banco Central do Brasil, realizadas por meio de instituições autorizadas e com o registro no Sisbacen."* (STJ – REsp 1390827/PR, Rel. Ministro SEBASTIÃO REIS JÚNIOR, SEXTA TURMA, julgado em 04/09/2014, DJe 23/09/2014).

Essa saída pode se dar de duas maneiras: i) via saída física das divisas (transporte hidroviário, aéreo ou terrestre) e ii) via transferência bancária.

A saída do agente de posse dos valores por transporte hidroviário, aéreo ou terrestre somente pode ser feita quando os valores não ultrapassem R$10.000,00 (dez mil reais)[97] ou valor correspondente se o numerário for em moeda estrangeira[98].

Caso o viajante pretenda sair com valores superiores a dez mil, deverá necessariamente realizar uma declaração de porte de valores (DPV), apresentando-se, espontaneamente, antes do início dos procedimentos fiscais, à fiscalização aduaneira destinada à realização do controle de bens de viajante[99].

De tal maneira, qualquer saída de numerário superior a R$ 10.000,00 (dez mil reais) do país, por transporte hidroviário, aéreo ou terrestre, sem a declaração de porte de valores (DPV), é ilícita e caracteriza o delito em questão.

Evidentemente que qualquer tentativa de burla a esse limite, caso comprovada, caracteriza, também, o tipo penal em questão. Nesse sentido, caso o autor divida os valores com sua esposa e filhos menores, estará caracterizado o delito. Da mesma forma, operações similares ao *smurfing*[100] da lavagem de dinheiro, em que o agente divide em várias viagens (na via aquática, aérea ou terrestre), com o objetivo de escapar-se ao controle das autoridades, também, constitui o delito, já que, ao fim e ao cabo, todas essas pequenas evasões constituem uma mera divisão de uma ação global única[101].

---

97 É importante consignar que a Lei n. 14.286/21, em seu artigo 14, §1º, inciso I, elevou esse valor para dez mil dólares (e não mais dez mil reais), substanciando, portanto, complemento da lei penal mais benéfica. Esse complemento, porém, somente entra em vigor no dia 30 de dezembro de 2022, nos termos do seu art. 29. Vale ressaltar, porém, que não é possível aplicar-se desde logo essa nova Lei, durante a sua *vacatio legis*, uma vez que – durante esse período – é possível que ela ainda seja revogada, razão pela qual impõe-se aguardar a sua efetiva vigência para eventual reconhecimento de *abolitio criminis* para aqueles que eventualmente evadiram valor inferior a dez mil dólares.

98 Nesse sentido é o art. 65 da Lei nº 9.069/1995: *"Art. 65. O ingresso no País e a saída do País, de moeda nacional e estrangeira serão processados exclusivamente através de transferência bancária, cabendo ao estabelecimento bancário a perfeita identificação do cliente ou do beneficiário. § 1º Excetua-se do disposto no caput deste artigo o porte, em espécie, dos valores: I – quando em moeda nacional, até R$ 10.000,00 (dez mil reais); II – quando em moeda estrangeira, o equivalente a R$ 10.000,00 (dez mil reais); III – quando comprovada a sua entrada no País ou sua saída do País, na forma prevista na regulamentação pertinente. § 2º O Conselho Monetário Nacional, segundo diretrizes do Presidente da República, regulamentará o disposto neste artigo dispondo, inclusive, sobre os limites e as condições de ingresso no País e saída do País da moeda nacional. § 3º A não observância do contido neste artigo, além das sanções penais previstas na legislação específica, e após o devido processo legal, acarretará a perda do valor excedente dos limites referidos no § 1º deste artigo, em favor do Tesouro Nacional." (redação anterior à Lei 12.865/13)."*

99 Confira-se a Instrução Normativa RFB nº 1385, de 15 de agosto de 2013, mais especificamente os seus arts. 7º e 8º, *verbis*: *"Art. 7º O viajante que ingressar no País ou dele sair com recursos em espécie, em moeda nacional ou estrangeira, em montante superior a R$ 10.000,00 (dez mil reais) ou o equivalente em outra moeda, também deverá declará-los para a RFB mediante registro da e- DBV. Art. 8º O viajante deverá apresentar-se espontaneamente à fiscalização aduaneira na área destinada à realização do controle de bens de viajante, antes do início dos procedimentos fiscais, requerer o registro da correspondente e-DBV transmitida e manifestar que está portando valores em espécie, para fins de verificação."*

100 Sobre essa técnica, nos delitos de lavagem de dinheiro, MENDRONI explica que: *"O agente divide o 'bolo de dinheiro' em muitas quantias pequenas, no limite permitido pela legislação, fazendo vários depósitos bancários em várias contas para depois, oportunamente, reuni-los de volta."* MENDRONI, Marcelo Batlouni. *Crime de Lavagem de Dinheiro*. 3ª ed. São Paulo: Atlas, 2015, p. 188.

101 Com a mesma opinião, FELDENS e SCHMIDT afirmam: *"A rigor, não há limite para o número de operações de transferência de moeda nacional ou estrangeira em espécie cujo valor não exceda o limite legal. Assim, não pratica, por exemplo, o crime de evasão de divisas aquele que, em duas ou três oportunidades, venha a sair do Brasil, independentemente da declaração ao Bacen, com valores inferiores ao equivalente a R$ 10.000,00, em cada viagem. Cremos necessária a ressalva, entretanto, para o caso da evasão-formiga, em que alguém que pretenda enviar ao exterior valores superiores ao limite legalmente estabelecido para a exigência de transferência bancária decida fracionar a evasão em diversas remessas de valores inferiores a esse limite, a pretexto de burlar a necessidade do controle da transferência. Nesse caso, nada obsta a incidência do* caput *ou da primeira parte do parágrafo único do artigo 22 da Lei n. 7.492/86, conforme o caso."* FELDENS; SCHMIDT. *O Delito de Evasão de Divisas 20 anos depois*, p. 100.

Por sua vez, a transferência eletrônica de valores, que, como visto, deve ser feita sempre via sistema de transmissão bancária, também, deve ser realizada pelo sistema financeiro formal, no qual deverá ser providenciada a comunicação ao Banco Central[102].

A saída de divisas virtual (que não seja física) deverá ser feita sempre via sistema oficial bancário, pouco importandº o valor da operação.

Assim, sempre que a **saída virtual ou escritural** seja **feita fora do sistema oficial** estará caracterizado o crime em questão, mesmo que os valores sejam inferiores aos dez mil reais.

Nesse sentido, a realização das operações denominadas dólar-cabo[103], o uso do denominado sistema hawala[104] ou mesmo o uso de sistema paralelo ou clandestino de remessas utili-

---

102 Veja-se que a Resolução CMN Nº 4844 de 30/07/2020, alterou o art. 26 da Resolução n. 3.568, de 29 de maio de 2008, do Conselho Monetário Nacional, que passou a ter a seguinte redação: *"Art. 26. A movimentação ocorrida em conta de depósito de pessoas físicas ou jurídicas residentes, domiciliadas ou com sede no exterior, de valor igual ou superior a R$ 100.000,00 (cem mil reais), deve ser registrada no Sisbacen, na forma estabelecida pelo Banco Central do Brasil."*. Anteriormente, esse limite era de 10.000,00 (dez mil reais). Veja-se que o valor igual ou superior a R$ 100.000,00 (cem mil reais) vale tão somente para a movimentaçãoo feita em conta depósito, não se aplicando para as demais formas de movimentação, física ou bancária. Aliás, nesse preciso aspecto, tem-se que houve efeito retroativo a norma penal em branco, relativamente a esse específico grupo de casos, realizados antes da alteração normativa. Além disso, sobre a saída de divisas pelo sistema financeiro, entende-se não configurado o delito, quando o agente efetua compras com cartões de crédito internacional: *"3. A figura típica descrita no art. 22, parágrafo único, da Lei nº 7.492/86, consiste em "Efetuar operação de câmbio não autorizada, com o fim de promover evasão de divisas do país" e, nos termos do referido parágrafo único, "Incorre na mesma pena quem, a qualquer título, promove, sem autorização legal, a saída de moeda ou divisa para o exterior, ou nele mantiver depósitos não declarados à repartição federal competente". In casu, não ficou configurado o intuito do apelado de promover a evasão de divisas do país que não resta tipificada apenas através de compras no exterior efetuadas com cartões de créditos internacionais obtidos de administradoras nacionais. 4. Apelação desprovida."* (TRF1 – APELAÇÃO 00289665020104013300, JUIZ FEDERAL HENRIQUE GOUVEIA DA CUNHA (CONV.), – QUARTA TURMA, e-DJF1 DATA:27/10/2016 PAGINA). Em caso similar, veja-se o seguinte julgado do TRF3: *"V- Não parece controverso – posto que o próprio réu as confirma – a realização dos saques em moeda estrangeira fora do Brasil, em diversas oportunidades, reconhecendo até sua eventual clandestinidade, sob o pretexto de "girar" seu capital, ingressando com o montante no país (acima do limite legal), trocando aqui a moeda, ganhando tempo em razão da cotação dólar-real da época, efetuando o pagamento do cartão somente na data do vencimento da sua fatura. VI – Diante da inexistência de provas em contrário que o réu tenha efetuado a operação com objetivo final (ou único) de transferir numerário ao estrangeiro de forma clandestina, sendo essas operações sujeitas ao controle por parte do Banco Central. VII- A saída de divisas por meio de pagamento via cartão de crédito é contrária àquelas hipóteses em que há remessas de divisas à margem de controles cambiais ou fazendários, pois a saída de divisas, feita daquela forma, não permite a ocultação da operação para as autoridades competentes."* (...) (TRF3, ACR 00001777020034036003, Segunda Turma, Rel. Des. Federal Cecilia Mello, e-DJF3 Judicial 1 29.08.2013;). Na mesma toada, existe decisão monocrática do Min. Nefi Cordeiro, ao consignar que: *"Com efeito, o acórdão hostilizado consignou que, conforme documentado pelo Banco Central, essa autarquia acompanhou as operações, não havendo burla ao sistema de controle cambial. Importante ressaltar que a evasão deve ser entendida como a saída clandestina do numerário, o que não se configurou na hipótese. Nesse contexto, a movimentação financeira controlada não representa evasão de divisas, sempre clandestina, não cabendo revaloração de concreta clandestinidade, tendo em vista o óbice do enunciado sumular n. 7 deste Superior Tribunal de Justiça."* (STJ, REsp 1.216.803/CE, Rel. Min. Nefi Cordeiro, decisão: 14.04.2015, publicação: 12.06.2015).

103 Sobre o sistema dólar-cabo, MENDRONI ensina que: *"A transferência de dinheiro através dos meios chamados 'dólar-cabo' ou 'euro-cabo', muito utilizados por pessoas ou empresas que querem promover a lavagem de dinheiro, implica na utilização de doleiros – pessoas físicas e/ou jurídicas, autorizadas ou não a realizar as operações, em um sistema de compensações de depósitos sem a remessa efetiva de valores. Exemplificando: A, residente no Brasil, quer depositar o equivalente a US$ 100 mil em sua conta em um banco em Nova York. Contacta o doleiro brasileiro, que aciona o intermediador residente nos EUA. Este providencia o depósito dos US$ 100mil, de lá mesmo dos EUA, na conta de A. Em compensação, aquele intermediador norte-americano conhece um residente nos EUA que quer depositar os mesmos US$ 100mil (convertidos para reais) no Brasil. Então o doleiro brasileiro providencia o depósito do valor, em reais, equivalente aos US$ 100mil depositados em Nova York, na conta designada pelo intermediador norte-americano. O dinheiro não viajou. Não houve transferência do dinheiro do Brasil aos EUA e nem dos EUA para o Brasil, operou-se um sistema de compensações, onde os depósitos ocorreram dentro dos EUA e dentro do Brasil, pelos valores equivalentes, conforme as orientações dos clientes. Trata-se de sistema que impossibilita ou dificulta o rastreamento dos depósitos, pela própria razão da inexistência de transferências por parte do próprio interessado."* MENDRONI. *Crime de Lavagem de Dinheiro*, p. 207.

104 O sistema hawala é bastante similar ao dólar-cabo, no entanto, como destaca MENDRONI: *"Os componentes essenciais do hawala e que o distinguem de outros sistemas de remessas são a confiança e o uso extensivo de conexões, como as relações familiares ou associações regionais. Ao contrário dos bancos tradicionais ou mesmo o 'chop system', o hawala torna mínimo (muitas vezes nenhum) o uso de qualquer tipo de instrumentos ativos negociáveis. As transferên-*

zando-se de outros sistemas ou métodos[105] sempre caracterizará o crime de evasão de divisas, pouco importando o valor. Essa responsabilização penal, ademais, não é norma penal em branco e independe de qualquer complementação[106].

Repita-se, nesses casos de dólar-cabo e hawala, pouco importa os valores evadidos. Não há limite livre de controle, uma vez que a transferência de todo e qualquer valor, pelo sistema que não seja o físico, deve ser feita via sistema financeiro e devidamente declarado[107].

É importante consignar que ser irrelevante que – nas operações do tipo dólar-cabo ou hawala – o dinheiro não saia efetivamente do país. Isso porque, na transferência virtual ou escritural o dinheiro, da mesma forma, *"não vai ao exterior"*.

Isso porque, como é sabido, o sistema bancário trabalha com compensações e créditos, mesmo porque o dinheiro é fungível.

O que atribui natureza criminosa a essas ações reside precisamente na movimentação financeira para o exterior **sem controle**, em um sistema paralelo ao sistema bancário oficial.

Em outras palavras, o agente passa a ter a disponibilidade financeira de valores no exterior que anteriormente somente tinha no Brasil e tal *"transferência"* se deu à margem da lei e do Sistema Financeiro Nacional[108].

---

cias de dinheiro são efetuadas com base na comunicação entre membros de uma rede de Hawaladars ou de 'concessionários hawala'." MENDRONI. *Crime de Lavagem de Dinheiro*, p. 208.

105 Assim é a jurisprudência do Superior Tribunal de Justiça: "AGRAVO REGIMENTAL EM RECURSO ESPECIAL. PENAL. CRIME CONTRA O SISTEMA FINANCEIRO. ART. 22, PARÁGRAFO ÚNICO, PRIMEIRA PARTE, DA LEI N. 7.492/1986. ALEGAÇÃO DE ATIPICIDADE DA CONDUTA. OPERAÇÕES DÓLAR-CABO. SISTEMA DE COMPENSAÇÃO. OPERAÇÃO DE CÂMBIO NÃO AUTORIZADA. TIPIFICAÇÃO. ACÓRDÃO EM CONSONÂNCIA COM A ORIENTAÇÃO JURISPRUDENCIAL DO STJ. DISSÍDIO JURISPRUDENCIAL NÃO COMPROVADO. SÚMULA 83/STJ. FUNDAMENTOS INATACADOS. SÚMULA 182/STJ. 1. No caso, o Tribunal Regional, em observância aos pormenores da situação concreta, entendeu que incide nas penas do art. 22 da Lei n. 7.492/1986 aquele que efetua operações de câmbio não autorizadas e promove, sem autorização legal, a evasão de divisas do País, independentemente do valor, não havendo falar que o tipo penal necessita de complementação por regulamentação do órgão federal competente, o que se encontra em consonância com a jurisprudência firmada pelo Superior Tribunal de Justiça. (...) 4. Agravo regimental improvido." (AgRg no REsp 1849140/RS, Rel. Ministro SEBASTIÃO REIS JÚNIOR, SEXTA TURMA, julgado em 01/09/2020, DJe 09/09/2020)

106 Assim: STJ - AgRg no AREsp n. 1.940.746/MG, relator Ministro Rogerio Schietti Cruz, Sexta Turma, julgado em 14/6/2022, DJe de 21/6/2022.

107 Nesse sentido, veja-se o seguinte julgado do Superior Tribunal de Justiça: *"4. A legislação autoriza, em relação ao valor inferior a R$ 10.000,00 (ou seu equivalente em moeda estrangeira), apenas a saída física de moeda sem comunicação às autoridades brasileiras. No caso de transferência eletrônica, saída meramente escritural da moeda, a lei exige, de forma exclusiva, o processamento através do sistema bancário, com perfeita identificação do cliente ou beneficiário (Lei nº 9.069/1995, art. 65, caput). 5. No caso das operações "dólar-cabo" existe uma grande facilidade na realização de centenas ou até milhares de operações fragmentadas seqüenciais. É muito mais simples do que a transposição física, por diversas vezes, das fronteiras do país com valores inferiores a R$ 10.000,00. Admitir a atipicidade das operações do tipo "dólar-cabo" com valores inferiores a R$ 10.000,00 é fechar a janela, mas deixar a porta aberta para a saída clandestina de divisas. 6. A evasão de divisas pode ser praticada de diversas formas, desde meios muito rudimentares – como a simples saída do país com porte de dinheiro em valor superior a dez mil reais sem comunicação às autoridades brasileiras – até a utilização de complexos esquemas de remessas clandestinas. 7. Não se mostra justo punir da mesma forma condutas tão distintas como a mera saída física do país na posse de valores não declarados e um sofisticado esquema de remessa ilícita de valores como o demonstrado no caso concreto. 8. Recurso parcialmente provido, apenas no que se refere à fixação do valor do dia-multa."* (STJ – REsp 1535956/RS, Rel. Ministra MARIA THEREZA DE ASSIS MOURA, SEXTA TURMA, julgado em 01/03/2016, DJe 09/03/2016).

108 Sobre a caracterização do delito de evasão de divisas (art. 22, parágrafo único, primeira parte), com as operações de dólar-cabo é pacífica a jurisprudência atual do STF e do STJ. O STF já decidiu que: *"Para configuração do crime de evasão de divisas não é necessário que a saída da moeda ou divisa tenha origem em solo nacional."* (**STF – RE 866722 AgR-ED**, Relator(a): Min. GILMAR MENDES, Segunda Turma, julgado em 04/08/2015, PROCESSO ELETRÔNICO DJe-195 DIVULG 29-09-2015 PUBLIC 30-09-2015). *"AGRAVO REGIMENTAL NO RECURSO EXTRAORDINÁRIO. PROCESSUAL PENAL. IMPOSSIBILIDADE DE REEXAME DE PROVA. SÚMULA N. 279 DO SUPREMO TRIBUNAL FEDERAL. EVASÃO DE DIVISAS. OPERAÇÕES DÓLAR-CABO: JULGADO RECORRIDO HARMÔNICO COM A JURISPRUDÊNCIA DO SUPREMO TRIBUNAL FEDERAL. ALEGADA CONTRARIEDADE AO ART. 93, INC. IX, DA CONSTITUIÇÃO NÃO CONFIGURADA. AGRAVO REGIMENTAL AO QUAL SE NEGA PROVIMENTO."* (**STF – RE 876692 AgR**, Relator(a): Min. CÁRMEN LÚCIA, Segunda Turma, julgado em 12/05/2015, PROCESSO ELETRÔNICO DJe-096 DIVULG 21-05-2015 PUBLIC 22-05-2015). *"A materialização do*

Por fim, deve-se assentar que as moedas virtuais (especialmente as criptomoedas) – cuja cadeia de serviços agora é incluída no conceito de instituição financeira: art. 1º, I-A, desta Lei – não podem ser objeto desta modalidade de evasão de divisas. Isso porque, o artigo 14 da Lei n. 14.286/21, que é complementar a este tipo penal (norma de reenvio), limita a saída do país apenas de moeda nacional e estrangeira e, como estabelece o art. 3º, inciso I, da Lei 14.478/22, as criptomoedas não são consideradas moeda nacional ou estrangeira. Desse modo, nos termos da regulamentação atual, não há adequação típica na evasão de moedas virtuais.

c) Manutenção de depósitos não declarados:

A última conduta prevista para o crime de evasão de divisas é consubstanciada pelo comportamento descrito no parágrafo único, segunda parte, do art. 22 da LCSFN.

A rigor, aqui não é incriminada a evasão de divisas, mas sim a **mera manutenção de valores depositados no exterior**, não declarados à repartição federal competente.

Assim, os valores depositados podem ser oriundos de: (i) evasão de divisas (ou seja, chegaram ao exterior por meio da conduta descrita na primeira parte do parágrafo único) ou (ii) uma fonte de moedas ou divisas situada no exterior (caso em que, a rigor, não há uma evasão de divisas propriamente dita).

O termo depósito, referido pela lei, abarca moedas ou divisas *"como investimento direto, empréstimos, financiamentos etc. Compreende-se nessa conceituação, portanto, as disponibilidades financeiras (divisas ou moeda local depositada em conta bancária) ou os títulos que lhe sejam correspondentes por uma relação de liquidez imediata (v.g., aplicações em poupança, fundos de investimentos, títulos do tesouro de um determinado país, ações em bolsas de valores, certificados de depósito bancário, etc.)."*[109]

Veja-se que a autoridade federal competente a que faz alusão o tipo penal é o Banco Central, nos termos do Decreto-lei n. 1.060/69, que dispõe, dentre outras coisas, sobre a declaração de bens, dinheiros ou valores, existentes no estrangeiro[110].

delito de evasão de divisas prescinde da saída física de moeda do território nacional. Por conseguinte, mesmo aceitando-se a alegação de que os depósitos em conta no exterior teriam sido feitos mediante as chamadas operações "dólar-cabo", aquele que efetua pagamento em reais no Brasil, com o objetivo de disponibilizar, através do outro que recebeu tal pagamento, o respectivo montante em moeda estrangeira no exterior, também incorre no ilícito de evasão de divisas. Caracterização do crime previsto no art. 22, parágrafo único, primeira parte, da Lei 7.492/1986, que tipifica a conduta daquele que, "a qualquer título, promove, sem autorização legal, a saída de moeda ou divisa para o exterior". (**STF – AP 470**, Relator(a): Min. JOAQUIM BARBOSA, Tribunal Pleno, julgado em 17/12/2012, ACÓRDÃO ELETRÔNICO DJe-074 DIVULG 19-04-2013 PUBLIC 22-04-2013 RTJ VOL-00225-01 PP-00011). No mesmo sentido, são, a título de exemplo, os seguintes julgados do STJ: **AgRg no AREsp** n. 1.940.746/MG, relator Ministro Rogerio Schietti Cruz, Sexta Turma, julgado em 14/6/2022, DJe de 21/6/2022; **REsp 1367650/RS**, Rel. Ministro SEBASTIÃO REIS JÚNIOR, SEXTA TURMA, julgado em 23/08/2016, DJe 08/09/2016; **STJ – AgRg no REsp 1573577/RS**, Rel. Ministro REYNALDO SOARES DA FONSECA, QUINTA TURMA, julgado em 21/06/2016, DJe 29/06/2016; **STJ – REsp 1535956/RS**, Rel. Ministra MARIA THEREZA DE ASSIS MOURA, SEXTA TURMA, julgado em 01/03/2016, DJe 09/03/2016; **STJ – REsp 1390827/PR**, Rel. Ministro SEBASTIÃO REIS JÚNIOR, SEXTA TURMA, julgado em 04/09/2014, DJe 23/09/2014.

109 FELDENS; SCHMIDT. *O Delito de Evasão de Divisas 20 anos depois*, p. 90. Nesse sentido, o art. 3º da Resolução n 3.854/10, do Bacen, consigna que: *"A declaração de bens e valores de que trata esta Resolução compreenderá informações relacionadas às seguintes modalidades: I – depósito; II – empréstimo em moeda; III – financiamento; IV – arrendamento mercantil financeiro; V – investimento direto; VI – investimento em portfólio; VII – aplicação em instrumentos financeiros derivativos; e VIII – outros investimentos, incluindo imóveis e outros bens." Na mesma linha, é o seguinte julgado do STJ: "Para fins de interpretação do termo "depósito" deve-se considerar o fim a que se destina a norma, pois visa proteção do Sistema Financeiro Nacional - SFN. A lei não restringiu a modalidade de deposito o local de depósito no exterior. Assim, não deve ser considerado apenas o depósito em conta bancária no exterior, mas também o valor depositado em aplicação financeira no exterior, em razão da disponibilidade da moeda e do interesse do SFN. 1.1. No caso em tela, o saldo em 31/12/02 em aplicação financeira realizada por meio da aquisição de cotas do fundo de investimento Opportunity Fund no exterior não declarado à autoridade competente (BACEN, conforme Resolução n. 2911 e Circulares 3071 e 3181) preenche a hipótese normativa do art. 22, parágrafo único, parte final, da Lei n. 7.492/86." (STJ - AREsp 774.523/SP, Rel. Ministro JOEL ILAN PACIORNIK, QUINTA TURMA, julgado em 07/05/2019, DJe 13/05/2019).*

110 O seu art. 1º dispõe o seguinte: *"Art. 1º Sem prejuízo das obrigações previstas na legislação do impôsto de renda, as pessoas físicas ou jurídicas ficam obrigadas, na forma, limites e condições estabelecidas pelo Conselho Monetário Nacio-*

A obrigação de declaração a que faz referência o tipo penal em questão vem prevista por regulamentação do Banco Central (trata-se, pois, de norma penal em branco).

Nesse sentido, houve a elaboração pelo Banco Central de várias circulares que estabelecem um valor abaixo dos quais fica dispensada a declaração de valores ao Bacen, que são as seguintes: a) **circular n. 3.071/01** (dispensa a declaração dos detentores de ativos cujo total, em 31 de dezembro de 2001, seja inferior ao equivalente a R$10.000,00); b) **circular n. 3.110/02** (dispensa a declaração dos detentores de ativos cujo total, em 31 de dezembro de 2001, seja inferior ao equivalente a R$200.000,00); c) **circular n. 3.181/03** (dispensa a declaração dos detentores de ativos cujo total, em 31 de dezembro de 2002, seja inferior ao equivalente a R$ 300.000,00); d) **circular n. 3.225/04** (dispensa a declaração dos detentores de ativos cujo total, em 31 de dezembro de 2003, seja inferior ao equivalente a US$ 100.000,00); e) **circular n. 3.278/05** (dispensa a declaração dos detentores de ativos cujo total, em 31 de dezembro de 2004, seja inferior ao equivalente a US$ 100.000,00); f) **circular n. 3.313/06** (dispensa a declaração dos detentores de ativos cujo total, em 31 de dezembro de 2005, seja inferior ao equivalente a US$ 100.000,00); g) **circular n. 3.345/07** (dispensa a declaração dos detentores de ativos cujo total, em 31 de dezembro de 2006, seja inferior ao equivalente a US$ 100.000,00); h) **circular n. 3.384/08** (dispensa a declaração dos detentores de ativos cujo total, em 31 de dezembro de 2007, seja inferior ao equivalente a US$ 100.000,00); i) **circular n. 3.442/09** (dispensa a declaração dos detentores de ativos cujo total, em 31 de dezembro de 2008, seja inferior ao equivalente a US$ 100.000,00).

Finalmente, no ano de **2010**, foi editada a **Resolução n. 3.854**, que estabeleceu regulamentação global (e não específica para cada ano), impondo o dever de informação estabelecendo, inicialmente, o valor máximo *igual ou superior a US$100.000,00*."[111]

No entanto, em 30 de julho de 2020, foi editada a Resolução n. 4.841, que alterou o art. 2º da Resolução 3.854, estabelecendo o seguinte: *"Art. 2º A declaração de que trata o art. 1º,*

---

nal, a declarar ao Banco Central do Brasil, os bens e valôres que possuírem no exterior, podendo ser exigida a justificação dos recursos empregados na sua aquisição. Parágrafo único. A declaração deverá ser atualizada sempre que houver aumento ou diminuição dos bens, dinheiros ou valôres, com a justificação do acréscimo ou da redução." Já a medida provisória n. 2.224/01 estabelece multa em caso de não declaração desses valores ao Banco Central. Apesar da previsão do Decreto-lei n. 1.060/69, deve-se ter em mente o corretamente decidido pelo Superior Tribunal de Justiça, no sentido de que: *"(...). 2. O dever de informação ao Banco Central já se impunha, em tese, desde o Decreto-Lei n. 1.060/1969. Entretanto, o referido dispositivo legal carecia de regulamentação que estabelecesse a maneira e as condições para declaração. Assim, a obrigação de declarar valores depositados no exterior, até o ano de 2001, ficou a cargo da Receita Federal, porquanto era obrigatório que constasse tal informação na declaração de imposto de renda, hipótese dos autos. 3. Somente em 2001 é que sobreveio a edição da Circular n. 3.071/2001 do Banco Central (autorizada pela Resolução n. 2.911/2001 do Conselho Monetário Nacional), a qual previa que os depósitos mantidos no ano de 2001 deveriam ser declarados ao Bacen. A partir de então, o Banco Central passou a ser o destinatário exclusivo da declaração de que trata o parágrafo único do art. 22 da referida lei (foram editadas, anualmente, sucessivas circulares tratando da questão), o que se mostra consentâneo com a própria natureza do bem jurídico tutelado e com as diretrizes do art. 1º do Decreto-Lei n. 1.060/1969. 4. Agravo regimental não provido."* (STJ – AgRg no REsp 1134047/PR, Rel. Ministro ROGERIO SCHIETTI CRUZ, SEXTA TURMA, julgado em 25/04/2017, DJe 04/05/2017).

111 O art. 2º tem a seguinte redação: *"Art. 2º A declaração de que trata o art. 1º, inclusive suas retificações, deve ser prestada anualmente, por meio eletrônico, na data-base de 31 de dezembro de cada ano, quando os bens e valores do declarante no exterior totalizarem, nessa data, quantia igual ou superior a US$100.000,00 (cem mil dólares dos Estados Unidos da América), ou seu equivalente em outras moedas. § 1º Sem prejuízo do disposto no caput deste artigo, as pessoas a que se refere o art. 1º ficam obrigadas a prestar declaração nas datas-bases de 31 de março, 30 de junho e 30 de setembro de cada ano, quando os bens e valores do declarante no exterior totalizarem, nessas datas, quantia igual ou superior a US$100.000.000,00 (cem milhões de dólares dos Estados Unidos da América), ou seu equivalente em outras moedas. § 2º O Banco Central do Brasil estabelecerá os períodos de entrega da declaração. § 3º Estão dispensadas de prestar a declaração de que trata esta Resolução as pessoas que, nas datas referidas no caput e no § 1º deste artigo, possuírem bens e valores em montantes inferiores aos ali indicados. § 4º Caso os bens e valores sejam mantidos em conta conjunta de depósitos ou, por qualquer outra forma, pertençam em condomínio a duas ou mais pessoas físicas ou jurídicas, os limites referidos no caput e no § 1º deste artigo devem ser apurados em vista do valor integral dos ativos detidos nessas situações, independentemente da quantidade de titulares da conta ou de condôminos, considerando-se cada um deles responsável pela declaração de que trata esta Resolução."*

inclusive suas retificações, deve ser prestada anualmente, por meio eletrônico, na data-base de 31 de dezembro de cada ano, quando os bens e valores do declarante no exterior totalizarem, nessa data, quantia igual ou superior a US$1.000.000,00 (um milhão de dólares dos Estados Unidos da América), ou seu equivalente em outras moedas."

Veja-se que esse aumento dos valores que podem ser depositados no exterior de cem mil para um milhão de dólares tem efeito retroativo, vez que o complemento da norma penal em branco integra o tipo penal e, portanto, nos casos de *abolitio criminis* e de *novatio legis in melius* relativos à complementação, deve-se observar o disposto no art. 2º do Código Penal, salvo quando a norma complementadora esteja ligada a contextos de temporariedade e excepcionalidade ou quando a complementação não incida sobre o alcance e desvalor do tipo penal[112], situações excepcionais essas que não se fazem presentes no caso em comento.

É importante registrar, ainda, que o momento em que se deve avaliar se os valores depositados no exterior devem ser declarados ao Banco Central é precisamente a data-base das regulamentações do Bacen, ou seja, no dia 31 de dezembro de cada ano.

Nesse sentido, decidiu o Plenário do Supremo Tribunal Federal, no caso do mensalão, *in verbis:*

> *"MANUTENÇÃO DE DEPÓSITOS NÃO DECLARADOS NO EXTERIOR (ART. 22, PARÁGRAFO ÚNICO, SEGUNDA PARTE, DA LEI 7.492/1986). SALDO INFERIOR A US$ 100.000,00 NAS DATAS-BASE FIXADAS PELO BANCO CENTRAL DO BRASIL. DESNECESSIDADE, NESSE CASO, DE DECLARAÇÃO DOS DEPÓSITOS EXISTENTES. IMPROCEDÊNCIA DO PEDIDO. A manutenção, ao longo de 2003, de conta no exterior com depósitos em valor superior aos cem mil dólares americanos previstos na Circular nº 3.225/2004 e na Circular nº 3.278/2005 do Banco Central do Brasil não caracteriza o crime descrito no art. 22, parágrafo único, segunda parte, da Lei 7.492/1986, se o saldo mantido nessa conta era, em 31.12.2003 e em 31.12.2004, inferior a US$ 100.000,00, o que dispensa o titular de declarar ao Banco Central os depósitos existentes, conforme excepcionado pelo art. 3º dessas duas Circulares."* (STF – AP 470, Relator(a): Min. JOAQUIM BARBOSA, Tribunal Pleno, julgado em 17/12/2012, ACÓRDÃO ELETRÔNICO DJe-074 DIVULG 19-04-2013 PUBLIC 22-04-2013 RTJ VOL-00225-01 PP-00011).

No entanto, deve-se ressaltar que a cada data-base que o agente deixa de declarar os depósitos que tem no exterior, comete um delito de evasão de divisas, previsto no parágrafo único, segunda parte, do art. 22 da LCSFN, ainda que se possa, eventualmente, reconhecer uma continuidade delitiva (CP, art. 71)[113].

Por fim, é importante registrar que aquele que mantém criptomoedas vinculadas a uma prestadora de serviços virtuais estrangeira, sem a devida declaração às autoridades competentes, poderá cometer o delito de evasão de divisas, na modalidade de manutenção de depósito. Isso porque, esse ativo virtual (art. 2º, Lei 14.478/22) insere-se no conceito de bens ou valores e a sua vinculação à operadora estrangeira, também, pode ser considerada como depósito para fins penais[114]. Aliás, como já se viu, essas operadoras atualmente são consideradas como instituição financeira por equiparação – art. 1º, I-A, desta Lei.

112 GUARAGNI, Fábio André. Norma Penal em Branco, Tipos Abertos, Elementos Normativos do Tipo e Remissões a Atos Administrativos Concretos: o panorama político criminal comum, as distinções e consequências relativas ao princípio da reserva legal, *in* Norma Penal em Branco e Outras Técnicas de Reenvio em Direito Penal. São Paulo: Almedina, 2014, p. 57 e ss.

113 Nesse sentido, posicionam-se: ESTELITA, Heloisa; BOTTINI, Pierpaolo Cruz. Extinção da Punibilidade no RERCT: Figuras penais contempladas e (algumas) das excluídas, *in* Regime Especial de Regularização Cambial e Tributária (RERCT): Aspectos práticos. São Paulo: Noeses, 2016, p. 242.

114 Com a mesma linha de raciocínio, o Superior Tribunal de Justiça já decidiu que: "Para fins de interpretação do termo "depósito" deve-se considerar o fim a que se destina a norma, pois visa proteção do Sistema Financeiro Nacional -

A incriminação dessa conduta atende aos imperativos de tutela do bem jurídico consistente na proteção da higidez do Sistema Financeiro. Isso porque, caso contrário, haveria um total esvaziamento dessa modalidade delitiva. Bastaria que o agente adquirisse, por exemplo, Bitcoin em uma corretora do exterior e, posteriormente, utilizasse esse numerário em moeda estrangeira em outro país, com burla aos controles cambiais do país. Em outras palavras, aquele que pretenda manter depósitos não declarados no exterior basta que – em vez de depositá-los em uma conta bancária – vincule essas divisas à uma conta de criptomoedas[115].

Essa conduta, porém, não pode ser considerada lícita, uma vez que tem adequação típica à parte final do parágrafo único, do art. 22 da Lei dos Crimes contra o Sistema Financeiro Nacional.

d) Do Regime Especial de Regularização Cambial e Tributária (RERCT) e o delito de evasão de divisas:

Em janeiro de 2016, entrou em vigor a Lei n. 13.254/16[116], que dispõe sobre o Regime Especial de Regularização Cambial e Tributária (RERCT) de recursos, bens ou direitos de origem lícita, não declarados ou declarados incorretamente, remetidos, mantidos no exterior ou repatriados por residentes ou domiciliados no País[117].

Referida Lei, estabeleceu uma série de condições para que interessados aderissem ao programa, consistentes fundamentalmente na declaração dos recursos, bens e valores existentes no exterior de forma ilícita e no pagamento das multas.

Assim, uma vez cumpridos os requisitos do aludido programa (inclusive o prazo para a sua adesão[118]), o art. 5º[119] previu a extinção da punibilidade para uma lista fechada de delitos

---

SFN. A lei não restringiu a modalidade de deposito o local de depósito no exterior. Assim, não deve ser considerado apenas o depósito em conta bancária no exterior, mas também o valor depositado em aplicação financeira no exterior, em razão da disponibilidade da moeda e do interesse do SFN." (STJ - AREsp n. 774.523/SP, relator Ministro Joel Ilan Paciornik, Quinta Turma, julgado em 7/5/2019, DJe de 13/5/2019.)

115 Brecha similar já foi fechada pelo STJ no citado AREsp n. 774.523/SP, relator Ministro Joel Ilan Paciornik, Quinta Turma, julgado em 7/5/2019, DJe de 13/5/2019. A defesa alegava que o acusado não havia mantido depósito no exterior, mas possuía tão somente cota em fundo de investimento no exterior. Para o STJ, como acima citado, o conceito de depósito abrange também a manutenção de investimentos no exterior.

116 Referida Lei foi regulamentada pela Instrução Normativa 1665/06, da Receita Federal. Ademais, importante consignar que ela foi impugnada via Ação Direta de Inconstitucionalidade proposta pelo Partido Popular Socialista (PPS) perante o Supremo Tribunal Federa (ADI 5496).

117 Uma vez mais o legislador mostra-se benevolente com os criminosos de colarinho branco, boa vontade essa raramente vista para os crimes praticados pelas camadas mais pobres (*blue collars crimes*). Nese sentido, DE GRANDIS: *"A concessão de benefícios a uma específica classe de delitos pode suscitar fricções ao princípio constitucional da igualdade e isonomia quando inexistir justificativa racional ou correlação lógica para a discriminação empreendida e o tratamento diferenciador não encontrará fundamento no sistema normativo. Nos últimos anos, a criação de beneplácitos penais pelo legislador brasileiro tem sido direcionada preponderantemente aos crimes econômicos. Os maiores exemplos residem nos crimes contra a ordem tributária da Lei 8.137/90 e nos delitos do art. 168-A (não repasse de contribuição previdenciária) e 337-A (sonegação de contribuição previdenciária) do CP.*

É necessário reconhecer, conduto, que essa postura leniente tem passado ao largo de outras modalidades delituosas. Nos crimes patrimoniais tradicionais (furto, roubo, etc.), por exemplo, não se tem notícia da concessão de benesses similares àquelas atribuídas aos crimes tributários e contra a ordem previdenciária, à exceção do raramente aplicado art. 16 do Código Penal." DE GRANDIS, Rodrigo. *Aspectos Penais e Processuais Penais do Regime Especial de Regularização Cambial e Tributária de Recursos (RERCT), in* Regime Especial de Regularização Cambial e Tributária (RERCT): Aspectos práticos. São Paulo: Noeses, 2016, p. 459.

118 *"Art. 7º A adesão ao RERCT poderá ser feita no prazo de 210 (duzentos e dez) dias, contado a partir da data de entrada em vigor do ato da RFB de que trata o art. 10, com declaração da situação patrimonial em 31 de dezembro de 2014 e o consequente pagamento do tributo e da multa."*

119 *"Art. 5º A adesão ao programa dar-se-á mediante entrega da declaração dos recursos, bens e direitos sujeitos à regularização prevista no caput do art. 4º e pagamento integral do imposto previsto no art. 6º e da multa prevista no art. 8º desta Lei. § 1º O cumprimento das condições previstas no caput antes de decisão criminal, em relação aos bens a serem regularizados, extinguirá a punibilidade dos crimes previstos: § 1º O cumprimento das condições previstas no caput antes de decisão criminal extinguirá, em relação a recursos, bens e direitos a serem regularizados nos termos desta Lei, a*

(*numerus clausus*), na qual está incluído o crime de evasão de divisas, seja na figura do *caput*, seja nas do parágrafo único (art. 5º, inciso VI), desde que os recursos tenham origem lícita (art. 5º, § 5º)[120], que não tenha, ainda, havido condenação pelo delito previsto na lei (art. 1º, § 5º, II)[121] e que o beneficiário não seja detentor de cargos, empregos e funções públicas de direção ou eletivas, nem ao respectivo cônjuge e aos parentes consanguíneos ou afins, até o segundo grau ou por adoção (art. 11). É importante frisar, porém, que não basta a adesão ao programa para a extinção da punibilidade, sendo imprescindível o pagamento integral do tributo e multa antes do trânsito em julgado da sentença penal condenatória (art. 5º, *caput*, § 2º, II)[122].

Caso o interessado apresente declarações ou documentos falsos, relativos à titularidade e à condição jurídica dos recursos, bens ou direitos declarados, para aderir à RERCT será excluído do programa (art. 9º). Sem embargo, o prosseguimento ou instauração de procedimentos penais relativos à origem dos ativos que foram objeto da regularização somente poderá ocorrer

---

punibilidade dos crimes a seguir previstos, praticados até a data de adesão ao RERCT: (Redação dada pela Lei nº 13.428, de 2017) (...) VI – no caput e no parágrafo único do art. 22 da Lei no 7.492, de 16 de junho de 1986; (...) § 2º A extinção da punibilidade a que se refere o § 1º: I – (VETADO); II – somente ocorrerá se o cumprimento das condições se der antes do trânsito em julgado da decisão criminal condenatória; III – produzirá, em relação à administração pública, a extinção de todas as obrigações de natureza cambial ou financeira, principais ou acessórias, inclusive as meramente formais, que pudessem ser exigíveis em relação aos bens e direitos declarados, ressalvadas as previstas nesta Lei. § 3º (VETADO). § 4º (VETADO). § 5º Na hipótese dos incisos V e VI do § 1º, a extinção da punibilidade será restrita aos casos em que os recursos utilizados na operação de câmbio não autorizada, as divisas ou moedas saídas do País sem autorização legal ou os depósitos mantidos no exterior e não declarados à repartição federal competente possuírem origem lícita ou forem provenientes, direta ou indiretamente, de quaisquer dos crimes previstos nos incisos I, II, III, VII ou VIII do § 1º."

120 Apesar da tentativa da legislação de estabelecer que os recursos devem ser lícitos, tal requisito da licitude, não há dúvidas, será muitas vezes burlado. Isso porque, a regulamentação não exigiu uma prova efetiva da licitude desses bens, bastando, para tanto, uma mera declaração do interessado (IN-RFB n. 1627/16, art. 7º, IV). De tal maneira, o RERCT poderá se prestar como uma excelente forma para tentar *"esquentar"* bens de origem ilícita. Apesar da necessidade de uma mera declaração, parece plenamente possível que se exija, antes da declaração da extinção da punibilidade pelos delitos, que o interessado tenha que comprovar a licitude de tais bens no processo penal ou fase pré-processual, uma vez que um dos requisitos legais para tanto, como visto, é que os bens sejam lícitos. Evidentemente é que compete ao interessado comprovar tal licitude no processo penal para que possa gozar do benefício legal (CPP, art. 156), não sendo possível exigir-se do Ministério Público ou do Poder Judiciário a aceitação pura e simples de uma declaração do acusado, sem nenhuma documentação ou comprovação. Ademais, se o MP não fiscalizar o efetivo cumprimento do requisito da licitude, uma vez declarada a extinção da punibilidade, ficará de mãos atadas, já que não é cabível revisão criminal em favor da acusação. Assim, correta GROCH ao afirmar que: *"Por uma questão de coerência e segurança no aconselhamento jurídico a ser oferecido, não bastará a simples declaração. A recomendação tem sido a de se preparar um relatório documental que ampare a declaração feita, até para efeitos de uma possível (provável?) fiscalização durante os 05 anos posteriores (...)"* GROCH, Ludmila de Vasconcelos Leite. *A prescrição dos crimes que podem ser objeto de anistia, in* Regime Especial de Regularização Cambial e Tributária (RERCT): Aspectos práticos. São Paulo: Noeses, 2016, p. 327.

121 Veja-se que a lei não exige que a sentença penal condenatória tenha transitado em julgado. Sobre esse tema, parece adequada a interpretação proposta por DE GRANDIS: *"É de duvidosa constitucionalidade o art. 1º, § 5º, II, da Lei 13.254/16, que obsta a incidência do RERCT* àqueles *que tiverem sido condenados em ação penal cujo objeto se refira aos recursos, bens ou direitos a serem regularizados. Com efeito, sob a perspectiva do princípio constitucional da presunção da inocência (art. 5º, LVII, CR/88), que prescreve que ninguém será considerado culpado até o trânsito em julgado de sentença penal condenatória, o art. 1º, § 5º, II, da Lei 13.254/16, efetua discriminação que não guarda nenhum fundamento racional no texto constitucional e, assim, limita gratuitamente o exercício de direito pelo contribuinte. Não obstante, tendo em vista o que decidiu recentemente o Supremo Tribunal Federal no julgamento do* Habeas Corpus *126.292, relatado pelo Ministro Teori Zavaski, uma interpretação constitucionalmente conforme do art. 1º, § 5º, II, da Lei 13.254/16, caminhará no sentido de que a vedação para a adesão ao RERCT incidirá apenas sobre aqueles contribuintes condenados em segunda instância de jurisdição, em virtude de ação penal cujo objeto seja um dos crimes listados no § 1º, do art. 5º, da Lei 13.254/16."* DE GRANDIS. *Aspectos Penais e Processuais Penais do Regime Especial de Regularização Cambial e Tributária de Recursos (RERCT)*, pp. 466-467.

122 Nesse sentido, já decidiu o Superior Tribunal de Justiça: *"A simples adesão ao Regime Especial de Regularização Cambial e Tributária- RERCT não torna extinta a punibilidade, pois, de acordo com o texto legal, a extinção só ocorre com o pagamento integral do tributo, nos termos do art. 5º, caput, da Lei 13.254/2016, o que não ocorreu na espécie."* (STJ - RHC 126.853/SP, Rel. Ministro NEFI CORDEIRO, SEXTA TURMA, julgado em 25/08/2020, DJe 04/09/2020)

caso existam "evidências documentais não relacionadas à declaração do contribuinte" (art. 9º, § 2º). Além disso, somente ocorrerá a extinção da punibilidade relacionada a esses ativos declarados incorretamente nas hipóteses em que o pagamento integral dos tributos e acréscimos foi feito no prazo de trinta dias da ciência do auto de infração (art. 9º, § 3º).

4. TIPICIDADE SUBJETIVA

O elemento subjetivo do tipo relativamente às três condutas descritas no art. 22 é o dolo. Assim, deve o agente ter consciência e vontade de: i) promover a evasão de divisas do país (*caput*); ii) promover a saída de moeda ou divisa para o exterior; ou iii) manter depósitos no exterior não declarados ao Banco Central.

Veja-se que no caso do transporte físico (hidroviário, terrestre ou aéreo) de numerários para o exterior, é perfeitamente possível a existência do dolo eventual com relação ao elemento cognitivo do dolo. É dizer, o agente deliberadamente se coloca em uma situação de ignorância (elemento cognitivo), com o objetivo de não saber se aquilo que faz é lícito ou ilícito, ainda que existam uma série de elementos de informação dando sério indicativo de que o que transportava é ilícito[123]. Trata-se aqui de figura semelhante à denominada teoria da cegueira deliberada[124].

No caso do *caput*, além do dolo, faz-se necessária a presença de um elemento subjetivo diverso do dolo, consistente na finalidade de promover a evasão de divisas. É dizer, a operação de câmbio deve ter esse especial fim de agir, que deve ser demonstrado pelo contexto da ação, pelos antecedentes à essa ação e as condutas posteriores, bem como pelas explicações do acusado.

---

123 Sobre a possibilidade dessa modalidade de dolo eventual (dolo eventual referido ao elemento cognitivo do dolo), cf.: CABRAL, Rodrigo Leite Ferreira. *Dolo y lenguaje: hacia una nueva gramática del dolo desde la Filosofía del Lenguaje*. Valência: Tirant lo Blanc, 2017, pp. 284 e ss.

124 Sobre essa teoria, RAGUÉS I VALLÈS explica que: *"A doutrina da ignorância deliberada provém do Direito penal anglo-americano, onde ela é conhecida há mais de um século como "wilful blindness' (literalmente, 'cegueira intencional'). Em termos gerais, esta doutrina sustenta a equiparação, para fins de atribuir-se responsabilidade subjetiva, entre os casos de conhecimento efetivo dos elementos objetivos que configuram uma conduta delitiva e aqueles casos de desconhecimento intencional ou deliberado com relação a referidos elementos. Tal equiparação à conduta de quem conhece, não é inferior à daquele sujeito que, podendo e devendo conhecer, prefere manter-se na ignorância."* RAGUÉS I VALLÈS, Ramon. La responsabilidad penal del testaferro en delitos cometidos a través de sociedades mercantiles. En Anuario de Derecho Penal Económico y de la Empresa, ADPE, 2 (2012), p. 170. Também sobre o tema, afirma WILLIAMS que: *"Uma Corte pode reconhecer a cegueira deliberada somente quando se pode quase dizer que o acusado realmente sabia. Ele suspeitava do fato; ele se deu conta de sua probabilidade; mas ele se absteve de obter a confirmação final, uma vez que queria, no caso, ser capaz de negar o conhecimento. Isso, e somente isso, é cegueira deliberada."* WILLIAMS, Glanville. Criminal Law: The General Part. 2ª ed., London: Stevens & Sons Ltd, 1961, p. 159. Ainda sobre o tema, DRESSLER explica – ainda que não exista consenso nesse sentido – que normalmente os requisitos para a *wilful blindness* estão presentes quando o autor: "(1) é consciente da alta probabilidade da existência do fato em questão, e (2a) age deliberadamente no sentido de evitar a confirmação do fato, ou (2b) deliberadamente deixa de buscar saber, com o objetivo de evitar a confirmação do fato. DRESSLER, Joshua. Understanding Criminal Law, p. 128. Assim, também, já se decidiu no caso *Mattingly versus United States*, que: *"o elemento do conhecimento pode ser inferido de atos deliberados que equivalem à cegueira deliberada."* Mattingly v. United States, 924 F.2d 785, 792 (8th Cir. 1991). Ademais, o *Model Penal Code* dos Estados Unidos prevê expressamente a figura do *wilful blindness*, em seu parágrafo 2.02(7), que dipõe: *"Quando o conhecimento da existência de um determinado fato é um elemento de um delito, tal conhecimento se estabelece se uma pessoa é consciente com uma alta probabilidade de sua existência, a menos que realmente o sujeito realmente acredite que tal elemento não exista."* Ainda sobre o tema, vale conferir: OXMAN. Nicolás. Sistemas de Imputación Subjetiva en Derecho Penal: el modelo angloamericano. Valencia: Tirant lo Blanch, 2016, pp. 282 e ss; RAGUÉS I VALLÈS, Ramon. La ignorancia deliberada en Derecho Penal. Barcelona: Atelier, 2007. A respeito da aplicação dessa concepção especificamente para o delito de evasão de divisas, o TRF4 já decidiu: *"O transportador possui o dever civil de recusar a coisa cujo transporte não seja permitido ou que esteja desacompanhada da documentação legal e regulamentar (artigo 747 do Código Civil). No bojo de circunstâncias que nitidamente permitiriam ao transportador tomar conhecimento de que participava da saída criminosa de dinheiro para o exterior, a evitação consciente desse dever configura dolo de evasão de divisas, na forma de ignorância deliberada."* (TRF4, ACR 5035939-36.2012.404.7000, SÉTIMA TURMA, Relator MÁRCIO ANTÔNIO ROCHA, juntado aos autos em 06/02/2017).

Nas demais figuras delitivas (parágrafo único do art. 22), não é exigido pelo tipo penal qualquer especial fim de agir[125].

A lei não pune as condutas realizadas na modalidade culposa.

5. CONSUMAÇÃO E TENTATIVA

O delito consuma-se nos seguintes momentos, em cada uma das figuras típicas previstas no art. 22:

i) com relação ao *caput*, o crime se consuma com a efetiva saída do numerário dos limites físicos país (quando na modalidade física) ou no caso da evasão virtual ou escritural (não física), com a disponibilidade do numerário no exterior.

ii) Já no que diz respeito à primeira parte do parágrafo único, o delito se consuma com a realização da operação de câmbio.

iii) Por fim, com relação a conduta do parágrafo único, segunda parte, o crime se consuma tão logo tenha transcorrido a data-base (31 de dezembro) para a declaração dos valores, sem que o autor o tenha feito.

Aqui, a tentativa é admitida nas modalidades previstas no *caput* e primeira parte do parágrafo único, já que é possível separar-se a ação da consumação.

A esse respeito, deve-se ter claro que, no caso da evasão física, tão logo ingresse o autor na área da fronteira ou do aeroporto em que já não é mais possível a declaração (ou seja, o autor já ultrapassou a área destinada à apresentação da declaração), já inicia-se a execução do delito, sendo que, caso seja o agente ali interceptado, estará caracterizada a tentativa do crime de evasão de divisas[126].

6. AÇÃO PENAL

A ação penal é pública incondicionada. Não cabe transação penal, nem suspensão condicional do processo. Sem embargo, em tese, cabe acordo de não persecução penal, vez que a pena mínima é inferior a 04 (quatro) anos (CPP, art. 28-A).

DO CRIME DE PREVARICAÇÃO FINANCEIRA

Art. 23. Omitir, retardar ou praticar, o funcionário público, contra disposição expressa de lei, ato de ofício necessário ao regular funcionamento do sistema financeiro nacional, bem como a preservação dos interesses e valores da ordem econômico-financeira:

Pena – Reclusão, de 1 (um) a 4 (quatro) anos, e multa.

1. BEM JURÍDICO TUTELADO

O tipo penal do art. 23 protege o bem jurídico da probidade administrativa e a higidez e regularidade do Sistema Financeiro Nacional.

---

125 Nesse sentido, veja-se o seguinte julgado do Superior Tribunal de Justiça: *"A conduta tipificada na primeira parte do parágrafo único do artigo 22, da Lei nº 7.492/86, diversamente daquela descrita no caput do artigo 22 da Lei dos Crimes contra o Sistema Financeiro Nacional, não exige elemento subjetivo próprio para que consumado o delito, bastando o envio de moeda para o exterior sem a devida autorização legal."* (STJ – AgRg no REsp 1543200/RS, Rel. Ministra MARIA THEREZA DE ASSIS MOURA, SEXTA TURMA, julgado em 27/10/2015, DJe 13/11/2015).

126 Assim, também, entende a jurisprudência, conforme se vê do seguinte precedente do TRF4: *"Pratica o delito de evasão de divisas, na modalidade tentada, o agente que é flagrado pela Polícia Federal, na área de embarque para voo internacional, quando já ultrapassado o controle aduaneiro, transportando em seu corpo elevada quantia em moeda estrangeira, sem declarar às autoridades alfandegárias."* (TRF4, ACR 5026243-05.2014.404.7000, OITAVA TURMA, Relator JOÃO PEDRO GEBRAN NETO, juntado aos autos em 17/12/2015).

2. SUJEITOS DO CRIME

O delito em questão é especial, pois somente pode ser praticado por funcionário público (sujeito ativo).

Já o sujeito passivo é o Estado e reflexamente a pessoa eventualmente prejudicada pela prevaricação.

3. CONDUTAS TÍPICAS (TIPICIDADE OBJETIVA)

A conduta típica pode ser caracterizada por três verbos: a) omitir (deixar de fazer o que é devido); b) retardar (atrasar deliberadamente a prática de ato); c) praticar (realizar) ato.

Tais verbos devem estar referidos a atos de ofício necessários ao regular funcionamento do sistema financeiro nacional ou dos interesses e valores da ordem econômico-financeira.

Ademais, devem eles ter sido praticados ou deixar de ser praticados em afronta à disposição expressa de lei.

4. TIPICIDADE SUBJETIVA

O crime somente é punível na modalidade dolosa, devendo ser executado com consciência e vontade.

Aqui, diferentemente do tipo penal de prevaricação do Código Penal (art. 219), não se faz necessário o especial fim de agir (no caso para satisfação de interesse pessoal), bastando a intenção de omitir, retardar ou praticar ato de ofício.

Não há punição para a modalidade culposa.

5. CONSUMAÇÃO E TENTATIVA

Na modalidade omitir, o crime se consuma no preciso momento em que deveria o funcionário público agir.

Já na ação de retardar, consuma-se o delito quando o agente atrasa a realização do ato.

Por fim, com relação ao verbo praticar, o crime se consome com a simples ação de realizar ato contrário à expressa disposição legal.

Nas duas primeiras modalidades, não é possível a tentativa, vez que não há espaço temporal entre a conduta do agente e a realização do verbo típico. Já na modalidade comissiva, a tentativa é possível, quando exista espaço temporal suficiente para ser interrompida antes da realização do verbo típico.

6. AÇÃO PENAL

A ação penal é pública incondicionada. Não cabe transação penal, mas é cabível a suspensão condicional do processo e, eventualmente, o acordo de não persecução penal, vez que a pena mínima é inferior a 04 (quatro) anos (CPP, art. 28-A).

Art. 24. (VETADO).

DA RESPONSABILIDADE PELA ATUAÇÃO EM NOME DE TERCEIRO

Art. 25. São penalmente responsáveis, nos termos desta lei, o controlador e os administradores de instituição financeira, assim considerados os diretores, gerentes (Vetado).

§ 1º Equiparam-se aos administradores de instituição financeira (Vetado) o interventor, o liqüidante ou o síndico.

O artigo 25 e seu § 1º tem causado certa polêmica na doutrina, uma vez que alguns autores têm se referido a esse artigo como uma possível hipótese: a) de responsabilidade objetiva, o que claramente violaria o princípio da culpabilidade[127] ou b) de *"presunção relativa de participação"*[128].

No entanto, o que dispõe referido artigo é, na verdade, aquilo que é denominado pela doutrina de cláusula de extensão da autoria.

Referida cláusula foi criada precisamente por que *"boa parte dos delitos econômicos são delitos especiais. Tratam-se, ademais, de delitos especiais cujo intraneus é a pessoa jurídica empresário. Com efeito, somente nesta concorrem as condições subjetivas de autoria."*[129]

Precisamente por essa razão, para evitar-se lacunas de impunidade, é que o legislador optou por expressamente criar uma cláusula de extensão. Para que as pessoas físicas que atuam em nome da pessoa jurídica possam preencher os requisitos típicos de autor nos delitos especiais. Dessa maneira, por conta dessa extensão, o controlador e os administradores da instituição financeira, assim considerados os diretores, gerentes, assim como o interventor, o liquidante e o síndico, passam a ostentar o requisito especial previsto por diversos tipos penais da presente lei[130].

Portanto, o dispositivo em comento nada tem de inconstitucional e não importa em responsabilidade objetiva, mas presta-se tão somente para atribuir a condição especial de autor (que sem isso seria atribuída apenas à pessoa jurídica), também aos administradores.

DA COLABORAÇÃO PREMIADA

Art. 25. (...)

§ 2º Nos crimes previstos nesta Lei, cometidos em quadrilha ou co-autoria, o co-autor ou partícipe que através de confissão espontânea revelar à autoridade policial ou judicial toda a trama delituosa terá a sua pena reduzida de um a dois terços. (Incluído pela Lei nº 9.080, de 19.7.1995)

O § 2º, do art. 25 da Lei dos Crimes Contra o Sistema Financeiro foi o diploma legislativo que, pela primeira vez, trouxe a previsão expressa sobre a possibilidade de realizar-se colaboração premiada.

Tal instituto, oriundo do direito anglo-americano, tem como finalidade o oferecimento de incentivos (prêmios) aos agentes que colaborarem com o Ministério Público para o esclarecimento da trama criminosa, apresentando elementos de informação, provas ou indicativos de onde buscá-los com o objetivo de possibilitar a persecução penal de novos integrantes da organização criminosa e a descoberta de novos fatos a respeito dos quais não existia elementos de informação suficientes para possibilitar um bom desenvolvimento da persecução penal[131].

---

127 Cf.: BITTENCOURT. Tratado de Direito Penal Econômico, pp. 494-495.

128 Cf.: DE SANTIS, Fausto Martins. Delinquência Econômica e Financeira. Rio de Janeiro: Gen, 2015, p. 138.

129 SILVA SANCHEZ, Jesus-María. *Fundamentos del Derecho Penal de la empresa.* 2ª ed. Madrid: Edisofer, 2016, p. 40.

130 Nesse sentido, preconiza MARTÍNEZ-BUJÁN PÉREZ: *"(...) era evidente que a lacuna de punibilidade podia se colmatada estendendo-se explicitamente a autoria* àquelas *pessoas físicas que atuavam no lugar das pessoas jurídicas. Somente assim se podia solucionar o problema da falta de tipicidade que importava em qualificar como autores as pessoas físicas que não reuniam as características especiais exigidas pela correspondente figura do delito. No entanto, essa tarefa de extensão da autoria podia ser realizada de duas formas: a primeira, era incluir cláusulas particulares de extensão de autoria em todas aquelas figuras delitivas da Parte especial, em que isso era considerado necessário (assim, se manifestou MUÑOZ CONDE, 1977, pp. 152 e ss.); a segunda, era introduzir um único preceito na Parte geral, incorporado entre as normas referentes a autoria e participação, que regulasse de forma global o fenômeno do atuar em nome de outro."* MARTÍNEZ-BUJÁN PÉREZ. Derecho Penal Económico y de la Empresa: parte general, p. 487.

131 Sobre o tema da colaboração premiada, o Plenário do Supremo Tribunal Federal assentou: *"EMENTA Habeas corpus. Impetração contra ato de Ministro odo Supremo Tribunal Federal. Conhecimento. Empate na votação. Prevalência da*

No presente caso, a lei estabeleceu a possibilidade de redução de penas, num patamar entre 1/3 a 2/3 da pena aplicável.

Essa regência embrionária e bastante tímida, atualmente, pode ser interpretada sistematicamente com o disposto na Lei n. 12.850/13, especialmente o disposto nos seus artigos 3º-A a 7º, integrando-se, assim, a um microssistema de direito premial existente em nossa legislação.

Nesse sentido, é importante destacar que a colaboração premiada constitui uma técnica especial de investigação, em que há todo um procedimento, não se limitando, portanto, a um só ato.

---

decisão mais favorável ao paciente (art. 146, parágrafo único, do Regimento Interno do Supremo Tribunal Federal). Inteligência do art. 102, I, i, da Constituição Federal. Mérito. Acordo de colaboração premiada. Homologação judicial (art. 4º, § 7º, da Lei nº 12.850/13). Competência do relator (art. 21, I e II, do Regimento Interno do Supremo Tribunal Federal). Decisão que, no exercício de atividade de delibação, se limita a aferir a regularidade, a voluntariedade e a legalidade do acordo. Ausência de emissão de qualquer juízo de valor sobre as declarações do colaborador. Negócio jurídico processual personalíssimo. Impugnação por coautores ou partícipes do colaborador. Inadmissibilidade. Possibilidade de, em juízo, os partícipes ou os coautores confrontarem as declarações do colaborador e de impugnarem, a qualquer tempo, medidas restritivas de direitos fundamentais adotadas em seu desfavor. Personalidade do colaborador. Pretendida valoração como requisito de validade do acordo de colaboração. Descabimento. Vetor a ser considerado no estabelecimento das cláusulas do acordo de colaboração – notadamente na escolha da sanção premial a que fará jus o colaborador -, bem como no momento da aplicação dessa sanção pelo juiz na sentença (art. 4º, § 11, da Lei nº 12.850/13). Descumprimento de anterior acordo de colaboração. Irrelevância. Inadimplemento que se restringiu ao negócio jurídico pretérito, sem o condão de contaminar, a priori, futuros acordos de mesma natureza. Confisco. Disposição, no acordo de colaboração, sobre os efeitos extrapenais de natureza patrimonial da condenação. Admissibilidade. Interpretação do art. 26.1 da Convenção das Nações Unidas contra o Crime Organizado Transnacional (Convenção de Palermo), e do art. 37.2 da Convenção das Nações Unidas Contra a Corrupção (Convenção de Mérida). Sanção premial. Direito subjetivo do colaborador caso sua colaboração seja efetiva e produza os resultados almejados. Incidência dos princípios da segurança jurídica e da proteção da confiança. Precedente. Habeas corpus do qual se conhece. Ordem denegada. 1. Diante do empate na votação quanto ao conhecimento de habeas corpus impetrado para o Pleno contra ato de Ministro, prevalece a decisão mais favorável ao paciente, nos termos do art. 146, parágrafo único, do Regimento Interno do Supremo Tribunal Federal. Conhecimento do habeas corpus, nos termos do art. 102, I, "i", da Constituição Federal. 2. Nos termos do art. 21, I e II, do Regimento Interno do Supremo Tribunal Federal, o relator tem poderes instrutórios para ordenar, monocraticamente, a realização de quaisquer meios de obtenção de prova (v.g., busca e apreensão, interceptação telefônica, afastamento de sigilo bancário e fiscal). 3. Considerando-se que o acordo de colaboração premiada constitui meio de obtenção de prova (art. 3º da Lei nº 12.850/13), é indubitável que o relator tem poderes para, monocraticamente, homologá-lo (art. 4º, § 7º, da Lei nº 12.850/13). 4. A colaboração premiada é um negócio jurídico processual, uma vez que, além de ser qualificada expressamente pela lei como "meio de obtenção de prova", seu objeto é a cooperação do imputado para a investigação e para o processo criminal, atividade de natureza processual, ainda que se agregue a esse negócio jurídico o efeito substancial (de direito material) concernente à sanção premial a ser atribuída a essa colaboração. 5. A homologação judicial do acordo de colaboração, por consistir em exercício de atividade de delibação, limita-se a aferir a regularidade, a voluntariedade e a legalidade do acordo, não havendo qualquer juízo de valor a respeito das declarações do colaborador. 6. Por se tratar de negócio jurídico personalíssimo, o acordo de colaboração premiada não pode ser impugnado por coautores ou partícipes do colaborador na organização criminosa e nas infrações penais por ela praticadas, ainda que venham a ser expressamente nominados no respectivo instrumento no "relato da colaboração e seus possíveis resultados" (art. 6º, I, da Lei nº 12.850/13). 7. De todo modo, nos procedimentos em que figurarem como imputados, os coautores ou partícipes delatados – no exercício do contraditório – poderão confrontar, em juízo, as declarações do colaborador e as provas por ele indicadas, bem como impugnar, a qualquer tempo, as medidas restritivas de direitos fundamentais eventualmente adotadas em seu desfavor. 8. A personalidade do colaborador não constitui requisito de validade do acordo de colaboração, mas sim vetor a ser considerado no estabelecimento de suas cláusulas, notadamente na escolha da sanção premial a que fará jus o colaborador, bem como no momento da aplicação dessa sanção pelo juiz na sentença (art. 4º, § 11, da Lei nº 12.850/13). 9. A confiança no agente colaborador não constitui elemento de existência ou requisito de validade do acordo de colaboração. 10. Havendo previsão em Convenções firmadas pelo Brasil para que sejam adotadas "as medidas adequadas para encorajar" formas de colaboração premiada (art. 26.1 da Convenção de Palermo) e para "mitigação da pena" (art. 37.2 da Convenção de Mérida), no sentido de abrandamento das consequências do crime, o acordo de colaboração, ao estabelecer as sanções premiais a que fará jus o colaborador, pode dispor sobre questões de caráter patrimonial, como o destino de bens adquiridos com o produto da infração pelo agente colaborador. 11. Os princípios da segurança jurídica e da proteção da confiança tornam indeclinável o dever estatal de honrar o compromisso assumido no acordo de colaboração, concedendo a sanção premial estipulada, legítima contraprestação ao adimplemento da obrigação por parte do colaborador. 12. Habeas corpus do qual se conhece. Ordem denegada." (STF – HC 127483, Relator(a): Min. DIAS TOFFOLI, Tribunal Pleno, julgado em 27/08/2015, PROCESSO ELETRÔNICO DJe-021 DIVULG 03-02-2016 PUBLIC 04-02-2016).

Desse modo, é possível falar-se que o procedimento de colaboração premiada pode seguir as seguintes etapas: 1) manifestação de interesse; 2) termo de confidencialidade; 3) celebração; 4) homologação e 5) avaliação do cumprimento ou não.

1) Manifestação de interesse e tratativas prévias: Nesta fase, a defesa ou o Ministério Público manifestam o interesse em eventualmente celebrar acordo colaboração premiada, além disso é importante que o pretenso colaborador dê uma mostra do que exatamente tem a oferecer[132].

2) Recebimento formal da proposta: A apresentação de proposta formal para a celebração do acordo de colaboração demarca o início das negociações e constitui também marco de confidencialidade, configurando violação de sigilo e quebra da confiança e da boa-fé a divulgação de tais tratativas iniciais ou de documento que as formalize, até o levantamento de sigilo por decisão judicial (art. 3º-B).

3) Indeferimento sumário/deferimento. Firma termo de confidencialidade (vincula os órgãos envolvidos na negociação e impedirá o indeferimento posterior sem justa causa – (art. 3º-B, par. 2º). A partir desse momento existe uma garantia formal de que as informações que surjam nesta negociação não poderão ser utilizadas caso seja frustrado o acordo[133]. O recebimento da proposta não suspende a investigação, salvo acordo em contrário.

4) Instrução prévia ao acordo: se necessária para a identificação ou complementação de seu objeto, dos fatos narrados, sua definição jurídica, relevância, utilidade e interesse público, será realizada uma instrução prévia, em que o interessado apresentará os elementos de informação que sustentam sua proposta.

5) Celebração: Havendo interesse, existindo a viabilidade e um horizonte promissor de elementos de informação e de provas, chega-se, efetivamente, ao momento da celebração, em que o Ministério Público e o investigado/acusado, realizam um negócio jurídico processual, que deve ter a forma escrita (art. 6º Lei n. 12850/13), devendo ter, dentre outros elementos, o seguinte conteúdo: o relato detalhado e coerente dos fatos, as condições do acordo de colaboração premiada, a declaração de aceitação livre do acordo pelas partes e, inclusive, eventuais medidas de proteção ao acusado e sua família, se for o caso[134].

6) Homologação: Uma vez celebrado o acordo de colaboração, deverá ser ele encaminhado ao Juiz, que deverá avaliar se a sua regularidade (análise sobre o cumprimento da forma legal), legalidade (avaliação sobre a adequação do caso às hipóteses previstas em lei e se o acordo está conforme o figurino legal) e voluntariedade (verificação se a celebração do acordo decorreu de manifestação livre de vontade do investigado). Para avaliar este último aspecto, poderá o juiz, se assim entender necessário, ouvir de forma sigilosa o colaborador, na presença de seu advogado (art. 4º § 7º, Lei n. 12850/13). Caso preenchidos esses requisitos, deverá o juiz homologar a colaboração. Se houver alguma desconformidade, poderá o juiz recusar a homologação ou, caso seja uma irregularidade sanável, determinar a sua correção ou adequação. Não pode, porém, imiscuir-se no juízo de oportunidade e conveniência subjacente à colaboração.

7) Avaliação do cumprimento da colaboração: Ao final do processo penal, cumprirá ao juiz examinar se o colaborador efetivamente cumpriu as cláusulas do acordo que havia se comprometido. O momento dessa avaliação é na sentença de mérito do processo penal condenatório

132 FONSECA, Cibele Benevides Guedes da. Colaboração Premiada. Belo Horizonte: Del Rey, 2017, p. 109.

133 FONSECA, Cibele Benevides Guedes da. Colaboração Premiada. Belo Horizonte: Del Rey, 2017, pp. 110 e ss.

134 Veja-se que o Plenário do Supremo Tribunal Federal, por maioria de votos, julgou improcedente a Ação Direta de Inconstitucionalidade n. 5508, em que a Procuradoria-Geral da República postulou a declaração da inconstitucionalidade do § 2º e do § 6º do art. 4º da Lei 12.850/13, com o objetivo de ter-se como incompatível com o princípio acusatório a possibilidade da polícia judiciaria celebrar acordo de colaboração premiada, sem a prévia participação e concordância do Ministério Público com o acordo. Sem embargo, parece ter o STF se equivocado ao permitir que a polícia acabe por dispor de algo que constitucionalmente não lhe é privativo, é dizer, a titularidade da ação penal pública.

em que foi celebrado o acordo de colaboração. Assim, cumprirá ao juiz, em primeiro lugar, verificar se houve prova da culpabilidade do acusado e, em caso positivo, condená-lo, realizando a respectiva aplicação da pena. Além disso, deverá avaliar o grau de colaboração do acusado e se as provas e colaborações que ele se comprometeu foram efetivamente concretizadas e, em que medida, essas provas ajudaram a persecução penal. Com base nesse critério é que o juiz realizará a redução da pena, sendo que, no caso a Lei estabeleceu a possibilidade de redução de penas, num patamar entre 1/3 a 2/3 da pena aplicável. A maior ou menor diminuição será proporcional à maior ou menor contribuição e colaboração do agente[135]. Tal providência, porém,

---

135 Sobre o tema da colaboração premiada, o Plenário do Supremo Tribunal Federal assentou: "EMENTA Habeas corpus. Impetração contra ato de Ministro odo Supremo Tribunal Federal. Conhecimento. Empate na votação. Prevalência da decisão mais favorável ao paciente (art. 146, parágrafo único, do Regimento Interno do Supremo Tribunal Federal). Inteligência do art. 102, I, i, da Constituição Federal. Mérito. Acordo de colaboração premiada. Homologação judicial (art. 4º, § 7º, da Lei nº 12.850/13). Competência do relator (art. 21, I e II, do Regimento Interno do Supremo Tribunal Federal). Decisão que, no exercício de atividade de delibação, se limita a aferir a regularidade, a voluntariedade e a legalidade do acordo. Ausência de emissão de qualquer juízo de valor sobre as declarações do colaborador. Negócio jurídico processual personalíssimo. Impugnação por coautores ou partícipes do colaborador. Inadmissibilidade. Possibilidade de, em juízo, os partícipes ou os coautores confrontarem as declarações do colaborador e de impugnarem, a qualquer tempo, medidas restritivas de direitos fundamentais adotadas em seu desfavor. Personalidade do colaborador. Pretendida valoração como requisito de validade do acordo de colaboração. Descabimento. Vetor a ser considerado no estabelecimento das cláusulas do acordo de colaboração - notadamente na escolha da sanção premial a que fará jus o colaborador -, bem como no momento da aplicação dessa sanção pelo juiz na sentença (art. 4º, § 11, da Lei nº 12.850/13). Descumprimento de anterior acordo de colaboração. Irrelevância. Inadimplemento que se restringiu ao negócio jurídico pretérito, sem o condão de contaminar, a priori, futuros acordos de mesma natureza. Confisco. Disposição, no acordo de colaboração, sobre os efeitos extrapenais de natureza patrimonial da condenação. Admissibilidade. Interpretação do art. 26.1 da Convenção das Nações Unidas contra o Crime Organizado Transnacional (Convenção de Palermo), e do art. 37.2 da Convenção das Nações Unidas Contra a Corrupção (Convenção de Mérida). Sanção premial. Direito subjetivo do colaborador caso sua colaboração seja efetiva e produza os resultados almejados. Incidência dos princípios da segurança jurídica e da proteção da confiança. Precedente. Habeas corpus do qual se conhece. Ordem denegada. 1. Diante do empate na votação quanto ao conhecimento de habeas corpus impetrado para o Pleno contra ato de Ministro, prevalece a decisão mais favorável ao paciente, nos termos do art. 146, parágrafo único, do Regimento Interno do Supremo Tribunal Federal. Conhecimento do habeas corpus, nos termos do art. 102, I, "i", da Constituição Federal. 2. Nos termos do art. 21, I e II, do Regimento Interno do Supremo Tribunal Federal, o relator tem poderes instrutórios para ordenar, monocraticamente, a realização de quaisquer meios de obtenção de prova (v.g., busca e apreensão, interceptação telefônica, afastamento de sigilo bancário e fiscal). 3. Considerando-se que o acordo de colaboração premiada constitui meio de obtenção de prova (art. 3º da Lei nº 12.850/13), é indubitável que o relator tem poderes para, monocraticamente, homologá-lo (art. 4º, § 7º, da Lei nº 12.850/13). 4. A colaboração premiada é um negócio jurídico processual, uma vez que, além de ser qualificada expressamente pela lei como "meio de obtenção de prova", seu objeto é a cooperação do imputado para a investigação e para o processo criminal, atividade de natureza processual, ainda que se agregue a esse negócio jurídico o efeito substancial (de direito material) concernente à sanção premial a ser atribuída a essa colaboração. 5. A homologação judicial do acordo de colaboração, por consistir em exercício de atividade de delibação, limita-se a aferir a regularidade, a voluntariedade e a legalidade do acordo, não havendo qualquer juízo de valor a respeito das declarações do colaborador. 6. Por se tratar de negócio jurídico personalíssimo, o acordo de colaboração premiada não pode ser impugnado por coautores ou partícipes do colaborador na organização criminosa e nas infrações penais por ela praticadas, ainda que venham a ser expressamente nominados no respectivo instrumento no "relato da colaboração e seus possíveis resultados" (art. 6º, I, da Lei nº 12.850/13). 7. De todo modo, nos procedimentos em que figurarem como imputados, os coautores ou partícipes delatados - no exercício do contraditório - poderão confrontar, em juízo, as declarações do colaborador e as provas por ele indicadas, bem como impugnar, a qualquer tempo, as medidas restritivas de direitos fundamentais eventualmente adotadas em seu desfavor. 8. A personalidade do colaborador não constitui requisito de validade do acordo de colaboração, mas sim vetor a ser considerado no estabelecimento de suas cláusulas, notadamente na escolha da sanção premial a que fará jus o colaborador, bem como no momento da aplicação dessa sanção pelo juiz na sentença (art. 4º, § 11, da Lei nº 12.850/13). 9. A confiança no agente colaborador não constitui elemento de existência ou requisito de validade do acordo de colaboração. 10. Havendo previsão em Convenções firmadas pelo Brasil para que sejam adotadas "as medidas adequadas para encorajar" formas de colaboração premiada (art. 26.1 da Convenção de Palermo) e para "mitigação da pena" (art. 37.2 da Convenção de Mérida), no sentido de abrandamento das consequências do crime, o acordo de colaboração, ao estabelecer as sanções premiais a que fará jus o colaborador, pode dispor sobre questões de caráter patrimonial, como o destino de bens adquiridos com o produto da infração pelo agente colaborador. 11. Os princípios da segurança jurídica e da proteção da confiança tornam indeclinável o dever estatal de honrar o compromisso assumido no acordo de colaboração, concedendo a sanção premial estipulada,

não ocorrerá nas hipóteses excepcionais em que o Ministério Público se compromete a não oferecer denúncia, é dizer, quando a colaboração se referir a infração de cuja existência não tenha prévio conhecimento e desde que o colaborador não seja o líder da organização criminosa e quando ele for o primeiro a prestar efetiva colaboração (art. 4º, § 4º). Veja-se, também, que são nulas: (1) as cláusulas que violem o critério de definição do regime inicial de cumprimento de pena; (2) as regras de cada um dos regimes em lei e (3) os requisitos de progressão de regime não abrangidos pelo § 5º deste artigo.

DA AÇÃO PENAL E COMPETÊNCIA

Art. 26. A ação penal, nos crimes previstos nesta lei, será promovida pelo Ministério Público Federal, perante a Justiça Federal.

Parágrafo único. Sem prejuízo do disposto no art. 268 do Código de Processo Penal, aprovado pelo Decreto-lei nº 3.689, de 3 de outubro de 1941, será admitida a assistência da Comissão de Valores Mobiliários - CVM, quando o crime tiver sido praticado no âmbito de atividade sujeita à disciplina e à fiscalização dessa Autarquia, e do Banco Central do Brasil quando, fora daquela hipótese, houver sido cometido na órbita de atividade sujeita à sua disciplina e fiscalização.

Os crimes previstos na presente Lei n. 7.492/86 terão a investigação criminal supervisionada pela Justiça Federal, que será o órgão jurisdicional competente para processar (*notio*) e julgar (*juditio*) os processos penais, cuja deflagração deverá ser levada a cabo pelo Ministério Público Federal[136].

Isso porque, a Constituição da República expressamente prevê que, em seu art. 109, inciso VI que: *"Aos juízes federais compete processar e julgar: VI – os crimes contra a organização do trabalho e, nos casos determinados por lei, contra o sistema financeiro e a ordem econômico-financeira."*

Veja-se que essa competência inclui todos os delitos previstos nesta Lei, inclusive aqueles que atingem em primeiro lugar o patrimônio particular das instituições financeiras, já que todos os crimes nela dispostos, ainda que de forma subsidiária, atingem bem jurídico vinculado ao Sistema Financeiro Nacional[137].

legítima contraprestação ao adimplemento da obrigação por parte do colaborador. 12. Habeas corpus do qual se conhece. Ordem denegada." (STF - HC 127483, Relator(a): Min. DIAS TOFFOLI, Tribunal Pleno, julgado em 27/08/2015, PROCESSO ELETRÔNICO DJe-021 DIVULG 03-02-2016 PUBLIC 04-02-2016).

136 Nesse sentido, dentre outros, é o entendimento do STJ: **AgRg na APn n. 970/DF**, relatora Ministra Maria Isabel Gallotti, Corte Especial, julgado em 4/5/2022, DJe de 20/6/2022.

137 Nesse sentido, inúmeros são os julgados do Supremo Tribunal Federal: STF – **RE 592264** AgR, Relator(a): Min. AYRES BRITTO, Segunda Turma, julgado em 24/08/2010, DJe-190 DIVULG 07-10-2010 PUBLIC 08-10-2010 EMENT VOL-02418-07 PP-01558; STF – **HC 93733**, Relator(a): Min. CARLOS BRITTO, Primeira Turma, julgado em 17/06/2008, DJe-064 DIVULG 02-04-2009 PUBLIC 03-04-2009 EMENT VOL-02355-02 PP-00366 RTJ VOL-00211-01 PP-00362; STF – **RE 446908**, Relator(a): Min. MENEZES DIREITO, Primeira Turma, julgado em 02/09/2008, DJe-222 DIVULG 20-11-2008 PUBLIC 21-11-2008 EMENT VOL-02342-06 PP-01079 RTJ VOL-00208-03 PP-01234 LEXSTF v. 31, n. 362, 2009, p. 481-489; STF – **RE 502915**, Relator(a): Min. SEPÚLVEDA PERTENCE, Primeira Turma, julgado em 13/02/2007, DJe-004 DIVULG 26-04-2007 PUBLIC 27-04-2007 DJ 27-04-2007 PP-00069 EMENT VOL-02273-20 PP-04195 RCJ v. 21, n. 136, 2007, p.147-148; STF – **RE 503422 AgR**, Relator(a): Min. RICARDO LEWANDOWSKI, Primeira Turma, julgado em 28/11/2006, DJ 19-12-2006 PP-00040 EMENT VOL-02261-08 PP-01586 RB v. 19, n. 519, 2007, p. 31-32 RT v. 96, n. 860, 2007, p. 544-546; STF – **RE 454735**, Relator(a): Min. ELLEN GRACIE, Segunda Turma, julgado em 18/10/2005, DJ 18-11-2005 PP-00025 EMENT VOL-02214-05 PP-00856 LEXSTF v. 28, n. 325, 2006, p. 323-328; STF – **RE 198488**, Relator(a): Min. CARLOS VELLOSO, Segunda Turma, julgado em 05/11/1996, DJ 11-12-1998 PP-00011 EMENT VOL-01935-03 PP-00504. Assim, também, é a jurisprudência do Superior Tribunal de Justiça: *"Para a fixação da competência da Justiça Federal basta a subsunção formal da conduta aos delitos da Lei n. 7.492/1986, conforme dispõe o art. 109, VI, da Constituição Federal (os crimes contra o sistema financeiro e a ordem econômico-financeira são da competência da Justiça Federal nos casos determinados em lei) e o art. 26 da Lei n. 7.492/1986 (a ação penal, nesses casos, será promovida*

As únicas exceções à regra de que a competência é da Justiça Comum Federal é: **a)** para os casos em que o investigado ou réu tem foro especial por prerrogativa de função em Tribunal Nacional, como são o Supremo Tribunal Federal e o Superior Tribunal de Justiça; e **b)** para os casos em que o investigado ou réu é Membro do Ministério Público Estadual ou Juiz Estadual, uma vez que referidas autoridades tem foro especial por prerrogativa de função junto ao Tribunal de Justiça a que são vinculados (CR, art. 96, inciso III)[138], mesmo que se trate de crime que originariamente seria da competência da Justiça Federal[139].

DA CVM E BANCO CENTRAL COMO ASSISTENTES DA ACUSAÇÃO

Art. 26. (...)

Parágrafo único. Sem prejuízo do disposto no art. 268 do Código de Processo Penal, aprovado pelo Decreto-lei nº 3.689, de 3 de outubro de 1941, será admitida a assistência da Comissão de Valores Mobiliários – CVM, quando o crime tiver sido praticado no âmbito de

---

pelo Ministério Público Federal, perante a Justiça Federal)." (STJ - CC 145.689/GO, Rel. Ministro ANTONIO SALDANHA PALHEIRO, TERCEIRA SEÇÃO, julgado em 26/06/2019, DJe 01/07/2019). Havendo crimes conexos, também, é da competência da Justiça Federal, conforme exposto no seguinte julgado da 3a Seção do STJ:"

PENAL E PROCESSO PENAL. AGRAVO REGIMENTAL. LAVAGEM DE DINHEIRO. EVASÃO DE DIVISAS. CORRUPÇÃO PASSIVA E ATIVA. DESMEMBRAMENTO DE AÇÃO PENAL. DECLÍNIO DA COMPETÊNCIA EM RELAÇÃO AOS ACUSADOS SEM FORO POR PRERROGATIVA DE FUNÇÃO. ALEGAÇÃO DE NULIDADE DOS ATOS DECISÓRIOS. NÃO CABIMENTO. TEORIA DO JUÍZO APARENTE. EXAME DA COMPETÊNCIA CABE AO JUÍZO DE MAIOR GRADAÇÃO. PRECEDENTES. REMESSA DE VALORES PARA O EXTERIOR. DELITOS CONTRA O SISTEMA FINANCEIRO NACIONAL. CONEXÃO E CONTINÊNCIA. COMPETÊNCIA DA JUSTIÇA FEDERAL. 1. Fatos que envolvem agentes sem prerrogativa de foro e desembargador de Tribunal de Justiça de Estado, cujo juízo natural é o Superior Tribunal de Justiça (CF, art. 105, I, "a"), de forma que a competência para o processo e julgamento dos corréus sem foro por prerrogativa de função é, em princípio, do juízo de maior graduação (CPP, art. 78, inciso III). 2. Consoante o enunciado da Súmula 704/STF: "Não viola as garantias do juiz natural, da ampla defesa e do devido processo penal a atração por continência ou conexão do processo do corréu ao foro por prerrogativa de função de um dos denunciados". 3. A posterior cisão da ação penal, com base no art. 80 do CPP, com o declínio da competência em relação aos denunciados sem foro por prerrogativa de função, não acarreta a invalidade das investigações, medidas cautelares e demais decisões proferidas nos presentes autos, iniciadas e autorizadas no STJ. 4. O crime de evasão de divisas é da competência da Justiça Federal (Lei n. 7.492/86, art. 26). 5. O processo e julgamento do crime de lavagem de capitais é da competência da Justiça Federal quando o delito ocorrer em instituição bancária situada no estrangeiro. Precedente da Terceira Seção. 6. Havendo conexão e continência entre os crimes de corrupção ativa e passiva e os delitos de lavagem e evasão, o processo e julgamento unificado dos crimes caberá à Justiça Federal nos termos do enunciado da Súmula 122/STJ ("Compete a Justiça Federal o processo e julgamento unificado dos crimes conexos de competência Federal e Estadual, não se aplicando a regra do art. 78, II, "a", do Código de Processo Penal)". 7. Agravo regimental a que se nega provimento." (STJ - AgRg nos EDcl na APn 970/DF, Rel. Ministra MARIA ISABEL GALLOTTI, CORTE ESPECIAL, julgado em 06/10/2021, DJe 18/10/2021).

138 *"Art. 96. Compete privativamente: (...) III – aos Tribunais de Justiça julgar os juízes estaduais e do Distrito Federal e Territórios, bem como os membros do Ministério Público, nos crimes comuns e de responsabilidade, ressalvada a competência da Justiça Eleitoral."*

139 Nesse sentido, vem decidindo o Pleno do Supremo Tribunal Federal: *"CONSTITUCIONAL. PENAL. PROCESSUAL PENA. HABEAS CORPUS. FALTA DE RECOLHIMENTO DE CONTRIBUIÇÕES PREVIDENCIÁRIAS. LEI 8.212, de 24/7/91. NOMEAÇÃO DE UM DOS RÉUS PARA O CARGO DE JUIZ DE DIREITO ESTADUAL. PRERROGATIVA DE FORO. C.F., ART. 96, III, CO-RÉ. CONEXÃO. EXTENSÃO DA COMPETÊNCIA À CO-RÉ. CPP, ART. 78, III. I. – Nulidade dos atos praticados pela Justiça Federal e pelo Tribunal Regional Federal após o ingresso do réu na magistratura estadual. II. – Nos termos do art. 96, III, da Constituição, compete aos Tribunal de Justiça julgar os juízes estaduais, mesmo quando acusados de crimes de competência da Justiça Federal. (...)"*. (STF – **HC 77558**, Rel. Min. CARLOS VELLOSO, 2ª Turma, julgado em 16/03/1999, DJ 07.05.99). No mesmo sentido: *"HABEAS CORPUS. CRIMES DE QUADRILHA, PECULATO E APROPRIAÇÃO INDÉBITA PRATICADOS CONTRA O INSTITUTO NACIONAL DO SEGURO SOCIAL (INSS) E SEGURADOS POR ACIDENTE DE TRABALHO, IMPUTADOS A JUIZ DE DIREITO, SERVENTUÁRIOS DA JUSTIÇA, SERVIDORES DE AUTARQUIA FEDERAL E ADVOGADOS. DENÚNCIA OFERECIDA PERANTE O TRIBUNAL DE JUSTIÇA. PRISÃO PREVENTIVA DO PACIENTE, DO ROL DOS ADVOGADOS DENUNCIADOS, DECRETADA PELO RELATOR E CONFIRMADA PELA CORTE. ALEGADA INCOMPETÊNCIA DA CORTE ESTADUAL PARA PROCESSAR E JULGAR O PACIENTE. Denúncia acertadamente oferecida perante o Tribunal de Justiça, contra todos os acusados e por todos os crimes, federais e estaduais, em face dos princípios da conexão e continência, e tendo em vista, ainda, a jurisdição de maior graduação (art. 78, III, do CPP), reconhecida aquela Corte por força da norma do art. 96, III, da CF/88, dada a presença, entre os acusados, de um Juiz de Direito. Precedente do STF: **HC 68.846-2**. Ordem denegada."* (**STF – HC 68935**, Relator(a): Min. ILMAR GALVÃO, Tribunal Pleno, julgado em 02/10/1991, DJ 25-10-1991 PP-15029 EMENT VOL-01639-02 PP-00227 RTJ VOL-00138-03 PP-00819).

atividade sujeita à disciplina e à fiscalização dessa Autarquia, e do Banco Central do Brasil quando, fora daquela hipótese, houver sido cometido na órbita de atividade sujeita à sua disciplina e fiscalização.

O parágrafo único do art. 26 da LCSFN prevê a possibilidade da Comissão de Valores Mobiliários (CVM) e do Banco Central (BC) ingressarem como assistentes da acusação nos delitos praticados no âmbito das atividades sujeitas à disciplina e a fiscalização das referidas entidades.

Com o referido dispositivo, a LCSFN acaba por ampliar o espectro de legitimidade daqueles que podem atuar como assistentes de acusação (ordinariamente limitados às pessoas descritas no art. 268 do Código de Processo Penal).

É importante ressaltar, porém, que, apesar dessa possibilidade de atuar como assistentes de acusação, jamais referidas entidades poderão ingressar com ação penal privada subsidiária da pública, uma vez que a Constituição de 1988 atribuiu o monopólio da ação penal, em seu art. 129, inciso I, que dispõe: *"São funções institucionais do Ministério Público: I – promover, privativamente, a ação penal pública, na forma da lei;"* Isso porque, nenhum órgão ou instituição pública poderá substituir-se ao Ministério Público. A ação penal privada subsidiaria da pública é apenas para pessoas privadas.

Assim, a atuação do Banco Central e da CVM deve limitar-se aos poderes conferidos aos assistentes da acusação (natureza acessória), não sendo possível assumir a posição de autor, já que essa função (titular da ação penal pública) somente pode ser exercida pelo Ministério Público.

DA RECLAMAÇÃO AO PROCURADOR-GERAL DA REPÚBLICA

Art. 27. Quando a denúncia não for intentada no prazo legal, o ofendido poderá representar ao Procurador-Geral da República, para que este a ofereça, designe outro órgão do Ministério Público para oferecê-la ou determine o arquivamento das peças de informação recebidas.

O dispositivo em questão prevê uma espécie de avocatória a ser realizada pelo Procurador-Geral da República, caso o Membro do Ministério Público não ofereça acusação penal dentro do prazo previsto em lei.

Entretanto, referido dispositivo não foi recepcionado pela Constituição da República, uma vez que em manifesta afronta ao princípio da independência funcional, previsto no seu art. 127, § 1º.

De tal maneira, no Brasil, considerando-se o princípio da independência funcional, a função do Procurador-Geral no comando da Instituição tem vinculação exclusiva à ideia de organização e comando administrativo, em que o chefe do Ministério Público tem a prerrogativa política de escolher os melhores caminhos administrativos a serem seguidos pela Instituição, mas não pode expressar de modo vinculante essas mesmas opções políticas no exercício da atividade-fim dos demais integrantes dela. Assim, todos e cada um dos membros do Ministério Público, no exercício da atividade-fim, falam em nome de uma mesma instituição[140].

140 Como preconiza Mazzilli: *"Em face das peculiaridades de nosso Ministério Público, hierarquia, portanto, só se concebe num sentido administrativo, pela natural chefia exercida na instituição pelo procurador-geral (poderes de designação na forma da lei, disciplina funcional, solução de conflitos de atribuições, etc.). Diante da independência funcional dos órgãos do Ministério Público, não se pode cogitar, pois, de hierarquia em sentido funcional"* MAZZILLI, Hugo Nigro. Regime Jurídico do Ministério Público. 8ª ed. São Paulo: Saraiva, 2014, p. 133.

Por essa razão é de rigor afirmar, por ser cristalino, que o art. 27 da Lei n. 7.492/86 **não foi recepcionado** pela Constituição, mais precisamente por seu art. 127, § 1º.

DO DEVER DE COMUNICAÇÃO DE CRIMES AO MINISTÉRIO PÚBLICO FEDERAL

Art. 28. Quando, no exercício de suas atribuições legais, o Banco Central do Brasil ou a Comissão de Valores Mobiliários – CVM, verificar a ocorrência de crime previsto nesta lei, disso deverá informar ao Ministério Público Federal, enviando-lhe os documentos necessários à comprovação do fato.

Parágrafo único. A conduta de que trata este artigo será observada pelo interventor, liqüidante ou síndico que, no curso de intervenção, liqüidação extrajudicial ou falência, verificar a ocorrência de crime de que trata esta lei.

O dispositivo em questão criou um dever de comunicação de crimes ao Ministério Público, imposto aos servidores do Banco Central e da Comissão de Valores Mobiliários, a exemplo do imposto aos juízes e tribunal pelo art. 40 do CPP.

Ademais, criou o mesmo dever a agentes privados, mas que estejam no exercício de função com relevância pública, como é o caso dos interventores, liquidantes ou síndicos, a respeito dos fatos que tenham tomado conhecimento no curso de intervenção extrajudicial, liquidação ou falência, reafirmando, assim, a importância dada pela legislação para essas situações especiais e críticas que eventualmente a instituição financeira esteja atravessando.

DO PODER DE REQUISIÇÃO DO MINISTÉRIO PÚBLICO FEDERAL E SIGILO

Art. 29. O órgão do Ministério Público Federal, sempre que julgar necessário, poderá requisitar, a qualquer autoridade, informação, documento ou diligência, relativa à prova dos crimes previstos nesta lei.

Parágrafo único O sigilo dos serviços e operações financeiras não pode ser invocado como óbice ao atendimento da requisição prevista no caput deste artigo.

Aqui a lei estabeleceu os poderes requisitórios do Ministério Público Federal como instrumentos para a sua boa atuação na persecução penal dos delitos contra o Sistema Financeiro Nacional, seja na fase investigatória, seja na fase processual.

Ademais, claramente afastou a possibilidade dos destinatários das requisições de invocarem a objeção de sigilo. Evidentemente, quando se tratar de informação submetida à cláusula de reserva jurisdicional, deverá o Ministério Público Federal postular em juízo para ter acesso a esses dados.

O poder de requisição previsto no art. 29 da Lei dos Crimes Contra o Sistema Financeiro Nacional foi largamente ampliado por leis posteriores, em especial pela Lei Orgânica do Ministério Público da União, em seus artigos 7º e 8º, que evidentemente são perfeitamente aplicáveis, também, à persecução penal dos delitos contra o Sistema Financeiro Nacional.

DA MAGNITUDE DA LESÃO CAUSADA COMO REQUISITO ADICIONAL PARA A DECRETAÇÃO DA PRISÃO PREVENTIVA

Art. 30. Sem prejuízo do disposto no art. 312 do Código de Processo Penal, aprovado pelo Decreto-lei nº 3.689, de 3 de outubro de 1941, a prisão preventiva do acusado da prática de crime previsto nesta lei poderá ser decretada em razão da magnitude da lesão causada (Vetado).

O artigo 30 da LCSFN estabelece um novo requisito para possibilitar a decretação da prisão preventiva, afora os já estabelecidos pelo art. 312 do Código de Processo Penal: trata-se do requisito da magnitude da lesão causada.

Apesar disso, considerando-se a necessidade de que a prisão preventiva expresse uma função cautelar, entende-se aqui que o requisito da magnitude da lesão causada não pode, por si só, fundamentar a prisão preventiva, devendo, pois, estar combinado com algum dos outros requisitos consagrados da prisão preventiva (ordem pública, conveniência da instrução criminal ou assegurar a aplicação da lei penal)[141].

Assim, ainda que isoladamente a magnitude da lesão causada pelo crime contra o Sistema Financeiro Nacional não possa ser utilizada – a partir de uma perspectiva constitucional de proporcionalidade – como fundamento para a decretação da prisão preventiva, indubitavelmente tal elemento constitui relevante dado a ser examinado pelo juiz, especialmente para realizar um juízo de prognose a respeito do risco da prática de novos delitos, o que pode ser extraído da gravidade concreta do fato, conforme vem decidindo o Supremo Tribunal Federal[142].

DA INAFIANÇABILIDADE E DO RECOLHIMENTO À PRISÃO PARA APELAR

Art. 31. Nos crimes previstos nesta lei e punidos com pena de reclusão, o réu não poderá prestar fiança, nem apelar antes de ser recolhido à prisão, ainda que primário e de bons antecedentes, se estiver configurada situação que autoriza a prisão preventiva.

O artigo em questão assenta duas questões relevantes:

a) Apesar de inafiançável o delito, poderá o juiz conceder eventual liberdade provisória. Assim, para a manutenção da prisão devem estar presentes os requisitos para a prisão preventiva[143];

b) É requisito para a interposição do recurso de apelação o prévio recolhimento do acusado à prisão. Tal dispositivo, porém, é inconstitucional, conforme já decidido pelo Supremo Tribunal Federa[144].

---

141 Solução semelhante foi adotada pelo Tribunal Constitucional alemão que promoveu interpretação conforme a constituição do o § 112, parágrafo 3º, do CPP Alemão (StPO), que prevê a possibilidade de decretação da prisão preventiva por conta da gravidade do crime (Kapitaldelikte). No caso, exigiu-se pelo menos a existência de um perigo de reiteração, perigo de fuga ou risco à instrução processual (*verdunkelungsgefahr*) para a decretação da prisão preventiva para esses delitos. Nesse sentido: BVerfGE 19, 342 e VOLK, Klaus. *Grundkurs StPO*. München: Beck, 2008, pp. 58-59.

142 A título de exemplo, veja-se o seguinte julgado: *"A gravidade em concreto do crime e a periculosidade do agente, evidenciada pelo modus operandi, constituem fundamentação idônea para a decretação da custódia cautelar. Precedentes."* (STF – HC 141547 AgR, Relator(a): Min. ROBERTO BARROSO, Primeira Turma, julgado em 02/06/2017, PROCESSO ELETRÔNICO DJe-128 DIVULG 14-06-2017 PUBLIC 16-06-2017). Aliás, conforme afirma o Min. Barroso, no corpo do citado julgado: *"o entendimento deste Tribunal é pacífico no sentido de que a gravidade em concreto do crime e a periculosidade do agente, evidenciada pelo modus operandi, constituem fundamentação idônea para a decretação da custódia cautelar (vg. HC 134.394, Rel. Min. Gilmar Mendes; HC 130.778-AgR, Rel. Min. Luiz Fux; HC 1347.635-AgR, Rel. Min. Teori Zavscki)."*

143 Nesse sentido, é posição do STF: *"A inafiançabilidade da prisão, mesmo em flagrante (inciso XLIII do art. 5º da CF), quer apenas significar que a lei infraconstitucional não pode prever como condição suficiente para a concessão da liberdade provisória o mero pagamento de uma fiança. A prisão em flagrante não pré-exclui o benefício da liberdade provisória, mas, tão-só, a fiança como ferramenta da sua obtenção. A inafiançabilidade de um crime não implica, necessariamente, vedação do benefício à liberdade provisória, mas apenas sua obtenção pelo simples dispêndio de recursos financeiros ou bens materiais. Tudo vai depender da concreta aferição judicial da periculosidade do agente, atento o juiz aos vetores do art. 312 do Código de Processo Penal."* (STF – HC 110844, Relator(a): Min. AYRES BRITTO, Segunda Turma, julgado em 10/04/2012, PROCESSO ELETRÔNICO DJe-119 DIVULG 18-06-2012 PUBLIC 19-06-2012).

144 Nesse sentido, já é antiga a jurisprudência do Supremo Tribunal Federal, estando ela até hoje sedimentada. Na verdade, não existe sequer discussão atual defendendo a constitucionalidade desse dispositivo, uma vez que a

Em suma, a respeito desse artigo, é possível afirmar que, ainda que sejam inafiançáveis os delitos previstos nessa lei, poderá ser concedida liberdade provisória ao acusado, quando não estejam previstos os requisitos para a prisão preventiva. Além disso, é inconstitucional a exigência de prévio recolhimento à prisão como pressuposto do recurso de apelação.

Art. 32. (VETADO).

§ 1º (VETADO).

§ 2º (VETADO).

§ 3º (VETADO).

DA FIXAÇÃO DA PENA DE MULTA

Art. 33. Na fixação da pena de multa relativa aos crimes previstos nesta lei, o limite a que se refere o § 1º do art. 49 do Código Penal, aprovado pelo Decreto-lei nº 2.848, de 7 de dezembro de 1940, pode ser estendido até o décuplo, se verificada a situação nele cogitada.

Como é sabido a aplicação da pena de multa segue duas fases. A primeira tem por finalidade identificar a quantidade de dias-multa que deve ser aplicada ao autor do fato, devendo ser estabelecida em número mínimo de 10 (dez) e, no máximo, de 360 (trezentos e sessenta) dias-multa (CP, art. 49).

A fixação desses dias-multa deve utilizar como baliza os mesmos critérios empregados pelo juiz para a fixação da pena privativa de liberdade (o critério trifásico do art. 59 e seguintes do Código Penal).

Uma vez estabelecida a quantidade de dias-multa a serem aplicadas ao autor do fato, deverá ser iniciada a segunda fase do procedimento de aplicação da pena de multa, consistente na determinação do valor a ser atribuído a cada dia-multa.

Nessa segunda fase, o critério a ser utilizado é a condição econômica do condenado (CP, art. 68)[145].

---

decretação da prisão como forma de acesso ao Tribunal de Apelação, claramente viola a ideia de cautelaridade, que deve ser ínsita às prisões que não decorram do cumprimento da pena (seja da pena definitiva, seja da provisória fixada ou mantida em segundo grau). Sobre o tema, confirma-se o seguinte julgado: *"DIREITO PROCESSUAL PENAL. HABEAS CORPUS. PENA DE DESERÇÃO. ART. 595, CPP. NÃO-RECEPÇÃO PELA CF/88. OBRIGATORIEDADE DA APRECIAÇÃO DA APELAÇÃO. CONCESSÃO DA ORDEM. 1. A questão de direito em debate neste writ consiste na vigência (ou não) da regra contida no art. 595, do Código de Processo Penal, ou seja, a declaração de deserção da apelação quando o réu foge após a interposição do recurso. 2. A previsão de pressuposto recursal relacionado à exigência da prisão do condenado para poder apelar (CPP, art. 594), na atualidade, se revela violadora dos princípios constitucionais do devido processo legal, do contraditório e da ampla defesa (CF, art. 5º LIV e LV), eis que somente se admite a prisão cautelar quando houver a presença dos pressupostos e condições da prisão preventiva (CPP, art. 312). 3. O mesmo raciocínio é válido na leitura interpretativa do art. 595, do Código de Processo Penal, eis que se reconhecida a inconstitucionalidade da exigência de recolhimento do condenado à prisão para poder apelar, também o será a norma que repute a fuga como causa para a deserção da apelação anteriormente interposta. A fuga, assim, seria um pressuposto negativo de admissibilidade do recurso. 4. Não há mais legitimidade na restrição à interposição de apelação criminal consistente na obrigatoriedade do recolhimento à prisão em razão de sentença condenatória e na deserção na eventualidade de fuga do condenado após a interposição da apelação. 5. Ordem concedida."* (STF – HC 91945, Relator(a): Min. ELLEN GRACIE, Segunda Turma, julgado em 24/06/2008, DJe-152 DIVULG 14-08-2008 PUBLIC 15-08-2008 EMENT VOL-02328-02 PP-00416). Assim, também, STF – **HC 92008**, Relator(a): Min. JOAQUIM BARBOSA, Segunda Turma, julgado em 06/05/2008, DJe-112 DIVULG 19-06-2008 PUBLIC 20-06-2008 EMENT VOL-02324-03 PP-00616.

145 Sobre a aplicação da pena de multa, assim sintetiza GALVÃO: *"Para a apuração do quantum da pena de multa, seja quando é única a aplicada ou nas hipóteses em que sua aplicação é cumulativa, duas etapas distintas devem ser percorridas pelo juiz. Na primeira etapa, o juiz deve estabelecer a quantidade de dias-multa; na segunda, o valor de cada dia-multa. Para a apuração da quantidade de dias-multa, deve o magistrado realizar as operações descritas no art. 68 do CP, de forma que as circunstâncias atenuantes e agravantes, bem como as causas de aumento ou diminuição, pos-*

Assim, será precisamente nessa segunda fase da aplicação da pena de multa que poderá incidir o art. 33 da LCSFN, que dispõe que o juiz – considerando-se a situação econômica do condenado – poderá estender o valor dos dias-multa *"até o décuplo, se verificada a situação nele cogitada"*.

A razão de ser do presente dispositivo é justamente dar um tratamento repressivo dos dias-multa proporcional ao poderio econômico normalmente ostentado por autores dos delitos contra o sistema financeiro, criando, assim, regras específicas que transcendem à regência dos crimes tradicionais. Em outras palavras, para o legislador os delitos econômicos merecem uma reprovação pecuniária mais acentuada e proporcional à capacidade financeira de seus autores.

Art. 34. Esta lei entra em vigor na data de sua publicação.

Art. 35. Revogam-se as disposições em contrário.

REFERÊNCIAS BIBLIOGRÁFICAS

ABRÃO, Nelson. Direito Bancário. 16ª ed. Saraiva: São Paulo, 2016.

ANDRADE, Mariana Dionísio de. Tratamento jurídico das criptomoedas: a dinâmica dos bitcoins e o crime de lavagem de dinheiro. Revista Brasileira de Políticas Públicas, Brasília, v. 7, n. 3, dez. 2017.

BITTENCOURT, Cezar Roberto. Tratado de Direito Penal Econômico. Vol. 1. São Paulo: Saraiva, 2016.

BUSATO, Paulo César. Direito Penal: parte especial 1. São Paulo: Atlas, 2014.

BUSCHINELLI, Gabriel Saad Kik. Comentário à Lei do Mercado de Capitais, Lei n. 6.385/76. São Paulo: Quartier Latin. 2015.

CABRAL, Rodrigo Leite Ferreira. Dolo y lenguaje: hacia una nueva gramática del dolo desde la Filosofía del Lenguaje. Valencia: Tirant lo Blanc, 2017.

COELHO, Fábio Ulhoa. Manual de Direito Comercial: Direito da Empresa. 23ª ed. São Paulo: Saraiva.

DE GRANDIS, Rodrigo. Aspectos Penais e Processuais Penais do Regime Especial de Regularização Cambial e Tributária de Recursos (RERCT), in Regime Especial de Regularização Cambial e Tributária (RERCT): Aspectos práticos. São Paulo: Noeses, 2016.

DE SANTIS, Fausto Martins. Delinquência Econômica e Financeira. Rio de Janeiro: Gen, 2015.

DRESSLER, Joshua. Understanding Criminal Law. 6ª ed. New Providence: LexisNexis, 2012.

ELLIOT, Catherine; QUINN, Frances. Criminal Law. 5ª ed. Harlow: Pearson, 2012.

ESTELITA, Heloisa; BOTTINI, Pierpaolo Cruz. Extinção da Punibilidade no RERCT: Figuras penais contempladas e (algumas) das excluídas, in Regime Especial de Regularização Cambial e Tributária (RERCT): Aspectos práticos. São Paulo: Noeses, 2016.

FARALDO CABANA, Patricia. Los delitos societarios, 2ª ed. Valencia: Tirant lo Blanch, 2012.

FELDENS, Luciano; SCHMIDT, Andrei Zenkner. O Delito de Evasão de Divisas 20 anos depois: Sua redefinição típica em face das modificações das políticas cambiais brasileiras, in Crimes contra o Sistema Financeiro Nacional: 20 anos da Lei n. 7.492/86. Belo Horizonte: Del Rey, 2006.

FELDENS, Luciano. Gestão Financeira e Temerária de Instituição Financeira: Contornos identificadores do tipo, in Crimes Financeiros e Corretados. São Paulo: Saraiva, 2011.

GALVÃO, Fernando. Direito Penal: Parte Geral, 5ª ed. São Paulo: Saraiva, 2013.

GROCH, Ludmila de Vasconcelos Leite. A prescrição dos crimes que podem ser objeto de anistia, in Regime Especial de Regularização Cambial e Tributária (RERCT): Aspectos práticos. São Paulo: Noeses, 2016.

sam alterar a pena-base inicialmente fixada. Para a fixação do valor do dia-multa, o juiz deve atentar para as condições econômicas do condenado. Multiplicando-se os números de dias-multa pelo valor pecuniário obtém-se o valor final da multa a ser paga. Em uma fórmula simples, a quantidade de dias-multa expressa a capacidade econômica do condenado." GALVÃO, Fernando. *Direito Penal: Parte Geral*, 5ª ed. São Paulo: Saraiva, 2013, p. 680.

GUARAGNI, Fábio André. Norma Penal em Branco, Tipos Abertos, Elementos Normativos do Tipo e Remissões a Atos Administrativos Concretos: o panorama político criminal comum, as distinções e consequências relativas ao princípio da reserva legal, *in* Norma Penal em Branco e Outras Técnicas de Reenvio em Direito Penal. São Paulo: Almedina, 2014.

HELLMANN, Uwe. Nomos-Kommentar zum Strafgesetzbuch. § 265b. KINDHÄUSER, Urs; NEUMANN, Ulfrid; PAEFFGEN, Hans-Ulrich Ulfrid (org.). Baden-Baden: Nomos-Verl.-Ges., 2010.

LOBO, Carlos Augusto da Silveira. Os valores mobiliários, in Doutrinas Essenciais: Direito Empresarial, vol. VIII, Mercado de Capitais. São Paulo: RT, 2011.

MARTÍNEZ BUJÁN-PÉREZ, Carlos. Estafa de Inversores y de Crédito: El art. 282 bis del Código Penal. Valencia: Tirant lo Blanch, 2012.

MARTÍNEZ-BUJÁN PÉREZ. Derecho Penal Económico y de la Empresa: parte general. 3ª ed. Valencia: Tirant lo Blanch, 2011.

MAZZILLI, Hugo Nigro. Regime Jurídico do Ministério Público. 8ª ed. São Paulo: Saraiva, 2014.

MENDRONI, Marcelo Batlouni. Crime de Lavagem de Dinheiro. 3ª ed. São Paulo: Atlas, 2015.

NEWLANDS JUNIOR. Carlos Arthur. Sistema Financeiro e Bancário. 5ª ed. São Paulo: Gen, 2015.

OXMAN, Nicolás. Sistemas de Imputación subjetiva en Derecho penal: el modelo angloamericano. Valencia: Tirant lo Blanch, 2016.

PRADO, Luiz Régis. Direito Penal Econômico, 6ª ed. São Paulo: RT, 2014.

RAGUÉS I VALLÈS, Ramon. La ignorancia deliberada en Derecho Penal. Barcelona: Atelier, 2007.

RAGUÉS I VALLÈS, Ramon. La responsabilidad penal del testaferro en delitos cometidos a través de sociedades mercantiles. En Anuario de Derecho Penal Económico y de la Empresa, ADPE, 2 (2012).

RODRÍGUEZ MONTAÑÉS, Teresa. Delitos de peligro, dolo e imprudencia. Buenos Aires: Rubinzal-Culzoni, 2004.

ROXIN, Claus. Derecho Penal. Parte General. Tomo I. Fundamentos. La estructura de la Teoría del Delito, trad. de Diego Manuel Luzón Peña, Miguel Díaz y García Conlledo y Javier de Vicente Remesal. Madrid: Thomson Civitas, 2003.

SCHMIDT, Andrei Zenkner. Direito Penal Econômico: Parte Geral. Porto Alegre: Livraria do Advogado, 2015.

SCHÜNEMANN, Bernd. Moderne Tendenzen in der Dogmatik der Fahrlässigkeit- und Gefährdungsdelikte, Juristische Arbeitsblätter (JA), 1975, StR.

SILVA SANCHEZ, Jesus-María. Fundamentos del Derecho Penal de la empresa. 2ª ed. Madrid: Edisofer, 2016.

SILVEIRA, Renato de Mello Jorge. Bitcoin e suas Fronteiras penais: Em busca do marco penal das criptomoedas. Belo Horizonte: D'Plácido, 2018.

SIMESTER, A.P; SPENCER, J.R.; SULLIVAN, G.R.; VIRGO, G.J. Simester and Sullivan's Criminal Law: Theory and Doctrine. 4ª ed. Oxford/Portland: Hart Publishing, 2010.

SUTHERLAND, Edwin H. El Delito de Cuello Blanco. Buenos Aires: BDEF, 2016.

TIEDEMANN, Klaus. Manual de Derecho Penal Económico: Parte General y Especial. Valencia: Tirant lo Blanch, 2010.

TORIO LÓPEZ, Angel. Los delitos de peligro hipotético. Anuario de Derecho Penal y Ciencias Penales (ADP). Tomo 34. 1981, p. 838.

TORTIMA, José Carlos. Crimes contra o Sistema Financeiro Nacional: Uma contribuição ao Estudo da Lei n. 7.492/86. 3ª ed. Lumen Juris: Rio de Janeiro, 2011.

VIVES ANTÓN, Salvador Tomás. Derecho Penal, Parte Especial, 3ª ed. Valencia: Tirant lo Blanch, 2010.

VOLK, Klaus. Grundkurs StPO. München: Beck, 2008.

WILLIAMS, Glanville. Criminal Law: The General Part. 2ª ed., London: Stevens & Sons Ltd, 1961.

CAPÍTULO 11

Preconceito de Raça ou de Cor – Lei nº 7.716/1989

Mariano Paganini Lauria

1. À GUISA DE INTRODUÇÃO: DA FUNDAMENTAÇÃO CONSTITUCIONAL DE CRIMINALIZAÇÃO

O Estado Democrático de Direito surgiu no afã de conjugar o ideal democrático ao Estado de Direito, não como uma mera junção de conceitos, mas sob um conteúdo particular, presentes as conquistas democráticas, as garantias jurídico-legais e uma efetiva preocupação social, tendo como missão primordial a transformação do *status quo*. Assim, o conteúdo da legalidade – princípio ao qual permanece vinculado – assume a forma de busca incessante de concretização da igualdade, notadamente através de intervenções que impliquem diretamente uma alteração benéfica na situação da comunidade.[1-2]

Com efeito, no Estado Democrático de Direito, tem-se uma releitura dos direitos fundamentais reconhecidos no Estado Liberal e no Estado Social, sendo que a igualdade não é mais vista apenas em seu viés liberal (igualdade formal – perante a lei), tampouco de maneira homogeneizante, tal qual no Estado Social.

A grande pretensão do Estado Social (ou de Bem-Estar) era a de conferir melhores condições de vida às pessoas. Todavia, esta promessa não foi cumprida, conseguindo tal modelo, no máximo, arregimentar uma clientela estatal acostumada a receber tudo de graça, não importando a qualidade dos serviços efetivamente prestados.[3]

Já no Estado Democrático de Direito, o princípio da igualdade é entendido como catalisador do respeito às diferenças e à pluralidade, devendo, pois, o ente estatal atuar de forma a reduzir as desigualdades sociais e assegurar que as minorias tenham seus direitos respeitados.[4]

---

1 MORAIS, Luis Bolzan de; STRECK, Lenio Luiz. *Ciência Política e Teoria do Estado*. 8. ed. Porto Alegre: Livraria do Advogado, 2014, p. 98.

2 Destacando a importância do princípio da igualdade (como direito-chave) no Estado Democrático de Direito, Paulo Bonavides assim se posicionou, *in verbis*: *"O centro medular do Estado Social e de todos os direitos de sua ordem jurídica é indubitavelmente o princípio da igualdade. Com efeito, materializa ele a liberdade da herança clássica. Com esta compõe um eixo ao redor do qual gira toda a concepção do Estado democrático contemporâneo. De todos os direitos fundamentais a igualdade é o que mais tem subido de importância no Direito Constitucional de nossos dias, sendo, como não poderia deixar de ser, o direito-chave, o direito guardião do Estado Social"*. BONAVIDES, Paulo. *Curso de Direito Constitucional*. 25. ed. São Paulo: Malheiros, 2010, p. 376.

3 OMNATI, José Emílio Medauar. *A igualdade no paradigma do Estado Democrático de Direito*. Porto Alegre: Sérgio Antônio Fabris, 2004, p. 84.

4 LOBO, Bárbara Natália Lages. *O direito à igualdade na Constituição brasileira*: comentários ao Estatuto da Igualdade Racial e a constitucionalidade das ações afirmativas. Belo Horizonte: Fórum. 2013, p. 63.

A Constituição Federal, na cabeça do seu artigo 5º, prevê o direito fundamental à igualdade, nos seguintes termos: "*Todos são iguais perante a lei, sem distinção de qualquer natureza, garantindo-se aos brasileiros e aos estrangeiros residentes no País a inviolabilidade do direito à vida, à liberdade, à igualdade, à segurança e à propriedade, nos termos seguintes*".

Assim, a Carta Magna se preocupou com a igualdade formal – ao dizer que todos são iguais perante a lei –, mas também com a material ao prever que são garantidos direitos básicos como a vida, a liberdade e a própria igualdade, sendo esta de feição distributiva.[5]

Por conseguinte, podemos afirmar que o direito fundamental à igualdade é verdadeiro direito-chave do Estado Democrático Brasileiro, sendo dele extraídas inúmeras dimensões subjacentes aos valores encartados na Constituição Cidadã.

Entretanto, não se pode afirmar, aprioristicamente, que exista uma correlação lógica entre o princípio da igualdade e a vedação absoluta de discriminação[6], na medida em que, em determinados casos, tal discrímen deve ser inclusive fomentado. Surgem, neste sentido, as discriminações positivas ou inversas(a exemplo das "ações afirmativas"), que devem ser pautadas por critérios objetivos, proporcionais e justificáveis do ponto de vista jurídico, transformando-se, assim, em franca concretização da própria isonomia e configurando, ainda, vetor de integração igualitária de todos os cidadãos no Estado e na própria sociedade. Servem, pois, as discriminações positivas à construção e à ampliação da cidadania, como mecanismo jurídico-político de inclusão social.[7]

Nada obstante, impende ressaltar que o elemento discriminador escolhido como causa de desequiparação deve estar predisposto ao alcance de uma finalidade. Esta, por seu turno, deve corresponder exatamente a algum objetivo encampado pelo sistema jurídico-constitucional, seja expressa ou implicitamente.[8-9]

Robert Alexy, citando a jurisprudência do Tribunal Constitucional alemão, aponta que "*uma diferenciação arbitrária ocorre se não é possível encontrar um fundamento razoável, que decorra da natureza das coisas, ou uma razão objetivamente evidente para a diferenciação ou para o tratamento igual feitos pela lei*".[10]

De fato, a célebre fórmula da arbitrariedade, cunhada pelo Tribunal Constitucional alemão, deixa claro que, para o tratamento igual perante a lei (regra geral básica), não é necessário qualquer esforço argumentativo. No entanto, a desigualdade de tratamento exige uma fundamentação racional e sólida a fim de justificar constitucionalmente a desequiparação. Neste

---

5 VIEIRA, Oscar Vilhena. *Direitos Fundamentais*: uma releitura da jurisprudência do STF. São Paulo: Malheiros, 2006, p. 287.

6 A doutrina aponta que historicamente o princípio da igualdade tem desempenhado uma função negativa e uma função positiva. A primeira (a negativa), de cunho liberal, consiste na vedação de discriminação e privilégios, limitando basicamente ações geradoras de desigualdades injustas, como, por exemplo, discriminações de raça. Já a função positiva, de viés social, demanda a atuação do Estado a fim de intervir materialmente nas desigualdades com o objetivo de minorá-las ou extingui-las. O fato é que, em verdade, essas tradicionais funções apontadas ao princípio da igualdade pouco acrescentam ao que já foi desenvolvido no que tange aos conceitos de igualdade formal e material. GUEDES, Jéfferson Carús. *Igualdade e Desigualdade*: introdução conceitual, normativa e histórica dos princípios. São Paulo: Revista dos Tribunais, 2014, p. 222-226.

7 NEVES, Marcelo. *Entre Têmis e Leviatã*: uma relação difícil. São Paulo: Martins Fontes, 2006, p. 175.

8 TAVARES, André Ramos. *Curso de Direito Constitucional*. 6. ed. São Paulo: Saraiva, 2008, p. 553.

9 Em célebre monografia sobre o tema, o professor Celso Antônio Bandeira de Melo estabelece critérios para definir quando situações de discriminação estão em conformidade com o direito fundamental à igualdade, destaca-se um trecho fundamental da obra, conforme segue: "*[...] as discriminações são recebidas como compatíveis com a cláusula igualitária apenas e tão somente quando existe um vínculo de correlação lógica entre a peculiaridade diferencial acolhida por residente no objeto, e a desigualdade de tratamento em função dela conferida, desde que tal correlação não seja incompatível com interesses prestigiados na Constituição*". MELO, Celso Antônio Bandeira. *O Conteúdo Jurídico do Princípio da Igualdade*. 3. ed. São Paulo: Malheiros, 2013, p. 17.

10 ALEXY, Robert. *Teoria dos Direitos Fundamentais*. Trad. Virgílio Afonso da Silva. 2. ed. São Paulo: Malheiros, 2015, p. 403.

contexto, a tarefa primordial da igualdade em seu viés material consiste em investigar a característica a ser levada em conta no juízo de diferenciação, analisando o quão decisivas são as desigualdades reais, principalmente econômicas e sociais, a fim de justificar ou não a adoção de tal postura.[11]

Ora, se as discriminações positivas somente são consentâneas com o direito à igualdade quando a desequiparação tem algum escopo encampado pelo ordenamento jurídico, podemos afirmar que discriminações pautadas por preconceito e intolerância (racistas) são ofensivas ao direito fundamental em voga, logo inaceitáveis.

Tal raciocínio é baseado em duas nítidas premissas: a uma, o racismo é objeto de mandado expresso de criminalização pela Carta Maior, previsto no art. 5.º, inciso XLII, indicando a manifesta opção de repúdio do Estado brasileiro a sua ocorrência; a duas, o racismo *"põe em execução práticas de inferiorização e de exclusão"*[12] de pessoa ou grupo, indo de encontro aos valores promovidos pela ordem jurídico-constitucional do Estado Democrático.

Saliente-se, ainda, que a Constituição proclamou, como um dos objetivos da República, "*promover o bem de todos, sem preconceitos de origem, raça, sexo, cor, idade e quaisquer outras formas de discriminação*" (art. 3º, IV, da Constituição Federal).

Portanto, podemos afirmar que existe um direito de não discriminação ou de antidiscriminação, decorrente do próprio direito fundamental à igualdade.[13]

Como dito, a Constituição Federal preocupou-se em criminalizar o racismo, e de forma severa, determinando que fosse, inclusive, considerado um delito imprescritível, inafiançável e punido com reclusão.

Estabelecendo uma necessária contextualização acerca dos direitos fundamentais, destacamos a sua multifuncionalidade, pois, hodiernamente, não são mais concebidos apenas em sua clássica função subjetiva – como direitos de resistência ou prestacionais de seus titulares –, com o passar do tempo e a evolução doutrinária e jurisprudencial, ganharam uma faceta adicional, consubstanciada no que se convencionou chamar de dimensão objetiva, especialmente no que tange ao dever do Estado de eficazmente tutelá-los por intermédio de inúmeros mecanismos, inclusive recorrendo ao Direito Penal.

A aludida dimensão objetiva produz notáveis consequências, primeiro porque os direitos fundamentais não são mais aplicados apenas sob uma perspectiva individualista, mas sim considerando que os bens jurídicos por eles tutelados possam ser entendidos como valores em si, a serem preservados e fomentados. Além disso, enseja por parte do Estado um dever de proteção contra agressões dos próprios poderes públicos ou de particulares (a célebre eficácia horizontal), devendo o ente estatal adotar até mesmo medidas de ordem penal que protejam efetivamente os direitos fundamentais.

Consequentemente: "*Essa dimensão objetiva dos direitos fundamentais tem reflexo direto no campo do direito penal, notadamente porque este constitui um dos mais importantes meios pelos quais o Estado realiza a proteção de direitos fundamentais*".[14-15]

---

11 RIOS, Roger Raupp. *O Princípio da igualdade e a discriminação por orientação sexual*: a homossexualidade no direito brasileiro e norte-americano. São Paulo: Revista dos Tribunais, 2002, p. 48-49/54.

12 WIEVIORKA, Michel. *O racismo, uma introdução*. Trad. Fany Kon. São Paulo: Perspectiva, 2007. p. 9.

13 Humberto Ávila, em sua preeminente Teoria dos Princípios, adota o entendimento de que a igualdade é um postulado normativo, sendo que poderia funcionar inclusive como regra – nesta hipótese – prevendo a proibição de tratamento discriminatório. ÁVILA, Humberto. *Teoria dos Princípios*: da definição à aplicação dos princípios. 15 ed. São Paulo: Malheiros, 2014. p. 192.

14 GAVIÃO, Juliana Venturela Nahas. *A proibição de proteção deficiente*. Porto Alegre: Revista do Ministério Público do RS, n. 61, maio/out. 2008, p. 96.

15 Neste viés, interessante lembrar da Lei Maria da Penha (Lei 11.340/06), nítida ação estatal afirmativa que recorre ao direito penal visando à concretização do direito fundamental à igualdade de gênero – em seu viés substancial

Releva salientar que o fato de a Constituição Federal ser eminentemente uma carta de liberdades não impediu, em algumas passagens, o recurso à figura do Direito Penal como mecanismo de proteção de direitos fundamentais. Trata-se dos chamados mandados de criminalização (espécie de dever fundamental dirigido ao próprio Estado), tema este muito pouco abordado pela doutrina jurídica até os dias de hoje.

Faz-se perceptível a existência de uma íntima conexão entre a Constituição Federal e o Direito Penal. Tal relação tanto se descortina no que tange aos princípios jurídico-penais dispostos na carta constitucional (legalidade estrita, irretroatividade da lei penal, presunção de inocência, dentre outros), quanto, e especialmente, no fato de que a Carta Magna constitui o principal fundamento material no processo de criminalização de condutas.

Logo, podemos afirmar que existe uma relação de circularidade entre a Constituição e o Direito Penal. Assim, o desenvolvimento contemporâneo da compreensão jurídica haverá de conceber na Constituição a primordial ordenação axiológica da qual deriva o processo de criminalização[16]. Surge, portanto, o que Luciano Feldens denomina de Constituição Penal, concebida "*como o conjunto de diretrizes normativas estabelecidas à organização e ao funcionamento do sistema jurídico-penal requerido pela Constituição*".[17]

É sabido que o Direito Penal tem o viés de intervenção mínima[18] e a função de garantir os valores fundamentais de determinada sociedade. Tais valores são, inicialmente, o que se convencionou chamar de bens jurídicos e, posteriormente, quando assumem relevância ao direito penal, cumprindo um escopo político-criminal de delimitação do que é efetivamente relevante e passível de criminalização, transmudam-se em bens jurídico-penais.

Por isso, o moderno Direito Penal se compromete fortemente com a legitimação do bem jurídico, justamente por estabelecer limites à definição de novas incriminações, motivo pelo qual o legislador deve estar necessariamente alinhado às pautas sociais essenciais, preocupando-se em proteger somente aqueles bens indispensáveis ao livre desenvolvimento do indivíduo.[19]

Os mandados de criminalização ou de tutela penal, por seu turno, encontram guarida na teoria dos deveres fundamentais, e são exigências claras de intervenção estatal pela via do Direito Penal – nestes casos, a opção política já foi determinada pelo próprio constituinte. Em tais hipóteses, a Constituição Federal funciona como verdadeiro fundamento normativo no processo de criminalização, selando pontos de não retorno (o mandado de criminalização do racismo, por exemplo) e de concretização indispensável pelo legislador infraconstitucional, no afã de garantir direitos fundamentais que lhe são subjacentes.[20]

– no ambiente de relações interpessoais, objetivando proteger a mulher vítima de violência doméstica praticada pelo homem, através do recrudescimento das penas e rigores legais (como a proibição da aplicação dos institutos despenalizadores da transação penal e suspensão condicional do processo, entre outros). Dito por palavras menos congestionadas, o Estado para reafirmar um direito (de igualdade de gênero), acaba lançando mão do direito penal.

16 AZEVEDO, André Mauro Lacerda; NETO Orlando Faccini. *O Bem Jurídico-Penal*: duas visões sobre a legitimação do direito penal a partir da teoria do bem jurídico. Porto Alegre: Livraria do Advogado, 2013, p. 82.

17 FELDENS, Luciano. *Direitos Fundamentais e direito penal*: a constituição penal. 2. ed. Porto Alegre: Livraria do Advogado, 2012, p. 60.

18 Neste sentido, Rogério Sanches Cunha pontua que: "*O Direito Penal só deve ser aplicado quando estritamente necessário, de modo que a sua intervenção fica condicionada ao fracasso das demais esferas de controle (caráter subsidiário), observando somente os casos de relevante lesão ou perigo de lesão ao bem juridicamente tutelado (caráter fragmentário)*". CUNHA, Rogério Sanches. *Manual de Direito Penal*. Parte Geral. Volume Único. 4. ed. rev., ampl. e atual. Salvador: Juspodivm, 2016, p. 69-70.

19 AZEVEDO, André Mauro Lacerda; NETO Orlando Faccini. *O Bem Jurídico-Penal*: duas visões sobre a legitimação do direito penal a partir da teoria do bem jurídico. Porto Alegre: Livraria do Advogado, 2013, p. 17.

20 FELDENS, Luciano. *Direitos Fundamentais e direito penal*: a constituição penal. 2. ed. Porto Alegre: Livraria do Advogado, 2012, 73-74.

Nesse esteio, o aludido mandado de criminalização do racismo, epigrafado no inciso XLII da Carta Maior, apresenta a seguinte redação: "*a prática do racismo constitui crime inafiançável e imprescritível, sujeito à pena de reclusão, nos termos da lei*".

Eis aí o mandado de criminalização do racismo dirigido ao legislador ordinário, por força de uma clara opção política da Constituição Federal (dever fundamental de criminalização), que inclusive o definiu como crime não sujeito à regra geral da prescritibilidade e afiançabilidade, punido com a espécie de pena privativa de liberdade mais severa do ordenamento (reclusão).

Sendo assim, na exata medida em que a Constituição Federal se ocupou do racismo de forma tão eloquente, fazendo dele inclusive um mandado de criminalização expresso, parece intuitivo que tal prática viola uma norma fundamental de notável importância, qual seja, o princípio da igualdade em seu viés negativo (proibitivo de discriminações injustas).

Comentando o teor e a finalidade protetiva da norma fundamental em lume (mandado de criminalização do racismo), José Afonso da Silva[21] assevera que: "*Os incisos aqui considerados constituem garantias penais dos direitos fundamentais – incluindo o princípio democrático –, consubstanciado no art. 1.º. Protegem, especialmente, o direito de igualdade, configurado no caput do art. 5.º ("Todos são iguais perante a lei, sem distinção de qualquer natureza...", e correlacionam-se com os incisos III e IV do art. 3.º, com a diferença de que a ação punitiva protege o direito de igualdade de forma negativa*".

De nossa parte, parece inquestionável que, a partir do que Canotilho denominou de "*dimensão objetiva do princípio à igualdade*"[22], a Constituição proclamou um dever fundamental de criminalização correlato a tal preceito, estabelecendo uma garantia penal abrangente com o fim de mitigar a discriminação racial negativa, na medida em que tal prática promove ações de inferiorização prejudiciais ao indivíduo ou grupo, contribuindo sobremaneira para acentuar as desigualdades e a subordinação social.

2. A DOGMÁTICA JURÍDICA DO RACISMO NO BRASIL: BREVE ESCORÇO HISTÓRICO

É digno de registro que o primeiro diploma normativo dessa natureza foi a Lei 1.390, de 03 de julho de 1951, conhecida como Lei Afonso Arinos (autor do projeto[23]), editada sob a égide da Constituição Federal de 1946, que "*inclui entre as contravenções penais a prática de atos resultantes de preconceito de raça ou de cor*".

A partir da alcunhada "Lei Afonso Arinos", o Brasil recebeu um marco legal que tipificava como infração penal – apesar de ter preferido a espécie contravenção, menos grave – a prática de discriminações com contornos raciais, o que inegavelmente representou um avanço legislativo, pois, na prática, tal atitude corresponde ao posicionamento oficial do Estado brasileiro de que o racismo é um problema real e sistêmico, desafiando ações concretas (inclusive repressivas), já que até então era invisível aos olhos da grande população – muito em razão do mito da democracia racial – e totalmente alijado da agenda política governamental.[24]

---

21 SILVA, José Afonso. *Comentário Contextual à Constituição*. 7. ed. São Paulo: Malheiros. 2010, p. 142-143.

22 CANOTILHO, José Joaquim Gomes. *Direito Constitucional e Teoria da Constituição*. 7. ed. Coimbra: Livraria Almedina, 2003, p. 432.

23 "*Um número significativo de fontes aponta como fato catalisador da elaboração da primeira lei penal antirracista do Brasil a indignação do então deputado federal mineiro Afonso Arinos de Mello Franco. O parlamentar mineiro, ao entrar em uma confeitaria no Rio de Janeiro acompanhado de seu chauffeur negro, teve este seu funcionário barrado em função de sua cor.*" FARIAS, Vilson. *Racismo à luz do Direito Criminal* (com incursão no Direito Comparado): Aspectos materiais, processuais e sociológicos. Pelotas: Livraria Mundial, 2015, p. 55.

24 Interessante a justificativa apresentada ao projeto de lei pelo seu autor, o Deputado Afonso Arinos, senão vejamos: "*Por mais que se proclame a inexistência, entre nós, do preconceito de raça, a verdade é que êle existe, e com perigosa tendência a se ampliar. [...] Nada justifica, pois, que continuemos disfarçadamente a fechar os olhos à prática de atos injustos de discri-*

Assim, a Lei 1.390/51, no curso de seus nove artigos, disciplinou como contravenção penal, punida com pena de prisão simples máxima de um ano (cumulada ou não com multa), as seguintes condutas: negativa de atendimento em estabelecimento comercial ou de ensino (art. 1º); recusa de hospedagem em hotéis, pensões e congêneres (art. 2º); recusa de venda de mercadorias ou serviços em restaurantes, bares, confeitarias e locais assemelhados, desde que abertos ao público (art. 3º); negativa de atendimento em locais de diversões ou esporte, barbearias ou cabeleireiros (art. 4º); recusa de inscrição de aluno em estabelecimento de ensino de qualquer curso (art. 5º); óbice de acesso a cargos e empregos públicos ou nas forças armadas (art. 6º); negativa de trabalho em autarquias, concessionárias, empresas públicas e de economia mista, bem como empresas privadas. Além disso, o artigo 8º do aludido diploma normativo previa que, nos casos de reincidência, ocorridos em empresas e estabelecimentos particulares, o juiz poderia determinar a suspensão das atividades por prazo não superior a três meses.

Todavia, para além de alguns aspectos gerais de ineficácia comuns às leis antirracistas brasileiras (os quais serão abordados mais adiante), percebeu-se que a Lei Afonso Arinos pecou pela casuística, limitando as condutas contravencionais a espaços determinados (como bares, restaurantes, hotéis, *etc.*) ou locais acessíveis ao público em geral, fazendo transparecer a ideia segundo a qual a discriminação é tolerada em espaços privados, fato que afetou irremediavelmente a sua aplicação.

Ademais, a jurisprudência firmou o entendimento de que deveria restar comprovado um "especial fim de agir" na conduta da pessoa que praticava a discriminação, o que, aliado à restrição espacial das hipóteses e suportes fáticos previstos na lei, bem como à modificação da forma de agir dos discriminadores durante o processo (a maioria no curso da persecução penal acabavam por negar que tivessem sido impelidos por motivos racistas ou se retratavam com os discriminados), findou por tornar a lei em voga praticamente ineficaz, gerando pouquíssimos casos de condenações pela prática de tais contravenções.[25]

Apesar da baixíssima efetividade da Lei Afonso Arinos, por muitos anos acabou sendo ela o único instrumento legislativo disponível no ordenamento jurídico brasileiro a fim de coibir penalmente práticas racistas. Tal panorama só veio a ser alterado após a promulgação da Constituição Federal de 1988, conforme será examinado a seguir.

3. ANÁLISE DA CONCRETIZAÇÃO INFRACONSTITUCIONAL DO MANDADO DE CRIMINALIZAÇÃO INSERIDO NO ARTIGO 5º, INCISO XLII, DA CONSTITUIÇÃO FEDERAL DE 1988

Consoante já abordado anteriormente, a Constituição Federal de 1988 inseriu, no inciso XLII do seu artigo 5º, o mandado expresso de criminalização do racismo, determinando ao legislador infraconstitucional, de forma imperativa, que as práticas de discriminação racial deveriam ser tratadas como crimes inafiançáveis e imprescritíveis, sujeitas às penas de reclusão, na forma da lei ordinária.

Por consequência, menos de três meses depois da promulgação da atual Carta Constitucional, o Poder Legislativo editou um novel diploma antidiscriminatório. O autor de tal projeto foi o Deputado Carlos Alberto Caó[26], motivo pelo qual a Lei 7.716, de 05 de janeiro de 1989,

---

minação racial que a ciência condena, a justiça repele, a Constituição proíbe, e que podem conduzir a monstruosidade como os "pogrooms" hitleristas ou a situações insolúveis como da grande massa negra norte-americana." (sic) SILVEIRA, Fabiano Augusto Martins. *Da criminalização do racismo*: aspectos sociocriminológicos. Belo Horizonte: Del Rey, 2006, p. 63.

25 SILVA, Kátia Elenise Oliveira da. *O papel do Direito Penal no enfrentamento da discriminação*. Porto Alegre: Livraria do Advogado, 2001, p. 31.

26 O constituinte, deputado, jornalista e advogado baiano, Carlos Alberto Caó de Oliveira, foi militante e uma das mais importantes lideranças do movimento em favor da igualdade das pessoas negras no Brasil, falecido recentemente em 04 de fevereiro de 2018.

acabou sendo conhecida como "*Lei Caó*", definindo "*os crimes resultantes de preconceito de raça ou de cor*".

Mais extensa do que a Lei Afonso Arinos, a Lei Caó foi composta originalmente por vinte e um artigos (sendo que quatro acabaram vetados pelo então Presidente da República, José Sarney, notadamente os artigos 2º, 15, 17 e 19), prevendo sanções com penas máximas de até cinco anos de reclusão.

Se por um lado o diploma normativo em comento teve como grande mérito transformar em crime o que até então era tratado apenas como mera contravenção penal, por outro, em que pese ter ampliado os espaços nos quais as condutas discriminatórias puníveis poderiam ocorrer, acabou por manter a casuística da Lei Afonso Arinos, sendo essa uma das principais falhas em sua redação original.

Posteriormente, visando à ampliação do campo de atuação e repressão em âmbito penal do racismo, foi editada a Lei 8.081, de 21 de setembro de 1990, que estabeleceu "*os crimes e as penas aplicáveis aos atos discriminatórios ou de preconceito de raça, cor, religião, etnia ou procedência nacional, praticados pelos meios de comunicação ou por publicação de qualquer natureza*", inserindo, no artigo 20 da Lei Caó, a punição de atos discriminatórios (não mais apenas em razão de raça ou cor, mas agora também por religião, etnia ou procedência nacional) cometidos através de veículos de comunicação ou publicações de qualquer natureza. Nesse passo, por meio da nova lei foram introduzidos outros espaços – os meios de comunicação – ao campo de incidência dos comandos repressivos, mitigando a limitação arquitetônica verificada até então.[27]

Adiante, verificou-se outra substancial alteração, promovida pela Lei 9.459, de 13 de maio de 1997, ampliando ainda mais o suporte fático do referido artigo 20 do diploma de combate à discriminação, o qual restou assim delineado: "*Art. 20. Praticar, induzir ou incitar a discriminação ou preconceito de raça, cor, etnia, religião ou procedência nacional. Pena: reclusão de um a três anos e multa*".

Nota-se, pois, que o legislador infraconstitucional inovou ao criar um tipo penal aberto para os crimes de "racismo" (termo aqui utilizado em uma acepção ampla), desde que tenham sido cometidos envolvendo discriminação acerca dos elementos raça, cor, etnia, religião ou procedência nacional. Ademais, a Lei 9.459/97 ainda fez surgir uma nova figura penal atinente à discriminação encetada a partir dos mencionados elementos, qual seja, a injúria racial. Contudo, determinou que tal crime fosse inserido no Código Penal, acarretando consequências extremamente relevantes, consoante será demonstrado mais adiante.

Todavia, o aludido panorama - antes tarde do que nunca - começou a ser alterado a partir de entendimentos jurisprudenciais perfilhados pelos Tribunais Superiores que, paulatinamente, através de construção estenderam a imprescritibilidade constitucional à injúria racial.

Nesse norte, tal cenário consolidou-se com a edição da novíssima Lei 14.532/2023, transportando à 7.716/89 tipos penais especiais de injúria quando há uma intersecção entre tais condutas e os elementos normativos tradicionais da lei de racismo, o que, na prática, acaba por reconhecer haver verdadeiro crime de racismo - e que a antiga diferenciação doutrinária e jurisprudencial entre racismo e injúria preconceituosa, não se sustentava cientificamente, sendo uma mera (e infeliz) opção de política legislativa, agora dogmaticamente superada - na linha do que já defendemos desde a primeira edição desta obra e será detalhado no decorrer do presente capítulo.

Para além disso, em sede doutrinária, interessante abordar que, após a edição da Lei 14.197/21, que previu os Crimes contra o Estado Democrático de Direito, especialmente em razão do crime conhecido como violência política ("*Art. 359-P. Restringir, impedir ou dificultar, com emprego de violência física, sexual ou psicológica, o exercício de direitos políticos a qualquer*

27 SILVA, Kátia Elenise Oliveira da. *O papel do Direito Penal no enfrentamento da discriminação*. Porto Alegre: Livraria do Advogado, 2001. p. 71.

pessoa em razão de seu sexo, raça, cor, etnia, religião ou procedência nacional"), podemos estar diante de um tipo especial de racismo, não inserido na Lei 7.716/89, para aqueles elementos normativos que lhes são comuns (raça, cor, etnia, religião ou procedência nacional, excetuando o elemento sexo, não abarcado na lei de racismo).Aliás, nesse viés advogamos que, apesar de haver uma lei específica de racismo, elaborada em decorrência do mandado expresso de criminalização, a Constituição não definiu o conteúdo dos tipos penais relacionados a sua prática, tampouco fez qualquer correlação, sequer deveria, pois isso é tarefa da legislação ordinária, mais plástica e porosa às necessidades sociais, razão pela qual abalizadas vozes, tais como dos prestigiados autores Rogério Sanches Cunha e Ricardo Silvares, afirmam que: "*Ao destrinchar o tipo fica fácil concluir que estamos diante de uma forma especial do crime de racismo, fora da Lei 7.716/89. Envolvendo mais do que atribuição de qualidade negativa, caracterizando verdadeira segregação ou incentivo a segregação, nos parece que o crime deva sofrer os mesmos rigores ordenados pelo Constituinte no art. 5º, XLII, trata-se de delito inafiançável e imprescritível.*[28]"

4. ANÁLISE DA ATUAL REDAÇÃO DA LEI 7.716/89 (COM AS ALTERAÇÕES PROMOVIDAS PELA LEI 14.532/2023)

> **Art. 1º.** Serão punidos, na forma desta Lei, os crimes resultantes de discriminação ou preconceito de raça, cor, etnia, religião ou procedência nacional. (Redação dada pela Lei nº 9.459, de 15/05/97).
>
> **Art. 2º.** (Vetado).

4.1. Dos aspectos gerais

Discriminação e preconceito

Apesar de serem temas relacionados, discriminação e preconceito não se confundem. Por preconceito, designam-se as percepções mentais negativas em face de indivíduos e de grupos socialmente inferiorizados, bem como as representações sociais ligadas a tais percepções. O preconceito é materializado, no plano social e fático, pela discriminação.[29] Em síntese, podemos afirmar que discriminar, "*como regra, significa estabelecer diferença entre seres e coisas, com prejudicialidade para a parte inferiorizada*".[30]

Portanto, o preconceito (subjetivo), nada mais é do que a formação de uma opinião prévia (pré-julgamento), sedimentada sem a devida avaliação ou conhecimento sobre os fatos que lhe são correspondentes, sendo, na prática, materializado pelo ato discriminatório.

O preconceito racista pode trazer inúmeros abalos psíquico em suas vítimas, especialmente se já forem integrantes de um grupo socialmente colocado à margem da sociedade, causando impactos negativos inclusive à autoestima, pois o modo como a sociedade enxerga tais pessoas pode fazer com que elas internalizem uma visão negativa de si mesmas, acarretando efeitos devastadores.[31] De fato, o preconceito tem uma forte conotação psicológica, podendo

---

28 CUNHA, Rogério Sanches; SILVARES, Ricardo. *Crimes contra o Estado Democrático de Direito: Lei 14.197/2021 comentada por artigos*. São Paulo: Editora Juspodivm, 2021. p. 157.

29 RIOS, Roger Raupp. *Direito da Antidiscriminação*: discriminação direta, indireta e ações afirmativas. Porto Alegre: Livraria do Advogado, 2008, p. 15.

30 NUCCI, Guilherme de Souza. *Leis penais e processuais penais comentadas*. 2. ed. São Paulo: Revista dos Tribunais, 2007, p. 265.

31 SARMENTO, Daniel. Direito Constitucional e Igualdade Étnico-Racial. *In*: PIOVESAN, Flávia; SOUZA, Douglas de (Coord.). *Ordem Jurídica e Igualdade Étnico-Racial*. Brasil. Secretaria Especial de Políticas de Promoção da Igualdade Racial da Presidência da República. Rio de Janeiro: Lumen Juris. 2008, p. 97.

até mesmo, nestes casos raciais, consolidar-se como uma representação social negativa de determinado grupo[32], dificultando o acesso às oportunidades.

Meditando acerca da questão racial, mesmo por breves instantes, chegamos a irretorquível conclusão de que uma das maiores violações as quais se pode praticar contra alguém consiste em inferiorizá-lo por algo que o diferencie de seu observador – já alertava o adágio popular: "*Narciso acha feio aquilo que não é espelho*" –, mormente pela cor da pele, opção religiosa, sexualidade, *et coetera*. Vivemos em uma sociedade preconceituosa e homogeneizante, marcada pela intolerância às diferenças, pródiga em discriminar aqueles que destoam (seja de forma inata como ocorre com a cor, ou voluntária tal qual a orientação religiosa) do padrão "normal", de homem branco, cristão e heterossexual.

Os negros, por exemplo, historicamente foram tratados como grupos minoritários (ao lado dos índios, homossexuais, entre outros) haja vista o confinamento na base da pirâmide e hierarquia sociais. Apesar disso, os últimos dados estatísticos de relevo mostraram que atualmente são, em verdade, a maioria da população brasileira (tal levantamento engloba nesse número pessoas definidas como pardas).[33]

Com efeito, se os não brancos são a maioria da população, por qual motivo é extremamente reduzido o número de profissionais negros nos postos de trabalho de maior destaque ou ascendência social e econômica, tais como, operadores do Direito, professores universitários, profissionais liberais com nível superior e assim por diante? Ao passo que basta apenas um breve olhar aos centros urbanos das cidades brasileiras para perceber que homens e mulheres negros estão em toda parte como motoristas, faxineiros, cozinheiros, seguranças, garçons, entre outras profissões normalmente de menor remuneração e que não exigem qualificação profissional tão elevada. Será coincidência? Ou há uma subordinação econômica e social da população negra no Brasil, esteada em grande medida sob a chaga do racismo estrutural?[34]

Como dito, atualmente a maior parte da população brasileira é negra (não se coadunando mais com o conceito estrito de minoria populacional), todavia, tais pessoas ainda continuam sendo uma minoria nas instâncias de poder e de legitimação social, pois as profundas desigualdades em que vivem, especialmente no que tange à educação formal e renda, não possibilitam que, via de regra, ocupem os espaços públicos e econômicos mais relevantes[35], contribuindo decisivamente para isso um tumor perniciosamente arraigado em nossa sociedade – tida como

32 As representações sociais são as formas pelas quais o senso comum expressa seu pensamento. ALMEIDA, Saulo Teles, PEREIRA, Cícero, ROSAS, Ana Raquel Torres. *Um Estudo do Preconceito na Perspectiva das Representações Sociais*: Análise da Influência de um Discurso Justificador da Discriminação no Preconceito Racial. Psicologia: Reflexão e Crítica. v. 16, n. 01, 2003. Universidade Federal do Rio Grande do Sul. Porto Alegre. p. 96. Disponível em: <http://www.scielo.br/pdf/prc/v16n1/16801.pdf>.

33 Pela primeira vez na história do Brasil, o censo indicou que a população negra e parda é a maioria no país: 50,7% de um total de 190.732.694 pessoas. O Censo 2010 revelou que a maior parte da população negra se concentra no Norte e Nordeste do país, e sofre a maior taxa de analfabetismo na faixa etária acima dos 15 anos (entre 24,7% e 27,1%). *Censo demográfico 2010*. Características gerais da população. Rio de Janeiro: IBGE, 2012. Disponível em: <https://pt.globalvoicesonline.org/2011/11/24/brasil-censo-populacao-negra/>.

34 Para aprofundar mais sobre o tema, sugerimos a consistente obra do jurista e filósofo Sílvio Almeida: *o que é o racismo estrutural*, o autor argumenta que há uma "normalização" do racismo na sociedade brasileira, e que isso, infelizmente, constitui o padrão de "normalidade" nas relações sociais, gerando um sistema de profunda exclusão e privação de direitos da população negra no Brasil. ALMEIDA, Sílvio. *O que é racismo estrutural*. Belo Horizonte: Letramento, 2018

35 *No racismo temos assentada a ideia de um tipo de hierarquização social que se utiliza da noção de superioridade racial (uma noção inexistente para a Biologia, porém concreta no imaginário social). Assim as relações de poder estabelecidas entre os indivíduos se pautam na limitação de oportunidades de vida de um grupo subordinado, nesse sentido, há um evidente processo de diferenciação, que está para além dos aspectos biológicos fenotípicos e perpassa todas as relações sociais e as subjetividades dos sujeitos. in* SILVEIRA, Diogo de Ávila Fontoura, J. *O debate sobre o racismo reverso: a negação do conceito pelo viés histórico-social*. Revista em favor de Igualdade racial, 2022, Disponível em: <https://periodicos.ufac.br/index.php/RFIR/article/view/4791, p. 43–54.>

plural, porquanto miscigenada –, denominado racismo[36], engendrado a partir de um conceito de raça/cor socialmente construído, já que cientificamente desacreditado. Fenômeno que é ainda mais grave, haja vista que, no Brasil, silencioso e não confessado, obnubilado pelo pálio falacioso de uma suposta democracia racial.

Justamente objetivando mitigar o cenário antes explicitado, a partir de inúmeras discussões teóricas, consolidaram-se iniciativas de combate à discriminação, notadamente no universo acadêmico estadunidense, surgindo um ramo de conhecimento próprio, lá denominado *anti-discrimination law* (e recebido pela doutrina brasileira como direito da antidiscriminação), descrito por Roger Raupp Rios da seguinte forma: "*Trata-se, com efeito, da compreensão do princípio da igualdade como proibição de discriminação, atenta para as formas pelas quais o fenômeno discriminatório opera, bem como para a formulação de medidas positivas de sua superação decorrentes desta consciência*"[37].

Nesse norte, mais recentemente temos observado a exteriorização de algumas medidas baseados no aludido suporte teórico antidiscriminatório, tais como a edição da Resolução n.º 423/2021 do Conselho Nacional de Justiça, alterando a Resolução n.º 75/2009, que dispõe sobre os concursos públicos para ingresso na carreira da magistratura em todos os ramos do Poder Judiciário nacional, a fim de incluir expressamente entre as disciplinas mínimas a serem abordadas nos diversos concursos da magistratura o *direito da antidiscriminação.* Por fim, e antes tarde do que nunca, o Brasil no ano de 2021, ratificou a adesão do país ao compromisso internacional de prevenir, eliminar, proibir e punir atos e manifestações de racismo, discriminação racial e intolerância previstos na Convenção Interamericana contra o Racismo (o qual havia sido estabelecido em reunião da Organização dos Estados Americanos – OEA, na Guatemala em 2013).[38]

Raça, cor, etnia, religião e procedência nacional

Não há definição na lei do que seja raça, cor, etnia, religião ou procedência nacional, fato que acarreta uma indisfarçável abertura dos tipos penais no diploma normativo em voga.

Um dos temas mais tormentosos na análise do diploma em testilha vem a ser o **significado de raça**, sendo que a melhor exegese aponta para um conceito amplo, socialmente construído, e não biológico, tendo em vista que o conjunto de caracteres genéticos que diferenciam os

---

36 O racismo é um fenômeno multifacetado. A palavra racismo possui vários significados na literatura especializada (sociologia e antropologia), ainda que sejam correlatos. Racismo pode ser entendido como uma doutrina, quer seja dita como "ciência", quer não, por meio do qual se sustenta a existência de raças humanas (o que hodiernamente não tem sustentáculo científico mínimo), com diferentes qualidades e habilidades, ordenadas de tal modo a formar um gradiente hierárquico de qualidades morais, psicológicas, físicas e intelectuais aptas a fomentar um quadro de classificações em grupos racializados. Além da doutrina, o racismo é ainda referido como sendo um corpo (ou sistema) de atitudes, preferências e gostos animados pela ideia de superioridade racial. As pessoas que consideram, por exemplo, os negros menos inteligentes ou menos trabalhadores, são tidas como racistas, popularmente se diz que tais pessoas têm preconceito de cor. Outrossim, chama-se, ainda, de racismo, o sistema de desigualdades de oportunidades, arraigado na estrutura de uma sociedade, podendo ser verificado estatisticamente e gerando um complexo quadro de iniquidades raciais, seja na educação, no lazer, na saúde pública, no emprego e renda, na moradia, *et coetera.* Tal panorama, apesar de não existir sem seus agentes – os cidadãos de determinada sociedade, não pode ser confundido, ainda que esteja imbricado, com o sistema de atitudes ou comportamentos individuais concretos, isso porque algum indivíduo de raça ou cor que historicamente desfrute de menos oportunidades não necessita obrigatoriamente, para acabar em uma posição de inferioridade na hierarquia social, ser discriminado, sofrer preconceitos ou ser diminuído, vez que o próprio sistema de desigualdade racial se encarrega de (re)produzir a inferioridade fática, bastando, em tese, para tanto, que tal indivíduo venha a nascer ou se socializar em uma família típica desta situação racial. *In* GUIMARÃES, Antônio Sérgio Alfredo. *Preconceito e Discriminação*: queixas de ofensas e tratamento desigual dos negros no Brasil. 2. ed. São Paulo: Editora 34, 2004, p. 17/19.

37 RIOS, Roger Raupp. *Direito da Antidiscriminação*: discriminação direta, indireta e ações afirmativas. Porto Alegre: Livraria do Advogado, 2008, p. 14.

38 Recentemente foi publicado o Decreto n.º 10.932/2022, promulgando a Convenção Interamericana contra o Racismo, a Discriminação Racial e Formas Correlatas de Intolerância, firmado pela República Federativa do Brasil, na Guatemala, em 5 de junho de 2013.

seres humanos, tais como cor do cabelo, dos olhos e da pele, não autoriza a categorização de raças humanas, haja vista o atual entendimento científico acerca do tema.

Apesar da dificuldade apontada, cremos imprescindível a análise ilustrativa de um julgado emblemático sobre o tema, em razão da força simbólica de tal precedente e sua importância à consolidação do conceito amplo ao crime de racismo.

Trata-se do celebremente conhecido "*caso Ellwanger*" – em que pese não ter efeitos vinculantes *erga omnes*, pois foi prolatado pelo Supremo Tribunal Federal em âmbito de um habeas corpus (n.º 82.424/RS) – resultando em verdadeiro marco paradigmático ao afirmar que o conceito de racismo foi socialmente construído.[39]

Siegfried Ellwanger Castan, escritor gaúcho e proprietário de uma editora denominada Revisão Editora Ltda., situada em Porto Alegre/RS, publicou obras suas e de terceiros, pretensamente científicas, adotando a linha conhecida como "revisionismo", a fim de apresentar uma nova versão acerca do Holocausto, perpetrado pelo governo nacional-socialista alemão (partido nazista) e que culminou no extermínio de aproximadamente seis milhões de judeus. Tal autor qualificou o Holocausto como a "*mentira do século*", negando sua existência, bem como difundindo ideários e imprecações antissemitas.[40]

Segundo o Ministério Público do Estado do Rio Grande do Sul (MPERS), as obras de Ellwanger Castan sustentaram mensagens antissemitas e racistas, disseminando a discriminação racial, sentimentos de ódio e desprezo contra o povo de origem judaica. A denúncia foi

---

39 O julgado foi assim ementado (suprimimos alguns trechos de menor importância dada a extensão desta). EMENTA: HABEAS-CORPUS. PUBLICAÇÃO DE LIVROS: ANTI-SEMITISMO. RACISMO. CRIME IMPRESCRITÍVEL. CONCEITUAÇÃO. ABRANGÊNCIA CONSTITUCIONAL. LIBERDADE DE EXPRESSÃO. LIMITES. ORDEM DENEGADA. 1. Escrever, editar, divulgar e comerciar livros "fazendo apologia de ideias preconceituosas e discriminatórias" contra a comunidade judaica (Lei 7716/89, artigo 20, na redação dada pela Lei 8081/90) constitui crime de racismo sujeito às cláusulas de inafiançabilidade e imprescritibilidade (CF, artigo 5º, XLII). 2. Aplicação do princípio da prescritibilidade geral dos crimes: se os judeus não são uma raça, segue-se que contra eles não pode haver discriminação capaz de ensejar a exceção constitucional de imprescritibilidade. Inconsistência da premissa. 3. Raça humana. Subdivisão. Inexistência. Com a definição e o mapeamento do genoma humano, cientificamente não existem distinções entre os homens, seja pela segmentação da pele, formato dos olhos, altura, pelos ou por quaisquer outras características físicas, visto que todos se qualificam como espécie humana. Não há diferenças biológicas entre os seres humanos. Na essência são todos iguais. 4. Raça e racismo. A divisão dos seres humanos em raças resulta de um processo de conteúdo meramente político-social. Desse pressuposto origina-se o racismo que, por sua vez, gera a discriminação e o preconceito segregacionista. 5. Fundamento do núcleo do pensamento do nacional-socialismo de que os judeus e os arianos formam raças distintas. Os primeiros seriam raça inferior, nefasta e infecta, características suficientes para justificar a segregação e o extermínio: inconciabilidade com os padrões éticos e morais definidos na Carta Política do Brasil e do mundo contemporâneo, sob os quais se ergue e se harmoniza o estado democrático. Estigmas que por si só evidenciam crime de racismo. Concepção atentatória dos princípios nos quais se erige e se organiza a sociedade humana, baseada na respeitabilidade e dignidade do ser humano e de sua pacífica convivência no meio social. Condutas e evocações aéticas e imorais que implicam repulsiva ação estatal por se revestirem de densa intolerabilidade, de sorte a afrontar o ordenamento infraconstitucional e constitucional do País. 6. Adesão do Brasil a tratados e acordos multilaterais, que energicamente repudiam quaisquer discriminações raciais, aí compreendidas as distinções entre os homens por restrições ou preferências oriundas de raça, cor, credo, descendência ou origem nacional ou étnica, inspiradas na pretensa superioridade de um povo sobre outro, de que são exemplos a xenofobia, "negrofobia", "islamafobia" e o anti-semitismo. 7. A Constituição Federal de 1988 impôs aos agentes de delitos dessa natureza, pela gravidade e repulsividade da ofensa, a cláusula de imprescritibilidade, para que fique, ad perpetuam rei memoriam, verberado o repúdio e a abjeção da sociedade nacional à sua prática. 8. Racismo. Abrangência. Compatibilização dos conceitos etimológicos, etnológicos, sociológicos, antropológicos ou biológicos, de modo a construir a definição jurídico-constitucional do termo. Interpretação teleológica e sistêmica da Constituição Federal, conjugando fatores e circunstâncias históricas, políticas e sociais que regeram sua formação e aplicação, a fim de obter-se o real sentido e alcance da norma. [...] Prevalência dos princípios da dignidade da pessoa humana e da igualdade jurídica. [...] Ordem denegada. BRASIL. Supremo Tribunal Federal. Habeas Corpus nº 82.424/RS. Tribunal Pleno. Relator Originário: Ministro Moreira Alves. Relator para o Acórdão: Ministro Maurício Corrêa. DJ nº 54 em 19/03/2004.

40 MARTINS, Leonardo. *Bioética à luz da liberdade científica*: estudo de caso baseado na decisão do STF sobre a constitucionalidade da Lei de Biossegurança e no direito comparado alemão. São Paulo: Atlas, 2014. p. 212.

oferecida em 12 de novembro de 1991, imputando ao acusado a prática do crime inserido no art. 20 da Lei 7.716/89, com a redação determinada pela Lei 8.081/90, de seguinte teor: "*Praticar, induzir ou incitar, pelos meios de comunicação social ou por publicação de qualquer natureza, a discriminação ou preconceito de raça, por religião, etnia ou procedência nacional. Pena: reclusão de dois a cinco anos*".

A exordial acusatória foi recebida e a respectiva ação penal tramitou perante o Juízo de Direito da 8ª Vara Criminal da capital gaúcha, que, em primeira instância, absolveu o réu por entender que não se tratava de crime de racismo, mas sim manifestação da opinião do autor, devidamente amparada em seu direito fundamental à liberdade de expressão.

Houve, então, recurso de apelação ao Tribunal de Justiça do Estado do Rio Grande do Sul (TJRS), manejado pelos assistentes da acusação[41]: a Federação Israelita do RS e o Sr. Mauro Juarez Nadvorny, integrante da comunidade judaica. O TJRS, por sua Terceira Câmara Criminal – com parecer favorável ao recurso exarado pelo Ministério Público em segunda instância – entendeu por bem condenar Ellwanger Castan a dois anos de reclusão pela prática do tipo penal anteriormente transcrito.

A defesa, irresignada com a condenação imposta pelo Tribunal gaúcho, impetrou Habeas Corpus perante o Superior Tribunal de Justiça (STJ), alegando que o fato cometido não se coadunava ao conceito de racismo constitucionalmente determinado, sendo, no máximo, hipótese de discriminação, na medida em que os judeus não podem ser considerados como uma raça. Assim, postulou pela concessão da ordem com o afastamento da imprescritibilidade no caso concreto e a consequente declaração da extinção da punibilidade pela prescrição. O STJ denegou a ordem, vencido apenas o Ministro Edson Vidigal.

Novamente a defesa impetrou ordem de Habeas Corpus, agora perante o Supremo Tribunal Federal, que, por maioria, também o denegou – vencidos os Ministros Barbosa Moreira (relator originário) e Marco Aurélio, que afastavam o crime de racismo e declaravam extinta a punibilidade (pela prescrição), bem como o Ministro Ayres Brito, que concedia a ordem por entender que o fato era atípico.

Conforme o voto vencido do Ministro Ayres Britto, Ellwanger teria elaborado uma revisão de um determinado fato histórico, expressando, assim, a sua opinião, ainda que carregada de uma nítida ideologia. Nada obstante, não poderia ser considerada criminosa tal postura ideológica, restando respaldada pelo princípio constitucional do pluralismo político e pelo direito fundamental à liberdade de expressão.

Todavia, prevaleceu a posição no sentido de que, em consonância com o princípio da convivência das liberdades públicas, nenhum direito é absoluto, portanto, o direito fundamental à liberdade de expressão deve observar os limites estabelecidos pela própria Constituição, não podendo abarcar manifestações que impliquem em ilicitude penal, notadamente quando essas são ofensivas à dignidade humana e à igualdade.

Ademais, – e aqui está a conclusão mais relevante do julgado analisado, no trilhar dos objetivos ora propostos –, restou assentado um conceito amplo ao crime de racismo, sendo afirmado que a Constituição Federal não definiu o conteúdo dos tipos penais relacionados a sua prática, delegando, como não poderia deixar de ser, esse mister à legislação infraconstitucional.

Por consequência, o STF corroborou que a divisão dos seres humanos em raças resulta de um processo de conteúdo político-social, motivo por que, mesmo que o povo judeu não constitua efetivamente uma raça (até porque resta cientificamente refutada tal divisão da espécie humana), não quer dizer que esteja excluída a possibilidade de ser sujeito passivo de discriminação racial. Com efeito, o racismo configura um fenômeno social, ao passo que a raça

41 O Ministério Público em primeiro grau acabou pleiteando a absolvição do acusado em fase de alegações finais.

consubstancia um termo socialmente construído; ambos expressam valorações negativas de determinado grupo, tal qual ocorreu no caso em voga em relação à comunidade judaica.

Em arremate, importa destacar que entendemos acertada a decisão ora examinada, ainda que passemos ao largo da análise mais profunda acerca da complexa questão referente à liberdade de expressão de Ellwanger. O certo é que a conclusão do Supremo Tribunal Federal considerou o racismo um fenômeno social multifacetado e a "raça" um conceito socialmente construído, sendo, pois, tarefa da legislação ordinária estabelecer os parâmetros e o alcance das normas penais incriminadoras que objetivam tutelar o direito fundamental à igualdade na perspectiva da proibição de discriminação racial negativa, uma vez que a norma infraconstitucional possui mais condições de acompanhar o contínuo processo de evolução social.

Caso contrário, restaria totalmente esvaziado o mandado constitucional expresso de criminalização do racismo, na medida em que a ciência já refutou a utilização biológica do termo raça. Logo, a legislação penal não poderia estar atrelada ao conceito científico do termo (já que inexistente), tornando-se, assim, imprescindível que o crime abarque a concepção socialmente construída, sob pena de tornar-se letra morta.

Cor está relacionada à coloração da pele das pessoas (branca, preta, vermelha, amarela, parda, *etc.*). Segundo a classificação adotada pelo IBGE as cores são características declaradas pelas pessoas de acordo com as seguintes opções: branca, preta, amarela, parda ou indígena[42].

Etnia significa coletividade de indivíduos que se diferenciam por sua especificidade sociocultural (conceito mais adotado e recomendado pela sociologia hodiernamente para designar o que antes era entendido por "raça"), ou seja, são os grupos humanos, demonstrando-se, principalmente, em aspectos comuns, tais como língua, religião e maneiras de agir. Atualmente, há inclusão de fatores de natureza política no conceito de etnia (por exemplo: índios[43], árabes, judeus, *et coetera*).

Religião é a crença ou culto praticado por um grupo social, ou ainda a manifestação de crença por meio de doutrinas e rituais próprios (p. ex., católica, protestante, espírita, muçulmana, islamita *etc.*). Religião pode ser conceituada como conjunto de crenças relacionadas ao divino e sagrado, permeada por uma série de rituais e códigos morais derivados de tais convicções. Não se inclui o ateísmo (ausência de crença religiosa), prevalecendo o entendimento que este é justamente a negação da crença na existência de uma divindade superior, motivo pelo qual não poderia ser equiparado à religião, constituindo-se em espécie de doutrina filosófica. A discriminação por ateísmo seria, assim, fato atípico.

Procedência nacional significa o lugar de origem da pessoa, de onde se origina o indivíduo (p. ex., americano, espanhol, italiano, venezuelano, *et coetera*), incluindo a procedência interna de determinado País (por exemplo: nordestino, potiguar, gaúcho, mineiro, entre outros). Tal viés de discriminação está atrelada ao que conhecemos por xenofobia, palavra que na sua

42 Disponível em: http://www.ibge.gov.br/home/estatistica/populacao/condicaodevida/indicadoresminimos/conceitos.shtm.

43 Neste sentido: DIREITO PENAL. **CRIME DE RACISMO CONTRA** ÍNDIOS PERPETRADO POR MEIO DE ARTIGOS JORNALÍSTICOS. **IMPRESCRITIBILIDADE**. DIREITO FUNDAMENTAL DE LIBERDADE DE EXPRESSÃO. EXERCÍCIO ARBITRÁRIO. CONTINUIDADE DELITIVA. I- O delito de racismo é imprescritível, conforme o disposto no art. 5º, XLII, da Constituição da República. II- O direito de liberdade de expressão não deve ser exercido de modo absoluto, irrestrito, sob pena de violação a outros valores igualmente relevantes, como o princípio da dignidade da pessoa humana. III- Se o réu, de forma consciente e voluntária, por meio de artigos publicados em jornal, praticou, induziu e incitou a discriminação contra os índios, incorreu no tipo penal de racismo, descrito no art. 20, § 2º, da Lei 7.716-89. IV- E cabível o reconhecimento da continuidade delitiva, incidindo a causa de aumento de pena prevista no art. 71 do Código Penal, se os artigos jornalísticos por meio dos quais o crime foi perpetrado foram publicados em curto intervalo de tempo. V- Recurso desprovido. (TRF-2 – ACR: 5456 RJ 2000.50.01.003187-6, Relator: Desembargador Federal ANDRÉ FONTES, Data de Julgamento: 06/05/2009, SEGUNDA TURMA ESPECIALIZADA, Data de Publicação: DJU – Data:14/05/2009 – Página: 64/65).

raiz etimológica está ligada à aversão aos estrangeiros, baseada em fatores históricos, culturais, étnicos, religiosos, dentre outros, mas entendemos que - assim como o conceito de racismo em geral deve ser entendido como um conceito relacional, pois construído socialmente -, poderá ser transportada a um contexto regional e interno. Neste sentido: EMENTA HABEAS CORPUS. **PENAL E PROCESSUAL PENAL. CRIME DO ART. 20, § 2.º, DA LEI N.º 7.716/89. SUPOSTO PRECONCEITO CONTRA NORDESTINOS. ATIPICIDADE MANIFESTA. NÃO OCORRÊNCIA. TRANCAMENTO DO PROCESSO-CRIME. NÃO CABIMENTO. ORDEM DENEGADA.** (STJ - HC: 558687 SC 2020/0016857-0, Relator: Ministra LAURITA VAZ, Data de Publicação: DJ 01/07/2020)[44].

Outrossim, deve ser ressaltado que inexiste no Brasil, até o momento, legislação penal específica criminalizando expressamente a discriminação em razão da condição sexual da pessoa, entretanto, tal conduta já poderia caracterizar crime contra a honra (previsto no Código Penal), a depender das circunstâncias. **Essa era a posição tradicionalmente adotada pelo Supremo Tribunal Federal até meados de 2019**, vejamos: ***Discriminação por orientação sexual: atipicidade*** *e reprovabilidade. Ante a atipicidade da conduta, a 1ª Turma não recebeu denúncia oferecida contra Deputado Federal que teria publicado na rede social "twitter" manifestação de natureza discriminatória em relação aos homossexuais. A Turma destacou que o artigo 20 da Lei 7.716/1989 – assim como toda norma penal incriminadora – possui rol exaustivo de condutas tipificadas, cuja lista não contempla a discriminação decorrente de opção sexual ("Art. 20. Praticar, induzir ou incitar a discriminação ou preconceito de raça, cor, etnia, religião ou procedência nacional. Pena: reclusão de um a três anos e multa"). Nesse sentido, ressaltou que a clareza do ditame contido no art. 5º, XXXIX da CF impediria que se enquadrasse a conduta do deputado como crime, em que pesasse à sua reprovabilidade ("Art. 5º, XXXIX. Não há crime sem lei anterior que o defina, nem pena sem prévia cominação legal"). O Ministro Roberto Barroso consignou que o comentário do parlamentar teria sido preconceituoso, de mau gosto e extremamente infeliz. Aduziu, entretanto, que a liberdade de expressão não existiria para proteger apenas aquilo que*

44 Em posicionamento idêntico, segue o decreto condenatório mantido pelo TJRS: APELAÇÃO-CRIME. INCITAÇÃO DE DISCRIMINAÇÃO E PRECONCEITO DE PROCEDÊNCIA NACIONAL. ART. 20, § 2º DA LEI Nº 7.716/1989.1. PRESCRIÇÃO. INOCORRÊNCIA. [..]. 2. ÉDITO CONDENATÓRIO. MANUTENÇÃO. Prova amplamente incriminatória. Inexistência de dúvida a respeito da autoria das postagens efetuadas pelo réu, na rede social Facebook, que ele próprio admitiu, de cunho discriminatório e preconceituoso, pois **fez comentários depreciativos relacionados ao povo nordestino**, que como se sabe, costuma imigrar para outras regiões, com mais oportunidades de trabalho, devido às dificuldades enfrentadas por aquela região do país, o que se amolda ao tipo previsto no artigo referido. Alegação de que o comentário apenas repercutiu declarações prestadas por ex-Presidente da República que não reflete a situação dos autos, pois o increpado utilizou termos pejorativos na postagem: sub-raça, gente nojenta, vocês são a escória do País - sic, não se tratando de apenas um comentário, mas de diversas manifestações de caráter discriminatório e preconceituoso. Outrossim, ainda que fosse época de disputas políticas, não se cogita de estado anímico alterado, até porque, pelo que se colhe das postagens efetuadas na página do apelante, ninguém o ataca. Ele sozinho emite suas opiniões discriminatórias e preconceituosas, inexistindo discussão acalorada que justifique a aplicação da tese defensiva. Direito à liberdade de expressão, com assento constitucional no art. 5º, IX da CF/88, e no art. 13.1 da Convenção Americana Sobre Direitos Humanos, que não é absoluto, cedendo às demais garantias constitucionais envolvidas no presente caso, insculpidas no art. 1º, III, no art. 3º, IV e no art. 5º, XLI da Carta Magna, assim como no próprio art. 13.5 da referida Convenção. Preceito fundamental que não consagra o \direito à incitação ao racismo\, dado que um direito individual não pode constituir-se em salvaguarda de condutas ilícitas. Princípios da dignidade da pessoa humana e da igualdade jurídica que devem prevalecer. Precedentes do STF e STJ. Dolo evidente. Infração caracterizada. Condenação mantida.3. DESCLASSIFICAÇÃO. INJÚRIA RACIAL. ART. 140, § 3º DO CP. DESCABIMENTO. Considerando que no crime de injúria racial, previsto no art. 140 § 3º do CP, a ofensa à honra subjetiva é dirigida à pessoa determinada, valendo-se de elementos referentes à raça, cor, etnia, religião ou nacionalidade, enquanto no delito tipificado no art. 20, caput da Lei nº 7.716/89, mais abrangente, a conduta é direcionada contra uma coletividade indeterminada de indivíduos, com o intuito de disseminação de discriminação ou preconceito da integralidade de uma raça, cor, etnia, religião ou nacionalidade, não se cogita de desclassificação, mormente porque a postagem efetuada pelo réu visava justamente isso, depreciar o povo de origem nordestina da nação. APELO IMPROVIDO. (TJ-RS - APR: 70082569435 RS, Relator: Fabianne Breton Baisch, Data de Julgamento: 26/08/2020, Oitava Câmara Criminal, Data de Publicação: 29/09/2020)(Grifos nossos).

fosse humanista, de bom gosto ou inspirado. Ressaltou que seria razoável entender que o princípio da dignidade da pessoa humana (CF, art. 1º, III) impusesse um mandamento ao legislador para que tipificasse condutas que envolvessem manifestações de ódio ("hate speech"). (STF. Inq 3590/ DF, rel. Min. Marco Aurélio, 12.8.2014. Informativo n.º 754. Agosto de 2014.)

Nada obstante, tal questão esteve diuturnamente na ordem do dia. Sendo assim , o Plenário do Supremo Tribunal Federal, se debruçou novamente sobre a matéria – sob os olhares atentos da mídia e de vários movimentos sociais – em duas ações de controle de constitucionalidade[45], quais sejam, a Ação Direta de Inconstitucionalidade por Omissão (ADO) n.º 26, da relatoria do Ministro Celso de Mello e o Mandado de Injunção (MI) n.º 4.733, da relatoria do Ministro Edson Facchin. Ambas tinham como pano de fundo a criminalização de atos decorrentes de homofobia e transfobia.

Pois bem, é inegável que o Estado Brasileiro precisa conferir proteção mais eficiente aos grupos historicamente vilipendiados, tais como as pessoas LGBTI, pois é sabido que inúmeros crimes têm a intolerância à diversidade em seu âmago. Sendo assim, tais ações defendiam restar caracterizada flagrante mora inconstitucional do Congresso Nacional na implementação da atuação legislativa destinada a concretizar os mandados de criminalização a que se referem os incisos XLI[46] e XLII (específico sobre o racismo, já estudado) do art. 5º da Constituição Federal, para fins de proteção penal aos integrantes do grupo LGBTI.

Consoante assentou o Ministro Celso de Mello, relator da aludida ADO, estaria patente a ausência de proteção estatal eficiente as condutas homofóbicas e transfóbicas: "*O gênero e a orientação sexual constituem elementos essenciais e estruturantes da própria identidade da pessoa humana e integram uma das mais íntimas e profundas dimensões de sua personalidade. No entanto, devido à ausência de adequada proteção estatal, especialmente em razão da controvérsia gerada pela denominada "ideologia de gênero", os integrantes da comunidade LGBT acham-se expostos a ações de caráter segregacionista, com caráter homofóbico, que têm por objetivo limitar ou suprimir prerrogativas essenciais de gays, lésbicas, bissexuais, travestis, transgêneros e intersexuais, entre outros. Tais práticas culminam no tratamento dessas pessoas como indivíduos destituídos de respeito e consideração, degradados ao nível de quem não tem sequer direito a ter direitos, por lhes ser negado, mediante discursos autoritários e excludentes, o reconhecimento da legitimidade de sua própria existência. Essa visão de mundo, fundada na ideia artificialmente construída de que as diferenças biológicas entre o homem e a mulher devem determinar os seus papéis sociais, impõe uma inaceitável restrição às suas liberdades fundamentais, com a submissão dessas pessoas a um padrão existencial heteronormativo, incompatível com a diversidade e o pluralismo que caracterizam uma sociedade democrática, e, ainda, a imposição da observância de valores que, além de conflitarem com sua própria vocação afetiva, conduzem à frustração de seus projetos pessoais de vida.*"[47]

A partir de tal constatação (a proteção estatal deficiente com relação ao tema), o Supremo Tribunal Federal adotou uma posição concretista, para além da interpretação meramente literal e restritiva do parágrafo 2.º do artigo 103 da Constituição Federal[48] - já encaminhada em casos anteriores, como no reconhecimento ao direito de greve para os servidores públicos

45 Sobre o tema, vale conferir os didáticos comentários acerca dos aludidos julgados no célebre site jurídico *Dizer o Direito*. Disponível em: https://www.dizerodireito.com.br/2019/07/atos-homofobicos-e-transfobicos-sao.html?m=1.

46 *XLI - a lei punirá qualquer discriminação atentatória dos direitos e liberdades fundamentais.*

47 Disponível em: <https://www.dizerodireito.com.br/2019/07/atos-homofobicos-e-transfobicos-sao.html?m=1>.

48 *Art. 103 (...)*

§ 2º Declarada a inconstitucionalidade por omissão de medida para tornar efetiva norma constitucional, será dada ciência ao Poder competente para a adoção das providências necessárias e, em se tratando de órgão administrativo, para fazê-lo em trinta dias.

[MI n.º 708, Rel. Min. Gilmar Mendes, julgado em 25/10/2007] –, entendimento ancorado na constatação empírica de insuficiência da simples declaração de mora inconstitucional.

Por conseguinte, no caso em análise, o Plenário decidiu, por maioria, dar interpretação (concretista) conforme à Constituição em face dos mandados constitucionais de incriminação inscritos nos incisos XLI e XLII do art. 5º da Carta Política, para, por força de sua própria decisão, enquadrar a homofobia e a transfobia, qualquer que seja a forma de sua manifestação, nos diversos tipos penais definidos na Lei nº 7.716/89 (ora analisada), até que sobrevenha legislação penal autônoma, a ser editada pelo Congresso Nacional.

Vejamos como ficou consolidada a síntese do julgamento na referida ADO, em razão de sua prevalência, haja vista que é uma espécie de ação concentrada de controle constitucionalidade, portanto vinculante e com efeito *erga omnes, in verbis: "Decisão: O Tribunal, por unanimidade, conheceu parcialmente da ação direta de inconstitucionalidade por omissão. Por maioria e nessa extensão, julgou-a procedente, com eficácia geral e efeito vinculante, para: a) reconhecer o estado de mora inconstitucional do Congresso Nacional na implementação da prestação legislativa destinada a cumprir o mandado de incriminação a que se referem os incisos XLI e XLII do art. 5º da Constituição, para efeito de proteção penal aos integrantes do grupo LGBT; b) declarar, em consequência, a existência de omissão normativa inconstitucional do Poder Legislativo da União; c) cientificar o Congresso Nacional, para os fins e efeitos a que se refere o art. 103, § 2º, da Constituição c/c o art. 12-H, caput, da Lei nº 9.868/99; d) dar interpretação conforme à Constituição, em face dos mandados constitucionais de incriminação inscritos nos incisos XLI e XLII do art. 5º da Carta Política, para enquadrar a homofobia e a transfobia, qualquer que seja a forma de sua manifestação, nos diversos tipos penais definidos na Lei nº 7.716/89, até que sobrevenha legislação autônoma, editada pelo Congresso Nacional, seja por considerar-se, nos termos deste voto, que as práticas homotransfóbicas qualificam-se como espécies do gênero racismo, na dimensão de racismo social consagrada pelo Supremo Tribunal Federal no julgamento plenário do HC 82.424/RS (caso Ellwanger), na medida em que tais condutas importam em atos de segregação que inferiorizam membros integrantes do grupo LGBT, em razão de sua orientação sexual ou de sua identidade de gênero, seja, ainda, porque tais comportamentos de homotransfobia ajustam-se ao conceito de atos de discriminação e de ofensa a direitos e liberdades fundamentais daqueles que compõem o grupo vulnerável em questão; e e) declarar que os efeitos da interpretação conforme a que se refere a alínea "d" somente se aplicarão a partir da data em que se concluir o presente julgamento, nos termos do voto do Relator, vencidos os Ministros Ricardo Lewandowski e Dias Toffoli (Presidente), que julgavam parcialmente procedente a ação, e o Ministro Marco Aurélio, que a julgava improcedente. Em seguida, por maioria, fixou-se a seguinte tese: 1. Até que sobrevenha lei emanada do Congresso Nacional destinada a implementar os mandados de criminalização definidos nos incisos XLI e XLII do art. 5º da Constituição da República, as condutas homofóbicas e transfóbicas, reais ou supostas, que envolvem aversão odiosa à orientação sexual ou à identidade de gênero de alguém, por traduzirem expressões de racismo, compreendido este em sua dimensão social, ajustam-se, por identidade de razão e mediante adequação típica, aos preceitos primários de incriminação definidos na Lei nº 7.716, de 08/01/1989, constituindo, também, na hipótese de homicídio doloso, circunstância que o qualifica, por configurar motivo torpe (Código Penal, art. 121, § 2º, I, "in fine"); 2. A repressão penal à prática da homotransfobia não alcança nem restringe ou limita o exercício da liberdade religiosa, qualquer que seja a denominação confessional professada, a cujos fiéis e ministros (sacerdotes, pastores, rabinos, mulás ou clérigos muçulmanos e líderes ou celebrantes das religiões afro-brasileiras, entre outros) é assegurado o direito de pregar e de divulgar, livremente, pela palavra, pela imagem ou por qualquer outro meio, o seu pensamento e de externar suas convicções de acordo com o que se contiver em seus livros e códigos sagrados, bem assim o de ensinar segundo sua orientação doutrinária e/ou teológica, podendo buscar e conquistar prosélitos e praticar os atos de culto e respectiva liturgia, independentemente do espaço, público ou privado, de sua atuação individual ou coletiva, desde que tais manifestações não configurem discurso de ódio, assim entendidas aquelas exteriorizações que incitem a discriminação, a hostilidade ou a violência contra pessoas em razão de sua orientação sexual ou de sua identidade de gênero; 3. O conceito de racismo, compreendido em sua dimensão social, projeta-se para além de aspectos estritamente biológicos ou fenotípicos, pois resulta, enquanto manifestação de poder, de uma construção de índole histórico-cultural motivada pelo objetivo de justificar a desigualdade e destinada ao controle ideológico, à dominação política, à subjugação social e à negação da alteridade, da dignidade e da humanidade daqueles que, por integrarem grupo vulnerável (LGBTI+) e por não pertencerem ao estamento que detém posição de hegemonia em uma dada estrutura social, são considerados estranhos e diferentes, degradados à condição de marginais do ordenamento jurídico, expostos, em consequência de odiosa inferiorização e de perversa estigmatização, a uma injusta e lesiva situação de exclusão do sistema geral de proteção do direito, vencido o Ministro Marco Aurélio, que não subscreveu a tese proposta. Não participaram, justificadamente, da fixação da tese, os Ministros Roberto Barroso e Alexandre de Moraes. Plenário, 13.06.2019.*"

Sendo assim, a partir de tais julgamentos paradigmáticos e até que sobrevenha legislação penal específica, a ser editada pelo Congresso Nacional, teremos **novos elementos normativos a incidir nos tipos penais da Lei 7.716/89, os atos discriminatórios praticados por homofobia e transfobia.**

Com relação ao particular, afigura-se relevante afirmar – passando ao largo da real e benfazeja necessidade de se conferir uma proteção estatal mais eficiente ao tema, como dito alhures –, que seria (do ponto de vista da dogmática jurídica) constitucionalmente mais adequado que tal medida decorresse de lei penal formalmente gestada e editada pelo Poder Legislativo, até mesmo para salvaguardar outras garantias fundamentais, e evitar intermináveis discussões, inclusive na seara do direito penal material, que certamente estarão por vir, a exemplo de possível vulneração à legalidade estrita e/ou taxatividade da Lei Penal.

Por outro lado, na prática, constata-se que o Supremo Tribunal Federal não foi incoerente ao seu arraigado posicionamento acerca do conceito polissêmico de racismo, entendido como fenômeno social multifacetado, além de que a divisão dos seres humanos em "raças" é resultante de um processo de conteúdo meramente político-social – já que cientificamente refutada –, assentado há mais de uma década, no paradigmático caso Ellwanger (devidamente apresentado anteriormente), para fins de conferir aplicabilidade e eficácia à Lei 7.716/89.

Em arremate, doravante, estaremos diante – a partir dos encaminhamentos dados pelo Supremo Tribunal Federal a tais ações constitucionais – de uma nova forma contemporânea de racismo (discriminação em razão da condição sexual), pois, conforme assentado pelo Ministro Relator (Celso de Mello): "*as práticas homotransfóbicas qualificam-se como espécies do gênero racismo, na dimensão de racismo social consagrada pelo Supremo Tribunal Federal no julgamento plenário do HC 82.424/RS (caso Ellwanger), na medida em que tais condutas importam em atos de segregação que inferiorizam membros integrantes do grupo LGBT, em razão de sua orientação sexual ou de sua identidade de gênero*".

Por conseguinte, ainda que não com a mesma recorrência dos casos vivenciados diuturnamente na vida social, já há alguma refração desse novo paradigma nos Tribunais. Exemplo disso é a denúncia oferecida pela Procuradoria-Geral da República em desfavor do então Ministro de Estado da Educação Milton Ribeiro, perante o Supremo Tribunal Federal (nos autos da Petição n.º 9.209-DF), por ter considerado que: "*no dia 24 de setembro de 2020, em entrevista concedida ao jornal O Estado de São Paulo; publicada na internet, praticou o preconceito e a discriminação às orientações sexuais homoafetivas e às identidades de gênero, atribuindo-lhes a condição de anormalidade, bem como de decorrerem de um contexto familiar desajustado*", capitulando o fato no art. 20, § 2º, da Lei nº 7.716/1989. A exordial acusatória, após a exoneração do Ex-Ministro (e a decorrente perda de foro por prerrogativa de função junto ao STF), restou declinada à Justiça Federal da Seção Judiciária do Distrito Federal, pelo Relator Ministro Dias Toffoli.

ATENÇÃO: Em recentíssimo julgado paradigmático, o Supremo Tribunal Federal – superando cada vez mais a tônica de agir apenas como "legislador negativo" no âmbito de sua Jurisdição Constitucional – adotando uma postura altamente construtivista do ponto de vista de normatividade típica, foi além. pois, em sede de Embargos de Declaração no Mandado de Injunção (MI) n.º 4.733, da relatoria do Ministro Edson Facchin – anteriormente citado – considerando que a partir da edição da Lei 14.532/2023 (a qual, entre outras coisas, transportou a injúria racial do art. 140, §3.º para a Lei 7.716/89, e será bem esmiuçada mais a frente) teria sido efetivamente positivado que a injúria racial é uma forma de racismo, ampliou a interpretação a fim de deixar assentado que a prática de atos de homotransfobia às pessoas pertencentes à comunidade LGBTQI+ configuram injúria racial, ou seja, também uma espécie do gênero racismo, senão vejamos:

> EMENTA: EMBARGOS DE DECLARAÇÃO EM MANDADO DE INJUNÇÃO. DEVER DO ESTADO DE CRIMINALIZAR AS CONDUTAS ATENTATÓRIAS DOS DIREITOS FUNDAMENTAIS. HOMOTRANSFOBIA. DISCRIMINAÇÃO INCONSTITUCIONAL. OMISSÃO DO CONGRESSO NACIONAL. HOMOTRANSFOBIA COMO RACISMO POR RAÇA. INJÚRIA RACIAL COMO ESPÉCIE DE RACISMO. PRECEDENTES. ATOS DE HOMOTRANSFOBIA PRATICADOS CONTRA MEMBROS DA COMUNIDADE LGBTQIA+ CONFIGURAM INJÚRIA RACIAL. OBSCURIDADE. EMBARGOS ACOLHIDOS 1. Diferentemente dos demais recursos, os embargos de declaração não se prestam a reforma da decisão, sendo cabíveis apenas nos casos de obscuridade, contradição ou omissão da decisão impugnada, bem como para corrigir eventual erro material (art. 1.022, do Código de Processo Civil. 2. Mandado de injunção julgado procedente, para (i) reconhecer a mora inconstitucional do Congresso Nacional e; (ii) aplicar, até que o Congresso Nacional venha a legislar a respeito, a Lei 7.716/89 à discriminação por orientação sexual ou identidade de gênero. 3. O crime de injúria racial reúne todos os elementos necessários à sua caracterização como uma das espécies de racismo e por ser espécie do gênero racismo, o crime de injúria racial é imprescritível. Precedentes. Entendimento positivado pela Lei 14.532/2023. 4. Tendo em vista que a injúria racial constitui uma espécie do crime de racismo, e que a discriminação por identidade de gênero e orientação sexual configura racismo por raça, a prática da homotransfobia pode configurar crime de injúria racial. 5. Embargos de Declaração conhecidos e acolhidos para sanar obscuridade. (STF - MI: 4733 DF, Relator: EDSON FACHIN, Data de Julgamento: 22/08/2023, Tribunal Pleno, Data de Publicação: PROCESSO ELETRÔNICO DJe-s/n DIVULG 08-09-2023 PUBLIC 11-09-2023)

De outra banda, em que pese a intensa polarização política experimentada no contexto do país, deve-se deixar claro que discriminação decorrente de posicionamentos ideológicos antagônicos (se o indivíduo é de esquerda ou direita, se votou em A ou B), **por si só, não constitui conduta que se amolda aos elementos normativos da Lei 7.716/89**, podendo ser considerada como circunstância juridicamente relevante em outras situações (a exemplo de motivação torpe ou fútil em homicídio ou outro crime que tem como móvel a intolerância política).

E aporofobia, é crime? Está inserida na Lei de Racismo? Aporofobia é a intolerância e hostilidade contra pessoas pobres, a exemplo da discriminação contra moradores de rua, fato comum, infelizmente, na maioria das cidades brasileiras. Logicamente que pode configurar algum crime tradicional já previsto no Código Penal ou outra lei especial contra o(a) ofendido(a), como delitos contra a honra ou integridade física da pessoa discriminada e outros. Porém, a rigor os elementos normativos da Lei de Racismo não comportam alargamento por interpretação analógica, por conseguinte, à míngua de previsão legal, a aporofobia não está inserida – salvo alteração/acréscimo superveniente – na Lei 7.716/89. Fazemos essa ressalva (salvo alteração superveniente) propositadamente, pois o tema está na ordem do dia, principalmente em alguns países mais progressistas, como a Espanha, onde o Congresso Nacional já estuda e debate tipificar a aporofobia (em princípio como circunstância agravante genérica e não crime autônomo).

E o chamado racismo reverso, é conduta prevista na Lei 7.716/89? Atualmente, em alguns setores, têm se discutido se existiria o que se convencionou chamar de racismo reverso, ou seja, poderia um integrante de grupo socialmente predominante sofrer racismo praticado por integrante de grupo vulnerável (a exemplo de pessoa branca sofrer discriminação por pessoa negra)? Pelo viés histórico-social o racismo reverso tem sido negado pela maioria dos autores. A título ilustrativo, vejamos: "*Pensando em uma possível existência do racismo reverso, precisaríamos desprezar esteticamente, culturalmente, economicamente e intelectualmente os sujeitos não negros, ou seja, escravizá-los por 300 anos sem seus direitos e acrescentar a construção de um imaginário histórico no qual a população negra fosse a detentora do poder e do controle social*"[49]

De igual forma, no campo da dogmática penal, não encontramos registros de subsunção para fins condenatórios da Lei 7.716/89 ao chamado racismo reverso, apenas alguns poucos julgados afastando sua aplicação, conforme segue a seguir: CONFLITO NEGATIVO DE JURISDIÇÃO. INJÚRIA. UTILIZAÇÃO DAS EXPRESSÕES BOIOLA E BRANQUELO. MODALIDADE NÃO QUALIFICADA. CONCURSO DE CRIMES. COMPETÊNCIA DO JUIZADO ESPECIAL CRIMINAL. I - A ofensa de conteúdo homofóbico configura, em tese, a prática do crime de injúria simples, tipificada no artigo 140, caput, do Código Penal. Entender que tal conduta caracterizaria a forma qualificada do delito significaria aplicar interpretação extensiva in malam partem, não admitida no ordenamento jurídico pátrio. **II - A expressão branquelo, conquanto remeta à noção de raça, não qualifica o delito pois na sociedade atual, ser um indivíduo de cor branca não é visto como uma característica negativa, diferentemente do tratamento histórico dado àqueles de cor negra ou parda. Dessa forma, o peso desse termo, mesmo quando usado de forma ofensiva, não traz em si a carga de violência e humilhação que permeia as ofensas raciais dirigidas aos indivíduos negros, pardos e de outras minorias.** [..]. (TJ-DF 07242920720218070000 DF 0724292-07.2021.8.07.0000, Relator: NILSONI DE FREITAS CUSTODIO, Data de Julgamento: 03/11/2021, Câmara Criminal, Data de Publicação: Publicado no PJe: 12/11/2021).

Crime formal ou de mera conduta: sua consecução independe dos efeitos que venham a ocorrer, isto é, não há necessidade de resultado naturalístico (em que pese todo crime ter resultado jurídico) para que se consume. No crime formal há previsão de resultado (embora despicienda a ocorrência deste para sua consumação); no crime de mera conduta sequer há previsão de resultado naturalístico no tipo penal.

Elemento subjetivo específico:

Uma primeira corrente defende a necessidade da existência de elemento subjetivo específico consistente na vontade declarada de discriminar, segregar, mostrar-se superior, parecendo ser esta – pelo menos até a edição da Lei 14.532/2023 - a majoritária, **em que pese nossa posição rumar em sentido intermediário (depende da análise no caso concreto)**, pois, ainda que seja necessária muita cautela a fim de não exacerbar a criminalização, corre-se o risco de desproteger o bem jurídico tutelado, qual seja: o direito à igualdade da pessoa ofendida, ao exigirmos, em todos os casos e aprioristicamente, a demonstração inequívoca de uma finalidade especial para configuração dos crimes da lei em comento, porquanto existem situações em que tal violação já é presumida pela força e facticidade do próprio ato/manifestação praticado.

Segundo Nucci não há crime na crítica ou mera brincadeira (*animus jocandi*)[50].

---

49 SILVEIRA, Diogo de Ávila Fontoura, J. *O debate sobre o racismo reverso: a negação do conceito pelo viés histórico-social*. Revista em favor de Igualdade racial, 2022, Disponível em: <https://periodicos.ufac.br/index.php/RFIR/article/view/4791, p. 43–54. Acessado em 11.12.2022>

50 NUCCI, Guilherme de Souza. *Leis Penais e Processuais Penais Comentadas*. Vol I. 8. ed. rev. atual. ampl. Rio de Janeiro: Forense, 2014. p. 269.

Vejamos os seguintes julgados afirmando a imprescindibilidade da demonstração do dolo específico:

> AGRAVO REGIMENTAL NO RECURSO ESPECIAL. CRIME DO ART. 20, § 2º, DA LEI 7.716/89. TIPO PENAL QUE EXIGE A PRESENÇA DE DOLO ESPECÍFICO. CONCLUSÃO DAS INSTÂNCIAS ORDINÁRIAS PELA AUSÊNCIA DE ELEMENTO SUBJETIVO ESPECÍFICO. NECESSIDADE DE REEXAME DE PROVAS. SÚMULA N. 7 DO SUPERIOR TRIBUNAL DE JUSTIÇA - STJ. AGRAVO REGIMENTAL DESPROVIDO. 1. Para configuração do delito previsto no art. 20 da Lei Federal n. 7.716/89 exige-se, além do dolo, o elemento subjetivo específico consistente na vontade de discriminar a vítima. 2. As instâncias ordinárias, após minucioso exame do conjunto fático-probatório contido nos autos, concluiu que não restou demonstrado o dolo específico na conduta da agravada. Para desconstituir o aludido entendimento, seria necessário o reexame de provas, incidindo o óbice contido na Súmula n. 7/STJ. 3. Agravo regimental desprovido. (STJ - AgRg no REsp: 1817240 RS 2019/0160866-3, Relator: Ministro JOEL ILAN PACIORNIK, Data de Julgamento: 24/09/2019, T5 - QUINTA TURMA, Data de Publicação: DJe 27/09/2019). (Grifos nossos).PENAL. ART. 20, § 2º, DA LEI 7.716/89. MATERIALIDADE E AUTORIA. COMPROVAÇÃO. DOLO. DÚVIDA. PRINCÍPIO DA DÚVIDA FAVORÁVEL AO RÉU. APLICABILIDADE. **1. O preenchimento do tipo penal previsto no artigo 20 da Lei 7.716/89, conforme doutrina e assentada jurisprudência, exige a presença do elemento subjetivo (vulgarmente chamado de "dolo específico") consubstanciado na intenção de promover preconceito ou discriminação contra um grupo de pessoas distinguíveis por um dos critérios listados em seu caput (raça, cor, etnia, religião, procedência nacional). Ausente esse requisito, a conduta é formalmente atípica**; 2. O Poder Judiciário deve analisar com prudência a nova realidade dos meios de manifestações de opinião, notadamente o espargimento e a intensificação dos debates ensejados pela internet, de modo a evitar um indevido engrandecimento da intervenção do Direito Penal sobre uma ordem de fatos que cada vez mais se repetirão: acaloradas emissões de opiniões, comentários de "mal gosto" e mesmo piadas no bojo de discussões de cunho político, econômico ou social; 3. Havendo dúvida sobre o dolo, deve ser contemplado o princípio do in dubiu pro reo no caso, reformando-se a sentença condenatória. (TRF-4 - ACR: 50008300220154047017 PR 5000830-02.2015.4.04.7017, Relator: CLÁUDIA CRISTINA CRISTOFANI, Data de Julgamento: 04/08/2020, SÉTIMA TURMA)

Por outro lado, a exaltação de ânimos em decorrência de contexto político eleitoral, não tem sido, por si só, acolhida para afastar o *animus* discriminatório, conforme segue:

> APELAÇÃO CRIMINAL. CRIME DE DISCRIMINAÇÃO E PRECONCEITO DE PROCEDÊNCIA NACIONAL. ARTIGO 20, § 2º, DA LEI N. 7.716/89. PUBLICAÇÃO DE MENSAGEM OFENSIVA, DIRIGIDA À COLETIVIDADE PERTENCENTE À REGIÃO DO NORDESTE DO PAÍS, EM REDE SOCIAL "FACEBOOK". SENTENÇA CONDENATÓRIA. RECURSO DA DEFESA. PEDIDO DE ABSOLVIÇÃO. AVENTADA ATIPICIDADE DO CRIME ANTE A AUSÊNCIA DO ELEMENTO SUBJETIVO DO TIPO. IMPOSSIBILIDADE. MATERIALIDADE E AUTORIA COMPROVADAS. **APELANTE QUE, APÓS O RESULTADO DA ELEIÇÃO PRESIDENCIAL DO ANO DE 2014, PÚBLICA TEXTO PEJORATIVO, DISCRIMINATÓRIO E PRECONCEITUOSO AOS HABITANTES DA REGIÃO DO NORDESTE DO PAÍS. VEICULAÇÃO DE EXPRESSÕES QUE DEMONSTRAM DESPREZO E REPÚDIO À COMUNIDADE NORDESTINA. PROVA ORAL FIRME E COERENTE EM AMBAS AS FASES DA PERSECUÇÃO PENAL. CONJUNTO PROBATÓRIO SUFICIENTE PARA SUSTENTAR O ÉDITO CONDENATÓRIO. EXALTAÇÃO DE ÂNIMO, DECORRENTE DE REVOLTA POLÍTICA, INCAPAZ DE EXCLUIR O CRIME. DOLO ESPECÍFICO EVIDENCIADO. CONDENAÇÃO IRRETORQUÍVEL.** "Configura crime de racismo, a oposição indistinta à raça ou cor, perpetrada através de palavras, gestos, expressões, dirigidas a indivíduo, em alusão ofensiva a uma

determinada coletividade, agrupamento ou raça que se queira diferenciar. Comete o crime de racismo, quem emprega palavras pejorativas, contra determinada pessoa, com a clara pretensão de menosprezar ou diferenciar determinada coletividade, agrupamento ou raça". (TJ-SC - APR: 00047111820158240054 Rio do Sul 0004711-18.2015.8.24.0054, Relator: Ernani Guetten de Almeida, Data de Julgamento: 12/03/2019, Terceira Câmara Criminal)

O Ex-Presidente da República, Jair Messias Bolsonaro, antes de ser eleito quando ainda exercia o cargo de Deputado Federal, foi denunciado pela Procuradoria-Geral da República (PGR) nos autos do Inquérito n. 4694. Segundo a PGR, o então parlamentar teria cometido o crime de racismo em razão de menções ofensivas dirigidas aos quilombolas indígenas, refugiados, mulheres e LGBTs (lésbicas, gays, bissexuais, travestis, transexuais e transgêneros), durante palestra realizada no Rio de Janeiro. Todavia, a denúncia foi rejeitada por apertada maioria (3x2), prevalecendo o entendimento de que as manifestações estavam abrangidas pela imunidade parlamentar, pois se relacionavam às funções parlamentares de fiscalização, tendo sido proferidas sem conteúdo discriminatório (ausente o comentado elemento subjetivo específico), mas sim em contexto de crítica às políticas públicas, como as de demarcação de terras indígenas e quilombolas[51].

No entanto, há uma segunda corrente em polo extremo, dispensando, em qualquer caso, a demonstração do elemento subjetivo específico e considerando crime de racismo as manifestações jocosas que acarretem discriminação.

Tal corrente parece ter ganhado força após a edição da Lei 14.532/2023, a partir de uma interpretação literal da causa de aumento prevista "*Art. 20-A. Os crimes previstos nesta Lei terão as penas aumentadas de 1/3 (um terço) até a metade, quando ocorrerem em contexto ou com intuito de descontração, diversão ou recreação.*"

Porém, a questão não é tão singela quanto parece. Pensamos que melhor alternativa não pode ser adotar abstratamente uma ou outra solução *standard* para todos as situações fáticas, mas sempre analisar as circunstâncias do caso concreto.

Ademais, outro dispositivo inserido a partir da Lei 14.532/2023 – em nossa opinião ainda mais relevante à discussão - pode ser a chave para essa questão, qual seja: "*Art. 20-C. Na interpretação desta Lei, o juiz deve considerar como discriminatória qualquer atitude ou tratamento dado à pessoa ou a grupos minoritários que cause constrangimento, humilhação, vergonha, medo ou exposição indevida, e que usualmente não se dispensaria a outros grupos em razão da cor, etnia, religião ou procedência.*", ora, trata-se de norma penal explicativa que veicula uma nova regra geral de interpretação à lei do crime racial, e acaba por trazer uma centralidade maior à(s) vítima(s) (mirando à proteção do bem jurídico tutelado), enfatizando o desvalor do resultado obtido em decorrência da conduta praticada, por isso pensamos que: **havendo *animus jocandi* ou não do autor, atuando este de forma consciente e voluntária (dolo) a fim de causar esses sentimentos de humilhação, inferioridade, *etc.* na vítima, ainda que usando uma brincadeira como meio de exteriorização, deva responder pelo crime.**

Em que pese o julgado seja anterior ao novel art. 20-C, pensamos estar perfilhado a essa linha, vejamos: "PENAL. CRIME DE RACISMO. SUPOSTA "BRINCADEIRA" DE MAU GOSTO. CONDUTA TÍPICA. DELITO DE AÇÃO MÚLTIPLA. CRIME FORMAL. POTENCIALIDADE LESIVA. DOLO EVENTUAL. CONFISSÃO. 1. Ainda que pretensamente envolto por ares de simples troça, o acusado pressupõe uma condição subumana com relação à etnia Yanomami, inferindo-se de sua conduta o desdém, o menoscabo, a atribuição de inferioridade, a saber, elementos próprios do crime de racismo. 2.Vê-se na manifestação preconceituosa do

51 Supremo Tribunal Federal. INQ. 4694/DF. Relator: Ministro Marco Aurélio. Primeira Turma, j. 11.9.2018. Informativo 915 do STF. Disponível em: <http://www.stf.jus.br/arquivo/informativo/documento/informativo915.htm#Imunidade%20parlamentar%20e%20liberdade%20de%20express%C3%A3o%20-%202>.

réu a conformação do tipo penal na modalidade "praticar", e, cuidando-se de crime de ação múltipla, faz-se bastante para a consumação a realização de um dos verbos nucleares.[...]. 6. Apelação desprovida" (TRF-1 - ACR: 1505 RR 2003.42.00.001505-0, Relator: DESEMBARGADOR FEDERAL OLINDO MENEZES, Data de Julgamento: 08/10/2007, TERCEIRA TURMA, Data de Publicação: 26/10/2007 DJ p.34)

Tipo objetivo: os tipos penais inseridos nos artigos 3.º a 14 da presente lei, os quais dispõem casuisticamente as condutas discriminatórias vedadas, devem ser interpretados em conjunto com os elementos normativos previstos no ora comentado art. 1.º.

Objetividade jurídica e disciplina constitucional: princípio da dignidade da pessoa humana (art. 1º, III), objetivo de promover o bem de todos sem discriminação (art. 3º, IV), direito à igualdade (art. 5.º, *caput*), crime inafiançável e imprescritível, sujeito à pena de reclusão, nos termos da lei (art. 5.º, XLII).

Características gerais do crime de racismo

Inafiançável: não será concedida liberdade provisória mediante pagamento de fiança. No entanto, pode ser concedida liberdade provisória sem o pagamento de fiança (o que, na prática, é mais favorável ao autor do delito), quando não estiverem presentes os requisitos da prisão preventiva, tornando, basicamente, ineficaz o dispositivo que tem assento constitucional expresso.

Imprescritível: a pena é perene, não ficando o Estado impedido de punir a qualquer tempo o autor do delito. O Estado, por expressa disposição constitucional, não perde o direito de punir o autor do delito.

Penas de Reclusão: todos os crimes da lei em comento têm previsão de penas de reclusão, também por expressa disposição constitucional.

Alerte-se, contudo, sob o viés pragmático, que tais rigores – principalmente a imprescritibilidade – trazem alguma disfunção ao sistema de responsabilização criminal (consoante será comentado nas considerações acerca da tutela penal do crime de racismo), sem que, muitas vezes, promovam a tutela mais eficaz do bem jurídico subjacente, servindo, em verdade, como uma legislação muito mais simbólica do que protetiva.

4.2 Dos crimes em espécie na Lei 7.716/89

Lei 14.532/2023 e o novo tratamento dogmático da injúria racial

Trata-se do mais disruptivo artigo incluído recentemente na Lei de Racismo, fulminando inadequado tratamento jurídico até então conferido ao crime de injúria racial, rememoremos:

A Lei 9.459/97 havia inserido no Código Penal uma forma qualificada de injúria[52]. *Prima facie*, poderíamos indagar por qual razão tal conduta não estava inserida na Lei de Racismo? Ademais, haveria, inclusive, espaço para prescrutar um conflito aparente de normas (notadamente com o crime subsidiário inserido no artigo 20 da Lei 7.716/89), especialmente quando a discriminação injuriosa fosse motivada por um dos quatro elementos destacados anteriormente (raça, cor, etnia, religião ou origem, sendo que os dois últimos, condição de pessoa idosa ou portadora de deficiência, não guardam relação com o tema aqui abordado).

52 Art. 140 – Injuriar alguém, ofendendo-lhe a dignidade ou o decoro:
[...] § 3.º Se a injúria consiste na utilização de elementos referentes a raça, cor, etnia, religião, origem ou a condição de pessoa idosa ou portadora de deficiência:
Pena – reclusão de um a três anos e multa.

Diante disso, apressadamente a doutrina buscou estabelecer critérios para a solução de tais questões.

Restava assentado, de forma bastante pacificada até então (mas não imune a críticas), o seguinte: a injúria qualificada não era um crime de racismo propriamente dito, mas tão somente a exteriorização de uma ofensa à honra subjetiva da vítima, atingindo o conceito que esta tem de si própria; já no crime do art. 20, haveria uma afronta ao direito do ofendido, a partir de uma concepção de igualdade com outrem, aqui sim ocorreria essa questão da inferioridade vítima/superioridade ofensor[53].

Ademais, recorrentemente costumava-se destacar que as diferenças (entre um e outro tipo penal) estavam basicamente na afetação de um bem jurídico individualíssimo (honra subjetiva) e no sujeito passivo determinado ou determinável (na injúria racial), enquanto no crime de racismo, o agente generalizava o ato discriminatório atingindo toda uma coletividade[54]. Nesse esteio, a jurisprudência restava pacificada, senão vejamos:

> *PROCESSUAL PENAL. RECURSO ORDINÁRIO EM HABEAS CORPUS. ART. 20, DA LEI Nº 7.716/89. ALEGAÇÃO DE QUE A CONDUTA SE ENQUADRARIA NO ART. 140, § 3º, DO CP. IMPROCEDÊNCIA. TRANCAMENTO DA AÇÃO PENAL. FALTA DE JUSTA CAUSA. INOCORRÊNCIA. I – O crime do art. 20, da Lei nº 7.716/89, na modalidade de praticar ou incitar a discriminação ou preconceito de procedência nacional, não se confunde com o crime de injúria preconceituosa (art. 140, § 3º, do CP). Esta tutela a honra subjetiva da pessoa. Aquele, por sua vez, é um sentimento em relação a toda uma coletividade em razão de sua origem (nacionalidade). II – No caso em tela, a intenção dos réus, em princípio, não era precisamente depreciar o passageiro (a vítima), mas salientar sua humilhante condição em virtude de ser brasileiro, i.e., a ideia foi exaltar a superioridade do povo americano em contraposição à posição inferior do povo brasileiro, atentando-se, dessa maneira, contra a coletividade brasileira. Assim, suas condutas, em tese, subsumem-se ao tipo legal do art. 20, da Lei nº 7.716/86. III [...]. Writ denegado.* (STJ. RHC 19166/RJ. Relator: Min. Felix Fischer. Quinta Turma. Julgamento: 24/10/2006. DJ 20/11/2006 p. 342).
>
> *PENAL. RACISMO E INJÚRIA RACIAL. DISTINÇÃO. EXPRESSÕES OFENSIVAS COM ALUSÃO À RAÇA DA OFENDIDA. CONDENAÇÃO PELO CRIME DE INJÚRIA RACIAL QUALIFICADA. 1. No crime de racismo, o ofensor visa a atingir um número indeterminado de pessoas, enquanto na injúria racial ele atinge a honra de determinada pessoa, valendo-se de elementos referentes à raça, cor, etnia, religião, origem ou à condição de pessoa idosa ou portadora de deficiência. 2. Comete o crime de injúria racial qualificada o réu que, na fila do caixa para comprar ingresso para o cinema, na frente de diversas pessoas, profere palavras ofensivas à ofendida, responsável pela venda de ingressos, com alusão à sua raça, dizendo-lhe que "é muito grossa, por isso é "dessa cor" e "volta para a África", para cuidar de orangotangos. 3. Recurso do Ministério Público parcialmente provido para condenar o réu por injúria racial qualificada e desprovido o do réu.* (TJDF – APR: 20120110758157, Relator: JOÃO BATISTA TEIXEIRA, Data de Julgamento: 02/10/2014, 3ª Turma Criminal, Data de Publicação: Publicado no DJE: 10/10/2014.)
>
> *APELAÇÃO PENAL CRIME DE RACISMO NÃO CONFIGURAÇÃO DESCLASSIFICAÇÃO PARA O DELITO DE INJÚRIA RACIAL PROCEDÊNCIA OFENSAS QUE SE DESTINAVAM A DENEGRIR TÃO SOMENTE A HONRA SUBJETIVA DA VÍTIMA E NÃO DE UM GRUPO DETERMINADO DE PESSOAS POR CONTA DA COR DA PELE. EXTINÇÃO DA PUNIBILIDADE PELA DECADÊNCIA QUEIXA CRIME QUE NÃO PODE MAIS SER OFERECIDA NO PRAZO LEGAL RECURSO CONHECIDO E PROVIDO DECISÃO*

53 SILVA Amaury; SILVA, Artur Carlos. *Crimes de Racismo*. Leme: J. H. Mizuno, 2012, p. 110.

54 SILVEIRA, Fabiano Augusto Martins. *Da criminalização do racismo*: aspectos sociocriminológicos. Belo Horizonte: Del Rey, 2006. p. 236.

UNÂNIME. (TJPA – APL: 201230207305 PA, Relator: ROMULO JOSE FERREIRA NUNES, Data de Julgamento: 09/04/2013, 2ª CÂMARA CRIMINAL ISOLADA, Data de Publicação: 15/04/2013)

Todavia, ainda que a discriminação fosse proferida a apenas uma pessoa, se ficasse caracterizada que se destinava à ofensa da coletividade ou grupo (exemplos: "*os negros são ladrões*", "*os* árabes *são assassinos*"), incidiria o artigo 20, *caput*, da Lei 7716/89. Confira-se: "*PENAL – PRECONCEITO DE RAÇA OU COR – LEI 7.716/89 – ALEGAÇÃO DE AUSÊNCIA DE DOLO PELA DEFESA – CONDENAÇÃO MANTIDA – RECURSO DESPROVIDO. Configura crime de racismo, a oposição indistinta à raça ou cor, perpetradas através de palavras, gestos, expressões, dirigidas a indivíduo, em alusão ofensiva a determinada coletividade, agrupamento ou raça que se queira diferenciar. Comete o crime de racismo, quem emprega palavras pejorativas, contra determinada pessoa, com a clara pretensão de menosprezar ou diferenciar determinada coletividade, agrupamento ou raça*" (TJSC. Ap. 2004.031024-0. Primeira Câmara, Relator: Amaral e Silva, Julgamento: 15.02.2005)".

Porém, sempre defendemos (desde a primeira edição desta obra) ser a aludida diferenciação meramente sofística, não servindo para afastar, em absoluto, a conotação de verdadeiro crime racial da injúria preconceituosa, até mesmo porque a Lei 7.716/89 (e suas posteriores alterações) já trazia, ao longo de seus tipos penais mais específicos, inúmeras condutas cometidas contra apenas uma pessoa ou sujeitos determinados/determináveis. Caso não bastasse, por óbvio uma das características mais marcantes em crimes desta natureza é a ofensa à igualdade em seu viés proibitório de discriminação negativa, constituindo-se como marca nos crimes raciais (e não somente da injúria) o fato de a vítima ser atingida em sua autoestima ao sofrer inferiorização perpetrada pelo discriminador.

Se analisado atentamente, perceberemos que o raciocínio ora defendido não era negado, ainda que muitas vezes inconscientemente, pelos próprios doutrinadores que se esforçavam para fazer a distinção de tais figuras típicas, aceitando (até como forma de legitimar) a opção política adotada no sentido de excluir a injúria real da legislação antirracista específica. A propósito, veja-se o seguinte trecho ilustrativo: "*Não há como ignorar que a injúria racial denota uma atitude profundamente discriminatória, **sendo talvez a forma mais corriqueira pela qual o racismo** se deixa descobrir nas situações de conflito interpessoal*"[55].

Sendo assim, nos parece que não restava outra alternativa viável senão admitir que o legislador ordinário deixou de incluir a injúria racial no bojo da Lei 7.716/89 por mera opção de política criminal (muito embora tal opção não seja imune às críticas), talvez porque estes casos representassem a grande maioria das situações de conflitos motivados por discriminação racial que aportavam no sistema de justiça criminal, acarretando, assim, na práxis jurisprudencial (até então), o afastamento dos rigores constitucionais de inafiançabilidade e imprescritibilidade, pois há muito tempo os tribunais de justiça vinham aplicando as regras gerais de prescrição do Código Penal à injúria racial.[56]

55 SILVEIRA, Fabiano Augusto Martins. *Da criminalização do racismo*: aspectos sociocriminológicos. Belo Horizonte: Del Rey, 2006. p. 230. Em idêntico sentido: "*Ou seja, embora haja nítida demonstração de racismo ou outra forma de preconceito por parte do autor do delito, o crime em si não é classificado como delito de "racismo", por não fazer parte da Lei específica.*" SANTOS, Christiano Jorge. *Crimes de Preconceito e de Discriminação*. 2. ed. São Paulo: Saraiva. 2010, p. 143.

56 Neste sentido: "*APELAÇÃO CRIMINAL. INJÚRIA RACIAL. PRESCRIÇÃO. Chamar o ofendido de "negro baderneiro", "negro bandido" e "negro quadrilheiro" não constitui crime de racismo, mas sim de injúria qualificada. Desde o recebimento da queixa-crime, em 01.04.2003, **decorreu lapso temporal superior a oito anos sem o advento de qualquer dos marcos interruptivos da prescrição. Extinção da punibilidade pela incidência da prescrição**, com base na pena em abstrato, forte no art. 107, inciso IV, c/c art. 109, inciso VI, todos do Código Penal. Exame do mérito prejudicado. EXTIN-*

Entretanto, o panorama jurisprudencial começou a mudar a partir de julgamento paradigmático da Sexta Turma do STJ, ao apreciar Agravo Regimental em Recurso Especial, baseando-se nos ensinamentos do doutrinador Guilherme Nucci – que defende ser a **injúria racial uma espécie do crime de racismo**, posição que se alinha ao entendimento ora esposado –, por unanimidade, afastou a prescrição em caso de injúria racial, **declarando, no caso concreto, tal delito imprescritível**, conforme segue: "*PENAL E PROCESSO PENAL. AGRAVO REGIMENTAL NO AGRAVO EM RECURSO ESPECIAL. INJÚRIA RACIAL. CERCEAMENTO DE DEFESA. NÃO OCORRÊNCIA. EXISTÊNCIA NOS AUTOS DE CERTIDÃO EMITIDA POR SERVENTUÁRIO DA JUSTIÇA ABRINDO PRAZO PARA A RESPOSTA AO REFERIDO RECURSO. TEMPESTIVIDADE DO AGRAVO AFERIDA EM CONFORMIDADE COM A SÚMULA N.448 DO SUPREMO TRIBUNAL FEDERAL – STF. DECISÃO EXTRA PETITA. INEXISTÊNCIA. VIOLAÇÃO DE ARTIGOS DA CONSTITUIÇÃO FEDERAL. INVIABILIDADE EM RECURSO ESPECIAL.* ***IMPRESCRITIBILIDADE DO DELITO DE INJÚRIA RACIAL.*** *DECADÊNCIA. INEXISTÊNCIA, IN CASU. RECURSO DESPROVIDO [...] 4. Não cabe, na via do recurso especial, a análise de suposta violação de artigos da Constituição Federal.* ***De acordo com o magistério de Guilherme de Souza Nucci, com o advento da Lei n.9.459/97, introduzindo a denominada injúria racial, criou-se mais um delito no cenário do racismo, portanto, imprescritível, inafiançável e sujeito à pena de reclusão.*** *5. A injúria racial é crime instantâneo, que se consuma no momento em que a vítima toma conhecimento do teor da ofensa. No presente caso a matéria ofensiva foi postada e permaneceu disponível na internet por largo tempo, não sendo possível descartar a veracidade do que alegou a vítima, vale dizer, que dela se inteirou tempos após a postagem (elidindo-se a decadência). O ônus de provar o contrário é do ofensor. 6. A dúvida sobre o termo inicial da contagem do prazo decadencial, na hipótese, deve ser resolvida em favor do processo. Agravo Regimental desprovido.* (STJ. AgRg no AREsp 686965/DF. Rel. ERICSON MARANHO (Des. convocado do TJ/SP). Sexta turma. Julgamento: 18/08/2015. DJe 31/08/2015) (Grifos Nossos)

O aludido precedente produziu forte eco na jurisprudência nacional!

Posteriormente, em decisão de outubro de 2021, o Plenário do Supremo Tribunal Federal, por ampla maioria (8x1, vencido o Ministro Nunes Marques, defendendo que esse tipo de deliberação deveria ser tomada pelo Congresso Nacional[57]), **em sede de repercussão geral, colocou a "pá de cal" acerca do tema, pacificando a questão ao concluir: "*o crime de injúria racial é imprescritível*"**. O Ministro Edson Fachin, relator do HC n.º 154248 (DF) votou a favor da tese da imprescritibilidade: "***Assim, o crime de injúria racial, porquanto espécie do gênero racismo, é imprescritível***". Ademais, o Ministro Barroso pontuou que, embora com atraso, o país está reconhecendo a existência do racismo estrutural.

Ademais, a injúria qualificada até então prevista no Código Penal acarretava, ainda, a alteração do tipo de ação penal (no racismo a ação penal é pública incondicionada, podendo o Ministério Público agir de ofício; todavia, na injúria racial, é condicionada à representação do ofendido)[58], salientando-se que a Constituição Federal não fez distinção de formas, meios de execução e sujeitos passivos (pessoa determinada/determinável ou grupo) por ocasião do mandado expresso de criminalização do racismo, já devidamente examinado.

ÇÃO DA PUNIBILIDADE PELA PRESCRIÇÃO. (TJRS. Apelação Crime nº 70026731083, Segunda Câmara Criminal, Relator: Osnilda Pisa, Julgado em 29/01/2013).

57 Importa consignar que, naquele momento, a matéria já avançava no âmbito do Congresso Nacional, havia Projeto de Lei elaborado pelo Senador Paulo Paim (PTRS) encaminhado à apreciação da Câmara dos Deputados.

58 *"A injúria qualificada é delito afiançável, prescritível, e de ação penal pública condicionada à representação do ofendido (CP, art. 145, parágrafo único, com redação dada pela Lei 12.033/2009), enquanto o racismo, de ação penal pública incondicionada, por mandamento constitucional expresso, constitui-se em crime inafiançável e imprescritível."* MASSON, Cléber Rogério. *Direito Penal Esquematizado*: parte especial. v. II. 3. ed. São Paulo: Método, 2011, p. 184.

Nada obstante, o salto disruptivo em relação ao tema veio mesmo a partir da Lei 14.532/2023, transportando boa parte da injúria preconceituosa, até então prevista no Código Penal, para a Lei 7.716/89, vejamos a seguir.

> **"Art. 2º-A.** Injuriar alguém, ofendendo-lhe a dignidade ou o decoro, em razão de raça, cor, etnia ou procedência nacional.
>
> Pena: reclusão, de 2 (dois) a 5 (cinco) anos, e multa.
>
> Parágrafo único. A pena é aumentada de metade se o crime for cometido mediante concurso de 2 (duas) ou mais pessoas.". (Incluído pela Lei nº 14.532, de 2023)

Bem jurídico tutelado

O direito à igualdade da pessoa ofendida em seu viés proibitório de discriminação negativa, tendo em vista que a discriminação estaria baseada na manifestação por preconceito. Ademais, o tipo em questão tutela mais especificamente a honra subjetiva da vítima, ou seja, a autoestima (dignidade e decoro) da pessoa ofendida.

Sujeitos do crime

Crime comum, pois pode ser cometido por qualquer pessoa, sendo desnecessária a ocorrência de especial condição do sujeito ativo.

No polo passivo figuram o Estado, como sujeito passivo formal, mediato e constante, além da pessoa ou grupo de pessoas, como sujeito passivo imediato (titular do bem jurídico).

Condutas

A conduta nuclear é *injuriar* alguém: ofender, insultar, xingar um indivíduo ou grupo determinável de pessoas em razão (tendo como motivação) preconceito baseado em alguma das quatro elementares normativas, a saber, raça, cor, etnia ou procedência nacional (estudadas anteriormente).

Outrossim, deve ser ressaltado que a elementar *religião* – provavelmente por atecnia legislativa – não migrou para a Lei 7.716/89, permanecendo ainda no Código Penal. Portanto, caso o insulto seja baseado em questões religiosas, o agente ainda responderá pelo crime previsto no art. 140 § 3.º do Código Penal (injúria preconceituosa), salvo se o ato indicar alguma espécie de segregação ou incentivo à segregação religiosa, hipótese em que incidirá a Lei 7.716/89.

Voluntariedade

Quanto à voluntariedade, exige-se o dolo, inexistindo a forma culposa. Entretanto, não se pode esquecer o comentário realizado na análise dos aspectos gerais, pertinente ao dissenso jurisprudencial que se posiciona pela necessidade da presença do elemento subjetivo, no caso específico o *animus injuriandi*.

Consumação e tentativa

O delito se consuma quando a prática discriminatória chega ao conhecimento da vítima, independentemente da obtenção de resultado naturalístico posterior (não é necessário que haja um dano à imagem perante terceiros, apenas que o ofendido tenha se sentido afetado em sua autoestima). Crime formal.

Admite-se a tentativa, quando a injúria racista é encaminhada por escrito ou por mensagem, a exemplo de uma postagem em rede social que antes de chegar ao conhecimento da vítima é removida pelo moderador de conteúdo.

Afigura-se relevante ressaltar que há posicionamento do Superior Tribunal de Justiça acerca da imprescindibilidade de que haja intenção do agente de que a injúria chegue efetivamente ao conhecimento da própria vítima. Já tendo sido reconhecida a atipicidade da conduta por ausência de ânimo específico de injuriar, quando a ofensa é dirigida a terceiros e só chega ao conhecimento da vítima de forma indireta ou acidental (escuta o telefonema entre o ofensor e terceiro; recebe um e-mail encaminhado por engano, etc). Nesse sentido, vide os seguintes julgados: STJ - HC: 616240 SP, Relator: Ministro Sebastião Reis Júnior; DJe 07/05/2021 e STJ, HC 256989, Rel. Jorge Mussi, Quinta Turma, DJe 05/02/2014).

Ação penal

Considerando ter sido finalmente tratado pela legislação brasileira como um legítimo crime de racismo, doravante seguirá as regras gerais dos demais tipos penais previstos na Lei 7.716/89, incluindo as diretrizes constitucionais dedicadas aos delitos de racismo (imprescritibilidade, inafiançabilidade e punido com pena de reclusão).

Ação Penal Pública incondicionada.

Não se aplicam os benefícios da Lei 9.099/95 (transação ou suspensão condicional do processo), haja vista a pena mínima ser de dois anos e a máxima de cinco anos de reclusão.

Tendo em vista a entrada em vigor das disposições da Lei 13.964/2019 ("Pacote Anticrime"), e considerando que todas as penas mínimas dos crimes previstos na Lei 7.716/1989 não ultrapassam quatro anos, resta, teoricamente, possível a celebração de acordo de não persecução penal entre o Ministério Público (titular da ação penal, já que ações públicas incondicionadas) e o agente que praticou a infração (devidamente assistido por sua defesa técnica), além de serem delitos sem violência ou grave ameaça, desde que, obviamente, preenchidas as outras condições objetivas (como confissão formal, por exemplo).

Nada obstante, baseando-se nos requisitos subjetivos e tendo em vista as particularidades do caso concreto, o tratamento constitucional mais rigoroso dispensado aos crimes de racismo em razão do bem jurídico tutelado e o fato de recaírem sobre vítimas pertencentes a grupos historicamente vulneráveis, o membro do Ministério Público com atribuições para o feito, poderá entender que o acordo (instrumento extrajudicial de política criminal) não é adequado e suficiente para a prevenção e reprovação do crime[59] , deixando, fundamentadamente, de propô-lo e, ato contínuo, formulando a denúncia em juízo.

Nesse exato sentido, já existem atos administrativos internos orientando que não sejam celebrados acordos em casos tais, como a pioneira Orientação Conjunta n. 1/2020 - PGJ/SP e CGMP/SP, editada no âmbito do Ministério Público do Estado de São Paulo, que orienta aos membros do *parquet* paulista, o seguinte: "*devem evitar qualquer instrumento de consenso (transação penal, acordo de não persecução penal e suspensão condicional do processo) nos procedimentos investigatórios e processos criminais envolvendo crimes de racismo, compreendidos aqueles tipificados na Lei 7.716/89 e no art. 140, §3º, do Código Penal, pois desproporcional e incompatível com infração penal dessa natureza, violadora de valores sociais.*"

Por fim, atente-se para a causa especial de aumento de pena prevista no parágrafo único: caso haja mais de um agente na prática delitiva (concurso de pessoas), incidirá aumento de pena; atenção que o patamar é fixo: metade (e não até a metade).

---

59 Art. 28-A. Não sendo caso de arquivamento e tendo o investigado confessado formal e circunstancialmente a prática de infração penal sem violência ou grave ameaça e com pena mínima inferior a 4 (quatro) anos, o Ministério Público poderá propor acordo de não persecução penal, **desde que necessário e suficiente para reprovação e prevenção do crime**, mediante as seguintes condições ajustadas cumulativa e alternativamente: (Incluído pela Lei nº 13.964, de 2019) (sem grifos no original).

Art. 3º. Impedir ou obstar o acesso de alguém, devidamente habilitado, a qualquer cargo da Administração Direta ou Indireta, bem como das concessionárias de serviços públicos.

Parágrafo único. Incorre na mesma pena quem, por motivo de discriminação de raça, cor, etnia, religião ou procedência nacional, obstar a promoção funcional. (Incluído pela Lei nº 12.288, de 2010)

Pena: reclusão de dois a cinco anos.

Bem jurídico tutelado

O direito à igualdade da pessoa ofendida em seu viés proibitório de discriminação negativa, tendo em vista que a discriminação estaria baseada na manifestação por preconceito.

Sujeitos do crime

Crime próprio[60]. No polo ativo, só pode ser realizado pela pessoa (da administração direta, indireta ou concessionária de serviço público) que detém o poder de obstar o acesso (ingresso), por manifestação de preconceito, ao cargo (e tendo em vista que o tipo amplia às concessionárias, entendemos – assim como Nucci[61] –, que estão abrangidas todas as formas de contratação do serviço público previstas no art. 37, II e IX, da Constituição Federal, como os empregos públicos e até mesmo a contratação temporária[62]) de pessoa legalmente habilitada (o indivíduo que preenche todos os requisitos para postular o acesso ao cargo, emprego ou função pública, portanto, se a pessoa é impedida justamente pelo fato de não cumprir esta ou aquela exigência legal, como possuir aprovação em curso superior, por exemplo, em cargo que seja requisito indispensável, não está configurado o crime). Podemos citar como exemplo o examinador de concurso público que, em banca de prova oral, reprova o candidato por discriminação em razão da sua cor. Da mesma forma ocorre com o delito previsto no parágrafo único, o qual só pode ser cometido pela pessoa que tem o poder de promover o funcionário, todavia causa embaraço à promoção deste por discriminação em razão da sua raça, cor, etnia, religião ou procedência. Como exemplo ilustrativo, o superior hierárquico que tem atribuição para promover a pessoa (funcionário subalterno), mas cria obstáculo unicamente em razão de preconceito por ela ser muçulmana.

No polo passivo figuram o Estado, como sujeito passivo formal, mediato e constante, além da pessoa discriminada, como sujeito passivo imediato (titular do bem jurídico). Lembrando que tal pessoa discriminada é aquela legalmente habilitada ao acesso do cargo (emprego ou função) ou, no caso do parágrafo único, o funcionário que tem sua promoção embaraçada.

Condutas

As condutas nucleares são: *impedir* ou *obstar*. Impedir é proibir, bloquear de qualquer maneira, o acesso de alguém (o vocábulo alguém está relacionado a pessoa determinada, não havendo crime no impedimento coletivo ou direcionado a grupo indeterminado), que esteja

---

60 Importante ressaltar a existência de corrente doutrinária que entende serem todos os crimes inseridos nos artigos 3.º a 14 comuns, pois poderiam ser praticados por qualquer pessoa (posição com a qual não concordamos). Nesse sentido, vide: BALTAZAR JR, José Paulo. *Crimes Federais*. 10. ed. rev. atual. ampl. São Paulo: Saraiva. 2015, p.754.

61 NUCCI, Guilherme de Souza. *Leis Penais e Processuais Penais Comentadas*. Vol I. 8. ed. rev. atual. ampl. Rio de Janeiro: Forense, 2014. p.270.

62 Em sentido contrário, entendendo pela atipicidade quando a conduta está relacionada ao emprego público ou função pública (ou, no máximo, incidindo no tipo subsidiário do art. 20, na modalidade praticar). BALTAZAR JR, José Paulo. *Crimes Federais*. 10. ed. rev. atual. ampl. São Paulo: Saraiva. 2015, p.754.

habilitado a qualquer cargo nas entidades aludidas. Obstar é opor-se, causar embaraço ou dificuldade. O parágrafo único também apresenta o mencionado verbo *obstar*, mas aqui embaraço está relacionado à promoção funcional (movimentação na carreira) da pessoa discriminada. O tipo é misto alternativo, ou seja, o sujeito ativo pode praticar uma ou mais condutas previstas no tipo penal, porém incidirá em apenas um crime.

Suposto conflito aparente de normas: para aqueles que entendem pela recepção parcial da Lei 7.437/85 – e aqui registre-se que entendemos pela sua revogação em tudo o que diz respeito ao racismo, sem exceção, já que o mandado de criminalização do racismo é claro ao dispor que se trata de crime imprescritível, inafiançável e sujeito a penas de reclusão. Não obstante, os artigos 8º e 9º da aludida lei tratam como contravenção, sujeita à pena de prisão simples: *"Art. 8º. Obstar o acesso de alguém a qualquer cargo público civil ou militar, por preconceito de raça, de cor, de sexo ou de estado civil. Pena – perda do cargo, depois de apurada a responsabilidade em inquérito regular, para o funcionário dirigente da repartição de que dependa a inscrição no concurso de habilitação dos candidatos. Art. 9º. Negar emprego ou trabalho a alguém em autarquia, sociedade de economia mista, empresa concessionária de serviço público ou empresa privada, por preconceito de raça, de cor, de sexo ou de estado civil. Pena – prisão simples, de 3 (três) meses a 1 (um) ano, e multa de 1 (uma) a 3 (três) vezes o maior valor de referência (MVR), no caso de empresa privada; perda do cargo para o responsável pela recusa, no caso de autarquia, sociedade de economia mista e empresa concessionária de serviço público"*. Para os que advogam pela recepção parcial da lei, somente poderiam ser aplicados tais dispositivos à discriminação em razão de sexo ou estado civil.

Voluntariedade

Quanto à voluntariedade, exige-se o dolo, inexistindo a forma culposa. Entretanto, não se pode esquecer o comentário realizado na análise dos aspectos gerais, pertinente ao dissenso jurisprudencial que se posiciona pela necessidade da presença do elemento subjetivo específico consistente na vontade de discriminar o ofendido.

Consumação e tentativa

O delito se consuma com a prática discriminatória, independentemente da obtenção do resultado naturalístico posterior, que pode ou não vir a acontecer. Crime formal.

Conforme a posição majoritária da doutrina, admite-se a tentativa na forma plurissubsistente (quando cometido por mais de um ato). Exemplifica-se com a hipótese do agente que, inicialmente adota atos à negativa da inscrição de uma pessoa em concurso público por discriminação da cor, mas logo em seguida, pressionado pelo próprio candidato, realiza o ato registrando o aspirante ao cargo (tentativa, tendo em vista que o acesso lhe foi ao final permitido)[63]. Entretanto, para nós, há que se ter muito cuidado, vez que o crime pode se consumar considerando o verbo nuclear obstar, que significa, como vimos, embaraçar. Assim, numa seguinte hipótese ilustrativa, de um examinador de uma banca de prova oral que reprova candidato em razão de discriminação racial, mesmo que após, por intermédio de recurso administrativo ou judicialmente, o candidato logre o acesso ao cargo, entendemos consumado o crime na modalidade obstar (caso contrário, não faria sentido a lei utilizar dois verbos distintos, quais sejam, impedir ou obstar).

Ação penal

Ação Penal Pública incondicionada.

63 SILVA, Amaury; SILVA, Artur Carlos. *Crimes de Racismo*. Leme: J.H. Mizuno. 2012 p. 59.

Não se aplicam os benefícios da Lei 9.099/95 (transação ou suspensão condicional do processo), haja vista a pena mínima ser de dois anos e a máxima de cinco anos de reclusão.

Tendo em vista a entrada em vigor das disposições da novíssima Lei 13.964/2019 ("Pacote Anticrime"), e considerando que todas as penas mínimas dos crimes previstos na Lei 7.716/1989 não ultrapassam quatro anos, resta, teoricamente, possível a celebração de acordo de não persecução penal entre o Ministério Público (titular da ação penal, já que ações públicas incondicionadas) e o agente que praticou a infração (devidamente assistido por sua defesa técnica), além de serem delitos sem violência ou grave ameaça, desde que, obviamente, preenchidas as outras condições objetivas (como confissão formal, por exemplo).

Nada obstante, baseando-se nos requisitos subjetivos e tendo em vista as particularidades do caso concreto, o tratamento constitucional mais rigoroso dispensado aos crimes de racismo em razão do bem jurídico tutelado e o fato de recaírem sobre vítimas pertencentes a grupos historicamente vulneráveis, o membro do Ministério Público com atribuições para o feito, poderá entender que o acordo (instrumento extrajudicial de política criminal) não é adequado e suficiente para a prevenção e reprovação do crime[64], deixando, fundamentadamente, de propô-lo e, ato contínuo, formulando a denúncia em juízo.

Nesse exato sentido, já existem atos administrativos internos orientando que não sejam celebrados acordos em casos tais, como a pioneira Orientação Conjunta n. 1/2020 - PGJ/SP e CGMP/SP, editada no âmbito do Ministério Público do Estado de São Paulo, que orienta aos membros do *parquet* paulista, o seguinte: "*devem evitar qualquer instrumento de consenso (transação penal, acordo de não persecução penal e suspensão condicional do processo) nos procedimentos investigatórios e processos criminais envolvendo crimes de racismo, compreendidos aqueles tipificados na Lei 7.716/89 e no art. 140, §3º, do Código Penal, pois desproporcional e incompatível com infração penal dessa natureza, violadora de valores sociais.*"

Art. 4º. Negar ou obstar emprego em empresa privada.

Pena: reclusão de dois a cinco anos.

§ 1.º Incorre na mesma pena quem, por motivo de discriminação de raça ou de cor ou práticas resultantes do preconceito de descendência ou origem nacional ou **étnica:** (Incluído pela Lei nº 12.288, de 2010)

I – deixar de conceder os equipamentos necessários ao empregado em igualdade de condições com os demais trabalhadores; (Incluído pela Lei nº 12.288, de 2010)

II – impedir a ascensão funcional do empregado ou obstar outra forma de benefício profissional; (Incluído pela Lei nº 12.288, de 2010)

III – proporcionar ao empregado tratamento diferenciado no ambiente de trabalho, especialmente quanto ao salário. (Incluído pela Lei nº 12.288, de 2010)

§ 2.º Ficará sujeito às penas de multa e de prestação de serviços à comunidade, incluindo atividades de promoção da igualdade racial, quem, em anúncios ou qualquer outra forma de recrutamento de trabalhadores, exigir aspectos de aparência próprios de raça ou etnia para emprego cujas atividades não justifiquem essas exigências. (Incluído pela Lei nº 12.288, de 2010)

---

64 Art. 28-A. Não sendo caso de arquivamento e tendo o investigado confessado formal e circunstancialmente a prática de infração penal sem violência ou grave ameaça e com pena mínima inferior a 4 (quatro) anos, o Ministério Público poderá propor acordo de não persecução penal, **desde que necessário e suficiente para reprovação e prevenção do crime**, mediante as seguintes condições ajustadas cumulativa e alternativamente: (Incluído pela Lei nº 13.964, de 2019) (sem grifos no original).

Bem jurídico tutelado

O direito à igualdade da pessoa ofendida em seu viés proibitório de discriminação negativa, tendo em vista que a discriminação estaria baseada na manifestação por preconceito.

Sujeitos do crime

Crime próprio. Semelhante ao anterior, só que neste caso no polo ativo pode ser realizado apenas pelo proprietário da empresa privada ou pessoa responsável pela contratação (*caput*). Da mesma forma ocorre com o crime previsto no parágrafo primeiro, o qual só pode ser cometido pela pessoa encarregada de conceder os equipamentos ao empregado, promovê-lo (ascensão funcional do trabalhador), conceder benefício profissional (exercer uma função com adicional, por exemplo) ou por quem tiver algum tipo de ascendência (um gerente ou coordenador) que proporcione um tratamento diferenciado, especialmente no que tange ao salário (mas aqui a lei é exemplificativa, abrangendo qualquer tipo de tratamento diferenciado relevante em razão da cor, etnia, *et coetera*), a exemplo de determinado trabalhador que foi escolhido para exercer suas atividades em local da empresa mais desagradável (como um ambiente descoberto, sob sol forte) simplesmente em razão de ser estrangeiro.

No polo passivo figuram o Estado, como sujeito passivo formal, mediato e constante, além da pessoa discriminada, como sujeito passivo imediato (titular do bem jurídico). Lembrando que tal pessoa é discriminada na relação laboral com empresa privada, sendo esta entendida como o trabalho, com o fim de receber remuneração, adotado em sentido amplo, podendo ser temporário ou ainda que não possua vínculo formal ("carteira assinada"). No entanto, há posições em sentido contrário, adotando postura mais restritiva, esteada a partir do vocábulo emprego (*art. 3º da CLT – considera-se empregado toda pessoa física que prestar serviços de natureza não eventual a empregador, sob a dependência deste e mediante salário*), utilizado pela lei.[65]

Condutas

As condutas nucleares (do *caput*) são: *negar* ou *obstar*. Negar é recusar e obstar é criar obstáculo, obstruir de qualquer maneira, o acesso de alguém que esteja habilitado a emprego em empresa privada (por conseguinte, não configura o crime a negativa por inabilitação técnica, devendo, para tipificar o delito, estar necessariamente relacionada a ato de discriminação, em consonância com os elementos normativos do art. 1.º). Consoante anotado por Christiano Jorge Santos[66], estão incluídas no conceito de empresa privada a pessoa jurídica ou física que exerce atividade em âmbito não público voltada à produção ou circulação de bens ou serviços, portanto estão abrangidos no conceito, o empresário individual, a sociedade empresária e até mesmo profissionais liberais. Todavia estão excluídos os condomínios, cooperativas, sindicatos, já que não exercem atividade empresarial propriamente dita. Nada obstante o aludido ensinamento doutrinário, importante consignar que há precedente antigo entendendo que condomínio pode ser equiparado para efeito da conduta delitiva em voga, senão vejamos: "*Síndico de edifício (condomínio) que pagou para que fosse publicado anúncio ofertando emprego de recepcionista a pessoa habilitada, com expressa referência a candidato de cor branca – conduta dolosa comprovada – Configuração do crime previsto no art. 4.º da Lei 7.716/89. [..] inserem-se no conceito de empresa privada, em decorrência de aplicação do princípio de interpretação sistemática, condomínio, sindicatos, fundações e outras onde se exercem atividades que possibilitem a ação discriminatória prevista no art. 4.º da Lei 7.716/89. Não prevalece a exegese baseada em conceito particular circunscrito a determinado ramo do direito, por conflitar com o espírito*

65 Nesse sentido: BALTAZAR JR, José Paulo. *Crimes Federais*. 10. ed. rev. atual. ampl. São Paulo: Saraiva. 2015, p.758.

66 SANTOS, Christiano Jorge. *Crimes de preconceito e de discriminação*. 2 ed. São Paulo: Saraiva. 2010, p. 99-100.

norteador da referida norma penal." (TJSP. Ap. 141.820-3/2. Rel. Franco de Godoi. Julgamento: 10.02.1995 – *JTJ* 172/326).

O parágrafo primeiro apresenta condutas equiparadas: "*incorre na mesma pena quem, por motivo de discriminação de raça ou de cor ou práticas resultantes do preconceito de descendência ou origem nacional ou étnica*".

I – deixar de conceder os equipamentos necessários ao empregado em igualdade de condições com os demais trabalhadores;

Conduta omissiva praticada pela pessoa responsável pelo fornecimento de equipamentos (tais como maquinários, luvas, capacetes, botas, *etc.*) ao trabalhador – que deixa (não fornece, se omite) de fazê-lo em razão de ato discriminatório.

II – impedir a ascensão funcional do empregado ou obstar outra forma de benefício profissional;

Aqui em razão da conduta discriminatória o trabalhador deixa de progredir no plano de carreira da empresa (deixa de ser promovido) ou lhe é negado algum benefício, tais como: assistência médica, transporte, cursos de aperfeiçoamento, *etc.*

III – proporcionar ao empregado tratamento diferenciado no ambiente de trabalho, especialmente quanto ao salário.

Inciso mais genérico das condutas equiparadas. O trabalhador recebe um tratamento diferenciado negativo (discriminatório), deixando de receber tratamento isonômico em relação aos demais, especialmente no que tange a sua remuneração.

Registre-se, ainda, a inclusão – pela Lei 12.288/2010 – do parágrafo segundo ao artigo em comento: "*§ 2.º Ficará sujeito às penas de multa e de prestação de serviços à comunidade, incluindo atividades de promoção da igualdade racial, quem, em anúncios ou qualquer outra forma de recrutamento de trabalhadores, exigir aspectos de aparência próprios de raça ou etnia para emprego cujas atividades não justifiquem essas exigências*".

Consoante posicionamento predominante, trata-se de um novo tipo penal com previsão de modalidades de apenamento mais brandas, ou seja, sem previsão de pena privativa de liberdade, o que para nós – apesar de ser posição minoritária, registre-se – pode acarretar a inconstitucionalidade do dispositivo, haja vista que se tal conduta é uma espécie de crime de racismo e o mandado de criminalização impõe o apenamento obrigatório com a espécie de pena privativa de liberdade mais gravosa, qual seja, a reclusão, o legislador infraconstitucional não poderia prever apenas hipóteses de penas restritivas de direitos e multa, esbarrando no viés da proporcionalidade que proíbe a proteção insuficiente dos direitos fundamentais.

Prevê o mencionado dispositivo apenas a pena de multa e a prestação de serviços à comunidade de forma autônoma (quebrando a tradição de serem, via de regra, substitutivas das privativas de liberdade), sem, contudo, estabelecer balizas temporais mínima e máxima (a doutrina majoritária considera que o parâmetro da pena privativa constante no *caput* – dois a cinco anos – subordina também o parágrafo em exame, argumentando que seria uma previsão aplicável a todo artigo globalmente considerado). Incluem-se dentre as sanções atividades de promoção da igualdade racial para quem, em anúncio (mensagem levada a conhecimento público) ou qualquer outra forma de recrutamento de trabalhadores (cláusula genérica que abrange todo tipo de arregimentação de trabalhadores), exigir aspectos de aparência (fatores externos do corpo humano, tais como cor de cabelo, pele, olhos, altura) próprios de raça ou etnia para emprego cujas atividades não justifiquem essas exigências.

Exemplifica-se com a seguinte ilustração: colocar em anúncio de jornal vaga para camareira de hotel com exigência de que a pessoa interessada seja branca, alta, loira, *etc.* Obviamente nessa atividade não se tem qualquer necessidade de tais características relativas à aparência para o bom exercício das funções. Entretanto, deve ser destacado que entendemos – ainda que não seja recomendável ou legítimo selecionar trabalhadores pela aparência – que a costumeira "exigência" em anúncios de postos de trabalho da genérica "boa aparência" não configura o delito em testilha, pois tal exigência, por si só, não tem qualquer relação à raça, etnia e os demais elementos normativos.

Entretanto, não podemos afirmar que em todos os casos as exigências de tais aspectos configurem o crime em voga, basta pensar em algumas situações em que tais imposições sejam justificadas pela própria atividade a ser desempenhada, como em uma seleção de ator para protagonizar determinado papel em filme de samurais ou ninjas, nos quais seria razoável selecionar pessoa com características orientais que tenham habilidades em artes marciais.

Ademais, a inexistência de previsão de pena privativa de liberdade acarreta algumas consequências importantes para além da possível inconstitucionalidade anteriormente comentada, a saber: não é possível a prisão de qualquer natureza, mesmo diante do descumprimento da pena restritiva; não é cabível a utilização do Habeas Corpus, consoante entendimento arraigado na jurisprudência (Súmula n.º 693, STF: *não cabe habeas corpus contra decisão condenatória a pena de multa, ou relativo a processo em curso por infração penal a que a pena pecuniária seja a única cominada.),* haja vista que não há possibilidade, ainda que remota, de se afetar a liberdade ambulatorial do agente e atrai a incidência integral da Lei 9.099/95 (crime de menor potencial ofensivo, processamento no Juizado Especial Criminal).

Por fim, devemos sempre ter como norte uma interpretação alinhada às finalidades teleológicas do diploma legal ora estudado e ao bem jurídico por ele tutelado (o direito à igualdade na perspectiva da vedação de discriminação negativa), logo, medidas consentâneas com o vetor de igualdade material, devidamente justificadas por critérios racionais, objetivos e pragmaticamente demonstráveis (como são os diversos indicadores sociais aptos a apontar que a população negra têm menos acesso ao emprego formal e renda no Brasil), a exemplo das chamadas discriminações positivas/ou inversas ("ações afirmativas", tais como as cotas nas universidades e cargos públicos destinados a determinados grupos sociais), não podem ser vedadas com base na interpretação fria e literal do presente parágrafo segundo - totalmente dissociada da interpretação sistemática e teleológica, se considerarmos os métodos hermenêuticos mais clássicos, já em uma análise mais contemporânea, podemos lançar mão do conceito de âmbito normativo, que vai muito além do mero programa, este último mais identificado com a literalidade do texto, consoante os ensinamentos da Teoria Estruturante de Friedrich Muller -, sob pena de subverter a própria lógica das coisas, motivo pelo qual entendemos que iniciativas como a prevista na Nota Técnica n. 01/2018 do GT de Raça da Coordigualdade do Ministério Público do Trabalho[67], ao fomentarem a abertura e anúncios de vagas destinadas especificamente à população negra no mercado profissional, são totalmente adequadas aos objetivos da Lei 7.716/89 e, em verdade, salutares mecanismos de redução das desigualdades sociais.

Jurisprudência:

> *"RACISMO – Caracterização – Réu que manda publicar anúncio de emprego em periódico, expressando preferência a candidatos de cor branca – Agente que, mesmo alertado sobre a ilicitude do ato, persistiu em cometê-lo – Menção, ademais, à existência de outros empregados e filho adotivo da raça negra evidenciando preconceito contra pessoas dessa etnia – Recurso não provido"* (TJSP – Ap. Crim. 141.820-3 – Araçatuba – Rel. Franco de Godoy – 3ª Câm. Crim. – v. u. – 10-2-1995).

---

67 Em síntese, conclui a aludida Nota Técnica: *"Com efeito, verifica-se que anúncios específicos, plataformas específicas, dentre outros, desde que expressamente assim o indiquem, são condições sine qua non de efetivação da igualdade material, que deve permear um Estado Democrático de Direito, já que são instrumentos necessários para promover as ações afirmativas e, portanto, compatíveis com o ordenamento jurídico pátrio.* Disponível em: <http://portal.mpt.mp.br/wps/wcm/connect/portal_mpt/46e580df-62cf-4bbd-9c8898eb806dcbd1/Nota+Te%CC%81cnica++GT+de+Rac%CC%A7a.pdf?MOD=AJPERES&CONVERT_TO=url&CACHEID=ROOTWORKSPACE.Z18_395C1BO0K89D40AM2L-613R2000-46e580df-62cf-4bbd-9c88-98eb806dcbd1-msJnaWw>.

Suposto conflito aparente de normas: para aqueles que entendem pela recepção parcial da Lei 7.437/85 – e aqui, registre-se que entendemos pela sua revogação em tudo o que diz respeito ao racismo, sem exceção, já que o mandado de criminalização é claro ao dispor que se trata de crime imprescritível, inafiançável e sujeito a penas de reclusão. Todavia, o artigo 9º da aludida lei trata como contravenção, sujeita à pena de prisão simples: "*Negar emprego ou trabalho a alguém em autarquia, sociedade de economia mista, empresa concessionária de serviço público ou empresa privada, por preconceito de raça, de cor, de sexo ou de estado civil. Pena – prisão simples, de 3 (três) meses a 1 (um) ano, e multa de 1 (uma) a 3 (três) vezes o maior valor de referência (MVR), no caso de empresa privada; perda do cargo para o responsável pela recusa, no caso de autarquia, sociedade de economia mista e empresa concessionária de serviço público*". Para os que advogam pela recepção parcial da lei, somente poderia ser aplicado tal dispositivo à discriminação em razão de sexo ou estado civil.

Voluntariedade

Quanto à voluntariedade, exige-se o dolo, inexistindo a forma culposa. Entretanto, não se pode esquecer o comentário realizado na análise dos aspectos gerais, pertinente ao dissenso jurisprudencial que se posiciona pela necessidade da presença do elemento subjetivo específico consistente na vontade de discriminar o ofendido.

Consumação e tentativa

O delito se consuma com a prática discriminatória, independentemente da obtenção de resultado naturalístico (como efetivo prejuízo do trabalhador/vítima, além daquele ínsito no próprio ato discriminatório), embora pode ser que aconteça. Crime formal.

Conforme a posição majoritária da doutrina, admite-se a tentativa na forma plurissubsistente (quando cometido por mais de um ato). Exemplifica-se com a seguinte situação hipotética: determinada pessoa objetivando recrutar empregados elabora anúncio para ser veiculado em jornal contendo exigências discriminatórias relacionadas à raça, paga o valor solicitado pelo periódico e encaminha à publicação, ocorre que o editor do jornal verifica o conteúdo racista e proíbe a publicação e circulação do aludido anúncio.

Ação penal

Ação Penal Pública incondicionada.

Não se aplicam os benefícios da Lei 9.099/95 (transação ou suspensão condicional do processo), haja vista a pena mínima ser de dois anos e a máxima de cinco anos de reclusão, salvo com relação ao parágrafo segundo, considerando a inexistência de pena privativa de liberdade (crime de menor potencial ofensivo, atraindo a incidência integral da Lei 9.099/95).

Tendo em vista a entrada em vigor das disposições da novíssima Lei 13.964/2019 ("Pacote Anticrime"), e considerando que todas as penas mínimas dos crimes previstos na Lei 7.716/1989 não ultrapassam quatro anos, resta, teoricamente, possível a celebração de acordo de não persecução penal entre o Ministério Público (titular da ação penal, já que ações públicas incondicionadas) e o agente que praticou a infração (devidamente assistido por sua defesa técnica), além de serem delitos sem violência ou grave ameaça, desde que, obviamente, preenchidas as outras condições objetivas (como confissão formal, por exemplo).

Nada obstante, baseando-se nos requisitos subjetivos e tendo em vista as particularidades do caso concreto, o tratamento constitucional mais rigoroso dispensado aos crimes de racismo em razão do bem jurídico tutelado e o fato de recaírem sobre vítimas pertencentes a grupos historicamente vulneráveis, o membro do Ministério Público com atribuições para o feito, poderá entender que o acordo (instrumento extrajudicial de política criminal) não é adequado e suficiente para a prevenção e reprovação do crime, deixando, fundamentadamente, de propô-lo e, ato contínuo, formulando a denúncia em juízo.

Nesse exato sentido, já existem atos administrativos internos orientando que não sejam celebrados acordos em casos tais, como a pioneira Orientação Conjunta n. 1/2020 - PGJ/SP e CGMP/SP, editada no âmbito do Ministério Público do Estado de São Paulo, que orienta aos membros do *parquet* paulista, o seguinte: "*devem evitar qualquer instrumento de consenso (transação penal, acordo de não persecução penal e suspensão condicional do processo) nos procedimentos investigatórios e processos criminais envolvendo crimes de racismo, compreendidos aqueles tipificados na Lei 7.716/89 e no art. 140, §3º, do Código Penal, pois desproporcional e incompatível com infração penal dessa natureza, violadora de valores sociais.*"

Art. 5º. Recusar ou impedir acesso a estabelecimento comercial, negando-se a servir, atender ou receber cliente ou comprador.
Pena: reclusão de um a três anos.

Bem jurídico tutelado

O direito à igualdade da pessoa ofendida em seu viés proibitório de discriminação negativa, tendo em vista que a discriminação estaria baseada na manifestação por preconceito.

Sujeitos do crime

Crime próprio. O sujeito ativo é o comerciante ou prestador de serviços em geral, seja proprietário ou não (pode ser um gerente ou funcionário), que impede ou se nega a servir, atender ou receber o cliente discriminado.

No polo passivo figuram o Estado, como sujeito passivo formal, mediato e constante, além da pessoa discriminada, como sujeito passivo imediato (titular do bem jurídico). Qualquer cliente ou comprador que se dirige a um estabelecimento comercial sendo impedido de ingressar ou sofrendo recusa em ser atendido, servido e recebido. Por fim, ainda que a pessoa não compre efetivamente nada, se tiver a negativa de atendimento baseada em ato discriminatório, igualmente está configurado o delito.

Condutas

As condutas nucleares são: *recusar* ou *impedir* o acesso. Recusar (não aceitar, se opor), impedir é proibir, bloquear de qualquer maneira o acesso de alguém ao estabelecimento comercial. Permitir o ingresso, mas não atender, servir, ou receber, motivado por preconceito, também configura o crime. O tipo é misto alternativo, o sujeito ativo pode praticar uma ou mais condutas previstas no tipo penal, porém incidirá em apenas um crime.

Suposto conflito aparente de normas: revogação da Lei 7.437/85 em tudo o que diz respeito ao racismo, sem exceção, já que o mandado de criminalização é claro ao dispor que se trata de crime imprescritível, inafiançável e sujeito à pena de reclusão. Todavia, como já explicitado alhures, a aludida lei trata de condutas idênticas como contravenção, passível de pena de prisão simples, motivo pelo qual a entendemos inconstitucional. De outro norte, pode restar configurado o crime contra as relações de consumo, previsto no art. 7.º, I, da Lei 8.137/90 no caso de preferência, sem justa causa, de cliente por outro motivo que não os elementos abarcados pela lei ora comentada (raça, cor, etnia, *etc.*), como comprador que aparenta maior condição econômica, consoante o seguinte exemplo: um determinado fornecedor prefere vender um produto de alto custo de forma parcelada a uma pessoa que está trajando roupas de marca, em detrimento de outra – discriminada – que está com vestes mais simples, muito embora igualmente preencha os requisitos de crédito, presumindo que o primeiro irá pagar pontualmente o compromisso assumido.

Voluntariedade

Quanto à voluntariedade, exige-se o dolo, inexistindo a forma culposa. Entretanto, não se pode esquecer o comentário realizado na análise dos aspectos gerais, pertinente ao dissenso jurisprudencial que se posiciona pela necessidade da presença do elemento subjetivo específico consistente na vontade de discriminar o ofendido.

Consumação e tentativa

O delito se consuma com a prática discriminatória de impedir o acesso ou recusar o atendimento, independentemente de prejuízo à vítima, embora possa ocorrer. Crime formal.

Conforme a posição majoritária da doutrina, admite-se a tentativa na forma plurissubsistente (quando cometido por mais de um ato). Exemplifica-se com um gerente de estabelecimento que tenta impedir o acesso à loja de pessoa negra, mas é contido pelo proprietário que determina a recepção e o pronto atendimento de tal pessoa.

Ação penal

Ação Penal Pública incondicionada.

Cabe a aplicação do artigo 89 da Lei 9.099/95, que prevê a suspensão condicional do processo, haja vista a pena mínima não ultrapassar o patamar de um ano.

Tendo em vista a entrada em vigor das disposições da novíssima Lei 13.964/2019 ("Pacote Anticrime"), e considerando que todas as penas mínimas dos crimes previstos na Lei 7.716/1989 não ultrapassam quatro anos, resta, teoricamente, possível a celebração de acordo de não persecução penal entre o Ministério Público (titular da ação penal, já que ações públicas incondicionadas) e o agente que praticou a infração (devidamente assistido por sua defesa técnica), além de serem delitos sem violência ou grave ameaça, desde que, obviamente, preenchidas as outras condições objetivas (como confissão formal, por exemplo).

Nada obstante, baseando-se nos requisitos subjetivos e tendo em vista as particularidades do caso concreto, o tratamento constitucional mais rigoroso dispensado aos crimes de racismo em razão do bem jurídico tutelado e o fato de recaírem sobre vítimas pertencentes a grupos historicamente vulneráveis, o membro do Ministério Público com atribuições para o feito, poderá entender que o acordo (instrumento extrajudicial de política criminal) não é adequado e suficiente para a prevenção e reprovação do crime, deixando, fundamentadamente, de propô-lo e, ato contínuo, formulando a denúncia em juízo.

Nesse exato sentido, já existem atos administrativos internos orientando que não sejam celebrados acordos em casos tais, como a pioneira Orientação Conjunta n. 1/2020 - PGJ/SP e CGMP/SP, editada no âmbito do Ministério Público do Estado de São Paulo, que orienta aos membros do *parquet* paulista, o seguinte: "*devem evitar qualquer instrumento de consenso (transação penal, acordo de não persecução penal e suspensão condicional do processo) nos procedimentos investigatórios e processos criminais envolvendo crimes de racismo, compreendidos aqueles tipificados na Lei 7.716/89 e no art. 140, §3º, do Código Penal, pois desproporcional e incompatível com infração penal dessa natureza, violadora de valores sociais.*"

Art. 6º. Recusar, negar ou impedir a inscrição ou ingresso de aluno em estabelecimento de ensino público ou privado de qualquer grau.

Pena: reclusão de três a cinco anos.

Parágrafo único. Se o crime for praticado contra menor de dezoito anos a pena é agravada de 1/3 (um terço).

Bem jurídico tutelado

O direito à igualdade da pessoa ofendida (no caso o aluno) em seu viés proibitório de discriminação negativa, tendo em vista que a discriminação estaria baseada na manifestação por preconceito. Além disso, o acesso universal à educação previsto no art. 205 da Constituição Federal.

Sujeitos do crime

Crime próprio. O sujeito ativo é o responsável por receber a inscrição ou permitir o ingresso de alunos no estabelecimento de ensino público ou privado, podendo ser o proprietário, diretor ou até mesmo um encarregado de receber a inscrição ou aceitar a admissão do aluno (ou até mesmo um porteiro da escola que impede o ingresso físico do aluno).

No polo passivo o Estado como sujeito passivo formal, mediato e constante, além da pessoa discriminada como sujeito passivo imediato (titular do bem jurídico), no caso o aluno (ou pretendente à admissão).

Condutas

As condutas nucleares são: *recusar, negar* ou *impedir* a inscrição ou ingresso do aluno. Recusar (não aceitar, se opor), negar (mesmo sentido de recusar), impedir (proibir, criar obstáculo, obstruir), a inscrição, que é o ato de se habilitar (matrícula) ou o acesso (aqui entendida como a entrada no espaço físico da instituição de ensino) do aluno (pessoa que pretende receber instrução) em estabelecimento público ou privado de qualquer grau. Pode-se exemplificar com as seguintes situações hipotéticas: determinada pessoa não é aceita (admitida) em uma universidade porque é negra ou determinada criança é impedida de ingressar no espaço físico da escola por ser e trajar vestes muçulmanas. O tipo é misto alternativo, o sujeito ativo pode praticar uma ou mais de uma das condutas previstas no tipo penal, porém incidirá em apenas um crime.

Com relação à elementar normativa "estabelecimento público ou privado de ensino de qualquer grau", consoante bem destacado por Christiano Jorge Santos: "*são aqueles inseridos no sistema nacional de ensino previsto na Lei 9.394, de 20-12-1996 (Lei de Diretrizes e Bases da Educação), bem como as instituições que se disponham a participar do processo de formação ou do desenvolvimento intelectual de pessoas, em unidades próprias, onde serão transmitidos conhecimentos de assuntos específicos ou genéricos, como, por exemplo, cursos de idiomas, de história da arte, preparatórios para vestibulares ou para concursos públicos, etc, embora não fiscalizados pelos órgão públicos da educação. Dentre os primeiros, podem se destacar as instituições de ensino básico, superior, de educação profissional e cursos supletivos. [...]. De qualquer grau: hodiernamente, não mais há a divisão das instituições de ensino em graus, mas sim em educação básica e superior, como acima exposto, de algumas das instituições de ensino previstas na Lei n.º 9.394/96, tornando irrelevantes as elementares.*"[68]

Questão interessante é a relacionada às escolas privadas que professam determinada crença religiosa, como instituições de ensino adventistas, luteranas, israelitas, entre outras, poderiam estas recusar alunos praticantes de outras religiões? Pensamos que o tipo penal em testilha incide em tais casos, haja vista que é claro ao abranger instituições privadas de ensino. Logicamente, não se impede a liberdade de crença, incluindo até mesmo o proselitismo em favor de

68 SANTOS, Christiano Jorge. *Crimes de preconceito e de discriminação.* 2 ed. São Paulo: Saraiva. 2010, p. 107-108.

determinada doutrina religiosa, motivo pelo qual é totalmente lícito que possam existir locais privados de ensino (se fossem públicos a conclusão seria diversa, haja vista o princípio do Estado laico), os quais professem determinada fé e os preceitos de sua respectiva crença aos alunos. Nada obstante, parece ilegal (configurando a conduta criminosa ora analisada) que recusem estudantes baseados em pura discriminação religiosa, como no caso de aluno que, apesar de estar disposto a frequentar as atividades relacionadas à religião diversa professadas no estabelecimento de ensino, ainda assim é impedido de ser matriculado.

Suposto conflito aparente de normas: revogação da Lei 7.437/85 em tudo o que diz respeito ao racismo, sem exceção, já que o mandado de criminalização é claro ao dispor que se trata de crime imprescritível, inafiançável e sujeito à pena de reclusão. Todavia, como já explicitado alhures, a aludida lei trata condutas idênticas como contravenção penal, passível de pena de prisão simples, motivo pelo qual a entendemos inconstitucional.

Voluntariedade

Quanto à voluntariedade, exige-se o dolo, inexistindo a forma culposa. Entretanto, não se pode esquecer o comentário realizado na análise dos aspectos gerais, pertinente ao dissenso jurisprudencial que se posiciona pela necessidade da presença do elemento subjetivo específico consistente na vontade de discriminar o ofendido.

Consumação e tentativa

O delito se consuma com a prática discriminatória, independentemente da obtenção do resultado de efetivamente ser recusado o acesso ou inscrição do aluno (pela presença do verbo impedir, que é entendido como criar obstáculo), embora este possa vir a acontecer. Crime formal. Conforme a posição majoritária da doutrina, admite-se a tentativa na forma plurissubsistente (quando cometido por mais de um ato) com relação a conduta de impedir.

Ação penal

Ação Penal Pública incondicionada.

Não se aplicam os benefícios da Lei 9.099/95 (transação ou suspensão condicional do processo), haja vista a pena mínima ser de dois anos e a máxima de cinco anos de reclusão.

Tendo em vista a entrada em vigor das disposições da novíssima Lei 13.964/2019 ("Pacote Anticrime"), e considerando que todas as penas mínimas dos crimes previstos na Lei 7.716/1989 não ultrapassam quatro anos, resta, teoricamente, possível a celebração de acordo de não persecução penal entre o Ministério Público (titular da ação penal, já que ações públicas incondicionadas) e o agente que praticou a infração (devidamente assistido por sua defesa técnica), além de serem delitos sem violência ou grave ameaça, desde que, obviamente, preenchidas as outras condições objetivas (como confissão formal, por exemplo).

Nada obstante, baseando-se nos requisitos subjetivos e tendo em vista as particularidades do caso concreto, o tratamento constitucional mais rigoroso dispensado aos crimes de racismo em razão do bem jurídico tutelado e o fato de recaírem sobre vítimas pertencentes a grupos historicamente vulneráveis, o membro do Ministério Público com atribuições para o feito, poderá entender que o acordo (instrumento extrajudicial de política criminal) não é adequado e suficiente para a prevenção e reprovação do crime, deixando, fundamentadamente, de propô-lo e, ato contínuo, formulando a denúncia em juízo.

Nesse exato sentido, já existem atos administrativos internos orientando que não sejam celebrados acordos em casos tais, como a pioneira Orientação Conjunta n. 1/2020 - PGJ/SP e CGMP/SP, editada no âmbito do Ministério Público do Estado de São Paulo, que orienta aos membros do *parquet* paulista, o seguinte: "*devem evitar qualquer instrumento de consenso (transação penal, acordo de não persecução penal e suspensão condicional do processo) nos procedimentos investigatórios e processos criminais envolvendo crimes de racismo, compreendidos aqueles tipificados na Lei 7.716/89 e no art. 140, §3º, do Código Penal, pois desproporcional e incompatível com infração penal dessa natureza, violadora de valores sociais."*

Registre-se a causa especial de aumento de pena prevista no parágrafo único, quando o crime for praticado contra menor de dezoito anos, sendo a sanção penal aumentada em 1/3 (um terço). Tal aumento ocorre por razões de política criminal, haja vista que a pessoa em formação, além do trauma inerente à prática discriminatória em si, pode ainda sofrer prejuízos em razão da possibilidade de ficar privada (mesmo que momentaneamente) de receber educação formal.

Art. 7º. Impedir o acesso ou recusar hospedagem em hotel, pensão, estalagem, ou qualquer estabelecimento similar.

Pena: reclusão de três a cinco anos.

Bem jurídico tutelado

O direito à igualdade da pessoa ofendida em seu viés proibitório de discriminação negativa, tendo em vista que a discriminação estaria baseada na manifestação por preconceito.

Sujeitos do crime

Crime próprio. O sujeito ativo é o proprietário ou responsável (gerente ou funcionário) pela hospedagem em hotel, pensão, estalagem ou similares que impede o acesso ou opõe negativa à pessoa discriminada.

No polo passivo o Estado como sujeito passivo formal, mediato e constante, além da pessoa discriminada como sujeito passivo imediato (titular do bem jurídico).

Condutas

As condutas nucleares são: *impedir* o acesso (entrada) ou recusar (a hospedagem). Recusar é não aceitar, não admitir. Impedir é criar obstáculo, obstruir, proibir, bloquear, de qualquer maneira, a hospedagem (serviço de fornecimento de alojamento) ao hotel (local no qual a pessoa se hospeda, geralmente alugando quarto por diárias), pensão (similares a hotéis, porém geralmente de administração familiar), estalagem (locais mais simples onde igualmente são recebidos hóspedes) e assemelhados. Note-se a possibilidade de interpretação analógica a partir de cláusula de abertura, tendo em vista que a lei estabelece a expressão: *"ou qualquer estabelecimento similar"* (por exemplo, motéis, *flats*, etc). O tipo é misto alternativo, ou seja, o sujeito ativo pode praticar uma ou mais condutas previstas no tipo penal, porém incidirá em apenas um crime.

Interessante anotar que atualmente crescem o número de hotéis e pousadas (como as nominadas "pousadas de charme") as quais se negam a receber crianças como hóspedes, em tais lugares existe uma praxe comercial de aceitar apenas adultos a fim de que tenham supostamente momentos de maior tranquilidade. Tal hipótese poderia estar abrangida pela liberdade empresarial, sendo certo que não configura o crime em comento, notadamente considerando que o discrímen etário não está relacionado aos elementos cor, raça, etnia, religião ou procedência nacional.

Suposto conflito aparente de normas: revogação da Lei 7.437/85 em tudo o que diz respeito ao racismo, sem exceção, já que o mandado de criminalização é claro ao dispor que se trata de crime imprescritível, inafiançável e sujeito à pena de reclusão. Todavia, como já explicitado alhures, a aludida lei trata condutas idênticas como contravenção, passível de pena de prisão simples, motivo pelo qual a entendemos inconstitucional.

Voluntariedade

Quanto à voluntariedade, exige-se o dolo, inexistindo a forma culposa. Entretanto, não se pode esquecer o comentário realizado na análise dos aspectos gerais, pertinente ao dissenso jurisprudencial que se posiciona pela necessidade da presença do elemento subjetivo específico consistente na vontade de discriminar o ofendido.

Consumação e tentativa

O delito se consuma com a prática discriminatória de impedir o acesso ou recusar a hospedagem, independentemente de prejuízo à vítima, embora possa ocorrer. Crime formal.

Conforme a posição majoritária da doutrina, admite-se a tentativa na forma plurissubsistente (quando cometido por mais de um ato). Exemplifica-se com a seguinte situação: um funcionário responsável pela recepção em determinado hotel, ao ver que ingressaria família de pessoas negras, ordena que estas procurem outro lugar, no intuito de barrar o ingresso em tal estabelecimento, mas é prontamente advertido pelo gerente que presencia tal situação e as recebe normalmente.

Ação penal

Ação Penal Pública incondicionada.

Não se aplicam os benefícios da Lei 9.099/95 (transação ou suspensão condicional do processo), haja vista a pena mínima ser de dois anos e a máxima de cinco anos de reclusão.

Tendo em vista a entrada em vigor das disposições da novíssima Lei 13.964/2019 ("Pacote Anticrime"), e considerando que todas as penas mínimas dos crimes previstos na Lei 7.716/1989 não ultrapassam quatro anos, resta, teoricamente, possível a celebração de acordo de não persecução penal entre o Ministério Público (titular da ação penal, já que ações públicas incondicionadas) e o agente que praticou a infração (devidamente assistido por sua defesa técnica), além de serem delitos sem violência ou grave ameaça, desde que, obviamente, preenchidas as outras condições objetivas (como confissão formal, por exemplo).

Nada obstante, baseando-se nos requisitos subjetivos e tendo em vista as particularidades do caso concreto, o tratamento constitucional mais rigoroso dispensado aos crimes de racismo em razão do bem jurídico tutelado e o fato de recaírem sobre vítimas pertencentes a grupos historicamente vulneráveis, o membro do Ministério Público com atribuições para o feito, poderá entender que o acordo (instrumento extrajudicial de política criminal) não é adequado e suficiente para a prevenção e reprovação do crime, deixando, fundamentadamente, de propô-lo e, ato contínuo, formulando a denúncia em juízo.

Nesse exato sentido, já existem atos administrativos internos orientando que não sejam celebrados acordos em casos tais, como a pioneira Orientação Conjunta n. 1/2020 - PGJ/SP e CGMP/SP, editada no âmbito do Ministério Público do Estado de São Paulo, que orienta aos membros do *parquet* paulista, o seguinte: "*devem evitar qualquer instrumento de consenso (transação penal, acordo de não persecução penal e suspensão condicional do processo) nos procedimentos investigatórios e processos criminais envolvendo crimes de racismo, compreendidos aqueles tipificados na Lei 7.716/89 e no art. 140, §3º, do Código Penal, pois desproporcional e incompatível com infração penal dessa natureza, violadora de valores sociais.*"

Art. 8º. Impedir o acesso ou recusar atendimento em restaurantes, bares, confeitarias, ou locais semelhantes abertos ao público.
Pena: reclusão de um a três anos.

Bem jurídico tutelado

O direito à igualdade da pessoa ofendida em seu viés proibitório de discriminação negativa, tendo em vista que a discriminação estaria baseada na manifestação por preconceito.

Sujeitos do crime

Crime próprio. O sujeito ativo é o comerciante ou funcionário, seja proprietário ou não, o qual impede a entrada ou se nega a atender nos bares, confeitarias, ou outros locais assemelhados, desde que abertos ao público.

No polo passivo o Estado como sujeito passivo formal, mediato e constante, além da pessoa discriminada como sujeito passivo imediato (titular do bem jurídico).

Condutas

As condutas nucleares são: *impedir* o acesso ou *recusar* o atendimento (serviço). Recusar é negar. Impedir é criar obstáculo, obstruir, proibir. Permitir o ingresso, mas não atender (não querer servir a pessoa), motivado por preconceito, também configura o crime. Restaurantes são locais onde se servem refeições mediante contraprestação pecuniária, bares são locais nos quais geralmente são vendidas bebidas e gêneros alimentícios, já confeitarias são estabelecimentos em que se vendem doces e salgados, confeitos, guloseimas, *etc*. Note-se a possibilidade de interpretação analógica a partir de cláusula de abertura, tendo em vista que a lei estabelece a expressão: "*locais semelhantes abertos ao público*", tais como padarias, lojas de conveniência, entre outros, desde que prestem serviço assemelhado em local no qual é franqueada a entrada ao público em geral. O tipo é misto alternativo, ou seja, o sujeito ativo pode praticar uma ou mais condutas previstas no tipo penal, porém incidirá em apenas um crime.

Jurisprudência:

> *CRIME DE RACISMO. ART. 8º DA LEI 7.716/89. SENTENÇA CONDENATÓRIA MANTIDA. Os insultos, ainda que existentes, não fazem a essência do bem jurídico tutelado, mas é seu meio de manifestação discriminatória. A incriminação visa combater a discriminação, manifestado, na hipótese, pelas palavras do agente como meio, mas, principalmente, pela recusa de vender ao cliente, em face de sua tez, produtos de seu estabelecimento. Recurso improvido, por maioria.* (TJRS Apelação Crime nº 70017531229, Quinta Câmara Criminal, Relator: Des. Aramis Nassif, Julgado em 13/06/2007).

Suposto conflito aparente de normas: revogação da Lei 7.437/85 em tudo o que diz respeito ao racismo, sem exceção, já que o mandado de criminalização é claro ao dispor que se trata de crime imprescritível, inafiançável e sujeito à penas de reclusão. Todavia, como já explicitado alhures, a aludida lei trata condutas idênticas como contravenção, passível de pena de prisão simples, motivo pelo qual a entendemos inconstitucional.

Voluntariedade

Quanto à voluntariedade, exige-se o dolo, inexistindo a forma culposa. Entretanto, não se pode esquecer o comentário realizado na análise dos aspectos gerais, pertinente ao dissenso jurisprudencial que se posiciona pela necessidade da presença do elemento subjetivo específico consistente na vontade de discriminar o ofendido.

Consumação e tentativa

O delito se consuma com a prática das condutas discriminatórias vedadas (impedir o acesso ou recusar atendimento), independentemente de resultado naturalístico posterior à vítima (como a demonstração de algum prejuízo), embora possa ocorrer. Crime formal.

Conforme a posição majoritária da doutrina, admite-se a tentativa na forma plurissubsistente (quando cometido por mais de um ato).

Ação penal

Ação Penal Pública incondicionada.

Cabe a aplicação do artigo 89 da Lei 9.099/95, que prevê a suspensão condicional do processo, haja vista a pena mínima não ultrapassar o patamar de um ano.

Tendo em vista a entrada em vigor das disposições da novíssima Lei 13.964/2019 ("Pacote Anticrime"), e considerando que todas as penas mínimas dos crimes previstos na Lei 7.716/1989 não ultrapassam quatro anos, resta, teoricamente, possível a celebração de acordo de não persecução penal entre o Ministério Público (titular da ação penal, já que ações públicas incondicionadas) e o agente que praticou a infração (devidamente assistido por sua defesa técnica), além de serem delitos sem violência ou grave ameaça, desde que, obviamente, preenchidas as outras condições objetivas (como confissão formal, por exemplo).

Nada obstante, baseando-se nos requisitos subjetivos e tendo em vista as particularidades do caso concreto, o tratamento constitucional mais rigoroso dispensado aos crimes de racismo em razão do bem jurídico tutelado e o fato de recaírem sobre vítimas pertencentes a grupos historicamente vulneráveis, o membro do Ministério Público com atribuições para o feito, poderá entender que o acordo (instrumento extrajudicial de política criminal) não é adequado e suficiente para a prevenção e reprovação do crime, deixando, fundamentadamente, de propô-lo e, ato contínuo, formulando a denúncia em juízo.

Nesse exato sentido, já existem atos administrativos internos orientando que não sejam celebrados acordos em casos tais, como a pioneira Orientação Conjunta n. 1/2020 - PGJ/SP e CGMP/SP, editada no âmbito do Ministério Público do Estado de São Paulo, que orienta aos membros do *parquet* paulista, o seguinte: "*devem evitar qualquer instrumento de consenso (transação penal, acordo de não persecução penal e suspensão condicional do processo) nos procedimentos investigatórios e processos criminais envolvendo crimes de racismo, compreendidos aqueles tipificados na Lei 7.716/89 e no art. 140, §3º, do Código Penal, pois desproporcional e incompatível com infração penal dessa natureza, violadora de valores sociais.*"

Art. 9º. Impedir o acesso ou recusar atendimento em estabelecimentos esportivos, casas de diversões, ou clubes sociais abertos ao público.

Pena: reclusão de um a três anos.

Bem jurídico tutelado

O direito à igualdade da pessoa ofendida em seu viés proibitório de discriminação negativa, tendo em vista que a discriminação estaria baseada na manifestação por preconceito.

Sujeitos do crime

Crime próprio. O sujeito ativo é o proprietário ou funcionário do local, desde que responsável pelo controle de acesso ou atendimento nos estabelecimentos esportivos, casas de diversões ou clubes sociais abertos ao público, o qual impede a entrada ou se nega a atender a pessoa discriminada.

No polo passivo o Estado como sujeito passivo formal, mediato e constante, além da pessoa discriminada como sujeito passivo imediato (titular do bem jurídico).

Condutas

As condutas nucleares são: *impedir* o acesso ou *recusar* o atendimento (serviço). Recusar é negar. Impedir é criar obstáculo, obstruir. Permitir o ingresso, mas não atender, motivado por preconceito, também configura o crime. Estabelecimentos esportivos são locais nos quais se praticam as diversas modalidades esportivas; casa de diversões é conceito extremamente aberto, que abrange todo local destinado ao lazer, a exemplo de teatros, cinemas, casas de shows, entre outros; clubes sociais são entidades geralmente associativas, utilizadas para atividades de recreação e convivência. Veja-se que o tipo em comento dispõe acerca da necessidade de que os clubes sejam abertos ao público. Os clubes privados, teoricamente, não se incluem, pois a pessoa para ser aceita pode ter que preencher determinados critérios associativos, como pertencer a tal categoria (como clubes do exército, dos funcionários de determinada empresa ou ente público, *etc.*), pagar determinado valor, entre outros. Caso não preenchidos os requisitos previstos, geralmente em regras estatutárias, não será franqueado o acesso ao indivíduo. Nada obstante, pode configurar o crime de racismo – conforme jurisprudência do Superior Tribunal de Justiça, colacionada adiante – a negativa de acesso de sócio ou pretendente por motivos discriminatórios albergados pela proteção da lei em voga. Exemplo: pessoa que preenche todos os critérios associativos, mas não tem sua admissão permitida pelo fato de ser negra. O tipo é misto alternativo, ou seja, o sujeito ativo pode praticar uma ou mais condutas previstas no tipo penal, porém incidirá em apenas um crime.

Jurisprudência:

> *RECURSO ORDINÁRIO EM HABEAS CORPUS. DIREITO PROCESSUAL PENAL. INÉPCIA DA DENÚNCIA. CRIME DE PRECONCEITO DE RAÇA OU DE COR. AUSÊNCIA DE JUSTA CAUSA. INOCORRÊNCIA. 1. A denúncia que se mostra ajustada ao artigo 41 do Código de Processo Penal, ensejando o pleno exercício da garantia constitucional da ampla defesa, não deve, nem pode, ser tida e havida como inepta.* ***2. A recusa de admissão no quadro associativo de clube social, em razão de preconceito de raça ou de cor, caracteriza o tipo inserto no artigo 9º da Lei nº 7.716/89, enquanto modo da conduta impedir, que lhe integra o núcleo.*** *3. A faculdade, estatutariamente atribuída à diretoria, de recusar propostas de admissão em clubes sociais, sem declinação dos motivos, não lhe atribui a natureza especial de fechado, de maneira a subtraí-lo da incidência da lei. 4. A pretensão de exame de prova é estranha, em regra, ao âmbito do habeas corpus. 5. Recurso improvido.* (STJ. RHC 12809. Relator: Ministro Hamilton Carvalhido. Sexta Turma. Julgamento: 22/03/2005. DJ 11/04/2005 p. 381) *(Grifos nossos)*
>
> "*Ficando comprovado que era impedido o acesso de pessoas à pista de dança de baile aberto ao público, por motivo de serem negras, caracterizado está o crime do art. 9.º da Lei 7.719/89*" (TARS. Ap. 294.121.793. Rel. Délio Spalding de Almeida Wedy. Julgamento: 25.08.1994. *RT* 738/525.)

Suposto conflito aparente de normas: revogação da Lei 7.437/85 em tudo o que diz respeito ao racismo, sem exceção, já que o mandado de criminalização é claro ao dispor que se trata de crime imprescritível, inafiançável e sujeito à pena de reclusão. Todavia, como já explicitado alhures, a aludida lei trata condutas idênticas como contravenção, passível de pena de prisão simples, motivo pelo qual a entendemos inconstitucional.

Voluntariedade

Quanto à voluntariedade, exige-se o dolo, inexistindo a forma culposa. Entretanto, não se pode esquecer o comentário realizado na análise dos aspectos gerais, pertinente ao dissenso jurisprudencial que se posiciona pela necessidade da presença do elemento subjetivo específico consistente na vontade de discriminar o ofendido.

Consumação e tentativa

O delito se consuma com a prática das condutas discriminatórias vedadas (impedir o acesso ou recusar atendimento), independentemente de resultado naturalístico posterior à vítima (como a demonstração de algum prejuízo), embora possa ocorrer. Crime formal.

Conforme a posição majoritária da doutrina, admite-se a tentativa na forma plurissubsistente (quando cometido por mais de um ato).

Ação penal

Ação Penal Pública incondicionada.

Cabe a aplicação do artigo 89 da Lei 9.099/95, que prevê a suspensão condicional do processo, haja vista a pena mínima não ultrapassar o patamar de um ano.

Tendo em vista a entrada em vigor das disposições da novíssima Lei 13.964/2019 ("Pacote Anticrime"), e considerando que todas as penas mínimas dos crimes previstos na Lei 7.716/1989 não ultrapassam quatro anos, resta, teoricamente, possível a celebração de acordo de não persecução penal entre o Ministério Público (titular da ação penal, já que ações públicas incondicionadas) e o agente que praticou a infração (devidamente assistido por sua defesa técnica), além de serem delitos sem violência ou grave ameaça, desde que, obviamente, preenchidas as outras condições objetivas (como confissão formal, por exemplo).

Nada obstante, baseando-se nos requisitos subjetivos e tendo em vista as particularidades do caso concreto, o tratamento constitucional mais rigoroso dispensado aos crimes de racismo em razão do bem jurídico tutelado e o fato de recaírem sobre vítimas pertencentes a grupos historicamente vulneráveis, o membro do Ministério Público com atribuições para o feito, poderá entender que o acordo (instrumento extrajudicial de política criminal) não é adequado e suficiente para a prevenção e reprovação do crime, deixando, fundamentadamente, de propô-lo e, ato contínuo, formulando a denúncia em juízo.

Nesse exato sentido, já existem atos administrativos internos orientando que não sejam celebrados acordos em casos tais, como a pioneira Orientação Conjunta n. 1/2020 - PGJ/SP e CGMP/SP, editada no âmbito do Ministério Público do Estado de São Paulo, que orienta aos membros do *parquet* paulista, o seguinte: "*devem evitar qualquer instrumento de consenso (transação penal, acordo de não persecução penal e suspensão condicional do processo) nos procedimentos investigatórios e processos criminais envolvendo crimes de racismo, compreendidos aqueles tipificados na Lei 7.716/89 e no art. 140, §3º, do Código Penal, pois desproporcional e incompatível com infração penal dessa natureza, violadora de valores sociais.*"

Art. 10. Impedir o acesso ou recusar atendimento em salões de cabeleireiros, barbearias, termas ou casas de massagem ou estabelecimento com as mesmas finalidades.

Pena: reclusão de um a três anos.

Bem jurídico tutelado

O direito à igualdade da pessoa ofendida em seu viés proibitório de discriminação negativa, tendo em vista que a discriminação estaria baseada na manifestação por preconceito.

Sujeitos do crime

Crime próprio. O sujeito ativo é o proprietário ou responsável pelo atendimento nos salões de cabeleireiros, barbearias, termas, casas de massagem ou estabelecimento com as mesmas finalidades.

No polo passivo o Estado como sujeito passivo formal, mediato e constante, além da pessoa discriminada como sujeito passivo imediato (titular do bem jurídico).

Condutas

As condutas nucleares são: *impedir* o acesso ou *recusar* o atendimento (serviço). Recusar significa negar, opor-se. Impedir é criar obstáculo, obstruir. Permitir o ingresso, mas não atender, motivado por preconceito, também configura o crime. Cabeleireiros e barbearias são locais especializados no trato do cabelo e demais serviços correlatos, tais como corte de barba, penteados, entre outros; termas é uma expressão antiga que designa locais públicos para banhos e locais de águas termais; casas de massagem são locais destinados à massagem terapêutica. Note-se a possibilidade de interpretação analógica a partir de cláusula de abertura, tendo em vista que a lei estabelece a expressão: "*ou estabelecimento com as mesmas finalidades*", tais como institutos de embelezamento, *spas*, saunas, entre outros, desde que prestem serviço assemelhado. O tipo é misto alternativo, ou seja, o sujeito ativo pode praticar uma ou mais condutas previstas no tipo penal, porém incidirá em apenas um crime.

Suposto conflito aparente de normas: revogação da Lei 7.437/85 em tudo o que diz respeito ao racismo, sem exceção, já que o mandado de criminalização é claro ao dispor que se trata de crime imprescritível, inafiançável e sujeito à pena de reclusão. Todavia, como já explicitado alhures, a aludida lei trata condutas idênticas como contravenção, passível de pena de prisão simples, motivo pelo qual a entendemos inconstitucional.

Voluntariedade

Quanto à voluntariedade, exige-se o dolo, inexistindo a forma culposa. Entretanto, não se pode esquecer o comentário realizado na análise dos aspectos gerais, pertinente ao dissenso jurisprudencial que se posiciona pela necessidade da presença do elemento subjetivo específico consistente na vontade de discriminar o ofendido.

Consumação e tentativa

O delito se consuma com a prática das condutas discriminatórias vedadas (impedir o acesso ou recusar atendimento), independentemente de resultado naturalístico posterior à vítima (como a demonstração de algum prejuízo), embora possa ocorrer. Crime formal.

Conforme a posição majoritária da doutrina, admite-se a tentativa na forma plurissubsistente (quando cometido por mais de um ato).

Ação penal

Ação Penal Pública incondicionada.

Cabe a aplicação do artigo 89 da Lei 9.099/95, que prevê a suspensão condicional do processo, haja vista a pena mínima não ultrapassar o patamar de um ano.

Tendo em vista a entrada em vigor das disposições da novíssima Lei 13.964/2019 ("Pacote Anticrime"), e considerando que todas as penas mínimas dos crimes previstos na Lei 7.716/1989 não ultrapassam quatro anos, resta, teoricamente, possível a celebração de acordo de não persecução penal entre o Ministério Público (titular da ação penal, já que ações públicas incondicionadas) e o agente que praticou a infração (devidamente assistido por sua defesa técnica), além de serem delitos sem violência ou grave ameaça, desde que, obviamente, preenchidas as outras condições objetivas (como confissão formal, por exemplo).

Nada obstante, baseando-se nos requisitos subjetivos e tendo em vista as particularidades do caso concreto, o tratamento constitucional mais rigoroso dispensado aos crimes de racismo em razão do bem jurídico tutelado e o fato de recaírem sobre vítimas pertencentes a grupos historicamente vulneráveis, o membro do Ministério Público com atribuições para o feito, poderá entender que o acordo (instrumento extrajudicial de política criminal) não é adequado e suficiente para a prevenção e reprovação do crime, deixando, fundamentadamente, de propô-lo e, ato contínuo, formulando a denúncia em juízo.

Nesse exato sentido, já existem atos administrativos internos orientando que não sejam celebrados acordos em casos tais, como a pioneira Orientação Conjunta n. 1/2020 - PGJ/SP e CGMP/SP, editada no âmbito do Ministério Público do Estado de São Paulo, que orienta aos membros do *parquet* paulista, o seguinte: "*devem evitar qualquer instrumento de consenso (transação penal, acordo de não persecução penal e suspensão condicional do processo) nos procedimentos investigatórios e processos criminais envolvendo crimes de racismo, compreendidos aqueles tipificados na Lei 7.716/89 e no art. 140, §3º, do Código Penal, pois desproporcional e incompatível com infração penal dessa natureza, violadora de valores sociais.*"

Art. 11. Impedir o acesso às entradas sociais em edifícios públicos ou residenciais e elevadores ou escada de acesso aos mesmos:

Pena: reclusão de um a três anos.

Bem jurídico tutelado

O direito à igualdade da pessoa ofendida em seu viés proibitório de discriminação negativa, tendo em vista que a discriminação estaria baseada na manifestação por preconceito.

Sujeitos do crime

Crime próprio. O sujeito ativo é a pessoa que exerce atividades nos prédios públicos ou residenciais, responsável pela disciplina e/ou controle de entrada e saída de pessoas, a exemplo de porteiros, síndicos, agentes de segurança e vigilantes.

No polo passivo o Estado como sujeito passivo formal, mediato e constante, além da pessoa discriminada como sujeito passivo imediato (titular do bem jurídico).

Condutas

A conduta nuclear é: *impedir* o acesso (entrada, ingresso). Impedir é proibir, vedar, criar obstáculo às entradas sociais (entrada principal onde geralmente se controla o acesso de pessoas em serviço como, por exemplo, entregadores) em edifícios públicos (prédios que servem a alguma finalidade pública e sediam entidades estatais ou, ainda, aqueles que estão afetados à alguma utilidade pública, a exemplo das sedes de concessionárias de serviços públicos) ou residenciais (locais que servem como moradia de particulares) e elevadores ou escadas de acesso aos mesmos. É importante ressaltar que a mera existência de normas de acesso (sem relação com a discriminação) ou de convenções sociais de boa convivência não configuram o crime. É muito comum que nos edifícios seja vedado o acesso a pessoas sem camisa ou em trajes inapropriados (como utilizar o elevador social em traje de banho, sem camisa, de sunga ou biquíni), além de ser frequente que pessoas em serviço tenham que ingressar por determinada entrada (comumente conhecida como entrada ou elevador "de serviço"). Ademais, por questões de segurança, tem se verificado (principalmente em grandes condomínios) a proibição apriorística do acesso de entregadores em geral aos apartamentos ou casas, sendo que, nesses casos, o próprio morador se desloca para receber a encomenda na área comum. Em suma, não foi essa a preocupação do legislador no artigo em comento. Nada obstante, estará configurado o crime em testilha naquelas situações em que a distinção (proibição de acesso à entrada, elevador ou escadas sociais) seja feita levando em consideração os elementos discriminatórios vedados pela

Lei 7.716/89, tal como estabelecer uma entrada específica para judeus, prever o condomínio o acesso de pessoas negras pelo elevador de serviço ou, ainda, no caso de ser vedado, por questões de "segurança", o ingresso de árabes e muçulmanos, *etc.*

De outra banda, parece que o tipo em destaque cometeu um grave equívoco pela omissão ao não tratar expressamente dos edifícios privados comerciais, tais como prédios nos quais são sediados inúmeros serviços disponíveis ao público em geral. Considerando que o texto é claro ao prever tão somente edifícios *públicos* ou *residenciais*, em casos de negativa de acesso aos prédios (ou entradas principais) comerciais em razão de ato discriminatório albergado pela lei, a conduta não pode ser subsumida ao crime ora analisado, incidindo, a depender das circunstâncias do espaço arquitetônico, no tipo do art. 5.º (por exemplo na negativa de acesso a um *shopping center*, vez que pode ser considerado estabelecimento comercial) ou, ainda, ao tipo mais abrangente (subsidiário) da lei 7.716/89, qual seja, o art. 20 *caput.*

Jurisprudência:

> *"Irresignação do autor com as exigências relativas às vestimentas, para adentrar nas dependências da demandada. Procedimento de rotina, adotado para com todos os clientes. Ausência de discriminação racial, pelo fato de o autor ser negro. Os funcionários agiram no estrito cumprimento do dever legal."* (TJRS. Ap. 70011545498, 10.ª Câm. Cível, rel. Luiz Ary Vessini de Lima, j. em 1.º.09.2005).

Voluntariedade

Quanto à voluntariedade, exige-se o dolo, inexistindo a forma culposa. Entretanto, não se pode esquecer o comentário realizado na análise dos aspectos gerais, pertinente ao dissenso jurisprudencial que se posiciona pela necessidade da presença do elemento subjetivo específico consistente na vontade de discriminar o ofendido.

Consumação e tentativa

O delito se consuma com a prática discriminatória de vedar o acesso às entradas sociais em razão de discriminação (não há necessidade de demonstração de resultado naturalístico posterior à vítima). Crime formal.

Conforme a posição majoritária da doutrina, admite-se a tentativa na forma plurissubsistente (quando cometido por mais de um ato).

Ação penal

Ação Penal Pública incondicionada.

Cabe a aplicação do artigo 89 da Lei 9.099/95, que prevê a suspensão condicional do processo, haja vista a pena mínima ser de um ano.

Tendo em vista a entrada em vigor das disposições da novíssima Lei 13.964/2019 ("Pacote Anticrime"), e considerando que todas as penas mínimas dos crimes previstos na Lei 7.716/1989 não ultrapassam quatro anos, resta, teoricamente, possível a celebração de acordo de não persecução penal entre o Ministério Público (titular da ação penal, já que ações públicas incondicionadas) e o agente que praticou a infração (devidamente assistido por sua defesa técnica), além de serem delitos sem violência ou grave ameaça, desde que, obviamente, preenchidas as outras condições objetivas (como confissão formal, por exemplo).

Nada obstante, baseando-se nos requisitos subjetivos e tendo em vista as particularidades do caso concreto, o tratamento constitucional mais rigoroso dispensado aos crimes de racismo em razão do bem jurídico tutelado e o fato de recaírem sobre vítimas pertencentes a grupos historicamente vulneráveis, o membro do Ministério Público com atribuições para o feito, poderá entender que o acordo (instrumento extrajudicial de política criminal) não é adequado e suficiente para a prevenção e reprovação do crime, deixando, fundamentadamente, de propô-lo e, ato contínuo, formulando a denúncia em juízo.

Nesse exato sentido, já existem atos administrativos internos orientando que não sejam celebrados acordos em casos tais, como a pioneira Orientação Conjunta n. 1/2020 - PGJ/SP e CGMP/SP, editada no âmbito do Ministério Público do Estado de São Paulo, que orienta aos membros do *parquet* paulista, o seguinte: "*devem evitar qualquer instrumento de consenso (transação penal, acordo de não persecução penal e suspensão condicional do processo) nos procedimentos investigatórios e processos criminais envolvendo crimes de racismo, compreendidos aqueles tipificados na Lei 7.716/89 e no art. 140, §3º, do Código Penal, pois desproporcional e incompatível com infração penal dessa natureza, violadora de valores sociais.*"

Art. 12. Impedir o acesso ou uso de transportes públicos, como aviões, navios barcas, barcos, ônibus, trens, metrô ou qualquer outro meio de transporte concedido.

Pena: reclusão de um a três anos.

Bem jurídico tutelado

O direito à igualdade da pessoa ofendida em seu viés proibitório de discriminação negativa, tendo em vista que a discriminação estaria baseada na manifestação por preconceito.

Sujeitos do crime

Crime próprio. O sujeito ativo é a pessoa que exerce atividade ampla de controle de acesso nos transportes públicos, a exemplo do funcionário que emite bilhetes de trens e metrôs, daquele que trabalha em balcão de *check in* de companhias aéreas, além de pilotos, motoristas, fiscais, cobradores, etc.

No polo passivo o Estado como sujeito passivo formal, mediato e constante, além da pessoa discriminada como sujeito passivo imediato (titular do bem jurídico).

Condutas

A conduta nuclear é: *impedir* o acesso (entrada, ingresso) ou o uso (utilização). Impedir é proibir, vedar, criar obstáculo, obstruir a entrada em transportes públicos (aqueles acessíveis e utilizados pela coletividade em geral). O artigo em comento cita diversos transportes públicos, tais como aviões, navios (grande porte), barcas (geralmente destinada ao transporte de pessoas e cargas), barcos (de menor porte que os navios), ônibus (transporte coletivo de via terrestre), trens, metrôs, além de trazer a cláusula de abertura "*qualquer outro meio de transporte concedido*", por exemplo os táxis. O tipo é misto alternativo, ou seja, o sujeito ativo pode praticar uma ou mais condutas previstas no tipo penal, porém incidirá em apenas um crime.

Em recente diploma legal, qual seja, a Lei 13.460/07 (dispondo sobre participação, proteção e defesa dos direitos do usuário dos serviços públicos), foi previsto expressamente como direito básico a igualdade no tratamento aos usuários de serviços públicos, sendo vedado qualquer tipo de discriminação injustificada (art. 5.º, V), o que reputamos ser medida salutar, totalmente em consonância com os objetivos da lei antidiscriminação (7.716/89) em análise.

Voluntariedade

Quanto à voluntariedade, exige-se o dolo, inexistindo a forma culposa. Entretanto, não se pode esquecer o comentário realizado na análise dos aspectos gerais, pertinente ao dissenso jurisprudencial que se posiciona pela necessidade da presença do elemento subjetivo específico consistente na vontade de discriminar o ofendido.

Consumação e tentativa

O delito se consuma com a prática discriminatória de impedir o acesso ou uso dos meios de transporte público (não há necessidade de demonstração de resultado naturalístico posterior à vítima). Crime formal.

Conforme a posição majoritária da doutrina, admite-se a tentativa na forma plurissubsistente (quando cometido por mais de um ato).

Ação penal

Ação Penal Pública incondicionada.

Cabe a aplicação do artigo 89 da Lei 9.099/95, que prevê a suspensão condicional do processo, haja vista a pena mínima não ultrapassar o patamar de um ano.

Tendo em vista a entrada em vigor das disposições da novíssima Lei 13.964/2019 ("Pacote Anticrime"), e considerando que todas as penas mínimas dos crimes previstos na Lei 7.716/1989 não ultrapassam quatro anos, resta, teoricamente, possível a celebração de acordo de não persecução penal entre o Ministério Público (titular da ação penal, já que ações públicas incondicionadas) e o agente que praticou a infração (devidamente assistido por sua defesa técnica), além de serem delitos sem violência ou grave ameaça, desde que, obviamente, preenchidas as outras condições objetivas (como confissão formal, por exemplo).

Nada obstante, baseando-se nos requisitos subjetivos e tendo em vista as particularidades do caso concreto, o tratamento constitucional mais rigoroso dispensado aos crimes de racismo em razão do bem jurídico tutelado e o fato de recaírem sobre vítimas pertencentes a grupos historicamente vulneráveis, o membro do Ministério Público com atribuições para o feito, poderá entender que o acordo (instrumento extrajudicial de política criminal) não é adequado e suficiente para a prevenção e reprovação do crime, deixando, fundamentadamente, de propô-lo e, ato contínuo, formulando a denúncia em juízo.

Nesse exato sentido, já existem atos administrativos internos orientando que não sejam celebrados acordos em casos tais, como a pioneira Orientação Conjunta n. 1/2020 - PGJ/SP e CGMP/SP, editada no âmbito do Ministério Público do Estado de São Paulo, que orienta aos membros do *parquet* paulista, o seguinte: *"devem evitar qualquer instrumento de consenso (transação penal, acordo de não persecução penal e suspensão condicional do processo) nos procedimentos investigatórios e processos criminais envolvendo crimes de racismo, compreendidos aqueles tipificados na Lei 7.716/89 e no art. 140, §3º, do Código Penal, pois desproporcional e incompatível com infração penal dessa natureza, violadora de valores sociais."*

Art. 13. Impedir ou obstar o acesso de alguém ao serviço em qualquer ramo das Forças Armadas.

Pena: reclusão de dois a quatro anos.

Bem jurídico tutelado

O direito à igualdade da pessoa ofendida em seu viés proibitório de discriminação negativa, tendo em vista que a discriminação estaria baseada na manifestação por preconceito.

Sujeitos do crime

Crime próprio. No polo ativo, só pode ser realizado pela pessoa que detém o poder de impedir ou obstar o acesso (ingresso) de pessoa nas Forças Armadas. Pode tanto ser o funcionário responsável pela seleção como um Oficial (Marinha, Exército ou Aeronáutica) que tenha dado ordem discriminatória para a eliminação do pretendente (ou ambos, caso tenham concorrido para tal situação). Ademais, conforme bem destacado por Nucci[69], estão incluídos no tipo penal em comento as polícias militares e os corpos de bombeiros, posição à qual nos filiamos[70].

No polo passivo o Estado como sujeito passivo formal, mediato e constante, além da pessoa discriminada como sujeito passivo imediato (titular do bem jurídico). Lembrando que tal pessoa discriminada pode ser tanto o candidato a prestar o serviço militar voluntariamente quanto o serviço militar obrigatório, previsto no art. 143 da Constituição Federal, além do candidato a ingressar nas polícias militares e corpos de bombeiros.

Condutas

As condutas nucleares são: *impedir* ou *obstar*. Impedir é vedar, proibir de qualquer maneira o acesso de alguém que esteja habilitado a prestar o serviço militar. Obstar é opor-se, causar embaraço ou dificuldade ao ingresso. O tipo é misto alternativo, ou seja, o sujeito ativo pode praticar uma ou mais condutas previstas no tipo penal, porém incidirá em apenas um crime.

Questão deveras interessante está relacionada ao direito fundamental à liberdade de consciência e de crença, considerando que a própria Constituição Federal – como uma das garantias de tais direitos fundamentais – salvaguarda a denominada escusa de consciência (art. 5.º, VIII), ao permitir que determinada pessoa possa invocar convicções de ordem religiosa para se eximir de prestar obrigação imposta à coletividade, sendo sempre lembrada (muito embora não seja a única possibilidade) a recusa ao serviço militar obrigatório. Com efeito, na medida em que tal escusa de consciência ampara a abstenção do indivíduo ao serviço militar obrigatório, poderia ocorrer o lado inverso da moeda? Seria legítimo o Estado – por intermédio das Forças Armadas – recusar, no serviço militar, o indivíduo em razão da sua crença religiosa? A abstenção de determinadas condutas pelo indivíduo em razão de suas convicções morais seria motivo justificável para a dispensa do serviço militar, mesmo contra sua vontade? Pensamos que não. Tal situação já ocorreu na vida real, sendo recentemente retratada em um notável filme chamado *Hacksaw Ridge* (2016, dirigido por Mel Gibson), traduzido para o português como "*Até o último homem*". O filme retrata a história verídica do norte-americano Desmond Doss, primeiro objetor de consciência a ser agraciado com a medalha de honra do Congresso americano por ato de bravura no campo de batalha ao salvar a vida de dezenas de companheiros no combate de Okinawa (cerca de setenta e cinco). Desmond era socorrista e lutou na Segunda Guerra Mundial sem nunca disparar um tiro, pois suas convicções religiosas (era adventista do sétimo dia) o impediam de sequer pegar em armas. Ocorre que antes de servir no campo de batalha, durante o treinamento e preparação dos recrutas para guerra, Desmond (que se alistou voluntariamente) sofreu todo o tipo de óbices, pressões, perseguições e até mesmo violência física de seus colegas e superiores visando à desistência, justamente por suas convicções religiosas que o impediam de pegar em armas, chegando, inclusive, a ser julgado pela Corte Marcial por esse motivo. Importando o caso para a realidade brasileira, pensamos que situação similar poderia configurar o crime do artigo em análise.

Voluntariedade

Quanto à voluntariedade, exige-se o dolo, inexistindo a forma culposa. Entretanto, não se pode esquecer o comentário realizado na análise dos aspectos gerais, pertinente ao dissenso jurisprudencial que se posiciona pela necessidade da presença do elemento subjetivo específico consistente na vontade de discriminar o ofendido.

---

69 NUCCI, Guilherme de Souza. *Leis Penais e Processuais Penais Comentadas*. Vol I. 8. ed. rev. atual. ampl. Rio de Janeiro: Forense, 2014, p. 288-289.

70 Em sentido diverso: BALTAZAR JR, José Paulo. *Crimes Federais*. 10. ed. rev. atual. ampl. São Paulo: Saraiva, 2015. p. 762.

Consumação e tentativa

O delito se consuma com a prática discriminatória de impedir o acesso ou diante do óbice ao ingresso nas Forças Armadas (não há necessidade de demonstração de resultado naturalístico posterior à vítima). Crime formal.

Conforme a posição majoritária da doutrina, admite-se a tentativa na forma plurissubsistente (quando cometido por mais de um ato), em que pese de difícil ocorrência, mormente tendo em vista que não é necessário para consumação delitiva ser a pessoa efetivamente impedida de ingressar, bastando para a consumação a mera criação do obstáculo (dificuldade) ao acesso às Forças Armadas por motivo discriminatório (em razão do verbo nuclear *obstar*).

Ação penal

Ação Penal Pública incondicionada.

Não se aplicam os benefícios da Lei 9.099/95 (transação ou suspensão condicional do processo), haja vista a pena mínima ser de dois anos e a máxima de quatro anos de reclusão.

Tendo em vista a entrada em vigor das disposições da novíssima Lei 13.964/2019 ("Pacote Anticrime"), e considerando que todas as penas mínimas dos crimes previstos na Lei 7.716/1989 não ultrapassam quatro anos, resta, teoricamente, possível a celebração de acordo de não persecução penal entre o Ministério Público (titular da ação penal, já que ações públicas incondicionadas) e o agente que praticou a infração (devidamente assistido por sua defesa técnica), além de serem delitos sem violência ou grave ameaça, desde que, obviamente, preenchidas as outras condições objetivas (como confissão formal, por exemplo).

Nada obstante, baseando-se nos requisitos subjetivos e tendo em vista as particularidades do caso concreto, o tratamento constitucional mais rigoroso dispensado aos crimes de racismo em razão do bem jurídico tutelado e o fato de recaírem sobre vítimas pertencentes a grupos historicamente vulneráveis, o membro do Ministério Público com atribuições para o feito, poderá entender que o acordo (instrumento extrajudicial de política criminal) não é adequado e suficiente para a prevenção e reprovação do crime, deixando, fundamentadamente, de propô-lo e, ato contínuo, formulando a denúncia em juízo.

Nesse exato sentido, já existem atos administrativos internos orientando que não sejam celebrados acordos em casos tais, como a pioneira Orientação Conjunta n. 1/2020 - PGJ/SP e CGMP/SP, editada no âmbito do Ministério Público do Estado de São Paulo, que orienta aos membros do *parquet* paulista, o seguinte: "*devem evitar qualquer instrumento de consenso (transação penal, acordo de não persecução penal e suspensão condicional do processo) nos procedimentos investigatórios e processos criminais envolvendo crimes de racismo, compreendidos aqueles tipificados na Lei 7.716/89 e no art. 140, §3º, do Código Penal, pois desproporcional e incompatível com infração penal dessa natureza, violadora de valores sociais.*"

> **Art. 14.** Impedir ou obstar, por qualquer meio ou forma, o casamento ou convivência familiar e social.
>
> Pena: reclusão de dois a quatro anos.

Bem jurídico tutelado

O direito à igualdade da pessoa ofendida em seu viés proibitório de discriminação negativa, tendo em vista que a discriminação estaria baseada na manifestação por preconceito.

Sujeitos do crime

Crime comum, pois pode ser cometido por qualquer pessoa, sendo desnecessária a ocorrência de especial condição do sujeito ativo.

No polo passivo figuram o Estado, como sujeito passivo formal, mediato e constante, além da pessoa discriminada, como sujeito passivo imediato (titular do bem jurídico).

Condutas

As condutas nucleares são: *impedir* ou *obstar*. Impedir é criar obstáculo, proibir; obstar é opor-se, causar embaraço ou dificuldade, de qualquer forma ou por qualquer meio (cláusula genérica que permite seja cometido por qualquer modo e pessoa), ao casamento (ato solene de união afetiva, conforme as prescrições da lei civil), à convivência familiar (união estável de pessoas do mesmo sexo ou diverso, além de elos de afetividade ou parentesco, seja consanguíneo ou por afinidade, natural ou civil), bem como à própria convivência social (nesse ponto entendemos que a intenção do legislador é conferir proteção ampla, podendo ser qualquer tipo de convivência, como relacionamento de intimidade/afinidade e até mesmo uma amizade). O tipo é misto alternativo, ou seja, o sujeito ativo pode praticar uma ou mais condutas previstas no tipo penal, porém incidirá em apenas um crime.

Jurisprudência

> *Crime de Racismo – Ocorrência – Hipótese em que o acusado afirmou que a mulher de seu sobrinho era negra – Termo utilizado para desmerecimento e humilhação – Ação que tentou impedir a convivência em comum – Elemento interior de preconceito devidamente comprovado. O racismo se caracteriza pela impossibilidade de determinadas pessoas conviverem com outras de outros grupos étnicos. Esta sua inaptidão é fundamentada em uma pseudo superioridade racial. Assim sendo, ao tentar com a sua ação impedir que seu sobrinho fosse residir com a mulher que escolheu, tudo por causa de sua cor, configurou-se o crime, eis que não é necessário que a ação tenha obtido o resultado. Sua ação foi apta para obstacularizar a convivência. É o que basta para configurar o crime que tem por fundamento não o resultado, mas sim o elemento interior que moveu o agente.* (TJSP. Ap. 198.868-3/2. Rel. Almeida Sampaio. Julgamento: 17.09.1997)

Voluntariedade

Quanto à voluntariedade, exige-se o dolo, inexistindo a forma culposa. Entretanto, não se pode esquecer o comentário realizado na análise dos aspectos gerais, pertinente ao dissenso jurisprudencial que se posiciona pela necessidade da presença do elemento subjetivo específico consistente na vontade de discriminar o ofendido.

Consumação e tentativa

O delito se consuma com a prática discriminatória de impedimento ou óbice ao casamento, convivência familiar ou social, sem necessidade de que disso efetivamente resulte um rompimento de tal relação (ou outro resultado naturalístico). Crime formal.

Conforme a posição majoritária da doutrina, admite-se a tentativa na forma plurissubsistente (quando cometido por mais de um ato), em que pese de difícil ocorrência.

Ação penal

Ação Penal Pública incondicionada.

Não se aplicam os benefícios da Lei 9.099/95 (transação ou suspensão condicional do processo), haja vista a pena mínima ser de dois anos e a máxima de quatro anos de reclusão.

Tendo em vista a entrada em vigor das disposições da novíssima Lei 13.964/2019 ("Pacote Anticrime"), e considerando que todas as penas mínimas dos crimes previstos na Lei

7.716/1989 não ultrapassam quatro anos, resta, teoricamente, possível a celebração de acordo de não persecução penal entre o Ministério Público (titular da ação penal, já que ações públicas incondicionadas) e o agente que praticou a infração (devidamente assistido por sua defesa técnica), além de serem delitos sem violência ou grave ameaça, desde que, obviamente, preenchidas as outras condições objetivas (como confissão formal, por exemplo).

Nada obstante, baseando-se nos requisitos subjetivos e tendo em vista as particularidades do caso concreto, o tratamento constitucional mais rigoroso dispensado aos crimes de racismo em razão do bem jurídico tutelado e o fato de recaírem sobre vítimas pertencentes a grupos historicamente vulneráveis, o membro do Ministério Público com atribuições para o feito, poderá entender que o acordo (instrumento extrajudicial de política criminal) não é adequado e suficiente para a prevenção e reprovação do crime, deixando, fundamentadamente, de propô-lo e, ato contínuo, formulando a denúncia em juízo.

Nesse exato sentido, já existem atos administrativos internos orientando que não sejam celebrados acordos em casos tais, como a pioneira Orientação Conjunta n. 1/2020 - PGJ/SP e CGMP/SP, editada no âmbito do Ministério Público do Estado de São Paulo, que orienta aos membros do *parquet* paulista, o seguinte: "*devem evitar qualquer instrumento de consenso (transação penal, acordo de não persecução penal e suspensão condicional do processo) nos procedimentos investigatórios e processos criminais envolvendo crimes de racismo, compreendidos aqueles tipificados na Lei 7.716/89 e no art. 140, §3º, do Código Penal, pois desproporcional e incompatível com infração penal dessa natureza, violadora de valores sociais.*"

Art. 15. (Vetado).

Art. 16. Constitui efeito da condenação a perda do cargo ou função pública, para o servidor público, e a suspensão do funcionamento do estabelecimento particular por prazo não superior a três meses.

Art. 17. (Vetado).

Art. 18. Os efeitos de que tratam os arts. 16 e 17 desta Lei não são automáticos, devendo ser motivadamente declarados na sentença.

Art. 19. (Vetado).

Os supramencionados artigos 16 e 18 versam sobre os efeitos da sentença penal em razão da condenação pelo cometimento de crimes previstos na presente Lei. Tendo em vista que estão relacionados, serão abordados conjuntamente.

Os efeitos extrapenais genéricos da sentença penal condenatória estão previstos nos artigos 91 e 92 do Código Penal. Todavia, o legislador ordinário, por ocasião da edição da Lei em comento (7.716/89), estipulou alguns efeitos específicos, quais sejam: *a)* se o sujeito ativo que praticou o crime é agente público (*lato sensu*) poderá perder o cargo ou função (e, logicamente, o emprego público, que tem um caráter menor de estabilidade do que o cargo público); *b)* se o crime for praticado em estabelecimento privado – a exemplo dos tipos penais de negativa de atendimento em estabelecimentos comerciais – poderá tal local ter sua suspensão decretada por período não superior a 3 (três) meses (a lei não estabeleceu prazo mínimo, havendo posicionamento doutrinário que seria de um mês).

Nada obstante, com relação à suspensão do funcionamento dos estabelecimentos particulares por até três meses, necessário fazer uma reflexão mais acurada acerca da constitucionalidade da medida (efeito específico da sentença penal condenatória), pois é sabido que o estabelecimento empresarial (a pessoa jurídica de direito privado) invariavelmente tem personalidade diversa de seus proprietários e sócios. Dito por palavras menos congestionadas, tudo indica tratar-se de verdadeira hipótese de responsabilidade penal (e objetiva) da pessoa jurídica à míngua de expressa previsão constitucional (lembrando que a Constituição Federal prevê categoricamente a responsabilização penal das pessoas jurídicas pelo cometimento de crimes ambientais no parágrafo 3.º do art. 225). Com efeito, inegavelmente estamos diante de pena que será suportada pela própria pessoa jurídica, da mesma forma que a sanção restritiva de direitos prevista no art. 22, I (suspensão das atividades) da Lei de Crimes Ambientais (9.605/98). Ocorre que, diferentemente da Lei de Crimes Ambientais, nas hipóteses dos crimes da Lei 7.716/89 não há previsão constitucional autorizativa. Além disso, a pessoa jurídica sequer irá figurar como ré na respectiva ação penal (ao revés do que acontece nos crimes ambientais), motivo pelo qual entendemos que o dispositivo em voga é inconstitucional. Caso aplicado incorreria em afronta à impossibilidade de transcendência da pena à pessoa do condenado, insculpido no art. 5.º, XLV, da Constituição Federal.

Outrossim, note-se que anteriormente utilizamos propositadamente o verbo **poderá**, considerando, justamente, o comando normativo inserto no art. 18. Ou seja, tais efeitos **não são automáticos**, devendo constar – necessariamente – de pronunciamento judicial expresso, devidamente motivado, consoante preconiza a garantia prevista no art. 93, IX, da Constituição Federal.

Em que pese o silêncio da doutrina, bem como diante da escassez de casos concretos na jurisprudência pátria, entendemos que o juiz criminal deverá, a partir de um juízo de correlação e proporcionalidade, aplicar o efeito ao funcionário público quando vislumbrar algum liame entre o fato criminoso praticado e o cargo (emprego ou função) do servidor desviante. Como, por exemplo, quando o crime é cometido em razão ou no ofício, tal qual um superior hierárquico que obsta a promoção funcional de seu subalterno (o qual estava totalmente habilitado, preenchendo todos os requisitos legais), tendo em vista a adoção de postura preconceituosa no que tange à religião deste último (a conduta seria capitulada no art. 3º, parágrafo único, da lei em testilha). Em casos tais, não temos dúvida quanto à possibilidade de aplicação do efeito extrapenal em comento, sob pena de se tornar letra morta a previsão legal mencionada. Ademais, importa ressaltar, ainda, que a perda do cargo tem caráter irrevogável após o trânsito em julgado da sentença penal condenatória, acarretando a extinção definitiva do vínculo do agente naquele cargo, emprego ou função específico, não podendo ser restabelecido sequer por meio de reabilitação criminal. Entretanto, não há pena perpétua em nosso ordenamento jurídico, sendo factível que tal agente possa, posteriormente, acessar a outro cargo público, consoante os meios constitucionais legítimos de investidura.

Por fim, cumpre frisar que qualquer crime previsto na presente lei poderá, teoricamente, acarretar a aplicação do efeito extrapenal específico, vez que o artigo 16 não faz referência a este ou aquele crime da Lei 7.716/89. Portanto, consoante o bom ensinamento hermenêutico, o intérprete não pode restringir o que a norma não fez.

Art. 20. Praticar, induzir ou incitar a discriminação ou preconceito de raça, cor, etnia, religião ou procedência nacional. (Redação dada pela Lei nº 9.459, de 15/05/97)

Pena: reclusão de um a três anos e multa. (Redação dada pela Lei nº 9.459, de 15/05/97)

Bem jurídico tutelado

O direito à igualdade em seu viés proibitório de discriminação negativa, tendo em vista que a discriminação estaria baseada na manifestação por preconceito.

Sujeitos do crime

Crime comum, pois pode ser cometido por qualquer pessoa, sendo desnecessária a ocorrência de especial condição do sujeito ativo.

No polo passivo figuram o Estado, como sujeito passivo formal, mediato e constante, além da pessoa ou grupo de pessoas, como sujeito passivo imediato (titular do bem jurídico).

Condutas

Inicialmente, cumpre observar que o tipo penal é extremamente aberto, considerando que traz uma proibição genérica de discriminação (a partir de preconceito de raça, cor, etnia, *etc.*). Sendo assim, qualquer conduta prevista nos artigos anteriores não deixaria de, teoricamente, incidir também no artigo 20 *caput* (de aplicação subsidiária, portanto). Tal situação deve ser resolvida pelo critério de solução de conflitos normativos consubstanciado na especialidade. Destarte, praticando o agente uma conduta discriminatória (em razão de raça, cor, etnia, religião ou procedência nacional) prevista especificamente em um dos tipos penais anteriores, deve prevalecer pelo critério da especialidade, caso contrário incidirá (subsidiariamente, repita-se) o artigo 20 *caput*.

As condutas nucleares são: *praticar, induzir* ou *incitar*. Praticar é executar o ato, realizar, fazer; induzir significa dar a ideia (a ideia não existia até então); incitar relaciona-se à instigação, reforçar uma ideia que já existia. Aquele que realiza (executa) o ato discriminatório responde pelo crime praticado. Além disso, os agentes que induzem ou incitam também são responsáveis pelo delito. Em verdade, estes dois últimos verbos nucleares seriam dispensáveis, pois traduzem a figura da participação moral, já punida pelo Código Penal (*Art. 29 – Quem, de qualquer modo, concorre para o crime incide nas penas a este cominadas, na medida de sua culpabilidade.*) Portanto, criou-se uma exceção à regra da participação, assim, um agente que instiga a prática de um homicídio, por exemplo, responderá como partícipe, conforme a supramencionada norma de extensão do art. 29, do Código Penal, podendo, inclusive, ser reconhecida a causa de diminuição de pena inserida no parágrafo primeiro do art. 29 do CP (a conhecida participação de menor importância, reduzindo a pena de um sexto a um terço). Nada obstante, quem incita a prática de um crime de discriminação prevista no artigo em voga responderá como coautor, sem prejuízo, logicamente, de receber uma reprimenda penal menor (quando comparado àquele que executou a discriminação) por ocasião da individualização da pena, a ser realizada pelo magistrado em sentença. Trata-se, no mínimo, de mais uma impropriedade legislativa.

Com relação ao conceito de discriminação e preconceito, lembramos que a primeira é exteriorização do segundo (o preconceito é subjetivo, interior, está no intelecto da pessoa, configura um pré-julgamento negativo com relação a outro indivíduo ou grupo; quando exteriorizado por atos materiais, torna-se discriminação), consoante já explicitado nos comentários dos aspectos gerais do presente diploma legal. Com efeito, bastaria ao tipo penal a previsão de discriminação, que, repita-se, é a materialização do ato, vez que o Estado não pode punir o indivíduo por aquilo que ele é ou pensa (por mais preconceituoso que seja). Em outros termos, o indivíduo deve exteriorizar uma conduta criminosa, sendo que, geralmente, a punibilidade começa quando o agente inicia a prática dos atos executórios (salvo quando a lei pune expressamente os atos preparatórios), motivo pelo qual, na prática, o termo preconceito torna-se desnecessário no tipo penal em lume. Outrossim, no que tange aos elementos normativos raça, cor, etnia, religião ou procedência nacional, não há nada a ser acrescentado, razão pela qual remetemos o estimado leitor aos comentários dos aspectos gerais.

Por fim, diante de um conflito aparente de normas com o crime de injúria racial, agora inserido na presente lei, especialmente quando a discriminação injuriosa é motivada por um dos quatro elementos (raça, cor, etnia ou origem), remetemos o leitor aos comentários elaborados por ocasião da análise do novel artigo 2-A.

Voluntariedade

Quanto à voluntariedade, exige-se o dolo, inexistindo a forma culposa. Entretanto, não se pode esquecer o comentário realizado na análise dos aspectos gerais, pertinente ao dissenso jurisprudencial que se posiciona pela necessidade da presença do elemento subjetivo específico consistente na vontade de discriminar o ofendido.

Consumação e tentativa

A conduta de praticar, assim como as de induzir ou incitar, consumam-se independentemente da ocorrência de resultado naturalístico, bastando para tanto a prática discriminatória. Crime formal, portanto.

Importante ressaltar, considerando a previsão das condutas nucleares *induzir* e *incitar* no próprio tipo penal, que basta a sua ocorrência (indução ou incitação) para a configuração do crime previsto no *caput* do art. 20, ainda que a pessoa induzida ou incitada não chegue efetivamente a praticar o ato discriminatório, diferentemente do modelo adotado (como regra geral) nos casos de participação do Código Penal, em que a punição do partícipe se condiciona ao início da execução pelo autor (*Art. 31 – O ajuste, a determinação ou instigação e o auxílio, salvo disposição expressa em contrário, não são puníveis, se o crime não chega, pelo menos, a ser tentado*"). Exemplo: se João instiga José a cometer um homicídio, caso José não chegue a iniciar a execução, o fato é atípico, não sendo punível a conduta de João. Nada obstante, se João incitar José à prática de um ato discriminatório contra a comunidade judaica de sua cidade, ainda que José não faça nada, já restou configurada a prática da infração penal prevista no *caput* do art. 20 da Lei 7.716/89 para João.

Conforme a posição majoritária da doutrina, admite-se a tentativa na forma plurissubsistente (quando cometido por mais de um ato), embora de difícil ocorrência.

Ação penal

Ação Penal Pública incondicionada.

Cabe a aplicação do artigo 89 da Lei 9.099/95, que prevê a suspensão condicional do processo, haja vista a pena mínima não ultrapassar o patamar de um ano.

Tendo em vista a entrada em vigor das disposições da novíssima Lei 13.964/2019 ("Pacote Anticrime"), e considerando que todas as penas mínimas dos crimes previstos na Lei 7.716/1989 não ultrapassam quatro anos, resta, teoricamente, possível a celebração de acordo de não persecução penal entre o Ministério Público (titular da ação penal, já que ações públicas incondicionadas) e o agente que praticou a infração (devidamente assistido por sua defesa técnica), além de serem delitos sem violência ou grave ameaça, desde que, obviamente, preenchidas as outras condições objetivas (como confissão formal, por exemplo).

Nada obstante, baseando-se nos requisitos subjetivos e tendo em vista as particularidades do caso concreto, o tratamento constitucional mais rigoroso dispensado aos crimes de racismo em razão do bem jurídico tutelado e o fato de recaírem sobre vítimas pertencentes a grupos historicamente vulneráveis, o membro do Ministério Público com atribuições para o feito, poderá entender que o acordo (instrumento extrajudicial de política criminal) não é adequado e suficiente para a prevenção e reprovação do crime, deixando, fundamentadamente, de propô-lo e, ato contínuo, formulando a denúncia em juízo.

Nesse exato sentido, já existem atos administrativos internos orientando que não sejam celebrados acordos em casos tais, como a pioneira Orientação Conjunta n. 1/2020 - PGJ/SP e CGMP/SP, editada no âmbito do Ministério Público do Estado de São Paulo, que orienta aos membros do *parquet* paulista, o seguinte: "*devem evitar qualquer instrumento de consenso (transação penal, acordo de não persecução penal e suspensão condicional do processo) nos procedimentos investigatórios e processos criminais envolvendo crimes de racismo, compreendidos aqueles tipificados na Lei 7.716/89 e no art. 140, §3º, do Código Penal, pois desproporcional e incompatível com infração penal dessa natureza, violadora de valores sociais.*"

> § 1º Fabricar, comercializar, distribuir ou veicular símbolos, emblemas, ornamentos, distintivos ou propaganda que utilizem a cruz suástica ou gamada, para fins de divulgação do nazismo. (Redação dada pela Lei nº 9.459, de 15/05/97)
>
> Pena: reclusão de dois a cinco anos e multa. (Incluído pela Lei nº 9.459, de 15/05/97)

Bem jurídico tutelado

O direito à igualdade dos seres humanos, haja vista que a ideologia nazista pregava a superioridade da raça ariana (etnia branco-caucasiana), além disso objetiva resguardar a paz social.

Sujeitos do crime

Crime comum, pois pode ser cometido por qualquer pessoa, sendo desnecessária a ocorrência de especial condição do sujeito ativo.

No polo passivo o Estado como sujeito passivo formal, mediato e constante, além de ser crime vago, ou seja, a coletividade é o sujeito passivo imediato (titular do bem jurídico).

Condutas

As condutas nucleares são: *fabricar*, *comercializar*, *distribuir* ou *veicular*. Fabricar é construir, manufaturar; comercializar significa negociar; distribuir, tem o sentido de disponibilizar; veicular significa difundir, propagar. Tais condutas devem estar relacionadas aos objetos materiais do crime, quais sejam, o símbolo (sinal representativo), emblema (está relacionado à identificação visual, não deixando de ser uma figura simbólica representativa de algo), ornamentos (são objetos de embelezamento, adereços), distintivos (sinal indicativo de algum cargo ou posto), propaganda (divulgação de ideias ou preceitos), os quais utilizem (usem) a cruz suástica ou gamada (antigo símbolo religioso em forma de cruz grega com as extremidades das hastes prolongadas em ângulo reto, que foi adotado como símbolo do regime nazista, tendo como líder supremo o *Führer* Adolf Hitler). Outrossim, para a configuração do crime em liça, é necessário que tais objetos sejam utilizados para fins de divulgação do nazismo (aqui há necessidade do elemento subjetivo específico). Logo, nos casos em que restar ausente tal elemento subjetivo específico (finalidade de divulgação do nazismo), como em objetos e artefatos de colecionadores, historiadores, museus e exposições (desde que, repita-se, tais materiais não sejam utilizados ainda que veladamente para propaganda do nazismo), a conduta será atípica.

Voluntariedade

Quanto à voluntariedade, exige-se o dolo, inexistindo a forma culposa. Aqui é indiscutível, pela própria formatação do tipo penal, que para a configuração do crime em voga faz-se imprescindível que tais objetos sejam utilizados *para fins de divulgação do nazismo* (elemento subjetivo específico).

Consumação e tentativa:

Crime de mera conduta. Basta para sua configuração a prática de uma (ou mais) das condutas nucleares, desde que motivada pelo especial fim de agir *para fins de divulgação do nazismo* (elemento subjetivo específico). O tipo é misto alternativo, ou seja, o sujeito ativo pode praticar uma ou mais condutas previstas no tipo penal, porém incidirá em apenas um crime.

É plenamente possível a tentativa, notadamente na forma plurissubsistente (quando cometido por mais de um ato). Ilustramos com a seguinte situação: uma pessoa pretende fabricar material de propaganda nazista contendo os respectivos símbolos do partido e a cruz suástica, para posterior distribuição e divulgação de tais ideários; tal pessoa adquire os insumos, mas é surpreendida durante o processo de manufatura e acaba sendo impedida de consumar seu desiderato criminoso. Pode-se afirmar que, neste caso, está plenamente configurada a tentativa.

Ação penal

Ação Penal Pública incondicionada.

Não se aplicam os benefícios da Lei 9.099/95 (transação ou suspensão condicional do processo), haja vista a pena mínima ser de dois anos e a máxima de cinco anos de reclusão.

Tendo em vista a entrada em vigor das disposições da novíssima Lei 13.964/2019 ("Pacote Anticrime"), e considerando que todas as penas mínimas dos crimes previstos na Lei 7.716/1989 não ultrapassam quatro anos, resta, teoricamente, possível a celebração de acordo de não persecução penal entre o Ministério Público (titular da ação penal, já que ações públicas incondicionadas) e o agente que praticou a infração (devidamente assistido por sua defesa técnica), além de serem delitos sem violência ou grave ameaça, desde que, obviamente, preenchidas as outras condições objetivas (como confissão formal, por exemplo).

Nada obstante, baseando-se nos requisitos subjetivos e tendo em vista as particularidades do caso concreto, o tratamento constitucional mais rigoroso dispensado aos crimes de racismo em razão do bem jurídico tutelado e o fato de recaírem sobre vítimas pertencentes a grupos historicamente vulneráveis, o membro do Ministério Público com atribuições para o feito, poderá entender que o acordo (instrumento extrajudicial de política criminal) não é adequado e suficiente para a prevenção e reprovação do crime, deixando, fundamentadamente, de propô-lo e, ato contínuo, formulando a denúncia em juízo.

Nesse exato sentido, já existem atos administrativos internos orientando que não sejam celebrados acordos em casos tais, como a pioneira Orientação Conjunta n. 1/2020 - PGJ/SP e CGMP/SP, editada no âmbito do Ministério Público do Estado de São Paulo, que orienta aos membros do *parquet* paulista, o seguinte: "*devem evitar qualquer instrumento de consenso (transação penal, acordo de não persecução penal e suspensão condicional do processo) nos procedimentos investigatórios e processos criminais envolvendo crimes de racismo, compreendidos aqueles tipificados na Lei 7.716/89 e no art. 140, §3º, do Código Penal, pois desproporcional e incompatível com infração penal dessa natureza, violadora de valores sociais*".

> § 2º Se qualquer dos crimes previstos neste artigo for cometido por intermédio dos meios de comunicação social, de publicação em redes sociais, da rede mundial de computadores ou de publicação de qualquer natureza: (Redação dada pela Lei nº 14.532, de 2023).

Não se trata de um tipo penal autônomo, mas sim um meio de execução das condutas previstas no presente artigo (ao revés da antiga redação, a qual limitava à conduta prevista apenas na cabeça do artigo. Em verdade a presente norma é uma qualificadora das condutas previstas ao longo do artigo 20. Optou o legislador por aumentar a reprimenda penal (restam, portanto, incabíveis os institutos despenalizadores da transação penal e *sursis* processual), haja vista que, uma vez cometida a ação por intermédio de quaisquer meios de comunicação (rádio, televisão, internet, etc.) ou mediante publicação (em revistas, jornais, periódicos) ou nas redes sociais, há uma potencialidade lesiva muito maior, pois a prática discriminatória torna-se de fácil acesso a um infindável número de pessoas.

Interessante caso foi julgado recentemente pelo Supremo Tribunal Federal, (trata-se do RHC n.º 134682/BA) no bojo do qual aludido colegiado trancou ação penal movida pelo Ministério Público do Estado da Bahia em desfavor de sacerdote da Igreja Católica, autor de livro em que professava sua doutrina cristã (a obra tem o seguinte título: *Sim, sim! Não, não! Reflexões de cura e libertação*), e, conforme a acusação, praticava ato discriminatório em relação à religião espírita. A denúncia capitulou o fato justamente no art. 20, § 2º da Lei 7.716/1989 (antiga redação). Na oportunidade restou assentado que a liberdade de manifestação e crença engloba o proselitismo religioso (liberdade de escolher determinada religião, professar sua fé, exaltar as "qualidades" de sua crença, externando a superioridade desta em relação a outras, objetivando convencer ou arregimentar seguidores), conforme se demonstra no resumo do julgado: "*A Primeira Turma, por maioria, deu provimento a recurso ordinário em "habeas corpus" para trancar ação penal em que se imputa ao recorrente a suposta prática de crime de racismo, por meio de incitação à discriminação religiosa (Lei 7.716/1989, art. 20, § 2º). No caso, sacerdote da Igreja Católica Apostólica Romana publicou livro no qual, segundo a acusação, explicitou conteúdo discriminatório a atingir a doutrina espírita. [...]* ***A mensagem religiosa não pode ser tratada exatamente da mesma forma que a não religiosa. Sob esse aspecto, diversas religiões ostentam caráter universalista, ou seja, almejam converter o maior número possível de pessoas. Em especial, o catolicismo e o cristianismo perseguem esse objetivo. Nessa medida, tolher o proselitismo indispensável à consecução das finalidades de religiões universalistas configura ataque ao núcleo essencial da liberdade de expressão religiosa. O proselitismo religioso, em diversas oportunidades, é implementado à luz de um contraste entre as mais diversas religiões. O indivíduo que busca a conversão de outrem geralmente o faz sob argumentos de hierarquização entre religiões, almejando demonstrar a superioridade de suas próprias crenças, de modo que, corriqueiramente, as religiões pretendem assumir contornos de doutrinas de primeira ordem. Esse proselitismo, portanto, ainda que acarrete incômodas comparações religiosas, não materializa, por si só, o espaço normativo dedicado à incriminação de condutas preconceituosas. Essa ação constitui não apenas desdobramento da liberdade de expressão religiosa, mas figura como núcleo essencial desse direito, de modo que negar sua prática configuraria excessiva restrição às liberdades constitucionais. Assim, eventual animosidade decorrente de observações desigualadoras não configura, necessariamente, preconceito ou discriminação. No contexto religioso, a tentativa de convencimento pela fé, sem contornos de violência ou desrespeito à dignidade humana, está dentro das balizas da tolerância.*** *[...] Vencido o ministro Luiz Fux, que não trancava a ação penal por entender não haver elementos suficientes para tanto.*" Informativo n.º 849, 28 de novembro a 2 de dezembro de 2016. RHC 134682/BA, rel. Min. Edson Fachin, julgamento em 29.11.2016. (Grifou-se)

Por outro lado, envolvendo discriminação movida por crenças religiosas, encontramos condenação mantida pelo Tribunal de Justiça do Estado do Rio de Janeiro, sendo provido parcialmente o recurso defensivo somente com relação à adequação da pena de multa (além disso, no âmbito do Superior Tribunal de Justiça, houve a impetração de Habeas Corpus que sequer foi conhecido em sede de decisão monocrática[71]): "APELAÇÃO CRIMINAL - PENAL E PROCESSUAL PENAL - PRECONCEITO RELIGIOSO (LEI 7.716/89)- EPISÓDIO OCORRIDO NA COMARCA DA CAPITAL - DUPLA DE AGENTES MEMBROS DA IGREJA PENTECOSTAL GERAÇÃO JESUS CRISTO, VINDO O IMPUTADO TUPIRANI A EXERCER A FUNÇÃO DE PASTOR DA REFERIDA CONGREGAÇÃO, ENQUANTO QUE AFONSO É UM DOS FREQÜENTADORES DESTA E, ASSUMINDO TAIS PAPÉIS, É QUE AMBOS PASSARAM A PRATICAR E A INCITAR A DISCRIMINAÇÃO RELIGIOSA, INCLUSIVE SE UTILIZANDO PARA TANTO DO MANEJO DE MEIOS DE COMUNICAÇÃO, PORQUANTO TUPIRANI MANTÉM NA REDE MUNDIAL DE COMPUTADORES UMA PÁGINA EM FORMATO CONHECIDO COMO "BLOG" VINDO NESTA A PUBLICAR TEXTOS COM O OBJETIVO DE PREGAR O FIM DAS IGREJAS ASSEMBLÉIA DE DEUS E IGUALMENTE

71 Nesse esteio, *in verbis*: "*Considerando as circunstâncias fáticas estabelecidas pelas instâncias ordinárias, bem como o conteúdo da denúncia, não se mostra possível o acolhimento das teses defensivas de atipicidade por ausência de dolo, bem como exercício do direito à liberdade de culto e de expressão. Ante exposto, não conheço do presente habeas corpus.*" (STJ - HC: 424402 RJ 2017/0291635-7, Relator: Ministro JOEL ILAN PACIORNIK, Data de Publicação: DJ 11/09/2018).

A PRÁTICA DA INTOLERÂNCIA RELIGIOSA CONTRA JUDEUS, ENQUANTO QUE AFONSO, QUEM SE AUTO INTITULA MEMBRO DE UMA 'NOVA GERAÇÃO DE VALENTES', POSTA VÍDEOS NO SÍTIO WWW.YOUTUBE.COM, TENDO SIDO UM DESTES DISPONIBILIZADO NO MÊS DE ABRIL DE 2009, NO QUAL SE VANGLORIAVA DE HAVER DESTRUÍDO IMAGENS RELIGIOSAS QUE SE ENCONTRAVAM NO INTERIOR DO CENTRO ESPÍRITA CRUZ DE OXALÁ, FATO ESTE OCORRIDO NO DIA 02 DE JUNHO DE 2008, SEM PREJUÍZO DE, NESTE MESMO VÍDEO, DEFENDER EXPLICITAMENTE A DISCRIMINAÇÃO DE SEGUIDORES DE OUTRAS RELIGIÕES, DENOMINANDO-OS DE 'SEGUIDORES DO DIABO', 'ADORADORES DO DEMÔNIO', BEM COMO ASSOCIANDO PEJORATIVAMENTE AS FIGURAS DE PAIS DE SANTO À CONDIÇÃO DE HOMOSSEXUAIS, COM O INTUITO DE MENOSPREZAR A TODOS QUE OS TEM AQUELE TÍTULO RELIGIOSO, E, NÃO SATISFEITO, AINDA OFENDE, TAMBÉM NO AMBIENTE DESTES MESMOS MEIOS DE COMUNICAÇÃO, A AUTORIDADES PÚBLICAS E A SEGUIDORES DE OUTRAS MANIFESTAÇÕES DE FÉ ESPIRITUAL - IRRESIGNAÇÃO DEFENSIVA DE AMBOS OS IMPLICADOS, DIANTE DO DESENLACE CONDENATÓRIO [...]" (TJRJ. Apelação Criminal nº 0153479-93.2009.8.19.0001. Sexta Câmara Criminal. Relator: DES. LUIZ NORONHA DANTAS. j. 17/12/2013).

Atualmente a internet tem sido utilizada como meio frequente da prática do crime. Houve, durante algum tempo, certa oscilação acerca da competência para o processamento da ação penal em crimes deste jaez. Contudo, o Supremo Tribunal Federal e o Superior Tribunal de Justiça, pacificaram a questão, posicionando-se pela regra geral de competência da Justiça Estadual. Afirmando que só restaria competência à Justiça Federal[72] **em caso de transnacionalidade potencial ou efetiva**, como, por exemplo, grupos de apoiadores do nazismo (os neonazistas) no Brasil e de outro país estivessem atuando em conjunto para a prática das condutas previstas no caput, ou um grupo brasileiro distribuindo material para outros países. Vejamos os julgados dos Tribunais Superiores acerca do tema:

> DIREITO PENAL E PROCESSUAL PENAL. AGRAVO INTERNO EM RECURSO EXTRAORDINÁRIO COM AGRAVO. **CRIME DE RACISMO PRATICADO PELA INTERNET. COMPETÊNCIA. DISCUSSÃO JÁ DECIDIDA PELO SUPERIRO TRIBUNAL DE JUSTIÇA E SUPREMO TRIBUNAL FEDERAL. JUSTIÇA COMUM.** (STF - AgR ARE: 1169322 DF - DISTRITO FEDERAL 0098316-59.2012.8.07.0001, Relator: Min. ROBERTO BARROSO, Data de Julgamento: 29/03/2019, Primeira Turma, Data de Publicação: DJe-069 05-04-2019)
>
> *CONFLITO NEGATIVO DE COMPETÊNCIA. **ART. 20, § 2º, DA LEI 7.716/89**. DISCRIMINAÇÃO E PRECONCEITO CONTRA O POVO JUDEU. CONVENÇÃO INTERNACIONAL ACERCA DO TEMA. RATIFICADA PELO BRASIL. DISSEMINAÇÃO. **PRATICADA POR MEIO DA REDE SOCIAL "FACEBOOK". SÍTIO VIRTUAL DE AMPLO ACESSO. CONTEÚDO RACISTA ACESSÍVEL NO EXTERIOR. POTENCIAL TRANSNACIONALIDADE CONFIGURADA. COMPETÊNCIA DA JUSTIÇA FEDERAL**. IDENTIFICAÇÃO DA ORIGEM DAS POSTAGENS. POSSIBILIDADE DE FIXAÇÃO DE TERCEIRO JUÍZO ESTRANHO AO CONFLITO. [..]. 3. Na presente investigação é incontroverso que o conteúdo divulgado na rede social "Facebook", na página "Hitler Depressão – A Todo Gás", possui conteúdo discriminatório contra todo o povo judeu e não contra pessoa individualmente considerada. Também é incontroverso que a "Convenção Internacional sobre a*

72 Baltazar Jr. sistematiza didaticamente quais ilícitos penais da Lei 7.716.89 – teoricamente – seriam da competência da Justiça Federal, senão vejamos: *a) nos casos do art. 13, que envolve as Forças Armadas; b) nos casos dos artigos 3.º e 6.º quando se der em órgão federal; c) quando o crime do art. 20 é praticado em razão de disputa sobre direitos indígenas e d) quando presente a internacionalidade do delito.* BALTAZAR JR, José Paulo. Crimes Federais. 10. ed. rev. atual. ampl. São Paulo: Saraiva. 2015, p. 771.

*Eliminação de Todas as Formas de Discriminação Racial", promulgada pela Assembléia das Nações Unidas foi ratificada pelo Brasil em 27.03.1968. O núcleo da controvérsia diz respeito exclusivamente à configuração ou não da internacionalidade da conduta. 4. À época em que tiveram início as investigações, não havia sólido entendimento da Suprema Corte acerca da configuração da internacionalidade de imagens postadas no "Facebook". **Todavia, o tema foi amplamente discutido em recurso extraordinário cuja repercussão geral foi reconhecida. "A extração da potencial internacionalidade do resultado advém do nível de abrangência próprio de sítios virtuais de amplo acesso, bem como da reconhecida dispersão mundial preconizada no art. 2º, I, da Lei 12.965/2014, que instituiu o Marco Civil da Internet no Brasil"** (RE 628624, Relator Min. MARCO AURÉLIO, Relator p/ Acórdão EDSON FACHIN, Tribunal Pleno, Dje 6/4/2016) 5. Muito embora o paradigma da repercussão geral diga respeito à pornografia infantil, o mesmo raciocínio se aplica ao caso concreto, na medida em que o acórdão da Suprema Corte vem repisar o disposto na Constituição Federal, que reconhece a competência da Justiça Federal não apenas no caso de acesso da publicação por alguém no estrangeiro, mas também nas hipóteses em que a amplitude do meio de divulgação tenha o condão de possibilitar o acesso. **No caso dos autos, diante da potencialidade de o material disponibilizado na internet ser acessado no exterior, está configurada a competência da Justiça Federal, ainda que o conteúdo não tenha sido efetivamente visualizado fora do território nacional.*** (STJ. CONFLITO DE COMPETÊNCIA Nº 163.420 - PR. RELATOR: MINISTRO JOEL ILAN PACIORNIK. Terceira Seção do Superior Tribunal de Justiça. Data do Julgamento: 13 de maio de 2020).

O Superior Tribunal de Justiça, em Conflito de Competência, entendeu presente a transnacionalidade apta a atrair a competência da Justiça Federal em um caso de determinado colunista que teceu comentários discriminatórios contra nordestinos em programa veiculado em canal de televisão a cabo, assistido por telespectadores dentro e fora do país, conforme segue: CONFLITO NEGATIVO DE COMPETÊNCIA. JUSTIÇA FEDERAL X JUSTIÇA ESTADUAL. INQUÉRITO POLICIAL. COMENTÁRIOS EM TESE DISCRIMINATÓRIOS DO POVO NORDESTINO EMITIDOS POR ESCRITOR/COLUNISTA EM PROGRAMA DE TV A CABO. ART. 20 DA LEI 7.716/89. DÚVIDA SOBRE A TIPICIDADE DA CONDUTA. POSSIBILIDADE DE CONCESSÃO DE HABEAS CORPUS DE OFÍCIO DURANTE O EXAME DE CONFLITO DE COMPETÊNCIA EM SITUAÇÃO DE EXCEPCIONALIDADE. CASO CONCRETO EM QUE O TRANCAMENTO DAS INVESTIGAÇÕES NESTA INSTÂNCIA SE REVELARIA PREMATURO. OFENSA A COLETIVIDADE E RESULTADO TRANSNACIONAL DA CONDUTA EVIDENCIADOS. COMPETÊNCIA DA JUSTIÇA FEDERAL. COMPETÊNCIA TERRITORIAL FIXADA PELA PREVENÇÃO. [...] 3. Situação em que conhecido colunista, num contexto em que comentava a vitória do Partido dos Trabalhadores, nas eleições presidenciais de 2014, qualificou o povo nordestino, que teria votado maciçamente no mencionado partido, de retrógrado, governista, bovino, subalterno em relação ao poder, atrasado, pouco educado e repressor da imprensa. 4. Ainda que a "discriminação étnico-racial", tal como definida no art. 1º, parágrafo único, I, Lei 12.288/2010, somente seja punível na medida em que tenha por objetivo ou efeito "anular ou restringir o reconhecimento, gozo ou exercício, em igualdade de condições, de direitos humanos e liberdades fundamentais nos campos político, econômico, social, cultural ou em qualquer outro campo da vida pública ou privada", a conduta descrita no art. 20, caput e § 2º, da Lei 7.716/89 pune, também, a prática, indução ou incitação de "preconceito", cuja caracterização não é expressamente delimitada na lei. 5. Com tudo isso em mente, revela-se desaconselhável a concessão de habeas corpus de ofício no caso concreto, seja porque as investigações ainda estão em estágio muito incipiente, sem que tenha sido ouvido o investigado de ordem a melhor se poder discernir o seu animus ao tecer comentários sobre os nordestinos, seja diante da desnecessária supressão de instância, seja diante dos vários precedentes da Terceira Seção do STJ, que, em situações análogas, não reconheceram, de plano, a atipicidade da conduta (discriminação ou preconceito) e resolveram apenas o Conflito de Competência suscitado. A título exemplificativo:

CC 150.564/MG, Rel. Ministro REYNALDO SOARES DA FONSECA, TERCEIRA SEÇÃO, julgado em 26/04/2017, DJe 02/05/2017; CC 145.938/RO, Rel. Ministro REYNALDO SOARES DA FONSECA, TERCEIRA SEÇÃO, julgado em 27/04/2016, DJe 04/05/2016; AgRg no AREsp 381.205/RS, Rel. Ministro JORGE MUSSI, QUINTA TURMA, julgado em 12/08/2014, DJe 21/08/2014. [...] 7. Esta Corte, interpretando o disposto no art. 109, V, da CF, tem entendido, como regra geral, ser competência da Justiça Federal o julgamento de infrações penais que apresentem fortes indícios de internacionalidade da conduta e/ou de seus resultados e que estejam previstas em tratado ou convenção internacional, como é caso do racismo, previsto na Convenção Internacional sobre a Eliminação de todas as Formas de Discriminação Racial, da qual o Brasil é signatário. 8. Evidenciado que as palavras do investigado atingiram uma coletividade e que o programa foi assistido por telespectadores dentro e fora do país, produzindo resultados transnacionais, revela-se indiscutível a competência da Justiça Federal para conduzir a investigação. Precedentes. 9. Desconhecido o local da infração, posto que a opinião supostamente preconceituosa foi manifestada em programa de televisão de canal fechado cujo local de gravação é incerto, e desconhecido o local de domicílio do réu, deve ser fixada a competência territorial com base na regra da prevenção (do § 2º do art. 72 do CPP), sendo admissível a declaração da competência de um terceiro juízo que não figure no conflito de competência. 10. Conflito conhecido, para declarar a competência de um terceiro Juízo, o Juízo Federal da 13ª Vara da Seção Judiciária de Pernambuco, para a condução e julgamento do Procedimento Investigatório. (STJ - CC: 146983 RJ 2016/0147383-6, Relator: Ministro FELIX FISCHER, Data de Julgamento: 24/05/2017, S3 - TERCEIRA SEÇÃO, Data de Publicação: DJe 29/06/2017).

Jurisprudência

CRIME DE RACISMO. ARTIGO 20, § 2º, DA LEI N. 7.716/89. PUBLICAÇÃO DE CHARGE EM JORNAL. SENTENÇA ABSOLUTÓRIA. RECURSO DA ACUSAÇÃO. ILUSTRAÇÃO PEJORATIVA. VINCULAÇÃO DO NASCIMENTO DE CRIANÇAS AFRODESCENDENTES À CRIMINALIDADE. CONTEÚDO RACISTA MANIFESTO. COLISÃO DE PRINCÍPIOS. LIBERDADE DE EXPRESSÃO, DIGNIDADE DA PESSOA HUMANA E IGUALDADE. SOLUÇÃO QUE SE DÁ ATRAVÉS DA UTILIZAÇÃO DO PRINCÍPIO DA PROPORCIONALIDADE. PREVALÊNCIA DOS ÚLTIMOS INEQUIVOCAMENTE APLICÁVEL AO CASO CONCRETO. RECURSO PROVIDO. Ilustração de recém nascidos afrodescendentes em fuga de sala da parto, associado aos dizeres de um personagem (supostamente médico) de cor branca "Segurança!!! É uma fuga em massa!!!", configura a prática do crime de racismo. (TJSC, Apelação Criminal n. 2012.016841-9, de Lages, rel. Des. Jorge Schaefer Martins, j. 23-05-2013).

§ 2º-A Se qualquer dos crimes previstos neste artigo for cometido no contexto de atividades esportivas, religiosas, artísticas ou culturais destinadas ao público: (Incluído pela Lei nº 14.532, de 2023)

Pena: reclusão, de 2 (dois) a 5 (cinco) anos, e proibição de frequência, por 3 (três) anos, a locais destinados a práticas esportivas, artísticas ou culturais destinadas ao público, conforme o caso. (Incluído pela Lei nº 14.532, de 2023)

Infelizmente temos assistido cada vez mais casos de discriminação em eventos esportivos e culturais mundo afora, cânticos racistas entoados por torcidas, ofensas xenofóbicas, coro de vaias seguida da imitação de som característico de símios, etc; atento a esta cruel realidade, a Lei 14.532/2023 acrescentou uma alínea com escopo de recrudescer a resposta à tais condutas, cumulando à pena privativa de liberdade uma pena restritiva de direitos específica (que não poderia ser substituída por outra pelo magistrado), qual seja, a proibição da pessoa racista de frequentar tais espaços públicos por três anos; ou seja, caso praticada alguma das condutas previstas no art. 20 da Lei 7.716/89 no contexto de atividades que envolvam qualquer prática esportiva, religiosa, artística ou cultural (vejam que o texto legal é bem amplo, não devendo o intérprete restringir o que a norma não fez, de forma que abrange boa parte dos espaços acessíveis ao público de convivência e manifestação social), além da pena privativa prevista, a ser individualizada pelo Magistrado, será cumulada uma pena restritiva de direito específica, de proibição de frequência pelo prazo fixo de três anos.

Interessante questão de aplicação prática é a seguinte: praticado um crime previsto no artigo 20 em um contexto esportivo, a exemplo de um estádio de futebol, o autor ficaria impedido de frequentar todo e qualquer espaço esportivo, artístico, religioso e cultural por três anos? Parece que a chave para esta resposta está na expressão final do dispositivo: *conforme o caso.* Por conseguinte, em que pese ainda não haver interpretação jurisprudencial sobre o tema, haja vista ser dispositivo extremamente recente, entendemos que o espaço público a sofrer restrição deve guardar correlação com àquele em que o ato criminoso foi praticado, em nosso exemplo, tendo sido o delito cometido em âmbito esportivo, a pessoa estaria impedida de frequentar outros eventos dessa natureza, sejam da mesma modalidade ou outra (vôlei, basquete, etc.), porém não restaria impedida de participar de um evento religioso.

> § 2º-B Sem prejuízo da pena correspondente à violência, incorre nas mesmas penas previstas no caput deste artigo quem obstar, impedir ou empregar violência contra quaisquer manifestações ou práticas religiosas. (Incluído pela Lei nº 14.532, de 2023)

Também foi incluído pela Lei 14.532/2023 uma alínea para punir o chamado racismo religioso. Vejamos: estará sujeito à pena de reclusão de um a três anos e multa (preceito secundário previsto na cabeça do artigo 20), sem prejuízo da pena correspondente à violência praticada, se for o caso (porque haveria outro bem jurídico afetado de forma simultânea), a pessoa que obstar (causar embaraço ou dificuldade) ou impedir (proibir, bloquear, barrar de qualquer maneira), ou empregar violência (e a lei não especificou qual o tipo de violência), contra ou em desfavor de quaisquer manifestações ou práticas religiosas (veja-se: novamente o dispositivo é bem amplo ao expressar quaisquer manifestações ou práticas). O tipo é misto alternativo, o sujeito ativo pode praticar uma ou mais condutas previstas no tipo penal (obstou e impediu), porém incidirá em apenas um crime (salvo se praticar outro tipo penal contendo a violência como elementar, a exemplo de constrangimento ilegal ou agressões físicas das vítimas).

Pode-se ilustrar o presente tipo penal da seguinte forma: um grupo de pessoas invade e impede a ocorrência de cerimônia em terreiro de umbanda por aversão à prática de religião de matriz africana; ou que causa embaraço à culto evangélico por desprezo às crenças, bloqueando a entrada dos fiéis.

Atenção: a injúria preconceituosa por questões religiosas ainda permanece prevista no Código Penal (art. 140, § 3.º), consoante já expomos por ocasião dos comentários do novel art. 2-A. Neste tipo de injúria há dolo específico de insultar (*ânimus injuriandi)* uma pessoa ou grupo determinado de pessoas por seus atributos pessoais, no caso a sua crença religiosa ou fé professada; já no racismo religioso (artigo em comento), o agente intenciona impedir ou dificultar a própria prática da manifestação religiosa por motivo de intolerância ou aversão.

> § 3º No caso do § 2º deste artigo, o juiz poderá determinar, ouvido o Ministério Público ou a pedido deste, ainda antes do inquérito policial, sob pena de desobediência: (Redação dada pela Lei nº 14.532, de 2023)
>
> I – o recolhimento imediato ou a busca e apreensão dos exemplares do material respectivo; (Incluído pela Lei nº 9.459, de 15/05/97)

II – a cessação das respectivas transmissões radiofônicas, televisivas, eletrônicas ou da publicação por qualquer meio; (Redação dada pela Lei nº 12.735, de 2012)

III – a interdição das respectivas mensagens ou páginas de informação na rede mundial de computadores. (Incluído pela Lei nº 12.288, de 2010)

O parágrafo terceiro (a Lei 14.532/2023 apenas alterou a ordem remissiva, antes se referia ao "parágrafo anterior" e agora diz respeito ao "§2.º", mas não há alteração de conteúdo, somente este reposicionamento), trata de medidas cautelares (ou assecuratórias) que visam à interrupção da potencialidade delitiva ou da própria conduta *aparentemente* criminosa em si considerada. Salientamos aparentemente haja vista que, para a decretação de uma ou mais cautelares, não é necessária a comprovação cabal da conduta criminosa, bastando a presença dos requisitos *fumus comissi delicti* (aparência do cometimento de um delito) e perigo da demora. São medidas cautelares extremamente oportunas considerando os objetivos protetivos preconizados pela presente legislação. Podem ser determinadas durante a persecução penal, incluindo aqui o curso do inquérito policial, ou até mesmo antes dele. Importante ressaltar que o Ministério Público, se não for o requerente, necessariamente deverá ser ouvido, considerando ser o titular da ação penal pública. As cautelares em comento deverão ser apreciadas e (se for o caso da presença de seus requisitos) decretadas pela Autoridade Judiciária (juiz criminal teoricamente competente para a futura ação penal).

Cautelares em espécie: (I) recolhimento imediato ou busca e apreensão dos exemplares do material respectivo (o recolhimento ocorre nos casos em que o material está em local público acessível à polícia, tal como uma banca de jornal; já a busca e apreensão é necessária quando o material encontra-se em local sujeito a alguma cláusula de inviolabilidade, tal como um domicílio de terceiro); (II) cessação das respectivas transmissões radiofônicas, televisivas, eletrônicas ou da publicação por qualquer meio (interrupção das transmissões de conteúdo ilícito divulgadas em rádio, televisão ou em circulação eletrônica); (III) interdição das respectivas mensagens ou páginas de informação na rede mundial de computadores (inciso voltado exclusivamente à mensagens ou informações ilícitas que circulam via internet, tais como um perfil de rede social ou página da web, considerando o altíssimo potencial difuso e célere de propagação na internet).

Importante registrar que nesses casos de apreensão física de evidências ou materiais ilícitos que servirão como prova da materialidade da infração penal, a autoridade deverá observar as novíssimas disposições referentes à cadeia de custódia, prevista na atual redação do art. 158, alíneas A-F do CPP.

§ 4º Na hipótese do § 2º, constitui efeito da condenação, após o trânsito em julgado da decisão, a destruição do material apreendido. (Incluído pela Lei nº 9.459, de 15/05/97)

Trata-se de efeito automático da condenação, após o trânsito em julgado da sentença penal condenatória, oportunidade em que os materiais apreendidos (como um panfleto de propaganda nazista, por exemplo) devem ser destruídos.

"Art. 20-A. Os crimes previstos nesta Lei terão as penas aumentadas de 1/3 (um terço) até a metade, quando ocorrerem em contexto ou com intuito de descontração, diversão ou recreação."

"Art. 20-B. Os crimes previstos nos arts. 2º-A e 20 desta Lei terão as penas aumentadas de 1/3 (um terço) até a metade, quando praticados por funcionário público, conforme

definição prevista no Decreto-Lei nº 2.848, de 7 de dezembro de 1940 (Código Penal), no exercício de suas funções ou a pretexto de exercê-las."

"Art. 20-C. Na interpretação desta Lei, o juiz deve considerar como discriminatória qualquer atitude ou tratamento dado à pessoa ou a grupos minoritários que cause constrangimento, humilhação, vergonha, medo ou exposição indevida, e que usualmente não se dispensaria a outros grupos em razão da cor, etnia, religião ou procedência."

"Art. 20-D. Em todos os atos processuais, cíveis e criminais, a vítima dos crimes de racismo deverá estar acompanhada de advogado ou defensor público."

(Incluídos pela Lei nº 14.532, de 2023)

A Lei nº 14.532/2023 incluiu quatro alíneas ao art. 20 da Lei de Racismo, duas causas especiais de aumento de pena e duas normas penais não incriminadoras, vejamos:

A primeira alínea analisada veicula uma causa especial de aumento de pena variável de um terço até a metade visando trazer um tratamento mais rigoroso ao que se convencionou chamar de racismo "recreativo ou de entretenimento"[73], ou seja, aquele praticado por descontração, diversão ou recreação. Tal majorante deve ser aplicada para quaisquer um dos crimes da lei 7.716/89 nessas circunstâncias.

Neste sentido, fica expresso por tal dispositivo que ainda que possa parecer uma mera "brincadeira" ao agente ofensor, não se torna atípica a conduta, ou seja, o *animus jocandi* não desnatura o crime, pelo contrário, pode aumentar a reprimenda penal; claro que deve ser sempre analisado o dolo no caso concreto, conforme os comentários já devidamente explicitados por ocasião da análise da parte geral dos tipos penais da lei em comento, notadamente na abordagem específica acerca do elemento subjetivo, para a qual remetemos o leitor.

A alínea *B* prevê uma majorante (também variável de um terço até a metade) quando a injúria racial (art. 2-A) ou as condutas discriminatórias subsidiárias previstas no art. 20 forem praticadas por funcionário público, no exercício da função ou a pretexto de exercê-la, remetendo o conceito de funcionário público àquele tradicional previsto no Código Penal. Trocando em miúdos, a lei considera mais gravosa (e com acerto, haja vista que tal pessoa representa o próprio Estado, o qual deve se pautar pela juridicidade e promover o bem comum) razão pela qual aumentou o apenamento - até mesmo para mitigar o racismo institucional – a conduta racista praticada por um funcionário público quando tiver alguma relação com sua atuação funcional.

Na alínea *C* visualizamos importante norma penal explicativa que veicula uma nova regra geral de interpretação à Lei de Racismo, e acaba por trazer uma centralidade maior à(s)

---

73 Interessante anotar que mesmo antes da edição da Lei nº 14.532/2023 a jurisprudência já se referia ao racismo/injúria racial "recreativa", conforme segue: APELAÇÃO CRIMINAL. **CRIME DE INJÚRIA RACIAL**. RECURSO MINISTERIAL. PEDIDO DE CONDENAÇÃO. ACOLHIMENTO. MATERIALIDADE E AUTORIA COMPROVADAS. DECLARAÇÕES COERENTES PRESTADAS PELA VÍTIMA E PELAS TESTEMUNHAS. **RACISMO RECREATIVO - PIADAS REVESTIDAS DE RACISMO - HUMOR HOSTIL. MENOSPREZO À VÍTIMA. OFENSA À HONRA SUBJETIVA. ANIMUS INJURIANDI. DEMONSTRAÇÃO.** DANOS MORAIS. RECURSO CONHECIDO E PROVIDO. 1. Caracteriza injúria racial a ofensa com palavras que desvalorizam a vítima em decorrência de sua raça e afetam a sua honra subjetiva. 2. No caso, o dolo de ofender a vítima em razão de sua raça/cor mostrou-se indubitável. **Ao formular juízo de valor, exteriorizando brincadeira de cunho racial, o acusado demonstrou menosprezo, ultraje e vilipêndio da personalidade da vítima, o que causou constrangimento e humilhação. Inegável a configuração do delito de injúria racial qualificada, disposto no art. 140, § 3º, do CP. 3. O racismo recreativo, humor racista, tenta descaracterizar a real intenção do discriminador, que continua a promover, com seu discurso, a exclusão e a violência contra as minorias e continua a propagar a opressão racial**. 4. RECURSO CONHECIDO E PROVIDO para condenar o réu como incurso nas sanções penais do art. 140, § 3º, do CP e fixar-lhe a pena em 1 (um) ano de reclusão, em regime aberto, e 10 (dez) dias-multa, substituída a pena privativa de liberdade por 1 (uma) restritiva de direito a ser definida pelo Juízo das Execuções. (TJ-DF 07312328220218070001 1656795, Relator: ROBSON BARBOSA DE AZEVEDO, Data de Julgamento: 26/01/2023, 2ª Turma Criminal, Data de Publicação: 09/02/2023) (Grifos Acrescidos)

vítima(s) (mirando à proteção do bem jurídico tutelado); a partir de tal vetor interpretativo, deverá o julgador (e também o operador do direito ao manejar a aplicação da lei, por exemplo o Promotor de Justiça ao avaliar o juízo de adequação típica, por exemplo) considerar como discriminatória o tratamento dado à pessoa ou a grupos minoritários que cause sentimentos de constrangimento, humilhação, vergonha, medo ou exposição indevida, e que usualmente não se dispensaria a outros grupos, ou seja, além de ter sua lente voltada às emoções negativas e abalos gerados nos integrantes de grupos vulneráveis pela conduta, deve sopesar se - de acordo com a realidade social - aquele tratamento seria dispensado a um grupo predominante.

Por fim, a alínea *D* prevê que em todos os atos processuais, cíveis e criminais, a vítima dos crimes de racismo deverá estar acompanhada de advogado ou defensor público. Ora, com o devido respeito, entendemos que o presente dispositivo possa ter relevância apenas no que diz respeito à alguma repercussão cível decorrente da aplicação da presente lei, a exemplo do ajuizamento ou negociação extrajudicial de demanda indenizatória *etc*; por outro lado, com relação aos atos criminais, o dispositivo é, para além de desnecessário, inoportuno, já que onde houver ação penal pública, estará um representante do Ministério Público para defender a vítima (o Ministério Público brasileiro inclusive tem se estruturado, criando nos seus quadros de atuação núcleos de assistência à vítima, aqui compreendida em sentido amplo, não somente como sujeito passivo da infração, mas qualquer pessoa que, direta ou indiretamente, sofre os efeitos de um crime) e a sociedade (já que na ação penal pública o interesse da coletividade é presumido); ademais, caso fosse do interesse da vítima habilitar um advogado particular escolhido por ela no afã de acompanhar o desenrolar processual, já existe a figura do assistente da acusação prevista no Código Penal, mais do que isso, parece inclusive contraproducente a possibilidade de duas instituições públicas (MP e Defensoria) oficiarem no mesmo caso a fim de defenderem os interesses da mesma pessoa ou grupo. Caso não bastasse, sabemos que a Defensoria Pública ainda não tem a capilaridade necessária em todas as Comarcas Brasil afora, notadamente naqueles rincões menores e mais longínquos, logo tal dispositivo ao revés de proteger, pode ser campo fértil para burocratização da persecução.

Art. 21. Esta Lei entra em vigor na data de sua publicação.

Regra de aplicação da lei: entrada em vigor imediata após a publicação; não houve previsão de *vacatio legis*, tendo a Lei 7.716/89, em sua redação original, entrado em vigor a partir de sua publicação no Diário Oficial da União ocorrida em 06.01.1989.

Art. 22. Revogam-se as disposições em contrário.

Regra de revogação expressa de leis em sentido diverso.

5. CONSIDERAÇÕES ACERCA DA TUTELA PENAL AO CRIME DE RACISMO

Apesar dos esforços do constituinte e do legislador ordinário, que, ao longo dos anos, tentou ampliar o âmbito de incidência da Lei 7.716/89, a realidade inescapável é que o Direito Penal não conseguiu, por si só, refluir os casos de discriminação racial.

Podemos apontar algumas causas explicativas para tal constatação, a saber:

Talvez a principal delas seja a cultural. No Brasil, o racismo ainda é tratado cinicamente graças ao mito – não totalmente desconstruído – da democracia racial[74], apesar de estar

74 A escravidão deixou marcas indeléveis na estrutura social brasileira e, apesar do racismo ser condenado como "politicamente incorreto" e até como conduta criminosa, continua permeando as relações sociais travadas no Brasil.

verdadeiramente disseminado na sociedade (racismo estrutural)[75]. Assim, na medida em que assimilamos a premissa de que "*o controle penal intervém sobre os efeitos e não sobre as causas da violência, isto é, sobre determinados comportamentos através dos quais se manifestam os conflitos, e não sobre os conflitos propriamente ditos*"[76], a legislação criminal, quando não acompanhada de outras políticas públicas promocionais, acaba tendo uma função muito mais simbólica do que efetiva[77].

Ademais, no Brasil, está arraigada uma cultura de benevolência e relativismo com o desviante (espécie de "coitadismo" ao reverso), uma inversão de papéis no momento de se aplicarem as punições, sendo que o criminoso vira quase uma vítima de um "sistema leviatânico". Isso se verifica diuturnamente diante de crimes como os raciais, tidos, no fundo, como "normais ou naturais" por grande parcela da população – principalmente pelos brancos, que, não por coincidência, são a grande maioria dos operadores do direito.

Logo, considerando os rigores previstos constitucionalmente (e disciplinados pelo legislador infraconstitucional), como, por exemplo, a imprescritibilidade, a inafiançabilidade, e as penas previstas na modalidade de reclusão (ainda que, como dito alhures, sob o viés pragmático tais rigores – principalmente a imprescritibilidade – tragam alguma disfunção ao sistema, sem que, no mais das vezes, promovam a tutela mais eficaz do bem jurídico subjacente, servindo, em verdade, como uma legislação muito mais simbólica), na maioria dos casos, não se quer

---

A lógica do racismo não foi abolida e tem sua refração moderna percebida nos elevadores de serviço e quartos de empregado(a)s doméstico(a)s. O mito da democracia racial teve sua origem no século XX, apresentando como grande marco a obra de Gilberto Freyre, *Casa Grande e Senzala*, a partir da qual foi difundida a ideia de que as relações sociais no Brasil seriam menos opressivas do que aquelas vivenciadas em outros países de tradição escravocrata (a exemplo dos Estados Unidos), apontando como causa supostas razões históricas e culturais, tais como o grande grau de miscigenação que teria acarretado a inexistência de uma separação rígida entre "raças" em nosso país. SARMENTO, Daniel. Direito Constitucional e Igualdade Étnico-Racial. In: PIOVESAN, Flávia; SOUZA, Douglas de (Coord.). *Ordem Jurídica e Igualdade* Étnico-Racial. Brasil. Secretaria Especial de Políticas de Promoção da Igualdade Racial da Presidência da República. Rio de Janeiro: Lumen Juris. 2008, p. 60.

75 Joaquim Barbosa critica o fato de no Brasil ser pouco utilizado o elemento estatístico como forma de comprovar a existência endêmica do racismo e discriminação. Segundo o citado jurista, isso ocorre em razão da sociedade brasileira ser extremamente conservadora e ter sempre reservado um papel secundário ao negro. Aduz que se os operadores do direito (juízes, advogados, promotores de justiça, *et coetera*) tivessem a coragem e disposição intelectual para utilizar a técnica estatística de aferição da discriminação em nosso cotidiano, mercado de trabalho e sistema educacional, por exemplo, os resultados seriam devastadores, invalidando completamente o argumento de que no Brasil a discriminação tem corte social e não racial, tão ao gosto do *mainstream* brasileiro. Com efeito, o mencionado autor propõe um perspicaz e revelador raciocínio, tomando como parâmetro setores do mercado de trabalho nos quais a formação universitária não tem papel preponderante – a fim de refutar o argumento corrente de que as desigualdades no Brasil não tem origem racial, mas sim em razão das poucas oportunidades educacionais e econômicas – com efeito, sustenta que um breve passeio pelos nossos *shoppings centers* nos levaria a impressionante constatação que raríssimos negros trabalham em estabelecimentos comerciais de produtos de maior sofisticação; já nos restaurantes mais elegantes, nos indicaria uma quase total ausência de negros em serviços que demandam um contato mais próximo com o cliente, como *maitre* ou garçom. Em contrapartida, nesses mesmos espaços, será abundante a presença de negros em funções que realçam claramente a sua inferioridade, como manobristas, seguranças, faxineiros, entre outras, transmitindo, ainda que de forma sutil, a ideia da imprestabilidade do negro para tarefas que exijam um grau maior de civilidade. *In* GOMES, Joaquim B. Barbosa. *Ação Afirmativa & Princípio Constitucional da Igualdade*. O direito como instrumento de transformação social. A experiência dos EUA. Rio de Janeiro: Renovar, 2001, p. 32-33.

76 BARATTA, Alessandro. *Direitos Humanos: entre a violência estrutural e a violência penal*. Trad. Ana Lúcia Sabadell. Fascículos de Ciências Penais. Porto Alegre, v. 6, n. 2, p. 44-61, abr./maio/jun., 1993, p. 50. *Apud* SILVA, Kátia Elenise Oliveira da. O papel do Direito Penal no enfrentamento da discriminação. Porto Alegre: Livraria do Advogado, 2001, p. 89.

77 Gustavo Távora Rodrigues elabora perspicaz crítica ao referir que o Constituinte acreditou que o poder originário que detinha poderia, através de uma norma superior, por si só, mudar a realidade ao estabelecer que o racismo é crime grave, inafiançável e imprescritível, o que não é possível. Muitos acreditaram cegamente no que leram. Todavia, quando a norma está separada de sua funcionalidade, não gera efeitos em uma sociedade potencialmente voltada à prática de tal delito. RODRIGUES, Gustavo Távora. O racismo escondido sob o manto da lei. *Revista de Direito e Práxis*, v. 03, n. 05, UERJ – Rio de Janeiro. 2012, p. 71-75.

colocar o "fardo" de uma condenação criminal (de algo que é dissimuladamente tolerado socialmente) sob os ombros de um único acusado (réu) daquela respectiva ação penal.

Caso não bastassem tais fatores "culturais", somam-se, ainda, questões de ordem processual, as quais servem, também, para inibir sobremaneira a eficácia da legislação antidiscriminatória, por exemplo: dificuldades investigatórias e probatórias, já que na maioria das vezes tais crimes não deixam vestígios ou testemunhas (como provar que determinado aluno não foi aceito porque é judeu? Ou que determinado candidato a uma vaga em concurso público foi preterido por sua cor?); complexidade em comprovar o dolo no curso das ações penais, restando a condenação quase que exclusivamente dependente da confissão do acusado ou testemunhas (que muitas vezes não querem intervir nesse tipo de situação); além disso, os casos de injúria racial, – de grande recorrência nos conflitos interpessoais –, até janeiro de 2023 foram tratados como meros crimes contra a honra e não como autênticos crimes raciais, logo eram dependentes da iniciativa de representação do ofendido, que, seja por desconhecimento ou mesmo para evitar uma revitimização no curso do processo, ou em razão do curto prazo decadencial de seis meses[78], acabava muitas vezes não o fazendo, ficando, assim, o órgão ministerial de mãos atadas em casos tais.

Além disso, até o ano de 2023, os delitos de injúria racial eram afiançáveis pela própria autoridade policial (em razão da pena anteriormente cominada), ou seja, ainda que fossem casos de autores "presos" em flagrante delito, geralmente ocorria a liberação rapidamente (muitas vezes no mesmo dia), reforçando o sentimento de impunidade e revitimização; quiçá este panorama possa ser alterado com a aplicação da novel Lei 14.532/2023 (já comentada nesta edição); vejamos as cenas dos próximos capítulos!

5.1 Caso Floyd e outros semelhantes: consequência penal. Do racismo como motivação

Atualmente temos nos deparado com episódios chocantes de grande repercussão que, provavelmente, tem como móvel – não confessado – a intolerância e o racismo estrutural . Situações de abordagens policiais violentas, especialmente dirigidas à população negra, uma espécie de odioso perfilamento racial na atuação de alguns agentes do aparelho estatal, a exemplo do emblemático caso Floyd, ocorrido em meados de 2020, na cidade de Mineápolis (Estados Unidos). Na ocasião, um homem negro de 46 anos, George Floyd, durante uma desastrosa abordagem policial, foi neutralizado (literalmente) até a morte por asfixia decorrente da utilização de "técnicas" de imobilização, mesmo desarmado, já contido por um grupo de policiais (brancos) e implorando para que pudesse respirar, fato que gerou grande comoção e mobilização social não só naquele país, mas em diversos outros, incluindo alguns protestos e ações no Brasil, principalmente a partir do movimento de luta por igualdade racial conhecido como *Black lives matter* (vidas negras importam).

Porém, ironicamente, na véspera do dia da consciência negra do mesmo ano (2020), o Brasil também experimentou a amargura de um lamentável episódio, e parafraseando um dos expoentes da literatura sulamericana, Gabriel Garcia Marques, sob forma de triste *crônica de uma morte anunciada,* haja vista a recorrência de situações (que muitas vezes não vem à tona, mas acontecem com frequência) de perfilamento racial no interior de grandes lojas, supermercados e shopping centers, nos quais pessoas negras são submetidas a constante vigilância, numa espécie de perverso "etiquetamento social"; trata-se do caso de João Alberto (Beto), homem negro de 40 anos, morto no estacionamento de um supermercado em Porto Alegre (RS), ao ser espancado e asfixiado por agentes (privados) de segurança da loja.

78 Art. 103 do Código Penal – *Salvo disposição expressa em contrário, o ofendido decai do direito de queixa ou de representação se não o exerce dentro do prazo de 6 (seis) meses, contado do dia em que veio a saber quem é o autor do crime, ou, no caso do § 3º do art. 100 deste Código, do dia em que se esgota o prazo para oferecimento da denúncia.*

Pois bem, mas em casos tais, havendo indícios de que o criminoso agiu impelido por intolerância racial, qual a consequência jurídica de tal motivação? Em que pese ainda a pouca refração na doutrina e na jurisprudência[79], entendemos que tal motivação pode ser – sem dificuldade – inserida na concepção clássica de torpeza, cujo conteúdo do conceito jurídico indeterminado, tradicionalmente, é entendido como algo abjeto, vil, repugnante, ou seja, parece até intuitivo que matar alguém simplesmente porque possui a cor da pele diferente de seu algoz se insere no conceito de motivo moralmente repulsivo.

Foi exatamente assim que concluiu o MPRS, ao descrever de forma muito acurada a qualificadora relacionada ao motivo torpe, apresentada na denúncia do aludido caso João Alberto (E-PROC n. 5104286-81.2020.8.21.0001, ainda em trâmite na 2.ª Vara do Júri de Porto Alegre), senão vejamos, *in verbis*: "*O crime foi praticado por motivo torpe, porquanto em razão da condição de vulnerabilidade econômica e de preconceito racial em relação à vítima, discriminação esta verificada por ser monitorada e acompanhada de forma constante e ostensiva enquanto fazia suas compras, sendo a seguir escoltada de modo aviltante durante sua caminhada para sair daquele estabelecimento e mesmo perseguida pela equipe de segurança integrada pelos acusados quando tentou apressar sua saída e afastar-se da situação constrangedora que lhe era imposta, sem que na ocasião tivesse dado causa a este tratamento; comportamento abjeto este que continuou sendo manifestado pelos acusados no abuso físico que impuseram ao ofendido quando diante de tantas provocações acabou confrontando-os, para a seguir ser publicamente espancado e dominado, vindo a sucumbir diante do total desprezo aos pedidos que fazia para que ao menos o deixassem respirar, pelo que agiram em extremo desvalor à vida e à dignidade humana.*"

Nada obstante, pensamos ser deveras importante, para evitar discussões processuais e até como forma de reforçar o repudio ao racismo, que haja a inclusão no Código Penal, via devido processo legislativo, de uma qualificadora específica referente à supramencionada motivação (assim como já ocorreu, por exemplo, com o feminicídio).

Nesse passo, já tramita no Congresso Nacional, o alentado PL n.º 3185/2020 de autoria do Deputado Federal Carlos Sampaio, que visa à inclusão de um novo inciso no parágrafo segundo do art. 121 do Código Penal, ou seja, tem como fim colimado justamente acrescentar uma qualificadora específica ao crime de homicídio tentado ou consumado, com a seguinte redação: "*IX – em razão de discriminação ou preconceito de raça, cor, etnia, religião, procedência nacional ou orientação sexual.*"

---

79 *Deve-se deixar bem vincado que não são recorrentes os casos encontrados em pesquisa jurisprudencial com relação a possibilidade de intolerância racial configurar motivação torpe no crime de homicídio. Feita tal observação, seguem alguns julgados para ilustração: RECURSO EM SENTIDO ESTRITO. CRIMES DOLOSOS CONTRA A VIDA. TENTATIVA DE HOMICÍDIO QUALIFICADO. PROVA DA MATERIALIDADE E INDÍCIOS SUFICIENTES DE AUTORIA. INDICATIVOS DE ANIMUS NECANDI NA CONDUTA DOS RÉUS. DESCLASSIFICAÇÃO. IMPOSSIBILIDADE. QUALIFICADORA DO MOTIVO TORPE MANTIDA. [...]. **4. Qualificadora do motivo torpe que deve ser mantida. Acusados que teriam proferido ameaças e xingamentos de cunho racista contra a vítima. Tocante a um dos acusados, prova constante dos autos indica sua vinculação a grupo neonazista (skinheads), caracterizado pela propalada intenção de cometer crimes contra minorias, dentre elas os negros. Qualificadora que não se afigura manifestamente improcedente**. RECURSO DESPROVIDO. (Recurso em Sentido Estrito Nº 70079078853, Primeira Câmara Criminal, Tribunal de Justiça do RS, Relator: Jayme Weingartner Neto, Julgado em 19/12/2018). (TJ-RS - RSE: 70079078853 RS, Relator: Jayme Weingartner Neto, Data de Julgamento: 19/12/2018, Primeira Câmara Criminal, Data de Publicação: Diário da Justiça do dia 25/01/2019) (Sem grifos no original).*

*"Recurso em Sentido Estrito – **Homicídio qualificado – Motivo torpe (intolerância racial)** e recurso que dificultou a defesa das vítimas – Delito consumado e tentado (três vezes) - Pronúncia – Recurso defensivo – Absolvição sumária – Inadmissibilidade - Comprovada a materialidade pelos laudos médicos e exame necroscópico - Indícios suficientes de autoria revelados pela oitiva da vítima sobrevivente e testemunha presencial – Negativa do réu isolada nos autos - Preenchidos os requisitos do art. 413 do Código de Processo Penal – **Qualificadoras pertinentes** - Demais questões de cunho probatório, afetas ao Tribunal do Júri, que é o Juiz Natural – Decisão mantida – Recurso improvido." (TJ-SP - RSE: 08335746820138260052 SP 0833574-68.2013.8.26.0052, Relator: Salles Abreu, Data de Julgamento: 07/10/2015, 11ª Câmara de Direito Criminal, Data de Publicação: 09/10/2015) (Grifos acrescidos)*

Esperamos que o Congresso Nacional seja sensível a esta pauta que traz um pouco mais de reconhecimento e proteção às pessoas que hoje já são a maioria numérica da população brasileira , mas sofrem, literalmente na própria pele, diuturnamente, as agruras de um sistema estrutural de racismo, exclusão e violência.

BIBLIOGRAFIA

ALEXY, Robert. *Teoria dos Direitos Fundamentais*. Trad. Virgílio Afonso da Silva. 2. ed. São Paulo: Malheiros, 2015.

ALMEIDA, Saulo Teles, PEREIRA, Cícero, ROSAS, Ana Raquel Torres. *Um Estudo do Preconceito na Perspectiva das Representações Sociais*: Análise da Influência de um Discurso Justificador da Discriminação no Preconceito Racial. Psicologia: Reflexão e Crítica. v. 16, n. 01, 2003. Universidade Federal do Rio Grande do Sul. Porto Alegre. p. 96. Disponível em: <http://www.scielo.br/pdf/prc/v16n1/16801.pdf>.

ALMEIDA, Sílvio. *O que é racismo estrutural*. Belo Horizonte: Letramento, 2018.

ÁVILA, Humberto. *Teoria dos Princípios*: da definição à aplicação dos princípios. 15 ed. São Paulo: Malheiros, 2014.

AZEVEDO, André Mauro Lacerda; NETO Orlando Faccini. *O Bem Jurídico-Penal*: duas visões sobre a legitimação do direito penal a partir da teoria do bem jurídico. Porto Alegre: Livraria do Advogado, 2013.

BALTAZAR JR, José Paulo. *Crimes Federais*. 10. ed. rev. atual. ampl. São Paulo: Saraiva, 2015.

BARATTA, Alessandro. *Direitos Humanos*: entre a violência estrutural e a violência penal. Trad. Ana Lúcia Sabadell. Fascículos de Ciências Penais. Porto Alegre, v. 6, n. 2, p. 44-61, abr./maio/jun., 1993, p. 50. *Apud* SILVA, Kátia Elenise Oliveira da. O papel do Direito Penal no enfrentamento da discriminação. Porto Alegre: Livraria do Advogado, 2001.

BONAVIDES, Paulo. *Curso de Direito Constitucional*. 25. ed. São Paulo: Malheiros, 2010.

CANOTILHO, José Joaquim Gomes. *Direito Constitucional e Teoria da Constituição*. 7. ed. Coimbra: Livraria Almedina, 2003.

CUNHA, Rogério Sanches. *Manual de Direito Penal*. Parte Geral. Volume Único. 4. ed. rev., ampl. e atual. Salvador: Juspodivm, 2016.

CUNHA, Rogério Sanches; SILVARES, Ricardo. *Crimes contra o Estado Democrático de Direito: Lei 14.197/2021 comentada por artigos*. São Paulo: Editora Juspodivm, 2021. p. 157.

FARIAS, Vilson. *Racismo à luz do Direito Criminal* (com incursão no Direito Comparado): Aspectos materiais, processuais e sociológicos. Pelotas: Livraria Mundial, 2015.

FELDENS, Luciano. *Direitos Fundamentais e direito penal*: a constituição penal. 2. ed. Porto Alegre: Livraria do Advogado, 2012.

GAVIÃO, Juliana Venturela Nahas. *A proibição de proteção deficiente*. Porto Alegre: Revista do Ministério Público do RS, n. 61, maio/out. 2008.

GOMES, Joaquim B. Barbosa. *Ação Afirmativa & Princípio Constitucional da Igualdade*. O direito como instrumento de transformação social. A experiência dos EUA. Rio de Janeiro: Renovar, 2001.

GUEDES, Jéfferson Carús. *Igualdade e Desigualdade*: introdução conceitual, normativa e histórica dos princípios. São Paulo: Revista dos Tribunais, 2014.

GUIMARÃES, Antônio Sérgio Alfredo. *Preconceito e Discriminação*: queixas de ofensas e tratamento desigual dos negros no Brasil. 2. ed. São Paulo: Editora 34, 2004.

LOBO, Bárbara Natália Lages. *O direito à igualdade na Constituição brasileira*: Comentários ao Estatuto da Igualdade Racial e a constitucionalidade das ações afirmativas. Belo Horizonte: Fórum, 2013.

MARTINS, Leonardo. *Bioética à luz da liberdade científica*: estudo de caso baseado na decisão do STF sobre a constitucionalidade da Lei de Biossegurança e no direito comparado alemão. São Paulo: Atlas, 2014.

MASSON, Cléber Rogério. *Direito Penal Esquematizado*: parte especial. v. II. 3. ed. São Paulo: Método, 2011.

MELO, Celso Antônio Bandeira. *O Conteúdo Jurídico do Princípio da Igualdade*. 3 ed. São Paulo: Malheiros, 2010.

MORAIS, Luis Bolzan de; STRECK, Lenio Luiz. *Ciência Política e Teoria do Estado*. 8. ed. Porto Alegre: Livraria do Advogado, 2014.

NEVES, Marcelo. *Entre Têmis e Leviatã*: uma relação difícil. São Paulo: Martins Fontes, 2006.

NUCCI, Guilherme de Souza. *Leis penais e processuais penais comentadas*. 2. ed. São Paulo: Revista dos Tribunais, 2007.

______. *Leis Penais e Processuais Penais Comentadas*. Vol. I. 8. ed. rev. atual. ampl. Rio de Janeiro: Forense, 2014.

OMNATI, José Emílio Medauar. *A igualdade no paradigma do Estado Democrático de Direito*. Porto Alegre: Sérgio Antônio Fabris, 2004.

RIOS, Roger Raupp. *Direito da Antidiscrimnação*: discriminação direta, indireta e ações afirmativas. Porto Alegre: Livraria do Advogado, 2008.

______. *O Princípio da igualdade e a discriminação por orientação sexual*: a homossexualidade no direito brasileiro e norte-americano. São Paulo: Revista dos Tribunais, 2002.

RODRIGUES, Gustavo Távora. *O racismo escondido sob o manto da lei*. Revista de Direito e Práxis, v. 03, n. 05, UERJ – Rio de Janeiro, 2012.

SANTOS, Christiano Jorge. *Crimes de preconceito e de discriminação.* 2 ed. São Paulo: Saraiva, 2010.

SARMENTO, Daniel. Direito Constitucional e Igualdade Étnico-Racial. In: PIOVESAN, Flávia; SOUZA, Douglas de (Coord.). *Ordem Jurídica e Igualdade Étnico-Racial*. Brasil. Secretaria Especial de Políticas de Promoção da Igualdade Racial da Presidência da República. Rio de Janeiro: Lumen Juris, 2008.

SILVA, Amaury; SILVA, Artur Carlos. *Crimes de Racismo*. Leme: J.H. Mizuno, 2012.

SILVA, Kátia Elenise Oliveira da. *O papel do Direito Penal no enfrentamento da discriminação*. Porto Alegre: Livraria do Advogado, 2001.

SILVA, José Afonso. *Comentário Contextual à Constituição*. 7. ed. São Paulo: Malheiros, 2010.

SILVEIRA, Diogo de Ávila Fontoura, J. O debate sobre o racismo reverso: a negação do conceito pelo viés histórico-social. Revista em favor de Igualdade racial, 2022, Disponível em: <https://periodicos.ufac.br/index.php/RFIR/article/view/4791, p. 43–54.>

SILVEIRA, Fabiano Augusto Martins. *Da criminalização do racismo*: aspectos sociocriminológicos. Belo Horizonte: Del Rey, 2006.

TAVARES, André Ramos. *Curso de Direito Constitucional*. 6. ed. São Paulo: Saraiva, 2008.

VIEIRA, Oscar Vilhena. *Direitos Fundamentais*: uma releitura da jurisprudência do STF. São Paulo: Malheiros, 2006.

WIEVIORKA, Michel. *O racismo, uma introdução*. Trad. Fany Kon. São Paulo: Perspectiva, 2007.

CAPÍTULO 12

Lei da Prisão Temporária (LPT) – Lei 7.960/1989

Vinícius Marçal[1]

1. INTRODUÇÃO

A prisão temporária não é uma medida exclusiva da legislação brasileira, tendo sido adotada, dentre outros países, por Alemanha, Inglaterra, Portugal e Estados Unidos.[2] No direito comparado,[3] pode-se encontrar institutos que em algum grau a ela se assemelham, a exemplo da ***detención preventiva***[4] (Constituição Espanhola, art. 17. 2), da ***garde à vue***[5] (França) e do ***fermo***[6] (Itália).

Em nosso país, a prisão temporária foi disciplinada pela Lei 7.960/1989, que prevê os pressupostos e os fundamentos para a sua decretação. A lei teve sua gênese na conversão da Medida Provisória 111/1989, o que fez com que parte da doutrina viesse a contestar a sua constitucionalidade, sob o argumento de que o Executivo legislou sobre Processo Penal e Direito Penal,[7]

1 Promotor de Justiça-GO, prof. do VipJus e autor de obras jurídicas. Ex-Delegado de Polícia do Distrito Federal e examinador de diversos concursos de ingresso na carreira do Ministério Público.

2 Cf. MIRABETE, Julio Fabbrini. *Processo penal*. 7ª ed. São Paulo: Atlas, 1997, p. 388.

3 Sobre as prisões provisórias no mundo, confira-se: CAMPOS, Ricardo Ribeiro. A prisão provisória no direito comparado. *Revista Jus Navigandi*, Teresina, ano 12, n. 1570, 19 out. 2007. Disponível em: <https://jus.com.br/artigos/10547>. Acesso em 02.09.2020.

4 Fala-se também na ***detención gubernativa*** como instituto assemelhado à prisão temporária. Assim, "na Espanha, a LECrim – *Ley de Enjuiciamiento Criminal* prevê a *detención gubernativa*, nos arts. 429, 4, e 496, visando impedir que o suspeito se subtraia à ação da Justiça ou, ainda, impeça futura execução penal" (FREITAS, Jayme Walmer de. *Prisão temporária*. 2ª ed. São Paulo: Saraiva, 2009, p. 164).

5 Por meio da guarda à vista (***garde à vue***), "o oficial de polícia poderá determinar, por necessidade de investigação, a prisão de qualquer pessoa suspeita de haver cometido ou tentado cometer uma infração penal. Nesse caso, o Ministério Público deverá ser cientificado da prisão, que não poderá durar mais de vinte e quatro horas, com possibilidade de ser prorrogada por igual período mediante autorização escrita do Procurador da República (artigo 63, CPP francês). Revelando preocupação com a necessidade de preservar a investigação, o legislador francês estabeleceu que a pessoa colocada em guarda à vista pode pedir para que seja informada da sua prisão a pessoa com quem resida ou um parente próximo; ressalvou, entretanto, que se o oficial de polícia considerar que esse pedido pode comprometer as investigações, negá-lo-á e comunicará esse fato ao Procurador da República, a quem caberá decidir sobre o acolhimento (artigo 63-2)" (CAMPOS, Ricardo Ribeiro. A Prisão Temporária e a Justiça Federal. *Revista da EMERJ*, v. 12, nº 48, 2009, p. 116-117).

6 O ***fermo di indiziato di delitto*** encontra previsão no art. 384 do *Codice di Procedura Penale*. Com a medida, permite-se, em determinadas situações, a detenção de pessoas suspeitas de crime para o qual a lei preveja prisão perpétua ou pena de prisão não inferior, no mínimo, a dois anos e, no máximo, superior a seis anos de reclusão; ou de delito concernente a armas de guerra e explosivos ou, ainda, de crime cometido para fins de terrorismo ou subversão da democracia. Para um estudo mais profundo: FERNANDES, Antonio Scarance. Prisão temporária e "fermo": estudo comparativo. *Justitia*, São Paulo, 54 (157), jan./mar. 1992.

7 Pois o art. 4º da LPT inseriu um tipo penal na Lei 4.898/1965 (a revogada lei de abuso de autoridade).

matérias que são da competência privativa da União (CR/88, art. 22, I) e, portanto, deveriam ser tratadas pelo Congresso Nacional.

Nessa perspectiva, Paulo Rangel assevera que "a Lei traz um vício de iniciativa que não é sanado com a conversão da medida em lei. Há flagrante inconstitucionalidade por vício formal, qual seja: a iniciativa da matéria."[8] E acrescenta que:

> "o professor Clèmerson Merlin Clève chama a isto de inconstitucionalidade orgânica, ou seja, quando a lei é elaborada por órgão incompetente, pois a inconstitucionalidade decorre de vício de incompetência do órgão de que promana o ato normativo. Trata-se de uma das hipóteses de inconstitucionalidade formal. Para o professor quando a lei segue procedimento diverso daquele fixado na Constituição tem-se a inconstitucionalidade formal propriamente dita. Diz o mestre: Pode, então, a inconstitucionalidade formal resultar de vício de elaboração ou de incompetência."[9]

Sem embargo da autoridade desse argumento, convém observar que, *no momento da edição da MP 111/1989*, a Constituição da República não proibia a edição de medidas provisórias em matéria processual penal, o que atualmente encontra-se vedado por força do art. 62, § 1º, *b*, incluído na Carta Magna pela EC n. 32/2001. Ademais, a **Ação Direta de Inconstitucionalidade n. 162**, proposta pelo Conselho Federal da OAB, teve seu pedido liminar julgado **improcedente** pelo Plenário do STF.[10]

Tempos após o indeferimento da cautelar, a ADI 162 *não foi conhecida* pela Corte Suprema, tendo sido considerada prejudicada pela **perda do objeto**.[11] Posteriormente, foram interpostas contra a Lei da Prisão Temporária as ADI's 3.360 e 4.109, mas em nenhuma delas houve o deferimento de medida liminar.

Instada a se manifestar na ADI 4.109, a Procuradoria-Geral da República opinou por seu não conhecimento e, no mérito, pela improcedência do pedido, em razão de ser a prisão temporária uma das exceções previstas em âmbito internacional ao princípio da liberdade individual. Dentre outros fundamentos, ponderou a PGR que a constrição cautelar provisória

---

8 RANGEL, Paulo. *Direito Processual Penal*. 18ª ed. Rio de Janeiro: Lumen Juris, 2011, p. 805.

9 RANGEL, Paulo. *Direito Processual Penal*. 18ª ed. Rio de Janeiro: Lumen Juris, 2011, p. 805. No mesmo sentido: "[...] a prisão temporária possui um **defeito genético**: foi criada pela Medida Provisória n. 111 [...]. O Poder Executivo, violando o disposto no art. 22, I, da Constituição, legislou sobre matéria processual penal e penal (pois criou um novo tipo penal na Lei n. 4.898), através de medida provisória, o que é manifestamente inconstitucional. A posterior conversão da medida em lei não sana o vício de origem. Mas, como os juízes e tribunais brasileiros fizeram vista grossa para essa grave inconstitucionalidade, a lei segue vigendo" (LOPES JR., Aury. *Direito processual penal*. 11ª ed. São Paulo: Saraiva, 2014, p. 932). E ainda: TÁVORA, Nestor; ALENCAR, Rosmar Rodrigues. *Curso de direito processual penal*. 9ª ed. Salvador: Juspodivm, 2014, p. 745.

10 "Ação Direta de Inconstitucionalidade. Medida Provisória nº 111/89. Prisão Temporária. Pedido de liminar. Os conceitos de relevância e de urgência a que se refere o artigo 62 da Constituição, como pressupostos para a edição de Medidas Provisórias, decorrem, em princípio, do Juízo discricionário de oportunidade e de valor do Presidente da República, mas admitem o controle judiciário quando ao excesso do poder de legislar, o que, no caso, não se evidencia de pronto. A prisão temporária prevista no artigo 2º da referida Medida Provisória não é medida compulsória a ser obrigatoriamente decretada pelo juiz, já que o despacho que a deferir deve ser devidamente fundamentado, conforme o exige o parágrafo 2º do mesmo dispositivo. Nessa oportunidade processual, não se evidencia manifesta incompatibilidade entre o parágrafo 1º do artigo 3º da Medida Provisória nº 111 e o disposto no inciso LXIII do artigo 5º da Constituição, em face do que se contém no parágrafo 2º do artigo 3º daquela, quanto à comunicação do preso com o seu advogado. Embora seja relevante juridicamente a arguição de inconstitucionalidade da criação de delito por Medida Provisória, não está presente o requisito da conveniência, pois o artigo 4º da citada Medida Provisória, impugnado sob esse fundamento, apenas se destina a coibir abuso de autoridades contra a liberdade individual. [...]. Pedido de liminar indeferido" (ADI 162 MC, Pleno, DJ 19.09.1997).

11 "Ação direta de inconstitucionalidade. Medida Provisória n. 111/89. Não tendo sido convertida em lei a Medida Provisória atacada pela presente ação direta, perdeu ela, retroativamente, a sua eficácia jurídica pelo transcurso do prazo para a sua conversão, e, assim, por via de consequência, perdeu esta ação o seu objeto. Ação direta de inconstitucionalidade que não se conhece por estar prejudicada em virtude da perda de seu objeto." (ADI 162, Pleno, DJ 27.08.1993).

"relativiza a liberdade individual a fim de que se preserve a investigação, sem contudo, elaborar um juízo prévio de culpabilidade sobre a pessoa investigada"; "visa a certeza dos fatos e a efetiva concreção da segurança pública e da justiça social, ainda que, para tanto, seja necessário cercear, em casos precisos e de maneira justificada, sempre temporariamente, a liberdade do indivíduo numa persecução penal."[12]

Mesmo antes de analisar o mérito da questão, em diversas ocasiões, o STF apreciou casos nos quais foram decretadas prisões temporárias pelas instâncias ordinárias sem haver, por parte da Corte, reconhecimento de nenhuma pecha de ilegalidade/inconstitucionalidade no acautelamento provisório.[13] Aliás, vale ressaltar, caso de repercussão nacional, **a 2ª Turma do STF** (AC 4.036 Referendo-MC/DF – *Operação Lava Jato*) **referendou a prisão temporária** – *outrora decretada pelo saudoso Min. Teori Zavascki*[14] – de influente banqueiro.

Diante desse bosquejo, já era possível compreender que o Supremo enxergava a prisão temporária como um remédio processual **constitucional**. Isso ficou ainda mais evidente com o julgamento da ADI 3.360, em 14.02.2022, ocasião em que a constitucionalidade da providência veio a ser atestada pelo Plenário da Corte, desde que observados, cumulativamente, uma série de pré-requisitos. Veja-se:

> "O Tribunal, por maioria, conheceu da ação direta e, no mérito, julgou parcialmente procedente o pedido para dar interpretação conforme a Constituição Federal ao art. 1º da Lei 7.960/1989 e **fixar o entendimento de que a decretação de prisão temporária autoriza-se quando, cumulativamente**: **1)** for imprescindível para as investigações do inquérito policial (art. 1º, I, Lei 7.960/1989) (*periculum libertatis*), constatada a partir de elementos concretos, e não meras conjecturas, vedada a sua utilização como prisão para averiguações, em violação ao direito à não autoincriminação, ou quando fundada no mero fato de o representado não possuir residência fixa (inciso II); **2)** houver fundadas razões de autoria ou participação do indiciado nos crimes previstos no art. 1º, III, Lei 7.960/1989 (*fumus comissi delicti*), vedada a analogia ou a interpretação extensiva do rol previsto no dispositivo; **3)** for justificada em fatos novos ou contemporâneos que fundamentem a medida (art. 312, § 2º, CPP); **4)** a medida for adequada à gravidade concreta do crime, às circunstâncias do fato e às condições pessoais do indiciado (art. 282, II, CPP); **5)** não for suficiente a imposição de medidas cautelares diversas, previstas nos arts. 319 e 320 do CPP (art. 282, § 6º, CPP) [...]."

---

12 Disponível em <http://coad.com.br/home/noticias-detalhe/17785/prisao-temporaria-para-pgr-adin-nao-deve-ser-conhecida>. Acesso em 02.09.2020.

13 *Ad exemplum*: "PROCESSUAL PENAL. PRISÃO TEMPORÁRIA. FORAGIDO. DECRETAÇÃO FUNDAMENTADA. DENEGAÇÃO. [...] 4. **A prisão temporária é uma prisão cautelar de natureza processual que restringe a liberdade de locomoção do indiciado por tempo determinado, a fim de possibilitar as investigações acerca de determinados crimes considerados graves, entre os quais o homicídio doloso**. 5. A prisão temporária impugnada foi decretada em julho de 2006 e o paciente encontra-se foragido desde a instauração do inquérito policial até a presente data, restando sem cumprimento o mandado de prisão. 6. Manter-se foragido durante toda a investigação criminal dá **justificativa à manutenção da medida extrema**, imprescindível para as investigações policiais. 7. Habeas corpus denegado" (HC 102.974, rel. Min. Ellen Gracie, 2ª Turma, j. 14.12.2010).

14 Excertos da decisão do Min. Zavascki: "No quadro do já narrado, **a custódia temporária** de André Esteves e Diogo Ferreira **se mostra imprescindível** para evitar possível prejuízo à investigação. Como visto, elementos indiciários apontam para a 'participação [destes] no embaraço à Operação Lava Jato mediante persuasão de Nestor Cerveró a se manter em silêncio', especialmente em relação a fatos envolvendo o Senador Delcídio Amaral, durante depoimentos prestados no âmbito da colaboração premiada. Tais elementos indiciários apontam que André Esteves, a mando do mencionado Senador, seria o responsável pelo pagamento de auxílio financeiro à família de Nestor Cerveró, enquanto Diogo Ferreira, chefe de gabinete do Senador, teria participado de todas as reuniões com o filho de Nestor Cerveró, ocupando 'posição privilegiada para suprimir provas contra congressista a que serve e já mostrou disposição concreta para agir com essa finalidade'. [...] Ante o exposto, observadas as especificações apontadas, [...] (b) **decreto a prisão temporária** de André Esteves e Diogo Ferreira, também qualificados nos autos, **nos termos do art. 1º, I e III, da Lei 7.960/1989**."

Dessarte, é fácil concluir que os argumentos doutrinários que defendem a inconstitucionalidade *formal* e *material*[15] da Lei da Prisão Temporária não seduziram a nossa Corte Suprema. Em verdade, a jurisprudência sedimentada nos tribunais agasalha o **entendimento amplamente majoritário**[16] **no sentido de que a prisão temporária é constitucional**, sendo um instrumento cautelar voltado para assegurar a eficiência da investigação criminal de certos crimes graves. No dizer de Flamand, trata-se a prisão cautelar de "um mal necessário", de "uma dessas dolorosas necessidades sociais, perante as quais somos forçados a nos inclinar."[17]

2. CONCEITO E NATUREZA

A prisão temporária é uma espécie de **prisão processual** necessariamente decretada por autoridade judiciária – CPP, art. 3º-B, V e VI – **durante a fase inquisitorial** da *persecutio criminis*, por um **tempo legalmente preestabelecido**, com o escopo de subsidiar investigações criminais de específicas infrações penais de natureza grave.

Trata-se, pois, de medida tipicamente **cautelar**[18] **(instrumental)**[19] **e que, como tal, deve ser considerada excepcional**, já que, por meio dela, priva-se o réu de seu *jus libertatis* antes do pronunciamento condenatório definitivo, consubstanciado na sentença transitada em julgado, desde que presentes o *periculum libertatis* e o *fumus comissi delicti*.[20]

A constrição temporária tem por única finalidade legítima a necessidade da custódia para as investigações.[21] Por ser uma providência decretada por autoridade judiciária competente, mediante requerimento do Ministério Público ou representação da autoridade policial, a prisão temporária afigura-se (*majoritariamente*) como instrumento constitucional, ao contrário da fulminada praxe rotulada por **prisão para averiguações** outrora realizada pela polícia, sem autorização judicial e sem acompanhamento pelo *Parquet*.

No ponto, é preciso **diferenciar** claramente a *prisão temporária* da *prisão para averiguação*. Conforme o magistério de Diaulas Costa Ribeiro:

---

15 "A prisão temporária é também inconstitucional por uma razão muito simples: no Estado Democrático de Direito não se pode permitir que o Estado lance mão da prisão para investigar, ou seja, primeiro prende, depois investiga para saber se o indiciado, efetivamente, é o autor do delito. Trata-se de medida de constrição da liberdade do suspeito que, não havendo elementos suficientes de sua conduta nos autos do inquérito policial, é preso para que esses elementos sejam encontrados. Percebam que se houvesse elementos de convicção suficientes, o inquérito estaria concluído e o Ministério Público poderia oferecer denúncia, iniciando a ação penal e, se necessário fosse, requereria a prisão preventiva. Contudo, como não há, o Estado prende, por sua incompetência, para investigar se o indiciado é ou não o autor do fato" (RANGEL, Paulo. *Direito Processual Penal*. 18ª ed. Rio de Janeiro: Lumen Juris, 2011, p. 805).

16 FERNANDES, Antonio Scarance. *Processo penal constitucional*. 4ª ed. São Paulo: RT, 2005, p. 319-322; GRINOVER, Ada Pellegrini. *Limites constitucionais à prisão temporária*. Revista Jurídica, Porto Alegre, n. 207, 1995, p. 35-38; LIMA, Marcellus Polastri. *A tutela cautelar no processo penal*. Rio de Janeiro: Lumen Juris, 2005, p. 238-239; BECHARA, Fábio Ramazzini. *Prisão cautelar*. São Paulo: Malheiros, 2005, p. 149.

17 *Apud*. BARROS, Romeu Pires de Campos. *Da prisão preventiva compulsória*. Goiânia: Intellectus, 1957, p. 63-64.

18 Nesse passo, o I Fórum Nacional dos Juízes Federais Criminais (**Fonacrim**) expediu a **Enunciado 8**.

19 "A prisão temporária, por sua própria **natureza instrumental**, é permeada pelos princípios do Estado de não culpabilidade e da proporcionalidade, de modo que sua decretação só pode ser considerada legítima caso constitua medida comprovadamente adequada e necessária ao acautelamento da fase pré-processual, não servindo para tanto a mera suposição de que o suspeito virá a comprometer a atividade investigativa" (STJ: HC 286.981/MG, rel. Min. Laurita Vaz, 5ª Turma, DJe 01.07.2014).

20 Nesse sentido: "Trata-se de prisão cuja finalidade é a de acautelamento das investigações do inquérito policial, consoante se extrai do art. 1º, I, da Lei nº 7.960/89, no que cumpriria a **função de instrumentalidade**, isso é, de **cautela**. E será ainda provisória, porque tem a sua duração expressamente fixada em lei [...]" (OLIVEIRA, Eugênio Pacelli de. *Curso de processo penal*. 18ª ed. São Paulo: Atlas, 2014, p. 544).

21 STF: RHC 92.873/SP, 2ª Turma, DJe de 18.12.2008.

"A prisão para investigações, que é a prisão temporária, parte de um fato criminoso para uma pessoa determinada; a prisão para averiguações parte de pessoas indeterminadas para se apurar fatos, de forma aleatória. Assim, diante de um homicídio, de um roubo, ou de outro crime qualquer, se iniciam as investigações que indicam uma pessoa como suspeita, sendo cabível sua prisão temporária se não for possível concluir essa fase com ela solta. Essa é a prisão para investigações. Já na prisão para averiguações a operação é diferente. As autoridades, em regra policiais, prendem pessoas para descobrir crimes que não estavam investigando, ou para apurar crimes em que essas mesmas pessoas não integravam o rol de suspeitos. São as conhecidas operações arrastão, realizadas em áreas de contingente criminoso, onde o critério para limitar o direito de ir e vir é a simples presença nesses locais. Somente após a prisão é que serão conduzidas às delegacias para se averiguar eventuais envolvimentos com infrações penais; isso é bem diferente de prender para investigar um crime já conhecido, em que a suspeição está delimitada a um indivíduo, havendo, neste caso, controle dessa injustiça necessária. Isto é legal e não é inconstitucional."[22]

Acrescente-se, ainda, que a prisão para averiguação pode até mesmo caracterizar crime de abuso de autoridade, por ser uma detenção sem ordem judicial, por meio da qual prende-se determinada pessoa para, posteriormente, identificar e delinear eventual fato delituoso por ela praticado. Obviamente, "não se pode admitir que o Estado detenha para, em um segundo momento, investigar se a pessoa é autora ou partícipe de um delito punível. Em outras palavras, não se pode prender para ver se algo aconteceu. Somente se deve privar a liberdade, também no caso da prisão temporária, se já há um juízo suficiente de probabilidade em relação à autoria."[23]

Destarte, sem razão a tentativa de equiparação – defendida por um setor doutrinário[24] – da (*constitucional*) prisão temporária com a (*inconstitucional*) prisão para averiguações. Como visto, os institutos são bem diversos, sendo certo que apenas a prisão temporária atende ao comando constitucional conforme o qual "ninguém será preso *senão* em flagrante delito ou *por ordem escrita e fundamentada de autoridade judiciária competente* [...]" (CR/88, art. 5º, LXI).

Nem se diga, por fim, que por autorizar a prisão temporária seria humanamente impossível que, adiante, viesse o magistrado a julgar a causa penal com a imparcialidade e equidistância almejadas. Como é cediço, nem mesmo o magistrado que teve contato com prova ilícita encontra-se proibido de sentenciar, porquanto não vigora entre nós a chamada **descontaminação do julgado**.[25] Portanto, "a decretação das medidas cautelares não significa prejulgamento nem gera suspeição ou impedimento do juiz para o julgamento da ação penal" (**Enunciado 9 do Fonacrim**).

---

22 RIBEIRO, Diaulas Costa. *Lei n.º 7.960, de 21 de Dezembro 1989 – Um breve estudo sistemático e comparado*. Disponível em <http://www.diaulas.com.br/artigos.asp?id=214&p_ch=>. Acesso em 02.09.2020.

23 MENDONÇA, Andrey Borges de. *Prisão e outras medidas cautelares pessoais*. São Paulo: Método, 2011, p. 312.

24 *Ad exemplum*: "A pressão foi tão grande que o Presidente José Sarney cedeu e, em 21/12/1989, foi institucionalizada a prisão para averiguações, agora com o nome de 'prisão temporária' (como se existisse prisão perpétua...)." (LOPES JR., Aury. *Direito processual penal*. 11ª ed. São Paulo: Saraiva, 2014, p. 932).

25 "[...] ARTIGO 157, § 5º. ALTERAÇÃO DO JUIZ NATURAL QUE CONHECEU PROVA DECLARADA INADMISSÍVEL. INCONSTITUCIONALIDADE DA REGRA DE IMPEDIMENTO AUTOMÁTICO. (a) A Lei 13.964/2019 introduziu uma segunda regra de impedimento da autoridade judicial, fundada na presunção de sua parcialidade em razão de ter tomado conhecimento de provas declaradas ilícitas. (b) Deveras, o texto do **artigo 157, § 5º**, ora impugnado, estabeleceu que "O juiz que conhecer do conteúdo da prova declarada inadmissível não poderá proferir a sentença ou acórdão." (c) Trata-se de **norma manifestamente irrazoável, desproporcional e incompatível com os postulados constitucionais**. Isto porque os princípios da legalidade, do juiz natural e da razoabilidade restam violados pela regra em questão, permitindo eventual manipulação da escolha do órgão julgador ou sua exclusão, conduzindo à inconstitucionalidade a técnica eleita legislativamente. (d) Em conclusão, o artigo 157, § 5º, do CPP, ao estabelecer que o juiz, simplesmente por conhecer do conteúdo da prova declarada inadmissível, não poderá proferir a sentença ou acórdão, revela **inconstitucionalidade material manifesta**, atentando, ainda, contra as normas insculpidas no artigo 5º, incisos LIII e LXXVIII, da CRFB/1988, concernentes ao juiz natural e à garantia da duração razoável dos processos." (STF: ADI 6.298, rel. min. Luiz Fux, Tribunal Pleno, j. 24.08.2023).

De todo modo, com a instituição do **juiz de garantias** (CPP, art. 3º-B, V e VI), não mais ocorrerá essa circunstância, haja vista que a competência deste cessará com o *oferecimento*[26] da denúncia (STF: ADI 6298, rel. min. Luiz Fux, Tribunal Pleno, j. 24.08.2023), momento a partir do qual a competência passará a ser do **juízo da instrução e julgamento** (CPP, art. 3.º-C, § 2.º), ficando o juiz das garantias impedido conduzir e sentenciar o processo (CPP, art. 3.º-D).

3. MOMENTO

A prisão temporária, ao contrário da preventiva, dirige-se **exclusivamente**[27] à tutela das investigações criminais, daí por que não se pode pensar na sua aplicação quando já instaurada a ação penal. A partir deste momento, deixa de ter cabimento a prisão temporária, sendo possível, lado outro, a prisão preventiva.

Logo, se a denúncia já foi proposta, desaparece o móvel que poderia conduzir o juiz a ordenar a custódia. Por outro lado, "se a prisão temporária do investigado já estiver em curso por ocasião do oferecimento da denúncia, ao receber esta peça deverá o juiz revogar a temporária ou alterar o título da prisão e decretar a prisão preventiva do acusado, condicionado este último procedimento, obviamente, a que não seja possível substituir a privação da liberdade ambulatorial por outra medida diversa da prisão (art. 282, § 6.º, do CPP)."[28]

4. (DES)NECESSIDADE DE PRÉVIA INSTAURAÇÃO DE INQUÉRITO POLICIAL

Uma questão assaz polêmica na doutrina diz respeito a saber se a prévia instauração de inquérito policial é ou não *conditio sine que non* para o deferimento da prisão temporária.

É certo que o art. 1º da LPT utiliza-se das expressões "investigações do inquérito policial" (inc. I) e "indiciado" (inc. II e III). Assim, uma interpretação literal e apressada poderia afastar, p. ex., pedidos de prisão temporária com fulcro em procedimentos de investigação criminal conduzidos pelo Ministério Público.

Surge então a indagação: outros procedimentos investigatórios podem subsidiar pedidos de prisão temporária? Ou, de outro modo, apenas os inquéritos policiais se prestariam a tanto? Dois entendimentos se formaram a respeito:

1ª corrente (amplamente majoritária): É desnecessária a prévia instauração de inquérito policial, sendo possível que o pedido de prisão temporária seja fundamentado em procedimentos investigatórios diversos. Nesse sentido:

> "Por meio de uma interpretação histórica, poder-se-ia chegar à conclusão de que o inquérito policial é peça indispensável para a decretação da prisão temporária. Explica-se: comparando-se o texto da medida provisória nº 111, de 24 de novembro de 1989, que deu origem à prisão temporária, com o texto definitivo da Lei nº 7. 960/89, constata-se que o inciso I da medida provisória estabelecia que a prisão poderia ser decretada quando imprescindível para a 'investigação criminal', tendo o texto definitivo da lei, todavia, restringido sua decretação 'às investigações do inquérito policial'. No entanto, sendo o inquérito policial peça dispensável ao oferecimento da peça acusatória, desde que a justa causa necessária à

26 "[...] MARCO FINAL DA COMPETÊNCIA DO JUIZ DAS GARANTIAS: OFERECIMENTO DA DENÚNCIA. [...] Ao mesmo tempo, as referências à competência do juiz das garantias para receber a denúncia, constantes do *caput* e dos §§ 1º e 2º, do artigo 3º-C, revelam-se inconstitucionais, atribuindo-se interpretação conforme a Constituição no sentido de fixar que **a competência do juiz das garantias cessa com o oferecimento da denúncia** e, por conseguinte, oferecida a denúncia ou queixa, as questões pendentes serão decididas pelo juiz da instrução e julgamento. [...] (STF: ADI 6.298, rel. min. Luiz Fux, Tribunal Pleno, j. 24.08.2023).

27 "Estando superada a investigação criminal, perde objeto a prisão temporária decretada com base no art. 1º, I e III, Lei 7.960/1989" (STJ: RHC 57.296/RS, 6ª Turma, DJe 21.09.2015).

28 AVENA, Norberto. *Processo penal esquematizado*. 6ª ed. São Paulo: Método, 2014, p. 1050.

> deflagração da ação penal esteja respaldada por outros elementos de convicção (CPP, art. 39, § 5º), não sendo a função investigatória uma atribuição exclusiva da Polícia Judiciária (CPP, art. 4º, parágrafo único), **queremos crer que a existência de inquérito policial em andamento não é condição *sine qua non* para a decretação da temporária. Há, sim, necessidade de que haja uma investigação preliminar em curso** (v.g., comissão parlamentar de inquérito, procedimento investigatório criminal presidido pelo órgão do Ministério Público, etc.), que demande a prisão do investigado para melhor apuração do fato delituoso. **Impõe-se, pois, uma interpretação extensiva do art. 1º, inciso I, da Lei nº 7.960/89, adequando-o à nova realidade investigatória.**"[29]

Portanto, "a restrição da decretação da prisão temporária à existência de inquérito policial em sentido estrito cede diante do novo texto legal do CPP, **bastando haver investigação criminal instaurada**, tal como pode ocorrer no âmbito do Ministério Público, pelo que se infere a possibilidade de sua decretação a requerimento da autoridade que estiver conduzindo a respectiva investigação. É o que se depreende não só do novo texto do art. 283, CPP, mas também do art. 282, CPP, que cuida dos pressupostos gerais para a decretação de toda e qualquer medida cautelar [...]."[30]

Em suma, "não há necessidade de haver inquérito policial instaurado, mas, sim, que haja uma investigação preparatória à ação penal, que necessite da prisão do investigado para melhor apuração."[31]

2ª corrente: A prévia instauração de inquérito policial é *conditio sine qua non* para o pedido de prisão temporária. Nesse sentido:

> "O primeiro pressuposto, configurador do *periculum libertatis*, diz com o fato de a prisão temporária ser 'imprescindível para as investigações do inquérito policial'. Resulta do preceito, inicialmente, que ela somente será cabível em inquéritos policiais, não se admitindo a sua decretação, portanto, em procedimentos de investigação conduzidos por outros órgãos, como o Ministério Público, Comissões Parlamentares de Inquérito, etc. [...]."[32]

Definitivamente, estou com a primeira corrente. A propósito, convém lembrar que, no dia 14 de maio de 2015, em conclusão do julgamento do RE 593.727 (com repercussão geral reconhecida), o **STF** decidiu por amplíssima maioria (10 votos contra 1)[33] que **o Ministério Público pode promover investigações de natureza penal por autoridade própria**. Por óbvio, se ao *Parquet* é dado o poder investigatório na seara criminal, é de todo razoável que a Instituição se valha de todos os meios necessários (inclusive a prisão temporária)[34] para melhor conduzir os seus procedimentos.

---

29 LIMA, Renato Brasileiro de. *Legislação criminal especial comentada*. 3ª ed. Salvador: Juspodivm, 2015, p. 668-669. Igualmente: "Entende-se, contudo, que a falta de formal e prévia instauração do inquérito não impede a decretação da medida [prisão temporária], pois os elementos de convicção podem ter sido extraídos de investigação realizada pelo Ministério Público ou de peças de informação" (BONFIM, Edilson Mougenot. *Curso de processo penal*. 9ª ed. São Paulo: Saraiva, 2014, p. 544). E ainda: LIMA, Marcellus Polastri. *A tutela cautelar no processo penal*. Rio de Janeiro: Lumen Juris, 2005, p. 243. LANFREDI, Luís Geraldo Sant'Ana. *Prisão temporária - análise e perspectivas de uma releitura garantista da Lei n º 7960, de 21 de dezembro de 1989*. São Paulo: Quartier Latin, 2009, p. 126.

30 TÁVORA, Nestor; ALENCAR, Rosmar Rodrigues. *Curso de direito processual penal*. 9ª ed. Salvador: Juspodivm, 2014, p. 747.

31 RANGEL, Paulo. *Direito Processual Penal*. 18ª ed. Rio de Janeiro: Lumen Juris, 2011, p. 809.

32 CAMPOS, Ricardo Ribeiro. A Prisão Temporária e a Justiça Federal. *Revista da EMERJ*, v. 12, nº 48, 2009, p. 125.

33 Assim foram expostos os votos: a) 7 (sete) votos irrestritamente favoráveis ao poder investigatório do MP (*Ministros Gilmar Mendes, Celso de Mello, Ayres Britto, Joaquim Barbosa, Luiz Fux, Rosa Weber e Cármen Lúcia*); b) 3 (três) votos favoráveis ao poder investigatório do MP em menor extensão (*Ministros Cezar Peluso, Ricardo Lewandowski e Dias Toffoli*); c) 1 (um) voto contrário ao poder de investigação do MP, em qualquer caso (*Ministro Marco Aurélio*).

34 Na prática, o Judiciário tem aceitado sem maiores questionamentos os pedidos de prisão temporária formulados pelo MP com esteio nos chamados PIC's (procedimentos de investigação criminal). Aliás, não apenas os pedidos de temporária: "Não se constata qualquer ilegalidade no deferimento da quebra de sigilo telefônico sem a prévia

Em arremate, gize-se que, para Andrey Borges de Mendonça, seria possível a decretação da prisão temporária **até mesmo antes da instauração** do procedimento investigatório criminal. E exemplifica: "imagine-se que o promotor tenha elementos de prova, recebidos da vítima, em razão de representação. Neste caso, poderá o promotor pedir ao magistrado a prisão temporária, ainda antes da instauração do inquérito policial."[35] *Data venia*, **discordo** desse entendimento, haja vista que, por determinação legal (art. 1º, I), a prisão temporária terá cabimento *quando imprescindível para as investigações*. Ou seja, a decretação da medida pressupõe a instauração de procedimento investigatório.

5. (DES)NECESSIDADE DO INDICIAMENTO

A doutrina também diverge sobre a (des)necessidade do indiciamento para a decretação da prisão temporária, havendo quatro entendimentos sobre o ponto. Confira-se:

1ª corrente (majoritário): O indiciamento formal é desnecessário. Conforme a lição de Vicente Greco Filho, "o sujeito passivo da prisão temporária é o indiciado. Todavia, não se vislumbra a necessidade de que tenha ele já sido, anteriormente, submetido formalmente ao indiciamento. O suspeito, mesmo que ainda não indiciado, poderá, também, ser submetido à prisão."[36]

Outra não é a lavra de Rogério Schietti Machado Cruz. Para o Ministro do STJ, a menção à qualidade de indiciado nos incisos II e III do art. 1º da LPT, "não significa, necessariamente, que a pessoa já foi formalmente indiciada pela autoridade policial, porquanto tal providência será apenas um corolário do resultado das evidências que conduzem à convicção de que os indícios de autoria do crime pesam sobre a pessoa que, nesta situação, passa a ser considerada indiciada. Aliás, a indiciação formal do autor do crime poderá mesmo depender de sua prisão temporária, na hipótese em que não se conheçam dados suficientes que permitam sua individualização para fins de sua indiciação."[37]

2ª corrente: O indiciamento pode ser necessário ou desnecessário, conforme a hipótese legal. Assim, considerando que nos incisos II e III do art. 1º a Lei 7.960/89 faz referência expressa à pessoa do indiciado, e que tal não ocorre no inciso I, Renato Marcão defende uma interpretação literal. Para o autor, "ao omitir o vocábulo 'indiciado' [no inc. I], o legislador não fez mais do que permitir a decretação da prisão temporária naqueles casos em que o inquérito policial já se encontra instaurado, mas a pessoa investigada ainda não figura como 'indiciada'; não ocorreu indiciamento formal. Nada mais. [...] No caso dos demais incisos [II e III], em que há menção expressa à figura do 'indiciado', somente caberá a decretação quando já existir o indiciamento da pessoa contra quem se imputa, no inquérito, a prática de determinado ilícito penal."[38]

---

instauração de inquérito policial, já que a medida cautelar foi deferida no âmbito de procedimento investigatório deflagrado pelo Ministério Público Estadual" (STJ: HC 222.963/SP, j. 13.08.2013).

35 MENDONÇA, Andrey Borges de. Prisão e outras medidas cautelares pessoais. São Paulo: Método, 2011, p. 313.

36 GRECO FILHO, Vicente. *Manual de processo penal*. 9ª ed. São Paulo: Saraiva, 2012, p. 285. No mesmo sentido: "Indiciado: *não é exclusivamente o indiciado que está sujeito à prisão temporária*. Lembremos que indiciado é o suspeito formalmente apontado pela autoridade policial como autor da infração penal, com registro na sua folha de antecedentes. Por vezes, a prisão temporária torna-se necessária justamente para saber se determinado suspeito é o autor do delito, devendo, pois, ser indiciado. Ex.: testemunhas narram ter visto o crime e, pelas características do agente, supõem ser Fulano, mas sem certeza. Para que se faça o reconhecimento, imaginando-se que Fulano está para mudar-se do local, pode o delegado representar pela prisão temporária, que, decretada pelo juiz, permitirá a formalização do reconhecimento pelas testemunhas, confirmando a suspeita ou não. Ratificada a suspeita, ocorre o indiciamento. Afastada, será o indivíduo colocado em liberdade sem o formal indiciamento" (NUCCI, Guilherme de Souza. *Leis penais e processuais penais comentadas*. Vol. 2. 8ª ed. Rio de Janeiro: Forense, 2014, p. 775).

37 CRUZ, Rogério Schietti Machado. Questões inerentes à prisão temporária. *Juris Plenum Ouro*, Caxias do Sul: Plenum, n. 46, nov./dez. 2015. 1 DVD. ISSN 1983-0297.

38 MARCÃO, Renato. *Curso de processo penal*. São Paulo: Saraiva, 2014, p. 738.

3ª corrente: O indiciamento é mais que desnecessário, ele impede, em regra, a decretação da prisão temporária. Com efeito, ressalta Ricardo Ribeiro Campos, "a prisão temporária se destina principalmente a investigados, e não a indiciados. Tratando-se de pessoa já indiciada, a prisão temporária não mais será, em regra, cabível. É que se o suspeito foi indiciado, isso decorreu da reunião, pela polícia, de elementos suficientes acerca da materialidade e da autoria do delito investigado. Assim, se o indiciado estiver atuando contra quaisquer elementos de prova, o caso será de decretação de prisão preventiva, fundada no artigo 312 do Código de Processo Penal. Deve-se ressalvar, porém, que se, mesmo após o indiciamento, as investigações da polícia ainda estiverem com outras diligências em relação a outros crimes praticados pelo indiciado ou em relação a coautores ou partícipes, nessa situação será admissível a prisão temporária do indiciado."[39]

4ª corrente: O indiciamento é necessário, ou seja, *conditio sine qua non* para a decretação da prisão temporária. Na leitura do prof. Antonio Scarance Fernandes, "só depois de o indivíduo ter sido indiciado, ou seja, apontado como autor do crime em face dos indícios colhidos no inquérito policial, é que pode sofrer uma prisão temporária. Decorre da regra a ideia geral da inadmissibilidade de uma prisão cautelar enquanto não forem coletados elementos sensíveis que indiquem ser o sujeito o suposto autor do crime apurado. Decorre, ainda, a ideia de que prisão processual não serve para a descoberta dos primeiros indícios a respeito da autoria de um delito, só se justificando quando haja elementos razoáveis apontando alguém como o provável autor da infração penal."[40]

Embora concorde *com a premissa* fixada pelo notável prof. Scarance – toda prisão cautelar exige indícios de autoria –, *discordo de sua conclusão*, sendo bem possível que pairem sobre determinada pessoa indícios razoáveis de autoria sem que ainda tenha havido indiciamento, que "é a imputação formal da prática de infração penal a alguém no inquérito policial."[41] Aliás, na praxe, é comum que o indiciamento ocorra apenas quando da elaboração do relatório final do inquérito, ou seja, somente quando a investigação é concluída.

Ademais, seria mesmo completamente ilógico que um simples despacho de indiciamento – apontado por muitos como *ato irrelevante*[42] –, *elaborado pela autoridade policial (vinculada ao Poder Executivo), pudesse servir como verdadeira condição* para o deferimento da providência cautelar pelo Poder Judiciário.

Assim, estou com a **primeira corrente (majoritária)**, até mesmo porquanto defendo a possibilidade de decretação de prisão temporária com base em procedimento de investigação criminal instaurado pelo Ministério Público. Nestes, como é cediço, não existe a figura do indiciamento, ato cuja atribuição é privativa da autoridade policial (Lei 12.830/2013, art. 2º, § 6º).

6. DIFERENÇAS ENTRE AS PRISÕES PREVENTIVA E TEMPORÁRIA

Conquanto a prisão preventiva e a temporária sejam providências cautelares e possuam pontos de intersecção, nítidas são as diferenças entre as duas espécies de constrição da liberdade.

Nesse diapasão, conforme a orientação do STJ, "a prisão preventiva e a prisão temporária não podem ser confundidas, pois constituem modalidades distintas de custódia cautelar, cada

39 CAMPOS, Ricardo Ribeiro. A Prisão Temporária e a Justiça Federal. *Revista da EMERJ*, v. 12, nº 48, 2009, p. 125.

40 FERNANDES, Antonio Scarance. Funções e limites da prisão processual. *Revista Brasileira de Ciências Criminais*, n. 64, jan./fev. 1997, 248-249.

41 PACHECO, Denilson Feitoza. *Direito processual penal – teoria, crítica e práxis*. 3ª ed. Niterói: Impetus, 2005, p. 217.

42 SARAIVA, Wellington Cabral. *Indiciamento: ato irrelevante*. Disponível em <http://wsaraiva.com/2013/05/30/indiciamento-ato-irrelevante/>. Acesso em 02.09.2020.

qual sujeita a requisitos legais específicos. **A primeira [preventiva]** pode ser decretada em qualquer fase da investigação criminal ou do processo penal e demanda a demonstração, em grau bastante satisfatório e mediante argumentação concreta (*fumus comissi delicti*), de que a liberdade do acusado implica perigo (*periculum libertatis*) à ordem pública, à ordem econômica, à conveniência da instrução criminal, ou à aplicação da Lei Penal (art. 312 do Código de Processo Penal). **A segunda [temporária]**, por sua vez, subordina-se a requisitos legais menos severos, previstos na Lei nº 7.960/1989, e presta-se a garantir o eficaz desenvolvimento da investigação criminal quando se está diante de algum dos graves delitos elencados no art. 1º, inciso III, da mesma Lei."[43]

Como a prisão preventiva também pode ser decretada na fase investigatória (CPP, art. 282, I), Odone Sanguiné leciona que "a única diferença remanescente entre esta e a prisão temporária consiste na *maior facilidade para sua decretação*, pois não exige a prova da existência do crime." Assim, para a temporária, "bastam *indícios mais tênues* do que os exigidos para a decretação da prisão preventiva."[44]

Tanto são diferentes as duas espécies de prisões que os tribunais superiores reconhecem a validade da decretação da preventiva logo após expirado o prazo da temporária.[45] Fossem idênticas as medidas a *conversão* de uma (temporária) em outra (preventiva) seria inviável.[46]

Lado outro, ambas as prisões, pela própria natureza instrumental, são permeadas pelos princípios da não culpabilidade e da proporcionalidade, de modo que a decretação de qualquer uma delas só pode ser considerada legítima caso constitua medida comprovadamente adequada e necessária ao acautelamento da fase pré-processual (temporária e preventiva) ou processual (preventiva, exclusivamente).

Para uma melhor visualização das diferenças entre as prisões temporária e preventiva, veja-se o quadro abaixo:

DIFERENÇAS ENTRE AS PRISÕES TEMPORÁRIA E PREVENTIVA[47]		
	Prisão Temporária	**Prisão Preventiva**
Fundamentação legal	Art. 1º da Lei 7.960/1989 e Art. 2º, § 4º, da Lei 8.072/1990.	a) Prisão preventiva autônoma: CPP, arts. 312 e 313. b) Prisão preventiva substitutiva: CPP, art. 282, § 4º c.c art. 312, § 1º.
Quem decreta?	O Juiz, vedada a atuação *ex officio* (LPT, art. 2º).	O Juiz, vedada a atuação *ex officio* (CPP, art. 282, § 2º).
Qual o momento adequado?	Durante a investigação criminal, sendo vedada na fase processual.	Durante a investigação criminal ou no curso da ação penal.

43 HC 462.094/MG, 5ª Turma, j. 04.06.2019.

44 SANGUINÉ, Odone. *Prisão cautelar, medidas alternativas e direitos fundamentais*. Rio de Janeiro: Forense, 2014, p. 97 e 102.

45 "Eventual ilegalidade da prisão temporária resta superada com a superveniência de novo título a embasar a custódia – a decisão que ordenou a preventiva –, quando nela se aponta precisamente a necessidade da constrição cautelar do agente" (STJ: RHC 54.425/RN, 5ª Turma, DJe 23.03.2015).

46 "A decretação da custódia temporária do investigado não implica, necessariamente, em ulterior conversão dessa em prisão preventiva, pois **os requisitos e motivos que ensejam ambas as modalidades de prisão cautelar são diferentes**, sendo que para a segregação preventiva faz-se necessária a presença de umas das hipóteses elencadas no art. 312 do CPP, o que não se vislumbra *in casu*" (STJ: HC 84.262/SP, 5ª Turma, DJ 22/10/2007).

47 Quadro inspirado na obra: MENDONÇA, Andrey Borges de. *Prisão e outras medidas cautelares pessoais*. São Paulo: Método, 2011.

Pressupostos (quais indícios da prática de crime – *fumus comissi delicti*?)	Quando houver fundadas razões de autoria ou participação em um dos crimes previstos no inciso III do art. 1º da LPT ou em qualquer dos crimes hediondos ou equiparados.	Quando houver prova da existência do crime e indício suficiente de autoria (CPP, art. 312)
Fundamentos (quais os motivos – *periculum libertatis*?)	Quando imprescindível para as investigações; Quando o indiciado não tiver residência fixa ou não fornecer elementos necessários ao esclarecimento de sua identidade (LPT, art. 1º, I e II)	a) Garantia da ordem pública; garantia da ordem econômica; conveniência da instrução criminal; e assegurar a aplicação da lei penal (CPP, art. 312), no caso da prisão preventiva autônoma. b) Descumprimento de qualquer das obrigações impostas por força de outras medidas cautelares (CPP, arts. 282, § 4º c.c 312, § 1º), no caso da prisão preventiva substitutiva.
		c) Receio de perigo e existência concreta de fatos novos ou contemporâneos que justifiquem a aplicação da preventiva autônoma ou substitutiva (CPP, art. 312, § 2º).
A medida tem prazo?	Prazo de 5 dias, prorrogável por igual período em caso de extrema e comprovada necessidade, no caso dos crimes listados no art. 1º, III, LPT. Ou Prazo de 30 dias, prorrogável por igual período em caso de extrema e comprovada necessidade, no caso dos crimes hediondos e assemelhados (LCH, art. 2º, § 4º).	Não há prazo específico previsto na legislação. Assim, a duração da prisão preventiva deve orientar-se pelo critério da razoabilidade (complexidade da causa, atividade processual do interessado, conduta das autoridades judiciais, etc), de modo que haverá constrangimento ilegal nas hipóteses em que o excesso de prazo seja decorrente de (a) evidente desídia do órgão judicial; (b) exclusiva atuação da parte acusadora; ou (c) situação incompatível com o princípio da razoável duração do processo, previsto no art. 5º, LXXVIII, da CR/88. Ps.: Conquanto não haja um prazo de duração máxima, a preventiva deve ser revista a cada 90 dias, sob pena de ilegalidade (CPP, art. 316, parágrafo único).
Condições de admissibilidade (em quais infrações penais?)	Crimes previstos no art. 1º, III, LPT e no *caput* do art. 2º da LCH (crimes hediondos e equiparados).	a) Prisão preventiva autônoma: *Regra*: crimes dolosos punidos com pena privativa de liberdade máxima superior a 4 anos; *Exceções*: crimes com pena igual ou inferior a 4 anos nas seguintes hipóteses: *reincidência em crime doloso; *se o crime doloso envolver violência doméstica e familiar contra a mulher, criança, adolescente, idoso, enfermo ou pessoa com deficiência; *em crime doloso ou culposo, quando houver dúvida sobre a identidade civil da pessoa ou quando esta não fornecer elementos suficientes para esclarecê-la. b) Prisão preventiva substitutiva: em caso de descumprimento de qualquer das obrigações impostas por força de medidas cautelares diversas da prisão.

7. INCIDÊNCIA (OU NÃO) DO ART. 282, I E II, DO CPP

A Lei da Prisão Temporária não foi expressamente alterada pela Lei 12.403/2011, que modificou o Código de Processo Penal para traçar novos contornos sobre a prisão processual, fiança, liberdade provisória e demais cautelares.

De acordo com a atual redação do art. 282 do Código de Processo Penal, a decretação da prisão preventiva (e cautelares diversas da prisão) deve observar a *necessidade* para aplicação da lei penal, para a investigação ou a instrução criminal e, nos casos expressamente previstos, para evitar a prática de infrações penais; e a *adequação* da medida à gravidade do crime, circunstâncias do fato e condições pessoais do indiciado ou acusado.

A grande pergunta que fica é: não tendo a Lei 7.960/1989 sido alterada formalmente, a aferição do art. 282, I e II, do CPP é despicienda quando da decretação da prisão temporária? Ou, de outra forma, antes de analisar os requisitos específicos da prisão temporária, deve o magistrado observar o comando do art. 282 do CPP?

A definição sobre se a decretação da prisão temporária também passou a estar condicionada à verificação da *necessidade* (para a investigação) e da *adequação* não encontra na doutrina orientação unânime. Há, pois, dois entendimentos a respeito:

1ª corrente (majoritária): Entende que o art. 282 do Código de Processo Penal tem aplicabilidade sobre toda e qualquer medida cautelar, inclusive a prisão temporária, embora prevista em lei apartada. Assim, com o art. 282 do CPP, tem-se:

> "o estabelecimento de novos parâmetros sobre os quais deve especial atenção o juiz ao decretar a prisão temporária: necessidade e adequação. Além de observar se a medida realmente é necessária para a investigação e a coleta dos elementos probatórios buscados, deve verificar se a prisão temporária é adequada à finalidade apontada pela autoridade policial. Em última análise, estamos tratando da proporcionalidade da prisão, que adquire especial relevância agora com o amplo rol de medidas cautelares diversas, previstas no art. 319. Deve o juiz verificar, portanto, se os objetivos buscados não podem ser alcançados por meio de medidas cautelares diversas e menos gravosas para o investigado. É, neste ponto, um novo referencial definido pela Lei n. 12.403/2011 e que deve conduzir a uma mudança do tratamento judicial da prisão temporária."[48]

Desse modo, com a entrada em vigor da Lei 12.403/2011, a observância destes subprincípios da proporcionalidade (necessidade e adequação) passa a constar expressamente do Título IX, atinente à prisão, às medidas cautelares e à liberdade provisória. E "esses parâmetros, é bom que se diga, são válidos não apenas para as cautelares previstas no Título IX do Livro I do CPP, mas também para a prisão temporária, prevista na Lei nº 7. 960/89."[49]

2ª corrente: Rechaça a ideia de que a decretação da prisão temporária esteja condicionada ao disposto no art. 282, I e II, do CPP. Defende que a constrição temporária da liberdade deve ser necessária e adequada, mas não em razão do disposto na legislação processual, e sim em virtude do disciplinamento traçado pela própria Lei 7.960/1989. Principal expoente dessa corrente, leciona Norberto Avena:

48 LOPES JR., Aury. *Direito processual penal*. 11ª ed. São Paulo: Saraiva, 2014, p. 931.

49 LIMA, Renato Brasileiro de. *Legislação criminal especial comentada*. 3ª ed. Salvador: Juspodivm, 2015, p. 656. Igualmente: "Para a decretação da medida temporária, devem ser atendidos os requisitos específicos, a par dos pressupostos gerais regrados no art. 282, do CPP, com redação determinada pela Lei 12.403/2011, que impõe, para a imposição de toda medida cautelar, que seja observado juízo de proporcionalidade a partir: (1) da necessidade [...] e (2) da adequação [...]. O cabimento da prisão temporária é excepcionalíssimo, pelo que, **além desses pressupostos**, devem ser preenchidos os requisitos específicos para a sua decretação que, com supedâneo no art. 1º da Lei nº 7.960/1989 [...]." (TÁVORA, Nestor; ALENCAR, Rosmar Rodrigues. *Curso de direito processual penal*. 9ª ed. Salvador: Juspodivm, 2014, p. 745-746).

"Como argumento inicial de nosso ponto de vista, trazemos a literalidade do art. 282, *caput*, ao limitar a aplicação dos requisitos atinentes à necessidade e adequação às 'medidas cautelares previstas neste Título', nada havendo, pois, que conduza à necessidade de interpretação extensiva desta regra e que a faça alcançar os ditames da Lei 7.960/1989, que disciplina a prisão temporária. Em segundo lugar, ressaltamos as peculiaridades dessa modalidade de segregação, que, a despeito das três hipóteses de seu cabimento, tem sido mais utilizada, na prática, como expediente voltado ao êxito das investigações policiais nos crimes nela contemplados (art. 1.º, I e III, da Lei 7.960/1989). Trata-se, enfim, da prisão temporária fundamentada na imprescindibilidade para as investigações policiais. Deste modo, relativamente à necessidade, esta é, sim, uma condicionante para a decretação da prisão temporária. Não, porém, a necessidade prevista no art. 282, I, do CPP, mas sim a necessidade para as investigações policiais enquanto sinônimo de imprescindibilidade, um fundamento natural da prisão temporária decretada com base no art. 1.º, I, da Lei 7.960/1989. Situação semelhante ocorre no tocante à adequação. Diante de representação pela prisão temporária, sem dúvida, deverá o Juiz examinar a pertinência da medida ao caso concreto, verificando se estão presentes os pressupostos legais que a autorizam. Isto deve ser feito à luz dos mandamentos insertos à Lei 7.960/1989 e não dos elementos constantes do art. 282, II, do CPP – gravidade do crime, circunstâncias do fato e condições pessoais do indiciado ou acusado –, que relevam unicamente às medidas cautelares de caráter pessoal previstas no CPP. Note-se, inclusive, que, segundo a corrente majoritária, a prisão temporária é cabível apenas em relação aos crimes referidos no art. 1.º, III, da Lei 7.960/1989, e desde que presente um dos requisitos contemplados nos incisos I ou II do mesmo dispositivo. Sendo assim, o elemento gravidade da infração penal já está objetivamente previsto na lei por meio da previsão dos crimes que permitem essa forma de custódia. De outra sorte, no tocante às circunstâncias do fato, muitas vezes são desconhecidas e consistem, exatamente, no motivo pelo qual se pretende o decreto da prisão temporária, não sendo, por isso mesmo, razoável que integrem o juízo cognitivo do Juiz no momento de decretar ou não a prisão temporária do investigado."[50]

Ambas as correntes **concordam** que os vetores da *necessidade* e da *adequação* devem ser observados quando da decretação da prisão temporária. **Divergem**, entretanto, quanto a aplicabilidade ou não do art. 282, I e II, à prisão temporária. Sem embargo da clareza da explicação de Norberto Avena, discordo de sua premissa segundo a qual a literalidade do *caput* do art. 282 limitaria a aplicação dos seus incisos às medidas cautelares previstas no Título IX do Livro I do Código de Processo Penal, o que não alcançaria a prisão temporária.

E discordo por duas razões, a saber: **a)** a Lei 12.403/2011 alterou o CPP, conforme ela mesmo anuncia, nos pontos "*relativos à prisão processual*, fiança, liberdade provisória, demais medidas cautelares ...". A lei, portanto, passou a ser uma espécie de norma geral em temas de *prisão processual*, gênero do qual a prisão temporária é espécie. Mais ainda, o art. 282 tornou-se a mola propulsora de todas as providências cautelares criminais previstas em nosso ordenamento jurídico; **b)** o Título IX do Livro I do CPP, ao contrário do que expôs Avena, *engloba a prisão temporária*. No particular, convém observar que o art. 283 do CPP (reformado pelo Pacote Anticrime) prevê que "ninguém poderá ser preso senão em flagrante delito ou por ordem escrita e fundamentada da autoridade judiciária competente, *em decorrência de prisão cautelar* [gênero do qual a temporária é espécie] ou em virtude de condenação criminal transitada em julgado". Por isso, estou com a primeira corrente, a qual veio a ser agasalhada pelo **Plenário do STF**, quando do julgamento da ADI 3.360, em 14.02.2022:

O Tribunal, por maioria, conheceu da ação direta e, no mérito, julgou parcialmente procedente o pedido para dar interpretação conforme a Constituição Federal ao art. 1º da Lei 7.960/1989 e **fixar o entendimento de que a decretação de prisão temporária autoriza-se**

50 AVENA, Norberto. *Processo penal esquematizado*. 6ª ed. São Paulo: Método, 2014, p. 932-933.

quando [...] a medida for adequada à gravidade concreta do crime, às circunstâncias do fato e às condições pessoais do indiciado (art. 282, II, CPP) [...].

8. PRINCÍPIOS DA SUBSIDIARIEDADE E DA CONTEMPORANEIDADE DA PRISÃO TEMPORÁRIA

Por determinação do art. 282, § 6º, do CPP, nosso ordenamento jurídico somente permite a decretação da prisão preventiva se não for possível a sua substituição por alguma das nove medidas cautelares diversas da prisão catalogadas no art. 319 do CPP. Consagra-se, assim, nos moldes da constituição portuguesa, o **princípio da subsidiariedade da prisão preventiva.**[51]

Em nossa ótica, é perfeitamente **aplicável à prisão temporária** o disposto no art. 282, § 6º, do CPP, de modo que também a prisão temporária somente será determinada quando não for cabível a sua substituição pelas medidas cautelares diversas da prisão. **A prisão temporária, igualmente, é medida cautelar subsidiária.** Inclusive, essa foi a conclusão a que chegou o STF ao julgar a ADI 3.360, em 14.02.2022, ocasião em que foi fixada a compreensão de que somente se permite a decretação da custódia temporária quando "não for suficiente a imposição de medidas cautelares diversas, previstas nos arts. 319 e 320 do CPP (art. 282, § 6º, CPP) [...]".

Nesse passo, ao ampliar o rol de medidas cautelares de natureza pessoal à disposição do juiz criminal,

> "a Lei nº 12.403/11 dá concretude ao princípio da necessidade, possibilitando que o juiz natural utilize a prisão cautelar somente na hipótese de imprestabilidade das demais medidas cautelares. **Doravante, a decretação da prisão preventiva (ou temporária) somente será possível quando as medidas cautelares diversas da prisão, adotadas de forma isolada ou cumulativa, mostrarem-se inadequadas ou insuficientes** para assegurar a eficácia do processo penal (CPP, art. 282, § 6º). A prisão cautelar deve, portanto, ser adotada como ***ultima ratio***, dando-se preferência, sempre que possível, à aplicação de medida cautelar menos gravosa."[52]

Evidentemente, mostra-se indevida a aplicação de medidas cautelares diversas da prisão quando a necessidade da segregação periódica se encontra devidamente fundamentada, indicando que as providências menos gravosas seriam insuficientes para o escopo investigatório.[53]

De mais a mais, na motivação da prisão temporária (da prisão preventiva e de qualquer outra providência cautelar), o juiz deverá indicar concretamente a existência de *fatos novos* ou *contemporâneos* que justifiquem a aplicação da medida adotada. Assim, pelo **princípio da**

51 A subsidiariedade da prisão preventiva é expressamente prevista na Constituição de Portugal, *in verbis*: "Artigo 28º, 2. A prisão preventiva tem natureza excepcional, não sendo decretada nem mantida sempre que possa ser aplicada caução ou outra medida mais favorável prevista na lei."

52 LIMA, Renato Brasileiro de. *Legislação criminal especial comentada*. 3ª ed. Salvador: Juspodivm, 2015, p. 655. **Com o mesmo entendimento**: "[...] a Lei 12.403/2011 criou várias medidas cautelares diversas da prisão, com o fim de serem utilizadas em lugar da segregação cautelar, inclusive durante a fase de investigação criminal. Por isso, antes de se decretar, de pronto, a prisão temporária, deve-se analisar a viabilidade de aplicação de qualquer das medidas previstas pelo art. 319 do CPP. Conforme o caso, evita-se o mal do encarceramento precoce, restringindo de algum modo a liberdade do indiciado" (NUCCI, Guilherme de Souza. *Leis penais e processuais penais comentadas*. Vol. 2. 8ª ed. Rio de Janeiro: Forense, 2014, p. 771). E ainda: LOPES JR., Aury. *Direito processual penal*. 11ª ed. São Paulo: Saraiva, 2014, p. 934. **Diversamente**, defendendo a possibilidade de aplicação das medidas restritivas do art. 319, mas não por força do art. 282, § 6º: "[...] é lógico que, sendo possível evitar a decretação da prisão temporária e, no seu lugar, impor uma das medidas restritivas do art. 319, assim deve proceder o Juiz. Não, porém, por força da regra do art. 282, § 6.º, do CPP, que reputamos não aplicável à prisão temporária [...] e sim porque esta forma de custódia, efetivamente, apenas deve ser decretada nas situações de imprescindibilidade para as investigações, ou seja, quando não se afigurar viável outra solução que não implique privação da liberdade" (AVENA, Norberto. *Processo penal esquematizado*. 6ª ed. São Paulo: Método, 2014, p. 932-933).

53 STJ: HC 278.681/PR, 5ª Turma, j. 13.12.2016.

contemporaneidade das prisões cautelares (CPP, art. 315, § 1º) – aplicável inclusive à prisão temporária, conforme reconhecido pelo STF (ADI 3.360) –, fatos assaz antigos não justificam, *a priori*, a custódia. Nesse sentido:

> "A falta de contemporaneidade, considerando a data dos crimes imputados ao paciente e a data em que foi determinada a sua prisão, nos termos da jurisprudência desta Casa e do próprio Supremo Tribunal Federal, desautoriza a restrição mais drástica."[54]

Note-se, porém, que **a contemporaneidade não está atrelada necessariamente ao momento da prática do fato, ao tempo do crime.** Ao contrário, as Cortes Superiores compreendem que a contemporaneidade "diz respeito aos motivos ensejadores da prisão preventiva e não ao momento da prática supostamente criminosa em si, ou seja, é desimportante que o fato ilícito tenha sido praticado há lapso temporal longínquo, sendo necessária, no entanto, a efetiva demonstração de que, mesmo com o transcurso de tal período, continuam presentes os requisitos"[55] para a decretação da medida cautelar. Repita-se à exaustão: **a contemporaneidade da prisão cautelar "*não está restrita à época da prática do delito*, e sim à *verificação da necessidade no momento de sua decretação*, ainda que o fato criminoso tenha ocorrido em período passado".**[56]

9. PRESSUPOSTOS (*FUMUS COMISSI DELICTI*) E CONDIÇÕES DE ADMISSIBILIDADE

O art. 1º da Lei 7.960/1989 traça os pressupostos (inc. III) – *fumus comissi delicti* – e os fundamentos (inc. I e II) – *periculum libertatis* – da prisão temporária, além de preconizar as condições de sua admissibilidade ao enumerar os crimes compatíveis com a medida.

Como providência cautelar que é, a constrição temporária da liberdade reclama o ***fumus comissi delicti***, consistente "na presença de elementos de convicção que demonstram a verossimilhança da imputação e que, portanto, tornam plausível admitir a participação delitiva do indiciado no fato objeto da apuração."[57] De se notar que os elementos indiciários do envolvimento do suspeito no cometimento do crime investigado devem existir ao tempo do deferimento da prisão temporária, sendo ilegal e arbitrária a detenção vocacionada a fazer surgir os referidos indicativos.

As fundadas razões de autoria significam, pois, a presença de dados objetivos mínimos que indiquem que o investigado seja, provavelmente, autor ou partícipe de um dos crimes compatíveis com a prisão temporária. Destarte, mostra-se "ilegal a detenção destinada a obter tais

---

54 STJ: HC 480.274/RJ, 6ª Turma, j. 07.05.2019. Igualmente: "No caso em exame, **as medidas cautelares foram aplicadas sem observar a necessária contemporaneidade**, porque os fatos investigados datam dos anos de 2013 a 2016, exercendo o recorrente um papel de subordinação ao agente político, não havendo qualquer dado concreto e atual que indique um risco de reiteração, mesmo à época do recebimento da denúncia, em dezembro de 2018. [...] *Recurso ordinário em habeas corpus parcialmente provido para revogar as medidas cautelares*, mantendo apenas o dever de comparecimento periódico em juízo" (STJ: RHC 110.240/PR, 5ª Turma, j. 03.03.2020). E ainda: "Ademais, ressai a *ausência de relação de contemporaneidade entre o fato (8/3/2014) e o decreto (26/4/2016)*, período relativo ao qual não se atribui nenhuma conduta delitiva ao recorrente, que é primário, *circunstância que esvazia a invocada necessidade de garantia da ordem pública invocada no decisum*" (STJ: RHC 75.074/PA, 6ª Turma, j. 04.10.2016).

55 STJ: HC 661.801/SP, 6ª Turma, j. 22.06.2021. Igualmente: "O decurso de tempo entre a data dos fatos e a decretação da prisão não sustenta, por si só, a alegação de ausência de contemporaneidade apta a revogar a medida extrema, mormente porque, os indícios de autoria surgiram no decorrer da investigação, sendo a medida extrema contemporânea à identificação do réu e ao oferecimento da denúncia" (STJ: AgRg no HC 665.804/MT, 5ª Turma, j. 08.06.2021). E ainda: STF: AgR no HC 190.028, 1ª Turma, DJe 11.02.2021.

56 STJ: AgRg no HC n. 685.539/PE, 6ª Turma, j. 25.10.2022.

57 CRUZ, Rogério Schietti Machado. Questões inerentes à prisão temporária. *Juris Plenum Ouro*, Caxias do Sul: Plenum, n. 46, nov./dez. 2015. 1 DVD. ISSN 1983-0297.

indícios. Somente se legitima a prisão temporária fundada em elementos informativos idôneos e não para obtê-los. [...] Assim, não basta a existência de mera suspeita ou desconfiança, meros rumores ou denúncias anônimas ou testemunho por ouvir dizer (***hearsay testimony***) isolados."[58]

Não se exige, por óbvio, "um julgamento tão profundo como o de mérito, mas deve ter uma profundidade suficiente para tranquilizar a mente do julgador. Deve ser um juízo do provável, não bastando o juízo meramente do possível."[59] Entretanto, é curial advertir que muitas vezes os elementos existentes para avaliação do magistrado "serão mais tênues que aqueles exigidos para a decretação da prisão preventiva, uma vez que, no estágio preliminar das investigações a questão da autoria pode estar ainda um pouco nebulosa. Porém, deve haver ao menos probabilidade de se tratar do autor do delito [...]. A essa profundidade de cognição (sumária) se pode chegar por prova direta ou indireta (indícios)."[60]

Trata-se, pois, do *fumus comissi delicti* da **probabilidade** (juízo de cognição sumária) de que o investigado (**fundadas razões de autoria**) tenha de fato praticado (**fundadas razões da materialidade**) algum dos crimes (**condições de admissibilidade**) indicados no inc. III do art. 1º da LPT ou, conforme o entendimento amplamente majoritário, qualquer dos crimes hediondos propriamente ditos ou equiparados a hediondos, conforme a previsão do § 4º do art. 2º da Lei 8.072/1990.

No ponto, insta observar que, depois de editada a LPT, ingressou em nosso ordenamento jurídico a Lei 8.072/1990. O § 4º do art. 2º da Lei dos Crimes Hediondos consignou expressamente que "**a prisão temporária**, sobre a qual dispõe a Lei nº 7.960, de 21 de dezembro de 1989, **nos crimes previstos neste artigo**, terá o prazo de 30 (trinta) dias, prorrogável por igual período em caso de extrema e comprovada necessidade." Com isso, a partir da LCH, a prisão temporária passou a ter cabimento tanto em relação aos crimes previstos no art. 1º, III, da LPT, como também em relação aos delitos mencionados nos arts. 1º e 2º, *caput*, da LCH.[61]

Com efeito, de acordo com o art. 1º, III, da Lei 7.960/1989, **caberá a prisão temporária** quando houver **fundadas razões de autoria ou participação** do indiciado **nos seguintes crimes**:

1. Homicídio doloso (art. 121, caput, e seu § 2º, CP);
2. Sequestro ou cárcere privado (art. 148, *caput*, e seus §§ 1º e 2º, CP);
3. Roubo (art. 157, *caput*, e seus §§ 1º, 2º e 3º, CP);
4. Extorsão (art. 158, *caput*, e seus §§ 1º e 2º, CP);
5. Extorsão mediante sequestro (art. 159, *caput*, e seus §§ 1º, 2º e 3º, CP);

---

58 SANGUINÉ, Odone. *Prisão cautelar, medidas alternativas e direitos fundamentais*. Rio de Janeiro: Forense, 2014, p. 102.

59 MENDONÇA, Andrey Borges de. *Prisão e outras medidas cautelares pessoais*. São Paulo: Método, 2011, p. 29. Sobre a **diferença** entre o juízo do possível e o juízo do provável, veja-se: "[...] o **juízo do possível é um juízo neutral**, que possui elementos tanto em um sentido como em outro. Quando se afirma que algo é possível, há a mesma chance ou ao menos próxima de aquilo não ser possível (é possível que caia um raio em determinada residência, por exemplo). Como lembra Gustavo Badaró, o possível abrange aquilo que rarissimamente acontece. Por outro lado, **o juízo do provável é coisa diversa: é um juízo aneutral**, em que há mais elementos em uma direção que em outra. Quando se afirma que algo é provável, há mais indicadores em um sentido (da ocorrência) que em sentido contrário (da não ocorrência), embora a dúvida possa ainda persistir" (MENDONÇA, Andrey Borges de. *Prisão e outras medidas cautelares pessoais*. São Paulo: Método, 2011, p. 30).

60 MENDONÇA, Andrey Borges de. *Prisão e outras medidas cautelares pessoais*. São Paulo: Método, 2011, p. 318. Nesse sentido: "Não se exige do decreto de prisão temporária a minudência e o grau de certeza característicos às decisões criminais definitivas, afigurando-se válida a medida decretada com base em elementos concretos evidenciadores da necessidade da constrição cautelar" (HC 41.20/RJ, 2ª Turma Especializada do TRF2, DJU 16.09.2005).

61 Com esse entendimento: TÁVORA, Nestor; ALENCAR, Rosmar Rodrigues. *Curso de direito processual penal*. 9ª ed. Salvador: Juspodivm, 2014, p. 748; MENDONÇA, Andrey Borges de. *Prisão e outras medidas cautelares pessoais*. São Paulo: Método, 2011, p. 314; LIMA, Renato Brasileiro de. *Legislação criminal especial comentada*. 3ª ed. Salvador: Juspodivm, 2015, p. 673; COSTA, Klaus Negri; ARAÚJO, Fábio Roque. *Processo penal didático*. 3ª ed. Salvador: Juspodivm, 2020, p. 795.

6. Estupro (art. 213, *caput*, e sua combinação com o art. 223, *caput*, e parágrafo único, CP) [**atenção**: O art. 223 do CP foi revogado pela Lei 12.015/2009. Contudo, as qualificadoras previstas pelo dispositivo – *se da conduta resulta lesão corporal de natureza grave ou morte* – sobrevivem como parágrafos do art. 213, ou seja, não houve *abolitio criminis*, apenas uma recolocação das figuras de modo a reclamar a incidência do princípio da continuidade normativo-típica. Ademais, sendo rotulado como hediondo o art. 213, *caput* e §§ 1º e 2º, CP, o estupro em qualquer destas formas é compatível com a prisão temporária];

7. Atentado violento ao pudor (art. 214, *caput*, e sua combinação com o art. 223, *caput*, e parágrafo único, CP) [**atenção**: O crime de atentado ao pudor, antigamente definido no art. 214 do CP, foi revogado formalmente pela Lei 12.015/2009. Não houve, entretanto, *abolitio criminis*, pois o fato agora se subsome ao art. 213 do CP, com o *nomen iuris* estupro. Aplica-se ao caso o princípio da continuidade normativo-típica, operando-se simplesmente o deslocamento do fato criminoso para tipo penal diverso];

8. Rapto violento (art. 219, e sua combinação com o art. 223, *caput*, e parágrafo único, CP) [**atenção**: No tocante à conduta anteriormente descrita no art. 219 do CP – rapto violento –, não há falar em *abolitio criminis*, e sim em mera revogação formal. Com efeito, qualquer pessoa, e não somente as "mulheres honestas", podem ser vítimas do crime de sequestro ou cárcere privado qualificado pela privação da liberdade com fins libidinosos, nos termos do art. 148, § 1.º, V, do CP. Houve, portanto, o deslocamento da conduta criminosa para outro tipo penal, incidindo o princípio da continuidade normativo-típica];

9. Epidemia com resultado de morte (art. 267, § 1º, CP);

10. Envenenamento de água potável ou substância alimentícia ou medicinal qualificado pela morte (art. 270, *caput*, combinado com o art. 285, CP);

11. Quadrilha ou bando (art. 288, CP) [**atenção**: Com a entrada em vigor da Lei 12.850/2013, o *nomen iuris* do delito previsto no art. 288 do CP foi alterado de *quadrilha ou bando* para *associação criminosa*. A alteração do *nomen iuris* do delito não afasta, por óbvio, as demais referências legislativas ao *caput* do art. 288, sendo este tipo penal perfeitamente *compatível a prisão temporária*. De outro modo, pela Lei 12.720/2012, acrescentou-se ao Código Penal o art. 288-A, que passou a tipificar o *crime de constituição de milícia privada*, sancionando esta conduta com pena de reclusão de quatro a oito anos. A LCH e a LPT, contudo, não foram alteradas a fim de se nelas fazer inserir o citado delito. Destarte, "por mais absurdo que possa parecer a possibilidade de decretação da prisão temporária apenas em relação ao crime menos grave – associação criminosa –, parece-nos inviável a decretação da prisão temporária em relação à constituição de milícia privada, sob pena de evidente violação ao princípio da legalidade."[62] O mesmo se diga em relação ao crime de *organização criminosa* (Lei 12.850/2013, art. 2º), que é incompatível com a prisão temporária, salvo quando direcionado à prática de crime hediondo ou equiparado (LCH, art. 1º, parágrafo único, V)];

12. Genocídio (arts. 1º, 2º e 3º, da Lei 2.889/1956), e qualquer de suas formas típicas;

13. Tráfico de drogas (art. 12 da Lei 6.368/1976) [**atenção**: O artigo citado – art. 12 da Lei 6.368/1976 – corresponde ao art. 33, *caput* e § 1º, da Lei 11.343/2006. Por sua vez, a Lei 8.072/1990 (art. 2º) estabelece de forma genérica que "o tráfico ilícito de entorpecentes e drogas afins" é crime equiparável a hediondo, logo, compatível com a prisão temporária. Conquanto não tenha a Lei 11.343/2006 definido quais seriam os "crimes de tráfico de drogas", entende-se majoritariamente como "traficância" e, portanto, *compatíveis com a prisão temporária*,[63] os

62 LIMA, Renato Brasileiro de. *Legislação criminal especial comentada*. 3ª ed. Salvador: Juspodivm, 2015, p. 673.

63 Há entendimento **minoritário** no sentido de que, "para fim de decretação da prisão temporária [...] somente se leva em conta o art. 33 da Lei 11.343/2006" (NUCCI, Guilherme de Souza. *Leis penais e processuais penais comentadas*. Vol. 2. 8ª ed. Rio de Janeiro: Forense, 2014, p. 777).

crimes citados no art. 44 da Lei de Drogas, com exceção do art. 35 (que não é rotulado pela hediondez, segundo o entendimento jurisprudencial pacífico), a saber: art. 33, *caput* e § 1º, art. 34, art. 36 e art. 37];

14. Crimes contra o sistema financeiro (Lei 7.492/1986);

15. Crimes previstos na Lei de Terrorismo [**atenção**: a presente alínea foi inserida na Lei da Prisão Temporária por força do art. 18 da Lei 13.260/2016, que inaugurou o tratamento jurídico do terrorismo no ordenamento jurídico nacional. Todos os crimes previstos na Lei de Terrorismo – arts. 2º, § 1º; 3º; 5º e 6º – são, pois, compatíveis com a prisão temporária, conforme disposto na alínea em comento];

Como ressaltado alhures, por força do § 4º do art. 2º da Lei 8.072/1990, terá cabimento a prisão temporária quando houver **fundadas razões** da autoria/participação do investigado em algum dos **crimes equiparados a hediondos** (LCH, art. 2º) **ou hediondos propriamente ditos**, de modo que, à lista acima, deve-se acrescentar:

16. Tortura;[64]

17. Lesão corporal dolosa de natureza gravíssima (art. 129, § 2º) e seguida de morte (art. 129, § 3º), quando nos moldes da Lei 13.142/2015 (contra agentes de segurança pública, no exercício da função ou em decorrência dela, e seus parentes);

18. Roubo circunstanciado pelo emprego de arma de fogo (art. 157, § 2º-A, inciso I) [**atenção**: as demais formas do roubo – simples, circunstanciado e qualificado – são compatíveis com a prisão temporária por força de previsão expressa na LPT];

19. Extorsão qualificada pela restrição da liberdade da vítima, ocorrência de lesão corporal ou morte (art. 158, § 3º); [**atenção**: as demais formas de extorsão são compatíveis com a prisão temporária por força de previsão expressa na LPT];

20. Estupro de vulnerável (art. 217-A, *caput* e §§ 1º, 2º, 3º e 4º, CP);

21. Falsificação, corrupção, adulteração ou alteração de produto destinado a fins terapêuticos ou medicinais (art. 273, *caput* e § 1º-A e § 1º-B, CP);

22. Favorecimento da prostituição ou de outra forma de exploração sexual de criança ou adolescente ou de vulnerável (art. 218-B, caput, e §§ 1º e 2º, CP);

23. Furto qualificado pelo emprego de explosivo ou de artefato análogo que cause perigo comum (art. 155, § 4º-A);

24. Posse ou porte ilegal de arma de fogo de uso proibido (Lei 10.826/2003, art. 16); [**atenção**: "A Lei 13.497/17, que alterou a Lei dos Crimes Hediondos, havia previsto ser hediondo o crime de posse ou porte ilegal de arma de fogo de *uso restrito*. Agora, a Lei 13.964/19 passou a prever ser hedionda apenas a figura da arma de fogo de *uso proibido*. Assim, entende-se que a posse ou porte de arma de fogo de uso restrito não é mais definido como crime hediondo. As figuras hediondas envolvem tanto os verbos do *caput* quanto o § 1º do art. 16 do Estatuto do Desarmamento, cf. o seu § 2º"[65]];

25. Comércio ilegal de armas de fogo (Lei 10.826/2003, art. 17);

26. Tráfico internacional de arma de fogo, acessório ou munição (Lei 10.826/2003, art. 18); e

27. Crime de organização criminosa, quando direcionado à prática de crime hediondo ou equiparado.

64 Em meu entendimento, a locução "tortura" utilizada pela LCH **deve abranger** os seguintes tipos penais previstos na Lei 9.455/1997: tortura-probatória, tortura-crime e tortura-discriminatória (art. 1º, I, "a", "b" e "c"); tortura-castigo (art. 1º, II) e tortura do preso ou da pessoa sujeita a medida de segurança (art. 1º, § 1º). Lado outro, **não é equiparado a hediondo – sendo, pois, incompatível com a prisão temporária – o crime de omissão na apuração da tortura** (também chamado de "tortura-imprópria", "tortura-anômala" ou "tortura-atípica"), previsto no art. 1º, § 2º.

65 COSTA, Klaus Negri; ARAÚJO, Fábio Roque. *Processo penal didático*. 3ª ed. Salvador: Juspodivm, 2020, p. 796.

Destaque-se que o **rol de crimes** compatíveis com a prisão temporária é **taxativo**,[66] de modo que a decretação da providência acauteladora fora das infrações penais (condições de admissibilidade) consentâneas com a medida configurará **constrangimento ilegal** e redundará no relaxamento da constrição da liberdade, **independentemente da gravidade abstrata do delito investigado**.

Pode-se afirmar, pois, que nossa legislação adotou o **critério legal ou enumerativo**, por meio do qual o próprio legislador expressamente menciona quais são os delitos que se harmonizam com a prisão temporária. Não tem vez, nesse campo, o **critério judicial ou subjetivo**, que autorizaria o Judiciário, em virtude da gravidade objetiva do fato, considerar cabível no caso concreto a prisão temporária, ainda que o delito sob investigação não estivesse arrolado no catálogo legislativo. Aliás, quando do julgamento da ADI 3.360, em 14.02.2022, o **Plenário do STF** fixou a orientação de que a prisão temporária é válida quando "houver fundadas razões de autoria ou participação do indiciado nos crimes previstos no art. 1º, III, Lei 7.960/1989 (*fumus comissi delicti*), **vedada a analogia ou a interpretação extensiva do rol** previsto no dispositivo.

Assim, **não encontra fundamento legítimo** o decreto de prisão temporária pela prática dos crimes de peculato (CP, art. 312), concussão (CP, art. 316), corrupção passiva (CP, art. 317), fraude em procedimentos licitatórios (CP, art. 337-F), lavagem de dinheiro (Lei 9.613/1998, art. 1º) etc. Igualmente, por falta de previsão legal, a prisão temporária é **incompatível** com **crimes culposos** e com as **contravenções penais**.

10. FUNDAMENTOS (*PERICULUM LIBERTATIS*)

Para a decretação da prisão temporária não é necessário apenas que se demostre a presença de fundadas razões reveladoras da probabilidade (*fumus comissi delicti*) de que o investigado seja autor ou partícipe de um dos crimes compatíveis com a medida cautelar (condição de admissibilidade). É preciso mais.[67]

A par do *fumus comissi delicti* e da condição de admissibilidade, importa que ao menos um dos **fundamentos** (***periculum libertatis***) da prisão temporária se faça presente, tudo com vistas a resguardar a integridade das investigações.[68] Existirão os fundamentos legais em duas hipóteses, a saber: quando a providência cautelar for "imprescindível para as investigações do inquérito policial" (LPT, art. 1º, I) ou "quando o indiciado não tiver residência fixa ou não fornecer elementos necessários ao esclarecimento de sua identidade" (LPT, art. 1º, II).

Os fundamentos indicados nos inc. I e II do art. 1º, em verdade, dão concretude a previsão genérica do art. 282, I, do Código de Processo Penal, conforme a qual as medidas cautelares devem sempre observar a "**necessidade** para aplicação da lei penal, **para a investigação** ou a instrução criminal e, nos casos expressamente previstos, para evitar a prática de infrações penais."

Em verdade, perquirindo-se sobre os vetores da *necessidade* e *imprescindibilidade* da medida, deve o magistrado, na consagrada expressão do Min. Eros Grau, responder a seguinte indagação: "**em que e no que o corpo do suspeito é necessário à investigação?**"[69]

---

66 Nesse sentido: "Não pode subsistir o *decisum* que decretou a prisão temporária do paciente, investigado em sede de inquérito policial pela suposta pratica do delito insculpido no art. 155 do CP, o qual não está inserido no rol do art. 1º, III, da Lei n.º 7.690/89" (STJ: HC 35.557/PR, 5ª Turma, DJ 20.09.2004).

67 "Hipótese em que o Juiz de primeiro grau decretou a prisão temporária sem fundamentar adequadamente a medida. Limitou-se a referir a mencionar o dispositivo legal, **sem motivar o julgado no que tange ao *periculum libertatis***, não logrando demonstrar de que maneira a reclusão do indiciado serviria para facilitar o trabalho da autoridade policial no curso da investigação. **Recurso provido para revogar a prisão temporária**" (STJ: RHC 58.306/RJ, 6ª Turma, DJe 27.05.2015).

68 STJ: HC 78.437/SP, 5ª Turma, DJ 13.08.2007.

69 STF: HC 95.009, Pleno, DJe 19.12.2008.

Nesse passo, se tem cabimento a prisão temporária quando a providência for imprescindível para as investigações (**art. 1º, I**), deve-se demonstrar que a liberdade do investigado poderá, de algum modo, trazer prejuízo às investigações ou à busca da verdade. Assim, a prisão deverá ser um instrumento apto a superar esses entraves. Dito de outro modo, "ao decretar a prisão temporária, o magistrado deve demonstrar, efetivamente, quais obstáculos pretende impedir que o acusado possa causar ao trabalho"[70] investigativo.

Com efeito, será imprescindível para as investigações a prisão temporária do investigado que esteja a **ameaçar testemunhas**. Nesse sentido:

> "A prisão temporária foi decretada e mantida pelas instâncias ordinárias com fundamento na gravidade do delito, na existência de fundadas razões de autoria do crime de homicídio e na necessidade de complementação das investigações do inquérito policial, nos termos do art. 1º, incisos I e III, a, da Lei n. 7.960/1989, combinado com o art. 2º, § 4º, da Lei n. 8.072/1990, **havendo, ainda, elementos concretos de que o Recorrente estaria interferindo no rumo das investigações, ao influenciar e coagir testemunhas.**"[71]

Tem-se, também, por imprescindível para as investigações a prisão temporária decretada a fim de impedir que o suspeito venha a **destruir provas**[72] **ou quando ele se encontre em local incerto e não sabido**[73] **(foragido)**[74] ou, ainda, a fim de viabilizar o **reconhecimento pessoal**[75] **do investigado pela vítima ou por testemunha. A propósito, veja-se:**

> "A prisão temporária *sub judice* foi decretada, com amparo nos requisitos do art. 1º, incisos I e III, alínea a, da Lei nº 7.960/89, levando-se em consideração as circunstâncias do crime e a necessidade de se assegurar as investigações criminais, não havendo falar em ilegalidade na adoção dessa medida constritiva. O Paciente, após uma desavença de trânsito, teria desferido vários disparos de arma de fogo em direção ao automóvel da vítima, atingindo-a no braço esquerdo. Além disso, o acórdão combatido consignou que **o Investigado procurou escamotear provas** e **permanece foragido, em prejuízo das investigações criminais.**"[76]

> "A determinação de prisão temporária deve ser fundada em fatos concretos que indiquem a sua real necessidade, atendendo-se aos termos descritos na lei. Evidenciada a presença de indícios de autoria do paciente no delito de latrocínio, para o qual é permitida a decretação da custódia provisória, **bem como a necessidade de realização de seu reconhecimento**

70 STJ: HC 187.869/MG, 5ª Turma, DJe 14.03.2011.

71 STJ: RHC 41.049/ES, 5ª Turma, DJe 12.05.2014.

72 "Assim, a imprescindibilidade para a investigação se caracterizará, segundo a jurisprudência, quando houver indícios de que o investigado ameaçará alguma testemunha ou de que, enfim, destruirá provas" (MENDONÇA, Andrey Borges de. *Prisão e outras medidas cautelares pessoais*. São Paulo: Método, 2011, p. 319).

73 "O fato de o paciente se encontrar em lugar incerto e não sabido, tanto que não há nos autos notícias de que o decreto prisional tenha sido cumprido, é suficiente para fundamentar a segregação provisória, tendo em vista a dificuldade de investigação e conclusão do inquérito quando ausente o indiciado" (STJ: HC 68.306/PE, 5ª Turma, DJ 19.03.2007). E ainda: "No caso, a prisão se justifica pela necessidade de se concluir o inquérito policial, pois o paciente, suspeito da prática do delito, encontra-se foragido, dificultando a apuração do crime (v.g. eventual realização de reconhecimento pessoal, apreensão de objetos)" (STJ: HC 103.144/SP, 5ª Turma, DJe 22.09.2008).

74 "O fato de o paciente ter ficado foragido por mais de 6 meses reforça a necessidade da prisão, tendo em vista a dificuldade de continuidade e conclusão das investigações criminais" (STJ: HC 576.435/PR, 6ª Turma, j. 18.08.2020).

75 Há **entendimento contrário** à prisão temporária com esse objetivo. Veja-se: "Infelizmente, ainda existem juízes que decretam a prisão temporária porque o imputado 'não está colaborando com as investigações'... Isso é um absurdo. Assim, é ilegal a prisão temporária que, com fundamento na 'imprescindibilidade para as investigações do inquérito policial', pretende disponibilizar o corpo do suspeito para que dele disponha a autoridade policial (obrigando-o a participar de reconhecimentos, reconstituições etc.)" (LOPES JR., Aury. *Direito processual penal*. 11ª ed. São Paulo: Saraiva, 2014, p. 936).

76 STJ: HC 289.472/SP, 5ª Turma, DJe 21.08.2014.

pela vítima sobrevivente, necessária se torna a decretação da prisão temporária. O fato de o paciente se encontrar em **lugar incerto e não sabido**, tanto que o decreto prisional até o momento não foi cumprido, **é suficiente** para fundamentar a segregação provisória, tendo em vista a dificuldade de investigação e conclusão do inquérito quando ausente o indiciado. Precedentes desta Corte. O fato de a vítima ter assinado escritura pública afirmando não ser o paciente um dos autores do delito investigado não pode ser tido como prova no feito, pois, além da possibilidade desta subscrição ter ocorrido sob coação, não há elementos que comprovem que as fotos a ela apresentadas são realmente do acusado, sendo, portanto, **imprescindível a realização de reconhecimento pessoal pela testemunha**."[77]

Reconhece-se, igualmente, a imprescindibilidade da prisão temporária decretada a fim de garantir o eficaz desenvolvimento da investigação criminal na hipótese em que o investigado está "**atrapalhando as investigações policiais** por ser **pessoa temida pela população**, o que dificulta o relato" de terceiros, sobretudo quando há informações de que determinada testemunha já "foi **ameaçada** e **perseguida** pelo réu, assim como a vítima sobrevivente."[78]

De igual modo, já se entendeu presente o *periculum libertatis* na decretação da prisão temporária do sujeito sobre o qual pairavam fundadas suspeitas de **participação em organização criminosa que se dedicava à prática de tráfico de drogas** (crime compatível com a medida). Dessarte, "a existência de indícios de participação em organização criminosa, a qual se dedica, principalmente, ao tráfico de drogas, demonstra a imprescindibilidade da decretação da prisão temporária para a garantia da investigação criminal."[79]

Em linha de princípio, tem-se por inadmissível a prisão temporária com a *finalidade única* de **interrogar o suspeito**.[80] Entretanto, entendo que em determinados casos, *sobretudo nas hipóteses de crimes de autoria coletiva*, o encarceramento temporário com essa finalidade seja extremamente **necessário** para a eficácia das investigações e para a completa desarticulação da estrutura criminosa investigada, não se podendo perder de mira que o sucesso dos interrogatórios dos suspeitos depende da **simultaneidade** com que venham a ocorrer, pois o contrário contribuiria para *acertos prévios* aptos a macular a investigação. Demais disso, a simultaneidade das prisões viabilizaria a acareação entre os investigados com o escopo de espancar versões

---

77 STJ: Pet 4.483/SC, 5ª Turma, DJ 02.05.2006. Anote-se que o STJ também já entendeu possível que o juiz determine a **condução coercitiva** do réu para que seja submetido a reconhecimento, *in verbis*: "O comparecimento do réu aos atos processuais, em princípio, é um direito e não um dever, sem embargo da possibilidade de sua condução coercitiva, caso necessário, por exemplo, para audiência de reconhecimento. [...]" (REsp 346.677/RJ, 6ª Turma, DJ 30.09.2002).

78 STJ: HC 576.435/PR, 6ª Turma, j. 18.08.2020.

79 STJ: HC 91.318/RJ, 6ª Turma, DJe 21.06.2010. Igualmente: "O Juiz de Direito apresentou fundamentação concreta, sob as balizas do art. 1º da Lei n. 7.960/1989, para a decretação da prisão temporária da paciente, diante, especialmente, dos indícios do envolvimento da insurgente com organização criminosa e de sua atuação não se restringir à condição de olheira" (STJ: AgRg no HC 545.795/SP, 6ª Turma, j. 05.12.2019).

80 "O controle difuso da constitucionalidade da prisão temporária deverá ser desenvolvido perquirindo-se necessidade e indispensabilidade da medida. A primeira indagação a ser feita no curso desse controle há de ser a seguinte: em que e no que o corpo do suspeito é necessário à investigação? **Exclua-se desde logo a afirmação de que se prende para ouvir o detido.** Pois a Constituição garante a qualquer um o direito de permanecer calado (art. 5º, LXIII), o que faz com que a resposta à inquirição investigatória consubstancie uma faculdade. Ora, não se prende alguém para que exerça uma faculdade. Sendo a privação da liberdade a mais grave das constrições que a alguém se pode impor, é imperioso que o paciente dessa coação tenha a sua disposição alternativa de evitá-la. Se a investigação reclama a oitiva do suspeito, que a tanto se o intime e lhe sejam feitas perguntas, respondendo-as o suspeito se quiser, sem necessidade de prisão" (STF: HC 95.009, Pleno, DJe 19.12.2008). **Em sentido contrário**: Jayme Walmer de Freitas entende que "o recolhimento do suspeito proporcionará a realização de provas no inquérito policial, como reconhecimento pessoal e interrogatório, o qual, apesar do direito ao silêncio, pode ser frutífero de algum modo na investigação, até nas conversas informais que podem redundar em diligência positiva" (*Prisão temporária*. 2ª ed. São Paulo: Saraiva, 2009, p. 117-118).

contraditórias; evitaria a orientação ou até a "pressão" de investigados sobre testemunhas e impediria que documentos ou ativos financeiros fossem destruídos ou desviados.

Daí porque **discordo** da *sugestão de caráter geral* dada pelo Min. Eros Grau no julgamento do HC 95.009 pelo STF, no sentido de que "se a investigação reclama a oitiva do suspeito, que a tanto se o intime e lhe sejam feitas perguntas". Ora, em determinadas hipóteses, "**é ingenuidade supor que [...] bastará a convocação de depoimentos ou de interrogatórios para a descoberta dos crimes.** Assim que os investigados sejam alertados de tais diligências, os vestígios terão desaparecido como num estalar de dedos, e as versões que serão apresentadas no inquérito, previamente ajustadas, serão tão idênticas como universais são os contos de fadas."[81] Ou seja, a mera notificação para o ato só dará certo na ótica do "**Direito Penal da Fantasia**", sobre o qual dissertam Américo Bedê Jr. & Gustavo Senna.[82]

Nesse passo, bem pondera Ricardo Ribeiro Campos que "não se pode transmudar o direito de não produzir prova contra si mesmo em um direito de atuar ilicitamente na alteração e ocultação de provas. **Não existe, no direito brasileiro, o direito de empecer investigações!** É muito comum que investigados atuem de modo direcionado, em quadrilhas ou organizações criminosas, a apagar ou ocultar os rastros de suas atividades delituosas, comunicando-se, por exemplo, de modo cifrado com comparsas, sempre com orientações variadas para burlar órgãos estatais diversos (Polícia, Receitas Federal e Estaduais, Banco Central etc.), providenciando a destruição ou a ocultação de registros de operações ilícitas (fac-símiles, recibos, dados em computadores etc.), planejando, enfim, delitos dos mais diversos, que, apesar de muitos e graves, seus vestígios são preordenados, em ocorrendo qualquer problema, a serem rápida e facilmente apagados."[83]

A propósito, o Superior Tribunal de Justiça considerou **legítimo** o decreto de prisão temporária de dezenas de pessoas investigadas por vários delitos (dentre eles o art. 288 do CP), em razão de suposto envolvimento em *irregularidades na aplicação de recursos federais nas áreas de educação e saúde.* Considerou-se presente a "**necessidade de colheita das declarações dos investigados em separado para evitar prévio ajuste das versões.**"[84] Na hipótese, de forma bastante lúcida, o Min. Jorge Mussi ressaltou que "a constrição da liberdade do paciente, assim como a dos demais investigados, se fez necessária em razão da possibilidade dos seus depoimentos, **caso prestados mediante simples intimação da autoridade policial, serem viciados por prévio ajuste das versões** sobre os fatos que são objeto das investigações em análise."[85]

---

81 CAMPOS, Ricardo Ribeiro. A Prisão Temporária e a Justiça Federal. *Revista da EMERJ*, v. 12, nº 48, 2009, p. 126-127.

82 "[...] é fundamental que o direito e o processo penal tenham *maior efetividade* no enfrentamento da criminalidade moderna. *E isso não representa em hipótese alguma um discurso autoritário, arbitrário, como tende a entender certa parcela da doutrina*, que, de forma generalizada, tacha de 'neonazistas', de retrógrados, de defensores do movimento de 'lei e ordem', do direito penal do inimigo, de antidemocráticos, de filhotes da ditadura etc. todos aqueles que advogam a restrição de algumas garantias processuais em casos limites de criminalidade grave, e isso quando é de conhecimento notório que os direitos e garantias fundamentais não são absolutos. [...] Essa postura preconceituosa e antidemocrática de certa parcela da doutrina revela um comportamento típico de quem foi acometido, pode-se dizer, pela '**síndrome de Alice**', pois mais parece viver num 'mundo de fantasia', com um '**direito penal da fantasia**', onde não existem homens que – de forma paradoxal – são movidos por verdadeiro descaso para com a vida humana; um mundo no qual não existem terroristas, nem organizações criminosas nacionais e internacionais a comprometer as estruturas dos próprios Estados e, por conseguinte, o bem-estar da coletividade e a sobrevivência humana" (BEDÊ JÚNIOR, Américo; SENNA, Gustavo. *Princípios do Processo Penal – entre o garantismo e a efetividade da sanção*. São Paulo: RT, 2009, p. 26-28).

83 CAMPOS, Ricardo Ribeiro. A Prisão Temporária e a Justiça Federal. *Revista da EMERJ*, v. 12, nº 48, 2009, p. 126-127.

84 "Tendo a prisão temporária sido decretada em razão da sua imprescindibilidade para as investigações criminais, já que necessária a **colheita em separado dos depoimentos dos investigados, para evitar prévio ajuste das versões**, e já tendo sido ouvido o segregado pela autoridade policial, evidente o esvaziamento da finalidade da medida, não existindo fundamento idôneo capaz de justificar a sua manutenção no cárcere" (STJ: HC 206.182/MA, 5ª Turma, DJe 27.08.2013).

85 Trecho do voto proferido como relator do HC 206.182/MA. No mesmo sentido: "Paciente investigado por suspeita de infringir o artigo 1º, inciso III, alínea 'l', da Lei 7.960/89, mais o artigo 288 do Código Penal, além de outras infra-

Noutro giro, é evidente que a prisão temporária não pode ser determinada de forma mecânica, genérica e automática, em circunstâncias nas quais o termo *imprescindibilidade* é utilizado tão somente como retórica. Aliás, "não se considera fundamentada qualquer decisão judicial [...] que invocar motivos que se prestariam a justificar qualquer outra decisão" (CPP, art. 315, § 2º, II). Por isso, "não serve à prisão temporária a **suposição** de o envolvido, nas investigações, vir a *intimidar testemunhas*."[86]

Por sua natureza instrumental, a temporária é permeada pelos princípios da não culpabilidade e da proporcionalidade, de maneira que sua decretação só se legitima caso constitua providência adequada e necessária ao acautelamento da fase pré-processual, "**não servindo para tanto a mera suposição de que o suspeito virá a comprometer a atividade investigativa.**"[87] Por idêntica razão, diante do princípio *nemo tenetur se detegere*, como o investigado não pode ser compelido a fornecer suposta prova capaz de levar à caracterização de sua culpa, **a negativa por parte do investigado de "fornecer a senha dos seus aparelhos eletrônicos apreendidos não caracteriza justificativa idônea a justificar a temporária.**"[88]

Da mesma forma, haverá constrangimento ilegal se a prisão temporária for determinada tão somente "**para uma melhor apuração**" **do envolvimento dos suspeitos**[89] **no crime investigado ou para uma abstrata "contenção da escalada criminosa"**,[90] **sem a demonstração concreta da imprescindibilidade** da medida, haja vista que a gravidade objetiva dos delitos não é, por si só, fundamento suficientemente apto a justificar a imposição da custódia cautelar. Entrementes, perceba-se por curial, a "contenção da escalada criminosa" pode subsidiar a decretação da **prisão preventiva**[91] com o escopo de garantir a ordem pública, sendo corrente a orientação no sentido de ser válida essa modalidade de constrição pessoal para obstar a prática reiterada de crimes.

De mais a mais, vale observar que se o não cumprimento do mandado de prisão temporária **em razão de o investigado estar foragido** afigura-se como uma "justificativa a mais para a preservação da medida constritiva, tendo em vista a dificuldade de continuidade e conclusão das investigações quando ausente o indiciado",[92] o inverso ocorre quando o mandado de prisão temporária fica tempo bastante largo sem cumprimento, mas *não por fuga do investigado*, e sim **em razão da incúria do Estado**, ou seja, *por deficiências administrativas*. Nesses casos, o decreto prisional *perde a legitimidade*, conforme a orientação do STF:

ções graves, que teve **prisão temporária decretada para possibilitar seu interrogatório e a coleta de provas da existência de uma sofisticada e bem estruturada organização criminosa interestadual**, atuação no Distrito Federal e no Estado do Espírito Santo, especializada em sonegação fiscal, lavagem de dinheiro, fraudes perpetradas por meio de empresas 'fantasmas' e outros crimes" (TJDFT: HC 20.150.020.051.108, 1ª Turma, DJe 25.03.2015).

86 STF: HC 105833, 1ª Turma, DJe 22.03.2012.

87 STJ: HC 576.435/PR, 6ª Turma, j. 18.08.2020.

88 STF: HC 192.380/DF, rel. Min. Dias Toffoli (decisão monocrática), j. 06.10.2020.

89 STJ: RHC 20.410/RJ, 6ª Turma, DJe 09.11.2009. E ainda: "Portanto, é insuficiente a fundamentação do decreto de prisão temporária tão somente 'para uma melhor apuração' do envolvimento do investigado, sem a demonstração concreta da imprescindibilidade da medida" (SANGUINÉ, Odone. *Prisão cautelar, medidas alternativas e direitos fundamentais*. Rio de Janeiro: Forense, 2014, p. 104).

90 STJ: RHC 5.378/SP, 6ª Turma, DJ 10.06.1996.

91 "A prisão [preventiva] encontra-se justificada também na necessidade de *conter a escalada criminosa do agente*, probabilidade concreta, diante do seu histórico criminal, indicativo do seu envolvimento em outro homicídio, em que a vítima fora sumariamente executada em similar *modus operandi*, evidenciando a real possibilidade de que, solto, volte a cometer infrações penais, inclusive de mesma natureza" (STJ: RHC 46.242/CE, 5ª Turma, DJe 25.08.2014). E ainda: STF: HC 125.557, 1ª Turma, DJe 20.03.2015.

92 STJ: HC 122.897/AL, 5ª Turma, DJe 15.12.2009. E ainda: "**Necessidade da prisão temporária** para elucidação dos fatos, nos termos do art. 1º, I, da Lei nº 7.960/89, ainda mais quando verificada a condição de **foragido** do recorrente. Condições pessoais favoráveis do agente não têm o condão de, isoladamente, garantir a liberdade ao acusado, quando há, nos autos, elementos hábeis que autorizam a manutenção da medida extrema" (STJ: RHC 94.763/GO, 5ª Turma, j. 04.12.2018).

> "1. Os fatos imputados ao paciente ocorreram em abril de 2004, sem que, ao longo destes **quatro anos**, tenha havido qualquer outra decisão ou conversão da prisão temporária em prisão preventiva. 2. Até o momento, **o Inquérito Policial não foi relatado em virtude do acúmulo de serviço e da falta de funcionários na delegacia local, e não em razão da fuga do paciente**. 3. Nos termos da Lei nº 7.960/89, a prisão temporária tem por única finalidade legítima a necessidade da custódia para as investigações. **A deficiência da máquina administrativa retira a legitimidade do decreto prisional impugnado**. 4. Ordem concedida. [...]"[93]

Por derradeiro, decidiu-se igualmente pela perda da legitimidade do decreto de prisão temporária (desaparecimento do *periculum libertatis*) em hipótese (excepcional) na qual o magistrado fixou prazo para o cumprimento da medida – **ordem com data de validade** – sem que, passados dez meses do termo *ad quem*, a cautelar tivesse sido efetivamente cumprida.[94] Pontue-se, entretanto, que, **em regra, os mandados de prisão são expedidos sem fixação de data de validade**. Veja-se:

> "O *prazo* de 30 (trinta) dias, estabelecido pelo art. 2º, § 3º da Lei n.º 8.072/90 *refere-se à duração da prisão temporária* do paciente e *não à validade do decreto prisional*. O tempo determinado para a custódia temporária começa a fluir quando realizada a prisão do paciente, descabida a alegação de vencimento do decreto prisional pelo decurso do prazo ali estabelecido."[95]

Por sua vez, diz a lei também ser cabível a prisão temporária quando o indiciado não tiver residência fixa ou não fornecer elementos necessários ao esclarecimento de sua identidade (**art. 1º, II**).[96] Destina-se a norma "a possibilitar o bom andamento do inquérito policial, que ficaria prejudicado pelo desaparecimento do indiciado, difícil de ser localizado por não ter residência determinada ou por não se conhecer sua verdadeira identidade."[97]

Com efeito, "se não se sabe quem é o investigado ou se não se sabe onde será possível encontrá-lo, será extremamente difícil, senão impossível, investigar qualquer delito. Na verdade, esta situação prevista no inc. II [...] não deixa de ser uma hipótese em que a prisão do investigado é essencial para as investigações (inc. I). Há uma relação de gênero e espécie entre o primeiro e o segundo fundamentos [...]."[98] Assim é forte a compreensão de que **o inciso II é redundante** e acaba sendo *absorvido* pelo inciso I.[99] É dizer, "o inciso II deve ser lido **como se estivesse incluído na imprescindibilidade do inciso I**, pois 'apenas reforça o fundamento da prisão.'"[100]

---

93 RHC 92.873, 2ª Turma, DJe 19.12.2008.

94 STJ: HC 280.999/GO, 5ª Turma, DJe 17.06.2014.

95 STJ: HC 48.665/RJ, 6ª Turma, DJ 25.09.2006.

96 "Residência fixa e identidade conhecida: esses dois elementos permitem a correta qualificação do suspeito, impedindo que outra pessoa seja processada ou investigada em seu lugar, evitando-se, por isso, o indesejado erro judiciário. Aquele que não tem residência (morada habitual) em lugar determinado ou que não consegue fornecer dados suficientes para o esclarecimento da sua identidade (individualização como pessoa) proporciona insegurança na investigação policial. Portanto, se, eventualmente, a ser apurado, praticou um crime grave (descrito no inciso III), pode ter a prisão temporária decretada, com o fito de se concluir o inquérito de maneira eficiente, apontando a autoridade policial, com maior segurança, quem seria o autor da infração penal. Afinal, durante o período da prisão temporária, pode-se determinar a apuração de quem é, realmente, o indiciado, promovendo-se a sua identificação criminal (ex.: colheita e exame da impressão dactiloscópica)" (NUCCI, Guilherme de Souza. *Leis penais e processuais penais comentadas*. Vol. 2. 8ª ed. Rio de Janeiro: Forense, 2014, p. 775).

97 MIRABETE, Julio Fabbrini. *Processo penal*. 7ª ed. São Paulo: Atlas, 1997, p. 389.

98 MENDONÇA, Andrey Borges de. *Prisão e outras medidas cautelares pessoais*. São Paulo: Método, 2011, p. 321.

99 Nesse sentido: SANGUINÉ, Odone. *Prisão cautelar, medidas alternativas e direitos fundamentais*. Rio de Janeiro: Forense, 2014, p. 99; LIMA, Marcellus POLASTRI. *A tutela cautelar no processo penal*. Rio de Janeiro: Lumen Juris, 2005, p. 246; OLIVEIRA, Eugênio Pacelli de. *Curso de processo penal*. 18ª ed. São Paulo: Atlas, 2014, p. 545; LOPES JR., Aury. *Direito processual penal*. 11ª ed. São Paulo: Saraiva, 2014, p. 937.

100 CRUZ, Rogerio Schietti. *Prisão cautelar – dramas, princípios e alternativas*. 3ª ed. Salvador: Juspodivm, 2017, p. 239.

Conquanto a jurisprudência[101] admita sem maiores questionamentos o cabimento da prisão temporária "quando o indiciado não tiver residência fixa ou não fornecer elementos necessários ao esclarecimento de sua identidade, e quando houver fundadas razões de autoria ou participação do indiciado nos delitos listados" no rol taxativo de crimes compatíveis com a medida, sendo possível, pois, "a segregação temporária para assegurar o prosseguimento das investigações criminais quando o investigado se acha foragido, dificultando a apuração da infração delitiva", o inc. II do art. 1º demanda esclarecimentos mais profundos.

Sobre a **primeira parte do inc. II** ("quando o indiciado não tiver residência fixa"), há quem defenda que a justificação da prisão temporária neste caso "só é possível se houver um risco efetivo do agente fugir." Para essa corrente, "o simples fato de não ter comprovação de residência certa, como no caso de ciganos ou sem terra, que levam uma vida itinerante, não poderia justificar medida tão odiosa quanto a prisão temporária, em face de uma suposta presunção de fuga."[102]

Apesar de respeitar esse ponto de vista, quero crer que em certos casos será necessária a prisão do investigado que comete algum dos gravíssimos delitos compatíveis com a prisão temporária (LPT, art. 1º, III, e LCH, arts. 1º e 2º) e não tem residência fixa. É que, em tais casos, **se o sujeito "sem teto" não puder ser encontrado** pelas autoridades considerar-se-á que ele está *em local incerto e não sabido*[103] (foragido), o que, como vimos, autoriza a constrição cautelar de sua liberdade em razão da imprescindibilidade para as investigações.

Todavia, pode ser desnecessária a prisão do "morador de rua", fundada apenas na ausência de residência fixa, quando, apesar de sua condição, **puder o suspeito ser facilmente localizado**. Exemplo: Tício, mendigo que fez sua morada debaixo de uma ponte, numa pacata cidade interiorana, vem a praticar um crime de homicídio qualificado contra Caio. Após o crime, Tício permanece no distrito da culpa, debaixo da "sua" ponte, entre farrapos e papelões, exatamente no lugar em que as autoridades locais poderiam facilmente encontrá-lo. Nesse caso, apesar de não possuir residência fixa, entendo que, *apenas por essa razão*, seria prescindível a prisão temporária do investigado.[104]

De mais a mais, no caso em que uma guarnição militar foi tomada de assalto por membros do "Movimento dos Trabalhadores Sem Terra", o STJ entendeu a circunstância da "**residência instável**" de integrante do MST como **legitimadora da prisão temporária**. Argumentou-se que "a dificuldade em encontrar o custodiando, chefe de um grupo [...], com residência instável, justifica o decreto de prisão temporária, de curta duração, com a finalidade de coletar provas visando apurar fatos delituosos graves e responsabilizar os seus praticantes."[105]

Noutro ângulo, calha destacar que as condições pessoais favoráveis, "tais como residência fixa, primariedade e ocupação lícita, embora devam ser devidamente valoradas, **não são suficientes, por si sós, para obstar a decretação da prisão temporária** *quando* esta mostrar-se necessária diante do prejuízo causado para as investigações do inquérito policial em razão do *paradeiro desconhecido* do recorrente."[106] Portanto, nem a ausência de residência fixa implica

101 STJ: HC 333.150/SP, 5ª Turma, DJe 26.10.2015.

102 TÁVORA, Nestor; ALENCAR, Rosmar Rodrigues. *Curso de direito processual penal*. 9ª ed. Salvador: Juspodivm, 2014, p. 747.

103 "O fato de o paciente se encontrar em lugar incerto e não sabido, tanto que não há nos autos notícias de que o decreto prisional tenha sido cumprido, é suficiente para fundamentar a segregação provisória, tendo em vista a dificuldade de investigação e conclusão do inquérito quando ausente o indiciado" (STJ: HC 68.306/PE, 5ª Turma, DJ 19.03.2007).

104 A respeito do tema: "[...] Decreto fundado na gravidade do delito e no fato de o réu ser morador de rua. Inadmissibilidade. Razões que não autorizam a prisão cautelar. Constrangimento ilegal caracterizado. [...]" (STF: HC 97.177, 2ª Turma, DJe 09.10.2009).

105 RHC 6.846/MS, 6ª Turma, DJ 25.02.1998.

106 STJ: RHC 32.436/SP, 5ª Turma, DJe 25.04.2014.

na decretação automática da prisão temporária, nem o fato de o investigado possuir residência fixa impede a providência cautelar quando necessária.

O tema reclama, todavia, uma palavra final: por ocasião do julgamento da ADI 3.360, em 14.02.2022, o Plenário do STF considerou constitucional a decretação da prisão temporária quando a medida "for imprescindível para as investigações do inquérito policial (art. 1º, I, Lei 7.960/1989) (*periculum libertatis*), constatada a partir de elementos concretos, e não meras conjecturas, **vedada a sua utilização** como prisão para averiguações, em violação ao direito à não autoincriminação, ou **quando fundada no mero fato de o representado não possuir reidência fixa** (inciso II).

A seu turno, em relação a **segunda parte do inc. II**, que diz cabível a prisão temporária quando o investigado "não fornecer elementos necessários ao esclarecimento de sua identidade", existem três entendimentos sobre a possibilidade de sua aplicação, a saber:

1ª corrente: Entende não ser mais possível a decretação da prisão temporária apenas com o fim de esclarecer a identidade do investigado. Deve-se lançar mão tão somente da *identificação criminal* – que incluirá o processo datiloscópico e o fotográfico e poderá incluir a coleta de material biológico para a obtenção do perfil genético (Lei 12.037/200, art. 5º, parágrafo único) –, *com o suspeito em liberdade*. Nesse sentido:

> "Quanto à ausência de elementos para a identificação civil, o que é comum no interior do país, com famílias inteiras sem nenhum documento de identificação, a saída, dada pela própria Lei nº 12.037/09 (que revogou a Lei nº 10.054/2000), é a realização da identificação criminal, e não a prisão. Ora, se a suposta necessidade da prisão seria a ausência de identificação, realizada esta, desaparecido está o motivo do cárcere. Não cremos viável, ante a ordem constitucional, a prisão temporária pela simples ausência de identificação, devendo a autoridade, em casos deste jaez, proceder a identificação criminal, permanecendo o indiciado em liberdade."[107]

2ª corrente: Entende ser *possível a decretação da prisão temporária* com o fim de esclarecer a identidade do investigado, mas *desde que tentada anteriormente a identificação criminal* com o sujeito em liberdade. Assim, "a custódia cautelar sob o argumento de que se destina a conhecer a identidade do indiciado só pode ser aceitável [...] no caso de fracasso das diligências policiais que devem ocorrer previamente e, mesmo assim, o tempo limite de cárcere temporário deve ser o estritamente necessário para submeter o indivíduo à identificação criminal, sem que seja necessário cumprir todo o prazo previsto na lei."[108]

3ª corrente (minha posição): Apregoa que, quando o investigado não fornecer elementos necessários ao esclarecimento de sua identidade, a **identificação criminal** deve ser a primeira providência buscada pela autoridade policial.

Advirta-se, por curial, que a autoridade que conduz a investigação somente pode promover *sponte sua* a realização da identificação criminal pelos processos *datiloscópico* e o *fotográfico* (Lei 12.037/2009, art. 3º, I, II, III, V e VI, c.c CPP, art. 6º, VIII), sendo-lhe vedado determinar a identificação pela coleta de material biológico para a *obtenção do perfil genético*. É que essa modalidade de identificação está prevista no parágrafo único do art. 5º da Lei 12.037/2009, que, a seu turno, faz expressa remissão ao inc. IV do art. 3º, o qual apenas se harmoniza com a *ordem judicial*.

Seja como for, é possível que o suspeito não atenda a notificação para se submeter ao procedimento. Assim, como a prisão temporária também se sujeita ao princípio da proporcionalidade

107 TÁVORA, Nestor; ALENCAR, Rosmar Rodrigues. *Curso de direito processual penal*. 9ª ed. Salvador: Juspodivm, 2014, p. 747.

108 LIMA, Renato Brasileiro de. *Legislação criminal especial comentada*. 8ª ed. Salvador: Juspodivm, 2020, p. 901.

e deve ser utilizada somente como *ultima ratio*, parece-me que a **condução coercitiva** (*v.g.*: CPP, arts. 218 e 260) se afigura como a providência mais adequada à hipótese, por ser muito menos prejudicial (agressiva) ao *status libertatis* do suspeito e, por vezes, igualmente eficaz.

Além da *condução coercitiva tradicionalmente conhecida*, cabível sempre que vítimas, acusados, peritos ou testemunhas, regularmente notificados, **não comparecem ao ato oficial nem justificam sua ausência,** defendo o cabimento da condução coercitiva do investigado como *medida cautelar atípica ou inominada diversa da prisão*, que emana do poder geral de cautela no processo penal[109] (CPP, art. 3º, c.c CPC, art. 297), *independe*[110] de notificação previamente descumprida e se presta a viabilizar – sobretudo – a identificação pela coleta de material biológico para a *obtenção do perfil genético*.

Portanto, na hipótese de o investigado não fornecer elementos necessários ao esclarecimento de sua identidade, a sua condução coercitiva se revelará menos gravosa que a prisão temporária. Em comparação com a prisão cautelar, a restrição de liberdade por curtíssimo lapso temporal, **com o fito exclusivo de identificar criminalmente o investigado** – *e não para submetê-lo a interrogatório* –, sacrifica em escala menor o direito de ir e vir do investigado.

Atente-se para o fato de que a condução coercitiva ora proposta – em benefício do investigado (e não em seu prejuízo) – não foi rechaçada pelo STF quando do julgamento da **ADPF 444**. Na ocasião, o que o Supremo considerou **inconstitucional** foi a **condução coercitiva para a realização de *interrogatório*** (e apenas para esse fim), **sem afastar a possibilidade para fins diversos** (como a identificação criminal).[111]

Dessarte, não sendo utilizada a condução coercitiva para a realização do interrogatório do investigado (possibilidade afastada pelo STF), "nada obsta que sua custódia, sem recolhimento celular, se dê por apenas algumas horas, tempo necessário para [...] coletar material biológico para exames ou proceder à identificação criminal do investigado, esta nos termos da Lei 12.037/2009."[112]

Gize-se, de mais a mais, que o **Código de Processo Penal de Portugal** preconiza que, na impossibilidade de se realizar a identificação da pessoa sobre a qual "recaiam fundadas suspeitas da prática de crimes" (art. 250, 1º) mediante a apresentação de documentos legalmente

---

109 Já **reconhecido** pelo STF (HC 101.830, 1ª Turma, DJe 04.05.2011; HC 109.728, 2ª Turma, DJe 04.06.2012; ADI 4.764, Pleno, j. 04.05.2017), mas também já **rechaçado** pela mesma Corte (HC 188.888, 2ª Turma, j. 06.10.2020).

110 Como providência cautelar, a condução coercitiva sem prévia intimação para comparecimento não dá ensejo à conduta criminosa prevista no art. 10 da Lei 13.869/2019, pelas seguintes razões: a) haveria atipicidade conglobante, uma vez que a providência seria realizada por ordem judicial; b) não estariam preenchidos os pressupostos inscritos no art. 1º, §§ 1º e 2º, da Lei 13.869/2019.

111 "7. Potencial violação ao direito à não autoincriminação, na modalidade direito ao silêncio. **Direito consistente na prerrogativa do implicado a recursar-se a depor em investigações ou ações penais contra si movimentadas**, sem que o silêncio seja interpretado como admissão de responsabilidade. Art. 5º, LXIII, combinado com os arts. 1º, III; 5º, LIV, LV e LVII. O direito ao silêncio e o direito a ser advertido quanto ao seu exercício são previstos na legislação e aplicáveis à ação penal e ao interrogatório policial, tanto ao indivíduo preso quanto ao solto – art. 6º, V, e art. 186 do CPP. O conduzido é assistido pelo direito ao silêncio e pelo direito à respectiva advertência. Também é assistido pelo direito a fazer-se aconselhar por seu advogado. 8. Potencial violação à presunção de não culpabilidade. Aspecto relevante ao caso é a vedação de tratar pessoas não condenadas como culpadas – art. 5º, LVII. A restrição temporária da liberdade e a condução sob custódia por forças policiais em vias públicas não são tratamentos que normalmente possam ser aplicados a pessoas inocentes. O investigado é claramente tratado como culpado. 9. A legislação prevê o direito de ausência do investigado ou acusado ao interrogatório. O direito de ausência, por sua vez, afasta a possibilidade de condução coercitiva. 10. **Arguição julgada procedente, para declarar a incompatibilidade com a Constituição Federal da condução coercitiva de investigados ou de réus *para interrogatório***, tendo em vista que o imputado não é legalmente obrigado a participar do ato, **e pronunciar a não recepção da expressão '*para o interrogatório*', constante do art. 260 do CPP**" (STF: ADPF 444, Pleno, j. 14.06.2018).

112 ARAS, Vladimir. *Debaixo de vara: a condução coercitiva como cautelar pessoal autônoma*. Disponível em <https://blogdovladimir.wordpress.com/2013/07/16/a-conducao-coercitiva-como-cautelar-pessoal-autonoma/>. Acesso em 03.09.2020.

válidos (art. 250, 3º e 4º) ou pelos meios especiais indicados no Código (art. 250, 5º), "os órgãos de polícia criminal podem *conduzir o suspeito ao posto policial mais próximo e compeli-lo a permanecer ali pelo tempo estritamente indispensável à identificação, em caso algum superior a seis horas*, realizando, em caso de necessidade, provas dactiloscópicas, fotográficas ou de natureza análoga e convidando o identificando a indicar residência onde possa ser encontrado e receber comunicações" (art. 250, 6º).

Assim como ocorre com o nosso Código de Processo Penal (*v.g.*: arts. 6º, VIII; 218 e 260), o CPP português dispensa a autorização judicial para a condução coercitiva do investigado a fim de realizar os procedimentos de identificação. Mas ao lado dessa possibilidade, que em nosso ordenamento reclama notificação prévia, defendo a viabilidade da condução coercitiva por ordem judicial, independentemente de anterior intimação.

Como bem leciona Douglas Fischer:

> "[...] a partir da admissão de um chamado poder geral de cautela, *as conduções coercitivas somente deverão ser declaradas como indevidas quando realizados os atos com o fim de obrigar o conduzido a falar*. Dentro deste espectro, seria evidente a não conformação constitucional (diante do caso concreto, mas não em abstrato) qualquer medida autorizada judicialmente para esse fim específico. [...] Assim, a condução coercitiva precisa ser compreendida como uma *medida cautelar menos gravosa que a prisão temporária ou a prisão preventiva*. Quando devidamente fundamentada e justificada diante do caso concreto (e sempre excepcionalmente, frise-se), a condução coercitiva traz em seu bojo, de forma equilibrada (sem excessos, nem deficiências), a garantia da eficácia de demais medidas cautelares que estejam sendo realizadas concomitantemente sem interferir de forma injustificada (para além do tempo necessário) na restrição da liberdade daquela pessoa que for conduzida coercitivamente. Noutras palavras, significa que, mesmo sem previsão legal expressa, mas sempre mediante a devida e prévia justificação da necessidade e adequação pelo juiz competente, *a condução coercitiva é um meio de garantir eficácia (não prejuízos) à produção de provas no processo penal sem que se lance mão, para tanto, de uma restrição de liberdade muito mais gravosa, como é o caso de prisões temporárias ou preventivas*. Nesses termos, a condução coercitiva precisa ser compreendida sistemicamente como uma medida decorrente do poder geral de cautela que é conferido aos membros do Poder Judiciário – inclusive o brasileiro – pela compreensão sistêmica dos princípios orientadores da atuação jurisdicional, sem malferir a legalidade estrita."[113]

Em suma, quando o investigado não fornecer elementos necessários ao esclarecimento de sua identidade, o procedimento da *identificação criminal* regido pela Lei 12.037/2009 haverá de ser a primeira medida encetada. Não se alcançando o resultado esperado com a **notificação policial**, entra em cena a possibilidade da **condução coercitiva** do suspeito por deliberação fundamentada da autoridade policial, para a identificação *datiloscópica* e *fotográfica*. Sem embargo, é cabível também a condução coercitiva mediante autorização judicial, quando a identificação criminal pelo perfil genético[114] for essencial às investigações, não havendo que se cogitar de abuso de autoridade (Lei 13.869/2019, art. 10)[115] nesse proceder, já que o que se quer

113 FISCHER, Douglas; PACELLI, Eugênio. *Comentários ao código de processo penal e sua jurisprudência*. 11ª ed. São Paulo: Atlas, 2019, p. 594.

114 Sobre a (im)possibilidade de extração compulsória do material genético, vide: MARÇAL, Vinícius; MASSON, Cleber. *A Identificação Compulsória pelo Perfil Genético e a Hipérbole do Direito ao Silêncio*. Disponível em <http://genjuridico.com.br/2017/06/01/identificacao-compulsoria-pelo-perfil-genetico-e-hiperbole-do-direito-ao-silencio/>. Acesso em 08.09.2020.

115 Como providência cautelar, a condução coercitiva sem prévia intimação para comparecimento não dá ensejo à conduta criminosa prevista no art. 10 da Lei 13.869/2019, pelas seguintes razões: a) haveria atipicidade conglobante, uma vez que a providência seria realizada por ordem judicial; b) não estariam preenchidos os pressupostos inscritos no art. 1º, §§ 1º e 2º, da Lei 13.869/2019.

com a medida é evitar a imposição de prisão desnecessária. Por fim, e somente na excepcionalidade de a condução forçada por alguma razão não se revelar eficaz (investigado foragido, p. ex.), terá vez a ordem de **prisão temporária**, que deverá ser prontamente registrada no Banco Nacional de Mandados de Prisão mantido pelo Conselho Nacional de Justiça (CPP, art. 289-A, c.c. CNJ, Res. 251/2019).[116]

Em todo caso, sendo levada a cabo a prisão cautelar, é salutar a aplicação por analogia do disposto no art. 313, § 1º, do CPP, atinente à prisão preventiva, na parte em que ordena a imediata colocação do preso "em liberdade após a identificação, salvo se outra hipótese recomendar a manutenção da medida".[117]

11. DAS DIVERSAS CORRENTES SOBRE OS INCISOS I, II E III DO ART. 1º

Diante do silêncio legislativo, existe intensa controvérsia doutrinária sobre se os três incisos do art. 1º da Lei 7.960/1989 são cumulativos ou alternativos ou, de outro modo, se a decretação da prisão temporária em qualquer caso seria inconstitucional. Se são cumulativos, seria necessária a presença no caso concreto dos três incisos ou bastaria a combinação de ao menos dois deles? Se for suficiente a combinação mínima de dois incisos, qualquer conjugação seria apta a fundamentar a medida cautelar ou algum dos incisos deveria sempre se fazer presente? Sobre toda essa celeuma, existem **oito correntes**:

1. Esquematicamente: prisão temporária = inconstitucionalidade

1ª corrente: Apregoa que os incisos não são cumulativos nem alternativos. Para essa vertente, a prisão temporária não pode ser decretada em nenhuma hipótese, pois a Lei 7.960/1989 sofre com a pecha das inconstitucionalidades formal (por ser fruto de conversão de medida provisória) e material (por violar a presunção de inocência). Tem-se, nesse sentido, a doutrina de Elmir Duclerc:

> "[...] note-se que, se o argumento para a prisão temporária for a *imprescindibilidade para as investigações*, as coisas ficam ainda mais complicadas. Veja-se, no particular, que as *investigações* do inquérito têm por finalidade dar base à ação penal, isto é, fornecer a prova da materialidade e os indícios de autoria de crime (*justa causa*), de forma que, se a prisão temporária é *imprescindível*, é porque sem ela a autoridade policial não conseguirá reunir esses elementos. Só que conforme reza a Lei, a temporária só pode ser decretada se esses mesmos elementos já estiverem presentes. Trata-se, portanto, de um paradoxo insuperável, que acaba por descortinar a verdadeira natureza da prisão temporária, que nada tem de cautelar, mas constitui apenas uma odiosa antecipação dos efeitos da sentença condenatória,

---

116 Com essa visão: "A aplicação desse dispositivo legal vulnera, por um lado, a cláusula constitucional que impõe o tratamento *insonômico* de todos perante a lei processual penal [...] bem como o princípio da proporcionalidade, pois não configura [a prisão], por si só, uma medida *idônea* para alcançar a finalidade de esclarecimento da identidade do suspeito, nem é necessária para tal desiderato tendo em vista que existe medida menos lesiva apta para obter o objetivo buscado pela norma processual, isto é, a simples *notificação para comparecer à Delegacia* para *identificação (datiloscópica) criminal coercitiva* do investigado constitui medida alternativa suficiente menos lesiva para o direito fundamental à liberdade pessoal. [...] Portanto, a prisão temporária para esclarecimento da identidade do investigado somente pode ser admissível no caso de fracasso das diligências policiais e, de qualquer modo, pelo tempo estritamente necessário para realizar a identificação criminal. Não é admissível que um cidadão fique privado da liberdade por vários dias somente para que seja identificado" (SANGUINÉ, Odone. *Prisão cautelar, medidas alternativas e direitos fundamentais*. Rio de Janeiro: Forense, 2014, p. 105).

117 *"Ora, se admite o esgotamento da preventiva (quando decretada em função da ausência de identificação do preso) tão logo ela seja feita (a identificação), não há razão plausível para manter-se a prisão temporária para além do tempo necessário a esse esclarecimento, quando decretada sob tal e idêntica fundamentação (an. 1º, II, Lei nº 7.960/89)" (OLIVEIRA, Eugênio Pacelli de. Curso de processo penal. 18ª ed. São Paulo: Atlas, 2014, p. 546).*

> inconstitucional, portanto, também do ponto de vista material, posto que incompatível com o princípio do estado de inocência."[118]

Essa visão não encontra eco na doutrina amplamente majoritária, nem tampouco na jurisprudência dos tribunais superiores (na esteira do que expus no item 1) ou mesmo na doutrina estrangeira. Com efeito, María Inés Horvitz Lennon e Julián López Masle argumentam:

> "En otras palabras, **el principio de inocencia no excluye, de plano, la posibilidad de decretar medidas cautelares de carácter personal durante el procedimiento.** En este sentido, instituciones como la detención o la prisión preventiva resultan legitimadas, en principio, siempre que no tengan por consecuencia anticipar los efectos de la sentencia condenatoria sino asegurar los fines del procedimiento. [...] Como se puede apreciar, entonces, **el principio de inocencia deja cabida para la detención y la prisión preventiva** cuando ésta se funda en la necesidad de evitar el peligro de fuga o en el peligro de destrucción de prueba."[119].

2. Esquematicamente: prisão temporária = inc. I *ou* inc. II *ou* inc. III

2ª corrente: Defende que os incisos são alternativos, de maneira que a presença de qualquer deles já é suficiente para a decretação da prisão temporária. Cada inciso, isoladamente considerado, é apto a fundamentar a constrição provisória da liberdade.

Por várias razões não se pode aceitar essa concepção. Ao admitir-se o cabimento da prisão temporária quando imprescindível para as investigações (inc. I), independentemente de qualquer outra condição, estar-se-ia a autorizar a prisão de qualquer pessoa – até mesmo de alguma testemunha renitente –, para a investigação de toda sorte de delitos, inclusive os de gravidade diminuta.

Ademais, a aplicação isolada do inc. II, "levaria à prisão temporária de alguém que não tivesse casa, por ser miserável e tão somente por ser pobre. Alguém pode perambular, 'sem teto', sempre pelas mesmas ruas da mesma cidade do interior, num estado de miséria, podendo ser facilmente encontrado, sem qualquer risco de fuga."[120]

Por sua vez, sobre a aplicação isolada do inc. III, Mirabete chegou a anotar que, "ao contrário dos demais incisos, que embasam a prisão temporária, nessa última hipótese não é necessário demostrar a necessidade da prisão, bastando para ela a existência de indícios suficientes de autoria", porquanto a medida seria "destinada a aplacar o clamor público e a indignação social diante dos crimes graves."[121] Como vimos alhures, esse entendimento contraria frontalmente a *natureza cautelar* da prisão temporária e, por isso mesmo, não pode prosperar.

---

118 DUCLERC, Elmir. *Direito processual penal*. Rio de Janeiro: Lumen Juris, 2008, p. 347. No mesmo sentido: "Os incisos I e II do art. 1º, que simbolizam o perigo da demora para a decretação da medida, podem perfeitamente ser inseridos nas hipóteses que comportariam a decretação da preventiva. Ademais, os crimes que comportam a temporária (inciso III), todos apenados com reclusão, também admitem, em tese, a segregação preventiva. O cardápio de prisões cautelares tem de ser reduzido a sua absoluta necessidade, com fundamentos um mínimo consistentes para justificar a necessidade prisional. A zona da temporária é por demais fluida, o que pode ser facilmente demonstrado pela diversidade de posições quanto a sua admissibilidade. Aliado a isso, temos um defeito de forma insuperável, que é o nascedouro do instituto através de medida provisória. Neste contexto, na fase do inquérito policial, para o encarceramento, afora o flagrante, temos que a única medida cabível é a preventiva, se presentes os seus fundamentos, **não tendo a temporária guarida constitucional**" (TÁVORA, Nestor; ALENCAR, Rosmar Rodrigues. *Curso de direito processual penal*. 9ª ed. Salvador: Juspodivm, 2014, p. 750).

119 INÉS HORVITZ LENNON, María; LÓPEZ MASLE, Julián. *Derecho procesal penal chileno: principios, sujetos procesales, medidas cautelares, etapas de investigacion. Tomo I. Santiago: Editorial Jurídica de Chile, 2002, p. 83 e 85.*

120 PACHECO, Denilson Feitoza. *Direito processual penal – teoria, crítica e práxis*. 3ª ed. Niterói: Impetus, 2005, p. 1041.

121 MIRABETE, Julio Fabbrini. *Processo penal*. 7ª ed. São Paulo: Atlas, 1997, p. 389. Igualmente defendendo a alternatividade dos incisos: TOURINHO FILHO, Fernando da Costa. Da prisão e da liberdade provisória. *Revista Brasileira de Ciências Criminais*. São Paulo, v. 2, n. 7, jul./set. 1994, p. 79. E ainda, defendendo a ideia segundo a qual incisos não se comunicam com incisos, mas apenas com a cabeça do artigo ou com algum parágrafo: "A interpretação topográfica, apesar de não ser essencial à hermenêutica, é pelos menos significativa. Os incisos, no sistema legislativo brasileiro, sempre foram unidades autônomas, vinculadas ao preceito do parágrafo ou do artigo, como é o caso"

3. Esquematicamente: prisão temporária = inc. I + inc. II + inc. III

3ª corrente: Giza que os três incisos são cumulativos, de modo que a prisão temporária somente pode legitimamente ser decretada caso se façam presentes no caso concreto, de forma conglobada, as circunstâncias dos incisos I, II e III.

A proposta de cumulatividade dos três incisos restringe sobremaneira o cabimento da prisão temporária. Mais ainda, "implicaria a imunidade à prisão temporária daqueles que tivessem residência fixa e identidade conhecida."[122] Inicialmente, o prof. Scarance[123] defendeu essa corrente, mas depois reviu seu posicionamento e passou a admitir a prisão temporária com esteio na conjugação do inc. III ao inc. I e/ou ao inc. II.

4. Esquematicamente: prisão temporária = inc. I + inc. II + inc. III + CPP, art. 312

4ª corrente: Aduz que os incisos I, II e III precisam ser combinados entre si e, ainda, com as hipóteses que fundamentam a prisão preventiva (que pode ser autorizada para a garantia da ordem pública, da ordem econômica, por conveniência da instrução criminal, ou para assegurar a aplicação da lei penal).

Com essa visão, anota Vicente Greco Filho:

> "Essas hipóteses parecem ser puramente alternativas e destituídas de qualquer outro requisito. Todavia assim não podem ser interpretadas. Apesar de instituírem uma presunção de necessidade da prisão, não teria cabimento a sua decretação se a situação demonstrasse cabalmente o contrário. É preciso, pois, combiná-las entre si e combiná-las com as hipóteses de prisão preventiva, ainda que em sentido inverso, somente para excluir a decretação. Por exemplo, não teria cabimento que toda vez que o indiciado não tivesse residência fixa ou que não fornecesse elementos necessários ao esclarecimento de sua identidade a prisão fosse automaticamente decretada. Pode ser decretada, mas sê-lo-á se for imprescindível às investigações do inquérito ou necessária à ordem pública ou à aplicação da lei penal."[124]

O principal equívoco dessa corrente está em exigir os fundamentos da prisão preventiva para a decretação da prisão temporária, desconsiderando que ambas as providências acauteladoras são bem diversas,[125] como vimos em tópico próprio.

5. Esquematicamente: prisão temporária = inc. I (sempre) + inc. II *ou* inc. III

5ª corrente: Reza que sempre deve estar presente a circunstância do inciso I, a qual haverá de ser combinada com os incisos II ou III. É o que concebe Rogério Lauria Tucci.[126]

A grande falha desse entendimento está em admitir possível a decretação da prisão temporária sem que seja observado no caso concreto o *fumus comissi delicti* (fundadas razões de autoria e materialidade) e as condições de admissibilidade (rol de crimes compatíveis com a medida), que encontram previsão no inciso III. Isso ocorreria na hipótese de a prisão ser ordenada com esteio na conjugação dos incisos I e II, o que redundaria numa *prisão cautelar caolha*, vista apenas pelo prisma do *periculum libertatis*. Aliás, "se fosse suficiente a caracterização do

(RIBEIRO, Diaulas Costa. *Lei n.º 7.960, de 21 de Dezembro 1989 – Um breve estudo sistemático e comparado*. Disponível em <http://www.diaulas.com.br/artigos.asp?id=214&p_ch=>. Acesso em 04.09.2020).

122 CAMPOS, Ricardo Ribeiro. A Prisão Temporária e a Justiça Federal. *Revista da EMERJ*, v. 12, nº 48, 2009, p. 123.

123 FERNANDES, Antonio Scarance. *Processo penal constitucional*. 4. ed. São Paulo: RT, 2005, p. 321-322.

124 GRECO FILHO, Vicente. *Manual de processo penal*. 9ª ed. São Paulo: Saraiva, 2012, p. 283.

125 "A decretação da custódia temporária do investigado não implica, necessariamente, em ulterior conversão dessa em prisão preventiva, pois os requisitos e motivos que ensejam ambas as modalidades de prisão cautelar são diferentes, sendo que para a segregação preventiva faz-se necessária a presença de umas das hipóteses elencadas no art. 312 do CPP, o que não se vislumbra in casu" (STJ: HC 84.262/SP, 5ª Turma, DJ 22.10.2007).

126 TUCCI, Rogério Lauria. *Direitos e garantias no processo penal brasileiro*. São Paulo: Saraiva, 1993, p. 342.

inciso I ou do II – excluindo-se o III –, teríamos como consequência a aplicabilidade da prisão temporária a crimes diversos dos arrolados no inciso III, o que contraria todo o espírito da lei, como se pode ver da própria exposição de motivos."[127]

6. Esquematicamente: prisão temporária = inc. II + inc. III

6ª corrente: Pondera que o inciso I não pode ser utilizado para fundamentar a prisão temporária, haja vista que a autoridade policial sempre terá a sua disposição instrumentos aptos (condução coercitiva, prisão preventiva etc.) a viabilizar o trabalho investigativo, sem a necessidade de prender temporariamente o suspeito. Assim, para Roberto Delmanto Jr.,[128] a única hipótese de decretação da medida advém da combinação dos incisos II e III.

Para Delmanto Jr., a prisão não pode ser imprescindível *para o interrogatório*, pois o investigado tem o direito de permanecer em silêncio; *para o reconhecimento*, basta a condução coercitiva; em caso de *destruição de provas, suborno* ou *coação de testemunhas*, por exemplo, tem-se a prisão preventiva, sendo, pois, incabível a prisão temporária com fulcro no inc. I.

Essa corrente peca por fazer *tabula rasa* do principal fundamento (*periculum libertatis*) da prisão temporária, presente no inc. I, qual seja: a imprescindibilidade para as investigações.

7. Esquematicamente: prisão temporária = inc. I (*que contém o inc. II*) + inc. III

7ª corrente: Argumenta ser sempre necessária a combinação dos incisos I e III, sendo o fundamento do inc. II abarcado pelo inc. I. Há, pois, uma relação de continente (inc. I) e conteúdo (inc. II), de maneira que a situação de *periculum libertatis* do inc. II fica *absorvida*[129] *pelo inc. I. Ou seja, o inc. II pode servir apenas como um complemento* do inc. I, e não para se juntar autonomamente ao inc. III para fundamentar a prisão temporária.

Conforme Marcellus Polastri Lima, "sempre serão necessários os incs. I e III, uma vez que o primeiro demonstra a necessidade da prisão (*periculum libertatis*) para o sucesso da investigação, sendo esta a razão primeira do instituto, e o terceiro, como visto, porque demonstra o *fumus comissi delicti*". Assim, o saudoso autor considera "a aferição do inciso II complementar, mas não essencial."[130]

Em outras palavras, a combinação dos incisos II e III não deve autorizar, por si só, a decretação da prisão temporária, em razão de que o inc. II "é absolutamente *redundante*, no ponto em que expressa uma das várias hipóteses enquadráveis no inciso I, no qual se afirma a necessidade da prisão temporária com fundamento na imprescindibilidade da investigação policial."[131]

Essa corrente, de grande aceitação doutrinária, foi agasalhada pela I Jornada de Direito e Processo Penal do Conselho da Justiça Federal, cujo **enunciado 9** assim disciplina: "Para a

127 GRINOVER, Ada Pellegrini. Limites constitucionais à prisão temporária. *Juris Plenum Ouro*, Caxias do Sul: Plenum, n. 46, nov./dez. 2015. 1 DVD. ISSN 1983-0297.

128 DELMANTO JUNIOR, Roberto. *As modalidades de prisão provisória e seu prazo de duração*. 2ª ed. Rio de Janeiro: Renovar, 2001, p. 156-159.

129 "O inciso II (indiciado sem residência fixa ou não fornecer elementos necessários para sua identificação) é completamente contingencial, ou seja, sozinho não autoriza a prisão temporária e sua combinação apenas com o inciso I ou apenas com o inciso III não justifica a prisão temporária. Mais do que isso, o inciso II acaba sendo absorvido pela 'imprescindibilidade' do inciso I, sendo logicamente redundante" (LOPES JR., Aury. *Direito processual penal*. 11ª ed. São Paulo: Saraiva, 2014, p. 937).

130 LIMA, Marcellus POLASTRI. *A tutela cautelar no processo penal*. Rio de Janeiro: Lumen Juris, 2005, p. 246. No mesmo sentido: OLIVEIRA, Eugênio Pacelli de. *Curso de processo penal*. 18ª ed. São Paulo: Atlas, 2014, p. 545; SILVA JÚNIOR, Walter Nunes da. *Curso de direito processual penal: teoria (constitucional) do processo penal*. Rio de Janeiro: Renovar, 2008, 837; LIMA, Renato Brasileiro de. *Legislação criminal especial comentada*. 3ª ed. Salvador: Juspodivm, 2015, p. 668; CRUZ, Rogerio Schietti. *Prisão cautelar – dramas, princípios e alternativas*. 3ª ed. Salvador: Juspodivm, 2017, p. 239.

131 OLIVEIRA, Eugênio Pacelli de. *Curso de processo penal*. 18ª ed. São Paulo: Atlas, 2014, p. 545-546.

decretação da Prisão Temporária é necessária a aplicação cumulativa do inc. III com o inc. I do artigo 1º da Lei n. 7.960/1989."

8. Esquematicamente: prisão temporária = inc. III (*sempre*) + inc. I *ou* inc. II

8ª corrente: Ressalta que, fazendo-se presente a condição prevista no inc. III (*fumus boni iuris*), "é suficiente que se cumule um dos dois requisitos previstos nos incisos I e II (caracterizadores, ambos, do *periculum libertatis*)."[132] Na lavra de Denilson Feitoza, "a prisão temporária pode ser decretada na hipótese do inciso I (*periculum libertatis*) ou na do inciso II (*periculum libertatis*), desde que, em qualquer dos dois casos, também ocorra o inciso III (*fumus boni iuris*) e apenas se for um dos crimes mencionados em suas alíneas (condições de admissibilidade)."[133]

Essa orientação, aplaudida por muitos em sede doutrinária, já foi acolhida algumas vezes pelo Superior Tribunal de Justiça, que considera a prisão temporária "cabível, nos termos do seu art. 1ª, quando for imprescindível para as investigações do inquérito policial [inc. I] **ou** quando o indiciado não tiver residência fixa ou não fornecer elementos necessários ao esclarecimento de sua identidade [inc. II] **e** quando houver fundadas razões de autoria ou participação do indiciado nos delitos listados naquele diploma [inc. III]."[134]

Ressalte-se, em desfecho, que a sétima e a oitava correntes atendem melhor às regras de hermenêutica, conformando-se aos princípios e regras constitucionais. Em verdade, as duas correntes são muito semelhantes. Ambas partem da necessidade de sempre se fazer presente o inc. III (*fumus comissi delicti* e condições de admissibilidade), o qual deverá estar conjugado com o fundamento (*periculum libertatis*) do inc. I. Divergem sutilmente no que importa ao inc. II, haja vista que para a sétima corrente estaria ele englobado pelo inc. I, enquanto para a oitava corrente o inc. II, de forma autônoma, poderia unir-se ao inc. III e fundamentar uma prisão temporária.

12. PROCEDIMENTO

12.1. Legitimidade

O art. 282, § 2.º, do CPP – reformado pela Lei 13.964/2019 (**Pacote Anticrime**) – dispõe que "as medidas cautelares serão decretadas pelo juiz a requerimento das partes ou, quando no curso da investigação criminal, por representação da autoridade policial ou mediante requerimento do Ministério Público."

Como se vê, tanto *no curso da investigação criminal* **como** *durante a ação penal* **é defeso ao magistrado agir de ofício.** De forma mais clara, não tem o juiz o poder de ordenar *ex officio*, em qualquer fase da persecução penal, o cumprimento de medidas cautelares (sejam prisões, cautelares diversas da prisão ou de natureza real).

---

132 GRINOVER, Ada Pellegrini. Limites constitucionais à prisão temporária. *Juris Plenum Ouro*, Caxias do Sul: Plenum, n. 46, nov./dez. 2015. 1 DVD. ISSN 1983-0297.

133 PACHECO, Denilson Feitoza. *Direito processual penal – teoria, crítica e práxis*. 3ª ed. Niterói: Impetus, 2005, p. 1041. No mesmo sentido: ANDRÉ, Patrícia dos Santos. *Prisão temporária: medida cautelar para crimes leves?*, Revista dos Tribunais 691/396; FREITAS, Jayme Walmer de. *Prisão temporária*. 2ª ed. São Paulo: Saraiva, 2009, p. 110; ZAGALLO, Rogério Leão. *Prisão provisória: razoabilidade e prazo de duração*. São Paulo: Juarez de Oliveira, 2005, p. 92-93; FERNANDES, Antonio Scarance. *Processo penal constitucional*. 4ª ed. São Paulo: RT, 2005, p. 321-322; MARTINS, Jorge Henrique Schaefer. *Prisão provisória: medida de exceção no direito criminal brasileiro*. Curitiba: Juruá, 2004, p. 83; CAPEZ, Fernando. *Curso de processo penal*. 5ª ed. São Paulo: Saraiva, 2000, p. 233; NOGUEIRA, Paulo Lúcio. *Curso completo de processo penal*. 10ª ed. São Paulo: Saraiva, 1996, p. 307; NUCCI, Guilherme de Souza. *Leis penais e processuais penais comentadas*. Vol. 2. 8ª ed. Rio de Janeiro: Forense, 2014, p. 773.

134 RHC 94.763/GO, 5ª Turma, j. 04.12.2018. E ainda: RHC 58.306/RJ, 6ª Turma, DJe 27.05.2015 e RHC 50.262/RJ, 5ª Turma, DJe 01.09.2015.

Exatamente em razão do sistema processual acusatório – que cuidou de separar de maneira bem nítida as funções de acusar, defender e julgar –, não deve o magistrado ter uma participação ativa durante a *persecutio criminis*, de maneira a indicar os caminhos que a investigação e o processo devem seguir. Nesse cenário, poderia o juiz começar a realizar os chamados **quadros mentais paranoicos**[135] **(síndrome de Dom Casmurro)**, em franco prejuízo ao investigado/réu.

Em conformidade com a disciplina geral das medidas cautelares, corretamente, **a LPT não** previu a possibilidade de decretação da prisão temporária ***ex officio*** pelo juiz, o que seria mesmo algo inconstitucional por ofensa ao sistema acusatório. Porém, se houver representação policial ou requerimento ministerial pela prisão temporária, é lícito que – presentes os pressupostos, fundamentos e condições de admissibilidade – o magistrado realize uma "**adequação**" e decrete a prisão preventiva, não havendo nisso uma atuação judicial sem impulso. Na hipótese, há o pleito por uma prisão cautelar (temporária) e o deferimento de uma prisão cautelar (preventiva), certo que o tipo de constrição mais adequada ao caso perpassa pelo crivo do juiz.[136]

Dessarte, o deferimento da prisão temporária pelo juiz somente se opera em face da **representação da autoridade policial** ou de **requerimento do Ministério Público** (LPT, art. 2º). A toda evidência, o *querelante* não detém legitimidade para requerer a medida, "uma vez que não há mais crime de ação penal de iniciativa privada que comporte a prisão temporária (antigamente, havia a previsão do crime de estupro, o que foi alterado com a Lei 12.015/09 e depois com a Lei 13.718/18)."[137]

Na hipótese de representação da autoridade policial, o Juiz, antes de decidir, **ouvirá o Ministério Público** (LTP, art. 2º, § 1º). Trata-se de providência afinada com o sistema acusatório, que realça o papel do MP de *dominus litis*, pois, sendo a Instituição a verdadeira destinatária dos elementos de convicção colhidos na fase investigatória, nada mais salutar que participe diretamente dessa fase da persecução penal, orientando caminhos probatórios e controlando excessos (CR/88, art. 129, VII).

Exatamente por isso, tem ganhado força a concepção doutrinária segundo a qual seria "ilógica e arbitrária" a decretação da constrição provisória da liberdade "sem que o *dominus litis* manifeste-se favoravelmente à adoção da medida. Com efeito, basta imaginarmos o quanto inconveniente seria a decretação de uma prisão temporária sem a aquiescência do órgão ministerial, caso o Ministério Público deliberasse posteriormente pelo não oferecimento de denúncia."[138] Portanto, em caso de representação policial, a **manifestação prévia do *Parquet* é imprescindível.**[139] Assim,

---

135 "Atribuir poderes instrutórios a um juiz – em qualquer fase – é um grave erro, que acarreta a destruição completa do processo penal democrático. Ensina Cordero que tal atribuição (de poderes instrutórios) conduz ao *primato dell'ipotesi sui fatti*, gerador de *quadrimentali paranoidi*. Isso significa que se opera um primado (prevalência) das hipóteses sobre os fatos, porque o juiz que vai atrás da prova primeiro decide (definição da hipótese) e depois vai atrás dos fatos (prova) que justificam a decisão (que na verdade já foi tomada). O juiz, nesse cenário, passa a fazer quadros mentais paranoicos" (LOPES JR., Aury. *Direito processual penal*. 11. ed. São Paulo: Saraiva, 2014. p. 111-112).

136 "Ressalte-se que não há falar em ilegalidade da prisão preventiva decretada pelo magistrado competente, na medida em que **não se trata de decisão *ex officio***, mas de **adequação**, com base no princípio *iura novit curia* e no poder geral de cautela do juiz, **do pedido formulado** pela autoridade policial. Observe-se que houve devida representação da autoridade competente para que fosse decretada a prisão cautelar da paciente. **O tipo de prisão cautelar cabível perpassa, necessariamente, pelo crivo do juiz, que, ao analisar o caso concreto, concluiu pela adequação da prisão preventiva em vez da prisão temporária**" (STJ: HC 620.474/PR, rel. Min. João Otávio de Noronha, j. 19.10.2020).

137 COSTA, Klaus Negri; ARAÚJO, Fábio Roque. *Processo penal didático*. 3ª ed. Salvador: Juspodivm, 2020, p. 796-796.

138 LIMA, Renato Brasileiro de. Legislação criminal especial comentada. 3ª ed. Salvador: Juspodivm, 2015, p. 676. Igualmente: "[...] se o MP for contrário à medida, não poderá o magistrado concedê-la" (MENDONÇA, Andrey Borges de. *Prisão e outras medidas cautelares pessoais*. São Paulo: Método, 2011, p. 323).

139 Em sentido diverso, o enunciado 23 do Fonacrim: "Não há nulidade no deferimento de diligências policiais sem a oitiva do Ministério Público."

"restando indevidamente fundamentado o édito constritor, em desobediência ao previsto na legislação e jurisprudência pátria em vigor e, além disso, verificada a *inobservância à prévia oitiva do Ministério Público*, na forma contida no art. 2º da Lei 7.960/89, **resta configurado o constrangimento ilegal** referido pelo paciente, ensejando a concessão da ordem pleiteada."[140]

Por fim, como todos os crimes compatíveis com a prisão temporária são processados por ação pública e, ainda, em razão de que a medida só tem vez na fase investigativa, pode-se concluir que: **a)** a prisão temporária não tem pertinência em se tratando de crimes processados por ação penal privada; **b)** não pode pleitear a providência o *assistente do Ministério Público*, o qual só possui legitimidade para intervir no curso da ação penal pública, enquanto não passar em julgado a sentença (CPP, arts. 268 e 269), o que exclui a primeira fase da persecução penal.

12.2. Decisão judicial e peculiaridades do mandado

Determina o § 2º do art. 2º da Lei 7.960/1989 que "o despacho que decretar a prisão temporária deverá ser **fundamentado** e **prolatado dentro do prazo de 24 (vinte e quatro) horas**, contadas a partir do recebimento da representação ou do requerimento."

Ao exigir a fundamentação da decisão, o legislador ordinário atendeu – de forma redundante até – ao princípio constitucional da fundamentação judicial (CR/88, arts. 5º, LXI, c.c 93, IX). Sem embargo, é válido ressaltar que a fundamentação do decreto de prisão pode ser **sucinta** e se dar na forma ***per relationem*** ou ***aliunde***, na qual o magistrado se utiliza de trechos da reapresentação policial ou da manifestação ministerial como razão de decidir.[141]

Desincumbindo-se desse mister, deverá o magistrado analisar se o crime investigado encontra-se dentro do rol de infrações penais compatíveis com a medida (condição de admissibilidade); se está presente o *fumus comissi delicti* (fundadas razões de autoria e materialidade) e, por fim, indicar em que consiste o *periculum libertatis*, sendo certo que a **mera repetição das palavras da lei** (incisos I e II) não se presta a tal fim, consoante giza categoricamente o Código de Processo Penal, em seu art. 315, § 2º, I.[142] Nesse sentido:

"Hipótese em que o Juiz de primeiro grau decretou a **prisão temporária sem fundamentar adequadamente a medida. Limitou-se a referir a mencionar o dispositivo legal**, sem motivar o julgado no que tange ao *periculum libertatis*, não logrando demonstrar de que maneira a reclusão do indiciado serviria para facilitar o trabalho da autoridade policial no curso da investigação. Recurso provido para revogar a prisão temporária."[143]

No ponto, calha observar que esse entendimento já era defendido desde os anos 70, conforme exposto por Heleno Claudio Fragoso, em seu clássico *Jurisprudência Criminal*. A propósito, veja-se:

140 TJPB: HC 2014324-79.2014.815.0000, Câmara Criminal, DJe 02.06.2015. No mesmo sentido: "A decisão impugnada configura-se abusiva e tumultuária do processo. Primeiro, porque olvidou dos princípios constitucionais do contraditório e do devido processo legal, *impedindo a participação do órgão ministerial no processo*, seja como acusador, seja como fiscal da Lei. Segundo, porque não observou regramento constitucional de que todas as decisões judiciais devem ser fundamentadas, consoante previsão do art. 93, inciso IX. [...]" (TJRS: Correição Parcial 70060446846, 2ª Câmara Criminal, DJe 06.10.2014).

141 "É pacífico o entendimento desta Corte Superior no sentido de ser perfeitamente válida a utilização da fundamentação *per relationem* como razões de decidir" (STJ: EDcl no HC 421.914/RS, 6ª Turma, j. 08.10.2019). E ainda: HC 431.079/SP, 6ª Turma, j. 25.06.2019. Por fim: "Reveste-se de plena legitimidade jurídico-constitucional a utilização, pelo Poder Judiciário, da técnica da motivação *per relationem*, que se mostra compatível com o que dispõe o art. 93, IX, da Constituição da República. A remissão feita pelo magistrado – referindo-se, expressamente, aos fundamentos (de fato e/ou de direito) que deram suporte a anterior decisão (ou, então, a pareceres do Ministério Público, ou, ainda, a informações prestadas por órgão apontado como coator) – constitui meio apto a promover a formal incorporação, ao ato decisório, da motivação a que o juiz se reportou como razão de decidir" (STF: Ag. Reg. no ROHC 120.351/ES, 2ª Turma, DJe 18.05.2015).

142 Art. 315. [...] § 2º. "Não se considera fundamentada qualquer decisão judicial [...] que: I - limitar-se à indicação, à reprodução ou à paráfrase de ato normativo, sem explicar sua relação com a causa ou a questão decidida;"

143 STJ: RHC 58.306/RJ, 6ª Turma, DJe 27.05.2015. Igualmente: RHC 35.788/MG, 6ª Turma, DJe 03.12.2014.

> "A 3ª C. Crim. Do TJ da Guanabara, no HC 21.758, [...] de forma incisiva, declarou: 'Não está fundamentada a decisão que a decreta (a prisão), quando se limita a repetir as expressões temáticas da lei, sem indicar as provas e elementos dos autos que correspondam ao comando legal. [...] não é menos certo que a decisão de primeira instância tem de justificá-la (a prisão), não bastando repetir os termos genéricos da lei, o que seria [...] justificar a conveniência com a própria conveniência.'"[144]

Vê-se, ademais, que a urgência da medida foi reconhecida pelo legislador, o qual conferiu ao magistrado o **prazo de 24 (vinte e quatro) horas para decidir sobre o pedido**. Esse prazo, contudo, é **impróprio**, não prevendo a lei consequência processual em caso de extrapolação (**doutrina do não prazo**[145]). E não podia mesmo ser diferente, pois, em casos complexos, muitas vezes será impossível ao magistrado proferir sua decisão em prazo tão exíguo. Como adverte Andrey Borges de Mendonça, "entre uma decisão precipitada, dentro do prazo, e uma decisão mais refletida, mesmo depois de 24 horas, certamente será preferível a segunda, especialmente porque o indiciado não estará preso."[146]

De outra banda, convém notar que feriria a lógica do razoável e o mais comezinho senso de justiça que, uma vez pleiteada a prisão temporária, fosse o investigado notificado para manifestar-se sobre o pedido. Destarte, em razão da urgência típica da medida e, sobretudo, do perigo de ineficácia da providência acauteladora (CPP, art. 282, § 3º, *primeira parte*) – alertado o suspeito sobre o requerimento se sua prisão, o risco de fuga, inegavelmente, aumentaria –, o pedido de segregação provisória da liberdade será analisado pelo Poder Judiciário *inaudita altera pars*, ou seja, prescindindo-se da oitiva da parte contrária (investigado).[147] O contraditório será exercitado somente após a execução do ato, daí a razão de ser denominado **contraditório diferido ou postergado**.

Em suma, "não há falar em ilegalidade da medida de prisão temporária, por ausência de intimação da defesa do paciente, nos termos do art. 282, § 3º, do Código de Processo Penal, pois admitido o contraditório diferido nos casos de prisão, em razão da urgência ou do perigo de ineficácia da medida."[148]

Gize-se, por relevante, que "decretada a prisão temporária, expedir-se-á mandado de prisão, em duas vias, uma das quais será entregue ao indiciado e servirá como **nota de culpa**"[149] (LPT, art. 2º, § 4º) – certo que sua omissão pode configurar *crime de abuso de autoridade* (Lei 13.869/2019, art. 12, parágrafo único, inc. III)[150] –, sem prejuízo de seu pronto registro no Banco Nacional de Mandados de Prisão[151] mantido pelo Conselho Nacional de Justiça (CPP, art. 289-A, c.c. CNJ, Res. 251/2019), a fim de viabilizar o seu cumprimento.

Ainda sobre o mandado, calha notar que, a partir da decisão do STF na apreciação da medida cautelar na ADPF 347, em 09.09.2015, e da Res. 213/2015-CNJ, que trata das **audiências**

---

144 FRAGOSO, Heleno Claudio. *Jurisprudência Criminal* – vol. I. Rio de Janeiro: Editor Borsoi, 1973, p. 377.

145 "[...] quando falamos em não prazo significa dizer: ausência de prazos processuais com uma sanção pelo descumprimento" (LOPES JR., Aury. *Direito processual penal*. 11ª ed. São Paulo: Saraiva, 2014, p. 190).

146 MENDONÇA, Andrey Borges de. *Prisão e outras medidas cautelares pessoais*. São Paulo: Método, 2011, p. 323.

147 Em igual sentido: MENDONÇA, Andrey Borges de. *Prisão e outras medidas cautelares pessoais*. São Paulo: Método, 2011, p. 323.

148 STJ: HC 576.435/PR, 6ª Turma, j. 18.08.2020.

149 "Nota de culpa: é o documento informativo oficial, dirigido ao indiciado, que lhe faz a comunicação do motivo de sua prisão, demonstrando, também, a autoridade responsável pela lavratura do auto, o nome da pessoa que o prendeu (condutor) e os das testemunhas presenciais" (NUCCI, Guilherme de Souza. *Código de processo penal comentado*. 13ª ed. Rio de Janeiro: Forense, 2014, p. 813).

150 Uma vez preenchidos os pressupostos inscritos no art. 1º, §§ 1º e 2º, da Lei 13.869/2019.

151 "O atraso na entrega da nota de culpa e a ausência de registro do mandado de prisão em banco de dados mantido pelo Conselho Nacional de Justiça constituem **irregularidades** que **não têm o condão de anular o feito**, mormente quando não demonstrado prejuízo" (STJ: HC 319.523/PE, 6ª Turma, DJe 03/08/2015).

de custódia, a apresentação do preso à autoridade judicial no **prazo de 24 horas**[152] deve ser assegurada aos detidos por força de cumprimento de mandados de prisão cautelar ou definitiva (Res. 213/2015-CNJ, art. 13), e não apenas aos presos em flagrante (Res. 213/2015-CNJ, art. 1º). Em razão disso, doravante, **"todos os mandados de prisão deverão conter, expressamente, a determinação para que**, no momento de seu cumprimento, **a pessoa presa seja imediatamente apresentada à autoridade judicial** que determinou a expedição da ordem de custódia ou, nos casos em que forem cumpridos fora da jurisdição do juiz processante, à autoridade judicial competente, conforme lei de organização judiciária local" (Res. 213/2015-CNJ, art. 13, parágrafo único).

A necessidade da realização de audiência de custódia por parte do magistrado que expediu o mandado de prisão temporária foi igualmente agasalhada pelo Código de Processo Penal (art. 287), reformado pela Lei 13.964/2019. Ao contrário do que faz transparecer a leitura isolada do art. 310, *caput*, do CPP, a audiência de custódia tem cabimento, também, nos casos de prisão cautelar. Mas, em todo caso, é bom grifar: **não enseja ilegalidade a não realização da audiência de custódia no prazo de 24 horas**, sendo certo que o Supremo Tribunal Federal[153] considerou **inconstitucional o relaxamento automático da prisão**, previsto no art. 310, § 4º, do CPP, permitindo tanto a *prorrogação excepcional* do prazo como a realização do ato por *videoconferência*.

De mais a mais, "a prisão somente poderá ser executada depois da expedição de mandado judicial" (LPT, art. 2º, § 5º), até mesmo por imperativo constitucional (CR/88, art. 5º, LXI), sob pena de incorrer o executor da medida – sem permissão judicial – em *crime de abuso de autoridade* (Lei 13.869/2019, art. 9º, *caput*),[154] ainda que posteriormente venha a ser exarada ordem judicial de prisão. Dito de outro modo, a efetuação da prisão antes de judicialmente autorizada

152 O prazo de 24 horas também foi acolhido pelo CPP (art. 310, *caput* e § 4º).

153 "[...] ARTIGO 310, CAPUT E § 4º, CÓDIGO DE PROCESSO PENAL. ILEGALIDADE DA PRISÃO PELA NÃO REALIZAÇÃO DA AUDIÊNCIA DE CUSTÓDIA NO PRAZO DE 24 HORAS. RELAXAMENTO AUTOMÁTICO. INCONSTITUCIONALIDADE. (a) O artigo 310 do Código de Processo Penal, que disciplina o procedimento consecutivo à prisão em flagrante, estabeleceu, na redação dada pela Lei 13.964/2019, que 'Após receber o auto de prisão em flagrante, no prazo máximo de até 24 (vinte e quatro) horas após a realização da prisão, o juiz deverá promover audiência de custódia com a presença do acusado, seu advogado constituído ou membro da Defensoria Pública e o membro do Ministério Público, e, nessa audiência, o juiz deverá, fundamentadamente'. (b) Simultaneamente, a lei ora impugnada incluiu, no artigo 310 do Código de Processo Penal, o § 4º, segundo o qual 'Transcorridas 24 (vinte e quatro) horas após o decurso do prazo estabelecido no caput deste artigo, a não realização de audiência de custódia sem motivação idônea ensejará também a ilegalidade da prisão, a ser relaxada pela autoridade competente, sem prejuízo da possibilidade de imediata decretação de prisão preventiva'. (c) **A imposição da ilegalidade automática da prisão, como consequência jurídica da não realização da audiência de custódia no prazo de 24 horas, fere a razoabilidade**, uma vez que desconsidera dificuldades práticas locais de várias regiões do país, bem como dificuldades logísticas decorrentes de operações policiais de considerável porte. A categoria aberta 'motivação idônea', que excepciona a ilegalidade da prisão, é demasiadamente abstrata e não fornece baliza interpretativa segura para aplicação do dispositivo. (d) Pelas razões já expendidas quando da análise da constitucionalidade do artigo 3º-B, § 2º, as normas impugnadas devem ser submetidas à técnica da interpretação conforme a Constituição, para adequada observância e aplicação nos casos por ela regidos. (e) Por conseguinte, deve-se **atribuir interpretação conforme ao caput do art. 310 do CPP, alterado pela Lei nº 13.964/2019, para assentar que o juiz, em caso de urgência e se o meio se revelar idôneo, poderá realizar a audiência de custódia por videoconferência** (f) Confere-se, por fim, interpretação conforme ao § 4º do art. 310 do CPP, incluído pela Lei nº 13.964/2019, para assentar que a autoridade judiciária deverá avaliar **se estão presentes os requisitos para a prorrogação excepcional do prazo ou para sua realização por videoconferência**, sem prejuízo da possibilidade de imediata decretação de prisão preventiva. Ações diretas de inconstitucionalidade julgadas parcialmente procedentes." (STF: ADI 6.298, rel. min. Luiz Fux, Tribunal Pleno, j. 24.08.2023).

154 "O sujeito ativo do art. 9º, *caput*, da Lei de Abuso de Autoridade, diferentemente do parágrafo único, não alcança somente autoridade judiciária. O verbo nuclear 'decretar' tem o sentido de determinar, decidir e ordenar medida de privação da liberdade em manifesta desconformidade com as hipóteses legais" (**Enunciado 5** do Conselho Nacional de Procuradores-Gerais dos Ministérios Públicos dos Estados e da União [CNPG], por seu Grupo Nacional de Coordenadores de Centro de Apoio Operacional Criminal [GNCCRIM], sobre a Lei de Abuso de Autoridade).

é conduta típica que se consuma no momento em que ocorre, sendo inconcebível a ratificação/convalidação da prisão abusiva por violação oblíqua ao princípio da reserva jurisdicional.

Por outro lado, **a falta de exibição do mandado por parte do executor da ordem não obsta a prisão temporária do investigado** – desde que tomadas pela autoridade as precauções necessárias para averiguar a autenticidade da ordem –, caso em que o preso será imediatamente apresentado ao Judiciário para a audiência de custódia (CPP, arts. 287 c.c. 299). Nessa hipótese, sublinhe-se, o executor não está a prender alguém *sem* ordem judicial. A determinação *existe*, mas ele não traz consigo uma cópia dela. Trata-se, pois, do cumprimento do mandado de prisão cautelar sem a sua pronta exibição.

12.3. Providências policiais e judiciais (audiência de custódia) após a prisão

Uma vez "efetuada a prisão, **a autoridade policial informará** o preso dos direitos previstos no art. 5º da Constituição Federal" (LPT, art. 2º, § 6º), sobretudo daqueles catalogados nos incisos XLIX ("é assegurado aos presos o respeito à integridade física e moral"), LXII[155] ("a prisão de qualquer pessoa e o local onde se encontre serão comunicados imediatamente ao juiz competente e à família do preso ou à pessoa por ele indicada"), LXIII[156] ("o preso será informado de seus direitos, entre os quais o de permanecer calado, sendo-lhe assegurada a assistência da família e de advogado")[157] e LXI[158] ("o preso tem direito à identificação dos responsáveis por sua prisão ou por seu interrogatório policial"). Trata-se de uma verdadeira nota de ciência de garantias constitucionais, providência já incorporada pela praxe policial.

Conquanto a constituição e a lei imponham à autoridade policial os deveres de informação supramencionados, os Tribunais Superiores têm entendido que: **(a)** ainda que não ocorra a comunicação da prisão de forma imediata à autoridade judiciária, desde que o atraso não seja demasiado, não há falar em nulidade;[159] **(b)** "não há nulidade automática na tomada de declarações sem a advertência do direito ao silêncio, salvo quando demonstrada a ausência do caráter voluntário do ato",[160] haja vista que o direito ao silêncio "é regra jurídica que goza de presunção

---

155 A injustificada inobservância desse mandamento fundamental pode configurar *crime de abuso de autoridade* (Lei 13.869/2019, art. 12, *caput*), uma vez preenchidos os pressupostos inscritos no art. 1º, §§ 1º e 2º, da Lei 13.869/2019.

156 "Trata-se, o art. 5º, inciso LXIII, de mandamento constitucional semelhante ao famoso **aviso de Miranda** do direito norte-americano, em que o policial, no momento da prisão, tem de ler para o preso os seus direitos, sob pena de não ter validade o que por ele for dito. Os *Miranda rights* ou *Miranda warnings* têm origem no famoso julgamento Miranda V. Arizona, verificado em 1966, em que a Suprema Corte americana, por cinco votos contra quatro, firmou o entendimento de que nenhuma validade pode ser conferida às declarações feitas pela pessoa à polícia, a não ser que antes ela tenha sido claramente informada de: 1) que tem o direito de não responder; 2) que tudo o que disser pode vir a ser utilizado contra ele; 3) que tem o direito à assistência de defensor escolhido ou nomeado. No referido julgamento, a Suprema Corte americana adotou a posição de que a mera ausência dessa formalidade era o bastante para inquinar de nulidade as declarações da pessoa, especialmente a confissão e as provas conseguidas a partir dela" (LIMA, Renato Brasileiro de. *Legislação criminal especial comentada*. 3ª ed. Salvador: Juspodivm, 2015, p. 687-688).

157 "Não configura nulidade a ausência de assistência por advogado no momento da prisão temporária, exigindo-se apenas que a autoridade policial informe o preso sobre os direitos previstos no art. 5º da Constituição Federal, conforme previsão do art. 2º, § 6º, da Lei 7.960/89" (STJ: RHC 60.302/RJ, 5ª Turma, DJe 01.09.2015).

158 A inobservância desse mandamento constitucional pode configurar *crime de abuso de autoridade* (Lei 13.869/2019, art. 16), se preenchidos os pressupostos inscritos no art. 1º, §§ 1º e 2º, da Lei 13.869/2019.

159 STJ: RHC 50.913/SP, 5ª Turma, j. 04.08.2015. E ainda: "*In casu*, a prisão em flagrante ocorreu de forma regular, ademais, *ainda que não tivesse sido comunicada de forma imediata à autoridade judiciária, o atraso - desde que não seja demasiado - na comunicação da prisão ao juiz competente, por si só, não gera a mácula do flagrante*, se observados os demais requisitos legais. Além do mais, tal alegação fica superada em face da decretação superveniente da prisão preventiva, o que ocorreu na presente hipótese (precedente)" (STJ: HC 375.488/SP, 5ª Turma, j. 16.02.2017).

160 STF: AP 530/MS, 1ª Turma, j. 09.09.2014. Igualmente: "O STJ, acompanhando posicionamento consolidado no STF, firmou o entendimento de que *eventual irregularidade na informação acerca do direito de permanecer em silêncio é causa de nulidade relativa*, cujo reconhecimento depende da comprovação do prejuízo [...]. No caso em tela, o

de conhecimento por todos."[161] Assim, sobretudo nos casos em que a higidez do interrogatório "é corroborada pela presença de defensor durante o ato, e pela opção feita pelos réus de, ao invés de se utilizarem do direito ao silêncio, externar a sua própria versão dos fatos, contrariando as acusações que lhes foram feitas, como consectário de estratégia defensiva", a ausência "de advertência sobre o direito ao silêncio não conduz à anulação automática do interrogatório ou depoimento, restando mister observar as demais circunstâncias do caso concreto para se verificar se houve ou não o constrangimento ilegal";[162] **(c)** a falta de informação ao preso sobre seus direitos constitucionais gera nulidade dos atos praticados apenas *se demonstrado prejuízo*.[163] Dessarte, "eventuais omissões na nota de culpa, ou mesmo o atraso em sua entrega ao agente, constituem mera irregularidade, não sendo hábeis, portanto, para contaminar com nulidade o feito",[164] mas, como ressaltado alhures, podem sujeitar o agente público à responsabilização criminal (Lei 13.869/2019, art. 12, parágrafo único, inc. III).

Noutro vértice, reza o § 2º do art. 3º da Lei da Prisão Temporária que "o Juiz **poderá**, de ofício, ou a requerimento do Ministério Público e do Advogado, **determinar que o preso lhe seja apresentado**, solicitar informações e esclarecimentos da autoridade policial e submetê-lo a exame de corpo de delito", tudo no afã de preservar a integridade física do detido.

A submissão do preso a exame de corpo de delito, na praxe, acaba não sendo determinada pelo juiz, mas, sim, pelo próprio condutor do procedimento investigatório que já o requisita tão logo efetuada a prisão. O poder do magistrado de solicitar a qualquer tempo informações e esclarecimentos da autoridade policial não é de causar maior espanto. Por haver decretado a prisão, reconhece-se ao juiz a possibilidade de buscar informações sobre ela e esclarecimentos acerca do andamento das investigações.

A grande questão sobre o regramento em testilha reside no alcance do poder judicial de "determinar que o preso lhe seja apresentado". Essa (antiga) *faculdade* do juiz, que consagrava uma modalidade *sui generis* de **audiência de custódia opcional**, foi suplantada pelo **dever** (**audiência de custódia impositiva ou obrigatória**) de apresentação de toda pessoa presa em flagrante ou por mandado – de prisão preventiva ou temporária – à autoridade judicial no prazo de 24 (vinte e quatro) horas, *ex vi* dos arts. 287 e 310 do CPP.

impetrante nem sequer apontou em que consistiria eventual prejuízo. Destaque-se que a condenação, por si só, não pode ser considerada como o prejuízo, pois, para tanto, caberia ao recorrente demonstrar que a informação acerca do direito de permanecer em silêncio, acaso tivesse sido franqueada ao recorrente e aos corréus, ensejaria conduta diversa, que poderia conduzir à sua absolvição, situação que não se verifica os autos" (STJ: RHC 61.754/MS, 5ª Turma, j. 25.10.2016). **Em sentido contrário**, há julgado mais antigo do STF: "Não tendo sido o acusado informado do seu direito ao silêncio pelo Juízo (art. 5º, inciso LXIII), a audiência realizada, que se restringiu à sua oitiva, é nula" (HC 82.463, 1ª Turma, j. 05.11.2002).

161 STF: AP 611/MG, 1ª Turma, j. 30.09.2014.

162 STF: RHC 107.915, 1ª Turma, DJe 25.10.2011. E ainda: "A necessidade de a autoridade policial advertir o envolvido sobre o direito de permanecer em silêncio há de ser considerada no contexto do caso concreto. Sobressaindo o envolvimento de *cidadão com razoável escolaridade* - 2º Tenente da Aeronáutica -, que, *alertado quanto ao direito à presença de advogado*, manifesta, no inquérito, o desejo de seguir com o interrogatório, buscando apenas gravá-lo, sendo o pleito observado, e, na ação penal, oportunidade na qual ressaltada a franquia constitucional do silêncio, confirma o que respondera, inclusive relativamente à negativa de autoria, não cabe concluir por vício [...]" (STF: HC 88.950, 1ª Turma, j. 25.09.2007).

163 STF: RHC 79.973, 2ª Turma, j. 23.05.2000. E ainda: "Esta colenda Quinta Turma, acompanhando entendimento consolidado no Supremo Tribunal Federal, firmou o entendimento de que eventual irregularidade na informação acerca do direito de permanecer em silêncio é causa de *nulidade relativa*, cujo reconhecimento *depende da comprovação do prejuízo*. No caso dos autos, não obstante não conste do termo de declarações prestadas pelo paciente que foi advertido do direito de permanecer calado, o certo é que negou a prática delitiva, o que afasta a ocorrência de prejuízos à sua defesa e impede o reconhecimento da eiva suscitada na impetração" (STJ: HC 390.773/MG, j. 22.08.2017).

164 STJ: HC 175.424/MG, 5ª Turma, j. 15.09.2011. E ainda: HC 319.523/PE, 6ª Turma, DJe 18.06.2015.

Sem embargo disso, uma vez realizada a *audiência de custódia obrigatória*, ainda vigora a *possibilidade* (faculdade) de o magistrado determinar que o preso lhe seja apresentado a qualquer tempo, durante o prazo de duração da prisão temporária, caso entenda necessária essa providência.

Na audiência de custódia, o juiz entrevistará o preso e, de acordo com o art. 8º da Res. 213/2015-CNJ, dentre outras providências, **deverá** (**a**) assegurar que a pessoa presa não esteja algemada, salvo em casos de resistência e de fundado receio de fuga ou de perigo à integridade física própria ou alheia, devendo a excepcionalidade ser justificada por escrito; (**b**) dar ciência sobre seu direito de permanecer em silêncio; (**c**) questionar se lhe foi dada ciência e efetiva oportunidade de exercício dos direitos constitucionais inerentes à sua condição, particularmente o direito de consultar-se[165] com advogado ou defensor público, o de ser atendido por médico e o de comunicar-se com seus familiares; (**d**) indagar sobre as circunstâncias de sua prisão; (**e**) perguntar sobre o tratamento recebido em todos os locais por onde passou antes da apresentação à audiência, questionando sobre a ocorrência de tortura e maus tratos e adotando as providências cabíveis; (**f**) verificar se houve a realização de exame de corpo de delito, determinando sua realização nos casos em que não tiver sido realizado; os registros se mostrarem insuficientes; a alegação de tortura e maus tratos referir-se a momento posterior ao exame realizado; o exame tiver sido realizado na presença de agente policial; (**g**) abster-se de formular perguntas com finalidade de produzir prova para a investigação ou ação penal relativas aos fatos objeto da prisão.

A abstenção de formular perguntas que digam respeito ao "mérito" da apuração não deve se restringir à audiência de custódia obrigatória. Assim, caso o magistrado, depois desta audiência, opte por determinar que o preso lhe seja apresentado, inviável será a realização de interrogatório sobre o objeto da investigação, porquanto isso macularia seriamente o sistema acusatório.[166]

Na audiência de custódia realizada em razão do cumprimento de mandado de prisão temporária, em regra, deverão ser **indeferidos** eventuais pedidos de revogação da prisão ou mesmo de sua conversão em medida cautelar diversa da segregação da liberdade (CPP, art. 319). E assim me parece porque atentaria contra a lógica do razoável o fato de um mesmo juiz, reconhecendo o *periculum libertatis*, decretar a prisão temporária do investigado e revogar a sua própria decisão tão logo cumprida sua ordem, antes, pois, da produção de qualquer efeito em benefício da investigação.

Em verdade, ainda que a audiência de custódia seja realizada por magistrado diverso daquele que ordenou a prisão temporária – o que ocorrerá, p. ex., quando o mandado for

165 Constitui o rol de direitos do advogado a assistência – que engloba o direito à entrevista prévia e reservada – a seus clientes investigados durante a apuração de infrações, sob pena de nulidade absoluta do respectivo interrogatório ou depoimento e, subsequentemente, de todos os elementos investigatórios e probatórios dele decorrentes ou derivados, direta ou indiretamente (Lei 8.906/1994, art. 7º, XXI).

166 "Hipótese em que o Juiz, antes de haver, sequer, o oferecimento da denúncia, estando ainda no curso da investigação preliminar, se imiscuir nas atividades da polícia judiciária e realizar o interrogatório do réu, utilizando como fundamento o artigo 2º, § 3º, da Lei 7.960/1989. A lei da prisão temporária permite ao magistrado, de ofício, em relação ao preso, determinar que ele lhe seja apresentado e submetê-lo a exame de corpo de delito. Em relação à autoridade policial o Juiz pode solicitar informações e esclarecimentos. A Lei 7.960/1989 não disciplinou procedimento em que o Juiz pode, como inquisidor, interrogar o réu. O magistrado que pratica atos típicos da polícia judiciária torna-se impedido para proceder ao julgamento e processamento da ação penal, eis que perdeu, com a prática dos atos investigatórios, a imparcialidade necessária ao exercício da atividade jurisdicional. O sistema acusatório regido pelo princípio dispositivo e contemplado pela Constituição da República de 1988 diferencia-se do sistema inquisitório porque nesse a gestão da prova pertence ao Juiz e naquele às partes. No Estado Democrático de Direito, as garantias processuais de julgamento por Juízo imparcial, obediência ao contraditório e à ampla defesa são indispensáveis à efetivação dos direitos fundamentais do homem" (STJ: RHC 23.945/RJ, 6ª Turma, DJe 16.03.2009).

cumprido fora do âmbito territorial da jurisdição do juízo que a determinou –, ordinariamente, não caberá ao juiz, em audiência, modificar a ordem de prisão proferida com a marca da imprescindibilidade para o sucesso da investigação. Seria mesmo um despautério admitir que uma autoridade judiciária que desconhece por completo o procedimento investigatório viesse a modificar a decisão do juiz que o conhece e adequadamente fundamentou seu *decisum*. O juiz da audiência de custódia seria ilegitimamente transformado numa pseudoinstância revisora, o que se afigura inconcebível.[167]

Destarte, salvo na *excepcional hipótese de absoluta teratologia* – exemplo: prisão temporária de adolescente –, nas audiências de custódia realizadas em razão do cumprimento de mandado de prisão temporária haverão de ser rejeitados os eventuais pedidos de liberdade, reservando-se o ato solene para a tomada de medidas de precaução e tutela da integridade física do detido.

12.4. Recurso

À míngua de previsão legal expressa, diverge a doutrina quanto ao recurso ou ação autônoma de impugnação cabível em caso de **indeferimento do pedido de prisão temporária**. Há quem entenda ser o caso de manejar *recurso em sentido estrito*[168] (**1ª corrente**), por analogia ao art. 581, V, do CPP ("Caberá recurso, no sentido estrito, da decisão [...] que [...] indeferir requerimento de prisão preventiva ou revogá-la [...]"), quem defenda o cabimento da *correição parcial*[169] (**2ª corrente**) e, ainda, quem veja no *mandado de segurança*[170] (**3ª corrente**) o remédio mais apropriado para reverter a decisão contrária ao pedido do *parquet*.

A grande controvérsia sobre o tema indica a necessidade de que seja aplicado o **princípio da fungibilidade**[171] **(também chamado de teoria do recurso indiferente** ou **teoria do tanto vale**), haja vista que, "salvo a hipótese de má-fé, a parte não será prejudicada pela interposição de um recurso por outro" (CPP, art. 579).

---

167 Com Cleber Masson, escrevi o artigo: *É possível conciliar a audiência de custódia e a prisão por mandado?* <http://genjuridico.com.br/2016/02/17/e-possivel-conciliar-a-audiencia-de-custodia-e-a-prisao-por-mandado/>. Disponível em 08.09.2020.

168 MENDONÇA, Andrey Borges de. *Prisão e outras medidas cautelares pessoais*. São Paulo: Método, 2011, p. 329. Reconhece o autor, todavia, que o recurso em sentido estrito "possui baixa eficácia" e "raramente" é visto na prática, "pois quando do julgamento do recurso, a medida provavelmente não terá mais sentido". Exatamente em razão disso, acredita-se "ser bem mais útil e eficaz que o *Parquet* obtenha novos elementos de informação quanto à autoria e materialidade, formulando novo pedido ao magistrado. De fato, optando o Ministério Público pela interposição de um recurso em sentido estrito, a demora no julgamento do recurso traria prejuízo irreparável às investigações, esvaziando por completo a utilidade da medida cautelar caso esta fosse decretada posteriormente pelo juízo *ad quem*" (LIMA, Renato Brasileiro de. *Legislação criminal especial comentada*. 3ª ed. Salvador: Juspodivm, 2015, p. 676-678). Entendo também cabível o Recurso em Sentido Estrito: GONÇALVES, Victor Eduardo Rios; REIS, Alexandre Cebrian Araújo. *Direito processual penal esquematizado*. São Paulo: Saraiva, 2014, p. 402; BONFIM, Edilson Mougenot. *Curso de processo penal*. 9ª ed. São Paulo: Saraiva, 2014, p. 545. Na jurisprudência: TJMG: RESE 0006473-63.2011.8.13.0459 (1), 4ª Câmara Criminal, p. 04.11.2015; TJSC: Recurso 2014.057266-9, 3ª Câmara Criminal. j. 31.03.2015.

169 MOSSIN, Heráclito Antônio. Prisão temporária. *Revista Jurídica*, Porto Alegre, n. 238, ago. 1997 p. 36.

170 "Entendemos que, se houver indeferimento do requerimento do Ministério Público pelo juiz, impedindo que determinada diligência seja realizada, através da prisão do indiciado, estará havendo cerceamento às nobres funções institucionais do Ministério Público, com graves prejuízos à ordem jurídica, autorizando, assim, a impetração de mandado de segurança para impugnar a decisão (cf. art. 127, caput, c/c 129, I, II, VII e VIII, c/c 144 c/c art. 5º, LXIX, todos da CRFB)" (RANGEL, Paulo. *Direito Processual Penal*. 18ª ed. Rio de Janeiro: Lumen Juris, 2011, p. 814). Contrário ao manejo do MS: TJAM: MS 2012.000250-6, Câmaras Reunidas, DJe 19.12.2012.

171 "3. A fungibilidade recursal visa concretizar as regras principiológicas da efetividade e da economia processual, servindo, portanto, para harmonização do Sistema Processual Penal vigente, com previsão, inclusive, no art. 579 do CPP. 4. Este Superior Tribunal de Justiça possui entendimento jurisprudencial no sentido de admitir a incidência do princípio da fungibilidade recursal caso não reste configurada a existência de erro grosseiro, prejuízo para a parte, má-fé ou a inobservância do prazo estabelecido em lei para o recurso a ser substituído" (STJ: AgRg nos EDcl no REsp 1725903/RO, 5ª Turma, j. 04.12.2018).

Lado outro, contra a decisão que **defere** a providência cautelar, a doutrina costuma indicar o cabimento do *habeas corpus*[172] (**1ª corrente**) para atacar a ilegalidade da prisão. Contudo, há interessante precedente do STJ[173] no sentido de que, antes da impetração do *writ*, deve o investigado pleitear a *revogação da prisão temporária* (**2ª corrente**) diretamente perante o juízo *a quo*, sob pena de supressão de instância.

12.5. Prazo da prisão temporária

Preconiza o art. 2º da Lei 7.960/1989 que a prisão temporária "**terá o prazo de 5 (cinco) dias**, prorrogável por igual período em caso de extrema e comprovada necessidade." A seu turno, o § 4º do art. 2º da Lei 8.072/1990 dispõe que a prisão temporária, em se tratando de crimes hediondos e equiparados, "**terá o prazo de 30 (trinta) dias**, prorrogável por igual período em caso de extrema e comprovada necessidade."

Em qualquer caso, o prazo da custódia temporária começa a fluir a partir da **efetiva prisão** do investigado e não da expedição do mandado,[174] tratando-se, portanto, de **prazo penal**[175] **– por envolver o** *jus libertatis* – que não se interrompe ou se suspende em razão de finais de semana ou férias. Nesse sentido, aliás, é a prescrição do art. 2º, § 8º, da LPT: "Inclui-se o dia do cumprimento do mandado de prisão no cômputo do prazo de prisão temporária."

A Lei da Prisão Temporária e a Lei dos Crimes Hediondos são peremptórias ao estipularem que a prisão temporária *terá*[176] o prazo de 5 ou 30 dias (para os delitos hediondos e equiparados), prorrogável por igual período. Mas é de se indagar: e se o magistrado entender que, no caso concreto, a decretação da prisão temporária por prazo menor que o preconizado pela lei já seria apta a atender aos interesses da investigação, poderia ele decretar a temporária por prazo mais exíguo? Noutros termos, seria possível a decretação da prisão pelo prazo de três dias em vez de cinco, ou quinze dias em vez de trinta (sem se tratando de crimes hediondos)?

Não tenho dúvida em afirmar que sim. As Leis 7.960/1989 e 8.072/1990 estipulam **prazos limites**, ou seja, o **patamar máximo** de duração da medida constritiva da liberdade. Desse modo, nada obsta que o magistrado decrete a prisão temporária por um período menor que o previsto como *standard* na legislação, se esse proceder for mais adequado ao caso concreto (CPP, art. 282, II).

Se quem pode *o mais* pode *o menos*, e se o juiz entende que 15 dias de prisão temporária são suficientes para auxiliar nas investigações de um delito hediondo, por que seria obrigado a manter o investigado preso por mais tempo? "Pode-se decretar a temporária por 10 (dez) dias

---

172 Nesse sentido: RANGEL, Paulo. *Direito Processual Penal*. 18ª ed. Rio de Janeiro: Lumen Juris, 2011, p. 814; BONFIM, Edilson Mougenot. *Curso de processo penal*. 9ª ed. São Paulo: Saraiva, 2014, p. 545; GONÇALVES, Victor Eduardo Rios; REIS, Alexandre Cebrian Araújo. *Direito processual penal esquematizado*. São Paulo: Saraiva, 2014, p. 402.

173 "Como o pedido de revogação da prisão temporária não foi analisado pela autoridade apontada coatora, uma vez que sequer havia sido submetido ao Juízo singular, fica esta Corte impedida de examiná-lo, sob pena de supressão de instância" (HC 146.029/MG, 5ª Turma, DJe 03.05.2010). No mesmo sentido: "[...] o pedido de revogação da prisão temporária deve ser dirigido ao juiz que a decretou. Negado, cabe a interposição de *habeas corpus* junto ao tribunal de 2.º grau. Somente após a decisão desta Corte, poder-se-ia seguir ao Superior Tribunal de Justiça. Do contrário, haveria supressão de instância" (NUCCI, Guilherme de Souza. *Leis penais e processuais penais comentadas*. Vol. 2. 8ª ed. Rio de Janeiro: Forense, 2014, p. 782).

174 STJ: HC 68.306/PE, 5ª Turma, DJ 19.03.2007; HC 48.665/RJ, 6ª Turma, DJ 25.09.2006.

175 "Não há de confundir-se o prazo penal com o prazo processual. Aquele se inicia no mesmo dia da prisão; este no dia seguinte ao da intimação" (STF: RE 115.742, 2ª Turma, DJ 19.08.1988).

176 Com a ironia que lhe é peculiar, dispara Paulo Rangel (*Direito Processual Penal*. 18ª ed. Rio de Janeiro: Lumen Juris, 2011, p. 814): "[...] a interpretação meramente literal da expressão *terá* o prazo de 5 (cinco) dias é a pior possível em hermenêutica jurídica. Seria até interessante que alguém defendesse a tese de que o indiciado tem o direito subjetivo público de índole processual de permanecer preso pelo tempo de cinco dias e não apenas de três dias. Ou seja, direito líquido e certo de permanecer preso."

e prorrogá-la por mais 5 (cinco), assim como se afigura viável decretá-la por 5 (cinco) dias, prorrogando-a por mais 30 (trinta), em caso de extrema e comprovada necessidade."[177]

Portanto, se o prazo menor que o *standard* (cinco ou trinta dias) mostrar-se suficiente para a realização das diligências consideradas imprescindíveis para a investigação, não há razão para sacrificar-se mais longamente a liberdade do investigado. Ou seja, "embora seja certo que a Lei 7.960/89, no seu artigo 2º, tenha estabelecido o prazo de 5 (cinco) dias para a duração da prisão temporária, a excepcionalidade da medida constritiva de liberdade exige que esta perdure **apenas pelo período necessário** à consecução dos fins por ela almejados."[178]

Demais disso, o prazo inicial da prisão temporária poderá ser prorrogado por igual período em caso de extrema e comprovada necessidade. Para tanto, a autoridade condutora da investigação deverá relatar precisamente as diligências já efetuadas e apontar as que ainda estão pendentes e que indicam a necessidade da permanência da constrição da liberdade. Portanto, a **prorrogação da prisão não é automática**, bem ao contrário, ocorrerá somente se forem expostas as circunstâncias que comprovem a necessidade da medida "ou, ao menos, a permanência dos fundamentos anteriormente indicados, sob pena de ilegalidade."[179] Nesse sentido:

> "Não consubstancia constrangimento ilegal a ordem de prorrogação de prisão temporária quando provida de fundamentos indicativos da necessidade de permanência da constrição cautelar para a continuidade e conclusão das investigações inquisitivas. [...] Se não houve alteração no quadro que ensejou o decreto da prisão temporária do paciente, inexiste constrangimento ilegal a ser declarado face ao decreto de prorrogação da constrição cautelar. Ordem denegada."[180]

Assim sendo, *data venia*, parece-me sem razão a saudosa lição de Mirabete no ponto em que afirmava que "a prorrogação exige uma *razão maior* do que o fundamento invocado para a prisão."[181] Ora, em momento algum a lei exigiu uma *razão maior* que o fundamento original para embasar a prorrogação da medida. Reclamou, sim, a demonstração da *comprovada necessidade*, o que pode emanar da concreta permanência dos motivos (*periculum libertatis*) que ensejaram a decretação da temporária.

Noutro giro, sendo possível a fixação de prazo de duração mais exíguo do que o previsto em lei, importa indagar: caso estipulado o período inicial de quinze dias para a constrição temporária da liberdade do investigado por prática de crime hediondo, poderá a medida ser prorrogada apenas uma vez, totalizando-se trinta dias de custódia, ou, do contrário, poderá a prisão ser prorrogada por mais três vezes, respeitando-se o patamar máximo de sessenta dias? Em outros termos: observando-se o prazo limite, pode-se falar em mais de uma prorrogação da temporária?

A meu ver, é mais razoável a ideia de se admitir **mais de uma prorrogação da prisão temporária, desde que não se infrinja o tempo global de duração da detenção**, qual seja, sessenta dias para os crimes hediondos/equiparados e dez dias para os demais casos. Esse entendimento

177 LIMA, Renato Brasileiro de. *Legislação criminal especial comentada*. 3ª ed. Salvador: Juspodivm, 2015, p. 678. No mesmo sentido, Guilherme Nucci (*Leis penais e processuais penais comentadas*. Vol. 1. 8ª ed. Rio de Janeiro: Forense, 2014, p. 463): "Cremos, inclusive, que o magistrado pode dosar a prisão temporária em situações de delitos hediondos e equiparados, podendo decretar até trinta dias (prorrogáveis por outro período de até trinta dias), mas não necessariamente 'trinta + trinta'." E ainda: RANGEL, Paulo. *Direito Processual Penal*. 18ª ed. Rio de Janeiro: Lumen Juris, 2011, p. 813-814; MENDONÇA, Andrey Borges de. *Prisão e outras medidas cautelares pessoais*. São Paulo: Método, 2011, p. 324; PACHECO, Denilson Feitoza. *Direito processual penal – teoria, crítica e práxis*. 3ª ed. Niterói: Impetus, 2005, p. 1042-1043.

178 STJ: HC 206.182/MA, 5ª Turma, DJe 27.08.2013.

179 MENDONÇA, Andrey Borges de. *Prisão e outras medidas cautelares pessoais*. São Paulo: Método, 2011, p. 324.

180 TJDFT: HC 20150020286694, 3ª Turma Criminal, DJe 23.11.2015.

181 MIRABETE, Julio Fabbrini. *Processo penal*. 7ª ed. São Paulo: Atlas, 1997, p. 392.

é muito mais vantajoso para o investigado, porquanto permite que a *necessidade* da prisão seja *reavaliada mais vezes* pelo magistrado. Assim,

> "como o importante para a Lei nº 7.960 é o limite de tempo da prisão temporária, exigindo-se decisão da prorrogação apenas para que se avalie se a sua continuidade é realmente necessária, *parece que o mais correto é admitir [...] mais de uma prorrogação, respeitado o limite global de sessenta dias.* Ao revés de causar prejuízo ao detido, *assegura-se, com a fixação inferior de prazo, um maior controle sobre a necessidade da prisão temporária.* Ou seja, no exemplo citado, em vez de haver apenas uma análise sobre a necessidade da prisão temporária, o que ocorreria se fosse fixado para a prisão temporária o prazo de trinta dias, previsto na Lei 8.072, ocorrerá uma reavaliação a cada quinze dias."[182]

Ademais, **a prorrogação da custódia temporária deve ocorrer dentro do período originalmente fixado para a prisão temporária**, ou seja, antes de expirar o prazo inicial da medida cautelar, haja vista que "decorrido o prazo contido no mandado de prisão, a autoridade responsável pela custódia deverá, independentemente de nova ordem da autoridade judicial, pôr imediatamente o preso em liberdade, **salvo** *se já tiver sido comunicada da prorrogação da prisão temporária* ou da decretação da prisão preventiva" (LPT, art. 2º, § 7º).

Nessa vereda, é "completamente ilegal, por exemplo, a decisão judicial que decreta a prisão temporária por 7 dias (pois excede o prazo e já antecipa uma prorrogação – de ofício! – que sequer foi pedida e muito menos demonstrada)."[183] Aliás, esse procedimento pode dar azo à tipificação do art. 9º, *caput*, da Lei 13.869/2019, se presentes os pressupostos do art. 1º, §§ 1º e 2º.

Acerca da imediata liberação do preso, ordenada pelo § 7º do art. 2º, vale negritar: escoado o prazo limite da prisão temporária, **não há a necessidade de alvará judicial determinando a soltura do investigado**. A LPT, reformada pela Lei de Abuso de Autoridade, foi expressa ao dispor que a autoridade responsável pela custódia *deverá*, *independentemente* de nova ordem da autoridade judicial, pôr imediatamente o preso em liberdade. Se não o fizer, note-se, responderá o agente por crime de abuso de autoridade (art. 12, parágrafo único, IV, *in fine*),[184] uma vez preenchidos os pressupostos inscritos no art. 1º, §§ 1º e 2º, da Lei 13.869/2019.

Uma questão assaz controversa diz respeito a possibilidade de a própria autoridade condutora do procedimento investigatório poder efetuar a soltura do preso temporário, independentemente de decisão judicial, e *antes* de ser atingido o termo *ad quem* da medida cautelar. Exemplo: O juiz decreta a prisão temporária pelo prazo de cinco dias. No terceiro dia, uma sexta-feira à noite, todas as diligências imprescindíveis são finalizadas. Nesse caso, a autoridade condutora do procedimento deverá requerer ao magistrado plantonista a soltura do preso – o

---

182 CAMPOS, Ricardo Ribeiro. A Prisão Temporária e a Justiça Federal. *Revista da EMERJ*, v. 12, nº 48, 2009, p. 131-132. No mesmo sentido: "[...] concluímos que a decisão mais equilibrada e que atende ao fim colimado no diploma legal é o respeito ao prazo máximo – dez ou sessenta dias –, ainda que o magistrado conceda prazos menores" (FREITAS, Jayme Walmer de. *Prisão temporária*. 2ª ed. São Paulo: Saraiva, 2009, p. 144). E ainda: "Deve-se assegurar a possibilidade de pedido de prorrogação, em caso de extrema e comprovada necessidade, até o limite global previsto na Lei n. 7.960 (5 + 5 = 10 ou, ainda, se hediondo, 30 + 30 = 60), de modo que, se o pedido for de prisão temporária por 30 dias (crime hediondo) e o juiz fixar em 15 dias, a autoridade policial poderá postular a **prorrogação até o limite global** de 60 dias" (LOPES JR., Aury. *Direito processual penal*. 11ª ed. São Paulo: Saraiva, 2014, p. 934).

183 LOPES JR., Aury. *Direito processual penal*. 11ª ed. São Paulo: Saraiva, 2014, p. 933.

184 "O preso sujeito à prisão temporária deve ser solto *independentemente de qualquer ordem*, após o transcurso do prado de prisão" (PACHECO, Denilson Feitoza. *Direito processual penal – teoria, crítica e práxis*. 3ª ed. Niterói: Impetus, 2005, p. 1044). E ainda: BONFIM, Edilson Mougenot. *Curso de processo penal*. 9ª ed. São Paulo: Saraiva, 2014, p. 545; MARCÃO, Renato. *Curso de processo penal*. São Paulo: Saraiva, 2014, p. 745; CAMPOS, Ricardo Ribeiro. A Prisão Temporária e a Justiça Federal. *Revista da EMERJ*, v. 12, nº 48, 2009, p. 130; NUCCI, Guilherme de Souza. *Leis penais e processuais penais comentadas*. Vol. 2. 8ª ed. Rio de Janeiro: Forense, 2014, p. 785; MENDONÇA, Andrey Borges de. *Prisão e outras medidas cautelares pessoais*. São Paulo: Método, 2011, p. 327; LIMA, Renato Brasileiro de. *Legislação criminal especial comentada*. 3ª ed. Salvador: Juspodivm, 2015, p. 678.

que postergará por algum tempo sua permanência no cárcere – ou poderá, *sponte sua*, efetuar a liberação do custodiado e informar essa circunstância Judiciário? Em razão do silêncio da lei, existem três entendimentos:

1ª corrente: Entende que a autoridade condutora do procedimento investigatório deverá *requerer* a soltura do preso, não podendo, *antes* de escoado o prazo da custódia, efetuar a liberação do detido sem a intervenção do Judiciário. Ao contrário do que ocorre quando o prazo da temporária chega a seu fim, situação em que a própria lei (§ 7º do art. 2º) impõe a imediata liberação do preso, não há disposição semelhante para a hipótese de, antes de terminar o prazo, mostrar-se desnecessária a continuidade da prisão, razão pela qual somente quem a decretou pode revogá-la. Nesse sentido:

> "A melhor exegese do preceito, para assegurar a instrumentalidade que deve ser ínsita a toda prisão cautelar, é no sentido de que o prazo previsto em lei é o limite máximo de tempo que alguém pode ficar detido temporariamente. À vista disso, impõe-se que, cumprida a finalidade motivadora da prisão temporária, o preso seja libertado antes do término do prazo inicialmente previsto na decisão do juiz. Nesse caso, porém, a libertação deve ser autorizada judicialmente, não podendo a autoridade policial proceder de ofício. Deverá a autoridade policial, ademais, manifestar-se de modo fundamentado. Desestimula-se, com essa cautela, eventuais pressões da polícia para obter confissões em troca da libertação antecipada de detidos. No dia a dia da Justiça Federal tem ocorrido a revogação da prisões temporárias antes do termo inicialmente estabelecido quando a Polícia Federal consegue efetuar as diligências investigatórias atingidas pela conduta do suspeito, como execuções de mandados de busca e apreensão, interrogatórios dos envolvidos, oitivas de testemunhas etc."[185]

2ª corrente: Defende a possibilidade de a própria autoridade condutora do procedimento investigatório (membro do Ministério Público ou delegado de polícia) efetuar a libertação do preso temporário, *antes* de escoado o prazo da custódia, caso a sua finalidade tenha sido alcançada. Assim é que, no Estado de São Paulo, a Corregedoria-Geral da Justiça, "em parecer normativo, entendeu ser mais célere que a própria autoridade policial, mesmo sem o vencimento do prazo da temporária, coloque o preso em liberdade assim que constate a desnecessidade da continuação da prisão do suspeito."[186] Portanto, para essa vertente, "não se pode aguardar que sobrevenha alvará de soltura da autoridade judiciária, que pode levar dias: basta que a autoridade policial liberte o preso e consigne a providência no corpo do inquérito, visto que afastado o pressuposto da necessidade para a investigação."[187] Na doutrina, também defendem esse ponto de vista Aury Lopes Jr.[188] e Carlos Kauffmann.[189]

Buscando conciliar as duas correntes, parece-me (**3ª corrente**) aconselhável que o legitimado aproveite o ensejo do requerimento da prisão temporária para *solicitar expressa autorização judicial* a fim de que possa efetuar a imediata soltura do investigado, caso entenda que a

---

185 CAMPOS, Ricardo Ribeiro. A Prisão Temporária e a Justiça Federal. *Revista da EMERJ*, v. 12, nº 48, 2009, p. 130-131. No mesmo sentido: "[...] antes de findar o prazo da prisão temporária, somente o juiz pode autorizar a liberação do preso. Se a autoridade policial entender que a prisão temporária se tornou desnecessária, deve solicitar ao juiz a liberação do preso" (MENDONÇA, Andrey Borges de. *Prisão e outras medidas cautelares pessoais*. São Paulo: Método, 2011, p. 327). E ainda: GONÇALVES, Victor Eduardo Rios; REIS, Alexandre Cebrian Araújo. *Direito processual penal esquematizado*. São Paulo: Saraiva, 2014, p. 403; AVENA, Norberto. *Processo penal esquematizado*. 6ª ed. São Paulo: Método, 2014, p. 1053; LIMA, Renato Brasileiro de. *Legislação criminal especial comentada*. 3ª ed. Salvador: Juspodivm, 2015, p. 678.

186 NUCCI, Guilherme de Souza. *Leis penais e processuais penais comentadas*. Vol. 2. 8ª ed. Rio de Janeiro: Forense, 2014, p. 785.

187 FREITAS, Jayme Walmer de. *Prisão temporária*. 2ª ed. São Paulo: Saraiva, 2009, p. 158.

188 "Nada impede que o imputado seja posto em liberdade antes desses prazos, pela própria autoridade policial (sem intervenção judicial), desde que não exista mais a necessidade da custódia, tendo em vista o interesse da investigação" (LOPES JR., Aury. *Direito processual penal*. 15ª ed. São Paulo: Saraiva, 2018, p. 678).

189 KAUFFMANN, Carlos. *Prisão temporária*. São Paulo: Quartier Latin, 2006, p. 113-114.

medida cautelar cumpriu sua finalidade antes do alcance do seu prazo final, mediante termo nos autos e posterior comunicação ao Poder Judiciário.[190]

Por último, ressalte-se que o tempo em que o investigado permanecer detido em razão da prisão temporária "não deve ser computado no prazo máximo fixado na lei para a ultimação do inquérito policial de réu preso, que é de 10 dias, ou do processo criminal",[191] ao contrário do que ocorre com as após as prisões em flagrante ou preventiva (CPP, art. 10).

12.6. Conversão da prisão temporária em preventiva

O § 7º do art. 2º da Lei 7.960/1989 estabelece que decorrido o prazo contido no mandado de prisão, a autoridade responsável pela custódia deverá, independentemente de nova ordem da autoridade judicial, pôr imediatamente o preso em liberdade, *salvo se já tiver sido comunicada* (da prorrogação da prisão temporária ou) *da decretação da prisão preventiva*. É o que se chamada tradicionalmente de **conversão da prisão temporária em preventiva**.[192]

Trata-se, em verdade, de uma **nova decisão**, sedimentada sob outros pressupostos – *fumus comissi delicti* – (prova da existência do crime e indício suficiente de autoria – CPP, art. 312), fundamentos – *perigo gerado pelo estado de liberdade do investigado* – (garantia da ordem pública e da ordem econômica; conveniência da instrução criminal; necessidade de se assegurar a aplicação da lei penal – CPP, art. 312) e *condições de admissibilidade* (CPP, art. 313).

Com efeito, eventuais irregularidades na prisão temporária tornam-se prejudicadas com a conversão desta em prisão preventiva.[193] Assim, com a decretação da prisão preventiva, mostra-se despicienda qualquer discussão em torno da prisão temporária na medida em que a custódia cautelar passa a se sustentar sob outro título, o qual não guarda nenhum vínculo de dependência com o primeiro.[194]

Conquanto seja amplamente aceita a conversão em testilha, tendo em conta que a prisão preventiva também pode ser deferida durante a primeira fase da persecução penal, indaga-se se seria possível a decretação da prisão temporária e, sequencialmente, ainda no decorrer das investigações, a realização da conversão em prisão preventiva. Ou seja: **na fase inquisitorial, pode a prisão temporária somar-se à preventiva?**

A matéria é pouco explorada na doutrina, mas há entendimento em sentido contrário. Nessa perspectiva, a prisão temporária seguida da preventiva somente seria factível se, uma vez

---

190 O Ministério Público do Estado de Goiás postulou e obteve do Tribunal de Justiça autorização nesse sentido, em investigação de competência originária que redundou na deflagração da *Operação Poltergeist*. Veja-se: "Decreto a prisão temporária das pessoas listadas na tabela abaixo. A custódia excepcional observará o prazo de até 05 (cinco) dias, sem prejuízo de eventual prorrogação [...]. Lado outro, **autorizo o órgão investigante a pôr imediatamente em liberdade os presos temporários, quando entender não mais necessária a manutenção da segregação**, em coerência à finalidade já exposta nas fundamentações alhures" (Excertos do voto proferido pelo Des. João Waldeck Felix de Sousa, nos autos da Medida Cautelar Criminal 161912-29.2013.8.09.0000, apreciada pela Corte Especial do TJGO e publicada no DJe 1.725 de 10.02.2015).

191 MIRABETE, Julio Fabbrini. *Processo penal*. 7ª ed. São Paulo: Atlas, 1997, p. 388-339. Nesse sentido: "[...] **o prazo para encerramento do inquérito, de dez dias estando preso o acusado (e de 15 dias, prorrogáveis, na Justiça Federal), somente teria início a partir da decretação da preventiva, não incluindo, portanto, o prazo da prisão temporária**. Se não fosse assim, uma vez decretada a prisão temporária e encerrado o seu prazo de cinco dias, acrescidos da prorrogação, teria início a contagem daquele (prazo) para o oferecimento da denúncia. Ora, por semelhante raciocínio, o tratamento então destinado a crimes mais graves seria idêntico àquele reservado à generalidade dos delitos (art. 10 c/c art. 46, ambos do CPP)" (OLIVEIRA, Eugênio Pacelli de. *Curso de processo penal*. 18ª ed. São Paulo: Atlas, 2014, p. 548).

192 Observe-se que "o fato de a prisão temporária não ter sido convertida em prisão preventiva não impede a imposição de medidas cautelares de natureza diversa (CPP, arts. 282, § 6º, e 319)" (STJ: RHC 60.079/PR, 5ª Turma, DJe 09.09.2015).

193 STF: HC 96.019, 2ª Turma, DJe 27.03.2009. No mesmo sentido: STJ: RHC 54.876/SP, 5ª Turma, DJe 01.09.2015. Igualmente: "Sendo a prisão temporária convertida em preventiva resta superada qualquer irregularidade deste, uma vez que a prisão passa a subsistir em razão de novo título, não impugnado na impetração" (TJGO: HC 173585-48.2015.8.09.0000, 2ª Câmara Criminal, DJe 29.06.2015).

194 STJ: RHC 23.845/MG, 5ª Turma, DJe 13.10.2008.

decretada e prorrogada a temporária, o Ministério Público oferecesse denúncia antes de escoado o prazo da custódia e requeresse a conversão da cautelar em preventiva. De outro modo, o que:

> "soa ilógico e abusivo é a decretação da prisão temporária por sessenta dias e, após esse longo período, a autoridade policial representar pela preventiva, o juiz conceder e a investigação policial ainda continuar por outros dez dias (art. 10, *caput*, CPP). [...] A partir da Lei da Prisão Temporária, não há mais necessidade de se usar os dois institutos sucessivamente: temporária + preventiva. Ou um, ou outro. [...] Porém, a aplicação da temporária seguida de preventiva, exclusivamente durante a fase investigatória, parece-nos situação abusiva."[195]

Discordo desse ponto de vista. *Primeiro*, porquanto a lei previu expressamente a possibilidade de o preso temporário não ser imediatamente posto em liberdade se sua prisão preventiva for decretada. *Segundo*, porque a Lei 7.960/1989 não afastou a possibilidade de decretação da prisão preventiva na fase inquisitorial. *Terceiro*, em razão de o Código de Processo Penal taxativamente dispor que "em qualquer fase da investigação ou do processo penal, caberá a prisão preventiva [...]" (art. 311).[196]

Para facilitar a compreensão do meu posicionamento a respeito da questão, imagine-se a seguinte hipótese: o chefe de uma associação criminosa, que domina o tráfico de drogas numa favela carioca, tendo tomado conhecimento de uma investigação policial contra seu clã, deixa sua residência no alto do morro e foge para outro Estado. A polícia, então, oficia por sua prisão temporária, o Ministério Público encampa a representação e requer a cautelar em juízo. Decretada a prisão, alguns dias depois o mandado é cumprido. Escoado o prazo inicial de trinta dias de encarceramento provisório, o Judiciário autoriza outros trinta. No seu último dia de detenção, em comunicação telefônica legitimamente interceptada, o traficante narra aos seus asseclas, que, tão logo deixe o cárcere, matará as cinco testemunhas que depuseram contra ele para que não renovem em juízo suas declarações. O inquérito ainda não está maduro, sendo necessárias algumas derradeiras diligências para que toda a arquitetura criminosa venha a ser esquadrinhada. Nesse caso, vencendo o prazo global da temporária, e não sendo possível ainda o oferecimento da denúncia, será mesmo que o megatraficante deverá ser colocado em liberdade?

Estou seguro de que a resposta é negativa, competindo ao membro do *Parquet* requerer a conversão da prisão temporária em preventiva, hipótese em que o delegado terá outros trinta dias para finalizar a investigação (Lei 11.343/2006, art. 51).

A propósito, calha rememorar que se a *contenção da escalada criminosa*[197] do agente não é, por si só, fundamento apto a justificar a imposição da prisão temporária, essa mesma causa pode subsidiar a decretação da prisão preventiva com o escopo de garantir a ordem pública, sendo amplamente majoritária a orientação no sentido de ser válida essa modalidade de prisão para obstar a **prática reiterada de crimes,**[198] sobretudo em casos de evidente **periculosidade**[199] **do agente.**

---

195 NUCCI, Guilherme de Souza. *Leis penais e processuais penais comentadas*. Vol. 2. 8ª ed. Rio de Janeiro: Forense, 2014, p. 781. Nesse sentido: LIMA, Renato Brasileiro de. *Legislação criminal especial comentada*. 3ª ed. Salvador: Juspodivm, 2015, p. 675.

196 O CPP ainda contempla a possibilidade de prisão preventiva em sede inquisitorial nos arts. 282, § 2º, e 310, II.

197 STJ: RHC 46.242/CE, 5ª Turma, DJe 25.08.2014. E ainda: STF: HC 125.557, 1ª Turma, DJe 20.03.2015.

198 Nesse sentido: "[...] faz-se necessária a segregação provisória como forma de acautelar a ordem pública e cessar a atividade delitiva reiterada" (STJ: RHC 126.796/MG, 6ª Turma, j. 04.08.2020). E ainda: "Os fundamentos utilizados revelam-se idôneos para manter a segregação cautelar do paciente com fundamento na garantia da ordem pública, na linha de precedentes desta Corte. A decisão, embora concisa, aponta de maneira concreta os pressupostos e fundamentos da medida, evidenciados pelos 'fortes indícios' de autoria e pelo seu suposto envolvimento com 'quadrilha organizada para a prática reiterada' de tráfico envolvendo vultosa quantidade de droga, do que se deflui o 'considerável aporte financeiro' do grupo criminoso" (STF: HC 134.799, 2ª Turma, j. 26.10.2016). Por fim: STJ: HC 322.050/MG, 5ª Turma, DJe 26.11.2015; STF: HC 125.557, 1ª Turma, DJe 20.03.2015).

199 "Prisão preventiva decretada em razão do risco à ordem pública, da conveniência da instrução criminal, pois as circunstâncias concretas dos autos indicam a periculosidade do agente e a eventual ameaça às testemunhas" (STF:

No exemplo acima, o traficante contumaz, chefe de uma poderosa associação criminosa, que revela em segredo aos seus comparsas que só espera o fim de sua prisão temporária para executar as várias pessoas que contra ele depuseram, definitivamente, não pode ser colocado em liberdade.[200] Portanto, em minha visão, é possível que a prisão temporária venha a unir-se à preventiva, mesmo que na fase investigatória.

13. SEPARAÇÃO DOS DEMAIS PRESOS

Enquanto os arts. 300 do Código de Processo Penal e 84, *caput*, da Lei de Execução Penal, estabelecem que o preso provisório ficará separado do condenado por sentença transitada em julgado, o art. 3º da Lei 7.960/1989 vai além e disciplina "os presos temporários deverão permanecer, obrigatoriamente, separados dos demais detentos", o que engloba os presos definitivos e aqueles que se encontram encarcerados por força de prisão preventiva.

Isso não obstante, compreendo que **o art. 3º da LPT foi revogado pelo art. 84, § 1º, da LEP**, com a redação que lhe foi dada pela Lei 13.167/2015. Este diploma, posterior ao art. 3º da Lei 7.960/1989, modificou a Lei 7.210/1984, regulou inteiramente a matéria e *não exigiu separação alguma entre presos temporários e preventivos*. Ao contrário, com a reforma que lhe foi impingida, em seu art. 84, § 1º, incisos I a III, a LEP cuidou de estabelecer *critérios comuns de separação entre os presos provisórios* (a qualquer título), os quais devem se apartar da seguinte maneira: (*a*) acusados pela prática de crimes hediondos ou equiparados; (*b*) acusados pela prática de crimes cometidos com violência ou grave ameaça à pessoa; e (*c*) acusados pela prática de crimes ou contravenções diversos dos apontados anteriormente.

14. CRIME DE ABUSO DE AUTORIDADE

O art. 4º da Lei da Prisão Temporária acrescentou ao art. 4º da Lei 4.898/1965 a alínea "i", de forma a considerar crime de abuso de autoridade as condutas de prolongar a execução de prisão temporária, de pena ou de medida de segurança, deixando de expedir em tempo oportuno ou de cumprir imediatamente ordem de liberdade.

Não obstante tenha ocorrido a revogação da Lei 4.898/1965, a nova Lei de Abuso de Autoridade continua a criminalizar a conduta de *prolongar a execução* de pena privativa de liberdade, *de prisão temporária*, de prisão preventiva, de medida de segurança ou de internação, *deixando, sem motivo justo e excepcionalíssimo*, de executar o alvará de soltura imediatamente após recebido ou *de promover a soltura do preso quando esgotado o prazo judicial ou legal* (Lei 13.869/2019, art. 12, parágrafo único, inc. IV).

Observe-se, por curial, que a nova lei recrudesceu consideravelmente a sanção penal para a conduta em exame. Assim, por se tratar de *novatio legis in pejus*, o preceito secundário do art. 12, parágrafo único, inc. IV, apenas incidirá em relação aos fatos praticados após a vigência da Lei 13.869/2019, sob pena de mácula ao princípio da irretroatividade da lei penal mais gravosa, e, claro, uma vez preenchidos os pressupostos inscritos no art. 1º, §§ 1º e 2º, da Lei de Abuso de Autoridade.

HC 126.573/BA, 1ª Turma, DJe 23.11.2015). E ainda: STF: HC 127.160/BA, 2ª Turma, DJe 19.11.2015; HC 129.463/MT, 1ª Turma, DJe 01.12.2015. Por fim: STJ: AgRg no HC 592.696/SP, 5ª Turma, DJe 25.08.2020.

200 "Quadrilha ou bando armado. Prisão temporária convertida em preventiva. Paciente apontado o líder e mentor intelectual dos delitos. [...] Elementos concretos. Permanência da situação fática que determinou a decretação da prisão. Periculosidade do agente. Acautelamento do meio social de reiteração delitiva. Ocorrência. [...] Ordem denegada" (STF: HC 123.721/SP, 2ª Turma, DJe 19.11.2014).

15. PLANTÃO PERMANENTE

Em razão da urgência típica da medida, e a fim de que nenhum trabalho investigativo que reclame a prisão temporária venha a se frustrar em razão do período noturno ou mesmo de feriados e finais de semana, determina o art. 5º da LPT que em todas as comarcas e seções judiciárias haverá um plantão permanente de 24 (vinte e quatro) horas do Poder Judiciário e do Ministério Público, para recebimento e apreciação da providência cautelar.

Evita-se, desse modo, "que a autoridade policial efetue a 'prisão para averiguações' sem prévia autorização judicial sob a justificativa de que não havia tempo hábil para se aguardar o horário normal do expediente forense para se obter o mandado de prisão."[201]

201 LIMA, Renato Brasileiro de. *Legislação criminal especial comentada*. 8ª ed. Salvador: Juspodivm, 2020, p. 910.

CAPÍTULO 13

Criança e Adolescente – Lei nº 8.069/1990

Rafael Schwez Kurkowski

TÍTULO VII
DOS CRIMES E DAS INFRAÇÕES ADMINISTRATIVAS

CAPÍTULO I
DOS CRIMES

Seção I
Disposições Gerais

Art. 225. Este Capítulo dispõe sobre crimes praticados contra a criança e o adolescente, por ação ou omissão, sem prejuízo do disposto na legislação penal.

O art. 2º do ECA define criança como a pessoa até doze anos de idade incompletos e adolescente aquela entre doze e dezoito anos de idade. Deve-se atentar para a diferença com a Convenção sobre os Direitos da Criança, promulgada pelo Decreto n. 99.710/1990, segundo a qual se considera "como criança todo ser humano com menos de dezoito anos de idade, a não ser que, em conformidade com a lei aplicável à criança, a maioridade seja alcançada antes".

A tutela penal da criança e do adolescente decorre do **mandado expresso de criminalização**[1] previsto no art. 227, § 4º, da CF. "A Constituição de 1988 contém significativo elenco de normas que, em princípio, não outorgam direitos, mas que, antes, determinam a criminalização de condutas (CF, art. 5º, XLI, XLII, XLIII, XLIV; art. 7º, X; art. 227, § 4º). Em todas essas é possível identificar um mandado de criminalização expresso, tendo em vista os bens e valores envolvidos" (STF, 2ª T., HC 102087, Rel. Celso de Mello, J. em 28/02/2012).

1 "Mandados expressos de criminalização são disposições constitucionais que impõem a criminalização de certas ações. Não por acaso, esses mandados vêm expressos no título de garantias fundamentais da Constituição Federal, o que permite a conclusão de que a criminalização de certas de certas condutas pelo legislador infraconstitucional representa um direito fundamental coletivo" (FRISCHEISEN, Luiza Cristina Fonseca. GARCIA, Mônica Nicida. GUSMAN, Fábio. Execução provisória da pena. Um contraponto à decisão do Supremo Tribunal Federal no Habeas Corpus 84.078. *In*: CALABRICH, Bruno. FISCHER, Douglas. PELELLA, Eduardo (org.). *Garantismo penal integral*: questões penais e processuais, criminalidade moderna e aplicação do modelo garantista no Brasil. 3. ed. São Paulo: Atlas, 2015. p. 491-517).

O princípio da legalidade reclama quatro condições para a instituição de um crime: *lex praevia* (exigência de lei anterior); *lex scripta* (exclusão de costumes para a incriminação); *lex stricta* (exclusão da analogia in malam partem); e *lex certa* (clareza na redação do tipo).[2] Os tipos penais do ECA devem observar esses requisitos, então.

O crime pode ser comissivo (ação), omissivo próprio (omissão) ou omissivo impróprio, sinônimo de comissivo por omissão ou omissivo qualificado, aquele em que, para sua configuração, é preciso que o agente possua um dever de agir para evitar o resultado, hipótese na qual a doutrina o chama de garante (ou garantidor)[3]. Por exemplo, é possível que a mãe, a qual figura pela lei como garante do seu filho (criança), responda pela prática de estupro de vulnerável em razão de haver permitido ou tolerado que o seu companheiro praticasse ato libidinoso com o filho dela. Nesse caso, a legislação considera que a mãe é autora do crime de estupro de vulnerável que praticou por omissão (art. 217-A c/c art. 13, § 2º, ambos do CP), enquanto o seu companheiro é autor do crime de estupro de vulnerável comissivo que ele praticou (art. 217-A do CP). Não há, assim, concurso de agentes, embora os crimes sejam objeto de apenas uma denúncia por força de conexão (art. 76, I e III, do CPP).

A tutela penal da criança e do adolescente não se limita aos crimes previstos nos arts. 228 a 244-B do ECA. Há tipos previstos no Código Penal que protegem, em caráter específico ou geral, o recém-nascido, a criança e o adolescente (arts. 123, 133, 134, 135, 136, 217-A, 245, 246, 247, 248 e 249, todos do CP).

Sob pena de ***bis in idem***, a agravante prevista no art. 61, II, *h*, do CP (quando se refere a criança) não se aplica aos crimes tipificados pelo ECA, pois a condição de ser criança já constitui elementar desses crimes. Se assim ocorresse, a aplicação dessa agravante aos crimes previstos no ECA representaria dupla punição pelo mesmo fato.

O presente trabalho cuida de crimes praticados contra crianças e adolescentes, vale dizer, crimes nos quais o menor aparece como vítima (sujeito passivo). Quando o adolescente pratica ato infracional equiparado a crime, figurando como sujeito ativo, ele se sujeita à aplicação das medidas socioeducativas previstas no art. 112, sob o procedimento previsto nos arts. 171 a 190. A criança, por sua vez, ao praticar ato infracional, conforme previsão inserta no art. 105, sujeita-se às medidas de proteção previstas no art. 101.

Calha registrar o efeito decorrente da Lei 13.715/2018, que alterou os seguintes dispositivos legais, os quais devem ser lidos conjuntamente: art. 92, II, do CP (causa de incapacitação do exercício do poder familiar); art. 23, § 2º, do ECA (causa de **destituição do poder familiar**); e art. 1638, parágrafo único, do CCB (causa de perda do poder familiar). O art. 23, § 2º, do ECA, tem o mesmo sentido que o art. 92, II, do CP: é efeito específico da sentença criminal, devendo ser expressamente declarada nela a perda do poder familiar por parte do seu titular (ex.: pai) que é condenado por crime doloso punido com pena de reclusão cometido contra outro titular do mesmo poder familiar (ex.: mãe) ou contra filho ou outro descendente. Por exemplo: o pai que for condenado pela prática de homicídio tentado contra a sua esposa perderá o poder familiar em relação ao filho comum do casal.

A legislação não exige a avaliação judicial sobre a pertinência para a destituição do poder familiar. Uma interpretação literal do art. 23, § 2º, do ECA, e do art. 92, II, do CP, sugere que basta a condenação pelos crimes previstos neles para suceder a destituição do poder familiar. Assim se manifesta parte da doutrina quanto à redação anterior do art. 92, II, do CP ("Art. 92 - São também efeitos da condenação: II – a incapacidade para o exercício do poder familiar, da tutela ou da curatela nos crimes dolosos sujeitos à pena de reclusão cometidos contra outrem igualmente titular do mesmo poder familiar, contra filho, filha ou outro descendente, tutelado

2 TOLEDO, Francisco de Assis. *Princípios básicos de direito penal.* 5. ed. São Paulo: Saraiva, 1994. p. 23-29.

3 GRECO, Rogério. *Código penal comentado.* 6. ed. Niterói: Impetus, 2012. p. 46-47.

ou curatelado, bem como nos crimes cometidos contra a mulher por razões da condição do sexo feminino, nos termos do § 1º do art. 121-A deste Código").[4] Todavia, a interpretação teleológica do presente art. 23, § 2º, do ECA, e do art. 92, II, do CP, levando-se em conta ainda a especial proteção conferida pela Constituição Federal à família e, notadamente, à criança e ao adolescente (arts. 226 e 227, ambos da CF), evidencia que a destituição do poder familiar é medida facultativa, devendo a sentença penal condenatória avaliar a sua pertinência. A finalidade da destituição, no caso do art. 23, § 2º, consiste em evitar uma convivência insuportável entre o genitor e o filho que foi vítima de algum crime praticado por aquele. Se, apesar da prática do crime, essa convivência for possível, a medida não deve ser decretada. Exemplificativamente: deve ser decretada a destituição do poder familiar na hipótese do pai que comete o crime de homicídio tentado contra o seu filho; todavia, em princípio, não deve ser destituído do poder familiar o pai que se arrependeu profunda e verdadeiramente de castigar, para fins de educação, o seu filho de dezesseis anos de idade, tendo provocado nele uma lesão corporal grave que o incapacitou para as suas ocupações habituais por mais de trinta dias (art. 129, § 1º, I, do CP).[5]

Ademais, por cuidar de efeito específico da condenação, a providência do art. 92, II, do CP, necessita de motivação declarada na sentença (art. 92, parágrafo único, do CP), o que abre margem para o exame da sua pertinência ao caso concreto. Seria diversa a conclusão caso a incapacidade para o exercício do poder familiar estivesse prevista como efeito genérico e automático da sentença condenatória, no art. 91 do CP: nessa hipótese, a providência sequer dependeria de fundamentação.

A destituição do poder familiar (art. 23, § 2º) pode ocorrer em relação aos outros filhos que não foram atingidos pelo crime praticado pelo genitor? Nucci[6], por razão prática, entende que sim: "a vivência em inúmeros julgamentos nos fez perceber que o desafio constante para vencer a violência doméstica e familiar demanda posições seguras e determinadas quanto ao agressor. Se o marido (companheiro, namorado, noivo) agride violentamente a sua esposa está demonstrando a sua incapacidade de lidar com a família, logo, de criar e educar seus filhos com o merecido zelo e, mais que tudo, dando o exemplo de serenidade e bom senso".

Ademais, em leitura própria, fundamenta-se que a teleologia da nova redação do art. 23, § 2º, do ECA, e do art. 92, II, do CP, aponta que a medida em questão pode ser adotada também em relação aos outros filhos que não foram vítimas do crime perpetrado pelo titular do poder familiar. Se essa nova redação permite a destituição do poder familiar mesmo quando os filhos não são vítimas do crime praticado pelo pai – no exemplo em que o pai comete o crime de homicídio tentado ou consumado contra a mãe dos três filhos comuns do casal, ocorrerá a destituição do poder familiar do pai, embora esses três filhos não sejam vítimas –, é intuitivo que, se um dos filhos for vítima de crime praticado pelo genitor, poderá haver a destituição do poder familiar em relação a todos os filhos. A título de exemplo, menciona-se o pai que estupra um dos seus três filhos, menores de idade. Esse pai perderá o poder familiar quanto ao filho vítima e poderá perdê-lo quanto aos demais filhos não vítimas, tudo a depender da análise fundamentada a ser feita pela sentença condenatória. Além disso, quanto à redação anterior do art. 92, II, do CP, a doutrina majoritária reconhece que a incapacitação do exercício do poder

4 BITENCOURT, Cezar Roberto. *Código penal comentado*. Livro eletrônico. 9. ed. São Paulo: Saraiva, 2015. p. 372; COSTA, Álvaro Mayrink da. *Código penal comentado*: parte geral; parte especial. Rio de Janeiro: LMJ Mundo Jurídico, 2013. p. 249.

5 No sentido da facultatividade da destituição do poder familiar previsto no art. 23, § 2º, ver: NUCCI, Guilherme de Souza. *Estatuto da criança e do adolescente comentado*: em busca da constituição federal das crianças e dos adolescentes. 3. ed. Rio de Janeiro: Forense, 2017. No sentido da facultatividade da incapacidade para o exercício do poder familiar prevista no art. 92, II, do CP, vide: DELMANTO, Celso et. al. *Código Penal comentado*. Livro eletrônico. 9. ed. São Paulo: Saraiva, 2016. p. 338; MASSON, Cleber. *Código penal comentado*. 3. ed. Rio de Janeiro: Forense, 2015. p. 432.

6. NUCCI, Guilherme de Souza. *Curso de Direito Penal*: Parte Geral: arts. 1º a 120. v.1. E-book. São Paulo: Grupo GEN, 2023.

familiar pelo genitor ocorre em relação ao filho que ostenta a condição de vítima bem como em relação aos demais filhos. Ainda, segundo essa doutrina, a reabilitação restabelece apenas o poder familiar quanto aos filhos que não foram vítimas, segundo a interpretação do art. 93, parágrafo único, do CP.[7]

Já o art. 1.638, parágrafo único, do CCB, menciona que perderá o poder familiar aquele que "praticar" os crimes nele previstos. Em vez de descrever as condutas, o referido artigo empregou o *nomen iuris* de tipos previstos no CP: homicídio, feminicídio, lesão corporal de natureza grave ou seguida de morte, estupro ou outro crime contra a dignidade sexual sujeito à pena de reclusão. O conceito desses tipos, principalmente a descrição da sua conduta, é apresentado pelo CP. Todavia, somente o juízo criminal tem competência funcional para, mediante a sentença condenatória, reconhecer a prática de um desses crimes; o juízo cível, não. Qual o propósito do aludido dispositivo legal então? Comparando-se a redação do art. 1638, parágrafo único, com o art. 1637, parágrafo único, ambos do CCB, percebe-se que, quando é necessária a sentença condenatória criminal, o CCB faz referência expressa a isso. Assim, a única interpretação que confere alguma utilidade para o dispositivo legal em tela é a seguinte: o art. 1638, parágrafo único, permite ao juízo cível reconhecer a prática da conduta – ou seja, do verbo nuclear –, relativa aos crimes nele especificados. Por exemplo, o juízo cível não poderá reconhecer a prática do crime de homicídio pelo titular do poder familiar, mas apenas que ele "matou" alguém. A interpretação ora sugerida, no entanto, é de escassa utilidade, por dois motivos: a) dada a independência relativa entre as instâncias penal e cível, se aquela reconhecer a prática do crime, que o crime não existiu ou que o titular do poder familiar não foi o autor da conduta, essa decisão vinculará o juízo cível; e b) se já não existir inquérito policial ou ação penal para perquirir o fato alegado no pedido de perda do poder familiar fundamentado no art. 1638, parágrafo único, do CP, o Ministério Público deverá cumprir essas providências; então, o resultado posterior da investigação criminal e da ação penal poderá vincular o juízo cível, nos termos da letra "a" já exposta.

A **emancipação do adolescente** (art. 5º, parágrafo único, do CCB) não lhe retira a condição de vítima dos crimes previstos no ECA, tampouco lhe torna autor de crime, em vez de ato infracional. Isso porque a emancipação confere ao menor, somente, capacidade para a prática de certos *atos civis*. Ela não tem o condão de alterar o regime de imputabilidade penal previsto no art. 228 da CF. Ademais, ela não altera o critério biológico adotado pelo ECA para caracterizar como sujeito passivo dos crimes que ele prevê as crianças e/ou adolescentes.

Havendo **violência de gênero** contra a criança e adolescente do sexo feminino, também se aplica a Lei n. 11.340/06, inclusive por força da Lei n. 13.431/2017 (art. 6º, parágrafo único).

No crime que envolve violência contra criança e adolescente, deve-se dar **prioridade à realização do exame de corpo de delito**, segundo o art. 158, parágrafo único, II, do CPP, na redação conferida pela Lei nº 13.721/2018. O exame de corpo de delito pode ser direto, quando os peritos realizam a perícia de forma direta sobre os vestígios deixados pelo crime (ex.: laudo cadavérico), ou indireto, quando os peritos realizam a perícia de forma indireta sobre o corpo de delito (ex.: em caso de aborto, o laudo confeccionado pelos peritos com base no prontuário médico atinente ao atendimento médico prestado à vítima). O exame de corpo de delito, direto ou indireto, sempre é feito por peritos e materializado num laudo. O exame indireto não se confunde com a substituição do exame de corpo de delito, direito ou indireto, pela prova oral, nos termos do art. 167 do CPP (ex.: desaparecidos os vestígios da lesão corporal, na hipótese

7. Nesse sentido: GOMES, Luiz Flávio; BIANCINI, Alice. Curso de direito penal: parte geral (arts. 1º a 120). Salvador: Juspodivm, 2015. p. 532; MASSON, Cleber. *Código penal comentado*. 3. ed. Rio de Janeiro: Forense, 2015. p. 432; MARIMOTO, Daniel. Arts. 91 e 92. *In*: JALIL, Maurício Schaun; GRECO FILHO, Vicente. (org.). *Código Penal comentado*: doutrina e jurisprudência. Livro eletrônico. Barueri: Manole, 2016. p. 276.

em que não se registrou o prontuário médico, a respectiva prova é produzida, em audiência, com base na inquirição do médico que prestou o atendimento à vítima).

Para maiores considerações sobre a prova pericial, incluída a cadeia de custódia, remete-se o leitor aos comentários sobre "consumação e tentativa" apresentados no art. 54 da Lei n. 9.605/1998.

Quanto à **competência** do Juizado da Infância e Juventude (art. 148, I), legalmente estabelecida para "conhecer de representações promovidas pelo Ministério Público, para apuração de ato infracional atribuído a adolescente, aplicando as medidas cabíveis", traz-se o posicionamento do STF (STF, 2ª T., HC n. 113018, Rel. Ricardo Lewandowski, J. em 29/10/2013) permissivo de que leis estaduais ampliem a competência da Vara da Infância e Juventude para incluir nelas o julgamento de crimes praticados contra crianças e adolescentes.

Por fim, a **justiça federal pode ter competência** para julgar crimes tipificados no ECA. Basta a presença de uma das hipóteses do art. 109 da CF. Assim decidiu o TRF da 4ª Região: "1 – Compete à Justiça Federal processar e julgar réus acusados de crimes contra menores praticados no interior de *campus* de Universidade Federal, uma vez que agindo eles na condição de vigias do local, atingiram com sua ação delituosa interesses da autarquia federal" (TRF4, 1ª T., ACR 1998.04.01.011209-4, Rel. Vladimir Passos de Freitas). Diversamente, a Justiça Federal nunca terá competência para julgar atos infracionais praticados por adolescentes, mesmo que equiparados a crimes cuja competência seria sua: "Ainda que a conduta praticada determine a competência da justiça federal, por caracterizar ofensa aos interesses da União, sendo o autor dos fatos inimputável não há que se falar em crime, mas, sim, ato infracional, afastando a aplicação do art. 109, IV da Constituição Federal" (STJ, 3ª S., CC 145166/MG, Rel. Ribeiro Dantas, J. em 14.12.16).

Art. 226. Aplicam-se aos crimes definidos nesta Lei as normas da Parte Geral do Código Penal e, quanto ao processo, as pertinentes ao Código de Processo Penal.

§ 1º Aos crimes cometidos contra a criança e o adolescente, independentemente da pena prevista, não se aplica a Lei nº 9.099, de 26 de setembro de 1995. (Incluído pela Lei nº 14.344, de 2022)

§ 2º Nos casos de violência doméstica e familiar contra a criança e o adolescente, é vedada a aplicação de penas de cesta básica ou de outras de prestação pecuniária, bem como a substituição de pena que implique o pagamento isolado de multa. (Incluído pela Lei nº 14.344, de 2022).

A aplicação subsidiária do Código Penal e do Código de Processo Penal é intuitiva, por força do art. 12 do CP e do art. 1º, *caput*, do CPP. Admite-se igualmente a aplicação analógica das normas de direito penal material, desde que em benefício do sujeito ativo do crime (vedação da analogia *in pejus*), com base no art. 4º. do Decreto-Lei n. 4.657/42 (LINDB). Já as normas de direito processual penal podem ser aplicadas por analogia, no âmbito do ECA, tanto para beneficiar como para prejudicar o réu. No "processo penal, a analogia pode ser usada contra ou a favor do réu, pois não se trata de norma penal incriminadora, protegida pelo princípio da reserva legal".[8]

Quanto ao direito material, destaca-se a aplicação subsidiária do art. 20 do CP, que trata sobre o **erro de tipo**. Nos crimes previstos no ECA com sujeito passivo determinado, o sujeito ativo deve saber ou ter condições de saber que a vítima é menor de idade, sob pena de, incorrendo em erro de tipo, a sua conduta resultar em **atipicidade relativa ou absoluta**. Esta se

8 NUCCI, Guilherme de Souza. *Código de processo penal comentado*. 5. ed. São Paulo: Revista dos Tribunais, 2006. p. 73.

verifica quando, extraída do tipo a elementar sobre a qual o agente errou, o fato se torna atípico. Por exemplo: na corrupção de menores (art. 244-B), quando o sujeito ativo pratica infração penal em concurso com um adolescente, porém ignora, de forma invencível, a sua menoridade; nessa hipótese, o fato atinente à corrupção torna-se atípico. Já na atipicidade relativa, a conduta continua punida criminalmente, mas por outro tipo. Por exemplo: no crime do art. 231, se se constata que o sujeito apreendido não é menor de idade, como supunha o agente, este responderá pelo crime previsto no art. 12, *caput*, da Lei n. 13.869/19, na hipótese de não realizar a comunicação do flagrante à autoridade judiciária e à família do conduzido.

Por essa razão, é essencial, nos autos, a **comprovação da idade da vítima**. Nesse ponto, a jurisprudência tem flexibilizado a exigência constante do art. 155, parágrafo único, do CPP, que limita a prova sobre o estado da pessoa. O STJ tem admitido, para fins de prova da menoridade da vítima, outros documentos que não a certidão de nascimento. Sobre essa questão, vide também os comentários ao sujeito passivo sobre o crime tipificado no art. 244-B.

Sobre a aplicação subsidiária do Código Penal, observa-se que a **prescrição da pretensão punitiva dos crimes previstos no ECA** é calculada segundo o art. 109 do CP, observada ainda, no caso dos crimes do ECA que tutelam a dignidade sexual da pessoa com menos de 18 anos de idade, aplicação do art. 111, V, do CP. Segundo este, a prescrição da pretensão punitiva, "nos crimes contra a dignidade sexual ou que envolvam violência contra a criança e o adolescente, previstos neste Código ou em legislação especial, da data em que a vítima completar 18 (dezoito) anos, salvo se a esse tempo já houver sido proposta a ação penal".

Como o ECA não prevê um procedimento especial para os crimes nele previstos, utiliza-se o procedimento comum previsto no Código de Processo Penal.

Quanto à inquirição da vítima ou testemunha de crime que seja criança ou adolescente ("depoimento sem dano"), confiram-se os comentários à Lei nº 13.431/17, nesta obra.

O § 1º do art. 226 foi acrescentado pela Lei n. 14.344/2022 ("Lei Henry Borel") e trata da **(in)aplicabilidade da Lei n. 9.099/1995 aos crimes praticados contra crianças e adolescente**. Segundo a sua literalidade, "aos crimes cometidos contra a criança e o adolescente, independentemente da pena prevista, não se aplica a Lei nº 9.099". As primeiras opiniões, com base na interpretação literal do dispositivo em comento, sustentaram, majoritariamente, a inaplicabilidade da Lei n. 9.099/1995 a todo e qualquer crime praticado contra criança ou adolescente. Trata-se do entendimento, por exemplo, do Professor Antonio Suxberger, que, nos seus comentários sobre a Lei n. 9.099/1995 presentes nesta obra, sustenta que a escolha do legislador de afastar os benefícios da Lei n. 9.099/1995 para todo e qualquer crime praticado contra criança e adolescente encontra respaldo constitucional e convencional. No mesmo sentido, a Comissão Permanente da Infância e Juventude (COPEIJ) do Grupo Nacional de Direitos Humanos (GNDH), vinculado ao Conselho Nacional de Procuradores-Gerais do Ministério Público dos Estados e da União (CNPG), editou o Enunciado nº 1/2023, assim ementado: "Não se aplica a Lei nº 9.099/1995 a nenhum crime cometido contra a criança e o adolescente, independentemente da pena prevista e de onde esteja capitulado, por força do que dispõe o art. 226, § 1º, do Estatuto da Criança e do Adolescente".

Contudo, Carlos Maximiliano[9] já criticava que o apego à literalidade da lei poderia constituir uma fonte de erro, com o sacrifício das realidades morais e sociais que constituem a vida jurídica. A lei deve ser interpretada sempre de forma a considerar o sistema normativo no qual ela está inserida bem como os seus resultados práticos (art. 20 da LINDB), o que ora se propõe. Afinal, "[p]refere-se o trecho mais claro, lógico, verossímil, de maior utilidade prática e mais em harmonia com a lei em conjunto, os usos, o sistema do Direito vigente e as condições

9 MAXIMILIANO, Carlos. *Hermenêutica e Aplicação do Direito*. 20. ed. Rio de Janeiro: Forense, 2011. p. 91.

normais da coexistência humana", além do que "deve a legislação de um Estado ser considerada como um todo orgânico, exequível, útil, ligado por uma correlação natural"[10].

O *caput* ("cabeça") do art. 226 – parte principal do dispositivo, a que todo o seu restante, o seu "corpo", está subordinado – diz que aos "crimes definidos nesta Lei" [ECA] se aplicam as normas do CP e do CPP. O limite máximo de aplicação do *caput* abrange, apenas, os crimes previstos no ECA, com exclusão de todas as outras figuras típicas que estão previstas em outras leis. Já os parágrafos do art. 226, que se subordinam ao *caput*, não podem ir além deste, como se tivessem caráter *praeter legem*. Segundo o art. 11, III, "c", da LC n. 95/1998, "para a obtenção de ordem lógica", as disposições normativas deverão "expressar por meio dos parágrafos os *aspectos complementares* à norma enunciada no *caput* do artigo e as exceções à regra por este estabelecida". Assim, dada a sua localização topográfica, o § 1º, que não constitui exceção ao *caput* do art. 226, mas apenas um *complemento* a ele, não pode extravasar o *caput*; como resultado, deve limitar-se aos crimes previstos no ECA. Com efeito, um instituto complementar não pode ir além da questão principal que ele simplesmente complementa. Então, sustenta-se que o § 1º deve ser lido da seguinte forma: "Aos crimes cometidos contra a criança e o adolescente [*previstos nesta Lei*], independentemente da pena prevista, não se aplica a Lei nº 9.099". Há lógica nessa interpretação porque o ECA prevê crime que não têm criança ou adolescente como sujeito passivo direto, a exemplo do art. 236.

Há espaço para a exegese ora proposta, sem tornar o intérprete (juiz) em legislador, tendo em vista que a providência "não aplicação da Lei n. 9099" foi prevista em parágrafo, e não no *caput*, como ocorreu no art. 41 da Lei n. 11.340/2006, cuja cabeça dispõe que não se aplica a Lei n. 9.099/1995 para todo e qualquer crime praticado contra a mulher, desde que no contexto de violência doméstica. A clareza dessa previsão aliada à sua posição topográfica não confere margem para interpretação que não seja a literal. Da mesma forma, se a providência contida no § 1º do art. 226 houvesse sido feita no *caput*, então a escolha do legislador (e da lei) seria clara e não conferiria margem para além de uma interpretação literal, dadas a clareza e a posição sistemática da sua opção. Como, todavia, no caso concreto, o legislador previu uma disposição ampla – não aplicação da Lei n. 9.099/1995 para os crimes contra crianças e adolescentes – em caráter complementar a uma disposição mais limitada – apenas no âmbito dos crimes previstos no ECA –, o intérprete pode validamente estabelecer uma exegese que restrinja o acessório de forma a conferir maior racionalidade à questão, sob a óptica do sistema como um todo e das suas consequências práticas.

Em primeiro lugar, a interpretação sistemática, considerando a inserção topográfica do § 1º do art. 226, "sinaliza no sentido de que a retirada do sistema do JEC é apenas para os crimes previstos no ECA (mesmo que não sejam de violência doméstica) e não para todos os delitos do CP e legislação especial. Pois se a intenção da norma fosse retirar tudo do sistema do JEC, a alteração teria sido feita diretamente no corpo da Lei 14.344/2022, assim como o fez a LMP [Lei Maria da Penha], e não no capítulo introdutório dos crimes previstos no ECA"[11].

Em segundo lugar, em atenção às consequências práticas, a exigência do julgamento pleno (*full trial*) para todo e qualquer crime praticado contra criança e adolescente, sem a possibilidade da composição extrajudicial e judicial conferida pela Lei n. 9.099/1995, provocará uma sobrecarga de trabalho ao Poder Judiciário, cuja morosidade e incapacidade de julgar todos os casos que são apresentados a si já são cediças. Exemplo: um crime de constrangimento ilegal (art. 146 do CP) praticado contra um adolescente de 17 anos de idade, se não for viável o ANPP, exigirá

10 MAXIMILIANO, Carlos. *Hermenêutica e Aplicação do Direito*. 20. ed. Rio de Janeiro: Forense, 2011. p. 111.

11 CUNHA, Rogério Sanches; ÁVILA, Thiago Pierobom. *Crimes contra crianças e adolescentes*: A continuidade de aplicação da Lei 9.099/1995 após o advento da Lei 14.344/2022. 6 jul. 2022. Disponível em: https://meusitejuridico.editorajuspodivm.com.br/2022/07/06/crimes-contra-criancas-e-adolescentes-a-continuidade-de-aplicacao-da-lei-9-099-1995-apos-o-advento-da-lei-14-344-2022/. Acesso em: 6 dez. 2022.

o julgamento completo, terminando em condenação que, se não couber a substituição da pena privativa de liberdade em restritiva de direitos, resultará na prisão do condenado. O mesmo constrangimento ilegal praticado contra uma vítima de 18 anos de idade pode ser resolvido por uma simples transação ou uma suspensão condicional do processo, o que dispensa inclusive a instrução processual. Não bastasse, a igualdade resta comprometida: se o agente praticar o constrangimento ilegal contra duas vítimas, uma com 17 e a outra com 18 anos de idade, ocorrerá uma diferenciação no procedimento a ser adotado que não justificativa plausível.

Em terceiro lugar, considerando os fins sociais e as exigências do bem comum (art. 5º da LINDB), afigura-se contraproducente exigir, na hipótese de descabimento do ANPP, o julgamento pleno para crimes cujas consequências que podem ser adequadamente resolvidas pelo direito penal negocial decorrente da Lei n. 9.099/1995. Muitos dos crimes praticados contra crianças e adolescentes têm lugar no seio familiar, hipótese em que a solução consensual da questão criminal pode, por não desestruturar a família e não implicar a privação da liberdade do réu condenado, ser mais benéfica do que o julgamento pleno, o qual sempre é desgastante para a família da vítima. Pensa-se em exemplo recorrente, especialmente no interior do país: o pai, que tem pouca instrução escolar, lesiona a criança, sua filha, para ensiná-la que ela não deve "pegar o alheio", ou seja, furtar; esse pai incorre no crime de maus-tratos (art. 136 do CP), que admite, na forma simples, transação e suspensão condicional do processo. A prevalecer o entendimento do absoluto descabimento da Lei n. 9.099/1995, sucederá, se não for cabível o ANPP, a instrução processual plena, nesse caso.

Em quarto lugar, o direito penal negocial, de que a transação e a suspensão condicional do processo são exemplos famigerados, é a tônica do direito penal. Transcrevem-se aqui os fundamentos expostos por Rogério Sanches e Thiago Pierobom Ávila: "Acordos processuais permitem uma agilização da resposta pelo sistema de justiça, dispensando a instrução processual obrigatória e um contexto em que acusação e defesa estão de acordo com a solução do caso criminal. Acordos processuais permitem a construção de respostas individualizadas para enfrentar enfrentem as conjunturas que estão na raiz do fenômeno criminológico, com a possibilidade de atender às expectativas de proteção e reparação à vítima em suas condições. Evita-se o desgaste do processo para réu, vítima e testemunhas, com uma solução imediata do caso criminal. O benefício para o réu em se evitar uma condenação criminal é compensado com o estabelecimento de condições individualizadas de responsabilização, evitando-se o risco de omissão de resposta jurisdicional (com a prescrição do processo, ou com a absolvição por não mais se localizar as testemunhas após vários anos dos fatos, ou porque as partes não mais se recordam dos fatos)". Prosseguem os autores: "Portanto, acordos processuais não são sinônimo de banalização da resposta pelo sistema penal, deve-se zelar para que as condições estabelecidas nos acordos sejam efetivas para se assegurar a adequada responsabilização. Uma efetiva incorporação do paradigma vitimológico de compreensão das necessidades reais das vítimas e de efetiva promoção da responsabilização criminal no bojo dos acordos processuais é substancialmente mais efetiva que a institucionalização de uma persecução penal morosa e usualmente tendente à omissão de intervenções significativas às partes envolvidas. A representação social de que acordos processuais são uma banalização da resposta é muito mais uma crítica às condições do acordo do que propriamente à possibilidade de se realizar acordos em si. Portanto, cabe ao Ministério Público fazer uma autocrítica e assegurar que as condições para os acordos processuais não sejam irrisórias. Muitas vezes estas representações sociais são reflexo de uma deriva punitivista que enxerga no encarceramento a única resposta possível ao conflito criminal, negligenciando o custo social e os riscos envolvidos na movimentação de um processo criminal"[12].

12 CUNHA, Rogério Sanches; ÁVILA, Thiago Pierobom. *Crimes contra crianças e adolescentes*: A continuidade de aplicação da Lei 9.099/1995 após o advento da Lei 14.344/2022. 6 jul. 2022. Disponível em: https://meusitejuridico.

Em quinto lugar, negar a aplicabilidade de acordos na seara penal, principalmente os de natureza extrajudicial, implica negar a capacidade que tem o Ministério Público de promover a pacificação sem a necessidade de recorrer à judicialização do conflito.

Por esses fundamentos, advoga-se, em opinião própria, que a exclusão da Lei n. 9.099/1995 se dá apenas em relação aos crimes previstos no ECA quando praticados contra criança ou adolescente. Destaca-se aqui o art. 236 do ECA, o qual não é praticado contra criança ou adolescente; para ele, então, é aplicável a Lei n. 9.099/1995.

Diante da inaplicabilidade da Lei n. 9.099/1995 para os crimes tipificados no ECA que são praticados contra crianças e adolescentes, é certo o **descabimento dos benefícios penais da transação e da suspensão condicional do processo** (arts. 76 e 89 da Lei n. 9.099/1995). Surpreendentemente, em razão do afastamento da transação, torna-se viável a aplicação do **acordo de não persecução penal** (ANPP) diante do não preenchimento do art. 28-A, § 2º, I, do CPP. Verifica-se assim hipótese excepcional de cabimento do ANPP para crimes que, por caracterizarem infração de menor potencial ofensivo (art. 61 da Lei n. 9.099/1995), admitiriam a transação penal, não fosse a proibição do art. 226, § 1º. Embora essa exegese soe pouco sistemática, porquanto, ao afastar a Lei n. 9.099/1995, o art. 226, § 1º, objetivou vetar a possibilidade de "acordo" penal, o ANPP deve ser admitido por constituir direito do investigado quando preenche condições objetivas e subjetivas segundo a óptica do Ministério Público. Também, o ANPP poderia ser afastado abstratamente mediante proibição legal expressa, a qual, todavia, inexiste. Em resultado: todos os crimes tipificados no ECA, quando praticados contra criança ou adolescente, não admitem transação nem suspensão condicional do processo, independentemente do *quantum* da pena; diversamente, se a pena mínima for inferior a quatro anos e estiveram preenchidas as demais condições do art. 28-A do CPP, eles admitem acordo de não persecução penal.

O § 2º do art. 226 reproduz a essência do art. 17 da Lei n. 11.340/2006, para cujos comentário, nesta obra, se remete o leitor. Extrai-se do referido § 2º que, nas condenações em crimes previstos no ECA e praticados contra criança e adolescente, independentemente do sexo destes, e que envolvam violência doméstica e familiar contra essas vítimas, não cabe a substituição da pena privativa de liberdade por pena restritiva de direito que resulte em **prestação pecuniária**, da qual a cesta básica é espécie, tampouco no **pagamento isolado de multa**. Trata-se de escolha do legislador que reputou insuficientes essas modalidades de pena para lidar com a violência doméstica e familiar praticada contra criança e adolescente.

Observada a explicação, no § 1º, sobre a vinculação dos parágrafos do art. 226 ao seu *caput*, a hipótese de incidência do § 2º abrange os crimes previstos no ECA que sejam praticados contra criança e adolescente, envolvendo violência doméstica e familiar, nos termos do art. 2º da Lei n. 13.344/2022.

Destaca-se, para a criança ou adolescente feminina, a aplicação da Súmula n. 588 do STJ, a qual termina por impedir a substituição da pena privativa de liberdade por qualquer pena restritiva de direitos, e não apenas a prestação pecuniária: "A prática de crime ou contravenção penal contra a mulher com violência ou grave ameaça no ambiente doméstico impossibilita a substituição de pena privativa de liberdade por restritiva de direitos". Estima-se que, no futuro, a jurisprudência amplie o cabimento dessa Súmula para a criança e o adolescente do sexo masculino, tendo em vista que o motivo é o mesmo: a vulnerabilidade social da mulher adulta, adolescente e criança correlata à vulnerabilidade social do homem adolescente e criança.

editorajuspodivm.com.br/2022/07/06/crimes-contra-criancas-e-adolescentes-a-continuidade-de-aplicacao-da-lei-9-099-1995-apos-o-advento-da-lei-14-344-2022/. Acesso em: 6 dez. 2022.

Art. 227. Os crimes definidos nesta Lei são de ação pública incondicionada.

O art. 227 é ocioso, tendo em vista o disposto no art. 100, *caput*, do CP, e no art. 24, *caput*, do CPP, no sentido de que a ação penal é sempre pública incondicionada, salvo se a lei exigir representação (ação penal pública condicionada) ou queixa-crime (ação penal privada). Os seguintes dispositivos legais, por essa mesma razão, também são desnecessários: art. 185 da Lei n. 9.472/97 (Telecomunicações); art. 26 da Lei n. 9.635/98 (Crimes Ambientais); art. 95, primeira parte, da Lei n. 10.741/03 (Idoso); e art. 184 da Lei n. 11.101/05 (Falência).

Admite-se a **ação penal privada subsidiária da pública** (ou ação penal supletiva), conforme o art. 5º, LXI, da CF, e o art. 29 do CPP, para os crimes tipificados no ECA. O cabimento dessa ação penal supletiva ocorre nos mesmos moldes já analisados nos comentários ao art. 26 da Lei n. 9.605/1998, nesta obra.

Por fim, Ishida proporciona uma visão global dos tipos previstos no ECA: a) artigos 228 e 229: delitos relacionados a hospitais, centros de saúde etc.; b) artigos 230 a 235: delitos ligados aos procedimentos relacionados a atos infracionais e pessoas envolvidas neles; c) artigo 236: criminalização de condutas que obstaculizam a ação da autoridade judiciária, do membro do Ministério Público ou do conselheiro tutelar; d) artigos 238 e 239: crimes relacionados à colocação irregular do menor em família substituta; e e) artigos 240 a 244-B: outros crimes.[13]

Art. 227-A. Os efeitos da condenação prevista no inciso I do caput do art. 92 do Decreto-Lei nº 2.848, de 7 de dezembro de 1940 (Código Penal), para os crimes previstos nesta Lei, praticados por servidores públicos com abuso de autoridade, são condicionados à ocorrência de reincidência.

Parágrafo único. A perda do cargo, do mandato ou da função, nesse caso, independerá da pena aplicada na reincidência.

O art. 227-A foi inserido pela "lei do abuso de autoridade" (Lei n. 13.869/2019). Em linguagem que peca pela ausência de clareza, ele prevê que a perda de cargo, função pública ou mandato eletivo (art. 92, I, do CP), na hipótese dos crimes previstos no ECA e praticados por servidor público com abuso de autoridade, pressupõe a reincidência do agente, independentemente do montante da pena objeto da condenação no processo no qual se reconhece a reincidência.

O art. 227-A, ao se reportar ao art. 92 do CP, segue a natureza jurídica deste: efeito específico da sentença penal condenatória, que deve ser motivadamente declarado na sentença.

O art. 227-A apresentará dificuldades para a sua adequada compreensão, a começar pelo elemento normativo do tipo "abuso de autoridade". "Crime de abuso de autoridade", segundo o art. 1º, § 1º, da Lei n. 13.869/2019, são as condutas previstas nesta Lei que são praticadas por agente público "com a finalidade específica de prejudicar outrem ou beneficiar a si mesmo ou a terceiro, ou, ainda, por mero capricho ou satisfação pessoal". Depreende-se daí que o elemento normativo "abuso de autoridade" (sem estar acompanhado do substantivo "crime") foi empregado, neste art. 227-A, no seu sentido vulgar, expressando a ideia de uma conduta praticada por servidor público, em razão do exercício do seu cargo, função ou mandato, com excesso ou desvio de competência visando a uma finalidade não permitida em lei. Repisa-se: na medida em que o art. 227-A faz referência "para os crimes previstos nesta Lei", o elemento normativo por ele empregado, "abuso de autoridade", não atina aos crimes de abuso de autoridade tipificados

13 ISHIDA, Valter Kenji. *Estatuto da criança e do adolescente:* doutrina e jurisprudência. 17. ed. Salvador: Juspodivm, 2016. p. 677.

na Lei n. 1.3869/2019, mas a qualquer conduta do servidor público praticada com excesso ou desvio da sua atribuição visando a um fim não permitido pela lei.

A exigência da reincidência para a perda do cargo justifica-se pela simetria com a Lei n. 1.3869/2019. Esta, no seu artigo 4º, parágrafo único, prevê que a perda do cargo, do mandato ou da função pública "são condicionados à ocorrência de reincidência em crime de abuso de autoridade e não são automáticos, devendo ser declarados motivadamente na sentença".

Além disso, segundo a sua interpretação literal, o art. 227-A faz referência à reincidência simples/comum, e não à específica[14], como requisito para o sujeito ativo perder o seu cargo, função ou mandato. Logo, se a sentença penal condenatória do sujeito ativo que cometeu, com abuso de autoridade, um crime tipificado no ECA reconhecer que ele é reincidente – por qualquer crime e independentemente do *quantum* da pena –, ela deverá decretar a perda do cargo, função ou mandato do réu, com base no art. 92, I, do CP, c/c art. 227-A do ECA. Diversamente, se o sujeito ativo cometeu, com abuso de autoridade, um crime não previsto no ECA contra criança ou adolescente, a sentença penal condenatória não poderá aplicar a disposição do art. 227-A; a perda do cargo, função ou mandato, quando cabível, poderá ser determinada com base no art. 92, I, do CP, ou, em se tratando de crime de abuso de autoridade (tipificado na lei própria), segundo o regramento do art. 4º da Lei n. 1.3869/2019.

Seção II
Dos Crimes em Espécie

Art. 228. Deixar o encarregado de serviço ou o dirigente de estabelecimento de atenção à saúde de gestante de manter registro das atividades desenvolvidas, na forma e prazo referidos no art. 10 desta Lei, bem como de fornecer à parturiente ou a seu responsável, por ocasião da alta médica, declaração de nascimento, onde constem as intercorrências do parto e do desenvolvimento do neonato:

Pena – detenção de seis meses a dois anos.

Parágrafo único. Se o crime é culposo:

Pena – detenção de dois a seis meses, ou multa.

Bem Jurídico Tutelado

O objeto jurídico tutelado consiste na proteção do direito à vida, à saúde e à informação do recém-nascido e da gestante deste. Estes têm a necessidade de conhecer as intercorrências do parto bem como a possibilidade da existência de alguma doença no recém-nascido.

Sujeitos do Crime

Tratando-se de crime próprio, é sujeito ativo o encarregado de serviço ou o dirigente de estabelecimento de saúde. Contudo, sob pena de responsabilidade penal objetiva, é necessário identificar, no caso concreto, se tais pessoas têm, efetivamente, as funções de promover o registro previsto, no art. 10, I, ou de fornecer a declaração de nascimento prevista no art. 10, IV.

O sujeito passivo são o recém-nascido e a parturiente, já que todos têm direito às informações sobre a gestação e o nascimento. Sobre a parturiente: TJRS, 8ª C. Cível, Apelação cível n. 598212215, Rel. Alzir Schmitz, J. em 13/04/2000.

---

14 Registra-se a divergência doutrinária quanto ao conceito de "reincidência específica": para uns, o crime posterior deve ter capitulação no mesmo tipo do crime anterior; para alguns, o crime posterior deve tutelar o mesmo bem jurídico do crime anterior; para outros, com amparo no art. 46, § 1º, II, e § 2º, na redação original da parte geral do CP, a reincidência é específica quando os crimes são da mesma natureza, considerando crimes da "mesma natureza" os previstos no mesmo dispositivo legal, bem como os que, embora previstos em dispositivos diversos, apresentam, pelos fatos que os constituem ou por seus motivos determinantes, caracteres fundamentais comuns.

Condutas

Enquanto o art. 228 penaliza o descumprimento das incumbências previstas no art. 10, I e IV, o art. 229 tipifica a violação das obrigações descritas no art. 10, II e III. Já a infração aos deveres previstos no art. 10, V e VI, não constitui ilícito criminal.

O art. 228 pune basicamente duas condutas omissivas próprias. Na sua primeira parte, pune o agente que *deixa* (omitir-se, abster-se, não considerar) de *manter* (conservar) o registro das atividades realizadas quanto à gestação e ao parto, na forma do art. 10, I. Vale dizer: pune-se o responsável que não confecciona ou que descarta o devido prontuário médico, o que compromete o registro das atividades desenvolvidas.

Já na sua segunda parte, o art. 228 pune aquele que *deixa* (omitir-se, abster-se, não considerar) de *fornecer* (entregar) à parturiente ou a seu responsável a declaração de nascimento da criança, da qual constem as informações sobre o nascimento, sobre o parto e sobre o desenvolvimento do recém-nascido, nos termos do art. 10, IV. Objetiva-se evitar a omissão quanto à entrega da "declaração de nascido vivo" – DNV. Esta é regulamentada pela Lei n. 12.662/12 e tem validade em todo o território nacional até que seja lavrado o assento do registro do nascimento.

Embora o art. 228 empregue o verbo *manter*, característico de crime habitual, ele não representa, no caso, um crime dessa natureza, pois o verbo nuclear reitor é *deixar*, o qual comumente caracteriza crime omissivo.

O objeto material sobre o qual incide a conduta são o registro das atividades desenvolvidas e a declaração de nascido vivo.

Voluntariedade

O crime do art. 228 é doloso. Não há previsão de finalidade especial (elemento subjetivo específico) na conduta do agente.

O art. 228, parágrafo único, prevê a culpa, a qual ocorrerá, geralmente, sob a forma de negligência ou, se houver a necessidade de alguma habilitação específica por parte do sujeito ativo, imperícia.

Consumação e Tentativa

O crime consuma-se quando ocorre a omissão em relação às providências descritas na norma.

Porque se trata de crime omissivo, não admite a tentativa (*conatus*). A forma culposa também é incompatível com a tentativa.

Cuidando do prazo prescricional, Nucci anota uma incongruência do ECA quanto à primeira parte do art. 228, que exige que o responsável mantenha o prontuário por dezoito anos. "Deixar de manter esse registro (imagine-se que, logo após o parto, ele foi descartado ou nem houve qualquer anotação) durante 18 anos vai muito além do que o prazo prescricional do delito em abstrato, que é de 4 anos. Portanto, se o encarregado se desfizer de tais registros logo após o parto, quatro anos depois já não responderá por crime algum. O contrassenso nasce quando se constata que o responsável pelo registro, ao descartá-lo após 17 anos, ainda poderá ser punido, pois o delito se consuma no exato momento em que as anotações são desperdiçadas – e deveriam ficar arquivadas por precisos 18 anos. Passa a correr a prescrição a partir daí (17 anos depois), enquanto o outro encarregado, muito mais negligente, nem mesmo anotou o que deveria durante o parto, embora quatro anos depois já se possa considerar impune."[15]

15 NUCCI, Guilherme de Souza. *Estatuto da criança e do adolescente comentado:* em busca da constituição federal das crianças e dos adolescentes. 3. ed. Rio de Janeiro: Forense, 2017. p. 41.

Ação Penal

Todos os crimes previstos no ECA são de ação penal pública incondicionada (art. 227).

Tanto a forma dolosa quanto a culposa constituem crime de menor potencial ofensivo (art. 61 da Lei n. 9.099/95). Não admitem, contudo, transação nem suspensão condicional do processo (arts. 76 e 89, ambos da Lei n. 9.099/1995), em razão da proibição do art. 226, § 1º. Diversamente, admitem acordo de não persecução penal (v. comentários ao art. 226, §1º).

> **Art. 229.** Deixar o médico, enfermeiro ou dirigente de estabelecimento de atenção à saúde de gestante de identificar corretamente o neonato e a parturiente, por ocasião do parto, bem como deixar de proceder aos exames referidos no art. 10 desta Lei:
>
> Pena – detenção de seis meses a dois anos.
>
> Parágrafo único. Se o crime é culposo:
>
> Pena – detenção de dois a seis meses, ou multa.

Bem Jurídico Tutelado

Na primeira parte do art. 229, o bem jurídico tutelado consiste na identificação do recém-nascido e da gestante (art. 10, II), com o objetivo de reduzir as chances de troca de recém-nascidos na maternidade. Na segunda parte do art. 229, o bem jurídico respeita à vida e à saúde do recém-nascido e da gestante, mediante a realização dos exames referidos no art. 10, III.

Sujeitos do Crime

Tratando-se de crime próprio, é sujeito ativo o médico, o enfermeiro ou o dirigente do estabelecimento de atenção à saúde de gestante. A advertência quanto à responsabilidade penal objetiva lançada nos comentários do art. 228 aplica-se ao presente caso.

O sujeito passivo são o recém-nascido e a gestante, já que todos têm direito às informações sobre a gestação e o nascimento, inclusive para fins da sua saúde e identificação. O genitor, outrossim, figura como sujeito passivo tendo em vista o seu interesse na correta identificação do seu filho. Além disso, dada a possível influência sobre o registro civil decorrente da identificação errônea do recém-nascido, o Estado também pode figurar sujeito passivo mediato.

Condutas

Enquanto o art. 228 penaliza o descumprimento das incumbências previstas no art. 10, I e IV, o art. 229 tipifica a violação das obrigações descritas no art. 10, II e III. Por sua vez, a infração aos deveres previstos no art. 10, V e VI, não constitui ilícito criminal.

O art. 229 pune basicamente duas condutas omissivas próprias. Na sua primeira parte, pune o agente que *deixa* (omitir-se, abster-se, não considerar) de *identificar* corretamente (precisar as características individuais de uma pessoa) o neonato (recém-nascido), mediante o registro da sua impressão plantar (exame do "pezinho"), como exige o art. 10, II, e de *identificar* a parturiente, por intermédio da impressão digital, consoante exige o art. 10, II, sem prejuízo de outras formas normatizadas pela autoridade administrativa competente. A previsão dessas outras formas de identificação constitui norma penal em branco.

Já na sua segunda parte, o art. 229 pune o agente que *deixa* (omitir-se, abster-se, não considerar) de *proceder* (realizar) os exames de diagnóstico e terapêutica de anormalidades no metabolismo do recém-nascido, previstos no art. 10, III.

O objeto material sobre o qual incide a conduta são os documentos que permitem a identificação correta do recém-nascido e da parturiente bem como os exames de diagnóstico e terapêutica de anormalidades no metabolismo do recém-nascido.

Voluntariedade

O art. 229, *caput*, prevê o dolo (direto ou eventual). Já o art. 229, parágrafo único, prevê a culpa, a qual ocorrerá, geralmente, sob a forma de negligência ou, se houver a necessidade de alguma habilitação específica por parte do sujeito ativo, de imperícia.

O tipo não prevê finalidade especial (elemento subjetivo específico) na conduta do agente.

Consumação e Tentativa

O crime consuma-se quando ocorre a omissão em relação às providências descritas na norma.

Porque se trata de crime omissivo, não admite a tentativa (*conatus*). A forma culposa também é incompatível com a tentativa.

Ação Penal

Todos os crimes previstos no ECA são de ação penal pública incondicionada (art. 227).

Tanto a forma dolosa quanto a culposa constituem crime de menor potencial ofensivo (art. 61 da Lei n. 9.099/95). Não admitem, contudo, transação nem suspensão condicional do processo (arts. 76 e 89, ambos da Lei n. 9.099/1995), em razão da proibição do art. 226, § 1º. Diversamente, aceitam acordo de não persecução penal (v. comentários ao art. 226, §1º).

> **Art. 230.** Privar a criança ou o adolescente de sua liberdade, procedendo à sua apreensão sem estar em flagrante de ato infracional ou inexistindo ordem escrita da autoridade judiciária competente:
>
> Pena – detenção de seis meses a dois anos.
>
> Parágrafo único. Incide na mesma pena aquele que procede à apreensão sem observância das formalidades legais.

Bem Jurídico Tutelado

O bem jurídico tutelado consiste na liberdade da criança e do adolescente. **A liberdade da criança é garantida pela impossibilidade jurídica da sua apreensão**. Uma vez praticado ato infracional pela criança, a ela serão aplicadas, conforme preceitua o art. 105, as medidas de proteção previstas no art. 101, destacando-se que as medidas compreendidas entre os incisos I a VII são atribuição do Conselho Tutelar, conforme dispõe o art. 136. Então, cometido algum ato infracional por criança, ela deve ser conduzida ao Conselho Tutelar, que a encaminhará aos pais ou responsáveis, mediante termo de responsabilidade, sendo defesa a sua apreensão. Logo, a apreensão da criança é sempre ilegal, dada a sua impossibilidade jurídica. Isso não impede, todavia, que a criança seja conduzida à autoridade policial para prestar depoimento na condição de testemunha de algum crime, observando-se que, no processo penal, não há limite de idade para ser testemunha (art. 202 do CPP), diferentemente do processo civil (art. 447, § 1º, III, do NCPC).

A liberdade do adolescente, por sua vez, é garantida pelas formalidades da sua apreensão e pela limitação desta a duas hipóteses: flagrante de ato infracional[16], em analogia às hipóteses do art. 302 do CPP; e ordem escrita e fundamentada da autoridade judiciária. Afora essas hipóteses, a apreensão do adolescente é ilegal.

16 Ato infracional consiste na conduta típica, ilícita e culpável, praticada por criança ou adolescente, que é equiparada a algum tipo penal. Confira-se o art. 103 do ECA: Considera-se ato infracional a conduta descrita como crime ou contravenção penal.

Sujeitos do Crime

Embora o cumprimento do mandado de apreensão seja ato desempenhado por policial civil ou militar ou pela própria autoridade policial, a apreensão pela prática de ato infracional em flagrante pode ser realizada por qualquer do povo (art. 301 do CPP). Logo, trata-se de crime comum: o sujeito ativo pode ser qualquer pessoa.

O sujeito passivo será a criança, cuja apreensão é sempre ilegal, na linha do exposto acima, e o adolescente.

Condutas

O art. 230 veda a apreensão que corresponda à "prisão para averiguação", a qual, segundo Renato Brasileira Lima, "consiste no arrebatamento de pessoas pelos órgãos de investigação para aferir a vinculação das mesmas a uma infração, ou para investigar a sua vida pregressa, independentemente de situação de flagrância ou de prévia autorização judicial".[17]

O art. 230 incrimina a conduta consistente em *privar* (impedir, tolher, retirar) a criança ou o adolescente da sua liberdade justamente mediante a sua apreensão ilegal. Quanto à criança, conforme exposto no item "bem jurídico tutelado" relativo ao art. 230, a sua apreensão será sempre ilegal, dada a sua impossibilidade jurídica. Reconhece-se a pertinência da crítica de Ishida ao presente dispositivo legal: "Trata-se de má redação da norma primária do tipo penal. Melhor seria que o tipo falasse no que concerne à criança em 'privar a criança de sua liberdade, em qualquer hipótese', separando-a das hipóteses legais de permissão da restrição da liberdade do adolescente".[18]

No tocante ao adolescente, o agente priva-o do seu direito fundamental à liberdade mediante: a) conduta comissiva: realizar a apreensão sem estado de flagrância ou sem mandado judicial; ou b) conduta omissiva: não observar as formalidades legais inerentes à apreensão (arts. 106 a 109, 171 a 176 e 178).

Exemplificativamente, incide no art. 230 o "[d]elegado de Polícia que apreende dois adolescentes e os leva para Delegacia, sem flagrante e sem ordem judiciária para tanto, para obter informação ou confissão sobre suposto furto ocorrido" (TJRS, 5ª C. Crim., Apelação Crime n. 70052849254, Rel. Ivan Bruxel, J. em 26/02/2014).

A privação a que se refere o art. 230 deve ser **momentânea, passageira**, embora não haja um marco legal definido. Caso o ato perdure um tempo considerável, juridicamente relevante, haverá a caracterização do crime de sequestro ou cárcere privado (art. 148, § 1º, IV, do CP). Segundo Nucci: "quem fizer apreensão do menor, sem as formalidades legais (cf. art. 106 desta Lei), incide na figura do art. 230. Aquele que privar o menor de 18 anos de sua liberdade, inserindo-o em cárcere, deve responder pelo art. 148, § 1º, IV, do Código Penal, com pena mais grave. Insistimos: a mera apreensão (retenção, prisão por algumas horas, detenção para averiguação) configura o delito do art. 230; outras formas mais duradouras de privação de liberdade equivalem, em nosso entendimento, ao sequestro ou cárcere privado".[19] A interpretação sistemática justifica esse entendimento: tendo em vista o objetivo da proteção do menor, seria incongruente que, para uma privação de liberdade duradoura, se aplicasse o ECA, que tipifica crime cuja pena máxima é de dois anos, em vez do CP, que tipifica crime cuja pena mínima é de dois anos.

17 LIMA, Renato Brasileiro de. *Legislação criminal especial comentada*. 3. ed. Salvador: Juspodivm, 2015. p. 664.

18 ISHIDA, Valter Kenji. *Estatuto da criança e do adolescente*: doutrina e jurisprudência. 17. ed. Salvador: Juspodivm, 2016. p. 684.

19 NUCCI, Guilherme de Souza. *Estatuto da criança e do adolescente comentado:* em busca da constituição federal das crianças e dos adolescentes. 3. ed. Rio de Janeiro: Forense, 2017. p. 757.

Não obstante, é admitida a **restrição efêmera de criança e adolescente**, quando do exercício da busca referida no art. 244 do CPP. Por exemplo: os policiais que provocam uma restrição efêmera em adolescentes que estão em transporte coletivo para, diante da atitude suspeita deles, fazerem busca por drogas e armas não incorrem no crime sob estudo. Nota-se que o essencial para essa restrição efêmera não tipificar o crime é a sua finalidade cautelar.

A autoridade policial que viola o prazo de cinco dias previsto no art. 185, § 2º, incorre na prática do crime tipificado no art. 235.

No concurso aparente entre o art. 230 do ECA e o art. 9º, *caput*, da Lei n. 13.869/19, envolvendo menor, aquele prevalece em atenção ao princípio da especialidade. Renee do Ó Souza explica que a subsidiariedade da Lei de Abuso de Autoridade ocorre em razão da qualidade do sujeito passivo, o "que desloca a tipificação da conduta para crimes previstos no Estatuto da Criança e Adolescente"[20]. No caso concreto: a privação da liberdade de pessoa em desconformidade com a lei tipifica o art. 9º, *caput*, da Lei n. 13.869/19; todavia, se a pessoa cuja liberdade foi privada é criança ou adolescente (elemento especializante), desloca-se a tipicidade para o art. 230 do ECA.

O objeto material sobre o qual incide a conduta é a criança ou o adolescente ilegalmente apreendido.

Voluntariedade

O crime do art. 230 é doloso. Não há previsão de finalidade especial (elemento subjetivo específico) na conduta do agente tampouco de culpa.

Na hipótese de apreensão do adolescente em flagrante de ato infracional, deve-se atentar para a possibilidade do cometimento de **erro de tipo** pelo agente: a suposição razoável pelo agente sobre o flagrante de ato infracional torna o crime – apreensão ilegal do adolescente – atípico.

Consumação e Tentativa

A consumação ocorre a partir do momento em que se realiza a apreensão indevida. Tratando-se de crime permanente, a consumação prolonga-se enquanto perdurar a privação da liberdade da vítima.

Na conduta comissiva (art. 230, *caput*), por se tratar de crime plurissubsistente, a tentativa (*conatus*) é possível; já a conduta omissiva (art. 230, parágrafo único) é incompatível com a tentativa.

Ação Penal

Todos os crimes previstos no ECA são de ação penal pública incondicionada (art. 227).

O tipo do art. 230 constitui crime de menor potencial ofensivo (art. 61 da Lei n. 9.099/95). Não admite, contudo, transação nem suspensão condicional do processo (arts. 76 e 89, ambos da Lei n. 9.099/1995), em razão da proibição do art. 226, § 1º. Diversamente, aceita acordo de não persecução penal (v. comentários ao art. 226, §1º).

No tocante à competência material, a Justiça Estadual, em regra, é competente, salvo se bem ou interesse federais forem atingidos (TRF4, 1ª T., ACR 1998.04.01.011209-4, Rel. Vladimir de Freitas, J. em 08/06/1999).

Art. 231. Deixar a autoridade policial responsável pela apreensão de criança ou adolescente de fazer imediata comunicação à autoridade judiciária competente e à família do apreendido ou à pessoa por ele indicada:

Pena – detenção de seis meses a dois anos.

20 SOUZA, Renee do Ó. Comentários à nova lei de abuso de autoridade. Salvador: Juspodivm, 2020. p. 44.

Bem Jurídico Tutelado

O bem jurídico tutelado consiste no direito fundamental à liberdade do adolescente, o qual é reforçado pela comunicação da sua apreensão ao Poder Judiciário à sua família (art. 107 do ECA).

Embora se afigure desejável que essa comunicação seja realizada ao membro do Ministério Público, tal como ocorre em relação à prisão em flagrante (art. 306, *caput*, do CPP), a sua ausência, no âmbito da apreensão do adolescente, não ostenta tipicidade em razão do princípio da legalidade, considerando que art. 231 do ECA não exige tal comunicação. Rememora-se que, pelo princípio da legalidade, é descabida a analogia *in malam partem*.

Em razão da atecnica legislativa, deve ser excluída a criança da previsão do art. 231, já que, como explicado no item "bem jurídico tutelado" atinente ao art. 230, é impossível juridicamente a apreensão de criança, a qual, se surpreendida na prática de ato infracional, deve ser encaminhada ao Conselho Tutelar. Assim, caso a autoridade policial deixe de comunicar a apreensão da criança à família desta e ao magistrado, ela incorrerá na prática do crime tipificado no art. 230.

Sujeitos do Crime

Tratando-se de crime próprio, o sujeito ativo somente pode ser a autoridade policial (delegado de polícia civil) responsável pela apreensão do adolescente.

O sujeito passivo é o adolescente apreendido.

Condutas

O art. 231 pune a conduta praticada pela autoridade policial responsável pela apreensão do adolescente que *deixa* (omitir-se, abster-se, não considerar) de *fazer* (realizar, proceder) a imediata (de logo, sem intervalo) comunicação a respeito da apreensão do adolescente infrator ao Poder Judiciário e aos familiares seus ou pessoa por ele indicada.

Sublinha-se a **diferença**: no art. 230, a apreensão do menor em si é ilegal, desde a origem; já no art. 231, a apreensão do adolescente, originalmente, é legal, ou seja, ocorre por força de mandado judicial ou em flagrante de ato infracional, porém não é realizada a devida comunicação a seu respeito. Não obstante, o TJMG já reconheceu a existência de concurso entre os crimes dos arts. 230 e 231 (TJMG, 2ª C. Criminal, Apelação Criminal n. 1.0267.04.910501-3/001, Rel. Reynaldo Carneiro, J. em 07/04/2005).

Em relação à comunicação dos familiares do adolescente apreendido ou da pessoa por ele indicada, a conduta será atípica quando, ausente a sua identificação civil, o adolescente recusar-se ou não souber informar a qualificação dessas pessoas, circunstância que deve ser certificada nos autos.

No concurso aparente entre o art. 231 do ECA e o art. 12, *caput*, da Lei n. 13.869/19, aquele prevalece simplesmente porque este (art. 12, *caput*) exige a comunicação da prisão em flagrante, a qual não se confunde com a apreensão em flagrante do adolescente (este não se submete à prisão em flagrante).

O objeto material sobre o qual incide a conduta é o adolescente cuja apreensão não foi comunicada à sua família e à autoridade judiciária.

Voluntariedade

O crime do art. 231 é doloso. Embora inexista a forma culposa, registra-se que a omissão negligente da autoridade policial pode ensejar a sua responsabilidade disciplinar, inclusive, como já decidiu o STJ, por improbidade administrativa (STJ, AREsp n. 883671, Decisão Monocrática, Rel. Magalhães, J. em 05/05/2016).

O tipo não prevê finalidade especial (elemento subjetivo específico) na conduta do agente.

Consumação e Tentativa

O crime previsto no art. 231 consuma-se no momento em que, finalizado o procedimento da apreensão, a autoridade policial responsável não realiza as comunicações devidas. Apesar de não haver um prazo legalmente estabelecido, a interpretação do adjetivo "imediata" constante do *caput*, considerando ainda que a apreensão provoca restrição à liberdade do sujeito passivo, implica que as comunicações em questão devam ser realizadas tão logo o adolescente apreendido seja apresentado à autoridade policial.

Cuidando-se de crime omissivo próprio, não cabe a tentativa (*conatus*).

Ação Penal

Todos os crimes previstos no ECA são de ação penal pública incondicionada (art. 227).

A figura típica prevista no art. 231 constitui crime de menor potencial ofensivo (art. 61 da Lei n. 9.099/95). Não admite, contudo, transação nem suspensão condicional do processo (arts. 76 e 89, ambos da Lei n. 9.099/1995), em razão da proibição do art. 226, § 1º. Diversamente, aceita acordo de não persecução penal (v. comentários ao art. 226, §1º).

> **Art. 232.** Submeter criança ou adolescente sob sua autoridade, guarda ou vigilância a vexame ou a constrangimento:
>
> Pena – detenção de seis meses a dois anos.

Bem Jurídico Tutelado

O bem jurídico tutelado consiste na integridade física, psíquica e moral da criança e do adolescente, bem como na sua dignidade. Há relação aqui com os arts. 17 e 18, ambos do ECA, e com o art. 227 da CF.

Sujeitos do Crime

Tratando-se de crime próprio, o sujeito ativo somente pode ser a pessoa que exerça autoridade (relação de subordinação), guarda (pessoa que detém o termo judicial de guarda e responsabilidade ou os pais, conforme os arts. 1.566, IV, e 1.634, II, ambos do CCB) ou vigilância (poder de controle de fato sobre o menor) sobre a criança ou o adolescente. Exemplificativamente, podem ser sujeitos ativos o tutor (autoridade), o guardião (guarda) e o professor em sala de aula (vigilância).

A vítima é a criança ou adolescente que, vinculada ao sujeito ativo por uma relação de autoridade, guarda ou vigilância, é submetida a vexame ou constrangimento.

Quanto aos sujeitos, faz-se essencial "a existência de uma situação de subordinação entre sujeitos ativo e passivo, sendo que este último, necessariamente, será a criança ou adolescente".[21]

Condutas

O art. 232 incrimina a conduta do agente que, por força de relação de autoridade, guarda ou vigilância, *submete* (sujeitar, expor, subjugar) a criança ou adolescente à situação de vexame (vergonha, humilhação) ou de constrangimento (coação física – *vis corporalis* – ou coação psicológica – *vis moralis*). É a hipótese, por exemplo, de diretora de escola que "submeteu diversos alunos do estabelecimento de ensino citado a constrangimento e vexame, retirando-os das salas de aula e das filas para entrar nas salas, sem qualquer motivo justificável, sob o falso pretexto de não estarem com o uniforme da Escola, impedindo e privando-os de estudar, bem como

21 SILVA, Rita de Cássia Lopes da. *Estatuto da criança e do adolescente. Lei 8.069, de 13 de julho de 1990*. *In*: PRADO, Luiz Regis. (coord.). Leis Penais Especiais Parte II. São Paulo: Revista dos Tribunais, 2009. p. 88.

expondo estes ao ridículo na frente de seus colegas de aula" (TJSC, Apelação n. 2007.045055-0, Rel. Roberto Pacheco, J. em 10/06/2008). Na mesma linha: "Com certeza o ato de desferir tapas no rosto de aluno, acompanhado da restrição de liberdade do mesmo para fins de punição, e imposição de disciplinar demonstram à saciedade o elemento subjetivo (dolo) exigido para configuração da figura penal do art. 232 do ECA" (TJRS, 5ª C. Criminal, Apelação Crime n. 70022003362, Rel. Aramis Nassif, J. em 15/05/08).

O **uso de algemas** foi disciplinado pelo Decreto n. 8.858, de 26 de setembro de 2016, o qual foi expedido para regulamentar o art. 199 da LEP. O art. 2º desse Decreto, repetindo basicamente o enunciado n. 11 da Súmula Vinculante do STF, dispõe que é "permitido o emprego de algemas apenas em casos de resistência e de fundado receio de fuga ou de perigo à integridade física própria ou alheia, causado pelo preso ou por terceiros, justificada a sua excepcionalidade por escrito". Assim, existente um desses motivos, é lícito o uso de algemas em adolescente infrator (STJ, 5ª T., AgRg no HC 560.661/RJ, Rel. Joel Paciornik, J. em 18/08/2020).

No concurso aparente entre o art. 232 do ECA e o art. 13, II, da Lei n. 13.869/19, envolvendo menor como sujeito passivo, aquele prevalece por força do princípio da especialidade. Vide os comentários ao item "condutas" do art. 230 desta obra para o estudo sobre a subsidiariedade da Lei n. 13.869/19.

Já no concurso aparente com o art. 146 do CP, considerando como vítima pessoa menor, o art. 232 do ECA prevalece porque é especial. Ademais, o art. 146 do CP exige o elemento subjetivo específico ("não fazer o que a lei permite, ou a fazer o que ela não manda") não previsto no art. 232 do ECA.

O objeto material sobre o qual incide a conduta consiste na criança ou no adolescente que é submetido a vexame ou constrangimento por força da relação de autoridade, guarda ou vigilância que tem com o sujeito ativo.

Voluntariedade

O crime do art. 232 é doloso. Não há previsão de finalidade especial (elemento subjetivo específico) na conduta do agente tampouco de culpa.

Consumação e Tentativa

O tipo do art. 232 é comissivo, consumando-se com a ocorrência do resultado material. Sendo crime plurissubsistente, admite a tentativa (*conatus*).

Ação Penal

Todos os crimes previstos no ECA são de ação penal pública incondicionada (art. 227).

A figura típica prevista no art. 232 constitui crime de menor potencial ofensivo (art. 61 da Lei n. 9.099/95). Não admite, contudo, transação nem suspensão condicional do processo (arts. 76 e 89, ambos da Lei n. 9.099/1995), em razão da proibição do art. 226, § 1º. Diversamente, aceita acordo de não persecução penal (v. comentários ao art. 226, §1º).

Art. 233. (Revogado pela Lei nº 9.455, de 7.4.1997)

O art. 233 do ECA foi revogado pela Lei n. 9.455/97 (art. 4º), que dispõe sobre os crimes de tortura (STJ, 6ª T., RHC 10049 CE 2000/0047292-1, Rel. Vicente Leal, J. em 06/12/01).

O art. 1º, § 4º, II, da Lei n. 9.455/97, prevê, para o crime de tortura, a majoração da sua pena quando a tortura é cometida contra *criança*, gestante, portador de deficiência, *adolescente* ou maior de 60 anos.

Remete-se o leitor aos comentários existentes nesta obra sobre a Lei n. 9.455/97.

Art. 234. Deixar a autoridade competente, sem justa causa, de ordenar a imediata liberação de criança ou adolescente, tão logo tenha conhecimento da ilegalidade da apreensão:

Pena – detenção de seis meses a dois anos.

Bem Jurídico Tutelado

O bem jurídico tutelado consiste no direito fundamental à liberdade do menor, a qual é violada quando a sua apreensão ilegal é mantida. Na linha dos comentários sobre o art. 230, a apreensão – instituto reservado apenas ao adolescente – da criança será sempre ilegal.

Sujeitos do Crime

Tratando-se de crime próprio, o sujeito ativo somente pode ser a pessoa que tem a competência/atribuição de determinar a liberação do adolescente. Nesse caso, o art. 234 refere-se ao magistrado e à autoridade policial (posição sustentada por Rogério Sanches[22], Nucci[23] e Rita Lopes da Silva[24]). Ishida[25] e Cláudia Canto Condack[26] acrescentam que o membro do Ministério do Público pode ser o sujeito ativo, o que ocorreria quando da apresentação do adolescente apreendido em flagrante pela autoridade policial ao Promotor de Justiça (art. 175). Se o Promotor de Justiça constatar a ilegalidade da apreensão, deve determinar à autoridade policial a liberação do adolescente.

O sujeito passivo é a criança ou o adolescente submetido à apreensão ilegal.

Condutas

O art. 234 pune a conduta do magistrado ou da autoridade policial que, sem justa causa, *deixa* (omitir-se, abster-se, não considerar) de *ordenar* (mandar, determinar) a imediata liberação do menor que esteja ilegalmente apreendido. A imediatidade da ordem de liberação ("tão logo tenha conhecimento") deve ser interpretada literalmente, pois a apreensão restringe um direito fundamental do menor. Nessa restrição, toda interpretação deve privilegiar o fim perseguido pela norma protetiva. Logo, assim que o sujeito ativo tiver conhecimento da ilegalidade da apreensão, ele deve ordenar a soltura do menor.

O elemento normativo "sem justa causa", em regra, diz respeito à licitude ou ilicitude da conduta prevista. Todavia, quando a expressão "sem justa causa" é trazida para o interior do tipo, no preceito primário, ela influi na tipicidade.[27] Ademais, uma vez inserida no tipo, a expressão "sem justa causa" passa a ser "um elemento de natureza normativa, que dá ensejo a um juízo de valor que será realizado caso a caso".[28] Por isso, se a apreensão do adolescente (lembra-se que a apreensão de criança é sempre ilegal) for legal, a não liberação dele não constitui apenas

22 ROSSATO, Luciano Alves. LÉPORE, Paulo Eduardo. SANCHES, Rogério. *Estatuto da criança e do adolescente:* Lei n. 8.069/90 comentada artigo por artigo. 8. ed. São Paulo: Saraiva, 2016. p. 578.

23 NUCCI, Guilherme de Souza. *Estatuto da criança e do adolescente comentado*: em busca da constituição federal das crianças e dos adolescentes. 3. ed. Rio de Janeiro: Forense, 2017. p. 762.

24 SILVA, Rita de Cássia Lopes da. *Estatuto da criança e do adolescente. Lei 8.069, de 13 de julho de 1990. In*: PRADO, Luiz Regis. (coord.). Leis Penais Especiais Parte II. São Paulo: Revista dos Tribunais, 2009. p. 89.

25 ISHIDA, Valter Kenji. *Estatuto da criança e do adolescente*: doutrina e jurisprudência. 17. ed. Salvador: Juspodivm, 2016. p. 692.

26 CONDACK, Claudia Canto. *Dos crimes. In*: MACIEL, Kátia Regina. F. L. A. (coord.). Curso de Direito da Criança e do Adolescente. 9. ed. São Paulo: Saraiva, 2016. p. 1227.

27 NUCCI, Guilherme de Souza. *Estatuto da criança e do adolescente comentado:* em busca da constituição federal das crianças e dos adolescentes. 3. ed. Rio de Janeiro: Forense, 2017. p. 762.

28 GRECO, Rogério. *Código penal comentado*. 6. ed. Niterói: Impetus, 2012. p. 771.

estrito cumprimento do dever legal (nível da ilicitude), mas fato atípico (nível da tipicidade, cuja existência precede à ilicitude).

Se o sujeito ativo ignorar a ilegalidade da apreensão, haverá erro de tipo quanto à não liberação do adolescente, não havendo responsabilização do agente. Essa situação ocorre, por exemplo, quando os condutores do adolescente omitem a ilegalidade da apreensão, hipótese em que a autoridade competente não incorrerá na prática do presente crime; já esses condutores responderão pelo crime tipificado no art. 230.

No concurso aparente entre o art. 234 do ECA e o art. 9º, I, da Lei n. 13.869/19, envolvendo menor como sujeito passivo, aquele prevalece por força do princípio da especialidade. Vide os comentários ao item "condutas" do art. 230 desta obra para o estudo da subsidiariedade da Lei n. 13.869/19.

Se o prazo do art. 108 é excedido, a conduta tipifica o crime do art. 235.

O objeto material sobre o qual incide a conduta é a própria criança, cuja apreensão será sempre ilegal, ou o adolescente, cuja apreensão sem estado de flagrância, sem ordem judicial ou sem observar as formalidades previstas no ECA, é ilegal.

Voluntariedade

O crime do art. 234 é doloso. Não há previsão de finalidade especial (elemento subjetivo específico) na conduta do agente tampouco de culpa.

Consumação e Tentativa

A consumação ocorre no exato momento em que a autoridade policial, quando recebe o adolescente apreendido pela polícia militar, p. ex., ou o magistrado, quando recebe oficialmente a informação sobre a apreensão, toma conhecimento da ilegalidade e, não obstante, deixa de ordenar a liberação do menor.

Cuidando-se de crime omissivo próprio, não cabe a tentativa (*conatus*).

Ação Penal

Todos os crimes previstos no ECA são de ação penal pública incondicionada (art. 227).

A figura típica prevista no art. 234 constitui crime de menor potencial ofensivo (art. 61 da Lei n. 9.099/95). Não admite, contudo, transação nem suspensão condicional do processo (arts. 76 e 89, ambos da Lei n. 9.099/1995), em razão da proibição do art. 226, § 1º. Diversamente, aceita acordo de não persecução penal (v. comentários ao art. 226, §1º).

> **Art. 235.** Descumprir, injustificadamente, prazo fixado nesta Lei em benefício de adolescente privado de liberdade:
>
> Pena – detenção de seis meses a dois anos.

Bem Jurídico Tutelado

O bem jurídico tutelado consiste no direito fundamental à liberdade do adolescente apreendido, que é violada quando se excedem os prazos fixados no ECA em favor do adolescente privado da sua liberdade.

Os prazos previstos no ECA em favor do adolescente apreendido são os seguintes: a) arts. 108 e 183 – prazo máximo da internação provisória (45 dias); b) art. 121 – prazo máximo da internação (3 anos, com reavaliação da necessidade da medida em, no máximo, 6 meses, e com liberação compulsória aos 21 anos de idade); c) art. 122, § 1º – prazo da internação por descumprimento reiterado e injustificável da medida anteriormente imposta (3 meses); d) art. 175 – prazo para a apresentação do adolescente apreendido em flagrante pela autoridade policial ao Ministério Público (24 horas); e) art. 179 – prazo para o membro do Ministério Público ouvir informalmente o adolescente apreendido em flagrante e, sendo possível, os seus familiares (no dia da apresentação); e f) art. 185, § 2º – prazo para a transferência do adolescente internado provisoriamente em unidade policial, em seção separada da dos adultos, para a entidade de atendimento (5 dias).

Especificamente quanto à internação provisória (arts. 108 e 183), apesar da previsão legal acerca da sua improrrogabilidade, se ela for prorrogada por força de decisão judicial, não haverá crime. Há jurisprudência, principalmente de Tribunais de Justiça (como a Justiça Federal não tem competência para o julgamento de atos infracionais, consoante o art. 109, IV, da CF, não há decisões dos Tribunais Regionais Federais a respeito – v. comentários ao art. 225) que, com base na proporcionalidade e na colisão entre os valores alusivos à internação provisória, admite essa prorrogação: a) TJSE, C. Criminal, AI nº 201300309851 nº único 0004704-35.2013.8.25.0000, Rel. Luiz Mendonça, J. em 30/07/2013; b) TJRS, 7ª C. Cível, HC nº 70070953229, Rel. Jorge Dall'Agnol, J. em 26/10/2016; c) TJMG, 2ª C. Cível, Apelação Cível 1.0223.10.013329-5/001, Rel. Afrânio Vilela, J. em 10/06/2014. Em sentido contrário, no entanto, têm decido o STJ e o STF: d) STJ, 6ª T., HC 306.667/SP, Rel. Rogerio Schietti Cruz, J. em 24/02/2015.

Sujeitos do Crime

Tratando-se de crime próprio, pode ser sujeito ativo apenas o agente que tem a atribuição (autoridade policial ou membro do Ministério Público) ou competência (juiz de direito) para praticar atos que influam sobre a liberdade do adolescente apreendido. Constata-se assim que o art. 235 se destina, principalmente, ao magistrado e à autoridade policial, pois eles praticam a maioria dos atos que interferem sobre a liberdade do adolescente, a exemplo dos arts. 183 e 175, respectivamente. O membro do Ministério Público pode ser responsabilizado pelo descumprimento do art. 179, cuja omissão não é, inicialmente, passível de verificação pelo juízo para os fins de liberar o adolescente; eventual descumprimento dos outros prazos a que o membro do Ministério Público se submete não ostenta tipicidade pela ausência de dano material, destacando-se que o crime do art. 235 é material. Por exemplo, se o promotor de justiça tardar em oferecer as alegações finais em processo que imputa a prática de ato infracional a adolescente que se encontra apreendido, o juiz pode conceder a liberdade a este, não havendo assim prejuízo material ao adolescente.

O sujeito passivo é o adolescente apreendido. O ECA, neste seu art. 235, observou a **impossibilidade jurídica de a criança ser apreendida**, conforme já exposto nos comentários do item "bem jurídico tutelado" relativo ao art. 230. Já o adolescente que responde, em liberdade, ao processo ("representação") por ato infracional não pode ser sujeito passivo, visto que o descumprimento dos prazos não implica prejuízos à sua liberdade.

Condutas

O art. 235 pune a conduta do agente que *descumpre* (deixar de executar, desobedecer), sem justificativa (elemento normativo do tipo), prazo fixado em favor do adolescente apreendido.

A inserção do elemento normativo *injustificadamente*, no âmbito do tipo, revela que, se houver justificativa para descumprir o prazo fixado em favor do adolescente apreendido, a conduta será atípica (v. comentários no item "condutas" referente ao art. 234 do ECA). "Por exemplo: adolescente infrator internado provisoriamente em repartição separada na Cadeia Pública da Comarca de Teodoro Sampaio, distante mais de 600 km da unidade de internação (Comarca de São Paulo), sendo impossível o cumprimento do prazo de cinco dias."[29]

29 ISHIDA, Valter Kenji. *Estatuto da criança e do adolescente*: doutrina e jurisprudência. 17. ed. Salvador: Juspodivm, 2016. p. 694.

No concurso aparente entre o art. 235 do ECA e o art. 12, IV, da Lei n. 13.869/19, envolvendo menor como sujeito passivo, aquele prevalece por força do princípio da especialidade. Vide os comentários ao item "condutas" do art. 230 desta obra para o estudo da subsidiariedade da Lei n. 13.869/19.

O objeto material sobre o qual incide a conduta é o prazo fixado no ECA em favor do menor que se encontra apreendido.

Voluntariedade

O crime do art. 235 é doloso. Não há previsão de finalidade especial (elemento subjetivo específico) na conduta do agente tampouco de culpa.

Consumação e Tentativa

A consumação ocorre a partir do momento do vencimento do prazo, sem a prática do respectivo ato devido fixado em favor do adolescente apreendido.

Cuidando-se de crime omissivo próprio, não cabe a tentativa (*conatus*).

Ação Penal

Todos os crimes previstos no ECA são de ação penal pública incondicionada (art. 227).

A figura típica prevista no art. 235 constitui crime de menor potencial ofensivo (art. 61 da Lei n. 9.099/95). Não admite, contudo, transação nem suspensão condicional do processo (arts. 76 e 89, ambos da Lei n. 9.099/1995), em razão da proibição do art. 226, § 1º. Diversamente, aceita acordo de não persecução penal (v. comentários ao art. 226, §1º).

> **Art. 236.** Impedir ou embaraçar a ação de autoridade judiciária, membro do Conselho Tutelar ou representante do Ministério Público no exercício de função prevista nesta Lei:
>
> Pena – detenção de seis meses a dois anos.

Bem Jurídico Tutelado

O bem jurídico tutelado consiste na administração da justiça, especialmente a da infância e juventude. É a mesma objetividade jurídica dos crimes previstos no Capítulo III do Título XI da Parte Especial do Código Penal (arts. 338 a 359 do CP).

Sujeitos do Crime

Tratando-se de crime comum, o sujeito ativo pode ser qualquer pessoa que intervenha negativamente na ação do Poder Judiciário, do Ministério Público ou do Conselho Tutelar.

O sujeito passivo é o Estado, representado, no caso, pela autoridade judiciária, pelo membro do Conselho Tutelar ou pelo representante do Ministério Público. A expressão "autoridade judiciária" não designa apenas o magistrado, como já decidiu o STF: "Estatuto da Criança e do Adolescente – Artigo 236 – Alcance da expressão ´Autoridade Judiciária´. A expressão envolve toda e qualquer autoridade judiciária no desempenho da função, não se restringindo à figura do juiz da Vara da Infância e do Adolescente" (STF, 1ª T., HC 84394, Rel. Marco Aurélio, J. em 03/08/2004).

Condutas

O crime do art. 236 pune a conduta do agente que *impede* (obstar, interromper, não permitir) ou *embaraça* (perturbar, atrapalhar) a ação da autoridade judiciária, do membro do Conselho Tutelar ou do representante do Ministério Público no desempenho das suas funções previstas pelo ECA. Destacam-se as seguintes funções: a) autoridade judiciária: arts. 148 e 149; b) Conselho Tutelar: art. 136; c) Ministério Público: art. 201.

Trata-se de tipo misto alternativo, motivo pelo qual a prática das duas condutas, impedir e embaraçar, no mesmo contexto, caracteriza crime único, não havendo que se cogitar em concurso de crimes. No tipo misto alternativo, a realização de mais de um verbo nuclear é sopesada na primeira fase da dosimetria da pena (art. 59 do CP), razão pela qual o agente que pratica mais de um verbo nuclear merece uma pena mais elevada do que aquele que pratica apenas um.

O verbo nuclear "impedir" não apresenta dificuldades, pois traduz a ideia de alguma conduta do sujeito ativo que, de fato, obstaculize a ação do sujeito passivo, retirando-lhe inclusive meios alternativos para o desempenho da sua ação. Por sua vez, o verbo "**embaraçar**" apresenta complexidade maior, pois consiste em alguma conduta do sujeito ativo que, realmente, atrapalhe a ação que deve ser desempenhada pelo sujeito passivo. Logo, incorre na prática deste crime o réu que nega "ao Conselho Tutelar desta cidade a disponibilidade do veículo cedido pela municipalidade ao referido conselho, comportamento que, por si só, tipifica o fato apurado neste caderno processual, posto que acabou por embaraçar a atuação dos membros do Conselho Tutelar desta cidade" (TJPR, Turma Recursal Única, Apelação 20070010343-3, Rel. Cristiane Leite, J. em 19/10/2007). Nota-se, assim, que o essencial para tipificar o presente crime é o dolo do sujeito ativo direcionado a que o sujeito passivo não realize a sua ação. Por isso, xingamentos e manifestação de descontentamento lançados pelo sujeito ativo ao passivo, se não voltados ao embaraço da ação que por este deve ser desempenhada, não caracterizam o crime (v. TJRS, Turma Recursal Criminal, Recurso Crime n. 71006363386, Rel. Luis Piccinin, J. em 30/01/2017).

O objeto material sobre o qual incide a conduta é a ação da autoridade judiciária, do membro do Conselho Tutelar ou do representante do Ministério Público que foi impedida ou embaraçada pelo sujeito ativo.

O crime do art. 236 do ECA assemelha-se ao tipificado no art. 329 do CP (resistência). Este, todavia, exige o emprego de violência ou ameaça. Além disso, o crime do art. 236 do ECA é especial em relação ao do art. 329 do CP porque a conduta nele prevista se dirige ao impedimento ou embaraço de determinadas pessoas apenas (autoridade judiciária, membro do Conselho Tutelar ou representante do Ministério Público que esteja no exercício de função prevista no ECA).

Voluntariedade

O crime do art. 236 é doloso. Não há previsão de finalidade especial (elemento subjetivo específico) na conduta do agente tampouco de culpa.

Consumação e Tentativa

Quanto ao verbo nuclear *impedir*, o crime consuma-se com o efetivo impedimento da ação do agente público. Se a conduta empregada pelo sujeito ativo for comissiva, é possível a tentativa (*conatus*); se a conduta for omissiva, a tentativa é impossível.

Quanto ao verbo nuclear *embaraçar*, valem as mesmas observações. Deve-se observar, contudo, que a tentativa de impedir pode caracterizar a conduta de embaraçar. Sustenta-se que "deve ser considerado que a tentativa de impedir caracteriza a segunda modalidade criminosa, ou seja, embaraçar; quem tenta impedir a realização de um ato acaba por atrapalhar a sua realização".[30] Em resumo: na conduta omissiva, a tentativa é descabida; na conduta comissiva, a tentativa de impedir geralmente caracterizará a consumação da ação de embaraçar.

Ação Penal

Todos os crimes previstos no ECA são de ação penal pública incondicionada (art. 227).

30 SILVA, Rita de Cássia Lopes da. *Estatuto da criança e do adolescente. Lei 8.069, de 13 de julho de 1990. In*: PRADO, Luiz Regis. (coord.). Leis Penais Especiais Parte II. São Paulo: Revista dos Tribunais, 2009. p. 92.

A figura típica prevista no art. 236 constitui crime de menor potencial ofensivo (art. 61 da Lei n. 9.099/95). Admite transação, o que afasta a possibilidade de ANPP (art. 28-A, § 2º, I, do CPP), e suspensão condicional do processo (arts. 76 e 89, ambos da Lei n. 9.099/1995). Registra-se a inaplicabilidade do art. 226, § 1º, pois o tipo do art. 236 não tem como sujeito passivo criança ou adolescente.

Art. 237. Subtrair criança ou adolescente ao poder de quem o tem sob sua guarda em virtude de lei ou ordem judicial, com o fim de colocação em lar substituto:

Pena – reclusão de dois a seis anos, e multa.

Bem Jurídico Tutelado

O bem jurídico tutelado consiste no direito da criança e do adolescente a ser criado pela sua família. Também inclui o direito dos genitores (incluindo o guardião e o tutor) em ter consigo o filho menor.

Sujeitos do Crime

Tratando-se de crime comum, o sujeito ativo pode ser qualquer pessoa que não detenha a guarda, legal (pais) ou judicial (guardião), da criança ou adolescente. Por isso, o genitor destituído do poder familiar sobre o filho menor pode ser sujeito ativo. No HC 203.405/MS, o STJ reconheceu a validade de interceptação telefônica determinada em processo cível envolvendo a busca e apreensão de menor, em trâmite perante Vara de Família, para averiguação do possível cometimento do crime tipificado no art. 237 do ECA pelo pai do menor (STJ, 3ª T., HC 203.405/MS, Rel. Sidnei Beneti, J. em 28/06/2011).

O sujeito passivo é tanto o menor subtraído quanto a pessoa que detém a guarda sobre ele.

Condutas

O art. 237 incrimina a conduta de *subtrair* (retirar) o menor ao poder de quem tenha, na forma da lei, a sua guarda, com a finalidade especial de colocá-lo em outra família. De fato: "Comete, em tese, o delito previsto no art. 237 do Estatuto da Criança e do Adolescente o agente que apanha criança que estava sob os cuidados do guardião e a leva para residir consigo" (TJSC, 2ª C. Crim., Conflito de Jurisdição n. 1001847-21.2016.8.24.0000, Rel. Sérgio Rizelo, J. em 08/11/2016).

A finalidade especial do sujeito ativo (com o fim de colocação em lar substituto) é característica essencial do tipo e consiste na justificativa para prevalecer o art. 237 do ECA quando em conflito aparente com o art. 249 do CP ("Ré que admitiu a subtração de seu neto, porém sem a finalidade de colocá-lo em lar substituto. Desclassificação para o crime previsto no artigo 249 do Código Penal" – TJSP, 16ª C. Crim., Ap. n. 0010930-45.2011.8.26.0664, Rel. Pedro Menin; J. em 25/09/2012). Além disso, se a subtração for praticada com outra finalidade, haverá a tipificação de outro delito, a exemplo dos crimes previstos nos arts. 148 ou 159, ambos do CP.

Contudo, sustenta-se, em opinião própria, a atipicidade da **retirada do menor da sua família, diante da suspeita da prática de algum crime praticado contra ele**. É o caso, por exemplo, do conselheiro tutelar que, acionado por médico que atende o menor, suspeita que este é vítima de crime sexual praticado pelos seus genitores e, mesmo contra a vontade destes, o recolhe às dependências do Conselho Tutelar ou o encaminha a uma instituição de acolhimento, de tudo comunicando o Ministério Público. Essa conduta representa típico caso de legítima defesa de terceiro, sendo plenamente justificada e respaldada pelo princípio da proteção integral adotado pelo ECA. Ademais, o menor tem verdadeiro "direito de refúgio" (art. 16, VII), que pode ser exercido, em casos extremos, inclusive contra a sua família. O art. 16, VII, "significa deixar clara a terceiros a viabilidade de uma criança ou adolescente *fugir de casa* (ou do abrigo), quando sofrer maus-tratos, podendo encontrar proteção noutro lugar (vizinho, parente, amigo), sem que essa pessoa possa ser processada pelos pais do *refugiado* (ou pelo responsável pelo abrigo)".[31] Refúgio "significa local seguro. Isso permite que a criança e o adolescente saiam até da sua família em caso de necessidade, como, por exemplo, a violência física".[32] Nesse exemplo recém fornecido, o conselheiro não atua com dolo, o que impede a criminalização da sua conduta.

O objeto material sobre o qual incide a conduta é a criança ou o adolescente.

Voluntariedade

O crime do art. 237 é doloso, com exigência da finalidade especial (elemento subjetivo do tipo) consistente no objetivo de colocar o menor em lar substituto.

O tipo não prevê a forma culposa.

Consumação e Tentativa

A consumação ocorre com a efetiva subtração da criança ou do adolescente, independentemente da colocação em lar substituto, que, se ocorrer, representa mero ***exaurimento***. Neste, o agente leva o crime já consumado a consequências mais lesivas ao bem jurídico protegido, razão por que, na primeira fase da dosimetria da pena (art. 59), a circunstância judicial "consequências do crime" lhe é valorada negativamente.

Tratando-se de crime plurissubsistente, a tentativa (*conatus*) é possível.

Ação Penal

Todos os crimes previstos no ECA são de ação penal pública incondicionada (art. 227).

Tendo em vista as penas mínima e máxima e a regulamentação do art. 226, §1º, o crime sob estudo não constitui infração de menor potencial ofensivo (art. 61 da Lei n. 9.099/95) tampouco admite o *sursis* processual (art. 89 da Lei n. 9.099/95). Admite, diferentemente, o acordo de não persecução penal (art. 28-A do CPP).

Art. 238. Prometer ou efetivar a entrega de filho ou pupilo a terceiro, mediante paga ou recompensa:

Pena – reclusão de um a quatro anos, e multa.

Parágrafo único. Incide nas mesmas penas quem oferece ou efetiva a paga ou recompensa.

Bem Jurídico Tutelado

O bem jurídico tutelado consiste no direito fundamental do filho ou pupilo, que deve ser criança ou adolescente, à convivência saudável em situação familiar regular. É igualmente protegida a dignidade humana[33] do menor, o qual, ao ser comercializado, é "coisificado", ou seja, equiparado a um objeto ou a uma coisa. Tutela-se também o sistema jurídico da adoção, pois a prática do presente crime implica prejuízo ao sistema nacional de adoção.

---

31 NUCCI, Guilherme de Souza. *Estatuto da criança e do adolescente comentado*: em busca da constituição federal das crianças e dos adolescentes. 3. ed. Rio de Janeiro: Forense, 2017. p. 63.

32 ISHIDA, Valter Kenji. *Estatuto da criança e do adolescente:* doutrina e jurisprudência. 17. ed. Salvador: Juspodivm, 2016. p. 68.

33 Sobre o princípio da dignidade da pessoa humana, v.: BARROSO, Luís Roberto. Aqui, lá e em todo lugar: a dignidade humana no direito contemporâneo e no discurso transnacional. *Revista dos Tribunais*. Ano 101, v. 919, maio/2012, p. 127-196.

Sujeitos do Crime

Como o crime previsto no art. 238, *caput*, é próprio, o sujeito ativo são, somente, os genitores, o guardião ou o tutor. No caso do art. 238, parágrafo único, que constitui crime comum, o sujeito ativo pode ser qualquer pessoa.

O sujeito passivo é o filho ou o pupilo cuja entrega é prometida ou efetivada a terceiro mediante paga ou recompensa. Anota-se que, para a caracterização do presente tipo, o filho deve ser menor, vale dizer, criança ou adolescente; se o filho for maior, a sua entrega prometida ou efetivada é atípica. Rememora-se que o pupilo, por definição legal (art. 1728, *caput*, do CCB), é sempre pessoa menor de idade.

O nascituro está compreendido no conceito de filho e, para o STJ, pode ostentar a condição de sujeito passivo: "O vocábulo 'filho', empregado no tipo penal do art. 238 da Lei 8.069/90, abrange tanto os nascidos como os nascituros" (STJ, 5ª T., REsp 48.119/RS, Rel. Assis Toledo, J. em 20/03/1995). Esse entendimento pode ser justificado no princípio da proteção integral da criança e do adolescente, o qual, por sua vez, acolhe a teoria concepcionista da personalidade[34], segundo a qual o nascituro tem direitos reconhecidos desde a concepção.

Condutas

O art. 238, *caput*, incrimina a conduta do sujeito ativo (genitores, guardião ou tutor) que *promete* (obrigar-se, vincular-se) ou *efetiva* (concretizar, realizar) a entrega de filho ou pupilo a terceiro, com a finalidade especial de receber pagamento ou recompensa de cunho econômico.

O art. 238, *caput*, exige a existência de um sujeito ativo que ofereça e/ou efetive o pagamento. Essa conduta é incriminada pelo art. 238, parágrafo único, que pune o sujeito ativo que *oferece* (promoter, propor) ou *efetiva* (realizar, concretizar) a paga ou recompensa.

O crime sob estudo visa combater o chamado "tráfico de crianças", que envolve a comercialização de crianças para serem entregues a outras famílias. Também se evita a "barriga de aluguel"[35], quando a mulher, com base em interesse econômico, promete a entrega do nascituro a terceiros.

No concurso aparente entre o art. 238 do ECA e o 245, *caput*, do CP, se houver a finalidade especial de obter paga ou recompensa, prevalece aquele; se, excluído o interesse econômico, o destinatário da entrega oferecer risco material e/ou moral ao menor, prevalece este (art. 245, *caput*, do CP); se, por fim, não houver interesse econômico e risco material e/ou moral ao menor, o fato é atípico. Essa terceira hipótese ocorre, por exemplo, quando a genitora, reconhecendo a sua incapacidade material e/ou moral para criar o seu filho menor, entrega este, graciosamente, a um casal idôneo com o único propósito de que o menor seja criado em melhores condições. Esse casal, na sequência, registra o filho como se fosse seu, situação que caracteriza a "adoção à brasileira", conforme a doutrina.[36] Enquanto o fato praticado pela genitora é atípico, a conduta praticada pelo casal encontra possível tipificação no art. 242 do CP.

Não é de grande importância a divergência doutrinária atinente à revogação tácita operada do art. 245, § 1º, do CP, quanto à intenção de obter lucro, pelo art. 238 do ECA. Independentemente do dispositivo legal que prevaleça, as penas são iguais, ou seja, de um a quatro anos de reclusão. Apenas deve ser observado que a previsão de multa, no art. 238, implica *novatio legis in pejus* em relação ao art. 245, § 1º, do CP.

34 TARTUCE, Flávio. *Manual de direito civil*. 2. ed. Rio de Janeiro: Forense, 2012. p. 72.

35 O Conselho Federal de Medicina, pela sua Resolução CFM n. 2.294/2021, adotou normas éticas para a utilização das técnicas de reprodução assistida.

36 FARIAS, Cristiano Chaves. ROSENVALD, Nelson. *Curso de direito civil:* famílias, volume 6. 7. ed. São Paulo: Atlas, 2015. p. 925-926. Anota-se, no entanto, que, para Digiácomo, a "adoção à brasileira" é criminosa (DIGIÁCOMO, Murillo José. *Estatuto da criança e do adolescente anotado e interpretado*. 6. ed. Curitiba: Ministério Público do Estado do Paraná. Centro de Apoio Operacional das Promotorias da Criança e do Adolescente, 2013. p. 18-19. Disponível em: http://www.crianca.mppr.mp.br/arquivos/File/publi/caopca/eca_anotado_2013_6ed.pdf. Acesso em: 17 mar. 2017.

O objeto material sobre o qual incide a conduta é o filho menor ou o pupilo objeto da promessa ou da efetiva entrega a terceiros.

Sobre a aplicação do art. 13-B do CPP ao crime tipificado no art. 238, vide comentários ao item "condutas" relativo o art. 239.

Voluntariedade

O crime do art. 238 é doloso e exige finalidade especial (elemento subjetivo específico) consistente no objetivo econômico.

O tipo não prevê a forma culposa.

Consumação e Tentativa

No respeitante à conduta *prometer* (art. 238, *caput*), o crime é formal, ocorrendo a consumação no momento em que a promessa é realizada, independentemente da efetiva entrega do menor ou do recebimento do pagamento. A tentativa (*conatus*), de difícil ocorrência, sucederia, por exemplo, na interceptação da carta remetida pelo genitor ao terceiro interessado contendo a promessa de entrega do filho mediante pagamento.

Quanto ao verbo nuclear *efetivar* (art. 238, *caput*), o crime é material, sucedendo a consumação no momento em que a criança é realmente entregue. Tratando-se de crime plurissubsistente, admite a tentativa.

O recebimento pelo sujeito ativo da paga ou recompensa, no caso do art. 238, *caput*, representa mero exaurimento (v. comentários ao item "consumação e tentativa" ao art. 237).

No atinente à conduta *oferecer* (art. 238, parágrafo único), o crime é formal, ocorrendo a consumação quando é realizada a oferta de paga ou recompensa. A tentativa, de difícil ocorrência, sucederia, por exemplo, na interceptação da carta remetida pelo terceiro interessado contendo o oferecimento de pagamento ao genitor.

No tocante ao verbo nuclear *efetivar* (art. 238, parágrafo único), o crime é material, sucedendo a consumação quando o pagamento é realizado. Tratando-se de crime plurissubsistente, a tentativa é admissível.

Ação Penal

Todos os crimes previstos no ECA são de ação penal pública incondicionada (art. 227).

À guisa dos comentários expendidos no art. 226, § 1º, a figura típica do art. 238 não admite transação nem suspensão condicional do processo; diversamente, aceita acordo de não persecução penal (art. 28-A do CPP).

Art. 239. Promover ou auxiliar a efetivação de ato destinado ao envio de criança ou adolescente para o exterior com inobservância das formalidades legais ou com o fito de obter lucro:

Pena – reclusão de quatro a seis anos, e multa.

Parágrafo único. Se há emprego de violência, grave ameaça ou fraude.

Pena – reclusão, de 6 (seis) a 8 (oito) anos, além da pena correspondente à violência.

Bem Jurídico Tutelado

O bem jurídico tutelado consiste na proteção conferida pelo ordenamento jurídico à família da criança ou do adolescente. Tutela-se também a dignidade humana do menor (v. comentários ao item "bem jurídico tutelado" do art. 238).

Sujeitos do Crime

Tratando-se de crime comum, o sujeito ativo pode ser qualquer pessoa. Há posicionamento que exclui os genitores da condição de sujeito ativo: "Se os pais cometerem o crime relacionado não respondem pelo delito do art. 239 do ECA. Se houver a entrega a pessoa com perigo material e moral, respondem pelo delito do art. 245 do CP. Se a entrega não for acompanhada desse perigo, respondem pelo delito do art. 238 do ECA".[37] Esse entendimento pode ser estendido ao guardião e tutor, no caso do art. 238.

O sujeito passivo é a criança ou o adolescente sobre o qual recai a conduta.

Condutas

O art. 239 coíbe o tráfico internacional de menores, enquanto o art. 238 proíbe o tráfico nacional. Destaca-se que o Brasil é signatário da Convenção Interamericana sobre Tráfico Internacional de Menores (Decreto 2.740, de 20 de agosto de 1998). O art. 2º, "b", desta Convenção, entende o tráfico internacional de menores como "a subtração, a transferência ou retenção, ou a tentativa de subtração, transferência ou retenção de um menor, com propósitos ou por meios ilícitos".

Murillo Digiácomo sintetiza bem os diplomas internacionais sobre o tráfico de menores de que o Brasil é signatário: "Princípio 9º, segunda parte, da Declaração dos Direitos da Criança, de 1959; arts. 11 e 35, da Convenção da ONU sobre os Direitos da Criança, de 1989; Dec. Legislativo nº 230/2003, de 29/05/2003, que aprovou o texto do Protocolo Facultativo à Convenção sobre os Direitos da Criança referente à venda de crianças, à prostituição infantil e à pornografia infantil, adotado em Nova Iorque em 25/05/2000, promulgado pelo Decreto nº 5007/2004, de 02/03/2004 e o Dec. Legislativo nº 231/2003, de 29/05/2003, que aprova o texto do Protocolo Adicional à Convenção das Nações Unidas contra o Crime Organizado Transnacional Relativo à Prevenção, Repressão e Punição do Tráfico de Pessoas, em Especial Mulheres e Crianças, adotado em Nova Iorque em 15/11/2000, promulgado pelo Decreto nº 5007/2004, de 02/03/2004. Vide também o Decreto nº 2.740/1998, de 20/08/1998, que promulgou a Convenção Interamericana sobre Tráfico Internacional de Menores, assinada na Cidade do México em 18/03/1994 e Decreto nº 3.413/2000, de 14/04/2000, que promulgou a Convenção sobre os Aspectos Civis do Sequestro Internacional de Crianças, concluída na cidade de Haia, em 25/10/1980".[38]

O art. 239 incrimina a conduta do sujeito ativo que *promove* (executar, impulsionar) ou *auxilia* (ajudar, facilitar) a realização de ato que se destina ao envio de criança ou adolescente para o exterior, ou com inobservância das formalidades legais, *ou* com a finalidade especial de obter lucro.

A finalidade especial do tipo, "com o fito de obter lucro", é **alternativa** ao elemento normativo "com inobservância das formalidades legais", e não cumulativa. Exatamente por isso: "Comete crime quem promove o envio de adolescente para o exterior com o fito de obter lucro, nos termos do art. 239 do ECA, ainda que a documentação tenha sido regular" (TRF4, 8ª T., ACR 5001277-36.2014.404.7207, Rel. Leandro Paulsen, J. em 05/04/2017). Tratando-se de crime formal, igualmente dispensa-se a saída do menor do país (STJ, 6ª T., REsp 1023002/PE, Rel. Alderita Oliveira, J. em 09/08/2012).

Se, para a realização das condutas previstas no art. 239, *caput*, houver o emprego de violência, grave ameaça ou fraude (artifício, engodo, ardil), a pena é maior (STJ, 6ª T., REsp 1202292/RJ, Rel. Maria Moura, J. em 21/05/2013). Já no caso específico da violência, haverá concurso material[39] com o crime correlato.

---

37 ISHIDA, Valter Kenji. *Estatuto da criança e do adolescente:* doutrina e jurisprudência. 17. ed. Salvador: Juspodivm, 2016. p. 701.

38 DIGIÁCOMO, Murillo José. *Estatuto da criança e do adolescente anotado e interpretado*. 6. ed. Curitiba: Ministério Público do Estado do Paraná. Centro de Apoio Operacional das Promotorias da Criança e do Adolescente, 2013. p. 327. Disponível em: http://www.crianca.mppr.mp.br/arquivos/File/publi/caopca/eca_anotado_2013_6ed.pdf. Acesso em: 17 mar. 2017.

39 No preceito secundário do presente artigo bem como no dos arts. 208, 209, 230, 329 e 338, todos do CP, há a previsão de concurso material, conforme ensina Bitencourt (BITENCOURT, Cezar Roberto. *Código penal comentado*. 7. ed. São Paulo: Saraiva, 2012. p. 903; 1000-1001).

São exemplos de formalidades legais para o envio de criança ou adolescente ao exterior: arts. 46, 51 a 52 e 165 a 170 (regras para a adoção internacional); arts. 84 a 85 (autorização para viagem ao exterior).

No conflito aparente entre o art. 239 do ECA e o art. 245, § 2º, do CP, prevalece aquele em função do critério da especialidade.

Se, independentemente da observância das formalidades legais e do intuito de lucro, o envio do menor ao exterior tiver por finalidade especial (i) a remoção de órgãos, tecidos ou partes do corpo, (ii) a submissão dele a trabalho em condições análogas à de escravo, (iii) a submissão dele a qualquer tipo de servidão, (iv) sua adoção ilegal, ou (v) sua exploração sexual, prevalece, em atenção ao critério da especialidade, o crime tipificado no art. 149-A, § 1º, II e IV, do CP.

O objeto material sobre o qual incide a conduta é o ato destinado ao envio da criança ou do adolescente ao exterior.

Para o crime do art. 239, é possível que a autoridade policial ou o Ministério Público requisitem, de quaisquer órgãos do poder público ou de empresas da iniciativa privada, dados e informações cadastrais da vítima ou de suspeitos, conforme o art. 13-A do CPP. Essa requisição deve ser atendida no prazo de 24 horas.

Para os crimes tipificados nos arts. 238 e 239, que cuidam de tráfico de pessoas, aplica-se o art. 13-B do CPP, que permite a autoridade policial ou o Ministério Público requisitem, desde que com autorização judicial, às empresas prestadoras de serviço de telecomunicações e/ou telemática que disponibilizem imediatamente os meios técnicos adequados – como sinais, informações e outros – que permitam a localização da vítima ou dos suspeitos do crime em curso.

Voluntariedade

O crime do art. 239 é doloso. Pode exigir a finalidade especial (elemento subjetivo específico) consistente no intuito de lucro.

O tipo não prevê a forma culposa.

Consumação e Tentativa

O crime do art. 239 é formal, ou seja, a despeito de prever um resultado naturalístico – a saída da criança ou adolescente ao exterior –, dispensa a sua ocorrência para fins da sua consumação. Esta ocorre com a prática de qualquer ato que se destine ao envio de criança ou adolescente ao exterior. A efetiva saída da criança ou adolescente representa mero exaurimento (v. comentários ao item "consumação e tentativa" ao art. 237). O STJ decidiu neste sentido (STJ, 5ª T., AgRg no AREsp 160.951/RJ, Rel. Regina Helena Costa, J. em 17/09/2013).

O crime é plurissubsistente, o que torna possível a tentativa (*conatus*).

Ação Penal

Todos os crimes previstos no ECA são de ação penal pública incondicionada (art. 227).

Tendo em vista as penas mínima e máxima em abstrato bem como a previsão do art. 226, §1º, não cabem os benefícios da Lei n. 9.099/1995 tampouco o acordo de não persecução penal (art. 28-A do CPP).

Considerando que o Brasil é signatário da Convenção Interamericana sobre Tráfico Internacional de Menores (promulgada pelo Decreto n. 2.740/1998), a competência material é da Justiça Federal em razão do art. 109, V, da CF (STF, 1ª T., HC 121472, Rel. Dias Toffoli, J. em 19/08/2014).

LEI N. 13.441/2017 – INFILTRAÇÃO DE AGENTES DE POLÍCIA PARA A INVESTIGAÇÃO DE CRIMES RELATIVOS À DIGNIDADE SEXUAL DE CRIANÇAS E ADOLESCENTES COMETIDOS PELA INTERNET[40]

Originalmente, a infiltração física de agente de polícia e de inteligência era prevista na já revogada Lei n. 9.034/1995. Após, o art. 53, I, da Lei n. 11.343/2006 (Lei de Drogas) passou a prever a infiltração de agentes de polícia. Apenas com a Lei n. 12.850/2013, a infiltração física de agentes de polícia, excluída tal possibilidade em relação aos agentes de inteligência, foi disciplinada de forma minimamente satisfatória.

Sobreveio a Lei n. 13.441/2017, que acrescentou os artigos 190-A a 190-E ao ECA, os quais autorizam a infiltração digital/virtual de agentes de polícia, na rede mundial de computadores, com o objetivo de investigar crimes relacionados à dignidade sexual de crianças e adolescentes que sejam praticados pela internet.

Posteriormente, a Lei n. 13.964/2019 acrescentou à Lei n. 12.850/2013 o art. 10-A, que admite "a ação de agentes de polícia infiltrados virtuais, obedecidos os requisitos do *caput* do art. 10, na internet, com o fim de investigar os crimes previstos nesta Lei e a eles conexos, praticados por organizações criminosas".

A infiltração digital, tanto no ECA quanto na Lei n. 12.850/2013, tem natureza jurídica de **medida cautelar** e de técnica especial de investigação. Há, contudo, duas diferenças. A primeira respeita aos crimes possíveis de serem investigados: no ECA, a infiltração digital é cabível para a investigação dos crimes tipificados nos arts. 240, 241, 241-A, 241-B, 241-C e 241-D, todos do ECA, e nos arts. 154-A, 217-A, 218, 218-A e 218-B, todos do CP; já na Lei n. 12.850/2013, para os crimes tipificados nessa Lei e os conexos, praticados por organizações criminosas. A segunda diferença concerne ao prazo: no ECA, a infiltração digital pode ser decretada por até 90 dias, sujeita a sucessivas renovações até o prazo total de 720 dias (art. 190-A, III); na Lei n. 12.850/2003, a infiltração digital pode ser autorizada por até 6 meses, admitidas renovações sucessivas, observado o limite total de 720 dias (art. 10-A, § 4ª, L. 12850/13).

A infiltração digital tem cabimento quando o infiltrado pretende investigar **redes fechadas**. A privacidade e o sigilo das comunicações telemáticas, na rede fechada, na qual existe uma expectativa de privacidade por parte dos usuários, exigem autorização judicial. Já a simples investigação digital em redes abertas (conhecida como *cyberpatrulha*), que não constitui espécie de infiltração digital, dispensa qualquer autorização judicial; o investigador digital, aliás, sequer cria identidade falsa, justamente porque a rede é aberta.

A infiltração digital pode apenas ser realizada por **agente policial**, o que afasta a possibilidade de ser desempenhada por particulares ou por outros servidores públicos que não componham a polícia, a exemplo de integrantes da Agência Brasileira de Inteligência – ABIN.

No tocante ao seu procedimento, a infiltração digital, que é **sigilosa**, depende de **autorização judicial** mediante decisão que, fixando os limites da medida, defira a representação da autoridade policial (cabível apenas durante a fase da investigação policial), com a oitiva prévia do Ministério Público, ou o requerimento deste (cabível tanto na fase policial quanto na judicial). Há divergência quanto à possibilidade de o juízo, na fase judicial, decretar de ofício a medida. Na fase policial, é certo que ele não pode porque a sua atuação, nesse estágio, se limita a resguardar os direitos fundamentais do investigado que venham a ser restringidos pela investigação. Não obstante, afigura-se correto o entendimento que permite ao juízo decretar de ofício a infiltração digital, na fase judicial, porque, uma vez angularizada a relação processual, ele é o diretor do processo penal, devendo formar a sua convicção, mediante persuasão racional, para então decidir. Nessa linha, a infiltração digital é uma ferramenta à disposição do juízo para ele

40 O presente tópico auxilia o estudo dos artigos 240, 241, 241-A, 241-B, 241-C e 241-D, todos do ECA.

formar essa convicção, podendo inclusive a prova então obtida fundamentar a absolvição do réu. Vale dizer: o princípio do livre convencimento motivado autoriza a decretação de ofício, na fase judicial, da infiltração digital. Esta, aliás, é a mesma posição de Renato Brasileiro quanto à possibilidade da decretação de infiltração de ofício pelo juízo em sede da Lei n. 12.850/2013.[41]

Enquanto medida cautelar, a representação (da autoridade policial) ou o requerimento (do Ministério Público) pela infiltração digital devem demonstrar a sua necessidade imperiosa, observado o seu descabimento quando existir **meio alternativo menos gravoso** de investigação (v. art. 190-A, § 3º). O raciocínio é o mesmo adotado para o deferimento da interceptação telefônica (art. 2º, II, da Lei n. 9.296/1996). Devem demonstrar, outrossim, o alcance das tarefas que serão desempenhadas pelo agente infiltrado e os dados pessoais, incluindo dados cadastrais e de conexão, que permitam a identificação da(s) pessoa(s) investigada(s). Como medida cautelar, é imprescindível a demonstração ao juízo acerca do *fumus comissi delicti* (materialidade e indícios de autoria).

Quanto ao seu **prazo de duração**, a infiltração digital não poderá exceder 90 dias, sem prejuízo de renovações, respeitado o prazo total de 720 dias. Para cada renovação, é necessário requerimento (Ministério Público) ou representação (autoridade policial), com a demonstração da persistência da necessidade da medida.

Em função do controle externo da atividade policial (art. 129, VII, da CF), o Ministério Público pode fiscalizar a execução da medida a qualquer tempo. Enquanto garante dos direitos do investigado, o juízo também pode acompanhar a medida. Isso pode ser feito mediante **relatórios parciais** a serem requisitados da autoridade policial responsável pela execução da infiltração digital (art. 190-A, § 1º). O sigilo, todavia, deve ser garantido em qualquer um desses casos (art. 190-B).

O art. 190-C estabelece ser atípica a conduta que venha a ser praticada pelo agente policial infiltrado no curso da medida. Por exemplo: não é possível incriminar o agente infiltrado pela prática do crime previsto no art. 154-A do CP (invasão de dispositivo informático). Caso não existisse esse art. 190-C, a conduta do agente infiltrado seria lícita em função do estrito cumprimento do dever legal, sem prejuízo da incidência da excludente prevista no art. 241-A, § 2º, do ECA.

Caso o agente infiltrado ultrapasse os limites da medida, cometendo excessos, responderá criminalmente (art. 190-C, parágrafo único, do ECA).

No mais, o agente infiltrado que, no curso da medida, presencia a prática do crime sob investigação e, mesmo podendo, não realiza a prisão em flagrante, não responde por crime algum, a exemplo do crime de prevaricação (art. 319 do CP). O raciocínio aqui é o mesmo que se aplica à ação controlada, regulamentada nos arts. 8º e 9º da Lei n. 12.850/2013. Para o agente policial que presencia um crime e pode realizar a prisão do sujeito ativo, o flagrante é compulsório (art. 301 do CPP). Caso não existisse a previsão legal sobre a infiltração digital (e a ação controlada), o agente policial seria obrigado realizar a prisão em flagrante do autor do fato, sob pena de ele – o agente policial – cometer crime por deixar de cumprir a sua função. Todavia, justamente porque existe a medida legal de infiltração digital que equivale à verdadeira autorização para o policial não realizar a prisão, se o agente policial deixar de realizar a prisão em flagrante para continuar a coleta de provas (*rectius*: elementos de informação), a sua conduta será atípica porque respaldada pela lei.

Art. 240. Produzir, reproduzir, dirigir, fotografar, filmar ou registrar, por qualquer meio, cena de sexo explícito ou pornográfica, envolvendo criança ou adolescente:
Pena – reclusão, de 4 (quatro) a 8 (oito) anos, e multa.

41 LIMA, Renato Brasileiro de. *Legislação criminal especial comentada*. 3. ed. Salvador: Juspodivm, 2015. p. 584.

§ 1º Incorre nas mesmas penas quem:

I - agencia, facilita, recruta, coage, ou de qualquer modo intermedeia a participação de criança ou adolescente nas cenas referidas no caput deste artigo, ou ainda quem com esses contracena;

II – exibe, transmite, auxilia ou facilita a exibição ou transmissão, em tempo real, pela internet, por aplicativos, por meio de dispositivo informático ou qualquer meio ou ambiente digital, de cena de sexo explícito ou pornográfica com a participação de criança ou adolescente.

§ 2º Aumenta-se a pena de 1/3 (um terço) se o agente comete o crime:

I – no exercício de cargo ou função pública ou a pretexto de exercê-la;

II – prevalecendo-se de relações domésticas, de coabitação ou de hospitalidade; ou

III – prevalecendo-se de relações de parentesco consangüíneo ou afim até o terceiro grau, ou por adoção, de tutor, curador, preceptor, empregador da vítima ou de quem, a qualquer outro título, tenha autoridade sobre ela, ou com seu consentimento.

Bem Jurídico Tutelado

Reformas legislativas alteraram os arts. 240 e 241 e criaram os tipos previstos nos arts. 241-A, 241-B, 241-C e 241-D. Houve um maior alcance e detalhamento das condutas ligadas a desejos sexuais por menores, com a constante proteção da integridade psíquica e moral da criança e do adolescente. O objetivo é evitar a exploração sexual, em qualquer sentido, das vítimas. Em relação ao registro visual de cenas de sexo envolvendo crianças e adolescentes, o ECA proibiu todo o seu ciclo: a sua formação/construção (arts. 240 e 243), a sua circulação (arts. 241 e 241-A) e a sua posse (art. 241-B).

A associação de tais crimes à **pedofilia** é inadequada. Na literatura médica, a pedofilia é uma das espécies de parafilias, que "são expressões anormais da sexualidade, que podem variar de um comportamento quase normal a um comportamento destrutivo ou danoso somente para a própria pessoa ou também para o parceiro, até um comportamento considerado destrutivo ou ameaçador para a comunidade como um todo".[42] Ainda segundo a literatura médica, na pedofilia, por um período mínimo equivalente a seis meses, ocorrem fantasias sexuais excitantes, impulsos sexuais ou comportamentos intensos e recorrentes envolvendo atividade sexual com menor(es) pré-púbere(s), com treze anos de idade ou menos; o pedófilo tem, no mínimo, dezesseis anos de idade e é, pelo menos, cinco anos mais velhos do que a(s) vítima(s)[43].

Além disso, o "o direito penal brasileiro, assim como a maioria dos sistemas penais do ocidente, não criminaliza nem sanciona a pedofilia, concebida como transtorno mental, mas sim a violência sexual (*lato sensu*) contra crianças e adolescentes, em suas múltiplas formas. O motivo dessa distinção é que nosso sistema jurídico não adota, em geral, concepções do chamado direito penal do autor, pois segue a tradição continental europeia vinculada ao direito penal do fato"[44].

---

42 SADOCK, Benjamin James. *Compêndio de psiquiatria*: ciências do comportamento e psiquiatria clínica. Tradução: Claudia Oliveira Dorneles et al. 9. ed. Dados eletrônicos. Porto Alegre: Artmed, 2007. p. 766.

43 SADOCK, Benjamin James. *Compêndio de psiquiatria:* ciências do comportamento e psiquiatria clínica. Tradução: Claudia Oliveira Dorneles et al. 9. ed. Dados eletrônicos. Porto Alegre: Artmed, 2007. p. 768.; American Psychiatric Association. *Manual diagnóstico e estatístico de transtornos mentais*. Tradução: Maria Inês Corrêa Nascimento et al. 5. ed. Dados eletrônicos. Porto Alegre: Artmed, 2014. p. 698.

44 MINISTÉRIO PÚBLICO FEDERAL. Nota técnica n. 11/2017/pfdc/mpf. p. 24. Disponível em: http://www.mpf.mp.br/pfdc/manifestacoes-pfdc/notas-tecnicas/nt-11-2017-pfdc-mpf. Acesso em: 26 nov. 2021.

O bem jurídico tutelado neste artigo consiste na integridade física, psíquica e moral da criança e do adolescente.

Sujeitos do Crime

Tratando-se de crime comum, o sujeito ativo pode ser qualquer pessoa.

O sujeito passivo é a criança ou o adolescente envolvido.

Condutas

As condutas dos arts. 240 a 241-D caracterizam violência sexual, nos termos da Lei n. 13.431/17 (art. 4º, III).

Esquematiza-se o registro (gravação) da conduta sexual envolvendo criança ou adolescente: o art. 240 proíbe condutas relacionadas à sua realização (filmagem ou fotografia); o art. 241, à sua venda (alienação); o art. 241-A, ao seu oferecimento em sentido amplo (disponibilização ou troca); e o art. 241-B, à sua aquisição (compra) e à sua posse *lato sensu* (armazenamento).

O art. 240, *caput*, que cuida de tipo misto alternativo (v. comentários ao item "condutas" relativo ao art. 236 do ECA), incrimina a conduta do sujeito ativo que *produz* (realizar, originar, criar), *reproduz* (tornar a produzir), *dirige* (coordenar, comandar), *fotografa* (reproduzir uma imagem por meio de fotografia), *filma* (registrar a imagem por meio de sistema audiovisual) ou *registra* (alocar em uma base de dados que permita posterior acesso), por qualquer meio (interpretação ampla, envolvendo a internet e novas tecnologias, p. ex.), cena de sexo explícito ou pornográfica (interpretação autêntica no art. 241-E) que envolva criança ou adolescente. Pela expressão "por qualquer meio", o ECA objetivou abranger toda e qualquer maneira de lidar, manipular ou construir registros de imagens em geral.[45]

Sobre o **concurso entre os crimes tipificados nos arts. 240 e 241-B**, se o sujeito ativo, depois de registrar, por algum modo, as cenas a que se referem o *caput* do art. 240, as armazena ou as possui, ele incorre apenas no crime tipificado no art. 240, *caput*. Não há concurso com o crime tipificado no art. 241-B porque a armazenagem ou a posse da mesma cena que já foi registrada (se for outra cena, há crime autônomo) constitui um *post factum* impunível. Pós-fato impunível ajusta-se ao critério da consunção: ocorre, geralmente, com os atos de exaurimento do crime consumado, os quais estão previstos também como crimes autônomos, destacando-se que a punição do primeiro absorve a do último.[46] Ao revés, se as cenas armazenadas não são as mesmas que foram registradas, há concurso de crimes, em razão de existirem condutas independentes entre si (TJRS, 6ª C. Crim., Apelação Crime n. 70068206101, Rel. Bernadete Friedrich, J. em 02/06/2016).

O "**consentimento da vítima**, ainda que existente, não afastaria ocorrência do delito do art. 240 do Estatuto da Criança e do Adolescente, que se consuma pelas condutas de produzir, reproduzir, dirigir, fotografar, filmar ou registrar, por qualquer meio, cena de sexo explícito ou pornográfica, envolvendo criança ou adolescente para fins sexuais. Isso porque a vítima não possui disponibilidade do bem jurídico tutelado pela norma penal em questão e, por essa razão, o crime se consuma com a realização das condutas, mesmo que consentidas" (STJ, 6ª. T., REsp 1334405/BA, Rel. Sebastião Reis Júnior, J. em 22/09/2015).

O respectivo registro e a encenação pornográfica ou de sexo explícito envolvendo **pessoa maior que finge ser adolescente ou criança** não tipificam o crime sob estudo, ou seja: se os envolvidos na encenação são maiores, a despeito de fingirem ou insinuarem serem menores, não há tipicidade. Sucede situação de putatividade (crime imaginário). Isso porque o art. 241-E,

45 NUCCI, Guilherme de Souza. *Estatuto da criança e do adolescente comentado:* em busca da constituição federal das crianças e dos adolescentes. 3. ed. Rio de Janeiro: Forense, 2017. p. 776-777.

46 TOLEDO, Francisco de Assis. *Princípios básicos de direito penal*. 5. ed. São Paulo: Saraiva, 1994. p. 54.

que conceitua "cena de sexo explícito ou pornográfica", não abrange a simulação de criança ou adolescente não reais, como fundamentado nos comentários a esse artigo.

O art. 240, § 1º, foi alterado pela Lei n. 14.811/2024, com a inclusão de dois incisos. Essa lei também incluiu o art. 240, § 1º, no rol dos crimes hediondos (Lei n. 8.072/90). O novo art. 240, § 1º, I, cuida de tipo misto alternativo que pune a conduta do sujeito ativo que *agencia* (tratar com terceiros), *facilita* (reduzir a exigência de esforço), *recruta* (convocar, angariar adepto), coage (constranger, forçar) ou, de qualquer modo, *intermedeia* (interceder, promover o contato entre duas pessoas) a participação de criança ou adolescente nas cenas referidas no *caput* deste artigo.

O art. 240, § 1º, I, também pune a conduta do sujeito ativo que contracena com a criança ou o adolescente. Nesse caso, se, antes ou depois da contracena, houver a prática de conjunção carnal ou outro ato libidinoso com menor de catorze anos, haverá **concurso material (art. 69 do CP) entre o art. 240, §1º, I, do ECA, e o art. 217-A do CP**: "Caso dos autos em que restou amplamente demonstrado que o inculpado, em duas oportunidades, praticou conjunção carnal com a vítima, menor de quatorze anos, resultando, dos abusos, gravidez. Irrelevante possível 'consentimento' por parte da ofendida, uma vez que a presunção de violência é de caráter absoluto. Da mesma forma, restou evidenciado que o denunciado, após abusar sexualmente da vítima, coagiu-a, para que fosse fotografada por ele em cenas pornográficas" (TJRS, 8ª C. Crim., Apelação Crime n. 70059233726, Rel. José Luiz dos Santos, J. em 25/11/2015). Se ambas as condutas forem realizadas pelo mesmo sujeito ativo, ou seja, a prática de conjunção carnal ou outro ato libidinoso concomitante à contracena, haverá concurso formal impróprio (art. 70, *caput*, in fine, do CP). Se um terceiro registra (grava ou fotografa, por exemplo) a contracena de um adulto que pratica ato libidinoso com criança, ele responderá pela prática crime tipificado nesse art. 240, *caput*, enquanto o adulto, ciente que a relação está sendo gravada, responderá pela prática dos crimes tipificados no art. 240, *caput*, do ECA, c/c art. 217-A, do CP, em concurso material (art. 69 do CP); e se, além do registro, o terceiro houver, por alguma maneira, instigado ou induzido o maior a praticar o estupro de vulnerável, ele – o terceiro – responderá também como partícipe (art. 29 do CP) do crime do art. 217-A do CP.

Já o art. 240, § 1º, II, constitui um tipo misto alternativo que pune quem *exibe* (mostrar, apresentar para um público), *transmite* (enviar de um lugar a outro), *auxilia* (ajudar, facilitar) ou *facilita* (reduzir a exigência de esforço) a exibição ou a transmissão, em tempo real (ao vivo), pela internet, por aplicativos, por meio de dispositivo informático ou por intermédio de qualquer meio ou ambiente digital, de cena de sexo explícito ou pornográfica (interpretação autêntica no art. 241-E) que envolva criança ou adolescente. Pela expressão "por qualquer meio", o ECA objetivou abranger toda e qualquer maneira de praticar as condutas previstas no tipo. Como consta nos pareceres legislativos do projeto de lei que originou a Lei n. 14.811/2024, a alteração promovida no presente inciso II "explicita que a punição deve atingir não apenas quem atua na produção e na venda de materiais contendo cenas de sexo explícito ou pornográfica envolvendo crianças e adolescentes, mas também quem age na divulgação desses materiais".

Observa-se que a Lei n. 14.811/2024 rotulou apenas o art. 240, § 1º, como hediondo, não conferindo essa mesma qualidade ao art. 240, *caput*. A conduta do inciso I do § 1º (intermediar a participação no ato que será registrado) antecede a conduta do *caput* (registrar o ato); já conduta do inciso II do § 1º (exibir o registro do ato) é posterior à conduta do *caput* (registrar o ato). Logo, vê-se que o legislador considerou hediondas as condutas anterior e posterior, mas não o ato em si (registro do ato), que é o núcleo principal, do qual os referidos incisos são dependentes. Em leitura própria, nessa questão, sustenta-se ter havido omissão não intencional do legislador, principalmente ao se notar que a Lei n. 11.811/2024 também tornou hediondo o crime do art. 241-B do ECA (pune a conduta de consumir o registro). Até se poderia argumentar que as condutas capituladas no referido art. 240, § 1º, seriam mais graves do que as do *caput*, notadamente porque a exibição do registro do ato sexual envolvendo o menor teria uma repercussão social mais negativa do que a do registro do ato. Todavia, se fosse assim, a Lei n. 14.811/2024 também deveria ter tornado hediondos os crimes dos art. 241 (vender ou expor à venda o registro do ato sexual) e 241-A do ECA (divulgar o registro do ato sexual).

Sobre as majorantes previstas no art. 240, § 2º, que aumentam a pena no equivalente à terça parte:

I) Cargo público consiste no plexo de atribuições conferidas ao servidor público, criadas por lei, em número certo e com denominação própria; função pública consiste na atribuição pelo Estado aos servidores públicos para realizarem serviços sem ocupar cargo ou emprego públicos; Nucci observa que, "por interpretação extensiva, necessária para conferir lógica ao sistema, deve-se incluir, também, o emprego público, que é o posto criado por lei, na estrutura hierárquica da administração, com denominação própria e padrão de vencimentos específico, ocupado por servidor com vínculo contratual diverso do estatutário. A previsão legal é correta: o agente encontra-se no exercício do cargo, função ou emprego público ou, mesmo que não esteja, vale-se disso para a prática do crime (a pretexto de exercê-la)".[47]

II) Relações domésticas são estabelecidas entre participantes de uma mesma vida familiar, com ou sem laços sanguíneos; relações de coabitação são estabelecidas entre os moradores do mesmo teto, mesmo que não tenham amizade ou intimidade entre si (ex.: moradores de uma mesma pensão); relações de hospitalidade são estabelecidas entre o morador e o visitante. A relação de confiança proporcionada por essas situações justifica o aumento de pena.

III) Relações de parentesco consanguíneo ou afim até o terceiro grau (tio e sobrinho, sogra e sogro, irmãos), por adoção (o art. 227 da CF proíbe qualquer discriminação quanto à filiação por adoção), tutor (art. 1.728 do CCB), curador (1.767 do CCB), preceptor (professor particular), empregador (pessoa que contrata a vítima para trabalhar para si) da vítima ou relação que confira autoridade para o sujeito ativo sobre a vítima: o que fundamenta a majoração da pena é exatamente a relação de autoridade, que envolve submissão da vítima ao sujeito ativo.

Ishida pondera que o **registro de ato sexual do próprio agente com adolescente com idade igual ou superior a catorze anos** é ato atípico, pela ausência de tipicidade material em decorrência da inexistência de dano.[48] Acrescenta-se outra razão: o ECA protege a dignidade sexual da pessoa maior de catorze anos, mas respeita a sua capacidade de discernimento e a sua vontade. Por tal razão, o art. 241-D exclui as pessoas a partir de catorze anos de idade da tutela penal. Assim, o adolescente com catorze anos de idade ou mais pode, validamente, querer que a comunicação (art. 241-D) ou o registro (art. 240) integrem o próprio ato sexual. A propósito, assim já decidiu o TJRS: "Situação em que não há condenar o réu pelo fato de ter filmado a relação sexual mantida com a vítima, sua namorada na época dos fatos, então com 16 anos de idade, tendo em vista a maturidade apresentada pela vítima que consentiu com o ato" (TJRS, 7ª C. Crim., Apelação Crime n. 70068554682, Rel. José Kurtz de Souza, J. em 04/08/2016).

Para a caracterização do art. 240 do ECA, diante da sua literalidade, "é desnecessário o compartilhamento do vídeo envolvendo cena de sexo com criança ou adolescente, bastando

47 NUCCI, Guilherme de Souza. *Estatuto da criança e do adolescente comentado*: em busca da constituição federal das crianças e dos adolescentes. 3. ed. Rio de Janeiro: Forense, 2017. p. 781.

48 ISHIDA, Valter Kenji. *Estatuto da criança e do adolescente*: doutrina e jurisprudência. 17. ed. Salvador: Juspodivm, 2016. p. 707.

a produção ou filmagem ou a prática de qualquer outro verbo nuclear do tipo" (TJRS, 6ª C. Crim., Apelação Crime n. 70072502008, Rel. Vanderlei Kubiak, J. em 13/12/2017).

Se houver **mais de uma criança ou adolescente**, que tipo de concurso de crimes sucede? Segundo a compreensão unânime da 5ª Turma do STJ: "O delito do art. 240 do ECA é classificado como crime formal, comum, de subjetividade passiva própria, consistente em tipo misto alternativo. [...] Primeiramente, o fato de ter fotografado e filmado as cenas de sexo indica a execução de dois verbos, com dupla conduta, todavia, representando subordinação típica única, tendo em vista sua realização no mesmo contexto fático. Por conseguinte, da execução de mais de um verbo típico representa único crime, dada a natureza de crime de ação múltipla ou conduta variada do tipo em comento. [...] No caso, as instâncias ordinárias entenderam que a conduta do réu realizou dois resultados típicos, haja vista a existência de duas adolescentes filmadas e fotografadas em sexo explícito. Verifica-se, entretanto, que inexistem dois resultados típicos, porquanto o crime em questão é formal ou de consumação antecipada, consumando-se, pois, unicamente pela prática da conduta de filmar ou fotografar cenas de sexo explícito, da qual participe criança ou adolescente. O efetivo abalo psíquico e moral por elas sofrido ou a disponibilidade das filmagens ou fotos é mero exaurimento do crime, irrelevantes para sua consumação, motivo pelo qual a quantidade de vítimas menores filmadas ou fotografadas é elemento meramente circunstancial, apto a ser valorado na pena-base, sem, contudo, indicar qualquer subsunção típica adicional. Por conseguinte, como as condutas de filmar e fotografar foram executadas durante o mesmo contexto fático, relativo ao ato sexual conjunto de dois corréus com duas adolescentes, há duas condutas de subsunção típica única, motivo pelo qual se conclui pela existência de crime único" (STJ, 5ª T., PExt no HC 438.080-MG, Rel. Ribeiro Dantas, J. em 27/08/2019, Informativo 655).

Pela especialidade, prevalece o art. 240, § 1º, do ECA, no conflito aparente com o art. 146 do CP.

O objeto material é o meio que contém o registro da cena de sexo explícito ou pornográfico envolvendo criança ou adolescente.

Voluntariedade

O crime do art. 240 é doloso. Não há previsão de finalidade especial (elemento subjetivo específico) na conduta do agente tampouco de culpa.

Consumação e Tentativa

A consumação ocorre a partir do momento em que os verbos nucleares são praticados.

Por se tratar de crime plurissubsistente, a tentativa (*conatus*) é admissível.

Ação Penal

Todos os crimes previstos no ECA são de ação penal pública incondicionada (art. 227).

Tendo em conta a vedação operada pelo art. 226, § 1º, e a pena abstrata do presente crime, não cabem benefícios penais (transação, suspensão condicional do processo e acordo de não persecução penal).

A Justiça Estadual é competente para processar e julgar os denunciados pelo crime sob estudo, salvo se presente uma das hipóteses do art. 109 da CF, quando a competência será da Justiça Federal.

No caso do art. 240, § 1º, II, do ECA, como a conduta ocorre pela internet, deve-se observar o tema 393 decidido pelo STF em sede de repercussão geral. Reporta-se aqui aos comentários expedidos no item "ação penal" referentes ao art. 241.

Ainda na hipótese do art. 240, § 2º, II, do ECA, a competência territorial, quando o meio utilizado é a internet, é do local onde os registros foram carregados (*upload*) na rede mundial. O princípio do interesse público justifica esse entendimento, pois, no local do carregamento, ocorreu a maior repercussão do fato, além de facilitar a produção de provas. Assim já decidiu o STJ (STJ, 3ª S., CC 29.886/SP, Rel. Maria Moura, j. 12/12/2007; STJ, 3ª S., CC 136.257/PR, Rel. Néfi Cordeiro, j. 11/03/2015).

Art. 241. Vender ou expor à venda fotografia, vídeo ou outro registro que contenha cena de sexo explícito ou pornográfica envolvendo criança ou adolescente:

Pena – reclusão, de 4 (quatro) a 8 (oito) anos, e multa.

Bem Jurídico Tutelado

O bem jurídico tutelado neste artigo consiste na integridade psíquica e moral da criança ou do adolescente.

Sujeitos do Crime

Cuidando-se de crime comum, o sujeito ativo pode ser qualquer pessoa.

O sujeito passivo é a criança ou o adolescente cuja imagem foi registrada.

Condutas

Reporta-se inicialmente aos dois primeiros parágrafos escritos no item "condutas" relativo ao art. 240.

O art. 241, que cuida de tipo misto alternativo (v. comentários ao item "condutas" relativo ao art. 236 do ECA), pune a conduta do sujeito ativo que *vende* (alienar, transferir a propriedade mediante um preço) ou *expõe à venda* (anunciar para a alienação) qualquer forma de registro que contenha cena de sexo explícito ou pornográfica (interpretação autêntica no art. 241-E) de criança ou adolescente.

Há conflito aparente de normas entre o presente art. 241 e o art. 218-C do CP, que, entre outros verbos nucleares, tipifica a conduta de "vender ou expor à venda [...] fotografia, vídeo ou outro registro audiovisual que contenha cena de estupro ou de estupro de vulnerável ou que faça apologia ou induza a sua prática, ou, sem o consentimento da vítima, cena de sexo, nudez ou pornografia". O conflito é resolvido pela especialidade, importando a distinção se a pessoa retratada na cena é, de um lado, criança, adolescente ou vulnerável por motivo de idade; de outro lado, pessoa maior de idade ou vulnerável por outro motivo que não a idade. Observa-se ainda que o referido art. 218-C do CP é expressamente subsidiário, com previsão de pena de reclusão de 1 a 5 anos, enquanto a pena do crime do presente art. 241 é de reclusão de 4 a 8 anos. A solução do conflito aparente dá-se nos seguintes termos: se a cena de sexo explícito envolver criança ou adolescente ou pessoa que é vulnerável por ter menos de 14 anos de idade, trata-se do crime tipificado no art. 241 ora comentado; se a cena envolver indivíduo maior de idade ou pessoa vulnerável que, por enfermidade ou deficiência mental, não tem o necessário discernimento para a prática do ato, ou que, por qualquer outra causa, não pode oferecer resistência, cuida-se do crime tipificado no art. 218-C do CP.

Além disso, observada a explicação contida nos comentários ao art. 241-E, sobre o conceito de "cena de sexo explícito ou pornográfica", tem-se que a conduta de vender ou expor a venda cena em que haja simulação de criança ou adolescente não reais em atividade sexual não tipifica este crime do art. 241. Todavia, poderá haver a tipificação do art. 218-C do CP, nos verbos "vender ou expor à venda", caso essa simulação de criança ou adolescente não reais faça apologia ou induza a prática de estupro ou estupro de vulnerável.

O objeto material sobre o qual incide a conduta é o registro da cena.

Voluntariedade

O crime do art. 241 é doloso. É desnecessária a previsão da intenção especial de lucro como elemento subjetivo específico porque ela é implícita e inerente à venda e à exposição à venda. Se o agente não quiser vender, mas apenas distribuir graciosamente, ele incorrerá no art. 241-A.

O tipo não prevê a forma culposa.

Consumação e Tentativa

Vender consuma-se com a efetiva tradição (entrega) do meio que contém o registro da cena de sexo com criança ou adolescente. *Expor à venda*, que não se trata de crime habitual, consuma-se com a simples exposição de, ao menos, um registro da cena de sexo, sendo desnecessário que haja a aquisição por parte de algum interessado.

Por se tratar de crime plurissubsistente, admite a tentativa (*conatus*).

Ação Penal

Todos os crimes previstos no ECA são de ação penal pública incondicionada (art. 227).

Tendo em conta a vedação operada pelo art. 226, § 1º, e a pena abstrata do presente crime, não cabem benefícios penais (transação, suspensão condicional do processo e acordo de não persecução penal).

No atinente à **competência** em razão da matéria, o STF, em sede de repercussão geral, consolidou tese no tema n. 393: "Compete à Justiça Federal processar e julgar os crimes consistentes em disponibilizar ou adquirir material pornográfico, acessível transnacionalmente, envolvendo criança ou adolescente, quando praticados por meio da rede mundial de computadores (arts. 241, 241-A e 241-B da Lei nº 8.069/1990)" (STF, RE 628624, Tribunal Pleno, Rel. Edson Fachin, J. em 18/08/2020). O aresto esclarece: basta que "o material pornográfico envolvendo crianças ou adolescentes tenha estado acessível por alguém no estrangeiro, ainda que não haja evidências de que esse acesso realmente ocorreu". Impõe-se a máxima atenção neste ponto: a *contrario sensu*, exclui-se a competência da Justiça Federal quando, a despeito da internet, não existe o caráter internacional: "Não se constata o caráter de internacionalidade, ainda que potencial, quando o panorama fático envolve apenas a comunicação eletrônica havida entre particulares em canal de comunicação fechado, tal como ocorre na troca de e-mails ou conversas privadas entre pessoas situadas no Brasil". Nessa linha, o STJ decidiu que é da competência da Justiça Estadual o crime de divulgação de imagem pornográfica de adolescente (art. 241-A) via o aplicativo *Whatsapp* e o *chat* privado da rede virtual de relacionamentos *Facebook*, uma vez ausentes provas de que tenha ocorrido livre acesso à imagem (STJ, 3ª S., CC 150.564/MG, Rel. Reynaldo Fonseca, J. em 26/04/2017). No mesmo sentido: "Aliciamento de criança para fins de prática de ato libidinoso (art. 241-D do ECA). Crime praticado por meio de aplicativo de conversa em rede social. Inexistência de indícios de transnacionalidade, inclusive potencial. Conversa fechada. Acesso restrito aos interlocutores. Competência da Justiça Estadual. Precedentes do STJ e do STF (STJ, Decisão Monocrática no CC. n. 160136/MG, Rel. Sebastião Reis Júnior, J. em 31/08/2018).

Já a **competência territorial**, quando o meio utilizado é a internet, é do local onde os registros foram carregados (*upload*) na rede mundial. O princípio do interesse público justifica esse entendimento, pois o local do carregamento é onde ocorreu a maior repercussão do fato, além de facilitar a produção de provas. Assim tem decidido o STJ (STJ, 3ª S., CC 29.886/SP, Rel. Maria Moura, J. em 12/12/2007; STJ, 3ª S., CC 136.257/PR, Rel. Néfi Cordeiro, J. em 11/03/2015).

Art. 241-A. Oferecer, trocar, disponibilizar, transmitir, distribuir, publicar ou divulgar por qualquer meio, inclusive por meio de sistema de informática ou telemático, fotografia, vídeo ou outro registro que contenha cena de sexo explícito ou pornográfica envolvendo criança ou adolescente:

Pena – reclusão, de 3 (três) a 6 (seis) anos, e multa.

§ 1º Nas mesmas penas incorre quem:

I – assegura os meios ou serviços para o armazenamento das fotografias, cenas ou imagens de que trata o caput deste artigo;

II – assegura, por qualquer meio, o acesso por rede de computadores às fotografias, cenas ou imagens de que trata o *caput* deste artigo.

§ 2º As condutas tipificadas nos incisos I e II do § 1º deste artigo são puníveis quando o responsável legal pela prestação do serviço, oficialmente notificado, deixa de desabilitar o acesso ao conteúdo ilícito de que trata o caput deste artigo.

Bem Jurídico Tutelado

O bem jurídico tutelado neste artigo é a integridade psíquica e moral da criança e do adolescente.

Sujeitos do Crime

Cuidando-se de crime comum, o sujeito ativo pode ser qualquer pessoa.

O sujeito passivo é a criança ou o adolescente envolvido no registro da cena de sexo.

Condutas

Reporta-se inicialmente aos dois primeiros parágrafos escritos no item "condutas" relativo ao art. 240.

O art. 241-A, *caput*, que cuida de tipo misto alternativo (v. comentários ao item "condutas" relativo ao art. 236 do ECA), incrimina a conduta do sujeito ativo que *oferece* (ofertar como presente, apresentar para aceitação), *troca* (substituir uma coisa por outra), *disponibiliza* (permitir o acesso), *transmite* (enviar de um lugar a outro), *distribui* (proporcionar a entrega indiscriminadamente a várias pessoas), *publica* (tornar público) ou *divulga* (propagar, difundir), por qualquer meio de sistema de informática (computadores) ou telemático (união da informática com as telecomunicações), registro que contenha cena de sexo explícito ou pornográfico (interpretação autêntica no art. 241-E) envolvendo criança ou adolescente.

Quanto à conduta "**disponibilizar**", tem-se que, se o sujeito ativo adquire, possui ou armazena cena de sexo explícito ou pornográfica envolvendo criança ou adolescente, por intermédio de *download* realizado por programa de compartilhamento que permite que outros usuários baixem do computador do sujeito ativo o arquivo já baixado por este, sucederá a prática do crime tipificado neste art. 241-A. Neste sentido: "se o agente guarda o material pornográfico de modo que permite seu compartilhamento via Internet, irrestritamente, com outras pessoas, não se trata de mera posse, mas de ato que equivale à publicação da pornografia, como é o caso da pasta *incoming* do *E-Mule*, o que constitui o crime do art. 241-A, do ECA"[49]. Há jurisprudência nesse mesmo norte: o "armazenamento de pornografia infantojuvenil, associado à existência de programas que permitam o efetivo compartilhamento desses dados, é suficiente para que as imagens e vídeos pedófilos sejam colocados à disposição ou ao alcance de terceiros, o que perfaz o verbo-núcleo 'disponibilizar', tipificado no artigo 241-A da Lei 8.069/90" (TRF4, 7ª T., ACR 5005522-19.2011.404.7006, Rel. Márcio Rocha, J. em 08/09/2015).

Há conflito aparente de normas entre o presente art. 241-A, *caput*, e o art. 218-C do CP, que, entre outros verbos nucleares, tipifica a conduta de "oferecer, trocar, disponibilizar, transmitir, distribuir, publicar ou divulgar [...] fotografia, vídeo ou outro registro audiovisual que contenha cena de estupro ou de estupro de vulnerável ou que faça apologia ou induza a sua

49 OLIVEIRA, Neide Cardoso de. Os Crimes Praticados pela Internet Previstos no ECA. *Custos Legis*: Revista Eletrônica do Ministério Público Federal, Rio de Janeiro, v. 3, n. 1, p. 1-10, jan. 2011. p. 4-5. Disponível em: http://www.prrj.mpf.mp.br/custoslegis/revista_2011/2011_Dir_Penal_Neide_Internet.pdf. Acesso em: 09 nov. 2021.

prática, ou, sem o consentimento da vítima, cena de sexo, nudez ou pornografia". O referido art. 218-C do CP é expressamente subsidiário, com previsão de pena de reclusão de 1 a 5 anos, enquanto a pena do presente art. 241-A é de reclusão de 3 a 6 anos. O conflito é resolvido pela especialidade, da seguinte forma, importando a distinção se a pessoa retratada na cena é, de um lado, criança, adolescente ou vulnerável por motivo de idade; de outro lado, pessoa maior de idade ou vulnerável por outro motivo que não a idade: se a cena de sexo explícito envolver criança ou adolescente ou pessoa que é vulnerável por ter menos de 14 anos de idade, trata-se do crime tipificado no art. 241-A ora comentado; se a cena envolver indivíduo maior de idade ou pessoa vulnerável que, por enfermidade ou deficiência mental, não tem o necessário discernimento para a prática do ato, ou que, por qualquer outra causa, não pode oferecer resistência, cuida-se do crime tipificado no art. 218-C do CP.

Além disso, observada a explicação contida nos comentários ao art. 241-E sobre o conceito de "cena de sexo explícito ou pornográfica", tem-se que a conduta de oferecer, trocar, disponibilizar, transmitir, distribuir, publicar ou divulgar cena em que haja simulação de criança ou adolescente não reais em atividade sexual não tipifica este crime do art. 241. Todavia, poderá haver a tipificação do art. 218-C do CP, nos verbos já referidos, caso essa simulação de criança ou adolescente não reais faça apologia ou induza a prática de estupro ou estupro de vulnerável.

Já o art. 241-A, §1º, pune a conduta do agente que *assegura* (garantir, proporcionar a realização de algo) os meios ou serviços para o armazenamento dos registros a que se refere o *caput*; esse sujeito não propaga os registros, mas disponibiliza ao sujeito ativo do *caput* as ferramentas para o armazenamento desses registros. O dispositivo legal em questão também reprova a conduta do agente que *assegura* (garantir, proporcionar a realização de algo) ao sujeito ativo do *caput* o acesso, por rede de computadores, às cenas de sexo; esse é caso, por exemplo, do provedor de internet que hospeda, na rede mundial de computadores, fotografias, permitindo o acesso a elas por meio de endereços eletrônicos.

Para evitar a odiosa responsabilidade penal objetiva (punição do agente independentemente da sua culpa), o art. 241-A, § 2º, criou uma **condição objetiva de punibilidade**.[50] Ele condicionou a punibilidade dos sujeitos a que se refere o art. 241-A, §1º, I e II, ao desatendimento à sua notificação oficial que solicita a desabilitação do acesso aos registros ilícitos envolvendo sexo. Referida notificação oficial, por envolver o *status libertatis* do agente, deve: a) ser expedida por autoridade competente (Ministério Público, Polícia Civil etc.); b) ser encaminhada ao sujeito que tenha o poder de mando para desabilitar o acesso; c) ser entregue mediante comprovante de recebimento pessoal; d) assinar um prazo curto, mas razoável, para o destinatário promover a desabilitação do acesso (Nucci sugere o prazo de 24 a 48 horas).[51]

A inexistência do art. 241-A, §1º, I e II, não impediria a punição dos sujeitos a que ele se refere, os quais seriam responsabilizados com base na regra de extensão do art. 29 do CP (participação), desde que comprovado o seu dolo.

O objeto material é o meio que permite o acesso ao registro das cenas envolvendo sexo com crianças ou adolescentes.

---

50 Segundo Boschi, "as condições objetivas de punibilidade funcionam como requisitos inerentes à tipicidade e, nessa condição, todas atuam como importantes determinantes práticas contra iniciativas ministeriais natimortas, isto é, fadadas ao insucesso" (BOSCHI, José Antônio Paganella. *Ação penal*: as fases administrativa e judicial da persecução penal. Porto Alegre: Livraria do Advogado, 2010. p. 203). Damásio ensina a diferença: a ausência de uma condição de procedibilidade implica a nulidade da ação penal, enquanto a falta de uma condição objetiva de punibilidade conduz à improcedência da ação penal, com a consequente absolvição do réu (JESUS, Damásio Evangelista de. *Prescrição penal*. 17. ed. São Paulo: Saraiva, 2008. p. 6-7).

51 NUCCI, Guilherme de Souza. *Estatuto da criança e do adolescente comentado:* em busca da constituição federal das crianças e dos adolescentes. 3. ed. Rio de Janeiro: Forense, 2017. p. 790.

Voluntariedade

O crime do art. 241-A é doloso. Não há previsão de finalidade especial (elemento subjetivo específico) na conduta do agente tampouco de culpa.

Consumação e Tentativa

Observado que o tipo cuida de crime formal, a consumação ocorre com a prática de qualquer um dos verbos nucleares, independentemente do efetivo acesso aos registros por terceiros. As condutas *disponibilizar* e *divulgar*, dependendo do meio empregado pelo agente, podem ser permanentes, hipótese em que a consumação se prolonga no tempo.

Excetuado o art. 241-A, § 2º, cuja conduta é omissiva, as ações previstas no art. 241-A, *caput*, admitem a tentativa (*conatus*).

Ação Penal

Todos os crimes previstos no ECA são de ação penal pública incondicionada (art. 227).

Tendo em vista a elevada pena prevista em abstrato bem como a previsão do art. 226, § 1º, não cabem os benefícios da Lei n. 9.099/1995. É admissível, diversamente, o acordo de não persecução penal (art. 28-A do CPP).

No atinente à competência jurisdicional, vide o item "ação penal" nos comentários sobre o art. 241.

Art. 241-B. Adquirir, possuir ou armazenar, por qualquer meio, fotografia, vídeo ou outra forma de registro que contenha cena de sexo explícito ou pornográfica envolvendo criança ou adolescente:
Pena – reclusão, de 1 (um) a 4 (quatro) anos, e multa.

§ 1 A pena é diminuída de 1 (um) a 2/3 (dois terços) se de pequena quantidade o material a que se refere o caput deste artigo.

§ 2º Não há crime se a posse ou o armazenamento tem a finalidade de comunicar às autoridades competentes a ocorrência das condutas descritas nos arts. 240, 241, 241-A e 241-C desta Lei, quando a comunicação for feita por:

I – agente público no exercício de suas funções;

II – membro de entidade, legalmente constituída, que inclua, entre suas finalidades institucionais, o recebimento, o processamento e o encaminhamento de notícia dos crimes referidos neste parágrafo;

III – representante legal e funcionários responsáveis de provedor de acesso ou serviço prestado por meio de rede de computadores, até o recebimento do material relativo à notícia feita à autoridade policial, ao Ministério Público ou ao Poder Judiciário.

§ 3º As pessoas referidas no § 2º deste artigo deverão manter sob sigilo o material ilícito referido.

Bem Jurídico Tutelado

O bem jurídico tutelado neste artigo é a integridade psíquica e moral da criança e do adolescente.

Sujeitos do Crime

Tratando-se de crime comum, o sujeito ativo pode ser qualquer pessoa.

O sujeito passivo é a criança ou o adolescente retratado na cena de sexo.

Condutas

Reporta-se inicialmente aos dois primeiros parágrafos escritos no item "condutas" relativo ao art. 240.

O art. 241-B, que constitui tipo misto alternativo (v. comentários ao item "condutas" relativo ao art. 236 do ECA), incrimina a conduta do sujeito ativo que *adquire* (obter algo a título gratuito ou oneroso), *possui* (ter consigo) ou *armazena* (guardar), por qualquer meio, qualquer forma de registro de cena de sexo explícito ou pornográfico (interpretação autêntica no art. 241-E) que envolva criança ou adolescente.

O dolo demanda o conhecimento prévio de que a cena a que faz referência o *caput* deste art. 241-B envolve criança ou adolescente reais. Na linha dos comentários expendidos ao art. 241-E, para onde se remete o leitor, a "cena de sexo explícito ou pornográfica" somente pode ser constituída por criança ou adolescente reais. Assim, se o sujeito ativo armazena registros visuais sem o conhecimento e sem a possibilidade de conhecer que eles envolvem criança ou adolescente reais, o fato será atípico dada a ausência de dolo.

Ademais, pode restar caracterizada situação de putatividade penal: embora não seja, o sujeito ativo pensa que é crime adquirir uma cena de sexo explícito envolvendo criança ou adolescente não reais, mas apenas simulados. E não cabe aqui a aplicação do art. 218-C do CP, como sustentado em relação aos arts. 241 e 241-A, porque o art. 218-C do CP não contempla dos verbos nucleares deste art. 241-B: adquirir, possuir ou armazenar.

Segundo o art. 241-B, § 1º, é minorada a pena relativa à conduta do agente que tem pequena quantidade do registro a que se refere o *caput*. O *quantum* da diminuição de pena é inversamente proporcional à quantidade de fotos: quanto menor a quantidade, maior a redução. Além disso, a previsão legal que determina a punição do consumo desses registros, mesmo que de pequena quantidade, torna descabida a aplicação do princípio da bagatela, o qual, aliás, é incompatível com crimes de perigo abstrato (STJ, 6ª T., AgRg no AREsp 665.254/SC, Rel. Rogério Schietti Cruz, J. em 16/02/2017; STJ, 6ª T., AgRg no HC 382.844/BA, Rel. Antônio Palheiro, J. em 21/02/2017), condição ostentada pelo crime sob exame.

O art. 241-B, § 2º torna atípica a conduta dos indivíduos mencionados nos seus incisos I, II e III. Nesse caso, a posse ou o armazenamento tem a finalidade de comunicar às autoridades a prática de um dos fatos previstos nos arts. 240, 241, 241-A e 241-C. A conduta de possuir ou armazenar os registros de cenas de sexo envolvendo menores praticada por outras pessoas que não as mencionadas nesse dispositivo legal, se destinadas exclusivamente à comunicação sobre a prática do crime às autoridades, também é lícita com base no exercício regular de direito (art. 23, III, do CP). Idêntico raciocínio deve ser estendido à conduta de adquirir.

Contudo, se, apesar da finalidade de comunicar a ocorrência do crime às autoridades, o sujeito não guardar sigilo em relação aos registros, responderá pelo crime tipificado no art. 241-A, exatamente como ocorreu no processo criminal n. 201404556332, distribuído perante a Comarca de Niquelândia (GO). Nesse processo, apurou-se que um jornalista "divulgou, por meio de sistema telemático, vídeo contendo cena de sexo explícito envolvendo criança de aproximadamente 02 anos de idade na época". O vídeo foi divulgado no âmbito do aplicativo *whatsapp*, em um grupo de conversas que "noticiava crimes, prisão, festas religiosas, assim como diversos assuntos do interesse da sociedade". O réu reconheceu a prática do ato, alegando que divulgara "o vídeo como forma de alerta para os participantes do grupo, incluindo ainda um texto explanando sobre os riscos que as crianças correm". Todavia, o juízo sentenciante não acolheu a tese defensiva, tendo fundamentado: "No que tange à alegação do Acusado de que desconhecia a ilicitude de sua conduta, tenho que esta não merece amparo, haja vista que as condições socioeconômicas do acusado permitem inferir que possui um grau cultural suficiente para entender a ilegalidade de sua conduta. Trata-se de um jornalista, que deve exercer o seu ofício com responsabilidade e denodo, não havendo razoabilidade na alegação de que veiculara o vídeo tão somente com caráter pedagógico. Ademais, trata-se de pessoa com acesso a todo tipo de mídia social, razão pela qual a tese de erro de proibição não encontra amparo mínimo. Ausentes os elementos caracterizadores do chamado erro de proibição. Não basta alegar desconhecimento da lei. No caso em comento, é possível concluir que o agente tinha, ou poderia ter, conhecimento da ilicitude do fato, expressão cunhada pela doutrina como 'a ciência da proibição na esfera do profano'". Como resultado, o réu foi condenado pela prática do crime tipificado no art. 241-A, *caput*, do ECA, não tendo interposto recurso contra a sentença.

Ainda no presente tópico, analisa-se a compatibilização entre: 1) o acesso pela defesa ao registro da cena – que caracteriza a materialidade do crime; 2) o enunciado da Súmula Vinculante n. 14 ("É direito do defensor, no interesse do representado, ter acesso amplo aos elementos de prova que, já documentados em procedimento investigatório realizado por órgão com competência de polícia judiciária, digam respeito ao exercício do direito de defesa"); o art. 241-B, § 2º. Vale dizer: pode a defesa ter acesso à cópia dos registros de cenas que estão contidos nos autos do processo? A 2ª Turma do STF assim decidiu, em reclamação oferecida pela defesa contra ato do juízo que indeferiu o acesso dela à cópia dos registros: "II – No caso sob exame, não houve negativa de acesso aos autos pela autoridade reclamada, de modo que inexiste violação ao referido enunciado. Efetivamente, os dispositivos eletrônicos apreendidos foram submetidos à perícia, cujos laudos já foram anexados aos autos, estando disponíveis para a defesa. III – Arquivos digitais que contenham cena de sexo explícito ou pornográfica envolvendo criança ou adolescente constituem o próprio corpo de delito da infração do art. 241-B do ECA, de modo que não é direito da defesa extrair cópia desse conjunto de vestígios materiais deixados pelo crime para poder analisá-los fora do ambiente do órgão oficial. IV – Nos termos do art. 159, § 6º, do Código de Processo Penal – CPP, "havendo requerimento das partes, o material probatório que serviu de base à perícia será disponibilizado no ambiente do órgão oficial, que manterá sempre sua guarda, e na presença de perito oficial, para exame pelos assistentes, salvo se for impossível a sua conservação". V – A extração de cópia e armazenamento da mídia objeto do processo poderia configurar o crime tipificado no art. 241-B do Estatuto da Criança e do Adolescente – ECA, uma vez que não incidiria, na hipótese, a causa justificante prevista no § 2º do mesmo artigo" (STF, 2ª T., AgR na Rcl 51143/SP, Rel. Ricardo Lewandowski, J. em 04/04/22). Então, nos termos do STF, não podem ser disponibilizadas à defesa cópia dos registros de cenas a que se refere o art. 241-B, já que ela apenas pode ter acesso direto a eles na forma do art. 159, 6º, do CPP.

Acerca do possível concurso entre os crimes dos arts. 240 e 241-B, v. comentários ao item "condutas" referentes ao art. 240. Já quanto ao **concurso entre os crimes dos arts. 241-A e 241-B**, o STJ, ao decidir o Tema Repetitivo n. 1168, criou a seguinte tese: "Os tipos penais trazidos nos arts. 241-A e 241-B do Estatuto da Criança e do Adolescente são autônomos, com verbos e condutas distintas, sendo que o crime do art. 241-B não configura fase normal, tampouco meio de execução para o crime do art. 241-A, o que possibilita o reconhecimento de concurso material de crimes" (STJ, 3ª S., RESP 1970216/SP, RESP 1971049/SP e RESP 1976855/MS, Rel. Reynaldo Fonseca, J. em 3/8/2023). Elucida-se com o RESP 1970216/SP: "Os tipos penais trazidos nos arts. 241 e 241-B, ambos do Estatuto da Criança e do Adolescente, descrevem condutas autônomas, uma vez que o crime no art. 241-B não configura fase normal nem meio de execução para o crime do art. 241. De fato, é possível que alguém divulgue conteúdo pornográfico infanto-juvenil sem efetuar armazenamento, como pode realizar o armazenamento sem a divulgação, o que demonstra a autonomia das condutas, impedindo a aplicação do princípio da consunção. Reforça a noção de autonomia das condutas o fato de que, não raras vezes, evidencia-se diferença entre o conteúdo dos arquivos/dados armazenados e o conteúdo daqueles divulgados e/ou a ausência de correspondência entre a quantidade armazenada e a quantidade compartilhada. O mesmo se pode dizer da situação em que o armazenamento ocorre após a divulgação/compartilhamento de arquivos de imagens/vídeos".

Voluntariedade

O crime do art. 241-B é doloso. Não há previsão de finalidade especial (elemento subjetivo específico) na conduta do agente tampouco de culpa.

Consumação e Tentativa

A consumação ocorre no exato instante em que sucede a prática dos verbos nucleares. Anota-se que as condutas *possuir* e *armazenar* são permanentes, hipótese em que a consumação se prolonga no tempo, admitindo assim a prisão em flagrante a qualquer momento (TJSC, 1ª C. Crim., Apelação Crime n. 0009770-21.2017.8.24.0020, Rel. Carlos Civinski, J. em 12/07/2018).

Por se tratar de crime plurissubsistente, a tentativa (*conatus*) é possível.

Ação Penal

Todos os crimes previstos no ECA são de ação penal pública incondicionada (art. 227).

Quanto ao cabimento de benefícios penais, deve ser observada a exclusão operada pelo art. 226, § 1º.

No tocante ao acordo de não persecução penal, deve-se considerar que a Lei n. 14.811/2024 incluiu o presente crime do art. 241-B no rol dos crimes hediondos (Lei n. 8.072/90). Diante desse status de hediondez, compreende-se, em leitura própria, a insuficiência de alternativas penais para fins de reprovação e prevenção do crime – posição adotada pelo Grupo Nacional de Coordenadores de Centros de Apoio Criminal (GNCCRIM), órgão vinculado ao Conselho Nacional de Procuradores-Gerais (CNPG): "Enunciado n. 22 (Art. 28-A, § 2º, IV): Veda-se o acordo de não persecução penal aos crimes praticados no âmbito de violência doméstica ou familiar, ou praticados contra a mulher por razões da condição de sexo feminino, bem como aos crimes hediondos e equiparados, pois em relação a estes o acordo não é suficiente para a reprovação e prevenção do crime". Afinal, é incompatível o cabimento de acordo penal sobre um crime que se reputa mais grave a ponto de ser rotulado como hediondo. Suxberger, Gomes Filho e Dias também fornecem outro argumento pelo descabimento do ANPP: "Justamente por não autorizar o manejo de ANPP em casos que possam, prospectivamente, impor recolhimento à prisão, ainda que a lei não o diga expressamente, não há lugar para o ANPP quando o crime noticiado for hediondo ou receber tratamento penal equiparado"[52].

Dessa forma, não cabe ANPP para a presente figura típica. Não obstante, há posicionamento pelo cabimento do ANPP diante da inexistência de vedação expressa bem como da interpretação em favor do réu.[53]

No atinente à competência jurisdicional, vide o item "ação penal" nos comentários sobre o art. 241.

> **Art. 241-C.** Simular a participação de criança ou adolescente em cena de sexo explícito ou pornográfica por meio de adulteração, montagem ou modificação de fotografia, vídeo ou qualquer outra forma de representação visual:
>
> Pena – reclusão, de 1 (um) a 3 (três) anos, e multa.

52 SUXBERGER, Antonio Henrique Graciano; GOMES FILHO, Dermeval Farias; DIAS, Danilo Pinheiro. Discricionariedade persecutória no ANPP: afinal, o que se negocia? *Revista da Faculdade de Direito da UFRGS*, Porto Alegre, n. 50, p. 183-202, dez. 2022. DOI: https://doi.org/10.22456/0104-6594.113498. p. 192.

53 SOARES, Rafael Júnior.; BORRI, Luiz Antonio.; BATTINI, Luacs Andrey. Breves considerações sobre o acordo de não persecução penal. *Revista do Instituto de Ciências Penais*, Belo Horizonte, v. 5, n. 1, p. 213-232, 2020.

Parágrafo único. Incorre nas mesmas penas quem vende, expõe à venda, disponibiliza, distribui, publica ou divulga por qualquer meio, adquire, possui ou armazena o material produzido na forma do caput deste artigo.

Bem Jurídico Tutelado

O bem jurídico tutelado neste artigo é a integridade psíquica e moral da criança e do adolescente, a qual é colocada em xeque pela criação de qualquer forma de material pornográfico que os envolva.

Sujeitos do Crime

Tratando-se de crime comum, o sujeito ativo pode ser qualquer pessoa.

O sujeito passivo é a criança ou o adolescente cuja participação em representação visual envolvendo sexo foi simulada.

Condutas

Reporta-se inicialmente aos dois primeiros parágrafos escritos no item "condutas" relativo ao art. 240.

O art. 241-C incrimina a conduta do sujeito ativo que *simula* (fazer parecer real o que não é) a participação de criança ou adolescente em cena de sexo explícito ou pornográfica (interpretação autêntica no art. 241-E) mediante adulteração (falsificação), montagem (união de diferentes partes de documentos) ou modificação (alteração do original) de qualquer forma de representação visual.

Compreende-se que a **simulação** prevista no art. 241-C cuida de **crime de forma vinculada**: somente tipifica o crime se ocorrer mediante *adulteração*, *montagem* ou *modificação*; se a simulação ocorrer por outras formas que não essas três, o fato não caracterizará o crime sob estudo. Então, se o agente, para se vingar da sua ex-namorada, uma adolescente, publica, em rede social, uma foto de atriz de filme pornográfico em cena de sexo e afirma, falsamente, que essa atriz é a adolescente, não resta tipificado o crime do art. 241-C porque não houve adulteração, montagem ou modificação. A propósito, tanto o sujeito que produz a simulação sem adulteração, montagem ou modificação como o sujeito que armazena o registro dessa simulação estão em situação de putatividade penal (crime imaginário). Por outro lado, se o agente adultera ou monta imagem em que aparecem adolescentes reais, atribuindo a ela a conotação de cena de sexo explícito ou pornográfica, o tipo do art. 241-C restará preenchido.

Também se incriminam, conforme o art. 241-C, parágrafo único, que cuida de tipo misto alternativo (v. comentários ao item "condutas" relativo ao art. 236 do ECA), as condutas do sujeito ativo que *vende* (alienar, transferir a propriedade mediante um preço), *expõe à venda* (anunciar para a alienação), *disponibiliza* (permitir o acesso), *distribui* (proporcionar a entrega indiscriminadamente a várias pessoas), *publica* (tornar público) ou *divulga* (propagar, difundir) por qualquer meio, *adquire* (obter algo a título gratuito ou oneroso), *possui* (ter consigo) ou *armazena* (guardar) o material a que se refere o *caput*. Se a representação visual for verdadeira, o agente incorre na prática do art. 241-A ou do art. 241-B. Embora não previsto como no art. 241-B, § 2º, se o agente adquire, possui ou armazena o material pornográfico com a única finalidade de comunicar as autoridades competentes sobre a prática do crime, a sua conduta é ilícita, com base no art. 23, III, do CP.

O objeto material sobre o qual incide a conduta é a representação visual que contém a simulação.

Voluntariedade

O crime do art. 241-C é doloso. Não há previsão de finalidade especial (elemento subjetivo específico) na conduta do agente tampouco de culpa.

Consumação e Tentativa

No art. 241-C, *caput*, a consumação sucede no momento em que ocorre a simulação. Por ser crime plurissubsistente, admite a tentativa (*conatus*).

No art. 241-C, parágrafo único, a consumação ocorre quando é praticado qualquer um dos seus verbos nucleares. Dependendo do meio utilizado, as condutas *disponibilizar* e *divulgar* podem ser permanentes, caso em que a consumação se prolonga no tempo. A tentativa também é admissível.

Ação Penal

Todos os crimes previstos no ECA são de ação penal pública incondicionada (art. 227).

À guisa dos comentários expendidos no art. 226, §1º, a presente figura típica não admite transação nem suspensão condicional do processo; diversamente, aceita acordo de não persecução penal (art. 28-A do CPP).

No atinente à competência jurisdicional, para as condutas previstas no art. 241-C, parágrafo único, que envolvam a internet, vide o item "ação penal" nos comentários sobre o art. 241.

> **Art. 241-D.** Aliciar, assediar, instigar ou constranger, por qualquer meio de comunicação, criança, com o fim de com ela praticar ato libidinoso:
>
> Pena – reclusão, de 1 (um) a 3 (três) anos, e multa.
>
> Parágrafo único. Nas mesmas penas incorre quem:
>
> I – facilita ou induz o acesso à criança de material contendo cena de sexo explícito ou pornográfica com o fim de com ela praticar ato libidinoso;
>
> II – pratica as condutas descritas no *caput* deste artigo com o fim de induzir criança a se exibir de forma pornográfica ou sexualmente explícita.

Bem Jurídico Tutelado

O bem jurídico tutelado é a integridade psíquica e moral da criança. Tendo em vista ainda o caráter eminentemente preventivo do tipo, também se tutela a integridade física.

Sujeitos do Crime

Tratando-se de crime comum, o sujeito ativo pode ser qualquer pessoa.

O sujeito passivo é a criança. A exclusão do adolescente da tutela penal é acertada. Ele já tem discernimento para refutar o assédio do pedófilo. Ademais, não se deve olvidar que a relação sexual voluntária com pessoa maior de catorze anos não constitui crime.

Condutas

Reporta-se inicialmente aos dois primeiros parágrafos escritos no item "condutas" relativo ao art. 240.

O art. 241-D, *caput*, que constitui tipo misto alternativo (v. comentários ao item "condutas" relativo ao art. 236 do ECA), incrimina a conduta do sujeito ativo que *alicia* (atrair, seduzir), *assedia* (importunar, perseguir), *instiga* (fomentar, induzir) ou *constrange* (coagir, forçar), por qualquer meio de comunicação, a criança, com a finalidade especial de com ela praticar ato libidinoso.

Embora seja comum a utilização da internet para esse crime (TRF5, 2ª T., apelação n. 00019424420144058102, ACR12473/CE, Rel. Vladimir Carvalho, J. em 22/11/2016), a abordagem direta (presencial) do sujeito ativo sobre a criança igualmente tipifica o crime em tela, conforme já decidido pela 6ª Turma do STJ: "O elemento do tipo penal do art. 241-D "qualquer meio de comunicação" inclui a abordagem pessoal à infante" (STJ, 6ª T., REsp n. 1.894.300/SC, Rel. Nefi Cordeiro, j. em 15/12/2020).

Já o art. 241-D, parágrafo único, pune a conduta do sujeito ativo que (I) *facilita* (reduzir a exigência de esforço) ou *induz* (sugerir, dar a ideia) o acesso à criança de cena de cunho sexual com a finalidade especial de com ela praticar ato libidinoso; e (II) *pratica* as condutas do *caput* com a finalidade especial de que a criança se exiba de forma pornográfica ou sexualmente explícita (interpretação autêntica no art. 241-E).

Contudo, observa-se a **atipicidade** da conduta do agente que, nos termos do art. 241-D, I, com a finalidade de praticar ato libidinoso com criança, facilita ou induz o acesso a esta de material contendo **cena de sexo explícito ou pornográfica envolvendo pessoas maiores de idade** em vez de crianças ou adolescentes. Com base na interpretação literal do art. 241-E, que define o conceito de "cena de sexo explícito ou pornográfica" como aquela que envolve, necessariamente, crianças ou adolescentes, verifica-se que esse tipo de cena não existe, para os fins do ECA, quando nela participam pessoas maiores de idade. Vale dizer: nos termos do ECA, só é cena de sexo explícito ou de pornografia se nela houver participação de criança e/ou adolescente; ao revés, a participação de pessoas maiores de idade não caracteriza cena de sexo explícito ou de pornografia. Em consequência, por falha da legislação, que disse menos do que queria, tendo em vista o seu objetivo de proteger integralmente o menor, pode-se punir o agente que, com a finalidade de praticar ato libidinoso com a criança, a convida para assistir a um filme pornográfico envolvendo crianças e/ou adolescentes, o que é raro, na realidade, tendo em vista que os filmes pornográficos que são comercializados de forma oficial empregam apenas atores com idade igual ou superior a dezoito anos. Todavia, não se pode punir o agente que, com a mesma finalidade, convida a criança para assistir a um filme pornográfico cujos atores são maiores de idade. Não obstante, se ocorrer o ato libidinoso com a criança, restará tipificado o estupro de vulnerável previsto no art. 217-A do CP.

Tendo em vista o princípio da legalidade que vigora no direito penal, o qual proíbe o recurso à analogia *in malam partem*, a solução é de *lege ferenda*, com duas opções, para permitir a punição do agente que, com a finalidade de praticar ato libidinoso, convida uma criança para com ela assistir a filme pornográfico gravado por atores maiores de idade: a) alteração do conceito "cena de sexo explícito ou pornográfica" no art. 241-E, o que impactaria a interpretação de todos os artigos do ECA que trabalham com esse conceito, razão pela qual não se afigura a medida mais recomendável; ou b) acréscimo à redação do art. 241-D, I, de que a "cena de sexo explícito ou pornográfica" também pode envolver pessoas maiores de idade.

Nota-se que o art. 241-D, ostentando a qualidade de crime de perigo, tipificou possíveis atos preparatórios do estupro de vulnerável (art. 217-A do CP). A punição de atos preparatórios ocorre "quando o legislador eleva à categoria de infração autônoma um ato que, por sua natureza, seria considerado preparatório ao cometimento de outra infração penal".[54] Na mesma linha, constata-se o caráter eminentemente preventivo do tipo em questão, cuja finalidade é evitar que a situação evolua para o estupro de vulnerável (arts. 217-A do CP), o qual, se ocorrer, absorve a conduta do art. 241-D pelo critério da absorção/subsidiariedade.

O objeto material sobre o qual incide a conduta é a própria criança.

54 GRECO, Rogério. *Curso de direito penal*. 11. ed. Rio de Janeiro: Impetus, 2009. p. 251-252.

Voluntariedade

O crime do art. 241-D é doloso. Exige a finalidade especial (elemento subjetivo específico) consistente na prática de ato libidinoso com a criança (art. 241-D, *caput* e parágrafo único, I) (TJRS, 5ª C. Crim., Apelação Crime n. 70071794044, Rel. Cristina Gonzales, J. em 21/02/2017) ou na exibição de cunho sexual da criança (art. 241-D, parágrafo único, II).

O tipo não prevê a forma culposa.

Consumação e Tentativa

A consumação ocorre quando é praticada qualquer uma das condutas previstas no tipo. Tratando-se de crime formal, que independe de resultado naturalístico, é indiferente que a criança aliciada, assediada, instigada ou constrangida aceite ou ceda ao sujeito ativo para com ele praticar ato libidinoso.

Por se tratar de crime plurissubsistente, é cabível a tentativa (*conatus*).

Ação Penal

Todos os crimes previstos no ECA são de ação penal pública incondicionada (art. 227).

À guisa dos comentários expendidos no art. 226, §1º, a presente figura típica não admite transação nem suspensão condicional do processo; diversamente, aceita acordo de não persecução penal (art. 28-A do CPP).

> **Art. 241-E.** Para efeito dos crimes previstos nesta Lei, a expressão "cena de sexo explícito ou pornográfica" compreende qualquer situação que envolva criança ou adolescente em atividades sexuais explícitas, reais ou simuladas, ou exibição dos órgãos genitais de uma criança ou adolescente para fins primordialmente sexuais.

O art. 241-E contém interpretação autêntica sobre em que consiste cena de sexo explícito ou pornográfica. "Diz-se autêntica a interpretação realizada pelo próprio texto legal. Em determinadas situações, a lei, com a finalidade de espancar quaisquer dúvidas quanto a este ou àquele tema, resolve, ela mesma, no seu corpo, fazer a sua interpretação."[55]

Eventual limitação no conceito do art. 241-E decorrente da impossibilidade de o legislador prever todos os fatos possíveis resta compensada pela segurança jurídica que se obtém. Assim, a crítica lançada por Nucci no sentido de que "a tentativa de tornar mais clara a redação dos tipos incriminados trouxe a redução do contexto da pornografia"[56] perde força, pois o STJ tem reconhecido que eventual incompletude do art. 241-E pode ser suprida por uma interpretação ampliativa do Poder Judiciário: "5. A definição legal de pornografia infantil apresentada pelo artigo 241-E do Estatuto da Criança e do Adolescente não é completa e deve ser interpretada com vistas à proteção da criança e do adolescente em condição peculiar de pessoas em desenvolvimento (art. 6º do ECA), tratando-se de norma penal explicativa que contribui para a interpretação dos tipos penais abertos criados pela Lei nº 11.829/2008, sem contudo restringir-lhes o alcance. 6. É típica a conduta de fotografar cena pornográfica (art. 241-B do ECA) e de armazenar fotografias de conteúdo pornográfico envolvendo criança ou adolescente (art. 240 do ECA) na hipótese em que restar incontroversa a finalidade sexual e libidinosa das fotografias, com **enfoque nos órgãos genitais das vítimas** – ainda que cobertos por peças de roupas –, e de poses nitidamente sensuais, em que explorada sua sexualidade com conotação obscena e pornográfica. 7. Recurso especial improvido" (STJ, 6ª T., REsp 1543267/SC, Rel. Maria Thereza de Assis Moura, J. em 03/12/2015).

---

55 GRECO, Rogério. *Curso de direito penal*. 11. ed. Rio de Janeiro: Impetus, 2009. p. 36.

56 NUCCI, Guilherme de Souza. *Estatuto da criança e do adolescente comentado:* em busca da constituição federal das crianças e dos adolescentes. 3. ed. Rio de Janeiro: Forense, 2017. p. 790.

A propósito, o STJ, no seu Informativo n. 729/2022, reiterou o entendimento de que o art. 241-E prescinde da exibição dos órgãos genitais de criança ou adolescente, bastando a finalidade sexual da exibição: "3. O art. 241-E da Lei n. 8.069/90, ao explicitar o sentido da expressão 'cena de sexo explícito ou pornográfica' não restringe tal conceito apenas àquelas imagens em que a genitália de crianças e adolescentes esteja desnuda. 4. Para efeito dos crimes previstos no Estatuto da Criança e do Adolescente, o alcance da expressão 'cena de sexo explícito ou pornográfica' deve ser definido à luz do contexto fático da conduta, sendo imprescindível verificar se, a despeito de não ocorrer exposição de órgãos genitais de criança ou adolescente, a finalidade sexual ressai evidente do contexto obsceno ou pornográfico" (STJ, 6ª T, REsp 1899266 / SC, Rel. Laurita Vaz, J. em 15/03/2022).

A finalidade do agente é essencial para avaliar a tipicidade da sua conduta. A exibição de órgãos genitais de crianças e adolescentes, quando para fins sexuais, caracteriza o tipo de cena em estudo. Por isso, na linha do recurso especial já mencionado, o foco sobre órgãos genitais de crianças e adolescente, mesmo que cobertos, preenche o conceito de cena de sexo explícito, desde que para fins sexuais. Diferentemente, exclui-se a tipicidade do registro de órgãos genitais de menores quando a finalidade for científica, por exemplo.

Impõe-se um esclarecimento quanto à situação que envolva criança ou adolescente em atividades sexuais explícitas ser real ou simulada. Evidentemente, a atividade sexual abrangendo criança ou adolescente reais caracteriza cena de sexo explícito. Mas a simulação de criança ou adolescente não reais em atividades sexuais caracteriza "cena de sexo explícito ou pornográfica"? Um desenho que represente atividade sexual com crianças preenche o conceito deste art. 241-E?

Observado o princípio da legalidade, sobretudo nas suas vertentes da *lex certa* e *lex stricta*, o art. 241-E não se refere à simulação feita por maiores de criança e adolescente em atividade sexual, mas à **participação de criança e adolescente reais em atividade sexual simulada**. Neste art. 241-E, a simulação não ocorre sobre a criança e o adolescente não reais, mas sobre a atividade sexual que envolve criança ou adolescente reais. Por relevante, repisa-se que a simulação a que se refere o art. 241-C ocorre sobre criança ou adolescente reais, mediante adulteração, montagem ou modificação da representação visual; quanto ao art. 241-E, analisa-se, no presente comentário, a simulação de criança e adolescente não reais.

Há doutrina que destaca essa peculiaridade: "O 'simuladas' é adjetivo que modifica o substantivo 'atividades sexuais', e não 'crianças'. Assim, a nova redação do art. 241 do ECA só tipifica a disseminação de imagens que sejam, efetivamente, a reprodução de cenas que envolvam a *participação real de menores*. Desta forma, desenhos seriam atípicos. Só registros visuais (imagens) que contenham *crianças reais* (não desenhos ou imagens virtuais) caracterizam a prática delituosa"[57]. Também há posicionamento institucional do MPF neste sentido: "Os adjetivos 'reais' e 'simuladas' (usados no plural pela norma do art. 241-E) referem-se às atividades sexuais explícitas representadas, e não à criança ou adolescente (se reais ou produto de ficção). Ou seja, o que o ECA sanciona é a participação, real ou simulada (através, por exemplo, do uso de técnica de fotomontagem), de uma criança ou adolescente (real) em cena de conteúdo sexual explícito"[58].

Então, por mais repugnante que seja, a simulação de crianças e adolescentes não reais em atividade sexual não caracteriza "cena de sexo explícito ou pornográfica", para fins do presente art. 241-E. Todavia, isso não impede a tipificação do art. 218-C do CP, como sustentado acima

57 OLIVEIRA, Neide Cardoso de. Os Crimes Praticados pela Internet Previstos no ECA. *Custos Legis*: Revista Eletrônica do Ministério Público Federal, Rio de Janeiro, v. 3, n. 1, p. 1-10, jan. 2011. p. 7. Disponível em: http://www.prrj.mpf.mp.br/custoslegis/revista_2011/2011_Dir_Penal_Neide_Internet.pdf. Acesso em: 09 nov. 2021.

58 BRASIL. Procuradoria Federal dos Direitos do Cidadão. Ministério Público Federal. Nota Técnica n. 11/2017/PFDC/MPF. Brasília: Mpf, 2017. 46 p. p. 26. Disponível em: http://www.mpce.mp.br/wp-content/uploads/2015/12/20180035-nota_tecnica_11_2017_pfdc_mpf_liberdade_artistica.pdf. Acesso em: 09 dez. 2021.

nos comentários aos arts. 241, 241-A e 241-C, quando o objeto material é constituído por representação visual de criança ou adolescente não reais em atividade sexual.

Já nos casos em que houver dúvida quanto à idade das pessoas que participam das cenas registradas em imagem ou vídeo, cabe ao Ministério Público produzir a prova de que o imputado tinha ciência dessa circunstância fática, que é prevista como elementar dos tipos penais. Não se cogita, no entanto, que a acusação prove a idade de todas as pessoas que figurem em tais registros, bastando que se apontem os traços físicos e/ou fisionômicos que permitam concluir pela existência de alguém com menos de dezoito anos nas imagens. É matéria, portanto, a ser valorada pelo julgador, a quem cabe aplicar a presunção de não culpabilidade quando houver dúvida razoável quanto às pessoas retratadas serem ou não adultas.

Já nos casos em que houver dúvida quanto à idade das pessoas que participam das cenas registradas em imagem ou vídeo, cabe ao Ministério Público produzir a prova de que o imputado tinha ciência dessa circunstância fática, que é prevista como elementar dos tipos penais. Não se cogita, no entanto, que a acusação prove a idade de todas as pessoas que figurem em tais registros, bastando que se apontem os traços físicos e/ou fisionômicos que permitam concluir pela existência de alguém com menos de dezoito anos nas imagens. É matéria, portanto, a ser valorada pelo julgador, a quem cabe aplicar a presunção de não culpabilidade quando houver dúvida razoável quanto às pessoas retratadas serem ou não adultas.

Com base nessas razões, sustenta-se que desenhos que retratam atividade sexual com crianças e adolescentes, a exemplo do *hentai*, não constituem "cena de sexo explícito ou pornográfica" a que se refere o presente art. 241-E.

Art. 242. Vender, fornecer ainda que gratuitamente ou entregar, de qualquer forma, a criança ou adolescente arma, munição ou explosivo:

Pena – reclusão, de 3 (três) a 6 (seis) anos.

Bem Jurídico Tutelado

O bem jurídico tutelado consiste na integridade física da criança ou adolescente e das pessoas que tenham contato com elas.

Sujeitos do Crime

Tratando-se de crime comum, o sujeito ativo pode ser qualquer pessoa.

O sujeito passivo é a criança ou adolescente que recebe a arma de fogo, a munição ou o explosivo.

Condutas

Posteriormente à Lei n. 10.764/03, que conferiu nova redação ao tipo sob exame, entrou em vigor o Estatuto do Desarmamento (Lei n. 10.826/03), que, no seu art. 16, V, incrimina, com pena de três a seis anos de reclusão e multa, a conduta do agente que: vender, entregar ou fornecer, ainda que gratuitamente, arma de fogo, acessório, munição ou explosivo a criança ou adolescente. Em consequência, houve a **revogação tácita do art. 242 naquelas condutas que têm como objeto material arma de fogo, a respectiva munição e explosivo**. Assim, se o objeto material forem os mencionados na Lei n. 10.826/03, aplica-se o art. 16, V, do ED; se o objeto material for arma imprópria ou arma própria, desde que não de fogo, aplica-se o art. 242 do ECA.

Esclarece-se que **arma própria** consiste naquele instrumento destinado, originalmente, a causar dano a outrem; logo, arma de fogo sempre é classificada como arma própria. Já a **arma imprópria** consiste naquele instrumento não projetado, originalmente, para fazer dano a outrem; todavia, segundo a sua utilização feita pelo homem, ele é capaz de produzir o dano. Uma faca é típico exemplo de arma imprópria.

Tendo em conta essa limitação, percebe-se que o art. 242, que cuida de tipo misto alternativo (v. comentários ao item "condutas" relativo ao art. 236 do ECA), incrimina a conduta do agente que *vende* (alienar, transferir a propriedade mediante um preço), *fornece ainda que gratuitamente* (abastecer) ou *entrega* (fazer chegar algo a alguém) arma imprópria ou, desde que não seja de fogo, própria, e a respectiva munição (material para abastecer o funcionamento dessas armas já referidas) para criança ou adolescente.

A interpretação deve ser compatível com a realidade social, razão pela qual deve, na forma do art. 20 da LINDB, considerar as consequências práticas da decisão. A entrega de uma enxada (arma imprópria) para um adolescente de quinze anos de idade, numa área rural, é fato atípico, pois se trata de instrumento de trabalho; o fornecimento, por sua vez, de um facão com lâmina superior a trinta centímetros para uma criança de dez anos de idade, em pleno centro urbano, caracteriza o tipo em questão.

Não há por que fazer confusão entre os seguintes tipos penais: a) o **art. 242 do ECA**: conduta comissiva e dolosa que incide sobre armas impróprias e, desde que não sejam de fogo, armas próprias e as respectivas munições; b) **art. 16, V, do ED**: conduta comissiva e dolosa que incide sobre armas de fogo, a respectiva munição e explosivos; c) **art. 13, *caput*, do ED**: conduta omissiva e negligente que incide sobre arma de fogo.

O objeto material sobre o qual incide a conduta é a arma imprópria ou, desde que não de fogo, própria e a respectiva munição.

Voluntariedade

O crime do art. 242 é doloso. Não há previsão de finalidade especial (elemento subjetivo específico) na conduta do agente tampouco de culpa.

Consumação e Tentativa

A consumação ocorre no exato instante da prática um dos verbos nucleares.

Por se tratar de crime plurissubsistente, a tentativa (*conatus*) é possível.

Ação Penal

Todos os crimes previstos no ECA são de ação penal pública incondicionada (art. 227).

Tendo em conta as penas mínima e máxima em abstrato bem como a previsão do art. 226, § 1º, não cabem os benefícios da Lei n. 9.099/1995. Diversamente, nos termos do comentários expendidos ao art. 226, §1º, cabe o acordo de não persecução penal (art. 28-A do CPP).

> **Art. 243.** Vender, fornecer, servir, ministrar ou entregar, ainda que gratuitamente, de qualquer forma, a criança ou a adolescente, bebida alcoólica ou, sem justa causa, outros produtos cujos componentes possam causar dependência física ou psíquica:
>
> Pena – detenção de 2 (dois) a 4 (quatro) anos, e multa, se o fato não constitui crime mais grave.

Bem Jurídico Tutelado

O bem jurídico tutelado consiste na integridade física e psíquica da criança ou do adolescente, que é colocada em xeque mediante o seu contato precoce com álcool ou substâncias que provoquem dependência.

Sujeitos do Crime

Sendo crime comum, o sujeito ativo pode ser qualquer pessoa.

O sujeito passivo é a criança ou o adolescente que tem contato com álcool ou substância que causa dependência.

Condutas

O art. 243, que cuida de tipo misto alternativo (v. comentários ao item "condutas" relativo ao art. 236 do ECA), incrimina a conduta do sujeito ativo que *vende* (alienar, transferir a propriedade mediante um preço), *fornece* (abastecer), *serve* (oferecer), *ministra* (fazer tomar) ou *entrega* (fazer chegar algo a alguém), ainda que gratuitamente (é desnecessário qualquer tipo de contraprestação), de qualquer forma, para criança ou adolescente, bebida alcoólica ou, sem justa causa, outros produtos cujos componentes possam causar dependência física ou psíquica.

O elemento normativo "sem justa causa" interfere na tipicidade (v. comentários no item "condutas" referente ao art. 234 do ECA). Então, é atípica a conduta do médico que fornece droga lícita (medicamento) que pode causar dependência a um adolescente para fins do seu tratamento clínico. Pela literalidade do tipo, tem-se que a "justa causa" não exclui a tipicidade da conduta cujo objeto seja o álcool, vale dizer, não há justificativa para fornecer bebida alcoólica para criança ou adolescente.

Quanto ao **conflito com o art. 63, I, do Decreto-Lei n. 3.688/41** (Lei das Contravenções Penais – LCP), o qual foi revogado pela Lei n. 13.106/2015, não ocorreu a *abolitio criminis* da conduta que caracterizava essa contravenção: "Ocorreu o fenômeno do **princípio da continuidade normativo-típica**. Qual a diferença entre os dois institutos? A *abolitio criminis* não se confunde com o princípio da continuidade normativo-típica. A *abolitio* representa supressão formal e material da figura criminosa, expressando o desejo do legislador em não considerar determinada conduta como criminosa. É o que aconteceu com o crime de adultério e sedução, revogados, formal e materialmente, pela Lei n. 11.106/2005. O princípio da continuidade normativo-típica, por sua vez, significa a manutenção do caráter proibido da conduta, porém com o deslocamento do conteúdo criminoso para outro tipo penal. A intenção do legislador, nesse caso, é que a conduta permaneça proibida pelo Direito Penal. Percebe-se esse fenômeno quando a conduta de vender bebida alcoólica, permanecendo infração penal, migra da Lei das Contravenções para o ECA, como crime" (grifos nossos).[59]

A Lei n. 13.106/15, que conferiu nova redação ao tipo, pôs fim ao entendimento do STJ anteriormente consolidado. Em interpretação sistemática do então vigente art. 63, I, da LCP, do art. 81, II e III, do ECA e do art. 243 do ECA (na sua antiga redação), o STJ entendia que o fornecimento de bebida alcoólica a menor de idade caracterizava a contravenção penal já referida (STJ, 5ª T., HC 329.786/RS, Rel. Jorge Mussi, J. em 02/02/2016).

O art. 243 é expressamente **subsidiário**, ou seja, somente se aplica na inexistência de outro crime mais grave. Exemplo típico é o tráfico de drogas: o fornecimento de droga a criança ou adolescente não caracteriza o presente crime sob estudo, mas aquele tipificado no art. 33 c/c art. 40, VI, ambos da Lei n. 11.343/06.

Aliás, há um **conflito aparente entre o art. 243 do ECA**, que proíbe a condutas relacionadas a "produtos cujos componentes possam causar dependência física ou psíquica", a Lei n. 11.343/06, que considera "como drogas as substâncias ou os produtos capazes de causar dependência" (art. 1º, *caput*), assim especificados na Portaria SVS/MS no 344, de 12 de maio de 1998 (art. 66), e o art. 278 do CP, o qual envolve substância nociva à saúde. A solução passa pelo critério da especialidade: se o produto estiver catalogado na referida Portaria, trata-se de tráfico de drogas; se o produto não estiver catalogado na Portaria e, oferecendo a possibilidade de gerar dependência física ou psíquica, se destinar a criança ou adolescente, trata-se do crime previsto no art. 243 do ECA; se a conduta não visar a criança ou adolescente e não envolver droga, mas produto nocivo à saúde, independentemente da possibilidade de causar dependência, trata-se do crime tipificado no art. 278 do CP.

---

59 ROSSATO, Luciano Alves. LÉPORE, Paulo Eduardo. SANCHES, Rogério. *Estatuto da criança e do adolescente*: lei n. 8.069/90 comentada artigo por artigo. 8. ed. São Paulo: Saraiva, 2016. p. 598.

O objeto material sobre o qual incide a conduta são a bebida alcoólica ou outros produtos cujos componentes possam causar dependência física ou psíquica. "[É] considerada bebida alcoólica aquela que contiver 0.5 grau Gay-Lussac ou mais de concentração, incluindo-se aí bebidas destiladas, fermentadas e outras preparações, como a mistura de refrigerantes e destilados, além de preparações farmacêuticas que contenham teor alcoólico igual ou acima de 0.5 grau Gay-Lussac" (Anexo I, item III, 5, do Decreto n. 6.117/07 da Presidência da República).

Porque o crime do art. 243 deixa vestígios, é necessária, em princípio, a realização de prova pericial, na forma do art. 158 do CPP, para constatar a possibilidade da causação de dependência. Todavia, o magistrado, amparado pelo princípio da persuasão racional (ou livre convencimento motivado) – no qual as provas não têm hierarquia tampouco valor preestabelecido –, em análise do contexto probatório, pode entender pela desnecessidade dessa prova técnica. Por exemplo: havendo certeza de que a substância entregue à criança era cigarro, é desnecessária perícia para comprovar que o cigarro é uma substância que pode causar dependência.

O objeto material sobre o qual incide a conduta são a bebida alcoólica ou os produtos cujos componentes possam causar dependência física ou psíquica, desde que não constituam droga. Em relação a esses produtos, ainda, destacam-se os seguintes entendimentos.

A venda de **cigarro** a menor de idade caracteriza o crime do art. 243 (TJSC, Apelação Criminal 2015.051926-8, Rel. Cinthia Schaefer, J. em 03/12/2015). Segundo o TJRS: "O tipo penal previsto no art. 243 do ECA trata de crime de mera conduta, não exigindo resultado naturalístico. Então, a simples venda de cigarros à vítima, ainda que para uso de sua genitora, não tem o condão de afastar a tipicidade da conduta desenvolvida pelo do embargante" (TJRS, 3º Grupo de C. Crim., Embargos Infringentes e de Nulidade n. 70068417385, Rel. Bernadete Friedrich, J. em 15/04/2016).

Já o "**clorofórmio**, componente do **loló**, não foi definido como substância que causa dependência física e/ou psíquica pela Portaria 344/98 (SVS/MS), atualizada pela RDC nº 63/07. Não sendo a substância definida como causadora de dependência física e/ou psíquica, mas que causa dano à saúde, não há que se falar na incidência de infração prevista no art. 243 do ECA, mas sim no tipo penal capitulado no art. 278 do Código Penal" (TJPE, 4ª C. Crim., ACR 168873 PE 00005355620058170760, Rel. Alexandre Assunção, J. em 01/04/2009).

Segundo a Resolução ANVISA RDC n. 649, de 24 de março de 2022 (que revogou a Resolução ANVISA RDC n. 345, de 15 de dezembro de 205), o **thinner** constitui uma substância que pode causar dependência. Essa conclusão é acompanhada pelo Centro Brasileiro de Informações sobre Drogas Psicotrópicas – CEBRID[60]. Então, uma vez demonstrado que a substância passada à criança ou ao adolescente é thinner, resta tipificada a conduta do art. 243 do ECA, sendo desnecessária perícia sobre a capacidade do produto de causar dependência física ou química porque isso já foi estabelecido em ato normativo do poder público, no caso, a Resolução ANVISA RDC n. 649/2022.

A **cola de sapateiro** demanda reflexão própria. Quando da vigência da Resolução ANVISA RDC n. 345/2005, já ocorreram decisões diametralmente opostas. O TJRO decidiu assim: "Estatuto da Criança e do Adolescente. Cola de Sapateiro. Fornecimento a adolescente. Recurso Ministério Público. Previsão. Resolução ANVISA. Tipicidade evidenciada. Condenação. Substância tida como causadora de dependência por resolução publicada pela ANVISA, confirma a tipicidade da conduta. Recurso Provido" (TJRO, 1ª C. Crim., Ap. n. 0002390-05.2011.822.0701, Rel. Hiram Marques, J. em 05/06/2014). Por sua vez, o TJRS decidiu nos seguintes termos: "Para a caracterização do tipo penal previsto no art. 243 do Estatuto da Criança e do Adolescente recentemente alterado pela Lei nº 13.106/15, é imprescindível a demonstração de que a substância dita vendida ao adolescente seja apta a causar dependência física ou psíquica, o que não foi cumprido

60 Disponível em: <http://www2.unifesp.br/dpsicobio/cebrid/quest_drogas/solventes.htm>. Acesso em: 21 mar. 2017.

na espécie. Hipótese em que sequer descrita a substância ou componente da cola de sapateiro apta a causar dependência física ou psíquica. Ademais, o laudo pericial constatou a inviabilidade de realização da amostragem do resíduo, impossibilitando a sua análise. Destarte, não tendo o laudo técnico-pericial atestado a potencialidade de vir o produto ou seus componentes a causar dependência física ou psíquica, a melhor solução para o feito é a manutenção da absolvição (TJRS, 5ª C. Crim., Apelação Crime n. 70067394122, Rel. Cristina Gonzales, J. em 23/03/2016).

Atualmente, a Resolução ANVISA RDC n. 649/2022 "estabelece critérios e restrições para comercialização de colas, thinner e adesivos que contenham substâncias inalantes capazes de promover depressão na atividade do sistema nervoso central (SNC) e que apresentem potencial de abuso que pode desencadear a autoadministração". Ela não define o que se entende por "cola de sapateiro"; ela apenas afirma que, para as colas que possam causar, por inalação, dependência, existem restrições de comercialização. Inexiste, portanto, ato normativo que ateste que cola de sapateiro causa dependência. O componente presente na cola de sapateiro que pode causar dependência física ou química é o tolueno (ou metil benzeno). Então, é fundamental a constatação sobre se a cola apreendida tem esse componente. Dessa forma, para a tipificação do art. 243, em opinião própria, sustenta-se a necessidade de perícia que reconheça que a cola apreendida causa dependência física ou química.

Voluntariedade

O crime do art. 243 é doloso. Não há previsão de finalidade especial (elemento subjetivo específico) na conduta do agente tampouco de culpa.

Consumação e Tentativa

A consumação ocorre no instante em que a conduta expressa por um dos verbos nucleares é praticada. Tratando-se de crime formal, o tipo não exige que a criança ou adolescente destinatário da bebida ou produto consuma estes.

Cuidando-se de crime plurissubsistente, a tentativa (*conatus*) é admissível.

Ação Penal

Todos os crimes previstos no ECA são de ação penal pública incondicionada (art. 227).

Tendo em conta as penas mínima e máxima em abstrato bem como a previsão do art. 226, § 1º, não cabem os benefícios da Lei n. 9.099/1995. Diversamente, nos termos do comentários expendidos ao art. 226, §1º, cabe o acordo de não persecução penal (art. 28-A do CPP).

> **Art. 244.** Vender, fornecer ainda que gratuitamente ou entregar, de qualquer forma, a criança ou adolescente fogos de estampido ou de artifício, exceto aqueles que, pelo seu reduzido potencial, sejam incapazes de provocar qualquer dano físico em caso de utilização indevida:
>
> Pena – detenção de seis meses a dois anos, e multa.

Bem Jurídico Tutelado

O bem jurídico tutelado consiste na integridade física da criança e do adolescente bem como das pessoas que com eles se relacionam, a qual é posta em risco em razão da ausência de supervisão sobre o menor que utilize fogos de artifício ou de estampido. Administrativamente, há proteção desse bem jurídico no art. 81, IV.

Sujeitos do Crime

Tratando-se de crime comum, o sujeito ativo pode ser qualquer pessoa.

O sujeito passivo é a criança ou o adolescente para quem é repassado o fogo de artifício ou de estampido.

Condutas

O art. 244, que constitui tipo misto alternativo (v. comentários ao item "condutas" relativo ao art. 236 do ECA), incrimina a conduta do sujeito ativo que *vende* (alienar, transferir a propriedade mediante um preço), *fornece ainda que gratuitamente* (abastecer) ou *entrega* (fazer chegar algo a alguém) fogos de artifício (pirotecnia que produz efeito visual, acompanhada ou não de efeito sonoro) ou fogos de estampido (pirotecnia que produz efeito sonoro, apenas).

O Decreto n. 10.030/2019 da Presidência da República regulamenta a fiscalização de produtos controlados, entre os quais estão os fogos de artifício e de estampido. Fogos de artifício, segundo esse Decreto, "é um artigo pirotécnico destinado para ser utilizado em entretenimento". Fogos de estampido, pelo Decreto em questão, podem ser conceituados como artifício pirotécnico: "qualquer artigo, que contenha substâncias explosivas ou uma mistura explosiva de substâncias, concebido para produzir um efeito calorífico, luminoso, sonoro, gasoso ou fumígeno, ou uma combinação destes efeitos; devido a reações químicas exotérmicas autossustentadas".

Se os fogos de artifício ou de estampido forem de reduzida capacidade, incapazes de provocar qualquer dano físico em caso de utilização indevida, o fato é atípico. São exemplos os fogos conhecidos como "são joão", "birimbinha", "busca-pé". O "traque de massa", por exemplo, que constitui fogo de estampido, pode ser estourado entre os dedos e não causa danos. Na mesma linha estão aquelas velas colocadas geralmente sobre bolos de aniversário que, quando acionadas, produzem faíscas coloridas. Daí resta evidente a necessidade de perícia (art. 158 do CPP) para apurar se os fogos de artifício ou de estampido têm capacidade de causar danos.

O objeto material sobre o qual incide a conduta é o fogo de estampido ou o fogo de artifício.

Voluntariedade

O crime do art. 244 é doloso. Não há previsão de finalidade especial (elemento subjetivo específico) na conduta do agente tampouco de culpa.

Consumação e Tentativa

A consumação ocorre no instante em que a conduta representada por um dos verbos nucleares é realizada. Observando-se, todavia, que o tipo cuida de crime formal, não se exige que a criança ou o adolescente acionem o fogo de artifício ou de estampido que tenham recebido.

Cuidando-se de crime plurissubsistente, admite a tentativa (*conatus*).

Ação Penal

Todos os crimes previstos no ECA são de ação penal pública incondicionada (art. 227).

A figura típica prevista no art. 244 constitui crime de menor potencial ofensivo (art. 61 da Lei n. 9.099/95). Não admite, contudo, transação nem suspensão condicional do processo (arts. 76 e 89, ambos da Lei n. 9.099/1995), em razão da proibição do art. 226, § 1º. Diversamente, aceita acordo de não persecução penal (v. comentários ao art. 226, §1º).

> **Art. 244-A.** Submeter criança ou adolescente, como tais definidos no caput do art. 2º desta Lei, à prostituição ou à exploração sexual:
>
> Pena – reclusão de quatro a dez anos e multa, além da perda de bens e valores utilizados na prática criminosa em favor do Fundo dos Direitos da Criança e do Adolescente da unidade da Federação (Estado ou Distrito Federal) em que foi cometido o crime, ressalvado o direito de terceiro de boa-fé.
>
> § 1º Incorrem nas mesmas penas o proprietário, o gerente ou o responsável pelo local em que se verifique a submissão de criança ou adolescente às práticas referidas no caput deste artigo.
>
> § 2º Constitui efeito obrigatório da condenação a cassação da licença de localização e de funcionamento do estabelecimento.

O art. 244-A do ECA foi revogado tacitamente pelo art. 218-B do CP, instituído pela Lei n. 12.015/09, o qual é mais recente do que o art. 244-A e dispõe sobre todo o conteúdo deste.

A despeito dessa revogação (tácita) do art. 244-A, a Lei n. 13.440/17 modificou este artigo para apenas acrescentar à pena privativa de liberdade a perda de bens e valores utilizados na prática criminosa, em favor do Fundo dos Direitos da Criança e do Adolescente do Estado em que foi cometido o crime, ressalvado o direito de terceiro de boa-fé. Essa alteração é estéril, pois idêntica providência pode ser obtida pela aplicação do art. 91 do CP sobre o art. 218-B, § 3º. Pela conjugação desses dispositivos legais, permite-se a perda dos produtos do crime ou de qualquer bem ou valor que constitua proveito auferido com a prática criminosa. Não obstante o art. 91 do CP se refira à União, o juiz sentenciante pode, considerando o local do crime e com base na utilidade e na função social da pena, determinar que a perda se dê em favor do Fundo dos Direitos da Criança e do Adolescente do Estado.

Diante da revogação tácita em comento, apresentam-se os **comentários sobre o crime previsto no art. 218-B do CP**, que consta no rol dos crimes hediondos (art. 1º, VIII, Lei n. 8072/1990).

Bem Jurídico Tutelado

O bem jurídico tutelado consiste na integridade física, psíquica e moral da criança, do adolescente ou do maior incapaz posto sob prostituição ou outra forma de exploração sexual.

Sujeitos do Crime

Tratando-se de crime comum, o sujeito ativo pode ser qualquer pessoa, incluindo os genitores da vítima, que podem ser autores por comissão ou, na forma do art. 13, § 2º, do CP, por omissão comissiva.

O sujeito passivo é a criança, o adolescente ou a pessoa que, por enfermidade ou deficiência mental, não tem o necessário discernimento para a prática do ato. No caso do art. 218-B, § 2º, I, do CP, o sujeito passivo apenas pode ser adolescente com quatorze anos ou mais e menos de dezoito anos de idade que se encontre na situação descrita no *caput*.

Condutas

O art. 218-B, *caput*, do CP, que cuida de tipo misto alternativo (v. comentários ao item "condutas" relativo ao art. 236 do ECA), incrimina a conduta do sujeito ativo que *submete* (sujeitar, expor, subjugar), *induz* (sugerir, dar a ideia) ou *atrai* (aliciar, seduzir) à prostituição, ou outra forma da exploração, pessoa com menos de dezoito anos de idade (o que abrange criança e adolescente) ou pessoa que não tem o necessário discernimento para a prática do ato. Igualmente é incriminada a conduta do agente que *facilita* (reduzir a exigência de esforço) que o sujeito passivo ingresse na prostituição ou exploração sexual ou *impede* (obstar, interromper, não permitir) ou *dificulta* (impor obstáculos) que o sujeito passivo abandone essa prática. Em termos simples, incrimina-se a conduta do "agenciador" que facilita a entrada da vítima na prostituição.

Prostituição e outra forma de exploração sexual são elementos normativos do tipo de valoração comum, profana. A prostituição envolve o comércio sexual do corpo com finalidade econômica, não necessariamente monetária em espécie. Exige habitualidade, por isso, "no caso da prostituição, não se pode considerar uma mulher como prostituta se uma única vez teve relação sexual por dinheiro ou qualquer outro ganho material (jantar, joia, carro etc.)".[61] "Por outro lado, a exploração sexual não exige esse caráter duradouro. O agente que se vale de criança ou adolescente, obrigando-o, por domínio moral, à prática de prostituição ou de atos

61 GRECO, Rogério. *Código penal comentado*. 6. ed. Niterói: Impetus, 2012. p. 708.

sexuais isolados, porém lucrativos, encaixa-se nesse tipo penal. O mesmo se diga do autor que, valendo-se de fraude ou engodo, consegue levar o menor à prática sexual."[62]

Se a conduta tiver a especial intenção de obter vantagem econômica, além da pena privativa de liberdade, aplica-se a pena de multa.

Enquanto o art. 218-B, *caput*, do CP, pune o "agenciador" da vítima, o art. 218-B, §2º, I, do CP, pune o agente que pratica conjunção carnal ou outro ato libidinoso com vítima que tem catorze e menos de dezoito anos de idade e que se encontra na situação do *caput*, ou seja, sob prostituição ou outra forma de exploração sexual. Vale dizer: pune-se o agente que tem relação sexual com a vítima que, inserida no contexto de exploração, tem entre 14 e menos de 18 anos, mediante contraprestação de conteúdo econômico. Tal contraprestação deve ser entregue à própria vítima ou a terceiro. Em termos simples, incrimina-se o agente que é o cliente do menor prostituído. Dessa forma, os casos de *sugar daddy* e *sugar mommy* têm tipificado no art. 218-B, §2º, I, do CP, como decidiu o STJ: "O relacionamento entre adolescente maior de 14 e menor de 18 anos (sugar baby) e um adulto (sugar daddy ou sugar mommy) que oferece vantagens econômicas configura o tipo penal previsto no art. 218-B, § 2º, I, do Código Penal, porquanto essa relação se constrói a partir de promessas de benefícios econômicos diretos e indiretos, induzindo o menor à prática de conjunção carnal ou qualquer outro ato libidinoso" (STJ, 5ª T., AREsp n. 2.529.631/RJ, Rel. Ribeiro Dantas, j. em 10/9/2024).

Sob pena de responsabilidade penal objetiva, é necessário que o agente tenha conhecimento da idade e da situação de prostituição ou outra forma de exploração sexual a que está submetida a vítima. O conhecimento do agente sobre a idade da vítima é matéria eminentemente fática que depende do caso concreto. Já a ciência do sujeito ativo sobre a prostituição ou exploração sexual a que está submetida a vítima é de fácil comprovação, justamente por haver a troca da vantagem econômica pela prática do ato sexual: se o agente alcança a vantagem econômica diretamente à vítima, ele próprio é responsável pela exploração sexual dela; se o agente entrega a vantagem econômica ao "agenciador" da vítima, ele tem ciência de que a vítima está inserida no contexto da prostituição.

Para a análise do conflito aparente de normas e do concurso de agentes, é essencial a leitura comparativa entre o art. 217-A, *caput* e § 1º, e o art. 218-B, ambos do CP. Evidencia-se que a vulnerabilidade, nos crimes sexuais, pode decorrer de três circunstâncias: a) vulnerabilidade por idade: quando a vítima tem menos de 14 anos; b) vulnerabilidade por ausência de discernimento: quando a vítima não tem discernimento para a prática do ato sexual em razão de enfermidade ou deficiência mental; e c) vulnerabilidade por ausência de resistência: quando a vítima, por qualquer outra causa, não pode oferecer resistência.

Enquanto o *caput* do art. 217-A do CP se refere à vulnerabilidade por idade; o § 1º desse artigo atina à vulnerabilidade tanto por ausência de discernimento quanto por ausência de condições de oferecer resistência. Já o *caput* do art. 218-B do CP abrange a vulnerabilidade por ausência de discernimento e a vulnerabilidade por idade (porque o menor de 14 anos está compreendido na previsão "alguém menor de 18 (dezoito) anos"); diante da sua literalidade, o dispositivo sob análise não engloba a vulnerabilidade por ausência de resistência. O § 2º, I, do art. 218-B do CP, não atina a nenhum tipo de vulnerabilidade; faz referência apenas à vítima que é menor de 18 anos e maior de 14 anos de idade e que se encontra sob prostituição ou outra forma de exploração sexual. E o § 2º, II, do art. 218-B, do CP, se reporta ao *caput* do art. 218-B do CP, que já foi analisado.

Se a vítima for pessoa menor de 14 anos (vulnerabilidade por idade), o agente que mantém relação sexual com ela, independentemente de saber da sua submissão à prostituição ou

62 NUCCI, Guilherme de Souza. *Estatuto da criança e do adolescente comentado:* em busca da constituição federal das crianças e dos adolescentes. 3. ed. Rio de Janeiro: Forense, 2017. p. 806.

outra forma de exploração, responderá por estupro de vulnerável (art. 217-A, *caput*, do CP). A hipótese sob análise não preenche as elementares do art. 218-B, § 2º, I, do CP, o qual, reitera-se, não se refere à vítima vulnerável, mas apenas àquela que tem entre 14 e 17 anos de idade e que esteja inserida no contexto de prostituição ou outra forma de exploração sexual.

Na hipótese do parágrafo imediatamente anterior, o agenciador da vítima menor de 14 anos responderá como partícipe em relação ao crime do art. 217-A do CP, e não como autor do crime tipificado no art. 218, *caput*, do CP. Enquanto a vítima menor de 14 anos que está sob prostituição ou exploração sexual não praticar o ato sexual com o seu "cliente", o agenciador responde pelo art. 218-B, *caput*, do CP; quando a vítima pratica o ato sexual, o crime do art. 218-B, *caput*, do CP, é consumido pelo crime do art. 217-A do CP, em relação ao qual o agente responde como partícipe, porque ele concorreu, "de qualquer modo" (art. 29, *caput*, do CP), para esse último crime. A condição de partícipe do crime posterior não impede a consunção do crime anterior em relação ao qual o mesmo agente era autor.

Na hipótese de vulnerabilidade da vítima por ausência de discernimento, a solução é, pelos mesmos fundamentos, rigorosamente a mesma: o agente que tem relação sexual com a vítima a qual, por enfermidade ou deficiência mental, não tem o necessário discernimento para a prática do ato, incorre no estupro de vulnerável (art. 217-A, § 1º, do CP); e o agenciador da vítima, não obstante a previsão, no art. 218, *caput*, do CP, da vulnerabilidade da vítima por enfermidade ou deficiência mental, responde como partícipe desse mesmo crime (art. 217-A, § 1º, do CP). Frisa-se: enquanto a vítima vulnerável por enfermidade ou deficiência mental que está inserida no contexto de prostituição ou exploração sexual não praticar o ato sexual com o seu "cliente", o agenciador responde pelo art. 218-B, *caput*, do CP; quando a vítima pratica o ato sexual, o crime do art. 218-B, § 1º, do CP, é consumido pelo crime do art. 217-A do CP, em relação ao qual o agente responde como partícipe, porque ele concorreu, "de qualquer modo" (art. 29, *caput*, do CP), para esse último crime.

No caso de vulnerabilidade da vítima por ausência de resistência (hipótese não contemplada pelo art. 218-B do CP), o agente que com ela mantém relação sexual incorre no crime do art. 217-A, § 1º, do CP. Em relação ao agenciador, enquanto essa vítima não praticar o ato sexual, ele comete o crime do art. 228 do CP; quando ocorre o ato sexual pela vítima, o agenciador responde como partícipe do art. 217-A, § 1º, do CP.

O art. 218-B, § 2º, II, do CP, estende a pena ao **proprietário, gerente ou responsável pelo estabelecimento** onde ocorrem as práticas descritas no *caput*. Em primeiro lugar, pontua-se, para obviar a responsabilidade penal objetiva, a exigência de dolo por parte do sujeito ativo consistente na sua ciência sobre a prática do crime no seu estabelecimento. Comprovada tal ciência, além da pena privativa de liberdade, a conduta do sujeito ativo é sancionada com a cassação da licença de localização e de funcionamento (art. 218-B, § 3º, do CP).

Em segundo lugar, esclarece-se que o tipo em questão responsabiliza o sujeito ativo que, ciente da prática por terceiros de prostituição ou exploração sexual no seu estabelecimento, nada faz para evitar a continuidade dessa conduta. Não se exige desse sujeito ativo que ele tente cessar a atividade criminosa que ocorre no estabelecimento; é suficiente que ele cientifique os órgãos de segurança pública sobre a prostituição ou exploração sexual que sucede no local.

Nessa linha, é fundamental destacar que o art. 218-B, § 2º, II, do CP, não responsabiliza o proprietário, gerente ou responsável que toma parte na "administração" da prostituição ou exploração sexual ocorrida no estabelecimento. Se o proprietário, o gerente ou o responsável, "de qualquer modo" (art. 29 do CP), concorrer para prostituição ou exploração sexual, ele será incorrerá no crime tipificado no art. 218-B, *caput*, do CP.

Conclui-se assim que o art. 218-B, § 2º, II, do CP, incrimina a inércia (omissão) do proprietário, gerente ou responsável que, sem concorrer para a prostituição ou exploração sexual, não adota nenhuma medida para evitar a continuidade dessa prática no seu estabelecimento.

Não fosse a previsão legal do art. 218-B, § 2º, II, do CP, seria atípica, por exemplo, a conduta do proprietário de um prédio de ter ciência de que, nesse imóvel que ele cedeu em locação, o locatário submete, induz ou atrai à prostituição ou outra forma de exploração sexual alguém menor de 18 anos ou que, por enfermidade ou deficiência mental, não tem o necessário discernimento para a prática do ato, facilitá-la, impedir ou dificultar que a abandone (*caput* do art. 218-B do CP). Seria completamente atípica a conduta desse proprietário porque a mera propriedade e a ciência de que terceiros praticam crimes no prédio não constituem atos que pelos quais o proprietário concorra, "de qualquer modo", para a prática delitiva que é levada a cabo no seu imóvel.

A norma prevista no art. 218-B, §2º, II, do CP, é uma regra de exceção, porque incrimina a conduta do sujeito ativo que nada faz para evitar a continuidade da prática criminosa no estabelecimento a que ele é vinculado. Só por isso, já deve ser interpretada de forma restritiva. Tendo em vista ainda o princípio da legalidade, sobretudo o princípio da taxatividade dos tipos penais, restam vedadas a interpretação extensiva e a analogia *in malam partem* quanto ao dispositivo legal em análise.

Por consequência, não se emprega a mesma interpretação devida ao "agenciador" da vítima, já exposta acima, para o proprietário, gerente ou responsável. A responsabilidade do sujeito ativo do art. 218-B, § 2º, II, do CP, somente pode suceder nas estritas hipóteses de prostituição ou exploração sexual referidas no *caput* do art. 218-B do CP: a) vítima vulnerável por ausência de discernimento decorrente de enfermidade ou deficiência mental; e b) vítima menor de 18 anos de idade. Logo, inexiste essa responsabilidade penal no caso da vítima vulnerável por ausência de resistência, hipótese contemplada apenas no art. 217-A, § 1º, *in fine*, do CP. Claro, se a vítima vulnerável por ausência de resistência tiver idade inferior a 18 anos, então restará preenchido o tipo do art. 218-B, §2º, II, do CP. Em qualquer outra hipótese, pelo crime sexual praticado por terceiros no seu estabelecimento, inexiste responsabilidade do proprietário, gerente ou responsável que não toma parte no "agenciamento" da prostituição ou exploração sexual. No caso do proprietário do estabelecimento em que ocorre o crime previsto no art. 218-B, *caput*, do CP, sem a concorrência desse proprietário, p. ex., ter a mera propriedade do estabelecimento e ter a ciência do crime praticado por terceiro não permitem que ele seja considerado coautor ou partícipe do crime sexual ocorrido no seu estabelecimento. Simplesmente, a propriedade do estabelecimento e a ciência da prática criminosa não são condutas que concorrem, de qualquer modo (art. 29, *caput*, do CP), para o crime.

O seguinte exemplo auxiliará na compreensão integral da questão. Caio (agenciador e locatário) atraiu à prostituição vítima com menos de 14 anos de idade, no estabelecimento que alugou de Tício (proprietário e locador). Tício está ciente dessa atividade criminosa por parte de Caio. Enquanto a vítima, que foi atraída à prostituição por Caio, não praticar ato sexual, Caio responde pelo crime tipificado no art. 218, *caput*, do CP; e Tício incorre no art. 218-B, § 2º, II, do CP. Seguindo no exemplo, Mévio (cliente) compareceu ao estabelecimento e, ciente da idade da vítima, praticou com ela ato sexual. A partir daqui, Mévio praticou estupro de vulnerável (art. 217-A, *caput*, do CP); Caio incorreu como partícipe do estupro de vulnerável cometido por Mévio (art. 217-A, *caput*, do CP, c/c art. 29, *caput*, do CP); e Tício cometeu o crime do art. 218-B, § 2º, II, do CP (Tício não comete estupro de vulnerável em coautoria, tampouco em participação).

Por outro lado, no exemplo de Caio (agenciador e locatário) atrair à prostituição uma vítima maior de 18 anos, mas vulnerável por ausência de resistência, apenas se altera a responsabilidade de Tício (proprietário e locador). A rigor, nesse novo exemplo, inexiste responsabilidade penal de Tício, porque a vulnerabilidade por ausência de resistência não está prevista no *caput* do art. 218-B do CP, para o qual remete o art. 218-B, § 2º, II, do CP.

Conclui-se ainda que o proprietário, gerente ou responsável (art. 218-B, § 2º, II, do CP), só pelo fato de ser proprietário ou de ter alguma relação com o estabelecimento onde ocorre prostituição ou exploração sexual, não responde pelo estupro de vulnerável ocorrido no estabelecimento. Diversamente, se esse proprietário, gerente ou responsável concorrer de qualquer modo para o crime – tomando parte da atividade de prostituição, p. ex. –, aí sim ele será responsabilizado na condição de partícipe ou de coautor.

Exige-se **habitualidade** para a tipificação da conduta criminosa? O art. 218-B, *caput*, do CP, exige a habitualidade para a sua caracterização. Já o art. 218-B, § 2º, I, do CP, dispensa a habitualidade: "Tampouco faz o tipo penal qualquer exigência na habitualidade da mantença de relações sexuais com a prostituta adolescente. Habitualidade há na atividade de prostituição da adolescente, não nos contatos com aquele que de sua atividade serve-se. Basta no tipo penal único contato consciente com prostituta adolescente para que se configure o crime" (STJ, 6ª T., HC n. 288374, Rel. Néfi Cordeiro, J. em 05/06/2014). O STJ manteve essa distinção sobre a habitualidade: "Isso porque apenas o caput do artigo 218-B da Lei Penal reclama a habitualidade para a sua configuração, sendo certo que, consoante consignado alhures, os fatos em tela se amoldam à figura do inciso I do § 2º da aludida norma incriminadora, cuja caracterização independe da manutenção de relacionamento sexual habitual entre o ofendido e o agente" (STJ, 5ª T., HC n. 371633, Rel. Jorge Mussi, J. em 19/03/2019). Quanto ao art. 244-A do ECA, a 1ª Turma do STF assim já decidiu: "4. Assim, não comete o crime apenas aquele que controla ou se beneficia financeiramente da prostituição de menores, mas também aquele que prática o ato sexual com estes mediante pagamento em dinheiro ou qualquer outra vantagem. Logo, a conduta de quem praticou o ato sexual no contexto da prostituição, antes da vigência da Lei 12.015/2009, insere-se no tipo penal do art. 244-A do ECA. 5. A Lei 12.015/2009, ao introduzir o art. 218-B, § 2º, II, do Código Penal, apenas discriminou e trouxe mais clareza à conduta criminosa que já era tipificada no art. 244-A do ECA, deixando mais evidente a proibição de praticar conjunção carnal com menores no contexto da prostituição ou da exploração sexual. 6. Por outro lado, consuma o crime do art. 244-A do ECA aquele que mantém conjunção carnal com menores mediante pagamento, independentemente da habitualidade da conduta. Mesmo que o agente tenha uma única relação com menores prostituídas, o delito já estará consumado" (STF, 1ª T., RE 1363134 AgR, Rel. Luís Barroso, Rel. p/ acórdão Alexandre Moraes, j. em 30/10/2023).

Sobre eventual **consentimento por parte da vítima**, confira-se o STJ: "Importante ressaltar que o bem juridicamente tutelado é a formação moral da criança ou do adolescente, para proteger a peculiar condição da pessoa em desenvolvimento. Logo, é irrelevante o consentimento das vítimas para a incidência do tipo previsto no art. 244-A, § 1.º, do ECA, que contavam com 15 (quinze) e 17 (dezessete) anos de idade à época dos fatos, sendo, portanto, incapazes para assentir" (STJ, 5ª T., AgRg no REsp n. 1075052/RS, Rel. Laurita Vaz, J. em 18/12/2012). Esse entendimento do STJ é pacífico tanto que já é matéria sujeita a decisão monocrática (STJ, Decisão Monocrática, Ag no REsp n. 979903/RS, Rel. Ministra Maria Moura, J. em 29/09/2016).

É **relativa ou absoluta a vulnerabilidade da vítima** a que se refere o art. 218-B, § 2º, I, do CP? Há uma tendência da jurisprudência em reduzir e até mesmo eliminar a capacidade de disposição da vítima sobre a sua dignidade sexual. Após a reforma operada pela Lei n. 12015/2009, sobretudo com a criação do estupro de vulnerável, tipificado no art. 217-A do CP, travou-se discussão acadêmica e jurisprudencial sobre se a vulnerabilidade da vítima que tem entre 12 e 13 anos de idade seria absoluta ou relativa. A experiência sexual prévia da vítima, a sua suposta maturidade e o seu consentimento teriam relevância, pois, se a vulnerabilidade fosse relativa, a presença desses fatores conduziria à atipicidade. Nucci manifestava-se nesse sentido assim que editada a Lei n. 12015/2009.[63]

63 NUCCI, Guilherme de Souza. *Crimes contra a dignidade sexual*: comentários à lei 12.015, de 7 de agosto de 2009. São Paulo: Revista dos Tribunais, 2009. p. 37.

No entanto, a jurisprudência pacificou-se no sentido de considerar a vulnerabilidade absoluta da vítima, na hipótese do art. 217-A do CP, com destaque para o verbete n. 593 da Súmula do STJ: "O crime de estupro de vulnerável se configura com a conjunção carnal ou prática de ato libidinoso com menor de 14 anos, sendo irrelevante eventual consentimento da vítima para a prática do ato, sua experiência sexual anterior ou existência de relacionamento amoroso com o agente".

Consectário da vulnerabilidade absoluta da vítima é a irrelevância do seu consentimento, nos crimes contra a dignidade sexual. Seguindo essa linha, o STJ, em 2014, decidiu que a vulnerabilidade era absoluta: "O tipo do art. 218-B, § 2º, I, do Código Penal, tem a condição de vulnerabilidade admitida por critério biológico ou etário, neste último caso pela constatação objetiva da faixa etária, de 14 a 18 anos, independentemente de demonstração concreta dessa condição de incapacidade plena de auto-gestão" (STJ, 6ª T., HC n. 288374, Rel. Néfi Cordeiro, J. em 05/06/2014). Contudo, em franco retrocesso à evolução já referida, o STJ, em 2019, entendeu que a vulnerabilidade seria relativa: "Diferentemente do que ocorre nos artigos 217-A, 218 e 218-A do Código Penal, nos quais o legislador presumiu de forma absoluta a vulnerabilidade dos menores de 14 (catorze) anos, no artigo 218-B não basta aferir a idade da vítima, devendo-se averiguar se o menor de 18 (dezoito) anos ou a pessoa enferma ou doente mental, não tem o necessário discernimento para a prática do ato, ou por outra causa não pode oferecer resistência" (STJ, 5ª T., HC n. 371633, Rel. Jorge Mussi, J. em 19/03/2019). Nesse julgado, o STJ inferiu que pessoas com idade entre 14 e 17 anos, em situação de pobreza, estão submetidas a uma vulnerabilidade social. Critica-se essa interpretação porque ela enfraquece a tutela da vítima, ao permitir que, em casos distintos, ela possa dispor sobre a sua dignidade sexual.

À margem do "direito penal de classes" que essa interpretação sobre a vulnerabilidade social pode gerar, o mencionado HC 371633 permite a compreensão de que vítimas que não passam por situação de pobreza econômica e que tenham vida social e familiar reputadas regulares – não seriam, portanto, socialmente vulneráveis – poderiam consentir com a exploração sexual sobre elas realizadas, o que provocaria a atipicidade do crime tipificado no art. 218-B, § 2º, I, do CP. Todavia, essa conclusão é indevida porque contraria manifestamente o mandado de criminalização contido no art. 227, § 4º, da CF ("A lei punirá severamente o abuso, a violência e a exploração sexual da criança e do adolescente").

No mais, há coincidência entre o objeto material e a vítima.

Voluntariedade

O crime do art. 218-B do CP é doloso. Não há previsão de finalidade especial (elemento subjetivo específico) na conduta do agente tampouco de culpa.

Consumação e Tentativa

Prepondera, na doutrina, que o crime do art. 218-B do CP é condicionado. Assim, nas condutas de *subjugar*, *induzir*, *atrair* e, com alguma divergência, *facilitar*, o crime consuma-se quando a vítima ingressa na prostituição ou outra forma de exploração sexual. O cabimento da tentativa (*conatus*) para essas condutas não é pacífico: Greco[64], justificando que o crime é plurissubsistente, Ishida[65] e Cláudia Condack[66] admitem-na; já Nucci[67], não.

---

64 GRECO, Rogério. *Código penal comentado*. 6. ed. Niterói: Impetus, 2012. p. 708.

65 ISHIDA, Valter Kenji. *Estatuto da criança e do adolescente:* doutrina e jurisprudência. 17. ed. Salvador: Juspodivm, 2016. p. 733.

66 CONDACK, Claudia Canto. *Dos crimes*. *In*: MACIEL, Kátia Regina. F. L. A. (coord.). Curso de Direito da Criança e do Adolescente. 9. ed. São Paulo: Saraiva, 2016. p. 1227.

67 NUCCI, Guilherme de Souza. *Estatuto da criança e do adolescente comentado:* em busca da constituição federal das crianças e dos adolescentes. 3. ed. Rio de Janeiro: Forense, 2017. p. 1258.

Por sua vez, as condutas *impedir* ou *dificultar* consumam-se com a prática de qualquer ato, tendo em vista que a vítima já se encontra sob prostituição ou outra forma de exploração sexual. Ademais, a tentativa é admissível.

Ação Penal

O crime tipificado no art. 218-B do CP é de ação penal pública incondicionada.

Tendo em vista a elevada pena prevista em abstrato, não cabem os benefícios da Lei n. 9.099/95 tampouco o acordo de não persecução penal.

> **Art. 244-B.** Corromper ou facilitar a corrupção de menor de 18 (dezoito) anos, com ele praticando infração penal ou induzindo-o a praticá-la:
>
> Pena – reclusão, de 1 (um) a 4 (quatro) anos.
>
> § 1º Incorre nas penas previstas no caput deste artigo quem pratica as condutas ali tipificadas utilizando-se de quaisquer meios eletrônicos, inclusive salas de bate-papo da internet.
>
> § 2º As penas previstas no caput deste artigo são aumentadas de um terço no caso de a infração cometida ou induzida estar incluída no rol do art. 1º da Lei nº 8.072, de 25 de julho de 1990.

Bem Jurídico Tutelado

O bem jurídico tutelado consiste na formação moral da criança e do adolescente, a qual resta comprometida com o seu ingresso ou a sua permanência no mundo delituoso.

Sujeitos do Crime

Tratando-se de crime comum, o sujeito ativo pode ser qualquer pessoa.

O sujeito passivo é a criança ou o adolescente submetido à corrupção. Remotamente, a família e a sociedade são vítimas, pois são interessadas na boa formação do menor.

Mesmo o **menor já corrompido** pode ser vítima, pois este crime é formal (o tipo prevê uma conduta e um resultado, mas dispensa o resultado para fins da sua consumação), conforme o verbete n. 500 da Súmula do STJ: "A configuração do crime do art. 244-B do ECA independe da prova da efetiva corrupção do menor, por se tratar de delito formal".

Para a caracterização do crime de corrupção de menores, é essencial a **existência de prova, nos autos, de que a vítima é menor de idade**. Essa exigência tem respaldo no Enunciado n. 74 da Súmula do STJ: "Para efeitos penais, o reconhecimento da menoridade do réu requer prova por documento hábil". No caso específico, o STJ tem flexibilizado a formalidade dos documentos constantes do rol do art. 2º da Lei n. 12.037/09 e a literalidade do art. 155, parágrafo único, do CPP, admitindo outros para fins da comprovação da idade da vítima: "3. No caso, outros documentos dotados de fé pública – o boletim de ocorrência policial e a confirmação da carteira de identidade – foram colacionados aos autos para comprovar a idade do adolescente, vítima do crime de corrupção de menores. A menoridade foi, portanto, devidamente atestada por meio do inquérito policial, em que consta a qualificação do menor" (STJ, 6ª T., AgRg no HC 374.209/MG, Rel. Rogério Schietti Cruz, J. em 14/02/2017). O STF já decidiu nesse mesmo sentido (STF, 1ª T., HC 124132, Rel. Luiz Fux, J. 28/10/2014).

Condutas

O crime do art. 244-B, que cuida de tipo misto alternativo (v. comentários ao item "condutas" relativo ao art. 236 do ECA), pune a conduta do sujeito ativo que *corrompe* (estragar, perverter) ou *facilita a corrupção* (tornar mais fácil a corrupção) de criança ou adolescente. Tratando-se de crime de forma vinculada, pois o meio para o agente corromper a vítima ou facilitar a sua corrupção apenas pode ser: a) praticar a infração penal conjuntamente, hipótese em que haverá concurso de agentes; ou b) induz (sugerir, dar a ideia) ao menor a prática de infração penal, situação em que o agente é partícipe. **Infração penal** abrange tanto o crime quanto a contravenção.

Mesmo que as condutas previstas no *caput* sejam praticadas por meios eletrônicos, incluindo a internet, o fato é punido pelo art. 244-B, § 1º.

Se a infração penal objeto da corrupção estiver incluída no art. 1º da Lei n. 8.072/90, ou seja, for crime hediondo, a pena é aumentada em um terço. Registra-se aqui o lapso do legislador ao não incluir o tráfico de drogas como majorante, tendo em vista que ele é equiparado a crime hediondo por força do art. 5º, XLIII, da CF, o que demanda um tratamento mais rigoroso do que aquele devido aos crimes não hediondos.

Ocorre **concurso formal (art. 70 do CP)** entre a corrupção (ou facilitação para corrupção) e a infração penal que venha a ser praticada pelo sujeito ativo juntamente com o menor. Então, se o sujeito ativo comete um crime de roubo juntamente com o menor, haverá concurso formal entre o roubo majorado pelo concurso de agentes (art. 157, § 2º, II, do CP) e a corrupção de menor (art. 244-B do ECA) (STJ, 6ª T., AgRg no Ag em RESP 1.665.758/RO, Rel. Laurita Vaz, J. em 19/05/2020). Se o sujeito ativo pratica furto em concurso de agentes com menor, haverá concurso formal entre o furto qualificado pelo concurso de agentes (art. 155, § 4º, IV, do CP) e a corrupção de menor (STJ, 5ª T., AgRg no Ag em RESP 1.665.481/RO, Rel. Jorge Mussi, J. em 09/06/2020).

Diversamente, não haverá concurso formal se o crime praticado pelo sujeito ativo for relacionado ao **tráfico de drogas**. No caso de "o delito praticado pelo agente e pelo menor de 18 anos não estar previsto nos arts. 33 a 37 da Lei de Drogas, o réu poderá ser condenado pelo crime de corrupção de menores, porém, se a conduta estiver tipificada em um desses artigos (33 a 37), não será possível a condenação por aquele delito, mas apenas a majoração da sua pena com base no art. 40, VI, da Lei nº 11.343/2006" (STJ, Informativo 595: 6ª Turma. RESP 1.622.781-MT, Rel. Min. Sebastião Reis Júnior, J. em 22/11/2016).

Se o agente comete o crime juntamente com dois menores, ele, mediante uma ação, pratica dois crimes de corrupção de menores (art. 244-B), em **concurso formal (art. 70 do CP)**: "Participação de dois adolescentes na empreitada criminosa. Prática de dois delitos de corrupção de menores. Existência de dois bens jurídicos tutelados violados. Princípios da prioridade absoluta e do interesse da criança e do adolescente. Concurso formal" (STJ, 6ª T., RESP n. 1680114/GO, Rel. Sebastião Reis Júnior, J. em 10/10/2017).

O objeto material sobre o qual incide a conduta é o menor de dezoito anos.

Voluntariedade

O crime do art. 244-B é doloso. Não há previsão de finalidade especial (elemento subjetivo específico) na conduta do agente tampouco de culpa. Logo, se o agente induzir, culposamente, o menor a praticar infração penal, o fato é atípico.

Consumação e Tentativa

Tratando-se de crime formal (STJ, 6ª T., AgRg no REsp 1384409/DF, Rel. Antonio Palheiro, J. em 16/02/2017) e de perigo abstrato, a consumação ocorre quando o sujeito ativo pratica a infração juntamente com o menor ou quando logra induzi-lo a cometê-la. Nesse último caso, contudo, a prova é dificílima, pois depende da consciência subjetiva do menor.

Embora de difícil configuração para a conduta induzir, a tentativa (*conatus*) é admissível.

Ação Penal

Todos os crimes previstos no ECA são de ação penal pública incondicionada (art. 227).

À guisa dos comentários expendidos no art. 226, §1º, o crime tipificado no art. 244-B, *caput* e §§ 1º e 2º, não admite transação nem suspensão condicional do processo; diversamente, aceita acordo de não persecução penal (art. 28-A do CPP).

Art. 244-C. Deixar o pai, a mãe ou o responsável legal, de forma dolosa, de comunicar à autoridade pública o desaparecimento de criança ou adolescente:

Pena - reclusão, de 2 (dois) a 4 (quatro) anos, e multa.

Bem Jurídico Tutelado

O bem jurídico tutelado consiste nos direitos fundamentais à vida e à liberdade da criança e do adolescente, os quais restam ameaçados em função do desaparecimento da criança.

Sujeitos do Crime

Trata-se de crime próprio, pois só pode ser cometido por sujeito ativo que reúna as seguintes características especiais: ser pai, ser mãe ou ser responsável legal (tutor ou guardião).

O sujeito passivo é a criança ou o adolescente cujo desaparecimento não é comunicado à autoridade pública.

Condutas

O crime do art. 244-C pune a conduta do sujeito ativo que *deixa* (omitir-se, abster-se, não considerar) de *comunicar* (avisar, levar ao conhecimento) à autoridade pública (qualquer agente do Estado) o desaparecimento (sumiço) de criança ou adolescente.

O tipo objetiva, conforme parecer do Senado, "estimular os pais a procurarem as autoridades públicas em tempo de adequado. Quanto mais tempo se passa desde o desaparecimento mais difícil se torna encontrar a criança ou adolescente vítima de crimes". Notadamente, a comunicação imediata assim que constatado o desaparecimento da criança ou adolescente permite a célere inscrição do desaparecido no Cadastro Nacional de Crianças e Adolescentes Desaparecidos (criado pela Lei n. 12.127/09), o qual integra o Cadastro Nacional de Pessoas Desaparecidas, conforme o art. 16 da Lei n. 13.812/19.

Cuida-se de crime omissivo próprio, que somente pode ser cometido pelo pai, mãe ou responsável legal. Há uma omissão penalmente qualificada ante a posição de garante do sujeito ativo de zelar bem-estar da criança ou adolescente vinculados a ele.

A autoridade pública destinatária da comunicação abrange qualquer agente estatal, ou seja, qualquer servidor público ou figura equiparada que, ao receber a notícia sobre o desaparecimento, tenha a capacidade de acionar os mecanismos estatais para a busca da pessoa desaparecida. Assim, enquadram-se nesse conceito de autoridade pública os integrantes da polícia civil, polícia militar, conselho tutelar, ministério público, poder judiciário e assistência social (art. 4º, parágrafo único, da Lei n. 13.812/19).

Inexiste um prazo determinado após cujo término a comunicação deve ser feita. Faz-se aqui uma interpretação sistemática com o art. 208, § 2º, que prevê: "A investigação do desaparecimento de crianças ou adolescentes será realizada imediatamente após notificação aos órgãos competentes, que deverão comunicar o fato aos portos, aeroportos, Polícia Rodoviária e companhias de transporte interestaduais e internacionais, fornecendo-lhes todos os dados necessários à identificação do desaparecido". É suficiente que o desaparecimento seja ser por um tempo juridicamente relevante, condizente com as circunstâncias do caso concreto.

Voluntariedade

O crime do art. 244-C é doloso. Frente ao 18, parágrafo único, do CP, é despicienda a previsão, no tipo do artigo sob estudo, da expressão "de forma dolosa".

Não há previsão de finalidade especial (elemento subjetivo específico) na conduta do agente tampouco de culpa. Logo, se o agente deixar de, culposamente, comunicar o desaparecimento, o fato é atípico, o que pode ocorrer, exemplificativamente, quando o responsável, embora já escoado um tempo juridicamente relevante, acredita, sem elementos concretos para tanto, que a criança ou adolescente está em local certo, em segurança.

Consumação e Tentativa

A consumação ocorre após escoado o prazo juridicamente relevante sem que o responsável tenha feito a comunicação sobre o desaparecimento. É indiferente que a omissão na comunicação gere qualquer dano à criança ou adolescente.

Tratando-se de crime omissivo, a tentativa (*conatus*) é impossível.

Ação Penal

Todos os crimes previstos no ECA são de ação penal pública incondicionada (art. 227).

Observada a pena mínima em abstrato bem como a previsão do art. 226, § 1º, não cabem transação nem suspensão condicional do processo (arts. 76 e 89, ambos da Lei n. 9.099/95); diversamente, cabe o acordo de não persecução penal (art. 28-A do CPP).

BIBLIOGRAFIA CONSULTADA

AMERICAN PSYCHIATRIC ASSOCIATION. *Manual diagnóstico e estatístico de transtornos mentais*. Tradução: Maria Inês Corrêa Nascimento et al. 5. ed. Dados eletrônicos. Porto Alegre: Artmed, 2014.

BARROSO, Luís Roberto. Aqui, lá e em todo lugar: a dignidade humana no direito contemporâneo e no discurso transnacional. *Revista dos Tribunais*. Ano 101, v. 919, maio/2012, p. 127-196.

BITENCOURT, Cezar Roberto. *Código penal comentado*. 7. ed. São Paulo: Saraiva, 2012.

BITENCOURT, Cezar Roberto. *Código penal comentado*. Livro eletrônico. 9. ed. São Paulo: Saraiva, 2015.

BOSCHI, José Antônio Paganella. *Ação penal*: as fases administrativa e judicial da persecução penal. Porto Alegre: Livraria do Advogado, 2010.

BRASIL. Procuradoria Federal dos Direitos do Cidadão. Ministério Público Federal. *Nota Técnica n. 11/2017/PFDC/MPF*. Brasília: MPF, 2017. 46 p. Disponível em: http://www.mpce.mp.br/wp-content/uploads/2015/12/20180035-nota_tecnica_11_2017_pfdc_mpf_liberdade_artistica.pdf. Acesso em: 09 dez. 2021.

COSTA, Álvaro Mayrink da. *Código penal comentado*: parte geral; parte especial. Rio de Janeiro: LMJ Mundo Jurídico, 2013.

CUNHA, Rogério Sanches; ÁVILA, Thiago Pierobom. *Crimes contra crianças e adolescentes*: A continuidade de aplicação da Lei 9.099/1995 após o advento da Lei 14.344/2022. 6 jul. 2022. Disponível em: https://meusitejuridico.editorajuspodivm.com.br/2022/07/06/crimes-contra-criancas-e-adolescentes-a-continuidade-de-aplicacao-da-lei-9-099-1995-apos-o-advento-da-lei-14-344-2022/. Acesso em: 6 dez. 2022.

DELMANTO, Celso et. al. *Código Penal comentado*. Livro eletrônico. 9. ed. São Paulo: Saraiva, 2016.

DIGIÁCOMO, Murillo José. *Estatuto da criança e do adolescente anotado e interpretado*. 6. ed. Curitiba: Ministério Público do Estado do Paraná. Centro de Apoio Operacional das Promotorias da Criança e do Adolescente, 2013. p. 327. Disponível em: <http://www.crianca.mppr.mp.br/arquivos/File/publi/caopca/eca_anotado_2013_6ed.pdf>. Acesso em: 17 mar. 2017.

FARIAS, Cristiano Chaves. ROSENVALD, Nelson. *Curso de direito civil:* famílias, volume 6. 7. ed. São Paulo: Atlas, 2015.

FRISCHEISEN, Luiza Cristina Fonseca. GARCIA, Mônica Nicida. GUSMAN, Fábio. Execução provisória da pena. Um contraponto à decisão do Supremo Tribunal Federal no Habeas Corpus 84.078. *In*: CALABRICH, Bruno. FISCHER, Douglas. PELELLA, Eduardo (org.). *Garantismo penal integral*: questões penais e processuais, criminalidade moderna e aplicação do modelo garantista no Brasil. 3. ed. São Paulo: Atlas, 2015. p. 491-517.

GOMES, Luiz Flávio; BIANCINI, Alice. *Curso de direito penal*: parte geral (arts. 1º a 120). Salvador: Juspodivm, 2015.

GRECO, Rogério. *Código penal comentado*. 6. ed. Niterói: Impetus, 2012.

GRECO, Rogério. *Curso de direito penal*. 11. ed. Rio de Janeiro: Impetus, 2009.

ISHIDA, Valter Kenji. *Estatuto da criança e do adolescente*: doutrina e jurisprudência. 17. ed. Salvador: Juspodivm, 2016.

JESUS, Damásio Evangelista de. *Prescrição penal*. 17. ed. São Paulo: Saraiva, 2008.

LIMA, Renato Brasileiro de. *Legislação criminal especial comentada*. 3. ed. Salvador: Juspodivm, 2015.

MACIEL, Kátia Regina. F. L. A. (coord.). *Curso de Direito da Criança e do Adolescente*. 9. ed. São Paulo: Saraiva, 2016.

MARIMOTO, Daniel. Arts. 91 e 92. *In*: JALIL, Maurício Schaun; GRECO FILHO, Vicente. (org.). *Código Penal comentado*: doutrina e jurisprudência. Livro eletrônico. Barueri: Manole, 2016.

MASSON, Cleber. *Código penal comentado*. 3. ed. Rio de Janeiro: Forense, 2015.

MAXIMILIANO, Carlos. *Hermenêutica e Aplicação do Direito*. 20. ed. Rio de Janeiro: Forense, 2011.

MINISTÉRIO PÚBLICO FEDERAL. Nota técnica n. 11/2017/pfdc/mpf. Disponível em: http://www.mpf.mp.br/pfdc/manifestacoes-pfdc/notas-tecnicas/nt-11-2017-pfdc-mpf. Acesso em: 26 nov. 2021.

NUCCI, Guilherme de Souza. *Código de processo penal comentado*. 5. ed. São Paulo: Revista dos Tribunais, 2006.

NUCCI, Guilherme de Souza. *Código penal comentado*. 17. ed. Rio de Janeiro: Forense, 2017.

NUCCI, Guilherme de Souza. *Crimes contra a dignidade sexual*: comentários à lei 12.015, de 7 de agosto de 2009. São Paulo: Revista dos Tribunais, 2009.

NUCCI, Guilherme de Souza. *Curso de Direito Penal*: Parte Geral: arts. 1º a 120. v.1. E-book. São Paulo: Grupo GEN, 2023.

NUCCI, Guilherme de Souza. *Curso de Direito Penal*: Parte Geral: arts. 1º a 120. v.1. E-book. São Paulo: Grupo GEN, 2023.

NUCCI, Guilherme de Souza. *Estatuto da criança e do adolescente comentado:* em busca da constituição federal das crianças e dos adolescentes. 3. ed. Rio de Janeiro: Forense, 2017.

OLIVEIRA, Neide Cardoso de. Os Crimes Praticados pela Internet Previstos no ECA. *Custos Legis*: Revista Eletrônica do Ministério Público Federal, Rio de Janeiro, v. 3, n. 1, p. 1-10, jan. 2011. Disponível em: http://www.prrj.mpf.mp.br/custoslegis/revista_2011/2011_Dir_Penal_Neide_Internet.pdf. Acesso em: 09 nov. 2021.

ROSSATO, Luciano Alves. LÉPORE, Paulo Eduardo. SANCHES, Rogério. *Estatuto da criança e do adolescente:* Lei n. 8.069/90 comentada artigo por artigo. 8. ed. São Paulo: Saraiva, 2016.

SADOCK, Benjamin James. *Compêndio de psiquiatria*: ciências do comportamento e psiquiatria clínica. Tradução: Claudia Oliveira Dorneles et al. 9. ed. Dados eletrônicos. Porto Alegre: Artmed, 2007.

SILVA, Rita de Cássia Lopes da. *Estatuto da criança e do adolescente. Lei 8.069, de 13 de julho de 1990. In*: PRADO, Luiz Regis. (coord.). Leis Penais Especiais Parte II. São Paulo: Revista dos Tribunais, 2009.

SOARES, Rafael Júnior.; BORRI, Luiz Antonio.; BATTINI, Luacs Andrey. Breves considerações sobre o acordo de não persecução penal. *Revista do Instituto de Ciências Penais*, Belo Horizonte, v. 5, n. 1, p. 213-232, 2020.

SOUZA, Renee do Ó. *Comentários à nova lei de abuso de autoridade*. Salvador: Juspodivm, 2020.

SUXBERGER, Antonio Henrique Graciano; GOMES FILHO, Dermeval Farias; DIAS, Danilo Pinheiro. Discricionariedade persecutória no ANPP: afinal, o que se negocia? *Revista da Faculdade de Direito da UFRGS*, Porto Alegre, n. 50, p. 183-202, dez. 2022. DOI: https://doi.org/10.22456/0104-6594.113498.

TARTUCE, Flávio. Manual de direito civil. 2. ed. Rio de Janeiro: Forense, 2012.

TOLEDO, Francisco de Assis. *Princípios básicos de direito penal*. 5. ed. São Paulo: Saraiva, 1994.

VERONESE, Josiane Rose Petry. SILVEIRA, Mayra. *Estatuto da criança e do adolescente comentado*. São Paulo: Conceito Editorial, 2011.

CAPÍTULO 14

Crime Hediondo – Lei nº 8.072/1990

Rogério Sanches Cunha
Ronaldo Batista Pinto

Art. 1º. São considerados hediondos os seguintes crimes, todos tipificados no Decreto-Lei no 2.848, de 7 de dezembro de 1940 - Código Penal, consumados ou tentados: (Redação dada pela Lei nº 8.930, de 1994) (Vide Lei nº 7.210, de 1984)

I - homicídio (art. 121), quando praticado em atividade típica de grupo de extermínio, ainda que cometido por um só agente, e homicídio qualificado (art. 121, § 2º, incisos I, II, III, IV, V, VII, VIII e IX); (Redação dada pela Lei nº 14.994, de 2024

I-A – lesão corporal dolosa de natureza gravíssima (art. 129, § 2º) e lesão corporal seguida de morte (art. 129, § 3º), quando praticadas contra autoridade ou agente descrito nos arts. 142 e 144 da Constituição Federal, integrantes do sistema prisional e da Força Nacional de Segurança Pública, no exercício da função ou em decorrência dela, ou contra seu cônjuge, companheiro ou parente consanguíneo até terceiro grau, em razão dessa condição; (Incluído pela Lei nº 13.142, de 2015)

I-B – Feminicídio (art. 121-A) (Incluído pela Lei nº 14.994, de 2024)

II - roubo: (Redação dada pela Lei nº 13.964, de 2019)

a) circunstanciado pela restrição de liberdade da vítima (art. 157, § 2º, inciso V); (Incluído pela Lei nº 13.964, de 2019)

b) circunstanciado pelo emprego de arma de fogo (art. 157, § 2º-A, inciso I) ou pelo emprego de arma de fogo de uso proibido ou restrito (art. 157, § 2º-B); (Incluído pela Lei nº 13.964, de 2019)

c) qualificado pelo resultado lesão corporal grave ou morte (art. 157, § 3º); (Incluído pela Lei nº 13.964, de 2019)

III - extorsão qualificada pela restrição da liberdade da vítima, ocorrência de lesão corporal ou morte (art. 158, § 3º); (Redação dada pela Lei nº 13.964, de 2019)

IV - extorsão mediante seqüestro e na forma qualificada (art. 159, caput, e §§ lo, 2º e 3º); (Inciso incluído pela Lei nº 8.930, de 1994)

V - estupro (art. 213, caput e §§ 1º e 2º); (Redação dada pela Lei nº 12.015, de 2009)

VI - estupro de vulnerável (art. 217-A, caput e §§ 1º, 2º, 3º e 4º); (Redação dada pela Lei nº 12.015, de 2009)

VII - epidemia com resultado morte (art. 267, § 1º). (Inciso incluído pela Lei nº 8.930, de 1994)

VII-A – (VETADO) (Inciso incluído pela Lei nº 9.695, de 1998)

VII-B - falsificação, corrupção, adulteração ou alteração de produto destinado a fins terapêuticos ou medicinais (art. 273, caput e § 1º, § 1º-A e § 1º-B, com a redação dada pela Lei no 9.677, de 2 de julho de 1998). (Inciso incluído pela Lei nº 9.695, de 1998)

VIII - favorecimento da prostituição ou de outra forma de exploração sexual de criança ou adolescente ou de vulnerável (art. 218-B, caput, e §§ 1º e 2º). (Incluído pela Lei nº 12.978, de 2014)

IX - furto qualificado pelo emprego de explosivo ou de artefato análogo que cause perigo comum (art. 155, § 4º-A). (Incluído pela Lei nº 13.964, de 2019)

X - induzimento, instigação ou auxílio a suicídio ou a automutilação realizados por meio da rede de computadores, de rede social ou transmitidos em tempo real (art. 122,caput e § 4º); (Incluído pela Lei nº 14.811, de 2024)

XI - sequestro e cárcere privado cometido contra menor de 18 (dezoito) anos (art. 148, § 1º, inciso IV); (Incluído pela Lei nº 14.811, de 2024)

XII - tráfico de pessoas cometido contra criança ou adolescente (art. 149-A,caput, incisos I a V, e § 1º, inciso II). (Incluído pela Lei nº 14.811, de 2024)

Parágrafo único. Consideram-se também hediondos, tentados ou consumados: (Redação dada pela Lei nº 13.964, de 2019)

I - o crime de genocídio, previsto nos arts. 1º, 2º e 3º da Lei nº 2.889, de 1º de outubro de 1956; (Incluído pela Lei nº 13.964, de 2019)

II - o crime de posse ou porte ilegal de arma de fogo de uso proibido, previsto no art. 16 da Lei nº 10.826, de 22 de dezembro de 2003; (Incluído pela Lei nº 13.964, de 2019)

III - o crime de comércio ilegal de armas de fogo, previsto no art. 17 da Lei nº 10.826, de 22 de dezembro de 2003; (Incluído pela Lei nº 13.964, de 2019)

IV - o crime de tráfico internacional de arma de fogo, acessório ou munição, previsto no art. 18 da Lei nº 10.826, de 22 de dezembro de 2003; (Incluído pela Lei nº 13.964, de 2019)

V - o crime de organização criminosa, quando direcionado à prática de crime hediondo ou equiparado; (Incluído pela Lei nº 13.964, de 2019)

VI - os crimes previstos no Decreto-Lei nº 1.001, de 21 de outubro de 1969 (Código Penal Militar), que apresentem identidade com os crimes previstos no art. 1º desta Lei." (Incluído pela Lei 14.688, de 2023)

VI – os crimes previstos no Decreto-Lei nº 1.001, de 21 de outubro de 1969 (Código Penal Militar), que apresentem identidade com os crimes previstos no art. 1º desta Lei." (Incluído pela Lei 14.688, de 2023)

VII - os crimes previstos no § 1º do art. 240 e no art. 241-B da Lei nº 8.069, de 13 de julho de 1990 (Estatuto da Criança e do Adolescente). (incluído pela Lei 14811, de 2024)"

1. CONCEITO DE CRIME HEDIONDO

Imprescindível, num primeiro momento, definirmos o que se entende por *crime hediondo* e quais os critérios utilizados para se etiquetar um determinado comportamento a esta categoria de delitos.

Identificamos, para tanto, três sistemas trabalhando na sua definição:

a) legal: compete ao legislador enumerar, num rol taxativo, quais os delitos considerados hediondos;

b) judicial: é o juiz quem, na apreciação do caso concreto, diante da gravidade do crime ou da forma como foi executado, decide se a infração praticada é ou não hedionda;

c) misto: num primeiro momento, o legislador apresenta um rol exemplificativo de delitos hediondos, permitindo ao juiz, na análise do caso concreto, encontrar outros fatos assemelhados (interpretação analógica).

O Brasil adotou o critério legal,[1] conclusão que se extrai da simples leitura do art. 5.º, XLIII, da CF:

> "A lei considerará crimes inafiançáveis e insuscetíveis de graça ou anistia a prática de tortura, o tráfico ilícito de entorpecentes e drogas afins, o terrorismo e os definidos como crimes hediondos, por eles respondendo os mandantes, os executores e os que, podendo evitá-los, se omitirem".

Limitando benefícios aos seus agentes, o texto constitucional não trouxe quais as infrações penais consideradas hediondas, preferindo tão somente mencionar as figuras a elas equiparadas: a prática de tortura, o tráfico ilícito de entorpecentes e drogas afins e o terrorismo. Trata-se, pois, de norma de eficácia limitada, outorgando ao legislador infraconstitucional a tarefa de elencar os delitos a serem revestidos de maior repulsa.

Para tanto, criou-se a Lei 8.072/90 que, logo no seu art. 1º, em rol taxativo, enumerou os fatos típicos considerados hediondos. A partir da vigência desse diploma legal, bem como daqueles que se destinaram a complementá-lo (ou a corrigi-lo), incontáveis críticas foram dirigidas às constantes falhas praticadas pelo legislador.

A redação original do art. 1º vem sendo constantemente alterada. Vejamos.

A Lei 8.930/94 acrescentou ao rol de crimes hediondos o homicídio simples, quando praticado em atividade típica de grupos de extermínio (denominado homicídio condicionado), e o qualificado, em qualquer das hipóteses previstas no § 2º do art. 121 do CP. A inclusão se deu, certamente, em razão da desaprovação em relação à redação original do dispositivo, que, ao mesmo tempo em que garantia maior rigor na punição de crimes patrimoniais, contra a liberdade sexual e alguns de perigo comum, ignorava o bem jurídico mais valioso, ou seja, a vida. Esta mesma lei aboliu da categoria o crime de envenenamento de água potável ou de substância alimentícia ou medicinal qualificado pela morte (art. 270 c.c. art. 285 do CP).[2]

A Lei 9.695/98, por sua vez, acrescentou ao rol a falsificação, corrupção, adulteração ou alteração de produto destinado a fins terapêuticos ou medicinais, tipificada no art. 273 do CP.[3]

A Lei 12.015/09 – que promoveu importantes alterações na disciplina dos crimes sexuais – modificou os incisos V e VI do art. 1º. No inciso V passou a constar menção expressa ao *caput* e aos parágrafos (formas qualificadas) do crime de estupro. Isso pôs fim à discussão – tratada

---

1 Para nós nenhum dos critérios é justo: o primeiro (legal) trabalha somente com gravidade do fato em abstrato, desconsiderando, lamentavelmente, o caso concreto; o segundo (judicial) deixa ao exclusivo império do juiz a análise da hediondez, ferindo, consequentemente, o mandamento da certeza e segurança jurídica (um comportamento tido como hediondo para um juiz pode, nas mesmas circunstâncias, não ser para outro); o terceiro (misto), a exemplo do anterior, não garante a necessária segurança ao cidadão, partindo de exemplos dado pelo legislador, podendo o magistrado encontrar outros casos semelhantes (ignora a taxatividade). Diante desse quadro, sugerimos um quarto sistema, mais justo (e seguro), no qual o legislador, num primeiro momento, enuncia num rol taxativo (portanto, sem possibilidade de ampliação) os crimes hediondos, cabendo ao juiz apenas confirmar, na análise do caso concreto, a hediondez do fato praticado. Entendendo não reunir os predicados de um crime hediondo, o juiz deixa de aplicar os consectários da Lei ao caso em julgamento.

2 É importante frisar que não houve (e nem foi a intenção do legislador) *abolitio criminis*, já que o tipo permanece intacto no Código Penal. A alteração acarreta a impossibilidade de aplicação das normas penais e processuais inerentes aos crimes hediondos nos casos em que esse delito é praticado, bem como a retroatividade para atingir os fatos já praticados, beneficiando os indiciados, réus ou condenados sob a égide da redação anterior da Lei 8.072/90.

3 O projeto de lei também previa outro acréscimo, vetado pelo Presidente da República por contrariedade ao interesse público, que elevaria à categoria dos crimes hediondos a corrupção, adulteração, falsificação ou alteração de substância ou produto alimentício destinado a consumo, tornando-o nocivo à saúde ou reduzindo-lhe o valor nutritivo. O veto se baseou, em especial, na última situação descrita no tipo, que é a redução do valor nutritivo da substância. Como argumento, utilizou-se a afronta à razoabilidade e à proporcionalidade, já que a alteração insignificante de um alimento, que tivesse seu valor nutritivo reduzido, seria considerada hedionda, desvirtuando e banalizando o mecanismo criado pelo constituinte, e incrementado pelo legislador ordinário, para coibir a prática de crimes cuja repercussão social fosse dotada de maior seriedade (Mensagem 976, de 20 de agosto de 1998).

abaixo, no item 9 – a respeito de quais formas do estupro deveriam ser consideradas hediondas. O inciso VI foi modificado para incluir no lugar do atentado violento ao pudor (cujo tipo foi revogado pela mesma Lei 12.015/09) o estupro de vulnerável (art. 217-A do CP) em todas as suas formas.

A Lei 12.978/14 incluiu no rol dos hediondos o crime de favorecimento da prostituição ou de outra forma de exploração sexual de criança ou adolescente ou de vulnerável (art. 218-B, *caput*, e §§ 1º e 2º).

Há ainda as Leis 13.104 e 13.142 – ambas de 2015 –, que incluíram entre os hediondos, respectivamente, o homicídio qualificado por ter sido cometido contra a mulher por razões da condição de sexo feminino (feminicídio) e por ter sido cometido contra autoridade ou agente descrito nos arts. 142 e 144 da Constituição Federal, integrantes do sistema prisional e da Força Nacional de Segurança Pública, no exercício da função ou em decorrência dela, ou contra seu cônjuge, companheiro ou parente consanguíneo até terceiro grau, em razão dessa condição. A segunda lei também tornou hedionda a lesão corporal gravíssima (art. 129, § 2º do CP) e a lesão corporal seguida de morte (art. 129, § 3º) quando cometida contra agentes de segurança pública ou familiares.

A Lei 13.497/17 alterou o parágrafo único do art. 1º para tornar hediondo o crime de posse ou porte ilegal de arma de fogo de uso restrito (art. 16 da Lei 10.826/03).

A Lei 13.964/19 (Pacote Anticrime) definitivamente inflou o rol taxativo do art. 1º, acrescentando os seguintes crimes: roubo com restrição de liberdade da vítima (art. 157, § 2º, inciso V), com emprego de arma de fogo (art. 157, § 2º-A, inciso I), com emprego de arma de fogo de uso proibido ou restrito (art. 157, § 2º-B) e qualificado pelo resultado lesão corporal grave (art. 157, §3º, I); extorsão qualificada pela restrição da liberdade da vítima, ocorrência de lesão corporal ou morte (art. 158, §3º); furto qualificado pelo emprego de explosivo ou de artefato análogo que cause perigo comum (art. 155, § 4º-A); posse ou porte ilegal de arma de fogo de uso proibido (art. 16 da Lei 10.826/03); comércio ilegal de arma de fogo (art. 17 da Lei 10.826/03); tráfico internacional de arma de fogo, acessório ou munição (art. 18 da Lei nº 10.826/03); organização criminosa, quando direcionada à prática de crime hediondo ou equiparado.

No final de 2023, a Lei 14.688 incluiu no rol dos crimes hediondos os crimes previstos no Código Penal Militar, que apresentem identidade com os crimes previstos no art. 1º da Lei 8.072/90.

A Lei 14.811, de 2024, faz nova alteração, incluindo no rol dos crimes hediondos , o induzimento, instigação ou auxílio a suicídio ou a automutilação realizados por meio da rede de computadores, de rede social ou transmitidos em tempo real (art. 122, *caput* e § 4º), o delito de sequestro e cárcere privado cometido contra menor de 18 (dezoito) anos (art. 148, § 1º, inciso IV), e o tráfico de pessoas cometido contra criança ou adolescente (art. 149-A, *caput*, incisos I a V, e § 1º, inciso II).

Por fim, a Lei 14.994/24 promoveu mais uma alteração para incluir na Lei 8.072/90 o novo tipo penal do feminicídio (art. 121-A).

2. HOMICÍDIO PRATICADO EM ATIVIDADE TÍPICA DE GRUPO DE EXTERMÍNIO

Dos *crimes contra a pessoa*, destacam-se aqueles que eliminam a *vida* humana, considerada o bem jurídico mais importante do homem, razão de ser de todos os demais interesses tutelados, merecendo inaugurar a parte especial do nosso Código. É evidente que essa colocação não implica o estabelecimento de hierarquia entre as normas incriminadoras, mas serve para ilustrar a importância do capítulo.

Na busca do conceito de homicídio, trazemos a clássica definição de Nélson Hungria:

> "O homicídio é o tipo central de crimes contra a vida e é o ponto culminante na orografia dos crimes. É o crime por excelência. É o padrão da delinquência violenta ou sanguinária, que representa como que uma reversão atávica às eras primevas, em que a luta pela vida, presumivelmente, se operava com o uso normal dos meios brutais e animalescos. É a mais chocante violação do senso moral médio da humanidade civilizada" (*Comentários ao Código Penal*, vol. V, p. 26, 1958).

O homicídio simples, quando praticado em atividade típica de grupo de extermínio (chacina, matança generalizada), mesmo que por um único executor, é etiquetado como crime hediondo (art. 1º, I, da Lei 8.072/90, com redação dada pela Lei 8.930/94), sofrendo a majorante do § 6º do art. 121 do CP. Esse crime é classificado pela doutrina como *homicídio condicionado*, pois depende da verificação de um requisito (ou condição) para que seja considerado hediondo.[4]

Por fim, nota-se que o homicídio simples praticado em atividade típica de milícia, apesar de também sofrer a majorante do § 6º do art. 121, não está elencado entre os crimes hediondos. A lacuna não pode ser suprida pelo intérprete, sob pena de integração em prejuízo do réu (analogia "in malam partem"), vedada pelo princípio da legalidade.

3. HOMICÍDIO QUALIFICADO

O art. 121, § 2º, do CP descreve certas qualificadoras, umas ligadas aos motivos determinantes do crime, indiciários de depravação espiritual do agente, e outras com o modo maligno que acompanham o ato ou fato em sua execução.

Essa forma de homicídio (a exemplo do anterior) foi etiquetado como hediondo somente com o advento da Lei 8.930/94, sofrendo, a partir de então, todos os consectários traçados pela Lei 8.072/90.

Apesar de o legislador haver expressado, claramente, que todas as formas qualificadas do homicídio são hediondas, buscando evitar interpretações restritivas a respeito de sua abrangência, há doutrinadores sustentando que a tipificação total (sem exceções) ignora os princípios da proporcionalidade e da razoabilidade, criando situações em que, pelas circunstâncias da prática delitiva, embora incidente uma das qualificadoras, não esteja presente a característica fática que enseje maior severidade da reprimenda, o que, por conseguinte, ocasionará punição desproporcional. Como exemplo, podemos citar duas hipóteses: em uma situação, visando simplesmente eliminar a vida de um desafeto, o agente o mata com requintes de crueldade, empregando tortura. Certamente será este um crime dotado de hediondez, pois que demonstra o caráter frívolo e desumano daquele que o pratica. Em outra situação, por motivos banais, dois indivíduos se envolvem em um entrevero, terminando um por matar o outro. Embora se possa admitir a qualificadora do motivo fútil, essa conduta não poderia ser tida como hedionda, pois que, embora profundamente reprovável, não causaria no meio social o sentimento de repulsa que justificaria a aplicação dos efeitos da Lei 8.072/90. Note-se que, neste caso, a proporcionalidade é atingida não pela quantidade da pena a ser aplicada (já que o juiz, ao analisar a gravidade de cada uma das condutas, deverá aplicar a pena adequada), mas, sim, pelas consequências penais e processuais trazidas pela Lei dos Crimes Hediondos. Guilherme de Souza Nucci, a

4 Temos doutrina negando ao homicídio *praticado em atividade típica de grupo de extermínio* o rótulo de "simples". Guilherme Nucci, por exemplo, lembra que grupos de extermínio buscam promover a justiça por suas próprias mãos, eliminando a vida de indivíduos que, em sua visão, são criminosos. Nestes casos, argumenta, o crime sempre será qualificado pela torpeza, sendo certo que a inserção de um motivo torpe no homicídio simples se afigura clara contradição. E conclui da seguinte forma: "Em suma, se o matador agiu como 'exterminador', porque recebeu pagamento ou promessa de pagamento ou porque pretendia 'limpar' um bairro ou uma área da cidade de 'marginais', estamos diante de homicídio qualificado pela torpeza. Porém, se buscou eliminar uma quadrilha que vendia drogas e viciava vários alunos de um determinado colégio, embora possa até figurar sua atitude como típica de *extermínio*, o fim buscado é diverso, podendo consistir em motivo de relevante valor social ou moral. E, se assim for considerado, é homicídio privilegiado, portanto, não será hediondo" (*Leis Penais e Processuais Penais Comentadas*, p. 296 297).

exemplo do que já pugnamos acima, entende que, para se evitar essa situação, "o ideal seria a conjugação da indicação legislativa com a avaliação judicial para deduzir a hediondez de um delito." (op. cit., p. 297).

4. FEMINICÍDIO

O crime de feminicídio já era classificado como hediondo desde 2015, apresentando-se como qualificadora do crime de homicídio (art. 121, §2º, VI, do CP). Com o advento da Lei 14.994/24, ao estabelecer um novo tipo penal para o mesmo comportamento (art. 121-A do CP), e considerando que nosso ordenamento jurídico adota o princípio da legalidade, o legislador precisou modificar a Lei para assegurar que o feminicídio continuasse sujeito às disposições da Lei 8.072/90. Estamos diante do princípio da continuidade normativo-típica, sendo equivocado pensar que a alteração implica no impedimento dos consectários da Lei para os fatos pretéritos. Como dissemos e repetimos, a alteração é meramente formal.

5. HOMICÍDIO QUALIFICADO-PRIVILEGIADO

O homicídio privilegiado está previsto no art. 121, § 1º, do CP, e pode se configurar quando o agente o pratica impelido por motivo de relevante valor social ou moral, ou sob domínio de violenta emoção, logo em seguida a injusta provocação da vítima. As qualificadoras do homicídio, como já destacado, integram o § 2º do art. 121.

Apesar da sua posição topográfica, é perfeitamente possível a coexistência das circunstâncias privilegiadoras (§ 1º), todas de natureza subjetiva, com qualificadoras de natureza objetiva. Nesse sentido, aliás, é firme a jurisprudência, inclusive dos Tribunais Superiores, tendo o STF, a propósito, decidido:

A jurisprudência do STF admite a possibilidade de homicídio privilegiado-qualificado, desde que não haja incompatibilidade entre as circunstâncias do caso. O recurso utilizado para atingir a vítima "é realidade objetiva, pertinente à mecânica do agir do infrator" (HC 77.347, HC 69.524, HC 61.074). Daí a inexistência de contradição no reconhecimento da qualificadora, cujo caráter é objetivo (modo de execução do crime), e do privilégio, afinal reconhecido (sempre de natureza subjetiva). (HC 89921-PR, Rel. Min. Carlos Britto, 1ª T., *DJ* 27.04.2007).

O STJ também já concluiu da mesma forma:

> "Não há incompatibilidade na coexistência de qualificadora de caráter objetivo, como a prevista no art. 121, § 2º, IV, do Código Penal (modo de execução do crime), com a forma privilegiada do homicídio, cuja natureza é sempre subjetiva (precedentes desta Corte e do Pretório Excelso)" (REsp 1.274.563/MT, j. 21/06/2016).

Nesse caso, surge uma questão: o crime será hediondo? A doutrina é divergente.

Uma primeira corrente sustenta que o primeiro argumento é relativo à tipicidade, pois a Lei 8.072/90 não faz qualquer menção ao homicídio privilegiado, e, portanto, é impossível caracterizá-lo como hediondo, ainda que concorra uma qualificadora. Além disso, o homicídio qualificado-privilegiado somente poderá ocorrer com a combinação de circunstâncias privilegiadoras, que, sendo de caráter subjetivo, dizem respeito sempre ao móvel do crime, com qualificadoras de caráter objetivo, que se relacionam à forma de execução. Logo, ainda que o crime seja praticado com emprego de meio cruel, se o for por motivo de relevante valor social, não poderá ser considerado repugnante, isto é, que cause sentimento de verdadeira repulsa na sociedade. Ou o motivo é de relevante valor ou é de tal reprovação que enseja a aplicação de reprimenda mais severa, pois há clara incompatibilidade entre a hediondez e os motivos determinantes desse crime. Neste sentido é a lição de Guilherme de Souza Nucci (op. cit., p. 297) e é também o que decidiu o STJ:

"Por incompatibilidade axiológica e por falta de previsão legal, o homicídio qualificado--privilegiado não integra o rol dos denominados crimes hediondos (Precedentes)" (HC 153.728/SP, j. 13/04/2010).

Há também posicionamento que, fazendo analogia com o disposto no art. 67 do CP, entende preponderar o privilégio, desnaturando a hediondez do delito. O Tribunal de Justiça de São Paulo, aliás, já decidiu com base na conjugação desse argumento com o anterior: "A Lei 8.072/90 tacha de hediondo o homicídio qualificado, não podendo, salvo vedada interpretação extensiva da norma, ampliar-se a incidência para abrigar também o homicídio qualificado-privilegiado; não é compatível com a finalidade do mencionado diploma legislativo, exacerbar-se, de uma certa forma, a resposta social ao crime, estabelecendo o regime integralmente fechado para aquele que agiu com motivação menos danosa. Ademais, segundo o art. 67 do CP, a circunstância subjetiva se sobrepõe à de caráter objetivo, descaracterizando o homicídio qualificado." (TJSP, RC 27017933200, rel. Walter Guilherme, j. 15.08.2000).

Outros, no entanto, lecionam que o art. 67 aplica-se somente para agravantes e atenuantes, e, não fazendo a Lei 8.930/94 qualquer ressalva, entendem que o homicídio qualificado-privilegiado permanece hediondo. Nesse sentido, leciona Edgar de Oliveira Santos Cardoso que "uma vez reconhecida a figura híbrida do homicídio qualificado-privilegiado, poder-se-á considerar a hediondez, sob o argumento de que as circunstâncias do privilégio, interferem na quantidade da pena e não na qualidade ou natureza do delito. Ao demais, o art. 1.º, I da Lei 8.072, contém uma qualificação legal absoluta de hediondez, pouco importando ao legislador a quantidade concreta da pena. Destarte, considerada tal natureza, a eventual incidência de uma causa de diminuição da quantidade da resposta penal em face de circunstâncias subjetivas não terá força excludente da qualificação legal" (A Nova lei sobre crimes hediondos. *RT* 711/288, São Paulo, v. 84, jan. 1995).

Já no que se refere ao **homicídio funcional** (art. 121, §2º, VII), alertamos que há três correntes a respeito da natureza da qualificadora:

a) é objetiva, pois não se trata de motivação, isto é, não se exige que o homicídio ocorra em razão da condição da vítima. Considera-se objetivamente que a vítima é ligada ao exercício da segurança pública ou a quem a exerce;

b) é subjetiva, pois a ligação da vítima com a segurança pública, tanto diretamente quanto pelo parentesco com quem exerce função na área, é o que fundamenta o homicídio e é o móvel do criminoso, que só mata porque se trata de alguém nesta condição, normalmente para demonstrar menosprezo, para criar sensação de insegurança no meio social ou para intimidar;

c) é objetiva quando se trata de homicídio contra agente de segurança no exercício da função e subjetiva quando o homicídio ocorre em decorrência da função ou em razão da condição de cônjuge, companheiro ou parente consanguíneo até terceiro grau de quem exerce função na segurança pública.

A nosso ver, e depois de muito refletir sobre o tema nas edições passadas, entendemos assistir razão àqueles que lecionam cuidar-se de natureza mista. Tratando-se de agente de segurança no exercício da função, a lei não pressupõe nenhuma motivação especial, não exige que o homicídio ocorra em virtude da condição da vítima, bastando que ela esteja exercendo sua atividade. Assim, se "A" mata um policial militar que efetuava patrulhamento, incide a qualificadora inclusive se o homicídio decorre de uma rixa pessoal que nada tem a ver com a atividade policial, pois, de qualquer forma, a conduta afeta a função de segurança pública à qual se vinculava o policial. Já nas situações em que o homicídio ocorre em decorrência da função ou contra familiares de quem exerce função de segurança pública a qualificadora é subjetiva, pois das expressões "em decorrência" e "em razão" não é possível desvincular a motivação especial, o fato de que o homicídio ocorre em virtude da condição da vítima.

Na situação em que a qualificadora é subjetiva não há possibilidade de coexistência de circunstâncias que privilegiam o homicídio. Efetivamente, não se pode imaginar a possibilidade de que alguém mate um agente de segurança pública em decorrência da função, ou mesmo que mate um familiar desse agente em razão da condição de parentesco, e o faça por motivo de relevante valor social ou moral. É impensável que este homicídio seja movido pela manutenção dos interesses da coletividade (aliás, é bem o oposto) ou por sentimentos de piedade, misericórdia e compaixão.

Tampouco se vislumbra a possibilidade de que alguém cometa o homicídio ao mesmo tempo movido pela condição da vítima e sob domínio de violenta emoção logo em seguida a injusta provocação.

ATENÇÃO – Com a nova Lei 14.994/24, o feminicídio passou a ser tipificado como crime autônomo (art. 121-A do CP), com pena e regulamentação específicas. Não há mais previsão jurídica para o feminicídio privilegiado, uma vez que o art. 121, §1º, do CP, é uma causa de diminuição de pena específica para o crime de homicídio. Assim, alegações como domínio de violenta emoção ou motivos de 'relevante valor social ou moral', feitas em plenário, devem ser analisadas pelo Juiz Presidente na sentença, atuando como atenuantes (art. 65, 'b' e 'c', parte final, do CP, e art. 492, 'b', do CPP).

6. LESÃO CORPORAL DOLOSA DE NATUREZA GRAVÍSSIMA (ART. 129, § 2º) E LESÃO CORPORAL SEGUIDA DE MORTE (ART. 129, § 3º), QUANDO PRATICADAS CONTRA AUTORIDADE OU AGENTE DESCRITO NOS ARTS. 142 E 144 DA CF, INTEGRANTES DO SISTEMA PRISIONAL E DA FORÇA NACIONAL DE SEGURANÇA PÚBLICA, NO EXERCÍCIO DA FUNÇÃO OU EM DECORRÊNCIA DELA, OU CONTRA SEU CÔNJUGE, COMPANHEIRO OU PARENTE CONSANGUÍNEO ATÉ TERCEIRO GRAU, EM RAZÃO DESSA CONDIÇÃO

A Lei 13.142/15 alterou o art. 129 do Código Penal para acrescentar o § 12, que majora a pena da lesão corporal (dolosa, leve, grave, gravíssima ou seguida de morte) de um a dois terços quando praticada contra autoridade ou agente descrito nos arts. 142 e 144 da Constituição Federal, integrantes do sistema prisional e da Força Nacional de Segurança Pública, no exercício da função ou em decorrência dela, ou contra seu cônjuge, companheiro ou parente consanguíneo até 3º grau, em razão dessa condição. Por meio deste mesmo diploma, a Lei 8.072/90 foi alterada para que no rol dos crimes hediondos fossem inseridas duas modalidades de lesão corporal: a dolosa de natureza gravíssima (art. 129, § 2º) e a seguida de morte (art. 129, § 3º), quando praticadas contra qualquer dos agentes de que trata a mencionada majorante.

Trata-se de norma penal em branco, pois deve ser complementada pelos artigos 142 e 144 da Constituição Federal, que nos indicam alguns dos agentes de segurança pública contra os quais a lesão corporal gravíssima ou seguida de morte é hedionda. Vejamos a seguir cada uma das situações que atraem a hediondez:

a) o art. 142 da CF/88 abrange as Forças Armadas, constituídas pela Marinha, pelo Exército e pela Aeronáutica, instituições nacionais permanentes e regulares, organizadas com base na hierarquia e na disciplina, sob a autoridade suprema do Presidente da República, e destinam-se à defesa da Pátria, à garantia dos poderes constitucionais e, por iniciativa de qualquer destes, da lei e da ordem.

b) o art. 144 disciplina os órgãos de segurança pública: polícia federal, polícia rodoviária federal, polícia ferroviária federal, polícias civis, polícias militares e corpos de bombeiros militares.

Entendemos que o crime cometido contra os guardas civis (municipais ou metropolitanos) se insere na hediondez. O dispositivo se refere a crimes praticados contra autoridades ou agentes descritos nos arts. 142 e 144 da Constituição Federal, e o art. 144, mais precisamente no seu § 8º, descreve os guardas como atores de segurança pública, anunciando competir aos Municípios o poder de constituir guardas municipais destinadas à proteção de seus bens, serviços e instalações, conforme dispuser a lei. Desde 2014 temos o Estatuto Geral das Guardas Municipais. Esse importante documento, no seu art. 5º, parágrafo único, dispõe que, no exercício de suas competências, a guarda municipal poderá colaborar ou atuar conjuntamente com órgãos de segurança pública da União, dos Estados e do Distrito Federal ou de congêneres de Municípios vizinhos.

O mesmo pode ser dito a respeito dos agentes de segurança viária, pois, a exemplo do que ocorre com os guardas civis, o art. 144 da Constituição Federal, agora no § 10, dispõe que "A segurança viária, exercida para a preservação da ordem pública e da incolumidade das pessoas e do seu patrimônio nas vias públicas: I – compreende a educação, engenharia e fiscalização de trânsito, além de outras atividades previstas em lei, que assegurem ao cidadão o direito à mobilidade urbana eficiente; e II – compete, no âmbito dos Estados, do Distrito Federal e dos Municípios, aos respectivos órgãos ou entidades executivos e seus agentes de trânsito, estruturados em Carreira, na forma da lei".

c) integrantes do sistema prisional: aqui estão abrangidos não apenas os agentes presentes no dia a dia da execução penal (diretor da penitenciária, agentes penitenciários, guardas, etc.), mas também aqueles que atuam em certas etapas da execução (comissão técnica de classificação, comissão de exame criminológico, conselho penitenciário etc.).

d) integrantes da Força Nacional de Segurança Pública: o Departamento da Força Nacional de Segurança Pública ou Força Nacional de Segurança Pública (FNSP), criado em 2004, com sede em Brasília/DF, é um programa de cooperação de segurança pública brasileiro, coordenado pela Secretaria Nacional de Segurança Pública (SENASP), do Min. da Justiça. É, em resumo, um agrupamento de polícia da União que assume o papel de polícia militar em distúrbios sociais ou em situações excepcionais nos estados brasileiros, sempre que a ordem pública é posta em situação concreta de risco. É composta pelos quadros mais destacados das polícias de cada Estado e da Polícia Federal.

e) lesão cometida contra cônjuge, companheiro ou parente consanguíneo até 3º grau de algum dos agentes acima mencionados: o crime é também hediondo quando cometido contra o cônjuge, companheiro ou parente consanguíneo até 3º grau dos agentes de segurança antes descritos. Alerta o legislador, entretanto, ser indispensável que o crime tenha sido praticado em razão dessa condição, ou seja, que o agente tenha escolhido lesionar aquela vítima exatamente em razão da ligação familiar com o policial.

7. ROUBO

A Lei 13.964/19 ampliou as hipóteses em que o crime de roubo (art. 157 do CP) sofre as consequências da Lei 8.072/90. Antes, apenas se qualificado pela morte. Agora, com a novel Lei, o roubo será hediondo quando:

a) circunstanciado pela restrição de liberdade da vítima (art. 157, § 2º, inciso V); b) circunstanciado pelo emprego de arma de fogo (art. 157, § 2º-A, inciso I) ou pelo emprego de arma de fogo de uso proibido ou restrito (art. 157, § 2º-B); c) ou qualificado pelo resultado lesão corporal grave ou morte (art. 157, § 3º).

Interessante e, ao mesmo tempo curioso, notar que o delito pode ter sua pena aumentada quando cometido com emprego de explosivo. Nesse caso, no entanto, não é hediondo, em que pese o furto (art. 155 do CP), delito menos grave, quando praticado nessas circunstâncias emprego de explosivo), receber o rótulo da hediondez.

8. EXTORSÃO QUALIFICADA PELA RESTRIÇÃO DA LIBERDADE, OCORRÊNCIA DE LESÃO CORPORAL OU PELA MORTE

Antes da Lei 13.964/19, apenas o art. 158, § 2º, do CP, se qualificado pela morte, era hediondo. Não abrangia a lesão grave. Também não estavam abrangidas as hipóteses do parágrafo seguinte (§3º), ainda mais reprováveis, pois a morte e a lesão eram acrescidas da prévia restrição da liberdade da vítima. Agora, o legislador, entre parênteses, menciona expressamente o §3º, e não mais o §2º. Alguns podem concluir que a figura da extorsão qualificada pela lesão grave ou morte do §2º deixou de ser hedionda, substituída pela do §3º. Em que pese essa falha de referência entre parênteses, por óbvio a nova Lei colocou a etiqueta de crime hediondo nos dois parágrafos (§§2º e 3º). A interpretação literal deve ser acompanhada da interpretação racional possível (teleológica), até o limite permitido pelo Estado humanista – legal, constitucional e internacional – de Direito. Não há sentido ou motivo para excluir do rol da Lei o art. 158, §2º, sob pena de proteção deficiente do bem jurídico tutelado pela norma.

Disse o legislador que a extorsão com restrição da liberdade da vítima, lesão (grave) ou morte é crime hediondo, pouco importando a forma de execução do delito (com ou sem restrição da liberdade da vítima). Toda extorsão nesse contexto é crime hediondo. O conteúdo do injusto é substancialmente o mesmo.

9. EXTORSÃO MEDIANTE SEQUESTRO

A extorsão mediante sequestro, diferentemente dos tipos anteriores, é sempre rotulada como delito hediondo, seja na forma simples, seja na forma qualificada. Na sua execução não há, necessariamente, emprego de violência ou grave ameaça, mas a privação da liberdade da vítima como meio para obtenção da vantagem. Justifica-se, desse modo, a sua etiqueta de hediondo, tendo em vista que as consequências de um delito dessa natureza são avassaladoras, não só para a vítima, que sofre momentos de intenso sofrimento físico e psicológico, como também para seus familiares e amigos, que, embora em menor intensidade, são igualmente submetidos a traumas dificilmente superáveis.

10. ESTUPRO

O vocábulo *estupro*, no Brasil, se limitava a incriminar o constrangimento de mulher à conjunção carnal. Outros atos libidinosos estavam tipificados como atentado violento ao pudor, que protegia, também, o homem. Resolveu o legislador, com a edição da Lei 12.015/2009, seguir a sistemática de outros países (México, Argentina e Portugal), reunindo os dois crimes num só tipo penal, gerando, desse modo, uma nova acepção ao vocábulo *estupro*, hoje significando não apenas conjunção carnal violenta, contra homem ou mulher (estupro em sentido estrito), mas também o comportamento de obrigar a vítima, homem ou mulher, a praticar ou permitir que com o agente se pratique outro ato libidinoso.

Antes da novel Lei discutia-se se a forma simples do crime era também hedionda ou se somente a qualificada o seria, havendo divergência:

1.ª) O estupro e o atentado violento ao pudor só sofrerão os consectários da Lei 8.072/90 quando qualificados pelos resultados lesão corporal de natureza grave ou morte (art. 223, *caput* e parágrafo único). Por isso, a forma simples dos crimes não é considerada hedionda. Esse posicionamento já foi majoritário nos tribunais superiores, que, no entanto, modificaram sua orientação.

2.ª) O estupro e o atentado violento ao pudor, cometidos com violência real, são hediondos, seja na forma típica simples, seja na modalidade qualificada:

> "Firmou-se a jurisprudência desta Corte no sentido de que os delitos de estupro e de atentado violento ao pudor, nas suas formas simples e qualificada, estão incluídos no rol de crimes hediondos desde a edição da Lei n. 8.072/1990, não se exigindo a ocorrência de morte ou lesão corporal grave da vítima para que seja caracterizada a hediondez (AgRg no REsp 1187176/RS, Rel. Ministro Sebastião Reis Júnior, Sexta Turma, DJe 19/03/2012)" (AgRg no REsp 1.627.093/MG, j. 26/09/2017).

O Supremo Tribunal Federal, no *Habeas Corpus* 81.288, submetido a julgamento pelo Pleno, iniciou precedente que passou a ser amplamente adotado em julgados posteriores. Destacamos, para a adequada análise da questão, o voto da Ministra Ellen Gracie:

> "A Lei 8.072, de 25 de julho de 1990, ao relacionar quais os delitos considerados hediondos, foi expressa ao referir o estupro, apondo-lhe, entre parênteses, a capitulação legal: art. 213 e sua combinação com o art. 223, *caput* e parágrafo único. Vale dizer, foi intenção do legislador, ao utilizar-se da conjunção coordenativa aditiva, significar que são considerados hediondos: (1) o estupro em sua forma simples, que, na definição legal, corresponde a: constranger a mulher à conjunção carnal, mediante violência ou grave ameaça; (2) o estupro de que resulte lesão corporal de natureza grave; e (3) o estupro do qual resulte a morte da vítima.
>
> "A análise sistêmica do art. 1.º da Lei 8.072/90 revela a correção desta assertiva, pelo tratamento dado a outros delitos igualmente classificados entre os que merecem especial repúdio do corpo social. Assim, na extorsão (art. 158, § 2.º), no roubo (art. 157, § 3.º, *in fine*), na epidemia (art. 267, § 1.º), o legislador delimitou a reprimenda exclusivamente para a forma qualificada. Não o fez relativamente ao delito de estupro. Assim deliberando, mostrou-se o legislador atento à efetiva gravidade desse crime, raras vezes denunciado, e que produz em suas vítimas tantas sequelas, tão graves e de tão extensa duração. Creio ser possível afirmar, com base científica, não haja no rol do Código Penal, excetuado o próprio homicídio, outra conduta agressiva que sujeite a respectiva vítima a tamanhas consequências nefastas e que tanto se prolonguem no tempo.
>
> "Até mesmo a pura análise gramatical, ou literal, do dispositivo nos leva à mesma conclusão. Compõe-se a redação do inciso como segue: "*V – estupro (art. 213 e sua combinação com o art. 223, caput, parágrafo único)*". Vale dizer, após o *nomem júris* genérico do delito e, entre parênteses, encontra-se o número que o artigo assumiu no corpo do Código Penal. Seguem-se (e aí estão, a meu sentir, as duas palavras de cuja exata apreensão semântico/estrutural depende a perfeita interpretação de todo o artigo e o deslinde da *mens legis*), a conjunção *e* e o pronome *sua* (combinação etc).
>
> "Na língua portuguesa, a conjunção "e" pode assumir significado aditivo quanto adversativo.
>
> (...)
>
> "No inciso de que estamos tratando é possível ler: 'V – estupro (art. 213 e, *mais ainda*, sua combinação com...; ou 'V – estupro (art. 213 e, *além dele*, sua combinação com...'. Todavia, é impossível fazer a leitura substituindo o *e* por *mas* ou *porém*. Donde concluir-se que, no caso, a conjunção tem significado inegavelmente aditivo."

A doutrina majoritária também se posicionava de acordo com a segunda orientação: Delmanto, "Código Penal comentado", Rio de Janeiro, Renovar, 5.ª ed., 2000, p. 412 e 417; Paulo José da Costa Júnior, "Curso de Direito Penal", Parte Especial, São Paulo, Saraiva, 1991, vol. 3, p. 4 e 5; Alberto Zacharias Toron, "Crimes hediondos", São Paulo, RT, 1996, p. 99; Luiz Regis Prado e Cezar Roberto Bitencourt, "Código Penal anotado", São Paulo, RT, 2. ed., 1999, p. 694

(parte anotada por Cezar Roberto Bitencourt); Mirabete, "Manual de Direito Penal", Parte Geral, São Paulo, Atlas, 1998, I:135, 3.6.22; João José Leal, "Crimes hediondos", São Paulo, Atlas, 1996, p. 24 e 76; Antonio Scarance Fernandes, "Aspectos da Lei dos Crimes Hediondos", Justiça Penal, São Paulo, RT, 1993, p. 70, nota 2; Antonio José Miguel Feu Rosa, "Direito Penal", Parte Especial, São Paulo, RT, 1995, p. 545. Em sentido contrário: Alberto Silva Franco, op. cit., p. 1230-1232.

Com a nova redação do art. 1º, V, da Lei 8.072/90 abrangendo o *caput* e os parágrafos do art. 213, foi colocada uma pá de cal na discussão, não havendo mais campo para divergência: o estupro, qualificado ou não, será sempre hediondo.

11. ESTUPRO DE VULNERÁVEL

O art. 217-A do CP tutela a dignidade sexual do vulnerável.

Antes da Lei 12.015/2009 o ato sexual com pessoa vulnerável configurava, a depender do caso, estupro (art. 213) ou atentado violento ao pudor (art. 214), mesmo que praticado sem violência física ou moral, pois presumida (de forma absoluta de acordo com a maioria) no art. 224 do CP. Este dispositivo (art. 224) agora está expressamente revogado[5], subsumindo-se a conduta ao disposto no art. 217-A do CP.

Sempre se discutiu (na doutrina e jurisprudência) se o estupro contra vulnerável, sem violência ou grave ameaça, era ou não hediondo (antigo art. 224 do CP). A Lei 12.105/2009 colocou um fim na discussão, incluindo, expressamente, o art. 217-A no rol de delitos hediondos. No entanto, para aqueles que negavam o caráter hediondo ao crime, a mudança é irretroativa. Nesse sentido decidiu a 6ª Turma do STJ:

> "*Habeas corpus*. Atentado violento ao pudor, cometido mediante violência presumida. Conduta anterior à Lei 12.015/2009. Afastamento da hediondez. Agravante da reincidência. Constitucionalidade. Roubo circunstanciado. Emprego de arma. Necessidade de apreensão. Afastamento da causa de aumento. 1. A partir do julgamento do *Habeas Corpus* 88.664/GO, houve uma mudança no entendimento da Sexta Turma, para que não mais se considerassem hediondos os crimes de estupro ou atentado violento ao pudor praticados antes da Lei 12.015/2009 quando cometidos mediante violência presumida."[6].

A 3ª Seção da Corte Superior, com composição mais ampla, firmou entendimento diverso, autorizando a aplicação dos consectários da Lei 8.072/90 para os crimes sexuais praticados com violência presumida, mesmo que anteriores a Lei nº 12.015/09:

> "Os crimes de estupro e atentado violento ao pudor praticados anteriormente à Lei nº 12.015/2009, ainda que mediante violência presumida, configuram crimes hediondos. Precedentes desta Corte e do Supremo Tribunal Federal. 2. Embargos de divergência acolhidos

---

5 A Lei 8.072/90, em seu art. 9º, determina que as penas previstas para prática dos crimes de latrocínio, extorsão qualificada pela morte, extorsão mediante sequestro, *estupro e do atentado violento ao pudor*, em todas as suas formas, sejam aumentadas da metade quando a vítima encontrar-se em qualquer das hipóteses referidas no art. 224 do CP. Com a revogação deste dispositivo, parece clara a conclusão de que referida majorante também foi abolida. Consequência: antes da Lei 12.015/2009, se o estupro ou atentado ao pudor de pessoa vulnerável fosse praticado sem violência real, incidia a presunção do art. 224 do CP, respondendo o agente pelo art. 213 ou 214, a depender do caso, com pena de 6 a 10 anos, não incidindo, de acordo com a maioria, o aumento de 1/2 trazido pelo art. 9º da Lei 8.072/90 (evitando *bis in idem*). A nova Lei, portanto, nessa hipótese, é mais gravosa, não alcançado os fatos anteriores. Havendo violência real, dispensava-se a presunção do art. 224, respondendo o agente pelo crime do art. 213 ou 214, conforme a conduta, majorado de 1/2 de acordo com determinação prevista no art. 9º da Lei dos Crimes Hediondos, gerando uma baliza punitiva de 9 a 15 anos. A nova pena é mais benéfica (8 a 15 anos), retroagindo (art. 2º, parágrafo único, do CP). No sentido da inaplicabilidade da causa de aumento em virtude da revogação do art. 224 do Código Penal, decidiu o STF (HC 111.246/AC, rel. Min. Dias Toffoli, DJe 18/03/2013).

6 HC 128.648, 6.ª T, rel. Min. Og Fernandes, *DJe* 03.11.2009.

a fim de reconhecer a hediondez do crime praticado pelo Embargado" (EREsp 1225387/RS, rel. Min. Laurita Vaz, DJe 04/09/2013).

12. EPIDEMIA COM RESULTADO MORTE

O crime de epidemia foi tipificado nos vários ordenamentos jurídicos mundiais após a Primeira Guerra Mundial, evento que contou que a utilização de germes patogênicos como arma de combate, prática, hoje, vedada por convenções internacionais após o armistício, e que não se repetiu no segundo grande conflito.

Consiste o crime em causar *epidemia* (surto de uma doença transitória que ataca simultaneamente número indeterminado de indivíduos em certa localidade), mediante a *propagação* (difusão, disseminação) de *germes patogênicos* (todos os elementos capazes de produzir moléstias infecciosas, pouco importando que já estejam biologicamente identificados).[7]

O § 1º do art. 267 qualifica o delito se da conduta resultar morte, hipótese que em que crime passa a ser hediondo, sofrendo o agente todas as consequências previstas no art. 2.º da Lei 8.072/90.

13. FALSIFICAÇÃO, CORRUPÇÃO, ADULTERAÇÃO OU ALTERAÇÃO DE PRODUTO DESTINADO A FINS TERAPÊUTICOS OU MEDICINAIS

O crime do art. 273 do CP se resume na falsificação, corrupção, adulteração ou alteração de produto destinado a fins terapêuticos ou medicinais (*caput*), ou na importação, venda, exposição à venda, manutenção para venda ou, de qualquer forma, distribuição ou entrega a consumo o produto já falsificado, corrompido, adulterado ou alterado (§ 1º).

O § 1º-A equipara aos produtos referidos no *caput* os medicamentos (substância utilizada no tratamento de enfermidade), as matérias-primas (substâncias a partir das quais são fabricados os medicamentos), os insumos farmacêuticos (outros componentes da produção dos medicamentos), os cosméticos (produtos que se destinam a manter ou melhorar a aparência), os saneantes (produtos purificadores, desinfetantes) e os de uso em diagnóstico (usados para se a busca da cura e da causa da afecção).

Já o § 1º-B determina que também se sujeita às mesmas penas do *caput* quem pratica as ações previstas no § 1º em relação a produtos em qualquer das seguintes condições:

> I – sem registro, quando exigível, no órgão de vigilância sanitária competente;
>
> II – em desacordo com a fórmula constante do registro previsto no inciso anterior;
>
> III – sem as características de identidade e qualidade admitidas para a sua comercialização;
>
> IV – com redução de seu valor terapêutico ou de sua atividade;
>
> V – de procedência ignorada;
>
> VI – adquiridos de estabelecimento sem licença da autoridade sanitária competente.

No caso do art. 273, 1º-B, I, não tendo como objeto material produto falsificado (logo, materialmente apto ao consumo), questionava-se a necessidade da intervenção do Direito Penal.

A infração, de acordo com parcela da doutrina, seria melhor resolvida no âmbito administrativo, respeitando-se, desse modo, o princípio da ofensividade ou lesividade (que exige, na incriminação, a presença de relevante e intolerável lesão ou perigo de lesão ao bem jurídico tutelado).

7 Não se confunde a epidemia com a *endemia* (moléstia infecciosa que ocorre habitualmente e com incidência significativa em determinada população) e *pandemia* (enfermidade amplamente disseminada, ou seja, que atinge várias nações). Também se deve ter em consideração que somente a propagação de doença humana é que configura o crime, já que em se tratando de enfermidade que atinja plantas ou animais, o crime será o do art. 61 da Lei 9.605/98.

Questionava-se, ainda, a proporcionalidade da pena, pois o legislador pune com a mesma intensidade duas situações diametralmente opostas (no *caput* e § 1º, produto falsificado; no § 1º-B, produto não corrompido). Julgando *habeas corpus* que versava sobre a conduta tipificada no § 1º-B, inciso V, o STJ já havia considerado inconstitucional a pena cominada em razão da desproporcionalidade em relação a condutas muito mais graves, como a extorsão mediante sequestro e o estupro de vulnerável. Concluiu o tribunal que, no lugar da reprimenda estabelecida Código Penal, dever-se-ia aplicar a do art. 33, *caput*, da Lei 11.343/06 (AI no HC 239.363/PR, Rel. Min. Sebastião Reis Júnior, DJe 10/4/2015). Recentemente passou a admitir, inclusive, a minorante do parágrafo 4º, do art. 33 da Lei de Drogas.

Em sessão plenária ocorrida no dia 24/03/2021, o Supremo Tribunal Federal, revisitando o tema, julgou inconstitucional a pena cominada à conduta de importar medicamento sem registro na Agência Nacional de Vigilância Sanitária. A maioria dos ministros considerou desproporcional a pena, maior do que a cominada para crimes mais graves, e decidiu repristinar, para o inciso I do § 1º-B, a pena cominada ao art. 273 antes da Lei 9.677/98 (que também incluiu no tipo penal o dispositivo sob julgamento). Firmou-se a seguinte tese de repercussão geral:

> "É inconstitucional a aplicação do preceito secundário do artigo 273 do Código Penal, com a redação dada pela Lei 9.677/1998 – reclusão de 10 a 15 anos – à hipótese prevista no seu parágrafo 1º-B, inciso I, que versa sobre a importação de medicamento sem registro no órgão de vigilância sanitária. Para esta situação específica, fica repristinado o preceito secundário do artigo 273, na redação originária – reclusão de um a três anos e multa" (RE 979.962/RS, j. 24/03/21).

A Corte, contudo, não abordou se o crime deve (ou não) continuar sujeito aos consectários da Lei dos Crimes Hediondos. Está previsto na Lei, mas parece-nos que a tese ora fixada mostra-se incompatível com os rigores da Lei 8.072/90.

14. FAVORECIMENTO DA PROSTITUIÇÃO OU DE OUTRA FORMA DE EXPLORAÇÃO SEXUAL DE CRIANÇA OU ADOLESCENTE OU DE VULNERÁVEL (ART. 218-B, *CAPUT*, E §§ 1º E 2º)

A Lei 12.015/2009, reunindo no art. 218-B os artigos 244-A do ECA e 228, § 1º, do Código Penal, criou o delito de favorecimento da prostituição ou outra forma de exploração sexual de vulnerável. A Lei 12.978/14 modificou o *nomen iuris* do art. 218-B, que é atualmente rotulado como "favorecimento da prostituição ou de outra forma de exploração sexual de criança ou adolescente ou de vulnerável".

Além disso, o novo diploma incluiu o art. 218-B, em todas as suas formas, no rol dos crimes hediondos. Esta última modificação tem relevância no tema "lei penal no tempo". Com efeito, consiste o crime em *submeter* (sujeitar), *induzir* (inspirar, instigar), *atrair* (aliciar) a vítima à prostituição ou outra forma de exploração sexual, *facilitá-la* (proporcionar meios, afastar dificuldades), *impedir* (opor-se) ou *dificultar* (criar obstáculos) que alguém a abandone. Como se vê, das seis figuras criminosas que compõem o tipo, duas delas traduzem modalidade de crime permanente (*impedir* e *dificultar*). Nestas modalidades, o delito se consuma no momento em que a vítima decide abandonar a prostituição e o agente a impede ou dificulta a sua saída, protraindo-se a consumação até o momento em que cessar o embaraço. Desta forma, os agentes que iniciaram o ato de impedir ou de dificultar que a vítima abandonasse a prostituição antes da entrada em vigor da lei, e que assim permaneceram, devem sofrer os consectários da Lei nº 8.072/90, aplicando-se, neste caso, a súmula nº 711 do STF.

ATENÇÃO – para o STJ, o relacionamento entre adolescente maior de 14 e menor de 18 anos (*sugar baby*) e um adulto (*sugar daddy* ou *sugar mommy*) que oferece vantagens econômicas em troca de sexo configura o crime previsto no artigo 218-B, parágrafo 2º, I, do Código Penal.

15. FURTO QUALIFICADO PELO EMPREGO DE EXPLOSIVO OU DE ARTEFATO ANÁLOGO QUE CAUSE PERIGO COMUM

A Lei 13.654/18 insere no art. 155 o § 4º-A, que comina pena de reclusão de 4 (quatro) a 10 (dez) anos – além da multa – se o furto é cometido com emprego de explosivo ou de artefato análogo que cause perigo comum.

Temos visto, já há alguns anos, a multiplicação de condutas nas quais criminosos – normalmente em grupos – utilizam artefatos explosivos para romper os cofres de caixas eletrônicos – instalados em bancos ou em estabelecimentos comerciais – e subtrair as cédulas neles depositadas. Além de causar vultosos prejuízos em virtude não só dos valores subtraídos, mas também dos danos materiais causados nos estabelecimentos e muitas vezes até em imóveis vizinhos, esta espécie de conduta é particularmente grave em razão da exposição da vida e da integridade física das pessoas a perigo. Com efeito, ainda que não se trate de uma forma de ameaça pessoal direta – pois, se assim fosse, caracterizar-se-ia o crime de roubo –, o furto praticado com o emprego de engenho explosivo pode causar danos que vão muito além da esfera financeira.

Aos autores desta conduta vinham sendo imputados, normalmente, os crimes de furto qualificado pelo rompimento de obstáculo e de explosão majorada pelo fato de o crime ter sido cometido com intuito de obter vantagem pecuniária. Embora pudesse haver alguma divergência a respeito da possibilidade de atribuir os crimes em concurso, era o que vinha prevalecendo[8].

A partir da inserção do § 4º-A, a possibilidade de concurso entre os delitos de furto e de explosão deixa de existir para ceder lugar à qualificadora. E, neste ponto, se considerarmos que se aplicava o concurso formal impróprio, é possível apontar um deslize do legislador, pois, antes, somando-se as penas do furto qualificado e da explosão majorada, resultava o mínimo de seis anos de reclusão (caso se tratasse, como normalmente ocorria, de dinamite ou de substância de efeitos análogos), mas a nova lei comina à qualificadora pena mínima de quatro anos, consideravelmente mais branda. Conclui-se, portanto, que as novas disposições resultam numa punição menos severa em relação àquela que vinha sendo praticada, o que atrai as disposições do art. 2º, parágrafo único, do Código Penal, segundo as quais "A lei posterior, que de qualquer modo favorecer o agente, aplica-se aos fatos anteriores, ainda que decididos por sentença condenatória transitada em julgado". Dessa forma, o agente condenado pelo crime de furto qualificado em concurso formal impróprio com a explosão majorada pode ser beneficiado pela retroatividade benéfica da nova qualificadora.

Note-se que o furto no qual se utiliza um artefato explosivo traz em si, necessariamente, o rompimento de obstáculo. É a existência do obstáculo, afinal, que torna necessária – ou ao menos conveniente – a explosão que abre o caminho para a subtração. Neste caso, concorrem duas qualificadoras: a do rompimento de obstáculo e a do emprego do artefato explosivo. Apenas esta última, no entanto, deve ser considerada com a natureza de qualificadora, pois é a circunstância mais grave. O rompimento de obstáculo – assim como, eventualmente, a escalada e o concurso de pessoas, por exemplo – deve ser considerado na qualidade de circunstância judicial, no momento em que se aplica a pena-base, que parte da qualificadora mais grave.

Por fim, destacamos que o art. 16, § 1º, inciso III, da Lei 10.826/03 tipifica a posse, a detenção, a fabricação e o emprego de artefato explosivo ou incendiário sem autorização ou em desacordo com determinação legal ou regulamentar, o que nos faz indagar a respeito da caracterização do concurso de delitos.

8 O Ministério Público de São Paulo, por exemplo, tem tese no sentido da aplicação do concurso formal impróprio (tese 383). Paulo Queiroz, por outro lado, sustenta a tese de que incide o concurso formal próprio porque o dolo do agente é dirigido desde o início à subtração, razão por que não se pode falar em desígnios autônomos (http://www.pauloqueiroz.net/explosao-de-caixa-eletronico/).

Imaginemos, com efeito, que um grupo criminoso tenha adquirido dinamite para em seguida empregá-la no furto de caixas eletrônicos em uma agência bancária. A posse da dinamite deve ser imputada em concurso com o furto qualificado pelo emprego do artefato, ou este último absorve o primeiro? Em edições anteriores sustentamos que com a promulgação da Lei 13.497/17 – que havia tornado hediondas todas as modalidades do art. 16 do Estatuto do Desarmamento –, seria inadequado aplicar o princípio da consunção para que o crime patrimonial absorvesse o hediondo, razão pela qual deveriam ser aplicadas as regras relativas ao concurso de delitos.

Atualmente, no entanto, a conclusão é diversa. A Lei 13.964/19 (Pacote Anticrime) alterou a Lei dos Crimes Hediondos e, além de inserir o próprio furto qualificado pelo emprego de explosivo no rol daqueles crimes, retirou do mesmo grupo a posse de explosivos, pois o art. 1º, parágrafo único, inc. II, da Lei 8.072/90, é específico em relação ao crime de posse ou porte ilegal de **arma de fogo de uso proibido**. Não é mais possível sustentar, como se fazia antes, que a hediondez abrangia todo o tipo do art. 16 do Estatuto do Desarmamento, porque a mesma Lei 13.964/19 alterou também este dispositivo, que passou a tratar a posse e o porte de arma de fogo de uso proibido no § 2º, como uma qualificadora do *caput* e do § 1º, que, portanto, atualmente se restringem às armas de fogo de uso restrito e a condutas equiparadas. Desta forma, se a Lei 8.072/90 faz menção específica à figura qualificada, somente ela pode ser considerada hedionda.

16. INDUZIMENTO, INSTIGAÇÃO OU AUXÍLIO A SUICÍDIO OU A AUTOMUTILAÇÃO REALIZADOS POR MEIO DA REDE DE COMPUTADORES, DE REDE SOCIAL OU TRANSMITIDOS EM TEMPO REAL (ART. 122, *CAPUT* E § 4º)

A Lei 13.968/19 promoveu importantes alterações no art. 122 do CP, que passou a tipificar conjuntamente o induzimento, a instigação e o auxílio ao suicídio e à automutilação.

Errou o legislador. Misturou, no mesmo tipo, comportamentos manifestamente distintos. Cumulou na mesma redação típica crime doloso contra a vida e crime de natureza diversa. Não que o delito de participação em automutilação não merecesse punição própria. Apenas deveria estar tipificado em artigo outro, como, por exemplo, art. 129-A, topograficamente mais coerente. As penas cominadas aos dois comportamentos também merecem críticas. As condutas relativas ao suicídio e à automutilação têm exatamente as mesmas consequências penais, algo absolutamente desproporcional em virtude das diferenças essenciais entre as condutas punidas: enquanto as primeiras buscam a eliminação da vida, as outras se limitam à lesão corporal.

Se a conduta é realizada por meio da rede de computadores, de rede social ou transmitida em tempo real, não só haverá aumento de pena (§4º do art. 122), como também passa, a partir da Lei 14.811/23, a sofrer os consectários da Lei 8.072/90.

Um alerta deve ser feito. O §5º do art. 122 pune de forma ainda mais severa o líder ou coordenador de grupo ou de rede virtual. Pode parecer que, sendo alcançado pelo parágrafo seguinte ao mencionado pela Lei 8.072/90, escapará das consequências típicas de um crime hediondo. A melhor técnica, de fato, não foi observada. Deveria o legislador, para não dar margens para dúvidas, ter mencionado entre parênteses ambos os parágrafos (§§4º e 5º). Contudo, entendemos que o agente que lidera ou coordena grupo ou rede virtual de induzimento, instigação ou participação ao suicídio ou automutilação responde pelo crime do art. 122 majorado pelos dois parágrafos, leia-se, §§4º e 5º, pois, além de cometer o crime por meio de grupo ou rede virtual, era quem liderava a ação criminosa. Não há, nesse raciocínio, dupla valoração do mesmo fato ("bis in idem"). Logo, sofrerá ele as consequências da Lei dos Crimes Hediondos.

17. SEQUESTRO E CÁRCERE PRIVADO COMETIDO CONTRA MENOR DE 18 (DEZOITO) ANOS (ART. 148, § 1º, INCISO IV)

A ação incriminada no art. 148 do CP consiste na privação (total ou parcial) da liberdade de alguém. Os meios, para tanto, são o sequestro e o cárcere privado. A distinção entre os dois, entretanto, traz certa confusão.

Aníbal Bruno explica:

"De dois modos se pode exercer sobre a vítima essa privação da liberdade que consiste em anular ou reduzir a sua capacidade de mover-se livremente de um para outro lugar: o sequestro e o cárcere privado. O sequestro é a forma geral dessa espécie punível, da qual o cárcere privado é um modo particular da execução, que se distingue porque nele a detenção da vítima se faz em recinto fechado, dentro de um aposento, no interior de uma casa, donde não lhe é permitido sair. O sequestro executa-se por qualquer modo que consista em pôr o indivíduo em situação de não poder locomover-se livremente. A vítima pode ficar estritamente presa, atada a um tronco, amarrada de pés e mãos, retida dentro de um aposento isolado."[9].

Já Fernando Capez, citando Nélson Hungria, assim diferencia as duas figuras:

"Dá-se a privação da liberdade por dois modos: mediante sequestro ou cárcere privado. A doutrina costuma distinguir os termos 'sequestro' e 'cárcere privado'; contudo, na prática, recebem o mesmo tratamento penal. No sequestro (gênero), a privação da liberdade de locomoção não implica confinamento (p. ex., manter uma pessoa em um sítio, em uma praia). Já no cárcere privado (que constitui uma espécie do gênero sequestro), a privação da liberdade ocorre em recinto fechado, enclausurado, confinado (p. ex., manter a vítima em um quarto fechado). Note-se que a privação da liberdade não precisa ser total; basta que a vítima não possa desvencilhar-se do sequestrador sem que corra perigo pessoal para que se configure o crime em tela."[10-11].

Tratando-se de crime de execução livre, a privação da liberdade pode ser antecedida de violência, grave ameaça ou mesmo fraude (induzir a vítima em erro). Pode ser praticado por *ação* (afastar a vítima do lugar em que vive para outro) ou *omissão* (médico que não concede alta para paciente já curado).

A prática do crime contra criança ou adolescente é claramente mais reprovável, vez que pessoa ainda em formação (física e mental), o que certamente acarretará à vítima sequelas emocionais muitas vezes perpétuas. Além de sofrer aumento de pena, agora, com o advento da Lei 14.811/24, passa a sofrer as consequências da Lei 8.072/90.

18. TRÁFICO DE PESSOAS COMETIDO CONTRA CRIANÇA OU ADOLESCENTE (ART. 149-A, CAPUT, INCISOS I A V, E § 1º, INCISO II).

Qualquer das figuras do tráfico de seres humanos tem a pena aumentada quando a vítima for criança, adolescente ou pessoa idosa ou com deficiência. É que o anuncia o art. 149-A, §1º, inc. II. Contudo, apenas quando a vítima for criança ou adolescente o crime passará a ser hediondo.

19. GENOCÍDIO

A repressão mundial ao genocídio se iniciou após o término da Primeira Guerra Mundial, com o Tratado de Versalhes, assinado entre a Alemanha e as nações aliadas em junho de 1918, embora essa prática se tenha verificado desde as primevas eras da antiguidade, como ocorreu na devastação de Cartago pelos romanos.

Em seguida, inúmeras foram as medidas internacionais levadas a efeito no sentido de impedir essa prática, como a promulgação de declarações pelas Nações Unidas, denunciando o assassinato em massa a que estavam sendo submetidos os judeus pelo regime nazista (estima-se

9. *Crimes contra a pessoa*, p. 358-359.
10. Direito Penal, v. 2, p. 305.
11. Sabendo que no cárcere privado há um confinamento da vítima (logo, causador de maior sofrimento), essa circunstância não deve passar despercebida pelo magistrado sentenciante.

que mais de 6.000.000 de judeus foram mortos durante o período que, sem dúvida alguma, consiste em uma das maiores catástrofes promovidas pelo homem).

A partir daí, passou a ser traçado o caminho para que a ONU aprovasse a Convenção para a Prevenção e Castigo do Crime de Genocídio, em dezembro de 1948, à qual aderiu o Brasil no ano de 1952, sendo que, em 1956, promulgou-se a Lei 2.889, que trata da punição para o delito de genocídio, arrolado, pela Lei 8.072/90, como hediondo nas formas descritas nos arts. 1º, 2º e 3º, analisadas, a seguir, isoladamente.

Art. 1.º Quem, com a intenção de destruir, no todo ou em parte, grupo nacional, étnico, racial ou religioso, como tal:

a) matar membros do grupo;

b) causar lesão grave à integridade física ou mental de membros do grupo;

c) submeter intencionalmente o grupo a condições de existência capazes de ocasionar-lhe a destruição física total ou parcial;

d) adotar medidas destinadas a impedir os nascimentos no seio do grupo;

e) efetuar a transferência forçada de crianças do grupo para outro grupo;

Será punido:

Com as penas do art. 121, § 2.º, do Código Penal, no caso da letra a;

Com as penas do art. 129, § 2º., no caso da letra b;

Com as penas do art. 270, no caso da letra c;

Com as penas do art. 125, no caso da letra d;

Com as penas do art. 148, no caso da letra e;

Este dispositivo repete os termos do art. 2º da mencionada Convenção, acrescentando somente a previsão abstrata de pena. No entanto, embora louvável a aderência ao movimento internacional para a repressão desse crime, pode-se verificar a infelicidade do legislador de 1956 ao estabelecer as reprimendas, pois procedeu à remissão a dispositivos já existentes no Código Penal, quando, ao contrário, deveria ter considerado que o genocídio, embora se aproxime das figuras do homicídio, da lesão corporal etc., possui objetividade jurídica muito mais abrangente, não se limitando à vida humana ou à integridade física do indivíduo. Antonio Lopes Monteiro, a esse respeito, leciona o seguinte: "O que se tutela com essa norma não é num primeiro momento a vida do indivíduo considerado em si mesmo, mas sim a vida de grupos de pessoas em sua totalidade; dito de outra forma, protege-se a vida em comum dos grupos de homens, na comunidade dos povos." (op. cit., p. 89).

Para que se configure o crime de genocídio, basta que o agente dirija sua conduta à finalidade de destruir, no todo ou em parte, grupo nacional, étnico, racial ou religioso, sem que haja necessidade de que seja atingido número elevado de pessoas.

Art. 2.º Associarem-se mais de 3 (três) pessoas para prática dos crimes mencionados no artigo anterior:

Pena: Metade da cominada aos crimes ali previstos.

Discute-se a continuidade da aplicação do art. 2º da Lei 2.889/56. A discussão tem lugar diante do que dispõe o art. 8º da Lei 8.072/90, que prevê novos limites de pena para o art. 288 do CP nos casos em que os agentes se reúnem com a finalidade de praticar crimes hediondos. Como o genocídio é etiquetado como tal, o art. 2º da Lei 2.889/56 teria sido revogado pela nova disposição legal. Neste sentido é a lição de Alberto Silva Franco: "A associação criminosa, quando se tratar de crimes hediondos, prática de tortura, tráfico ilícito de entorpecentes e drogas afins ou terrorismo, possui uma sanção punitiva própria: a pena reclusiva variável entre seis e três anos. Ora, a associação de mais de três pessoas para o fim de praticar qualquer das modalidades de genocídio, descritas no art. 1.º da Lei 2.889/56, será agora punida com a pena cominada no art. 8º da Lei 8.072/90 e não mais de acordo com as sanções previstas no art. 2º da Lei 2.889/56" (op. cit., p. 1271).

> *Art. 3.º Incitar, direta e publicamente alguém a cometer qualquer dos crimes de que trata o art. 1.º:*
>
> *Pena: Metade das penas ali cominadas.*
>
> *§ 1.º A pena pelo crime de incitação será a mesma de crime incitado, se este se consumar.*
>
> *§ 2.º A pena será aumentada de 1/3 (um terço), quando a incitação for cometida pela imprensa.*

A Lei 8.072/90 também considera hedionda a prática prevista no art. 3º da Lei 2.889/90, que trata de uma modalidade especial de incitação ao crime.

O § 1º estabelece a pena idêntica à prevista para a prática dos crimes previstos no art. 1º se, com a incitação, tais se consumarem. O § 2º prevê uma causa de aumento de pena para os casos em que a incitação ocorrer por meio da imprensa.

20. POSSE OU PORTE ILEGAL DE ARMA DE FOGO DE USO PROIBIDO

O art. 16 do Estatuto do Desarmamento, antes da Lei 13.964/19, punia, no *caput*, as condutas de possuir, deter, portar, adquirir, fornecer, receber, ter em depósito, transportar, ceder, ainda que gratuitamente, emprestar, remeter, empregar, manter sob sua guarda ou ocultar arma de fogo, acessório ou munição de uso proibido ou restrito, sem autorização e em desacordo com determinação legal ou regulamentar.

O parágrafo único do art. 16 tipificava como condutas equiparadas:

> I – suprimir ou alterar marca, numeração ou qualquer sinal de identificação de arma de fogo ou artefato;
>
> II – modificar as características de arma de fogo, de forma a torná-la equivalente a arma de fogo de uso proibido ou restrito ou para fins de dificultar ou de qualquer modo induzir a erro autoridade policial, perito ou juiz;
>
> III – possuir, detiver, fabricar ou empregar artefato explosivo ou incendiário, sem autorização ou em desacordo com determinação legal ou regulamentar;
>
> IV – portar, possuir, adquirir, transportar ou fornecer arma de fogo com numeração, marca ou qualquer outro sinal de identificação raspado, suprimido ou adulterado;
>
> V – vender, entregar ou fornecer, ainda que gratuitamente, arma de fogo, acessório, munição ou explosivo a criança ou adolescente;
>
> VI – produzir, recarregar ou reciclar, sem autorização legal, ou adulterar, de qualquer forma, munição ou explosivo.

Pois bem, a Lei 13.497/17 alterou a Lei 8.072/90 para dispor que o crime de posse ou porte ilegal de arma de fogo de uso restrito ou proibido passa a ser hediondo. Surgiu, então, uma dúvida diante da menção genérica ao art. 16: todas as formas nele tipificadas passaram a ser tratadas como hediondas, ou só a forma básica, tipificada no *caput*?

Prevaleceu que apenas as formas previstas no caput deveriam sofrer os consectários da Lei 8.072/90. Sempre discordamos dessa conclusão.

Limitar a incidência da Lei dos Crimes Hediondos a uma parte do tipo penal criaria uma situação desproporcional. Ora, ainda que se considere a natureza diversa de algumas das condutas tipificadas no parágrafo único, tratam-se de figuras equiparadas ao *caput* por expressa disposição legal. Se, ao elaborar o tipo do art. 16, o legislador utilizou a fórmula "nas mesmas penas incorre", isso se deu porque as condutas ali elencadas eram consideradas da *mesma gravidade* das anteriores. É, afinal, o que fundamenta as formas equiparadas nos tipos penais.

Ignorar isso e destacar, para os efeitos da hediondez, o *caput* do parágrafo único seria nada mais do que conferir tratamento diferenciado a figuras penais que o legislador erigiu à categoria de equivalentes. Diante disso, qualquer conduta do art. 16, *caput* e § 1º, da Lei 10.826/03 passa a atrair os consectários relativos aos crimes hediondos. Nesse sentido, aliás, decidiu o STJ (HC 460.910 - PR 2018/0184654-0).

A Lei 13.964/19 traz mudanças no tema, alterando o art. 16 do Estatuto do Desarmamento. Assim, separou os tipos quando a conduta envolve arma de uso restrito (*caput*) e uso proibido (§2º). O parágrafo único agora é o §1º. No que diz respeito ao rótulo de hediondo, preferiu restringir aos casos envolvendo arma de fogo de uso proibido, leia-se, apenas o art. 16, §2º.

Ao rotular como hediondo, o legislador usou o *nomen juris* do crime, que restringe a arma de fogo. Mas o tipo correspondente tem objeto material mais amplo, alcançando munições e acessórios. Portanto, entendemos que a posse ou o porte ilegal desses objetos, se de uso proibido, também sofre os consectários da Lei 8.072/90.

21. COMÉRCIO ILEGAL DE ARMAS DE FOGO

O art. 17 do Estatuto do Desarmamento pune o comércio ilegal de armas de fogo, figurando como sujeito ativo não só quem atua no comércio legalmente constituído, mas também no comércio informal, não raro realizado na própria residência do infrator.

A questão que merece destaque diz respeito à exigência ou não de habitualidade, visto que o tipo penal anuncia, para a caracterização do delito, que tudo seja praticado *no exercício de atividade comercial ou industrial*. Temos duas correntes, bem lembradas pelo coautor desta obra, Ricardo Silvares, no capítulo específico sobre o Estatuto. Ficamos com os esclarecimentos de Guilherme de Souza Nucci: "a inserção no tipo penal da expressão *no exercício*, referindo-se a comércio ou indústria, demonstra não ser viável enquadrar-se neste crime qualquer pessoa que, *eventualmente*, receba, venda ou compre uma arma de fogo. Afinal, exige-se a conduta habitual de *exercitar* o comércio (compra e venda ou locação) ou a indústria (fabricação, com montagem, desmontagem etc.), como condição. Quem praticar qualquer dos verbos desse tipo em atividade comercial ou industrial de caráter eventual, deve ser inserido em outra figura desta Lei. Não se exige, no entanto, para a concretização do delito, a habitualidade das condutas descritas no art. 17 (...), pois é um crime instantâneo ou permanente de habitualidade preexistente (...), significando que a conduta de *adquirir*, por exemplo, se concretiza de maneira instantânea, mas é exigível uma conduta anterior, habitual, que é *exercer* atividade comercial ou industrial".[12]

A exemplo do art. 16, §2º, ao rotular o delito do art. 17 como hediondo, o legislador usou o *nomen juris*, que restringe a arma de fogo. Mas o tipo correspondente tem objeto material mais amplo, alcançando munições e acessórios. Portanto, entendemos que o comércio desses objetos também sofre os consectários da Lei 8.072/90.

22. TRÁFICO INTERNACIONAL DE ARMA DE FOGO, ACESSÓRIO OU MUNIÇÃO

Percebe-se aparente conflito entre o crime do art. 18 do Estatuto e os previstos nos arts. 318 (facilitação ao contrabando) e 334-A (contrabando) do CP, resolvendo-se pela simples

---

12 Op. cit., pp. 271-272. No mesmo sentido, Fernando Capez: "Com efeito, embora não se possa falar em crime habitual, vez que uma única conduta já poderá configurar o delito em tela, será imprescindível a vontade do agente de continuar realizando outras operações comerciais ou industriais; afinal, a lei emprega a expressão 'no exercício de atividade comercial ou industrial', pressupondo continuidade no desempenho das condutas de vender, remontar, adulterar, adquirir, alugar etc. Trata-se de elemento normativo do tipo, consistente na vontade de prosseguir na realização de outras operações mercantis lucrativas. Atividade implica modo de vida, ocupação, ação contínua e reiterada, não podendo ser confundida com condutas eventuais" (*Estatuto do desarmamento*, p. 153).

aplicação do princípio da especialidade: em se tratando de arma de fogo, acessório ou munição, aplica-se a Lei 10.826.[13]

Mas, atenção: no caso de ter o agente autorização para importar, mas acabe iludindo o fisco quanto ao pagamento de tributos, incidirá a regra do art. 334, ou seja, o crime de descaminho, obviamente não hediondo.

Curiosamente, diferentemente do que fez no caso dos arts. 16, §2º, e 17, ao rotular o delito do art. 18 como hediondo, o legislador não usou o *nomen juris*, que restringe a arma de fogo. Preferiu sintetizar o tipo e seus objetos materiais, alcançando não apenas armas, mas também munições e acessórios.

23. ORGANIZAÇÃO CRIMINOSA, QUANDO DIRECIONADA À PRÁTICA DE CRIME HEDIONDO OU EQUIPARADO

A Lei 12.850/13 definiu no § 1º do seu artigo inaugural organização criminosa como sendo a associação de quatro ou mais pessoas estruturalmente ordenada e caracterizada pela divisão de tarefas, ainda que informalmente, com objetivo de obter, direta ou indiretamente, vantagem de qualquer natureza, mediante a prática de infrações penais cujas penas máximas sejam superiores a quatro anos, ou que sejam de caráter transnacional.

Trata-se de verdadeira empresa do crime. Quando direcionada à prática de crime hediondo ou equiparado, sofrerá os rigores da Lei 8.072/90.

Tratando-se de crime permanente, a incidência da nova Lei alcançará as organizações em atividade na data da sua vigência, ainda que fundadas antes.

24. CRIMES MILITARES

Antes da Lei 14.688, de 2023, havia evidente disparidade de tratamento do crime militar e do crime comum, pois crimes militares que apresentavam perfeita identidade com os crimes previstos no art. 1º da Lei 8.072/90 não sofriam os consectários de um crime hediondo. Essa discrepância foi questionada ao STF que, no entanto, concluiu que a diferença de tratamento legal entre os crimes comuns e os crimes militares, mesmo em se tratando de crimes militares impróprios, não revela inconstitucionalidade, pois o Código Penal Militar não institui privilégios. Ao contrário, em muitos pontos, o tratamento dispensado ao autor de um delito é mais gravoso do que aquele do Código Penal comum.

Anos depois, o Congresso resolveu igualar as consequências. Passou a considerar hediondo os crimes militares que apresentem identidade com os crimes previstos no art. 1º da Lei 8.072/90. Por óbvio, trata-se de norma mais gravosa que não pode retroagir para alcançar os fatos pretéritos.

25. OS CRIMES PREVISTOS NO § 1º DO ART. 240 E NO ART. 241-B DA LEI Nº 8.069, DE 13 DE JULHO DE 1990 (ESTATUTO DA CRIANÇA E DO ADOLESCENTE).

O art. 240, § 1º, foi alterado pela Lei n. 14.811/2024, que converteu o *caput* do § 1º no inciso I desse mesmo parágrafo e acrescentou o inciso II. Essa lei também incluiu o art. 240, § 1º,

13 STJ, AgRg no REsp 1.498.667-PR, Rel. Min. Ribeiro Dantas, 5ª T., j. 02/05/2017: "PENAL. AGRAVO REGIMENTAL NO RECURSO ESPECIAL. TRÁFICO INTERNACIONAL DE MUNIÇÕES. DESCLASSIFICAÇÃO DO DELITO PARA O CONTRABANDO. IMPOSSIBILIDADE. RESPEITO AO PRINCÍPIO DA ESPECIALIDADE. REVOLVIMENTO DE FATOS E PROVAS. INOCORRÊNCIA. AGRAVO DESPROVIDO. 1. Este Superior Tribunal de Justiça posiciona-se no sentido de que, independentemente da quantidade de armas de fogo, acessórios ou munição, não é possível a desclassificação do crime previsto no artigo 18 da Lei n. 10.826/2003 – tráfico de armas ou munições –, para outro tipo penal, em respeito ao princípio da especialidade. Para chegar-se à referida conclusão, não há necessidade de incursão no conteúdo fático-probatório dos autos, não havendo falar, assim, em afronta ao verbete sumular n. 7/STJ. 2. Agravo regimental desprovido".

no rol dos crimes hediondos. O novo art. 240, § 1º, I, cuida de tipo misto alternativo que pune a conduta do sujeito ativo que *agencia* (tratar com terceiros), *facilita* (reduzir a exigência de esforço), *recruta* (convocar, angariar adepto), *coage* (constranger, forçar) ou, de qualquer modo, *intermedeia* (interceder, promover o contato entre duas pessoas) a participação de criança ou adolescente nas cenas referidas no *caput* deste artigo.

O art. 240, § 1º, I, também pune a conduta do sujeito ativo que contracena com a criança ou o adolescente. Nesse caso, se antes ou depois da contracena houver a prática de conjunção carnal ou outro ato libidinoso com menor de catorze anos, haverá **concurso material** (art. 69 do CP) entre o art. 240, §1º, I, do ECA, e o art. 217-A do CP:

> "Caso dos autos em que restou amplamente demonstrado que o inculpado, em duas oportunidades, praticou conjunção carnal com a vítima, menor de quatorze anos, resultando, dos abusos, gravidez. Irrelevante possível 'consentimento' por parte da ofendida, uma vez que a presunção de violência é de caráter absoluto. Da mesma forma, restou evidenciado que o denunciado, após abusar sexualmente da vítima, coagiu-a, para que fosse fotografada por ele em cenas pornográficas" (TJRS, 8ª C. Crim., Apelação Crime n. 70059233726, Rel. José Luiz dos Santos, J. em 25/11/2015).

Se ambas as condutas forem realizadas pelo mesmo sujeito ativo, ou seja, a prática de conjunção carnal ou outro ato libidinoso concomitante à contracena, haverá concurso formal impróprio (art. 70, *caput*, in fine, do CP). Se um terceiro registra (grava ou fotografa, por exemplo) a contracena de um maior que pratica ato libidinoso com criança, ele responderá pela prática crime tipificado nesse art. 240, *caput*, enquanto o maior, ciente que a relação está sendo gravada, responderá pela prática dos crimes tipificados no art. 240, *caput*, do ECA, c/c art. 217-A, do CP, em concurso material (art. 69 do CP); e se, além do registro, o terceiro houver, por alguma maneira, instigado ou induzido o maior a praticar o estupro de vulnerável, ele – o terceiro – responderá também como partícipe (art. 29 do CP) do crime do art. 217-A do CP.

Já o art. 240, § 1º, II, constitui um tipo misto alternativo que pune quem *exibe* (mostrar, apresentar para um público), *transmite* (enviar de um lugar a outro), *auxilia* (ajudar, facilitar) ou *facilita* (reduzir a exigência de esforço) a exibição ou a transmissão, em tempo real (ao vivo), pela internet, por aplicativos, por meio de dispositivo informático ou por intermédio de qualquer meio ou ambiente digital, de cena de sexo explícito ou pornográfica (interpretação autêntica no art. 241-E) que envolva criança ou adolescente. Pela expressão "por qualquer meio", o ECA objetivou abranger toda e qualquer maneira de praticar as condutas previstas no tipo. Como consta nos pareceres legislativos do projeto de lei que originou a Lei n. 14.811/2024, a alteração promovida no presente inciso II "explicita que a punição deve atingir não apenas quem atua na produção e na venda de materiais contendo cenas de sexo explícito ou pornográfica envolvendo crianças e adolescentes, mas também quem age na divulgação desses materiais".

Fica a pergunta: qual o motivo de tornar hediondo o §1º do art. 240 do ECA, mas não o *caput*, que pune quem produz o material? A resposta não parece fácil, pois parece que não existir qualquer motivo aparente, mas sim erro do legislador. A situação fica ainda mais esquisita quando se nota que a Lei 14.811/24 tornou também hediondo o art. 241-B do ECA (consumidor do material), deixando, repetimos, de fora do alcance da Lei 8.072/90 quem o produz (art. 240), vende (art. 241) ou oferece (art. 241-A).

Art. 2º Os crimes hediondos, a prática da tortura, o tráfico ilícito de entorpecentes e drogas afins e o terrorismo são insuscetíveis de:

I - anistia, graça e indulto;

II - fiança. (Redação dada pela Lei nº 11.464, de 2007)

§ 1º A pena por crime previsto neste artigo será cumprida inicialmente em regime fechado. (Redação dada pela Lei nº 11.464, de 2007)

§ 2º (Revogado pela Lei nº 13.964, de 2019)

§ 3º Em caso de sentença condenatória, o juiz decidirá fundamentadamente se o réu poderá apelar em liberdade. (Redação dada pela Lei nº 11.464, de 2007)

§ 4º A prisão temporária, sobre a qual dispõe a Lei no 7.960, de 21 de dezembro de 1989, nos crimes previstos neste artigo, terá o prazo de 30 (trinta) dias, prorrogável por igual período em caso de extrema e comprovada necessidade. (Incluído pela Lei nº 11.464, de 2007)

1. CRIMES EQUIPARADOS AOS HEDIONDOS

A Lei 8.072/90, no *caput* do art. 2º, previu (seguindo mandamento constitucional) três figuras não propriamente hediondas, mas que são a elas equiparadas. Trata-se da tortura, do tráfico ilícito de entorpecentes e drogas afins e do terrorismo, que a Constituição Federal, no art. 5º, XLIII, mencionou expressamente como inafiançáveis e insuscetíveis de graça ou anistia.

À tortura aplicam-se as disposições da Lei 9.455/97. No que tange ao tráfico de drogas, temos a Lei 11.343/2006. Para o terrorismo, a Lei 13.260/16. Estes estatutos estão comentados nesta obra, para onde, aliás, remetemos o leitor.

ATENÇÃO - A Terceira Seção desta Corte Superior, ao julgar a Petição n. 11.796/DF, adotou o posicionamento da excelsa Suprema Corte e firmou a tese segundo a qual "o tráfico ilícito de drogas na sua forma privilegiada (art. 33, § 4º, da Lei n. 11.343/2006) não é crime equiparado a hediondo, com o consequente cancelamento do enunciado 512 da Súmula deste Superior Tribunal de Justiça". Nessa linha, aliás, já havia caminhado a Lei 13.964/19. Esse raciocínio, repise-se, vale somente para a forma privilegiada do crime. A Quinta Turma do Superior Tribunal de Justiça (STJ) estabeleceu que as alterações promovidas pela Lei 13.964/2019 na Lei 8.072/1990 não retiraram a equiparação do delito de tráfico de entorpecentes a crime hediondo. O colegiado destacou que a classificação da narcotraficância como infração penal equiparada a hedionda está prevista na própria Constituição (artigo 5º, inciso XLIII).

2. VEDAÇÃO A ANISTIA, GRAÇA E INDULTO

O inciso I do art. 2.º da Lei 8.072/90 determina que os crimes hediondos e equiparados são insuscetíveis de anistia, graça e indulto.

A Constituição Federal, contudo, é menos restritiva, já que, no inciso XLIII do art. 5º, impede somente a concessão de anistia e graça, nada mencionando acerca da proibição do indulto.

Diante desse quadro, inevitável o questionamento: a ampliação pelo legislador ordinário é constitucional?

Pela impossibilidade de ampliação, leciona Alberto Silva Franco (op. cit., p. 1182/1183). Se as causas extintivas da punibilidade vedadas no texto constitucional eram duas, não poderia a lei infraconstitucional estatuir uma terceira limitação. Observa-se, ainda, que a concessão do indulto está entre as atribuições privativas do Presidente da República, não podendo o legislador ordinário limitá-lo no exercício dessa atribuição.

Em sentido contrário, o Supremo Tribunal Federal firmou entendimento no sentido de ser o indulto modalidade do poder de graça do Presidente da República, e, por isso, alcançado pela vedação constitucional. Não bastasse, a Constituição Federal trouxe vedações mínimas, permitindo ao legislador ordinário ampliá-las:

> "*Habeas corpus* – Vedação ao benefício da comutação da pena – Constrangimento ilegal – Inocorrência – *Habeas corpus* indeferido. O disposto no art. 5.º, inciso XLIII, da Constituição Federal, bem como o art. 2.º, inciso I, da Lei 8.072/90, vedam a concessão de graça

> ou anistia aos condenados pela prática dos crimes definidos como hediondos. A questão do presente *writ* já foi largamente discutida por esta Corte, encontrando-se pacificado, em ambas as Turmas, o entendimento de que, sendo a comutação da pena espécie de indulto parcial, o Decreto Presidencial 3.226, de 29.10.1999, não se aplica ao condenado pela prática de crime hediondo. Precedentes. Ordem indeferida." (HC 86.615/RJ, 2.ª T., rel. Min. Joaquim Barbosa, *DJ* 24.11.2006).

Aliás, o Pretório Excelso entende haver ampla aplicação tanto do texto constitucional quanto da Lei 8.072/90 até mesmo para os crimes praticados anteriormente à sua vigência:

> "Tratando-se o indulto de ato discricionário do Presidente da República, restrito, portanto, às condições estabelecidas em decreto presidencial, a vedação de sua concessão aos apenados por crimes hediondos, ainda que cometidos antes da vigência das Leis 8.072/1990 e 8.930/1994, não configura violação do princípio da irretroatividade da lei penal mais gravosa. Precedentes" (HC 117.938/SP, j. 10/12/2013).

3. VEDAÇÃO DA FIANÇA

Em sua redação original, o inciso II do art. 2º da Lei 8.072/90 vedava a concessão de fiança e liberdade provisória para crimes hediondos, a prática de tortura, o tráfico ilícito de entorpecentes e drogas afins e o terrorismo.

Com o advento da Lei 11.464, de 28 de março de 2007, dentre outras modificações, o inciso em comento só vedou a fiança (retirando o óbice à liberdade provisória). O STF chegou a aderir à tese de que a vedação à liberdade provisória para estes crimes advinha da própria Constituição Federal, que estabelece a inafiançabilidade (HC 98.143/MG, j. 02/02/2010). Atualmente, no entanto, a orientação do tribunal é de que vedações em abstrato à concessão da liberdade provisória contrariam a Constituição Federal, razão pela qual, aliás, julgou inconstitucional a expressão "e liberdade provisória" contida no art. 44 da Lei 11.343/06 (104.339/SP (j. 10/05/2012).

É a mesma orientação que vem sendo seguida pelo STJ:

> "O Supremo Tribunal Federal, ao julgar o HC 104.339/SP, declarou a inconstitucionalidade da expressão "e liberdade provisória", constante do art. 44, caput, da Lei n. 11.343/06, afastando o óbice à concessão da liberdade provisória aos acusados da prática de crimes hediondos e equiparados, razão pela qual a decretação da prisão preventiva sempre deve ser fundamentada na presença dos requisitos do art. 312 do Código de Processo Penal – CPP" (HC 424.988/SP, j. 20/02/2018).

A orientação anterior, de fato, não fazia sentido. A uma, porque os dois institutos tecnicamente não se confundem, sendo bastante comum indigitados autores beneficiados pela liberdade provisória sem fiança (se uma implicasse na outra esse quadro seria inviável). A duas, ao cuidar de medida privativa de direitos, a lei merece interpretação restritiva, não havendo espaço para proibições implícitas.

Constantemente alertamos sobre o equívoco de se vedar benefícios penais e/ou processuais a determinados crimes em abstrato, ignorando as circunstâncias que rodeiam o caso concreto, técnica que transforma o magistrado num autômato, fazendo preponderar um positivismo cego, em claro detrimento da Justiça.

ATENÇÃO – O legislador, no §2º, do art. 310 do CPP, acrescentado pela Lei 13.964/19, determina ao juiz que negue liberdade provisória, com ou sem medidas cautelares, ao agente reincidente, ou que integra organização criminosa armada ou milícia ou que porta arma de fogo de uso restrito. A inovação, em que pese aplaudida por muitos, parece que não passará pelo crivo de constitucionalidade do legislador constitucional negativo. Atualmente, a orientação do STF é de que vedações em abstrato à concessão da liberdade provisória contrariam a Constituição Federal, devendo o juiz sempre fundamentar a proibição aquilatando as circunstâncias do caso concreto.

4. REGIME INICIAL DE CUMPRIMENTO DE PENA

A Lei 11.464/2007 modificou a redação do § 1º do art. 2º da Lei 8.072/90, abolindo o regime integralmente fechado.

A alteração ocorreu para amoldar o texto legal ao entendimento pacífico do Supremo Tribunal Federal no sentido de que o regime fechado, do início ao fim, violava uma série de garantias constitucionais, destacando-se a individualização da pena, a dignidade da pessoa humana, a razoabilidade, a proporcionalidade, a isonomia dentre outras.

Note-se, no entanto, que mesmo a regra do regime inicialmente fechado abstratamente imposto a todos os autores de crimes hediondos e equiparados foi considerada inconstitucional pelo Supremo Tribunal Federal:

> "(...) 2. Se a Constituição Federal menciona que a lei regulará a individualização da pena, é natural que ela exista. Do mesmo modo, os critérios para a fixação do regime prisional inicial devem-se harmonizar com as garantias constitucionais, sendo necessário exigir-se sempre a fundamentação do regime imposto, ainda que se trate de crime hediondo ou equiparado. 3. Na situação em análise, em que o paciente, condenado a cumprir pena de seis (6) anos de reclusão, ostenta circunstâncias subjetivas favoráveis, o regime prisional, à luz do art. 33, § 2º, alínea b, deve ser o semiaberto. 4. Tais circunstâncias não elidem a possibilidade de o magistrado, em eventual apreciação das condições subjetivas desfavoráveis, vir a estabelecer regime prisional mais severo, desde que o faça em razão de elementos concretos e individualizados, aptos a demonstrar a necessidade de maior rigor da medida privativa de liberdade do indivíduo, nos termos do § 3º do art. 33, c/c o art. 59, do Código Penal. 5. Ordem concedida tão somente para remover o óbice constante do § 1º do art. 2º da Lei nº 8.072/90, com a redação dada pela Lei nº 11.464/07, o qual determina que "[a] pena por crime previsto neste artigo será cumprida inicialmente em regime fechado". Declaração incidental de inconstitucionalidade, com efeito ex nunc, da obrigatoriedade de fixação do regime fechado para início do cumprimento de pena decorrente da condenação por crime hediondo ou equiparado" (111.840/ES (j. 27/06/2012).

De qualquer forma, ao determinar regime inicial fechado, o legislador autorizou a progressão de regime, incidente analisado no seguinte.

5. PROGRESSÃO DE REGIME

O § 2º do art. 2º da Lei 8.072/90 anunciava o pressuposto temporal para a concessão do benefício, qual seja, 2/5 da pena, se o agente for primário, e 3/5, se reincidente. Previu-se, portanto, requisito diferenciado, mais rigoroso do que aquele estipulado aos delitos em geral. Esse dispositivo, contudo, foi revogado pela Lei 13.964/19. Agora, com a novel Lei, a progressão de regimes está disciplinada inteiramente no art. 112 da LEP. Vejamos.

Os requisitos para a progressão de regimes podem ser divididos em objetivos e subjetivos. Os primeiros (objetivos) foram sensivelmente alterados pelo Pacote Anticrime, que criou uma variedade de lapsos temporais a serem observados antes da permissão do benefício.

No caso de apenado primário, mas condenado por crime hediondo ou equiparado, a Lei n. **13.964/19** manteve o lapso temporal previsto originalmente na Lei de Crimes Hediondos (art. 2º, § 2º), qual seja, cumprimento de 2/5 (ou 40%) da pena em regime anterior.

Já para os condenados primários por crimes hediondos ou equiparados, mas qualificados pelo resultado morte, foi criado novo lapso, qual seja, de 50% de cumprimento da pena em regime anterior.

Para esses crimes, o legislador indisfarçavelmente implementou tratamento diferenciado, deveras rigoroso, não somente dificultando a progressão de regime, como também vedando o benefício do livramento condicional.

A Lei 14.994/24 construiu novo estrato ao art. 112 da LEP, nele incluindo o inc. VI-A, exigindo o cumprimento de 55% (cinquenta e cinco por cento) da pena, se o apenado for primário e condenado pela prática de feminicídio, vedado o livramento condicional.

O lapso volta a ser de 50% para condenados rotulados na sentença como comandantes, individual ou coletivo, de organização criminosa (art. 2º, § 3º, da Lei 12.850/13), estruturada para a prática de crimes hediondos ou equiparados.

ATENÇÃO – A Lei n. **13.964/19** também promoveu importantes alterações na Lei de Organizações Criminosas, alcançando o regime inicial de cumprimento de pena. O § 8º do art. 2º da Lei 12.850/13 determina que as lideranças de organizações criminosas armadas ou que tenham armas à disposição devem iniciar a pena em unidades penais de segurança máxima. O § 9º do mesmo artigo, por sua vez, dispõe que o condenado por integrar organização criminosa ou por crime cometido no âmbito da organização não poderá progredir de regime ou usufruir de livramento condicional e outros direitos se houver elementos probatórios que indiquem a manutenção do vínculo com a organização.

O standard probatório, aqui exigido, é de caráter normativamente intermediário, caracterizado por um grau de probabilidade suficiente a fundar a suspeita do ilícito, comum àquele exigível dos demais incidentes executivos de pena. De todo modo, resta absolutamente adequado observar um relativo ônus argumentativo decisório, o que resulta na necessidade de uma qualificada fundamentação decisória, proferida em procedimento que assegure ao condenado exercício pleno de seu direito constitucional a ampla defesa.

Já o lapso de 60% da pena se reincidente em crime hediondo ou equiparado não foi alterado pela Lei n. 13.964/19, repetindo, em percentagem, o prazo de 3/5 previsto originariamente na Lei de Crimes Hediondos (art. 2º, § 2º, revogado).

ATENÇÃO – Discute-se se o dispositivo em comento abrange somente a reincidência específica em crime hediondo ou equiparado. Uma primeira corrente defende a tese de que, na verdade, o inciso em comento não cuida da reincidência específica. Sendo o reeducando reincidente, específico ou não, cumprindo pena por crime hediondo ou equiparado, deve observar a porcentagem de 60%. No entanto, o STJ, e o STF firmaram tese diversa. Se a reincidência não for específica em crime hediondo, então ocorre uma lacuna legislativa que impõe ao intérprete que faça analogia in bonam partem (em favor do réu), cumprindo 40% ou 50%, a depender do crime.

O cumprimento de 70% da pena se reincidente por crime hediondo ou equiparado com resultado morte (vedado o livramento condicional) consiste no prazo mais rigoroso previsto na nova redação do art. 112, reservado aos reincidentes por crime hediondo ou equiparado qualificado pelo resultado morte.

ATENÇÃO – Novamente discute-se se o dispositivo em comento abrange somente a reincidência específica em crime hediondo ou equiparado com resultado morte. Uma primeira corrente defende a tese de que, na verdade, o inciso em comento não cuida da reincidência específica. Sendo o reeducando reincidente, específico ou não, cumprindo pena por crime hediondo ou equiparado com resultado morte, deve observar a porcentagem de 70%. Outros discordam. Se a reincidência não for específica em crime hediondo, então ocorre uma lacuna legislativa que impõe ao intérprete que faça analogia in bonam partem (em favor do réu), cumprindo 50% ou 55% (feminicídio). A tendência é o STF e o STJ, a prevalecer a coerência (em face da conclusão extraída na hipótese anterior), se alinharem a esta segunda corrente.

De acordo com o §6º do art. 112 da LEP, o cometimento de falta grave durante a execução da pena privativa de liberdade interrompe o prazo para a obtenção da progressão no regime de cumprimento da pena, caso em que o reinício da contagem do requisito objetivo terá como base a pena remanescente. Antes da Lei 13.964/19, a LEP não fazia qualquer referência à interrupção do lapso temporal para a progressão como consequência do cometimento de falta grave. Ainda assim, a sanção era aceita pela jurisprudência, mas criticada por parte da doutrina devido à falta de previsão legal. Agora, o desdobramento da falta disciplinar está expressamente previsto em lei.

6. PROGRESSÃO DE REGIME PARA PRESAS GESTANTES E MÃES OU RESPONSÁVEIS POR CRIANÇAS OU PESSOAS COM DEFICIÊNCIA

Além das regras a respeito da prisão domiciliar, a Lei 13.769/18 promoveu alterações em dispositivos da Lei de Execução Penal, dentre eles, o art. 112. Nele foram acrescentados dois parágrafos, inalterados pela Lei n. 13.964/19.

O § 3º disciplina de forma específica a progressão de regime para a apenada mulher gestante, mãe ou responsável por crianças ou pessoas com deficiência, estabelecendo os seguintes requisitos cumulativos:

I – não ter cometido crime com violência ou grave ameaça a pessoa;

II – não ter cometido o crime contra seu filho ou dependente;

III – ter cumprido ao menos 1/8 (um oitavo) da pena no regime anterior;

IV – ser primária e ter bom comportamento carcerário, comprovado pelo diretor do estabelecimento;

V – não ter integrado organização criminosa.

A fração de pena a ser cumprida (1/8) é menor do que a fração mais benevolente do *caput* do art. 112 (16%). E essa fração mínima (1/8) deve ser observada, mesmo em se tratando de crimes hediondos e equiparados. Com a edição da Lei 13.769/18, o art. 2º, § 2º, da Lei 8.072/90 foi alterada, mandando observar, para estas condenadas, o sistema de progressão de regime estabelecido nos §§ 3º e 4º do art. 112 da LEP. Ainda que referido parágrafo tenha sido revogado pela Lei 13.964/19, o espírito permanece. Cria-se, pois, uma progressão de regime mais branda para crimes de natureza hedionda tendo em consideração as condições pessoais da condenada.

O § 4º do art. 112 – também inserido pela Lei 13.769/18 – estabelece que o cometimento de novo crime doloso ou falta grave implica "a revogação do benefício previsto no § 3º", ou seja, provoca a regressão de regime. Sem implicar na violação do princípio da presunção de inocência (ou de não culpa), não se exige – assim como ocorre na regressão disposta no art. 118 da LEP – sentença condenatória transitada em julgado, bastando prova, no incidente próprio, de que a condenada praticou crime ou fato definido como falta grave.

Dada a redação do § 4º do art. 112, uma dúvida pode surgir: "revogação do benefício" quer dizer apenas a regressão de regime ou também a impossibilidade de que nova progressão seja concedida com base nas regras mais amenas? Trata-se, pensamos, de vedação a nova progressão de regime com base no § 3º do art. 112. Caso a condenada cumpra os requisitos do § 3º, progrida de regime e cometa novo crime ou falta grave, deverá regredir e cumprir os requisitos gerais para que possa progredir de regime novamente.

7. RECURSO DO RÉU EM LIBERDADE

Preliminarmente alertamos o leitor para alguns equívocos estampados no dispositivo que ora se comentará.

Vejamos.

Em se tratando de crime hediondo (ou equiparado), extrai-se do parágrafo que, *em regra*, o condenado deverá apelar preso, salvo se o juiz, aquilatando o caso concreto, entender que o réu poderá recorrer em liberdade. A conclusão acima, fruto de mera interpretação literal do texto legal, hoje vem sendo corrigida pela jurisprudência, para quem a prisão processual, medida de exceção (sempre), deve ser decretada somente quando presentes – e *motivadamente reconhecidos* – os fundamentos da prisão preventiva.

Dentro desse espírito, temos:

> #Réu processado **preso** → em **regra** recorre **preso;**
>
> #Réu processado **preso** → **excepcionalmente** recorre **solto**, caso desapareça o motivo que ensejou a prisão provisória (ex: necessidade de resguardar escorreita instrução);
>
> #Réu processado **solto** → em **regra** recorre **solto;**
>
> #Réu processado **solto** → **excepcionalmente** recorre **preso**, caso reconhecido algum dos fundamentos da preventiva (art. 312, CPP).

Percebam que apelar é um direito das partes processuais inconformadas com uma decisão judicial, esta da lavra de ser humano, passível de erro. A primeira condenação não pode, por si só, ser motivo suficiente para privar alguém da sua liberdade, principalmente num Estado Democrático de Direito, que garante a todos o direito de não ser considerado culpado até final decisão condenatória transitada em julgado (princípio da não culpabilidade).

O legislador ordinário, criando na presente hipótese a regra (implícita) de que todos os condenados provisórios por crime hediondo (ou equiparado) devem responder ao processo presos, desconsiderou princípios basilares previstos na Constituição Federal. Como bem adverte Pacelli, a imposição de prisão provisória por sentença penal condenatória recorrível só é possível quando determinada pelo Poder Judiciário e jamais pelo Poder Legislativo. É o caso concreto que vai apontar a necessidade ou não dessa prisão. Ao legislador, não compete ultrapassar o plano da abstração.[14]

Não bastasse, parece que o legislador só impõe ao juiz o dever (que é constitucional) de fundamentar as decisões quando decide pelo direito de o condenado apelar em liberdade (*a contrario sensu*, se a decisão for denegatória do direito, dispensa-se a exposição dos motivos!). Entendemos dever do Magistrado fundamentar sua decisão, sempre, explicando às partes se presentes (ou não) os fundamentos da medida extrema. O seu silêncio, sem sombra de dúvidas, deve ser interpretado em favor do condenado, isto é, se preso, será solto; se solto, assim permanecerá. A respeito, destaca-se o seguinte julgado do STJ:

> I – A prisão cautelar deve ser considerada exceção, já que, por meio desta medida, priva-se o réu de seu jus libertatis antes do pronunciamento condenatório definitivo, consubstanciado na sentença transitada em julgado. É por isso que tal medida constritiva só se justifica caso demonstrada sua real indispensabilidade para assegurar a ordem pública, a instrução criminal ou a aplicação da lei penal, ex vi do artigo 312 do Código de Processo Penal. A prisão preventiva, portanto, enquanto medida de natureza cautelar, não pode ser utilizada como instrumento de punição antecipada do indiciado ou do réu, nem permite complementação de sua fundamentação pelas instâncias superiores (HC 93498/MS, Segunda Turma, Rel. Min. Celso de Mello, DJe de 18/10/2012). II – In casu, a sentença condenatória que impôs a segregação cautelar aos recorrentes não apresenta fundamentação idônea, uma vez que a simples invocação da gravidade genérica do delito não se revela suficiente para autorizar a

14 Eugênio Pacelli de Oliveira, *Curso de Processo* Penal. 3. ed. Belo Horizonte: Del Rey, 2004, p. 535.

segregação cautelar com fundamento na garantia da ordem pública (HC 114661/MG/STF, Primeira Turma, Rel. Min. Marco Aurélio, DJe de 1º/8/2014). Recurso ordinário provido para relaxar as prisões preventivas decretadas em desfavor dos recorrentes, salvo se por outro motivo estiverem presos" (RHC 54.418/SP, j. 16/04/2015).

8. SENTENCIADO POR CRIME DE HOMICÍDIO E A EXECUÇÃO IMEDIATA DA PENA

Quando do julgamento do mérito das três ações (ADCs 43, 44 e 54), o STF, contrariando a tendência que se desenhava desde 2016, decidiu que a pena só pode ser executada após esgotados todos os recursos, marco do trânsito em julgado.

Na qualidade de relator de todas as ações, o ministro Marco Aurélio foi o primeiro a votar para julgar procedentes os pedidos e, consequentemente, declarar a constitucionalidade do art. 283 do CPP, com a consequente proibição de que penas sejam executadas antes do julgamento dos recursos (trânsito em julgado da sentença condenatória). De acordo com o ministro, o art. 5º, inc. LVII, da Constituição Federal, é claro e não deixa margem para dúvidas a respeito da necessidade da condenação definitiva.

Ao final do julgamento, contudo, o presidente da Corte alertou que o julgamento realizado na oportunidade pelo STF não deveria abranger as decisões tomadas pelo Conselho de Sentença nos crimes dolosos contra a vida.

Esta observação do ministro presidente se alinha a uma decisão proferida em 2017 pela 1ª Turma do tribunal quando do julgamento do habeas corpus HC 118.770. Na ocasião, o ministro Luís Roberto Barroso, que teve sua tese acolhida por maioria, destacou que "[...] a presunção de inocência é princípio (e não regra) e, como tal, pode ser aplicada com maior ou menor intensidade, quando ponderada com outros princípios ou bens jurídicos constitucionais colidentes. No caso específico da condenação pelo Tribunal do Júri, na medida em que a responsabilidade penal do réu já foi assentada soberanamente pelo Júri, e o Tribunal não pode substituir-se aos jurados na apreciação de fatos e provas (CF/88, artigo 5º, XXXVIII, c), o princípio da presunção de inocência adquire menor peso ao ser ponderado com o interesse constitucional na efetividade da lei penal, em prol dos bens jurídicos que ela visa resguardar (CF/88, artigos 5º, caput e LXXVIII e 144). Assim, interpretação que interdite a prisão como consequência da condenação pelo Tribunal do Júri representa proteção insatisfatória de direitos fundamentais, como a vida, a dignidade humana e a integridade física e moral das pessoas".

Partiu-se da premissa de que, face à soberania que é inerente ao Tribunal do Júri, decorrente de expresso texto constitucional (art. 5º, inc. XXXVIII, "c"), deve ser admitida a imediata prisão do réu, assim que condenado pelo tribunal popular. Vê-se, portanto, que a execução antecipada da pena no caso dos crimes dolosos contra a vida tem fundamento mais amplo do que a execução nos demais casos, pois baseada no princípio constitucional de que a decisão tomada pelos jurados não pode ser desrespeitada. Mas, como se tratou de uma decisão tomada por maioria no âmbito restrito de uma das turmas do tribunal, é muito provável que o tema volte a julgamento no plenário.

Com o advento da Lei 13.964/19, consolidou-se a possibilidade de execução imediata da pena no júri, condicionada ao "quantum" da pena imposta na sentença. O legislador estabeleceu no art. 492, I, "e" do CPP que, somente em caso de condenação a uma pena igual ou superior a 15 anos de reclusão, o juiz presidente do Tribunal do Júri determinará a execução provisória das penas, com expedição de mandado de prisão, se necessário. O STF, entanto, no tema 1068, reconheceu que a soberania dos veredictos do Tribunal do Júri autoriza a imediata execução da condenação imposta pelo corpo de jurados, independentemente do total da pena aplicada. Assim, realizou interpretação conforme, com redução de texto. E agiu corretamente, pois se é a soberania dos veredictos que autoriza a execução imediata da pena, essa soberania existe independentemente do quantum da pena imposta.

ATENÇÃO – De acordo com o art. 492 do CPP, o juiz presidente poderá, excepcionalmente, deixar de autorizar a execução provisória das penas de que trata esta alínea "e" se houver questão substancial cuja resolução pelo tribunal a quem competir o julgamento possa plausivelmente levar à revisão da condenação (§3º). A expressão "excepcionalmente" indica que a não execução provisória pressupõe condenação anormal, inusitada, fora do comum. A regra, então, é a execução imediata da pena, ainda que em caráter provisório.

9. PRISÃO TEMPORÁRIA

A prisão temporária, como é sabido, está disciplinada na Lei 7.960/89. De acordo com recente orientação do STF, firmada nas ADI 3360 e 4109, só pode ser decretada quando:

a) for imprescindível para as investigações do inquérito policial, constatada a partir de elementos concretos, e não meras conjecturas, vedada a sua utilização como prisão para averiguações, em violação ao direito à não autoincriminação, ou quando fundada no mero fato de o representado não ter residência fixa;

b) houver fundadas razões de autoria ou participação do indiciado nos crimes descritos no artigo 1°, inciso III, da Lei 7.960/1989, vedada a analogia ou a interpretação extensiva do rol previsto;

c) for justificada em fatos novos ou contemporâneos;

d) for adequada à gravidade concreta do crime, às circunstâncias do fato e às condições pessoais do indiciado;

e) não for suficiente a imposição de medidas cautelares diversas, previstas nos artigos 319 e 320 do Código de Processo Penal (CPP).

Os crimes do art. 1º., III, são:

a) homicídio doloso;

b) sequestro ou cárcere privado;

c) roubo;

d) extorsão;

e) extorsão mediante sequestro;

f) estupro;

g) atentado violento ao pudor (hoje, com o advento da Lei 12.015/09, migrou para o art. 213 como modalidade de estupro);

h) rapto violento (apesar de o art. 219 do CP haver sido revogado pela Lei 11.106/05, não houve *abolitio criminis*. A conduta está agora tipificada no art. 148, § 1º, V, do mesmo Código);

i) epidemia com resultado de morte;

j) envenenamento de água potável ou substância alimentícia ou medicinal qualificado pela morte;

l) quadrilha ou bando (atualmente denominado *associação criminosa*);

m) genocídio, em qualquer de suas formas típicas;

n) tráfico de drogas;

o) crimes contra o sistema financeiro;

p) crimes previstos na Lei de Terrorismo.

Estamos diante de medida cautelar (e excepcional) de privação de liberdade de locomoção, por tempo determinado, destinada a possibilitar a investigação de crime grave, cabível apenas durante a fase inquisitiva da persecução penal.

O prazo desta prisão, de acordo com o art 2.º da Lei 7.960/89, será de cinco dias, prorrogável por igual período.

O § 4º do art. 2º da Lei 8.072/90 amplia o período de restrição no caso de crime hediondo (ou equiparado), permitindo prisão temporária pelo prazo de 30 (trinta) dias, prorrogável por igual período, pressupondo, sempre, extrema e comprovada necessidade. Se atentarmos para sua redação, logo perceberemos que o parágrafo em estudo ampliou não apenas o prazo, mas também o rol dos delitos passíveis de prisão temporária. Percebam que permite essa espécie de prisão para os crimes definidos na Lei 8.072/90. Até 1998, todos os delitos hediondos (ou equiparados) estavam também no rol do art. 1º da Lei 7.960/89 (por coincidência). Contudo, com o tempo foram inseridos novos delitos ao grupo dos hediondos, esquecendo o legislador de atualizar o rol da Lei 7.960/89. Essa lei abrange pequena parte dos crimes previstos na Lei 8.072/90. A ampliação, contudo, nos parece possível, pois a Lei dos Crimes Hediondos, da espécie ordinária, tem a mesma hierarquia da Lei da Prisão Temporária, aliada ao fato de ser posterior (princípio da posterioridade). Não se trata, de modo algum, de analogia ou interpretação extensiva, proibidas pelo STF nas ADIs acima referidas.

Art. 3º A União manterá estabelecimentos penais, de segurança máxima, destinados ao cumprimento de penas impostas a condenados de alta periculosidade, cuja permanência em presídios estaduais ponha em risco a ordem ou incolumidade pública.

1. PRESÍDIOS FEDERAIS

O funcionamento dos presídios federais é guiado pela Lei 11.671/08. Antes do PACOTE ANTICRIME, apenas a União tinha competência para construir e manter presídios dessa natureza, reinando o rigor máximo na execução da pena. Com a Lei 13.964/19, foi alterada a Lei 11.671/08, sendo que agora Estados e Distrito Federal estão autorizados a construírem estabelecimentos penais de segurança máxima, ou adaptar os já existentes, aos quais será aplicável, no que couber, o disposto na citada Lei.

Art. 4º (*Vetado.*)

Art. 5º Ao art. 83 do Código Penal é acrescido o seguinte inciso:

"Art. 83. ...

V – cumpridos mais de dois terços da pena, nos casos de condenação por crime hediondo, prática de tortura, tráfico ilícito de entorpecentes e drogas afins, tráfico de pessoas e terrorismo, se o apenado não for reincidente específico em crimes dessa natureza (alterado pela Lei 13.344/16).

1. LIVRAMENTO CONDICIONAL

O art. 5º da Lei 8.072/90 acrescentou ao art. 83 do CP o inciso V, prevendo, para o caso de crime hediondo (ou equiparado), requisito temporal diferenciado para a concessão do livramento condicional. Esse dispositivo foi alterado pela Lei 13.344/16, acrescentando ao rol dos crimes que devem cumprir tempo maior de pena para a liberdade antecipada o delito de tráfico de seres humanos. Em momento algum o legislador rotulou esse crime (tráfico de pessoas) hediondo ou equiparado (salvo, com o advento da Lei 14.811/24, quando cometido contra criança ou adolescente). Quis somente impor ao condenado maior tempo de cumprimento de pena para conquistar o livramento condicional, vedando ao reincidente específico o benefício.

Percebam que além do cumprimento de mais de 2/3 da pena, a lei exige que o apenado não seja reincidente específico *em crimes dessa natureza*. Todavia, não definiu o que significa *reincidência específica*, surgindo daí três posicionamentos: a) é a prática de novo crime, qualquer daqueles tratados na Lei 8.072/90; b) é a prática de um novo crime, com a mesma objetividade jurídica do anterior (extorsão mediante sequestro + roubo com arma de fogo); c) é a prática do mesmo crime anteriormente cometido.

Mirabete, partidário da primeira corrente, com razão observa:

> "Não há que se cogitar aqui da reincidência específica prevista originalmente no Código Penal de 1940, em que a lei se referia a "crimes da mesma natureza" (os previstos no mesmo dispositivo ou que, embora em dispositivos diversos, apresentassem caracteres fundamentais comuns). Revogados há muito os dispositivos (antigo art. 47, § 1º, II e § 2º), deve-se deduzir novo conceito para a expressão do próprio texto da lei. O que se fez, foi criar uma categoria especial de reincidência, a qual a lei chama de "específica", em que o crime antecedente e o posterior são "da mesma natureza", ou seja, estão ambos entre os citados no inciso V do art. 83 do CP, criado com o art. 5.º da Lei 8.072/90." (*Manual de Direito Penal – Parte Geral – Vol. I*, p. 309, 2006).

Alberto Silva Franco, interpretando a expressão de forma restritiva, discorda e logo explica ser reincidente específico "quem praticou, obedecidos os termos do art. 63 do CP, dois estupros ou dois atentados violentos ao pudor, ou quem realizou um latrocínio e, depois, uma extorsão qualificada pelo resultado morte. Fora de hipótese que preserve a identidade conceitual da reincidência específica, não há como reconhecer tal qualificação subjetiva." (op. cit., p. 1.187).

ATENÇÃO – Cabe finalizar com um alerta. A Lei 13.964/19 proibiu, no art. 112 da LEP, o benefício do livramento condicional para os delitos hediondos ou equiparados qualificados pela morte. Além disso, proibiu a saída temporária (art. 122 da LEP), mas, nesse caso, mencionou apenas os delitos hediondos, silenciando sobre os equiparados. A Lei 13.843/24, ao mesmo tempo que restringiu as hipóteses permissivas da saída temporária, ampliou a proibição para todos os crimes hediondos e delitos não hediondos, mas cometidos com violência ou grave ameaça. Assim, crimes equiparados cometidos com violência ou grave ameaça foram incluídos na vedação, mas, se cometidos de outra forma, como no caso do tráfico de drogas, não foram abrangidos.

Art. 6.º Os arts. 157, § 3º; 159, *caput* e seus §§ 1º, 2.º e 3.º; 213; 214; 223, *caput* e seu parágrafo único; 267, *caput* e 270; *caput*, todos do Código Penal, passam a vigorar com a seguinte redação:

"Art. 157. ...

§ 3º Se da violência resulta lesão corporal grave, a pena é de reclusão, de cinco a quinze anos, além da multa; se resulta morte, a reclusão é de vinte a trinta anos, sem prejuízo da multa.

...

Art. 159. ...

Pena – reclusão, de oito a quinze anos.

§ 1º ...

Pena – reclusão, de doze a vinte anos.

§ 2º ...

Pena – reclusão, de dezesseis a vinte e quatro anos.

§ 3º ...

Pena – reclusão, de vinte e quatro a trinta anos.

Art. 213. ...

Pena – reclusão, de seis a dez anos.

Art. 214. ...

Pena – reclusão, de seis a dez anos.

Art. 223. ...

Pena – reclusão, de oito a doze anos.

Parágrafo único. ...

Pena – reclusão, de doze a vinte e cinco anos.

Art. 267. ...

Pena – reclusão, de dez a quinze anos.

Art. 270. ...

Pena – reclusão, de dez a quinze anos.

1. NOVA REDAÇÃO A DISPOSITIVOS DA PARTE ESPECIAL DO CÓDIGO PENAL

O art. 6º da Lei 8.072/90 alterou a redação de diversos dispositivos do Código Penal. As alterações consistiram no estabelecimento de novos patamares de pena para os crimes de: a) roubo qualificado pela lesão corporal grave e pela morte; b) extorsão mediante sequestro, em todas as suas formas; c) estupro simples e qualificado pela lesão corporal de natureza grave e pela morte; d) atentado violento ao pudor simples e qualificado pela lesão corporal de natureza grave e pela morte (hoje, formalmente revogado pela Lei 12.015/09; e) epidemia; f) envenenamento de água potável ou de substância alimentícia ou medicinal.

Art. 7.º Ao art. 159 do Código Penal fica acrescido o seguinte parágrafo:

"Art. 159. ...

§ 4º Se o crime é cometido por quadrilha ou bando, o coautor que denunciá-lo à autoridade, facilitando a libertação do sequestrado, terá sua pena reduzida de um a dois terços."

1. DELAÇÃO PREMIADA

O art. 7º da Lei 8.072/90 acrescentou ao art. 159 do CP a figura da delação premiada, premiando membro de associação criminosa com diminuição de pena se decidir denunciar os coautores à autoridade, facilitando a libertação do sequestrado.

Ao mencionar "crime cometido por quadrilha ou bando", afastou do benefício a extorsão mediante sequestro praticada em concurso de agentes (por duas ou mais pessoas, sem estabilidade).

A Lei 9.269/96 corrigiu essa discriminação, modificando a redação do § 4º do art. 159, fazendo constar, no lugar de "quadrilha ou bando" e "coautor", os termos "em concurso" e "concorrente":

> *Art. 159, § 4º Se o crime é cometido em concurso, o concorrente que o denunciar à autoridade, facilitando a libertação do sequestrado, terá sua pena reduzida de um a dois terços.*

Alertamos desde já que o tema em exame – colaboração premiada – vem analisado, minuciosamente, no capítulo desta obra que trata da lei do Crime Organizado (Lei nº 12.850/2013), razão pela qual convidamos o leitor à sua consulta.

A colaboração premiada poderia ser definida como a possibilidade que detém o autor do delito em obter a redução da pena, desde que, de forma eficaz e voluntária, auxilie na obtenção dos resultados previstos em lei. O art. 159, § 4º é absolutamente omisso quanto ao procedimento para implantação do benefício. Não aponta, com efeito, quem seria legitimado para propor a delação (enquanto a Lei n. 12.850/2013, em seu art. 4º, *caput*, indica o Ministério Público e a autoridade policial). Não prevê a suspensão do prazo para oferta da denúncia até que sejam cumpridas as medidas de colaboração (a lei mencionada, no art. 4º, § 3º, prevê um prazo de seis meses, prorrogável por mais seis meses, em que se suspende o processo, bem como o prazo prescricional). Tampouco contempla a possibilidade de o Ministério Público deixar de ofertar a denúncia, em hipótese expressamente contida no art. 4º, § 4º, da Lei n. 12.850/2013. É também lacunoso quanto à homologação do acordo pelo juiz e a obrigatoriedade da assistência de um advogado durante todo o curso da delação (a lei que trata da criminalidade organizada é novamente expressa nesse sentido, como se vê do teor de seu art. 4º, §§ 7º e 15). Nada diz quanto à possibilidade de colaboração posterior à sentença, ao contrário da lei mencionada (art. 4º, § 5º).

Por conta de tais omissões, sustentamos que se deva aplicar, quanto à delação, o regramento contido na Lei n. 12.850/2013, que cuida do crime organizado, ainda que o crime de extorsão mediante sequestro cometido não esteja relacionado à criminalidade organizada, nos termos em que a define o art. 1º, § 1º, do mencionado diploma. É dizer: perpetrado o crime, *v.g.*, por três pessoas – fator que não configura uma organização criminosa, que reclama a associação de pelo menos quatro pessoas – ainda assim terá lugar a adoção do, por assim dizer, *procedimento* previsto na Lei n. 12.850/2013. Isso, inclusive, por importar na salvaguarda dos direitos do colaborador, bastando que se confira, nesse sentido, o teor do art. 5º da mencionada lei.

Também o prêmio concedido ao colaborador, nessa ordem de ideias e sob nossa compreensão, não deve se limitar à redução da pena de um a dois terços, como previsto no art. 159, § 4º, cumprindo ser adotada a mercê legal do art. 4º da Lei n. 12.850/2013, que autoriza, além da mesma redução da pena, sua substituição por restritiva de direitos ou mesmo o perdão judicial, com a consequente extinção da punibilidade do agente. O dispositivo da Lei do Crime Organizado – posterior à Lei dos Crimes Hediondos – como se vê, é mais favorável ao agente, devendo, bem por isso, ser adotado, ainda que – insistimos – a conduta do agente, relacionada à extorsão mediante sequestro, não esteja catalogada dentre aquelas que configuram a criminalidade organizada. Além disso, a concessão de um benefício de maior amplitude, pode, em termos práticos, importar em sua adoção de maneira mais frequente e eficaz, ao invés da timidez que ainda hoje se verifica. Vale atentar, a propósito, que o art. 13, da Lei n. 9.807/1999, que prevê uma série de medidas de proteção à vítima e à testemunha, permite a concessão do perdão judicial e a consequente extinção da punibilidade "ao acusado que, sendo primário, tenha colaborado efetiva e voluntariamente com a investigação e o processo criminal, desde que dessa colaboração tenha resultado", sem formular qualquer distinção quanto à natureza do crime.

Art. 8.º Será de três a seis anos de reclusão a pena prevista no art. 288 do Código Penal, quando se tratar de crimes hediondos, prática da tortura, tráfico ilícito de entorpecentes e drogas afins ou terrorismo.

Parágrafo único. O participante e o associado que denunciar à autoridade o bando ou quadrilha, possibilitando seu desmantelamento, terá a pena reduzida de um a dois terços.

1. ASSOCIAÇÃO CRIMINOSA

A Lei 8.072/90, em seu art. 8º, estabelece limites de pena específicos para a associação criminosa[15] que tem a finalidade de praticar crimes hediondos ou equiparados. Não se trata aqui de nova figura criminosa, mas de previsão de outros patamares de pena sobre os quais deve se basear o juiz.

15 Note-se que embora o art. 8º se refira, ainda, ao crime de quadrilha ou bando, a Lei nº 12.850/13 alterou o *nomen iuris* do delito insculpido no art. 288 para *associação criminosa*, além de lhe modificar o número mínimo de integrantes, que passou a ser de três. Na prática, todavia, nenhuma alteração ocorre no trato da matéria.

Com o advento da Lei 11.343/2006, o artigo não se aplica mais à associação para o tráfico, agora disciplinada no art. 35 da lei especial.

Deve ser alertado, por fim, que a associação criminosa, do art. 288 do CP, diferentemente da organização criminosa, não é crime hediondo, sequer equiparado, nem mesmo quando direcionada para a prática de crimes dessa natureza.

2. DELAÇÃO PREMIADA NA ASSOCIAÇÃO CRIMINOSA

O parágrafo único do art. 8º traz a hipótese de redução de pena da associação criminosa constituída para o fim de praticar crimes hediondos ou equiparados, quando o participante e o associado denunciá-la à autoridade, possibilitando seu desmantelamento.

Reiteramos aqui as mesmas observações feitas acima, nos comentários ao § 4º do art. 159 do CP, a respeito da aplicação do microssistema de colaboração premiada disciplinado pela Lei 12.850/13.

Art. 9.º As penas fixadas no art. 6.º para os crimes capitulados nos arts. 157, § 3º, 158, § 2º, 159, *caput* e seus §§ 1º, 2.º e 3.º, 213, *caput* e sua combinação com o art. 223, *caput* e parágrafo único, 214 e sua combinação com o art. 223, *caput* e parágrafo único, todos do Código Penal, são acrescidas de metade, respeitado o limite superior de trinta anos de reclusão, estando a vítima em qualquer das hipóteses referidas no art. 224 também do Código Penal.

1. CAUSA DE AUMENTO DE PENA

O art. 224 do CP previa três hipóteses em que a violência, nos crimes sexuais, era presumida, considerando-se, em todos os casos, vítima incapaz de consentir de forma válida ou de oferecer resistência: 1) *vítima não maior de 14 anos;* 2) *vítima alienada ou débil mental; 3) e vítima incapaz, por qualquer outra causa, de oferecer resistência.*

Com a revogação do art. 224 do CP, parece clara a conclusão de que referida majorante também foi (tacitamente) abolida, retroagindo para alcançar os fatos pretéritos (art. 2.º, parágrafo único, do CP).

Art. 10. O art. 35 da Lei 6.368, de 21 de outubro de 1976, passa a vigorar acrescido de parágrafo único, com a seguinte redação:

> "Art. 35. ...
>
> Parágrafo único. Os prazos procedimentais deste capítulo serão contados em dobro quando se tratar dos crimes previstos nos arts. 12, 13 e 14."

A Lei 6.368/76 foi expressamente revogada pela Lei 11.343/2006, razão pela qual o presente artigo perdeu eficácia.

CAPÍTULO 15

Consumidor – Lei nº 8.078/1990

Fábio André Guaragni
Rodrigo Leite Ferreira Cabral

INTRODUÇÃO

A tutela penal das relações de consumo apresenta-se como uma das mais expressivas manifestações do direito penal econômico em sentido amplo. Esta frase exige um conjunto de considerações introdutórias.

O critério dominante para identificação do âmbito de crimes que compõem o direito penal econômico é o da ofensa ao bem jurídico. Segundo ele, são crimes econômicos aqueles que ofendem o bem jurídico supraindividual "ordem econômica". Resta defini-lo.

Quando do surgimento do direito penal econômico, na virada do século XIX para o XX, a ordem econômica era concebida como intervenção do estado na economia. À época, armava-se, no cenário político internacional, um ambiente de confronto entre estados nacionais, que eclodiria nas grandes guerras mundiais. Este ambiente era marcado pela programação estatal da maneira de viver das coletividades, com grande destaque para a defesa de modelos de produção rivais entre si, como o capitalista e socialista, bem como por nacionalismos extremados. Nesta quadra, ergueram-se estados intervencionistas, impondo à população formatos de ordem social e econômica. O direito penal foi empregado como um dos recursos para realização dos programas intervencionistas estatais, a partir da superação dos modelos liberais já ao fim do século XIX (de que é exemplo a Lei Antitruste americana, de 1890) e, sobretudo, a partir dos marcos da 1ª Guerra Mundial (1914) e, pouco após, do *crash* de 1929[1]. O direito penal econômico, enquanto mecanismo de proteção da intervenção estatal na economia, teve aí sua gênese.

Este direito penal econômico de primeira geração é comumente denominado direito penal econômico *em sentido estrito*. Nele, o beneficiário da proteção penal parece ser o próprio detentor do poder punitivo: o Estado. Afinal, trata-se do uso da normativa penal para proteção das interferências que realiza na ordem econômica, como que assegurando a respectiva obediência. Não se percebe, portanto, que avulte o consumidor como foco de tutela penal.

Após a segunda grande guerra, o conceito de ordem econômica sofre modificação. Surgem os modelos de estado de bem-estar social, como expressões de compromisso entre uma ordem

---

1 DIAS, Jorge de Figueiredo e ANDRADE, Manuel da Costa. "Problemática geral das infracções contra a economia nacional". In: Temas de Direito Penal Econômico. Coord. Roberto Podval. São Paulo: Revista dos Tribunais, 2000, pp. 69-72. A guerra determinou o papel estatal de "responsável maior pela vida econômica" (op. cit., p. 69). v. também GUARAGNI, Fábio André. "Direito Penal Econômico: antecedentes medievais e sua primeira geração no contexto da Modernidade". In: Perspectivas das ciências criminais: coletânea em homenagem aos 55 anos de atuação profissional do Prof. Dr. René Ariel Dotti. Coord. Paulo César Busato, Priscilla Placha Sá e Gustavo Britta Scandelari. Rio de Janeiro: GZ Editora, 2016, pp. 726-729.

econômica em que se garante a livre iniciativa, e uma ordem social marcada pela presença estatal. O Estado assume limites positivos de atuação ou imperativos de tutela, voltados sobretudo ao benefício de universalidades de pessoas, em situações de hipossuficiência e vulnerabilidade. Há impactos no direito criminal, seja pela emergência constitucional de comandos ou cláusulas de criminalização, seja pela percepção de que há uma dupla face no princípio da proporcionalidade, como vedação de excesso e vedação de proteção deficiente ou insuficiente[2]. A primeira, voltada aos imputados; a segunda, às vítimas.

Para além deste movimento no âmbito político da teoria geral do estado, dois outros motivos de caráter extrapenal e interdisciplinar explicam a modificação do conceito de ordem econômica: a emergência, na filosofia, do paradigma da linguagem e, na sociologia, do paradigma do risco.

Da filosofia da linguagem, que centraliza nos processos comunicativos toda a marcha civilizatória humana, ressai o reconhecimento da importância do outro (alteridade). Afinal, ações comunicativas exigem no mínimo dois, um emitente e um receptor[3]. Num mundo dotado de sentido por ações comunicativas, a própria existência humana depende de que outro a reconheça. Eu só existo porque outro me percebe e constitui, mediante linguagem. Neste sentido, eu preciso do outro para existir. Isto reforça a necessidade da presença do outro, impondo seu reconhecimento e preservação.

Supera-se um modelo de direitos individuais, centrado no sujeito enquanto primeira pessoa (ego), pela própria superação da herança cartesiana de que minha existência só depende de mim ("*cogito, ergo sum*")[4]. O outro (alter) ganha importância. A mesma postura dá-se dele para mim. Nestes termos, como que batemos às portas do direito dizendo: direito, atenta para a proteção de interesses que sejam comuns a todos nós! Afinal, a existência minha depende da do outro... A reação do universo jurídico – inclusive, jurídico-penal – é tutelar bens individuais

2 O STF vem afirmando a incidência do princípio da vedação de proteção deficiente de vítimas em direito penal, através do endosso das constitucionais criminalizadoras. A mais significativa, a nosso sentir, é aquela que houve pela constitucionalidade do crime de porte ilegal de arma desmuniciada, da qual se colhe o seguinte: "A Constituição de 1988 contém um significativo elenco de normas que, em princípio, não outorgam direitos, mas que, antes, determinam a criminalização de condutas (CF, art. 5º, XLI, XLII, XLIII, XLIV; art. 7º, X; art. 227, § 4º). Em todas essas normas é possível identificar um mandato (sic) de criminalização expresso, tendo em vista os bens e valores envolvidos. Os direitos fundamentais não podem ser considerados apenas como proibições de intervenção (Eingriffsverbote), expressando também um postulado de proteção (Schutzgebote). Pode-se dizer que os direitos fundamentais expressam não apenas uma proibição do excesso (Übermassverbote), como também podem ser traduzidos como proibições de proteção insuficiente ou imperativos de tutela (Untermassverbote). Os mandatos (sic) constitucionais de criminalização, portanto, impõem ao legislador, para o seu devido cumprimento, o dever de observância do princípio da proporcionalidade como proibição de excesso e como proibição de proteção insuficiente." v. BRASIL. Supremo Tribunal Federal. Habeas Corpus nº 104.410. Segunda Turma. Relator: Min. Gilmar Mendes. Rio Grande do Sul, 06 mar. 2012Disponível em: <http://www.stf.jus.br>. Autenticação número 1842330. Acesso em: 04 fev. 2014.

3 HABERMAS, Jürgen. O discurso filosófico da modernidade. Trad. Luiz Sergio Repa e Rodnei Nascimento. São Paulo: Martins Fontes, 2000, p. 414."...deixa de ser privilegiada aquela atitude objetivante em que o sujeito cognoscente se dirige a si mesmo como a entidades do mundo. Ao contrário, no paradigma do entendimento recíproco é fundamental a atitude performativa dos participantes da interação que coordenam seus planos de ação ao se entenderem entre si sobre algo no mundo. O ego ao realizar um ato de fala, e o alter ao tomar posição sobre este, contraem uma relação interpessoal."

4 Esta superação do mundo atomizado herdado da Modernidade aparece, por exemplo, em TODOROV, Tzvetan. A Conquista da América. Trad. Beatriz Perrone-Moisés. São Paulo: Martins Fontes, 2003, pp. 357 e ss. (epílogo), sobretudo quando exalta a etnologia atual, como "um diálogo em que ninguém tem a última palavra, em que nenhuma das vozes reduz outra ao status de mero objeto, e no qual se tira vantagem de sua exterioridade ao outro (...) uma nova exotopia (...), uma afirmação da exterioridade do outro que vem junto com seu reconhecimento enquanto sujeito. Talvez haja aí não somente uma nova maneira de viver a alteridade, mas também um traço característico do nosso tempo, como eram o individualismo e autotelismo em relação à época cujo fim começamos a divisar".

ou supraindividuais? Naturalmente, a segunda opção. Daí voltar-se o direito penal desde as últimas décadas do século XX, para a tutela de interesses supraindividuais.

Neste contexto, desenvolveu-se a tutela penal das relações de consumo, enquanto bem de proteção supraindividual, marcadamente voltado aos interesses do consumidor, na relação que mantém com o fornecedor.

Já a sociologia do risco coloca em evidência o aumento da percepção dos riscos, sobretudo aqueles derivados de tecnologias, para a tomada de decisões políticas. Episódios trágicos do fim do século XX, como os desastres de Chernobyl e Bhopal, deram mostra de que a controlabilidade dos riscos derivados da exploração de conhecimentos tecnológicos escaparam às mãos humanas. A partir daí, um olhar confiante acerca do modelo de vida cunhado a partir da Primeira Modernidade – enquanto modo de viver cunhado na Europa em meados do século XVI, derivado do abraço do capitalismo com a revolução industrial (Giddens)[5] -, deu lugar à desconfiança típica de uma Segunda Modernidade, dita reflexiva[6], em que a pretensão de redução de patamares de risco assume tons intensos, já que "consequências dos êxitos da modernização se converteram, por causa de sua velocidade e radicalidade, em tema. O risco adquire um novo caráter porque parte das condições de seu cálculo e processamento institucional falha" (Beck)[7].

O direito, como um todo, é empregado pelas agências estatais para esta tarefa. A política criminal, como parte da política *in genere*, igualmente experimenta esta influência. A pretensão de restrição de riscos mediante direito penal alinha-se com a tutela de interesses supraindividuais, uma vez que os riscos submetem multitudes de pessoas. Este panorama se replica, diuturnamente, no âmbito das relações de consumo, considerando-se o conteúdo de riscos derivados de tecnologias embutidas em produtos e serviços. Ganha cancha, sobretudo, a responsabilidade penal pelo produto[8].

Enfim, a valorização do outro, mediante o reforço da ideia de alteridade, a partir da filosofia da linguagem, e o aumento da percepção dos riscos tecnológicos, pelo veio da sociologia do risco, incrementou a existência de bens e interesses supraindividuais. De um lado, o reconhecimento da importância do outro (terceira pessoa) em lugar do eu (primeira pessoa). De outro, a constatação de que os riscos são democráticos. Todos estão expostos. "A fome é hierárquica (na Segunda Guerra Mundial nem todos passaram fome), mas o aquecimento climático é igualitário e nesta medida, democrático", afirmava BECK[9]. Do mesmo modo, os riscos derivados da distribuição ao consumo de bens e serviços em escala de massa, sem devidas testagens!

Como consequência, os ordenamentos jurídicos criaram soluções voltadas à proteção conjunta de coletividades, em lugar das mecânicas tradicionais de tutela de bens e interesses individuais. No Brasil, são exemplos disso tanto a Lei de ação civil pública, como o Código de Defesa do Consumidor – Lei 8.078/90.

Neste cenário, o próprio conceito de ordem econômica modificou-se. Deixou de corresponder à intervenção do estado na economia. Ordem econômica passou a ser, *lato sensu*, a regularidade da produção, distribuição e consumo de bens e serviços. O direito penal econômico

5 GIDDENS, Anthony. As consequências da modernidade. São Paulo: Unesp, p. 61.

6 BECK, Ulrich. Modernização Reflexiva. São Paulo: Unesp, 1995, p. 16. Também BECK, Ulrich. La sociedad del riesgo global. Madrid: Siglo Veintiuno de España Editores, 2002, p. 114-116, explicativo dos dois momentos da modernização reflexiva, como "auto-confrontação": primeiro, os efeitos do projeto de vida vitorioso da modernidade escapam ao controle, refletindo contra a humanidade; após, a humanidade reflete literalmente sobre o projeto, para conter os riscos cujo controle parecem ter escapado das mãos.

7 BECK, Ulrich. La sociedad del Riesgo Mundial. Barcelona: Paidós, 2008, p 23.

8 SARRABAYROUSE, Eduardo C. Responsabilidad penal por el producto. Buenos Aires: Ad Hoc, 2007, passim, traça belo panorama sobre o tema, a partir do direito argentino.

9 BECK, Ulrich. La sociedad del Riesgo Mundial. Barcelona: Paidós, 2008, p. 63.

em sentido estrito deu lugar ao direito penal econômico em sentido amplo, pois o bem de proteção ganhou amplitude. Trata-se de um direito penal econômico de segunda geração.

De fato, mais do que uma ampliação da concepção de ordem econômica, mudou o próprio destinatário da proteção penal. Quem é o interessado na regularidade da produção, distribuição e consumo de bens e serviços? A totalidade das pessoas, que desempenham papéis num e/ou noutro polo do ciclo da economia. No lugar do Estado proteger a si mesmo através do direito penal, garantindo respeito da sua intervenção na economia (direito penal econômico em sentido estrito, ou de primeira geração), eclode um modelo de tutela penal dirigido às pessoas em escala supraindividual. Todos pretendem um ciclo de produção, distribuição e consumo respeitador de marcos regulatórios. Neste sentido, há um ganho de legitimidade para o direito penal econômico, cujos contornos de primeira geração eram bastante criticáveis: assumiam feição autoritária, vez que propiciavam o uso do poder penal pelo Estado para proteção de sua intervenção na economia, *rectius,* um direito penal empregado pelo Estado para proteger a si mesmo.

Pois bem: a ponta do ciclo da economia representada pela regularidade do consumo de bens e serviços, em que os consumidores, na escala supraindividual, são destinatários de proteção, firma a parcela do direito penal econômico compreendido como tutela penal das relações de consumo. Neste passo, a tutela penal das relações de consumo avulta como parte da proteção da ordem econômica em sentido amplo, no bojo de um direito penal econômico de segunda geração.

É evidente que os marcos em que se dá a regularidade do consumo de bens e serviços variam de país a país, segundo as pretensões e princípios conducentes de sua ordem econômica. De fato, o conceito de ordem econômica não é unívoco nem universalizável[10]. No Brasil, a tutela penal das relações de consumo, com especial foco na proteção do consumidor, arranca das seguintes bases constitucionais: a) art. 5º, XXXII, em que consta o seguinte imperativo de tutela: "O Estado promoverá, na forma da lei, a defesa do consumidor". Nesta perspectiva, a proteção do consumidor é direito fundamental; b) art. 170, dispositivo que assinala no caput a existência digna como finalidade da ordem econômica, segundo ditames de justiça social, erguendo a "defesa do consumidor" à posição de princípio no inciso V.

Com estes contornos, compreende-se a tutela penal das relações de consumo como mecânica legislativa voltada à proteção do consumidor, de modo a realizar-se o direito fundamental estatuído pelo legislador originário. A posição de vulnerabilidade do consumidor, em termos, é acolhida também pelo direito penal. É nele – em escala supraindividual, na perspectiva de direitos consumeristas difusos, coletivos e individuais homogêneos – que está firmada a mira de proteção legal.

Assim introduzida a matéria da tutela penal das relações de consumo, seguem-se comentários ao Título II da Lei 8.078/90 – Código de Defesa do Consumidor.

Um aspecto metodológico: acrescentamos rubricas identificando cada delito. Porém, os crimes catalogados no CDC não as apresentam. Assim, não se trata do *nomen juris* de cada delito, mas uma mera suma, livremente criada, para o efeito didático de facilitar a apresentação e compreensão dos tipos de injusto e suas diferenças.

DAS INFRAÇÕES PENAIS

Art. 61. Constituem crimes contra as relações de consumo previstas neste código, sem prejuízo do disposto no Código Penal e leis especiais, as condutas tipificadas nos artigos seguintes.

10 CERVINI, Raúl e ADRIASOLA, Gabriel. El derecho penal de la empresa desde una visión garantista. Montevideo: BdF, 2005, p. 83.

Trata-se de disposição enunciativa da sequência de doze tipos penais contidos no Título II do CDC.

Os tipos estão distribuídos nos art. 63 a art. 74. A leitura dos preceitos primários dos tipos permite identificar três subgrupos, segundo o aspecto das relações de consumo que têm por foco: a) arts. 63 a 65: tipos penais ligados aos aspectos da nocividade e periculosidade de produtos e serviços; b) arts. 66 a 69: crimes alusivos à publicidade e corretas informações trazidas pelo fornecedor ao consumidor; c) arts. 72 e 73: crimes alusivos às informações mantidas em cadastros, bancos de dados, fichas e registros sobre consumidores. Os tipos penais contidos nos arts. 70, 71 e 74 não são passíveis de inserção nos subgrupos destacados, já que se voltam a âmbitos variados das relações de consumo, ligando-se, respectivamente, às peças de reparo, cobranças abusivas ou vexatórias e termos de garantia.

O Título II, para além de tipos penais, contém disposição respectiva ao concurso de agentes (art. 75), elenco de agravantes para a segunda fase da dosimetria da pena (art. 76), disposições específicas sobre a pena de multa (art. 77) e as penas restritivas de direitos (art. 78), além de disposições processuais penais acerca da fiança (art. 79) e da legitimidade para atuação na assistência da acusação (art. 80).

Para além da característica enunciativa do catálogo de crimes que a ele se segue, o art. 61 do CDC importa para três efeitos centrais:

a) definir a natureza jurídica das infrações penais, definidas como crimes. De fato, a pena privativa de liberdade cominada para todo o elenco criminal é a detenção. Segue-se o critério da consequência penal, distintivo de crimes e contravenções, erigido não art. 1º da Lei de Introdução ao Código Penal. O CDC não contém previsão de contravenção penal, punível com prisão simples;

b) definir o bem jurídico: o dispositivo deixa claro que os crimes são praticados contra as relações de consumo. Trata-se de bem jurídico supraindividual e ideal, caracterizado como unidade funcional regente do âmbito da vida social tangente às relações consumeristas. Engloba o conjunto de órgãos, mecânicas e regulamentos reitores da relação entre fornecedor e consumidor, enquanto mecanismo voltado à compensação da vulnerabilidade deste e, pois, à sua defesa.

Nesta perspectiva, o consumidor nutre com referido mecanismo protetivo uma relação de disponibilidade[11] para, na perspectiva das interações de caráter consumerista que mantém com fornecedores, ter sua dignidade – concentrada na ideia de autopertencimento[12] – preservada e desenvolvida. O bem jurídico relações de consumo, enquanto unidade funcional, volta-se para a salvaguarda de direitos do consumidor: à tutela da sua saúde, segurança e interesses econômicos, fomentando sua qualidade de vida, no bojo de relações consumeristas transparentes e harmônicas[13].

---

11 Sobre os bens jurídicos como relações de disponibilidade entre sujeitos e objetos, ZAFFARONI, Eugenio Raul. SLOKAR, Alejandro. ALAGIA, Alejandro. Derecho Penal: Parte General. 2.ed. Buenos Aires: Ediar, 2005, p. 489.

12 MAIHOFER, Werner. Estado de derecho y dignidad humana. Montevideo: BdF, 2008, pp. 10-11, liga a dignidade humana à confiança que o indivíduo nutre nele mesmo e no mundo. O fato da dignidade humana reside na "certeza de existência que nos serve de sustento e representa, no saber indubitável da fundamental indisponibilidade do nosso eu para os demais, a razão existencial de minha personalidade, como também, a seu turno, constitui a razão existencial da minha solidariedade, na crença evidente na fundamental disposição dos demais a vir em minha ajuda." (op. cit., p. 11). Confia-se no "pertencimento do meu eu", ou autopertencimento, e no "socorro dos demais", para o que também estou disposto.

13 Crítico, KALIL, José Arthur Di Spirito. O consumidor e o direito penal econômico. Rio de Janeiro: Lumen Juris, 2014, p. 96-98, sustenta a impossibilidade de defesa de funções de Estado pelo direito penal e do uso da norma penal

Os contornos para adequada compreensão do bem de proteção penal arrancam dos objetivos da política nacional das relações de consumo traçadas no art. 4º, CDC. Do mesmo modo, os princípios que guiam a política nacional das relações de consumo servem como horizonte de apreensão do conteúdo material dos ilícitos penais contidos entre os artigos 63 e 74 do CDC.

Seguindo modelo usual do direito penal econômico, o bem jurídico relações de consumo é espiritualizado e mediato[14], sendo representado em cada tipo penal por uma concreta faceta das relações consumeristas, enquanto bem de proteção imediato. Por exemplo, no art. 63, o concreto aspecto da correta informação sobre a nocividade ou periculosidade de um produto, de parte do fornecedor, é o bem jurídico imediato, representando as relações de consumo enquanto bem jurídico mediato;

c) evidenciar que o catálogo de crimes contido no CDC não esgota o sistema brasileiro de tutela penal do consumidor. O texto legal é explícito sobre o caráter não exaustivo dos crimes do CDC, ao ressalvar a existência *de lege lata et ferenda* de crimes tutelares das relações de consumo tanto no Código Penal, como em textos de legislação extravagante. E, realmente, a tutela do consumidor efetuada mediante as incriminações do CDC, além de não ter caráter exaustivo, mostra-se até mesmo secundária, diante do papel desempenhado pela Lei 8.137/90, através do seu art. 7º.

A Lei 8.137/90, editada alguns meses após o CDC, contém o núcleo central da tutela penal das relações de consumo no Brasil. Prevê nove tipos penais, aglutinados nos incisos do art. 7º (tratam-se de tipos penais reunidos, por acumulação, em única disposição), com pena detentiva de 2 a 5 anos para as formas dolosas (admite-se, em três hipóteses, a forma culposa). Já os doze crimes previstos no CDC são todos de menor potencial ofensivo, com pena máxima igual ou inferior a 2 anos, sujeitos à competência dos Juizados Especiais Criminais (art. 98, CR c.c art. 61, Lei 9.099/95).

O Código Penal não contém um capítulo destinado à tutela das relações de consumo – e nem poderia, já que confeccionado em 1940, época em que a tutela penal de interesses supraindividuais mostrava-se tímida, ainda que já existente (v.g., fé pública). Porém, alguns crimes, de marcado caráter pluriofensivo (ou seja, ofensivos de mais de um bem jurídico), têm protagonismo na tutela penal do consumidor. Avultam aqueles contra a saúde pública, em especial, os arts. 272 e 273 do CP, que tratam da corrupção de alimentos e medicamentos, respectivamente. Afinal, a aquisição de produtos alimentícios ou médicos (e equiparados, como saneantes, cosméticos, etc.), estejam ou não corrompidos, adulterados, falsificados ou alterados, dá-se primordialmente no bojo de relações de consumo.

Para além de alguns tipos de injusto contidos no CP, a legislação extravagante contém outras incriminações voltadas à tutela do consumidor, valendo recordar a Lei de Economia Popular 1521/51, além de tipos penais esparsos situados em diversos diplomas legais, como o art. 7º da

---

para tutela de outras normas, em espécie de "tutela de deveres para com o Estado". Justificável a preocupação com a delimitação do bem jurídico-penal, tarefa difícil por sua característica supraindividual, de fronteiras pouco definidas. As relações de consumo, todavia, dirigem-se claramente à proteção de interesses de consumidores, num amplo arco que engloba saúde, segurança, vida, patrimônio, dentre outros. Assim, não se revela, nas relações de consumo, pura tutela de um instrumento, como fim em si, tampouco de exclusivos deveres para com o Estado, a pesarem sobre o fornecedor, usual sujeito ativo dos delitos.

14 MARTÍNEZ-BUJÁN PÉREZ. Carlos. Derecho penal económico. Parte general. Valencia: Tirant lo Blanch, 2ª. ed. Valencia: 2007, pp. 159-160. Assinala que "a vulneração do bem jurídico mediato não aparece incorporada ao tipo de injusto da infração correspondente, e, portanto, o intérprete não tem porque acreditar que no caso concreto produziu-se uma lesão ou colocação em perigo deste bem". Noutra passagem, assinala que "é unicamente o bem jurídico imediato (...) o que se incorpora no tipo de injusto", de modo que a vulneração abarcada pelo dolo a ele se dirigirá. Para o autor, o bem imediato poderá até ser individual, como o patrimônio da vítima.

Lei 7492/86 e a Lei 6766/79, art. 50, III, que versa sobre informação falsa acerca da regularidade de loteamento ou desmembramento de solo (não obstante a Lei apontar a administração pública como bem jurídico, há plurionfesividade, pois o falso atinge as relações de consumo).

Acrescente-se que o art. 12, CP, faz com que as disposições codificadas se apliquem aos temas regidos pela legislação extravagante em caráter subsidiário. Para tanto, exige-se o silêncio da legislação extravagante no ponto. Nestes termos, valem para os crimes do CDC, no silêncio deste, as regras do Código Penal.

Art. 62. (Vetado).

O dispositivo continha a seguinte redação:

> *"Art. 62. Colocar no mercado, fornecer ou expor para fornecimento produtos ou serviços impróprios:*
>
> *Pena – detenção de seis meses a dois anos e multa.*
>
> *1º – Se o crime é culposo:*
>
> *Pena – detenção de três meses a um ano ou multa.*
>
> *2º – As penas deste artigo são aplicáveis sem prejuízo das correspondentes à lesão corporal e à morte."*

O veto presidencial deu-se por conta do caráter genérico da expressão "produtos ou serviços impróprios". A indefinição do elemento normativo do tipo *impróprios* foi corretamente reputada ofensiva ao princípio da reserva legal, art. 5º, XXXIV, CR. Efetivamente, a expressão não atendia, dada sua abertura, à função de garantia do cidadão contra a norma penal estatal incerta. O princípio da reserva legal reclama, numa das suas projeções – *nullum crimen, nulla poena sine lege certa* – o emprego de termos semanticamente precisos e claros. Trata-se do princípio da taxatividade da norma penal ou do mandado de certeza.

Alude-se ao fato de que a Lei 8.137/90 prevê tipo penal similar no art. 7º, IX[15]. Na verdade, há similitude apenas parcial, já que o art. 7º, IX, não se dirige ao objeto material serviços, bem como restringe os produtos a mercadorias e matérias-primas. O emprego da expressão "em condições impróprias ao consumo" repete aquela contida no art. 18, parágrafo 6º, CDC[16], empregando técnica de reenvio, consistente em uso de elemento normativo jurídico no tipo objetivo. Enquanto elemento definido em Lei (normativo jurídico), o grau de incerteza se reduz, em atendimento ao princípio da taxatividade da norma penal. Assim, a disposição do art. 7º, IX, Lei 8.137/90, mostra-se compatível com a ideia de reserva legal.

DO CRIME DE OMISSÃO DE INFORMAÇÕES SOBRE NOCIVIDADE OU PERICULOSIDADE DO PRODUTO ANTES DA COLOCAÇÃO NO MERCADO

Art. 63. Omitir dizeres ou sinais ostensivos sobre a nocividade ou periculosidade de produtos, nas embalagens, nos invólucros, recipientes ou publicidade:

15 BEDNARSKI, José Luiz. "Consumidor". In: Legislação Criminal Especial. Coord. Luiz Flávio Gomes e Rogério Sanchez Cunha. São Paulo: RT, 2009, p. 19.

16 Na jurisprudência, alguns precedentes negam que o art. 18, 6º, CDC, deva servir como norma integradora do 7º, IX, porquanto teria efeitos apenas administrativos. Porém, dentro do quadro geral de um sistema de tutela do consumidor mediante direito administrativo e penal, as leis devem ser interpretadas de modo integrado.

Pena – Detenção de seis meses a dois anos e multa.

§ 1º Incorrerá nas mesmas penas quem deixar de alertar, mediante recomendações escritas ostensivas, sobre a periculosidade do serviço a ser prestado.

§ 2º Se o crime é culposo:

Pena – Detenção de um a seis meses ou multa.

Bem Jurídico Tutelado

A tutela penal dirige-se, mediatamente, ao bem jurídico relações de consumo, unidade funcional que compreende um conjunto de órgãos, mecanismos e regulamentos reitores da relação entre fornecedores e consumidores, voltado à defesa destes e compensação das respectivas vulnerabilidades.

Há um bem jurídico imediato, com função de representação das relações de consumo, consistente no direito que o consumidor tem à informação sobre a nocividade ou periculosidade do produto, na perspectiva do art. 6º, III, CDC. É este o aspecto subjacente à regularidade das relações de consumo a que se volta, especificamente, o art. 63. Neste crime, a ofensa ao direito à informação, por parte do consumidor, dá-se antes do ingresso do produto ou serviço (no caso do parágrafo 1º) no mercado[17].

A correta informação do consumidor acerca da nocividade ou periculosidade de produtos converge para o cumprimento da política nacional das relações de consumo, no escopo da proteção coletiva da vida, saúde e segurança do consumidor. O consumidor "esclarecido, consciente dos riscos inerentes aos produtos e serviços potencial e naturalmente perigosos, terá menos chance de se lesionar"[18], observa Kalil. Atenta-se para os parâmetros do art. 4º, caput e inciso IV, e para os direitos do consumidor contidos no art. 6º, I, ambos do CDC.

Sujeitos do Crime

O sujeito ativo é o fornecedor de produtos, sobre o qual recai o dever de informar o consumidor acerca da respectiva nocividade ou periculosidade. Os contornos da norma mandamental partem da conjugação dos arts. 8º e 9º do CDC. Trata-se de delito especial próprio[19], uma vez que a subjetividade ativa está restrita ao círculo das pessoas que realizam o papel social de fornecedores de produtos.

A definição de fornecedor contida no art. 3º, CDC serve, exclusivamente quando à pessoa natural, para o delineamento dos contornos da subjetividade ativa. Fornecedor, para o art. 63,

17 BENJAMIN, Antonio Herman v. et alii. Comentários ao Código de Defesa do Consumidor. 5ª. ed. São Paulo: Thomson Reuters – RT, 2017, p. 1671.

18 KALIL, José Arthur Di Spirito. O consumidor e o direito penal econômico. Rio de Janeiro: Lumen Juris, 2014, p. 101.

19 Os ilícitos penais, quanto ao sujeito ativo, podem ser classificados em comuns ou especiais. Os comuns têm por sujeito ativo qualquer pessoa. Os especiais são aqueles que nem "toda pessoa pode ser autor", cf. GIMBERNAT ORDEIG, Enrique. Autor y cómplice en derecho penal. 2ª. ed. Montevideo: BdF, 2012, p. 199. Concernem a tipos penais que exigem qualidades do sujeito ativo, de índole profissional, posições sociais, biológicas, etc. Nestes casos, a subjetividade ativa é restrita a um grupo de pessoas, circunscrita no preceito primário do tipo. Os delitos especiais podem ser próprios ou impróprios. Os próprios (ou puros) são delitos que só existem em função dos ocupantes da posição de subjetividade ativa (v.g., prevaricação, art. 319, CP). Os impróprios (impuros) são aqueles que possuem uma versão típica dirigida à generalidade das pessoas (por ex., o furto) e outra dirigida a grupo especial de autores, como o peculato furto (art. 312, CP), voltado a funcionários públicos. Neste caso, esclarece BATISTA, Nilo. Concurso de agentes: uma investigação sobre os problemas de autoria e de participação no direito penal brasileiro. 3ª. ed. Rio de Janeiro: Lumen Juris, 2005, p. 96, a "qualificação do sujeito representa uma quantificação (a maior ou menor) de um ilícito comum", realizável por qualquer pessoa.

será toda pessoa física que desenvolver atividade de produção, montagem, criação, construção, transformação, importação, exportação, distribuição ou comercialização de produtos, com o antecitado dever de informar.

Assim, é preciso localizar, caso a caso, dentre os fornecedores envolvidos no ciclo que vai da produção do bem à sua comercialização, aqueles sobre quem pesa o concreto dever de colocar informações em embalagens, recipientes e invólucros. Do mesmo modo, o dever de informar sobre a periculosidade ou nocividade de produtos na publicidade, ou sobre a periculosidade do serviço (forma equiparada do parágrafo 1º). O sujeito ativo não é definido de antemão, mas na situação concreta, observadas as regras extrapenais do CDC[20].

Por exemplo, se o produto for industrializado, o dever de informação é somente do fabricante (art. 8º, parágrafo 1º). Porém, se retirado da embalagem pelo comerciante, ele assume o dever, conforme aponta Herman Benjamin, que arremata: "Se o produto não for industrializado (carnes, legumes, peixes, frutas, entre outros), são sujeitos ativos potenciais todos os integrantes da cadeia de produção e comercialização"[21]. No caso de legumes, frutas e peixes, produtores (pescadores, no último caso), atacadistas e varejistas[22].

As situações concretas são variadas. Pode ocorrer uma decisão de empresário pela não informação, para redução do custo de embalagem. Ou, mesmo, a não vigilância sobre empregado que deixa de realizar a informação física no invólucro (v.g., mediante carimbos ou etiquetas) para prejudicar a empresa. Neste caso, dá-se a responsabilidade culposa do fornecedor[23], prevista no parágrafo 2º do art. 63.

Na forma equiparada do art. 63, parágrafo 1º, o sujeito ativo é o fornecedor de serviços. Avultam, aqui, os profissionais liberais, como médicos, advogados e arquitetos[24].

Não há, no CDC, um sistema de responsabilidade penal do ente coletivo. Todavia, é recomendável *de lege ferenda*, haja vista as relações de consumo serem travadas usualmente com pessoas jurídicas.

Sujeitos passivos do crime são os consumidores potenciais dos produtos acerca dos quais se omitem informações sobre a nocividade ou periculosidade. Trata-se de delito-massa, atingindo uma generalidade indefinida de vítimas. Uma antiga expressão tratava crimes com sujeito passivo indeterminado como "crimes vagos". Tem-se a incorreta impressão de que são crimes sem vítimas, quando o fenômeno é exatamente o avesso: atinge-se multitude de pessoas, em escala supraindividual difusa.

Condutas Típicas (Tipicidade Objetiva)

O núcleo do tipo é o verbo omitir. Trata-se de crime omissivo próprio, em que o fornecedor deixa de prestar informações – sob a forma de dizeres ou sinais ostensivos – acerca da nocividade ou periculosidade de produtos.

O objeto material, enquanto suporte físico sobre o qual recai a omissão, concerne às embalagens, invólucros, recipientes ou à publicidade respectiva a produtos nocivos ou perigosos. Neles deveriam constar informações, mediante dizeres ou sinais, acerca da periculosidade ou nocividade dos produtos. A respectiva ausência dará materialidade à ocorrência do tipo de injusto.

---

20 FONSECA, Antonio Cezar Lima da. Direito Penal do Consumidor. Porto Alegre: Livraria do Advogado, 1996, pp. 160.

21 BENJAMIN, Antonio Herman v. et alii. Comentários ao Código de Defesa do Consumidor. 5ª. ed. São Paulo: Thomson Reuters – RT, 2017, p. 1673.

22 Idem, p. 1.673.

23 Cf. FONSECA, Antonio Cezar Lima da. Direito Penal do Consumidor. Porto Alegre: Livraria do Advogado, 1996, pp. 160-1.

24 KALIL, José Arthur Di Spirito. O consumidor e o direito penal econômico. Rio de Janeiro: Lumen Juris, 2014, p. 145.

Os dizeres são frases, ao passo que os sinais "marcas que poderão suprir a advertências escrita", como "uma caveira, ou o átomo em movimento, que simboliza o perigo nuclear"[25]. São mecânicas de informação alternativas para o fornecedor. O CDC condiciona aspectos da informação em duas hipóteses: a) quando referente a produtos industriais: neste caso, o fornecimento de informações deve ocorrer mediante impressos, segundo o art. 8º, parágrafo 1º; b) quando da existência de risco de contaminação derivado de equipamentos e utensílios destinados a fornecer produtos e serviços: nesta hipótese, referido risco constitui específico objeto de informação ostensiva e adequada (8º, parágrafo 2º).

A correta compreensão da tipicidade objetiva do art. 63, *caput*, exige a leitura conjugada do tipo com o art. 9º do CDC: "O fornecedor de produtos e serviços potencialmente nocivos ou perigosos à saúde ou segurança deverá informar, de maneira ostensiva e adequada, a respeito da sua nocividade ou periculosidade, sem prejuízo da adoção de outras medidas cabíveis em cada caso concreto." Esta disposição cria o dever de informar, já em perspectiva extrapenal.

A conciliação do art. 63 com o art. 9º evidencia que há uma exigência legal de informação, do fornecedor ao consumidor, acerca de produtos nocivos ou perigosos. Assim, a tipicidade objetiva exigirá:

a) como situação típica, que o fornecedor esteja em momento imediatamente anterior à disponibilização, ao consumo, de embalagens, invólucros ou recipientes contendo produtos nocivos ou perigosos, ou que esteja a realizar publicidade respectiva a tais produtos, antes de colocá-los à disposição de consumidores;

b) que tenha a possibilidade física – direta ou indireta (mediante ordens ou comandos) – de informar nas embalagens, recipientes, invólucros e na publicidade do produto, acerca da nocividade ou periculosidade;

c) que pratique um *aliud agere,* i.e, um agir diverso do devido, consistente em informar.

As embalagens, recipientes, invólucros ou a publicidade concernem a um produto nocivo ou perigoso. Produto é elemento normativo jurídico do tipo, com definição no art. 3º, I, CDC: "produto é qualquer bem, móvel ou imóvel, material ou imaterial." Trata-se de conceito amplo. O CDC não refere qualidades que delimitem o que se compreende por produto, tratando-se de qualquer "bem objeto de relação de consumo"[26].

As elementares do tipo "nocividade" e "periculosidade" constituem elementos normativos culturais. O CDC não as define. A nocividade implica em dano efetivo, já a periculosidade se dirige ao perigo de dano[27]. O art. 9º, porém, indica que nocivos ou perigosos são os produtos que podem atingir a saúde ou a segurança do consumidor. *A fortiori,* a própria vida do consumidor é protegida.

A periculosidade pode ser inerente ao produto ou adquirida. Inerentes são aquelas "normais e previsíveis, em decorrência de sua natureza e fruição", consoante art. 8º, *caput*, CDC. Acerca delas, referida disposição também erige o dever de informação para o fornecedor.

25 COSTA JÚNIOR, Paulo José e COSTA, Fernando José da. Crimes contra o consumidor. 2ª ed. São Paulo: Atlas, 2008, p. 9.

26 EFING, Antonio Carlos. Fundamentos do Direito Penal Brasileiro das Relações de Consumo. Curitiba: Juruá, 2013. p. 90.

27 BEDNARSKI, José Luiz. "Consumidor". In: Legislação Criminal Especial. Coord. Luiz Flávio Gomes e Rogério Sanchez Cunha. São Paulo: RT, 2009, p. 21. Contra, BENJAMIN, Antonio Herman v. et alii. Comentários ao Código de Defesa do Consumidor. 5ª. ed. São Paulo: Thomson Reuters – RT, 2017, p. 1674, apontando nocividade e periculosidade como expressões sinônimas.

Adquirida é a periculosidade derivada de "defeitos" decorrentes "de projeto, fabricação, construção, montagem, fórmulas, manipulação, apresentação ou acondicionamento"[28].

Destaque-se, finalmente, que o art. 63, *caput* não estatui qualquer responsabilidade penal pelo produto, mas responsabilidade penal derivada da ausência de informações sobre o produto.

A eventual lesão à vida, saúde e segurança de consumidor concreto não impedirá a responsabilidade penal pela omissão prevista no art. 63, CDC. Afinal, a quebra do dever de informar frustra o correlato direito de um indefinido número de consumidores e os coloca, todos, em risco respectivo à vida, saúde e segurança. Neste sentido, a efetiva lesão sofrida por um não absorve a exposição a perigo de lesão que submete os demais. Convivem, pois, sem relação de consunção, o art. 63 e eventuais ofensas concretas à vida (art. 121, CP), saúde (art. 129, CP) ou segurança de consumidores. Esta conclusão se reforça quando da percepção de que o aspecto das relações de consumo visado pelo art. 63 diz com o direito do consumidor à informação sobre nocividade e periculosidade de produtos.

O parágrafo 1º do art. 63 contém forma típica equiparada ao caput, para efeito de pena. Trata-se também de tipo de injusto omissivo próprio, recaindo sobre o prestador de serviços o dever de alertar, mediante recomendações escritas ostensivas, sobre a periculosidade de serviços a serem prestados. Como exemplos, serviços de dedetização, espargimento de defensivos agrícolas[29], reformas de imóveis.

Diversamente do *caput*, dirige-se a serviços perigosos. O tipo objetivo de injusto se realiza quando: a) há situação típica, para o prestador de serviços, consistente em estar prestes a realizar serviço perigoso para o consumidor (de fato, exige-se que a falta de informação se dê antes da prestação do serviço); b) há possibilidade física de fornecer recomendações escritas ostensivas acerca da respectiva periculosidade; c) o agente deixa de alertar, acerca destas condições, ao destinatário do serviço.

Repare-se na norma mandamental anteposta ao tipo: ela ordena alertar, por escrito e de modo ostensivo, acerca da periculosidade de serviço a ser prestado. Portanto, *ex ante factum*, por escrito e de modo expresso, deverá o prestador alertar acerca da periculosidade. O tipo cria a necessidade de o prestador de serviços apresentar ao destinatário verdadeiro termo, escrito e expresso, acerca dos perigos do serviço que prestará.

A exposição de terceiros a perigo, alheios à relação de consumo, refoge ao âmbito de tutela do tipo, voltado à relação de consumo e, pois, a quem nela está envolvido. Eventual falta de informação para terceiros é indiferente penal. Porém, o fornecedor de serviços poderá responder pela exposição de outrem a perigo, na forma do art. 132, CP (desde que haja sujeito passivo determinado) ou, mesmo, por crimes dolosos ou culposos de dano para a vida ou saúde de pessoa atingida.

Tipicidade Subjetiva

Tanto o caput, como o tipo equiparado do parágrafo 1º, admitem forma dolosa e culposa, por força do parágrafo 2º do dispositivo.

A omissão dolosa de informações sobre nocividade ou periculosidade de produtos é bastante factível, podendo associar-se à pretensão empresarial de redução de custos de embalagem, ou mesmo ao incremento da capacidade de convencimento do consumidor quanto à compra, em se tratando de omissão associada à publicidade.

28 BENJAMIN, Antonio Herman v. et alii. Comentários ao Código de Defesa do Consumidor. 5ª. ed. São Paulo: Thomson Reuters – RT, 2017, p. 1672.

29 Ambos citados por FILOMENO, José Geraldo Brito et alii. Código brasileiro de defesa do consumidor. 11ª. ed. Rio de Janeiro: Forense, 2017, p. 727.

Repare-se que, nos tipos omissivos dolosos, discute-se acerca da estrutura do dolo: numa perspectiva tradicional, de caráter psicológico, "não há lugar no terreno da omissão para a vontade de realização e, por extensão, para um dolo genuíno", operando a categoria do "quase-dolo"[30] (Kaufmann), composto tão só do elemento cognitivo da situação típica. Porém, prevalece a norma definitória do art. 18, I, CP, que não se ajusta à figura do "quase-dolo", pois não dispensa cargas volitivas nem para as hipóteses de dolo direto (de primeiro e segundo graus), nem para o dolo eventual (em que a carga volitiva vem estruturada pela teoria da conformação[31]).

Consumação e Tentativa

O caput do art. 63 consuma-se com o agir diverso da informação, ao consumidor, acerca do caráter nocivo ou perigoso do produto. Até que o produto esteja disponível ao consumidor, o agir devido é possível e o crime não está consumado. Porém, ultrapassado o momento em que se o disponibiliza, sem que estejam prestadas as informações devidas, o agir diverso consumativo do crime estará caracterizado.

Não há necessidade de dano efetivo, com alguém experimentando lesões ou, mesmo, perigo de dano concreto[32]. O crime é de mera (in)atividade, quanto ao resultado naturalístico, bem como de perigo abstrato e comum, quanto ao resultado jurídico.

Não há espaço para o "conatus": ou o agir devido pode ser realizado, e o crime não está consumado, ou o agir diverso se aperfeiçoa, e com ele o conjunto de elementares típicas.

Quanto ao parágrafo 1º, a consumação se opera com o agir diverso do alerta ostensivo, por escrito, acerca da periculosidade do serviço. Enquanto não se inicia a prestação respectiva, o agir devido é possível. Iniciado o serviço, sem o alerta devido, dá-se a consumação, consolidando-se o *aliud agere*.

Ação Penal

A ação penal é pública incondicionada. Atente-se para a titularidade dos órgãos da administração pública direta ou indireta de defesa do consumidor – avultando os Procons – e associações de defesa do consumidor para figurarem como assistentes da acusação (v. arts. 80 e 82, III e IV, CDC, combinados).

Trata-se de infração de menor potencial ofensivo, sujeita à competência dos Juizados Especiais Criminais. Comporta o *favor rei* da transação (art. 76, Lei 9.099/95), uma vez satisfeitos os requisitos. Também é possível a aplicação da suspensão condicional do processo (art. 89, Lei 9.099/95). Não é cabível o acordo de não persecução penal, pois para essa infração, como visto, cabe transação penal, incidindo, portanto, a vedação do art. art. 28-A, § 2º, inciso I do Código de Processo Penal.

DO CRIME DE OMISSÃO DE INFORMAÇÕES SOBRE NOCIVIDADE OU PERICULOSIDADE DO PRODUTO APÓS COLOCAÇÃO NO MERCADO

Art. 64. Deixar de comunicar à autoridade competente e aos consumidores a nocividade ou periculosidade de produtos cujo conhecimento seja posterior à sua colocação no mercado:

Pena – Detenção de seis meses a dois anos e multa.

---

30 KAUFMANN, Armin. Dogmática de los delitos de omisión. Madrid: Marcial Pons, 2006, p. 142: "...atuar com tendência subjetiva a cumprir o mandado exclui a tipicidade de omissão (...) [e] justifica, desde a perspectiva do desvalor – e só dela – em paralelo com os delitos comissivos, caracterizar ao delito de omissão de que aqui se trata [omissão própria] como "quase-doloso".

31 DIAS, Jorge de Figueiredo. Direito Penal. Parte Geral. Tomo I. Coimbra: Coimbra Editora, 2004, pp. 354-357.

32 Iguais, COSTA JÚNIOR, Paulo José e COSTA, Fernando José da. Crimes contra o consumidor. 2ª ed. São Paulo: Atlas, 2008, p. 11.

Parágrafo único. Incorrerá nas mesmas penas quem deixar de retirar do mercado, imediatamente quando determinado pela autoridade competente, os produtos nocivos ou perigosos, na forma deste artigo.

Bem Jurídico Tutelado

O bem jurídico mediato concerne à unidade funcional relações de consumo, compreensiva de órgãos, mecanismos e regulamentos que regem a relação entre fornecedores e consumidores, compensando a vulnerabilidade destes.

Assim como no art. 63, o bem jurídico imediato, com função de representação das relações de consumo, é o direito do consumidor à informação sobre a nocividade ou periculosidade do produto, na perspectiva do art. 6º, III, CDC. Porém, a ofensa ao direito à informação, titularizado pelo consumidor, ocorre após o ingresso do produto no mercado[33].

A proteção coletiva da vida, saúde e segurança do consumidor deriva da correta informação do consumidor acerca da nocividade ou periculosidade de produtos.

Há, também, tutela da administração pública das relações de consumo, haja vista o dever de comunicação à autoridade estatal. Nesta perspectiva, o tipo penal se revela pluriofensivo.

O parágrafo único contém tipo penal equiparado cujo bem jurídico diferencia-se daquele tutelado no *caput*. Em vez de voltar-se à proteção do direito à informação, a pretensão é de tutelar a relação de disponibilidade dos consumidores com a tutela administrativa estatal do consumo. De fato, a administração pública, no que voltada à proteção do consumidor, é preservada contra a desobediência dos fornecedores que omitem a retirada do mercado de produtos nocivos ou perigosos.

Sujeitos do Crime

O sujeito ativo é o fornecedor de produtos que colocou produtos nocivos ou perigosos no mercado. Sobre ele recai o dever de comunicar, à autoridade competente e aos consumidores, a respeito. Os contornos da norma mandamental ligam-se aos deveres estatuídos pelo art. 10, parágrafos 1º e 2º do CDC. Trata-se de delito especial próprio, já que a subjetividade ativa está restrita ao círculo das pessoas que realizam o papel social de fornecedores de produtos.

A norma definitória do art. 3º, CDC delineia, exclusivamente quando à pessoa natural, os contornos da subjetividade ativa. Fornecedor, para o art. 64, será toda pessoa física que: a) desenvolver atividade de produção, montagem, criação, construção, transformação, importação, exportação, distribuição ou comercialização de produtos; b) tiver conhecimento de que apresentam nocividade ou periculosidade, após colocá-los no mercado. A norma dirige-lhe o dever de comunicação de que cuida o art. 64.

Note-se que o dever de comunicação não recairá necessariamente sobre o produtor. O comerciante que constata a periculosidade ou nocividade tem o mesmo dever de comunicação dirigido àquele. Por exemplo, o vendedor de concessionária que percebe a reiterada reclamação sobre periculosidade adquirida do veículo. A propósito, recorde-se o famoso exemplo do veículo VW Fox, cujo sistema de rebatimento de banco traseiro provocava a decepagem de dedos de usuários. No ano de 2008, mais de 500,000 unidades foram recolhidas para ajuste, tendo o problema surgido cerca de dois anos antes[34].

---

33 BENJAMIN, Antonio Herman v. et alii. Comentários ao Código de Defesa do Consumidor. 5ª. ed. São Paulo: Thomson Reuters – RT, 2017, p. 1671.

34 Disponível em http://www.proteste.org.br/institucional/imprensa/press-release/2008/depois-de-dois-anos-vw-faz-recall-do-fox. Acessado em 17.04.18. O exemplo é recordado por FILOMENO, José Geraldo Brito et alii. Código brasileiro de defesa do consumidor. 11ª. ed. Rio de Janeiro: Forense, 2017, p. 725.

Na forma equiparada do art. 64, parágrafo único, o sujeito ativo é o fornecedor que, no ciclo da produção e distribuição do produto ao consumo, sofrer a determinação, por parte da autoridade pública, de retirar o produtor do mercado.

De lege ferenda, convinha que a legislação estendesse a responsabilidade penal da pessoa jurídica aos delitos previstos no CDC, porquanto, em regra, praticados através de entes coletivos.

Sujeitos passivos do crime do art. 64, *caput*, CDC, são os consumidores potenciais de produtos nocivos ou perigosos, a quem o fornecedor tem o dever de comunicação erigido no art. 10, parágrafos 1º e 2º. Trata-se de delito-massa, atingindo generalidade indefinida de vítimas.

Para além, o Estado[35], enquanto titular das competências relativas à administração pública das relações de consumo – em particular, de velar pela garantia de segurança de produtos, a que alude a Política Nacional das Relações de Consumo no art. 4º, II, d, CDC – e de deveres de informação sobre produtos nocivos ou perigosos similares aos do fornecedor, na forma do art. 10, 3º, CDC, também é diretamente ofendido, tanto pela via do art. 64, *caput*, como pela forma de desobediência do parágrafo único.

Condutas Típicas (Tipicidade Objetiva)

O núcleo do tipo é "deixar de comunicar". Trata-se de crime omissivo próprio, em que o fornecedor deixa de comunicar à generalidade dos consumidores e às autoridades sobre a nocividade ou periculosidade de produtos, de que venha a ter conhecimento após havê-lo colocado no mercado.

O objeto da omissão de comunicação é constituído pelos anúncios publicitários, através da imprensa, rádio e televisão, a que se obriga o fornecedor que constatar a nocividade ou periculosidade dos produtos. O art. 10, parágrafo 2º, determina: "Os anúncios publicitários a que se refere o parágrafo anterior serão veiculados na imprensa, rádio e televisão, às expensas do fornecedor do produto ou serviço."

Produtos, segundo definido no art. 3º, CDC, são bens, móveis ou imóveis, materiais ou imateriais. Note-se que, ao contrário do art. 63, parágrafo 1º, o art. 64 não tem se refere a serviços.

A nocividade concerne ao efetivo dano produzido pelo produto, ao passo que a periculosidade diz com o perigo de dano. Conquanto a periculosidade possa ser inerente ou adquirida, o art. 64 incidirá, em regra, sobre a última espécie[36]. A primeira, porque inerente, normalmente é de conhecimento do fornecedor antes da colocação do produto no mercado – excepcionem-se, apenas, situações em que o estado da técnica atestava o caráter inócuo de um produto. Tempos após, a percepção revela-se errada. É famoso o exemplo do medicamento Contergan, em que o princípio ativo talidomida, ministrado a mulheres grávidas, no final dos anos 50, causou o nascimento de crianças com malformações congênitas, além de danos neurológicos quando receitado a adultos, tendo sido atingidas cerca de 5.000 pessoas em cada grupo de casos[37]. Quando do lançamento, acreditava-se na inocuidade do fármaco.

---

35 BEDNARSKI, José Luiz. "Consumidor". In: Legislação Criminal Especial. Coord. Luiz Flávio Gomes e Rogério Sanchez Cunha. São Paulo: RT, 2009, p. 23.

36 A maior incidência do art. 64 sobre hipóteses de periculosidade adquirida parece ser, também, a posição de FONSECA, Antonio Cezar Lima da. Direito Penal do Consumidor. Porto Alegre: Livraria do Advogado, 1996, pp. 169 e 170, bem como de FILOMENO, José Geraldo Brito et alii. Código brasileiro de defesa do consumidor. 11ª. ed. Rio de Janeiro: Forense, 2017, p. 723 (e também p. 725), ao referir-se à "periculosidade além do que normalmente se esperaria".

37 Para detalhes acerca SARRABAYROUSE, Eduardo C.. Responsabilidad penal por el producto. Buenos Aires: Ad Hoc, 2007, pp. 38-50.

A periculosidade adquirida, derivada de defeitos decorrentes de projeto, fabricação, construção, montagem, fórmulas, manipulação, apresentação e embalagem, costuma vir ao conhecimento do fornecedor quando já lançou o produto ao consumo. Frise-se novamente: ao contrário do art. 63, em que a ciência sobre a nocividade ou periculosidade do produto, por parte do fornecedor, antecede a colocação do produto no mercado, no caso do art. 64, esta ciência ocorre *a posteriori*.

A colocação no mercado não exige a imediata disponibilidade do produto ao consumidor. Trata-se de, no ciclo da distribuição, o fornecedor passá-lo adiante. Assim, quando o fornecedor entrega o produto a despachante ou transportador, esta condição prevista no tipo se aperfeiçoa[38].

Assim, a tipicidade objetiva exigirá:

a) como situação típica, que o fornecedor tenha disponibilizado ao consumo produtos nocivos ou perigosos, vindo a tomar ciência disto posteriormente;

b) que tenha a possibilidade física – direta ou indireta (mediante ordens ou comandos) – de comunicar autoridades competentes e consumidores sobre a nocividade ou periculosidade;

c) que pratique um *aliud agere*, i.e, um agir diverso do devido, consistente em realizar a comunicação.

O art. 64, *caput* não prevê responsabilidade penal pelo produto, mas aquela proveniente da ausência de comunicação sobre a nocividade ou periculosidade do produto. Tudo gira em torno do direito à informação erigido em favor do consumidor. A título de exemplo, imagine-se um produto que contenha componente químico capaz de causar intoxicações, a exemplo de vernizes, solventes, etc., vindo a ciência acerca desta condição perigosa a dar-se após a disponibilidade ao consumo. Especificamente, cite-se o caso alemão, objeto de processos dos anos 60 aos 80, dos vernizes de madeira para interiores com lindano e PCP (pentaclorofenol), causadores de alterações na saúde de consumidores e trabalhadores que os manipulavam, historiado por Sarrabayrouse[39].

A eventual lesão à vida, saúde e segurança de consumidor concreto não impedirá a responsabilidade penal pela omissão prevista no art. 64, CDC. A frustração do dever de comunicação viola o direito de um indefinido número de consumidores e coloca em risco a vida, saúde e segurança de todos. A efetiva lesão sofrida por um não absorve a exposição a perigo de lesão que submete os demais. Não há relação de consunção entre o crime do art. 64, caput, e eventuais ofensas concretas à vida (art. 121, CP), saúde (art. 129, CP) ou segurança de consumidores.

Quando o fornecedor omitir a comunicação a que se refere o art. 64, *caput*, CDC, e vender, expuser à venda ou tiver em depósito para venda o produto nocivo ou perigoso (periculosidade adquirida), responderá somente pelo art. 7º, IX, Lei 8.137/90 (ou, mesmo, arts. 272, 273, CP, a depender do objeto material – alimentos ou medicamentos e equiparados, respectivamente). Afinal, a comunicação sobre a nocividade ou periculosidade do produto dá-se para a ulterior preservação da vida, saúde, segurança do consumidor. Se há venda, exposição à venda ou manutenção em depósito, a lesão destes bens se apresenta mais intensa. Porém, em outro grupo de casos, no qual o fornecedor não estiver mais com o produto, pois transferido a terceiros na cadeia de distribuição, poderá responder pelo crime do art. 64, *caput*, CDC. Os terceiros,

38 Como corretamente destaca KALIL, José Arthur Di Spirito. O consumidor e o direito penal econômico. Rio de Janeiro: Lumen Juris, 2014, p. 175.

39 V. SARRABAYROUSE, Eduardo C.. Responsabilidad penal por el producto. Buenos Aires: Ad Hoc, 2007, pp. 64 e ss.

que também revistam a posição de fornecedores, a seu turno, responderão pelo art. 7º, IX, Lei 8.137/90, uma vez que pratiquem as condutas nele previstas.

O parágrafo único do art. 64 prevê forma especializada de desobediência[40], com pena equiparada ao *caput*. Trata-se de tipo de injusto omissivo próprio, recaindo sobre o fornecedor que deixar de realizar *recall*, retirando produtos nocivos ou perigosos do mercado, imediatamente ao recebimento de determinação de autoridade competente. Aqui, há uso de técnica de reenvio, pois o tipo depende da existência de ato concreto da administração pública. Observa Herman Benjamin que a ordem pode ser geral, e não especificamente dirigida ao infrator, de modo que comete o crime comerciante que, expondo o produto à venda, "ouvindo no rádio a ordem de *recall*, deixa de cumpri-la".[41] Com efeito, o ato concreto da administração pública efetivamente pode ser dirigido a um conjunto de administrados – no caso, os sujeitos que forneçam produtos ao mercado que, *a posteriori*, revelem-se perigosos.

O tipo objetivo de injusto se realiza quando: a) há situação típica, para o fornecedor, consistente em receber determinação de autoridade para a retirada do produto; b) há possibilidade física de realizar a retirada (deve-se verificar a situação da distribuição, em massa, do produto no ambiente de varejo); c) o agente deixa de recolher o produto com imediatidade.

Acaso a ordem de retirada do produto provenha de autoridade incompetente, o tipo não se perfaz. A elementar "imediatamente" é de caráter normativo, ligando-se ao prazo administrativo assinalado pela autoridade de quem proveio a ordem de retirada.

Como é usual no elenco dos crimes do CDC, o tipo apresenta íntima conexão com normas consumeristas extrapenais. No caso, o art. 64, parágrafo único, evoca o direito do consumidor contido no art. 6º, VI, CDC, atinente à "efetiva prevenção e reparação de danos patrimoniais e morais, individuais, coletivos e difusos".

Tipicidade Subjetiva

Tanto o *caput*, como o tipo equiparado do parágrafo único, admite somente a forma dolosa.

Consumação e Tentativa

O crime do art. 64, *caput*, consuma-se com o agir diverso da comunicação, ao consumidor ou à autoridade, acerca do caráter nocivo ou perigoso do produto. Após o produto estar disponível ao consumidor, o dever de comunicação surgirá para o fornecedor assim que adquirir ciência sobre a nocividade ou periculosidade. Havendo dúvida sobre o caráter nocivo ou perigoso, para efeitos criminais, o dever de agir não se impõe. Porém, tornar-se-á impositivo com a certeza da nocividade ou periculosidade.

Acaso o fornecedor realize a comunicação somente aos consumidores, mas não à autoridade – ou vice-versa – o crime estará consumado. O dever de comunicação erigido pelo tipo tem dois destinatários. Não são destinatários alternativos[42].

---

40 FONSECA, Antonio Cezar Lima da. Direito Penal do Consumidor. Porto Alegre: Livraria do Advogado, 1996, pp. 178, entende que o fornecedor pode responder pelo art. 64, parágrafo único, em concurso com o art. 330, CP. Discorda-se desta proposição, pois o art. 64 opera como lex specialis, afastando a norma genérica, em solução de conflito aparente de normas. Ademais, estendemos ao art. 64 o posicionamento segundo o qual a sanção criminal exige a inexistência de prévia sanção de ordem administrativa, seguindo reiterada posição do C. STJ, pela qual o crime de desobediência é de natureza subsidiária, tomando o princípio da intervenção em ultima ratio legis como norte. Vide: AgRg no AREsp 699637 / SP. AGRAVO REGIMENTAL NO AGRAVO EM RECURSO ESPECIAL 2015/0101265-7, 5ª. T., Rel. Min. Reynaldo Soares da Fonseca, DJ 27.04.17, DP 05.05.17, a título de exemplo.

41 BENJAMIN, Antonio Herman v. et alii. Comentários ao Código de Defesa do Consumidor. 5ª. ed. São Paulo: Thomson Reuters – RT, 2017, p. 1681.

42 No sentido do texto, SILVA JÚNIOR, José. "Defesa do Consumidor". In: Leis penais especiais e sua interpretação jurisprudencial. 7ª. ed. São Paulo: RT, 2002, p. 1.392; BENJAMIN, Antonio Herman v. et alii. Comentários ao Código de Defesa do Consumidor. 5ª. ed. São Paulo: Thomson Reuters – RT, 2017, p. 1680; FONSECA, Antonio Cezar Lima da.

Uma vez que o tipo não fixa o prazo para a comunicação, e tendo em conta que o art. 10, parágrafos 1º e 2º, CDC, exige a realização da publicidade "imediatamente", o aperfeiçoamento do agir diverso ocorrerá quando nenhuma providência for adotada para a realização publicitária, durante o razoável hiato destinado a prepará-la. Se houver, neste período, tomada de providências por parte do fornecedor, ainda que a publicidade não tenha se aperfeiçoado, caracteriza-se o dever de agir imposto pela norma, que exonera de responsabilidade o sujeito ativo. Afinal, a publicidade apresentará variações, conforme a amplitude de locais de oferta do produto, o porte do fornecedor, as características culturais do consumidor, etc. Trata-se de um conjunto de providências que encerra a complexidade de reunir vários atos parciais.

Observado o tempo destinado a amoldar a publicidade às demandas da situação concreta, a adoção de providências publicitárias há de ser imediata, pois "a comunicação posterior não tem o condão de afastar o crime", podendo influir na dosagem da pena[43].

Não há necessidade de dano efetivo, com alguém sofrendo lesões ou perigo de dano concreto. O crime é de mera (in)atividade, quanto ao resultado naturalístico, bem como de perigo abstrato e comum, quanto ao resultado jurídico.

Não há espaço para a tentativa[44], pois ou o agir devido pode ser realizado, e o crime não está consumado, ou o agir diverso se aperfeiçoa, e com ele o conjunto de elementares típicas.

Quanto ao parágrafo único, a consumação se opera com o agir diverso da retirada do produto do mercado, imediata à determinação neste sentido recebida de autoridade pública. Há de se observar o prazo contido na determinação administrativa para a caracterização do crime[45].

Ação Penal

A ação penal é pública incondicionada. Há titularidade dos órgãos da administração pública direta ou indireta de defesa do consumidor – Procons, notadamente – e associações de defesa do consumidor para figurarem como assistentes da acusação (v. arts. 80 e 82, III e IV, CDC, combinados).

Cuida-se de infração de menor potencial ofensivo, sujeita à competência dos Juizados Especiais Criminais, comportando transação (art. 76, Lei 9.099/95), uma vez satisfeitos os requisitos. Ainda, é possível a aplicação da suspensão condicional do processo (art. 89, Lei 9.099/95). Não é cabível o acordo de não persecução penal, pois para essa infração, como visto, cabe transação penal, incidindo, portanto, a vedação do art. art. 28-A, § 2º, inciso I do Código de Processo Penal.

DO CRIME DE EXECUÇÃO PROIBIDA DE SERVIÇOS COM ALTO GRAU DE PERICULOSIDADE

Art. 65. Executar serviço de alto grau de periculosidade, contrariando determinação de autoridade competente:

Pena Detenção de seis meses a dois anos e multa.

Direito Penal do Consumidor. Porto Alegre: Livraria do Advogado, 1996, pp. 174. Contra: COSTA JÚNIOR, Paulo José e COSTA, Fernando José da. Crimes contra o consumidor. 2ª ed. São Paulo: Atlas, 2008, p. 14; KALIL, José Arthur Di Spirito. O consumidor e o direito penal econômico. Rio de Janeiro: Lumen Juris, 2014, p. 175.

43 Assim, FONSECA, Antonio Cezar Lima da. Direito Penal do Consumidor. Porto Alegre: Livraria do Advogado, 1996, pp. 171.

44 ANDREUCCI, Ricardo Antonio. Legislação Penal Especial. 3ª. ed. São Paulo: Saraiva, 2007, p. 330; KALIL, José Arthur Di Spirito. O consumidor e o direito penal econômico. Rio de Janeiro: Lumen Juris, 2014, p. 176.

45 Igual, FONSECA, Antonio Cezar Lima da. Direito Penal do Consumidor. Porto Alegre: Livraria do Advogado, 1996, pp. 179.

§ 1º As penas deste artigo são aplicáveis sem prejuízo das correspondentes à lesão corporal e à morte. (Redação dada pela Lei nº 13.425, de 2017)

§ 2º A prática do disposto no inciso XIV do art. 39 desta Lei também caracteriza o crime previsto no caput deste artigo. (Incluído pela Lei nº 13.425, de 2017)

Bem Jurídico Tutelado

Mediatamente, protegem-se as relações de consumo, enquanto unidade funcional que engloba órgãos, mecanismos e regulamentos que regem a relação entre fornecedores e consumidores, buscando compensar a vulnerabilidade destes.

O bem jurídico imediato, com função de representação das relações de consumo, é o direito do consumidor à vida, saúde e segurança frente a serviços com alta periculosidade, segundo deriva da imediata conexão do tipo penal com o art. 10, caput, do CDC. Trata-se de exposição destes bens do consumidor a perigo abstrato. A ideia de alto grau de periculosidade evidencia estar embutido, no serviço, o perigo de lesão, sem necessidade de constatação da efetiva exposição de alguém *ex post factum*[46]. Há, também, tutela da administração pública no âmbito da regência das relações de consumo.

O parágrafo 2º indica que a violação ao art. 39, XIV, CDC também "caracteriza o crime previsto no caput" do art. 65. Ocorrerá quando o fornecedor "permitir o ingresso em estabelecimentos comerciais ou de serviços de um número maior de consumidores que o fixado pela autoridade administrativa como máximo". Trata-se de expressa criminalização de uma das práticas abusivas arroladas em *numerus apertus* (rol exemplificativo) no citado art. 39.

A meta do art. 39, XIV, CDC, não está restrita à preservação da saúde ou segurança do consumidor, porquanto a abusividade se caracteriza já pela ausência de conforto ou condições adequadas de fruição de atividade comercial ou serviço colocado no mercado pelo fornecedor. Por exemplo, serviço de espetáculo teatral que exija, pelas condições do local, que a assistência dê-se em posição sentada, revestirá abusividade se o excesso de público implicar em que a plateia fique em pé, com comprometimento integral ou parcial da visualização do espetáculo.

A perspectiva do art. 65, 2º, CDC, não é a mesma. O alinhamento da forma típica equiparada ao caput, em interpretação sistemática, indica que o parágrafo 2º trata de superlotação capaz de expor a perigo abstrato a vida, a saúde ou a segurança do público, no todo ou em parte. Este é o conjunto de aspectos da relação de consumo erigido como bem de proteção. Só nesta perspectiva a conduta do fornecedor torna-se equiparável à execução de serviço de alto grau de periculosidade, à revelia de determinação da administração pública. A ideia é evitar que a superlotação intensifique riscos à saúde, segurança e vida derivados de situações como incêndios, pisoteamentos, etc.

De outro lado, uma mera proteção de conforto do consumidor não parece revestir a necessária magnitude para merecer proteção penal, bastando a proteção administrativa ou, mesmo, consumerista civil. Portanto, a violação do art. 39, XIV, enquanto realização do tipo penal do art. 65, 2º, CDC, exige interpretação restritiva do conteúdo material de injusto, como costuma ocorrer em situações de administrativização do direito penal[47], recorrentes no direito penal

46 Contra, PRADO, Luiz Regis. Direito Penal Econômico. São Paulo: RT, 2004, p. 117.

47 Sobre a administrativização do direito penal, v. SILVA SÁNCHEZ, Jesús-María. A expansão do Direito Penal: Aspectos da política criminal nas sociedades pós-industriais. 2ª ed. São Paulo: Revista dos Tribunais, 2011, p 148; GUARAGNI, Fábio André. "A intensificação do uso de técnicas de reenvio em Direito Penal: Motivos político-criminais". In: Revista Jurídica Cesumar – Mestrado, [S.l.], v.12, b.1, p. 35-47, jan./jul. Maringá, pp. 36-37, 2012.

econômico. Trata-se de empenho do intérprete que, na *praxis*, separa o conteúdo das normas penais daquele havido por normas puramente administrativas.

Para além, também no parágrafo 2º, dá-se tutela da administração pública, num dos particulares aspectos com que rege as relações de consumo.

Sujeitos do Crime

Ambos os delitos são especiais de autor, dirigindo-se ao polo fornecedor da relação de consumo. No caput, o sujeito ativo é o fornecedor de serviços. Quando se trata do parágrafo 2º, é o fornecedor responsável pelo estabelecimento comercial ou de serviços. Repare-se, quanto à definição de autoria, que são delitos de infração de deveres.

Tratando-se de estrutura empresarial, a execução do comportamento típico costuma não ser realizada diretamente pelo sujeito ativo, mas por subordinados. A atribuição do fato a estes – já que produzem o risco de dano para o bem jurídico coibido pelos tipos – também ocorre[48]. Sem prejuízo de tratar-se de delito de infração de dever, tais subordinados, quando da atuação típica dolosa, integram-se no polo fornecedor das relações de consumo. Demais auxiliares da conduta de prestação de serviços respondem, neste delito de infração de dever praticado por fornecedores[49], na condição de partícipes, por não revestirem as exigências de subjetividade ativa exigidas pelos preceitos incriminadores. Atente-se, aqui, para a incidência da regra do art. 30, CP.

Os sujeitos passivos são os consumidores, destinatário final do serviço de alta periculosidade, bem como os intervenientes na relação de consumo, a que se refere o art. 2º, parágrafo único. Observa-se, com razão, que se o consumidor final for pessoa jurídica, enquanto *fictio juris*, ainda assim há crime, já que "composta de pessoas físicas que têm bens a serem protegidos pela norma, a saúde, a segurança e a integridade"[50].

Também o Estado apresenta-se como sujeito passivo[51] imediato, porquanto veda a execução dos serviços ou limita a frequência do estabelecimento (parágrafo 2º) e não é atendido.

Terceiros que possam ser atingidos são prejudicados, já que sofrem consequências do delito (perigo de dano) sem titularizarem o bem jurídico, enquanto polo da relação de consumo, ou nela intervirem.

Condutas Típicas (Tipicidade Objetiva)

O art. 65, caput, é tipo ativo ou comissivo. O tipo objetivo do caput aperfeiçoa-se com o verbo "executar". Trata-se de verbo com carga semântica fraca, similar a "praticar" ou "realizar"[52]. A determinação de certeza depende, grandemente, da identificação do objeto material da execução.

48 FONSECA, Antonio Cezar Lima da. Direito Penal do Consumidor. Porto Alegre: Livraria do Advogado, 1996, p. 186.

49 O que é plenamente possível, como anota DONNA, Edgardo Alberto. La autoría y la participación criminal. 3ª. ed. Santa Fé: Rubinzal Culzoni, 2009, p. 118. Abre-se, na doutrina, discussão acerca de qual é a pena aplicável ao partícipe, se a do delito especial de autor ou a do delito base, sem o acréscimo de pena do tipo referido à subjetividade ativa especial, em casos de delitos especiais impróprios (quando há um tipo penal correlato também para aqueles que não revestem a qualidade típica, como no caso da apropriação indébita, em relação ao peculato). Porém, no sistema brasileiro, a pena do crime do agente qualificado é aplicada ao partícipe, por força da decisão legislativa constante do art. 30, CP, tanto nos delitos especiais de autor próprios, como nos impróprios.

50 FONSECA, Antonio Cezar Lima da. Direito Penal do Consumidor. Porto Alegre: Livraria do Advogado, 1996, p. 186.

51 MIRAGEM, Bruno. Curso de direito do consumidor. 6ª. ed. São Paulo: RT, 2016, p. 888. Do mesmo modo, BENJAMIN, Antonio Herman v. et alii. Comentários ao Código de Defesa do Consumidor. 5ª. ed. São Paulo: Thomson Reuters – RT, 2017, p. 1.684.

52 BATISTA, Nilo. Introdução crítica ao direito penal brasileiro. Rio de Janeiro: Revan, 1990, p. 81.

A seu turno, o objeto material é um serviço de alto grau de periculosidade, cuja execução ocorre em afronta à determinação de autoridade competente. O tipo não trata de produtos. "Serviço" é elementar normativa jurídica, cujos contornos constam da norma definitória do CDC, art. 3º, parágrafo 2º: "Serviço é qualquer atividade fornecida no mercado de consumo, mediante remuneração, inclusive as de natureza bancária, financeira, de crédito e securitária, salvo as decorrentes das relações de caráter trabalhista."

A adjetivação do serviço dá-se através de elemento normativo. A periculosidade está atada, necessariamente, à saúde ou segurança do consumidor, conforme art. 10, *caput*, CDC. Porém, o diploma legal não define quando a periculosidade se dá em "alto grau". O CDC apenas registra que é defeso colocar no mercado serviço que a ostente (art. 10, *caput*), incidindo a correlata ameaça penal do preceito secundário do art. 65 para quem violar a proibição. Surge aí outro problema de indeterminação, para além do verbo típico.

Há tentativas em doutrina de preenchimento do conteúdo da elementar, com apelo à ideia de periculosidade exacerbada, exigente de "atenção, cuidados, equipamentos e instalações especiais", a exemplo de serviços de "dedetizações, os parques de diversões, as escolas de paraquedismo, o transporte aéreo, os serviços hospitalares" (Herman Benjamin)[53].

Inegável que tais serviços apresentam perigos, somados a milhares de outros. A questão é que o apelo à linguagem, mediante adjetivações sobre o caráter "exacerbado" da periculosidade, não preenche a carga significativa exigida pelo princípio da reserva legal. Haverá ausência de *lex certa* (princípio da taxatividade, determinação típica ou do mandado de certeza)[54], acaso a elementar "alto grau de periculosidade" seja considerada normativa cultural, a depender de fechamento judicial. Há inevitável insegurança jurídica. Assim, é necessário que se crie norma definitória extrapenal, ou mesmo voltada a efeitos penais, de quando há o alto grau de periculosidade, estipulando, sobretudo, se a execução do serviço é sempre proibida ou somente quando ultrapassados determinados patamares de risco.

Nada obstante, a execução de serviços que possam implicar em mortes ou lesões, com ofensa à normativa extrapenal efetivamente vigente destinada à contenção destes riscos, poderá, pontualmente, servir à caracterização do conteúdo significativo da expressão "alto grau de periculosidade". Há bom exemplo de Brito Filomeno, relativo à contratação de serviço de desratização, por siderúrgica no Estado de São Paulo, em que o emprego de veneno proscrito por legislação sanitária nacional, causou a morte de três operários e intoxicou inúmeros outros[55].

Convém, no caso de serviços cuja execução torne-se altamente perigosa quando da inobservância de normas de contenção de riscos, que a respectiva realização dependa de prévia licença, integrando-se a norma geral definidora do alto grau de periculosidade com o ato administrativo de efeitos concretos tangente à autorização ou não.

E, de fato, o tipo objetivo contém elemento negativo: só se caracteriza o crime quando havia uma prévia determinação de autoridade pública competente – administrativa, legal ou judicial[56] – vedando a execução do serviço (mediante, mesmo, a não concessão de autorização

53 BENJAMIN, Antonio Herman v. et alii. Comentários ao Código de Defesa do Consumidor. 5ª. ed. São Paulo: Thomson Reuters – RT, 2017, p. 1.685.

54 PRADO, Luiz Regis. Direito Penal Econômico. São Paulo: RT, 2004, p. 117; COSTA JÚNIOR, Paulo José e COSTA, Fernando José da. Crimes contra o consumidor. 2ª ed. São Paulo: Atlas, 2008, p. 15; FONSECA, Antonio Cezar Lima da. Direito Penal do Consumidor. Porto Alegre: Livraria do Advogado, 1996, p. 184.

55 FILOMENO, José Geraldo Brito et alii. Código brasileiro de defesa do consumidor. 11ª. ed. Rio de Janeiro: Forense, 2017, p. 726.

56 É o registro de BENJAMIN, Antonio Herman v. et alii. Comentários ao Código de Defesa do Consumidor. 5ª. ed. São Paulo: Thomson Reuters – RT, 2017, p. 1.684, exemplificando com ordem judicial de suspensão de atividades de UTI pela falta de instalações ou adequados equipamentos. Insistimos, porém, que a definição do alto grau de periculosidade não pode ser efetuada segundo o "prudente arbítrio" do magistrado, i.e, apelando-se a certo sentido

ou licença) ou traçando patamares de rebaixamento de seu alto risco de periculosidade, de modo a viabilizar a respectiva prestação. No silêncio prévio de autoridade, a realização de serviço com alto grau de periculosidade viola a norma extrapenal do art. 10, *caput*, CDC, mas não se subsume ao preceito primário do tipo. Por outro lado, a vedação da realização de dado serviço por autoridade, para não importar em puro exercício de arbítrio, deve conter evidência técnica da alta periculosidade, com suporte normativo. Como dito acima, referido suporte mostra-se, até o momento, ausente do panorama normativo.

A determinação de autoridade é ato administrativo de efeitos concretos da autoridade pública, ao qual o tipo penal realiza reenvio. O ato pode ser destinado a um singular fornecedor de serviços. Acaso a determinação de autoridade sobrevenha sobre forma de regramento – ato administrativo com efeitos normativos – destinado a uma generalidade de fornecedores, *in abstracto*, a determinação de autoridade passa a caracterizar norma de complementação de branco constante do preceito primário. Neste caso, o caput do art. 65 assimilará característica de Lei penal em branco, técnica de reenvio distinta da remissão a ato concreto da administração pública[57].

Note-se, por fim, que se houver ordem ou determinação de autoridade pública incompetente, no sentido de vedar a realização do serviço ou rebaixar-lhe o patamar de risco, o respectivo desatendimento também não terá adequação típica.

O art. 65, parágrafo 2º, contém técnica legislativa pouco usual. Trata-se de preceito primário erigido de modo remissivo ao art. 39, XIV, CDC. Tanto o parágrafo 2º quanto o inciso XIV foram adicionados em 2017, através da Lei 13.425, que trata da prevenção de incêndios e desastres em local em estabelecimentos, edificações e áreas de reunião de público. A Lei teve impulso a partir da conhecida tragédia da Boate Kiss, na cidade de Santa Maria-RS, em janeiro de 2013, que resultou em mais de duas centenas de mortes.

A princípio, a leitura do parágrafo 2º indica que se caracteriza o crime do caput quando o fornecedor "permitir o ingresso em estabelecimentos comerciais ou de serviços de um número maior de consumidores que o fixado pela autoridade administrativa como máximo" (letra do art. 39, XIV, CDC). Porém, quando desta permissão, o fornecedor não está executando serviço de alto grau de periculosidade, senão permitindo excessivo ingresso de pessoas em local de execução de serviços ou atividades comerciais. É preferível, portanto, interpretar o parágrafo 2º como uma forma típica equiparada ao *caput*.

Nesta perspectiva, o crime, de forma ativa ou comissiva, ocorre com o núcleo do tipo permitir. O agente permite a entrada de consumidores em acréscimo ao limite fixado por autoridade. Novamente, ato normativo anômalo de autoridade pública ou ato administrativo de efeitos concretos, dirigido ao comerciante ou grupo de comerciantes, deve existir previamente, fixando a lotação máxima do local. Há, aqui, novo emprego de técnicas de reenvio, pela via da Lei em branco ou da remissão a atos concretos, conforme as características da normativa administrativa de complementação.

Tipicidade Subjetiva

Os tipos penas do caput e parágrafo 2º somente se aperfeiçoam mediante dolo. Quanto ao caput, a ausência de cognição acerca do elemento normativo tangente ao alto grau de periculosidade determinará erro de tipo (art. 20, *caput*, CP), sem que haja punibilidade do erro vencível, uma vez ausente forma culposa.

---

natural da linguagem para atribuir às decisões judiciais o preenchimento, sem mais, do conteúdo da elementar normativa.

57 Considerando a determinação normalmente como genérica, mediante ato regulamentar, e visualizando Lei penal em branco no preceito primário do tipo, BENJAMIN, Antonio Herman v. et alii. Comentários ao Código de Defesa do Consumidor. 5ª. ed. São Paulo: Thomson Reuters – RT, 2017, p. 1680.

Consumação e Tentativa

O caput do art. 64 está consumado com execução do serviço com alto grau de periculosidade. Trata-se de crime formal ou de consumação antecipada, não exigindo qualquer resultado naturalístico lesivo derivado do serviço perigoso.

A eventual superveniência de resultado comprometedor da vida ou saúde de consumidores implica na respectiva tipificação mediante os usuais delitos de homicídio ou lesões corporais. Em regra, incidirão sob as modalidades culposas (mas não necessariamente). Neste caso, o art. 65 é aplicado cumulativamente, segundo expressa determinação do parágrafo 1º, a afastar de modo expresso eventual compreensão de que o crime em análise tenha caráter subsidiário, na perspectiva do conflito aparente de normas[58]. Para alguns, a aplicação cumulativa dos tipos deve ocorrer por concurso material[59]. Parece-nos, diferentemente, que o parágrafo 1º afasta a incidência de princípios resolutivos de conflito aparente de normas, impondo a consideração da norma do CDC em conjunto com demais crimes de homicídio ou lesões. Porém, a observância da pena do preceito secundário do art. 65, caput, pode se dar mediante cúmulo material (concurso real ou material) ou exasperação sobre a pena mais grave (concurso ideal ou formal), segundo as nuances do caso concreto.

Se o agente tiver dolo de realizar o serviço defeso, gerador de perigo abstrato para indefinido número de pessoas, e ainda a pretensão de expor a perigo concreto vítima determinada, dá-se concurso com o art. 132, CP. Porém, se o elemento subjetivo for somente o dolo dirigido à vítima singularizada, e não houver exposição *in genere* de consumidores, prevalece apenas o último.

A tentativa é possível, bastando que circunstâncias alheias à vontade do agente interrompam os atos executórios, compreendidos não só como o núcleo do tipo, mas também como o último ato anterior ao núcleo, segundo o plano concreto do autor, nos termos da teoria objetivo individual, empregada para distinção entre atos preparatórios e executórios[60].

Ação Penal

A ação penal é pública incondicionada, com titularidade dos órgãos da administração pública direta ou indireta de defesa do consumidor (Procons) e associações de defesa do consumidor para figurarem como assistentes da acusação (v. arts. 80 e 82, III e IV, CDC, combinados).

Tratando-se de infração de menor potencial ofensivo, fica sob a competência dos Juizados Especiais Criminais, permitindo transação (art. 76, Lei 9.099/95). Cabe também o favor legal da suspensão condicional do processo (art. 89, Lei 9.099/95). Não é cabível o acordo de não persecução penal, pois para essa infração, como visto, cabe transação penal, incidindo, portanto, a vedação do art. art. 28-A, § 2º, inciso I do Código de Processo Penal.

58 À medida que o art. 65 expõe a perigo um indeterminado número de pessoas, enquanto os arts. 121 e 129 são dirigidos a vítimas determinadas, o concurso de crimes teria que incidir, ainda que ausente a ressalva do parágrafo 1º. Afinal, a não incidência do crime de perigo abstrato, dando lugar ao puro emprego do delito de dano, é adequada a situações em que o sujeito passivo das duas formas típicas é a mesma e singularizada vítima.

59 SILVA JÚNIOR, José. "Defesa do Consumidor". In: Leis penais especiais e sua interpretação jurisprudencial. 7ª. ed. São Paulo: RT, 2002, p. 1.394; FONSECA, Antonio Cezar Lima da. Direito Penal do Consumidor. Porto Alegre: Livraria do Advogado, 1996, p. 187; FILOMENO, José Geraldo Brito et alii. Código brasileiro de defesa do consumidor. 11ª. ed. Rio de Janeiro: Forense, 2017, p. 728.

60 ZAFFARONI, Eugenio Raúl e PIERANGELLI, José Henrique. Da tentativa. 3ª. ed. São Paulo: RT, 1992, pp. 55-56.

DO CRIME DE MARKETING NÃO PUBLICITÁRIO ENGANOSO

Art. 66. Fazer afirmação falsa ou enganosa, ou omitir informação relevante sobre a natureza, característica, qualidade, quantidade, segurança, desempenho, durabilidade, preço ou garantia de produtos ou serviços:

Pena – Detenção de três meses a um ano e multa.

§ 1º Incorrerá nas mesmas penas quem patrocinar a oferta.

§ 2º Se o crime é culposo;

Pena Detenção de um a seis meses ou multa.

Bem Jurídico Tutelado

Mediatamente, o bem jurídico tutelado concerne às relações de consumo, unidade funcional voltada à tutela do consumidor, na perspectiva da compensação de sua vulnerabilidade.

Como bem jurídico imediato, com papel de representação das relações de consumo e individualizando um de seus aspectos, protege-se o direito do consumidor à correta informação acerca dos produtos e serviços que lhe são ofertados no âmbito do mercado, evitando que surjam crenças erradas acerca da respectiva aptidão[61]. Os bens jurídicos são relações de disponibilidade entre sujeitos e objetos. Nesta perspectiva, consumidores, enquanto sujeitos em escala supraindividual, nutrem relações de disponibilidade com a veracidade e correção das informações acerca de produtos e serviços que lhes são ofertados. O art. 66 é exemplo de tutela penal de bens e interesses de natureza difusa.

A realização de uma política nacional de relações de consumo transparente, nos termos do art. 4º, caput, CDC, passa pela veracidade das informações respectivas aos produtos e serviços. O art. 6º do CDC enumera, dentre os direitos do consumidor, "a informação adequada e clara sobre os diferentes produtos e serviços, com especificação correta de quantidade, características, composição, qualidade, tributos incidentes e preço" (inciso III, primeira parte). Teleologicamente, o art. 66 está emparelhado com estas disposições extrapenais do CDC, avultando ainda a regra do art. 31, necessária à correta compreensão do tipo objetivo.

Refere-se Herman Benjamin ao fato de que, *lato sensu,* toda a informação ou oferta relacionada a produto ou serviço constitui *marketing,* cujas espécies são: a) publicitário, normalmente criado por profissional e veiculado em mídia de massa – constitui objeto dos arts. 67 a 69; b) não publicitário, correspondente àquele que "acompanha o fornecimento (…) É o vendedor imediato, que afirma ter seu produto tais e tais qualidades..." Configura o objeto do art. 66. O *marketing* publicitário tem maior capacidade de lesão, por ser veiculada mediante *mass midia.* Há casos em que é difusa a fronteira entre uma e outra espécie. De toda sorte, aponta corretamente o Herman Benjamin, as reações penais são de igual montante[62].

Sujeitos do Crime

Sujeitos ativos são os fornecedores, definidos no art. 3º do CDC (exceto pessoas jurídicas), responsáveis pelas informações acerca de produtos e serviços, quando ofertados ou apresentados ao público consumidor. Trata-se de delito especial de autor.

---

61 FILOMENO, José Geraldo Brito et alii. Código brasileiro de defesa do consumidor. 11ª. ed. Rio de Janeiro: Forense, 2017, p. 741, traça interessante quadro de diferenças entre o tipo e o crime de falsidade ideológica, após apontar a intimidade entre ambos. E, efetivamente, a ideia de fé pública dos crimes de falso apresenta-se como meta de tutela no art. 66.

62 Tudo conforme BENJAMIN, Antonio Herman v. et alii. Comentários ao Código de Defesa do Consumidor. 5ª. ed. São Paulo: Thomson Reuters – RT, 2017, p. 1687-8.

No ciclo da produção, distribuição e consumo de bens, em regra, os sujeitos ativos do art. 66 figurarão na etapa final, atinente à comercialização. Em alguns casos, porém, a subjetividade ativa incidirá sobre fornecedores que atuam previamente à comercialização, principalmente quando a normativa onerar-lhes com deveres de informação. É o caso do art. 31, parágrafo único, CDC, que obriga o fornecedor à gravação indelével (i. é, que não se pode apagar) acerca de informações atinentes a produtos refrigerados – prazos de validade, sobretudo. Neste caso, a aferição do período para degradação do produto precisa ocorrer no início do ciclo econômico, quando do beneficiamento ou manipulação para distribuição no varejo. Do contrário, dá-se omissão enquadrada no art. 66, 2ª parte.

Em regra, a oferta de produtos e serviços ao consumo dá-se no âmbito de pessoas jurídicas. Costuma ocorrer acompanhada de afirmações positivas sobre o objeto ofertado. Abrem-se, aí, dois compromissos: a) de que tais afirmações não sejam falsas ou enganosas (art. 66, 1ª parte); b) de prestação de informações sobre os objetos ofertados (art. 66, 2ª parte). Assim, o gestor (diretor, administrador, gerente, nos termos do art. 75, CDC), responsável pelo anúncio falso ou enganoso, ou a quem incumbe o dever de informação dos dados acerca do objeto ofertado, será sujeito ativo, na posição de autor, ainda que a execução da oferta – com atos concretos de exposição, como colocação de produtos em gôndolas – incumba a subordinados. Estes, enquanto ofertantes, são posicionados pelo tipo como sujeitos ativos, integrados à relação de consumo, no polo fornecedor.

Quando a oferta do produto ou serviço vier acompanhada de informação falsa ou enganosa realizada por pura iniciativa de vendedor, subordinado na escala hierárquica da pessoa jurídica, sem que haja promoção, aprovação ou permissão desta atitude por superior com encargo de gestão, não haverá crime por parte deste (ausente elemento subjetivo), mas exclusivamente daquele, que – a efeitos penais – assume a posição de fornecedor. A solução típica, ao posicionar o ofertante como sujeito ativo, revela encaixe, na definição de fornecedor, de todos os empregados da base estrutural hierárquica do ente coletivo que realizem, dolosa ou culposamente, a afirmação falsa.

Acaso o superior tenha descurado de orientar ou mesmo vigiar adequadamente o subordinado que falseia ou engana consumidores quanto ao bem ofertado, poderá responder pela forma culposa (art. 66, parágrafo 2º).

O parágrafo 1º estende a subjetividade ativa ao patrocinador da oferta. Volta-se a situações na qual o ofertante não é o próprio fornecedor. Porém, para que não se erija espécie de responsabilidade objetiva, vedada pelo princípio jurídico-penal da culpabilidade, a subjetividade ativa do patrocinador exigirá a demonstração de que vinculou-se subjetivamente ao ofertante, no sentido de falsear as afirmações sobre o objeto da oferta, ou sonegá-las, quando relevantes.

Sujeitos passivos são os consumidores, enquanto coletividades, destinatários da informação falsa ou enganosa sobre produtos ou serviços (1ª parte do preceito primário) ou da respectiva oferta, conquanto ausentes informações relevantes sobre a natureza, característica, quantidade, qualidade, segurança, desempenho, durabilidade, preço ou garantia (2ª parte do preceito primário)[63].

Condutas Típicas (Tipicidade Objetiva)

O tipo objetivo divide-se em duas partes: a) a primeira, de forma ativa, tem como núcleo o verbo "fazer". O objeto material é "afirmação" sobre produtos ou serviços, adjetivada com dois elementos normativos do tipo: "falsa ou enganosa"; b) a segunda apresenta abertura típica

63 Parece-nos equivocada a ideia de que sujeito passivo seria o consumidor ludibriado, opção adotada por COSTA JÚNIOR, Paulo José e COSTA, Fernando José da. Crimes contra o consumidor. 2ª ed. São Paulo: Atlas, 2008, p. 21.

omissiva própria. O núcleo típico é "omitir". A omissão recai sobre "informação relevante" acerca de diversos aspectos de produtos ou serviços.

Em relação ao art. 66, 1ª parte, importa definir quando a afirmação realizada acerca do produto ou serviço é falsa ou enganosa. Falsa é aquela não veraz, que não guarda correspondência com a realidade do objeto. Enganosa é aquela que se dá "com malícia ou subterfúgio, escondendo a verdade"[64]. Ambas possuem aptidão para induzir o destinatário da afirmação a erro, de modo a formar cognição sobre o objeto da afirmação desassociada da realidade.

O ambiente do *marketing* não publicitário, em que o crime se configura, integra "informações de balcão, assim como as constantes de rótulos, bulas, termos de garantia, notas fiscais, cartas endereçadas aos consumidores, manuais de instrução e instrumentos contratuais."[65] Situação comum é o preço de produtos, na gôndola, constar em montante etiquetado inferior ao que é cobrado no caixa (RT 768/594 – TACRIM-SP, HC 3388001, Rel. Ubiratan de Arruda, j. 15.04.99)[66].

Quanto à segunda parte do dispositivo, apresenta norma mandamental anteposta determinante de que o fornecedor preste "informação relevante" sobre nove aspectos dos produtos ou serviços: "natureza, característica, qualidade, quantidade, segurança, desempenho, durabilidade, preço ou garantia". Bom exemplo é aquele do vendedor de automóveis que, pelo estado do veículo, conclui que o marcador de quilometragem rodada foi desligado em algum momento, mas silencia a respeito diante do consumidor[67].

Dúvida inicial reside em definir a elementar normativa "informação relevante". O CDC não contém norma definitória da expressão, opção que tensiona a taxatividade da norma (vertente da reserva legal exigente de *lex certa*). Herman Benjamin apela à ideia de que relevante é a informação que tem em vista "a expectativa legítima do consumidor"[68]. Tal critério é inseguro, variando de consumidor a consumidor, albergando aspectos do produto ou serviço centrais ou não – sobre todos podem-se fundar expectativas – e de difícil aquilatação, uma vez que encerrado na subjetividade do destinatário da oferta.

Outra tentativa vem com Dotti: informação relevante é aquela "necessária e fundamental para a formação de um convencimento a propósito da natureza, das características, condições e demais aspectos do produto ou do serviço. É a informação evidente e considerada como principal para a relação de consumo"[69]. Enfim, apela-se aqui à ideia de uma informação "principal", para dar concretude à expressão de carga semântica fraca eleita pelo legislador.

Um caminho mais promissor, como costuma ocorrer com os crimes do CDC, é atar a compreensão do tipo a normas extrapenais, espalhadas em toda a Lei 8.078/90. No caso, o art. 66 coliga-se ao art. 31, CDC: "A oferta e apresentação de produtos ou serviços devem assegurar informações corretas, claras, precisas, ostensivas e em língua portuguesa sobre suas características, qualidades, quantidade, composição, preço, garantia, prazos de validade e origem, entre outros dados, bem como sobre os riscos que apresentam à saúde e segurança dos consumidores."

---

64 PRADO, Luiz Regis. Direito Penal Econômico. São Paulo: RT, 2004, p. 122.

65 BENJAMIN, Antonio Herman v. et alii. Comentários ao Código de Defesa do Consumidor. 5ª. ed. São Paulo: Thomson Reuters – RT, 2017, p. 1689.

66 Apud BENJAMIN, Antonio Herman v. et alii. Comentários ao Código de Defesa do Consumidor. 5ª. ed. São Paulo: Thomson Reuters – RT, 2017, p. 1693.

67 BENJAMIN, Antonio Herman v. et alii. Comentários ao Código de Defesa do Consumidor. 5ª. ed. São Paulo: Thomson Reuters – RT, 2017, p. 1691.

68 BENJAMIN, Antonio Herman v. et alii. Comentários ao Código de Defesa do Consumidor. 5ª. ed. São Paulo: Thomson Reuters – RT, 2017, p. 1691.

69 DOTTI, René Ariel. "Das infrações penais". In: Comentários ao Código de Defesa do Consumidor. (Coord. René Ariel Dotti e José Cretela Júnior). Rio de janeiro: Forense, 1992, p. 255.

De todo modo, mesmo com o apelo à citada regra extrapenal, não se elucida quando a informação pode ser reputada "relevante". Isto importa: afinal, a omissão de informação acerca de aspecto irrelevante não permite a adequação típica. Deixar ao talante do Ministério Público ou do Poder Judiciário referida definição desatende a postulados necessários de segurança jurídica.

O rol de nove aspectos exigentes de informações, por parte do fornecedor, é fechado (*numerus clausus*). Este rol tem parcial coincidência com a relação exemplificativa de dados de produtos ou serviços presente no art. 31. Porém, dentre os aspectos enumerados no art. 66, caput, 2ª parte, refere-se a "característica" do produto ou serviço. A carga semântica desta expressão é genérica, de modo que a limitação do poder punitivo derivada do rol taxativo mostra-se inconsistente.

O parágrafo 1º, no tipo objetivo, limita-se a estender a subjetividade ativa do *caput* do art. 66 ao patrocinador, nos casos em que o ofertante do produto ou serviço dele se distingue, recordando-se que o art. 30, CDC, define o que vem a ser a oferta.

O tipo penal do art. 66 dirige-se a toda sorte de afirmações ou informações relevantes sobre produtos e serviços, exceto aquelas veiculadas através de publicidade[70]. Para hipóteses de publicidade, "que é uma espécie peculiar de oferta dirigida ao público em geral, por intermédio de anúncios veiculados em algum tipo de mídia, tal como internet, jornal, comerciais de televisão, rádio, etc."[71], incidem as regras do CDC elencadas nos arts. 67 a 69.

Tipicidade Subjetiva

O tipo apresenta forma ativa dolosa (1ª parte) e omissiva própria dolosa (2ª parte).

Admite-se ainda a forma culposa, através do parágrafo 2º. Repare-se que a realização de afirmações falsas por vendedores de uma empresa, quando da oferta, sem o conhecimento dos administradores, gerentes ou diretores, somente poderá levar à responsabilidade penal destes pela via culposa, sobretudo por violação de deveres de vigilância sobre subordinados.

Consumação e Tentativa

O art. 66, *caput*, 1ª parte, consuma-se com a afirmação falsa ou enganosa. Não é preciso que algum consumidor tenha sua boa-fé ilaqueada, crendo em propriedades do produto ou serviço não ostentadas. Basta que se pronunciem afirmações com caráter falso ou enganoso para aperfeiçoamento dos elementos típicos. Trata-se de crime formal, ou de consumação antecipada, que dispensa qualquer resultado naturalístico (universo do ser). Na perspectiva axiológica (universo do dever-ser), trata-se de crime de perigo abstrato para a relação de disponibilidade do consumidor com corretas informações sobre produtos ou serviços, no âmbito das relações de consumo.

A tentativa pode ocorrer, bastando que circunstância alheia impeça a veiculação da oferta, interrompendo-a no início ou no último ato anterior a ela, segundo o plano concreto do autor (critério objetivo-individual de separação entre atos preparatórios e executórios), como no exemplo do agente que, como último ato anterior à divulgação, prepara etiquetas ou rótulos contendo indicações falsas sobre o peso do produto (quantidade) ou sua espécie (qualidade)[72].

Já a segunda parte do art. 66 consuma-se com o *aliud agere* (agir diverso) da prestação da informação relevante sobre o produto ou serviço. A prestação de informação é um processo comunicativo, exigente de emissor e receptor. Enquanto o consumidor (receptor) não está presente, ainda que de modo potencial e indeterminado, o agir diverso não ocorre. A presença

70 PRADO, Luiz Regis. Direito Penal Econômico. São Paulo: RT, 2004, p. 121.

71 BEDNARSKI, José Luiz. "Consumidor". In: Legislação Criminal Especial. Coord. Luiz Flávio Gomes e Rogério Sanchez Cunha. São Paulo: RT, 2009, p. 26.

72 Sugerido por PRADO, Luiz Regis. Direito Penal Econômico. São Paulo: RT, 2004, p. 127.

do consumidor, enquanto destinatário da informação relevante e polo do processo comunicativo, ocorre com a oferta do produto ou serviço. É este o momento do dever de informar, e sua frustração se consumará com o agir diverso. A prestação da informação relevante, de modo retardado em relação à oferta, não interfere no aperfeiçoamento prévio dos elementos do tipo.

Como é usual em crimes omissivos próprios, a segunda parte do art. 66 não admite tentativa. Ou o *aliud agere* está caracterizado, com a consumação, ou há um irrelevante penal, à vista da possibilidade da ação devida. *Tertium non datur.*

Acaso o agente afirme falsamente sobre dado aspecto do produto e ainda omita informação relevante acerca de aspecto distinto, o crime é um só. Afinal, trata-se de modalidade múltiplo-alternativa.

Não é preciso que o consumidor experimente qualquer forma de prejuízo para que o art. 66 esteja caracterizado. Acaso ocorra, afigurando-se, v.g., estelionato, haverá concurso com o delito do CDC[73], porquanto o crime patrimonial cinge-se ao interesse da vítima, enquanto o art. 66 atinge indefinido número de pessoas. O art. 171, CP, não esgota a proteção dos interesses das vítimas em caráter supraindividual.

Ação Penal

A ação penal é pública incondicionada. Recorde-se a titularidade dos órgãos da administração pública direta ou indireta de defesa do consumidor (Procons) e associações de defesa do consumidor para figurarem como assistentes da acusação (v. arts. 80 e 82, III e IV, CDC, combinados).

O crime é da competência dos Juizados Especiais Criminais, permitindo transação (art. 76, Lei 9.099/95). Cabe também o favor legal da suspensão condicional do processo (art. 89, Lei 9.099/95). Não é cabível o acordo de não persecução penal, pois para essa infração, como visto, cabe transação penal, incidindo, portanto, a vedação do art. 28-A, § 2º, inciso I do Código de Processo Penal.

DO CRIME DE MARKETING PUBLICITÁRIO ENGANOSO

Art. 67. Fazer ou promover publicidade que sabe ou deveria saber ser enganosa ou abusiva:

Pena – Detenção de três meses a um ano e multa.

Parágrafo único. (Vetado).

Bem Jurídico Tutelado

O bem jurídico mediato tutelado concerne às relações de consumo, plexo funcional voltado à tutela do consumidor, para compensação de sua vulnerabilidade.

O aspecto das relações de consumo imediatamente tutelado, enquanto bem jurídico com função de representação, é a veracidade e correção da publicidade acerca de produtos ou serviços, realizada pelos fornecedores. Trata-se de interesse difuso subjacente ao bem de proteção penal.

A meta de proteção do art. 67 alinha-se com a transparência, enquanto objetivo da política nacional de relações de consumo, nos termos do art. 4º, caput, CDC, bem como com os direitos do consumidor, assegurados no art. 6º, inciso IV, 1ª parte, atinentes à "proteção contra a publicidade enganosa e abusiva".

---

73 FILOMENO, José Geraldo Brito et alii. Código brasileiro de defesa do consumidor. 11ª. ed. Rio de Janeiro: Forense, 2017, p. 743.

Na primeira metade do século XXI, assiste-se à explosão do neuromarketing, ferramenta de associação entre neurociências e marketing, chave para a revelação plena da lógica do consumo, isto é, "pensamentos, sentimentos e desejos subconscientes que impulsionam as decisões de compra que tomamos em todos os dias de nossas vidas"[74]. A revelação dá-se, sobretudo, pelo emprego da ressonância magnética, que "fotografa" a atividade cerebral humana diante de determinados estímulos e permite o jogo contrário: que se produza o estímulo para obtenção do estado mental que conduz à compra. O direito sempre está atrasado face às ciências duras. O emprego abusivo dos métodos de neuromarketing – que deve constituir, *de lege ferenda*, preocupação para o universo jurídico-penal – passa distante da letra do art. 67, CDC.

Do mesmo modo, a imensa expansão do alcance das mensagens publicitárias parece ter sido subestimada pelo legislador, à medida que equipara a resposta penal dada no art. 67 àquela do art. 66. Nesta disposição, a mera oferta, acompanhada de mensagem falsa ao consumidor, costuma restringir-se à situação concreta. Ao contrário, a publicidade é propagada de maneira ampla. Ainda que nos dois casos, haja ofensa ao consumidor em escala supraindividual, o *marketing* publicitário tem projeção bem mais disseminada[75].

Sujeitos do Crime

Os delitos do CDC são especiais de autor, pois praticados por fornecedores enquanto polo das relações de consumo. No caso do art. 67, sujeitos ativos são os fornecedores, definidos no art. 3º do CDC (exceto pessoas jurídicas), que fazem ou publicidade enganosa ou abusiva acerca de produtos e serviços, na qualidade de anunciantes. Não há uma etapa mais frequente de ocorrência de publicidade no ciclo da produção, distribuição e consumo de bens e serviços. A publicidade – no bojo da qual se dá o crime – é efetuada, usualmente, nas três etapas, patrocinada por produtores, distribuidores e varejistas.

No ambiente de mercado contemporâneo, a publicidade dá-se como iniciativa para a divulgação dos bens e serviços distribuídos em massa por pessoas jurídicas. Neste panorama, há de se identificar, como autor, o administrador (art. 75, CDC) responsável pela aprovação da publicidade. Os executores da publicidade – da criação à efetiva divulgação – são profissionais especializados, que podem figurar dentre os empregados da empresa, ou serem contratados externos. O tipo penal, sensível à dinâmica do mercado de publicidade, coloca tais profissionais igualmente como sujeitos do delito especial. Do mesmo modo, os responsáveis pela divulgação da publicidade nos veículos de mídia de massa, enquanto promotores, serão sujeitos ativos do delito, desde que estejam subjetivamente vinculados ao anunciante[76].

Sujeitos passivos são as coletividades de consumidores, destinatárias da publicidade enganosa ou abusiva. Trata-se de delito-massa, voltado à proteção de bens e interesses difusos, em que a subjetividade passiva é indeterminada.

Condutas Típicas (Tipicidade Objetiva)

Trata-se de tipo ativo[77] que, quanto ao número de verbos, é múltiplo alternativo. Aperfeiçoa-se com qualquer dos verbos núcleos do tipo, "fazer" ou "promover". O primeiro caracteriza a

---

74 LINDSTROM, Martin. A lógica do consumo – verdades e mentiras sobre por que compramos. Rio de Janeiro: Nova Fronteira: 2009, p. 13.

75 MIRAGEM, Bruno. Curso de direito do consumidor. 6ª. ed. São Paulo: RT, 2016, p. 890, realiza adequadamente esta crítica.

76 Corretos, pois, COSTA JÚNIOR, Paulo José e COSTA, Fernando José da. Crimes contra o consumidor. 2ª ed. São Paulo: Atlas, 2008, p. 31, ao sintetizarem como sujeitos ativos o publicitário e o responsável pelo veículo de mídia.

77 PRADO, Luiz Regis. Direito Penal Econômico. São Paulo: RT, 2004, p. 139, visualiza possibilidade da responsabilização do fornecedor/anunciante que omita informações relevantes, a partir da composição do tipo com o art. 37,

publicidade em si, com os atos concretos que levam aos consumidores publicidade enganosa ou abusiva. Já a conduta de promover dá-se pela veiculação da publicidade, atando-se à sua divulgação mediante mídia de massa. Corretamente, Luisi diferenciava os verbos assim: "Trata-se de fazer, ou seja, realizar concretamente a publicidade, ou de promovê-la, isto é, levar outrem a executá-la"[78].

O objeto material dos verbos típicos é a publicidade. Se a informação ao consumidor der-se sem uso de *marketing* publicitário, a subsunção da conduta opera-se pelo art. 66.

A publicidade serve à criação da necessidade de demanda no consumidor, embutindo fins de persuasão. Não se confunde com propaganda, "destituída de conotação negocial"[79], ligada mais a interesses ideológicos, políticos, religiosos, a exemplo da divulgação de campanhas de interesse público por parte do Estado, como vacinações, campanhas eleitorais, etc.

Segundo o art. 8º do Código Brasileiro de Autorregulamentação Publicitária, define-se publicidade como "toda atividade destinada a estimular o consumo de bens e serviços, bem como promover instituições, conceitos e ideias". Tem tripla dimensão: a) a mensagem, atinente ao conteúdo divulgado; b) o modo com que veiculada (verbal, imagética, escrita); c) o meio empregado (veículo de mídia de massa utilizado na divulgação, como redes sociais de internet, televisão, etc.),[80] tudo enquanto expressão de liberdade de expressão amoldada às exigências dos princípios regentes da ordem econômica (art. 170, CR).

O tipo objetivo exige que a publicidade seja enganosa ou abusiva. Uma ou outra conformarão o tipo. São elementos normativos jurídicos do tipo, pois definidos em lei. No caso, o próprio CDC proíbe toda publicidade enganosa ou abusiva, através do art. 37, caput, tratando de defini-las em seguida.

Segundo o art. 37, 1º, enganosa é "qualquer modalidade de informação ou comunicação de caráter publicitário, inteira ou parcialmente falsa, ou, por qualquer outro modo, mesmo por omissão, capaz de induzir em erro o consumidor a respeito da natureza, características, qualidade, quantidade, propriedades, origem, preço e quaisquer outros dados sobre produtos e serviços." O coração da publicidade enganosa reside na capacidade de enganar o consumidor sobre quaisquer aspectos ligados aos produtos e serviços ofertados, de modo a forma compreensão falseada a respeito. Nesta quadra, servem como exemplos "milagrosos métodos para emagrecimento, elixires de potência sexual infalíveis, tônicos que fazem crescer cabelos, qualquer que seja a causa de sua perda...", promessa de vistas para o mar em imóveis, quando só uma fresta há, dentre outros, registrados por Brito Filomeno[81].

A seu turno, pelo art. 37, 2º, é abusiva, "dentre outras, a publicidade discriminatória de qualquer natureza, a que incite à violência, explore o medo ou a superstição, se aproveite da deficiência de julgamento e experiência da criança, desrespeita valores ambientais, ou que seja capaz de induzir o consumidor a se comportar de forma prejudicial ou perigosa à sua saúde ou segurança." Aqui, a abusividade não radica em dados falsos sobre produtos ou serviços. Revela

---

2º, CDC: "a publicidade é enganosa por omissão quando deixar de informar sobre dado essencial do produto ou serviço." Esta regra, de fato, erige um dever de evitação de resultado jurídico para o consumidor, consistente em formar convicção errônea sobre produto ou serviço. Somente se a interpretação das posições de garante do art. 13, 2º, CP, ligar-se não a resultados naturalísticos (crimes materiais), mas se normativize, ligando-se a resultados jurídicos, não só de dano, mas de perigo (abstrato, no tipo em análise) para o bem jurídico, será possível erigir a posição de garante para o anunciante com base na norma do CDC, constituindo a abertura típica omissiva imprópria. Não há, no art. 67, CDC, abertura típica omissiva própria.

78 LUISI, Luiz. Os princípios constitucionais penais. Porto Alegre: Fabris, 1991, p. 61.

79 PRADO, Luiz Regis. Direito Penal Econômico. São Paulo: RT, 2004, p. 137.

80 PRADO, Luiz Regis. Direito Penal Econômico. São Paulo: RT, 2004, p. 132.

81 FILOMENO, José Geraldo Brito et alii. Código brasileiro de defesa do consumidor. 11ª. ed. Rio de Janeiro: Forense, 2017, p. 741.

o descompromisso com uma série de valores diversos caros ao tecido social. Pela ordem, e a título de exemplos:

a) O caráter discriminatório manifesta-se quando da veiculação de preconceitos de origem, raça, cor, sexo, idade ou outros, seguindo-se as referências da CR, art. 3º, IV. Em 2006, a 7ª Câmara de Direito Público do TJSP manteve multa dada pelo Procon-SP à Cervejaria Skol por campanha publicitária que propunha "imaginar" a clonagem da "musa do verão", pela empresa, de modo a torná-la disponível para o público masculino. A "musa" era levada ao consumidor em carrinhos de transporte de caixas de cerveja, em clara objetalização da mulher[82]. Outro exemplo: academia divulgou seus serviços a partir da chamada "cansado de ser feio e gordo? Seja só feio"[83]. Reportagem a respeito tratou a publicidade como caso de "gordofobia".

b) Exemplo de incitação à violência, sob forma de *bullying,* foi detectado pelo Procon carioca em ovos de páscoa da empresa Lacta, que continham em seu interior adesivos com expressões como "nerd", "morto de fome", para que crianças "sacaneassem" os colegas[84].

c) É abusiva a exploração de medo ou superstição pelo "uso de fobias das pessoas, suas inseguranças, ou ainda, cenas de horror ou sobrenaturais"[85] para o convencimento do consumidor, como promessas alusivas ao poder de pedras ou cristais sobre o destino das pessoas.

d) O proveito de deficiência ou julgamento de criança apresenta-se na publicidade de brinquedos. Foi o que entendeu o Procon-SP quando multou a empresa Mattel pela linha de brinquedos Max Steel, que sugeria às crianças que bonecos se movimentassem sozinhos, como se possuíssem vida[86].

e) Também é abusiva a publicidade que desrespeita valores ambientais, como comerciais em que se sugira jogar lixo na rua, dispensando-se produto de concorrente.

Abusiva, por fim, em observância ao art. 37, 2º, CDC, é a publicidade capaz de induzir o consumidor a agir de modo prejudicial à sua saúde ou segurança. Porém, esta modalidade de publicidade foi destacada do art. 67, de modo a constituir exclusivo objeto do art. 68 do CDC, com resposta penal mais severa.

Tipicidade Subjetiva

Trata-se de crime doloso. Destaca-se uma peculiaridade: o tipo subjetivo se aperfeiçoa tanto quando o agente sabe acerca do caráter enganoso ou abusivo da publicidade, como quando "deveria saber". Noutros termos: o texto legal equipara ao elemento cognitivo efetivo do dolo – cognição das elementares do tipo objetivo –, um elemento potencial, derivado da

---

82 Disponível em: <http://www.migalhas.com.br/Quentes/17,MI240979,91041-Skol+devera+pagar+multa+por+propaganda+ofensiva+as+mulheres>. Acesso em 22 de abril de 2018.

83 Disponível em: <http://www.gazetadopovo.com.br/justica/procon-autua-dono-de-academia-por-gordofobia-08vt8hsef7p67gvqs4ggohm8r>. Acesso em 22 de abril de 2018.

84 Disponível em: <http://www.vermelho.org.br/noticia/239467-1> Acesso em 22 de abril de 2018.

85 BENJAMIN, Antonio Herman v. et alii. Comentários ao Código de Defesa do Consumidor. 5ª. ed. São Paulo: Thomson Reuters – RT, 2017, p. 1708.

86 Disponível em <https://exame.abril.com.br/marketing/procon-multa-mattel-em-mais-de-r-400-mil/>. Acesso em 22 de abril de 2018.

obrigação da ciência. Considera doloso o comportamento quando o agente obrou em situação na qual deveria saber sobre as elementares do tipo objetivo.

Tradicionalmente, situações em que o sujeito ativo deveria compreender elementos do tipo objetivo, mas não os compreendeu, dão lugar – desde que expressamente previstas – às formas culposas. Afirma Jakobs que "a culpa é, portanto, aquela forma da evitabilidade na qual falta o conhecimento atual do que se há de evitar."[87] Por isso, todo crime culposo é um erro de tipo vencível. Realmente: o erro de tipo evitável, exigente do desconhecimento efetivo dos elementos do tipo objetivo, pelo agente, é punível na forma culposa, quando prevista (art. 20, *caput*, CP).

Tudo deriva do fato de que os tipos culposos possuem a previsibilidade objetiva, associada à ausência de previsão por parte do agente, como um de seus elementos. Com estas características, tem lugar a culpa inconsciente: o agente não prevê o que lhe era previsível. São situações em que deveria saber sobre os elementos do tipo objetivo, mas não soube, i.e, não os alcançou. A previsibilidade objetiva é estabelecida segundo capacidades de pessoa mediana hipoteticamente colocada na situação (teoria dos dois patamares, em que as qualidades concretas do agente são apreciadas na culpabilidade) ou segundo o que faria alguém com as mesmas capacidades do envolvido (teoria individualizadora)[88]. A forma culposa implica em menor desvalor de ação, dando lugar à menor censura.

No caso do art. 67, rompe-se este modelo. A regra equipara ao dolo situações em que falta ao agente elemento cognitivo tangente aos elementos do tipo objetivo, conquanto se apresentasse, para si, certo dever de conhecê-los. Neste caso, mesmo ausente a cognição acerca do caráter abusivo ou enganoso da publicidade (e, pois, a própria vontade, na perspectiva de que "todo o querer pressupõe um conhecer"[89]), o agente responderá a título doloso.

Anota Jakobs que aquele que atua sem conhecimento das consequências de seu atuar, por desprezar o âmbito em que podem se dar[90], quando havia previsibilidade, responderá usualmente na forma culposa. Há, aí, um defeito de solução jurídica em muitos casos, porquanto a "cegueira ante os fatos" pode ocorrer por motivos que pesam contra o agente (em Jakobs, ligado ao seu papel social). Aponta, então, que:

> "quando a Lei equipara os marcos penais dos fatos dolosos e culposos nos casos em que o desconhecimento da realização do tipo praticamente sempre reside em motivos que pesam [sobre o agente], fá-lo para resolver o problema mencionado"[91].

Nestes termos, o tipo subjetivo do art. 67 evidencia que pesam sobre o agente motivos sérios para conhecer acerca da abusividade ou enganosidade da publicidade. Dizem com a

---

87 JAKOBS, Günther. Derecho Penal. Parte General. Trad. Joaquim Cuello Contreras e Jose Luis Serrano Gonzales de Murillo. Madrid: Marcial Pons, 1995, p. 382.

88 Sobre as teorias do duplo patamar e individualizadora, v. ROXIN, Claus. Derecho Penal. Parte General. Tomo I. Madrid: Civitas, 1997, pp. 1.013-1.018. O autor entende que, quando envolvida pessoa superavitária em relação à situação concreta (v.g., um cirurgião cardíaco), deve-se usar a segunda teoria; já a primeira tem lugar no caso de sujeito ativo concreto deficitário em relação ao campo da vida em que se dá a conduta (motorista com deficiência visual). A solução busca evitar déficits de proteção de bens jurídico-penais.

89 ZAFFARONI, Eugenio Raúl e PIERÂNGELI, José Henrique. Manual de Direito Penal Brasileiro. São Paulo: RT, 1997, p. 483.

90 JAKOBS, Günther. Derecho Penal. Parte General. Trad. Joaquim Cuello Contreras e Jose Luis Serrano Gonzales de Murillo. Madrid: Marcial Pons, 1995, p. 313. Exemplifica com o sujeito que atropela um policial de trânsito que barrava a passagem por não antever o resultado previsível, simplesmente porque "a vida de um policial não lhe parece algo digno de consideração", atuará sob a modalidade culposa.

91 JAKOBS, Günther. Derecho Penal. Parte General. Trad. Joaquim Cuello Contreras e Jose Luis Serrano Gonzales de Murillo. Madrid: Marcial Pons, 1995, p. 314.

posição dele, enquanto responsável pela campanha publicitária, e com a responsabilidade típica do papel, já que dirige o marketing a um número indeterminável de pessoas, que podem ser seriamente prejudicadas.

Trata-se de um claro exemplo da adoção, pelo direito brasileiro, de um modelo de dolo normativo-atributivo, em lugar de um dolo de caráter descritivo-psíquico[92]. O dolo, enquanto categoria dogmática: a) deixa de expressar a descrição de certo estado mental do agente quando do evento, como um elemento subjetivo do tipo que tenta extrair da mente do agente o que nela se passou (universo do ser); b) passa a resultar de uma mecânica de atribuição, ao agente, de um componente subjetivo, realizada a partir de uma norma (universo do dever-ser), mediante expressa determinação da regra legal, ou através da respectiva interpretação[93]. De modo simples, ao invés do dolo vir da mente do indivíduo para o intérprete, vai do intérprete, a partir da norma, para a mente do indivíduo. A norma atribui a alguém ter agido com dolo em dadas situações da vida, por ela recortadas. No caso, a norma atribui dolo ao agente toda vez que deveria saber sobre o caráter enganoso ou abusivo de publicidade.

O agente que tem o dever de buscar ciência sobre a publicidade, de modo a verificar se é ou não enganosa ou abusiva, quando não o faz de propósito, encontra-se em situação de cegueira evitável e deliberada. Neste caso, ao imaginar que o resultado da publicidade pode ser abusivo ou enganoso, mas deixa de constatar se a situação concreta efetivamente assim se revela, levando adiante o plano de realização consistente em fazer ou promover a publicidade, assume o risco da produção do resultado típico objetivo. Trata-se de hipótese em que a cegueira deliberada equipara-se ao dolo eventual[94].

Porém, o tipo vai além. Apanha situações em que o agente não delibera, propriamente, ficar em posição de cegueira. Há casos em que o destinatário do dever de verificação do caráter enganoso ou abusivo da publicidade simplesmente não percebe estar em referida posição. Suponha-se que, por leviandade pura, ou má compreensão dos encargos de sua atividade profissional, o agente sequer cogite ter que realizar a checagem da publicidade, de modo a evitar seja enganosa ou abusiva. Na perspectiva tradicional, de um dolo descritivo-psíquico, não assume qualquer risco de realização do resultado típico, porquanto – para assumi-lo – deve antes

---

92 PUPPE, Ingeborg. A distinção entre Dolo e Culpa. Barueri: Manole, 2004, pp. 31-33. Assinala que "em sentido normativo-atributivo, a transição entre querer e não querer o resultado é fluida, não podendo ser determinada de modo unívoco, uma vez que as relações fáticas entre comportamento do autor e resultado das quais se faz depender a valoração do resultado como querido ou não querido são quantificáveis. Já em sentido descritivo--psicológico, por outro lado, há uma oposição contraditória entre o querido e o não-querido." (op. cit., p. 33). Referida fluidez derivado do fato de que a constatação do dolo é produto de uma valoração, feita pelo intérprete e atribuída ao agente, segundo as circunstâncias em que atou e, sobretudo, segundo um recorte fático que a norma indica como correspondente a situações em que, segundo ela – norma -, dá-se um agir com dolo. Afinal, "para esta tendência, o que se faz para determinar o dolo não é mais que atribuir ou imputar a alguém o conhecimento e a vontade de realização do fato delitivo. BUSATO, p. C.; MARTÍNEZ- BUJÁN PEREZ, C.; DÍAZ PITA, M. M. Modernas Tendências sobre o Dolo em Direito penal. 1. ed. Rio de Janeiro: Lumen Juris, 2008, p. 105. No caso do modelo de dolo delineado por PUPPE, enfatiza-se somente o elemento cognitivo, construído sobre a base normativo-atributiva. E, sobre esta base, pode-se literamente equiparar o "dever saber" a um saber efetivo. É o que ocorre no art. 67, CDC.

93 Num modelo de dolo normativo-atributivo – e sob a perspectiva de que a interpretação vivifica a norma – não é preciso que uma regra legal expressamente atribua o dolo a alguém, segundo um quadro objetivo em que o agente esteja inserido. Esta atribuição pode resultar do trabalho de exegese do operador do direito penal.

94 Na doutrina, há autores que afirmam ter ocorrido, no art. 67, uma equiparação do dolo eventual ao direto, a exemplo de ANDREUCCI, Ricardo Antonio. Legislação Penal Especial. 3ª. ed. São Paulo: Saraiva, 2007, 332; SILVA JÚNIOR, José. "Defesa do Consumidor". In: Leis penais especiais e sua interpretação jurisprudencial. 7ª. ed. São Paulo: RT, 2002, p. 1.403; PRADO, Luiz Regis. Direito Penal Econômico. São Paulo: RT, 2004, p. 141, KALIL, José Arthur Di Spirito. O consumidor e o direito penal econômico. Rio de Janeiro: Lumen Juris, 2014, p. 183, dentre outros. Porém, há casos concretos do art. 67 em que isto ocorre, e outros em que há equiparação da forma culposa à dolosa.

concebê-lo (elemento cognitivo exigido pelo dolo eventual). Afinal, o agente só pode assumir um risco tendo-o, antes, representado. Trata-se de situação concreta de imprudência.

Porém, o tipo do art. 67 declara a existência de tipicidade subjetiva dolosa. Atribui dolo ao agente que não assumiu, propriamente, qualquer risco. A declaração da existência do dolo deriva do papel social do agente, cujos contornos incumbiam a ele dever de fiscalizar a publicidade. Esta posição deriva de um princípio de *neminem laedede*[95]: não é dado a ninguém, na gerência de seu círculo de organização, configurá-lo de modo tal a lesionar terceiros, ou causar-lhes perigo de lesão. A norma do art. 67 declara que o infrator do papel social impositivo do dever de verificar o caráter abusivo ou enganoso da publicidade, por objetivamente descumpri-lo, agiu com dolo.

Na composição do papel social, especificamente no tocante aos profissionais encarregados da criação da publicidade, bem como os responsáveis pelo veículo através da qual ocorre, entram em conta o Código de Autorregulamentação Publicitária editado pelo CONAR – mecânica de autorregulação regulada adotada pelos fornecedores para formatação sustentável da publicidade – e a Lei 4.680/65, regulamentar da profissão de publicitário e atividades correlatas.[96]

Portanto, o descumprimento do dever de verificação do caráter abusivo da publicidade pode derivar de decisão deliberada pela cegueira ou de imprudência absolutamente inconsciente[97]. Entre uma e outra situação, várias matizações da cegueira do agente podem se dar[98]: agente que atribua o dever de checagem a terceiro, como o contratante da campanha publicitária que entende seja a evitação de uma publicidade abusiva ou enganosa dever do publicitário; agente que sabe de seu dever, mas por excesso de afazeres, não se desincumbe dele a prazo, de modo que a campanha publicitária enganosa ou abusiva acaba veiculada sem sua intervenção; agente que confia em seu grupo... Todas esta hipóteses levarão ao preenchimento do tipo subjetivo, por atribuição normativa.

Este movimento dogmático, típico de um direito penal que abandona a ontologia e se orienta ao mundo dos valores, sugere um novo olhar sobre o princípio da culpabilidade, enquanto exigência de responsabilidade subjetiva. E evoca um sinal amarelo, no senso de não colocá-lo em posição de sacrifício[99].

Consumação e Tentativa

O crime se consuma no momento em que o sujeito faz ou promove a publicidade enganosa ou abusiva. Quanto ao resultado naturalístico, é delito formal ou de consumação antecipada, dispensando-o. De fato, não é preciso que algum consumidor experimente prejuízos

95 RAGUÉS I VALLÈS, Ramon. La ignorancia deliberada en Derecho Penal. Barcelona: Atelier, p. 157.

96 Tudo bem enfatizado por FILOMENO, José Geraldo Brito et alii. Código brasileiro de defesa do consumidor. 11ª. ed. Rio de Janeiro: Forense, 2017, pp. 755-757.

97 Não é por outra razão que, na doutrina brasileira, alguns veem no art. 67 equiparação da forma culposa à dolosa, como BENJAMIN, Antonio Herman v. et alii. Comentários ao Código de Defesa do Consumidor. 5ª. ed. São Paulo: Thomson Reuters – RT, 2017, p. 1673; LUISI, Luiz. Os princípios constitucionais penais. Porto Alegre: Fabris, 1991, p. 62; MIRAGEM, Bruno. Curso de direito do consumidor. 6ª. ed. São Paulo: RT, 2016, p. 890. Do modo como está redigido o art. 67, esta conclusão encontra-se autorizada.

98 RAGUÉS I VALLÈS, Ramon. La ignorancia deliberada en Derecho Penal. Barcelona: Atelier, p. 187, assinala que nem todas são equiparáveis ao dolo. Para tanto, é preciso que somem-se suspeita prévia por parte do agente acerca da realização de ilícito ou ato lesivo a terceiros, persistência da decisão de desconhecimento, busca de benefícios pessoais sem riscos e evitação de responsabilidades, tudo a revelar um grave "grau de indiferença do sujeito ante o interesse lesionado".

99 COSTA JÚNIOR, Paulo José e COSTA, Fernando José da. Crimes contra o consumidor. 2ª ed. São Paulo: Atlas, 2008, p. 33, enxergam verdadeira presunção de culpabilidade, repudiada pela usual vedação da responsabilidade objetiva pura em direito penal.

derivados da publicidade, ou mesmo que ela conforme suas convicções (se isto ocorre, a subsunção típica tem lugar pelo art. 7º, VII, Lei 8.137/90[100]).

O resultado jurídico de perigo abstrato para as relações de consumo, violador do bem consistente na correta informação dos consumidores, enquanto público potencial e indeterminado, gera-se com a promoção ou feitura da publicidade.

Admite-se a tentativa, bastando que a "peça publicitária pronta não seja veiculada, isto é, não chegue aos consumidores por circunstâncias alheias à vontade do publicitário ou fornecedor.[101]" Estas circunstâncias, porém, devem operar no último ato anterior ao núcleo do tipo de fazer ou promover a publicidade, segundo o plano dos autores.

Ação Penal

A ação penal é pública incondicionada. Lembre-se da titularidade concedida aos órgãos da administração pública direta ou indireta de defesa do consumidor (Procons) e associações de defesa do consumidor para figurarem como assistentes da acusação (v. arts. 80 e 82, III e IV, CDC, combinados).

Como todos os crimes do CDC, também este é da competência dos Juizados Especiais Criminais, permitindo transação (art. 76, Lei 9.099/95). Cabe também a oferta de suspensão condicional do processo, respeitados os requisitos do art. 89, Lei 9.099/95. Não é cabível o acordo de não persecução penal, pois para essa infração, como visto, cabe transação penal, incidindo, portanto, a vedação do art. art. 28-A, § 2º, inciso I do Código de Processo Penal.

DO CRIME DE MARKETING PUBLICITÁRIO PREJUDICIAL OU PERIGOSO

Art. 68. Fazer ou promover publicidade que sabe ou deveria saber ser capaz de induzir o consumidor a se comportar de forma prejudicial ou perigosa a sua saúde ou segurança:

Pena – Detenção de seis meses a dois anos e multa:

Parágrafo único. (Vetado).

Bem Jurídico Tutelado

O bem jurídico mediato tutelado concerne às relações de consumo, na perspectiva da compensação da vulnerabilidade do polo consumidor.

Como bem jurídico imediato ou com função de representação, tutelam-se dois bens: a saúde e a segurança de consumidores. Estes bens são protegidos em face de uma específica modalidade de publicidade abusiva: aquela idônea a induzir o consumidor a expô-los mediante comportamento prejudicial ou perigoso. Como ressalta Benjamin, "apenas a relação jurídica de consumo sanitária"[102] é atingida pelo art. 68. Tendo em conta o contexto da tutela, não é errado concluir que também o direito do consumidor à informações corretas é tutelado[103].

O universo de proteção projetado pelo tipo deriva da preservação da saúde e segurança dos consumidores, como meta da política nacional das relações de consumo contida no art. 4º,

---

100 KALIL, José Arthur Di Spirito. O consumidor e o direito penal econômico. Rio de Janeiro: Lumen Juris, 2014, p. 183.

101 FONSECA, Antonio Cezar Lima da. Direito Penal do Consumidor. Porto Alegre: Livraria do Advogado, 1996, p. 216.

102 BENJAMIN, Antonio Herman v. et alii. Comentários ao Código de Defesa do Consumidor. 5ª. ed. São Paulo: Thomson Reuters – RT, 2017, p. 1711.

103 Conforme sugere MIRAGEM, Bruno. Curso de direito do consumidor. 6ª. ed. São Paulo: RT, 2016, p. 892.

caput, CDC. Também evoca direitos do consumidor, assegurados no art. 6º, inciso IV, 1ª parte, atinentes à "proteção contra a publicidade enganosa e abusiva".

Note-se que, na hipótese, o bem jurídico supraindividual das relações de consumo ganha representação mediante saúde e segurança, enquanto bens supraindividuais, penalmente tutelados, caracterizados como individuais homogêneos (CDC, art. 81, parágrafo único, inciso III). De fato, embora a proteção se dirija a indefinido público de consumidores, individualizam-se em cada ser humano os respectivos quinhões de saúde e segurança. Noutros termos: trata de bem pertencente a um grupo, mas individualizam-se os campos de interesses de cada pessoa.

É possível, portanto, sustentar uma classificação trinária do bem jurídico, como objetivo de proteção pelo direito penal: a) bens individuais: b) bens estatais (desde que se voltem à realização de atividades úteis à comunidade de indivíduos, como a administração pública ou da justiça, e não como fins em si mesmos – do contrário, periclita a legitimidade do direito penal, porquanto o Estado passa ao uso do poder punitivo para autoproteção); c) bens supraindividuais, subdivididos segundo a regra do art. 81, parágrafo 1º, do CDC em individuais homogêneos, coletivos e difusos.

A inspiração no art. 81, parágrafo 1º, CDC, ancora o catálogo das espécies de bens supraindividuais, dando sustentação à aproximação entre o direito penal e este grupo de bens, típica das últimas três décadas do século XX, e fortemente caracterizadora do direito penal econômico, como um todo.

É usual sintetizar classificar as espécies de bens jurídicos que cabem ao direito penal tutelar em três grupos: a) teorias monistas individuais: os bens jurídicos tuteláveis em direito penal são necessariamente individuais (com concessões a bens coletivos, desde que reconduzam ao indivíduo); b) teorias monistas estatais: os bens são de titularidade do Estado, basicamente coincidindo com a norma jurídica (modelo que retrocede à compreensão da norma como bem jurídico típica do positivismo jurídico do século XIX, emblematicamente representado pelo pensamento de Binding); c) teorias dualistas: a proteção penal dirige-se tanto à tutela de bens individuais, como coletivos. Tais bens coletivos eram inicialmente compreendidos como estatais. Tal percepção é, atualmente, insustentável, desde o adensamento da diferença entre interesses públicos primários e secundários, cujo desconhecimento não cabe ao direito penal. Sugere-se que uma classificação trinária, aos moldes delineados, revela adequadamente a amplitude das pretensões de tutela penal e tem, nos crimes do CDC, uma fotografia exemplificativa.

Sujeitos do Crime

Como já exposto, os crimes do CDC são especiais de autor, uma vez praticados por fornecedores, enquanto polo das relações de consumo. No art. 68, sujeitos ativos são os fornecedores, cujos contornos estão na norma definitória do art. 3º do CDC (salvo pessoas jurídicas). Na qualidade de anunciantes, fazem a modalidade de publicidade abusiva apontada no preceito primário. Responderão, nestes termos, os agentes que estão no ápice da organização empresarial, i.e, diretores, gerentes, administradores responsáveis por fazerem a publicidade.

Ela pode ocorrer nas três etapas do ciclo da economia (produção, distribuição e consumo de bens e serviços), patrocinada por produtores, distribuidores e varejistas, enquanto anunciantes. De regra, pessoas jurídicas – que não são sujeitos ativos nos crimes do CDC (o que seria desejável *de lege ferenda*, pois, como ninguém, integram o universo dos prestadores de serviço e agentes de mercado, no polo fornecedor) – realizam publicidade através de profissionais especializados. Estes também são sujeitos ativos do crime, por fazerem materialmente a publicidade, da criação à divulgação. São os literais executores da publicidade abusiva. Integram o fornecedor organicamente – pouco importando se empregados ou terceirizados contratados. Figuram no panorama das relações de consumo, enquanto agentes indutores da aquisição de produtos e serviços.

O tipo fala ainda em promover a publicidade. Quem a promove são os responsáveis pela divulgação da publicidade nos veículos de mídia de massa, contratados para tanto. Os contratantes em nome das rádios, televisões ou sites de internet, por exemplo, serão sujeitos ativos do delito, desde que estejam subjetivamente vinculados ao anunciante[104].

Sujeitos passivos: coletividades de consumidores, destinatárias da publicidade abusiva especificamente tratada no art. 68[105]. O tipo não exige que alguém seja induzido, particularmente, para tornar-se vítima. As vítimas são todos os consumidores potenciais expostos à publicidade abusiva de que trata o dispositivo, sejam induzidos ou não.

Condutas Típicas (Tipicidade Objetiva)

O preceito primário do art. 68 contém tipo ativo que, quanto ao número de verbos, mostra-se múltiplo alternativo. Aperfeiçoa-se com um ou outro dos verbos núcleos do tipo, "fazer" ou "promover". O primeiro diz com a realização concreta da publicidade, da criação à divulgação de uma específica forma de publicidade abusiva. Já o verbo "promover" dá-se com a veiculação da publicidade, através da respectiva divulgação pela *mass midia*. Promover a publicidade é "levar a outrem a executá-la"[106].

O objeto material dos verbos típicos é uma particular modalidade de publicidade abusiva. Portanto, acaso a informação que possa induzir o consumidor a comportar-se de modo perigoso ou prejudicial à própria saúde ou segurança não ocorrer pelo emprego de *marketing* publicitário, eventualmente poderá incidir o art. 66 (ex.: falsa informação, no ato da venda, sobre qualidades de frenagem que um veículo não possui).

Como dito, o art. 68 coíbe uma específica forma de publicidade abusiva: aquela capaz de induzir o consumidor a comportar-se de modo prejudicial ou perigoso à sua saúde ou segurança. Trata-se de uma locução composta de elementos normativos do tipo, remissiva à definição de publicidade abusiva constante do art. 37, 2º, *in fine*, CDC[107]. As demais formas de publicidade abusiva, contidas no citado art. 37, 2º, dão objeto ao art. 67 do CDC. Nesta perspectiva, o art. 68 parece constituir um desdobramento do art. 67, com pena maior (seis meses a dois anos, contra três meses a um ano do art. 67), pois voltado à forma de publicidade abusiva que se mostra mais preocupante quanto aos efeitos concretos projetados. Por força desta comunhão entre as disposições, são válidas as observações efetuadas no art. 67,

---

104 Novamente, recorde-se a síntese de COSTA JÚNIOR, Paulo José e COSTA, Fernando José da. Crimes contra o consumidor. 2ª ed. São Paulo: Atlas, 2008, p. 35: sujeitos ativos são o publicitário e o publicitário.

105 Referem-se ao "consumidor induzido", como sujeito passivo, COSTA JÚNIOR, Paulo José e COSTA, Fernando José da. Crimes contra o consumidor. 2ª ed. São Paulo: Atlas, 2008, p. 35. Pontualmente, diverge-se.

106 FONSECA, Antonio Cezar Lima da. Direito Penal do Consumidor. Porto Alegre: Livraria do Advogado, 1996, p. 219.

107 Não há que se confundir elemento normativo jurídico do tipo com Lei penal em branco. A propósito, GUARAGNI, Fábio André e BACH, Marion. Norma penal em branco e outras técnicas de reenvio em direito penal. São Paulo: Almedina, 2014, pp. 38 e 186. V., ainda, SCHMIDT, Andrey Zenkner. O princípio da legalidade penal no Estado Democrático de Direito. Porto Alegre: Livraria do Advogado, 2001, p. 157; MENDONÇA, Tarcísio Maciel Chaves de. Lei penal em branco. Rio de Janeiro: Lumen Juris, 2016, p. 65; GATTA, Gian Luigi. Abolitio criminis e successione di norme `integratrici´: teoria e prassi. Milano: Giuffrè, 2008, p. 93. Na primeira hipótese, conquanto haja reenvio à norma diversa para obtenção (a) da definição das elementares ou (b) de seus contornos, o tipo ora está incompleto ((a) remissão a normas definitórias, caso do art. 68), ora completo ((b) contornos), caso em que a norma extrapenal é falsamente integradora. Já na Lei penal em branco, sempre o tipo é incompleto. Assim, discordamos de ANDREUCCI, Ricardo Antunes. Legislação Penal Especial. 3ª. ed. São Paulo: Saraiva, 2007, p. 333, ao afirmar que a hipótese é de Lei em branco, pela evocação que o art. 68 faz ao 37, 2º, CDC. Trata-se apenas de elemento normativo do tipo, que reenvia a uma norma definitória.

CDC, também aqui, sobre as distinções entre publicidade e propaganda, bem como sobre a definição de publicidade.

Só será abusiva a publicidade que dá objeto ao tipo penal se possuir aptidão para induzir um usuário de produtos ou destinatário de serviços a comportar-se de modo prejudicial – ou seja, causador de prejuízos efetivos – ou perigoso (expondo a riscos) para a saúde ou segurança. Induzir é instar ideias ou decisões previamente inexistentes na mente do induzido (diversamente de instigar, em que só há reforço do quadro mental do instigado).

Como exemplo, a sugestão em publicidade de que se empregue um veículo de motor potente em excesso de velocidade[108], de que se realizem rachas ou "manobras perigosas ("cavalo de pau")[109], de que o cinto seria dispensável por equipamentos de segurança diversos do veículo, é capaz de induzir o usuário a agir de modo perigoso para a saúde ou segurança.

Já a publicidade que gira em torno do consumo de substâncias capazes de causar dependência, como bebidas alcoólicas, tabaco, insta o consumidor a usos efetivamente prejudiciais à saúde. Assim, o encargo legal de informar a respeito dos males derivados de usos excessivos, no bojo de campanhas publicitárias, aparece como mecânica acautelatória da abusividade.

Há sérias críticas, na doutrina, à imprecisão do texto para designar o objeto material da modalidade de publicidade abusiva de que trata o art. 68, com comprometimento da reserva legal, pela ausência de taxatividade da norma penal[110]. Em contraponto, Miragem sugere, "no exame sobre a capacidade de indução da publicidade (...) o reconhecimento de critérios técnicos, envolvendo os conhecimentos das áreas de psicologia, comunicação social e medicina", bem como atenção ao art. 33 do Código Brasileiro de Autorregulamentação, editado pelo CONAR[111].

Efetivamente, a definição de que a publicidade seja capaz de induzir ao comportamento perigoso ou prejudicial contém imprecisão e passa pela exigência de conhecimentos que não são usuais na formação dos operadores do direito penal. De compensatório desta indefinição, a interpretação deve se restritiva e atenta a patamares de risco induzido pela publicidade: a) que transcendam aqueles riscos permitidos, derivados do uso comum do objeto ou do proveito do serviço (o torque e a velocidade de um veículo podem ser explorados na publicidade, desde que não se sugira, com isto, a prática de ilícitos de trânsito que prejudiquem o próprio consumidor e terceiros) ou b) que turbem a cognição do consumidor acerca dos patamares de periculosidade ou prejudicialidade de seu comportamento. O comportamento prejudicial ou perigoso do consumidor, induzido pela publicidade, deve ostentar um destes dois aspectos.

O último critério (b) enfrenta a necessidade de redução de excesso de paternalismo estatal, que despreze a autodeterminação do próprio consumidor. Se a publicidade sugere comportamentos de risco pelo consumidor dentro de patamares permitidos e não o induz a crer em condições de segurança que o produto ou serviço não oferecem, a escolha do consumidor está antecedida da compreensão plena dos limites de periculosidade ou prejudicialidade que o produto ou serviço por ele adquiridos podem produzir. Neste sentido, ainda que a publicidade sirva como ponto de partida para a aquisição do produto ou serviço, induzindo-a, o âmbito de autodeterminação do adquirente encontrar-se-á pleno. A punição, nesta moldura, representaria intervenção excessiva do Estado, substituindo-se ao consumidor, mesmo que preservada sua autodeterminação. Ainda que na perspectiva de um direito penal orientado

108 MIRAGEM, Bruno. Curso de direito do consumidor. 6ª. ed. São Paulo: RT, 2016, p. 894.

109 BENJAMIN, Antonio Herman v. et alii. Comentários ao Código de Defesa do Consumidor. 5ª. ed. São Paulo: Thomson Reuters – RT, 2017, p. 1.711. Acrescenta o bom exemplo da indução à automedicação.

110 KALIL, José Arthur Di Spirito. O consumidor e o direito penal econômico. Rio de Janeiro: Lumen Juris, 2014, p. 192; COSTA JÚNIOR, Paulo José e COSTA, Fernando José da. Crimes contra o consumidor. 2ª ed. São Paulo: Atlas, 2008, p. 35 com apoio em Manoel Pedro Pimentel.

111 MIRAGEM, Bruno. Curso de direito do consumidor. 6ª. ed. São Paulo: RT, 2016, p. 893.

por desvalor de ação, voltado à preservação de papeis, calha a observação de Jakobs, segundo a qual "pode ser que a configuração de um contato social seja de competência não só do autor, mas também da vítima". Ou seja, a vítima também possui uma competência a ser observada quando da imputação objetiva[112].

Por exemplo, a publicidade de um esporte de aventura, como tirolesa, rapel, salto de paraquedas, concita a emoção da atividade e serve para induzir o consumidor a realizá-lo, a partir da oferta respectiva, normalmente realizada em locais turísticos. Da mesma forma, publicidade de academias de artes marciais. Desde que a publicidade sugira a prática do esporte dentro das balizas de segurança que devem cercá-lo e sem informações que minorem os patamares de risco na consciência do destinatário, evidenciando seguranças efetivamente inexistentes, não haverá o crime. E, não obstante, haverá inegável publicidade capaz de induzir o consumidor a comportamento arriscado para sua saúde ou segurança, do qual precisamente deriva a emoção do esporte radical e a própria razão de adquirir o serviço. Nestes casos, eventual comportamento do consumidor, convencido pela publicidade, de aventurar-se, é ação a próprio risco, com autocompreensão e autorresponsabilidade preservadas. Afasta-se a imputação objetiva do próprio perigo de dano subjacente ao anúncio publicitário[113].

Tipicidade Subjetiva

Trata-se de crime doloso, com equiparação do agente que deveria saber acerca do caráter abusivo da publicidade, enquanto capaz de induzir o consumidor a comportamentos perigosos ou prejudiciais, ao agente que efetivamente sabe a respeito. Assim, o elemento subjetivo se caracteriza quando o agente fizer ou promover a publicidade que "sabe ou deveria saber" ser capaz de causar a indução.

Nesta senda, tem-se dolo normativo-atributivo, que iguala potência de consciência à consciência efetiva. Todo o comentário sobre o tipo subjetivo do art. 67, do qual o art. 68 é desdobramento, tem cabimento aqui. Remete-se o leitor a ele.

Consumação e Tentativa

O crime se consuma no momento em que o sujeito faz ou promove a publicidade abusiva que dá objeto ao preceito primário. Dispensa-se resultado naturalístico, de modo que não é necessário evidenciar, como resultado da indução, que um dado consumidor comportou-se de modo prejudicial ou perigoso à própria saúde ou segurança. O crime é formal ou de consumação antecipada, bastando que se faça ou promova a publicidade abusiva.

Acaso o consumidor sofra prejuízos derivados da publicidade, ou pelo só fato de ser efetivamente induzido em suas convicções, pode ter lugar o art. 7º, VII, Lei 8.137/90, exigindo-se porém que o consequente comportamento perigoso ou prejudicial do consumidor derive dos dados falsos requeridos por esta forma de injusto típico.

Discordamos da ideia de que, em havendo a efetiva situação de perigo a partir do comportamento do consumidor, caracterize-se o crime do art. 132, CP[114], porquanto tipo penal de perigo concreto contra vítima determinada, enquanto a exposição a marketing publicitário é difusa. Por outro lado, a eventual responsabilidade do anunciante pela efetiva morte

112 JAKOBS, Günther. A imputação objetiva no direito penal. 2ª. ed. Trad. André Luís Callegari. São Paulo: RT, 2007, p. 31.

113 ROXIN, Claus. Funcionalismo e Imputação Objetiva. Trad. Luís Greco. Rio de Janeiro/São Paulo: Renovar, 2002, p. 354, nota 187, recorda que "inexiste qualquer fundamento para limitar a liberdade de ação dos participantes se ninguém estiver sendo colocado em perigo contra a sua vontade."

114 Sugere-a FONSECA, Antonio Cezar Lima da. Direito Penal do Consumidor. Porto Alegre: Livraria do Advogado, 1996, p. 227.

ou lesão derivada do comportamento perigoso do consumidor exigirá, na avaliação da imputação objetiva, se o tipo alcança o ato de fazer publicidade, por força da autocolocação em perigo por parte da vítima. Afinal, conforme o precedente alemão BGHSt 32, 262, trazido por Roxin,

> "autocolocações em perigo realizadas e queridas de modo responsável não se enquadram no tipo do delito de lesões corporais ou homicídio, ainda que o risco que conscientemente se corre realize-se em um resultado. Aquele que provoca, possibilita ou facilita uma tal autocolocação em perigo não é punível pelo delito de lesões corporais ou homicídios."[115]

O resultado jurídico para as relações de consumo, violador dos bens consistentes na saúde ou segurança do consumidor de produtos e serviços, enquanto público potencial e indeterminado, gera-se com a promoção ou feitura da publicidade. Emprega-se técnica legislativa de perigo concreto[116], em que a verificação da aptidão da publicidade para induzir ao comportamento perigoso ou prejudicial deve ser evidenciada *ex post factum*, pelo juízo, analisando os contornos da publicidade.

Aqui, é preciso clareza: não é necessário que ninguém seja induzido efetivamente pela publicidade para o crime ocorrer. Como já dito, no mundo do ser, o tipo dispensa resultado naturalístico. Porém, no plano axiológico do dever ser, não há regras de experiência, estatística ou ciência que, de antemão, definam o comportamento descrito no art. 68 como perigoso. Ou seja, os filtros de validação dos crimes de perigo abstrato inexistem. Isto deriva da indeterminação do comportamento descrito no preceito primário.

Assim, se há publicidade dizendo sobre dada capacidade incomum de frenagem de um veículo, a induzir o consumidor a confiar no aparato de segurança, perícia indicará a correspondência entre a promessa embutida na oferta e a mecânica do automóvel. Ainda, a capacidade de indução efetivamente presente no material publicitário pode (a depender do caso, deve) ser submetida a testes de verificação da reação neurológica de pessoas a ele expostas, utilizando as tecnologias disponíveis de ressonância magnética. Tudo compõe o mosaico de exegese restritiva do tipo, haja vista sua indeterminação.

Admite-se a tentativa, bastando que a publicidade não seja veiculada por circunstâncias alheias à vontade do agente, incidentes necessariamente a partir do último ato anterior ao núcleo do tipo de fazer ou promover a publicidade, segundo o plano concreto dos autores (teoria objetivo-individual definitória de atos executórios).

Ação Penal

A ação penal é pública incondicionada. Há titularidade prevista para os órgãos da administração pública direta ou indireta de defesa do consumidor (Procons) e associações de defesa do consumidor para figurarem como assistentes da acusação (v. arts. 80 e 82, III e IV, CDC, combinados).

Como todos os crimes do CDC, a competência para o processo e julgamento do art. 68 é dos Juizados Especiais Criminais, permitindo-se transação (art. 76, Lei 9.099/95). Cabe ainda a oferta de suspensão condicional do processo, respeitados os requisitos do art. 89, Lei 9.099/95. Não é cabível o acordo de não persecução penal, pois para essa infração, como visto, cabe transação penal, incidindo, portanto, a vedação do art. art. 28-A, § 2º, inciso I do Código de Processo Penal.

---

115 ROXIN, Claus. Funcionalismo e Imputação Objetiva. Trad. Luís Greco. Rio de Janeiro/São Paulo: Renovar, 2002, pp. 357-8.

116 DOTTI, René Ariel. "Das infrações penais". In: Comentários ao Código de Defesa do Consumidor. (Coord. René Ariel Dotti e José Cretela Júnior). Rio de janeiro: Forense, 1992, p. 273. Contra, considerando crime de perigo abstrato: PRADO, Luiz Regis. Direito Penal Econômico. São Paulo: RT, 2004, p. 148; BENJAMIN, Antonio Herman v. et alii. Comentários ao Código de Defesa do Consumidor. 5ª. ed. São Paulo: Thomson Reuters – RT, 2017, p. 1712.

DO CRIME DE OMISSÃO DE ORGANIZAÇÃO DE DADOS DE MARKETING PUBLICITÁRIO

Art. 69. Deixar de organizar dados fáticos, técnicos e científicos que dão base à publicidade:

Pena Detenção de um a seis meses ou multa.

Bem Jurídico Tutelado

Mediatamente, protegem-se as relações de consumo.

A representar estas relações, no contexto do tipo, aparece claramente bem jurídico concernente à relação de disponibilidade dos consumidores com informações transparentes, claras e verazes sobre os produtos e serviços ofertados mediante marketing publicitário[117]. É mais uma hipótese de tutela penal de bem jurídico supraindividual difuso contida no CDC. Insista-se que o direito penal pode tutelar bens individuais, estatais (desde que claro o interesse dos membros do tecido social que tais bens visem proteger) e supraindividuais, sejam individuais homogêneos, coletivos ou difusos, respeitada a própria tábua classificatória contida no art. 81, parágrafo 1º, CDC.

De fato, os consumidores são sujeitos de um objeto consistente na informação transparente, clara e verdadeira sobre os bens ofertados no mercado. Assim como nos artigos 66 e 67, a pretensão de tutela do art. 69 volta-se para a transparência[118], enquanto objetivo da política nacional de relações de consumo, nos termos do art. 4º, caput, CDC. Liga-se, também, aos direitos do consumidor estatuídos no art. 6º, inciso III e IV, atinentes à "informação adequada e clara sobre os diferentes produtos e serviços, com especificação correta de quantidade, características, composição, qualidade, tributos incidentes e preço, bem como sobre os riscos que apresentem" e, novamente, à "proteção contra a publicidade enganosa e abusiva" e, especificamente, à regra consumerista do art. 36, parágrafo único.

Emprega-se no preceito primário técnica de tipificação de perigo abstrato. Tônica no direito penal econômico, representa antecipação da intervenção do direito penal em relação ao momento do dano. A antecipação do momento da tutela está fortemente atada à extensão de vítimas atingidas pelas relações de consumo e, pois, à prevenção do conjunto devastador de consequências, acaso a norma devesse esperar pelo dano efetivo. Se e quando este ocorre, é multiplicado aos milhares, no ambiente de mercado de massa.

A organização dos dados fáticos, técnicos e científicos da publicidade, por parte do fornecedor, dá plenitude ao acesso de informações sobre o produto ou serviço ofertado.

Conquanto o direito penal econômico costume antecipar o momento da intervenção penal, mediante técnica de perigo abstrato, como antes mencionado, não se pode deixar de verificar na incriminação desta conduta certo exagero legislativo. Convinha que a hipótese fosse constitutiva de mera infração administrativa[119]. É que a antecipação da tutela distancia-se contundentemente do dano efetivo. Veja-se: a ideia é que, ao final da relação de consumo, ninguém

117 "Só digo o que sei e o que posso provar" é o princípio regente dos contornos do bem de proteção, cf. BENJAMIN, Antonio Herman v. et alii. Comentários ao Código de Defesa do Consumidor. 5ª. ed. São Paulo: Thomson Reuters – RT, 2017, p. 1.713.

118 BEDNARSKI, José Luiz. "Consumidor". In: Legislação Criminal Especial. Coord. Luiz Flávio Gomes e Rogério Sanchez Cunha. São Paulo: RT, 2009, p. 32.

119 Contra, argumentando em favor da magnitude penal do comportamento, BEDNARSKI, José Luiz. "Consumidor". In: Legislação Criminal Especial. Coord. Luiz Flávio Gomes e Rogério Sanchez Cunha. São Paulo: RT, 2009, p. 32; FILOMENO, José Geraldo Brito et alii. Código brasileiro de defesa do consumidor. 11ª. ed. Rio de Janeiro: Forense,

seja ofendido quanto à vida, saúde, integridade física, patrimônio ou bem individual diverso. Para tanto, cria-se um direito de informação em favor do consumidor, anteposto à aquisição de produtos e serviços, para colocar cerco já nos atos publicitários e evitar que exponham os citados bens individuais a perigo. Para acautelar a correção desta publicidade, exige-se do fornecedor que organize, como espécie de guardião, dados fáticos, técnicos e científicos empregados na publicidade. Então, há um perigo de uso de dados inconsistentes em publicidade, que gerará um perigo para o direito à correta informação do consumidor, que, acaso adquira um bem, correrá perigo quanto a bens individuais, que são os interesses – ao fim e ao cabo – centrais. Um perigo de perigo de perigo.

Ainda que os delitos de perigo abstrato tenham legitimidade, quando suportam filtros de validação, como regras de experiência, ciência e evidências estatísticas indicativas de que o comportamento considerado perigoso costuma degenerar em dano efetivo, no caso ocorre um distanciamento demasiado da lesividade por efetivo menoscabo do bem jurídico. Trata-se de exemplo claro da administrativização do direito penal, enquanto evidência de que normas penais vão ganhando feição de normas administrativas[120], porquanto esvazia-se o conteúdo material de injusto adequado ao mais repressivo ramo do direito.

Sujeitos do Crime

O sujeito ativo é o fornecedor, segundo a definição do art. 3º, CDC (exceto pessoa jurídica), enquanto polo das relações de consumo. Especificamente no art. 69, somente será sujeito ativo o fornecedor que realizar publicidade de produtos ou serviços. Trata-se de mais um delito especial de autor contido no CDC. A norma mandamental anteposta ao tipo do art. 69 incumbe-lhe de organizar os dados fáticos, técnicos e científicos subjacentes a respectiva campanha publicitária, para que fiquem disponíveis, satisfazendo em plenitude o direito à informação do consumidor.

É usual que a publicidade de produtos e serviços ocorra no âmbito de pessoas jurídicas. Neste contexto, devem ser identificados, internamente, os responsáveis pela organização e guarda dos dados publicitários. Normalmente, serão os profissionais publicitários do setor da organização empresarial responsável pelo marketing. Deixando de cumprirem o dever de organização, são sujeitos ativos do delito. Também seus superiores hierárquicos podem ser sujeitos ativos, desde que, na posição apical (ápice da pirâmide hierárquica) de diretores, administradores ou gerentes (art. 75, CDC), deixem de controlar os subordinados e cobrá-los quanto ao cumprimento de seus deveres. A norma mandamental do art. 69, nesta perspectiva, a eles se estende. Todos são integrantes, organicamente, do polo fornecedor, destinatários dos deveres do art. 36, parágrafo único. É esta disposição que identifica os destinatários do dever.

Enfim, a subjetividade ativa, na posição de autoria, estende-se a todos estes autores especiais.

Se os responsáveis pela publicidade forem contratados externos, como publicitários de uma agência, o dever de organização subjacente ao tipo só pode atingi-los como partícipes ativos na omissão dos anunciantes que contrataram a campanha publicitária[121] São *extranei*.

2017, p. 763. Ambos, porém, não analisam a questão sob o prisma do alargamento excessivo da ideia de lesividade contida no tipo.

120 SILVA SÁNCHEZ, Jesús-María. A expansão do Direito Penal: Aspectos da política criminal nas sociedades pós-industriais. 2ª ed. São Paulo: Revista dos Tribunais, 2011, p 148, é novamente a referência central.

121 FONSECA, Antonio Cezar Lima da. Direito Penal do Consumidor. Porto Alegre: Livraria do Advogado, 1996, p. 234, também restringe ao fornecedor o dever de organização. Do mesmo modo, BENJAMIN, Antonio Herman v. et alii. Comentários ao Código de Defesa do Consumidor. 5ª. ed. São Paulo: Thomson Reuters – RT, 2017, p. 1.713, afirmando que publicitários só serão sujeitos ativos se de "agência publicitária do próprio anunciante". Contra, incluindo os publicitários sem ressalvas, BEDNARSKI, José Luiz. "Consumidor". In: Legislação Criminal Especial. Coord. Luiz Flávio Gomes e Rogério Sanchez Cunha. São Paulo: RT, 2009, p. 32.

Recorde-se que a participação é possível por parte de todo o agente que, não possuindo o dever contido no tipo, contribua para a inexistência da organização de dados, v.g., jogando-os fora, apagando-os do sistema informático, etc.. Evidentemente, devem estar vinculados subjetivamente ao evento, bem como conhecer a qualidade pessoal de destinatário de dever de agir ostentada pelos fornecedores anunciantes, na forma do art. 30, CP. Observe-se que inexiste participação omissiva em crime omissivo.

A subjetividade passiva é ostentada por todo o conjunto de consumidores, considerados de modo indeterminado, ante quem se ofertam, mediante marketing publicitário, produtos e serviços.

Condutas Típicas (Tipicidade Objetiva)

Trata-se de crime omissivo próprio, de forma simples, uma vez que contém um verbo núcleo do tipo: "deixar". Antepõe-se ao tipo norma mandamental de organizar dados basilares de publicidade.

Assim, a ordem legal desatendida pelo agente dirige-se a objeto material consistente nos "dados fáticos, técnicos e científicos" que dão base à realização de marketing publicitário. O dever legal estampado no tipo espelha a regra do CDC prevista no art. 36, parágrafo único: "Art. 36. A publicidade deve ser veiculada de tal forma que o consumidor, fácil e imediatamente, a identifique como tal. Parágrafo único. O fornecedor, na publicidade de seus produtos ou serviços, manterá, em seu poder, para informação dos legítimos interessados, os dados fáticos, técnicos e científicos que dão sustentação à mensagem." Os interessados, para além dos consumidores, são os órgãos fiscais, como assinala Fonseca[122].

A alusão a "dados fáticos, técnicos e científicos" constitui um conjunto de elementos normativos culturais do tipo. Não são elementares normativas jurídicas porque não encontram definição em lei. A respectiva compreensão não é difícil, pois as cargas semânticas são consistentes: dados fáticos dizem "com o cotidiano", como a afirmação de que o produto é líder de mercado; técnicos dizem com o "modo de funcionamento do bem ou com suas qualidades intrínsecas", enquanto científicos remetem à pesquisa, como uma "fórmula revolucionária"[123]. O agente que anuncia que dado creme dental combate com mais eficiência a placa bacteriana que os concorrentes, deve "estar previamente munido dos relatórios técnicos que fundamentam a informação", assinala Bednarski[124]. Do mesmo modo, deve organizar dados comprobatórios técnicos agente que anuncia não ser inflamável certo produto químico, ou dados científicos aquele que anuncia a cura do câncer, exemplifica Regis Prado[125].

Quando o publicitário ou anunciante realiza publicidade[126] (cuja existência é pressuposto do delito), oferta produtos e serviços sobre os quais apoia determinadas afirmações e, mesmo, promessas. Exalta as aptidões do bem ofertado. Nesta senda, deve cercar-se de evidências de fato, técnicas e científicas que deem suporte aos termos com que veiculada a publicidade. Não o

122 FONSECA, Antonio Cezar Lima da. Direito Penal do Consumidor. Porto Alegre: Livraria do Advogado, 1996, p. 230.

123 Definições e exemplos de BENJAMIN, Antonio Herman v. et alii. Comentários ao Código de Defesa do Consumidor. 5ª. ed. São Paulo: Thomson Reuters – RT, 2017, p. 1.713-4.

124 BEDNARSKI, José Luiz. "Consumidor". In: Legislação Criminal Especial. Coord. Luiz Flávio Gomes e Rogério Sanchez Cunha. São Paulo: RT, 2009, p. 32. O exemplo é esmiuçado por FILOMENO, José Geraldo Brito et alii. Código brasileiro de defesa do consumidor. 11ª. ed. Rio de Janeiro: Forense, 2017, p. 761, a partir de caso concreto.

125 PRADO, Luiz Regis. Direito Penal Econômico. São Paulo: RT, 2004, p. 152. O autor faz interessante consideração de que não será obrigado a exibir os dados o fornecedor que produz sob segredo industrial de fórmula. É discutível se o direito de preservar segredo industrial se sustenta ante necessidade de confirmar a inocuidade de produto, por exemplo, para a saúde do consumidor.

126 Deve, pois, existir publicidade, como anota MIRAGEM, Bruno. Curso de Direito do Consumidor. 6ª. ed. São Paulo: Thomson Reuters/RT, 2016, p. 894.

fazendo, infringe a norma preceptiva típica, frustrando a verdadeira e transparente informação destinada aos "legítimos interessados".

Para que o crime se realize, são três os elementos: a) situação fática consistente em realização, passada ou atual, de campanha publicitária por parte do fornecedor; b) possibilidade física da ação devida de organizar os mencionados dados, direta ou indiretamente (no contexto da organização empresarial, através de setor e empregados próprios, ou como dever de terceiro contratado); c) realização de um agir diverso do devido (*aliud agere*), presente em qualquer conduta distinta daquela devida.

O art. 38, CDC, fechando os contornos do regramento consumerista da publicidade, assinala que "o ônus da prova da veracidade e correção da informação ou comunicação publicitária cabe a quem as patrocina". Trata-se de regra processual civil[127]. O crime do art. 69 não pretende punir o fornecedor porque não organizou dados basilares da publicidade para acautelar seu ônus probatório. Seria como punir alguém que não fez bem a si. O artigo não deve ser compreendido desta forma, mas como reforço ao direito do consumidor a informações fidedignas e transparentes sobre bens e serviços que lhe são ofertados.

Tipicidade Subjetiva

O tipo penal admite somente a forma dolosa, inexistindo no tipo subjetivo elementos subjetivos diversos do dolo.

Consumação e Tentativa

A consumação ocorre com o agir diverso do devido, sem necessidade de qualquer modificação no mundo exterior, enquanto resultado naturalístico (que, aliás, não pode existir em crimes omissivos próprios, à vista da máxima *ex nihilo nihil fit*[128]). Trata-se de crime de mera inatividade, observado o princípio da inversão[129], incidente na elaboração dogmática dos delitos omissivos.

Até quanto é possível praticar o agir devido, situação em que o crime ainda não se caracterizou? Até o lançamento da publicidade aos consumidores. "O crime depende da efetiva veiculação do anúncio", assinala Benjamin[130]. A organização dos respectivos dados fáticos, técnicos e científicos deve ser realizada até este momento. Após lançada a campanha publicitária, seja na pendência dela, seja já realizada, o direito à informação do consumidor, como contrapartida da organização dos dados, é pleno e mostra-se frustrado acaso ocorra a omissão[131]. Sem prejuízo, dificilmente a

---

127 O que também é destacado por FONSECA, Antonio Cezar Lima da. Direito Penal do Consumidor. Porto Alegre: Livraria do Advogado, 1996, p. 229.

128 Nos crimes omissivos impróprios, há uma causalidade normativa, definida pelo 13, 2º, CP, estranha ao delito em análise, que é omissivo puro ou próprio. BENJAMIN, Antonio Herman v. et alii. Comentários ao Código de Defesa do Consumidor. 5ª. ed. São Paulo: Thomson Reuters – RT, 2017, p. 1.713, posiciona o fornecedor-anunciate como "garante". Também SILVA JÚNIOR, José. "Defesa do Consumidor". In: Leis penais especiais e sua interpretação jurisprudencial. 7ª. ed. São Paulo: RT, 2002, p. 1.409. Certamente, não o fazem no sentido jurídico-penal, já que garantes são os sujeitos ativos dos crimes omissivos impróprios ou impuros, ou ainda comissivos por omissão, combinando-se tipos comissivos com a norma de extensão típica do art. 13, 2º, CP.

129 KAUFMANN, Armin. Dogmática de los delitos de omisión. Madrid: Marcial Pons, 2006, p. 104: "Desde o ponto de vista da função dogmática cabe formular assim este princípio de inversão: no delito omissivo aparece o mesmo efeito jurídico que no delito comissivo se, em relação com a ação omitida, concorre a estrutura inversa que há na ação cometida."

130 BENJAMIN, Antonio Herman v. et alii. Comentários ao Código de Defesa do Consumidor. 5ª. ed. São Paulo: Thomson Reuters – RT, 2017, p. 1.713.

131 Observa FONSECA, Antonio Cezar Lima da. Direito Penal do Consumidor. Porto Alegre: Livraria do Advogado, 1996, p. 230, que a organização e guarda de dados deve ocorrer até esgotado o prazo prescricional, atualmente em 3 anos (art. 109, VI, CP) da data da consumação. Esta ocorre a partir do lançamento da campanha, pois é a partir daí

organização tardia dos dados, até mesmo derivada de cobrança de autoridade ou de algum consumidor singular, será descoberta, causando dificuldades no campo probatório processual penal.

Trata-se de crime de perigo abstrato, presumindo-se de maneira absoluta a violação da disponibilidade, pelo consumidor, de informações verazes e transparentes, sempre que o fornecedor não organiza os dados que dão objeto ao tipo.

O crime não admite tentativa[132]: ou o agir devido é possível, e há um indiferente penal, ou o respectivo momento é ultrapassado, consumando-se o crime.

Ação Penal

A ação penal é pública e incondicionada, sujeitando-se à competência do Juizado Especial Criminal, assim como os demais crimes do CDC. Comporta transação (art. 76, Lei 9.099/95) e, também, suspensão condicional do processo (art. 89, Lei 9.099/95), acaso frustrada a primeira. Não é cabível o acordo de não persecução penal, pois para essa infração, como visto, cabe transação penal, incidindo, portanto, a vedação do art. art. 28-A, § 2º, inciso I do Código de Processo Penal.

DO CRIME DE EMPREGO NÃO AUTORIZADO DE PEÇAS OU COMPONENTES DE REPOSIÇÃO

Art. 70. Empregar na reparação de produtos, peça ou componentes de reposição usados, sem autorização do consumidor:

Pena – Detenção de três meses a um ano e multa.

Bem Jurídico Tutelado

O bem jurídico mediante é o mesmo de todo o rol de delitos do CDC: as relações de consumo, na perspectiva da proteção do polo consumidor, compensando sua vulnerabilidade.

A função de representação das relações de consumo, de modo imediato, dá-se pelos interesses patrimoniais do consumidor[133] singularmente afetado. O art. 4º, CDC, insere a proteção dos interesses econômicos do consumidor na esfera da política nacional de relações de consumo. Na hipótese, o emprego de peça ou componente usado em reparo de produto cria perigo abstrato para o patrimônio do consumidor.

Acaso o uso ulterior do produto, pelo desgaste da peça ou componente, possa ameaçar a saúde ou segurança do consumidor[134], tais bens jurídicos também entram em consideração, revelando-se a pluriofensividade da conduta. De toda maneira, quanto ao modo de lesão do bem jurídico imediato, tem-se um delito de perigo abstrato.

---

que os dados podem ser cobrados. Portanto, a observação é correta e importante, à míngua de prazo no CDC para a preservação dos dados organizados.

132 É posição usual em doutrina, a exemplo de FILOMENO, José Geraldo Brito et alii. Código brasileiro de defesa do consumidor. 11ª. ed. Rio de Janeiro: Forense, 2017, p. 762; PRADO, Luiz Regis. Direito Penal Econômico. São Paulo: RT, 2004, p. 153.

133 COSTA JÚNIOR, Paulo José e COSTA, Fernando José da. Crimes contra o consumidor. 2ª ed. São Paulo: Atlas, 2008, 40. Consideram, entretanto, que o delito exige lesão efetiva ao patrimônio, tratando-se de modalidade de estelionato (op. cit., p. 40). Ora, o tipo não reclama qualquer dano patrimonial efetivo. Nem teria sentido criar-se espécie de estelionato privilegiado, justamente no bojo das relações de consumo, que implicam em lesividade multiplicada pelo número de consumidores que podem ser vítimas no universo de consumo de bens e serviços ofertados em massa.

134 Aspecto ressaltado por BENJAMIN, Antonio Herman v. et alii. Comentários ao Código de Defesa do Consumidor. 5ª. ed. São Paulo: Thomson Reuters – RT, 2017, p. 1715-6, que destaca endereçar-se primacialmente o tipo à tutela do direito de informação do consumidor. Temos que o preceito primário transcende tal interesse, para tutela do patrimônio, até porque a proteção da informação dá-se, no CDC, quando evoca o campo criminal, em escala supraindividual, ao passo que o art. 70 dirige-se a consumidores isoladamente considerados.

No âmbito dos delitos econômicos, dos quais fazem parte aqueles que tutelam o consumidor, não há problema no fato de um bem jurídico individual ser tutelado. Como anota Martínez-Buján, "no marco dos chamados delitos socioeconômicos em sentido amplo algumas figuras delitivas que preservam tecnicamente um bem patrimonial individual inserem-se nesta categoria precisamente pela sua projeção mediata sobre a ordem econômica"[135].

Aqui, a ordem econômica, demarcada pelo fascículo das relações de consumo, mostra-se vulnerada. Afinal, o crime evidencia estar integrado, no ambiente das relações de consumo, fornecedor de serviços que realiza prática abusiva, ao empregar peças e componentes usados nos reparos de bens, à revelia do destinatário. A leitura do art. 70 conjuga-se parcialmente com: a) o direito do consumidor contido no art. 6º, IV, CDC, atinente à "proteção contra (...) métodos comerciais coercitivos ou desleais, bem como contra práticas e cláusulas abusivas ou impostas no fornecimento de produtos e serviços"; b) o dever do fornecedor de serviços de reparação de produtos, extraído do art. 21, CDC, de "empregar componentes de reposição originais adequados e novos, ou que mantenham as especificações técnicas do fabricante, salvo, quanto a estes últimos, autorização em contrário do consumidor."

Sujeitos do Crime

O sujeito ativo é o fornecedor de serviços de reparos de bens, segundo o recorte do art. 3º do CDC, exceto pessoas jurídicas. Trata-se de delito especial de autor.

Acaso a prestação de serviços não se dê em relação direta entre fornecedor, como pessoa natural, e consumidor, mas em situação de consumo em que este contrate pessoa jurídica para o reparo no qual tem interesse, é preciso verificar a subjetividade ativa no interior do ente coletivo.

Dentro da organização, o direto executor do serviço com peças e componentes usados de uso não autorizado pelo consumidor responderá pelo delito. Integra o fornecedor, para efeito de relação consumerista. Os membros do ente coletivo que ocupam posição de vértice, na qualidade de diretores, administradores ou gerentes, responderão pelo crime quando determinarem, aprovarem ou permitirem o emprego ilegal dos componentes e peças usados (art. 75, CDC). É típico de delitos empresariais que a atribuição da posição de autor dê-se a partir de modelos dogmáticos *top-down*, *"com responsabilidade preferente de administradores e dirigentes"*[136], estendida a mandantes intermediários e demais encarregados, em vez de *bottom-up*. A subjetividade ativa, na posição de autor, deve incidir com mais razão sobre agentes em posição apical (ápice da pirâmide hierárquica) que sobre os subalternos. Pode dar-se que estes nem saibam acerca da inexistência de autorização do consumidor para o uso de peça ou componente usado[137]. Neste caso, incide erro de tipo (art. 20, CP).

No mais, respondem os que contribuem para o reparo ilegal de bens, desde que subjetivamente alinhados com os autores. Trata-se da posição de partícipe, derivada da combinação dos arts. 29, CP e 75, 1ª parte, CDC.

Sujeito passivo é o consumidor singularmente considerado[138]. De fato, o elemento negativo do tipo "sem autorização do consumidor" indica que deve haver uma concreta relação

---

135 MARTÍNEZ-BUJÁN PÉREZ. Carlos. Derecho penal económico. Parte general. Valencia: Tirant lo Blanch, 2ª. ed. Valencia: 2007, pp. 163. Recorde-se que, nos delitos econômicos, o bem jurídico imediato, com função de representar o mediato, pode ser individual ou supraindividual.

136 PEÑARANDA RAMOS, Enrique. "Autoría y participación en la Empresa". In: Derecho penal de la empresa: del derecho penal económico del estado social al derecho penal de la empresa globalizado." Coord. Luis Arroyo Zapatero, Carlos Lascano e Adán Nieto Martín. Buenos Aires: Ediar, 2012, p. 169.

137 Destaca esta hipótese de fato BENJAMIN, Antonio Herman v. et alii. Comentários ao Código de Defesa do Consumidor. 5ª. ed. São Paulo: Thomson Reuters – RT, 2017, p. 1.716.

138 Contrariamente, é preciso registrar que a maioria da doutrina considera a coletividade de consumidores como sujeitos passivos. Assim, PRADO, Luiz Regis. Direito Penal Econômico. São Paulo: RT, 2004, p. 155; FONSECA, Antonio Cezar Lima

de consumo em que o destinatário do serviço de reparos não autoriza o emprego de peça ou componente usado. Esta autorização é dada ou negada caso a caso. O tipo destina-se à proteção de consumidor singular, e não a grupo indeterminado de pessoas. Os crimes do CDC usualmente tutelam sujeitos passivos em escala supraindividual. O art. 70 contém uma opção distinta.

Condutas Típicas (Tipicidade Objetiva)

O tipo objetivo do art. 70 é ativo, com um único núcleo (tipo simples)[139], consistente no verbo "empregar", dirigido a produto, enquanto objeto material. O sujeito ativo, em relação de consumo destinada à prestação de serviços, recebe do consumidor produto para reparo. Procedendo-o, emprega peça ou componente de reposição usado. Trata-se de espécie de fraude no comércio[140].

A peça é parte integrante do mecanismo de funcionamento do produto ou de que depende seu emprego útil, na destinação que lhe é própria. Os componentes mecânicos de motores servem como exemplo. Num automóvel, pense-se ainda nas pastilhas de freio. Há precedente da troca de um motor de geladeira por outro, igualmente velho, do qual resultou condenação[141]. O componente é acessório acoplado ao produto, sem o qual seu uso parcial ou integral torna-se inviável. São exemplos baterias, expansores de memória de dados.

Não haverá o crime se a peça (ou componente) for diversa daquela indicada pelo consumidor, inclusive não original[142], porém nova (o que não impede a subsunção da conduta em tipo diverso, inclusive o estelionato, acaso derive prejuízo efetivo para a vítima). É preciso que o componente ou peça já tenha sido usado, ou seja, empregado em produto similar. Por outro lado, não afasta a tipicidade o fato da peça ou componente usado estar em condições de funcionamento[143], após recondicionamento[144], ou estar em estado de novo. Afinal, o tipo não exige qualquer prejuízo efetivo, por parte do lesado, como resultado naturalístico, tampouco dano como resultado jurídico. É crime de perigo abstrato, como já afirmado, caracterizando-se mesmo que a peça tenha desempenho melhor que uma nova, como anota Benjamin[145].

---

da. Direito Penal do Consumidor. Porto Alegre: Livraria do Advogado, 1996, p. 245; BENJAMIN, Antonio Herman v. et alii. Comentários ao Código de Defesa do Consumidor. 5ª. ed. São Paulo: Thomson Reuters – RT, 2017, p. 1716. Porém, a necessidade de uma específica ausência de autorização na prestação concreta de serviços não é abordada pelos autores quando definem o titular do bem ofendido. Alinhado com nosso ponto de vista, BEDNARSKI, José Luiz. "Consumidor". In: Legislação Criminal Especial. Coord. Luiz Flávio Gomes e Rogério Sanchez Cunha. São Paulo: RT, 2009, p. 33.

139 PRADO, Luiz Regis. Direito Penal Econômico. São Paulo: RT, 2004, p. 155.

140 MIRAGEM, Bruno. Curso de direito do consumidor. 6ª. ed. São Paulo: RT, 2016, p. 895; FILOMENO, José Geraldo Brito et alii. Código brasileiro de defesa do consumidor. 11ª. ed. Rio de Janeiro: Forense, 2017, p. 764. Ambos recordam o art. 175 do CP, cujo horizonte é ampliado pela regra penal do CDC.

141 FILOMENO, José Geraldo Brito et alii. Código brasileiro de defesa do consumidor. 11ª. ed. Rio de Janeiro: Forense, 2017, p. 766: trata-se da Ap. Crim. 965.419/7, TACRIM-SP.

142 Como assinalam corretamente PRADO, Luiz Regis. Direito Penal Econômico. São Paulo: RT, 2004, p. 154; MIRAGEM, Bruno. Curso de direito do consumidor. 6ª. ed. São Paulo: RT, 2016, p. 895; FONSECA, Antonio Cezar Lima da. Direito Penal do Consumidor. Porto Alegre: Livraria do Advogado, 1996, p. 238, pois a ligação do art. 70 com o 21 do CDC é apenas parcial.

143 Igual, FONSECA, Antonio Cezar Lima da. Direito Penal do Consumidor. Porto Alegre: Livraria do Advogado, 1996, p. 239.

144 BENJAMIN, Antonio Herman v. et alii. Comentários ao Código de Defesa do Consumidor. 5ª. ed. São Paulo: Thomson Reuters – RT, 2017, p. 1716; FILOMENO, José Geraldo Brito et alii. Código brasileiro de defesa do consumidor. 11ª. ed. Rio de Janeiro: Forense, 2017, p. 765, assinala a usual prática criminal de colocação de peça recondicionada em lugar de nova. Contra, PRADO, Luiz Regis. Direito Penal Econômico. São Paulo: RT, 2004, p. 156, considera inexistir o crime acaso a peça recondiciona opere adequadamente.

145 BENJAMIN, Antonio Herman v. et alii. Comentários ao Código de Defesa do Consumidor. 5ª. ed. São Paulo: Thomson Reuters – RT, 2017, p. 1717. Porém, não por isso chega-se à conclusão de que a tutela se dirige ao direito de informação do consumidor. Trata-se, apenas, de decorrência do enquadramento do delito como de perigo abstrato.

O tipo objetivo contém elemento negativo do tipo, consistente na expressão "sem autorização do consumidor". Havendo autorização, escrita ou verbal, o consentimento afastará a própria tipicidade formal objetiva, pela falta do elemento negativo. Assim, não é preciso chegar ao plano analítico da imputação objetiva do resultado jurídico de perigo de lesão patrimonial, excluindo-a pela autocolocação em perigo da vítima, quando esta concorda com a execução do reparo mediante emprego de peça ou componente usado. A alusão formal do tipo à falta de autorização do destinatário do serviço desloca esta análise ao campo da tipicidade formal objetiva.

Quando o local de reparos opera somente com peças usadas, havendo evidências disso em cartazes, anúncios, a discussão probatória poderá evidenciar a ciência e o aval do consumidor. Ao deixar, nestas condições, o produto para conserto, anui com o emprego de peça usada.

Note-se que o tipo se aperfeiçoa quando o consumidor: a) expressamente não autoriza o uso de peça ou componente usado, uma vez previamente consultado a respeito; b) encomenda o reparo e simplesmente não tem ciência de que foi empregado componente ou peça usada. Nos dois casos, não há autorização do destinatário do serviço. Afinal, recorde-se que o art. 21, CDC, impõe a obrigação, declarada pela Lei "implícita" em toda prestação de serviços, do emprego de peça ou componente novo.

No plano probatório processual penal, a evidência de que a peça ou componente era usado demandará verificação pericial[146], capaz de evidenciar o uso pretérito, através de elementos como desgaste, vida útil, lacres de fábrica, etc. A rigor, havendo vestígios do uso prévio, a regra processual do art. 158, CPP, impõe o exame de corpo de delito – em claro atavismo de um sistema de provas legal ou tarifado, excepcional ao sistema de livre convencimento vinculado. A exigência do exame pericial não desfaz o fato de se tratar de crime de perigo abstrato. O exame, justamente, dará evidência de que a conduta, presumida perigosa pelo legislador *ex ante factum* e *juris et de jure*, consistiu naquela que efetivamente a Lei concebe como produtora de perigo.

Tipicidade Subjetiva

O tipo subjetivo conta com um único elemento, o dolo.

Consumação e Tentativa

A consumação do delito ocorre quando o agente emprega a peça ou componente usado no reparo de produto. Trata-se de crime formal ou de consumação antecipada. Afinal, pode até ocorrer efetivo prejuízo patrimonial (ou mesmo para a saúde ou segurança) derivado do uso ulterior do produto reparado, por parte do consumidor. Porém, o crime se consuma antes disso. E, naturalmente, não depende do prejuízo efetivo experimentado pelo destinatário do serviço.

A eventual concordância do consumidor com o emprego de peça usada, em conserto já realizado, não descaracteriza o crime. No plano fático, o aval ulterior ao reparo, feito pelo consumidor, ao ser avisado de que houve emprego de peça usada, poderá implicar na não ciência da conduta por integrantes do sistema penal (sobretudo, agentes policiais e ministeriais). Porém, dogmaticamente, o crime está aperfeiçoado[147].

---

146 FONSECA, Antonio Cezar Lima da. Direito Penal do Consumidor. Porto Alegre: Livraria do Advogado, 1996, p. 239, evidencia a dificuldade: a) do leigo descobrir que a peça ou componente é usado, sobretudo quando "lustrada, polida, apresentada como se nova fosse"; b) do Ministério Público na obtenção da prova pericial acaso em locais nos quais não haja pessoas com habilitação técnica para a confecção da prova.

147 Discorda-se, portanto, de que a autorização a posteriori implica em afastamento da incriminação, posição sustentada por FONSECA, Antonio Cezar Lima da. Direito Penal do Consumidor. Porto Alegre: Livraria do Advogado, 1996, p. 242, apoiado em lição de Manoel Pedro Pimentel, constante de RT 661/254; MIRAGEM, Bruno. Curso de direito do consumidor. 6ª. ed. São Paulo: RT, 2016, p. 897; BEDNARSKI, José Luiz. "Consumidor". In: Legislação Criminal Especial. Coord. Luiz Flávio Gomes e Rogério Sanchez Cunha. São Paulo: RT, 2009, p. 33 para quem o "fato se torna lícito".

A tentativa é possível[148], bastando que circunstância alheia à vontade do agente interrompa o emprego ou colocação de peça ou componente no produto sujeito ao reparo.

Eventual prejuízo efetivo experimentado pelo agente, de ordem patrimonial, pode caracterizar estelionato (com absorção do crime em análise, que representa claro exemplo de antecipação de momento de tutela), uma vez que o consumidor tenha sido induzido a crer que o reparo dera-se com componentes ou peças novas. É possível, mesmo, a imputação de lesões ou homicídio ao prestador de serviços, acaso ocorram pelo uso ulterior do produto sem aptidão para emprego nos fins próprios, derivada do desgaste da peça ou componente. A evidência de culpa ou dolo eventual, pela assunção de risco pelo prestador, dependerá dos contornos do caso. Pelas razões já indicadas, o art. 70, CDC, restará consunto ou absorvido.

Por fim, a afirmação falsa de que foi feito uso de peça nova, induzindo o consumidor ao erro, quando não causar prejuízo, levará à responsabilidade do fornecedor pelo art. 7º, VII, Lei 8.137/90[149], dando-se possível cúmulo de delitos com o art. 70, CDC. Aqui, há concurso, já que o bem protegido pelo primeiro concerne à qualidade de informação, não coincidindo com o bem de proteção imediata do art. 70.

Ação Penal

Todos os delitos do CDC, inclusive o art. 70, têm persecução mediante ação penal pública incondicionada. Há titularidade dos órgãos da administração pública direta ou indireta de defesa do consumidor (Procons) e associações de defesa do consumidor para figurarem como assistentes da acusação (v. arts. 80 e 82, III e IV, CDC, combinados).

O crime é da competência dos Juizados Especiais Criminais, permitindo transação (art. 76, Lei 9.099/95). Cabe também a suspensão condicional do processo (art. 89, Lei 9.099/95), acaso infrutífera a transação (por recusa ou descumprimento). Não é cabível o acordo de não persecução penal, pois para essa infração, como visto, cabe transação penal, incidindo, portanto, a vedação do art. art. 28-A, § 2º, inciso I do Código de Processo Penal.

DO CRIME DE COBRANÇA ABUSIVA DE DÍVIDAS

Art. 71. Utilizar, na cobrança de dívidas, de ameaça, coação, constrangimento físico ou moral, afirmações falsas incorretas ou enganosas ou de qualquer outro procedimento que exponha o consumidor, injustificadamente, a ridículo ou interfira com seu trabalho, descanso ou lazer:

Pena Detenção de três meses a um ano e multa.

Bem Jurídico Tutelado

O bem jurídico mediato é constituído pelas relações de consumo, no que voltadas à compensação da vulnerabilidade do consumidor.

Representando-as, o bem jurídico imediato consiste na tutela da dignidade do consumidor. Busca-se preservar o autopertencimento[150] de pessoas endividadas, protegendo-as em âmbitos variados: a) tranquilidade (violada quando de ameaças e interferências no cotidiano de

148 MIRAGEM, Bruno. Curso de direito do consumidor. 6ª. ed. São Paulo: RT, 2016, p. 896.

149 Igual, BENJAMIN, Antonio Herman v. et alii. Comentários ao Código de Defesa do Consumidor. 5ª. ed. São Paulo: Thomson Reuters – RT, 2017, p. 1715, aludindo inclusive a casos de falsa informação de que a peça é original; MIRAGEM, Bruno. Curso de direito do consumidor. 6ª. ed. São Paulo: RT, 2016, p. 895.

150 MAIHOFER, Werner. Estado de derecho y dignidad humana. Montevideo: BdF, 2008, p. 11, destacava o "pertencimento do meu eu" a mim como parte integrante da ideia de dignidade, conforme anteriormente destacado.

trabalho, descanso e lazer); b) liberdade (ofendida diante de coações); c) honra e autoimagem, integrantes do patrimônio moral do consumidor (molestada por constrangimentos e exposições vexatórias); d) plenitude de informação (atingida por afirmações falsas). Assim, a dignidade do consumidor, cuja incolumidade exige atenção a todas estas dimensões, encontra-se no raio de proteção do tipo[151].

Não se exige a efetiva ofensa destes bens, mas a exposição a perigo abstrato, típica de toda a situação em que a cobrança emprega os meios abusivos contidos no tipo.

Novamente, o esteio da construção do bem tutelado é extrapenal, arrancando – como, de resto, nos demais crimes do CDC – do art. 5º, XXXII, CF, que erige a tutela do consumidor como direito fundamental. O art. 4º, caput, CDC, traça a tutela da dignidade do consumidor como parte integrante da política nacional das relações de consumo. Em consonância, o art. 6º, ao enumerar exemplificativamente direitos do consumidor, destaca no inciso IV a proteção contra "métodos comerciais coercitivos ou desleais, bem como contra práticas e cláusulas abusivas", de que são exemplos os meios de cobrança incriminados no art. 71. O tipo auxilia na "prevenção e reparação de danos (...) morais, individuais, coletivos e difusos", dando guarida ao direito do consumidor estatuído no art. 6º, VI, CDC.

A leitura do preceito primário conjuga-se – como sói ocorrer nos crimes do CDC – a específicos campos de tutela extrapenal do consumidor. Particularmente, exalta-se o art. 42, CDC: "Na cobrança de débitos, o consumidor inadimplente não será exposto a ridículo, nem será submetido a qualquer tipo de constrangimento ou ameaça." A tutela penal mostra-se ampliada, no cotejo com a norma extrapenal.

Destaque-se que a tutela emanada do tipo pode compreender bens imediatos individuais (consumidor atingido em sua honra), individuais homogêneos (grupo de consumidor atingido por dada prática abusiva de cobrança, uniformemente a todos dirigida), coletivos (a exposição de grupo determinado a situação vexatória) ou, na perspectiva difusa, o interesse indeterminado de consumidores potenciais de, diante de dado fornecedor, não serem alvo de práticas abusivas de cobrança ao com ele contraírem dívidas.

O tipo capta situação de imensa repercussão no cotidiano de consumidores, à vista do fenômeno do superendividamento[152], lastreado no modelo de capitalismo financeiro fomentado a partir dos anos 90 no ambiente global e, no Brasil, impulsionado pelo surgimento de linhas de crédito subsidiadas a partir da primeira década do século XXI. Trata-se de paradigma econômico em que "a financeirização funcionou como substituto da acumulação"[153]. Este ambiente facilita a aquisição de bens e serviços mediante crediário, elevando todavia as taxas de endividamento familiares[154] e reduzindo, proporcionalmente, esforços de entesouramento. De outro

151 PRADO, Luiz Regis. Direito Penal Econômico. São Paulo: RT, 2004, p. 159, também enumera honra, enquanto reputação havida pelo consumidor no meio social, dignidade, decoro, liberdade física e psíquica do consumidor; MIRAGEM, Bruno. Curso de direito do consumidor. 6ª. ed. São Paulo: RT, 2016, p. 897.

152 Os valores do individualismo e felicidade pelo consumo marcam o ambiente cultural neoliberal forjado do final dos anos 80 em diante. O corpo é centro das experiências mais extremas que o bolso possa adquirir, de modo a que cada indivíduo torne-se a finalidade de si mesmo. Esta é a tônica da sociedade de consumo. Os consumidores são "procuradores de sensações", na expressão de MINESTRONI, Laura. Comprendere il consumo. Società e cultura daí classici al postmoderno. Milão: FrancoAngeli, 2006, p. 327. Assinalava BAUDRILLARD, Jean. A sociedade de consumo. Lisboa: Edições 70, 2007, p. 25, que, na sociedade doe consumo, o "lugar do consumo: é a vida cotidiana. Esta não é apenas a soma dos factos e gestos diários, a dimensão da banalidade e da repetição: é um sistema de interpretação".

153 MAGATTI, Mauro. Cambio di paradigma. Uscire dalla crisi pensando il futuro. Milano: Feltrinelli, 2017, p. 32.

154 A Confederação Nacional do Comércio divulgou, em janeiro de 2018, o panorama de endividamento brasileiro do ano anterior, revelando que 60,8% das famílias possuíam dívidas, com a alta taxa de 25,4% de inadimplência na média anual. Disponível em <http://www.valor.com.br/brasil/ 5258773/proporcao-de-brasi leiros-endividados--volta-crescer-em-2017-diz-cnc.> Acesso em 30.04.2018.

lado, a necessidade de cobrança dos valores devidos impulsiona o quadro factual de práticas abusivas por parte de credores.

Sujeitos do Crime

O sujeito ativo é o fornecedor de produtos e serviços, na forma do art. 3º, CDC (exceto pessoas jurídicas), necessariamente posicionado como credor. Trata-se de mais um delito especial de autor, pois o tipo cinge ao fornecedor a subjetividade ativa.

Usualmente, contrai-se dívida para financiamento de compras junto a pessoas jurídicas, que oferecem linhas de crédito próprias ou de terceiros (bancos e financeiras). Nesta moldura, não é usual que coincida, na pessoa natural, a posição de credor e, ao mesmo tempo, executor direto da cobrança. Comum é haver uma pessoa jurídica credora, cujos diretores, gerentes ou administradores promovam, aprovem ou permitam o emprego de meios abusivos de cobrança de dívidas. A partir da deliberação, dá-se determinação da execução da cobrança a subordinado. Todos responderão como sujeitos ativos, integrando organicamente o polo fornecedor das relações de consumo. Observe-se, quando aos primeiros, o art. 75, CDC.

Repare-se que o subordinado, quando do cumprimento de ordem, pode não ter a plena cognição da abusividade do meio empregado, situação em que poderá evocar o erro de tipo.

Dirigentes de empresas de cobrança[155] e respectivos subordinados, ao procederem as práticas coibidas no dispositivo, também serão sujeitos ativos, integrando o polo fornecedor, por agirem em seu nome.

Enfim, tanto nas situações em que o crediário não é direto com o fornecedor da relação de consumo de que deriva a dívida – relação de consumo básica, fundamental ou primária[156] -, como quando este terceiriza a cobrança, o cobrador será sujeito ativo. Como esclarece Benjamin, "pode ou não ser o fornecedor do produto ou serviço que deu origem ao débito de consumo", uma vez que "o legislador, *ope legis,* cria (...) outra relação, igualmente de consumo, cujos referenciais subjetivos são o consumidor e o cobrador de seu débito"[157].

Sujeitos passivos são os consumidores, enquanto coletividade, cuja contração potencial de dívida junto ao fornecedor abusivo possa expô-los às práticas de cobrança ilegais. Naturalmente, um consumidor ou concretos grupos de consumidores são, também, sujeitos passivos, quando efetivamente contraírem dívidas de que resulte a cobrança abusiva. Porém, quando um fornecedor – enquanto *player* de mercado – passa à prática de cobranças abusivas, todo o conjunto de consumidores potenciais fica sob perigo de dano[158].

---

155 Assim também FILOMENO, José Geraldo Brito et alii. Código brasileiro de defesa do consumidor. 11ª. ed. Rio de Janeiro: Forense, 2017, p. 769; PRADO, Luiz Regis. Direito Penal Econômico. São Paulo: RT, 2004, p. 160; MIRAGEM, Bruno. Curso de direito do consumidor. 6ª. ed. São Paulo: RT, 2016, p. 897.

156 BENJAMIN, Antonio Herman v. et alii. Comentários ao Código de Defesa do Consumidor. 5ª. ed. São Paulo: Thomson Reuters – RT, 2017, p. 1719.

157 BENJAMIN, Antonio Herman v. et alii. Comentários ao Código de Defesa do Consumidor. 5ª. ed. São Paulo: Thomson Reuters – RT, 2017, p. 1719. Contra: FONSECA, Antonio Cezar Lima da. Direito Penal do Consumidor. Porto Alegre: Livraria do Advogado, 1996, p. 252.

158 Corretamente, a maior parte da doutrina coloca como sujeito passivo a coletividade de consumidores e aquele efetivamente atingido, a exemplo de MIRAGEM, Bruno. Curso de direito do consumidor. 6ª. ed. São Paulo: RT, 2016, p. 897; PRADO, Luiz Regis. Direito Penal Econômico. São Paulo: RT, 2004, p. 160; ANDREUCCI, Ricardo Antonio. Legislação Penal Especial. 3ª. ed. São Paulo: Saraiva, 2007, p. 335. Entendendo que a subjetividade passiva reside exclusivamente na coletividade de consumidores, SILVA JÚNIOR, José. "Defesa do Consumidor". In: Leis penais especiais e sua interpretação jurisprudencial. 7ª. ed. São Paulo: RT, 2002, p. 1.412; BENJAMIN, Antonio Herman v. et alii. Comentários ao Código de Defesa do Consumidor. 5ª. ed. São Paulo: Thomson Reuters – RT, 2017, p. 1719. A exclusão do consumidor individual é inadequada, porquanto este com mais razão é ofendido. Em sentido diametralmente oposto, há opção exclusiva de identificar como sujeitos passivos os consumidores atingidos, o que pressupõe a efetiva e pretérita contração da dívida, em autores como FILOMENO, José Geraldo

Condutas Típicas (Tipicidade Objetiva)

O tipo é ativo e simples, contando com o verbo "utilizar" como núcleo. O sujeito ativo utiliza – usa, maneja – meios abusivos para a cobrança de dívidas. Como bem indicado por Bruno Miragem, não se pune a cobrança de dívida – que é justa – mas o meio empregado para tanto[159].

Tais meios são descritos pelo tipo, caracterizando crime de forma vinculada. As formas abusivas de cobrança de dívida devem ocorrer no universo de uma relação de consumo[160]. Assim, parece-nos falho, por exemplo, o precedente TACRIM-SP/RT 720/450[161], em que locador dirigiu-se ao local de trabalho do locatário para ridicularizá-lo ostentando placa no pescoço em que estava escrito "cobrador". Não havia, aí, relação de consumo. Também não há esta relação quando da cobrança de taxa de condomínio, podendo o abuso caracterizar crime diverso[162].

Os modais de realização da cobrança abusiva de dívidas, contidos no tipo, são:

a) ameaça, enquanto promessa de mal futuro, capaz de atemorizar o destinatário[163]. O mal prometido não precisa ser grave e injusto, diversamente daquele que caracteriza o crime de ameaça do CP, art. 147. Cuide-se, lado outro, que cobrar a dívida é justo, mas a ameaça que acompanha a cobrança pode ser injusta, como uma promessa de agressão. Dando-se a ameaça com os contornos requeridos pelo art. 147, CP, haverá concurso de crimes, pois o tipo do art. 71, CDC, transcende o bem jurídico individual, protegendo a dignidade dos consumidores potenciais do fornecedor envolvido[164].

b) coação, que pode ser física, dirigida à constrição da vontade de ação do devedor ou, mais usualmente, moral, reduzindo o campo de liberdade da vontade do devedor. O tipo é de perigo abstrato. Acaso resulte efetivo dano à saúde física ou psíquica, derivado das lesões, dá-se concurso de crimes entre o art. 129, CP, e o art. 71, CDC, observando-se que o campo de atuação deste transcende a esfera de bens jurídicos individuais do devedor lesionado.

c) constrangimento físico ou moral. Interessante precedente de processo civil teria subsunção no art. 71, por este método de cobrança abusiva. Trata-se do STJ RESP

Brito et alii. Código brasileiro de defesa do consumidor. 11ª. ed. Rio de Janeiro: Forense, 2017, p. 769; BEDNARSKI, José Luiz. "Consumidor". In: Legislação Criminal Especial. Coord. Luiz Flávio Gomes e Rogério Sanchez Cunha. São Paulo: RT, 2009, p. 35; COSTA JÚNIOR, Paulo José e COSTA, Fernando José da. Crimes contra o consumidor. 2ª ed. São Paulo: Atlas, 2008, 42.

159 MIRAGEM, Bruno. Curso de direito do consumidor. 6ª. ed. São Paulo: RT, 2016, p. 896.

160 PRADO, Luiz Regis. Direito Penal Econômico. São Paulo: RT, 2004, p. 161.

161 ANDREUCCI, Ricardo Antonio. Legislação Penal Especial. 3ª. ed. São Paulo: Saraiva, 2007, p. 336. Precedente também citado por PRADO, Luiz Regis. Direito Penal Econômico. São Paulo: RT, 2004, p. 165.

162 BEDNARSKI, José Luiz. "Consumidor". In: Legislação Criminal Especial. Coord. Luiz Flávio Gomes e Rogério Sanchez Cunha. São Paulo: RT, 2009, p. 34.

163 MIRAGEM, Bruno. Curso de direito do consumidor. 6ª. ed. São Paulo: RT, 2016, p. 897.

164 BENJAMIN, Antonio Herman v. et alii. Comentários ao Código de Defesa do Consumidor. 5ª. ed. São Paulo: Thomson Reuters – RT, 2017, p. 1718-9, considera incidir sempre o concurso entre o art. 71 e o crime que, eventualmente praticado a partir do modal de cobrança abusiva, ofenda bem jurídico individual. Não consideramos que haja necessidade de descartar o devedor concretamente submetido à cobrança abusiva, como sujeito passivo, para afirmar os concursos materiais ou formais de crimes (variam caso a caso). Já FONSECA, Antonio Cezar Lima da. Direito Penal do Consumidor. Porto Alegre: Livraria do Advogado, p. 257, após anotar a variedade de posições doutrinárias alusivas ao tema do concurso de crimes – situação derivada das múltiplas modalidades de cobrança vexatória evocadas no preceito primário do art. 71 –, coloca-se dentre autores que entendem haver "ora concurso de crimes, ora concurso aparente de normas penais".

124581-2/RS, Rel. Min. Herman Benjamin, 2ª. T., DJ 21.06.11, DJE 01.09.11, no qual a fornecedora de energia elétrica cortou a luz de usuária portadora de HIV (com necessidade de energia elétrica incrementada pela necessidade de manutenção refrigerada de medicamentos) para cobrar dívida de usuário anterior do ponto de luz instalado na habitação[165].

Repare-se que o pagamento de dívida é algo imposto por lei, de modo a distinguir-se a hipótese em análise daquela do art. 146, CP, que concerne a obrigar a vítima a fazer o que não determinado em Lei ou deixar de fazer o que ela permite. Havendo ofensa a dimensões da liberdade, recortadas como objeto de tutela mais estreita em lei, como a liberdade de ir e vir, protegida pelo art. 148, CP, estabelece-se o concurso entre este e o art. 71 (que transcende o bem jurídico individual). Por exemplo, casa noturna em que o consumidor é trancado em sala, por seguranças do estabelecimento, como método para compeli-lo ao pagamento.

Conquanto a eventual ocorrência de privação de liberdade de um consumidor possa servir como meio para o fim da cobrança abusiva, não se trata de relação entre crime meio e crime fim capaz de conduzir à consunção daquele por este. Para que haja este efeito, deve haver relação entre os tipos penais de *minus* a *plus* na perspectiva da proteção penal que o direito penal pretende destinar a dado bem jurídico. Opera-se pela norma mais ampla a meta de proteção da mais estreita. O homicídio, *verbi gratia,* esgota o campo de proteção das lesões e o encampa. O estelionato, ainda que muitas vezes tenha pena mais branda, esgota o campo de lesividade do falso, quando este se exaure naquele (súmula 17, STJ); não se exaurindo, pela potência de lesão que o documento possui de atingir mais vítimas, dá-se o concurso. Pois bem: no art. 71, não se esgota em plenitude a tutela da liberdade de ir e vir da vítima. Esta incidentalmente, e não necessariamente, pode ser atingida. A disposição foi criada para tutela mediata das relações de consumo e da liberdade de número indeterminado de consumidores, quando no mercado opera um fornecedor que usa de método de cobrança similar.

Convém distinguir, por fim, o constrangimento que dá margem à cobrança abusiva de dívida daquele que caracteriza o art. 158, CP. Este crime, para além de envolver necessariamente violência ou grave ameaça, diz com obtenção de vantagem indevida. No art. 71, CDC, a vantagem é devida, pois a restituição do valor devido é justa. O modo empregado para obtê-la é que não é, no caso do emprego de meios abusivos.

d) afirmações falsas, incorretas ou enganosas[166], como a falsidade do nome, CPF ou CNPJ do fornecedor, ou endereço, exigidos nos documentos de cobranças de débitos, conforme art. 42-A, CDC[167]. Pune-se o art. 71, CDC, sem prejuízo da proteção da fé pública tutelada pelos tipos penais de falso, incidentes em concurso. A cobrança de débito inexistente, desde que dolosa, associada à ameaça de inscrição em serviço de proteção de crédito, dá margem à subsunção no art. 71, CDC[168].

---

165 Referido por BENJAMIN, Antonio Herman v. et alii. Comentários ao Código de Defesa do Consumidor. 5ª. ed. São Paulo: Thomson Reuters – RT, 2017, p. 1721.

166 FONSECA, Antonio Cezar Lima da. Direito Penal do Consumidor. Porto Alegre: Livraria do Advogado, 1996, p. 252, anota que o emprego de documento falso, material ou ideologicamente, caracterizará o concurso de crimes.

167 MIRAGEM, Bruno. Curso de direito do consumidor. 6ª. ed. São Paulo: RT, 2016, p. 896. A inserção do art. 42-A, CDC, pretende dar ao consumidor clareza de quem lhe cobra, abrindo em seu favor um canal de contato. Afinal, difícil em muitos casos a identificação do fornecedor, como em sites virtuais de compras. V., a propósito, FILOMENO, José Geraldo Brito et alii. Código brasileiro de defesa do consumidor. 11ª. ed. Rio de Janeiro: Forense, 2017, p. 768.

168 SILVA JÚNIOR, José. "Defesa do Consumidor". In: Leis penais especiais e sua interpretação jurisprudencial. 7ª. ed. São Paulo: RT, 2002, p. 1.414. Trata-se do precedente TACRIM-SP AC 948.621, Rel. Ivan Marques, DJ 21.06.95. Porém, a colocação de devedor inadimplente em serviço de proteção ao crédito, dentro dos limites legais, é exercício de direito, na forma do art. 23, CP. Do mesmo modo, o protesto de título de crédito, como exemplifica BEDNARSKI,

e) procedimento que "exponha o consumidor, injustificadamente, a ridículo", evidenciando-se adiantamento da análise da ilicitude para o interior do tipo neste modal, com uso de elemento normativo de valoração global do injusto – acaso haja ameaça de protesto de título, meio legal de cobrança – o crime não se aperfeiçoa[169]. A exposição a ridículo pode dar-se em ambiente físico, como a exposição de cheques sem fundos no caixa do estabelecimento, ou virtual, como páginas de internet[170]. Qualquer modo de exposição, desde que produza o efeito vexatório, caracteriza o delito.

f) procedimento qualquer que interfira com o "trabalho, descanso ou lazer" do consumidor. A cobrança no trabalho, propositalmente feita frente a colegas, superiores ou subordinados, tem caráter abusivo pela evidente pretensão de associar a cobrança a certa vergonha a que se expõe o devedor. Ligações telefônicas insistentes, em horários usualmente destinados ao sono (primeiras horas da manhã ou horários tardios), são exemplificativas da interferência abusiva no descanso. Enfim, há um método de cobrança, consistente em causar perturbação ao agente, seja pela exposição indevida da imagem, seja pela quebra de seu repouso. Acaso não se vislumbre este componente como método, não há crime[171]. Noutros termos: alguém receber cobrança, telefônica, por mensagens telemáticas, ou até pessoalmente, durante o horário de trabalho, *per si*, não é crime. Aliás, acaso ninguém pudesse ser cobrado por dívidas em horário de labor ou repouso, quando seria cobrada?

Pressuposto para realização do tipo é a existência de endividamento de ao menos um consumidor, para que ocorra o emprego de meios abusivos de cobrança. Porém, o expediente empregado transcende o devedor específico, atingindo a comunidade de consumidores, potencial contratante do fornecedor ou responsável pela cobrança.

A mera ocorrência de ofensas no curso da cobrança pode dar margem a crime contra a honra, mas não necessariamente ao delito em análise. Para que incida o art. 71, CDC, deve integrar-se como método de cobrança, expondo a ridículo ou turbando a paz do consumidor dever.

Tipicidade Subjetiva

O elemento do tipo subjetivo é unicamente o dolo.

Consumação e Tentativa

Consuma-se o crime com a utilização de um dos meios abusivos previstos no tipo para a cobrança da dívida (ameaça, coação, constrangimentos, afirmações falsas), com a exposição do consumidor a ridículo ou com a interferência no seu trabalho, descanso ou lazer. Trata-se de crime formal ou de consumação antecipada, em que aperfeiçoam-se os elementos do tipo com o emprego do meio abusivo, antes de eventual modificação no mundo exterior daí derivada. Por exemplo, o emprego de coação física violenta não precisa implicar em lesão efetiva. O delito do art. 71, CDC, consuma-se antes.

José Luiz. "Consumidor". In: Legislação Criminal Especial. Coord. Luiz Flávio Gomes e Rogério Sanchez Cunha. São Paulo: RT, 2009, p. 34.

169 FONSECA, Antonio Cezar Lima da. Direito Penal do Consumidor. Porto Alegre: Livraria do Advogado, 1996, p. 253.

170 FONSECA, Antonio Cezar Lima da. Direito Penal do Consumidor. Porto Alegre: Livraria do Advogado, 1996, p. 254.

171 No mesmo sentido, MIRAGEM, Bruno. Curso de direito do consumidor. 6ª. ed. São Paulo: RT, 2016, p. 897.

A tentativa é admissível, variando a configuração conforme o modal utilizado para a cobrança abusiva. Exemplo: acaso o fornecedor seja impedido de utilizar megafone ou aparelhagem sonora potente na frente do local de trabalho do devedor, em zona urbana e horário comercial, para constrangê-lo ao pagamento, momentos antes do início da exposição vexatória, está caracterizado o *conatus*.

Ação Penal

O art. 71 prevê delito cuja persecução ocorre por ação penal pública incondicionada. Os órgãos da administração pública direta ou indireta de defesa do consumidor (Procons) e associações de defesa do consumidor podem figurar como assistentes da acusação (v. arts. 80 e 82, III e IV, CDC, combinados).

O crime é da competência dos Juizados Especiais Criminais, cabendo transação (art. 76, Lei 9.099/95) e, também, suspensão condicional do processo (art. 89, Lei 9.099/95), acaso infrutífera a primeira, por recusa ou descumprimento. Não é cabível o acordo de não persecução penal, pois para essa infração, como visto, cabe transação penal, incidindo, portanto, a vedação do art. art. 28-A, § 2º, inciso I do Código de Processo Penal.

DO CRIME DE CRIAR IMPEDIMENTO OU DIFICULDADE DE ACESSO AO ARQUIVO DE CONSUMO

Art. 72. Impedir ou dificultar o acesso do consumidor às informações que sobre ele constem em cadastros, banco de dados, fichas e registros:

Pena Detenção de seis meses a um ano ou multa.

Bem Jurídico Tutelado

O tipo penal do art. 72 do Código de Defesa do Consumidor tem como especial preocupação garantir ao consumidor o acesso aos bancos de dados (*latu sensu*) existentes a seu respeito.

O bem jurídico protegido pelo referido crime é a autodeterminação informativa[172], na sua faceta de acesso à informação.

---

172 A expressão é oriunda especialmente da Alemanha, tendo grande relevância um julgado de 1983, do Tribunal Constitucional alemão (BVerfGE 27,1). Sobre esse julgado, ensina SILVA que: "Todas as conclusões do julgado derivam do estabelecimento de que o tratamento de informações de um indivíduo é questão constitucional, uma matéria incluída na temática dos direitos fundamentais. O tratamento de dados inconsentidos não é mais um tema de defesa simplesmente por meio de legislação infraconstitucional. Na dignidade humana (Art. 1 I GG) em conjunto com o direito de livre desenvolvimento da personalidade (Art. 2 I GG) encontrava-se o fundamento de um direito à autodeterminação informativa (Recht auf informationelle Selbstbestimmung). Quem desconhece quem, o que e quando conhece sobre si e sua existência, perde a segurança de atuar socialmente de se expressar sem restrições. Daí que autodeterminar o fluxo dos dados pessoais é um requisito, uma exigência, ao livre desenvolvimento da personalidade. Mas não somente a esfera individual é favorecida com o direito à autodeterminação informativa, já que igualmente a liberdade para exercer a cidadania ativa é preservada, e assim, as próprias pré-condições ao regime democrático. Há, portanto, um forte viés em evitar-se um sentimento geral de coação que poderia causar no indivíduo a ausência de autodeterminação informativa." SILVA, Carlos Bruno Ferreira da. Proteção de Dados e Cooperação Transnacional: Teoria e Prática na Alemanha, Espanha e Brasil. Belo Horizonte: Arraes, 2014, p. 40. Também, defendem que o bem jurídico protegido pelo tipo penal do art. 72, CDC, é a autodeterminação informativa: PRADO, Luiz Régis. Direito Penal Econômico, 6ª ed. São Paulo: RT, 2014, p. 115; BITTENCOURT, Cezar Roberto. Tratado de Direito Penal Econômico. Vol. 1. São Paulo: Saraiva, 2016, p. 577. Sobre a autodeterminação informativa, como uma das esferas de abrangência dos direitos da personalidade, no direito alemão, confira-se: JARASS, Hans D; PIEROTH, Bodo. GG, Grundgesetz für die Bundesrepublik Deutschland, Kommentar. 10ª ed. Munique: Beck, 2009, pp. 73-75.

Referido bem jurídico decorre do princípio constitucional, previsto no art. 5º, inciso X, da Constituição, que dota de especial proteção a vida privada do cidadão[173].

Sobre o tema, incide, também, a proteção constitucional prevista pela alínea "a", do inciso LXII, do art. 5º, que prevê a possibilidade da impetração da ação constitucional do *Habeas Data*, e que tem o seguinte teor: *"LXXII – conceder-se-á habeas data: a) para assegurar o conhecimento de informações relativas à pessoa do impetrante, constantes de registros ou bancos de dados de entidades governamentais ou de caráter público"*.

O do acesso à informação sobre o consumidor alcançou, nos dias de hoje, uma importância que, imagina-se, sequer era possível antever quando da entrada em vigor do Código de Defesa do Consumidor.

A informática e especialmente a internet alçou o tema da autodeterminação informativa a patamares de elevadíssima importância em nossa sociedade, sendo relevante lembrar que foi precisamente a busca pelo fortalecimento exponencial da capacidade de oferta e de promoção das relações de consumo que constituiu, sem sombra de dúvidas, uma das maiores forças motrizes que impulsionou a abrangência, celeridade e profundidade que ostenta hoje em dia a captação, o armazenamento e a difusão de informação sobre os consumidores.

Sujeitos do Crime

O sujeito ativo do delito é todo aquele que seja responsável por banco de dados, cadastros, fichas ou registros contendo informações a respeito de consumidores, efetivos ou potenciais.

Defende-se aqui que o delito é especial, uma vez que deve o agente constar do polo de uma relação de consumo. Nesse sentido, ainda que normalmente seja praticado por fornecedores, é perfeitamente possível a sua caracterização por pessoas que administrem empresas que têm como função a manutenção, atualização e venda desses bancos de dados, precisamente porque presente essa relação consumerista[174].

Aliás, mesmo que uma pessoa jurídica, de modo informal, passe a administrar e atualizar bancos de dados sobre o assunto (o que é bastante facilitado hoje, com o advento da internet), inclusive, repassando a terceiros, poderão os agentes que atuam em nome dela incidir no delito em questão, já que expostos os consumidores às práticas derivadas da relação de consumo.

Da mesma forma, pode ser o autor do crime algum funcionário, que, à revelia da administração da empresa, acabe, pelo motivo que for, impedindo o acesso do consumidor aos dados existentes sobre ele[175].

Em todos esses casos, se faz presente essa conexão especial de armazenamento de dados vinculados a uma relação, ainda que potencial, de consumo.

O sujeito passivo é a coletividade de consumidores, podendo, também, ser atingidos consumidores individuais, dependendo do contexto do caso.

A caracterização dessa coletividade de consumidores não leva em conta apenas aqueles que já tenham efetivado relações de consumo com eventual fornecedor, uma vez que o delito abrange, também, todas as pessoas eventualmente atingidas pelo armazenamento de informações.

173 Nesse sentido, de que o direito fundamental à privacidade abrange a proteção contra eventuais abusos em bancos de dados, cf.: SILVA, José Afonso da. Curso de Direito Constitucional Positivo. 25ª ed. São Paulo: Malheiros, 2005, pp. 209-210. Assim, também, SILVA, Carlos Bruno Ferreira da. Proteção de Dados e Cooperação Transnacional: Teoria e Prática na Alemanha, Espanha e Brasil. Belo Horizonte: Arraes, 2014, pp. 55 e ss.

174 PRADO defende tratar-se de um delito especial, cf.: PRADO, Luiz Régis. Direito Penal Econômico, 6ª ed. São Paulo: RT, 2014, p. 115.

175 BITTENCOURT, Cezar Roberto. Tratado de Direito Penal Econômico. Vol. 1. São Paulo: Saraiva, 2016, p. 578.

Em outras palavras, para a compreensão da coletividade de consumidores deve-se levar em conta, não só o conceito de consumidor previsto no art. 2º, mas, também, o conceito estabelecido pelo seu parágrafo único, pelo art. 17 e pelo art. 29, todos, do Código de Defesa do Consumidor. Assim, a compreensão dessas palavras deve abranger o consumidor *estrito sensu* e os consumidores por equiparação, uma vez que expostos à relação de consumo[176].

Condutas Típicas (Tipicidade Objetiva)

O centro da incriminação prevista no tipo penal do art. 72 do Código de Defesa do Consumidor repousa sobre as condutas que pretendem evitar ou tornar mais difícil o acesso do consumidor às informações registradas a seu respeito. Esse delito constitui, pois, como afirma BENJAMIN, *"a contraface penal do art. 43, caput, e de seu § 1º. Ambos asseguram o 'direito de acesso' do consumidor aos arquivos de consumo."*[177]

É nesse âmbito do direito ao acesso à informação que se encontra a tutela da autodeterminação informativa. Precisamente porque, uma das facetas desse direito, consiste na prerrogativa do consumidor de ter conhecimento sobre o teor das informações, que constem dos arquivos de consumo, a seu respeito[178].

Os verbos típicos são impedir (impossibilitar o acesso) e dificultar (embaraçar, tornar mais dificultoso o acesso, colocar barreiras, adicionais ao necessário, para se ter acesso) e fazem referência às seguintes formas de armazenamento de informação: banco de dados, cadastros, fichas e registros.

O banco de dados, que constitui a expressão mais genérica e abrangente da técnica de armazenamento de dados, se materializa com qualquer recopilação organizada de dados. Normalmente, fornece um acervo dos mais variados dados sobre os consumidores, que podem constituir desde simples dados cadastrais, situação financeira, nível de inadimplência até preferências e padrões de consumo[179].

Já o cadastro nada mais do que as informações prestadas pelo consumidor, normalmente em formulários, quando da postulação ou celebração de um negócio jurídico consumerista. A

---

176 "Art. 2º Consumidor é toda pessoa física ou jurídica que adquire ou utiliza produto ou serviço como destinatário final. Parágrafo único. Equipara-se a consumidor a coletividade de pessoas, ainda que indetermináveis, que haja intervindo nas relações de consumo. (...) Art. 17. Para os efeitos desta Seção, equiparam-se aos consumidores todas as vítimas do evento. (...) Art. 29. Para os fins deste Capítulo e do seguinte, equiparam-se aos consumidores todas as pessoas determináveis ou não, expostas às práticas nele previstas."

177 BENJAMIN, Antonio Herman et alii. Comentários ao Código de Defesa do Consumidor. 4ª. ed. São Paulo: Thomson Reuters – RT, 2013, p. 1523.

178 Como consigna BENJAMIN: "Os arquivos de consumo são uma novidade da sociedade de massa, baseada no anonimato do consumidor e na utilização massiva de crédito. Mas se os arquivos de consumo por um lado facilitaram enormemente o crédito ao consumidor, por outro trouxeram uma invasão de sua privacidade e, com ela, inúmeros abusos." BENJAMIN, Antonio Herman et alii. Comentários ao Código de Defesa do Consumidor. 4ª. ed. São Paulo: Thomson Reuters – RT, 2013, p. 1523.

179 Uma diferenciação importante para a compreensão do tema é a que existe entre "dados", "informação" e "conhecimento". SILVA as expõe da seguinte maneira: "(...) um dado só se torna propriamente uma informação quando agrega ao seu conteúdo a identificação da pessoa a que se refere, daí permite interpretações. Essa informação, a princípio atomizada, organizada dentro de um contexto e com objetivos minimamente definidos transforma-se em conhecimento." SILVA, Carlos Bruno Ferreira da. Proteção de Dados e Cooperação Transnacional: Teoria e Prática na Alemanha, Espanha e Brasil. Belo Horizonte: Arraes, 2014, p. 22. E continua o mesmo autor sobre o tema em exame: "Dados soltos, sem qualquer reflexo em pessoas físicas, são de nenhuma utilidade no campo dos direitos fundamentais. Ao inverso, qualquer elemento que caracterize ao ser humano, por menor que seja, e respeitadas as diferentes gravidades, deve ser protegido. Pois o dado transformado em conhecimento transforma-se em Poder para quem o detém e pode significar constrangimentos e até subjugação para aquele que se torna um pouco mais desvelado." SILVA, Carlos Bruno Ferreira da. Proteção de Dados e Cooperação Transnacional: Teoria e Prática na Alemanha, Espanha e Brasil. Belo Horizonte: Arraes, 2014, pp. 23-24.

organização dos dados informados nos cadastros insere-se, também, no conceito de banco de dados.

A ficha, por sua vez, é o simples registro de informações do consumidor, de forma manual e escrita, normalmente utilizadas por empresas menos profissionalizadas, uma vez que o arquivamento de fichas constitui técnica ultrapassada e pouco eficiente. A organização de fichas pode, também, caracterizar a criação de um banco de dados, ainda que de modo pouco eficiente.

Por fim, os registros são qualquer forma de apontamento contendo informações a respeito do consumidor. Os registros organizados podem, da mesma forma, constituir um banco de dados.

Tipicidade Subjetiva

O tipo penal do art. 72 do Código de Defesa do Consumidor somente é punido quando praticado dolosamente, com consciência e vontade de impedir ou dificultar o acesso ao banco de dados, cadastros, fichas e registros.

Não é exigida para a configuração da tipicidade subjetiva a presença de elementos subjetivos diversos do dolo. Nenhuma finalidade específica precisa ser buscada com o impedimento ou imposição de dificuldades ao acesso ao consumidor.

Não há punição na modalidade culposa, de modo que se o consumidor tem dificuldades de acesso por conta da desorganização não intencional ou burocracia natural dos serviços, decorrente, por exemplo, de um excesso inesperado e involuntário da demanda por informações, não restará caracterizado o crime.

Consumação e Tentativa

A doutrina tem entendido que o crime do art. 72 do CDC é um delito de perigo abstrato[180].

No entanto, verifica-se que, o mesmo tipo penal do art. 72 do CDC, veicula tanto um delito de perigo abstrato e de mera conduta, quanto um crime de lesão e de resultado.

Na modalidade impedir, faz-se necessária existência de ação do agente que efetivamente obtenha um resultado de impedimento do consumidor à informação que pretende ter conhecimento. Aqui, há delito de resultado – vez que exige uma ação e um resultado – e há delito de lesão, já que uma das facetas da sua autodeterminação informativa é efetivamente menoscabada, pois o consumidor acaba sendo privado do seu direito de ter acesso ao conteúdo do arquivo consumerista.

Em complementação a esse verbo, porém, existe a ação de dificultar. Nesse caso, trata-se de um delito de perigo abstrato, já que se incrimina a conduta por si só, independentemente da violação concreta ao bem jurídico tutelado (autodeterminação informativa). Ademais, o delito, neste caso, constitui um crime de mera conduta, vez que a simples ação de embaraçar, colocar obstáculos sem justa causa, já constitui o delito, independentemente de resultado.

É incabível a tentativa do crime do art. 72 do CDC. Isso porque, ainda que o verbo impossibilitar indique a possibilidade de interrupção do *iter criminis*, a ação frustrada de impedimento já consubstancia a ação de dificultar, de modo que já restaria consumado o delito.

Ação Penal

A ação penal é pública incondicionada. Ademais, trata-se de infração de menor potencial ofensivo, sujeita à competência dos Juizados Especiais Criminais. Comporta o *favor rei*

180 Cf.: PRADO, Luiz Régis. Direito Penal Econômico, 6ª ed. São Paulo: RT, 2014, p. 115; BITTENCOURT, Cezar Roberto. Tratado de Direito Penal Econômico. Vol. 1. São Paulo: Saraiva, 2016, p. 579.

da transação (art. 76, Lei 9.099/95), uma vez satisfeitos os requisitos. Também é possível a aplicação da suspensão condicional do processo (art. 89, Lei 9.099/95). Não é cabível o acordo de não persecução penal, pois para essa infração, como visto, cabe transação penal, incidindo, portanto, a vedação do art. art. 28-A, § 2º, inciso I do Código de Processo Penal.

DO CRIMES DE OMISSÃO NA CORREÇÃO DE INFORMAÇÃO CONSTANTE DE ARQUIVO DE CONSUMO

Art. 73. Deixar de corrigir imediatamente informação sobre consumidor constante de cadastro, banco de dados, fichas ou registros que sabe ou deveria saber ser inexata:

Pena Detenção de um a seis meses ou multa.

Bem Jurídico Tutelado

O tipo penal do art. 73 do Código de Defesa do Consumidor tem como foco a tutela da veracidade das informações constantes dos arquivos de consumo.

Aqui, a exemplo do que ocorre como art. 72, CDC, o bem jurídico protegido é a autodeterminação informativa, muito embora o art. 73 incida sobre a faceta do direito à preservação da veracidade das informações constantes dos bancos de dados, cadastro, fichas ou registros.

Esse bem jurídico, como já consignado anteriormente, decorre do princípio constitucional da privacidade, previsto no art. 5º, inciso X, da Constituição da República, no que tange à proteção da vida privada do cidadão.

Ademais, incide, também, como marco protetivo, outro dispositivo constitucional que busca exatamente preservar a veracidade das informações constantes de arquivos públicos ou de caráter público. Trata-se da aliena "b", do inciso LXXII, art. 5º, que consagra o direito à ação constitucional de *Habeas Data*, e que tem a seguinte redação: *"LXXII – conceder-se-á habeas data: (...) b) para a retificação de dados, quando não se prefira fazê-lo por processo sigiloso, judicial ou administrativo."*

Como se pode ver, o tipo penal do art. 72 do CDC protege a conteúdo da alínea "a" do inciso LXXII, do art. 5º da Constituição, enquanto que o crime do art. 73 do CDC, tutela a norma da alínea "b", da mesma norma constitucional.

Sujeitos do Crime

O crime do art. 73 do Código de Defesa do Consumidor é um delito especial, aplicando-se a ele, pois, a teoria do da infração do dever, e não a do domínio do fato, para a identificação dos seus autores e partícipes.

Esse delito é especial – ao contrário do previsto no art. 72, CDC – precisamente porque exige uma especial condição do agente para ser autor.

Essa condição consiste precisamente na existência de um dever de corrigir as informações, que somente é atribuído à pessoa que tenha o controle das informações constantes do banco de dados, seja como responsável pela informação (normalmente o fornecedor)[181], seja

181 Nesse sentido, o Superior Tribunal de Justiça já decidiu que: "É do credor, e não do devedor, o ônus da baixa da indicação do nome do consumidor em cadastro de proteção ao crédito, em virtude do que dispõe o art. 43, § 3º, combinado com o art. 73, ambos do CDC. A propósito, este último, pertencente às disposições penais, tipifica como crime a não correção imediata de informações inexatas acerca de consumidores constantes em bancos de dados." (STJ – AgRg no AREsp 307.336/RS, Rel. Ministro LUIS FELIPE SALOMÃO, QUARTA TURMA, julgado em 22/10/2013, DJe 25/11/2013). Assim também: STJ – AgRg no Ag 1373920/SP, Rel. Ministro LUIS FELIPE SALOMÃO, QUARTA TURMA, julgado em 22/05/2012, DJe 28/05/2012.

como arquivista (pessoa responsável pela inserção, exclusão e correção dos dados constantes dos arquivos de consumo)[182].

O sujeito passivo é o consumidor desde uma perspectiva coletiva, podendo, sem embargo, também, atingir o consumidor individualmente.

Condutas Típicas (Tipicidade Objetiva)

O crime do art. 73 do Código de Defesa do Consumidor é um crime omissivo próprio, de modo que a sua tipicidade objetiva é consubstanciada por um não fazer o que a norma determina (*aliud agere*).

Cria-se, pois, um dever jurídico ao agente de corrigir ou determinar a correção imediata de informações incorretas constantes dos arquivos de consumo, seja porque não correspondem à realidade, seja porque, apesar de verdadeiras, não poderiam constar, pelo motivo que for, dos registros.

Assim, a tipicidade objetiva exigirá que:

a) o titular do dever de correção tenha conhecimento (ou deveria ter conhecimento) que a informação é incorreta;

b) tenha a possibilidade – direta ou indireta (mediante ordens ou comandos) – de corrigir (ou mandar corrigir) as informações;

c) realize um *aliud agere*, é dizer, um agir diverso do devido, consistente em qualquer conduta que não importe na correção das informações.

Sobre os conceitos de banco de dados, cadastro, fichas e registros, faz-se aqui referência ao já consignado no comentário do artigo 73, sendo certo, porém, que todos eles dizem respeito a dados sobre o consumidor.

Por fim, com relação ao advérbio de tempo "*imediatamente*" que consta do tipo penal, deve ele ser compreendido como uma determinação de correção tão logo tenha o agente acesso ao arquivo de consumo ou tão logo possa ter acesso ele. Não pode o agente, pois, postergar deliberadamente, a correção dessas informações[183].

Tipicidade Subjetiva

O crime somente é punido se praticado dolosamente, ou seja, deve o agente, com consciência e vontade, deixar de corrigir as informações incorretas sobre consumidor.

Ademais, chama a atenção um outro aspecto relativo ao tipo subjetivo. A norma consigna que configura o tipo penal quando o agente *"sabe ou deveria saber"* que a informação era inexata.

---

182 A expressão arquivista é a utilizada pelo Código de Defesa do Consumidor, no § 3º, art. 43: "O consumidor, sempre que encontrar inexatidão nos seus dados e cadastros, poderá exigir sua imediata correção, devendo o arquivista, no prazo de cinco dias úteis, comunicar a alteração aos eventuais destinatários das informações incorretas."

183 Há quem defenda que o arquivista tem o prazo de 05 (cinco) dias para proceder à retificação, com base no § 3º, art. 43 ("O consumidor, sempre que encontrar inexatidão nos seus dados e cadastros, poderá exigir sua imediata correção, devendo o arquivista, no prazo de cinco dias úteis, comunicar a alteração aos eventuais destinatários das informações incorretas.") do Código de Defesa do Consumidor. No entanto, o prazo dado pela Lei é para a comunicação dos destinatários, não para a correção dos dados, que, como visto no tipo penal em comento, impõe a correção imediata. Sobre essa discussão, confira-se: PRADO, Luiz Régis. Direito Penal Econômico, 6ª ed. São Paulo: RT, 2014, pp. 118-119. Sem embargo, no que diz respeito exclusivamente aos arquivos previstos na Lei do Cadastro Positivo (Lei n. 12.414/11), entende-se que o arquista tem o prazo de 02 (dois) dias, quando a informação é impugnada.

Assim, adota-se expressamente aqui a denominada teoria da cegueira deliberada[184]. É dizer, o agente deliberadamente se coloca em uma situação de ignorância (elemento cognitivo), com o objetivo de não saber se as informações constantes dos arquivos de consumo são inexatas. Nesses casos, apesar de existirem uma série de elementos de informação dando sério indicativo de que as informações eram inexatas, o agente prefere ignorar esses sinais, mantendo-se deliberadamente em uma situação de ignorância[185].

Essa previsão, muito embora tenha uma importante função de reforço argumentativo, poderia, inclusive, ser dispensada, uma vez que se entende possível a existência de dolo eventual, em que o agente deliberadamente assume o risco sobre a existência ou não de determinado elemento do tipo objetivo[186].

Note-se que, uma vez estando presentes os indicativos no sentido de que a informação é inexata, o dever saber continua hígido, mesmo em relação aos agentes que sequer cogitem acerca dessa inexatidão, pois tinham que fazê-lo, uma vez que a legislação impõe aqui um cuidado objetivo devido derivado do papel que exerce o autor.

Ademais, verifica-se que o tipo penal não exige nenhum elemento subjetivo diverso do dolo, além do que não são puníveis as condutas decorrentes de mera culpa.

---

184 AMBOS, ao examinar o art. 28 (2) do Estatuto de Roma, que tem expressão semelhante (devia saber – should have known), defende, também, que se trata de uma previsão expressa a respeito da aplicação da teoria da cegueira deliberada. Nesse sentido, afirma: "Segue de pé a questão sobre como entender o tradicional critério do 'deveria saber' (should have known) que difere do novo critério para os superiores civis do artigo 28 (2) (a.). Como resposta, entende-se que esse novo critério repete o conhecido critério do Common Law e dos juízos sobre crimes de guerra, consistente no enterrar sua cabeça no buraco (wilful blindness). O critério do cego voluntário constitui exceção ao requisito do conhecimento positivo, ao considerá-lo presente, quando existe a cegueira deliberada – em relação a um fato em particular – 'quando uma pessoa é consciente da alta probabilidade de sua existência, a menos que acredite que não existe'." AMBOS, Kai. Estudios de Derecho Penal Internacional. Caracas: Ucab, 2005, p. 120.

185 Sobre essa teoria, RAGUÉS I VALLÈS explica que: "A doutrina da ignorância deliberada provém do Direito penal anglo-americano, onde ela é conhecida há mais de um século como "wilful blindness' (literalmente, 'cegueira intencional'). Em termos gerais, esta doutrina sustenta a equiparação, para fins de atribuir-se responsabilidade subjetiva, entre os casos de conhecimento efetivo dos elementos objetivos que configuram uma conduta delitiva e aqueles casos de desconhecimento intencional ou deliberado com relação a referidos elementos. Tal equiparação à conduta de quem conhece, não é inferior à daquele sujeito que, podendo e devendo conhecer, prefere manter-se na ignorância." RAGUÉS I VALLÈS, Ramon. La responsabilidad penal del testaferro en delitos cometidos a través de sociedades mercantiles. En Anuario de Derecho Penal Económico y de la Empresa, ADPE, 2 (2012), p. 170. Também sobre o tema, afirma WILLIAMS que: "Uma Corte pode reconhecer a cegueira deliberada somente quando se pode quase dizer que o acusado realmente sabia. Ele suspeitava do fato; ele se deu conta de sua probabilidade; mas ele se absteve de obter a confirmação final, uma vez que queria, no caso, ser capaz de negar o conhecimento. Isso, e somente isso, é cegueira deliberada." WILLIAMS, Glanville. Criminal Law: The General Part. 2a ed., London: Stevens & Sons Ltd, 1961, p. 159. Ainda sobre o tema, DRESSLER explica – ainda que não exista consenso nesse sentido – que normalmente os requisitos para a wilful blindness estão presentes quando o autor: "(1) é consciente da alta probabilidade da existência do fato em questão, e (2a) age deliberadamente no sentido de evitar a confirmação do fato, ou (2b) deliberadamente deixa de buscar saber, com o objetivo de evitar a confirmação do fato. DRESSLER, Joshua. Understanding Criminal Law, p. 128. Assim, também, já se decidiu no caso Mattingly versus United States, que: "o elemento do conhecimento pode ser inferido de atos deliberados que equivalem à cegueira deliberada." Mattingly v. United States, 924 F.2d 785, 792 (8th Cir. 1991). Ademais, o Model Penal Code dos Estados Unidos prevê expressamente a figura do wilful blindness, em seu parágrafo 2.02(7), que dipõe: "Quando o conhecimento da existência de um determinado fato é um elemento de um delito, tal conhecimento se estabelece se uma pessoa é consciente com uma alta probabilidade de sua existência, a menos que realmente o sujeito realmente acredite que tal elemento não exista." Ainda sobre o tema, vale conferir: OXMAN. Nicolás. Sistemas de Imputación Subjetiva en Derecho Penal: el modelo angloamericano. Valencia: Tirant lo Blanch, 2016, pp. 282 e ss; RAGUÉS I VALLÈS, Ramon. La ignorancia deliberada en Derecho Penal. Barcelona: Atelier, 2007.

186 Sobre a possibilidade dessa modalidade de dolo eventual (dolo eventual referido ao elemento cognitivo do dolo), cf.: CABRAL, Rodrigo Leite Ferreira. Dolo y lenguaje: hacia una nueva gramática del dolo desde la Filosofía del Lenguaje. Valência: Tirant lo Blanc, 2017, pp. 284 e ss.

Consumação e Tentativa

O crime do art. 73 é de mera conduta, consumando-se no preciso momento em que o agente tomou conhecimento da inexatidão da informação e devia e podia alterá-la, mas acabou omitindo-se, ao realizar ação diversa.

Na modalidade do devia saber, consuma-se no momento em que o agente se depara com sérios elementos indicativos da inexatidão da informação e ele, deliberadamente, prefere manter-se em estado de ignorância, deixando de corrigir as informações, que deveria e poderia alterar.

O delito em questão não admite tentativa, uma vez que é um crime unissubsistente, não sendo possível, pois, a interrupção do *iter criminis*, uma vez que este se esgota com a própria omissão o autor do delito.

Ação Penal

A ação penal é pública incondicionada. O delito constitui infração de menor potencial ofensivo, sujeito à competência dos Juizados Especiais Criminais. Objetivamente é cabível a transação penal (art. 76, Lei 9.099/95) e a suspensão condicional do processo (art. 89, Lei 9.099/95). Não é cabível o acordo de não persecução penal, pois para essa infração, como visto, cabe transação penal, incidindo, portanto, a vedação do art. art. 28-A, § 2º, inciso I do Código de Processo Penal.

DO CRIME DE OMISSÃO NA ENTREGA OU DE INADEQUAÇÕES DO TERMO DE GARANTIA

Art. 74. Deixar de entregar ao consumidor o termo de garantia adequadamente preenchido e com especificação clara de seu conteúdo:

Pena Detenção de um a seis meses ou multa.

Bem Jurídico Tutelado

O tipo penal do art. 74 do Código de Defesa do Consumidor pretende dar proteção penal aos direitos decorrentes da garantia contratual contratada pelo consumidor.

Dessa maneira, é possível afirmar que o bem jurídico tutelado é tanto o seu patrimônio individual (uma vez que busca assegurar a eventual utilização da garantia contratada pelo consumidor, com a efetiva entrega do termo de garantia), como, também, o seu direito à informação, considerando-se que não basta a entrega do termo de garantia, deve ele estar preenchido e o seu conteúdo deve conter informações claras[187].

Sujeitos do Crime

O sujeito ativo do delito é aquele que tem o dever de elaborar adequadamente o termo de garantia e entregá-lo, quando ela for contratada. Assim, pode ser tanto o fornecedor, quanto o eventual fabricante que venda diretamente ao consumidor[188].

No entanto, o certo é que se trata de delito especial, pois o tipo penal exige que o agente tenha essa especial característica, é dizer, o dever de elaborar adequadamente o termo de garantia contratual e entregá-lo adequadamente preenchido.

---

187 Assim também: PRADO, Luiz Régis. Direito Penal Econômico, 6ª ed. São Paulo: RT, 2014, p. 120.

188 BENJAMIN, Antonio Herman et alii. Comentários ao Código de Defesa do Consumidor. 4ª. ed. São Paulo: Thomson Reuters – RT, 2013, p. 1530.

O sujeito passivo é o consumidor, a nosso sentir, individualmente considerado. Isso porque, o tipo penal exige que a conduta atinja um consumidor determinado[189].

Condutas Típicas (Tipicidade Objetiva)

O crime do art. 74 do CDC estabelece um delito omissivo próprio, de modo que, para a caracterização da conduta incriminada, é imprescindível a presença de um *aliud agere*, é dizer, um agir distinto do previsto pela norma penal.

Desse modo, é punida a conduta do agente, quando preenchidos os seguintes requisitos cumulativos:

a) contratação pelo consumidor de garantia, vinculada a um negócio jurídico consumerista principal (natureza acessória da garantia contratual). Para a caracterização do delito deve existir, pois, uma garantia contratual. Isso porque, o tipo penal do art. 74, CDC, prevê um reforço protetivo à norma do art. 50 do Código de Defesa do Consumidor, de modo que esse crime se aplica tão apenas aos casos em que há garantia contratual, que é complementar à garantia legal, uma vez que esta (garantia legal) independe de termo expresso (CDC, art. 24)[190]. Veja-se que, com garantia legal, surge o dever do fornecedor de: i) entregar o termo de garantia; e ii) o conteúdo desse termo de garantia deve estar adequadamente preenchido e a informação nele contida deve especificar claramente os direitos do consumidor;

b) deve o fornecedor ter a possibilidade física – direta ou indireta (mediante ordens ou comandos) – de entregar o termo de garantia, preenchê-lo e elaborar seu conteúdo de forma clara;

c) realize o agente um *aliud agere*, é dizer, um agir diverso do devido, consistente em qualquer conduta diversa do preenchimento claro do termo de garantia e sua entrega ao consumidor. Veja-se que o conteúdo claro preenchido e a entrega do termo são requisitos cumulativos. Não basta o agente entregar um termo com um conteúdo claro e não estar preenchido. Ou estar o termo preenchido e ser entregue, mas o seu conteúdo é extremamente obscuro. Ou, ainda, ter um conteúdo claro, estar preenchido, mas não ser entregue ao consumidor.

Desse modo, a rigor, são três condutas omissivas que podem caracterizar o crime: a) não entregar o termo; b) entregar o termo sem estar preenchido; ou c) entregar o termo com cláusulas que não estejam claramente especificadas[191].

É importante frisar que a garantia contratual nada mais é do que uma cláusula do negócio jurídico principal ou um negócio jurídico acessório, em que são fornecidos ao consumidor – as

---

189 Parte da doutrina que defende se tratar de sujeito passivo coletivo. Cf.: PRADO, Luiz Régis. Direito Penal Econômico, 6ª ed. São Paulo: RT, 2014, p. 121; BENJAMIN, Antonio Herman et alii. Comentários ao Código de Defesa do Consumidor. 4ª. ed. São Paulo: Thomson Reuters – RT, 2013, p. 1531). BENJAMIN sustenta nesse sentido que: "Mesmo quando o consumidor individual não sofre qualquer dano (a garantia é cumprida independentemente da existência de termo), há crime, pois o legislador penal levou em consideração o risco que a omissão na entrega do termo produz no mercado de consumo como um todo e, a partir daí, para a coletividade de consumidores." (op. cit., p. 1531). No entanto, tal argumentação se presta para sustentar que o delito em questão é de perigo abstrato e não um delito de dano. Na espécie, o bem jurídico atingido abstratamente é apenas do consumidor específico, por isso defende-se aqui que o tipo penal do art. 74, CDC, protege o consumidor individualmente. Uma vez mais, afigura-se uma excepcionalidade, já que, em regra, os delitos do CDC tutelam bens jurídicos coletivos.

190 BENJAMIN, Antonio Herman et alii. Comentários ao Código de Defesa do Consumidor. 4ª. ed. São Paulo: Thomson Reuters – RT, 2013, p. 1529.

191 BENJAMIN, Antonio Herman et alii. Comentários ao Código de Defesa do Consumidor. 4ª. ed. São Paulo: Thomson Reuters – RT, 2013, p. 1530.

vezes mediante pagamento adicional – garantias complementares às legalmente estabelecidas, seja estendendo o tempo da garantia legal, seja estipulando, ao consumidor, benefícios adicionais aos já previstos no próprio Código de Defesa do Consumidor.

Já o termo de garantia é a materialização padronizada e escrita, em um documento físico ou virtual, dos benefícios complementares que são dados ao consumidor pela garantia contratual[192].

Tipicidade Subjetiva

A conduta somente é punida a título de dolo. Deve, pois, o agente ter consciência e vontade de não realizar as condutas devidas. Em outras palavras, a omissão deve ser intencional.

Ademais, como não há punição a título de culpa, eventual realização do tipo objetivo por violação ao bem jurídico de cuidado, não caracteriza o crime do art. 74, CDC, por ausência de tipicidade subjetiva.

Por fim, é importante frisar que a Lei não exige um especial fim de agir na conduta do agente, de modo que não há a necessidade da presença de um elemento subjetivo diverso do dolo.

Consumação e Tentativa

O delito do art. 74 é de mera conduta ou de mera inatividade. Por essa razão, consuma-se no momento em que deveria o agente agir, mas acaba omitindo-se (deixando de realizar o devido).

Na omissão em entregar o termo, a consumação ocorre, normalmente, quando da contratação do negócio jurídico consumerista principal. Às vezes, quando há entrega a distância, deverá, usualmente, ser encaminhado o termo com a mercadoria. Será o contexto da ação, porém, que deixará claro o momento em que deveria ter o termo sido entregue.

Já na modalidade não preencher ou preencher de modo inadequado, a consumação ocorre no momento da entrega do termo de garantia, oportunidade em que se verifica a omissão em entregar o termo de garantia *"adequadamente preenchido e com especificação clara de seu conteúdo"*.

É importante registrar que o crime do art. 74, CDC, é de perigo abstrato. Assim, não se faz necessário o descumprimento, por parte do agente, da garantia contratual. O tipo penal não exige esse resultado, basta a não entrega do termo ou a entrega naquelas hipóteses previstas no tipo penal.

Assim, mesmo que o fornecedor, por exemplo, cumpra a garantia contratual, pode estar caracterizado o delito, caso ele incida nas condutas incriminadas pelo artigo 74, CDC.

Ação Penal

A ação penal é pública incondicionada. O crime do art. 74, CDC, é de menor potencial ofensivo, sujeito à competência dos Juizados Especiais Criminais. Objetivamente é cabível a transação penal (art. 76, Lei 9.099/95) e a suspensão condicional do processo (art. 89, Lei 9.099/95). Não é cabível o acordo de não persecução penal, pois para essa infração, como

---

192 Sobre os requisitos que devem constar do termo de garantia, são aqueles previstos no parágrafo único do art. 50, CDC, *in verbis*: "Art. 50. A garantia contratual é complementar à legal e será conferida mediante termo escrito. Parágrafo único. O termo de garantia ou equivalente deve ser padronizado e esclarecer, de maneira adequada em que consiste a mesma garantia, bem como a forma, o prazo e o lugar em que pode ser exercitada e os ônus a cargo do consumidor, devendo ser-lhe entregue, devidamente preenchido pelo fornecedor, no ato do fornecimento, acompanhado de manual de instrução, de instalação e uso do produto em linguagem didática, com ilustrações."

visto, cabe transação penal, incidindo, portanto, a vedação do art. 28-A, § 2º, inciso I do Código de Processo Penal.

DA RESPONSABILIDADE PENAL

Art. 75. Quem, de qualquer forma, concorrer para os crimes referidos neste código, incide as penas a esses cominadas na medida de sua culpabilidade, bem como o diretor, administrador ou gerente da pessoa jurídica que promover, permitir ou por qualquer modo aprovar o fornecimento, oferta, exposição à venda ou manutenção em depósito de produtos ou a oferta e prestação de serviços nas condições por ele proibidas.

O teor do art. 75 do Código de Defesa do Consumidor não ostenta nenhuma relevância especial, já que deixa intacta a estrutura do Código Penal, na parte em que dispõe sobre autoria e participação.

Pensando em alguma função que o seu conteúdo pode ostentar, na verdade, pode identificar-se o mero reforço comunicativo das seguintes diretrizes sobre a responsabilidade penal: **a)** nosso sistema adota a responsabilidade pessoal e subjetiva; **b)** os diretores, administradores, gerentes da pessoa jurídica não estão imunes à responsabilidade penal, de modo que, seja na eventual condição de garante, seja na de omitente, seja na responsabilidade por ação deverão ser responsabilizados, caso estejam preenchidos os requisitos penais para tanto.

Aliás, não é demais reforçar que o art. 75 do Código de Defesa do Consumidor perdeu uma importante oportunidade de estabelecer, também, a responsabilidade penal da pessoa jurídica, caso em que – daí sim – ganharia importância transcendental na responsabilização pela prática de delitos contra o consumidor.

DAS CIRCUNSTÂNCIAS AGRAVANTES

Art. 76. São circunstâncias agravantes dos crimes tipificados neste código:

I – serem cometidos em época de grave crise econômica ou por ocasião de calamidade;

II – ocasionarem grave dano individual ou coletivo;

III – dissimular-se a natureza ilícita do procedimento;

IV – quando cometidos:

a) por servidor público, ou por pessoa cuja condição econômico-social seja manifestamente superior à da vítima;

b) em detrimento de operário ou rurícola; de menor de dezoito ou maior de sessenta anos ou de pessoas portadoras de deficiência mental interditadas ou não;

V – serem praticados em operações que envolvam alimentos, medicamentos ou quaisquer outros produtos ou serviços essenciais.

Estabelece do art. 76 do Código de Defesa do Consumidor uma série de circunstâncias agravantes, que devem ser aplicadas no segundo momento, do método trifásico de aplicação da pena (CP, art. 68), relativamente aos crimes previstos neste Código[193].

Essas agravantes são complementares àquelas previstas no Código Penal, uma vez que o Código de Defesa do Consumidor não criou uma regência própria para a aplicação das agravantes, mesmo porque nada falou sobre as atenuantes (CP, art. 65), nem sobre as agravantes

193 Veja-se que se tratam de agravantes bastante semelhantes às previstas para o crime de usura, no § 2º, art. 2º, da Lei n. 1.521/51.

previstas para o concurso de pessoas (CP, art. 62), que tem especial relevância nos delitos econômicos, como os previstos no CDC[194].

Passamos, pois, a analisar cada uma dessas agravantes:

Inciso I, art. 76 (grave crise econômica e calamidade): A norma prevê como circunstância agravante o fato de o crime contra o consumidor ser cometido durante duas situações excepcionais:

a) grave crise econômica: normalmente existente quando se está diante, por exemplo, de elevada taxa de desemprego, grave recessão, hiperinflação e grande dívida pública, devendo o juiz analisar fundamentadamente a existência dessa circunstância agravante;

b) calamidade: se faz presente em casos de graves desastres que dificultem sobremaneira a vida normal das pessoas por determinado período de tempo. Uma vez mais, deve ser devidamente fundamentada a existência da situação excepcional. Normalmente, a calamidade pública provoca a expedição formal, por ato do chefe do executivo municipal, estadual ou da União, de um decreto reconhecendo essa situação.

O fundamento dessa agravante repousa na especial fragilidade em que se encontra o consumidor nessas situações excepcionais, de modo que se torna muito mais reprovável o abuso dessas situações para a prática de delitos consumeristas.

Inciso II, art. 76 (grave dano individual ou coletivo): Incide a agravante quando a magnitude do dano causado, individual ou coletivamente, é grave. Para a aplicação da agravante, deverá sempre ter-se em conta a situação contextual do delito, levando-se em consideração as condições financeiras e sociais das vítimas atingidas, a relevância dos danos causados.

A justificativa para a agravante repousa na violação mais contundente dos bens jurídicos tutelados.

Inciso III, art. 76 (dissimulação): Quando o agente emprega recurso que dificulta a defesa da vítima, consistente na dissimulação. Assim, resta caracterizada a garante quando são utilizados meios que escondam o objetivo criminoso da conduta, passem a falsa impressão de que se trata de uma conduta lícita. Com isso, a vítima torna-se mais vulnerável, razão pela qual se justifica a agravante.

Inciso IV, art. 76 (cometidos por determinadas pessoas e contra determinadas vítimas): Deve, também, ser a pena agravada quando o delito for cometido por servidor público ou por pessoa com condição econômica claramente superior à da vítima. No caso do servidor público entende-se que deve ter um maior senso de proteção a coletividade e do interesse público, especialmente no exercício de suas funções. Já com relação à assimetria econômica entre autor e vítima, entendeu o legislador ser mais censurável a conduta daquele que se vale de sua capacidade econômica para subjugar consumidores economicamente hipossuficientes.

Da mesma forma, incide a agravante quando o crime for cometido contra operário ou rurícola, buscando o legislador proteger tanto o trabalhador braçal da cidade, quanto do campo.

Incide, também, a agravante quando delito é praticado contra menor de dezoito anos, tendo em conta a sua reduzida inexperiência na celebração de relações de consumo. Quando é cometido contra pessoas maiores de sessenta anos, incide, também, a agravante, considerando as dificuldades das pessoas idosas na compreensão mais adequada de como são realizadas as relações de consumo, especialmente as de massa e pela internet.

194 No sentido de que se aplicam, também, as agravantes do Código Penal, cf.: FILOMENO, José Geraldo Brito. Manual de Direitos do Consumidor. 14ª ed. São Paulo: Atlas, 2016, p. 396.

No mesmo sentido, agrava-se a pena quando o crime é praticado contra pessoa com deficiência, seja ela interditada ou não. É que, obviamente, essa condição, muitas vezes, dificulta a defesa da vítima e facilita a prática do delito.

Inciso VI, art. 76 (cometidos por determinadas pessoas e contra determinadas vítimas): Por fim, sempre agravará a pena quando os produtos e serviços que são objeto da relação de consumo envolvam alimentos, medicamentes ou outros produtos ou serviços essenciais. Estão excluídos, portanto, os bens relacionados ao mero lazer e os supérfluos.

DA PENA PECUNIÁRIA

Art. 77. A pena pecuniária prevista nesta Seção será fixada em dias-multa, correspondente ao mínimo e ao máximo de dias de duração da pena privativa da liberdade cominada ao crime. Na individualização desta multa, o juiz observará o disposto no art. 60, § 1º do Código Penal.

O art. 77 do Código de Defesa do Consumidor trata, em verdade, da pena de multa (e não da pena restritiva de direito da prestação pecuniária – CP, art. 43, I, e 54), trazendo uma regência distinta da prevista pelo Código Penal.

Isso porque, o art. 49 do Código Penal estabelece como marcos mínimos e máximos para a pena de multa o valor de 10 (dez) e de 360 (trezentos e sessenta) dias-multa.

Já com relação aos delitos tipificados pelo CDC, o art. 77 estipula a pena de multa terá como marcos mínimos e máximos o mesmo número de dias previstos para a pena privativa de liberdade cominada em abstrato, só que transformada em dias-multa.

Assim, por exemplo, no caso da prática do tipo penal do art. 71, cuja pena privativa de liberdade é de três meses a um ano, a pena mínima da multa corresponderá a 90 (noventa) dias-multa e a pena máxima a 360 (trezentos e sessenta) dias-multa.

Essa disciplina diferenciada acaba por promover de forma mais adequada a ideia de proporcionalidade entre a pena de multa e a pena privativa de liberdade, facilitando, inclusive, a aplicação da pena de multa.

Veja-se, porém, que na identificação do valor do dia-multa, deverá o julgador seguir a regência do art. 60 do Código Penal, em que se deve levar em consideração, fundamentalmente, a situação econômica do réu, podendo, pois, variar entre 1/30 (um trigésimo) do salário mínimo até 05 (cinco) vezes o seu valor (CP, art. 49, § 1º).

Ademais, como dispõe o próprio art. 77, CDC, poderá ser aplicada aos delitos do CDC, a regra do art. 60, § 1º, que permite que o julgador aumente o valor da multa até o triplo, caso *"considerar que, em virtude da situação econômica do réu, é ineficaz, embora aplicada no máximo."*

DAS PENAS RESTRITIVAS DE DIREITO

Art. 78. Além das penas privativas de liberdade e de multa, podem ser impostas, cumulativa ou alternadamente, observado o disposto nos arts. 44 a 47, do Código Penal:

I – a interdição temporária de direitos;

II – a publicação em órgãos de comunicação de grande circulação ou audiência, às expensas do condenado, de notícia sobre os fatos e a condenação;

III – a prestação de serviços à comunidade.

Como se sabe, a aplicação de penas restritivas de direito, em nosso Código Penal, é prevista como forma substitutiva da pena de prisão (CP, art. 44).

Sem embargo, quando da prática dos crimes previstos no Código de Defesa do Consumidor, o art. 78 prevê a possibilidade de sua aplicação (i) alternativa ou (ii) cumulativa.

(i) Na forma alternativa, já no início da operação de aplicação da pena, quando cominadas alternativamente penas privativas de liberdade ou outra (multa ou restritiva de direito), como na espécie, deverá o juiz escolher se aplica a pena privativa de liberdade ou a restritiva de direito, nos termos do inciso I, do art. 59 do Código Penal, sempre partindo de uma ideia de proporcionalidade da pena com a gravidade do fato, sempre verificando se o grau de gravidade da pena é "necessário e suficiente para reprovação e prevenção do crime" (CP, art. 59, *caput*).

Nesse caso, entendo o juiz ser aplicável à espécie a aplicação de pena restritiva de direito prevista no art. 78 do Código de Defesa do Consumidor, deverá quantificar essa pena restritiva utilizando-se como baliza o método trifásico de aplicação da pena privativa de liberdade, que servirá de parâmetro para as penas restritivas de direito[195].

(ii) Na forma aplicação cumulativa da restritiva de direito, é dizer, em que o juiz aplica – além da pena privativa de liberdade – pena restritiva de direito, deverá, da mesma forma, o julgador utilizar como parâmetro a fixação da pena privativa de liberdade para a determinação do *quantum* da restritiva de direito.

Veja-se que, nessas hipóteses, poderá o juiz praticamente dobrar a pena aplicada. No entanto, muito embora saia do padrão estabelecido pelo Código Penal, é certo que – apesar de poder-se criticar o sistema aqui adotado – não há que se falar em *bis in idem*, vez que o art. 78 pode ser lido como uma extensão do preceito secundário de cada tipo penal, estando satisfeito, pois, o princípio da legalidade[196].

Com relação ao conteúdo das penas restritivas de direitos, elas poderão ser de: a) interdição temporária de direitos; b) publicação em órgãos de comunicação de grande circulação ou audiência, às expensas do condenado, de notícia sobre os fatos e a condenação; c) a prestação de serviços à comunidade.

Com relação à pena de interdição temporária de direitos vem prevista no art. 47 do Código Penal, sendo que, as únicas que guardam alguma relação com os delitos contra o consumidor, são as de proibição do exercício de profissão, atividade ou ofício que dependam de habilitação especial, de licença ou autorização do poder público (CP, art. 47, II).

A publicação em órgãos de comunicação de grande circulação ou audiência, às expensas do condenado, de notícia sobre os fatos e a condenação pode ser importante como forma de prevenção geral, além de reforçar o direito à informação do consumidor, uma vez que torna público nome de fornecedor que cometeu delito contra o consumidor[197].

Essa pena é bastante comum no direito penal comparado, especialmente na criminalidade que orbita entorno dos delitos relativos à concorrência, sendo, também, reconhecido pela doutrina estrangeira como punição especialmente adaptada à personalidade do delinquente econômico[198].

---

195 Nessa hipótese, deve-se ter em mente a súmula n. 171, do Superior Tribunal de Justiça: "Cominadas cumulativamente, em Lei especial, penas privativas de liberdade e pecuniária, é defeso a substituição da prisão por multa."

196 Defende ocorrer bis in idem: BITTENCOURT, Cezar Roberto. Tratado de Direito Penal Econômico. Vol. 1. São Paulo: Saraiva, 2016, p. 606.

197 BENJAMIN, Antonio Herman et alii. Comentários ao Código de Defesa do Consumidor. 4ª. ed. São Paulo: Thomson Reuters – RT, 2013, p. 1539.

198 MARTÍNEZ-BUJÁN PÉREZ, Carlos. Derecho Penal Económico, Parte Especial. 5ª ed. Tirant lo Blanch Valencia: 2015, p. 384. Nesse sentido também explica TIEDEMANN que a pena de publicação da sentença ("Urteilsbekanntmachung"), apesar de não ser utilizada pelo Direito Penal alemão (mas tão apenas pelo tribunal administrativo federal de cartéis – "Bundeskartellamts"), é frequentemente utilizada no direito penal europeu. TIEDEMANN, Klaus. Wirtschaftsstrafrecht: Einführung und Allgemeiner Teil, mit wichtigen Rechtstexten. 4a ed. Munique: Vahlen, 2014, pp.

Atente-se que deve constar da publicação notícia sobre os fatos e a condenação. Assim, caso eventualmente a notícia atinja, também, a pessoa jurídica, não há que se falar em violação ao princípio da transcendência, uma vez que se trata de mero reflexo indireto da sanção penal.

Por fim, a pena de prestação de serviços à comunidade deve ser executada nos termos do art. 46 do Código Penal, com a advertência de que ela pode ser aplicada de forma cumulativa à pena privativa de liberdade, sem a restrição da pena mínima ter sido estipulada em período superior seis meses.

DA FIANÇA

Art. 79. O valor da fiança, nas infrações de que trata este código, será fixado pelo juiz, ou pela autoridade que presidir o inquérito, entre cem e duzentas mil vezes o valor do Bônus do Tesouro Nacional (BTN), ou índice equivalente que venha a substituí-lo.

Parágrafo único. Se assim recomendar a situação econômica do indiciado ou réu, a fiança poderá ser:

a) reduzida até a metade do seu valor mínimo;

b) aumentada pelo juiz até vinte vezes.

No art. 79 do Código de Defesa do Consumidor, o legislador estabeleceu uma disciplina própria relativa aos parâmetros mínimos e máximos para a fixação da fiança, é dizer, entre cem e duzentas mil vezes o valor do Bônus do Tesouro Nacional (BTN).

No entanto, a Lei 8.177/91, no inciso II, do art. 3º, acabou por extinguir a BTN, de modo que se perdeu o parâmetro financeiro previsto do artigo em comento, esvaziando-se o seu conteúdo.

Dessa forma, melhor seguir-se a regra do artigo 325 do Código de Processo Penal, que já estabelece de forma bastante adequada o valor da fiança, estabelecendo, inclusive, a possibilidade de sua majoração em até mil vezes, se necessário.

Ademais, é certo que a regra do art. 79 teria aplicação bastante reduzida, uma vez que todos os delitos previstos no Código de Defesa do Consumidor são de menor potencial ofensivo, de competência, pois, do juizado especial criminal, em que, normalmente, não se impõe a prisão em flagrante, nem se exige fiança, nos termos do parágrafo único do art. 69 da Lei n. 9.099/95.

DOS ASSISTENTE DE ACUSAÇÃO

Art. 80. No processo penal atinente aos crimes previstos neste código, bem como a outros crimes e contravenções que envolvam relações de consumo, poderão intervir, como assistentes do Ministério Público, os legitimados indicados no art. 82, inciso III e IV, aos quais também é facultado propor ação penal subsidiária, se a denúncia não for oferecida no prazo legal.

O artigo 80 do Código de Defesa do Consumidor traz duas regras distintas, uma relativa à assistência de acusação e outra sobre a ação penal subsidiária.

A primeira regra estabelece a possibilidade de os legitimados indicados no art. 82, incisos III e IV, do CDC – é dizer, as entidades e órgãos da Administração Pública, direta ou indireta, ainda que sem personalidade jurídica, especificamente destinados à defesa dos interesses e

195-196. Dispositivo similar ao ora examinado pode ser encontrado no art. 288 do Código Penal Espanhol, verbis: "En los supuestos previstos en los artículos anteriores se dispondrá la publicación de la sentencia en los periódicos oficiales y, si lo solicitara el perjudicado, el Juez o Tribunal podrá ordenar su reproducción total o parcial en cualquier otro medio informativo, a costa del condenado."

direitos protegidos por este código e as associações legalmente constituídas há, pelo menos, um ano e que incluam entre seus fins institucionais a defesa dos interesses e direitos protegidos por este código, dispensada a autorização assemblear – atuarem como assistentes do Ministério Público nos processos penais que imputem a prática de delitos que envolvam relação de consumo.

Com o referido dispositivo, o Código de Defesa do Consumidor acaba por ampliar o espectro de legitimidade daqueles que podem atuar como assistentes de acusação (ordinariamente limitados às pessoas descritas no art. 268 do Código de Processo Penal).

Ademais, da leitura do art. 80, verifica-se que essa regra não diz respeito a apenas os crimes previstos no CDC, mas também a outros crimes e contravenções penais cujo bem jurídico protegido gravite entorno das relações de consumo, como é o caso, por exemplo, do art. 7º da Lei n. 8.137/90.

A segunda regra, de outro lado, estabelece a possibilidade da atuação dos legitimados indicados acima referidos exercitarem a ação penal subsidiária da pública.

No entanto, referido dispositivo padece de inconstitucionalidade, na parte em que outorga tal legitimidade a órgãos públicos, tais como as entidades e órgãos da Administração Pública, direta ou indireta, ainda que sem personalidade jurídica, especificamente destinados à defesa dos interesses e direitos protegidos por este código.

Isso porque, jamais referidas entidades poderão ingressar com ação penal subsidiária da pública, uma vez que a Constituição de 1988 atribuiu o monopólio da ação penal, em seu art. 129, inciso I, que dispõe: *"São funções institucionais do Ministério Público: I – promover, privativamente, a ação penal pública, na forma da lei;"* Isso porque, nenhum órgão ou instituição pública poderá substituir-se ao Ministério Público. A ação penal privada subsidiaria da pública é apenas para pessoas privadas.

Desse modo, ao outorgar a possibilidade da propositura de ação penal subsidiária por órgão público, acaba por violar o princípio do monopólio da ação penal pública. Para ter-se a natureza pública da ação penal, basta que ela seja promovida por órgão público, o que, em nosso sistema, somente pode ser feito pelo Ministério Público.

Aliás, em harmonia com o disposto no art. 129, inciso I, a Constituição expressamente estabeleceu que ação penal subsidiária somente poderá ser privada, conforme se verifica do inciso LIX, do art. 5º, da Constituição: *"será admitida ação privada nos crimes de ação pública, se esta não for intentada no prazo legal"*.

Assim, qualquer atribuição de legitimidade que viole esse monopólio (ainda que subsidiariamente) para a propositura da ação penal pública, padece de inconstitucionalidade, como o art. 80, CDC, ora em comento, na parte em que possibilita que as entidades públicas previstas no art. 82, incisos III, CDC, proponham ação penal subsidiária.

REFERÊNCIAS BIBLIOGRÁFICAS

AMBOS, Kai. Estudios de Derecho Penal Internacional. Caracas: Ucab, 2005.

ANDREUCCI, Ricardo Antonio. Legislação Penal Especial. 3a. ed. São Paulo: Saraiva, 2007.

BATISTA, Nilo. Introdução crítica ao direito penal brasileiro. Rio de Janeiro: Revan, 1990.

__________. Concurso de agentes: uma investigação sobre os problemas de autoria e de participação no direito penal brasileiro. 3a. ed. Rio de Janeiro: Lumen Juris, 2005.

BAUDRILLARD, Jean. A sociedade de consumo. Lisboa: Edições 70, 2007.

BECK, Ulrich. Modernização Reflexiva. São Paulo: Unesp, 1995.

__________. La sociedad del riesgo global. Madrid: Siglo Veintiuno de España Editores, 2002.

__________. La sociedad del riesgo mundial. Barcelona: Paidós, 2008.

BEDNARSKI, José Luiz. "Consumidor". In: Legislação Criminal Especial. Coord. Luiz Flávio Gomes e Rogério Sanchez Cunha. São Paulo: RT, 2009.

BENJAMIN, Antonio Herman et alii. Comentários ao Código de Defesa do Consumidor. 4a. ed. São Paulo: Thomson Reuters – RT, 2013.

BENJAMIN, Antonio Herman v. et alii. Comentários ao Código de Defesa do Consumidor. 5a. ed. São Paulo: Thomson Reuters – RT, 2017.

BITTENCOURT, Cezar Roberto. Tratado de Direito Penal Econômico. Vol. 1. São Paulo: Saraiva, 2016.

BRASIL. Supremo Tribunal Federal. Habeas Corpus nº 104.410. Segunda Turma. Relator: Min. Gilmar Mendes. Rio Grande do Sul, 06 mar. 2012. Disponível em: <http://www .stf.jus.br>. Autenticação número 1842330. Acesso em: 04 fev. 2014.

BUSATO, Paulo César; MARTÍNEZ- BUJÁN PEREZ, Carlos; DÍAZ PITA, María del Mar. Modernas tendências sobre o dolo em direito penal. Rio de Janeiro: Lumen Juris, 2008.

CABRAL, Rodrigo Leite Ferreira. Dolo y lenguaje: hacia una nueva gramática del dolo desde la Filosofía del Lenguaje. Valência: Tirant lo Blanc, 2017.

CERVINI, Raúl e ADRIASOLA, Gabriel. El derecho penal de la empresa desde una visión garantista. Montevideo: BdF, 2005.

COSTA JÚNIOR, Paulo José e COSTA, Fernando José da. Crimes contra o consumidor. 2a ed. São Paulo: Atlas, 2008.

DIAS, Jorge de Figueiredo e ANDRADE, Manuel da Costa. "Problemática geral das infracções contra a economia nacional". In: Temas de Direito Penal Econômico. Coord. Roberto Podval. São Paulo: Revista dos Tribunais, 2000.

DIAS, Jorge de Figueiredo. Direito Penal. Parte Geral. Tomo I. Coimbra: Coimbra Editora, 2004.

DONNA, Edgardo Alberto. La autoría y la participación criminal. 3a. ed. Santa Fé: Rubinzal Culzoni, 2009.

DOTTI, René Ariel. "Das infrações penais". In: Comentários ao Código de Defesa do Consumidor. (Coord. René Ariel Dotti e José Cretela Júnior). Rio de janeiro: Forense, 1992.

DRESSLER, Joshua. Understanding Criminal Law. 6a ed. New Providence: LexisNexis, 2012,

EFING, Antonio Carlos. Fundamentos do Direito Penal Brasileiro das Relações de Consumo. Curitiba: Juruá, 2013.

FILOMENO, José Geraldo Brito et alii. Código brasileiro de defesa do consumidor. 11a. ed. Rio de Janeiro: Forense, 2017.

FILOMENO, José Geraldo Brito. Manual de Direitos do Consumidor. 14ª ed. São Paulo: Atlas, 2016.

FONSECA, Antonio Cezar Lima da. Direito Penal do Consumidor. Porto Alegre: Livraria do Advogado, 1996.

GATTA, Gian Luigi. Abolitio criminis e successione di norme \`integratrici´: teoria e prassi. Milano: Giuffrè, 2008.

GIDDENS, Anthony. As consequências da modernidade. São Paulo: UNESP, 1991.

GIMBERNAT ORDEIG, Enrique. Autor y cómplice en derecho penal. 2a. ed. Montevideo: BdF, 2012.

GUARAGNI, Fábio André. "Direito Penal Econômico: antecedentes medievais e sua primeira geração no contexto da Modernidade". In: Perspectivas das ciências criminais: coletânea em homenagem aos 55 anos de atuação profissional do Prof. Dr. René Ariel Dotti. Coord. Paulo César Busato, Priscilla Placha Sá e Gustavo Britta Scandelari. Rio de Janeiro: GZ Editora, 2016.

____________. "A intensificação do uso de técnicas de reenvio em Direito Penal: Motivos político-criminais". In: Revista Jurídica Cesumar – Mestrado, v.12, p. 35-47, jan./jul. Maringá, 2012.

____________ e BACH, Marion. Norma penal em branco e outras técnicas de reenvio em direito penal. São Paulo: Almedina, 2014.

HABERMAS, Jürgen. O discurso filosófico da modernidade. Trad. Luiz Sergio Repa e Rodnei Nascimento. São Paulo: Martins Fontes, 2000.

JAKOBS, Günther. Derecho Penal. Parte General. Trad. Joaquim Cuello Contreras e Jose Luis Serrano Gonzales de Murillo. Madrid: Marcial Pons, 1995.

_______________. A imputação objetiva no direito penal. 2a. ed. Trad. André Luís Callegari. São Paulo: RT, 2007.

JARASS, Hans D; PIEROTH, Bodo. GG, Grundgesetz für die Bundesrepublik Deutschland, Kommentar. 10a ed. Munique: Beck, 2009.

KALIL, José Arthur Di Spirito. O consumidor e o direito penal econômico. Rio de Janeiro: Lumen Juris, 2014.

KAUFMANN, Armin. Dogmática de los delitos de omisión. Madrid: Marcial Pons, 2006.

LINDSTROM, Martin. A lógica do consumo – verdades e mentiras sobre por que compramos. Rio de Janeiro: Nova Fronteira: 2009.

LUISI, Luiz. Os princípios constitucionais penais. Porto Alegre: Fabris, 1991.

MAGATTI, Mauro. Cambio di paradigma. Uscire dalla crisi pensando il futuro. Milano: Feltrinelli, 2017.

MAIHOFER, Werner. Estado de derecho y dignidad humana. Montevideo: BdF, 2008.

MARTÍNEZ-BUJÁN PÉREZ, Carlos. Derecho Penal Económico, Parte Especial. 5ª ed. Tirant lo Blanch Valencia: 2015.

___________. Derecho penal económico. Parte general. Valencia: Tirant lo Blanch, 2a. ed. Valencia: 2007.

MENDONÇA, Tarcísio Maciel Chaves de. Lei penal em branco. Rio de Janeiro: Lumen Juris, 2016.

MINESTRONI, Laura. Comprendere il consumo. Società e cultura daí classici al postmoderno. Milão: FrancoAngeli, 2006.

MIRAGEM, Bruno. Curso de direito do consumidor. 6a. ed. São Paulo: RT, 2016.

OXMAN. Nicolás. Sistemas de Imputación Subjetiva en Derecho Penal: el modelo angloamericano. Valencia: Tirant lo Blanch, 2016.

PEÑA, Miguel Díaz y Garcia Conlledo, Javier de Vicente Remesal. Madrid: Civitas, 1997.

___________. Funcionalismo e Imputação Objetiva. Trad. Luís Greco. Rio de Janeiro/São Paulo: Renovar, 2002.

PEÑARANDA RAMOS, Enrique. "Autoría y participación en la Empresa". In: Derecho penal de la empresa: del derecho penal económico del estado social al derecho penal de la empresa globalizado." Coord. Luis Arroyo Zapatero, Carlos Lascano e Adán Nieto Martín. Buenos Aires: Ediar, 2012.

PRADO, Luiz Régis. Direito Penal Econômico, 6a ed. São Paulo: RT, 2014.

PRADO, Luiz Regis. Direito Penal Econômico. São Paulo: RT, 2004.

PUPPE, Ingeborg. A distinção entre Dolo e Culpa. Barueri: Manole, 2004.

RAGUÉS I VALLÈS, Ramon. La ignorancia deliberada en Derecho Penal. Barcelona: Atelier, 2007.

RAGUÉS I VALLÈS, Ramon. La responsabilidad penal del testaferro en delitos cometidos a través de sociedades mercantiles. En Anuario de Derecho Penal Económico y de la Empresa, ADPE, 2 (2012).

ROXIN, Claus. Derecho Penal. Parte General. Tomo I. Trad. Diego-Manuel Luzón Peña, Miguel Díaz y Garcia Conlledo, Javier de Vicente Remesal. Madrid: Civitas, 1997.

SARRABAYROUSE, Eduardo C. Responsabilidad penal por el producto. Buenos Aires: Ad Hoc, 2007.

SCHMIDT, Andrey Zenkner. O princípio da legalidade penal no Estado Democrático de Direito. Porto Alegre: Livraria do Advogado, 2001.

SILVA JÚNIOR, José. "Defesa do Consumidor". In: Leis penais especiais e sua interpretação jurisprudencial. Coord. Alberto Silva Franco e Rui Stoco. 7a. ed. São Paulo: RT, 2002.

SILVA SÁNCHEZ, Jesús María. A expansão do Direito Penal: Aspectos da política criminal nas sociedades pós-industriais. 2ª ed. São Paulo: Revista dos Tribunais, 2011.

SILVA, Carlos Bruno Ferreira da. Proteção de Dados e Cooperação Transnacional: Teoria e Prática na Alemanha, Espanha e Brasil. Belo Horizonte: Arraes, 2014.

SILVA, José Afonso. Curso de Direito Constitucional Positivo. 25ª ed. São Paulo: Malheiros, 2005.

TIEDEMANN, Klaus. Wirtschaftsstrafrecht: Einführung und Allgemeiner Teil, mit wichtigen Rechtstexten. 4a ed. Munique: Vahlen, 2014.

TODOROV, Tzvetan. A Conquista da América. Trad. Beatriz Perrone-Moisés. São Paulo: Martins Fontes, 2003.

WILLIAMS, Glanville. Criminal Law: The General Part. 2a ed., London: Stevens & Sons Ltd, 1961.

ZAFFARONI, Eugenio Raúl e PIERANGELLI, José Henrique. Da tentativa. 3a. ed. São Paulo: RT, 1992.

___________. Manual de Direito Penal Brasileiro. São Paulo: RT, 1997.

___________. SLOKAR, Alejandro. ALAGIA, Alejandro. Derecho Penal: Parte General. 2.ed. Buenos Aires: Ediar, 2005.

CAPÍTULO 16

Ordem Tributária, Econômica e Relações de Consumo – Lei nº 8.137/1990

Rodrigo Leite Ferreira Cabral

INTRODUÇÃO

A configuração normativa que a Constituição de 1988 deu ao Estado Brasileiro, impondo-lhe o dever de atuar como verdadeiro Estado Social, com amplas obrigações prestacionais, nomeadamente de direitos sociais, tais como *"educação, a saúde, a alimentação, o trabalho, a moradia, o transporte, o lazer, a segurança, a previdência social, a proteção à maternidade e à infância, a assistência aos desamparados"* (CR, art. 6º), impôs à União, Estados e Municípios brasileiros um sério ônus, cujo cumprimento demanda grande aporte de recursos para poder fazer frente a esses deveres.

De tal maneira, ganham especial relevância o Direito Tributário de um lado e o Direito Penal Tributário de outro, uma vez que o primeiro é incumbido de viabilizar os aportes financeiros para o cumprimento dessas promessas e o segundo de proteger penalmente a ordem tributária existente.

O Direito Penal Tributário constitui, sem sombra de dúvidas, um dos mais importantes ramos de atuação do denominado Direito Penal Econômico[1] e, em um país desigual como o Brasil, revela-se como um importante ponto de inflexão na política criminal e de persecução penal, já que referido ramo do Direito Penal atinge em cheio pessoas que normalmente não são alcançadas pelos braços do Sistema Penal, é dizer, as camadas mais ricas da população.

Essa inversão na lógica tradicional da repressão penal, infelizmente, não passa ilesa ao senso de conservação dos donos do poder. E isso é facilmente notado no tratamento penal leniente que, muitas vezes, a legislação concede aos envolvidos nesse tipo de práticas delitivas, outorgando, por exemplo, uma série de benefícios e chances aos delinquentes de colarinho branco, que normalmente não são concedidos àqueles envolvidos na denominada criminalidade tradicional.

1 Sobre o tema, GALÁN MUÑOZ explica que: *"Os delitos contra a Fazenda Pública e a Seguridade Social são possivelmente um dos exemplos mais claros do que se poderia denominar de Direito penal econômico em sentido estrito, porquanto contemplam figuras que buscam proteger dois dos instrumentos mais clássicos de que dispõe o Estado na hora de orientar e dirigir a economia do país. Por um lado, está a Fazenda Pública considerada como mecanismo arrecadador, mas também de gasto que dispõe a Administração Pública, tanto para arrecadar fundos que necessita para desempenhar suas funções, como para incentivar determinados setores ou atividades econômicas mediante a concessão de auxílios ou subvenções; enquanto que, por outro lado, encontra-se a Seguridade Social, sistema estatal que também arrecada fundos através da cobrança de cotas dos trabalhadores e dos empregados, fundos esses que estão, sem embargo, especificamente destinados a fazer frente aos gastos que geram as prestações e proteções sociais que todo Estado Social verdadeiro deve conceder a seus cidadãos (subsídios para desempregados, aposentadoria, etc....)."* GALÁN MUÑOZ, Alfonso. Manual de Derecho Penal Económico y de la Empresa. Valencia: Tirant lo Blanch, 2017, p. 221.

O certo é que a persecução penal dos delitos tributários é marcada por uma série de tentativas frustradas, já que, normalmente, ela é interrompida por algum benefício de extinção de punibilidade ou tratamento penal mais benéfico, além de ser permanentemente instrumentalizada por supostos e imaginários benefícios arrecadatórios que, em verdade, esfacelam, nesses casos, qualquer ideia de pretensão geral positiva[2].

Assim, tem se constatado que o Direito Penal Tributário, normalmente, só chega a se materializar em uma sentença penal condenatória naqueles casos em que os agentes são claramente avessos a qualquer forma de reparação dos valores sonegados. Claro, isso se não sobrevier a prescrição da pretensão punitiva ou alguma interpretação judicial mais benevolente.

Ademais, sobre essa forma de criminalização, é fundamental deixar-se bem claro que os crimes contra a ordem tributária envolvem a prática de condutas fraudulentas, normalmente com o intuito de suprimir ou reduzir tributos, não constituindo – uma vez que vedado pela Constituição – mero instrumento de cobrança mais agressiva de dívidas tributárias[3].

Aliás, adotando essa perspectiva, o Supremo Tribunal Federal assentou o seguinte: *"O Tribunal reconheceu a existência de repercussão geral da matéria debatida nos presentes autos, para reafirmar a jurisprudência desta Corte, no sentido de que os crimes previstos na Lei 8.137/1990 não violam o disposto no art. 5º, LXVII, da Constituição. II – Julgamento de mérito conforme precedentes."* (STF – ARE 999425 RG, Relator(a): Min. RICARDO LEWANDOWSKI, julgado em 02/03/2017, PROCESSO ELETRÔNICO REPERCUSSÃO GERAL – MÉRITO DJe-050 DIVULG 15-03-2017 PUBLIC 16-03-2017)[4].

---

2 Com razão FISCHER, ao denunciar a falácia do argumento de que essa política criminal benevolente com os autores de crimes contra a ordem tributária tem objetivos arrecadatórios: *"Compreende-se que, jurídica e faticamente, essas regras não servem como forma de incrementar eventualmente a arrecadação tributária espontânea. O efeito é contrário: estimulam o aumento das práticas criminosas, ocorrendo o chamado efeito espiral. A genérica afirmativa de um suposto interesse arrecadatório não procede. Compreende-se que a aplicação dessas regras implica, em verdade, uma desproteção aos bens jurídicos fundamentais estampados na Constituição, gerando, em verdade, impunidade (culminando com injustiça)."* FISCHER, Douglas. O manifesto equívoco técnico, dogmático, sistêmico e lógico da súmula vinculante 24 do STF, *in* Direito Penal Econômico: Temas essenciais para a compreensão da macrocriminalidade atual. Salvador: Juspodivm, 2017, p. 243-244. Ademais, jamais se pode esquecer que a Lei trata de condutas criminosas, em que há fraude ou engano, não abrangendo a mera inadimplência, como explicado, com maior detalhamento, na próxima nota.

3 Como consigna FERRÉ OLIVÉ: *"No direito penal tributário surge necessariamente a ideia de fraude, com o que é sinalizado o necessário desvalor de ação. E a constatação do desvalor de resultado deriva da lesão dolosa ao bem jurídico protegido, que diferencia claramente as responsabilidades penais e tributário-administrativas"*. FERRÉ OLIVÉ, Juan Carlos. Tratado de los delitos contra la hacienda pública y contra la seguridad social. Valencia: Tirant lo Blanch, 2018, p. 42. Assim, também, GALÁN MUÑOZ: *"(...) a mera inadimplência de impostos ou a utilização de deduções indevidas não são delitivas por si só, se não vêm precedidas da realização de alguma conduta enganosa que leve à sua obtenção, o que leva à conclusão de que caso exista inadimplência, com reconhecimento da existência da dívida, não se constada a prática de crime; apesar de que, é importante deixar claro, a mera apresentação de uma declaração de impostos não exclui a possibilidade da caracterização do crime, caso se constate, por qualquer outro meio, que a declaração apresentada era enganosa e, portanto, fraudulenta e visando pagar menos impostos do que o devido."* GALÁN MUÑOZ. Manual de Derecho Penal Económico y de la Empresa, pp. 223-224. No mesmo sentido, desde uma perspectiva da legislação brasileira, BALTAZAR JUNIOR explica que: *"(...) é importante deixar bem claro que a conduta de deixar de pagar tributos, por si só, não constitui crime. Assim, se o contribuinte declara todos os fatos geradores à repartição fazendária, de acordo com a periodicidade exigida em lei, cumpre todas as obrigações tributárias acessórias e tem escrita contábil regular, mas não paga o tributo, não há crime algum, mas mero inadimplemento (STJ, AgRg REsp 1158834, Moura, 6ª T., u., 19.2.13; TRF4, AC 200771100020007, Rocha, 7ª T., u., 31.5.11). O crime contra a ordem tributária, com exceção da apropriação indébita, como será visto no exame do inc. II do art. 2º, pressupõe, além do inadimplemento, alguma forma de fraude, que poderá estar consubstanciada na omissão de alguma declaração, na falsidade material ou ideológica de documentos, no uso de documento material ou ideologicamente falsos, na simulação, etc. As condutas fraudulentas estão descritas nos incisos dos arts. 1º e 2º da Lei 8.137. Eis aí a distinção entre inadimplência e sonegação: a fraude."* BALTAZAR JUNIOR, José Paulo. Crimes Federais, 11ª ed. São Paulo: Saraiva, 2017, p. 797.

4 Nesse sentido também, o STJ: AgRg no RE nos EDcl no AgRg no AREsp n. 1.803.858/GO, relator Ministro Og Fernandes, Corte Especial, julgado em 27/6/2023, DJe de 3/7/2023.

Em nosso sistema jurídico, o Direito Penal Tributário é tratado fundamentalmente pela Lei n. 8137/90, constituindo seus artigos 1º, 2º e 3º a suma tríade da repressão penal brasileira aos ilícitos fiscais.

Nada obstante, referida Lei não trata exclusivamente dos crimes contra a ordem tributária. Ela estabelece, também, a repressão penal dos crimes contra a Ordem Econômica (art. 4º) e as Relações de Consumo (art. 7º).

O crime contra a ordem econômica previsto pela Lei n. 8137/90 consubstancia nada mais, nada menos, que a criminalização do cartel em nosso país, constituindo – desde uma perspectiva penal – relevante instrumento de proteção à livre concorrência, trazendo um reforço repressivo às condutas normalmente sancionadas administrativas pelos órgãos de proteção à ordem econômica, notadamente pelo CADE (Conselho Administrativo de Defesa Econômica), vinculado ao Ministério da Justiça[5].

Na proteção aos consumidores, não seria exagero afirmar que a Lei n. 8137/90, apesar da existência de tipos penais previstos pelo Código de Defesa do Consumidor, constitui – principalmente pela relevância das penas cominadas e pela frequência de sua ocorrência – a mais relevante regência normativa em matéria penal de proteção ao consumidor, superando, inclusive, no aspecto de importância os tipos penais do CDC.

Feita essa brevíssima introdução, passaremos a examinar cada um dos artigos das Lei n. 8137/90, oportunidade em que serão comentados os crimes contra a ordem tributária, contra a Ordem Econômica e as Relações de Consumo, ademais dos outros dispositivos veiculados pela referida Lei.

CAPÍTULO I
DOS CRIMES CONTRA A ORDEM TRIBUTÁRIA
SEÇÃO I
DOS CRIMES PRATICADOS POR PARTICULARES

Art. 1º Constitui crime contra a ordem tributária suprimir ou reduzir tributo, ou contribuição social e qualquer acessório, mediante as seguintes condutas:

I – omitir informação, ou prestar declaração falsa às autoridades fazendárias;

II – fraudar a fiscalização tributária, inserindo elementos inexatos, ou omitindo operação de qualquer natureza, em documento ou livro exigido pela Lei fiscal;

III – falsificar ou alterar nota fiscal, fatura, duplicata, nota de venda, ou qualquer outro documento relativo à operação tributável;

IV – elaborar, distribuir, fornecer, emitir ou utilizar documento que saiba ou deva saber falso ou inexato;

5 Alguns sistemas, como o alemão, optam pela repressão das condutas de cartel, apenas através de uma espécie de direito administrativo sancionador (previstas no *Nationales Kartellordnungswidrigkeitenrecht*). Nesse sentido, cf.: WITTIG, Petra. Wirtschaftsstrafrecht. 3ª ed. München: Beck, 2014, pp. 503 e ss.
Sobre o tema, GALÁN MUÑOZ explica que: *"Os delitos contra a Fazenda Pública e a Seguridade Social são possivelmente um dos exemplos mais claros do que se poderia denominar de Direito penal econômico em sentido estrito, porquanto contemplam figuras que buscam proteger dois dos instrumentos mais clássicos de que dispõe o Estado na hora de orientar e dirigir a economia do país. Por um lado, está a Fazenda Pública considerada como mecanismo arrecadador, mas também de gasto que dispõe a Administração Pública, tanto para arrecadar fundos que necessita para desempenhar suas funções, como para incentivar determinados setores ou atividades econômicas mediante a concessão de auxílios ou subvenções; enquanto que, por outro lado, encontra-se a Seguridade Social, sistema estatal que também arrecada fundos através da cobrança de cotas dos trabalhadores e dos empregados, fundos esses que estão, sem embargo, especificamente destinados a fazer frente aos gastos que geram as prestações e proteções sociais que todo Estado Social verdadeiro deve conceder a seus cidadãos (subsídios para desempregados, aposentadoria, etc...)."* GALÁN MUÑOZ, Alfonso. Manual de Derecho Penal Económico y de la Empresa. Valencia: Tirant lo Blanch, 2017, p. 221.

V – negar ou deixar de fornecer, quando obrigatório, nota fiscal ou documento equivalente, relativa a venda de mercadoria ou prestação de serviço, efetivamente realizada, ou fornecê-la em desacordo com a legislação.

Pena – reclusão de 2 (dois) a 5 (cinco) anos, e multa.

Parágrafo único. A falta de atendimento da exigência da autoridade, no prazo de 10 (dez) dias, que poderá ser convertido em horas em razão da maior ou menor complexidade da matéria ou da dificuldade quanto ao atendimento da exigência, caracteriza a infração prevista no inciso V.

1. BEM JURÍDICO TUTELADO

Na identificação do bem jurídico protegido pelos crimes contra ordem tributária, tradicionalmente, existe uma disputa entre duas teorias: as patrimonialistas e as funcionalistas[6].

As teorias patrimonialistas defendem que o bem jurídico tutelado pelos crimes tributários gravitam entorno da defesa de interesses patrimoniais supraindividuais do Estado, realçando, pois, que referidos delitos buscam proteger o patrimônio publico, a fazenda pública, a arrecadação tributária[7].

Por outro lado, as teorias funcionalistas são aquelas que rejeitam uma conotação meramente patrimonial dos bens jurídicos protegidos, centrando, assim, a atenção nas funções que deve cumprir o tributo[8].

Existem, ademais, as denominadas teorias ecléticas, que aceitam a especificidade da ordem tributária e a funcionalidade do tributo. Entendem que essas particularidades são importantes para dar os contornos a um bem jurídico genérico, à *ratio legis* dos tipos penais. Apesar disso, as teorias ecléticas realçam que a caraterística mais marcante desses delitos é precisamente a existência de um bem jurídico específico e imediato, que é consubstanciado pelos interesses patrimoniais do estado[9].

Adota-se, neste trabalho, esta última posição eclética[10], uma vez que, conforme bem pontua FERRÉ OLIVÉ:

> *"O cumprimento das obrigações fiscais dá conteúdo a uma exigência de solidariedade social, que se materializa, em boa medida, quando, por meio de uma correta criação de tributos, estes cumprem sua missão de justiça, igualdade, progressividade e não confisco. (...)*
>
> *Nesse contexto, se configura o bem jurídico como um interesse que excede os conteúdos meramente individuais. Tutela-se um bem supra-individual ou coletivo, que recebe proteção penal*

6 Sobre essa disputa, confira-se: FERRÉ OLIVÉ. Tratado de los delitos contra la hacienda pública y contra la seguridad social, p. 109 e ss; MARTÍNEZ BUJÁN-PÉREZ, Carlos. Derecho Penal, parte especial, 3ª ed., Valencia: Tirant lo Blanch, 2010, pp. 525-526; BITTENCOURT, Cezar Roberto. Tratado de Direito Penal Econômico. Vol. 1. São Paulo: Saraiva, 2016, pp. 679-680.

7 FERRÉ OLIVÉ. Tratado de los delitos contra la hacienda pública y contra la seguridad social, p. 113.

8 MARTÍNEZ BUJÁN-PÉREZ. Derecho Penal, parte especial, p. 526.

9 FERRÉ OLIVÉ. Tratado de los delitos contra la hacienda pública y contra la seguridad social, p. 113.

10 No Brasil, há divergências. Existem aqueles que defendem que o bem jurídico protegido pelo tipo penal é a ordem tributária (v.g. MACHADO, Hugo de Brito. Crimes contra a Ordem Tributária, 4ª ed. São Paulo: Atlas, 2015, pp. 328-333), mas a maioria adota uma posição patrimonialista, em que o bem jurídico é o patrimônio do Estado (v.g. BITTENCOURT. Tratado de Direito Penal Econômico. Vol. 1, p. 680; BALTAZAR JUNIOR. Crimes Federais, p. 798; PRADO, Luiz Régis. Direito Penal Econômico, 6ª ed. São Paulo: RT, 2014, p. 267; HARADA, Kioshi. Crimes contra a Ordem Tributária, 2ª ed. São Paulo: Atlas, 2015, p. 215; DECOMAIN, Pedro Roberto. Crimes contra a Ordem Tributária, 5ª ed. Belo Horizonte: Fórum, 2010, pp. 65-66; VELOSO, Roberto Carvalho. Crimes Tributários. São Paulo: Quartier Latin, 2011, p. 74).

por tratar de interesses sociais gerais, que pertencem ao conjunto de indivíduos que integram a comunidade."[11]

Com efeito, como consignado na introdução deste trabalho, a arrecadação tributária tem natureza instrumental, uma vez que existe precisamente para fazer cumprir o amplo espectro de deveres que um Estado Social deve cumprir.

Assim, a fraude que acarreta a supressão ou diminuição dos tributos não afeta apenas os interesses meramente patrimoniais do Estado, mas atinge em cheio a capacidade estatal de cumprir a missão estabelecida pela Constituição, gerando, ademais, um prejuízo bastante concreto e palpável à população, especialmente àquela que depende com maior profundidade do Estado para levar uma vida digna.

Em suma, aqui se propugna que uma perspectiva patrimonial, ainda que extremamente importante e preponderante, não é a única que deve ser levada em conta como bem jurídico protegido, já que a função Estatal ostenta especial relevância para a compreensão dos crimes contra a ordem tributária.

Assentadas essas premissas, afigura-se importante, ainda no tema do bem jurídico, analisar a questão da aplicação do **princípio da insignificância**, dada sua grande transcendência prática para o tema.

Inicialmente, é de se afirmar que, uma vez adotando-se a ideia de que o bem jurídico tutelado pelos delitos contra a ordem tributária não é exclusivamente patrimonial, a consequência necessária é concluir que o critério isolado do valor sonegado não poderia ser o único determinante para avaliar se uma conduta tem ou não dignidade suficiente para violar o bem jurídico protegido.

Apesar disso, é certo que a jurisprudência pacífica dos Tribunais Superiores adota como critério unicamente o valor do dano causado aos cofres públicos.

E o que é pior. Para aferir a incidência ou não do princípio da insignificância renuncia a analisar o caso concreto, suas vicissitudes e características, para adotar um critério puramente objetivo relacionado apenas ao valor do tributo sonegado.

Ademais, a jurisprudência elegeu para a fixação desse parâmetro objetivo os critérios de política fiscal, adotados pelos respectivos órgãos fazendários. É dizer, a jurisprudência leva em consideração para a análise da caracterização da tipicidade penal tão somente as balizas utilizadas pelo executivo para decidir se propõe ou não execuções fiscais.

Desse modo, o mesmo critério utilizado para a cobrança de contribuintes inadimplentes pelo fisco é utilizado para decidir se o Ministério Público pode perseguir penalmente criminosos, que fraudaram a Fazenda Pública.

Nesse sentido, a jurisprudência do Superior Tribunal de Justiça, inicialmente, assentou que, nos crimes materiais contra a ordem tributária, o valor para a consideração ou não da insignificância penal da conduta era de R$ 10.000,00 (dez mil reais), ou seja, precisamente o valor estipulado pela Fazenda Pública da União para o arquivamento ou não propositura de execuções fiscais. Essa posição, aliás, estava, inclusive, assentada no tema n. 157 dos Recursos Repetitivos[12].

---

11 FERRÉ OLIVÉ. Tratado de los delitos contra la hacienda pública y contra la seguridad social, p. 111.

12 O julgado que assentou o originariamente o tema 157 foi o seguinte: *"RECURSO ESPECIAL REPETITIVO REPRESENTATIVO DA CONTROVÉRSIA. Art. 105, III, A E C DA CF/88. PENAL. Art. 334, § 1º, ALÍNEAS C E D, DO CÓDIGO PENAL. DESCAMINHO. TIPICIDADE. APLICAÇÃO DO PRINCÍPIO DA INSIGNIFICÂNCIA. I – Segundo jurisprudência firmada no âmbito do Pretório Excelso – 1ª e 2ª Turmas – incide o princípio da insignificância aos débitos tributários que não ultrapassem o limite de R$ 10.000,00 (dez mil reais), a teor do disposto no art. 20 da Lei nº 10.522/02. II – Muito embora esta não seja a orientação majoritária desta Corte (vide EREsp 966077/GO, 3ª Seção, Rel. Min. Laurita Vaz, DJe de 20/08/2009), mas em prol da otimização do sistema, e buscando evitar uma sucessiva interposição de recursos ao c. Supremo Tribunal Federal, em sintonia*

No entanto, seguindo a jurisprudência do Supremo Tribunal Federal[13], o Superior Tribunal de Justiça modificou o referido tema 157, para o fim de assentar que o parâmetro da insignificância é o de R$ 20.000,00 (vinte mil reais), nos crimes tributários materiais praticados contra a União, conforme se verifica do seguinte julgado paradigma:

> *"RECURSO ESPECIAL AFETADO AO RITO DOS REPETITIVOS PARA FINS DE REVISÃO DO TEMA n. 157. APLICAÇÃO DO PRINCÍPIO DA INSIGNIFICÂNCIA AOS CRIMES TRIBUTÁRIOS FEDERAIS E DE DESCAMINHO, CUJO DÉBITO NÃO EXCEDA R$ 10.000,00 (DEZ MIL REAIS). Art. 20 DA Lei N. 10.522/2002. ENTENDIMENTO QUE DESTOA DA ORIENTAÇÃO CONSOLIDADA NO STF, QUE TEM RECONHECIDO A ATIPICIDADE MATERIAL COM BASE NO PARÂMETRO FIXADO NAS PORTARIAS n. 75 E 130/MF – R$ 20.000,00 (VINTE MIL REAIS). ADEQUAÇÃO. 1. Considerando os princípios da segurança jurídica, da proteção da confiança e da isonomia, deve ser revisto o entendimento firmado, pelo julgamento, sob o rito dos repetitivos, do REsp n. 1.112.748/TO – Tema 157, de forma a adequá-lo ao entendimento externado pela Suprema Corte, o qual tem considerado o parâmetro fixado nas Portarias n. 75 e 130/MF – R$ 20.000,00 (vinte mil reais) para aplicação do princípio da insignificância aos crimes tributários federais e de descaminho. 2. Assim, a tese fixada passa a ser a seguinte: incide o princípio da insignificância aos crimes tributários federais e de descaminho quando o débito tributário verificado não ultrapassar o limite de R$ 20.000,00 (vinte mil reais), a teor do disposto no art. 20 da Lei n. 10.522/2002, com as atualizações efetivadas pelas Portarias n. 75 e 130, ambas do Ministério da Fazenda. 3. Recurso especial improvido. Tema 157 modificado nos termos da tese ora fixada."* (STJ – REsp 1688878/SP, Rel. Ministro SEBASTIÃO REIS JÚNIOR, TERCEIRA SEÇÃO, julgado em 28/02/2018, DJe 04/04/2018).

No entanto, quando se tratar de crime material contra a ordem tributária em que as vítimas são as outras pessoas jurídicas de direito público, o critério para a insignificância será o valor previsto nas respectivas legislações, para arquivamento ou não propositura de executivos fiscais, conforme se vê do seguinte julgado:

> *"Não obstante esta Corte Superior de Justiça tenha entendimento pacificado no sentido de aplicar o princípio da insignificância aos crimes contra a ordem tributária nos quais o valor da exação suprimido ou reduzido não ultrapasse a quantia de R$ 10.000,00 (dez mil reais), é certo que a referida construção jurisprudencial encontra arrimo no disposto no artigo 20 da Lei 10.522/2002, que trata do Cadastro Informativo dos créditos não quitados de órgãos e entidades federais. 2. O fato da União, por razões políticas ou administrativas, optar por autorizar o pedido de arquivamento das execuções fiscais que não ultrapassam o referido patamar não permite, por si só, que a mesma liberalidade seja estendida aos demais entes federados, o*

com os objetivos da Lei nº 11.672/08, é de ser seguido, na matéria, o escólio jurisprudencial da Suprema Corte. Recurso especial desprovido." (STJ – REsp 1112748/TO, Rel. Ministro FELIX FISCHER, TERCEIRA SEÇÃO, julgado em 09/09/2009, DJe 13/10/2009).

13 A título de exemplo, confira-se os seguintes julgados do Supremo Tribunal Federal: **HC 136843**, Relator(a): Min. RICARDO LEWANDOWSKI, Segunda Turma, julgado em 08/08/2017, PROCESSO ELETRÔNICO DJe-232 DIVULG 09-10-2017 PUBLIC 10-10-2017; **HC 139393**, Relator(a): Min. RICARDO LEWANDOWSKI, Segunda Turma, julgado em 18/04/2017, PROCESSO ELETRÔNICO DJe-089 DIVULG 28-04-2017 PUBLIC 02-05-2017; **HC 136958**, Relator(a): Min. RICARDO LEWANDOWSKI, Segunda Turma, julgado em 04/04/2017, PROCESSO ELETRÔNICO DJe-087 DIVULG 26-04-2017 PUBLIC 27-04-2017; **HC 136769**, Relator(a): Min. RICARDO LEWANDOWSKI, Segunda Turma, julgado em 18/10/2016, PROCESSO ELETRÔNICO DJe-236 DIVULG 04-11-2016 PUBLIC 07-11-2016; **HC 123519**, Relator(a): Min. MARCO AURÉLIO, Relator(a) p/ Acórdão: Min. EDSON FACHIN, Primeira Turma, julgado em 18/10/2016, PROCESSO ELETRÔNICO DJe-236 DIVULG 16-10-2017 PUBLIC 17-10-2017; **HC 121659**, Relator(a): Min. MARCO AURÉLIO, Relator(a) p/ Acórdão: Min. EDSON FACHIN, Primeira Turma, julgado em 20/09/2016, PROCESSO ELETRÔNICO DJe-236 DIVULG 16-10-2017 PUBLIC 17-10-2017; **HC 124369**, Relator(a): Min. MARCO AURÉLIO, Relator(a) p/ Acórdão: Min. EDSON FACHIN, Primeira Turma, julgado em 20/09/2016, PROCESSO ELETRÔNICO DJe-236 DIVULG 16-10-2017 PUBLIC 17-10-2017; **HC 123032**, Relator(a): Min. RICARDO LEWANDOWSKI, Segunda Turma, julgado em 05/08/2014, PROCESSO ELETRÔNICO DJe-164 DIVULG 25-08-2014 PUBLIC 26-08-2014.

que somente poderia ocorrer caso estes também legislassem no mesmo sentido, tendo em vista que são dotados de autonomia. 3. Dentre os critérios elencados pela jurisprudência dominante para a incidência do princípio da insignificância encontra-se a inexpressividade da lesão jurídica ocasionada pela conduta, parâmetro que pode variar a depender do sujeito passivo do crime. 4. No caso dos autos, o valor do tributo elidido é superior ao quantum permitido pelo art. 1º da Lei n. 7.772/13 do Estado do Pará, para fins de incidência do princípio da insignificância, razão pela qual mantém-se o afastamento da atipicidade material da conduta narrada na exordial acusatória. Precedentes." (STJ – AgRg no RHC 70.842/PA, Rel. Ministro JORGE MUSSI, QUINTA TURMA, julgado em 21/09/2017, DJe 27/09/2017).

No mesmo sentido: STJ – **AgInt no HC 331.387**/SC, Rel. Ministro ANTONIO SALDANHA PALHEIRO, SEXTA TURMA, julgado em 14/02/2017, DJe 21/02/2017; **RHC 101.910/MG**, Rel. Ministro FELIX FISCHER, QUINTA TURMA, julgado em 02/10/2018, DJe 08/10/2018; **AgRg no HC** n. 918.988/SC, relator Ministro Otávio de Almeida Toledo (Desembargador Convocado do Tjsp), Sexta Turma, julgado em 20/8/2024, DJe de 23/8/2024.

Além disso, essa mesma jurisprudência assenta que, para a aferição do valor sonegado, não deverá ser levada em conta a incidência de juros e multa, mas tão apenas o valor do crédito tributário no momento de sua constituição (cf.: REsp 1306425/RS, Rel. Ministra MARIA THEREZA DE ASSIS MOURA, SEXTA TURMA, julgado em 10/06/2014, DJe 01/07/2014), posição essa que nos parece acertada. Ademais, se houver concurso de delitos, deve-se levar em conta o valor global sonegado e não o valor relativo a condutas isoladas[14]. Mais: a modificação do parâmetro administrativo para a cobrança do crédito tributário não tem efeito retroativo, uma vez que não se trata de norma de natureza penal[15].

Por fim, havendo contumácia do acusado na prática de crime (reiteração delitiva), não se deve aplicar o princípio da insignificância[16].

2. SUJEITOS DO CRIME

Sobre o sujeito ativo dos crimes do art. 1º da Lei n. 8.137/90, pode-se afirmar que há certa oscilação na doutrina. Existe um debate se o crime consubstancia um delito comum, podendo ser praticado por qualquer pessoa ou se é delito especial, que somente pode ser cometido por pessoas que ostentem determinadas características.

A leitura do *caput* do art. 1º, porém, permite concluir que o tipo penal não faz nenhuma limitação do círculo de autores que podem praticar esses delitos, de modo que aqui se defende que esse tipo penal veicula um crime comum, podendo ser praticado por qualquer pessoa[17].

14 Nesse sentido: "A aferição da incidência do princípio da insignificância, nos crimes contra a ordem tributária, deve ser feita em face do montante global objeto da constituição definitiva do crédito tributário, excluídos apenas juros e multa, não em face dos valores individualmente sonegados por trabalhador ou por competência mensal."(STJ - RHC n. 128.804/SP, relator Ministro Ribeiro Dantas, Quinta Turma, julgado em 15/2/2022, DJe de 21/2/2022). Na mesma linha: STJ - AgRg no AREsp n. 2.235.864/MG, relator Ministro Joel Ilan Paciornik, Quinta Turma, julgado em 20/2/2024, DJe de 23/2/2024.

15 Assim, o STJ: "A existência de ações penais, inquéritos policiais ou procedimentos administrativos fiscais podem ser utilizados para a análise do reduzido grau de reprovabilidade do comportamento do agente, a fim de afastar a incidência do crime de bagatela, como na espécie. Precedentes." (STJ - AgRg no HC n. 927.206/PR, relator Ministro Antonio Saldanha Palheiro, Sexta Turma, julgado em 7/10/2024, DJe de 10/10/2024.)

16 "A retroatividade de ato administrativo que majorou o valor mínimo para execução fiscal não se aplica em benefício do réu, pois não se trata de norma penal mais benéfica." (STJ - AgRg no HC n. 920.735/SC, relatora Ministra Daniela Teixeira, Quinta Turma, julgado em 24/9/2024, DJe de 27/9/2024.) Outros: STJ - **AgRg no HC n. 889.162/SC**, relator Ministro Ribeiro Dantas, Quinta Turma, julgado em 17/6/2024, DJe de 20/6/2024; STJ - **AgRg no HC n. 874.378/SP**, relator Ministro Antonio Saldanha Palheiro, Sexta Turma, julgado em 17/6/2024, DJe de 20/6/2024.

17 Nesse mesmo sentido, por exemplo: BALTAZAR JUNIOR. Crimes Federais, pp. 799-780; DECOMAIN. Crimes contra a Ordem Tributária, pp. 136-137; MACHADO. Crimes contra a Ordem Tributária, pp. 359-360. Em sentido contrário,

Nada obstante tal afirmação, é certo que, normalmente, o crime será cometido ou pelo contribuinte (sujeito passivo direto) ou pelo responsável tributário (sujeito passivo indireto)[18], sendo certo que, como o próprio nome da seção indica, são crimes praticados por particulares.

Além deles, poderá ser sujeito ativo do delito o representante do contribuinte ou o responsável tributário, uma vez que atuam em nome de outro, assumindo, assim uma posição de garante (art. 13 CP), podendo, inclusive, ser utilizado como norte interpretativo o disposto nos artigos 134 e 135 do Código Tributário Nacional[19].

Sobre o tema da atuação em nome de outro, vale trazer a lição de FERRÉ OLIVÉ, que pode perfeitamente ser aplicável ao contexto brasileiro:

> *"Os representantes legais ou voluntários (art. 45 e 46 LGT) podem ser perfeitamente sujeitos ativos do delito, pela via de atuar em nome de outro (art. 31 do CP), na medida que a fórmula legal os coloca diretamente na posição de garante do bem jurídico tutelado. Os pais que administram o patrimônio dos seus filhos, ou os cônjuges que administram legalmente o patrimônio de outro são autores diretos do delito de defraudação tributária se realizam as ações de evasão proibidas pela Lei penal. Também serão penalmente responsáveis pelos delitos aqui analisados os diretores que atuam em nome da empresa, uma vez que tomam parte ativa na sua execução. Essa solução permite, como acertadamente aponta Martínez-Buján, que não fiquem impunes os casos em que se utiliza o representante como instrumento doloso não qualificado, hipótese que levaria ao fracasso da persecução penal, com relação a todos os intervenientes."*[20]

Veja-se que o fato de o tipo penal do art. 1º ser um delito comum atrai a aplicação à espécie da teoria do domínio do fato (para aqueles que a adotam), de modo que o autor será precisamente aquele que tem domínio sobre as ações descritas no tipo penal[21].

---

defendendo tratar-se de delito especial: BITTENCOURT. Tratado de Direito Penal Econômico. Vol. 1, p. 724.

18 Como ensina PRADO: *"Contribuinte é aquele que tem relação direta e pessoal com o fato gerador de uma obrigação tributária, enquanto o responsável é quem faz parte da relação jurídica tributária em decorrência de disposição legal expressa. Este último tem um liame indireto com o fato gerador e, em face da conceituação dada pelo Código, é sempre um terceiro. Permite também o dispositivo legal que, eleito este, seja excluída a responsabilidade do contribuinte ou que seja esta mantida subsidiariamente, na hipótese de o terceiro não cumprir total ou parcialmente a obrigação, quando é então chamado para suprir ou complementar o pagamento. Responsável é o termo genérico utilizado pelo legislador para designar os casos de sujeição passiva indireta, e abrange a substituição e a transferência (sucessão). No primeiro caso, a Lei institui um terceiro para ocupar o lugar da pessoa que naturalmente seria definível como contribuinte, isto é, a obrigação tributária já nasce com o polo passivo ocupado por um substituto legal tributário. Por outro lado, na transferência, a obrigação de um devedor (contribuinte ou responsável) é deslocada para outra pessoa, em razão de algum evento (v.g. falecimento de pessoa física). Opera-se aqui uma modificação subjetiva passiva. Podem ocorrer também casos de solidariedade, que não se enquadram nem na hipótese de substituição nem na de transferência, pois na solidariedade um devedor é identificado sem que se exclua da relação de débito a figura do outro. Há, na verdade, uma extensão da subjetividade passiva, em razão da qual passam a figurar como devedores da obrigação dois ou mais indivíduos."* PRADO, Luiz Régis. Direito Penal Econômico, 6ª ed. São Paulo: RT, 2014, pp. 268-269.

19 *"Art. 134. Nos casos de impossibilidade de exigência do cumprimento da obrigação principal pelo contribuinte, respondem solidariamente com este nos atos em que intervierem ou pelas omissões de que forem responsáveis: I – os pais, pelos tributos devidos por seus filhos menores; II – os tutores e curadores, pelos tributos devidos por seus tutelados ou curatelados; III – os administradores de bens de terceiros, pelos tributos devidos por estes; IV – o inventariante, pelos tributos devidos pelo espólio; V – o síndico e o comissário, pelos tributos devidos pela massa falida ou pelo concordatário; VI – os tabeliães, escrivães e demais serventuários de ofício, pelos tributos devidos sobre os atos praticados por eles, ou perante eles, em razão do seu ofício; VII – os sócios, no caso de liquidação de sociedade de pessoas. Parágrafo único. O disposto neste artigo só se aplica, em matéria de penalidades, às de caráter moratório. Art. 135. São pessoalmente responsáveis pelos créditos correspondentes a obrigações tributárias resultantes de atos praticados com excesso de poderes ou infração de lei, contrato social ou estatutos: I – as pessoas referidas no artigo anterior; II – os mandatários, prepostos e empregados; III – os diretores, gerentes ou representantes de pessoas jurídicas de direito privado."*

20 FERRÉ OLIVÉ. Tratado de los delitos contra la hacienda pública y contra la seguridad social, p. 447.

21 Veja-se que, caso se adote a posição de que o crime do art. 1º é delito especial, existem importantes consequências no que diz respeito à autoria e participação nesses delitos. Isso porque, para os delitos especiais, não se aplica a teoria do domínio do fato, mas sim a teoria da infração do dever. Nesses casos, o autor do delito não é quem realiza propriamente a ação ou

De tal maneira, é perfeitamente possível responsabilizar penalmente, pela prática dos delitos do art. 1º, aquele agente que, valendo-se de laranjas ou testas de ferro[22], tenha efetivamente o domínio do fato, muito embora não conste formalmente como contribuinte, responsável tributário ou seus representantes.

Por fim, é importante fazer uma matização a respeito da argumentação de que os delitos do art. 1º da Lei 8.137/90 constituem crime comum.

Aqui defende-se que, tanto o crime previsto no art. 1º, inciso V, quanto o previsto no seu parágrafo único, constituem delitos especiais, uma vez que o tipo penal expressamente limita o círculo de autores àquelas pessoas que têm o dever de apresentar a nota fiscal ou documento equivalente nos moldes previstos na legislação, quando obrigatório[23].

Da mesma forma, somente pode cometer o crime do parágrafo único aquela determinada pessoa que tem o dever de atender às exigências da autoridade competente.

Em suma, pode-se afirmar que os crimes previstos nos incisos I, II, III e IV do art. 1º da Lei 8.137/90 são crimes comuns, aplicando-se-lhes a teoria do domínio do fato, enquanto os crimes previstos no inciso V e do parágrafo único do art. 1º da Lei 8.137/90 são delitos especiais, devendo ser aplicada para a identificação dos seus autores e partícipes, a teoria da infração de dever.

É importante ressaltar, ainda, que no tema do sujeito ativo, cada vez mais, se tem exigido das empresas a implementação de programas de cumprimento, com o objetivo de adequar a atuação

---

quem tem o domínio do fato, mas é *"quem infringe o dever pré-típico que lhe incumbe e desse modo contribui para a ação ou omissão do resultado"*. ROXIN, Claus. Derecho Penal, Parte General, Tomo II: especiales formas de aparición del delito. Madrid: Thomson Reuter, 2014, p. 180. Com maior profundidade sobre o tema (teoria da infração do dever), cf.: ROXIN, Claus. Autoría y dominio del hecho en derecho penal. 7ª ed. Trad. Cuello Contreras/Gonçalez de Murillo. Marcial Pons: Madrid/Barcelona, 2000, p. 385 e ss. Veja-se que, de acordo com a teoria da infração de dever, o contribuinte, o responsável ou aquele que esteja atuando em nome desses será sempre o autor (mesmo que não tenha realizado a ação ou que não tenha o domínio do fato), sendo que seriam partícipes aqueles que *"cooperam com a realização do tipo, sem vulnerar o dever especial extrapenal fundamentador da autoria."* ROXIN. Autoría y dominio del hecho en derecho penal, p. 397.

22 Sobre a função de testa de ferro, RAGUÉS I VALLÈS consigna que: *"Entre as atividades que essa figura frequentemente se envolve encontram-se a assunção de titularidade ou administração de sociedades comerciais, quando, por diversas razões, quem tem o domínio real de uma empresa não está interessado em aparecer perante terceiros, como sócio ou administrador formal. Em alguns casos, quem se presta a semelhante papel pode ser um familiar ou pessoa próxima do administrador real; em outros, entretanto, trata-se de um serviço retribuído, que, para alguns indivíduos, chega a tornar-se um verdadeiro* modus vivendi. *Assim, não é raro encontrar exemplos em que um único sujeito aparece nos registros públicos como único sócio e administrador de centenas de sociedades das quais nada sabe."* RAGUÉS I VALLES, Ramón. "La responsabilidad penal del testaferro en delitos cometidos a través de sociedades mercantiles: problemas de imputación subjetiva", InDret, 3/2008, p. 04. Nesse sentido, veja-se os seguintes julgados do Superior Tribunal de Justiça: *"Hipótese de paciente que, na qualidade de empregado, atuava como sócio fictício em empresa de fachada, agindo como "testa de ferro", recebendo remuneração para isso, além de prestar auxílio ao patrão e corréu cumprindo ordens e alertando-o contra fiscalizações."* (STJ – HC 185.599/BA, Rel. Ministro GILSON DIPP, QUINTA TURMA, julgado em 17/03/2011, DJe 04/04/2011). (...) *"CRIMES DE COLARINHO BRANCO. Fatos praticados, em geral, por interpostas pessoas, testas de ferro, homens de palha, fantasmas, para dissimular a participação dos verdadeiros mentores ou beneficiários da trama. Hipótese em que não se deve trancar as investigações com base na regularidade aparente dos negócios suspeitos. Notícia de crime em tese que, nas circunstancias, merece apuração adequada."* (STJ – REsp 20.748/SP, Rel. Ministro ASSIS TOLEDO, QUINTA TURMA, julgado em 21/10/1992, DJ 09/11/1992, p. 20380). Ressalte-se que o fato de o crime ter sido praticado por laranja é motivo suficiente para aumentar a pena-base: *" De acordo com a jurisprudência desta Corte, o fato de o crime contra a ordem tributária ter sido praticado por intermédio de "laranja" constitui fundamento apto a justificar o incremento da pena-base. Incidência da Súmula 83/STJ." (AgRg no REsp 1829626/RS, Rel. Ministro NEFI CORDEIRO, SEXTA TURMA, julgado em 05/11/2019, DJe 11/11/2019).*

23 Nesse sentido, também, a jurisprudência do Superior Tribunal de Justiça, que assenta que: *"O comprador não sonega ICMS por intermédio da específica conduta descrita no inciso V, do artigo 1º, da Lei 8.137/90, qual seja, deixando de emitir nota fiscal, ou documento equivalente, pelo simples motivo de que a responsabilidade pelo cumprimento dessa obrigação tributária é do vendedor da mercadoria."* (STJ – HC 45.107/SP, Rel. Ministro PAULO MEDINA, SEXTA TURMA, julgado em 04/04/2006, DJ 02/05/2006, p. 393). Assim, também, confira-se o REsp 120.819/GO, Rel. Ministro ANSELMO SANTIAGO, SEXTA TURMA, julgado em 01/07/1998, DJ 21/09/1998, p. 234.

das pessoas jurídicas às normas legais, o que tem especial importância no Direito Penal Tributário, que envolve temas o desenvolvimento de um mapeamento interno de riscos em matéria de crimes tributários, que pode ser concretizado em um controle interno ou autocontrole (em que se deve realizar um efetivo controle financeiro, operacional e externo) e um controle externo ou heterocontrole, além do estabelecimento efetivo de um programa de *compliance*, com seu *compliance officer*, além de estabelecer-se *hotlines*, dever de investigação e apuração de denúncias (internas e externas), o estabelecimento da figura do *whistleblowing* penal tributário, dentre outras medidas que podem se tomadas com o objetivo de evitar a prática de delitos fiscais[24].

Por fim, o sujeito passivo do delito será a União, Estados, Distrito Federal, Municípios, podendo, também, eventualmente atingir outra pessoa jurídica de direito público, que tenha capacidade tributária ativa, nos termos do art. 119 do Código Tributário Nacional[25].

3. CONDUTAS TÍPICAS (TIPICIDADE OBJETIVA)

Como já se pode inferir da análise do item anterior, relativo ao sujeito ativo dos delitos previstos no art. 1º da Lei 8.137/90, é possível identificar, em verdade, que existem dois grupos de delitos distintos no aludido dispositivo.

De um lado, estão os crimes previstos nos incisos I, II, III e IV do art. 1º da Lei 8.137/90, que são crimes materiais e comuns, vinculados à ideia principal de supressão ou diminuição de tributos.

De outro, existem os crimes tipificados pelo inciso V e pelo parágrafo único do art. 1º da Lei 8.137/90, que são delitos especiais e formais.

Em atenção a essas diferenças é que se analisará a seguir a tipicidade objetiva dos delitos previstos no art. 1º da Lei 8.137/90.

a) **Os crimes dos incisos I, II, III e IV do art. 1º**: A nota característica de todos os crimes que, agora, são estudados é a supressão ou redução de tributo ou qualquer acessório, sendo que os incisos I, II, III e IV detalham a forma como deve ocorrer tal supressão ou redução para a caracterização do crime[26].

Inicialmente, deve ação ou omissão do autor **fraudar** (burla, defraudação), **enganar** (causar em alguém uma falsa percepção da realidade) ou **ocultar** (esconder algo) informações com o objetivo de não pagar tributo ou pagar valor a menor do devido[27].

---

24 FERRÉ OLIVÉ. Juan Carlos. El compliance penal tributario, *in* Tratado sobre Compliance Penal: Responsabilidad Penal de las Personas Jurídicas y Modelos de Organización y Gestión. Tirant lo Blanch, 2019, p. 211 e ss.

25 *"Art. 119. Sujeito ativo da obrigação é a pessoa jurídica de direito público, titular da competência para exigir o seu cumprimento."* Veja-se, como advertido pelo STJ, que: *"Não há que se confundir a competência tributária com a capacidade tributária ativa. A União, no caso, detém a competência tributária, podendo legislar sobre a contribuição previdenciária. Mas, quem detém a capacidade tributária ativa para gerenciar, exigir e cobrar a contribuição previdenciária é a autarquia federal INSS. Ilegitimidade passiva da União para participar de demanda que visa a compensar contribuições previdenciárias por empresas vinculadas ao SIMPLES"* (STJ – AgRg no REsp 444.136/PR, 1ª Turma, Rel. Min. José Delgado, DJ de 16.12.2002). Sobre o tema, também, já decidiu o Supremo Tribunal Federal o seguinte: *"CONSTITUCIONAL. TRIBUTÁRIO. TAXA. CLASSIFICAÇÃO DE PRODUTOS VEGETAIS. D.L. 1.899/81. I. – Hipótese em que se configura exercício do poder de polícia a justificar a instituição da taxa. Capacidade tributaria ativa: possibilidade de delegação. A competência tributaria, que se distingue da capacidade tributaria, e que é indelegável. II. – agravo regimental improvido."* (STF – AI 133645 AgR, Relator(a): Min. CARLOS VELLOSO, Segunda Turma, julgado em 13/11/1990, DJ 14-12-1990 PP-15112 EMENT VOL-01606-02 PP-00294).

26 A Lei fala, também, em contribuição social. No entanto, tal referência é desnecessária, uma vez que referida contribuição é abrangida pelo conceito de tributo. Cf.: MACHADO. Crimes contra a Ordem Tributária, p. 339.

27 Sobre o tema, consigna MACHADO o seguinte: *"A palavra tributo, portanto, na definição do crime de supressão ou redução significa a relação jurídica obrigacional que se instaura com a concretização da hipótese de incidência tributária. Concretizada a hipótese normativa, vale dizer, fatos indicados pela Lei como aptos a demonstrar que nasceu o tributo, como elemento normativo do tipo penal que se cuida, quer dizer impedir que seja demonstrado o seu nascimento. Impedir a constatação do fato gerador da obrigação tributária. E reduzir o tributo significa, nesse mesmo contexto, fazer*

Esses verbos, como se verá com mais detalhes a seguir, devem acarretar, para a configuração do delito, um dos dois seguintes resultados:

i) **Supressão do tributo:** Aqui o agente deixa de pagar, não paga nada, do tributo devido, precisamente por ter realizado alguma ação ou omissão que impediu ou prejudicou a plena constatação da ocorrência do fato gerador por parte das autoridades fazendárias.

ii) **Redução do tributo:** O agente, ao realizar algumas das manobras descritas nos incisos I a IV, paga valor inferior ao montante de tributo (ou acessório) que era devido.

Em suma, **supressão** é abstenção total do pagamento, enquanto a **redução** é o pagamento a menor.

Assim, é possível afirmar que – precisamente por exigirem para a sua consumação a existência de um resultado – os crimes previstos nos incisos I a IV do art. 1º são efetivamente crimes materiais.

Desse modo, para a configuração do delito, que é material, deve existir um efetivo prejuízo econômico para a pessoa jurídica de direito público.

Nesse sentido, o Supremo Tribunal Federal editou a súmula vinculante n. 24, que preconiza que: *"Não se tipifica crime material contra a ordem tributária, previsto no art. 1º, incisos I a IV, da Lei nº 8.137/90, antes do lançamento definitivo do tributo*[28]*", cuja aplicação, em casos excepcionais, pode ser afastada*[29], além do que o prazo prescricional somente se incida a partir

---

com que seja demonstrado o nascimento de um tributo com expressão econômica menor do que o decorrente dos fatos efetivamente ocorridos." MACHADO. Crimes contra a Ordem Tributária, p. 342.

28 Veja-se que a súmula vinculante não impede a realização de investigações, especialmente quando há crimes conexos, como corrupção, lavagem de dinheiro, organização criminosa e falsidade ideológica. Vide: PET no RMS n. 67.264/RJ, relator Ministro Messod Azulay Neto, Quinta Turma, julgado em 6/3/2023, DJe de 14/3/2023; AgRg no RHC n. 155.730/RJ, relator Ministro Ribeiro Dantas, Quinta Turma, julgado em 19/4/2022, DJe de 26/4/2022; RHC n. 134.016/TO, relator Ministro Reynaldo Soares da Fonseca, Quinta Turma, julgado em 23/3/2021, DJe de 29/3/2021. Ademais, o simples ajuizamento de ação com o objetivo de desconstituir o crédito tributário não impede a persecução penal. Nesse sentido: STJ - RHC 88.672/GO, Rel. Ministro JOEL ILAN PACIORNIK, QUINTA TURMA, julgado em 13/11/2018, DJe 28/11/2018. Não impede, também, a persecução a simples oposição de exceção de pré-executividade que não afeta a higidez do título (STJ- RHC 101.200/PR, Rel. Ministro JORGE MUSSI, QUINTA TURMA, julgado em 18/09/2018, DJe 26/09/2018). Ademais, é importante ter-se claro que o prazo prescricional somente começa a correr após o lançamento definitivo (v.g. STJ – AgRg no REsp n. 2.078.420/RS, relator Ministro Reynaldo Soares da Fonseca, Quinta Turma, julgado em 22/8/2023, DJe de 28/8/2023; AgRg no AREsp 1318169/SP, Rel. Ministro JORGE MUSSI, QUINTA TURMA, julgado em 16/10/2018, DJe 14/11/2018). Nesse sentido, como consigna o STJ: "A jurisprudência desta Corte Superior firmou no sentido de que o artigo 111, inciso I, do Código Penal, prevê como termo inicial da prescrição a data da consumação do delito, que, no caso de crime material contra a ordem tributária, é a data da constituição definitiva do crédito, conforme o Enunciado n. 24 da Súmula Vinculante do STF". (STJ - AgRg no REsp 1688397/PR, Rel. Ministro JORGE MUSSI, QUINTA TURMA, julgado em 23/08/2018, DJe 31/08/2018). Assim, também, STJ - AgRg no AREsp 1892959/SP, Rel. Ministro ROGERIO SCHIETTI CRUZ, SEXTA TURMA, julgado em 14/09/2021, DJe 21/09/2021. Por fim, o fato de ocorrer a extinção da punibilidade da ação fiscal não acarreta a extinção da punibilidade penal: STJ - RHC 81.446/RJ, Rel. Ministra MARIA THEREZA DE ASSIS MOURA, SEXTA TURMA, julgado em 13/06/2017, DJe 30/06/2017.

29 Como, por exemplo, quando os fatos são extremamente complexos a ponto de impossibilitar que a fazenda realize a devida investigação no âmbito tributário. Nesse sentido o seguinte julgado do STJ: "RECURSO EM HABEAS CORPUS. INTERPOSIÇÃO CONTRA ACÓRDÃO PROFERIDO EM AGRAVO REGIMENTAL. NÃO CABIMENTO. RECEBIMENTO COMO HABEAS CORPUS SUBSTITUTIVO. CRIME CONTRA A ORDEM TRIBUTÁRIA. FRAUDES QUE IMPOSSIBILITARAM A CONCLUSÃO DO PROCEDIMENTO ADMINISTRATIVO E A CONSTITUIÇÃO DO CRÉDITO TRIBUTÁRIO. INAPLICABILIDADE DA SÚMULA VINCULANTE N. 24 DO STF. RECONHECIMENTO PRECÁRIO DO JUIZ DE PRIMEIRO GRAU DE ILICITUDE DO PROCEDIMENTO ADOTADO PELO FISCO. PENDÊNCIA DE RECURSO DO MP. INVESTIGAÇÕES QUE SE BASEARAM EXCLUSIVAMENTE NAS INFORMAÇÕES DA AUTORIDADE FISCAL. NECESSIDADE DE SOBRESTAMENTO DAS INVESTIGAÇÕES ATÉ QUE O TRIBUNAL DE ORIGEM EXAMINE A IRRESIGNAÇÃO DO MP. RECURSO RECEBIDO COMO HABEAS CORPUS E CONCEDIDO EM PARTE . (...) 3. A Súmula Vinculante n. 24 do STF foi editada há mais de dez anos, como resultado da compreensão de que os crimes contra a ordem tributária, notadamente os previstos no art. 1º da Lei n.

da data da constituição definitiva[30]. E, no caso de parcelamento, o prazo prescricional somente volta a correr após a exclusão formal do contribuinte do programa (e não a partir da data do inadimplemento)[31].

No entanto, verifica-se aqui que o Supremo Tribunal Federal acabou confundindo dois conceitos (resultado e liquidação administrativa do valor sonegado).

Assim, em vez de exigir, para a caracterização do delito, tão somente a necessidade de um resultado derivado da ação ou omissão do agente (supressão ou redução), o STF passou a exigir,

---

8.137/1990, são materiais, cuja consumação se dá com a constituição definitiva do crédito tributário, que somente ocorre com o término do procedimento administrativo fiscal. 4. Na espécie, embora efetivamente não haja sido constituído o crédito tributário definitivo, isso somente não ocorreu porque os mecanismos de apuração na esfera administrativa, disponíveis à autoridade fiscal, mostraram-se insuficientes para depurar a engenhosidade, a complexidade e a dimensão das conjecturadas fraudes que deram ensejo à sonegação fiscal. Vale dizer, a constituição do crédito tributário não ocorreu porque a receita estadual não disporia, no âmbito de sua atuação administrativa, de mecanismos investigativos somente existentes na seara penal. 5. Nos casos em que o agente usa de fraude (ideológica e/ou documental), para supressão ou redução do imposto, a autoridade administrativa fica alheia à ação delituosa sem a apreensão dos documentos falsificados – a fraude documental – e/ou emitidos em desacordo com a legislação de regência – a fraude ideológica –, pois, por óbvio, sem esses documentos a Administração Fiscal não tem conhecimento dos valores supostamente sonegados. 6. A peculiaridade existente no caso permite, até mesmo nos casos em que praticadas as condutas previstas no art. 1º da Lei n. 8.137/1990, a instauração de inquérito policial ou procedimento investigativo junto ao Ministério Público, para apuração de crime contra a ordem tributária antes do encerramento do procedimento administrativo fiscal. Aqui se configura o distinguishing usado para justificar a inaplicabilidade de um precedente em hipótese diversa da que motivou a confecção de enunciado vinculativo." (STJ - RHC 143.516/RJ, Rel. Ministro ROGERIO SCHIETTI CRUZ, SEXTA TURMA, julgado em 22/06/2021, DJe 28/06/2021). Da mesma forma, quando houve embaraço da atuação fiscal ou quando existirem delitos conexos. Assim, é o STF: "2. Não obstante a jurisprudência pacífica quanto ao termo inicial dos crimes contra a ordem tributária, o Supremo Tribunal Federal tem decidido que a regra contida na Súmula Vinculante 24 pode ser mitigada de acordo com as peculiaridades do caso concreto, sendo possível dar início à persecução penal antes de encerrado o procedimento administrativo, nos casos de embaraço à fiscalização tributária ou diante de indícios da prática de outros delitos, de natureza não fiscal." (STF - ARE 936653 AgR, Relator(a): ROBERTO BARROSO, Primeira Turma, julgado em 24/05/2016, PROCESSO ELETRÔNICO DJe-122 DIVULG 13-06-2016 PUBLIC 14-06-2016). Na mesma linha: "(..) não se podendo afastar de plano a hipótese de prática de outros delitos não dependentes de processo administrativo não há falar em nulidade da medida de busca e apreensão. É que, ainda que abstraídos os fatos objeto do administrativo fiscal, o inquérito e a medida seriam juridicamente possíveis". (STF - HC 107362, Relator(a): TEORI ZAVASCKI, Segunda Turma, julgado em 10/02/2015, PROCESSO ELETRÔNICO DJe-039 DIVULG 27-02-2015 PUBLIC 02-03-2015). Assim, também, o STJ: AgRg no HC n. 699.965/PR, relator Ministro Rogerio Schietti Cruz, Sexta Turma, julgado em 21/6/2022, DJe de 27/6/2022. Também: "Quando realiza-se conduta fraudulenta, que constitui o Fisco em erro, já está configurado o desvalor da conduta dos crimes tributários do art. 1º da Lei nº 8.137/90, já há possibilidade de que se trate de crime de falsidade e já há impossibilidade de fiscalização tributária. Tais aspectos permitem a instauração de inquérito policial sem prévia constituição definitiva do crédito tributário. 4. Entendimento em consonância com as exceções apresentadas pelos Tribunais Superiores para a instauração de inquérito policial sem constituição definitiva do crédito tributário. 5. Para aplicação desse entendimento não é necessária a identificação de ato concreto de embaraço à fiscalização tributária que seja diverso das fraudes típicas dos incisos do art. 1º da Lei nº 8.137/90. 6. No caso, os agravantes são suspeitos de realizarem vendas de veículos de luxo por meio de sua empresa, mas registrarem as vendas em nome de pessoas físicas, bem como de declarar valor da venda a menor. 7. Presença de todos os requisitos exigidos para que se possa instaurar inquérito policial independentemente de constituição definitiva do crédito tributário. 8. Alegação de que a decisão que autorizou as medidas de busca e apreensão e de afastamento do sigilo telemático e fiscal é nula, pois carente de fundamentação concreta." (STJ - AgRg no RHC n. 182.363/GO, relatora Ministra Daniela Teixeira, Quinta Turma, julgado em 10/9/2024, DJe de 17/9/2024.)

30 Dentre vários, confira-se o seguinte julgado: "Nos termos da Súmula Vinculante 24, a consumação de crime material contra a ordem tributária somente ocorre com a constituição definitiva do crédito tributário, data em que se define a legislação aplicável e a partir da qual começa a fluir a prescrição." STF - AgRg no REsp n. 1.985.561/SP, relator Ministro Ribeiro Dantas, Quinta Turma, julgado em 10/5/2022, DJe de 16/5/2022. No mesmo sentido: STJ - AgRg no REsp n. 1.965.366/SP, relator Ministro Olindo Menezes (Desembargador Convocado do TRF 1ª Região), Sexta Turma, julgado em 17/5/2022, DJe de 20/5/2022. Assim também: STJ - AgRg no HC n. 802.166/SP, relator Ministro Joel Ilan Paciornik, Quinta Turma, julgado em 8/4/2024, DJe de 11/4/2024.

31 Cf. STJ - AgRg no REsp n. 1.819.923/ES, relator Ministro Antonio Saldanha Palheiro, Sexta Turma, julgado em 22/5/2023, DJe de 25/5/2023; AgRg no REsp n. 1.963.725/CE, relator Ministro Rogerio Schietti Cruz, Sexta Turma, julgado em 7/6/2022, DJe de 10/6/2022.

também, a liquidação administrativa do valor da sonegação de tributo[32]. É dizer, a constatação administrativa do resultado criminoso, com a sua devida liquidação.

Ora, parece curial que, com o simples não pagamento ou pagamento a menor do tributo (resultado decorrente da ação ou omissão), no momento que ele deveria ter sido feito, já seria suficiente para a caracterização da materialidade do delito. O resultado nada tem a ver, como dito, com a liquidação administrativa dos valores devidos[33]. Nesse sentido, aliás, é que preconiza o art. 116, incisos I e II, do Código Tributário Nacional[34].

Feitos esses primeiros esclarecimentos, se pode agora estudar cada uma das condutas descritas nos incisos I a IV do art. 1º, que consubstanciam fraude, engano e ocultação[35].

Antes, porém, é importante fazer um alerta. Muitas vezes, para a supressão ou redução de um tributo, o agente pratica diversas condutas, que, não raramente, se subsomem, cumulativamente, a mais de um inciso do art. 1º da Lei n. 8.137/90.

Nesses casos, deve-se levar em conta o contexto de cada uma dessas ações ou omissões para avaliar se houve ou não concurso de delitos.

Se, como citado, numa só sonegação o agente incide em mais de um inciso, atingindo apenas um bem jurídico, configurado está apenas um crime.

Por outro lado, se com uma ação, atinge-se o patrimônio de mais de uma pessoa jurídica, que tenha capacidade tributária ativa, constata-se o concurso formal crimes[36].

Dito isso, passamos à análise das condutas incriminadas nos incisos do art. 1º da Lei n. 8.137/90.

---

32 Na Espanha a liquidação administrativa não é condição para a investigação criminal, nem para a instauração de processo penal, devendo, nesses casos, o próprio juiz penal analisar se houve ou não a supressão ou redução tributária. Nesse sentido, FERRÉ OLIVÉ consigna que: *"No nosso ordenamento jurídico, a liquidação administrativa não é um pressuposto para iniciar as atuações penais pelo delito de sonegação fiscal, ainda que dita liquidação possa se materializar pela inspeção administrativa, de acordo com o marco normativo vigente. Um requisito obrigatório dessa natureza levou ao mais completo fracasso na regulação do delito fiscal anterior ao ano de 1985."* FERRÉ OLIVÉ. Tratado de los delitos contra la hacienda pública y contra la seguridad social, pp. 481-482. Da mesma forma, na Alemanha, *"a quantia do imposto devido é fixada pelo juiz penal, de acordo com os princípios gerais, vez que, diferentemente das autoridades fazendárias, não pode estimá-las."* TIEDEMANN, Klaus. Manual de Derecho Penal Económico: Parte General y Especial. Valencia: Tirant lo Blanch, 2010, p. 267.

33 Com uma crítica contundente à súmula, confira-se: FISCHER. O manifesto equívoco técnico, dogmático, sistêmico e lógico da súmula vinculante 24 do STF, pp. 221-263.

34 *"Art. 116. Salvo disposição de Lei em contrário, considera-se ocorrido o fato gerador e existentes os seus efeitos: I – tratando-se de situação de fato, desde o momento em que o se verifiquem as circunstâncias materiais necessárias a que produza os efeitos que normalmente lhe são próprios; II – tratando-se de situação jurídica, desde o momento em que esteja definitivamente constituída, nos termos de direito aplicável. Parágrafo único. A autoridade administrativa poderá desconsiderar atos ou negócios jurídicos praticados com a finalidade de dissimular a ocorrência do fato gerador do tributo ou a natureza dos elementos constitutivos da obrigação tributária, observados os procedimentos a serem estabelecidos em Lei ordinária."*

35 Na Alemanha o delito de sonegação fiscal é crime material e pode se caracterizar das seguintes maneiras: "O tipo básico da defraudação tributária (§ 370 da Ordenação Tributária, parágrafo 1) compreende comunicações inexatas ou incompletas sobre fatos tributariamente relevantes – é impune a manifestação de opiniões jurídicas incorretas –, mas também a comissão do fato por omissão, quando o não atuar é antijurídico, é dizer, quando infringe os deveres de declaração e colaboração. De todo modo, deve ocorrer o resultado da redução de tributos (§ 370, parágrafo 1, da redação anterior). Por isso a defraudação tributária é formalmente um delito de resultado. A obtenção das vantagens ilegítimas se constitui, de igual modo, pelo mesmo preceito, ou seja, tem que se basear nas comunicações inexatas ou incompletas ou no omitir antijurídico." TIEDEMANN. Manual de Derecho Penal Económico, p. 267.

36 Sobre o tema, já decidiu o Superior Tribunal de Justiça: *"RECURSO ESPECIAL. DIREITO PENAL E PROCESSUAL PENAL. CRIME CONTRA A ORDEM TRIBUTÁRIA. SUPRESSÃO DE MAIS DE UM TRIBUTO. CONCURSO FORMAL. INOCORRÊNCIA. CRIME ÚNICO. 1. No crime de sonegação fiscal o bem jurídico tutelado não é o patrimônio ou erário de cada pessoa jurídica de direito público titular de competência para instituir e arrecadar tributos – fiscais (entes federativos) ou parafiscais (entidades autárquicas) – mas, sim, a ordem jurídica tributária como um todo. 2. A conduta consistente em praticar qualquer uma ou todas as modalidades descritas nos incisos I a V do art. 1 da Lei nº 8.137/90 (crime misto alternativo) conduz à consumação de crime de sonegação fiscal quando houver supressão ou redução de tributo, pouco importando se atingidos um ou mais impostos ou contribuições sociais. 3. Não há concurso formal, mas crime único, na hipótese em que o contribuinte, numa única conduta, declara Imposto de Renda de Pessoa Jurídica com a inserção de dados*

Condutas do Inciso I, do art. 1º ("omitir informação, ou prestar declaração falsa às autoridades fazendárias")

As duas condutas nucleares, previstas no inciso I, são **omitir informações** ou **prestar declarações falsas** às autoridades fazendárias.

No primeiro caso, trata-se de conduta **omissiva**, em que o agente, ao deixar de informar à autoridade fazendária, acaba por enganá-la, uma vez que a autoridade passa a pressupor que determinado fato gerador de tributo não ocorreu, quando em verdade ele aconteceu.

Diante dessa conclusão equivocada da autoridade fazendária – que decorre precisamente da falta de informações – acaba o agente do delito deixando de pagar o tributo devido ou pagando ele em valor menor; ou, da mesma forma, acaba por deixar de pagar valor acessório ou pagá-lo a menor. Tudo isso porque não informou corretamente as autoridades a respeito de fatos geradores de tributos que tinha o dever de comunicar.

Para a configuração dessa conduta omissiva, deve restar caracterizado que o agente podia e devia prestar as informações referidas pelo tipo penal[37].

Por outro lado, no segundo caso, o agente presta declarações à autoridade, mas essas informações são falsas, não correspondem à realidade.

Diante dessas informações falsas, a autoridade fazendária acaba por chegar a conclusões equivocadas no sentido de que determinado fato gerador não ocorreu ou ocorreu de outro modo, diminuindo, assim, a incidência de tributo ou acessório.

As duas condutas (ativa e omissiva) se referem a situações fáticas que têm relevância tributária, sendo que a sua ocultação do fisco, como já consignado, devem acarretar a supressão ou diminuição de tributo ou acessório.

Em suma, é possível afirmar que o delito resta caracterizado quando a ação ou omissão do agente impeça ou dificulte a quantificação da dívida tributária, de modo que a fazenda pública não possa ter conhecimento dos fatos ou os tenha de modo apenas parcial. Não é necessário sempre um engano da fazenda pública, mas apenas que a conduta enganadora do agente (não

---

falsos, ainda que tal conduta tenha obstado o lançamento de mais de um tributo ou contribuição. 4. Recurso improvido." (STJ – REsp 1294687/PE, Rel. Ministra MARIA THEREZA DE ASSIS MOURA, SEXTA TURMA, julgado em 15/10/2013, DJe 24/10/2013). Estamos de acordo com essa posição, desde que se trate de apenas uma vítima, como no caso foi a União. No entanto, se, com uma mesma ação, atinge-se a União e um Estado, por exemplo, a nosso ver, claramente deve ser aplicado o concurso formal. Ademais, é importante ressaltar que, se com a mesma ação, aperfeiçoa-se a sonegação de tributo e também a sonegação de contribuição previdenciária, são cometidos dois delitos, conforme orientação do STJ: PROCESSO PENAL. AGRAVO REGIMENTAL NO RECURSO ESPECIAL. SONEGAÇÃO DE CONTRIBUIÇÃO PREVIDENCIÁRIA - ART. 337-A, I DO CP. CRIME CONTRA A ORDEM TRIBUTÁRIA - ART. 1º, I DA LEI 8.137/90. CONCURSO FORMAL. CONTINUIDADE DELITIVA. AGRAVO NÃO PROVIDO. 1. A previsão contida no art. 337-A do CP é restritiva, ou seja, aplica-se tão somente à sonegação de contribuição previdenciária, de modo que os demais casos de sonegação fiscal devem ser enquadrados no crime capitulado no art. 1º da Lei 8.137/1990. Desse modo, havendo a prática simultânea dos respectivos ilícitos, como no caso dos autos, resta configurada a prática de dois crimes. 2. É possível a aplicação do concurso formal e do crime continuado, na hipótese em que a imputação versar sobre delitos de espécie diversas, como no caso dos autos. Precedentes. 3. Agravo regimental desprovido." (STJ - AgRg no REsp 1949471/RS, Rel. Ministro RIBEIRO DANTAS, QUINTA TURMA, julgado em 19/10/2021, DJe 27/10/2021).

37 Resumindo a incidência da norma penal espanhola, nos crimes contra a ordem tributária derivados de omissão, FERRÉ OLIVÉ consigna o seguinte, que pode perfeitamente servir de parâmetro para o caso brasileiro: *"(...) para verificar-se a defraudação tributária por omissão, devem concorrer os seguintes requisitos: – Situação típica. O pressuposto de fato está integrado pelas seguintes circunstâncias objetivas: a) Existência de uma relação jurídico-tributária, que nasce como consequência da realização de um fato impunível, do qual deriva a incidência de um tributo. B) A mencionada relação gera a posição de garante do contribuinte, seu substituto ou responsável, em relação ao bem jurídico tutelado, o que permitirá fundamentar a sanção por omissão. – Ausência de realização da ação devida. O sujeito deve defraudar por meio de um comportamento omissivo, que possibilite que as suas bases tributárias fiquem ocultas ou indeterminadas. A indeterminação do tributo será mais provável quando se omita a apresentação da declaração tributária. – O sujeito deve ter capacidade pessoal de executar a ação e de evitar a produção do resultado. – O resultado deve ser objetivamente imputável ao comportamento em relação ao qual deve-se levar em conta o fim de proteção da norma e os deveres que pesam sobre o sujeito ativo do delito."* FERRÉ OLIVÉ. Tratado de los delitos contra la hacienda pública y contra la seguridad social, p. 416.

prestar informações ou prestar de forma equivocada) acarrete uma efetiva supressão ou diminuição do tributo, precisamente porque a conduta incriminada impediu que ela desenvolvesse a suas funções ordinárias de arrecadar e liquidar as obrigações tributárias[38].

Veja-se que, o inciso em questão, abrange tanto a conduta omissiva, quanto a ativa, pretendendo assegurar a veracidade das informações que chegam ou deviam chegar a conhecimento do fisco.

Ademais, as incriminações previstas no inciso I, têm especial relevância, uma vez que a cobrança de muitos tributos depende da declaração do próprio contribuinte, como é o caso do lançamento por declaração (atualmente muito pouco usado)[39] e o lançamento por homologação (utilizado com maior frequência)[40].

Como casuística, é relevante citar os seguintes casos que configuram o tipo penal previsto no art. 1º, inciso I, da Lei n. 8.137/90:

i) Empresa com relevante faturamento não declarado ao fisco (TRF3 ACR 0009088 4120114036181 DESEMBARGADOR FEDERAL HÉLIO NOGUEIRA, PRIMEIRA TURMA e-DJF3 Judicial 1, data 19/05/2016).

ii) Omissão na informação à Receita Federal de relevantes movimentações bancárias na conta do agente, com origem não comprovada (STJ – AgRg no REsp 1321677/PR, Rel. Ministra LAURITA VAZ, QUINTA TURMA, julgado em 07/08/2014, DJe 22/08/2014)[41]. No mesmo sentido, STF – HC 121125, Relator(a): Min. GILMAR MENDES, Segunda Turma, julgado em 10/06/2014, PROCESSO ELETRÔNICO DJe-172 DIVULG 04-09-2014 PUBLIC 05-09-2014. Mesmo em se tratando de movimentação financeira comprovadamente ilícita, incide o tipo penal em questão, quando há omissão na declaração (STJ - AgRg no REsp 1589291/PB, Rel. Ministro JOEL ILAN PACIORNIK, QUINTA TURMA, julgado em 05/06/2018, DJe 13/06/2018).

---

38 AYALA GÓMEZ, Ignacio. Los "delitos contra la hacienda pública" relativos a los ingresos tributarios: el llamado "delito fiscal" del artículo 305 del código penal, in Delitos e infracciones contra la hacienda pública. Valencia: Tirant lo Blanch, 2009, p. 121.

39 Sobre o tema, dispõe o art. 147 do Código Tributário Nacional: *"Art. 147. O lançamento é efetuado com base na declaração do sujeito passivo ou de terceiro, quando um ou outro, na forma da legislação tributária, presta à autoridade administrativa informações sobre matéria de fato, indispensáveis à sua efetivação. § 1º A retificação da declaração por iniciativa do próprio declarante, quando vise a reduzir ou a excluir tributo, só é admissível mediante comprovação do erro em que se funde, e antes de notificado o lançamento. § 2º Os erros contidos na declaração e apuráveis pelo seu exame serão retificados de ofício pela autoridade administrativa a que competir a revisão daquela."*

40 O lançamento por homologação é previsto pelo art. 150 do Código Tributário Nacional: *"Art. 150. O lançamento por homologação, que ocorre quanto aos tributos cuja legislação atribua ao sujeito passivo o dever de antecipar o pagamento sem prévio exame da autoridade administrativa, opera-se pelo ato em que a referida autoridade, tomando conhecimento da atividade assim exercida pelo obrigado, expressamente a homologa. § 1º O pagamento antecipado pelo obrigado nos termos deste artigo extingue o crédito, sob condição resolutória da ulterior homologação ao lançamento. § 2º Não influem sobre a obrigação tributária quaisquer atos anteriores à homologação, praticados pelo sujeito passivo ou por terceiro, visando à extinção total ou parcial do crédito. § 3º Os atos a que se refere o parágrafo anterior serão, porém, considerados na apuração do saldo porventura devido e, sendo o caso, na imposição de penalidade, ou sua graduação. § 4º Se a Lei não fixar prazo a homologação, será ele de cinco anos, a contar da ocorrência do fato gerador; expirado esse prazo sem que a Fazenda Pública se tenha pronunciado, considera-se homologado o lançamento e definitivamente extinto o crédito, salvo se comprovada a ocorrência de dolo, fraude ou simulação."*

41 Veja-se que, em casos que tais, o Superior Tribunal de Justiça assentou o seguinte: *"A presunção relativa de omissão de receita, prevista no art. 1.º, inciso I, da Lei n.º 8.137/90, é admitida por esta Corte Superior de Justiça, quando o Agente não registra na declaração de ajuste anual, enviada à Receita Federal, as movimentações de valores realizadas em contas bancárias. Nesse contexto, cabe ao Réu o ônus de provar que os recursos não lhe pertenciam, de modo a afastar a exigência do imposto sobre a renda. Inexistente violação ao art. 156 do Código de Processo Penal."* (STJ – AgRg no REsp 1321677/PR, Rel. Ministra LAURITA VAZ, QUINTA TURMA, julgado em 07/08/2014, DJe 22/08/2014). Na verdade, o mais tecnicamente correto seria afirmar que as provas produzidas pelo acusado não foram suficientes para abalar o juízo de certeza sobre a existência do delito, decorrente da constatação das movimentações bancárias nas contas do réu e da verificação de que o acusado deixou de informá-las em sua declaração de Imposto de Renda.

iii) Empresa que apresentou declaração de inatividade, para fins de apuração do Imposto de Renda de Pessoa Jurídica – IRPJ, visando suprimir tributos federais, considerando que obteve faturamento no aludido ano (TRF5 ACR 00133228120164058300 Desembargador Federal Frederico Dantas Terceira Turma DJE – Data:17/11/2017 – Página: 91) (TRF3, ACR 00044721220064036112, DESEMBARGADOR FEDERAL LUIZ STEFANINI, QUINTA TURMA, e-DJF3 Judicial 1 DATA:06/05/2014).

iv) Apresentação de declaração de exportação subfaturada com o objetivo de reduzir tributo (STJ – REsp 908.704/RS, Rel. Ministra LAURITA VAZ, QUINTA TURMA, julgado em 15/10/2009, DJe 09/11/2009)[42].

v) Empresa que apresenta declaração de endereço falso em município cuja alíquota de ISS é inferior ao da sede efetiva da pessoa jurídica. Nesse sentido: *"Conjunto probatório suficiente à condenação, tendo em vista que ficou comprovado que a ré fraudulentamente, emitia suas notas fiscais ideologicamente falsas consignando como sua sede o endereço fictício em Barueri e lá recolhia o ISS reduzindo sua carga tributária, na medida em que em aludido município a alíquota era de 2% (dois por cento) – Recurso não provido."* (TJSP; Apelação 0019597-14.2014.8.26.0050; Relator (a): Borges Pereira; Órgão Julgador: 16ª Câmara de Direito Criminal; Foro Central Criminal Barra Funda – 3ª Vara Criminal; Data do Julgamento: 15/08/2017; Data de Registro: 16/08/2017)[43].

vi) Movimentação de valores em contas bancárias não declaradas à receita, mas resultante de atividades ilícitas[44].

Condutas do Inciso II, do art. 1º ("fraudar a fiscalização tributária, inserindo elementos inexatos, ou omitindo operação de qualquer natureza, em documento ou livro exigido pela Lei fiscal")

A marca, que define o tipo penal do inciso II, é a **fraude** em documento ou livro exigido pela Lei fiscal, que pode se dar: **a)** por meio da inserção de **elementos inexatos**; **b)** pela **omissão** de **operações** de qualquer natureza.

---

42 Caracteriza, também, o delito quando: *"o contribuinte lançar na nota fiscal valor inferior ao efetivamente pago pelo consumidor final, além de lançar este valor no Livro de Registro de Saída de Mercadorias, a fim de reduzir o valor do tributo devido ao Estado. Esta conduta enquadra-se no art. 1º, inc. I e II, da Lei nº 8.137/90."* MANUAL DE ORIENTAÇÃO FUNCIONAL. Corregedoria-Geral do Ministério Público do Estado do Paraná. Curitiba, 2009, item 229.

43 Sobre o tema, vide também: MANUAL DE ORIENTAÇÃO FUNCIONAL. Corregedoria-Geral do Ministério Público do Estado do Paraná. Curitiba, 2009, item 229. Para uma perspectiva espanhola do *"traslado simulado de la residencia fiscal"*, cf.: FERRÉ OLIVÉ. Tratado de los delitos contra la hacienda pública y contra la seguridad social, p. 443.

44 Nesse sentido, já decidiu o Supremo Tribunal Federal: *"Habeas corpus. Penal. Processual penal. Crime contra a ordem tributária. Artigo 1º, inciso I, da Lei nº 8.137/90. Desclassificação para tipo previsto no art. 2º, inciso I, da indigitada lei. Questão não analisada pelo Superior Tribunal de Justiça. Supressão de instância. Inadmissibilidade. Precedentes. Alegada atipicidade da conduta baseada na circunstância de que os valores movimentados nas contas bancárias do paciente seriam provenientes de contravenção penal. Artigo 58 do Decreto-Lei nº 6.259/44 – Jogo do Bicho. Possibilidade jurídica de tributação sobre valores oriundos de prática ou atividade ilícita. Princípio do Direito Tributário do non olet. Precedente. Ordem parcialmente conhecida e denegada. 1. A pretendida desclassificação do tipo previsto no art. 1º, inciso I, para art. 2º, inciso I, da Lei nº 8.137/90 não foi analisada pelo Superior Tribunal de Justiça. Com efeito sua análise neste ensejo configuraria, na linha de precedentes, verdadeira supressão de instância, o que não se admite. 2. A jurisprudência da Corte, à luz do art. 118 do Código Tributário Nacional, assentou entendimento de ser possível a tributação de renda obtida em razão de atividade ilícita, visto que a definição legal do fato gerador é interpretada com abstração da validade jurídica do ato efetivamente praticado, bem como da natureza do seu objeto ou dos seus efeitos. Princípio do non olet. Vide o HC nº 77.530/RS, Primeira Turma, Relator o Ministro Sepúlveda Pertence, DJ de 18/9/98. 3. Ordem parcialmente conhecida e denegada."* (STF – HC 94240, Relator(a): Min. DIAS TOFFOLI, Primeira Turma, julgado em 23/08/2011, DJe-196 DIVULG 11-10-2011 PUBLIC 13-10-2011 EMENT VOL-02606-01 PP-00026 RT v. 101, n. 917, 2012, p. 584-597).

Assim, o agente emprega fraudes nos documentos ou livros exigidos pela Lei fiscal, que têm precisamente a função de materializar as práticas que podem constituir fato gerador de tributo ou acessório.

É certo que a contabilidade de uma empresa tem fundamental importância para documentar e demonstrar a situação patrimonial de uma empresa permitindo, inclusive, a atuação fiscalizadora do Fisco.

De tal maneira, os livros da empresa são documentos complexos e devem ser elaborados de acordo com técnicas contábeis, devendo registrar todos os fatos mais relevantes das atividades empresariais. Esses registros devem ser feitos sempre de forma clara e exata. Imprescindivelmente devem guardar fidelidade com os fatos jurídicos relevantes que efetivamente ocorreram no histórico da empresa[45].

Além dos livros, o tipo penal faz referência a documentos, ou seja, quaisquer declarações escritas e validadas, que podem estar materializadas tanto em papel, quanto em meio eletrônico, devendo ter, para a configuração do crime, relevância para fins tributários[46].

Como se pode ver, o tipo penal dispõe a respeito dos documentos ou livros estabelecidos por lei. Assim, podem ser tanto os livros e documentos previstos para as respectivas empresas na sua Lei de regência, quanto em livros ou documentos específicos estabelecidos por norma tributária. Trata-se, pois, de uma norma penal em branco, cujo conteúdo deve ser buscado em outra Lei para avaliar quais são os documentos e livros obrigatórios.

O tipo penal do inciso II diferencia-se do estabelecido no inciso I precisamente por seu objeto. Isso porque, enquanto no inciso I, a sonegação recai sobre a declaração, no dispositivo em comento (inciso II) ela recai sobre os documentos ou livros mantidos pela empresa[47].

Estudando especificamente a forma de caracterização do crime, verifica-se que, na hipótese do crime se dar pela inserção de elementos inexatos, deve o agente falsificar os livros ou documentos fiscais, inserindo neles informações inexatas, é dizer, elementos informativos que não correspondam com as atividades efetivamente realizadas pela empresa.

Essa falsificação pode ser tanto ideológica, quanto material, uma vez que o que importa para a caracterização do delito é apenas que exista um descompasso entre os elementos que constam dos livros e a realidade[48].

Assim, é a falta de fidelidade do livro ou documento com o efetivamente ocorrido que consubstancia as informações inexatas, que dão corpo à fraude com supressão ou redução do tributo.

Já na segunda hipótese prevista no tipo penal, o agente deixa de lançar operações nos aludidos livros ou documentos, omitindo-se, assim, na materialização dos fatos geradores idôneos a justificar a incidência de tributos.

Aqui, para a caracterização do delito deve: i) existir um suporte fático que caracterize uma relação tributária, em que nasce a obrigação tributária; ii) existir um dever jurídico do agente de prestar as informações e iii) o agente poder prestar essas informações na forma devida.

Assim, a supressão ou diminuição do tributo decorre precisamente dessa omissão na declaração em documento ou escrituração no livro dessa operação da qual resulta a obrigação tributária.

45 FERRÉ OLIVÉ. Tratado de los delitos contra la hacienda pública y contra la seguridad social, p. 599.

46 BALTAZAR JUNIOR cita os seguintes exemplos de documentos: *"DCTF (Declarações de Débitos e Créditos Tributários), DIPJ (Declaração de Informações Econômico-Fiscais da Pessoa Jurídica) ou Declarações de Imposto de Renda."* BALTAZAR JUNIOR. Crimes Federais, p. 817.

47 Nesse mesmo sentido, cf.: BALTAZAR JUNIOR. Crimes Federais, p. 817.

48 Assim, também, é a posição de: MACHADO. Crimes contra a Ordem Tributária, p. 348.

A título de exemplo, é possível indicar as seguintes condutas que configuram o delito em questão (ainda que possam configurar, também, outros incisos do art. 1º, como advertido no início do comentário deste artigo):

i) Supressão de ICMS mediante fraude, em virtude da omissão de operações comerciais em livro exigido pela Lei fiscal (deliberadamente não escriturou regulamente notas fiscais nos livros de registro de saídas). (TJSP; Apelação 0000767-42.2009.8.26.0125; Relator (a): Carlos Monnerat; Órgão Julgador: 9ª Câmara de Direito Criminal; Foro de Capivari – 2ª. Vara Judicial; Data do Julgamento: 23/11/2017; Data de Registro: 29/11/2017). Assim, também, sobre a omissão na escrituração de notas fiscais, suprimindo ICMS (TJPR – 2ª C.Criminal – AC – 1696209-7 – Curitiba – Rel.: José Mauricio Pinto de Almeida – Unânime – j. 08.02.2018).

ii) Supressão de tributo e creditamento indevido de ICMS, mediante a emissão de notas fiscais apurando diferentes valores, realizando a conduta conhecida como "nota vazada" ou "nota espelhada", é dizer, uma nota fiscal que ostenta informações diversas em cada uma das vias (TJSP; Apelação 0008502-32.2010.8.26.0533; Relator (a): Ely Amioka; Órgão Julgador: 8ª Câmara de Direito Criminal; Foro de Santa Bárbara D'Oeste – 1ª. Vara Criminal; Data do Julgamento: 09/11/2017; Data de Registro: 10/11/2017).

Um dos exemplos mais conhecidos se dá mediante a utilização de *"nota fiscal calçada"*, que é consubstanciada pela seguinte ação: *"(...) consiste em consignar nas primeiras vias da nota fiscal que acompanha a mercadoria e é entregue aos destinatários preços e valores do imposto efetivamente cobrados, enquanto que na via fixa no talão, que serve de base para a escrituração fiscal e apuração do tributo a ser pago pela empresa emitente são consignados preços e valores de imposto significativamente inferiores (no caso, somente 10% do total)"* (TJSP; Apelação Criminal 9103428-50.1997.8.26.0000; Relator (a): Debatin Cardoso; Órgão Julgador: 6ª Câmara de Direito Criminal; Foro de São Carlos – 1ª. Vara Criminal; Data do Julgamento: N/A; Data de Registro: 03/11/1999).

iii) Inscrição de dado inexato, em livro obrigatório, referente a operações de entrada de mercadorias tributadas, acompanhadas de notas fiscais falsificadas ou inidôneas (TJSP; Apelação 0015533-33.2012.8.26.0566; Relator (a): Luiz Fernando Vaggione; Órgão Julgador: 2ª Câmara de Direito Criminal; Foro de São Carlos – 2ª Vara Criminal; Data do Julgamento: 24/07/2017; Data de Registro: 26/07/2017).

iv) Emissão de notas fiscais com informações inexatas, com redução de ICMS (TJSP; Apelação 0009249-73.2009.8.26.0320; Relator (a): Otávio de Almeida Toledo; Órgão Julgador: 16ª Câmara de Direito Criminal; Foro de Limeira – 3ª Vara Criminal; Data do Julgamento: 14/11/2017; Data de Registro: 17/11/2017).

v) Omissão na escrituração de operações tributáveis (TJSP; Apelação 0002094-87.2009.8.26.0168; Relator (a): Ivana David; Órgão Julgador: 9ª Câmara Criminal Extraordinária; Foro de Dracena – 3ª. Vara Judicial; Data do Julgamento: 18/08/2017; Data de Registro: 28/08/2017). Ocorre, também, com a redução e supressão de ICMS decorrente da omissão, na escrituração contábil da empresa e em livro próprio, de operações tributadas, vindo, ainda, a escriturar incorretamente operações tributadas informando-as como se não o fossem. (TJSP; Apelação 0001690-61.2014.8.26.0103; Relator (a): Pinheiro Franco; Órgão Julgador: 5ª Câmara de Direito Criminal; Foro de Caconde – Vara Única; Data do Julgamento: 26/10/2017; Data de Registro: 26/10/2017).

vi) Omissão de informações dos tributos devidos nos livros fiscais e no preenchimento das guias de informação e apuração zerada (TJPR – 2ª C. Criminal – AC – 1612910-5 – Curitiba – Rel.: José Carlos Dalacqua – Unânime – j. 03.08.2017).

vii) Utilização irregular de notas fiscais emitidas por empresa de outro Estado da Federação, com a ocultação de verdadeira operação de importação realizada pela empresa, suprimindo o ICMS devido na operação, além de creditar indevidamente valores referentes ao ICMS obtidos com tais notas fiscais. (TJSP; Apelação 0000021-15.2012.8.26.0144; Relator (a): Pinheiro Franco; Órgão Julgador: 5ª Câmara de Direito Criminal; Foro de Conchal - Vara Única; Data do Julgamento: 23/11/2017; Data de Registro: 23/11/2017).

viii) Deixar de emitir notas fiscais relativas à venda de mercadorias, com a consequente redução do ICMS (TJPR – 2ª C. Criminal - AC - 1545268-5 – Região Metropolitana de Maringá – Foro Central de Maringá – Rel.: José Mauricio Pinto de Almeida – Unânime – j. 30.03.2017).

ix) Deixar de lançar notas fiscais de saída, com sonegação fiscal (TJSP; Apelação 0000242-16.2011.8.26.0602; Relator (a): Lauro Mens de Mello; Órgão Julgador: 6ª Câmara de Direito Criminal; Foro de Sorocaba – 4ª Vara Criminal; Data do Julgamento: 24/08/2017; Data de Registro: 29/08/2017).

Ademais, configura o delito deixar de emitir notas fiscais relativas à venda de mercadorias, com a consequente redução do ICMS (TJPR – 2ª C. Criminal - AC – 1545268-5 – Região Metropolitana de Maringá – Foro Central de Maringá – Rel.: José Mauricio Pinto de Almeida – Unânime – j. 30.03.2017). No mesmo sentido: TJPR – 2ª C. Criminal – AC – 1233782-3 – Curitiba – Rel.: Marcel Guimarães Rotoli de Macedo – Unânime – j. 21.05.2015.

x) Realização de compra e venda de veículos usados, sendo que, mediante fraude, deixava-se de emitir notas fiscais das operações realizadas (TJSP; Apelação 0000843-86.2014.8.26.0482; Relator (a): Euvaldo Chaib; Órgão Julgador: 4ª Câmara de Direito Criminal; Foro de Presidente Prudente – 1ª Vara Criminal; Data do Julgamento: 26/09/2017; Data de Registro: 28/09/2017).

xi) Manipulação de resultados contábeis (*earning managements*), em que a empresa realiza uma contabilidade criativa ou promove maquiagens na contabilidade de modo a promover a supressão ou, o que é mais normal, a redução de tributos. Para tanto, busca-se registrar em documentos ou livros contábeis resultados da atividade econômica que diferem da realidade[49].

Condutas do Inciso III, do art. 1º ("falsificar ou alterar nota fiscal, fatura, duplicata, nota de venda, ou qualquer outro documento relativo à operação tributável")

Neste inciso, o foco da incriminação repousa sobre a falsificação ou alteração de documentos relativos às operações tributáveis, tais como nota fiscal, fatura, duplicata, nota de venda ou qualquer outro documento com tal finalidade.

A distinção com relação ao delito do inciso anterior repousa, também, no específico objeto sobre o qual recai a falsidade.

No inciso II, a incriminação recai sobre documentos ou livros exigidos por lei.

Já no inciso III ela recai especificamente sobre nota fiscal, fatura, duplicata, nota de venda, ou qualquer outro documento relativo à operação tributável[50].

49 FERRÉ OLIVÉ. Tratado de los delitos contra la hacienda pública y contra la seguridad social, pp. 440-441.

50 Sobre o conceito de tais documentos, BALTAZAR JUNIOR esclarece o seguinte: "*Nota fiscal é o documento que registra uma operação de compra e venda de mercadorias ou prestação de serviços. Fatura é o documento emitido pelo vendedor no qual figuram a descrição da mercadoria ou serviço prestados, as condições gerais do negócio e o valor a ser pago pelo comprador ou contratante (Lei n. 5.474/68, art. 1º a 20). Duplicata é o título de crédito emitido juntamente*

Em muitos casos, poderá a conduta subsumir-se tanto ao inciso II, quanto ao inciso III, como, por exemplo, é o caso da falsificação de nota fiscal (cujo conceito inclui-se, também, no de documento).

Para solucionar esse conflito de normas, deve-se aplicar o princípio da especialidade[51].

Isso porque, ainda que, por exemplo, seja possível afirmar que a nota fiscal é um documento exigido pela Lei fiscal (o que tornaria possível a incidência do inciso II), é certo que o inciso III expressamente indica esse documento como passível de constituir o delito em questão.

Assim, se o agente consigna valor ideologicamente falso numa nota fiscal com a finalidade de suprimir ou reduzir tributo, caracterizado está o delito do inciso III.

Da mesma forma, se realiza alterações materiais, ainda que parciais, nos aludidos documentos, também, configurado está o delito em questão.

Veja-se que a conduta prevista neste inciso III incrimina tanto a falsidade ideológica, quanto a material.

Como exemplos da configuração deste delito podem ser citados os seguintes:

i) Falsificação de notas fiscais e inserção de elementos inexatos em livros fiscais com o objeto de suprimir ou reduzir tributo. (TJSP; Apelação 0018657-15.2011.8.26.0451; Relator (a): Camargo Aranha Filho; Órgão Julgador: 15ª Câmara de Direito Criminal; Foro de Piracicaba – 1ª Vara Criminal; Data do Julgamento: 18/05/2017; Data de Registro: 19/05/2017).

ii) Emissão de notas fiscais que indicavam conteúdo falso quanto ao estabelecimento de destino da venda de combustível. (TJSP; Apelação 0006207-75.2012.8.26.0428; Relator (a): Reinaldo Cintra; Órgão Julgador: 7ª Câmara de Direito Criminal; Foro de Paulínia – 2ª Vara; Data do Julgamento: 28/02/2018; Data de Registro: 01/03/2018). Assim, também, TJSP; Apelação 0008447-08.2010.8.26.0428; Relator (a): Leme Garcia; Órgão Julgador: 16ª Câmara de Direito Criminal; Foro de Paulínia – 2ª Vara; Data do Julgamento: 03/10/2017; Data de Registro: 04/10/2017.

Condutas do Inciso IV, do art. 1º ("elaborar, distribuir, fornecer, emitir ou utilizar documento que saiba ou deva saber falso ou inexato")

As condutas descritas no inciso IV, gravitam entorno dos documentos falsos ou inexatos.

Procurou o legislador incriminar toda a eventual cadeia de ações necessárias à falsificação material ou ideológica de documentos que possam ser utilizados para finalidades fiscais.

O tipo penal abrange, pois, a sua elaboração (confecção do documento), distribuição (entrega do documento a várias pessoas), fornecimento (entrega do documento a terceira pessoa), emissão (produção formal do documento) e uso do documento falso ou inexato, que deve necessariamente ser utilizado pelo agente como instrumento para a supressão ou redução do tributo.

Como condutas que se subsomem ao tipo penal do inciso IV, pode-se citar as seguintes:

---

com a fatura para circulação com efeito comercial 'para documentar o saque do vendedor pela importância faturada ao comprador' ou prestação de serviço (Lei n. 5.474/68, art. 2º a 20). A parte final do inciso, ao referir qualquer outro documento relativo à operação tributável, abre espaço para a interpretação analógica, abrangendo documentos como o conhecimento de transporte, além de possibilitar o reconhecimento do crime caso algum outro tipo de registro seja criado, como, por exemplo, a nota fiscal eletrônica." BALTAZAR JUNIOR. Crimes Federais, p. 818.

51 O princípio da especialidade é aplicado quando existe a possibilidade da aplicação de duas normas, mas um dos tipos legais (*lex specialis*) ostenta determinadas características adicionais que o outro não detém (*lex generalis*), devendo, portanto, ser aplicado o tipo especial (*lex specialis derogat legi generali*). Cf.: FIGUEIREDO DIAS, Jorge de. Direito Penal. Parte Geral, Tomo I. 1. ed. brasileira, 2. ed. portuguesa. São Paulo: Coimbra/RT, 2007, p. 994.

i) Utilizar notas ficais contrafeitas, com a finalidade de obter, em razão disso e indevidamente, crédito tributário de ICMS (TJSP; Apelação 0003781-89.2011.8.26.0472; Relator (a): Pinheiro Franco; Órgão Julgador: 7ª Câmara Criminal Extraordinária; Foro de Porto Ferreira – 1ª. Vara Judicial; Data do Julgamento: 11/10/2017; Data de Registro: 11/10/2017). No mesmo sentido: TJSP; Apelação 0004380-96.2012.8.26.0050; Relator (a): Pinheiro Franco; Órgão Julgador: 5ª Câmara de Direito Criminal; Foro Central Criminal Barra Funda – 12ª Vara Criminal; Data do Julgamento: 22/02/2018; Data de Registro: 22/02/2018. Seguindo o mesmo caminho, é o caso da utilização de notas fiscais falsas para obter indevidamente crédito de ICMS (TJSP; Apelação 0002416-77.2012.8.26.0144; Relator (a): Gilberto Ferreira da Cruz; Órgão Julgador: 15ª Câmara de Direito Criminal; Foro de Conchal – Vara Única; Data do Julgamento: 07/12/2017; Data de Registro: 15/12/2017). Na mesma linha, constatou-se a escrituração de entrada de mercadoria e creditamento de ICMS com base em notas fiscais de venda falsas (TJSP; Apelação 0046749-13.2009.8.26.0050; Relator (a): Andrade Sampaio; Órgão Julgador: 9ª Câmara de Direito Criminal; Foro Central Criminal Barra Funda – 16ª Vara Criminal; Data do Julgamento: 31/08/2017; Data de Registro: 12/09/2017). Assim, também, TJSP; Apelação 0002322-19.2011.8.26.0095; Relator (a): Gilberto Ferreira da Cruz; Órgão Julgador: 15ª Câmara de Direito Criminal; Foro de Brotas – 1ª Vara; Data do Julgamento: 29/06/2017; Data de Registro: 14/07/2017. Caso em que houve a constatação do uso de notas fiscais frias, para gerar créditos indevidos de ICMS, veja-se: TJPR – 2ª C. Criminal – AC – 1545733-7 – Região Metropolitana de Maringá – Foro Regional de Nova Esperança – Rel.: José Carlos Dalacqua – Unânime – j. 20.04.2017).

ii) Apresentação de recibos falsificados à Receita Federal para comprovação de despesas com serviços médicos supostamente realizados que foram inseridas nas declarações anuais de ajuste (IRPF) (TRF1, APELAÇÃO 00005485220134013800, DESEMBARGADOR FEDERAL TOURINHO NETO, TERCEIRA TURMA, e-DJF1 DATA:05/04/2013 PÁGINA: 309). Assim, também, já entendeu o Superior Tribunal de Justiça, ao consignar que: *"Enquanto a conduta do contribuinte que utiliza atestado médico falso para suprimir ou reduzir tributo configura crime contra a ordem tributária, a conduta do médico consistente em emitir e comercializar os recibos ideologicamente falsos configura crime de falsidade ideológica."* (STJ – REsp 1259101/DF, Rel. Ministra MARIA THEREZA DE ASSIS MOURA, SEXTA TURMA, julgado em 15/10/2013, DJe 24/10/2013). Veja-se que, neste último caso, a nosso sentir, é perfeitamente possível que o médico, caso tenha conhecimento que os recibos têm a finalidade de suprimir tributo (não se caracterizando mera ação neutra), é perfeitamente possível imputar-lhe a participação no crime contra a ordem tributária.

iii) Utilização de notas fiscais com numeração dúplice (TJPR – 2ª C. Criminal – AC – 1475034-6 – Umuarama – Rel.: Naor R. de Macedo Neto – Unânime – j. 03.03.2016). Tal fraude consiste na ação em que o contribuinte, sozinho ou em colaboração com a gráfica, *"imprime dois blocos de notas fiscais com a mesma numeração e série, fazendo constar no rodapé do documento fiscal um número de AIDF106, verdadeiro ou fictício, e, quando da venda de mercadoria ao consumidor final, o contribuinte preenche a nota paralela que não é contabilizada na empresa (lançada nos livros obrigatórios de saída de mercadorias e de apuração de ICMS), suprimindo, assim, o tributo devido ao Estado naquela operação. Tal conduta se enquadra nos incisos III e IV do art. 1º da Lei nº 8.137/90"*[52].

52 MANUAL DE ORIENTAÇÃO FUNCIONAL. Corregedoria-Geral do Ministério Público do Estado do Paraná. Curitiba, 2009, item 229.

b) O crime do inciso V, do art. 1º ("negar ou deixar de fornecer, quando obrigatório, nota fiscal ou documento equivalente, relativa a venda de mercadoria ou prestação de serviço, efetivamente realizada, ou fornecê-la em desacordo com a legislação")

O crime tipificado pelo inciso V do art. 1º da Lei n. 8.137/90 está sendo estudado de forma separada, pois – ao contrário das condutas descritas no incido I a IV do art. 1º – constitui delito formal e não material, como os anteriores.

Assim, para a sua consumação não se faz necessária a caracterização da efetiva supressão ou redução do tributo, bastando que se realize as condutas descritas no inciso em comento.

Dessa forma, verifica-se que o legislador antecipa o momento consumativo do crime, não exigindo – como faz nos demais delitos – o efetivo prejuízo ao erário público.

Evidentemente, caso – ademais da realização das condutas descritas no inciso V – também reste configurada a sonegação fiscal ou a diminuição do tributo tal fato constitui mero exaurimento do delito, podendo ser utilizado para aumento da pena-base na primeira fase da aplicação da pena (CP, art. 59).

Uma das principais consequências decorrentes deste delito contra a ordem tributária ser formal é que ele prescinde do prévio esgotamento das instâncias administrativas.

Aliás, essa é conclusão que se extrai da leitura da própria súmula vinculante n. 24, que claramente deixa de fora o inciso V do art. 1º da Lei nº 8.137/90[53].

Não bastasse o teor da súmula, o Supremo Tribunal Federal vem reafirmando a desnecessidade desse prévio exaurimento[54], no que vem sendo acompanhado pelo Superior Tribunal de Justiça, que reconhece expressamente que *"o delito do art. 1º, inciso V, da Lei n.º 8.137/90 é formal, não estando incluído na exigência da referida Súmula Vinculante"*. (HC 195.824/DF, Rel. Ministra LAURITA VAZ, QUINTA TURMA, julgado em 28/05/2013, DJe 06/06/2013)[55].

Especificamente, no que diz respeito à conduta incriminada, verifica-se que ela ocorre quando o agente nega (o que pressupõe um pedido do interessado e o dever de fornecer) ou

---

53 *"Não se tipifica crime material contra a ordem tributária, previsto no art. 1º, incisos I a IV, da Lei nº 8.137/90, antes do lançamento definitivo do tributo."*

54 Nesse sentido, confira-se os seguintes julgados: *"CRIME CONTRA A ORDEM TRIBUTÁRIA – NEGATIVA EM FORNECER DOCUMENTO OBRIGATÓRIO – PRESCINDIBILIDADE DE PROCESSO ADMINISTRATIVO. O crime previsto no inciso V do artigo 1º da Lei nº 8.137/90 – "negar ou deixar de fornecer, quando obrigatório, nota fiscal ou documento equivalente, relativa a venda de mercadoria ou prestação de serviço, efetivamente realizada, ou fornecê-la em desacordo com a legislação" – prescinde do processo administrativo-fiscal e a instauração deste não afasta a possibilidade de imediata persecução criminal."* (STF – HC 96200, Relator(a): Min. MARCO AURÉLIO, Primeira Turma, julgado em 04/05/2010, DJe-096 DIVULG 27-05-2010 PUBLIC 28-05-2010 EMENT VOL-02403-02 PP-00796 LEXSTF v. 32, n. 378, 2010, p. 365-370 RT v. 99, n. 900, 2010, p. 501-504). *"AÇÃO PENAL – JUSTA CAUSA. O trancamento da ação penal por falta de justa causa pressupõe que as práticas descritas na denúncia não consubstanciem crime. DENÚNCIA – INÉPCIA. Descabe cogitar de inépcia da denúncia quando narrados fatos a viabilizar o exercício do direito de defesa. CRIME TRIBUTÁRIO – PROCESSO ADMINISTRATIVO – DISPENSA. Uma vez versada situação concreta em que, mediante o exercício do poder de polícia, deu-se a apreensão de mercadoria acompanhada de notas fiscais e guias falsas, possível é a propositura da ação penal, independentemente da responsabilidade administrativo-fiscal. CRIME – RESPONSABILIDADE. No julgamento de habeas corpus, não se pode assentar a improcedência da imputação, havendo de se aguardar a instrução do processo-crime e a prolação da sentença."* (STF – HC 90795, Relator(a): Min. MARCO AURÉLIO, Primeira Turma, julgado em 04/12/2007, DJe-036 DIVULG 28-02-2008 PUBLIC 29-02-2008 EMENT VOL-02309-02 PP-00238 RTJ VOL-00205-03 PP-01295).

55 A jurisprudência do Superior Tribunal de Justiça já se assentou que o delito previsto no inciso V é formal e prescinde do prévio esgotamento da via administrativa. Nesse sentido: **RHC 76.937/MG**, Rel. Ministro REYNALDO SOARES DA FONSECA, QUINTA TURMA, julgado em 21/02/2017, DJe 24/02/2017; **AgRg no REsp 1477691/DF**, Rel. Ministro NEFI CORDEIRO, SEXTA TURMA, julgado em 11/10/2016, DJe 28/10/2016; **RHC 31.062/DF**, Rel. Ministro RIBEIRO DANTAS, QUINTA TURMA, julgado em 02/08/2016, DJe 12/08/2016; **AgRg no REsp 1534688/SP**, Rel. Ministra MARIA THEREZA DE ASSIS MOURA, SEXTA TURMA, julgado em 15/03/2016, DJe 28/03/2016; **HC 260.354/PE**, Rel. Ministra MARIA THEREZA DE ASSIS MOURA, Rel. p/ Acórdão Ministro ROGERIO SCHIETTI CRUZ, SEXTA TURMA, julgado em 02/09/2014, DJe 25/09/2014; **HC 232.877/CE**, Rel. Ministra LAURITA VAZ, QUINTA TURMA, julgado em 26/08/2014, DJe 02/09/2014; **HC 195.824/DF**, Rel. Ministra LAURITA VAZ, QUINTA TURMA, julgado em 28/05/2013, DJe 06/06/2013.

deixa de fornecer (o que pressupõe o dever de fornecer) nota fiscal ou documento equivalente, relativos à venda de mercadoria ou prestação de serviço, efetivamente realizada.

No mesmo delito incorre quem, apesar de fornecer a nota fiscal ou documento equivalente, acaba fornecendo-a em desacordo com o determinado pela legislação.

Como casuística, pode-se apresentar os seguintes casos:

i) Deixar de fornecer, nas dependências de revendedora de veículos usados, nota fiscal relativa a entrada de mercadoria (TJSP; Recurso em Sentido Estrito 0002169-96.2014.8.26.0477; Relator (a): Cesar Mecchi Morales; Órgão Julgador: 3ª Câmara de Direito Criminal; Foro de Praia Grande – 1ª Vara Criminal; Data do Julgamento: 22/11/2016; Data de Registro: 06/12/2016).

ii) Deixar de fornecer nota fiscal relativa a venda de uma cozinha planejada e acessórios (TJSP; Apelação 0005226-59.2013.8.26.0477; Relator (a): Marcos Correa; Órgão Julgador: 6ª Câmara de Direito Criminal; Foro de Praia Grande – 1ª. Vara Criminal; Data do Julgamento: 04/08/2016; Data de Registro: 08/08/2016).

iii) Constatação, por agentes fiscais, de contratos particulares de compromisso de compra e venda de carros e motocicletas, celebrados pelo agente, sem a respectiva emissão das notas fiscais, relativas às operações (TJSP; Apelação 0021948-88.2008.8.26.0625; Relator (a): Silmar Fernandes; Órgão Julgador: 3ª Câmara Criminal Extraordinária; Foro de Taubaté – 1ª. Vara Criminal; Data do Julgamento: 13/11/2015; Data de Registro: 16/11/2015).

iv) Gráfica que deixa de emitir notas fiscais relativas a serviços prestados (TJSP; Apelação 0511845-26.2010.8.26.0000; Relator (a): Pedro Menin; Órgão Julgador: 16ª Câmara de Direito Criminal; Foro de Ribeirão Preto – 5ª. Vara Criminal; Data do Julgamento: 21/06/2011; Data de Registro: 05/07/2011).

c) O crime do parágrafo único do art. 1º ("A falta de atendimento da exigência da autoridade, no prazo de 10 (dez) dias, que poderá ser convertido em horas em razão da maior ou menor complexidade da matéria ou da dificuldade quanto ao atendimento da exigência, caracteriza a infração prevista no inciso V"):

Para finalizar os tipos penais previstos no artigo 1º da Lei em comento, cumpre examinar o crime do seu parágrafo único.

Referido delito destina-se à proteção da fiscalização realizada pelos órgãos estatais sobre a ordem tributária.

De tal maneira, aqui o objetivo é viabilizar e proteger a efetiva fiscalização pelos agentes do estado do cumprimento pelo contribuinte, responsável ou delegado das obrigações tributárias.

Assim, o crime resta caracterizado quando o agente descumpre requisição da autoridade fiscal para que o sujeito passivo preste informações ou entregue documentos a respeito de atividades que gravitam entorno de atividades tributárias.

Trata-se de crime de mera conduta, em que o simples descumprimento da requisição já é suficiente para a sua consumação.

Nesse sentido, o Superior Tribunal de Justiça já decidiu o seguinte: "*1. A falta de atendimento da exigência feita pela autoridade fiscal, para que seja apresentada a documentação solicitada, é o que basta para a configuração do crime previsto no parágrafo único do art. 1º da Lei n. 8.137/1990. A consumação do crime ocorre com a simples inobservância à exigência da autoridade fiscal (falta de atendimento dessa exigência). (...)*" (STJ – HC 241.770/RJ, Rel. Ministro ROGERIO SCHIETTI CRUZ, SEXTA TURMA, julgado em 21/06/2016, DJe 29/06/2016).

Veja-se que, como se trata de crime de mera conduta e pelo que se infere da própria leitura do dispositivo, não se faz necessária a ocorrência de supressão ou redução do tributo[56], que, aliás, sequer é possível de ocorrer em virtude da desobediência prevista no parágrafo único, mas tão somente da prática de alguma das condutas descritas nos incisos do artigo 1º.

Como exemplo, pode-se citar a conduta do agente que, apesar de receber notificações, deixou de apresentar livros e documentos fiscais exigidos pela lei, desatendendo a requisição dos agentes fiscais. (TJSP; Apelação 0100957-73.2011.8.26.0050; Relator (a): Pinheiro Franco; Órgão Julgador: 5ª Câmara de Direito Criminal; Foro Central Criminal Barra Funda – 7ª Vara Criminal; Data do Julgamento: 03/08/2017; Data de Registro: 04/08/2017).

4. TIPICIDADE SUBJETIVA

O delito em exame pressupõe a existência de dolo. É dizer, consciência e vontade de realizar os elementos objetivos do tipo penal.

Além disso, não se faz necessário nenhum elemento subjetivo do tipo diverso do dolo (ou, como equivocadamente se tem denominado, não há necessidade de *"dolo específico"*).

É precisamente nesse sentido a jurisprudência do Superior Tribunal de Justiça que assentou que: *"Em crimes de sonegação fiscal e de apropriação indébita de contribuição previdenciária, este Superior Tribunal de Justiça pacificou a orientação no sentido de que sua comprovação prescinde de dolo específico sendo suficiente, para a sua caracterização, a presença do dolo genérico consistente na omissão voluntária do recolhimento, no prazo legal, dos valores devidos"* (AgRg no AREsp 493.584/SP, Rel. Ministro REYNALDO SOARES DA FONSECA, QUINTA TURMA, julgado em 02/06/2016, DJe 08/06/2016)[57].

Não há tipificação de crime no art. 1º, quando a conduta decorra de eventual violação ao dever objetivo de cuidado. É dizer, não há punição a título de culpa.

5. CONSUMAÇÃO E TENTATIVA

Conforme já acima adiantado, a consumação dos delitos previstos nos incisos I a IV do art. 1º somente ocorre com a constituição definitiva do crédito tributário.

Precisamente por conta disso – uma verdadeira ficção jurídica decorrente de uma construção jurisprudencial – não há como, na prática, constatar a tentativa, muito embora se trate de um crime material.

Ademais, caso o agente promovesse alguma das condutas descritas nos incisos I e II e não obtivesse o resultado, não estaríamos diante de um crime tentado, uma vez que, forte no princípio da especialidade, estaria caracterizada a conduta prevista no inciso I, do art. 2º.

Caso praticasse a conduta do inciso III, sem obter o resultado, poderia estar eventualmente caracterizado o crime de falsidade material ou ideológica, tipificados pelo Código Penal. Da

56 Assim se posiciona o STJ: *"Esta Corte Superior entende que é desnecessário o resultado naturalístico para a caracterização do crime previsto no art. 1º, parágrafo único, da Lei n. 8.137/1990. Dessa forma, tem-se que o Tribunal de origem entendeu em conformidade com a jurisprudência deste Tribunal. Incidência da Súmula n. 83/STJ."* STJ - AgRg no REsp n. 2.035.136/SP, relator Ministro Antonio Saldanha Palheiro, Sexta Turma, julgado em 12/8/2024, DJe de 15/8/2024.

57 Nesse sentido, também, vide, por exemplo, os seguintes julgados: **AgRg no RHC n. 179.201/RJ**, relator Ministro Rogerio Schietti Cruz, Sexta Turma, julgado em 28/8/2023, DJe de 30/8/2023; **AgRg no HC n. 741.611/SP**, relator Ministro Rogerio Schietti Cruz, Sexta Turma, julgado em 28/8/2023, DJe de 30/8/2023; **AgRg no AREsp 1667529/ES**, Rel. Ministro NEFI CORDEIRO, SEXTA TURMA, julgado em 22/09/2020, DJe 29/09/2020; **AgRg no AREsp 1225680/PR**, Rel. Ministro JOEL ILAN PACIORNIK, QUINTA TURMA, julgado em 14/08/2018, DJe 24/08/2018; **AgRg no REsp 1479574/SP**, Rel. Ministro JOEL ILAN PACIORNIK, QUINTA TURMA, julgado em 05/12/2017, DJe 15/12/2017; **AgRg no REsp 1504695/RS**, Rel. Ministra MARIA THEREZA DE ASSIS MOURA, SEXTA TURMA, julgado em 01/12/2015, DJe 11/12/2015.

mesma forma, a conduta do inciso IV pode, também, eventualmente caracterizar o delito de uso de documento falso.

Com relação ao crime previsto no inciso V, do art. 1º, por se tratar de um crime formal, a sua consumação se dá quando o agente nega ou deixa de fornecer nota fiscal ou documento equivalente ou se consuma no momento em que a fornece, em desacordo com a legislação.

Caso da prática da conduta prevista no inciso V, decorra efetiva supressão ou redução de tributo, tal resultado constituirá mero exaurimento do delito.

É possível a tentativa, na hipótese do inciso V.

Por fim, com relação ao delito previsto no parágrafo único do artigo 1º, por se tratar de crime de mera conduta, a sua consumação ocorre quando vence o prazo assinalado pela autoridade, sem o devido atendimento da exigência da autoridade. Aqui, também, incabível a tentativa.

6. AÇÃO PENAL

A ação penal é pública incondicionada (art. 15). Nesse sentido, aliás, é a Súmula 609 do STF, que preceitua que: "É pública incondicionada a ação penal por crime de sonegação fiscal", ainda que tenha sido editada no contexto da Lei anterior (Lei n. 4.729/65)[58].

Considerando que a pena cominada ao delito do art. 1º da Lei n. 8.137/90 é de reclusão de 2 (dois) a 5 (cinco) anos, e multa, verifica-se ser incabível o benefício da transação penal (art. 76, Lei 9.099/95) e da suspensão condicional do processo (art. 89, Lei 9.099/95). Sem embargo, em tese, cabe acordo de não persecução penal, vez que a pena mínima é inferior a 04 (quatro) anos (CPP, art. 28-A).

O juízo competente para apreciar os casos penais derivados do delito em questão pode ser a Justiça Comum Estadual ou a Justiça Comum Federal, dependendo do fato de o bem jurídico atingido ser da União, de suas entidades autárquicas ou empresas públicas (Justiça Federal) ou dos Estados ou Municípios (Justiça Estadual).

Art. 2º Constitui crime da mesma natureza: (Vide Lei nº 9.964, de 10.4.2000)

I – fazer declaração falsa ou omitir declaração sobre rendas, bens ou fatos, ou empregar outra fraude, para eximir-se, total ou parcialmente, de pagamento de tributo;

II – deixar de recolher, no prazo legal, valor de tributo ou de contribuição social, descontado ou cobrado, na qualidade de sujeito passivo de obrigação e que deveria recolher aos cofres públicos;

III – exigir, pagar ou receber, para si ou para o contribuinte beneficiário, qualquer percentagem sobre a parcela dedutível ou deduzida de imposto ou de contribuição como incentivo fiscal;

IV – deixar de aplicar, ou aplicar em desacordo com o estatuído, incentivo fiscal ou parcelas de imposto liberadas por órgão ou entidade de desenvolvimento;

V – utilizar ou divulgar programa de processamento de dados que permita ao sujeito passivo da obrigação tributária possuir informação contábil diversa daquela que é, por lei, fornecida à Fazenda Pública.

Pena – detenção, de 6 (seis) meses a 2 (dois) anos, e multa.

1. BEM JURÍDICO TUTELADO

O bem jurídico protegido pelo tipo penal do art. 2º, é, a exemplo do art. 1º, não apenas o patrimônio do Estado, mas também, mediatamente, a sua capacidade de cumprir a missão

58 Há precedente, já na vigência da Lei em comento, que reafirma, implicitamente, estar, ainda, em vigor referida súmula: STF – **HC 84942**, Relator(a): Min. MARCO AURÉLIO, Primeira Turma, julgado em 08/03/2005, DJ 15-04-2005 PP-00028 EMENT VOL-02187-03 PP-00541 LEXSTF v. 27, n. 318, 2005, p. 415-418 RT v. 94, n. 838, 2005, p. 496-497.

constitucional, que deve ser materializada com o auxílio dos recursos oriundos da arrecadação tributária. Se interpretado nessa perspectiva, é possível, inclusive, dizer que o bem jurídico protegido é a ordem tributária.

No tipo penal em comento, o legislador optou por utilizar uma técnica de proteção[59] distinta da empregada no artigo 1º, uma vez que escolheu valer-se de delitos de perigo abstrato.

2. SUJEITOS DO CRIME

Da mesma forma que ocorreu no artigo anterior, o dispositivo em comento é delito comum, uma vez que pode ser praticado por qualquer pessoa. Muito embora, em regra, os autores do delito sejam o contribuinte, o responsável ou seu representante, além dos eventuais administradores de fato ou das pessoas que tenham o domínio sobre a ação.

O sujeito passivo do delito será a União, Estados, Distrito Federal, Municípios, ou pessoa jurídica de direito público que tenha capacidade tributária ativa.

3. CONDUTAS TÍPICAS (TIPICIDADE OBJETIVA)

Como explica ROXIN, os delitos de perigo abstrato *"são aqueles em que se pune uma conduta tipicamente perigosa como tal, sem que, no caso concreto, seja necessária a produção de um resultado de colocação em perigo"*.[60]

De tal maneira, o legislador brasileiro, no seu art. 2º, tipificou aquelas condutas que envolvem, ainda que abstratamente, a colocação em risco a ordem tributária.

Feitos esses esclarecimentos iniciais, cumpre agora analisar cada uma das condutas tipificadas pelos incisos do art. 2º da Lei n. 8.137/90.

Condutas do Inciso I, do art. 2º ("fazer declaração falsa ou omitir declaração sobre rendas, bens ou fatos, ou empregar outra fraude, para eximir-se, total ou parcialmente, de pagamento de tributo")

O presente dispositivo funciona como uma espécie de criminalização de ato preparatório do delito previsto no inciso I, do art. 1º, da Lei n. 8.137/90.

Desse modo, para a caracterização do delito do inciso I, do art. 2º, da Lei n. 8.137/90, basta que o agente faça a declaração falsa ou omita declaração de rendas, bens ou fatos para a sua caracterização.

De tal maneira, antes mesmo da supressão ou diminuição do tributo, já esta devidamente configurado o delito do art. 2º, I, tratando-se, pois, de delito formal.

E não é só isso. O inciso I do art. 2º pune, também, a mera prática de uma ação fraudulenta, desde que realizada com o objetivo de eximir-se, total ou parcialmente, do tributo (especial fim de agir).

Nesse caso, também, é dispensada, para a configuração do crime, a superveniência de um efetivo prejuízo, uma vez que a sua consumação é antecipada, por se tratar de delito formal.

---

59 Como consigna GRECO: *"(...) o problema dos crimes de perigo abstrato pouco tem a ver com a questão do bem jurídico. A legitimação dos crimes de perigo abstrato não deve ser discutida à luz de considerações sobre o bem jurídico, e sim sobre outro tópico, que alguns autores começam a chamar de "estrutura do delito" (Deliktstruktur). Ao tratar do bem jurídico, está-se diante da pergunta: o que proteger? Ao tratar da estrutura do delito, o problema já não é mais o que proteger, e sim: como proteger?"* GRECO, Luís. *'Princípio da Ofensividade' e Crimes de Perigo Abstrato* – Uma Introdução ao Debate sobre o Bem Jurídico e as Estruturas do Delito. En Modernização do Direito Penal, Bens Jurídicos Coletivos e Crimes de Perigo Abstrato. Rio de Janeiro: Lumen Juris, 2011, p. 97.

60 ROXIN. Derecho Penal. Parte General. Tomo I, p. 407.

A respeito do inciso I, do art. 2º, ora em exame, o Superior Tribunal de Justiça já asseverou que: "*Ao contrário dos crimes previstos no artigo 1º da Lei 8.137/1990, os delitos dispostos no artigo 2º são formais, pois não exigem a ocorrência do resultado para a sua consumação, motivo pelo qual é desnecessário o esgotamento da via administrativa para que seja iniciada a persecução penal.*" (STJ – **HC 278.248/SC**, Rel. Ministro JORGE MUSSI, QUINTA TURMA, julgado em 12/08/2014, DJe 12/09/2014)[61]. Esse mesmo entendimento é adotado pelo Supremo Tribunal Federal, no **RHC 90532 ED**, Relator(a): Min. JOAQUIM BARBOSA, Tribunal Pleno, julgado em 23/09/2009, DJe-208 DIVULG 05-11-2009 PUBLIC 06-11-2009 EMENT VOL-02381-03 PP-00728 RDDT n. 172, 2010, p. 161-164 RT v. 99, n. 892, 2010, p. 515-519[62].

Ademais, o STJ consigna que: "*A conduta típica albergada no inciso I do art. 2º da Lei 8.137/90, consistente em fazer declaração falsa ou omitir declaração sobre rendas, para eximir-se, total ou parcialmente, do pagamento do tributo, trata-se de crime formal, vale dizer, independe de um resultado naturalístico para sua consumação, sendo que sua aplicabilidade se dá justamente naqueles casos em que a apuração fiscal identificou a omissão ou a declaração falsa antes do dano. A finalidade da conduta prevista no art. 2º, inciso I, é eximir-se do pagamento (total ou parcialmente) do tributo devido, de modo que, caso haja a descoberta anterior a produção do resultado pretendido (delito-fim previsto no art. 1º), pelos órgão de fiscalização, estará configurado o delito do art. 2º (delito-meio).*" (REsp 1177354/MT, Rel. Ministra LAURITA VAZ, QUINTA TURMA, julgado em 15/10/2013, DJe 25/10/2013).

Entrando agora na casuística do crime em questão, verifica-se a caracterização do delito em exame, num caso em que agentes públicos transmitiram declarações à Secretaria da Receita Federal, informando a existência de créditos a compensar em favor do Município, que, na verdade, já estariam extintos, referentes à contribuição do PASEP (STJ – REsp 1177354/MT, Rel. Ministra LAURITA VAZ, QUINTA TURMA, julgado em 15/10/2013, DJe 25/10/2013).

Da mesma forma, configurado está o delito quando o agente emite cheque para pagamento de mercadorias vendidas por empresa com atividades encerradas, com o objetivo de forjar despesas buscando prejudicar o fisco (STF – Inq 1636, Relator(a): Min. ELLEN GRACIE, Tribunal Pleno, julgado em 08/09/2005, DJ 09-12-2005 PP-00006 EMENT VOL-02217-1 PP-00144 LEXSTF v. 28, n. 327, 2006, p. 491-498).

Assim, também, aplica-se o art. 2º, I, da Lei n. 8.137/90 aos agentes que entregaram à Receita Federal/SE declarações contrafeitas, uma vez que não eram taxistas em Japoatã/SE (TRF5, ACR 200985000034145, Desembargador Federal André Luis Maia Tobias Granja, Primeira Turma, DJE – Data: 23/11/2017 – Página: 29).

Condutas do Inciso II, do art. 2º ("deixar de recolher, no prazo legal, valor de tributo ou de contribuição social, descontado ou cobrado, na qualidade de sujeito passivo de obrigação e que deveria recolher aos cofres públicos")

Por sua vez, a conduta descrita no inciso II, do art. 2º, da Lei n. 8.137/90, guarda semelhanças com o tipo penal de apropriação indébita previdenciária (CP, art. 168-A), uma vez que

61 No mesmo sentido: STJ – HC 294.833/SC, Rel. Ministro FELIX FISCHER, QUINTA TURMA, julgado em 23/06/2015, DJe 03/08/2015.

62 Tendo o julgado recebido a seguinte ementa: *"Art. 2º, inc. I, da Lei nº 8.137/90. Crime formal. Desnecessidade de conclusão do procedimento administrativo para a persecução penal. Visando os embargos declaratórios à modificação do provimento embargado, impõe-se, considerado o devido processo legal e a ampla defesa, a ciência da parte contrária para, querendo, apresentar contra-razões. O tipo penal previsto no artigo 2º, inc. I, da Lei 8.137/90, é crime formal e, portanto, independe da consumação do resultado naturalístico correspondente à auferição de vantagem ilícita em desfavor do Fisco, bastando a omissão de informações ou a prestação de declaração falsa, não demandando a efetiva percepção material do ardil aplicado. Dispensável, por conseguinte, a conclusão de procedimento administrativo para configurar a justa causa legitimadora da persecução. Embargos declaratórios providos."* (STF – RHC 90532 ED, Relator(a): Min. JOAQUIM BARBOSA, Tribunal Pleno, julgado em 23/09/2009, DJe-208 DIVULG 05-11-2009 PUBLIC 06-11-2009 EMENT VOL-02381-03 PP-00728 RDDT n. 172, 2010, p. 161-164 RT v. 99, n. 892, 2010, p. 515-519).

tem como característica a imposição ao agente de um dever de recolher tributo, que não é, porém, por ele devido.

É dizer, é imposto ao agente uma obrigação acessória de recolher um tributo, efetuando esse pagamento com valores que não lhe pertencem, mas cuja posse lhe é entregue.

Por isso a semelhança com a apropriação indébita, já que, para a configuração do crime em questão, o agente, de posse dos valores que devem ter destinação certa, em vez de recolher o tributo, acaba por não o fazer.

Aqui, o crime é omissivo próprio, uma vez que se aperfeiçoa quando o agente deixa de recolher, no prazo legal, o valor do tributo, descontado ou cobrado. Isso, desde que exista um dever jurídico do agente fazê-lo na qualidade de sujeito passivo da obrigação tributária.

Sobre o crime do art. 2º, inciso II, BALTAZAR JUNIOR expõe as duas modalidades de sua caracterização, citado aqui integralmente por se tratar de exposição bastante didática:

> *"O inciso menciona duas possibilidades: tributo descontado ou cobrado. Quanto ao IRRF, que é descontado, o funcionamento é o seguinte: a fonte pagadora do rendimento (empregador ou contratante) é obrigada a reter uma parcela desse rendimento e fazer o recolhimento para a Receita Federal. Se a fonte fizer o desconto e não recolher, o crime se consuma, e o sujeito ativo é o responsável tributário (empregador ou contratante), uma vez que o tributo foi descontado do sujeito passivo da obrigação, que é o empregado ou prestador de serviço (TRF4, AC 20047105000177-0, Penteado, 8ª T., u., 22.11.06). O IPI, ao contrário, é cobrado. O modo, em rápidas linhas, é o seguinte: quando uma operação é sujeita à cobrança do IPI, como, por exemplo, a compra de uma mercadoria, o consumidor paga o valor da mercadoria mais o valor do tributo. Se a mercadoria vale 100 reais, o vendedor deve cobrar 110, porque 10 reais são devidos de IPI. O valor de 10 reais, cobrado em razão do IPI, não pertence ao vendedor, mas sim à União, para quem esse valor deve ser recolhido."*[63]

Como se vê, no crime em questão, o agente efetivamente tem a posse de valores alheios, sobre os quais recaía um dever de repasse, mediante pagamento do tributo, à pessoa jurídica de direito público, que tinha a capacidade tributária ativa para receber os valores.

O crime do inciso II, do art. 2º, da Lei n. 8.137/90, é formal, configurando-se com o mero inadimplemento, com a mera omissão em cumprir o seu dever de efetuar o pagamento. Nesse sentido, cf.: STJ – **RHC 83.103/RS**, Rel. Ministra MARIA THEREZA DE ASSIS MOURA, SEXTA TURMA, julgado em 01/06/2017, DJe 09/06/2017[64].

Aliás, a esse respeito, o Plenário do Supremo Tribunal Federal, ao julgar o RHC 163.334/SC, assentou a tese, em regime de repercussão geral que:

> *"O contribuinte que, de forma contumaz e com dolo de apropriação, deixa de recolher o ICMS cobrado do adquirente da mercadoria ou serviço incide no tipo penal do art. 2º, II, da Lei nº 8.137/1990"*[65]

---

63 BALTAZAR JUNIOR. Crimes Federais, pp. 842-843.

64 Nesse sentido: *"A Terceira Seção do Superior Tribunal de Justiça, no julgamento do HC n.º 399.109/SC, concluiu que o não recolhimento do ICMS em operações próprias é fato típico"*. (STJ - AgRg no HC 442.398/GO, Rel. Ministra LAURITA VAZ, SEXTA TURMA, julgado em 25/09/2018, DJe 11/10/2018).

65 A ementa integral do referido julgado é a seguinte: *"Direito penal. Recurso em Habeas Corpus. Não recolhimento do valor de ICMS cobrado do adquirente da mercadoria ou serviço. Tipicidade. 1. O contribuinte que deixa de recolher o valor do ICMS cobrado do adquirente da mercadoria ou serviço apropria-se de valor de tributo, realizando o tipo penal do art. 2º, II, da Lei nº 8.137/1990. 2. Em primeiro lugar, uma interpretação semântica e sistemática da regra penal indica a adequação típica da conduta, pois a lei não faz diferenciação entre as espécies de sujeitos passivos tributários, exigindo apenas a cobrança do valor do tributo seguida da falta de seu recolhimento aos cofres públicos. 3. Em segundo lugar, uma interpretação histórica, a partir dos trabalhos legislativos, demonstra a intenção do Congresso Nacional de tipificar a conduta. De igual modo, do ponto de vista do direito comparado, constata-se não se tratar de excentricidade brasileira, pois se encontram tipos penais assemelhados em países como Itália, Portugal e EUA. 4. Em terceiro lugar, uma interpretação teleológica voltada à proteção da ordem tributária e*

Ressalte-se que, como decidido pelo Supremo, deve estar caracterizada a contumácia do acusado, não restando, portanto, caracterizado o delito se existe apenas um ato de apropriação tributária[66], devendo existir, também, um dolo específico de apropriação[67].

Condutas do Inciso III, do art. 2º ("exigir, pagar ou receber, para si ou para o contribuinte beneficiário, qualquer percentagem sobre a parcela dedutível ou deduzida de imposto ou de contribuição como incentivo fiscal")

O inciso III, do art. 2º da 8.137/90 tem como foco a repressão de práticas que distorcem os objetivos subjacentes à concessão de incentivos fiscais.

---

uma interpretação atenta às consequências da decisão conduzem ao reconhecimento da tipicidade da conduta. Por um lado, a apropriação indébita do ICMS, o tributo mais sonegado do País, gera graves danos ao erário e à livre concorrência. Por outro lado, é virtualmente impossível que alguém seja preso por esse delito. 5. Impõe-se, porém, uma interpretação restritiva do tipo, de modo que somente se considera criminosa a inadimplência sistemática, contumaz, verdadeiro modus operandi do empresário, seja para enriquecimento ilícito, para lesar a concorrência ou para financiar as próprias atividades. 6. A caracterização do crime depende da demonstração do dolo de apropriação, a ser apurado a partir de circunstâncias objetivas factuais, tais como o inadimplemento prolongado sem tentativa de regularização dos débitos, a venda de produtos abaixo do preço de custo, a criação de obstáculos à fiscalização, a utilização de "laranjas" no quadro societário, a falta de tentativa de regularização dos débitos, o encerramento irregular das suas atividades, a existência de débitos inscritos em dívida ativa em valor superior ao capital social integralizado etc. 7. Recurso desprovido. 8. Fixação da seguinte tese: O contribuinte que deixa de recolher, de forma contumaz e com dolo de apropriação, o ICMS cobrado do adquirente da mercadoria ou serviço incide no tipo penal do art. 2º, II, da Lei nº 8.137/1990." (STF - RHC 163334, Relator(a): ROBERTO BARROSO, Tribunal Pleno, julgado em 18/12/2019, PROCESSO ELETRÔNICO DJe-271 DIVULG 12-11-2020 PUBLIC 13-11-2020). Esse já era o entendimento assentado pela 3ª Seção do STJ: (HC 399.109/SC, Rel. Ministro ROGERIO SCHIETTI CRUZ, TERCEIRA SEÇÃO, julgado em 22/08/2018, DJe 31/08/2018. E depois da decisão do Supremo, continua, obviamente, o STJ na mesma toada: *"A hipótese normativa do art. 2º, II, da Lei n. 8.137/90, abrange a conduta do sujeito passivo da obrigação tributária do ICMS que coloca em circulação mercadoria ou serviço para consumidor final e dele cobra o referido tributo consoante documento fiscal, mas não recolhe aos cofres públicos o montante de ICMS devido, mesmo que declarado."* (STJ - AgRg no AREsp 1702519/SC, Rel. Ministro JOEL ILAN PACIORNIK, QUINTA TURMA, julgado em 22/09/2020, DJe 30/09/2020). No mesmo sentido: AgRg no REsp 1865750/SC, Rel. Ministro NEFI CORDEIRO, SEXTA TURMA, julgado em 22/09/2020, DJe 29/09/2020; AgRg no AgRg no AREsp 1882358/SC, Rel. Ministro REYNALDO SOARES DA FONSECA, QUINTA TURMA, julgado em 09/11/2021, DJe 12/11/2021; AgRg no REsp n. 2.049.204/SC, relator Ministro Ribeiro Dantas, Quinta Turma, julgado em 12/6/2023, DJe de 16/6/2023.

66 Nessa linha: *"7. A Terceira Seção do Superior Tribunal de Justiça, no julgamento do HC n. 399.109/SC, pacificou o entendimento de que o não recolhimento do ICMS em operações próprias é fato típico. 8. Todavia, o Supremo Tribunal Federal, quando do julgamento do RHC n. 163.334/SC, cujo acórdão ainda está pendente de publicação, fixou a seguinte tese jurídica: "O contribuinte que, de forma contumaz e com dolo de apropriação, deixa de recolher o ICMS cobrado do adquirente da mercadoria ou serviço incide no tipo penal do art. 2º, II, da Lei nº 8.137/1990". 9. Na hipótese dos autos, portanto, inafastável a conclusão de que, conquanto o fato deletério atribuído ao ora Agravante, a princípio se subsuma à figura penal antes mencionada, a ausência de contumácia - o débito com o fisco se refere a tão somente 1 (um) mês -, conduz ao reconhecimento da atipicidade da conduta e, por conseguinte, à absolvição do Réu com esteio no inciso III do art. 386 do Código de Processo Penal. 10. Agravo regimental parcialmente provido para absolver o Réu."* (STJ - AgRg no REsp 1867109/SC, Rel. Ministra LAURITA VAZ, SEXTA TURMA, julgado em 25/08/2020, DJe 04/09/2020). No mesmo sentido o STJ decidiu, no caso em que houve quatro apropriações, separadas em dois períodos distintos: STJ - AgRg no AREsp n. 1.877.226/SC, relator Ministro Rogerio Schietti Cruz, Sexta Turma, julgado em 11/10/2022, DJe de 17/10/2022.

67 O STJ seguiu a linha do Supremo: *"Embora a Suprema Corte tenha afirmado a tipicidade penal da conduta de deixar de recolher o ICMS próprio cobrado do consumidor cujas razões são aplicáveis ao ISS, reconheceu expressamente duas condições para a caracterização do crime: (a) a contumácia da inadimplência e (b) o dolo específico de apropriação."* (AgRg no AREsp 1792837/SC, Rel. Ministro REYNALDO SOARES DA FONSECA, QUINTA TURMA, julgado em 30/03/2021, DJe 08/04/2021). Assim também: STJ - AgRg no AgRg no AREsp n. 2.685.357/SC, relator Ministro Ribeiro Dantas, Quinta Turma, julgado em 1/10/2024, DJe de 4/10/2024; AgRg no HC n. 729.096/SC, relator Ministro Messod Azulay Neto, Quinta Turma, julgado em 18/6/2024, DJe de 21/6/2024. Portanto, superada a posição anterior do STJ que exigia tão somente o "dolo genérico", *verbis*: *"A Terceira Seção do Superior Tribunal de Justiça - STJ, no julgamento do HC n.º 399.109/SC, firmou o entendimento de que o elemento subjetivo especial, no crime de apropriação indébita tributária (art. 2.º, inciso II, da Lei n.º 8.137/90), é prescindível, sendo suficiente para a configuração do crime a consciência (ainda que potencial) de não recolher o valor do tributo devido (AgRg nos EREsp 1635341/SC, Rel. Ministra LAURITA VAZ, TERCEIRA SEÇÃO, DJe 26/10/2018)."* (STJ - AgRg no REsp 1767899/SC, Rel. Ministro JOEL ILAN PACIORNIK, QUINTA TURMA, julgado em 15/10/2019, DJe 18/10/2019). No mesmo sentido: STJ - AgRg no AgRg no AREsp n. 1.929.845/SC, relator Ministro Joel Ilan Paciornik, Quinta Turma, julgado em 14/6/2022, DJe de 17/6/2022.

Os incentivos fiscais têm por objetivo fomentar determinada atividade, setor ou região, mediante o abatimento total ou parcial dos tributos, conforme previsão legal, e de acordo com a política de incentivos realizadas pelo poder público[68].

O delito em questão é voltado exclusivamente para agentes privados (o agente público responde, eventualmente, pelo delito do art. 3º, inciso II) que exija, pague ou receba qualquer vantagem sobre a parcela dedutível ou deduzida do tributo relativa ao incentivo fiscal. Trata-se de uma das poucas modalidades, em nosso país, de incriminação semelhantes à denominada corrupção privada[69].

Com relação aos verbos do tipo, (i) exigir significa solicitar num contexto de ameaça ou eventual represália, sejam elas veladas ou explícitas (a exemplo do que ocorre na concussão, mas praticadas aqui por agente privado); (ii) pagar é entregar numerário em espécie ou por meio de outra forma transferência de determinada quantia (v.g. depósito bancário) e (iii) receber é quando o contribuinte o agente efetivamente passa a ter a posse ou disponibilidade dos percentuais pagos.

Como exemplo da primeira hipótese (exigir), pode citar-se um empregado de determinada entidade civil de utilidade pública, após a entidade ser beneficiada com doação dedutível do Imposto de Renda, nos termos do inciso II do § 2º do artigo 13 da Lei n. 9.249/95, acaba por exigir determinada percentagem para a entrega dos documentos que comprovem a doação, que justificou a obtenção do incentivo fiscal. Ou mesmo, que o contribuinte exija o pagamento determinado valor da entidade, como condição para que ele faça a doação para ela.

Aqui, existe um contexto de represália, pois, caso o contribuinte não efetue o pagamento para o empregado, pode eventualmente ver glosados os abatimentos que realizou. No outro exemplo, também, existe um contexto de represália, pois, caso a entidade não efetue o pagamento, o contribuinte não fará a doação para ela.

Na segunda hipótese (verbo pagar), determinada entidade desportiva, por exemplo, com o objetivo de angariar um maior número de doações de empresas para os projetos por ela apresentados, nos termos da Lei n. 11.438/06, promete e paga determinada quantia a empresários interessados em doar para que eles escolham fazer a doação especificamente para essa entidade. Assim, o empresário que recebe o dinheiro escolhe beneficiar essa entidade desportiva, pois recebeu algum valor para tanto (obviamente, o valor pago será inferior ao recebido como doação, constituindo uma espécie de plus em relação ao valor que a empresa deduzirá do seu imposto de renda)[70]. Em suma: no exemplo citado, o responsável pela entidade desportiva paga um valor para o contribuinte para que ele doe para determinado projeto por ela promovido.

---

68 DECOMAIN. Crimes contra a Ordem Tributária, pp. 385 e ss.; PRADO. Direito Penal Econômico, p. 291. Veja-se que os incentivos fiscais não se confundem com as isenções tributárias, conforme pontua DECOMAIN: *"Na isenção, o contribuinte ou responsável simplesmente não paga nada. Já no incentivo fiscal (...) continua efetuando um pagamento, com a diferença de que este não é destinado ao Estado, mas sim aquela atividade que este, por força justamente do incentivo fiscal, pretende estimular. Quando o valor pago a título de incentivo fiscal é abatido do valor do próprio imposto, os pagamentos na verdade continuam iguais, mudando apenas o destinatário. Isso pode acontecer também quando o pagamento feito a título de incentivo fiscal é abatido da base de cálculo do tributo, mas, neste caso, somente se com tal abatimento, somado ou não a outros legalmente previsto, o contribuinte consegue passar a situar-se em faixa de valores de base de cálculo que o isentam de pagamento ao fiscal, por conta do tributo considerado."* PRADO. Direito Penal Econômico, p. 387.

69 TEIXEIRA cita outros dois exemplos de condutas similares à da corrupção privada: o crime de concorrência desleal (art. 195, incisos IX e X da Lei n. 9.279/96) e de gestão fraudulenta (art. 4º da Lei n. 7.492/86). Cf.: TEIXEIRA, Adriano. Crimes de Corrupção: Considerações introdutórias sobre o crime de corrupção privada, *in* Direito Penal Econômico Brasileiro. Belo Horizonte: D'Plácido, 2018, pp. 533-534.

70 Veja-se que, nesse sentido, a Lei de incentivo citada, a de n. 11.438/06, no seu art. 10, inciso I, veda expressamente: *"I - o recebimento pelo patrocinador ou doador de qualquer vantagem financeira ou material em decorrência do patrocínio ou da doação que com base nela efetuar"*.

Por fim, a terceira hipótese (verbo receber), incrimina-se o ato de receber aludido valor, constituindo o outro lado da moeda da conduta de pagar. Desse modo, o empresário que recebeu o valor a mais pago pela entidade, conforme nosso exemplo, também, incide no referido tipo penal.

Condutas do Inciso IV, do art. 2º ("deixar de aplicar, ou aplicar em desacordo com o estatuído, incentivo fiscal ou parcelas de imposto liberadas por órgão ou entidade de desenvolvimento"):

Aqui a conduta tipificada continua orbitar entorno das concessões de incentivo fiscal. Na verdade, o que se pune no inciso IV, do art. 2º, da Lei n. 8.137/90, é mais precisamente o desvio de finalidade na aplicação dos valores recebidos por pessoas jurídicas de direito privado, decorrentes do fomento realizado com base nos incentivos fiscais.

A Lei que institui os benefícios fiscais deve estabelecer, também, os critérios e finalidades a serem buscadas pelas entidades beneficiadas, precisamente para que os objetivos subjacentes ao incentivo sejam cumpridos.

Desse modo, o tipo penal do inciso IV, do art. 2º, da Lei n. 8.137/90, resta caracterizado quando: (i) a entidade beneficiada deixe de aplicar os recursos recebidos ou (ii) aplique referidos recursos em finalidades distintas das determinadas por Lei.

Como casuística do crime do inciso IV, do art. 2º, da Lei n. 8.137/90, pode-se citar o fato de o agente deixar de aplicar recursos próprios da SUDAM, que foram aprovados mediante projeto, e quem tinha por objetivo *"a produção e beneficiamento de cereais e gêneros alimentícios, comércio, exportação e importação de produtos de origem vegetal, cerais e gêneros alimentícios, bem como mecanização agrícola, com recursos do FINAM"*, na forma do art. 5º, da Lei n. 8.167/91[71].

Outro exemplo de cometimento do aludido tipo penal, é a conduta do agente que aplicou, de forma diversa do que deveria, recursos provenientes do FINOR (Fundo de Investimento do Nordeste), que foram obtidos mediante aprovação de projeto de implantação junto à SUDENE (Superintendência de Desenvolvimento do Nordeste). (TRF/1ª Região, 2004.33.00.009417-0/BA, Rel. Juiz Federal Marcelo Rebello Pinheiro, Julg. 26 de outubro 2016. No mesmo sentido: TRF/1ª Região, ACR 0005987-73.2001.4.01.3700 / MA, Rel. DESEMBARGADOR FEDERAL CATÃO ALVES, TERCEIRA TURMA, e-DJF1 p.93 de 02/08/2013).

---

71 Nesse sentido, confira-se a seguinte decisão do Superior Tribunal de Justiça: *"PENAL. AGRAVO REGIMENTAL EM RECURSO ESPECIAL. MÁ APLICAÇÃO DE INCENTIVOS FISCAIS. ESTELIONATO. NÃO OCORRÊNCIA. CRIME PREVISTO NO Art. 2º, IV, DA Lei N. 8.137/90. 1. Tratando-se de malversação de incentivos fiscais repassados pela SUDAM para o Projeto Agromaster, não há falar em crime de estelionato, mas sim no delito tipificado no art. 2º, IV, da Lei n. 8.137/90. 2. Agravo regimental a que se nega provimento."* (STJ = AgRg no REsp 864.976/DF, Rel. Ministra ALDERITA RAMOS DE OLIVEIRA (DESEMBARGADORA CONVOCADA DO TJ/PE), SEXTA TURMA, julgado em 04/10/2012, DJe 11/10/2012). Assim, também, o seguinte julgado: *"CRIMINAL. HABEAS CORPUS. CRIME CONTRA O SISTEMA FINANCEIRO NACIONAL. PLEITO DE DESCLASSIFICAÇÃO DA CONDUTA PARA O TIPO PENAL PREVISTO NO Art. 2º, INC. IV, DA Lei DE CRIMES CONTRA A ORDEM TRIBUTÁRIA. PROCEDÊNCIA. ORDEM CONCEDIDA. I. Hipótese na qual o paciente foi condenado nos termos do art. 20 da Lei n.º 7.492/86 por malversação de incentivos fiscais provenientes de convênio firmado entre a PLASTICOL e a SUDAM. II. Tratando-se, a SUDAM, de autarquia destinada à promoção do desenvolvimento da área prevista na Lei que a instituiu e, não, de instituição que visa captar, intermediar ou aplicar recursos financeiros de terceiros, não se enquadra na descrição de instituição financeira. III. Fato típico que corresponde ao previsto no inc. IV, do art. 2.º, da Lei n.º 8.137/90, segundo o qual comete crime contra a ordem tributária aquele que "deixar de aplicar, ou aplicar em desacordo com o estatuído, incentivo fiscal ou parcelas de imposto liberadas por órgão ou entidade de desenvolvimento". IV. Pleito de desclassificação da conduta que se acolhe, por tratar-se de ilegalidade flagrante, devendo os autos retornarem ao TRF para a adequação da pena aos termos do tipo penal descrito no art.2º, inc IV da Lei nº8.137/90. VI. Ordem concedida, nos termos do voto do Relator."* (STJ – HC 178.011/AM, Rel. Ministro GILSON DIPP, QUINTA TURMA, julgado em 14/02/2012, DJe 26/03/2012).

Condutas do Inciso V, do art. 2º ("utilizar ou divulgar programa de processamento de dados que permita ao sujeito passivo da obrigação tributária possuir informação contábil diversa daquela que é, por lei, fornecida à Fazenda Pública")

O tipo penal do inciso V, do art. 2º, da Lei n. 8.137/90 tem por objetivo proteger a fidelidade e veracidade das informações repassadas à Fazenda Pública por meio de programas informáticos e, em última análise, evitar a sonegação de tributos por meio de fraudes nesses sistemas.

Na verdade, a incriminação antecipa a punibilidade da conduta por meio de um crime formal, consistente no simples uso ou divulgação de programas que permitam que o sujeito passivo da obrigação de tributária obtenha informações contábeis diversas daquelas que, por lei, deveria ter.

Nesse caso, o programa informático fraudulento permite que o sujeito passivo da obrigação manipule as informações tributárias, permitindo, assim, ao agente que repasse informação contábil diversa daquela que seria a correta, como é o caso dos programas que possibilitam a criação de contabilidade paralela ou a sonegação de informações que deveriam ser prestadas ao fisco.

Como exemplos, pode-se citar aqueles programas informáticos que permitem que se apague determinadas informações relevantes para a tributação, acarretando omissões contábeis ou mesmo operações reais, mas cujos valores sejam subfaturados, assim como aqueles que permitam a contabilização de informações irreais, que não correspondam com o efetivamente ocorrido.

Desse modo, quem se utilize (fazer uso efetivo de suas funcionalidades) de aludidos programas ou divulgue (dar conhecimento a terceiros) a sua existência (normalmente, com o intuito de vendê-los, ainda que tal finalidade não seja imprescindível) incorrerá no delito.

Ressalte-se que a mera "posse" do programa, é dizer, a instalação do programa nos computadores da empresa não caracteriza, ainda, o crime, sendo, pois, necessário para a configuração do delito na modalidade usar, que seja efetivamente comprovada a utilização de tal sistema informático pelo agente.

4. TIPICIDADE SUBJETIVA

Todos os crimes previstos no artigo 2º da Lei n. 8.137/90 são punidos somente a título de dolo, é dizer, exigem que o agente tenha consciência e vontade de realizar os elementos do tipo objetivo.

Assim, as condutas que decorram de culpa, de violação ao dever objetivo de cuidado, não são puníveis.

Ademais, para a configuração do crime do inciso I, do artigo 2º da Lei n. 8.137/90, exige-se, além do dolo, também, um especial fim de agir (elemento subjetivo diverso do dolo). Isso porque o crime deve ser praticado com o especial fim de eximir-se, total ou parcialmente, de pagamento de tributo. Esse elemento subjetivo diverso do dolo, sem embargo, não é exigido para os demais incisos, uma vez que o tipo penal não criou esse requisito[72].

72 Sobre a conduta do inciso II, do art. 2º, vale consignar que: *"A Terceira Seção do Superior Tribunal de Justiça, no julgamento do HC n.º 399.109/SC, firmou o entendimento de que o elemento subjetivo especial, no crime de apropriação indébita tributária (art. 2.º, inciso II, da Lei n.º 8.137/90), é prescindível, sendo suficiente para a configuração do crime a consciência (ainda que potencial) de não recolher o valor do tributo devido"*. (STJ - AgRg nos EREsp 1635341/SC, Rel. Ministra LAURITA VAZ, TERCEIRA SEÇÃO, julgado em 10/10/2018, DJe 26/10/2018). Assim também: STJ - AgRg no HC n. 801.029/SC, relator Ministro Otávio de Almeida Toledo (Desembargador Convocado do TJSP), Sexta Turma, julgado em 30/9/2024, DJe de 4/10/2024.

5. CONSUMAÇÃO E TENTATIVA

Os crimes previstos nos incisos I, II, IV e V, do artigo 2º da Lei n. 8.137/90, são de mera conduta. Também o é crime previsto no inciso III, na modalidade exigir.

Assim, a simples realização da ação ou omissão previstas nos tipos penais já importa na consumação do delito.

Em geral esses delitos não admitem a tentativa, salvo, em determinados casos específicos, em que seja possível interromper-se o *iter criminis*.

Já o crime do inciso III, do artigo 2º da Lei n. 8.137/90, na modalidade pagar e receber, é material – uma vez que exige-se o resultado naturalístico para a sua consumação – sendo, ademais, perfeitamente possível a tentativa.

6. AÇÃO PENAL

A ação penal é pública incondicionada. Considerando que a pena cominada ao delito do art. 2º da Lei n. 8.137/90 é de detenção, de 6 (seis) meses a 2 (dois) anos, e multa, concluir-se que se trata de infração de menor potencial ofensivo, sendo que seu processamento e julgamento submete às regras da Lei n. 9.099/95, sendo, ademais, possível a concessão do benefício da transação penal (art. 76) e da suspensão condicional do processo (art. 89). Não é cabível o acordo de não persecução penal, pois para essa infração, como visto, cabe transação penal, incidindo, portanto, a vedação do art. art. 28-A, § 2º, inciso I do Código de Processo Penal.

O juízo competente para apreciar os casos penais derivados do delito em questão pode ser a Justiça Comum Estadual ou a Justiça Comum Federal, dependendo do fato de o bem jurídico atingido ser da União (Justiça Federal) ou dos Estados ou Municípios (Justiça Estadual).

SEÇÃO I
DOS CRIMES PRATICADOS POR FUNCIONÁRIOS PÚBLICOS

Art. 3º Constitui crime funcional contra a ordem tributária, além dos previstos no Decreto--Lei nº 2.848, de 7 de dezembro de 1940 – Código Penal (Título XI, Capítulo I):

I – extraviar livro oficial, processo fiscal ou qualquer documento, de que tenha a guarda em razão da função; sonegá-lo, ou inutilizá-lo, total ou parcialmente, acarretando pagamento indevido ou inexato de tributo ou contribuição social;

II – exigir, solicitar ou receber, para si ou para outrem, direta ou indiretamente, ainda que fora da função ou antes de iniciar seu exercício, mas em razão dela, vantagem indevida; ou aceitar promessa de tal vantagem, para deixar de lançar ou cobrar tributo ou contribuição social, ou cobrá-los parcialmente. Pena – reclusão, de 3 (três) a 8 (oito) anos, e multa.

III – patrocinar, direta ou indiretamente, interesse privado perante a administração fazendária, valendo-se da qualidade de funcionário público. Pena – reclusão, de 1 (um) a 4 (quatro) anos, e multa.

1. BEM JURÍDICO TUTELADO

O bem jurídico protegido pelo tipo penal do art. 3º da Lei n. 8.137/90, como o dos artigos anteriores tutela o patrimônio do Estado e a sua capacidade de cumprir a missão constitucional, materializada pela capacidade arrecadatória e pela ordem tributária.

No entanto, aqui há, ademais, outro bem jurídico a ser tutelado que é o bom funcionamento da administração pública tributária, inclusive, especialmente no caso do inciso II, que protege a integridade e probidade pública.

2. SUJEITOS DO CRIME

O crime do art. 3º da Lei n. 8.137/90 é especial, uma vez que a Lei limita o círculo de autores aos funcionários públicos.

O sujeito passivo do delito será administração pública da União, Estados, Distrito Federal, Municípios, ou da pessoa jurídica de direito público que tenha capacidade tributária ativa.

3. CONDUTAS TÍPICAS (TIPICIDADE OBJETIVA)

O artigo 3º da Lei n. 8.137/90, que trata dos crimes praticados por funcionários públicos, estabelece três condutas distintas: (i) uma se refere à proteção de documentos, livros ou processos fiscais; (ii) outra trata da combinação entre o crime de concussão e corrupção passiva tributária e (iii) a última trata da advocacia administrativa tributária.

A seguir examinaremos com maior detalhe cada uma dessas incriminações, que constituem modalidades específicas dos delitos previstos no art. 314, 316, 317 e 321, todos, do Código Penal.

Conduta do Inciso I, do art. 3º ("extraviar livro oficial, processo fiscal ou qualquer documento, de que tenha a guarda em razão da função; sonegá-lo, ou inutilizá-lo, total ou parcialmente, acarretando pagamento indevido ou inexato de tributo ou contribuição social")

O delito previsto no inciso I, caracteriza-se com o extravio (tornar desconhecida a sua localização), a sonegação (ocultar, negar a entrega, deixar de devolver ao local adequado) e a inutilização (tornar impróprio para o uso a que se destina), total ou parcial, de livro oficial, processo fiscal ou qualquer outro documento cujo uso seja vinculado à atuação tributária do Estado.

Para a configuração do crime, deve o funcionário público ter a posse dos livros, processos ou documentos, em razão do exercício de suas funções (*ratione officii*) e, uma vez os recebendo, acaba por praticar alguma das condutas descritas no tipo penal.

Ademais, o extravio, sonegação ou inutilização devem constituir uma causa, enquanto que o pagamento inexato ou indevido de tributos, deve ser o seu efeito.

Deve existir, pois, um nexo causal entre a conduta (extravio, sonegação ou inutilização) e o resultado (pagamento inexato ou indevido).

Diante disso, é possível afirmar que o delito em exame é um crime material, cujo resultado (pagamento inexato ou indevido de tributos) deve derivar necessariamente do extravio, sonegação ou inutilização.

O pagamento do tributo pode ser tanto a maior quanto a menor, o que é imprescindível é que ele seja inexato ou indevido.

Conduta do Inciso II, do art. 3º ("exigir, solicitar ou receber, para si ou para outrem, direta ou indiretamente, ainda que fora da função ou antes de iniciar seu exercício, mas em razão dela, vantagem indevida; ou aceitar promessa de tal vantagem, para deixar de lançar ou cobrar tributo ou contribuição social, ou cobrá-los parcialmente")

O inciso II, do art. 3º, criminaliza em um só tipo penal, condutas semelhantes ao crime de concussão (CP, art. 312) e de corrupção passiva (CP, art. 317), consolidando-as num tipo penal vinculado à atuação de funcionários públicos com atuação tributária, aplicável por força do princípio da especialidade[73].

---

73 Nesse sentido, o Superior Tribunal de Justiça já preconizou que: *"O delito do artigo 317 do Código Penal viola a moralidade administrativa em geral enquanto o crime do artigo 3º, inciso II, da Lei nº 8.137/90 viola a moralidade da administração tributária e econômica, tendo induvidosa aplicação a Lei especial por força do princípio da especialidade."* (STJ – AgRg no REsp 1444444/SP, Rel. Ministra MARIA THEREZA DE ASSIS MOURA, SEXTA TURMA, julgado em 16/02/2016, DJe 24/02/2016).

No que diz respeito aos verbos do tipo, é certo que a ação de **exigir** pode se dar:

(i) com uma determinação, uma ordem, uma imposição mais enérgica, mas que não chega a configurar violência ou grave ameaça, mas também não se trata de simples pedido ou solicitação;

(ii) como uma solicitação num contexto de *metus publicae potestatis*, em que a vítima, dadas as circunstâncias do fato, pode estar perante de uma situação objetiva de receio de que – diante da negativa da solicitação – possa sofrer alguma represália do agente público, configurando, assim, a exigência a que alude o tipo penal. Assim, o agente tributário que pede dinheiro, alegando que o empresário pode sofrer multas pesadíssimas, em caso contrário, está claramente exigindo (e não simplesmente) solicitando valores.

O mesmo tipo penal pude, ainda, a ação de **solicitar**, que se caracteriza quando o agente pede dinheiro para deixar de realizar ato de ofício (no caso, deixar de lançar ou cobrar tributo ou cobrá-los parcialmente), nos casos em que a adesão ou não do particular ocorre livremente, não estando submetida ao constrangimento decorrente do risco de represália (aqui não há o *metus publicae potestatis*). Aqui, como o próprio verbo está a indicar, basta a solicitação para a consumação do delito.

O verbo **receber** se consubstancia com a aceitação de vantagem indevida entregue por particular, em que o agente público efetivamente pega, coleta, embolsa, goza da vantagem indevida.

Por fim, o verbo **aceitar** (promessa) se manifesta com o simples assentimento, concordância do agente público (ainda que por meio de gestos ou códigos) com o recebimento da vantagem indevida prometida.

A exigência, a solicitação, o recebimento e a aceitação de benefício indevido podem ser realizadas tanto diretamente pelo funcionário público, quanto por interposta pessoa, que comunica a exigência, a solicitação, a aceitação ou recebe a vantagem indevida.

Essa vantagem, ainda que normalmente tenha caráter econômico, não precisa necessariamente ter essa natureza, podendo se consubstanciar em outros benefícios que interessem ao agente público, como favores sexuais, benefícios de emprego ou ascensão funcional na carreira de amigos ou parentes, dentre outras benesses. Em poucas palavras, é possível afirmar que a Lei não restringiu a vantagem indevida a benefícios de natureza patrimonial.

Ademais, é importante frisar que deve existir uma relação causal entre a função pública (ainda que o agente não a esteja exercendo ou mesmo antes do seu exercício) e a exigência, solicitação, aceitação ou recebimento da vantagem. É dizer, tais ações típicas devem guardar uma relação de pertinência com o exercício (mesmo que passado ou futuro) das funções.

No entanto, conforme já decidiu o Supremo Tribunal Federal, o tipo penal do art. 3º, inciso II, *"não exige que o servidor tenha a atribuição específica de lançamento tributário"*[74].

Por fim, deve-se deixar bem claro que o tipo penal em questão é formal, não se exigindo, para a sua consumação, que se deixe de lançar ou cobrar, total ou parcialmente, tributo[75].

74 STF – RHC 108822, Relator(a): Min. GILMAR MENDES, Segunda Turma, julgado em 19/02/2013, ACÓRDÃO ELETRÔNICO DJe-046 DIVULG 08-03-2013 PUBLIC 11-03-2013.

75 Nessa esteira, confira-se o seguinte julgado do Superior Tribunal de Justiça: *"1. O delito previsto no artigo 3º, inciso II, da Lei 8.137/1990, ao contrário do previsto no inciso I do artigo 1º, é formal, não se exigindo, para a sua caracterização, que o crédito tributário esteja devidamente constituído na via administrativa. 2. Destaque-se, ainda, que mesmo que o tributo seja pago, ou que haja a extinção da punibilidade do contribuinte, remanesce a responsabilidade penal do funcionário público, já que os crimes previstos no artigo 3º da Lei 8.137/1990 não ofendem apenas a ordem tributária, mas também a moralidade administrativa, constituindo verdadeiros delitos contra a Administração Pública previs-*

Conduta do Inciso III, do art. 3º ("patrocinar, direta ou indiretamente, interesse privado perante a administração fazendária, valendo-se da qualidade de funcionário público")

Trata-se aqui do crime de advocacia administrativa tributária. O crime se caracteriza com o patrocínio, com apadrinhamento, com a defesa de interesses privados perante a administração pública fazendária, utilizando-se, para tanto, das facilidades de acesso e de influência que o servidor público tem em virtude do exercício do seu cargo.

O crime se caracteriza quando essa advocacia administrativa de interesses privados é realizada diretamente pelo servidor público ou quando é realizada por interposta pessoa (indiretamente).

O interesse privado aqui protegido pode ser legítimo ou ilegítimo, pois o que se pude é precisamente a deslealdade do servidor em promover, com preferência e de forma não isonômica, determinados interesses privados, utilizando-se do acesso privilegiado que tem com as instâncias administrativas para patrocinar um interesse particular.

4. TIPICIDADE SUBJETIVA

Os crimes tipificados pelo art. 3º da Lei n. 8.137/90 somente são punidos quando praticados dolosamente. É dizer, com consciência e vontade de realizar os elementos do tipo objetivo.

No caso do inciso I, não há especial fim de agir, uma vez que o resultado *"pagamento indevido ou inexato de tributo"* deve estar abarcado pelo dolo (pelo menos eventual) do agente.

Com relação ao tipo penal do inciso II, ademais do dolo, exige-se um especial fim de agir, consistente no objetivo de deixar de lançar ou cobrar tributos (ou cobrá-los de forma parcial).

Para a configuração da tipicidade subjetiva da conduta do inciso III, tampouco exige-se um especial fim de agir, sendo suficiente o dolo.

Não há punição a título de culpa.

5. CONSUMAÇÃO E TENTATIVA

Art. 3º, inciso I: O crime previsto no inciso I, do art. 3º da Lei n. 8.137/90 exige para a sua consumação a concreção de um resultado, consistente no pagamento indevido ou inexato de tributo. Trata-se, pois, de crime material.

No entanto, apesar de ser material, não se aplica ao delito em questão a súmula vinculante n. 24 do STF, uma vez que: **a)** a redação da súmula faz referência exclusiva aos tipos penais do art. 1º, incisos I a IV, da Lei n. 8.137/90; e **b)** o crime do inciso I, do art. 3º é funcional, razão pela qual a liquidação do débito tributário para apurar o valor sonegado é irrelevante para a sua consumação, pois a conduta central que o tipo penal pune é a do servidor e não do contribuinte (o funcionário sempre será o autor do delito, nos termos da teoria da infração do dever).

Em outras palavras, não se busca punir o contribuinte que sonega tributos, mas sim o servidor público, cuja conduta acarreta pagamentos inexatos ou indevidos. Veja-se que o crime se consuma, ainda que o pagamento efetuado seja a maior do devido, já que é incriminado o pagamento inexato, tanto para mais, quanto para menos.

A tentativa é possível quando iniciada a execução do crime, sem que o resultado *"pagamento indevido ou inexato de tributo"* tenha ocorrido, por circunstâncias alheias à vontade do agente.

---

tos em legislação especial. 3. A materialidade do ilícito atribuído ao paciente, em razão da sua natureza, independe da comprovação da efetiva lesão ao Erário – já que a moralidade administrativa também é tutelada pelo tipo -, circunstância que afasta a alegada inépcia da exordial acusatória, bem como evidencia a prescindibilidade de conexão com eventual ação deflagrada para apuração da sonegação fiscal decorrente da conduta em análise." (STJ – HC 137.462/RJ, Rel. Ministro JORGE MUSSI, QUINTA TURMA, julgado em 17/11/2011, DJe 19/12/2011).

Art. 3º, inciso II: O crime tipificado no inciso II, do art. 3º, da Lei n. 8.137/90, é crime formal, consumando-se com a simples exigência, solicitação ou aceitação de benefício indevido, não sendo necessário o efetivo recebimento dos valores. Na modalidade receber o crime é material, devendo ser comprovado o efetivo recebimento ou gozo do benefício.

A tentativa é possível quando o *iter criminis* possa ser interrompido por circunstâncias alheias à vontade do agente.

Art. 3º, inciso III: Para a configuração do tipo penal do inciso III, do art. 3º, da Lei n. 8.137/90, basta que o agente público realize, direta ou indiretamente, qualquer ação que importe no patrocínio, na defesa, de interesse privado perante a administração fazendária, valendo-se, para tanto, de sua qualidade de funcionário público. Trata-se, pois, de crime de mera conduta.

A tentativa é possível naquelas hipóteses em que o *iter criminis* pode ser interrompido, especialmente naqueles casos em que se busca o patrocínio por interposta pessoa (indiretamente).

6. AÇÃO PENAL

A ação penal é pública incondicionada (art. 15).

O tipo penal do art. 2º da Lei n. 8.137/90 traz, curiosamente, dois preceitos secundários.

Para as condutas previstas nos incisos I e II, do art. 3º da Lei n. 8.137/90, é cominada a pena de reclusão, de 3 (três) a 8 (oito) anos, e multa.

Assim, incabível o benefício da transação penal (art. 76, Lei 9.099/95) ou da suspensão condicional do processo (art. 89, Lei 9.099/95), mas cabe acordo de não persecução penal, tendo em conta que a pena mínima é inferior a 04 (quatro) anos (CPP, art. 28-A).

Já para o crime do inciso III, do art. 3º da Lei n. 8.137/90, é cominada a pena de reclusão, de 1 (um) a 4 (quatro) anos, e multa.

Nesse caso, apesar de incabível a transação penal (art. 76, Lei 9.099/95), será objetivamente possível a suspensão condicional do processo, tendo em conta que a pena mínima é igual a um ano (art. 89, Lei 9.099/95) e também o acordo de não persecução penal (CPP, art. 28-A).

O juízo competente para apreciar os casos penais derivados do delito em questão pode ser a Justiça Comum Estadual ou a Justiça Comum Federal. Isso dependerá caso se trate de servidor público federal ou de suas entidades autárquicas ou empresas públicas (Justiça Federal) ou de outro servidor público (Justiça Estadual).

CAPÍTULO II
DOS CRIMES CONTRA A ORDEM ECONÔMICA E AS RELAÇÕES DE CONSUMO

Art. 4º Constitui crime contra a ordem econômica:

I – abusar do poder econômico, dominando o mercado ou eliminando, total ou parcialmente, a concorrência mediante qualquer forma de ajuste ou acordo de empresas; (Redação dada pela Lei nº 12.529, de 2011).

II – formar acordo, convênio, ajuste ou aliança entre ofertantes, visando: (Redação dada pela Lei nº 12.529, de 2011).

a) à fixação artificial de preços ou quantidades vendidas ou produzidas; (Redação dada pela Lei nº 12.529, de 2011).

b) ao controle regionalizado do mercado por empresa ou grupo de empresas; (Redação dada pela Lei nº 12.529, de 2011).

c) ao controle, em detrimento da concorrência, de rede de distribuição ou de fornecedores. (Redação dada pela Lei nº 12.529, de 2011).

Pena – reclusão, de 2 (dois) a 5 (cinco) anos e multa.

1. BEM JURÍDICO TUTELADO

O crime do art. 4º da Lei n. 8.137/90 tem como bem jurídico tutelado a ordem econômica, especialmente na sua faceta de proteção à livre concorrência, que constitui um dos seus princípios constitucionais fundantes (CR, art. 170, inciso IV).

2. SUJEITOS DO CRIME

O sujeito ativo do delito é aquele que exerce atividade empresarial. Trata-se de um conceito funcional, não sendo, pois, imprescindível uma condição formal de empresário. Caracteriza, pois, crime comum, aplicando-se, assim, com relação à identificação dos autores e partícipes, a teoria do domínio do fato.

O sujeito passivo é constituído pelos demais empresários que atuam num mercado viciado e pelos consumidores que são prejudicados por pagarem preços artificialmente fixados, numa relação de consumo nociva, vez que limitado o seu direito de livre escolha.

Indiretamente, o Estado também é atingido, uma vez que tem o dever de proteger a livre concorrência e promover a defesa do consumidor.

3. CONDUTAS TÍPICAS (TIPICIDADE OBJETIVA)

O artigo 4º da Lei n. 8.137/90 criminaliza as violações ilícitas ao princípio constitucional da livre concorrência. Com essa tipificação, o Estado manifesta, também, a concretização de parte do compromisso formal que o constituinte assumiu de: reprimir *"o abuso do poder econômico que vise à dominação dos mercados, à eliminação da concorrência e ao aumento arbitrário dos lucros"* (CR, art. 174, §4º).

Feito esse primeiro esclarecimento, cumpre, agora, analisar as condutas especificamente criminalizadas pelo art. 4º da Lei n. 8.137/90.

Condutas do Inciso I, do art. 4º ("abusar do poder econômico, dominando o mercado ou eliminando, total ou parcialmente, a concorrência mediante qualquer forma de ajuste ou acordo de empresas")

O delito previsto no inciso I, é caracterizado, primordialmente, pelo abuso do poder econômico, que consubstancia a extrapolação dos limites normativamente aceitáveis para o exercício do poder econômico.

Para a caracterização do delito, o abuso do poder econômico pode ser empregado para: **i)** dominar o mercado ou **ii)** eliminar, total ou parcialmente, a concorrência mediante qualquer forma de juste ou acordo de empresas.

Inciso I, primeira parte, do art. 4º: Na primeira hipótese, a empresa de forma isolada domina o mercado, ao abusar do seu poderio econômico.

Domínio do mercado, de acordo com TIGRE MAIA, se caracteriza pela reunião dos *"poderes necessários para direta ou indiretamente interferir, manipular e/ou controlar mecanismos envolvidos na formação dos preços dos bens e/ou serviços, quer atuando na angulação da oferta, quer na demanda, mercê da aquisição de capacidade (seja na esfera da concorrência existente, seja naquela da potencial iniciativa) para influenciar as atividades destinadas à produção, à circulação e ao consumo destas utilidades no mercado."*[76]

Na verdade, em última análise, é possível afirmar que a caracterização do crime, nesta primeira parte do inciso I, do art. 4º, da Lei n. 8.137/90, ocorre quando existe um abuso do poder dominante.

---

76 TIGRE MAIA, Rodolfo. Tutela Penal da Ordem Econômica: O crime de formação de cartel. São Paulo: Malheiros, 2008, p. 165.

Em outras palavras, determinado agente econômico encontra-se em posição dominante e efetivamente abusa dela, sujeitando as demais empresas e os consumidores ao seu poderio econômico.

A respeito dessa posição dominante, FORGIONI ensina que:

> *"A empresa que se encontra em posição dominante tende a adotar o comportamento típico monopolista, aumentando preços no limite máximo, não prezando pela qualidade de seu produto ou serviço e ainda impondo a outros práticas que não seriam adotadas caso houvesse concorrência. Basta a influencia, o poder de determinar as regras do jogo de forma unilateral, independente e autônoma, neutralizando as forças normais que regeriam o mercado."*[77]

No entanto, é importante realçar que o só fato de a empresa encontrar-se em posição dominante não é por si só suficiente para caracterizar o delito em questão. É necessário mais, é necessário que ocorra o abuso dessa posição[78].

Veja-se que a caracterização penal desse abuso da posição dominante, porém, com atual a redação do inciso I, do art. 4º, da Lei n. 8.137/90, acabou ficando demasiadamente genérica, de modo que o intérprete deverá se valer de outros critérios para a sua identificação.

Um bom ponto de apoio será precisamente o art. 36 da Lei n. 12.529/11 que estabelece uma série de condutas que caracterizam infração da ordem econômica, que deverão, no caso concreto, ser contrastadas com o constatação material de um efetivo abuso do poder econômico para dominar o mercado.

Nesse sentido, o § 2º, do art. 36 da Lei n. 12.529/11, consubstancia relevantíssimo critério para essa constatação material, ao preconizar o seguinte: "*§ 2º Presume-se posição dominante sempre que uma empresa ou grupo de empresas for capaz de alterar unilateral ou coordenadamente as condições de mercado ou quando controlar 20% (vinte por cento) ou mais do mercado relevante, podendo este percentual ser alterado pelo Cade para setores específicos da economia.*"

Evidentemente que, para fins penais, jamais o juiz poderá valer-se de presunções, como acima indicado. É certo, porém, que o controle de 20% (vinte por cento) ou mais do mercado relevante parece ser um sério indicativo e um bom critério interpretativo para a identificação da posição dominante. Além disso, não há dúvidas, que deverá o Ministério Público comprovar a efetiva existência de um domínio do mercado, valendo-se, além desse critério objetivo, de outros indicativos nesse sentido[79].

---

77 FORGIONI, Paula A. Os Fundamentos do Antitruste. 6ª ed. São Paulo: Revista dos Tribunais, 2013, pp. 259-260.

78 Nesse sentido, também, afirma TIGRE MAIA: *"Importante ressaltar que a ocupação e/ou aquisição de uma posição dominante, com ou sem domínio do mercado, não caracteriza, em si mesma, qualquer ilicitude desde que tal posicionamento seja obtido e/ou mantido sem a violação das normas concorrenciais. (...) A dominação ilegítima do mercado é caracterizada, pois, pela aquisição de certo status de poder de mercado que, embora possa teoricamente resultar de imediato de dado ajuste ou acordo, se visto como mera soma dos poderes de mercado preexistentes em mãos dos pactuantes, na prática apenas se demonstra existente diante da exteriorização deste poder através de interferências concretas do cartel nos preços."* TIGRE MAIA. Tutela Penal da Ordem Econômica, p. 181. Apesar do autor se referir a cartel, aqui, como se vê, defende-se que o abuso criminoso do poder dominante pode ocorrer sem a formação de cartel, mas com a simples obtenção de posição dominante, em que o agente ilicitamente abusa desse *status*. Adotando esta mesma posição aqui defendida, no sentido de que o inciso I veicula duas condutas distintas, cf.: PRADO. Direito Penal Econômico, pp. 44 e ss. Sem embargo, não há dúvidas que – o ajuste entre concorrentes – também pode caracterizar a primeira figura do inciso I, uma vez que pode configurar abuso do poder econômico, com a finalidade de dominar o mercado.

79 Ao explicar o tema, FORGIONI consigna que *"O processo de determinação da existência de posição dominante de uma empresa deve partir da consideração de que a diferença entre um mercado concentrado e um mercado competitivo é questão apenas de grau. Não há métodos de interpretação jurídicos ou fórmulas matemáticas que levem à conclusão segura e definitiva sobre a existência de posição dominante em determinado mercado, não obstante a tentativa de economistas nesse sentido. A posição dominante é um fato, nem sempre fácil de constatar. Tanto do ponto de vista da teoria econômica quanto da jurídica, o primeiro passo normalmente adotado para a determinação da exis-*

Em suma, é possível afirmar que, para a caracterização dessa modalidade de delito, o agente, abusando de seu poder econômico, acaba por impor ao mercado condições que lesem a livre concorrência, com a manipulação de preços, de oferta, de demanda, influenciando a produção, a circulação e o consumo de bens e serviços.

O delito em comento é, a nosso sentir, crime material, uma vez que deverá restar demonstrado o dano efetivo à livre concorrência com o abuso da posição dominante. É dizer, deve-se comprovar um vício concorrencial, alguma condição artificial de benefício para quem exerce a posição dominante, com relação às empresas dominadas e ao mercado em geral.

Inciso I, segunda parte, do art. 4º: A outra conduta criminalizada pelo inciso I, do art. 4º, da Lei n. 8.137/90, ocorre quando o abuso do poder econômico é materializado mediante o acordo ou ajuste entre empresas, eliminando, total ou parcialmente, a concorrência. Trata-se do denominado cartel.

Sobre o tema, TIGRE MAIA afirma que o cartel, em geral, designa *"o arranjo efetuado entre empresas concorrentes para limitar ou eliminar a competição entre elas, que se manifesta através da divisão do mercado ou da fixação conjunta de preços, ou da divisão de clientelas ou da limitação da produção etc. Isso sempre é feito com o escopo precípuo de organizar as condições da participação de empresas cartelizadas no âmbito do mercado de modo que estas logrem atingir um controle do mesmo que lhes possibilite otimizar seus ganhos, para além do que ocorreria em uma situação normal de concorrência, e sem oferecer aos consumidores qualquer vantagem objetiva adicional."*[80]

Nessa hipótese, o abuso do poder econômico se dá mediante qualquer forma de ajuste ou acordo entre as empresas que causa a eliminação total ou parcial da concorrência.

Assim, deve existir: **i)** um ajuste entre as empresas; **ii)** que gera um poder econômico e **iii)** que causa a eliminação total ou parcial das concorrências. Deve existir, pois, uma relação causal entre o ajuste e a eliminação da concorrência, que deve estar materialmente caracterizada.

Esse delito, uma vez mais, é material, já que exige resultado (eliminação total ou parcial da concorrência) para a sua configuração.

Condutas do Inciso II, do art. 4º ("formar acordo, convênio, ajuste ou aliança entre ofertantes, visando: a) à fixação artificial de preços ou quantidades vendidas ou produzidas; b) ao controle regionalizado do mercado por empresa ou grupo de empresas; c) ao controle, em detrimento da concorrência, de rede de distribuição ou de fornecedores.")

Aqui, a exemplo do previsto na segunda parte do inciso I, do art. 4º, a caracterização do delito pressupõe um prévio acordo entre empresários ofertantes.

---

tência de posição dominante, como vimos, é a delimitação do mercado relevante de que estávamos tratando, para posteriormente analisarmos sua estrutura. Passada a primeira etapa, por si só plena de percalços hermenêuticos, as dificuldades permanecem. Dentro da complexa realidade do mercado relevante em que atua a empresa cujo comportamento se analisa, há alguns aspectos que podem e devem ser considerados. Tratamos com várias faces da mesma realidade, buscando delimitar os contornos da estrutura do mercado relevante. Não se poderá considerá-las, pois, individualmente, fora do contexto maior em que se inserem, sob pena de chegar-se a resultado completamente enviesado." FORGIONI. Os Fundamentos do Antitruste, p. 271. Na continuação, a autora apresenta os seguintes critérios para avaliar a existência de posição dominante: i) análise do *market share* (parcela que possui do mercado) e *market power* (poder de afetar o mercado) da empresa; ii) existência de concorrência potencial e de barreiras à entrada de novos agentes econômicos; iii) comportamento/dependência dos consumidores e/ou fornecedores; iv) potência econômica da empresa; v) estrutura avançada da empresa, com alto grau de verticalização; vi) domínio da tecnologia; vii) grau de crescimento do setor; viii) domínio temporal do mercado; ix) vantagens da *"primeira jogada"* e existência de consumidores cativos; e x) domínio dos canais de distribuição. FORGIONI. Os Fundamentos do Antitruste, pp. 272-282. Consigna, ainda, a mesma autora que esses indicativos devem ser interpretados de forma conjugada e que se deve analisar, também, o comportamento da empresa no contexto da estrutura do mercado. FORGIONI. Os Fundamentos do Antitruste, pp. 282-283.

80 TIGRE MAIA. Tutela Penal da Ordem Econômica, p. 37.

Na espécie, porém, o acordo deve ter finalidades específicas (especiais fins de agir):

i) a fixação artificial de preços[81] ou quantidades vendidas ou produzidas;

ii) o controle regionalizado do mercado por empresa ou grupo de empresas; ou

iii) o controle, em detrimento da concorrência, de rede de distribuição ou de fornecedores.

Para a caracterização do delito não é necessário que nenhuma dessas consequências sejam efetivamente obtidas. Basta que o ajuste seja feito com essa especial finalidade.

Obviamente, que deverá ser comprovado o ajuste e deverá ser constatada a externalização daqueles objetivos descritos na lei. Não é necessária, porém, a sua efetivação.

A conduta aqui é semelhante à da associação criminosa, com a diferença que o ajuste não é para praticar crimes, mas sim para realizar as condutas anticoncorrenciais especificamente previstas no tipo penal[82].

Assim, é possível afirmar que se trata de crime de perigo abstrato e crime formal, uma vez que é desnecessário o resultado para a sua consumação.

Veja-se que existem autores que defendem a inutilidade do tipo penal do inciso II, do art. 4º, da Lei n. 8.137/90, sob o argumento de que as condutas ali descritas já estariam abrangidas pela tipificação do inciso I do mesmo artigo[83].

No entanto, discordamos dessa posição. Isso porque, como visto, a conduta em exame é um delito de perigo abstrato, uma vez que basta o ajuste com determinadas finalidades para a sua caracterização, não sendo, pois, necessária a obtenção de nenhum resultado de prejudicialidade à livre concorrência[84]. Já a conduta do inciso I, como já registrado, exige para a sua configuração um efetivo dano à concorrência. Daí porque, importante a manutenção do tipo penal do inciso II, do art. 4º, da Lei n. 8.137/90, ainda que se possa criticar a atribuição da mesma pena para um delito de perigo e de lesão, com o mesmo bem jurídico protegido.

4. TIPICIDADE SUBJETIVA

O crime em questão somente pode ser praticado dolosamente. Deve, pois, estar provado que o agente atuou com consciência e vontade de praticar os elementos do tipo objetivo.

---

81 Essa conduta é, algumas vezes, identificada em ajustes artificias de preços realizados por donos de posto de gasolina. Nesse sentido, veja-se o exemplo de caso julgado pelo STJ: *"No caso dos autos, verifica-se que a participação do recorrente na empreitada criminosa foi devidamente explicitada na peça vestibular, tendo o Ministério Público consignado que na qualidade de administrador do Posto Duim, imbuído do ânimo de praticar crime contra o consumidor, alinhou os preços praticados em seu estabelecimento com os demais postos de combustíveis do Município de Londrina, com a finalidade de provocar a alta dos produtos comercializados, narrativa que lhe permite o exercício da ampla defesa e do contraditório."* (STJ - AgRg no RHC 106.945/PR, Rel. Ministro JORGE MUSSI, QUINTA TURMA, julgado em 25/06/2019, DJe 01/07/2019).

82 Não se deve, por outro lado, confundir o crime de cartel com o de fraude à licitação, conforme decidido pelo STJ: "Do cotejo entre os tipos penais de cartel e fraude à licitação, ambos versam sobre a obtenção de vantagem indevida mediante ardil, mas o primeiro decorre da combinação de preços entre um grupo, para impedir a real competitividade entre empresas do ramo, enquanto o outro deriva de ajustes firmados por sociedades empresárias, com o fim de sempre se sagrarem vencedoras dos procedimentos licitatórios. 4. In casu, os relatórios de interceptação telefônica subsidiam o entrelaçamento familiar nos núcleos societários e evidenciam a existência de grupo econômico, que combina preços e formas de atuação, a fim de concentrar o poder econômico, fornecer produtos com preços superiores aos de mercado e obstar a concorrência efetiva entre empresas do comércio de pneumáticos, na região de Ponte Nova - MG, nos termos da previsão do art. 4º da Lei n. 8.137/1990." (STJ - AgRg no HC n. 620.956/MG, relator Ministro Rogerio Schietti Cruz, Sexta Turma, julgado em 28/8/2023, DJe de 30/8/2023)

83 Nesse sentido: NUCCI, Guilherme de Souza. Leis Penais e Processuais Penais Comentadas, vol. 1, 10ª ed. Rio de Janeiro: Forense, 2017, p. 708.

84 Como já decido pelo Superior Tribunal de Justiça: *"O delito do art. 4º, II, da Lei 8.137/90 exige a demonstração que os acordos, ajustes ou alianças entre os ofertantes tinham por objetivo domínio de mercado."* (STJ – REsp 1683839/SP, Rel. Ministro NEFI CORDEIRO, SEXTA TURMA, julgado em 12/12/2017, DJe 19/12/2017).

Na hipótese do inciso II, do art. 4º, porém, exige-se, ainda, um especial fim de agir[85].

Assim, o acordo, convênio, ajuste ou aliança entre ofertantes devem buscar:

i) a fixação artificial de preços ou quantidades vendidas ou produzidas, é dizer, devem buscar um acordo sobre os preços, de modo a evitar que a competição entre os fornecedores permita que as leis do mercado influam na fixação dos preços;

ii) o controle regionalizado do mercado por empresa ou grupo de empresas, que ocorre quando há uma divisão geográfica das áreas de fornecimento, de modo a delimitar a atuação da competição entre os fornecedores de acordo com critérios de localização, impedindo, assim, que a fixação dos preços e a qualidade dos bens e produtos seja configurada pela competição entre fornecedores;

iii) o controle, em detrimento da concorrência, de rede de distribuição ou de fornecedores, que ocorre quando os agentes acordam buscar tão somente determinados distribuidores ou fornecedores, prejudicando assim a concorrência nesse âmbito da cadeia empresarial.

É de se consignar, ainda, que nenhuma dessas condutas pode ter decorrido de simples violação ao dever objetivo de cuidado, é dizer, não se incrimina as ações culposas (ao contrário do que ocorre com as infrações administrativas, que, inclusive, independem de culpa, nos termos do art. 36 da Lei n. 12.529/11).

5. CONSUMAÇÃO E TENTATIVA

O crime tipificado na primeira parte do inciso I, do art. 4º da Lei n. 8.137/90, consuma-se com o menoscabo da livre concorrência derivado da posição dominante de mercado.

Já o crime da segunda parte do inciso I, do art. 4º, consuma-se com a eliminação, total ou parcial, da concorrência, decorrente do ajuste ou acordo de empresas.

Como se vê e conforme já aditado, os crimes do inciso I são materiais, exigindo efetivo resultado para a sua consumação.

A tentativa nessas hipóteses é cabível quando interrompido o *iter criminis* por circunstâncias alheias à vontade dos agentes.

Por sua vez, o crime do inciso II, do art. 4º da Lei n. 8.137/90, consuma-se com a simples convergência de vontades. É dizer, com a simples realização do acordo, convênio, ajuste ou aliança entre ofertantes, prescindindo, pois, de qualquer resultado naturalístico para a sua consumação. Isso porque se trata de crime de perigo abstrato e formal[86].

Ademais, é de se consignar que se trata de crime permanente, de modo que, enquanto existir o acordo de vontades, está em consumação o crime, podendo, inclusive, ocorrer a prisão em flagrante dos envolvidos (CPP, art. 303)[87], além do que o prazo prescricional somente começa a correr uma vez cessada a permanência (CP, art. 111, III).

85 Assim, também, entende o STJ: *"O delito do art. 4º, II, da Lei 8.137/90, como todo crime formal, exige que seja imputado o resultado pretendido como especial fim de agir, de fixação artificial de preços ou quantidades vendidas ou produzidas, de controle regionalizado do mercado por empresa ou grupo de empresas, ou de controle, em detrimento da concorrência, de rede de distribuição ou de fornecedores. Não sendo indicado que esses resultados dos acordos, ajustes ou alianças entre os ofertantes tinham por objetivo domínio de mercado, não se pode admitir a persecução pelo crime formal de cartel."* (STJ - EDcl no REsp 1623985/SP, Rel. Ministro NEFI CORDEIRO, SEXTA TURMA, julgado em 05/09/2019, DJe 12/09/2019).

86 Nesse sentido, também, entende o Superior Tribunal de Justiça: "O crime contra a ordem econômica disposto no art. 4º, II, da Lei n. 8.137/90 é formal, ou seja, consuma-se com a simples formação de um acordo visando à dominação do mercado ou à eliminação da concorrência através da prática de uma das condutas descritas em suas alíneas." (STJ - AREsp 1800334/SP, Rel. Ministro JOEL ILAN PACIORNIK, QUINTA TURMA, julgado em 09/11/2021, DJe 17/11/2021)

87 Muito embora seja permanente o delito, sua consumação se protrai no tempo somente enquanto durar o ajuste. Obviamente, que, uma vez encerrado o cartel, não haverá mais a permanência, vez que cessada a vontade deli-

A tentativa, em princípio, não parece ser possível, por se tratar de crime unissubsistente, uma vez que o acordo de vontades, por si só, já aperfeiçoa a prática criminosa.

6. AÇÃO PENAL

A ação penal é pública incondicionada.

Ademais, considerando que a pena cominada ao delito do art. 4º da Lei n. 8.137/90 é de reclusão, de 2 (dois) a 5 (cinco) anos e multa, verifica-se ser incabível o benefício da transação penal (art. 76, Lei 9.099/95) e da suspensão condicional do processo (art. 89, Lei 9.099/95).

Cabe, porém, acordo de não persecução penal, vez que a pena mínima é inferior a 04 (quatro) anos (CPP, art. 28-A).

É possível, também, a celebração de acordo de leniência com relação ao delito em questão, hipótese em que se suspende o prazo prescricional criminal e o Ministério Público fica impedido de oferecer denúncia com relação ao beneficiário do acordo, sendo que, uma vez cumprido o acordo, fica extinta a punibilidade, tudo isso nos termos do art. 87 da Lei n. 12.529/2011[88].

Obviamente que aludido dispositivo, para que possa ter alguma validade e para que possa surtir os efeitos nele descritos, deve ser submetido à uma interpretação conforme a Constituição, para o fim de compatibilizá-lo com o disposto no art. 129, inciso I, da CF, de modo que esse acordo de leniência, para ter efeitos penais, não pode ser firmado tão somente pelo CADE, mas deve ser acordado, também, com o Ministério Público Federal ou Estadual, caso contrário uma autarquia federal estaria a usurpar a titularidade da ação penal pública do MP.

Aliás, a esse respeito, é certo que a regra da competência para processar e julgar o delito previsto no art. 4º é, em regra, da Justiça Estadual, salvo nos casos em que restar efetivamente demonstrada a violação a bens jurídicos da pessoas jurídicas indicadas no art. 109 da Constituição[89].

---

tiva dos autores. Assim, a nosso sentir, o fato de a permanência se protrair por longo ou curto período de tempo não afasta sua natureza de crime permanente. No sentido de que se deve analisar cada caso concreto, o STJ decidiu o seguinte: *"A respeito do momento consumativo, a doutrina pouco discorre sobre o assunto, gerando conflitos de interpretação pelos julgadores e causando insegurança jurídica. A classificação automática do crime de formação de cartel como instantâneo ou permanente denota análise prematura sem a investigação pormenorizada dos casos postos a debate. Portanto, devem ser perquiridos os casos concretos."* (STJ - AREsp 1800334/SP, Rel. Ministro JOEL ILAN PACIORNIK, QUINTA TURMA, julgado em 09/11/2021, DJe 17/11/2021). Sem embargo e com o devido respeito, a classificação do tipo penal como instantâneo ou permanente não depende do caso concreto, mas sim da técnica de tipificação utilizada pelo legislador, o que, como já dito, não afasta a possibilidade dessa permanência, no caso concreto, transcorrer por curto período de tempo (mesmo que se renove posteriormente, o que caracterizaria um novo delito). Da mesma forma, um crime de sequestro em que a liberdade da vítima é cerceada por curto período de tempo não afasta a sua classificação como crime permanente. Assim, também, com o crime de associação criminosa, que, como já assinalado, tem grande semelhança com o tipo penal em comento.

88 *"Art. 87. Nos crimes contra a ordem econômica, tipificados na Lei no 8.137, de 27 de dezembro de 1990, e nos demais crimes diretamente relacionados à prática de cartel, tais como os tipificados na Lei no 8.666, de 21 de junho de 1993, e os tipificados no art. 288 do Decreto-Lei nº 2.848, de 7 de dezembro de 1940 – Código Penal, a celebração de acordo de leniência, nos termos desta Lei, determina a suspensão do curso do prazo prescricional e impede o oferecimento da denúncia com relação ao agente beneficiário da leniência. Parágrafo único. Cumprido o acordo de leniência pelo agente, extingue-se automaticamente a punibilidade dos crimes a que se refere o caput deste artigo."*

89 Nesse sentido, o Supremo Tribunal Federal já decidiu: *"2. A teor do art. 109, VI, CF, compete à Justiça Federal processar e julgar os crimes contra o sistema financeiros e a ordem econômico-financeira, desde que haja previsão legal nesse sentido. 3. A mera atribuição administrativa de ente federal para fiscalizar determinado setor econômico, por configurar interesse indireto, não traduz hipótese configuradora da competência da Justiça Federal. Precedentes."* (STF – RHC 121985 AgR, Relator(a): Min. EDSON FACHIN, Primeira Turma, julgado em 02/09/2016, PROCESSO ELETRÔNICO DJe-207 DIVULG 27-09-2016 PUBLIC 28-09-2016). Assim, também, o STJ já decidiu: *"A jurisprudência desta Corte Superior possui entendimento no sentido de que os crimes contra a ordem econômica, previstos na Lei n.º 8.137/90, são, em regra, de competência da Justiça Estadual, salvo se comprovada a efetiva lesão a bens, interesses ou serviços da União, a teor do artigo 109, inciso IV, da Constituição Federal, não demonstrada na espécie, à luz do que se destacou na denúncia."* (STJ – AgRg no HC 269.029/DF, Rel. Ministro MARCO AURÉLIO BELLIZZE, QUINTA TURMA, julgado em 26/11/2013, DJe 04/12/2013). Há entendimento do Superior Tribunal de Justiça, também, no sentido de que *"pela magnitude*

Art. 5º (...) Revogado pela Lei nº 12.529, de 2011.

Art. 6º (...) Revogado pela Lei nº 12.529, de 2011.

Art. 7º Constitui crime contra as relações de consumo:

I – favorecer ou preferir, sem justa causa, comprador ou freguês, ressalvados os sistemas de entrega ao consumo por intermédio de distribuidores ou revendedores;

II – vender ou expor à venda mercadoria cuja embalagem, tipo, especificação, peso ou composição esteja em desacordo com as prescrições legais, ou que não corresponda à respectiva classificação oficial;

III – misturar gêneros e mercadorias de espécies diferentes, para vendê-los ou expô-los à venda como puros; misturar gêneros e mercadorias de qualidades desiguais para vendê-los ou expô-los à venda por preço estabelecido para os demais mais alto custo;

IV – fraudar preços por meio de:

a) alteração, sem modificação essencial ou de qualidade, de elementos tais como denominação, sinal externo, marca, embalagem, especificação técnica, descrição, volume, peso, pintura ou acabamento de bem ou serviço;

b) divisão em partes de bem ou serviço, habitualmente oferecido à venda em conjunto;

c) junção de bens ou serviços, comumente oferecidos à venda em separado;

d) aviso de inclusão de insumo não empregado na produção do bem ou na prestação dos serviços;

V – elevar o valor cobrado nas vendas a prazo de bens ou serviços, mediante a exigência de comissão ou de taxa de juros ilegais;

VI – sonegar insumos ou bens, recusando-se a vendê-los a quem pretenda comprá-los nas condições publicamente ofertadas, ou retê-los para o fim de especulação;

VII – induzir o consumidor ou usuário a erro, por via de indicação ou afirmação falsa ou enganosa sobre a natureza, qualidade do bem ou serviço, utilizando-se de qualquer meio, inclusive a veiculação ou divulgação publicitária;

VIII – destruir, inutilizar ou danificar matéria-prima ou mercadoria, com o fim de provocar alta de preço, em proveito próprio ou de terceiros;

IX – vender, ter em depósito para vender ou expor à venda ou, de qualquer forma, entregar matéria-prima ou mercadoria, em condições impróprias ao consumo;

Pena – detenção, de 2 (dois) a 5 (cinco) anos, ou multa.

Parágrafo único. Nas hipóteses dos incisos II, III e IX pune-se a modalidade culposa, reduzindo-se a pena e a detenção de 1/3 (um terço) ou a de multa à quinta parte.

1. BEM JURÍDICO TUTELADO

O bem jurídico tutelado pelo art. 7º da Lei n. 8.137/90 são os interesses patrimoniais e sociais do consumidor, em geral, visto desde uma perspectiva coletiva, de titularidade difusa, ainda que, em um ou outro caso, como se verá, tutelem, também, bens de natureza patrimonial individual do consumidor. Indiretamente, podem os crimes proteger a vida, saúde, o patrimônio ou mercado[90].

da atuação do grupo econômico ou pelo tipo de atividade desenvolvida, o ilícito tenha a propensão de abranger vários Estados da Federação, prejudicar setor econômico estratégico para a economia nacional ou o fornecimento de serviços essenciais." (STJ – HC 117.169/SP, Rel. Ministro NAPOLEÃO NUNES MAIA FILHO, QUINTA TURMA, julgado em 19/02/2009, DJe 16/03/2009). No entanto, esse critério isolado, a nosso sentir, não encontra respaldo no art. 109 da Constituição, servindo tão somente para fixar a atribuição da Polícia Federal e, como consignado na ementa acima transcrita proferida pelo Min. Fachin, ele não traduz hipótese configuradora da competência da Justiça Federal.

90 PRADO. Direito Penal Econômico, 125. Sobre esse aspecto, relativo ao bem jurídico tutelado dos crimes contra o consumidor no direito espanhol, cf.: GALÁN MUÑOZ. Manual de Derecho Penal Económico y de la Empresa, p. 133.

2. SUJEITOS DO CRIME

O sujeito ativo do crime é o fornecedor. Trata-se, pois, de delito especial, uma vez que exige para a sua caracterização essa determinada qualidade, ainda que não seja compreendida desde uma perspectiva formal, mas sim funcional, no sentido de que é fornecedor aquele que efetivamente realiza tal atividade, nos termos do art. 3º, *caput*, do Código de Defesa do Consumidor[91].

Já o sujeito passivo do crime é o consumidor compreendido desde uma perspectiva coletiva ou difusa, ainda, que, em determinadas hipóteses possa, também, ser um consumidor individual.

3. CONDUTAS TÍPICAS (TIPICIDADE OBJETIVA)

O artigo 7º da Lei n. 8.137/90 tipifica diversas condutas que buscam proteger o consumidor, principalmente, desde uma perspectiva difusa.

A seguir serão analisadas as distintas formas de incriminação previstas no aludido dispositivo.

Condutas do Inciso I, do art. 7º ("favorecer ou preferir, sem justa causa, comprador ou freguês, ressalvados os sistemas de entrega ao consumo por intermédio de distribuidores ou revendedores")

A conduta incriminada se caracteriza por dois verbos, que têm como raiz comum a concessão, pelo fornecedor, de um tratamento privilegiado a determinados clientes em detrimento de outros.

O verbo **favorecer** aqui significa a concessão de benefícios específicos a determinados consumidores, não concedidos a outros que se encontrem em situação de igualdade, como, por exemplo, preço ou qualidade diferenciados de determinados produtos. A conduta aqui tem mais a ver com a concessão de conteúdo mais vantajoso na relação de consumo para uma ou mais pessoas, em relação às demais.

Já o verbo **preferir** tem uma noção mais vinculada à ideia de prioridade, com o atendimento em primeiro lugar, desde uma perspectiva de tempo, seja na venda, seja no momento de atendimento, a determinados consumidores, em detrimento de outros. Aqui existe mais uma relação de prioridade temporal no oferecimento ou adimplemento da relação de consumo.

O tipo penal afasta a configuração do delito quando existir **justa causa** para o favorecimento ou tratamento privilegiado, como ocorre, por exemplo, nos casos de clientes fidelizados, com direito a algum bônus, os clientes denominados VIPs, ou mesmo àqueles que, por Lei ou por circunstancias especiais, mereçam um tratamento prioritário, como pessoas idosas ou mulheres grávidas.

Assim, deverá se analisada, no caso concreto, a presença ou não de justa causa para o tratamento diferenciado, sendo certo que o que se pretende com o tipo penal é evitar preconceitos, humilhações ou eventuais retaliações a determinados tipos de clientes.

---

91 *"Art. 3º Fornecedor é toda pessoa física ou jurídica, pública ou privada, nacional ou estrangeira, bem como os entes despersonalizados, que desenvolvem atividade de produção, montagem, criação, construção, transformação, importação, exportação, distribuição ou comercialização de produtos ou prestação de serviços."* Sobre o conceito de fornecedor, FILOMENO explica que: *"Em vez de consignar como tal o 'industrial', ou então o 'vendedor', 'prestador de serviços' ou com qualquer outro termo restritivo, cada qual dentro de uma dada concepção ligada à natureza da operação praticada, temos para nós que o termo fornecedor, tanto de bens como de serviços, seja o vocábulo mais apropriado. E, com efeito, ao definir fornecedor, assim se manifesta Plácido e Silva (1986, v. 1; 138): 'derivado do francês 'fournir' (fornecer, prover), de que se compôs 'fornisseur' (fornecedor), entende-se todo comerciante ou estabelecimento que abastece ou fornece habitualmente uma casa ou um outro estabelecimento dos gêneros e mercadorias necessários a seu consumo'. E, nesse sentido, por certo, que são compreendidos todos quantos propiciem a oferta de bens e serviços no mercado de consumo, de molde a atender às suas necessidades, pouco importando a que título, tendo a relevância a distinção, apenas, como se verá, quando se cuidar da responsabilidade de cada 'fornecedor' em casos de danos aos consumidores, ou então para os próprios fornecedores, na via regressa e em cadeia dessas responsabilidades, eis que vital a solidariedade para a obtenção efetiva da proteção que se almeja para os consumidores."* FILOMENO, José Geraldo Brito. Manual de Direitos do Consumidor. 14ª ed. São Paulo: Atlas, 2016, p. 43.

É importante lembrar que, caso esse tratamento diferenciado tenha algum componente racial ou de cor, poderá o agente ser responsabilizado pela prática de alguns tipos penais da Lei n. 7.716/89, especialmente os delitos previstos nos artigos 5º, 7º 8º, 9º, 10 e 12 da referida Lei.

Com relação aos conceitos de comprador e freguês, há quem defenda que a palavra comprador remete a uma ideia de consumidor eventual, enquanto que a de freguês a de consumidor habitual[92].

No entanto, discordamos dessa interpretação, uma vez que esses conceitos devem ser interpretados à luz do conceito de consumidor previsto no art. 2º, no seu parágrafo único, no art. 17 e no art. 29, todos, do Código de Defesa do Consumidor. Assim, a compreensão dessas palavras deve abranger o consumidor estrito sensu e os consumidores por equiparação, uma vez que expostos à relação de consumo[93].

Assim, parece mais adequado dizer que **comprador** é a pessoa que efetivamente adquire ou utiliza o produto (conceito estrito sensu de consumidor – art. 2º do CDC), enquanto que **freguês** é aquela pessoa que compõe a coletividade de pessoas (art. 2º, paragrafo único), as vítimas do tratamento discriminatório (art. 17 do CDC) ou as pessoas determináveis ou não, expostas às práticas discriminatórias.

Com efeito, não teria sentido, por exemplo, numa longa fila de restaurante, em que, sem justa causa, se *"fura a fila"* em favor de determinado cliente, exigir que somente poderiam ser atingidos pelo crime aqueles que efetivamente já adquirissem o produto e serviços oferecidos pelo estabelecimento. De modo que, parece mais correto, considerar como pessoas atingidas todos que se encontravam na fila e que foram preteridos, ainda que, após esse evento, acabassem indo para casa, com o que acabariam, ao fim e ao cabo, não sendo consumidores em sentido estrito, já que não consumiram os produtos e serviços ali oferecidos. Nesse caso, defende-se aqui que essas pessoas estariam abrangidas pelo conceito de freguês.

Por fim, vale lembrar que o tipo penal expressamente exclui a caracterização do crime quando o favorecimento ou preterição ocorrer no âmbito de sistema de entregas ao consumo por intermédio de distribuidores ou revendedores.

Condutas do Inciso II, do art. 7º ("vender ou expor à venda mercadoria cuja embalagem, tipo, especificação, peso ou composição esteja em desacordo com as prescrições legais, ou que não corresponda à respectiva classificação oficial")

Essa tipificação pretende que se respeite fielmente os parâmetros normativos estabelecidos para a venda ou exposição à venda de determinados produtos.

Desse modo, proíbe-se que o fornecedor venda ou exponha a venda produto cuja embalagem, tipo, especificação, peso ou composição, encontre-se em uma dessas duas situações: **i)** esteja em desacordo com as determinações legais ou **ii)** não corresponda à respectiva classificação oficial.

Trata-se, pois, claramente de norma penal em branco, sendo que, para a sua configuração, se deverá buscar a normativa que estabelece os requisitos de cada um dos aludidos componentes, bem como a classificação oficial eventualmente existentes com relação a eles[94].

---

92 PRADO. Direito Penal Econômico, pp. 126-127.

93 *"Art. 2º Consumidor é toda pessoa física ou jurídica que adquire ou utiliza produto ou serviço como destinatário final. Parágrafo único. Equipara-se a consumidor a coletividade de pessoas, ainda que indetermináveis, que haja intervindo nas relações de consumo. (...) Art. 17. Para os efeitos desta Seção, equiparam-se aos consumidores todas as vítimas do evento. (...) Art. 29. Para os fins deste Capítulo e do seguinte, equiparam-se aos consumidores todas as pessoas determináveis ou não, expostas às práticas nele previstas."*

94 Nesse sentido: *"O artigo 7º, inciso II, da Lei 8.137/1990 constitui norma penal em branco, dependendo de complementação. Doutrina."* (STJ - RHC 119.874/SP, Rel. Ministro JORGE MUSSI, QUINTA TURMA, julgado em 21/11/2019, DJe 28/11/2019).

Sobre a necessidade de realização de perícia, o Superior Tribunal de Justiça tem entendido ser ela imprescindível (com o que discordamos, conforme argumentações constantes do comentário ao delito do inciso IX, do art. 7º): "*Da leitura do artigo 7º, incisos II, da Lei 8.137/1990, percebe-se que se trata de delito contra as relações de consumo não transeunte, que deixa vestígios materiais, sendo indispensável, portanto, a realização de perícia para a sua comprovação, nos termos do artigo 158 do Código de Processo Penal. Precedente*" (RHC 119.874/SP, Rel. Ministro JORGE MUSSI, QUINTA TURMA, julgado em 21/11/2019, DJe 28/11/2019).

Por exemplo, o art. 33 do CDC estabelece que, no caso de oferta ou venda por telefone ou reembolso postal, deve constar da embalagem o nome do fabricante e o seu endereço. Assim, uma vez ocorrendo a venda nessas condições e não constando da embalagem tais informações, configurado estará o tipo objetivo do crime em questão.

Condutas do Inciso III, do art. 7º ("misturar gêneros e mercadorias de espécies diferentes, para vendê-los ou expô-los à venda como puros; misturar gêneros e mercadorias de qualidades desiguais para vendê-los ou expô-los à venda por preço estabelecido para os demais mais alto custo")

Essa norma penal busca proteger o consumidor específico (vender) e difuso (expor à venda) de fraudes relacionadas ao conteúdo e a qualidade de mercadorias inseridas nas relações de consumo.

O verbo típico é o **misturar**, que significa mesclar, juntar elementos diferentes.

Para a configuração do tipo, o agente pode **misturar** gêneros e mercadorias:

a) de **espécies diferentes** para vendê-los ou expô-los à veda como se puros (sem mistura) fossem. Aqui, os elementos misturados são de natureza diferente, mas são vendidos como se puros fossem. Analisa-se, pois, a pureza do gênero e mercadoria. Por exemplo, configura o delito em questão misturar café com milho torrado. Há a mistura do café com outra substância de espécie diferente e, no caso, de preço inferior.

b) de **qualidades diferentes** para vendê-los ou expô-los à venda por preço estabelecido para os demais mais alto custo. Aqui, os elementos misturados são da mesma natureza, mas de qualidade diferente. Assim, são vendidos como se fossem compostos apenas do gênero ou mercadoria da qualidade mais cara. Por exemplo, a mistura do café do tipo Arábica, oriundo da Etiópia, com café brasileiro de baixa qualidade, vendendo-o como se fosse café puro da Etiópia. Há a mistura de café com café, mas um é de maior qualidade e preço.

Condutas do Inciso IV, do art. 7º ("fraudar preços por meio de: a) alteração, sem modificação essencial ou de qualidade, de elementos tais como denominação, sinal externo, marca, embalagem, especificação técnica, descrição, volume, peso, pintura ou acabamento de bem ou serviço; b) divisão em partes de bem ou serviço, habitualmente oferecido à venda em conjunto; c) junção de bens ou serviços, comumente oferecidos à venda em separado; d) aviso de inclusão de insumo não empregado na produção do bem ou na prestação dos serviços;")

A conduta aqui incriminada centra-se na fraude de preços. É dizer, o agente, com sua conduta, cria artificialmente um engano para poder cobrar preço superior ao do que seria cobrado pela mercadoria efetivamente devida.

O inciso IV detalha como pode ocorrer essa fraude de preços, a saber:

a) Alteração, sem modificação essencial ou de qualidade, de elementos tais como denominação, sinal externo, marca, embalagem, especificação técnica, descrição, volume, peso, pintura ou acabamento de bem ou serviço.

O agente aqui pratica uma fraude, mediante a alteração do produto ou serviço, que pode recair sobre os seguintes elementos: denominação (nome do bem ou serviço); sinal externo (existem empresas que vendem produtos ou prestam serviços que são conhecidos por determinado sinal externo); marca (é a identificação de uma determinada empresa); embalagem (é o invólucro de determinado produto); especificação técnica (é o detalhamento técnico); descrição (é a explicação sobre o produto ou serviço); volume (é a quantidade ou extensão); peso (quantidade expressada em medida de peso); pintura (revestimento de tinta da superfície de um produto) ou acabamento (etapa final da tarefa de produção).

Como se pode ver, a fraude consiste numa clara violação ao dever de transparência (art. 31 do CDC) e pode ocorrer a partir da alteração: **i)** de **aspectos externos do produto ou serviço**, enganando o consumidor ao dar informações falsas sobre eles. É importante frisar que esse engano não pode se dar sobre a essência ou qualidade do produto, mas somente sobre as informações que normalmente agregam algum valor a ele. Aqui, incluem-se, a denominação, sinal externo, marca, embalagem, especificação técnica, descrição, pintura ou acabamento de bem ou serviço. Por exemplo se o agente vender um sabão em pó de uma marca genérica, com a embalagem de uma marca de prestígio, incorrerá no tipo penal em questão; **ii)** da **extensão do produto**, que acaba por não corresponder ao informado. Essa informação falsa pode ser relativa ao volume ou peso do produto. Por exemplo, um achocolatado que, na sua embalagem consta pesar 500 gramas, na verdade têm em seu interior apenas 400.

b) Divisão em partes de bem ou serviço, habitualmente oferecido à venda em conjunto.

O engano ao consumidor neste caso consiste no fracionamento de produtos ou serviços que devem ser vendidos conjuntamente, mas, com o objetivo de aumentar, sem justa causa o preço, o agente acaba por vendê-los separadamente. Aí repousa a fraude de preços.

c) Junção de bens ou serviços, comumente oferecidos à venda em separado.

Nessa hipótese, o engano ao consumidor é realizado por meio da operação inversa à anterior. O agente expõe a venda ou vende produtos de forma unitária, conjunta, bens ou serviços que deveriam ser oferecidos separadamente, acarretando, assim, a fraude de preços, com a cobrança, sem justa causa, de valor superior àquele deveria ser cobrado, caso fossem vendidos como deveriam ser, ou seja, separadamente.

d) Aviso de inclusão de insumo não empregado na produção do bem ou na prestação dos serviços.

Essa conduta criminosa se caracteriza na cobrança de valores a maior (fraude de preços) por meio da informação (aviso) de que foram incluídos na produção de determinado bem ou na prestação de determinado serviço, produtos, insumos, que, em verdade, não foram utilizados. Como exemplo, pode-se citar a cobrança, na revisão anual do veículo, de produtos que não foram colocados no veículo (v.g. troca de alguma peça) ou de serviços que não foram prestados (v.g. necessidade de limpeza de alguma peça).

Condutas do Inciso V, do art. 7º ("elevar o valor cobrado nas vendas a prazo de bens ou serviços, mediante a exigência de comissão ou de taxa de juros ilegais")

A ação incriminada consubstancia-se a partir de uma conduta central que é a elevação do preço nas vendas a prazo (ou seja, vendas em que a quitação é feita em parcelas pagas durante determinado período de tempo).

Essa elevação do valor cobrado é criminosa quando o agente exige:

i) **Comissão ilegal**: ocorre quando algum intermediário do negócio jurídico exige nas vendas a prazo determinado percentual da venda – que não se insere no conceito de juros – precisamente por ter sido a venda à prazo[95].

ii) **Juros ilegais**: aqui há de se ter em conta que o tipo penal veicula uma norma penal em branco. No entanto, com a revogação do § 3º, do art. 193 da Constituição da República, pela Emenda Constitucional n. 40/2003, deixou de existir a fixação de um teto de juros para os negócios jurídicos consumeristas. Isso, porém, não significa que não exista a cobrança de juros ilegais. Um exemplo claro se dá com a cobrança capitalizada de juros nos contratos de mútuo, quando não previsão no contrato. Nesse sentido, é a conclusão do Superior Tribunal de Justiça, que, em Recurso Especial, em recurso repetitivo, com base na legislação federal, assentou a tese de que: *"A cobrança de juros capitalizados nos contratos de mútuo é permitida quando houver expressa pactuação."* (REsp 1388972/SC, Rel. Ministro MARCO BUZZI, SEGUNDA SEÇÃO, julgado em 08/02/2017, DJe 13/03/2017). Em outras palavras, não havendo pactuação em casos que tais, a taxa de cobrança dos juros capitalizada é ilegal, caracterizando, pois, o tipo objetivo do inciso V, do art. 7º da Lei n. 8.137/90.

Condutas do Inciso VI, do art. 7º ("sonegar insumos ou bens, recusando-se a vendê-los a quem pretenda comprá-los nas condições publicamente ofertadas, ou retê-los para o fim de especulação")

O inciso VI, do art. 7º da Lei n. 8.137/90 materializa a repressão de duas condutas distintas, ainda que veiculadas pelo mesmo verbo: **sonegar** (ocultação, não fornecimento).

Na primeira hipótese, o legislador se preocupou em incriminar ofertas não isonômicas de insumos ou bens.

Assim, pune-se a sonegação de insumos ou bens, publicamente ofertados, para determinados consumidores.

Por isso é que, uma vez feita a oferta pública de insumos ou bens, é dever do empresário fornecê-los, sem qualquer forma de preconceito ou prevenção. Existe, pois, uma verdadeira obrigação de contratar do fornecedor, extraída da interpretação sistema dos artigos 30, 32, II e 35, todos, do Código de Defesa do Consumidor[96].

---

95 Sobre o tema DELMANTO *et ali*, explicam que, nessa hipótese, *"(...) o agente cobra, além dos juros referentes ao financiamento, uma comissão, que pode ser entendida como 'porcentagem do valor de uma transação comercial, paga sempre que há um intermediário, a título de honorários por seus serviços (Paul Sandroni, ob. cit. p. 112). O valor total do preço acaba, pois, sendo elevado em razão da cobrança da dita comissão (p. ex., 'comissão pela abertura de linha de crédito' ou equivalente), a qual, na verdade, pode ser uma forma indireta de cobrar juros acima do valor de mercado."* DELMANTO, Roberto; DELMANTO JUNIOR, Roberto; DELMANTO, Fabio M. de Almeida. Leis Penais Especiais comentadas. 2ª ed. São Paulo: Saraiva, 2014, p. 253). Veja-se que, no âmbito trabalhista, o próprio empregado somente tem direito a receber as comissões a medida que as prestações vão sendo quitadas, nos termos do art. 466 § 1º da Consolidação das Leis Trabalhistas.

96 Nesse sentido, é a posição de MARQUES, ao comentar o art. 32, inciso II, do Código de Defesa do Consumidor, oportunidade em que afirma que referido dispositivo: *"(...) se interpretado sistematicamente com os arts. 30 e 35 do mesmo capítulo (Das práticas comerciais), pode levar à conclusão de que o CDC institui uma verdadeira obrigação de contratar para o fornecedor."* MARQUES, Claudia Lima. Comentários ao Código de Defesa do Consumidor. 4ª ed. São Paulo: Revista dos Tribunais, 2013, p. 892. Esse dever, ademais, ganha substancial reforço do Direito penal, conforme se verifica do tipo penal em comento.

Na segunda hipótese, pretende-se reprimir a especulação, consistente na retenção de insumos e bens, em determinadas circunstâncias (des)favoráveis, com o objetivo de fazer artificialmente aumentar os preços, por conta da escassez forçada de produtos no mercado. Aqui, ao contrário da primeira hipótese, não se faz necessária a prévia oferta pública, bastando, para tanto, que o fornecedor tenha em estoque ou disponível para venda imediata esses bens, sonegando-os à oferta com os objetivos especulativos.

Condutas do Inciso VII, do art. 7º ("induzir o consumidor ou usuário a erro, por via de indicação ou afirmação falsa ou enganosa sobre a natureza, qualidade do bem ou serviço, utilizando-se de qualquer meio, inclusive a veiculação ou divulgação publicitária")

O inciso VII evita, uma vez mais, o emprego de enganos ao consumidor, materializado pela indicação ou afirmação falsa ou enganosa que pode se dar por qualquer meio, inclusive de veiculação ou divulgação publicitária.

Assim, para a caracterização do crime em exame, devem concorrer os seguintes requisitos:

i) **fazer indicação ou afirmação falsa ao consumidor:** É dizer, pratique atos comunicativos com relação ao consumidor veiculando informações que não correspondam à realidade;

ii) **por qualquer meio (inclusive publicitário):** estão abarcadas todas as formas comunicativas, que pode realizar o fornecedor com o consumidor, seja por meios publicitários (comunicação coletiva e difusa), seja por comunicação individual (específica), podendo ser verbal, escrita, audiovisual ou outro meio possível de transferência de significados;

iii) **que efetivamente induza o consumidor ou usuário a erro:** Não basta aqui a potencialidade de indução, faz-se necessária a comprovação de que algum consumidor efetivamente incorreu em erro sobre a informação, ainda que não seja exigida a efetiva realização do negócio jurídico consumerista;

iv) **sobre a natureza ou a qualidade do bem ou serviço:** a informação falsa, para a caracterização do delito, deve exclusivamente dizer respeito à natureza (tipo, modelo, espécie) ou qualidade (propriedades, características) do bem ou serviço.

Como casuística da prática do delito previsto pelo inciso VII, do art. 7º, pode-se citar os seguintes precedentes:

> *"No presente caso, a peça inaugural explicita que os recorridos, na condição de gerente e representantes legais da empresa em questão, agindo em concurso e unidade de desígnios, afixaram, na gôndola em que expostos os produtos à venda aos consumidores, etiqueta contendo seu preço como sendo R$ 0,75 (setenta e cinco centavos de real), entretanto, o preço registrado pelo caixa quando do pagamento era de R$ 0,89 (oitenta e nove centavos de real), enganando número indeterminável de consumidores, que foram induzidos em erro quanto ao preço do produto, o que configuraria a prática do crime do art. 7º, inciso VII, da Lei nº 8.137/90, razão pela qual não há que se falar em defeito na inicial acusatória."* (STJ – AgRg no REsp 1504697/SP, Rel. Ministro REYNALDO SOARES DA FONSECA, QUINTA TURMA, julgado em 27/09/2016, DJe 05/10/2016)
>
> *"1. A denúncia permite concluir que se imputa ao Paciente a promoção, organização e direção da atividade ilícita desenvolvida pelos co-denunciados, que veicularam anúncios publicitários em mídia impressa, oferecendo carta de crédito para aquisição de veículo no valor de R$*

24.400,00; garantiram às vítimas a liberação da carta de crédito no prazo máximo de sete dias, firmando contrato com pelo menos 2 vítimas que jamais receberam os seus veículos. Posteriormente, as vítimas descobriram que, na verdade, celebraram contrato de consórcio, embora acreditassem tratar-se de financiamento, conforme prometido pelos denunciados. 2. Ao cotejar-se os tipos penais incriminadores indicados na denúncia conforme previsto no art. 7.º, inciso VII, da Lei n.º 8.137/90 ("Art. 7.º Constitui crime contra as relações de consumo: [...] VII – induzir o consumidor ou usuário a erro, por via de indicação ou afirmação falsa ou enganosa sobre a natureza, qualidade do bem ou serviço, utilizando-se de qualquer meio, inclusive a veiculação ou divulgação publicitária; [...]") com a conduta imputada ao Paciente, vê-se que a acusação atende aos requisitos legais do art. 41 do Código de Processo Penal, de forma suficiente para a deflagração da ação penal e para o pleno exercício de sua defesa." (STJ – RHC 32.418/MG, Rel. Ministra LAURITA VAZ, QUINTA TURMA, julgado em 26/06/2012, DJe 01/08/2012).

Condutas do Inciso VIII, do art. 7º ("destruir, inutilizar ou danificar matéria-prima ou mercadoria, com o fim de provocar alta de preço, em proveito próprio ou de terceiros")

Esse tipo penal guarda relação com a segunda hipótese do inciso VI, do art. 7º, uma vez que se pretende evitar uma provocação artificial de alta de preços.

Sem embargo, enquanto no inciso VI a conduta incriminava a sonegação de insumos e bens, aqui, no inciso VIII, a conduta proibida ocorre por meio da **destruição** (extinção, eliminação), **inutilização** (tornar algo impróprio para o seu uso) ou **danificação** (avariar, deteriorar) de matéria-prima ou mercadoria, quando se encontrem presentes determinadas circunstâncias, em que tais ações possam levar ao aumento forçado de preços.

Isso ocorre, porque, com a imprestabilidade da matéria-prima ou mercadoria, derivada da ação do empresário, provoca-se intencionalmente uma situação de falta de oferta, gerando, pois, o substrato circunstancial necessário para a elevação de preços, que é proibida pela norma penal.

Condutas do Inciso IX, do art. 7º ("vender, ter em depósito para vender ou expor à venda ou, de qualquer forma, entregar matéria-prima ou mercadoria, em condições impróprias ao consumo")

O tipo penal do inciso IX, do art. 7º, da Lei n. 8.137/90, quem sabe, seja o delito de proteção ao consumidor com maior incidência prática, dada a reiteração dessas condutas e da não incidência da Lei 9.099/95 (como ocorre com os delitos previstos no Código de Defesa do Consumidor), o que leva a existir vários precedentes nos Tribunais brasileiros, inclusive nos superiores.

A conduta típica é manifestada por quatro condutas distintas: **i) vender** (negócio jurídico bilateral oneroso); **ii) ter em depósito** (armazenar, conservar, estocar) para a venda; **iii) expor** (exibir, colocar no mostruário, deixar bens à disposição do público) **à venda** e **iv) entregar** (transmitir a posse de algo, realizar a tradição, passar às mãos) de qualquer forma (pessoalmente, via correio, via entregador etc.).

Todas essas ações – vender, ter em depósito, expor à venda e entregar – devem estar vinculadas à matéria-prima ou mercadoria que esteja em **condições impróprias para o consumo**.

Esse elemento normativo do tipo – condições improprias para o consumo – seguramente constitui o maior motivo de polêmicas no estudo e aplicação do crime penal do inciso IX, do art. 7º, da Lei n. 8.137/90.

A grande questão é: faz-se necessária a realização de perícia para a constatação de que uma mercadoria ou matéria-prima é imprópria?

Inicialmente, é possível afirmar que existe na doutrina e jurisprudência um conflito de posições para responder a essa indagação, uns no sentido de que é imprescindível a realização de perícia[97], outros tendo-a como dispensável[98].

No entanto, aqui se defende que a resposta à essa pergunta não é tão simples assim, não sendo possível adotar-se posições tão contundentes num ou em outro, como se verá a seguir.

Para explicar esse raciocínio, porém, gostaria, inicialmente, de assentar duas premissas.

A primeira é a de que o tipo penal do inciso IX, do art. 7º, da Lei n. 8.078/90, veicula efetivamente uma **norma penal em branco** (a rigor, não se trata de norma penal em branco, mas sim de **norma de reenvio**), uma vez que o exame do que consistiriam essas *"condições impróprias para o consumo"* exige necessariamente que o intérprete se socorra de outra norma. Isso porque, tal elemento normativo, isoladamente estudado é dotado de uma abertura semântica que praticamente inviabilizaria a aplicação do tipo penal.

A segunda premissa, é a de que a complementação da referida norma de reenvio é feita pelo art. 18, § 6º do Código de Defesa do Consumidor, que, aliás, emprega expressão quase

---

97 NUCCI consigna que: *"(...) cremos indispensável a realização do exame pericial para atestar que a mercadoria ou matéria-prima, realmente, pela avaliação de especialistas, é imprópria para o consumo. Não pode essa questão ficar restrita à avaliação do juiz, que se serviria de testemunhas e outras provas subjetivas para essa avaliação."* NUCCI. Leis Penais e Processuais Penais Comentadas, vol. 1, p. 722. Assim, também, DELMANTO; DELMANTO JUNIOR; DELMANTO. Leis Penais Especiais comentadas, p. 262. Nesse sentido, também, os seguintes julgados do Supremo Tribunal Federal: *"Agentes que fabricam e mantém em depósito, para venda, produtos em desconformidade com as normas regulamentares de fabricação e distribuição. Imputação do crime do inciso IX do art. 7º da Lei no 8.137/90. Norma penal em branco, a ter seu conteúdo preenchido pela norma do inciso II do § 6º do art. 18 da Lei no 8.078/90. 2. São impróprios para consumo os produtos fabricados em desacordo com as normas regulamentares de fabricação, distribuição ou apresentação. A criminalização da conduta, todavia, está a exigir do titular da ação penal a comprovação da impropriedade do produto para uso. Pelo que imprescindível, no caso, a realização de exame pericial para aferir a nocividade dos produtos apreendidos. 3. Ordem concedida."* (STF – **HC 90779**, Relator(a): Min. CARLOS BRITTO, Primeira Turma, julgado em 17/06/2008, DJe-202 DIVULG 23-10-2008 PUBLIC 24-10-2008 EMENT VOL-02338-02 PP-00244). Na mesma senda, são os julgados a seguir do Superior Tribunal de Justiça: *"Da leitura do artigo 7º, inciso IX, da Lei 8.137/90, percebe-se que se trata de delito contra as relações de consumo não transeunte, que deixa vestígios materiais, sendo indispensável, portanto, a realização de perícia para a sua comprovação, nos termos do artigo 158 do Código de Processo Penal. Doutrina. Precedentes do STJ e do STF."* (STJ – **RHC 49.221/SC**, Rel. Ministro JORGE MUSSI, QUINTA TURMA, julgado em 16/04/2015, DJe 28/04/2015). Assim, também, são, por exemplo, os seguintes julgados: STJ – AgRg no AREsp 333.459/SC, Rel. Ministro MARCO AURÉLIO BELLIZZE, QUINTA TURMA, julgado em 22/10/2013, DJe 04/11/2013; STJ – **AgRg no REsp 1175679/RS**, Rel. Ministro SEBASTIÃO REIS JÚNIOR, SEXTA TURMA, julgado em 13/03/2012, DJe 28/03/2012; STJ – **HC 132.257/SP**, Rel. Ministra LAURITA VAZ, QUINTA TURMA, julgado em 23/08/2011, DJe 08/09/2011; STJ – **REsp 1184240/TO**, Rel. Ministro HAROLDO RODRIGUES (DESEMBARGADOR CONVOCADO DO TJ/CE), SEXTA TURMA, julgado em 12/04/2011, DJe 20/06/2011.

98 Nesse sentido, vide o seguinte julgado do Supremo Tribunal Federal: *"A tipificação da figura penal definida no art. 7º, IX, da Lei nº 8.137/90, por ser norma penal em branco, foi adequadamente preenchida pelo art. 18, § 6º, I, do Código de Defesa do Consumidor, que define como impróprio ao uso e consumo produto cujo prazo de validade esteja vencido. A exposição à venda de produto em condições impróprias ao consumo já configura o delito, que é formal e de mera conduta, consumando-se com a simples ação do agente, sendo dispensável a comprovação da impropriedade material. Recurso de Habeas Corpus improvido."* (STF – **RHC 80090**, Relator(a): Min. ILMAR GALVÃO, Primeira Turma, julgado em 09/05/2000, DJ 16-06-2000 PP-00044 EMENT VOL-01995-02 PP-00284). Do Superior Tribunal de Justiça existem os seguintes precedentes defendendo a prescindibilidade da perícia: *"A conduta do comerciante que expõe à venda a matéria-prima ou mercadoria, com o prazo de validade vencido, configura, em princípio, a figura típica do art. 7º, inciso IX da Lei nº 8.137/90 c/c o art. 18 § 6º, inciso I, da Lei nº 8.078/90, sendo despicienda, para tanto, a verificação pericial, após a apreensão do produto, de ser este último realmente impróprio para o consumo. O delito em questão é de perigo presumido (precedentes do STJ e do c. Pretório Excelso)."* (STF – AgRg no AgInt no REsp **1538154/SC**, Rel. Ministro FELIX FISCHER, QUINTA TURMA, julgado em 06/12/2016, DJe 15/02/2017). No mesmo sentido, são os seguintes outros exemplos de julgados: STJ – RHC 73.064/SP, Rel. Ministro FELIX FISCHER, QUINTA TURMA, julgado em 16/02/2017, DJe 15/03/2017; STJ – **REsp 620.237/PR**, Rel. Ministro FELIX FISCHER, QUINTA TURMA, julgado em 21/10/2004, DJ 16/11/2004, p. 315; STJ – **RHC 42.499/SP**, Rel. Ministro JORGE MUSSI, QUINTA TURMA, julgado em 10/12/2013, DJe 03/02/2014; STJ – **HC 115.650/SP**, Rel. Ministra LAURITA VAZ, QUINTA TURMA, julgado em 26/10/2010, DJe 22/11/2010.

idêntica à do tipo penal, que fala em *"condições impróprias ao consumo"*, enquanto a complementação utiliza a expressão *"impróprios ao uso e consumo"*.

Na verdade, considerando-se que a Lei penal ora em comento (Lei n. 8.137, de dezembro de 1990) é poucos meses posterior à sanção (não vigência) do Código de Defesa do Consumidor (Lei n. 8.078, de setembro de 1990), tudo leva a crer que o legislador penal desenhou o tipo objetivo do inciso IX, do art. 7º, já levando em consideração a complementação existente no CDC[99].

Nesse sentido, aliás, o Supremo Tribunal Federal, nos dois julgados que tem sobre o tema, aceita, também, como corretas essas duas premissas, ao assentar o seguinte: *"Imputação do crime do inciso IX do art. 7º da Lei no 8.137/90. Norma penal em branco, a ter seu conteúdo preenchido pela norma do inciso II do § 6º do art. 18 da Lei no 8.078/90."* (STF – HC 90779, Relator(a): Min. CARLOS BRITTO, Primeira Turma, julgado em 17/06/2008, DJe-202 DIVULG 23-10-2008 PUBLIC 24-10-2008 EMENT VOL-02338-02 PP-00244). *"A tipificação da figura penal definida no art. 7º, IX, da Lei nº 8.137/90, por ser norma penal em branco, foi adequadamente preenchida pelo art. 18, § 6º, I, do Código de Defesa do Consumidor, que define como impróprio ao uso e consumo produto cujo prazo de validade esteja vencido."* (STF – RHC 80090, Relator(a): Min. ILMAR GALVÃO, Primeira Turma, julgado em 09/05/2000, DJ 16-06-2000 PP-00044 EMENT VOL-01995-02 PP-00284).

Uma vez assentadas essas duas premissas, chega-se ao momento de responder à questão: Afinal, para a caracterização do crime do inciso IX, do art. 7º da Lei n. 8.137 é necessária ou não a realização de perícia? A resposta mais adequada, nos parece é: depende.

Depende do específico inciso do § 6º, do art. 18, CDC, e hipótese utilizados como complementação da norma penal em branco (rectius: norma de reenvio) do art. 7º, inciso IX, da Lei n. 8.137/90.

Isso porque, nem todos os referidos incisos demandam algum conhecimento específico, que exija o auxílio de perito.

Nesse sentido, é possível afirmar que o Código de Defesa do Consumidor caracteriza as matérias-primas ou mercadorias como impróprias para o consumo, quando:

i) **estejam com o prazo de validade vencido (CDC, art. 18, § 6º, I):** Nesse caso, é extremamente fácil identificar, com a simples apreensão da coisa, se o produto está ou não impróprio para o consumo, não havendo, pois, necessidade de nenhum conhecimento especial que demande a intervenção de um perito;

ii) **estejam deterioradas, alteradas, adulteradas, avariadas, falsificadas, corrompidas, fraudadas, nocivas à saúde, perigosas (CDC, art. 18, § 6º, II, primeira parte):** Nesses casos, efetivamente, faz-se imprescindível a intervenção de um perito para, desde uma perspectiva técnico-científica, informar ao juiz se aludidas impropriedades encontram-se presentes ou não;

iii) **estejam em desacordo com as normas regulamentares de fabricação, distribuição ou apresentação (CDC, art. 18, § 6º, II, segunda parte):** Trata-se de um dado objetivo, que prescinde de conhecimentos técnicos para a sua constatação, bastando, para tanto, que se recorra a normativa correta aplicável ao caso;

99 O Código de Defesa do Consumidor foi sancionado no dia 12.09.1990 (DOU). Só entrou em vigor, porém, 180 (cento e oitenta dias) depois dessa publicação (CDC, art. 118). Já a Lei n. 8.137/90 foi sancionada e entrou em vigor no dia 28.12.1990 (DOU), portanto, entrou em vigor antes do CDC.

iv) **se revelem, por qualquer motivo, inadequadas ao fim a que se destinam (CDC, art. 18, § 6º, III):** Nesse caso, em algumas hipóteses haverá a necessidade de uma análise pericial (v.g. exposição à venda de máquinas esterilizadoras, que se desconfia não cumprirem sua função). Haverá, porém, outras situações em que a perícia é perfeitamente dispensável (v.g. exposição à venda de uma série livros, em que grande parte das suas folhas se encontra com a impressão borrada e ilegível, não se prestando, pois, aos seus fins).

Em poucas palavras, é possível afirmar que a avaliação da necessidade ou não da realização de perícia, para a caracterização do crime do inciso IX, do art. 7º da Lei n. 8.137, dependerá de qual modalidade de impropriedade padece o produto. Não é possível, portanto, afirmar-se taxativamente que a perícia é sempre necessária, ou que ela nunca é necessária. Depende sempre do caso.

Sem embargo de tudo o que foi dito aqui, é certo que o Superior Tribunal de Justiça tem exigido a realização de perícia, muito embora, muitas vezes, se trate de perícia bastante singela, como a simples constatação de que não houve o atendimento às normas regulamentares de distribuição e apresentação ou mesmo o vencimento do prazo de validade:

> *"A materialidade do crime do art. 7º, inciso IX, da Lei n. 8.137/1190 demanda a realização de exame pericial, a fim de atestar se as mercadorias são impróprias para o consumo, inclusive em relação aos produtos com prazo de validade vencido. Precedentes".* (STJ - AgRg no RHC n. 146.246/RS, relator Ministro Antonio Saldanha Palheiro, Sexta Turma, julgado em 17/4/2023, DJe de 19/4/2023)

> *"O Tribunal de Justiça concluiu pela dispensabilidade da realização de perícia para comprovação da materialidade do crime do art. 7, inciso IX, da Lei n. 8.137/90, mesmo havendo apreensão, no caso, dos produtos ditos impróprios para consumo pelo órgão da vigilância sanitária do ato de vistoria no estabelecimento comercial do ora recorrente. Entretanto, em casos inteiramente semelhantes, ambas as Turmas de Direito Criminal deste Superior Tribunal de Justiça, reiteradas vezes, entendem ser indispensável a realização de perícia técnica, para comprovar a materialidade delitiva do crime disposto no art. 7º, IX, da Lei n. 8.137/1990. De rigor, portanto, a absolvição do acusado por ausência de materialidade delitiva. Precedentes."* (STJ - AgRg no REsp n. 1.953.598/SC, relator Ministro Joel Ilan Paciornik, Quinta Turma, julgado em 9/8/2022, DJe de 15/8/2022)

> *"É firme a jurisprudência desta Corte Superior no sentido de que, "da leitura do artigo 7º, inciso IX, da Lei 8.137/1990, percebe-se que se trata de delito contra as relações de consumo não transeunte, que deixa vestígios materiais, sendo indispensável, portanto, a realização de perícia para a sua comprovação, nos termos do artigo 158 do Código de Processo Penal" (RHC 49.221/SC, Rel. Ministro JORGE MUSSI, Quinta Turma, DJe 28/4/2015)."* (STJ - AgRg no AREsp 1930493/SP, Rel. Ministro REYNALDO SOARES DA FONSECA, QUINTA TURMA, julgado em 28/09/2021, DJe 04/10/2021)

> *"A jurisprudência do Superior Tribunal de Justiça se firmou no sentido de que a conduta tipificada no art. 7º, inciso IX, da Lei n. 8.137/90 - ter em depósito para vender produtos impróprios para o consumo - deixa vestígios, razão pela qual a perícia é indispensável para a demonstração da materialidade delitiva, nos termos do art. 158 do Código de Processo Penal - CPP. Precedentes."* (STJ - AgRg no REsp 1903043/SC, Rel. Ministro JOEL ILAN PACIORNIK, QUINTA TURMA, julgado em 03/08/2021, DJe 06/08/2021)

> *"AGRAVO REGIMENTAL NO RECURSO ESPECIAL. ART. 7º, IX, DA LEI 8.137/90. INEXISTÊNCIA DE LAUDO PERICIAL PARA COMPROVAR QUE AS MERCADORIAS MANTIDAS EM DEPÓSITO E EXPOSTAS À VENDA ERAM IMPRÓPRIAS AO CONSUMO HUMANO. AUSÊNCIA DE PROVA DA MATERIALIDADE DELITIVA. DECISÃO*

MANTIDA. AGRAVO REGIMENTAL IMPROVIDO. 1. Nos termos da jurisprudência desta Corte, para fins de comprovar a materialidade delitiva do crime previsto no art. 7º, IX, da Lei 8.137/90, é necessária a realização de laudo pericial de sorte a se atestar ser a mercadoria imprópria para o consumo humano. 2. Agravo regimental improvido." (STJ - AgRg no REsp 1883521/MS, Rel. Ministro NEFI CORDEIRO, SEXTA TURMA, julgado em 06/10/2020, DJe 21/10/2020)

Por fim, é importante consignar que, da leitura do tipo penal, verifica-se que, em nenhum momento, é exigido dano ou perigo concreto de dano para a consumação do crime, razão pela qual é fácil concluir que se trata de delito de perigo abstrato.

4. TIPICIDADE SUBJETIVA

Como regra, somente é punível a conduta quando o agente pratica com consciência e vontade os elementos do tipo objetivo. É dizer, em regra somente é punida a ação ou omissão dolosa.

Sem embargo, relativamente aos tipos penais previstos pelos incisos II[100], III[101] e IX[102] do art. 7º, incrimina-se, também, a conduta realizada culposamente, quando decorrer de uma violação ao dever objetivo de cuidado. Isso tendo em conta do disposto expressamente no parágrafo único do art. 7º da Lei n. 8.137/90.

Ademais, com relação aos delitos dolosos, é importante consignar que, em geral, os tipos penais art. 7º da Lei n. 8.137/90 não exigem um elemento subjetivo diverso do dolo.

É exigido, porém, o especial fim de agir, em três hipóteses: **i)** no caso do **inciso III**, o agente, ao misturar os gêneros ou mercadorias, deve estar imbuído do propósito de vendê-los ou expô-los à venda como puros ou pelo preço mais alto; **ii)** no caso do **inciso VI**, em que se faz necessário comprovar que a conduta de sonegar, se negar a vender ou reter, foi realizada *"para o fim de especulação"* e **iii)** no caso do **inciso VIII**, em que se deve demonstrar que a destruição, inutilização ou danificação foram feitas *"com o fim de provocar alta de preço"*.

É importante frisar que nem o dolo, nem o elemento subjetivo diverso do dolo são consubstanciados por estados mentais insondáveis, devendo estar caracterizados por meio de ações ou omissões *"exteriorizadas"*[103].

5. CONSUMAÇÃO E TENTATIVA

Sobre o momento consumativo e a possibilidade de tentativa dos crimes previstos pelo art. 7º da Lei n. 8.137/90, é possível afirmar o que segue:

Inciso I, do art. 7º: Consuma-se com o mero **favorecimento** ou **preferência** de um consumidor em relação ao outro. Assim, a simples exteriorização de ação ou omissão que consubstancie esse tratamento privilegiado importa na consumação do delito. Entende a doutrina que esse delito não comporta tentativa, uma vez que a simples manifestação de preferência

100 *"II – vender ou expor à venda mercadoria cuja embalagem, tipo, especificação, peso ou composição esteja em desacordo com as prescrições legais, ou que não corresponda à respectiva classificação oficial".*

101 *"III – misturar gêneros e mercadorias de espécies diferentes, para vendê-los ou expô-los à venda como puros; misturar gêneros e mercadorias de qualidades desiguais para vendê-los ou expô-los à venda por preço estabelecido para os demais mais alto custo".*

102 *"IX – vender, ter em depósito para vender ou expor à venda ou, de qualquer forma, entregar matéria-prima ou mercadoria, em condições impróprias ao consumo".*

103 Uma crítica ampla contra as concepções psicológicas do dolo e uma proposta apresentada a partir da filosofia da linguagem, podem ser encontradas em: CABRAL, Rodrigo Leite Ferreira. *Dolo y lenguaje: hacia una nueva gramática del dolo desde la Filosofía del Lenguaje*. Valencia: Tirant lo Blanch, 2017.

ou favorecimento já seria idônea a consumação do crime, que prescinde do gozo efetivo pelo consumidor do benefício oferecido[104].

Inciso II, do art. 7º: Se consuma com a **venda** (momento em que há o acordo de vontade, não sendo necessária a tradição, que se vincula à ideia de adimplemento contratual[105]) ou com a simples **exposição à venda**, que pode se dar inclusive mediante oferta (sobre a oferta, vide artigos 30 a 35 do CDC). Nesta última hipótese (exposição à veda), o crime é permanente, permitindo, inclusive, a prisão em flagrante (CPP, art. 303). A tentativa é perfeitamente possível, quando interrompido o *iter criminis* por circunstâncias alheias à vontade do agente.

Inciso III, do art. 7º: A consumação se dá com a simples **mistura** de gêneros e mercadorias de espécies diferentes ou de qualidades desiguais. Deve, porém, como já visto, estar evidenciado o propósito de vendê-los ou expô-los à venda como puros ou pelo preço mais alto. A constatação desse elemento subjetivo diverso do dolo, deve ocorrer por meio do exame dos atos exteriorizados e pelo contexto da ação. Por exemplo, quando a mistura se dá nos fundos de uma empresa que vende a mercadoria, resta evidente ao intuito de expô-las à venda.

Inciso IV, do art. 7º: Consuma-se o crime com a simples **fraude** do preço, derivada de uma das condutas previstas no referido tipo penal. Não é necessária a efetiva venda do produto (delito de perigo abstrato). É admitida a tentativa, quando interrompido o *iter* criminoso, nos termos do art. 14, inciso II, CP.

Inciso V, do art. 7º: A consumação do tipo penal em questão ocorre com **elevação do preço**, decorrente da exigência ilegal. Aqui, também, não é necessário que o consumidor efetivamente celebre o negócio jurídico de compra a prazo. Basta a elevação do preço (perigo abstrato). É possível a tentativa.

Inciso VI, do art. 7º: A consumação do crime se dá com a mera **recusa** à venda do bem a quem pretenda comprá-lo ou com a sua **retenção** para fins especulativos (ou seja, estando o bem no momento adequado para a sua exposição à venda, o agente deixa de fazê-lo com finalidades especulativas). A tentativa é possível.

Inciso VII, do art. 7º: Ocorre a consumação quando o usuário ou consumidor é **induzido a erro**, por meio da indicação ou afirmação falsa ou enganosa sobre a natureza, qualidade do bem ou serviço. Veja-se que a conduta aqui incriminada é distinta da dos artigos 66 e 67 do CDC, em que não é necessário o erro do consumidor, bastando a realização das atividades descritas nos referidos tipos penais (crime formal)[106]. O delito em questão é material. É admitida a tentativa.

Inciso VIII, do art. 7º: O crime é material e se consuma com a **destruição, inutilização** ou **dano** à matéria-prima ou mercadoria, com a finalidade de provocar alta de preço, em proveito próprio ou de terceiros. Possível, também, a tentativa.

---

104 Sobre o tema explica PRADO: *"(...) essa conduta, como acertadamente adverte a doutrina, não admite tentativa, tanto na modalidade favorecer, como na de preferir. De fato, se o sujeito ativo inicia a ação de favorecer e é advertido por outra pessoa (consumidor ou não), o delito já se consuma por meio da modalidade típica 'preferir'. Desse modo, quem inicia a prática de atos de favorecimento já manifesta sua preferência, consumando o delito. O mesmo raciocínio se aplica à modalidade preferencia."* PRADO. Direito Penal Econômico, p. 136.

105 É o que dispõe o art. 482 do Código Civil (*"Art. 482. A compra e venda, quando pura, considerar-se-á obrigatória e perfeita, desde que as partes acordarem no objeto e no preço."*). Aliás, esse é o entendimento do Superior Tribunal de Justiça, ao decidir que: *"O contrato de compra e venda, de natureza pessoal, não se subordina à transferência de domínio do objeto contratado, aperfeiçoando-se com o mero concerto de vontades entre as partes capazes. Desse modo, a ausência de pagamento e de tradição configuram inadimplemento contratual e não dão causa à anulação do negócio jurídico. Precedentes."* (STJ – **REsp 1513190/DF**, Rel. Ministro MARCO AURÉLIO BELLIZZE, TERCEIRA TURMA, julgado em 28/03/2017, DJe 07/04/2017). Tal interpretação é perfeitamente aplicável ao Código de Defesa do Consumidor.

106 Cf.: PRADO. Direito Penal Econômico, pp. 137-138, inclusive afastando a alegação de eventual revogação do tipo penal do art. 67 do Código de Defesa do Consumidor.

Inciso IX, do art. 7º: A exemplo do já afirmado por ocasião do comentário ao inciso II, consuma-se com a **venda** (acordo de vontade – desnecessária a tradição) ou com a simples **exposição** do bem **à venda**, inclusive mediante oferta (CDC, arts. 30 a 35). Na modalidade exposição à venda o crime é permanente, sendo possível a prisão em flagrante (CPP, art. 303). A tentativa é perfeitamente possível, quando interrompido o *iter criminis* por circunstâncias alheias à vontade do agente, nos termos do art. 14, inciso II, do Código Penal.

6. AÇÃO PENAL

A ação penal é pública incondicionada (art. 15).

Ademais, considerando que a pena cominada ao tipo penal do art. 7º da Lei n. 8.137/90, para os delitos dolosos, é de detenção de 2 (dois) a 5 (cinco) anos, ou multa, verifica-se ser incabível o benefício da transação penal (art. 76, Lei 9.099/95) e da suspensão condicional do processo (art. 89, Lei 9.099/95)[107].

Para os crimes culposos, a pena é de detenção de 01 (um) ano e 04 (quatro) meses a 03 (três) anos e 04 (quatro) meses [*"pune-se a modalidade culposa, reduzindo-se a pena e a detenção de 1/3 (um terço) ou a de multa à quinta parte"*]. Assim, também, incabíveis a transação penal e a suspensão condicional do processo para os delitos culposos do art. 7 da Lei n. 8.137/90.

Para todas essas modalidades é cabível acordo de não persecução penal, vez que a pena mínima é inferior a 04 (quatro) anos (CPP, art. 28-A).

A Justiça Estadual é a competente para apreciar os casos penais derivados do delito em questão[108].

---

107 Nesse sentido, é a jurisprudência do Superior Tribunal de Justiça que assentou: *"Para a aplicação da transação penal é necessário que a pena máxima cominada ao delito não exceda à dois anos, sendo irrelevante a previsão legal de pena de multa na forma alternativa ou cumulativa."* (STJ – **HC 29.328/SP**, Rel. Ministro JORGE SCARTEZZINI, QUINTA TURMA, julgado em 18/03/2004, DJ 10/05/2004, p. 313). Nesse sentido, confira-se: STJ – **AgRg no REsp 1208989/TO**, Rel. Ministra LAURITA VAZ, QUINTA TURMA, julgado em 06/12/2011, DJe 19/12/2011.

108 Com relação à competência territorial, interessantes os seguintes precedentes: "CONFLITO NEGATIVO DE COMPETÊNCIA. PROCESSUAL PENAL. APURAÇÃO DO DELITO DO Art. 7º, IX, DA Lei N. 8.137/90, C.C. O Art. 18, § 6º, II, DA Lei N. 8.078/90. CRIME CONTRA AS RELAÇÕES DE CONSUMO. VENDA DE PRODUTO IMPRÓPRIO PARA O CONSUMO. DELITO FORMAL. COMPETÊNCIA FIRMADA PELO LUGAR DA INFRAÇÃO. Art. 70 DO CÓDIGO DE PROCESSO PENAL. ECONOMIA PROCESSUAL. CONFLITO CONHECIDO PARA DECLARAR COMPETENTE O JUÍZO SUSCITADO. 1. O crime previsto no art. 7º, IX, da Lei n. 8.137/90, consistente na venda de produto impróprio para o consumo, deve ser processado e julgado perante o foro em que se aperfeiçoou a relação consumerista, tendo em vista o bem juridicamente tutelado por essa norma. 2. Tendo o cidadão consumidor realizado a compra do leite questionado em Paranoá/DF, este é o local competente para a persecução criminal. 3. É este, ademais, o local onde reunida a maior quantidade de provas: presença do consumidor final e daqueles que atuaram na empresa diretamente realizadora da venda, onde formalizada denúncia ao DECON e realizada a perícia no material, assim justificando a mais econômica persecução neste foro, ainda que antes e inicialmente ofertado produto à venda em Hidrolândia/GO. 4. Conflito conhecido para declarar competente o juízo suscitado." (STJ – **CC 107.342/GO**, Rel. Ministro NEFI CORDEIRO, TERCEIRA SEÇÃO, julgado em 13/08/2014, DJe 21/08/2014). *"CONFLITO DE COMPETÊNCIA. DIREITO PENAL E PROCESSUAL PENAL. Art. 7º DA Lei 8.137/90. CRIME FORMAL. CONSUMAÇÃO NO LOCAL DO CONSTRANGIMENTO. 1. O delito previsto no art. 7º da Lei nº 8.137/90 é de natureza formal e consuma-se no lugar em que o consumidor foi enganado, independentemente do local onde estão situadas as contas bancárias beneficiárias dos depósitos e a sede da empresa que ofertou o serviço. 2. Na hipótese, o delito praticado consumou-se em Campo Grande/MS, onde o consumidor foi levado a erro, devendo ser reconhecida a competência do Juízo daquele local. 3. Conflito conhecido para declarar competente o Juízo de Direito da 2ª Vara Criminal de Campo Grande/MS, o suscitado."* (STJ – **CC 119.495/MG**, Rel. Ministra ALDERITA RAMOS DE OLIVEIRA (DESEMBARGADORA CONVOCADA DO TJ/PE), TERCEIRA SEÇÃO, julgado em 08/05/2013, DJe 15/05/2013).

CAPÍTULO III
DAS MULTAS

Art. 8º Nos crimes definidos nos arts. 1º a 3º desta lei, a pena de multa será fixada entre 10 (dez) e 360 (trezentos e sessenta) dias-multa, conforme seja necessário e suficiente para reprovação e prevenção do crime.

Parágrafo único. O dia-multa será fixado pelo juiz em valor não inferior a 14 (quatorze) nem superior a 200 (duzentos) Bônus do Tesouro Nacional BTN.

Exclusivamente para os crimes contra a ordem tributária, previstos nos artigos 1º a 3º da Lei n. 8.137/90, o legislador estabeleceu que a fixação dos dias-multa – que nos termos do art. 60 do Código Penal deve ser feito de acordo com a capacidade econômica do sentenciado – deveria ser feita em BTN (Bônus do Tesouro Nacional), sendo que o valor mínimo era de 14 (quatorze) BTNs e o valor máximo de 200 (duzentos) BTNs (art. 8º, paragrafo único, da Lei n. 8.137/90).

Nesse aspecto, difere do Código Penal, que prevê como critério o salário mínimo mensal ao tempo do fato, com valor mínimo de 1/30 (um trinta avos) e máximo de 05 (cinco) salários mínimos (CP, art. 60, § 1º).

No entanto, a Lei 8.177/91, no inciso II, do art. 3º, acabou por extinguir a BTN, de modo que se perdeu o parâmetro financeiro previsto do artigo em comento, esvaziando-se o seu conteúdo.

Desse modo, deve-se voltar a aplicar a regra do Código Penal (art. 60, § 1º). Além disso, inadmissível a tese de que a extinção da BTN importa na inaplicabilidade da pena de multa para esses delitos, uma vez que o preceito secundário dos artigos 1º a 3º da Lei n. 8.137/90, continuam preservados.

Sobre o tema, Superior Tribunal de Justiça já tem jurisprudência consolidada, conforme assinalado no seguinte julgado: *"O entendimento deste Tribunal Superior é no sentido de que a extinção da BTN, a que faz referência o artigo 8º, parágrafo único, da Lei nº 8.137/90, não conduz à inaplicabilidade da pena de multa, pois tratando-se dos crimes contra a ordem tributária, aplica-se, subsidiariamente, a regra geral contida no artigo 49, § 1º do Código Penal."* (STJ – AgRg no REsp 1531334/DF, Rel. Ministra MARIA THEREZA DE ASSIS MOURA, SEXTA TURMA, julgado em 01/10/2015, DJe 23/10/2015).

Além disso, é importante consignar que a redação do *caput* do art. 8º da Lei n. 8.137/90, jamais teve transcendência alguma, uma vez que traz regência idêntica à do Código Penal, no que diz respeito ao mínimo e máximo dos dias multa (10 a 360 dias-multa).

Art. 9º. A pena de detenção ou reclusão poderá ser convertida em multa de valor equivalente a:

I – 200.000 (duzentos mil) até 5.000.000 (cinco milhões) de BTN, nos crimes definidos no art. 4º;

II – 5.000 (cinco mil) até 200.000 (duzentos mil) BTN, nos crimes definidos nos arts. 5º e 6º;

III – 50.000 (cinquenta mil) até 1.000.000 (um milhão de BTN), nos crimes definidos no art. 7º.

Aqui, da mesma forma do consignado no comentário ao art. 8º, a aplicabilidade do dispositivo resta prejudicada por conta da extinção da BTN, de modo que deve ser aplicada a regência da pena restritiva de direito de prestação pecuniária, prevista no art. 45, § 1º, do Código Penal, ou seja, com balizas entre 01 (um) a 360 (trezentos e sessenta) salários mínimos.

Art. 10. Caso o juiz, considerado o ganho ilícito e a situação econômica do réu, verifique a insuficiência ou excessiva onerosidade das penas pecuniárias previstas nesta lei, poderá diminuí-las até a décima parte ou elevá-las ao décuplo.

O art. 10 da Lei n. 8.137/90 possibilita ao juiz – na aplicação da pena de multa (aqui não se trata da pena restritiva de direito, substitutiva da privativa de liberdade) – a alteração do valor final fixado, para menor ou para maior.

Assim, inicialmente, deverá o juiz identificar o valor final da pena de multa. Depois, poderá alterá-lo caso verifique as seguintes situações cumulativas: **i)** situação econômica do réu (precariedade ou grande poder econômico); e **ii)** insuficiência da pena de multa ou excessiva onerosidade.

De tal maneira, poderá o juiz, no caso de onerosidade, diminuir a pena de multa até a sua décima parte ou, em caso de insuficiência, elevá-la ao décuplo.

O montante da diminuição ou o montante do aumento deverá guardar proporcionalidade com o grau de carência ou grau de poderio econômico que o réu ostentar. Assim, quanto mais pobre o réu, maior a diminuição e quanto mais rico, maior deverá ser o aumento da pena de multa.

O objetivo aqui é precisamente modular os efeitos da pena de multa, de forma a evitar que a pena leve os carentes à miserabilidade ou que se torne demasiadamente branda para os mais ricos.

CAPÍTULO IV
DAS DISPOSIÇÕES GERAIS

Art. 11. Quem, de qualquer modo, inclusive por meio de pessoa jurídica, concorre para os crimes definidos nesta lei, incide nas penas a estes cominadas, na medida de sua culpabilidade.

Parágrafo único. Quando a venda ao consumidor for efetuada por sistema de entrega ao consumo ou por intermédio de outro em que o preço ao consumidor é estabelecido ou sugerido pelo fabricante ou concedente, o ato por este praticado não alcança o distribuidor ou revendedor.

DA RESPONSABILIDADE PENAL

O disposto no art. 11 da Lei n. 8.137/90 era perfeitamente dispensável, uma vez que não altera a disciplina geral do Código Penal a respeito da autoria e participação.

Na verdade, a única função que pode ter é a de lembrar o intérprete que: **a)** em nosso sistema penal, a responsabilidade penal é subjetiva; **b)** mesmo que ação ou omissão seja praticada no âmbito da pessoa jurídica, é possível a responsabilização da pessoa física; e **c)** não é possível atribuir-se a responsabilidade penal por ato exclusivamente de terceiro, como no caso de a venda ser feita por sistema de entrega (ou outro), em que o preço é estabelecido ou sugerido por terceiro (fabricante ou concedente) e o distribuidor ou revendedor não tenham nenhuma participação nesse ato.

Aliás, tendo em conta a ideia de responsabilidade pessoal, é importante que nas denúncias relativas aos crimes econômicos venha descrita a ação ou omissão de cada um dos denunciados de forma mais precisa possível.

Isso porque, ainda que a jurisprudência venha se inclinado pela aceitação das denominadas denúncias genéricas nos delitos econômicos[109], é certo que existem casos em que essas

109 Nesse sentido, confira-se os seguintes precedentes do STF: *"Este Supremo Tribunal Federal sufraga o entendimento no sentido de que nos crimes societários, é prescindível que conste da denúncia a descrição minuciosa de cada acu-*

práticas são rechaçadas, inclusive, reconhecendo a inépcia da acusação[110], sendo também e corretamente rechaçadas as imputações fundadas simplesmente na ocupação formal do sujeito no quadro societário[111], de modo que se exige, no mínimo, uma descrição, em linhas gerais, da posição ocupada pelo agente e a prática delitiva, com vistas a permitir o exercício do contraditório e ampla defesa[112].

Art. 12. São circunstâncias que podem agravar de 1/3 (um terço) até a metade as penas previstas nos arts. 1º, 2º e 4º a 7º:

I – ocasionar grave dano à coletividade;

II – ser o crime cometido por servidor público no exercício de suas funções;

III – ser o crime praticado em relação à prestação de serviços ou ao comércio de bens essenciais à vida ou à saúde.

---

sado, mostrando-se consentâneo com os postulados do contraditório e da ampla defesa que se exponha o vínculo dos acusados com a sociedade comercial e que se narre as condutas delituosas de forma a possibilitar o exercício do direito de defesa." (ST – HC 149328 AgR, Relator(a): Min. LUIZ FUX, Primeira Turma, julgado em 01/12/2017, PROCESSO ELETRÔNICO DJe-289 DIVULG 14-12-2017 PUBLIC 15-12-2017). *"A denúncia, na hipótese de crime societário, não precisa conter descrição minuciosa e pormenorizada da conduta de cada acusado, sendo suficiente que, demonstrando o vínculo dos indiciados com a sociedade comercial, narre as condutas delituosas de forma a possibilitar o exercício da ampla defesa. Precedentes: HC 103.104, Primeira Turma, Relator o Ministro Marco Aurélio, DJe de 14.02.12; HC 101.754, Segunda Turma, Relatora a Ministra Ellen Gracie, DJe de 25.06.10; HC 101.286, Primeira Turma, Relator o Ministro Dias Toffoli, DJe de 25.08.11; HC 97.259, Primeira Turma, Relator o Ministro Ricardo Lewandowski, DJe de 26.02.10; HC 98.840, Segunda Turma, Relator o Ministro Joaquim Barbosa, DJe de 25.09.09."* (STF – RHC 117173, Relator(a): Min. LUIZ FUX, Primeira Turma, julgado em 18/02/2014, PROCESSO ELETRÔNICO DJe-045 DIVULG 06-03-2014 PUBLIC 07-03-2014). No STJ: AgRg no REsp n. 2.038.136/SP, relator Ministro Joel Ilan Paciornik, Quinta Turma, julgado em 15/4/2024, DJe de 18/4/2024; STJ - RHC n. 171.361/RJ, relator Ministro Teodoro Silva Santos, Sexta Turma, julgado em 12/3/2024, DJe de 11/4/2024.

110 Nessa linha, são os seguintes julgados do STF: *"Habeas corpus. Penal. Processo Penal. 2. Denúncia genérica. Crime societário. Art. 1º, inciso I, da Lei 8.137/1990 (Crimes contra a ordem tributária, econômica e contra as relações de consumo). É fundamental que o mínimo de individualização da conduta esteja contido na denúncia para permitir o recebimento. Caso que apresenta peculiaridades, que demonstram que um esforço de identificação da contribuição dos envolvidos para o suposto crime seria particularmente relevante. 3. Ordem concedida, para extinguir a ação penal, por inépcia da denúncia."* (STF – **HC 127415**, Relator(a): Min. GILMAR MENDES, Segunda Turma, julgado em 13/09/2016, PROCESSO ELETRÔNICO DJe-206 DIVULG 26-09-2016 PUBLIC 27-09-2016). *"Mudança de orientação jurisprudencial, que, no caso de crimes societários, entendia ser apta a denúncia que não individualizasse as condutas de cada indiciado, bastando a indicação de que os acusados fossem de algum modo responsáveis pela condução da sociedade comercial sob a qual foram supostamente praticados os delitos. Precedentes: HC no 86.294-SP, 2a Turma, por maioria, de minha relatoria, DJ de 03.02.2006; HC no 85.579-MA, 2a Turma, unânime, de minha relatoria, DJ de 24.05.2005; HC no 80.812-PA, 2a Turma, por maioria, de minha relatoria p/ o acórdão, DJ de 05.03.2004; HC no 73.903-CE, 2a Turma, unânime, Rel. Min. Francisco Rezek, DJ de 25.04.1997; e HC no 74.791-RJ, 1a Turma, unânime, Rel. Min. Ilmar Galvão, DJ de 09.05.1997. 5. Necessidade de individualização das respectivas condutas dos indiciados. 6. Observância dos princípios do devido processo legal (CF, art. 5º, LIV), da ampla defesa, contraditório (CF, art. 5º, LV) e da dignidade da pessoa humana (CF, art. 1º, III). Precedentes: HC no 73.590-SP, 1a Turma, unânime, Rel. Min. Celso de Mello, DJ de 13.12.1996; e HC nº 70.763-DF, 1a Turma, unânime, Rel. Min. Celso de Mello, DJ de 23.09.1994. 7. No caso concreto, a denúncia é inepta porque não pormenorizou, de modo adequado e suficiente, a conduta dos pacientes. 8. Habeas corpus deferido"* (STF – HC 85327, Relator(a): Min. GILMAR MENDES, Segunda Turma, julgado em 15/08/2006, DJ 20-10-2006 PP-00088 EMENT VOL-02252-02 PP-00266 RTJ VOL-00201-03 PP-00993 LEXSTF v. 28, n. 336, 2006, p. 393-409 RDDT n. 135, 2006, p. 220-221).

111 Assim: *"Esta Corte Superior tem reiteradamente decidido ser inepta a denúncia que, mesmo em crimes societários e de autoria coletiva, atribui responsabilidade penal à pessoa física, levando em consideração apenas a qualidade dela dentro da empresa, deixando de demonstrar o vínculo desta com a conduta delituosa, por configurar, além de ofensa à ampla defesa, ao contraditório e ao devido processo legal, responsabilidade penal objetiva, repudiada pelo ordenamento jurídico pátrio."* (STJ - AgRg no RHC 132.900/SC, Rel. Ministra LAURITA VAZ, Rel. p/ Acórdão Ministro SEBASTIÃO REIS JÚNIOR, SEXTA TURMA, julgado em 17/08/2021, DJe 02/09/2021). Assim, também, STJ – AgRg no AgRg no Resp n. 2.038.919/PR, relator Ministro Joel Ilan Paciornik, Quinta Turma, julgado em 14/8/2023, Dje de 16/8/2023.

112 Cf.: STJ - AgRg no RHC n. 179.201/RJ, relator Ministro Rogerio Schietti Cruz, Sexta Turma, julgado em 28/8/2023, DJe de 30/8/2023.

DAS MAJORANTES PARA OS DELITOS DO ARTIGO 1º, 2º E 4º A 7º DESTA LEI

O artigo 12 da Lei n. 8.137/90 estabelece – para os delitos previstos no art. 1º, 2º, 4º e 7º – três hipóteses de majorantes, que devem ser aplicadas no terceiro momento, do método trifásico de aplicação da pena (CP, art. 68).

Passamos, pois, a analisar cada uma dessas majorantes:

Inciso I, art. 12 (grave dano à coletividade): A norma prevê como hipótese majorante da pena quando o crime *"ocasionar grave dano à coletividade"*.

De plano, já se verifica que o legislador optou por não apresentar um valor numérico-objetivo do que se consideraria grave dano à coletividade ou qual extensão do dano é apta a caracterizar referida gravidade, o que, de certa forma, gera uma dificuldade interpretativa, muito embora afigure-se a melhor opção dadas as dificuldades que uma tarefa que tal poderia acarretar.

Para entender de forma mais adequada essa majorante, parece extremamente relevante dividir sua aplicação de acordo com os bens jurídicos protegidos pelo delito, uma vez que será ele a referência para dimensionar a gravidade.

Esse estudo será, assim, feito para os crimes contra a ordem tributária (art. 1º e 2º), crimes contra a ordem econômica (art. 4º) e crimes contra o consumidor (art. 7º).

a) A majorante do grave dano à coletividade nos crimes contra a ordem tributária (art. 1º e 2º da. Lei n. 8.137/90):

Apesar de alguma divergência inicial, é certo que a 3ª Seção do Superior Tribunal de Justiça, em *leading case*, acabou por estabelecer um parâmetro objetivo para a incidência da majorante, conforme se verifica da ementa:

> RECURSO ESPECIAL. CRIME CONTRA ORDEM TRIBUTÁRIA. ART. 12, I, DA LEI 8.137/90. ICMS. VALOR SONEGADO. INCLUSÃO DE JUROS E MULTA. AUSÊNCIA DE GRAVE DANO À COLETIVIDADE. CAUSA DE AUMENTO AFASTADA. REDUÇÃO DA PENA-BASE. PRESCRIÇÃO RECONHECIDA. RECURSO PROVIDO.
>
> 1. O dano tributário é valorado considerando seu valor atual e integral, incluindo os acréscimos legais de juros e multa.
>
> 2. A majorante do grave dano à coletividade, prevista pelo art. 12, I, da Lei 8.137/90, restringe-se a situações de especialmente relevante dano, valendo, analogamente, adotar-se para tributos federais o critério já administrativamente aceito na definição de créditos prioritários, fixado em R$ 1.000.000,00 (um milhão de reais), do art. 14, caput, da Portaria 320/PGFN.
>
> 3. Em se tratando de tributos estaduais ou municipais, o critério deve ser, por equivalência, aquele definido como prioritário ou de destacados créditos (grandes devedores) para a fazenda local.
>
> 4. Em Santa Catarina, a legislação de regência não prevê prioridade de créditos, mas define, como grande devedor, aquele sujeito passivo cuja soma dos débitos seja de valor igual ou superior a R$ 1.000.000, 00, nos termos do art. 3º da Portaria PGE/GAB n. 094/17, de 27/11/2017.
>
> 5. Caso em que o valor sonegado relativo a ICMS - R$ 207.011,50 - alcança o valor de R$ 625.464,67 com multa e juros, o que não atinge o patamar diferenciado de dívida tributária acolhido pela Fazenda estadual catarinense e, assim, não se torna tampouco apto a caracterizar o grave dano à coletividade do art. 12, I, da Lei 8.137/90.
>
> 6. Fixada, assim, a tese de que o grave dano à coletividade é objetivamente aferível pela admissão na Fazenda local de crédito prioritário ou destacado (como grande devedor).
>
> 7. Reduzida a pena, impõe-se o reconhecimento da prescrição da pretensão punitiva estatal.
>
> 8. Recurso especial provido para reduzir as penas a 2 anos de reclusão e a 10 dias-multa e declarar, de ofício, a extinção da punibilidade pela prescrição da pretensão punitiva do Estado.

(STJ - REsp 1849120/SC, Rel. Ministro NEFI CORDEIRO, TERCEIRA SEÇÃO, julgado em 11/03/2020, DJe 25/03/2020)

Portanto, verifica-se que restou definido que o critério para a aplicação da majorante em comento para os crimes contra a ordem tributária será precisamente aquele fixado como prioritário ou de destacado crédito (grandes devedores) pelo respectivo ente federado que tenha sido vítima do delito[113]. Em regra, portanto, no âmbito federal, será considerado o dano no valor de R$ 1.000.000,00 (um milhão de reais), aferido diante do seu valor atual e integral, incluindo os acréscimos legais de juros e multa[114].

A grande vantagem desse critério é que adota uma perspectiva objetiva, evitando-se subjetivismos, além do que leva em consideração aquilo que cada ente federado entende como de grande valor.

Sem embargo, se não houver previsão nesse sentido na regulamentação do ente federado que foi vítima do delito, o Superior Tribunal de Justiça orienta que: "não havendo prévia definição do montante apto a causar grave dado à coletividade na esfera estadual, mister se faz a indicação de "algum elemento concreto, além do valor sonegado, a fim de evidenciar a ocorrência do dano à coletividade". (AgRg no HC 549.066/SP, Rel. Ministra Laurita Vaz, Sexta Turma, julgado em 07/12/2020, DJe 18/12/2020). (STJ - HC 678.674/SP, Rel. Ministro REYNALDO SOARES DA FONSECA, QUINTA TURMA, julgado em 17/08/2021, DJe 20/08/2021)

Nesses casos, afigura-se, a nosso ver, adequado trabalhar-se com os seguintes critérios:

i) **Capacidade Econômica da Vítima:** Nos crimes tributários, para considerar a gravidade do dano, deve-se considerar a capacidade econômica da vítima. Assim, um valor que não é considerado grave para a União, pode muito bem ser considerado grave para um pequeno município. Quanto menor a capacidade econômica do ente público vítima do delito, menores serão as balizas para a caracterização da aludida majorante.

ii) **Valor Sonegado ou Valor Potencialmente Sonegado:** Como se viu, os crimes contra a ordem tributária previstos na Lei n. 8.137/90, são de dano (art. 1º) ou de perigo (art. 2º), de modo que um critério bastante importante para a identificação do grave dano à coletividade é o valor sonegado, no caso do art. 1º, ou o valor potencialmente sonegado, no caso do art. 2º, reconhecendo-se que, neste último caso, muitas vezes

113 Nesse sentido: *"AGRAVO REGIMENTAL NO AGRAVO EM RECURSO ESPECIAL. PENAL E PROCESSO PENAL. CRIME CONTRA ORDEM TRIBUTÁRIA. DOSIMETRIA. MAJORANTE. ART. 12, I, DA LEI N. 8.137/1990. CABIMENTO. AGRAVO REGIMENTAL DESPROVIDO. 1. Conforme já decidiu esta Sexta Turma, na apuração do valor a ser considerado para a incidência da causa de aumento inserta no art. 12, I, da Lei n. 8.137/1990, "o dano tributário é valorado considerando seu valor atual e integral, incluindo os acréscimos legais de juros e multa" (AgRg no REsp n. 1.849.662/PR, relator Ministro Nefi Cordeiro, Sexta Turma, julgado em 6/10/2020, DJe 13/10/2020). 2. Outrossim, conforme a tese firmada no Recurso Especial n. 1.849.120/SC, "o grave dano à coletividade é objetivamente aferível pela admissão na Fazenda local de crédito prioritário ou destacado (como grande devedor) (REsp n. 1.849.120/SC, relator Ministro NEFI CORDEIRO, Terceira Seção, julgado em 11/3/2020, DJe de 25/3/2020), é possível considerar-se o valor fixado pelo Distrito Federal para caracterizar 'grandes devedores'". 3. No âmbito da Procuradoria-Geral do Distrito Federal, o art. 2º, caput, da Portaria 84 de, 24/3/2021, define que "são considerados grandes devedores, no âmbito da Procuradoria-Geral do Distrito Federal, as pessoas naturais ou jurídicas inscritas na Dívida Ativa do Distrito Federal cujos débitos consolidados, de natureza tributária ou não tributária, tenham, em função de um mesmo devedor ou em virtude de grupo econômico reconhecido judicialmente, valor igual ou superior a R$ 5.000.000,00 (cinco milhões de reais e que demandem atuação estratégica, de acordo com a solvibilidade do devedor e probabilidade de êxito na recuperação judicial do crédito". 4. Agravo regimental desprovido."* (STJ - AgRg no AREsp n. 2.409.888/DF, relator Ministro Antonio Saldanha Palheiro, Sexta Turma, julgado em 4/6/2024, DJe de 7/6/2024.)

114 Cf.: STJ - AgRg nos EDcl no REsp n. 1.997.086/PE, relator Ministro Joel Ilan Paciornik, Quinta Turma, julgado em 13/6/2023, DJe de 16/6/2023.

será difícil dimensionar tal potencialidade, sendo que nessas hipóteses, em caso de dúvida, o mais cauteloso é afastar a aplicação da majorante.

Para verificar esse valor, inicialmente, deve-se identificar o valor sonegado (ou potencialmente sonegado) e contextualizá-lo no momento da sentença, de modo que se atualize o valor sonegado ou se considere a dimensão do seu valor, contextualizada à data dos fatos. Assim, o julgador tem a ideal dimensão do quão grave foi a lesão (ou perigo) causada pelo delito. No entanto, não devem entrar nesse cálculo os acessórios, como multa e juros, uma vez que não dizem respeito ao efetivo dano causado (ou potencialmente causado).

Ademais, uma vez atualizado o valor ou contextualizado no momento da prática delitiva, é possível verificar-se que a jurisprudência já tem alguns parâmetros relativo a valores do dano (repita-se, para as hipóteses em que não há expressa menção nesse sentido), que podem ser utilizados para a apreciação da gravidade ou não do dano à coletividade.

Os valores que podem ser utilizados como parâmetros são os seguintes, conforme julgados do Supremo Tribunal Federal e Superior Tribunal de Justiça:

1) **R$ 154.149,04** (valores referentes a 2003, 2004 e 2005) (STJ – AgRg REsp n. 1.194.509 /MG, Rel. Ministro JOEL ILAN PACIORNIK, 27/11/2017);
2) **R$ 463.497,92** (valores atualizados em fevereiro/2010) (STJ – AgRg nos EDcl no AREsp 465.222/SC, Rel. Ministro REYNALDO SOARES DA FONSECA, QUINTA TURMA, julgado em 23/08/2016, DJe 29/08/2016);
3) **R$ 429.004,15** (valores de março de 2007) (STF – HC 130269, Relator(a): Min. GILMAR MENDES, julgado em 13/06/2016, publicado em PROCESSO ELETRÔNICO DJe-124 DIVULG 15/06/2016 PUBLIC 16/06/2016);
4) **R$ 301.664,95** (trezentos e um mil, seiscentos e sessenta e quatro reais e noventa e cinco centavos), calculado até 28/4/2006, realizada contra a União (ou seja, com maior capacidade econômica) (STJ – AREsp. 587.620/SP, Min. SEBASTIÃO REIS JÚNIOR, Sexta Turma, DJ de 5/11/2015);
5) **R$530.220,79**, realizada contra a União (maior capacidade econômica). (STJ – AgRg no REsp 1134070/ES, Rel. Ministra MARIA THEREZA DE ASSIS MOURA, SEXTA TURMA, julgado em 26/02/2013, DJe 05/03/2013).

Ademais, sobre o tema, deve-se considerar que: i) *"A descrição, na denúncia, do valor do crédito tributário sonegado é suficiente para que o juízo delibere sobre o grave dano à coletividade e, consequentemente, sobre a incidência da causa de aumento do art. 12, I, da Lei n. 8.137/1990. Precedente."* (STJ – AgRg no AREsp 1058190/RJ, Rel. Ministro ROGERIO SCHIETTI CRUZ, SEXTA TURMA, julgado em 21/11/2017, DJe 28/11/2017); e que ii) *"A continuidade delitiva, não se confunde com a causa de aumento de pena relativa ao grave dano à coletividade. De fato, é possível que certo agente pratique apenas um crime contra a ordem tributária e cause grave dano à coletividade. Assim como, é possível o cometimento de diversos delitos e não se fazer aplicar a causa de aumento prevista no art. 12, inciso I da Lei 8.137/90."* (STJ – AgRg no REsp 1134070/ES, Rel. Ministra MARIA THEREZA DE ASSIS MOURA, SEXTA TURMA, julgado em 26/02/2013, DJe 05/03/2013).

Por fim, o valor do dano poderá ser considerado na fase do art. 59 do Código Penal, conforme já decidiu o Supremo Tribunal Federal, ao consignar que: *"(...) em se tratando de infrações penais contra a ordem tributária, a extensão do dano causado pode ser invocada na primeira fase da dosimetria, como critério para exasperação da pena-base, sem que tanto implique bis in idem."* (STF – HC 128446, Relator(a): Min. TEORI ZAVASCKI, Segunda Turma, julgado em

15/09/2015, PROCESSO ELETRÔNICO DJe-194 DIVULG 28-09-2015 PUBLIC 29-09-2015). É possível, também, levar-se em conta a incidência de multa e juros para chegar-se a tal valor[115].

É com base nesses critérios que se defende aqui seja avaliada, em cada caso concreto, se restou ou não caracterizada a majorante do grave dano à coletividade nos crimes contra a ordem tributária, quando não houve legislação ou normativa do ente federado, estabelecendo-se um valor fixo como prioritário ou de destacado crédito (grandes devedores).

b) A majorante do grave dano à coletividade nos crimes contra a ordem econômica (art. 3º da Lei n. 8.137/90):

Com relação a crimes contra a ordem econômica, o intérprete deve verificar os seguintes critérios, considerando-se que o bem jurídico protegido é a defesa da livre concorrência, que gera prejuízos tanto aos demais empresários, quanto aos consumidores expostos ao mercado viciado:

i) **o aspecto geográfico do cartel ou do abuso do poder econômico:** Assim, caso o cartel ou abuso transcenda a mera atuação em determinada região restrita, atingindo municípios inteiros, quando estes forem de menor porte, ou grandes extensões em municípios maiores, restará caracterizada a majorante do grave dano à coletividade. Da mesma forma, se o cartel atuar em mais de um município ou estados, também, estará caracterizada a majorante.

ii) **aspecto econômico do cartel ou do abuso do poder econômico:** se o cartel ou abuso tiver uma limitada atuação geográfica, mas importante em termos econômicos, causando grandes prejuízos à saúde do mercado, também, poderá restar caracterizada a majorante.

iii) **aspecto temporal do cartel ou do abuso do poder econômico:** do mesmo modo, ainda que o cartel ou o abuso seja limitado geograficamente e os valores mensais dos negócios sejam pequenos, poderá estar caracterizada a majorante caso essas práticas venham sendo praticadas por um largo período de tempo.

c) A majorante do grave dano à coletividade nos crimes contra os consumidores (art. 7º da Lei n. 8.137/90):

Considerando-se que o tipo penal do art. 7º tutela os direitos patrimoniais e sociais do consumidor, é possível levar-se em conta os seguintes critérios:

i) **o aspecto geográfico do crime contra o consumidor:** Quando os danos aos consumidores se estenderem por limites territoriais que transcendam o simplesmente paroquial, como são aqueles que atingem um município, vários municípios ou mesmo estados, poderá incidir a majorante do inciso I, do art. 12 da Lei n. 8.137/90.

ii) **aspecto econômico do crime contra o consumidor:** Da mesma forma, ainda que geograficamente limitado, caso a conduta gere grande prejuízo econômico, perfeitamente possível a incidência da majorante.

iii) **aspecto temporal do crime contra o consumidor:** além disso, quando a conduta danosa se protraia por longo período de tempo, causando grave lesão, por sua reiteração, também, aplicável a majorante.

115 STJ - AgRg no AREsp n. 2.002.249/SP, relator Ministro Joel Ilan Paciornik, Quinta Turma, julgado em 21/6/2022, DJe de 27/6/2022.

Inciso II, art. 12 (crime praticado por funcionário público, no exercício de suas funções): Quando quaisquer dos delitos previstos nos artigos 1º, 2º, 4º e 7º da Lei n. 8.137/90 forem praticados por funcionário público, no exercício de suas funções caracterizada está a majorante em questão. Dificilmente, porém, será caracterizada essa majorante nos crimes contra a ordem tributária, uma vez que podem configurar o tipo penal do art. 3º ou outro delito contra a administração pública.

Inciso III, art. 12 (crime em relação à serviços e comercio de bens essenciais à vida e à saúde): Esta majorante – por questões de lógica – somente pode ser aplicada aos crimes contra a ordem econômica (art. 4º) ou contra o consumidor (7º), de modo que, caso esses delitos digam respeito à serviços ou comércio de bens essenciais à vida (v.g. alimentação) ou à saúde (v.g. serviços hospitalares), restará caracterizada a majorante do art. 12, inciso III, da Lei n. 8.137/90.

Como bens essenciais à vida e à saúde, propõe-se aqui entender os bens e serviços necessários à subsistência dos seres humanos, considerados aqui os gêneros alimentícios e os produtos e serviços que gravitam em torno da saúde humana, excetuados aqueles produtos e serviços supérfluos.

Por fim, com relação ao *quantum* da majoração, que pode ser estabelecida na franja de 1/3 (um terço) até a metade, é certo que se deve levar em consideração a extensão do dano (inciso I), o grau de envolvimento da função pública na prática delitiva (inciso II) e o quão essenciais à vida e a saúde eram os serviços e comércio atingidos pela prática delitiva.

Além disso, caso concorram mais de uma majorante, é perfeitamente possível, também, justificar o maior aumento com base nessa circunstância. No entanto, considerando-se, inclusive, o teor da súmula n. 443-STJ, deve-se realizar uma fundamentação concreta para o caso, inclusive em obediência ao contido no parágrafo único, do art. 68 do Código Penal.

Art. 13. (Vetado).

Art. 14. (Revogado pela Lei nº 8.383, de 30.12.1991)

A redação original do art. 14 era a seguinte: *"Extingue-se a punibilidade dos crimes definidos nos arts. 1° a 3° quando o agente promover o pagamento de tributo ou contribuição social, inclusive acessórios, antes do recebimento da denúncia."*

Essa é uma nítida manifestação da instrumentalização que se realizada do Direito Penal tributário para fins arrecadatórios, como já consignado acima.

Na verdade, esse é um movimento já antigo[116], que pretende evitar a intervenção penal quando do pagamento dos tributos, mesmo em se tratando de condutas que necessariamente envolvem fraude e engano do fisco e não simples inadimplementos.

De todo modo, cumpre aqui indicar, a evolução legislativa de normas com essa mesma instrumentalização arrecadatória dos delitos fiscais:

1) A Lei n. 8.383/91: acabou com a possibilidade da extinção da punibilidade mediante o pagamento do tributo, por meio do seu art. 98, que revogou o art. 14 da Lei n. 8.137/90, ora em comento, sendo que o Superior Tribunal de Justiça reconheceu que, com essa norma, não havia mais previsão da extinção da punibilidade[117].

116 Sobre o histórico desse movimento de extinção da punibilidade decorrente do pagamento dos débitos tributários nos delitos fiscais, cf.: EISELE, Andreas. Crimes contra a Ordem Tributária, 2ª ed. São Paulo: 2002, p. 108 e ss.

117 Cf.: EISELE, Andreas. Crimes contra a Ordem Tributária, 2ª ed. São Paulo: 2002, p. 110. O julgado do Superior Tribunal de Justiça assentou: *"PENAL E PROCESSUAL. SONEGAÇÃO FISCAL. PAGAMENTO DO TRIBUTO ANTES DA PROPOSITURA DA AÇÃO. EXTINÇÃO DA PUNIBILIDADE. A EXTINÇÃO DA PUNIBILIDADE PELO PAGAMENTO DO TRIBUTO ANTES DE PROPOSTA A AÇÃO PENAL, A INVOCAÇÃO DO DISPOSTO NO ARTIGO 18 DO DECRETO-LEI N. 157/67, NÃO TEM MAIS APOIO,*

2) A Lei n. 9.249/95: Restabeleceu, em seu art. 34, a previsão da extinção da punibilidade dos crimes da Lei n. 8.137/90, quando o agente promover o pagamento do tributo ou contribuição social e acessórios, antes do recebimento da denúncia. Veja-se que o Superior Tribunal de Justiça entendeu que o simples parcelamento do débito tributário antes do recebimento da denúncia, na vigência da Lei n. 9.249/1995, equivale a promover o pagamento do tributo, o que levaria à extinção da punibilidade[118].

3) A Lei n. 9.964/00: Em seu art. 15, passou a prever agora expressamente que o parcelamento do débito tributário referente aos delitos previstos nos artigos 1º e 2º da Lei n. 8.137/90 (e também do tipo penal do art. 95 da Lei n. 8.212/95), também, teriam efeito jurídico, consistente na suspensão da pretensão punitiva estatal, desde que a inclusão no REFIS, feita pela pessoa jurídica relacionada ao agente, fosse realizada antes do recebimento da denúncia. Uma vez adimplido o refinanciamento, também antes do recebimento da denúncia, seria declarada extinta a punibilidade, com base no § 3º, do mesmo art. 15. Frise-se que o financiamento feito com base nesta Lei não é suficiente para a extinção da punibilidade, sendo imprescindível o efetivo pagamento do débito, de modo que não se aplica a interpretação preconizada pelo STJ com relação à Lei n. 9.249/95[119].

4) A Lei n. 10.684/03: Estabeleceu a possibilidade de um refinanciamento especial, para aqueles débitos junto à Secretaria da Receita Federal ou à Procuradoria-Geral da Fazenda Nacional, com vencimento até 28 de fevereiro de 2003, de modo que previu, no seu art. 8º, a suspensão da pretensão punitiva estatal e o prazo prescricional, bem como a extinção da punibilidade *"quando a pessoa jurídica relacionada com o agente efetuar o pagamento integral dos débitos oriundos de tributos e contribuições sociais, inclusive acessórios"* (§ 2º). Veja-se que, nos refinanciamentos previstos na Lei n. 10.684/03, ao contrário do interpretado com relação à Lei n. 9.249/1995, não basta o simples parcelamento, devendo existir o pleno pagamento[120]. Ademais, na sob regência desta Lei, não há previsão de marco temporal máximo para a realização do pagamento, podendo ser feito durante o curso do processo, existindo precedente que admitiu tal pagamento inclusive depois do trânsito em julgado da sentença penal condenatória[121].

UMA VEZ QUE O ARTIGO 98 DA LEI N. 8.383/91 REVOGOU TODAS AS DISPOSIÇÕES LEGAIS PERTINENTES AO TEMA."(RHC 4.363/SP, Rel. Ministro JESUS COSTA LIMA, QUINTA TURMA, julgado em 22/03/1995, DJ 10/04/1995, p. 9279)

118 O julgamento paradigma foi o seguinte: *"Uma vez deferido o parcelamento, em momento anterior ao recebimento da denúncia, verifica-se a extinção da punibilidade prevista no art. 34 da Lei nº 9.249/95, sendo desnecessário o pagamento integral do débito para tanto."* (STJ - RHC 11.598/SC, Rel. Ministro GILSON DIPP, TERCEIRA SEÇÃO, julgado em 08/05/2002, DJ 02/09/2002, p. 145)

119 Nesse sentido: *"Conforme precedentes desta Corte, tendo a empresa aderido ao REFIS previsto na Lei nº 9.964/00, aplica-se o disposto na nova legislação, afastando-se a incidência da Lei 9.249/55, de modo que não se tem hipótese de extinção da punibilidade, que ocorre apenas com o pagamento integral do débito."* (STJ - HC 33.376/SP, Rel. Ministro NEFI CORDEIRO, SEXTA TURMA, julgado em 20/11/2014, DJe 19/12/2014).

120 Nesse sentido: RHC 112.264/PE, Rel. Ministro REYNALDO SOARES DA FONSECA, QUINTA TURMA, julgado em 19/11/2019, DJe 03/12/2019.

121 Conforme se verifica do seguinte julgado: *"(...) CRIME CONTRA A ORDEM TRIBUTÁRIA. CONDENAÇÃO TRANSITADA EM JULGADO. PAGAMENTO DO TRIBUTO. CAUSA DE EXTINÇÃO DA PUNIBILIDADE. ARTIGO 9º, § 2º, DA LEI 10.684/2003. COAÇÃO ILEGAL CARACTERIZADA. CONCESSÃO DA ORDEM DE OFÍCIO. 1. Com o advento da Lei 10.684/2003, no exercício da sua função constitucional e de acordo com a política criminal adotada, o legislador ordinário optou por retirar do ordenamento jurídico o marco temporal previsto para o adimplemento do débito tributário redundar na extinção da punibilidade do agente sonegador, nos termos do seu artigo 9º, § 2º, sendo vedado ao Poder Judiciário estabelecer tal limite. 2. Não há como se interpretar o referido dispositivo legal de outro modo, senão considerando que o pagamento do tributo, a qualquer tempo, até mesmo após o advento do trânsito em julgado da sentença penal condenatória, é causa de extinção da punibilidade do acusado. 3. Como o édito condenatório foi alcançado pelo trânsito em julgado sem qualquer mácula, os efeitos do reconhecimento da extinção da punibilidade por causa que é superveniente ao aludido marco devem ser equiparados aos da prescrição da pretensão executória. 4. Habeas corpus não conhecido. Ordem concedida de ofício para declarar extinta a punibilidade do paciente, com fundamento no artigo 9º, § 2º, da Lei 10.684/2003."* (STJ - HC 362.478/SP, Rel. Ministro JORGE MUSSI, QUINTA TURMA, julgado em 14/09/2017, DJe 20/09/2017). No sentido de que

5) A Lei n. 11.941/09: Em seus artigos 68 e 69 previu: (i) a suspensão da pretensão punitiva estatal com o parcelamento dos débitos tributários federais, enquanto não rescindidos; (ii) que o prazo prescricional criminal fica suspenso durante o refinanciamento; (iii) caso seja efetuado o pagamento o integral dos débitos oriundos de tributos e contribuições sociais, inclusive acessórios, fica extinta a punibilidade, seja para pessoa jurídica, seja para pessoa física (neste caso, *"extinção da punibilidade ocorrerá com o pagamento integral dos valores correspondentes à ação penal"*), não estabelecendo, porém, limite temporal para esse pagamento.

6) A Lei n. 12.382/11 (que alterou a Lei n. 9.430/96): Incluiu os §§ 1º a 5º e renumerou o § 6º, do art. 83 da Lei n. 9.430/96, incluindo as seguintes mudanças: (i) quando houver parcelamento do débito tributário, o fisco deverá encaminhar a representação para fins penais somente nos casos de exclusão da pessoa física ou jurídica do benefício (§ 1º); (ii) repete o contido no art. 15 da Lei n. 9.964/00, estabelecendo que o refinanciamento, realizado antes do recebimento da denúncia[122], suspende a pretensão punitiva do Estado, explicitando, agora, porém, que esse benefício também inclui as pessoas físicas e não apenas jurídica como constada do referido art. 15 (§ 2º); (iii) estabelece expressamente que, nos casos de financiamento, fica suspenso o prazo prescricional criminal (§ 3º); (iv) prevê que o pagamento integral dos débitos oriundos de tributos, inclusive acessórios, relativos ao financiamento, feito antes do recebimento da denúncia, leva à extinção da punibilidade (§ 4º)[123]; e (v) assenta que todo esse regime jurídico acima refe-

---

o pagamento deve ser feito somente até o trânsito em julgado: *"EXECUÇÃO PENAL. HABEAS CORPUS. CRIME CONTRA A ORDEM TRIBUTÁRIA. PAGAMENTO INTEGRAL DO DÉBITO TRIBUTÁRIO. SENTENÇA TRANSITADA EM JULGADO. EXTINÇÃO DA PUNIBILIDADE. ART. 9º, DA LEI N.º 10.684/03. IMPOSSIBILIDADE. CONSTRANGIMENTO ILEGAL. NÃO OCORRÊNCIA. RECURSO DESPROVIDO. 1. O art. 9º da Lei n.º 10.684/03 trata da extinção da punibilidade pelo pagamento do débito tributário, antes do trânsito em julgado da condenação, uma vez que faz menção expressa à pretensão punitiva do Estado. Não há que se falar em extinção da punibilidade pelo pagamento, quando se trata de pretensão executória, que é o caso dos autos. 2. Recurso ordinário em habeas corpus desprovido."* (STJ - RHC 56.665/PE, Rel. Ministra MARIA THEREZA DE ASSIS MOURA, SEXTA TURMA, julgado em 19/03/2015, DJe 27/03/2015). Sobre a ausência de um marco temporal, veja-se também os seguintes julgados (todos relativos a pagamentos feitos antes do trânsito em julgado): STJ - HC 232.376/SP, Rel. Min. LAURITA VAZ, QUINTA TURMA, julgado em 05/06/2012, DJe 15/06/2012; STJ - HC 180.993/SP, Rel. Min. JORGE MUSSI, QUINTA TURMA, julgado em 13/12/2011, DJe 19/12/2011. Nesse sentido, também, já decidiu o Supremo Tribunal Federal: STF - HC 81929, Relator(a): Min. SEPÚLVEDA PERTENCE, Relator(a) p/ Acórdão: Min. CEZAR PELUSO, Primeira Turma, julgado em 16/12/2003, DJ 27-02-2004 PP-00027 EMENT VOL-02141-04 PP-00780).

122 Sobre a impossibilidade de o financiamento posterior à denúncia levar à suspensão da pretensão punitiva estatal, veja-se o seguinte julgado do STJ: *"A Lei n. 12.382/2011 de 25/02/2011 entrou em vigor no primeiro dia do mês subsequente à data de sua publicação. Referida lei alterou a redação do § 2º do art. 83 da Lei n. 9.403/1996 para impedir a suspensão da ação penal em virtude de parcelamento realizado após o recebimento da denúncia. Por ser mais gravosa, a nova lei não se aplica aos créditos tributários anteriores à sua vigência. Todavia, na espécie, a denúncia descreve que a prática delitiva se deu entre os meses de julho e outubro de 2011 e que parcelamento da dívida tributária foi realizado pelo acusado em 25/10/2017, após o recebimento da denúncia. Consequentemente não se identifica flagrante ilegalidade na incidência da Lei nº 12.382/2011 ao caso concreto. Precedentes: RHC 96.175/RS, de minha relatoria, QUINTA TURMA, DJe 25/3/2019 e RHC 94.845/PR, Rel. Ministro FELIX FISCHER, QUINTA TURMA, DJe 1º/8/2018."* (STJ - RHC 128.050/PR, Rel. Ministro JOEL ILAN PACIORNIK, QUINTA TURMA, julgado em 25/08/2020, DJe 31/08/2020). Na mesma linha: STJ - AgRg no RHC n. 150.432/PR, relator Ministro Reynaldo Soares da Fonseca, Quinta Turma, julgado em 15/2/2022, DJe de 21/2/2022. Assim também: *"AGRAVO REGIMENTAL NOS EMBARGOS DE DECLARAÇÃO NO RECURSO EM HABEAS CORPUS. CRIME CONTRA A ORDEM TRIBUTÁRIA. SUSPENSÃO DA AÇÃO PENAL. PARCELAMENTO POSTERIOR AO RECEBIMENTO DA DENÚNCIA. AGRAVO REGIMENTAL NÃO PROVIDO. 1. A Lei n. 12.382/2011 alterou o art. 83 da Lei n. 9.430/1996, trazendo regras a respeito do exercício da persecução criminal estatal quando há parcelamento do débito tributário antes do recebimento da denúncia. 2. Neste caso, a denúncia foi recebida em 7 de junho de 2022 e a inscrição do débito fiscal no regime de parcelamento ocorreu em 13 de julho de 2022. Desse modo, a suspensão do processo criminal somente poderia ocorrer caso o parcelamento tivesse ocorrido antes do recebimento da peça acusatória, conforme entendimento jurisprudencial consolidado nesta Corte Superior de Justiça. 3. Agravo regimental não provido".* (STJ - AgRg nos EDcl no RHC n. 199.536/SC, relator Ministro Reynaldo Soares da Fonseca, Quinta Turma, julgado em 9/9/2024, DJe de 12/9/2024.)

123 Nesse sentido, por exemplo: *"Nos termos da jurisprudência desta Corte, havendo lançamento definitivo, a propositura de ação cível discutindo a exigibilidade do crédito tributário não obsta o prosseguimento da ação penal que apura a ocorrência de crime contra a ordem tributária, tendo em vista a independência das esferas cível e penal. (AgRg no REsp*

rido não se aplica aos casos em que há vedação legal para o parcelamento (§ 5º); e (vi) preconiza que a extinção da punibilidade pelo pagamento integral do tributo, prevista no art. 15 da Lei n. 9.964/00, acima referida, aplica-se aos *"processos administrativos e aos inquéritos e processos em curso, desde que não recebida a denúncia pela juiz"* (§ 6º).

Por fim, é importante frisar que o ajuizamento de ação contestando o débito[124], a simples garantia da dívida no juízo cível, por exemplo, por meio de fiança bancária[125] ou mesmo o mero pedido de compensação de precatório não constitui efetivo pagamento, de modo que não leva à extinção da punibilidade, vez que a causa de extinção da punibilidade não admite interpretação analógica[126]. Situação distinta ocorre quando o crédito definitivo é anulado por sentença cível transitada em julgado, hipótese em que não resta configurado o delito material[127].

Art. 15. Os crimes previstos nesta Lei são de ação penal pública, aplicando-se-lhes o disposto no art. 100 do Decreto-Lei nº 2.848, de 7 de dezembro de 1940 – Código Penal.

DA AÇÃO PENAL PARA OS DELITOS PREVISTOS NESTA LEI

Os crimes previstos na Lei n. 8.137/90 são todos de ação penal pública incondicionada, sendo que o art. 15 procurou deixar isso bem claro, evitando-se qualquer dúvida interpretativa.

Art. 16. Qualquer pessoa poderá provocar a iniciativa do Ministério Público nos crimes descritos nesta lei, fornecendo-lhe por escrito informações sobre o fato e a autoria, bem como indicando o tempo, o lugar e os elementos de convicção.

DA *NOTITIA CRIMINIS* AO MINISTÉRIO PÚBLICO

O *caput* do art. 16 da Lei n. 8.137/90 – outro dispositivo a nosso ver desnecessário – só reforça a possibilidade de qualquer pessoa apresentar notícia criminal ao Membro do Ministério Público, devendo, para tanto, apresentar elementos mínimos que possam autorizar o início de uma investigação criminal.

Veja-se que, apesar de a Lei estipular que a representação deve ser feita por escrito, com a indicação do tempo, lugar e elementos de convicção, a ausência de alguma dessas características, não impede a instauração de investigação.

Ora, é dever do Membro do Ministério Público receber *"notícias de irregularidades, petições ou reclamações de qualquer natureza"* e *"promover as apurações cabíveis que lhes sejam próprias e dar-lhes as soluções adequadas"* (LONMP, art. 27, par. único, I), *devendo "dar andamento, no prazo*

1390734/PR, Rel. Ministro Felix Fischer, Quinta Turma, DJe 21/3/2018)" STJ - RHC 149.961/RS, Rel. Ministro REYNALDO SOARES DA FONSECA, QUINTA TURMA, julgado em 17/08/2021, DJe 20/08/2021.

124 STJ - AgRg no REsp 1618392/RJ, Rel. Ministro ROGERIO SCHIETTI CRUZ, SEXTA TURMA, julgado em 26/05/2020, DJe 04/06/2020; RHC 103.343/SC, Rel. Ministra LAURITA VAZ, SEXTA TURMA, julgado em 07/11/2019, DJe 02/12/2019; STJ - AgRg no AgRg no AREsp n. 2.015.662/RO, relator Ministro Reynaldo Soares da Fonseca, Quinta Turma, julgado em 10/5/2022, DJe de 13/5/2022.

125 STJ - AgRg no REsp 1618392/RJ, Rel. Ministro ROGERIO SCHIETTI CRUZ, SEXTA TURMA, julgado em 26/05/2020, DJe 04/06/2020; RHC 103.343/SC, Rel. Ministra LAURITA VAZ, SEXTA TURMA, julgado em 07/11/2019, DJe 02/12/2019.

126 STJ - AgRg no AgRg no REsp 1860547/DF, Rel. Ministro RIBEIRO DANTAS, QUINTA TURMA, julgado em 06/10/2020, DJe 19/10/2020.

127 STJ – AgRg no REsp n. 1.966.379/CE, relator Ministro Olindo Menezes (Desembargador Convocado do TRF 1ª Região), Sexta Turma, julgado em 23/8/2022, DJe de 30/8/2022.

de trinta dias, às notícias de irregularidades, petições ou reclamações referidas no inciso I" (LONMP, art. 27, par. único, III), sendo que o disposto no art. 16 deve ser interpretado nesse contexto.

Ademais, é importante registrar que a atual jurisprudência do Supremo Tribunal Federal, inclusive no regime de repercussão geral (RE 601.314 - Tema 225), seguida pelo Superior Tribunal de Justiça, tem admitido o compartilhamento de informações pelo fisco com o Ministério Público para fins de responsabilização criminal, independentemente de prévia autorização judicial[128].

Essa jurisprudência foi reafirmada no julgamento do Recurso Extraordinário n. 1055941, em que foram assentadas as seguintes teses:

> *"1 - É constitucional o compartilhamento dos relatórios de inteligência financeira da UIF e da íntegra do procedimento fiscalizatório da Receita Federal do Brasil, que define o lançamento do tributo, com os órgãos de persecução penal, para fins criminais, sem a obrigatoriedade de prévia autorização judicial, devendo ser resguardado o sigilo das informações em procedimentos formalmente instaurados e sujeitos a posterior controle jurisdicional.*
>
> *2 - O compartilhamento pela UIF e pela Receita Federal do Brasil, referente ao item anterior, deve ser feito unicamente por meio de comunicações formais, com garantia de sigilo, certificação do destinatário e estabelecimento de instrumentos efetivos de apuração e correção de eventuais desvios."*

Como visto, é perfeitamente lícito esse compartilhamento com o Ministério Público.

---

128 Nesse diapasão, veja-se os seguintes julgados do STF: *"AGRAVO REGIMENTAL NO RECURSO EXTRAORDINÁRIO. MATÉRIA CRIMINAL. DADOS OBTIDOS PELA RECEITA FEDERAL MEDIANTE INFORMAÇÕES REPASSADAS POR INSTITUIÇÕES FINANCEIRAS. COMPARTILHAMENTO COM MINISTÉRIO PÚBLICO. POSSIBILIDADE. AGRAVO REGIMENTAL DESPROVIDO. 1. A jurisprudência do STF consolidou-se no sentido de que é lícita a utilização de dados obtidos pela Receita Federal, mediante informações repassadas por instituições financeiras, para fins de persecução penal, a teor do que decidido no RE 601.314 (Tema 225 de repercussão geral, Pleno, DJe 16.09.2016). Precedentes. 2. Agravo regimental desprovido."* (STF - RE 1064544 AgR, Relator(a): Min. EDSON FACHIN, Segunda Turma, julgado em 19/11/2018, ACÓRDÃO ELETRÔNICO DJe-261 DIVULG 04-12-2018 PUBLIC 05-12-2018). Também: **STF - RE 1043002 AgR**, Relator(a): Min. ROBERTO BARROSO, Primeira Turma, julgado em 01/12/2017, ACÓRDÃO ELETRÔNICO DJe-288 DIVULG 13-12-2017 PUBLIC 14-12-2017; **RE 1041285 AgR-AgR**, Relator(a): Min. ROBERTO BARROSO, Primeira Turma, julgado em 27/10/2017, ACÓRDÃO ELETRÔNICO DJe-258 DIVULG 13-11-2017 PUBLIC 14-11-2017. O Superior Tribunal de Justiça vinha entendendo em sentido contrário (STF - HC 393.824/RS, Rel. Ministra MARIA THEREZA DE ASSIS MOURA, SEXTA TURMA, julgado em 15/08/2017, DJe 24/08/2017; RHC 75.532/SP, Rel. Ministro JOEL ILAN PACIORNIK, QUINTA TURMA, julgado em 09/05/2017, DJe 17/05/2017), inclusive em decisões mais recentes (AgRg no AREsp 1118753/SP, Rel. Ministro NEFI CORDEIRO, SEXTA TURMA, julgado em 03/05/2018, DJe 15/05/2018). Sem embargo, a jurisprudência atual se consolidou no sentido de seguir a orientação jurisprudência do Supremo Tribunal Federal. Nesse sentido: *"Esta Sexta Turma, no julgamento do HC 422.473/SP, da relatoria do Ministro Sebastião Reis Júnior, alterou o entendimento, a partir da jurisprudência do Supremo Tribunal Federal, passando a compreender que é possível a utilização de dados obtidos pela Secretaria da Receita Federal, em regular procedimento administrativo fiscal, para fins de instrução processual penal"*. (STJ - AgRg no HC n. 773.438/RN, relator Ministro Antonio Saldanha Palheiro, Sexta Turma, julgado em 23/9/2024, DJe de 25/9/2024.), Também: STJ - **HC 422.473/SP**, Rel. Ministro SEBASTIÃO REIS JÚNIOR, SEXTA TURMA, julgado em 20/03/2018, DJe 27/03/2018; STJ - **AgRg no AREsp 1035285/ES**, Rel. Ministro NEFI CORDEIRO, SEXTA TURMA, julgado em 04/09/2018, DJe 13/09/2018; **AgRg no HC 453.176/SC**, Rel. Ministro NEFI CORDEIRO, SEXTA TURMA, julgado em 09/10/2018, DJe 29/10/2018; **AgRg no AREsp 1197067/PE**, Rel. Ministro JORGE MUSSI, QUINTA TURMA, julgado em 04/10/2018, DJe 26/10/2018; **AgRg no REsp 1601127/SP**, Rel. Ministro RIBEIRO DANTAS, Rel. p/ Acórdão Ministro FELIX FISCHER, QUINTA TURMA, julgado em 20/09/2018, DJe 26/09/2018; **AgRg no AREsp n. 2.035.299/SP**, relator Ministro Rogerio Schietti Cruz, Sexta Turma, julgado em 24/5/2022, DJe de 30/5/2022. **AgRg no REsp n. 1.810.875/BA**, relator Ministro Messod Azulay Neto, Quinta Turma, julgado em 20/3/2023, DJe de 27/3/2023; **AgRg no RHC n. 178.668/SC**, relator Ministro Ribeiro Dantas, Quinta Turma, julgado em 29/5/2023, DJe de 2/6/2023. É importante ficar atento que o Superior Tribunal de Justiça já entendeu que a decisão do Supremo somente autoriza o compartilhamento de ofício pela Receita e não a requisição direta de informações realizadas pelo Ministério Público. STJ - RHC n. 83.447/SP, relator Ministro Sebastião Reis Júnior, Terceira Seção, julgado em 9/2/2022, DJe de 15/3/2022.

Art. 16. (...)

Parágrafo único. Nos crimes previstos nesta Lei, cometidos em quadrilha ou co-autoria, o co-autor ou partícipe que através de confissão espontânea revelar à autoridade policial ou judicial toda a trama delituosa terá a sua pena reduzida de um a dois terços. (Parágrafo incluído pela Lei nº 9.080, de 19.7.1995)

DA COLABORAÇÃO PREMIADA

O parágrafo único do art. 16 da Lei n. 8.137/90 estabelece expressamente a possibilidade da celebração de colaboração premiada.

Tal instituto, oriundo do direito anglo-americano, tem como finalidade o oferecimento de incentivos (prêmios) aos agentes que colaborarem com o Ministério Público para o esclarecimento da trama criminosa, apresentando elementos de informação, provas ou indicativos de onde buscá-los com o objetivo de possibilitar a persecução penal de novos integrantes da organização criminosa e a descoberta de novos fatos a respeito dos quais não existia elementos de informação suficientes para possibilitar um bom desenvolvimento da persecução penal[129].

A regência da Lei em exame é bastante embrionária e tímida, de modo que ela pode ser interpretada sistematicamente com o disposto na Lei n. 12.850/13, especialmente o disposto nos seus artigos 3º-A a 7º, integrando-se, assim, a um microssistema de direito premial existente em nossa legislação.

Nesse sentido, é importante destacar que a colaboração premiada constitui uma técnica especial de investigação, em que há todo um procedimento, não se limitando, portanto, a um só ato.

Desse modo, é possível falar-se que o procedimento de colaboração premiada pode seguir as seguintes etapas: 1) manifestação de interesse; 2) termo de confidencialidade; 3) celebração; 4) homologação e 5) avaliação do cumprimento ou não.

1) Manifestação de interesse e tratativas prévias: Nesta fase, a defesa ou o Ministério Público manifestam o interesse em eventualmente celebrar acordo colaboração premiada, além disso é importante que o pretenso colaborador dê uma mostra do que exatamente tem a oferecer[130].

2) Recebimento formal da proposta: A apresentação de proposta formal para a celebração do acordo de colaboração demarca o início das negociações e constitui também marco de confidencialidade, configurando violação de sigilo e quebra da confiança e da boa-fé a divulgação de tais tratativas iniciais ou de documento que as formalize, até o levantamento de sigilo por decisão judicial (art. 3º-B).

3) Indeferimento sumário/deferimento. Firma termo de confidencialidade (vincula os órgãos envolvidos na negociação e impedirá o indeferimento posterior sem justa causa – (art. 3º-B, par. 2º). A partir desse momento existe uma garantia formal de que as informações que surjam nesta negociação não poderão ser utilizadas caso seja frustrado o acordo[131]. O recebimento da proposta não suspende a investigação, salvo acordo em contrário.

129 Como consignam CUERDA ARNAU, GORRIZ GOYO e VIVES ANTÓN, sobre o tema da colaboração premiada: *"entre as razões que a existência de ditas cláusulas, encontram-se uma função utilitária, ainda que sua ratio responda, ainda, à função e ao conteúdo dos fins da pena. Concretamente, radicaria na menor necessidade de pena que, tanto desde a perspectiva de prevenção geral como especial, pressupõe a realização das condutas que estão vinculadas ao benefício".* CUERDA ARNAU, María Luisa; GORRIZ GOYO, Elena; VIVES ANTÓN, Salvador Tomás. La Colaboración del imputado en los delitos de tráfico de drogas, in Tráfico de drogas y delincuencia conexa. Valencia: Tirant lo Blanch, 2014, p. 139.

130 FONSECA, Cibele Benevides Guedes da. Colaboração Premiada. Belo Horizonte: Del Rey, 2017, p. 109.

131 FONSECA, Cibele Benevides Guedes da. Colaboração Premiada. Belo Horizonte: Del Rey, 2017, pp. 110 e ss.

4) Instrução prévia ao acordo: se necessária para a identificação ou complementação de seu objeto, dos fatos narrados, sua definição jurídica, relevância, utilidade e interesse público, será realizada uma instrução prévia, em que o interessado apresentará os elementos de informação que sustentam sua proposta.

5) Celebração: Havendo interesse, existindo a viabilidade e um horizonte promissor de elementos de informação e de provas, chega-se, efetivamente, ao momento da celebração, em que o Ministério Público e o investigado/acusado, realizam um negócio jurídico processual, que deve ter a forma escrita (art. 6º Lei n. 12850/13), devendo ter, dentre outros elementos, o seguinte conteúdo: o relato detalhado e coerente dos fatos, as condições do acordo de colaboração premiada, a declaração de aceitação livre do acordo pelas partes e, inclusive, eventuais medidas de proteção ao acusado e sua família, se for o caso[132].

6) Homologação: Uma vez celebrado o acordo de colaboração, deverá ser ele encaminhado ao Juiz, que deverá avaliar se a sua regularidade (análise sobre o cumprimento da forma legal), legalidade (avaliação sobre a adequação do caso às hipóteses previstas em lei e se o acordo está conforme o figurino legal) e voluntariedade (verificação se a celebração do acordo decorreu de manifestação livre de vontade do investigado). Para avaliar este último aspecto, poderá o juiz, se assim entender necessário, ouvir de forma sigilosa o colaborador, na presença de seu advogado (art. 4º § 7º, Lei n. 12850/13). Caso preenchidos esses requisitos, deverá o juiz homologar a colaboração. Se houver alguma desconformidade, poderá o juiz recusar a homologação ou, caso seja uma irregularidade sanável, determinar a sua correção ou adequação. Não pode, porém, imiscuir-se no juízo de oportunidade e conveniência subjacente à colaboração.

7) Avaliação do cumprimento da colaboração: Ao final do processo penal, cumprirá ao juiz examinar se o colaborador efetivamente cumpriu as cláusulas do acordo que havia se comprometido. O momento dessa avaliação é na sentença de mérito do processo penal condenatório em que foi celebrado o acordo de colaboração. Assim, cumprirá ao juiz, em primeiro lugar, verificar se houve prova da culpabilidade do acusado e, em caso positivo, condená-lo, realizando a respectiva aplicação da pena. Além disso, deverá avaliar o grau de colaboração do acusado e se as provas e colaborações que ele se comprometeu foram efetivamente concretizadas e, em que medida, essas provas ajudaram a persecução penal. Com base nesse critério é que o juiz realizará a redução da pena, sendo que, no caso a Lei estabeleceu a possibilidade de redução de penas, num patamar entre 1/3 a 2/3 da pena aplicável. A maior ou menor diminuição será proporcional à maior ou menor contribuição e colaboração do agente[133]. Tal providência, porém,

---

132 Veja-se que o Plenário do Supremo Tribunal Federal, por maioria de votos, julgou improcedente a Ação Direta de Inconstitucionalidade n. 5508, em que a Procuradoria-Geral da República postulou a declaração da inconstitucionalidade do § 2º e do § 6º do art. 4º da Lei 12.850/13, com o objetivo de ter-se como incompatível com o princípio acusatório a possibilidade da polícia judiciaria celebrar acordo de colaboração premiada, sem a prévia participação e concordância do Ministério Público com o acordo. Sem embargo, parece ter o STF se equivocado ao permitir que a polícia acabe por dispor de algo que constitucionalmente não lhe é privativo, é dizer, a titularidade da ação penal pública.

133 Sobre o tema da colaboração premiada, o Plenário do Supremo Tribunal Federal assentou: "EMENTA Habeas corpus. Impetração contra ato de Ministro odo Supremo Tribunal Federal. Conhecimento. Empate na votação. Prevalência da decisão mais favorável ao paciente (art. 146, parágrafo único, do Regimento Interno do Supremo Tribunal Federal). Inteligência do art. 102, I, i, da Constituição Federal. Mérito. Acordo de colaboração premiada. Homologação judicial (art. 4º, § 7º, da Lei nº 12.850/13). Competência do relator (art. 21, I e II, do Regimento Interno do Supremo Tribunal Federal). Decisão que, no exercício de atividade de delibação, se limita a aferir a regularidade, a voluntariedade e a legalidade do acordo. Ausência de emissão de qualquer juízo de valor sobre as declarações do colaborador. Negócio jurídico processual personalíssimo. Impugnação por coautores ou partícipes do colaborador. Inadmissibilidade. Possibilidade de, em juízo, os partícipes ou os coautores confrontarem as declarações do colaborador e de impugnarem, a qualquer tempo, medidas restritivas de direitos fundamentais adotadas em seu desfavor. Personalidade do colaborador. Pretendida valoração como requisito de validade do acordo de colaboração. Descabimento. Vetor a ser considerado no estabelecimento das cláusulas do acordo de colaboração - notadamente na escolha da sanção premial a que fará jus o colaborador -, bem como no momento da aplicação dessa

não ocorrerá nas hipóteses excepcionais em que o Ministério Público se compromete a não oferecer denúncia, é dizer, quando a colaboração se referir a infração de cuja existência não tenha prévio conhecimento e desde que o o colaborador não seja o líder da organização criminosa e quando ele for o primeiro a prestar efetiva colaboração (art. 4º, § 4º). Veja-se, também, que são nulas: (1) as cláusulas que violem o critério de definição do regime inicial de cumprimento de pena; (2) as regras de cada um dos regimes em lei e (3) os requisitos de progressão de regime não abrangidos pelo § 5º deste artigo.

Art. 17. Compete ao Departamento Nacional de Abastecimento e Preços, quando e se necessário, providenciar a desapropriação de estoques, a fim de evitar crise no mercado ou colapso no abastecimento.

Art. 18. (...) (Revogado pela Lei nº 8.176, de 8.2.1991)

Art. 19. O caput do art. 172 do Decreto-Lei nº 2.848, de 7 de dezembro de 1940 – Código Penal, passa a ter a seguinte redação:

---

sanção pelo juiz na sentença (art. 4º, § 11, da Lei nº 12.850/13). Descumprimento de anterior acordo de colaboração. Irrelevância. Inadimplemento que se restringiu ao negócio jurídico pretérito, sem o condão de contaminar, a priori, futuros acordos de mesma natureza. Confisco. Disposição, no acordo de colaboração, sobre os efeitos extrapenais de natureza patrimonial da condenação. Admissibilidade. Interpretação do art. 26.1 da Convenção das Nações Unidas contra o Crime Organizado Transnacional (Convenção de Palermo), e do art. 37.2 da Convenção das Nações Unidas Contra a Corrupção (Convenção de Mérida). Sanção premial. Direito subjetivo do colaborador caso sua colaboração seja efetiva e produza os resultados almejados. Incidência dos princípios da segurança jurídica e da proteção da confiança. Precedente. Habeas corpus do qual se conhece. Ordem denegada. 1. Diante do empate na votação quanto ao conhecimento de habeas corpus impetrado para o Pleno contra ato de Ministro, prevalece a decisão mais favorável ao paciente, nos termos do art. 146, parágrafo único, do Regimento Interno do Supremo Tribunal Federal. Conhecimento do habeas corpus, nos termos do art. 102, I, "i", da Constituição Federal. 2. Nos termos do art. 21, I e II, do Regimento Interno do Supremo Tribunal Federal, o relator tem poderes instrutórios para ordenar, monocraticamente, a realização de quaisquer meios de obtenção de prova (v.g., busca e apreensão, interceptação telefônica, afastamento de sigilo bancário e fiscal). 3. Considerando-se que o acordo de colaboração premiada constitui meio de obtenção de prova (art. 3º da Lei nº 12.850/13), é indubitável que o relator tem poderes para, monocraticamente, homologá-lo (art. 4º, § 7º, da Lei nº 12.850/13). 4. A colaboração premiada é um negócio jurídico processual, uma vez que, além de ser qualificada expressamente pela lei como "meio de obtenção de prova", seu objeto é a cooperação do imputado para a investigação e para o processo criminal, atividade de natureza processual, ainda que se agregue a esse negócio jurídico o efeito substancial (de direito material) concernente à sanção premial a ser atribuída a essa colaboração. 5. A homologação judicial do acordo de colaboração, por consistir em exercício de atividade de delibação, limita-se a aferir a regularidade, a voluntariedade e a legalidade do acordo, não havendo qualquer juízo de valor a respeito das declarações do colaborador. 6. Por se tratar de negócio jurídico personalíssimo, o acordo de colaboração premiada não pode ser impugnado por coautores ou partícipes do colaborador na organização criminosa e nas infrações penais por ela praticadas, ainda que venham a ser expressamente nominados no respectivo instrumento no "relato da colaboração e seus possíveis resultados" (art. 6º, I, da Lei nº 12.850/13). 7. De todo modo, nos procedimentos em que figurarem como imputados, os coautores ou partícipes delatados - no exercício do contraditório - poderão confrontar, em juízo, as declarações do colaborador e as provas por ele indicadas, bem como impugnar, a qualquer tempo, as medidas restritivas de direitos fundamentais eventualmente adotadas em seu desfavor. 8. A personalidade do colaborador não constitui requisito de validade do acordo de colaboração, mas sim vetor a ser considerado no estabelecimento de suas cláusulas, notadamente na escolha da sanção premial a que fará jus o colaborador, bem como no momento da aplicação dessa sanção pelo juiz na sentença (art. 4º, § 11, da Lei nº 12.850/13). 9. A confiança no agente colaborador não constitui elemento de existência ou requisito de validade do acordo de colaboração. 10. Havendo previsão em Convenções firmadas pelo Brasil para que sejam adotadas "as medidas adequadas para encorajar" formas de colaboração premiada (art. 26.1 da Convenção de Palermo) e para "mitigação da pena" (art. 37.2 da Convenção de Mérida), no sentido de abrandamento das consequências do crime, o acordo de colaboração, ao estabelecer as sanções premiais a que fará jus o colaborador, pode dispor sobre questões de caráter patrimonial, como o destino de bens adquiridos com o produto da infração pelo agente colaborador. 11. Os princípios da segurança jurídica e da proteção da confiança tornam indeclinável o dever estatal de honrar o compromisso assumido no acordo de colaboração, concedendo a sanção premial estipulada, legítima contraprestação ao adimplemento da obrigação por parte do colaborador. 12. Habeas corpus do qual se conhece. Ordem denegada." (STF - HC 127483, Relator(a): Min. DIAS TOFFOLI, Tribunal Pleno, julgado em 27/08/2015, PROCESSO ELETRÔNICO DJe-021 DIVULG 03-02-2016 PUBLIC 04-02-2016).

"Art. 172. Emitir fatura, duplicata ou nota de venda que não corresponda à mercadoria vendida, em quantidade ou qualidade, ou ao serviço prestado.

Pena – detenção, de 2 (dois) a 4 (quatro) anos, e multa".

Art. 20. O § 1º do art. 316 do Decreto-Lei nº 2 848, de 7 de dezembro de 1940 Código Penal, passa a ter a seguinte redação:

"Art. 316...

§ 1º Se o funcionário exige tributo ou contribuição social que sabe ou deveria saber indevido, ou, quando devido, emprega na cobrança meio vexatório ou gravoso, que a Lei não autoriza;

Pena – reclusão, de 3 (três) a 8 (oito) anos, e multa".

Art. 21. O art. 318 do Decreto-Lei nº 2.848, de 7 de dezembro de 1940 Código Penal, quanto à fixação da pena, passa a ter a seguinte redação:

"Art. 318...

Pena – reclusão, de 3 (três) a 8 (oito) anos, e multa".

Art. 22. Esta Lei entra em vigor na data de sua publicação.

Art. 23. Revogam-se as disposições em contrário e, em especial, o art. 279 do Decreto-Lei nº 2.848, de 7 de dezembro de 1940 – Código Penal.

REFERÊNCIAS BIBLIOGRÁFICAS

AYALA GÓMEZ, Ignacio. Los "delitos contra la hacienda pública" relativos a los ingresos tributarios: el llamado "delito fiscal" del artículo 305 del código penal, in Delitos e infracciones contra la hacienda pública. Valencia: Tirant lo Blanch, 2009.

BALTAZAR JUNIOR, José Paulo. Crimes Federais, 11ª ed. São Paulo: Saraiva, 2017.

BITTENCOURT, Cezar Roberto. Tratado de Direito Penal Econômico. Vol. 1. São Paulo: Saraiva, 2016.

CABRAL, Rodrigo Leite Ferreira. *Dolo y lenguaje: hacia una nueva gramática del dolo desde la Filosofía del Lenguaje*. Valencia: Tirant lo Blanch, 2017.

DECOMAIN, Pedro Roberto. Crimes contra a Ordem Tributária, 5ª ed. Belo Horizonte: Forum, 2010.

DELMANDO, Roberto; DELMANTO JUNIOR, Roberto; DELMANTO, Fabio M. de Almeida. Leis Penais Especiais comentadas. 2ª ed. São Paulo: Saraiva, 2014.

EISELE, Andreas. Crimes contra a Ordem Tributária, 2a ed. São Paulo: 2002.

FERRÉ OLIVÉ. Juan Carlos. El compliance penal tributario, in Tratado sobre Compliance Penal: Responsabilidad Penal de las Personas Jurídicas y Modelos de Organización y Gestión. Tirant lo Blanch, 2019.

FERRÉ OLIVÉ, Juan Carlos. Tratado de los delitos contra la hacienda pública y contra la seguridad social. Valencia: Tirant lo Blanch, 2018.

FIGUEIREDO DIAS, Jorge de. Direito Penal. Parte Geral, Tomo I. 1. ed. brasileira, 2ª. ed. portuguesa. São Paulo: Coimbra/RT, 2007.

FILOMENO, José Geraldo Brito. Manual de Direitos do Consumidor. 14ª ed. São Paulo: Atlas, 2016.

FISCHER, Douglas. O manifesto equívoco técnico, dogmático, sistêmico e lógico da súmula vinculante 24 do STF, *in* Direito Penal Econômico: Temas essenciais para a compreensão da macrocriminalidade atual. Salvador: Juspodivm, 2017.

FORGIONI, Paula A. Os Fundamentos do Antitruste. 6ª ed. São Paulo: Revista dos Tribunais, 2013.

GALÁN MUÑOZ, Alfonso. Manual de Derecho Penal Económico y de la Empresa. Valencia: Tirant lo Blanch, 2017.

GRECO, Luís. *'Princípio da Ofensividade' e Crimes de Perigo Abstrato* – Uma Introdução ao Debate sobre o Bem Jurídico e as Estruturas do Delito. En Modernização do Direito Penal, Bens Jurídicos Coletivos e Crimes de Perigo Abstrato. Rio de Janeiro: Lumen Juris, 2011.

HARADA, Kioshi. Crimes contra a Ordem Tributária, 2ª ed. São Paulo: Atlas, 2015.

MACHADO, Hugo de Brito. Crimes contra a Ordem Tributária, 4ª ed. São Paulo: Atlas, 2015.

MANUAL DE ORIENTAÇÃO FUNCIONAL. Corregedoria-Geral do Ministério Público do Estado do Paraná. Curitiba, 2009.

MARQUES, Claudia Lima. Comentários ao Código de Defesa do Consumidor. 4ª ed. São Paulo: Revista dos Tribunais, 2013.

MARTÍNEZ BUJÁN-PÉREZ, Carlos. Derecho Penal, parte especial, 3ª ed., Valencia: Tirant lo Blanch, 2010.

NUCCI, Guilherme de Souza. Leis Penais e Processuais Penais Comentadas, vol. 1, 10ª ed. Rio de Janeiro: Forense, 2017.

PRADO, Luiz Régis. Direito Penal Econômico, 6ª ed. São Paulo: RT, 2014.

RAGUÉS I VALLES, Ramón. "La responsabilidad penal del testaferro en delitos cometidos a través de sociedades mercantiles: problemas de imputación subjetiva", InDret, 3/2008.

ROXIN, Claus. Autoría y dominio del hecho en derecho penal. 7ª ed. Trad. Cuello Contreras/Gonçalez de Murillo. Marcial Pons: Madrid/Barcelona, 2000.

ROXIN, Claus. Derecho Penal, Parte General, Tomo II: especiales formas de aparición del delito. Madrid: Thomson Reuter, 2014.

TEIXEIRA, Adriano. Crimes de Corrupção: Considerações introdutórias sobre o crime de corrupção privada, *in* Direito Penal Econômico Brasileiro. Belo Horizonte: D'Plácido, 2018.

TIEDEMANN, Klaus. Manual de Derecho Penal Económico: Parte General y Especial. Valencia: Tirant lo Blanch, 2010.

TIGRE MAIA, Rodolfo. Tutela Penal da Ordem Econômica: O crime de formação de cartel. São Paulo: Malheiros, 2008.

VELOSO, Roberto Carvalho. Crimes Tributários. São Paulo: Quartier Latin, 2011.

WITTIG, Petra. Wirtschaftsstrafrecht. 3ª ed. München: Beck, 2014.

CAPÍTULO 17

Crimes Contra a Ordem Econômica – Lei nº 8.176/1991

Pedro Ivo de Sousa

1. INTRODUÇÃO

A Lei 8.176/1991 nasceu do Projeto de Lei 6.134/1991, apresentado pelo Poder Executivo, que, na verdade, pretendia alterar a Lei 8.137/1990, publicado poucos dias antes, com a finalidade de criar crimes contra a ordem econômica e o sistema de Estoques de combustíveis.

O contexto histórico vivido à época era justamente o da Guerra do Golfo Pérsico, fazendo com que o Executivo apresentasse ao Congresso Nacional o mencionado projeto, com características próprias de estado de emergência econômica, que foi objeto de convocação extraordinária.

A sua tramitação foi marcada pelo reconhecimento da sua excepcionalidade, tendo sido acatada emenda para estipular prazo determinado de sua vigência, que, junto com outras emendas acolhidas, fez com que o relator do projeto em plenário, Deputado Bonifácio de Andrada (PDS - MG), apresentasse substitutivo, que trazia outra importante modificação, a da sua autonomia, não se limitando mais somente a alterar a Lei 8.137/90, propondo-se a criação de nova lei, o que, de fato, foi aprovado pelo Congresso Nacional em tempo recorde.

Em 08 de fevereiro de 1991, portanto, é publicada a Lei 8.176, mas com uma considerável alteração promovida pela Presidência da República, que, ao vetar o seu art. 3º, retirou-lhe o caráter transitório proposto pelo Congresso Nacional.[1]

A Lei 8.176, junto com a Lei 8.137 e outros dispositivos legais, trata, portanto, da tutela da ordem jurídica[2], sendo a única a apresentar as *fontes energéticas* como objeto material.

1 Existe, atualmente, no Senado Federal, o Projeto de Lei nº 182, de 2017, de autoria da Senadora Simone Tebet, que pretende alterar a Lei nº 8.176/1991, para tipificar os crimes de subtração e receptação de derivados de petróleo de dutos de movimentação de combustíveis. Com a sua aprovação no Senado, o Projeto seguiu para a Câmara, onde recebeu o número 8.455/2017, onde tramita, já tendo parecer favorável da sua constitucionalidade pela Comissão de Constituição e Justiça e de Cidadania, com apresentação de substitutivo, que acresce os arts. 1º-A, 1º-B, 1º-C e 1º-D. Sobre o assunto, ver: https://legis.senado.leg.br/sdleg-getter/documento?dm=5332437&disposition=inline e https://www.camara.leg.br/proposicoesWeb/fichadetramitacao?idProposicao=2150168. Também tramitam na Câmara Federal, por outro lado, dois projetos de lei que pretendem excluir a tipificação do uso de GLP (gás liquefeito de petróleo), prevista na Lei 8.176/91. Tratam-se dos PL's nº 5073/20 (https://www.camara.leg.br/proposicoesWeb/fichadetramitacao?idProposicao=2264912) e nº 4217/2019 (https://www.camara.leg.br/proposicoesWeb/fichadetramitacao?idProposicao=2213329).

2 Sobre o conjunto de leis que tutelam a ordem econômica, Renato Brasileiro (LIMA, 2017, p. 123) enuncia a Lei 8.137/90, a Lei 1.521/51, a Lei 8.176/91 e a Lei 9.613/98, apesar da controvérsia doutrinária reconhecida.

2. TRATAMENTO CONSTITUCIONAL DA MATÉRIA

A Constituição Federal de 1988[3] trata da ordem econômica especificamente em seu Título VII, fazendo menção clara em seu art. 170 que ela é fundada na valorização do trabalho humano e na livre iniciativa, tendo por fim assegurar a todos existência digna, na forma contida pelos preceitos da justiça social, fazendo menção ainda a diversos princípios, dentre eles o da soberania nacional, o da função social da propriedade e o da redução das desigualdades regionais e sociais.

A ordem econômica pode ser compreendida como "conjunto de normas e princípios constitucionais que caracterizam basicamente a organização econômica, determinam as principais regras do seu funcionamento, delimitam a esfera de ação dos diferentes sujeitos econômicos, prescrevem os grandes objetivos da política econômica, enfim, constituem as bases fundamentais da ordem jurídico-política da economia".[4]

Do texto constitucional, especialmente em seu art. 173, ainda é possível se constatar que a exploração direta de atividade econômica pelo Estado é excepcional, somente sendo permitida quando necessária aos imperativos da segurança nacional ou a relevante interesse coletivo, conforme definidos em lei.

Para o efeito de estudo da presente lei, é importante, assim, compreender dois outros comandos constitucionais: o primeiro, previsto no art. 176, que estabelece que as jazidas, em lavra ou não, e demais recursos minerais e os potenciais de energia hidráulica pertencem à União[5]; e segundo, previsto no art. 177, que estabelece um rol de monopólio da União[6].

---

3 Sobre os tratamentos constitucionais conferidos à matéria, Luiz Regis Prado afirma que a primeira Constituição brasileira que tratou da possibilidade de monopólio pela União de determinada atividade econômica ou indústria foi a de 1934, que dizia: "Por motivo de interesse público e autorizada em lei especial, a União poderá monopolizar determinada indústria ou atividade econômica, asseguradas as indenizações devidas, conforme o art. 112, n. 17, e ressalvados os serviços municipalizados ou de competência dos Poderes locais". Já a Constituição de 1946, disciplinou em seu artigo 146 que "a União poderá, mediante lei especial, intervir no domínio econômico e monopolizar determinada indústria ou atividade. A intervenção terá por base o interesse público e por limite os direitos fundamentais assegurados nesta Constituição". Com base nesta previsão, inclusive, é que foi criada a Petróleo Brasileiro S.A. (Petrobrás) pela Lei 2.004/53. A Constituição de 1967 tratava somente de afirmar que "a pesquisa e a lavra de petróleo em território nacional constituem monopólio da União, nos termos da lei". No âmbito da ordem constitucional criada a partir de 1988, é bom ressaltar que a EC 9/95 alterou a redação do § 1º do art. 177, criando nova modalidade de exploração de segmento econômico monopolizado, já que poderia ser feito por empresas privadas ou públicas, da seguinte forma: "a União poderá contratar com empresas estatais ou privadas a realização das atividades previstas nos incisos I a IV deste artigo observadas as condições estabelecidas em lei". Neste sentido, ver: BASTOS, Celso Ribeiro. *Curso de Direito Econômico*, São Paulo: Celso Bastos, 2003 e PRADO, Luiz Regis. *Direito Penal Econômico*. 8ª ed. Rio de Janeiro: Forense, 2019.

4 CANOTILHO, J.J. Gomes; MOREIRA, Vital. *Constituição da República Portuguesa Anotada*. 4ª ed. rev. V. 1. Coimbra: Coimbra Editora, 2014, p. 383. Eros Grau a define como "parcela da ordem jurídica, que compõe um sistema de princípios e regras, compreendendo uma ordem pública, uma ordem privada, uma ordem econômica e uma ordem social" (GRAU, 2004, p. 51).

5 Art. 176. As jazidas, em lavra ou não, e demais recursos minerais e os potenciais de energia hidráulica constituem propriedade distinta da do solo, para efeito de exploração ou aproveitamento, e pertencem à União, garantida ao concessionário a propriedade do produto da lavra.

6 Art. 177. Constituem monopólio da União:

I - a pesquisa e a lavra das jazidas de petróleo e gás natural e outros hidrocarbonetos fluidos;

II - a refinação do petróleo nacional ou estrangeiro;

III - a importação e exportação dos produtos e derivados básicos resultantes das atividades previstas nos incisos anteriores;

IV - o transporte marítimo do petróleo bruto de origem nacional ou de derivados básicos de petróleo produzidos no País, bem assim o transporte, por meio de conduto, de petróleo bruto, seus derivados e gás natural de qualquer origem;

V - a pesquisa, a lavra, o enriquecimento, o reprocessamento, a industrialização e o comércio de minérios e minerais nucleares e seus derivados, com exceção dos radioisótopos cuja produção, comercialização e utilização poderão

A Lei 8.176/1991 é criada, portanto, no âmbito da competência legislativa privativa da União (art. 22, I, da CF), tendo como objeto a tutela especial penal da ordem econômica, inclusive contra o patrimônio da União.

> **Art. 1º** Constitui crime contra a ordem econômica:
>
> I - adquirir, distribuir e revender derivados de petróleo, gás natural e suas frações recuperáveis, álcool etílico, hidratado carburante e demais combustíveis líquidos carburantes, em desacordo com as normas estabelecidas na forma da lei;
>
> II - usar gás liqüefeito de petróleo em motores de qualquer espécie, saunas, caldeiras e aquecimento de piscinas, ou para fins automotivos, em desacordo com as normas estabelecidas na forma da lei.
>
> Pena: detenção de um a cinco anos.

3. BEM JURÍDICO TUTELADO

O bem jurídico tutelado é a própria ordem econômica, buscando-se impedir e combater condutas atentatórias contra ela, especialmente aquelas relacionadas às fontes energéticas.

4. ANÁLISE DO TIPO

O exame atento do tipo revela de início que se trata de uma *norma penal em branco*[7] que deverá ser complementada[8], na medida em que estabelece ao seu final de seus dois incisos "em desacordo com as normas estabelecidas na forma da lei".

Desta forma, não é toda e qualquer conduta que formalmente possa ser moldada às ações nucleares previstas no tipo que podem ser definidas como crime, na medida que é fundamental que elas sejam praticadas em desconformidade com o previsto em lei.

Neste sentido, é de fundamental importância a análise dos dispositivos contidos nas Leis 9.478/97 e 9.847/99, que dispõem, respectivamente, sobre a "política energética nacional, as atividades relativas ao monopólio do petróleo, institui o Conselho Nacional de Política Energética e a Agência Nacional do Petróleo e dá outras providências" e a "fiscalização das atividades relativas ao abastecimento nacional de combustíveis, de que trata a Lei nº 9.478, de 6 de agosto de 1997, estabelece sanções administrativas e dá outras providências".

Por meio do art. 8º da Lei 9.478/97, fica estabelecido, outrossim, que a Agência Nacional do Petróleo, Gás Natural e Biocombustíveis (ANP) deve "promover a regulação, a contratação

---

ser autorizadas sob regime de permissão, conforme as alíneas b e c do inciso XXIII do caput do art. 21 desta Constituição Federal.

7 Rogério Greco define normas penais em branco como "aquelas em que há uma necessidade de complementação para que se possa compreender o âmbito de aplicação de seu preceito primário" (GRECO, Rogério. *Curso de Direito Penal*: Parte Geral. 22ª ed. rev., ampl. e atual. Rio de Janeiro: Impetus, 2020, p. 20).

8 PENAL E PROCESSUAL PENAL. RECURSO ORDINÁRIO DE HABEAS CORPUS. CRIME CONTRA A ORDEM ECONÔMICA. NORMA PENAL EM BRANCO. COMPLEMENTAÇÃO. AUSÊNCIA DE JUSTA CAUSA. REEXAME DE PROVA. I - A impossibilidade de se realizar, em sede de habeas corpus, minucioso cotejo do material probatório impede que se aprecie a alegação de falta de justa causa para a ação penal, tendo em vista que demandaria, no caso, a análise da existência de fraude sobre os frascos de aditivo de combustível objeto de exame no laudo pericial. II - O art. 1º, I, da Lei 8.176/91, ao proibir o comércio de combustíveis "em desacordo com as normas estabelecidas na forma da lei", é norma penal em branco em sentido estrito, porque não exige a complementação mediante lei formal, podendo sê-lo por normas administrativas infra-legais, estas sim, estabelecidas "na forma da lei". Recurso desprovido. (STJ. RHC nº 9.834/SP. 5ª Turma. Rel.: Min. Felix Fischer. Data Julg. 03/04/01. Data Publ.: 04/06/01)

e a fiscalização das atividades econômicas integrantes da indústria do petróleo, do gás natural e dos biocombustíveis".

Portanto, a ANP desempenha um papel fundamental no âmbito da complementação dos textos que serão a seguir analisados.

4.1. Elementos Objetivos

4.1.1. Sujeitos

O tipo em análise pode ter como *sujeito ativo* qualquer pessoa, na medida em que não exige nenhuma qualidade ou circunstância específica para a sua prática, sendo, por isto, um crime comum. São *sujeitos passivos*, por sua vez, a União e as empresas, por lei, autorizadas a produzir bens ou explorar matéria-prima a ela pertencente.

4.1.2. Ação Nuclear

Da leitura atenta do art. 1º, I, verifica-se que o crime contra a ordem econômica é constituído pela prática das seguintes condutas, que podem ser praticadas de forma independentes:

- *Adquirir* – que tem o sentido de obter, conseguir, onerosa ou gratuitamente.
- *Distribuir* – que tem o sentido de repartir, espalhar, dividir e partilhar.[9]
- *Revender* – que tem o sentido de alienar, comercializar, negociar e transacionar.[10]

Já no âmbito do art. 1º, II, tem-se que o crime contra a ordem econômica é praticado através da conduta *usar*, que significa utilizar, empregar, manipular e operar.

4.2. Elementos Normativos

Em relação aos elementos normativos do tipo, destacam-se no inciso I, do art. 1º, os seguintes:

- *Derivados de Petróleo* – "produtos decorrentes da transformação do petróleo" (art. 6º, III, da Lei 9.478/97). Petróleo, por sua vez, é "todo e qualquer hidrocarboneto líquido em seu estado natural, a exemplo do óleo cru e condensado" (art. 6º, I, da Lei 9.478/97).
- *Gás Natural* – "todo hidrocarboneto que permaneça em estado gasoso nas condições atmosféricas normais, extraído diretamente a partir de reservatórios petrolíferos ou gaseíferos, incluindo gases úmidos, secos, residuais e gases raros" (art. 6º, II, da Lei 9.478/97).
- *Frações Recuperáveis* – provenientes da destilação fracionada do petróleo ou do gás natural.
- *Álcool Etílico* – substância orgânica obtida da fermentação de açucares, hidratação do etileno ou redução de acetaldeído.
- *Hidratado Carburante* – trata-se de uma mistura hidroalcoólica, que tem o álcool etílico (etanol) como principal componente, com teor alcoólico mínimo de 99,3º INPM (anidro) ou 92,6º INPM (hidratado). Sua composição é padronizada pela Associação

9 O art. 6º, XX, da Lei 9.478/97 define *distribuição* como: atividade de comercialização por atacado com a rede varejista ou com grandes consumidores de combustíveis, lubrificantes, asfaltos e gás liquefeito envasado, exercida por empresas especializadas, na forma das leis e regulamentos aplicáveis.

10 O art. 6º, XXI, da Lei 9.478/97 define *revenda* como: atividade de venda a varejo de combustíveis, lubrificantes e gás liquefeito envasado, exercida por postos de serviços ou revendedores, na forma das leis e regulamentos aplicáveis.

Brasileira de Normas Técnicas (NBR10547 de 02/2016), pelo Conselho Nacional do Petróleo (Regulamento Técnico ANP nº 3/2011) e Instituto Nacional de Pesos e Medidas (Resolução Conjunta ANP/INMETRO nº 1/2013).

- *Demais combustíveis Líquidos Carburantes* – todos os que se destinam à produção de energia suficiente para a movimentação de motor, como, por exemplo, a gasolina, o óleo diesel e o querosene. Trata-se de uma utilização de técnica legislativa com uso de uma fórmula casuística que permite o emprego da interpretação analógica.

Neste ponto, muito importante registrar recente julgado da Primeira Turma do Supremo Tribunal Federal que reafirmou, em sede do julgamento do HC 173.172/PR, ser crime a adulteração de etanol combustível[11].

O art. 1º, II, por sua vez, trata dos seguintes elementos:

- *Gás liquefeito de petróleo* - gás comprimido consistente em hidrocarboneto leve, inflamável, como propano e butano, obtido especialmente como subproduto na refinação do petróleo ou fabricação de gasolina natural; utilizado como combustível industrial ou doméstico e como matéria-prima para síntese química. É também designado como gás engarrafado[12].
- *Motores de qualquer espécie* – qualquer motor que "faz mover; tudo que dá movimento a um maquinismo"[13].
- *Saunas* - banho a vapor, de origem finlandesa, a temperatura de 60º a 80º C[14].
- *Caldeiras* - cilindros metálicos usados para produzir o vapor das máquinas, que devem ser construídos, por oferecer perigo de explosão, de modo a resistir às pressões internas do trabalho com válvulas, contendo dispositivos de segurança para prevenir acidentes de trabalho e permitindo que os operários possam executar suas tarefas com segurança[15].
- *Aquecimento de piscinas* – que é feito por meio de caldeira ou outro meio equivalente.
- *Fins automotivos* – que possui a finalidade de servir para a movimentação de veículos automotores e motores estacionários, seja por qual sistema for.

4.3. Elemento(s) Subjetivo(s)

No que tange à análise do(s) elemento(s) subjetivo(s), pontua-se que somente há previsão para a prática dolosa do crime, não sendo possível a responsabilização em modalidade culposa. O dolo pode ser observado tanto de forma direta quanto eventual, não existindo nenhum elemento especial do dolo.

5. CONSUMAÇÃO E TENTATIVA

O crime, na forma prevista no inciso I do art. 1º, é formal e é consumado com a aquisição, distribuição e/ou com a revenda dos produtos relacionados no tipo, permitindo a tentativa, na

11 HABEAS CORPUS – ATO INDIVIDUAL – ADEQUAÇÃO. O habeas corpus é adequado em se tratando de impugnação a ato de colegiado ou individual. COMBUSTÍVEL – COMERCIALIZAÇÃO – REGULAMENTAÇÃO TÉCNICA – DESCOMPASSO – TIPICIDADE. A comercialização de etanol combustível em descompasso com regulamentação técnica enquadra-se no artigo 1º, inciso I (adulteração de combustível), da Lei nº 8.176/1991. (STF. HC 173.172. 1ª Turma. Rel.: Min. Marco Aurélio. Data de Julg.: 11/05/2020). Data de Publ.: 22/06/2020).

12 DINIZ, M. H. *Dicionário Jurídico*, 2, p. 652.

13 FERREIRA, A. B. de H. *Novo dicionário da língua portuguesa*, p. 1.164.

14 FERREIRA, A. B. de H. Op. cit., p. 1.557.

15 DINIZ, M. H. Op. cit., 1, p. 465.

medida em que se trata de crime plurissubsistente. Já no que se refere ao inciso II, é forçoso concluir que a consumação ocorre com o mero uso, em que a tentativa para parte da doutrina não é admitida[16].

6. PENA, AÇÃO PENAL E COMPETÊNCIA

A pena prevista para a prática do crime do art. 1º, seja no inciso I ou no inciso II é de um(01) a cinco(05) anos de detenção, tratando-se de crime que não admite oferecimento de transação penal (pena máxima maior que dois anos - art. 76 da Lei 9.099/95), mas admite oferta de suspensão condicional do processo (pena mínima igual a 01 ano - art. 89 da Lei 9.099/95) e de acordo de não persecução penal (pena mínima inferior a quatro anos - Art. 28-A do Código de Processo Penal).

A ação penal é publica incondicionada, sendo competente para julgamento, em regra, a justiça estadual[17].

Art. 2º Constitui crime contra o patrimônio, na modalidade de usurpação, produzir bens ou explorar matéria-prima pertencentes à União, sem autorização legal ou em desacordo com as obrigações impostas pelo título autorizativo.
Pena: detenção, de um a cinco anos e multa.

§ 1º Incorre na mesma pena aquele que, sem autorização legal, adquirir, transportar, industrializar, tiver consigo, consumir ou comercializar produtos ou matéria-prima, obtidos na forma prevista no caput deste artigo.

§ 2º No crime definido neste artigo, a pena de multa será fixada entre dez e trezentos e sessenta dias-multa, conforme seja necessário e suficiente para a reprovação e a prevenção do crime.

§ 3º O dia-multa será fixado pelo juiz em valor não inferior a quatorze nem superior a duzentos Bônus do Tesouro Nacional (BTN).

7. BEM JURÍDICO TUTELADO

O presente artigo busca tutelar o patrimônio da União, especialmente relacionado aos bens e matérias-primas que lhe pertencerem[18].

16 Luiz Regis Prado (PRADO, 2019, n.p.) entende pela inviabilidade da tentativa no inciso II por se tratar de delito instantâneo.

17 Neste sentido, por exemplo:
COMPETÊNCIA - CRIME CONTRA A ORDEM ECONÔMICA – ADUTERAÇÃO DE COMBUSTÍVEL - ARTIGO 1º, INCISO I, DA LEI Nº 8.176/91. O fato de, à margem de certa portaria da Agência Nacional do Petróleo, haver comercialização de produto derivado do petróleo não implica a configuração de crime contra serviço da citada autarquia especial" (RE nº 459.513/SP, Primeira Turma, Relator o Ministro Marco Aurélio, DJe de 21/8/09).
PENAL. AGRAVO REGIMENTAL EM RECURSO EXTRAORDINÁRIO. COMPETÊNCIA. JUSTIÇA ESTADUAL. CRIME CONTRA A ORDEM ECONÔMICA (ARTIGO 1° DA LEI 8176/91). PRECEDENTE. 1. Agravo Regimental de decisão que negou seguimento a Recurso Extraordinário por entender irretocável o julgado que determinou o envio dos autos à Justiça Estadual para o processamento de processo em que se apura a ocorrência de crime contra a ordem econômica (adulteração de combustível). Não merece guarida a alegação de que a competência para processo e julgamento deve ser da Justiça Federal sob o argumento de que cumpre à Agência Nacional do Petróleo a fiscalização das atividades afins. Precedente. 2. Agravo Regimental a que se nega provimento" (RE nº 451.489/SP-AgR, Segunda Turma, Relator o Ministro Joaquim Barbosa, DJe de 19/12/08).

18 Apesar de algum questionamento sobre a inicial falta de precisão do que seria "patrimônio da união", conforme exposto no começo do art. 2º, imperioso compreender que ele se encontra devidamente definido na sequência

8. ANÁLISE DO TIPO

O tipo trata do crime de usurpação que é praticado quando se "produzir bens ou explorar matéria-prima pertencentes à União, sem autorização legal ou em desacordo com as obrigações impostas pelo título autorizativo". Também o seu §1º exige a falta da autorização legal para ocorrência do crime.

Assim, tem-se de início que o crime somente será existente quando as condutas descritas no tipo forem praticadas sem autorização legal ou em desacordo com as obrigações impostas pelo título autorizativo, tratando-se, em sentido contrário, de verdadeiro caso de atipicidade material[19].

8.1. Elementos Objetivos

8.1.1. Sujeitos

A primeira parte do *caput* do artigo e o § 1º pode ter como *sujeito ativo* qualquer pessoa, na medida em que não exige nenhuma qualidade ou circunstância específica para a sua prática, sendo, por isto, um crime comum.

Já, na segunda parte do *caput*, é preciso que o agente tenha título autorizativo, sendo, portanto, crime próprio.

São *sujeitos passivos*, por sua vez, a União e as empresas, eventualmente, autorizadas por lei a produzir bens ou explorar matéria-prima a ela pertencente.

8.1.2. Ação Nuclear

Do exame adequado do art. 2º, *caput*, tem-se que o crime contra a ordem econômica, na forma usurpação, que tem o sentido de aquisição fraudulenta, é constituído pela prática das seguintes condutas, que podem ser praticadas de forma independentes:

- *Produzir* – que tem o sentido de criar, fazer, fabricar, gerar.
- *Explorar* – que tem o sentido de usufruir, utilizar, usar.

Já em relação ao § 1º, as ações nucleares são:

- *Adquirir* – que tem o significado de obter, onerosamente ou não.
- *Transportar* – que tem o significado de transmover, levar de um lugar para outro.
- *Industrializar* – que tem o significado de transformar algo em industrializado, produzido mecanicamente.

---

da norma, não havendo qualquer violação aos princípios penais. Neste sentido é o posicionamento de Luiz Regis Prado (PRADO, 2019, n.p.)

19 Neste ponto, em sentido diverso, entende Luiz Regis Prado (PRADO, 2019, n.p.) tratar-se de causa de justificação, no que não concordamos, pois não há que se falar nem mesmo em fato típico no caso, na medida em que existe permissão no ordenamento para tanto, tratando-se, sim, de atipicidade material da conduta, segundo a compreensão da tipicidade em dimensão conglobante. Sobre a tipicidade conglobante, Zaffaroni e Pierangeli (ZAFFARONI; PIERANGELI, 211, p. 400) pontuam: "Isto nos indica que o juízo de tipicidade não é um mero juízo de tipicidade legal, mas que exige um outro passo, que é a comprovação da tipicidade conglobante, consistente na averiguação da proibição através da indagação do alcance proibitivo da norma, não considerada isoladamente, e sim conglobada na ordem normativa". Importante também as lições de Rogério Sanches (SANCHES, 2020, p. 312): "A proposta da teoria da tipicidade conglobante é harmonizar os diversos ramos do Direito, partindo-se da premissa de unidade do ordenamento jurídico. É uma incoerência o Direito Penal estabelecer proibição de comportamento determinado ou incentivado por outro ramo do Direito (isso é desordem jurídica). Dentro desse espírito, para se concluir pela tipicidade penal da conduta causadora de um resultado, é imprescindível verificar não apenas a subsunção formal faro/tipo e a relevância da lesão ou perigo de lesão, mas também se u comportamento é antinormativo, leia-se, não determinado ou incentivado por qualquer ramo do Direito."

- *Tiver Consigo* – que tem o significado de carregar consigo.
- *Consumir* – que tem o significado de gastar, usar, extinguir.
- *Comercializar* – que tem o significado de vender, fazer comércio[20].

8.2. Elementos Normativos

Em relação aos elementos normativos do tipo previsto no *caput* do artigo, destacam-se aqui:

- *Bens pertencentes à União* – coisas, direitos, integrados ao patrimônio da União e passíveis de apreciação monetária.
- *Matéria-Prima pertencentes à União* – produto natural ou semifaturado, de caráter intermediário, pertencente à União, que, para atingir a sua forma acabada, deve passar por novas fases produtivas.

O §1º traz o mesmo elemento normativo matéria-prima, além de *produtos* (aquilo que é produzido, resultado da produção).

8.3. Elemento(s) Subjetivo(s)

O tipo subjetivo do crime, tanto no *caput* quanto em seu §1º, é o *dolo*, em sua forma geral, não havendo previsão de sua prática na modalidade culposa.

9. CONSUMAÇÃO E TENTATIVA

O crime, na forma prevista do art. 2º, caput, é formal, consumando-se independentemente de qualquer produção de resultado natural, sendo suficiente a produção de bens ou exploração de matéria-prima pertencente à União. Por ser um crime plurissubsistente, admite a tentativa.

Com relação ao tipo na forma do §1º, percebe-se igualmente que o crime é formal. Por se tratar também de crime plurissubsistente, admite a tentativa. Na modalidade "tiver consigo", entende-se que, por se tratar de crime permanente, a consumação se protrai no tempo.

10. CONCURSO DE CRIMES

Tema importante a ser evidenciado é o da possibilidade do concurso de crimes entre o art. 2º da Lei 8.176/91 e o art. 55 da Lei 9.605/98[21]. É que, para uma parte da doutrina, este artigo previsto na lei de crimes ambientais teria revogado aquele.

Ocorre que os Tribunais Superiores possuem entendimento firme na matéria, definindo que, por tutelarem bens jurídicos diversos, não haveria que se falar em revogação entre os tipos.[22]

---

20 O Supremo Tribunal Federal já teve a oportunidade de confirmar a tipicidade da conduta de comercializar fósseis, a saber: HABEAS CORPUS – RECURSO EXTRAORDINÁRIO – ÓBICE – INEXISTÊNCIA. Descabe apontar que, em tese, o ato atacado mediante o habeas o seria na via do extraordinário, para assentar, com isso, inadequada a impetração. MATÉRIA PRIMA – EXPLORAÇÃO – UNIÃO. A teor do Decreto-Lei nº 4.146/1942, os depósitos fossilíferos são de propriedade da União, devendo ser observada a Lei nº 8.176/1991. (STF. HC 125.247/SP. 1ª Turma. Rel. Min. Marco Aurélio. Data Julg.: 01/08/2017. Data Publ.: 15/08/2017)

21 Art. 55. Executar pesquisa, lavra ou extração de recursos minerais sem a competente autorização, permissão, concessão ou licença, ou em desacordo com a obtida: Pena - detenção, de seis meses a um ano, e multa. Parágrafo único. Nas mesmas penas incorre quem deixa de recuperar a área pesquisada ou explorada, nos termos da autorização, permissão, licença, concessão ou determinação do órgão competente.

22 HABEAS CORPUS. PENAL E PROCESSUAL PENAL. ARTS. 2º DA LEI N. 8.176/91 E 55 DA LEI N. 9.605/98. TUTELA DE BENS JURÍDICOS DISTINTOS. REVOGAÇÃO. NÃO OCORRÊNCIA. 1. Os artigos 2º da Lei n. 8.176/91 e 55 da Lei n. 9.605/98 tutelam bens jurídicos distintos: o primeiro visa a resguardar o patrimônio da União; o segundo protege o meio ambiente. 2. Daí a improcedência da alegação de que o artigo 55 da Lei n. 9.605/98 revogou o artigo 2º

Assim é que tem se entendido pela possibilidade de reconhecimento de concurso formal na conduta que desafia o tipo previsto no art. 2º da Lei 8.176/91 e o previsto art. 55 da Lei 9.605/98.[23]

11. FORO DE FUNÇÃO

Com relação ao foro de função, o Supremo Tribunal Federal manteve seu posicionamento da AP 937 em recente julgamento envolvendo a prática dos crimes dos arts. 2º da Lei 8.176/91 e 55 da Lei 9.605/98, a saber:

> AGRAVO REGIMENTAL NO RECURSO EXTRAORDINÁRIO. PENAL E PROCESSO PENAL. DELITO DE EXTRAÇÃO MINERAL SEM AUTORIZAÇÃO LEGAL (ART. 2º DA LEI 8.176/1991) E AMBIENTAL (ART. 55 DA LEI 9.605/1998). PREFEITO MUNICIPAL. FORO POR PRERROGATIVA DE FUNÇÃO. SUPOSTOS CRIMES PRATICADOS EM PERÍODO ANTERIOR AO EXERCÍCIO DO CARGO DE CHEFE DO PODER EXECUTIVO MUNICIPAL. QUESTÃO DE ORDEM NA AÇÃO PENAL 937. COMPETÊNCIA DA PRIMEIRA INSTÂNCIA. AGRAVO REGIMENTAL DESPROVIDO. 1. O Plenário desta CORTE, no julgamento da questão de ordem na Ação Penal 937, fixou as seguintes teses: "(i) O foro por prerrogativa de função aplica-se apenas aos crimes cometidos durante o exercício do cargo e relacionados às funções desempenhadas; e (ii) Após o final da instrução processual, com a publicação do despacho de intimação para apresentação de alegações finais, a competência para processar e julgar ações penais não será mais afetada em razão de o agente público vir a ocupar outro cargo ou deixar o cargo que ocupava, qualquer que seja o motivo". 2. Delitos atribuídos ao agravante supostamente praticados em período anterior ao exercício do cargo de prefeito e sem relação com as funções desempenhadas. 3. Agravo regimental desprovido. (STF. RE 1223249 AgR. 1ª Turma. Rel.: Min.: Alexandre de Moraes. Data Julg.: 27/09/2019. Data Publ.: 10/10/2019.

12. PENA, AÇÃO PENAL E COMPETÊNCIA

A pena prevista para a prática do crime do art. 2º, seja no *caput* ou no seu § 1º é de detenção, de um (01) a cinco (05) anos, e multa.

Trata-se de crime que não admite oferecimento de transação penal (pena máxima maior que dois anos - art. 76 da Lei 9.099/95), mas admite oferta de suspensão condicional do processo (pena mínima igual a 01 ano - art. 89 da Lei 9.099/95) e de acordo de não persecução penal (pena mínima inferior a quatro anos - Art. 28-A do Código de Processo Penal).

Na forma do § 2º, do art. 2º, a pena de multa é fixada entre 10 (dez) e 360 (trezentos e sessenta) dias-multa, na medida da necessidade e da suficiência para a reprovação e prevenção do crime

A ação penal é publica incondicionada, sendo competente para julgamento, em regra, a justiça estadual[24].

---

da Lei n. 8.176/91. Ordem indeferida. (STF. HC 89878. Segunda Turma. Rel.: Min. Eros Grau. Data Julg.: 20/04/2010. Data Publ.: 14/05/2010)

23 EMENTA: HABEAS CORPUS. PENAL. PROCESSUAL PENAL. EXTRAÇÃO DE OURO. INTERESSE PATRIMONIAL DA UNIÃO. ART. 2º DA LEI N. 8.176/1991. CRIME CONTRA O MEIO AMBIENTE. ART. 55 DA LEI N. 9.605/1998. BENS JURÍDICOS DISTINTOS. CONCURSO FORMAL. INEXISTÊNCIA DE CONFLITO APARENTE DE NORMAS. AFASTAMENTO DO PRINCÍPIO DA ESPECIALIDADE. INCOMPETÊNCIA DO JUIZADO ESPECIAL FEDERAL. 1. Como se trata, na espécie vertente, de concurso formal entre os delitos do art. 2º da Lei n. 8.176/1991 e do art. 55 da Lei n. 9.605/1998, que dispõem sobre bens jurídicos distintos (patrimônio da União e meio ambiente, respectivamente), não há falar em aplicação do princípio da especialidade para fixar a competência do Juizado Especial Federal. 2. Ordem denegada. (STF. HC 111762. Segunda Turma. Rel.: Min. Cármen Lúcia. Data Julg.: 13/11/2012. Data Publ.: 04/12/2012)

24 Neste sentido, por exemplo: COMPETÊNCIA- CRIME CONTRA A ORDEM ECONÔMICA – ADUTERAÇÃO DE COMBUSTÍVEL - ARTIGO 1º, INCISO I, DA LEI Nº 8.176/91. O fato de, à margem de certa portaria da Agência Nacional do Petróleo, haver comercialização de produto derivado do petróleo não implica a configuração de crime contra serviço

BIBLIOGRAFIA

BASTOS, Celso Ribeiro. *Curso de Direito Econômico*, São Paulo: Celso Bastos, 2003.

CANOTILHO. J. J. Gomes; MOREIRA, Vital. *Constituição da República Portuguesa Anotada*. 4ª ed. rev. Vol. 1. Coimbra: Coimbra Editora, 2014.

DE LIMA, Renato. *Legislação Criminal Especial Comentada*. vol. Único. 5ª ed. rev., atual. e ampl. Salvador: Editora JusPodvm, 2017.

DINIZ, Maria Helena. *Dicionário jurídico*. São Paulo: Saraiva, 1998. v. I, II, III e IV.

FERREIRA, Aurélio Buarque de Holanda. *Novo dicionário da língua portuguesa*. 2. ed. rev. e aum. Rio de Janeiro: Nova Fronteira, 1986.

GRAU, Eros Roberto. A ordem econômica na Constituição de 1988 (interpretação e critica). 9. ed., rev. e atual. São Paulo: Malheiros, 2004.

GRECO, Rogério. *Curso de Direito Penal*: Parte Geral. 22ª ed. rev., ampl. e atual. Rio de Janeiro: Impetus, 2020.

PRADO, Luiz Regis. *Direito Penal Econômico*. 8ª ed. Rio de Janeiro: Forense, 2019. Não paginada.

SANCHES CUNHA, ROGÉRIO, Manual De Direito Penal – Parte Geral – Arts. 1º Ao 120 – Vol. Único – 8ª Ed. Salvador: Juspodivm, 2020.

ZAFFARONI, Eugenio Raul; PIERANGELI, José Henrique. *Manual de Direito Penal Brasileiro*. 9. ed. rev. e atual. São Paulo (SP): Revista dos Tribunais, 2011.

da citada autarquia especial" (RE nº 459.513/SP, Primeira Turma, Relator o Ministro Marco Aurélio, DJe de 21/8/09). PENAL. AGRAVO REGIMENTAL EM RECURSO EXTRAORDINÁRIO. COMPETÊNCIA. JUSTIÇA ESTADUAL. CRIME CONTRA A ORDEM ECONÔMICA (ARTIGO 1º DA LEI 8176/91). PRECEDENTE. 1. Agravo Regimental de decisão que negou seguimento a Recurso Extraordinário por entender irretocável o julgado que determinou o envio dos autos à Justiça Estadual para o processamento de processo em que se apura a ocorrência de crime contra a ordem econômica (adulteração de combustível). Não merece guarida a alegação de que a competência para processo e julgamento deve ser da Justiça Federal sob o argumento de que cumpre à Agência Nacional do Petróleo a fiscalização das atividades afins. Precedente. 2. Agravo Regimental a que se nega provimento" (RE nº 451.489/SP-AgR, Segunda Turma, Relator o Ministro Joaquim Barbosa, DJe de 19/12/08).

CAPÍTULO 18

Discriminação Durante a Gravidez – Lei nº 9.029/1995

Mariano Paganini Lauria

1. CONSIDERAÇÕES GERAIS

O presente diploma legal também foi editado visando à concretização – na relação de trabalho – de um dos objetivos da República Federativa do Brasil, inserido no art. 3.º, IV, da Constituição Federal, *in verbis*: "*promover o bem de todos, sem preconceitos de origem, raça, sexo, cor, idade e quaisquer outras formas de discriminação*", além da proteção específica ao mercado de trabalho da mulher, prevista no art. 7.º, XX, da CF/88.[1]

Com esse desiderato, para além da previsão de condutas penais (descritas especificamente no art. 2.º da Lei em voga, sendo estas o foco primordial de nossos comentários, haja vista os objetivos propostos na presente obra), o aludido diploma legislativo, traz ainda em seu bojo a previsão de infrações administrativas pelo cometimento do ato discriminatório pelo empregador (multa e proibição de obter empréstimos ou financiamento junto a instituições financeiras oficiais) e reparações ao trabalhador que tiver a relação de trabalho rompida em razão de discriminação negativa injustificada (dano moral e, à sua escolha, a readmissão com ressarcimento integral de todo o período de afastamento com correção monetária e juros legais ou a percepção em dobro de sua remuneração relativa ao período, igualmente corrigida monetariamente e acrescida de juros legais).[2]

Ademais, cumpre salientar que o diploma normativo em comento teve o campo de incidência de seu artigo inicial (uma espécie de parte geral) elastecido com a edição do Estatuto da Pessoa com Deficiência, que incluiu expressamente a proteção contra prática discriminatória

1 *"XX – proteção do mercado de trabalho da mulher, mediante incentivos específicos, nos termos da lei;"*

2 *Art. 3.º Sem prejuízo do prescrito no art. 2.º desta Lei e nos dispositivos legais que tipificam os crimes resultantes de preconceito de etnia, raça, cor ou deficiência, as infrações ao disposto nesta Lei são passíveis das seguintes cominações: (Redação dada pela Lei nº 13.146, de 2015)*

I – multa administrativa de dez vezes o valor do maior salário pago pelo empregador, elevado em cinquenta por cento em caso de reincidência;

II – proibição de obter empréstimo ou financiamento junto a instituições financeiras oficiais.

Art. 4.º O rompimento da relação de trabalho por ato discriminatório, nos moldes desta Lei, além do direito à reparação pelo dano moral, faculta ao empregado optar entre: (Redação dada pela Lei nº 12.288, de 2010)

I – a reintegração com ressarcimento integral de todo o período de afastamento, mediante pagamento das remunerações devidas, corrigidas monetariamente e acrescidas de juros legais; (Redação dada pela Lei nº 13.146, de 2015)

II – a percepção, em dobro, da remuneração do período de afastamento, corrigida monetariamente e acrescida dos juros legais.

Art. 5º Esta lei entra em vigor na data de sua publicação.

Art. 6º Revogam-se as disposições em contrário.

ou limitativa na relação de trabalho à pessoa com deficiência, bem como àquela que passou por reabilitação profissional, senão vejamos: "*Art. 1.º É proibida a adoção de qualquer prática discriminatória e limitativa para efeito de acesso à relação de trabalho, ou de sua manutenção, por motivo de sexo, origem, raça, cor, estado civil, situação familiar, deficiência, reabilitação profissional, idade,* ***entre outros***[3]*, ressalvadas, nesse caso, as hipóteses de proteção à criança e ao adolescente previstas no inciso XXXIII do art. 7.º da Constituição Federal. Redação dada pela Lei nº 13.146, de 2015*".

Todavia, tal alteração não trouxe reflexos à incidência penal, prevista no artigo 2.º, comentado adiante.

2. CRIMES EM ESPÉCIE

Art. 2º Constituem crime as seguintes práticas discriminatórias:

I – a exigência de teste, exame, perícia, laudo, atestado, declaração ou qualquer outro procedimento relativo à esterilização ou a estado de gravidez;

II – a adoção de quaisquer medidas, de iniciativa do empregador, que configurem:

a) indução ou instigamento à esterilização genética;

b) promoção do controle de natalidade, assim não considerado o oferecimento de serviços e de aconselhamento ou planejamento familiar, realizados através de instituições públicas ou privadas, submetidas às normas do Sistema Único de Saúde (SUS).

Pena: detenção de um a dois anos e multa.

Parágrafo único. São sujeitos ativos dos crimes a que se refere este artigo:

I – a pessoa física empregadora;

II – o representante legal do empregador, como definido na legislação trabalhista;

III – o dirigente, direto ou por delegação, de órgãos públicos e entidades das administrações públicas direta, indireta e fundacional de qualquer dos Poderes da União, dos Estados, do Distrito Federal e dos Municípios.

---

3 As repercussões que desbordam da tutela penal não são o escopo primordial da presente obra, entretanto, faz-se interessante ilustrar que, a partir da cláusula de abertura *"entre outros"*, a jurisprudência trabalhista tem aplicado conceito bem ampliativo do artigo em destaque para fins de vedar quaisquer práticas discriminatórias limitativas na relação de emprego, conforme o seguinte exemplo: ***Tribunal Superior do Trabalho. Ação civil pública – Processo seletivo – Banco HSBC – Pesquisa prévia da situação financeira dos candidatos ao emprego – SPC e Serasa – Dano moral coletivo.*** *[...] Para Firmino Alves Lima, 'há discriminação nas relações de trabalho quando um ato ou comportamento do empregador, ocorrido, antes, durante e depois da relação de trabalho, implica uma distinção, exclusão, restrição ou preferência, baseado em uma característica pessoal ou social, sem motivo razoável ou justificável, que tenha por resultado a quebra do igual tratamento e a destruição, o comprometimento, o impedimento, o reconhecimento ou o usufruto de direitos e vantagens trabalhistas assegurados, bem como direitos fundamentais de qualquer natureza, ainda que não vinculados ou integrantes da relação de trabalho (LIMA, Firmino Alves. Mecanismos antidiscriminatórios nas relações de trabalho. São Paulo: LTr, 2006. p. 135).* ***A interpretação adequada do artigo 1º da Lei nº 9029/1995 deve ser feita de forma ampliativa no sentido de que é vedada 'qualquer prática discriminatória'.*** *Neste aspecto, portanto, deve-se coibir qualquer espécie de prática discriminatória. (Fica proibida a adoção de qualquer prática discriminatória limitativa para eleito de acesso à relação de emprego, ou sua manutenção, por motivo de sexo, origem, raça, cor, estado civil, situação familiar ou idade, ressalvadas, neste caso, as hipóteses de proteção ao menor previstas no inciso XXXIII do artigo 7º da Constituição Federal'.)* (TST. Recurso de Revista 3990200-19.2008.5.09.0002. 2ª Turma. Relator: Ministro Renato de Lacerda Paiva. Publicação: DEJT 20.02.2015. Revista Fórum Trabalhista – RFT. Belo Horizonte, ano 4, n. 16, jan/mar. 2015).

BEM JURÍDICO TUTELADO

O direito à igualdade e ao livre acesso ao mercado de trabalho (especialmente da mulher), vedando-se práticas discriminatórias negativas injustificadas.

SUJEITOS DO CRIME

Crime próprio com relação ao sujeito ativo, pois exige condição especial do agente. Note-se que o parágrafo único é claro ao dispor as pessoas que podem cometer a infração penal: *I – a pessoa física empregadora; II – o representante legal do empregador, como definido na legislação trabalhista* (a pessoa natural, representante legal que praticou a conduta criminosa, haja vista que não há hipótese de responsabilização penal da pessoa jurídica pelo cometimento deste crime, tampouco responsabilidade penal objetiva da empresa); *III – o dirigente, direto ou por delegação, de órgãos públicos e entidades das administrações públicas direta, indireta e fundacional de qualquer dos Poderes da União, dos Estados, do Distrito Federal e dos Municípios* (portanto, a infração penal pode também ser praticada no âmbito do poder público, sendo que a responsabilidade é pessoal do diretor ou agente público que adotar as medidas ilegais vedadas). Admite-se coautoria e participação nos moldes tradicionais do Código Penal.

No polo passivo figura o Estado, como sujeito passivo formal, mediato e constante, além da pessoa discriminada, como sujeito passivo imediato (titular do bem jurídico). Com relação à exigência de esterilização genética, pode ser qualquer pessoa, tanto o homem (possível beneficiário de uma licença paternidade) quanto a mulher (possível beneficiária de uma licença maternidade). Logicamente que, em se tratando de exigência relacionada ao estado de gravidez, somente a mulher pode figurar como sujeito passivo (aqui o crime é próprio também em relação ao sujeito passivo).

CONDUTAS

A conduta nuclear do inciso I é *exigir* (determinar, ordenar, impor), cingindo-se à ação do empregador que impõe como condição da contratação que o empregado(a) ou candidato(a) apresente: teste (verificação de caráter mais amplo), exame (verificação médica), perícia (análise pericial), laudo (documento elaborado por perito), atestado (afirmação documentada), declaração (manifestação solene) ou qualquer outro procedimento (qualquer método de verificação, cláusula de abertura) relativo à esterilização (incapacidade de gerar filhos) ou a estado de gravidez (estado biológico da mulher de gestação de descendente que inicia desde a concepção do embrião[4]).

Já o inciso II prevê a adoção (prática, implementação) de quaisquer medidas (cláusula de abertura), de iniciativa (por parte) do empregador que configurem (se caracterizem como):

---

4 Neste sentido, a jurisprudência trabalhista reconhece direito à estabilidade da empregada gestante desde o momento da concepção, conforme segue: *RECURSO DE REVISTA –* ***ESTABILIDADE DA GESTANTE – PROTEÇÃO À GRAVIDEZ DESDE A CONCEPÇÃO*** *– EFICÁCIA DO PRECEITO CONSTITUCIONAL. O art. 10, inciso II, alínea b, do ADCT veda, em termos expressos e inequívocos,* ***a dispensa arbitrária ou imotivada da empregada gestante, desde a confirmação da gravidez até cinco meses após o parto.*** *Ao fazê-lo, portanto, a norma constitucional em tela estabelece a responsabilidade objetiva do empregador pelos salários e garantias próprias ao contrato de trabalho, durante todo o período ao longo do qual é assegurada a estabilidade, e o único pressuposto para que a empregada tenha reconhecido seu direito é a gravidez. A matéria já está pacificada no âmbito desta Corte uniformizadora, em que a Súmula nº 244 traduz a exegese da fonte formal do direito, sem aludir a qualquer condição a que possa estar sujeita, pois se cuida de responsabilidade objetiva, cujo março é o início da gravidez. Recurso de revista conhecido e provido.* (TST – RR: 1039320105020254 103-93.2010.5.02.0254, Relator: Luiz Philippe Vieira de Mello Filho, Data de Julgamento: 15/05/2013, 7ª Turma, Data de Publicação: DEJT 24/05/2013).

a) *indução ou instigamento:* induzir significa dar a ideia – não existente até então – e instigar relaciona-se à incitação (incentivo), reforçando uma ideia que já existia, com relação à esterilização genética (intervenção cirúrgica, realizada no homem – vasectomia – ou na mulher – laqueadura), ou seja, à impossibilidade do(a) empregado(a) gerar filhos.

b) promoção do controle de natalidade: adotar o empregador medidas que configurem a promoção (impulso) do controle de natalidade (domínio com relação ao nascimento de filhos[5]) em relação ao empregador.

Todavia, a própria alínea em comento excluiu a tipicidade formal de serviços de aconselhamento e planejamento familiar submetidos às normas do Sistema Único de Saúde ("[..] *assim não considerado o oferecimento de serviços e de aconselhamento ou planejamento familiar, realizados através de instituições públicas ou privadas, submetidas às normas do Sistema Único de Saúde (SUS)*". Em síntese, a intenção legislativa foi de resguardar o trabalhador de pressões (notadamente ameaças de dispensa) do empregador com relação ao seu planejamento familiar (ou até mesmo à total ausência dele, se for assim a sua vontade). Por conseguinte, e conforme a ressalva anteriormente demonstrada, pensamos que não configura fato típico a hipótese do empregador que aconselha ou auxilia (com total isenção de ameaças, ainda que veladas em caso de negativa) o empregado a buscar (caso seja de seu interesse) os programas oficiais de planejamento familiar, principalmente naqueles casos de pessoas mais humildes e com menor esclarecimento acerca dos serviços públicos disponíveis, que, não raro, já possuem muitos filhos e poucas condições materiais para prover o adequado sustento e amparo de sua prole.

Segundo dados do manual de planejamento familiar para os profissionais da saúde, em consonância as orientações da Organização Mundial de Saúde, milhões de pessoas tentam evitar a paternidade e maternidade, porém não têm regular acesso aos métodos contraceptivos. Diversos motivos são apontados para explicar essa frustração de expectativas, sendo o principal a falha do Estado quanto à oferta de uma educação mais eficaz, além da pequena oferta de contraceptivos e insumos que ainda não atende a toda demanda.[6]

Por fim, cumpre deixar vincado que o planejamento familiar não se confunde com o controle de natalidade, sendo aquele conceito mais amplo do que esse, estando (o primeiro) atrelado à ideia de liberdade de escolha consciente e de paternidade/maternidade responsável, visando, em última análise, à garantia da dignidade da pessoa humana[7]. Neste esteio, a lei do planejamento familiar (9.263/96), que concretizou no plano infraconstitucional o § 7º do art. 226 da Constituição Federal, apresenta o seguinte conceito normativo, *in verbis*: "*entende-se planejamento familiar como o conjunto de ações de regulação da fecundidade que garanta direitos iguais de constituição, limitação ou aumento da prole pela mulher, pelo homem ou pelo casal*". Já o controle de natalidade, por seu turno, relaciona-se a apenas à redução de nascimentos.

---

5 Importante ressaltar que a Constituição Federal garante que o planejamento familiar é uma livre decisão do casal (não pode ser imposto pelo Estado, tampouco pelo empregador), *in verbis: "art. 226, § 7º Fundado nos princípios da dignidade da pessoa humana e da paternidade responsável, o planejamento familiar é livre decisão do casal, competindo ao Estado propiciar recursos educacionais e científicos para o exercício desse direito, vedada qualquer forma coercitiva por parte de instituições oficiais ou privadas."*

6 BORGO, Alexandre de Oliveira. *O direito ao planejamento familiar como garantia da dignidade da pessoa humana.* Liberdade de escolha versus negligência dos pais versus omissão do Estado: uma investigação sobre a causa primária de acolhimentos protetivos de crianças e adolescentes. Vitória: Ed. do Autor, 2015. p. 64.

7 *Ibidem*, p. 69-70.

VOLUNTARIEDADE

Quanto à voluntariedade, exige-se o dolo, inexistindo a forma culposa. Não se faz necessário para configuração do tipo penal em testilha elemento subjetivo específico (especial finalidade de agir).

CONSUMAÇÃO E TENTATIVA

O delito se consuma com a prática discriminatória prevista no tipo penal, independentemente da ocorrência de efetivo prejuízo à vítima. Crime formal, portanto.

O crime restará consumado com a mera exigência do teste, exame, declaração perícia, laudo, atestado ou outro procedimento de esterilização (ou induzimento/instigação à esterilização) ou gravidez, independentemente da aceitação ou recusa do(a) trabalhador(a)/candidato(a) ao posto de trabalho (e tampouco sem a necessidade da vontade específica de discriminar do empregador), bastando que pratique a conduta nuclear (exigir, induzir ou instigar) com consciência e vontade (dolo).

Apesar de ser de difícil ocorrência, admite-se a tentativa na forma plurissubsistente (quando cometido por mais de um ato, como, por exemplo, quando a exigência ocorrer por escrito e for interceptada antes de chegar ao destinatário final).

AÇÃO PENAL

Ação Penal Pública incondicionada.

Infração de menor potencial ofensivo, tendo em vista que a pena máxima não ultrapassa o patamar de dois anos. Aplicação integral da Lei 9.099/95, tanto com relação à competência (Juizado Especial Criminal), quanto no que tange à possibilidade (a depender do preenchimento dos requisitos legais pelo agente) de aplicação dos institutos penais despenalizadores (transação penal e *sursis* processual).

BIBLIOGRAFIA

BORGO, Alexandre de Oliveira. *O direito ao planejamento familiar como garantia da dignidade da pessoa humana.* Liberdade de escolha versus negligência dos pais versus omissão do Estado: uma investigação sobre a causa primária de acolhimentos protetivos de crianças e adolescentes. Vitória: Ed. do Autor, 2015.

NUCCI, Guilherme de Souza. Leis Penais e Processuais Penais Comentadas. Vol I. 8. ed. rev. atual. ampl. Rio de Janeiro: Forense, 2014.

CAPÍTULO 19

Juizados Especiais Criminais – Lei nº 9.099/1995

Antonio Henrique Graciano Suxberger

INTRODUÇÃO

A Constituição de 1988, preocupada com a incapacidade do Poder Judiciário de assegurar o devido tratamento à infrações penais mais simples e de menor relevância quanto ao bem jurídico tutelado, trouxe a previsão de criação dos juizados especiais. O Constituinte, no art. 98, inciso I, trouxe as bases sobre as quais o legislador ordinário deveria estabelecer os juizados. No texto constitucional, estão previstos: (i) a possibilidade de atuação de juízes leigos; (ii) a nomenclatura então inédita de "crimes de menor potencial ofensivo"; (iii) a nomenclatura de "sumaríssimo" para o procedimento dos juizados, a ser caracterizado pela oralidade; (iv) o instituto da transação penal; (v) órgãos incumbidos de apreciar recursos a serem compostos por juízes de primeiro grau.

Essas balizas lançadas pela Constituição mostravam-se, desde logo, inafastáveis para a criação dos Juizados Especiais Criminais. Se a existência de um órgão de jurisdição incumbido do julgamento de pequenas causas já era realidade na esfera cível desde meados da década de 1980, por meio – dentre outras – da Lei n. 7.244 de 1984, a novidade trazida pela Constituição consistiu na previsão de um órgão incumbido do julgamento de "pequenas causas" criminais, isto é, uma estrutura jurisdicional que conseguisse dar resposta formalizada a um tipo de criminalidade que, até então, não dispunha de qualquer possibilidade de concorrer com infrações de maior gravidade. E, por isso, acabavam relegadas a soluções que muitas vezes frustravam as próprias razões de justificação para a intervenção penal do Estado ou que serviam apenas para demonstrar o inegável caráter seletivo do sistema de justiça criminal.

Essas balizas, então, foram lançadas ao legislador ordinário. O preceito estabelecido no art. 98, inciso I, da Constituição claramente tem a sua eficácia limitada, isto é, sua concretização dependia de detalhamento a ser realizado pelo legislador ordinário. Coube a ele dar conteúdo a esses institutos nominados na Constituição. Afinal, como materializar a participação de juízes leigos? O que incumbiria a eles sem que tal tarefa maculasse a reserva da jurisdição outorgada aos juízes togados? Qual o conceito a ser aplicado para o chamado "crime de menor potencial ofensivo"? Qual o desenho procedimental para o procedimento sumaríssimo – expressão superlativa que bem demonstra a intenção constituinte para que fosse criado algo informado pela simplicidade, pela informalidade, pela celeridade e, especialmente, pela oralidade? Diante de tantas opções de acordos processuais presentes no direito comparado, como o Brasil poderia trazer tal contribuição para concretizar a transação penal? Por fim, seria possível estabelecer órgãos recursais que escapassem da já inchada estrutura dos Tribunais ordinários (Tribunais

Regionais Federais e Tribunais de Justiça estaduais)? Eram essas as perguntas a serem respondidas pelo legislador ordinário após a promulgação do texto constitucional em 1988.

Em 1989, a discussão que redundaria na edição da Lei n. 9.099 em 1995 inicia-se por meio do Projeto de Lei n. 1.480, apresentado pelo então Deputado Federal Michel Temer. A proposição resultou de uma série de debates e estudos promovidos por um grupo de trabalho composto por integrantes do Tribunal de Justiça do Estado de São Paulo e pelos professores Ada Pellegrini Grinover, Antônio Magalhães Gomes Filho e Antônio Scarance Fernandes da Universidade de São Paulo. Os estudos ainda aproveitaram o chamado Anteprojeto Gagliardi e Marques da Silva. O Projeto experimentou inúmeras contribuições e sugestões de redação, até a aprovação e a sanção do texto final da Lei n. 9.099 em 1995.

A Lei n. 9.099 possui uma estrutura simples. São quatro Capítulos, dos quais o primeiro e o último se referem tanto ao Juizado Especial Cível quanto ao Criminal. O Capítulo I, além de reproduzir o texto da Constituição a respeito da competência da União e dos Estados para a criação dos Juizados, estabelece desde logo os critérios que orientarão os processos nos Juizados: oralidade, simplicidade, informalidade, economia processual e celeridade. Ainda, preceitua claramente que o objetivo da Lei é mesmo promover a conciliação entre os envolvidos ou a transação, conforme o caso e sempre que possível. O Capítulo II, então, cuida do Juizado Cível. E o Capítulo III da Lei, dividido em seis seções, refere-se ao Juizado Especial Criminal (JECRIM). A Lei ainda dispõe de um último capítulo, o de número IV, que estabelece os prazos para instalação dos Juizados na União, nos Estados e no Distrito Federal. Interessa-nos exatamente o Capítulo III. Dividido em seis seções, não só detalha o procedimento sumaríssimo e os institutos aplicáveis aos crimes de menor potencial ofensivo, como igualmente traz disposições que se estenderão a todo o ordenamento processual penal (representação para a ação penal pelo crime de lesões leves e a suspensão condicional do processo).

DISPOSIÇÕES GERAIS

Art. 60. O Juizado Especial Criminal, provido por juízes togados ou togados e leigos, tem competência para a conciliação, o julgamento e a execução das infrações penais de menor potencial ofensivo, respeitadas as regras de conexão e continência.

Parágrafo único. Na reunião de processos, perante o juízo comum ou o tribunal do júri, decorrentes da aplicação das regras de conexão e continência, observar-se-ão os institutos da transação penal e da composição dos danos civis.

O artigo 60, que inicia as disposições a respeito dos Juizados Especiais Criminais reproduz, em grande parte, o texto constitucional, especificamente o comando inserto no art. 98, inciso I, da Constituição.

A previsão de participação de juízes togados e leigos nos Juizados Especiais Criminais foi resolvida por meio da participação de conciliadores, mediadores ou também chamados de atermadores. Como se verá a seguir, o procedimento do JECRIM guarda uma fase de conciliação, cujo objetivo maior é a composição dos danos civis causados pela prática da infração criminosa. Essas tratativas que buscarão o atendimento aos interesses da vítima serão, em regra, conduzidas por um juiz leigo, isto é, um conciliador previamente cadastrado no Juizado Especial Criminal que, embora não integra os quadros da magistratura, cuidará de promover a composição entre os envolvidos, nomeadamente o autor do fato e a vítima.

Essa composição a ser promovida pelo conciliador, posteriormente, será objeto de homologação pelo juiz togado. As consequências desse acordo assim reconhecido pelo juiz togado serão vistas a seguir, particularmente nos arts. 72 a 74 da Lei n. 9.099. Desde logo, adianta-se que, se atendidos os interesses patrimoniais da vítima nessa composição, ter-se-á a solução da questão criminal nos casos de infrações penais que sejam de ação penal pública condicionada à representação ou de ação penal privada (queixa-crime). Isso porque a composição dos danos civis implicará a renúncia ao direito de representação ou de queixa pelo ofendido. A renúncia, nos termos do art. 107, inciso V, do Código Penal, é causa de extinção da punibilidade do fato.

Assim, a presença do conciliador é estimulada no JECRIM, mas se limita à fase preliminar, isto é, a fase em que se procede à composição dos danos civis entre autor do fato e vítima. O detalhamento da participação dos mediadores e o modo pelo qual serão eles recrutados observarão a competência estadual para as respectivas normas de organização judiciária, bem assim os atos normativos do respectivo Tribunal.

Não há sentido jurídico na ampliação da atuação do juiz leigo para atos que sejam privativos da autoridade jurisdicional no curso do procedimento sumaríssimo. Atos como: homologação de acordos para composição dos danos civis, homologação da transação penal, verificação do cumprimento – do acordo e extinção da punibilidade do fato, condução de audiência de instrução e outros – claramente são atos privativos da autoridade jurisdicional. Não há como o leigo promover tais atos e o juiz togado, seguidamente, "homologar" tais atos. Não se trata de homologação, pois o ato de homologar é presente apenas naqueles atos jurídicos de caráter composto (o fato jurídico decorre da atuação de mais de um ator). No caso de se delegar a leigo o que a ele não se pode delegar, tem-se apenas ato inexistente.

Por isso, embora a Lei estimule a atuação e participação de leigos, não se pode compreender a partir disso a validade de delegação da própria jurisdição. Inafastabilidade e indelegabilidade do fazer jurisdicional são impositivos da própria Constituição – art. 5.º, inciso XXXV.

O art. 60 ainda autoriza que o JECRIM tenha competência não só para o processo do crime de menor potencial ofensivo, mas também para a execução das sentenças proferidas no Juizado. Essa definição da competência, por certo, observa as normas de organização judiciária de cada Estado ou mesmo da Justiça Federal. Mas a presença do autorizativo, para que o Juizado exerça as funções de juízo de conhecimento e de execução, guarda consonância com a simplicidade e a informação que hão de informar todo o funcionamento do JECRIM. O art. 60 ainda apresenta a expressão "infração de menor potencial ofensivo", cujo conceito será expresso no artigo seguinte.

O art. 60, em sua parte final, ressalva a observância dos institutos da conexão e da competência para a fixação da competência do JECRIM. Conexão e continência são conceitos legalmente estabelecidos nos arts. 76 e 77 do Código de Processo Penal (CPP). Interessa-nos as consequências do reconhecimento desses fenômenos processuais.

Com efeito, a presença de conexão ou continência implica a reunião de processos perante um mesmo juízo e, se possível, o processamento e julgamento conjunto das ações. Trata-se da regra insculpida no art. 79, *caput*, do CPP. Em se tratando de infrações penais que sejam de competência da jurisdição comum, haverá sempre a reunião dos feitos e a presença desse critério de definição de competência do juízo. As consequências da conexão e da continência, especialmente aquela que se refere à definição da competência do juízo, só serão afastadas em duas situações: no concurso entre jurisdição penal e infracional, isto é, na presença de fatos conexos ou continentes que se refiram à competência da jurisdição criminal e à competência da justiça infracional (a Vara da Infância e Juventude, nos termos do art. 148, inc. I, da Lei n. 8.069/1990); e na presença entre concurso entre jurisdição comum e jurisdição militar.

A previsão da Lei n. 9.099 que ressalva a observância das regras de conexão e continência foi inserta pela Lei n. 11.313, de 28 de junho de 2006. Seguidamente a essa alteração, muito se discutiu sobre a prevalência, ou não, da competência do JECRIM, ao argumento de que a competência prevista para os Juizados Especiais seria uma competência constitucionalmente estabelecida.

A consequência da compreensão segundo a qual a competência do JECRIM seria estabelecida constitucionalmente seria a impossibilidade de prevalência de regras legais sobre competência em detrimento do comando constitucional. É dizer: se a Constituição estabeleceu a competência do JECRIM para os crimes de menor potencial ofensivo, não haveria sentido em atribuir prevalência à regra prevista no CPP que determinaria a observância de conexão e continência como critérios definidores da competência. Por isso, tão logo foi editada a Lei n. 11.313/2006, vários autores se apressaram em reputá-la como inconstitucional, por suposta ofensa ao disposto no art. 98, inciso I, da Constituição Federal. Para quem reputa inconstitucional a alteração promovida em 2006 na Lei n. 9.099, a solução seria o desmembramento dos feitos que reunissem crimes de menor potencial ofensivo, para que estes sejam processados e julgados no JECRIM, e os demais fatos criminosos observem a competência do juízo criminal comum.

Nessa linha de argumentos, a Procuradoria-Geral da República ajuizou a ação direta de inconstitucionalidade (ADI) n. 5.264 em março de 2015, argumentando que os institutos da conexão e da continência, previstos na legislação infraconstitucional, não podem ser utilizados como pretexto para contrariar as regras de competência fixadas na Carta Magna. A ação, portanto, reputa que a redação estabelecida para o *caput* e o parágrafo único do art. 60 da Lei n. 9.099 pela Lei n. 11.313/2006 contraria o que dispõe o 98, inciso I, e 5º, inciso LII, ambos da Constituição Federal.

O Supremo Tribunal Federal finalmente julgou improcedente o pedido da ADI n. 5.264, para estabelecer que a compatibilidade da redação atual do art. 60 da Lei n. 9.099/1995 com a Constituição Federal (STF, ADI 5.264, Plenário virtual, Rel. Min. Carmen Lúcia, j. 7/12/2020). Afinal, uma coisa é a definição de jurisdições distintas, tais como as jurisdições especiais, que abrangem a Justiça Eleitoral, a Justiça Militar da União e a jurisdição política excepcionalmente exercida pelo Senado Federal nos crimes de responsabilidade das autoridades a ele submetidas, em face da chamada jurisdição comum. Esta, como se sabe, abrange as competências da Justiça estadual e federal. Nela, jurisdição comum, ainda se encontra a instituição do tribunal do júri, cuja competência igualmente tem sede e definição constitucional.

No entanto, é preciso salientar que, ao definir a competência do JECRIM, a Constituição limitou-se a afirmar que ela abarcaria os crimes de menor potencial ofensivo, cuja definição veio a ser implementada pelo legislador ordinário. No aparente conflito entre competências de jurisdição comum, a própria jurisprudência do Supremo Tribunal Federal tem reconhecido a necessária observância das regras de conexão e continência.

É o que se dá, por exemplo, na lição extraída do enunciado n. 704 da súmula do STF, que afirma o seguinte: "Não viola as garantias do juiz natural, da ampla defesa e do devido processo legal a atração por continência ou conexão do processo do corréu ao foro por prerrogativa de função de um dos denunciados". Em casos assim, embora o foro por prerrogativa de função, as mais das vezes, guarde sede constitucional, o fato atraído à jurisdição de maior hierarquia por conexão ou continência será lá julgado sem que isso implique contrariedade a preceitos processuais que são estabelecidos também no texto constitucional.

Por conseguinte, andou bem o STF ao afirmar a constitucionalidade do enunciado, nos termos da redação estabelecida pela Lei n. 11.313/2006, reconhecendo que a alteração legislativa não desrespeita a competência definida para o JECRIM. Afinal, tal competência só cederá em favor de regras legais – conexão e continência – que impõem a competência do juízo comum e a reunião dos feitos, sem prejuízo de que incidam (para os crimes de menor potencial ofensivo) os institutos da transação penal e da composição dos danos civis com todas as suas consequências jurídico-penais.

A mudança legislativa, portanto, guarda sentido compatível com a Constituição justamente por conta da ressalva veiculada no parágrafo único do art. 60 da Lei n. 9.099, com a redação estabelecida pela Lei n. 11.313/2006. Ao afirmar a possibilidade de aplicação dos institutos próprios do JECRIM no juízo criminal comum, o legislador resguardou a maior preocupação estabelecida no texto constitucional: dar ao crime de menor potencial ofensivo o tratamento que permita a conciliação dos envolvidos e, especialmente, a possiblidade de incidência do benefício da transação penal. Se tais benefícios podem ser aplicados mesmo diante do juízo criminal comum, não há razão maior que justifique a não incidência das regras de conexão e continência. Essas regras, aliás, prestam-se para assegurar não só a segurança jurídica como também a resposta estatal adequada a fatos que guardem razão jurídica para tratamento conjunto num único feito e perante um mesmo juízo.

Nesse sentido, convém registrar preciosa lição formalizada no excerto do voto condutor, da lavra da Min. Carmen Lúcia: "(...) os institutos despenalizadores dos juizados constituem garantia individual do acusado. As garantias fundamentais é que devem ser asseguradas, independente do juízo em que tramitarem as infrações penais". O voto, ainda, antevê algumas dificuldades procedimentais na incidência dos institutos despenalizantes em juízo diverso do JECRIM, mas isso nem de longe se torna impeditivo ao benefício. Confira-se: "(...) pode sobrevir eventual dificuldade procedimental, por serem compostos os Juizados Especiais Criminais como órgão jurisdicionado previamente estruturado para a aplicação das medidas previstas na Lei n. 9.099/1995. Entretanto, na ponderação entre forma e segurança jurídica e benefício ao réu acusado, estas prevalecem àquela" (STF, ADI 5.264/DF, Plenário virtual, Rel. Min. Carmen Lúcia, j. 7/12/2020).

Um exemplo ilustra bem essa previsão do parágrafo único do art. 60 da Lei n. 9.099. Havendo conexão entre um crime de lesão corporal leve, que é infração de menor potencial ofensivo e cuja persecução se dá por ação penal pública condicionada à representação do ofendido, e um crime de furto qualificado, ambos os fatos serão processados perante o juízo criminal singular. É o que determina o *caput* do art. 60 da Lei n. 9.099. No entanto, deve-se assegurar a oportunidade de composição dos danos civis entre ofendido e autor do fato. Se alcançada a composição, a persecução penal do crime de lesões leves não se aperfeiçoará, pois a composição implicará renúncia ao direito de representação do ofendido e, por consequência, o Ministério Público carecerá da necessária condição de procedibilidade para o exercício da ação penal pelo crime de lesão corporal leve. O caso, então, será de arquivamento da investigação em relação ao crime de lesão corporal leve, na forma do inciso II do art. 395 do CPP, e regular oferecimento da ação penal pelo crime de furto qualificado.

Com a decisão na ADI 5.264, o STF bem distinguiu a definição das jurisdições no texto constitucional e a definição de competências a partir de conceitos estabelecidos pelo legislador ordinário. Por isso, a conclusão pela constitucionalidade da redação atual da Lei n. 9.099/1995.

Art. 61. Consideram-se infrações penais de menor potencial ofensivo, para os efeitos desta Lei, as contravenções penais e os crimes a que a lei comine pena máxima não superior a 2 (dois) anos, cumulada ou não com multa.

O conceito de crime de menor potencial ofensivo, tal como estabelecido na Lei n. 9.099/1995, abrangia "as contravenções penais e os crimes a que a lei comine pena máxima não superior a um ano, excetuados os casos em que a lei preveja procedimento especial". A redação, foi então, alterada pela Lei n. 10.259/2001, que fracassou ao pretender estabelecer um conceito de crime de menor potencial ofensivo distinto (mais amplo) para a Justiça comum federal em relação ao conceito então previsto para a Justiça comum estadual. O conceito mais abrangente estabelecido para o JECRIM na esfera federal mostrou-se um claríssimo exemplo de previsão que veiculou exclusão de benefício incompatível com o princípio da igualdade. Desse modo, apesar da dicção restritiva, o conceito mais amplo trazido pela Lei de 2001 imediatamente foi estendido aos casos da Justiça comum estadual.

A solução veio com a redação imposta ao artigo pela Lei n. 11.313/2006. Foi ela que trouxe a atual definição do crime de menor potencial ofensivo: "Consideram-se infrações penais de menor potencial ofensivo, para os efeitos desta Lei, as contravenções penais e os crimes a que a lei comine pena máxima não superior a 2 (dois) anos, cumulada ou não com multa".

O primeiro ponto a destacar refere-se ao fato de que a Constituição de 1988 inovou na nomenclatura das infrações penais então presente no direito pátrio. A Lei de Introdução ao Código Penal, o Decreto-Lei n. 3.914, de 9/12/1941, estabelece a clássica classificação dualista para as infrações penais no Brasil (art. 1.º). De um lado, o crime, infração penal que traz cominação de pena de reclusão ou de detenção, isolada, cumulativa ou alternativamente com pena de multa. De outro lado, a contravenção penal, infração penal cujo preceito sancionatório traz isoladamente pena de prisão simples ou de multa ou ambas, alternativa ou cumulativamente. De forma clara, então, se a infração penal trazia previsão de pena de reclusão ou detenção, tratava-se de crime. Se a infração penal trazia previsão de prisão simples, tratava-se de contravenção penal.

A Lei n. 9.099/1995 estabeleceu, então, o conceito de crime de menor potencial ofensivo, relevantíssimo para a incidência do procedimento sumaríssimo e, em especial, dos benefícios processuais com consequências jurídico-penais da composição dos danos civis e da transação penal.

Afinal, qual o conceito de crime de menor potencial ofensivo? O legislador estabeleceu o critério da pena máxima para a sua compreensão. Se a infração penal trouxer no seu preceito sancionatório pena privativa de liberdade (conceito que abrange as penas de prisão simples, detenção e reclusão) que não seja superior a dois anos, teremos crime de menor potencial ofensivo. Veja que a previsão de multa é desimportante para essa definição, pois, havendo ou não a previsão da multa, é mesmo a pena privativa de liberdade que importará para a incidência do conceito.

Cabe uma observação: adiante, veremos que o benefício da suspensão condicional do processo, cuja previsão legal depende da quantidade de pena *mínima* de privação de liberdade cominada ao delito, foi estendido – graças ao entendimento do STF sobre o tema – aos crimes cujo preceito sancionatório trouxesse *alternatividade* entre a pena privativa de liberdade e a multa. Essa compreensão não alcança, no entanto, o instituto da transação penal. O STJ já teve oportunidade de afirmar isso textualmente: "Incabível o oferecimento do benefício da transação penal, previsto na Lei n.º 9.099/95, ao denunciado por delito cuja pena máxima é superior a dois anos, independente da previsão de pena alternativa de multa." (STJ, AgRg no REsp 1265395/RS, Rel. Ministra Laurita Vaz, Quinta Turma, julgado em 18/03/2014, DJe 28/03/2014).

Especificamente sobre a possibilidade de transação penal nos casos em que o preceito sancionatório traga alternatividade entre a pena privativa de liberdade e a pena de multa, vemos a necessidade de fazer uma pequena digressão para registrar uma crítica à sistematização da jurisprudência do STJ. Estudiosos do Direito em geral e, em especial, aqueles que militam no sistema de justiça criminal se dirigem ao estudo dos precedentes e julgados dos Tribunais Superiores para consolidar seus entendimentos, buscar argumentos para discussões e, sobretudo, apreender como os temas jurídicos vem sendo decididos pelas Cortes incumbidas da interpretação da legislação federal (STJ) e da guarda da Constituição (STF). Por isso, a importância da sistematização desses julgados de maneira que os catálogos e sistemas de busca reflitam com precisão o que os Tribunais vêm estabelecendo como *regras decisórias* a partir da solução dada aos casos concretos.

Essa advertência óbvia ganha relevo no tema do que seja o tipo de infração penal a autorizar a incidência dos institutos da suspensão condicional do processo e da transação penal. A suspensão condicional, como veremos nos comentários do art. 89, é instituto que se encontra positivado na Lei n. 9.099, mas deslocado do rito sumaríssimo e do microssistema inaugurado pela Lei para os crimes de menor potencial ofensivo. Já a transação penal é instituto despenalizante, com efeitos inclusive que afetam o Direito Penal material (a transação penal cumprida e assim reconhecida implica a extinção da punibilidade do fato noticiado). A transação penal tem lugar justamente nos crimes de menor potencial ofensivo e, como lemos do enunciado do art. 61, o critério para tal categorização se encontra no patamar *máximo* previsto para a pena privativa de liberdade.

Pois bem. Com respeitosa vênia, anotamos o equívoco do STJ que formaliza, na seção nominada como "Jurisprudência em teses", especificamente na edição n. 96, dedicada aos Juizados Especiais Criminais (parte II), a seguinte lição: "É cabível a suspensão condicional do processo *e a transação penal* aos delitos que preveem a pena de multa alternativamente à privativa de liberdade, ainda que o preceito secundário da norma legal ultrapasse os parâmetros mínimo e máximo exigidos em lei para a incidência dos institutos em comento." (grifos nossos). Nada a objetar quanto à suspensão condicional do processo. O problema está na menção à transação penal.

Veja-se que o conceito de crime de menor potencial ofensivo está positivado no art. 61 da Lei n. 9.099/1995 e essa classificação inaugura uma nova maneira de categorizar as infrações penais para além da clássica distinção entre crime e contravenção penal. O sítio eletrônico do STJ, para amparar o enunciado da "tese" jurisprudencial, indica julgados, dos quais apenas dois fazem referência a transação penal (isto é, à alternatividade da pena de multa como autorizativo para a incidência da transação penal). São eles: RHC 54.429/SP, Rel. Ministra Maria Thereza de Assis Moura, 6ª Turma, julgado em 24/03/2015, DJe 29/04/2015, e AREsp 567.581/SP, Rel. Min. Sebastião Reis Júnior, Decisão monocrática, julgado em 3/8/2015, DJe 5/8/2015).

São esses dois os únicos julgados que estendem, acriticamente, a alternatividade da pena de multa como autorizativo da transação penal. Explica-se: a decisão monocrática mencionada não se ocupa de enfrentar o tema, apenas aplica ao caso o que reconheceu como precedente no julgamento do RHC 54.429. Quando analisamos o caso indicado como precedente, verifica-se que o tema, de fato, não foi objeto de deliberação ou reflexão do colegiado. Em verdade, quando se analisa a fundamentação expendida no voto condutor do caso, vê-se que todas as menções à transação penal se mostram equivocadas pela singela razão de que o voto menciona processos em curso, quando sabidamente a transação penal é instituto que antecede a formalização da ação penal. Quer parecer que a fundamentação simplesmente tomou de acréscimo a transação penal quando pretendia unicamente tratar da suspensão condicional do processo.

Não se quer, com isso, rediscutir o caso que encontrou solução no processo noticiado. A razão da crítica ora elaborada, novamente, com o expresso pedido de vênia, consiste na indicação de que o crime tipificado no art. 7º, inciso IX, da Lei n. 8.137/1990 ("vender, ter em depósito para vender ou expor à venda ou, de qualquer forma, entregar matéria-prima ou mercadoria, em condições impróprias ao consumo"), não é crime de menor potencial ofensivo. A pena positivada em lei é "(...) detenção, de 2 (dois) a 5 (cinco) anos, ou multa". A situação claramente é de antinomia e, quando se verifica que o julgado indicado como precedente sequer se atentou para a inclusão equivocada da transação penal (quando quer parecer que pretendia unicamente se referir à suspensão condicional do processo), não se mostra adequada a construção de uma "tese" jurisprudencial em tema de expressa antinomia dos enunciados sem a devida reflexão e deliberação pela Corte.

Anote-se que o STF não incide nesse equívoco, embora o próprio STF tenha sido o Tribunal a reconhecer a viabilidade de suspensão condicional do processo sempre que o preceito sancionatório trouxer alternatividade com pena de multa. A título ilustrativo, confira-se: (...) "Incabível, na espécie, a aplicação do instituto da transação penal (art. 76 da Lei 9.099/1995), porquanto o crime previsto no art. 4º da Lei 8.137/1990 não se enquadra na definição de infração de menor potencial ofensivo, pois a pena máxima para esse delito é de cinco anos, sendo irrelevante a cominação de multa alternativamente à pena de reclusão" (HC 84.719, Rel. Min. Joaquim Barbosa, 2ª Turma, j. 5/10/2004, DJ 11/2/2005). Fica, pois, o alerta. Tal como apresentada a "tese" no sítio eletrônico do STJ, tem-se a construção de algo que se nomina como precedente, quando na verdade o caso não materializa entendimento deliberado e refletido do STJ sobre o tema. Sigamos com a explicação sobre o sentido legal de crime de menor potencial ofensivo.

Veja-se que o critério legal é o da pena privativa de liberdade *máxima* cominada ao delito. Por conseguinte, se o critério é o da pena, importará para a sua compreensão que elucidemos por completo a pena prevista para o fato, em especial se incidente preceitos legais de extensão do tipo penal, de concurso de penas e tudo mais que importe para a definição da pena do fato submetido à competência do JECRIM e seus respectivos institutos.

Cabe aqui uma explicação: quando o legislador menciona a *classificação legal* do fato, a exemplo do que ocorre no art. 41 do CPP, que versa sobre os requisitos da ação penal, interessa ao aplicador do Direito indicar com precisão todos os preceitos legais que se referem à incidência do tipo penal descrito pelo legislador. Nessa linha de ideias, vale rememorar que nossa legislação traz figuras básicas ou nucleares que podemos nominar como *delitos-tipos* ou *tipos básicos*. As redações do art. 121, do art. 155, do art. 180, todos do Código Penal, são exemplos de tipos básicos, isto é, descrições típicas na sua conformação mais simplificada. Contudo, um mesmo tipo básico pode ensejar diversos *tipos de delito* ou *tipos derivados*. As figuras descritas nas qualificadoras do homicídio ou mesmo nas qualificadoras do furto são exemplos de tipos de delito. São igualmente tipos de delito aquelas figuras que reclamam *normas de extensão*, como o que ocorre com a previsão do art. 14, inc. II, do CP, nos crimes tentados, ou com a previsão do art. 29, *caput*, do CP, para a tipificação da conduta exteriorizada pelo partícipe.

Essa lembrança se mostra relevante porque, afinal, a previsão da classificação legal é requisito a ser observado na ação penal. Mas, aqui o destaque, não é a classificação legal do delito que importa para a definição do crime de menor potencial ofensivo. A definição é aquela estabelecida para a pena do delito.

Se o critério para definição do crime de menor potencial ofensivo é da pena cominada ao delito, incidirão nesse caso até mesmo as regras atinentes ao concurso de penas. Afinal, só mesmo depois das regras próprias do concurso de penas é que se saberá qual a pena prevista à infração. O concurso de penas é descrito nos arts. 69 (concurso material), 70 (concurso formal) e 71 (crime continuado) do CP. A consequência da incidência do concurso de penas varia entre o cúmulo material das sanções e a exasperação da pena mais grave cominada aos delitos.

Para a definição do crime de menor potencial ofensivo, então, interessa a pena privativa de liberdade descrita para a infração penal. E, se houver mais de uma infração penal, reunida no mesmo feito por força de conexão e/ou continência, incidirão necessariamente as regras do concurso de penas para subsunção, ou não, ao conceito de crime de menor potencial ofensivo. Afinal, como já destacado, o critério de incidência do conceito é mesmo o da pena cominada. E, afinal, só se sabe a pena cominada após a observância da classificação legal do fato e a incidência das regras atinentes ao concurso de penas.

Assim compreendido o conceito, mostra-se de fácil compreensão um tema que já foi bastante discutido na doutrina e nos Tribunais. Diante de vários fatos isoladamente considerados de menor potencial ofensivo, por força da classificação legal desses delitos, é possível concluir pela competência do JECRIM e, por conseguinte, pela incidência dos institutos previstos na Lei n. 9.099?

A resposta é simples: será de menor potencial ofensivo o fato que, após o cálculo decorrente do concurso de penas (cúmulo material ou exasperação, a depender de cada caso), alcançar pena privativa de liberdade que não seja superior a dois anos. Se o cálculo daí resultante ultrapassar dois anos, a consequência será o deslocamento da competência do JECRIM em favor do juízo criminal singular, com observância das regras de competência do CPP e das normas de organização judiciária respectivas.

O Superior Tribunal de Justiça editou o verbete n. 243 de sua súmula, que versa sobre o instituto da suspensão condicional do processo. O conceito da infração de médio potencial ofensivo, isto é, aquela que admite o *sursis* processual, não se confunde com o da infração de menor potencial ofensivo. Porém, há um critério em comum: o da *pena* prevista ao fato. No *sursis* processual, o critério é o da pena mínima; no crime de menor potencial ofensivo, o critério é o da pena máxima. E, em ambos os casos, a aferição desse critério se dá após a incidência das regras legais de concurso de penas. Confira-se a redação do enunciado 243 da súmula do STJ: "O benefício da suspensão do processo não é aplicável em relação às infrações penais cometidas em concurso material, concurso formal ou continuidade delitiva, quando a pena mínima cominada, seja pelo somatório, seja pela incidência da majorante, ultrapassar o limite de um (01) ano".

Se fôssemos reproduzir a lição do verbete para o crime de menor potencial ofensivo, teríamos o seguinte: O benefício da transação penal e a competência do JECRIM, próprios dos crimes de menor potencial ofensivo, não serão observados em relação às infrações penais cometidas em concurso material, concurso formal ou continuidade delitiva, quando a pena máxima cominada, seja pelo somatório, seja pela incidência da majorante, ultrapassar o limite de dois anos.

Interessa, então, a inteligência do enunciado, isto é, a lição que dele se extrai: para se alcançar a pena cominada ao fato, deve-se previamente observar as regras do concurso de penas em casos que reúnam mais de uma infração. Se, ainda assim, a pena não for superior a dois anos, teremos crime de menor potencial ofensivo. Caso contrário, a hipótese implicará deslocamento da competência em favor do juízo criminal singular.

> **Art. 62.** O processo perante o Juizado Especial orientar-se-á pelos critérios da oralidade, simplicidade, informalidade, economia processual e celeridade, objetivando, sempre que possível, a reparação dos danos sofridos pela vítima e a aplicação de pena não privativa de liberdade.

O art. 62 estabelece uma série de critérios que orientarão o procedimento sumaríssimo e o JECRIM em geral, além de fixar, desde logo, os dois objetivos da Lei.

Como critérios, o legislador indica a oralidade. Atributo próprio do modelo acusatório, a oralidade é usualmente detalhada nos postulados da imediatidade, da concentração e da identidade física do juiz. A imediatidade consiste na ausência de intermediários entre a prática dos atos processuais e o juiz e as partes. É dizer: busca-se o contato próprio do julgador e das partes com tudo que diga respeito ao processo. Já a concentração se refere à reunião, tanto quanto possível, de todos os atos processuais numa única assentada. Os atos devem ser reunidos numa única audiência e, se esta, por alguma razão, não contiver todos atos do processo, os demais atos que lhe seguirem serão tomados como continuação da audiência inicial (e não como outras audiências subsequentes). A identidade física do juiz, por sua vez, refere-se à necessária vinculação do juiz que presidiu a instrução do feito em relação à sentença a ser proferida. Positivada no CPP pela reforma de 2008, justamente no § 2.º do art. 399 em relação ao procedimento comum ordinário ("O juiz que presidiu a instrução deverá proferir a sentença"), a previsão expressa da identidade física do juiz não costa da Lei n. 9.099. No entanto, observado o procedimento tal como estabelecido, isto é, com estrita observância da concentração dos atos em duas oportunidades (uma fase preliminar e uma fase litigiosa), seguramente o mesmo juiz que presidiu a instrução será o que proferirá a sentença no feito. A ausência da norma expressa, contudo, impede que se afirme a identidade física do juiz no procedimento sumaríssimo. Logo, caso outro juiz, diverso daquele que presidiu a instrução, venha a sentenciar o processo, não haverá vício ou mácula na decisão, conquanto seja de todo desejável e até mesmo recomendável, ao menos nesse ponto, a observância da previsão expressa da norma subsidiária, qual seja, o CPP.

O art. 62 ainda positiva a simplicidade como critério orientador do procedimento sumaríssimo. A inclusão desse critério foi feita pela Lei n. 13.603, de 9 de janeiro de 2018. A alteração legislativa, rigorosamente, não trouxe inovação normativa. A modificação justificou-se apenas para assegurar à Lei n. 9.099 homogeneidade nos procedimentos cível e criminal. Com efeito, a simplicidade é critério previsto na Lei n. 9.099 desde a sua redação original, como podemos verificar na redação do art. 2.º: "O processo orientar-se-á pelos critérios da oralidade, simplicidade, informalidade, economia processual e celeridade, buscando, sempre que possível, a conciliação ou a transação". Parece fora de dúvidas que a simplicidade já era um critério a ser observado no procedimento sumaríssimo mesmo antes da inserção textual promovida pela Lei n. 13.603. No entanto, a previsão legislativa de 2018 robustece a preocupação de que a condução e a marcha processuais devem se dar da maneira mais simples possível, isto é, afastando-se as formalidades desnecessárias em favor da observância dos objetivos da própria Lei n. 9.099, que são explicitados na parte final do mesmo artigo 62.

A informalidade, como critério a ser observado no sumaríssimo, permite que os atos processuais se vejam livres de rituais ou mesmo formalidades que não digam respeito necessariamente às finalidades a serem atingidas. Tal previsão guardará importância fundamental especialmente para as comunicações dos atos processuais, que poderão se valer dos recentes avanços tecnológicos, como redes sociais, comunicações telemáticas e toda sorte de facilidade, desde que a finalidade do ato seja alcançada. A informalidade deve ser prestigiada, inclusive, na construção da linguagem dos atos do processo e até mesmo na apresentação física do JECRIM. Trata-se de ambiente que deve buscar solução rápida, simples e célere, com atenção aos reclamos da vítima e de modo a evitar, no que seja possível, a estigmatização e as mazelas próprias da degradante resposta penal formalizada pelo Estado. Assim, arquitetura diferenciada, apresentação despojada dos ambientes, aproximação pessoal dos serventuários e das pessoas envolvidas – tudo deve confluir para um ambiente em que a intervenção estatal se mostre convergente com as finalidades de modo simples e informal.

A economia processual é, igualmente, critério a ser observado. Para o enfrentamento da criminalidade de menor potencial ofensivo, o legislador atenta-se para a ideia de que a relevância de tais fatos há de ser considerada em cotejo com o necessário dimensionamento dos (parcos) recursos do Estado. É dizer: sem olvidar da importância que a instância de controle penal formalizada materializa, como é o JECRIM, os recursos materiais de realização da justiça criminal devem mesmo se ocupar dos focos social e repressivo. O desenho do JECRIM, pois, há de guardar critério de economicidade e eficiência, de modo a conjugar os custos dessa justiça com os objetivos por ela perseguidos. E isso se dará desde as soluções dogmáticas que se construirão aos seus temas como também na eleição das possibilidades do Estado para a realização dessa resposta processual.

Por fim, a celeridade exsurge como critério que em muito adianta a preocupação estampada na alteração constitucional que se operou com a Emenda Constitucional n. 45/2004: a duração razoável do processo e a criação de meios que assegurem a celeridade de sua tramitação (art. 5.º, inc. LXXVIII, da CF). Se o JECRIM cuida dos crimes de menor potencial ofensivo, isto é, aqueles crimes de sanção mais branda na nossa legislação, não faz sentido que a resposta a esses crimes tarde a ponto de frustrar as próprias razões que juridicamente justificam a existência da intervenção penal. Se a resposta penal ocorre para retribuir o mal causado pela infração e para prevenir que outras infrações penais ocorram, o fator tempo passa a substanciar razão inafastável de vinculação aos discursos de legitimação da resposta penal. Assim, se a resposta tardia já se mostra em geral injusta, com maior razão a demora nos crimes de menor potencial ofensivo sobrelevam a frustração da resposta penal do Estado. Se tardia, não haverá razão penal que justifique a incidência da resposta, seja como medida de resguardo aos interesses da vítima, seja como medida de prevenção de novos delitos, tanto na dimensão coletiva como, especialmente, na dimensão individual. Por isso, o desenho simplificado, célere, de resposta quase imediata do procedimento sumaríssimo.

Os objetivos estabelecidos pela Lei n. 9.099 trazem, por um lado, um protagonismo da vítima que há muito se via relegada pelo legislador e, por outro lado, a preocupação oriunda inclusive do plano internacional de que a resposta penal se dê por forma diversa da tradicional pena privativa de liberdade. Se o JECRIM se mostra, do ponto de vista criminológico, uma resposta criminalizante do Estado, pois formaliza a resposta do controle penal para fatos até então largados à sorte da chamada cifra negra, as opções da Lei n. 9.099 mostram-se em tudo vinculadas a uma resposta penal que privilegie sanções alternativas.

A Lei se mostra criminalizante, mas despenalizadora. Formaliza o controle penal do Estado para a criminalidade de menor potencial ofensivo, mas se vale de resposta que busca sempre afastar a tradicional pena privativa de liberdade.

As soluções da Lei n. 9.099, embora lançadas em 1995, traduziram em grande medida a preocupação externada pelas Nações Unidas, que aprovou a Resolução 45/110, em 14 de dezembro de 1990. O conjunto de proposições que ficou conhecido como "Regras de Tóquio" estabelece princípio padrão para a elaboração de medidas não privativas de liberdade e garantias mínimas para as pessoas a elas submetidas. As Regras de Tóquio, quando mencionam o estágio anterior ao julgamento e, especificamente, as medidas que podem ser tomadas *antes* do processo, assim registram em seu item 5.1: "Sempre que adequado e compatível com o sistema jurídico, a polícia, o Ministério Público ou outros serviços encarregados da justiça criminal podem retirar os procedimentos contra o infrator se considerarem que não é necessário recorrer a um processo judicial com vistas à proteção da sociedade, à prevenção do crime ou à promoção do respeito pela lei ou pelos direitos das vítimas. Para a decisão sobre a adequação da retirada ou determinação dos procedimentos deve-se desenvolver um conjunto de critérios estabelecidos dentro de cada sistema legal. Para infrações menores, o promotor pode impor medidas não privativas de liberdade, se apropriado".

A preocupação lançada no item 5.1 das Regras de Tóquio diz justamente com o uso racional, reservado aos casos em que seja realmente necessário, da ação penal. Aliás, essa proposição é veiculada não só no instituto despenalizante da transação penal, veiculado pela Lei n. 9.099, mas também na novidade do acordo de não persecução penal, positivado no Código de Processo Penal por meio da Lei n. 13.964/2019 (art. 28-A do CPP).

A Lei n. 9.099, então, ocupa-se de assegurar a reparação dos danos civis à vítima. A composição dos danos civis é estimulada sempre e, nos casos em que a infração seja de ação penal privada ou de ação penal pública condicionada à representação da vítima, a composição alcançada no JECRIM fulminará a própria possibilidade de resposta penal, por meio da renúncia ao direito de queixa ou de representação. Mesmo a proposta de transação penal, quando considerado o rol de penas alternativas a serem lançadas pelo Ministério Público, igualmente deverá se dirigir à satisfação do ofendido à medida que tal preocupação encontre convergência com a mensuração de suficiência e de necessidade da medida. De resto, se inevitável o processo, que a pena a ser perseguida prestigie a solução diversa da privação de liberdade, relegando essa resposta mais grave do Estado aos casos em que efetivamente tal gravidade esteja presente.

DA COMPETÊNCIA E ATOS PROCESSUAIS

Art. 63. A competência do Juizado será determinada pelo lugar em que foi praticada a infração penal.

Após a definição de competência trazida pela Constituição, segundo a qual ao JECRIM cabe o processamento e o julgamento dos crimes de menor potencial ofensivo, e após a definição do conceito do que venha a ser crime de menor potencial ofensivo, a Lei n. 9.099 traz a definição dos critérios de fixação da competência territorial.

É dizer: estabelecida a competência *ratione materiae* do JECRIM, segue-se à compreensão da competência *ratione loci*, ou seja, a competência estabelecida segundo o local. A Lei n. 9.099 sabidamente afasta-se do critério estabelecido no CPP para a definição da competência territorial. O CPP, em seu art. 70, estabelece a teoria do resultado para definir a competência territorial do juízo criminal comum: "A competência será, de regra, determinada pelo lugar em que se consumar a infração, ou, no caso de tentativa, pelo lugar em que for praticado o último ato de execução".

Já a Lei n. 9.099, atenta aos reclamos de uma investigação preliminar muitíssimo simplificada e de uma resposta do Judiciário tanto quanto possível a ser realizada de forma imediata, estabelece a competência territorial de acordo com a teoria da atividade. Interessa, então, para a definição de qual o JECRIM competente para processar e julgar o fato, o local em que realizada a ação criminosa, ainda que outro seja o lugar em que se opere o resultado.

A definição da competência territorial requer do intérprete o conhecimento de tema que é próprio da teoria do delito no Direito Penal. Trata-se da compreensão do *iter criminis*, isto é, o caminho percorrido pelo agente criminoso quando delineia o injusto típico. As etapas do *iter criminis* são, em apertada síntese: a *cogitação* da prática criminosa, a *preparação* dos atos necessários ao crime, a *execução* do fato propriamente dita (com a conjugação dos núcleos descritos no tipo penal) e, alcançada a *consumação* do delito, a eventual prática de atos de *exaurimento*.

Cada crime tem seu *iter criminis* esclarecido a partir da consideração de que a perfectibilização da conduta criminosa exija, ou não, resultado materialístico ou normativo ou, ainda, se o crime se mostra aperfeiçoado e completo apenas com a exteriorização da conduta típica independentemente de resultado. Trata-se, respectivamente, dos chamados crimes materiais, formais e de mera conduta.

Nessa linha de ideias, anote-se que é desimportante para a fixação da competência do JECRIM o local onde o crime material produz seu resultado ou onde o crime formal evidencia o resultado normativo da conduta. Interessa apenas e tão-somente o local onde é exteriorizada a conduta típica pelo autor do fato. A eleição de tal critério mostra-se afinada com a apresentação de um instrumento de investigação preliminar de confecção imediata, simplificada e com destacada projeção à oralidade, que é o termo circunstanciado mencionado no art. 69 a ser explicitado adiante.

Vale registrar que toda a discussão sobre o conteúdo absoluto da competência do JECRIM refere-se à projeção da definição de sua competência como material e funcional. Em outras palavras, a fixação da competência absoluta do JECRIM refere-se à presença do crime de menor potencial ofensivo (competência material) e à atribuição a órgão judiciário específico da competência de JECRIM a ser por ele exercida (competência funcional). De resto, aquilo que se referir à competência territorial será mesmo matéria de competência relativa e, portanto, prorrogável, nos casos em que o juízo não reconhecer tal incompetência de ofício ou se as partes não indicarem o desrespeito à norma de competência na primeira oportunidade de manifestação no respectivo feito.

Art. 64. Os atos processuais serão públicos e poderão realizar-se em horário noturno e em qualquer dia da semana, conforme dispuserem as normas de organização judiciária.

A publicidade dos atos processuais é regra constitucional expressamente positivada no art. 93, inciso IX, da Constituição da República. O JECRIM, por óbvio, não escapa dessa determinação. A Lei n. 9.099, porém, vai além. Estabelece a possibilidade de que os atos processuais do JECRIM se realizem em período noturno e até mesmo nos feriados e finais de semana.

A previsão de publicidade dos atos processuais no JECRIM, contudo, não afasta a possibilidade de determinação judicial de restrição a essa publicidade. De fato, a Lei n. 9.099 não dispõe de preceito que reproduza o que estabelece o art. 792, § 1.º, do CPP ("Se da publicidade da audiência, da sessão ou do ato processual, puder resultar escândalo, inconveniente grave ou perigo de perturbação da ordem, o juiz, ou o tribunal, câmara, ou turma, poderá, de ofício ou a requerimento da parte ou do Ministério Público, determinar que o ato seja realizado a portas fechadas, limitando o número de pessoas que possam estar presentes"). A razão ensejadora da restrição da publicidade do ato processual sempre se vincula à presença de um motivo próprio de interesse público. Assim, se a publicidade do processo atende a um reclamo igualmente de interesse público (transparência, controle social), a eventual restrição dessa publicidade deve derivar da precedência, no caso concreto, de igual razão de interesse público que imponha a observância da intimidade ou da não circulação de informações resguardadas por sigilo legal.

A tutela da intimidade, por derivar de preceito constitucional (art. 5.º, inc. X, da CF), não é algo que diga respeito apenas ao particular que tem, por qualquer razão, sua intimidade exposta em demasia em atos de persecução penal. Há casos em que a própria ordem jurídica vem em socorro dessa tutela da intimidade e, por isso, conquanto de titularidade do particular, o interesse em jogo reveste-se, sim, de razão pública. É essa razão pública, pois, que orientará, no caso concreto, a motivação da decisão que afaste a incidência da publicidade constitucionalmente assegurada aos atos processuais.

A imediatidade dos atos realizados no JECRIM guarda consonância, e até mesmo necessidade, com a previsão de funcionamento em horário noturno e em dias que não sejam necessariamente de expediente forense. Isso porque, verificada a prática do crime de menor potencial ofensivo, a Lei expressamente estabelece que as partes serão imediatamente encaminhadas à presença da autoridade judicial, para a prática de atos que reclamam a presença de membro do Ministério Público e de advogado.

Logo, é esperado que, no exercício da competência regulamentar igualmente mencionada na parte final do art. 64 da Lei n. 9.099, os Tribunais assegurem ao JECRIM o funcionamento regular para todos os atos, incluídas as audiências e as conciliações, tanto no horário noturno quanto nos finais de semana. A competência para tal detalhamento será dos Tribunais de Justiça Estaduais e, no caso da Justiça Federal, dos Tribunais Regionais Federais em conjunto com o Conselho da Justiça Federal.

Art. 65. Os atos processuais serão válidos sempre que preencherem as finalidades para as quais foram realizados, atendidos os critérios indicados no art. 62 desta Lei.

§ 1º Não se pronunciará qualquer nulidade sem que tenha havido prejuízo.

§ 2º A prática de atos processuais em outras comarcas poderá ser solicitada por qualquer meio hábil de comunicação.

§ 3º Serão objeto de registro escrito exclusivamente os atos havidos por essenciais. Os atos realizados em audiência de instrução e julgamento poderão ser gravados em fita magnética ou equivalente.

A simplicidade e a informalidade, como critérios orientadores do JECRIM, sobrelevam o postulado da instrumentalidade das formas a uma verdadeira diretriz de todo o procedimento sumaríssimo. O tradicional brocardo francês *pas de nullité sans grie*" (não há nulidade sem prejuízo), tradicionalmente positivado no art. 563 do CPP ("Nenhum ato será declarado nulo, se da nulidade não resultar prejuízo para a acusação ou para a defesa"), aparece com destacada importância na Lei n. 9.099. A expressão literal do aforismo encontra-se no § 1.º do art. 65. Já o *caput* consagra justamente a consequência desse aforismo, qual seja, a chamada instrumentalidade das formas.

Todos os atos processuais decerto materializam a exteriorização do modo pelo qual o processo marcha e deve alcançar seus objetivos. A consequência dessa compreensão teleologicamente orientada dá-se justamente na percepção de que, se um ato processual, ainda que realizado fora do estrito figurino legal, alcançar a sua finalidade, não haverá razão para o desfazimento de seus efeitos e a repetição desse mesmo ato.

É certo que tal compreensão deve guardar compatibilidade com o a ideia de que a forma do processo é a garantia prevista às partes de que as regras previamente estabelecidas ao processo serão observadas. A forma processual, pois, é a exteriorização procedimental do próprio devido processo legal. No entanto, num procedimento em que a simplicidade, a informalidade e, sobretudo, os objetivos a serem alcançados pela Lei sejam a composição entre os envolvidos e a resposta distinta da tradicional privação da liberdade, parece evidente que essa orientação dirigida aos resultados e suas consequências deve se sobrepor à preocupação exclusivamente voltada à observância das formalidades dos atos processuais.

A chave de compreensão para o tema, portanto, reside justamente na distinção necessária a ser feita entre forma e formalidade. Na medida em que aquela substancia a própria exteriorização do devido processo legal, esta por sua vez é apenas o figuro legal estabelecido para que o ato processual atinja as suas finalidades. Se essas finalidades são atingidas, ainda que sem observância desse figurino, não haver razão para se decretar a ineficácia do ato e a sua possível repetição.

Nessa mesma preocupação de simplificação procedimental, prevê o § 2.º do art. 65 a possibilidade de atos processuais serem praticados fora da competência territorial do juízo sem a expedição de carta precatória.

Carta precatória é o instrumento por meio do qual o juiz solicita a outro, que responda por juízo em competência territorial diversa daquele em que o juiz solicitante se encontra, que realize algum ato necessário ao andamento do processo. É necessário que haja essa solicitação quando o ato processual a ser efetuado deva se realizar fora da competência territorial do juízo correspondente. São comuns as expedições de deprecatas para atos como citação, oitiva de testemunhas, acareações, enfim, todo ato processual que reclama atuação judicial fora da competência do juízo.

Na previsão do CPP e seu texto já anacrônico em face das inovações tecnológicas, a carta precatória é expedida por meio físico. O Código de Processo Civil (CPC – Lei 13.105/2015) trouxe a previsão de que a carta precatória seja expedida, tramitada e processada "por meio eletrônico, por telefone ou por telegrama" (art. 264). A Lei n. 9.099 antecipou-se a essa necessidade de atualização tecnológica para autorizar que a deprecata se dê "por qualquer meio hábil de comunicação". É dizer: para o JECRIM, a prática de atos processuais fora de sua competência territorial comportará todo e qualquer meio de comunicação que, na compreensão do que consta no *caput* do art. 65, atinja as finalidades do ato. Assim, instrumentos como aplicativos de interação para comunicação simultânea por via telemática (como *telegram*, *whatsapp*, *messenger* e outros), comunicações por SMS ou qualquer outro meio de comunicação serão instrumentos hábeis a permitir essa interação comunicacional e, por conseguinte, assegurar que os atos processuais a serem realizados fora da competência territorial do JECRIM igualmente observem os critérios que orientam esse procedimento célere, simplificado e informal.

O § 3.º do art. 65 ainda determina que os atos do processo sejam objeto de registro em mídia, de modo que apenas os atos essenciais sejam registrados por escrito. O que seriam esses atos essenciais? Tais atos abrangem a indicação daqueles que responderam ao pregão, isto é, aqueles que se encontram presentes ao ato processual, a suma do que ocorreu na assentada e a eventual indicação dos atos praticados, a peça acusatória e, se o caso, os termos da fundamentação, da conclusão e da aplicação da pena a ser realizada em sentença. De resto, os demais atos devem ser objeto de registro em mídia, como forma de bem resguardar a oralidade que informa o JECRIM.

Art. 66. A citação será pessoal e far-se-á no próprio Juizado, sempre que possível, ou por mandado.

Parágrafo único. Não encontrado o acusado para ser citado, o Juiz encaminhará as peças existentes ao Juízo comum para adoção do procedimento previsto em lei.

A citação é o ato processual por meio do qual se dá ciência ao acusado de que contra ele pesa uma acusação formalizada em juízo e igualmente se dá a ele a oportunidade de responder a essa imputação. É ato processual, pois, que cumpre finalidade dúplice: dá ciência do que consta em desfavor do acusado e dá a ele oportunidade de reagir a essa imputação. A citação é ato de comunicação processual que materializa a um só tempo os postulados do contraditório e da ampla defesa.

Na dicção tradicional do CPP, a citação observará, como regra, a forma pessoal, por meio de mandado – é o que se infere do art. 351 do CPP. Se o réu estiver fora da competência territorial do juízo, a citação observará carta precatória e o cumprimento da diligência, igualmente, se fará por mandado. A citação ficta só terá lugar quando o réu se ocultar para não ser citado (art. 362 do CPP) ou quando não se souber o local onde ele possa ser encontrado (art. 363, § 1.º, do CPP). Já na Lei n. 9.099, privilegia-se a presença pessoal do autor do fato no próprio JECRIM e, por isso, a citação será feita pessoalmente. O ato pode ser aperfeiçoar no próprio balcão de atendimento ou nas dependências do JECRIM. Se observada a literalidade do procedimento sumaríssimo, em que a ação penal é ofertada, como regra, oralmente na audiência preliminar, o autor do fato já sai da audiência citado. Afinal, ele acompanhou pessoalmente a própria oferta da ação penal e já sairá dali devidamente notificado a comparecer na data designada para a audiência própria da fase litigiosa do procedimento.

A edição da Lei n. 14.195, de 26 de agosto de 2021, trouxe relevante impacto para a sistemática da comunicação dos atos processuais no JECRIM. Trata-se da alteração promovida no Código de Processo Civil – simples, porém de grande impacto – para estabelecer a possibilidade de a citação se realizar, em regra, por meio eletrônico. Diz o art. 247 do CPC, *caput*, o seguinte: "A citação será feita por meio eletrônico ou pelo correio para qualquer comarca do País", para em seguida enumerar as exceções a essa figura.

A pergunta que se apresentou, imediatamente ao novo texto legal, é: a citação, como regra, também no processo penal, passa a observar o meio eletrônico? Nesse ponto, vale dizer, se o debate se coloca de modo mais rigoroso na apresentação dos procedimentos em geral no processo penal, quando abordamos o procedimento sumaríssimo, a resposta parece ser simples e certeira: sim. O procedimento sumaríssimo, como já anotado, observa a "simplicidade, informalidade, economia processual e celeridade" (art. 62 da Lei n. 9.099). Logo, com maior razão, há de se prestigiar a citação por meio eletrônico também no procedimento sumaríssimo quando a comunicação não se realizar presencialmente ao autor do fato ao final da audiência em juízo.

É claro que a citação por meio eletrônico – inclusive por meio do uso de aplicativos de comunicação e/ou vinculados a redes sociais como *Whatsapp*, Telegram, *Discord*, *Messenger* e outros – terá sua validade condicionada ao atingimento da finalidade da comunicação do ato processual. E, se frustrada, dará lugar seguintemente à realização do ato de comunicação processual por meio pessoal. Aqui a lição do STJ, sobre o uso de aplicativos para a realização da citação, explicita de modo mais claro a possibilidade reconhecida em lei de estabelecer a citação por meio eletrônico como regra primeira para a comunicação do ato processual. Disse o STJ: "Abstratamente, é possível imaginar-se a utilização do *Whatsapp* para fins de citação na esfera penal, com base no princípio *pas nullité sans grief* [não há nulidade sem prejuízo]. De todo modo, para tanto, imperiosa a adoção de todos os cuidados possíveis para se comprovar a autenticidade não apenas do número telefônico com que o oficial de justiça realiza a conversa, mas também a identidade do destinatário das mensagens".

Na sequência, após reconhecer a possibilidade de fazê-lo, STJ estabeleceu os parâmetros para a sua ocorrência: "Como cediço, a tecnologia em questão permite a troca de arquivos de texto e de imagens, o que possibilita ao oficial de justiça, com quase igual precisão da verificação pessoal, aferir a autenticidade da conversa. É possível imaginar-se, por exemplo, a exigência pelo agente público do envio de foto do documento de identificação do acusado, de um termo de ciência do ato citatório assinado de próprio punho, quando o oficial possuir algum documento do citando para poder comparar as assinaturas, ou qualquer outra medida que torne inconteste tratar-se de conversa travada com o verdadeiro denunciado. De outro lado, a mera confirmação escrita da identidade pelo citando não nos parece suficiente. (...) Necessário distinguir, porém, essa situação daquela em que, além da escrita pelo citando, há no aplicativo foto individual dele. Nesse caso, ante a mitigação dos riscos, diante da concorrência de três elementos indutivos da autenticidade do destinatário, número de telefone, confirmação escrita e foto individual, entendo possível presumir-se que a citação se deu de maneira válida, ressalvado o direito do citando de, posteriormente, comprovar eventual nulidade, seja com registro de ocorrência de furto, roubo ou perda do celular na época da citação, com contrato de permuta, com testemunhas ou qualquer outro meio válido que autorize concluir de forma assertiva não ter havido citação válida." (STJ, HC 641.877/DF, Rel. Min. Ribeiro Dantas, 5ª Turma, j. 09/03/2021, DJe 15/03/2021). Seguidamente a essa decisão, também a 6ª Turma perfilhou esse entendimento e o tema, já provocado no STF, jamais encontrou ali óbice a que se perfectibilize o uso dos aplicativos para a citação pessoal, desde que observados os parâmetros estabelecidos pelo STJ.

Logo, tem-se que, num primeiro momento com a decisão do STJ e, num segundo momento, com a alteração da sistemática do CPC pela Lei de agosto de 2021, a citação do autor do fato observará, como regra, o meio eletrônico. E, na impossibilidade de atendimento aos critérios estabelecidos pelo STJ sobre o tema, aí sim terá lugar a citação por mandado a que se refere a Lei n. 9.099/1995.

Merece destaque a dicção do parágrafo único do art. 66 da Lei n. 9.099. É essa a previsão que afasta a possibilidade de que, no JECRIM, ocorra a citação ficta, isto é, aquela realizada segundo as previsões dos arts. 362 e 363, § 1.º, do CPP (respectivamente, citação por hora certa e citação por edital).

Assim, se o acusado não é encontrado no endereço por ele próprio fornecido quando da lavratura do termo circunstanciado, o caso será de deslocamento da competência para o juízo criminal singular. Uma vez distribuído perante o juízo criminal comum, o feito seguirá sem a observância do procedimento sumaríssimo, de modo que, em casos assim, se operará o procedimento sumário, tal como mencionado no art. 394, § 1.º, inciso II, e regulado no art. 531 e seguintes do CPP. O *locus* de observância do procedimento sumaríssimo é mesmo o JECRIM, de sorte que, afastada a competência do JECRIM, o procedimento comum sumário servirá como de incidência subsidiária. O afastamento da competência do JECRIM, contudo, não impede a incidência dos institutos previstos na Lei n. 9.099/1995 (composição dos danos civis, transação penal, representação do ofendido como condição para o exercício da ação penal no crime de lesões leves, *sursis* processual).

Trata-se, portanto, de hipótese superveniente de deslocamento de competência, de sorte a afastar a competência material e funcional do JECRIM, cujo procedimento sumaríssimo se mostra incompatível com as providências de citação ficta (hora certa e edital).

Especificamente sobre a citação por hora certa, modalidade de citação ficta, cabe uma consideração. O FONAJE, em seu enunciado 110, estabeleceu o seguinte: "no Juizado Especial Criminal é cabível a citação com hora certa (XXV Encontro – São Luís/MA)". O tema é controverso, não observa entendimento consolidado na doutrina e ainda não foi objeto de atenção específica pelos Tribunais Superiores. O importante, segundo nos parece, é que a citação do autor do fato não se converta num ato cuja realização traga entraves ou problemas formais à célere, simples e facilitada tramitação do procedimento sumaríssimo no JECRIM. De tal modo, caso se observe a citação por hora certa – e ela se efetive sem maiores complicações –, parece acertada a compreensão de mantença da competência do JECRIM para o processo.

As hipóteses de aplicação do parágrafo único do art. 66 podem ensejar reflexão que remete aos postulados do JECRIM. Tome-se, por hipótese, situação em que, deslocada a competência do JECRIM para o juízo criminal singular em razão o autor do fato não tiver sido encontrado para citação, o processo tramitou e alcançou sentença (condenatória ou absolutória) no juízo criminal singular.

O procedimento observado, perante o juízo criminal singular, será o sumário, por conta da observância do art. 394, § 1.º, inciso II, do CPP. A observância do sumaríssimo decorre da pena cominada em abstrato para o crime de menor potencial ofensivo. Dado que o procedimento sumaríssimo só tem lugar perante o JECRIM, o processamento do feito perante o juízo criminal singular dará azo ao procedimento sumário, que na hipótese funciona como um procedimento de aplicação subsidiária, dada a impossibilidade de incidência do sumaríssimo fora do JECRIM. Rememore-se que, mesmo fora da competência do JECRIM, a incidência dos institutos despenalizantes da Lei n. 9.099 é plenamente possível (com especial ênfase à composição dos danos civis e à transação penal, como expressamente prevê o parágrafo único do art. 61 da Lei n. 9.099).

Levando a hipótese adiante, tomemos em consideração a situação em que seja aviado recurso contra a sentença proferida em processo tramitado no juízo criminal singular que versava sobre crime de menor potencial ofensivo. Seria possível que o recurso fosse remetido e julgado pelas Turmas Recursais do JECRIM, em lugar do Tribunal de Justiça ou Tribunal Regional Federal (que são instância *ad quem* dos casos julgados pelo juízo criminal singular)? Essa situação peculiar foi enfrentada pelo Tribunal de Justiça do Estado de São Paulo, no processo 0021135-60.2010.8.26.0344, entre outros. Foram basicamente dois os argumentos em confronto na espécie.

De um lado, a compreensão de que a remessa dos autos ao juízo comum, na hipótese do art. 66, parágrafo único, da Lei n. 9.099/1995, exaure a competência do JECRIM, que não se restabelecerá com a localização do acusado. De outro lado, o argumento segundo o qual a remessa dos autos ao juízo comum, na hipótese do art. 66, parágrafo único, da Lei n. 9.099/1995, não retira do delito seu caráter de menor potencial ofensivo, devendo ser restabelecida a competência do Juizado em sede recursal.

O tema ainda não foi objeto de análise mais detida pelos Tribunais Superiores (STJ e STF), isto é, não há notícia de casos que tenham ensejado discussão específica pelos respectivos colegiados a respeito da solução a ser tomada. Se a fixação da competência do órgão julgador, dado se tratar de competência funcional e, por conseguinte, inalterável no curso do processo, parece indicar igualmente a competência do órgão revisor (instância *ad quem*) sem maiores razões para se retornar às Turmas Recursais; é preciso igualmente considerar que a *expertise* e a celeridade desejadas das Turmas Recursais parecem recomendar o prestígio dos postulados que orientam o JECRIM (nos termos do art. 61). Exemplo disso, para ilustrar apenas uma peculiaridade, dá-se com a intimação via imprensa do Ministério Público e da Defensoria Pública nas Turmas Recursais, bem assim a tramitação célere da lavratura dos acórdãos, quando a decisão unânime é registrada unicamente com a ata sem maiores trâmites para revisão dos demais vogais.

Desse modo, ainda que em detrimento da observância estrita dos cânones que orientam a fixação da competência jurisdicional, quer-nos parecer que há razões relevantes, igualmente positivadas em nosso ordenamento, que militam em favor da competência das Turmas Recursais, para processamento e julgamento dos crimes de menor potencial ofensivo em sede recursal, ainda que a competência em primeira instância tenha sido fixada no juízo criminal singular. Por conseguinte, se o deslocamento da competência do JECRIM dá-se apenas por força da previsão do parágrafo único do art. 61 da Lei n. 9.099, parece razoavelmente justificado que o recurso deduzido contra a sentença proferida pelo juízo criminal singular se dirija às Turmas Recursais, e não ao Tribunal de Justiça ou Tribunal Regional Federal respectivo, tudo de molde a assegurar maior prestígio aos valores de celeridade, economia processual, simplicidade e informalidade positivados no art. 62 da mesma Lei. Anote-se que, mesmo que a solução de encaminhamento do recurso à Turma Recursal seja adotada, o recurso ainda será deduzido segundo a disciplina descrita no CPP, e não aquela mencionada no art. 82 da Lei n. 9.099.

O tema merece acompanhamento cuidado nos Tribunais. De qualquer sorte, veja-se que essa discussão sobre o *locus* de fixação da competência recursal pouco altera o regime das garantias asseguradas às partes no processo penal. Em rigor, o tema mais se aproxima da modelagem de funcionamento dos Tribunais e Turmas Recursais, o que é próprio da exteriorização da política judiciária de funcionamento das Cortes, que efetivamente da preocupação das partes em relação à observância das faculdades e prerrogativas legais que lhes assistem.

Art. 67. A intimação far-se-á por correspondência, com aviso de recebimento pessoal ou, tratando-se de pessoa jurídica ou firma individual, mediante entrega ao encarregado da recepção, que será obrigatoriamente identificado, ou, sendo necessário, por oficial de justiça, independentemente de mandado ou carta precatória, ou ainda por qualquer meio idôneo de comunicação.

Parágrafo único. Dos atos praticados em audiência considerar-se-ão desde logo cientes as partes, os interessados e defensores.

A intimação, nos termos do CPP, observa como regra a forma pessoal. Trata-se da previsão inserta no art. 370 do CPP. A Lei n. 9.099, contudo, autoriza desde logo a intimação por correspondência como regra. A intimação pessoal é regra de aplicação subsidiária no JECRIM. De qualquer modo, a parte final do art. 67 da Lei n. 9.099 estabelece a liberdade de forma, para autorizar que a comunicação se dê por qualquer meio idôneo, o que hoje abrange vias telemáticas, aplicativos de internet e toda sorte de meios que facilitem essa comunicação.

O parágrafo único do art. 67 estabelece a imediatidade da comunicação às partes dos atos praticados em audiência. Significa dizer que as partes, uma vez presentes na audiência, serão consideradas desde logo intimadas em relação a atos já ocorridos ou notificadas a realizados atos futuros. Tal determinação mostra-se relevante, pois obvia muitas das comunicações processuais realizadas no JECRIM. Por exemplo, se a ação penal é ofertada oralmente, como prevê o art. 77 da Lei n. 9.099, o autor do fato já sai da audiência citado do teor da ação penal e devidamente notificado a comparecer na data designada para a audiência da fase litigiosa do procedimento. A vítima e eventuais testemunhas, igualmente, já saem notificadas a comparecerem a essa segunda audiência própria da fase litigiosa. Afasta-se, assim, a expedição desnecessária de mandados ou outras comunicações em relação ao que já havido em audiência com a presença das partes, vítima e eventuais testemunhas.

Art. 68. Do ato de intimação do autor do fato e do mandado de citação do acusado, constará a necessidade de seu comparecimento acompanhado de advogado, com a advertência de que, na sua falta, ser-lhe-á designado defensor público.

Todos os atos praticados pelo autor do fato no JECRIM reclamam que seja ele, autor do fato, devidamente assistido por advogado. A simplicidade e a informalidade do JECRIM não autorizam que possa o autor do fato praticar atos, tais como a transação penal, a audiência de instrução ou mesmo o seu interrogatório, sem a presença de seu advogado constituído ou nomeado para tal fim pelo juízo. A necessária observância do postulado constitucional da ampla defesa, na sua dimensão de defesa técnica, reclama que o autor do fato se veja assistido, querendo ou não, por advogado. Trata-se de projeção indisponível da garantia constitucionalmente assegurada.

Portanto, independentemente de indicação de advogado pelo próprio autor do fato, ser-lhe-á nomeado um defensor dativo pelo juiz. Tal indicação pode recair sobre a Defensoria Pública, instituição-garantia a quem por excelência incumbe a prestação de assistência jurídica ao hipossuficiente, se estruturada e presente no JECRIM, ou por quem lhe faça as vezes na prestação de assistência judiciária ao autor do fato. O processo do JECRIM é um processo de partes e, nesse ponto, o autor do fato, para figurar como sujeito processual, deve necessariamente ser assistido por profissional regularmente habilitado (advogado).

DA FASE PRELIMINAR

Art. 69. A autoridade policial que tomar conhecimento da ocorrência lavrará termo circunstanciado e o encaminhará imediatamente ao Juizado, com o autor do fato e a vítima, providenciando-se as requisições dos exames periciais necessários.

Parágrafo único. Ao autor do fato que, após a lavratura do termo, for imediatamente encaminhado ao juizado ou assumir o compromisso de a ele comparecer, não se imporá prisão em flagrante, nem se exigirá fiança. Em caso de violência doméstica, o juiz poderá determinar, como medida de cautela, seu afastamento do lar, domicílio ou local de convivência com a vítima.

A Lei n. 9.099 estabelece um procedimento próprio para a formalização da investigação preliminar que ampare a persecução penal no JECRIM. Trata-se do termo circunstanciado ou termo circunstanciado de ocorrência (TCO). Em lugar do vetusto e anacrônico inquérito policial, o JECRIM conta com um instrumento simplificado que põe de lado a formalidade da escritura que tradicionalmente sempre inteirou o inquérito policial.

O termo circunstanciado é a narrativa elaborada pela autoridade policial, em que, sem a necessidade de elaboração de termos de declarações ou mesmo de realização do tradicional interrogatório minudenciado no CPP, são registradas *sponte propria* os elementos de informação sobre o crime de menor potencial ofensivo que chegou ao seu conhecimento. É dizer: em lugar do conjunto de termos de declarações prestadas diante de si e de escrivão, a autoridade policial simplesmente narra de per si o que lhe chegou ao conhecimento, sem a necessidade de transcrição ou escritura formalizada. O termo circunstanciado prestigia, a um só tempo, a narrativa oriunda da oitiva realizada pela autoridade, bem assim otimiza o trabalho policial, que dispensa a vetusta função do escrivão e a excessiva "cartorialização" da atividade investigativa. Admite-se como termo circunstanciado até mesmo o minudenciamento do histórico lançado no boletim ou registro de ocorrência.

Discute-se, em algumas unidades da Federação, a possibilidade de o termo circunstanciado ser lavrado por policiais militares ou mesmo unidades da Polícia Rodoviária Federal. Colhe-se exemplo consolidado de tal prática em todos os Estados da Região Sul do país (RS, SC e PR) e nos Estados de Goiás, Tocantins, Rondônia, Piauí, Sergipe. O tema carece de uma manifestação definitiva pelas Cortes Superiores no Brasil.

O argumento presente na interpretação de que somente delegados de polícia (Polícia Federal ou Polícia Civil) poderiam lavrar o termo circunstanciado encontra amparo na Lei n.

12.830/2013, que expressamente nomina a autoridade policial como o delegado de polícia de carreira. Anteriormente à edição da Lei n. 12.830, considerável parcela da doutrina não só admitia a lavratura do termo circunstanciado a todas as autoridades reconhecidas por lei, de modo a abranger a Polícia Militar, mas até mesmo a possibilidade de o termo circunstanciado ser elaborado pela secretaria do JECRIM a partir do registro de ocorrência. Ademais, em mais de uma unidade da Federação (DF e SC, por exemplo), há casos de termos circunstanciados lavrados por forças policiais diversas das Polícias Civis e Federal. Conquanto o STF, no julgamento da ADI 3614/PR, em 20/9/2007, tenha declarado inconstitucional Decreto estadual paranaense que autorizava a lavratura de termo circunstanciado por praças da Polícia Militar, o STF revisitou o tema depois da edição da Lei n. 12.830/2013 no ano de 2022. Em julgamento concluído em 14/3/2022, o Pleno do STF julgou improcedente o pedido na ADI 5.637/MG. Em julgamento, tratava-se da imputação de inconstitucionalidade a uma lei do Estado de Minas Gerais que autorizava expressamente a lavratura de termo circunstanciado por policiais militares.

O julgamento da ADI 5.637 pacifica o debate, mas não traz propriamente uma novidade no tema. Seguidamente ao julgamento da ADI 3614/PR, o Tribunal já vinha rejeitando inúmeras provocações, seja por reclamação constitucional, seja em sede de recurso extraordinário, que buscavam manifestação do Tribunal a respeito de casos que, concretamente, autorizavam a lavratura do termo circunstanciado em conformações distintas daquele lavrado pelo Delegado de Polícia. São exemplos: RE 1050631, decisão monocrática, julg. 22/9/2017, rel. Min. Gilmar Mendes; RCL 6612, decisão monocrática, julg. 26/2/2009, rel. Min. Carmen Lúcia). Mais recentemente, o STF igualmente afastou ação direta de inconstitucionalidade aviada contra a regulamentação do Estado de Santa Catarina que autoriza a lavratura de termo circunstanciado pela Polícia Militar (ADI 3.654 AgR, plenário virtual, 27/3/2020). O julgamento da ADI 5.637, assim, soluciona a discussão no âmbito do Tribunal, para justamente estabelecer que, para os fins da lavratura do termo circunstanciado, não há exclusividade de atuação do delegado de polícia. A decisão, assim, prestigia os postulados da simplicidade, da economicidade e da celeridade, que bem informam o procedimento sumaríssimo e toda a sistema dos Juizados Especiais Criminais.

Para além da seara jurisdicional, merece destaque o que decidiu o Conselho Nacional de Justiça em sede de procedimento de controle administrativo. Trata-se do PCA 0008430-38.2018.2.00.0000, decidido pelo plenário em 20/11/2020 (cf. CNJ - PCA - Procedimento de Controle Administrativo - 0008430-38.2018.2.00.0000 - Rel. Candice Lavocat Galvão Jobim – 77ª Sessão Virtual - julgado em 20/11/2020). Do acórdão, constam trechos elucidativos do tema que ora enfrentamos.

O CNJ, para enfrentar a questão no âmbito administrativo, afirmou que a decisão da ADI 3.614 pelo STF não estabeleceu, de maneira conclusiva, a tese de competência exclusiva de delegados de polícia para lavratura do termo circunstanciado de ocorrência. Para bem demonstrar esse entendimento, o CNJ rememorou o que decidiu o STF na RCL 6.612 (Rel. Min. Carmen Lúcia, julgado em 26/02/2009, DJe 06/03/2009) e no RE 1.050.631 (Rel. Min. Gilmar Mendes, julgado em 22/09/2017, DJe 28/09/2017), oportunidades em que o Tribunal rechaçou ter estabelecido, em controle abstrato de constitucionalidade, a exclusividade da polícia judiciária para a formalização do TCO. Disse o CNJ que "(...) a orientação mais recente do Supremo Tribunal Federal é no sentido de interpretar a expressão "autoridade policial" constante no artigo 69 da Lei n. 9.099/95 em sentido amplo, de forma a alcançar outros órgãos de segurança pública". Em seguida, destacou que "A lavratura de TCO's por policiais militares, além de não configurar invasão na competência da Polícia Judiciária, ainda atende aos objetivos da Lei n. 9.099/95. Neste caso, o registro de infrações penais é balizado pelos princípios da efetividade, oralidade, simplicidade, informalidade, economia processual e celeridade".

Um ponto que merece atenção do julgamento administrativo proferido pelo CNJ encontra-se no fato de que o termo circunstanciado "(...) constitui o registro de uma infração, sem adentrar no campo investigativo". Por isso, segundo o CNJ, preserva-se "(...) a atribuição legal da Polícia Judiciária para adoção de procedimentos previstos na legislação processual penal, em especial aqueles direcionados ao esclarecimento de infrações penais, nos termos do artigo 144, §4º, da Constituição Federal". O CNJ, assim, deixa entrever que, na eventualidade de serem necessários atos investigatórios em complementação ao termo circunstanciado, tal incumbência seria das polícias judiciárias.

Assim, de um lado, há interpretação mais ampla sobre a quem incumbe a lavratura do termo circunstanciado, para sustentar que a expressão "autoridade policial" do art. 69 da Lei n. 9.099 refira-se a qualquer autoridade pública que tome conhecimento da infração penal no exercício do poder de polícia. Tal compreensão, então, atribuiria legitimidade à Polícia Militar, à Polícia Civil, à Polícia Federal, à Polícia Rodoviária, à Força Nacional de Segurança Pública, às Polícias do Poder Legislativo e às guardas municipais. De outro lado, há quem entenda que essa leitura do art. 69 sobre a autoridade policial incumbida do termo circunstanciado deva se restringir apenas e tão-somente ao Delegado de polícia de carreira. A primeira posição, em rigor, parece melhor escorar-se nos critérios legalmente estabelecidos para o JECRIM e, em verdade, orientar-se a um mínimo arranjo institucional para a resposta ao crime de menor potencial ofensivo. A decisão do CNJ, nesse ponto, mostra-se elogiável e inserida justamente no campo dos regulamentos e procedimentos judiciários, sem qualquer malferimento à moldura legal estabelecida no art. 69 da Lei n. 9.099/1995 e muito menos à Constituição Federal. E a decisão do STF, no julgamento da ADI 5.637, claramente faz opção no sentido já trilhado pelo CNJ sobre o tema.

Em que pese a determinação do art. 69, não há proibição a que, em casos de maior complexidade, haja a instauração do inquérito policial ou qualquer outro procedimento investigatório formalizado. Isso porque a previsão do termo circunstanciado é uma possibilidade de simplificação da formalização da investigação preliminar. Porém, se recomendável, a autoridade sempre disporá da possibilidade de instaurar uma investigação formalizada, mediante procedimento próprio, específico e mais elaborado.

Anote-se que o regime legal de arquivamento – e para desarquivamento – do termo circunstanciado é igual àquele observado para o inquérito policial ou mesmo ao procedimento de investigação criminal a cargo do Ministério Público. Significa dizer que o termo circunstanciado, uma vez arquivado, poderá ser objeto de desarquivamento, se de outras provas tiver notícia a autoridade (art. 18 do CPP). E, se o fato ali apurado ensejar o manejo de ação penal, o juízo de recebimento da ação penal deverá ser acrescentado de análise que indique a existência de nova prova em face do contexto em que, anteriormente, se determinou o arquivamento do apuratório (Súmula 524-STF).

Vale anotar que o *caput* art. 69 menciona a providência da autoridade policial consistente na requisição dos exames periciais necessários à comprovação do fato criminoso noticiado. Veremos, adiante, que o art. 77 da Lei nº 9.099, em favor da simplicidade do procedimento sumaríssimo, prevê que a complexidade do fato noticiado poderá ensejar o deslocamento da competência do Juizado Especial Criminal ao juízo criminal singular, na forma do parágrafo único do art. 66 da Lei. No entanto, a simples presença de exame pericial não traduz a ideia de que o feito se torne complexo apenas pela presença da chamada prova crítica ou técnica.

A complexidade que torna incompossível a observância do procedimento sumaríssimo e da competência do JECRIM é aquela que implique empecilho ou dificuldade ao desenho procedimento do Juizado. São apenas duas audiências, uma reservada à fase preliminar e outra dirigida à fase litigiosa ou processual. Quesitação suplementar de perícias, habilitação de assistentes técnicos, realizações de perícias outras – essas, sim, são providências que eventualmente tornem o feito incompatível com a simplicidade que informa o procedimento sumaríssimo. Veja-se, por exemplo, que o tipo penal de porte de entorpecente para uso pessoal – art. 28 da

Lei nº 11.343/2006 – materializa crime de menor potencial ofensivo e a materialidade do crime se evidencia justamente por meio de exame pericial realizado na substância entorpecente eventualmente apreendida nos autos. Não se tem, apenas por isso, complexidade que imponha deslocamento da competência para processamento do feito.

Desse modo, perícia, por si só, não implica incremento de complexidade processual a ponto de resultar no deslocamento da competência do JECRIM em favor do juízo criminal singular. É preciso avaliar, no caso concreto, se a atividade processual na espécie se mostra compatível com o desenho procedimental do JECRIM, informado pela concentração, pela oralidade e pela informalidade dos atos que lá se processam.

A título de reflexão, por exemplo, tomem-se os crimes que reclamam meios especiais (ou extraordinários) de obtenção de prova. Imagine-se, por exemplo, o uso de georreferenciamento por meio de estações de rádio-base, para localização geográfica do portador de telefone celular, por meio de interceptação autorizada de dados telemáticos. Ou, ainda, o uso de imagens e arquivos – distintos do conteúdo de conversas armazenadas – armazenados em dispositivo eletrônico (computador ou aparelho celular) lidimamente apreendido e periciado. São situações relativamente comuns na apuração de crimes que, por seu preceito sancionatório, são de menor potencial ofensivo – é o caso do crime descrito no art. 147-A do Código Penal (perseguição).

A presença do meio extraordinário de obtenção de prova, por si só, não torna o feito *automaticamente* complexo, a ponto de afastar a competência do JECRIM para processá-lo e julgá-lo. Impõe-se a apreciação, caso a caso, a ser veiculada no momento do oferecimento da ação penal, como prevê expressamente o art. 77, § 2º, da Lei nº 9.099, ou justificadamente na manifestação defensiva que antecede a admissibilidade da peça acusatória, tal como enuncia o art. 81 da Lei.

Assim, a presença do meio extraordinário de obtenção de prova, por si só, não implica a impossibilidade de observância do procedimento sumaríssimo e da competência do JECRIM. É preciso avaliar se a presença dos meios de prova a partir da providência excepcionalmente admitida, implicará, aí sim, complexidade na tramitação do feito a ponto de tornar incompossível a simplicidade do sumaríssimo para solução da causa.

O parágrafo único do art. 69 da Lei n. 9.099 traz dois enunciados normativos em seu texto. O primeiro diz respeito ao afastamento da lavratura do auto de prisão em flagrante – medida despenalizadora de maior relevância da Lei do JECRIM. O segundo refere-se à concessão de medida cautelar de afastamento do lar, domicílio ou local de convivência do agressor em face da vítima de violência doméstica.

O texto que agregou a menção à cautelar de afastamento do lar foi inserido na Lei n. 9.099 no ano de 2002, por intermédio da Lei n. 10.455. Há duas considerações que devem ser destacadas.

Trata-se de medida cautelar estabelecida tanto no CPP quanto, por exemplo, na Lei n. 11.340/2006 (Lei Maria da Penha). No caso da previsão da Lei n. 9.099, por óbvio, a medida cautelar não se refere aos casos de violência doméstica e familiar *contra a mulher* que ocorra nas circunstâncias do art. 5º da Lei n. 11.340. Isso é evidente, porque, nos casos de incidência da Lei Maria da Penha, a aplicação da Lei n. 9.099 é afastada, por força do art. 41 da Lei n. 11.340. Nos comentários ao art. 88 da Lei n. 9.099, aos quais remetemos o leitor, tecemos mais considerações sobre a inaplicabilidade da Lei n. 9.099 aos casos de incidência da Lei Maria da Penha.

Assim, veja-se que a medida cautelar mencionada no parágrafo único do art. 69 da Lei n. 9.099 é um minudenciamento, por extensão, da medida descrita no art. 319, incisos II e III, do CPP ("II – proibição de acesso ou frequência a determinados lugares quando, por circunstâncias relacionadas ao fato, deva o indiciado ou acusado permanecer distante desses locais para evitar o risco de novas infrações; III – proibição de manter contato com pessoa determinada quando, por circunstâncias relacionadas ao fato, deva o indiciado ou acusado dela permanecer distante").

Além disso, é preciso atentar que a violência doméstica mencionada no referido dispositivo dá-se em contexto doméstico – o que não guarda exata coincidência com as circunstâncias do art. 5º da Lei Maria da Penha. Basta, para atrair a incidência do enunciado do parágrafo único do art. 69 da Lei n. 9.099, que a violência seja praticada em contexto doméstico, independentemente de especial qualidade da vítima ou do autor do fato. Por exemplo, imaginem-se todas as situações de incidência do art. 129, § 9º, do Código Penal ("Se a lesão for praticada contra ascendente, descendente, irmão, cônjuge ou companheiro, ou com quem conviva ou tenha convivido, ou, ainda, prevalecendo-se o agente das relações domésticas, de coabitação ou de hospitalidade").

Por fim, vale a anotação de que, na atual sistemática do CPP, o juiz não mais dispõe de poder cautelar de ofício ou poder geral de cautela. É o que decidiu o STJ, por sua 3ª Seção, quando do julgamento do RHC 131.263, julgado em 24/2/2021, especificamente ao decidir se o juiz pode, de ofício, converter a prisão flagrancial em prisão preventiva ao apreciar a custódia do indiciado à luz do art. 310 do CPP. Consta expressamente da ementa: "Inexiste, em nosso sistema jurídico, em matéria processual penal, o poder geral de cautela dos Juízes, notadamente em tema de privação e/ou de restrição da liberdade das pessoas, vedada, em consequência, em face dos postulados constitucionais da tipicidade processual e da legalidade estrita, a adoção, em detrimento do investigado, do acusado ou do réu, de provimentos cautelares inominados ou atípicos. O processo penal como instrumento de salvaguarda da liberdade jurídica das pessoas sob persecução criminal. Doutrina. Precedentes: HC n. 173.791/MG, Ministro Celso de Mello - HC n. 173.800/MG, Ministro Celso de Mello - HC n. 186.209 - MC/SP, Ministro Celso de Mello, v.g. (HC n.188.888/MG, Ministro Celso de Mello, Segunda Turma, julgado em 6/10/2020)." (STJ, RHC 131.263, Rel. Min. Sebastião Reis Jr., 3ª Seção, julgado em 24/2/2021).

A par de eventuais críticas que possam se dirigir à compreensão fixada pelo STJ sobre o tema, máxime quanto ao tolhimento da atividade judicante em relação aos deveres de acolhimento e proteção da vítima criminal pelo Estado, certo é que a concessão da cautelar de afastamento do lar do agressor doméstico, nos termos do parágrafo único do art. 69 da Lei n. 9.099, não pode ser dada *de ofício* pelo magistrado. É preciso que o juiz, para conceder a medida cautelar, se veja provocado pela própria vítima, por representação da autoridade policial ou pelo Ministério Público. E a pendência de tal medida cautelar observará, além do quadro de relevância e urgência ensejadores da providência cautelar, a condição de validade e mantença dos atos de persecução penal atinentes ao fato criminoso noticiado.

Art. 70. Comparecendo o autor do fato e a vítima, e não sendo possível a realização imediata da audiência preliminar, será designada data próxima, da qual ambos sairão cientes.

A regra do JECRIM é que a audiência preliminar se realize tão logo sejam as partes encaminhadas ao juízo. Não sendo possível a realização da audiência, contudo, a Lei n. 9.099 prevê a designação de data para a audiência. As partes e envolvidos, nesse caso, já sairão dali notificados para comparecem à audiência designada.

Há questão interessante surgida após a edição da Lei n. 13.994, de 24 de abril de 2020, que possibilitou a conciliação não presencial no âmbito dos Juizados Especiais Cíveis. Trata-se da alteração da redação do art. 22 da Lei n. 9.099, que passou a contar com dois parágrafos (em lugar do parágrafo único). A inovação normativa refere-se ao § 2º, pois o § 1º limitou-se a reproduzir o enunciado que trazia o agora revogado parágrafo único.

Referindo-se à conciliação e ao juízo arbitral – temas próprios dos Juizados Especiais *Cíveis* –, o § 2º do mencionado artigo passou a dispor que "É cabível a conciliação não presencial conduzida pelo Juizado mediante o emprego dos recursos tecnológicos disponíveis de transmissão de sons e imagens em tempo real, devendo o resultado da tentativa de conciliação ser reduzido a escrito com os anexos pertinentes". Essa previsão se mostra aplicável também nos Juizados Especiais Criminais?

A resposta é afirmativa. Como tivemos oportunidade de salientar nos comentários que mencionam a fase preliminar do procedimento sumaríssimo, a conciliação é instituto presente na solução dos crimes de menor potencial ofensivo. São variáveis as consequências da conciliação a depender do tipo de ação penal que corresponde à infração penal noticiada. Na ação penal pública condicionada à representação e na ação penal de iniciativa privada, a conciliação que resulte em composição dos danos civis conduz à renúncia ao direito de queixa ou representação e, por conseguinte, à extinção da punibilidade do fato. A conciliação nos crimes de ação penal pública incondicionada não prejudica ou impede atos de persecução penal subsequentes (transação penal, ação penal), mas também nesse caso ela se mostra importante porque, afinal, é objetivo do processo perante o Juizado Especial a "reparação dos danos sofridos pela vítima" (art. 62) e tanto melhor que essa reparação seja alcançada pela via conciliatória.

A autorização veiculada no § 2º do art. 22 não alterou a regra geral de que os atos processuais ocorrem presencialmente. Desse modo, em geral, vítima e autor do fato serão chamados a se apresentarem, presencialmente, para os esforços de conciliação previstos na fase preliminar do procedimento sumaríssimo. No entanto, com a alteração legislativa, abre-se a possibilidade de que os atos conciliatórios se deem por videoconferência, desde que se assegure a sincronicidade (isto é, a "presença" a distância simultânea, em tempo real, dos envolvidos).

A otimização da prática de atos processuais por videoconferência surge como legado com pretensão de permanência da emergência de saúde pública de importância decorrente causada pelo novo coronavírus no ano de 2020 (SARS-CoV-2 ou, simplesmente, COVID-19). A contingência que impede a prática de atos presenciais ou recomenda sua realização de maneira não presenciou impulsionou a edição de uma série de atos infralegais – com destaque a diversas Resoluções do CNJ – para regulamentar a necessária continuidade do funcionamento do sistema de justiça com respeito ao distanciamento social. Merecem destaque a Resolução CNJ nº 329, de 30/7/2020, que regulamentou e estabeleceu "critérios para a realização de audiências e outros atos processuais por videoconferência, em processos penais e de execução penal, durante o estado de calamidade pública", e a implantação do chamado "Juízo 100% Digital" por meio da Resolução CNJ nº 345, de 9/10/2020. Esta última, embora se refira precipuamente a processos marcados pela disposição das partes, o que não ocorre nos processos de natureza criminal, certamente influencia a otimização de atos processuais a serem realizados de maneira não presencial por meio de recursos tecnológicos para comunicação em tempo real.

Assim, com a alteração do art. 22 da Lei n. 9.099 pela Lei n. 13.994/2020, fica possibilitada que toda a fase conciliatória do procedimento sumaríssimo, nos atos que envolvam a presença da vítima e do autor do fato, seja realizada por meio de videoconferência.

Já em relação aos atos processuais que se refiram às etapas subsequentes do procedimento sumaríssimo – transação penal, oferta de denúncia oral e todos os atos que se desenvolvem na audiência de instrução e julgamento (art. 77 e seguintes) –, a regra segue estabelecendo atos presenciais em juízo. A possibilidade de atos processuais por videoconferência é verificável, mas não pela alteração normativa do art. 22 da Lei n. 9.099 e sim pela incidência dos atos normativos que ampliaram a utilização da videoconferência em geral.

Art. 71. Na falta do comparecimento de qualquer dos envolvidos, a Secretaria providenciará sua intimação e, se for o caso, a do responsável civil, na forma dos arts. 67 e 68 desta Lei.

A regra no JECRIM, como afirmado, é que os envolvidos já saiam notificados/intimados do ato processual de que participem, caso designada outra data para a assentada. O art. 71, porém, refere-se à situação em que, caso autor do fato ou vítima não compareçam, a secretaria do juízo poderá expedir intimação pessoal para o faltante. Em caso extremado, até mesmo a providência da condução coercitiva, medida extremada estabelecida, entre outros, no art. 260 do CPP, poderá ser determinada no JECRIM, como forma de assegurar que não se frustre a audiência ali prevista.

Art. 72. Na audiência preliminar, presente o representante do Ministério Público, o autor do fato e a vítima e, se possível, o responsável civil, acompanhados por seus advogados, o Juiz esclarecerá sobre a possibilidade da composição dos danos e da aceitação da proposta de aplicação imediata de pena não privativa de liberdade.

O art. 72 versa sobre a audiência preliminar e sobre as possibilidades de sua solução processual. Na audiência, se farão presentes o autor do fato, o patrono do autor do fato (advogado), a vítima (ou o responsável civil da vítima), o membro do Ministério Público e o juiz. O magistrado, então, esclarecerá a todos os presentes no que consiste a composição dos danos civis e suas consequências jurídicas para a persecução penal. Além disso, explicará o significado da transação penal, isto é, a proposta de aplicação imediata de pena restritiva de direitos ou multa ao autor do fato.

Essa explicação alerta e esclarece os envolvidos sobre a própria finalidade da Lei n. 9.099: a reparação dos danos experimentados pela vítima e a aplicação de pena diversa da privação de liberdade. A composição dos danos civis, justamente por força do objetivo estabelecido em lei, deve ser buscada sempre, independentemente da consequência jurídica que dela advirá para a persecução penal.

Com efeito, na sequência dos próximos artigos, teremos que a composição dos danos alcançada nas infrações de ação penal privada e de ação penal pública condicionada à representação implica a renúncia ao direito do ofendido de representar ou exercitar o direito de ação. Por conseguinte, alcançada a composição, a consequência será a extinção da punibilidade do fato nessas infrações. No entanto, embora a composição dos danos não prejudique ou impeça a persecução penal nas infrações de ação penal pública incondicionada, ela ainda assim deve ser incentivada e promovida. Afinal, essa composição não só será considerada em eventual transação penal como, até mesmo em caso de condenação do autor do fato ao fim do processo, poderá se prestar para incidência da causa de diminuição da pena prevista no art. 16 do Código Penal (arrependimento posterior). Por isso, a par das distintas consequências, que dependem do tipo de infração a que se refere o caso, a composição dos danos civis deve ser buscada e promovida sempre.

Art. 73. A conciliação será conduzida pelo Juiz ou por conciliador sob sua orientação.

Parágrafo único. Os conciliadores são auxiliares da Justiça, recrutados, na forma da lei local, preferentemente entre bacharéis em Direito, excluídos os que exerçam funções na administração da Justiça Criminal.

Quando a Constituição autorizou que juízes leigos igualmente atuassem com os juízes togados no JECRIM, deixou o detalhamento dessa atuação ao legislador ordinário. A Lei n. 9.099, então, estabeleceu que essa participação do juiz leigo se desse justamente na figura do conciliador ou mediador. Incumbe a ele, previamente à apresentação do caso ao juiz togado, promover a composição dos danos civis entre autor do fato e ofendido.

É relevantíssima a atuação do conciliador. Ele será a primeira expressão dos objetivos da Lei n. 9.099. Afinal, incumbirá a ele explicar aos envolvidos no que consistem os institutos próprios do JECRIM e, especialmente, como se operam os objetivos da Lei n. 9.099. A ele caberá, igualmente, apresentar a verdadeira mudança de paradigma operada pela Lei n. 9.099: em lugar da tradicional e vetusta justiça criminal reduzida às penas de privação de liberdade e ao processo criminal formalista e estigmatizante, o procedimento do JECRIM volta suas atenções aos reclamos da vítima, busca resposta célere e, se possível, imediata para responsabilização do autor do fato e, isso tudo, por meio de atos marcados pela informalidade, pela celeridade e pela simplicidade.

A Lei n. 9.099 situa o juiz leigo fora do quadro de serventuários da Justiça. O conciliador, portanto, não guarda vínculo de emprego ou de cargo público com o Poder Judiciário. Cada Estado, para o JECRIM estadual, e os Tribunais Regionais Federais e o Conselho da Justiça Federal para o JECRIM federal cuidarão de detalhar o modo pelo qual serão recrutados os conciliadores. No entanto, ao vedar a participação dos serventuários da Justiça, a Lei n. 9.099 estabelece o caráter leigo dessas funções.

O caráter "leigo" do conciliador não deriva necessariamente do seu desconhecimento em relação aos temas do Direito. Em verdade, a Lei n. 9.099 estabelece até mesmo **preferência** de que o conciliador tenha formação jurídica, isto é, seja bacharel em Direito. O adjetivo "leigo", mencionado na Constituição e no texto legal, refere-se ao fato de que o conciliador é mesmo um estranho, alheio à estrutura formal do Judiciário. O caráter "leigo" de sua atuação se contrapõe ao fato de que o juiz de carreira é aquele investido em suas funções (jurisdição) após aprovação em concurso público de provas e títulos. Já o juiz leigo, recrutado sem vínculo celetista ou estatuário com o Poder Judiciário, exercerá função de auxiliar da Justiça, mas seguirá formalmente estranho aos seus quadros.

Art. 74. A composição dos danos civis será reduzida a escrito e, homologada pelo Juiz mediante sentença irrecorrível, terá eficácia de título a ser executado no juízo civil competente.

Parágrafo único. Tratando-se de ação penal de iniciativa privada ou de ação penal pública condicionada à representação, o acordo homologado acarreta a renúncia ao direito de queixa ou representação.

O art. 74 versa sobre o primeiro dos quatro institutos que fundamentalmente são a novidade da Lei n. 9.099: a composição dos danos civis. A composição dos danos em boa hora atende aos reclamos de Vitimologia para que, além da solução do caso penal, a intervenção do sistema de justiça criminal igualmente atribua um mínimo de satisfação à vítima.

A tendência de ampliação da jurisdição penal para nela incluir a possibilidade de satisfação mínima do interesse patrimonial da vítima é então revelada pela Lei n. 9.099 e, seguidamente, confirmada pelas Leis que se lhe seguiram. É essa a inspiração que, por exemplo, autorizou que a sentença penal condenatória estabeleça desde logo valor mínimo para reparação dos danos experimentados pela vítima em razão do crime, nos termos do inciso IV do art. 387 do CPP, com a redação estabelecida na reforma de 2008 (Lei n. 11.719). Igualmente, a destinação do valor recolhido a título de fiança em favor do ofendido, nos termos da redação do art. 336 do CPP, cuja redação foi estabelecida pela Lei n. 12.403 de 2011.

Além disso, a reparação do dano ao ofendido ainda no âmbito processual, como se verá a seguir é condição para o reconhecimento da extinção da punibilidade do fato por força do cumprimento das condições impostas na suspensão do processo (art. 89 da Lei n. 9.099/1995). Na esfera penal, a reparação do dano ao ofendido, se ocorre antes do recebimento da ação penal, é causa de diminuição da pena (arrependimento posterior – art. 16 do CP).

Demais disso, colhendo a presença do autor do fato e do ofendido perante o juiz, o legislador atua com nítida preocupação de economia processual. É certo que o ofendido dispõe de pretensão para exigir, do autor do fato na esfera cível, a reparação dos danos por ele experimentados por conta do ilícito. No entanto, ao obviar a satisfação dessa pretensão desde logo no juízo criminal, o legislador acertadamente evita a proliferação de demandas desnecessárias perante o já abarrotado sistema de justiça. Nessa linha de ideias, toda antecipação que satisfaça desde logo aos interesses patrimoniais do ofendido, mesmo que na esfera penal, é bem-vinda – o limite de tal preocupação situa-se justamente na ausência de vinculação dessa preocupação com a determinação de culpa do autor do fato.

A composição dos danos civis, então, é objetivo a ser perseguido no JECRIM sem qualquer antecipação ou aceitação de culpa pelo autor do fato. A realização dessa composição dos danos resolve o que seria o exercício da pretensão do ofendido também na esfera cível.

A realização da composição dos danos civis enseja a formação de título executivo **judicial**, nos termos do que dispõe o art. 57 da própria Lei n. 9.099. Significa dizer, então, que esse acordo homologado se inclui no rol descrito no art. 515 do Código de Processo Civil (Lei n. 13.105/2015), exatamente no inciso II, que menciona "a decisão homologatória de autocomposição judicial".

Um ponto de destaque: a composição dos danos civis antecede a manifestação acerca da *opinio delicti*. Significa isso que ela pode ser promovida e alcançada ainda que o caso noticiado no termo circunstanciado não enseje a realização de atos de persecução penal. Um exemplo ilustra essa assertiva: imaginemos que a composição civil dos danos ocorra num termo circunstanciado que noticia crime de ação penal pública incondicionada. A eventual promoção de arquivamento do termo circunstanciado pelo Ministério Público, por entender este que o caso não autoriza o exercício da ação penal numa das situações descritas no art. 395 do CPP, em nada prejudica ou condiciona a possibilidade de as pessoas ali indicadas como vítima e autor do fato alcançarem um acordo que será homologado pelo juiz do JECRIM. Repita-se: a promoção da composição dos danos civis dá-se antes do juízo a respeito da viabilidade de se promover persecução penal na espécie.

O parágrafo único do art. 74, por sua vez, assegura efeitos penais para a realização da composição civil dos danos nos casos de ação penal de iniciativa do ofendido e nas ações penais públicas condicionadas à representação do ofendido. Alcançada a composição dos danos, a Lei estabelece que esse acordo implica **renúncia** ao direito de queixa e de representação pelo ofendido.

Nos crimes de ação penal privada e nos crimes de ação penal pública condicionada à representação, a persecução penal depende da iniciativa do próprio ofendido. No primeiro caso, a legislação outorga ao ofendido, extraordinariamente, legitimidade para promover o próprio *jus persequendi* em juízo. A ação penal de iniciativa privada é instituto em nítido declínio: ampara-se na compreensão de que, muitas infrações, a promoção da ação penal atende mais a uma preocupação do ofendido que do próprio Estado. E isso se dá mais por força das consequências experimentadas pela realização do processo criminal que pela ideia de que o crime ali noticiado seja desimportante ou oriundo de preocupação exclusivamente particular. De *lege ferenda*, isto é, considerando a própria produção das normas penais, é certo que a preocupação que orienta o protagonismo do ofendido para a promoção da persecução penal deve se centrar nas consequências negativas experimentadas por força do próprio processo penal. Afinal, se a preocupação se referir à ausência de relevância do próprio fato criminoso em si, aí a atenção não deve se dirigir ao deslocamento da titularidade da ação penal, mas à própria descriminalização do fato.

Por isso, são poucos os casos na legislação brasileira em que ainda remanesce a titularidade de ofendido para a promoção da ação penal. De maior interesse ao JECRIM, destacam-se os crimes contra a honra (art. 145 do CP), os crimes de esbulho possessório, alteração de limites e usurpação de águas, desde que realizados sem violência (art. 161, § 3.º, do CP), as figuras oriundas do crime de dano (art. 167 do CP), fraude à execução (art. 179, parágrafo único, do CP), violação de direito autoral (art. 186, inc. I, do CP), induzimento a erro essencial no casamento e ocultação de impedimento (art. 236, parágrafo único, do CP – ação penal privada personalíssima), exercício arbitrário das próprias razões (art. 345, parágrafo único, do CP), entre outros.

A representação do ofendido, nos casos de ação penal pública condicionada a essa manifestação, é condição de procedibilidade para o exercício da ação penal. Essa manifestação pode ser colhida das mais diversas formas, desde que se tenha claro que o ofendido expressou sua vontade no sentido de que o fato criminoso seja objeto de persecução penal. Sem essa manifestação, que verdadeiramente condiciona o exercício da ação penal, não pode o Ministério Público promover o *jus persequendi* em juízo, nos termos do art. 395, inciso II, do CPP.

Assim, a composição dos danos civis tem por consequência a renúncia pelo ofendido do direito de representar ou deduzir a queixa-crime. A renúncia pode ser deduzida de forma expressa ou tácita (art. 104 do CP). Esta ocorre quando o ofendido pratica ato incompatível com a vontade de promover a persecução penal em desfavor do autor do fato. O CPP expressamente afirma que a demonstração desse fato incompatível com o direito de representar ou deduzir queixa-crime poderá ser feita por "todos os meios de prova" (art. 57 do CPP).

Cabe, no entanto, uma explanação mais detida para a hipótese em que a vítima realize composição dos danos civis nos casos em que o fato criminoso tenha sido praticado por mais de uma pessoa. O art. 49 do CPP preceitua que "renúncia ao exercício do direito de queixa, em relação a um dos autores do crime, a todos se estenderá". Trata-se justamente do chamado princípio de indivisibilidade que se impõe à ação penal de iniciativa do ofendido, isto é, o ofendido, se desejar promover a persecução penal, fica obrigado a promovê-la contra todos aqueles que realizaram a prática criminosa. O ofendido, na ação penal privada, não pode livremente escolher contra quem se voltar: se desejar promover a ação penal, fica obrigado a fazê-lo em desfavor de todos. Se não atender a essa regra, a consequência é claríssima: estará o ofendido renunciando ao exercício do próprio direito de queixa.

A pergunta, então, que se impõe é a seguinte. Imaginemos que o crime é de ação penal de iniciativa do ofendido e vários são os autores do fato. A composição dos danos civis com apenas um dos autores do fato implicará a renúncia ao direito de queixa em relação a todos os demais? É dizer, se houver composição dos danos civis, ainda que não seja ela alcançada em face de todos os autores do fato, a persecução penal ficará prejudicada pela renúncia ao direito de queixa integralmente pelo ofendido? A resposta é negativa.

Com efeito, se o crime é de ação penal de iniciativa do ofendido e vários são os autores do fato, a composição dos danos civis implicará a renúncia apenas em face daquele autor do fato que assim se compuser com o ofendido, sem que isso prejudique a possibilidade de manejo da queixa-crime em face dos demais autores do fato que não realizaram a composição dos danos civis. A solução do caso deriva do que estabelece a segunda parte (*in fine*) do parágrafo único do art. 104 do CP: "Importa renúncia tácita ao direito de queixa a prática de ato incompatível com a vontade de exercê-lo; **não a implica, todavia, o fato de receber o ofendido a indenização do dano causado pelo crime**".

Assim, nos crimes cuja persecução penal dependa de queixa-crime, a composição dos danos civis deve ser buscada, claro, em face de todos os autores do fato. No entanto, se alcançada apenas em relação a um ou alguns deles, isso não prejudicará a possibilidade de queixa-crime ser manejada em face dos demais. A extinção da punibilidade pela renúncia ao direito de queixa, nesse caso, não se estenderá a todos os autores do fato, limitando-se, pois, apenas ao autor do fato que compôs civilmente os danos com o ofendido.

Esse esclarecimento se mostra oportuno para que não se proceda a uma leitura equivocada da redação do art. 49 do CPP ("A renúncia ao exercício do direito de queixa, em relação a um dos autores do crime, a todos se estenderá"). A renúncia a que se refere o preceito do CPP diz com a ausência de vontade dirigida à realização da persecução penal. Trata-se de preceito que se dirige ao elemento volitivo do ofendido, a fim de que a decisão de autorizar a persecução penal não se converta num instrumento de resposta arbitrária ou seletiva em face de um ou mais dentre os responsáveis pelo fato criminoso. Já a renúncia que decorre da composição dos danos civis é aquela desejada pela Lei que tem como objetivo a reparação dos danos experimentado pelo ofendido (cf. art. 62 da Lei n. 9.099) e, por isso, não podem se confundir com a *ratio* que ampara o enunciado do art. 49 do CPP. Ao contrário: aplicar o art. 48 do CPP indistintamente aos casos em que nem todos os autores do crime promovessem a composição dos danos civis implicaria situação de iniquidade e franca injustiça em face daquele que se propôs, como deseja a Lei, reparar o dano ao ofendido. Não há como ler o art. 49 do CPP dissociadamente ao já mencionado art. 104 do CP.

Por isso, a renúncia que decorre da composição dos danos civis não se estende a todos os autores do crime, de modo que a renúncia descrita no art. 49 do CPP deve guardar pertinência com a renúncia como ato de vontade do ofendido que simplesmente não deseja a persecução penal, sem que a ele seja dado a escolha de decidir quem deverá responder em juízo pelo fato criminoso em tese perpetrado.

No curso de 2024, houve a edição da Lei n. 14.994, que trará considerável impacto na prática do JECRIM. Isso porque determina a aplicação da pena prevista para o crime de ameaça (um a seis meses de detenção ou multa) em dobro quando o crime for praticado nas hipóteses descritas no § 1º do art. 121-A do CP (cuja redação foi igualmente fixada pela Lei n. 14.994).

No mencionado § 1º do art. 121-A do CP tem-se enunciado explicativo para descrever quando um crime é praticado "por razões do sexo feminino". Duas hipóteses: quando o crime é praticado em violência doméstica e familiar; e quando envolve "menosprezo ou discriminação à condição de mulher". No primeiro caso, a solução não é difícil, pois há convergência com a incidência da Lei Maria da Penha. É dizer: trata-se dos casos em que o crime é praticado comtra a mulher numa das circunstâncias descritas no art. 5º da Lei n. 11.340. A novidade está na previsão do inciso II do mencionado § 1º ("menosprezo ou discriminação à condição de mulher"). Essa última figura descreve violência de gênero (da qual a violência doméstica e familiar é espécie) e tal fato será processado fora do Juizado Especial de Violência Doméstica e Familiar contra a Mulher.

Ainda, o § 2º do art. 147 do CP diz que, se a ameaça for praticada "por razões da condição do sexo feminino", o crime será de ação penal pública incondicionada.

Assim, vale destacar a necessidade de atentar para a alteração legislativa para o crime de ameaça – dado que sua ocorrência é de usual presença nos crimes de competência do JECRIM. Quando a ameaça for praticada na figura descrita no inciso II do § 1º do art. 121-A do CP, isto é, em situação de "menosprezo ou discriminação à condição de mulher", não há mais representação da ofendida como condição de procedibilidade. A persecução penal se torna mandatória, pois o crime é de ação penal pública incondicionada.

Art. 75. Não obtida a composição dos danos civis, será dada imediatamente ao ofendido a oportunidade de exercer o direito de representação verbal, que será reduzida a termo.

Parágrafo único. O não oferecimento da representação na audiência preliminar não implica decadência do direito, que poderá ser exercido no prazo previsto em lei.

Caso a composição dos danos civis não seja alcançada, o ofendido, na sequência, tem a oportunidade de manifestar sua representação.

O CPP estabelece, para a representação do ofendido, que o prazo é "contado do dia em que vier a saber quem é o autor do crime" (art. 38). A Lei n. 9.099 trabalha com a lógica de que o procedimento derive da situação em que os envolvidos (autor do fato e vítima) sejam encaminhados ao JECRIM seguidamente à verificação do fato, isto é, seguidamente ao que seria a situação flagrancial do crime. Caso assim não ocorra, a contagem do prazo para o exercício da representação efetivamente se dará a partir do momento em que o ofendido saiba quem é o autor do crime de menor potencial ofensivo.

A previsão veiculada no art. 75 da Lei n. 9.099 não traz antinomia ou juízo derrogatório da disposição veiculada no art. 38 do CPP. Trata-se apenas de um esclarecimento a respeito do momento em que o ofendido poderá deduzir seu direito de representação. Caso não o faça imediatamente no JECRIM, frente ao juiz leigo ou togado, ainda disporá do prazo de seis meses para fazê-lo. Aliás, é esse o prazo mencionado na parte final do parágrafo único do art. 75: o "prazo previsto em lei" ali mencionado é aquele estabelecido no art. 38 do CPP.

Veja-se, então, que a decadência do direito de representação ou de queixa, caso não alcançada a composição dos danos civis, só se dará após o escoamento do prazo de seis meses para tal exercício pelo ofendido. Isso deve ser levado em consideração para as rotinas judiciais a respeito do termo circunstanciado. Isso porque a ausência de composição dos danos civis seguida da ausência de manifestação do ofendido jamais conduzirá ao arquivamento do termo circunstanciado por extinção da punibilidade do fato. Isso porque a decadência só poderá ser reconhecida após o transcurso do prazo decadencial. São duas, então, as possibilidades de rotina judiciária para o termo circunstanciado nos casos em que o crime seja de ação penal pública condicionada à representação ou mesmo de ação penal de iniciativa do ofendido. A primeira, e melhor opção, é o aguardo em cartório do transcurso do prazo decadencial para o exercício do direito de queixa ou representação. Escoado o prazo sem a representação ou a queixa, o caso será de extinção da punibilidade do fato (art. 107, inciso IV, do CP) e arquivamento do termo circunstanciado na forma do inciso II do art. 395 do CPP. A segunda, que aparentemente dá solução imediata ao termo circunstanciado, mas cuja definitividade se mostra condicionada, é o arquivamento do termo circunstanciado por ausência de condição de procedibilidade para o exercício da ação penal. Nessa segunda hipótese, caso a representação seja exercida dentro do prazo decadencial, o termo circunstanciado deverá ser desarquivado para o exercício dos atos subsequentes de persecução penal pelo Ministério Público (transação penal ou oferecimento de ação penal, conforme o caso). Quando se tratar de crime de ação penal pública de iniciativa do ofendido, somente a primeira opção se mostra possível, isto é, os autos necessariamente aguardarão em cartório até o transcurso do prazo decadencial.

O FONAJE (Fórum Permanente de Coordenadores de Juizados Especiais Cíveis e Criminais do Brasil) possui enunciado versando sobre o tema do não comparecimento da vítima na audiência de composição dos danos civis. Trata-se do enunciado 117, que tem a seguinte redação: "A ausência da vítima na audiência, quando intimada ou não localizada, importará renúncia tácita à representação". Embora condizente com a preocupação de solucionar feitos de maneira simples, tal orientação, respeitosamente, atrai uma série de críticas. Atribuir à vítima o ônus de comparecer a uma audiência para ratificar uma representação que já foi por ela deduzida é impor a ela gravame que a lei não autoriza tampouco fomenta. Aliás, quer parecer que o enunciado contraria o dever do próprio Poder Judiciário de "orientar as vítimas sobre o seu *direito* de estar presente em todos os atos do processo" (excerto presente no inciso I do art. 5º da Resolução CNJ n. 253/2018, que "define a política institucional do Poder Judiciário de atenção e apoio às vítimas de crimes e atos infracionais"). A exegese de manifestação "tácita" haurida de uma escolha que a vítima tem – não é ônus tampouco dever processual –, consistente no comparecimento à audiência para composição dos danos, parece materializar figura indesejada de sobrevitimização ou revitimização, onerando a vítima com obrigação que ela não tem. É uma possibilidade. E seu não exercício não deveria autorizar leitura que implique em renúncia a direito já exercido. Afinal, a representação já se encontra manifestada nos autos. E tal manifestação, vale lembrar, é livre em sua forma. Daí a inconveniência, ou mesmo equívoco, em se considerar que a ausência da vítima na audiência dirigida à composição dos danos civis implicaria renúncia tácita de seu direito de representar. Como ato de renúncia, a manifestação reclama exegese estrita, e não ampliativa. A leitura ampliativa é de exercício do direito. Quando quis dar interpretação tácita a ato que implica renúncia de direito, o legislador expressamente o fez (a exemplo do que se vê no art. 49 do CPP). Não é esse o caso. A ver se a interpretação veiculada no enunciado do FONAJE encontra eco nos tribunais. Espera-se que não, em favor, dentre outros pontos, da própria política pública de atenção e apoio às vítimas de crimes.

A relevância dessa discussão é rememorada de tempos em tempos. No ano de 2022, o Tribunal de Justiça do Estado de São Paulo, em suas "Normas de Serviço da Corregedoria Geral de Justiça (NSCGJ)", reavivou o tema da ausência do ofendido como renúncia tácita ao direito de representação. As Normas foram objeto de alteração para trazer o seguinte enunciado: "**Nos casos de crime de ação penal pública condicionada, a audiência preliminar somente será designada depois da representação da vítima perante o juízo**, por meio de requerimento simplificado. **As delegacias de polícia serão orientadas para que, nos casos de crime de ação penal pública condicionada, a vítima seja desde logo cientificada, por escrito, que deve comparecer perante o JECrim**, no prazo de 6 (seis) meses, contados da data da ocorrência, para formalizar a representação contra o autor do fato, sob pena de extinção da punibilidade. Nos casos de ação penal privada, o ofendido será orientado do prazo decadencial para o oferecimento da queixa-crime." (art. 672, § 1º).

A previsão do parágrafo acima transcrito claramente impunha ônus à vítima que a Lei jamais previu. E, o que é mais grave, desconsiderava a manifestação da vítima deduzida inicialmente – o que há de ser compreendido, aliás, como intenção de que o Estado promova a responsabilização do fato noticiado. A exigência de que a vítima compareça para que se tenha como representação a sua intenção inicialmente manifestada, para além do texto legal, verdadeiramente a ***revitimiza*** e contraria a política institucional de atenção às vítimas, tal como formalizada tanto na Resolução CNJ nº 253/2017 quanto na Resolução CNMP nº 243/2021, para as quais remetemos o(a) leitor(a) para estudo mais detido.

O Tribunal de Justiça do Estado de São Paulo, contudo, atento à boa compreensão dos enunciados de atenção à vítima de crimes e à interpretação adequada da Lei nº 9.099/1995, ainda no ano de 2022, revisou o ato, para que ele passasse a prever o seguinte: "Nos casos de crime e ação penal pública condicionada, **a audiência preliminar será designada independentemente de representação da vítima perante o juízo**, o que poderá ocorrer no próprio ato. As delegacias de polícia serão orientadas para que, nos casos de crime de ação penal pública condicionada, a vítima **seja desde logo cientificada**, por escrito, que deve comparecer perante o JECRIM, no prazo de 6 (seis) meses, contados da data da ocorrência, para formalizar a representação contra o autor do fato, sob pena de extinção da punibilidade. Nos casos de ação penal privada, o ofendido será orientado do prazo decadencial para o oferecimento de queixa-crime." (art. 672, § 1º).

Essa procedimentalização do rito sumaríssimo, tal como materializada pela Justiça bandeirante, atende ao que estabelece a Lei nº 9.099/1995 e bem observa o próprio escopo da Lei: "a reparação dos danos sofridos pela vítima" (art. 62).

De qualquer modo, para além desse exemplo colhido do Estado de São Paulo, convém registrar que, ainda que não alcançada a composição dos danos civis, nada impede que o ofendido venha a renunciar – expressa ou tacitamente – ao direito de representar ou de ofertar queixa-crime. Nesse caso, a renúncia implicará a extinção da punibilidade (art. 107, inciso IV, do CP) e, por conseguinte, o arquivamento do termo circunstanciado (art. 395, inciso II, do CPP).

Art. 76. Havendo representação ou tratando-se de crime de ação penal pública incondicionada, não sendo caso de arquivamento, o Ministério Público poderá propor a aplicação imediata de pena restritiva de direitos ou multas, a ser especificada na proposta.

> § 1º Nas hipóteses de ser a pena de multa a única aplicável, o Juiz poderá reduzi-la até a metade.
>
> § 2º Não se admitirá a proposta se ficar comprovado:
>
> I – ter sido o autor da infração condenado, pela prática de crime, à pena privativa de liberdade, por sentença definitiva;
>
> II – ter sido o agente beneficiado anteriormente, no prazo de cinco anos, pela aplicação de pena restritiva ou multa, nos termos deste artigo;
>
> III – não indicarem os antecedentes, a conduta social e a personalidade do agente, bem como os motivos e as circunstâncias, ser necessária e suficiente a adoção da medida.
>
> § 3º Aceita a proposta pelo autor da infração e seu defensor, será submetida à apreciação do Juiz.
>
> § 4º Acolhendo a proposta do Ministério Público aceita pelo autor da infração, o Juiz aplicará a pena restritiva de direitos ou multa, que não importará em reincidência, sendo registrada apenas para impedir novamente o mesmo benefício no prazo de cinco anos.
>
> § 5º Da sentença prevista no parágrafo anterior caberá a apelação referida no art. 82 desta Lei.
>
> § 6º A imposição da sanção de que trata o § 4º deste artigo não constará de certidão de antecedentes criminais, salvo para os fins previstos no mesmo dispositivo, e não terá efeitos civis, cabendo aos interessados propor ação cabível no juízo cível.

O art. 76 trata do instituto da transação penal. Dentre diversas alternativas possíveis ao legislador brasileiro, para dar conteúdo ao preceito constitucional que mencionou "transação penal", a Lei n. 9.099 preferiu a alternativa que, a um só tempo, mais se aproximasse do que usualmente informa o próprio exercício da ação penal pelo Ministério Público e, o mais importante, evitasse o tradicional processo-crime.

Foram de plano descartadas, na discussão havida no plano legislativo, as opções despenalizantes que concretizassem a oportunidade ou a discricionariedade no exercício da ação penal. O legislador, ao elaborar a Lei n. 9.099, houve por bem em se afastar do que previram o sistema norte-americano, que conjuga não só a oportunidade mas também acordos penais (por meio da chamada *plea bargaining*); o francês (art. 40 do Código de Processo Penal francês); o alemão (§ 153 do Código de Processo Penal alemão – StPO); o então Projeto de Código de Processo Penal argentino (apresentado ao Congresso argentino em 1987, especialmente no art. 371 e seguintes); e até mesmo o Código de Processo Penal tipo para a América Latina (art. 371 e seguintes). Manteve-se fiel à "tradição" brasileira de indisponibilidade da ação penal e de obrigatoriedade do seu exercício pelo Ministério Público.

O instituto da transação penal, portanto, não materializa oportunidade no exercício da ação penal pelo Ministério Público. Trata-se de alternativa que se coloca, nos crimes de menor potencial ofensivo, para se evitar o manejo da ação penal. Se cabível o benefício, sua oferta é tarefa de rigor a ser realizada pelo Ministério Público. E, como hipótese de manejo pelo titular da ação penal de solução alternativa ao processo, considerada a obrigatoriedade dessa atuação, a transação só terá lugar quando afirmativo o juízo de *opinio delicti* realizado pelo Ministério Público.

Desse modo, previamente à proposta a que se refere o art. 76, o Ministério Público deverá certificar-se da análise que sempre se dará diante de *notitia criminis*: requisitar diligências ou mesmo a instauração de investigação para melhor informar sua *opinio delicti*, promover desde logo o arquivamento do apuratório ou concluir que o caso é de exercício da ação penal e seguidamente promover os respectivos atos de persecução em juízo.

Tal advertência se mostra relevantíssima porque só caberá a transação penal nos casos que assim autorizarem o exercício da ação penal pelo Ministério Público. A análise da viabilidade de exercício da ação penal, portanto, sempre **antecede** a apreciação a respeito do cabimento da transação penal. Assim, só se poderá cogitar de transação penal se o caso autorizar o exercício da própria ação penal.

Muito se discutiu, quando da edição da Lei n. 9.099, a respeito da natureza jurídica do instituto da transação penal e o critério orientador do juízo no tocante à formulação da proposta. Por ocasião da apresentação do Projeto de Lei n. 1.480/1999, que originou a Lei do JECRIM, já se esclarecia que se cuidava de uma "discricionariedade controlada", também chamada de "discricionariedade regrada". Essa compreensão impunha, pois, que a análise do cabimento do benefício compete, verdadeiramente, ao titular da ação (no caso da ação penal pública, o Ministério Público).

No entanto, tal titularidade na aferição do cabimento do benefício não implica que possa ele decidir sobre a oferta ou não da proposta. Cabe a ele, sim, verificar se o caso autoriza o exercício da transação penal e, na hipótese de resposta afirmativa, a subsequente oferta do benefício ao autor do fato é medida de rigor. Logo, a chamada "discricionariedade" não se confunde com oportunidade. Aplica-se, para a transação penal, a inteligência insculpida na primeira parte do art. 24 do CPP, que estabelece o seguinte: "Nos crimes de ação pública, esta será promovida por denúncia do Ministério Público". No JECRIM, então, a partir de uma interpretação extensiva do que consta no CPP, tem-se que, nos crimes de ação penal pública, a transação penal será promovida por oferta de aplicação imediata de pena restritiva de direitos ou multa pelo Ministério Público.

Entende-se que o manejo da transação penal pelo Ministério Público substancia um verdadeiro **poder-dever**, orientado, então, pela obrigatoriedade de sua oferta se o caso assim autorizar. Tal compreensão nos leva imediatamente à solução cabível em caso de recusa injustificada de oferta da proposta pelo Ministério Público.

Por ocasião da edição da Lei n. 9.099, alguns autores minoritariamente sustentaram que, por se tratar de benefício com aptidão de extinguir a punibilidade do fato imputado ao agente criminoso (autor do fato), a recusa do Ministério Público em ofertar a proposta poderia ser suprida pela oferta deduzida pelo próprio juiz da causa. Isso se daria porque a transação penal seria um direito público subjetivo do autor do fato.

Ainda que argumentando pelo cabimento da proposta no caso, não poderá o juiz se sobrepor à manifestação negativa do Ministério Público e ofertar a proposta de transação penal. Nas hipóteses de incidência das medidas despenalizadoras, cuja oferta dependa do Ministério Público (transação penal e *sursis* processual), a solução para a negativa de proposta pelo Ministério Público encontrava-se na interpretação extensiva do que dispõe o art. 28 do CPP: "[...] **o juiz, no caso de considerar improcedentes as razões invocadas [pelo membro do Ministério Público], fará remessa do inquérito ou peças de informação ao procurador-geral**, e este oferecerá a denúncia [*rectius*, a proposta de transação penal ou suspensão condicional do processo, conforme o caso], designará outro órgão do Ministério Público para oferecê-la, ou insistirá no pedido de arquivamento [*rectius*, na recusa de oferta da proposta], ao qual só então estará o juiz obrigado a atender".

Com a edição da Lei n. 13.964/2019, que alterou, dentre outros, os artigos 28 e 28-A do CPP, a solução na prática segue idêntica, mas com sensível distinção. É que, caso o juiz repute que a hipótese autoriza a proposta de transação penal pelo Ministério Público e este se recuse a ofertá-la, caberá ao juiz então oportunizar manifestação do autor do fato para que este, assim querendo, requeira a remessa dos autos ao órgão superior do Ministério Público para revisão. Confira-se, nesse sentido, o que estabelece o § 14 do art. 28-A, quando diz sobre a recusa de oferta do acordo de não persecução penal: "No caso de recusa, por parte do Ministério Público, em propor o acordo de não persecução penal, o investigado poderá requerer a remessa dos autos a órgão superior, na forma do art. 28 deste Código".

Com as modificações da Lei n. 13.964/2019, ao menos segundo a literalidade do art. 28 do CPP, o juiz não mais disporia da possibilidade de provocar a instância revisional do Ministério

Público. Essa remessa à instância revisional do Ministério Público, pois, passaria a observar única e tão somente provocação do autor do fato.

No entanto, o STF, ao julgar as ações diretas de inconstitucionalidade aforadas contra o Pacote Anticrime, deu interpretação conforme à Constituição para o art. 28 do CPP, a fim de assentar o seguinte: "(...) ao se manifestar pelo arquivamento do inquérito policial ou de quaisquer elementos informativos da mesma natureza, o órgão do Ministério Público submeterá sua manifestação ao juiz competente e comunicará à vítima, ao investigado e à autoridade policial, podendo encaminhar os autos para o Procurador-Geral ou para a instância de revisão ministerial, quando houver, para fins de homologação, na forma da lei". Sobre o § 1º do art. 28 do CPP, o STF atribuiu interpretação conforme à Constituição "para assentar que, além da vítima ou de seu representante legal, a autoridade judicial competente também poderá submeter a matéria à revisão da instância competente do órgão ministerial, caso verifique patente ilegalidade ou teratologia no ato do arquivamento" (STF, ADI 6.298, Pleno, Rel. Min. Luiz Fux, julgada em 24/08/2023 – cf. extrato de julgamento).

Vale o destaque: o STF atribuiu interpretação conforme à Constituição ao art. 28 do CPP sem redução de texto. O Tribunal *definiu* o sentido normativo dos enunciados (caput e § 1º do art. 28) para estabelecer que, em regra, o regime legal do arquivamento da investigação preliminar observa "requerimento" (ou promoção) do Ministério Público e *decisão* judicial. Essa promoção do Ministério Público será objeto de comunicação à vítima, ao investigado e à autoridade policial. Vítima (por si ou por seu representante legal) e juiz poderão submeter a promoção de arquivamento do Ministério Público à instância revisional da instituição. O juiz assim o fará quando verificar "patente ilegalidade ou teratologia".

Assim, em que pese a alteração de redação do art. 28 do CPP, ao menos para os fins de recusa de oferta de transação penal, a possiblidade de o juiz provocar a instância revisional do Ministério Público ainda fica assegurada. Desse modo, observando o que decidiu o STF sobre as alterações promovidas no art. 28 do CPP (alterado pelo Pacote Anticrime), mantém-se a possibilidade de o juiz, verificando que o caso comporta a oferta de transação penal e diante de recusa imotivada do Ministério Público em fazê-lo, poderá discordar da negativa do Ministério Público e remeter os autos para a instância revisional do Ministério Público, que poderá insistir na negativa da proposta ou deduzi-la por meio de membro do Ministério Público designado para tanto.

Pode-se cogitar, ainda, da possibilidade de aplicação extensiva, à proposta de transação penal, do que prevê o art. 28-A, § 14, do CPP, quando faculta ao investigado pleitear a remessa dos autos à instância revisional do Ministério Público nos casos de recusa de proposta de acordo de não persecução penal. Não vislumbramos óbice a essa possibilidade. É certo que tais possibilidades não se excluem (o juiz deduzir tal discordância e o investigado igualmente fazê-lo). No entanto, convém anotar que a negativa do Ministério Público em ofertar transação penal, se não seguida da provocação do juiz para revisão do ato, não implicará qualquer prejuízo para o regular trâmite subsequente do feito. É dizer: ao negar a proposta de transação penal, o Ministério Público deduzirá ação penal. E, diante da ação penal, o juiz, então, procederá na forma como prevê o art. 78 da Lei nº 9.099, todos os atos subsequentes ao procedimento.

Desse modo, a eventual provocação do autor do fato e seu defensor, para revisibilidade da recusa do Ministério Público em ofertar proposta de transação penal, não implicará suspensão da tramitação do feito. Se acolhido o pedido revisional quando, em rigor, já ofertada – e eventualmente admitida – a ação penal, ter-se-á hipótese de incidência do instituto despenalizante ainda que o processo já esteja em curso (a exemplo do que ocorre, ilustrativamente, quando há absolvição parcial do acusado ou quando há correção na classificação legal do fato pelo juiz: respectivamente, os casos do enunciado 337 da súmula do STJ e *emendatio libelli*, tal como positivada no § 1º do art. 383 do CPP).

Dada a compreensão fixada pelo STF ao art. 28 do CPP, vê-se que também o regime legal de revisibilidade da recusa de oferta da proposta de suspensão condicional do processo permanecerá sem alterações. Nesse sentido, a compreensão fixada pelo STF permite afirmar a mantença do entendimento fixado pelo Tribunal quando da edição do verbete de súmula n. 696, que, embora se refira expressamente à suspensão condicional do processo, tinha aplicação igualmente nos casos de discordância quanto ao cabimento da transação penal. Confira-se a redação do verbete: "Reunidos os pressupostos legais permissivos da suspensão condicional do processo, mas se recusando o promotor de justiça a propô-la, o juiz, dissentindo, remeterá a questão ao Procurador-Geral, aplicando-se por analogia o art. 28 do Código de Processo Penal".

Ainda a título ilustrativo, o STF já destacou: "É firme a jurisprudência deste Supremo Tribunal Federal a respeito da impossibilidade de o Poder Judiciário conceder os benefícios previstos no art. 76 e 89 da Lei n.º 9.099/95 sem que o titular da ação penal tenha oferecido a proposta" (Inq 3438, Rel. Min. Rosa Weber, 1.ª Turma, julgado em 11/11/2014, DJe-027 de 10/02/2015).

Logo, a par de se compreender a transação penal como um direito público subjetivo do autor do fato, não se permite que o juiz, por isso, promova ele próprio a oferta de transação penal. Deverá, então, remeter os autos ao procurador-geral que, então, promoverá ele próprio a oferta, designará membro do Ministério Público para fazê-lo em seu nome (*longa manus*) ou insistirá na recusa em ofertar a transação penal. Neste último caso, então, estará o juiz vinculado a essa recusa e prosseguirá na persecução penal com a oferta da correspondente ação penal.

A dicção estrita do art. 76 estabelece que a transação penal é instituto próprio da ação penal pública, isto é, o benefício da aplicação imediata de pena restritiva de direitos ou multa se restringiria apenas aos crimes de ação penal pública. Os crimes de ação penal de iniciativa do ofendido, pela disposição literal do *caput* art. 76, não admitiriam o benefício da transação. A jurisprudência, contudo, tratou de estender o cabimento da transação penal também aos crimes de ação penal privada.

O STJ já se manifestou em diversas oportunidades sobre a extensão da transação penal para os crimes de ação penal de iniciativa do ofendido. No STJ, merecem destaque o que decidiu a Corte Especial na APN 566/BA (Rel. Min. Hamilton Carvalhido, DJe de 26/11/2009) e na APN 634/RJ (Rel. Min. Felix Fischer, DJe de 3/4/2012). No STF, o entendimento é idêntico: apesar do silêncio da Lei n. 9.099, o instituto da transação penal é aplicável também aos crimes de ação penal de iniciativa do ofendido.

Admitida a aplicação, surge, no entanto, outra questão, consistente em saber a quem caberia, neste caso, a legitimidade para a proposta. Uma vez admitida a possibilidade, como o fez a jurisprudência tanto do STJ quanto do STF, a atribuição para o exercício da proposta de transação penal, inquestionavelmente, deve recair sobre o ofendido. Isso porque, se ele é o legitimado, na condição de substituto processual (legitimação extraordinária), para ajuizar a ação penal e, assim, exercer o *jus persequendi*, nada mais lógico que se lhe transfira o encargo que, nas ações penais públicas, pertence ao Ministério Público com exclusividade. Neste caso (no âmbito da ação penal privada), aliás, o Ministério Público funciona tão somente como fiscal da lei, e não como parte.

Neste ponto reside o problema decorrente dessa leitura ampliativa da jurisprudência sobre a transação penal nos crimes de ação penal privada: como proceder na hipótese de recusa injustificada ou indevida do querelante em ofertar a transação penal? Se todo o desenho normativo do instituto se dirige a afirmá-lo como um **poder-dever** do titular da ação, o que farão o juiz ou o autor do fato, se cabível o benefício e o autor do fato tenha interesse, diante do querelante que simplesmente não formule a proposta? O STF já teve oportunidade de destacar que, nesse caso, a oferta da transação penal encontra-se inserida no âmbito da vontade do querelante, isto é, caso ele entenda por bem em não deduzir a proposta, a persecução penal seguirá com seus ulteriores atos, qual seja, a oferta e análise da ação penal privada deduzida pelo ofendido.

A transação penal pressupõe acordo entre as partes. O próprio STF já teve oportunidade de salientar essa lição em diversas oportunidades. A título ilustrativo, confiram-se os arestos RE 492.087/SP, 1.ª Turma, Rel. Min. Ayres Britto, DJe de 22/6/2007, e RE 468.161/GO, 1.ª Turma, Rel. Min. Sepúlveda Pertence, DJ de 31/3/2006). Por se tratar de acordo, não se pode, então, compelir o querelante a ofertar proposta que não seja de seu interesse ou não derive de sua manifestação de vontade. Ainda, vale rememorar que a ação penal de iniciativa do ofendido é orientada pelos postulados da oportunidade e da disponibilidade. Assim, também a proposta de transação penal se inseriria no exercício da conveniência e da oportunidade do querelante na sua formulação.

Em suma, quando a jurisprudência estendeu às ações penais privadas a possibilidade de transação penal, o fez em razão do que entendeu ser uma lacuna da lei, que somente previa a aplicação do instituto para as ações penais públicas. A partir de então, admitiu-se o que antes não era permitido. Não se pretendeu nem poderia, todavia, que para seu âmbito fossem transportadas as regras que se aplicam ao Ministério Público. Significa dizer, o ofendido pode, ou não, oferecer a proposta.

Dessa forma, dá-se ao querelante a opção de formular, ou não, a proposta de transação penal. Esse juízo é inteirado pela igual conveniência que informa se ajuizará, ou não, a queixa. Contudo, não se pode forçá-lo a oferecê-la, ainda que sob o argumento de preenchimento dos requisitos por parte do autor do fato, sob pena de desnaturar o instituto que, importado para a ação privada, exige mútuo consentimento das partes.

Assim, a ausência de manifestação por parte do querelante, por evidenciar falta de interesse na transação, acarreta o prosseguimento do feito, com a consequente deliberação sobre o recebimento da queixa. Nesse sentido, confira-se o que decidiu no STJ na já mencionada APN 634/RJ, Corte Especial, Rel. Min. Felix Fischer, DJ de 3/4/2012.

Cabe, no entanto, uma crítica à essa orientação ampliativa da jurisprudência. Ao enxergar lacuna onde, de fato, não havia – o legislador lidimamente entendeu por bem em prever a transação penal apenas aos crimes de ação penal pública –, o entendimento jurisprudencial ensejou solução que se afasta do que a Lei n. 9.099 preceitua como objetivo. Deixar ao alvedrio do ofendido o manejo da ação penal é algo compreensível em face dos interesses em jogo na ação penal. No entanto, estender essa manifestação de vontade à oferta de benefício que materializa objetivo legalmente expresso do procedimento sumaríssimo – evitar a imposição de solução penalizadora, por meio de instituto que evita o processo-crime na sua conformação tradicional – parece afastar-se das próprias razões que informam a Lei n. 9.099. Melhor teria andado a jurisprudência se tivesse preservado a intenção inicial do legislador de observar a transação penal somente aos crimes de ação penal pública. Mas, ainda que estendendo o benefício da transação aos crimes de ação promovida pelo ofendido, diante da negativa deste em ofertar a transação, que deixasse a cargo do Ministério Público a oferta da proposta, a fim de assegurar ao juiz a possibilidade de, em caso de recusa injustificada, valer-se do art. 28 do CPP.

Nada obstante, considerando que o tema é objeto de jurisprudência já reiterada das nossas Cortes, a crítica aqui lançada presta-se apenas como admoestação a uma situação já consolidada.

Cabe ainda um comentário a respeito da eventual hipótese de o instituto da transação penal ser manejado depois de eventual instauração de processo-crime. É certo que a transação penal é instituto que antecede a oferta da ação penal ou, quando menos, o juízo de admissibilidade da ação penal. Basta verificar a linha temporal estabelecida pelo art. 76, ao positivar o instituto, justamente depois de verificada a presença dos requisitos e pressupostos para o exercício da ação penal e, obviamente, antes da instauração do processo-crime, que efetivamente só ocorre depois de recebida a ação penal pelo juízo.

Adiante, veremos que o art. 79 da Lei 9.099 autoriza a renovação da fase conciliatória do procedimento sumaríssimo, se, por qualquer razão, ela não tenha se verificado anteriormente à oferta da ação penal. Nesse caso, teremos a excepcional hipótese de, apesar de a peça acusatória já se encontrar encartada nos autos, ofendido e autor do fato renovarem a possibilidade de composição dos danos civis e, seguidamente, se cabível na espécie, Ministério Público (ou, excepcionalmente, o querelante na ação penal privada) e autor do fato avençarem possível transação penal.

Pois bem. Imagine-se, por hipótese, que a transação penal não tenha sido aventada, porque inviável. No entanto, depois de instaurado o processo-crime, imagine-se que a imputação deduzida pelo Ministério Público tenha experimentado nova capitulação (por exemplo, por aditamento da peça acusatória, na forma do art. 569 do CPP), de modo que essa mudança agora autorize o cabimento de transação penal. Se, excepcionalmente, for celebrada a transação penal nesse caso, vale destacar que a aceitação do acordo pelo autor do fato, nessa hipótese, manifesta comportamento incompatível com o manejo de recursos ou ações autônomas de impugnação que coloquem em questionamento a própria persecução penal do fato em juízo. É o que decidiu o STJ no HC 495.148/DF, por sua 6ª Turma, em julgamento realizado em 24/9/2019. A ementa registrou o seguinte: "No caso, após o recebimento da denúncia, alterada a acusação, foi celebrado acordo de transação penal, motivo pelo qual o writ impetrado na origem, no qual se alegava a ausência de justa causa para a ação penal e a inépcia da denúncia, foi julgado prejudicado". Na sequência, a ementa trouxe a seguinte lição: "A transação penal, prevista no art. 76 da Lei n. 9.099/1995, prevê a possibilidade de o autor da infração penal celebrar acordo com o Ministério Público (ou querelante), mediante a imposição de pena restritiva de direitos ou multa, obstando o oferecimento de denúncia (ou queixa).

No entanto, como será destacado mais adiante, nos comentários ao art. 89, vê-se dissenso entre STJ e STF sobre o tema. Se o STJ entende – ao nosso ver, com inteira razão e pertinência – que a discussão sobre a justa causa em ação autônoma de impugnação fica prejudicada pela celebração do acordo, o STF trilhou entendimento diverso. No HC 176.785/DF, a 2ª Turma do STF, em 17/12/2019, Rel. Min. Gilmar Mendes, assentou que a celebração do acordo de transação penal não é razão para esvaziar a impetração deduzida no Tribunal de Justiça local. Determinou, então, a suspensão do pagamento da última parcela avençada no acordo de transação penal, até que o Tribunal local decidisse a impetração da defesa. O STF, assim, entendeu que a celebração do acordo que evitaria a ação penal não seria incompatível com a discussão de tema próprio do processo-crime instaurado, autorizando, assim, que a defesa buscasse a solução do caso pelas duas vias: a nulidade do processo ou o cumprimento do acordo que evitaria a ação penal.

Ao nosso ver, essa compreensão do STF contraria o que se espera da boa-fé das partes quando celebram acordo com pretensão despenalizante. Mal comparando, seria como admitir que o Ministério Público seguisse investigando ou promovendo atos de persecução penal sobre fato a respeito do qual ele já deduziu acordo formalizado com o investigado ou acusado. Ou se entabula o acordo e se soluciona o caso ou se discute o tema de fundo da persecução penal. Acompanhemos, pois, o dissenso entre os Tribunais Superiores que, sabidamente, apresentam caminhos distintos para a discussão dos temas de competência do JECRIM. Afinal, o STJ não se mostra instância recursal extraordinária dos temas de competência do Juizado Especial Criminal.

Trata-se de instituto cuja aplicação, por natureza e como regra, ocorre na fase pré-processual, pois visa impedir a instauração da *persecutio criminis in iudicio*. E é por esse motivo que não se revela viável, após a celebração do acordo, pretender discutir em ação autônoma a existência de justa causa para ação penal. Trata-se de decorrência lógica, pois não há ação penal instaurada que se possa trancar".

Como se vê, cuida-se de hipótese excepcionalíssima, mas digna de registro porque cristaliza a lição de que a transação penal é instituto que antecede o processo-crime. É manejada previamente ao exercício da própria ação penal e, portanto, se aceita a proposta, devidamente homologada e cumprida, resolve-se a punibilidade do fato noticiado sem que haja imputação de fato criminoso em desfavor do autor do fato em juízo.

MOMENTO DA PROPOSTA DE TRANSAÇÃO PENAL

A transação penal, como visto, é instituto que busca evitar o aforamento da ação penal. É instituto despenalizante, portanto, que incide antes do ajuizamento da ação penal, com vistas a evitar a instauração do processo-crime. O momento de sua formulação, portanto, é quando se verifica inviável o cabimento dos institutos despenalizantes da composição dos danos civis (que, se realizada, prejudica a ação penal privada e a ação penal pública condicionada à representação por renúncia ao direito de queixa ou de representação, respectivamente).

Assim, quando da formação da *opinio delicti* pelo Ministério Público, este, constatando que o caso é de ajuizamento da ação penal, verificará a possibilidade de oferta da proposta de transação penal.

O art. 79 da Lei n. 9.099 estabelece que, se os institutos despenalizantes da composição dos danos civis e da transação penal não tiverem sido observados antes da admissibilidade da ação penal, isto é, já na audiência designada para instrução e julgamento do feito, a possibilidade de manejo desses institutos deve ser renovada.

Além disso, caso seja manejada a ação penal e admitida, instaurando-se o processo-crime, eventual desclassificação da imputação para crime de menor potencial ofensivo ou mesmo aditamento do Ministério Público, que autorize o manejo da transação penal, poderá atrair a incidência – por extensão – do que dispõe os parágrafos dos arts. 383 e 384 do CPP, de modo que a transação penal *excepcionalmente* seja manejada ainda que já instaurado o processo-crime.

É o que já decidiu, por exemplo, o STJ no seguinte caso: "Segundo entendimento desta Corte Superior, havendo a procedência parcial da acusação ou a desclassificação do delito para outro que se amolde aos requisitos determinados pelos arts. 76 e 89 e da Lei n. 9.099/1995, os autos devem ser encaminhados ao Ministério Público para que se manifeste sobre a possibilidade de suspensão condicional do processo ou da transação penal. Inteligência da Súmula 337/STJ." (HC 383.372/SC, Rel. Min. Ribeiro Dantas, Quinta Turma, julgado em 16/02/2017).

CONTEÚDO DA PROPOSTA DE TRANSAÇÃO PENAL

O art. 76 menciona que a proposta será de aplicação imediata de pena restritiva de direitos ou multa. Não há maior detalhamento sobre o *quantum* dessa proposta. Há a definição da natureza da pena a ser especificada na proposta. Afinal, o que deve orientar o conteúdo da proposta?

A resposta é fornecida pelas disposições que versam sobre a aplicação da pena em geral no Direito Penal brasileiro. Os arts. 59 e 68 do Código Penal positivam o modo trifásico de aplicação de pena no ordenamento pátrio. Quando o juiz, ao proferir sentença condenatória, escolhe dentre as penas possíveis qual(is) a(s) pena(s) aplicável(is) na espécie. Na sequência, estabelece o *quantum* dessa(s) pena(s). Ao final, estabelece o regime de cumprimento da reprimenda.

A fixação do *quantum* da pena observa o critério trifásico: primeiro a pena-base, depois as circunstâncias atenuantes e agravantes e, então, as causas de diminuição e de aumento da pena. A pena-base é estabelecida a partir dos critérios estabelecidos no próprio art. 59 do CP, as chamadas circunstâncias judiciais. Atenderá, portanto "à culpabilidade, aos antecedentes, à conduta social, à personalidade do agente, aos motivos, às circunstâncias e consequências do crime, bem como ao comportamento da vítima, estabelecerá, conforme seja necessário e suficiente para reprovação e prevenção do crime". Segundo esses critérios, observará o patamar sancionatório do preceito secundário do tipo penal (penas mínima e máxima) e ali estabelecerá a pena-base. Na sequência, as segunda e terceira fases de aplicação da pena.

Transpondo esse raciocínio à transação penal, vê-se que o legislador de plano já afirmou que as penas que serão veiculadas na proposta são restritivas de direitos ou multa. Por óbvio, excluem-se de saída as penas privativas de liberdade. As penas restritivas de direitos encontram-se enumeradas no art. 43 do CP: prestação pecuniária; perda de bens e valores; limitação de fim de semana; prestação de serviço à comunidade ou a entidades públicas; interdição temporária de direitos; limitação de fim de semana.

No entanto, a medida da pena restritiva de direitos impõe o raciocínio a partir da previsão da pena privativa de liberdade prevista ao crime de menor potencial ofensivo. É dizer: o titular da proposta realiza verdadeira projeção do que seria a pena cabível no caso, para então convertê-la em pena restritiva de direitos e alcançar *quantum* condizente com o caso proposto.

Um exemplo serve para ilustrar esse raciocínio. Tomemos por hipótese um termo circunstanciado que noticia a prática do crime de lesões corporais leves pelo autor do fato. Considerando que não houve composição dos danos civis e que a representação do ofendido foi devidamente ofertada, o Ministério Público avalia se o caso autoriza, ou não, o exercício da ação penal. Em caso de resposta afirmativa, aprecia, então, se o caso permite a transação penal. Se, novamente, a resposta é positiva, passa a deduzir o conteúdo da proposta.

O patamar sancionatório do crime de lesões leves, nos termos do art. 129 do CP, é de detenção de 3 meses a 1 ano e multa. Imagine que o caso não desborda do que ordinariamente prevê o tipo penal. O autor do fato, no exemplo aqui considerado, após desentendimento verbal com a vítima sobre uma vaga de estacionamento, a agrediu com um soco no rosto. Não há maiores razões, na hipótese, que tornem o fato de maior censurabilidade que aquilo já considerado no tipo penal. A pena, então, projetada seria de 3 meses de detenção e não há motivos que imponham a consideração de que a sua aplicação desbordaria do mínimo legal. Quais as penas possíveis? Não haveria por que aplicar, no exemplo aqui delineado, a perda de bens e valores (inciso II do art. 43 do CP), pois não há qualquer conteúdo material economicamente quantificável na infração noticiada. A interdição temporária de direitos (inciso V) faria sentido se o crime noticiado se referisse a algum exercício de direito específico e, no exemplo ilustrado, não é o caso. A limitação de finais de semana (inciso III do art. 43 do CP) faria sentido se o próprio fato tivesse vinculação com isso – afinal, a pena deve guardar sentido com o que seja necessário para a reprovar e prevenir o crime. A redação do inciso III do art. 44 do CP é útil, quando menciona que a substituição observa "a culpabilidade, os antecedentes, a conduta social e a personalidade do condenado, bem como os motivos e as circunstâncias [a] indicarem que essa substituição seja suficiente".

Restam, no exemplo aqui considerado, apenas a prestação pecuniária (inciso I do art. 43 do CP) e a prestação de serviços à comunidade ou a entidades públicas (inciso IV do art. 43 do CP). A prestação de serviços à comunidade ou a entidades públicas, embora guarde sentido com o tipo de fato noticiado, carece de aplicação porque, se o caso não enseja aplicação de pena igual ou superior a seis meses de detenção, não há base legal para essa pena restritiva de direitos. Vale lembrar o que dispõe o art. 46, *caput*, do CP, quando diz que esse tipo de pena só "é aplicável às condenações superiores a seis meses de privação da liberdade".

Sobra, então, apenas a pena de prestação pecuniária para o singelo exemplo noticiado. A conversão de 3 meses de detenção em prestação pecuniária deve considerar as forças econômicas do autor do fato e o destinatário de tal prestação. É o que estabelece o § 1.º do art. 45 do CP: "A prestação pecuniária consiste no pagamento em dinheiro à vítima, a seus dependentes ou a entidade pública ou privada com destinação social, de importância fixada pelo juiz, não inferior a 1 (um) salário mínimo nem superior a 360 (trezentos e sessenta) salários mínimos. O valor pago será deduzido do montante de eventual condenação em ação de reparação civil, se coincidentes os beneficiários". Se crimes de até quatro anos de reclusão autorizam a conversão em pena restritiva de direitos e, no exemplo aqui apresentado, estamos falando de 3 meses de detenção, um valor razoável seria a imposição de 2 a 3 salários mínimos. Apenas a título ilustrativo, vale mencionar que uma "regra de três" (48 meses para 360 salários mínimos, quanto se alcançaria para 3 meses?) entre o máximo de pena e o equivalente a 3 meses de detenção alcançaria o valor de 22,5 salários mínimos. No entanto, também é preciso destacar que, tal como ocorre na aplicação da pena pelo juiz, não se cuida de simples operação matemática. Há de se observar o caso concreto e, sobretudo, o atendimento às finalidades da Lei 9.099. Não faz sentido que a proposta que busque obviar a persecução penal por meio de ação penal se traduza em algo muito mais gravoso que a eventual sanção penal a ser alcançada após o penoso (e custoso) processo judicial.

Toda proposta de transação penal, portanto, deve observar essa (aparentemente) complexa operação mental de projeção sobre a pena que seria possivelmente aplicada ao caso e sua conversão a uma ou mais das penas enumeradas no art. 43 do CP. Tal *iter* a ser observado pelo proponente da transação penal deve ser igualmente considerado pelo autor do fato e seu advogado, para que igualmente tenham eles alguma base para negociar, acordar, transacionar a aplicação imediata de pena restritiva de direitos no caso.

A proposta que traga como conteúdo pena de multa observa igual raciocínio que projeta a pena que seria alcançada na espécie. A pena de multa parte da fixação do dia-multa que incidirá na quantidade de pena privativa de liberdade prevista. No exemplo ora apresentado, incumbiria ao membro do Ministério Público, na forma do art. 49, *caput* e § 1.º, do CP, projetar quantos dias de multa seriam aplicáveis num patamar sancionatório que vai de 10 a 360 dias-multa. E o valor individualizado de cada dia-multa variaria de 1/30 do salário mínimo a 5 vezes esse mesmo valor, considerado o salário mínimo na data do fato.

Se a proposta de transação penal versar sobre crime ambiental, é preciso que *previamente à transação penal* tenha ocorrido a composição do dano ambiental, salvo se comprovada a impossibilidade de fazê-lo. Trata-se de exigência específica veiculada no art. 27 da Lei n. 9.605/1998. Vê-se, pois, um requisito adicional: só se admite a proposta de transação penal se o autor do fato tenha realizado *previamente* a composição do dano ambiental. Sem a composição do dano ambiental, a proposta de transação penal não deve ser ofertada pelo Ministério Público, vez que ausente requisito objetivo para tanto.

Como se vê, há balizas legais claras para o conteúdo da proposta. O exercício, pois, da discricionariedade regrada que informa a proposta de transação penal não se traduz num patamar sancionatório arbitrariamente indicado pelo titular da ação penal. Ao revés, há regras a serem observadas e, eventuais abusos (para propostas excessivamente onerosas ao autor do fato ou que traduzam resposta insuficiente ao fato noticiado) serão rechaçados justamente na aferição do juiz que, como se verá, atentará na homologação judicial a eventual abuso ou deficiência na manifestação voluntária das partes.

CONDIÇÕES PARA O CABIMENTO DA PROPOSTA

O legislador estabeleceu como regra o cabimento da proposta de transação penal para os crimes de menor potencial ofensivo assim definidos na própria Lei n. 9.099. No entanto, estabeleceu algumas proibições de incidência do benefício nos incisos do § 2.º do art. 76. É dizer: a incidência da transação penal é a regra para os crimes de menor potencial ofensivo. A inviabilidade de proposta só ocorrerá se incidente uma ou mais das hipóteses proibitivas do benefício.

Tal destaque se mostra relevante como orientação dirigida ao titular da ação penal, que se orienta, como já afirmado, por uma discricionariedade regrada ou controlada. A regra geral: se o crime é de menor potencial ofensivo, incidirá o benefício. A exceção, pois, que afasta o benefício encontra razão nos incisos do § 2.º e, excepcionalmente, quando inviável a oferta, a justificativa do titular da ação penal deve guardar fundamentação que se ampare em uma ou mais das hipóteses ali descritas.

A primeira delas refere-se a eventual condenação anterior do autor do fato. Diz o legislador que a proposta de transação penal é inviável quando o autor do fato já tiver sofrido condenação definitiva por crime e, mais, que a ele tenha sido imposta pena privativa de liberdade. Nem toda condenação criminal impõe pena privativa de liberdade. Para ilustrar com um exemplo, imagine-se alguém condenado pela prática do crime descrito no art. 28 da Lei de Drogas (Lei n. 11.343/2006). Nenhuma das sanções ali descritas refere-se a pena privativa de liberdade. Nesse caso, ainda que condenado definitivamente por prática de crime, não haverá óbice nesse sentido a que incida o benefício da transação penal.

É preciso distinguir a hipótese de reincidência, tal como tecnicamente definida no Código Penal, da vedação trazida na Lei n. 9.099. A reincidência, definida no art. 63 do Código Penal, é instituto que se refere ao agente que "comete novo crime, depois de transitar em julgado a sentença que, no País ou no estrangeiro, o tenha condenado por crime anterior". Já a vedação da Lei n. 9.099 exige algo a mais: que a condenação tenha sido a pena privativa de liberdade. Assim, ainda que reincidente, se a condenação anterior não tiver imposto pena privativa de liberdade, o autor do fato fará jus à transação penal.

A reincidência deixa de ser considerada após o transcurso do prazo de 5 (cinco) anos entre a data do cumprimento da pena ou da extinção da punibilidade do fato por qualquer outro motivo e o novo crime praticado. Na contagem desse prazo, computam-se os tempos de suspensão condicional da pena (*sursis*) e de livramento condicional, desde que não tenha ocorrido a revogação desses benefícios no período. Trata-se da disposição veiculada no inciso I do art. 64 do Código Penal.

Embora o preceito legal se refira à reincidência especificamente, mostra-se bastante razoável a interpretação extensiva da disposição para que ela abranja igualmente as situações de condenação anterior a pena privativa de liberdade como impeditivo da transação penal. Se o legislador considera que cinco anos é tempo suficiente para afastar a agravante penal da reincidência no momento de aferição da pena de alguém que sofre condenação criminal, por que razão a vedação a instituto que assume caráter efetivamente despenalizante não poderia ser afastada se igualmente transcorrido esse prazo da condenação anterior? Com maior razão, nos parece, a vedação mencionada no inciso I do § 2.º do art. 76 da Lei n. 9.099 igualmente deve ser afastada se transcorridos 5 cinco anos entre a condenação a pena privativa de liberdade e o crime de menor potencial ofensivo analisado para fins de transação penal. Veja-se que o próprio legislador considera o prazo de 5 anos para igualmente permitir novo benefício de transação penal ao autor do fato que já tenha sido beneficiado pelo instituto anteriormente (§ 4.º do art. 76). Também por essa razão, portanto, robustece-se a compreensão de que a interpretação extensiva dessa "desconsideração" da condenação anterior mostra-se razoável.

O STJ já decidiu em sentido contrário ao que aqui defendemos. Em julgamento de 16/2/2006, a 5.ª Turma estabeleceu que "Evidenciado que o art. 76, § 2º, inciso I, da Lei n.º 9.099/95 não faz referência alguma à reincidência, torna-se inaplicável à espécie, o disposto no art. 64, inciso I, do Código Penal. Apesar de não estar configurada a reincidência, a existência de condenação anterior, com trânsito em julgado, pode caracterizar a presença de maus antecedentes do réu, impedindo o oferecimento da proposta de transação penal, bem como de suspensão condicional do processo" (HC 44.327, Rel. Min. Gilson Dipp, DJ de 13/3/2006). Aqui cabe uma crítica ao julgado: a fundamentação confunde a apreciação do requisito objetivo, referente à condenação anterior, com o requisito subjetivo, atinente ao que previsto no inciso III do § 2.º do art. 76 da Lei n. 9.099. A perfeita identificação de um ou outro requisito mostra-se relevante, especialmente para verificação do correto fundamento que eventualmente impeça o benefício. Ao misturar as hipóteses, a Corte não esclarece a possibilidade de interpretação extensiva e traz ao debate requisito que guarda razões próprias e não necessariamente coincidentes com a condenação anterior a pena privativa de liberdade.

Mais recentemente, o STJ, por sua 6ª Turma, adotou compreensão que prestigia o transcurso do prazo de 5 anos não só para a transação penal como também para a suspensão condicional do processo. Veja-se o que registrou o Tribunal no julgamento do REsp 1.837.960: "O prazo de 5 anos para a concessão de nova transação penal, previsto no art. 76, § 2º, inciso II, da Lei 9.099/95, aplica-se aos demais institutos despenalizadores por analogia, estendendo-se, pois, à suspensão condicional do processo (HC 370.047/PR, Rel. Ministro Felix Fischer, 5ª Turma, j. 17/11/2016, DJe 01/12/2016)." (REsp 1837960/PA, Rel. Ministro Nefi Cordeiro, 6ª, j. 12/11/2019, DJe 21/11/2019). Confira-se, no mesmo sentido, o que decidiu também a 6ª Turma do STJ no HC 209.541/SP, Rel. Ministra Maria Thereza de Assis Moura, 6ª Turma, j. 23/04/2013, DJe 30/04/2013.

O STF, entretanto, tem entendimento justamente no sentido da posição aqui sustentada. A título ilustrativo, confira-se o HC 86.646, julgado pela 1.ª Turma em 11/4/2006, Rel. Min. Cesar Peluzo, RTJ 200/933: "O limite temporal de cinco anos, previsto no art. 64, I, do Código Penal, aplica-se, por analogia, aos requisitos da transação penal e da suspensão condicional do processo". Assim, podemos afirmar que a compreensão que melhor se amolda à vedação estabelecida no mencionado inciso I do § 2.º do art. 76 da Lei n. 9.099 é aquela que a afasta caso se verifique o transcurso do prazo de 5 anos entre o crime de menor potencial ofensivo e a condenação anterior.

O inciso II do § 2.º do art. 76 cuida da hipótese em que o autor do fato já tenha sido beneficiado por transação penal anterior. Nesse caso, para que não haja a incidência da vedação, é necessário que tenha ocorrido o transcurso do prazo de 5 anos entre a transação penal anterior e a apreciação do crime de menor potencial ofensivo atual. A contagem de tal prazo, é importante destacar, dá-se com termo inicial na data em que ofertada, aceita e homologada a transação penal. Não se conta o prazo de 5 anos da data em que extinta a punibilidade do fato criminoso pelo cumprimento da transação, tampouco de eventual afastamento do benefício em razão do descumprimento de suas cláusulas. A literalidade do dispositivo não deixa margem a dúvidas: "no prazo de cinco anos, **pela aplicação de pena restritiva ou multa**, nos termos deste artigo". A aplicação dá-se quando a proposta é aceita e homologada pelo Juízo. Logo, o termo para contagem do prazo é mesmo o da homologação da proposta.

Já o inciso III do § 2.º do art. 76 estabelece requisitos de ordem subjetiva que eventualmente tornem a proposta de transação penal inaplicável no caso. O preceito legal menciona "os antecedentes, a conduta social e a personalidade do agente, bem como os motivos e as circunstâncias" e exige do titular que coteje essas razões de ordem subjetiva com a **necessidade** e a **suficiência** da transação penal no caso.

A nítida inspiração do dispositivo é o art. 59 do Código Penal, que enumera as condições judiciais que orientam o juiz na fixação da pena-base na condenação do acusado. São razões próprias de censurabilidade da conduta, momento em que o julgador afere, dentro dos patamares mínimo e máximo do preceito sancionatório, aquilo que melhor concretize a individualização da pena no caso concreto. A margem deixada pelo legislador permite que a fixação da pena no caso concreto se amolde ao que seja a reprovabilidade do fato de modo contextualizado. Se num momento anterior, o próprio legislador estabelece o que entende a melhor conformação possível para a reprovação do fato criminoso, é no caso concreto que tal censurabilidade ganha substância e adequação ao que seja necessário e suficiente "para reprovação e prevenção do crime" (art. 59 do CP).

Na Lei n. 9.099, por óbvio, o legislador não trouxe a menção veiculada na parte final do *caput* do art. 59 do CP ("reprovação e prevenção do crime"). Nem poderia: afinal, a transação penal é instituto que busca evitar o processo-crime e, nessa linha, não impõe juízo condenatório ou de reprovação em face do crime de menor potencial ofensivo. Afinal, não se reconhece na proposta qualquer mácula à presunção de inocência que milita em favor do autor do fato. No entanto, é certo que tais requisitos só podem se referir ao fato noticiado no termo circunstanciado. É dizer: a aferição dos requisitos subjetivos é feita justamente para permitir uma proposta que seja factível e adequada à notícia do fato criminoso. E tal juízo, é claro, só pode guardar pertinência com o que seja dirigido à retribuição (em tese) do fato criminoso e à prevenção de novos delitos. Assim, apesar da ausência de menção a essas razões teleológicas, só mesmo a elas podem se referir o que orientará a formulação da proposta pelo titular da ação penal. Elas informarão a possibilidade da proposta, fundamentadamente, e o *quantum* da proposta, tema a que já nos referimos no tópico anterior.

A vedação de transação penal por razões subjetivas é situação de franca excepcionalidade. E, por isso, reclama fundamentação concreta e idônea do titular da ação penal que recuse a formulação da proposta por essa razão. De qualquer modo, a vedação de incidência de benefício penal por razões de aferição subjetiva do autor do fato, do acusado ou do condenado é algo comum na nossa legislação. Isso acontece, por exemplo, para o *sursis* da pena (art. 77, inciso II, do CP), para a substituição da pena privativa de liberdade por penas restritiva de direitos (art. 44, inciso III, do CP), para a suspensão condicional do processo (como veremos a seguir). A peculiaridade, na transação penal, é a titularidade da aferição desses requisitos de ordem subjetiva: em lugar do juiz, como ocorre nos outros institutos, a aferição é do titular da ação penal. Ainda assim, a fundamentação – base para que se realize o controle desse juízo – é medida inafastável e de rigor. O controle dessa aferição, vale dizer, dá-se, nos crimes de ação penal pública, por meio da aplicação do art. 28 do CPP, caso o juiz não repute fundadas as razões de recusa para oferta do benefício pelo Ministério Público. Nos crimes de ação penal privada, a recusa do titular da ação em ofertar a transação não admite atuação judicial, como já mencionamos *supra*, pois tal atuação insere-se na oportunidade que informa o *jus persequendi* outorgado extraordinariamente ao ofendido.

O STJ já teve oportunidade de destacar em inúmeros julgados que, diante de fundamentação idônea, mostra-se correta a recusa do Ministério Público em ofertar o benefício da transação penal quando desfavoráveis as razões de ordem subjetiva ao autor do fato. A título ilustrativo, confira-se o seguinte precedente, que se referia a um caso de abuso de autoridade (Lei n. 4.898/1965): "O Ministério Público, ao não ofertar os benefícios da Lei 9.099/95, deve fundamentar adequadamente a sua recusa. A recusa concretamente motivada não acarreta, por si, ilegalidade sob o aspecto formal" (RHC 60.445, Rel. Ministro Felix Fischer, 5.ª Turma, julgado em 26/4/2016, DJe de 13/5/2016). Em outro julgado, também da 5.ª Turma do STJ, a Corte assentou o seguinte: "1. A transação penal insere-se no âmbito das medidas despenalizadoras, de sorte que o órgão acusatório deve fundamentar adequadamente a sua recusa, não ficando essas razões alheias ao exame judicial. 2. No caso concreto, a recusa do Parquet fundou-se em motivação idônea, visto que os antecedentes criminais, a personalidade e a conduta social do Recorrente não indicaram ser necessária e suficiente a adoção da medida, consoante a exegese do art. 76, § 2.º, inciso III, da Lei n.º 9.099/95." (RHC 34.866, Rel. Ministra Laurita Vaz, julgado em 17/12/2013, DJe de 3/2/2014). Assim, se presente fundamentação idônea, não há qualquer ilegalidade na recusa de proposta de transação penal fundada em razões de ordem subjetiva desfavoráveis ao autor do fato.

PAPEL DO JUIZ NA APRECIAÇÃO DA TRANSAÇÃO PENAL

Ofertada a proposta de transação penal, sua aceitação reclama manifestação afirmativa do autor do fato e de seu advogado. Não se admite desinteligência entre autor do fato e advogado. Se houver discordância de um deles, será inviável a realização do acordo. Assim, é mesmo necessário que a concordância se dê tanto pelo autor do fato como também de seu patrono.

Havendo recusa na aceitação da proposta, o caso é de oferecimento da ação penal pelo titular do *jus persequendi*. Afinal, como já destacamos, a proposta só será formulada se prévio e afirmativo o juízo sobre o cabimento da ação penal na espécie pelo *dominus litis*.

Aceita, então, a proposta formulada, aí sim ela é submetida ao juiz para aferi-la e, se o caso, homologá-la. Ao juiz não é dado imiscuir-se nos termos do acordo. Sua imparcialidade, característica inafastável do exercício da jurisdição criminal, impede que participe da negociação sobre os termos do acordo. O juízo atua como instância de controle e aferição da legalidade, da voluntariedade e da regularidade dos termos do acordo processual.

Como já anotamos acima, a nova redação dos arts. 28 e 28-A do CPP, imposta pela Lei n. 13.964/2019, fortalece essa imparcialidade objetiva do juiz e, ao mesmo tempo, a titularidade da ação penal pelo Ministério Público.

Ainda assim, não quer isso dizer que seja o julgador um espectador inerte de um acordo processual que eventualmente desborde do figurino legal. Ao revés: se verificar que o conteúdo da proposta ou mesmo a forma de sua celebração traga alguma contrariedade aos preceitos legais, o caso é de recusa de homologação da transação penal. Recusando-se o juiz a homologar o acordo desejado pelas partes, disporão elas de instrumentos de impugnação dessa decisão.

A ausência de previsão de recurso contra a decisão que recusa a homologação do acordo não impede seja o tema levado à instância recursal. No procedimento sumaríssimo, as únicas previsões de recurso referem-se à apelação e aos embargos de declaração. Resta, no entanto, a possibilidade de se manejar o *habeas corpus*, que é ação autônoma de impugnação de tutela da liberdade ambulatória (direito de ir e vir). O gravame experimentado pelo autor do fato pela ação penal, que é a providência seguinte à frustração da transação penal, justifica e autoriza o manejo do *habeas corpus* tanto pelo autor do fato quanto pelo próprio Ministério Público em favor do autor do fato que entenda ser beneficiário da transação penal.

Assim, em situações de proposta que claramente traga cláusula fora do figurino legal ou quando houver proposta em situação que, patentemente, não autoriza o exercício da própria ação penal, o caso é de recusa de homologação pelo juiz. Afinal, para homologar transação penal, só mesmo nos casos em que ela seja cabível e seu conteúdo se amolde ao que prescreve o *caput* do art. 76 da Lei n. 9.099.

O juiz, assim, pode recusar a homologação, mas não pode alterar os termos da proposta de transação penal. Excepcionalmente, previu o legislador que o juiz poderá reduzir a proposta de transação penal quando ela versa sobre pena de multa. Essa redução poderá se dar até a metade, segundo a literalidade do art. 76, § 1.º: "Nas hipóteses de ser a pena de multa a única aplicável, o Juiz poderá reduzi-la até a metade".

A expressão "ser a pena de multa a única aplicável" refere-se a duas situações distintas. A primeira, quando o preceito sancionatório da infração penal for unicamente multa. A segunda, quando a proposta de transação penal tiver por conteúdo unicamente a pena de multa. Seja num, seja noutro caso, incide a excepcional hipótese de redução da multa até a metade pelo Juiz. São poucos os casos de infrações penais que trazem, no preceito sancionatório, apenas a pena de multa. A título exemplificativo, tomemos as condutas descritas nos arts. 22, 29, 30, 32, 37, 38, 43, 44, 46, 49, 57, 61, 66, 68, da Lei de Contravenções Penais. São infrações cujas penas jamais admitem a conversão em pena privativa de liberdade, por força da redação do art. 51 do CP. O móvel do legislador é claro: a pena de multa não dispõe de parâmetros tão claros para sua quantificação como se observa das penas privativas de liberdade. Por isso, o legislador autoriza o juiz, se verificar exagero na proposta, decotá-la, para adequá-la ao caso por meio da redução até a metade.

A fundamentação para quantificação da pena de multa observa as razões para quantificação da pena privativa de liberdade. Assim, quando a pena de multa é a única possível, máxime quando se tem em conta a absoluta desatualização dos valores lançados nos preceitos da Lei de Contravenções Penais, faz sentido autorizar excepcionalmente o juiz a reduzir eventual excesso ou abuso na quantificação da proposta de transação penal que verse exclusivamente sobre pena de multa.

CONSEQUÊNCIAS DA TRANSAÇÃO PENAL

Verificadas, então, a regularidade e a legalidade dos termos da proposta de transação penal, bem assim a voluntariedade das partes na realização do acordo, o juiz homologa a transação penal e aplica a pena ali acordada.

A Lei n. 9.099 explicita desde logo que o ato homologatório da transação penal e que aplica a pena é uma sentença. Ainda que não determine a extinção do "processo", o que só ocorrerá após o cumprimento do acordo e o reconhecimento da extinção da punibilidade do fato, há uma apreciação de pena aplicada ao acusado. De fato, trata-se de decisão que guarda força de definitividade sobre o fato criminoso ali noticiado, ainda que condicionada ao cumprimento do acordado pelas partes.

A discussão quanto à natureza jurídica da sentença que homologa a transação penal e aplica a pena ao autor do fato guarda estrita importância com as consequências advindas do não cumprimento do acordado. Veremos isso no tópico seguinte. Por ora, vale apenas destacar que, cumprida a transação penal, isto é, se cumprida a pena aplicada ao autor do fato, seguidamente juiz declarará a extinção da punibilidade do fato. E essa extinção, vale dizer, não importará para quaisquer efeitos de reincidência ou mesmo de maus antecedentes, salvo para impedir que esse autor do fato seja beneficiado por nova transação penal no prazo de 5 anos contados da sentença homologatória.

É importante esclarecer que as únicas sanções impostas ao autor do fato beneficiário de transação penal são aquelas estabelecidas na proposta aceita pelo autor do fato e homologada pelo juiz. Não se admite, por exemplo, que as consequências acessórias ou secundárias da condenação criminal incidam nos casos de transação penal.

A advertência ganha importância quando, por exemplo, se questiona a possibilidade de incidirem na transação penal as disposições veiculadas nos arts. 91 e 92 do Código Penal (efeitos da condenação). Não se admite, por exemplo, que se imponha o confisco de bens, incapacidade para exercício de direitos ou inabilitação para dirigir veículo. Os casos em que a perda de bem cuja posse ou titularidade, em si, seja ilícita escapam dessa assertiva. Armas, substância entorpecente: são objetos cuja posse e titularidade, fora da regulamentação legal, ensejam perda independentemente de condenação criminal. No entanto, não se pode estender os efeitos de condenação criminal à transação penal. O tema já foi objeto de tese decidida em repercussão geral pelo STF: "Os efeitos jurídicos previstos no art. 91 do Código Penal são decorrentes de sentença penal condenatória. Tal **não** se verifica, portanto, quando há transação penal (art. 76 da Lei 9.099/95), cuja sentença tem natureza homologatória, sem qualquer juízo sobre a responsabilidade criminal do aceitante. As consequências da homologação da transação são aquelas estipuladas de modo consensual no termo de acordo" (RE 795567 RG, Rel. Min. Teori Zavascki, Tribunal Pleno, julgado em 28/5/2015, DJe de 9/9/2015). Com maior razão, não há que se falar na figura do confisco alargado, novidade inserida no art. 91-A do CP pela Lei n. 13.964/2019, pela impossibilidade óbvia de que o crime que admite o confisco alargado (pena máxima superior a 6 anos) seja de menor potencial ofensivo.

O legislador, preocupado com o efeito estigmatizante do processo penal na vida do indivíduo, teve o cuidado de destacar que a transação penal é informação acessível apenas aos atores do sistema de justiça criminal. A homologação da transação penal e a respectiva solução são informações que não se encontram amplamente acessíveis nos conteúdos públicos armazenados pelo Poder Judiciário ou mesmo pela Polícia (Civil ou Federal). O § 6.º do art. 76 traz proibição expressa de que a transação penal seja mencionada na arcaica certidão de antecedentes criminais, expedida pelos órgãos de Polícia, e nas chamadas certidões de "nada consta" que são obtidas perante as serventias judiciárias responsáveis pela distribuição de feitos. A informação é classificada, isto é, mostra-se acessível apenas e para os fins da Justiça Criminal, em especial para permitir a incidência da vedação mencionada no inciso II do § 2.º do art. 76 da Lei n.

9.099 (vedação de transação penal a quem já tiver sido beneficiado por ela no prazo inferior a 5 anos, contado da sentença que aplicou a pena).

Além disso, o legislador, para obviar eventuais discussões, deixou claro que a sentença homologatória da transação penal (e, por extensão, também a extinção da punibilidade pelo cumprimento do acordo processual) não se confunde com a "sentença condenatória transitada em julgado" mencionada no inciso VI do art. 515 do Código de Processo Civil ou mesmo com qualquer acordo que assegure às cláusulas ali lançadas qualquer alcance cível. Conquanto a Lei n. 9.099 verdadeiramente tenha por objetivo a reparação dos danos experimentados pelo ofendido, **a transação penal não projetará qualquer efeito para além da esfera em que celebrada e homologada**. As penas ali aplicadas não guardaram qualquer consequência para fins de reparação do dano em instância diversa da criminal. Assim, eventuais interessados na reparação ou compensação patrimonial, por força do crime de menor potencial ofensivo, deverão buscar o juízo cível para tanto, pois a transação penal realmente apenas cuida da solução penal para o crime ali noticiado.

Entre a homologação da transação penal e o reconhecimento de seu cumprimento, a ensejar a extinção da punibilidade do fato, não há previsão de suspensão do curso do prazo prescricional. É bom destacar esse ponto, pois, diferentemente do que ocorre no ANPP ou mesmo na suspensão condicional do processo, o legislador não previu a possibilidade de suspensão da prescrição no curso do prazo para cumprimento do acordo de transação penal. Essa suspensão do prazo prescricional – medida gravosa ao autor do fato – só pode ser fixada por previsão legal, de modo que não é dado ao juiz suspender a prescrição no curso do cumprimento da transação penal. Na prática, o Ministério Público deve atentar (assim como o juiz) a que nas condições aventadas para o acordo, não se tenha o alcance da prescrição *antes* do prazo estabelecido para a verificação do cumprimento do acordo.

Nesse sentido, confira-se o seguinte julgado do STJ: "(...) Durante o prazo de cumprimento das condições impostas em acordo de transação penal (art. 76 da Lei n. 9.099/1995) não há, em razão da ausência de previsão legal, a suspensão do curso do prazo prescricional." (STJ, RHC 80.148/CE, Rel. Ministro Antonio Saldanha Palheiro, 6ª Turma, julgado em 01/10/2019).

Ainda assim, é possível formular um questionamento. Imagine-se que a proposta de transação penal seja formulada, aceita e homologada. No curso do tempo necessário ao seu cumprimento, opera-se a prescrição do fato noticiado. A prescrição, como sabido, extingue a punibilidade do fato. Mas, nesse exemplo específico, a sua incidência implicaria a restituição de valores já pagos a título de prestação pecuniária ou multa? Implicaria algum tipo de reparação por parcela da pena restritiva de direitos que se cumpria antes do fato ser fulminado pela prescrição (pense numa situação em que o autor do fato trabalhou 80 horas de um total de 120 previsto no acordo, por exemplo)? A resposta é negativa. Embora o fato possa ser alcançado pela prescrição, a extinção da punibilidade não implica ilegalidade no acordo então celebrado quando o fato era punível.

Por conseguinte, não implica ilegalidade no cumprimento de acordo regularmente ofertado, aceito e homologado em juízo. Logo, não há que se falar em repetição de qualquer indébito (restituição de valores) ou indenização por pena alternativa imposta quando o fato, em lugar de experimentar a extinção da punibilidade decorrente do acordo cumprido, tiver sua punibilidade extinta pela prescrição.

Sobre essa mesma situação, veja-se que a prescrição do fato que fora objeto de transação penal homologada e pendente de cumprimento não afasta a proibição de que o autor do fato seja novamente beneficiado por nova transação penal ou acordo de não persecução penal. A literalidade do § 4º do art. 76 impõe essa compreensão: "Acolhendo a proposta do Ministério Público aceita pelo autor da infração, **o Juiz aplicará a pena restritiva de direitos ou multa**, que não importará em reincidência, sendo registrada apenas para impedir novamente o mesmo benefício no prazo de cinco anos" (destaque nosso). É dizer: a contagem do prazo de 5 (cinco) anos observa a data de homologação do acordo, e não da extinção da punibilidade do fato pelo cumprimento do acordo. Logo, para todos os efeitos, se homologado o acordo, a restrição de incidência de instituto que evita a ação penal no prazo subsequente de cinco anos se mostra válida, ainda que a punibilidade do fato tenha sido fulminada pela prescrição (e não pelo cumprimento do acordo).

RECURSO CONTRA A HOMOLOGAÇÃO DA TRANSAÇÃO PENAL

A Lei n. 9.099 traz a possibilidade de manejo do recurso de apelação pelas partes contra a sentença que homologa a transação penal. O âmbito do recurso de apelação é a devolução à Turma Recursal (ou, Tribunal, quando a transação penal se dê em juízo diverso do Juizado Especial Criminal) da mesma matéria afeita ao juiz quando submetida a este o acordo processual para homologação.

Não disporá a Turma Recursal, na apreciação do recurso de apelação, de mais possibilidades decisórias do que já dispõe o juiz quando a ele é submetida a transação penal. É dizer: apreciará a legalidade do conteúdo da proposta, a regularidade de sua oferta e aceitação no curso do procedimento sumaríssimo e aferirá a voluntariedade das partes na sua proposta e na aceitação.

É curioso perceber que haja a previsão de um recurso contra a decisão que homologou acordo celebrado pelas partes. Em termos simples: pode causar estranheza imaginar que a parte, num momento, concordo com os termos da proposta e sua submissão ao juiz para homologação. E, seguidamente, deduzir irresignação, por meio de apelação, contra a homologação do acordo.

De fato, lida assim, a previsão do recurso de apelação contra a homologação do acordo parece contrariar a voluntariedade do recurso e até mesmo a regra do interesse recursal, pois a parte estaria se voltando contra a homologação de um acordo por ela mesma encetado. Seguramente, contudo, a previsão de recurso contra o acordo não se dirige exatamente à mudança de vontade ou opinião das partes quanto ao acordo. Parece guardar pertinência, verdadeiramente, com a possibilidade (indesejável, mas possível) de o juiz impor a aplicação da pena a título de transação penal em caso que, verdadeiramente, os ditames da transação penal não tenham sido observados.

É dizer: não é porque a sentença que aplica a pena na transação penal deva derivar de acordo que não se permite visualizar eventual erro ou abuso na homologação. Assim, se há erro no exercício da função judicante quando o acordo é submetido ao julgador, faz sentido que o legislador traga a previsão de recurso, para devolver a apreciação da matéria ao órgão jurisdicional (no caso, a Turma Recursal).

Se o recurso de apelação derivar apenas da intenção do autor do fato de rever os termos do acordo com que anteriormente aquiesceu, trata-se de recurso cabível, mas que dificilmente observará provimento. Em conclusão, não faria muito sentido que alguém concordasse com os termos de um acordo e, seguidamente, buscasse afastar os efeitos dessa homologação.

De qualquer modo, andou bem o legislador em prever o cabimento de irresignação contra a homologação da transação penal, seja pela providência relevantíssima trazida pela sentença que aplica pena ao autor do fato, seja pela aptidão dessa mesma sentença para afastar o exercício da ação penal na espécie.

CONSEQUÊNCIA DO DESCUMPRIMENTO DA TRANSAÇÃO PENAL

O tema das consequências do descumprimento da transação penal seguramente foi o que mais ensejou debates doutrinários e divergência jurisprudencial desde a edição da Lei n. 9.099. Para além da novidade de uma pena aplicada sem juízo condenatório do acusado – o que até hoje enseja vozes doutrinárias contrárias ao instituto, a exemplo de Geraldo Prado (*Elementos para uma análise crítica da transação penal*. Rio de Janeiro: Lumen Juris, 2003) –, a transação penal trouxe muitíssimas discussões quanto às soluções para o caso em que realizado o acordo e descumprido pelo autor do fato.

De um lado, houve quem defendesse que o juízo procedesse à conversão da pena aplicada na transação penal a pena privativa de liberdade. Para tanto, seria necessário compreender a homologação da transação penal e a imposição da pena estipulada no acordo como algo próximo à condenação definitiva alcançada após o devido processo. De outro lado, houve até quem defendesse que o descumprimento da proposta não poderia ensejar qualquer gravame ao acusado, pois, afinal, não haveria a possibilidade de imposição de pena ao acusado sem o devido processo materializado pela acusação em juízo e ampla defesa perante juiz imparcial.

Certo é que a transação penal é manifestação do devido processo legal para os crimes de menor potencial ofensivo que autorizem o benefício. Trata-se de solução peculiar à tradição do direito pátrio, pois, de fato, há imposição de pena sem juízo condenatório. Mas, por outro lado, consideradas as mazelas do sistema de justiça criminal brasileiro, é medida centrada numa preocupação despenalizante, isto é, que afasta a figura da persecução penal e todas as suas pechas estigmatizantes, para autorizar solução que responsabilize o autor do fato sem que isso implique restrição ambulatória absoluta.

O STF, por seu Pleno em 16/10/2014, aprovou o verbete n. 35 de sua súmula vinculante: "A homologação da transação penal prevista no artigo 76 da Lei 9.099/1995 não faz coisa julgada material e, descumpridas suas cláusulas, retoma-se a situação anterior, possibilitando-se ao Ministério Público a continuidade da persecução penal mediante oferecimento de denúncia ou requisição de inquérito policial".

Assim, o verbete sumular estabelece, a um só tempo, que a aplicação da pena realizada na homologação da transação penal não guarda caráter de definitividade. Em rigor, a definitividade só é alcançada quando implementada condição muito clara: o cumprimento do acordo. Se cumprida a pena aplicada ao autor do fato, o caso será de extinção da punibilidade do fato noticiado. No entanto, se descumprido o acordo e frustrada a pena aplicada ao autor do fato, afasta-se o instituto da transação penal para autorizar o exercício da ação penal pelo *dominus litis*. Se a transação penal buscava evitar justamente a ação penal, sua frustração pelo autor do fato ensejará justamente o exercício dessa ação penal em juízo.

O caráter vinculante do enunciado sumular autoriza, é bom lembrar, o manejo pelas partes da reclamação prevista na alínea "l" do inciso I do art. 102 da Constituição Federal, diretamente endereçada ao Supremo Tribunal Federal, para assegurar a autoridade e o cumprimento do que estabelecido pela Corte.

INCOMPATIBILIDADE DO ACORDO DE NÃO PERSECUÇÃO PENAL COM A TRANSAÇÃO PENAL

O acordo de não persecução penal (ANPP), instituto introduzido no Código de Processo Penal pela Lei n. 13.964/2019 (popularmente nominada como Lei ou Pacote "Anticrime"), positivou mais um instrumento de justiça negocial com finalidade despenalizante no ordenamento jurídico brasileiro. Por meio do acordo de não persecução penal, o Ministério Público poderá propor, em lugar da ação penal, uma proposta de acordo ao investigado para confissão extrajudicial e circunstanciada e implementação de medidas assemelhadas a penas alternativas (prestação de serviços à comunidade e prestação pecuniária, se o caso), além de reparação do dano experimentado pela vítima.

As similitudes do acordo de não persecução penal com a transação penal são muitas. Aliás, vê-se claramente que a inspiração do ANPP é a transação penal prevista na legislação brasileira desde 1995. Por meio do ANPP, seguidamente à formação de convicção pelo Ministério Público de que o caso autoriza o exercício de ação penal (portanto, crimes de ação penal pública), ou seja, o caso não é de arquivamento da investigação preliminar, o Ministério

Público poderá propor um negócio jurídico-processual com o investigado, desde que repute o acordo necessário e suficiente para reprovação e prevenção do crime.

A premissa do ANPP pode ser explicitada de maneira simples: abre-se a possibilidade de solução do caso por meio de acordo quando a eventual pena a ser perseguida pelo Ministério Público a partir da imputação formalizada em juízo não ensejar recolhimento à prisão. Daí, se a hipótese não autorizar recolhimento à prisão, tanto melhor que a sua solução se dê com medidas que responsabilizem o investigado ainda que fora do reconhecimento da culpa em juízo criminal (por meio dos chamados equivalentes penais). O ANPP, tal como a transação penal, portanto, mostra-se despenalizante na medida em que evita a judicialização do caso penal e, por conseguinte, a incidência de eventual pena.

O ANPP, tal como a transação penal, observa pressupostos, requisitos e condições para a sua implementação.

São *pressupostos* do ANPP: (i) A análise e a conclusão do Ministério Público de que o caso autoriza o ajuizamento de ação penal (atendimento aos requisitos da peça acusatória; condições para o exercício da ação penal e pressupostos para desenvolvimento válido e regular do possível processo; justa causa); (ii) O crime noticiado apresenta pena privativa de liberdade com patamar *mínimo* inferior a 4 anos de reclusão (consideradas as causas de aumento e de diminuição da pena aplicáveis ao caso); (iii) O crime noticiado não envolveu violência ou grave ameaça; (iv) A infração noticiada não se compreende no rol de crimes hediondos ou a eles equiparados; (v) A infração não foi praticada no âmbito de violência doméstica ou familiar ou não foi praticada contra mulher "por razões da condição de sexo feminino"; (vi) O investigado voluntária e circunstanciadamente formalizou confissão extrajudicial.

Os pressupostos indicados nos itens (iii) e (iv) amparam-se na sistemática que afasta para esses crimes a possibilidade de substituição das penas privativas de liberdade por penas alternativas (no caso dos crimes hediondos e equiparados) e na vedação de incidência de institutos negociais para evitar ou obviar o processo penal (situação das infrações penais praticadas na forma da Lei n. 11.340/2006).

Já os *requisitos* do ANPP podem ser enumerados da seguinte forma: (i) Ausência de condenação definitiva a pena privativa de liberdade; (ii) Ausência de transação penal anterior em prazo inferior a 5 anos; (iii) Antecedentes, conduta social e personalidade do agente; (iv) Os motivos e as circunstâncias do crime noticiado autorizam a suficiência e necessidade da medida (em clara similitude com a previsão do art. 76, § 2.º, da Lei n. 9.099/1995); (v) O acordo deve se mostrar necessário e suficiente para a reprovação e prevenção do crime noticiado.

As *condições* do ANPP, que se referem justamente ao conteúdo do acordo, são assim enumeradas: (i) Reparação do dano ou restituição da coisa à vítima, salvo impossibilidade previamente demonstrada de fazê-lo; (ii) Renúncia a bens e direitos, indicados pelo Ministério Público, como instrumentos, produto ou proveito do crime; (iii) Prestação de serviços à comunidade ou a entidades públicas, por período que considere a pena cominada ao delito diminuída de um a dois terços, em local a ser indicado pelo Ministério Público; (iv) Prestação pecuniária, que atenda aos critérios do art. 45 do Código Penal, a entidade pública ou de interesse social a ser indicada pelo juízo de execução penal – a prestação deve se destinar preferencialmente a entidades que tenham como função proteger bens jurídicos iguais ou semelhantes aos aparentemente lesados pelo delito; (v) Outra condição a ser estipulada pelo Ministério Público, desde que proporcional e compatível com a infração penal noticiada.

O ANPP é instituto que se situa fora da sistemática do procedimento sumaríssimo, isto é, não incide no caso de infrações penais que se insiram no conceito de crime de menor potencial ofensivo. ANPP e transação penal são institutos incompossíveis, não coexistem num mesmo caso tampouco se sucedem. É o que se infere do art. 28-A, § 2º, inciso I, do CPP, quando diz que o enunciado do artigo que prevê o ANPP não se aplica "se for cabível transação penal de competência dos Juizados Especiais Criminais".

A previsão legal é "se for cabível". Isso significa dizer que a impossibilidade de transação penal *no caso específico*, que decorra, por exemplo, da recusa de transação penal pelo autor do fato ou mesmo da ausência de requisito subjetivo para a incidência da transação, não autorizará o manejo de ANPP. A compreensão do enunciado acima mencionado impõe, justamente, que a incidência de solução negociada (e despenalizante) observe regime próprio para os crimes de menor potencial ofensivo. Aliás, a modelagem normativa dos Juizados Especiais Criminais e seu rito sumaríssimo guarda sistematicidade própria, refere-se a princípios e orientações que são específicas. Não é exagero reconhecer no desenho do Juizado Especial Criminal a modelagem de um subsistema, com suas peculiaridades e disposições próprias.

Logo, quando o crime for de menor potencial ofensivo, não se deve cogitar do manejo de ANPP, salvo quando não for cabível a transação.

Um exemplo bem ilustra essa ausência de cabimento da transação para abrir a possibilidade de ANPP. Imagine-se a prática de mais de um crime de menor potencial ofensivo em situação de concurso formal, material ou mesmo crime continuado. Destacamos que o benefício da transação penal e a competência do JECRIM, próprios dos crimes de menor potencial ofensivo, não serão observados em relação às infrações penais cometidas em concurso material, concurso formal ou continuidade delitiva, quando a pena máxima cominada, seja pelo somatório, seja pela incidência da majorante, ultrapassar o limite de dois anos. Essa inteligência deriva da lição extraída do verbete n. 243 da súmula do STJ, que, conquanto referente à suspensão condicional do processo, traz lição para o problema do concurso de infrações. Nesse caso, se afastada a competência do JECRIM (e o cabimento da transação penal) por força do concurso de infrações penais e suas penas, aí sim se admitirá seja aventada a incidência do ANPP. Afinal, não é cabível a transação penal, nos exatos termos do inciso I do § 2º do art. 28-A do CPP.

Desse modo, repita-se, os institutos da transação penal e do ANPP não convivem. Deve-se verificar primeiramente se o caso autoriza transação penal (ou seja, se é crime de menor potencial ofensivo a autorizar a incidência da competência do JECRIM e do procedimento sumaríssimo). Em caso de resposta negativa, aí sim, pode-se cogitar da incidência do ANPP. Diga-se que essa compreensão excludente não se aplica quando abordamos a relação entre ANPP e suspensão condicional do processo, mas isso será melhor explicitado nos comentários ao art. 89 da Lei n. 9.099/1995 adiante.

DO PROCEDIMENTO SUMARÍSSIMO

Art. 77. Na ação penal de iniciativa pública, quando não houver aplicação de pena, pela ausência do autor do fato, ou pela não ocorrência da hipótese prevista no art. 76 desta Lei, o Ministério Público oferecerá ao Juiz, de imediato, denúncia oral, se não houver necessidade de diligências imprescindíveis.

§ 1º Para o oferecimento da denúncia, que será elaborada com base no termo de ocorrência referido no art. 69 desta Lei, com dispensa do inquérito policial, prescindir-se-á do exame do corpo de delito quando a materialidade do crime estiver aferida por boletim médico ou prova equivalente.

§ 2º Se a complexidade ou circunstâncias do caso não permitirem a formulação da denúncia, o Ministério Público poderá requerer ao Juiz o encaminhamento das peças existentes, na forma do parágrafo único do art. 66 desta Lei.

§ 3º Na ação penal de iniciativa do ofendido poderá ser oferecida queixa oral, cabendo ao Juiz verificar se a complexidade e as circunstâncias do caso determinam a adoção das providências previstas no parágrafo único do art. 66 desta Lei.

Resolvida a questão atinente à composição dos danos civis ou mesmo à transação penal, a Lei n. 9.099 passa a descrever o procedimento sumaríssimo.

Como regra, autor do fato e ofendido estarão já reunidos em assentada judicial (audiência) na sequência da negativa de oferta de transação penal ou mesmo de sua negativa pelo autor do fato. A oferta da ação penal, portanto, é a medida subsequente a ser tomada no procedimento.

A novidade na Lei n. 9.099 refere-se à possibilidade de que a ação penal seja ofertada oralmente. Ainda que os atos da audiência sejam registrados por meio audiovisual, a ação penal deverá ser reduzida a termo, isto é, será formalizada por escrito na ata de audiência.

Tal cuidado deve-se à necessária observância dos requisitos previstos no art. 41 do CPP. Ainda que orientado pelos critérios da simplicidade, da informalidade e da instrumentalidade das formas, o procedimento sumaríssimo não pode abrir mão da descrição do fato com todas as suas circunstâncias e os demais requisitos próprios da inicial acusatória estabelecidos no art. 41 do CPP.

O que se afere, desses requisitos do art. 41 do CPP, não é apenas o atendimento a requisitos legais de uma ação, mas sim o devido respeito à ampla defesa e à gestão das provas pelas partes. Isso porque, como sabido, o acusado no processo-crime se defende do fato que lhe é imputado na ação penal, e não de sua capitulação legal. Por isso, o cuidado para que a ação penal seja reduzida a termo e autorize o denunciado a ela ter acesso, conhecê-la e, eventualmente, sobre ela se manifestar.

Em que pese a previsão de que a ação penal será ofertada oralmente, aproveitando a presença do autor do fato e do Ministério Público na assentada, nada impede que a ação penal seja ofertada por escrito posteriormente. Para melhor prestígio à oralidade e economia processual, melhor que a denúncia seja ofertada na própria audiência em que reunidos todos os atores processuais. No entanto, trata-se de uma possibilidade autorizada em lei que não impede a observância da fórmula tradicional disciplinada no CPP de oferta da ação penal em peça escrita e endereçada ao juízo.

A praxe forense e as distintas conformações dos arranjos institucionais, nos Estados e na Justiça Federal, projeta o art. 77 da Lei n. 9.099/1995 com possibilidades diferentes. Não raro se vê a prática de, frustrada a fase conciliatória, o Ministério Público pleiteie a abertura de vista dos autos do processo para formalizar a ação penal por escrito e, assim, otimizar o tempo de audiência (sabemos que, não raro, as pautas de audiência Brasil afora trazem quantidade de processos muito além do tempo de expediente destinado a esses trabalhos). Há de se avaliar se o tempo abreviado de audiência compensa: de um lado, os atos subsequentes (comunicações e até mesmo a disponibilização da peça acusatória à defesa técnica do autor do fato) que a oferta de denúncia por escrito em peça apartada implicará; de outro, uma audiência mais demorada com concentração de mais atos, abreviando-se as comunicações posteriores (afinal, todos saem dali já intimados e o denunciado, citado). A previsão legal é inequívoca para prestigiar os atos em audiência e em atenção à oralidade e à simplicidade.

Além disso, por força das regras de substituição e designação para audiência que observam os Ministérios Públicos (ramos do Ministério Público da União e Ministérios Públicos dos Estados), não raro o membro do Ministério Público que se faz presente na audiência é diverso daquele que titulariza o ofício para o qual foi distribuído o termo circunstanciado ou processo. Para otimizar o serviço, é relativamente comum – em geral, em muitas unidades do Ministério Público Federal, por exemplo – que o termo circunstanciado já traga, para a audiência preliminar (e, portanto, ainda na fase conciliatória), uma *minuta* de denúncia ofertada pelo Ministério Público e encartada nos autos sem autuação. Isso porque o membro do Ministério Público que analisou o termo circunstanciado muitas vezes elabora a peça e já a deixa formalizada, como meio de otimizar o trabalho do membro do Ministério Público que se encontre na audiência e eventualmente não conheça amiúde o caso noticiado nos autos. É possível, não se discute. No entanto, convém o registro da crítica de que a denúncia encartada nos autos, aos olhos do leigo, muitas vezes frustra a preocupação espelhada em lei de que se evitem os atos de formalização da persecução penal tradicional, cuja mudança é exatamente pretendida pelo rito sumaríssimo. Tanto melhor que a mencionada minuta conste dos sistemas internos do Ministério Público, de modo que não seja encartada nos autos, ainda que venha a ser posteriormente desconsiderada por eventual êxito na fase conciliatória do procedimento sumaríssimo. Espera-se que a integral implementação dos sistemas de processo judicial eletrônico afaste essa prática de encartar peças que só ganharão existência jurídica depois de encerrada (ou frustrada) a fase conciliatória.

Embora o art. 77, *caput*, mencione apenas a denúncia, isto é, a ação penal pública deduzida pelo Ministério Público, não há óbice a que a ação penal de iniciativa do ofendido – a queixa-crime – igualmente seja ofertada na assentada seguidamente à frustração da composição dos danos civis e da transação penal. Ao contrário, a previsão do § 3.º do mesmo art. 77 autoriza seja a queixa-crime ofertada pelo querelante oralmente.

A preocupação maior é que a ação penal atenda aos ditames do que estabelece o art. 41 do CPP. Se, mesmo que ofertada oralmente, ela é reduzida a termo, o que se espera da ação penal resta atendido. É dizer: ainda que ofertada oralmente, ela se prestará a que o acusado tenha conhecimento da imputação que é ofertada contra ele. Além disso, a oferta da peça oral na própria assentada guarda coerência com os critérios da oralidade, da simplicidade e da economia que orientam o procedimento sumaríssimo.

Os parágrafos do art. 77 retomam o que estabeleceu o art. 69 da Lei n. 9.099 sobre o termo circunstanciado como meio de formalização da investigação preliminar dos crimes de menor potencial ofensivo. Para os crimes processados no Juizado Especial Criminal, a investigação preliminar será, em regra, formalizada pelo termo lavrado por autoridade sem a necessidade de formalização ou escritura dos elementos de informação reunidos sobre a infração penal.

O § 1.º do art. 77 estabelece a prescindibilidade do laudo de exame de corpo de delito "quando a materialidade do crime estiver aferida por boletim médico ou prova equivalente". É importante destacar que o preceito legal não afirma propriamente uma exceção ao que estabelece o art. 158 do CPP, quando este estabelece a indispensabilidade do exame de corpo de delito quando a infração deixar vestígios. O exame de corpo de delito, como sabido, é o exame técnico a respeito de qualquer vestígio material deixado pela prática da infração penal. Sua formalização dá-se por meio de um laudo, firmado por perito oficial ou, na ausência deste, por duas pessoas idôneas com conhecimento na área técnica relacionada com o que ali se analisa (§ 1.º do art. 159 do CPP).

Ao afirmar que o boletim médico ou equivalente serve para demonstrar a materialidade do crime de menor potencial ofensivo, a Lei n. 9.099 assegura leitura específica ao regime da prova técnica no procedimento sumaríssimo. É dizer: não estabelece o suprimento da prova técnica para a demonstração da materialidade, mas verdadeiramente estende os critérios da simplicidade, da economia processual e da celeridade também à demonstração *técnica* da materialidade da infração. Por isso, a consideração como suficiente do que seja o boletim médico ou equivalente para demonstração da materialidade do crime. Ainda assim, não há óbice a que, se necessário, seja determinada a realização de perícia formal. A ideia prevalente é a dispensabilidade do laudo, em atenção aos critérios da simplicidade e da celeridade, embora se exija algo equivalente (boletim médico ou prova equivalente) para demonstração técnica da materialidade da infração penal.

Haveria propriamente uma exceção ao que estabelece o art. 158 do CPP, caso se admitisse que declarações suprissem por completo a prova técnica sobre a materialidade do delito. Não é o caso. Para excepcionar a exigência de prova técnica (laudo) ou equivalente (nos termos da Lei n. 9.099), é preciso que o caso atraia a incidência do art. 167 do CPP, quando este autoriza que a prova oral supra a ausência da prova técnica apenas "por haverem desaparecido os vestígios da infração".

Uma vez que o critério da simplicidade orienta todo o procedimento sumaríssimo, a ausência dessa simplicidade na aferição da infração penal, ainda que seja ela de menor potencial ofensivo, torna seu processamento no JECRIM tarefa inviável. Atento a isso, o legislador expressamente autoriza o deslocamento da competência do JECRIM para o juízo criminal singular se o caso guardar complexidade tal a ponto de tornar sua persecução, nos termos do procedimento sumaríssimo, dificultosa ou mesmo inviável. Tem-se, pois, a extensão da norma autorizativa do deslocamento da competência também para os casos de maior complexidade do feito, nos termos do § 2.º do art. 77 da Lei n. 9.099.

Remetemos o leitor ao que anotamos sobre a eventual complexidade do feito advinda da presença de prova pericial ou de meios extraordinários de obtenção de prova nos comentários ao art. 69 da Lei. No entanto, vale sumarizar o que lá desenvolvido: a presença por si só de prova pericial ou de meios extraordinários de obtenção de prova não conduz, sempre e sempre, à conclusão de deslocamento da competência por complexidade do trâmite processual incompossível com o procedimento sumaríssimo. É preciso avaliar, no caso concreto, se a presença desses meios de prova implicará complexidade dos atos processuais subsequentes ao oferecimento da ação penal ou das providências pleiteadas pela defesa técnica do denunciado no momento de sua manifestação dirigida ao juízo de admissibilidade da acusação (art. 81 da Lei).

Não há regras previamente estabelecidas para a aferição dessa complexidade. Trata-se de decisão a ser estabelecida caso a caso, isto é, que considere as peculiaridades, o contexto e, enfim, a situação concretamente ofertada no termo circunstanciado, para que se tenha o deslocamento da competência. Mesmo a prévia instauração de inquérito policial, no lugar do termo circunstanciado, não torna o deslocamento da competência, só por isso, obrigatório. A decisão de deslocamento depende da aferição do juízo a respeito do prejuízo ao procedimento sumaríssimo – à luz dos seus critérios orientadores – por força de eventual complexidade da causa. O STF, por sua Primeira Turma, já teve oportunidade de destacar que "O reconhecimento de complexidade da matéria não significa, necessariamente, submissão ao rito ordinário, notadamente quando o Juiz afirma que a controvérsia pode ser dirimida no rito estabelecido pela Lei n. 9.099/95" (HC 86.049, Rel. Min. Eros Grau, julgado em 27/9/2005, Ementário 2.211/258). De qualquer modo, como já destacamos no comentário ao art. 60, o eventual deslocamento da competência para o juízo criminal singular não afastará a incidência dos institutos despenalizantes da composição dos danos civis e, especialmente, da transação penal.

Uma última observação sobre o desenho geral do procedimento sumaríssimo. É possível sua observância, excepcionalmente, ainda que o caso não noticie crime de menor potencial ofensivo. Isso ocorre quando incidente o enunciado do art. 94 da Lei 10.741/2003, nominada como Estatuto do Idoso. Diz o art. 94: "Aos crimes previstos nesta Lei, cuja pena máxima privativa de liberdade não ultrapasse 4 (quatro) anos, aplica-se o procedimento previsto na Lei nº 9.099, de 26 de setembro de 1995, e, subsidiariamente, no que couber, as disposições do Código Penal e do Código de Processo Penal".

O enunciado do Estatuto do Idoso, tão logo editado, ensejou controvérsia: seriam aplicáveis os institutos despenalizantes aos tipos penais formalizados no Estatuto do Idoso independentemente do preceito sancionatório previsto a eles ou o enunciado tão-somente determina que o *procedimento* sumaríssimo seja aplicável (sem os institutos da composição dos danos civis, transação penal, representação para o crime de lesões corporais leves ou culposas e suspensão condicional do processo)?

Não há dúvida de que, nos crimes enumerados no Estatuto do Idoso, cujos preceitos sancionatórios os fixem como crimes de menor potencial ofensivo, a Lei n. 9.099/1995 incidirá em sua inteireza (lavratura de termo circunstanciado, não se imporá prisão em flagrante, promoção da composição dos danos civis com seu efeito de renúncia ao direito de queixa ou representação casos de crimes de ação privada e de ação pública condicionada à representação, transação penal). No entanto, haverá essa integral incidência do procedimento sumaríssimo e dos institutos despenalizantes quando a pena máxima cominada ao crime for superior a dois anos de privação de liberdade e inferior a quatro anos? Anote-se que isso ocorre especificamente nos arts. 98; 99, § 1º; 105; 106; 108, todos do Estatuto do Idoso.

Nesses casos, veja-se, observar-se-á o procedimento sumaríssimo (e não o procedimento comum sumário, como prevê o art. 394, § 1º, inciso II, do CPP, caso não houvesse a previsão específica do Estatuto). O STF, em julgamento proferido em controle abstrato de constitucionalidade, estabeleceu essa inteligência ao art. 94 do Estatuto do Idoso: "Art. 94 da Lei n. 10.741/2003: interpretação conforme à Constituição do Brasil, com redução de texto, para suprimir a expressão "do Código Penal e". Aplicação apenas do procedimento sumaríssimo previsto na Lei n. 9.099/95: benefício do idoso com a celeridade processual. Impossibilidade de aplicação de quaisquer medidas despenalizadoras e de interpretação benéfica ao autor do crime." (STF, ADI 3.096, Rel. Min. Carmen Lúcia, Pleno, j. 16/6/2010, DJe 3/9/2010).

Art. 78. Oferecida a denúncia ou queixa, será reduzida a termo, entregando-se cópia ao acusado, que com ela ficará citado e imediatamente cientificado da designação de dia e hora para a audiência de instrução e julgamento, da qual também tomarão ciência o Ministério Público, o ofendido, o responsável civil e seus advogados.

§ 1º Se o acusado não estiver presente, será citado na forma dos arts. 66 e 68 desta Lei e cientificado da data da audiência de instrução e julgamento, devendo a ela trazer suas testemunhas ou apresentar requerimento para intimação, no mínimo cinco dias antes de sua realização.

§ 2º Não estando presentes o ofendido e o responsável civil, serão intimados nos termos do art. 67 desta Lei para comparecerem à audiência de instrução e julgamento.

§ 3º As testemunhas arroladas serão intimadas na forma prevista no art. 67 desta Lei.

Quando a ação penal é ofertada oralmente na própria audiência, ela é reduzida a termo na mesma assentada. O denunciado ou querelado, então, recebe cópia da ata da audiência, na qual consta os termos formalizados da acusação. Essa comunicação realizada *in faciem*, isto é, pessoal e diretamente ao autor do fato na própria audiência vale justamente como citação. Como sabido, a citação é o ato processual por meio do qual se dá ciência ao acusado da imputação formalizada que pesa contra ele e, em especial, dá-se oportunidade a ele para que exercite a sua defesa (indisponível).

Tão logo seja deduzida oralmente a ação penal, o Juiz já designa data para a audiência em que serão realizadas a admissibilidade dessa acusação, a instrução do feito e o julgamento da causa. Assim, a citação do autor do fato (doravante denominado "acusado") já traz para ele a data para se apresentar ao juízo na assentada que, espera-se, solucionará a questão ali deduzida. Rememore-se que o autor do fato, a quem não se impôs a prisão em flagrante, está compromissado a comparecer a todos os atos processuais a que for chamado (nos termos do art. 69 da Lei n. 9.099). Mais do que isso, o autor do fato denunciado ou querelado fica desde logo ciente de que deverá comparecer acompanhado das pessoas que se prestarão como testemunhas defensivas. Caso a intimação (*rectius*, notificação) dessas pessoas se faça necessária, para assegurar o comparecimento na audiência, o acusado deverá promover a intimação delas. Essa "promoção" é entendida como o pedido a que o juízo as notifique para comparecerem à audiência. É de incumbência do acusado fornecer o endereço ou os meios pelos quais essas pessoas serão contactadas.

O número de testemunhas no procedimento sumaríssimo é de, no máximo, 5 (cinco). São as chamadas testemunhas numerárias, isto é, aquelas pessoas indicadas pelas partes para serem ouvidas na qualidade de testemunha em juízo. Nesse número não são contabilizados o próprio ofendido ou mesmo as testemunhas cuja oitiva se der por determinação do juízo (nos termos do art. 209 do CPP). Além disso, as testemunhas numerárias são assim contabilizadas em consideração a cada um dos fatos imputados ao acusado. Assim, se imputados dois fatos ao acusado, o número de cinco testemunhas deverá ser considerado como limite a cada um desses fatos.

É preciso, igualmente, assegurar a presença do ofendido e do responsável civil do acusado, se o caso, na audiência de instrução e julgamento. Isso porque são diversas as possibilidades que poderão implicar a reparação dos danos ao ofendido (que é um dos objetivos do procedimento sumaríssimo, nunca é demais recordar) na própria audiência: seja na renovação da oportunidade de composição, seja na eventual possibilidade de suspensão condicional do processo. Acrescente-se que a sentença condenatória, por força do que hoje estabelece a redação do art. 387, inciso IV, do CPP, poderá fixar o dever de indenizar materialmente o ofendido. Por isso, a exigência de presença do responsável civil do autor do fato nas assentadas que poderão resolver o caso.

Essa notificação do ofendido e do responsável civil para comparecimento à audiência, nos termos do que estabelece o art. 67, observará livre forma: comunicação telefônica, telemática, correspondência etc. O importante é que a finalidade da comunicação processual seja atendida, livre da exigência de formalidade ou de estrita comunicação via mandado cumprido por oficial de justiça.

Também as testemunhas numerárias serão notificadas com liberdade de forma. Assegurada a realização da comunicação, qualquer que seja o meio da comunicação, será ela válida para assegurar o dever da testemunha de comparecer e ser ouvida sobre o fato imputado ao acusado, nos estritos termos do art. 206 do CPP (em especial, a primeira parte do preceito legal).

Art. 79. No dia e hora designados para a audiência de instrução e julgamento, se na fase preliminar não tiver havido possibilidade de tentativa de conciliação e de oferecimento de proposta pelo Ministério Público, proceder-se-á nos termos dos arts. 72, 73, 74 e 75 desta Lei.

Na abertura da audiência de instrução e julgamento, própria do que se chama de "fase litigiosa" do procedimento sumaríssimo, há a possibilidade de *renovação* da fase conciliatória do procedimento. Estabelece o art. 79 que, se por qualquer razão, não tiver se procedido à fase conciliatória, o juiz, na abertura da assentada, poderá questionar o autor do fato, ofendido e, seguidamente, o Ministério Público, sobre a possibilidade de composição dos danos civis e, se o caso, transação penal.

Há um ponto importante: a previsão do art. 79 não significa que a renovação do procedimento conciliatório é medida de rigor ou sempre inafastável por ocasião da abertura da audiência de instrução. Trata-se de previsão que prestigia justamente os objetivos do Juizado Especial Criminal: reparação dos danos do ofendido e medidas despenalizantes. Por isso, se por qualquer razão a fase de conciliatória não foi observada, autoriza-se a renovação, ainda que simplificada, logo na abertura da audiência de instrução. Não quer isso dizer que essa renovação seja uma etapa necessária da audiência. A necessidade de renovação da possibilidade de conciliação só surge se não houve possibilidade de realizá-la anteriormente. Tal situação é bem diversa daquela em que, promovida a fase conciliatória, as partes não se compuseram ou, a respeito da transação penal, não foi ela ofertada justificadamente pelo *dominus litis* ou foi a proposta recusada pelo autor do fato. Assim, a renovação só se mostra medida de rigor, repita-se, quando por qualquer razão não houve oportunidade para a conciliação anterior.

A previsão do art. 79 assume fundamental importância quando se coteja a sua previsão com o que autoriza o art. 61, parágrafo único, da Lei n. 9.099: a incidência dos institutos despenalizantes do JECRIM em feitos que não sejam processados no JECRIM. Explica-se: os institutos da composição dos danos civis e da transação penal são aplicáveis mesmo perante o juízo criminal singular (ou, imagine-se, nos procedimentos dos crimes de competência originária dos Tribunais nos casos de foro por prerrogativa de função). Em casos assim, não há propriamente um momento procedimental para a realização dessa fase conciliatória. O procedimento comum não prevê a realização de uma audiência previamente ao juízo de admissibilidade da ação penal. Mesmo em procedimentos especiais que observam contraditório prévio ao juízo de admissibilidade da ação penal (Lei de Drogas, Lei n. 8.038, art. 514 do CPP), esse exame não se dá numa audiência específica. Assim, nesses casos, como materializar a oportunidade a que autor do fato e ofendido componham os danos civis? Ou mesmo como permitir a manifestação sobre o cabimento de transação penal e eventual manifestação do autor do fato (e de seu advogado) sobre os termos da proposta e eventual aceitação?

O art. 79, em situações assim, funciona como mecanismo de extensão e solução. Isso porque, mesmo fora da audiência especialmente prevista para tanto, ele autoriza que se proceda à incidência desses institutos: basta que tal possibilidade seja exercitada **antes** do juízo de admissibilidade da ação penal. Afinal, depois de admitida a ação penal e formalmente instaurado o processo-crime, não há mais falar em composição dos danos civis com aptidão de provocar renúncia ao direito de queixa ou representação ou mesmo em transação penal.

Desse modo, muito por força do art. 79, permite-se que seja designada audiência previamente ao juízo de admissibilidade da ação penal em procedimentos que, em regra, não demandam tal audiência. A oportunidade dessa assentada dirige-se exatamente para permitir a incidência dos institutos próprios da fase conciliatória, cuja aplicação pode se dar inclusive fora do JECRIM: a composição dos danos civis e a transação penal.

Uma última observação: a Lei nº 13.964/2019 (o nominado Pacote Anticrime) positivou no Código de Processo Penal a figura do juiz das garantias. Quando do julgamento da ADI 6.298 (Pleno, Rel. Min. Luiz Fux, julg. 24/08/2023), aforada contra as alterações promovidas no CPP sobre o tema, o STF assentou que, dentre outros pontos, a inconstitucionalidade material do *caput* do art. 3º-D do CPP ("O juiz que, na fase de investigação, praticar qualquer ato incluído nas competências dos arts. 4º e 5º deste Código ficará impedido de funcionar no processo"). Tal decisão, em grande medida, reduziu o impacto organizacional do juiz das garantias, cuja implementação observará as determinações regulamentares do Conselho Nacional de Justiça.

De qualquer modo, vale dizer que a exigência de que o juiz incumbido da atuação como juiz das garantias na fase de investigação preliminar seja diverso do juiz do processo (ou juiz da instrução) não se aplica ao procedimento sumaríssimo do JECRIM. O STF expressamente excepcionou, para incidência da figura do juiz das garantias, o procedimento sumaríssimo. Na dicção do STF, "(…) as normas relativas ao juiz das garantias não se aplicam às seguintes situações: a) processos de competência originária dos tribunais, os quais são regidos pela Lei nº 8.038/1990; b) processos de competência do tribunal do júri; c) casos de violência doméstica e familiar; e d) infrações penais de menor potencial ofensivo" (STF, ADI 6.298, Pleno, Rel. Min. Luiz Fux, julg. 24/08/2023 – confira o extrato da decisão).

O CNJ, em junho de 2024, editou a Resolução nº 562. Nela, exatamente como determinou o STF, o JECRIM figura como exceção à regra de competência funcional segundo a qual a investigação preliminar tramita perante um juízo e o processo, perante outro. É o que se observa expressamente do inciso IV do art. 3º, segundo o qual, "sem prejuízo da realização das audiências de custódia, as normas relativas ao juiz das garantias não se aplicam aos […] processos de competência dos juizados especiais criminais".

Assim, para a etapa do art. 79 da Lei nº 9.099/1995, não há exigência de que o juiz seja diverso do julgador perante o qual se realizaram os atos processuais antecedentes da fase preliminar do procedimento sumaríssimo.

O STF, conquanto tenha se mostrado sensível ao entendimento do legislador relativamente ao equacionamento do fazer judicante, com fixação de competências distintas para a atuação na investigação preliminar e no processo, não acolheu a ideia de "dissonância cognitiva, sustentada por parcela da doutrina, para justificar a figura do juiz das garantias no Direito brasileiro. Sobre a incidência da teoria da dissonância cognitiva, desenvolvida na Psicologia e trazida para o debate sobre a imparcialidade judicial, confira-se: SCHÜNEMANN, Bernd. O juiz como um terceiro manipulado no processo penal? Uma confirmação empírica dos efeitos perseverança e correspondência comportamental. **Revista Liberdades**, Trad. José Danilo Tavares Lobato. n. 11, 2012. Em contraponto a esse entendimento, indicando a ausência de comprovação empírica do comprometimento do quadro mental do julgador: VITORELLI, Edilson; ALMEIDA, João Henrique de. Imparcialidade judicial e psicologia comportamental: Há fundamento científico para um juiz de garantias? **Revista de Processo,** v. 136, p. 29–62, 2021.

De parte a parte, o estabelecimento de exceções – como o JECRIM – atrai uma crítica. Se a teoria da dissonância cognitiva, de fato, deveria ser considerada para compreensão da imparcialidade do julgador, não parece consistente a indicação de exceções como o JECRIM. Em verdade, quer parecer que o STF não se comprometeu com esse fundamento na hora de conformar a figura do juiz das garantias no Direito brasileiro, limitando-se ao que seja uma regra de boa razão na modelagem da competência funcional do juízo criminal.

Art. 80. Nenhum ato será adiado, determinando o Juiz, quando imprescindível, a condução coercitiva de quem deva comparecer.

O art. 80 autoriza a possibilidade de condução coercitiva daqueles que estão obrigados a comparecer à audiência de instrução e julgamento. A previsão destaca a preocupação com a celeridade do procedimento sumaríssimo: deve-se evitar o adiamento dos atos processuais, para que o procedimento não se veja frustrado no tempo. A previsão de condução coercitiva encontra-se difundida em diversos artigos do CPP. Porém, ao fixá-la também na Lei n. 9.099, o legislador destaca a importância de que seja observada a concentração dos atos processuais, que é corolário dos mais relevantes da adoção da oralidade no procedimento sumaríssimo.

Art. 81. Aberta a audiência, será dada a palavra ao defensor para responder à acusação, após o que o Juiz receberá, ou não, a denúncia ou queixa; havendo recebimento, serão ouvidas a vítima e as testemunhas de acusação e defesa, interrogando-se a seguir o acusado, se presente, passando-se imediatamente aos debates orais e à prolação da sentença.

§ 1º Todas as provas serão produzidas na audiência de instrução e julgamento, podendo o Juiz limitar ou excluir as que considerar excessivas, impertinentes ou protelatórias.

§ 1º-A. Durante a audiência, todas as partes e demais sujeitos processuais presentes no ato deverão respeitar a dignidade da vítima, sob pena de responsabilização civil, penal e administrativa, cabendo ao juiz garantir o cumprimento do disposto neste artigo, vedadas: (Incluído pela Lei nº 14.245, de 2021)

I - a manifestação sobre circunstâncias ou elementos alheios aos fatos objeto de apuração nos autos; (Incluído pela Lei nº 14.245, de 2021)

II - a utilização de linguagem, de informações ou de material que ofendam a dignidade da vítima ou de testemunhas. (Incluído pela Lei nº 14.245, de 2021)

§ 2º De todo o ocorrido na audiência será lavrado termo, assinado pelo Juiz e pelas partes, contendo breve resumo dos fatos relevantes ocorridos em audiência e a sentença.

§ 3º A sentença, dispensado o relatório, mencionará os elementos de convicção do Juiz.

Aberta a audiência de instrução e julgamento, após a (eventual) renovação do procedimento conciliatório mencionado no art. 79, a primeira providência da assentada refere-se ao contraditório prévio ao recebimento da ação penal. Oportuniza-se a manifestação da defesa antes do juízo de admissibilidade da ação penal.

Tal manifestação, portanto, tem por objetivo justamente a rejeição da ação penal e, em regra, se dirigirá a indicar a incidência, na espécie, de uma das causas de rejeição da ação penal tal como estabelecidas nos incisos do art. 395 do CPP. A ação penal será rejeitada quando (i) ela for inepta, isto é, quando ela não atender aos requisitos do art. 41 do CPP, (ii) faltar um dos pressupostos ou uma das condições para o exercício do direito de ação em juízo ou (iii) não houver justa causa para a instauração de processo-crime em desfavor do denunciado ou querelado.

Como ocorre no processo penal em geral, o juízo de admissibilidade é orientado em favor da judicialização da questão ali posta, de modo que, na dúvida quanto à presença de pressupostos ou condições para o exercício da ação penal ou mesmo quanto à materialidade da infração penal e os elementos informativos que indicam sua possível autoria, o juiz receberá a ação penal para que possa, sob o crivo do contraditório e observando a gestão da prova precipuamente exercitada pelas partes, formar seu convencimento. A dúvida, pois, milita em favor da instauração da persecução penal também no procedimento sumaríssimo.

A Lei n. 9.099 não fornece maiores detalhes sobre o modo pelo qual a manifestação defensiva se dará. E tal detalhamento, reconheça-se, realmente não se mostra necessário. No entanto, tomando por baliza a manifestação as alegações finais orais, que no procedimento comum ordinário tomam a previsão de 20 minutos (art. 403, *caput*, do CPP), tem-se aí uma boa base para a consideração dessa manifestação. De relevante, vale anotar que os critérios que orientam o procedimento sumaríssimo igualmente deverão dirigir a atuação processual das partes. Assim, esperam-se manifestações informadas pela simplicidade, pela economia, pela informalidade e pela celeridade.

Embora todo o procedimento – máxime a audiência – seja orientado pela oralidade, a Lei n. 9.099 determina expressamente que haja registro por escrito do ocorrido em audiência, por meio de termo próprio, que será assinado pelo juiz e pelas partes. De qualquer modo, veja-se que também esse termo é informado pelos critérios do sumaríssimo. Assim, basta que o termo contenha resumidamente o ocorrido na assentada, pois os atos de modo mais detalhado serão objeto de registro em mídia. Para um retrato fiel do ocorrido na audiência, então, especialmente quanto às provas a serem ali produzidas, o acervo para consulta será mesmo o registro audiovisual, pois a ata da assentada tratará apenas o resumo do ocorrido.

A sentença, que se espera seja proferida na própria audiência, fica dispensada dos rigores do que estabelece o art. 381 do CPP. Estabelece este artigo legal que a sentença conterá: "I – os nomes das partes ou, quando não possível, as indicações necessárias para identificá-las; II – a exposição sucinta da acusação e da defesa; III – a indicação dos motivos de fato e de direito em que se fundar a decisão; IV – a indicação dos artigos de lei aplicados; V – o dispositivo; VI – a data e a assinatura do juiz". No procedimento sumaríssimo, não se exigirá da sentença a exposição de relatório do que ocorreu no processo, ou seja, fica a sentença ali proferida dispensada de indicar o que estabelecem os incisos I e II do art. 381 do CPP. Deveras, não há sentido que um procedimento orientado pela simplicidade e pela economia exija do julgador a formalização e registro da narrativa processual que, se observado o procedimento na sua estrita dicção legal, acabou de ocorrer exatamente em frente ao juiz prolator da sentença.

É certo que o procedimento sumaríssimo deve se orientar pelos critérios da simplicidade, da oralidade, da economia processual e da celeridade, como já repetimos exaustivamente, nos termos do art. 62 da Lei n. 9.099. No entanto, a fundamentação da sentença é requisito próprio que deriva de comando constitucional, exatamente o inciso IX do art. 93 da Constituição Federal. Tal advertência se presta a indicar que, ainda que os atos do JECRIM guardem maior simplicidade, a fundamentação da sentença observa o mesmo rigor de apreciação e motivação concreta, contextualizada e calcada na prova dos autos, que toda e qualquer sentença criminal ostenta. É dizer: a simplicidade do JECRIM não torna o ato decisório menos fundamentado ou de menor rigor na justificativa das razões pelas quais o julgador se convenceu da procedência ou improcedência do pedido condenatório.

Recebida a ação penal pelo juiz, que o fará fundamentadamente, ainda que mencione sucintamente as razões que o levam a instaurar o processo-crime, a ordem dos trabalhos é assemelhada ao que estabelecido no CPP para o procedimento comum ordinário e sumário. Vale lembrar: o regramento dos procedimentos ordinário e sumário foram estabelecidos na reforma havida no CPP em 2008. Por conseguinte, o desenho procedimental estabelecido no CPP, permite-se afirmar, foi buscar inspiração no que já estabelecia o procedimento sumaríssimo desde 1995. Aliás, essa ordem de trabalhos melhor conforma a oralidade no processo penal e, verdadeiramente, concretiza o processo penal de cariz acusatório estabelecido na Constituição Federal de 1988.

Assim, instaurado o processo-crime, os atos de instrução processual em audiência se dão inicialmente com a oitiva do ofendido, nos termos do art. 201 do CPP. Na sequência, serão ouvidas as testemunhas arroladas na peça acusatória e, depois, as testemunhas defensivas. Somente após a oitiva das testemunhas é que se procederá ao interrogatório do acusado.

As disposições que asseguram à vítima o direito de ser comunicada dos atos relativos a eventual prisão e soltura do acusado (providência dificilmente verificável nos crimes de menor potencial ofensivo, vale dizer), sentença e decisões proferidas em sede recursal quanto ao acusado são igualmente de observância obrigatória no JECRIM. Deve-se observar, igualmente, o cuidado para que o ofendido aguarde o ato processual e acompanhe a audiência em espaço próprio, reservado. Também o juiz, no sumaríssimo, cuidará para que a vítima seja encaminhada, se o caso, "para atendimento multidisciplinar, especialmente nas áreas psicossocial, de assistência jurídica e de saúde, a expensas do ofensor ou do Estado", nos termos do § 5.º do art. 201 do CPP. Além disso, ainda que se cuide de crime de menor potencial ofensivo, há de se ter em conta a necessidade de preservação da intimidade, vida privada, honra e imagem do ofendido. Assim, o juiz dispõe não só da possibilidade de limitar a publicidade da audiência, mas também limitar o acesso a informações constantes dos autos, justamente para a preservação dos interesses da vítima. As disposições de caráter protetivo da vítima, pois, guardam inteira aplicação no JECRIM. Aliás, com até maior preocupação, dado que o objetivo expresso do sumaríssimo é a atenção com a vítima.

A limitação pelo juízo quanto ao exercício da gestão das provas pelas partes no processo penal observa justamente a regularidade de tempo e modo para a atuação das partes. É sabido que, exercido ao seu tempo e ao modo adequado, o direito à prova exteriorizado pela parte mostra-se praticamente incontrastável. As balizas únicas para limitação da atividade probatória da parte encontram-se na dicção "excessivas, impertinentes ou protelatórias" veiculada no § 1º do art. 81 da Lei n. 9.099. Vale dizer que, posteriormente à Lei de 1995, a reforma do CPP havida em 2008 nela se inspira para a redação hoje presente no art. 400, § 1º, em especial quando se afirma que a limitação aos requerimentos probatórios se dará quando o juiz considerar as provas "irrelevantes, impertinentes ou protelatórias".

O juízo de relevância refere-se ao que se mostre desimportante ou excessivo em relação ao *thema probandum* do processo. Já o critério de impertinência remete ao que não diz respeito ou se apresente estranho ao tema da imputação criminal em juízo. A aferição de caráter protelatório diz quanto à apreciação de que o processo há de se realizar com celeridade e observar duração razoável (inciso LXXVIII do art. 5º da Constituição Federal).

No entanto, a tradição jurídica brasileira – quando se cuida da atenção à vítima e, especialmente, dos temas marcados pelo patriarcado e toda sorte de machismo estrutural presente na sociedade brasileira – não tem observado com a devida atenção esses critérios que balizam a gestão da prova outorgada às partes no processo. No ano de 2021, foi editada a Lei n. 14.245, de 22 de novembro, nominada "Lei Mariana Ferrer". Após a repercussão do caso havido no Estado de Santa Catarina, o Congresso Nacional discutiu alteração legislativa motivado por processo-crime cuja imputação incluía práticas de agressões sexuais, inclusive estupro, contra Mariana Ferrer, jovem que atuava como modelo e blogueira. A gravação da audiência de instrução, que ganhou ampla publicidade na mídia e nas redes sociais, ensejou toda sorte de críticas e reflexões sobre o que seja a pertinência e a relevância de indagações e comentários dirigidos à apreciação das qualidades da vítima, com degradações, revitimizações e vilipêndios à sua figura, quando em verdade o processo deveria se ocupar da apuração do fato criminoso ali imputado ao acusado.

Nesse sentido, a Lei, então, promove a inclusão do § 1º-A no art. 81 da Lei n. 9.099, a exemplo do que fez igualmente no CPP – tanto para o procedimento comum quanto para o procedimento dos crimes dolosos contra a vida, em especial a instrução em plenário. As alterações não trazem propriamente algo inovador, mas reforçam e destacam o que já seria de sabença geral, caso tivéssemos maior rigor epistêmico na apreciação das balizas dirigidas ao juiz na apreciação da pretensão probatória das partes: pertinência, relevância e negativa de protelação.

Nesse sentido, a Lei exige o respeito à dignidade da vítima e ameaça a violação a essa dignidade com a responsabilização penal, civil e administrativa dos atores envolvidos na persecução penal. Especificamente quanto à instrução, especialmente a produção da prova oral, o legislador fixa a *impossibilidade* de "manifestação sobre circunstâncias ou elementos alheios aos fatos objeto de apuração nos autos". O que faz a Lei Mariana Ferrer, propriamente, nesse ponto é explicitar o estrito juízo de *pertinência* sobre o que se pergunta, o que se colhe e o que se considera no curso do processo que discute (ou deve discutir), invariavelmente a imputação de fato criminoso a alguém. Na sequência, o inciso II do § 1º-A do art. 81, tal como modificado pela Lei Mariana Ferrer, *proíbe* "a utilização de linguagem, de informações ou de material que ofendam a dignidade da vítima ou de testemunhas". Aqui, o exercício argumentativo das partes que se dirigem, em relação ao Ministério Público, à comprovação da hipótese acusatória e, em relação à defesa, à resistência à imputação criminal jamais autorizará que esses atores – inclusive o juiz – se valham de expressões ou considerações que venham a ofender aquele que, por lei, já se encontra em situação de vulnerabilidade. Porque a situação de vítima é, *ipso iure*, uma situação de vulnerabilidade e, como tal, assim há de ser considerada no curso da persecução penal e, por conseguinte, todos seus atores.

Nesse sentido, vale dizer, a inovação legislativa materializa o esforço já positivado na Resolução nº 40/34 da ONU, aprovada pela Assembleia Geral em 29 de novembro de 1985, no art. 245 da Constituição Federal, a Resolução CNJ n. 253, de 4 de setembro de 2018 ("Define a política institucional do Poder Judiciário de atenção e apoio às vítimas de crimes e atos infracionais), a Resolução CNMP n. 243, de 18 de outubro de 2021 ("Dispõe sobre a Política Institucional de Proteção Integral e de Promoção de Direitos e Apoio às Vítimas"), entre outros atos recentes de atenção à vítima.

Trata-se, pois, de inserção alvissareira e que, espera-se, atenda ao reclamo de aprimoramento do processo penal brasileiro, de maneira a prevenir processos de revitimização, sobrevitimização ou vitimização secundária – ocorrentes quando a vítima se vê novamente atingida em sua dignidade, desta feita, pela própria ação do sistema de justiça criminal.

Embora todos os atos da audiência se deem de modo concentrado, é importante destacar a necessidade de se assegurar ao acusado a observância de todas as disposições do CPP que lhe garantam o exercício da autodefesa. Nessa linha de pensamento, então, deve o juiz perquirir do acusado se teve oportunidade de se entrevistar prévia e reservadamente com seu defensor antes do interrogatório. E, se o caso, deve o juiz assegurar ao acusado o exercício dessa entrevista antes do interrogatório. Nos termos do CPP, o interrogatório guardará duas partes. A primeira, dirigida à identificação do acusado e às suas informações de caráter pessoal. A segunda, própria daquilo que interessa à imputação penal que é deduzida contra ele. É nessa segunda parte do interrogatório que o acusado, devidamente advertido e orientado quanto ao exercício do direito ao silêncio, terá a oportunidade de se calar ou, assim querendo, dar sua própria versão para o fato que lhe é imputado em juízo.

A natureza mista do interrogatório, que autoriza tomá-lo como meio de prova e predominantemente como meio de defesa, igualmente se mostra presente no procedimento sumaríssimo. Dado que o acusado só é chamado a formalizar sua própria versão para o fato que lhe é imputado à luz de todo o arcabouço probatório produzido, ele poderá melhor aquilatar como proceder em favor de sua própria defesa. O interrogatório, claro, deverá ser objeto de consideração e valoração do juiz para formação de seu convencimento sobre a pretensão acusatória ali exercida na ação penal, mas o silêncio do acusado não poderá ser considerado em seu próprio prejuízo. A vedação de consideração do silêncio, contudo, não implica um vetor de direcionamento na valoração do interrogatório. O juiz é livre para bem considerá-lo, motivadamente, para a formação de seu convencimento. Por isso, se sobreleva a natureza de meio de defesa do interrogatório quanto ao momento de seu exercício e quanto à possibilidade de se valer do silêncio, ainda resta presente sua força de elemento probante, dado que o juiz o considerará contextualizando-o e o cotejando em face de todo o conjunto probatório produzido no curso do processo.

Colhido o interrogatório, passa-se imediatamente para os debates orais. Neles, que materializam a manifestação derradeira das partes antes da sentença, as partes oralmente dizem sobre o trâmite processual e, enfim, cotejam a imputação deduzida em desfavor do acusado com o conjunto probatório produzido no curso do processo. É o momento oportuno para alegação de eventuais nulidades que tenham ocorrido no curso do processo, ainda que a arguição tenha se dado igualmente no próprio momento em que ocorrida a nulidade na audiência. Incidem, pois, também no procedimento sumaríssimo, as disposições do art. 571 do CPP, que estabelecem que as nulidades devem ser arguidas pelas partes quando ocorrem na audiência e nas alegações finais.

A Lei n. 9.099 não estabeleceu tempo para esses debates orais. Embora se cuide de disposição legal posterior à Lei n. 9.099, o art. 403 do CPP pode ser aqui tomado como preceito de intepretação extensiva. Diz o CPP, quando se refere ao procedimento comum ordinário, que as partes dispõem de 20 minutos para os debates orais, prorrogáveis por até mais 10 minutos. Trata-se de baliza importante para solucionar eventual esgotamento do tempo para manifestação oral das partes antes da sentença.

Questão relevante que pode se apresentar no procedimento sumaríssimo diz respeito à eventual necessidade de diligências a serem realizadas antes da sentença a ser proferida. O procedimento sumaríssimo não traz, expressamente, uma disposição como aquela veiculada no art. 402 do CPP, própria do procedimento comum ordinário. Nos termos do art. 402 do CPP, "Produzidas as provas, ao final da audiência, o Ministério Público, o querelante e o assistente e, a seguir, o acusado poderão requerer diligências cuja necessidade se origine de circunstâncias ou fatos apurados na instrução".

Diante do silêncio da Lei n. 9.099, há um ponto claro: não há necessidade de que o juiz oportunize manifestação das partes sobre eventuais requerimentos probatórios antes dos debates orais. Se houver a necessidade de diligências, estas só serão realizadas se imprescindíveis à formação do convencimento do julgador e, nos termos do que dispõe o já mencionado art. 402 do CPP, as partes deverão demonstrar que a necessidade de essa produção probatória se origine de circunstância ou fato surgido no curso da instrução.

A previsão inserta no art. 402 do CPP é oportunidade que, ao mesmo tempo, autoriza o esclarecimento de circunstância ou fato relevante ao processo e conforma a ideia de que muitas vezes essa circunstância ou fato a ser esclarecido possa ter surgido apenas no curso da própria instrução. No entanto, é importante frisar, não se trata de uma renovação da fase postulatória do processo, isto é, não se cuida de uma "segunda oportunidade" às partes para que requeiram provas. A oportunidade de diligências probatórias já foi exercida: ao Ministério Público ou querelante, por ocasião do oferecimento da ação penal; à defesa, por ocasião dos requerimentos probatórios que deverão anteceder a audiência de instrução e julgamento. Caso contrário, se a possibilidade de diligências a serem realizadas após a colheita da prova oral não guardar caráter de excepcionalidade, vulnera-se a própria concentração dos atos em uma única audiência, que é um comando derivado da adoção da oralidade para o procedimento comum (ordinário, sumário e sumaríssimo).

Assim, a possibilidade de realização de diligências após o interrogatório do acusado deve realmente guardar caráter de excepcionalidade. E essa excepcionalidade é justamente informada pela necessidade de que circunstância ou fato surgido no curso da instrução seja devidamente apurado antes da manifestação derradeira das partes e subsequente prolação da sentença pelo juiz. O silêncio da Lei n. 9.099 reforça o caráter de excepcionalidade que esse requerimento de diligências assume. Seu deferimento, pois, guarda vinculação com a imprescindibilidade de esclarecimento para que a causa seja decidida pelo julgador. Para além da necessidade, é preciso também que tal pleito de diligências observe a cláusula inserta na parte final do art. 402 do CPP ("... cuja necessidade se origine de circunstâncias ou fatos apurados na instrução").

Art. 82. Da decisão de rejeição da denúncia ou queixa e da sentença caberá apelação, que poderá ser julgada por turma composta de três Juízes em exercício no primeiro grau de jurisdição, reunidos na sede do Juizado.

§ 1º A apelação será interposta no prazo de dez dias, contados da ciência da sentença pelo Ministério Público, pelo réu e seu defensor, por petição escrita, da qual constarão as razões e o pedido do recorrente.

§ 2º O recorrido será intimado para oferecer resposta escrita no prazo de dez dias.

§ 3º As partes poderão requerer a transcrição da gravação da fita magnética a que alude o § 3º do art. 65 desta Lei.

§ 4º As partes serão intimadas da data da sessão de julgamento pela imprensa.

§ 5º Se a sentença for confirmada pelos próprios fundamentos, a súmula do julgamento servirá de acórdão.

O sistema recursal do JECRIM é substancialmente mais simples que o estabelecido para os demais procedimentos penais. Há a previsão expressa de apenas duas espécies recursais: o recurso de apelação e os embargos de declaração.

O recurso de apelação, nos termos do que dispõe o CPP, é o principal recurso de toda a sistemática processual penal do direito pátrio. É recurso de ampla devolução da matéria ao Tribunal e não guarda efeito iterativo, isto é, não admite juízo de retratação do órgão prolator da decisão recorrida. Na sistemática do JECRIM, o recurso de apelação pode ser manejado nas seguintes situações: contra a decisão que rejeita a ação penal, contra a decisão que homologa a transação, contra a sentença que condena ou absolve o acusado, contra a decisão que, por qualquer outra razão, extinguir a punibilidade do fato.

O prazo recursal no procedimento sumaríssimo difere da sistemática recursal estabelecida no CPP. Neste, a parte é chamada a interpor o recurso num primeiro momento e, só depois, apresentar as respectivas razões. Na sistemática do CPP, é o termo de interposição do recurso que permite a aferição de sua tempestividade. Já na Lei n. 9.099, a sistemática recursal reproduz a tradicional formulação recursal do Direito Processual Civil, ou seja, há um único momento para a parte deduzir sua irresignação, apresentando desde logo a irresignação e as respectivas razões.

O prazo, igualmente, para a interposição do recurso no procedimento sumaríssimo é distinto daquele estabelecido no CPP. Ao passo que o recurso de apelação na sistemática do CPP observa o prazo de 5 dias para sua apresentação e 8 dias para a oferta das respectivas razões, na Lei n. 9.099 temos um prazo único para o recurso e suas razões – 10 dias.

A forma de contagem é a mesma do CPP, isto é, observa o regime estabelecido no art. 798 do CPP: prazos correm em cartório, são contínuos e peremptórios, não se interrompem por férias, domingo ou feriado. Não se computa o dia do começo e considera-se incluído no prazo o dia do vencimento. Caindo em dia que não tenha expediente forense, o prazo é prorrogado para o dia útil imediato. No processo penal, vale lembrar, os prazos são contados da efetivação da comunicação, e não da formalização ou documentação dessa comunicação nos autos.

Passadas mais de duas décadas de JECRIM, tomando-se em consideração as alterações que se sucederam da legislação processual como um todo, tal providência não mais se revela atual ou mesmo necessária. Quando menciona o procedimento comum ordinário, o legislador, por força da reforma operada em 2008, estabeleceu expressamente que o registro dos atos em audiência se daria minimamente por escrito e, em regra, por registro audiovisual que assegure fidelidade ao que ali produzido. O § 2.º do art. 405 do CPP é claro: "No caso de registro por meio audiovisual, será encaminhado às partes cópia do registro original, sem necessidade de transcrição". É dizer: o legislador estabeleceu a desnecessidade da degravação como regra. Excepcionalmente, pois, deve-se proceder ao registro por escrito (degravação) do que ocorrido na audiência do procedimento comum.

Quando menciona o procedimento especial dos crimes dolosos contra a vida, o legislador teve o cuidado de autorizar a degravação. Trata-se da disposição inserta no art. 475, parágrafo único, do CPP. No entanto, é bom destacar, tal cuidado se limitou ao que produzido no *judicium causae*, isto é, no Plenário do Tribunal do Júri. Faz sentido: muitas vezes, a aferição dos argumentos deduzidos pelas partes sobre eventual nulidade ou consideração de tese acusatória ou defensiva pelo jurado depende justamente do que falado, discutido ou mencionado no curso do plenário do júri. No entanto, de resto, há a prevalência da regra geral estabelecida para o procedimento comum, isto é, desnecessidade de formalização por escrito do que registrado em meio audiovisual.

Embora a Lei n. 9.099 guarde especialidade em face do que dispõe o CPP, nesse particular ao menos, não há como deixar de reconhecer que a disposição veiculada no CPP deve orientar a exegese do que estabelece o § 3.º do art. 65 da Lei n. 9.099. Ora, se o procedimento comum, ordinário e sumário, autoriza o registro dos atos em meio audiovisual e torna despicienda a transcrição do que ali ocorrido (degravação), por que razão se proceder à degravação num procedimento ainda mais orientado pela oralidade, pela simplicidade e, especialmente, pela economia processual.

Não se quer dizer com isso que o CPP, nesse ponto, tenha derrogado a disposição da Lei n. 9.099. No entanto, a sucessão de leis no tempo a respeito do tema "procedimento comum" – rememore-se que o procedimento sumaríssimo é espécie do procedimento comum estabelecido no CPP – parece guardar influência e diretriz interpretativa a respeito da degravação do que ocorrido na assentada judicial. A degravação do que ocorrido na audiência do procedimento sumaríssimo, portanto, mostra-se possível, como autoriza o § 3.º do art. 82, mas essa degravação deve guardar justificativa de extrema necessidade. Afinal, o próprio § 3.º do art. 83 faz referência ao § 3.º do art. 65 e ali encontramos também a concepção de que somente o que seja estritamente necessário deverá guardar registro escrito formalizado.

Assim, tem-se que as disposições do CPP, nomeadamente aquelas estabelecidas pela reforma de 2008, orientam e robustecem uma interpretação *restritiva* sobre a possibilidade de degravação dos atos que tenham sido registrados em meio audiovisual. É dizer: a parte, para pleitear a degravação, deverá indicar a necessidade de que o ato seja objeto de registro formalizado por escrito. É essa a interpretação que conforma a possibilidade de degravação com o que estabelecem a primeira parte do § 3.º do art. 65 da Lei 9.099 e a disposição do CPP acerca do procedimento comum (art. 405, § 2.º).

Já o § 3.º do art. 82 traz importante disposição sobre a comunicação dos atos processuais no JECRIM: ele determina que as partes serão intimadas da data de sessão do julgamento da apelação na turma recursal pela imprensa.

O CPP estabelece regime próprio para a comunicação dos atos processuais. O Ministério Público, por disposição específica de suas leis de regência (Lei Complementar n. 75/1993 e Lei n. 8.625/1993), e a Defensoria Pública – por força da Lei Complementar n. 80/1994 – gozam da prerrogativa de intimação pessoal com vista dos autos em todos os feitos que atuam.

A Lei n. 9.099, contudo, possui caráter de especialidade e, por isso, entende-se que a sua previsão de que a intimação se dê pela imprensa da data da sessão de julgamento alcança até mesmo o Ministério Público e a Defensoria Pública, a despeito das previsões legais que versam sobre as prerrogativas institucionais. A questão foi resolvida pelo STF, em seu Pleno, quando do julgamento do HC 76.915, de relatoria do Min. Marco Aurélio, em 17/6/1998. Estabeleceu o STF nesse julgamento: "O critério da especialidade é conducente a concluir-se pela inaplicabilidade, nos juizados especiais, da intimação pessoal prevista nos artigos 370, § 4º, do Código de Processo Penal (com redação dada pelo artigo 1º da Lei nº 9.271, de 17 de abril de 1996) e 5º, § 5º, da Lei nº 1.060/50 (com a redação introduzida pela Lei nº 7.871/89)." Desde então, entende-se que essa intimação pela imprensa é mesmo a regra, independentemente da presença do Ministério Público, da Defensoria Pública ou de defensor dativo nos autos.

Se a previsão de intimação pessoal com vista dos autos é afastada para os casos de atuação da Defensoria Pública no JECRIM, o mesmo não se pode dizer quanto à prerrogativa da contagem em dobro de seus prazos. O defensor público disporá da contagem dos prazos processuais em dobro por força da prerrogativa legal estabelecida na já mencionada Lei Complementar 80/1994.

Já o defensor dativo, em que pese a redação expressa do § 5.º do art. 5º da Lei n. 1.060/1950, não dispõe da prerrogativa de contagem em dobro dos prazos, porque, na dicção do STJ, "por não integrar o quadro estatal de assistência judiciária; usufrui apenas da intimação pessoal" (6.ª Turma, AgRg no AREsp 947.520, Rel. Min. Rogerio Schietti Cruz, julgado em 13/12/2016, DJe de 19/12/2016 – em igual sentido, 5.ª Turma, AgRg no AREsp 880.892, Rel. Min. Ribeiro Dantas, julgado em 6/12/2016, DJe de 12/12/2016). A prerrogativa do prazo em dobro, portanto, depende da vinculação a serviço público de assistência judiciária. Tal previsão mostra-se relevante, porque acaba alcançando os Núcleos de Prática Jurídica e outros serviços que prestam assistência judiciária sem prejuízo da atuação institucional da Defensoria Pública.

O § 5.º do art. 82, atento à simplicidade e à economia processual, dispensa a turma recursal do JECRIM de acrescer fundamentos à sentença que seja simplesmente "confirmada", isto é, quando o julgamento da apelação ensejar a afirmação de que a decisão lançada em primeira instância se mostra correta e sem necessidade de reparos ou acréscimos. É certo que há crítica técnica quanto ao uso da expressão "confirmada", para designar o julgamento do colegiado que afirma acertada a decisão recorrida. Afinal, se conhecido o recurso, a decisão proferida pelo colegiado passa a substituir aquela recorrida, razão pela qual não se trata propriamente de uma "confirmação", mas da afirmação de uma decisão, agora proferida pelo órgão recursal, ainda que de idêntico conteúdo.

No entanto, considerada a praxe forense, que consagrou a utilização da expressão "confirmação", naqueles casos em que admitido e conhecido o recurso, mas desprovido, não haveria razão para desprestigiar essa compreensão. Ao revés, ela se presta justamente para autorizar que o julgamento do colegiado, que se materializa num acórdão, não traga necessariamente acréscimos se a decisão proferida foi de reconhecimento do acerto da decisão atacada. Assim, em lugar do registro escrito dos votos proferidos pela turma recursal, a súmula do julgamento, que é a síntese do que ali lançado, com os nomes e indicações dos presentes e suas respectivas posições, se prestará como acórdão do julgamento.

A decisão, então, proferida pela turma recursal será composta da própria sentença recorrida e da súmula do julgamento dela turma recursal.

Art. 83. Cabem embargos de declaração quando, em sentença ou acórdão, houver obscuridade, contradição ou omissão.

§ 1º Os embargos de declaração serão opostos por escrito ou oralmente, no prazo de cinco dias, contados da ciência da decisão.

§ 2º Os embargos de declaração interrompem o prazo para a interposição de recurso.

§ 3º Os erros materiais podem ser corrigidos de ofício.

Além do recurso de apelação, o procedimento sumaríssimo autoriza o manejo dos embargos declaratórios. Estes são recurso de efeito iterativo, isto é, que devolve a apreciação da matéria ao próprio órgão prolator da decisão atacada, naqueles casos em que a decisão recorrida ostente omissão, contradição ou obscuridade. Entende-se por omissão a ausência de enfrentamento na decisão de questão ou tema por si capaz de afetar a conclusão sobre a pretensão deduzida pelas partes. Já a contradição ocorre quando os fundamentos ou razões indicadas na decisão não guardam coerência entre si. A obscuridade, por sua vez, refere-se à falta de clareza da decisão, a ponto de prejudicar a correta interpretação do *decisum* e, por conseguinte, dos efeitos que se espera da decisão.

Os embargos de declaração foram objeto de aprimoramento redacional promovido pelo Código de Processo Civil de 2015 (Lei n. 13.105/2015). A Lei que estabeleceu o CPC/2015 colheu a oportunidade para melhor enumerar as hipóteses de cabimento dos embargos (caput do art. 83) e solucionar a questão atinente aos efeitos dos embargos para a contagem dos prazos de outros recursos (§ 2.º do mesmo art. 83). Assim, opostos os embargos de declaração pela parte, o prazo para a interposição de outros recursos (apelação, recurso extraordinário, reclamação correicional etc.) é interrompido, isto é, ele é devolvido à parte integralmente quando da intimação da decisão proferida nos embargos.

A Lei n. 9.099 autoriza a oposição dos embargos declaratórios oralmente ou por escrito. Quando ofertados oralmente, as razões da parte serão reduzidas a termo sinteticamente na própria assentada ou em termo próprio lavrado pelo serventuário diante de quem a parte assim manifestar sua irresignação. Tecnicamente, os embargos de declaração são *opostos*, e não interpostos, embora nada impeça que se mencione a *interposição* do *recurso* de embargos de declaração.

Os erros materiais poderão ser corrigidos pelo juiz de ofício ou também por meio de embargos de declaração. Os erros materiais são aqueles aferíveis de plano, facilmente perceptíveis. Não se referem a equívoco de critério ou desvio de pensamento do ato decisório. São aqueles que resultam de inexatidão material ou defeito de expressão. São corrigíveis de ofício, ou mediante provocação por meio dos embargos declaratórios, justamente porque não afetam a substância do ato decisório, isto é, não altera, amplia ou reduz os efeitos da decisão. Por isso, tratando-se de mera retificação material, não há que se falar em preclusão ou óbice a que o julgador reconheça *sponte propria* o erro material.

DA EXECUÇÃO

Art. 84. Aplicada exclusivamente pena de multa, seu cumprimento far-se-á mediante pagamento na Secretaria do Juizado.

Parágrafo único. Efetuado o pagamento, o Juiz declarará extinta a punibilidade, determinando que a condenação não fique constando dos registros criminais, exceto para fins de requisição judicial.

Como vimos, a pena de multa pode se prestar como conteúdo da proposta de transação penal como também pode derivar da condenação imposta pela prática do crime de menor potencial ofensivo. Sua incidência deriva da observância dos arts. 49 e seguintes do Código Penal.

A imposição da pena de multa hoje substancia dívida de valor, nos termos da redação do art. 51 do Código Penal, tal como determinada pela Lei n. 9.268/1996: "Transitada em julgado a sentença condenatória, a multa será considerada dívida de valor, aplicando-se-lhes as normas da legislação relativa à dívida ativa da Fazenda Pública, inclusive no que concerne às causas interruptivas e suspensivas da prescrição".

De qualquer modo, caso o pagamento se dê voluntariamente no JECRIM, o juiz desde logo reconhecerá a extinção da punibilidade em favor do autor do fato ou condenado.

Art. 85. Não efetuado o pagamento de multa, será feita a conversão em pena privativa da liberdade, ou restritiva de direitos, nos termos previstos em lei.

A previsão do art. 85 da Lei n. 9.099 foi claramente derrogada pela Lei n. 9.268/1996, que lhe é posterior e dá tratamento distinto ao tema.

A respeito da ausência do pagamento da multa, vale destacar que o STF, em 13 de dezembro de 2018, finalmente resolveu a questão da legitimidade para o ajuizamento da execução em caso de inadimplemento. Trata-se da decisão proferida pelo Pleno do Tribunal nos autos da 12.ª questão de ordem da AP 470, apreciada em conjunto com a ADI 3150.

A redação atual do Código Penal, em especial o art. 51, cujo texto foi estabelecido pela Lei n. 9.269/1996, apresentava aparente conflito com o preceito contido na Lei de Execução Penal. A controvérsia envolvia o artigo 164 da Lei de Execução Penal, que, de um lado, afirma: extraída certidão da sentença condenatória com trânsito em julgado, que valerá como título executivo judicial, o Ministério Público requererá, em autos apartados, a citação do condenado para, no prazo de 10 (dez) dias, pagar o valor da multa ou nomear bens à penhora. De outro lado, a redação do art. 51 do Código Penal fixa que, depois do trânsito em julgado da sentença condenatória, a multa será considerada dívida de valor, devendo ser cobrada de acordo com as normas da legislação relativa à dívida ativa da Fazenda Pública.

O STF, então, decidiu que a alteração da redação do Código Penal, embora estabeleça a multa como dívida de valor (sem possibilidade, diante de seu inadimplemento, ser convertida em pena privativa de liberdade), não retirou dela sua natureza penal. A decisão do STF pode ser resumida em dois pontos: (i) o Ministério Público é o órgão legitimado a promover a execução da pena de multa perante a Vara de Execução Criminal; (ii) caso o titular da ação penal, devidamente intimado, não proponha a execução da multa no prazo de 90 dias, o juízo da execução penal dará ciência do feito para o órgão competente da Fazenda Pública, que procederá à cobrança perante o juízo de execução fiscal, com base na Lei da Dívida Ativa.

A Lei n. 13.964/2019 resolveu a questão da competência para a execução da pena de multa, convém lembrar, ao promover alteração na redação do art. 51 da Lei de Execução Penal, a fim de estabelecer a execução do juízo da execução penal para o processo de execução da pena de multa. A redação do art. 51 restou assim consignada: "Transitada em julgado a sentença condenatória, a multa será executada perante o juiz da execução penal e será considerada dívida de valor, aplicáveis as normas relativas à dívida ativa da Fazenda Pública, inclusive no que concerne às causas interruptivas e suspensivas da prescrição."

A depender, portanto, das normas de organização judiciária de cada unidade federativa, a competência para a execução da pena de multa, que observará rito próprio do executivo fiscal, será do juízo da execução penal ou do próprio JECRIM. Certo é que não haverá mais deslocamento para o juízo cível: a competência do juízo para a execução da multa será criminal (JECRIM ou juízo de execução).

Assim, tem-se que o preceito veiculado no art. 85 da Lei n. 9.099 encontra-se **revogado**. O inadimplemento da pena de multa, dadas as previsões do Código Penal e da Lei de Execução Penal, ensejará dívida de valor, a ser executada pelo Ministério Público. Caso este não promova a execução da pena, a titularidade para a promoção dessa excussão patrimonial passa à Fazenda Pública, pela respectiva Procuradoria de Estado (nos Estados e Distrito Federal, pela Procuradoria do Estado ou do Distrito Federal, conforme o caso; na União, pela Procuradoria da Fazenda Nacional).

A afirmação da sanção de multa como pena, mesmo que afastada a possibilidade de conversão em pena privativa de liberdade por força de inadimplemento, ainda guarda peculiaridades em relação ao reconhecimento de eventual prescrição ou indulto.

Até o entendimento sufragado pelo Plenário do Supremo Tribunal Federal no final do ano de 2018, a competência para o reconhecimento de prescrição ou mesmo para reconhecer o alcance de indulto sobre a pena de multa, segundo o entendimento então majoritário, era da autoridade fazendária (e não mais da autoridade jurisdicional). Nesse sentido, a título ilustrativo, confira-se o que decidiu o STF no ano de 2012:

> "[...] não há falar em competência do Juízo da Execução Penal para decidir a respeito da pena de multa convertida em dívida de valor. Destarte, independentemente da origem penal da sanção, a multa restou convolada em obrigação de natureza fiscal e, por essa razão, a competência para passou a ser da autoridade fiscal, por força da Lei n. 9.268/96, que deu nova redação ao art. 51 do Código Penal." (HC 115405 AgR, Rel. Min. Luiz Fux, 1.ª Turma, julgado em 13/11/2012, DJe de 17/12/2012).

Com a afirmação, pelo Plenário da Corte, de que a pena de multa não perde sua natureza penal, ainda que seu inadimplemento não autorize a conversão da multa em pena privativa de liberdade, não guarda coerência jurídica a compreensão de que as decisões sobre indulto ou mesmo prescrição incidentes sobre a pena de multa estejam a cargo do juízo fazendário. Se é pena, o juízo deve ser próprio da jurisdição penal. A ver, então, se o próprio STF ou se as demais Cortes promoverão um realinhamento dessa compreensão, para se coadunarem com o tema decidido no final do ano de 2018 sobre a natureza da multa como pena.

Art. 86. A execução das penas privativas de liberdade e restritivas de direitos, ou de multa cumulada com estas, será processada perante o órgão competente, nos termos da lei.

O art. 86 da Lei n. 9.099 resguarda a competência do juízo da execução penal para as penas impostas no JECRIM. O preceito da Lei n. 9.099, portanto, coaduna-se com o que dispõe o art. 65 da Lei de Execução Penal (LEP), quando estabelece que "A execução penal competirá ao Juiz indicado na lei local de organização judiciária e, na sua ausência, ao da sentença". É dizer: trata-se de matéria própria da organização judiciária do Estado ou da União (para a Justiça Federal e para a Justiça do Distrito Federal), conforme o caso.

Embora o texto constitucional (art. 98, inciso I, da Constituição Federal) e a Lei n. 9.099 (art. 60) estabeleçam a competência do JECRIM "para a conciliação, o julgamento e a execução das infrações penais de menor potencial ofensivo", nota-se que a preocupação está em centralizar no Juizado a observância das penas aplicadas em transação penal e, como se verá adiante, em eventual suspensão condicional do processo. Quando se cuidar da execução de pena decorrente de sentença condenatória, a competência a ser observada deverá ser aquela estabelecida para a execução penal propriamente dita, nos termos do art. 65 da LEP.

DAS DESPESAS PROCESSUAIS

Art. 87. Nos casos de homologação do acordo civil e aplicação de pena restritiva de direitos ou multa (arts. 74 e 76, § 4º), as despesas processuais serão reduzidas, conforme dispuser lei estadual.

Atenta aos aspectos e consequências práticos dos institutos da composição dos danos civis e da transação penal, a Lei n. 9.099, acertadamente, cuida também de fomentar esses institutos despenalizadores por meio da redução das despesas processuais.

É certo que, no Brasil, os valores próprios de despesas processuais na seara criminal não reproduzem preocupações presentes com altos valores, como ocorre na realidade norte-americana ou mesmo de países europeus. No entanto, também por esse aspecto, nota-se que há toda uma rede de incentivos a que as partes envolvidas na notícia do crime de menor potencial ofensivo optem pela utilização dos institutos que, a uma só vez, permitem a incidência de resposta diversa da pena privativa de liberdade e que afastem o aspecto estigmatizante e indesejado da persecução penal tradicional com ação, instrução e sentença criminal.

De qualquer modo, o minudenciamento dessa diretriz dirigida ao legislador estadual (ou poder regulamentar federal, no caso da Justiça Federal e da Justiça do Distrito Federal) incumbirá ao exercício da competência estabelecida no inciso IV do art. 24 da Constituição Federal, segundo o qual a competência para legislar sobre "custos dos serviços forenses" é concorrente. É dizer: normas gerais da União seguidas de normas suplementares dos Estados e do Distrito Federal. Essa previsão, então, inserta no art. 87 da Lei n. 9.099, deriva justamente dessa competência da União para estabelecer norma geral a ser observada para os serviços que toquem o JECRIM.

DISPOSIÇÕES FINAIS

Art. 88. Além das hipóteses do Código Penal e da legislação especial, dependerá de representação a ação penal relativa aos crimes de lesões corporais leves e lesões culposas.

A disciplina legal da "ação penal", como regra, é feita pelo Direito Penal material e, por isso, é tratada pelo Código Penal tanto na parte geral quanto na parte especial. Já o detalhamento procedimental, a enumeração das condições para o seu exercício e, enfim, a materialização do exercício da ação penal em juízo é tema para o Direito Processual Penal. O título VII do Código Penal, exatamente nos arts. 100 a 106, cuida justamente dessa disciplina legal.

É no art. 100 do CP que colhemos a regra geral do exercício da ação penal: "A ação penal é pública, salvo quando a lei expressamente a declara privativa do ofendido". No silêncio da lei, portanto, a infração penal será objeto de ação penal pública incondicionada, isto é, a ação penal será de titularidade do Ministério Público (conforme dispõe o art. 129, inciso I, da Constituição Federal).

Segundo tal dicção, a leitura isolada do art. 129 do Código Penal asseguraria aos crimes de lesões leves e lesões culposas a disciplina da ação penal pública incondicionada. É a previsão do art. 88 da Lei n. 9.099, portanto, que assegura a esses dois crimes que a persecução penal seja condicionada pela necessidade de representação do ofendido. A representação do ofendido é condição de procedibilidade para o exercício da ação penal e, como vimos, também para a própria proposta de transação penal.

Desse modo, nos crimes de lesões leves e de lesões culposas, a eventual composição dos danos civis implica a renúncia ao direito de representação do ofendido e, por conseguinte, a extinção da punibilidade do fato. Além disso, passa-se a observar o prazo decadencial de seis meses, contado do conhecimento da autoria do fato, para que o ofendido manifeste sua autorização a que o Estado promova a persecução penal. Enfim, toda a disciplina da ação penal pública condicionada à representação passa a viger em relação a esses crimes.

A previsão do art. 88 tem sua incidência assegurada independentemente da afirmação da competência do JECRIM ou mesmo do cabimento dos institutos da transação penal ou da suspensão condicional do processo. Para que fique claro: a disciplina da ação penal nos crimes de lesões corporais leves e culposas independem de incidência do procedimento sumaríssimo ou mesmo da competência do Juizado Especial Criminal.

Trata-se de previsão legislativa deslocada. Tecnicamente, decerto, tal previsão deveria ser objeto de disposição veiculada no próprio Capítulo II da Parte Especial do Código Penal (especificamente no art. 129, por exemplo, por meio de um parágrafo específico). No entanto, a previsão apartada do Código Penal em nada prejudica a disciplina legal da ação penal nesses casos. Há de se ter em conta, porém, dois destaques específicos sobre essa condição para o exercício da ação penal nesses crimes.

O primeiro se refere à projeção da representação do ofendido também para a contravenção penal de vias de fato. A Lei de Contravenções Penais (Decreto-Lei n. 3.688/1941) estabelece em seu art. 21 a infração de vias de fato: "Praticar vias de fato contra alguém". A pena expressamente condiciona a incidência do tipo à observância de subsidiariedade, isto é, teremos a contravenção de vias de fato apenas "se o fato não constitui crime". As vias de fato são a altercação física que ameaça a integridade física por meio de ataque ou violência contra a pessoa. No entanto, se dessa altercação física resultam lesões, incidirá a figura mais grave, o crime de lesões corporais. Trata-se, pois, de infração penal expressamente sujeita à cláusula de subsidiariedade. Como atos agressivos praticados contra alguém, são exemplos de vias de fato: sacudir, rasgar ou arrancar roupas, empurrar, dar socos ou pontapés, puxar cabelo, arremessar objetos – desde que tais ações não culminem em lesões corporais.

A pena para a contravenção de vias de fato é de prisão simples, de quinze dias a três meses, ou multa, desde que, repita-se, não se alcancem lesões corporais. A sanção é aumentada em um terço se as vias de fato são praticadas em desfavor de idoso, isto é, vítima maior de 60 anos de idade.

Como toda contravenção penal, as vias de fato são, em regra, objeto de ação penal pública incondicionada (art. 17 da Lei de Contravenções Penais). E nisso reside o problema: não faz sentido que o crime de subsidiariedade expressa e menos grave que as lesões corporais leves ou culposas observe disciplina de ação penal mais gravosa que o crime comparativamente mais grave. Estamos diante de solução de franca iniquidade quando as vias de fato não observam todos os institutos que alcançam a representação do ofendido nos crimes de ação penal pública condicionada: a decadência do direito de representação, a renúncia, os efeitos da composição dos danos civis, a possibilidade de retratação do ofendido até o oferecimento da ação penal etc.

Sobre o tema, o STF ostenta diversos julgados nos quais se atém à literalidade dos dispositivos e, por isso, fixa que, com amparo no art. 88 da Lei n. 9.099, somente os crimes de lesões leves ou culposas passaram a ser de ação penal pública condicionada. A contravenção de vias de fato, pois, nos termos do art. 17 da LCP, seguiria como de ação penal pública incondicionada. Nesse sentido, confira-se o que decidiu a Corte, por sua 1.ª Turma em 20/3/2001, no HC 80.617: "A regra do art. 17 LCP – segundo a qual a persecução das contravenções penais se faz mediante ação pública incondicionada – não foi alterada, sequer com relação à de vias de fato, pelo art. 88 L. 9.099/95, que condicionou à representação a ação penal por lesões corporais leves" (Rel. Min. Sepúlveda Pertence, Ementário 2.029/733). Para o STF, portanto, a contravenção penal de vias de fato segue como infração penal de ação penal pública incondicionada. O STJ perfilha do mesmo entendimento, como se observa do seguinte excerto de julgado: "1. O artigo 88 da Lei n.º 9.099/95, que tornou condicionada à representação a ação penal por lesões corporais leves e lesões culposas, não se estende à persecução das contravenções penais. A contravenção penal de vias de fato, insculpida no artigo 21 da Lei de Contravenções Penais (Decreto Lei n.º 3.688/41), ainda que de menor potencial ofensivo em relação ao crime de lesão corporal, não foi incluída nas hipóteses do artigo 88 da Lei n.º 9.099-95. 2. A Lei de Contravenções Penais (Decreto Lei n.º 3.688/41) continua em pleno vigor e nela há expressa previsão legal de que a ação penal é pública incondicionada, conforme disciplina o seu artigo 17." (RHC 47.253, Rel. Min. Maria Thereza de Assis Moura, 6.ª Turma, julgado em 4/12/2014, DJe de 17/12/2014).

Essa solução dos Tribunais Superiores, embora fortemente atrelada à literalidade dos dispositivos legais, máxime em prestígio aos arts. 100 do CP e 17 da LCP, muitas vezes não é observada no trabalho diuturno dos juizados país afora. Não são poucos os casos em que a contravenção de vias de fato se mostra em contexto de prática também de lesões corporais. Um exemplo ilustra isso: imagine-se uma confusão generalizada em que algumas pessoas praticam vias de fato e outras, lesões corporais leves. Ao serem submetidas ao JECRIM, os que praticaram vias de fato, ainda que componham civilmente os danos ao ofendido, passarão pelo escrutínio de transação penal ou mesmo de ação penal promovida pelo Ministério Público. Já aqueles que praticaram lesões leves – crime mais grave –, se alcançarem composição dos danos civis com o ofendido, serão beneficiados pela extinção da punibilidade decorrente da renúncia ao direito de representação (art. 74 da Lei n. 9.099). O exemplo bem ilustra o quadro de iniquidade, no qual a infração menos grave receberá resposta mais grave do Estado. Justamente por isso, adotamos a compreensão de que também a contravenção penal das vias de fato deve observar o que dispõe o art. 88 da Lei n. 9.099. Afinal, se a infração penal de que a contravenção é expressamente subsidiária passou a observar, desde 1995, disposição penal mais benéfica ao agente criminoso, não haveria razão jurídica, considerada a sucessão de diplomas legais e a urgente necessidade de revisão legislativa da Lei de Contravenções Penais, a afastar tal benefício da contravenção de vias de fato. De qualquer modo, vale a advertência: não é esse o entendimento dos Tribunais Superiores.

O segundo destaque específico se refere aos casos em que incide a Lei n. 11.340/2006, a Lei Maria da Penha. Esta, como se sabe, conforma entre nós a preocupação com a violência doméstica e familiar praticada contra a mulher e observa as determinações hauridas tanto da Convenção sobre a Eliminação de Todas as Formas de Discriminação contra as Mulheres quanto da Convenção Interamericana para Prevenir, Punir e Erradicar a Violência contra a Mulher. Em disposição expressa, a Lei n. 11.340 estabelece sem margem para dúvidas: "Aos crimes praticados com violência doméstica e familiar contra a mulher, independentemente da pena prevista, não se aplica a Lei no 9.099, de 26 de setembro de 1995".

Os crimes de lesões leves e culposas têm sua disciplina de ação penal pública condicionada por força de disposição veiculada na Lei n. 9.099. A literalidade da Lei Maria da Penha, mais uma vez, é de clareza solar: se os crimes de lesões leves ou de lesões culposas são praticados em situação que faça incidir a Lei n. 11.340/2006, a persecução penal desses fatos observará ação penal pública incondicionada. A previsão de incidência do diploma protetivo encontra-se no art. 5.º da Lei Maria da Penha. Entende-se por violência doméstica e familiar contra a mulher – portanto, insuscetível de atrair a disciplina legal da Lei n. 9.099 – toda infração penal praticada nas seguintes circunstâncias: "I – no âmbito da unidade doméstica, compreendida como o espaço de convívio permanente de pessoas, com ou sem vínculo familiar, inclusive as esporadicamente agregadas; II – no âmbito da família, compreendida como a comunidade formada por indivíduos que são ou se consideram aparentados, unidos por laços naturais, por afinidade ou por vontade expressa; III – em qualquer relação íntima de afeto, na qual o agressor conviva ou tenha convivido com a ofendida, independentemente de coabitação".

É bem verdade que o conceito de violência estabelecido na Lei Maria da Penha não guarda estrita identidade com figuras penais. O desenho normativo estabelecido na Lei n. 11.340 busca justamente observar a complexidade do fenômeno da violência, para ali descrever espécies de violência estrutural, simbólica e toda sorte de ações que não necessariamente guardam estrito juízo de tipicidade. E assim faz porque a descrição das hipóteses de incidência da Lei Maria da Penha não deriva do juízo de competência informado pela espécie de infração penal, mas das circunstâncias em que praticado o fato criminoso.

Assim, se qualquer infração for praticada nas circunstâncias descritas no art. 5.º da Lei Maria da Penha, não haverá a incidência de qualquer previsão da Lei n. 9.099 e, por conseguinte, ficam afastados os institutos nela previstos que de algum modo toquem o *jus puniendi* estatal, nomeadamente: a composição dos danos civis, a transação penal, a representação para a ação penal nos crimes de lesões culposas e leves, a suspensão condicional do processo.

Em que pese a literalidade do preceito legal, o tema observou dissídio jurisprudencial por muitos anos nas Cortes brasileiras. Atualmente, contudo, não há mais que se mencionar controvérsia. STF e STJ, em diversas oportunidades, já afirmaram e destacaram a higidez e a validade da proibição de incidência da Lei n. 9.099 para os casos de violência doméstica e familiar contra a mulher. Assim, se os crimes de lesões leves e culposas forem praticados em situação de violência doméstica e familiar contra a mulher, a persecução penal será de ação penal pública incondicionada.

O STF, em decisão dotada de efeito vinculante, reconheceu expressamente a constitucionalidade da proibição estabelecida no art. 41 da Lei Maria da Penha. No julgamento da ADI 4.424, em 9/2/2012, afirmou: "A ação penal relativa a lesão corporal resultante de violência doméstica contra a mulher é pública incondicionada" (Tribunal Pleno, Rel. Min. Marco Aurélio, DJe de 1.º/8/2014). No mesmo dia, em julgamento de ação declaratória da constitucionalidade do mencionado preceito legal, também asseverou: "O artigo 41 da Lei n.º 11.340/06, a afastar, nos crimes de violência doméstica contra a mulher, a Lei nº 9.099/95, mostra-se em consonância com o disposto no § 8º do artigo 226 da Carta da República, a prever a obrigatoriedade de o Estado adotar mecanismos que coíbam a violência no âmbito das relações familiares" (ADC 19, Rel. Min. Marco Aurélio, Tribunal Pleno, julgado em 9/2/2012, DJe de 29/4/2014).

Logo, incidente a Lei Maria da Penha, isto é, se o crime é praticado em situação de violência doméstica e familiar contra a mulher, afasta-se a aplicação do art. 88 da Lei n. 9.099. Com maior razão, nesse caso, também não haveria que se falar em representação do ofendido para a contravenção penal de vias de fato praticada em contexto de violência doméstica e familiar contra a mulher. Nesse sentido, vale destacar, já decidiu o STJ: "A Lei de Contravenções Penais (Decreto Lei n.º 3.688/41) continua em pleno vigor e nela há expressa previsão legal de que a ação penal é pública incondicionada, conforme disciplina o seu artigo 17. Seja caso de lesão corporal leve, seja de vias de fato, se praticado em contexto de violência doméstica ou familiar, não há falar em necessidade de representação da vítima para a persecução penal. (HC 302.387/RS, Rel. Ministro Nefi Cordeiro, Sexta Turma, julgado em 28/06/2016, DJe 01/08/2016).

A edição da Lei nº 14.344, de 24 de maio de 2022, nominada como "Lei Henry Borel", somou-se à previsão da Lei Maria da Penha como exemplo de exclusão expressa da incidência da Lei nº 9.099/1995 e seus institutos despenalizantes. A Lei recebeu esse nome em homenagem à criança Henry Borel Medeiros, que foi vítima de homicídio aos quatro anos de idade, no ano de 2021, na cidade do Rio de Janeiro. O crime ocorreu no apartamento em que a criança morava com a sua mãe e o padrasto. A repercussão do fato foi destacada como ensejadora da conveniência política de formalização de uma lei destinada a "criar mecanismos para a prevenção e o enfrentamento da violência doméstica e familiar contra a criança e o adolescente, nos termos do § 8º do art. 226 e do § 4º do art. 227 da Constituição Federal e das disposições específicas previstas em tratados, convenções ou acordos internacionais de que o Brasil seja parte" (excerto da ementa).

Além disso, a Lei nº 14.344 promoveu diversas alterações no Código Penal, na Lei de Execução Penal, na Lei de Crimes Hediondos e na Lei nº 13.431, de 4/4/2017, que estabelece o sistema de garantia de direitos da criança e do adolescente vítima ou testemunha de violência. Remetemos o leitor, nesta obra, à leitura dos comentários a essas leis específicas.

Interessa-nos a alteração promovida no art. 226, § 1º, do Estatuto da Criança e do Adolescente (Lei nº 8.069/1990), cuja redação foi acrescentada justamente pela Lei Henry Borel: "Aos crimes cometidos contra a criança e o adolescente, independentemente da pena prevista, não se aplica a Lei nº 9.099, de 26 de setembro de 1995."

Anotamos a inserção legislativa neste ponto, mas remetemos o(a) leitor(a) à leitura dos comentários ao art. 90-A da Lei nº 9.099/1995, uma vez que se trata de enunciado que expressamente exclui do âmbito de vigência da Lei os crimes cometidos contra a criança e o adolescente.

Art. 89. Nos crimes em que a pena mínima cominada for igual ou inferior a um ano, abrangidas ou não por esta Lei, o Ministério Público, ao oferecer a denúncia, poderá propor a suspensão do processo, por dois a quatro anos, desde que o acusado não esteja sendo processado ou não tenha sido condenado por outro crime, presentes os demais requisitos que autorizariam a suspensão condicional da pena (art. 77 do Código Penal).

§ 1º Aceita a proposta pelo acusado e seu defensor, na presença do Juiz, este, recebendo a denúncia, poderá suspender o processo, submetendo o acusado a período de prova, sob as seguintes condições:

I – reparação do dano, salvo impossibilidade de fazê-lo;

II – proibição de frequentar determinados lugares;

III – proibição de ausentar-se da comarca onde reside, sem autorização do Juiz;

IV – comparecimento pessoal e obrigatório a juízo, mensalmente, para informar e justificar suas atividades.

§ 2º O Juiz poderá especificar outras condições a que fica subordinada a suspensão, desde que adequadas ao fato e à situação pessoal do acusado.

§ 3º A suspensão será revogada se, no curso do prazo, o beneficiário vier a ser processado por outro crime ou não efetuar, sem motivo justificado, a reparação do dano.

§ 4º A suspensão poderá ser revogada se o acusado vier a ser processado, no curso do prazo, por contravenção, ou descumprir qualquer outra condição imposta.

§ 5º Expirado o prazo sem revogação, o Juiz declarará extinta a punibilidade.

§ 6º Não correrá a prescrição durante o prazo de suspensão do processo.

§ 7º Se o acusado não aceitar a proposta prevista neste artigo, o processo prosseguirá em seus ulteriores termos.

A suspensão condicional do processo é instituto consagrado na Lei n. 9.099, mas que não guarda pertinência apenas com o procedimento sumaríssimo ou mesmo com crimes de menor potencial ofensivo. Sua previsão legislativa alcança todos os crimes que se amoldem ao que estabelece o art. 89, com exceção, como já indicamos, daquelas infrações praticadas em situação de violência doméstica e familiar contra a mulher.

A inspiração da suspensão condicional do processo vem da *probation*, própria dos países de *common law* e que ganhou ampla recepção nos países de tradição de *civil law*, como Portugal, Argentina, Chile, entre outros, com destaque para a sua previsão no relevante trabalho que culminou no Projeto de Código de Processo Penal Modelo para a América Latina, cujas diretivas até hoje não foram integralmente inseridas no direito pátrio.

Trata-se de instituto que bem se insere na lógica da Lei n. 9.099: tem caráter despenalizante na medida em que busca afastar o processo penal e, com isso, atenuar os efeitos estigmatizantes que a simples instauração de persecução penal possa trazer à pessoa formalmente acusada da prática de infração penal em juízo. Atende, pois, aos reclamos de desburocratização da Justiça penal, bem assim à preocupação com a celeridade e a efetividade do sistema de justiça criminal como um todo no tratamento das infrações penais que lhe são noticiadas. Insere-se na já mencionada *discricionariedade regulada*, que igualmente orienta a transação penal, isto é, o manejo da suspensão condicional do processo situa-se justamente como projeção do exercício do próprio direito de ação penal e tal assertiva ganha reflexo na titularidade daquele que oferta a proposta. Incumbe, pois, ao titular do direito de ação em juízo avaliar a possibilidade de seu cabimento e, em caso afirmativo, propô-la ao acusado que, aceitando-a, permitirá a submissão do acordo processual ao juízo.

A suspensão condicional do processo, também nominada *sursis* processual, é acordo processual que se dá após a formal instauração da persecução penal em juízo. Como indica a própria nomenclatura, tem lugar quando já estamos diante de um processo-crime formalizado, isto é, após o juízo afirmativo da admissibilidade da ação penal. Assim, na suspensão condicional do processo, já temos formalmente a figura do acusado ou réu, pois a ação penal deduzida contra si já foi objeto de admissibilidade pelo juiz (prelibação).

ACORDO DE NÃO PERSECUÇÃO PENAL E SUSPENSÃO CONDICIONAL DO PROCESSO

Nos comentários atinentes à transação penal, comentamos sobre a impossibilidade de incidência, num mesmo caso, dos institutos da transação penal e do acordo de não persecução penal (ANPP), previsto no art. 28-A do CPP (tal como inserido pela Lei n. 13.964/2019). A esta altura, cumpre responder à seguinte indagação: qual a relação existente entre o ANPP e a suspensão condicional do processo? São institutos que coexistem num mesmo caso? Se sim, como se dá essa incidência.

O ANPP é instituto inicialmente previsto em ato regulamentar do Conselho Nacional do Ministério Público (Resolução CNMP n. 181/2017) que seguidamente foi positivado em lei ordinária pela mencionada inclusão no CPP pela Lei n. 13.964/2019. Por meio dele, evita-se a oferta de ação penal em juízo mediante um acordo processual entre Ministério Público e investigado, no qual são estabuladas condições com a finalidade de reparar o dano experimentado pela vítima (se houver), bem assim fixar medidas que equivalem a penas alternativas. A finalidade do negócio jurídico-processual é justamente evitar a judicialização do caso penal por meio de um instituto que ao mesmo tempo atenda à preocupação de satisfação da vítima e de responsabilização do investigado sem que isso implique reconhecimento da culpa penal e o penoso processo penal em juízo.

Tal como ocorre com a transação penal, o ANPP é instituto que evita a ação penal e, por conseguinte, antecede o processo-crime. Como destacamos nos comentários ao art. 76 (especialmente no item "Incompatibilidade da transação penal com o acordo de não persecução penal"), ANPP e transação penal são institutos excludentes. Não se cogita de ANPP nos casos em que cabível, em abstrato, a transação penal. Isso porque a sistemática do ANPP se mostra incompatível com o rito sumaríssimo e o tratamento legal assegurado aos crimes de menor potencial ofensivo. A única possibilidade de incidência do ANPP para crimes cujo patamar sancionatório permita classificá-lo como de menor potencial ofensivo refere-se ao caso de concurso de infrações penais e, por conseguinte, concurso de penas. É o que ocorre nos casos de concurso material, formal ou crime continuado: o critério de exasperação ou cúmulo das penas pode ensejar que o resultado extrapole o limite legal para o reconhecimento do crime de menor potencial ofensivo. Nesse caso, portanto, possível se cogitar do ANPP, pois não se mostra "cabível" a transação penal (inciso I do § 2º do art. 28-A do CPP).

E a suspensão condicional do processo? Nesse caso, como vimos, a suspensão condicional, como o próprio nome diz, é do *processo*. Isso significa dizer que só se cogita da incidência do *sursis* processual quando já se tem ação penal admitida em juízo e, dessa maneira, processo-crime formalizado. A compreensão dessa premissa facilita a reposta. ANPP e suspensão condicional do processo são institutos que não coexistem propriamente no mesmo caso: eles se sucedem.

Com efeito, salientamos que o ANPP (nos comentários ao art. 76, indicamos os pressupostos, requisitos e condições do instituto) tem lugar quando não incidente o rito sumaríssimo, ou seja, o ANPP encontra espaço nos procedimentos especiais e nos ritos sumário e ordinário do procedimento comum. Já o sursis processual tem lugar em todos os tipos de procedimento – anote-se que a exclusão do sursis processual nos casos de incidência da Lei Maria da Penha (Lei n. 11.340/2006) não se dá porque ali se inaugura um procedimento especial, mas porque a Lei expressamente, por lídima opção político-criminal, exclui os institutos despenalizantes da Lei n. 9.099/1995.

Assim, considera-se a incidência do ANPP *antes* da formalização da acusação em juízo (art. 28-A do CPP). Se, por qualquer razão, inviável o ANPP, passa-se à formalização da acusação (arts. 41 e 395 do CPP) e seu juízo de admissibilidade (pelo juiz), na forma do art. 396 do CPP. Quando já recebida a ação penal, cogita-se a possibilidade de incidência da suspensão condicional do processo (art. 89 da Lei n. 9.099/1995). Como se vê, a relação entre o ANPP e a suspensão condicional do processo é de *sucessividade*. Só se cogita de um depois de se esgotar a possibilidade do outro.

Não se confundem as hipóteses de incidência de um e de outro. Os institutos têm pressupostos, requisitos e condições próprios. Tome-se o patamar sancionatório apenas para ilustrar a diferença. No ANPP, a infração penal noticiada não pode ter pena *mínima igual ou* superior a quatro anos de privação de liberdade. No *sursis* processual, a infração penal não pode ter pena mínima superior a um ano. Logo, quanto ao patamar sancionatório, onde couber um (ANPP), cabe o outro (*sursis* processual). As distinções de cabimento de um e outro referem-se aos demais pontos de consideração. No entanto, de maneira generalizada, com exclusão das hipóteses em que o ANPP não se mostre recomendável por razões de ordem subjetiva e que exijam fundamentação concreta do Ministério Público na hipótese de recusa, quando possível o ANPP, também será possível o *sursis* processual. Os requisitos do *sursis* mostram-se, no texto legal, mais brandos que aqueles exigidos ao ANPP.

A pergunta que se apresentaria na sequência é: se os institutos se sucedem no caso concreto, a quem cabe a escolha quanto a um ou outro? Sabemos que a formulação da proposta do ANPP e do *sursis* processual, de titularidade do Ministério Público, é orientada segundo uma discricionariedade regrada pelo texto legal. Se presente a hipótese de cabimento, cuja aferição é do Ministério Público, a proposta deverá ser formulada. A decisão, portanto, que avalia e considera o que se mostre mais *vantajoso* para o investigado/acusado, a depender de qual instituto se trata (respectivamente, ANPP/*sursis* processual), será do próprio investigado/acusado assistido por seu defensor.

Com efeito, a construção do ANPP, que se dirige a crimes de média gravidade (sem violência e com patamar sancionatório mínimo inferior a quatro anos), envolve condições em regra mais rigorosas que o conteúdo do *sursis* processual. No caso do ANPP, o tempo de execução das medidas acordadas variará de acordo com as condições estabelecidas que, por sua vez, referem-se ao patamar da pena privativa de liberdade "diminuída de um a dois terços" (art. 28-A, inciso III, do CPP). Quando se tem em vista o que dispõe o art. 46, § 3º, do Código Penal – especialmente a determinação de que a prestação de serviços deve ser cumprida "(...)à razão de uma hora de tarefa por dia de condenação") –, temos que dificilmente um ANPP terá tempo de execução que alcance quatro anos. Se o patamar mínimo de privação de liberdade deve ser inferior a quatro anos e a condição do ANPP ainda conta com redutor de um a dois terços, é possível dizer que o tempo máximo de execução do ANPP deve ser estabelecido em menos de 32 meses (resultado do máximo inferior a 4 anos subtraído do redutor de um terço), o que equivale menos de a 2 anos e 8 meses. O cerne do ANPP encontra-se na reparação dos prejuízos experimentados pela vítima e a cumulação com condições que equivalem a penas de prestação de serviços à comunidade ou a entidades públicas e prestação pecuniária (incisos III e IV do art. 28-A do CPP).

Já no *sursis* processual, o *tempo* de execução do acordo guarda pertinência com a ideia de um período de prova: um tempo de aferição do comportamento do acusado que não poderá se envolver em outro processo-crime, além das demais condições que melhor explicitamos a seguir. A incidência de medidas que equivalem a prestação de serviços ou prestação pecuniária é eventual, pois, se ocorrerem, derivarão de condição *imposta* pelo juiz, na forma do § 2º do art. 89 da Lei n. 9.099/1995.

Esse aclaramento inicial evidencia o que orientará a decisão do investigado/acusado, assistido por seu defensor. A tarefa de aclaramento das consequências práticas de um instituto e doutro, de incumbência precípua do defensor técnico, consistirá no fato de que as condições do ANPP, em regra, se mostram mais rigorosas, mas evitam justamente a instauração de um processo-crime. Além disso, o ANPP exige confissão extrajudicial formalizada e circunstanciada do investigado. Ainda que ausente reconhecimento de culpa por sentença penal, essa confissão dificilmente escapa de uma preocupação moral do investigado, que nem sempre consegue distinguir o que seja o reconhecimento da culpa penal (que reclama sentença penal condenatória definitiva) do que seja o acordo que evita o processo (e, portanto, materializa medida despenalizante com incidência de *equivalentes* penais). No entanto, vale o destaque: o ANPP evita o processo.

Já o *sursis* processual, cujo conteúdo se mostra mais brando (condições do § 1º do art. 89 e eventualmente condições impostas pelo juiz), considera que sua incidência se dá com o processo-crime já instaurado. Seu tempo de verificação, em regra, é de dois anos, mas fundamentadamente pode alcançar até quatro anos. Trata-se de acordo celebrado com o processo-crime *formalizado* em desfavor do acusado. O mote da Lei n. 9.099/1995, com seu intuito despenalizador, é evitar a solução degradante do processo-crime com todas as suas consequências de estigmatização e agravos de ordem pessoal. E o *sursis* processual toma o processo-crime instaurado como pressuposto.

Quando cabíveis, sucessivamente, ambos os institutos, a decisão pertencerá em última análise à defesa do investigado/acusado, dado que, se presentes os pressupostos e requisitos, o Ministério Público sucessivamente ofertará ambas as possibilidades de acordo. Essa decisão aquilatará os rigores de um ou outro acordo, seus tempos de duração e, sobretudo, a (in)conveniência de ter contra si um processo-crime formalizado em juízo.

TEMPO DE DEPURAÇÃO PARA INCIDÊNCIA DA SUSPENSÃO CONDICIONAL DO PROCESSO

É possível que o acusado faça jus a suspensão condicional do processo quando já foi, no passado, beneficiado por medida despenalizante? Se sim, qual o tempo de depuração para a incidência do novo instituto.

Destacamos, nos comentários ao art. 76, que o prazo de 5 anos é o quanto necessário para que o autor do fato se veja elegível para nova transação penal, caso já tenha sido beneficiado pelo instituto anteriormente. O mesmo prazo de 5 anos também é considerado para a aferição da elegibilidade para suspensão condicional do processo. Confira-se, uma vez mais, o que decidiu o STJ em dois precedentes ilustrativos do tema. Primeiro, o REsp "O prazo de 5 anos para a concessão de nova transação penal, previsto no art. 76, § 2º, inciso II, da Lei 9.099/95, aplica-se aos demais institutos despenalizadores por analogia, estendendo-se, pois, à suspensão condicional do processo (HC 370.047/PR, Rel. Ministro Felix Fischer, 5ª Turma, j. 17/11/2016, DJe 01/12/2016)." (REsp 1837960/PA, Rel. Ministro Nefi Cordeiro, 6ª, j. 12/11/2019, DJe 21/11/2019). Em caso mais antigo, igualmente, o STJ explicitou com ênfase: "O art. 76, § 2.°, II, da Lei 9.099/95 esclarece sobre a impossibilidade de nova transação penal, quando houver ocorrido a concessão do benefício em momento anterior, sem que tenha transcorrido o período de 5 (cinco) anos. Em analogia à referida disposição, entende-se que o mesmo prazo deverá ser utilizado para nova concessão de sursis processual. Cuida-se de extensão da disciplina afeta ao tratamento de medida mais branda, transação, a medida destinada a fatos mais graves, suspensão condicional do processo." (STJ, HC 209.541/SP, Rel. Ministra Maria Thereza de Assis Moura, 6ª Turma, j. 23/04/2013, DJe 30/04/2013).

Logo, observado o prazo de 5 anos em relação à extinção da punibilidade de condenação criminal anterior ou mesmo da extinção da punibilidade decorrente de outros institutos despenalizantes, o acusado se mostra elegível para novamente ser beneficiado pela suspensão condicional do processo. Para tanto, toma-se o prazo legalmente estabelecido para a transação penal (art. 76, § 2º, inciso I, da Lei n. 9.099/1995) para parâmetro de aferição do requisito subjetivo da suspensão condicional do processo.

SOLUÇÃO PARA A RECUSA DE OFERTA DA PROPOSTA DE SUSPENSÃO CONDICIONAL DO PROCESSO

A proposta é formulada pelo Ministério Público, nos termos do art. 89 da Lei n. 9.099. O preceito legal fala expressamente de *denúncia*, nomenclatura consagrada no CPP para a ação penal de titularidade do Ministério Público. No entanto, como já vimos, a jurisprudência estende o instituto da suspensão condicional do processo também aos crimes de ação penal privada. Nesse caso, a proposta deve ser formulada pelo querelante.

Caso o titular do direito de ação (*dominus litis*) se recuse injustificadamente a ofertar a proposta de suspensão condicional do processo ou indique razões manifestamente improcedentes para essa recusa, a solução do caso **depende da titularidade do direito de ação.**

Se a recusa (ou improcedência das razões para recusa) dá-se nos casos de titularidade do Ministério Público, incumbe ao juiz, vislumbrando o cabimento do instituto na espécie, remeter os autos ao Procurador-Geral de Justiça (ou Procurador-Geral da República, nos casos de atribuição do Ministério Público Federal) para que este dê resposta final sobre o caso. A solução deriva da intepretação extensiva atribuída ao que prescreve o art. 28 do CPP: tal preceito, como se sabe, serve como solução aos casos em que se mostre necessária a provocação de revisão dos atos de atribuição própria do Ministério Público. O tema encontra-se consolidado no enunciado 696 da súmula do STF: "Reunidos os pressupostos legais permissivos da suspensão condicional do processo, mas se recusando o Promotor de Justiça a propô-la, o Juiz, dissentindo, remeterá a questão ao Procurador-Geral, aplicando-se por analogia o art. 28 do Código de Processo Penal" (Pleno, 24/9/2003).

Já quando a recusa de formulação da proposta é do querelante, nos termos dos julgados noticiados nos comentários ao art. 76 da Lei n. 9.099 (*supra*), entende-se que tal manifestação se insere no exercício da oportunidade e da disponibilidade do exercício do direito de ação atribuído ao querelante. Por isso, em casos assim, não haveria instrumento de revisão desse ato e, diante da negativa do querelante em formular a proposta, o feito seguiria seu regular trâmite com observância do procedimento respectivo.

Independentemente da titularidade para promover a ação penal em juízo e, por conseguinte, formular a proposta de suspensão condicional do processo, é certo que não é dado ao juiz formular a proposta sobrepondo-se ao *dominus litis*. Ou provoca a própria instância do Ministério Público, no caso da oferta ser de titularidade deste, nos termos do art. 28 do CPP, ou impulsiona o feito regularmente, no caso de recusa do querelante em formular a proposta de suspensão condicional do processo.

MOMENTO DA PROPOSTA DE SUSPENSÃO CONDICIONAL DO PROCESSO

A proposta de suspensão condicional acompanha a própria ação penal ofertada em juízo. Usualmente, a proposta de suspensão é formulada na cota que acompanha a peça acusatória. A acusação, pois, fica formalizada em peça própria, que será, inclusive, objeto de autuação dos autos sob nova denominação e, então, a peça acusatória passará a figurar no início do processo. A cota, por sua vez, é acostada aos autos na sequência temporalmente estabelecida das folhas.

Por ocasião da citação do acusado, que, em regra, nos termos do procedimento comum estabelecido no CPP, dá-se após a admissibilidade da ação penal, dar-se-á oportunidade para o acusado dizer sobre a aceitação da proposta.

Embora a Lei n. 9.099 não estabeleça expressamente, mostra-se de todo conveniente que a incidência do benefício seja materializada numa audiência específica para tanto. Não há óbice a que a suspensão condicional do processo ocorra por meio de manifestações sucessivas das partes por escrito. No entanto, em prestígio à oralidade e, sobretudo, quando se tem em conta a conveniência de se admoestar o acusado quanto às condições que lhe são impostas para o benefício, melhor que se realize tal instituto em audiência específica.

Vale dizer que o instituto da suspensão condicional da pena, cuja formatação legal serve muito de base para a suspensão condicional do processo, dá-se justamente com uma audiência, na qual o juiz procede à leitura da sentença condenatória ao condenado, "advertindo-o das consequências de nova infração penal e do descumprimento das condições impostas" (art. 160 da Lei de Execução Penal).

Assim, mostra-se de todo conveniente que, recebida a ação penal, determinada a citação do acusado, seja ele desde logo notificado a comparecer em audiência, para dizer expressamente sobre a proposta de suspensão condicional do processo e, então, admoestado sobre o próprio instituto e suas obrigações correlatas.

Havendo recusa do acusado em relação à proposta ou se incabível a sua formulação, o processo segue de acordo com o procedimento a ser observado para a persecução penal. No procedimento comum – ordinário e sumário -, seguidamente, o juiz aprecia a possibilidade de absolvição sumária do acusado e, em caso de resposta negativa à incidência das previsões veiculadas no art. 397 do CPP, designa data para a audiência de instrução e julgamento (art. 399 do CPP).

Quanto ao momento de oferta da proposta de suspensão condicional do processo, o Ministério Público deve dizer sobre seu cabimento exatamente com o oferecimento da ação penal. É dizer: quando da oferta da denúncia, o Ministério Público diz, desde logo, se oferta a proposta de *sursis* processual ou não. No caso de negativa de proposta, claro, deve indicar a razão da negativa fundamentadamente. Parece claro que essa fundamentação da negativa de proposta deve ocorrer apenas naquelas situações em que objetivamente o benefício seja cabível (crimes com pena mínima cominada igual ou inferior a um ano). Se a negativa da proposta se dá por razões de caráter subjetivo, a fundamentação do Ministério Público é medida salutar para controle desse espaço de discricionariedade persecutória.

Caso haja omissão do Ministério Público, no momento do oferecimento da ação penal, a respeito do cabimento da suspensão condicional do processo, isso não é impeditivo tampouco óbice a que o juiz proceda à admissibilidade da acusação, na forma do art. 395 do CPP e, especificamente no procedimento sumaríssimo, na forma do art. 81 da Lei n. 9.099. No entanto, nessa hipótese, incumbe à defesa – no momento de ofertar a resposta escrita à acusação – indicar, *preliminarmente*, o cabimento da proposta de suspensão condicional do processo e, desde logo, seu interesse na formalização do benefício. Aliás, nesse sentido é a redação do art. 396-A do

CPP, quando indica que a resposta escrita do acusado deve "(...) arguir preliminares e alegar tudo o que interesse à sua defesa".

Se incumbe ao Ministério Público e à defesa dizer sobre a proposta, qual a consequência jurídico-processual para a situação de ambas as partes se quedarem silentes ou omissas sobre o instituto? No caso, opera-se *preclusão*. Como sabido, a preclusão é a perda de uma faculdade processual por não ter sido exercida na oportunidade devida ou na forma prevista.

Cabe, no entanto, uma observação. Como já indicamos em outros trechos deste trabalho, o enunciado 696 da súmula do STF fixa o juiz como fiscal da decisão do Ministério Público de propor, ou não, a suspensão condicional do processo: "Reunidos os pressupostos legais permissivos da suspensão condicional do processo, mas se recusando o Promotor de Justiça a propô-la, o Juiz, dissentindo, remeterá a questão ao Procurador-Geral, aplicando-se por analogia o art. 28 do Código de Processo Penal". O enunciado sumular, como se vê, refere-se à recusa do Ministério Público em propor o benefício, e não à omissão. No entanto, não há óbice a que o juiz oportunize – ou, melhor dizendo, *provoque* – a manifestação do Ministério Público sobre o cabimento do instituto, caso verifique a omissão do titular da ação penal. Até porque, ao dizer mediante a provocação do juízo, pode se chegar à recusa mencionada no enunciado 696. E aí, sim, se oportuniza ao magistrado a aplicação do art. 28 do CPP.

De qualquer sorte, é preciso fixar um ponto relevante. Se a manifestação oportuna das partes sobre a suspensão condicional do processo é medida de rigor, sob pena de preclusão, a ausência de manifestação oportuna não autoriza que se provoque ou se demande sobre o cabimento do instituto *depois* da sentença. É dizer: caso o Ministério Público não diga sobre o *sursis* processual e a essa omissão se some a omissão da defesa do acusado, não se admitirá aventar do cabimento do instituto depois de proferida sentença no processo.

Nesse sentido, aliás, quando sustentamos a possibilidade de incidência, por interpretação extensiva, do que anota o § 14 do art. 28-A do CPP, a fim de que possa o acusado provocar a revisibilidade da negativa do Ministério Público em propor a suspensão condicional do processo, é preciso que tal manifestação seja deduzida exatamente na primeira oportunidade de fala nos autos. Nos termos do procedimento comum, tal oportunidade se dá na resposta escrita à acusação prevista no art. 396-A do CPP, sob pena de preclusão.

O STJ tem entendimento sólido nesse sentido: "(...) a falta de oferecimento de proposta de sursis processual, se não alegada no momento oportuno, é alcançada pela preclusão." (STJ, AgRg no HC 648.333/PA, Rel. Min. Felix Fischer, 5ª Turma, julgado em 18/05/2021, DJe 26/05/2021). O tema, por sua importância, passou a integrar, inclusive, a seção "jurisprudência em teses" do Tribunal (edição n. 96).

Cabe a indagação sobre a possibilidade de o instituto da suspensão condicional do processo operar-se depois da tramitação regular do feito com a instrução processual. Como regra geral, já vimos a resposta é negativa. Se afastada a proposta tão logo tenha sido instaurado o processo-crime, isto é, após a admissibilidade da ação penal, não há razão para se falar mais em suspensão condicional do processo, porque tal etapa processual já estará ultrapassada. Se o instituto não se realizou por impossibilidade de incidência, seja pela ausência de oferta da proposta pela parte, seja pela recusa do acusado em aceitá-la, o feito segue seu regular curso e não há mais que se falar na suspensão.

No entanto, se o óbice para a proposta se refere à classificação legal atribuída ao fato pelo titular da ação penal no momento do oferecimento da denúncia ou da queixa-crime, isto é, se a classificação legal indica infração penal que, em princípio, não autorizaria a incidência do instituto, é possível se falar no *sursis* processual por ocasião da solução quanto a essa classificação legal. Trata-se da previsão veiculada no art. 383 do CPP, que cuida justamente da *emendatio libelli*.

Como projeção dos aforismos *jura novit curia* e *narrat mihi factum, dabo tibi jus*, a *emendatio libelli* é procedimento de sentença que autoriza o julgador, quando forma sua convicção sobre o fato, dar a ele a classificação legal que entenda aplicável e correta. Desde que não proceda à alteração da descrição do fato imputado na denúncia ou na queixa-crime, o juiz "poderá atribuir-lhe definição jurídica diversa" (art. 383 do CPP). Em casos assim, é possível que a classificação legal deduzida em atenção ao art. 41 do CPP no momento do oferecimento da ação penal tenha se prestado de óbice à formulação da proposta.

O juiz, então, entendendo pela alteração da definição jurídica desse fato em favor de infração que, em tese, permita a incidência do instituto da suspensão condicional do processo, em lugar de proferir sentença de plano, indicará a desclassificação e determinará a abertura de vista dos autos para o titular do direito de ação dizer sobre a possibilidade de propor o *sursis* processual.

Tal providência, vale dizer, materializa exatamente a preocupação ensejadora do enunciado 337 da súmula do STJ: "É cabível a suspensão condicional do processo na desclassificação do crime e na procedência parcial da pretensão punitiva" (julgada em 9/5/2007, RSTJ 206/527). Isso porque a suspensão condicional do processo é instituto que sempre se mostra mais vantajoso ao acusado porque, repita-se, evita a prolação de sentença que aprecia o mérito da imputação. Logo, se o julgador está a indicar alteração na classificação legal dada ao fato que é descrito na imputação, mostra-se consentâneo justamente com as razões do instituto facultar que este incida antes de o juiz apreciar o mérito da imputação para condenar ou absolver o acusado.

Assim, excepcionalmente, portanto, a suspensão condicional do processo pode ter lugar depois de transcorrido o feito com sua instrução criminal: quando o juiz entender pela desclassificação da infração ou pela procedência parcial do pedido condenatório que implique a alteração da capitulação para preceito que autorize a incidência do *sursis* processual.

Diga-se que tal providência, que autoriza a incidência do instituto antes da prolação de sentença que aprecia o mérito da imputação, igualmente tem lugar quando o juiz, ao ter os autos consigo para sentenciá-lo, entende que o caso é de *mutatio libelli*, isto é, que o caso demanda oportunização ao Ministério Público para, querendo aditar a ação penal, a fim de descrever elemento ou circunstância da infração penal vislumbrada no curso da instrução criminal e não deduzida na denúncia. Vale lembrar que a *mutatio libelli* é instituto que só incide nos crimes de ação penal pública e consiste na provocação do juiz para que o Ministério Público adite a peça acusatória, de sorte a permitir que o ato decisório se dê em respeito ao postulado da correlação ou da congruência, ou seja, que o juiz não aprecie fato diverso ou além daquele que se encontra descrito na peça acusatória. Quando o aditamento da ação penal implicar alteração da classificação legal da infração penal, de modo que tal alteração passe a autorizar a incidência do *sursis* processual, o juiz, após a admissibilidade positiva do aditamento, oportunizará ao Ministério Público a oferta da proposta. Trata-se, exatamente, do que prevê o § 3.º do art. 384 do CPP, que faz referência à previsão do § 1.º do artigo anterior, que cuida justamente da proposta extemporânea de suspensão condicional do processo.

Se a desclassificação do crime ou a procedência parcial da pretensão punitiva, contudo, ocorre já em sede recursal, ainda assim, o STJ tem entendimento no sentido de que também teria lugar a incidência do que estabelece o enunciado 337 de sua súmula. É dizer: se no julgamento de recurso ou mesmo ação autônoma de impugnação (habeas corpus), o Tribunal entende que o crime remanescente da apreciação judicante autoriza a suspensão condicional do processo, permite a incidência do instituto, por afirmá-lo mais benéfico que a sentença de mérito proferida em desfavor do acusado. Confira-se, a título ilustrativo, o que decidido no HC 367.779, "Ainda que a prescrição da pretensão punitiva em relação a um dos crimes denunciados tenha sido reconhecida no segundo grau de jurisdição, tem aplicabilidade o entendimento firmado no enunciado n. 337 da Súmula desta Corte Superior de Justiça, sendo devida a análise da possibilidade de suspensão condicional do processo, caso o delito remanescente se amolde ao requisito objetivo previsto no artigo 89 da Lei n. 9.099/95" (5.ª Turma, Rel. para o acórdão Min. Jorge Mussi, julgamento em 7/2/2017, DJe de 17/2/2017).

Rememore-se que, quando os parágrafos dos arts. 383 e 384 do CPP autorizam que o juiz provoque a instância revisional do Ministério Público, em caso de recusa do promotor em proceder ao aditamento da ação penal ou mesmo de ofertar a proposta de suspensão condicional do processo, a solução demandará consideração do que decidido pelo STF sobre o sentido normativo do art. 28 do CPP após a edição da Lei nº 13.964/19. Remetemos o leitor ao que anotamos sobre a decisão do STF na ADI 6.298 – confira nos comentários ao art. 76 da Lei nº 9.099/95, especialmente no ponto em que discorremos sobre a possibilidade de o juiz provocar a instância revisional do Ministério Público em caso de recusa na proposição da transação penal.

Anotamos que o STF atribuiu interpretação conforme à Constituição ao art. 28 do CPP sem redução de texto. O Tribunal *definiu* o sentido normativo dos enunciados (caput e § 1º do art. 28) para estabelecer que a vítima (por si ou por seu representante legal) e o juiz poderão submeter a recusa de oferecimento da ação penal (e da transação penal e do *sursis* processual) do Ministério Público à instância revisional da instituição. O juiz assim o fará quando verificar "patente ilegalidade ou teratologia".

Assim, em que pese a alteração de redação do art. 28 do CPP pela Lei nº 13.964/2019, a possiblidade de o juiz provocar a instância revisional do Ministério Público ainda fica assegurada. Desse modo, observando o que decidiu o STF sobre as alterações promovidas no art. 28 do CPP (alterado pelo Pacote Anticrime), mantém-se a possibilidade de o juiz, verificando que o caso comporta a oferta de transação penal e diante de recusa imotivada do Ministério Público em fazê-lo, poderá discordar da negativa do Ministério Público e remeter os autos para a instância revisional do Ministério Público, que poderá insistir na negativa da proposta ou deduzi-la por meio de membro do Ministério Público designado para tanto.

A essa possibilidade do juiz se soma a possibilidade de o acusado, por interpretação extensiva do que anota o § 14 do art. 28-A do CPP, igualmente pleitear essa remessa dos autos para revisão da negativa do membro do Ministério Público com atribuição no processo. A diferença é que esse pleito de remessa não implicará causa de suspensão do trâmite do processo ou mesmo questão preliminar ou prejudicial impeditiva da solução do feito.

CONDIÇÕES PARA O CABIMENTO DA PROPOSTA

A suspensão condicional do processo é admitida para as chamadas infrações de médio potencial ofensivo. A infração penal que admite a suspensão condicional do processo é aquela cuja pena mínima cominada seja igual ou inferior a um ano. O critério é o da pena mínima. Como anotado nos comentários *supra* sobre a transação penal, se o critério é o da pena (e não da classificação legal), faz-se necessário perquirir sobre a incidência das regras de concurso de penas quando um mesmo caso traga mais de uma infração penal.

Trata-se justamente da inteligência lançada no enunciado 243 da súmula do STJ: "O benefício da suspensão do processo não é aplicável em relação às infrações penais cometidas em concurso material, concurso formal ou continuidade delitiva, quando a pena mínima cominada, seja pelo somatório, seja pela incidência da majorante, ultrapassar o limite de um (01) ano" (Corte Especial, julgado em 11/12/2000, DJ de 5/2/2001). Para a problematização do que estabelece o enunciado, remetemos o leitor aos comentários lançados sobre o art. 76 da Lei n. 9.099.

Merece destaque, ainda sobre a infração que autoriza a incidência do instituto da suspensão condicional do processo, uma extensão do benefício estabelecida pela jurisprudência dos Tribunais Superiores. A formulação do preceito sancionatório da infração penal é tarefa outorgada ao legislador. No direito pátrio, o legislador em regra estabelece patamares mínimo e máximo para a pena cominada ao delito. Dado que o critério legal para o *sursis* processual é o da pena mínima, não há maiores indagações para se verificar o cabimento do instituto para além da leitura do preceito sancionatório.

No entanto, há casos em que o preceito sancionatório guarda fórmula de alternatividade entre a pena corporal (pena privativa de liberdade) e a pena de multa. Em casos assim, dada a possibilidade de afastamento integral da pena corporal, entende a jurisprudência que seria possível a incidência do *sursis* processual sempre que presente essa alternatividade, ainda que o patamar da pena mínima da sanção corporal (privação de liberdade) seja superior a um ano. Confira-se, porque bastante ilustrativo, a seguinte lição do STF sobre o tema: "Quando para o crime seja prevista, alternativamente, pena de multa, que é menos gravosa do que qualquer pena privativa de liberdade ou restritiva de direito, tem-se por satisfeito um dos requisitos legais para a suspensão condicional do processo" (HC 83.926, 2.ª Turma, Rel. Min. Cesar Peluzo, julgado em 7/8/2007, DJe de14/9/2007).

É o que ocorre, ilustrativamente, com o crime descrito no art. 7.º da Lei 8.137/1990, no qual todas as figuras descritas nos seus incisos são apenados com "detenção de 2 (dois) a 5 (cinco) anos, ou multa". Assim, embora o patamar da pena privativa de liberdade, em princípio, não autorize o benefício da suspensão condicional do processo, ele incidirá por força da previsão de alternatividade com a pena de multa. Se presente essa alternatividade com a pena de multa, independentemente do patamar sancionatório da pena corporal, o benefício do *sursis* processual será cabível.

O patamar sancionatório da infração é o requisito objetivo para a incidência do *sursis* processual. Para além dele, é necessário que o acusado atenda aos **requisitos necessários à suspensão condicional da pena**, tal como estabelecidos no art. 77 do Código Penal e, principalmente, que **não esteja respondendo a outro processo-crime e que não tenha sido condenado por outro crime**.

Os requisitos que se referem ao *sursis* penal, que são igualmente incidentes para a suspensão condicional do processo, refere-se à proibição desses institutos para o **reincidente em crime doloso**, para os casos em que as **condições judiciais não sejam favoráveis** ao acusado ("a culpabilidade, os antecedentes, a conduta social e personalidade do agente, bem como os motivos e as circunstâncias autorizem a concessão do benefício") ou quando o **crime noticiado na acusação envolver violência contra a pessoa**.

Trata-se justamente da previsão dos incisos do art. 77 do Código Penal e, por indicação expressa do que ali consta, dos incisos do art. 44 do mesmo Código.

É válido lembrar que a reincidência em crime doloso fica afastada com o transcurso do prazo de cinco anos após a definitividade da condenação ensejadora dessa reincidência, por força do que dispõe o art. 64, inciso I, do CP, aqui também aplicável.

Já a indicação de que as condições subjetivas descritas no inciso II do art. 77 do CP sejam desfavoráveis ao acusado reclama fundamentação concreta e idônea do Ministério Público, para que este se recuse a formular a proposta de suspensão condicional do processo pelas razões ali expostas. A presença de violência contra a pessoa, óbice da substituição da pena privativa de liberdade por pena restritiva de direitos e, por remissão expressa, também do *sursis* penal e do *sursis* processual guarda razão com a gravidade manifestada pelo crime que se realize com *vis* moral ou real contra o indivíduo.

A aferição da presença desses requisitos para a proposta é do titular dessa mesma proposta. É dizer: na ação penal pública, é o Ministério Público que afirma a presença ou ausência desses requisitos fundamentadamente. Na ação penal de iniciativa privada, tal incumbência cabe ao querelante, embora o juiz, nesse caso, não disponha de alternativa para a recusa injustificada do querelante em formular a proposta.

CONTEÚDO DA PROPOSTA DO MINISTÉRIO PÚBLICO

Mas, afinal, no que consiste a suspensão condicional do processo? Pelo instituto, o processo fica suspenso de dois a quatro anos, a depender do que proposto pelo titular da ação penal. Nesse período, o acusado fica sujeito à observância de condições estabelecidas em lei e, como se verá adiante, de outras condições que eventualmente sejam impostas pelo juiz. Se atendidas essas condições ao fim do período de suspensão – compreendido este como um verdadeiro período de prova –, o acusado será beneficiado pela extinção da punibilidade do fato.

A proposta pode variar de dois a quatro anos, a depender da manifestação do titular do direito de ação que a deduz. No entanto, se a proposta indica suspensão por período superior ao mínimo legal, essa extensão deve guardar fundamentação concreta e específica por parte daquele que a propõe (em regra, o Ministério Público), amparada justamente naquelas circunstâncias mencionadas no inciso II do art. 77 do Código Penal ("a culpabilidade, os antecedentes, a conduta social e personalidade do agente, bem como os motivos e as circunstâncias autorizem a concessão do benefício"). Se mais gravosas as circunstâncias em face do acusado, faz sentido que o período de prova guarde maior extensão.

Vale dizer que a extensão do período de prova, para a suspensão condicional do processo, pode se dar também após o escoamento do prazo inicial mencionado na proposta. Tal ocorre naqueles casos em que o acusado não tenha implementado, no prazo, as condições a ele impostas por ocasião da celebração do acordo. Certo é, contudo, que eventuais prorrogações não poderão extrapolar o prazo de 4 anos de suspensão do processo.

A proposta do Ministério Público tem conteúdo parte fixo e parte ajustável. O conteúdo ajustável da proposta refere-se justamente ao prazo da suspensão condicional do processo. Já o conteúdo fixo refere-se à observância das condições legais estabelecidas nos incisos do § 1.º do art. 89, quais sejam: " I – reparação do dano, salvo impossibilidade de fazê-lo; II – proibição de frequentar determinados lugares; III – proibição de ausentar-se da comarca onde reside, sem autorização do Juiz; IV – comparecimento pessoal e obrigatório a juízo, mensalmente, para informar e justificar suas atividades".

As condições estabelecidas para o *sursis* processual guardam ajuste adequado ao caso concreto. Por exemplo, a definição dos lugares cuja proibição fica estabelecida, a compreensão de afastamentos ou viagens que sejam justificadas pelo acusado a depender de sua peculiar situação, a fixação de prazos mais longos para o comparecimento ao juízo. Enfim, são condições inafastáveis, mas ajustáveis às peculiaridades do caso concreto.

Há um ponto relevante quanto à condição legal de reparação do dano. É preciso que as partes acordem quanto ao modo de reparação do dano experimentado pela vítima para a materialização do acordo que viabiliza a suspensão condicional do processo. O dissenso entre o titular da ação e o acusado quanto a essa condição pode inviabilizar o acordo. Já anotou o STJ o seguinte: "A falta de acordo entre as partes quanto ao valor pago a título de reparação do dano inviabiliza o benefício legal da suspensão condicional do processo." (RHC 163.897/RS, 6ª Turma, Rel. Des. conv. Olindo Menezes, julgado em 18/10/2022, DJe de 21/10/2022). Em igual sentido: STJ, AREsp 1.751.724/RJ, 5ª Turma, Rel. Min. Reynaldo Soares da Fonseca, julgado em 21/9/2021, DJe de 27/9/2021.

Vale lembrar que, no caso de crime ambiental que admita proposta de suspensão condicional do processo, por força do disposto no art. 28 da Lei n. 9.605/1998, há uma série de condições a serem observadas de maneira especial. Primeiro, só se admite como cumprido o acordo de *sursis* processual se apresentado laudo de constatação de reparação do dano ambiental. Tal como ocorre na reparação do dano, só se afasta essa exigência para o cumprimento do acordo se a parte fizer prova da impossibilidade de reparar o dano no caso concreto. Segundo, caso o referido laudo constate que o dano ainda não foi reparado, o prazo de suspensão do processo será prorrogado, até o período máximo previsto de quatro anos, acrescido de mais um ano, com suspensão do prazo da prescrição. É dizer: o período de prova pode alcançar até cinco anos para que se veja atendido o requisito atinente à reparação do dano ambiental. Terceiro, caso ocorra a mencionada prorrogação do período de prova, as condições legais referentes à proibição de frequentar determinados lugares, proibição de ausentar-se da comarca onde reside, sem autorização do Juiz, e comparecimento pessoal e obrigatório a juízo, mensalmente, para informar e justificar suas atividades, serão afastadas. Trata-se de prazo prorrogado unicamente para que se alcance da reparação do dano ambiental. As demais condições legais do período de prova, portanto, ficam afastadas após o decurso do prazo de suspensão inicialmente assinalado. Quarto, quando se encerrar o prazo de prorrogação, exigem-se a confecção e a apresentação de novo laudo de constatação de reparação do dano ambiental. É possível, inclusive, a depender do resultado desse laudo, novamente prorrogar o período de suspensão, até o período máximo previsto de cinco anos. Nesse caso, igualmente, as demais condições legais não serão exigidas do sursitário. É um período unicamente prorrogado para se alcançar a reparação do dano ambiental. Caso se esgote o prazo máximo de prorrogação, a declaração de extinção de punibilidade dependerá de laudo de constatação que comprove ter o acusado tomado as providências necessárias à reparação integral do dano. Ou seja, ainda que não demonstrado integralmente a reparação do dano, só haverá a extinção da punibilidade do fato após o escoamento do prazo máximo de cinco anos do *sursis* processual, se houver a comprovação de que o sursitário tudo fez, que estava no seu alcance, para reparar o dano. Se essa demonstração não for realizada, tem-se por descumprido o benefício acordado.

Como se vê, para a transação penal, o legislador é mais rigoroso: ele exige a prévia composição do dano ambiental para a celebração do acordo. Já no *sursis* processual, ele pode demonstrar a reparação do dano no curso do período de prova – e esse período poderá observar prorrogação (até que se tenha o máximo de cinco anos de suspensão) para que seja comprovada a reparação do dano ou a esgotabilidade dos meios à disposição do beneficiário para reparação do dano.

DA ACEITAÇÃO DA PROPOSTA DE SUSPENSÃO CONDICIONAL DO PROCESSO

A aceitação da proposta formulada pelo Ministério Público (e, excepcionalmente, pelo querelante) é ato que exige manifestação de vontade complexa, isto é, a aceitação da proposta deve ser manifestada pelo acusado e por seu defensor. A exigência de manifestação complexa, isto é, que reúna tanto a vontade do acusado quanto do defensor já indica como se dá a solução em caso de eventual desinteligência entre o acusado e seu próprio defensor.

Pode ocorrer, admitamos por hipótese, que o acusado tenha interesse na aceitação da proposta, mas ela seja recusada por seu defensor. Nesse caso, resta inviável a formalização da suspensão condicional do processo. É certo que, como corolário da ampla defesa constitucionalmente assegurada, o direito à defesa técnica prestigia o patrono constituído pelo próprio acusado. Por isso, fica a critério do próprio acusado, em caso de desinteligência ou qualquer sorte de desacordo com seu próprio patrono, indicar outro advogado de sua confiança. Certo é, porém, que, para a formalização do acordo processual, será necessário que para ele aquiesçam o acusado e seu defensor.

Por fim, mostra-se oportuno destacar a possibilidade de discussão, pelo acusado, da persecução penal em si, ainda que tenha ele aceitado a oferta da suspensão condicional do processo. Como já destacamos, a suspensão condicional do processo é instituto despenalizante que tem lugar quando o processo-crime já se encontra formalizado, isto é, quando a ação penal já foi admitida em juízo. Mencionamos, ao comentar o instituto da transação penal, que a aceitação da proposta de transação pelo autor do fato substancia comportamento incompatível com o manejo de recursos ou ações autônomas de impugnação contra a persecução penal formalizada em juízo contra si: afinal, a transação penal é instituto que visa justamente evitar a instauração do processo-crime.

No entanto, a situação é diversa quando se cuida da suspensão condicional do processo. Por materializar instituto que, sim, tem natureza despenalizante, mas que é deduzido depois de já instaurado o processo crime, o *sursis* processual não é incompatível com o manejo de recurso ou ação autônoma de impugnação que ataque, por exemplo, a falta de justa causa para instauração do processo em juízo. Confira-se a lição extraída do STJ, por sua 6ª Turma, ao julgar do HC 495.148/DF, em 24/9/2019, que não admitiu *habeas corpus* para trancar a ação penal em caso que fora celebrada transação penal, em virtude de desclassificação (ou nova classificação legal) do fato atribuído ao autor do fato. O Tribunal, depois de dizer da inviabilidade do manejo do *habeas corpus* se presente transação penal, ressalvou: "Situação diversa ocorre com a suspensão condicional do processo, em relação a qual se admite a impetração, porquanto, neste caso, já foi deflagrada a ação penal, cuja denúncia foi recebida, revelando-se possível perquirir a existência ou não de justa causa".

Assim, dado que o caso já resultou na instauração de processo-crime, não há incompatibilidade entre a aceitação da suspensão condicional do processo e o ataque processual dirigido ao reconhecimento da falta de justa causa, por exemplo, para a instauração do processo-crime. Afinal, a suspensão condicional do processo é instituto que incide quando já existente, por óbvio, o processo-crime, ou seja, depois de admitida a ação penal.

Conquanto nos pareça acertada a solução dada pelo STJ ao caso específico, cumpre noticiar que o STF, seguidamente no mesmo caso, entendeu diferente. Em 17/12/2019, a 2ª Turma do STF decidiu, no HC 176.785/DF, Rel. Min. Gilmar Mendes, que a celebração do acordo de transação penal não era razão para esvaziamento da impetração deduzida no Tribunal de Justiça local. Determinou, então, a suspensão do pagamento da última parcela avençada no acordo de transação penal, até que o Tribunal local decidisse a impetração da defesa. O STF, então, entendeu que a celebração do acordo que evitaria a ação penal não seria incompatível com a discussão de tema próprio do processo-crime instaurado, autorizando, assim, que a defesa buscasse a solução do caso pelas duas vias: a nulidade do processo ou o cumprimento do acordo que evitaria a ação penal.

POSSIBILIDADE DE IMPOSIÇÃO DE OUTRAS CONDIÇÕES PELO JUIZ

O § 2.º do art. 89 da Lei n. 9.099 estabelece a possibilidade de o juiz "especificar outras condições a que fica subordinada a suspensão, desde que adequadas ao fato e à situação pessoal do acusado". O preceito de inspiração é o que estabelece o art. 79 do CP quando cuida do *sursis* penal: "A sentença poderá especificar outras condições a que fica subordinada a suspensão, desde que adequadas ao fato e à situação pessoal do condenado".

No caso do *sursis* penal, trata-se de possibilidade deixada a cargo do julgador para proceder à melhor individualização da pena, ainda que incidente o benefício da suspensão condicional da pena. É dizer: para melhor considerar o caso concreto e estabelecer solução penal adequada, o juiz poderá estabelecer condição específica. A exigência é que tal imposição guarde fundamentação que relacione tal imposição com a peculiaridade estabelecida no fato e à situação pessoal do próprio condenado.

De igual inspiração é a previsão dessa condição judicial no *sursis* processual. O juiz poderá, após a manifestação de aceitação da proposta formulada pelo Ministério Público, estabelecer condição que entenda adequada ao caso concreto e compatível com a situação pessoal do acusado. A preocupação que deve orientar tal condição é que a resposta ao acusado, ainda que por meio do instituto despenalizante, se mostre adequada à reprovação do fato e à prevenção de delitos. Ainda que busque justamente afastar a resposta tradicional do processo-crime e a eventual imposição de sentença condenatória, a suspensão condicional do processo é instituto que a toda evidência realiza modo de *responsabilização* do acusado, ainda que por meio diverso da tradicional imposição de pena por sentença condenatória. Por isso, a intervenção judicial, também nesse caso, se orienta pela regra insculpida no art. 59 do Código Penal, *caput*, *in fine*, do CP: "conforme seja necessário e suficiente para reprovação e prevenção do crime". Afinal, por que outra razão se moveria o julgador que não pelos critérios de suficiência e necessidade da resposta penal do Estado?

O minudenciamento da condição judicial não raro guarda similitude ou mesmo identidade com eventual pena alternativa descrita na Seção II do Capítulo I do Título V do Código Penal (Das penas – Das espécies de pena – Das penas restritivas de direitos). Há crítica doutrinária no sentido de que a eventual imposição de condição que coincida com pena restritiva de direito estabelecida no Código Penal implicaria violação ao princípio da legalidade penal (*nullum crime, nulla poena, sine praevia lege*). O argumento: estar-se-ia diante da imposição de pena estranha ao que preceitua o próprio tipo penal e, o mais importante, sem a observância do processo, que, aliás, o instituto do *sursis* processual busca exatamente evitar. O tema chegou aos Tribunais que, claramente, fizeram opção no sentido de prestigiar a construção de resposta adequada ao caso concreto por meio da intervenção judicial na imposição da condição descrita no § 2.º do art. 89 da Lei n. 9.099, a exemplo, aliás, do que se entende a respeito da condição judicial imposta no *sursis* da pena. Confira-se o seguinte julgado do STF a respeito do tema: "Não é inválida a imposição, como condição para a suspensão condicional do processo, de prestação de serviços ou prestação pecuniária, desde que 'adequadas ao fato e à situação pessoal do acusado' e fixadas em patamares distantes das penas decorrentes de eventual condenação" (HC 123.324, 1.ª Turma, Rel. Min. Rosa Weber, DJe de 7/11/2014). Ainda, veja-se também este aresto: "Ambas as Turmas desta Corte já assentaram o entendimento de que a imposição de prestação pecuniária como condição para a suspensão condicional do processo é válida, desde que adequada ao fato e à situação do acusado, justamente como se observa no caso concreto" (HC 115.721, 2.ª Turma, Rel. Min. Ricardo Lewandovski, DJe de 28/6/2013).

O tema, vale dizer, já foi objeto de decisão proferida pelo STJ segundo o rito específico para recurso repetitivo, no qual se firmou a seguinte <u>tese</u>: "Não há óbice a que se estabeleçam, no prudente uso da faculdade judicial disposta no art. 89, § 2º, da Lei n. 9.099/1995, obrigações equivalentes, do ponto de vista prático, a sanções penais (tais como a prestação de serviços comunitários ou a prestação pecuniária), mas que, para os fins do *sursis* processual, se apresentam tão somente como condições para sua incidência" (REsp 1498034, Rel. Min. Rogerio Schietti Cruz, 3.ª Seção, julgado em 25/11/2015, DJe de 2/12/2015).

Assim, o juiz poderá (*rectius*, deverá), quando adequado ao caso concreto e atento às condições pessoais do acusado, impor condição específica para a suspensão condicional do processo, que integrará os termos do que acordado pelas partes para o período de prova.

Por fim, registre-se que a condição que escapa daquelas enumeradas no § 1.º do art. 89 só pode ser aquela imposta pelo juízo. Na prática das audiências criminais, dada a atribuição do Ministério Público de fiscalizar fundações e entidades de interesse social em geral, não raro os dados de entidades que sejam indicadas como beneficiárias de prestações pecuniárias, serviços voluntários e outras atividades encontram-se de posse do promotor de justiça ou procurador da república presente no ato processual. Por isso, mostra-se relativamente comum que a condição descrita no § 2.º do art. 89 derive, na audiência, de manifestação apresentada pelo Ministério Público. Em situações assim, é bom destacar, tal manifestação assume o caráter de alvitre, sugestão ou recomendação do Ministério Público. Isso porque a condição é mesmo do juízo e, ainda que sugerida pelo Ministério Público na assentada, ela será imposta ao acusado apenas se acolhida pelo juiz. É dizer: ela não se insere no âmbito da proposta do titular da ação penal. Ainda que manifestada pelo Ministério Público, se for imposta no caso concreto, assim ocorrerá porque o juiz acolheu tal sugestão (e não porque o Ministério Público titularize a oferta de tal condição no *sursis* processual).

REVOGAÇÃO DO BENEFÍCIO

Os parágrafos 3.º e 4.º estabelecem, respectivamente, as causas de revogação obrigatória e facultativa do benefício da suspensão condicional do processo.

Se o acusado, no período da suspensão do processo, vier a ser processado por outro crime, o benefício será necessariamente revogado pelo juiz e a persecução penal que se buscava evitar retomará o seu curso. A expressão "ser processado por outro crime" refere-se ao caso em que o acusado tem contra si a ação penal recebida pelo juízo. Afinal, a instauração do processo-crime ocorre quando afirmativo o juízo de prelibação (admissibilidade) da ação penal.

De igual modo, se o acusado não repara o dano ensejado pela prática criminosa, quando lhe é possível fazê-lo, também essa razão é causa obrigatória de revogação do benefício. Veremos logo adiante que a verificação dessa condição pode se dar mesmo após o escoamento do prazo da suspensão condicional do processo. Por ora, contudo, sigamos na apreciação das hipóteses de revogação do benefício.

Se o acusado vier a ser processado criminalmente por contravenção penal (e não crime) ou se vier a descumprir as demais condições descritas nos incisos II, III e IV do § 1.º (proibição de frequentar determinados lugares, proibição de ausentar-se da comarca sem prévia autorização do juízo, comparecimento periódico ao juízo para informar e justificar suas atividades), o juiz apreciará a possibilidade de revogar o benefício. São situações em que a revogação é facultativa, isto é, depende de decisão motivada do juiz que, nesses casos, conjugará a falta do acusado em face das condições que lhe foram impostas, as razões eventualmente apresentadas para tanto e a frustração (ou não) do benefício como medida despenalizante e que evita a resposta própria da persecução penal tradicional.

Como se vê, a reparação do dano e a vedação de que o acusado venha a ser processado por crime no curso do *sursis* são razões obrigatórias de revogação do benefício. Já o descumprimento das demais condições legais ou impostas pelo juízo ou, ainda, a instauração de processo-crime por suposta prática de contravenção penal reclamarão do juízo a aferição sobre a necessidade, ou não, de revogação do benefício. O critério orientador dessa decisão é mesmo aquele lançado para a imposição de condição judicial ao acusado: a imposição de resposta que seja adequada ao fato e à situação pessoal do acusado. Essa resposta pode variar desde a desconsideração da falta, à prorrogação do prazo de suspensão do processo ou, em última análise, à revogação do benefício.

VERIFICAÇÃO DO CUMPRIMENTO DAS CONDIÇÕES

O acusado, então, na suspensão condicional do processo observa o prazo que pode variar de dois a quatro anos. Ele dispõe desse prazo para: observar as condições que lhe foram impostas por ocasião da concessão do benefício e cumprir as obrigações decorrentes dessas condições. A mais relevante delas, máxime quando se tem em conta a atenção que a Lei n. 9.099 teve com os reclamos de Vitimologia, é a reparação do dano experimentado pelo ofendido por força do fato criminoso noticiado na ação penal.

A jurisprudência ao longo dos anos mostrou-se controvertida sobre a verificação da implementação da condição atinente à reparação do dano. Em particular, a 6.ª Turma do STJ chegou a ostentar o entendimento de que não se poderia exigir do acusado a comprovação do cumprimento da condição atinente à reparação do dano após o escoamento do prazo da suspensão.

Tal compreensão criava situação francamente incompreensível. Isso porque o acusado, de fato, dispõe do prazo da suspensão do prazo para cumprir essa condição legal. Quando lhe era exigido o implemento da condição, o acusado poderia alegar que o prazo ainda não havia se escoado. Porém, se escoado o prazo, segundo essa compreensão, não mais se poderia exigir do acusado o implemento de tal condição. Criar-se-ia a esdrúxula – e até mesmo risível – situação em que o acusado passaria o prazo da suspensão alegando que ainda dispõe de prazo para implementar a condição e, após o escoamento do lapso temporal, diria que o prazo para dele se exigir o cumprimento da obrigação... acabou.

Atento a isso, o STJ, por sua 3.ª Seção, em julgamento de recurso tomado como repetitivo em 25/11/2015, fixou a seguinte tese: "Se descumpridas as condições impostas durante o período de prova da suspensão condicional do processo, o benefício poderá ser revogado, mesmo se já ultrapassado o prazo legal, desde que referente a fato ocorrido durante sua vigência." (REsp 1498034, Rel. Min. Rogerio Schietti Cruz, 3.ª Seção, julgado em 25/11/2015, DJe de 2/12/2015).

Assim, o acusado poderá ser chamado a comprovar que cumpriu a condição atinente ao dever de reparar o dano mesmo depois do escoamento do prazo para a suspensão do processo. E, se não demonstrar o implemento de sua obrigação ou a impossibilidade de fazê-lo, o benefício será necessariamente revogado, com a consequente retomada do processo-crime e sua marcha procedimental.

TRANSCURSO DO PRAZO E EXTINÇÃO DA PUNIBILIDADE

A Lei n. 9.099, para evitar que a incidência do instituto da suspensão condicional do processo milite contra a efetividade da resposta penal, determina que, durante o curso do período de suspensão, o prazo prescricional fica suspenso.

Sabemos que o primeiro marco interruptivo da prescrição, cuja contagem se inicia da data do fato criminoso, é o recebimento da ação penal em juízo, com a consequente instauração do processo-crime (art. 117, inciso I, do CP).

O próximo marco interruptivo da prescrição ocorrerá apenas por meio da decisão de pronúncia (inciso II), decisão própria do procedimento dos crimes dolosos contra a vida, ou por meio da publicação da sentença condenatória ou acórdão condenatório (inciso III). Após tais marcos, só mesmo o início do cumprimento da reprimenda ou a ocorrência do instituto da reincidência é que permitirão a interrupção do prazo prescricional (incisos V e VI do art. 117 do CP).

Quando se tem em conta que o crime de médio potencial ofensivo, se tem pena privativa de liberdade mínima não superior a um ano, dificilmente terá prazo de prescrição superior a cinco anos, logo se vê que as disposições sobre prescrição, em regra, serão aquelas veiculadas nos incisos IV, V e VI do art. 109 do CP (oito, quatro e três, respectivamente, para a prescrição), a suspensão do prazo prescricional realmente se mostra medida necessária para que o benefício do *sursis* não se converta em fomento à frustração da resposta penal.

Anote-se que a disposição trazida pelo § 6.º do art. 89, claramente, por implicar a suspensão do prazo prescricional <u>em desfavor do acusado</u>, materializa norma de direito material mais gravosa ao acusado (a exemplo do que previsto no art. 366 do CPP, com a redação estabelecida pela Lei n. 9.271/1996). Por conseguinte, tal preceito legal só encontrou aplicação aos fatos praticados já na sua vigência.

Transcorrido o prazo da suspensão do processo e, se o acusado não deu causa à incidência de razão para a revogação do benefício, bem assim demonstrou o implemento da reparação do dano (ou a impossibilidade de fazê-lo) e da condição judicial, teremos que o benefício se perfectibiliza. Assim, atendido o período de prova sem razões para afastamento do benefício, o caso será de extinção da punibilidade do fato.

Veja-se que a extinção da punibilidade do fato pelo cumprimento das condições da suspensão do processo, nos termos do art. 89 da Lei n. 9.099, não se dá em nenhuma das hipóteses descritas no art. 107 do CP. Trata-se de uma razão própria, estabelecida especificamente pelo art. 89 da Lei n. 9.099 e, por conseguinte, ausente necessidade de menção a qualquer das hipóteses descritas no CP. O juiz proferirá sentença terminativa do feito, definitiva, afastando todos os efeitos deletérios que a existência de processo criminal em desfavor do acusado pudesse trazer.

O acusado, pois, resguarda a sua primariedade, seus bons antecedentes e, diferentemente do que ocorre na transação penal, não haverá qualquer vedação objetivamente considerada de incidência do benefício novamente tão logo seja o processo devidamente extinto e arquivado.

Art. 90. As disposições desta Lei não se aplicam aos processos penais cuja instrução já estiver iniciada. (Vide ADIN nº 1.719-9)

A disposição veiculada no art. 90 da Lei n. 9.099, passados mais de vinte anos de vigência do diploma legal, perdeu muito de sua relevância prática. Trata-se de preceito legal que versa sobre a aplicação das disposições trazidas pela Lei n. 9.099 no tempo.

Como vimos, a Lei n. 9.099 traz disposições de caráter processual, mas também enumera diversos preceitos que guardam reflexos no direito material. Os institutos da composição dos danos civis, da transação penal, da representação para o processamento da ação penal nos crimes de lesões leves e culposas e a suspensão condicional do processo são institutos processuais que têm o condão de extinguir a punibilidade do fato criminoso. Por isso, são normas de conteúdo dúplice: processual (adjetiva) e penal (material).

Os regimes de aplicação da lei penal e processual penal no tempo diferem entre si. A norma penal, como se sabe, se mais gravosa ao agente criminoso, só pode incidir para os fatos praticados na sua vigência. A norma penal mais benéfica que seja posterior ao fato retroage para que seus efeitos atinjam fatos realizados mesmo antes de sua vigência. Tudo, nos termos do art. 2.º do Código Penal.

Já a norma processual penal aplica-se desde logo, concretizando o aforismo *tempus regit actum*. Não se questiona se mais benéfica ou gravosa ao agente criminoso: sua incidência abrange os atos processuais praticados na sua vigência.

Com a nítida pretensão de escapar da discussão procedimental que o surgimento da Lei n. 9.099 seguramente traria, dada a multiplicidade de disposições de direito material e processual penal, o legislador previu que a Lei n. 9.099 só teria aplicação aos processos criminais cuja instrução (em juízo) não tivesse se iniciado.

A *mens legislatoris*, contudo, não resistiu ao escrutínio judicial. É que, apesar da literalidade do art. 90, não haveria como evitar que as disposições de caráter material, se mais benéficas ao agente criminoso, retroagissem para atingir fatos praticados antes de sua vigência independentemente do estágio processual em que estivessem os respectivos feitos. O preceito, pois, foi objeto de ação direta de inconstitucionalidade: afinal, é a Constituição Federal que determina que "a lei penal não retroagirá, salvo para beneficiar o réu" (art. 5.º, inc. XL).

Desse modo, ao pretender restringir a incidência do preceito constitucional, o art. 90 incidiu em vício de inconstitucionalidade. O âmbito de aplicação do preceito legal trazia em seu espectro de aplicação hipótese contrária ao que estabelece a Constituição. O Judiciário, então, valendo-se da técnica de interpretação conforme a Constituição, excluiu da determinação veiculada no art. 90 da Lei n. 9.099 as disposições de Direito Penal material dessa Lei que fossem mais benéficas ao réu. Vale transcrever o excerto da lição do STF: O art. 90 da lei 9.099/1995 determina que as disposições da lei dos Juizados Especiais não são aplicáveis aos processos penais nos quais a fase de instrução já tenha sido iniciada. Em se tratando de normas de natureza processual, a exceção estabelecida por lei à regra geral contida no art. 2º do CPP não padece de vício de inconstitucionalidade. Contudo, as normas de direito penal que tenham conteúdo mais benéfico aos réus devem retroagir para beneficiá-los, à luz do que determina o art. 5º, XL da Constituição Federal. Interpretação conforme ao art. 90 da Lei 9.099/1995 para excluir de sua abrangência as normas de direito penal mais favoráveis ao réu contidas nessa lei." (ADI 1.719, Pleno, Rel. Min. Joaquim Barbosa, julgamento em 18/6/2007, DJe de 3/8/2007).

Atualmente, repita-se, tal discussão encontra-se esvaziada. Contudo, guarda interesse histórico e de exemplo concreto do que estabelece o nosso regime jurídico sobre a aplicação da lei penal e da lei processual no tempo.

Art. 90-A. As disposições desta Lei não se aplicam no âmbito da Justiça Militar. (Artigo incluído pela Lei nº 9.839, de 27.9.1999)

Num primeiro momento, a Lei n. 9.099 não trouxe qualquer ressalva quanto a sua extensão aos casos de incidência do Código de Processo Penal Militar.

No entanto, atento aos valores da hierarquia e da disciplina, fundamentos na vida castrense, entendeu por bem o legislador em afastar os institutos despenalizantes estabelecidos na Lei n. 9.099 do âmbito da Justiça Militar.

Tal vedação, portanto, alcança não só a Justiça Militar da União, que se refere às Forças Armadas (Exército, Marinha e Aeronáutica), mas também a Justiça Militar dos Estados, que cuida das corporações militares da Polícia Militar e do Corpo de Bombeiros Militar. Nesses casos, a incidência apenas do Código de Processo Militar será de rigor. Havendo, contudo, razão de deslocamento da competência para a Justiça comum (estadual ou federal), não haverá óbice à incidência dos institutos da Lei n. 9.099 e do procedimento sumaríssimo nela detalhado.

Nesse sentido, vale dizer, o STF consolidou sua compreensão, *verbis*: "O Supremo Tribunal Federal firmou entendimento no sentido da aplicação à Justiça Militar da Lei nº 9.099/95. A Lei nº 9.839, de 27.09.99, que acrescentou o art. 90-A à Lei nº 9.099/95 e afastou a aplicação das suas disposições no âmbito da Justiça Militar, embora consubstancie disposição processual, tem efeitos de direito material, na medida em que obsta a aplicação de normas despenalizadoras de caráter preponderantemente penal. Tratando-se de condenação anterior à referida lei, seus efeitos não podem prejudicar o réu." (STF, HC 80.177, 1.ª Turma, Rel. Min. Ilmar Galvão, Ementário 2007/403). No mesmo sentido, ilustrativamente, também no STF: HC 80.054 e HC 79.988.

Para além da vedação de incidência da Lei nº 9.099/1995, o legislador já anotou a inaplicabilidade do diploma legal nos casos de incidência da Lei nº 11.340/2006 (Lei Maria da Penha) e na recente Lei nº 14.344/2022 (Lei Henry Borel). Quanto à primeira, remetemos o leitor aos comentários lançados ao art. 88 do presente trabalho. Quanto à segunda, que promoveu alteração no Estatuto da Criança e do Adolescente, passamos a enfrentar a questão a seguir.

A Lei nº 14.344, de 24 de maio de 2022, como já anotamos, cria "(...) mecanismos para a prevenção e o enfrentamento da violência doméstica e familiar contra a criança e o adolescente, nos termos do § 8º do art. 226 e do § 4º do art. 227 da Constituição Federal e das disposições específicas previstas em tratados, convenções ou acordos internacionais de que o Brasil seja parte" (excerto da ementa). Além disso, a Lei nº 14.344 promoveu diversas alterações no Código Penal, na Lei de Execução Penal, na Lei de Crimes Hediondos e na Lei nº 13.431, de 4/4/2017, que estabelece o sistema de garantia de direitos da criança e do adolescente vítima ou testemunha de violência. Novamente, remetemos o(a) leitor(a), nesta obra, à leitura dos comentários a essas leis específicas.

O problema a ser ora enfrentado consiste na alteração promovida no art. 226, § 1º, do Estatuto da Criança e do Adolescente (Lei nº 8.069/1990), cuja redação foi acrescentada justamente pela Lei Henry Borel: "Aos crimes cometidos contra a criança e o adolescente, independentemente da pena prevista, não se aplica a Lei nº 9.099, de 26 de setembro de 1995."

O questionamento imposto pela nova lei se refere ao alcance desse enunciado que exclui a incidência Lei nº 9.099/1995 (e seus institutos despenalizantes). A vedação de incidência da Lei nº 9.099/1995 refere-se aos "crimes cometidos contra a criança e o adolescente" previstos no Estatuto da Criança e do Adolescente ou a todos os crimes previstos, independentemente do diploma de previsão, cujas vítimas sejam crianças e adolescentes?

A resposta não é simples. Até porque a Lei Henry Borel traz diversos problemas técnicos em seus enunciados, que têm demandado do intérprete exercício interpretativo muitas vezes marcado pela complexidade.

Os crimes praticados em desfavor de criança e adolescente, a exemplo da Lei Maria da Penha, contam com a previsão de criação de um juizado especializado, com ampla utilização de serviços em rede e de abordagem para além da resposta punitiva nos casos de crimes praticados contra criança e adolescente. Trata-se da previsão lançada no art. 23 da Lei nº 13.431/2017, que assim estabelece: "Os órgãos responsáveis pela organização judiciária poderão criar juizados ou varas especializadas em crimes contra a criança e o adolescente". A previsão de um juízo especializado traz, desde logo, a compreensão de que todo o regime de processamento das investigações preliminares e dos processos que envolvam vítimas crianças e adolescentes observará tratamento próprio e, com o perdão para ênfase, especial.

Não se trata, pois, de uma resposta que implique a incidência, ou não, do juizado especial criminal previsto na Lei nº 9.099/1995. Essa previsão **de competência** já se encontra, desde 2017, solucionada no sentido de que a organização judiciária, em atenção a enunciado positivado em lei federal, deverá atentar para a criação de um órgão especializado do ponto de vista da competência funcional, de modo mais detido, quanto ao objeto do processo.

Tal consideração é relevante para se interpretar o sentido do enunciado excludente positivado no Estatuto da Criança e do Adolescente por força da alteração promovida pela Lei Henry Borel. A previsão de exclusão dos institutos despenalizantes — composição dos danos civis, transação penal, necessidade de representação do ofendido para o processamento do crime de lesão leve e culposa, suspensão condicional do processo —, por si só, não é garantia de um sistema de justiça sensível às demandas de acolhimento, atenção, prioridade e de resposta efetiva aos crimes que atinjam crianças e adolescentes. Ao contrário: muitas vezes, a incidência de alternativas penais – como são os institutos despenalizantes da Lei nº 9.099/1995 —vem justamente ao encontro da demanda por uma resposta estatal especializada e aberta a intervenções que materializem medidas de assistência e proteção à criança e ao adolescente em situação de violência.

De maneira simples, a crítica ora construída não se refere à possibilidade de o legislador excluir a incidência dos institutos despenalizantes. O sentido jurídico de crime de menor potencial ofensivo é aquele indicado pelo legislador ordinário. Ao firmar a **exclusão** da incidência da Lei nº 9.099/1995, o legislador está sinalizando de que crimes que tenham por vítimas crianças e adolescentes são graves independentemente do preceito sancionatório previsto para o tipo penal.

Essa é uma opção político-criminal para o enfrentamento dos crimes que vitimam crianças e adolescentes que se revela adequada? A resposta não é simples. No entanto, para o escopo do presente trabalho, a pergunta deve ter seu âmbito de compreensão reduzido: pode o legislador excluir a incidência da Lei nº 9.099/1995 (e seus institutos despenalizantes) dos crimes que tenham como vítimas crianças e adolescentes? Sim. A vedação atende a um escrutínio de constitucionalidade e de convencionalidade. Afinal, mesmo para alternativas como a *diversion* (de que são exemplos o acordo de não persecução penal e a transação penal), que materializam acordos penais com incidência de equivalentes funcionais da pena, para evitar a judicialização do caso penal, o critério de sua incidência é aquele que o legislador indicar dentro do sistema legal pátrio (confira-se a redação, novamente, do item 5.1 das Regras de Tóquio — Regras Mínimas Padrão das Nações Unidas para a Elaboração de Medidas Não Privativas de Liberdade, Anexo da Resolução 45/110, da Assembleia Geral das Nações Unidas – a respeito do qual anotamos nos comentários ao art. 62 da Lei nº 9.099/1995). Diga-se igual, para a suspensão condicional do processo e para a composição dos danos civis. Ou, ainda, para a ação penal pública incondicionada nos casos de lesões leves ou culposas em desfavor de criança e adolescente.

É possível criticar a opção legislativa – e a crítica é merecida e acertada, porque a simples exclusão de institutos despenalizantes não traz a certeza necessária de que o sistema de justiça implementará, só por isso, medidas de assistência e proteção à criança e ao adolescente em situação de violência. No entanto, é uma opção legislativa possível e em conformidade com o programa de constitucionalidade estabelecido para temas que, por determinação constitucional, hão de receber prioridade absoluta.

Desse modo, atendendo-se à literalidade do dispositivo lançado no Estatuto da Criança e do Adolescente, nenhum crime que tenha como vítima criança e adolescente, independentemente de seu *locus* de previsão (na Lei nº 8.069/1990 ou em qualquer diploma legal), seja qual for o preceito sancionatório, não atrairá a incidência dos institutos da composição dos danos civis (com aptidão de implicar renúncia ao direito de queixa ou representação nos casos respectivos de ação penal privada ou de ação pública condicionada a representação do ofendido); transação penal; representação nos crimes de lesão culposa ou leve; suspensão condicional do processo.

Para uma compreensão mais detida da vedação legal estabelecida no Estatuto da Criança e do Adolescente, remetemos o(a) leitor(a) aos comentários à Lei nº 8.069/1990, sob responsabilidade do professor Rafael Schwez Kurkowski, nesta mesma obra.

Art. 91. Nos casos em que esta Lei passa a exigir representação para a propositura da ação penal pública, o ofendido ou seu representante legal será intimado para oferecê-la no prazo de trinta dias, sob pena de decadência.

Também o art. 91 da Lei n. 9.099 trouxe norma de direito intertemporal e sua relevância prática restou esvaziada hoje por força do decurso do tempo. Afirmou o legislador que, nos casos de persecução penal dos crimes de lesões leves ou culposas (art. 88), o ofendido ou seu representante legal seria notificado a deduzir, no prazo de 30 dias, a representação cujo direito de exercício lhe foi reconhecido na Lei n. 9.099.

Se o crime antes era de ação penal pública incondicionada e, com a previsão trazida no art. 88, passou a ser de ação penal pública condicionada à representação, andou bem o legislador em prever expressamente o prazo para o exercício desse direito. Além disso, igualmente permitiu, desse modo, a incidência dos institutos da composição dos danos civis, da transação e da suspensão condicional do processo. É que, no silêncio da Lei, isto é, caso não trouxesse a Lei n. 9.099 a previsão inserta no art. 91, teríamos que a alteração do regime da ação penal era disposição de direito material mais benéfica ao agente criminoso e, portanto, incidente naqueles crimes cuja ação penal ainda não tivesse sido exercitada.

A disposição do art. 91, então, exerceu lídimo espaço de conformação legislativa do instituto, prevenindo controvérsias e dúvidas sobre a incidência da Lei n. 9.099 no tempo, em especial a disposição do art. 88 (representação para os crimes de lesões leves e culposas).

Art. 92. Aplicam-se subsidiariamente as disposições dos Códigos Penal e de Processo Penal, no que não forem incompatíveis com esta Lei.

O art. 92 estabeleceu a subsidiariedade de aplicação do CPP e do CP também aos fatos e processos sobre os quais versa a Lei n. 9.099. O referido dispositivo, assim, guarda conformidade com o que dispõe o art. 1.º do CPP, que estabelece a observância do CPP para todo o processo penal em território brasileiro, ressalvada eventual legislação especial que com ele seja incompatível. Também as disposições do Código Penal guardam caráter de subsidiariedade em face do que dispõe a Lei n. 9.099.

A Lei n. 9.099, como vimos ao longo dos comentários de seus dispositivos, antecedeu, influenciou e materializou diversas inovações no Direito Processual Penal brasileiro. Muitas delas, bem recebidas, deixaram de ser peculiaridade para se tornarem a regra procedimental no processo penal pátrio. Ainda assim, é importante observar, diante de eventual ponto em que a Lei n. 9.099 traga disposição diversa e especial aparentemente conflitante com o que dispõe o CPP, a precedência é da norma especial.

CAPÍTULO 20

Propriedade Industrial – Lei nº 9.279/96

Fernando Célio de Brito Nogueira

1. BREVE HISTÓRICO DA PROTEÇÃO INDUSTRIAL NO MUNDO E NO BRASIL

Segundo nos lembra o eminente José Henrique Pierangeli, entre os romanos, era comum a utilização de sinais ou marcas distintivos (*sigillum*). Foram encontrados muitos objetos, principalmente em obras de arte e cerâmica. O uso de uniforme de marcas pelos povos antigos tinha por finalidade distinguir um produto de outros existentes no mercado (Crimes contra a propriedade Industrial. São Paulo: RT, 2003, p. 27).

Os gregos gravavam iniciais e figuras nos vasos.

Mas é na Idade Média que aparece a real origem do uso das marcas, as quais naquela época tinha por objetivo muito mais a defesa de um interesse público, do que estabelecer garantias ao seu titular.

Segundo Pierangeli, a doutrina costuma situar na Idade Média os primórdios do privilégio[1] de invenção: "Estima-se que o mais antigo privilégio de invenção foi 'concedido em 1236 pela autoridade municipal de Bordeaux a um tal de Bonafusus de Sancta Columba e Companhia, para tecer, calandras e tingir tecidos de lã de costumes ao modo flamengo, francês e inglês, pelo prazo de quinze anos, com exclusividade. Nessa época, a cidade francesa se encontrava sob domínio inglês, razão pela qual o provimento deveria ser referendado pelo Rei Henrique III, da Inglaterra'" (ob. cit., p. 46).

Drummond de Magalhães, citado por José Henrique Pierangeli, conclui: "segundo se infere de alguns éditos ou proclamações reais, afirmaremos que outra não foi a tendência manifestada na França, a partir do Século XII, quando os usurpadores, falsificadores ou contrafeitores de certas marcas industriais considerados como criminosos e equiparados aos moedeiros falsos, se tornavam passíveis de severas penas, que iam da mutilação às galés, e até a morte" (ob. cit., p. 29).

1 Sobre os mais antigos privilégios de invenção concedidos a pessoas mais notórias, Pierangeli lembra: a) os concedidos ao físico Galileu Galilei, em 1594, pelo prazo de vinte anos, 'de uma maneira fácil, barata e bastante cômoda de elevar água e irrigar terrenos, mediante a utilização de um só cavalo'; b) o privilégio de impressão outorgado por volta de 1454 a Gutemberg, que para muitos foi o inventor da imprensa; c) em 1416, em Veneza, foi concedido a Francesco Petri privilégio verdadeiramente industrial para a introdução de 24 moinhos de trigo que, em sua operação, não usavam água; d) em Florença, em 1406, foi concedido privilégio a três artesão procedentes da Lombardia, para a implementação de uma indústria têxtil, mas o ato de concessão estipulou uma cláusula que obrigava que aos artesãos florentinos fossem ensinadas as técnicas a serem empregadas, de modo que, expirado o prazo de três anos, os locais ensinados poderiam fabricar os produtos, sem exclusividade; e) na França, em 1649, a Blaise Pascal foi concedido privilégio de invenção para uma máquina de calcular (ob. cit., p. 47).

Na idade moderna, especialmente na França, surge a regulamentação do uso das marcas, em decorrência do *laissez faire, laissez passer*, trazido pela Revolução, por meio da Lei de 12 de abril de 1803. Essa lei organizou o registro das marcas e estendeu aos seus contrafatores as penas do crime de falsificação de documentos privados, ressalvado ao proprietário o direito de buscar perdas e danos (ob. cit., p. 31). Até então, pelo Decreto de 7 de março de 1791, que aboliu todas as antigas práticas protetivas, com as proclamações de absoluta liberdade do comércio e da indústria, permitia-se, sem restrições ou limitações, o livre exercício das profissões, de modo que, até então, não parecia ao legislador que era necessária a proteção à boa-fé no comércio e na indústria.

Várias outras leis foram editadas, tanto na França, como em outros países. A Lei Francesa de 1857 exerceu grande influência sobre toda a legislação moderna e vigorou na França por muitas décadas (ob. cit., p. 31).

O Código Francês de 1810, conhecido como Código de Napoleão, preocupou-se com o tema e criminalizou não somente o uso fraudulento das marcas emblemáticas e das marcas nominais, como também dispensou igual tratamento e punição aos infratores, com pena de reclusão.

Drummond Magalhães, porém, citado por José Henrique Pierangeli, advertia que a severidade da sanção era considerada muito grande pelos Magistrados, que por isso não a aplicavam. Isso fez com o que o legislador, em 28 de junho de 1824, passasse a punir os transgressores com penas corretivas, mais eficazes e mais brandas (ob. cit., p. 33).

1.1 As marcas de indústria e comércio no Brasil

A vinda da família real para o Brasil, em 1808, para fugir à invasão Napoleônica, fez com que o Príncipe-Regente, tão logo aportou na Bahia, em 1º de abril, revogasse o Alvará de 1785, que proibia a instalação de indústrias e manufaturas no Brasil e, para estimular a instalação de indústrias e manufaturas em nosso país, e ainda visando estimular a industrialização, criou o primeiro sistema de incentivos para que nossos produtos pudessem competir com os manufaturados que provinham do exterior (Alvará de 28 de janeiro de 1.809) (ob. cit., p. 35).

Por meio desse alvará, a importação de matéria-prima e a exportação de manufaturados tiveram isenção de impostos. Para garantir e estimular o mercado interno, o fardamento das tropas passou a ser feito com tecidos produzidos no País, enquanto as manufaturas de lã, seda e algodão, assim como as fábricas de ferro e aço, passaram e receber parte da renda da loteria nacional, como subvenção (ob. cit., p. 35).

Com a proclamação da independência, a Lei de 20 de outubro de 1823 mandou que tivessem vigência em nosso país as Ordenações Filipinas e demais leis portuguesas que haviam regido o país até 25 de abril de 1821. Assim, quanto às fraudes, a vigência do Livro V de tais ordenações, em que era tratada a parte criminal, estava mantida (ob. cit., p. 35-36).

Depois veio o Código Criminal de 1830, também conhecido como Código Imperial.

Como adverte José Henrique Pierangeli, "...muito embora o art. 261 do Código Imperial cuidasse dos crimes contra a propriedade literária e artística, não tinha tal dispositivo amplitude suficiente para estabelecer uma reprimenda a título de crime contra a propriedade das marcas de indústria e comércio, ainda quando as penas significassem tão-somente a perda de todos os exemplares, ou 'do seu valor e outro tanto, e de multa igual ao tresdobro do valor dos exemplares'. Em sendo assim, todo apelo à analogia criminalizadora foi repudiado, tanto pela doutrina como pelos tribunais. Como exemplo, invocamos a decisão proferida pelo Tribunal da Relação da Bahia, na ação penal proposta pelos industriais Meuron & Cia. Contra Moreira & Cia, contrafatores da marca de rapé Area Preta. Desamparados e desorientados na disputa contra os usurpadores de sua marca, Meuron & Cia, juntamente com outros interessados, representaram ao Poder Legislativo, cobrando providências 'contra a fraude que ameaçava aniquilar a indústria daquela cidade, usurpando por meio de emblema e invólucros falsificados ou contrafeitos a propriedade do nome e do crédito de fábricas antigas e contra a qual se confessam impotentes os tribunais repressivos, por entenderem que a espécie de que se trata escapou à providência do legislador'. A representação apresentada foi acolhida pela Comissão de Justiça Criminal da Câmara dos Deputados, que estudou detidamente o assunto, buscando subsídios na doutrina e jurisprudência francesas forjadas na Lei de 23.07.1857 que, como assinalado, influenciou poderosamente na nossa legislação, constituindo-se mesmo 'pelas circunstâncias do momento, a fonte mais próxima da legislação brasileira sobre a espécie'. O projeto, composto por dezesseis artigos, foi remetido e aprovado pelo Poder Legislativo, convertendo-se, com ligeiras modificações, na Lei 2.682, de 23.10.1875. Esta lei se transformou na primeira proteção efetiva para as marcas..." (ob. cit., p. 37-38).

A nova legislação, porém, era falha e não assegurava a necessária proteção à propriedade industrial.

"Encontrava-se a Lei de 1875 em plena vigência, quando o deputado Almeida e Oliveira, em 18.10.1882 apresentou um projeto no senado no sentido de completar e esclarecer pontos da legislação industrial vigente. O referido projeto, efetivamente, representava um grande progresso, mas ele não logrou sequer entrar em discussão. Alguns meses depois, tendo em vista o resultado das conferências internacionais realizadas em Paris, sobre a proteção da propriedade industrial, foi assinada a Convenção de 23.03.1883, ratificada, entre nós, pelo Dec. 9.233, de 28.12.1884.

Entre a Convenção de Paris e a Lei de 1875, havia um grande descompasso, e o desenvolvimento operado em nossas indústrias e em nosso comércio, estavam a reclamar uma pronta reforma da legislação. Atento a essas necessidades, o governo imperial encarregou as seções reunidas, dos Negócios do Império e da Justiça do Conselho do Estado a elaborar um projeto de reforma da legislação existente, "afim de que essa matéria seja entre nós regulada de acordo com a Convenção internacional para a proteção da propriedade industrial, promulgada pelo Dec. 9.523, de 28 de junho do corrente ano".

Da elaboração do projeto foram encarregados os dois senadores: Afonso Celso, Visconde de Ouro Preto, que se especializara no assunto, e Leão Velloso. Em sessão de 27.05.1885, os referidos senadores apresentaram o resultado do trabalho executado que, em seguida, foi remetido à Câmara dos Deputados, onde, com algumas modificações, o projeto converteu-se na Lei 3.346, de 14.10.1887, regulamentada pelo Dec. 9.828, de 31 de dezembro desse mesmo ano. O projeto original sofreu apenas ligeiras emendas na Câmara e no Senado, diante do brilhantismo com que se houveram os seus elaboradores" (ob. cit., p. 38-39).

Com a proclamação da república, em 1889, a legislação industrial existente foi aceita e somente sofreu alterações no primeiro Código Civil republicano, de 1891. O Código Penal aboliu a pena de prisão e modificou a multa estabelecida pelo art. 14 da lei ab-rogada.

Em 23 de novembro de 1903, o Deputado Germano Hassolocker apresentou na Câmara dos Deputados um projeto que modificava a legislação de 1887. Esse projeto agravava a pena criminal aplicável aos contrafeitores, responsabilizava solidariamente aqueles que, de uma forma ou de outra, concorressem para a falsificação e dispunha sobre matéria de natureza processual. Segundo José Carlos Tinoco Soares, citado por José Henrique Pierangeli, "entre os vários pontos de melhoria que a nova legislação apresentava, salientamos a melhor estrutura dos tipos penais e de regras processuais nas ações penais e civis sobre buscas e apreensões e sobre direitos dos estrangeiros. A reprodução, no todo ou em parte, por qualquer meio, de marca de indústria e de comércio, era punida com pena de prisão de seis meses e multa. A ação penal, consoante o art. 17, era pública incondicionada. Comentando a legislação, escreve José Tinoco Soares: *No tocante às 'marcas'*, foram considerados crimes: a) contrafação; b) reprodução por qualquer meio; c) reprodução no todo ou em parte; d) uso de marca reproduzida ou imitada; g) uso de marca legítima de outrem em produto ou artigo de falsa procedência; i) venda, exposição à venda e depósito de artigo ou produto revestido de marca abusivamente imitada ou reproduzida no todo ou em parte; j) venda, exposição à venda e depósito à venda e depósito de artigo ou produto que tem marca de outrem e não é de fabricação deste" (José Carlos Tinoco Soares. Processo Civil nos crimes contra a propriedade industrial. São Paulo, 1998, p. 29)" (ob. cit., 39-40).

Veio a Lei 1.236, de 29 de abril de 1904, regulamentada pelo Decreto 5.424, de 10 de janeiro de 195. A lei era superior às normas anteriores, mas ainda estava longe de atender às necessidades da proteção industrial reclamada naquele momento.

Assim, o então Ministro da Agricultura, Indústria e Comércio, por ordem do Presidente Epitácio Pessoa, passou a tratar do assunto. Embora Arthur Bernardes, que sucedeu Epitácio Pessoa na presidência, reconhecesse essa necessidade, nenhuma reforma foi realizada. Mas em 2.12.1923, foi criada a Diretoria-Geral da Propriedade Industrial, revogados os decretos até então vigentes. Ao diretor passou a competir a concessão de privilégios de invenção e registro demarcas de indústria e comércio. No que diz respeito à parte criminal, o art. 77 estabeleceu: 'o processo criminal não obstará para os concessionários dos privilégios haverem indenização do dano causado ou que poderá causar'. Era a instituição da ação civil decorrente do dano causado pelo delito (ob. cit., p. 41).

A pena tinha o mínimo estabelecido em seis meses e o máximo em um ano, além de multa. A ação penal era proposta pelo Promotor de Justiça da comarca, onde fossem encontrados os produtos revestidos de marcas.

Decorridos mais de 10 anos, o Decreto n 24.507, de 29 de junho de 1934, aprovou o Regulamento para a concessão de patentes de desenho ou modelo industrial, para o registro comercial e do título de estabelecimento e para a repressão da concorrência desleal (ob. cit., p. 41).

O Código Penal de 1940, no seu Título III, cuidou dos crimes contra a propriedade imaterial, e no Capítulo III, compreendendo os arts. 192 a 194, tipificou as condutas que violavam garantias da propriedade industrial (ob. cit., p. 42).

José Henrique Pierangeli, porém, observa que "essa inserção dos crimes contra a propriedade industrial no Código Penal não representou uma providência louvável.

Realmente, a doutrina vem recomendando a elaboração de legislação extravagante para cuidar de questões como a dos crimes contra a propriedade industrial, contra o meio ambiente, falimentares, consumidor etc., onde as questões podem ser examinadas com maior profundidade, com isso buscando uma evitação de equívocos legislativos, ou seja, tal providência possibilita a elaboração de leis mais perfeitas" (ob. cit., p. 42).

A imperfeição da legislação codificada levou à sua modificação três anos depois que ela entrou em vigor. Nascia, com o Decreto nº 7.903, de 28 de agosto de 1945, nosso primeiro Código de Propriedade Industrial. Esse, nos seus capítulos II, III e IV, cuidou dos crimes contra a propriedade industrial.

Os crimes contra as marcas de indústria e comércio estavam contidos nos arts. 175, 176 e 177; no Capítulo V, ficaram definidos os crimes contra a concorrência desleal. Dessa forma, todos os comentários feitos ao Código Penal de 1940, a partir dessa data, estão fundamentados nessa lei.

Tal decreto atualizou nossa legislação de direito industrial e, por sua profundidade e elaboração cuidadosa, pelo menos na parte criminal, serviu de base para legislações posteriores, inclusive para a Lei nº 9.279, de 14 de maio de 1996, atualmente em vigor (ob. cit., p. 43).

1.2 Fundamentos da proteção à propriedade industrial

A proteção à propriedade industrial encontra seu fundamento maior na Constituição Federal de 1988, em seu art. 5º, *caput*, que assegura aos brasileiros e aos estrangeiros residentes no País a inviolabilidade do direito à propriedade.

E a Constituição Federal, ainda, de forma expressa, manda a lei proteger a propriedade industrial, marcas, nomes de empresas e outros signos distintivos: "A lei assegurará aos autores de inventos industriais privilégio temporário para a sua utilização, bem como a proteção às criações industriais, à propriedade das marcas, aos nomes de empresas e a outros signos distintivos, tendo em vista o interesse social e o desenvolvimento tecnológico e econômico do País" (art. 5º, XXIX).

Em razão dos mandamentos constantes da Lei Maior, o Código Penal tutela a propriedade. E a Lei nº 9.279/96 tutela a propriedade industrial.

Nesse passo, vale transcrever a lição clara de Guilherme de Souza Nucci:

> "**Propriedade industrial:** preceitua o art. 5º, *caput*, da Constituição Federal que todos são iguais perante a lei, garantindo-se aos brasileiro e aos estrangeiros residentes no País a *inviolabilidade* do direito à propriedade, considerado, pois, um dos direitos humanos fundamentais. Por isso, o Código Penal tutela e protege o direito de propriedade, além de haver lei penal especial complementando o cenário. As formas de proteção à propriedade, nas leis penais, adquirem diversas conotações, valendo-se o legislador dos termos *patrimônio, propriedade imaterial e propriedade industrial.* Segundo nos parece, o patrimônio é o conjunto de bens materiais e imateriais, abrangendo objetos inanimados e semoventes, suscetível de apreciação econômica, ainda que realizada por meio indireto. São espécies de patrimônio: a) bens materiais (coisas e animais), tutelados pelos tipões penais incriminadores do Código Penal (arts. 155 a 180); b) propriedade imaterial, hoje consistente na proteção à propriedade intelectual, igualmente tutelada pelo Código Penal (art. 184); c) propriedade industrial, envolvendo o privilégio de invenção, as marcas de indústria e comércio e a concorrência desleal, tuteladas pela Lei 9.272/96. Atualmente, considerando-se estes dois últimos conceitos, pois relativos à criatividade humana, há duas áreas: 'a criação estética o o objeto do direito de autor; a invenção técnica, da propriedade industrial' (Newton Silveira, *A propriedade intelectual e a nova lei de propriedade industrial,* p. 5). É preciso deixar claro o conceito de *indústria*, cuja primeira impressão pode remeter ao prédio da fábrica, cheia de maquinário, onde se constroem coisas para venda no comércio, é muito mais amplo, representando todas as atividades humanas para alcançar um objetivo; essas atividades podem ser criadoras ou executoras de um projeto, de uma tese, de uma marca, de uma obra escrita etc. Em suma, a *indústria* envolve tanto aquela atividade, produzida em fábrica, para transformar a matéria-prima e objeto de valor econômico, quanto a atividade criadora do ser humano, redundando em direito de autor (propriedade intelectual) e propriedade industrial (tutela do privilégio de invenção, das marcas de indústria e comércio e da concorrência desleal). A tutela à propriedade industrial torna-se mais efetiva em virtude da adesão de nosso país à convenção de Paris, 1883, que instituiu e regulou internacionalmente o tema. Houve vários adendos e revisões com o passar dos anos. A última revisão, assinada pelo Brasil, advém de Estolcomo (1967). Como narra João da Gama Cerqueira, antes da adesão formal à Convenção de Paris, o Brasil já possuía leis protegendo o privilégio de invenção, embora ainda fossem atrasadas e imperfeitas (*Tratado da propriedade industrial,* p. 11)" (Leis Penais e Processuais Penais Comentadas. Vol. 1. 10 ed. Rio de Janeiro: Gen Forense, 2017, p. 732).

CAPÍTULO II
DOS CRIMES CONTRA A PROPRIEDADE INDUSTRIAL
CRIMES CONTRA AS PATENTES E CONTRA OS DESENHOS INDUSTRIAIS

TÍTULO V
DOS CRIMES CONTRA A PROPRIEDADE INDUSTRIAL

CAPÍTULO I
DOS CRIMES CONTRA AS PATENTES

Art. 183. Comete crime contra patente de invenção ou de modelo de utilidade quem:

I - fabrica produto que seja objeto de patente de invenção ou de modelo de utilidade, sem autorização do titular; ou

II - usa meio ou processo que seja objeto de patente de invenção, sem autorização do titular.

Pena - detenção, de 3 (três) meses a 1 (um) ano, ou multa.

2. CRIMES CONTRA A PROPRIEDADE INDUSTRIAL

2.1 Crimes contra as patentes

Conceitos básicos preliminares: privilégio, patente de invenção e modelo de utilidade. Segundo José Henrique Pierangeli, "as expressões **privilégio e patente de invenção** são muitas vezes empregadas como sinônimas, mas tal confusão deve ser sempre evitada, posto que possuem sentido bem definido e diversificado. **O privilégio é o direito do inventor**, enquanto **a patente é o título legal que assegura esse privilégio, na forma da lei**, quanto à sua propriedade e ao uso exclusivo da invenção, por um prazo determinado. Tenha-se presente, todavia, que a patente não cria o direito do inventor; apenas o reconhece e o assegura, visto que este preexiste. 'A patente de invenção, expedida pela administração pública mediante o cumprimento das formalidades legais e sob certas condições, é o ato pelo qual o Estado atribui o direito ao inventor, assegurando-lhe a propriedade e o uso exclusivo da invenção pelo prazo da lei'. Em resumo, o direito do inventor dentro de um conceito dogmaticamente apropriado, denomina-se privilégio de invenção e o título que o comprova denomina-se patente de invenção" (ob. cit., p. 82-83) (destacamos).

As patentes, no Brasil, devem ser registradas perante o INPI, Instituto Nacional de Propriedade Industrial, autarquia ligada à União Federal.

Modelos de utilidade são a modificação de formas de objetos conhecidos, de modo a tornar mais útil, mais cômodo ou mais eficiente o uso do objeto. Essa modificação de forma de objetos conhecidos pode constituir modelo industrial (ob. cit., p. 106-107).

Condutas típicas

O delito prevê a conduta daquele que comete crime contra *patente de invenção* ou *modelo de utilidade*, mediante duas condutas: a) fabricar produto que seja objeto de patente de invenção ou de modelo de utilidade, sem autorização do titular; ou b) usar meio ou processo que seja objeto de patente de invenção, sem autorização do titular.

Os artigos 8º e 9º da Lei de Propriedade Industrial dizem quais são as invenções suscetíveis de serem objeto de **patente** e quais são os objetos que podem se tornar **modelos de utilidade**:

> Art. 8º É patenteável a invenção que atenda aos requisitos de novidade, atividade inventiva e aplicação industrial.
>
> Art. 9º É patenteável como modelo de utilidade o objeto de uso prático, ou parte deste, suscetível de aplicação industrial, que apresente nova forma ou disposição, envolvendo ato inventivo, que resulte em melhoria funcional no seu uso ou em sua fabricação.

Vale transcrever a lição de Guilherme de Souza Nucci sobre patente de invenção:

> "Em linhas gerais, a *patente*, no âmbito jurídico do termo, representa um registro, realizado em órgão de acesso público, para garantir o direito de propriedade de alguma coisa a quem a criou. Os objetos da patente são as invenções, as marcas, as descobertas, nos termos

expostos nesta Lei. No ensinamento de João da Gama Cerqueira, 'entre os produtos do trabalho intelectual que se manifestam no campo das indústrias, destacam-se, pela sua importância, as *invenções*, que constituem objeto da tutela jurídica dispensada, de modo geral, *aos direitos de autor* e, de modo particular, à *propriedade industrial* (*Tratado da propriedade industrial*, v. 1, p. 129). O inventor possui dois direitos fundamentais, espelhados pelo *privilégio de invenção* (monopólio de comércio ou indústria do bem criado) e pela *patente de invenção* (registro assegurador da propriedade de invenção). Esta última é registrada no Instituto Nacional da Propriedade Industrial (INPI), autarquia federal vinculada ao Ministério da Indústria, Comércio Exterior e Serviços. No magistério de Tinoco Soares, '*inventor* é aquele que através do trabalho do intelecto ou do acaso fez uma descoberta ou idealizou alguma coisa nova, suscetível de ser industrializada. A *invenção é o produto do seu trabalho, decorrendo daí que a patente* é o título hábil representativo da obtenção de um privilégio de uma invenção ou de um aperfeiçoamento' (*Lei de Patentes, marcas e direitos conexos, p. 29*). Para ser patenteável, a invenção deve ser uma novidade, atividade inventiva e de aplicação industrial (art. 8,º desta Lei)" (Leis Penais, p. 733).

Modelo de utilidade, para Nucci,

"Cuida-se da criação de uma nova forma de uso de algum produto já conhecido, aprimorando a sua *performance*. Na lição de Newton Silveira, 'os modelos de utilidade visam a melhorar o uso ou utilidade dos produtos, dotando-os de maior eficiência ou comodidade na sua utilização, por meio de nova configuração' (*A propriedade intelectual*, p. 7)" (Leis Penais, p. 734).

Incorre no delito aquele que fabricar produto que seja objeto de patente de invenção ou de modelo de utilidade, *sem autorização do titular*.

Finalmente, também incorre no crime aquele que usar meio ou processo que seja objeto de patente de invenção, *sem autorização do titular*.

O elemento normativo do tipo penal *sem autorização do titular do direito* é que torna a conduta penalmente típica.

Sujeito ativo

Poderá ser sujeito ativo do delito qualquer pessoa.

Sujeito passivo

Será sujeito passivo o titular do direito ao produto objeto de patente ou modelo de utilidade. Como também o titular do *meio ou processo* que seja *objeto de patente de invenção*.

Poderá ser pessoa física ou jurídica e ainda terceiro ao qual tenha sido transferida a patente ou processo objeto de patente de invenção.

Também poderá ser sujeito passivo o Estado, quando a violação atingir o "interesse social e o desenvolvimento tecnológico e econômico do País" (CF, art. 5º, XXIX).

Será também sujeito passivo o Estado, quando se tratar de patente de interesse da defesa nacional (LPI, art. 75) (Pierangeli, p. 189).

Consumação e tentativa

A consumação se dá com o efetivo fabrico do produto ou modelo de utilidade ou ainda com o efetivo uso de meio ou processo que seja objeto de patente de invenção.

Como se trata de delito cuja execução pode ser fracionada em atos, é possível a tentativa.

Elemento Subjetivo

É o dolo, direto ou eventual, inexistindo punição a título de culpa por ausência de previsão legal.

Classificação

No inciso I, trata-se de crime material, de conduta e resultado. Há necessidade de exame pericial, nos termos do art. 158, do Código de Processo Penal.

No inciso II, crime formal, de mera conduta, que independe de resultado, bastando o uso nas circunstâncias traçadas no tipo penal.

Infração de menor potencial ofensivo, pois a pena máxima cominada não é superior a 2 anos (art. 61, da Lei nº 9.099/95).

Como tal, é passível de transação penal, nos termos do art. 76, da Lei nº 9.099/95, e de suspensão condicional do processo, nos termos do art. 89, da Lei nº 9.099/95.

Crime de ação penal privada, em que a propositura da ação penal é privativa do ofendido, titular do direito violado.

Julgados correlatos

TJSP:

Contrafação demonstrada

Propriedade industrial. Modelo de utilidade e desenho industrial. Pretensão de ver cessada alegada contrafação e imposta condenação pelos danos havidos.. Contrafação que é mesmo incontroversa.(...) Ausência de qualquer elemento a infirmar o registro do desenho industrial, com exame de mérito. Prejuízo havido e mesmo presumido. Liquidação por arbitramento, nos termos dos artigos 208 e 210 da Lei 9.279/96. Sentença revista em parte. Recursos principal e adesivo parcialmente providos. (TJSP; Apelação 0009113-90.2012.8.26.0637; Relator (a): Claudio Godoy; Órgão Julgador: 1ª Câmara Reservada de Direito Empresarial; Foro de Tupã - 1ª Vara Cível; Data do Julgamento: 24/06/2015; Data de Registro: 27/06/2015).

TJMG:

Complexidade da causa criminal. Remessa ao juízo criminal comum:

"Diante da complexidade do feito e da necessidade de produção de prova pericial para aferição dos indícios de materialidade do crime previsto no art. 183 da Lei nº 9.279/96, deve ser afastada a aplicabilidade do conceito estabelecido no art. 61 da Lei nº 9.099/95 e declarada a competência da justiça comum" (CJ 1.0000.13.099049-2/000-MG, 6ª Câmara Criminal, Rel. Márcia Milanez, 08.04.2014).

TJES:

Violação de patente. Inversão do ônus da prova. Ao acusado compete a prova de que seu produto foi obtido por processo diverso daquele protegido pela patente

"(...)**Em caso de violação de patente de processo de fabricação, compete ao acusado o ônus de provar que seu produto foi obtido por processo diverso do protegido pela patente**" (Apelação nº 1072018-05.1998.8.08.8.0024 – ES, 3ª Câmara Cível, Rel. Telemaco Antunes de Abreu Filho, 29.10.2015, v.u.).

TJMS:

Desacordo comercial não implica ilícito penal

"(...) 2. No caso dos autos, não há indícios de que a empresa ré praticou a conduta descrita no art. 183, inc. II, da Lei nº 9.279/96, já que o apelante autorizou a empresa Mirante Fundições Ltda, a explorar a tecnologia patenteada, a qual foi objeto de contrato de fornecimento com a empresa Vetorial Siderurgia Ltda, tratando-se, portanto, de um desacordo comercial e não um fato criminoso, inviabilizando a decretação da medida cautelar de cunho criminal almejada nesta via recursal. 3. Recurso improvido" (Apelação nº 0800586-82.2014.8.12.008 – MS, 3ª Câmara Criminal, Rel. Francisco Gerardo de Souza, 09.07.2015, v.u.).

Art. 184. Comete crime contra patente de invenção ou de modelo de utilidade quem:

I - exporta, vende, expõe ou oferece à venda, tem em estoque, oculta ou recebe, para utilização com fins econômicos, produto fabricado com violação de patente de invenção ou de modelo de utilidade, ou obtido por meio ou processo patenteado; ou

II - importa produto que seja objeto de patente de invenção ou de modelo de utilidade ou obtido por meio ou processo patenteado no País, para os fins previstos no inciso anterior, e que não tenha sido colocado no mercado externo diretamente pelo titular da patente ou com seu consentimento.

Pena - detenção, de 1 (um) a 3 (três) meses, ou multa.

Condutas

Exportar, vender, expor ou oferecer à venda, ter em estoque, ocultar ou receber, para utilizar, com fins econômicos, produto fabricado com violação de patente de invenção ou modelo de utilidade ou obtido por meio ou processo patenteado.

Importar produto que seja objeto de patente de invenção ou modelo de utilidade ou ainda obtido por meio ou processo patenteado no País, para utilização econômica, e que não tenha sido colocado no mercado externo diretamente pelo titular da patente ou então com seu consentimento.

Fim especial

Observe-se que o tipo penal, nas duas situações, exige fim econômico, de lucro, exploração no comércio, indústria etc, ainda que informal.

Se o fim for meramente educacional, científico, de pesquisa, não haverá o delito.

Sujeito ativo

Qualquer pessoa física.

A pessoa jurídica, isoladamente considerada, não poderá ser sujeito ativo do delito, pois a responsabilidade penal da sociedade empresária, entre nós, *ainda* é limitada ao campo do Direito Ambiental, por força do disposto na Constituição Federal. Nesse sentido, dispõe o art. 225, § 3º, da Carta Bandeirante:

> *§ 3º As condutas e atividades consideradas lesivas ao meio ambiente sujeitarão os infratores, pessoas físicas ou jurídicas, a sanções penais e administrativas, independentemente da obrigação de reparar os danos causados.*

Os diretores da pessoa jurídica responsáveis pela violação da patente ou modelo de utilidade, porém, responderão pelo delito. Especialmente se detinham o domínio funcional do fato, no momento em que determinaram a contrafação por uma das condutas previstas no tipo penal.

Sujeito passivo

O titular do produto fabricado com violação de patente de invenção ou de modelo de utilidade, de objeto de patente de invenção, modelo de utilidade ou ainda obtido por meio ou processo patenteado no País e ainda do produto que tenha sido colocado no mercado externo diretamente pelo titular da patente ou com seu consentimento.

Também será sujeito passivo o terceiro ao qual houver sido concedido o direito de explorar a patente de invenção ou modelo de utilidade.

Consumação e tentativa

Basta a realização de um dos verbos do núcleo dos tipos penais para que o crime se consume.

Como se trata de delito cuja prática pode ser fracionada em atos, é possível em tese a tentativa.

Elemento Subjetivo

É o dolo, direto ou eventual, inexistindo punição a título de crime culposo, por ausência de previsão legal.

Classificação

Crime de conteúdo variado, tipo misto alternativo, formal, que independe de resultado.

Crime de menor potencial ofensivo, pois a pena máxima prevista não é superior a 3 meses ou multa. Como tal, passível de transação penal (art. 76, da Lei nº 9.099/95) e suspensão condicional do processo (art. 89, da Lei nº 9.099/95).

Crime de ação penal privada, em que a ação penal deve ser proposta necessariamente pelo ofendido, titular do direito violado.

Julgados correlatos

TJSP:

Contrafação evidente. Dano material reconhecido

MARCA. ABSTENÇÃO DE USO. Produtos com marcas famosas alvos de pirataria com cópias de qualidade inferior e acabamento fora dos padrões – Contrafação que se constata pela comparação dos produtos apresentados nos autos – Necessidade de tutelar a propriedade industrial de maneira ampla, protegendo o fabricante que testemunha o aproveitamento parasitário de seu trabalho e investimento, mediante derrame de imitações baratas que deterioram a imagem do produto copiado (...). (TJSP; Apelação 4003989-79.2013.8.26.0554; Relator (a): Enio Zuliani; Órgão Julgador: 1ª Câmara Reservada de Direito Empresarial; Foro de Santo André - 5ª Vara Cível; Data do Julgamento: 06/05/2015; Data de Registro: 13/05/2015).

STJ:

Fabricação do produto e venda posterior. Esta é pós-fato impunível. Princípio da consunção. Prevalência de um só crime. Competência do JECrim

"(...). 3. Na hipótese, aos pacientes, na condição de diretores de empresa de fabricação e venda de peças automotivas, foram imputadas a prática de crimes contra a propriedade intelectual, por terem fabricado e colocado à venda produto supostamente contrafeito. **4. Ocorre que a segunda conduta (colocação de produto contrafeito à venda) é decorrência da primeira (fabricação de produto contrafeito). Assim, está-se diante de pós-fato impunível (...)** (HC 56.097/MG, Rel. Ministro OG FERNANDES, SEXTA TURMA, julgado em 17/11/2009, DJe 07/12/2009).

STJ:

Extinção da punibilidade de crime da Lei nº 9.279/96 não faz coisa julgada em relação ao delito do art. 184, § 2º, do CP

1. Se a declaração de extinção da punibilidade se referiu ao tipo descrito no art. 189 da Lei 9.279/96, cujo início da persecução dependia da vontade do ofendido, por meio de ação penal privada, tal decisão não tem o condão de trancar a ação penal pública instaurada contra o paciente, sob a alegação de coisa julgada, em relação ao crime descrito no art. 184, § 2º, do CP, por se tratar de condutas distintas. 2. Ordem denegada. (HC 95.351/SP, Rel. Ministro ARNALDO ESTEVES LIMA, QUINTA TURMA, julgado em 11/03/2008, DJe 02/06/2008).

STF:

Anterioridade do nome comercial

"(...) 2. Considerando que a empresa estrangeira LIDL STIFTUNG & CO. KG., ora apelada, foi constituída no ano de 1973, enquanto que os atos constitutivos da apelante – LIDEL LOJA DE ALIMENTOS LTDA - datam de 1998, é possível concluir que milita em favor daquela o privilégio da anterioridade sob o aspecto do nome comercial (...) 4. Sendo a empresa-ré mais antiga que a empresa-autora, e atuando ambas no mesmo segmento mercadológico – supermercados/comércio de mercadorias - evidencia-se o prévio conhecimento da autora reconvinda sobre a existência e atividades da ré-reconvinte, podendo invocar a primeira o inciso XXIII do art. 124 da LPI como protetor de seus sinais. 5. Apelação e remessa improvidas." 7. Agravo regimental desprovido. (AI 739381 AgR, Relator(a): Min. LUIZ FUX, Primeira Turma, julgado em 23/04/2013, ACÓRDÃO ELETRÔNICO DJe-090 DIVULG 14-05-2013 PUBLIC 15-05-2013).

Art. 185. Fornecer componente de um produto patenteado, ou material ou equipamento para realizar um processo patenteado, desde que a aplicação final do componente, material ou equipamento induza, necessariamente, à exploração do objeto da patente.

Pena - detenção, de 1 (um) a 3 (três) meses, ou multa.

Conduta

Fornecer componente de produto patenteado, material ou equipamento para realizar um processo patenteado, desde que a aplicação final do componente, material ou equipamento induza, necessariamente, à exploração do objeto da patente.

Objeto jurídico

A norma penal aqui protege o componente de produto patenteado, material ou equipamento para realizar processo patenteado.

Fim especial da conduta

A conduta, para que o crime ocorra, deve ser obrigatoriamente a exploração do objeto da patente. Essa exploração há de ser entendida como aquela voltada a fim comercial, econômico, ainda que exercido na informalidade.

Se outro for o fim, que não a exploração do objeto da patente, o delito não se perfaz.

Sujeito ativo

Qualquer pessoa.

Sujeito passivo

O titular dos direitos sobre o produto patenteado ou material ou equipamento destinado à realização de processo patenteado. E ainda o terceiro ao qual tenham sido concedidos os direitos sobre componente patenteado ou sobre material ou equipamento que sirva para realizar processo patenteado.

Consumação e tentativa

O crime se consuma com o fornecimento de produto patenteado, de modo que seja necessariamente induzida a exploração da patente. Sem que haja a efetiva exploração da patente, pelo fornecimento do produto ou equipamento que se preste à realização de processo patenteado, o crime não se perfaz.

Como se trata de crime cuja execução pode ser fracionada em atos, é passível, portanto, de tentativa.

Elemento subjetivo

O dolo direto ou eventual. Não há previsão a título de crime culposo, por ausência de previsão legal.

Classificação

Crime material, de conduta e resultado, pois a conduta deve levar, necessariamente, à exploração comercial ou econômica do objeto da patente, para que o delito se consume.

Cuida-se de delito de menor potencial ofensivo, pois a pena máxima prevista não excede 3 meses ou multa, de modo que é passível, portanto, de transação penal ou suspensão condicional do processo nos termos dos arts. 76 e 89, da Lei nº 9.099/95.

Art. 186. Os crimes deste Capítulo caracterizam-se ainda que a violação não atinja todas as reivindicações da patente ou se restrinja à utilização de meios equivalentes ao objeto da patente.

Norma explicativa: prevê que os crimes definidos neste capítulo I do Título V, da Lei nº 9.279/96, se caracterizam ainda que a violação não atinja todas as reinvindicações da patente ou se limite à utilização de meios equivalentes ao objeto da patente.

Prevê a caracterização dos tipos penais, ainda que a violação não logre atingir todas as reivindicações da patente ou se restrinja à utilização de meios que equivalham ao objeto da patente.

Externa a preocupação do legislador no sentido de dar efetiva tutela penal aos bens jurídicos protegidos por esta lei. Daí a previsão que visa conferir maior alcance à proteção penal da propriedade industrial.

Julgados correlatos

TJSP:

Apelação em ação que visa declarar ausência de violação da patente. Não provimento. Perícia que constatou infração por equivalência. Inteligência do art. 186 da Lei nº 9.279/96

"(...) **Decisão anterior desta C. Câmara que limitou o objeto do feito tão somente à análise da existência ou não de violação da patente pertencente à ré, tendo em vista que as alegações sobre nulidade em virtude do estado da técnica serem de competência da Justiça Federal. No mais, prova pericial conclusiva. Perito que constatou infração por equivalência. Inteligência do art. 186 da Lei de Propriedade Industrial. Decisão mantida. Recurso improvido**". (TJSP; Apelação 1002715-47.2015.8.26.0624; Relator (a): Hamid Bdine; Órgão Julgador: 1ª Câmara Reservada de Direito Empresarial; Foro de Tatuí - 1ª Vara Cível; Data do Julgamento: 05/09/2018; Data de Registro: 06/09/2018).

CAPÍTULO II
DOS CRIMES CONTRA OS DESENHOS INDUSTRIAIS

Art. 187. Fabricar, sem autorização do titular, produto que incorpore desenho industrial registrado, ou imitação substancial que possa induzir em erro ou confusão.

Pena - detenção, de 3 (três) meses a 1 (um) ano, ou multa.

2.2 Crimes contra os desenhos industriais

Conceitos básicos preliminares. Desenhos e modelos industriais

A doutrina aponta dificuldades para diferenciar **desenhos e modelos industriais.**

Segundo o mestre Pierangeli, "o desenho possui um objetivo de ornamentação, que dá a um objeto uma característica de novidade e especificação. O objeto do direito industrial aqui é o modelo ou desenho, limitados pela originalidade, pela novidade e pela sua utilização industrial, e o sujeito do direito é o autor do desenho ou do modelo, o seja, é a pessoa (física ou jurídica), que pode pleitear a concessão da patente.

Daí afirmar-se que os desenhos e os modelos industrial têm por destinação a indústria e o comércio e os seus autores buscam a proteção com o fito de estabelecer um privilégio de fabricação e venda, e quanto às obras de arte, assegurado o direito de propriedade, não são destinadas à multiplicação de exemplares postos no comércio e essa proteção não importa numa restrição à liberdade da atividade comercial e industrial.

O modelo industrial, como esclarece Roubier, é constituído por 'toda maquete, toda modelagem em lacre, em gesso, em argila, todo modelado ou moldado, toda obra de escultura acadêmica ou de ornamentação e ainda todos os modelos novos de chapéus, espartilhos, brinquedos etc'. E o mesmo autor conclui que enquanto o desenho (a arte gráfica), atua sobre uma superfície, a forma plástica (modelo) opera no espaço.

Em consequência, podem ser considerados como modelos uma nova forma de lâmpada, uma nova forma de urdidura etc. Bem formulada é a definição ofertada pelo art. 95 da Lei da Propriedade Industrial: 'considera-se desenho industrial a forma plástica ornamental de um objeto ou conjunto ornamental de linhas e cores que possa ser aplicado a um produto, proporcionando resultado visual novo e original em sua configuração externa e que possa servir de fabricação industrial'" (ob. cit., p. 102-103).

O legislador brasileiro aboliu a figura do modelo industrial, que foi absorvido pelo desenho industrial, sendo certo que ambos podem constituir uma marca (ob. cit., p. 103).

Conduta típica

Fabricar, sem autorização do titular, produto que inclua desenho industrial registrado. Ou fabricar ainda imitação substancial capaz de induzir em erro ou confusão.

Observe-se que o tipo penal exige que a imitação seja idônea, capaz de causar erro ou confusão em relação ao desenho registrado.

Se se tratar de imitação pobre, grosseira, sem potencialidade para causar erro ou confusão, o delito não se perfaz.

Protege-se o desenho industrial registrado no INPI, Instituto Nacional da Propriedade Industrial, autarquia ligada à União Federal.

Sujeito ativo

Qualquer pessoa.

Sujeito passivo

O titular dos direitos concernentes ao desenho industrial registrado ou que tenha sido objeto de imitação. E o terceiro ao qual tenham sido concedidos aqueles direitos.

Consumação e tentativa

O crime se consuma com a fabricação ou imitação previstas no tipo penal.

Como se trata de delito cuja execução pode ser fracionada em atos, possível em tese a tentativa.

Elemento Subjetivo

O dolo, direto ou eventual. Não há punição a título de crime culposo, por ausência de previsão legal.

Classificação

Crime material, de conduta e resultado. Exige o tipo penal o fabrico ou a imitação. E mais: que este fabrico ou imitação sejam potencialmente idôneos para causar erro ou confusão, para enganar e iludir.

Delito de menor potencial ofensivo, pois a pena máxima prevista não ultrapassa 3 meses de detenção ou multa, nos termos do art. 61 da Lei nº 9.099/95.

Por se tratar de crime de menor potencial ofensivo, são em tese cabíveis a transação penal e a suspensão condicional do processo, nos termos dos arts. 76 e 89, ambos da Lei nº 9.099/95.

Crime de ação penal exclusivamente privada, em que somente se procede mediante queixa.

Julgado correlato

TJSP: Concorrência desleal configurada. Irrelevância de não caracterização das condutas delitivas do art. 195 da LPI. Ação indenizatória procedente

PROPRIEDADE INDUSTRIAL – *Trade dress* – Imitação de serrote fabricado pela autora – Prescindibilidade de prova pericial – Imitação perceptível por leigos – Livre concorrência limitada pelos direitos de terceiros – Inobservância pela ré no caso concreto – Irrelevância de não caracterização das condutas criminosas do art. 195 da LPI – Concorrência desleal genérica configurada – Inibitória procedente (...) (TJSP; Apelação 0041257-51.2013.8.26.0001; Relator (a): Ricardo Negrão; Órgão Julgador: 2ª Câmara Reservada de Direito Empresarial; Foro Regional I - Santana - 4ª Vara Cível; Data do Julgamento: 31/10/2016; Data de Registro: 03/11/2016).

Art. 188. Comete crime contra registro de desenho industrial quem:

I - exporta, vende, expõe ou oferece à venda, tem em estoque, oculta ou recebe, para utilização com fins econômicos, objeto que incorpore ilicitamente desenho industrial registrado, ou imitação substancial que possa induzir em erro ou confusão; ou

II - importa produto que incorpore desenho industrial registrado no País, ou imitação substancial que possa induzir em erro ou confusão, para os fins previstos no inciso anterior, e que não tenha sido colocado no mercado externo diretamente pelo titular ou com seu consentimento.

Pena - detenção, de 1 (um) a 3 (três) meses, ou multa.

Condutas

A exemplo do que ocorre com os delitos do capítulo anterior, temos neste capítulo condutas equiparadas para aquele que exportar, vender, expuser ou oferecer à venda, tiver em estoque, ocultar ou receber, para utilização com fins econômicos, objeto que incorpore ilicitamente desenho industrial registrado ou ainda imitação substancial que possa induzir em erro ou confusão.

Haverá o crime ainda na conduta daquele que importar produto que incorpore desenho industrial registrado no País ou imitação substancial que possa induzir em erro ou confusão, para os fins do inciso anterior (utilização com fins econômicos), e que não tenha sido colocado no mercado externo diretamente pelo titular ou com seu consentimento.

Fim especial das condutas

O crime, em todas as suas formas, exige que a conduta tenha por objetivo a utilização com fins econômicos do objeto que incorpore, de forma ilícita, desenho industrial registrado ou imitação idônea para enganar.

Assim, se o fim for puramente educacional, científico, de pesquisa etc, o delito não se configurará.

Sujeito ativo

Qualquer pessoa.

Sujeito passivo

O titular dos direitos sobre o desenho industrial regularmente registrado no País. E também o terceiro a quem tenham sido transferidos referidos direitos.

Consumação e tentativa

O crime se consuma com a realização de um dos verbos previstos no núcleo do tipo penal.

A tentativa em tese é possível, uma vez que a execução do delito pode ser fracionada em diversos atos.

Elemento Subjetivo

Crime doloso, que se verifica pelo dolo direto ou eventual. Não há punição como crime culposo, por ausência de previsão legal.

Classificação

Crime de conteúdo misto, variado, alternativo. Delito de natureza formal, que se consuma independentemente de produzir qualquer resultado.

Infração de menor potencial ofensivo, pois a pena máxima prevista não excede a 3 meses de detenção ou multa, nos termos do art. 61, da Lei nº 9.099/95.

Como tal, é passível de transação penal, nos termos do art. 76, da Lei nº 9.099/95, e de suspensão condicional do processo, nos termos do art. 89, da Lei nº 9.099/95.

Crime de ação penal privada, em que somente se procede mediante queixa.

Julgados correlatos
TJSP:

Reprodução de móveis objeto de desenhos industriais registrados. Contrafação demonstrada

PROPRIEDADE INDUSTRIAL – Desenho industrial – Reprodução integral dos móveis objeto de desenhos industriais registrados pela autora – Confissão nesse sentido – Falta de originalidade e de novidade dos desenhos industriais não demonstrada (...) Pedido de indenização por dano moral procedente (...) (TJSP; Apelação 1000995-67.2013.8.26.0704; Relator (a): Ricardo Negrão; Órgão Julgador: 2ª Câmara Reservada de Direito Empresarial; Foro Regional XV - Butantã - 2ª Vara Cível; Data do Julgamento: 22/11/2017; Data de Registro: 22/11/2017).

TJSP:

Não caracterizado o crime de concorrência desleal por desvio de clientela e emprego de fraude. Produto dirigido a médicos. Elemento gráfico de publicidade institucional, não relativo ao produto concorrente da autora

PROPRIEDADE INDUSTRIAL – Ação de preceito cominatório, c.c. indenizatória –(...) Produto dirigido a profissionais médicos e não a público leigo – Pedido de registro de marca da ré precedente ao da autora – Elemento gráfico utilizado pela ré em publicidade institucional, e não, especificamente, em publicidade relacionada ao produto concorrente do produto da autora – Hipótese de improcedência dos pedidos iniciais – Recurso improvido. (Apelação 0197667-39.2010.8.26.0100; Relator (a): Caio Marcelo Mendes de Oliveira; Órgão Julgador: 2ª Câmara Reservada de Direito Empresarial; Foro Central Cível - 8ª Vara Cível; Data do Julgamento: 21/10/2015; Data de Registro: 22/10/2015).

CAPÍTULO III
DOS CRIMES CONTRA AS MARCAS

Art. 189. Comete crime contra registro de marca quem:

I - reproduz, sem autorização do titular, no todo ou em parte, marca registrada, ou imita-a de modo que possa induzir confusão; ou

II - altera marca registrada de outrem já aposta em produto colocado no mercado.

Pena - detenção, de 3 (três) meses a 1 (um) ano, ou multa.

3. OS CRIMES CONTRA AS MARCAS

Condutas

Reproduzir, sem autorização do titular, no todo ou em parte, marca registrada. Ou ainda imitá-la, de modo que possa induzir confusão.

Alterar marca registrada de outrem, já aposta em produto inserido no mercado.

Observe-se que não se exige aqui nenhum fim especial por parte do agente, nem mesmo a exploração econômica. Bastam a reprodução ou alteração, nas circunstâncias previstas, para que o delito se perfaça.

Objetividade jurídica tutelada

O tipo penal protege a marca registrada.

Sujeito ativo

Pode ser qualquer pessoa.

Sujeito passivo

O titular de marca registrada ou de marca registrada já aposta em produto inserido no mercado. E o terceiro a quem tenham sido concedidos os direitos sobre a marca registrada ou marca registrada já aposta em produto inserido no mercado.

Elemento Subjetivo

Crime doloso, que se verifica pelo dolo direto ou eventual. Não há punição a título de crime culposo, por ausência de previsão legal.

Classificação

Crime material, de conduta e resultado.

Infração penal de menor potencial ofensivo, pois a pena máxima prevista não excede 3 meses de detenção ou multa, nos termos do art. 61, da Lei nº 9.099/95.

Como tal, é passível de transação penal ou de suspensão condicional do processo, nos termos dos arts. 76 e 89, ambos da Lei nº 9.099/95.

Trata-se, ainda, de crime de ação penal privada, em que somente se procede mediante queixa, a ser intentada no prazo de 30 dias a contar da homologação do laudo pericial (arts. 528 e 529 do CPP).

STJ (Teses de Direito Empresarial sobre as marcas industriais e sua proteção no Brasil):

Jurisprudência em Teses. Edição nº 24. Direito Empresarial

7) Para a tutela da marca basta a possibilidade de confusão, não se exigindo prova de efetivo engano por parte de clientes ou consumidores específicos.

REsp 1450143/RJ, Rel. Ministra Nancy Andrighi, terceira turma, Julgado em 19/08/2014, DJE 02/09/2014

REsp 401105/RJ, Rel. Ministro Honildo Amaral de Mello Castro (desembargador convocado do TJ/AP), Quarta Turma, Julgado em 20/10/2009, DJE 03/11/2009);

Decisões Monocráticas: REsp 633592/SP, Rel. Ministro Vasco Della Giustina (Desembargador Convocado do TJ/RS), Terceira Turma, Julgado em 30/11/2010, Publicado em 09/12/2010.

8) Para se conceder a proteção especial da marca de alto renome, em todos os ramos de atividade, (art. 125 da LPI) é necessário procedimento administrativo junto ao INPI.

AgRg no AgRg no REsp 1116854/RJ, Rel. Ministro Massami Uyeda, Terceira Turma, Julgado em 20/09/2012,DJE 02/10/2012

AgRg no REsp 954378/MG, Rel. Ministro João Otávio de Noronha, Quarta Turma, Julgado em 14/04/2011,DJE 03/05/2011

REsp 951583/MG, Rel. Ministra Nancy Andrighi, Terceira Turma, Julgado em 27/10/2009,DJE 17/11/2009

REsp 658702/RJ, Rel. Ministro Jorge Scartezzini, Quarta Turma, Julgado em 29/06/2006,DJ 21/08/2006

Decisões Monocráticas: AREsp 208656/SP, Rel. Ministra Maria Isabel Gallotti, Quarta Turma, Julgado em 18/12/2013, Publicado em 03/02/2014.

12) Prescreve em cinco anos a ação de perdas e danos pelo uso de marca comercial. (Súmula n. 143/STJ)

REsp 1320842/PR, Rel. Ministro Luis Felipe Salomão, Quarta Turma, Julgado em 14/05/2013,DJE 01/07/2013

REsp 1128676/RJ, Rel. Ministro Sidnei Beneti, Terceira Turma, Julgado em 15/05/2012,DJE 30/05/2012

REsp 555086/RJ, Rel. Ministro Jorge Scartezzini, Quarta

Turma, Julgado em 14/12/2004,DJ 28/02/2005.

16) Para a caracterização da colidência entre marcas, devem ser utilizados os seguintes parâmetros: (i) as marcas devem ser apreciadas sucessivamente, de modo a se verificar se a

lembrança deixada por uma influência na lembrança deixada pela outra; (ii) as marcas devem ser avaliadas com base nas suas semelhanças e não nas suas diferenças; e (iii) as marcas devem ser comparadas pela sua impressão de conjunto e não por detalhes.

REsp 1342955/RS, Rel. Ministra Nancy Andrighi, Terceira Turma, Julgado em 18/02/2014, DJE 31/03/2014

21) A proteção relativa à designação, por título genérico, de banda ou grupo musical se adequa às regras da propriedade industrial, e não às normas inerentes à personalidade.

REsp 678497/RJ,Rel. Ministro Raul Araújo, Quarta Turma, Julgado em 20/02/2014, DJE 17/03/2014

Julgados correlatos

TJSP:

Uso indevido da marca demonstrado. Responsabilização

Apelação. Direito empresarial. Propriedade industrial. Marca. Ação cominatória. Preliminar. Indeferimento da inicial. Interesse de agir da autora reconhecido. Inexistência de prejudicialidade entre a presente demanda e a ação de dissolução parcial que se encontra em grau recursal. Possibilidade de julgamento imediato da lide com base na teoria da causa madura. Art. 1.013, § 3º, I, do CPC. Mérito. Prova documental suficiente para demonstrar o uso indevido da marca "Companhia das Ervas" pelos réus. Presunção de veracidade dos fatos não impugnados especificamente. Art. 341, caput, do CPC.(...) Recurso parcialmente provido. (TJSP; Apelação 1000201-78.2018.8.26.0281; Relator (a): Hamid Bdine; Órgão Julgador: 1ª Câmara Reservada de Direito Empresarial; Foro de Itatiba - 1ª Vara Cível; Data do Julgamento: 20/07/2018; Data de Registro: 20/07/2018).

Registro anterior não impede lançamento de produto de marca semelhante

Agravo de instrumento. Propriedade industrial. Marca. MEDICAMENTOS (...) **Registro anterior que não é suficiente para impedir o lançamento do produto de marca semelhante. Marcas cujo elemento principal é o princípio ativo do medicamento (toxina butolínica). Prática comum na indústria farmacêutica. Pretensão de exclusividade sobre expressão descritiva. Impossibilidade**. Marca evocativa ou fraca. Ônus de convivência com outras marcas compostas pelo mesmo sufixo. Concorrência desleal não caracterizada. Distinção entre os elementos visuais e público especializado. Risco de confusão não evidenciado. Conjuntura que reforça a necessidade de se aguardar o curso natural do processo. Tutela revogada. Decisão reformada. Recurso provido. (TJSP; Agravo de Instrumento 2200708-42.2017.8.26.0000; Relator (a): Hamid Bdine; Órgão Julgador: 1ª Câmara Reservada de Direito Empresarial; Foro Regional II - Santo Amaro - 6ª Vara Cível; Data do Julgamento: 18/04/2018; Data de Registro: 23/04/2018)

Concorrência desleal configurada. Cursos de aperfeiçoamento e pós-graduação oferecidos por entidade não credenciada como instituição de ensino superior. Ação inibitória procedente para fazer cessar a oferta de cursos de pós-graduação com aviso ao consumidor

CONCORRÊNCIA DESLEAL – Oferecimento de curso de aperfeiçoamento e de pós-graduação "lato sensu" por entidade não credenciada como instituição de ensino superior – Inadmissibilidade – Cursos de pós-graduação exclusivos de entidades de curso superior – Inteligência da lei n. 9.394/96 e do Decreto n. 5.773/06 – Propaganda enganosa configurada – Inibitória procedente para determinar que ré se abstenha de oferecer quaisquer cursos de pós-graduação, avisando o consumidor que oferece exclusivamente cursos livres e que está autorizada a expedir apenas certificados de frequência e/ou participação – Ação parcialmente procedente (...) (TJSP; Apelação 1108456-96.2015.8.26.0100; Relator (a): Ricardo

Negrão; Órgão Julgador: 2ª Câmara Reservada de Direito Empresarial; Foro Regional III - Jabaquara - 5ª Vara Cível; Data do Julgamento: 11/12/2017; Data de Registro: 12/12/2017)

Marca figurativa. Prova documental que demonstra reprodução parcial da marca da agravante em produtos importados pela agravada. Condenação à obrigação de se abster das condutas de importar, manter em estoque, distribuir, fabricar ou comercializar produtos que reproduzam total ou parcialmente a marca figurativa da agravante

Agravo de instrumento. Direito empresarial. Propriedade industrial. Marca figurativa. (...) Liberação das cargas retidas contendo grande quantidade de jogos de baralho que reproduzem parcialmente a marca da agravante capaz de acarretar abalo à renomada marca. Hipótese que autoriza a condenação da ré na obrigação de se abster de importar, manter em estoque, distribuir, fabricar ou comercializar produtos que reproduzam total ou parcialmente a marca figurativa da agravante (...) Recurso provido. (TJSP; Agravo de Instrumento 2182420-46.2017.8.26.0000; Relator (a): Hamid Bdine; Órgão Julgador: 1ª Câmara Reservada de Direito Empresarial; Foro Regional II - Santo Amaro - 12ª Vara Cível; Data do Julgamento: 18/10/2017; Data de Registro: 20/10/2017).

Uso indevido de marca industrial

PROPRIEDADE INDUSTRIAL Uso indevido pela ré da marca 3M, de alto renome Produção e comercialização de faixas reflexivas com a marca das autoras, sem a devida licença. Irrelevância da argumentação da requerida, no sentido de que não agiu com dolo (...) Devida a condenação da ré ao pagamento de indenização por danos materiais Critério do art. 210, III, da Lei de Propriedade Industrial adequadamente escolhido para a fixação do valor da reparação Sentença mantida Recurso não provido. (TJSP; Apelação 4004707-23.2013.8.26.0604; Relator (a): Francisco Loureiro; Órgão Julgador: 1ª Câmara Reservada de Direito Empresarial; Foro de Sumaré - 3ª Vara Cível; Data do Julgamento: 25/03/2015; Data de Registro: 29/03/2015)

Uso de domínio registrado na internet. Dano moral evidenciado. Condenação à abstenção de uso do domínio e à obrigação de transferi-lo às apelantes

REGISTRO DE DOMÍNIO NA INTERNET. Ação cominatória para abstenção de uso indevido de marca c.c. indenização (...) Ofensa à função social da propriedade. Finalidade exclusiva de obter lucro com a venda do domínio para as apelantes, que foi demonstrada, o que configura a ilícita prática de "cybersquatting". Prejuízo material não demonstrado. Dano moral, todavia, que se verifica. Condenação do apelado a abster-se de usar o domínio, bem como a transferi-lo às apelantes, além do pagamento de indenização por danos morais no total de R$ 20.000,00 (...) (TJSP; Apelação 0112427-14.2012.8.26.0100; Relator (a): Teixeira Leite; Órgão Julgador: 1ª Câmara Reservada de Direito Empresarial; Foro Central Cível - 42ª Vara Cível; Data do Julgamento: 14/08/2014; Data de Registro: 19/08/2014).

Art. 190. Comete crime contra registro de marca quem importa, exporta, vende, oferece ou expõe à venda, oculta ou tem em estoque:

I - produto assinalado com marca ilicitamente reproduzida ou imitada, de outrem, no todo ou em parte; ou

II - produto de sua indústria ou comércio, contido em vasilhame, recipiente ou embalagem que contenha marca legítima de outrem.

Pena - detenção, de 1 (um) a 3 (três) meses, ou multa.

Condutas

Importar, exportar, vender, oferecer, expor à venda, ocultar ou ter em estoque: a) produto assinalado com marca ilicitamente reproduzida ou imitada, de outrem, no todo ou em parte;

b) produto de sua indústria ou comércio, contido em vasilhame, recipiente ou embalagem, que contenha marca legítima de outrem.

Objetividade jurídica tutelada

Protege-se o registro de marca.

Sujeito ativo

Poderá ser qualquer pessoa.

Sujeito passivo

O titular dos direitos correspondentes à marca devidamente registrada. O terceiro a quem tenham sido transferidos mencionados direitos.

Consumação e tentativa

O crime se consuma com a realização de qualquer das condutas previstas no tipo penal, independentemente de resultado.

Como se trata de delito cuja execução pode ser fracionada em fases, é admissível em tese a tentativa.

Elemento subjetivo

É o dolo, direto ou eventual. Não há punição a título de crime culposo, por ausência de previsão legal.

Classificação

Tipo misto, alternativo, de conteúdo variado. Crime formal, cuja consumação independe da produção de resultado.

Infração penal de menor potencial ofensivo, cuja pena máxima prevista não excede 3 meses de detenção ou multa, nos termos do art. 61, da Lei nº 9.099/95.

Como tal, é passível de transação penal ou suspensão condicional do processo, nos termos dos arts. 76 e 89, ambos da Lei nº 9.099/95.

Trata-se ainda de crime de ação penal exclusivamente privada, que deve ser proposta mediante queixa intentada pelo ofendido ou quem o represente, no prazo decadencial de 30 dias a contar da homologação, pelo juiz, do laudo pericial que ateste a contrafação (CPP, art. 529). Embora haja julgados que considerem o prazo decadencial de 6 meses do art. 38, do Código de Processo Penal, cuida-se de matéria especial, regida por regramento próprio. Donde se conclui se deva observar o prazo decadencial mais estreito, de 30 dias

Porém, o Superior Tribunal de Justiça, em abril de 2021, decidiu que o prazo decadencial de seis meses se inicia com a efetiva ciência do fato (CPP, art. 38), mas esse mesmo prazo poderá se reduzir para 30 dias, a contar da homologação do laudo pericial, se ocorrer nesse ínterim, nos termos do art. 529, do CPP:

> RECURSO ESPECIAL. CRIME CONTRA REGISTRO DE MARCA E CONCORRÊNCIA DESLEAL. QUEIXA-CRIME REJEITADA POR DECADÊNCIA. VIOLAÇÃO DO ART. 529 DO CPP. TESE DE QUE O PRAZO PREVISTO NA NORMA AFASTA A PREVISÃO CONTIDA NO ART. 38 DO CPP. IMPROCEDÊNCIA. **1. É possível e adequado conformar os prazos previstos nos arts. 38 e 529, ambos do CPP, de modo que, em se tratando de crimes contra a propriedade imaterial que deixem vestígio, a ciência da autoria do fato delituoso dá ensejo ao início do prazo decadencial de 6 meses, sendo tal prazo reduzido**

para 30 dias se homologado laudo pericial nesse ínterim. 2. A adoção de interpretação distinta, de modo a afastar o prazo previsto no art. 38 do CPP em prol daquele preconizado no art. 529 do CPP, afigura-se desarrazoada, pois implicaria sujeitar à vontade de querelante o início do prazo decadencial, vulnerando a própria natureza jurídica do instituto, cujo escopo é punir a inércia do querelante. 3. Recurso especial improvido **(RESP 1762142-MG, 6ª Turma, Relator Ministro Sebastião Reis Júnior, 13 de abril de 2021)** (destacamos).

Julgados correlatos

TJSP: Venda de produtos falsificados. Negócio jurídico rescindido e dinheiro devolvido. Ausência de dano moral no caso concreto sob pena de chancelamento da torpeza bilateral

APELAÇÃO. Ação cominatória e indenizatória por danos morais. Autora que adquiriu dez litros de produto cosmético para o cabelo pelo preço total de R$ 329,99. Consumidora que, após entrega da mercadoria, descobre que é ela falsificada (...) A hipótese beiraria o beneficiamento pela própria torpeza, pois se adquiriria produto de origem nitidamente duvidosa e se exigiria em Juízo a entrega de um original. Tal situação o Direito não pode tolerar, sob pena de o Poder Judiciário chancelar a chamada torpeza bilateral. Nessa linha, fica evidente, na hipótese, o intuito da demandante de vulnerar o princípio da boa-fé objetiva. Dano moral. Inocorrência (...) (TJSP; Apelação 1009217-04.2015.8.26.0009; Relator (a): Roberto Maia; Órgão Julgador: 20ª Câmara de Direito Privado; Foro Regional IX - Vila Prudente - 3ª Vara Cível; Data do Julgamento: 11/06/2018; Data de Registro: 13/06/2018)

***Trade dress*. Iogurte grego. Embalagens nas cores azul e branco e elementos que remetem ao país grego, berço do produto. Conjunto-imagem distintos. Impossibilidade de se confundir o consumidor. Ação inibitória improcedente**

PROPRIEDADE INDUSTRIAL – Trade Dress – Iogurte grego – Danone e Nestlé – Design das embalagens são comuns ao tipo de produto – Cores (azul e branco) e elementos que remetem ao país grego, aonde foi criado esse tipo de produto – Expressão "grego", ademais, escrita em estilizações diferentes – Cores azul e branca compõem linha "O Verdadeiro Danone", lançada pela Danone no ano de 2012 – Conjunto-imagem distintos – Impossibilidade de confundir consumidor (...) (TJSP; Apelação 0046192-31.2013.8.26.0100; Relator (a): Ricardo Negrão; Órgão Julgador: 2ª Câmara Reservada de Direito Empresarial; Foro Central Cível - 17ª Vara Cível; Data do Julgamento: 28/08/2017; Data de Registro: 29/08/2017)

Uso de marca e logomarca visando confundir os consumidores. Imposição de abstenção do uso da marca

PROPRIEDADE INDUSTRIAL. MARCA. TUTELA INIBITÓRIA. GUESS E GUEGS. Agravo de instrumento contra a decisão que deferiu a tutela inibitória a fim de que o agravante se abstenha do uso da marca "guegs". **A agravada, na petição inicial, trouxe fotografias que demonstram a semelhança das logomarcas, bem como a produção de vestuários análogos, com evidente risco de confusão aos consumidores. Há, como ressaltado, identidades fonética e gráfica das marcas, o que corrobora o referido risco de confusão que fundou o acolhimento da tutela inibitória (...)** (TJSP; Agravo de Instrumento 2056286-71.2017.8.26.0000; Relator (a): Carlos Alberto Garbi; Órgão Julgador: 2ª Câmara Reservada de Direito Empresarial; Foro de Santos - 9ª. Vara Cível; Data do Julgamento: 31/05/2017; Data de Registro: 31/05/2017)

Abstenção do uso de marca que se confunde com marca registrada, notoriamente conhecida no ramo de seguros, finanças e tecnologia da informação

Apelação. Direito Comercial/ Empresarial. Propriedade industrial. Marca. Ação inibitória cumulada com pedido de indenização. Prescrição. Não ocorrência. Dever de abstenção de uso de marca, nome comercial e nome de domínio que se confundem com a marca registrada de titularidade das autoras. Marca notoriamente reconhecida no ramo de seguros, finanças e tecnologia da informação. Registro, ademais, deferido nas classes 9 e 42 pelo INPI. Pretensão procedente. Apelo a que se nega provimento. (TJSP; Apelação 1063639-78.2014.8.26.0100; Relator (a): Pereira Calças; Órgão Julgador: 1ª Câmara Reservada de Direito Empresarial; Foro Central Cível - 10ª Vara Cível; Data do Julgamento: 24/02/2016; Data de Registro: 25/02/2016)

Marca que já era mundialmente reconhecida à data em que o domínio de internet foi registrado. Aproveitamento da marca preexistente por indução equivocada do eventual cliente.

PROPRIEDADE INDUSTRIAL. Marca. Nome comercial. Domínio na Internet. Ação cominatória para abstenção de uso indevido de elemento distintivo de marca notoriamente reconhecida. Art. 126 LPI (Lei 9.279/96). Marca "Groz Beckert Kg" que já era mundialmente reconhecida à data em que o domínio de internet foi registrado. Segmento de mercado que não pode alegar desconhecimento (...) Nítido aproveitamento da marca apelada, porquanto ao acessar o site sub judice, o internauta era redirecionado para página da internet da apelante. Recurso desprovido. (TJSP; Apelação 0136531-12.2008.8.26.0100; Relator (a): Teixeira Leite; Órgão Julgador: 1ª Câmara Reservada de Direito Empresarial; Foro Central Cível - 32ª Vara Cível; Data do Julgamento: 03/02/2015; Data de Registro: 09/02/2015).

Importação de Chaves "pirateadas" de conhecida montadora de veículos. Crime contra o registro de marcas. Inteligência do art. 190.

PROPRIEDADE INDUSTRIAL – DIREITO MARCÁRIO – IMPORTAÇÃO DE CHAVES "PIRATEADAS" COM A MARCA "RENAULT" - AÇÃO DE OBRIGAÇÃO DE NÃO FAZER CUMULADA COM REPARAÇÃO DE DANOS – Autora apelada RENAULT que pretende a condenação da ré apelante a se abster de importar, vender, expor à venda ou manter em estoque quaisquer produtos que reproduzam as marcas RENAULT, nominativas e figurativas, sob pena de multa diária, além da condenação ao pagamento de indenização por danos morais e materiais – Sentença de procedência – Inconformismo da ré – Não acolhimento. AÇÃO DE OBRIGAÇÃO DE NÃO FAZER CUMULADA COM REPARAÇÃO DE DANOS – PROPRIEDADE INDUSTRIAL – MARCA "RENAULT", SUAS VARIAÇÕES E DESENHO INDUSTRIAL – PRELIMINAR DE ILEGITIMIDADE PASSIVA – DESCABIMENTO – Aquele que importa, vende, oferece ou expõe à venda ou tem em estoque, produtos contrafeitos, com marca ilicitamente reproduzida ou imitada, de outrem, pratica crime contra a marca, respondendo pelo ilícito e se sujeitando às cominações previstas no sistema de proteção de direitos de propriedade industrial – Inteligência do art. 190 da Lei n. 9.729/1996 – PRELIMINAR REJEITADA. AÇÃO DE OBRIGAÇÃO DE NÃO FAZER CUMULADA COM REPARAÇÃO DE DANOS – PROPRIEDADE INDUSTRIAL – MARCA "RENAULT", SUAS VARIAÇÕES E DESENHO INDUSTRIAL QUE SE ENCONTRAM REGISTRADOS NO INPI – Importação de mercadorias que violam os direitos de propriedade industrial da autora – Dano moral e material presumido, em razão da prática da contrafação, diante da violação ao direito de uso exclusivo da marca por seu titular e do fato de que a produção ou comercialização de produtos contrafeitos fere a própria identidade da marca lesada – Precedentes das Câmaras de Direito Empresarial – Indenização fixada em R$ 50.000,00, que se mostra adequada ao caso concreto – Sentença de procedência mantida – RECURSO DESPROVIDO. (TJSP; Apelação Cível 1118327-77.2020.8.26.0100; Relator (a): Sérgio Shimura; Órgão Julgador: 2ª Câmara Reservada de Direito Empresarial; Foro Central Cível - 1ª VARA EMPRESARIAL E CONFLITOS DE ARBITRAGEM; Data do Julgamento: 17/11/2023; Data de Registro: 17/11/2023).

Utilização indevida de marca e venda de produtos piratas. Crimes contra a marca e concorrência desleal caracterizados.

AÇÃO DE OBRIGAÇÃO DE NÃO FAZER CUMULADA COM REPARAÇÃO DE DANOS – PROPRIEDADE INDUSTRIAL – UTILIZAÇÃO INDEVIDA DA MARCA

"QUIKSILVER" – VENDA DE PRODUTOS "PIRATA" - CRIME CONTRA MARCA (art. 190, I, LPI) E CONCORRÊNCIA DESLEAL (art. 195, III e VIII, LPI) - Restou demonstrado que o réu vem expondo à venda roupas com a marca "QUIKSILVER" sem a devida autorização da autora (venda de produtos "pirata") – Prática de concorrência desleal, criando confusão entre os produtos com nítida intenção de desvio de clientela – Arts. 190, I, e 195, III e VIII, LPI – Sentença de procedência, que fica mantida – RECURSO DESPROVIDO. (TJSP; Apelação Cível 1100379-98.2015.8.26.0100; Relator (a): Sérgio Shimura; Órgão Julgador: 2ª Câmara Reservada de Direito Empresarial; Foro Central Cível – 33ª Vara Cível; Data do Julgamento: 31/01/2022; Data de Registro: 31/01/2022).

STJ:

Venda de camisetas com imagens de personagens infantis. Não ocorrência de violação de direito autoral. Hipótese, em tese, de crime contra registro de marca. Prazo decadencial decorrido. Trancamento da ação penal determinado

1. O inciso I do art. 190 da Lei 9.279/96 dispõe que responderá penalmente o individuo que tiver em estoque produto assinalado com marca ilicitamente reproduzida ou imitada de outrem, ou seja, se for verificada a usurpação de marca já existente. Para a configuração do tipo tem-se, portanto, que a marca reproduzida esteja de fato registrada pelo Instituto Nacional de Propriedade Industrial. 2. Depreende-se pela análise dos autos que os desenhos reproduzidos pelas pacientes foram registrados como marca pelo INPI, classificados como marca mista. Dessa forma, apesar de serem fruto da intelectualidade do seu criador, encontram-se incorporados ao processo de industrialização, sendo aplicável, portanto, o art. 8º. da Lei 9.610/98, segundo o qual, não são objeto de proteção como direitos autorais o aproveitamento industrial ou comercial das idéias contidas nas obras (...) em consonância com o parecer ministerial, concede-se a ordem, a fim de trancar a Ação Penal proposta em desfavor das pacientes. (HC 145.131/PR, Rel. Ministro NAPOLEÃO NUNES MAIA FILHO, QUINTA TURMA, julgado em 04/02/2010, DJe 15/03/2010).

Busca e apreensão e exame pericial em crimes contra a propriedade imaterial. Prazo decadencial de 30 dias para propositura da ação penal privada, contados da ciência da homologação do laudo pericial

1. Os fundamentos da decisão agravada estão em absoluta consonância com a jurisprudência da Corte, razão pela qual deve ser mantida pelos seus próprios e jurídicos fundamentos. 2. **Com efeito, em relação aos crimes contra a propriedade imaterial, o Código de Processo Penal prevê uma medida preliminar de busca e apreensão e a realização de exame pericial para os ilícitos que deixam vestígios, conforme se depreende pela leitura dos art. 524 a 528 do Código de Processo Penal, com o objetivo de colher os elementos necessários para o exercício do direito de queixa. 3. Nesses casos, o prazo decadencial para oferecimento da queixa-crime é de 30 (trinta) dias, contados da ciência da homologação do laudo pericial, produzido na medida preparatória de busca e apreensão, nos termos do disposto dos arts. 529 e 530 do mesmo diploma legal. Precedentes desta Corte (...)** (AgRg no REsp 402.488/SP, Rel. Ministro OG FERNANDES, SEXTA TURMA, julgado em 17/11/2009, DJe 07/12/2009).

CAPÍTULO IV
DOS CRIMES COMETIDOS POR MEIO DE MARCA, TÍTULO DE ESTABELECIMENTO E SINAL DE PROPAGANDA

Art. 191. Reproduzir ou imitar, de modo que possa induzir em erro ou confusão, armas, brasões ou distintivos oficiais nacionais, estrangeiros ou internacionais, sem a necessária autorização, no todo ou em parte, em marca, título de estabelecimento, nome comercial, insígnia ou sinal de propaganda, ou usar essas reproduções ou imitações com fins econômicos.

Pena - detenção, de 1 (um) a 3 (três) meses, ou multa.

Parágrafo único. Incorre na mesma pena quem vende ou expõe ou oferece à venda produtos assinalados com essas marcas.

4. CRIMES COMETIDOS POR MEIO DE MARCA, TÍTULO DE ESTABELECIMENTO E SINAL DE PROPAGANDA

Conceitos básicos preliminares:

O conceito de **marca**, segundo Irineu Strenger, abrange elementos de ordem subjetiva e de ordem objetiva:

Sobre os elementos subjetivos, o autor aponta que, "se a marca é sinal distintivo da empresa, parece natural que somente as empresas possam ser titulares de marcas. Porém, assim não é, dado que a conexão entre marca e empresa somente é necessária no aspecto funcional, não no de sua titularidade. As marcas, como qualquer outro elemento do ativo de uma empresa, podem pertencer a esta com plena propriedade ou estar à disposição da mesma por vínculos diversos. Por isso, as marcas podem pertencer a qualquer pessoa, tenha esta ou não caráter empresarial" (Marcas e Patentes. Rio de Janeiro: Forense Universitária, 1996, p. 4).

Sobre os elementos de natureza objetiva, o autor lembra que são dois, o sinal distintivo e os produtos e serviços. Relativamente ao primeiro, lembra que no que diz respeito ao primeiro, toda marca consiste num sinal, que deverá, para existir, ser determinado, fixou ou constante, além de reproduzível. Lembra que segundo R. Corrado, a reprodutividade do sinal é condição indispensável para o emprego reiterado da marca. "O sinal deve, por conseguinte, possuir algumas condições, que são idoneidade, licitude e disponibilidade" (ob. cit., p. 5-6).

As três condições acima referidas guardam paralelo com o estabelecido na Convenção de Paris[2], para justificar a proteção à propriedade industrial nos países signatários:

"1º) Marcas que por sua natureza podem afetar direitos adquiridos por terceiros, no país em que se reclama a sua proteção;

2 Segundo Thomaz Thedim Lobo, a Convenção de Paris, na categoria regras gerais, estabeleceu: a) as patentes e os registros de marcas concedidas em diferentes países da União, para a mesma invenção, são independentes umas das outras; o fato de um país conceder uma determinada patente não obriga os demais países a conceder essa mesma patente; assim, uma patente não poderá ser recusada ou anulada, em um determinado país, em razão de sua recusa ou anulação em outro país; b) a propriedade industrial estende-se a indústria, ao comércio e a agricultura (esta disposição não obriga os países a conceder proteção em todas as atividades industriais e comerciais, aplicando-se somente às atividades que a lei nacional assim determinar; c) cada país poderá, através de legislação adequada, reconhecer ou criar a espécie de patente que lhe convenha ou que melhor se adapte a seus interesses econômicos, decidir se as patentes devem ser concedidas sem ou com exame, fixar o prazo de sua duração, inclusive o início de sua contagem, fixar critérios para sua concessão e procedimentos para concessão e manutenção do direito; d) os países da União podem prever a concessão de licenças obrigatórias para evitar abusos que resultem da concessão do monopólio, tal como a não exploração efetiva da invenção (a caducidade da patente só poderá ser aplicada se a licença obrigatória não for suficiente para que a invenção seja explorada industrialmente); e) as condições de depósito e registro de marcas são determinadas pela legislação de cada país; contudo, quando uma marca é regularmente registrada no país de origem, ela deve ser aceita para depósito e protegida da mesma forma nos outros países da União, só podendo ser recusada em casos bem definidos (faltar de caráter distintivo, por direito de terceiros, por contrariar a moral ou a ordem pública ou para induzir o consumidor a erro); f) quando o uso da marca for obrigatória em um país, o registro só caducará depois de um período razoável; g) cada país membro da União deve recusar o registro e proibir o uso de marca que constitua imitação, reprodução ou tradução suscetível de criar confusão com marca considerada de conhecimento notório; h) o nome comercial deve ser protegido em todos os países membros da União sem obrigação de depósito ou registro; i) os países membros da União devem assegurar uma proteção efetiva contra a concorrência desleal (Introdução à nova Lei de Propriedade Industrial. São Paulo: Atlas, 1997, p. 18-19).

2º) As marcas desprovidas de caráter distintivo, ou compostas exclusivamente de sinais ou de indicações que possam servir no comércio para designar a espécie, a qualidade, a quantidade, o destino, o valor, o lugar de origem dos produtos ou a época de sua produção, ou que tenham passado a ser termos usuais na linguagem corrente ou nos costumes constantes do país;

3º) As marcas que sejam contrárias à moral ou à ordem pública e especialmente as que por sua natureza possam servir para enganar o público" (Strenger, p. 6).

Condutas

Reproduzir ou imitar, *de modo que possa induzir em erro ou confusão*, armas, brasões ou distintivos oficiais nacionais, estrangeiros ou internacionais, sem a necessária autorização, *no todo ou em parte*, em marca, título de estabelecimento, nome comercial, insígnia ou sinal de propaganda.

Ou ainda usar essas reproduções ou imitações com fins econômicos.

Observe-se que no que diz respeito às condutas de reproduzir ou imitar armas, brasões, distintivos oficiais nacionais, estrangeiros ou internacionais, sem a necessária autorização, não se exige nenhuma finalidade específica, nem mesmo econômica.

Mas a parte final da norma penal prevê a utilização, dessas reproduções ou imitações, com fins econômicos, como conduta típica.

Assim, é lícita a conclusão de que o crime se perfaz com a reprodução ou imitação pura e simples de armas, brasões ou distintivos oficiais, nacionais, estrangeiros ou internacionais, sem autorização e sem nenhuma finalidade específica.

Como também se configura o delito com o uso dessas reproduções ou imitações com fins econômicos.

Anote-se ainda que não é qualquer reprodução ou imitação que caracterizará o delito, mas somente aquela que seja idônea para induzir em erro ou confusão. Assim, a imitação grosseira, pobre, que não seja capaz de enganar, causar erro ou confusão, não configurará o delito versado.

O parágrafo único prevê conduta equiparada à do *caput* para quem vender, expuser à venda ou oferecer produtos assinalados com as marcas mencionadas.

Sujeito ativo

Qualquer pessoa.

Sujeito passivo

O ente titular das armas, brasões ou distintivos oficiais, nacionais ou internacionais.

Poderá ser pessoa jurídica de direito público interno ou externo, como a União, Estados, Distrito Federal, Municípios, suas autarquias etc.

Poderá ser organismo ou instituição essencial à manutenção da ordem no Estado, como as Forças Armadas, Polícias Civil, Federal, Militar, Científica, Ministério Público, Poder Judiciário, Defensoria Pública.

Poderá ser ainda organismo público vinculado a pessoas jurídicas de direito público como instituto de criminalística, universidades públicas federais, estaduais, institutos de tecnologia, estabelecimentos bancários que sejam sociedades de economia mista etc.

E ainda o titular da marca, título de estabelecimento, nome comercial, insígnia ou sinal de propaganda sobre os quais incida a conduta.

Elemento Subjetivo

O dolo, direto ou eventual. Não punição a título de crime culposo, por ausência de previsão legal.

Objetividade jurídica

A norma penal protege as armas, brasões, os distintivos **oficiais** nacionais ou internacionais.

Consumação e tentativa

O crime se consuma com a realização dos verbos do núcleo do tipo penal, independentemente da produção de qualquer resultado. E desde que a reprodução ou imitação sejam idôneas para induzir em erro e enganar.

Tratando-se de crime cuja execução pode ser fracionada em atos, possível, em tese, a tentativa.

Classificação

Crime de conteúdo alternativo, misto, variado.

Crime formal, cuja consumação não exige nenhum resultado. Basta reproduzir ou imitar, de forma potencialmente apta a enganar, armas, brasões ou distintivos oficiais.

Ainda que o engano ou engodo não se aperfeiçoe, o delito se configura, desde que a contrafação tenha potencialidade ilusória apta a enganar o homem médio.

Crime de menor potencial ofensivo, pois as penas máximas previstas não excedem 3 meses de detenção ou multa, nos termos do art. 61, da Lei nº 9.099/95.

Como tais, são passíveis de transação penal (art. 76, da Lei nº 9.099/95) e de suspensão condicional do processo (art. 89, da Lei nº 9.099/95).

Único delito contra a propriedade industrial que é de ação penal pública incondicionada, nos termos do disposto no art. 199, parte final, desta lei.

Isso porque a norma penal protege **brasões e distintivos oficiais, nacionais e internacionais.**

O bem jurídico tutelado transcende a órbita da propriedade eminentemente privada, passa a interessar à coletividade e à própria ideia de soberania estatal, incrustrada nos brasões e distintivos oficiais, nacionais e internacionais.

O bem jurídico tutelado transcende a órbita da propriedade eminentemente privada, passa a interessar à coletividade e à própria ideia de soberania, incrustrada nos brasões e distintivos oficiais, nacionais e internacionais.

Competência para conhecer e julgar o delito do art. 191

Quando se tratar de brasões, distintivos oficiais nacionais, vinculados a Municípios ou Estados da Federação, a competência será da Justiça Comum estadual.

Se o delito for praticado tendo por objeto tais brasões, distintivos oficiais nacionais, relativos à União, suas autarquias e entes a ela relacionados, assim como brasões e distintivos internacionais, a competência será da Justiça Federal (CF, art. 109, IV).

CAPÍTULO V
DOS CRIMES CONTRA INDICAÇÕES GEOGRÁFICAS E DEMAIS INDICAÇÕES

Art. 192. Fabricar, importar, exportar, vender, expor ou oferecer à venda ou ter em estoque produto que apresente falsa indicação geográfica.

Pena - detenção, de 1 (um) a 3 (três) meses, ou multa.

5. CRIMES CONTRA INDICAÇÕES GEOGRÁFICAS E DEMAIS INDICAÇÕES

Condutas

Fabricar, importar, exportar, vender, expor ou oferecer à venda, ter em estoque produto com apresentação de falsa indicação geográfica.

Objetividade jurídica tutelada

As indicações geográficas e demais indicações do produto.

Tutela-se o direito do fabricante de produtos que se firmaram no mercado em face não apenas de suas qualidades, como também em decorrência da região em que são produzem determinados bens, como, por exemplo, o queijo da serra da Canastra, vinhos do Sul do País, obras de artesanato do Nordeste, bordados de Ibitinga, SP etc.

Protege-se, ainda, o direito consumidor à veracidade das informações acerca do produto, local de sua produção, embalagem etc e demais indicações do produto.

O direito à informação clara e precisa sobre produtos e serviços é um dos direitos básicos do consumidor (CDC, art. 6º, III).

A rádio CBN, em maio de 2019, divulgou que o Estado de Minas Gerais é o Estado brasileiro que mais tem produtos com IG, identificação geográfica registrada. São Paulo, Estado que lidera a produção industrializada em nosso País, curiosamente é um dos que menos tem produtos com IG registrado perante o INPI.

Sujeito ativo

Poderá ser qualquer pessoa.

Sujeito passivo

O fabricante, produtor ou titular do bem ou produto cuja indicação geográfica tenha sido falseada ou usurpada por quem produza ou comercialize bem ou produto similar.

Consumação e tentativa

O crime se consuma com a realização de algum dos verbos do núcleo do tipo penal.

Como se trata de delito cuja execução pode ser fracionada em atos, a tentativa em tese é possível.

Classificação

Crime formal, cuja consumação independe da produção de qualquer resultado. Basta a realização de um dos verbos do núcleo do tipo penal e o delito estará consumado.

Tipo misto, alternativo, de conteúdo variado.

Delito de menor potencial ofensivo, pois as penas máximas previstas não excedem 3 meses de detenção ou multa, nos termos do art. 61, da Lei nº 9.099/95.

Por ser infração de menor potencial, cabem em tese a transação penal e a suspensão condicional do processo (arts. 76 e 89, ambos da Lei nº 9.099/95).

Cuida-se, ainda, de crime de ação penal privada, de iniciativa exclusiva do ofendido, por meio de queixa-crime.

Art. 193. Usar, em produto, recipiente, invólucro, cinta, rótulo, fatura, circular, cartaz ou em outro meio de divulgação ou propaganda, termos retificativos, tais como "tipo", "espécie", "gênero", "sistema", "semelhante", "sucedâneo", "idêntico", ou equivalente, não ressalvando a verdadeira procedência do produto.

Pena - detenção, de 1 (um) a 3 (três) meses, ou multa.

Condutas

Usar em produto, recipiente, invólucro, cinta, rótulo, fatura, circular, cartaz ou em outro meio de divulgação ou propaganda, *termos retificativos*, como "tipo, espécie, gênero, sistema, semelhante, sucedâneo, idêntico ou equivalente", não ressalvando a verdadeira procedência do produto.

Objetividade jurídica tutelada

Tutela-se a produção industrial fiel à sua procedência e origem e que informa corretamente ao consumidor. Protege-se neste tipo penal, também, o direito do consumidor à informação clara e precisa sobre a verdadeira procedência do produto.

Sujeito ativo

Poderá ser qualquer pessoa.

Sujeito passivo

O titular de produtos daquela região determinada e que preste, corretamente, informações quanto à procedência e origem daquilo que efetivamente produz. O consumidor em geral. A coletividade.

Consumação e tentativa

O crime se consuma com a mera conduta de usar em produto os termos "retificativos" acima referidos, para esconder ou não revelar a verdadeira procedência do produto.

Não se exige nenhum resultado e nenhuma finalidade específica, nem mesmo econômica.

Como se cuida de delito que pode ser fracionado em fases, a tentativa em tese é admissível.

Classificação

Crime formal ou de mera conduta, cuja consumação não exige a produção de nenhum resultado.

Delito de menor potencial ofensivo, pois as penas máximas previstas não excedem 3 meses de detenção ou multa, nos termos da Lei nº 9.099/95.

Como tal, comporta em tese a transação penal (art. 76, da Lei nº 9.099/95) e a suspensão condicional do processo (art. 89, da Lei nº 9.099/95).

Crime de ação penal privada, de iniciativa exclusiva do ofendido ou de quem o represente.

Crítica: pela objetividade jurídica tutelada, o direito do consumidor à informação clara e precisa sobre a procedência do produto, o delito poderia ser de ação penal pública incondicionada.

> **Art. 194.** Usar marca, nome comercial, título de estabelecimento, insígnia, expressão ou sinal de propaganda ou qualquer outra forma que indique procedência que não a verdadeira, ou vender ou expor à venda produto com esses sinais.
>
> Pena - detenção, de 1 (um) a 3 (três) meses, ou multa.

Condutas

Usar nome, marca comercial, título de estabelecimento, insígnia, expressão ou sinal de propaganda ou qualquer outra forma ou meio que indique procedência diversa do produto, que não a verdadeira.

Vender ou expor à venda produto com esses sinais.

Objetividade jurídica tutelada

A norma penal protege a marca, nome comercial, título de estabelecimento, insígnia e sinal de propaganda verdadeiros, que traduzam a correta procedência do produto. Protege, também, direito do consumidor à informação clara e precisa sobre a origem e procedência do produto.

Sujeito ativo

Poderá ser qualquer pessoa.

Sujeito passivo

O titular da marca, nome comercial, insígnia, expressão ou sinal de propaganda. Secundariamente, a coletividade. Protege, ainda, o consumidor em geral em seu direito à informação clara e precisa sobre bens e serviços.

Consumação e tentativa

O crime se consuma com a realização de qualquer um dos verbos do núcleo do tipo penal, independentemente da produção de resultado.

Por se tratar de crime que comporta o fracionamento em fases, é possível, em tese, a ocorrência de tentativa.

Classificação

Crime formal, que não depende da produção de resultado para que se considere consumado.

Tipo misto, de conteúdo variado, alternativo.

Infração penal de menor potencial ofensivo, pois as penas máximas previstas não excedem 3 meses de detenção ou multa, nos termos do art. 61, da Lei nº 9.099/95.

Por se tratar de crime de menor potencial, são cabíveis em tese a transação penal e a suspensão condicional do processo, nos termos dos arts. 76 e 89, ambos da Lei nº 9.099/95.

Cuida-se, ainda, de crime de ação penal privada, cuja iniciativa cabe exclusivamente ao ofendido, no prazo decadencial de 30 dias, a contar da homologação do laudo pericial.

Crítica: como se trata de crime em que se protege também o direito do consumidor à informação clara e precisa sobre a procedência do produto, a ação penal poderia ser pública incondicionada.

Julgados correlatos

TJSP:

Concorrência desleal. Uso de marca consagrada para direcionar usuário e induzi-lo em erro. Dano material presumido. Dano moral configurado

AÇÃO DE OBRIGAÇÃO DE FAZER CUMULADA COM REPARAÇÃO DE DANOS – PROPRIEDADE INDUSTRIAL – CONCORRÊNCIA DESLEAL - ESTRUTURA PNEUMÁTICA – GALPÕES ESTRUTURAIS INFLÁVEIS – MARCA "PISTELLI" QUE SE ENCONTRA REGISTRADA NO INPI – Vinculação do sítio eletrônico da ré à marca da autora e à expressão com que se identifica no âmbito virtual. Link patrocinado. Tutela devida para vedar o direcionamento do usuário (...) (TJSP; Apelação 1006969-79.2013.8.26.0609; Relator (a): Sérgio Shimura; Órgão Julgador: 2ª Câmara Reservada de Direito Empresarial; Foro de Taboão da Serra - 2ª Vara Cível; Data do Julgamento: 12/11/2018; Data de Registro: 14/11/2018)

Ação inibitória improcedente. Uso de garrafa de conhecida aguardente em vídeos postados no *youtube*. Conduta que por si só não causa dano à propriedade industrial

Marca - Inibitória – Improcedência confirmada – Expressão "Velho Barreiro" e imagens da garrafa da respectiva cachaça utilizadas em vídeos postados no "Youtube" – Ausência de violação a direito de propriedade industrial (...) (TJSP; Apelação 1106888-11.2016.8.26.0100; Relator (a): Fortes Barbosa; Órgão Julgador: 1ª Câmara Reservada de Direito Empresarial; Foro Central Cível - 31ª Vara Cível; Data do Julgamento: 28/02/2018; Data de Registro: 02/03/2018).

CAPÍTULO VI
DOS CRIMES DE CONCORRÊNCIA DESLEAL[3]

Art. 195. Comete crime de concorrência desleal quem:

I - publica, por qualquer meio, falsa afirmação, em detrimento de concorrente, com o fim de obter vantagem;

II - presta ou divulga, acerca de concorrente, falsa informação, com o fim de obter vantagem;

III - emprega meio fraudulento, para desviar, em proveito próprio ou alheio, clientela de outrem;

IV - usa expressão ou sinal de propaganda alheios, ou os imita, de modo a criar confusão entre os produtos ou estabelecimentos;

V - usa, indevidamente, nome comercial, título de estabelecimento ou insígnia alheios ou vende, expõe ou oferece à venda ou tem em estoque produto com essas referências;

VI - substitui, pelo seu próprio nome ou razão social, em produto de outrem, o nome ou razão social deste, sem o seu consentimento;

VII - atribui-se, como meio de propaganda, recompensa ou distinção que não obteve;

VIII - vende ou expõe ou oferece à venda, em recipiente ou invólucro de outrem, produto adulterado ou falsificado, ou dele se utiliza para negociar com produto da mesma espécie, embora não adulterado ou falsificado, se o fato não constitui crime mais grave;

IX - dá ou promete dinheiro ou outra utilidade a empregado de concorrente, para que o empregado, faltando ao dever do emprego, lhe proporcione vantagem;

X - recebe dinheiro ou outra utilidade, ou aceita promessa de paga ou recompensa, para, faltando ao dever de empregado, proporcionar vantagem a concorrente do empregador;

XI - divulga, explora ou utiliza-se, sem autorização, de conhecimentos, informações ou dados confidenciais, utilizáveis na indústria, comércio ou prestação de serviços, excluídos aqueles que sejam de conhecimento público ou que sejam evidentes para um técnico no assunto, a que teve acesso mediante relação contratual ou empregatícia, mesmo após o término do contrato;

---

3 Importante observar que a Lei nº 8.137/90 prevê em seu capítulo II crimes contra a ordem econômica (art. 4º, I, II, a, b e c), este punido com reclusão de 2 a 5 anos e multa, e crimes contra as relações de consumo (art. 7º), estes punidos com reclusão de 2 a 5 anos ou multa.

Art. 4º. Constitui crime contra a ordem econômica:

I – abusar do poder econômico, dominando o mercado ou eliminando, total ou parcialmente, a concorrência, mediante qualquer forma de ajuste ou acordo de empresas;

II – formar acordo, convênio, ajuste ou aliança entre ofertantes, visando:

a) À fixação artificial de preços ou quantidades vendidas ou produzidas;

b) Ao controle regionalizado do mercado por empresa ou grupo de empresas;

c) Ao controle, em detrimento da concorrência, de rede de distribuição ou de fornecedores.

E a Lei nº 12.529/12 prevê considerável rol de infrações de natureza administrativa contra a livre concorrência e a livre iniciativa (art. 36, incisos I a XIX).

> XII - divulga, explora ou utiliza-se, sem autorização, de conhecimentos ou informações a que se refere o inciso anterior, obtidos por meios ilícitos ou a que teve acesso mediante fraude; ou
>
> XIII - vende, expõe ou oferece à venda produto, declarando ser objeto de patente depositada, ou concedida, ou de desenho industrial registrado, que não o seja, ou menciona-o, em anúncio ou papel comercial, como depositado ou patenteado, ou registrado, sem o ser;
>
> XIV - divulga, explora ou utiliza-se, sem autorização, de resultados de testes ou outros dados não divulgados, cuja elaboração envolva esforço considerável e que tenham sido apresentados a entidades governamentais como condição para aprovar a comercialização de produtos.
>
> Pena - detenção, de 3 (três) meses a 1 (um) ano, ou multa.
>
> § 1º Inclui-se nas hipóteses a que se referem os incisos XI e XII o empregador, sócio ou administrador da empresa, que incorrer nas tipificações estabelecidas nos mencionados dispositivos.
>
> § 2º O disposto no inciso XIV não se aplica quanto à divulgação por órgão governamental competente para autorizar a comercialização de produto, quando necessário para proteger o público.

6. CRIMES DE CONCORRÊNCIA DESLEAL

Condutas

A lei prevê nesta figura quatorze figuras típicas do crime de concorrência desleal.

As condutas dos incisos I e II são bem próximas e abrangem os comportamentos daquele que:

> **I - publica, por qualquer meio, falsa afirmação, em detrimento de concorrente, com o fim de obter vantagem;**
>
> **II - presta ou divulga, acerca de concorrente, falsa informação, com o fim de obter vantagem;**

Na primeira hipótese, o agente publica, *por qualquer meio*, afirmação falsa em prejuízo do concorrente e com o fim de obter vantagem.

Na segunda, o agente presta ou divulga, sobre o concorrente, informação falsa, com o fim de obter vantagem.

As condutas dos incisos III e IV são também próximas. Ambas consistem na utilização de fraude em prejuízo do concorrente, para alcançar aquele que:

> **III - emprega meio fraudulento, para desviar, em proveito próprio ou alheio, clientela de outrem;**
>
> **IV - usa expressão ou sinal de propaganda alheios, ou os imita, de modo a criar confusão entre os produtos ou estabelecimentos;**

Na figura do inciso III, mais aberta e ampla, incorre aquele que emprega meio fraudulento, para desviar, em proveito próprio ou alheio, clientela de outrem.

Qualquer espécie de fraude ou expediente apto a burlar a compreensão da clientela de outrem, visando desviá-la, configurará o crime em apreço.

Na hipótese do inciso IV, o agente usa expressão ou sinal de propaganda alheios ou os imita, de modo a criar confusão entre produtos ou estabelecimentos.

As condutas previstas nos incisos V e VI são também próximas, pois consistem basicamente no uso indevido do nome alheio ou próprio, em prejuízo do concorrente, para alcançar a conduta daquele que:

V - usa, indevidamente, nome comercial, título de estabelecimento ou insígnia alheios ou vende, expõe ou oferece à venda ou tem em estoque produto com essas referências;

VI - substitui, pelo seu próprio nome ou razão social, em produto de outrem, o nome ou razão social deste, sem o seu consentimento;

Na figura do inciso V, o agente usa, de forma indevida, nome comercial, título de estabelecimento ou insígnia alheios ou vende, expõe ou oferece à venda ou tem em estoque produto com tais referências.

Na figura do inciso VI, o agente substitui, pelo seu próprio nome ou razão social, em produto de outrem, o nome ou razão social do concorrente, sem o seu consentimento.

Ou seja, nesta figura o agente sobrepõe o nome do concorrente ou da razão social dele, pelo dele, agente, sem o consentimento do concorrente.

No inciso VII, temos modalidade de propaganda enganosa, para alcançar a conduta daquele que:

VII - atribui-se, como meio de propaganda, recompensa ou distinção que não obteve;

O agente, nessa figura típica, atribui-se, como meio de propaganda, recompensa ou distinção que sabidamente não obteve, para tentar fazer crer que seu produto ou serviço é superior ao dos concorrentes.

O delito do inciso VIII diz respeito à venda ou exposição à venda de produto adulterado, para alcançar a conduta de quem:

VIII - vende ou expõe ou oferece à venda, em recipiente ou invólucro de outrem, produto adulterado ou falsificado, ou dele se utiliza para negociar com produto da mesma espécie, embora não adulterado ou falsificado, se o fato não constitui crime mais grave;

São duas as condutas previstas: a) na primeira ou agente vende, expõe ou oferece à venda, em recipiente ou invólucro de outrem, produto adulterado ou falsificado; b) ou dele se utiliza para negociar com produto da mesma espécie, embora não adulterado ou falsificado, se o fato não constitui crime mais grave.

A segunda figura é de subsidiariedade expressa. O crime somente se caracterizará quando o fato não constituir crime mais grave.

Caso se trate de adulteração de produto destinado a fins terapêuticos ou medicinais, poderemos ter configurado o delito do art. 273, do Código Penal, crime hediondo, punido com pena de reclusão de 10 a 15 anos e multa.

As figuras dos incisos IX e X preveem duas modalidades de corrupção ativa e passiva no âmbito das relações privadas, em face do oferecimento e recebimento de vantagem, para alcançar as condutas daquele que:

IX - dá ou promete dinheiro ou outra utilidade a empregado de concorrente, para que o empregado, faltando ao dever do emprego, lhe proporcione vantagem;

X - recebe dinheiro ou outra utilidade, ou aceita promessa de paga ou recompensa, para, faltando ao dever de empregado, proporcionar vantagem a concorrente do empregador;

No primeiro caso (inciso IX), o agente dá ou promete dinheiro ou outra utilidade a empregado de concorrente, para que o empregado, descumprindo com seu dever nessa qualidade, lhe proporcione vantagem. **Corrupção ativa no âmbito privado.**

Essa vantagem poderá consistir, por exemplo, na prestação de informações privilegiadas sobre estratégias de seu empregador no tocante à inserção de produtos ou serviços no mercado.

Na segunda hipótese (inciso X), o agente recebe dinheiro ou outra utilidade ou aceita promessa de paga ou recompensa para, faltando ao dever de empregado, proporcionar vantagem ao concorrente do empregador. **Corrupção passiva no âmbito privado.**

Nas figuras típicas dos incisos XI e XII, coíbem-se a divulgação, exploração ou utilização de conhecimentos, informações ou dados confidenciais, utilizados na indústria, comércio ou prestação de serviços, para alcançar a conduta daquele que:

> **XI - divulga, explora ou utiliza-se, sem autorização, de conhecimentos, informações ou dados confidenciais, utilizáveis na indústria, comércio ou prestação de serviços, excluídos aqueles que sejam de conhecimento público ou que sejam evidentes para um técnico no assunto, a que teve acesso mediante relação contratual ou empregatícia, mesmo após o término do contrato;**
>
> **XII - divulga, explora ou utiliza-se, sem autorização, de conhecimentos ou informações a que se refere o inciso anterior, obtidos por meios ilícitos ou a que teve acesso mediante fraude; ou**

Na hipótese do inciso XI, o agente divulga, explora ou utiliza-se, *sem autorização*, de conhecimentos, informações ou dados confidenciais utilizáveis na indústria, comércio ou prestação de serviços.

Há exclusão de tipicidade da conduta quando se tratar de conhecimentos, informações ou dados que sejam de conhecimento público ou que sejam evidentes para técnico no assunto, que a eles teve acesso em razão de contrato ou emprego, mesmo depois de findo o contrato ou relação de emprego.

No inciso XII, coíbe-se a divulgação, exploração ou utilização, sem autorização, de conhecimentos ou informações referidos no inciso XI, obtidos por meios ilícitos ou a que se teve acesso mediante fraude.

O legislador acautelou-se e cuidou de fazer expressa previsão à possibilidade de serem autores dos delitos previstos nos incisos XI e XII o empregador, sócio ou administrador da empresa:

> **§ 1º Inclui-se nas hipóteses a que se referem os incisos XI e XII o empregador, sócio ou administrador da empresa, que incorrer nas tipificações estabelecidas nos mencionados dispositivos.**

Apesar do emprego, pelo legislador, da disjuntiva "ou" ao final do inciso XII, os incisos XIII e XIV preveem duas figuras típicas distintas, para alcançar a conduta daquele que:

> **XIII - vende, expõe ou oferece à venda produto, declarando ser objeto de patente depositada, ou concedida, ou de desenho industrial registrado, que não o seja, ou menciona-o, em anúncio ou papel comercial, como depositado ou patenteado, ou registrado, sem o ser;**
>
> **XIV - divulga, explora ou utiliza-se, sem autorização, de resultados de testes ou outros dados não divulgados, cuja elaboração envolva esforço considerável e que tenham sido apresentados a entidades governamentais como condição para aprovar a comercialização de produtos.**

No caso do inciso XIII, coíbe-se a conduta daquele que vende, expõe ou oferece à venda produto, declarando que é objeto de patente depositada ou concedida, ou mesmo de desenho industrial registrado, que não o seja, ou ainda menciona-o em anúncio ou papel comercial, como depositado ou patenteado, ou ainda registrado, sem que de fato o seja.

Cuida-se de figura típica destinada a coibir a falsa declaração de patente de produto ou de registro de desenho industrial inexistentes.

No caso do inciso XIV, coíbe-se a conduta de quem divulga, explora ou se utiliza, sem autorização, de resultados de testes ou outros dados não divulgados, cuja elaboração envolva esforço considerável e que tenham sido apresentados a entidades governamentais como condição para aprovar a comercialização de produtos.

Pode ser alcançada pelo tipo penal a conduta daquele que divulgar, explorar ou se utilizar, sem autorização, de resultados de testes de medicamentos, por exemplo, cuja elaboração exija considerável esforço e que tenham sido apresentados à Anvisa, Agência Nacional de Vigilância Sanitária, por exemplo, como condição para que seja aprovada a comercialização do produto.

Há situação de expressa exclusão da tipicidade penal da conduta no inciso XIV:

> **§ 2º O disposto no inciso XIV não se aplica quanto à divulgação por órgão governamental competente para autorizar a comercialização de produto, quando necessário para proteger o público.**

Afasta-se a configuração do delito quando, nas situações do inciso XIV, a divulgação por órgão governamental competente para autorizar a comercialização do produto for necessária para proteger o público.

É o que se verifica, por exemplo, quando a Anvisa, Agência Nacional de Vigilância Sanitária, divulga pelos meios de comunicação de massa que este ou aquele medicamento foi proibido, por seus efeitos nocivos sobre a saúde humana, ou que esta ou aquela substância, apresentadas à coletividade como possuidoras de potencial de cura do câncer, por exemplo, não foram objeto de estudo científico adequado nessa direção.

Há relevante interesse público no tocante à divulgação da informação, divulgação que não visa prejudicar concorrentes, mas proteger eventuais usuários do produto.

Sujeito ativo

Qualquer pessoa, inclusive o empregador, sócio ou administrador da empresa, conforme disposto no parágrafo 1º da norma em comentário.

Sujeito passivo

As pessoas físicas ou jurídicas atingidas por quaisquer das condutas previstas nos incisos I a XIV.

Consumação e tentativa

Crimes que se consumam com a realização de um dos verbos previstos no núcleo dos tipos penais, independentemente da produção de resultado.

Cuidando-se de delitos cuja realização pode ser fracionada em diversos atos, possível, em tese, a tentativa.

Classificação

São crimes formais, aqueles cuja consumação se dá independentemente da produção de resultado.

São crimes de menor potencial ofensivo, pois as penas máximas previstas não excedem 3 meses de detenção ou multa, nos termos do art. 61, da Lei nº 9.099/95.

Como tais, são passíveis de transação penal (art. 76, da Lei nº 9.099/95) e de suspensão condicional do processo (art. 89, da Lei nº 9.099/95).

São todos, ainda, delitos de ação penal privada, de exclusiva iniciativa do ofendido ou de quem o represente ou lhe faça as vezes. A ação penal deve ser proposta no prazo decadencial de 30 dias, a contar da homologação do laudo pericial que comprove a materialidade do fato delituoso.

Julgados correlatos

TJSP:

Concorrência desleal - visto por parte da doutrina como crime de perigo

Ação de indenização por danos materiais e morais movida por empresa contra ex-funcionário e sua mulher, por concorrência desleal praticada durante a relação empregatícia. Improcedência. Apelo da autora. Competência da Justiça estadual, posto que se discute alegada prática de concorrência desleal por ex-funcionário da apelante, tema regido pela Lei de Propriedade Industrial. Precedentes das Câmaras de Direito Empresarial deste Tribunal. Prova suficiente da prática delitiva prevista no art. 195, XI, da Lei de regência: **"Comete crime de concorrência desleal quem: (...) divulga, explora ou utiliza-se, sem autorização, de conhecimentos, informações ou dados confidenciais, utilizáveis na indústria, comércio ou prestação de serviços, excluídos aqueles que sejam de conhecimento público ou que sejam evidentes para um técnico no assunto, a que teve acesso mediante relação contratual ou empregatícia, mesmo após o término do contrato." Tal como doutrina CELSO DELMANTO, esse crime é praticado pelo empregado que "divulga, explora ou utiliza segredo de fábrica ou negócio, que por tais circunstâncias especiais lhe foi confiado ou veio a ter conhecimento. Devemos incluir todas as relações do contrato de trabalho, de prestação de serviços, que por dever de lealdade e fidelidade obrigam à custódia do silêncio." (...) Trata-se de crime de perigo consumando-se com a prática da conduta típica dos verbos reitores. É óbvio que para a consumação é necessário que o segredo chegue ao conhecimento de outra ou outras pessoas. O desvalor da ação está no obrar do sujeito ativo, e o desvalor do resultado ocorre quando colocada em perigo a capacidade competitiva da empresa no instante em que sua competidora é ciente do conteúdo do segredo." Do contrato de trabalho, de resto, decorre o dever de não praticar "ato de concorrência à empresa para a qual trabalha o empregado", durante sua vigência, consistindo seu descumprimento, até mesmo, motivo de demissão por justa causa (art. 482, "c", da CLT). Ação julgada procedente, diferindo-se a apuração do "quantum debeatur" para liquidação de sentença, fixada desde logo verba indenizatória de dano moral. Sentença reformada. Apelação provida. (TJSP; Apelação Cível 1050697-72.2018.8.26.0100; Relator (a): Cesar Ciampolini; Órgão Julgador: 1ª Câmara Reservada de Direito Empresarial; Foro Central Cível - 38ª Vara Cível; Data do Julgamento: 14/07/2021; Data de Registro: 16/07/2021) (destacamos)**

Concorrência desleal. Não configuração. Há inúmeras tecnologias no âmbito do segmento de tratamento de esgotos e efluentes.

Propriedade industrial. Concorrência desleal. Alegação de usurpação de patentes. Indeferimento do pedido de retirada de URL's e vídeo disponível na plataforma YouTube da internet. Agravados aparentemente não impedidos de concorrer livremente no segmento comercial de tratamento de esgotos, que é amplo e engloba inúmeras tecnologias (...) (TJSP; Agravo de Instrumento 2207350-31.2017.8.26.0000; Relator (a): Alexandre Marcondes; Órgão Julgador: 2ª Câmara Reservada de Direito Empresarial; Foro de Barueri - 1ª Vara Cível; Data do Julgamento: 19/03/2018; Data de Registro: 19/03/2018)

Fraude para desvio de clientela. Ocorrência. Uso de marcas e personagens em seus produtos, visando enganar o usuário

Apelação. Ação de abstenção de prática de concorrência desleal. Autor, ora apelante, que detém a licença para o uso das marcas e personagens descritos na inicial. Ré que se utiliza das marcas e personagens em seus produtos. Concorrência desleal. Ocorrência. Conduta que se caracteriza no tipo penal previsto no artigo 195, III, da Lei n. 9279/96. Violação que implica em ato fraudulento para desvio de clientela, assim como para confusão entre os produtos da empresa licenciada e o da apelante (...) (TJSP; Apelação 1002284-12.2016.8.26.0322; Relator (a): Hamid Bdine; Órgão Julgador: 1ª Câmara Reservada de Direito Empresarial; Foro de Lins - 1ª Vara Cível; Data do Julgamento: 16/03/2018; Data de Registro: 16/03/2018)

Concorrência legal. Inexistência. Produtos patenteados nos países de origem. Patente da ré anterior

Concorrência Desleal e Parasitária - Inexistência – Produtos patenteados nos seus países de origem, sendo a patente da ré anterior - Pedido de patente do produto comercializado pela autora indeferido pelo INPI por falta de atividade inventiva e por falta de clareza em seu quadro reivindicatório - A autora não demonstrou seu melhor direito na exploração e comercialização do produto (...) (TJSP; Apelação 0191789-36.2010.8.26.0100; Relator (a): Alcides Leopoldo; Órgão Julgador: 2ª Câmara de Direito Privado; Foro Central Cível - 5ª Vara Cível; Data do Julgamento: 06/03/2018; Data de Registro: 06/03/2018).

Falsificação de cosmético. Interpretação restritiva do conceito. Não configuração do delito do art. 273, do CP. Desclassificação para crime contra a propriedade industrial. Não cabimento. Ilegitimidade do Ministério Público para a ação penal privada. Recursos da Acusação e do Assistente não providos

"...2. Conquanto assumida a premissa da sua constitucionalidade, a exegese dessa norma jurídica deve ser feita à luz dos critérios teleológico, sistemático e topológico, devendo, ademais, ser interpretada restritivamente em seus termos, sobretudo em se tratando de um crime hediondo, com pena bastante gravosa (...) cumpre admitir que os "cosméticos", de que trata o art. 273, do Código Penal, seriam somente aqueles inseridos em algum tipo de finalidade medicinal ou terapêutica. Doutrina de José Silva Júnior, Alberto Silva Franco e Rui Stoco. 4. Recurso da Acusação e recurso do assistente do Ministério Público desprovidos. (TJSP; Apelação 0107562-98.2012.8.26.0050; Relator (a): Airton Vieira; Órgão Julgador: 1ª Câmara Criminal Extraordinária; Foro Central Criminal Barra Funda - 13ª Vara Criminal; Data do Julgamento: 05/10/2016; Data de Registro: 06/10/2016)

TJSP:

Concorrência desleal. Comercialização de produtos com reprodução de marcas registradas de titularidade das autoras. Danos materiais. Lucros cessantes. Danos morais para pessoa jurídica. Possibilidade

Ação de obrigação de não fazer cumulada com indenizatória. Comercialização de produtos que ostentam alegada reprodução de marcas registradas de titularidade das autoras. Contrafação. Alegação de concorrência desleal. Artigo 195, III da Lei da Propriedade Industrial (...) Concorrência desleal configurada. Lei n. 9279/96. Sentença reformada parcialmente. Recursos parcialmente providos. (TJSP; Apelação 1001422-41.2015.8.26.0010; Relator (a): Hamid Bdine; Órgão Julgador: 1ª Câmara Reservada de Direito Empresarial; Foro Regional X - Ipiranga - 2ª Vara Cível; Data do Julgamento: 22/06/2016; Data de Registro: 23/06/2016).

Entendimento no sentido de que a ação penal privada em crime de concorrência desleal pode ser intentada em seis meses após o conhecimento, pelo querelante, da autoria do fato criminoso

Processo penal. Crime de concorrência desleal (Lei nº 9.279/96, art. 195, IV, V e IX). Decadência reconhecida em primeira instância. Recurso da querelante buscando o reconhecimento do caráter permanente de tal delito. Impossibilidade. Crime formal (...) (Lei nº 9.279/96, art. 199, e CPP, art. 38). Recurso a que se nega provimento. (TJSP; Apelação 0036351-18.2012.8.26.0562; Relator (a): Souza Nery; Órgão Julgador: 9ª Câmara de Direito Criminal; Foro de Santos - 5ª. Vara Criminal; Data do Julgamento: 07/04/2016; Data de Registro: 13/04/2016)

Alegação de uso indevido da marca em bordão de emissora de rádio. Improcedência. Requerida que havia registrado a marca "a voz é do povo" junto ao INPI. Registro que, enquanto subsistir, produz seus regulares efeitos

PROPRIEDADE INDUSTRIAL E CONCORRÊNCIA DESLEAL. Alegação de uso indevido de marca. Autora que não tem o registro da marca cuja proteção invoca. Antigo programa de rádio não mais veiculado pela autora, que não tem exclusividade sobre a expressão de uso comum "A voz do povo", que, se resto, já se encontra registrada junto ao INPI em nome de terceiros (..) Ação improcedente. Recurso improvido. (TJSP; Apelação 1009931-35.2014.8.26.0320; Relator (a): Francisco Loureiro; Órgão Julgador: 1ª Câmara Reservada de Direito Empresarial; Foro de Limeira - 1ª Vara Cível; Data do Julgamento: 03/02/2016; Data de Registro: 05/02/2016)

CAPÍTULO VII
DAS DISPOSIÇÕES GERAIS

Art. 196. As penas de detenção previstas nos Capítulos I, II e III deste Título serão aumentadas de um terço à metade se:

I - o agente é ou foi representante, mandatário, preposto, sócio ou empregado do titular da patente ou do registro, ou, ainda, do seu licenciado; ou

II - a marca alterada, reproduzida ou imitada for de alto renome, notoriamente conhecida, de certificação ou coletiva.

7. DISPOSIÇÕES GERAIS, AÇÃO PENAL E MEDIDAS ACAUTELATÓRIAS

Causas de aumento de pena

O art. 196 prevê duas causas de aumento de pena dos delitos previstos nos Capítulos I, II e III, deste Título, de um terço à metade se: a) o agente é ou foi representante, mandatário, preposto, sócio ou empregado do titular da patente ou do registro ou ainda do seu licenciado; b) a marca alterada, reproduzida ou imitada *for de alto renome, notoriamente conhecida, de certificação ou coletiva.*

No inciso I, a causa de aumento de pena se justifica, pela quebra ao dever de confiança e lealdade que deveria presidir a relação existente entre as pessoas ali referidas e a empresa vítima.

No inciso II, o legislador visa proteger as marcas já estabelecidas no mercado, certificadas ou coletivas. A dimensão do dano causado pelo delito é potencialmente mais significativa, e justifica, portanto, a exasperação da pena criminal.

Art. 197. As penas de multa previstas neste Título serão fixadas, no mínimo, em 10 (dez) e, no máximo, em 360 (trezentos e sessenta) dias-multa, de acordo com a sistemática do Código Penal.

Parágrafo único. A multa poderá ser aumentada ou reduzida, em até 10 (dez) vezes, em face das condições pessoais do agente e da magnitude da vantagem auferida, independentemente da norma estabelecida no artigo anterior.

Pena de multa

Sistemática do Código Penal. As penas de multa previstas neste Título serão fixadas, no mínimo, em 10, e, no máximo, em 360 dias-multa.

Aumento até o décuplo: a multa poderá ser aumentada ou reduzida, ainda, em até 10 (dez) vezes e, no máximo, em 360 (trezentos e sessenta) dias-multa, de acordo com a sistemática do Código Penal, considerando as condições pessoais do agente e a magnitude da vantagem auferida.

Art. 198. Poderão ser apreendidos, de ofício ou a requerimento do interessado, pelas autoridades alfandegárias, no ato de conferência, os produtos assinalados com marcas falsificadas, alteradas ou imitadas ou que apresentem falsa indicação de procedência.

Apreensão dos produtos assinalados com marcas falsificadas, alteradas ou imitadas ou com falsa indicação de procedência:

O dispositivo prevê expressamente a possibilidade de apreensão, de ofício ou a requerimento do interessado, pelas autoridades alfandegárias, no ato de conferência, dos produtos assinalados com marcas *falsificadas, alteradas ou imitadas ou ainda que apresente falsa indicação da procedência.*

Julgado correlato
TJSP:

Concorrência desleal. Configuração. Dever de indenizar caracterizado

*Propriedade industrial. Ação de abstenção de ato cumulada com indenização por perdas e danos precedida de medida cautelar de busca e apreensão por violação de desenho industrial. Desenho industrial (...) Violação ao direito de propriedade. Incontrovérsia. Ausência de prova da anterioridade da utilização e comercialização dos produtos, anteriormente à data da concessão dos registros ou que os produtos objeto dos desenhos industriais já se encontravam em domínio público. Ônus do qual as requeridas não se desincumbiram, nos termos dos artigos 110 da Lei nº 9.279/96 e artigo 333, II do Código de Processo Civil. Concorrência desleal. Configuração. Dever de indenizar caracterizado (...) (TJSP; Apelação 0021596-82.2006.8.26.0114; Relator (a): José Reynaldo; Órgão Julgador: 2ª Câmara Reservada de Direito Empresarial; Foro de Campinas - 10ª. Vara Cível; Data do Julgamento: 08/10/2014; Data de Registro: 09/10/2014).

Art. 199. Nos crimes previstos neste Título somente se procede mediante queixa, salvo quanto ao crime do art. 191, em que a ação penal será pública.

Ação penal

A ação penal será – regra geral – privada, nos crimes previstos neste Título da Lei de propriedade industrial.

Somente no caso do art. 191, a ação penal será pública incondicionada, haja vista o bem jurídico protegido, que diz respeito a armas, brasões ou distintivos oficiais de organismos nacionais ou internacionais.

A queixa-crime deverá ser intentada no prazo de 30 dias a contar da homologação do laudo pericial, nos termos dos arts. 529 e 530, ambos do Código de Processo Penal.

Como se trata de matéria especial, sujeita a regramento também específico, não cabe falar em aplicação do prazo decadencial de 6 meses, previsto no art. 38, do Código de Processo Penal.

Observe-se, porém, que o Superior Tribunal de Justiça, em abril de 2021, decidiu que o prazo decadencial de seis meses se conta da ciência do fato (CPP, art. 38), mas pode ser reduzido para 30 dias, a contar da homologação do laudo pericial, se ocorrer nesse ínterim (CPP, art. 529) **(REsp 1762142-MG - 6ª Turma, Relator Ministro Sebastião Reis Júnior, 13 de abril de 2021)**.

Julgados correlatos
TJSP:

Prazo de 30 dias previsto no art. 529 do CPP. Prazo fatal. Inobservância que resulta em ofensa ao princípio da indivisibilidade da ação penal privada.

CRIMES CONTRA A PROPRIEDADE INDUSTRIAL. Registro de marca e concorrência desleal (arts. 189 e 195, ambos da Lei nº 9.279/96). Aditamento da queixa crime promovido após o decurso do prazo de trinta dias previsto no art. 529, do CPP. Ofensa ao princípio da indivisibilidade da ação penal. Renúncia tácita do direito de queixa quanto aos excluídos (art. 38, do CPP), que se comunica aos coautores do crime (art. 49, do CPP), com a consequente declaração da extinção da punibilidade de todos os querelados. Impetração de mandado de segurança, em substituição ao recurso cabível. Inviabilidade. Concessão da segurança, inclusive liminarmente, para o fim de suspender o prazo prescricional. Inexistência de ato lesivo ou abusivo a amparar a pretensão de resguardo de direito líquido e certo pela via do mandado de segurança. Ordem concedida, com extensão (art. 580. CPP). **(TJSP; Habeas Corpus Criminal 2298789-21.2020.8.26.0000; Relator (a): Tristão Ribeiro; Órgão Julgador: 5ª Câmara de Direito Criminal; Foro de São Caetano do Sul - 2ª Vara Criminal e de Crimes contra a Vida; Data do Julgamento: 20/05/2021; Data de Registro: 21/05/2021) (destacamos)**

Prazo decadencial regido pelos arts. 528 e 529 do CPP. A queixa-crime deve ser proposta em 30 dias a contar da homologação do laudo pericial

APELAÇÃO RECEBIDA COMO RECURSO EM SENTIDO ESTRITO – Fungibilidade recursal – Crime contra a propriedade intelectual – Extinção da punibilidade pela decadência – Inadmissibilidade – Inteligência dos artigos 528 e 529 do CPP – Prazo decadencial para apresentação de queixa-crime não decorrido – Regras específicas, quanto aos crimes contra a propriedade imaterial – Interpretação gramatical, lógica, teleológica e sistemática – Recurso provido, para se anular a decisão que extinguiu a punibilidade. (TJSP; Apelação 3000761-10.2013.8.26.0071; Relator (a): De Paula Santos; Órgão Julgador: 13ª Câmara de Direito Criminal; Foro de Bauru - 3ª Vara Criminal; Data do Julgamento: 09/02/2017; Data de Registro: 13/02/2017)

No mesmo sentido, o STJ:

PENAL E PROCESSUAL PENAL. CRIME CONTRA A PROPRIEDADE INDUSTRIAL. PRAZO DECADENCIAL. ART. 529, CPP. QUEIXA-CRIME. CONDIÇÃO DE PROCEDIBILIDADE. A persecução penal dos denominados crimes contra a propriedade imaterial, que deixam vestígios, exige, como condição para o recebimento da queixa-crime, a demonstração prévia da existência da materialidade do delito atestada por meio de perícia técnica. A norma do art. 529, do Código Processual Penal, de caráter especial, prevalece sobre a geral do art. 38, desse mesmo diploma legal. Em consequência, o direito de queixa é de 30 (trinta) dias, contados da sentença homologatória do laudo pericial. Recurso conhecido e provido. (REsp 336.553/SP, Rel. Ministro JOSÉ ARNALDO DA FONSECA, QUINTA TURMA, julgado em 20/02/2003, DJ 24/03/2003, p. 263).

COMPETÊNCIA PARA A AÇÃO PENAL

STJ:

Competência da Justiça comum estadual, não havendo interesse da União na causa. O crime de estelionato pode absorver os crimes da lei 9.279/96. Inteligência da súmula 17 do STJ

CONFLITO NEGATIVO DE COMPETÊNCIA. PROCESSUAL PENAL. CRIMES CONTRA REGISTROS DE MARCAS (ARTS. 189, INCISO I, E 190 DA LEI N. 9.279/1996 - LEI DA PROPRIEDADE INDUSTRIAL), PRATICADOS PELA INTERNET. CONFLITANTES: JUÍZO FEDERAL DA SEÇÃO DO DISTRITO FEDERAL E JUÍZO DE DIREITO DO ESTADO DE SÃO PAULO. AUSÊNCIA DE ELEMENTOS QUE PERMITAM CONSTATAR QUE AS CONDUTAS EM APURAÇÃO SÃO CRIMINALIZADAS NOS PAÍSES EM QUE A MENSAGEM FOI VISUALIZADA OU QUE HOUVE RESULTADO NO EXTERIOR, COM USUÁRIOS VÍTIMAS DAS FRAUDES. NÃO ASSINATURA, PELO BRASIL,

DE CONVENÇÃO OU TRATADO INTERNACIONAL QUE O OBRIGUE A CRIMINALIZAR VIOLAÇÕES CONTRA OS REGISTROS DE MARCAS. POSSÍVEL ABSORÇÃO DAS CONDUTAS EM APURAÇÃO, QUE PARECEM TRATAR-SE DO CRIME DE ESTELIONATO. CONFLITO CONHECIDO PARA DECLARAR A COMPETÊNCIA DO JUÍZO DE DIREITO SUSCITADO.

1. A Terceira Seção do Superior Tribunal de Justiça, em julgamento ocorrido em 13/05/2020, assentou que a Constituição da República "reconhece a competência da Justiça Federal não apenas no caso de acesso da publicação por alguém no estrangeiro, mas também nas hipóteses em que a amplitude do meio de divulgação tenha o condão de possibilitar o acesso", e que, "diante da potencialidade de o material disponibilizado na internet ser acessado no exterior, está configurada a competência da Justiça Federal, ainda que o conteúdo não tenha sido efetivamente visualizado fora do território nacional" (CC 163.420/PR, Rel. Ministro JOEL ILAN PACIORNIK, DJe 01/06/2020; sem grifos no original).

2. Na hipótese, o meio de divulgação empregado pelos fraudadores tanto é eficaz para que usuários no exterior visualizassem o conteúdo das mensagens, quanto é crível admitir que o material foi acessado fora do Brasil. Vale lembrar, inclusive, que o Marco Civil da Internet (Lei n. 12.965/2014), que "estabelece princípios, garantias, direitos e deveres para o uso da Internet no Brasil", prevê, em seu art. 2.º, inciso I, "o reconhecimento da escala mundial da rede". A configuração de apenas essas duas circunstâncias, todavia, não impõe que as condutas investigadas (arts. 189, inciso I, e 195 da Lei n. 9.279/1996) sejam apuradas no âmbito da Justiça Comum Federal.

3. O Supremo Tribunal Federal, em leading case julgado sob a sistemática da repercussão geral, firmou a tese de que, "[à] luz do preconizado no art. 109, V, da CF, a competência para processamento e julgamento de crime será da Justiça Federal quando preenchidos 03 (três) requisitos essenciais e cumulativos, quais sejam, que: a) o fato esteja previsto como crime no Brasil e no estrangeiro; b) o Brasil seja signatário de convenção ou tratado internacional por meio do qual assume o compromisso de reprimir criminalmente aquela espécie delitiva; e c) a conduta tenha ao menos se iniciado no Brasil e o resultado tenha ocorrido, ou devesse ter ocorrido no exterior, ou reciprocamente." (RE 628624, Rel. Ministro MARCO AURÉLIO, Rel. p/ Acórdão Ministro EDSON FACHIN, TRIBUNAL PLENO, julgado em 29/10/2015, DJe 05/04/2016; sem grifos no original).

4. No caso, não há elementos probatórios que permitam afirmar que as condutas em apuração são criminalizadas nos países em que a mensagem foi visualizada (até porque esses locais não estão declinados nos autos) e que houve resultado no exterior, com usuários vítimas das fraudes. No mais, o Brasil não é signatário de convenção ou tratado internacional em direito comercial que o obriga a criminalizar violações contra os registros de marcas, nos termos dos arts. 189 e 190 da Lei n. 9.279/1996 (Lei da Propriedade Industrial).

5. Sobre esse último ponto, vale referir que o Decreto n. 10.033/2019 incorporou o Protocolo de Madri sobre o Registro Internacional de Marcas (firmado em Madri, Espanha, em 27/06/1989), o qual, embora seja considerado o mais importante documento para a proteção global de marcas, não faz referências à tipificação de delitos. Outrossim, a Ata Final que Incorpora os Resultados da Rodada Uruguai de Negociações Comerciais Multilaterais do GATT - o Acordo TRIPs (promulgado pelo Brasil no Decreto n. 1.355/94), embora preveja a criminalização de condutas em seu art. 61, ressalva que a tipificação deve ocorrer nas hipóteses de pirataria e contrafação, em que é nítido o intuito comercial, e em larga escala - o que não é a hipótese dos autos.

6. Distinção relativamente ao CC 163.420/PR, Rel. Ministro JOEL ILAN PACIORNIK, no qual a Terceira Seção do Superior Tribunal de Justiça, ao declarar a competência da Justiça Comum Federal, considerou o fato de o Brasil ser signatário de "Convenção Internacional sobre Combate ao Racismo". Cabe ainda ressaltar que a Convenção Internacional Sobre a Eliminação de Todas as Formas de Discriminação Racial, promulgada pelo Decreto n.

65.810/1969, prevê expressamente em seu art. IV, alínea a, as condutas que devem ser declaradas delitos puníveis por lei.

7. No mais, não se mostraria prudente firmar a competência da Justiça Federal ao argumento de que há interesse da União na apuração dos crimes previstos nos arts. 189, inciso I, e 195 da Lei n. 9.279/1996, em razão da posição central do Instituto Nacional da Propriedade Industrial - INPI no sistema de proteção à propriedade industrial no Brasil. Antes do intuito de cometer crimes contra as marcas previstos na lei que regula direitos e obrigações relativos à propriedade industrial, a pretensão dos fraudadores na hipótese pareceu ser apenas a de induzir consumidores à falsa concepção de tratar-se de promoção da grife Vivara, com a verdadeira finalidade de obterem vantagem ilícita após as vítimas concluírem operações financeiras por intermédio de links enganosos. Sob essa perspectiva, a conduta praticada, a rigor, corresponderia ao crime de estelionato, que absorveria os crimes da Lei n. da Lei n. 9.279/1996. É a premissa que, a propósito, resultou na edição da Súmula n. 17 do Superior Tribunal de Justiça ("[q]uando o falso se exaure no estelionato, sem mais potencialidade lesiva, é por este absorvido").

8. Conflito de competência conhecido para declarar a competência do Juízo de Direito Suscitado.

(CC 168.775/DF, Rel. Ministra LAURITA VAZ, TERCEIRA SEÇÃO, julgado em 28/10/2020, DJe 12/11/2020)

Nos casos em que não for apurado o local em que se deu a fabricação dos itens contrafeitos, a competência poderá ser estabelecida com base no local em que tais bens foram expostos à venda ou ainda com base no critério residual da prevenção, uma vez superada a regra inicial, geral, do art. 70, do CPP, no sentido de que o foro competente é o lugar em que se consumar o crime ou, no caso de tentativa, o lugar em que tiver sido praticado o último ato de execução.

STJ:

CONFLITO DE COMPETÊNCIA. AÇÃO PENAL PRIVADA. ARTS. 183, I E II, 184, I E II, 186 E 195, TODOS DA LEI Nº 9.279/96 - CRIMES CONTRA A PROPRIEDADE INDUSTRIAL - DELITO CONTRA AS PATENTES E CONCORRÊNCIA DESLEAL. EXPOR E OFERECER À VENDA E MANTER EM DEPÓSITO PRODUTO PROTEGIDO POR PATENTE. CONSUMAÇÃO. AUSÊNCIA DE INDÍCIOS ACERCA DO LOCAL DE FABRICAÇÃO. MEDIDAS CAUTELARES AUTORIZADAS PELO JUÍZO PAULISTA. PREVENÇÃO. CONFLITO CONHECIDO PARA DECLARAR COMPETENTE O JUÍZO SUSCITADO.

1. A queixa-crime que imputa a prática de crimes contra as patentes e crime de concorrência desleal, nos termos dos arts. 183, I e II, 184, I e II, 186 e 195, III, todos da Lei nº 9.279/96, pode ser oferecida onde os acusados expuseram à venda, ofereceram à venda ou tiveram em estoque, independentemente do local de confecção do material objeto da contrafação.

2. Tratando-se de delitos de natureza permanente, cujo momento consumativo se protrai no tempo, pode-se também definir a competência territorial pelo critério da prevenção. No caso, tendo o Juízo paulista sido o primeiro a conhecer da causa, antecedendo-se na prática de medidas judiciais, como busca e apreensão e homologação de laudo técnico pericial produzido (art. 73 do CPP), prorroga-se a sua competência para conhecer do pedido principal.

3. Conflito de competência conhecido para declarar competente o Juízo de Direto da 4ª Vara Criminal do Foro Central - Barra Funda/SP, o suscitado.

(CC 166.097/PR, Rel. Ministro RIBEIRO DANTAS, TERCEIRA SEÇÃO, julgado em 10/06/2020, DJe 16/06/2020)

PROCESSUAL PENAL. HABEAS CORPUS. DELITOS CONTRA A PROPRIEDADE INDUSTRIAL. COMPETÊNCIA. MEDIDA CAUTELAR PREPARATÓRIA. PREVENÇÃO

DO JUÍZO. QUESTÃO PREJUDICIAL HETEROGÊNEA FACULTATIVA. SUSPENSÃO DA AÇÃO PENAL. DISCRICIONARIEDADE DO JUIZ. TRANCAMENTO DA AÇÃO PENAL. PENDÊNCIA DA AÇÃO DE ANULAÇÃO DE REGISTROS. TIPICIDADE DA CONDUTA. ORDEM DENEGADA. I. Hipótese em que a queixa-crime foi distribuída por prevenção a 5ª Vara Criminal da Comarca de Guarulhos/SP, por ser o Juízo que havia recepcionado e processado a medida cautelar preparatória de busca e apreensão criminal com base na propriedade dos registros de desenhos industriais. **II. Nos termos do art. 83 do Código de Processo Penal, há competência por prevenção quando um dos juízes houver antecedido aos outros na prática de alguma medida relativa ao processo, ainda que anterior ao oferecimento da denúncia ou da queixa. III. Competência para julgamento da ação penal do Juízo da 5ª Vara Criminal da Comarca de Guarulhos/SP, nos termos da regra do art. 83 do Código de Processo Penal**. IV. A existência da ação de nulidade dos registros dos desenhos industriais em tramitação perante a 38ª Vara Federal do Rio de Janeiro/RJ não tem o condão de obstar automaticamente a persecutio criminis. V. A suspensão da ação penal, in casu, é uma faculdade do Juiz, eis que se está diante de questão prejudicial facultativa e não obrigatória. VI. Caso em que foram imputadas aos pacientes condutas descritas na lei que regula direitos e obrigações relativos à propriedade industrial, dentre as quais a de concorrência desleal, cuja configuração prescinde do desfecho da ação de anulação do registro dos desenhos industriais. VII. Se apenas o registro de um dos desenhos foi declarado nulo, remanescendo a validade do registro dos demais desenhos (DI6401077-5 e DI6401217-4), verifica-se que as condutas dos querelados não podem ser consideradas atípicas de modo a se decretar o trancamento da ação penal, com base unicamente no possível desfecho da ação de nulidade do registro de desenhos industriais. VIII. Ordem denegada. **(HC 131937 - SP – Relator Ministro Gilson Dipp – 12 /04/2012)**

Os crimes contra a propriedade industrial, por terem pena máxima prevista em abstrato não superior a dois anos, em princípio são da competência do Juizado Especial Criminal, juiz natural das infrações penais de menor potencial ofensivo, conforme previsto na CF, art. 98, I. Porém, quando se tratar de causa complexa, que envolva a necessidade de realização de perícia, por exemplo, ou mesmo em face do número de acusados, os autos poderão ser remetidos à jurisdição ordinária, nos termos do art. 77, § 2º, da Lei nº 9.099/95 (Lei dos Juizados Especiais Criminais).

TJSP:

"COMPETÊNCIA – Conflito negativo de competência instaurado entre a 2ª Turma Cível e Criminal do Colégio Recursal de Taubaté e a 9ª Câmara de Direito Público do Tribunal de Justiça de São Paulo – Internação compulsória – Necessidade de perícia – Valor dado à causa inferior a 60 salários mínimos e matéria não incluída nos incisos I, II e III do § 1º do art. 2º da Lei nº 12.153, de 22-12-2009 – 'A necessidade de produção de prova pericial, por si só, não influi na definição da competência dos Juizados Especiais' – Todavia, e **apesar de absoluta a competência dos Juizados Especiais da Fazenda Pública, no caso concreto, ao analisar o conjunto fático-probatório posto nos autos, verifica-se se tratar de questão complexa que demanda dilação probatória plena, incompatível com as formalidades simplificadas do procedimento dos juizados especiais, eis que é imprescindível para a formação do convencimento do julgador detalhada avaliação médica circunstanciada e motivada para se constatar a necessidade ou não da internação involuntária** (v. art. 23-A, § 5º, I, e § 10, da Lei nº 11.343, de 23-8-2006, com as alterações produzidas pela Lei nº 13.840, de 5-6-2019, c.c. art. 6º da Lei nº 10.216, de 6-4-2001) – Conflito conhecido e provido para determinar a redistribuição dos autos à 9ª Câmara de Direito Público." **(TJSP; Conflito de competência cível 0048301-17.2019.8.26.0000; Relator (a): Carlos Bueno; Órgão Julgador: Órgão Especial; Foro de Campos do Jordão - 1ª Vara; Data do Julgamento: 04/03/2020; Data de Registro: 09/03/2020)**

CONFLITO NEGATIVO DE JURISDIÇÃO - Crimes contra a propriedade industrial — Apreensão de 55 pares tênis contrafeitos - **Investigação de complexidade incompatível com os princípios norteadores do Juizado Especial Criminal - Aplicação dos artigos 66**

e 77, § 2. da Lei nº 9.099/95 - Conflito procedente — Competência do juízo suscitante. (TJSP; Conflito de Jurisdição 0009376-40.2005.8.26.0000; Relator (a): Maria Olívia Alves; Órgão Julgador: 1ª Câmara de Direito Criminal; SÃO PAULO/DIPO - DEPTO INQUER POLIC; Data do Julgamento: N/A; Data de Registro: 01/08/2006)

Conflito negativo de competência. Medida cautelar de busca e apreensão. Crimes contra a propriedade industrial, de menor potencial ofensivo. **Complexidade do feito incompatível com o procedimento do Juizado Especial Criminal. Deslocamento da competência para o Juízo comum.** Conflito procedente para declarar competente o Juízo suscitado. **(TJSP; Conflito de Jurisdição 0230137-69.2009.8.26.0000; Relator (a): Presidente da Seção de Direito Privado; Órgão Julgador: Câmara Especial; Foro Central Cível - São Paulo; Data do Julgamento: 19/04/2010; Data de Registro: 20/05/2010)**

TJSP:

Competência em crime de concorrência desleal. Ação cominatória. Uma das autoras da contrafação com sede em São Paulo, Capital. Competência do Foro da Comarca de São Paulo

Ação cominatória (abstenção de uso de "trade dress" do produto "Kinder Ovo"). Decisão que deferiu tutela de urgência e recebeu emenda à inicial para inclusão de empresa estrangeira no polo ativo. Agravo de instrumento da ré. Legitimidade ativa das três empresas coautoras. Uma delas, pessoa jurídica brasileira é a efetiva responsável pela distribuição e comércio,em território nacional, dos produtos que adotam o "trade dress" de que se trata. Empresa que,ademais, integra o grupo econômico das outras coautoras, estrangeiras; estas, por sua vez, são as titulares de diversas marcas relacionadas ao elemento nominativo "Kinder Ovo". **A defesa do "trade dress" dispensa registro, por ter fundamento na repressão à concorrência desleal (crime tipificado no art. 195, III, da Lei de Propriedade Industrial). Correta inclusão da terceira coautora no polo ativo, mediante emenda à inicial. Cumpre ao juiz determinar a correção de irregularidades processuais, inclusive com a vinda aos autos de quem seja parte na demanda e neles ainda não esteja. De resto, possível, mesmo após a citação, fazerem-se correções na inicial, desde que isso não acarrete alteração do pedido ou da causa de pedir. Reconhecimento da competência deste Tribunal de Justiça para julgamento do feito, aplicando-se o art. 53, V, do CPC, que cuida das ações de reparação de danos "ex delito". Sede de uma das autoras localizada na Capital do Estado de São Paulo. Dispensa da prestação de caução pelas autoras estrangeiras por decisão transitada preclusa. Art. 14 da Convenção de Haia sobre Acesso Internacional à Justiça (dispensa a prestação de caução por pessoas, inclusive jurídicas, residentes ou sediadas em Estados signatários).** No mérito, visíveis "prima facie" as semelhanças de "trade dresses" dos produtos "Kinder Ovo" e "Ovo Toys", a justificar o deferimento de liminar. Provas trazidas que evidenciam efetiva confusão entre consumidores. Desnecessidade de realização de perícia previamente ao deferimento de tutela de urgência. O juiz como consumidor: doutrina de WALDEMAR FERREIRA. "O receio de que a liminar cause prejuízos ao réu não é óbice à concessão da liminar, pois 'o juiz não pode [...] ficar com as mãos amarradas para a repressão de um ilícito'. O indeferimento da liminar também causa efeitos irreparáveis ao autor, devendo o juiz tutelar o direito mais provável em detrimento do direito que for mais incerto (LÉLIO DENICOLI SCHMIDT). Decisão mantida. Agravo de instrumento desprovido. **(TJSP; Agravo de Instrumento 2236170-55.2020.8.26.0000; Relator (a): Cesar Ciampolini; Órgão Julgador: 1ª Câmara Reservada de Direito Empresarial; Foro Central Cível - 1ª VARA EMPRESARIAL E CONFLITOS DE ARBITRAGEM; Data do Julgamento: 23/02/2022; Data de Registro: 02/03/2022)**

TJSP:

Crime de concorrência desleal por ex-empregado. Competência da Justiça Comum Estadual

Ação de indenização por danos materiais e morais movida por empresa contra ex-funcionário e sua mulher, por concorrência desleal praticada durante a relação empregatícia.

Improcedência. Apelo da autora. **Competência da Justiça estadual, posto que se discute alegada prática de concorrência desleal por ex-funcionário da apelante, tema regido pela Lei de Propriedade Industrial. Precedentes das Câmaras de Direito Empresarial deste Tribunal. Prova suficiente da prática delitiva prevista no art. 195, XI, da Lei de regência: "Comete crime de concorrência desleal quem: (...) divulga, explora ou utiliza-se, sem autorização, de conhecimentos, informações ou dados confidenciais, utilizáveis na indústria, comércio ou prestação de serviços, excluídos aqueles que sejam de conhecimento público ou que sejam evidentes para um técnico no assunto, a que teve acesso mediante relação contratual ou empregatícia, mesmo após o término do contrato." Tal como doutrina CELSO DELMANTO, esse crime é praticado pelo empregado que "divulga, explora ou utiliza segredo de fábrica ou negócio, que por tais circunstâncias especiais lhe foi confiado ou veio a ter conhecimento. Devemos incluir todas as relações do contrato de trabalho, de prestação de serviços, que por dever de lealdade e fidelidade obrigam à custódia do silêncio." (...) Trata-se de crime de perigo consumando-se com a prática da conduta típica dos verbos reitores. É óbvio que para a consumação é necessário que o segredo chegue ao conhecimento de outra ou outras pessoas. O desvalor da ação está no obrar do sujeito ativo, e o desvalor do resultado ocorre quando colocada em perigo a capacidade competitiva da empresa no instante em que sua competidora é ciente do conteúdo do segredo."** Do contrato de trabalho, de resto, decorre o dever de não praticar "ato de concorrência à empresa para a qual trabalha o empregado", durante sua vigência, consistindo seu descumprimento, até mesmo, motivo de demissão por justa causa (art. 482, "c", da CLT). Ação julgada procedente, diferindo-se a apuração do "quantum debeatur" para liquidação de sentença, fixada desde logo verba indenizatória de dano moral. Sentença reformada. Apelação provida. **(TJSP; Apelação Cível 1050697-72.2018.8.26.0100; Relator (a): Cesar Ciampolini; Órgão Julgador: 1ª Câmara Reservada de Direito Empresarial; Foro Central Cível - 38ª Vara Cível; Data do Julgamento: 14/07/2021; Data de Registro: 16/07/2021)**

Art. 200. A ação penal e as diligências preliminares de busca e apreensão, nos crimes contra a propriedade industrial, regulam-se pelo disposto no Código de Processo Penal, com as modificações constantes dos artigos deste Capítulo.

Art. 201. Na diligência de busca e apreensão, em crime contra patente que tenha por objeto a invenção de processo, o oficial do juízo será acompanhado por perito, que verificará, preliminarmente, a existência do ilícito, podendo o juiz ordenar a apreensão de produtos obtidos pelo contrafator com o emprego do processo patenteado.

Diligências de busca e apreensão

As buscas e apreensões se darão em conformidade com o previsto no Código de Processo Penal (art. 200).

Necessidade da presença de perito

Interessante observar que o legislador se preocupou em prever a necessidade de perito para acompanhar o Oficial do Juízo, a fim de verificar, preliminarmente, a ocorrência do ilícito, situação em que o juiz, então, poderá ordenar a apreensão dos produtos obtidos pelo falsificador, com emprego do processo patenteado (art. 201).

É importantíssima a presença do perito, pois nem o Oficial do Juízo e nem mesmo o Juiz têm condições de conhecer peculiaridades envolvidas em marcas, patentes e modelos de utilidade, temas que exigem conhecimento preciso e específico em relação ao produto, marca ou patente que se tem em vista.

Julgado correlato

STJ:

Diligência de busca e apreensão não cumprida com rigorosa observância do art. 527 do CPP. Ato que atingiu a finalidade a que se destina. Ausência de nulidade

"...2. Em relação aos crimes contra a propriedade imaterial que deixam vestígios, prevê o Código de Processo Penal a necessidade de realização de exame pericial dos objetos que constituam o corpo de delito e que o respectivo laudo deverá instruir a ação penal. 3. Tratando-se de ação penal privada, a diligência de busca e apreensão deve ser realizada por dois peritos nomeados pelo juiz, a fim de que possam verificar a existência de fundamento para a apreensão, de modo a evitar o recolhimento de provas dispensáveis à instrução do feito, conforme disposto no art. 527 do Código de Processo Penal (...) Observa-se que, embora a diligência não tenha observado estritamente os termos do art. 527 do Código de Processo Penal, não há nulidade a ser declarada, tendo em vista que a finalidade do ato foi atingida, incidindo, pois, à hipótese, o princípio *pas de nullité sans grief*, consagrado no art. 566 do Código de Processo Penal. 6. Recurso desprovido. (RHC 27.964/RS, Rel. Ministra LAURITA VAZ, QUINTA TURMA, julgado em 26/06/2012, DJe 01/08/2012).

Apreensão e destruição dos produtos

A lei cuidou de prever a possibilidade de o ofendido requerer a apreensão e a destruição dos produtos, antes mesmo de sua utilização para fins ilícitos (art. 202, I) ou antes mesmo de sua distribuição (arts. 202, II).

Art. 202. Além das diligências preliminares de busca e apreensão, o interessado poderá requerer:

I - apreensão de marca falsificada, alterada ou imitada onde for preparada ou onde quer que seja encontrada, antes de utilizada para fins criminosos; ou

II - destruição de marca falsificada nos volumes ou produtos que a contiverem, antes de serem distribuídos, ainda que fiquem destruídos os envoltórios ou os próprios produtos.

Nada impede que o ofendido requeira a instauração de inquérito policial, para apuração do crime contra a propriedade industrial, e provoque a Autoridade Policial a requerer ao Poder Judiciário as diligências de busca e apreensão que se mostrarem necessárias.

Porém, pela própria natureza da ação penal, que é privada, em tais crimes, exceção feita ao art. 191, da Lei de Crimes contra a Propriedade Industrial, mais adequado que o ofendido requeira ao Juiz que defira as diligências mencionadas, em sede de medida cautelar de produção antecipada de provas, visando instruir a ação penal que o próprio ofendido, depois, deverá propor.

Este caminho certamente será o mais adequado para o próprio ofendido, titular do direito violado, pois as repartições policiais em nosso País já estão suficientemente assoberbadas com crimes de ação penal pública e mesmo com outros delitos de ação penal privada.

Além disso, não é justo que a sociedade arque com os custos de diligências de exclusivo interesse do ofendido, que deverá perseguir em ação penal privada a punição daqueles que lhe violaram o direito de patente, marca ou modelo de utilidade, como também deverá buscar na esfera cível, perante o juízo competente, a necessária reparação civil.

Julgado correlato

Diligência do art. 202 exige prova segura de materialidade, sob pena de indevida paralisação da atividade econômica da empresa a que se atribui a contrafação.

Correição parcial. Crimes contra a propriedade industrial. Corrigente é titular da marca 'Superman' e alega que o boneco está sendo falsificado pela empresa 'Maralex'. Insurgência contra decisão que indeferiu pedido de busca e apreensão de todos os bonecos. Prévio ajuizamento de medida cautelar de busca e apreensão, sendo deferida a apreensão de um exemplar para perícia. Exame já realizado e homologado, concluindo pela inexistência de falsificação. Ajuizamento de queixa-crime alegando estar o laudo equivocado. Avaliação que exige outras provas, a serem produzidas no curso da ação penal privada. Subsistência da conclusão do laudo pericial até prova em contrário. Impossibilidade de determinar a busca e apreensão de todos os bonecos com fundamento na simples alegação de falsidade pela parte diretamente interessada. Diligência do art. 202 da Lei 9.279/1996 que exige prova segura da materialidade, sob pena de paralisar a atividade econômica da empresa. Correição parcial improvida. (TJSP; Correição Parcial Criminal 2189821-57.2021.8.26.0000; Relator (a): Guilherme de Souza Nucci; Órgão Julgador: 16ª Câmara de Direito Criminal; Foro de Laranjal Paulista - 1ª Vara; Data do Julgamento: 29/03/2022; Data de Registro: 30/03/2022).

Art. 203. Tratando-se de estabelecimentos industriais ou comerciais legalmente organizados e que estejam funcionando publicamente, as diligências preliminares limitar-se-ão à vistoria e apreensão dos produtos, quando ordenadas pelo juiz, não podendo ser paralisada a sua atividade licitamente exercida.

Proibição de cessação da atividade lícita exercida no estabelecimento

Importante observar que o legislador fez questão de prever que, em se tratando de estabelecimentos comerciais ou industriais em funcionamento regular, as diligências deverão se limitar à apreensão de produtos, **vedada a cessação da atividade lícita desenvolvida no local.**

O legislador, nessa disposição, preocupa-se com a própria função social da empresa, limitando as diligências às vistorias e apreensões que forem necessárias, sem prejuízo da manutenção do funcionamento do estabelecimento de comércio ou indústria.

Cuida-se de norma que cumpre o mandamento constitucional contido no disposto no art. 170, da Constituição Federal, que consagra os princípios gerais da atividade econômica:

> **Art. 170. A ordem econômica, fundada na valorização do trabalho humano e na livre iniciativa, tem por fim assegurar a todos existência digna, conforme os ditames da justiça social, observados os seguintes princípios:**
>
> I - soberania nacional;
>
> II - propriedade privada;
>
> **III - função social da propriedade;**
>
> **IV - livre concorrência;**
>
> V - defesa do consumidor;
>
> VI - defesa do meio ambiente, inclusive mediante tratamento diferenciado conforme o impacto ambiental dos produtos e serviços e de seus processos de elaboração e prestação; (Redação dada pela Emenda Constitucional nº 42, de 19.12.2003)
>
> VII - redução das desigualdades regionais e sociais;
>
> **VIII - busca do pleno emprego;**
>
> **IX - tratamento favorecido para as empresas de pequeno porte constituídas sob as leis brasileiras e que tenham sua sede e administração no País. (Redação dada pela Emenda Constitucional nº 6, de 1995)**

Parágrafo único. É assegurado a todos o livre exercício de qualquer atividade econômica, independentemente de autorização de órgãos públicos, salvo nos casos previstos em lei. (destacamos)

Art. 204. Realizada a diligência de busca e apreensão, responderá por perdas e danos a parte que a tiver requerido de má-fé, por espírito de emulação, mero capricho ou erro grosseiro.

Punição à má-fé, espírito de emulação, mero capricho ou erro grosseiro

O legislador, a despeito de proteger a propriedade industrial, nos delitos previstos e providências cautelares tendentes à sua apuração e punição, não transige com o uso abusivo das disposições desta lei.

Prevê, corretamente, a punição da má-fé, do espírito de emulação, que vise somente tumultuar ou prejudicar a atividade do concorrente, do mero capricho, voluntarismo puro, despido de fundamento, ou mesmo do erro grosseiro, que não seja passível de ser relevado, que resultem na concretização de providências previstas na lei.

No mesmo sentido, o art. 5º, do CPC de 2015, prevê que *aquele que de qualquer forma participa do processo deve comportar-se de acordo com a boa-fé.*

Trata-se do dever de boa-fé processual, imposto a todos os atores do processo.

Os artigos 80 e 81 do CPC de 2015 tratam da litigância de má-fé e da aplicação de multa aos litigantes de má-fé.

As disposições acima referidas, do CPC, podem ser subsidiariamente aplicadas aos crimes contra a propriedade industrial e em especial às ações civis que lhes forem correlatas.

Art. 205. Poderá constituir matéria de defesa na ação penal a alegação de nulidade da patente ou registro em que a ação se fundar. A absolvição do réu, entretanto, não importará a nulidade da patente ou do registro, que só poderá ser demandada pela ação competente.

Art. 206. Na hipótese de serem reveladas, em juízo, para a defesa dos interesses de qualquer das partes, informações que se caracterizem como confidenciais, sejam segredo de indústria ou de comércio, deverá o juiz determinar que o processo prossiga em segredo de justiça, vedado o uso de tais informações também à outra parte para outras finalidades.

Matérias de defesa

A alegação de nulidade da patente ou registro em que a ação se basear poderá constituir matéria de defesa. Porém, em caso de absolvição do réu, não haverá nulidade da patente ou do registro, que só poderá ser demandada por meio de ação adequada, por se tratar de matéria que escapa à competência da jurisdição penal.

Segredo de justiça

Se, para a defesa do interesse de qualquer das partes, demandante ou demandado, ofensor ou ofendido, forem reveladas, em juízo, informações confidenciais, que sejam segredo de indústria ou de comércio, o juiz deverá determinar que o processo prossiga em segredo de justiça, proibido também o uso de tais informações sigilosas até mesmo à parte adversa, para outras finalidades.

A previsão diz diretamente ao escopo da lei, no sentido de proteger a propriedade industrial.

E proteger a propriedade industrial significa, também, limitar o uso de informações confidenciais, que constituam segredo de indústria ou de comércio, ao estritamente necessário.

A publicidade é a regra no Estado Democrático de Direito, mas, neste caso, cede lugar à necessária confidencialidade, em vista do bem jurídico protegido.

Art. 207. Independentemente da ação criminal, o prejudicado poderá intentar as ações cíveis que considerar cabíveis na forma do Código de Processo Civil.

Art. 208. A indenização será determinada pelos benefícios que o prejudicado teria auferido se a violação não tivesse ocorrido.

Art. 209. Fica ressalvado ao prejudicado o direito de haver perdas e danos em ressarcimento de prejuízos causados por atos de violação de direitos de propriedade industrial e atos de concorrência desleal não previstos nesta Lei, tendentes a prejudicar a reputação ou os negócios alheios, a criar confusão entre estabelecimentos comerciais, industriais ou prestadores de serviço, ou entre os produtos e serviços postos no comércio.

§ 1º Poderá o juiz, nos autos da própria ação, para evitar dano irreparável ou de difícil reparação, determinar liminarmente a sustação da violação ou de ato que a enseje, antes da citação do réu, mediante, caso julgue necessário, caução em dinheiro ou garantia fidejussória.

§ 2º Nos casos de reprodução ou de imitação flagrante de marca registrada, o juiz poderá determinar a apreensão de todas as mercadorias, produtos, objetos, embalagens, etiquetas e outros que contenham a marca falsificada ou imitada.

Possibilidade de propositura de ações civis, independentemente da ação penal

Como são independentes as responsabilidades civil e criminal, o prejudicado, independentemente da ação criminal, poderá promover as ações civis cabíveis, nos termos do Código de Processo Civil em vigor.

Patamares da indenização

O legislador preocupou-se em estabelecer balizas para a indenização, ao dispor que a indenização será determinada pelos benefícios que o prejudicado tenha auferido se a violação não tivesse ocorrido.

A disposição, bem ampla, permite que se contemplem não somente os danos materiais, como também os danos morais resultantes da violação do direito de propriedade industrial.

Art. 210. Os lucros cessantes serão determinados pelo critério mais favorável ao prejudicado, dentre os seguintes:

I - os benefícios que o prejudicado teria auferido se a violação não tivesse ocorrido; ou

II - os benefícios que foram auferidos pelo autor da violação do direito; ou

III - a remuneração que o autor da violação teria pago ao titular do direito violado pela concessão de uma licença que lhe permitisse legalmente explorar o bem.

Critérios para fixação dos lucros cessantes

Lucros cessantes são os proveitos econômicos que o ofendido ou prejudicado deixou de auferir, em razão da violação prevista nesta lei.

O legislador, além de balizar os danos emergentes, os prejuízos já efetivamente sofridos e em tese passíveis de aferição econômica, e preocupou-se também em dispor acerca de critérios para fixação dos lucros cessantes.

O Juiz levará em conta o critério mais favorável ao prejudicado, entre os seguintes: a) os benefícios que o ofendido teria auferido se a violação não tivesse ocorrido; ou b) os benefícios auferidos pelo autor da violação do direito em razão dela; ou ainda c) a remuneração que o autor da violação teria pago ao titular do direito violado, pela concessão de uma licença que lhe permitisse legalmente explorar o bem.

8. JUSTIÇA NEGOCIAL E CRIMES CONTRA A PROPRIEDADE INDUSTRIAL

Os crimes contra a propriedade industrial, como são de menor potencial ofensivo, ainda que remetidos à jurisdição ordinária, pela complexidade da causa, são em tese passíveis de transação penal e de suspensão condicional do processo, nos termos dos arts. 76 e 89, ambos da Lei nº 9.099/95.

Como a iniciativa para a ação penal é privativa do ofendido, entendemos que o querelante deva ser em princípio o autor da proposta de transação ou "sursis" processual.

O Ministério Público atuará sempre como fiscal da correta aplicação da lei, podendo repudiar no todo ou em parte proposta ilegal, abusiva ou arbitrária e formular, também, proposta de transação penal ou suspensão condicional do processo, mesmo em sede de crimes contra a propriedade industrial, afastar condições incompatíveis com o fato e com as condições pessoais do autor e formular outras, adequadas.

Tanto a transação, como a suspensão condicional do processo deverão ser submetidas à homologação do Poder Judiciário, que também poderá recusar homologação ou mesmo devolver para reformulação propostas inadequadas, abusivas ou insuficientes.

Há quem sustente, aliás, que, mesmo na ação penal privada, a iniciativa da proposta deverá ser do Ministério Público, desde que haja concordância do ofendido ou querelante.

Nessa direção, o Enunciado 112, do Fórum Nacional Permanente dos Juízes Coordenadores dos Juizados Especiais (FONAJE):

> ENUNCIADO 112 (substitui o Enunciado 90) – Na ação penal de iniciativa privada, cabem transação penal e a suspensão condicional do processo, mediante proposta do Ministério Público (XXVII Encontro – Palmas – TO).

Oportuno citar, nesse sentido, texto da lavra de ANDRÉ ESTEFAM e LUIS ANTÔNIO DE SOUZA:

> "A doutrina, vacilante de início, acabou por admitir a aplicação, por analogia, do disposto na primeira parte do art. 76, para incidir também nas infrações mediante queixa. Também assim em relação à suspensão do processo. Atualmente é corrente o entendimento do cabimento da suspensão aos crimes de ação penal privada (exclusivamente privada ou personalíssima).
>
> A jurisprudência brasileira comunga esse mesmo entendimento. O Superior Tribunal de Justiça (STJ), pela sua 5.ª T., no HC n. 13.337/RJ, rel. Min. Felix Fischer, j. em 15.5.2001, *DJ* de 13.8.2001, p. 181, proclamou que "A Lei n. 9.099/95, desde que obedecidos os requisitos autorizadores, permite a transação e a suspensão condicional do processo, inclusive nas ações penais de iniciativa exclusivamente privada". Mais recentemente, a 5.ª T. se pronunciou novamente, no *HC* n. 34.085/SP, relatora Ministra Laurita Vaz, j. em 8.6.2004, DJ de 2.8.2004, p. 457, deixando estabelecido que "A Terceira Seção desta Egrégia Corte firmou o entendimento no sentido de que, preenchidos os requisitos autorizadores, a Lei dos Juizados Especiais Criminais aplica-se aos crimes sujeitos a ritos especiais, inclusive aqueles apurados mediante ação penal exclusivamente privada. Ressalte-se que tal aplicação se estende, até mesmo, aos institutos da transação penal e da suspensão do processo". Ainda nesse sentido o *HC* n. 33.929/SP, rel. Min. Gilson Dipp, j. em 19.8.2004, DJ de 20.9.2004, p. 312: "A Lei dos Juizados Especiais incide nos crimes sujeitos a procedimentos especiais,

desde que obedecidos os requisitos autorizadores, permitindo a transação e a suspensão condicional do processo, inclusive nas ações penais exclusivamente privadas".

Tendo em conta que a lei só se refere à possibilidade de transação e suspensão propostas pelo Ministério Público, quem teria legitimidade para fazê-lo em se tratando de ação penal privada?

A doutrina que se manifesta a respeito diz que em razão da aplicação analógica do art. 76 à ação penal privada, deve-se permitir "que a faculdade de transacionar, em matéria penal, se estenda ao ofendido, titular da queixa-crime (...)", isso porque "Como somente deste é a legitimidade ativa à ação, ainda que a título de substituição processual, somente a ele caberia transacionar em matéria penal, devendo o Ministério Público, nesses casos, limitar-se a opinar" (GRINOVER, Ada Pellegrini et al. *Juizados Especiais Criminais*. 4. ed. São Paulo: RT, 2002. p. 142-143).

Identicamente ocorre em relação à suspensão do processo. Admitido o instituto, previsto no art. 89, aos crimes de ação penal privada, caberia ao querelante formular a proposta.

Cabe, todavia, uma consideração. A transação penal e a suspensão do processo, atualmente, não são tidas como direito público subjetivo do autor do fato e do acusado. No tocante ao Ministério Público, vigora o princípio da discricionariedade regrada, devendo guiar-nos o contido na Súmula n. 696 do Supremo Tribunal Federal (STF), aplicável a ambas as situações: "Reunidos os pressupostos legais permissivos da suspensão condicional do processo, mas se recusando o promotor de justiça a propô-la, o juiz, dissentindo, remeterá a questão do Procurador-Geral, aplicando-se por analogia o art. 28 do Código de Processo Penal".

No tocante à vítima, porém, tratando-se de infrações de ação penal privada, outros princípios vigoram. Imperam os princípios da discricionariedade e da disponibilidade, daí porque, entendendo-se que a transação e a suspensão não são direito público subjetivo do autor do fato e do acusado, a sua formulação fica na estrita conveniência do ofendido, que, ao se recusar a formulá-las, inviabilizará a transação e a suspensão.

Nesse sentido, inclusive, decidiu o Egrégio STJ (quanto à transação penal). A Colenda 6.ª T., no RHC n. 8.123/AP, rel. Min. Fernando Gonçalves, j. em 16.4.1999, DJ de 21.6.1999, p. 202, deixou assentado que "Na ação penal de iniciativa privada, desde que não haja formal oposição do querelante, o Ministério Público poderá, validamente, formular proposta de transação que, uma vez aceita pelo querelado e homologada pelo Juiz, é definitiva e irretratável".

Como se vê, o STJ admitiu a proposta de transação penal por parte do Ministério Público em não havendo formal oposição do querelante, donde concluir que este tem primazia na decisão pela proposta ou não. E o mesmo raciocínio pode-se aplicar à suspensão do processo, a qual poderá ser formulada pelo *parquet*, nos crimes de ação penal privada, desde que não se oponha o querelante.

Enfim, é a conclusão, as infrações de ação penal privada admitem os institutos da transação penal e da suspensão condicional do processo, os quais podem ser propostos pelo Ministério Público, desde que não haja discordância da vítima ou seu representante legal, o que impõe considerar que o ofendido é quem detém discricionariedade para a propositura" (*Revista Jus Vigilantibus* (*http://jusvi.com/artigos/14573*); acesso em 07 de dezembro de 2012).

Não aplicação do acordo de não persecução penal aos crimes contra a propriedade industrial

O acordo de não persecução penal, inicialmente previsto nas Resoluções 181 e 183 do Conselho Nacional do Ministério Público, e agora no art. 28-A, do Código de Processo Penal, por força da Lei nº 13.964/19 (pacote anticrime), não se aplica aos crimes contra a propriedade industrial, em face de vedação expressa constante do art. 28-A, § 2º, I, que proíbe o instituto aos crimes de menor potencial ofensivo, da competência dos juizados especiais criminais.

A vedação, segundo entendemos, existe porque o legislador pressupõe que a transação penal é sempre mais benéfica ao agente. Como também pressupõe – segundo entendemos – que é mais benéfica a suspensão condicional do processo, se não couber a transação, lembrando que o art. 89, da Lei n. 9.099/95, não exige confissão, como ocorre com o ANPP.

Ainda que os procedimentos que versem sobre tais crimes sejam remetidos à jurisdição ordinária, pela complexidade da causa (art. 77, § 2º, da Lei 9.099/95), cremos que deva persistir a vedação, pois, pela pena máxima abstratamente prevista para tais infrações penais, inferior a 2 anos, tais ilícitos penais não perdem a natureza de delitos de menor potencial, passíveis, portanto, de transação penal, que poderá ser aplicada mesmo perante o juízo criminal comum, se presentes os requisitos legais, desde que estejam concordes querelante e querelado.

9. A PRESCRIÇÃO NOS CRIMES CONTRA A PROPRIEDADE INDUSTRIAL

A prescrição nos crimes contra a propriedade industrial se conta de cada fato, pois os crimes contra a propriedade industrial são de ação múltipla, mas não são crimes permanentes, assim entendidos como aqueles cuja consumação se protrai no tempo, de que são exemplos clássicos o crime de sequestro, a posse de drogas para o fim de tráfico etc.

Nesse sentido, a jurisprudência do E. TJSP:

> Propriedade industrial. Ação cominatória proposta por Banco Safra e Sparwood International Holding Limited visando a que as rés se abstenham de utilizar as marcas "Safra" e "Safra Ville", a denominação social "Safra Supermercado Ltda." e nomes de domínio derivados das referidas marcas. Sentença de procedência apenas em relação ao signo distintivo "Safra Ville". Apelações de ambas as partes. **Prescrição inocorrente. O prazo prescricional, em ações envolvendo direito marcário, se renova enquanto perdurar a apontada ilicitude. "Como cada venda de produto contrafeito é um ato individualizado e destacável do conjunto das demais operações, o prazo prescricional não deve ser contado do início da comercialização, nem da última venda, mas de cada operação isoladamente considerada. O cômputo da prescrição a partir de cada ato isolado é corroborado pelo entendimento de que 'os crimes contra a propriedade industrial não são permanentes, mas de ação múltipla, com caráter de iteração e não de permanência, cujo somatório implica habitualidade'" (LÉLIO DENICOLI SCHMIDT).** Marca "Safra". Longo período de convivência pacífica entre as partes, tendo as autoras inequívoco conhecimento do uso do signo pelas rés por ao menos 15 anos antes do ajuizamento da ação. Ausente risco de confunsão, ademais, pelo critério da especialidade, já que atuam as partes em mercados distintos (as autoras, no mercado financeiro, e, as rés, como supermercados vocacionado a público de baixo poder aquisitivo). Aplicação do princípio "first come, first served" quanto ao nome de domínio. Igualmente permitido o uso da denominação social "Safra Supermercado Ltda.", cujo acréscimo "Supermercado" é suficiente para diferenciação em relação às autoras. Marca "Safra Ville". Utilização, pelas rés, para emissão de cartões de crédito a seus clientes no supermercado. Atuação que se aproxima indevidamente das atividades desenvolvidas pelas autoras, com marcas registradas perante o INPI. O potencial de confusão marcária também justifica o cancelamento do nome de domínio criado a partir do mesmo signo. Manutenção parcial da sentença apelada, majorando-se apenas o valor dos danos morais fixados em primeira instância, acolhido o pedido das autoras, que é razoável e proporcional. Condenação em danos materiais e morais que, em casos de direito marcário, se dá "in re ipsa". Apelação das autoras parcialmente provida. Apelação das rés desprovida. **(TJSP; Apelação Cível 1065228-66.2018.8.26.0100; Relator (a): Cesar Ciampolini; Órgão Julgador: 1ª Câmara Reservada de Direito Empresarial; Foro Central Cível**

> - 1ª VARA EMPRESARIAL E CONFLITOS DE ARBITRAGEM; Data do Julgamento: 25/11/2020; Data de Registro: 27/11/2020) (destacamos)

10. A COMPETÊNCIA NOS CRIMES CONTRA A PROPRIEDADE INDUSTRIAL

Como os crimes contra a propriedade industrial são todos de menor potencial ofensivo, a competência, em regra, é do Juizado Especial Criminal, competência aliás de gênese constitucional, nos termos do art. 98, I, da Constituição Federal.

Ressalva-se, contudo, a possibilidade de remessa do caso ao juízo criminal comum, se a complexidade do fato ou as circunstâncias dele demandarem, por exemplo, perícia especializada etc.

Isso porque o caso complexo estará em descompasso com os princípios da informalidade, simplicidade, celeridade e oralidade enfatizados no âmbito do Juizado Especial Criminal.

Esse encaminhamento, se estritamente necessário, se dará nos termos do art. 77, § 2º, da Lei n. 9.099/95, que dispõe: *se a complexidade ou circunstâncias do caso não permitirem a formulação da denúncia, o Ministério Público poderá requerer ao Juiz o encaminhamento das peças existentes, na forma do parágrafo único do art. 66 desta Lei.*

Confiram-se julgados do E. TJSP sobre o tema:

> Conflito negativo de jurisdição. Queixa-crime. Delitos contra a propriedade industrial. Infrações de menor potencial ofensivo. Complexidade da causa, porém, que provoca o deslocamento de competência. Inteligência do artigo 77, § 2º, da Lei 9.099/1995. Conflito que se julga procedente com consequente declaração a respeito da competência do MM. Juízo suscitado. (TJSP; Conflito de Jurisdição 0076141-46.2012.8.26.0000; Relator (a): Encinas Manfré; Órgão Julgador: Câmara Especial; Foro Central Criminal Barra Funda - Vara do Juizado Especial Criminal - FC; Data do Julgamento: 27/08/2012; Data de Registro: 30/08/2012)

> CONFLITO NEGATIVO DE JURISDIÇÃO - Crimes contra a propriedade industrial — Apreensão de 55 pares tênis contrafeitos - Investigação de complexidade incompatível com os princípios norteadores do Juizado Especial Criminal - Aplicação dos artigos 66 e 77, § 2. da Lei nº 9.099/95 - Conflito procedente — Competência do juízo siiscitante. (TJSP; Conflito de Jurisdição 0009376-40.2005.8.26.0000; Relator (a): Maria Olívia Alves; Órgão Julgador: 1ª Câmara de Direito Criminal; SÃO PAULO/DIPO - DEPTO INQUER POLIC; Data do Julgamento: N/A; Data de Registro: 01/08/2006)

11. A QUEIXA-CRIME NOS CRIMES CONTRA A PROPRIEDADE INDUSTRIAL. NECESSIDADE DE DESCRIÇÃO MÍNIMA DAS CONDUTAS IMPUTADAS, NOS CRIMES DE AUTORIA COLETIVA, SOB PENA DE INÉPCIA

Embora a jurisprudência de nossos Tribunais Superiores[4] tenha relativizado a necessidade de descrição minuciosa das condutas nos crimes de autoria coletiva (nem sempre a investigação precedente reúne elementos que permitam tais minúcias na inicial), **não se dispensa**

4 **STJ: Ementa: HABEAS CORPUS SUBSTITUTIVO DE RECURSO ORDINÁRIO. INADEQUAÇÃO DA VIA. NÃO CONHECIMENTO. AÇÃO PENAL. DELITO SOCIETÁRIO. CRIME DE AUTORIA COLETIVA. DENÚNCIA GENÉRICA. INÉPCIA. INOCORRÊNCIA. OBSERVÂNCIA DO ART. 41 DO CPP. SUFICIENTE DESCRIÇÃO DO FATO TIDO COMO CRIMINOSO. PODER DE GESTÃO NA PESSOA JURÍDICA. INDÍCIO MÍNIMO DE AUTORIA. NÃO CONCESSÃO DA ORDEM DE OFÍCIO**. 1. Não se admite habeas corpus substitutivo de recurso ordinário, sob pena de ofensa ao regramento do sistema recursal previsto na Constituição Federal. 2. Não há abuso de acusação na denúncia que, ao tratar de crimes de autoria coletiva, deixa, por absoluta impossibilidade, de esgotar as minúcias do suposto cometimento do crime. 3. Há diferença entre denúncia genérica e geral. Enquanto naquela se aponta fato incerto e imprecisamente descrito, na última há acusação da prática de fato específico atribuído a diversas pessoas, ligadas

a necessidade de descrição mínima das condutas imputadas, principalmente porque nosso Direito Penal não contempla hipótese de responsabilidade penal objetiva, como também porque a inicial inepta, que não descreve suficientemente o fato delituoso imputado e as condutas delitivas, prejudica o exercício da ampla defesa constitucionalmente assegurada a todos. **A queixa-crime deve obedecer sempre aos mesmos requisitos da denúncia, nos termos do art. 41, do CPP.**

STJ:

> **A queixa-crime nos crimes de autoria coletiva, contra a propriedade industrial, não pode se limitar a imputar condutas somente porque os querelados ostentam a condição de diretores da sociedade comercial, pois é necessário que haja descrição mínima das condutas imputadas na inicial, sob pena de inépcia, inclusive nos casos em que a pessoa jurídica tenha sido utilizada como plataforma para cometimento dos crimes.**
>
> RECURSO ESPECIAL. PROCESSUAL PENAL. CRIMES CONTRA A PROPRIEDADE INDUSTRIAL (ARTS. 183, INCISO I, 184, INCISO I E 195, INCISO III DA LEI N. 9.279/1996). AUTORIA COLETIVA. QUEIXA-CRIME. DESCRIÇÃO MÍNIMA DAS CONDUTAS PRATICADAS PELOS DENUNCIADOS. AUSÊNCIA. IMPUTAÇÃO TÃO-SOMENTE EM RAZÃO DA CONDIÇÃO DE DIRETORES DA SOCIEDADE COMERCIAL. INVIABILIDADE. INÉPCIA CONFIGURADA. RECURSO ESPECIAL PROVIDO. 1. A jurisprudência desta Corte Superior é firme no sentido de que nos crimes de autoria coletiva não é necessária a descrição minuciosa da atuação de cada agente na prática delitiva. No entanto, tal circunstância não dispensa a presença de uma descrição mínima vinculando o acusado ao fato criminoso narrado na peça acusatória. 2. **Não se admite a inclusão no polo passivo da ação penal, tão-somente em razão da condição de sócio ou pela posição ocupada na instituição, sem a indicação de nenhum outro elemento fático demonstrando o nexo causal entre a atuação do acusado e a prática delitiva, mesmo em se tratando de delito de autoria coletiva que teria sido cometido por meio da utilização**

---

por circunstâncias comuns, mas sem a indicação minudente da responsabilidade interna e individual dos imputados. 4. Nos casos de denúncia que verse sobre delito societário, não há que se falar em inépcia quando a acusação descreve minimamente o fato tido como criminoso. 5. O poder de gestão configura indício mínimo da autoria das práticas delitivas realizadas, em tese, por meio de pessoa jurídica. 6. Habeas corpus não conhecido. **(HC 118891, Relator(a): EDSON FACHIN, Primeira Turma, julgado em 01-09-2015, PROCESSO ELETRÔNICO DJe-209 DIVULG 19-10-2015 PUBLIC 20-10-2015).**

STF: PENAL E PROCESSUAL PENAL. AGRAVO REGIMENTAL EM HABEAS CORPUS. ORGANIZAÇÃO CRIMINOSA. TRÁFICO DE DROGAS. TRANCAMENTO DA AÇÃO PENAL. INÉPCIA DA DENÚNCIA. AUSÊNCIA DE JUSTA CAUSA. NÃO OCORRÊNCIA. AUSÊNCIA DE DESCRIÇÃO DA CONDUTA DO ACUSADO. PEÇA INAUGURAL QUE ATENDE AOS REQUISITOS LEGAIS EXIGIDOS E DESCREVE CRIMES EM TESE. AMPLA DEFESA GARANTIDA. MÁCULA NÃO EVIDENCIADA. NECESSIDADE DE REVOLVIMENTO DO CONJUNTO PROBATÓRIO. RECURSO NÃO PROVIDO.

1. O trancamento de ação penal por meio do habeas corpus é medida excepcional. Por isso, será cabível somente quando houver inequívoca comprovação da atipicidade da conduta, da incidência de causa de extinção da punibilidade ou da ausência de indícios de autoria ou de prova sobre a materialidade do delito. Precedentes.

2. A propositura da ação penal exige tão somente a presença de indícios mínimos de autoria, não sendo exigida a certeza, que a toda evidência somente será comprovada ou afastada após a instrução probatória, prevalecendo, na fase de oferecimento da denúncia, o princípio do in dubio pro societate. Precedentes.

3. **Nos chamados crimes de autoria coletiva, embora a vestibular acusatória não possa ser de todo genérica, é válida quando, apesar de não descrever minuciosamente as atuações individuais dos acusados, demonstra um liame entre o seu agir e a suposta prática delituosa, estabelecendo a plausibilidade da imputação e possibilitando o exercício da ampla defesa. Precedentes.**

4. Para superar as conclusões alcançadas na origem e chegar às pretensões apresentadas pela parte, é imprescindível a reanálise do acervo fático-probatório dos autos, o que impede a atuação excepcional desta instância.

5. Agravo regimental não provido.

(AgRg no RHC n. 165.264/SC, relatora Ministra Daniela Teixeira, Quinta Turma, julgado em 27/5/2024, DJe de 11/6/2024.)

de pessoa jurídica. 3. No caso concreto, a queixa-crime imputou aos Recorrentes a prática dos crimes dos arts. 183, inciso I, 184, inciso I, e 195, inciso III, da Lei n. 9.279/1996 e apenas mencionou as suas condições de diretores da sociedade empresária por meio da qual os delitos teriam sido supostamente cometido. Não trouxe nenhuma individualização, por mínima que fosse, acerca da atuação concreta de qualquer um deles para a consumação dos delitos que lhes foram imputados. Nem mesmo foi mencionada qual seria a sua função específica na organização interna da sociedade empresária. Tampouco se indicou quando os fatos típicos teriam sido praticados. 4. A própria queixa-crime abriu um tópico denominado apenas de "indícios de autoria", no qual se limitou a afirmar que os Recorrentes deveriam figurar no polo passivo da ação penal, porque os delitos de violação de patente e de concorrência desleal teriam sido cometidos sob a sua gestão, sem sequer mencionar quando esta teria ocorrido. 5. É evidentemente inepta a peça acusatória, por não cumprir os requisitos do art. 41 do Código de Processo Penal, devendo ser rejeitada, nos termos do art. 395, inciso III, do mesmo Estatuto. 6. Recurso especial provido para rejeitar a queixa--crime. **(REsp n. 1.931.069/SP, relatora Ministra Laurita Vaz, Sexta Turma, julgado em 18/4/2023, DJe de 26/4/2023).**

Referências

AQUINO, Leonardo Gomes de. Aspectos jurisdicionais da propriedade industrial. Revista de Direito Empresarial, volume 18/2016, p. 151-195, setembro de 2016.

ARAÚJO, Rubia Maria Ferrão de. Novas formas de concorrência desleal em face dos avanços tecnológicos. Revista de Direito Empresarial. Volume 11/2015, p. 407-415, setembro – outubro de 2015.

ESTEFAM, SOUZA, André; Luiz Antonio de. Revista Jus Vigilantibus (http://jusvi.com/artigos/14573); acesso em 07 de dezembro de 2012.

FÜHER, Maximilianus Cláudio Américo. Resumo de Direito Comercial. Empresarial. 36 ed. São Paulo: Malheiros Editores, 2007.

JESUS, Damásio de. Decadência. Doutrinas Essenciais de Processo Penal. Volume 4, p. 784-785, junho 2012.

LOGO, Thomaz Thedim Lobo. Introdução à nova lei de propriedade industrial. São Paulo: Atlas, 1997.

NUCCI, Guilherme de Souza. Leis penais e processuais penais comentadas. Rio de Janeiro: Gen Forense, 2015, vol. 1.

________. Doutrinas Essenciais. Direito Penal. São Paulo: Revista dos Tribunais, 2012.

PAES, P.R. Tavares. Nova lei da propriedade industrial. São Paulo: Revista dos Tribunais, 1996.

________. Propriedade Industrial. Modelo de utilidade. Prescrição da ação de contrafação e inocorrência de concorrência desleal. Doutrinas Essenciais de Direito Empresarial. Vol. 1, p. 1307, Dezembro 2010.

PIERANGELI, José Henrique. Crimes contra a propriedade industrial. Crimes de concorrência desleal. São Paulo: Revista dos Tribunais, 2003.

________Dos crimes contra a propriedade industrial (arts. 183 a 194 da Lei 9.279/96), Revista Brasileira de Ciências Criminais, vol. 7/1997, p. 132-144, Janeiro – março de 1997.

SCHMIDT, Lélio Deni Coli. A Busca e apreensão nos crimes contra a propriedade industrial. Revista dos Tribunais. Volume 812, p. 434-451, junho 2003; Doutrinas Essenciais Processo Penal, volume 4, p. 1041-1065, junho de 2012.

SOARES, José Carlos Tinoco. A concorrência desleal na América Latina e em outros países. Ilícitos civis, ilícitos penais, abuso de direito e concorrência desleal através da publicidade comparativa e da publicidade enganosa. Revista dos Tribunais, volume 643/1989, p. 249-272, maio de 1989.

STRINGER, Irineu. Marcas e Patentes. Rio de Janeiro: Forense Universitária, 1996.

CAPÍTULO 21

Interceptação Telefônica – Lei nº 9.296/1996

Fábio Ianni Goldfinger

PRECEDENTES HISTÓRICOS

Na Constituição do Império o sigilo das comunicações e das correspondências era absoluta, pois não havia menção às exceções.

A Constituição de 1937 previa a inviolabilidade do domicílio e da correspondência, salvo nas hipóteses excepcionais previstas em lei.

Por sua vez, a Constituição de 1946 não fez menção ao sigilo das comunicações telefônicas, porém previu a inviolabilidade do sigilo da correspondência, conforme o art. 141, § 6º.

Na Constituição Federal de 1967, com a redação dada pela Emenda n. 1 de 17/10/69, o art. 153, § 9º, dispôs sobre a **inviolabilidade da correspondência** e das **comunicações telegráficas e telefônicas.**

Já no âmbito legislativo, em 1962, surgiu o Código Brasileiro de Telecomunicações (Lei n. 4.117), regulamentado pelo Decreto n. 5.761/66, que previa a admissibilidade de utilização da interceptação telefônica mediante autorização judicial (art. 57)[1].

Havia, à época, um evidente conflito entre a Constituição de 1969 que considerava absoluta a inadmissibilidade da interceptação, salvo em hipótese de estado de sítio e estado ou medidas de emergência, e o art. 57 do Código Brasileiro de Telecomunicações. As hipóteses autorizadoras à época previam que fossem ordenadas pelo Presidente da República, limitando-se o prazo de 60 dias, podendo ser prorrogada por uma vez e por igual período[2].

---

1 Art. 57. Não constitui violação de telecomunicação:

I – A recepção de telecomunicação dirigida por quem diretamente ou como cooperação esteja legalmente autorizado;

II – O conhecimento dado:

a) ao destinatário da telecomunicação ou a seu representante legal;

b) aos intervenientes necessários ao curso da telecomunicação;

c) ao comandante ou chefe, sob cujas ordens imediatas estiver servindo;

d) aos fiscais do Govêrno junto aos concessionários ou permissionários;

e) ao juiz competente, mediante requisição ou intimação dêste.

Parágrafo único. Não estão compreendidas nas proibições contidas nesta lei as radiocomunicações destinadas a ser livremente recebidas, as de amadores, as relativas a navios e aeronaves em perigo, ou as transmitidas nos casos de calamidade pública.

2 DIWAN, Alberto. Interceptação telefônica: A necessidade de decisão motivada, prazo razoável e transcrição dos diálogos interceptados para garantir a licitude da prova. Disponível em https://albertodiwan.jusbrasil.com.br/artigos/187788912/interceptacao-telefonica, Acesso em 2 julho 2020.

A doutrina sustentava a admissibilidade da interceptação, desde que fosse atendido os requisitos previstos no art. 57 da Lei n. 4.117/62.

Em 1988 com a promulgação da Constituição Cidadã, houve mudança no quadro constitucional sobre o tema, pois o **art. 5º, inc. XII**, passou a admitir a interceptação telefônica, mediante o preenchimento de alguns parâmetros que fossem postos através de uma lei específica.

Ai então, iniciou-se a discussão se o art. 57 da Lei n. 4.117/62 havia sido recepcionado pela ordem constitucional vigente. Havia posicionamento doutrinário sustentando a recepção e outros não, causando autorizações controvertidas, de forma a trazer insegurança jurídica sobre o direito fundamental à intimidade.

A primeira decisão do STF sobre interceptação telefônica, tratou-se de um trancamento de inquérito policial, pois tratava-se de interceptação feita por particular (RHC 63834, Relator(a): Min. ALDIR PASSARINHO, Segunda Turma, julgado em 18/12/1986, DJ 05-06-1987).

Outras decisões do STF, posteriormente, demonstravam a necessidade de uma lei ordinária regulamentando o assunto:

> "(...) 1. O art. 5º, XII, da Constituição, que prevê, excepcionalmente, a violação do sigilo das comunicações telefônicas para fins de investigação criminal ou instrução processual penal, não é auto-aplicável: exige lei que estabeleça as hipóteses e a forma que permitam a autorização judicial. Precedentes. a) Enquanto a referida lei não for editada pelo Congresso Nacional, é considerada prova ilícita a obtida mediante quebra do sigilo das comunicações telefônicas, mesmo quando haja ordem judicial (CF, art. 5º, LVI). b) O art. 57, II, a, do Código Brasileiro de Telecomunicações não foi recepcionado pela atual Constituição (art. 5º, XII), a qual exige numerus clausus para a definição das hipóteses e formas pelas quais é legítima a violação do sigilo das comunicações telefônicas. 2. A garantia que a Constituição dá, até que a lei o defina, não distingue o telefone público do particular, ainda que instalado em interior de presídio, pois o bem jurídico protegido é a privacidade das pessoas, prerrogativa dogmática de todos os cidadãos. (...)"(HC 72588, Relator(a): Min. MAURÍCIO CORRÊA, Tribunal Pleno, julgado em 12/06/1996, DJ 04-08-2000).

Após oito anos, foi então publicada a **Lei n. 9.296/96.**

INTERCEPTAÇÃO TELEFÔNICA NO DIREITO COMPARADO

Estados Unidos da América

Nos Estado Unidos, a partir da 1ª Emenda Constitucional, é possível constatar a previsão do direito ao repouso em confronto com a liberdade de expressão e do direito à solidão em contraposição à liberdade de associação. Já nas hipóteses infraconstitucionais, até 1965, cerca de 30 Estados americanos reconheceram o *right to privacy* em seus ordenamentos jurídicos[3].

No ano de 1966, a *Federal Communication Commission*, proibiu o uso de dispositivos que possibilitasse gravar a conversa de pessoas, sem seu consentimento, com exceção dos organismos autorizados a impor o respeito à lei. Por sua vez, a seção 605 da Federal Communications Act of 1934 declarava a inviolabilidade das comunicações.

Ainda, a *Omnibus Crime Control and Safe Streets Act de 1968* aprova interceptação telefônica ou comunicação entre presentes mediante ordem judicial.

O disciplinamento do uso de banco de dados é previsto no *Federal Credit Reporting Act* e no *Family Educational Right and Privacy Act*.

3 Sobre a interceptação no direito norte-americano ver: MENDES, Maria Gilmaíse de Olveira. Direito à intimidade e interceptação telefônica. Belo Horizonte: Malheiros, 1999. p. 54/55.

Alemanha

O tribunal do Reich, até 1949, não previa a proteção à personalidade, contudo, havia ações de indenizações e retratação de notas difamatórias[4].

Por sua vez, a Lei Fundamental de Bonn, de forma a revolucionar a proteção à personalidade e à intimidade, de forma a Declarar no art. 1.1, a inviolabilidade da dignidade da pessoa e a obrigação do Estado de protegê-la.

A interceptação telefônica se baseia na ordem do juiz, podendo ser emanada pelo Ministério Público em virtude do caráter de urgência, após convalidada pelo Juiz, sendo que a forma e o conteúdo devem ser claros, com prazo de validade para autorização.

Ainda, a lei enumera de forma taxativa as infrações que possibilitam a quebra: crimes contra o Estado, a segurança nacional, a ordem pública ou contra a segurança das tropas dos Estados que aderiram ao Tratado do Atlântico Norte; crime de homicídio, falsificação de moeda, rapto, tráfico de mulheres, estelionato e os crimes de perigo social (art. 138, CP).

Inglaterra

Na **Inglaterra**, no sistema da *common law*, mantem-se a concepção tradicional de que toda a prova será válida, desde que a mesma seja relevante.

Há algumas leis esparsas, como o *Wireless Telegraphy Act* de 1949, prevendo como crime o uso de aparelhos de radiotelecomunicação com a finalidade de obter conhecimento do conteúdo, dos comunicadores, à semelhança da interceptação telefônica.

Não é praxe dos ingleses a utilização da escuta como meio de prova em juízo, apenas como forma de investigação.

No Reino Unido, no *Investigatory Powers Act 2016*, estabelece que o caberá a medida somente e desde que "no interesse da segurança nacional" ou "para prevenir ou investigar crimes sérios" (seção 20, subseção 2)[5]. A autoridade pública deverá levar em consideração para a concessão da autorização se o que se pretende alcançar com a medida seja razoavelmente adquirido por outros meios menos invasivos.

Itália

Na Constituição da Itália há previsão da inviolabilidade do sigilo das correspondências e das comunicações, sendo que somente poderão ser autorizadas a captação da prova através de decisão judicial motivada e com as garantias previstas em lei (art. 15).

A Lei n. 517, de 18/6/55 surgiu algumas normativas legais. Posteriormente, a Lei n. 98/74, atendendo à previsão do art. 15 da Constituição Italiana, surgiu a Lei n. 98, que disciplinou as interceptações, inserindo no art. 226 do Código de Processo Penal e trouxe uma série de garantias indispensáveis à concessão da medida, tais como:

> "a) Só é admitida a interceptação nos crimes dolosos com peã superior a cinco anos e infrações relativas a entorpecentes, armas e explosivos, contrabando, injúria, ameaça e perturbação mediante telefone;

4 Sobre a interceptação no direito norte-americano ver: MENDES, Maria Gilmaíse de Olveira. Direito à intimidade e interceptação telefônica. Belo Horizonte: Malheiros, 1999. p. 55/56.

5 OLIVEIRA, Eugênio Pacelli; CARVALHO, Matheus Oliveira de. A interceptação telefônica na jurisprudência brasileira e no direito comparado. *In:* Direito Penal e Processual Contemporâneos. São Paulo: Atlas, 2019. p. 137.

> b) Existência de sérios e concretos indícios de infração penal, bem como a efetiva impossibilidade de obter a prova por outro meio;
>
> c) Modalidade e duração da medida, bem como sua anotação junto ao Poder Judiciário e ao Registro Público competente;
>
> d) Lavratura de auto e remessa das gravações à autoridade judiciária, intimação dos defensores, para que possam examinar os autos, triagem das gravações e termos com a destruição do que for impertinente;
>
> e) Cominação de nulidade absoluta da prova obtida por interceptações ilegais. O artigo excluía a disciplina das interceptações de conversa entre presentes (escuta ambiental) e as gravações clandestinas, mas, atualmente, pelo Código de Processo Penal de 1988, no n. 2 do art. 226, foram incluídas as escutas ambientais e gravações clandestinas."[6].

No sistema italiano, a interceptação será requerida pelo Ministério Público (art. 267 do CPP) ao Juiz que possuir competência, que deverá decidir de forma motivada a respeito do deferimento da medida.

Ainda, nesse sistema, poderá o Ministério Público, caso haja urgência e fundado motivo de demora na colheita da prova, de modo a prejudicar as investigações, poderá determinar a interceptação telefônica. Contudo, o Juiz deverá ser comunicado no prazo de 24 horas, cuja decisão será pela convalidação ou não do ato do Ministério Público, consoante dispõe o art. 267, n. 2 do CPP Italiano.

França

Já no sistema francês, não há legislação específica sobre interceptações telefônicas, contudo, prevê a Declaração de 1789 garante, no art. 11, a liberdade das comunicações.

Porém, há uma interpretação elaborada pela doutrina e a jurisprudência, do ao art. 81, *caput*, do CPP, que confere ao Juiz instrutor a possibilidade de proceder a todos os atos instrutórios necessários à apuração da verdade, de conformidade com a lei, admitindo a prerrogativa dos órgãos policiais de "controlar telefonemas".

Embora haja o entendimento acima mencionado, importante destacar que o art. 8º da Comissão Europeia dos Direitos Humanos (CEDH) só admite a ingerência da autoridade pública com a finalidade de interceptação com a presença de lei, ainda inexistente no ordenamento jurídico da França.

A Corte Europeia de Direitos Humanos, na Aplicação nº 11105/84, em *Huvig x France*, afirmou que: "*Grampeamento e outras formas de interceptação telefônica representam uma séria interferência na vida privada e na comunicação, e devem ser baseadas em uma lei particularmente precisa. É essencial que exista regras claras e detalhadas sobre o tema, especialmente quando a tecnologia disponível para seu uso continua se sofisticando progressivamente.*"[7] Decidiu-se, assim, em favor do réu, "à consideração de que o direito francês não oferecia um controle seguro sobre a medida de interceptação telefônica ("*Acima de tudo, o sistema, tal como é hoje, não fornece garantias adequadas contra vários possíveis abusos. Por exemplo, a categoria de pessoas sujeitas a terem o telefone grampeados por ordem judicial e a natureza de crimes que podem originar estas ordens* não está definido em lugar algum")."[8]

---

6 Conferir: Mendes, Maria Gilmaíse de Oliviera. Direito à intimidade e interceptação telefônica. Belo Horizonte: Mandamentos. 1999. p. 154/151.

7 OLIVEIRA, Eugênio Pacelli; CARVALHO, Matheus Oliveira de. A interceptação telefônica na jurisprudência brasileira e no direito comparado. *In:* Direito Penal e Processual Contemporâneos. São Paulo: Atlas, 2019.p. 138.

8 OLIVEIRA, Eugênio Pacelli; CARVALHO, Matheus Oliveira de. A interceptação telefônica na jurisprudência brasileira e no direito comparado. *In:* Direito Penal e Processual Contemporâneos. São Paulo: Atlas, 2019.p. 138.

Suíça

Por sua vez, na Suíça, a inviolabilidade do sigilo postal e telegráfico está previsto no art. 36 da Constituição Federal da Suíça. Assim, entende a doutrina e a jurisprudência que nesse dispositivo constitucional se inclui a proteção às comunicações telefônicas. Porém, a legitimação para a utilização da interceptação telefônica, ocorreu com a legislação de 1922, permitindo apenas nos casos de crimes de natureza grave, e ainda limitando as autoridades que podem autorizá-la.

Suécia

Na Suécia é possível a autorização das interceptações telefônicas em casos de crimes com previsão de pena com menos de dois anos de reclusão, quando se tratar de fatos contra a segurança do Estado e contra a segurança pública, mediante comunicação ao Tribunal, conforme preceitua o atual Código de Processo Penal sueco, modificado pelas leis de 1962 e 1969.

Portugal

A regulamentação da interceptação telefônica está prevista no Código de Processo Criminal de Portugal, conforme estabelece o art. 187 do Código de Processo Penal de Portugal.[9]

Por sua vez, o art. 188 do CPP português estabelece os procedimentos (formalidades das operações) os quais devem ser observadas as interceptações telefônicas.[10]

O art. 189, estabelece a possibilidade da interceptação telefônica por outros meios, que não somente as conversações telefônicas.[11]

Já o art. 190 do CPP estabelece que a inobservância dos demais artigos acima mencionados ensejara a nulidade.

Espanha

A Constituição democrática Espanhola de 1978, em seus arts. 10 e 18, tratam da dignidade da pessoa (art. 10) e do direito à honra, à intimidade pessoal e ao segredo das comunicações (art. 18)[12].

Por sua vez, o art. 18 da Constituição Espanhola garante, no n. 1, o direito à honra, à intimidade pessoal e familiar e à própria imagem; no n. 2, a inviolabilidade do domicílio; e ainda, no n. 3, reza que a lei limitará o uso da informática para garantir a honra e a intimidade pessoal e familiar dos cidadãos e o pleno exercício de sus direitos.

Já o art. 53.1 informa que as interceptações somente poderão ser realizadas mediante regulamentação legal, prevendo o art. 55.2 a possibilidade da suspensão de alguns direitos e liberdades de determinadas pessoas, para fins de investigação a respeito da atuação de grupos armados ou elementos terroristas.

A Lei Orgânica n. 4, de 25/5/88, altera o art. 579.2 da LECrim, muito embora deficiente, supera o problema de ausência de regulamentação, previsto no art. art. 8º da Constituição Espanhola, pois, prescreve que o Juiz pode decidir motivadamente quanto à interceptação telefônica

9 http://www.pgdlisboa.pt/leis/lei_mostra_articulado.php?artigo_id=199A0187&nid=199&tabela=leis&pagina=1&ficha=1&so_miolo=&nversao=#artigo. Acesso em 10 de outubro de 2019.

10 http://www.pgdlisboa.pt/leis/lei_mostra_articulado.php?artigo_id=199A0187&nid=199&tabela=leis&pagina=1&ficha=1&so_miolo=&nversao=#artigo. Acesso em 10 de outubro de 2019.

11 http://www.pgdlisboa.pt/leis/lei_mostra_articulado.php?artigo_id=199A0187&nid=199&tabela=leis&pagina=1&ficha=1&so_miolo=&nversao=#artigo. Acesso em 10 de outubro de 2019.

12 Sobre a interceptação telefônica na Espanha, conferir: Mendes, Maria Gilmaíse de Oliviera. Direito à intimidade e interceptação telefônica. Belo Horizonte: Mandamentos. 1999. p. 154/151.

do acusado, caso haja indícios de que, por esse meio será descoberto algum fato importante da causa. Assim, o inciso III do mesmo artigo prevê a interceptação por um lapso de três meses, prazo que, além de elástico, pode ser prorrogado ilimitadamente.

DIREITO INTERTEMPORAL E CONVALIDAÇÕES DE INTERCEPTAÇÕES ANTERIORES A LEI DE INTERCEPTAÇÃO

Como se trata de uma Lei de caráter processual penal, sua **aplicação será imediata**, conforme estabelece o art. 2º do CPP. Portanto, a Lei n. 9.296/96 deve ser aplicada aos processos já em curso na época da vigência da Lei, abrangendo inclusive os processos por crimes praticados antes da vigência da Lei, não havendo em que se falar em retroatividade, pois trata-se de norma de puro caráter **processual**, não regendo sobre o fato criminoso.

Contudo, o disposto no art. 10 da Lei n. 9.296/96 não se trata de norma processual, e sim de norma penal, tratando-se de uma *novatio legis* incriminadora, portanto, irretroativa.

As interceptações telefônicas realizadas antes da Lei n. 9.296/96 serão consideradas **ilícitas**, segundo já decidiu o STF (HC 69.912-0/RS, rel. Min. Sepúlveda Pertence), não alcançando para fins de validade, a edição de nova lei.

No mesmo sentido, ainda o STF:

> "(...) Escuta telefônica autorizada anteriormente à vigência da Lei 9.296/96. Prova ilícita reconhecida em outro writ. Anulação, ab initio, da ação penal. (...)" (HC 81494, Relator(a): Min. MAURÍCIO CORRÊA, Segunda Turma, julgado em 05/03/2002).

O STJ seguiu o mesmo caminho:

> "(...) I - A escuta telefônica realizada antes da Lei n.º 9.296/96, ainda que calcada em ordem judicial, não estava juridicamente amparada, acarretando prova obtida por meio ilícito (Precedentes do Pretório Excelso). (...)" (REsp 225.450/RJ, Rel. Ministro FELIX FISCHER, QUINTA TURMA, julgado em 15/02/2000).

FUNDAMENTO CONSTITUCIONAL

Os Estados modernos precisam utilizar diferentes métodos de investigação para apuração de delitos de alta complexidade, como as medidas de monitoramento telefônico, pois trata-se de valioso instrumento de investigação, porém, sem perder de vista a proteção ao direito à privacidade. Afinal de contas, o direito à segurança também constitui direito fundamental, previsto tanto na CF/88, como nas Cartas de Direitos Humanos, como o art. 2 da Declaração dos Direitos do Homem, de 1789.

Certo que o direito à privacidade como qualquer outro direito constitucional, não é absoluto, admitindo interpretações que possibilitam o combate a empreitadas criminosas sofisticadas, ainda mais, facilitadas pelo mundo globalizado.

As medidas de monitoramento devem ser conjugadas com os princípios da razoabilidade e da proporcionalidade, pois em razão da unidade constitucional e o critério de concordância prática o intérprete deverá colocar na balança o conflito previsto em caso concreto, para a solução mais adequada possível.

Diversos instrumentos jurídicos podem resguardar a proteção aos direitos fundamentais, como a impetração de *habeas corpus* ou mandados de segurança, pois é atribuição do Poder Judiciário a proteção aos direitos fundamentais, com a maior eficácia possível, valorando-os no caso concreto, de modo a não os excluir.

Para a ponderação de direitos fundamentais, na solução de eventuais conflitos, o intérprete pode valer-se do Princípio da Unidade da Constituição, da concordância Prática ou Harmonização, o da Correção Funcional, o da Eficácia Integradora, o Princípio da Força Normativa da Constituição e da Máxima Efetividade.

O art. 5º, inc. XII, da CF, estabelece que:

> XII – é inviolável o sigilo da correspondência e das comunicações telegráficas, de dados e das comunicações telefônicas, salvo, no último caso, por ordem judicial, nas hipóteses e na forma que a lei estabelecer para fins de investigação criminal ou instrução processual penal;

Ao estudar as questões envolvendo interceptações telefônicas, importante manter a concepção de que não há direito ou garantia de **caráter absoluto**.

Assim, desde que seja obtida a autorização judicial, será possível toda e qualquer interceptação, atentando-se que seja para fins de investigação e processo criminal, sempre se observando a previsão legal.

Questiona-se a expressão "salvo, no último caso", prevista no dispositivo constitucional acima citado, conferindo-lhe duas possibilidades de interceptação. A primeira **somente as interceptações telefônicas** poderiam ser interceptadas, na forma da Lei, sendo as demais absolutamente preservadas. Outro entendimento, admite que as **comunicações telefônicas e as demais** poderão ser interceptadas mediante ordem judicial, desde que para fins criminais.

De acordo com previsão constitucional, qualquer forma de interceptação poderá ser realizada, podendo abranger a comunicação telefônica, de dados ou ainda telegráficas, desde que tenha os fins constitucionais mencionados.

No plano internacional, a proteção jurídica ao direito à intimidade e à vida privada, surgiu, em 1948, com a Declaração Americana dos Direitos e Deveres do Homem, aprovada pela IX Conferência Internacional Americana, celebrada em Bogotá, de 20 de março a 2 de maio de 1948, cujo art. 5º dispõe: "Toda pessoa tem direito à proteção da lei contra os ataques abusivos a sua vida privada e domiciliar." Dessa forma, surgiu, o direito à proteção da vida privada e familiar.

Ainda, esse mesmo direito é reconhecido, no mesmo ano, pela Declaração Universal dos Direitos do Homem, aprovada pela Assembleia Geral das Nações Unidas em 10/12/48[13].

Por sua vez, a Convenção Europeia de Direitos do Homem, assinada em Roma, trouxe a proteção jurídica na mesma linha.[14]

A questão envolvendo a proteção a intimidade e as interceptações telefônicas sempre foram uma preocupação mundial.

Dois casos mereceram destaque sobre o tema, os casos Klass e Malone. No primeiro caso, cinco cidadãos: um advogado geral um Juiz e três outros advogados, afirmaram ser vítimas de interceptação telefônica, autorizada pela lei de 13/10/68, sustentando que o art. 10.2 da Lei Fundamental de Bonn e a mencionada Lei, afrontavam de morte o art. 8º da Convenção, na medida em que permitiam interceptação sem obrigar as autoridades a avisar, posteriormente, aos interessados sobre tais práticas, além de não permitir o direito de ação contra a adoção em si das medidas, bem como contra sua execução. Em decisão, a Corte afirmou que a Lei satisfazia à exigência imposta pelo art. 8º, §2º, da Convenção, pois definia, de modo claro e preciso, os fins que visavam realizar, além de decidir que os meios utilizados eram condizentes com as premissas de uma sociedade democrática. Por fim, registrou-se que o fato de os interessados

---

13 Artigo 12. Ninguém será sujeito à interferência na sua vida privada, na sua família, no seu lar ou na sua correspondência, nem a ataque à sua honra e reputação. Todo ser humano tem direito à proteção da lei contra tais interferências ou ataques.

14 "Art. 8º..

1. Qualquer pessoa tem direito ao respeito da sua vida privada e familiar, do seu domicílio e da sua correspondência.
2. Não pode haver ingerência de autoridade pública no exercício deste direito senão quando esta ingerência estiver prevista na lei e constituir uma providência que, numa sociedade democrática, seja necessária para a segurança nacional, para a segurança pública, para o bem-estar econômico do país, a defesa da ordem e a prevenção das infrações penais, a proteção da saúde ou da moral, ou a proteção dos direitos e das liberdades de terceiros."

não serem comunicados, ainda de forma posterior, não atentava contra a legitimidade, pois tratava-se de uma proteção que se impunha devido ao perigo da medida investigatória.

Já no segundo caso, trata-se de um cidadão britânico denunciado por receptação e absolvido por falta de prova, pois alegava ter tido suas conversas telefônicas interceptadas por ordem do Ministro do Interior. A decisão referiu-se que a lei inglesa não se mostrava clara, impondo ao governo britânico a adoção de um normativo consentâneo com o entendimento esposado, o que foi atendido em 25/7/85, com destaque para os §§ 66 a 87 do art. 8º.

Em razão dessas decisões, o tema direito à intimidade e à vida privada, passou a ser objeto de conferências, seminários, encontros e estudos no âmbito internacional, como o Pacto Internacional de Direitos Civis e Políticos (16/12/66 – arts. 14 e 17), a Conferência de Juristas Nórdicos, em Estocolmo (1967) e o Simpósio DE Estudos de Direitos e Processo Penal (também em 1967), dirigido por Pietro Nuvolone, abordando os problemas da vida privada e do direito à intimidade[15].

Por sua vez, no ano de 1968, aconteceu a XIX Seção da Assembleia Consultiva do Conselho da Europa, onde fora adotada a "recomendação 509", o qual alertava para o perigo das interceptações telefônicas e gravações clandestinas representavam para a vida provada. Essa preocupação também foi externada, no mesmo ano, por ocasião da Conferência Internacional dos Direitos do Homem, em Teerã, cuja recomendação foi atendida pela Assembleia-Geral das Nações Unidas, com a reedição da Resolução n. 2.450[16].

Na linha da proteção internacional ao direito à intimidade, além da disposição constitucional, o Brasil é signatário de alguns tratados internacionais, os quais protegem a vida privada do cidadão e a inviolabilidade na correspondência.

Entre eles, o Brasil é signatário do Pacto de São José da Costa Rica, conforme Decreto n. 678/92. O art. 11 do referido pacto não permite que o cidadão seja violado de forma abusiva ou arbitrária em sua vida privada e sua "correspondência"[17].

Certo ainda, é que o Brasil também assumiu compromissos internacionais, os quais preveem a necessidade implementação de técnicas especiais de investigação, como as interceptações telefônicas, como: a) Convenção das Nações Unidas contra o Tráfico Ilícito de Entorpecentes e Substâncias Psicotrópicas (Convenção de Viena de 1988, artigo 1º, 'l', e artigo 11, que prevê a entrega vigiada ou controlada); b) Convenção das Nações Unidas contra o Crime Organizado Transnacional (Convenção de Palermo de 2000 (art. 20 versa acerca da entrega vigiada e outras técnicas de investigação como vigilância eletrônica e operações encobertas); c) Convenção das Nações Unidas contra a Corrupção (Convenção de Mérida de 2003 (art. 50, que disciplina sobre a entrega vigiada, vigilância eletrônica e outras de mesma índoles e as operações secretas, assim como para permitir a admissibilidade das provas derivadas dessas técnicas em seus tribunais); d) da Recomendação do Grupo de Ação Financeira Internacional sobre Lavagem de Dinheiro (GAFI/FATF, Recomendação 27); e e) Regulamento Modelo da Comissão Interamericana para o Controle do Abuso de Drogas (CICAD/O.E.A., artigo 5º) ou mesmo com a legislação nacional (Lei nº 9.613, de 03.03.1998, Lei de "Lavagem" de Dinheiro.

---

15 Sobre a questão e os casos referidos, conferir: MENDES, Maria Gilmaíse de Olveira. Direito à intimidade e interceptação telefônica. Belo Horizonte: Malheiros, 1999. p. 51.

16 Sobre a questão e os casos referidos, conferir: MENDES, Maria Gilmaíse de Olveira. Direito à intimidade e interceptação telefônica. Belo Horizonte: Malheiros, 1999. p. 52.

17 No mesmo sentido o art. 8º da Convenção Europeia de Direitos Humanos: "1- Qualquer pessoa tem direito ao respeito da sua vida privada e familiar, do seu domicílio e da sua correspondência. 2- Não pode haver ingerência da autoridade pública no exercício deste direito senão quando esta ingerência estiver prevista na lei e constituir uma providência que, numa sociedade democrática, seja necessária para a segurança nacional, para a segurança pública, para o bem estar económico do país, a defesa da ordem e a prevenção das infracções penais, a protecção da saúde ou da moral, ou a protecção dos direitos e das liberdades de terceiros."

Pois bem. Com fundamento na normativa constitucional, a Lei n. 9.296/96 tratou da autorização, regulamentação e limites para que pudessem ser realizadas interceptações telefônicas como **meio de prova** no curso da persecução penal.

De acordo com as expressões contidas tanto na CF/88, como no art. 1º da Lei n. 9.296/96, a interceptação telefônica abrange as duas fases da persecução criminal, quais sejam, o **inquérito policial** e a **ação penal.**

> **Art. 1º.** A interceptação de comunicações telefônicas, de qualquer natureza, para prova em investigação criminal e em instrução processual penal, observará o disposto nesta Lei e dependerá de ordem do juiz competente da ação principal, sob segredo de justiça.
>
> Parágrafo único. O disposto nesta Lei aplica-se à interceptação do fluxo de comunicações em sistemas de informática e telemática.

TITULARIDADE DO DIREITO AO SIGILO DAS TELECOMUNICAÇÕES

A titularidade do direito no sigilo das telecomunicações é o dos comunicadores e não o do titular de uso da linha telefônica. Nesse sentido Vicente Greco Filho:

> "Ou seja, não pode o titular do direito de uso da linha interceptar, gravando ou ouvindo, conversas de terceiros, salvo, evidentemente, se providenciada a interceptação nos termos e com as cautelas da lei, com autorização judicial, e salvo se, em virtude de norma empresarial, inexistia o sigilo das comunicações com telefones da empresa, do conhecimento daquele que fala ao telefone. Interpretação contrária levaria ao absurdo de se entender que aquele que fala em telefone público não teria a garantia de sigilo das comunicações porque o titular do direito de uso da linha é o Poder Público!"[18]

Adverte Luiz Flávio Gomes[19] que é fundamental a indicação dos investigados, pois a decisão deverá estar fundada nos pressupostos para a concessão da medida de interceptação telefônica, que é a existência de "indícios razoáveis de autoria ou participação". A correta individualização do sujeito passivo porque trata-se de uma medida excepcional e de reconhecida foram de invasão de privacidade intimidade de outras pessoas.

É certo que as pessoas interceptadas conversarão com inúmeras outras pessoas, não havendo qualquer ilicitude que a interceptação alcance tais pessoas (RHC 34.280/RJ, Rel. Ministra LAURITA VAZ, QUINTA TURMA, julgado em 06/02/2014).

INTERCEPTAÇÃO TELEFÔNICA SEM A INSTAURAÇÃO DE INQUÉRITO POLICIAL

A Carta Magna menciona a possibilidade da interceptação telefônica em "investigação criminal", não em inquérito policial, razão pela qual é admitida a interceptação telefônica sem a existência de um inquérito policial instaurado.

O STJ já decidi que é possível a interceptação telefônica: "É pacífico o entendimento desta Corte acerca da prescindibilidade da prévia instauração de inquérito ou ação penal para a decretação da quebra do sigilo telefônico, uma vez que tal providência tem natureza de medida cautelar preparatória, bastando a existência de indícios razoáveis de autoria ou participação em infração penal punida com reclusão" (HC 229.358/PR, Rel. Ministro GURGEL DE FARIA, QUINTA TURMA, DJe 12/03/2015)." (RHC 61.026/SP, Rel. Ministro RIBEIRO DANTAS, QUINTA TURMA, julgado em 08/02/2018).

18 GRECO FILHO, Vicente. Interceptação Telefônica. São Paulo: Saraiva, 1996. p. 7/8.

19 Gomes, Luiz Flávio e Maciel, Sílvio. Interceptação telefônica: comentários à Lei n. 9.296, de 24.07.1996. São Paulo: Editora RT, 2018. p. 121.

No mesmo sentido o STF: "É dispensável prévia instauração de inquérito para a autorização de interceptação telefônica, bastando que existam indícios razoáveis de autoria ou participação do acusado em infração penal. Precedentes. 3. Habeas corpus denegado." (HC 114321, Relator(a): Min. CÁRMEN LÚCIA, Segunda Turma, julgado em 10/12/2013).

CONCEITOS

De acordo com Grinover, Magalhães Gomes Filho e Scarance Fernandes, existem várias formas de captação eletrônica de prova:

> "a) a interceptação da conversa telefônica por terceiro, sem o conhecimento dos dois interlocutores; b) a interceptação da conversa telefônica por terceiro, com o conhecimento de um dos interlocutores; c) a interceptação da conversa entre presentes, por terceiro, sem o conhecimento de nenhum dos interlocutores; d) a interceptação da conversa entre presentes por terceiro, com conhecimento de um ou alguns dos interlocutores; e) a gravação clandestina da conversa telefônica por um dos sujeitos, sem o conhecimento do outro; f) a gravação clandestina da conversa pessoal e direta, entre presentes, por um dos interlocutores, sem o conhecimento do(s) outro(s)."[20]

Interceptar possui o significado de cortar a passagem de alguma coisa, interromper fluxo. Assim, a interceptação telefônica é a **captação de conversas telefônicas** por terceiros ocorrida quando os interlocutores, em nenhum momento possuem conhecimento da gravação da conversa. Assim, aquele interceptador, capta a comunicação entre pessoas estranhas a ele.

Por sua vez, na **escuta telefônica**, um dos interlocutores possuem ciência da gravação por terceiro.

A **gravação telefônica** ocorre quando um dos interlocutores realiza a gravação, sem o conhecimento do outro. A gravação da conversa, através de um dos interlocutores, é considerada como prova lícita (STJ: RHC 19136/MG). Nesse sentido também o STF: "A gravação de conversa telefônica feita por um dos interlocutores, sem conhecimento do outro, quando ausente causa legal de sigilo ou de reserva da conversação não é considerada prova ilícita." (AI 578.858 AgR, rel. min. Ellen Gracie, j. 4-8-2009, 2ª T, *DJE* de 28-8-2009. e RE 630.944 AgR, rel. min. Ayres Britto, j. 25-10-2011, 2ª T, *DJE* de 19-12-2011).

Portanto, há distinção entre:

1 – Interceptação telefônica: terceira pessoa capta uma ligação telefônica produzidas por duas ou mais pessoas, sem que elas saibam desta terceira pessoa.

2 – Escuta telefônica: terceira pessoa capta ligação telefônica de duas ou mais pessoas, porém, uma delas tem conhecimento da conduta do interceptante.

3 – Gravação telefônica: a captação da conversa é feita por uma pessoa, sem que a outra pessoa comunicante saiba de seu intento.

A distinção já feita em decisão do STJ:

> "(...) 1. A interceptação telefônica é a captação de conversa feita por um terceiro, sem o conhecimento dos interlocutores, que depende de ordem judicial, nos termos do inciso XII do artigo 5º da Constituição Federal. 2. A escuta é a captação de conversa telefônica feita por um terceiro, com o conhecimento de apenas um dos interlocutores, ao passo que a gravação telefônica é feita por um dos interlocutores do diálogo, sem o consentimento ou a ciência do outro. 3. Na hipótese, embora as gravações tenham sido implementadas pelo

---

20 Ada Pellegrini GRINOVER, Antonio Scarance FERNANDES, Antonio Magalhães GOMES FILHO, As nulidades no processo penal, p. 164.

esposo da cliente do paciente com a intenção de provar a sua inocência, é certo que não obteve a indispensável prévia autorização judicial, razão pela qual se tem como configurada a interceptação de comunicação telefônica ilegal. (...)" (HC 161.053/SP, Rel. Ministro JORGE MUSSI, QUINTA TURMA, julgado em 27/11/2012, DJe 03/12/2012).

Portanto, necessário que se indague: enquadra-se na Lei de Interceptação Telefônica a escuta telefônica e gravação telefônica?

A resposta comporta divergência doutrinária.

Para Ada Pellegrine Grinover, somente terceira pessoa pode realizar a interceptação, sendo irrelevante a existência de conhecimento e consentimento de um dos interlocutores:

> "É possível que nenhum deles esteja a para da operação técnica, ou que um consinta com ela. Embora a doutrina prefira falar, só no primeiro caso (interceptação executada à revelia de ambos os interlocutores), em interceptação *'stricto sensu'*, e, no segundo caso (interceptação conhecida e consentida por um deles), em 'escuta telefônica', em ambos casos a '*terzietà*' está presente, e tratar-se-á de interceptação, subsumível à lei.
>
> Mas esta não abrange a gravação de conversa telefônica própria, feita por um dos interlocutores sem o conhecimento do outro: conduta essa que não se enquadra no conceito de interceptação, e consiste, na terminologia correta, na gravação clandestina de conversa própria."[21]

Para Luiz Flávio Gomes e Silvio Maciel sustentam que apenas a interceptação telefônica em sentido estrito e a escuta telefônica são abrangidos pelo objeto da Lei de Interceptação Telefônica, estando a gravação telefônica fora. Na gravação telefônica não existe a figura do interceptador, sendo que a conversa captada é realizada pelo próprio interlocutor, sem conhecimento do outro.

No mesmo sentido Antonio Scarance Fernades[22], sustentando que a Lei de Interceptação Telefônica se refere às interceptações de comunicações telefônicas de qualquer natureza, abrangendo aquelas feitas por terceiros, com ou sem o consentimento de um dos interlocutores, não alcançando a gravação de conversa telefônica por um dos interlocutores, sem o conhecimento do outro.

Segundo Vicente Greco[23], restringe-se a aplicação da Lei somente aos casos de interceptação telefônica, não abrangendo a escuta telefônica ao escopo da Lei.

Para Fausto Martin de Sanctis[24] a Lei de Interceptação Telefônica deixou de fora a escuta telefônica e a gravação telefônica clandestina.

O STJ já decidiu que a "escuta telefônica é a captação de conversa feita por um terceiro, com o conhecimento de apenas um dos interlocutores. A gravação telefônica é feita por um dos interlocutores do diálogo, sem o consentimento ou a ciência do outro. A escuta e a gravação telefônicas, por não constituírem interceptação telefônica em sentido estrito, não estão sujeitas à Lei 9.296/1996, podendo ser utilizadas, a depender do caso concreto, como prova no processo.". (HC 161.053-SP, Rel. Min. Jorge Mussi, julgado em 27/11/2012).

---

21 GRINOVER, Ada Pellegrini. O regime brasileiro das interceptações telefônicas, Revista Brasileira de Ciências Criminais. São Paulo, IBCCrim, 114/115, jan./mar. 1997.

22 FERNANDES, Antonio Scarance, Processo Penal Constitucional. São Paulo: RT, 2010. p. 95.

23 GOMES, Luiz Flávio; CERVINI, Raúl. Interceptação Telefônica. São Paulo: RT, 1997. p. 32.

24 Sanctis, Fausto Martin. Interceptações Telefônicas e Direitos Fundamentais. *In: Tributo a Afrânio Silva Jardim – Escritos e Estudos.* 3º ed. Salvador: Editora Juspodivm, 2019. p. 287.

INTERCEPTAÇÃO AMBIENTAL

Além da interceptação telefônica há a denominada interceptação ambiental.

A interceptação ambiental ocorre quando alguém capta a conversa realizada entre duas ou mais pessoas, em qualquer lugar, público ou privado, porém, fora do telefone.

Esse tipo de interceptação pode ocorrer:

a) de forma a captar conversa mantida em lugar público;

b) de forma a captar conversa em lugar público, mas em caráter sigiloso, expressamente admitido por qualquer dos interlocutores; e

c) de forma a captar conversa mantida em lugar privado.

A captação ambiental foi regulamentada pela Lei de Interceptação Telefônica através da Lei nº 13.964/2019, cujos comentários seguem no art. 8º-A.

ESCUTA E GRAVAÇÃO CLANDESTINA

Como já mencionado acima, a captação de conversas por terceiros ainda pode ser na forma de escuta telefônica.

A **escuta telefônica** pode ocorrer por duas formas: **a)** telefônica: quando duas pessoas conversam, onde terceiro ouve e/ou grava a conversa, porém com o conhecimento e ciência de um dos interlocutores; e **b)** ambiental: quando duas pessoas conversam fora do telefone, em qualquer recinto, onde terceiro ouve a conversa, com a ciência e o conhecimento de um dos interlocutores.

Em ambas as hipóteses não há interceptação, pois, um terceiro toma conhecimento da conversa com o consentimento e ciência de um dos interlocutores.

A utilização dessa prova no processo dependerá do caso concreto, pois na hipótese da conversa mantida entre duas pessoas, senão houver o **caráter sigiloso**, expressamente imposto por uma delas, poderá ser ela gravada.

A **gravação clandestina (gravação telefônica)**, por sua vez, ocorre quando duas pessoas estão conversando, seja por telefone ou em um recinto, enquanto há a gravação por uma das pessoas. Será clandestina a gravação porque uma das pessoas não sabe que está sendo gravada. Não há crime nessa hipótese.

Como já mencionado acima, a utilização da gravação clandestina como prova dependerá da análise do caso concreto, contudo, a questão pode ser analisada em três hipóteses:

a) a conversa não possui caráter sigiloso: portanto, ainda que o outro desconheça que está sendo gravado, tal gravação poderá ser utilizada como prova lícita em qualquer processo;

b) a conversa possui caráter sigiloso, imposto de forma expressa por uma das partes: dessa forma não poderá haver uma gravação lícita da conversa entre as partes, razão pela qual não poderá ser utilizada como prova, sendo que, uma vez utilizada, trata-se de prova ilegítima;

c) a conversa possui caráter sigiloso, porém fornece prova da inocência de algum réu ou de um dos interlocutores: será validada a prova, pois trata-se de hipótese de estado de necessidade, que torna legítima a captação.

Esclareça-se, ainda, segundo já decidiu o STJ, uma interceptação telefônica, sem autorização judicial, não poderá ser transformada em uma gravação, com **posterior consentimento** de um dos interlocutores, para a sua utilização como prova: "O fato de um dos interlocutores dos diálogos gravados de forma clandestina ter consentido posteriormente com a divulgação dos seus conteúdos não tem o condão de legitimar o ato, pois no momento da gravação não tinha ciência do artifício que foi implementado pelo responsável pela interceptação, não se podendo afirmar, portanto, que, caso soubesse, manteria tais conversas pelo telefone interceptado." (HC 161.053-SP, Rel. Min. Jorge Mussi, julgado em 27/11/2012.).

O STJ, sobre a conversa captada pela polícia pelo **sistema viva-voz do telefone celular**, já decidiu, no caso concreto, tratar-se de **prova ilícita**: "(...) 1. O Tribunal de origem considerou que, embora nada de ilícito houvesse sido encontrado em poder do acusado, a prova da traficância foi obtida em flagrante violação ao direito constitucional à não autoincriminação, uma vez que aquele foi compelido a reproduzir, contra si, conversa travada com terceira pessoa pelo sistema viva-voz do celular, que conduziu os policiais à sua residência e culminou com a arrecadação de todo material estupefaciente em questão. 2. Não se cogita estar diante de descoberta inevitável, porquanto este fenômeno ocorre quando a prova derivada seria descoberta de qualquer forma, com ou sem a prova ilícita, o que não se coaduna com o caso aqui tratado em que a prova do crime dependeu da informação obtida pela autoridade policial quando da conversa telefônica travada entre o suspeito e terceira pessoa. 3. O relato dos autos demonstra que a abordagem feita pelos milicianos foi obtida de forma involuntária e coercitiva, por má conduta policial, gerando uma verdadeira autoincriminação. Não se pode perder de vista que qualquer tipo de prova contra o réu que dependa dele mesmo só vale se o ato for feito de forma voluntária e consciente. 4. Está-se diante de situação onde a prova está contaminada, diante do disposto na essência da teoria dos frutos da árvore envenenada (fruits of the poisonous tree), consagrada no art. 5º, inciso LVI, da Constituição Federal, que proclama a nódoa de provas, supostamente consideradas lícitas e admissíveis, mas obtidas a partir de outras declaradas nulas pela forma ilícita de sua colheita. (...)" (REsp 1630097/RJ, Rel. Ministro JOEL ILAN PACIORNIK, QUINTA TURMA, julgado em 18/04/2017, DJe 28/04/2017).

Ainda a "conversa informal" gravada entre o suspeito e policiais (gravação ambiental) foi reconhecida, pelo STJ, como prova ilícita, caso não tenha sido o suspeito avisado do direito de permanecer em silêncio: "(...) 1. Segundo o art. 5º, LXIII, da Constituição Federal, o preso será informado de seus direitos, entre os quais o de permanecer calado, sendo-lhe assegurada a assistência da família e de advogado. 2. Apesar de ter sido formalmente consignado no auto de prisão em flagrante que o indiciado exerceu o direito de permanecer calado, existe, nos autos da ação penal, gravação realizada entre ele e os policiais que efetuaram sua prisão, momento em que não foi informado da existência desse direito, assegurado na Constituição Federal. 3. As instâncias ordinárias insistiram na manutenção do elemento de prova nos autos, utilizando, de forma equivocada, precedente do Supremo Tribunal Federal no sentido de que não é considerada ilícita a gravação do diálogo quando um dos interlocutores tem ciência da gravação. 4. Tal entendimento não se coaduna com a situação dos autos, uma vez que - além de a gravação estar sendo utilizada para sustentar uma acusação - no caso do precedente citado estava em ponderação o sigilo das comunicações, enquanto no caso em questão está em discussão o direito constitucional de o acusado permanecer calado, não se autoincriminar ou não produzir prova contra si mesmo. (...) (HC 244.977/SC, Rel. Ministro SEBASTIÃO REIS JÚNIOR, SEXTA TURMA, julgado em 25/09/2012).

Anote-se, ainda, que a garantia acima referida não se estende a terceiras pessoas citadas na gravação, segundo já apontou o STF[25].

25 HC 69818, Relator(a): Min. SEPÚLVEDA PERTENCE, Primeira Turma, julgado em 03/11/1992, DJ 27-11-1992.

GRAVAÇÕES CONSENTIDAS E DELIBERADAS

Nas denominadas gravações "deliberadas" todos os interlocutores concordam em registrar a conversa ou a discussão sobre determinado assunto no ambiente. Por sua vez, a gravação consentida refere-se à gravação feita por um dos interlocutores, mais com o consentimento e conhecimento do outro. Em ambos os casos não há necessidade de tratamento específico da legislação, nem é possível alegar a ilegalidade da prova, pois, tanto a privacidade como a intimidade, podem ser dispostas pelos seus titulares.

AUTORIZAÇÃO JUDICIAL

Como já visto, a interceptação telefônica constitui-se uma restrição ao **direito à intimidade**, bem como ao sigilo das comunicações telefônicas. Dessa forma, somente o Poder Judiciário através do Juiz, por ser investido de imparcialidade e isenção, caberá restringir tais direitos, de forma a avaliar, no caso concreto, a necessidade dessa restrição através da interceptação telefônica.

A exigência da autorização judicial busca evitar **abusos e excessos** do Estado, de forma proteger os direitos fundamentais, pois a intervenção prévia do Poder Judiciário controlará e prevenirá qualquer tipo de violação de um direito fundamental.

Dessa forma, o STJ já decidiu que caso não exista "prévia autorização judicial, tampouco configurada a hipótese de gravação de comunicação telefônica, já que nenhum dos interlocutores tinha ciência de tal artifício no momento dos diálogos interceptados, se faz imperiosa a declaração de nulidade da prova, para que não surta efeitos na ação penal." (HC 161.053-SP, Rel. Min. Jorge Mussi, julgado em 27/11/2012.).

Prevê a Súmula n. 07 do I Fórum Nacional de Juízes Criminais que:

> "O acesso ao conteúdo de todos os dados, dentre eles, aplicativos e contatos telefônicos, em celular apreendido durante flagrante pela polícia não precisa de autorização judicial.".

COMPETÊNCIA E PROCESSO CRIMINAL

Funda-se no princípio do Juízo natural, previsto no **art. 5º, inc. XXXVII e LIII, da CRF/88**, a previsão da necessidade de autorização da interceptação telefônica decorrer de um **Juiz competente**.

A competência do magistrado para apreciar o pedido será regida pelas **normas processuais penais** e pelas normas de organização judiciária, dirigindo-se ao magistrado que possuir competência para fiscalizar o andamento do inquérito policial e determinar as medidas jurisdicionais urgentes.

A interceptação telefônica poderá ter natureza de medida cautelar, assim, o requerimento será distribuído, de forma livre, a um dos Juízos criminais que possuem competência para processar e julgar o crime. Nessa hipótese, esse Juízo ficará **prevento** para o futuro processo a ser instaurado, de acordo com as normas processuais previstas nos arts. 75 e 83 do CPP.

Na hipótese da concessão de medida cautelar de interceptação telefônica, a regra de competência há de ser vista e aplicada com temperamentos, assim, o deferimento da medida realizada por um juiz federal, não será induzida na ilicitude da prova, caso o mesmo venha, posteriormente, ser declarado incompetente (HC 81.260, rel. min. Sepúlveda Pertence, j. 14-11-2001, P, *DJ* de 19-4-2002 e MS 24.803, rel. min. Joaquim Barbosa, j. 29-10-2008, P, *DJE* de 5-6-2009).

A interceptação telefônica será **ratificada** se demonstrado no processo que a medida foi decretada por um juiz que era **aparentemente competente**. Por tal razão, não será considerada ilícita a interceptação telefônica autorizada por um juiz que à época da decisão era aparentemente competente para decidir, consoante prevê a **teoria do juízo aparente.** Nesse sentido já decidiu o STF: "Asseverou-se que o precedente mencionado não se aplicaria à espécie, porquanto aquela ação penal tramitara na justiça estadual e não na federal. Destacou-se que, à época dos fatos, o tema relativo à prerrogativa de foro dos vereadores do Município do Rio de Janeiro seria bastante controvertido, mormente porque, em 28.5.2007, o Tribunal de Justiça local havia declarado a inconstitucionalidade do art. 161, IV, d-3, da Constituição estadual. Observou-se que, embora essa decisão não tivesse eficácia erga omnes, seria paradigma para seus membros e juízes de primeira instância. Nesse contexto, obtemperou-se não ser razoável a anulação de provas determinadas pelo juízo federal de primeira instância. Aduziu-se que, quanto à celeuma acerca da determinação da quebra de sigilo pelo juízo federal posteriormente declarado incompetente – em razão de se identificar a atuação de organização criminosa, a ensejar a remessa do feito à vara especializada –, aplicar-se-ia a teoria do juízo aparente. Vencido o Min. Celso de Mello, que concedia a ordem. Ressaltava que, embora a jurisprudência do STF acolhesse a mencionada teoria, essa apenas seria invocável se, no momento em que tivessem sido decretadas as medidas de caráter probatório, a autoridade judiciária não tivesse condições de saber que a investigação fora instaurada em relação a alguém investido de prerrogativa de foro. Pontuava que o juízo federal, ao deferir as interceptações, deixara claro conhecer o envolvimento, naquela investigação penal, de três vereadores, dois dos quais do Rio de Janeiro, cuja Constituição outorgava a prerrogativa de foro perante o Tribunal de Justiça. Frisava que a decisão que decretara a medida de índole probatória fora emanada por autoridade incompetente." (HC 110496/RJ, rel. Min. Gilmar Mendes, 9.4.2013).

Ainda, sobre o tema, já esclareceu o STF:

> "(...) Não é ilícita a prova obtida mediante interceptação telefônica autorizada por Juízo competente. O posterior reconhecimento da incompetência do Juízo que deferiu a diligência não implica, necessariamente, a invalidação da prova legalmente produzida. A não ser que "o motivo da incompetência declarada [fosse] contemporâneo da decisão judicial de que se cuida" (HC 81.260, da relatoria do ministro Sepúlveda Pertence). 2. Não há por que impedir que o resultado das diligências encetadas por autoridade judiciária até então competente seja utilizado para auxiliar nas apurações que se destinam a cumprir um poder-dever que decola diretamente da Constituição Federal (incisos XXXIX, LIII e LIV do art. 5º, inciso I do art. 129 e art. 144 da CF). Isso, é claro, com as ressalvas da jurisprudência do STF quanto aos limites da chamada prova emprestada (...)"(HC 102293, Relator(a): Min. AYRES BRITTO, Segunda Turma, julgado em 24/05/2011, ACÓRDÃO ELETRÔNICO DJe-239).

No mesmo sentido o STJ:

> "(...) O fato de, posteriormente à colheita de elementos durante a realização da interceptação telefônica, ter sido constatada a incompetência da Justiça Estadual, não é suficiente para invalidar os elementos probatórios colhidos, considerando que este era o juízo aparentemente competente para o processamento e julgamento do feito, considerando os elementos carreados aos autos até aquele momento. (...)" (AgRg no HC 510.231/RS, Rel. Ministro REYNALDO SOARES DA FONSECA, QUINTA TURMA, julgado em 17/12/2019, DJe 19/12/2019).

Já decidiu o STJ que será de competência da Justiça Federal e não da Justiça Militar, "decidir pedido de quebra de sigilo telefônico requerido no **âmbito** de inquérito policial instaurado para apurar a suposta prática de crime relacionado ao uso de artefato incendiário contra o edifício-sede da Justiça Militar da União, quando o delito ainda não possua autoria estabelecida e não tenha sido cometido contra servidor do Ministério Público Militar ou da Justiça Militar. Isso porque a CF estabelece que a Justiça Militar da União é órgão do Poder Judiciário da União. Desse modo, o edifício-sede da Justiça Militar da União não integra patrimônio militar nem está subordinado à administração castrense, circunstância que afasta a incidência da alínea "a" do inciso III do art. 9º do CPM. Além disso, o ilícito praticado não foi cometido contra servidor do Ministério Público Militar ou da Justiça Militar. Em verdade, o evento delituoso em análise – sem autoria estabelecida – atingiu apenas a edificação em si, sem dano contra pessoa, razão pela qual a hipótese em foco não se subsume à alínea "b" do inciso III do art. 9º do CPM." (CC 137.378-RS, Rel. Min. Sebastião Reis Júnior, julgado em 11/3/2015, DJe 14/4/2015.).

Se durante as interceptações telefônicas, for identificada a participação criminosa de agente que possui **foro por prerrogativa de função**, deverá haver o deslocamento, com o declínio de competência para o juízo competente. Contudo, há que se verificar a existência de indícios suficientes da participação e envolvimento da autoridade com foro privilegiado, sendo que a sua **simples participação** não será motivo para o imediato deslocamento da medida, bem como não será causa de nulidade da medida deferida.

Sobre o tema[26] já decidiu o STJ, no esclarecedor voto do Ministro Sebastião Reis Jr., por ocasião do julgamento do REsp. 1474086/AL (Rel. Ministro SEBASTIÃO REIS JÚNIOR, SEXTA TURMA, julgado em 15/12/2016, DJe 02/02/2017): "(...) a depender do caso concreto, a autoridade judicial não está obrigada a determinar de forma imediata o deslocamento do foro de julgamento em razão da prerrogativa de função de agente público incidentalmente identificado no natural desdobramento da investigação iniciada em primeiro grau, ou seja, a existência de proximidade *espúria da autoridade pública com a pessoa investigada somente ganha contornos claros de ocorrência de ilicitudes penais na medida em que a investigação caminha, porquanto* ***nem sempre*** *é* ***possível*** *à* ***autoridade delimitar, de pronto, a extensão e as implicações desse relacionamento****. A lógica dessa conclusão decorre da circunstância de que a interceptação telefônica, ao monitorar diretamente a comunicação verbal entre pessoas, necessariamente acaba por envolver terceiros, de regra não investigados, no campo de sua abrangência. E é, eventualmente, a continuidade por determinado período, razoável, das interceptações telefônicas que permite se alcançarem resultados mais concludentes sobre o conteúdo das conversas interceptadas* [...] (HC n. 307.152/GO, Relator para o Acórdão Ministro Rogerio Schietti Cruz, Sexta Turma, DJe 15/12/2015 – grifo nosso).

No mesmo contexto a decisão do STF: "(...) A mera citação ao nome de autoridades detentoras de prerrogativa de foro, seja em depoimentos prestados por testemunhas ou investigados, seja na captação de diálogos em interceptação telefônica judicialmente autorizada, é insuficiente para o deslocamento da competência para o juízo hierarquicamente superior. Precedentes. 2. O Plenário do Supremo Tribunal Federal assentou o entendimento de que o foro especial por prerrogativa de função só deve ser observado para a prática de crimes cometidos no cargo e em razão do cargo, motivo pelo qual não parece adequado que o Tribunal continue a conduzir inquéritos para os quais não se considera competente. 3. No caso dos autos, não há, na condição de réu, qualquer pessoa com foro por prerrogativa de função nesta Corte, não se verificando as hipóteses de prorrogação da competência. 4. Desprovimento do agravo com baixa imediata dos autos ao Juízo competente." (AP 1031 AgR-segundo, Relator(a): Min. ROBERTO BARROSO, Primeira Turma, julgado em 10/05/2019, ACÓRDÃO ELETRÔNICO DJe-108).

Portanto, somente quando houver **indícios**[27] de envolvimento da participação de autoridades com foro de prerrogativa de função, **é** que os autos deverão ser imediatamente remetidos

26 Conferir ainda o STJ em julgado mais recente: RHC 80.518/SP, Rel. Ministra LAURITA VAZ, SEXTA TURMA, julgado em 27/08/2019, DJe 10/09/2019.

27 Indício no conceito de Maria Thereza Rocha Assis Moura: "Indício é todo rastro, vestígio, sinal e, em geral, todo fato conhecido, devidamente provado, suscetível de conduzir ao conhecimento de um fato desconhecido, a ele relacionado, por meio de um raciocínio indutivo- dedutivo. É imperativo que o *factum probans* esteja completamente provado, conhecido, induvidoso, para poder revelar o *factum probandum*. Caso contrário, a interferência não poderá ser estabelecida. A relação do indício com o fato que se quer provar é outra exigência. Há de existir uma conexão lógica entre os dois fatos e uma relação de causalidade, a permitir o conhecimento do fato ignorado. O raciocínio

ao juízo competente, sob pena de ser declarada **inválida** as interceptações telefônicas e as provas delas derivadas. [STF - RHC 135.683, rel. min. Dias Toffoli, j. 25-10-2016, 2ª T, *DJE* de 3-4-2017.]. No mesmo sentido, outra decisão do STF no HC 150872 AgR, Relator(a): Min. CELSO DE MELLO, Segunda Turma, julgado em 31/05/2019.

Conclui-se, assim, que a eventual ilicitude declarada na quebra de sigilos telefônico e telemático, autorizada por autoridade incompetente, porquanto alguns investigados detinham prerrogativa de função, **não se estende** aos demais não possuidores desta (RHC 83.262/SP, Rel. Ministro NEFI CORDEIRO, SEXTA TURMA, julgado em 14/11/2017, DJe 23/11/2017).

O simples fato de haver uma gravação de conversa de autoridade com foro de prerrogativa no STJ, em razão do ambiente da interceptação, "não torna a prova ilícita, notadamente se, conforme demonstrado pelo caderno processual, estava ela em diálogo com o alvo da investigação e não havia qualquer suspeita de sua participação no evento delituoso." (HC 388.451/RO, Rel. Ministra MARIA THEREZA DE ASSIS MOURA, SEXTA TURMA, julgado em 05/10/2017, DJe 13/10/2017).

Assim, a declinação de competência não possui o condão de invalidar a interceptação telefônica autorizada por Juízo que, inicialmente, era considerado competente (HC 228.860/SP, Rel. Ministra LAURITA VAZ, QUINTA TURMA, julgado em 03/09/2013, DJe 10/10/2013).

A decisão de validade ou legalidade da prova caberá a cada um dos juízes do feito a decidir a respeito, tornando-se, assim, autoridade a figurar como coatora, em eventual *habeas corpus* (STF – RHC 87198, Relator (a): Min. CEZAR PELUSO, Segunda Turma, julgado em 25/11/2008).

PREVENÇÃO

Será considerado prevento para o conhecimento de futura ação penal, o Juiz que, durante as fases investigatórias, **determinar a interceptação telefônica**, nos termos em que dispõe o art. 75, par. único, c.c art. 83, do CPP. Assim já se manifestou o STF: "(...) Tem prevenção para a ação penal o Juiz que primeiro toma conhecimento da causa e examina a representação policial relativa aos pedidos de prisão temporária, busca e apreensão e interceptação telefônica, nos termos do art. 75, parágrafo único, c/c art. 83 do Código de Processo Penal. (HC 88214, Relator (a): Min. MARCO AURÉLIO, Relator (a) p/ Acórdão: Min. MENEZES DIREITO, Primeira Turma, julgado em 28/04/2009, DJe-152).

Em caso concreto, nessa esteira já decidiu o STJ: "(...) Uma vez que o Juízo da Vara Criminal da Comarca de São Pedro da Aldeia – RJ foi o primeiro a ser instado a prestar jurisdição – haja vista que, ainda na fase de investigação policial, autorizou a realização de interceptações telefônicas e de outras medidas cautelares –, dúvidas não há de que é competente para processar e julgar o feito, em decorrência da prevenção. (...)". (RHC 67.558/RJ, Rel. Ministro ROGERIO SCHIETTI CRUZ, SEXTA TURMA, julgado em 06/10/2016, DJe 21/10/2016).

JUIZ DE GARANTIAS

Prevê o art. 3º-B, XI, "a", do CPP, que entre as competências do juiz de garantais, está a de decidir os requerimentos de interceptação telefônica, do fluxo de comunicações em sistemas de informática e telemática ou de outras formas de comunicação. A competência do juiz das garantias abrange todas as infrações penais, exceto as de menor potencial ofensivo. Deve-se

faz-se pelas regras da experiência e da lógica, resultando no conhecimento provável acerca da existência de outro fato. (Moura, Maria Thereza Rocha de Assis Moura. Aprova por indícios no processo penal. Editora Lumen Juris: Rio de Janeiro. 2009. p. 41).

anotar que, conforme restou decidido pela Suprema Corte, a competência do juiz das garantias cessa com o oferecimento da denúncia.

Segundo as novas disposições do CPP, as decisões proferidas pelo juiz das garantias não vinculam o juiz da instrução e julgamento, sendo que, após o recebimento da denúncia ou queixa, deverá reexaminar a necessidade das medidas cautelares em curso, no prazo máximo de 10 (dez) dias, o que pode ocorrer com as interceptações telefônicas em curso.

Por fim, cumpre registrar que o art. 3º-C, §§ 3º e 4º, foi declarado parcialmente inconstitucional, com redução de texto, e interpretado conforme a Constituição para determinar que os autos relativos às matérias de competência do juiz das garantias sejam remetidos ao juiz responsável pela instrução e julgamento da causa (STF, Plenário, ADI 6.298/DF, ADI 6.299/DF, ADI 6.300/DF e ADI 6.305/DF, Rel. Min. Luiz Fux, julgados em 24/08/2023, Informativo 1106).

COMPETÊNCIA DE JUIZ CÍVEL E INTERCEPTAÇÃO TELEFÔNICA

Em caso isolado, o STJ decidiu que, em casos excepcionais, será possível a interceptação telefônica em **investigação de natureza cível**. Vejamos:

> "(...) 1.- A possibilidade de quebra do sigilo das comunicações telefônicas fica, em tese, restrita às hipóteses de investigação criminal ou instrução processual penal. No entanto, o ato impugnado, embora praticado em processo cível, retrata hipótese excepcional, em que se apuram evidências de subtração de menor, crime tipificado no art. 237 do Estatuto da Criança e do Adolescente. 2.- Não toca ao paciente, embora inspirado por razões nobres, discutir a ordem judicial alegando direito fundamental que não é seu, mas da parte processual. Possibilitar que o destinatário da ordem judicial exponha razões para não cumpri-la é inviabilizar a própria atividade jurisdicional, com prejuízo para o Estado Democrático de Direito. 3.- Do contexto destes autos não se pode inferir a iminência da prisão do paciente. Nem mesmo há informação sobre o início do processo ou sobre ordem de prisão cautelar. Ausentes razões que fundamentariam o justo receio de restrição iminente à liberdade de ir e vir, não é cabível o pedido de habeas corpus. 4.- Habeas corpus não conhecido." (HC 203.405/MS, Rel. Ministro SIDNEI BENETI, TERCEIRA TURMA, julgado em 28/06/2011, DJe 01/07/2011).

O Ministro Relator, Sidnei Beneti, ao decidir pela possibilidade da interceptação telefônica no juízo cível, sustentou que "há que se proceder à ponderação de interesses constitucionais em conflito, sem que se possa estabelecer, *a priori*, que a garantia do sigilo deva ter preponderância" (Voto do Relator no HC 203.405/MS, Rel. Ministro SIDNEI BENETI).

Não se admite no juízo cível a interceptação telefônica, sendo que somente no o juízo criminal será competente para determinar uma interceptação telefônica. Trata-se de direitos fundamentais extremamente relevantes (como a intimidade, privacidade, entre outros), admitindo-se sua relativização apenas em casos excepcionais, taxados pela própria Carta Magna, ou seja, dentro da esfera penal. Não poderá o Poder Judiciário intervir em ressalvas constitucionais que não existem, sob pena do Poder Judiciário de se sobrepor ao próprio Poder Constituinte.

Posiciona-se André de Carvalho Ramos[28] pela possibilidade da interceptação telefônica para fins civis, pois na visão do renomado autor, o Poder Constituinte não conseguiria prever todas as hipóteses de colisão de direitos fundamentais, exigindo, assim, diante de novas situações sociais que surgem, a ponderação do intérprete diante dessas inesperadas colisões de direitos. Argumenta ainda que o sigilo telefônico no campo cível não pode ser absoluto, justificando-se a medida em caso de "(i) esgotados os meios usuais para fazer valer o direito da parte requerente e (ii) para fazer valer o direito de acesso à justiça em prazo razoável.". Finaliza o referido autor: "Do nosso ponto de vista, não há qualquer incongruência: a Constituição

28 RAMOS, André de Carvalho. Curso de Direitos Humanos. São Paulo: Saraiva. 2019. p. 716/718.

exigiu lei para a interpretação telefônica para fins criminais, uma vez que o direito penal trata da liberdade dos indivíduos. Na esfera cível, não há necessidade de lei, uma vez que o *direito de acesso à justiça* é suficiente para conferir ao juiz o poder de sopesar os direitos, avaliar a situação e ordenar a interceptação telefônica."[29]

PROVA EMPRESTADA EM PROCESSO DISCIPLINAR

É possível que seja utilizada a interceptação telefônica como prova emprestada em **processo administrativo disciplinar**[30]. Assim, já decidiu o STJ: "O Superior Tribunal de Justiça tem acolhido a legitimidade do uso excepcional de interceptação telefônica em processo disciplinar, desde que seja também observado no âmbito administrativo o devido processo legal, respeitados os princípios constitucionais do contraditório e ampla defesa, bem como haja expressa autorização do Juízo Criminal, responsável pela preservação do sigilo de tal prova, de sua remessa e utilização pela Administração (RMS 16.429/SC, Rel.Min. MARIA THEREZA DE ASSIS MOURA, DJU 23.6.2008). Tendo sido a interceptação telefônica concretizada nos exatos termos da Lei 9.296/1996, haja vista que o impetrante também responde criminalmente por sua conduta, não há que se falar em ilegalidade do uso desta prova para instruir o PAD. (AgRg no RMS 35.573/RJ, Rel. Ministro NAPOLEÃO NUNES MAIA FILHO, PRIMEIRA TURMA, julgado em 16/06/2016, DJe 28/06/2016).

Sobre o tema prova emprestada, o STJ editou o enunciado da Súmula n. 591:

> É permitida a "prova emprestada" no processo administrativo disciplinar, desde que devidamente autorizada pelo juízo competente e respeitados o contraditório e a ampla defesa.

Quando houver a devida autorização do juízo criminal, o qual é responsável pelo sigilo da prova, é **lícito o cabimento da prova emprestada** no âmbito de um processo administrativo disciplinar, não havendo proibição da prova da interceptação telefônica nesse processo, tratando-se de medida excepcional e ainda com observância do devido processo legal no processo administrativo disciplinar.

De igual entendimento já se manifestou o STF: "(...) Dados obtidos em interceptação de comunicações telefônicas, judicialmente autorizadas para produção de prova em investigação criminal ou em instrução processual penal, bem como documentos colhidos na mesma investigação, podem ser usados em procedimento administrativo disciplinar, contra a mesma ou as mesmas pessoas em relação às quais foram colhidos, ou contra outros servidores cujos supostos ilícitos teriam despontado à colheita dessas provas." (Pet 3683 QO, Relator (a): Min. CEZAR PELUSO, Tribunal Pleno, julgado em 13/08/2008). No mesmo sentido STF-RMS 28.774, rel. p/ o ac. min. Roberto Barroso, j. 9-8-2016, 1ª T, *DJE* de 25-8-2016. Ainda STF – MS 30361 AgR, Relator(a): Min. ROSA WEBER, Primeira Turma, julgado em 29/08/2017).

Sobre a questão da prova emprestada, voltaremos a tratar abaixo.

SIGNIFICADO "SOB SEGREDO DE JUSTIÇA"

Aponta Luiz Flávio Gomes e Silvio Maciel[31], três possíveis significados da expressão "sob segredo de justiça":

---

29 RAMOS, André de Carvalho. Curso de Direitos Humanos. São Paulo: Saraiva. 2019. p. 718.

30 O art. 263 do Projeto de Lei n. 8045/2010 que estabelece um novo Código de Processo Penal, possui a seguinte redação: "As informações obtidas por meio da interceptação de comunicações telefônicas realizada sem a observância dos procedimentos definidos no presente Capítulo não poderão ser utilizadas em nenhuma investigação, processo ou procedimento, seja qual for sua natureza.".

31 Sobre o tema conferir: Gomes, Luiz Flávio e Maciel, Sílvio. Interceptação telefônica: comentários à Lei n. 9.296, de 24.07.1996. São Paulo: Editora RT, 2018. p. 87/90.

O primeiro, trata-se de um segredo interno absoluto, pois o segredo possui como destinatário o investigado ou os investigados, além do defensor, caso já esteja constituído. O segundo significado, é que a interceptação telefônica será uma medida cautelar, *inaudita altera parte*, não sendo ouvida a parte contrária, pois o contraditório deverá ser diferido, *posticipato*.

O terceiro significado, por sua vez, é a publicidade interna restrita, pois mesmo após o levantamento do segredo interno para o investigado, não será qualquer pessoa que poderá tomar conhecimento das diligências, transcrições, gravações.

Luiz Flávio Gomes e Silvio Maciel defendem que esse meio probatório não vigora a publicidade externa, pois tanto a imprensa, como o povo, etc não podem dela tomar conhecimento pelas seguintes razões:

> "Por inúmeras razões justifica-se essa publicidade interna restrita da interceptação telefônica. Estão implicados incontáveis valores e direitos fundamentais da pessoa, destacando-se, dentre eles: a honra do investigado, a sua presunção de inocência, o direito ao processo justo (isto é, direito a um processo sem 'julgamentos paralelos' da imprensa), a privacidade e segurança da vítima, a privacidade e segurança das testemunhas e, particularmente, a privacidade (vida privada, honra, imagem, intimidade) de todos que se comunicam com o investigado. De outro lado, é restrita a publicidade do resultado da interceptação porque quem dele toma ciência passa a ter o dever de guardar segredo de justiça, não podendo quebrá-lo, sob pena de incidir em crime, nos termos do art. 10. Do ponto de vista de todos os interessados no sigilo, fala-se em 'direito à reserva' (que consiste na obrigação de quem teve conhecimento do segredo de não revelá-lo)"[32].

SIGILO *VERSUS* A LIBERDADE DE IMPRENSA

A interceptação telefônica, após sua gravação (ou transcrição), deve ser realizada a juntada aos autos de inquérito policial ou do processo, sob **segredo de justiça** (conferir anotações no tópico específico). Assim, somente os atores diretamente relacionados ao processo (juiz, membro do Ministério Público, advogado da parte) poderão ter acesso aos dados colhidos.

Dessa forma, a interceptação telefônica só pode ser realizada mediante autorização judicial, em segredo de justiça, ou seja, sem a divulgação a qualquer pessoa. Contudo, após a colheita dos dados e sua consequente juntada aos autos de inquérito ou do processo, o sigilo não será mais considerado necessário.

Contudo, caso o Magistrado tenha decretado nos autos segredo de justiça, continuará proibida a divulgação da conversa telefônica por qualquer meio de comunicação.

A violação desse segredo acarretará o **crime** previsto no art. 10 da Lei n. 9.296/96. Ainda poderá haver responsabilidade civil pelos danos causados, caso haja divulgação pela empresa de comunicação. A interceptação telefônica realizada de forma clandestina também poderá configurar o crime previsto no art. 10.

A **divulgação** pela imprensa das informações obtidas através da interceptação telefônica dependerá da situação concreta, contudo, pode-se concluir que:

a) os dados colhidos em segredo de justiça, posteriormente, junto aos autos de inquérito policial ou processo, tramitando igualmente em segredo de justiça, decretado pelo juiz, não poderão ser divulgados pela imprensa, sob pena da prática do crime previsto no art. 10, pois nessa hipótese, há a preponderância do direito à intimidade, sobre o direito à informação;

---

32 Gomes, Luiz Flávio e Maciel, Sílvio. Interceptação telefônica: comentários à Lei n. 9.296, de 24.07.1996. São Paulo: Editora RT, 2018. p. 97/90.

b) nos dados colhidos em segredo de justiça, mas juntado em autos de inquérito policial ou processo, que não estão tramitando em sigilo, podem ser divulgados pela imprensa, pois trata-se de provas como outras quaisquer;

c) caso haja interceptação telefônica obtida de forma criminosa, divulgada pela imprensa, não há crime para o jornalista, mas sim para quem realizou as interceptações ilegais;

d) nas hipóteses de interceptações e captações ambientais, de forma geral, caso sejam ofensivas à intimidade, será considerado crime tanto para quem as faz, mas não será para o jornalista que as divulga, salvo na hipótese em que o jornalista seja partícipe do crime, quando este incentiva a sua realização, antes que esta ocorra;

e) as interceptações e captações ambientais, caso sejam realizadas em lugares públicos, sem que haja segredo declarado, poderão ser divulgadas, pois não haverá crime para quem as faz, nem para quem divulga.

PROVA ILÍCITA

Caso não sejam respeitados os requisitos previstos na Lei em análise, a interceptação será considerada como **prova ilícita.**

A prova ilícita e sua **aceitação** como prova em processo penal, tem gerado debates doutrinários, formando-se algumas correntes sobre a sua (in)admissibilidade:

1.ª) A prova ilícita é admitida quando não houver impedimento na própria lei processual, punindo-se quem produziu a prova pelo crime eventualmente cometido (CORDERO, TORNAGHI, MENDONÇA LIMA);

2.ª) O ordenamento jurídico é uma unidade e, assim, não é possível consentir ser aceita no âmbito processual (NUVOLONE, FREDERICO MARQUES, FRAGOSO, PESTANA DE AGUIAR);

3.ª) É inadmissível a prova obtida mediante violação de norma de conteúdo constitucional porque será inconstitucional (CAPPELLETTI, VIGORITI, COMOGLIO);

4.ª) Admite-se a produção de prova obtida em violação de norma constitucional em situações excepcionais quando, no caso, objetiva-se proteger valores mais relevantes do que aqueles infringidos na colheita da prova e constitucionalmente protegidos (BAUR, BARBOSA MOREIRA, HERMANO DUVAL, CAMARGO ARANHA, MONIZ ARAGÃO).

Países que estão no sistema da Common Law, como os países da comunidade britânica, com exceção da Escócia que adotou o sistema misto, possibilitam o uso da prova ilícita.[33]

Na Inglaterra, vigora a máxima de que "toda prova é válida, desde que relevante"[34]. Explica Raimundo Amorim de Castro quanto ao Direito inglês que:

> Prevalecendo o direito consuetudinário, a finalidade básica do processo inglês e a descoberta da verdade material, e a ilicitude ou ilegalidade cometida na obtenção da prova não altera a verdade representada por esta prova. A polícia pode utilizar-se dos meios para esclarecer o fato e a autoria, no que se reconhece uma ampliação dos poderes discricionários do juiz, competindo a este a valoração de admissibilidade ou não, de uma prova.[35]

33 CASTRO, Raimundo Amorim de. Provas Ilícitas e o Sigilo das Comunicações Telefônicas. 2ª Ed. Curitiba: Juruá, 2010, p. 99.

34 LENZ, Luís Alberto Thompson Flores. Os Meios Moralmente Legítimos de Prova. São Paulo: Revista dos Tribunais, n. DCXXI, jul.1987.

35 CASTRO, Raimundo Amorim de. Provas Ilícitas e o Sigilo das Comunicações Telefônicas. 2ª Ed. Curitiba: Juruá, 2010, p. 106.

Em países como a Finlândia e a Suíça, a prova obtida ilicitamente é admissível. Embora admite-se a prova na Finlândia, há sanções para quem a colheu. A Suíça, por sua vez, a própria doutrina manifesta-se pela admissibilidade da prova ilícita, desde que não implique violação da segurança nacional (violência contra pessoa, violação de domicílio etc.).[36]

A rigidez constitucional provocada pelo disposto no art. 5º, inc. LVI, da CF, que vedou de forma expressa a admissibilidade no processo, de provas obtidas por meios ilícitos, vem sendo flexibilizado pelo **princípio da proporcionalidade**, de forma a proteger um valor maior também garantido pela CF.

Se o réu obtém uma prova ilícita, mediante interceptação telefônica não autorizada, de forma contrária à CF/88, sendo essa a única forma que dispõe para provar a sua inocência, tal prova seria válida?

A análise de tal caso deve ser inclinada sobre a ótica do **princípio da proporcionalidade**, gerando um conflito entre dois valores fundados constitucionalmente, o primeiro a vedação à prova ilícita (art. 5º, inc. LVI) e o segundo a garantia à ampla defesa e os recursos a ela inerente (art. 5º, inc. LV). É, portanto, aceita doutrinariamente à tese de que na hipótese de prova de inocência do réu, é possível a prova produzida com violação à garantia constitucional. Certo é que alguns entendem que tal tese não deveria prosperar, na medida em que estimularia o agente a praticar crime mais grave para absorver um crime mais leve.

Adotada a linha de que a prova ilícita que favorecer o réu deverá permanecer no processo, admitindo-a como meio eficaz para que seja evitada uma condenação injusta, não deverá tal prova ilícita ser desentranhada, pois sem ela o réu poderia ser condenado, estaria, dessa forma, aplicando-se o princípio da proporcionalidade.

Tal interceptação ilegal, caso divulgada, não seria considerado crime previsto no art. 153 do CP?

Explica Luiz Flávio Gomes e Silvio Maciel[37] que o crime só existiria se a divulgação do segredo ocorresse "sem a justa causa", assim, a divulgação de um segredo para que seja reconhecida a inocência existe uma justa causa, portanto, não haveria crime.

Porém, anote-se que a prova ilícita não poderá ser produzida ou deverá ser excluída. O juiz deverá, ainda que de ofício, **não autorizar** a produção de prova ilícita, e não permitir que a mesma ingresse nos autos.

Dessa forma, as interceptações realizadas **sem ordem judicial**, serão consideradas ilícitas, assim como todo o arcabouço probatório dela decorrente.

O STJ já decidiu que: "A ausência de autorização judicial para excepcionar o sigilo das comunicações macula indelevelmente a diligência policial das interceptações em causa, ao ponto de não se dever – por causa dessa mácula – sequer lhes analisar os conteúdos, pois obtidos de forma claramente ilícita. (...)". (EDcl no HC 130.429/CE, Rel. Ministro NAPOLEÃO NUNES MAIA FILHO, QUINTA TURMA, julgado em 27/04/2010, DJe 17/05/2010).

Ainda que não seja impetrado medida judicial de forma a obstruir a formação de uma prova ilícita, produzida mediante interceptação telefônica, deverá o membro do Ministério Público, requerer a declaração da ilicitude da prova, o desentranhamento, e caso não se possa sustentar a persecução penal, deverá requer, em seguida, o arquivamento da investigação criminal, se for o caso.

Caso a prova seja obtida após a denúncia ou ainda queixa, a questão sobre a prova ilícita poderá ser levantada a qualquer momento, através de qualquer intervenção no processo, seja

36 GRINOVER, Ada Pellegrini. Provas Ilícitas, Interceptações e Escutas. 1ª Ed. Brasília: Gazeta Jurídica. 2013, p. 173.

37 Gomes, Luiz Flávio e Maciel, Sílvio. Interceptação telefônica: comentários à Lei n. 9.296, de 24.07.1996. São Paulo: Editora RT, 2018. p. 144.

por petição ou em alegações finais, devendo o juiz promover o **desentranhamento** da prova ilícita dos autos antes da sentença, para não seja influenciado na decisão de mérito.

Caso seja deferido o desentranhamento dos autos das provas ilícitas, **não há recurso cabível** a ser interposto pelo Ministério Público para a impugnação de referida decisão.

É fato que caso a sentença seja proferida com as provas ilícitas no bojo do processo, mas tais provas não contaminaram os demais elementos de prova, será desnecessário o seu desentranhamento dos autos. (STF - HC 89032, Relator (a): Min. MENEZES DIREITO, Primeira Turma, julgado em 09/10/2007, DJe-147).

E na hipótese de **processos do júri?** Como saber em que medida tal prova ilícita for utilizada pelos jurados, de modo a influenciar o resultado do processo?

Tal situação se reveste de complexidade ímpar, pois os jurados não fundamentam seus votos, dessa forma, impossível verificar qual foi o grau de influência sobre os jurados pela prova ilícita. Sustenta Antônio Scarance[38] que sendo a prova obtida antes do encerramento da primeira fase, na hipótese de pronúncia, deverá ser determinado o desentranhamento das provas ilícitas, não podendo a mesma ser utilizada em sua decisão. Caso permaneça no processo, ou ainda seja produzida após a pronúncia, ocorrendo o julgamento pelos jurados, o Tribunal poderá determinar o desentranhamento das provas e ainda determinar que outro julgamento se realize.

Ainda, na hipótese de interceptação realizada antes da vigência da lei, a prova será considerada ilícita, sendo considerada **nula** a ação penal caso o réu tenha sido condenado somente com fundamento nas escutas obtidas (STF: HC 81154/SP, Rel. Min. Maurício Corrêa, j. 2-10-2001).

PROVA ILÍCITA DERIVADA

A interceptação telefônica que não cumpre os requisitos e pressupostos tona-se uma prova ilícita. A prova considerada ilícita não pode ser valorada, pois não se trata de prova válida, devendo, inclusive desentranhada dos autos (*exclusionary rules*).

Porém, é possível que haja uma segunda prova, obtida licitamente, mas obtida através de uma primeira prova, porém obtida ilicitamente. Exemplo: através de uma interceptação telefônica ilícita, têm-se conhecimento de um grande estoque de drogas em determinado local, e em seguida é feita a apreensão dessa droga.

Sempre houve discussão doutrinária sobre o tema, porém o art. 155, §1º, do CPP, previu a inadmissibilidade das provas ilícitas por derivação, com amplo amparo do STF[39] a doutrina do *fruit of the poisonous tree* ou *the tainted fruit* (fruto da árvore envenenada ou fruto podre).

Porém, há que se atentar para a seguinte situação. No processo podem existir outras provas independentes das provas ilícitas, provas estas suficientes para sustentar uma justa causa de ação penal e ainda fundamentar uma possível condenação. Trata-se da teoria da "fonte independente da prova", prevista no art. 157, §§1º e 2º, do CPP. Há que se demonstrar de forma inequívoca que a prova judicial a ser valorada nasceu de uma fonte autônoma, não possuindo a mesma linha de desdobramentos das informações colhidas via prova ilícita.

Essa teoria possui guarida nos Tribunais Superiores: "(...) Ainda que fosse reconhecida a ilicitude das provas, os elementos colhidos nas primeiras interceptações telefônicas realizadas foram válidos e, em conjunto com os demais dados colhidos dos autos, foram suficientes para lastrear a persecução penal. Na origem, apontaram-se outros elementos que não somente a interceptação telefônica havida no período indicado que respaldaram a denúncia, a saber: a materialidade delitiva foi associada ao fato da apreensão da substância entorpecente; e a apreensão

38 Fernandes, Antônio Scarance. Processo Penal Constitucional. 6ª ed. rev. atual. e ampl. São Paulo: RT. 2010. p. 90/91.
39 HC 69912 segundo, Relator(a): Min. SEPÚLVEDA PERTENCE, Tribunal Pleno, julgado em 16/12/1993, DJ 25-03-1994.

das substâncias e a prisão em flagrante dos acusados foram devidamente acompanhadas por testemunhas. 6. Recurso desprovido." (RHC 88371, Relator(a): Min. GILMAR MENDES, Segunda Turma, julgado em 14/11/2006, DJ 02-02-2007).

Também o STJ[40]: "(...) A proclamação de nulidade do processo por prova ilícita se vincula à inexistência de outras provas capazes de confirmar autoria e materialidade; em caso contrário deve ser mantido o decreto de mérito, uma vez fundado em outras provas. (...) HC 40.637/SP, Rel. Ministro HÉLIO QUAGLIA BARBOSA, SEXTA TURMA, julgado em 06/09/2005, DJ 26/09/2005, p. 466).

Nesse mesmo sentido, o STJ no AgRg no REsp 1743180/RS, Rel. Ministro JOEL ILAN PACIORNIK, QUINTA TURMA, julgado em 01/10/2019, DJe 07/10/2019.

PROVA ILÍCITA *VERSUS* PROVA ILEGÍTIMA

Luiz Flávio Gomes ainda sustenta que se justifica a distinção entre prova ilícita e prova ilegítima, mesmo com a redação atual do art. 157 do CPP ao mencionar que a prova ilícita é aquela que viola "norma legal".

A prova ilícita é aquela que viola regra de direito material, sendo que a proa ilegítima é aquela que ofende regra de direito processual. A prova ilícita é extraprocessual, por sua vez, a prova ilegítima é intraprocessual, ou seja, ocorre dentro do processo. A prova ilícita é inadmissível, assim, não pode ser juntada aos autos, se juntada deve ser desentranhada, além de não poder ser renovada, já a prova ilegítima é nula, podendo ser refeita ou renovada quando possível, de acordo com a previsão do art. 573 do CPP.

De qualquer sorte, sustenta Luiz Flávio Gomes que quando a "interceptação telefônica, portanto, obtida com violação dos requisitos constitucionais ou dos pressupostos legais é, indiscutivelmente, prova ilícita."[41]

CONHECIMENTO FORTUITO E CONHECIMENTO DE INFORMAÇÃO

Autores europeus, com fundamento na doutrina e jurisprudência alemã, trataram o tema de forma pioneira, discorrendo sobre as diferenças entre ***conhecimento fortuito e conhecimento de investigação***[42].

Aponta Daniel Resende Salgado[43], baseado na doutrina portuguesa, que as interceptações telefônicas podem gerar dois tipos de conhecimento: os conhecimentos de investigação (*Untersuchungserkenntnissen*) e os conhecimentos fortuitos (*Zufallsfunde*). Os conhecimentos de investigação são necessários uma vinculação direta dos fatos criminosos que originaram a interceptação telefônica, dentro de uma unidade de ação, em sentido processual, enquanto o conhecimento fortuito o elemento colhido não possui relação objetiva com o que foi originou a interceptação telefônica.

Esclarecendo a distinção, Daniel de Resende Salgado, cita Francisco Aguilar: "a delimitação conceitual dos conhecimentos de investigação, portanto, se faz por recurso ao critério de unidade de investigação (conexão e continência), que se alicerça nos lindes estatuídos pelos artigos 76 e 77 do Código de Processo Penal brasileiro. Por sua vez, a definição dos

40 REsp 347.270/BA, Rel. Ministro EDSON VIDIGAL, QUINTA TURMA, julgado em 26/03/2002, DJ 29/04/2002, p. 283.

41 Gomes, Luiz Flávio e Maciel, Sílvio. Interceptação telefônica: comentários à Lei n. 9.296, de 24.07.1996. São Paulo: Editora RT, 2018. p. 139.

42 O estudo foi desenvolvido por Daniel de Resende Salgado, na obra A prova no enfrentamento à macrocriminalidade, no Capítulo 16 – Considerações Acerca dos Conhecimentos ao Acaso a partir das interceptações telefônicas e o foro por prerrogativa de função no STF – análise da dogmática e dos precedentes da Suprema Corte.

43 SALGADO, Daniel Resende. Considerações Acerca dos Conhecimentos ao Acaso a partir das interceptações telefônicas e o foro por prerrogativa de função no STF – análise da dogmática e dos precedentes da Suprema Corte. *In:* A prova no enfrentamento à macrocriminalidade. Salvador; Juspodivm. 2019. p. 473.

conhecimentos fortuitos, como visto, é residual, ou seja, os fatos que não se alinham ao conceito de conhecimento de investigação integram sua categoria."[44]

Em razão da diferenciação, há que se ter tratamento processual diverso. Os conhecimentos de investigação produzidos relacionadas a uma interceptação telefônica em curso não é proibida, são lícitas, e poderá ser valorada, pois estão conectados aos fatos que motivaram a medida. A valoração dos fatos pode ocorrer em razão dos investigados que estão sob a interceptação, bem como contra terceiros que estejam em contato com o imputado, pois há uma conexão com o objeto em investigação.

Porém, quando o achado na interceptação telefônica não guarda nenhuma relação causal com o objeto que motivou a autorização, ou seja, quando surgem fatos distintos do objeto da investigação, sem quaisquer vínculos objetivos com os crimes que o legitimaram (os conhecimentos fortuitos), há intensa discussão sobre a valoração sobre esse achado fortuito. Daniel de Resende Salgado[45] aponta, com supedâneo na doutrina estrangeira, algumas hipóteses:

1 – recusa integral de admissão e valoração de tais elementos;

2 – os que sustentam que os conhecimentos fortuitos seguirão o mesmo regime de valoração dos conhecimentos de investigação;

3 – a valoração será condicionada a determinados pressupostos (princípio da proporcionalidade);

4 – as descobertas fortuitas terão o efeito de *notitia* de fato, destinadas a ensejar um novo procedimento investigatório.

Segundo o mencionado autor, a corrente com melhor aceitação é aquela que reconhece as descobertas fortuitas o efeito de notícia de fato, apta a gerar o início de um novo procedimento investigatório.

Na doutrina nacional sobre o tema, há um direcionamento no sentido de que os conhecimentos fortuitos sejam reconhecidos como notícia de fato, de modo que devem ser enviados para as autoridades competentes para início de uma nova investigação. Nessa linha de ensinamento apontam Renato Brasileiro, Lenio Streck, Aury Lopes Jr., Luiz Flávio Gomes e Silvio Maciel[46].

Porém, há autores, como Douglas Fischer e Eugenio Pacceli, que defendem a tese da possibilidade de valoração dos conhecimentos fortuitos, afirmando que "não deve haver tratamento diferenciado entre encontros fortuitos de crimes conexos ou não conexos, sendo plenamente lícito ao Estado apurá-los integralmente. Não fazem, assim, distinção dos efeitos decorrentes dos conhecimentos fortuitos e daqueles oriundos dos conhecimentos de investigação."[47]

Sobre a questão da validade da prova, a doutrina de Eugênio Pacelli de Oliveira e Matheus Oliveira de Carvalho sustentam:

> "44. De nossa parte, sempre sustentamos a validade da prova colhida em semelhantes circunstâncias. Não que se deixe de compartilhar alguns dos receios já aqui referidos. O que

---

44 SALGADO, Daniel Resende. Considerações Acerca dos Conhecimentos ao Acaso a partir das interceptações telefônicas e o foro por prerrogativa de função no STF – análise da dogmática e dos precedentes da Suprema Corte. *In:* A prova no enfrentamento à macrocriminalidade. Salvador; Juspodivm. 2019. p. 474.

45 SALGADO, Daniel Resende. Considerações Acerca dos Conhecimentos ao Acaso a partir das interceptações telefônicas e o foro por prerrogativa de função no STF – análise da dogmática e dos precedentes da Suprema Corte. *In:* A prova no enfrentamento à macrocriminalidade. Salvador; Juspodivm. 2019. p. 476.

46 SALGADO, Daniel Resende. Considerações Acerca dos Conhecimentos ao Acaso a partir das interceptações telefônicas e o foro por prerrogativa de função no STF – análise da dogmática e dos precedentes da Suprema Corte. *In:* A prova no enfrentamento à macrocriminalidade. Salvador: Juspodivm. 2019. p. 479/480.

47 SALGADO, Daniel Resende. Considerações Acerca dos Conhecimentos ao Acaso a partir das interceptações telefônicas e o foro por prerrogativa de função no STF – análise da dogmática e dos precedentes da Suprema Corte. *In:* A prova no enfrentamento à macrocriminalidade. Salvador: Juspodivm. 2019. p. 481.

nos parece, contudo, é que tanto a tese que recusa validade à prova em questão quanto as que lhe impõe condicionantes deixam de responder à seguinte questão: se até as mais íntimas das conversações e revelações dos investigados e interlocutores estão ao alcance do conhecimento policial, o que justificaria a interdição deste conhecimento quando diante de notícia de notícia da prática de outras infrações penais?

45. Com a devida vênia, uma coisa é dizer das exigências para a *autorização* da interceptação. Aqui, redobram-se as necessidades de justificação e concreta demonstração do esgotamento/insuficiência daquelas práticas investigatórias primeiras e a referência à gravidade do crime (entre nós, bastará a menção à previsão da pena de reclusão). Uma vez autorizada, contudo, a medida, e já franqueada, portanto, a violação do direito à privacidade e à intimidade, não nos parece mais em questão qualquer argumentação a dizer com as razões que legitimariam ou não uma tal intervenção. Encontrado material relativo à prova de atividade criminosa outra, só resta argumentar com a *aplicação* da lei."[48]

Sustentando outra posição, Thiago Pierobom admite a utilização de provas decorrentes de encontros fortuitos não apenas para crimes conexos, como para outros delitos sem conexão, incluindo o uso em processos cíveis e administrativos[49].

A Lei de Interceptação Telefônica não previu a situação relativa à valoração dos conhecimentos fortuitos, porém, há projetos de Lei que pontuam a questão, como PLS nº 84/2015, que acrescenta o art. 8º-A, na Lei nº 9.926/96, deixando clara a distinção entre conhecimentos fortuitos e conhecimentos de investigação: "Na hipótese de as medidas de interceptação telefônica ou telemática ou de quebra de sigilo das comunicações telefônicas de qualquer natureza revelarem ilícitos diversos daqueles para os quais a autorização foi dada e que não lhes sejam conexos ou continentes, serão encaminhados, como notícia de fato, os documentos necessários ao juízo competente, para as providências cabíveis.".

Pondera Daniel de Resende Salgado, que o entendimento de efeito apenas investigatório dado aos conhecimentos fortuitos, "parece ser o mais apto a equilibrar as exigências comunitárias na prevenção e repressão da criminalidade com o interesse do cidadão em não ter seus direitos afetados para além do indispensável à consecução dos intentos sociais."[50] Nas escutas o cidadão são surpreendidos na intimidade de sua comunicação, com latente intervenção na esfera de privacidade do indivíduo, razão pela qual essa obtenção de prova deverá ser sempre subsidiária e excepcional, pois a regra é a proibição da obtenção de prova por meio de interceptação telefônica. Assim, a utilização dos elementos colhidos pelas gravações, devem se encontrar diretamente afetadas no procedimento de investigação que originou a medida excepcional (de escuta), guardada a possibilidade de uso dos conhecimentos de investigação.

Viabilizando a licitude do uso de gravações resultantes de fatos não conexos ou não continentes, "poderia ser considerada uma forma de intervenção não autorizada sobre direitos fundamentais, em especial sobre a intimidade e a inviolabilidade das telecomunicações de pessoas que não tenham relação com o objeto específico da investigação que originou a medida".[51]

---

48 OLIVEIRA, Eugênio Pacelli; CARVALHO, Matheus Oliveira de. A interceptação telefônica na jurisprudência brasileira e no direito comparado. *In:* Direito Penal e Processual Contemporâneos. São Paulo: Atlas, 2019.p. 150.

49 SALGADO, Daniel Resende. Considerações Acerca dos Conhecimentos ao Acaso a partir das interceptações telefônicas e o foro por prerrogativa de função no STF – análise da dogmática e dos precedentes da Suprema Corte. *In:* A prova no enfrentamento à macrocriminalidade. Salvador:Juspodivm. 2019. p. 481/482.

50 SALGADO, Daniel Resende. Considerações Acerca dos Conhecimentos ao Acaso a partir das interceptações telefônicas e o foro por prerrogativa de função no STF – análise da dogmática e dos precedentes da Suprema Corte. *In:* A prova no enfrentamento à macrocriminalidade. Salvador:Juspodivm. 2019. p. 483.

51 SALGADO, Daniel Resende. Considerações Acerca dos Conhecimentos ao Acaso a partir das interceptações telefônicas e o foro por prerrogativa de função no STF – análise da dogmática e dos precedentes da Suprema Corte. *In:* A prova no enfrentamento à macrocriminalidade. Salvador: Juspodivm. 2019. p. 484.

Porém, não é possível que informações relacionadas a práticas criminosas sejam ignoradas pelo Estado, por isso, deverá servir para fundamentar o início de uma nova investigação criminal, proibindo a valoração referida de, "por si só, venham aos conhecimentos fortuitos ser utilizados como prova, e, em substrato único, servir de alicerce para fundamentar aplicação de medidas coercitivas, buscas e apreensões, outras medidas mais invasivas, ou, em última análise, servir isoladamente para fundamentar um decreto condenatório.".

Conclui Daniel de Resende Salgado, por serem consideradas *notitias* criminis, mantém seus efeitos investigatórios, porém, "não é empecilho para que o juízo, durante sua avaliação decisória, venha a conferir aos conhecimentos fortuitos o mesmo peso que ordinariamente atribui às notícias de fato."[52]

Continuado os apontamentos sobre o encontro fortuito de conhecimento na interceptação telefônica, abaixo outras anotações e ainda o entendimento jurisprudencial dos Tribunais Superiores a respeito do tema.

SERENDIPIDADE

A decisão judicial deverá indicar: a) a descrição clara da situação objeto da investigação (parte objetiva – fática); e b) seja indicado e qualificado os investigados (parte subjetiva – pessoas).

Contudo, poderá ocorrer fatos que sejam penalmente relevantes, diferentes do objeto a que se destina a interceptação telefônica, sendo que tais fatos podem envolver tanto os investigados, como terceiras pessoas. Trata-se do que a doutrina denomina de **"encontro fortuito"**[53].

O encontro fortuito de provas, também conhecido como serendipidade[54], ocorre na hipótese em que a prova de uma infração penal é descoberta partindo de uma investigação de outra infração penal. Ainda tal situação é denominada de **crime achado**, ou seja, aquele em que a autoridade investigadora toma conhecimento por acaso, enquanto realiza diligências para apuração de um fato completamente diverso.

Do encontro fortuito nos procedimentos de interceptação telefônica podem decorrer algumas situações, conforme leciona Luiz Flávio Gomes:

> "a) É autorizada interceptação para apuração de determinado crime, praticado por determinada pessoa (ou determinadas pessoas) e são descobertos outros crimes praticados por essa mesma pessoa (ou mesmas pessoas);
>
> b) É autorizada interceptação para apuração de determinados crimes, praticado por determinada pessoa; é descoberto apenas o crime pretendido, mas o envolvimento de outras pessoas, coautoras ou partícipes desse crime (continência);
>
> c) É autorizada interceptação para apuração de determinados crimes, praticado por determinada pessoa; são descobertos apenas os crimes pretendidos, mas o envolvimento de

---

52 SALGADO, Daniel Resende. Considerações Acerca dos Conhecimentos ao Acaso a partir das interceptações telefônicas e o foro por prerrogativa de função no STF – análise da dogmática e dos precedentes da Suprema Corte. *In:* A prova no enfrentamento à macrocriminalidade. Salvador: Juspodivm. 2019. p. 486.

53 O art. 262 do Projeto de Lei n. 8045/2010 que estabelece um novo Código de Processo Penal, possui a seguinte redação: "Na hipótese de a interceptação das comunicações telefônicas revelar indícios de crime diverso daquele para o qual a autorização foi dada e que não lhe seja conexo, o delegado de polícia deverá remeter ao Ministério Público os documentos necessários para as providências cabíveis."

54 "O encontro fortuito pode ser denominado de serendipidade: trata-se de um neologismo que significa "algo como sair em busca de coisa e descobrir outra (ou outras), às vezes até mais interessante e valiosa. Vem do inglês serendipity (de acordo com o Dicionário Houaiss), onde tem o sentido de descobrir coisas por acaso. Serendip era o antigo nome da ilha do Ceilão (atual Sri Lanka). A palavra foi cunhada em 1754 pelo escritor inglês Horace Walpole, no conto de fadas Os três príncipes Serendip, que sempre faziam descobertas de coisas que não procuravam". In: Gomes, Luiz Flávio e Maciel, Sílvio. Interceptação telefônica: comentários à Lei n. 9.296, de 24.07.1996. São Paulo: Editora RT, 2018. p. 122.

> outras pessoas, coautoras ou partícipes dessas mesmas infrações (ou de algumas delas) (conexão ou continência);
>
> d) É autorizada para apuração de determinado crime, praticado por determinada pessoa; é descoberto outro crime praticado por outra pessoa (que eventualmente utilizou a linha telefônica interceptada) ou outros crimes praticados por outras pessoas."[55]

Na primeira hipótese a **prova será válida** em relação aos novos crimes, desde que **sejam conexos** com o crime objeto da interceptação. No caso da segunda e da terceira hipóteses, a prova será válida em relação aos novos crimes, pois considera-se como concurso na mesma infração ou ainda nas mesmas infrações que são objeto da interceptação telefônica, tratando-se, assim, de situações processuais que envolvem a conexão e a continência.

Segundo o referido autor, na última hipótese a **prova não será válida**, pois descobre-se um crime ou um criminoso diverso do objeto da interceptação, servindo a interceptação telefônica apenas como um *notitia criminis*. Trata-se de **serendipidade** ou **encontro fortuito de segundo grau**[56].

Sobre a temática, a jurisprudência pátria tem aceitado **a tese da admissão de provas** na interceptação telefônica em relação ao novo crime ou criminoso descoberto de forma fortuita, seja na hipótese de haver conexão ou continência com o fato investigado, ou mesmo quando não há.

Nessa esteira já decidiu o STJ[57]: "(...) 4. É lícita a prova de crime diverso, obtida por meio de interceptação de ligações telefônicas de terceiro não mencionado na autorização judicial de escuta, desde que relacionada com o fato criminoso objeto da investigação. Precedentes. (...)". (HC 33.462/DF, Rel. Ministra LAURITA VAZ, QUINTA TURMA, julgado em 27/09/2005, DJ 07/11/2005, p. 316).

Ainda decidiu o STJ: "(...) I. Configurada a hipótese de encontro fortuito de provas, decorrente de medida de interceptação telefônica judicialmente autorizada, não há irregularidade na investigação levada a efeito para identificar novas pessoas acidentalmente reveladas pela prova, notadamente quando se trata de investigação relacionada a membros de uma organização criminosa com várias ramificações, responsáveis pela prática de vários delitos em diversos setores (ut, RHC 70.123/SP, Rel. Ministro NEFI CORDEIRO, Sexta Turma, Dje 13/09/2016) (...)" (AgRg no AREsp 981.437/SP, Rel. Ministro REYNALDO SOARES DA FONSECA, QUINTA TURMA, julgado em 21/02/2017, DJe 24/02/2017).

O STJ, em nova decisão, reafirmou que: "O denominado encontro fortuito de provas (serendipidade) é fato legítimo. No caso concreto, houve a descoberta, em interceptação telefônica judicialmente autorizada, do envolvimento de pessoas diferentes daquelas inicialmente investigadas." (AgRg no AREsp 1397156/PR, Rel. Ministro JOEL ILAN PACIORNIK, QUINTA TURMA, julgado em 19/11/2019, DJe 28/11/2019). Conferir ainda: Habeas Corpus nº 497.425/RJ, STJ, 6ª Turma, unânime, Rel. Min. Laurita Vaz, julgado em 16.3.2021, publicado no DJ em 26.3.2021.

Reforça-se a tese da serendipidade, o fato de novos fatos criminosos envolverem os mesmos acusados:

> "(...) 1. A jurisprudência desta Corte é firme no sentido da adoção da teoria do encontro fortuito ou casual de provas (serendipidade). Segundo essa teoria, independentemente da ocorrência da identidade de investigados ou réus, consideram-se válidas as provas encontradas casualmente pelos agentes da persecução penal, relativas à infração penal até então

---

55 Gomes, Luiz Flávio e Maciel, Sílvio. Interceptação telefônica: comentários à Lei n. 9.296, de 24.07.1996. São Paulo: Editora RT, 2018. p. 123.

56 Gomes, Luiz Flávio e Maciel, Sílvio. Interceptação telefônica: comentários à Lei n. 9.296, de 24.07.1996. São Paulo: Editora RT, 2018. p. 124.

57 Ainda o STJ: RHC 81.964/RS, Rel. Ministro ANTONIO SALDANHA PALHEIRO, SEXTA TURMA, julgado em 09/05/2017, DJe 15/05/2017.

desconhecida, por ocasião do cumprimento de medidas de obtenção de prova de outro delito regularmente autorizadas, ainda que inexista conexão ou continência com o crime supervenientemente encontrado e este não cumpra os requisitos autorizadores da medida probatória, desde que não haja desvio de finalidade na execução do meio de obtenção de prova. 2. No caso, conforme se extrai da exordial acusatória, o crime de evasão de divisas foi descoberto fortuitamente por meio de interceptação telefônica, decorrente de investigação diversa, no contexto da Operação Mercador, em que se apuravam crimes de contrabando e descaminho de produtos em tese praticados pelos mesmos acusados. 3. Em homenagem à perfeita aplicação da serendipidade, entende-se que as provas são lícitas, sobretudo porque originadas de interceptação telefônica em desfavor da mesma ré. 4. Nos termos do entendimento consolidado do STJ, o trancamento da ação penal por meio do habeas corpus é medida excepcional, que somente deve ser adotada quando houver inequívoca comprovação da atipicidade da conduta, da incidência de causa de extinção da punibilidade ou da ausência de indícios de autoria ou de prova sobre a materialidade do delito, o que não ocorre no caso. (...)." (RHC 94.803/RS, Rel. Ministro RIBEIRO DANTAS, QUINTA TURMA, julgado em 04/06/2019, DJe 11/06/2019).

O STF, sobre o tema, manifestou-se no seguinte sentido: "(...) A prova encontrada, fortuitamente, durante a investigação criminal é válida, salvo se comprovado vício ensejador de sua nulidade. Nulidade da interceptação telefônica determinada por autoridade judicial incompetente, nos termos do art. 102, I, *b*, da Constituição da República e do art. 1º da Lei 9.296/1996. Ausência de remessa dos autos da investigação para o Supremo Tribunal Federal, depois de apresentados elementos mínimos caracterizadores da participação, em tese, de ministro do Tribunal de Contas da União e de membro do Congresso Nacional na prática de ilícito objeto de investigação. Contaminação das provas produzidas, por derivação, por não configuradas as exceções previstas no § 1º e no § 2º do art. 157 do CPP. Denúncia rejeitada, por não estar comprovada, de forma lícita, a existência de justa causa para o exercício da ação penal, caracterizando a hipótese prevista no art. 395, inc. III, daquela lei processual. (...)" (Inq 3.732, rel. min. Cármen Lúcia, j. 8-3-2016, 2ª T, *DJE* de 22-3-2016). Ainda o STF: "O "crime achado", ou seja, a infração penal desconhecida e, portanto, até aquele momento não investigada, sempre deve ser cuidadosamente analisada para que não se relativize em excesso o inciso XII do art. 5º da CF. A prova obtida mediante interceptação telefônica, quando referente a infração penal diversa da investigada, deve ser considerada lícita se presentes os requisitos constitucionais e legais." [**HC 129.678**, red. p/ o ac. min. Alexandre de Moraes, j. 13-6-2017, 1ª T, *DJE* de 18-8-2017.].

Ainda o STF, sobre o tema em questão:

> "(...) 1. O reconhecimento das nulidades alegadas pressupõe a comprovação do prejuízo, nos termos do artigo 563 do Código de Processo Penal, sendo descabida a sua presunção, no afã de se evitar um excessivo formalismo em prejuízo da adequada prestação jurisdicional. 2. Os elementos de prova colhidos de forma fortuita em interceptação telefônica válida são legítimos à luz da teoria da serendipidade. Precedentes: HC 129.678, Primeira Turma, relator p/ acórdão, min. Alexandre de Moraes, Dje de 18/8/2017; HC 106.152, Primeira Turma, rel. min. Rosa Weber, DJe de 24/5/2016. (...)". (HC 167550 AgR, Relator(a): Min. LUIZ FUX, Primeira Turma, julgado em 23/08/2019, PROCESSO ELETRÔNICO DJe-191 DIVULG 02-09-2019 PUBLIC 03-09-2019).

Em outra decisão o STJ decidiu: "A sentença de pronúncia pode ser fundamentada em indícios de autoria surgidos, de forma fortuita, durante a investigação de outros crimes no decorrer de interceptação telefônica determinada por juiz diverso daquele competente para o julgamento da ação principal. Nessa situação, não há que se falar em incompetência do Juízo que autorizou a interceptação telefônica, tendo em vista que se trata de hipótese de encontro fortuito de provas. Além disso, a regra prevista no art. 1º da Lei 9.296/1996, de acordo com a qual a interceptação telefônica dependerá de ordem do juiz competente da ação principal, deve ser interpretada com ponderação, não havendo ilegalidade no deferimento da medida por Juízo diverso daquele que vier a julgar a ação principal, sobretudo quando autorizada ainda no curso da investigação criminal. Precedente citado: RHC 32.525-AP, Sexta Turma, DJe 4/9/2013." (REsp 1.355.432-SP, Rel. Min. Jorge Mussi, Rel. para acórdão Min. Marco Aurélio Bellizze, julgado em 21/8/2014).

Não poderão ser utilizadas as provas encontradas como fundamento para **embasar** uma eventual condenação. Contudo, o encontro fortuito das provas servirá como uma ***notitia criminis***, cujos fatos deverão ser investigados com os meios de provas existentes para essa nova apuração. Assim, nesses termos, já se manifestou o STJ na APn 690/TO, Rel. Ministro JOÃO OTÁVIO DE NORONHA, CORTE ESPECIAL, julgado em 15/04/2015, DJe 22/05/2015.

O que ocorrerá se houver a descoberta de um crime que **não preenche** os requisitos para a autorização da interceptação telefônica, como por exemplo, um crime punido com detenção ou uma contravenção penal?

Trata-se de uma situação de enorme complexidade que não possui uma definição, contudo, a jurisprudência pátria vem **admitindo a prova**, na hipótese de haver conexão entre as infrações.

Nesse sentido o STJ: "(...) XII. Se, no curso da escuta telefônica – deferida para a apuração de delitos punidos exclusivamente com reclusão – são descobertos outros crimes conexos com aqueles, punidos com detenção, não há porque excluí-los da denúncia, diante da possibilidade de existirem outras provas hábeis a embasar eventual condenação. (...)". (RHC 13.274/RS, Rel. Ministro GILSON DIPP, QUINTA TURMA, julgado em 19/08/2003, DJ 29/09/2003, p. 276). No mesmo sentido o STF: (...) 1. O Supremo Tribunal Federal, como intérprete maior da Constituição da República, considerou compatível com o art. 5º, XII e LVI, o uso de prova obtida fortuitamente através de interceptação telefônica licitamente conduzida, ainda que o crime descoberto, conexo ao que foi objeto da interceptação, seja punido com detenção. (...)" (AI 626214 AgR, Relator(a): Min. JOAQUIM BARBOSA, Segunda Turma, julgado em 21/09/2010, DJe-190).

Porém, registre-se que não é o entendimento de Luiz Flávio Gomes[58], pois este sustenta tratar-se de hipótese de violação flagrante à CF/88 e à Lei de Interceptação, portanto, considera tal **prova inválida**, pois não se pode fazer uma interpretação extensiva.

SISTEMAS DE INFORMÁTICA E TELEMÁTICA

O parágrafo único do art. 1º, da Lei n. 9.296/96 determina que seja aplicada o disposto nessa Lei à interceptação do fluxo de comunicações em sistemas de informática e telemática.

Na hipótese das comunicações telemáticas, por telefone, como por exemplo, na hipótese de comunicação *modem by modem*, ou ainda, pela via *internet*, não é questionável a aplicação da Lei, pois trata-se, em sentido amplo, de comunicação telefônica.

Há divergência doutrinária sobre a constitucionalidade ou não do disposto no art. 1º, parágrafo único da Lei n. 9.296/96. Surgiram duas correntes a respeito do tema, a primeira sustentando a inconstitucionalidade do dispositivo, a outra defendendo a constitucionalidade "restrita".

Entre os defensores da primeira corrente encontra-se Vicente Greco Filho. Luiz Flávio Gomes[59] resume os argumentos sustentados pela primeira corrente: "a) Constituição (inc. XII) só permitiu a quebra de sigilo telefônico, assegurando de modo irrestrito o sigilo das correspondências, comunicações telegráficas e de dados; b)"comunicação telefônica" consiste somente na comunicação de voz entre interlocutores; c) que toda comunicação em sistema de informática

58 Gomes, Luiz Flávio e Maciel, Sílvio. Interceptação telefônica: comentários à Lei n. 9.296, de 24.07.1996. São Paulo: Editora RT, 2018. p. 131.

59 Gomes, Luiz Flávio e Maciel, Sílvio. Interceptação telefônica: comentários à Lei n. 9.296, de 24.07.1996. São Paulo: Editora RT, 2018. p. 84/85.

e telemática implica a transmissão de "dados", e quanto a estes o sigilo é absoluto; d) como o texto constitucional é de redação duvidosa e como restringe a liberdade de comunicação, deve ser interpretado restritivamente; e) que o parágrafo viola a intimidade e, portanto, será ilícita a prova colhida com base nele.".

Entre os defensores da tese de que há uma constitucionalidade "restrita" encontra-se Damásio de Jesus e Antônio Scarance. Da mesma forma, Luiz Flávio Gomes[60] elenca os argumentos da segunda corrente: "a) Que o dispositivo é válido no que se relaciona com a comunicação telemática feita por telefone (combinação da informática com a telefonia), porque nesse caso o que existe é uma comunicação telefônica; b) que a locução "comunicação telefônica" não se restringe à "conversão telefônica"; c) que também a comunicação de dados, desde que associada à telefonia, está sujeita à interceptação.".

Contudo, Luiz Flávio Gomes[61] sustenta pela plena **constitucionalidade** do dispositivo ora comentado.

O STJ já decidiu pela possibilidade e, portanto, pela constitucionalidade, do parágrafo único do art. 1º da Lei n. 9.296/1996: "(...) 1. O sigilo da comunicação de dados por meios informáticos, assim como os demais direitos individuais, não é absoluto, podendo ser afastado para a apuração de crime por meio de decisão judicial devidamente fundamentada. Doutrina. Jurisprudência. 2. O parágrafo único do artigo 1º da Lei 9.296/1996, cuja inconstitucionalidade os impetrantes alegam, encontra-se em vigor desde 1996, jamais tendo sido expungido do ordenamento jurídico pelos Tribunal Superiores, o que reforça a inexistência de ilegalidade a ser reparada por meio do remédio constitucional. (...)" (HC 276.132/PR, Rel. Ministro LEOPOLDO DE ARRUDA RAPOSO (DESEMBARGADOR CONVOCADO DO TJ/PE), QUINTA TURMA, julgado em 18/08/2015, DJe 01/09/2015).

Não foi outro o entendimento do STF: "Em face da concepção constitucional moderna de que inexistem garantias individuais de ordem absoluta, mormente com escopo de salvaguardar práticas ilícitas (v.g. HC nº 70.814/SP), a exceção constitucional ao sigilo alcança as comunicações de dados telemáticos, não havendo que se cogitar de incompatibilidade do parágrafo único do art. 1º da Lei 9.296/96 com o art. 5º, inciso XII, da Constituição Federal." [**RHC 132.115**, rel. min. Dias Toffoli, j. 6-2-2018, 2ª T, *DJE* de 19-10-2018.].

REGISTROS CADASTRAIS DO USUÁRIO

Não se confundem assim, com a interceptação telefônica, a **requisição de dados secundários**, do tipo de bilhetagem, georreferenciamento, registros cadastrais do usuário, que existem nos arquivos das operadoras de telefonia. Nesse sentido já se manifestou o STF: "(...) Não se confundem comunicação telefônica e registros telefônicos, que recebem, inclusive, proteção jurídica distinta. Não se pode interpretar a cláusula do artigo 5º, XII, da CF, no sentido de proteção aos dados enquanto registro, depósito registral. A proteção constitucional é da comunicação de dados e não dos dados. 2.3 Art. 6º do CPP: dever da autoridade policial de proceder à coleta do material comprobatório da prática da infração penal. Ao proceder à pesquisa na agenda eletrônica dos aparelhos devidamente apreendidos, meio material indireto de prova, a autoridade policial, cumprindo o seu mister, buscou, unicamente, colher elementos de informação hábeis a esclarecer a autoria e a materialidade do delito (dessa análise logrou encontrar ligações entre o executor do homicídio e o ora paciente). Verificação que permitiu

60 Gomes, Luiz Flávio e Maciel, Sílvio. Interceptação telefônica: comentários à Lei n. 9.296, de 24.07.1996. São Paulo: Editora RT, 2018. p. 98.

61 Gomes, Luiz Flávio e Maciel, Sílvio. Interceptação telefônica: comentários à Lei n. 9.296, de 24.07.1996. São Paulo: Editora RT, 2018. p. 99/102.

a orientação inicial da linha investigatória a ser adotada, bem como possibilitou concluir que os aparelhos seriam relevantes para a investigação. (...)" (HC 91867, Relator(a): Min. GILMAR MENDES, Segunda Turma, julgado em 24/04/2012, ACÓRDÃO ELETRÔNICO DJe-185). A jurisprudência do Supremo Tribunal Federal direciona-se no sentido de que "(...) a proteção a que se refere o art. 5º, XII, da Constituição, é da comunicação 'de dados' e não dos 'dados em si mesmos'" (RE 418.416, Rel. Min. Sepúlveda Pertence, Plenário)". (HC 124322 AgR, Relator(a): Min. ROBERTO BARROSO, Primeira Turma, julgado em 09/12/2016, PROCESSO ELETRÔNICO DJe-268).

O STJ também já decidiu que é possível o uso de dados contidos na agenda telefônica sem autorização judicial, pois tal situação não é albergado pelo sigilo telefônico ou telemático (Recurso Especial nº 1.782.386/RJ, STJ, 5ª Turma, unânime, Rel. Min. Joel Ilan Paciornik, julgado em 15.12.2020, publicado no DJ em 18.12.2020).

No mesmo entendimento o STJ já decidiu que os dados constantes de aparelho celular obtidos por órgão investigativo – mensagens e conversas por meio de programas ou aplicativos (WhatsApp) – somente são admitidos como prova lícita no processo penal quando há precedente mandado de busca e apreensão expedido por juiz competente ou quando há autorização voluntária de interlocutor da conversa. (Agravo Regimental no Habeas Corpus nº 646.771/PR, STJ, 5ª Turma, unânime, Rel. Min. João Otávio de Noronha, julgado em 10.8.2021, publicado no DJ em 13.8.2021).

As informações contidas na **Estação Rádio-Base** também não estão abrangidas pela inviolabilidade do sigilo, segundo já decidiu o STJ: "(...) 2. O teor das comunicações efetuadas pelo telefone e os dados transmitidos por via telefônica são abrangidos pela inviolabilidade do sigilo – artigo 5.º, inciso XII, da Constituição Federal –, sendo indispensável a prévia autorização judicial para a sua quebra, o que não ocorre no que tange aos dados cadastrais, externos ao conteúdo das transmissões telemáticas. 3. Não se constata ilegalidade no proceder policial, que requereu à operadora de telefonia móvel responsável pela Estação Rádio-Base o registro dos telefones que utilizaram o serviço na localidade, em dia e hora da prática do crime. 4. A autoridade policial atuou no exercício do seu mister constitucional, figurando a diligência dentre outras realizadas ao longo de quase 7 (sete) anos de investigação. 5. Ademais, eventuais excessos praticados com os registros logrados podem ser submetidos posteriormente ao controle judicial, a fim de se verificar qualquer achincalhe ao regramento normativo pátrio. [...]" (Habeas corpus não conhecido (HC 247.331/RS, Rel. Ministra MARIA THEREZA DE ASSIS MOURA, Sexta Turma, julgado em 21/8/2014, DJe 3/9/2014).

Ainda, o **número de IP – Internet Protocol** também poderá ser fornecido, pois não se enquadra no conceito de sigilo constitucional protegido, conforme STJ (HC 83.338/DF, Rel. Ministro HAMILTON CARVALHIDO, SEXTA TURMA, julgado em 29/09/2009, DJe 26/10/2009) e STJ (REsp 879.181/MA, Rel. Ministro SIDNEI BENETI, TERCEIRA TURMA, julgado em 08/06/2010, DJe 01/07/2010).

Ainda não se caracteriza interceptação telefônica, sendo desnecessária a autorização judicial, a verificação de mensagens na caixa de aparelho de celular do réu que corroboram as demais provas do crime, não havendo que se falar em nulidade dos elementos probatórios carreados nos autos (STJ, HC 201.746/SP, Rel. Min. Gilson Dipp, 5ª T. julg. em 26/06/2012).

DADOS TELEFÔNICOS E CHAMADAS PRETÉRITAS

Os dados telefônicos, consistentes em registros de chamadas pretéritas, não possuem sigilo absoluto, por isso, com autorização judicial, sempre ponderando o magistrado, afinado ao princípio da proporcionalidade, podem ser utilizados como meio de prova.

Essa quebra de sigilo de dados não se submete ao regime da Lei de Interceptação Telefônica, pois uma coisa é a "comunicação telefônica" em si, outra diferente são os registros documentados e armazenados pela companhia telefônica (data da chamada, horário, duração de uso etc.). Nesse sentido o STJ:

> "(...) A quebra do sigilo dos dados telefônicos contendo os dias, os horários, a duração e o números das linhas chamadas e recebidas, não se submete à disciplina das interceptações telefônicas regidas pela Lei 9.296/96 (que regulamentou o inciso XII do art. 5º da Constituição Federal) e ressalvadas constitucionalmente tão somente na investigação criminal ou instrução processual penal. (...)" (EDcl no RMS 17.732/MT, Rel. Ministro GILSON DIPP, QUINTA TURMA, julgado em 23/08/2005, DJ 19/09/2005).

Sobre a questão, ainda decidiu o STJ que "quebra de sigilo de conteúdo de comunicação privada armazenada em conta de e-mail depende de prévia autorização judicial, mediante decisão devidamente fundamentada, a qual, porém, diferentemente do que acontece com as interceptações telefônicas e com o fluxo de comunicações pela internet, independe dos requisitos estabelecidos no art. 2º, da Lei n. 9.296/1996, em face da incidência, específica e posterior, do previsto no art. 7º, III, da Lei n. 12.965/2014 - Marco Civil da Internet, do poder geral de cautela e da teoria dos poderes implícitos." (STJ; EDcl-AgRg-RMS 63.492; Proc. 2020/0105719-4; AC; Quinta Turma; Rel. Min. Ribeiro Dantas; Julg. 17/11/2020; DJE 23/11/2020).

Sustenta Vicente Greco[62] que deve ser aplicada a Lei de Interceptação Telefônica também nas quebras dos registros telefônicos existentes nos concessionários de serviços públicos, como os números chamados para telefones celulares etc.

O STJ já decidiu que não configura interceptação telefônica e não viola o sigilo de dados telefônicos, a utilização, sem ordem judicial, dos números das legações registradas na memória do aparelho, apreendido em posse de pessoa presa pela polícia.

Segundo a decisão, o acesso é a parte dos dados telefônicos, apenas parte dos dados, e não o acesso a todos os dados do aparelho telefônico:

> "(...) O fato de ter sido verificado o registro das últimas chamadas efetuadas e recebidas pelos dois celulares apreendidos em poder do co-réu, cujos registros se encontravam gravados nos próprios aparelhos, não configura quebra do sigilo telefônico, pois não houve requerimento à empresa responsável pelas linhas telefônicas, no tocante à lista geral das chamadas originadas e recebidas, tampouco conhecimento do conteúdo das conversas efetuadas por meio destas linhas. (...)" (HC 66.368/PA, Rel. Ministro GILSON DIPP, QUINTA TURMA, julgado em 05/06/2007, DJ 29/06/2007, p. 673).

Já decidiu o STJ que na hipótese de apreensão de celulares, cujos números já foram objetos de interceptação telefônica, é legal o acesso de dados de aplicativos de mensagens por meio de perícias técnicas:

> "(...) 1. O acesso aos dados de aplicativos de mensagens por meio de realização de perícia técnicas em celulares apreendidos cujos números já haviam sido objeto de interceptação telefônica previamente deferida pelo juízo competente não implica em violação ao sigilo das comunicações ou da intimidade dos investigados. (...)" (AgRg no RHC 101.743/SP, Rel. Ministro JOEL ILAN PACIORNIK, QUINTA TURMA, julgado em 20/08/2019, DJe 03/09/2019).

WHATSAPP E DIREITO PROBATÓRIO DE TERCEIRA DIMENSÃO

As informações contidas em um aparelho telefônico, incluindo aplicativos, dados e comunicações, são classificadas pela doutrina como prova de "terceira dimensão" ou como parte do

62 Conferir: Gomes, Luiz Flávio e Maciel, Sílvio. Interceptação telefônica: comentários à Lei n. 9.296, de 24.07.1996. São Paulo: Editora RT, 2018. p. 61.

"direito probatório de terceira dimensão". Com o avanço da tecnologia, surgem situações em que ocorre uma invasão de privacidade sem que haja violação física ou interceptação de comunicações telefônicas convencionais.

Nestor Távora e Rosmar Rodrigues Alencar, citando João Biffe Júnior e Joaquim Leitão Jr., apontam que "a divisão das gerações do direito probatório encontra seu marco inicial nos precedentes Olmstead (1928), Katz (1967) e Kyllo (2001), nos quais a Suprema Corte dos Estados Unidos delimitou os casos em que incide a proteção conferida pela Quarta Emenda da Constituição norte-americana". Com isso, ficou estabelecida a necessidade de uma ordem judicial prévia de busca e apreensão para que a obtenção de provas seja considerada lícita"[63].

Assim, os dados armazenados em mensagens de **textos arquivadas por WhatsApp**, embora ***não esteja protegida pela Lei n. 9.296/1996 nem pela Lei n. 12.965/2014***, haja vista não se tratar de quebra sigilo telefônico por meio de interceptação telefônica, precisam de autorização judicial ou ainda a prévia autorização do investigado, pois trata-se de violação da garantia de inviolabilidade das comunicações, prevista no art. 5º, inciso XII, da CF, revelando-se a prova ilícita, nos termos do art. 157 do CPP. (RHC 89.981/MG, Rel. Ministro REYNALDO SOARES DA FONSECA, QUINTA TURMA, julgado em 05/12/2017, DJe 13/12/2017).

Na hipótese da entrega pela esposa do celular do marido falecido é possível a colheita da prova. Nesse sentido o STJ: "Não há ilegalidade na perícia de aparelho de telefonia celular pela polícia, sem prévia autorização judicial, na hipótese em que seu proprietário – a vítima – foi morto, tendo o referido telefone sido entregue à autoridade policial por sua esposa." STJ. 6ª Turma. RHC 86.076-MT, Rel. Min. Sebastião Reis Júnior, Rel. Acd. Min. Rogerio Schietti Cruz, julgado em 19/10/2017.

Ainda no mesmo sentido outra decisão do STJ: "Sendo assim, não há sequer necessidade de uma ordem judicial porque, frise-se, no processo penal, o que se protege são os interesses do acusado. Logo, soa como impróprio proteger-se a intimidade de quem foi vítima do homicídio, sendo que o objeto da apreensão e da investigação é esclarecer o homicídio e punir aquele que, teoricamente, foi o responsável pela morte" (RHC 86.076/MT, DJe 12/12/2017).

Por sua vez, os aparelhos apreendidos em ordens de busca e apreensão não precisam de autorização judicial ou do proprietário para o acesso as mensagens, pois a ordem judicial já permite o acesso aos celulares. Assim decidiu o STJ:

> "Se o telefone celular foi apreendido em busca e apreensão determinada por decisão judicial, não há óbice para que a autoridade policial acesse o conteúdo armazenado no aparelho, inclusive as conversas do whatsapp. Para a análise e a utilização desses dados armazenados no celular não é necessária nova autorização judicial. A ordem de busca e apreensão determinada já é suficiente para permitir o acesso aos dados dos aparelhos celulares apreendidos." STJ. 5ª Turma. RHC 77.232/SC, Rel. Min. Felix Fischer, julgado em 03/10/2017.

O STJ também já decidiu que é impossível a aplicação analógica entre o instituto da interceptação telefônica e o espelhamento, por meio de Whatsapp Web, das conversas realizadas pelo aplicativo Whatsapp:

> "1. Hipótese em que, após coleta de dados do aplicativo WhatsApp, realizada pela Autoridade Policial mediante apreensão judicialmente autorizada de celular e subsequente espelhamento das mensagens recebidas e enviadas, os Recorrentes tiveram decretadas contra si prisão preventiva, em razão da suposta prática dos crimes previstos nos arts. 33 e 35 da Lei n.º 11.343/2006. 2. O espelhamento das mensagens do WhatsApp ocorre em sítio eletrônico disponibilizado pela própria empresa, denominado WhatsApp Web. Na referida plataforma, é gerado um tipo específico de código de barras, conhecido como Código

63 TÁVORA, Nestor; ALENCAR, Rosmar Rodrigues. Curso de Direito Processual Penal. Salvador: Juspodivm. 2019. p. 804.

QR (Quick Response), o qual só pode ser lido pelo celular do usuário que pretende usufruir do serviço. Daí a necessidade de apreensão, ainda que por breve período de tempo, do aparelho telefônico que se pretende monitorar. 3. Para além de permitir o acesso ilimitado a todas as conversas passadas, presentes e futuras, a ferramenta WhatsApp Web foi desenvolvida com o objetivo de possibilitar ao usuário a realização de todos os atos de comunicação a que teria acesso no próprio celular. O emparelhamento entre celular e computador autoriza o usuário, se por algum motivo assim desejar, a conversar dentro do aplicativo do celular e, simultaneamente, no navegador da internet, ocasião em que as conversas são automaticamente atualizadas na plataforma que não esteja sendo utilizada. 4. Tanto no aplicativo, quanto no navegador, é possível, com total liberdade, o envio de novas mensagens e a exclusão de mensagens antigas (registradas antes do emparelhamento) ou recentes (registradas após), tenham elas sido enviadas pelo usuário, tenham elas sido recebidas de algum contato. Eventual exclusão de mensagem enviada (na opção "Apagar somente para Mim") ou de mensagem recebida (em qualquer caso) não deixa absolutamente nenhum vestígio, seja no aplicativo, seja no computador emparelhado, e, por conseguinte, não pode jamais ser recuperada para efeitos de prova em processo penal, tendo em vista que a própria empresa disponibilizadora do serviço, em razão da tecnologia de encriptação ponta-a-ponta, não armazena em nenhum servidor o conteúdo das conversas dos usuários. 5. Cumpre assinalar, portanto, que o caso dos autos difere da situação, com legalidade amplamente reconhecida pelo Superior Tribunal de Justiça, em que, a exemplo de conversas mantidas por e-mail, ocorre autorização judicial para a obtenção, sem espelhamento, de conversas já registradas no aplicativo WhatsApp, com o propósito de periciar seu conteúdo. 6. É impossível, tal como sugerido no acórdão impugnado, proceder a uma analogia entre o instituto da interceptação telefônica (art. 1.º, da Lei n.º 9.296/1996) e a medida que foi tomada no presente caso. 7. Primeiro: ao contrário da interceptação telefônica, no âmbito da qual o investigador de polícia atua como mero observador de conversas empreendidas por terceiros, no espelhamento via WhatsApp Web o investigador de polícia tem a concreta possibilidade de atuar como participante tanto das conversas que vêm a ser realizadas quanto das conversas que já estão registradas no aparelho celular, haja vista ter o poder, conferido pela própria plataforma online, de interagir nos diálogos mediante envio de novas mensagens a qualquer contato presente no celular e exclusão, com total liberdade, e sem deixar vestígios, de qualquer mensagem passada, presente ou, se for o caso, futura. 8. O fato de eventual exclusão de mensagens enviadas (na modalidade "Apagar para mim") ou recebidas (em qualquer caso) não deixar absolutamente nenhum vestígio nem para o usuário nem para o destinatário, e o fato de tais mensagens excluídas, em razão da criptografia *end-to-end*, não ficarem armazenadas em nenhum servidor, constituem fundamentos suficientes para a conclusão de que a admissão de tal meio de obtenção de prova implicaria indevida presunção absoluta da legitimidade dos atos dos investigadores, dado que exigir contraposição idônea por parte do investigado seria equivalente a demandar-lhe produção de prova diabólica. 9. Segundo: ao contrário da interceptação telefônica, que tem como objeto a escuta de conversas realizadas apenas depois da autorização judicial (ex nunc), o espelhamento via Código QR viabiliza ao investigador de polícia acesso amplo e irrestrito a toda e qualquer comunicação realizada antes da mencionada autorização, operando efeitos retroativos (ex tunc). 10. Terceiro: ao contrário da interceptação telefônica, que é operacionalizada sem a necessidade simultânea de busca pessoal ou domiciliar para apreensão de aparelho telefônico, o espelhamento via Código QR depende da abordagem do indivíduo ou do vasculhamento de sua residência, com apreensão de seu aparelho telefônico por breve período de tempo e posterior devolução desacompanhada de qualquer menção, por parte da Autoridade Policial, à realização da medida constritiva, ou mesmo, porventura – embora não haja nos autos notícia de que isso tenha ocorrido no caso concreto -, acompanhada de afirmação falsa de que nada foi feito. 11. Hipótese concreta dos autos que revela, ainda, outras três ilegalidades: (a) sem que se apontasse nenhum fato novo na decisão, a medida foi autorizada quatro meses após ter sido determinado o arquivamento dos autos; (b) ausência de indícios razoáveis da autoria ou participação em infração penal a respaldar a limitação do direito de privacidade; e (c) ilegalidade na fixação direta do prazo de 60 (sessenta) dias, com prorrogação por igual período. 12. Recurso provido, a fim de **declarar a nulidade da decisão judicial que autorizou o espelhamento do WhatsApp via Código QR, bem como das provas e dos atos que dela diretamente dependam ou sejam consequência, ressalvadas eventuais fontes independentes**, revogando, por conseguinte, a prisão preventiva dos Recorrentes, se por outro motivo não estiverem presos." (STJ, Sexta Turma, RHC 99.735/SC, Rel. Min. Laurita Vaz, julgado em 27/11/2018).

Art. 2º Não será admitida a interceptação de comunicações telefônicas quando ocorrer qualquer das seguintes hipóteses:

I – não houver indícios razoáveis da autoria ou participação em infração penal;

II – a prova puder ser feita por outros meios disponíveis;

III – o fato investigado constituir infração penal punida, no máximo, com pena de detenção.

Parágrafo único. Em qualquer hipótese deve ser descrita com clareza a situação objeto da investigação, inclusive com a indicação e qualificação dos investigados, salvo impossibilidade manifesta, devidamente justificada.

REQUISITOS

Para que a interceptação telefônica seja válida, ou seja, considerada como um meio de prova lícito, deve-se obrigatoriamente ser observados todos os parâmetros estipulados pela Lei n. 9.296/96:

- autorização judicial;
- não incidência nas hipóteses descritas no art. 2º, incs. I, II e III, da mencionada lei;
- possuir fins de investigação criminal ou instrução processual penal[64].

Os incisos do art. 2º da Lei n. 9.296/96 estabeleceram as hipóteses em que **não cabem** a interceptação telefônica. É certo que legislador poderia prever as hipóteses em que seria cabível a medida, contudo, não o fez.

Assim, não são será cabível a interceptação telefônica nas seguintes **hipóteses**:

I – Ausência de indícios razoáveis de autoria ou participação em infração penal: faz-se necessária a existência de indícios de autoria e participação do agente no delito a ser investigado;

II – A prova não pode ser feita por outros meios: trata-se da subsidiariedade desse meio de prova;

III – fato investigado constituir infração penal punida com pena de detenção: só será admitida a interceptação telefônica para investigações de infrações penais punidas com reclusão.

Em resumo, somente será admitida a medida de interceptação telefônica nos seguintes casos: **a)** a existência de indícios suficientes de autoria; **b)** a impossibilidade de colher a prova por outro meio; e **c)** o crime a ser investigado deve ser apenado com reclusão.

64 O art. 245 do Projeto de Lei n. 8045/2010 que estabelece um novo Código de Processo Penal, possui a seguinte redação: "Esta Seção disciplina a interceptação, por ordem judicial, de comunicações telefônicas, para fins de investigação criminal ou instrução processual penal.".

Sobre os **requisitos legais** para a concessão da interceptação telefônica já se manifestou o STJ: "(...) 1. O Poder Constituinte Originário resguardou o sigilo das comunicações telefônicas, erigindo-o à categoria de garantia individual, prevista no artigo 5º, inciso XII, da Constituição Federal, admitindo, de forma excepcional, a sua flexibilidade, nos termos da Lei n. 9.296/96, para fins de investigação criminal ou instrução processual penal. 2. Além da necessidade do ilícito em apuração ser apenado com reclusão, o legislador ordinário estabeleceu ainda como critérios para a utilização da interceptação telefônica, a *contrario sensu*, a existência de indícios acerca da autoria ou participação na infração penal, bem como a demonstração de inviabilidade de produção da prova por outros meios. (...)" (HC 128.087/SP, Rel. Ministro JORGE MUSSI, QUINTA TURMA, julgado em 27/10/2009, DJe 14/12/2009).

O STJ já decidiu que o *habeas corpus* não é medida cabível para questionar **validade** de uma prova que fundamente a medida. Nesse sentido: "(...) Não **é** possível, no veio restrito e mandamental do habeas corpus, substituir-se ao juízo de primeiro grau para aferir se uma ou outra prova levada em consideração para deferir a quebra do sigilo telefônico **é** mais ou menos valiosa e legitimadora ou não da medida invasiva. O que se analisa **é** apenas a legalidade da diligência. (...)". (RHC 72.065/RS, Rel. Ministra MARIA THEREZA DE ASSIS MOURA, SEXTA TURMA, julgado em 07/03/2017, DJe 17/03/2017). Conferir ainda no STJ o RHC 133.493; Proc. 2020/0218409-2; SP; Quinta Turma; Rel. Min. Reynaldo Soares da Fonseca; Julg. 27/10/2020; DJE 03/11/2020.

INDÍCIOS DE AUTORIA E MATERIALIDADE

Para que seja deferida a medida de interceptação telefônica é necessário que estejam presentes elementos probatórios mínimos de indícios de autoria ou participação do agente no delito que será investigado.

É certo que a Lei não exige a prova de materialidade do crime, sendo suficiente para a concessão da medida que haja indícios razoáveis de autoria.

DENÚNCIA ANÔNIMA E INTERCEPTAÇÃO

Não é sustentável que uma investigação criminal **se inicie** a partir de uma interceptação telefônica, pois, fatalmente, não estarão presentes indícios mínimos de autoria do crime que possam justificar o cabimento da medida. Sobre essa questão já decidiu o STJ: "(...) 1. Não comporta conhecimento o *mandamus* no que diz respeito à alegação de nulidade das interceptações trazida sob o argumento de que a investigação policial teria se iniciado a partir de denúncias anônimas, pois a tese foi afastada pela Sexta Turma quando do julgamento do HC n. 119.702/PE. 2. O Juízo de primeiro grau, ao deferir as interceptações telefônicas, fundamentou o cabimento da medida em elementos colhidos pela autoridade policial – tais como declaração de testemunhas e documentos apreendidos quando da prisão em flagrante de um dos investigados –, os quais demonstravam de que forma aqueles que teriam suas ligações interceptadas atuavam na organização criminosa. 3. A quebra do sigilo telefônico não foi a primeira medida efetivada pela autoridade policial. Pelo contrário, tal providência teve suporte em elementos já colhidos e que demonstravam que as investigações em curso levantaram indícios da prática criminosa e apontavam para a imprescindibilidade do deferimento da medida excepcional, segundo o disposto no art. 2º da Lei n. 9.296/1996. (...)". (HC 130.054/PE, Rel. Ministro SEBASTIÃO REIS JÚNIOR, SEXTA TURMA, julgado em 07/02/2012, DJe 21/03/2012).

Assim, não será possível que o procedimento de interceptação telefônica seja iniciado mediante uma **denúncia apócrifa (anônima)**, pois a interceptação telefônica somente poderá ser deferida quando for o último **mecanismo** para a obtenção de provas, o que não pode ser demonstrando na hipótese de não haver uma investigação iniciada. Apenas depois de corroborada a denúncia anônima, através de uma investigação prévia, poderá ser instaurada uma investigação criminal e realizar, caso necessário, a interceptação telefônica.

Caso contrário, a prova será considerada ilícita e, por consequência, serão declaradas nulas. Nesse sentido o STF: "(...) 3. Ordem concedida para se declarar a ilicitude das provas produzidas pelas interceptações telefônicas, em razão da ilegalidade das autorizações, e a nulidade das decisões judiciais que as decretaram amparadas apenas na denúncia anônima, sem investigação preliminar. (...)". (HC 108147, Relator (a): Min. CÁRMEN LÚCIA, Segunda Turma, julgado em 11/12/2012). No mesmo sentido, reafirmando o posicionamento da Suprema Corte nesse sentido: HC 181.020, Rel. Min. Edson Fachin, jul. 23/10/2020.

Não é possível a denominada **"interceptação de prospecção"**, quando a interceptação não está fundamentada em um fato delituoso, ou seja, não há indícios suficientes, de forma a utilizar-se da medida para saber se o sujeito está ou não praticando crime.

O STJ[65] já decidiu que a denúncia anônima poderá justificar a "necessidade de quebra do sigilo das comunicações como forma de aprofundamento das investigações policiais, desde que acompanhada de outros elementos que confirmem a necessidade da medida excepcional." (RHC 64.910/RS, Rel. Ministro ANTONIO SALDANHA PALHEIRO, SEXTA TURMA, julgado em 04/04/2017, DJe 17/04/2017).

SUBSIDIARIEDADE DA MEDIDA

A interceptação telefônica é medida que restringe o direito fundamental à intimidade, ao sigilo das comunicações telegráficas e de dados, e das comunicações telefônicas, por isso, o caráter subsidiário da medida. Assim, a interceptação telefônica tem que ser considerada o único meio de prova capaz de servir para a evolução da investigação criminal de um determinado delito.

Nessa linha já decidiu o STJ: "(...) 4. Na hipótese em apreço, constata-se a existência de flagrante ilegalidade, pois, para o desencadeamento de medida cautelar extrema, como a quebra do sigilo telefônico, deve-se esmiuçar a sua imprescindibilidade, de modo a pormenorizar a assertiva de não dispor de procedimentos investigatórios outros, menos invasivos, para a obtenção de provas aptas a robustecer eventual imputação delitiva. 5. A decretação da medida cautelar de interceptação não atendeu aos pressupostos e fundamentos de cautelaridade, visto que, não obstante os crimes investigados serem punidos com reclusão e haver investigação formalmente instaurada, descurou-se da demonstração da necessidade da medida extrema e da dificuldade para a sua apuração por outros meios, carecendo, portanto, do fumus comissi delicti e do periculum in mora. (...)" (HC 251.540/SP, Rel. Ministra MARIA THEREZA DE ASSIS MOURA, SEXTA TURMA, julgado em 05/08/2014, DJe 18/08/2014).

Poderá a defesa alegar que há outros meios investigativos alternativos para a elucidação dos fatos, hipótese em que poderá ser demonstrado o não cabimento da medida. Nesse teor a decisão do STJ: "(...) 1. Demonstrada, no caso concreto, a ocorrência de medidas investigatórias prévias à decretação da interceptação telefônica. Relatório do COAF, bem como quebras de sigilos bancários e fiscal corroboraram a existência de indícios de delitos noticiados por autoridades alfandegárias estrangeiras. O primeiro período de interceptação telefônica, por sua vez, reforçou as suspeitas e a extensão da interceptação ao recorrente se mostrou adequada e respaldada por elementos colhidos anteriormente. 2. A defesa alega violação ao disposto no artigo 2º, inciso II, da Lei 9.296/1996, mas não demonstra que existiam, de fato, meios investigativos alternativos às autoridades para a elucidação dos fatos à época na qual a medida invasiva

65 Ainda sobre o tema já decidiu o STJ: HC 328.623/SP, Rel. Ministro FELIX FISCHER, QUINTA TURMA, julgado em 17/11/2015, DJe 25/11/2015.

foi requerida. Precedentes. (...)". (RHC 65.550/SP, Rel. Ministra MARIA THEREZA DE ASSIS MOURA, SEXTA TURMA, julgado em 23/02/2016, DJe 02/03/2016).

Ainda, segundo já decidido pelo STJ, trata-se de **uma obrigação processual da defesa**, demonstrar que não existiam outros meios de investigação para a elucidação do crime: "(...) É ônus da defesa, quando alega violação ao disposto no artigo 2º, inciso II, da Lei 9.296/1996, demonstrar que existiam, de fato, meios investigativos alternativos às autoridades para a elucidação dos fatos à época na qual a medida invasiva foi requerida, sob pena de a utilização da interceptação telefônica se tornar absolutamente inviável. (RHC 38.617/BA, Rel. Ministro LEOPOLDO DE ARRUDA RAPOSO (DESEMBARGADOR CONVOCADO DO TJ/PE), QUINTA TURMA, julgado em 23/06/2015, DJe 03/08/2015). No mesmo sentido o STJ – RHC 66.056/SC, Rel. Ministro JORGE MUSSI, QUINTA TURMA, julgado em 28/11/2017, DJe 06/12/2017 e AgRg no AREsp 985.373/AM, Rel. Ministro JORGE MUSSI, QUINTA TURMA, julgado em 28/05/2019, DJe 06/06/2019.

CRIMES DE RECLUSÃO

Admite-se, segundo o dispositivo legal, a interceptação telefônica nas hipóteses em que há **infração penal punidas com reclusão**[66].

Trata-se da hipótese dos denominados **crimes de catálogo**.

> A classificação dos denominados crimes de catálogo surgiu em Portugal, e relaciona-se com todas as infrações penais que permitem a interceptação telefônica, para os devidos fins de investigação ou ainda de instrução processual. A expressão foi utilizada pelo Min. Joaquim Barbosa ao ementar o HC 100.524. (HC 100524, Relator(a): Min. JOAQUIM BARBOSA, Segunda Turma, julgado em 27/03/2012, ACÓRDÃO ELETRÔNICO DJe-102 DIVULG 24-05-2012 PUBLIC 25-05-2012).

A doutrina critica tal limitação, pois não há nenhum argumento razoável para que o legislador impusesse tal limitação legal.

Não obstante a limitação legal, a jurisprudência admite a interceptação telefônica desde que sejam **conexas aos crimes** cuja pena seja de reclusão.

Nesse sentido o STF: "(...) Uma vez realizada a interceptação telefônica de forma fundamentada, legal e legítima, as informações e provas coletas dessa diligência podem subsidiar denúncia com base em crimes puníveis com pena de detenção, desde que conexos aos primeiros tipos penais que justificaram a interceptação. Do contrário, a interpretação do art. 2º, III, da L. 9.296/96 levaria ao absurdo de concluir pela impossibilidade de interceptação para investigar crimes apenados com reclusão quando forem estes conexos com crimes punidos com detenção. Habeas corpus indeferido." (HC 83515, Relator (a): Min. NELSON JOBIM, Tribunal Pleno, julgado em 16/09/2004, DJ 04-03-2005).

De igual sorte a decisão do STJ: "(...) 2. Inadmissível a interceptação de comunicações telefônicas quando o fato investigado constituir infração penal punida, no máximo, com pena de detenção. Contudo, é possível se autorizar a quebra do sigilo para apurar crime punível com detenção desde que conexo com outros delitos puníveis com reclusão. Precedente. (...)" (HC 186.118/RS, Rel. Ministro SEBASTIÃO REIS JÚNIOR, SEXTA TURMA, julgado em 05/06/2014, DJe 29/10/2014).

---

66 O art. 247 do Projeto de Lei n. 8045/2010 que estabelece um novo Código de Processo Penal, possui a seguinte redação: "A interceptação de comunicações telefônicas não será admitida na investigação criminal ou instrução processual de crimes de menor potencial ofensivo, assim definidos no art. 288, salvo quando a conduta delituosa for realizada exclusivamente por meio dessa modalidade de comunicação.".

Não será admitida a medida de interceptação telefônica nas hipóteses de **contravenções penais**, como no caso do jogo do bicho, pois as contravenções penais não são apenadas com reclusão. Também em crimes de ameaça realizados por telefone, embora a própria vítima possa gravar, de forma lícita.

Nelson Nery Jr. sustenta que na hipótese de crimes de ameaça e contra honra, quando cometidos po meio telefônico, e as contravenções penais mais fortemente recriminadas pela sociedade, como por exemplo, o jogo do bicho, fosse de se pensar, "*de lege ferenda*, na possibilidade de se determinar, por ordem judicial, escuta telefônica nesses casos."[67]

Continua o renomado autor afirmando que se de um lado há o direito a inviolabilidade da intimidade e das comunicações telefônicas, de outro lado existem outros direitos igualmente protegidos pelo Texto Constitucional, como o direito à vida, à saúde, à segurança, mencionados no *caput* do art. 5º, antes, da enumeração de outros direitos fundamentais. Sendo assim, por não poder haver incompatibilidade entre preceitos constitucionais, é necessário que os direitos constitucionais que aparentemente estejam em conflitos e em situação antagônica, sejam harmonizados e compatibilizados entre si pelo aplicador e o intérprete da norma.

Conclui Nelson Nery Jr.[68]:

> "Assim, se avida estiver sendo ameaçada por telefonemas, o direito à intimidade e à inviolabilidade da comunicação telefônica daquele que vem praticando a ameaça à vida de alguém deve ser sacrificado em favor do direito maior à vida. A justificativa decorre do sistema constitucional, no qual se encontra inserido o princípio da proporcionalidade, como corolário do estado de direito e do princípio do devido processo legal em sentido substancial (*substantive due process clause*)."

O STF já decidiu que não há ilicitude nas gravações feita por vítimas de crimes, por se tratar de hipótese de **legítima defesa**, pois não pode a inviolabilidade das comunicações servir de proteção para a prática de crimes (STF - HC 74678, Rel.: Min. MOREIRA ALVES, Primeira Turma, julgado em 10/06/1997).

Já na hipótese de **crimes tributários**, não será possível a interceptação telefônica antes de ser concluído o procedimento administrativo fiscal, que é condição objetiva de punibilidade. Nesse sentido já decidiu o STJ: "(...)1. A existência do crédito tributário é condição absolutamente indispensável para que se possa dar início à persecução penal pela prática de delito dessa natureza. O lançamento definitivo do tributo é condição objetiva de punibilidade dos crimes definidos no artigo 1º, da Lei 8.137/90. 2. A autorização judicial para quebra do sigilo das comunicações telefônicas e telemáticas, para o efeito de investigação de crime de sonegação de tributo, é ilegal se deferida antes de configurada a condição objetiva de punibilidade de delito. Constrangimento ilegal verificado. 3. Não se pode entender "na esfera da oportunidade e da conveniência" da Polícia ou do Ministério Público a investigação de conduta NÃO PUNÍVEL – ou não punível enquanto não se cumprir a condição legal para o aperfeiçoamento da punibilidade, sob pena de ferir de morte a segurança jurídica, signo do Estado Democrático de Direito. (...)" (HC 57.624/RJ, Rel. Ministro PAULO MEDINA, SEXTA TURMA, julgado em 12/09/2006).

---

67 NERY JÚNIOR, Nelson, Princípio do processo na Constituição Federal. São Paulo: Editora RT, 2018. p. 324.
68 NERY JÚNIOR, Nelson, Princípio do processo na Constituição Federal. São Paulo: Editora RT, 2018. p. 326.

ATO INFRACIONAL

Sustenta Nestor Távora e Rosmar Rodrigues Alencar[69] válida a interceptação telefônica que seja deferida em autos de procedimento de apuração de ato infracional, desde que seja um ato correspondente à uma pena de reclusão. Ainda que se trate de processo cível, o seu conteúdo coincide com o de investigação criminal ou de processo penal, devendo a prova ser admitida.

Joaquim Leitão Júnior[70] encampa também o posicionamento da possiblidade, explanando outros argumentos para a questão.

Nesse contexto está disposto o art. 226 do ECA: "Aplicam-se aos crimes definidos nesta Lei as normas da Parte Geral do Código Penal e, quanto ao processo, as pertinentes ao Código de Processo Penal.".

O tema chegou ao STJ, mas não teve decisão de mérito em razão de perda do objeto:

> **"Trata-se de recurso ordinário, interposto pelo Ministério Público do Estado do Rio de Janeiro, diante de acórdão que, em caso de quebra de sigilo telefônico determinado sobre processo relacionado com ato infracional,** denegou-se a segurança que tivera, por objetivo, obstar a interceptação autorizada. Sustenta o Ministério Público que apenas o juiz criminal tem competência para determinar a quebra de sigilo quando se objetiva instrumentalizar investigação criminal, conforme dispõem os arts. 1º e 8º da Lei n. 9.296/1996. Aduz que, no Juízo da Infância e da Juventude, não se faz investigação criminal, e muito menos instrução processual penal, o que de plano já colocaria a decisão em afronta ao dispositivo constitucional e a sua regulamentação por lei. Ademais, o fato está sendo investigado em inquérito policial, que não se destina a apuração de atos infracionais, mas de ilícitos penais praticados por imputáveis, os traficantes e chefes das organizações criminosas. A ordem deve ser dada pelo "juiz competente da ação principal", portanto do processo criminal que apura o tráfico [...] **A prova obtida se destina a processo criminal, pois os adolescentes, como também é público e notório, estão vinculados ou subordinados a estas organizações criminosas que são comandadas por imputáveis criminalmente. O uso dessa prova, se for o caso, deverá após sua colheita ser remetida ao Juízo da Infância e da Juventude, mas extraídas cópias do procedimento criminal originário**. Pede, por conseguinte, seja provido o recurso para se conceder a ordem requerida. A recorrente Tim Celular S.A., apontando falta de fundamentação para se declarar inexistente o direito líquido e certo, afirma ilegal a interceptação telefônica, porque autorizada por juiz incompetente, porquanto A ordem atacada [...] **foi proveniente do juízo da 2ª Vara da Infância e da Juventude da Comarca da Capital [...], o qual [...] tem competência constitucional exclusivamente para "conhecer das representações promovidas pelo Ministério Público para apuração de ato infracional atribuído a adolescente". Pede, por conseguinte, se reconheça o direito líquido e certo da impetrante, ora recorrente, e, também, a ilegalidade da ordem de interceptação. Admitido o recurso, manifestou-se o Ministério Público Federal pelo provimento parcial do recurso ministerial e pelo desprovimento do recurso interposto pela Tim Celular S.A.** É o relatório. Passo a decidir. Eis a motivação da decisão recorrida: [...] o traficante Erismar Rodrigues Moreira, vulgo Bem-te-vi, vem se utilizando de adolescentes infratores para manter sua política expansionista e subtrair-se da ação da polícia, tendo em vista a inimputabilidade desses agentes... **As investigações foram realizadas no curso do Processo n. 2005.711.001854-3 do Rio de Janeiro, e, assim, estaria o pedido amparado na jurisprudência do Superior Tribunal, como se pode ver do HC 83.632 [8] (Quinta Turma, Ministro Jorge Mussi, DJe de 20/9/2010). No mesmo sentido, o HC 49.179 [9] (Quinta Turma, Ministra Laurita Vaz, DJ de 5/9/2006):** Somente o

69 TÁVORA, Nestor; ALENCAR, Rosmar Rodrigues. Curso de Direito Processual Penal. Salvador: Juspodivm. 2019. p.813.

70 http://genjuridico.com.br/2019/08/21/interceptacao-telefonica-ato-infracional/ Acesso em: 02/11/2020.

juiz natural da causa, a teor do disposto no art. 1.º, Lei n.º 9.296/96, pode, sob segredo de justiça, decretar a interceptação de comunicações telefônicas. No entanto, as informações disponíveis no sítio do Tribunal de Justiça Fluminense noticiam que o feito foi arquivado em 12/8/2010, por força de decisão proferida em 18/12/2009. **Tais as circunstâncias, evidencia-se a perda do objeto deste recurso, razão por que julgo prejudicados os pedidos (art. 38 da Lei n. 8.038/90).** Publique-se. Intimem-se. Brasília, 1º de fevereiro de 2011. Ministro Celso Limongi (desembargador convocado do TJSP) Relator (STJ, RMS 21430, Rel. Min. Celso Limongi (desembargador convocado do TJSP), DJ 21.02.2011)."

PROVA EMPRESTADA

Todos os dados resultantes da interceptação telefônica, autorizados judicialmente, produzidos como prova em investigação criminal ou instrução processual penal, poderão ser utilizados como **prova emprestada**.

Esmera a lição de Ada Grinover[71] com supedâneo nas preciosas lições de Barbosa Moreira:

> "E concordo, aqui também, com a posição sugerida por Barbosa Moreira. O valor constitucionalmente protegido pela vedação das provas ilícitas, no caso das interceptações telefônicas, é a intimidade. Rompida esta, legitimamente, em face do permissivo constitucional, nada mais resta a preservar. Seria uma demasia negar-se a recepção do resultado da prova assim obtida, sob a alegação de que estaria sendo obliquamente vulnerado o comando constitucional. Ainda aqui, mais uma vez, deve prevalecer a lógica razoável."

Entende o STJ que a prova emprestada não está limitada apenas aos processos em que se figuram parte idêntica, de modo "que a prova emprestada sob pena de se reduzir excessivamente sua aplicabilidade, sem justificativa razoável para tanto. Independentemente de haver identidade de partes, o contraditório é o requisito primordial para o aproveitamento da prova emprestada, de maneira que, assegurada às partes o contraditório sobre a prova, isto é, o direito de se insurgir contra a prova e de refutá-la adequadamente, afigura-se válido o empréstimo." (HC 292.800/SC, Rel. Ministro REYNALDO SOARES DA FONSECA, QUINTA TURMA, julgado em 02/02/2017, DJe 10/02/2017).

Ademais, a prova emprestada decorre dos **princípios da economia processual, da unidade da jurisdição e da garantia constitucional da duração razoável do processo** (art. 5º, LXXVIII, da CF) (EDcl no AgRg no REsp 1343856/DF, Rel. Ministro SEBASTIÃO REIS JÚNIOR, SEXTA TURMA, julgado em 01/12/2016, DJe 14/12/2016).

Ainda a utilização de interceptação telefônica como prova emprestada foi utilizada para apuração de **cunho disciplinar** envolvendo o Parlamento. Nesse sentido o STF: "(...) 2. Possibilidade de compartilhamento dos dados obtidos mediante interceptação telefônica, judicialmente autorizada, para o fim de subsidiar apurações de cunho disciplinar. Precedente específico: Segunda Questão de Ordem no Inquérito 2.424 (Ministro Cezar Peluso).(...)." (Inq 2725 QO, Relator(a): Min. CARLOS BRITTO, Tribunal Pleno, julgado em 25/06/2008).

Em outra decisão, o STF valida a tomada de prova emprestada de outro processo-crime no qual observadas as balizas da Lei de regência da interceptação telefônica – de nº 9.296/1996. (HC 137044, Relator(a): Min. MARCO AURÉLIO, Primeira Turma, julgado em 10/10/2017).

Dispõe o ENUNCIADO 03 do FONACRIM que:

> "As provas obtidas por meio de interceptações telefônicas e telemáticas podem ser compartilhadas com outros órgãos, para efeito de responsabilização extrapenal. (Aprovado no I FONACRIM)"

71 GRINOVER, Ada Pellegrini. O regime brasileiro das interceptações telefônicas, Revista Brasileira de Ciências Criminais. São Paulo, IBCCrim, 114/115, jan./mar. 1997.

Importante destacar que o tema prova emprestada ainda possui **divergência em doutrina,** não sendo admitida por parte da doutrina.

Luiz Flávio Gomes[72] sustenta a impossibilidade de que seja emprestada prova produzida no âmbito de interceptação telefônica, pois a mesma somente poderá ser **produzida para fins criminais**, sendo que, por tratar-se de normas restritivas de direitos fundamentais, estas devem ser interpretadas restritivamente. No sentido da impossibilidade o STF: "Consoante dispõe o inciso XII do art. 5º da CF, mostra-se inadequado o compartilhamento de prova que, no campo da exceção – afastamento da privacidade –, implicou interceptação telefônica determinada por órgão judicial e para efeito específico, ou seja, investigação criminal ou instrução processual penal." (Inq 3.014 AgR, rel. min. Marco Aurélio, j. 13-12-2012, P, *DJE* de 23-9-2013).

O Enunciado CGU n.º 18 de 10 de outubro de 2017, prevê que:

> *"É lícita a utilização de interceptações telefônicas autorizadas judicialmente para fins de instrução de procedimento correcional."*.

PROVA EMPRESTADA E CADEIA DE CUSTÓDIA

Há que se ter a disponibilidade da integralidade das conversas advindas dos autos de forma emprestada, para que a defesa possa utilizá-la na defesa, da mesma forma que foi utilizada pela acusação (paridade de armas):

> "(...) 1. A quebra da cadeia de custódia tem como objetivo garantir a todos os acusados o devido processo legal e os recursos a ele inerentes, como a ampla defesa, o contraditório e principalmente o direito à prova lícita. O instituto abrange todo o caminho que deve ser percorrido pela prova até sua análise pelo magistrado, sendo certo que qualquer interferência durante o trâmite processual pode resultar na sua imprestabilidade (RHC 77.836/PA, Rel. Ministro RIBEIRO DANTAS, QUINTA TURMA, julgado em 05/02/2019, DJe 12/02/2019). 2. É dever o Estado a disponibilização da integralidade das conversas advindas nos autos de forma emprestada, sendo inadmissível a seleção pelas autoridades de persecução de partes dos áudios interceptados. 3. A apresentação de parcela do produto extraído dos áudios, cuja filtragem foi estabelecida sem a presença do defensor, acarreta ofensa ao princípio da paridade de armas e ao direito à prova, porquanto a pertinência do acervo probatório não pode ser realizado apenas pela acusação, na medida em que gera vantagem desarrazoada em detrimento da defesa. 4. Reconhecida a nulidade, inegável a superveniência da prescrição, com fundamento no art. 61 do CPP. 5. Recursos especiais providos para declarar a nulidade da interceptação telefônica e das provas dela decorrentes, reconhecendo, por consequência, a superveniência da prescrição da pretensão punitiva do Estado, de ofício." (REsp 1795341/RS, Rel. Ministro NEFI CORDEIRO, SEXTA TURMA, julgado em 07/05/2019, DJe 14/05/2019).

Sobre a necessidade da preservação da cadeia de custódia, já decidiu o STF:

> "(...) 2. Interceptação telefônica e telemática. 3. Súmula Vinculante 14, do STF. Direito de defesa e contraditório. 4. Situação de dúvida sobre a confiabilidade dos dados interceptados juntados aos autos, embasada em elementos concretos. 5. Necessidade de preservação da cadeia de custódia. 6. Possibilidade de obtenção dos arquivos originais, enviados pela empresa Blackberry, sem prejuízo à persecução penal. 7. Procedência para assegurar à defesa o acesso aos arquivos originais das interceptações, nos termos do acórdão.". (Rcl 32722, Relator(a): Min. GILMAR MENDES, Segunda Turma, julgado em 07/05/2019, PROCESSO ELETRÔNICO DJe-261 DIVULG 28-11-2019 PUBLIC 29-11-2019).

---

72 Gomes, Luiz Flávio e Maciel, Sílvio. Interceptação telefônica: comentários à Lei n. 9.296, de 24.07.1996. São Paulo: Editora RT, 2018. p. 71.

IMPROBIDADE ADMINISTRATIVA E INTERCEPTAÇÃO TELEFÔNICA

A interceptação telefônica não se presta, por disciplina constitucional, a apurar ato de improbidade administrativa. Porém, como prova atípica, as interceptações telefônicas ganham destaque para a contribuição na apuração de atos ímprobos.

Há autores que sustentam a impossibilidade de utilização da prova emprestada de interceptações telefônicas para apuração de improbidade administrativa, como José Carlos Barbosa Moreira e Luiz Flávio Gomes[73].

Porém, há que se refletir sobre as ponderações dos interesses em jogo, para que seja admitida e seja possível a utilização de interceptações telefônicas regularmente autorizadas pelo juízo criminal, para fins de empréstimos em outras esferas de responsabilidade, com fundamento na proporcionalidade e razoabilidade.

É possível que seja utilizada a interceptação telefônica como prova emprestada em **ação de improbidade administrativa**, segundo já decidiu o STJ: "(...) Embora a determinação judicial de interceptação telefônica somente caiba no âmbito de inquérito ou instrução criminal (Lei 9.296/1996), isso não impede que, a partir da sua realização, haja pertinente utilização como prova emprestada em Ações de Improbidade que envolvem os mesmos fatos, assegurado o direito à ampla defesa e ao contraditório. (...)". (REsp 1122177/MT, Rel. Ministro HERMAN BENJAMIN, SEGUNDA TURMA, julgado em 03/08/2010, DJe 27/04/2011).

OBJETO DA INVESTIGAÇÃO – INVASÃO DE PRIVACIDADE

A autorização para a interceptação telefônica deve ser requerida de forma a especificar o objeto da investigação, de modo a impedir que sejam realizadas escutas em conversas alheias que não estejam relacionadas diretamente com os fatos a serem apurados.

Além da descrição do objeto da investigação, necessária se faz a indicação e **qualificação dos investigados**, salvo quando for manifestamente impossível de fazê-lo, de maneira fundamentada. Tal descrição, funda-se no controle judicial sobre a legalidade e legitimidade da medida, pois caso não se especifique o objetivo e o objeto da interceptação, a prova poderá ser considerada ilícita.

Nesse sentido já decidiu o STJ que a impossibilidade de identificar todos os envolvidos, se fundamentado, não é óbice para a validação das interceptações: "Em síntese, a medida foi determinada no bojo de uma investigação criminal diante de indícios razoáveis de autoria de infração penal punida com reclusão, restando devidamente descrita a situação objeto da investigação, não sendo possível, contudo, proceder a indicação e qualificação dos investigados, pois que o modus operandi da empreitada criminosa praticada, em tese, dentre outros, por policiais impossibilitou, naquele momento, a perfeita identificação de todos os envolvidos, fato que, inclusive, demonstrava a imprescindibilidade de adoção da medida restritiva da intimidade dos envolvidos." (RHC 22.198/MG, Rel. Ministro FELIX FISCHER, QUINTA TURMA, julgado em 10/02/2009, DJe 23/03/2009).

Insta ainda registrar que o STF já decidiu não ser possível vingar a tese de que a interceptação telefônica dos investigados fere o **direito constitucional ao silêncio**, a não autoincriminação. [HC 103.236, voto do rel. min. Gilmar Mendes, j. 14-6-2010, 2ª T, *DJE* de 3-9-2010].

INTERCEPTAÇÃO TELEFÔNICA "ATIVA"

Segundo já decidiu o STJ, caso o policial se passe pelo proprietário do telefone ao atender o telefone celular durante uma abordagem, caracterizado está a violação do sigilo das

73 CORRÊA FILHO, Hélio Telho. Improbidade Administrativa e a prova emprestada de outras esferas de responsabilidade. *In:* A prova no enfrentamento à macrocriminalidade. Salvador: Juspodivm. 2019. p. 681/682.

comunicações telefônicas, pois o autor da ligação – corréu no processo – foi induzido em erro para que se configurasse a prisão em flagrante, tornando ilícita a prova produzida.

Assim, "(...) ausentes quaisquer das hipóteses que permitissem excepcionar a inviolabilidade do sigilo das comunicações telefônicas, não poderia o agente de segurança pública ter atendido ligação direcionada ao acusado sem o seu consentimento e, ainda, manipulado o diálogo a fim de enganar o outro interlocutor e levá-lo à prisão em flagrante, em uma espécie sui generis de "interceptação telefônica ativa". Ao atender o telefone, forjar a sua identidade e mentir para o corréu, o policial assumiu o papel do real destinatário da ligação e teve acesso – de forma sub-reptícia – ao conteúdo privado de comunicação telefônica destinada exclusivamente ao paciente, circunstâncias que impingem nítida mácula às provas por esse meio colhidas e a todas as que delas derivaram. (...)" (HC n. 695.895/MS, relator Ministro Rogerio Schietti Cruz, Sexta Turma, julgado em 8/11/2022, DJe de 16/11/2022.).

INTERCEPTAÇÃO ENTRE DIÁLOGOS DE ADVOGADOS

O advogado possui a denominada imunidade judiciária, respaldado no disposto no art. 133 da CF, onde confere ao advogado a condição de indispensável à administração da justiça, sendo inviolável, nos limites da lei, por suas manifestações e seus atos.

Por sua vez, o Estatuto da Advocacia (Lei n. 8.906/94), assegura ao advogado a inviolabilidade "de seu escritório ou local de trabalho, bem como de seus instrumentos de trabalho, de sua correspondência escrita, eletrônica, telefônica e telemática, desde que relativas ao exercício da advocacia." (art. 7º, inc. II).

Contudo, há exceções, conforme se observa no **art. 7º, § 6º, do Estatuto da Advocacia**.

Prevê o referido texto legal que: Presentes indícios de autoria e materialidade da prática de crime por parte de advogado, a autoridade judiciária competente poderá decretar a quebra da inviolabilidade de que trata o inciso II do **caput** deste artigo, em decisão motivada, expedindo mandado de busca e apreensão, específico e pormenorizado, a ser cumprido na presença de representante da OAB, sendo, em qualquer hipótese, vedada a utilização dos documentos, das mídias e dos objetos pertencentes a clientes do advogado averiguado, bem como dos demais instrumentos de trabalho que contenham informações sobre clientes.

Ainda, o art. 7º, § 7º, do Estatuto da Advocacia, ressalva o parágrafo anteriormente mencionado, ao estabelecer que "não se estende a clientes do advogado averiguado que estejam sendo formalmente investigados como seus partícipes ou co-autores pela prática do mesmo crime que deu causa à quebra da inviolabilidade.".

Dessa forma, em razão das inviolabilidades do advogado, bem como do sigilo profissional, poderá ser considerada válida a prova obtida por intermédio de uma interceptação telefônica que flagra a conversa de um advogado com um alvo de uma investigação criminal[74]?

Como regra, não é possível que as conversas entre um advogado e o acusado ou investigado sejam utilizadas como provas para incriminá-lo, pois o sigilo profissional do advogado, no exercício da profissão, alinha-se com a própria garantia do devido processo legal (STJ - HC 59.967/SP, Rel. Ministro NILSON NAVES, SEXTA TURMA, julgado em 29/06/2006, DJ 25/09/2006, p. 316).

A resposta alinha-se com as exceções já mencionadas acima, previstas no art. 7º e os parágrafos 6º e 7º, do Estatuto da Advocacia. Na hipótese de uma conversa entre o advogado e o seu cliente, onde aquele passa orientações, não se poderá utilizar como prova os diálogos

---

74 O art. 248 do Projeto de Lei n. 8045/2010 que estabelece um novo Código de Processo Penal, possui a seguinte redação: "Em nenhuma hipótese poderão ser utilizadas para fins de investigação ou instrução processual as informações resultantes de conversas telefônicas entre o investigado ou acusado e seu defensor, quando este estiver no exercício da atividade profissional.".

interceptados. Contudo, caso o **advogado esteja envolvido em práticas criminosas**, ou seja, envolvido com a prática de infrações penais investigadas, a prova obtida através da interceptação telefônica será válida. Dessa forma, não poderá ser objeto de interceptação entre os diálogos profissionais do acusado e o advogado, mas será possível caso o advogado também estiver sendo investigado como coautor ou ainda partícipe dos fatos que são objetos da investigação.

Dessa forma, quando crimes são cometidos no exercício da advocacia, não há isenção de interceptação telefônica. Sobre essa temática, já decidiu o STF:

> "(...) Situação concreta em que as interceptações telefônicas questionadas pela defesa foram autorizadas judicialmente com o objetivo de apurar práticas ilícitas por parte de profissional da advocacia suspeita de agir em favor de grupo organizado com atuação dentro e fora dos presídios. Medida cautelar que demonstrou, com base em dados empíricos idôneos, o envolvimento do paciente em delitos relacionados ao tráfico de entorpecentes. 4. A medida cautelar impugnada foi precedida de diligências preliminares, não sendo possível acolher a alegação de que a persecução criminal está apoiada exclusivamente em denúncia anônima. Medida excepcional que está justificada em dados concretos da causa. Precedentes. (...)." (RHC 125217 AgR, Relator(a): Min. ROBERTO BARROSO, Primeira Turma, julgado em 27/10/2017).

O STJ[75], sobre a imunidade do advogado, decidiu:

> "(...) A imunidade profissional conferida a quem exerce a advocacia não possui caráter absoluto, pois não pode ser suscitada para respaldar o cometimento de eventuais atos ilícitos. Precedentes. (...)" (AgRg no REsp 1692641/PR, Rel. Ministro FELIX FISCHER, QUINTA TURMA, julgado em 20/02/2018).

Quando o advogado se torna suspeito, poderá ainda ser alvo de escuta ambiental ou outra captação ambiental, ainda que ela ocorra dentro de seu próprio escritório.

Assim, já decidiu o STF:

> "(...) PROVA. Criminal. Escuta ambiental e exploração de local. Captação de sinais óticos e acústicos. Escritório de advocacia. Ingresso da autoridade policial, no período noturno, para instalação de equipamento. Medidas autorizadas por decisão judicial. Invasão de domicílio. Não caracterização. Suspeita grave da prática de crime por advogado, no escritório, sob pretexto de exercício da profissão. Situação não acobertada pela inviolabilidade constitucional. Inteligência do art. 5º, X e XI, da CF, art. 150, § 4º, III, do CP, e art. 7º, II, da Lei nº 8.906/94. Preliminar rejeitada. Votos vencidos. Não opera a inviolabilidade do escritório de advocacia, quando o próprio advogado seja suspeito da prática de crime, sobretudo concebido e consumado no âmbito desse local de trabalho, sob pretexto de exercício da profissão. (...)" (Inq 2424, Relator(a): Min. CEZAR PELUSO, Tribunal Pleno, julgado em 26/11/2008, DJe-055 DIVULG 25-03-2010 PUBLIC 26-03-2010 EMENT VOL-02395-02 PP-00341).

É certo que, no curso da interceptação telefônica, poderão ser captadas conversas entre advogado/cliente, fato esse que, por si só, não gerará nulidade da medida, pois não caberá aos executores da medida filtrar as conversas, pois tal valoração e eventual exclusão caberá ao magistrado que é o destinatário da prova. Nesse sentido o STF: "Na hipótese, o magistrado de.9 primeiro grau, por reputar necessária a realização da prova, determinou, de forma fundamentada, a interceptação telefônica direcionada às pessoas investigadas, não tendo, em momento algum, ordenado a devassa das linhas telefônicas dos advogados dos pacientes. Mitigação que pode, eventualmente, burlar a proteção jurídica. Sucede que, no curso da execução da medida, os diálogos travados entre o paciente e o advogado do corréu acabaram, de maneira automática, interceptados, aliás, como qualquer outra conversa direcionada ao ramal do paciente.

75 Conferir ainda outra decisão do STJ: HC 141.062/RS, Rel. Ministro JORGE MUSSI, QUINTA TURMA, julgado em 20/09/2011, DJe 03/11/2011.

Inexistência, no caso, de relação jurídica cliente-advogado. Não cabe aos policiais executores da medida proceder a uma espécie de filtragem das escutas interceptadas. A impossibilidade desse filtro atua, inclusive, como verdadeira garantia ao cidadão, porquanto retira da esfera de arbítrio da polícia escolher o que é ou não conveniente ser interceptado e gravado. Valoração, e eventual exclusão, que cabe ao magistrado a quem a prova é dirigida" [HC 91.867, rel. min. Gilmar Mendes, j. 24-4-2012, 2ª T, *DJE* de 20-9-2012.].

INTERCEPTAÇÃO TELEFÔNICA DE TESTEMUNHAS

É possível a interceptação telefônica de testemunhas, desde que as mesmas estejam envolvidas no crime que estiver sendo apurado. Nessa linha já decidiu o STJ:

> "(...) 2. Na espécie, a existência de inquérito policial no qual se autorizou a interceptação telefônica de duas testemunhas ouvidas nesta ação penal e o fato de as provas obtidas com a quebra do sigilo telefônico haverem sido juntadas após o encerramento da instrução não são suficientes para a anulação do processo, como pretendido, notadamente porque as partes tiveram acesso aos aludidos elementos de convicção antes da prolação de sentença condenatória e sobre eles puderam se manifestar. 3. A defesa não declinou como tais provas poderiam interferir no teor dos depoimentos prestados, não se tratando, outrossim, de elementos de convicção essenciais e determinantes para a formação do convencimento do magistrado, circunstâncias que afastam a ocorrência de prejuízos à defesa e impedem o reconhecimento da nulidade arguida. Precedentes. (...)" (AgRg no RHC 95.554/SP, Rel. Ministro JORGE MUSSI, QUINTA TURMA, julgado em 13/08/2019, DJe 19/08/2019).

MOMENTO PARA QUESTIONAMENTO PARA A ILEGALIDADE DA INTERCEPTAÇÃO

É certo que em primeira oportunidade de manifestação dos autos, a defesa deve questionar eventuais ilegalidades ocorridas no âmbito de uma interceptação telefônica, como na defesa prévia, ou ainda em sede de alegações finais:

> "(...) A inércia atinente à não impugnação, tanto na defesa prévia quanto nas alegações finais de vício na decisão que deferiu a interceptação telefônica e a quebra do sigilo telefônico, resulta na preclusão, conforme art. 572, I, do CPP. (...)"(STJ - AgRg no HC 459.479/SC, Rel. Ministro NEFI CORDEIRO, SEXTA TURMA, julgado em 07/02/2019, DJe 27/02/2019).

Segundo decisões das Cortes Superiores as ilicitudes das interceptações telefônicas não podem ser questionadas nas instâncias superiores, caso não tenham sido **arguidas nas instâncias inferiores**, sob pena de suprir as instâncias.

Nessa linha já decidiu o STF[76]:

> "(...) 1. A controvérsia a respeito da nulidade das interceptações telefônicas não foi analisada pela instância a quo. Desse modo, qualquer juízo desta CORTE sobre a matéria implicaria supressão de instância e violação das regras constitucionais de repartição de competências. Ausente quadro de ilegalidade. 2. A análise das questões fáticas suscitadas pela defesa, de modo a infirmar o entendimento das instâncias ordinárias quanto ao alegado "desvirtuamento da finalidade da interceptação telefônica", demandaria o reexame do conjunto probatório, providência incompatível com a via estreita do habeas corpus. 3. Recurso ordinário desprovido."(RHC 140833, Relator(a): Min. MARCO AURÉLIO, Relator(a) p/ Acórdão: Min. ALEXANDRE DE MORAES, Primeira Turma, julgado em 14/11/2017, PROCESSO ELETRÔNICO DJe-024 DIVULG 08-02-2018 PUBLIC 09-02-2018).

76 Ver ainda o STF: HC 140733, Relator(a): Min. GILMAR MENDES, Segunda Turma, julgado em 09/05/2017.

Nesse sentido o STJ[77]:

> "(...) O eg. Tribunal a quo sequer apreciou a irresignação concernente à eventual existência de outros meios prévios que impediriam a realização da interceptação telefônica, em suposta nulidade ao disposto no art. 2º, inciso II, da Lei 9.296/1996, razão pela qual a análise da quaestio diretamente por esta Corte configuraria indevida supressão de instância. (...)" (HC 378.285/MS, Rel. Ministro FELIX FISCHER, QUINTA TURMA, julgado em 04/04/2017, DJe 25/04/2017).

Também já decidiu o STJ que caso não seja contestada a prova colhida, a matéria estará **preclusa**: "(...) 5. Hipótese em que a defesa teve inúmeras oportunidades antes da prolação da sentença condenatória de contestar a prova colhida por meio das interceptações telefônicas. Assim, não o fazendo em tempo oportuno, incabível agora o seu deferimento, encontrando-se preclusa a matéria, nos termos do art. 571, I, do CPP. (...)" (HC 352.850/PR, Rel. Ministro RIBEIRO DANTAS, QUINTA TURMA, julgado em 02/05/2017, DJe 08/05/2017).

Contudo, o STF[78] já decidiu que é exceção à supressão de instâncias, as hipóteses de **evidente ilegalidade**, ou seja, quando há uma **decisão teratológica**. Assim, tal situação poderá ser aplicada nas hipóteses de interceptação telefônica onde tal situação por ocasião, se assemelhar.

Em sentido contrário, não concordando com o posicionamento da jurisprudência, Luiz Flávio Gomes[79] e Sílvio Maciel:

> "Não concordamos com esse posicionamento jurisprudencial. A ilegalidade das interceptações constitui vício constitucional. A prova é inadmissível, sob pena de flagrante violação a diversos princípios constitucionais, dentre os quais o da inadmissibilidade das provas ilícitas e o do devido processo legal. Assim, se a interceptação constitui prova ilícita evidente, deve o Tribunal conceder habeas corpus de ofício se a questão não foi suscitada pela defesa nas instancias anteriores. Não pode simplesmente o Tribunal invocar a questão da supressão de instância e assim manter-se inerte diante de uma prova inequivocamente ilícita nos autos. A supressão de instância não e algo absoluto, a ponto de convalidar violações a princípios constitucionais."

Sustenta ainda que a ilegalidade de interceptações, em regra, por não exigir valoração de provas, demanda apenas a apreciação dos requisitos constitucionais e legais exigidos para a decretação, admitindo-se, assim, que eventual ilegalidade de interceptação seja discutida e declarada em sede de *habeas corpus*, conforme já decidiu o STJ:

> "(...) 1. Não é cabível a utilização do habeas corpus como substitutivo do recurso adequado. Precedentes. 2 O Superior Tribunal de Justiça admite a impetração de habeas corpus a fim serem apreciadas eventuais ilegalidades em relação ao procedimento de interceptação telefônica, não se tratando de caso que exija valoração de provas. Ilegalidade manifesta na decisão da Corte de origem, que não conheceu do writ originário, manejado no intuito de apreciar eventuais irregularidades na interceptação telefônica, ao argumento de que a providência almejada demandaria análise de material probatório. 3. Habeas corpus não

---

77 Ainda o STJ: HC 365.399/RS, Rel. Ministro REYNALDO SOARES DA FONSECA, QUINTA TURMA, julgado em 21/02/2017, DJe 24/02/2017.

78 STF: "(...) 1. À vista da Súmula 691/STF, de regra, não cabe ao Supremo Tribunal Federal conhecer de habeas corpus impetrado contra decisão do relator pela qual, em habeas corpus requerido a tribunal superior, não se obteve a liminar, sob pena de indevida – e, no caso, dupla – supressão de instância. Sabe-se, porém, que a jurisprudência desta Corte admite seu abrandamento em casos excepcionais (v.g., entre outros, HC 122.670, Relator(a): Min. RICARDO LEWANDOWSKI, Segunda Turma, julgado em 05/08/2013, DJe 15-08-2014; HC 121.181, Relator(a): Min. LUIZ FUX, Primeira Turma, julgado em 22/04/2014, DJe 13-05-2014), quando a decisão impugnada é teratológica, manifestamente ilegal ou abusiva (...)". (HC 129148, Relator(a): Min. TEORI ZAVASCKI, Segunda Turma, julgado em 20/10/2015, PROCESSO ELETRÔNICO DJe-022 DIVULG 04-02-2016 PUBLIC 05-02-2016).

79 Gomes, Luiz Flávio e Maciel, Sílvio. Interceptação telefônica: comentários à Lei n. 9.296, de 24.07.1996. São Paulo: Editora RT, 2018. p. 147.

conhecido. Ordem concedida de ofício, para determinar que o Tribunal de Justiça do Piauí analise o mérito da impetração originária, notadamente quanto à legalidade da interceptação telefônica." (HC 195.226/PI, Rel. Ministro SEBASTIÃO REIS JÚNIOR, SEXTA TURMA, julgado em 20/02/2014, DJe 06/03/2014).

O CNJ, em razão da necessidade de preservar o sigilo das informações dos procedimentos de interceptação telefônica, considerando a possibilidade de burla ao sigilo do referido procedimento por meio de impetração de *habeas corpus* por funcionários de operadoras de telefonia que não figuram como partes ou ainda investigados no feito em que se emana a ordem de interceptação, resolveu recomendar que (Recomendação nº 80/2020):

> "Art. 1º Nos casos de habeas corpus impetrados questionando a legalidade de ordens de interceptação telefônica, de informática ou telemática, recomenda-se aos órgãos julgadores que observem a necessidade de manutenção do sigilo legal das informações provenientes dos autos processuais em que prolatada a ordem de interceptação, a fim de se evitar o seu acesso por terceiros que não sejam os réus e investigados sujeitos à interceptação ou seus procuradores."

INTERCEPTAÇÃO TELEFÔNICA PARA LOCALIZAÇÃO DE FORAGIDOS

O Estado, após o trânsito em julgado da sentença, tem o direito de executar a pena imposta, fazendo que se valha o dever do condenado a cumprir a pena para não ferir o pacto social.

Por sua vez, também é direito da vítima que o seu ofensor sofra as consequências legais que lhes foram impostas, devendo o Estado agir com o máximo esforço para lograr êxito para o início do cumprimento da pena.

Fica assim a questão, as interceptações telefônicas poderiam ser utilizadas para a busca dos foragidos, excepcionalmente?

É possível que haja uma ampliação do uso do mecanismo de defesa do Estado, a interceptação telefônica, para ser utilizada na localização e captura de foragidos?

O CPP português, no art. 187º, prevê que é possível a interceptação telefônica no curso de investigação de crimes previstos no inciso I, "g", que se referem ao crime de evasão, (art. 352, do CPP português), "quando o arguido haja sido condenado por algum dos crimes previstos nas alíneas anteriores".

O sentenciado que fosse procurado em todos os endereços, ou ainda procurado por todos os meios possíveis (receita federal, justiça eleitoral etc.), haveria necessidade de uma **investigação** para fins de localizar o seu paradeiro e efetuar sua prisão.

Assim, como é dever do Estado de capturar os foragidos, de forma eficiente, em casos extremos, é possível que seja utilizada a interceptação telefônica.

Nesse sentido defende CHRISTIANO JORGE SANTOS[80], sustentando que não há impedimento para que seja operacionalizada uma interceptação telefônica para **fins de investigar a localização de "procurados"**, bem como não qualquer óbice constitucional para que a lei seja criada, pois não há contrariedade a nenhum dispositivo constitucional a que se subordina. Continua o referido autor esclarecendo que a CF/88 prevê a possibilidade de intervenção na comunicação para "FINS DE INVESTIGAÇÃO CRIMINAL", porém, o legislador pátrio, restringiu indevidamente o texto constitucional prevendo a possiblidade de "INTERCEPTAÇÃO PARA PROVA EM INVESTIGAÇÃO CRIMINAL". Assim, enfatiza que não há obstáculos da Carta Magna para que haja interceptações telefônicas de qualquer tipo de investigação criminal, não se limitando essa apenas à elucidação de infrações penais.

---

80 SANTOS, Jorge Christiano, ***Interceptação telefônica, segurança e dignidade da pessoa humana*** *in* Tratado Luso-brasileiro da Dignidade Humana. 2ª Ed. São Paulo: Quartier Latin, 2009. p. 803.

Por fim, CHRISTIANO JORGE SANTOS conclui:

> "(...) ser absolutamente possível a providência de interceptação da comunicação telefônica de pessoas relacionadas a foragidos da Justiça para executar ordens de prisão, respeitada a excepcionalidade, que pressupõe a superação das tentativas ordinárias de localização, como também observados todos os requisitos legais, sem que isso signifique ofensa ao princípio da dignidade humana."[81]

Importante o registro, de que a interceptação telefônica de sentenciado foragido não há eventual violação ao princípio da dignidade da pessoa humana.

Nesse sentido defende CHRISTIANO JORGE SANTOS:

> "E se a dignidade da pessoa humana não é feixe de direitos e garantias, não nos parece possível, portanto, confundi-la com princípios da privacidade ou da intimidade, exemplificativamente. Não possuem o mesmo quilate nem a mesma dimensão. Consoante anteriormente exposto, devem estes últimos – assim como os demais princípios – ser interpretados a luz da dignidade humana, todavia, sem com ela confundirem-se.

Nem toda lesão à intimidade ou à privacidade importa ferimento a este valor tão elevado chamado dignidade do ser humano. Por exemplo, a divulgação pela imprensa através da internet da imagem de uma pessoa em trajes de banho num ambiente e em um local particulares, embora possa corresponder a uma conduta invasiva e até atentatória aos mencionados princípios, não ofende a dignidade da pessoa humana, algo, como já exposto, muito mais elevado.

Portanto, quer parecer que, do mesmo modo, a interpretação das comunicações telefônicas de um parente próximo a um foragido da justiça, havendo elementos palpáveis ou suspeitas fundadas de conversas entre eles, não vá ferir a dignidade humana desta pessoa."[82]

Em caso concreto o STF decidiu da ***impossibilidade da interceptação telefônica*** da mulher de francês foragido, ou seja, para fins de execução de mandado de prisão: "STF – Extradição 1.021-2 – República Francesa. Rel . Min. Celso de Mello".

Importante a reflexão sobre outro ponto do trabalho[83], em que há a defesa da possibilidade de um juiz cível autorizar pedidos de interceptação telefônica, em razão da ponderação de conflitos de interesses fundamentais.

Certo também que o STF já relativizou alguns direitos e garantias fundamentais, em razão da necessidade uma ponderação entre conflitos de interesses colocados à apreciação judicial, como por exemplo, a relativização do direito de correspondência[84] e à relatividade da inviolabilidade domiciliar em período noturno no caso de ordem judicial[85].

É certo que a Constituição Federal aponta seus valores e funções descritos em seu preâmbulo, como o de "assegurar o exercício dos direitos sociais e individuais, a liberdade, a segurança, o bem-estar, o desenvolvimento, a igualdade e a justiça como valores supremos de uma sociedade fraterna, (...)". Ainda, como direito fundamental está o direito à segurança, previsto no art. 5º, *caput*, da CF/88.

Nesse contexto, é possível a reflexão de que, ainda que fora do contexto da Lei de Interceptação Telefônica, como na hipótese de interceptação telefônica no juízo cível, seja possível

---

81 SANTOS, Jorge Christiano, ***Interceptação telefônica, segurança e dignidade da pessoa humana*** *in* Tratado Luso-brasileiro da Dignidade Humana. 2ª Ed. São Paulo: Quartier Latin, 2009. p. 807/808.

82 SANTOS, Jorge Christiano, ***Interceptação telefônica, segurança e dignidade da pessoa humana*** *in* Tratado Luso-brasileiro da Dignidade Humana. 2ª Ed. São Paulo: Quartier Latin, 2009. p. 808/809.

83 Ver comentários sobre o art. 1º da Lei de Interceptação Telefônica.

84 [HC 70.814, rel. min. Celso de Mello, j. 1º-3-1994, 1ª T, DJ de 24-6-1994.].

85 (Inq 2424, Relator(a): Min. CEZAR PELUSO, Tribunal Pleno, julgado em 26/11/2008, DJe-055 DIVULG 25-03-2010 PUBLIC 26-03-2010 EMENT VOL-02395-02 PP-00341).

a utilização da medida para a localização de condenado foragido, em razão da garantia fundamental do cidadão à segurança, bem como para que seja observada a ***soberania*** do Estado, emanada do Poder Judiciário.

INTERCEPTAÇÃO DE CONVERSAS DE PESSOAS RELACIONADAS AO FORAGIDO

Partindo do ponto a se permitir a interceptação telefônica de sentenciado foragido, caberia a discussão sobre outro ponto.

É possível ainda questionar a possibilidade de interceptação da conversa de pessoas que se comuniquem – ou se presuma que se comuniquem – com o foragido.[86]

A atual legislação não prevê quem pode ser interceptado numa investigação criminal, buscando provas, ou seja, a Lei de Interceptação Telefônica, é admissível o monitoramento de pessoas que são consideradas inocentes, sem relacionamento com o ilícito que praticaram, da mesma forma que é possível a interceptação de telefones públicos.

Nesse sentido Damásio de Jesus:

> "Em relação ao pólo passivo da interceptação telefônica, a lei não faz restrição. Assim, a autoridade judiciária, desde que necessário e de acordo com os requisitos legais, pode ordenar que a diligência seja feita nas comunicações telefônicas do suspeito, indiciado, réu, vítima, testemunha ou qualquer outra pessoa (física ou jurídica; autoridade pública ou particular). (...) A linha telefônica pode ser de propriedade de um dos interlocutores, de terceiro ou pública (telefone público)."[87]

INTERCEPTAÇÃO TELEFÔNICA PREVENTIVA

Discute-se também se é possível a admissão de modalidade de interceptação telefônica preventiva[88], ou seja, aquelas realizadas não para investigar crimes já praticados, mas para que se possa prevenir a prática de determinados crimes.

No cenário jurídico internacional, a hipótese foi prevista nos Estados Unidos da América, após os atentados terroristas de 11 de setembro de 2001, com a edição do Uniting and Strengthening America by Providing Appropriate Tools Required to Intercept and Obstruct Terrorism (USA PATRIOT ACT) Act of 2001, conhecido como Patriot Act. O ato, para fins de investigações de organizações terroristas, permitiu a realização de investigações preventivas, através de Agências de Inteligência, sem a necessidade de autorização judicial. É possível às agências federais poderes para interceptar comunicações orais, por fios ou eletrônicas desde que relacionadas com terrorismo, bem como é possível realizar a apreensão de mensagens de voz sem mandado, além de medidas de vigilância postergando o pedido de mandado. O Patriot Act, mediante alterações no Fisa, passou a permitir ao FBI a interceptação de comunicações e vigilância eletrônica sem mandado de todo e qualquer suspeito de terrorismo[89].

Também na Itália, no antigo CPP de 1930, o art. 226, sexies, acrescido em 1978, admitia a interceptação telefônica preventiva para crimes graves, contudo, no novo regime, nem a lei

---

86 Nesse sentido, sustentando a possibilidade dessa modalidade de interceptação telefônica: SANTOS, Jorge Christiano, ***Interceptação telefônica, segurança e dignidade da pessoa humana*** *in* Tratado Luso-brasileiro da Dignidade Humana. 2ª Ed. São Paulo: Quartier Latin, 2009. p. 805.

87 SANTOS, Jorge Christiano, ***Interceptação telefônica, segurança e dignidade da pessoa humana*** *in* Tratado Luso--brasileiro da Dignidade Humana. 2ª Ed. São Paulo: Quartier Latin, 2009. p. 805.

88 Sobre o tema conferir: http://www.badaroadvogados.com.br/ano-2010-interceptacao-de-comunicacoes-telefonicas-e-telematicas-limites-ante-o-avanco-da-tecnologia.html. Acesso em 01.07.2019.

89 Sobre o tema conferir: http://www.badaroadvogados.com.br/ano-2010-interceptacao-de-comunicacoes-telefonicas-e-telematicas-limites-ante-o-avanco-da-tecnologia.html. Acesso em 01.07.2019.

delegada, nem o CPP de 1988, previam expressamente a interceptação telefônica preventiva. Porém, o art. 226 das Normas de atuação, coordenação e transitórias, do CPP italiano, por meio de um sistema de reenvio, acabou por "recuperar" a possibilidade de interceptação requerida ao Alto Comissário para a Coordenação da Luta contra a delinquência mafiosa. Foi, assim, introduzida um sistema autônomo para a interceptação preventiva, de forma que fora atribuído poderes ao Ministro do Interior para requerer, inclusive por delegação, ao Procurador da República, a interceptação de conversas e comunicações, seja ela realizada por qualquer meio de comunicação, seja entre presentes, quando a interceptação for par fins de informação e prevenção de delitos de especial gravidade previstos no art. 51.3 bis do CPP italiano. Ressalta-se que os elementos de provas obtidos por tais interceptações telefônicas preventivas, em razão de expressa disposição de lei, não possuem valor probatório para fins processuais, pois são utilizados com os fins exclusivos de elementos de investigação.

O sistema constitucional e legal brasileiro não admite a interceptação telefônica preventiva. A interpretação do art. 5º, inc. XII, da CF/88 não admite esse tipo de interceptação telefônica preventiva. A CF/88 e a Lei de Interceptação Telefônica admitem o mecanismo de obtenção de prova para fins de apuração de uma infração penal.

Pode-se pensar, hipoteticamente, que no caso de Estado de Defesa se admitiria tal espécie de interceptação, a luz do art. 136 da CF/88, desde que houvesse lei prévia que estabelecesse seus limites e os termos.

GRAVAÇÕES PELA VÍTIMA DO CRIME

Os tribunais superiores, de forma geral, sempre reconheceram a licitude de gravações realizadas pelas vítimas de crimes, pois, trata-se de hipóteses de legitima defesa, ou outra excludente a ser considerada, e ainda para proteger a inviolabilidade das gravações nessas hipóteses, seria servir de proteção à práticas delitivas. Ademais, é direito da vítima poder fazer ou autorizar que sejam feitas gravações de ofensas a ela dirigida contra seus bens jurídicos.

Nesse sentido STF:

> "(...) Utilização de gravação de conversa telefônica feita por terceiro com a autorização de um dos interlocutores sem o conhecimento do outro quando há, para essa utilização, excludente da antijuridicidade. - Afastada a ilicitude de tal conduta - a de, por legítima defesa, fazer gravar e divulgar conversa telefônica ainda que não haja o conhecimento do terceiro que está praticando crime -, é ela, por via de conseqüência, lícita e, também conseqüentemente, essa gravação não pode ser tida como prova ilícita, para invocar-se o artigo 5º, LVI, da Constituição com fundamento em que houve violação da intimidade (art. 5º, X, da Carta Magna). "Habeas corpus" indeferido." (HC 74678, Relator(a): Min. MOREIRA ALVES, Primeira Turma, julgado em 10/06/1997).

Na mesma linha argumentativa e fundamento, algumas decisões do STJ:

> "As liberdades públicas não podem ser utilizadas como um verdadeiro escudo protetivo da prática de atividades ilícitas, tampouco como argumento para afastamento ou diminuição da responsabilidade civil ou penal por atos criminosos, sob pena de total consagração ao desrespeito a um verdadeiro Estado de Direito. Dessa forma, aqueles que, ao praticarem atos ilícitos, inobservarem as liberdades públicas de terceiras pessoas e da própria sociedade, desrespeitando a própria dignidade da pessoa humana, não poderão invocar, posteriormente, a ilicitude de determinadas provas para afastar suas responsabilidades civil e criminal perante o Estado (...)" (Alexandre de Moraes, in Constituição do Brasil Interpretada e Legislação Constitucional, 2ª Edição, 2003, São Paulo, Editora Atlas, páginas 382/383).
> 2. Não há falar em ilicitude da prova que se consubstancia na gravação de conversação telefônica por um dos interlocutores, vítima, sem o conhecimento do outro, agente do crime. (...)" (RHC 12.266/SP, Rel. Ministro HAMILTON CARVALHIDO, SEXTA TURMA, julgado em 09/09/2003, DJ 20/10/2003, p. 298).

Sobre o tema discutido conferir ainda outras decisões do STJ no HC 23.891/PA, Rel. Ministro FELIX FISCHER, QUINTA TURMA, julgado em 23/09/2003, DJ 28/10/2003, p. 308; HC 29.174/RJ, Rel. Ministro JORGE SCARTEZZINI, QUINTA TURMA, julgado em 01/06/2004, DJ 02/08/2004, p. 440; e RHC 14.041/PA, Rel. Ministro JOSÉ ARNALDO DA FONSECA, QUINTA TURMA, julgado em 20/11/2003, DJ 09/12/2003, p. 296.

GRAVAÇÕES EM ESPAÇOS PÚBLICOS

Nas hipóteses de gravações, ou mesmo filmagens, em locais públicos, onde não se vislumbra questões relativas a privacidade, poderá haver uma gravação, ainda que sem ordem judicial, não se podendo alegar ofensa a intimidade ou ainda a privacidade. Sobre o tema já se debruçou o STF:

> "(...) Filmagem realizada, pela vítima, em sua própria vaga de garagem, situada no edifício em que reside - Gravação de imagens feita com o objetivo de identificar o autor de danos praticados contra o patrimônio da vítima - Legitimidade jurídica desse comportamento do ofendido - Desnecessidade, em tal hipótese, de prévia autorização judicial - Alegada ilicitude da prova penal - Inocorrência - Validade dos elementos de informação produzidos, em seu próprio espaço privado, pela vítima de atos delituosos (...)." (HC 84203, relator(a): Min. Celso de Mello, segunda turma, julgado em 19/10/2004, dje-181).

Sobre as salas de bate-papo, o STJ já decidiu que as conversas ali travadas não se sujeitam ao sigilo das comunicações, pois esses ambientes são públicos e destinados a conversas informais:

> "(...) 1. A conversa realizada em "sala de bate papo" da internet, não está amparada pelo sigilo das comunicações, pois o ambiente virtual é de acesso irrestrito e destinado a conversas informais. (...)" (RHC 18.116/SP, Rel. Ministro HÉLIO QUAGLIA BARBOSA, SEXTA TURMA, julgado em 16/02/2006, DJ 06/03/2006, p. 443).

Sobre a decisão do STJ, posição contrária de Luiz Flávio Gomes e Silvio Maciel[90], para quem as salas de bate-papo devem ser abrangidas pela proteção do sigilo, pois embora possa parecer que as conversas sejam "informais", não significa que esteja ausência de privacidade, pois pode-se conversar sobre, por exemplo, um relacionamento amoroso, tornando-se, assim, uma conversa íntima e reservada.

GRAVAÇÕES PARA OBTENÇÃO DE CONFISSÃO

O STF já admitiu que a gravação de entrevista de indiciado com autoridade policial como prova válida, em que pese não haja notícia de ser uma gravação clandestina ou não:

> "(...) Não se conhece do habeas corpus quanto à alegação de falta de exame de corpo de delito, porquanto, não tendo apelado o ora paciente, só o fazendo os co-réus, esse tema não foi examinado pelo Tribunal Regional Federal. - Licitude de prova consistente em gravação de entrevista de indiciados com autoridades policiais, a qual incrimina terceiros. Precedentes do S.T.F.: HC 69.818. - Prova extrajudicial que tem apoio na prova colhida em juízo. Ademais, ainda que assim não fosse, as circunstâncias relativas à prova extrajudicial (que não foi colhida em inquérito policial, mas em sindicância que visava a apurar o envolvimento de delegado federal com a quadrilha de traficantes) concernente à gravação em causa, que foi objeto de amplo contraditório em juízo, bastariam para a condenação, por não terem sido infirmadas pela prova obtida na fase judicial, mas, ao contrário, se ajustado a ela. Habeas corpus conhecido em parte, mas nela indeferido." (HC 73513, Relator(a): Min. MOREIRA ALVES, Primeira Turma, julgado em 26/03/1996, DJ 04-10-1996).

---

90 Gomes, Luiz Flávio e Maciel, Sílvio. Interceptação telefônica: comentários à Lei n. 9.296, de 24.07.1996. São Paulo: Editora RT, 2018. p. 45.

INTERCEPTAÇÃO TELEFÔNICA E FLAGRANTE ESPERADO

Já decidiu o STJ que é possível que ocorra prisão em flagrante em razão de interceptação telefônica legítima, pois configura-se hipótese de flagrante esperado, não o flagrante preparado ou provocado:

> "(...) 4. Caracteriza-se a situação de flagrante preparado, quando a atividade policial provoca ou induz o agente ao cometimento do crime, não se confundindo com o chamado flagrante esperado, como se dá na espécie em exame. A partir dos elementos contidos nos autos, a ação da polícia se limitou a monitorar, por meio de escutas telefônicas autorizadas judicialmente, os contatos mantidos entre o primeiro paciente, interno do sistema carcerário, e os demais acusados, agindo, quando das prisões efetuadas, para frustrar a atividade criminosa já então em curso. (...)". (HC 89.808/SP, Rel. Ministro NAPOLEÃO NUNES MAIA FILHO, QUINTA TURMA, julgado em 27/03/2008, DJe 22/04/2008).

ATENDIMENTO DE LIGAÇÃO TELEFÔNICA DURANTE O FLAGRANTE

O STJ reconhece a legalidade da conduta do ***atendimento de celular do acusado preso em flagrante delito***, pois não se trata de hipótese de interceptação telefônica:

> "(...) No caso em questão, porém, conforme pontuado pelo Tribunal a quo, não houve devassa do conteúdo do celular do acusado preso em flagrante. Ocorreu, em suma, que "(...) na realidade, o telefone de Adriano tocou durante a sua imobilização pelos agentes públicos e, imediatamente, foi atendido por um dos policiais. A partir disso, surgiu a forte suspeita de participação da apelante na conduta criminosa, por ser a interlocutora e iniciar o diálogo antes mencionado". 7. Há jurisprudência desta Corte Superior reconhecendo a legalidade de tal conduta - atender ligação proveniente do celular do acusado durante o flagrante - a uma porque não se verifica quadro de interceptação, pois não estão presentes os requisitos da Lei n. 9.296/1996, a outra pois tem se entendido que em tal cenário há escorreito procedimento policial, a legitimar a ação. A propósito, conferir: HC 55.288/MG, Rel. Ministra ALDERITA RAMOS DE OLIVEIRA (DESEMBARGADORA CONVOCADA DO TJ/PE), SEXTA TURMA, julgado em 2/4/2013, DJe 10/05/2013; AREsp 1.244.804/DF. Ministro JORGE MUSSI, DJe 1/8/2018; e HC 378.775/SP. Ministro REYNALDO SOARES DA FONSECA, DJe 7/12/2017. (...)" (HC 446.102/SC, Rel. Ministro RIBEIRO DANTAS, QUINTA TURMA, julgado em 04/06/2019, DJe 11/06/2019).

Em outra decisão o STJ decidiu que não "há se falar interceptação telefônica sem autorização judicial, se o policial atendeu ligação de terceiro, com a ciência do possuidor do celular (o qual era objeto de furto), e sem se valer de artifício, ou mesmo ocultação de sua identidade para obter informações do interlocutor." (STJ; AgRg-HC 530.794; Proc. 2019/0261161-0; SP; Quinta Turma; Rel. Min. Ribeiro Dantas; Julg. 01/09/2020; DJE 08/09/2020).

Art. 3º. A interceptação das comunicações telefônicas poderá ser determinada pelo juiz, de ofício ou a requerimento:

I – da autoridade policial, na investigação criminal;

II – do representante do Ministério Público, na investigação criminal e na instrução processual penal.

CONTROLE JUDICIAL PRÉVIO DA LEGALIDADE

Somente através de "ordem judicial" poderá ser deferida a medida de interceptação telefônica. Trata-se de **atividade judicial exclusiva**, não podendo fazê-la nem a autoridade policial, tampouco o Ministério Público.

Dessa forma, adotou-se o **sistema de verificação prévia de controle da legalidade**, e não o controle da verificação posterior de legalidade.

Assim, será o juiz quem controlará a legalidade da medida, antes dela determinada, de modo que, ainda que na hipótese de urgência, a medida não poderá ser determinada pelo Ministério Público, ou outra Instituição, para posterior análise do Poder Judiciário, para fins de verificação da legalidade.

Não basta que seja uma medida a ser determinada por um juiz, esse juiz deve ser um juiz "competente", de acordo com as normas constitucionais de competência penal e as normas processuais penais sobre o tema.

Importante ainda diferenciar o controle judicial, do **controle operacional**, sendo o último conferido à autoridade policial, nos termos em que determina o art. 6º da Lei n. 9.296/96.

LEGITIMIDADE

Segundo disposição legal, são legitimados para propor a realização de interceptação telefônica:

a) o Juiz, de ofício;

b) requerida pela autoridade policial, na investigação criminal; e

c) pelo membro do Ministério Público, no âmbito da investigação criminal ou do processo penal[91].

Sobre a possibilidade de **concessão de ofício**, pelo Juiz, da medida de interceptação telefônica, maiores comentários serão tecidos abaixo.

A autoridade policial possui a pertinência de realizar a representação de interceptação telefônica na fase de investigação criminal. Muito embora não haja previsão legal, se faz necessária a **oitiva do Ministério Público** em referidos pedidos, nas mesmas situações em que ocorre nas hipóteses de prisão temporária, prisão preventiva, na medida em que se trata do titular da ação penal pública e o destinatário de toda a investigação.

Nesse sentido a análise de Ada Grinover[92]:

> "Em primeiro lugar, o Ministério Público, a quem as diligências se destinam, por incumbir-lhe a formulação da acusação e sua condução ao longo do processo, não deveria ser simplesmente cientificado da ocorrência e do resultado da interceptação já consumada, cabendo-lhe inquestionavelmente papel mais ativo, seja no tocante ao pedido de interceptação formulado pela policia – sobre o qual deveria manifestar-se previamente -, seja no que tange a seu acompanhamento. Mais um ponto em que o juiz deverá suprir às deficiências da lei."

---

91 O art. 249 do Projeto de Lei n. 8045/2010 que estabelece um novo Código de Processo Penal, possui a seguinte redação: "O pedido de interceptação de comunicações telefônicas será formulado por escrito ao juiz competente, mediante requerimento do Ministério Público ou da defesa, ou por meio de representação do delegado de polícia, ouvido, neste caso, o Ministério Público, e deverá conter:

I – a descrição precisa dos fatos investigados;

II – a indicação de indícios suficientes de materialidade do crime investigado;

III – a qualificação do investigado ou acusado, ou esclarecimentos pelos quais se possa identificá-lo, salvo impossibilidade manifesta devidamente justificada;

IV – a demonstração da estrita necessidade da interceptação e de que informações essenciais à investigação ou instrução processual não poderiam ser obtidas por outros meios;

V – a indicação do código de identificação do sistema de comunicação, quando conhecido, e sua relação com os fatos investigados;

VI – a indicação do nome da autoridade responsável por toda a execução da diligência."

92 GRINOVER, Ada Pellegrini. O regime brasileiro das interceptações telefônicas, Revista Brasileira de Ciências Criminais. São Paulo, IBCCrim, 114/115, jan./mar. 1997.

A **Resolução n. 36/09 do CNMP**, prevê que o membro do Ministério Público deverá acompanhar o procedimento de interceptação telefônica feito em inquérito policial, sendo obrigatória sua cientificação, de acordo com o artigo 6º da Lei nº 9.296/96, devendo manifestar-se, expressamente, sobre a legalidade do pedido.

Ainda, segundo a referida Resolução, nos inquéritos policiais em que houver quebra de sigilo de comunicações, deferida na forma da lei, necessariamente, o membro do Ministério Público deverá manter o controle sobre o prazo para sua conclusão, devendo, esgotado o prazo legal do inquérito policial, requisitar da autoridade policial responsável a remessa imediata dos autos ao juízo competente.

DA LEGITIMIDADE DO MINISTÉRIO PÚBLICO

O Ministério Público, por sua vez, poderá requerer a interceptação telefônica tanto na fase policial, como na fase processual.

Tendo que em vista que a jurisprudência[93] tem admitido o poder de investigação criminal pelo Ministério Público, não há óbices para que possa ser requerida a interceptação telefônica no âmbito de um procedimento investigatório próprio do Ministério Público. Ou seja, não há necessidade que o pedido de interceptação telefônica seja realizado dentro de inquérito policial já em andamento.

Também não há ilegalidade caso a interceptação telefônica tenha sido realizada fora de um inquérito policial, segundo já decidiu o STJ: "(...) Não se constata qualquer ilegalidade no deferimento da quebra de sigilo telefônico sem a prévia instauração de inquérito policial, já que a medida cautelar foi deferida no âmbito de procedimento investigatório deflagrado pela Polícia Federal com a participação do Ministério Público Estadual. Precedentes. (...)" (RHC 79.999/MG, Rel. Ministro JORGE MUSSI, QUINTA TURMA, julgado em 21/02/2017, DJe 03/03/2017).

A Resolução n. 36/09 do CNMP regulamenta os pedidos de interceptação telefônica no âmbito do Ministério Público.

O art. 1º, *caput*, da Resolução n. 36/09 do CNMP, estabelece que o membro do Ministério Público, ao requerer ao juiz competente da ação principal, na investigação criminal ou na instrução processual penal, medida cautelar, de caráter sigiloso em matéria criminal, que tenha por objeto a interceptação de comunicação telefônica, de telemática ou de informática e, ao acompanhar o procedimento de interceptação feito pela autoridade policial, nos termos do artigo 6º, da Lei nº 9.296/96, deverá observar o disposto na Resolução mencionada.

Por algum tempo foi questionada a constitucionalidade da possibilidade de que ocorra a interceptação telefônica no âmbito do Ministério Público.

No julgamento da ADI 4363, o Plenário do Supremo Tribunal Federal (STF) declarou a validade constitucional da Resolução 36/2009, do Conselho Nacional do Ministério Público (CNMP), que dispõe sobre o pedido e a utilização das interceptações telefônicas pelos membros do Ministério Público, nos termos da Lei 9.296/1996 (Lei das Interceptações Telefônicas).

---

93 O STF já decidiu, em repercussão geral reconhecida, que o Ministério Público possui competência e autoridade própria para **promover**, por um prazo razoável, **investigação de natureza penal**, desde que respeitados os direitos e garantias constitucionais que assistem a quaisquer pessoas que estejam sendo investigadas pelo Estado (RE 593727, Relator(a): Min. CEZAR PELUSO, Relator(a) p/ Acórdão: Min. GILMAR MENDES, Tribunal Pleno, julgado em 14/05/2015, ACÓRDÃO ELETRÔNICO REPERCUSSÃO GERAL – MÉRITO DJe-175 DIVULG 04-09-2015 PUBLIC 08-09-2015). Ainda, a tese do poder investigatório também tem acolhida no STJ, ressaltando que o Ministério Público possui a prerrogativa de instaurar **procedimento administrativo de investigação** e conduzir diligências investigatórias cíveis e criminais (HC 351.763/AP, Rel. Ministro REYNALDO SOARES DA FONSECA, QUINTA TURMA, julgado em 24/05/2016, DJe 01/06/2016).

Havia um questionamento junto à Procuradoria-Geral da República (PGR), alegando que o CNMP agiu além de sua competência constitucional de regulamentar, tanto com invasão da autonomia funcional dos membros do Ministério Público, como por ter inovado o ordenamento jurídico.

O relator do julgamento, ministro Luís Roberto Barroso, seguido pela maioria, firmou entendimento de que a resolução se baseia na lei e, portanto, o CNMP não exorbitou do poder regulamentador que lhe foi atribuído pela Constituição Federal. A resolução questionada apenas disciplinou a conduta do Ministério Público nas hipóteses de interceptação telefônica, não criando normas materiais de direito penal ou de direito processual penal, pois não há qualquer previsão de nulidade, apenas eventuais sanções administrativas para o membro do Ministério Público que venha a descumpri-la.

Ainda segundo a decisão, se o Conselho Nacional do Ministério Público tem competência para punir o membro do Ministério Público que atue em desconformidade com a normatização adequada, o Conselho evidentemente também tem a competência para definir, em abstrato, qual é o comportamento exigido. Ficou decidido que a resolução não cria requisitos formais de validade para a interceptação, apenas normas administrativas que servirão para nortear a atuação do Ministério Público nos casos de interceptação telefônica, sendo tal medida benéfica ao jurisdicionado, em razão de uniformizar procedimentos destinados a manter o dever de sigilo, um dos deveres funcionais dos membros do MP.

O pedido realizado no juízo competente, pelo membro do Ministério Público, em procedimento de investigação criminal ou na instrução de processo penal, **deverá conter no mínimo**:

I – a fundamentação do pedido e a documentação necessária;

II – a indicação dos números dos telefones a serem interceptados, e/ou o nome do usuário, a identificação do e-mail, se possível, no caso de quebra de sigilo de informática e de telemática, ou, ainda, outro elemento identificador no caso de interceptação de dados;

III – o prazo necessário da interceptação requerida;

IV – a indicação dos titulares dos referidos números;

V – os nomes dos membros do Ministério Público, também responsáveis pela investigação criminal, e dos servidores que terão acesso às informações.

De forma excepcional, o membro do Ministério Público poderá formular o pedido de interceptação **verbalmente**, observando os requisitos acima, que deverão ser reduzidos a termo.

O membro do Ministério Público responsável pela investigação criminal, pelo pedido durante a instrução processual penal ou pelo acompanhamento do procedimento requerido pela autoridade policial, poderá requisitar os serviços e os técnicos especializados às concessionárias de serviço público, nos termos do artigo 129, incisos VI, VIII e IX, da Constituição Federal.

Caso haja necessidade de pedido de prorrogação, o membro do Ministério Público deverá apresentar ao Juiz competente ou ao servidor que for indicado os áudios (CD/DVD) com o inteiro teor das comunicações interceptadas, indicando neles os trechos das conversas relevantes à apreciação do pedido de prorrogação e o relatório circunstanciado das investigações que está a proceder, com o seu resultado.

Na hipótese de receber ou movimentar, ou ainda guardar os autos e documentos sigilosos, quando recebidos em carga, mediante recibo, o membro do Ministério Público deverá tomar as medidas cabíveis para que o acesso aos dados atenda às cautelas necessárias à segurança das informações e ao sigilo legal.

Se houver violação do sigilo, o Ministério Público deverá **requisitar** as medidas destinadas à sua apuração, e, na hipótese dos fatos ocorrem no âmbito do Ministério Público, deverá ser comunicada à respectiva Corregedoria-Geral e ao Procurador-Geral.

Após o cumprimento da medida solicitada, seja no prazo assinalado ou no prazo prorrogado, o membro do Ministério Público, nos procedimentos de investigação criminal que está promovendo, deverá encaminhar ao Juiz competente o resultado da interceptação, acompanhado de relatório circunstanciado, que deverá conter o resumo das diligências e procedimentos adotados, bem como as medidas judiciais consequentes a este meio de prova.

RÉU, VÍTIMA E ASSISTENTE DE ACUSAÇÃO

A defesa não possui previsão no rol de legitimados para formular o pedido de interceptação telefônica, de acordo com o texto legal. O réu, através de seu advogado, em **requerimento formulado pela defesa**, poderá requerer ao Magistrado, a interceptação telefônica, em homenagem ao princípio da ampla defesa. Ainda é possível que a defesa requeira ao Juiz a interceptação telefônica de terceiro, ainda que não corréu, que poderá contribuir para a inocência do acusado[94]. Esse é o entendimento de Nucci.

Luiz Flávio Gomes[95] também sustenta que a defesa poderá, em razão do princípio da paridade de tratamento, ainda que de forma excepcional, requerer a interceptação telefônica para defesa de um direito do suspeito ou acusado, pois segundo o texto constitucional, a interceptação telefônica deve atender aos fins criminais, não distinguindo se para a acusação ou para a defesa.

Contudo, em **posicionamento contrário**, Renato Brasileiro[96] sustenta que o silêncio do legislador foi eloquente, ou seja, **não** é **permitido** a defesa requer, diretamente, ao Juiz a interceptação telefônica, contudo, pode o acusado ou defensor instar a autoridade policial ou o Ministério Público para que exerçam a sua legitimidade.

A Lei também não prevê a possibilidade de a vítima realizar o pedido de interceptação telefônica, seja habilitado ou não no processo como assistente. O assistente de acusação poderia pleitear ao Juiz, de forma direta, a realização da prova. Contudo, sustenta Vicente Greco Filho que o pedido do assistente para a realização de interceptação telefônica deverá ser solicitado a autoridade policial ou ao promotor de Justiça, para estes encaminharem ao Juiz o pleito[97]. A vítima por sua vez, poderá sugerir tanto à autoridade policial, como ao Ministério Público que realizem a diligência.

CRIMES DE AÇÃO PENAL PRIVADA

Como titular do polo ativo da demanda, na hipótese de ação penal privada exclusiva ou subsidiária da pública, o querelante está legitimado a fazer o requerimento de interceptação telefônica diretamente ao Juiz. Nesse sentido defende Guilherme Nucci[98].

No mesmo sentido, Luiz Flávio Gomes e Silvio Maciel[99], para quem o querelante, titular da ação e com ônus probatório, poderá requerer ao juiz a interceptação telefônica, caso não haja outro meio de obter a prova, pois a negativa ao querelante afrontaria o direito ao contraditório e do devido processo legal, de forma a privá-lo de comprovar os termos da acusação.

---

94 Nucci, Guilherme de Souza. Leis Penais e Processuais Penais Comentadas vol. 1. 10ª ed. rev. ampl. e atual. Rio de Janeiro: Forense, 2017.p. 573.

95 Gomes, Luiz Flávio e Maciel, Sílvio. Interceptação telefônica: comentários à Lei n. 9.296, de 24.07.1996. São Paulo: Editora RT, 2018. p. 164.

96 Brasileiro, Renato. Legislação Criminal Especial Comentada. 3ºed. rev. ampl. e atual. Salvador: Juspodivm. p. 162.

97 Nucci, Guilherme de Souza. Leis Penais e Processuais Penais Comentadas vol. 1. 10ª ed. rev. ampl. e atual. Rio de Janeiro: Forense, 2017.p. 573.

98 Nucci, Guilherme de Souza. Leis Penais e Processuais Penais Comentadas vol. 1. 10ª ed. rev. ampl. e atual. Rio de Janeiro: Forense, 2017.p. 573.

99 Gomes, Luiz Flávio e Maciel, Sílvio. Interceptação telefônica: comentários à Lei n. 9.296, de 24.07.1996. São Paulo: Editora RT, 2018. 163.

RECURSOS CONTRA (IN) DEFERIMENTO DO PEDIDO DE INTERCEPTAÇÃO TELEFÔNICA

Caso haja o **indeferimento** da interceptação telefônica não seria possível a interposição do recurso em sentido estrito, pois não estão presentes as hipóteses do art. 581 do CPP, bem como não seria caso de apelação, pois não se trata de questão que envolve mérito, nem decisão com força de definitiva[100].

Certo é que em Tribunais Regionais[101], bem como já foi encontrado dentro do STJ[102], decisões que admitem a possibilidade de Recurso em Sentido Estrito.

Já decidiu o STJ que **não cabe o recurso de apelação** contra a decisão que indefere medida cautelar de interceptação telefônica. Nesse sentido o STJ: "(...) No caso, o ora recorrente interpôs apelação, na origem, contra decisão que indeferiu pedidos de interceptação telefônica realizados pela autoridade policial para investigar eventual prática de tráfico de armas (fls. 7/8). Ao examinar a insurgência, o acórdão recorrido estabeleceu: "tratando-se de decisão de natureza interlocutória, diversamente do que ocorre no processo civil, em que podem ser impugnadas pelo agravo (CPC, art. 522), no processo penal a regra é sua irrecorribilidade, com as exceções previstas no art. 581 do CPP e em algumas leis especiais. Poderão ser examinadas por ocasião do recurso, pois não serão atingidas pela preclusão, ou, então, impugnadas por habeas corpus, mandado de segurança, correição parcial ou reclamação." (fls. 41) Nesse contexto, o Tribunal de origem entendeu que a decisão que indeferiu o pedido de cautelar "trata-se de decisão interlocutória" e não de decisão com força de definitiva (fls. 33). Logo, incabível apelação, *in casu*. Diante disso, não merece reparo o decisum estadual, consoante a jurisprudência do STJ: "A apelação interposta não teria realmente condições de seguir adiante, pois a decisão objurgada não é definitiva e nem tem força para tanto." (REsp 230.003/RO, Rel. Ministro José Arnaldo da Fonseca, Quinta Turma, DJ 04/02/2002) A doutrina pátria, sobre o tema, leciona: "a decisão interlocutória resolve questão incidente, como está expresso no art. 162, § 2º, do CPC. Isso significa que a decisão incide sobre questões que são resolvidas para uma adequada preparação do julgamento final, ou para completá-lo." (MARQUES, José Frederico. "Manual de Direito Processual Civil", 1ª ed., v. III, nº. 537). Diante disso, sobre a pretensão acerca do cabimento de apelação contra decisão interlocutória, não assiste razão ao recorrente. (...)". (STJ – RECURSO ESPECIAL Nº 931.484 – SC (2007/0048844-8) RELATOR: MINISTRO CELSO LIMONGI – DESEMBARGADOR CONVOCADO DO TJ/SP).

O Recurso de Apelação é sustentado por Eugênio Pacelli e Douglas Fischer:

> "Decisões definitivas ou com força de definitivas que não sejam atacáveis por recurso em sentido estrito (inciso II): Já o inciso II do art. 593 do CPP prevê a possibilidade de apelação contra as decisões definitivas ou com força de definitivas proferidas pelo juiz singular e que não se enquadre nas hipóteses elencadas no art. 581, CPP. Nessas situações, não há se falar, tecnicamente, em sentença. [...] Aí se enquadram inúmeras hipóteses, podendo-se elencar as mais correntes as decisões que: [...] d) indeferem buscas e apreensões, quebras de sigilos e interceptações telefônicas."[103]

---

100 O art. 251 do Projeto de Lei n. 8045/2010 que estabelece um novo Código de Processo Penal, possui a seguinte redação: "Contra decisão que indeferir o pedido de interceptação caberá agravo, na forma do art. 474, podendo o relator na instância ad quem, em decisão fundamentada, autorizar liminarmente o início da diligência.
Parágrafo único. O agravo tramitará em segredo de justiça e será processado sem a oitiva do investigado ou acusado, a fim de resguardar a eficácia da investigação.".

101 TJMS, Agravo Regimental nº 1401829-36.2014.8.12.0000, rel. Manoel Mendes Carli, Seção Criminal, j. 25.03.2014.

102 STJ, REsp n. 1013427-RO, rel. min. Felix Fischer, 5ª Turma, unânime, j. 03.02.2009.

103 FISCHER, Douglas; PACELLI, Eugênio. *Comentários ao código de processo penal e sua jurisprudência*. 7ª ed. São Paulo: Atlas, 2015, p. 1212.

Ainda, na mesma linha, defendendo a possibilidade do Recurso de Apelação, era o entendimento de Damásio de Jesus[104].

Segundo Luiz Flávio Gomes[105] não restaria outra medida senão a impetração de **mandado de segurança**. Já na hipótese do indeferimento de representação da autoridade policial, tal decisão será irrecorrível. No mesmo sentido Renato Brasileiro[106], quando preenchidos todos os requisitos previstos na Lei e a decretação da interceptação for medida que se impõe, caso indeferido o pedido, restaria a hipótese de manejar o mandado de segurança.

Contudo, na hipótese de impetração de mandado de segurança, não seria possível a aplicação da Súmula n. 701 do STF[107]. **Não** será possível que seja determinada a realização da **citação do acusado,** para figurar como litisconsorte passivo necessário, pois do contrário, o mesmo tomaria ciência prévia da interceptação telefônica e inutilizará a medida recursal para fins da medida citada.

Sustenta Nucci[108] que caberá **correição parcial**, pois trata-se de uma forma de tumultuar a colheita de provas.

A correição parcial cabe para corrigir, em procedimentos judiciais ou processos, ato, omissão ou despacho do juiz, decorrente de erro, omissão, abuso ou ato tumultuário (*error in procedendo*) e para os quais não há previsão de outro recurso.

Nos estados a previsão da correição parcial deverá estar em constituições estaduais, leis estaduais, em especial nas leis de organização judiciária, além dos regimentos internos dos tribunais.

Na hipótese da justiça federal há previsão no art. 6º, inc. I, da Lei federal nº 5.010/66[109].

O art. 498 do Código de Processo Penal Militar[110] também prevê expressamente a correição parcial.

Por outro norte, caso seja deferida o pedido de interceptação telefônica é possível que seja interposto *habeas corpus*. É certo que a defesa, nem o investigado serão intimados da decisão, contudo, posteriormente, após realizada a interceptação, poderá a defesa discutir a legalidade da medida, como, por exemplo, a questão da competência do juiz.

SENHAS GENÉRICAS

Não será possível o fornecimento de **senhas genéricas** pelo Poder Judiciário às autoridades civis, pois as mesmas não se submetem a um controle específico e dificultam o controle judicial dos dados sigilosos, muito embora, tais senhas facilitavam o trabalho policial.

---

104 JESUS, Damásio Evangelista de. *Interceptação de comunicações telefônicas: notas à Lei n. 9.296/96*, RT, 735/458.

105 Gomes, Luiz Flávio e Maciel, Sílvio. Interceptação telefônica: comentários à Lei n. 9.296, de 24.07.1996. São Paulo: Editora RT, 2018. p. 42.

106 Brasileiro, Renato. Legislação Criminal Especial Comentada. 3ºed. rev. ampl. e atual. Salvador: Juspodivm. p. 162.

107 Súmula n. 701 do STF: "No mandado de segurança impetrado pelo Ministério Público contra decisão proferida em processo penal, é obrigatória a citação do réu como litisconsorte passivo.".

108 Nucci, Guilherme de Souza. Leis Penais e Processuais Penais Comentadas vol. 1. 10ª ed. rev. ampl. e atual. Rio de Janeiro: Forense, 2017.p. 572.

109 "Art. 6º Ao Conselho da Justiça Federal compete:

I – Conhecer de correição parcial requerida pela parte ou pela Procuradoria da República, no prazo de cinco dias, contra ato ou despacho do Juiz de que não caiba recurso, ou comissão que importe êrro de ofício ou abuso de poder. (...)".

110 "Art. 498. O Superior Tribunal Militar poderá proceder à correição parcial:

a) a requerimento das partes, para o fim de ser corrigido êrro ou omissão inescusáveis, abuso ou ato tumultuário, em processo, cometido ou consentido por juiz, desde que, para obviar tais fatos, não haja recurso previsto neste Código; (...)"

Nesse sentido o STJ: "(...) Não há que se falar em concessão de senha genérica à Autoridade Policial, uma vez que restou claro tratar-se de senha pessoal e intransferível, para uso exclusivo, no interesse da referida investigação, restando expressamente vedados o fornecimento de senha de acesso indiscriminado dos agentes aos dados telefônicos e a interceptação de outros números não especificados na decisão judicial, sendo de inteira responsabilidade do seu usuário a utilização indevida dela. (...)". (HC 224.442/SP, Rel. Ministro CAMPOS MARQUES (DESEMBARGADOR CONVOCADO DO TJ/PR), QUINTA TURMA, julgado em 19/02/2013).

SISTEMA ACUSATÓRIO E A DETERMINAÇÃO DE OFÍCIO PELO JUIZ

Ao permitir que o Juiz inicie de ofício uma interceptação telefônica, questiona-se se **há violação ao sistema acusatório.**

No sistema acusatório possui como característica fundamental a existência do *actum trium personarum*, dividindo-se entre os atores do processo penal as funções de acusar, julgar e defender, atribuindo-as as pessoas distintas.

Alguns, como Luiz Flávio Gomes[111], sustentam a inconstitucionalidade do dispositivo, na fase pré-processual e na processual, pois há ofensa ao princípio da imparcialidade do juiz e ao sistema acusatório de processo. Lenio Luiz Streck[112] posiciona-se também contrário a qualquer hipótese de realização de interceptação telefônica de ofício pelo magistrado.

Há autores que defendem o dispositivo, admitindo de forma incondicional a possibilidade da interceptação *ex officio*, como Lucas Pimentel de Oliveira e Eron Verissimo[113].

Outros autores por sua vez, como Marcellus Polastri Lima, Paulo Rangel e João Roberto Parizatto[114], explicam a questão dividindo-a em dois enfoques. Na fase investigatória, para referidos autores, é inconstitucional a interceptação de ofício, mas na fase processual, a atuação judicial de ofício seria legitima.

Sobre a produção de provas na fase pré-processual e a ofensa ao sistema acusatório, esclarecedora a doutrina de Renato Brasileiro[115]:

> "Na fase investigatória, portanto, deve o magistrado agir somente quando provocado, atuando como garante das regras do jogo. O que não se deve lhe permitir, nessa fase preliminar, é uma atuação de ofício. E isso porque, pelo simples fato de ser humano, não há como negar que, após realizar diligências de ofício na fase investigatória, fique o magistrado envolvido psicologicamente com a causa, colocando-se em posição propensa a julgar favoravelmente a ela, com grave prejuízo a sua imparcialidade. A partir do momento em que uma mesma pessoa concentra as funções de investigar e colher as provas, além do poder de julgar o acusado, estará comprometido *a priori* com a tese da culpabilidade do acusado. Essa discussão quanto à atuação do magistrado de ofício na fase investigatória não é novidade no Brasil. Quando entrou em vigor a Lei n. 9.034/95, também conhecida como Lei das Organizações Criminosas, o art. 3º previa que, na hipótese de quebra do sigilo de dados fiscais, bancários, financeiros e eleitorais, a diligência seria realizada pelo juiz, adotado o mais rigoroso segredo de justiça. Como se percebe, o dispositivo conferia ao magistrado poderes para diligenciar pessoalmente na obtenção de elementos informativos pertinentes à persecução penal de ilícitos decorrentes da atuação de organizações criminosas, com dispensa do auxílio da Polícia Judiciária e do Ministério Público, criando uma espécie de juiz inquisidor. O Supremo Tribunal Federal, foi chamado a

111 Gomes, Luiz Flávio e Maciel, Sílvio. Interceptação telefônica: comentários à Lei n. 9.296, de 24.07.1996. São Paulo: Editora RT, 2018. p. 152.

112 STRECK, Lenio. As interceptações telefônicas e os direitos fundamentais. Porto Alegre: Livraria do Advogado. 1997, p. 65-66.

113 CABETTE, Eduardo Luiz. *Interceptação Telefônica*. São Paulo: Saraiva, p. 111.

114 CABETTE, Eduardo Luiz. *Interceptação Telefônica*. São Paulo: Saraiva, p. 110.

115 Brasileiro, Renato. Código de Processo Penal Comentado. Salvador: Juspodivm. 2016. p. 515.

analisar a constitucionalidade do dispositivo, tendo concluído que o art. 3º seria parcialmente inconstitucional. No tocante aos sigilos bancário e financeiro, entendeu a Suprema Corte que o art. 3º teria sido revogado pelo advento da Lei Complementar n. 102/01, que passou a regulamentar a matéria. Em relação aos dados fiscais e eleitorais, todavia, o Supremo reconheceu a inconstitucionalidade do art. 3º, por flagrante violação ao princípio da imparcialidade e consequente violação ao devido processo legal. Se o Supremo Tribunal Federal concluiu pela inconstitucionalidade do juiz inquisidor previsto no art. 3º da revogada Lei n. 9.034/95, conclusão semelhante deverá se dar em relação à nova redação do art. 156, inciso I, do CPP".

Há uma Ação Direta de Inconstitucionalidade (ADI n. 3.450) no STF, proposta pelo Procurador-Geral da República, em face do art. 3º, da Lei n. 9.296/96, afim de que seja declarada a inconstitucionalidade parcial, se redução de texto, de forma que o Juiz, na fase de investigações, seja excluído de determinar de ofício a interceptação de comunicações telefônicas.

Já na fase processual, há que ser interpretado o art. 3º da Lei n. 9.296/96, com o art. 156, inc. II do CPP, na medida em que o juiz somente poderá agir de ofício em matéria probatória de forma supletiva. Nota-se que tal dispositivo somente autoriza o juiz a "dirimir dúvidas sobre ponto relevante", concluindo-se que a atividade probatória do juiz será apenas complementar.

COMISSÃO PARLAMENTAR DE INQUÉRITO

Não está autorizado à Comissão Parlamentar de Inquérito realizar a interceptação telefônica, ainda que o art. 58, § 3º, da CF/88 estabeleça que estas possuam poderes de investigação próprios das autoridades judiciais.

Assim, nas hipóteses em que a Constituição Federal exija de forma expressa ordem judicial, tal ordem somente pode ser dada por um magistrado ou um Tribunal, por força do **princípio da reserva da jurisdição.**

Dessa forma, as medidas de decretação de indisponibilidade de bens e relatórios e degravações originários de interceptação telefônica, por exigirem ordem judicial, não podem ser decretadas pelas Comissões Parlamentares de Inquérito. (MS 27483 MC-REF, Relator (a): Min. CEZAR PELUSO, Tribunal Pleno, julgado em 14/08/2008, DJe-192).

Sobre o tema, em decisão mais antiga, Já decidiu o STF que a fundamentação exigida das Comissões Parlamentares de Inquérito quanto à quebra de sigilo bancário, fiscal, telefônico e telemático não possuem os mesmos contornos exigidos às decisões judiciais, pois requer-se que constem da deliberação as razões pelas quais veio a ser determinada a medida. (MS 24749, Relator (a): Min. MARCO AURÉLIO, Tribunal Pleno, julgado em 29/09/2004, DJ 05-11-2004).

Registre-se a possibilidade da CPI (federal e estadual) determinar a quebra de sigilo de dados telefônicos, pois não há nessa hipótese, cláusula de reserva de jurisdição. Porém, quando se trata da quebra de sigilo de dados telefônicos por meio de CPI Municipal, há duas orientações no STF: 1) Como não existe um Poder Judiciário Municipal essa CPI deverá se reportar sempre ao Judiciário. 2) O poder de investigar é inerente ao de legislar, sem contar que se trata do Poder Legislativo Municipal.

CONDENAÇÃO DO BRASIL NA CORTE INTERAMERICANA DE DIREITOS HUMANOS EM RAZÃO DA VIOLAÇÃO DA LEI DE INTERCEPTAÇÃO TELEFÔNICA: CASO ESCHER E OUTROS[116]

O caso refere-se a uma interceptação telefônica e monitoramento ilegal apresentado por um Major da Polícia Militar, perante o Juízo de Direito, o qual foi deferido sem nenhuma

116 http://www.corteidh.or.cr/docs/casos/articulos/seriec_200_por.pdf. Acesso em 20 de novembro de 2019.

fundamentação, embasada em supostos desvios de recursos financeiros oriundos de Programas de Incentivo do Governo Federal.

O Ministério Público não foi intimado ou de alguma forma cientificado sobre o respetivo procedimento de interceptação telefônica, embora haja previsão legal.

Ainda foram divulgados trechos das conversas telefônicas, sem observância do segredo de justiça, não havendo na época qualquer apuração sobre os fatos.

Na primeira oportunidade, o membro do Ministério Público assim se manifestou: "i) um policial militar, sem vínculos com a Comarca de Loanda e que não presidia nenhuma investigação criminal nessa área, não tinha legitimidade para solicitar a interceptação telefônica; ii) o pedido foi elaborado de modo isolado, sem fundamento em uma ação penal, investigação policial ou ação civil; iii) a interceptação da linha telefônica da ADECON foi requerida pelo sargento Silva sem nenhuma explicação; iv) o Pedido de Censura não foi anexado a um processo penal ou investigação policial; v) as decisões que autorizaram os pedidos não foram fundamentadas; e vi) o Ministério Público não foi notificado acerca do procedimento."[117] Ainda manifestou-se no sentido de que tal medida possuía cunho político e requereu a declaração de nulidade do todo o procedimento. Contudo, não foi acolhida pela Judiciário a tese da ilegalidade das interceptações telefônicas.

Assim, foi apresentada a junto à Corte IDH ***demanda 12.353 perante a Corte Interamericana de Direitos Humanos***, sob a alegação de violação dos direitos às garantias judiciais, à vida privada, à liberdade de associação e à proteção judicial todos previstos nos artigos 8, 11, 16 e 25 da Convenção Americana de Direitos Humanos.

No que tange a violação ao art. 11 da Convenção Americana, a Corte:

> "1) estabelecerá os fatos do presente caso; e 2) realizará considerações sobre o direito à vida privada, à honra e à reputação, e examinará os argumentos das partes sobre: i) a interceptação e gravação das conversas telefônicas privadas e ii) a divulgação do conteúdo do material gravado."[118]

A Corte declarou o Estado, a unanimidade, a violador dos "direitos às garantias judiciais e à proteção judicial reconhecidos nos artigos 8.1 e 25 da Convenção Americana, em relação com o artigo 1.1 da mesma, em prejuízo dos senhores Arlei José Escher, Dalton Luciano de Vargas, Delfino José Becker, Pedro Alves Cabral e Celso Aghinoni, a respeito da ação penal seguida contra o ex-secretário de segurança, nos termos dos parágrafos 200 a 204 da presente Sentença; da falta de investigação dos responsáveis pela primeira divulgação das conversas telefônicas, nos termos do parágrafo 205 da presente Sentença; e da falta de motivação da decisão em sede administrativa relativa à conduta funcional da juíza que autorizou a interceptação telefônica, nos termos dos parágrafos 207 a 209 da presente Sentença."[119].

Após regular procedimento, a Corte Interamericana de Direitos Humanos, por unanimidade, condenou o Brasil a ressarcir para cada vítima o valor de U$ 20.000,00 como compensação por danos morais, além de o Estado: a) obrigação de publicar a Sentença; b) o reconhecimento público de responsabilidade internacional; c) dever de investigar, julgar e, se for o caso, sancionar os responsáveis pelas violações aos direitos humanos; d) investimento na formação dos funcionários do Poder Judiciário e da Polícia; e) revogação da Lei que concedeu o título de Cidadã Honorária do Estado do Paraná ao membro do Poder Judiciário efetuou a decisão. Ainda, a Corte condenou o Estado a pagar a quantia de US$ 10.000,00 às vítimas, a título de custas e gastos.

---

117 http://www.corteidh.or.cr/docs/casos/articulos/seriec_200_por.pdf. Acesso em 20 de novembro de 2019. P. 32.

118 http://www.corteidh.or.cr/docs/casos/articulos/seriec_200_por.pdf. Acesso em 20 de novembro de 2019. P. 27.

119 http://www.corteidh.or.cr/docs/casos/articulos/seriec_200_por.pdf. Acesso em 20 de novembro de 2019. P. 75.

Art. 4º. O pedido de interceptação de comunicação telefônica conterá a demonstração de que a sua realização é necessária à apuração de infração penal, com indicação dos meios a serem empregados.

§ 1º Excepcionalmente, o juiz poderá admitir que o pedido seja formulado verbalmente, desde que estejam presentes os pressupostos que autorizem a interceptação, caso em que a concessão será condicionada à sua redução a termo.

§ 2º O juiz, no prazo máximo de vinte e quatro horas, decidirá sobre o pedido.

REQUERIMENTO VERBAL

Autoriza a lei o **requerimento verbal** para a interceptação telefônica, devendo o mesmo ser reduzido a termo[120]. Embora seja somente justificado para medidas de **interceptação telefônica urgentes**, tal procedimento não dispensa a observação dos requisitos necessários para o deferimento da medida.

Para Luiz Flávio Gomes e Raul Cervini somente em casos de "urgência urgentíssima" ou "imperiosa urgência" é que se poderia admitir tal possibilidade.

Ainda que verbal, com caráter de extrema urgência, deve haver o pedido judicial, não sendo autorizada a autoridade policial ou o Ministério Público proceder a interceptação telefônica, ao contrário como ocorre, por exemplo, na Itália, art. 267.2 do CPP italiano.

Sobre a questão, Cercicchiaro observa que o legislador poderia ter avançado mais em relação ao pedido verbal:

> "Melhor seria se a lei houvesse optado, como exceção, pelo sistema da verificação posterior da legalidade. Em outras palavras, a autoridade policial e o representante do Ministério Público poderiam tomar a iniciativa; concluída a diligência, encaminhariam-na ao magistrado; se não contivesse vicio e fosse pertinente, seria anexada aos autos. Caso contrário, destruída, implicando eventual responsabilidade criminal. Nessa direção, o moderno Código de Processo Penal da Itália (art. 267.2). Com efeito, a prova é caracterização de um fato; poderá ser passageiro. O crime não tem hora marcada. Acontece a qualquer momento, mesmo fora do expediente judiciário. Se não for tomada medida imediata, perderá importância. Não creio que a autorização verbal (art. 4º § 1º) possa cobrir todas as hipóteses"[121].

Porém, há quem não entenda salutar tal abrandamento dos rigores legais:

> "São, sem dúvida, merecedores de respeito os argumentos despendidos. No entanto, ousamos discordar. Em primeiro lugar por questão de respeito às garantias. Se a interceptação é realizada, invadida já foi a privacidade e nem o fato da prova ser invalidada, nem a eventual punição administrativa ou penal dos executores, irá sanar o mal realizado. Parodiando, podemos lembrar da ordem do comandante aos soldados: "Atirem primeiro e perguntem depois". Não bastasse isso, temos que na aplicação prática de um tal sistema, ocorreria uma grande insegurança e inibição tanto das autoridades policiais como do Ministério Público

120 Os parágrafos 1º, 2º e 3º, do art. 250 do Projeto de Lei n. 8045/2010 que estabelece um novo Código de Processo Penal, possuem a seguinte redação:

"§ 1º Admite-se, de modo excepcional, que o pedido de interceptação seja formulado verbalmente quando a vida de uma pessoa estiver em risco, podendo o juiz dispensar momentaneamente um ou mais requisitos previstos no art. 249.

§ 2º Na hipótese do § 1º deste artigo, o juiz exigirá a posterior redução a termo do pedido.

§ 3º Despachado o pedido verbal, os autos seguirão para manifestação do Ministério Público e retornarão ao juiz, que, em seguida, reapreciará o pedido.".

121 CABETTE, Eduardo Luiz. *Interceptação Telefônica*. São Paulo: Saraiva, p. 127.

> na utilização das interceptações, mesmo em casos urgentes, pois que estariam sempre sujeitos a eventual punição em caso de ulterior discordância judicial. Dessa maneira, repisamos a tese de que as interceptações só podem existir por ordem judicial prévia, sendo este o melhor sistema do ângulo garantista e até mesmo prático."[122]

Critica-se tal dispositivo a necessidade de se reduzir a termo, pois após verbalizado, há necessidade de se colocar tudo mediante um termo, como se fosse um depoimento e depois ser assinada pela parte legitimada. Assim, a celeridade haveria caso o pleito fosse realizado verbalmente e, após concedido, fosse reduzido entregue de modo escrito ou reduzido a termo.

O art. 10, § 1º, da Resolução n. 59/08 do CNJ:

> "Nos casos de formulação de pedido verbal de interceptação (artigo 4º, § 1º, da Lei 9.296/96), o servidor autorizado pelo magistrado deverá reduzir a termo os pressupostos que autorizem a interceptação, tais como expostos pela autoridade policial ou pelo representante do Ministério Público.".

Há na doutrina quem entenda que, caso o juiz entenda que não se trata de caso de concessão de interceptação telefônica, não há necessidade para a redução a termo, ficando sem qualquer registro o respectivo pedido verbal[123].

Porém, para fins de controle, tanto o pedido verbal tem que ser reduzido a termo, como a respectiva decisão, seja o controle das partes envolvidas em um processo, seja para as instâncias superiores, seja até para um controle social dos atos judiciais.

Ainda, observa-se que o art. 10 do Código de Ética da Magistratura Nacional dispõe que:

> "A atuação do magistrado deve ser transparente, documentando-se seus atos, sempre que possível, mesmo quando não legalmente previsto, de modo a favorecer sua publicidade, exceto nos casos de sigilo contemplado em lei."

PROCEDIMENTO PREVISTO NA RESOLUÇÃO N. 59/08 DO CNJ

Os procedimentos de interceptação telefônica deverão ser encaminhados ao juízo competente através de um envelope lacrado contendo os pedidos e os documentos necessários.

No envelope, em sua parte exterior, deverá ser colada uma folha de rosto contendo:

I – "medida cautelar sigilosa";

II – delegacia de origem ou órgão do Ministério Público; e

III – comarca de origem da medida (art. 3º, da Resolução n. 59/08 do CNJ).

Está proibida a indicação do nome do requerido, da natureza da medida ou qualquer outra anotação na folha de rosto acima mencionada.

Ainda o art. 5º da Resolução n. 58/08 do CNJ estabelece que:

> "Outro envelope menor, também lacrado, contendo em seu interior apenas o número e o ano do procedimento investigatório ou do inquérito policial, deverá ser anexado ao envelope lacrado referido no artigo 3º.".

Por sua vez, o art. 6º do mesmo diploma normativo prevê que:

> "É vedado ao Distribuidor e ao Plantão Judiciário receber os envelopes que não estejam devidamente lacrados na forma prevista nos artigos 3º e 5º desta Resolução.".

---

122 CABETTE, Eduardo Luiz. *Interceptação Telefônica*. São Paulo: Saraiva, p. 127.

123 CABETTE, Eduardo Luiz. *Interceptação Telefônica*. São Paulo: Saraiva, p. 138.

PRAZO PARA DECISÃO

Uma vez protocolado o requerimento, o Juiz terá o prazo de **24 horas** para decidir sobre a sua concessão ou não[124].

Trata-se de um prazo **processual impróprio**, pois não há nenhuma sanção caso o prazo não seja respeitado.

É certo que a demora na concessão ou não da medida poderá comprometer as investigações, via de regra já em andamento, pois trata-se da produção de uma **prova urgente**, por isso a exiguidade do prazo.

O momento para a contagem do prazo será a partir do termo de conclusão dos autos apartados ao juiz. O juiz poderá, uma vez declarado um motivo justo, exceder por mais 24 horas o prazo (art. 800, § 3º, do CPP[125]). Caso tenha extrapolado o prazo de 48 horas, sem motivo justo, poderá o juiz perder seus vencimentos, tantos dias quantos forem os excedidos (art. 801 do CPP[126]).

LEI ESTADUAL E FORNECIMENTO DE NÚMERO DE CONTATO

Não há que se falar em quebra de sigilo telefônico o fornecimento de informação de número de telefone para contato:

> "Os arts. 1º e 2º da Lei catarinense 11.223, de 17-11-1998, que cuidam da obrigatoriedade de identificação telefônica da sede da empresa ou do proprietário nos veículos licenciados no Estado de Santa Catarina e destinados ao transporte de carga e de passageiros, a ser disponibilizada na parte traseira do veículo, por meio de adesivo ou pintura, em lugar visível, constando o código de discagem direta à distância, seguido do número do telefone, não contrariam o inciso XII do art. 5º da CF. A proibição contida nessa norma constitucional refere-se à interceptação e à consequente ≤captação≥ de conversa, por terceira pessoa, sem a autorização e/ou o conhecimento dos interlocutores e interessados na conversa telefônica. A informação de número de telefone para contato não implica quebra de sigilo telefônico." [STF -ADI 2.407, rel. min. Cármen Lúcia, j. 31-5-2007, P, *DJ* de 29-6-2007.]

Art. 5º. A decisão será fundamentada, sob pena de nulidade, indicando também a forma de execução da diligência, que não poderá exceder o prazo de quinze dias, renovável por igual tempo uma vez comprovada a indispensabilidade do meio de prova.

FUNDAMENTAÇÃO DA DECISÃO

É preceito constitucional que toda a decisão judicial deverá ser **fundamentada**, conforme previsão do art. 93, IX, da Constituição Federal.

---

124 O art. 250 do Projeto de Lei n. 8045/2010 que estabelece um novo Código de Processo Penal, possui a seguinte redação: "O requerimento ou a representação será distribuído e autuado em separado, sob segredo de justiça, devendo o juiz competente, no prazo máximo de 24 (vinte e quatro) horas, proferir decisão fundamentada, que atentará para o preenchimento, ou não, de cada um dos requisitos previstos no art. 249, indicando, se a interceptação for autorizada, o prazo de duração da diligência.".

125 Art. 800, § 3º do CPP: "Em qualquer instância, declarando motivo justo, poderá o juiz exceder por igual tempo os prazos a ele fixados neste Código.".

126 Art. 801 do CPP: "Findos os respectivos prazos, os juízes e os órgãos do Ministério Público, responsáveis pelo retardamento, perderão tantos dias de vencimentos quantos forem os excedidos. Na contagem do tempo de serviço, para o efeito de promoção e aposentadoria, a perda será do dobro dos dias excedidos.".

A fundamentação deverá ser sobre as circunstâncias concretas, apontando a necessidade fática da medida. Não tratou de forma diferente a Lei n. 9.296/96, estabelecendo que a decisão sobre a interceptação telefônica deverá ser fundamentada, sob pena de nulidade.

Nesse sentido já decidiu o STJ:

> "(...) 4. Habeas corpus não conhecido, porém concedida a ordem de ofício para declarar nula a decisão que deferiu a medida de interceptação telefônica, assim como as subsequentes prorrogações e, bem assim, das provas consequentes, estas a serem aferidas pelo magistrado na origem, devendo o material respectivo ser retirado dos autos, estendendo-se seus efeitos aos demais corréus atingidos pela decisão de quebra do sigilo telefônico ora anulada, sem prejuízo do prosseguimento da ação penal com base em outras provas ou de nova decretação da medida em decisão devidamente fundamentada." (HC 336.285/SP, Rel. Ministro NEFI CORDEIRO, SEXTA TURMA, julgado em 22/11/2016, DJe 28/11/2016).

É admitida, tanto pelo STF, como pelo STJ, a fundamentação *per relationem*, como se observa a esclarecedora decisão:

> "(...) A fundamentação *per relationem* é admitida pelo Superior Tribunal de Justiça, bem como pelo Supremo Tribunal Federal, sendo imprescindível, no entanto, que o julgador agregue fundamentos próprios. No caso dos autos, o Tribunal de origem assentou que "a adoção do parecer do Ministério Público como razão de decidir (*per relationem*), por si só, não acarreta a nulidade do decisum, se no texto reproduzido há exame de todas as teses recursais e fundamentação suficiente para o deslinde da quaestio, como aconteceu no caso em tela". Ademais, o Magistrado de origem agregou fundamentos próprios, consignando expressamente "que a diligência requerida mostra-se pertinente e necessária para a investigação do delito em investigação de tráfico de entorpecentes". Portanto, devidamente fundamentada a medida. (...)". (RHC 61.438/RS, Rel. Ministro REYNALDO SOARES DA FONSECA, QUINTA TURMA, julgado em 25/10/2016, DJe 07/11/2016).

Já decidiu o STF:

> "(...) Reveste-se de plena legitimidade jurídico-constitucional a utilização, pelo Poder Judiciário, da técnica da motivação "per relationem", que se mostra compatível com o que dispõe o art. 93, IX, da Constituição da República. A remissão feita pelo magistrado – referindo-se, expressamente, aos fundamentos (de fato e/ou de direito) que deram suporte a anterior decisão (ou, então, a pareceres do Ministério Público, ou, ainda, a informações prestadas por órgão apontado como coator) – constitui meio apto a promover a formal incorporação, ao ato decisório, da motivação a que o juiz se reportou como razão de decidir. Precedentes. (...)" (RHC 117988, Relator(a): Min. GILMAR MENDES, Relator(a) p/ Acórdão: Min. CELSO DE MELLO, Segunda Turma, julgado em 16/12/2014)

Ainda pode o magistrado valer-se dos argumentos apresentados pela autoridade policial, nesse sentido o STJ:

> "(...) V - In casu, não há falar em nulidade da decisão que deferiu a interceptação telefônica por insuficiência de fundamentação, pois o magistrado baseou-se no requerimento realizado pela autoridade policial, demonstrou a existência do crime e dos indícios de autoria, bem como evidenciou que a prova não poderia ser feita por outros meios, com fulcro no preenchimento dos requisitos do art. 2º, da Lei 9.296/96, o qual não exige perícia de voz para validar a interceptação. (Precedentes). (...)" (RHC 54.209/SC, Rel. Ministro FELIX FISCHER, QUINTA TURMA, julgado em 03/09/2015, DJe 15/09/2015).

O STJ também já decidiu que a decisão judicial pode ser **sucinta**, embora haja algumas observações necessárias: "(...) 2. Não é ilegal a decisão judicial de interceptação telefônica que, embora sucinta, expõe devidamente a necessidade da medida, nos termos da lei de regência, com amparo na existência de indícios razoáveis, indicados pelos relatórios policiais apresentados, que apontavam a indispensabilidade das escutas para aprofundamento das investigações.

(...)" (AgRg no REsp 1633434/SP, Rel. Ministra MARIA THEREZA DE ASSIS MOURA, SEXTA TURMA, julgado em 06/04/2017, DJe 20/04/2017).

É certo, contudo, que apenas a **mera alusão** à manifestação do Ministério Público não será suficiente para que seja fundamentada a decisão judicial para o deferimento da interceptação telefônica, tornando, assim, ilícita a prova ali produzida. Nesse sentido o STF: "imperioso concluir que a mera alusão ao "requerimento" do Parquet e/ou da autoridade policial não se mostra suficiente para legitimar a quebra dos sigilos telefônico e bancário dos pacientes. A referência – argumento de autoridade – não passa pelo crivo da proporcionalidade, na medida em que não apresenta motivação idônea para fazer ceder a essa situação excepcional de ruptura da esfera da intimidade de quem se encontra sob investigação. Na espécie, em momento algum, o magistrado de primeiro grau aponta fatos concretos que justifiquem a real necessidade da quebra desses sigilos. (...) Nesse diapasão, por reputar que as decisões judiciais prolatadas pelo juízo de origem encontram-se destituídas da devida fundamentação – o que as tornam desvestidas de eficácia jurídica –, entendo que as interceptações telefônicas e as informações financeiras obtidas constituem provas ilícitas, devendo, dessa forma, ser desentranhadas do processo." [HC 96.056, voto do rel. min. Gilmar Mendes, j. 28-6-2011, 2ª T, *DJE* de 8-5-2012.].

A **ausência de fundamentação**, através de um genérico decreto de quebra de sigilo, causará a **nulidade** da decisão, porém, nos mesmos autos, caso exista provas autônomas, desvinculadas daquelas decorrentes das decisões consideradas ilegais, não impedirá a manutenção do decreto condenatório (HC 374.585/SC, Rel. Ministro NEFI CORDEIRO, SEXTA TURMA, julgado em 09/03/2017, DJe 16/03/2017).

Ainda, insta esclarecer que a mera repetição dos termos legais referentes aos requisitos da interceptação telefônica não significa fundamentação, há que se indicar de forma real e concreta todos os requisitos necessários para a concessão da medida de quebra de sigilo.

A decisão em interceptação telefônica é concedida *inaudita altera pars*, cuja decretação não necessita da oitiva do investigado. Dessa forma será preservada a eficácia da medida investigativa, razão pela qual tanto o investigado ou seu defensor não poderão tomar conhecimento da circunstância de estar sendo efetivada a medida[127].

Na lição de Luiz Flávio Gomes[128] deverá haver um **controle judicial prévio** de conteúdo da decisão, de forma que seja verificado:

> "a) quais são os concretos indícios de autoria ou de participação (art. 2º, I);
>
> b) quais são as provas existentes a respeito da infração penal (materialidade) (art. 2º, I); c) que se trata de infração punida com reclusão (art. 2º, III);
>
> d) que a interceptação é necessária em virtude da inexistência de outros meios disponíveis para obtenção da prova (art. 2º, II, e art. 4º);
>
> e) a descrição com clareza da situação objeto da investigação (delimitação fática da medida, isto é, qual é o crime, onde está ocorrendo, desde quando vem ocorrendo etc.) (art. 2º, parágrafo único);

---

127 O art. 253 Projeto de Lei n. 8045/2010 que estabelece um novo Código de Processo Penal, possui a seguinte redação: "Do mandado judicial que determinar a interceptação de comunicações telefônicas deverá constar a qualificação do investigado ou acusado, quando identificado, ou o código de identificação do sistema de comunicação, quando conhecido.

§ 1º O mandado judicial será expedido em 2 (duas) vias, uma para a prestadora responsável pela comunicação e outra para a autoridade que formulou o pedido de interceptação.

§ 2º O mandado judicial poderá ser expedido por qualquer meio idôneo, inclusive o eletrônico ou similar, desde que comprovada sua autenticidade.".

128 Gomes, Luiz Flávio e Maciel, Sílvio. Interceptação telefônica: comentários à Lei n. 9.296, de 24.07.1996. São Paulo: Editora RT, 2018. p. 171.

f) indicação e, se possível, a qualificação do sujeito passivo da medida (identificação do investigado ou dos investigados (art. 2º, parágrafo único);

g) individualização da linha telefônica que servirá de fonte para a captação da comunicação;

h) quais meios serão empregados para a execução da medida (quais recursos tecnológicos, quais operações serão feitas) (art. 4º);

i) qual será a forma de execução da diligência – recursos próprios da polícia, recursos da concessionária, técnicos da concessionária etc. (art. 5º);

j) qual é a duração da medida (o prazo não pode exceder quinze dias);

l) qual é a intensidade da medida (captação de todas as comunicações ou só das chamadas recebidas, ou ambas, apenas constatação das chamadas sem importar o conteúdo etc.);

m) que a interceptação é proporcional no caso concreto, em razão da gravidade da infração, da necessidade da prova, dos interesses afetados etc.;

n) que tudo deve ser feito "sob segredo de justiça" (art. 1º).".

Por ocasião da decisão, o Juiz deverá constar expressamente, nos termos em prevê o art. 10 da Resolução n. 59/08 do CNJ:

I – a autoridade requerente

II – o relatório circunstanciado da autoridade requerente;

III – os indícios razoáveis da autoria ou participação em infração criminal apenada com reclusão;

IV – as diligências preparatórias realizadas, com destaque para os trabalhos mínimos de campo, com exceção de casos urgentes, devidamente justificados, em que as medidas iniciais de investigação sejam inviáveis;

V – os motivos pelos quais não seria possível obter a prova por outros meios disponíveis;

VI – os números dos telefones ou o nome de usuário, *e-mail* ou outro identificador no caso de interceptação de dados;

VII – o prazo da interceptação, consoante o disposto no art. 5º da Lei 9.296/1996;

VIII – a imediata indicação dos titulares dos referidos números ou, excepcionalmente, no prazo de 48 (quarenta e oito) horas;

IX – a expressa vedação de interceptação de outros números não discriminados na decisão;

X – os nomes de autoridades policiais e de membros do Ministério Público responsáveis pela investigação, que terão acesso às informações;

XI – os nomes dos servidores do cartório ou da secretaria, bem assim, se for o caso, de peritos, tradutores e demais técnicos responsáveis pela tramitação da medida e expedição dos respectivos ofícios, no Poder Judiciário, na Polícia Judiciária e no Ministério Público, podendo reportar-se à portaria do juízo que discipline a rotina cartorária.

Também a Resolução n. 59/08 do CNJ estabelece de forma expressa que a decisão judicial deverá ser **sempre escrita e fundamentada** (art. 10, § 2º).

Uma vez declarada a nulidade da interceptação telefônica pela ausência de fundamentação, o juiz natural deverá identificar as provas dela derivada, para serem invalidadas. (EDcl no HC 421.914/RS, Rel. Ministro SEBASTIÃO REIS JÚNIOR, SEXTA TURMA, julgado em 08/10/2019, DJe 15/10/2019).

PRAZO DE DURAÇÃO, PRORROGAÇÃO E PRORROGAÇÃO SUCESSIVA

A Lei estabelece o prazo máximo de **15 dias** para a duração da interceptação telefônica, prazo este computado a partir de quando a interceptação for efetivada, e não do dia em que a autorização é autorizada judicialmente[129].

Vencidos os 15 dias iniciais de prazo há possibilidade da **prorrogação da medida** de interceptação telefônica. Para a prorrogação deve haver um **novo pedido** de interceptação telefônica, mostrando a indispensabilidade da medida. A prorrogação também deverá ser decidida de forma fundamentada, bem como será conferido o prazo de 24 horas para que o Juiz decida sobre o pedido de prorrogação.

Dispõe o ENUNCIADO n. 01 do FONACRIM:

> "O pedido de prorrogação da interceptação das comunicações telefônicas e telemáticas deve ser fundamentado pela autoridade policial, que deverá instruí-lo com elementos probatórios que justifiquem a manutenção da medida. (Aprovado no I FONACRIM)"

O art. 14 da Resolução n. 59/08 do CNJ dispõe sobre a possibilidade de prorrogação dos pedidos de interceptação telefônica. De acordo com o referido artigo a formulação de eventual pedido de prorrogação de prazo pela autoridade competente deverá observar os estritos termos e limite de 15 dias, apresentando-se, também, os áudios (CD/DVD) com o inteiro teor das comunicações interceptadas, as transcrições integrais das conversas relevantes à apreciação do pedido de prorrogação e o relatório circunstanciado das investigações com seu resultado, de modo a comprovar a indispensabilidade da prorrogação da medida excepcional.

Ainda o art. 14, § 1º, da Resolução n. 59/08 do CNJ prevê que uma vez comprovada a indispensabilidade da prorrogação, o magistrado responsável pelo deferimento da medida original deverá proferir nova decisão, sempre escrita e fundamentada, observando o disposto no art. 5º da Lei 9.296/1996.

Por sua vez, o art. 14, § 2º, da Resolução n. 59/08 do CNJ, estabelece que: "Sempre que possível, os áudios, as transcrições das conversas relevantes à apreciação do pedido de prorrogação e os relatórios serão gravados de forma sigilosa, encriptados com chaves de conhecimento do Magistrado condutor do processo criminal.". Ainda o § 3º prescreve que: "Os documentos acima referidos serão entregues pessoalmente pela autoridade responsável pela investigação ou por seu representante, expressamente autorizado, ao Magistrado competente ou ao servidor por ele indicado.".

Contudo, anote-se que a Lei não estabelece prazo para que sejam **iniciadas** as interceptações, uma vez elas sejam deferidas.

Nesse sentido já decidiu o STJ: "A Lei n. 9.296/1996, que regula a quebra de sigilo das comunicações telefônicas, estabelece em 15 dias o prazo para duração da interceptação, porém não estipula termo inicial para cumprimento da ordem judicial. No caso, a captação das comunicações via telefone iniciou-se pouco mais de três meses após o deferimento, pois houve greve da Polícia Federal no período, o que interrompeu as investigações. A Turma

---

129 O art. 253 e seus parágrafos, do Projeto de Lei n. 8045/2010 que estabelece um novo Código de Processo Penal, possui a seguinte redação: "O prazo de duração da interceptação não poderá exceder a 60 (sessenta) dias, permitidas prorrogações por igual período, desde que continuem presentes os pressupostos autorizadores da diligência, até o máximo de 360 (trezentos e sessenta) dias, salvo quando se tratar de crime permanente, enquanto não cessar a permanência.

§ 1º O prazo correrá de forma contínua e ininterrupta e será contado a partir da data do início da interceptação, devendo a prestadora responsável pelo serviço comunicar imediatamente esse fato ao juiz, por escrito.

§ 2º Para cada prorrogação será necessária nova decisão judicial fundamentada, observado o disposto no caput deste artigo.".

entendeu que não pode haver delonga injustificada para o começo da efetiva interceptação e deve-se atentar sempre para o princípio da proporcionalidade, mas, na hipótese, sendo a greve evento que foge ao controle direto dos órgãos estatais, não houve violação do mencionado princípio. Assim, a alegação de ilegalidade das provas produzidas, por terem sido obtidas após o prazo de 15 dias, não tem fundamento, uma vez que o prazo é contado a partir do dia em que se iniciou a escuta, e não da data da decisão judicial que a autorizou. Precedente citado: HC 135.771-PE, DJe 24/8/2011." (HC 113.477-DF, Rel. Min. Maria Thereza de Assis Moura, julgado em 20/3/2012).

Em outra decisão, entendeu o STJ que em razão da omissão legal, para o prazo inicial à implementação das providências interceptivas tão logo emane a ordem judicial autorizando-a, há que se socorrer, "à luz do art. 4º da Lei de Introdução às normas do Direito Brasileiro, à analogia, aos costumes e aos princípios gerais de direito, respectivamente. Nessa esteira, inviabilizados os dois primeiros institutos, nos escoraremos no princípio da proporcionalidade, como já assentado pela jurisprudência desta Sexta Turma (HC 113.477/DF, Rel. Ministra Maria Thereza de Assis Moura, julgado em 20/03/2012, DJe 16/04/2012)." (RHC 74.187/RJ, Rel. Ministro ANTONIO SALDANHA PALHEIRO, SEXTA TURMA, julgado em 26/09/2017, DJe 13/10/2017).

Muito se discute sobre as **prorrogações sucessivas**.

Existe posicionamentos doutrinários que defende, dentro de um prisma garantista, que as interceptações telefônicas não deveriam ultrapassar o prazo de 30 dias.

Com muita propriedade, pontua Douglas Fischer que:

> "Compreendemos que a interceptação telefônica (sistêmica e não meramente literal) ratificada pelo STF acerca da possibilidade de ser ultrapassado o prazo de 30 dias nas interceptações telefônicas, desde que necessárias e fundamentadas as ordens judicias que as autorizam, e da desnecessidade de gravação de todas as interceptações coadunam-se com os princípios basilares da Carta da República e não arrostam, por si só, *abstratamente*, direitos fundamentais individuais."[130]

Atualmente, a jurisprudência **admite** que sejam conferidas prorrogações sucessivas da interceptação telefônica, sem que seja imposto um **limite de vezes**, desde que seja demonstrada a necessidade para a colheita de prova.

Nesse sentido o STJ: "(...) De acordo com a jurisprudência há muito consolidada deste Tribunal Superior, as autorizações subsequentes de interceptações telefônicas, uma vez evidenciada a necessidade das medidas e a devida motivação, podem ultrapassar o prazo previsto em lei, considerado o tempo necessário e razoável para o fim da persecução penal. (...)" (AgRg no REsp 1620209/RS, Rel. Ministra MARIA THEREZA DE ASSIS MOURA, SEXTA TURMA, julgado em 09/03/2017, DJe 16/03/2017).

Certo que para a prorrogação da medida, será necessária uma decisão devidamente motivada. Assim já se manifestou o STJ: "(...) O sigilo das comunicações telefônicas é garantido no inciso XII do artigo 5º da Constituição Federal, e para que haja o seu afastamento exige-se ordem judicial que, também por determinação constitucional, precisa ser fundamentada (artigo 93, inciso IX, da Carta Magna). 2. De acordo com o artigo 2º, inciso I, da Lei 9.296/1996, não será admitida a interceptação telefônica quando não houver indícios razoáveis da autoria ou participação em infração penal. (...)". (RHC 43.947/RJ, Rel. Ministro JORGE MUSSI, QUINTA TURMA, julgado em 18/02/2016, DJe 23/02/2016).

---

130 Fischer, Douglas. O que é garantismo penal (integral)?, *in: Garantismo Penal Integral*, Org. Fischer, Douglas e outros. Salvador: Juspodivm, p. 40.

No mesmo sentido o STF:

> "(...) A decisão judicial que autorizou a interceptação, por sua vez, segundo afirmado pelas instâncias ordinárias, está devidamente fundamentada, tendo sido validamente formalizada. As subsequentes prorrogações estão em consonância com o magistério jurisprudencial da Suprema Corte, consolidado no sentido da "possibilidade de se prorrogar o prazo de autorização para a interceptação telefônica por períodos sucessivos quando a intensidade e a complexidade das condutas delitivas investigadas assim o demandarem" (HC nº 102.601/MS, Primeira Turma, de relatoria do Ministro Dias Toffoli, DJe de 3/11/11). 5. Igualmente dispensável, na espécie, prévia instauração de inquérito para a autorização de interceptação e a respectiva transcrição da integralidade dos diálogos interceptados. Precedentes. (...)" (RHC 118055, Relator(a): Min. DIAS TOFFOLI, Primeira Turma, julgado em 11/03/2014).

Dispõe o ENUNCIADO n. 02 do FONACRIM: "A quebra do sigilo das comunicações telefônicas e telemáticas pode ser prorrogada tantas vezes quantas necessárias à investigação. (Aprovado no I FONACRIM)".

A SÚMULA n. 129 do TRF 4, prevê que: "É lícita a sucessiva renovação da interceptação telefônica, enquanto persistir sua necessidade para a investigação."

Para a sucessão de autorização de interceptação telefônica não há necessidade da apresentação de **inéditos fundamentos** para a continuidade das investigações. Nesse sentido o STJ: "(...) É desnecessário que cada sucessiva autorização judicial de interceptação telefônica apresente inéditos fundamentos motivadores da continuidade das investigações, bastando que estejam mantidos os pressupostos que autorizaram a decretação da interceptação originária (precedentes). (...)". (HC 339.553/SP, Rel. Ministro FELIX FISCHER, QUINTA TURMA, julgado em 21/02/2017, DJe 07/03/2017).

O tema, em verdade, é polêmico.

Sobre o número de vezes em que se permite a renovação do prazo da interceptação telefônica, Renato Brasileiro[131] levanta **4 correntes diferentes:**

1 – a renovação somente poderá ocorrer apenas uma vez, ou seja, a duração da interceptação telefônica seria apenas de 30 dias (posição de Luiz Francisco Torquato Avolio);

2 – a renovação só poderá ocorrer uma **única** vez, contudo, quando houver necessidade, ou seja, a medida for absolutamente necessária, bem como for justificável exaustivamente o excesso, desde que não ofenda ao princípio da razoabilidade (HC 76.686/PR, Rel. Ministro NILSON NAVES, SEXTA TURMA, julgado em 09/09/2008, DJe 10/11/2008);

3 – teria um limite máximo de 60 dias, posicionamento sustentado levando-se em consideração o prazo temporal de duração quando decretado o Estado de Defesa (art. 136 c.c art. 136, § 2º, ambos da CF) (posição de Vicente Greco Filho);

4 – o prazo poderá ser renovado de forma indefinida, desde que seja comprovada a indispensabilidade de meio de prova (posição predominante no STJ) (HC 287.013/SP, Rel. Ministro REYNALDO SOARES DA FONSECA, QUINTA TURMA, julgado em 07/02/2017, DJe 10/02/2017). No mesmo sentido o STF (INQ 2424, Tribunal Pleno, Rel. Min. Cezar Peluso, julg. E, 26.11.2008).

A jurisprudência dos Tribunais Superiores tem afastado a tese de **nulidade** em razão das **interceptações sucessivas**: "(...) Não são nulas as sucessivas prorrogações da diligência, que perduraram por cerca de três meses, na decorrência lógica do aprofundamento das investigações e no contexto da originária quebra do sigilo telefônico. (...)". (RHC 72.065/RS, Rel.

131 Brasileiro, Renato. Legislação Criminal Especial Comentada. 3ª ed. rev. ampl. e atual. Salvador: Juspodivm. p. 165.

Ministra MARIA THEREZA DE ASSIS MOURA, SEXTA TURMA, julgado em 07/03/2017, DJe 17/03/2017).

Também já decidiu o STF:

> "(...) Independentemente da afirmação de supressão de instância, a questão de mérito referente à alegação de nulidade as interceptações telefônicas foi apreciada no julgado objeto do presente recurso. 2. Inexistência de nulidade das interceptações. É lícita a prorrogação do prazo legal de autorização para interceptação telefônica, ainda que sucessivamente, quando o fato seja complexo e, como tal, exija investigação diferenciada e contínua. Diligência fundamentada. Impossibilidade de reexame de prova para decidir de forma diversa. 3. Recurso ao qual se nega provimento." (RHC 131267, Relator(a): Min. CÁRMEN LÚCIA, Segunda Turma, julgado em 01/12/2015).

SUSPENSÃO DO MONITORAMENTE E NULIDADE

A simples suspensão do monitoramento não é motivo, por si só, para ser declarada a ilegalidade, ademais quando os investigados deixaram de usar os terminais interceptados. Nesse sentido o STJ:

> "(...) 5. A suspensão do monitoramento telefônico somente ocorreu porque, naquele momento, os investigados haviam deixado de usar os terminais interceptados; assim, após a realização de algumas diligências, com a descoberta de fatos novos, fez-se necessária a retomada da medida, o que, por si só, não conduz à ilegalidade das provas obtidas por meio das escutas telefônicas.." (RHC 105.840/SP, Rel. Ministro ROGERIO SCHIETTI CRUZ, SEXTA TURMA, julgado em 06/08/2019, DJe 23/08/2019).

EXTRAVIO DE MÍDIA

Caso seja parte dos materiais interceptados extraviados, há lesão ao direito à prova, sendo nulo todo material dali decorrente, sendo dever das autoridades envolvidas no procedimento de interceptação telefônica, salvaguarda a integridade do material, permitindo que tanto o juiz, como as partes, em nome da paridade de partes, tenham acesso e examinem todo seu conteúdo.

Nesse sentido o STJ: "Apesar de ter sido franqueado o acesso aos autos, parte das provas obtidas a partir da interceptação telemática foi extraviada, ainda na Polícia, e o conteúdo dos áudios telefônicos não foi disponibilizado da forma como captado, havendo descontinuidade nas conversas e na sua ordem, com omissão de alguns áudios. A prova produzida durante a interceptação não pode servir apenas aos interesses do órgão acusador, sendo imprescindível a preservação da sua integralidade, sem a qual se mostra inviabilizado o exercício da ampla defesa, tendo em vista a impossibilidade da efetiva refutação da tese acusatória, dada a perda da unidade da prova. Mostra-se lesiva ao direito à prova, corolário da ampla defesa e do contraditório – constitucionalmente garantidos -, a ausência da salvaguarda da integralidade do material colhido na investigação, repercutindo no próprio dever de garantia da paridade de armas das partes adversas. É certo que todo o material obtido por meio da interceptação telefônica deve ser dirigido à autoridade judiciária, a qual, juntamente com a acusação e a defesa, deve selecionar tudo o que interesse à prova, descartando-se, mediante o procedimento previsto no art. 9º, parágrafo único, da Lei 9.296/96, o que se mostrar impertinente ao objeto da interceptação, pelo que constitui constrangimento ilegal a seleção do material produzido nas interceptações autorizadas, realizada pela Polícia Judiciária, tal como ocorreu, subtraindo-se, do Juízo e das partes, o exame da pertinência das provas colhidas. Precedente do STF. Decorre da garantia da ampla defesa o direito do acusado à disponibilização da integralidade de mídia, contendo o inteiro teor dos áudios e diálogos interceptados. [...] (STJ, HC 160662/RJ, Rel. Ministra ASSUSETE MAGALHÃES, SEXTA TURMA, julgado em 18/02/2014).

Art. 6º. Deferido o pedido, a autoridade policial conduzirá os procedimentos de interceptação, dando ciência ao Ministério Público, que poderá acompanhar a sua realização.

§ 1º No caso de a diligência possibilitar a gravação da comunicação interceptada, será determinada a sua transcrição.

§ 2º Cumprida a diligência, a autoridade policial encaminhará o resultado da interceptação ao juiz, acompanhado de auto circunstanciado, que deverá conter o resumo das operações realizadas.

§ 3º Recebidos esses elementos, o juiz determinará a providência do art. 8º, ciente o Ministério Público.

CONDUÇÃO DO PROCEDIMENTO (EXECUÇÃO)

O art. 6º da Lei n. 9.629 menciona que apenas à autoridade policial, enquanto no exercício da polícia judiciária, poderá realizar os procedimentos de interceptação.

Baseado no estrito sentido do princípio da legalidade, sustenta Nucci[132] que quem deve conduzir as interceptações telefônicas é a **Polícia Civil**, a qual exerce a função de Polícia Judiciária. Por tal razão, o referido autor não concorda com a tarefa exercida tanto pela Polícia Militar, como pelo Ministério Público.

Contudo, diversas decisões das Cortes Superiores mantiveram posicionamento divergente.

O STJ já decidiu que é possível a **polícia rodoviária federal** fazê-lo: "(...) O art. 1º, inciso X, do Decreto nº 1.655 de 03/10/1995, autorizou a polícia rodoviária federal a: "colaborar e atuar na prevenção e repressão aos crimes contra a vida, os costumes, o patrimônio, a ecologia, o meio ambiente, os furtos e roubos de veículos e bens, o tráfico de entorpecentes e drogas afins, o contrabando, o descaminho e os demais crimes previstos em lei." III – O Pretório Excelso, ao julgar a medida cautelar na ADI 1.413/DF, manteve na íntegra o texto do referido Decreto. IV – Ante as peculiaridades do caso em tela, há que se autorizar à polícia rodoviária federal auxiliar nas investigações. (HC 45.630/RJ, Rel. Ministro FELIX FISCHER, QUINTA TURMA, julgado em 16/02/2006, DJ 10/04/2006, p. 242).

Ainda decidiu o STJ que é possível a execução da interceptação telefônica pelo **Centro de Inteligência do Sistema Penitenciário do Estado do Rio de Janeiro – CISP**. Segundo ressaltou o STJ, através dos artigos 6º e 7º da Lei 9.296/1996, não há como extrair que a autoridade policial seja a única autorizada a proceder às interceptações telefônicas, até mesmo porque o legislador não teria como antever, diante das diferentes realidades encontradas nas unidades da Federação, quais órgãos ou unidades administrativas teriam a estrutura necessária, ou mesmo as maiores e melhores condições para executar a medida. Assim, já decidiu que não se pode interpretar de maneira restrita o artigo 6º da Lei 9.296/1996, sob pena de se inviabilizar a efetivação de interceptações telefônicas. (HC 131.836/RJ, Rel. Ministro JORGE MUSSI, QUINTA TURMA, julgado em 04/11/2010, DJe 06/04/2011).

O **Ministério Público** também pode, utilizando de sua estrutura, conduzir e realizar interceptação telefônica. Nesse sentido o STJ: "(...) É lícito ao Parquet promover, por autoridade própria, atos de investigação penal, pois esses compõem o complexo de funções institucionais do Ministério Público e visam instrumentalizar e tornar efetivo o exercício das competências que lhe foram expressamente outorgadas pelo próprio texto constitucional – poderes implícitos –, respeitadas – não obstante a unilateralidade do procedimento investigatório – todas as limitações que incidem sobre o Estado em tema de persecução penal. 4. Na espécie, além da

132 Nucci, Guilherme de Souza. Leis Penais e Processuais Penais Comentadas vol. 1. 10ª ed. rev. ampl. e atual. Rio de Janeiro: Forense, 2017. p. 570.

possibilidade, em abstrato, da colheita da prova pelo Ministério Público, a medida foi justificada nas peculiaridades da hipótese, acentuando o Tribunal Estadual que por tratar-se "de crime organizado, envolvendo servidores públicos que sucumbem a pedidos de presos para introdução de celulares nas unidades penitenciárias para dar continuidade ao cometimento de crimes, em troca de dinheiro, muito mais coerente que a atividade investigatória seja realizada pelo Ministério Público, por meio de um grupo de Promotores especializados no combate a esse tipo de criminalidade (GAECO)". Frise-se que o Superior Tribunal de Justiça já decidiu acerca da impossibilidade de se interpretar restritivamente o art. 6º da Lei 9.296/1996 – que cuida da condução das escutas pela autoridade policial –, sob pena de se inviabilizar a efetivação das interceptações telefônicas, até mesmo porque o legislador não teria como efetuar a distinção necessária entre as variadas condições de estrutura e aparelhamento das unidades da Federação no que concerne à investigação penal, especialmente em época de criminalidade organizada, não raras vezes chefiada por agentes estatais, como é o caso dos autos. (...) 6. A eventual escuta e posterior transcrição das interceptações pelos servidores do Ministério Público não têm o condão de macular a mencionada prova, pois não passa de mera divisão de tarefas dentro do próprio órgão que, por assim dizer, apenas se refere à organização administrativa da instituição, divisão de tarefas essa que não retirou dos promotores de justiça a responsabilidade pela condução das diligências, tanto que consta expressamente do acórdão atacado – e dos demais documentos juntados aos autos – que as interceptações ficaram sob a responsabilidade de dois promotores de justiça especialmente designados. (HC 244.554/SP, Rel. Ministro MARCO AURÉLIO BELLIZZE, QUINTA TURMA, julgado em 09/10/2012, DJe 17/10/2012).

O STF já decidiu a possibilidade, ainda que excepcional, da **polícia militar**, mediante ordem judicial, sob a supervisão do Ministério Público, executar interceptações telefônicas, em hipóteses justificadas, como, por exemplo, quando haja suspeita de envolvimento de autoridades policiais da delegacia local. (HC 96986, Relator (a): Min. GILMAR MENDES, Segunda Turma, julgado em 15/05/2012, ACÓRDÃO ELETRÔNICO DJe-181 DIVULG 13-09-2012 PUBLIC 14-09-2012).

A jurisprudência do STJ é assente no sentido de que "não implica ilegitimidade da polícia militar – agência de inteligência – na execução da medida constritiva de interceptação telefônica, desde que autorizada, como ocorreu in casu, sob pena de ineficácia dos trabalhos.". (AgRg no REsp 1380658/RS, Rel. Ministro JOEL ILAN PACIORNIK, QUINTA TURMA, julgado em 14/11/2017, DJe 24/11/2017).

Em nova decisão, o STF dispõe expressamente que a execução material da interceptação das comunicações telefônicas não é de exclusividade da autoridade policial. (HC 130860 AgR, Relator(a): Min. ALEXANDRE DE MORAES, Primeira Turma, julgado em 16/10/2017).

Não se pode dar interpretação estrita ao dispositivo, sob pena de tornar ineficaz o comando do art. 6.º da Lei de Interceptação Telefônica, de acordo com o que já decidiu o STJ (RHC 80.773/MS, Rel. Ministro REYNALDO SOARES DA FONSECA, QUINTA TURMA, julgado em 26/03/2019, DJe 16/04/2019).

PARTICIPAÇÃO DO MINISTÉRIO PÚBLICO

A realização da interceptação poderá ser acompanhada pelo Ministério Público. Entendeu o legislador que a participação do Ministério Público no acompanhamento das diligências é **facultativa**, não deixando obrigatória a presença nestes atos.

É certo que o Ministério Público, como titular da ação penal, além de fiscalizar a atuação policial, no exercício do controle externo da atividade policial (art. 129, inc. VII, da CF), pode acompanhar qualquer diligência efetivada pela autoridade policial[133].

133 O art. 255 do Projeto de Lei n. 8045/2010 que estabelece um novo Código de Processo Penal, possui a seguinte redação: "A execução das operações técnicas necessárias à interceptação das comunicações telefônicas será fiscalizada diretamente pelo Ministério Público.".

Insta esclarecer que a participação do Ministério Público na fase de investigação não acarreta o impedimento ou suspeição para o oferecimento da denúncia, de acordo com a Súmula nº 234 do STJ.

Nessa linha está estabelecida a atuação do Ministério Público, de acordo com o disposto no art. 11 e seus parágrafos, da Resolução n. 36/09 do CNMP[134].

Porém, sob pena de **nulidade relativa**, é obrigatória a ciência dos procedimentos operacionais ao Ministério Público.

Sobre o tema já decidiu o STJ: "(...) 4. A ausência de prévia oitiva do Ministério Público para as determinações de quebra de sigilo telefônico e de busca e apreensão não redunda em pecha, haja vista que as medidas podem ser decretadas de ofício pela autoridade judicial, consoante preceituam os artigos 3.º da Lei n.º 9.296/1996 e 242 do Código de Processo Penal, avultando-se, ademais, que o Parquet, tomando ciência das diligências, não apontou qualquer eiva no deferimento/execução das medidas cautelares. (...)" (HC 367.956/AC, Rel. Ministra MARIA THEREZA DE ASSIS MOURA, SEXTA TURMA, julgado em 06/12/2016, DJe 16/12/2016).

Somente o **acompanhamento das diligências** é considerado **facultativo.**

GRAVAÇÃO E TRANSCRIÇÃO DA CONVERSA

Ao texto literal da Lei n. 9.296/96, nos termos do art. 6º, § 1º, uma vez gravada a interceptação, é obrigatória a sua **transcrição**, passando, dessa forma a integrar no processo como elemento probatório.

O dispositivo acima mencionado afirma que no "caso de a diligência possibilitar a gravação da comunicação interceptada", haverá a transcrição, deixando a entender que é possível que a interceptação não seja acompanhada de gravação.

Caso não seja possível as gravações acompanhar a interceptação, para fins de veracidade de prova, idoneidade técnica e autenticidade de voz, o conteúdo poderá ser provado através de outros meios de provas, incluindo a prova testemunhal, cabendo ao juiz valorá-la e atribuir o peso necessário.

Sobre a questão referida no dispositivo mencionado, o STF e o STJ, interpretaram-na de forma a **relativizar** a necessidade da transcrição integral dos diálogos gravados, admitindo a **transcrição parcial**. Nesse sentido o STJ: "(...) Ao interpretar o disposto no § 1º do art. 6º da Lei n. 9296/1996, o Pleno do Supremo Tribunal Federal, por ocasião do julgamento do Inq n. 3.693/PA (DJe 30/10/2014), de relatoria da Ministra Cármen Lúcia, decidiu ser prescindível a transcrição integral dos diálogos obtidos por meio de interceptação telefônica, bastando que haja a transcrição do que seja relevante para o esclarecimentos dos fatos e que seja disponibilizada às partes cópia integral das interceptações colhidas, de modo que possam elas exercer plenamente o seu direito constitucional à ampla defesa. 4. Não se mostra razoável exigir, sempre e de modo irrestrito, a degravação integral das escutas telefônicas, haja vista o prazo de duração da interceptação e o tempo razoável para dar-se início à instrução criminal, porquanto há diversos casos em que, ante a complexidade dos fatos investigados, existem mais de mil horas de

---

134 "O membro do Ministério Público que, nos termos do artigo 6º, da Lei nº 9.296/96, for cientificado do deferimento de quebra de sigilo telefônico, telemático ou informático em sede de inquérito policial, deverá exercer o controle externo da legalidade do procedimento, nos termos do artigo 129, inciso VII, da Constituição Federal, e do artigo 4º, inciso VIII, da Resolução nº 20/CNMP.

§ 1º No exercício do controle externo da legalidade do procedimento, o membro do Ministério Público poderá fazer uso do poder requisitório previsto na Constituição Federal.

§ 2º O membro do Ministério Público responsável pela investigação criminal ou instrução penal deverá, no exercício do controle externo da atividade policial, adotar as providências necessárias quando constatar a omissão da autoridade policial em efetuar a comunicação de que dispõe o artigo 6º da Lei nº 9.296/96.".

gravações. Assim, há de ser feita uma seleção daquilo que deve, realmente, constar dos autos para a defesa e para a acusação, sendo dispensável a transcrição de tudo aquilo irrelevante para a persecução criminal. (AgRg no AgRg no AREsp 273.103/SP, Rel. Ministro ROGERIO SCHIETTI CRUZ, SEXTA TURMA, julgado em 15/12/2016, DJe 02/02/2017).

Na hipótese de escuta ambiental, também desnecessária a transcrição integral, segundo já decidiu o STJ:

> "(...) O Pleno do Supremo Tribunal Federal, nos autos do INQ 3.693/PA, Rel. Min. CÁRMEN LÚCIA, DJe 30.10.2014, consolidou a orientação de que é prescindível a transcrição integral dos diálogos colhidos por meio de interceptação telefônica ou escuta ambiental, visto que a Lei 9.269/1996 não traz nenhuma exigência nesse sentido (...)" (MS 20.513/DF, Rel. Ministro NAPOLEÃO NUNES MAIA FILHO, PRIMEIRA SEÇÃO, julgado em 13/12/2017, DJe 18/12/2017).

Portanto, verifica-se que não há necessidade de degravação integral das gravações efetuadas, desde que seja assegurada às partes o acesso integral dos registros. Ao final do procedimento, muitas conversas são captadas que pouco ou nada acrescentam às investigações, além de expor e colocar em risco a **inviolabilidade da honra e da vida privada** daquelas pessoas que não figuram como investigadas no procedimento.

Dispõe o ENUNCIADO 04 do FONACRIM que:

> "É desnecessária a degravação de todos os diálogos interceptados no curso da investigação. (Aprovado no I FONACRIM)"

Em caso concreto, o STF entendeu que só será exigível a transcrição integral de tudo aquilo que seja **relevante para esclarecimentos dos fatos**, ou seja, tudo aquilo em que se apoiou a denúncia, desde que seja garantida à defesa ao meio magnético em que são gravadas as conversas. Assim decidiu o STF: "(...) PROVA. Criminal. Interceptação telefônica. Transcrição da totalidade das gravações. Desnecessidade. Gravações diárias e ininterruptas de diversos terminais durante período de 7 (sete) meses. Conteúdo sonoro armazenado em 2 (dois) DVDs e 1 (hum) HD, com mais de quinhentos mil arquivos. Impossibilidade material e inutilidade prática de reprodução gráfica. Suficiência da transcrição literal e integral das gravações em que se apoiou a denúncia. Acesso garantido às defesas também mediante meio magnético, com reabertura de prazo. Cerceamento de defesa não ocorrente. Preliminar repelida. Interpretação do art. 6º, § 1º, da Lei nº 9.296/96. Precedentes. Votos vencidos. O disposto no art. 6º, § 1º, da Lei federal nº 9.296, de 24 de julho de 1996, só comporta a interpretação sensata de que, salvo para fim ulterior, só é exigível, na formalização da prova de interceptação telefônica, a transcrição integral de tudo aquilo que seja relevante para esclarecer sobre os fatos da causa sub iudice. (...)" (Inq 2424, Relator(a): Min. CEZAR PELUSO, Tribunal Pleno, julgado em 26/11/2008).

No mesmo sentido, ainda o STF: "(...) O Supremo Tribunal Federal afasta a necessidade de transcrição integral dos diálogos gravados durante quebra de sigilo telefônico, rejeitando alegação de cerceamento de defesa pela não transcrição de partes da interceptação irrelevantes para o embasamento da denúncia. (...)" (Rcl 33783 AgR, Relator(a): Min. ROBERTO BARROSO, Primeira Turma, julgado em 29/11/2019). Conferir ainda: STF - HC 173478 AgR, Relator(a): Min. ALEXANDRE DE MORAES, Primeira Turma, julgado em 30/08/2019.

Não há ofensa ao princípio do devido processo legal ausência do conteúdo integral das gravações:

> "(...) É desnecessária a juntada do conteúdo integral das degravações das escutas telefônicas realizadas nos autos do inquérito no qual são investigados os ora Pacientes, pois basta que se tenham degravados os excertos necessários ao embasamento da denúncia oferecida, não configurando, essa restrição, ofensa ao princípio do devido processo legal. Precedentes. 6. Writ denegado." (HC 105527, Relator(a): Min. ELLEN GRACIE, Segunda Turma, julgado em 29/03/2011).

Sobre o tema, decidiu o STJ que, embora não seja necessária, "a transcrição integral dos diálogos captados, é imprescindível que as partes tenham acesso à sua totalidade, oriunda do processo em que se dá originariamente a interceptação telefônica: "Faculta-se à defesa a integralidade das conversas advindas nos autos de forma emprestada, sendo inadmissível a seleção pelas autoridades de persecução acerca das partes a serem extraídas, mormente quando atestado no tribunal de origem a existência de áudios descontinuados, sem ordenação sequencial lógica e com omissão de trechos da degravação, em que os excertos colacionados destas interceptações constituem prova que interessa apenas ao Ministério Público. Esta Corte Superior possui entendimento de que a prova produzida durante a interceptação não pode servir apenas aos interesses do órgão acusador, sendo imprescindível a preservação da sua integralidade, sem a qual se mostra inviabilizado o exercício da ampla defesa, tendo em vista a impossibilidade da efetiva refutação da tese acusatória. O emprego de trechos da interceptação pode ensejar a extração de conversas descontextualizadas, de modo que a falta de acesso ao inteiro teor das mídias obsta que a defesa possa impugná-las no momento oportuno, notadamente quando a condenação se fundamenta na prova combatida. Sendo assim, uma vez lastreada a condenação fortemente nas provas obtidas durante o monitoramento telefônico, advindo de prova emprestada, constata-se flagrante prejuízo à defesa não ser facultado o amplo acesso à integralidade da prova, motivo pelo qual deve ser reconhecida a nulidade." (REsp 1.795.341/RS, j. 07/05/2019). Conferir ainda: STJ, AgRg no HC 532.480/SP, Rel. Ministro SEBASTIÃO REIS JÚNIOR, SEXTA TURMA, julgado em 05/12/2019, DJe 11/12/2019).

O STJ ainda entende que declaração de "(...) nulidade atinente à transcrição parcial das interceptações telefônicas, assim como as demais nulidades processuais, exige demonstração de eventual prejuízo concreto suportado pela parte. (...)" (AgRg no REsp 1171305/SC, Rel. Ministro RIBEIRO DANTAS, QUINTA TURMA, julgado em 06/06/2017, DJe 14/06/2017).

Importante mencionar que o STF, em decisão Plenária, já decidiu que a degravação consubstancia formalidade essencial a que os dados alvo da interceptação sejam considerados como prova – artigo 6º, § 1º, da Lei nº 9.296/96, vencidos os Ministros Teori Zavascki, Rosa Weber, Luiz Fux e Gilmar Mendes, os quais consideraram legítima a degravação parcial, desde que seja dado amplo acesso aos interessados da totalidade da mídia eletrônica. (AP 508 AgR, Relator(a): Min. MARCO AURÉLIO, Tribunal Pleno, julgado em 07/02/2013).

Não gerará nulidade a **ausência de juntada do cd-rom** das gravações das interceptações telefônicas, quando houver o acesso às degravações, pois o agente se defenderá do conteúdo das gravações e não do cd-rom, que é mero instrumento utilizado para a gravação das conversas. (STJ – HC 136.583/RS, Rel. Ministro CELSO LIMONGI (DESEMBARGADOR CONVOCADO DO TJ/SP), SEXTA TURMA, julgado em 02/02/2010, DJe 22/02/2010).

Como já mencionado acima, é possível que seja declarada a nulidade das **transcrições parciais**, desde que seja comprovado prejuízo. Aponta no mesmo sentido, outra decisão do STJ: "(...) Para se declarar a nulidade atinente à transcrição parcial das interceptações telefônicas, deve haver – o que não houve *in casu* – a demonstração irrefutável de eventual prejuízo concreto suportado pela parte, mormente quando se alcança a finalidade a que o ato se destina, ou seja, a gravação telefônica, consoante o disposto no art. 563 do Código de Processo Penal. (...)". (REsp 1474086/AL, Rel. Ministro SEBASTIÃO REIS JÚNIOR, SEXTA TURMA, julgado em 15/12/2016, DJe 02/02/2017).

O STF já decidiu que eventuais complementos de "diligências, como juntada ao processo de inquérito, procedimento administrativo licitatório e transcrição integral das conversas telefônicas interceptadas, podem ser providenciados no curso da instrução, não impedindo o recebimento da denúncia." [**Inq 4.013**, rel. min. Marco Aurélio, j. 5-4-2016, 1ª T, *DJE* de 25-8-2016.].

O fato de o réu encontrar-se preso e não ouvir as conversas gravadas, por si só, não revela prejuízo, caso a sua defesa tenha tido acesso à integra das provas obtidas em razão da interceptação telefônica, para que fosse autorizado a degravação dos diálogos citados na denúncia. (AgRg no RHC 107.234/SP, Rel. Ministro REYNALDO SOARES DA FONSECA, QUINTA TURMA, julgado em 06/06/2019, DJe 14/06/2019).

NATUREZA JURÍDICA DA DILIGÊNCIA DE TRANSCRIÇÃO

Há questionamento doutrinário sobre a natureza jurídica da diligência de transcrição.

Caso seja definido a transcrição como "prova pericial", sua produção será regida de acordo com os arts. 158 a 184 do CPP, de modo que toda a ritualista e previsões procedimentais devam ser observadas.

Caso as transcrições sejam consideradas como prova documental, há que se observar o disposto no art. 232 do CPP e as demais exigências referentes à prova documental.

A Lei de Interceptação telefônica, quando determina a transcrição das gravações, não menciona exame pericial ou que deva ser realizada necessariamente por peritos.

Eduardo Cabette conclui que as transcrições são modalidade de prova documental, assim como as próprias gravações constituem documentos em sentido amplo.

> "Afastou-se a característica de prova pericial, considerando o fato de que essa modalidade está afeta à necessidade da detenção de conhecimentos especializados técnicos, científicos, artísticos ou práticos para sua produção. Ora, a interpretação e transcrição de gravações independe de qualquer especialização, podendo ser realizada por qualquer pessoa alfabetizada e dotada do sentido da audição. Ademais, a própria legislação que se refere à diligência de transcrição de gravações (Lei n. 9.296/96, art. 6º. § 1º) não menciona a palavra "perícia" e nem ressalva que o ato deverá ser executado por "peritos"."[135]

No mesmo sentido, Scarance:

> "O resultado da interceptação deve revestir-se de forma documental. Normalmente, vem ela acompanhada de gravação da conversa telefônica, com a finalidade de se dispor de uma reprodução sonora, que permita a escuta. Tal gravação, de per si, já constitui documento, mas isto não exime os órgãos encarregados da operação técnica de certificar todas as etapas desenvolvidas: aliás, a doutrina tem se manifestado no sentido da lavratura de termo, mesmo quando a interceptação não tenha tido êxito."[136]

Embora com a natureza de prova documental, serão consideradas válidas as transcrições feitas por peritos, pois também se revestem validade, assim como as transcrições diretamente elaboradas por policiais em ato documentado.

Evidente, que as gravações poderão ser periciadas para eventual aferição de autenticidade, bem como outras situações que exijam a atuação ode pessoas que possuam conhecimento técnico especial.

TRANSCRIÇÃO INTERPRETATIVA

É possível que haja, pelos órgãos investigatórios, ao invés de transcrever o conteúdo da conversa captadas, interpretá-los. Também é comum mencionar nas transcrições que determinadas frases ou termos utilizados pelos interceptados são, na verdade, códigos que estão sendo usados para esconder o que de fato está sendo dito.

---

135 CABETTE, Eduardo Luiz. *Interceptação Telefônica*. São Paulo: Saraiva, p. 147.

136 Ada Pellegrini GRINOVER, Antonio Scarance FERNANDES, Antonio Magalhães GOMES FILHO, As nulidades no processo penal, p. 143.

Segundo já decidiu o STJ, não é ilegal as **transcrições interpretativas** elaboradas nos autos circunstanciados, pois "firmou-se a jurisprudência desta Corte no sentido de que desnecessária a transcrição integral dos diálogos interceptados, mas apenas dos trechos relevantes, sendo suficiente que a defesa tenha acesso à integra dos áudios" (REsp 1501855/PR, Rel. Ministro Sebastião Reis Júnior, Sexta Turma, DJe 30/05/2017). 4.5. Em especial, no que concerne à alegada ilegalidade das transcrições interpretativas, tem-se que "é de praxe o relatório da autoridade policial acerca das interceptações telefônicas realizadas ser intercalado entre a transcrição de diálogos e as explicações da autoridade que atuou no caso, a fim de contextualizar os acontecimentos e permitir a compreensão das conversas gravadas. Esse tipo de comentário não tem o condão de induzir a compreensão dos julgadores do caso, mas, simplesmente, de facilitar o entendimento do contexto sob o qual se deu o diálogo interceptado" (...)". (AgRg no REsp 1322181/SC, Rel. Ministro REYNALDO SOARES DA FONSECA, QUINTA TURMA, julgado em 12/12/2017, DJe 18/12/2017).

AUTO CIRCUNSTANCIADO DA DILIGÊNCIA

Todo o resultado da interceptação deverá ser encaminhado ao Juiz, através de um documento formalizado que contenha o conteúdo da comunicação interceptada e os detalhes da diligência[137].

O auto circunstanciado é uma peça meramente informativa e secundária, não dependendo dela para a validade da interceptação telefônica.

Nesse sentido o STJ:

> "(...) Esta Corte Superior de Justiça possui entendimento no sentido de que é prescindível para a validade das interceptações telefônicas a existência do auto circunstanciado, tratando-se a peça de elemento informativo e secundário. (...)" (AgRg no AREsp 1111512/MG, Rel. Ministro JORGE MUSSI, QUINTA TURMA, julgado em 11/12/2018, DJe 01/02/2019).

Caso haja um encaminhamento equivocado dos autos ao Ministério Público, ao invés do encaminhamento ao Juiz, não haverá nulidade, pois trata-se de **mera irregularidade**. Nesse sentido já decidiu o STJ: "(...) I. O fato das degravações, juntamente com as fitas obtidas através da interceptação telefônica, terem sido encaminhadas ao Ministério Público e não ao Juízo, configura mera irregularidade II. Evidenciado que o Órgão ministerial, ao reconhecer a incorreção no recebimento do resultado da interceptação, encaminhou o material ao Magistrado, requerendo o apensamento deste ao processo, resta sanada a incorreção do procedimento. III. O auto circunstanciado não é elemento essencial para a validade da prova, tratando-se de documento secundário, incapaz de macular a interceptação telefônica. (HC 44.169/DF, Rel. Ministro GILSON DIPP, QUINTA TURMA, julgado em 13/09/2005, DJ 03/10/2005, p. 304).

No caso de ausência ou ainda vício do circunstanciado poderá ocorrer uma **nulidade relativa**, conforme já se manifestou o STF: "(...) O auto circunstanciado previsto no § 2º do artigo 6º da Lei nº 9.296/96 é formalidade essencial à valia da prova resultante de degravações

---

137 O Art. 256 do Projeto de Lei n. 8045/2010 que estabelece um novo Código de Processo Penal, possui a seguinte redação: "Findas as operações técnicas, a autoridade encaminhará, no prazo máximo de 60 (sessenta) dias, ao juiz competente, todo o material produzido, acompanhado de auto circunstanciado, que detalhará todas as operações realizadas.

§ 1º Decorridos 60 (sessenta) dias do encaminhamento do auto circunstanciado, o juiz, ouvidos o Ministério Público e a defesa, determinará a inutilização do material que não interessar ao processo.

§ 2º A inutilização do material será assistida pelo Ministério Público, sendo facultada a presença do acusado ou da parte interessada, bem como de seus representantes legais.".

de áudio e interceptação telefônica. (...) A nulidade surge relativa, devendo ser articulada no prazo do artigo 500 do Código de Processo Penal – inteligência dos artigos 571, inciso II, e 572 do mesmo Diploma. (...)". (HC 87859, Relator (a): Min. MARCO AURÉLIO, Primeira Turma, julgado em 12/06/2007, DJe-101).

Não haverá também nulidade na hipótese de **aposição de tarjas pretas** em trechos de relatório das interceptações, ainda mais quando a Defesa possui acesso integral aos autos da interceptação telefônica, não representando, assim, qualquer prejuízo, a sobreposição de tarjas pretas em alguns dos elementos transportados para o Inquérito, a fim de preservar o segredo de justiça quanto a pessoas não investigadas. (RHC 74.191/AC, Rel. Ministro FELIX FISCHER, QUINTA TURMA, julgado em 24/10/2017, DJe 30/10/2017).

SUBMISSÃO DA DEGRAVAÇÃO À PERÍCIA

Não há previsão legal de que as degravações sejam submetidas a **exame pericial**. Também, nas hipóteses de transcrições das gravações resultantes das interceptações telefônicas não é necessário que seja feita por peritos oficiais, pois não se trata de uma tarefa que exige conhecimentos técnicos especializados, podendo ser realizada pelos próprios policiais que atuaram na investigação. (HC 66.967/SC, Rel. Ministra LAURITA VAZ, QUINTA TURMA, julgado em 14/11/2006, DJ 11/12/2006, p. 402 e HC 136.096/RJ, Rel. Ministro ARNALDO ESTEVES LIMA, QUINTA TURMA, julgado em 18/05/2010, DJe 07/06/2010).

Nesse sentido o STJ: "É dispensável a degravação dos conteúdos interceptados mediante perícia, tendo em vista a ausência de previsão legal na Lei n 8112/90. Precedentes da 1ª Seção." (MS 18.761/DF, Rel. Ministro MAURO CAMPBELL MARQUES, PRIMEIRA SEÇÃO, julgado em 12/06/2019, DJe 01/07/2019).

Entende o STJ que as gravações são presumidamente autênticas, possuindo fé pública os agentes policiais envolvidos nas operações, sendo desnecessária a perícia afim de demonstrar a fidedignidade das gravações. (STJ; AgRg-RHC 129.003; Proc. 2020/0147299-0; MT; Quinta Turma; Rel. Min. Ribeiro Dantas; Julg. 13/10/2020; DJE 20/10/2020).

> Não havendo justificativas plausíveis, ante a irrelevância para o deslinde da controvérsia, não há necessidade perícia, cabendo ao magistrado indeferir, de forma fundamentada, do requerimento de produção de provas que julgar protelatórias, irrelevantes ou impertinentes, devendo a sua imprescindibilidade ser devidamente justificada pela parte (STJ - AgRg no HC 549.821/MG, Rel. Ministro JORGE MUSSI, QUINTA TURMA, julgado em 17/12/2019, DJe 19/12/2019).

Basta o acesso à defesa da mídia do material interceptado, para garantir a defesa e contraditório, "sendo despicienda a realização de perícia a fim de comprovar a autenticidade das gravações." (HC 445.889/SP, Rel. Ministro RIBEIRO DANTAS, QUINTA TURMA, julgado em 11/06/2019)

O STJ também já decidiu que não há nulidade, pois não se verifica prejuízo a defesa, incidindo o disposto no art. 563 do CPP, na hipótese de "(...) perícia efetuada em interceptações telefônicas, diante da ausência de intimação prévia dos advogados e assistentes técnicos para acompanharem a sua realização, uma vez que após a referida perícia houve a notificação da defesa para que se manifestasse acerca da diligência realizada. Com vista da prova pericial, as partes de manifestaram e as questões acerca de possíveis vícios foram enfrentadas pelo d. magistrado, além de terem sido apresentados quesitos suplementares pela defesa, que teve acesso ao auto circunstanciado revisado. (...)" (RHC 75.544/SC, Rel. Ministro FELIX FISCHER, QUINTA TURMA, julgado em 02/02/2017).

É importante ainda destacar que **não há necessidade** de que sejam **identificados os interlocutores** por meio de **perícia técnica**, pois não há exigência legal. Nesse sentido o STJ:

"(...) Esta Corte Superior já afirmou a desnecessidade da realização genérica de perícia para a identificação das vozes captadas nas interceptações telefônicas, mormente quando não há contestação sobre quem são os interlocutores (HC 262.971/SP, Rel. Min. NEFI CORDEIRO, Sexta Turma, DJe 25/2/2016). (...)". (AgRg no AREsp 683.775/RN, Rel. Ministro REYNALDO SOARES DA FONSECA, QUINTA TURMA, julgado em 17/11/2016). Segundo firme jurisprudência do STJ, é **prescindível** a realização de perícia para a identificação das vozes captadas nas interceptações telefônicas, especialmente quando pode ser aferida por outros meios de provas e diante da ausência de previsão na Lei n. 9.296/1996. Ademais, caso não haja contestação sobre quem são os interlocutores, não há falar em cerceamento de defesa. (HC 349.999/SP, Rel. Ministro RIBEIRO DANTAS, QUINTA TURMA, julgado em 18/10/2016) No mesmo sentido o STJ, REsp 1760355/CE, Rel. Ministra LAURITA VAZ, SEXTA TURMA, julgado em 04/06/2019.

Por fim, já decidiu o STJ que é descabido o argumento da necessidade de realização de perícia para **verificação da autoria dos diálogos** se, em um total de 6.000 (seis mil), foram impugnados apenas 3 (três) que, inclusive, foram expungidos pela sentença condenatória sem que se adentrasse ao mérito da sua autenticidade, porquanto o juiz sentenciante os considerou desinfluentes para a solução do caso. (HC 30.545/PR, Rel. Ministro FELIX FISCHER, QUINTA TURMA, julgado em 20/11/2003).

SUBMISSÃO DE PERÍCIA EM APARELHO DE ESCUTA AMBIENTAL

Sobre a questão já decidiu o STJ que é possível, nas circunstâncias do caso concreto, submeter o aparelho que realizou a escuta ambiental a perícia (STJ - RHC 68.893/DF, Rel. Ministro REYNALDO SOARES DA FONSECA, QUINTA TURMA, julgado em 06/12/2016).

QUALIDADE DO MATERIAL DEGRAVADO

Na hipótese haver deficiências na qualidade do material degravado, não há a invalidação da prova, caso a mesma tenha observado os trâmites legais. Nesse sentido o STF: "Eventuais deficiências qualitativas na tradução do material degravado não invalidam a prova regularmente colhida, devendo o tema ser tratado no curso da instrução da ação penal, considerados os limites do *habeas corpus*." [HC 106.244, rel. min. Cármen Lúcia, j. 17-5-2011, 1ª T, *DJE* de 19-8-2011.].

Art. 7º. Para os procedimentos de interceptação de que trata esta Lei, a autoridade policial poderá requisitar serviços e técnicos especializados às concessionárias de serviço público.

REQUISIÇÃO DOS SERVIÇOS E DOS TÉCNICOS ESPECIALIZADOS

Será de responsabilidade das concessionárias a obrigação de ver atendidas as requisições das autoridades policiais, uma vez que a concretização da medida de interceptação telefônica envolve conhecimentos técnicos especializados, os quais os órgãos que investigam não têm[138].

---

138 O art. 254 e seus parágrafos, do Projeto de Lei n. 8045/2010 que estabelece um novo Código de Processo Penal, possuem a seguinte redação: "A prestadora de serviços de telecomunicações deverá disponibilizar, gratuitamente, os recursos e meios tecnológicos necessários à interceptação, indicando ao juiz o nome do profissional que prestará tal colaboração.

§ 1º A ordem judicial deverá ser cumprida no prazo máximo de 24 (vinte e quatro) horas, sob pena de multa diária até o efetivo cumprimento da diligência, sem prejuízo das demais sanções cabíveis.

O dispositivo legal ora em comento utiliza-se o termo **requisitar**, ou seja, trata-se de uma exigência que deve ser cumprida, trata-se de **ordem**. Assim, caso não atendida, abrirá espaço para que seja instaurado inquérito policial pela prática do crime de desobediência, ou ainda, poderá ser lavrado o auto de prisão em flagrante delito, conforme a situação.

De acordo com o art. 11 da Resolução n. 59/08 do CNJ, todos os ofícios expedidos às operadoras em cumprimento à decisão judicial que deferir a medida cautelar sigilosa deverão ser gerados pelo sistema informatizado do respectivo órgão jurisdicional ou por meio de modelos padronizados a serem definidos pelas respectivas Corregedorias locais, devendo conter as informações previstas no dispositivo mencionado.

Sempre que recebido o ofício da autoridade judicial, a operadora de telefonia tem o **dever** de confirmar com o Juízo os números cuja efetivação fora deferida e a data em que foi efetivada a interceptação, para fins do controle judicial do prazo (art. 12, *caput*, Resolução n. 59/08 do CNJ).

Ainda, de forma semestral, as operadoras indicarão em ofício a ser enviado à Corregedoria Nacional de Justiça os nomes das pessoas, com a indicação dos respectivos registros funcionais, que por força de suas atribuições, têm conhecimento de medidas de interceptações telefônicas deferidas, bem como os dos responsáveis pela operacionalização das medidas, arquivando-se referido ofício em pasta própria na Corregedoria Nacional (art. 12, § 1º, Resolução n. 59/08 do CNJ).

PROCESSAMENTO DAS INFORMAÇÕES

O art. 18 da Resolução n. 59/08 do CNJ prevê o dever do juiz competente preencher " todas as informações processuais referentes aos pedidos de interceptação de comunicações e de decisões que determinaram a quebra do sigilo, no respectivo processo, de acordo com as Tabelas Processuais Unificadas–TPUs, instituídas pela Resolução CNJ nº 46/2007."

Por sua vez, o art. 18-A da Resolução n. 59/08 do CNJ estabelece que: "A coleta dos dados do Sistema Nacional de Controle de Interceptações de Comunicações – SNCI será feita, automaticamente, a partir da Base Nacional de Dados Processuais do Poder Judiciário – DataJud."

Os dados quantitativos do SNCI serão disponibilizados em painel construído pelo Conselho Nacional de Justiça, para consulta pública, em conformidade com a Lei nº 13.709/2018, e normas correlatas.

Será de competência das Corregedorias dos Tribunais a fiscalização da correta utilização das TPUs e o fornecimento de dados ao DataJud.

Ainda, as presidências dos tribunais são responsáveis pela fidedignidade das informações apresentadas ao Conselho Nacional de Justiça.

Art. 8º. A interceptação de comunicação telefônica, de qualquer natureza, ocorrerá em autos apartados, apensados aos autos do inquérito policial ou do processo criminal, preservando-se o sigilo das diligências, gravações e transcrições respectivas.

Parágrafo único. A apensação somente poderá ser realizada imediatamente antes do relatório da autoridade, quando se tratar de inquérito policial (Código de Processo Penal, art.10,

§ 2º No caso de ocorrência de qualquer fato que possa colocar em risco a continuidade da interceptação, incluindo as solicitações do usuário quanto à portabilidade ou alteração do código de acesso, suspensão ou cancelamento do serviço e transferência da titularidade do contrato de prestação de serviço, a prestadora deve informar ao juiz no prazo máximo de 24 (vinte e quatro) horas contado da ciência do fato, sob pena de multa diária, sem prejuízo das demais sanções cabíveis.".

§ 1º)[139] ou na conclusão do processo ao juiz para o despacho decorrente do disposto nos arts. 407[140], 502[141] ou 538[142] do Código de Processo Penal[143].

SEGREDO DE JUSTIÇA

Para a eficácia deste meio de investigação, o **sigilo** para a pessoa investigada é fundamental, sob pena de frustrar a produção de prova. A diligência deverá ser levada a efeito de **segredo de justiça**, seja em forma de medida cautelar ou autorizada durante as investigações criminais ou durante a instrução processual penal, pois assim, será a única forma de que seja garantida sua utilidade[144].

O art. 16 da Resolução n. 59/08 do CNJ estabelece que quando do recebimento, movimentação e guarda de feitos e documentos sigilosos, as unidades do Poder Judiciário deverão tomar as medidas para que o acesso atenda às cautelas de segurança previstas nesta norma, sendo os servidores responsáveis pelos seus atos na forma da lei. Caso surja alguma situação em que se enquadre em violação de sigilo, o magistrado responsável pelo deferimento da medida determinará a imediata apuração dos fatos.

O art. 17 da mencionada Resolução ainda não permite ao Magistrado e ao servidor fornecer quaisquer informações, direta ou indiretamente, a terceiros ou a órgão de comunicação social, de elementos sigilosos contidos em processos ou inquéritos regulamentados por esta Resolução, ou que tramitem em segredo de Justiça, sob pena de responsabilização nos termos da legislação pertinente.

---

139 Art. 10. O inquérito deverá terminar no prazo de 10 dias, se o indiciado tiver sido preso em flagrante, ou estiver preso preventivamente, contado o prazo, nesta hipótese, a partir do dia em que se executar a ordem de prisão, ou no prazo de 30 dias, quando estiver solto, mediante fiança ou sem ela.

§ 1º A autoridade fará minucioso relatório do que tiver sido apurado e enviará autos ao juiz competente.

140 Art. 407. As exceções serão processadas em apartado, nos termos dos arts. 95 a 112 deste Código.

141 Revogado pela Lei nº 11.719/2008.

142 Art. 538. Nas infrações penais de menor potencial ofensivo, quando o juizado especial criminal encaminhar ao juízo comum as peças existentes para a adoção de outro procedimento, observar-se-á o procedimento sumário previsto neste Capítulo.

143 Os arts. 257, 258 e 259, do Projeto de Lei n. 8045/2010 que estabelece um novo Código de Processo Penal, possuem a seguinte redação:

"Art. 257. Recebido o material produzido, o juiz dará ciência ao Ministério Público para que requeira, se julgar necessário, no prazo de 10 (dez) dias, diligências complementares."

"Art. 258. Não havendo requerimento de diligências complementares ou após a realização das que tiverem sido requeridas, o juiz intimará o investigado ou acusado para que se manifeste, fornecendo-lhe cópia do material produzido, com especificação das partes que se referem a sua pessoa."

"Art. 259. Conservar-se-ão em cartório, sob segredo de justiça, as fitas magnéticas ou quaisquer outras formas de registro das comunicações interceptadas até o trânsito em julgado da sentença, quando serão destruídas na forma a ser indicada pelo juiz, de modo a preservar a intimidade dos envolvidos.".

144 O art. 246 e seus parágrafos, do Projeto de Lei n. 8045/2010 que estabelece um novo Código de Processo Penal, possuem a seguinte redação: "O sigilo das comunicações telefônicas compreende o conteúdo de conversas, sons, dados e quaisquer outras informações transmitidas ou recebidas no curso das ligações telefônicas.

§ 1º Considera-se interceptação das comunicações telefônicas a escuta, gravação, transcrição, decodificação ou qualquer outro procedimento que permita a obtenção das informações e dados de que trata o caput deste artigo.

§ 2º Quanto aos registros de dados estáticos referentes à origem, destino, data e duração das ligações telefônicas, igualmente protegidos por sigilo constitucional, observar-se-ão as disposições da Seção II do Capítulo III do Título VIII deste Livro.

§ 3º As disposições desta Seção também se aplicam à interceptação:

I – do fluxo de comunicações em sistemas de informática e telemática;

II – de outras formas de comunicação por transmissão de dados, sinais, sons ou imagens.".

Quando a violação de sigilo ocorrer por **integrantes do Poder Judiciário** ou por **membros de outras instituições**, dentre as quais a polícia, o Ministério Público e a advocacia, o Magistrado responsável pelo deferimento da medida requisitará a imediata apuração dos fatos pelas autoridades competentes, sob pena de responsabilização. Após decorrido um prazo razoável, o Magistrado solicitará informações sobre o andamento das investigações.

Após encerrada a medida, será deflagrada a fase do contraditório (contraditório diferido) e à ampla defesa com todos os recursos a ela inerentes, sendo franqueado ao investigado ou ao defensor o acesso ao conteúdo integral das gravações, de modo que se possa impugnar a prova produzida, em legítimo **direito à ampla defesa**. Sobre a questão, esclarecedora a decisão do STJ: "(...) Conforme recente orientação firmada pelo Pretório Excelso, não se pode negar o acesso do advogado constituído, aos autos de procedimento investigatório, ainda que nele decretado o sigilo. Contudo, tal prerrogativa não se estende a atos que por sua própria natureza não dispensam a mitigação da publicidade, como v.g. a futura realização de interceptações telefônicas, que, por sua vez, não se confundem com o seu resultado." (Precedentes do c. STF e desta Corte). (MS 11.568/SP, Rel. Ministro FELIX FISCHER, TERCEIRA SEÇÃO, julgado em 14/03/2007).

O contraditório na interceptação será diferido para a fase judicial, pois a ciência prévia é incompatível com a ciência do agente alvo da medida (RHC 73.263/SP, Rel. Ministro NEFI CORDEIRO, SEXTA TURMA, julgado em 04/10/2016).

Em caso concreto, já decidiu o STJ pela nulidade da decisão de pronúncia, pois a disponibilização do conteúdo das escutas telefônicas ocorreu somente após a mencionada decisão e sem a prévia manifestação defensiva. Assim, configura-se constrangimento ilegal, porquanto não foi garantido o amplo acesso à defesa, configurando efetivo prejuízo, tendo em vista que não restou assegurado o contraditório. Dessa forma, anula-se a decisão de pronúncia, para que, após o efetivo acesso às mídias das interceptações, seja apresentada pela defesa novas alegações finais, para posterior decisão judicial. (HC 368.008/PE, Rel. Ministro NEFI CORDEIRO, SEXTA TURMA, julgado em 17/11/2016).

Ainda que levantado o segredo de justiça para o investigado e o defensor, não há que se falar em publicidade do material colhido com a interceptação telefônica, pois há que se preservar os valores constitucionais do direito à intimidade e à vida privada do acusado, bem como das pessoas que mantiveram comunicação com o investigado.

Apensação somente se dará no **final do processo**, ou seja, no momento imediatamente anterior à apresentação da sentença. O dispositivo legal determina que o apensamento ocorrerá após as alegações legais das partes.

Dessa forma, assim que as diligências estejam concluídas deve ser assegurada à defesa o acesso às interceptações telefônicas, pois do contrário, caso franqueada as interceptações somente no final do processo, haveria violação ao princípio do contraditório e da ampla defesa, pois impossibilitaria a parte investigada de produzir contra-prova dos elementos que foram obtidos junto à interceptação.

O STF já decidiu que a partir do momento em que é designado os interrogatórios dos investigados, é necessário assegurar à defesa o amplo acesso aos dados da interceptação telefônica. (HC 92331, Relator (a): Min. MARCO AURÉLIO, Primeira Turma, julgado em 18/03/2008).

Também já decidiu o STF que (...) o indeferimento de acesso aos autos de procedimento resultante de interceptação telefônica daqueles que não figuram como investigados não afronta o enunciado da Súmula Vinculante 14, a qual determina o acesso aos processos sigilosos apenas dos investigados. [Rcl 13.852 AgR, rel. min. Dias Toffoli, j. 16-12-2014, 1ª T, DJE de 13-2-2015.].

O apensamento ao processo principal deve ser requerido, após a ciência e o acesso à medida cautelar, não sendo possível, posteriormente, alegar nulidade pela ausência do apenso.

(AgRg no HC 518.261/AP, Rel. Ministro JORGE MUSSI, QUINTA TURMA, julgado em 13/08/2019).

JUNTADA AOS AUTOS

Para manter os autos de interceptação telefônica junto com os autos de processo ou mesmo do inquérito policial, a Lei determina que o conteúdo das interceptações telefônicas sejam objeto de **autos apartados**.

Caso seja apontada a ausência de autos apartados, deverá ser indicado o prejuízo existente, pois se trata de hipótese de **nulidade relativa**.

Nesse sentido já decidiu o STJ: "O fato das degravações, juntamente com as fitas obtidas através da interceptação telefônica, terem sido encaminhadas ao Ministério Público e não ao Juízo, configura mera irregularidade II. Evidenciado que o Órgão ministerial, ao reconhecer a incorreção no recebimento do resultado da interceptação, encaminhou o material ao Magistrado, requerendo o apensamento deste ao processo, resta sanada a incorreção do procedimento. (...)" (HC 44.169/DF, Rel. Ministro GILSON DIPP, QUINTA TURMA, julgado em 13/09/2005).

A última peça da investigação criminal será o relatório do delegado de polícia que presidiu o inquérito policial, por isso, antes dele, se junta o apenso relativo à interceptação telefônica.

Já na hipótese do processo criminal, a juntada do apenso ocorre após as alegações finais das partes e antes do juiz dar a sua decisão. Assim, as partes deverão se valer do apenso para conhecer o conteúdo da interceptação telefônica para a formulação das alegações finais ou ainda para os debates orais, pois senão, haveria violação aos princípios da ampla defesa e do contraditório.

O parágrafo único do dispositivo ora comentado foi alterado pela reforma de trazida pelas Leis n. 11.689/2008 e Lei n. 11.719/2008. Portanto, no procedimento do júri referido no dispositivo mencionado (art. 407) trata-se do atual art. 411, § 9º, do CPP, já em relação aos ritos ordinário e sumário do procedimento comum (arts. 502 e 538), tratam dos arts. 403 e 534 do CPP[145].

Na hipótese dos procedimentos especiais previstos no CPP, bem como nas leis extravagantes, aplica-se por analogia o art. 8º, parágrafo único da Lei de Interceptação Telefônica. Já em relação ao procedimento previsto na Lei dos Juizados Especiais Criminais, a juntada deve ocorrer **antes da audiência** única do procedimento sumaríssimo, por analogia ao que ocorre nos procedimentos sumários.

Caso os autos de interceptação telefônica sejam juntados após a prolação da sentença absolutória, essa prova não poderá ser valorada pelo Tribunal de Justiça. (REsp 1816309/SP, Rel. Ministro NEFI CORDEIRO, SEXTA TURMA, julgado em 10/12/2019).

IMPUGNAÇÃO DA DEFESA

Quando a defesa ter acesso ao resultado da diligência, poderá ser **arguida a licitude ou ilicitude da prova**, onde poderá ser requerido o desentranhamento dos autos, fundado no disposto do art. 157, *caput*, do CPP[146].

Importante destacar que a defesa não poderá discutir a prova colacionada pela interceptação telefônica no momento em que julgar conveniente, pois, na primeira oportunidade possível,

145 O art. 260 do Projeto de Lei n. 8045/2010 que estabelece um novo Código de Processo Penal, possui a seguinte redação: "Finda a instrução processual, dar-se-á ciência a todas as pessoas que tiveram conversas telefônicas interceptadas, tenham ou não sido indiciadas ou denunciadas, salvo se o juiz entender, por decisão fundamentada, que a providência poderá prejudicar outras investigações em curso.".

146 Art. 157. São inadmissíveis, devendo ser desentranhadas do processo, as provas ilícitas, assim entendidas as obtidas em violação a normas constitucionais ou legais.

após o contato com a prova, deverá haver a manifestação, sob pena de **preclusão**. Nesse sentido já decidiu o STJ: "(...) Segundo entendimento pacífico desta Corte Superior, o reconhecimento de nulidades no curso do processo penal reclama uma efetiva demonstração do prejuízo à parte, sem a qual prevalecerá o princípio da instrumentalidade das formas positivado pelo art. 563 do CPP (*pas de nullité sans grief*). 5. Hipótese em que a defesa teve inúmeras oportunidades antes da prolação da sentença condenatória de contestar a prova colhida por meio das interceptações telefônicas. Assim, não o fazendo em tempo oportuno, incabível agora o seu deferimento, encontrando-se preclusa a matéria, nos termos do art. 571, I, do CPP. (...)" (HC 352.850/PR, Rel. Ministro RIBEIRO DANTAS, QUINTA TURMA, julgado em 02/05/2017).

Lembrando que por se tratar de uma medida cautelar *inaudita altera parte*, a parte contrária somente se manifestará (exercerá o contraditório e ampla defesa) após a sua concretização, daí porque a doutrina, como já visto acima, denomina de **contraditório diferido, postergado, adiado ou *posticipato***. Ressalte-se que não há inconstitucionalidade neste retardamento do contraditório, desde que, claro, estejam presentes todos os pressupostos legais para a concessão da medida.

Ainda poderá ser questionada a idoneidade técnica da interceptação telefônica, a autenticidade da prova documental, a identificação de voz, entre outras provas[147].

Não será nesse momento que o Juiz valorará a produção de prova, pois há um momento específico para que seja valorado o resultado obtido na interceptação. Distingue-se da admissibilidade da prova.

Pode ser que a pessoa com quem se converse não reconheça a voz como sendo sua, podendo ser necessário que seja realizado exame pericial, com a comparação de vozes.

A prova da perícia de **comparação de voz** deve ser avaliada de acordo com cada caso concreto, porém, será considerada prova inócua, se o **próprio requerente confessa** que fez a ligação e ainda confirmar que a voz do áudio era sua. (Nesse sentido STJ: RHC 068512, Ministro ROGERIO SCHIETTI CRUZ, 08/03/2016).

Gustavo Badaró[148] sustenta que caso o imputado conteste sua voz deverá ser realizada a perícia. O Tribunal Supremo da Espanha[149] já adota algum tempo esse posicionamento, sendo que o cotejo de vozes pela perícia deverá ser realizado sempre que o imputado negar que a voz interceptada e gravada seja sua.

Sobre essa questão, o STJ já decidiu que a **Lei n.º 9.296/96 nada dispõe** sobre a necessidade de realização de perícia para a identificação das vozes gravadas, reforçando o entendimento de que a eventual ausência de vista do laudo de comparação de voz à Defesa não constitui nulidade absoluta, desde que haja outros elementos probatórios colhidos na instrução do feito, que demonstram ser suficientes para embasar a condenação. (Nesse sentido: HC 234.836/MG, Rel. Ministra LAURITA VAZ, QUINTA TURMA, julgado em 13/08/2013).

Não há, portanto, na lei, qualquer exigência no sentido de que as gravações dos diálogos interceptados sejam periciados para atestar quem são as pessoas envolvidas. (STJ - AgRg no AREsp 1517449/SP, Rel. Ministro JORGE MUSSI, QUINTA TURMA, julgado em 27/08/2019, DJe 04/09/2019).

Na hipótese de que o investigado **negue a própria voz**, outros meios de provas, além do espectograma da voz poderão ser utilizados para que seja provada a voz.

147 A O art. 261 do Projeto de Lei n. 8045/2010 que estabelece um novo Código de Processo Penal, possui a seguinte redação: "As dúvidas a respeito da autenticidade ou da integridade do material produzido serão dirimidas pelo juiz.".

148 LOPES, Fábio Motta. Aspectos Jurídicos da Interceptação Telefônica na visão do STF e do STJ. Revista Síntese: Direito Penal e Processo Penal, Porto Alegre, v. 16, n. 94, out/Nov.2015. p. 72.

149 LOPES, Fábio Motta. Aspectos Jurídicos da Interceptação Telefônica na visão do STF e do STJ. Revista Síntese: Direito Penal e Processo Penal, Porto Alegre, v. 16, n. 94, out/Nov.2015. p. 73.

Assim, caso seja deferido um eventual pedido da defesa para a realização de perícia para que seja constatada se a voz é ou não do réu, o acusado deve fornecer um padrão de voz que seja efetuada a comparação. Na hipótese do réu se negar a fornecer esse padrão, não será considerada uma confissão ou uma prova inequívoca de que a voz é do réu.

AUSÊNCIA DE AUTUAÇÃO E AUSÊNCIA DE NULIDADE

Segundo já decidiu o STF, na hipótese de "ausência de autuação da interceptação telefônica, em descompasso com o art. 8º, cabeça, da Lei 9.296/1996, caracteriza irregularidade incapaz de torná-la ilícita." [HC 128.102, rel. min. Marco Aurélio, j. 9-12-2015, 1ª T, *DJE* de 23-6-2016.].

O STJ já decretou a nulidade anulando as provas obtidas mediante interceptação telefônica e as delas decorrentes, na seguinte situação: "A jurisprudência desta Corte firmou o entendimento de que, de acordo com o artigo 8º da Lei nº 9.296/1996, os autos da interceptação telefônica serão juntados aos principais antes do relatório final da autoridade policial, ou antes de prolatada sentença (HC 261.170/SP, Rel. Ministro Jorge MUSSI, QUINTA TURMA, julgado em 01/04/2014, DJe 10/04/2014). 2. Na espécie, apesar de ter tramitado em outros autos, a prova emprestada sequer foi juntada ao processo, considerando-se válida, porém, a análise do quanto expendido pelos policiais que participaram das diligências, mas consideradas tais declarações como prova testemunhal e não como interceptação telefônica. 3. Ademais, consoante os depoimentos dos próprios policiais, foi através de interceptações telefônicas [que] tomaram conhecimento de crimes praticados pelos acusados e então passaram a realizar investigações, o que também implica impossibilidade da utilização de tais depoimentos e das provas derivadas para a condenação." (STJ; REsp 1.869.759; Proc. 2018/0074326-5; SP; Sexta Turma; Rel. Min. Nefi Cordeiro; Julg. 26/05/2020).

PARTE OPERACIONAL PRODUZIDA EM OUTRO PAÍS

O STJ já decidiu que não "procede a alegação de descabimento das provas dos autos, em razão de a parte operacional da interceptação ter sido produzida em outro país, sem observância das regras contidas no Tratado de Assistência Mútua em matéria penal, firmado entre Brasil e Canadá. Isso porque, no caso, as comunicações foram perpetradas em solo brasileiro, por intermédio de operadoras de telefonia estabelecidas neste país, o que evidencia a efetiva atuação da empresa canadense no Brasil, independentemente do local de armazenamento do conteúdo das mensagens realizadas por usuários brasileiros em âmbito nacional. E esta Corte Superior, em situações semelhantes, já afirmou que, em se tratando de matéria submetida à jurisdição brasileira, não é necessária a cooperação jurídica internacional. Precedentes." (STJ; AgRg-AREsp 1.604.544; Proc. 2019/0312799-7; SP; Sexta Turma; Rel. Min. Sebastião Reis Júnior; Julg. 01/09/2020).

Art. 8º-A. Para investigação ou instrução criminal, poderá ser autorizada pelo juiz, a requerimento da autoridade policial ou do Ministério Público, a captação ambiental de sinais eletromagnéticos, ópticos ou acústicos, quando:

I - a prova não puder ser feita por outros meios disponíveis e igualmente eficazes; e

II - houver elementos probatórios razoáveis de autoria e participação em infrações criminais cujas penas máximas sejam superiores a 4 (quatro) anos ou em infrações penais conexas.

§ 1º O requerimento deverá descrever circunstanciadamente o local e a forma de instalação do dispositivo de captação ambiental.

§ 2º A instalação do dispositivo de captação ambiental poderá ser realizada, quando necessária, por meio de operação policial disfarçada ou no período noturno, exceto na casa, nos termos do inciso XI do *caput* do art. 5º da Constituição Federal .

§ 3º A captação ambiental não poderá exceder o prazo de 15 (quinze) dias, renovável por decisão judicial por iguais períodos, se comprovada a indispensabilidade do meio de prova e quando presente atividade criminal permanente, habitual ou continuada.

§ 4º A captação ambiental feita por um dos interlocutores sem o prévio conhecimento da autoridade policial ou do Ministério Público poderá ser utilizada, em matéria de defesa, quando demonstrada a integridade da gravação.

§ 5º Aplicam-se subsidiariamente à captação ambiental as regras previstas na legislação específica para a interceptação telefônica e telemática.

CAPTAÇÃO AMBIENTAL DE SINAIS ELETROMAGNÉTICOS, ÓPTICOS OU ACÚSTICOS

TÉCNICAS AVANÇADAS DE INVESTIGAÇÃO

As atividades de persecução penal do Estado, para melhorar e aperfeiçoar a busca de provas relacionadas com a autoria e materialidade dos crimes, estão se utilizando de técnicas de investigação sofisticadas, em razão do avanço da tecnologia. Certo que alguns crimes não são elucidados pelas formas tradicionais de investigação criminal, como por exemplo, os que envolvem os crimes organizados.

Por tal razão, Tratados Internacionais que envolvem o tema, como a Convenção das Nações Unidas contra o Crime Organizado Transnacional, promulgado pelo Decreto n. 5015/2004, possuem o objetivo de aprimorar as técnicas de investigação para prevenir e combater mais eficazmente a criminalidade organizada transnacional. Nesse sentido a previsão do art. 29 Convenção das Nações Unidas contra o Crime Organizado Transnacional[150].

> Nesse contexto, a Lei n. 12.850/13, dispôs sobre a organização criminosa e a investigação criminal, menciona no art. 3º, a permissão legal de alguns meios de obtenção de prova, como a colaboração premiada; captação ambiental de sinais eletromagnéticos, ópticos ou acústicos; ação controlada; o acesso a registros de ligações telefônicas e telemáticas, a dados cadastrais constantes de bancos de dados públicos ou privados e a informações eleitorais ou comerciais; interceptação de comunicações telefônicas e telemáticas, nos termos da legislação específica; afastamento dos sigilos financeiro, bancário e fiscal, nos termos da legislação específica; - infiltração, por policiais, em atividade de investigação; cooperação entre instituições e órgãos federais, distritais, estaduais e municipais na busca de provas e informações de interesse da investigação ou da instrução criminal.

150 "1. Cada Estado Parte estabelecerá, desenvolverá ou melhorará, na medida das necessidades, programas de formação específicos destinados ao pessoal das autoridades competentes para a aplicação da lei, incluindo promotores públicos, juizes de instrução e funcionários aduaneiros, bem como outro pessoal que tenha por função prevenir, detectar e reprimir as infrações previstas na presente Convenção. Estes programas, que poderão prever cessões e intercâmbio de pessoal, incidirão especificamente, na medida em que o direito interno o permita, nos seguintes aspectos: *a)* Métodos utilizados para prevenir, detectar e combater as infrações previstas na presente Convenção; *b)* Rotas e técnicas utilizadas pelas pessoas suspeitas de implicação em infrações previstas na presente Convenção, incluindo nos Estados de trânsito, e medidas adequadas de combate; *c)* Vigilância das movimentações dos produtos de contrabando; *d)* Detecção e vigilância das movimentações do produto do crime, de bens, equipamentos ou outros instrumentos, de métodos de transferência, dissimulação ou disfarce destes produtos, bens, equipamentos ou outros instrumentos, bem como métodos de luta contra a lavagem de dinheiro e outras infrações financeiras; *e)* Coleta de provas; *f)* Técnicas de controle nas zonas francas e nos portos francos; *g)* Equipamentos e técnicas modernas de detecção e de repressão, incluindo a vigilância eletrônica, as entregas vigiadas e as operações de infiltração; *h)* Métodos utilizados para combater o crime organizado transnacional cometido por meio de computadores, de redes de telecomunicações ou outras tecnologias modernas; e *i)* Métodos utilizados para a proteção das vítimas e das testemunhas."

No contexto anterior, antes da vigência do dispositivo previsto no art. 8º-A da Lei Interceptação Telefônica, mesmo sem previsão, entendia-se pela necessidade de autorização judicial face a implícita violação aos direitos fundamentais ligados à vida privada e intimidade, devendo a decisão judicial ser sustentada pelo princípio da proporcionalidade, considerando o conflito de interesse público na apuração das infrações penais (HC 87341, Relator(a): Min. EROS GRAU, Primeira Turma, julgado em 07/02/2006).

Tirando hipóteses de sigilo legal, não haveria ilicitude em gravação ambiental, que dispensa autorização judicial, pois, "Se qualquer dos interlocutores pode, em depoimento pessoal ou como testemunha, revelar o conteúdo de sua conversa, não há como reconhecer a ilicitude da prova decorrente da gravação ambiental." (Inq 2116 QO, Relator(a): Min. MARCO AURÉLIO, Relator(a) p/ Acórdão: Min. AYRES BRITTO, Tribunal Pleno, julgado em 15/09/2011).

Para o STF, não havia necessidade de autorização judicial nos seguintes casos:

> 1) a gravação ambiental autorizada por um dos interlocutores, que fora vítima de concussão, sem que haja o conhecimento dos demais, em razão do exercício de legitima defesa de quem a produziu (AI 503617 AgR, Relator(a): Min. CARLOS VELLOSO, Segunda Turma, julgado em 01/02/2005, DJ 04-03-2005).
>
> 2) filmagem realizada em via pública, pois "Não configura prova ilícita gravação feita em espaço público, no caso, rodovia federal, tendo em vista a inexistência de "situação de intimidade"" (HC n. 87341-3, Min. SEPÚLVEDA PERTENCE, Julgamento: 07.02.2006) (MS 12.429/DF, Rel. Ministro FELIX FISCHER, TERCEIRA SEÇÃO, julgado em 23/05/2007, DJ 29/06/2007, p. 484).
>
> 3) filmagem de particular que coloca câmara em sua garagem, afim de identificar autor de dano em seu veículo (HC 84203, Relator(a): Min. CELSO DE MELLO, Segunda Turma, julgado em 19/10/2004, DJe-181 DIVULG 24-09-2009 PUBLIC 25-09-2009).
>
> 4) filmagem de concussão ocasionada por um jornalista, em via pública (HC 118.860/SP, Rel. Ministra LAURITA VAZ, QUINTA TURMA, julgado em 02/12/2010, DJe 17/12/2010).

Não há flagrante preparado, pois na hipótese em que há a gravação de uma conversa de um acusado e o agente policial e repórter, constituindo-se lícita a prova (HC 76397, Relator(a): Min. ILMAR GALVÃO, Primeira Turma, julgado em 16/12/1997).

A gravação de conversa entre uma autoridade policial e os presos, que fazem revelação sobre terceiros (HC 69818, Relator(a): Min. SEPÚLVEDA PERTENCE, Primeira Turma, julgado em 03/11/1992).

A captação ambiental de sinais eletromagnéticos, ópticos ou acústicos, uma das técnicas de investigação, está agora disciplinada pela Lei de Interceptação Telefônica, no art. 8º-A.

REGIME CONSTITUCIONAL DA CAPTAÇÃO AMBIENTAL

A captação ambiental ampliou a regulamentação prevista na Lei de Interceptação Telefônica para fins de produzir eficácia ao dispositivo previsto no art. 5º, XII, da CF/88, que objetiva a proteção da privacidade, tendo vista o mesmo ser um direito fundamental.

Não há dúvidas que a captação ambiental difere da interceptação telefônica, senão vejamos.

A interceptação telefônica se dá por meio de conversa realizada por meio de ligações telefônicas, enquanto a captação ambiental ocorre através da captação de sinais difundidos sem a utilização de qualquer artefato, ou seja, uma comunicação realizada diretamente no meio ambiente, sem transmissão ou ainda a recepção por meios físicos ou artificiais, como cabos óticos, entre outros.

Assim, quando a captação da conversa ocorrer sem o telefone, em qualquer recinto, público ou ainda privado, parte da doutrina sustenta que a análise do instituto da captação ambiental difere das normas aplicáveis às interceptações telefônicas, regidos pelo art. 5º, XII, da CF/88. Nesse sentido a doutrina de Ada Pellegrini Grinover, Antonio Scarance Fernandes e Antonio Magalhães Gomes Filho:

> "as gravações sub-reptícias de conversas entre presentes, efetuadas por terceiro, com o desconhecimento dos interlocutores, ou por um deles, sem o conhecimento do outro não se enquadram na regulamentação do art. 5º, XII, CF. O mesmo vale para a gravação clandestina de um telefonema por um dos sujeitos da conversa, sem o conhecimento do outro que, como dito, não caracteriza interceptação telefônica, portanto aqui não está em jogo o sigilo da comunicação".[151]

Para essa corrente, a captação ambiental deveria ser aplicada o regime geral constitucional do art. 5º, X, da CF/88, que dispõe sobre direito fundamental à intimidade, norma pela qual deveria reger todas as orientações de análises de licitude ou não das captações ambientais.

Nessa ótica, há quem sustente ser a captação ambiental medida inconstitucional, ao argumento que o art. 5º, XII, da CF/88 somente previu de forma excepcional a violação às comunicações telefônicas, na forma da lei, não sendo possível o legislado ampliar infraconstitucionalmente, os limites traçados pela CF/88, de forma a estabelecer restrições a direitos fundamentais que a Carta Magna não previu[152].

Ressalte-se o STF já admitia esse meio de prova (Inq 2424, Relator(a): Min. CEZAR PELUSO, Tribunal Pleno, julgado em 26/11/2008, DJe-055). Contudo, optou o legislador em disciplinar a captação ambiental nos mesmos moldes procedimentais da interceptação telefônica, inserindo-o no regime constitucional do art. 5º, XII da CF/88.

OBJETO DE MEDIDA

Os sinais eletromagnéticos são os gravados em fita ou ainda em banda magnética, enquanto os sinais óticos são as imagens e/ou acústicos são os sons.

A captação ambiental será utilizada com o fim de captar sinais eletromagnéticos, ópticos ou acústicos que materializam e registram os atos e a comunicação das pessoas, como fonte de provas para a persecução penal. Em suma, o objeto da captação ambiental são as imagens filmadas ou sons gravados em vídeo analógico ou digital.

LEGITIMIDADE

O legislador atribui legitimidade a autoridade policial e ao Ministério Público para a elaboração do requerimento de captação ambiental.

Nota-se que embora parte da doutrina entenda que não é permitido ao juiz conhecer de forma direta as "representações" feita por uma autoridade policial, pois lhe faltaria capacidade postulatória, mas por opção política, foi conferida a autoridade policial a possibilidade de requerimento, semelhante ao ocorre nas hipóteses de prisão temporária, conforme art. 2º, da Lei n. 7.960/89, e na celebração de acordos de colaboração premiada, conforme art. 4º, §6º, da Lei n. 12.850/13 (ver ainda julgamento da ADI 5508 do STF)[153].

---

151 Ada Pellegrini GRINOVER, Antonio Scarance FERNANDES, Antonio Magalhães GOMES FILHO, As nulidades no processo penal, p. 148.

152 Nesse sentido Eduardo Araújo da Silva *in:* MOTA, Luig Almeida. O fenômeno da interceptação ambiental. **Revista Jus Navigandi**, ISSN 1518-4862, Teresina, ano 18, n. 3618, 28 maio 2013. Disponível em: https://jus.com.br/artigos/24546. Acesso em: 3 jan. 2020.

153 O acordo alinhavado com o colaborador, quer mediante atuação do Ministério Público, quer da Polícia, há de observar, sob o ângulo formal e material, as normas legais e constitucionais. DELAÇÃO PREMIADA – ACORDO – POLÍCIA. O acordo formalizado mediante a atuação da Polícia pressupõe a fase de inquérito policial, cabendo a manifestação, posterior, do Ministério Público. DELAÇÃO PREMIADA – ACORDO – BENEFÍCIOS – HOMOLOGA-

Assim, como na interceptação telefônica, embora não haja previsão legal, há necessidade da **oitiva do Ministério Público** em referidos pedidos, nas mesmas situações em que ocorre nas hipóteses de prisão temporária, prisão preventiva, na medida em que se trata do titular da ação penal pública e o destinatário de toda a investigação.

REQUISITOS

Para os fins de investigação ou de instrução criminal, os requisitos descritos nos incisos I e II são cumulativos para a validade da captação ambiental:

> I - a prova não puder ser feita por outros meios disponíveis e igualmente eficazes; e
>
> II - houver elementos probatórios razoáveis de autoria e participação em infrações criminais cujas penas máximas sejam superiores a 4 (quatro) anos ou em infrações penais conexas.

O inciso I estabelece a regra da subsidiariedade, assim como na interceptação telefônica, ou seja, essa prova somente será admitida quando o fato não puder ser provado por outros meios disponíveis e igualmente ineficazes, ou seja, quando outros meios menos invasivos forem ineficazes para a elucidação dos fatos.

O inciso II, por sua vez, estabelece que para a efetivação da medida há necessidade de que haja elementos mínimos que indiquem a prática do delito (*fumus comissi delicti*). Porém, os delitos devem ter penas máximas superiores a quatro anos ou infrações conexas. Nota-se que esse dispositivo **difere** das hipóteses em que é cabível a interceptação telefônica, pois nestas será cabível apenas nos crimes apenados com reclusão.

Para fins dos patamares da quantidade de pena, deve ser levado em consideração o acréscimo decorrente do concurso formal[154] ou ainda a continuidade delitiva[155], de modo a avaliar o quantum superior a quatro anos. Como mencionado acima, a captação ambiental como fonte prova será possível para fins de investigação ou instrução criminal. Assim, os juízes cíveis e administrativos não poderão de forma direta produzir esse tipo de prova, mas, se a materialização desse tipo de prova ocorrer por outros meios legítimos, não há essa vedação, como por exemplo, "caso um vizinho filme a prática de um suborno na varanda da residência de outro, não haverá proibição para a utilização deste material em processo de improbidade administrativa."[156]

É possível a captação ambiental de conversas por advogados, em seu escritório, suspeito de cometimento de crimes?

ÇÃO. A homologação do acordo faz-se considerados os aspectos formais e a licitude do que contido nas cláusulas que o revelam. DELAÇÃO PREMIADA – ACORDO – BENEFÍCIO. Os benefícios sinalizados no acordo ficam submetidos a concretude e eficácia do que versado pelo delator, cabendo a definição final mediante sentença, considerada a atuação do órgão julgador, do Estado-juiz. (ADI 5508, Relator(a): Min. MARCO AURÉLIO, Tribunal Pleno, julgado em 20/06/2018, PROCESSO ELETRÔNICO DJe-241 DIVULG 04-11-2019 PUBLIC 05-11-2019).

154 O concurso formal de crimes possui previsão no art. 70 do CP, sendo considerado aquele em que o sujeito, mediante uma só ação ou omissão, pratica dois ou mais crimes, idênticos ou não, sendo que pelo sistema de exasperação da pena, o juiz aplicará uma só, caso sejam idênticas, ou a maior, caso sejam diferentes, aumentada de um sexto até a metade. Conforme o número maior de crimes, maior deverá ser o aumento da pena (HC 222.855/SP, Rel. Ministra LAURITA VAZ, QUINTA TURMA, julgado em 03/09/2013, DJe 11/09/2013).

155 A continuidade delitiva possui previsão no art. 71 do CP, e ocorre quando o agente, mediante mais de uma ação ou omissão, pratica dois ou mais crimes da mesma espécie e, pelas condições de tempo, lugar, maneira de execução e outras semelhantes, devem os subsequentes ser havidos como continuação do primeiro. A pena na hipótese de crime continuado será aumentada de um sexto até o triplo.

156 SUXBERGER, Antônio Henrique Graciano; SOUZA, Renee do Ó; Projeto de Lei "Anticrime", escuta ambiental e as alterações na Lei n. 13.850/2013 (organizações criminosas) *in:* SUXBERGER, Antônio Henrique Graciano; SOUZA, Renee do Ó; CUNHA, Rogério Sanches. Coord. Projeto de Lei Anticrime. Salvador: Juspodivm, 2019. p. 97.

A questão é controvertida. O tema já foi decidido pelo STF: "(...) Suspeita grave da prática de crime por advogado, no escritório, sob pretexto de exercício da profissão. Situação não acobertada pela inviolabilidade constitucional. Inteligência do art. 5º, X e XI, da CF, art. 150, § 4º, III, do CP, e art. 7º, II, da Lei nº 8.906/94. Preliminar rejeitada. Votos vencidos. Não opera a inviolabilidade do escritório de advocacia, quando o próprio advogado seja suspeito da prática de crime, sobretudo concebido e consumado no âmbito desse local de trabalho, sob pretexto de exercício da profissão. (Inq 2424, Relator(a): Min. CEZAR PELUSO, Tribunal Pleno, julgado em 26/11/2008, DJe-055 DIVULG 25-03-2010).

É possível instalar os equipamentos em período noturno?

O Projeto de Lei que inseriu a captação ambiental na Lei de Interceptação Telefônica previa a possibilidade da mesma em período noturno, no art. 8º-A, § 2º:

> "§ 2º A instalação do dispositivo de captação ambiental poderá ser realizada, quando necessária, por meio de operação policial disfarçada ou no período noturno, exceto na casa, nos termos do inciso XI do ***caput*** do art. 5º da Constituição Federal."

Porém, o texto foi vetado pelo Presidente da República, com a seguinte justificativa:

> "A propositura legislativa, gera insegurança jurídica, haja vista que, ao mesmo tempo em que admite a instalação de dispositivo de captação ambiental, esvazia o dispositivo ao retirar do seu alcance a 'casa', nos termos do inciso XI do art. 5º da Lei Maior. Segundo a doutrina e a jurisprudência do Supremo Tribunal Federal, o conceito de 'casa' deve ser entendido como qualquer compartimento habitado, até mesmo um aposento que não seja aberto ao público, utilizado para moradia, profissão ou atividades, nos termos do art. 150, § 4º, do Código Penal (v. g. HC 82788, Relator: Min. CELSO DE MELLO, Segunda Turma, julgado em 12/04/2005).".

Sobre o tema já decidiu o STF:

> "Afastou-se, de igual modo, a preliminar de ilicitude das provas obtidas mediante instalação de equipamento de captação acústica e acesso a documentos no ambiente de trabalho do último acusado, porque, para tanto, a autoridade, adentrara o local três vezes durante o recesso e de madrugada. Esclareceu-se que o relator, de fato, teria autorizado, com base no art. 2º, IV, da Lei 9.034/95, o ingresso sigiloso da autoridade policial no escritório do acusado, para instalação dos referidos equipamentos de captação de sinais acústicos, e, posteriormente, determinara a realização de exploração do local, para registro e análise de sinais ópticos. Observou-se, de início, que tais medidas não poderiam jamais ser realizadas com publicidade alguma, sob pena de intuitiva frustração, o que ocorreria caso fossem praticadas durante o dia, mediante apresentação de mandado judicial." (Inq 2424/RJ, rel. Min. Cezar Peluso, 19 e 20.11.2008. Inq-2424).

Certo que a captação ambiental poderá ser realizada por um dos interlocutores, conforme já decidiu o STF[157], podendo ser prova útil tanto a defesa, quanto para a acusação:

> "(...) É lícita a prova obtida mediante a gravação ambiental, por um dos interlocutores, de conversa não protegida por sigilo legal. Hipótese não acobertada pela garantia do sigilo das comunicações telefônicas (inciso XII do art. 5º da Constituição Federal). 2. Se qualquer dos interlocutores pode, em depoimento pessoal ou como testemunha, revelar o conteúdo de sua conversa, não há como reconhecer a ilicitude da prova decorrente da gravação ambiental. 3. A presença de indícios de participação de agente titular de prerrogativa de foro em crimes contra a Administração Pública confere ao STF o poder-dever de supervisionar o

157 Ver ainda o STJ, corroborando o entendimento do STF: AgRg no RHC 109.684/BA, Rel. Ministro JORGE MUSSI, QUINTA TURMA, julgado em 30/05/2019, DJe 07/06/2019.

inquérito. (...)" (Inq 2116 QO, Relator(a): Min. MARCO AURÉLIO, Relator(a) p/ Acórdão: Min. AYRES BRITTO, Tribunal Pleno, julgado em 15/09/2011, ACÓRDÃO ELETRÔNICO DJe-042).

INTERCEPTAÇÃO AMBIENTAL EM CHIP DE TELEFONE MÓVEL

O STJ já decidiu ser possível que a escuta ambiental seja realizada mediante inserção de chip de telefonia móvel no veículo objeto da captação, pois tal medida não modifica a natureza da providência, pois o terminal telefônico colocado dentro do veículo assumirá a função de mero microfone (EDcl no HC 253.696/RO, Rel. Ministro ERICSON MARANHO (DESEMBARGADOR CONVOCADO DO TJ/SP), SEXTA TURMA, julgado em 18/08/2015, DJe 04/09/2015).

HABILITAÇÃO DE SIMCARD DA AUTORIDADE POLICIAL

A implementação do SIMCARD (cartão "SIM", sigla em inglês da expressão Subscriber Identity Module – módulo de identificação do assinante –, comumente referido no Brasil como "chip"), possibilitaria a autoridade policial ter acesso irrestrito a todas as conversas por meio do WhatsApp, inclusive com a possibilidade de envio de novas mensagens e a exclusão de outras. Assim, nessa troca do *chip* habilitado o agente estatal poderia atuar como participante da conversa, podendo interagir diretamente com seus interlocutores, enviando novas mensagens a qualquer contato inserido no celular, além de poder também excluir, com total liberdade, e sem deixar vestígios, as mensagens no WhatsApp. Nessa linha, decidiu o STJ ser tal procedimento ilegal. (Recurso Especial nª 1.806.792/SP, STJ, 6ª Turma, unânime, Rel. Min. Laurita Vaz, julgado em 11.5.2021, publicado no DJ em 25.5.2021).

DESCRIÇÃO CIRCUNSTANCIAL

O requerimento deverá descrever circunstanciadamente o local e a forma de instalação do dispositivo de captação ambiental.

A finalidade desse parágrafo é proibir que locais estranhos ao fato apurado sejam devassados pelas medidas legais impostas, de forma que o magistrado poderá sopesar a necessidade da medida e seu cabimento em locais, afim de que se possa descrever e fundamentar a necessidade da medida, como por exemplo, em celas prisionais.

Dessa forma, poderá o magistrado convencer-se da necessidade da medida e fundamentar, com argumentos, o deferimento. No mesmo sentido, a quem se dirigir a quebra da privacidade/intimidade, pois não se conceberá a autorização dela, sem que haja uma delimitação específica e precisa do local.

PRAZO

A captação ambiental não poderá exceder o prazo de 15 (quinze) dias, renovável por decisão judicial por iguais períodos, se comprovada a indispensabilidade do meio de prova e quando presente atividade criminal permanente, habitual ou continuada[158].

158 Importante esclarecer o significado de crime permanente, habitual e continuado. No crime permanente, a sua execução se protrai pelo tempo por vontade do sujeito ativo, há uma ofensa ao bem jurídico tutelado de forma constante e somente se cessa com a vontade do agente. Por sua vez, o crime habitual é configurado mediante a reiteração de atos. A conduta praticada pelo agente ocorre de forma repetitiva, sendo esta considerada como um procedimento costumeiro do agente. O crime continuado possui previsão no art. 71 do CP, e ocorre q ando o agente, mediante mais de uma ação ou omissão, pratica dois ou mais crimes da mesma espécie e, pelas condições

O prazo será computado de acordo com o art. 798 do CPP.

Os prazos poderão ser prorrogados, sempre por iguais períodos, porém, como acima mencionado, deve-se comprovar a indispensabilidade do meio de prova e ainda estiver presente atividade criminal permanente, habitual ou continuada, de forma que o sujeito não fique de forma contínua e desnecessária sob a vigilância do Estado.

PROVA EMPRESTADA

Assim como na interceptação telefônica, a captação ambiental também é admitida como prova emprestada: (Inq 2424 QO, Relator(a): Min. CEZAR PELUSO, Tribunal Pleno, julgado em 25/04/2007).

APLICAÇÃO SUBSIDIÁRIA

Aplicam-se subsidiariamente à captação ambiental as regras previstas na legislação específica para a interceptação telefônica e telemática.

Esse dispositivo permite que o procedimento de captação ambiental seja instrumentalizado da mesma forma que a interceptação telefônica, aplicando-se, portanto, os dispositivos referentes ao sigilo, requerimento de inicial, fundamentação de decisão, gravação e transcrição, inutilização de gravações, etc.

INTERCEPTAÇÃO AMBIENTAL E CELA DE PRESÍDIO

Antes da vigência da Lei, o STJ já havia enfrentado a questão da interceptação ambiental dentro de cela de presídio, pois discutia-se a violação da intimidade do preso e consequente ilicitude da prova:

> "(...) 2. A comunicação - e se está examinando a comunicação entre pessoas presas - merece respeito, devendo ser resguardado o direto fundamental à intimidade. No entanto, na ordem constitucional pátria não existem garantias ou direitos absolutos, que possam ser exercidos a qualquer tempo e sob quaisquer circunstâncias. No plano da realidade concreta, diante de situações de incompatibilidade entre dois ou mais direitos fundamentais, mostra-se imperiosa a efetiva compreensão e aplicação do postulado da proporcionalidade ou razoabilidade. 3. Na espécie - em que, ao que tudo indica, os crimes foram praticados por organização criminosa especializada no tráfico de drogas, contando com a participação e auxílio de agentes penitenciários, motivados os réus pela disputa por pontos de venda de entorpecentes -, a autoridade policial e o Poder Judiciário, embora necessariamente jungidos pelo Direito, devem ter sua atuação menos obstada, sendo necessária exegese que combine os direitos do acusado aos princípios, também constitucionais e fundamentais, da integridade estatal, da promoção do bem de todos e da segurança pública. Precedentes. 4. Além disso, não demonstrou a defesa o efetivo prejuízo decorrente do procedimento adotado pela autoridade policial, pois além de o vaso sanitário em que posicionado o gravador estar fixado no exterior das celas, sendo as conversas desenvolvidas espontaneamente e em voz alta entre os acusados, que não estavam sozinhos no local, o teor das comunicações não foi relevante para a prolação da sentença de pronúncia, que se baseou, notadamente, nos depoimentos das testemunhas e nas interceptações telefônicas.(...)" (HC 251.132/RS, Rel. Ministro MARCO AURÉLIO BELLIZZE, QUINTA TURMA, julgado em 25/02/2014).

---

de tempo, lugar, maneira de execução e outras semelhantes, devem os subsequentes ser havidos como continuação do primeiro. A pena na hipótese de crime continuado será aumentada de um sexto até o triplo.

CELULARES EM PRESÍDIOS E A QUEBRA DE DADOS

Também o STJ já decidiu que não há necessidade de decisão judicial para o acesso dos dados e comunicações constantes em aparelhos celulares encontrados ilicitamente dentro do estabelecimento penal, pois a posse, o uso e o fornecimento do citado objeto são expressamente proibidos pelo ordenamento jurídico, assim como ocorre nos conteúdos de correspondência a fim de preservar interesses sociais e garantir a disciplina prisional. (Habeas Corpus nº 546.830/PR, STJ, 6ª Turma, unânime, Rel. Min. Laurita Vaz, julgado em 9.3.2021, publicado no DJ em 22.3.2021).

DERRUBADA DOS VETOS NO PACOTE ANTICRIME: §§ 2º E 4º, DO ART. 8º-A DA LEI N. 9.296/96

Como já mencionado acima, o Pacote Anticrime inseriu os dispositivos 8º-A e 10-A, porém alguns dos parágrafos desses dispositivos haviam sido vetados.

Porém, o Congresso Nacional realizou a derrubada de diversos pontos referente ao Pacote Anticrime, dentre eles os §§ 2º e 4º, do art. 8º-A, da Lei n. 9.296/96.

O art. 8º-A § 2º, assim estabelece:

> "§ 2º A instalação do dispositivo de captação ambiental poderá ser realizada, quando necessária, por meio de operação policial disfarçada ou no período noturno, exceto na casa, nos termos do inciso XI do caput do art. 5º da Constituição Federal."

As razões para o seu veto foram as seguintes:

> "A propositura legislativa, gera insegurança jurídica, haja vista que, ao mesmo tempo em que admite a instalação de dispositivo de captação ambiental, esvazia o dispositivo ao retirar do seu alcance a 'casa', nos termos do inciso XI do art. 5º da Lei Maior. Segundo a doutrina e a jurisprudência do Supremo Tribunal Federal, o conceito de 'casa' deve ser entendido como qualquer compartimento habitado, até mesmo um aposento que não seja aberto ao público, utilizado para moradia, profissão ou atividades, nos termos do art. 150, § 4º, do Código Penal (v. g. HC 82788, Relator: Min. CELSO DE MELLO, Segunda Turma, julgado em 12/04/2005)."

Alguns pontos desse dispositivo merecem destacados comentários.

Quanto a operação policial disfarçada, a captação pode ser utilizada como um recurso a ser utilizado como meio de investigação, muito embora não seja único. A operação policial disfarçada compreende em uma ação não ostensiva, uma ação discreta que não pode ser confundida com a ação controlada ou infiltração policial, pois tais meios para a obtenção de prova podem ser utilizados de forma conjunta.

O dispositivo ainda permite a captação em período noturno, exceto em locais que possuem o enquadramento do conceito constitucional de "casa".

O disposto é criticado tendo em vista que o STF[159] já decidiu que se equipara escritórios à casa para os efeitos constitucionais, porém já admitiu a instalação de equipamento em ambiente profissional no período noturno se a movimentação no local impede a diligência durante o dia.

---

159 "Afastou-se, de igual modo, a preliminar de ilicitude das provas obtidas mediante instalação de equipamento de captação acústica e acesso a documentos no ambiente de trabalho do último acusado, porque, para tanto, a autoridade, adentrara o local três vezes durante o recesso e de madrugada. Esclareceu-se que o relator, de fato, teria autorizado, com base no art. 2º, IV, da Lei 9.034/95, o ingresso sigiloso da autoridade policial no escritório do acusado, para instalação dos referidos equipamentos de captação de sinais acústicos, e, posteriormente, determinara a realização de exploração do local, para registro e análise de sinais ópticos. Observou-se, de início, que tais medidas não poderiam jamais ser realizadas com publicidade alguma, sob pena de intuitiva frustração, o que ocorreria

Aponta Renato Brasileiro[160] que podem surgir três correntes diversas a respeito da interpretação desse dispositivo: a) a impossibilidade de instalação de dispositivos de captação ambiental no interior da casa, inclusive durante o dia; b) possibilidade de instalar dispositivos de captação ambiental no interior da casa, inclusive durante o dia; c) possibilidade de instalar dispositivos de captação ambiental no interior da casa, inclusive no período noturno.

Há quem entenda pela inconstitucionalidade do dispositivo:

> "Ainda na mesma linha, a restrição pretendida pela norma ofende ao princípio da vedação de retrocesso, pois a utilização da captação ambiental como meio de obtenção de prova demonstrou sua grande eficácia para as investigações e, posteriormente, para a formação da convicção dos diversos atores do sistema de persecução e judicial, devendo os esforços e atenções serem focados na licitude da instalação dos dispositivos de captação, ainda que seja necessária em período noturno, em situações cujas circunstâncias justifiquem, mediante prévia análise judicial. Portanto, nos termos em que redigido o § 2º, temos a previsão por inconstitucional."[161]

Por sua vez, o **§ 4º do art. 8º-A da Lei nº 9.296/96 possui a seguinte redação**:

> "§ 4º A captação ambiental feita por um dos interlocutores sem o prévio conhecimento da autoridade policial ou do Ministério Público poderá ser utilizada, em matéria de defesa, quando demonstrada a integridade da gravação."

As razões do veto foram as seguintes:

> "A propositura legislativa, ao limitar o uso da prova obtida mediante a captação ambiental apenas pela defesa, contraria o interesse público uma vez que uma prova não deve ser considerada lícita ou ilícita unicamente em razão da parte que beneficiará, sob pena de ofensa ao princípio da lealdade, da boa-fé objetiva e da cooperação entre os sujeitos processuais, além de se representar um retrocesso legislativo no combate ao crime. Ademais, o dispositivo vai de encontro à jurisprudência do Supremo Tribunal Federal, que admite utilização como prova da infração criminal a captação ambiental feita por um dos interlocutores, sem o prévio conhecimento da autoridade policial ou do Ministério Público, quando demonstrada a integridade da gravação (v. g. Inq-QO 2116, Relator: Min. Marco Aurélio, Relator p/ Acórdão: Min. Ayres Britto, publicado em 29/02/2012, Tribunal Pleno)."

Trata-se de um dispositivo que permite a captação ambiental, em matéria de defesa, realizada sem o conhecimento da autoridade policial ou do Ministério Público, quando demonstrada a integridade da gravação.

Assim, pelo que prevê o dispositivo, caso a vítima ou seu representante legal agir por iniciativa própria, defendendo seus direitos e interesses ou ainda de quem os represente, como um curatelado, gravar, na modalidade captação, a prova será válida e admitida em juízo, caso esteja na íntegra, será valorada pelo juiz. Porém, caso seja o Estado, com o conhecimento da autoridade policial ou do Ministério Público, resultante de meio de prova em investigação ou processo penal (atuação investigativa do Estado), seu conteúdo apenas poderá ser utilizado pela defesa, não se admitindo o seu uso como meio de prova para a persecução penal.

Para Suxberguer e Vladimir Aras, o referido dispositivo dever ser interpretado da seguinte forma: "a gravação feita pela vítima de um ilícito penal – ou por um terceiro no interesse desta – poderá ser validamente usada em qualquer investigação criminal ou processo penal contra o

---

caso fossem praticadas durante o dia, mediante apresentação de mandado judicial." Inq 2424/RJ, rel. Min. Cezar Peluso, 19 e 20.11.2008. (Inq-2424)

160 https://www.editorajuspodivm.com.br/cdn/arquivos/33fab31c756d13c7f1896d0a08193e5c.pdf. Acesso em 01/05/2021.

161 https://meusitejuridico.editorajuspodivm.com.br/2021/04/22/derrubada-de-vetos-ao-pacote-anticrime-repercussoes-na-lei-9-29696/. Acesso em 26/04/2021.

suspeito, se for íntegra, isto é, se for autêntica e não tiver sido adulterada, editada ou manipulada. No entanto, essa mesma gravação não poderá ser usada em juízo contra o suposto criminoso, ainda que íntegra, se for fruto de atividade investigativa estatal, isto é, se for o produto de orientação passada à vítima pelo Ministério Público ou pela Polícia, com o fim de se produzir informação ou futura prova, para uso na persecução criminal. O texto do novo dispositivo tem de ser interpretado por inteiro, com todos os seus elementos, e esta parece ser a única interpretação compatível com as vontades do projetista e do legislador e com a integridade do sistema de garantias."[162]

O dispositivo não possui sentido ou razões de lógica para que seja provido de eficácia jurídica, pois se contradiz com o texto previsto no *caput* do dispositivo. Ou se permite a obtenção de uma captação ambiental legal, admitida em lei e pela jurisprudência, ou a captação ambiental é ilegal, por contrariar as normas constitucionais e legais da intimidade.

Ademais, observa-se que este parágrafo não possui interpretação lógica com os demais parágrafos acima, tornando-o contraditório com a lógica da previsão legal para esse meio de prova.

Será revestida ilegalidade, ainda que produzida pela defesa, a produção de eventual dessa prova sem que haja a observância das formalidades previstas no art. 8º-A e seus respectivos parágrafos, tendo em vista a necessidade de se observar as regras do jogo, válidas e necessárias tanto pela defesa, como pela acusação.

Não há razão para o dispositivo, pois este fere os princípios da paridade de armas e a comunhão das provas, pois esta integrará ao processo independente da parte que produzir. Não se pode tornar a captação feita por uma das pessoas envolvidas no diálogo lícita para a defesa, e tornar ilícita para a acusação. Pode o magistrado utilizar a prova produzida pela defesa para fundamentar a condenação, assim como pode usar uma prova produzida pela acusação para fundamentar a absolvição. Não é qual das partes que produz a prova que a descreverá como ilícita ou não, mas sim, se estas foram obtidas violando as normas constitucionais ou legais.

Ademais, se estamos diante de uma prova lícita fere a proporcionalidade a limitação da prova exclusivamente pela defesa.

Por fim, observa-se que a demonstração da integridade da gravação não é um requisito somente da gravação ambiental clandestina, mas de toda e qualquer evidência probatória, que deve obediência aos dispositivos referentes a proteção da cadeia de custódia.

Pode-se concluir que tal dispositivo: não possui lógica com o *caput*, trata-se de uma regra de exclusão, caso a gravação ocorra com o conhecimento do Ministério Público ou autoridade policial.

Já há quem sustente a inconstitucionalidade do dispositivo:

> "Portanto, para nós, o §4º do art. 8-A é inconstitucional, e a única possibilidade para aceita-lo como válido no ordenamento pátrio é que seja aplicada uma *interpretação conforme a Constituição* enquanto técnica de decisão judicial, no sentido de afirmar sua validade desde que afastada qualquer interpretação que retire da acusação a possibilidade de utilizar ou considerar a gravação realizada sem o conhecimento da autoridade policial ou do membro do Ministério Público o exercício de suas funções constitucionais."[163]

Art. 9º. A gravação que não interessar à prova será inutilizada por decisão judicial, durante o inquérito, a instrução processual ou após esta, em virtude de requerimento do Ministério Público ou da parte interessada.

---

162 Suxberguer, Antônio; Aras, Vladimir. *A admissibilidade de gravações unilaterais como prova: o* **§ 4º do art. 8º-A da Lei nº 9.296/96 como uma regra de direito probatório.** *https://preprints.scielo.org/index.php/scielo/preprint/view/2722/version/2876*. Acesso em 11/11/2021.

163 https://meusitejuridico.editorajuspodivm.com.br/2021/04/22/derrubada-de-vetos-ao-pacote-anticrime-repercussoes-na-lei-9-29696/. Acesso em 26/04/2021.

Parágrafo único. O incidente de inutilização será assistido pelo Ministério Público, sendo facultada a presença do acusado ou de seu representante legal.

INUTILIZAÇÃO DE GRAVAÇÕES

Toda a parte da interceptação telefônica que não mais interessar como elemento probatório para a investigação, deverá ser **inutilizado**, através de ordem judicial.

Trata-se de uma obrigatoriedade judicial (e não faculdade) de forma a preservar o direito fundamental à intimidade e ao sigilo das comunicações telegráficas de dados e das comunicações telefônicas.

REQUISITOS PARA INUTILIZAÇÃO

Para a inutilização do material interceptado, tem que haver um requerimento do Ministério Público ou ainda da parte interessada (indiciado ou réu), exigindo-se uma decisão judicial, para permitir um controle mais rígido sobre a inutilização do material. Ainda um terceiro que tenha se comunicado com o sujeito interceptado também possui legitimidade.

A destruição ou a inutilização deverá ocorrer após uma **decisão judicial** fundamentada e ainda a manifestação da parte contrária, que em regra, será a defesa.

A participação da defesa é importante na medida em que esta poderá requerer a transcrição de outros trechos das conversas gravadas, que podem parecer inúteis ao processo, mas pode constituir, em verdade, verdadeiros elementos de defesa.

Situação complexa vislumbra-se quando da concordância da defesa com a destruição das conversas, porém esta mesma defesa pode ser considerada deficiente - gerando uma nulidade, relativa ou absoluta - o que impediria uma nova análise sobre as provas destruídas. Não há previsão legal para essa situação, assim, a destruição das gravações será válida, após regular procedimento, mediante decisão judicial favorável e manifestação da defesa.

Da inutilização ou destruição deverá ser lavrado um **auto circunstanciado**, para fins de ser registrado todo os eventos que cercam o ato concreto, de forma semelhante ao que ocorre nas hipóteses de destruição das drogas, com previsão no art. 50, § 5º, da Lei n. 11.343/06.

INUTILIZAÇÃO *EX OFFICIO*

Não há previsão legal para o Juiz determine de ofício a inutilização. Em verdade, não teria o Juiz condições de verificar a necessidade ou não do conteúdo das provas produzidas pela interceptação telefônica. Essa atividade probatória, de verificar a utilidade ou não do que fora produzido pela interceptação telefônica, somente será dada às partes, não ao Juiz, que deve ser imparcial e isento, não podendo se manifestar no interesse ou não de determinada prova.

A questão não é pacífica.

Segundo Greco Filho[164], o juiz poderia funcionar de ofício em relação à terceiros interessados cujas gravações não importam à prova.

Lenio Luis Streck[165] argumenta que é possível a inutilização de ofício pelo juiz antes de concluída a instrução, sendo vedado após essa fase, somente podendo agir por provocação.

A Lei não estabelece um momento para a inutilização. Por isso, interpretando o disposto na Lei, será a **qualquer tempo**, até o trânsito em julgado.

164 GRECO FILHO, Vicente. Interceptação Telefônica. São Paulo: Saraiva, 1996. p. 84.

165 STRECK, Lenio Luiz. As interceptações telefônicas e os direitos fundamentais. Porto Alegre: Livraria do Advogado, 2001. p. 84.

PRESENÇA DO MINISTÉRIO PÚBLICO

O dispositivo legal reveste da obrigação do Ministério Público de participação no incidente de inutilização, conferindo ao acusado ou ao seu representante legal a faculdade de sua presença.

Dispõe o art. 9º, § 1º, da Resolução n. 36/09 do CNMP, dispõe que os membros do Ministério Público, nos pedidos feitos nos procedimentos de investigação criminal, durante a instrução processual penal e no acompanhamento do inquérito policial, deverão requerer ao Juiz competente a inutilização da gravação que **não interessar** à **prova**.

Ainda, a referida Resolução determina que o membro do Ministério Público acompanhe a instauração do incidente de inutilização da gravação que não interessar à prova (art. 9º, § 2º, da Resolução n. 36/09 do CNMP).

Sobre os fatos já decidiu o STJ que: "(...) É facultativa, não é obrigatória ou garantida pelo parágrafo único do art. 9º da Lei n. 9.296/1996, a presença do acusado ou de seu representante legal no incidente de inutilização da gravação feita por meio de interceptação telefônica autorizada judicialmente que não interessar à prova. 2. Tratar eventual ausência da defesa no procedimento de inutilização como causa de nulidade absoluta das provas então produzidas seria irrazoável, tanto mais se, como no caso, não se cuidava sequer de acusado, mas de mero investigado. (...)". (RHC 55.821/RJ, Rel. Ministro SEBASTIÃO REIS JÚNIOR, SEXTA TURMA, julgado em 17/11/2015).

RECURSO CABÍVEL

Caso seja indeferida ou deferida a medida de inutilização das interceptações telefônicas, caberá o **recuso de apelação**, pois trata-se de decisão com força de definitiva, enquadrando-se no rol previsto no art. 593, II, do CPP.

Contudo, é possível que a medida seja urgente, em razão da irreversibilidade da situação, ou seja, o material será inutilizado, destruído, razão pela qual é possível que seja impetrado **mandado de segurança**, que permite seja concedida liminar, de forma a evitar prejuízo irreversível, vez que a apelação apenas possui efeito devolutivo, como regra.

Já o terceiro que tenha interesse na destruição das gravações das conversas que sejam irrelevantes ou impertinentes para a prova, na hipótese de seu pedido não ser atendido pelo juiz, caberá a impetração de mandado de segurança contra tal ato judicial, como forma de garantir a pretensão à preservação de sua intimidade.

> **Art. 10.** Constitui crime realizar interceptação de comunicações telefônicas, de informática ou telemática, promover escuta ambiental ou quebrar segredo da Justiça, sem autorização judicial ou com objetivos não autorizados em lei:
>
> Pena – reclusão, de 2 (dois) a 4 (quatro) anos, e multa.[166]
>
> Parágrafo único. Incorre na mesma pena a autoridade judicial que determina a execução de conduta prevista no caput com objetivo não autorizado em lei." (NR)

ALTERAÇÃO LEGISLATIVA

A Lei nº 13.869/2019, que dispôs sobre os crimes de abuso de autoridade, em seu art. 41, alterou o crime previsto no art. 10 da Lei de Interceptação Telefônica, passando a constar com a

166 Redação do dispositivo revogado pela Lei 13.869/2019: "Art. 10. Constitui crime realizar interceptação de comunicações telefônicas, de informática ou telemática, ou quebrar segredo da Justiça, sem autorização judicial ou com objetivos não autorizados em lei. Pena: reclusão, de dois a quatro anos, e multa."

redação acima mencionada. O Legislador também criminalizou a conduta de "promover escuta ambiental", sem a devida autorização judicial, ou ainda com objetivos não autorizados em lei.

OBJETIVIDADE JURÍDICA

É a inviolabilidade da comunicação telefônica e do direito à intimidade, tutelado através do art. 5º, XII, da Carta Magna.

SUJEITO ATIVO

Como se trata de crime comum, qualquer pessoa.

Sobre o sujeito ativo, interessante decisão do STF sobre o acesso às interceptações telefônicas por jornalistas:

> "O relator, entretanto, vislumbrou a presença de flagrante constrangimento ilegal a autorizar a ordem de ofício. Destacou que jornalista, no exercício da profissão, não poderia ser sujeito ativo do crime descrito no art. 10, segunda parte, da citada lei. Frisou que, como o jornalista não teria acesso legítimo ao procedimento de interceptação telefônica e ao seu resultado, não poderia ser sujeito ativo desse crime específico. Salientou que, na quebra de segredo de justiça, seria possível distinguir duas condutas: a intrusão (quebra na modalidade violação), consistente no acesso indevido, por qualquer pessoa, ao conteúdo do procedimento de interceptação; e a divulgação, consistente na indevida revelação desse conteúdo, por quem a tivesse acesso legítimo. Na espécie, não haveria o mais tênue indício de que o jornalista tivesse concorrido para a quebra do segredo de justiça na modalidade intrusão, uma vez que os elementos de prova indicariam que ele se limitara a receber de um terceiro o material que conteria informações sobre as conversas telefônicas interceptadas judicialmente. Observou que a própria requisição da instauração de inquérito teria sido motivada exclusivamente pela publicação, ou seja, pela revelação do conteúdo do procedimento de interceptação telefônica, e não pela intrusão de dados sigilosos. Como a modalidade revelação de dados sob segredo de justiça constituiria crime próprio, que somente poderia ser praticado por quem legitimamente os detivesse ou a eles tivesse acesso, seria atípica a conduta do jornalista. Portanto, seria manifesta a falta de justa causa para a persecução penal, razão pela qual se cumpriria determinar o trancamento do inquérito policial contra ele instaurado, de modo a tornar sem efeito seu indiciamento. Ponderou, contudo, que, se o jornalista, ao invés de atuar como mero receptor passivo da informação sigilosa, tivesse concorrido, de qualquer modo, mediante ajuste, induzimento, instigação ou auxílio, para que um dos titulares do dever de sigilo o violasse, poderia, em tese, praticar o crime em questão, haja vista que o tipo penal admitiria participação. De toda sorte, não obstante a liberdade de informação jornalística cumprisse relevantes funções, não legitimaria a obtenção, por meios ilícitos, de informações sigilosas nem imunizaria jornalistas contra a prática de crimes no exercício da profissão. Consignou que, nas condições já retratadas, a investigação criminal encontraria limite constitucional intransponível no sigilo de fonte (CF, art. 5º, XIV), que não poderia ser violado direta ou obliquamente. Assim, deveria ser reconhecida a ilicitude de toda prova obtida mediante o afastamento do sigilo de dados telefônicos do jornalista e da empresa de publicidade, com sua consequente inutilização. (Rcl 19464/SP, rel. Min. Dias Toffoli, 22.9.2015. (Rcl-19464)

Na hipótese da conduta "quebrar segredo de justiça", trata-se de crime próprio, o sujeito ativo somente poderá ser aquele em razão de seu cargo (membro do ministério público, juiz, autoridade policial), função (perito) ou profissão (advogado, empregado da concessionária telefônica), venha a ter conhecimento da instauração da medida de interceptação telefônica ou das diligências, gravações e transcrições. Esclarece Luiz Flávio Gomes que a quebra de segredo, embora seja um crime próprio, não é um crime funcional, portanto, não é preciso que seja funcionário público, podendo praticar o crime os funcionários da empresa concessionária, o assistente de acusação, entre outros[167].

SUJEITO PASSIVO

As pessoas que serão interceptadas (crime de dupla subjetividade passiva). Lembrando que o Estado sempre será um sujeito passivo (sujeito passivo constante).

CONDUTAS TÍPICAS

Realizar interceptação – significa a efetivação da quebra de um fluxo de comunicação entre pessoas diversas. Quebrar segredo – significa a conduta de divulgar uma informação coberta por algum sigilo, ocorrendo, assim, a violação do sigilo imposto no art. 1º.

O tipo penal abrange a interceptação telefônica e a escuta telefônica[168], porém, não a gravação telefônica, podendo, na hipótese da gravação telefônica, a posterior revelação do conteúdo da comunicação configurar crime (art. 153 do CP).

Analisando o dispositivo penal, três são as condutas delituosas distintas:

- realizar interceptação de comunicações telefônicas, de informática ou telemática sem autorização judicial ou com objetivos não autorizados em lei;
- quebrar segredo da Justiça;
- promover escuta ambiental[169].

A promoção de captação ambiental, em suas três formas, dispensavam ordem judicial. A Lei de Abuso de Autoridade, contudo, ao dar nova redação ao art. 10 da Lei 9.296/96, mudou o cenário. Veja o quadro comparativo.

Lei 13.869/19	Lei 9.296/96
"Art. 10. Constitui crime realizar interceptação de comunicações telefônicas, de informática ou telemática, promover escuta ambiental ou quebrar segredo da Justiça, sem autorização judicial ou com objetivos não autorizados em lei: Pena – reclusão, de 2 (dois) a 4 (quatro) anos, e multa. **Parágrafo único. Incorre na mesma pena a autoridade judicial que determina a execução de conduta prevista no caput com objetivo não autorizado em lei.**" (NR)	Art. 10. Constitui crime realizar interceptação de comunicações telefônicas, de informática ou telemática, ou quebrar segredo da Justiça, sem autorização judicial ou com objetivos não autorizados em lei. **Pena: reclusão, de dois a quatro anos, e multa.**

Em comparação, a Lei 13.869/19 valeu-se do único tipo incriminador da Lei nº 9.296/1996, de modo a condicionar não somente a interceptação telefônica, mas também a ***escuta ambiental*** a previa autorização judicial.

167 GOMES, Luiz Flávio; CERVINI, Raúl. Interceptação Telefônica. São Paulo: RT, 1997. p. 241.

168 Ver: GOMES, Luiz Flávio; CERVINI, Raúl. Interceptação Telefônica. São Paulo: RT, 1997. p. 212.

169 Segundo Luiz Flávio Gomes: "escuta ambiental: é a captação de uma comunicação, no ambiente dela, feita por terceiro, com consentimento de um dos comunicadores.". Gomes, Luiz Flávio e Maciel, Sílvio. Interceptação telefônica: comentários à Lei n. 9.296, de 24.07.1996. São Paulo: Editora RT, 2018. p. 31.

No decorrer dos comentários, já foi elaborada a diferença entre interceptação ambiental, escuta ambiental e gravação ambiental:

1 – Interceptação ambiental: terceira pessoa capta sons ou imagens produzidas por duas ou mais pessoas, sem que elas saibam desta terceira pessoa.

2 – Escuta ambiental: terceira pessoa capta sons e imagens de duas ou mais pessoas, porém, uma delas tem conhecimento da conduta do interceptante.

3 – Gravação ambiental: a captação de sons e imagens é feita por uma pessoa, sem que a outra pessoa comunicante saiba de seu intento.

Nota-se que este tipo penal apenas criminaliza a conduta da ***escuta ambiental***. Por sua vez, o art. 10-A abaixo comentado, criminalizou a conduta de ***captação ambiental***.

Em um caso concreto já decidiu o STJ:

> "Foram realizadas **interceptações telefônicas** com diálogos de diversas autoridades da República, **sem** que houvesse a devida **autorização** judicial. Por isso, o recorrente, servidor público, e outros corréus foram denunciados como incursos no art. 10 da Lei n. 9.296/1996. (...)" (REsp 1.077.975-RJ, Rel. originário Min. Napoleão Nunes Maia Filho, Rel. para acórdão Min. Honildo Amaral de Mello Castro (Desembargador convocado do TJ-AP), julgado em 21/9/2010)."

Em tese ainda pode-se configurar o crime em questão a **violação de correio eletrônico**, nessa esteira o STJ:

> "1. A conduta imputada ao réu que, segundo narra a denúncia, teria acessado o provedor de serviço de correio eletrônico da ex-esposa, abrindo as comunicações a ela dirigidas de modo reiterado e continuado, realizando monitoramento das mensagens privadas sem autorização judicial, constitui, em tese, fato típico previsto no artigo 10 da Lei nº 9.296/96 (interceptação de comunicações). (...)" (REsp 1428961/SP, Rel. Ministra MARIA THEREZA DE ASSIS MOURA, SEXTA TURMA, julgado em 16/06/2015)

CONSUMAÇÃO

Consuma-se com a efetivação da interceptação telefônica ou com a quebra do sigilo, independente do resultado ulterior, tratando-se de crime formal.

Não há necessidade de gravação.

Luiz Flávio Gomes[170] sustenta tratar-se de crime de dano, na medida em que se exige um resultado, consumando com o início da ciência da comunicação alheia.

Por sua vez, Damásio de Jesus[171] entende tratar-se de crime de mera conduta, assim, independe de um resultado naturalístico. O crime estará consumado com o conhecimento do conteúdo da gravação, como com a gravação ainda não ouvida.

TENTATIVA

É possível o fracionamento do *iter criminis*, permitindo também a participação e coautoria. Adverte Luiz Flávio Gomes que os anúncios de serviços de interceptação telefônica por "detetives particulares", não são considerados como tentativa de interceptação, pois não se constituem em atos executórios do crime, apenas pode-se verificar a possível prática de crime de incitação ao crime (art. 286 do CP)[172].

170 CABETTE, Eduardo Luiz. *Interceptação Telefônica*. São Paulo: Saraiva, p. 169.

171 JESUS, Damásio de. **Interceptação de comunicações telefônicas:** notas à Lei nº 9.296/96. RT, 735/458.

172 GOMES, Luiz Flávio; CERVINI, Raúl. Interceptação Telefônica. São Paulo: RT, 1997. p. 241 e 246.

CLASSIFICAÇÃO

Trata-se de crime comum, embora há quem sustente, na forma "quebrar segredo da Justiça", ser crime próprio, somente podendo ser praticado por funcionário público; crime formal, pois não depende da ocorrência de qualquer prejuízo; crime de forma livre, pode ser praticado por qualquer forma; crime comissivo, o dispositivo indicam prática de ações; crime instantâneo, na modalidade quebrar segredo, pois a consumação ocorre em um momento definido, enquanto será crime permanente, na modalidade realizar interceptação, pois a consumação se protrai no tempo; crime plurissubsistente, pois praticado, em regra por mais de um ato, nessa forma admitindo a tentativa, e na modalidade quebra de sigilo, trata-se de crime unissubsistente, pois cometido em um único ato.

AÇÃO PENAL

A ação penal é pública incondicionada.

PENAS

A pena será de reclusão de 2 a 4 anos, além da multa[173].

BENEFÍCIOS

Não será possível a suspensão condicional do processo prevista no art. 89, da Lei n. 9.099/95, pois a pena mínima ultrapassa 1 ano.

Contudo, em razão da branda penalidade, tanto mínima como máxima, vários outros benefícios penais podem ser auferidos, de forma que seja evitada a prisão. Caso a pena seja aplicada no mínimo legal, pode-se aplicar o *sursis*, previsto no art. 77 do CP. Ainda, pela pena aplicada, seja no mínimo ou no máximo, será possível a substituição da pena privativa de liberdade pelas penas restritivas direitos, conforme previsto no art. 44 do CP. Por fim, o regime inicial da pena, caso aplicada a pena privativa de liberdade, será, em tese, o regime aberto (art. 33, § 2º, c, do CP).

VIOLAÇÃO DE COMUNICAÇÃO TELEFÔNICA (ART. 151, § 1º, INC. II, DO CP) *VERSUS* ART. 10 DA LEI N. 9.296/96

É discutida em sede doutrinária a possível **derrogação** do art. 152, § 1º, inc. II, do CP – que estabelece como conduta criminosa a violação de comunicação telegráfica, radioelétrica ou telefônica –, em razão do art. 10 da Lei n. 9.296/96.

Na hipótese da primeira parte do mencionado dispositivo do CP, não há que se falar em revogação do delito, pois este tipo penal pune não a interceptação, mas sim a indevida divulgação ou ainda a transmissão do conteúdo da comunicação **telegráfica, radioelétrica ou telefônica** dirigida a terceiro, ou ainda a conversação telefônica de outras pessoas.

A segunda parte do tipo penal previsto no CP, tipificando a conduta daquele que, uma vez autorizado judicialmente a realizar a interceptação telefônica, quebra o sigilo inerente ao procedimento, divulgando o conteúdo da diligência a pessoa alheia ao ato. Assim, parece também não haver conflito, pois o tipo penal do CP prevê um delito próprio, ou seja, somente poderá ser praticado por agentes que possuam algum tipo de participação no procedimento judicial (juiz, promotor de justiça, delegado de polícia, escrivão, perito, advogado etc.), enquanto na Lei n. 9.296/96, qualquer pessoa poderá praticar o crime.

173 O Anteprojeto de Código Penal em tramitação majora as penas para os crimes previsto no art. 10 da Lei de Interceptação Telefônica, passando de para 2 a 5 anos.

COMPETÊNCIA

Em regra, será de competência da Justiça Estadual, mas se afetar diretamente bens ou interesses da União, a competência será da Justiça Federal.

Assim já decidiu o STJ: "(...) Compete à Justiça Estadual Comum julgar e processar suposto delito de interceptação telefônica sem autorização judicial, pois não se evidencia lesão a serviços, bens ou interesses da União ou Entidades Federais. Conflito conhecido para declarar a competência do Juízo Estadual, ora Suscitado." (CC 40.113/SP, Rel. Ministro PAULO MEDINA, TERCEIRA SEÇÃO, julgado em 26/05/2004).

EQUIPARAÇÃO AO CRIME DO ART. 10 DA LEI DE INTERCEPTAÇÃO TELEFÔNICA – INTERCEPTAÇÃO DE CORRESPONDÊNCIA DE PRESOS PROVISÓRIOS E DEFINITIVOS

O PL nº 6.588/2006 (nº 11/04) no Senado Federal, previa alteração do art. 41 da Lei de Execução Penal, para prever a ***interceptação de correspondência de presos condenados ou provisórios*** para fins de investigação criminal ou de instrução processual penal[174].

Eventual, quebra do sigilo das referidas correspondências seria ***equiparado ao crime de interceptação telefônica previsto no art. 10***.

Porém, tal projeto de Lei foi vetado pela Presidência da República, ao argumento que a medida gera insegurança jurídica por estabelecer, para a fiscalização das correspondências dos presos, um regime de tratamento legal equiparado ao das interceptações telefônicas, em descompasso com a Constituição, que as tratam de modo diverso.

Sobre a hipótese descrita no referido PL, o STF já havia decidido que: "A administração penitenciária, com fundamento em razões de segurança pública, de disciplina prisional ou de preservação da ordem jurídica, pode, sempre excepcionalmente, e desde que respeitada a norma inscrita no art. 41, parágrafo único, da Lei 7.210/1984, proceder à interceptação da correspondência remetida pelos sentenciados, eis que a cláusula tutelar da inviolabilidade do sigilo epistolar não pode constituir instrumento de salvaguarda de práticas ilícitas. [HC 70.814, rel. min. Celso de Mello, j. 1º-3-1994, 1ª T, DJ de 24-6-1994.]".

Por essa razão, o PL foi aprovado pela Comissão de Constituição e Justiça e de Cidadania pela constitucionalidade do PL nº 6.588/2006[175].

CAUSUÍSTICA

Já decidiu o STJ que configura crime do art. 10 da Lei de Interceptação Telefônica, a conduta do marido que acessa o correio eletrônico da ex-esposa, visualizando as mensagens a ela dirigida: "(...) 1. A conduta imputada ao réu que, segundo narra a denúncia, teria acessado o provedor de serviço de correio eletrônico da ex-esposa, abrindo as comunicações a ela dirigidas de modo reiterado e continuado, realizando monitoramento das mensagens privadas sem autorização judicial, constitui, em tese, fato típico previsto no artigo 10 da Lei nº 9.296/96

174 "Art. 41. ....

§ 1º (antigo parágrafo único) ....

§ 2º A correspondência de presos condenados ou provisórios, a ser remetida ou recebida, poderá ser interceptada e analisada para fins de investigação criminal ou de instrução processual penal, e seu conteúdo será mantido sob sigilo, sob pena de responsabilização penal nos termos do art. 10, parte final, da Lei nº 9.296, de 24 de julho de 1996.

§ 3º A interceptação e análise da correspondência deverá ser fundada nos requisitos previstos pelo art. 2º da Lei nº 9.296, de 1996, e comunicada imediatamente ao órgão competente do Poder Judiciário, com as respectivas justificativas." (NR)

175 https://www.camara.leg.br/proposicoesWeb/prop_mostrarintegra;jsessionid=9A36DFB5420CF9188AD2FEA779C6FD14.proposicoesWebExterno1?codteor=1810181&filename=Tramitacao-PL+6588/2006. Acesso em 04/12/2019.

(interceptação de comunicações). (...)" (REsp 1428961/SP, Rel. Ministra MARIA THEREZA DE ASSIS MOURA, SEXTA TURMA, julgado em 16/06/2015).

Ainda o STJ já decidiu que a juntada de cópias de procedimento de interceptação telefônica em processo que tramitava em segredo de justiça não configura o crime: "(...) 2. O simples fato da paciente ter juntado documento sigiloso a processo que não tramita sob segredo de justiça não tem o condão de, por si só, dar-lhe a indevida publicidade, razão pela qual, olvidando-se o órgão ministerial de narrar tal circunstância elementar do tipo penal em apreço, se revela imperioso o reconhecimento da inépcia da exordial acusatória. (...)" (HC 205.546/ES, Rel. Ministro JORGE MUSSI, QUINTA TURMA, julgado em 05/11/2013).

Art. 10-A. Realizar captação ambiental de sinais eletromagnéticos, ópticos ou acústicos para investigação ou instrução criminal sem autorização judicial, quando esta for exigida:

Pena - reclusão, de 2 (dois) a 4 (quatro) anos, e multa.

§ 1º Não há crime se a captação é realizada por um dos interlocutores.

§ 2º A pena será aplicada em dobro ao funcionário público que descumprir determinação de sigilo das investigações que envolvam a captação ambiental ou revelar o conteúdo das gravações enquanto mantido o sigilo judicial

CONSIDERAÇÕES INICIAIS

O tipo penal possui o objetivo de tutelar o direito à privacidade, como forma de não permitir que condutas violem a privacidade, oferecendo segurança e credibilidade às atividades investigatórias, amoldadas a proteção do Estado de Direito.

Tutela de forma específica os casos de captação ambiental realizadas em contrariedade à disciplina legal, infligindo pena por ofensa a intimidade e a privacidade.

OBJETIVIDADE JURÍDICA

A inviolabilidade das comunicações, a privacidade e intimidade, bens jurídicos tutelados constitucionalmente no art. 5º, incisos X, XI e XII, da CF/88, é o que se protege nesse tipo penal.

Criou-se um tipo penal específico, de forma que se ampliou a incidência do art. 10, já acima comentado, de forma a afastar eventual ampliação de sua incidência, em obediência ao princípio da estrita legalidade, considerando crime a conduta de "captação ambiental de sinais eletromagnéticos, ópticos ou acústicos".

SUJEITOS DO CRIME

O crime pode ser praticado por qualquer pessoa.

Trata-se de crime comum, pois o sujeito ativo do crime não necessita de qualquer qualidade especial ou específica que o diferencie.

O parágrafo segundo prevê uma causa de aumento, porém esta somente será aplicada ao funcionário público. Portanto, exige-se do sujeito ativo uma qualidade especial para a prática do crime. Assim, somente funcionário público pode ser sujeito ativo nessa hipótese.

Admite-se a coautoria e a participação, incluindo do *extraneus*, pois a qualidade do funcionário público, por ser elementar do tipo, comunica-se ao demais, em razão do disposto no art. 30 do CP.

O sujeito passivo do crime em questão é a pessoa, física ou jurídica, que sofra em razão da conduta delituosa.

O parágrafo segundo possui uma dupla subjetividade passiva, pois além do sujeito passivo imediato, a pessoa física ou jurídica, que sofre a conduta delituosa, há também o sujeito passivo mediato, qual seja, o Estado, cujo interesse é resguardar o regular desempenho do dos funcionários públicos e o regular funcionamento da administração pública.

Interessante a observação de Antônio Suxberger e Renee do Ó Souza[176] a hipótese de aplicação desse dispositivo aos detetives particulares.Tal profissão é regulamentada pela Lei nº 13.432/2017, considerando o detetive particular "o profissional que, habitualmente, por conta própria ou na forma de sociedade civil ou empresarial, planeje e execute coleta de dados e informações de natureza não criminal, com conhecimento técnico e utilizando recursos e meios tecnológicos permitidos, visando ao esclarecimento de assuntos de interesse privado do contratante.".

Embora o detetive particular pode ou não autuar como colaborador em uma investigação criminal, sua atuação como detetive particular não o isenta da incidência do dispositivo legal em questão, porém na hipótese da captação realizada por um dos interlocutores, mas com o auxílio ou intermediada por detetive particular, o tipo penal será afastado porque realizada pelo interlocutor, não por se tratar de um detetive particular.

CONDUTAS

O elemento normativo do tipo estava previsto na parte final do dispositivo: "sem autorização judicial, quando esta for exigida".

Assim, somente a captação ambiental de sinais eletromagnéticos, ópticos ou acústicos sem autorização judicial, quando esta for exigida, será considerada como conduta criminosa. Dessa forma, caso exista uma decisão judicial, haverá atipicidade da conduta, ainda que a decisão que autorizou a medida seja anulada ou reformada, em razão de disposições contrárias acerca do tema.

O verbo núcleo do tipo é **realizar.** Significa executar, ou levar a efeito a captação ambiental, nos casos em que seria possível mediante autorização judicial.

Portanto, pratica o crime aquele que grava, filma ou registra, imagens ou sons de uma conversa ou encontro, sem que a autorização judicial para tanto.

Há ainda um elemento subjetivo especial do tipo, pois não basta apenas que a captação ambiental seja realizada sem a autorização judicial, há necessidade que a captação seja destinada para uma investigação ou instrução criminal.

Caso haja uma captação ambiental, sem autorização judicial, porém destinada a um processo civil ou administrativo, não há que se falar no crime, pois ausente uma especial elementar finalística.

DIFERENÇA DO CRIME DE ESCUTA AMBIENTAL DO ART. 10 DA CAPTAÇÃO AMBIENTAL DO ART. 10-A

O art. 10 criminaliza a conduta da escuta ambiental sem a devida autorização judicial, enquanto a conduta do art. 10-A, abrange a escuta ambiental também, mas um elemento subjetivo especial do tipo, pois não basta apenas que a captação ambiental seja realizada sem a autorização judicial, há necessidade que a captação seja destinada para uma investigação ou instrução criminal.

176 SUXBERGER, Antônio Henrique Graciano; SOUZA, Renee do Ó; Projeto de Lei "Anticrime", escuta ambiental e as alterações na Lei n. 13.850/2013 (organizações criminosas) *in:* SUXBERGER, Antônio Henrique Graciano; SOUZA, Renee do Ó; CUNHA, Rogério Sanches. Coord. Projeto de Lei Anticrime. Salvador: Juspodivm, 2019. p. 105.

Assim, caso a escuta ambiental criminosa, seja destinada a uma investigação criminal ou instrução criminal, será crime do art. 10-A, caso contrário, quando a escuta ambiental não possuir tal finalidade, será o crime do art. 10 da Lei de Interceptação Telefônica.

CAUSA DE ATIPICIDADE

É causa de exclusão do crime a hipótese em que a captação ambiental é promovida pelo interlocutor da comunicação, afastando a incidência do tipo penal, criando uma situação de fato atípico. Portanto, não se trata de uma justificante ou mesmo causa que exime a exclusão do crime.

A captação ambiental pode ocorrer em situações de comunicação ou não, pois o registro de sinais eletromagnéticos, óticos ou acústico, pode-se referir à comunicação havida entre pessoas ou ainda referir-se ao registro de alguém em ambiente monitorado. Dessa forma, a causa de atipicidade somente se refere às hipóteses de comunicação, onde há interlocutor. Em síntese, na hipótese em que a conversa captada ambientalmente for registrada por um dos interlocutores, em razão de não haver qualquer ofensa a intimidade ou a privacidade de alguém que se comunicou com outro e este registrou a comunicação.

O dispositivo apenas ressalta que a comunicação dirigida ao interlocutor a este pertence.

Mais uma vez, importante a distinção entre interceptação ambiental, escuta ambiental e gravação ambiental:

1 – Interceptação ambiental: terceira pessoa capta sons ou imagens produzidas por duas ou mais pessoas, sem que elas saibam desta terceira pessoa.

2 – Escuta ambiental: terceira pessoa capta sons e imagens de duas ou mais pessoas, porém, uma delas tem conhecimento da conduta do interceptante.

3 – Gravação ambiental: a captação de sons e imagens é feita por uma pessoa, sem que a outra pessoa comunicante saiba de seu intento. Na gravação não existe um terceiro, pois a gravação ocorre entre presentes, existindo até mais de duas pessoas, mas esta deve ocorrer de forma circunscrita às pessoas presentes.

A causa de atipicidade refere-se à gravação ambiental.

CAUSA DE AUMENTO DE PENA

O tipo penal, em seu art. 10-A, § 2º, prevê que a pena será aplicada dobrada, na hipótese de o funcionário público descumprir determinação de sigilo das investigações que envolvam a captação ambiental ou revelar o conteúdo das gravações enquanto mantido o sigilo judicial.

Nas hipóteses em que há o sigilo imposto, durante a investigação ou ainda judicial, todos os funcionários públicos envolvidos devem manter o sigilo, em razão, inclusive de obrigação legal.[177]

VOLUNTARIEDADE

O elemento subjetivo do tipo penal é o dolo[178], consistente na vontade livre e consciente de realizar a captação de sinais eletromagnéticos, óticos ou acústico.

Não é possível a modalidade culposa deste tipo penal, por ausência de previsão legal para a punição da conduta culposa.

---

177 Nesse sentido, a exemplo, o art. 26, § 2º, da Lei Orgânica Nacional do MP: "O membro do Ministério Público será responsável pelo uso indevido das informações e documentos que requisitar, inclusive nas hipóteses legais de sigilo.".

178 Na definição de Eugênio Raúl Zaffaroni e José Henrique Pierangeli, dolo é *"a vontade realizadora do tipo objetivo, guiada pelo conhecimento dos elementos deste no caso concreto."*. *Manual de Direito Penal* – Parte Geral. Ed. RT: SP, 1997. p. 483.

CONSUMAÇÃO

O crime é material. Consuma-se com a conduta do agente que realiza a captação ambiental dos sinais eletromagnéticos, ópticos ou acústicos.

O objeto material do crime será constituído pelos registros em mídia digital ou analógica dos sinais captados.

TENTATIVA

É possível a tentativa (art. 14, II, do CP), como, por exemplo, em que são instalados equipamentos, porém, no exato momento da comunicação entre os interlocutores, os equipamentos são desligados em razão de uma pane elétrica.

AÇÃO PENAL

A ação penal tem a natureza de pública incondicionada, independente da manifestação de vontade dos interlocutores. A titularidade da ação penal será do Ministério Público, impondo a apuração e eventual ação penal ainda que a prova contida na interceptação seja favorável a qualquer um dos interlocutores da interceptação. Por ser crime de ação penal pública, admite-se a prisão em flagrante e a persecução penal independente da manifestação vontade daquele que possui sua conversa captada ou manifestação registrada.

COMPETÊNCIA

Em regra, será de competência da Justiça Estadual, mas se afetar diretamente bens ou interesses da União, a competência será da Justiça Federal.

Assim já decidiu o STJ: "(...) Compete à Justiça Estadual Comum julgar e processar suposto delito de interceptação telefônica sem autorização judicial, pois não se evidencia lesão a serviços, bens ou interesses da União ou Entidades Federais. Conflito conhecido para declarar a competência do Juízo Estadual, ora Suscitado." (CC 40.113/SP, Rel. Ministro PAULO MEDINA, TERCEIRA SEÇÃO, julgado em 26/05/2004).

Há que se observar o foro por prerrogativa de função da autoridade que venha a praticar esse crime, conforme critérios expressamente previstos na CF/88[179].

PENAS

A pena será de reclusão de 2 a 4 anos, além da multa.

BENEFÍCIOS

Não será possível a suspensão condicional do processo prevista no art. 89, da Lei n. 9.099/95, pois a pena mínima ultrapassa 1 ano.

Também é cabível, na espécie, a celebração do Acordo de não persecução penal (CPP, art. 28-A), preenchidos os demais requisitos legais.

Contudo, em razão da branda penalidade, tanto mínima como máxima, vários outros benefícios penais podem ser auferidos, de forma que seja evitada a prisão. Caso a pena seja aplicada no mínimo legal, pode-se aplicar o *sursis*, previsto no art. 77 do CP. Ainda, pela pena aplicada, seja no mínimo ou no máximo, será possível a substituição da pena privativa de liberdade pelas penas restritivas direitos, conforme previsto no art. 44 do CP. Por fim, o regime inicial da pena, caso aplicada a pena privativa de liberdade, será, em tese, o regime aberto (art. 33, § 2º, c, do CP).

---

179 Já decidiu o STF que os foros por prerrogativas de funções estão previstos na CF/88, por exceção, não podendo as Constituições Estaduais ampliar as hipóteses (STF, ADI 2553).

CAPÍTULO 22

Transplante de Órgãos – Lei nº 9.434/1997

Ronaldo Vieira Francisco

INTRODUÇÃO

O direito à integridade física compreende a proteção jurídica ao próprio corpo vivo ou morto, abrangendo não apenas sua totalidade, mas ainda as partes dele destacáveis, que são os tecidos, órgãos e as partes suscetíveis de separação e individualização.

No plano constitucional, historicamente as Cartas de 1824, 1891, 1934, 1937, 1946, 1967 e a EC n.º 1, de 1969, silenciaram a respeito da remoção de órgãos, tecidos e partes do corpo humano, deixando para a legislação infraconstitucional as disposições a respeito.

Diferentemente, a Constituição de 1988 incorporou em seu texto, na seção dedicada a saúde (arts. 196 a 200), o art. 199, § 4º, segundo o qual "a lei disporá sobre as condições e os requisitos que facilitem a remoção de órgãos, tecidos e substâncias humanas para fins de transplante, pesquisa e tratamento, bem como a coleta, processamento e transfusão de sangue e seus derivados, sendo vedado todo tipo de comercialização".

Como veremos mais abaixo, a Lei n. 9.434/97[1] complementou aludida norma da Constituição Cidadã, e passou a disciplinar o *transplante* no seu texto, observadas suas formalidades. Antes dessa, todavia, outras leis, em sentido formal, dispuseram sobre a remoção de órgãos, tecidos e partes do corpo.

Sob esta perspectiva, a Lei n. 4.280, de 06 de novembro de 1963, foi a dispor sobre o tema, com duas características bem marcantes, sendo uma a de permitir apenas as remoções *"post mortem"*, e a outra, a ausência no texto legal de tipos penais.

A Lei n. 5.479, de 10 de agosto de 1968, diferentemente, admitiu a retirada de partes do corpo *em vida*, para fins humanitários e terapêuticos, bem como tipificou algumas condutas, como a de quem deixasse de recompor condignamente o cadáver (arts. 6º e 11).

Apenas em 1992, sob a égide da Constituição de 1988, foi publicada a Lei n. 8.489, de 18 de novembro de 1992, regulamentada pelo Decreto n. 879, de 22 de julho de 1993, que de maneira geral, permitiu a disposição gratuita do corpo, *em vida* e *após a morte*, bem como ampliou o rol de infrações penais por inobservância dos procedimentos prévios e contemporâneos à remoção e ao transplante tecidual (arts. 2º, 3º, 5º, 6º, 7º, 8º, 10 e 11).

Pouco tempo depois foi publicada a Lei n. 9.434, de 04 de fevereiro de 1997, que revogando a anterior, passou a dispor sobre a remoção de órgãos, tecidos e partes do corpo humano, para fins de transplante e tratamento.

1 Nesse sentido o art. 1º do Decreto n. 9.175, de 18 de outubro de 2017.

Nestes pouco mais de 20 anos de sua vigência, a Lei de Transplantes (LT) sofreu duas alterações, uma pela Lei n. 10.211, de 23 de março de 2001, e outra pela Lei n. 11.633, de 27 de dezembro de 2007.

A Lei n. 9.434/97 foi regulamentada pelo Decreto n. 9.175, de 18 de outubro de 2017.

Sob a ótica da Lei n. 9.434/97, o conceito de tecidos compreende os órgãos e partes do corpo humano, de maneira que ficam de fora o sangue, o esperma e o óvulo, diz seu art. 1º, parágrafo único.

Alguns conceitos também merecem destaque.

Assim, *transplante* é uma técnica médica de transferência de células, tecidos, **órgãos**, ou de partes do corpo de uma pessoa (doador) para outra (receptor), com a finalidade de restabelecer uma função do corpo do receptor. Os órgãos, por sua vez, são o conjunto de tecidos que evoluiu para realizar uma determinada função biológica.

É vedada a comercialização de órgãos, tecidos e partes do corpo, de maneira que a disposição destes, em vida ou após a morte, é sempre gratuita, e na forma da lei (L. 9.434, art. 1º, *caput*).

A proibição de comercialização vem estampada, também, na parte final do art. 199, § 4º, da Constituição de 1988, mais abrangente, alcançando órgãos, tecidos e substâncias humanas, sangue e seus derivados, observando-se que este último não é considerado tecido.

O Código Civil de 2002, por sua vez, nos arts. 13 e 14, inseridos no capítulo dos direitos da personalidade, estabelece algumas diretrizes para a disposição do corpo, em vida e após a morte.

Para Miguel Reale, sobre a importância do capítulo próprio do Código Civil, para tratar dos diretos da personalidade (arts. 11 a 21) este teve pôr fim "à sua salvaguarda, sob múltiplos aspectos, desde a proteção dispensada ao nome e à imagem até o direito de se dispor do próprio corpo para fins científicos ou altruísticos[2]".

No dizer de Francisco Amaral, pode-se definir os direitos da personalidade como os "direitos subjetivos que têm por objeto os bens e valores essenciais da pessoa, no seu aspecto físico, moral e intelectual"[3].

Isso significa que, para além do direito à vida, ao nome, à imagem, à honra e à liberdade, o direito ao próprio corpo é considerado um dos direitos da personalidade, conservando, em razão dessa posição jurídica, os caracteres próprios do instituto[4].

Com relação à característica da *vitaliciedade*, os direitos da personalidade inatos são adquiridos no instante da concepção e acompanham a pessoa até a morte, e por isso são vitalícios. Contudo, mesmo após a morte, alguns direitos são resguardados, como o direito ao próprio corpo, à honra ou a memória do falecido.

Nesse propósito, o art. 14 do Código Civil trata da disposição *post mortem* gratuita do corpo, afirmando o seguinte: "é válida, com objetivo científico, ou altruístico, a disposição gratuita do próprio corpo, no todo ou em parte, para depois da morte".

A Lei n. 9.434/97, nos arts. 3º ao 8º, disciplina a retirada *post mortem* de tecidos, órgãos ou partes do corpo humano, destinados a transplante ou tratamento.

Nesse caso, a retirada das partes doadas deverá ser precedida de diagnóstico de morte encefálica (*e não morte cerebral*) constatada e registrada na forma do art. 3º, §§ 1º a 3º, da Lei n. 9.434/97, sendo esta uma condição legal a ser obrigatoriamente cumprida. O artigo estabelece

2 GONÇALVES, Carlos Roberto. Direito Civil Esquematizado. 2 ed. Saraiva. São Paulo: 2012, p. 155.

3 Op. cit. pg. 155.

4 São caracteres dos direitos da personalidade: intransmissibilidade, irrenunciabilidade, indisponibilidade relativa, absolutismo, não limitação, imprescritibilidade, impenhorabilidade, não sujeição à desapropriação e a vitaliciedade.

que a exame de morte encefálica observará os critérios clínicos e tecnológicos definidos por resolução do Conselho Federal de Medicina, atualmente a Resolução n. 2.173, de 23 de novembro de 2017.

Precede à certificação de morte encefálica, porém, analisar se a pessoa capaz, em vida, manifestou a vontade de doar partes do próprio corpo.

Consagra-se, assim, o *princípio do consenso afirmativo*, segundo o qual cada um deve declarar sua opção de doar seus órgãos e tecidos para depois de sua morte, com objetivo científico ou terapêutico.

Referido princípio compreende não só a declaração de doar como o direito de, a todo tempo, revogar livremente essa escolha, quanto ao destino do próprio corpo para tornar-se eficaz após a morte.

Em caso de silêncio do potencial doador, a retirada de tecidos, órgãos e partes do corpo de pessoas falecidas para transplantes ou outra finalidade terapêutica, dependerá da autorização do cônjuge ou parente, maior de idade, obedecida a linha sucessória, reta ou colateral, até o 2º grau inclusive (irmãos).

A autorização deve expressa, dada em documento, público ou particular, subscrito por duas (02) testemunhas especiais, presentes à verificação da morte (Lei n. 9.434/97, art. 4º). Com a nova redação dada ao art. 4º da Lei n. 9.434/92 pela Lei n. 10.211/2001, que passou a exigir autorização dos familiares do falecido para realizar a retirada dos órgãos e tecidos, afasta-se a presunção legal de que todas as pessoas são doadoras potenciais.

Ademais, a manifestação dos familiares dos termos do art. 4º da Lei n. 9.434/97 não pode contrariar a manifestação expressa do doador, sendo restrita sua aplicação aos casos de silêncio do disponente.

Nesse sentido o Enunciado n. 277 da IV Jornada de Direito Civil, do CJF, segundo o qual "o art. 14 do Código Civil, ao afirmar a validade da disposição gratuita do próprio corpo, com objetivo científico ou altruístico, para depois da morte, determinou que a manifestação expressa do doador de órgãos em vida prevalece sobre a vontade dos familiares, portanto, a aplicação do art. 4º da Lei n. 9.434/97 ficou restrita à hipótese de silêncio do potencial doador".

Assim, se em vida a pessoa manifestou a vontade expressa de **não ser doadora de órgãos**, a retirada destes não se realizará, nem mesmo com a autorização dos familiares.

Em se tratando de pessoa juridicamente incapaz, a remoção poderá ser feita **apenas quando permitida expressamente por ambos os pais**, ou por seus **responsáveis legais** (Lei n. 9.434/97, art. 5º).

As hipóteses de incapacidade da pessoa estão previstas nos arts. 3º e 4º do Código Civil, modificadas pela Lei n. 13.146, de 2016 (Estatuto da Pessoa com Deficiência). É importante lembrar que os textos atuais destes artigos são objeto do Projeto de Lei do Senado (PLS) n. 757, de 2015.

Além das alterações promovidas no Código Civil, destaca-se que o art. 6º, *caput*, da Lei n. 13.146/2016 (Estatuto do Deficiente), estabelece que a "(...) *deficiência não afeta a plena capacidade civil da pessoa*". Mais à frente, no art. 85, § 1º, enuncia o Estatuto que a "definição da curatela não alcança o direito ao próprio corpo (...)".

O Estatuto da Pessoa com Deficiência inova em relação à Lei de Transplantes, permitindo que o deficiente possa declarar-se, por ato próprio, e validamente, doador de órgãos, pois, ainda que submetido ao procedimento de interdição, previsto nos arts. 747 e seguintes do CPC, a curatela não fulmina o direito ao próprio corpo, se puder manifestar sua vontade.

Por outro lado, o menor de 16 anos, absolutamente incapaz, nos termos do art. 3º do CC, e os relativamente incapazes, maiores de 16 e menores de 18 anos, do art. 4º, I, do CC, só podem ser doadores de órgãos se expressamente os pais ou responsáveis legais assim o permitirem.

Já aqueles sujeitos à curatela, que tenham condições de manifestar a vontade, a disposição sobre o próprio corpo é permitida, segundo o art. 85, § 1º, do Estatuto da Pessoa com Deficiência.

A Lei de Transplantes como forma de tornar efetivo o art. 199, § 4º, da Constituição Federal de 1988, que preconiza a facilitação da remoção de órgãos, tecidos e substâncias humanas para fins de transplante, estabelece, no art. 13, a **obrigatoriedade de notificação**, para todos os estabelecimentos de saúde, às centrais de notificação, captação e distribuição de órgãos da unidade federada onde ocorrer, o **diagnóstico de morte encefálica** feito em pacientes por eles atendidos.

Com a nova Lei n. 14.858, de 21 de maio de 2024, que inseriu o art. 13-A na Lei de Transplantes, os órgãos públicos civis, as instituições militares e as empresas públicas e privadas que operem ou utilizem veículos de transporte de pessoas e cargas, por via terrestre, aérea ou aquática, **são obrigados a dar prioridade** ao transporte de órgãos, tecidos e partes do corpo humano para fins de transplante e tratamento e de integrantes da equipe de captação e distribuição de órgãos que acompanhará o transporte do material.

Esse **será gratuito** e coordenado pelo **Sistema Nacional de Transplantes (SNT)**, por meio da Central Nacional de Transplantes (CNT), realizado de forma articulada entre o remetente, o transportador e o destinatárioConstitui justa causa o cancelamento de reserva de espaço e de vaga de passageiro, em virtude de lotação esgotada no veículo, realizado para fins do disposto no caput deste artigo, o que isenta a empresa de responder por descumprimento de contrato de transporte.

Referida **prioridade não é absoluta**, não se aplicando às **instituições militares** quando as **aeronaves**, os **veículos** e as **embarcações** estiverem em **missão de defesa** aeroespacial ou engajados em operações militares, conforme definido pelo respectivo Comando da Força Militar competente.

Estabelece o novo art. 23-A, incluído pela Lei n. 14.858/2024, uma **sanção** às empresas e as instituições que se **recusarem, sem justa causa**, a fazer o **transporte** de órgãos, tecidos ou partes do corpo humano para fins de transplante e tratamento, estando autorizadas a fazê-lo, nos termos legais, regulamentares ou contratuais, porquanto ficarão sujeitas a multa, de 100 (cem) a 150 (cento e cinquenta) dias-multa, **majorada** se resultar na perda do material, caso que a multa será de 150 (cento e cinquenta) a 360 (trezentos e sessenta) dias-multa.

Ademais, o novo art. 23-B, afirma que transportar órgãos, tecidos ou partes do corpo humano para fins de transplante e tratamento em desacordo com a Lei de Transplantes implicará o infrator nas pena previstas no inciso XXIII do **caput** do art. 10 da Lei nº 6.437, de 20 de agosto de 1977, que dispõe sobre as infrações à legislação sanitária federal. Nesta hipótese, as penalidades serão: (1) advertência; (2) interdição, e/ou; (3) multa. Há **três regras especiais** na Lei n. 9.434 de 1997 que merecem atenção, **referentes ao corpo** e às **condições da morte**.

A primeira se refere ao *corpo de pessoa não identificada*, em relação ao qual o art. 6º da Lei n. 9.434/97 veda a remoção *post mortem* de tecidos, órgãos ou partes do corpo.

A segunda, da *morte sem assistência médica*, de óbito *em decorrência de causa mal definida* ou de *outras situações nas quais houver indicação de verificação da causa médica da morte*. Em tais situações, a remoção de tecidos, órgãos ou partes de cadáver para fins de transplante ou terapêutica somente poderá ser realizada após a autorização do patologista do serviço de verificação de óbito, responsável pela investigação e citada em relatório de necropsia (art. 7º, parágrafo único, da Lei n. 9.434/97). Neste caso, a necropsia será postergada para o momento imediato após a retirada de tecidos, órgãos e partes.

A última estabelece que, em qualquer caso de remoção de tecidos, órgãos e parte do corpo, o cadáver deve ser condignamente recomposto para ser entregue, em seguida, aos parentes do morto ou seus responsáveis legais para sepultamento (art. 8º da Lei n. 9.434/1997).

Com relação aos tipos penais, as infrações previstas na Lei n. 9.434, de 1997, são, punidas, em sua maioria, a título de reclusão, com penas mínimas que variam entre 6 meses, 1, 2, 3, 4 e 8 anos, e pena máxima de 2, 6, 8, 10, 12 a 20 anos.

Também é prevista a pena de multa para crime previsto no art. 20 da Lei n. 9.434/97, entre 100 e 200 dias multa.

Nos delitos cuja pena mínima for igual ou inferir a 1 ano de reclusão, admitirão, em tese, o benefício da suspensão condicional do processo, estampado no art. 89 da Lei n. 9.099/95.

Naqueles crimes considerados infrações penais de menor potencial ofensivo, pena máxima não superior a 2 anos, cumulada ou não com multa, será permitida a transação penal, nos termos do art. 76 da Lei n. 9.099/95.

Importante observar que nem sempre **os crimes de remoção de tecidos e órgão** são de competência da justiça federal, devido ao interesse da União, por ser ela gestora do Sistema Nacional de Transplante e organizadora da **lista única nacional**[5], conforme estabelece o art. 10 da Lei n. 9.434/2017.

O Ministério da Saúde, por intermédio de unidade própria prevista em sua estrutura regimental, exercerá as funções de órgão central do SNT, e lhe caberá o **gerenciamento da lista única de espera de receptores** (art. 5º, VIII, do Decreto n. 9.175/2017).

Atualmente essa atribuição exercida pela Coordenação-Geral do Sistema Nacional de Transplantes (CGSNT), sendo responsável pela regulamentação, controle e monitoramento do processo de doação e transplantes realizados no país, com o objetivo de desenvolver o processo de doação, captação e distribuição de órgãos, tecidos e células-tronco hematopoéticas para fins terapêuticos.

Vale lembrar que a **lista única de espera de receptores** será constituída pelo conjunto de **quatro listas**: (1) lista regional, nos casos que se aplique; (2) lista estadual; (3) lista macrorregional; e (4) lista nacional (art. 5º, § 2º, do Decreto n. 9.175/2017).

A composição das listas acima ocorrerá a **partir do cadastro técnico dos candidatos a receptores**, de acordo com os **critérios** a serem definidos em ato do Ministro de Estado da Saúde, que hoje são aqueles previstos na **Portaria de Consolidação** n. 04, de 28 de setembro de 2017.

Mesmo assim, há situações em que, apesar do Ministério da Saúde exercer as funções de órgão central do Sistema Nacional de Transplante a a Justiça Federal não será competente para conhecer de eventuais ações penais.

Já decidiu o STJ por estabelecer a competência do juízo estadual na hipótese em que a remoção dos órgãos foi consequência da ação de homicídio, que é a ação principal[6].

Feitas estas breves observações da Lei n. 9.434/97, partiremos para análise, em seguida, de cada um dos sete tipos penais nela previstos, sob os seguintes aspectos: bem jurídico tutelado, sujeitos (ativo e passivo), conduta, voluntariedade, consumação e ação penal.

---

5 STJ, AgRg no AREsp 781965 / MG, Rel. Ministro RIBEIRO DANTAS: VALORAÇÃO NEGATIVA DE CIRCUNSTÂNCIA JUDICIAL. "... Por fim, no que tange às consequências do delito, o aresto objurgado, apesar de ter feito referência à burla da "lista única" de transplantes do Sistema Único de Saúde – SUS..."

6 Remoção de órgãos, tecidos e partes do corpo humano. Sistema Nacional de Transplante. Lei nº 9.434/97. Decreto nº 2.268/97.Competência federal/estadual.1. O sistema organizado pelo Decreto nº 2.268/97, ao dispor que o Ministério da Saúde exercerá as funções de órgão central, não remeteu à Justiça Federal toda a competência para as questões penais daí oriundas.2. No caso, a remoção dos órgãos ou partes do cadáver foi consequência da ação de homicídio, essa a ação principal. A precedência do homicídio para a remoção de órgãos ou partes de cadáver, portanto, foi a mais ampla possível tanto em relação à censurabilidade das condutas quanto no que diz respeito à ordem natural dos acontecimentos. 3. Sendo, pois, hipótese de homicídio, o caso é de competência estadual. 4. Conflito do qual se conheceu, declarando-se competente o suscitante. (STJ, 45.483-RJ, DJ 9/2/2005. CC 103.599-MG, Rel . Min. Nilson Naves, julgado em 24/6/2009).

CAPÍTULO V
DAS SANÇÕES PENAIS E ADMINISTRATIVAS

Art. 14. Remover tecidos, órgãos ou partes do corpo de pessoa ou cadáver, em desacordo com as disposições desta Lei:

Pena – reclusão, de dois a seis anos, e multa, de 100 a 360 dias-multa.

§ 1.º Se o crime é cometido mediante paga ou promessa de recompensa ou por outro motivo torpe:

Pena – reclusão, de três a oito anos, e multa, de 100 a 150 dias-multa.

§ 2.º Se o crime é praticado em pessoa viva, e resulta para o ofendido:

I – incapacidade para as ocupações habituais, por mais de trinta dias;

II – perigo de vida;

III – debilidade permanente de membro, sentido ou função;

IV – aceleração de parto:

Pena – reclusão, de três a dez anos, e multa, de 100 a 200 dias-multa

§ 3.º Se o crime é praticado em pessoa viva e resulta para o ofendido:

I – Incapacidade para o trabalho;

II – Enfermidade incurável ;

III – perda ou inutilização de membro, sentido ou função;

IV – deformidade permanente;

V – aborto:

Pena – reclusão, de quatro a doze anos, e multa, de 150 a 300 dias-multa.

§ 4.º Se o crime é praticado em pessoa viva e resulta morte:

Pena – reclusão, de oito a vinte anos, e multa de 200 a 360 dias-multa.

BEM JURÍDICO TUTELADO

O crime previsto no art. 14 da Lei n. 9.434/97 tem como objetividade jurídica a preservação da incolumidade física e a saúde da pessoa, conforme posicionamento adotado pelo STJ[7].

No julgamento do RE 1313494, a Primeira Turma do STF[8], em relação ao art. 14, § 4º, da Lei de Transplantes, concluiu que a proteção da norma compreende a ética e a moralidade no contexto da doação de tecidos, órgãos e partes do corpo humano, preservação da integridade física e da vida das pessoas e respeito à memória dos mortos.

SUJEITOS DO CRIME

O crime é comum, podendo ser praticado por qualquer pessoa. Há quem sustente tratar-se de crime próprio (*intranei*), pois, na forma do art. 2º da Lei de Transplante, somente o médico, com coautoria ou participação (*extranei*) pode praticá-lo. Nessa visão, se quem remove órgãos, tecidos ou parte do corpo não é médico, haveria crime comum, de homicídio ou lesão corporal.

7 STJ, AgRg no AREsp 260787 / PB.

8 STF, RE 1313494, Primeira Turma, Relator (a): Min. DIAS TOFFOLI, Julgamento: 14/09/2021, Publicação: 06/12/2021.

O sujeito passivo, por outro lado, é a pessoa que teve removido órgão, tecido ou parte de seu corpo; se a remoção foi efetivada em cadáver, a família e a coletividade.

Cadáver é aquele que teve morte encefálica. No encéfalo, estão o cérebro, o cerebelo e o tronco encefálico. Portanto, a morte encefálica é a morte de todas as funções[9]. Por essa razão, se difere da morte cerebral.

Importante observar que como consequência da prática desse crime, o estabelecimento de saúde e as equipes médico-cirúrgicas envolvidas, poderão sofrer sanções administrativas, tais como ser desautorizadas temporária ou permanentemente pelas autoridades competentes, de realizar os procedimentos de remoção de órgãos e tecidos, diz o art. 21 da Lei n. 9.434/97.

Se a instituição é particular, a autoridade competente poderá multá-la, e, em caso de reincidência, suspender suas atividades temporária ou definitivamente, sem direito a qualquer indenização ou compensação por investimentos realizados. Podem ser ainda proibidas de estabelecer contratos ou convênios com entidades públicas, ou de se beneficiar de créditos oriundos de instituições governamentais ou daquelas em que o Estado é acionista, pelo prazo de 5 anos.

CONDUTAS

A conduta típica do art. 14, *caput*, da Lei de Transplantes, é *remover* (*extrair, retirar, tirar, recolher*) tecido, órgão, parte do **corpo de pessoa viva** ou **cadáver**, sem a observância das disposições legais contidas na própria Lei n. 9.434/97 e em seu regulamento, o Decreto n. 9.175, de 18 de outubro de 2017.

O corpo humano é formado de sistemas (digestivo, muscular, respiratório, etc.), que são formados de órgãos, que são constituídos de tecidos, que por sua vez são formados de células.

Tecidos, assim, é um conjunto de células especializadas, iguais ou diferentes entre si, que realizam determinada função num organismo multicelular.

Órgão é um grupo de tecidos que formam uma função específica ou grupo de funções.

Parte do corpo, por sua vez, envolve a clássica divisão do corpo humano, que compreende a cabeça, o tronco e os membros. A cabeça se divide em face e crânio. O tronco em pescoço, tórax e abdome. Os membros em superiores e inferiores. Os membros superiores são divididos em ombro, braço, antebraço e mão. Os membros inferiores são divididos em quadril, coxa, perna e pé.

O sangue, o esperma e o óvulo *não estão compreendidos* entre os tecidos e as células a que se referem à Lei n. 9.434/97 e seu respectivo Decreto regulamentador, n. 9.175/2017, mas a outros textos legais (ex: Lei 10.205/2001; Lei 11.105/2005).

A não observância das regras para a remoção de tecidos, órgãos ou partes do corpo, como as que estabelecem o consenso prévio, a constatação de morte encefálica, é uma exigência da tipicidade deste crime.

Trata-se, assim, de *norma penal em branco*.

A *norma penal em branco* é um preceito incompleto, genérico ou indeterminado, que precisa da complementação de outras normas. As normas penais em branco podem ser consideradas em *sentido lato* e em *sentido estrito*.

Normas penais em branco em sentido lato (ou homogênea) são aquelas cujo complemento é originário da mesma fonte formal da norma incriminadora. Estas podem ser divididas em *homovitelinas* e *heretovitelinas*, conforme o complemento se localize dentro da própria lei da norma em branco (ex: art. 327 do CP) ou em lei diversa.

As *normas penais em branco em sentido estrito (ou heterogênea)* por sua vez, são aquelas cuja complementação é originária de *outra instância legislativa*, diversa da norma a ser

9 NUCCI, GUILHERME DE SOUZA. *Leis Penais e Processuais Penais Comentadas*. 5 ed., RT, 2010, pág. 1029.

complementada. Há, portanto, heterogeneidade de fontes, apenas porque existe a diversidade de origem legislativa.

As *normas penais em branco* não se confundem com os *tipos penais abertos*. Enquanto aquelas demandam complemento *normativo* (ex: leis, regulamentos, etc.), nestas a suplementação é *interpretativa*, cabendo ao juiz essa tarefa (ex: crime culposo).

O crime descrito no art. 14 da Lei n. 9.434/97 não se confunde com aquele do art. 211 do Código Penal, que prevê a conduta de destruir, subtrair ou ocultar cadáver ou parte dele.

Objetivamente, o tipo especial compreende a remoção de tecidos, órgãos e parte do corpo de **pessoa** e **cadáver**, sem a observância de suas regras, enquanto o crime do CP só se refere ao cadáver, protegendo-o em si, em relação às condutas que especifica. Subjetivamente, haverá a incidência do art. 211 do CP quando, ainda que mediante a remoção de órgãos e tecidos, o agente tiver por fim a destruição do cadáver.

Nesse aspecto o dolo do agente no art. 14 da lei especial é de remover tecidos, órgãos ou partes do corpo de pessoa ou cadáver, para fins de transplante e tratamento, em desacordo com as regras estabelecidas na Lei n. 9.434/97.

Também em decorrência do elemento subjetivo o art. 14 da Lei de Transplante não se confunde com os crimes de lesão corporal dolosa (CP, art. 129) e de homicídio doloso (CP, art. 121), delitos de forma livre que podem ser praticados mediante a remoção de algum tecido, órgão ou parte do corpo da pessoa.

A *lesão corporal* tem como elemento subjetivo a mera ofensa à integridade física e a saúde de outrem (*animus laedendi*), enquanto no homicídio a vontade do agente se dirige à interrupção da vida de alguém (*animus necandi*).

Em nenhum deles, porém, existe a intenção de *remover* tecidos, *órgãos* ou partes do corpo de pessoa, violando as regras da Lei n. 9.434/97 e de seu regulamento.

A forma qualificada é admitida no art. 14 da Lei de Transplante, nos casos dos §§ 1º, 2º, 3º e 4º. Enquanto a qualificadora inicial admite que a conduta recaia sobre *partes do corpo de pessoa* ou *cadáver*, as demais pressupõem *pessoa viva*.

A qualificadora do art. 14, § 1º, da Lei n. 9.434/97, ocorre sempre que o crime for cometido mediante paga ou promessa de recompensa ou por outro motivo torpe, compreendo a mesma redação encontrada no art. 121, § 2º, I, do CPB. Para que se reconheça a qualificadora, a remoção de tecidos, órgãos ou partes do corpo ou cadáver, em conflito com a lei, deve ser precedida do recebimento de dinheiro (paga) ou da promessa de recompensa futura de pagamento.

Torpe é qualquer motivo que seja moralmente reprovável, abjeto, desprezível, vil, que demonstra perversão do sujeito e que desenvolve a aversão e repulsa geral. A qualificadora é subjetiva, porque diz respeito ao motivo e não ao modo de execução do crime.

A *interpretação analógica* é permitida, pois há no texto legal uma enumeração casuística (*paga, promessa de recompensa*), à qual segue uma formulação genérica (*ou qualquer outro motivo torpe*), que deve ser interpretada de acordo com os casos anteriormente elencados.

Por último, tratando-se de circunstância de caráter pessoal, a qualificadora em análise não se comunica ao partícipe. Por essa mesma razão, a qualificadora da *paga ou promessa de recompensa* **em relação ao executor do homicídio não se comunica automaticamente ao mandante, ou** aos coautores do crime, conforme o art. 30 do CP[10].

Há *concurso de agentes necessário*, quando, de um lado, tem-se a figura do mandante, aquele que oferece a recompensa, e, de outro, socorre a figura do executor do delito, aquele que aceita a promessa de recompensa. A despeito disso, este pode incidir no referido dispositivo, caso o motivo que o tenha levado a empreitar o óbito alheio seja *torpe*.

10 STJ, REsp 1.209.852-PR, Rel. Min. Rogerio Schietti Cruz.

No art. 14, § 2º, incisos I a IV, da Lei n. 9.434/97, o legislador qualificou o crime o de remoção ilegal de órgãos e tecidos com o mesmo desenho jurídico do art. 129, I a IV, do Código Penal, com exceção da pena, muito maior na lei especial, de reclusão de 3 a 10 anos.

Deve ser observado que é possível que coexistam as diversas qualificadoras da *remoção grave* de tecidos, órgãos ou partes de do corpo de pessoa viva. Nesse caso, deve o juiz levá-las em consideração na fixação da pena base (CP, art. 59).

No inciso I do art. 14, § 2º, é prevista a qualificadora da *incapacidade para as ocupações habituais por mais de 30 dias*. Trata-se de qualificadora que compreende as ocupações laborais como também as atividades costumeiras, como a recreação. Não necessita, assim, que a atividade seja lucrativa; do contrário, estariam excluídos os aposentados, os enfermos e as crianças.

Mas é importante que a atividade seja lícita. Desse modo, estão excluídas as atividades criminosas, ilegais. Porém, a ocupação habitual imoral não impede o reconhecimento da qualificadora. A imputação do resultado agravador, em decorrência do período de incapacidade, pode decorrer de dolo ou culpa do agente.

Como a lei fixa um prazo mínimo que deve durar a incapacidade para que se dê o reconhecimento da qualificadora (por mais de 30 dias), faz-se necessário o laudo pericial complementar, tão logo decorra esse prazo, na forma do art. 168, § 2º, do CPP.

Tem-se aqui o emprego da analogia em relação ao estabelecido para o crime de lesão corporal (CP, art. 129, § 1º, I). A falta do exame complementar poderá ser suprida pela prova testemunhal (CPP, art. 168, § 3º), e não pela palavra da vítima[11].

Pelo art. 14, § 2º, inciso II, é qualificada a remoção ilegal de órgãos e tecidos da qual resulte *perigo de vida*. Para efeitos da exasperação penal, o perigo deve ser efetivo e concreto. Logo, sem a probabilidade real e legítima do resultado letal, em decorrência do procedimento criminoso praticado, a figura qualificada deve ser afastada. A qualificadora só permanece se a vida do sujeito passivo esteve verdadeiramente em perigo. Para tanto, é necessário que a perícia demonstre e descreva em que consistiu o risco, dispensado o exame complementar.

Por sua vez, art. 14, § 2º, incido III, qualifica o crime quando a *remoção* ilegal resultar em *debilidade permanente* de *membro, sentido* ou *função. Debilidade* consiste na diminuição, enfraquecimento de alguma capacidade funcional do corpo, que não necessita ser perpétua, sendo suficiente que seja permanente ou duradora.

Logo, a qualificadora configura-se ainda que seja passível a correção da debilidade por meio de intervenção cirúrgica ou tratamentos diversos, inclusive a colocação de próteses para disfarce. *Membros* são as partes do corpo que se prendem ao tronco. Podem ser superiores (*braços, mãos e antebraço*) e inferiores (pernas, cochas e pés). *Sentido* é a faculdade de percepção pela qual sentimos o mundo exterior (audição, visão, tato, audição e paladar). *Função* é a atividade própria de um órgão, circulatória, respiratória, reprodutora, digestiva, locomotora, etc.

Quando o membro ou órgão duplo, em razão da remoção ilegal, se reduz a um apenas, ocorre a debilidade funcional do organismo, e não a abolição dessa função. É o que ocorre, por exemplo, se a pessoa viva perde um olho ou um rim, casos em que se estará diante da qualificadora em comento. Diferentemente, a perda da visão dupla caracteriza a *remoção ilegal gravíssima*, conforme o § 3º, III, do art. 14 da Lei n. 9.434/97.

No inciso IV, último previsto no art. 14, § 2º, da Lei de Transplante, o legislador penaliza mais severamente a remoção ilegal de órgãos e tecidos da qual resulte *aceleração de parto*.

Trata-se de uma decorrência da remoção feita em desconformidade com as regras da Lei n. 9.434/97, e seu regulamento, o Decreto n. 9.175/2017, produzida na gestante, pela qual se antecipa o termo final esperado da gravidez, ou melhor, o feto é expulso precocemente do útero da mãe.

---

11 STF, RT, 607/386-7.

O feto deve nascer com vida e sobreviver. Caso contrário, a remoção será *gravíssima*, em razão do *abordo* (Lei n. 9.434/97, art. 14, § 3º, V).

Por se tratar de infração dolosa, o agente deve ter conhecimento da gravidez, senão responderá por remoção ilegal na forma *simples* (art. 14, *caput*).

A Lei n. 9.434, 1997, no art. 14, § 3º, incisos I a V, comina mais gravemente os resultados qualificadores que especifica (reclusão de 4 a 12 anos), levando em conta o legislador às consequências mais danosas produzidas pelo crime de remoção ilegal de órgãos e tecidos.

Importante observar que é possível que coexistam as diversas qualificadoras previstas neste parágrafo, caso em que o juiz observará uma delas para qualificar o crime e as demais na fixação da pena-base (CP, art. 59). Pode ocorrer, por exemplo, a incapacidade permanente para o trabalho (art. 14, § 3º, I) e ao mesmo tempo a enfermidade incurável (inciso II).

As qualificadoras elencadas neste parágrafo podem ser dolosas ou preterdolosas, à exceção daquela prevista no inciso V (*aborto*), que é necessariamente preterdolosa.

Segundo o art. 14, § 3º, inciso I, o crime de remoção ilegal de órgãos e tecidos é qualificado quando, praticado em pessoa viva, resulta para o ofendido a *incapacidade para o trabalho*. É importante observar que o art. 14, § 2º, I, visto acima, faz referência às "ocupações habituais", enquanto aqui ao "trabalho". *Trabalho* é o exercício de uma atividade lucrativa, em sentido amplo, não o exercendo algumas pessoas em função da condição pessoal, como as crianças e os deficientes sem capacidade laboral.

Diferentemente da qualificadora prevista no art. 129, § 2º, I, do CPB, a qual se refere à incapacidade *"permanente"* para o trabalho, o tipo qualificado da lei especial não exige a presença deste elemento normativo de tempo. Desse modo, a incapacidade para o trabalho, ainda que momentânea, de curta duração, qualifica o crime de remoção ilegal de órgãos e tecidos. A impossibilidade para o trabalho, em consequência do procedimento extrajurídico, deve ser genérica, ou seja, a vítima deve ficar privada de exercer qualquer atividade lucrativa, e não somente a atividade anteriormente desempenhada.

No art. 14, § 3º, inciso II, qualifica-se o crime de remoção ilícita de órgãos, tecidos ou partes do corpo da qual resulte para a pessoa viva *enfermidade incurável*. Compreende-se nesta qualificadora toda *doença* para a qual a medicina não ofereça cura. Para tanto, não se exige um juízo de certeza, mas de mera probabilidade, afirmado pericialmente, com o prognóstico que afirme a ineficácia dos tratamentos disponíveis naquele momento para a supressão da moléstia. A possibilidade de intervenção cirúrgica ou de tratamento médico de alto risco, incerto ou penoso, não tem o condão de afastar a incidência da qualificadora, pois ninguém pode ser constrangido a submeter-se, com risco de vida, a estes procedimentos (CC, art. 15).

O inciso III do art. 14, § 3º, estabelece a qualificadora da *perda ou inutilização de membro, sentido ou função*. De início, uma breve comparação: enquanto o art. 14, § 2º, III, da Lei de Transplante, que fala em "debilidade" da pessoa, o presente dispositivo pronuncia como resultado do crime para o ofendido a "perda ou inutilização", circunstâncias estas mais graves do que a anterior.

Perda é a extirpação, a eliminação, de uma parte do corpo (ex.: mutilação, amputação). *Inutilização* é a incapacidade ou a inaptidão de um órgão em relação à sua função específica. Na *perda* ocorre a separação física do membro ou órgão do corpo, ele é literalmente retirado, enquanto na *inutilização*, o membro ou órgão permanece anatomicamente unido à pessoa, mas, por outro lado, totalmente inapto à sua função, como ocorre se verificada a paralisia de membros inferiores (pernas).

Com relação aos órgãos duplos, se ambos se perderem (ex.: os olhos), levando à cegueira completa, a subsunção recai nesta qualificadora; se apenas um dos olhos ou mesmo a acuidade visual sofrer limitação, a situação se amolda à debilidade, fazendo incidir a qualificadora prevista no inciso III do art. 14, § 2º.

A qualificadora da *deformidade permanente* é prevista no inciso IV do art. 14, § 3º, da Lei n. 9.434/97. *Deformidade* é qualquer *dano estético* de razoável extensão. Para que incida a qualificadora em consequência da remoção ilegal de tecidos, órgãos ou parte do corpo, ainda é necessário que seja *permanente* o dano, indelével, irreparável, que não é possível de ser reparada pelo transcurso do tempo.

Os artifícios ou disfarces utilizados para encobrir a deformidade não bastam para excluí-la. Olhos de vidro, mãos que mecânicas, são exemplos. Igualmente, a vítima não é obrigada a submeter-se a procedimento cirúrgico estético. Porém, caso o faça, e a deformidade seja corrigida, deixa de existir a qualificadora.

A deformidade deve ser visível, e de certa monta, pouco importando onde se fixe; braços, pernas, rosto. Pequenas cicatrizes, notadamente aquelas que exigem especial percepção, não qualificam o crime. Mas é preciso analisar cada caso, para não se exigir como deformidade tão somente danos estéticos monstruosos. Aqueles vexatórios, humilhantes e que causam desconforto aos olhos alheios, bem situam a qualificadora. O laudo pericial deve vir instruído de fotografias da deformidade, as quais permitiram a análise de sua extensão.

A última qualificadora prevista no art. 14, § 3º, inciso V, diz respeito ao crime de remoção ilícita de órgãos e tecidos que tem como resultado o *aborto*. Trata-se qualificadora preterdolosa, ou seja, há dolo com relação à retirada do órgão, e culpa quanto ao resultado agravador. O agente também deve conhecer da gravidez da ofendida, pois o desconhecimento constitui erro de tipo, que exclui o dolo. Se o aborto foi querido e praticado por terceiro, a subsunção penal se altera para o art. 125 ou 126 do CPB, a depender da existência ou não do consentimento da gestante.

No art. 14, § 4º, a Lei de Transplante estabelece o crime de remoção ilegal de órgãos e tecidos de pessoa viva *seguida de morte*. O crime aqui é preterdoloso, punindo-se a remoção a título de dolo (crime antecedente) e a morte pela culpa (evento consequente). Se a morte foi querida, ainda que eventualmente, o crime é de homicídio doloso[12]. A morte, no crime da lei especial, advém porque o agente não a previa, embora fosse previsível. Porém, se a morte ocorreu por algum fortuito, rompendo o nexo de causalidade, o agente responderá tão só pela remoção ilegal na sua forma simples (art. 14, *caput*).

Não se admite a *tentativa* de remoção ilegal seguida de morte, pois não há vontade conscientemente dirigida a esse resultado.

VOLUNTARIEDADE

Quanto à voluntariedade, exige-se o dolo (direto ou eventual) e inexiste a forma culposa.

Nas qualificadoras do art. 14, § 3º, V, e § 4º, o resultado que agrava o crime antecedente (remoção ilegal) sobrevém a título de culpa (aborto e morte). São hipóteses de delito preterdoloso.

CONSUMAÇÃO E TENTATIVA

A consumação do crime ocorre no momento da remoção de tecidos, órgãos ou partes do corpo de pessoa ou cadáver, em desacordo com as disposições da Lei n. 9.434, de 1997.

12 STF, RE 1.313.494, 1ª Turma, publicado em 28/09/2021: No crime do art. 14, § 4º, da Lei de Transplante, é **competente o juízo criminal singular** para processar e julgar a causa, "afastando a competência do Tribunal do Júri, anulando, por consequência, o acórdão recorrido". Isto porque na **tipificação do crime de remoção de órgãos**, deve-se atentar para a **finalidade da remoção.** O bem jurídico a ser protegido, no caso, é a incolumidade pública, a ética e a moralidade no contexto da doação de órgãos e tecidos, além da preservação da integridade física das pessoas e do respeito à memória dos mortos.

O fracionamento da remoção pode ocorrer em vários atos – *crime plurissubsistente* – e a tentativa mostra-se perfeitamente possível.

AÇÃO PENAL

No silêncio da lei, a ação penal neste crime é pública incondicionada.

Não se admite a transação penal e a suspensão condicional do processo (arts. 76 e 89, da Lei 9.099/95), quer na forma simples, quer na forma qualificada, em razão das penas mínima e máxima previstas.

ACORDO DE NÃO PERSECUÇÃO PENAL – ANPP

O art. 28-A, do CPP, impõe alguns requisitos para que o Ministério Público proponha o ANPP, entre as quais que a infração penal tenha sido praticada **sem violência** ou **grave ameaça**, bem como que a **pena mínima** seja **inferior** a 4 (quatro anos), depois de deduzidas as causas de aumento e diminuição da pena, conforme preconiza o art. 28-A, § 1º, do CPP.

Com relação à figura penal em sua forma simples (art. 14, *caput*), ou mesmo na hipótese da qualificadora do § 1º, nada impede o acordo de não persecução penal, uma vez que a pena mínima em ambos os casos é inferir a 4 (quatro anos).

No entanto, a admissibilidade do acordo pressupõe a que conduta recaia sobre **cadáver**, sendo vedado o acordo, assim, quando a a infração for cometida contra a **pessoa**, pois a violência, neste caso, é ínsita ao tipo penal.

Nos demais **tipos penais qualificados**, dos §§ 2º, 3º e 4º, do art. 14, há **vedação expressa** no art. 28-A, *caput*, do CPP, para o acordo de não persecução penal, porquanto a violência contra a pessoa é **comum a todos eles**, recaindo sempre a conduta sobre pessoa viva.

Art. 15. Comprar ou vender tecidos, órgãos ou partes do corpo humano:

Pena – reclusão, de três a oito anos, e multa, de 200 a 360 dias-multa.

Parágrafo único. Incorre na mesma pena quem promove, intermedeia, facilita ou aufere qualquer vantagem com a transação.

BEM JURÍDICO TUTELADO

O tipo penal tem por objetividade jurídica vedar todo tipo de comercialização de tecidos, órgãos ou partes do corpo humano, de **pessoa viva** ou **cadáver**. Também estão sob o alcance da proteção os embriões humanos e as células-tronco embrionárias, conforme determina o art. 5º, § 3º, da Lei de Biossegurança.

A norma penal confere eficácia ao art. 199, § 4º, parte final, da CF/1988.

SUJEITOS (ATIVO E PASSIVO)

O crime é comum, podendo ser cometido por qualquer pessoa, dispensando condição especial do agente ou algum vínculo deste com a vítima.

Sujeito passivo é o Estado.

CONDUTA

A conduta típica é a *compra e a venda* de tecidos, órgãos ou parte do corpo, **em vida** ou **após a morte**.

A compra e venda pode ser conceituada como espécie de contrato pelo qual um dos contratantes se obriga a transferir o domínio de certa coisa, e o outro, a pagar-lhe certo preço em dinheiro (CC, art. 481).

É vedado o comércio, assim entendido qualquer tipo de negócio que envolva precificação, pagamento ou fins lucrativos, de tecido *(ex: pele)*, órgãos *(rim ou útero, por ex: venda de um rim ou uma cessão onerosa de útero, numa gestação de substituição - Res. 2.320/22 do CFM)* e parte do corpo *(membros inferiores ou superiores)*.

A disposição de tecidos, órgãos e parte do corpo deverá ser sempre **gratuita**, estabelece a Constituição Federal, na Seção II, que dispõe sobre a Saúde, notadamente no art. 199, § 4º, da CF-1988, que assim enuncia: "a lei disporá sobre as condições e os requisitos que facilitem a remoção de órgãos, tecidos e substâncias humanas para fins de transplante, pesquisa e tratamento, bem como a coleta, processamento e transfusão de sangue e seus derivados, sendo **vedado todo tipo de comercialização**".

A Lei n. 9.434/97, em seu art. 1º, *caput*, igualmente diz, expressamente, que a disposição, em **vida** ou **para depois da morte**, de órgãos, tecidos e parte do corpo, será **gratuita**.

O Código Civil nos arts. 13, parágrafo único, e 14, *caput*, também informa o caráter humanitário de que se reveste a disposição do corpo, ou parte dele, **em vida**, ou **após a morte**, ao tratar dos direitos da personalidade. Diante destas premissas, forçoso concluir que o sistema normativo vigente veda a disposição **onerosa** da pessoa, impedindo-se, assim, qualquer negócio que tenha por objeto tecidos, órgãos ou partes do corpo humano, incluindo-se ainda os embriões e células-tronco embrionárias, que tenha caráter lucrativo ou comercial. No parágrafo único o art. 15 prevê a mesma pena para quem *promove* (propicia, viabiliza, fomenta, oferece, alavanca, incrementa), *intermedeia* (intercede, medeia), *facilita* (simplifica, ajuda, colabora) ou *afere* (obtém, recebe, ganha) qualquer *vantagem com a transação* (patrimonial ou não).

Trata-se de norma de ampliação subjetiva, de adequação típica imediata, para compreender no tipo penal não só as condutas de quem atua na criação e formação do negócio ilegal (*tráfico de órgãos*), como na de quem simplesmente aufere qualquer vantagem desta prática.

VOLUNTARIEDADE

Exige-se o dolo[13] (direto ou eventual) e inexiste a forma culposa.

CONSUMAÇÃO E TENTATIVA

O crime se consuma no momento do ajuste da coisa e do preço.

Plurissubjetivo, pois sua prática envolve o concurso necessário de duas ou mais pessoas, ou seja, o concerto, acordo, entre vendedor e comprador, tendo por objeto o tecido, órgão ou

13 O Tribunal de origem, após minuciosa análise dos fatos e provas dos autos, concluiu de forma clara e fundamentada que o réu, **com vontade livre e consciente, praticou a conduta tipificada no art. 15, parágrafo** único, **da Lei nº 9.434/97, com o intuito de obter vantagem pecuniária, o que, por si só, é suficiente para afastar a tese de que tenha praticado os referidos atos no exercício regular do direito.** Desse modo, mostra-se totalmente improcedente a alegada existência de omissão no aresto impugnado. Não obstante o acórdão tenha feito menção à obtenção da vantagem pecuniária, pode-se observar que, em relação à culpabilidade, essa também foi considerada desfavorável em razão do acusado menosprezar os interesses e sentimentos dos familiares da vítima, o que também constituiu fundamentação apta e suficiente para a exasperação da reprimenda. Do mesmo modo, quanto aos motivos do crime, verifica-se que o aresto recorrido levou em consideração o desprezo do réu, que é médico, pelos dogmas que regem o exercício da medicina. Desse modo, não se constata o alegado bis in idem, estando o acórdão corretamente fundamentado quanto à dosimetria da pena..." (STJ, AgRg no AREsp 781.965/MG, Rel. Ministro RIBEIRO DANTAS, QUINTA TURMA, julgado em 03/10/2017, DJe 11/10/2017).

parte do corpo humano, independentemente da concreta quitação do débito e do recebimento da coisa, eventos de mero exaurimento.

No parágrafo único, a consumação ocorre com a prática de uma das ações nele previstas[14]. A tentativa é possível.

AÇÃO PENAL

No silêncio da lei, a ação penal neste crime é pública incondicionada.

Incabível a transação penal e a suspensão do processo, nos termos da Lei n. 9.099, de 1995.

ACORDO DE NÃO PERSECUÇÃO PENAL – ANPP

Admite-se o acordo de não persecução penal, pois a pena mínima cominada ao tipo é inferior a 4 (quatro) anos.

No entanto, se houver elementos probatórios que indiquem conduta criminal habitual, reiterada ou profissional, o acordo será vedado, segundo dispõe o art. 28-A, § 2º, 2ª parte, do CPP.

Não é aplicável o acordo ainda nas hipóteses de concurso material, concurso formal ou continuidade delitiva, quando a pena mínima cominada, seja pelo somatório, seja pela incidência da majorante (CPP, art. 28, § 1º), for igual ou superior a 4 (quatro) anos (Vide Súmula 243 do STJ).

Art. 16. Realizar transplante ou enxerto utilizando tecidos, órgãos ou partes do corpo humano de que se tem ciência terem sido obtidos em desacordo com os dispositivos desta Lei:
Pena – reclusão, de um a seis anos, e multa, de 150 a 300 dias-multa.

BEM JURÍDICO TUTELADO

A objetividade jurídica do delito em questão é a de tutela da integridade física e a saúde das pessoas.

14 HABEAS CORPUS. PROCESSO PENAL. FORMAÇÃO DE QUADRILHA. ART. 288 DO CÓDIGO PENAL. TRÁFICO DE ÓRGÃOS HUMANOS (RINS). **CRIME PREVISTO NO ART. 15, PARÁGRAFO ÚNICO, DA LEI N.º 9.434/97 (PROMOVER, INTERMEDIAR, FACILITAR OU AUFERIR VANTAGEM COM A TRANSAÇÃO)**.INSTÂNCIAS ORDINÁRIAS QUE CONCLUÍRAM PELA CONFIGURAÇÃO DOS DELITOS. HABEAS CORPUS. VIA IMPRÓPRIA PARA ALTERAR TAL ENTENDIMENTO. NECESSIDADE DE EXAME APROFUNDADO DO CONJUNTO PROBATÓRIO. WRIT DENEGADO.1. Se para a configuração do delito de quadrilha basta a convergência de vontades, sem que sequer ocorram efetivamente os delitos visados pelo bando – por se tratar de crime formal –, com razão mostra-se correta a condenação do Paciente por tal infração penal, pois na hipótese se demonstrou a existência de sofisticado esquema de tráfico de órgãos humanos, claramente por ele integrado.2. **Os condutas proibidas pelo art. 15, da Lei n.º 9.434/97, são a de "[c]omprar ou vender tecidos, órgãos ou partes do corpo humano", incorrendo em delito também, segundo o parágrafo único do mesmo artigo, "quem promove, intermedeia, facilita ou aufere qualquer vantagem com a transação." No caso, o Paciente participava ativamente do grupo e, como entenderam os graus de jurisdição soberanos na matéria fático-probatória, com sua essencial tarefa, incorreu nos elementos do tipo promover, intermediar, facilitar ou auferir qualquer vantagem com a transação**.3. Outrossim, a tese de falta de elementos de autoria e materialidade para os delitos demandaria, inevitavelmente, profundo reexame do material cognitivo produzido nos autos, o que, como é sabido, não se coaduna com a via estreita do writ. Precedentes.4. No caso, ainda, determinou a Suprema Corte que sirva o presente writ para verificar constrangimento ilegal na decisão que não admitiu o recurso especial interposto pelo Paciente. É correta, porém, a conclusão do Tribunal a quo referentemente a tal tocante, pois a pretensão defensiva de afastar os elementos de autoria e materialidade, no caso, esbarram no entendimento sedimentado na Súmula n.º 07 desta Corte.5. Habeas corpus denegado. (HC 128.592/PE, Rel. Ministra LAURITA VAZ, QUINTA TURMA, julgado em 06/12/2011, DJe 19/12/2011).

SUJEITOS DO CRIME

O crime é comum, logo, qualquer pessoa pode praticá-lo. A equipe médica ou o particular, que, mesmo sem ter qualificação profissional, contribui para a realização do procedimento. Sujeito passivo é a pessoa que teve seu órgão, tecido ou parte do corpo removido e utilizado no transplante ou enxerto, contrariando as disposições da Lei n. 9.434/97 e o Decreto n. 9.175/2017.

Importante lembrar o disposto no art. 3º da Lei n. 9.434/97, ou seja, a equipe médica que remove o tecido, p. ex., não poderá transplantá-lo. Assim, enquanto o art. 14 pune o médico que remove os tecidos, o art. 16 sanciona aquele que efetua o transplante.

Aliás, a Resolução do Conselho Federal de Medicina n. 1.931/19, o "Código de Ética Médica", em seu art. 15, estabelece ser **vedado ao médico** "descumprir **legislação específica** nos casos de **transplantes de órgãos** ou de **tecidos**, esterilização, fecundação artificial, abortamento, manipulação ou terapia genética".

CONDUTAS

As condutas típicas são: *realizar (*efetivar, proceder, executar*)*, *transplante* (ato de colher um órgão, tecido ou parte do corpo humano, e implantá-lo em outro indivíduo, para neste organismo cumprir as mesmas funções) ou *enxerto* (procedimento cirúrgico de retirada de uma porção de organismo para implante em si mesmo ou terceiro; são tecidos estes sem exercício de função autônoma e nutrição sanguínea. Ex.: enxertos de pele, osso, nervos, tendões e córnea).

VOLUNTARIEDADE

Exige-se o dolo, na forma direta, que é a vontade livre e consciente de realizar o transplante ou enxerto, mais o dolo específico contido na *ciência* de que se trata de tecido, órgão ou parte do corpo obtido em desacordo com as normas legais que regem esses procedimentos (Lei n. 9.434/97; Decreto n. 9.175/2017).

Não há previsão no tipo da forma culposa.

CONSUMAÇÃO E TENTATIVA

O crime se consuma no momento em que o agente realiza o transplante ou enxerto em desacordo com as disposições legais.

A tentativa é admitida.

AÇÃO PENAL

Diante do silêncio da lei, a ação penal neste crime é pública incondicionada.

Admite-se a suspensão condicional do processo (art. 89, da Lei 9.099/95).

ACORDO DE NÃO PERSECUÇÃO PENAL – ANPP

A pena mínima cominada ao delito em questão (1 ano) não impede o acordo de não persecução penal, segundo os parâmetros fixados pelo art. 28-A, do CPP.

É importante observar, todavia, que pode impossibilitar a proposta do Ministério Público o concurso de crimes, quando as penas mínimas somadas, em abstrato, igualem ou extrapolem o limite de 4 (quatro) anos, ou quando a infração antecedente for cometida com violência ou grave ameaça à pessoa (CPP, art. 28, *caput*, e § 1º).

Art. 17. Recolher, transportar, guardar ou distribuir partes do corpo humano de que se tem ciência terem sido obtidos em desacordo com os dispositivos desta Lei:

Pena – reclusão, de seis meses a dois anos, e multa, de 100 a 250 dias-multa.

BEM JURÍDICO TUTELADO

Mais uma vez o bem jurídico que se tutela nesta figura penal é a integridade física e a saúde da pessoa, inclusive sua memória.

SUJEITOS DO CRIME

Sujeito ativo deste crime pode ser qualquer pessoa.

Sujeito passivo a pessoa que teve parte do corpo removida em desacordo com os dispositivos legais pertinentes.

CONDUTAS

As condutas típicas são: *recolher (*buscar, retirar*)*, *transportar* (significa levar algo de um local para outro que não seja por meio pessoal*)*, *guardar* (é conservar ou manter o objeto material consigo para uso próprio futuro, mas longe das vistas) ou *distribuir (*entregar parte do corpo para indeterminado número de pessoas*)*.

Nenhuma das condutas previstas no art. 17 têm o caráter de venda, pois, identificado o aspecto negocial no comportamento do agente, a tipicidade deve recair no art. 15 da Lei de Transplantes, punindo-se, assim, a conduta antecedente.

Se por exemplo o agente intermedeie a venda de partes do corpo, e em seguida, efetue o seu transporte, a bem de um terceiro, haverá concurso de crimes, entre os arts. 15, parágrafo único, e 17, da Lei n. 9434, de 1997.

O tipo penal não faz referência aos *órgãos* e *tecidos*, mas apenas a *partes do corpo humano*, diferentemente dos tipos penais anteriormente vistos. Por consequência, as condutas de recolher, transportar, guardar ou distribuir *órgãos* e *tecidos* não tipifica o crime em comento, em razão do princípio da reserva legal, não se admitindo, assim, intepretação extensiva.

VOLUNTARIEDADE

Quanto à voluntariedade, exige-se o dolo direto e uma intenção especial do agente. Quanto ao dolo específico, o art. 17 da Lei n. 9.434/97 faz essa imposição, quando se refere à *ciência* de que partes do corpo foram obtidas em desacordo com os seus ditames.

Trata-se de *tipo penal incongruente*, aquele que exige além do dolo genérico uma intenção especial, um requisito subjetivo transcendental.

Não há previsão da forma culposa.

CONSUMAÇÃO E TENTATIVA

Dar-se-á a consumação com a prática de qualquer das condutas alternativas previstas no tipo penal.

Assim, temos que na conduta de *recolher* o crime se consuma com o apanhar do objeto material. A tentativa é possível, quando o sujeito tem interrompida a conduta por circunstâncias alheias à sua vontade.

Na conduta de *guardar*, o crime se consuma no momento em que o objeto material é recebido para ser acondicionado para uso próprio futuro. É possível a tentativa, quando o objeto material não é recebido por circunstâncias alheias à vontade do agente.

Também na conduta de *transportar*, o crime se consuma com o deslocamento do objeto material. É possível a tentativa, quando há a interrupção da conduta de transporte antes que ele realmente seja iniciado.

Por fim, com a *distribuição*, ocorre a consumação do crime a partir do instante que as partes do corpo é espalhada ou colocada a disposição. A tentativa igualmente é possível, se interrompido o *iter criminis* por circunstâncias alheias à vontade do agente.

AÇÃO PENAL

A ação penal neste crime é pública incondicionada.

Admite-se a transação penal e a suspensão condicional do processo (arts. 76 e 89 da Lei 9.099/95).

ACORDO DE NÃO PERSECUÇÃO PENAL – ANPP

Devido ao cabimento da transação penal de competência dos Juizados Especiais Criminais, inaplicável o acordo de não persecução penal (art. 28-A, § 2º, I, do CPP).

> **Art. 18.** Realizar transplante ou enxerto em desacordo com o disposto no art. 10 desta Lei e seu parágrafo único:
>
> Pena – detenção, de seis meses a dois anos.

BEM JURÍDICO TUTELADO

Protege-se a incolumidade física e a saúde do receptor.

SUJEITOS DO CRIME

O crime é próprio; logo, o sujeito ativo será o médico ou a equipe médica autorizada a realizar o procedimento.

O art. 11 do Decreto n. 9.175, de 2017, estabelece que "o transplante, o enxerto ou a retirada de órgãos, tecidos, células e partes do corpo humano somente poderão ser realizados em estabelecimentos de saúde, públicos ou privados, por equipes especializadas, prévia e expressamente autorizados pelo órgão central do SNT".

O sujeito passivo é o receptor submetido ao transplante ou enxerto em desacordo com o art. 10 da Lei n. 9.434, de 1997.

CONDUTAS

As condutas típicas são: *realizar* (efetivar, proceder, executar) *transplante* (procedimento de colher e implantar em outro indivíduo, para neste organismo cumprir as mesmas funções) ou *enxerto* (procedimento cirúrgico de retirada de uma porção de organismo sem função autônoma para implante), em desacordo com o art. 10 e seu parágrafo único da Lei n. 9.434, de 1997.

O art. 10, *caput*, da Lei n. 9.434/97, proclama que o transplante ou enxerto só se fará com o **consentimento expresso do receptor**, assim inscrito em lista única *de espera*, após *aconselhamento* sobre a *excepcionalidade* e os *riscos* do procedimento.

Por sua vez, o parágrafo único do art. 10 da Lei n. 9.434/97 foi renumerado para o § 1º, em 2001, pela Lei n. 10.211, sem qualquer modificação redacional. Por este dispositivo, nos casos em que o receptor seja *juridicamente incapaz* ou cujas *condições de saúde* impeçam ou comprometam a manifestação válida da sua vontade, o consentimento de que trata este artigo será dado por *um de seus pais* ou *responsáveis legais*.

Se o procedimento médico de transplante ou enxerto ocorrer sem observância destas condicionantes, que podem ser resumidas no *consentimento expresso, respeito* à *lista* única *de espera de receptores* e *aconselhamento*, ocorrerá o crime em espécie.

VOLUNTARIEDADE

Quanto à voluntariedade, exige-se o dolo (direto ou eventual) e inexiste a forma culposa.

CONSUMAÇÃO E TENTATIVA

O delito se consuma com a prática do transplante ou enxerto sem a observância do art. 10, *caput*, e § 1º, da Lei n. 9.434/97.

A tentativa é possível.

AÇÃO PENAL

No silêncio da lei, a ação penal neste crime é pública incondicionada.

A transação penal e a suspensão condicional do processo são admitidas (arts. 76 e 89 da Lei 9.099/95).

ACORDO DE NÃO PERSECUÇÃO PENAL – ANPP

É cabível a transação penal para este tipo penal; logo, não se aplica o acordo de não persecução penal (art. 28-A, § 2º, I, do CPP).

> **Art. 19.** Deixar de recompor cadáver, devolvendo-lhe aspecto condigno, para sepultamento ou deixar de entregar ou retardar sua entrega aos familiares ou interessados:
>
> Pena – detenção, de seis meses a dois anos.

BEM JURÍDICO TUTELADO

Com o presente delito resguardar o sentimento e o respeito aos familiares do morto, e a ele próprio, sua memória.

SUJEITOS DO CRIME

Sujeito ativo é o responsável pela recomposição e entrega do cadáver.

Sujeitos passivos imediatos são os familiares ou interessados; mediato a coletividade.

CONDUTAS

A conduta típica é *deixar* (desatender, abstrair, ignorar) de *recompor* (restaurar, restabelecer) cadáver, devolvendo-lhe aspecto condigno, para sepultamento ou *deixar de entregar* (abster-se) ou *retardar* (atrasar, demorar, tardar) sua entrega aos familiares ou interessados.

Trata-se de crime omissivo próprio ou puro, informado pelo verbo "deixar de" ou "retardar".

A *recomposição condigna* é uma exigência legal.

O art. 8º, 2ª parte, da Lei n. 9.434/97, estabelece que após a retirada de tecidos, órgãos e partes, o cadáver será condignamente recomposto para ser entregue, em seguida, aos parentes do morto ou seus responsáveis legais para sepultamento.

A exigência ainda é vista no Decreto n. 9.175, de 2017, art. 26, ao afirmar que efetuada a retirada de órgãos, tecidos, células e partes do corpo humano e a necropsia, na hipótese em que seja necessária, o cadáver será condignamente recomposto, de modo a recuperar tanto quanto possível a sua aparência anterior.

Logo, a *recomposição condigna* significa a recuperar o cadáver tal qual era sua aparência antes da remoção dos órgãos, tecidos ou partes do corpo.

A norma faz outra imposição. Após a retirada dos órgãos, tecidos ou partes do corpo, o cadáver deve ser entregue em "seguida" aos familiares ou interessados (art. 8º, 2ª parte).

Portanto, a ausência ou atraso da entrega do cadáver aos familiares ou interessados do morto, o que deve ocorrer o mais breve possível, viola a 2ª parte do art. 19 da Lei n. 9.434/97.

VOLUNTARIEDADE

Com relação à voluntariedade, exige-se o dolo (direto ou eventual) e inexiste a forma culposa.

CONSUMAÇÃO E TENTATIVA

A consumação ocorre quando o agente deixa de recompor condignamente o cadáver, e com a recusa e atraso injustificado na devolução do cadáver aos familiares ou interessados.

Não se admite a tentativa.

AÇÃO PENAL

A ação penal é pública incondicionada.

Admite-se a transação penal e suspensão condicional do processo (Lei n. 9.099/95, arts. 76 e 89).

ACORDO DE NÃO PERSECUÇÃO PENAL – ANPP

Em função do cabimento da transação penal, o acordo de não persecução penal é inaplicável (art. 28-A, § 2º, I, do CPP).

> **Art. 20.** Publicar anúncio ou apelo público em desacordo com o disposto no art. 11:
>
> Pena – multa, de 100 a 200 dias-multa.

BEM JURÍDICO TUTELADO

Disciplinar a veiculação de anúncios ou apelos públicos que contrariem os fins sociais e humanitários do transplante de órgãos, tecidos ou parte do corpo.

SUJEITOS DO CRIME

O crime é comum, e pode ser praticado por qualquer pessoa.

A coletividade é o sujeito passivo.

CONDUTAS

São típicas as condutas de: *publicar anúncio* (veicular, divulgar, popularizar) ou *apelo público* (pedido, solicitação, pedido) em desacordo com o art. 11 da Lei n. 9.434/97.

O anuncio ou apelo pode ser escrito ou verbal, pela imprensa tradicional, redes sociais ou internet.

Disciplina o art. 11 da Lei n. 9.434/97 que é proibida a veiculação, através de qualquer meio de comunicação social de anúncio que configure: (a) publicidade de estabelecimentos autorizados a realizar transplantes e enxertos, relativa a estas atividades; (b) apelo público no sentido da doação de tecido, órgão ou parte do corpo humano para pessoa determinada identificada ou não, ressalvado o disposto no parágrafo único; (c) apelo público para a arrecadação de fundos para o financiamento de transplante ou enxerto em benefício de particulares.

O parágrafo único do art. 11 da Lei n. 9.434/97 apenas aos órgãos de gestão nacional, regional e local do SUS a realização periódica, através dos meios adequados de comunicação social, de campanhas de esclarecimento público dos benefícios esperados a partir de sua vigência e de estímulo à doação de órgãos.

A sanção prevista é a multa.

VOLUNTARIEDADE

Quanto à voluntariedade, exige-se o dolo (direto ou eventual) e inexiste a forma culposa.

CONSUMAÇÃO E TENTATIVA

O delito se consuma com a publicação do anúncio ou apelo público, independentemente da quantidade de pessoas que tenham acesso ao conteúdo.

Diante disso, na prática, parece-nos impossível a tentativa, ainda que na forma escrita, que, mesmo interceptada antes de eventual divulgação pública, sempre chegará ao conhecimento de quem interceptou.

AÇÃO PENAL

Diante do silêncio da lei, a ação penal neste crime é pública incondicionada.

Admite a transação penal e a suspensão condicional do processo (arts. 76 e 89, da Lei 9.099/95).

ACORDO DE NÃO PERSECUÇÃO PENAL – ANPP

Não se aplica o acordo de não persecução penal, em razão do cabimento da transação penal (art. 28-A, § 2º, I, do CPP).

BIBLIOGRAFIA

BANDEIRA, Ana Cláudia Pirajá. Consentimento no Transplante de Órgão. São Paulo: Juruá, 2001.

CAPEZ, Fernando. *Curso de Direito Penal, Parte Especial*, vol.3. 4 ed. São Paulo: Saraiva, 2006.

CUNHA, Rogério Sanches e outros. *Legislação Criminal Especial*. São Paulo: RT, 2010.

DELMANTO, Celso e Outros. *Código Penal Comentado*. 8 ed. São Paulo: Saraiva, 2010.

DELMANTO, Roberto e Outros. *Leis Penais Especiais Comentadas*. 3 ed. São Paulo: Saraiva, 2018.

FRANCO, Alberto Silva. *Leis Penais Especiais e sua Interpretação Jurisprudencial*. São Paulo: RT, 2002.

GENOFRE, Geraldo da Silva e outros. *Leis Penais Especiais Anotadas*. Campinas: Milennium, 2008.

GONÇALVES, Victor Eduardo Rios. Direito Penal, vol. 8. 14 ed. São Paulo: Saraiva, 2011.

JESUS, DAMÁSIO E. *Código Penal Anotado*. 17 ed. São Paulo: Saraiva, 2005.

MIRABETE, Julio Fabbrini. *Manual de Direito Penal, Parte Geral*. São Paulo: Atlas, 1996.

MIRABETE, Julio Fabbrini. *Manual de Direito Penal, Parte Especial*. São Paulo: Atlas, 1996.

MIRABETE, Julio Fabbrini. *Código Penal Interpretado*. 4 ed. São Paulo: Atlas, 2003.

NUCCI, Guilherme de Souza. *Leis Penais e Processuais Penais Comentadas*. 4 ed. São Paulo: RT, 2009.

NUCCI, Guilherme de Souza. *Código Penal Anotado*. São Paulo: RT, 2008.

CAPÍTULO 23

Tortura – Lei nº 9.455/1997

Rogério Sanches Cunha
Ronaldo Batista Pinto

Art. 1º Constitui crime de tortura (1):

I – constranger alguém com emprego de violência ou grave ameaça, causando-lhe sofrimento físico ou mental (2):

a) com o fim de obter informação, declaração ou confissão da vítima ou de terceira pessoa;

b) para provocar ação ou omissão de natureza criminosa;

c) em razão de discriminação racial ou religiosa;

II – submeter alguém, sob sua guarda, poder ou autoridade, com emprego de violência ou grave ameaça, a intenso sofrimento físico ou mental, como forma de aplicar castigo pessoal ou medida de caráter preventivo (3).

Pena – reclusão, de 2 (dois) a 8 (oito) anos.

§ 1º Na mesma pena incorre quem submete pessoa presa ou sujeita a medida de segurança a sofrimento físico ou mental, por intermédio da prática de ato não previsto em lei ou não resultante de medida legal. (4)

§ 2º Aquele que se omite em face dessas condutas, quando tinha o dever de evitá-las ou apurá-las, incorre na pena de detenção de 1 (um) a 4 (quatro) anos. (5)

§ 3º Se resulta lesão corporal de natureza grave ou gravíssima, a pena é de reclusão de 4 (quatro) a 10 (dez) anos; se resulta morte, a reclusão é de 8 (oito) a 16 (dezesseis) anos. (6)

§ 4º Aumenta-se a pena de 1/6 (um sexto) até 1/3 (um terço); (7)

I – se o crime é cometido por agente público;

II – se o crime é cometido contra criança, gestante, portador de deficiência, adolescente ou maior de 60 (sessenta) anos;

III – se o crime é cometido mediante sequestro.

§ 5º A condenação acarretará a perda do cargo, função ou emprego público e a interdição para seu exercício pelo dobro do prazo da pena aplicada. (8)

§ 6º O crime de tortura é inafiançável (9) e insuscetível de graça ou anistia (10).

§ 7º O condenado por crime previsto nesta Lei, salvo a hipótese do § 2º, iniciará o cumprimento da pena em regime fechado. (11)

1. CONSIDERAÇÕES GERAIS

Após a 2ª Grande Guerra, surgiu um movimento mundial de combate à Tortura, buscando evitar que as barbáries ocorridas durante o período fossem replicadas. Nesse intuito, vários tratados e convenções internacionais nasceram, a exemplo do Tratado contra a Tortura e outros Tratamentos Cruéis, Desumanos e Degradantes de 1984, da Convenção Interamericana para Prevenir e Punir a Tortura etc.

No Brasil, a Constituição Federal de 1988, em várias passagens, demonstra que a nação repudia a tortura, bem como que se compromete a combatê-la.

No Título I da Carta Magna, que trata sobre os Princípios Fundamentais da República, o Constituinte cuidou de esclarecer, no artigo 1º, que um dos fundamentos da República Federativa do Brasil é a observância à dignidade da pessoa humana, a qual se encontra umbilicalmente ligada à vedação da tortura.

Ainda no mesmo contexto, o Constituinte originário informou que, em suas relações internacionais, o Brasil tem por princípio a prevalência dos direitos humanos, os quais são o pano de fundo para inibir a tortura (art. 3º, II).

Seguindo pela Constituição, percebe-se estampado no art. 5º o direito e a garantia fundamental de que ninguém poderá ser submetido a tortura ou a tratamento desumano ou degradante; de que não haverá penas cruéis; bem como que ao preso será assegurada sua integridade física e moral:

> Art. 5º Todos são iguais perante a lei, sem distinção de qualquer natureza, garantindo-se aos brasileiros e aos estrangeiros residentes no País a inviolabilidade do direito à vida, à liberdade, à igualdade, à segurança e à propriedade, nos termos seguintes:
>
> [...]
>
> III - ninguém será submetido a tortura nem a tratamento desumano ou degradante;
>
> [...]
>
> XLVII - não haverá penas:
>
> a) de morte, salvo em caso de guerra declarada, nos termos do art. 84, XIX;
>
> b) de caráter perpétuo;
>
> c) de trabalhos forçados;
>
> d) de banimento;
>
> e) cruéis;
>
> [...]
>
> XLIX - é assegurado aos presos o respeito à integridade física e moral;

Desse modo, percebe-se o declarado intuito de evitar a prática do intenso sofrimento físico e mental a ser infligido a qualquer ser humano. Sobre o panorama social que precedeu a edição da Lei de Tortura, Alberto Silva Franco situa o leitor no tempo:

> Em março de 1997, as arbitrariedades praticadas por policiais militares na Favela Naval, em Diadema, no Estado de São Paulo, tiveram enorme repercussão, em nível nacional e, até mesmo, internacional. O que, em verdade, não era um fato isolado, mas, sim, uma postura que se repetia com frequência na ação de policiais, militares ou civis, e que, em medida bem alargada, era tolerada, nos diversos escalões hierárquicos das corporações a que tais policiais pertenciam, passou, subitamente, pelos meios de comunicação de massa, por razões que não ficaram ainda devidamente esclarecidas, a constituir um fato merecedor de reprovação geral. Esses meios de comunicação social que tinham ignorado, por completo, as reiteradas denúncias do emprego de métodos violentos por parte da Polícia Militar e da Polícia Civil, nas atividades de prevenção e de repressão aos delitos, e que tinham desprezado insistentes relatórios internacionais sobre a utilização de tais métodos, puseram-se em movimento e, através das emissoras de televisão e de rádio e, também da imprensa

> escrita, despertaram a opinião pública que se mobilizou, de modo incisivo, no sentido de pôr paradeiro aos atos de tortura, que eram executados, há muito tempo, sem nenhum tipo de reação. [...] Com isso, apressou-se, sem maiores discussões, um dos projetos de lei sobre tortura que dormia, a sono solto, no Senado da República (há notícias que vários projetos de iniciativa dos congressistas e de um projeto de iniciativa do Poder Executivo, datado do ano de 1994) e, com rapidíssimas votações, foi transformado na Lei 9.455, de 7 de abril de 1997, publicada no Diário Oficial da União de 8 de abril de 1997. [...][1]

Nessa toada, surgiu a Lei nº 9.455/97, que define os crimes de tortura e dá outras providências de caráter penal e processual penal, a qual será objeto de análise minuciosa mais adiante.

Recentemente, ainda com fundamento nas citadas disposições constitucionais, a Lei 12.847/13 instituiu o Sistema Nacional de Prevenção e Combate à Tortura, regido pelos princípios da proteção da dignidade da pessoa humana, da universalidade, da objetividade, da igualdade, da imparcialidade, da não seletividade e da não discriminação (art. 4º).

Composto pelo Comitê Nacional de Prevenção e Combate à Tortura – CNPCT (arts. 6º e 7º), pelo Mecanismo Nacional de Prevenção e Combate à Tortura – MNPCT (arts. 8º a 11), pelo Conselho Nacional de Política Criminal e Penitenciária – CNPCP, pelo órgão do Ministério da Justiça e por outros órgãos e entidades – como o Ministério Público e a Defensoria Pública –, este sistema de proteção tem o objetivo de fortalecer a prevenção e o combate à tortura por meio de articulação e atuação cooperativa de seus integrantes permitindo a troca de informações e o intercâmbio de boas práticas.

1.1. Caráter Bifronte da Lei de Tortura

O caráter *bifronte* da Lei de Tortura implica dizer que tanto o particular quanto o agente público podem ser autores dos crimes previstos na Lei nº 9.455/97. Vale dizer, ao tutelar o bem jurídico, a mencionada norma busca proteger o cidadão das investidas de agentes públicos e de particulares, pois previu, em seu corpo normativo, crimes comuns e crimes próprios.

Nesse tanto, a Lei nº 9.455/97 traz um importante avanço quando comparada com as regras internacionais. O legislador internacional elenca somente condutas praticadas por agentes públicos em detrimento do cidadão, deixando de fora da proteção jurídica as condutas praticadas por particulares.

Alberto Silva Franco critica o caráter *bifronte* da Lei nº 9.455/97, por entender que fere tanto a Constituição Federal quanto referidos tratados e convenções (que se orientam no sentido de que a tortura é crime próprio, exigindo do agente qualidade e condição especial). Vejamos:

> O mais grave defeito do novo diploma legal reside na circunstância de que o tipo da tortura não foi estruturado como crime próprio – aquele que requer, no sujeito ativo, uma determinada qualidade –, mas, sim, como crime comum, isto é, aquele que pode ser executado por qualquer pessoa. [...][2]
>
> Ora, diante dessa interpretação, é evidente que o tipo de tortura, na legislação penal brasileira, não poderia destoar flagrantemente da definição contida nas convenções internacionais já referidas. Destarte, o conceito de tortura, como crime próprio, já faz parte do ordenamento jurídico brasileiro, em grau constitucional. É evidente que tal conceito, não

1 FRANCO, Alberto Silva. **Crimes Hediondos.** 7. ed. rev., atual. e ampl. São Paulo: Revista dos Tribunais, 2011, p. 194-195.

2 FRANCO, Alberto Silva. **Crimes Hediondos.** 7. ed. rev., atual. e ampl. São Paulo: Revista dos Tribunais, 2011, p. 198-199.

> dispensa, por respeito ao princípio da reserva legal também de nível constitucional, da intermediação do legislador infraconstitucional para efeito de sua configuração típica. Mas esse legislador não poderá, sem lesionar norma de caráter constitucional, construir um tipo penal de tortura que não leve em conta o conceito já aprovado em convenções internacionais. [...][3]

Embora existam posições em contrário, as quais merecem todo nosso respeito, nos parece que o caráter *bifronte* da Lei de Tortura é plenamente justificável e adquire relevância na atual conjectura social e jurídica, pois amplia a proteção dos direitos e das garantias fundamentais previstos constitucionalmente[4], todos regidos pela bandeira da dignidade da pessoa humana. Esse entendimento foi chancelado pelo Superior Tribunal de Justiça:

> "De início, cumpre esclarecer que o conceito de tortura, tomado a partir dos instrumentos de direito internacional, tem um viés estatal, implicando que o crime só poderia ser praticado por agente estatal (funcionário público) ou por um particular no exercício de função pública, consubstanciando, assim, crime próprio. A despeito disso, o legislador pátrio, ao tratar do tema na Lei n. 9.455/1997, foi além da concepção estabelecida nos instrumentos internacionais, na medida em que, ao menos no art. 1º, I, ampliou o conceito de tortura para além da violência perpetrada por servidor público ou por particular que lhe faça as vezes, dando ao tipo o tratamento de crime comum. A adoção de uma concepção mais ampla do tipo supracitado, tal como estabelecida na Lei n. 9.455/1997, encontra guarida na Convenção contra a Tortura e outros Tratamentos ou Penas Cruéis, Desumanos ou Degradantes, que ao tratar do conceito de tortura estabeleceu –, em seu art. 1º, II –, que: o presente artigo não será interpretado de maneira a restringir qualquer instrumento internacional ou legislação nacional que contenha ou possa conter dispositivos de alcance mais amplo" (REsp 1.738.264-DF, Rel. Min. Sebastião Reis Júnior, por maioria, julgado em 23/08/2018, DJe 14/09/2018).

Alertamos que os direitos fundamentais não podem ser considerados apenas como proibições de intervenção (*Eingriffsverbote*), expressando também um postulado de proteção (*Schutzgebote*). Pode-se dizer que os direitos fundamentais expressam não apenas uma proibição do excesso (*Übermassverbote*), como também podem ser traduzidos como proibições de proteção insuficiente ou imperativos de tutela (*Untermassverbote*). Nesse sentido: STF, HC 104.410/RS. O art. 5º da nossa Bíblia Política, ao proibir a tortura em todas as suas formas, expressa muito bem o imperativo de tutela.

1.2. Tortura como Garantia Absoluta e Teoria do Cenário da Bomba Relógio

Conforme doutrina e jurisprudência, embora os direitos e as garantias fundamentais tenham salutar importância na proteção do cidadão, não são considerados absolutos. Vale dizer, o rol de direitos e garantias fundamentais pode ser mitigado (ou flexibilizado) quando em confronto com outro direito ou garantia fundamental, realizando-se a chamada ponderação de interesses. Basta lembrar a indisfarçável e sempre presente colisão entre o direito à imagem e o direito à informação.

Confirmando o caráter relativo de direitos e garantias, já se manifestou o STF:

> Os direitos e garantias individuais não têm caráter absoluto. Não há, no sistema constitucional brasileiro, direitos ou garantias que se revistam de caráter absoluto, mesmo porque razões de relevante interesse público ou exigências derivadas do princípio de convivência das liberdades legitimam, ainda que excepcionalmente, a adoção, por parte dos órgãos estatais, de medidas restritivas das prerrogativas individuais ou coletivas, desde que respeitados

---

3 FRANCO, Alberto Silva. **Crimes Hediondos.** 7. ed. rev., atual. e ampl. São Paulo: Revista dos Tribunais, 2011, p. 200.

4 Nesse sentido: JUNQUEIRA, Gustavo Octaviano Diniz. **Legislação Penal Especial.** v. 2. 2. ed. São Paulo: Premier Máxima, 2008, p. 398.

os termos estabelecidos pela própria Constituição. O estatuto constitucional das liberdades públicas, ao delinear o regime jurídico a que estas estão sujeitas – e considerado o substrato ético que as informa – permite que sobre elas incidam limitações de ordem jurídica, destinadas, de um lado, a proteger a integridade do interesse social e, de outro, a assegurar a coexistência harmoniosa das liberdades, pois nenhum direito ou garantia pode ser exercido em detrimento da ordem pública ou com desrespeito aos direitos e garantias de terceiros. (MS 23.452, rel. min. Celso de Mello, julgamento em 16-9-1999, Plenário, DJ de 12-5-2000.) Vide: HC 103.236, rel. min. Gilmar Mendes, julgamento em 14-6-2010, Segunda Turma, DJE de 3-9-2010.

Sem ignorar as lições acima, é cada vez mais crescente corrente no sentido de que a vedação à tortura aparece como direito absoluto do cidadão. A prática de qualquer tipo de sevícia ofende frontalmente a dignidade da pessoa humana. Temos jurisprudência pátria nesse sentido:

> APELAÇÕES CÍVEIS. RESPONSABILIDADE OBJETIVA. ESTADO DO RIO GRANDE DO SUL. TORTURA. REPRESSÃO POR PARTE DOS AGENTES DO ESTADO. MÉTODOS DESUMANOS DE TRATAMENTO AO INDIVÍDUO DETIDO PELO APARATO ESTATAL QUE EXTRAPOLAM AS FUNÇÕES DO PODER DE POLÍCIA. DANOS MORAIS CARACTERIZADOS. QUANTUM. IMPRESCRITIBILIDADE RECONHECIDA. PRINCÍPIO DA DIGNIDADE DA PESSOA HUMANA. LEGITIMIDADE PASSIVA. [...] 4. A dignidade da pessoa humana é um dos fundamentos da República Federativa do Brasil, e a tortura o mais expressivo atentado a esse pilar da República, de sorte que reconhecer a imprescritibilidade dessa lesão é uma das formas de dar efetividade à missão de um Estado Democrático de Direito, reparando odiosas desumanidades praticadas na época em que o país convivia com um governo autoritário e a supressão de liberdades individuais consagradas. 5. Constata-se a existência de um núcleo essencial de direitos fundamentais que não permite ser atingido por qualquer tipo de interpretação, e o princípio orientador desse núcleo será justamente o princípio da dignidade da pessoa humana. Desta forma, somente será possível limitar um direito fundamental até o ponto de o princípio da dignidade da pessoa humana não for agredido, porquanto existem direitos fundamentais considerados absolutos. **6. A vedação a tortura deve ser considerada um direito fundamental absoluto, pois a mínima prática de sevicias já é capaz de atingir frontalmente a dignidade da pessoa humana. Nesse sentido é o proclamado no art. 2º da declaração sobre a proteção de todas as pessoas contra a tortura, que dispõe que todo ato de tortura ou outro tratamento ou pena cruel, desumano ou degradante constitui uma ofensa à dignidade humana e será condenado como violação dos propósitos da Carta das Nações Unidas e dos Direitos Humanos e Liberdades Fundamentais Proclamados na Declaração Universal de Direitos Humanos.** Assim, rejeita-se a prefacial de prescrição, pois este instituto é incompatível com o tema em discussão, na medida em que versa sobre direito inalienável sem prazo para o exercício. Mérito do recurso em exame. [...] (TJ-RS - AC: 70060551827 RS , Relator: Jorge Luiz Lopes do Canto, Data de Julgamento: 27/08/2014, Quinta Câmara Cível, Data de Publicação: Diário da Justiça do dia 02/09/2014).

Diante desse cenário, vamos analisar a controvertida Teoria do Cenário da Bomba Relógio (teoria norte-americana do *ticking bomb scenario*).

Notadamente após a eclosão do 11 de setembro de 2001, tem-se acompanhado a implementação de diversas medidas preventivas e repressivas de atos terroristas em todo o mundo. Desde então, iniciaram-se protocolos para lidar com as situações de risco e aprovaram-se leis que inauguraram medidas excepcionais para prevenir ataques iminentes ou mesmo para investigar ataques já ocorridos. No tocante à prevenção de atos terroristas, o emprego da tortura talvez tenha provocado o mais acalorado debate. Afinal, na iminência de um ataque, seria legítimo que o Estado empregasse técnicas de tortura para obter informações e impedir a morte de inocentes? Em caso positivo, qual seria a natureza jurídica dessa medida?

É na análise da resposta que nos cabe, ainda que sucintamente, definir a *Ticking Time Bomb Scenario Theory* (Teoria do Cenário da Bomba-Relógio) como a situação extrema e emergencial na qual um agente estatal, com o propósito de obter informações específicas e essenciais, tortura suspeitos de conhecer ou integrar planos de ataques terroristas iminentes – que, portanto, expõem a perigo a vida de um grande número de pessoas –, a fim de que se possa prevenir a ocorrência de tais ataques.

O tema tem gerado debates diante dos efeitos que a aplicação dessa técnica provoca no âmbito dos direitos e das garantias fundamentais, já que a imposição de métodos de tortura contraria – independentemente da gravidade do crime e da qualidade do criminoso – todo o sistema de proteção humana em que se ancora não só o direito interno dos países democráticos como também o direito internacional do qual estas nações costumam ser signatários.

Há quem sustente ser admissível o emprego de tortura para impedir a ocorrência de um ato terrorista iminente sob o argumento de que, no âmbito dos direitos e garantias fundamentais, nada é mais relevante que a vida. É fato que, no geral, o arcabouço normativo de tutela dos direitos humanos obsta que o Estado lance mão de métodos cruéis de investigação, mas, diante de situações nas quais dezenas, centenas ou milhares de vidas são expostas a perigo iminente, justifica-se a flexibilização dessa tutela para a preservação de um bem maior. A tortura é, portanto, um mal menor. Em outras palavras, quando um Estado de direito se vê diante de dois males, a solução é escolher – não sem a imposição de controles e limites – aquele capaz de produzir o menor dano e de proporcionar o maior benefício às pessoas. A propósito, a doutrina de Michael Levin, para quem:

> "em geral, supõe-se que a tortura é inadmissível, um retrocesso a uma época mais brutal. Sociedades iluminadas rechaçam-na de plano [...]. Creio que esta atitude é imprudente. Há situações nas quais a tortura não é só possível, mas moralmente obrigatória. [...] Se a única maneira de salvar estas vidas é submeter o terrorista à dor mais insuportável que for possível, o que pode haver de motivos para não fazê-lo? Sugiro que não há nenhum. Em qualquer caso, lhe peço para refletir a questão com mente aberta. [...] Torturar o terrorista é inconstitucional? Provavelmente. Mas milhares de vidas seguramente superam a inconstitucionalidade. A tortura é brutal? O homicídio em massa é muito mais brutal [...] Não estou advogando pela tortura como castigo. O castigo dirige-se a fatos passados, irrevogavelmente. Estou defendendo a tortura como uma medida aceitável para prevenir males futuros. Assim entendida, é muito menos objetável que muitos castigos existentes" (The case for torture. In: Newsweek, 7 jun. 1982).

Por outro lado, argumenta-se pela absoluta inadmissibilidade do emprego de tortura, ainda que se trate de prevenir um ataque terrorista iminente. Sustenta-se que o sistema de proteção aos direitos humanos não admite nenhuma exceção para a imposição de métodos cruéis de investigação, que, uma vez permitidos, tendem a se expandir perigosamente independentemente da disposição inicial para que se estabeleçam limites. Nessa linha, dizem os críticos, a tortura que, de início, se justificaria para prevenir um ato hostil iminente (efetivamente prestes a acontecer), tende a ser utilizada para justificar a obtenção de informações sobre planos de ataques que, embora não iminentes, ocorrerão certamente num futuro próximo. E, daí, pode passar a ser empregada sobre planos que, mesmo sem indicação precisa, poderão ser postos em prática no futuro. Ademais, a tortura que originariamente poderia ser usada apenas contra um comprovado integrante de um grupo terrorista pode ser ampliada, por exemplo, para abarcar familiares próximos diante da probabilidade de que possam fornecer informações relevantes.

Não seria adequado, além disso, contrapor, na esfera dos direitos e das garantias fundamentais, a integridade física e psíquica à vida, tanto que, no direito de guerra, veda-se absolutamente o emprego da tortura, embora evidentemente se admita a morte entre os contendores. Aliás, o emprego da tortura, para além de simplesmente atingir a integridade física e psíquica do torturado, transforma-o num objeto, num simples instrumento para a obtenção de informações, razão pela qual a dignidade humana lhe impõe um obstáculo intransponível.

Mas a controvérsia em torno do tema não se resume à admissibilidade do emprego da tortura. Discute-se também qual a natureza jurídica da medida: estado de necessidade, legítima defesa de terceiro, autorização *ex ante* ou justificação *ex post facto*?

Não nos parece possível atribuir à medida a qualidade de estado de necessidade. Consiste esta causa excludente da ilicitude na prática de ato para salvar de perigo atual direito próprio ou alheio. Perigo atual é o presente, que ocorre no momento em que o agente pratica o ato de salvaguarda. E, dadas as circunstâncias em que a tortura se aplicaria, isto é, para impedir um ato terrorista iminente, não cremos adequado qualquer referência ao estado de necessidade. Não fosse bastante o fato de representar um perigo iminente – e não atual –, o ataque terrorista prestes a acontecer é normalmente provocado por uma agressão injusta de outra pessoa, o que nos conduziria em direção à legítima defesa. Há ainda o fato de que o estado de necessidade se baseia na inevitabilidade do mal a ser causado para a preservação de direito próprio ou alheio, o que, conjugado com a iminência – e não atualidade – do perigo impõe a seguinte questão: a tortura é realmente o único meio capaz de obter a informação e impedir o ataque terrorista?

Há os que sustentam se tratar de um caso de legítima defesa de terceiro, baseando-se em uma regra de caducidade. Alguém que comete um ato terrorista perde sua dignidade humana justamente porque pratica um ato humanamente indigno (consiste a caducidade, portanto, na perda da dignidade por ato do próprio agente), o que proporciona ao Estado reagir à injusta agressão desconsiderando a dignidade humana do terrorista. Ademais, se a legítima defesa permite que o agente mate quem o agride, não há por que impedi-lo de torturar para repelir a injusta agressão.

Já no que diz respeito à autorização *ex ante*, seus defensores sustentam que o emprego da tortura deve decorrer de uma autorização judicial, denominada "mandado de tortura", que só pode atingir não inocentes, ou seja, pessoas diretamente relacionadas com planos de atos terroristas. A vantagem deste método seria a prevenção do excesso, proporcionando maior segurança tanto aos cidadãos quanto aos próprios agentes estatais.

Por fim, há os que advogam a justificação *ex post facto*, segundo a qual o agente estatal, diante de uma situação extrema e próxima da catástrofe, pode empregar métodos de tortura, mas sua conduta será analisada posteriormente por magistrados, podendo ou não ser ratificada. Embora possa conferir maior dinâmica aos atos destinados a impedir o ataque terrorista, este método sofre críticas porque submete a incerteza o agente estatal, que não sabe se sua conduta será considerada conforme ou contrária ao direito.

1.3. Crime Equiparado a Hediondo

O artigo 5º, XLIII, da Constituição Federal trata a tortura como crime equiparado a hediondo:

> XLIII - a lei considerará crimes inafiançáveis e insuscetíveis de graça ou anistia a prática da tortura, o tráfico ilícito de entorpecentes e drogas afins, o terrorismo e os definidos como crimes hediondos, por eles respondendo os mandantes, os executores e os que, podendo evitá-los, se omitirem;

Todavia, à semelhança do que já acontece com a Lei nº 11.343/06, que dispõe sobre o Tráfico de Drogas (também equiparado a delito hediondo), nem todas as infrações descritas na Lei nº 9.455/97 estão enquadrados nesse rol.

Somente os delitos previstos no artigo 1º, I, II e § 1º, sofrem os consectários da Lei 8.072/90. O crime do § 2º (tortura por omissão) não é equiparado, assunto que será melhor explorado quando do estudo dos vários tipos incriminadores.

1.4. Imprescritibilidade da Tortura no Âmbito Criminal e Cível

A tortura, na Constituição Federal, não está entre os crimes imprescritíveis. Assim está, porém, em tratados ratificados pelo nosso país. Diante desse conflito, devemos concluir que o crime de tortura está ou não sujeito ao efeito deletério do tempo (prescrição)? Debatendo o tema da prescritibilidade ou não do delito de tortura, percebemos três correntes:

1ª posição: a Constituição Federal não ressalva que o delito de tortura é imprescritível, como o faz com os crimes de racismo e de ação de grupos armados, civis ou militares, contra a ordem constitucional e o Estado Democrático. Assim, no silêncio da Lei Maior, o crime de tortura, ainda que gravíssimo, prescreve. Mesmo etiquetado como imprescritível em tratados internacionais, dos quais o Brasil signatário, as normas internacionais não foram aprovadas internamente nos moldes do artigo 5º, § 3º, da Constituição (procedimento de Emenda Constitucional), razão pela qual têm *status* infralegal. Portanto, a tortura é crime prescritível.[5] Essa posição é a que prevalece.

2ª posição: diante do indisfarçável conflito entre a Constituição (prescritibilidade da tortura) e os Tratados Internacionais de Direitos Humanos (imprescritibilidade da tortura), manda a Convenção de Viena prevalecer *aquela que mais amplia os direitos e garantias fundamentais da pessoa humana*. Dentre desse espírito, a corrente em estudo encontra fundamento para concluir prevalecer o mandamento dos Tratados[6]. A tortura é imprescritível.

3ª posição: por mais grave que seja o delito, o Estado deve anunciar o tempo em que perdura o interesse social na punição. A prescrição acaba sendo encarada como garantia fundamental do cidadão contra a eternização do poder punitivo estatal. Os casos de imprescritibilidade devem ser expressos e excepcionais. A tortura, de acordo com a lei posta, prescreve. Mesmo na ordem internacional, apenas situações excepcionais justificam a imprescritibilidade da tortura. Vejamos.

A Constituição Federal declarou, em seu artigo 5º, § 4º, que o Brasil se submete à jurisdição do Tribunal Penal Internacional a cuja criação tenha manifestado adesão.

A manifestação de adesão se deu através do Decreto nº 4.388/02, o qual dispõe sobre as regras do Tribunal Penal Internacional, informando, ainda, que a competência deste Tribunal restringir-se-á aos crimes mais graves, que afetam a comunidade internacional no seu conjunto, quais sejam: a) o crime de genocídio; b) crimes contra a humanidade; c) crimes de guerra; e d) o crime de agressão (art. 5º, item 1, do Estatuto de Roma).

O ponto que nos interessa nesta análise é o nominado **crime contra a humanidade.** De acordo com o disposto no artigo 7º, item 1, do Estatuto de Roma, entende-se por **crime contra a humanidade** qualquer um dos atos seguintes, quando cometido no quadro de um ataque, generalizado ou sistemático, contra qualquer população civil, havendo conhecimento desse ataque: a) Homicídio; b) Extermínio; c) Escravidão; d) Deportação ou transferência forçada de uma população; e) Prisão ou outra forma de privação da liberdade física grave, em violação das normas fundamentais de direito internacional; **f) Tortura**; g) Agressão sexual, escravatura sexual, prostituição forçada, gravidez forçada, esterilização forçada ou qualquer outra forma de violência no campo sexual de gravidade comparável; h) Perseguição de um grupo ou de uma coletividade que possa ser identificada, por motivos políticos, raciais, nacionais, étnicos, culturais, religiosos ou de gênero, tal como definido no parágrafo 3º, ou em função de outros critérios universalmente reconhecidos como inaceitáveis no direito internacional, relacionados

---

5 Ext 1278 / DF - DISTRITO FEDERAL.

6 Para demonstrar que o tema não é tão simples assim, fazemos nós, agora, uma pergunta: qual das normas em conflito mais asseguram direitos e garantias fundamentais: aquela que garante que o poder de punir do Estado não é eterno (eis a importância da prescrição) ou a que promete que determinada crime jamais prescreve, ficando o cidadão sob a mira do poder punitivo por tempo indeterminado? Art. 29 da CADH.

com qualquer ato referido neste parágrafo ou com qualquer crime da competência do Tribunal; i) Desaparecimento forçado de pessoas; j) Crime de *apartheid*; k) Outros atos desumanos de caráter semelhante, que causem intencionalmente grande sofrimento ou afetem gravemente a integridade física ou a saúde física ou mental.

O Estatuto de Roma conceitua **tortura** como o ato por meio do qual uma dor ou sofrimentos agudos, físicos ou mentais, são intencionalmente causados a uma pessoa que esteja sob a custódia ou o controle do acusado. Ressalva que esse termo não compreende a dor ou os sofrimentos resultantes unicamente de sanções legais, inerentes a essas sanções ou por elas ocasionadas. (art. 7º, item 2, "e").

Dito isso, deve-se frisar que a tortura, num contexto de ataque, generalizado ou sistemático, contra qualquer população civil, é considerada imprescritível, conforme dispõe o artigo 29 do Estatuto de Roma.[7]

Ainda que viva a discussão na seara penal, os Tribunais Superiores têm entendido que a reparação civil do dano oriundo da aflição inerente à tortura é imprescritível. Existem vários precedentes no STF e STJ reconhecendo que a ação de indenização por danos morais decorrente dos atos de tortura ocorridos durante o regime militar é imprescritível, ao fundamento de que: 1) a Constituição não previu restrição ao direito de ação correspondente a esta violação da dignidade da pessoa humana; 2) o Brasil é signatário do Pacto Internacional sobre os Direitos Civis e Políticos das Nações Unidas, o qual exige a proteção judicial para os casos de violação de direitos humanos; 3) como as vítimas de tortura estavam impedidas de agir, pois se encontravam sob regime de exceção, devem ser aplicadas regras excepcionais para que possam buscar a reparação de seus danos. Nesse sentido:

> (...) "1. **As ações indenizatórias por danos morais decorrentes de atos de tortura ocorridos durante o Regime Militar de exceção são imprescritíveis. Inaplicabilidade do prazo prescricional do art. 1º do Decreto 20.910/1932. Precedentes do STJ. 2. O Brasil é signatário do Pacto Internacional sobre os Direitos Civis e Políticos das Nações Unidas – incorporado ao ordenamento jurídico pelo Decreto-Legislativo 226/1991, promulgado pelo Decreto 592/1992 –, que traz a garantia de que ninguém será submetido a tortura, nem a pena ou a tratamentos cruéis, desumanos ou degradantes, e prevê a proteção judicial para os casos de violação de direitos humanos. 3. A Constituição da República não estipulou lapso prescricional à faculdade de agir, correspondente ao direito inalienável à dignidade. 4. Agravo Regimental não provido.**" 4. Agravo regimental DESPROVIDO. RE 715268 AgR / RJ - RIO DE JANEIRO. AG.REG. NO RECURSO EXTRAORDINÁRIO. Relator(a): Min. LUIZ FUX. Julgamento: 06/05/2014. Órgão Julgador: Primeira Turma.

2. ESPÉCIES DE TORTURA

A lei não define o que é tortura, mas explicita, desde logo, o que constitui tortura. O tipo traz, inicialmente, a conduta de *constranger alguém com emprego de violência* (agressão física, incluindo vias de fato, lesão corporal e homicídio) ou *grave ameaça* (promessa de mal injusto e grave), causando no torturado sofrimento físico ou mental.

Como já destacamos, qualquer pessoa pode praticar o crime (delito comum), não exigindo, igualmente, qualidade especial do sujeito passivo.

O inc. I contém três alíneas, definindo modalidades diferentes de tortura:

a) *com o fim de obter informação, declaração ou confissão da vítima ou de terceira pessoa* (tortura-prova).

7 Artigo 29. Imprescritibilidade: Os crimes da competência do Tribunal não prescrevem.

Na presente hipótese age o torturador com o fim de obter informação, declaração ou confissão da vítima ou de terceira pessoa. Sendo crime comum, estarão incluídas tanto a conduta do policial que pratica a violência contra uma pessoa para dela obter uma informação, como a do particular (credor) que se utiliza da violência para conseguir de alguém (devedor) a confissão de uma dívida.

O crime se consuma com o constrangimento causador de sofrimento à vítima, dispensando a efetiva obtenção da informação almejada.

Por se tratar de crime plurissubsistente, a tentativa é perfeitamente possível.

ATENÇÃO – essa forma do crime de tortura não se confunde com delito de abuso de autoridade (art. 13), em que pese a linha fina dividindo umas e outras. As condutas na Lei de Tortura são mais intensas, causando na vítima maior sofrimento (físico ou mental). A análise do caso concreto certamente auxiliará o intérprete na definição da correta e justa tipificação.

Lei de Abuso de Autoridade	Lei de Tortura
Art. 13. Constranger o preso ou o detento, mediante violência, grave ameaça ou redução de sua capacidade de resistência, a: I – exibir-se ou ter seu corpo ou parte dele exibido à curiosidade pública; II – submeter-se a situação vexatória ou a constrangimento não autorizado em lei; III – produzir prova contra si mesmo ou contra terceiro: Pena – detenção, de 1 (um) a 4 (quatro) anos, e multa, sem prejuízo da pena cominada à violência.	Art. 1º Constitui crime de tortura: I – constranger alguém com emprego de violência ou grave ameaça, causando-lhe sofrimento físico ou mental: a) com o fim de obter informação, declaração ou confissão da vítima ou de terceira pessoa; (...) Pena – reclusão, de 2 (dois) a 8 (oito) anos. § 1º Na mesma pena incorre quem submete pessoa presa ou sujeita a medida de segurança a sofrimento físico ou mental, por intermédio da prática de ato não previsto em lei ou não resultante de medida legal.

b) *para provocar ação ou omissão de natureza criminosa* (tortura para a prática de crime).

Aqui o constrangimento, nas condições especificadas na lei, objetiva provocar ação ou omissão de natureza criminosa. Como exemplo, citamos a hipótese daquele que submete uma testemunha a choques elétricos para que não conte o que sabe em juízo sobre crime que presenciou.

Para alguns, a expressão "natureza criminosa" compreende também a contravenção. Neste sentido é a lição de Mauro Faria de Lima:

> "A contravenção, apesar de não ser crime (estrito senso), tem natureza criminosa, vez que é aquilo que se chama na doutrina "crime anão". Não havendo, pois, diferença ontológica entre crime e contravenção, ambos têm a mesma natureza." (*Crimes de Tortura*, p. 34, 1997).

Há doutrinadores, não sem razão, ensinando que, tratando-se de norma penal, é vedada a interpretação extensiva, fazendo com que se exclua essa espécie de infração.

O crime em comento se consuma com o constrangimento da vítima, desde que ocorra o sofrimento físico ou mental, conhecida a vontade do agente, sem que seja necessário que o torturado pratique a ação ou omissão criminosa.

Assim como na hipótese anterior, a tentativa é possível.

No que diz respeito ao torturado que, em razão da violência ou grave ameaça, praticou o crime, não ocorrerá, obviamente, punição, havendo duas hipóteses possíveis: no caso de coação física irresistível, não há conduta; se moral irresistível, não há culpabilidade (art. 22 do CP).

Já o torturador, além da tortura, responde pelo crime praticado pelo torturado, na condição de autor mediato, em concurso material de delitos (art. 69 do CP).

c) *em razão de discriminação racial ou religiosa* (tortura discriminatória).

Ao contrário do que ocorre nos dispositivos anteriores, neste o agente não tortura a vítima esperando dela alguma conduta (positiva ou negativa). Tortura apenas por preconceito à sua raça ou religião.

A consumação se perfaz com o constrangimento da vítima, juntamente com seu sofrimento, sendo perfeitamente possível a tentativa.

Mencionando o dispositivo somente a discriminação racial ou religiosa, omitindo outras formas, veda a integração maléfica, em respeito ao princípio da legalidade. Somos obrigados a reconhecer que o STF, ao criminalizar a homofobia na Ação Direta de Inconstitucionalidade por Omissão (ADO) 26, criou campo fértil para que a tortura, nestas circunstâncias fique sujeita à majorante em análise. Aliás, o mesmo Tribunal, no HC 154.248, antes da Lei 14.532/23, anunciou que a injúria racial estava abrangida pelas consequências da Lei de Racismo e, portanto, crime imprescritível. A motivação do crime de injúria serviu de base para a citada conclusão. Essa motivação – que levou o STF a trazer para a injúria racial as consequências do racismo – também existe aqui, no art. 1º, I, "c", da Lei 9.455/97. Conclusão: já temos vozes bradando a aplicação do mesmo raciocínio nesta modalidade de tortura, que passaria a ser imprescritível.

3. TORTURA CASTIGO

O inciso II pune a conduta daquele que submete alguém, sob sua guarda, poder ou autoridade, com emprego de violência ou grave ameaça, a intenso sofrimento físico ou mental, como forma de aplicar castigo pessoal ou medida de caráter preventivo (tortura castigo).

Esta forma criminosa, ao contrário da anterior, é própria, exigindo qualidade ou condição especial do agente, qual seja, a presença de uma prévia relação jurídica entre o torturador e a vítima. O sujeito ativo, aqui, se encontra na posição de garante (pela lei ou outra relação jurídica), somente podendo praticá-lo quem tem a guarda (de direito ou de fato), vigilância, poder (de direito público ou privado) ou autoridade sobre o torturado.

Conforme decidiu o STJ:

> "Ressalta-se, porém, que a possibilidade de tipificar a conduta na forma do art. 1º, II, da referida lei (tortura-castigo), ao contrário da tortura elencada no inciso I, não pode ser perpetrada por qualquer pessoa, pois a circunstância de que a violência ocorra contra vítima submetida à guarda, poder ou autoridade, afasta a hipótese de crime comum, firmando a conclusão de que o crime é próprio. Nítido, pois, que, no referido preceito, há um vínculo preexistente, de natureza pública, entre o agente ativo e o agente passivo do crime. Logo, o delito até pode ser perpetrado por um particular, mas ele deve ocupar posição de garante (obrigação de cuidado, proteção ou vigilância), seja em virtude da lei ou de outra relação jurídica (REsp 1.738.264-DF, Rel. Min. Sebastião Reis Júnior, por maioria, julgado em 23/08/2018, DJe 14/09/2018).

Igualmente, tem como sujeito passivo pessoa especial (pessoa que encontra-se sob a guarda, de direito ou de fato, poder ou autoridade do torturador).

Além dos sujeitos, diferencia-se do inciso anterior porque se refere a *intenso* sofrimento físico ou mental. Esta expressão não pode ser desprezada, pois engloba a ideia de um sofrimento atroz, martirizante, insuportável, que, no caso concreto, desperta certa dificuldade de aferição.

O intenso sofrimento físico ou mental, aliás, é o que diferencia este tipo daquele insculpido no art. 136 do CP.

O que se visa com a prática dessa espécie de tortura é a submissão de alguém, pelo agente, à aplicação de castigo pessoal ou medida de caráter preventivo (finalidade especial). É crime, pois, submeter o preso a tratamento degradante como forma de punição arbitrária pelo delito praticado.

Essa espécie de tortura se consuma com a submissão da vítima a intenso sofrimento físico ou mental, mediante violência ou grave ameaça, atrelada às finalidades previstas no tipo penal em apreço, sendo possível a tentativa (delito plurissubsistente).

4. FIGURA EQUIPARADA

O § 1º do art. 1º da Lei 9.455/97 determina que na mesma pena dos incs. I e II (2 a 8 anos) incorre quem submete pessoa presa ou sujeita a medida de segurança a sofrimento físico ou mental, por intermédio da prática de ato não previsto em lei ou não resultante de medida legal.

O dispositivo constitui expressão do art. 5º, XLIX, da CF, que dispõe: "é assegurado aos presos o respeito à integridade física e moral".

O sujeito ativo pode ser qualquer pessoa (crime comum). Exige-se, no entanto, uma qualidade especial do sujeito passivo: estar preso (provisório ou definitivo, compreendendo-se também os jovens infratores apreendidos, internados ou em estado de semiliberdade) ou submetido à medida de segurança (internação ou tratamento ambulatorial).

Pune-se a submissão de pessoa presa ou sujeita à medida de segurança a sofrimento físico ou mental, por intermédio da prática de ato não previsto em lei ou não resultante de medida legal.

Aqui o tipo subjetivo se contenta com o dolo, não exigindo finalidade especial animando o agente.

O crime se consuma com a submissão da vítima a sofrimento físico ou mental e, por se tratar de crime plurissubsistente, mostra-se possível a tentativa.

5. CONDUTA OMISSIVA

O § 2º pune a conduta daquele que se omite em face de quaisquer das ações anteriores, quando tinha o dever de *evitá-las* (omissão imprópria) ou *apurá-las* (omissão própria).

A primeira forma criminosa diz respeito àquele que se omite em face das condutas anteriormente descritas, quando tinha o dever de evitá-las. Figura como sujeito ativo o garante ou garantidor (pai, o tutor, o curador, o professor, o médico, o enfermeiro etc.). Sujeito passivo, por sua vez, será o ofendido por qualquer uma das condutas criminosas.

Quis o legislador explicitar o que já explicitado pelo art. 13, § 2º, do CP, mas, infelizmente, agiu mal. Vejamos.

O art. 5º, XLIII, da CF, determina ao garante os mesmos consectários do executor.

No entanto, o legislador ordinário, de forma desastrosa, previu ao omitente uma pena bem mais branda (detenção de um a quatro anos) do que aquela estabelecida para punir o executor ou mandante da tortura (reclusão de dois a oito anos). Assim, em face deste omitente não pode ser decretada prisão preventiva, admite-se a suspensão condicional do processo e não há equiparação a crime hediondo. Melhor seria o silêncio.

Assim, contrariando a CF/88, ao nosso ver, o executor e o omitente devem ficar sujeitos às mesmas consequências (seguindo mandamento constitucional), evitando-se proteção deficiente do Estado na tutela do bem jurídico.

Há, todavia, entendimento doutrinário (buscando resolver o desastre legislativo) no sentido de que essa figura deve ser interpretada como uma modalidade culposa:

> "Uma outra interpretação possível para o dispositivo em análise é considerar a sua aplicação somente àquele que foi negligente em evitar a tortura, mas não a quis, nem a aceitou, bem como àquele que, tomando conhecimento após a prática da tortura, nada fez para apurar os fatos. Se o omitente tinha o dever legal de agir antes de o crime ser cometido, ou aceitar o risco de sua produção, responderá pela tortura. Tal entendimento ajusta-se ao disposto no art. 5.º, XLIII, da CF" (Fábio Ramazzini Bechara, *Legislação Penal Especial*, p. 119).

A segunda conduta tipificada no § 2º diz respeito àquele que se omite em face das condutas anteriores (incs. I e II), quando tinha o dever de apurá-las.

O sujeito ativo aqui não é o garante, mas sim quem tem a obrigação de apurar a ocorrência de quaisquer das infrações penais descritas nesta Lei. Cuida-se, nessa hipótese, de crime omissivo próprio, consumando-se com um não fazer, não admitindo a tentativa (crime de mera conduta) e coautoria (somente a participação).

6. FORMAS QUALIFICADAS

O § 3º traz duas hipóteses em que a tortura será qualificada: a) se resulta lesão corporal de natureza grave ou gravíssima (reclusão de quatro a dez anos); b) se resulta morte (reclusão é de oito a dezesseis anos).

Discute-se a natureza da qualificadora. Para Mauro Faria de Lima, cuida-se de forma preterdolosa do crime (dolo no antecedente – tortura – e culpa no consequente – lesão grave ou morte). Se houver, por parte do agente, dolo também em relação ao resultado mais grave, teremos concurso de crimes. Solução diversa acarretaria resultados absurdos: se o agente desejava também a morte da vítima, e não for considerado o concurso, será punido pela tortura qualificada, cuja pena varia de oito a dezesseis anos, ao passo que o homicídio qualificado pela tortura tem pena de doze a trinta anos de reclusão (op. cit., p. 50). Guilherme de Souza Nucci, no entanto, discorda, argumentando que o resultado mais grave pode ser tanto doloso quanto culposo, pois, se o legislador desejasse uma figura preterdolosa, procederia como no art. 129, § 3º, do CP (Leis Penais e Processuais Penais Comentadas. São Paulo: RT, p. 741).

Entendemos que a qualificadora atinge todas as modalidades da tortura, salvo a segunda figura do §2º, que trata da omissão na apuração da tortura. Nesta, não é possível que o omitente responda pelo resultado, pois, se deixou de apurar o crime de tortura já consumado, o concurso de pessoas não pode se configurar. Alertamos, porém, que a maioria da doutrina subtrai do alcance do parágrafo qualquer das espécies omissivas, limitando sua incidência ao executor da tortura. Neste sentido é a lição de Paulo Juricic: "somente o torturador ativo é que poderá responder pela forma qualificada pelo resultado e jamais o omitente que, em qualquer caso, sofrerá, apenas, a sanção mais benéfica da detenção. Assim sendo, não quis o legislador que o omitente respondesse da mesma forma que o torturador, no caso de crime preterintencional; aqui o executor responde pela forma qualificada e o omitente, não." (*Crime de Tortura*, p. 75, 2003).

Cabe finalizar com um alerta. A Lei 13.964/19 proibiu, no art. 112 da LEP, o benefício do livramento condicional para os delitos hediondos ou equiparados qualificados pela morte. Além disso, proibiu a saída temporária (art. 122 da LEP), mas, nesse caso, mencionou apenas os delitos hediondos, silenciando sobre os equiparados. A Lei 13.843/24, ao mesmo tempo que restringiu as hipóteses permissivas da saída temporária, ampliou a proibição para todos os crimes hediondos e delitos não hediondos, mas cometidos com violência ou grave ameaça. Assim, crimes equiparados cometidos com violência ou grave ameaça foram incluídos na vedação (como a tortura), mas, se cometidos de outra forma, como no caso do tráfico de drogas, não foram abrangidos.

7. CAUSAS DE AUMENTO DE PENA

O § 4º prevê três hipóteses em que a pena da tortura será aumentada de um sexto até um terço.

No caso do inc. I, na busca do real significado de agente público, a doutrina se socorre do art. 327 do CP.

Para ocorrer o aumento é necessário que o agente público atue nessa qualidade ou em razão dela.

Nas situações em que o crime é próprio (exigindo do agente qualidade funcional), entende ALBERTO SILVA FRANCO que não se aplica a presente causa de aumento, sob pena de incidência em *bis in idem* (op. cit. p., 3.108). GUILHERME DE SOUZA NUCCI leciona de forma diversa: "Ora, a fonte do dever jurídico de agir está no art. 13, § 2.º, do Código Penal, que, segundo o disposto no art. 12 do mesmo Código, é aplicável à legislação especial, salvo quando esta dispuser em sentido contrário, o que não constitui o caso presente. Logo, a posição de garante pode ser assumida tanto pelo agente público como por outra pessoa (ex.: o pai, que não impede, podendo fazê-lo, a tortura sofrida pelo filho numa dependência policial para extração da confissão). Por isso, quando o omitente for agente público deve sofrer pena mais severa, justamente pela posição que ocupa, em regra, atuando em defesa da sociedade." (op. cit., p. 742).

De fato, a figura omissiva da tortura não é necessariamente cometida por agente público, mas, diferentemente da figura comissiva, o fato de o autor ser agente público fundamenta, no caso concreto, a tipificação. Um particular pode torturar alguém para obter a confissão de um crime (art. 1º, I, *a*) tanto quanto pode fazê-lo um policial, mas, no caso deste último, a conduta é mais grave, razão pela qual incide o aumento. Por outro lado, um particular que, nas dependências de uma delegacia, presencie alguém sendo torturado para confessar um crime e se mantenha inerte, não pode responder pela omissão imprópria (art. 1º, § 2º), pois não há, de sua parte, o dever de agir. Mas imaginemos a situação na qual o delegado de polícia toma ciência de que um policial tortura um preso naquele local. Se o delegado não atua para fazer cessar ou para apurar a tortura, sua condição de agente público – que atrai o dever de agir – faz com que responda pela omissão imprópria. Neste caso, a incidência do aumento caracteriza o *bis in idem* porque a condição de agente público serve tanto para tipificar a conduta quanto para aumentar a pena. A respeito, já decidiu o STJ:

> "A figura típica prevista no § 2.º, do art. 1.º, da Lei de Tortura, constitui-se em crime próprio, porquanto exige condição especial do sujeito. Ou seja, é um delito que somente pode ser praticado por pessoa que, ao presenciar tortura, omite-se, a despeito do "dever de evitá-las ou apurá-las" (como é o caso do carcereiro policial). Em tais casos, a incidência da circunstância agravante prevista no art. 61, inciso II, alínea g, do Código Penal, e da majorante de pena estabelecida no art. 1.º, § 4.º, inciso I, da Lei n.º 9.455/1997 ("se o crime é cometido por agente público"), constitui evidente *bis in idem* na valoração da condição pessoal do sujeito ativo" (HC 131.828/RJ, DJe 02/12/2013).

No inc. II, para o conceito de *criança* devemos buscar as disposições da Lei 8.069/90 (art. 2º), que assim considera o indivíduo com 12 anos incompletos, ao passo que adolescente é aquele que conta com 18 anos incompletos. A tortura praticada contra o maior de sessenta anos também tem a pena elevada, sendo que esta causa de aumento foi introduzida pelo Estatuto da Pessoa Idosa (Lei 10.741/2003). Também majora a pena do crime o fato de a tortura ser intentada contra gestante e portador de deficiência.

Note-se que tais condições devem ingressar no dolo do agente.

ATENÇÃO – No caso de crime de tortura perpetrado contra criança em que há prevalência de relações domésticas e de coabitação, não configura bis in idem a aplicação conjunta da causa de aumento de pena prevista no art. 1º, § 4º, II, da Lei nº 9.455/1997 (Lei de Tortura) e da agravante genérica estatuída no art. 61, II, "f", do Código Penal (STJ. 6ª Turma. HC 362634-RJ, Rel. Min. Maria Thereza de Assis Moura, julgado em 16/8/2016). Aliás, nesse cenário, incidirá, dentre outras normas, a Lei 14.344/22 (Lei Henry Borel) com a missão de proteger a vítima.

O inc. III aumenta a pena se a tortura é praticada por meio de sequestro, que engloba também o cárcere privado.

Apesar de haver certa divergência, entende a maioria que as causas de aumento se aplicam às qualificadoras.

8. EFEITOS DA CONDENAÇÃO

Determina o § 5º que a condenação acarretará a perda do cargo, função ou emprego público e a interdição para o seu exercício pelo dobro do prazo da pena aplicada.

Temos aqui uma consequência administrativa da condenação por crimes tipificados nesta lei. Diferentemente do que ocorre nos arts. 91 e 92 do CP (em que se exige, em regra, manifestação expressa do juiz a respeito dos efeitos da condenação), aqui os efeitos são automáticos, não sendo necessário que constem da sentença.[8]

Há doutrina no sentido de que, no caso do § 2º, em que o agente é submetido a pena de detenção, a perda do cargo não deve ser automática, pois, diante das circunstâncias fáticas, a medida pode se revelar desproporcional em relação ao ato praticado.

Reconhece-se o acerto do legislador ao limitar o tempo de interdição (o dobro da pena aplicada), por não existir no nosso ordenamento nenhuma pena de caráter perpétuo. Logo, decorrido o prazo, o condenado poderá assumir novo cargo, emprego ou função, porém jamais reintegrar-se na situação anterior (apesar do silêncio da lei, trata-se de decorrência lógica do art. 93, parágrafo único, do CP).

9. FIANÇA

A tortura é crime inafiançável, alertando a doutrina que essa proibição não impede a liberdade provisória. O STF, porém – muito embora tenha decidido pela inconstitucionalidade da vedação à liberdade provisória contida no art. 44 da Lei 11.343/06 –, tem decisões no sentido de que a inafiançabilidade acarreta a proibição da liberdade provisória em crimes hediondos e equiparados:

8 Esse é o entendimento é da 5.ª Turma do Superior Tribunal de Justiça. A Turma negou o pedido de um policial militar que pretendia anular a perda do cargo e da interdição de exercício. A relatora foi a Ministra Laurita Vaz. De acordo com a ministra, não é necessário fundamentar na sentença de condenação por crime de tortura (Lei 9.455/97) a perda do cargo, função ou emprego público. O efeito é automático. Outro efeito automático e obrigatório da condenação é a interdição para a prática de outra função pública por período duas vezes mais longo do que o tempo da pena privativa de liberdade. O policial alegou afronta ao art. 93, IX, da CF. Segundo o inciso, "todos os julgamentos dos órgãos do Poder Judiciário serão públicos, e fundamentadas todas as decisões, sob pena de nulidade". O policial foi condenado a três anos e seis meses de reclusão em regime fechado pela prática do crime de tortura. A relatora explicou que a necessidade de motivação para a perda do cargo, função ou emprego público é estabelecida no art. 92, I, c.c. o art. 92, parágrafo único (atual §1º), ambos do CP. Na Lei de Tortura, o efeito é automático da condenação e não depende de fundamentação (HC 92.247). É a mesma orientação que vem sendo aplicada pela 6.ª Turma do tribunal: "A perda do cargo, função ou emprego público é efeito automático da condenação pela prática do crime de tortura, não sendo necessária fundamentação concreta para a sua aplicação" (AgRg no AgRg no AREsp 1.079.767/SE, DJe 27/10/2017).

> "A proibição de liberdade provisória, nos casos de crimes hediondos e equiparados, decorre da própria inafiançabilidade imposta pela Constituição da República à legislação ordinária (Constituição da República, art. 5º, inc. XLIII): Precedentes. O art. 2º, inc. II, da Lei n. 8.072/90 atendeu o comando constitucional, ao considerar inafiançáveis os crimes de tortura, tráfico ilícito de entorpecentes e drogas afins, o terrorismo e os definidos como crimes hediondos. Inconstitucional seria a legislação ordinária que dispusesse diversamente, tendo como afiançáveis delitos que a Constituição da República determina sejam inafiançáveis. Desnecessidade de se reconhecer a inconstitucionalidade da Lei n. 11.464/07, que, ao retirar a expressão 'e liberdade provisória' do art. 2º, inc. II, da Lei n. 8.072/90, limitou-se a uma alteração textual: a proibição da liberdade provisória decorre da vedação da fiança, não da expressão suprimida, a qual, segundo a jurisprudência deste Supremo Tribunal, constituía redundância. Mera alteração textual, sem modificação da norma proibitiva de concessão da liberdade provisória aos crimes hediondos e equiparados, que continua vedada aos presos em flagrante por quaisquer daqueles delitos" (HC 109.236/SP, DJe 14/02/2012).

10. GRAÇA E ANISTIA

A Lei 8.072/90 vedou aos crimes hediondos e equiparados (categoria esta na qual se inclui a tortura) anistia, graça e *indulto*. Nota-se que a Lei 9.455/97 foi mais benevolente, proibindo à tortura somente anistia e graça (silenciando sobre o indulto). Essa postura do legislador despertou discussão na doutrina. Para Ricardo Antonio Andreucci "é certo que a Lei de Tortura, posterior, específica, vedou apenas a concessão de *graça ou anistia*, silenciando a respeito do indulto, o que revela o intuito do legislador de permitir tal benefício (*Legislação Penal Especial*, p. 354). Guilherme de Souza Nucci, por sua vez, ensina que, "onde se lê *graça*, deve-se ler igualmente *indulto*, pois este nada mais é do que o perdão coletivo (igualmente concedido pelo Presidente da República, por decreto, a quem queira). Aliás, não fosse essa a melhor interpretação e o Presidente não poderia conceder graça, pois esta modalidade de perdão não está elencada dentre as suas atribuições (o art. 84 da CF menciona somente indulto e comutação). Mas, por certo, tanto pode o Chefe do Executivo conceder um (graça) como o outro (indulto) – e assim vem sendo feito desde a edição da Constituição de 1988. Logo, é vedada concessão tanto de um (graça) quanto de outro (indulto) à tortura, por força do art. 5.º, XLIII, da CF." (op. cit. p. 744).

11. REGIME DE CUMPRIMENTO DE PENA

A Lei de Tortura, que entrou em vigor no ano de 1997, trouxe no art. 1º, § 7º, a regra de que o condenado por crime nela previsto, com exceção da hipótese do § 2.º, iniciará o cumprimento da pena em regime fechado.

À época, intensa discussão doutrinária e jurisprudencial se iniciou, pois a Lei 8.072/90, que trata dos crimes hediondos e equiparados, vedava expressamente a progressão de regime para os condenados por tortura. Para alguns, a Lei 9.455/97 havia revogado tacitamente a determinação de cumprimento de pena em regime integralmente fechado, estendendo o benefício a todos os crimes hediondos e equiparados (Silva Franco. Alberto, op. cit., p. 3.110-3.111).

O Supremo Tribunal Federal, no entanto, firmou entendimento, por meio da Súmula 698, de que a progressão de regime se aplicava somente à tortura.

Atualmente, contudo, a controvérsia encontra-se superada, já que a redação do art. 2º, § 1º, da Lei 8.072/90, dada pela Lei 11.464/2007, permite a progressão de regime para todos os crimes hediondos e equiparados. O lapso necessário à progressão, alterado pela Lei 13.964/19 (Pacote Anticrime), para os crimes cometidos a partir de 23 de janeiro de 2020, é de 40% da pena caso o condenado seja primário ou 50% caso primário e o crime tenha resultado morte, e 60% caso seja reincidente na prática de crime hediondo ou equiparado ou 70% caso seja reincidente em crime com resultado morte. Para crimes cometidos antes de 23 de janeiro de 2020, são aplicados os lapsos anteriores à lei, quais sejam, 2/5 (se primário) ou 3/5 (se reincidente) da pena.

Ainda a respeito da fixação do regime inicial de cumprimento, devemos ressaltar que o STF, nos autos do HC nº 111.840, em decisão do Tribunal Pleno, julgou inconstitucional o regime inicial obrigatoriamente fechado para os condenados por crimes hediondos ou equiparados (art. 2º, § 1º, da Lei nº 8.072/90), determinando ao juiz que analise as circunstâncias do caso concreto para a fixação do (justo) regime inicial. O mesmo tribunal, no entanto, decidiu, quanto ao crime de tortura, ser possível aplicar a regra do regime inicialmente fechado estabelecida no art. 1º, § 7º, da Lei 9.455/97. De acordo com a decisão, não é possível "articular com a Lei de Crimes Hediondos, pois a regência específica (Lei 9.455/1997) prevê expressamente que o condenado por crime de tortura iniciará o cumprimento da pena em regime fechado, o que não se confundiria com a imposição de regime de cumprimento da pena integralmente fechado. Assinalou que o legislador ordinário, em consonância com a CF/1988, teria feito uma opção válida, ao prever que, considerada a gravidade do crime de tortura, a execução da pena, ainda que fixada no mínimo legal, deveria ser cumprida inicialmente em regime fechado, sem prejuízo de posterior progressão. Os Ministros Roberto Barroso e Rosa Weber acompanharam o relator, com a ressalva de seus entendimentos pessoais no sentido do não conhecimento do "writ". O Ministro Luiz Fux, não obstante entender que o presente "habeas corpus" faria as vezes de revisão criminal, ante o trânsito em julgado da decisão impugnada, acompanhou o relator (HC 123316/SE, rel. Min. Marco Aurélio, 9.6.2015).

Art. 2º O disposto nesta Lei aplica-se ainda quando o crime não tenha sido cometido em território nacional, sendo a vítima brasileira ou encontrando-se o agente em local sob jurisdição brasileira. (1)

1. EXTRATERRITORIALIDADE

O art. 2º da Lei 9.455/97 traz uma hipótese de extraterritorialidade incondicionada, determinando que o ali disposto aplica-se ainda quando o crime não tenha sido cometido em território nacional, sendo a vítima brasileira ou encontrando-se o agente em local sob jurisdição brasileira.

É evidente que o escopo do legislador foi o de garantir a punição da prática repulsiva da tortura independentemente da localização da vítima (sendo ela brasileira) ou da nacionalidade do agente (estando ele sob jurisdição brasileira). Todavia, essa regra em nada modifica as hipóteses de extraterritorialidade já previstas no art. 7º do CP, que no § 3º determina a aplicação da lei brasileira também ao crime cometido por estrangeiro contra brasileiro fora do Brasil, se não foi pedida a extradição ou se houve requisição do Ministro da Justiça, se reunidas as condições do § 2º.

A única diferença existente entre as duas disposições legais é a de que, na Parte Geral, a extraterritorialidade é condicionada, enquanto na Lei 9.455/97 nenhuma condição é prevista para a aplicação da lei brasileira no exterior. Essa distinção, aliás, é o que justifica a previsão da extraterritorialidade na Lei Especial, pois que, do contrário, seria apenas uma repetição inútil.

Art. 3º Esta Lei entra em vigor na data de sua publicação.

Art. 4º Revoga-se o art. 233 da Lei 8.069, de 13 de julho de 1990 – Estatuto da Criança e do Adolescente.

CAPÍTULO 24

Trânsito – Lei nº 9.503/1997

Fernando Célio de Brito Nogueira

I. INTRODUÇÃO: ANTES E DEPOIS DO CÓDIGO DE TRÂNSITO (LEI FEDERAL N. 9.503/97)

Até 22 de janeiro de 1998, não tínhamos disposições criminais previstas no Código de Trânsito Brasileiro.

Passamos a tê-las somente no dia 23 de janeiro de 1998, quando entrou em vigor o Código de Trânsito Brasileiro, instituído pela Lei Federal n. 9.503, de 1997.

Até então, as condutas que caracterizavam crimes de trânsito subsumiam-se principalmente aos arts. 121, § 3º e 129, § 6º, do Código Penal (homicídio culposo e lesão corporal culposa) e às contravenções penais dos arts. 32 e 34, da Lei das Contravenções Penais, estabelecida pelo Decreto-lei 3.688/41. O disposto no Código Penal não se aplica mais aos crimes de trânsito genuínos. Com o novo Código de Trânsito, a lei das contravenções penais também foi derrogada, subsistindo somente na parte que trata da pilotagem não habilitada de embarcação em águas públicas (art. 32) e da pilotagem perigosa de embarcação também em águas públicas (art. 34).

A triste cifra que cabe ao Brasil, que ocupa a posição de um dos países do mundo com maior número de mortes por ano em acidentes de trânsito, foi fator determinante da inclusão de tipos penais próprios do trânsito, no Código de Trânsito que passou a vigorar no início de 1998, com o fim de trazer um horizonte em que haja diminuição do número de mortes e das sequelas graves causadas cotidianamente por acidentes de trânsito.

O Código de Trânsito estabelece em seu art. 1º, § 2º, que o trânsito em condições seguras é um direito de todos e, em seu art. 28, dispõe que é dever de todo condutor dirigir de forma segura

O número de mortes por sinistros de trânsito, no Brasil, aumentou em 2021 e 2022, segundo dados do Ministério da Saúde[1]. Em 2021, foram registradas 33,813 mortes no trânsito no país, mais do que em 2020, com 32.716 ocorrências e 2019, com 32.667 registros. O estudo informou que os dados de 2022 estão ainda sob análise. A tendência é no sentido de que, lamentavelmente, sigam em progressão. São números de guerra. Para que se tenha ideia do quanto esses números são elevados no Brasil, nos 500 primeiros dias de guerra entre Rússia e Ucrânia, cerca de 9 mil civis perderam suas vidas no confronto. Segundo o Ministério da Saúde, as tragédias no trânsito no Brasil são "um problema de saúde pública".

1 Disponível em: https://www.portaldotransito.com.br/noticias/fiscalizacao-e-legislacao/estatisticas/numero-de-mortes-no-transito-brasileiro-volta-a-crescer-afirma-ministerio-da-saude/ - acesso em 9 de setembro de 2023.

Em maio de 2022, a Associação Paulista de Medicina[2] divulgou em seu *site* que o Brasil é o terceiro país com mais mortes no trânsito em todo o mundo, atrás apenas da Índia e da China, segundo dados do *relatório Global Status Report on Road Safety,* da Organização Mundial de Saúde (OMS). As mortes que decorrem de sinistros no trânsito são a oitava principal causa de morte no País.

O Instituto de Pesquisa Econômica Aplicada (IPEA)[3] divulgou em agosto de 2023 estudo que mostra aumento de 13,5% em mortes no trânsito. A taxa de mortalidade por 100 mil habitantes cresceu 2.3% em uma década.

Importante lembrar que A ONU proclamou, em maio de 2011[4], a primeira década de ações mundiais em prol da segurança do trânsito. Em 2012, editou resolução, reforçando a preocupação mundial com a temática. A meta era ambiciosa: reduzir pela metade as mortes por acidentes de trânsito no mundo até o ano de 2020.

E, em 28 de outubro de 2021, em Genebra, a OMS[5] lançou a nova década de ação pela segurança no trânsito (2021-2030), com a meta de prevenir ao menos 50% das mortes e lesões no trânsito, até 2030, em todo o mundo. O trabalho nesse sentido deve ser ininterrupto, em todo o mundo.

O Brasil, finalmente, em 2018 despertou para a gravidade do tema e resolveu, oficialmente, adotar as proposições da ONU, anunciadas desde 2011.

A Lei Federal n. 13.614/18, publicada no dia 12 de janeiro de 2018, criou o Plano Nacional de Redução de Mortes e Lesões no Trânsito (Pnatrans) e acrescentou dispositivo à Lei 9.503/97 (Código de Trânsito Brasileiro), para dispor sobre regime de metas de redução de índice de mortos no trânsito por grupos de habitantes e de índice de mortos no trânsito por grupos de veículos.

O objetivo principal da nova lei, que veio quase sete anos depois do anúncio da Década Mundial em prol da segurança no trânsito da ONU, é ao final do prazo de 10 anos reduzir pela metade, no mínimo, o índice nacional de mortos por grupos de veículos e o índice nacional de mortos por grupos de habitantes, relativamente aos índices apurados no ano da entrada em vigor da lei que cria o Plano Nacional de Redução de Mortes e Lesões no Trânsito (Pnatrans) (art. 326-A, § 1º, do Código de Trânsito Brasileiro).

A nova lei entrou em vigor, no dia 13 de março de 2018, 60 dias depois de oficialmente publicada.

Sabemos, contudo, que apenas os Governos e o Estado, isoladamente, não solucionarão a questão. A punição nas esferas administrativa e criminal é irrenunciável. Porém, apenas a punição não resolverá o problema. É necessário um conjunto de medidas que incluam constante e diuturna educação para o trânsito, engenharia de tráfego, melhoria das vias, fiscalização e orientação permanentes, além de maior certeza de punição nas esferas administrativa e criminal. Somente esse conjunto de ações, aliado a campanhas educativas permanentes, poderá talvez reverter paulatinamente o trágico quadro de mortes e acidentes graves que a mídia noticia diariamente. É necessária a participação da sociedade civil, por suas organizações não

---

2 https://www.apm.org.br/ultimas-noticias/brasil-e-o-terceiro-pais-com-mais-mortes-de-transito/- acesso em 9 de setembro de 2023.

3 https://www.ipea.gov.br/portal/categorias/45-todas-as-noticias/noticias/13899-estudo-aponta-aumento-de--13-5-em-mortes-no-transito?highlight=WyJhcnJlY2FkYVx1MDBlN1x1MDBlM28iXQ== - acesso em 9 de setembro de 2023.

4 https://brasil.un.org/pt-br/56643-d%C3%A9cada-de-a%C3%A7%C3%A3o-pela-seguran%C3%A7a-no-tr%C3%A2nsito-2011-2020-%C3%A9-lan%C3%A7ada-oficialmente-hoje-11-em-todo-o – acesso em 9 de setembro de 2023.

5 https://www.paho.org/pt/noticias/28-10-2021-oms-lanca-decada-acao-pela-seguranca-no-transito-2021-2030 - acesso em 9 de setembro de 2023.

governamentais, no sentido de fomentar sempre uma cultura de respeito e maior civilidade no trânsito. Além disso, é necessário cobrar prevenção dos Administradores e repressão da Polícia, do Ministério Público e do Poder Judiciário. A mídia exerce papel fundamental nessa tarefa. Porém, muitas vezes o acidente é noticiado quando acontece e, depois, nem sempre a população tem conhecimento do desfecho dado ao caso.

Nos cabe aqui traçar ideias sobre o Direito Penal do Trânsito, um conjunto de normas gerais e criminais, que visam proteger bens jurídicos fundamentais, no contexto do trânsito pelas vias terrestres.

Trataremos das normas gerais aplicáveis aos crimes de trânsito (arts. 291 a 301, do Código de Trânsito) e dos crimes de trânsito em espécie (arts. 302 a 312, do Código de Trânsito).

II. DAS NORMAS GERAIS APLICÁVEIS AOS CRIMES DE TRÂNSITO E DOS CRIMES DE TRÂNSITO EM ESPÉCIE

1. As Normas Gerais: Arts. 291 a 301 do Código de Trânsito

CAPÍTULO XIX
DOS CRIMES DE TRÂNSITO

SEÇÃO I
DISPOSIÇÕES GERAIS

Art. 291. Aos crimes cometidos na direção de veículos automotores, previstos neste Código, aplicam-se as normas gerais do Código Penal e do Código de Processo Penal, se este Capítulo não dispuser de modo diverso, bem como a Lei 9.099, de 26 de setembro de 1995, no que couber.

§ 1º Aplica-se aos crimes de trânsito de lesão corporal culposa o disposto nos arts. 74, 76 e 88 da Lei nº 9.099, de 26 de setembro de 1995, exceto se o agente estiver: (Renumerado do parágrafo único pela Lei 11.705, de 2008)

I – sob a influência de álcool ou qualquer outra substância psicoativa que determine dependência; (Incluído pela Lei 11.705, de 2008)

II – participando, em via pública, de corrida, disputa ou competição automobilística, de exibição ou demonstração de perícia em manobra de veículo automotor, não autorizada pela autoridade competente; (Incluído pela Lei 11.705, de 2008)

III – transitando em velocidade superior à máxima permitida para a via em 50 km/h (cinqüenta quilômetros por hora). (Incluído pela Lei 11.705, de 2008)

§ 2º Nas hipóteses previstas no § 1º deste artigo, deverá ser instaurado inquérito policial para a investigação da infração penal. (Incluído pela Lei 11.705, de 2008)

§ 3º (VETADO na Lei 13.546, de 19/12/2017)[6]

§ 4º O juiz fixará a pena-base segundo as diretrizes previstas no art. 59 do Decreto-Lei 2.848, de 7 de dezembro de 1940 (Código Penal), dando especial atenção à culpabilidade do agente e às circunstâncias e consequências do crime. (Parágrafo acrescido pela Lei 13.546/2017, em vigor 120 dias após a publicação, ou seja, no dia 19 de abril de 2018)

---

6 O texto original previa um parágrafo 3º no art. 291, com a seguinte redação:
"§ 3º Nos casos previstos no § 3º do art. 302, no § 2º do art. 303 e nos §§ 1º e 2º do art. 308 deste Código, aplica-se a substituição prevista no inciso I do caput do art. 44 do Decreto-Lei nº 2.848, de 7 de dezembro de 1940 (Código Penal), quando aplicada pena privativa de liberdade não superior a quatro anos, atendidas as demais condições previstas nos incisos II e III do caput do referido artigo."
As razões do veto são comentadas no item 5 abaixo.

1.1. Norma de Integração

A norma do "caput" é regra de integração, que prevê a aplicação supletiva das normas gerais do Código Penal e do Código de Processo Penal aos crimes praticados na condução de veículos automotores, naquilo em que o capítulo XIX do Código de Trânsito, lei especial, não disponha de forma diversa.

2. A Supressão do Parágrafo Único do Art. 291, e a Nova Previsão do Parágrafo 1º, I, II e III

O legislador, ciente da embaraçosa redação original do art. 291, § único, do Código de Trânsito (que parecia – numa primeira leitura, adotada a interpretação puramente literal ou gramatical –, estender a composição civil extintiva da punibilidade, a transação penal e a exigência da representação aos crimes de lesão corporal culposa de trânsito, embriaguez e racha), por meio da Lei 11.708, de 2008, suprimiu por completo o parágrafo único e editou o parágrafo 1º, com redação mais apropriada.

No art. 291, parágrafo 1º, do Código de Trânsito, restringiu-se **a composição civil extintiva da punibilidade** *e a exigência de representação ao crime de lesão corporal culposa de trânsito* (arts. 74 e 76, da Lei 9.099/95), limitando-se ainda – e de forma clara e expressa – o âmbito de sua incidência, de modo que os institutos da composição civil extintiva da punibilidade, a transação penal e a exigência de representação somente serão aplicáveis:

a) ***se o agente não estiver embriagado ou sob influência de álcool;***

b) ***não estiver participando de racha;***

c) ***não tiver excedido em 50 km horários a velocidade máxima permitida para a via.***

Presente qualquer uma dessas situações (isolada ou cumulativamente), ainda que se trate de lesão corporal culposa de trânsito, não caberão a composição civil *extintiva da punibilidade*, nem a transação penal e *a ação penal será pública incondicionada*, ou seja, não haverá exigência de representação da vítima. E o fato deverá ser apurado em inquérito policial.

Como as penas máximas cominadas para os crimes de embriaguez ao volante e racha são de 3 anos de detenção e multa, não se tratam mais de infrações penais de menor potencial ofensivo, que são somente aquelas cuja pena máxima prevista não ultrapasse 2 anos, isolada ou cumulativamente com outras penas, sujeitas ou não a procedimento especial (art. 61, da Lei 9.099/95).

Somente o crime de lesão corporal culposa de trânsito (art. 303, do Código de Trânsito) continua *em princípio* a ser infração de menor potencial ofensivo, pois a pena máxima prevista não ultrapassa 2 anos de detenção.

Mas tal crime – é importante observar – somente será tratado como infração penal de menor potencial ofensivo se não houver, em sua prática, nenhuma das situações previstas no art. 291, § 1º, I, II e III, do Código de Trânsito.

Não havendo nenhuma dessas situações, o delito do art. 303 será crime de menor potencial ofensivo e será exigível a representação da vítima. Será apurado mediante termo circunstanciado.

E também não havendo nenhuma das situações acima, o delito do art. 303 será passível de transação penal.

Presente *qualquer uma das situações* previstas, o delito do art. 303, do Código de Trânsito, será crime de ação penal pública incondicionada, não caberão exigência de representação, transação penal, nem composição civil *extintiva da punibilidade*.

Ou seja, presente qualquer uma das situações do parágrafo 1º, o crime de lesão corporal culposa de trânsito não será mais tratado como infração de menor potencial ofensivo.

3. Embriaguez ao Volante e Racha (Arts. 306 e 308 do Código de Trânsito): não Cabimento da Exigência de Representação, da Composição Civil Extintiva da Punibilidade e da Transação Penal

Os crimes de embriaguez ao volante e racha (arts. 306 e 308, do Código de Trânsito) não admitirão nenhum dos institutos, em nenhuma hipótese, por sua própria natureza e por absoluta ausência de previsão legal.

São crimes de ação penal pública incondicionada. O delito de embriaguez ao volante tem pena máxima prevista de 3 anos e multa (art. 306).

O crime de racha (art. 308), em sua modalidade fundamental, tem pena máxima prevista de 3 anos e multa.

A figura do parágrafo 1º dispõe que, se do crime resultar lesão corporal de natureza grave e as circunstâncias não revelarem dolo direto ou eventual, a pena máxima prevista será de 6 anos, sem prejuízo de outras penas previstas no artigo. A figura do parágrafo 2º prevê que, se do crime de racha resultar morte e as circunstâncias não revelarem dolo direto ou eventual, a pena máxima prevista será de 10 anos, sem prejuízo de outras penas previstas no artigo.

Não são infrações penais de menor potencial ofensivo. Portanto, não admitem a transação penal. Devem ser apurados em inquérito policial.

Poderão admitir a suspensão condicional do processo, nos termos do art. 89, da Lei 9.099/95, desde que em suas modalidades simples, fundamentais, conforme tratado no item seguinte.

3.1. Cabimento da Suspensão Condicional do Processo nos Crimes de Lesão Corporal Culposa de Trânsito, Embriaguez ao Volante e Racha (Arts. 303, 306 e 308 do Código de Trânsito (este em sua Forma Simples))

Como *a pena mínima prevista* para os delitos versados não é superior a um ano, nos três crimes referidos (lesão corporal culposa de trânsito, embriaguez ao volante e racha, este em sua forma simples, *sem resultado morte ou lesão grave*)[7] será cabível, em tese, a suspensão condicional do processo, nos termos do art. 89, da Lei 9.099/95, desde que o acusado não esteja processado por outro fato, não seja reincidente em crime doloso, não tenha condenação anterior à pena privativa da liberdade e os antecedentes, conduta social, motivos e circunstâncias do crime façam presumir que a suspensão processual acordada será medida suficiente e necessária diante do fato.

3.2. Cabimento da Substituição do Art. 44, do Código Penal, nos Crimes de Trânsito

A substituição do art. 44, do Código Penal, com a aplicação de penas restritivas de direitos, em lugar das privativas da liberdade, será cabível em tese na grande maioria dos crimes de trânsito, em que a pena aplicada não seja superior a 4 anos e desde que presentes os requisitos dos incisos I, II e III do dispositivo legal mencionado:

a) homicídio culposo de trânsito, **somente em sua forma simples e no caso da incidência de causas de aumento de pena do parágrafo 1º** (art. 302, "caput" e parágrafo 1º); no parágrafo 3º, hipótese de homicídio culposo de trânsito qualificado pela influência do álcool ou de outra droga, não caberá mais a substituição **para fatos ocorridos a partir de 12 de abril de 2021**, nos termos da Lei nº 14.071/20, tratada no item 3.2.1, abaixo;

7 Se houver lesão grave em decorrência do racha, a pena será de 3 a 6 anos de reclusão. Se houver morte, de 5 a 10 anos de reclusão.

b) lesão corporal culposa de trânsito (*caput* e parágrafos), observando-se que no caso do parágrafo 2º, tipo agravado pela influência do álcool ou de outra droga, **a partir de 12 de abril de 2021,** fica vedada a substituição, nos termos da Lei nº 14.071/20;

c) omissão de socorro (art. 304);

d) evasão do local do sinistro para evitar responsabilidade civil ou criminal (art. 305);

e) embriaguez ao volante (art. 306);

f) crime de violação da suspensão ou proibição da obtenção do direito de dirigir (art. 307);

g) crime de racha (art. 308, "caput" e parágrafo 1º), **exceto quando houver morte, pois, nessa hipótese, a pena será de 5 a 10 anos de reclusão;**

h) crime de direção não habilitada com perigo de dano (art. 309);

i) crime de permissão, confiança ou entrega indevidas da direção (art. 310);

j) crime de velocidade incompatível com a segurança (art. 311); e

k) crime de fraude processual (art. 312).

O Juiz, porém, poderá *motivadamente* em qualquer dos crimes acima elencados, negar a conversão da pena privativa da liberdade em restritivas de direitos, se ausente algum dos requisitos legais (art. 44, I, II e III, do Código Penal) ou se, diante do caso concreto, a aplicação de penas restritivas de direitos não for considerada suficiente e necessária à repressão e prevenção do fato, por suas circunstâncias, conduta social, personalidade do agente, culpabilidade mais acentuada etc., sendo certo que nos fatos ocorridos a partir de 12 de abril de 2021, o juiz terá ainda para fundamentar essa negativa a proibição trazida pela Lei nº 14.071/20.

3.2.1 A Lei nº 14.071/20, que proibiu a substituição da pena privativa da liberdade, nos crimes de homicídio culposo e lesão culposa de trânsito, qualificados pela influência do álcool ou de outra droga de efeito psicoativo

Publicada no Diário Oficial da União de 14 de outubro de 2020, para se tornar eficaz depois de decorridos 180 dias da publicação (em 12 de abril de 2021), além de várias modificações na esfera administrativa, **a Lei nº 14.071/20 trouxe importante modificação na parte criminal do Código de Trânsito,** no tratamento dado aos crimes de homicídio culposo de trânsito (CTB, art. 302, § 3º[8]) e lesão corporal culposa de trânsito grave ou gravíssima (CTB, art. 303, § 2º[9]), qualificados pela influência do álcool ou embriaguez do condutor, por qualquer substância psicoativa que determine dependência:

> **"Art. 312-B. Aos crimes previstos no § 3º do art. 302 e no § 2º do art. 303 deste Código não se aplica o disposto no inciso I do caput do art. 44 do Decreto-Lei nº 2.848, de 7 de dezembro de 1940 (Código Penal)."**

Ou seja, não será mais permitida, por opção legislativa de política criminal, a aplicação de penas restritivas de direitos (CP, art. 44, I) se o condutor estiver sob influência do álcool ou de

8 CTB, art. 302, § 3º - Se o agente conduz veículo automotor sob a influência de álcool ou de qualquer outra substância psicoativa que determine dependência: (Incluído pela Lei nº 13.546, de 2017) (Vigência) Penas - reclusão, de cinco a oito anos, e suspensão ou proibição do direito de se obter a permissão ou a habilitação para dirigir veículo automotor. (Incluído pela Lei nº 13.546, de 2017) (Vigência)

9 CTB, art. 303, § 2º - A pena privativa de liberdade é de reclusão de dois a cinco anos, sem prejuízo das outras penas previstas neste artigo, se o agente conduz o veículo com capacidade psicomotora alterada em razão da influência de álcool ou de outra substância psicoativa que determine dependência, e se do crime resultar lesão corporal de natureza grave ou gravíssima. (Incluído pela Lei nº 13.546, de 2017) (Vigência)

outra substância psicoativa ao incorrer nos crimes **culposos** dos arts. 302, § 3º e 303, § 2º, do Código de Trânsito Brasileiro (Lei nº 9.503/97)[10].

A nova lei derroga, ou seja, revoga em parte o art. 44, I, do Código Penal[11], na parte em que estabelece que nos crimes culposos sempre caberá a substituição da pena privativa da liberdade por restritivas de direitos, independentemente da quantidade de pena.

Medida de política criminal importante, apoiada pela grande maioria dos condutores que não associam álcool, drogas e direção, assim como pelas demais pessoas em geral, pois apesar de todos os alertas, notícias diárias veiculadas pela mídia e campanhas educativas (veiculadas em frequência bem abaixo da que seria ideal), e não obstante o agravamento das punições nas esferas administrativa e criminal, tais crimes, decorrentes da combinação de álcool, outras drogas e direção de veículos automotores, têm triplicado as taxas de mortalidade em nosso Estado, nos últimos tempos, infelizmente[12].

O legislador penal, diante desse quadro, que não é exclusivo de São Paulo, mas de todo o país, disse com todas as letras que não quer mais que condutores que cometam tais crimes, por combinarem álcool ou outras drogas com a direção de veículos automotores, se beneficiem da aplicação de penas restritivas de direitos.

A nova norma é mais rigorosa e por isso valerá somente para casos ocorridos em sua vigência, ante o disposto no art., 5º, XL, da Constituição Federal, a partir de quando a lei se tornou eficaz, ou seja entrou em vigor, **aos 12 de abril de 2021**.

Ou seja, para fatos ocorridos até o último minuto do dia 11 de abril de 2021, a vedação não incidirá. O que não significa que, mesmo para fatos anteriores à norma mais gravosa, o juiz estará sempre obrigado a aplicar a substituição. O magistrado poderá negá-la motivadamente, se as circunstâncias do caso concreto não a recomendarem, caso a aplicação de penas substitutivas não atenda aos critérios de necessidade e suficiência ou sejam tais penas restritivas incompatíveis com a personalidade, conduta social e antecedentes do agente.

A modificação certamente terá reflexos no novo acordo de não persecução penal (CPP, art. 28-A), que tem sido aplicado em crimes de homicídio culposo de trânsito, com base inclusive em Enunciado do Conselho Nacional de Procuradores-Gerais de Justiça e do Grupo Nacional de Coordenadores de Centros de Apoio Criminal[13].

É evidente que, embora o Enunciado preveja a possibilidade de ANPP em crimes culposos, com resultado violento, o membro do Ministério Público fará a avaliação de cada caso

---

10 Em sentido diverso, o pensamento de Márcio André Lopes Cavalcante, que considera que a má técnica empregada pelo legislador, ao remeter ao art. 44, I, do CP, faz com que o objetivo da lei de proibir penas restritivas de direitos em tais delitos, qualificados pela influência do álcool ou de outra droga de efeitos psicoativos, não tenha sido alcançado, ou seja, continua a ser permitida, em sua compreensão, a substituição da pena privativa da liberdade por restritivas de direitos para tais crimes. Disponível em: https://www.dizerodireito.com.br/2020/10/a-lei--140712020-realmente-proibiu-as.html - acesso em 13 de dezembro de 2020.

11 Art. 44. As penas restritivas de direitos são autônomas e substituem as privativas de liberdade, quando: I – aplicada pena privativa de liberdade não superior a quatro anos e o crime não for cometido com violência ou grave ameaça à pessoa ou, qualquer que seja a pena aplicada, se o crime for culposo.

12 A taxa de mortalidade em acidentes de trânsito triplica no estado de São Paulo nos casos em que há suspeita de embriaguez ao volante, de acordo com dados do Infosiga, o sistema de dados gerenciado pelo programa Respeito à Vida, do governo do estado. Os pesquisadores analisaram boletins de ocorrência registrados entre janeiro de 2019 e julho de 2020, e encontraram um total de 5.701 acidentes com este recorte. Isso significa que, em média, o estado de São Paulo registrou 300 batidas por mês que envolveram suspeita de embriaguez. Disponível em: https://g1.globo.com/sp/sao-aulo/noticia/2020/09/18/suspeita-e-embriaguez-ao-volante-triplica-numero-de--mortes-em-acidentes-de-transito-no-estado-de-sp-diz-infosiga.ghtml - acesso em 14 de outubro de 2020.

13 ENUNCIADO 23 (ART. 28-A, § 2º) É cabível o acordo de não persecução penal nos crimes culposos com resultado violento, uma vez que nos delitos desta natureza a conduta consiste na violação de um dever de cuidado objetivo por negligência, imperícia ou imprudência, cujo resultado é involuntário, não desejado e nem aceito pela agente, apesar de previsível.

concreto, de modo a verificar se o acordo é suficiente e necessário para repressão e prevenção daquele fato, considerando as circunstâncias, consequências do fato e o grau de culpabilidade do agente, e poderá negar a avença, sempre motivadamente.

Antes do art. 312-B, **que vigorará somente em 12 de abril de 2021**, já era possível ao membro do Ministério Público recusar a formulação de proposta de acordo de não persecução penal, em casos de homicídio culposo de trânsito e lesão corporal culposa de trânsito, grave ou gravíssima, sob influência do álcool ou de outra droga, por entender que o acordo não atenderia aos critérios de necessidade e suficiência para repressão e prevenção do fato concreto.

É possível, ainda, considerar outras circunstâncias do caso concreto que tornem mais acentuada a culpabilidade do agente, para justificar a não formulação da proposta: omissão de socorro, cometimento do crime em faixa de pedestres (calçadas ou praças por exemplo), na direção de veículo de transporte de passageiros, excesso de velocidade, invasão do passeio dos pedestres, manobras temerárias ao volante, ocorrência do fato em ciclovia ou ciclofaixa etc.

Atualmente, com a proibição de penas restritivas de direitos em crimes culposos de trânsito, qualificados pela influência de álcool ou de outra droga psicoativa, os membros do Ministério Público terão um fundamento a mais para negar a formulação de proposta de acordo de não persecução penal em tais casos.

Confira-se item 3.5, sobre o tema.

O legislador considera que as penas restritivas de direitos (CP, art. 44), em tais situações, não atendem aos critérios de necessidade e suficiência para repressão e prevenção de tais fatos criminosos (homicídio culposo de trânsito e lesão culposa de trânsito, sob embriaguez ou influência de álcool ou outra substância psicoativa).

Ora, tendo em vista que, no acordo de não persecução penal (CPP, art. 28-A), além de medidas reparatórias à vítima e familiares, é comum a inclusão de condições que muito se assemelham às penas restritivas de direitos, como a prestação de serviços à comunidade, prestação pecuniária em prol de entidade assistencial, limitação de fim de semana, proibição de frequência a determinados locais, obrigação de comparecimento em juízo, de não se ausentar da comarca sem autorização judicial, de frequentar cursos, palestras sobre educação para o trânsito, contra o alcoolismo e ou dependência química, ou mesmo tratamento contra o alcoolismo e contra a dependência química, entre outras condições, desde que adequadas ao fato e ao autor do fato, **a nova disposição (art. 312-B) há de despertar a reflexão acerca da viabilidade de aplicação do acordo de não persecução penal nos delitos culposos de trânsito que envolvam embriaguez ao volante, com resultado morte ou lesão corporal grave ou gravíssima**.

As disposições do art. 312-A, do Código de Trânsito, que tratam de penas restritivas de direitos específicas para autores de delitos de trânsito, **ficarão prejudicadas em parte**, pois tais penas alternativas não poderão mais ser aplicadas aos autores dos crimes dos arts. 302, § 3º, e 303, § 2º, do Código de Trânsito, pela expressa vedação do art. 312-B, que se tornou eficaz, ou seja, entrou em vigor **no dia 12 de abril de 2021,** decorridos 120 dias da publicação da lei no DOU, que se deu no dia 14 de outubro de 2020.

3.3 Cabimento do sursis e do regime inicial aberto

A suspensão condicional da pena privativa da liberdade, conhecida como "sursis" (art. 77 e seguintes do Código Penal), será também em tese cabível em todos os crimes de trânsito, **desde que presentes os requisitos do art. 77, do Código Penal, e desde que a pena fixada não seja superior a 2 anos**: no homicídio culposo, se não houver causa de aumento de pena ou influência de álcool; na lesão corporal culposa de trânsito; no crime de omissão de socorro; no delito de evasão do local do acidente para evitar responsabilidade civil ou criminal; no crime de embriaguez ao volante; no crime de violação da suspensão do direito de dirigir; no crime de racha *se não houver lesões graves ou morte;* no crime de direção não habilitada; no crime de entrega indevida da direção; no crime de velocidade incompatível e ainda no delito de fraude processual.

O Juiz, porém, poderá motivadamente negar a aplicação do "sursis", ausente qualquer dos requisitos legais, ainda que a pena fixada não seja superior a 2 anos.

Se cabíveis no caso concreto a substituição da pena privativa da liberdade por restritivas de direitos ou o "sursis", em tese caberá também, nos casos de aplicação de pena não superior a 4 anos, o regime inicial aberto, nos termos do art. 33, § 3º, c.c. art. 59, do Código Penal.

O Juiz poderá, porém, ainda que se trate de pena não superior a 4 anos, aplicar fundamentadamente regime inicial mais severo, se a gravidade, circunstâncias e consequências do fato, culpabilidade exacerbada, conduta social e personalidade do autor do fato assim exigirem. E também negar "sursis" ou substituição, como já dito.

O regime inicial de cumprimento da pena não é estabelecido tão somente com base na pena fixada. Nesse sentido, o pensamento do **Supremo Tribunal Federal**:

> (...) **A fixação do regime inicial de cumprimento da pena não está condicionada somente ao *quantum* da reprimenda, mas também ao exame das circunstâncias judiciais do art. 59 do Código Penal, conforme remissão do art. 33, § 3º, do mesmo diploma legal. Precedentes** 4. Habeas corpus extinto sem resolução do mérito.
>
> (HC 116462, Relator(a): Min. ROSA WEBER, Primeira Turma, julgado em 21/05/2013, PROCESSO ELETRÔNICO DJe-105 DIVULG 04-06-2013 PUBLIC 05-06-2013) (grifamos).

E a motivação com base em elementos do caso concreto para adoção do regime mais rigoroso do que aquele em princípio indicado pela quantidade de pena será sempre necessária, a teor do disposto nas Súmulas 718 e 719,[14] ambas do Supremo Tribunal Federal, e ainda em face do enunciado da Súmula 440 do Superior Tribunal de Justiça.[15]

Confira-se, nessa ordem de ideias, o pensamento do Superior Tribunal de Justiça sobre a matéria:

> AGRAVO REGIMENTAL NO HABEAS CORPUS. FURTO QUALIFICADO. REGIME INICIAL FECHADO. CIRCUNSTÂNCIAS JUDICIAIS DESFAVORÁVEIS. REINCIDÊNCIA. SÚMULA N. 269 DO SUPERIOR TRIBUNAL. INAPLICABILIDADE. ART. 387, § 2º, DO CPP. DISCUSSÃO. DESNECESSIDADE.
>
> **1. Nos termos do art. 33, §§ 1º, 2º e 3º, do Código Penal, para a fixação do regime inicial de cumprimento de pena, o julgador deverá observar a quantidade da reprimenda aplicada, bem como a eventual existência de circunstâncias judiciais desfavoráveis. Ademais, na esteira da jurisprudência desta Corte Superior, admite-se a imposição de regime prisional mais severo do que aquele que permite a pena aplicada quando apontados elementos fáticos demonstrativos da gravidade concreta do delito.**
>
> 2. Na hipótese, não se observa a existência de constrangimento ilegal na manutenção do regime fechado para o início do cumprimento da sanção aplicada, pois, embora a pena definitiva não seja superior a 4 (quatro) anos de reclusão, a reincidência e as circunstâncias

14 **STF: SÚMULA 718**
A opinião do julgador sobre a gravidade em abstrato do crime não constitui motivação idônea para a imposição de regime mais severo do que o permitido segundo a pena aplicada.
STF: SÚMULA 719
A imposição do regime de cumprimento mais severo do que a pena aplicada permitir exige motivação idônea.

15 **STJ: SÚMULA 440**
Fixada a pena-base no mínimo legal, é vedado o estabelecimento de regime prisional mais gravoso do que o cabível em razão da sanção imposta, com base apenas na gravidade abstrata do delito.

> judiciais desfavoráveis impedem a aplicação do disposto na Súmula n. 269 desta Casa. Precedentes.
>
> 3. Ademais, "embora a reprimenda não tenha ultrapassado 4 anos, as circunstâncias judiciais desfavoráveis e a reincidência justificam a fixação do regime inicial fechado, segundo a jurisprudência desta Corte, mostrando-se inócua, inclusive, para fins de escolha do regime inicial, a discussão acerca da detração do tempo de prisão provisória (art. 387, § 2º, do Código de Processo Penal - CPP)" (AgRg no HC n. 490.175/SP, relator Ministro JOEL ILAN PACIORNIK, QUINTA TURMA, julgado em 30/5/2019, DJe 11/6/2019). Precedentes.
>
> 4. Agravo regimental desprovido.
>
> **(AgRg no HC 686.522/SP, Rel. Ministro ANTONIO SALDANHA PALHEIRO, SEXTA TURMA, julgado em 05/10/2021, DJe 08/10/2021) (destacamos)**

3.4 O acordo de não persecução penal e os crimes de trânsito (CPP, art. 28-A). A transação penal e a suspensão condicional do processo (arts. 76 e 89 da Lei nº 9.099/95)

A Lei nº 13.964/19 (pacote anticrime) trouxe no art. 28-A, do Código de Processo Penal, o acordo de não persecução penal, novo modelo de Justiça Negocial, **destinado às infrações penais de médio potencial ofensivo, que não se revistam de violência contra a pessoa ou grave ameaça, cuja pena mínima prevista seja inferior a 04 anos.**

O tema era inicialmente tratado pelas Resoluções 181 e 183 do Conselho Nacional do Ministério Público. Isso gerava questionamentos de alguns magistrados e de outros operadores do Direito, acerca da constitucionalidade de aplicação do instituto por meio de resoluções, pois o correto – sustentavam – seria haver norma processual regulando o assunto (CF, art. 22, I – é competência privativa da União legislar sobre direito processual).

Com a nova norma incorporada ao Código de Processo Penal, essa discussão foi sepultada.

Para os crimes de trânsito de menor potencial ofensivo, da competência dos Juizados Especiais Criminais, cuja pena máxima prevista não exceda dois anos (conceito estabelecido no art. 61, da Lei nº 9.099/95), não caberá o acordo de não persecução penal, por expressa vedação constante do art. 28-A, § 2º, I, do Código de Processo Penal (arts. 303, *caput*, 304, 305, 307, 309, 310, 311 e 312 do CTB).

Em nossa compreensão, o legislador vedou o acordo em tais crimes, por pressupor que a transação penal será sempre mais benéfica ao agente que preencher os requisitos do art. 76, da Lei nº 9.099/95.

SUPRESSÃO DE TEXTO – O ENUNCIADO NÃO VINGOU

E convém lembrar que caberá, ainda, nos crimes de trânsito de menor potencial, a suspensão condicional do processo, nos termos do art. 89, da Lei nº 9.099/95, **prevista para crimes cuja pena mínima prevista não seja superior a um ano.**

E a suspensão condicional do processo não exige confissão do agente, como se exige para o acordo de não persecução penal.

Crimes de trânsito em que caberá o ANPP, uma vez preenchidos os requisitos objetivos e subjetivos do art. 28-A, do Código de Processo Penal, atendido antes de tudo o pressuposto objetivo da confissão formal e circunstanciada do fato, pelo agente, assistido de advogado:

a) **homicídio culposo de trânsito (art. 302, *caput*, e parágrafo 1º);**

b) **lesão corporal culposa de trânsito (art. 303, *caput* e parágrafo 1º);**

c) **embriaguez ao volante (art. 306);**

d) **competição não autorizada ou racha com resultado lesão grave (art. 308, *caput*, e parágrafo 1º), mas não no caso de resultado morte (§ 2º), cuja pena mínima é superior a quatro anos.**

Embora o *caput* do art. 28-A proíba o acordo em crimes cometidos com violência contra a pessoa, nos crimes culposos (arts. 302 e 303 do CTB), que se verificam pela defraudação do dever de cuidado objetivo, a violência está no resultado, não na conduta propriamente dita. Daí porque em princípio não fica proibido o acordo de não persecução em crimes culposos.

Há, nesse sentido, o Enunciado nº 23, do Conselho Nacional de Procuradores-Gerais de Justiça (CNPG), admitindo o acordo de não persecução penal em crime culposo com resultado violento:

> ***"É cabível o acordo de não persecução penal nos crimes culposos com resultado violento, uma vez que nos delitos desta natureza a conduta consiste na violação de um dever de cuidado objetivo por negligência, imperícia ou imprudência, cujo resultado é involuntário, não desejado e nem aceito pela agente, apesar de previsível".***

3.5 Penas restritivas de direitos. A Lei nº 14.071/20. Reflexos no acordo de não persecução penal

Cumpre lembrar que as penas restritivas de direitos foram proibidas para o homicídio culposo e para a lesão corporal culposa de trânsito, qualificados pela influência do álcool ou de outra substância psicoativa.

Isso por força da Lei nº 14.071/20, publicada no DOU no dia 14 de outubro de 2020, para vigorar a partir do dia 12 de abril de 2021, cuidando-se de norma mais gravosa, **que só incidirá nos fatos ocorridos a partir do dia 12 de abril de 2021, em decorrência do quanto disposto no art. 5º, XL, da Constituição Federal.**

Referida lei não proibiu o acordo de não persecução penal na lesão culposa de trânsito, agravada pela influência do álcool (art. 303, § 2º, do CTB), que tem pena prevista de 02 a 05 anos de reclusão.

Porém, deve despertar a reflexão acerca da aplicação do instituto em tais situações.

Ou seja, se o legislador, por opção de política criminal, em face do grande número de acidentes graves que têm se verificado pela mistura de álcool, drogas e direção, não quer mais que o autor desses delitos culposos qualificados pela influência do álcool ou de outra droga de efeitos psicoativos seja beneficiado pela aplicação de penas restritivas de direitos (CP, art. 44, I – derrogado, ou seja, revogado em parte), **razoável crer que o acordo de não persecução penal, em tais situações, não fica a rigor proibido, mas poderá não atender aos requisitos de necessidade e suficiência à repressão e prevenção do fato, no hipótese de contemplar condições semelhantes às impostas com penas restritivas de direitos, que não serão mais permitidas.**

Vale dizer, ainda, que **se para o mais, ação penal em que tenha sido proferida sentença condenatória pela prática de tais crimes culposos**, não serão mais permitidas penas restritivas de direitos, **forçoso convir que para o menos, ou seja, inquéritos policiais e ações penais em curso por tais fatos**, não é razoável admitir acordo de não persecução penal, com a inclusão de condições semelhantes àquelas que seriam estabelecidas na sentença condenatória, se aplicadas penas restritivas de direitos, proibidas para os fatos ocorridos a partir de 12 de abril de 2021.

Respeitados posicionamentos diversos, trata-se, para nós, de preservar a coerência do sistema jurídico, que não pode ser interpretado pela visão isolada de um dispositivo legal ou outro, sem a necessária conjugação entre os vários preceitos e uma imprescindível visão do todo.

Assim, o Ministério Público poderá, considerando as circunstâncias do caso concreto, consequências, maior grau de culpabilidade do agente etc. recusar motivadamente o acordo de não persecução penal em tais situações. Essa recusa poderá ser reapreciada pelo órgão de revisão ministerial, a requerimento da defesa (CPP, art. 28-A, § 14).

Para arrematar, devemos lembrar que, respeitadas opiniões diversas, o acordo de não persecução penal não encerra direito subjetivo do acusado, mas prerrogativa institucional do Ministério Público, verdadeiro instrumento de política criminal, em decorrência do disposto no art. 129, I, da Constituição da República, que confere à Instituição o dever de promover **privativamente** a ação penal pública.

> Nesse sentido, o Enunciado nº 21 da PGJ/CGMP e CaoCrim, do MPSP, sobre o tema: ***A proposta de acordo de não persecução penal tem natureza de instrumento de política criminal e sua avaliação é discricionária do Ministério Público no tocante à necessidade e suficiência para reprovação e prevenção do crime. Trata-se de prerrogativa institucional do Ministério Público e não direito subjetivo do investigado.***

4. As Novas Condições para as Penas Restritivas de Direitos, trazidas pela Lei 13.281/16, no Art. 312-A, do Código de Trânsito

Aqui, uma vez mais, o legislador não atentou para a sistematização dada aos crimes de trânsito e às normas gerais que lhes são aplicáveis. Ou seja, em lugar de colocar as novas regras para a substituição por penas restritivas de direitos entre as normas gerais aplicáveis aos crimes de trânsito (do art. 291 ao 301), preferiu criar um art. 312-A, que não guarda nenhuma relação direta ou indireta com o crime de fraude processual de trânsito, previsto no art. 312 do Código de Trânsito.

Melhor teria feito se tivesse obedecido à sistematização dada ao tema nas normas gerais e inserido as novas regras entre os arts. 291 a 301. Mesmo porque as novas regras – ao que nos parece – se situam nesse contexto, de normas gerais.

4.1. Atividades a Serem Estabelecidas pelo Juiz ao Aplicar a Substituição da Pena Privativa da Liberdade por Restritivas de Direitos, nos Crimes de Trânsito, por Força do Art. 312-A, trazido pela Lei 13.281, de 2016. A Lei nº 14.071/20

> **Art. 312-A.** Para os crimes relacionados nos arts. 302 a 312 deste Código, nas situações em que o juiz aplicar a substituição de pena privativa de liberdade por pena restritiva de direitos, esta deverá ser de prestação de serviço à comunidade ou a entidades públicas, em uma das seguintes atividades: (Incluído pela Lei 13.281, de 2016) (Vigência)
>
> I – trabalho, aos fins de semana, em equipes de resgate dos corpos de bombeiros e em outras unidades móveis especializadas no atendimento a vítimas de trânsito; (Incluído pela Lei 13.281, de 2016) (Vigência)
>
> II - trabalho em unidades de pronto-socorro de hospitais da rede pública que recebem vítimas de sinistro de trânsito e politraumatizados; (Redação dada pela Lei nº 14.599, de 2023)
>
> III - trabalho em clínicas ou instituições especializadas na recuperação de sinistrados de trânsito; (Redação dada pela Lei nº 14.599, de 2023)
>
> IV - outras atividades relacionadas a resgate, atendimento e recuperação de vítimas de sinistros de trânsito. (Redação dada pela Lei nº 14.599, de 2023)

As penas privativas de liberdade não superiores a 4 anos poderão ser substituídas por penas restritivas de direitos, nos termos do art. 44, do Código Penal, desde que não se trate de crime cometido com violência ou grave ameaça, desde que o agente não seja reincidente em crime doloso e desde que os motivos, circunstâncias e conduta social do agente autorizem crer que a substituição seja necessária e suficiente à prevenção e repressão do fato.

Nos crimes culposos, qualquer que seja a quantidade de pena, a substituição foi admitida (art. 44, I, parte final, do CP).

Importante observar que referida regra foi derrogada, ou seja, parcialmente revogada pela Lei nº 14.071/20, que deverá entrar em vigor **no dia 12 de abril de 2021**, e que proíbe nos crimes culposos de homicídio e lesão culposa de trânsito, qualificados pela influência do álcool ou de outra droga, a aplicação de penas restritivas de direitos.

Isso porque referida lei, publicada no Diário Oficial da União no dia 14 de outubro de 2020, para entrar em vigor depois de decorridos 180 dias, modificou o tratamento dado aos crimes de homicídio e lesão culposos de trânsito qualificados pela influência do álcool ou de outra droga psicoativa (arts. 302, parágrafo 3º, e art. 303, parágrafo 2º, do CTB).

Norma mais severa, que somente valerá para casos ocorridos a partir do dia 12 de abril de 2021 (CF, art. 5º, XL).

Vide item 3.2.1, acima, acerca do tema.

Norma penal mais severa, que somente valerá para casos ocorridos a partir do dia 12 de abril de 2021 (CF, art. 5º, XL).

Vide item 3.2.1, acima, acerca do tema.

4.2. Atividades Especiais para o Autor de Crimes de Trânsito

A lei previu as atividades acima elencadas, visando relacionar a prestação de serviços à comunidade aos resultados da conduta criminosa do agente.

Ou seja, a lei quer que o agente contribua exatamente nos setores da atividade humana relacionados a acidentes de trânsito, auxiliando equipes de resgate aos finais de semana, trabalhando em prontos-socorros ou clínicas que atendam vítimas de acidentes de trânsito ou ainda atuando noutras atividades de resgate, atendimento e recuperação de vítimas de acidentes de trânsito.

A Lei n. 14.599/23 foi bem mais específica em relação à lei anterior, na redação dada aos incisos II, III e IV, ao direcionar o trabalho do apenado em unidades de pronto-socorro de hospitais da rede pública que recebam vítimas de sinistro de trânsito e politraumatizados, em clínicas ou instituições especializadas (públicas ou privadas, a lei não restringiu, como fez em relação a prontos-socorros e hospitais) na recuperação de sinistrados de trânsito e em outras atividades relacionadas a resgate, atendimento e recuperação de vítimas de sinistros de trânsito.

Digna de elogio a formatação que a lei especial pretende dar à atividade de prestação de serviços à comunidade a ser desempenhada pelas pessoas que incorram em crimes de trânsito.

Porém, sua aplicação há de ocorrer com parcimônia.

Imagine-se, por exemplo, uma pessoa sem a menor noção de primeiros socorros dispondo-se a movimentar um pedestre atropelado, com fraturas graves. Ou então alguém totalmente alheio ao ambiente hospitalar, sem a menor noção de enfermagem ou trabalho de paramédico (que sequer existe no Brasil), dispondo-se a auxiliar técnicos de enfermagem, enfermeiros ou médicos...

Para que o acusado seja engajado numa das atividades previstas, primeiro é necessário que lhe seja destinada tarefa compatível com sua formação, condição física e intelectual. Segundo, seja ele orientado e supervisionado todo o tempo. Terceiro, que ele, assistido de advogado, aceite prestar serviços nas atividades previstas e declare, ainda, que tem plena ciência delas.

4.3. Crítica à Prestação de Serviços nas Atividades Elencadas. Da Relativização da Obrigatoriedade de sua Aplicação. Proposta de Viabilização de Aplicação do Preceito

A lei traz um sentido de obrigatoriedade para o Juiz, que não teria, aparentemente, a faculdade de deixar de impor prestação de serviços de outra natureza, além daquelas elencadas no art. 312-A, e também para o próprio autor de crimes de trânsito, que num primeiro momento não poderia recusar tal prestação de serviços, bem específica e relacionada aos crimes de trânsito.

Porém, a lei há de ser interpretada em conformidade com o caso concreto e com a realidade sabidamente difícil de nossos prontos-socorros públicos, hospitais, clínicas e entidades que atendem vítimas de acidentes de trânsito. E ainda há de ser adequada à própria situação pessoal do agente, que muitas vezes poderá – por motivos de saúde física, mental, alcoolismo, uso de drogas etc. –, não reunir condições mínimas para prestar serviços em nenhuma das atividades ora previstas.

Nesse caso, o Juiz, de forma fundamentada, poderá impor outras penas restritivas de direitos, fora do rol constante do art. 312-A.

Sob pena de, a pretexto de se pretender punir adequadamente quem causou acidente de trânsito com vítima, criarmos outros problemas graves, com sério risco à saúde e à integridade corporal das vítimas e ainda com prejuízo evidente aos serviços e atividades a que se refere o art. 312-A. E também com prejuízo ao próprio acusado, a quem a pena criminal, seja ela privativa da liberdade ou restritiva de direitos, em tese busca reeducar, além de seu sentido de prevenção geral.

No melhor dos mundos, poderíamos imaginar que o art. 312-A, do Código de Trânsito, antes de lançar – amadoristicamente – o autor de crimes de trânsito à prestação das atividades previstas, deva fazê-lo passar, primeiro, por um curso de primeiros socorros, com noções básicas, a ser ministrado por pessoas especializadas e credenciadas para tanto.

Mas no Brasil, o legislador ao editar a lei normalmente se esquece da realidade: a carroça, não raro, é posta na frente dos bois. E os resultados são desastrosos. Ou a lei "não pega" ou de sua aplicação não surtem os efeitos que deveriam surtir ou ainda dela resultam situações tão graves ou ainda mais graves, se comparadas àquelas que a lei visava eliminar ou atenuar.

Muitas novidades são previstas em nosso cipoal de leis, erguem-se "paredes" sem que os alicerces sejam devidamente preparados para que a edificação se desenvolva de forma segura e com resultados proveitosos para todos.

Isso, lamentavelmente, leva a uma situação de descrédito nas leis, em quem as elabora, representando o povo eleitor – titular de todo o poder – e nas instituições incumbidas de aplicá-las.

É de se esperar, portanto, que as Polícias Civil e Militar, Corpo de Bombeiros, SAMUs (serviços de atendimento médico de urgência implantados nos municípios), Ministério Público, Poderes Executivo, Legislativo e Judiciário, assim como a sociedade civil organizada possam desenvolver ações conjuntas com os órgãos integrantes do Sistema de Trânsito, com os órgãos do Sistema de Saúde Pública e com as instituições de saúde pública e privada, no sentido de que se torne viável a concretização do comando do art. 312-A, do Código de Trânsito, para que as atividades ali previstas sejam prestadas pelos autores de crimes de trânsito com resultados positivos para todos: para as entidades e serviços elencados; para os autores de crimes de trânsito e para as vítimas dos acidentes de tráfego, principalmente.

E que desse trabalho conjunto resultem frutos que possam propagar uma cultura de prevenção de acidentes de trânsito e de fomento à assistência às vítimas e seus familiares.

5. Obrigatoriedade do Inquérito Policial

Para que não haja dúvidas, o Código de Trânsito estabeleceu em seu art. 291, § 2º, a obrigatoriedade de instauração de inquérito policial sempre que estivermos diante de alguma ou algumas das hipóteses do art. 291, § 1º, I, II e III, acima comentadas.

A Autoridade Policial não poderá, portanto, instaurar mero termo circunstanciado em tais casos, pois não teremos mais infrações penais que devam ser tratadas como de menor potencial ofensivo, se estiverem presentes as situações impeditivas acima apontadas.

6. Análise do Texto Vetado no Art. 291, § 3º e Razões do Veto

O texto original previa um parágrafo 3º no art. 291, com a seguinte redação:

> "§ 3º Nos casos previstos no § 3º do art. 302, no § 2º do art. 303 e nos §§ 1º e 2º do art. 308 deste Código, aplica-se a substituição prevista no inciso I do **caput** do art. 44 do

Decreto-Lei nº 2.848, de 7 de dezembro de 1940 (Código Penal), quando aplicada pena privativa de liberdade não superior a quatro anos, atendidas as demais condições previstas nos incisos II e III do **caput** do referido artigo."

Houve, porém, acertado veto presidencial, pelos motivos abaixo elencados. Em resumo, o § 3º do art. 302 do Código de Trânsito, que tratava do homicídio culposo agravado pela influência de álcool ou pela participação em racha já havia sido revogado, para que subsistissem – como de fato subsistiu – o crime de racha agravado pelo resultado morte (art. 308, § 2º) e o homicídio culposo qualificado pela influência do álcool (art. 302, § 3º), solucionando grande celeuma. Além disso, a remissão às figuras qualificadas do art. 308 no sentido da substituição da pena privativa da liberdade por penas restritivas de direitos esbarraria no art. 44, do Código Penal, pois duas delas preveem penas mínimas de 5 anos de reclusão, incompatíveis com a substituição.[16]

7. O § 4º do Art. 291 e a Remissão ao Art. 59, do Código Penal

A previsão não era a rigor necessária, pois o Juiz, na tarefa de fixação da pena, já deveria valer-se das circunstâncias judiciais, estabelecidas pelo art. 59, do Código Penal, em sua parte geral, cuidando-se de norma geral, matéria não regulada de forma expressa e específica pelo Código de Trânsito. O art. 291, "caput", do Código de Trânsito, em sua primeira parte, já o permitia.

Segundo o novo parágrafo, acrescentado pela Lei 13.546/17, em vigor a partir de 19 de abril de 2018, o juiz fixará a pena-base segundo as diretrizes do art. 59, do Código Penal, **dando especial atenção à culpabilidade do agente e às circunstâncias e consequências do crime.**

A disposição é vista positivamente, pois confere ao julgador diretrizes sólidas para fixar a pena: o maior ou menor desvalor que deve ser dado à conduta do agente, segundo a maior ou menor culpabilidade inerente ao seu comportamento no caso concreto; as circunstâncias que rodearam o cometimento do crime de trânsito; as consequências do crime, que podem ir desde o perigo abstrato a lesões de natureza leve, sequelas incapacitantes e morte. Assim como a conduta do agente após o fato, a assistência dada à vítima no sentido de lhe proporcionar socorro imediato, tratamento médico, a prontidão e eficácia do socorro prestado ou mesmo, se for o caso, a omissão do agente etc.

8. A Suspensão ou Proibição da Obtenção do Direito de Dirigir

> **Art. 292.** A suspensão ou a proibição de se obter a permissão ou a habilitação para dirigir veículo automotor pode ser imposta isolada ou cumulativamente com outras penalidades. (Redação dada pela Lei 12.971, de 2014)

16 MENSAGEM 538, DE 19 DE DEZEMBRO DE 2017.
Senhor Presidente do Senado Federal,
Comunico a Vossa Excelência que, nos termos do § 1º do art. 66 da Constituição, decidi vetar parcialmente, por contrariedade ao interesse público, o Projeto de Lei nº 5.568, de 2013 (nº 144/15 no Senado Federal), que "Altera dispositivos da Lei nº 9.503, de 23 de setembro de 1997 (Código de Trânsito Brasileiro), para dispor sobre crimes cometidos na direção de veículos automotores".
Ouvido, o Ministério das Cidades manifestou-se pelo veto ao seguinte dispositivo:
§ 3º do art. 291 da Lei nº 9.503, de 23 de setembro de 1997 (Código de Trânsito Brasileiro), acrescido pelo art. 2º do projeto de lei
Razões do veto
"O dispositivo apresenta incongruência jurídica, sendo parcialmente inaplicável, uma vez que, dos três casos elencados, dois deles preveem penas mínimas de reclusão de 5 anos, não se enquadrando assim no mecanismo de substituição regulado pelo Código Penal. Assim, visando-se evitar insegurança jurídica, impõe-se o veto ao dispositivo".
Essas, Senhor Presidente, as razões que me levaram a vetar o dispositivo acima mencionado do projeto em causa, as quais ora submeto à elevada apreciação dos Senhores Membros do Congresso Nacional.
Este texto não substitui o publicado no DOU de 20.12.2017.

8.1. Alcance

Disposição que estabelece a autonomia da suspensão ou proibição de se obter a permissão para dirigir veículo automotor.

Esta pena, de natureza administrativa, poderá ser imposta isolada ou de forma cumulada com outras penas, como a privativa da liberdade e a de multa, por exemplo, sempre que expressamente prevista no preceito secundário das normas penais incriminadoras.

8.2. A Suspensão do Direito de Dirigir e o Motorista Profissional: Posições sobre o Tema

O Supremo Tribunal Federal, no julgamento do Recurso Extraordinário nº 607.107, em sede de repercussão geral, considerou constitucional a imposição da suspensão do direito de dirigir ao motorista profissional.[17]

Entendemos, também, que a pena de suspensão do direito de dirigir pode perfeitamente ser aplicada ao motorista profissional, se violar tipos penais que prevejam esta pena cumulativamente.

Não faria sentido, em face do postulado da igualdade de todos perante a lei, criarmos uma categoria profissional imune àquela pena, sob o frágil argumento de que lhe estaria sendo tolhido o direito ao trabalho.

Muitas outras pessoas que sofrem esta penalidade, embora não sejam motoristas profissionais, também dependem do carro para trabalhar e desenvolver várias atividades pessoais, familiares, religiosas, de lazer etc. O postulado constitucional da igualdade, portanto, não admite esse tratamento desigual, por vezes presente em alguns julgados.

A discussão, com o julgamento pelo STF do RE 607.107, considerando constitucional a penalidade, tende a ficar no passado.

8.3 A Lei nº 13.804/19, que previu novos crimes aos quais se aplicam a cassação ou proibição da obtenção do direito de dirigir por 5 anos

A Lei n. 13.804, de 10 de janeiro de 2019, acrescentou o art. 278-A, ao Código de Trânsito Brasileiro, dispondo que o condutor de veículo, condenado pela prática de crime de receptação, descaminho, contrabando (arts. 180, 334 e 334-A do Código Penal), "terá cassado seu documento de habilitação ou será proibido de obter a habilitação para dirigir veículo automotor pelo prazo de 5 (cinco) anos".

Além disso, permite, em seu § 2º, que o condutor de veículo, preso em flagrante, na prática de tais crimes, tenha decretada pelo juiz, de ofício ou mediante representação da autoridade policial ou requerimento do Ministério Público, "a suspensão da permissão ou da habilitação para dirigir veículo automotor, ou a proibição de sua obtenção."

No aspecto positivo, a norma é boa, pois passa a prever a medida de cassação do direito de dirigir ou a proibição de sua obtenção aos autores de crimes de receptação, descaminho e contrabando que envolvam a direção de veículo automotor por seus autores. Porém, há falhas e perdemos a oportunidade de avançar.

A Lei nº 13.804/19 contém gritante omissão, pois embora o preâmbulo da lei refira também os crimes de furto e roubo, estes não constaram da redação do art. 278-A. Esquecimento

---

17 Decisão: O Tribunal, por unanimidade, apreciando o tema 486 da repercussão geral, deu provimento ao recurso extraordinário, nos termos do voto do Relator. Em seguida, fixou-se a seguinte tese: "É constitucional a imposição da pena de suspensão de habilitação para dirigir veículo automotor ao motorista profissional condenado por homicídio culposo no trânsito". Falou, pelo recorrente, o Dr. Antônio Padova Marchi Júnior, Procurador de Justiça do Estado de Minas Gerais. Não participou, justificadamente, deste julgamento, o Ministro Gilmar Mendes. Ausente, por motivo de licença médica, o Ministro Celso de Mello. Presidência do Ministro Dias Toffoli. Plenário, 12.02.2020. Disponível em: http://portal.stf.jus.br/processos/detalhe.asp?incidente=3810647 – acesso em 13 de fevereiro de 2020.

do legislador? Falha de revisão? **Perdeu, ainda, o nosso legislador a oportunidade de incluir no preceito outros crimes graves, que também comportariam a medida de cassação do direito de dirigir ou a proibição de sua obtenção, desde que relacionados à condução de veículo automotor por seus autores: tráfico de drogas, extorsão, extorsão mediante sequestro, sequestro, homicídio, lavagem de dinheiro, organização criminosa, crimes praticados com violência doméstica ou familiar contra a mulher, crimes contra o idoso, contra a criança e o adolescente, crimes contra a dignidade sexual, entre outros.**

9. Prazo da Suspensão ou Proibição de Obtenção da Permissão ou Habilitação

> **Art. 293.** A penalidade de suspensão ou de proibição de se obter a permissão ou a habilitação, para dirigir veículo automotor, tem a duração de dois meses a cinco anos.
>
> § 1º Transitada em julgado a sentença condenatória, o réu será intimado a entregar à autoridade judiciária, em quarenta e oito horas, a Permissão para Dirigir ou a Carteira de Habilitação.
>
> § 2º A penalidade de suspensão ou de proibição de se obter a permissão ou a habilitação para dirigir veículo automotor não se inicia enquanto o sentenciado, por efeito de condenação penal, estiver recolhido a estabelecimento prisional.

9.1. *Alcance*

O *caput* estabelece a duração da penalidade de suspensão ou proibição de se obter a permissão ou a habilitação, para dirigir veículo automotor: de 2 meses a 5 anos. A gradação da pena ocorrerá de acordo com a gravidade, motivos, circunstâncias e consequências do delito.

O Juiz se pautará pelos critérios norteadores estabelecidos pelo art. 59, do Código Penal, autorizado pelo art. 291, § 4º, do Código de Trânsito.

Nesse sentido a jurisprudência do **Superior Tribunal de Justiça**:

> **PENAL. AGRAVO REGIMENTAL NO RECURSO ESPECIAL. HOMICÍDIO CULPOSO NA DIREÇÃO DE VEÍCULO AUTOMOTOR. ART. 302 DO CÓDIGO DE TRÂNSITO BRASILEIRO. SUSPENSÃO DA HABILITAÇÃO. PRAZO DE DURAÇÃO DA MEDIDA. GRAVIDADE CONCRETA DA CONDUTA. PROPORCIONALIDADE. AGRAVO NÃO PROVIDO.**
>
> **1. Esta Corte Superior vem se manifestando, no sentido de que a pena de suspensão da habilitação para dirigir veículo automotor deve ser estabelecida de acordo com a gravidade concreta da conduta praticada pelo infrator e das peculiaridades do caso.**
>
> **2. Desse modo, é possível a suspensão da habilitação pelo mesmo prazo da pena privativa de liberdade em casos de crimes homicídio culposo e lesão corporal culposa na direção de veículo automotor, quando constatada a gravidade da conduta.**
>
> 3. No caso em apreço, cumpre ressaltar que, conforme expressamente delineado no acórdão impugnado, o acusado "conduzia um caminhão trator [...], ao qual estava acoplado o semirreboque [...], quando ao contornar uma curva fechada em área urbana, sem os cuidados que a manobra exigia em razão da dimensão do veículo, local e horário, invadiu o acostamento e atropelou E. B. S., a qual não resistiu e veio a óbito. Os fatos narrados na denúncia, tal como a imprudência do apelante ao conduzir o seu veículo, como causa preponderante do acidente, restaram cabalmente evidenciados nos autos." (e-STJ, fl. 361).
>
> 4. Logo, resta evidenciada a gravidade concreta da conduta imputada ao réu, que, agindo com imprudência na condução de veículo automotor, causou a morte da vítima - criança de apenas 9 (nove) anos de idade.

5. Desta feita, ao contrário do que entendeu a Corte de origem, não se mostra desproporcional o prazo da pena de suspensão da habilitação do direito de dirigir fixado pela sentença (e-STJ, fl. 199), que guarda paridade com a pena privativa de liberdade, até mesmo com vistas a resguardar a integridade física de terceiros e do próprio recorrido.

6. Na espécie, não há falar na incidência da Súmula 7/STJ, pois, como visto, os fatos encontram-se expressamente discriminados no aresto proferido pelo Tribunal a quo.

7. Também não procede o argumento de que a reforma do julgado encontra óbice na Súmula 83/STJ, pois a decisão ora embargada encontra-se fundamentada em julgados proferidos por ambas a Turmas que compõem a 3ª Seção deste Tribunal.

8. Agravo regimental não provido.

(AgRg no REsp 1882632/SC, Rel. Ministro RIBEIRO DANTAS, QUINTA TURMA, julgado em 22/09/2020, DJe 30/09/2020)

Há posicionamento, também, no Superior Tribunal de Justiça, de que a pena de suspensão do direito de dirigir não deve guardar, necessariamente, proporcionalidade com a pena privativa da liberdade. Para essa corrente, a suspensão do direito de dirigir por um ano seria medida necessária e adequada:

PENAL E PROCESSO PENAL. AGRAVO REGIMENTAL NO AGRAVO EM RECURSO ESPECIAL. 1. SUSPENSÃO DA HABILITAÇÃO PARA DIRIGIR. PRAZO ESTABELECIDO PELA DISCRICIONARIEDADE DO JUIZ. PECULIARIDADES DO CASO. 2. PRAZO DE 2 ANOS E 4 MESES DESPROPORCIONAL À CONDUTA DO AGRAVANTE. PRECEDENTES. DIMINUIÇÃO PARA 1 ANO. 3. SUBSTITUIÇÃO DA PENA DE DETENÇÃO POR RESTRITIVA DE DIREITOS. MAUS ANTECEDENTES. POSSIBILIDADE. 4. AGRAVO REGIMENTAL NÃO PROVIDO.

1. A jurisprudência desta Corte Superior de Justiça se firmou no sentido de que a norma não estabelece os critérios para a fixação do lapso para a suspensão da habilitação para dirigir, devendo o juiz estabelecer o prazo de duração da medida considerando as peculiaridades do caso concreto, tais como a gravidade do delito e o grau de censura do agente, não ficando adstrito à análise das circunstâncias judiciais do art. 59 do Código Penal (AgRg no REsp n. 1.663.593/SC, Rel. Ministra MARIA THEREZA DE ASSIS MOURA, Sexta Turma, julgado em 20/6/2017, DJe 26/6/2017).

2. Dessarte, não obstante a discricionariedade do juiz, verifico que, na hipótese dos autos, a suspensão da habilitação para dirigir pelo prazo de 2 anos e 4 meses se mostra desproporcional à conduta do agravante, uma vez que a interrupção da vida da vítima está contida no tipo penal, não revelando, portanto, conduta que mereça maior reprovabilidade. Ademais, analisando os precedentes trazidos, percebo que a suspensão de dirigir pelo prazo de 1 ano se mostra mais adequada ao caso em análise, principalmente em razão da existência de antecedentes.

3. Ainda que as instâncias originárias tenham indeferido a substituição da pena de detenção por restritiva de direitos em razão dos maus antecedentes, verifico nos autos (e-STJ fl. 437) que o crime anteriormente praticado pelo agravante foi o disposto no art. 129, § 9º, do CP, o que, ao meu ver, e de acordo com a teoria da reiteração não cumulativa de conduta de gêneros distintos, não impede a substituição da pena de detenção por restritivas de direito.

4. Agravo regimental a que se nega provimento.

(AgRg no AREsp 1503212/SP, Rel. Ministro REYNALDO SOARES DA FONSECA, QUINTA TURMA, julgado em 10/09/2019, DJe 18/09/2019)

O E. Tribunal de Justiça de São Paulo vem entendendo que a pena de suspensão do direito de dirigir deverá seguir o mesmo critério utilizado para fixação da pena privativa da liberdade:

TRÂNSITO. EMBRIAGUEZ AO VOLANTE – Configuração. Materialidade e autoria demonstradas. Confissão do réu e depoimentos dos policiais militares em harmonia com o conjunto probatório – Teste de dosagem alcoólica (etilômetro) que resultou para o consumo de álcool etílico – Condenação mantida. PENAS E REGIME PRISIONAL – Bases reduzidas aos patamares. Dolo normal à espécie. Consequências inerentes ao tipo penal – Compensação da reincidência com a confissão espontânea – Regime inicial semiaberto – Substituição da pena privativa de liberdade por uma restritiva de direitos (prestação de serviços comunitários). Conformismo ministerial (vedada a reformatio in pejus) – **Suspensão da habilitação para dirigir veículo automotor que deve seguir os mesmos critérios adotados para a fixação da sanção privativa de liberdade dos crimes de trânsito.** Redução – Apelo provido em parte para reduzir as penas e o prazo da suspensão da habilitação para dirigir veículo automotor. **(TJSP; Apelação Criminal 1501348-82.2019.8.26.0302; Relator (a): Gilberto Ferreira da Cruz; Órgão Julgador: 15ª Câmara de Direito Criminal; Foro de Jaú - 1ª Vara Criminal; Data do Julgamento: 22/10/2021; Data de Registro: 22/10/2021)**

EMBRIAGUEZ AO VOLANTE – prescrição entre o recebimento da denúncia e a edição da sentença – extinção da punibilidade, prejudicado o mérito do recurso - provimento para este fim. HOMICÍDIO CULPOSO NA DIREÇÃO DE VEÍCULO AUTOMOTOR – veículo que ao efetuar a manobra de convergência à esquerda sem se atentar ao fluxo de veículos no local, vindo a interceptar a trajetória da motocicleta conduzida pela vítima, que trafegava regularmente na via pública, conforme perícia, causando-lhe lesões corporais que foram à causa de sua morte – prova de que o óbito decorreu de acidente automobilístico – laudos necroscópico e pericial do local do acidente – materialidade demonstrada. AUTORIA – demonstrada autoria pela prova oral. TIPO SUBJETIVO – culpa demonstrada no fato de o condutor, dentro de condições normais, ao efetuar a manobra de convergência à esquerda sem se atentar ao fluxo de veículos no local, vindo a interceptar a trajetória da motocicleta conduzida pela vítima, fato comprovado por laudo pericial e prova oral – culpa comprovada. PENA – primeira fase – dosada no mínimo – segunda fase – ausentes circunstâncias agravantes e atenuantes – terceira fase – presente causa de aumento de pena prevista no artigo 302, parágrafo único, inciso I, do Código de Trânsito Brasileiro (não possuir Permissão para Dirigir ou Carteira de Habilitação) – **pena acrescida em 1/e suspensão da habilitação fixada no mesmo prazo da pena privativa de liberdade (8 meses) – manutenção do prazo da suspensão ante o desinteresse ministerial acerca dos fatos. RESTRITIVA DE DIREITOS – mantença das penas substituídas.** REGIME – inicial aberto – primariedade e quantum – necessidade. CUSTAS PROCESSUAIS – condenação mantida – previsão legal – artigo 12 da Lei 1.060/50 – compatibilidade com o art. 5º, LXXIV, da Constituição Federal. **(TJSP; Apelação Criminal 0005236-37.2014.8.26.0229; Relator (a): Mens de Mello; Órgão Julgador: 7ª Câmara de Direito Criminal; Foro de Hortolândia - 1ª Vara Criminal da Comarca de Hortolândia; Data do Julgamento: 22/10/2021; Data de Registro: 22/10/2021)**

9.2. A Imprescindível Fundamentação das Decisões

A imposição de qualquer penalidade, mesmo de natureza administrativa, deve ser amparada por motivação idônea, nos termos do art. 93, IX, da Constituição Federal. A fundamentação das decisões do Estado é que lhes confere legitimidade no meio social e permite aos jurisdicionados o controle de sua legalidade. É imperativo do Estado Democrático de Direito consagrado pela Constituição Federal de 1988.

A motivação do ato deve existir, não somente para justificar a imposição da pena, mas também o prazo estabelecido para seu cumprimento.

Evidente que essa motivação poderá ser feita de forma sucinta e objetiva, com base em evidências que demonstrem a gravidade concreta do fato.

Hoje é assente a ideia de que assertivas genéricas, alicerçadas em noções em abstrato sobre a gravidade do crime, não servem de fundamentação idônea em decisões que imponham penas ou medidas constritivas em geral.

No Estado Democrático de Direito, a motivação das decisões administrativas e judiciais que imponham penas é direito daquele que é julgado.

Essa penalidade, como prevista no art. 292, do Código de Trânsito, será aplicada de forma isolada ou cumulativamente com outras penas cominadas em lei.

9.3. Intimação para Entrega da Habilitação e não Cumprimento da Suspensão Enquanto o Sentenciado Estiver, por Efeito de Condenação Penal, Recolhido a Estabelecimento Prisional (§§ 1º e 2º)

O parágrafo 1º do art. 293 prevê que uma vez transitada em julgado a sentença condenatória, o réu será intimado a entregar à autoridade judiciária, em 48 horas, a permissão para dirigir ou a carteira nacional de habilitação.

No parágrafo 2º, a lei se preocupa em garantir a efetividade da pena restritiva de direito, pois, como observa Guilherme de Souza Nucci,

> "Não teria sentido, se o réu estivesse cumprindo a pena em regime fechado, entregar a carteira de habilitação, valendo como restrição do direito de dirigir veículo automotor. Encontrando-se preso, é natural que não possa mesmo dirigir. Logo, para que se torne pena efetivamente aplicada, aguarda-se que o sentenciado esteja em liberdade, ainda que continue a cumprir pena, por exemplo, no regime aberto" (Leis Penais, p. 831).

10. A medida cautelar de suspensão da permissão ou habilitação e de proibição de sua obtenção

> **Art. 294.** Em qualquer fase da investigação ou da ação penal, havendo necessidade para a garantia da ordem pública, poderá o juiz, como medida cautelar, de ofício, ou a requerimento do Ministério Público ou ainda mediante representação da autoridade policial, decretar, em decisão motivada, a suspensão da permissão ou da habilitação para dirigir veículo automotor, ou a proibição de sua obtenção.
>
> Parágrafo único. Da decisão que decretar a suspensão ou a medida cautelar, ou da que indeferir o requerimento do Ministério Público, caberá recurso em sentido estrito, sem efeito suspensivo.

10.1. Alcance

De forma inovadora, o Código de Trânsito estabeleceu a possibilidade de o magistrado decretar, de ofício ou a requerimento do Ministério Público, em decisão fundamentada, a suspensão da permissão ou da habilitação para dirigir veículo automotor ou ainda a proibição de sua obtenção.

E cuidou de prever ainda a possibilidade de interposição de recurso tanto da decisão que decretar a medida cautelar, como daquela que indeferir o requerimento do Ministério Público.

Se o Juiz, autorizado por lei, pode decretar até mesmo de ofício a medida cautelar, a Autoridade Policial também poderá requerê-la ao magistrado. E em face das reformas do processo penal de 2008, que visaram depurar o nosso sistema acusatório, em conformidade com as diretrizes emanadas da Constituição Federal de 1988, o melhor é que o Juiz defira a medida a requerimento da Autoridade Policial ou do Ministério Público.

Medida importante, que visa resguardar a segurança viária, principalmente nos crimes de trânsito mais graves, como homicídio culposo de trânsito, embriaguez ao volante e racha, dependendo das circunstâncias do caso concreto. E se trata de medida ainda pouco utilizada na prática, muitas vezes esquecida, embora o Código de Trânsito de 1997 já tenha completado seus mais de 20 anos de vigência.

E talvez a medida não seja tão utilizada nos inquéritos policiais e em ações penais também porque muitas vezes é decretada, antes, na esfera administrativa, por provocação da Autoridade Policial que teve o primeiro contato com o fato criminoso.

10.2. Cabimento do Recurso em Sentido Estrito da Decisão que Conceda ou Negue a Medida de Suspensão Cautelar da Permissão ou do Direito de Dirigir ou a Proibição de sua Obtenção

A decisão que conceda ou negue a medida é atacável por recurso em sentido estrito. O julgado acima demonstra, também, o cabimento de mandado de segurança, para evitar dano a direito líquido e certo, caso a suspensão seja decretada sem a indispensável fundamentação ou sem amparo na gravidade concreta do delito. Nesse sentido, o pensamento de Guilherme de Souza Nucci (Leis Penais e Processuais Penais, p. 832-833).

Observe-se que embora o rol taxativo do art. 581, do Código de Processo Penal, não preveja hipótese de interposição de recurso em sentido estrito contra a decisão que conceda ou negue a medida cautelar de suspensão ou proibição do direito de dirigir, o parágrafo único do art. 294, norma especial do Código de Trânsito, prevê.

11. Comunicação da Suspensão ou Proibição de Obtenção da Permissão ou Habilitação

Art. 295. A suspensão para dirigir veículo automotor ou a proibição de se obter a permissão ou a habilitação será sempre comunicada pela autoridade judiciária ao Conselho Nacional de Trânsito – CONTRAN, e ao órgão de trânsito do Estado em que o indiciado ou réu for domiciliado ou residente.

11.1. Noção

Previsão da comunicação da suspensão do direito de dirigir e da proibição de obtenção da permissão ou da habilitação, pela Autoridade Judiciária, ao Conselho Nacional de Trânsito e à Ciretran – Circunscrição Regional de Trânsito do Estado em que o investigado ou acusado seja domiciliado ou residente e ainda àquela a que estiver vinculada sua permissão ou habilitação para dirigir.

12. Reincidência em Crime de Trânsito: Aplicação Obrigatória da Penalidade de Suspensão da Permissão ou Habilitação

Art. 296. Se o réu for reincidente na prática de crime previsto neste Código, o juiz aplicará a penalidade de suspensão da permissão ou habilitação para dirigir veículo automotor, sem prejuízo das demais sanções penais cabíveis. (Redação dada pela Lei 11.705, de 2008)

12.1. Noção

A norma prevê a obrigatoriedade de aplicação da penalidade de suspensão da permissão ou da habilitação para dirigir veículo automotor, sempre que o réu for reincidente na prática de crime previsto no Código de Trânsito.

Em sua redação anterior, este preceito dizia que o juiz *poderia* aplicar a pena referida, em caso de reincidência em delito previsto no Código de Trânsito.

Pela redação atual, tornou-se *obrigatória* (*o juiz aplicará...*) a aplicação da pena administrativa cumulativamente com as demais penas (privativa da liberdade e de multa), sempre que houver reincidência nos delitos previstos no Código de Trânsito.

E se o preceito secundário do crime de trânsito praticado não contiver a previsão de aplicação dessa pena? Cremos que por força do princípio da legalidade, nesse caso o juiz não poderá aplicá-la, nem mesmo ao réu reincidente.

A reincidência se verificará nos termos do art. 63, "caput", e 64, I, do Código Penal, quando alguém cometer novo crime de trânsito, antes de decorridos 5 anos do trânsito em julgado da condenação pelo delito de trânsito anterior ou se da extinção da pena atinente ao crime anterior e o novo fato não tiverem decorrido 5 anos.

Vale observar que condenação anterior atingida pela prescrição *da pretensão punitiva* não gera mais reincidência, pois esta forma de prescrição apaga o próprio fato. Mas se a prescrição for *da pretensão executória da pena imposta*, a condenação anterior subsistirá, inclusive para efeito de gerar reincidência.

13. A Multa Reparatória

> **Art. 297.** A penalidade de multa reparatória consiste no pagamento, mediante depósito judicial em favor da vítima, ou seus sucessores, de quantia calculada com base no disposto no § 1º do art. 49 do Código Penal, sempre que houver prejuízo material resultante do crime.
>
> § 1º A multa reparatória não poderá ser superior ao valor do prejuízo demonstrado no processo.
>
> § 2º Aplica-se à multa reparatória o disposto nos arts. 50 a 52 do Código Penal.
>
> § 3º Na indenização civil do dano, o valor da multa reparatória será descontado.

13.1. Alcance Limitado ao Prejuízo Material

Também de forma inovadora, foi prevista a multa reparatória em favor da vítima ou de seus sucessores, em qualquer crime de trânsito de que decorra prejuízo material.

A multa reparatória será calculada com base nos critérios previstos pelo Código Penal, no que concerne à pena pecuniária.

O valor da multa reparatória imposta será deduzido de eventual reparação civil buscada em ação indenizatória.

O Código de Trânsito não previu que a multa reparatória abranja o dano moral, limitando-a apenas ao *dano material*. Assim, caso a vítima ou seus sucessores pretendam a reparação por dano moral, deverão ajuizar ação civil de reparação.

13.2. Não Cabimento da Multa Reparatória na Sentença, se não Houver Pedido no Curso da Ação Penal e Discussão da Matéria no Processo

A doutrina e a jurisprudência têm se orientado no sentido de que a multa reparatória não poderá ser aplicada se não houver pedido expresso e discussão do tema no curso da ação penal.

De fato, sua imposição por critérios puramente judiciais ferirá a ampla defesa e o contraditório, assim como o princípio da correlação entre o pedido e a sentença. Trata-se ainda de pena, ainda que de natureza reparatória, cuja aplicação somente ocorrerá com observância do devido processo legal. Confira-se, nesse sentido, citação doutrinária constante do item abaixo.

13.3. Constitucionalidade da Multa Reparatória

A multa reparatória não ofende a Constituição Federal e pode continuar a ser aplicada, mesmo em face da prestação reparatória estabelecida pelo Código de Processo Penal (art. 387, IV), lei geral em relação ao Código de Trânsito, este lei especial e que dispõe de forma própria sobre o tema.

Guilherme de Souza Nucci sustenta a constitucionalidade do instituto:

> "Nenhuma ofensa existe ao devido processo legal e seus corolários (ampla defesa e contraditório). Como se disse anteriormente, o réu pode se defender e apresentar provas em relação ao valor da multa reparatória, discutindo se houve dano material e qual o seu montante. Naturalmente, para que se preserve o direito de defesa, torna-se indispensável que o órgão acusatório ou o assistente de acusação peça, ainda durante a instrução, a fixação da multa reparatória. No mínimo, por se tratar de antecipação de indenização civil, deve o magistrado indagar das partes se pretendem discutir acerca desse tema e, consequentemente, do valor devido. Se as partes refutarem o debate, não pode o juiz fixar de ofício a multa reparatória na sentença. Se resolverem discutir a respeito, a provocação que o juiz faça, durante a instrução, não é ofensiva ao princípio da iniciativa das partes, pois o magistrado se limita a instar os interessados a manifestar interesse em calcular eventual indenização civil..." (Lei Penais e Processuais Penais Comentadas, v. 2, p. 834-835).

Na jurisprudência, a multa reparatória tem encontrado certa resistência, quando não há nos autos comprovação do prejuízo material, *quantum*, nem discussão a respeito. Confira-se, nesse sentido, o pensamento do E. Tribunal de Justiça de São Paulo:

> APELAÇÃO. Recurso exclusivo da defesa. Crimes de trânsito. Homicídio culposo. Materialidade e autoria bem comprovadas. Penas e regimes bem estabelecidos. Substituição da pena corporal por pena restritiva de direitos. Cabimento. Multa reparatória afastada. Ausência de comprovação de prejuízo material. Recurso parcialmente provido. (TJSP; Apelação Criminal 0004048-09.2014.8.26.0132; Relator (a): Luiz Fernando Vaggione; Órgão Julgador: 2ª Câmara de Direito Criminal; Foro de Catanduva - 1ª Vara Criminal; Data do Julgamento: 03/04/2017; Data de Registro: 05/04/2017)

> APELAÇÃO CRIMINAL Crimes de Trânsito. Absolvição por insuficiência probatória Inadmissibilidade. Conjunto probatório robusto para lastrear o decreto condenatório - afastamento da pena de multa reparatória. Incabível. O Poder Judiciário não deve prestar-se à condição de Assistência Social. Afastamento da pena pecuniária ou sua fixação no mínimo legal. Pena pecuniária observa as condições econômicas do réu Substituição da prestação de serviços à comunidade pela proibição de frequentar determinados lugares. Impossibilidade. Difícil acompanhamento do cumprimento da mesma. Apelo não provido. (TJSP; Apelação Criminal 3000071-25.2009.8.26.0037; Relator (a): Sérgio Ribas; Órgão Julgador: 5ª Câmara de Direito Criminal; Foro de Araraquara - 2ª. Vara Criminal; Data do Julgamento: 29/03/2012; Data de Registro: 31/03/2012)

14. Circunstâncias Agravantes da Pena dos Crimes de Trânsito

Art. 298. São circunstâncias que sempre agravam as penalidades dos crimes de trânsito ter o condutor do veículo cometido a infração:

I – com dano potencial para duas ou mais pessoas ou com grande risco de grave dano patrimonial a terceiros;

II – utilizando o veículo sem placas, com placas falsas ou adulteradas;

III – sem possuir Permissão para Dirigir ou Carteira de Habilitação;

IV – com Permissão para Dirigir ou Carteira de Habilitação de categoria diferente da do veículo;

V – quando a sua profissão ou atividade exigir cuidados especiais com o transporte de passageiros ou de carga;

VI – utilizando veículo em que tenham sido adulterados equipamentos ou características que afetem a sua segurança ou o seu funcionamento de acordo com os limites de velocidade prescritos nas especificações do fabricante;

VII – sobre faixa de trânsito temporária ou permanentemente destinada a pedestres.

14.1. Agravantes Especiais da Pena dos Crimes de Trânsito

O legislador deixou a critério do magistrado definir o *quantum* da agravação da pena, caso incida alguma ou algumas das circunstâncias agravantes previstas, segundo as diretrizes estabelecidas pelo art. 59, do Código Penal.

14.1.1. Grave Dano Potencial para Pessoas ou Patrimônio de Outrem

O grave dano potencial para duas ou mais pessoas ou o risco de grave dano patrimonial a terceiros se verificará sempre que não for circunstância elementar dos crimes de perigo previstos no Código de Trânsito.

Ocorrerá em crimes que ponham duas ou mais pessoas em risco – no que diz respeito à sua vida e à sua integridade corporal – ou ainda, por exemplo, nos casos de direção perigosa em que o veículo avance contra muros, construções, estabelecimentos de comércio, postos de combustíveis, outros veículos estacionados etc.

Observe-se que a lei fala em *grave dano potencial ou grande risco de grave dano patrimonial.*

Por dano potencial ou grande risco de grave dano patrimonial se deve entender o *perigo de dano.* O que está a agravar a pena, em tais situações, *não é o dano em si, mas o risco de sua produção.*

Se houver *dano efetivo*, este resultado ou consequência do crime poderá ser considerado na dosagem da pena (art. 59, do Código Penal), na imposição de eventual multa reparatória (art. 297, do Código de Trânsito), mas não caracterizará a agravante, pois os crimes de dano normalmente absorvem os de perigo.

Se o dano potencial ou o risco de grave dano patrimonial integrarem o tipo penal, não há incidência da agravante, pois é proibida dupla punição por uma mesma circunstância (*ne bis in idem*).

Assim, há quem sustente que a causa de aumento referida somente se configurará nos crimes de dano do Código de Trânsito, que são o homicídio culposo de trânsito e a lesão corporal culposa de trânsito (artigos 302 e 303, do Código de Trânsito). Nesse sentido, a lição de Guilherme de Souza Nucci:

> "Dano potencial e grande risco: a dupla menção a situações de perigo concreto, uma ligada à possibilidade de ocorrência de dano a pessoas, outra vinculada à probabilidade de concretização de grave dano patrimonial, somente são viáveis para os crimes de dano (homicídio culposo e lesões culposas). É preciso considerar que os outros delitos de trânsito são de perigo, logo, considerar a probabilidade de dano potencial para pessoas ou grave dano patrimonial a terceiros seria o indevido *bis in idem*. Afinal, o perigo já serviu para a tipificação da infração penal, não podendo ser utilizada, novamente, para agravar a pena. Porém, se o autor de homicídio culposo (ou lesões culposas), além de atingir a vítima, colocar em risco duas ou mais pessoas, bem como provocar a probabilidade de dano patrimonial a terceiros, incidiria a agravante prevista neste inciso" (Leis Penais e Processuais Penais Comentadas, vol. 2, p. 836).

Embora respeitemos a posição do eminente doutrinador, pensamos que a agravante poderá conviver com crimes de perigo como a embriaguez ao volante e o racha, *pois o risco de grave dano patrimonial não integra o tipo penal de tais figuras.*

Pode ser que o delito de embriaguez ao volante e o crime de racha (arts. 306 e 308) impliquem risco de grave dano patrimonial a terceiros, caso se verifiquem, por exemplo, num posto de combustíveis ou em via com muitos veículos estacionados. A mesma assertiva nos parece adequada em relação aos crimes de direção não habilitada e velocidade incompatível com a segurança (arts. 309 e 311). *O risco de grave dano patrimonial não integra a estrutura do tipo penal de tais delitos, mas poderá estar presente entre as* ***circunstâncias agravantes*** *da conduta criminosa. Se o caso concreto demonstrar que esteja, justificável que o juiz faça incidir a causa de aumento de pena mencionada.*

14.1.2. Utilização de Veículo sem Placas ou com Placas Falsas ou Adulteradas

A utilização de veículo sem placas agrava a pena, pois dificulta a identificação do condutor do veículo, o que também ocorre se o veículo utilizado tiver placas falsas ou adulteradas.

Porém, se ao condutor se imputar – em face das provas reunidas – o crime de adulteração de sinal identificador de veículo automotor (art. 311, do Código Penal), não incidirá esta agravante, para que não haja dupla punição por uma mesma circunstância.

14.1.2.1. A Lei n. 14.562/23, que entrou em vigor no dia 27 de abril de 2023, quando publicada no DOU, derrogou, ou seja, revogou em parte a causa de aumento de pena aqui tratada, no que diz respeito ao uso de veículo com placas falsas ou adulteradas, número de chassi ou monobloco adulterado ou remarcado.

Isso se verifica porque a nova lei alterou o art. 311, do Código Penal, ao trazer para o parágrafo 2º, III, de referido tipo penal, uma figura equiparada ao *caput* do art. 311, num tipo penal de conteúdo misto, alternativo, variado, para alcançar a conduta daquele que ***adquire, recebe, transporta, conduz, oculta, mantém em depósito, expõe à venda, ou de qualquer forma utiliza em proveito próprio ou alheio veículo automotor, elétrico, híbrido, de reboque, semirreboque ou suas combinações ou partes, com número de chassi ou monobloco, placa de identificação ou qualquer sinal identificador veicular que devesse saber estar adulterado ou remarcado.***

Dessa nova figura típica equiparada ao crime previsto no art. 311, *caput*, do Código Penal, resulta a seguinte consequência de ordem prática, bastante importante: o agente que incorrer em crime de trânsito utilizando-se de veículo com placas falsas ou adulteradas, praticará o crime de trânsito em concurso material com o delito do art. 311, § 2º, III, do Código Penal e não mais com a incidência da causa especial de aumento de pena do art. 298, II, do CTB.

Porém, se o agente se valer de veículo *sem placas*, incorrerá ainda no crime trânsito com a causa de aumento do art. 298, II, do CTB, pela *utilização de veículo sem placas*, **porque o novo tipo penal do art. 311, § 2º, III, não previu a ausência de placas entre suas elementares.**

Por isso concluímos que a nova norma trazida pela Lei n. 14.562/23, em vigor desde 27 de abril de 2023, derrogou a causa especial de aumento de pena do art. 298, II, do CTB, no que diz respeito à utilização, pelo autor de crime de trânsito, de veículo *com placas falsas ou adulteradas*, **mas não afastou a causa especial de aumento de pena do art. 298, II, do CTB, quando se tratar de veículo *sem placas*.**

14.1.3. Falta de Permissão ou Habilitação e Habilitação para Veículo de Categoria Diversa

A ausência de permissão ou habilitação para dirigir agrava a pena, sempre que não tipificar o delito do art. 309, do Código de Trânsito (conduzir veículo, sem possuir permissão ou habilitação legal, pela via pública, gerando perigo de dano).

A agravante incide porque a ausência de permissão ou de habilitação gera presunção de imperícia do condutor, que não se submeteu aos exames teórico, prático, médico e psicológico previstos pela legislação, rebaixando, por isso, o nível de segurança viária.

O mesmo ocorre quando o condutor for habilitado para categoria diversa do veículo que estiver dirigindo.

A causa de aumento de pena se justifica para dar mais coerência ao sistema trazido pela parte criminal do Código de Trânsito, ou seja, sempre que estivermos diante de homicídio culposo de trânsito ou lesão corporal culposa de trânsito (CTB, arts. 302 e 303), causados por pessoa não habilitada, que tenha conduzido o veículo com infração a regras de tráfego (gerando perigo de dano), a causa de aumento restará configurada.

Não se cogitará de concurso entre crime de dano e crime de perigo.

14.1.4. Exercício de Atividade Profissional que Imponha Cuidados Especiais no Transporte de Pessoas e de Cargas

O exercício de atividade profissional que exija cuidados especiais no transporte de pessoas e de determinadas cargas agrava a pena. Isso porque a atividade de trabalho desses condutores, por si só, já exige cautelas específicas em seu exercício, como acontece, por exemplo, com aqueles que dirigem veículos de transporte de passageiros, caminhões, treminhões, veículos que transportem combustíveis, gás, materiais químicos, explosivos, corrosivos etc.

14.1.5. Veículo com Adulteração de Equipamentos ou Itens de Segurança

A adulteração ou modificação de equipamentos de segurança do veículo, como, por exemplo, pneus, freios, suspensão, potência do motor, que descumpram os limites de velocidades prescritos nas especificações do fabricante, agravará as penas.

Mas se as modificações forem devidamente autorizadas e homologadas pela autoridade de trânsito, desde que não estejam em desacordo com o estabelecido pelo fabricante, no tocante à velocidade, não haverá incidência da agravante.

14.1.6. Sobre Faixa Temporária ou Permanente de Pedestres

A existência de faixas de pedestre, sejam temporárias ou permanentes, é fator que por si mesmo deve fazer com que o condutor redobre suas cautelas ao passar por elas, normalmente em esquinas, junto aos semáforos, diante das entradas de estabelecimentos de ensino, imediações de hospitais, teatros, cinemas, shopping centers etc. Por isso, a lei agrava a pena se o condutor incorrer em crime de trânsito numa dessas faixas.

15. Do Cabimento do Perdão Judicial nos Crimes de Trânsito, embora Tenha Sido Vetado o Art. 300, que o Previa Expressamente

A matéria não comporta maior controvérsia, pois a regra de integração do art. 291 prevê expressamente a possibilidade de aplicação das regras gerais do Código Penal e do Código de Processo Penal, naquilo em que a lei especial, ou seja, o Código de Trânsito, não dispuser de forma diversa. E o Código Penal prevê expressamente no art. 121 o perdão judicial em seu parágrafo 5º.

Assim, nos crimes de trânsito em geral será cabível o perdão judicial, causa extintiva da punibilidade, sempre que o fato atingir o seu autor de forma tão grave que torne desnecessária a aplicação da pena criminal. Aplicação analógica do disposto no Código Penal. A sentença que concede o perdão judicial é declaratória da extinção da punibilidade, nos termos da Súmula 18 do Superior Tribunal de Justiça.

16. Não Imposição de Prisão em Flagrante e Inexigibilidade de Fiança ao Condutor que Preste Pronto e Integral Socorro à Vítima

> **Art. 301.** Ao condutor de veículo, nos casos de acidentes de trânsito de que resulte vítima, não se imporá a prisão em flagrante, nem se exigirá fiança, se prestar pronto e integral socorro àquela.

16.1. Alcance

Disposição que visa estimular o condutor a prestar pronto e integral socorro às vítimas do acidente de trânsito em que se envolver, livrando-o da prisão em flagrante e da exigência de fiança. E, via de consequência, tem por finalidade desestimular a omissão de socorro, por vezes tão comum em acidentes de trânsito em geral.

Mas se o delito tiver resultado mais grave (mortes ou lesões graves ou gravíssimas), relação com embriaguez por álcool ou outras drogas, por exemplo, a Autoridade Policial, ainda que o condutor preste socorro às vítimas (o que é obrigação de todo condutor), não estará proibida de lavrar auto de prisão em flagrante delito, tampouco de arbitrar fiança compatível com a gravidade do crime e com o potencial econômico do infrator, pois – caso delibere pela lavratura do auto de prisão em flagrante delito –, em tal situação estarão normalmente (em tese) presentes os requisitos da prisão preventiva, nos termos do art. 312, do Código de Processo Penal.

17. Bens Jurídicos Protegidos pelos Crimes de Trânsito

17.1. Bem Jurídico-Penal: Conceito Controvertido na Doutrina

Segundo Luiz Regis Prado, "apesar de o postulado de que o delito lesa ou ameaça de lesão bens jurídicos ter a concordância quase total e pacífica dos doutrinadores, o mesmo não se pode dizer a respeito do conceito de bem jurídico, onde reina grande controvérsia. Aliás, a falta de clareza do significado do bem jurídico (termo equívoco) encontra correspondência na ausência de precisão de seu conceito" (Bem jurídico penal e Constituição. 7 ed. São Paulo: Revista dos Tribunais, 2014, p. 46).

Em seu acurado estudo, o autor menciona que originariamente, com base no pensamento neokantiano, bem jurídico é concebido como valor cultural. A cultura, em sentido amplo, é vista como sistema normativo.

Numa visão objetivista, Welzel aponta o bem jurídico como "bem vital da comunidade ou do indivíduo, que por sua significação social é protegido juridicamente" (p. 46-47).

Prosseguindo, lembra que para Muñhoz Conde, bens jurídicos são "os pressupostos de que a pessoa necessita para sua autorrealização na vida social" (p. 48).

Lembra que Rudolphi os define como "conjuntos funcionais valiosos constitutivos da nossa vida em sociedade, na sua forma concreta de organização".

Recorre a Bettiol, que considera que bem jurídico "é a posse ou a vida, isto é, o valor que a norma jurídica tutela, valor que jamais pode ser considerado como algo de material, embora encontrado na matéria o seu ponto de referência" (p. 48).

Lembra que Battaglini se manifesta em sentido oposto, depois de fazer uma divisão entre objeto jurídico formal e substancial, apontando que o primeiro é a norma penal contrariada pelo crime e o segundo o interesse que a norma protege (p. 49).

Visita o alemão Claus Roxin, para quem bens jurídicos são "pressupostos imprescindíveis para a existência em comum, que se caracterizam numa série de situações valiosas, como, por exemplo, a vida, a integridade física, a liberdade de atuação, ou a propriedade, que toda a gente conhece e, na sua opinião, o Estado social deve também proteger penalmente..." (p. 49).

Vai ainda a Eugenio Raul Zaffaroni, mestre argentino para quem o bem jurídico penalmente tutelado "é a relação de disponibilidade de uma pessoa com um objeto, protegida pelo Estado, que revela seu interesse mediante normas que proíbem determinadas condutas que as afetam, aquelas que são expressadas com a tipificação dessas condutas".

E depois de visitar os pensadores estrangeiros, o autor lembra que a doutrina nacional também se divide sobre a conceituação de bem jurídico:

Para Aníbal Bruno, bens jurídicos são "valores de vida individual ou coletiva, valores da cultura". Francisco de Assis Toledo acentua que bens jurídicos são "valores ético-sociais que o direito seleciona, com o objetivo de assegurar a paz social, e coloca sob sua proteção para que não sejam expostos a perigo de ataque ou a lesões efetivas".

Lembra que Heleno Fragoso dizia que "o bem jurídico não é apenas um esquema conceitual visando proporcionar uma solução técnica para a nossa questão: é o bem humano ou da vida social que se procura preservar, cuja natureza e qualidade dependem, sem dúvida, do sentido que a norma tem ou que a ela é atribuído, constituindo, em qualquer caso, uma realidade contemplada pelo direito. Bem jurídico é um bem protegido pelo direito: é, portanto, um valor da vida humana que o direito reconhece, e a cuja preservação é disposta a norma".

Acentua que Edgard Magalhães Noronha definia bem jurídico como o "bem interesse protegido pela norma penal". (p. 50).

Lembra o autor que Antonio E. Pérez Luño preleciona que, para a mais plena intelecção do objeto da conduta (ou simplesmente ação), duas linhas de pensamento se impõem: a primeira, preconizada por Von Liszt, segundo a qual o objeto da ação ou material é uma entidade pertencente ao mundo biofísico, ao mundo naturalístico, enquanto a noção de bem jurídico pertence ao mundo normativo. A segunda concepção considera o aspecto normativo do objeto material: o objeto da conduta (ou do fato) referido pela ação típica, enquanto o bem jurídico é obtido por via interpretativa, referente à função de tutela da norma penal (ob. cit., p. 52).

Digna de nota, ainda, a reflexão de Juan Carlos Carbonell Mateu, Catedrático de Direito Penal pela Universidade de Valência, acerca do papel do Direito Penal na proteção de bens jurídicos, tendo em vista a necessidade de se limitar o poder de punir do Estado ao estritamente necessário para a salvaguarda de bens jurídicos fundamentais:

> "...La proclamación de la liberdad como valor superior del ordenamento juíridoc, ya en el artículo primero de la Constitución, ha de tener uma consecuencia imediata em el instrumento más grave o, si se prefere, más poderoso, que posee el Estado social y democrático de Derecho para infererir em el ámbito del libre desarrollo de pa personalidad de los ciudadanos. Las normas penales obedecen a tomas de decisión del poder estabelecido que afectan diretamente a la libertad: mediante la tipificación de una conducta se limita com carácter general el libre desarrollo de la personalidade; si, además, consideramos que viene acompanhado de la amenaza de que, em caso de cumplirse la premissa de la verificación de la conducta prohibida, se privará al ciudadano de su estatuto cívico a través de la aplicación de uma consecuencia jurídica que como mínimo afectará a sus derechos fundamentales, es obvia la afección a la libertad. El valor superior del ordenamento jurídico se ve, pues, limitado con el recurso al Derecho penal. Satifacer la pretensión constitucional exige que la intervención este plenamente justificada en términos de libertad. El legislador es una espécie de gestor de la libertad: su restricción há de estar claramente motivada em términos de dignidad, necesidad y eficácia – "dignos, necessitados y susceptibles" de tutela penal han de ser los valores e interesses, em expresión de Max Enst Mayer, para ser bienes jurídicos..." (Principio General de Liberdat y bienes Jurídico-Penales. Sobre la "prohibición de prohibir", in Estudios del Derecho Penal. Homenaje al Professor Santiago Mir Puig. Montevideo: B de F Ltda, 2017, p. 267).

Nos crimes de trânsito, o legislador protege a vida, a integridade corporal das pessoas, o espírito de solidariedade humana, a persecução penal na polícia e em juízo, a segurança no trânsito, a Administração Pública e a Administração da Justiça.

18. Classificação Doutrinária dos Crimes de Trânsito: Crimes de Dano, de Perigo (Abstrato e Concreto) e Omissivos

A classificação doutrinária dos crimes de trânsito é bastante ampla.

Nos limitaremos, neste trabalho, àquela classificação que interessa à temática objeto deste estudo, ou seja, aos crimes de trânsito.

Crimes de dano são aqueles crimes de conduta e resultado, em que é produzida uma modificação no mundo naturalístico.

Temos nos crimes de trânsito duas figuras típicas que têm essa classificação: o crime de homicídio culposo de trânsito (art. 302) e o crime de lesão corporal culposa de trânsito (art. 303), em que o resultado se traduzirá respectivamente em morte e lesões corporais.

Crimes culposos são aqueles em que o agente dá causa ao resultado por culpa, informada por imprudência, negligência ou imperícia. Não há no crime culposo um querer voltado à realização do tipo penal, mas o agente o realiza por imprevisão diante daquilo que era previsível. E nos crimes culposos de trânsito, existe normalmente uma violação ao dever de cuidado.

Juarez Tavares, no tocante às regras alusivas a esse dever de cuidado, enfatiza:

> "Estas regras estão contidas, geralmente, em disposições esparsas e se destinam, em princípio, a servirem de modelos e preceitos de execução das atividades sociais ali abrangidas. Para se determinar a importância dessas normas no tocante à lesão ao dever de cuidado do tipo de injusto, deve-se, antes de tudo, esclarecer acerca de sua natureza jurídica. Pode-se, em princípio, afirmar que tais normas constituem, na verdade, preceitos diretivos, preliminares da norma penal. Devido à predestinação desses preceitos à norma penal, viável será incluí-los no chamado direito de ordem pública, parte do direito administrativo que engloba regras de conduta social, cujos destinatários são ou a coletividade em geral ou certas pessoas que se dedicam a uma atividade particular, isto é, os motoristas profissionais e amadores, os médicos, farmacêuticos e dentistas, os engenheiros, os industriais, etc" (Teoria do Crime Culposo. 3 ed. Rio de Janeiro: Lumen Juris, 2009, p. 307).

Algumas teorias se desenvolveram em torno da ação culposa:

Segundo Juarez Tavares,

> "**a teoria causal-naturalista da ação** tem, como ponto de apoio, inicialmente, o sistema Liszt-Beling, vigorante para a jurisprudência do Tribunal do Reich. Este sistema exerceu grande influência no Brasil, principalmente sob a coordenação de Nelson Hungria e, depois, sob a influência marcante de Aníbal Bruno. Embora tenha sido substituído entre nós quase que inteiramente pelo finalismo, ainda tem aqui seus adeptos na prática judiciária... Nesta teoria, a negligência e o dolo integram, portanto, a culpabilidade e, por isso, menos importante, em que a responsabilidade deriva tão-somente de uma relação psicológica superficial, representada, segundo a tese da responsabilidade subjetiva, pela previsibilidade do evento..."(Teoria do Crime Culposo. 3ª ed. Rio de Janeiro: Lumen Juris, 2009, p. 27-28) (destacamos).

Tavares lembra que a crítica à teoria causal surgiu da constatação de que:

> "...a previsibilidade, por si só, não basta para caracterizar um componente psicológico da conduta humana, com muito menor grau, ainda, na forma de vinculação ou relação psíquica entre o agente e o resultado. Não satisfeito com esta formulação, procurou Baumann, moderno partidário do sistema causal, desvincular o problema da verificação da negligência, da necessidade prática de uma exigência dessa vinculação ou relação psíquica, chegando a afirmar que o que interessa à sua fundamentação é simplesmente o reconhecimento de componente que dependa do próprio agente, um elemento, assim, pessoal-subjetivo, mas não psíquico" (ob. Cit., p. 35-36).

A seguir, o mestre carioca aborda a **teoria finalista**, ressaltando que:

> "o que marca de modo nítido a postura finalista na teoria do delito é a consideração da ação como atividade conscientemente dirigida a um objetivo. Ao contrário de se tomar a ação como mero impulso causal, em que a vontade desempenharia apenas papel secundário no acontecimento, tal como foi concebido na teoria causal-naturalista, evidencia-se, aqui, a função decisiva dessa vontade, de forma que a atividade deixa de ser mecânica para se tornar finalisticamente orientada. É, nesse sentido, que Welzel conceitua a ação como o exercício da atividade final" (ob. Cit.,p. 39).

E, relativamente ao crime culposo, TAVARES enfatiza que "...a característica básica da postura finalista é tratar a negligência segundo a condução da atividade humana estabelecida no tipo do injusto, quer tendo por base o objeto de um juízo de valor, quer o desvio do processo causal ou defeito de congruência. A negligência, portanto, não se subordina aos mesmos princípios do tipo doloso, nem deve ser tratada como forma de culpabilidade, como acontece na teoria causal-naturalista. Dos dois elementos básicos da negligência, infração à norma de cuidado e previsibilidade do resultado, que, nas modernas concepções causais, se bipartem no setor do injusto e da culpabilidade, o que realmente determina a caracterização do crime negligente é o primeiro, que corresponde tanto na concepção de Welzel quanto de Maurach à forma de execução da conduta, sobre a qual incide um desvalor jurídico-penal e conduz a um desvio do processo causal. A previsibilidade continua como critério identificador de responsabilidade nos crimes de resultado..." (ob. Cit., p. 42).

Segundo o eminente estudioso carioca,

> "a maior contribuição da teoria finalista reside no setor dos fatos culposos, precisamente, na metodologia empregada, de deslocar-lhes o estudo do âmbito da culpabilidade para situá-lo dentro de todo o complexo da teoria do delito. Com isso tornou-se possível um aprofundamento do exame dos componentes da negligência e seu ajuste aos fatos concretos, cada vez mais frequentes e necessitados de atuação judicial rápida e adequada...Na visão finalista, a negligência toma outra feição, sendo situada sob plano normativo tanto no âmbito do tipo quando da culpabilidade, mas sem descurar-se de seus elementos puramente psicológicos, como se dá na negligência consciente, e da capacidade subjetivo-pessoal do autor, que serve de fundamento final de sua responsabilidade" (ob. Cit., p. 71).

O autor lembra que o lado das teorias causal-naturalista e finalista, passou a ganhar corpo na doutrina a denominada **teoria social da ação**, para a qual a ação não é somente uma entidade do ser, mas também, na realidade, uma noção impregnada de valor (ob. Cit., p. 83). Aduz ainda que temos também as **teorias funcionais**, as quais

> "...têm como fundamento tratar a conduta dentro de uma ordem de orientação, conforme os dados existentes no sistema jurídico ou social ao qual se vê subordinada...a característica básica desse conceito reside em que a ação só pode ser definida em função de sua relação para com o sistema no qual se insere..." (ob. Cit., p. 156-157).

Não cabimento da aplicação da teoria do domínio do fato nos crimes culposos: Conforme ensina André Estefam,

> "Nos crimes culposos...se revela inaplicável a teoria do domínio do fato, pois não se pode admitir uma ideia de autoria baseada em domínio do fato se o indivíduo não atua dolosamente, não tendo consciência e vontade de produzir o resultado. Nessas infrações penais, a autoria decorre da defraudação do dever de cuidado objetivo. Desse modo, todos os que prestarem contribuição para a produção do resultado, violando o dever de cuidado objetivo (ou, na visão de Roxin, criando um risco proibido e estando presentes os demais requisitos de imputação objetiva), serão coautores do delito" (Direito Penal. Parte Geral. 8ª ed. São Paulo: Saraiva, 2019, p. 349).

Coautoria em crimes culposos:

Juarez Tavares sustenta o não cabimento da coautoria em crimes culposos.

> "Diversamente do que se dá, assim, no delito doloso, no delito culposo não se pode reconhecer uma unificação das condutas sob o plano de uma resolução comum ou uma causalidade conjunta para o fato. Atendendo a estas particularidades, o processo de imputação está aqui subordinado a um juízo de avaliação que vai desde a consideração objetiva do desdobramento da atividade até a sua individualização... Vejamos um caso muito polêmico ocorrido na Suíça e relatado por Stratenwerth: dois operários, em resolução comum e cada qual realizando a respectiva tarefa, empurram para um vale várias pedras, sendo que uma delas vem a rolar sobre um transeunte, produzindo-lhe a morte. Investigado o fato, não se chegou à conclusão de qual das pedras efetivamente produzira a morte da vítima. Roxin quer resolver esta hipótese, em atenção à finalidade de política criminal e com o único

propósito de evitar a absolvição de ambos, como uma autêntica situação de coautoria. Uma vez que na coautoria se prescindiria de que cada um dos coautores contribuísse de modo causal para o resultado, mas apenas com a execução da conduta, a responsabilidade estaria resolvida com a demonstração de que, efetivamente, ambos rolaram as pedras e que uma delas, não importa qual delas, matara o transeunte. Ainda que sedutora esta tese para sustentar uma acusação, ela viola preceito fundamental da responsabilidade penal e, principalmente, a exigência da demonstração efetiva da relação causal entre ação e resultado, tal como está exaltado no art. 13 do Código Penal brasileiro. Se não se descobrir qual das pedras atingiu a vítima, é de se aplicar, aqui, o princípio *in dubio pro reo* e absolver ambos os operários. O que é vedado é concluir no sentido de uma responsabilidade por mera construção argumentativa. O operário cuja pedra não atingiu a vítima estará excluído da relação de causalidade, independentemente dos argumentos jurídicos que possam ser utilizados na solução da questão....A conclusão de que os delitos culposos não comportam coautoria não se choca, por seu turno, com a norma do art. 29 do Código Penal. Ainda que ali se disponha que "quem concorre para o crime incide nas penas a este cominadas", isto não implica admitir o concurso de agentes em todas as espécies de crime. Veja-se, por exemplo, que, em delitos de mão própria, é conceitual e materialmente impossível haver coautoria. Como pode alguém que não seja testemunha em determinado processo ser coautor de falso testemunho, se não está sendo ouvido pela autoridade competente e nem tem o dever de dizer a verdade? A norma do art. 29, portanto, deve ser interpretada de conformidade com a estrutura própria de cada espécie de delito. Na expressão relativa a concorrer para o crime, que constitui o cerne da questão do concurso de agentes segundo o art. 29 do Código Penal, se devem compreender, assim, apenas as hipóteses nas quais essa concorrência seja possível, quer pelo aspecto material, quer pelo âmbito normativo. Por outro lado, essa expressão, por exemplo, não pode se sobrepor aos elementos que configuram o processo de imputação, tal como a relação de causalidade e os limites normativos que lhe são impostos, do contrário justificaria a punição do fabricante da cama pelo crime de estupro que fora cometido sobre ela" (Teoria do Crime Culposo, p. 464-464).

Autoria mediata e participação em crimes culposos:

Segundo Juarez Tavares, não pode haver autoria mediata ou participação em crimes culposos. O autor traz dois exemplos para justificar seu pensamento:

"Assim, no exemplo daquele que instiga o motorista a correr mais do que o permitido, não há, por parte do instigante, qualquer infração a uma norma de cuidado. Aqui há um impasse: ele não pode ser autor, porque não tem dolo de autor; não pode ser partícipe, porque, se seu dolo se estender à ação descuidada, serão então autor e não mais partícipe de crime doloso; não pode ser partícipe, igualmente, porque para tanto deveria executar a ação perigosa e se o fizesse seria autor, bem como não a executando está desobrigado ao cuidado necessário incidente sobre essa execução. Argumenta-se que o carona também está submetido a uma norma de cuidado relacionada à direção do veículo é um completo absurdo, porque conduziria a criar normas de cuidado pelo simples fato de se viver em comunidade. Diversa será, porém, a solução para o caso, sempre comentado, do instrutor de autoescola que determina a seu aluno que realize manobra arriscada, da qual resulta acidente e consequente lesão dos ocupantes do outro veículo. Nesta hipótese, como nas precedentes, deverá ser analisada, isoladamente, cada uma das condutas: do condutor-aprendiz e do instrutor da autoescola. Embora o condutor curse a escola de condução, portanto, se encontre em estágio de aprendizado, pode, em muitas situações, perceber que atua em contraposição a uma norma de cuidado, até mesmo porque, antes de aventurar-se a dirigir o veículo, deverá ser alertado pelo instrutor acerca das ações proibidas ou arriscadas. Quer dizer, então, que o condutor-aprendiz poderá realizar, por si mesmo, uma ação arriscada e, portanto, uma ação culposa. Por sua vez, o instrutor só poderá realizar seu ofício, uma vez habilitado especialmente para tanto, nos termos do art. 155 do Código de Trânsito. Assim, não é um simples acompanhante do ato de direção, procedido pelo aprendiz; deve atender, em face de seu especial conhecimento e ainda do papel de garantidor da boa condução, todas as normas de segurança que devam ser observadas na circulação de veículos. Justamente, em função dessa condição especial de instrutor, a violação à norma de cuidado pela má direção do veículo é também realizada por ele, independentemente da ação do aprendiz, o que, de forma definitiva, descarta a invocação de uma possível participação culposa na modalidade de instigação, como poderia sugerir a doutrina tradicional. Poder-se-ia pensar, aqui, em uma autoria mediata por parte do instrutor, mas isso esbarra na dificuldade de se demonstrar, como já se salientou, o exercício do domínio do fato nos delitos culposos. Em face mesmo dessa dificuldade, é que se impõe a consideração dos delitos culposos como delitos de dever, com conteúdo nitidamente omissivo. Se o instrutor exerce um ofício e está subordinado a deveres de orientação, em razão desse exercício, parece que se lhe configura, então, uma nítida posição de garantidor. O instrutor, como garantidor da boa condução do aprendiz, uma vez que o induza, culposamente, a violar os deveres que são inerentes à condução, atua também de modo contrário aos deveres de proteção que lhe são impostos pela condição de garantidor. Não se deve descartar, além disso, que, em determinadas circunstâncias, quando se trate de culpa inconsciente por parte do aprendiz, possa este ser desculpado, agora em face da inevitabilidade do resultado, apreciada subjetivamente. Se o aprendiz desconhecia que sua manobra implicava uma violação à norma de cuidado e só a efetuara por confiar na habilidade do instrutor, não poderá evitar pessoalmente o resultado, o que lhe exclui a culpabilidade. Dá-se, então, um erro quanto à norma de cuidado, o qual deve ser tratado no âmbito da culpabilidade e não da tipicidade, justamente por não se reconhecer, no delito culposo, um tipo subjetivo, tal como ocorreria no delito doloso.

A partir desses dois exemplos, que configuram soluções extremamente complexas, pode-se concluir que a participação é, logicamente, inadmissível nos delitos culposos, ainda que sejam concebidos como delitos de dever. Cada um dos participantes deve responder como autor pela sua respectiva ação, dolosa ou culposa. Caso não haja previsão legal para a punibilidade de um dos autores, por não lhe ser possível imputar o resultado, isto não implica a necessidade de uma argumentação que busque suprir esta lacuna. Como diz Welzel, este é um problema de opção legislativa e não doutrinal, que deve subordinar-se ao princípio da legalidade" (Teoria do Crime Culposo, p. 468-469).

Consideramos, porém, com base na norma do art. 29, do Código Penal, perfeitamente possível que haja coautoria (colateral) em crimes culposos, solução que empregaríamos ao exemplo dos operários que fazem pedras rolar morro abaixo, de modo que uma dessas pedras ceifa a vida de um transeunte, se ocorresse em solo brasileiro, assim como participação, no caso, por exemplo, do passageiro esbaforido, que entra num táxi ou equivalente e induz o motorista a imprimir velocidade excessiva e a descumprir normas de tráfego, porque não poderia perder o voo em aeroporto distante, para o qual se dirigia de última hora, e por isso contribui diretamente para a eclosão de evento danoso em que haja morte ou lesões corporais.

Crimes de perigo são aqueles em que o bem jurídico não chega a ser lesionado, mas é posto em situação de risco, de perigo de dano. Os crimes de perigo se subdividem em: a) crimes de perigo abstrato, que são aqueles em que o perigo é presumido por lei, não precisa ser comprovado no caso concreto; b) crimes de perigo concreto, que são aqueles em que há necessidade de comprovação do perigo, caso a caso.

Nos crimes de perigo abstrato, o legislador se refere ao perigo, *sem implementar nenhuma outra exigência*, pois a experiência daquilo que na vida de comum ocorre autoriza a lei a presumir perigosos certos comportamentos, independentemente da necessidade de prova do perigo no caso concreto.

O grande Nélson Hungria, sobre os crimes de perigo, prelecionava:

"É inegável que o perigo também representa, em si mesmo, um *resultado* ou *evento*, isto é, uma alteração (juridicamente relevante) do mundo externo. Segundo a impecável definição de Rocco, "perigo é a modificação do mundo exterior (resultado), voluntariamente causada ou não impedida (ação ou omissão), contendo a potencialidade (idoneidade, capacidade) de produzir a perda ou a diminuição de um bem, o sacrifício ou a restrição de um interesse (dano)"...Muito se discute, em doutrina, acerca do conceito de perigo. Há uma *quaestio praejudicialis*: o perigo é uma pura representação do espírito ou é, ao contrário, uma realidade fenomênica?

A teoria subjetiva (JANKA, VON BURI, FINGER) sustenta que o perigo não é senão uma *ideia*, um *ens imaginationis*, nada tendo de objetivo: é uma hipótese, não um fato; uma abstração subjetiva, não uma entidade concreta...Diverso é o ponto de vista da teoria objetiva (VON KRIES, BINDING, MERKEL, OPPENHEIM, HÄISCHNER, VON LISZT, ROCCO, JANNITTI DI GUYANGA, RASTIGLIA, FLORIAN): o perigo é um trecho da realidade. Existe uma possiblidade ou probabilidade *objetiva* (segundo um cálculo estatístico, fundado na experiência ou observação sistemática dos fatos) e, portanto, um perigo objetivo. Se, em certas circunstâncias, um fenômeno pode ocorrer ou falhar, significa isto que o fenômeno existe na ordem externa das coisas, na possibilidade ou probabilidade objetiva do mundo cósmico, ou seja, que o fenômeno possível ou provável tem uma existência objetiva...Perigo é, portanto, segundo os objetivistas, um *estado de fato* que contém as condições (incompletamente determinadas) de um evento lesivo (VON KRIES).

Uma terceira teoria que, pode dizer-se, remonta a OPPENHEIM, defende um critério *misto* ou *integrativo*: perigo é um conceito ao mesmo tempo objetivo e subjetivo. Discorre o citado autor (*Die Objekte des Verbrechens*, I, 1894, pág. 208): "Podemos apenas conhecer, mediante a experiência, a possibilidade próxima ou probabilidade (condições necessárias ao necessário dano) pela sua presença. Se essa possibilidade ou probabilidade é sempre alguma coisa de *subjetivo*, todavia a situação na qual um objeto é posto mediante o perigo é alguma coisa de objetivo"...Esta última teoria é que é a verdadeira. Se é certo que se pode conceber objetivamente o perigo, não é menos certo que tal concepção não poderá jamais excluir uma avaliação subjetiva, isto é, uma apreciação sintética das circunstâncias.

O perigo não é, portanto, um elemento arbitrário. Se se tratasse de uma simples *impressão*, com êle não poderia operar o direito penal, que deixaria de tutelar a ordem externa, para proteger a *impressionabilidade* interna dos indivíduos.

Na órbita jurídico-penal, o perigo (como possibilidade ou probabilidade de dano antijurídico) é um elemento básico, um conceito fundamental. Basta dizer que é uma das modalidades do *effecus sceleris* e, como tal, serve à conceituação da *tentativa*, bem como dos *crimes formais* e dos crimes especialmente chamados de *perigo* (em contraposição aos crimes *materiais* ou *de dano*)..." (Comentários ao Código Penal. Volume V. 3 ed. Rio de Janeiro: Forense, 1955, p. 360-365).

Há quem sustente a inconstitucionalidade dos crimes de perigo abstrato[18], sob o argumento de que ferem o princípio constitucional da lesividade, pois implicam antecipação da tutela penal antes mesmo de a conduta representar algum perigo concreto para o bem jurídico.

18 Nesse sentido, o pensamento de Pierpaolo Cruz Bottini:

"A previsão de delitos sem resultado material, seja de perigo, seja de lesão, seria incompatível com um direito penal garantista, pois a incriminação da mera conduta implicaria a repressão de atos de desobediência, sem vínculo imediato com bens jurídicos, que não entrariam na esfera a ação ilícita. Para esta corrente doutrinária, tais tipos penais importam em presunção *jures et de jure* de resultado, que afeta um direito penal fundado na responsabilidade pessoal e maculam o direito de defesa, ao não admitirem prova em contrário da ausência de lesividade" (Dos Crimes de Perigo Abstrato. 3ª ed. São Paulo: Revista dos Tribunais, 2013, p. 129).

Porém, ao final de seu profundo estudo, o Professor Pierpaolo Cruz Bottini admite, ainda que de forma excepcional, a incidência do injusto penal de perigo abstrato, de acordo com a importância do bem jurídico protegido:

"O intérprete deverá observar o sentido semântico do tipo penal de perigo abstrato e reconhecer o injusto penal apenas diante de comportamentos que apresentem periculosidade para os bens jurídicos dignos de proteção. As atividades contrárias às medidas de precaução não ostentam tal periculosidade justamente porque, nestes âmbitos,

Pensamos, porém, que a Constituição Federal não proíbe o legislador ordinário de prever crimes de perigo abstrato, em nome da proteção dos bens jurídicos fundamentais que a própria Constituição Federal assegura, *por força do princípio implícito da proibição da proteção deficiente de bens jurídicos*.

Vale observar que o princípio da proibição da proteção deficiente de bens jurídicos já foi afirmado pelo STF, em v. Acórdão da lavra do Ministro Gilmar Mendes:

> HABEAS CORPUS. PORTE ILEGAL DE ARMA DE FOGO DESMUNICIADA. (A)TIPICIDADE DA CONDUTA. CONTROLE DE CONSTITUCIONALIDADE DAS LEIS PENAIS. MANDATOS CONSTITUCIONAIS DE CRIMINALIZAÇÃO E MODELO EXIGENTE DE CONTROLE DE CONSTITUCIONALIDADE DAS LEIS EM MATÉRIA PENAL. **CRIMES DE PERIGO ABSTRATO EM FACE DO PRINCÍPIO DA PROPORCIONALIDADE. LEGITIMIDADE DA CRIMINALIZAÇÃO DO PORTE DE ARMA DESMUNICIADA. ORDEM DENEGADA.** 1. CONTROLE DE CONSTITUCIONALIDADE DAS LEIS PENAIS. 1.1. Mandatos Constitucionais de Criminalização: **A Constituição de 1988 contém um significativo elenco de normas que, em princípio, não outorgam direitos, mas que, antes, determinam a criminalização de condutas (CF, art. 5º, XLI, XLII, XLIII, XLIV; art. 7º, X; art. 227, § 4º). Em todas essas normas é possível identificar um mandato de criminalização expresso, tendo em vista os bens e valores envolvidos. Os direitos fundamentais não podem ser considerados apenas como proibições de intervenção (Eingriffsverbote), expressando também um postulado de proteção (Schutzgebote). Pode-se dizer que os direitos fundamentais expressam não apenas uma proibição do excesso (Übermassverbote), como também podem ser traduzidos como proibições de proteção insuficiente ou imperativos de tutela (Untermassverbote). Os mandatos constitucionais de criminalização, portanto, impõem ao legislador, para o seu devido cumprimento, o dever de observância do princípio da proporcionalidade como proibição de excesso e como proibição de proteção insuficiente.** 1.2. Modelo exigente de controle de constitucionalidade das leis em matéria penal, baseado em níveis de intensidade: Podem ser distinguidos 3 (três) níveis ou graus de intensidade do controle de constitucionalidade de leis penais, consoante as diretrizes elaboradas pela doutrina e jurisprudência constitucional alemã: a) controle de evidência (Evidenzkontrolle); b) controle de sustentabilidade ou justificabilidade (Vertretbarkeitskontrolle); c) controle material de intensidade (intensivierten inhaltlichen Kontrolle). O Tribunal deve sempre levar em conta que a Constituição confere ao legislador amplas margens de ação para eleger os bens jurídicos penais e avaliar as medidas adequadas e necessárias para a efetiva proteção desses bens. Porém, uma vez que se ateste que as medidas legislativas adotadas transbordam os limites impostos pela Constituição – o que poderá ser verificado com base no princípio da proporcionalidade como proibição de excesso (Übermassverbot) e como proibição de proteção deficiente (Untermassverbot) –, deverá o Tribunal exercer um rígido controle sobre a atividade legislativa, declarando a inconstitucionalidade de leis penais transgressoras de princípios constitucionais. 2. CRIMES DE PERIGO ABSTRATO. PORTE DE ARMA. PRINCÍPIO DA PROPORCIONALIDADE. A Lei 10.826/2003 (Estatuto do Desarmamento) tipifica o porte de arma como crime de perigo abstrato. De acordo com a lei, constituem crimes as meras condutas de possuir, deter, portar, adquirir, fornecer, receber, ter em depósito, transportar, ceder, emprestar, remeter, empregar, manter sob sua guarda ou ocultar arma de fogo. Nessa espécie de delito, o legislador penal não toma como pressuposto da criminalização a lesão ou o perigo de lesão concreta a determinado bem jurídico. Baseado em

vigora o desconhecimento científico sobre os riscos envolvidos. Assim, nestes casos, ainda que uma análise superficial dos dispositivos legais aponte para uma presunção de periculosidade, a interpretação funcional, coerente com um modo de Estado que privilegie a dignidade humana e limite o exercício da pretensão punitiva, revela a estrutura linguística profunda da norma e impede que se reconheça relevância penal a estes comportamentos" (ob. cit., p. 229).

dados empíricos, o legislador seleciona grupos ou classes de ações que geralmente levam consigo o indesejado perigo ao bem jurídico. **A criação de crimes de perigo abstrato não representa, por si só, comportamento inconstitucional por parte do legislador penal. A tipificação de condutas que geram perigo em abstrato, muitas vezes, acaba sendo a melhor alternativa ou a medida mais eficaz para a proteção de bens jurídico-penais supraindividuais ou de caráter coletivo, como, por exemplo, o meio ambiente, a saúde etc. Portanto, pode o legislador, dentro de suas amplas margens de avaliação e de decisão, definir quais as medidas mais adequadas e necessárias para a efetiva proteção de determinado bem jurídico, o que lhe permite escolher espécies de tipificação próprias de um direito penal preventivo. Apenas a atividade legislativa que, nessa hipótese, transborde os limites da proporcionalidade, poderá ser tachada de inconstitucional.** 3. LEGITIMIDADE DA CRIMINALIZAÇÃO DO PORTE DE ARMA. Há, no contexto empírico legitimador da veiculação da norma, aparente lesividade da conduta, porquanto se tutela a segurança pública (art. 6º e 144, CF) e indiretamente a vida, a liberdade, a integridade física e psíquica do indivíduo etc. Há inequívoco interesse público e social na proscrição da conduta. É que a arma de fogo, diferentemente de outros objetos e artefatos (faca, vidro etc.) tem, inerente à sua natureza, a característica da lesividade. A danosidade é intrínseca ao objeto. A questão, portanto, de possíveis injustiças pontuais, de absoluta ausência de significado lesivo deve ser aferida concretamente e não em linha diretiva de ilegitimidade normativa. 4. ORDEM DENEGADA. **(HC 104410, Relator(a): GILMAR MENDES, Segunda Turma, julgado em 06/03/2012, ACÓRDÃO ELETRÔNICO DJe-062 DIVULG 26-03-2012 PUBLIC 27-03-2012)**

Nessa mesma direção, o pensamento preciso de André Estefam:

> "Muito embora a questão seja cercada de polêmica, acreditamos serem válidos os crimes de perigo abstrato ou presumido. Isto porque o legislador age conforme a Constituição quando seleciona condutas socialmente perniciosas e potencialmente lesivas, incriminando-as em seus estágios iniciais. Cuida-se de atividade legislativa decorrente da soberania estatal, que não ofende a dignidade humana ou a presunção de não culpabilidade, pelo contrário, trata-se de agir de modo preventivo, antes que a lesão ao bem esteja consumada. Com efeito, a maneira mais eficaz de prevenir o roubo ou o homicídio não é prender o assassino ou o ladrão, algo reconhecidamente necessário, mas evitar que ele saque a arma ou a dispare" (Direito Penal. Parte Geral, volume 1. 6 ed. São Paulo: Saraiva, 2017, p. 98).

Contraponto: dignas de nota e de um olhar detido as reflexões de Claus Roxin ao afirmar:

> "tipos penais não podem ser fundados sobre bens jurídicos de abstração impalpável:
>
> Não é legítimo, por fim, criar tipos para proteção de bens jurídicos, sendo estes descritos através de conceitos com base nos quais não é possível pensar nada de concreto. Por exemplo, a jurisprudência e o legislador alemães postulam como bem jurídico protegido, o qual deve legitimar a penalização de qualquer trato com drogas, a 'saúde pública'. Como o 'público' não possui um corpo real, não é possível que algo como a 'saúde pública', no sentido estrito da palavra, exista. Não se pode, porém, fundamentar uma proibição penal na proteção de um bem jurídico fictício. Na verdade, só se pode estar falando da saúde de vários indivíduos membros do povo. Estes só podem, entretanto, ser protegidos respeitando o princípio de que autocolocações em perigo são impuníveis, como já foi exposto. Não é possível, assim, deduzir da proteção da 'saúde pública' um fundamento adicional de punição.
>
> Um bem jurídico similarmente pouco claro é a 'paz pública', cuja 'perturbação' eventual o legislador quer prevenir através dos já mencionados dispositivos sobre a incitação contra um povo e de mais alguns outros. Tem-se, porém, de pensar que também todas as outras proibições penais, como a contra as lesões corporais, o furto etc, protegem a paz pública, que seria perturbada se se tolerassem tais comportamentos. Mas elas só o fazem indiretamente, como consequência da proteção de bens jurídicos bem mais concretos (como a

integridade física e a propriedade), e somente na medida em que a convivência humana seja prejudicada por um comportamento que contrarie a norma penal. Nestes crimes, não se precisa recorrer à paz pública como bem protegido, e tampouco há quem o faça.

Continua não esclarecido como se deve imaginar a idoneidade para perturbar a paz pública nos casos em que inexiste lesão concreta à convivência pacífica. O fato de que algumas pessoas possam se irritar com um comportamento não basta para a punição. Afinal, quando alguém faz uso de seu direito à liberdade de expressão com finalidade crítica, ou faz valer seu direito ao livre desenvolvimento da personalidade, assegurado pela Constituição alemã, por meio de roupas ou cortes de cabelo especiais, ou de outro comportamento excêntrico, tal sempre desagradará a muitas pessoas. Mas isso não é razão para punir.

Deve-se renunciar, portanto, a fundamentações da punição da idoneidade de um comportamento para perturbar a paz pública. Ou existe um perigo para a coexistência pacífica entre os cidadãos já sem a menção deste critério, tal como vimos na incitação contra minorias (§ 130 I StGB), ou este perigo inexiste, como tentei explicar à luz da mentira de Auschwitz sem caráter de agitação. E, neste segundo caso, a alegação da paz pública não é mais suficiente para justificar a cominação penal" **(Estudos de Direito Penal. 2ª ed. Rio de Janeiro: Renovar, 2008).**

Nos crimes de perigo concreto, o legislador exige expressamente no tipo penal a produção de perigo concreto de dano, por meio das elementares *gerando perigo de dano, expondo a perigo de dano a incolumidade pública e privada* etc.

No Código de Trânsito, são de perigo abstrato, presumido pelo legislador com base naquilo que na vida de comum ocorre: a) o crime de embriaguez ao volante (art. 306), o crime de permissão, confiança ou entrega indevidas da direção a quem não possa dirigir com segurança (art. 310).

E são de perigo concreto, que precisa ser aferido e provado em cada caso concreto: a) o crime de competição não autorizada ou racha (art. 308); b) o crime de direção não habilitada (art. 309); c) o crime de velocidade incompatível em determinados locais (art. 311). Em tais crimes, o legislador expressamente previu o perigo concreto como elementar.

O crime omissivo é aquele em que o sujeito deixa de agir, incorre num não fazer que a ordem jurídica não lhe permitia, nas circunstâncias, ou seja, deixa de agir quando era obrigado a fazê-lo. Temos um crime omissivo no art. 304 (omissão de socorro de trânsito) e também no art. 307, § único, quando o sujeito deixa de entregar a carteira nacional de habilitação no prazo estabelecido.

Os crimes de trânsito são crimes comuns, ou seja, podem ser cometidos por qualquer pessoa. Em geral, a lei não exige condição especial do sujeito ativo. **Porém, em alguns tipos penais, o legislador prevê que será sujeito ativo o condutor**, ou seja, aquele que estiver na direção de veículo automotor, como no homicídio culposo de trânsito, na lesão corporal culposa de trânsito, na omissão de socorro, na embriaguez, no racha, na velocidade incompatível.

No crime de inovação artificiosa de trânsito, poderá ser qualquer pessoa o autor, o condutor do veículo ou pessoa distinta. Cuida-se de crime formal, ou seja, aquele crime cuja consumação independe da produção de evento ou resultado naturalístico. Feita a inovação artificiosa, o crime se consuma, ainda que o agente não alcance a finalidade pretendida: induzir a erro o perito ou o juiz.

Temos ainda crimes de dupla subjetividade passiva: em vários delitos, serão vítimas a pessoa atingida e a coletividade; a pessoa ou pessoas atingidas e a segurança viária (homicídio e lesão culposos de trânsito, racha com resultados lesão grave ou morte, embriaguez ao volante em concurso com crimes de dano, como o homicídio e a lesão culposa de trânsito).

18.1. Concurso de crimes entre os delitos de trânsito

Os crimes de homicídio e lesão culposos de trânsito (CTB, arts. 302 e 303) têm causas de aumento de pena como *não possuir permissão para dirigir ou carteira de habilitação* (CTB, art. 298, I) e *deixar de prestar socorro, quando possível fazê-lo sem risco pessoal, à vítima do acidente* (CTB, art. 298, III). Assim, sempre que o autor do homicídio culposo ou da lesão culposa de trânsito não tiver permissão ou habilitação para dirigir ou se omita na prestação de socorro à vítima, responderá pelo crime culposo, com a incidência da causa ou causas de aumento de pena mencionadas.

Afasta-se, em tais casos, o concurso com o delito do art. 309 do CTB (direção não habilitada, gerando perigo de dano).

Se o homicídio culposo de trânsito se der sob influência de álcool ou de outra substância psicoativa que determine dependência (CTB, art. 302, § 3º), crime punido com reclusão de 5 a 8 anos e suspensão ou proibição do direito de obter permissão ou habilitação para dirigir veículo automotor, não haverá concurso entre o delito do art. 302 e o do art. 306 (embriaguez ao volante).

Porém, não se afasta a possibilidade de concurso entre os crimes de embriaguez ao volante (CTB, art. 306) e competição não autorizada ou racha (CTB, art. 308), por exemplo, como entre os crimes dos arts. 309 (direção não habilitada, gerando perigo de dano) e velocidade incompatível com a segurança (CTB, art. 311). Poderá ainda haver concurso entre esses crimes e os delitos de omissão de socorro de trânsito (CTB, art. 304) e evasão para evitar responsabilidades civil e criminal (CTB, art. 305). Plenamente possível, ainda, o concurso entre tais delitos e o crime de inovação artificiosa ou fraude processual de trânsito (CTB, art. 312).

Há controvérsia, porém, quando se tratar de lesão corporal culposa de trânsito, sem incidência das restrições do art. 291, § 1º, I, II e III, do CTB, o agente não for habilitado para dirigir veículo automotor e a vítima deixar de representar. Podemos sustentar, numa primeira situação, que há concurso de crimes, pois normalmente a lesão culposa é praticada num contexto de imprudência, imperícia ou negligência, ou seja, há direção *gerando perigo de dano* que acaba por culminar em dano efetivo ao bem jurídico.

Assim, em princípio haverá concurso de crimes entre o delito do art. 303 e o do art. 309, do CTB. E, se a vítima da lesão corporal não representar, ausentes as restrições acima mencionadas, remanesceria, então, o crime de direção não habilitada, gerando perigo de dano (CTB, art. 309).

Porém, a matéria não é pacífica, pois há julgados que consideram que, havendo lesão corporal culposa passível de representação, com a agravante da falta de habilitação, ausente esta condição de procedibilidade, não há falar em crime autônomo do art. 309. A extinção da punibilidade pela ausência de representação abarcaria a conduta, com a causa de aumento do art. 298, I, do CTB, e também o delito do art. 309 do CTB.

Nesse sentido:

STJ:

> PENAL E PROCESSO PENAL. HABEAS CORPUS SUBSTITUTIVO. CÓDIGO DE TRÂNSITO BRASILEIRO. ABSORÇÃO DOS DELITOS DE LESÃO CORPORAL CULPOSA E DIREÇÃO SEM HABILITAÇÃO. RENÚNCIA EXPRESSA AO DIREITO DE REPRESENTAÇÃO. EXTINÇÃO DA PUNIBILIDADE. ORDEM CONCEDIDA DE OFÍCIO. 1 - **A jurisprudência deste Superior Tribunal de Justiça firmou-se no sentido de que o crime de lesão corporal culposa (art. 303 do CTB) absorve o delito de direção sem habilitação (art. 309 do CTB), funcionando este como causa de aumento de pena (art. 303, parágrafo único, do CTB). Destarte, extinta a punibilidade do agente em face da expressa renúncia da vítima ao direito de representação pelo delito de lesão corporal, também fica extinta a punibilidade com relação ao crime de direção sem habilitação,**

menos grave, porquanto absorvido. (HC 25.082/SP, Rel. Min. Laurita Vaz, Quinta Turma, DJ 12/04/2004). 2 - Habeas corpus não conhecido, porém, de ofício, concedida a ordem para declarar extinta a punibilidade do delito de direção sem habilitação. (STJ, HC 299.223, Relator(a): Min. NEFI CORDEIRO, Sexta Turma, julgado em 24/05/2006, DJe 06/06/2016).

TJSP:

APELAÇÃO. DIREÇÃO DE VEÍCULO AUTOMOTOR SEM A DEVIDA HABILITAÇÃO. ABSORÇÃO DO CRIME NO ÂMBITO DA LESÃO CORPORAL CULPOSA. ABSOLVIÇÃO. RECURSO DEFENSIVO PROVIDO. 1. O delito de lesão corporal culposa na direção de veículo automotor (art. 303, do Código de Trânsito Brasileiro) absorve o delito de direção sem habilitação (art. 309, do Código de Trânsito Brasileiro). Não há crime autônomo, mas este figura como causa de aumento de pena daquele outro. Se a vítima não oferece a representação pelo delito de lesão (crime de dano efetivo), opera-se a extinção da punibilidade do agente, igualmente atingido o crime de mero perigo, que restou absorvido. Precedentes (STF – HC 128921 – Rel. Min. Gilmar Mendes – 2ª T. – j. 25.08.2015 – DJe 10.09.2015; STF – HC 80436 – Rel. Min. Nelson Jobim – 2ª T. – j. 17.10.2000 – DJ 24.11.2000; STJ – HC 299.223/RJ – Rel. Min. Nefi Cordeiro – 6ª T – j. 24.05.2016 – DJe 06.06.2016; STJ – HC 299.223/RJ – Rel. Min. Nefi Cordeiro – 6ª T. – j. 24.05.2016 – DJe 06.06.2016; STJ – HC 25.084/SP – rel. Min. Jorge Scartezzini – 5ª T. – j. 18.05.2004 – DJ 01.07.2004; STJ – HC 25.523/SP – Rel. Min. Gilson Dipp – 5ª T. – j. 06.04.2004 – DJ 17.05.2004). 2. Provimento ao recurso defensivo. (TJSP; Apelação Criminal 0008757-53.2012.8.26.0360; Relator (a): Airton Vieira; Órgão Julgador: 3ª Câmara de Direito Criminal; Foro de Mococa - 2ª Vara; Data do Julgamento: 10/04/2018; Data de Registro: 13/04/2018)

III. OS CRIMES DE TRÂNSITO

1. O Crime de Homicídio Culposo de Trânsito

Seção II
Dos Crimes em Espécie

Art. 302. Praticar homicídio culposo na direção de veículo automotor:

Penas – detenção, de dois a quatro anos, e suspensão ou proibição de se obter a permissão ou a habilitação para dirigir veículo automotor.

§ 1º No homicídio culposo cometido na direção de veículo automotor, a pena é aumentada de 1/3 (um terço) à metade, se o agente: (Incluído pela Lei 12.971, de 2014) (Vigência)

I – não possuir Permissão para Dirigir ou Carteira de Habilitação; (Incluído pela Lei 12.971, de 2014) (Vigência)

II – praticá-lo em faixa de pedestres ou na calçada; (Incluído pela Lei 12.971, de 2014) (Vigência)

III - deixar de prestar socorro, quando possível fazê-lo sem risco pessoal, à vítima do sinistro; (Redação dada pela Lei nº 14.599, de 2023)

IV – no exercício de sua profissão ou atividade, estiver conduzindo veículo de transporte de passageiros. (Incluído pela Lei 12.971, de 2014) (Vigência)

~~§ 2º Se o agente conduz veículo automotor com capacidade psicomotora alterada em razão da influência de álcool ou de outra substância psicoativa que determine dependência ou participa, em via, de corrida, disputa ou competição automobilística ou ainda de exibição ou demonstração de perícia em manobra de veículo automotor, não autorizada pela autoridade competente.~~

~~Penas – reclusão de 2 (dois) a 4 (quatro) anos, e suspensão ou proibição de se obter a permissão ou a habilitação para dirigir veículo automotor~~ (Parágrafo incluído pela Lei 12.971/2014 e revogado pela Lei 13.281/2016. Redação anterior à Lei 13.546/2017)

§ 3º Se o agente conduz veículo automotor sob a influência de álcool ou de qualquer outra substância psicoativa que determine dependência:

Penas – reclusão, de cinco a oito anos, e suspensão ou proibição do direito de se obter a permissão ou a habilitação para dirigir veículo automotor. (Parágrafo incluído pela Lei 13.546/2017, em vigor 120 dias após a publicação, no dia 19 de abril de 2018)

1.1. Bem Jurídico Tutelado

É a vida humana extrauterina, desde o nascimento com vida.

Sustentamos ainda que o legislador, ao prever a figura típica do homicídio culposo de trânsito, protege ainda a segurança no trânsito, que é direito de todos e dever dos condutores e dos órgãos integrantes do Sistema Nacional de Trânsito.

A Constituição Federal, em seu art. 5º, "caput", assegura a todos o direito à vida. E o legislador infraconstitucional, ao prever o homicídio culposo de trânsito, faz valer o comando da lei maior, num contexto em que cada vez mais pessoas perdem suas vidas, ou seja, no trânsito em vias terrestres.

1.2. Sujeitos do Crime

O crime é comum e pode ser cometido por qualquer pessoa.

Exige-se apenas que o autor do crime esteja na direção de veículo automotor. Ou seja, fazendo funcionar, movimentando, dirigindo e guiando o veículo automotor.

Sujeito passivo poderá ser qualquer pessoa, desde o nascimento com vida.

Se o homicídio culposo que tiver como vítima a gestante, por exemplo, produzir aborto, esse aspecto poderá ser considerado na dosimetria da pena, pelo magistrado, entre as circunstâncias judiciais do art. 59, do Código Penal, no tocante às consequências do crime.

Mas a produção de aborto, como consequência do crime, não é prevista na lei especial nem mesmo como causa especial de aumento, qualificadora ou agravante da pena, como se verifica no crime de lesão corporal dolosa (art. 129, do Código Penal).

1.3. Condutas

Estar o agente na direção de veículo automotor[19], ou seja, movimentando, acionando, dirigindo o veículo automotor, ainda que esteja ingressando na via naquele momento do acidente. E é necessário que o faça com culpa, imprevisão diante do previsível.

Desde a primeira edição deste trabalho, sustentamos que o legislador não se houve com a melhor técnica ao redigir o preceito, pois melhor teria feito se tivesse dito matar alguém, por culpa, na direção de veículo automotor, em lugar de dizer praticar homicídio culposo na direção de veículo automotor. A imperfeição, contudo, não acarreta a inaplicabilidade do preceito por ofensa aos princípios da legalidade e da taxatividade no direito penal, como chegaram a sustentar alguns estudiosos, despropositadamente a nosso ver.

Vale destacar que a conduta deverá ocorrer, de todo modo, *na direção de veículo automotor*. Ou seja, não basta que o sujeito ativo esteja parado, posicionado ao banco do motorista, para que o crime se perfaça.

---

19 Anexo I, do Código de Trânsito:

VEÍCULO AUTOMOTOR – todo veículo a motor de propulsão que circule por seus próprios meios, e que serve normalmente para o transporte viário de pessoas e coisas, ou para a tração viária de veículos utilizados para o transporte de pessoas e coisas. O termo compreende os veículos conectados a uma linha elétrica e que não circulam sobre trilhos (ônibus elétrico).

É necessário que ele esteja conduzindo, dirigindo e movimentando o veículo na via. Assim, se o condutor, por exemplo, com o veículo já estacionado junto ao meio fio, abrir a porta e der causa a acidente, atingindo ciclista ou motociclista, ele responderá por homicídio culposo ou lesão corporal culposa nos termos do Código Penal (arts. 121, § 3º, e 129, § 6º, do Código Penal). Tal adequação típica se dará porque ele não estava dirigindo, movimentando, guiando o veículo automotor. Porém, se ele causa o acidente quando saía do local em que o veículo estava estacionado, nesse caso sim responderá nos termos do Código de Trânsito.

A lei não exige que o fato se dê na via pública,[20] como acontece na figura típica do art. 308, do Código de Trânsito (crime de racha).

Nesse sentido, adequada a lição de Victor Eduardo Rios Gonçalves e Fernando Capez:

> "Não obstante o art. 1º do Código estabeleça que "o trânsito de qualquer natureza *nas vias terrestres* do território nacional, abertas à circulação, rege-se por este Código", e o art. 2º defina via terrestre de forma a excluir as *vias particulares* (estacionamentos privados, pátio de postos de gasolina, vias internas de fazendas particulares), entende-se que devem ser aplicados os crimes de homicídio e lesão culposa do Código de Trânsito ainda que o fato não ocorra em via pública. Com efeito, quando o legislador quis exigir que o fato delituoso fosse caracterizado apenas quando ocorresse em via pública, o fez de forma expressa, como nos crimes de.... participação em competição não autorizada (art. 308) e direção sem habilitação (art. 309). Assim, fica evidente a intenção do legislador em excepcionar a regra, para permitir a aplicação dos crimes de homicídio e lesão corporal culposa qualquer que seja o local do delito, desde que o agente esteja na direção de veículo automotor" (Aspectos Criminais do Código de Trânsito Brasileiro, p. 34).

1.3.1. A Condução de Veículo Sob Influência do Álcool ou Outra Substância Psicoativa que Cause Dependência – Lei 13.456/17, em Vigor a Partir do dia 19 de abril de 2018

Trata-se de figura especial de homicídio culposo qualificado pela influência do álcool ou outra substância psicoativa que cause dependência. As penas previstas para a nova figura são de 5 a 8 anos de reclusão, além de suspensão do direito de dirigir e proibição de sua obtenção.

Como se trata de norma pena mais gravosa, só vale para fatos ocorridos a partir do dia 19 de abril de 2018, por força do princípio constitucional da *irretroatividade* da lei penal mais severa (art. 5º, XL, da Constituição Federal).

O legislador penal, na nova norma, disse mais do que precisava ter dito. Nem todas as substâncias psicoativas causam necessariamente dependência. Assim, teremos problemas de adequação da conduta à norma penal se o agente comprovar, por exemplo, por meio de laudo científico, que a substância psicoativa sob cujo efeito se encontrava não era daquelas que causam dependência física ou psíquica. Há quem sustente que o LSD, ácido lisérgico, por exemplo, não causa dependência[21]. A informação é dada a título científico e com o intuito de demonstrar que o legislador, nesse passo, disse mais do que precisava ter dito. Bastaria ter dito "sob influência de álcool ou outra substância psicoativa" e ponto final.

---

20 Código de Trânsito:

Art. 2º São vias terrestres urbanas e rurais as ruas, as avenidas, os logradouros, os caminhos, as passagens, as estradas e as rodovias, que terão seu uso regulamentado pelo órgão ou entidade com circunscrição sobre elas, de acordo com as peculiaridades locais e as circunstâncias especiais.

21 "O LSD não é considerado substância que causa dependência. Em estudos realizados com animais, por exemplo, as cobaias não passam a usá-lo compulsivamente. Apesar de a droga causar tolerância quando é usada em dias consecutivos, com a interrupção do uso crônico, a tolerância vai embora aos poucos, e a sensibilidade à droga volta depois de algumas semanas sem consumi-la. A droga não causa, no entanto, síndrome de abstinência" (Tarso Araújo. Almanaque das Drogas, São Paulo: Texto Editores Ltda, 2012, p. 308).

1.3.1.1 *O homicídio culposo de trânsito, qualificado, pela influência do álcool, não exige 6 decigramas de álcool por litro de sangue, como o crime do art. 306, do CTB*

O legislador, no tipo penal do homicídio culposo de trânsito, qualificado pela influência de álcool, não fez referência a nenhuma quantidade mínima de álcool no sangue, como faz o tipo penal do art. 306, *caput*, do CTB (embriaguez ao volante - 6 decigramas de álcool por litro de sangue). Assim, basta a demonstração de que o agente estava *sob influência do álcool* para que o delito culposo se perfaça na forma qualificada.

É importante que se atente para a inexistência dessa exigência quantitativa de álcool por litro de sangue na figura do homicídio culposo de trânsito qualificado pela influência do álcool, observando que são válidos para provar que o agente estava sob influência do álcool (ou embriagado) todos os meios de prova em direito admitido, como o relatório do agente de trânsito, que teve contato direto com o condutor e constatou e anotou os sinais clássicos da embriaguez (fala pastosa, andar cambaleante, arrogância, roupas em desalinho, entre outros, nos termos da Resolução CONTRAN n. 432/2013), videos, relatos de testemunhas, exame clínico, entre outros, conforme previsto no art. 306, § 2º, do CTB, norma aplicável em relação ao tipo penal do homicídio culposo qualificado pela influência do álcool, em relação aos meios de prova da infração penal.

Ora, se nem mesmo o tipo penal do art. 306, do CTB, que prevê a cifra de seis decigramas de álcool por litro de sangue, para que o delito se consume, está subordinado à comprovação exclusivamente por meio do exame de sangue ou teste do etilômetro, posto que o legislador, de forma expressa, previu a possibilidade de comprovação22 da infração penal por outros meios de prova em direito admitidos, pela mesma razão não se justifica, logicamente, exigir essa prova de quantidade do álcool por litro de sangue, no homicídio culposo de trânsito, qualificado pela influência de álcool, **uma vez que nem mesmo o tipo penal culposo a exigiu.**

Nesse sentido, o pensamento do Tribunal de Justiça de São Paulo, em caso de homicídio culposo de trânsito:

> APELAÇÃO CRIMINAL. MINISTÉRIO PÚBLICO. HOMICÍDIO E LESÃO CORPORAL CULPOSOS NA DIREÇÃO DE VEÍCULO AUTOMOTOR. CONCURSO FORMAL DELITIVO. Artigos 302, caput, e 303, caput, ambos da Lei n. 9.503/97 (Código de Trânsito Brasileiro), enlaçados na forma do artigo 70, do Código Penal. Sentença de parcial procedência. Pleito recursal da acusação pelo reconhecimento das qualificadoras correspondentes à condução do veículo automotor sob a influência de álcool. Artigos 302, § 3º e 303, § 2º, ambos do Código de Trânsito Brasileiro. Irresignação acolhida em parte. Materialidade e autoria dos delitos devidamente comprovadas pelo conjunto probatório carreado aos autos. Imprudência caracterizada. Eventual descuido da vítima não afasta a responsabilidade criminal do agente que pilotava o veículo. Direito Penal que não admite a concorrência de culpas. **Conjunto probatório suficiente no que tange à qualificadora correspondente ao delito de homicídio culposo na direção de veículo automotor. Tipo penal mais grave que se contenta com a simples condução sob influência do álcool, sendo despiciendo a demonstração de que o réu se encontrava efetivamente com a capacidade psicomotora alterada. Confissão, corroborada pelos testemunhos dos policiais que deve preponderar sobre o exame clínico negativo realizado tardiamente**. Dosimetria redimensionada, porém não nos moldes pretendidos pela acusação. Pena de 5 (cinco) anos de reclusão, acrescida na sexta parte por força do artigo 70, do Código Penal. Sistema da exasperação. Fração incidente sobre o delito mais grave. Afastada a sanção substitutiva e fixado o regime

22 Isso ocorre em razão do princípio da não autoincriminação, ou seja, apesar das consequências administrativas (multa, suspensão do direito de dirigir, pontos na CNH) que decorrem da recusa do agente em se submeter ao teste do bafômetro ou a fornecer sangue para exame, no campo criminal ninguém pode ser obrigado a produzir provas contra si mesmo. O legislador, sabedor dessa dificuldade probatória, foi expresso na norma penal ao prever outros meios de prova da infração penal.

> inicial semiaberto. Artigo 33, § 2º, alínea b, do mesmo Código. Prazo da suspensão da habilitação para conduzir veículo automotor que, no entanto, deve ser fixado com proporcionalidade aos critérios adotados para a privativa de liberdade. Redução para o prazo de 2 (dois) meses e 10 (dez) dias. Sentença reformada em parte. RECURSO PARCIALMENTE PROVIDO. OPERADA EX-OFFICIO A REFORMATIO IN MELLIUS EM RELAÇÃO À PENA DE SUSPENSÃO DA HABILITAÇÃO PARA DIRIGIR VEÍCULO AUTOMOTOR. **(TJ-SP - APR: 15001802920218260608 SP 1500180-29.2021.8.26.0608, Relator: Camargo Aranha Filho, Data de Julgamento: 03/11/2022, 16ª Câmara de Direito Criminal, Data de Publicação: 03/11/2022) (negrito nosso).**

A título de exemplo quanto à variedade dos meios de prova da influência do álcool, oportuno lembrar caso de grande repercussão ocorrido na madrugada de março de 2024, na zona leste de São Paulo, em que o motorista de um Porsche, em alta velocidade, atingiu por trás o veículo de um motorista de aplicativo, causando a morte instantânea deste. **O motorista do Porsche responde por homicídio doloso (dolo eventual)** e até mesmo as comandas de um bar em que esteve antes do evento e o relato de seu acompanhante, no carro, são elementos de prova do prévio consumo23 de bebidas alcoólicas, posto que ele não foi submetido ao bafômetro, nem ao exame de sangue, logo após o fato.

1.3.2. Constitucionalidade da Figura Típica

Houve quem dissesse que a figura típica do homicídio culposo de trânsito seria ofensiva ao texto da Constituição Federal, por implicar tratamento mais gravoso para o crime de homicídio culposo, em afronta ao postulado da igualdade.

Porém, isso não se verifica. A Constituição em nenhum momento proibiu que seja dado tratamento penal mais rigoroso a condutas que sejam mais gravosas. Trata-se de, como preconizava o grande Ruy Barbosa, de tratar os desiguais com desigualdade à medida que se desigualam.

Não se pode tratar da mesma forma, em termos de conformação da conduta à norma penal e mesmo em termos de resultado punitivo, comportamentos culposos que se verifiquem em contextos distintos. E as condutas de imprudência, negligência e imperícia em acidentes de trânsito terrestre, pelos graves resultados que têm produzido, justificam o tratamento dado pela lei especial.

Nesse sentido, o pensamento do **Supremo Tribunal Federal**:

> "A questão central, objeto do recurso extraordinário interposto, cinge-se à constitucionalidade (ou não) do disposto no art. 302, parágrafo único, da Lei 9.503/1997 (CTB), eis que passou a ser dado tratamento mais rigoroso às hipóteses de homicídio culposo causado em acidente de veículo. É inegável a existência de maior risco objetivo em decorrência da condução de veículos nas vias públicas – conforme dados estatísticos que demonstram os alarmantes números de acidentes fatais ou graves nas vias públicas e rodovias públicas – impondo-se aos motoristas maior cuidado na atividade. O princípio da isonomia não impede o tratamento diversificado das situações quando houver elemento de *discrimen* razoável, o que efetivamente ocorre no tema em questão (...) (RE 428.864, rel. min. Ellen Gracie, julgamento em 14-10-2008, Segunda Turma, *DJE* de 14-11-2008.) No mesmo sentido: AI 831.778-AgR, rel. min. Cármen Lúcia, julgamento em 15-2-2011, Primeira Turma, *DJE* de 4-3-2011; AI 797.370-AgR, rel. min. Ayres Britto, julgamento em 23-11-2010, Segunda Turma, *DJE* de 2-3-2011.

O homicídio culposo de trânsito é crime material, de dano, de conduta e resultado, instantâneo de efeitos permanentes.

23 Motorista de Porsche diz que não bebeu antes de acidente fatal em São Paulo - SBT News – acesso em 05-08-2024.

1.4. Voluntariedade

Basta a culpa, a imprevisão diante do que era previsível. Culpa é a imprevisão grosseira diante daquilo que era previsível.

A culpa inconsciente é a culpa comum, a imprevisão em sua forma mais tosca e grosseira. Exemplo: desrespeitar sinal de parada obrigatória, sinal vermelho etc.

A culpa consciente, por outro lado, é um passo além. Na culpa consciente o agente *antevê* a possibilidade de produção de resultado danoso, mas *não assente* à sua ocorrência. Tem consciência de que poderá acarretar o dano, mas não crê que vá produzi-lo. Exemplo: conduz veículo em velocidade exagerada perto de uma feira livre, praça ou porta de escola, locais com concentração de pessoas, mas crê que terá habilidade suficiente para evitar acidente se surgir um pedestre ou criança distraída no meio da via pública.

A culpa consciente se avizinha do dolo eventual: em ambos o agente prevê a produção de resultado danoso, com a diferença de que, no dolo eventual, o agente assume o risco de produzir o resultado. Exemplo: o agente dirige a 100 km por hora em via urbana local em que a velocidade máxima seria de 40 km por hora e pensa: se surgir algum pedestre, "dane-se", ou seja, o agente tolera o risco de feri-lo ou mesmo de matá-lo. O agente procede com indiferença, não se incomoda e nem se importa com a possibilidade de produzir o resultado danoso.

Conduta culposa é aquela que decorre da imprevisão diante do que era previsível e se manifesta por uma das três modalidades de culpa conhecidas: imprudência, imperícia ou negligência.

Imprudência: a prática de um fato perigoso, como por exemplo desrespeitar sinal de parada obrigatória, o sinal vermelho no semáforo, transitar pela contramão, em excesso de velocidade, ultrapassar em local e momento inoportunos etc.

Negligência: a falta de precauções comuns, ordinariamente exigíveis do homem médio; exemplos: transitar com o veículo sem iluminação traseira, sem freios, com pneus totalmente gastos, faróis ou lanternas traseiras defeituosos, passageiros sem cinto de segurança, deixar de fazer com que os passageiros usem o cinto etc.

Imperícia: a falta de habilidade para o exercício de arte, técnica, ofício ou profissão; exemplos: o condutor não ser capaz de manter o veículo em trajetória retilínea, não saber fazer uma curva sem invadir o passeio dos pedestres, não saber frear ao se aproximar do sinal fechado etc.

1.5. Consumação e Tentativa

A consumação do delito se verifica com a morte da vítima, a cessação da atividade cerebral, aferida pelo eletroencefalograma linear ou outros meios médicos disponíveis.

A tentativa não é compatível com a estrutura dos crimes genuinamente culposos, pois nestes não existe a vontade deliberada de realização do comportamento previsto no tipo penal culposo.

Segundo Heleno Cláudio Fragoso, "(...) dada a estrutura do crime culposo, não é possível a tentativa nessa espécie de infração penal. Não pode o agente tentar alcançar o resultado se não tem vontade a ele dirigida". Para Nélson Hungria, (...) como esforço consciente para um fim antijurídico, a tentativa não é compatível, *per definitionem*, com os crimes genuinamente culposos, pois nestes não há nexo entre a vontade e o resultado, senão apenas entre a vontade e a ação (ou omissão) (*Comentários ao Código Penal.* 6. ed. Rio de Janeiro: Forense, 1980, v. 1, t. 1, p. 66).

1.5.1. A Reparação do Dano: Efeitos

No que tange ao homicídio culposo, tem sido admitida a aplicação do arrependimento posterior, nos termos do art. 16, do Código Penal, que permite a redução da pena de um a dois terços nos crimes cometidos sem violência ou grave ameaça, *quando a reparação do dano é concretizada antes do recebimento da denúncia.* Considera-se que, no homicídio culposo, por ser involuntária a violência, não se afasta a possibilidade de incidência de referida causa de diminuição de pena. Nesse sentido, Victor Eduardo Rios Gonçalves e Fernando Capez (Aspectos Criminais do Código de Trânsito Brasileiro, p. 37).

Os ilustres autores referem ainda que as opiniões da doutrina divergem acerca do critério a ser utilizado para que se determine a fração de redução da pena: para Damásio de Jesus, deve ser considerada a presteza da reparação do dano, ou seja, quanto mais rápida, maior a diminuição da pena. Segundo Heleno Fragoso, a redução deve manter relação de proporcionalidade com a reparação prestada. Gonçalves e Capez se inclinam pelo primeiro critério (ob. cit., p. 37-38).

No sentido do entendimento de Damásio de Jesus, o Superior Tribunal de Justiça:

> "RECURSO ESPECIAL. PENAL. CAUSA DE DIMINUIÇÃO DE PENA. ARREPENDIMENTO POSTERIOR. ARTIGO 16 DO CÓDIGO PENAL. NECESSIDADE DE REPARAÇÃO INTEGRAL DO DANO. PRECEDENTES. QUANTUM DE REDUÇÃO DA PENA. CELERIDADE NO RESSARCIMENTO À VITIMA.
>
> 1. Somente há falar em aplicação da causa de diminuição de pena relativa ao arrependimento posterior (art. 16 do Código Penal) se houver a integral reparação do dano ou restituição da coisa antes do recebimento da denúncia, variando o índice de redução da pena de acordo com a maior ou menor celeridade no ressarcimento do prejuízo à vítima.
>
> 2. Recurso especial provido".
>
> (REsp 1282696/RS, Rel. Min. MARIA THEREZA DE ASSIS MOURA, SEXTA TURMA, DJe 13/12/2013).

A matéria, porém, não é pacífica. Confira-se, nesse sentido, decisão do STJ, que não admitiu a aplicação do art. 16, do Código Penal, em crime de trânsito, por considerá-la cabível somente em crimes de natureza patrimonial:

> Superior Tribunal de Justiça:
>
> RECURSO ESPECIAL. PENAL. HOMICÍDIO CULPOSO NA DIREÇÃO DE VEÍCULO AUTOMOTOR. ART. 312 DO CTB. CAUSA DE DIMINUIÇÃO DA PENA. ARREPENDIMENTO POSTERIOR. ART. 16 DO CP. REPARAÇÃO DO DANO. APLICÁVEL APENAS NOS CRIMES PATRIMONIAIS. PLEITO SUBSIDIÁRIO. RECONHECIMENTO DE ATENUANTE. ART. 65, III, B, DO CP. PENA-BASE FIXADA NO MÍNIMO. SÚMULA 231/STJ (...)
>
> (REsp 1561276/BA, Rel. Ministro SEBASTIÃO REIS JÚNIOR, SEXTA TURMA, julgado em 28/06/2016, DJe 15/09/2016).
>
> AGRAVO REGIMENTAL NO HABEAS CORPUS. HOMICÍDIO CULPOSO NA DIREÇÃO DE VEÍCULO AUTOMOTOR. ARREPENDIMENTO POSTERIOR. INAPLICABILIDADE. DECISÃO MANTIDA. RECURSO IMPROVIDO.
>
> 1. Esta Corte possui firme entendimento de que, para que seja possível aplicar a causa de diminuição de pena prevista no art. 16 do Código Penal, faz-se necessário que o crime praticado seja patrimonial ou possua efeitos patrimoniais. Precedentes.
>
> **2. Inviável o reconhecimento do arrependimento posterior na hipótese de homicídio culposo na direção de veículo automotor, uma vez que o delito do art. 302 do Código de Trânsito Brasileiro não pode ser encarado como crime patrimonial ou de efeito patrimonial. Na espécie, a tutela penal abrange o bem jurídico mais importante do ordenamento jurídico, a vida, que, uma vez ceifada, jamais poderá ser restituída, reparada. Precedente.**
>
> 3. Em sede de habeas corpus vigora a proibição da reformatio in pejus, princípio imanente ao processo penal (HC 126869/RS, Rel. Min.
>
> Dias Toffoli, 23.6.2015 - Informativo 791 do STF).

4. Agravo regimental improvido.

(AgRg no HC 510.052/RJ, Rel. Ministro NEFI CORDEIRO, SEXTA TURMA, julgado em 17/12/2019, DJe 04/02/2020) (destacamos)

1.6. Ação Penal

A ação penal, em tema de homicídio culposo de trânsito, será pública incondicionada, ou seja, independerá de qualquer manifestação de vontade dos sucessores da vítima para que a persecução penal se desenvolva do inquérito policial ao processo penal.

Se a pena fixada não superar 2 anos, presentes os demais requisitos do art. 77 e seguintes do Código Penal, poderá caber a suspensão condicional da pena privativa da liberdade, o "sursis".

A substituição da pena privativa da liberdade por restritivas de direitos (art. 44, do Código Penal) será cabível em todos os crimes em que a pena máxima não supere 4 anos, seja de reclusão ou detenção, presentes os demais requisitos legais que permitam concluir que a pena substitutiva seja necessária, suficiente e adequado ao fato e seu autor. E caberá também em todos os crimes culposos, independentemente da quantidade de pena.

E, pela quantidade de reprimenda, caberá também em tese o regime inicial aberto para todas as penas não superiores a 4 anos, muito embora a quantidade de pena não seja o único vetor a ser considerado pelo juiz na fixação do regime inicial de cumprimento da pena, conforme art. 33, § 3º, c.c. art. 59, do Código Penal.

1.6.1 Institutos despenalizadores

Não será cabível a suspensão condicional do processo, porque a pena mínima prevista para o delito é superior a um ano, a teor da regra constante do art. 89, "caput", da Lei Federal 9.099/95 (a Lei do Juizado Especial Criminal).

Em sua forma simples e nas hipóteses do parágrafo 1º, o homicídio culposo de trânsito poderá comportar a aplicação **do acordo de não persecução penal**, nos termos do art. 28-A, do CPP, presentes os requisitos objetivos e subjetivos nele previstos. **Embora o resultado da conduta culposa seja violento, este não resultou da vontade do agente. Daí porque tem sido admitida a aplicação do novo modelo de Justiça Penal Consensual ao homicídio culposo de trânsito.**

A negativa, por parte do Ministério Público, poderá ocorrer, sempre motivadamente, se o instituto não for considerado suficiente e necessário para repressão e prevenção do fato delituoso, por força das circunstâncias ou de não preenchimento, pelo agente, dos requisitos subjetivos.

Na hipótese mais gravosa do parágrafo terceiro (homicídio culposo resultante de influência do álcool ou outra substância psicoativa), em que a pena prevista é de cinco a oito anos de reclusão, não caberá o acordo de não persecução penal, **que tem como limite a pena mínima prevista inferior a quatro anos.**

1.7. Causas Especiais de Aumento de Pena

1.7.1. Noção

Cuidou o legislador de prever causas especiais de aumento de pena que incidirão nas situações acima ventiladas: ausência de permissão ou habilitação para dirigir; cometimento do delito em faixa de pedestres ou na calçada; omissão de socorro; condução de veículo de transporte de passageiros.

E, conforme as circunstâncias do caso concreto, poderão existir isolada ou cumulativamente tais causas de aumento de pena.

Vale lembrar que a Lei n. 14.599/23, que adequou a nomenclatura do CTB às normas da ABNT, que referem sinistro de trânsito, modificou a redação do inciso III, na causa de aumento de pena relativa à omissão de socorro, **ao se referir à vítima do sinistro, não mais do acidente de trânsito.**

A fração de aumento da pena adotada na sentença será obrigatoriamente motivada (art. 93, IX, da Constituição Federal). E também deverá ser considerada na fração de aumento a presença de uma ou mais causas de aumento de pena.

Não se justifica, por exemplo, o aumento mínimo se mais de uma ou todas as causas de aumento de pena estiverem configuradas no caso concreto.

1.8. O Homicídio Culposo Qualificado pela Participação em Corrida, Disputa, Competição Automobilística ou Exibição ou Demonstração de Perícia, Preceito Revogado pela Lei 13.281, de 4 de maio de 2016

O preceito do § 2º, do art. 302,[11] previa duas hipóteses de homicídio culposo qualificado, em síntese: a) pela influência do álcool ou de outra substância psicoativa e b) pela participação, em via, de corrida, disputa ou competição automobilística ou ainda de exibição ou demonstração de perícia em manobra.

O preceito foi revogado em boa hora pela Lei 13.281/16 pois conflitava de forma óbvia com a norma incriminadora do art. 308, § 2º, do Código de Trânsito (racha qualificado pelo resultado morte, com pena de 5 a 10 anos de reclusão).

Houve quem considerasse que se tratava de uma mesma conduta prevista em dois dispositivos diversos: homicídio culposo qualificado pelo racha e racha qualificado pelo resultado morte. Nesse sentido, o pensamento de Luiz Flávio Gomes, saudoso professor e doutrinador:

> "O problema: aqui no art. 308 o resultado morte provocado culposamente aparece como qualificadora do delito de participação em 'racha'. Já no art. 302 (homicídio culposo), é a participação em 'racha' que o torna qualificado (mais grave). No delito de participação em 'racha', é a morte que o qualifica. No delito de homicídio, é a participação em racha que o qualifica. Mas tudo isso é a mesma coisa!" (Texto disponível em: HTTP://m.migalhas.com.br/depeso/200729/nova-lei-de-transito-barbeiragem-e-deparragem-do-legislador- acesso em 1º/1/2017).

Em nossa visão, com a devida vênia, eram dois delitos distintos. Neste (art. 302), não se exigia que o fato ocorresse *em via pública*. Bastava que se verificasse *em via*. Naquele (art. 308), havia e há a previsão expressa desse elemento espacial, ou seja, o crime do art. 308 somente se verificará se a conduta se der *em via pública*. Nesse mesmo sentido, lecionavam Fernando Capez e Victor Eduardo Rios Gonçalves (Aspectos Criminais do Código de Trânsito Brasileiro. 3 ed. São Paulo: Saraiva, 2015, p. 60).

Além disso, podíamos afirmar que o legislador optou por conferir desvalor maior (juízo de censura mais rigoroso) à conduta daquele que incorria em racha com resultado morte, em relação àquele que praticava homicídio culposo participando de racha.

Enfim, revogado o preceito do art. 302, § 2º, do Código de Trânsito, sempre que houver racha com resultado morte, **sem que a conduta tipifique o homicídio doloso, simples ou qualificado, por dolo direto ou eventual (que não é crime de trânsito, mas crime doloso contra a vida, de competência do Tribunal do Júri)**, o agente responderá pelo crime do art. 308, § 2º, do Código de Trânsito, por racha qualificado pelo resultado morte, punido com pena de 5 a 10 anos de reclusão, além da suspensão ou proibição de obtenção do direito de dirigir.

---

24 § 2º – se o agente conduz veículo automotor com capacidade psicomotora alterada em razão da influência de álcool ou de outra substância psicoativa que determine dependência ou participa, em via, de corrida, disputa ou competição automobilística ou ainda de exibição ou demonstração de perícia em manobra de veículo automotor, não autorizada pela autoridade competente.

1.9. Causas Especiais de Aumento de Pena: Consequência

A presença de qualquer delas implica agravamento da pena de 1/3 até a metade, pois a conduta – nas situações previstas – é mais grave e mais lesiva ao bem jurídico.

A fração de aumento será dosada considerando a presença de uma ou mais causas de aumento, no caso concreto.

1.10. Homicídio Doloso, por Participação em Racha, não é Crime de Trânsito, mas Crime Doloso Contra a Vida

Nesse passo, cumpre lembrar que se a conduta configurar homicídio doloso simples ou qualificado, *por dolo eventual*, em virtude da participação em racha, não estaremos diante de crime de trânsito, mas de crime doloso contra a vida, cujo juiz natural é o Tribunal do Júri, conforme previsto na Constituição Federal (art. 5º, LXXVIII).

As circunstâncias do caso concreto e as provas reunidas sobre o fato é que orientarão a formação da *opinio delicti* do órgão do Ministério Público, que dirá na denúncia se o fato se ajusta tipicamente ao homicídio doloso (art. 121, "caput", ou art. 121, § 2º, do Código Penal) ou ao crime de racha qualificado pelo resultado morte (art. 308, do Código de Trânsito).

Na jurisprudência, inclusive dos Tribunais Superiores, identifica-se forte tendência de se considerar a participação em racha de que resulte morte como homicídio doloso, por dolo eventual.

Nesse sentido, o **Supremo Tribunal Federal:**

> EMENTA RECURSO ORDINÁRIO EM HABEAS CORPUS. HOMICÍDIO NA DIREÇÃO DE VEÍCULO AUTOMOTOR. DOLO EVENTUAL. CULPA CONSCIENTE. PRONÚNCIA. TRIBUNAL DO JÚRI. 1. Admissível, em crimes de homicídio na direção de veículo automotor, o reconhecimento do dolo eventual, a depender das circunstâncias concretas da conduta. Precedentes (...) (RHC 116950, Relator(a): Min. ROSA WEBER, Primeira Turma, julgado em 03/12/2013, PROCESSO ELETRÔNICO DJe-031 DIVULG 13-02-2014 PUBLIC 14-02-2014).
>
> "Direito penal e processual penal. *Habeas corpus*. Crime de competência do Tribunal do Júri. Racha automobilístico. Homicídio doloso. Dolo eventual (...) (STF, 2ª T., Habeas corpus 91.159/MG., Rel. Min. Elen Gracie, *DJ* 24.10.2008).
>
> Ementa: PENAL E PROCESSO PENAL. CONSTITUCIONAL. HABEAS CORPUS SUBSTITUTIVO DE RECURSO ORDINÁRIO. HOMICÍDIO. "PEGA" OU "RACHA" EM VIA MOVIMENTADA. DOLO EVENTUAL. PRONÚNCIA. FUNDAMENTAÇÃO IDÔNEA(...) o acusado assumiu o risco de produzir o resultado morte na vítima?", concluindo por prejudicado o quesito alusivo à participação em manobras perigosas. 23. Parecer do MPF pelo indeferimento da ordem. 24. Ordem denegada.
>
> (HC 101698, Relator(a): Min. LUIZ FUX, Primeira Turma, julgado em 18/10/2011, ACÓRDÃO ELETRÔNICO DJe-227 DIVULG 29-11-2011 PUBLIC 30-11-2011).
>
> **HABEAS CORPUS – RECURSO EXTRAORDINÁRIO – ÓBICE – INEXISTÊNCIA. Descabe apontar que, em tese, o ato atacado mediante o habeas o seria na via do extraordinário, para assentar, com isso, inadequada a impetração. SENTENÇA DE PRONÚNCIA – DENÚNCIA – TRANSCRIÇÃO. Inexiste, no ordenamento jurídico, óbice a que o Juízo, na sentença de pronúncia, transcreva trecho da peça acusatória, mormente se o faz para adentrar a ocorrência, ou não, do dolo eventual, considerado sinistro no trânsito com o resultado morte. (HC 127391, Relator(a): MARCO AURÉLIO, Primeira Turma, julgado em 20/06/2017, PROCESSO ELETRÔNICO DJe-292 DIVULG 18-12-2017 PUBLIC 19-12-2017)**

E o **Superior Tribunal de Justiça** também tem confirmado decisões de pronúncia em casos semelhantes, remetendo a matéria ao julgamento de seu juiz natural, o Tribunal do Júri:

> PENAL. PROCESSO PENAL. AGRAVO REGIMENTAL NO RECURSO ESPECIAL. HOMICÍDIO. CONDUÇÃO DE VEÍCULO AUTOMOTOR EM ALTA VELOCIDADE (RACHA) E SOB O EFEITO DE ÁLCOOL. DOLO EVENTUAL. DESCARACTERIZAÇÃO. COMPETÊNCIA DO TRIBUNAL DO JÚRI. INEXISTÊNCIA DE PROVAS DA CONDUTA DOLOSA. NECESSIDADE DE REEXAME DO CONJUNTO FÁTICO-PROBATÓRIO. IMPOSSIBILIDADE. ÓBICE DA SÚMULA 7/STJ. PRONÚNCIA. NULIDADE. EXCESSO DE LINGUAGEM NÃO CONFIGURADO (...)
>
> (AgRg no REsp 1525082/SP, Rel. Ministro REYNALDO SOARES DA FONSECA, QUINTA TURMA, julgado em 24/05/2016, DJe 01/06/2016).
>
> PENAL E PROCESSO PENAL. HABEAS CORPUS. 1. IMPETRAÇÃO SUBSTITUTIVA DO RECURSO PRÓPRIO. NÃO CABIMENTO. 2. HOMICÍDIO NO TRÂNSITO. INDÍCIOS DE PRÁTICA DE RACHA. NÃO COMPROVAÇÃO DE TOQUE ENTRE OS CASOS (sic – CARROS). PACIENTE IMPRONUNCIADO NA ORIGEM. 3. REFORMA DE DECISÃO. PRONÚNCIA PROFERIDA PELA CORTE DE ORIGEM. CONSTATAÇÃO DA MATERIALIDADE DO FATO. EXISTÊNCIA DE INDÍCIOS SUFICIENTES DE AUTORIA. PREENCHIMENTO DOS ELEMENTOS DO ART. 413 DO CPP. 4. EXISTÊNCIA DE DÚVIDA RAZOÁVEL SOBRE A DINÂMICA DOS FATOS. CONTEXTO QUE DEVE SER ANALISADO PELO JÚRI. JUIZ NATURAL DA CAUSA. IN DUBIO PRO SOCIETATE. 5. HABEAS CORPUS NÃO CONHECIDO.
>
> (...) (HC 267.068/SC, Rel. Ministro REYNALDO SOARES DA FONSECA, QUINTA TURMA, julgado em 23/02/2016, DJe 29/02/2016).
>
> HABEAS CORPUS SUBSTITUTO DE RECURSO ESPECIAL. NÃO CABIMENTO. HOMICÍDIO QUALIFICADO, LESÃO CORPORAL E ARTS. 304 E 305 DO CÓDIGO DE TRÂNSITO BRASILEIRO. PRONÚNCIA. DOLO EVENTUAL. PRETENSÃO DE DESCONSTITUIÇÃO DO ELEMENTO SUBJETIVO. IMPROCEDÊNCIA. TRANCAMENTO DA AÇÃO PENAL. MEDIDA EXCEPCIONAL QUE NÃO SE VERIFICA. QUALIFICADORA DO CRIME DE HOMICÍDIO. EXCLUSÃO. IMPOSSIBILIDADE. HABEAS CORPUS NÃO CONHECIDO (...)
>
> (HC 296.621/DF, Rel. Ministro WALTER DE ALMEIDA GUILHERME (DESEMBARGADOR CONVOCADO DO TJ/SP), QUINTA TURMA, julgado em 06/11/2014, DJe 11/11/2014).

Interessante assinalar que o Superior Tribunal de Justiça tem recusado pleitos de aplicação da lei nova mais benéfica ao agente, ou seja, da figura do homicídio culposo qualificado pela embriaguez, em casos em que as instâncias ordinárias, anteriormente, já afirmaram a existência de homicídio por dolo eventual ao volante, recusando a concessão de ordem de *habeas corpus*:

> **AGRAVO REGIMENTAL EM HABEAS CORPUS. SENTENÇA DE PRONÚNCIA. DELITO DE TRÂNSITO. EMBRIAGUEZ, EXCESSO DE VELOCIDADE E DESRESPEITO A LEIS DE TRÂNSITO. HOMICÍDIO E LESÃO CORPORAL. APLICABILIDADE AO CASO CONCRETO DE NOVA LEI MAIS BENÉFICA (LEI 13.546/2017) QUE CRIOU A FIGURA DO HOMICÍDIO CULPOSO SOB A INFLUÊNCIA DE ÁLCOOL. TEMA JÁ DECIDIDO POR ESTA CORTE EM SEDE DE AGRAVO EM RECURSO ESPECIAL. REITERAÇÃO DA TEMÁTICA PARA QUE A SENTENÇA DE PRONÚNCIA SEJA ANULADA E O PLEITO DA LEI NOVA SEJA EXAMINADO PELA INSTÂNCIA PRIMEIRA: DESCABIMENTO. PRONÚNCIA JÁ MANTIDA PELA INSTÂNCIA REVISORA E PELA INSTÂNCIA ESPECIAL. INTERPOSIÇÃO DO ARE 1.277.625/PB PERANTE O STF. INAUGURAÇÃO DA JURISDIÇÃO DO PRETÓRIO EXCELSO. EXAME POR ESTA CORTE QUE REVELARIA TAMBÉM USURPAÇÃO DE COMPETÊNCIA. AGRAVO REGIMENTAL DESPROVIDO.**
>
> **1. A novatio legis in mellius, assim como a abolitio criminis, retroage para beneficiar o agente criminoso, aplicando-se de forma imediata aos processos em andamento, sentenciados ou não, e também à execução penal.**

Como decorrência da aplicação imediata de nova lei penal mais benéfica, tem-se que, inexistindo trânsito em julgado da sentença condenatória, a competência para sua aplicação é do juízo de conhecimento (primeiro grau ou o Tribunal, caso seja ação penal originária) ou do tribunal recursal, caso esteja em grau de recurso (Tribunais Estaduais, TRF, Superiores etc.). Havendo o trânsito em julgado, compete ao Juízo da Execução, nos termos do artigo 66, inciso I, da LEP, art. 13 LICPP e da Súmula 611 do STF: "transitada em julgado a sentença condenatória, compete ao juízo das execuções a aplicação de lei mais benigna".

2. Rejeitado por esta Corte, em sede de agravo em recurso especial, o pedido da parte de aplicação, ao caso concreto, de superveniente lei penal mais benéfica (Lei n. 11.546/2017, que inseriu o § 3º no art. 302 do Código de Trânsito Brasileiro, para criar a figura do homicídio culposo praticado por condutor de veículo sob a influência de álcool), a renovação do pedido sob a alegação de que caberia ao Juízo de 1º grau deliberar sobre a aplicação da lei nova à hipótese em exame constitui, de forma reflexa, reiteração de insurgência já apreciada e insuscetível de novo exame no STJ, posto que já esgotada a prestação jurisdicional cabível nesta instância.

Precedentes: AgRg no RHC 142.393/SP, Rel. Ministro JOÃO OTÁVIO DE NORONHA, QUINTA TURMA, julgado em 04/05/2021, DJe 07/05/2021; AgRg no HC 646.388/SP, Rel. Ministro JOEL ILAN PACIORNIK, QUINTA TURMA, julgado em 04/05/2021, DJe 10/05/2021; AgRg no HC n. 531.227/SP, de minha relatoria, Quinta Turma, julgado em 10/9/2019, DJe de 18/9/2019.

3. A superveniência de nova legislação, no curso do processo de conhecimento, criando a figura do homicídio culposo praticado por condutor de veículo sob a influência de álcool, não admite a aplicação imediata da lei mais benéfica àqueles que dirigiam embriagados ou sob efeito de substâncias psicoativas e se envolveram em homicídio no trânsito qualificado, nas instâncias ordinárias, como doloso (dolo eventual), se as circunstâncias do caso concreto revelam outros indícios aptos a amparar um juízo preliminar, exercido em decisão de pronúncia, de que o motorista do veículo assumiu o risco de produzir o resultado morte, impondo-se a submissão da causa ao Tribunal do Júri, juízo natural da causa.

4. Situação em que a sentença de pronúncia se ancorou em amplo acervo probatório consubstanciado em filmagens do local em que o paciente havia consumido bebidas alcóolicas durante pelo menos três horas que antecederam o horário do acidente automobilístico (8:00h) e em laudo pericial do acidente no qual se atestou que o limite da via percorrida pelo paciente era de 40 km/h, mas que o réu nela trafegava em velocidade muito superior, desrespeitando, ainda, regras de trânsito de preferência e avançando em cruzamentos cuja preferência não era sua - indícios esses que, avaliados em conjunto, se revelam, em tese, aptos a sinalizar a caracterização de dolo eventual pelo menos para fins de manutenção da sentença de pronúncia.

5. Ainda que se considere não se tratar de mera reiteração, tem-se que o STJ já confirmou a legalidade da decisão de pronúncia no julgamento do agravo em recurso especial, não sendo possível, portanto, voltar atrás, em sede de habeas corpus, para reconsiderar sua própria decisão, já acobertada pelo exaurimento temporal e temático nesta instância.

6. Não se pode descurar, ademais, que contra a decisão proferida no AREsp 1.166.037/PB houve interposição de recurso extraordinário que deu ensejo ao ARE 1.277.625/PB, inaugurando-se, dessa forma, a jurisdição do STF para analisar os temas. Nesse contexto, eventual análise do mérito do presente mandamus, além de afrontar a eficácia preclusiva da coisa julgada certificada pelo STJ, revelaria usurpação da competência do STF, Corte atualmente competente para aferir as questões controvertidas apresentadas pela defesa.

Precedente: AgRg no HC 627.829/DF, de minha relatoria, QUINTA TURMA, julgado em 01/12/2020, DJe 07/12/2020.

7. O processo é um encadeamento de atos para frente, não sendo possível, portanto, que a parte ingresse com pedidos perante instâncias já exauridas. Nessa linha de intelecção, por

qualquer viés que se exame a situação trazida nos presentes autos, constata-se a impossibilidade de dar seguimento ao habeas corpus, motivo pelo qual mantenho a decisão que indeferiu liminarmente a petição.

8. Agravo regimental a que se nega provimento.

(AgRg no HC 685.252/PB, Rel. Ministro REYNALDO SOARES DA FONSECA, QUINTA TURMA, julgado em 21/09/2021, DJe 27/09/2021) (destacamos).

1.11. Embriaguez, Isoladamente, não Prova o Dolo Eventual

A matéria suscita controvérsias conforme as circunstâncias do caso concreto, de modo que a embriaguez ao volante, por si só, não gera presunção de dolo eventual contra o agente. O dolo eventual há de ser aferido nas circunstâncias do caso concreto. **Não precisa ser lido na mente do agente, mas deve ser extraído de um conjunto de circunstâncias exteriores ao psiquê do agente, agregadas ao fato delituoso, como por exemplo: local do fato, quantidade de pessoas que havia no local, excesso de velocidade, manobras temerárias ou de exibição de perícia ao volante, transporte de pessoas na caçamba de caminhonete, invasão de ponto de ônibus, feira livre, praça, local em que haja evento com a presença de pessoas na via pública etc.**

A embriaguez pode apontar para o dolo eventual. Mas por si só não permite que se possa afirmar de maneira peremptória que o dolo eventual se faz presente.

Nesse sentido o **Supremo Tribunal Federal**:

"Penal. *Habeas corpus.* Tribunal do Júri. Pronúncia por homicídio qualificado a título de dolo eventual. Desclassificação para homicídio culposo na direção de veículo automotor...2. O homicídio na forma culposa na direção de veículo automotor (art. 302, *caput*, do CTB) prevalece se a capitulação atribuída ao fato como homicídio doloso decorre de mera presunção ante a embriaguez alcoólica eventual. 3. A embriaguez alcoólica que conduz à responsabilização a título doloso é apenas a preordenada, comprovando-se que o agente se embebedou para praticar o ilícito ou assumir o risco de produzi-lo. 4. *In casu*, do exame da descrição dos fatos empregada nas razões de decidia da sentença e do acórdão do TJSP, não restou demonstrado que o paciente tenha ingerido bebida alcoólica no afã de produzir o resultado morte..." (STF, 1ª Turma, *Habeas corpus* 107.801-SP, Rel. Min. Luis Fux, DJ 13.10.2011).

Na mesma direção, o **Tribunal de Justiça do Ceará**:

"Configura-se crime de homicídio culposo quando o agente, ao dirigir veículo embriagado, provoca acidente causando lesão corporal em uma vítima e morte em outra. No caso, o apelante, ao dirigir veículo, violando o dever objetivo de cuidado, ao deixar de prestar atenção e guardar a distância segura do veículo à sua frente, embriagado, agindo com imprudência, colidiu com a parte traseira de uma motocicleta, lesionando o seu condutor, causando, ainda, a morte do garupeiro, por traumatismo craniano" (Apelação Criminal 51310200580601761, Rel. Des. Francisca Adelineide Viana, j. 16.2.2012).

E ainda o **Tribunal de Justiça de São Paulo**:

RECURSO EM SENTIDO ESTRITO. Triplo homicídio simples, dois deles na forma tentada, no trânsito. Embriaguez ao volante. Materialidade devidamente comprovada. Dolo indireto eventual. Pleito de desclassificação. Recorrente que havia ingerido bebida alcoólica e colidiu seu veículo contra outro que trafegava em sentido contrário da rodovia, resultando numa morte e em duas tentativas. Assunção do risco de causar o infortúnio não implica, compulsoriamente na aceitação da produção do resultado. O dolo eventual demanda um e outro, ao passo que a culpa consciente se caracteriza pela previsão objetiva do resultado e na certeza que não se verificará. Elementos indiciários insuficientes de que o condutor do veículo automotor tenha assumido o risco anuindo em produzir o resultado morte. Desclassificação. Recurso Provido, com Determinação.

(Relator(a): Camargo Aranha Filho; Comarca: Monte Alto; Órgão julgador: 15ª Câmara de Direito Criminal; Data do julgamento: 01/12/2016; Data de registro: 05/12/2016).

1.11.1 Embriaguez pode apontar para o Dolo Eventual: Compete ao Tribunal do Júri a Decisão

Supremo Tribunal Federal:

Ementa: HABEAS CORPUS. HOMICÍDIO NA DIREÇÃO DE VEÍCULO AUTOMOTOR. DOLO EVENTUAL. PRETENDIDA DESCLASSIFICAÇÃO. EXAME DO ELEMENTO VOLITIVO. INVIABILIDADE. **1. Os autos evidenciam, neste juízo sumário, que a imputação atribuída ao agravante não resultou da aplicação aleatória do dolo eventual. Indicou-se, com efeito, as circunstâncias especiais do caso, notadamente a embriaguez, a altíssima velocidade e o local em que estava trafegando o paciente, a indicar a anormalidade da ação, do que defluiu a aparente desconsideração, falta de respeito ou indiferença para com o resultado lesivo. 2. O quadro de circunstâncias descrito não permite identificar qualquer vício apto a justificar, neste momento e nesta estreita via processual, a desclassificação da figura incriminadora. Caberá ao Tribunal do Júri auferir a existência do elemento subjetivo do tipo (dolo ou culpa), pois diretamente ligado ao contexto fático da prática delituosa. 3. Habeas corpus indeferido (HC 155182, Relator(a): MARCO AURÉLIO, Relator(a) p/ Acórdão: ALEXANDRE DE MORAES, Primeira Turma, julgado em 23/04/2019, PROCESSO ELETRÔNICO DJe-169 DIVULG 02-08-2019 PUBLIC 05-08-2019) (destacamos)**

Tribunal de Justiça de São Paulo:

Recurso em sentido estrito – Homicídio qualificado consumado, por duas vezes, em concurso formal com homicídio qualificado tentado – Motivo fútil e meio cruel – Crimes praticados na direção de veículo automotor – Acusado que confessou estar embriagado – Preliminar de nulidade da sentença de pronúncia por cerceamento de defesa consistente na falta de intimação da defesa para manifestação sobre os laudos de dosagem alcoólica e do local dos fatos – Não acolhimento – Juntada dos citados exames em momento anterior ao oferecimento das alegações finais – Recurso defensivo visando a desclassificação da imputação inicial para os crimes de homicídio culposo e lesão corporal – Circunstâncias do fato que impedem a conclusão quanto à não caracterização do dolo eventual – Necessidade de submissão da acusação, tal como reconhecida na decisão de pronúncia, à análise do Conselho de Sentença – Pretendido afastamento das qualificadoras – Compatibilidade entre o motivo fútil e a figura do dolo eventual – Recurso improvido.

(Relator(a): Otavio Rocha; Comarca: Eldorado; Órgão julgador: 7ª Câmara de Direito Criminal; Data do julgamento: 22/09/2016; Data de registro: 28/09/2016).

No Supremo Tribunal Federal, porém, encontra-se julgado em sentido contrário, sustentando a incompatibilidade entre o dolo eventual e as qualificadoras do homicídio:

Habeas corpus. 2. Homicídio de trânsito. Embriaguez. Alta velocidade. Sinal vermelho. 3. Pronúncia. Homicídio simples. 4. Dolo eventual não se compatibiliza com a qualificadora do art. 121, § 2º, IV (traição, emboscada, dissimulação). 4. Ordem concedida para determinar o restabelecimento da sentença de pronúncia, com exclusão da qualificadora. (HC 111442, Relator(a): GILMAR MENDES, Segunda Turma, julgado em 28/08/2012, PROCESSO ELETRÔNICO DJe-182 DIVULG 14-09-2012 PUBLIC 17-09-2012 RJTJRS v. 47, n. 286, 2012, p. 29-33).

Nossa posição:

Se o Tribunal do Júri, ao julgar o caso concreto, admite o dolo eventual por crime cometido na direção de veículo automotor, as qualificadoras objetivas, que dizem respeito à forma de execução do delito, são plenamente compatíveis com o dolo eventual, pela dogmática do Direito Penal. Não há razão jurídica para que se considere a hipótese, sempre, de homicídio simples. Isso acaba por esvaziar a pretensão acusatória deduzida no sentido de levar ao julgamento pelo Tribunal do Júri os casos mais graves, em que o dolo eventual se manifesta de forma clara e estreme de dúvidas. Assim, o dolo eventual é perfeitamente compatível com as qualificadoras de natureza objetiva, como o recurso que dificulta ou impossibilita a defesa da vítima. E **também** com o emprego de meio cruel, caso o motorista atropelante, por exemplo, saia arrastando a vítima pela via pública, com seu veículo, como ocorreu há alguns anos em Ribeirão Preto, em que determinado acusado arrastou, presa ao cinto de segurança, a vítima, por considerável espaço e tempo, num caso de grande repercussão, **pelos requintes de crueldade presentes, assim como pelo descaso com a vida da semelhante.**

E o dolo eventual, registre-se, poderá ser também compatível até mesmo com certas qualificadoras subjetivas, como o motivo torpe, consistente na vingança, se o motorista assume o risco de atropelar e matar seu desafeto na via pública, ao dirigir com excesso de velocidade e em manifesto desrespeito à sinalização da via.

1.11.2. Nota Doutrinária sobre o Dolo Eventual

A culpa consciente e o dolo eventual têm um traço em comum: a previsibilidade do resultado. Em ambos, o agente prevê a possibilidade de produção de resultado danoso. Na culpa consciente, ele tem a certeza de sua não ocorrência, não assente à produção do resultado. No dolo eventual, pela teoria do assentimento, o agente tolera a produção do resultado, anui, aquiesce à sua ocorrência.

Elucidativa, nesse sentido, a autorizada lição de André Estefam:

> *"Não se pode confundir culpa consciente com dolo eventual.* Em ambos, o agente prevê o resultado, mas *não* deseja que ele ocorra; porém, na culpa consciente, ele tenta evitá-lo, enquanto no dolo eventual mostra-se indiferente quanto à sua ocorrência, não tentando impedi-lo. Assim, por exemplo, se o agente dirige um veículo perigosamente e em alta velocidade e vê um pedestre atravessando a rua, tentando, sem êxito, evitar o atropelamento, teremos culpa consciente. Se, nas mesmas circunstâncias, em vez de buscar evitar o acidente, o motorista continua com sua direção imprudente, pensando "se morrer, morreu", haverá dolo eventual" (Direito Penal. Parte Geral. 5ª ed. São Paulo: Saraiva, 2016, p. 223).

Segundo Cezar Roberto Bitencourt,

> "Haverá *dolo eventual* quando o agente não quiser diretamente a realização do tipo, mas a aceitar como possível ou até provável, *assumindo o risco* da produção do resultado (art. 18, I, *in fine*, do CP). No dolo eventual o agente prevê o resultado como *provável* ou, ao menos, como *possível*, mas, apesar de prevê-lo, age aceitando o risco de produzi-lo. Como afirmava Hungria, *assumir o risco* é alguma coisa mais que ter consciência de correr o risco: é consentir previamente no resultado, caso este venha efetivamente a ocorrer. Essa espécie de dolo tanto pode existir quando a intenção do agente dirige-se a um *fim penalmente típico* como quando dirige-se a um resultado extratípico.
>
> A *consciência e a vontade*, que representam a essência do dolo direto, como seus elementos constitutivos, também devem estar presentes no *dolo eventual*. Para que este se configure é insuficiente a mera *ciência da probabilidade do resultado* ou a atuação consciente da possibilidade concreta da produção desse resultado, como sustentam os defensores da *teoria da probabilidade*. É indispensável uma determinada *relação de vontade* entre o resultado e o agente e é exatamente esse *elemento volitivo* que distingue o dolo da culpa. Como lucidamente sustenta Alberto Silva Franco: "Tolerar o resultado, consentir em sua produção, estar a ele conforme, assumir o risco de produzi-lo não passam de formas diversas de expressar

um único momento, o de aprovar o resultado alcançado, enfim, o de querê-lo". Com todas as expressões – aceita, anui, assume, admite o risco ou o resultado – pretende-se descrever um *complexo processo psicológico* em que se misturam elementos intelectivos e volitivos, conscientes e inconscientes, impossíveis de serem reduzidos a um conceito unitário de dolo. No entanto, como a distinção entre *dolo eventual e culpa consciente* paira sob uma penumbra, uma zona gris, é fundamental que se estabeleça com a maior clareza possível essa região fronteiriça, diante do tratamento jurídico diferenciado que se dá às duas categorias.

O dolo eventual não se confunde com a *mera esperança* ou simples desejo de que determinado resultado ocorra, como no exemplo trazido por Wezel, do sujeito que manda seu desafeto a um bosque, durante uma tempestade, na esperança de que seja atingido por um raio. No entanto, se o agente não conhece com certeza os elementos requeridos pelo tipo objetivo, mas, mesmo na dúvida sobre sua existência, age, aceitando essa possibilidade, estará configurado o dolo eventual" (Tratado de Direito Penal, Parte Geral 1. 14 ed. São Paulo: Saraiva, 2009, p. 290).

1.11.3. Distinção entre Dolo Eventual e Culpa Consciente

Segundo Cezar Roberto Bitencourt,

"Os *limites fronteiriços* entre dolo eventual e culpa consciente constituem um dos problemas mais tormentosos da Teoria do Delito. Há entre ambos um traço comum: *a previsão* do resultado proibido. Mas, enquanto no *dolo eventual* o agente anui ao advento desse resultado, *assumindo o risco* de produzi-lo, em vez de renunciar à ação, na *culpa consciente*, ao contrário, repele a hipótese de superveniência do resultado, na esperança convicta de que este não ocorrerá, avalia e age mal.

....

Duas teorias, fundamentalmente, procuram distinguir dolo eventual e culpa consciente: *teoria da probabilidade* e *teoria da vontade* ou do consentimento. Para a primeira, diante da dificuldade de demonstrar o *elemento volitivo*, o querer o resultado, admite a existência do *dolo eventual* quando o agente representa o resultado como de muito provável execução e, apesar disso, atua, admitindo a sua produção. No entanto, se a produção do resultado for menos provável, isto é, pouco provável, haverá *culpa consciente*. Para a segunda é insuficiente que o agente represente o resultado como de provável ocorrência, sendo necessário que a probabilidade da produção do resultado seja incapaz de remover a vontade de agir, ou seja, o valor positivo da ação é mais forte para o agente do que o valor negativo do resultado, que, por isso, assume o risco de produzi-lo. Haveria *culpa consciente* se, ao contrário, desistisse da ação, estando convencido da probabilidade do resultado. No entanto, não estando convencido, calcula mal e age, produzindo o resultado. Como se constata, a *teoria da probabilidade* desconhece o elemento volitivo, que é fundamental na distinção entre dolo eventual e culpa consciente, e que, por isso mesmo, é melhor delimitado pela *teoria do consentimento*.

Por fim, a distinção entre dolo eventual e culpa consciente resume-se à aceitação ou rejeição da possibilidade de produção do resultado. Persistindo a dúvida entre uma e outra, dever-se-á concluir pela solução menos grave: pela *culpa consciente*" (ob. cit., p. 309-310).

1.11.4. Compete ao Tribunal do Júri decidir se há Dolo Eventual ou Culpa Consciente

Nossos Tribunais Superiores têm entendido que compete ao Tribunal do Júri decidir se no caso concreto há dolo eventual ou culpa consciente, uma vez presentes os requisitos mínimos para a pronúncia.

Supremo Tribunal Federal:

EMENTA Recurso ordinário em em habeas corpus. Processo penal. Homicídio na condução de veículo automotor. Modalidade de dolo eventual. Desclassificação de culpa consciente.

Análise prévia do tribunal do júri. Reexame de fatos e provas. Inviabilidade. Recurso não provido. 1. Havendo indícios mínimos que apontem para o elemento subjetivo descrito, tal qual a embriaguez ao volante, a alta velocidade e o acesso à via pela contramão, não há que se falar em imediata desclassificação para crime culposo antes da análise a ser perquirida pelo Conselho de Sentença do Tribunal do Júri. 2. O enfrentamento da questão acerca do elemento subjetivo do delito de homicídio demanda profunda análise fático-probatória, o que, nessa medida, é inalcançável em sede de habeas corpus. 3. Recurso desprovido.

(RHC 178576, Relator(a): MARCO AURÉLIO, Relator(a) p/ Acórdão: DIAS TOFFOLI, Primeira Turma, julgado em 26/10/2020, PROCESSO ELETRÔNICO DJe-035 DIVULG 24-02-2021 PUBLIC 25-02-2021)

Ementa: AGRAVO REGIMENTAL EM HABEAS CORPUS. HOMICÍDIO DOLOSO (ART. 121, CAPUT, DO CÓDIGO PENAL). CRIME COMETIDO NA CONDUÇÃO DE VEÍCULO AUTOMOTOR. DOLO EVENTUAL. PRETENDIDA DESCLASSIFICAÇÃO PARA O DELITO PREVISTO NO ART. 302 DO CÓDIGO DE TRÂNSITO BRASILEIRO. EXAME DO ELEMENTO VOLITIVO. INVIABILIDADE. 1. Enquanto no dolo eventual o agente tolera a produção do resultado, tanto faz que ocorra ou não; na culpa consciente, ao contrário, o agente não assume o risco nem ele lhe é indiferente. Presente essa controvérsia a respeito do elemento subjetivo, na lição de NELSON HUNGRIA, não é possível pesquisá-lo no 'foro íntimo' do agente, tem-se de inferi-lo das circunstâncias do fato externo. 2. Os autos evidenciam, neste juízo sumário, que a imputação atribuída ao agravante não resultou da aplicação aleatória do dolo eventual. Indicou-se, com efeito, as circunstâncias especiais do caso, notadamente a embriaguez, o excesso de velocidade e a ultrapassagem de semáforo com sinal desfavorável em local movimentado, a indicar a anormalidade da ação, do que defluiu a aparente desconsideração, falta de respeito ou indiferença para com o resultado lesivo. 3. O quadro de circunstâncias descrito não permite identificar qualquer vício apto a justificar, neste momento e nesta estreita via processual, a desclassificação da figura incriminadora. Caberá ao Tribunal do Júri auferir a existência do elemento subjetivo do tipo (dolo ou culpa), pois diretamente ligado ao contexto fático da prática delituosa. 4. Agravo regimental a que se nega provimento.

(HC 160500 AgR, Relator(a): ALEXANDRE DE MORAES, Primeira Turma, julgado em 28/09/2018, PROCESSO ELETRÔNICO DJe-213 DIVULG 04-10-2018 PUBLIC 05-10-2018)

Superior Tribunal de Justiça:

PENAL. PROCESSO PENAL. AGRAVO REGIMENTAL NO RECURSO ESPECIAL. HOMICÍDIO COMETIDO NA CONDUÇÃO DE VEÍCULO. RECURSO MINISTERIAL PROVIDO PARA RESTABELECER A PRONÚNCIA DO RECORRENTE. EMBRIAGUEZ. DOLO EVENTUAL E CULPA CONSCIENTE. AGRAVO REGIMENTAL DESPROVIDO.

1. Havendo elementos nos autos que, a princípio, podem configurar o dolo eventual, o julgamento acerca da sua ocorrência ou da culpa consciente compete ao Tribunal do Júri, sob pena de usurpação de competência do conselho de sentença.

2. Agravo regimental desprovido.

(AgRg no REsp 1943072/RS, Rel. Ministro JOEL ILAN PACIORNIK, QUINTA TURMA, julgado em 05/10/2021, DJe 08/10/2021)

PENAL. PROCESSO PENAL. AGRAVO REGIMENTAL NO HABEAS CORPUS. TRIBUNAL DO JÚRI. CRIME DOLOSO CONTRA A VIDA. DECISÃO DE PRONÚNCIA. INDÍCIOS SUFICIENTES DE AUTORIA E PROVA DA MATERIALIDADE. DECLASSIFICAÇÃO PARA O DELITO DE HOMICÍDIO CULPOSO. IMPOSSIBILIDADE. NÃO ENFRENTAMENTO DOS FUNDAMENTOS DA DECISÃO AGRAVADA. ENUNCIADO

SUMULAR N. 182/STJ. AUSÊNCIA. DE NOVOS ARGUMENTOS HÁBEIS A DESCONSTITUIR A DECISÃO IMPUGNADA. AUSÊNCIA.

I - A pronúncia é decisão interlocutória mista, que julga admissível a acusação e a remete para apreciação pelo Tribunal do Júri.

Trata-se de mero juízo de admissibilidade da acusação, não de mérito. Deve, portanto, a pronúncia se limitar a apontar a existência de prova da materialidade e indícios de autoria, nos termos do art. 413 e seu § 1º, do Código de Processo Penal.

II - In casu, afere-se que o eg. Tribunal apontou, com base nos elementos de prova produzidos, indícios concretos de que o paciente, ora agravante, ao assumir a direção de veículo automotor em alta velocidade e com as condições psicomotoras alteradas em razão do estado de embriaguez voluntária, pode, em tese, ter agido com dolo eventual. Destarte, diante das circunstâncias do delito em tese cometido e das provas produzidas, não é possível concluir, de forma categórica, que não haveria animus necandi na conduta do paciente, de modo que, segundo jurisprudência consolidada no Supremo Tribunal Federal e nesta Corte Superior de Justiça, em casos como o presente, compete ao Tribunal do Júri a pretendida desclassificação do delito.

III - Não restando evidente a ausência do animus necandi na fase do iudicium acusationis, imperiosa a submissão da tese ao Juiz natural da causa, qual seja, o Tribunal do Júri, sob pena de indevida usurpação da competência constitucional que lhe foi atribuída.

IV - Importante esclarecer a impossibilidade de se percorrer todo o acervo fático-probatório nesta via estreita do writ, como forma de desconstituir as conclusões das instâncias ordinárias, soberanas na análise dos fatos e provas, providência inviável de ser realizada dentro dos estreitos limites do habeas corpus, que não admite dilação probatória e o aprofundado exame do acervo processual. Precedentes.

V - O presente agravo limitou-se a reprisar as alegações vertidas inicialmente, deixando de refutar, ponto por ponto, os argumentos da decisão agravada, caso em que tem aplicabilidade o disposto no enunciado n. 182 da Súmula desta Corte: "É inviável o agravo do art. 545 do CPC que deixa de atacar especificamente os fundamentos da decisão agravada".

Agravo regimental desprovido.

(AgRg no HC 670.131/SP, Rel. Ministro JESUÍNO RISSATO (DESEMBARGADOR CONVOCADO DO TJDFT), QUINTA TURMA, julgado em 21/09/2021, DJe 27/09/2021)

1.11.4.1 Dolo eventual em crimes de trânsito

Desde os anos 1990, o Supremo Tribunal Federal passou a se manifestar de forma pioneira no sentido do reconhecimento do dolo eventual em crimes graves ocorridos no trânsito:

A Suprema Corte se deu conta de que a aplicação do art. 121, parágrafos 3º e 4º, do Código Penal, a determinados casos concretos, de suma gravidade, não atendia mais ao espírito retributivo-preventivo que deve nortear a aplicação das penas criminais, tendo em vista ainda a necessidade de se assegurar a tutela penal a bens jurídicos de grande relevância, como a vida, a integridade corporal e a segurança viária:

STF:

"A conduta social desajustada daquele que, agindo com intensa reprovabilidade ético-jurídica, participa, com seu veículo automotor, de inaceitável disputa automobilística realizada em plena via pública, nesta desenvolvendo velocidade exagerada – além de ensejar a possibilidade de reconhecimento de dolo eventual inerente a esse comportamento do agente –, ainda justifica a especial exasperação da pena, motivada pela necessidade de o Estado responder, grave e energicamente, à atitude de quem, em assim agindo, comete os delitos de homicídio doloso e de lesões corporais" (HC 71.800-1 – RS, 1ª T., Rel. Celso de Mello, DJ 20.06.1995, RT 7333/478).

Mas a matéria está longe de ser pacífica. Há julgados em que, apesar da direção sob influência de álcool ou outras drogas, o dolo eventual não é verificado:

TJRS:

> "O só fato de estar embriagado, conforme parte da prova, não autoriza o reconhecimento do dolo eventual. Ademais, depois do fato – e por um certo tempo – o fato de estar o condutor embriagado constituiu-se em causa de aumento de pena para o crime culposo" (SER 70049486624-RS – 3ª C. C., Rel. Ivan Leomar Bruxel, 26.07.2012, v.u.).

O Tribunal de Justiça de São Paulo tem admitido o dolo eventual em crimes cometidos na direção de veículo automotor. Pontuando inclusive que a embriaguez ao volante, em caso de homicídio, com dolo eventual, resta absorvida por este crime, mais grave.

> RECURSO EM SENTIDO ESTRITO - **HOMICÍDIO – rejeição da denúncia - ausência de justa causa – inocorrência – materialidade e indícios suficientes de autoria – indícios de dolo eventual – réu com a habilitação suspensa; ultrapassagem em local proibido, alta velocidade, supostamente embriagado – características peculiares de quem assume o risco de causar a morte de outrem (seja transeunte ou outro condutor) – qualificadoras de causar perigo comum e dificultar a defesa das vítimas não se revelam de todo inadmissíveis – dado provimento ao recurso ministerial. EMBRIAGUEZ AO VOLANTE E DIREÇÃO DE VEÍCULO AUTOMOTOR COM HABILITAÇÃO SUSPENSA – condutas absorvidas pelo dolo eventual caracterizador do homicídio – dupla acusação pelo mesmo fato – impossibilidade** – negado provimento. PRISÃO PREVENTIVA – decretação – desnecessidade – não preenchimento de ao menos um dos requisitos do artigo 312 do Código de Processo Penal – inexistência de noticias sobre novos registros criminais ou administrativos de trânsito – acusado ainda não citado - fixação de medidas cautelares – parcial provimento ao recurso ministerial. **(TJSP; Recurso em Sentido Estrito 0003218-25.2020.8.26.0361; Relator (a): Mens de Mello; Órgão Julgador: 6ª Câmara de Direito Criminal; Foro de Mogi das Cruzes - 1ª Vara Criminal; Data do Julgamento: 04/03/2021; Data de Registro: 22/03/2021) (destacamos)**

1.12. Execução Provisória da Pena, por Homicídio Culposo de Trânsito, em Face de Decisão Condenatória Confirmada em Segunda Instância

A jurisprudência do Supremo Tribunal Federal oscilou em relação à execução provisória da pena, em razão de decisão condenatória confirmada em segundo grau. Há uma PEC, projeto de emenda constitucional, sobre o tema, que repousa no Congresso Nacional:

> Agravo regimental em recurso extraordinário com agravo. 2. Homicídio culposo por acidente de trânsito (art. 302, parágrafo único, incisos II e III e art. 306, ambos do Código de Trânsito Brasileiro). 3. Suspensão da habilitação para dirigir aos condenados em homicídio culposo. Repercussão geral reconhecida no RE 607.107/MG. Pendência de julgamento. 4.Trânsito em julgado em relação às outras penas aplicadas. Execução provisória da pena. O Plenário, em recente julgamento do HC 126.292/SP, relatoria do Min. Teori Zavascki (Ata 2, DJe 19.2.2016), firmou entendimento no sentido de ser possível o início da execução da pena na pendência de recurso extraordinário ou especial. Isso porque, no plano legislativo, o art. 637 do CPP afirma que os recursos extraordinários não têm efeito suspensivo. Logo, uma decisão condenatória de segunda instância poderia ser executada na pendência do recurso. Precedentes. 5. Agravo regimental a que se nega provimento.
>
> (ARE 737305 AgR, Relator(a): Min. GILMAR MENDES, Segunda Turma, julgado em 28/06/2016, ACÓRDÃO ELETRÔNICO DJe-167 DIVULG 09-08-2016 PUBLIC 10-08-2016)

Conveniente, porém, lembrar que o Supremo Tribunal Federal, em novembro de 2019, modificou seu entendimento ao **declarar conforme a Constituição Federal** o art. 283, do

Código de Processo Penal, que exige o trânsito em julgado da condenação para que o cumprimento da pena se inicie.

Nesse sentido:

> "(...) **O STF, na Sessão de 07.11.2019, no julgamento do mérito das ADCs 43, 44 e 54, Rel. Min. Marco Aurélio, decidiu que é constitucional o art. 283 do Código de Processo Penal**, no ponto em que impõe o trânsito em julgado da condenação para o início do cumprimento da pena. Na oportunidade, contudo, prevaleceu o entendimento de que a referida decisão não significaria a automática expedição do alvará de soltura dos réus presos em segunda instância. Notadamente porque a prisão antes do exaurimento dos recursos cabíveis permanece possível quando presentes os requisitos autorizadores da prisão preventiva, constantes do art. 312 do Código de Processo Penal (...) **(RHC 176357 AgR, Relator(a): Min. ROBERTO BARROSO, Primeira Turma, julgado em 20/12/2019, PROCESSO ELETRÔNICO DJe-029 DIVULG 12-02-2020 PUBLIC 13-02-2020) (destacamos).**

2. O Crime de Lesão Corporal Culposa de Trânsito

> **Art. 303.** Praticar lesão corporal culposa na direção de veículo automotor:
>
> Penas – detenção, de seis meses a dois anos e suspensão ou proibição de se obter a permissão ou a habilitação para dirigir veículo automotor.
>
> § 1º Aumenta-se a pena de 1/3 (um terço) à metade, se ocorrer qualquer das hipóteses do § 1º do art. 302. (Renumerado do parágrafo único pela Lei 13.546/2017. Vigência em 19 de abril de 2018).
>
> § 2º A pena privativa de liberdade é de reclusão de dois a cinco anos, sem prejuízo das outras penas previstas neste artigo, se o agente conduz o veículo com capacidade psicomotora alterada em razão da influência de álcool ou de outra substância psicoativa que determine dependência, e se do crime resultar lesão corporal de natureza grave ou gravíssima. (Incluído pela Lei 13.546/2017. Vigência em 19 de abril de 2018).

2.1. Bem Jurídico Tutelado

O legislador, no crime de lesão corporal culposa de trânsito, protege a saúde e a integridade corporal das pessoas.

Protege, ainda, a segurança viária, direito de todos, dever dos condutores e órgãos integrantes do Sistema Nacional de Trânsito.

2.2. Sujeitos do Crime

O sujeito ativo é comum, ou seja, qualquer pessoa poderá incorrer no crime de lesão corporal culposa de trânsito, desde que esteja na condução de veículo automotor, na via pública ou não, pois o tipo penal não exige o elemento de natureza espacial

O sujeito passivo é o ser humano, nascido com vida.

2.3. Condutas

Conduzir veículo automotor em via, agindo com culpa. Trata-se da produção de ofensa à integridade corporal de outra (s) pessoa (s), por conduta culposa do condutor de veículo automotor, que tenha agido com imprudência, negligência ou imperícia, na direção de veículo automotor.

Sobre as definições de imprudência, imperícia e negligência, remetemos o leitor ao exposto no item 1.1 acima.

Crime material, de dano, de conduta e resultado.

A circunstância de o crime produzir lesões leves, graves ou gravíssimas é irrelevante no tocante à configuração do delito, mas poderá ser considerada na fixação da pena, nos termos do art. 59, do Código Penal, no que concerne às consequências do crime.

Cabe aqui a mesma crítica feita à técnica de redação utilizada pelo legislador, idêntica à empregada ao prever o crime de homicídio culposo de trânsito. Melhor seria se o legislador tivesse dito *ofender a integridade corporal de alguém, por culpa, na direção de veículo automotor*. Mas a imperfeição, como dito acima, não gera a inaplicabilidade do preceito, por ofensa aos princípios da legalidade e da taxatividade no direito penal, como chegaram a sustentar alguns estudiosos, sem sucesso.

2.4. Voluntariedade

É elemento subjetivo do tipo a culpa, por imprudência, negligência ou imperícia, culpa consciente ou inconsciente. Sobre tais aspectos, remetemos o leitor ao exposto no item 1.1 acima.

2.5. Consumação e Tentativa

O crime se consuma com a produção de dano à saúde e à integridade corporal de outra pessoa, seja em virtude de lesões, leves, graves ou gravíssimas, decorrentes do acidente.

A tentativa não é possível, cuidando-se de crime culposo, pois o nexo – nos crimes culposos – se verifica entre a conduta e a ação ou omissão, não entre a conduta e o resultado.

2.5.1. Reparação do Dano: Efeitos

A reparação do dano, antes do recebimento da denúncia, no crime de lesão corporal culposa de trânsito, implicará renúncia ao direito de representação e extinção da punibilidade, nos termos do art. 74, § único, da Lei 9.099/95 (Lei do Juizado Especial Criminal), conforme prevê o art. 291, § 1º, do Código de Trânsito, **desde que não haja**: a) embriaguez, influência do álcool ou de outra substância psicoativa; b) disputa de corrida ou competição não autorizada (racha); c) excesso de mais de 50 km/h em relação à velocidade estabelecida para a via (incisos I, II e III). Trata-se da denominada composição civil extintiva da punibilidade.

No tocante ao arrependimento posterior (art. 16, do Código Penal), são válidas as observações constantes do item 1.5.1, acima.

2.6. Ação Penal

a) Poderá ser **pública condicionada à representação do ofendido** desde que não haja nenhuma das situações do art. 291, § 1º, do Código de Trânsito: a) embriaguez, influência do álcool ou de outra substância psicoativa; b) disputa de corrida ou competição não autorizada; c) excesso de mais de 50 km/h em relação à velocidade estabelecida para a via.

Nesse caso, o fato poderá ser apurado mediante termo circunstanciado, na forma da Lei 9.099/95.

Estaremos diante de crime de menor potencial ofensivo, passível de transação penal e de suspensão condicional do processo (arts. 76 e 89, da Lei 9.099/95), assim como da composição civil extintiva da punibilidade (art. 74, § único, da Lei 9.099/95).

b) Porém, se houver embriaguez, racha ***ou*** excesso de mais de 50 km/h em relação à velocidade da via, **a ação penal será pública incondicionada**. O fato deverá ser apurado em inquérito policial e não caberão a composição civil do art. 74, nem a transação penal do art. 76, da Lei 9.099/95.

Mas, em tese, continuará a ser cabível a aplicação da suspensão condicional do processo, nos termos do art. 89, da Lei 9.099/95, por se tratar de crime cuja pena mínima prevista não é superior a um ano.

A suspensão condicional do processo, porém, poderá ser recusada motivadamente, se o Ministério Público, titular da ação penal pública, a quem cabe formular a proposta, entender que a conduta social, motivos e circunstâncias do crime, além de suas consequências, não indicarem que a medida seja suficiente e adequada ao caso concreto. A recusa será sempre motivada.

O juiz, discordando, não poderá propor a suspensão de ofício. Mas deverá aplicar, por analogia, o disposto no art. 28, do Código de Processo Penal, para que o Procurador-Geral de Justiça decida sobre a questão, nos termos da Súmula 696[25] do Supremo Tribunal Federal.

2.6.1 Institutos despenalizadores cabíveis

A transação penal será cabível apenas no caput, em que a pena prevista não é superior a 2 anos, se estiverem presentes os requisitos do art. 76, da Lei n. 9.099/95.

O acordo de não persecução penal do art. 28-A do CPP, porém, não será cabível no caput, na forma simples do delito, por se tratar de infração penal de menor potencial ofensivo, da competência do Juizado Especial Criminal.

Mas o novo modelo de Justiça Penal Consensual (ANPP) poderá ter cabimento nas hipóteses dos parágrafos 1º e 2º, preenchidos os requisitos objetivos e subjetivos do art. 28-A do CPP. E também porque embora haja resultado violento nos crimes culposos, este não decorre da vontade do agente.

Daí porque é em princípio admissível nos crimes de homicídio e lesão culposos de trânsito o acordo de não persecução penal.

2.7. Causas de Aumento de Pena

O legislador cuidou de remeter às mesmas causas de aumento de pena aplicáveis ao crime de homicídio culposo de trânsito, previstas no art. 302, § 1º. Medida adequada, pela sistematização aplicada, cuidando-se de dois crimes culposos assemelhados, embora o desvalor da conduta evidentemente seja maior no homicídio culposo de trânsito, que suprime o bem da vida.

A nova lei 13.456/17 trouxe ainda a lesão corporal culposa de trânsito qualificada, se o agente conduz o veículo com capacidade psicomotora alterada em razão da influência de álcool ou de outra substância psicoativa que determine dependência, e se do crime resultar lesão corporal de natureza grave ou gravíssima (§ 2º).

As penas, nesse caso, serão de 2 a 5 anos de reclusão, sem prejuízo de outras penas previstas neste artigo. Já se afasta, de antemão, a aplicação do art. 89, da Lei 9.099/95, que prevê a suspensão condicional do processo acordada entre o Ministério Público e o acusado, assistido por seu defensor, pois a pena mínima prevista supera um ano.

Mas persiste, em tese, a possibilidade de aplicação de penas restritivas de direitos, se atendidos todos os requisitos do art. 44, I, II e III, do Código Penal. Assim como de regime inicial aberto, se a pena aplicada não for superior a 4 anos e os motivos e circunstâncias não apontarem para a necessidade de regime inicial mais rigoroso (art. 33, § 3º, c.c. art. 59, ambos do Código Penal).

Importante assinalar, contudo, que a figura típica da lesão corporal culposa de trânsito qualificada do parágrafo 2º somente será aplicada para fatos ocorridos a partir do dia 19 de abril de 2018, quando entraram em vigor as modificações trazidas ao Código de Trânsito pela Lei 13.546/17, mais gravosas em relação à lei anterior.

---

25 Súmula 696 do STF: Reunidos os pressupostos legais permissivos da suspensão condicional do processo, mas se recusando o Promotor de Justiça a propô-la, o Juiz, dissentindo, remeterá a questão ao Procurador-Geral, aplicando-se por analogia o art. 28 do Código de Processo Penal.

3. Crime de Omissão de Socorro de Trânsito

Art. 304. Deixar o condutor do veículo, na ocasião do sinistro, de prestar imediato socorro à vítima, ou, não podendo fazê-lo diretamente, por justa causa, deixar de solicitar auxílio da autoridade pública (redação dada pela Lei n. 14.599/23[26]):

Penas – detenção, de seis meses a um ano, ou multa, se o fato não constituir elemento de crime mais grave.

Parágrafo único. Incide nas penas previstas neste artigo o condutor do veículo, ainda que a sua omissão seja suprida por terceiros ou que se trate de vítima com morte instantânea ou com ferimentos leves.

» **INFRAÇÕES ADMINISTRATIVAS RELACIONADAS**

Art. 176. Deixar o condutor envolvido em sinistro em acidente com vítima (redação dada pela Lei n. 14.599/23):

I – de prestar ou providenciar socorro à vítima, podendo fazê-lo;

II – de adotar providências, podendo fazê-lo, no sentido de evitar perigo para o trânsito no local;

III – de preservar o local, de forma a facilitar os trabalhos da polícia e da perícia;

IV – de adotar providências para remover o veículo do local, quando determinadas por policial ou agente da autoridade de trânsito;

V – de identificar-se ao policial e de lhe prestar informações necessárias à confecção do boletim de ocorrência:

Infração – gravíssima;

Penalidade – multa (cinco vezes) e suspensão do direito de dirigir;

Medida administrativa – recolhimento do documento de habilitação.

Art. 177. Deixar o condutor de prestar socorro à vítima de sinistro de acidente de trânsito quando solicitado pela autoridade e seus agentes (redação dada pela Lei n. 14.599/23):

Infração – grave;

Penalidade – multa.

3.1. Bem Jurídico Tutelado

No crime de omissão de socorro de trânsito, protege-se a vida, a saúde e a integridade corporal da vítima de acidente de trânsito. Estimula-se a prestação de socorro imediato à vítima e a solicitação de auxílio à autoridade pública, caso o condutor não possa fazê-lo diretamente, por justa causa.

Protege-se, ainda, secundariamente, a segurança no trânsito. Protege-se ainda a persecução penal no inquérito policial e na ação penal, na medida em que coibir a omissão de socorro facilita a atividade investigatória do Estado na apuração do fato, assegurando-se ainda, mesmo que este não tenha sido o fim primeiro do legislador, a perseguição da reparação do dano pela vítima ou pelas vítimas de danos resultantes do crime.

Trata-se do crime de omissão de socorro praticado pelo condutor de veículo. Específico para situações de acidente de trânsito. Norma especial em relação ao crime de omissão de socorro do Código Penal (art. 135).

---

26 A Lei altera em vários artigos a palavra acidentes por sinistros de trânsito. Essa mudança é decorrente de uma norma da ABNT, de 2018, que redefiniu os termos técnicos usados na preparação e execução de pesquisas relativas e na elaboração de relatórios estatísticos e operacionais a incidentes de trânsito. A norma corrige a expressão "acidente de trânsito", substituída por "sinistro de trânsito" (informação disponível em: https://www.portaldotransito.com.br/noticias/nova-lei-que-altera-regras-do-transito-entra-em-vigor-veja-principais-mudancas/) - acesso em 26 de agosto de 2023.

A conduta omissiva se verifica de duas formas: a) por deixar o condutor do veículo, na ocasião do sinistro, de prestar imediato socorro à vítima, se possível; b) se não puder fazê-lo, por deixar de solicitar auxílio, deixar de acionar resgate, ambulância, polícia, corpo de bombeiros, SAMU etc.

Crime omissivo puro, de perigo, pois a omissão na prestação de socorro ou da solicitação de auxílio a quem o faça eficientemente poderá agravar o estado de saúde da vítima do acidente de trânsito.

Cuida-se ainda de delito de subsidiariedade expressa, que somente se perfaz se o fato não constituir elemento de crime mais grave, como agravante da pena, por exemplo, nos crimes de homicídio e lesão corporal culposos de trânsito.

3.2. Sujeitos do Crime

Poderão ser sujeito ativo e passivo do crime quaisquer pessoas.

Poderá ser sujeito ativo o condutor do veículo, assim entendido como aquele que passa pelo local do sinistro, sem ter relação com o acidente, e omite-se na prestação de socorro à vítima, se possível fazê-lo sem risco pessoal, ou deixa de pedir socorro.

Sujeito passivo será a vítima do acidente de trânsito à qual o condutor omitiu-se na prestação de socorro, mesmo em se tratando de vítima que tenha sofrido morte instantânea.

Nota importante: Se o condutor do veículo *for o causador do acidente de que resultem morte ou lesões corporais*, ele não responderá pelo crime de omissão de socorro, mas por homicídio ou lesões corporais culposos de trânsito, com a incidência de causa de aumento de pena consistente na omissão de socorro.

3.3. Condutas

São basicamente duas condutas que perfazem o tipo penal do crime de omissão de socorro: a) deixar o condutor de veículo de prestar imediato socorro à vítima, na ocasião do sinistro; e b) quando, por justa causa não puder fazê-lo, deixar de solicitar auxílio à autoridade pública.

Importante observar que por força da redação dada pela Lei n. 14.599/23, o termo acidente foi substituído por sinistro. A nova terminologia em nada modifica o alcance da norma penal, **pois um dos sentidos de sinistro é desastre, acidente** (cf. Houaiss, Míni Dicionário da Língua Portuguesa, 3ª ed. Rio de Janeiro: Objetiva, 2008, p. 691).

3.3.1. Elemento Normativo "por Justa Causa"

O crime de omissão de socorro, na primeira hipótese (deixar de prestar imediato socorro na ocasião do sinistro), não se perfaz *se houver justa causa*, ou seja, um motivo justo, razoável, aceito pela ordem jurídica, para que o condutor se afaste do local sem prestar imediato socorro à vítima: exemplos: perigo concreto de agressões ou linchamento, perigo de morte pelas condições climáticas, pelas condições da rodovia (risco de ruptura de ponte, enchente, tráfego rápido e intenso, falta de acostamento ou local seguro para parar etc.).

Será necessário que o agente, para não responder pelo crime, comprove que deixou de agir por justa causa.

3.4. Voluntariedade

É o dolo da omissão, representado por um não fazer, um deixar de agir quando a ordem jurídica lhe impunha o dever de agir. Não há forma culposa do delito.

3.5. Consumação e Tentativa

O crime se consuma quando o condutor do veículo se omite e deixa de prestar socorro, na primeira hipótese. E quando deixa de solicitar auxílio da autoridade pública, na segunda situação.

Os crimes omissivos puros ou próprios também não admitem a tentativa, pois se consumam independentemente de resultado, com a mera abstenção da atividade exigida. Não sendo possível o fracionamento do processo executivo do delito, inadmissível a tentativa. Ou o agente efetivamente atua e não existe o crime, ou se omite e o crime se consuma.

Porém, em direção diversa, no sentido da admissibilidade da tentativa em crime omissivo, Eugênio Raul Zaffaroni e José Henrique Pierangelli:

> O chefe de uma torre de controle ou o médico que se embriagam, provocando uma catástrofe o primeiro ou fazendo com que o enfermo morra por hemorragia o segundo, ao começarem a se embriagar já estão realizando atos de tentativa. Para eles, a tentativa será acabada desde que o estado de embriaguez seja alcançado, mas desde que começam a embriagar-se até que logrem a incapacidade medeia uma tentativa inacabada. (Da Tentativa. 3. ed. São Paulo: Ed. Revista dos Tribunais, 1992, p. 122.).

3.5.1. Caracterização do Crime em Caso de Morte Instantânea

Há quem sustente a inconstitucionalidade do preceito, pois, em caso de morte instantânea, não haverá mais vida humana a ser salva e nem vítima a ser socorrida.

E a tutela penal preocupa-se com o cadáver em capítulo próprio do Código Penal, ao prever em seu art. 211, no capítulo dos crimes contra o respeito aos mortos, o crime de destruição e ocultação de cadáver.

A lei é expressa no sentido de que a supressão da omissão do condutor, por terceiros, não afasta o crime.

E o crime também subsiste, ainda que a vítima tenha suportado apenas ferimentos de natureza leve.

Ou seja, o fim visado pelo legislador é tríplice: a) coibir, a todo custo, a omissão de socorro, com o objetivo não só de fazer com que mais vidas sejam salvas; b) fazer com que as consequências do acidente sejam menos graves, pelo imediato socorro prestado à vítima; c) permitir a identificação do condutor causador do acidente e daqueles que eventualmente passem pelo local e possam de algum modo contribuir para sua apuração, seja na esfera civil, seja na esfera criminal.

Assim, nossa posição é no sentido de que o delito se perfaz, se o condutor se omite, mesmo nos casos em que haja morte instantânea. A norma penal não quer apenas que o condutor envolvido no acidente preste socorro, mas também que ele seja corretamente identificado, visando assegurar ainda a adequada apuração e comprovação do fato.

Em sentido diverso, sustentando que não se justifica exigir a lei a prestação de socorro a um cadáver, Guilherme de Souza Nucci (Leis Penais e Processuais Penais Comentadas, p. 850).

Fernando Capez e Victor Eduardo Rios Gonçalves sustentam que no caso de a vítima ser socorrida por terceiro, que não o condutor, há duas situações: quando a prestação do socorro sequer tiver chegado ao conhecimento do condutor, por haver se evadido do local, ele responde pelo delito; mas não há crime se um terceiro se adianta e socorre a vítima, em lugar do condutor, pois não se pode impor a este que chame a si prioridade absoluta na prestação do socorro. Em caso de morte instantânea, sustentam que não há crime por ausência de objeto jurídico e que estamos diante de crime impossível por absoluta impropriedade do objeto (Aspectos Criminais do Código de Trânsito Brasileiro, p. 46-47).

3.6. Ação Penal

A ação penal, no silêncio do legislador, é pública incondicionada.

Trata-se de crime de menor potencial ofensivo, pois a pena máxima prevista não é superior a 2 anos (art. 61, da Lei 9.099/95), passível, portanto, de transação penal, na forma do art. 76, da Lei 9.099/95, e de suspensão condicional do processo, nos termos do art. 89, da Lei 9.099/95.

Não caberá o acordo de não persecução penal, por se tratar de infração penal de menor potencial ofensivo, da competência do Juizado Especial Criminal.

Poderá, em caso de condenação, comportar o cabimento da suspensão condicional da pena privativa da liberdade, presentes os requisitos do art. 77, do Código Penal, a substituição da pena privativa da liberdade por restritivas de direitos, nos termos do art. 44, do Código Penal, e ainda o regime inicial aberto.

4. Crime de Evasão do Local do Acidente para Evitar Responsabilidade Penal ou Civil

Art. 305. Afastar-se o condutor do veículo do local do sinistro, para fugir à responsabilidade penal ou civil que lhe possa ser atribuída (redação dada pela Lei n. 14.599/23[27]):

Penas – detenção, de seis meses a um ano, ou multa.

» **INFRAÇÃO ADMINISTRATIVA RELACIONADA**

Art. 178. Deixar o condutor, envolvido em sinistro sem vítima, de adotar providências para remover o veículo do local, quando necessária tal medida para assegurar a segurança e a fluidez do trânsito (redação dada pela Lei n. 14.599/23):

Infração – média;

Penalidade – multa.

4.1. Bem Jurídico Tutelado

A norma penal protege de forma imediata a persecução criminal, do inquérito policial à ação penal, na medida em que proíbe o condutor do veículo de se afastar do local do sinistro. Protege ainda o direito da vítima à reparação do dano.

Nota: Difere do crime de omissão de socorro de trânsito (art. 304), pois enquanto aquele é delito omissivo puro, em que o sujeito se omite pela omissão pura e simples ou até mesmo por medo ou ainda para evitar risco pessoal, este é crime comissivo (demanda ação), ou seja, consuma-se pela ação do condutor do veículo, causador do sinistro, que se afasta do local para evitar a responsabilidade penal ou civil dele derivadas ou ainda para se safar de ambas.

4.1.1. Inconstitucionalidade Declarada do Preceito: Tema Controvertido

A norma penal foi declarada inconstitucional pelo Tribunal de Justiça de São Paulo, pelo Tribunal de Justiça de Minas Gerais e pelo Tribunal de Justiça de Santa Catarina, por entenderem que a figura típica afronta o direito à não autoincriminação, previsto no Pacto de San José da Costa Rica, de que o Brasil é signatário (art. 8, II, g):

> **Tribunal de Justiça de São Paulo**: "Incidente de inconstitucionalidade (CF, art. 97; CPC, arts. 480 a 482). Código de Trânsito Brasileiro, art. 305 – fuga à responsabilidade civil e criminal. Tipo penal que viola o princípio do art. 5º, LXIII – garantia de não autoincriminação. (...) (Órgão Especial, Arguição de Inconstitucionalidade 990.10.159020, Relator Boris Kauffmann, 14.07.2010, m.v.).

27 A Lei altera em vários artigos a palavra acidentes por sinistros de trânsito. Essa mudança é decorrente de uma norma da ABNT, de 2018, que redefiniu os termos técnicos usados na preparação e execução de pesquisas relativas e na elaboração de relatórios estatísticos e operacionais a incidentes de trânsito. A norma corrige a expressão "acidente de trânsito", substituída por "sinistro de trânsito" (informação disponível em: https://www.portaldotransito.com.br/noticias/nova-lei-que-altera-regras-do-transito-entra-em-vigor-veja-principais-mudancas/) - acesso em 26 de agosto de 2023.

Tribunal de Justiça de Minas Gerais: "Incidente de inconstitucionalidade – Reserva de Plenário – Art. 305, do Código de Trânsito Brasileiro – Incompatibilidade com o direito fundamental ao silêncio – Inconstitucionalidade declarada" (Corte Superior, Incidente de Inconstitucionalidade 1.0000.07.456021-0, Relator Sérgio Resende, 11.06.2008, m.v.).

Tribunal de Justiça de Santa Catarina: "Não se pode conceber a premissa de que, pelo simples fato de estar na condução de um veículo, o motorista que se envolve em um acidente de trânsito tenha que aguardar a chegada da autoridade competente para averiguação de eventual responsabilidade civil ou penal porquanto reconhecer tal norma como aplicável, seria impor ao condutor a obrigação de produzir prova contra si, hipótese vedada pela Constituição Federal por ofender o preceito da ampla defesa (CF/88, art. 5º, LV), além de incorrer em malferição ao direito ao silêncio (CF, art. 5º, LXIII)...." (Arguição de Inconstitucionalidade 2009.026222-9/0001.00, Órgão Especial, Relatora Salete Silva Sommariva, 01.06.2011, m.v.).

Sempre sustentamos que a norma penal não é inconstitucional, pois não fere o direito à não autoincriminação. Uma situação é exigir que o condutor produza ativamente prova contra si mesmo, como obrigá-lo a soprar o bafômetro ou a fornecer sangue, se ele não quiser. Outra, bem diversa, é exigir a lei que ele permaneça no local do acidente, com ou sem vítimas de lesão corporal ou morte, para sua correta identificação e também para a elucidação do fato. Isso por si só não traduz violação do direito à não autoincriminação.

A vítima passou a ser alvo de maior preocupação da lei penal e da lei processual penal, desde a edição do Código de Trânsito em 1997. As reformas do processo penal em 2008 reforçaram esta vertente. E por vítima, para efeito do art. 305, devemos compreender não somente aquele que sofra lesões corporais ou morte em razão do acidente de trânsito, mas também aquele que suporte danos materiais.

E a norma penal, a exemplo do que ocorre no crime de omissão de socorro de trânsito, quer assegurar a correta identificação do condutor envolvido ou responsável pelo fato, para permitir a possibilidade de sua responsabilização nos planos civil e criminal.

Sua aplicação não viola os princípios da ampla defesa e da não autoincriminação, este um desdobramento do *nemo tenetur se detegere* (nada a temer por se deter), ou ainda do direito ao silêncio, também resguardado pela nossa Constituição Federal (art. 5º, LXIII). A norma protege a segurança viária, a tutela penal desse bem jurídico, o direito à reparação por ato ilícito, assim como a persecução penal – dever do Estado e direito da sociedade.

Nesse sentido, o entendimento do **Tribunal de Justiça do Distrito Federal**:

"O dever de permanecer no local do acidente, por certo, não significa presunção de culpa, porque a responsabilidade, tanto civil, quanto penal, deverá ser apurada em procedimento próprio, com todos os direitos e garantias individuais pertinentes. Não menos certo, o art. 305 do CTB não exclui o exercício do direito ao silêncio, podendo o sujeito, mesmo presente ao local dos fatos, permanecer calado, se assim lhe convier, sem responder às indagações das autoridades públicas acerca das circunstâncias do acidente de trânsito, não estando obrigado, igualmente, a declarar-se culpado, nem a fornecer material biológico que possa ser utilizado como prova em seu prejuízo (...) (Apelação Criminal 20110510098207, 2ª Turma Criminal, Relator João Timóteo de Oliveira, 15.08.2013, v.u.).

Nessa linha, o **Supremo Tribunal Federal**, no julgamento do **RE 971959**, com repercussão geral, em precedente vinculante, adotou a seguinte decisão, **ao afirmar a constitucionalidade do art. 305, do Código de Trânsito Brasileiro**:

"(...) A regra que prevê o crime do art. 305 do Código de Trânsito Brasileiro (Lei nº 9.503/97) é constitucional, posto não infirmar o princípio da não incriminação, garantido o direito ao silêncio e ressalvadas as hipóteses de exclusão da tipicidade e da antijuridicidade", vencidos os Ministros Gilmar Mendes, Marco Aurélio e Celso de Mello, que votaram contrariamente à tese. Não participou, justificadamente, da votação da tese, o Ministro Roberto Barroso. Ausente, justificadamente, a Ministra Rosa Weber. Plenário, Sessão Ordinária, 14.11.2018.

Com isso, a discussão acerca da constitucionalidade do art. 305, do Código de Trânsito Brasileiro, que sempre sustentamos, está encerrada.

4.2. Sujeitos do Crime

Qualquer pessoa poderá ser sujeito ativo e sujeito passivo do delito.

Sujeito ativo será o condutor do veículo, causador do acidente ou nele envolvido de qualquer modo, que se afasta do local para evitar a responsabilidade civil ou criminal.

Sujeito passivo será a vítima do acidente, seja de danos corporais ou puramente materiais.

4.3. Voluntariedade

É o dolo direto, representado pela vontade livre e consciente de se afastar do local do sinistro, visando o fim especial de livrar-se da responsabilidade penal e ou civil dele resultantes.

4.4. Consumação e Tentativa

O crime se consuma com a evasão do condutor do local do sinistro a que haja dado causa ou nele se envolvido de qualquer modo.

A Lei n. 14.599/23 modificou a redação do preceito primário, adotando o termo sinistro em lugar de acidente. O alcance da norma penal, porém, em nada é alterado, pois sinistro tem o sentido de desastre, acidente (cf. Houaiss, Míni Dicionário da Língua Portuguesa, 3ª ed. Rio de Janeiro: Objetiva, 2008, p. 691). A mudança visa conformar a terminologia do CTB às normas da ABNT, que adotaram, em 2018, o termo sinistro em lugar de acidente de trânsito.

A tentativa é possível, pois o sujeito pode tentar evadir-se do local e ser contido por terceiros, por exemplo.

4.5. Ação Penal

A ação penal é pública incondicionada.

Crime de menor potencial ofensivo, passível de transação penal (art. 76, da Lei 9.099/95), de suspensão condicional do processo (art. 89, da Lei 9.099/95), de suspensão condicional da pena privativa da liberdade, "sursis", de substituição da pena privativa da liberdade por restritiva de direitos (art. 44, do Código Penal) e de regime inicial aberto.

Não cabe o acordo de não persecução penal, por se tratar de infração penal de menor potencial ofensivo, da competência do Juizado Especial Criminal.

5. Crime de Embriaguez ao Volante

Art. 306. Conduzir veículo automotor com capacidade psicomotora alterada em razão da influência de álcool ou de outra substância psicoativa que determine dependência: (Redação dada pela Lei 12.760, de 2012)

Penas – detenção, de seis meses a três anos, multa e suspensão ou proibição de se obter a permissão ou a habilitação para dirigir veículo automotor.

§ 1º As condutas previstas no caput serão constatadas por: (Incluído pela Lei 12.760, de 2012)

I – concentração igual ou superior a 6 decigramas de álcool por litro de sangue ou igual ou superior a 0,3 miligrama de álcool por litro de ar alveolar; ou (Incluído pela Lei 12.760, de 2012)

II – sinais que indiquem, na forma disciplinada pelo Contran, alteração da capacidade psicomotora. (Incluído pela Lei 12.760, de 2012)

§ 2º A verificação do disposto neste artigo poderá ser obtida mediante teste de alcoolemia ou toxicológico, exame clínico, perícia, vídeo, prova testemunhal ou outros meios de prova em direito admitidos, observado o direito à contraprova. (Redação dada pela Lei 12.971, de 2014)

§ 3º O Contran disporá sobre a equivalência entre os distintos testes de alcoolemia ou toxicológicos para efeito de caracterização do crime tipificado neste artigo. (Redação dada pela Lei 12.971, de 2014)

§ 4º Poderá ser empregado qualquer aparelho homologado pelo Instituto Nacional de Metrologia, Qualidade e Tecnologia - INMETRO - para se determinar o previsto no caput." (NR) (parágrafo acrescentado pela Lei nº 13.840, de 05 de junho de 2019, publicada no DOU de 06 de junho de 2019).

» INFRAÇÕES ADMINISTRATIVAS RELACIONADAS

Art. 165. Dirigir sob a influência de álcool ou de qualquer outra substância psicoativa que determine dependência: (Redação dada pela Lei 11.705, de 2008)

Infração – gravíssima; (Redação dada pela Lei 11.705, de 2008)

Penalidade – multa (dez vezes) e suspensão do direito de dirigir por 12 (doze) meses. (Redação dada pela Lei 12.760, de 2012)

Medida administrativa – recolhimento do documento de habilitação e retenção do veículo, observado o disposto no § 4º do art. 270 da Lei nº 9.503, de 23 de setembro de 1997 – do Código de Trânsito Brasileiro. (Redação dada pela Lei 12.760, de 2012)

Parágrafo único. Aplica-se em dobro a multa prevista no caput em caso de reincidência no período de até 12 (doze) meses. (Redação dada pela Lei 12.760, de 2012)

Art. 165-A. Recusar-se a ser submetido a teste, exame clínico, perícia ou outro procedimento que permita certificar influência de álcool ou outra substância psicoativa, na forma estabelecida pelo art. 277: (Incluído pela Lei 13.281, de 2016) (Vigência)

Infração – gravíssima; (Incluído pela Lei 13.281, de 2016) (Vigência)

Art. 165-B. Dirigir veículo sem realizar o exame toxicológico previsto no art. 148-A[28] deste Código:

Penalidade – multa (cinco vezes) e, em caso de reincidência no período de até 12 (doze)meses, multa (dez vezes) e suspensão do direito de dirigir; (Incluído pela Lei n. 14.071/20).

Art. 165-C. Dirigir veículo tendo obtido resultado positivo no exame toxicológico previsto no caput do art. 148-A deste Código:

Infração – gravíssima (Incluído pela Lei n. 14.599/23);

Penalidade – multa (cinco vezes) e, em caso de reincidência no período de até 12 (doze) meses, multa (dez vezes) e suspensão do direito de dirigir (Incluído pela Lei n. 14.599/23).

Penalidade – multa (dez vezes) e suspensão do direito de dirigir por 12 (doze) meses; (Incluído pela Lei 13.281, de 2016) (Vigência)

Medida administrativa – recolhimento do documento de habilitação e retenção do veículo, observado o disposto no § 4º do art. 270. (Incluído pela Lei 13.281, de 2016) (Vigência)

Parágrafo único. Aplica-se em dobro a multa prevista no caput em caso de reincidência no período de até 12 (doze) meses.

---

28 O art. 148-A do CTB, incluído pela Lei n. 14.599/23, estabeleceu que os condutores das categorias C, D e E deverão comprovar resultado negativo em exame toxicológico para a obtenção e a renovação da Carteira Nacional de Habilitação, prevendo a suspensão do direito de dirigir por três meses, se positivo o resultado, condicionado o levantamento da suspensão à inclusão no RENACH de resultado negativo em novo exame, vedada a aplicação de outras penalidades, ainda que acessórias (§ 5º, II). A não realização do exame previsto no art. 148-A acarretará ao condutor o impedimento de obter ou renovar a CNH até que seja realizado o exame com resultado negativo e a aplicação das sanções previstas no art. 165-B do CTB. Além do exame para obter ou renovar a CNH, o § 2º dispõe que os condutores das categorias C, D e E, com idade inferior a 70 (setenta) anos serão submetidos a novo exame a cada período de 2 anos e 6 meses, a partir da obtenção ou renovação da CNH, independentemente da validade dos demais exames previstos no art. 147, *caput*, I, do CTB (redação dada pela Lei n. 14.071/20).

5.1. Bem Jurídico Tutelado

A norma penal protege primordialmente a segurança viária, a segurança no trânsito, um direito de todos, dever dos condutores e dos órgãos integrantes do Sistema Nacional de Trânsito. Secundariamente, protege também a vida, a saúde e a integridade corporal das pessoas em geral.

São alvo de notícias frequentes na mídia os comportamentos de condutores irresponsáveis, que se dispõem a dirigir depois de fazer uso de bebida alcoólica ou outra substância psicoativa, com a capacidade psicomotora[29] alterada.

É o crime de embriaguez ao volante, que se verifica toda vez que alguém, com a capacidade psicomotora alterada em razão da influência de álcool ou de outra substância psicoativa que determine dependência, conduzir veículo automotor.

Na redação anterior, o crime se verificava se o sujeito ativo conduzisse o veículo pela via pública. *A redação atual não exige mais que a conduta se dê em via pública. Suprimiu-se o elemento de ordem espacial.*

A redação vigente **suprimiu o elemento de ordem espacial**, de modo que o delito se consuma até mesmo em estacionamentos particulares, de shopping centers, de supermercados, de lojas em geral, garagens etc. Não consta mais do tipo penal que o crime deverá se verificar na *via pública.*

As vias internas dos condomínios se equiparam às vias públicas. É o que decorre do art. 2º e seu parágrafo único, do Código de Trânsito:

---

29 Psicomotricidade: noção
Historicamente o termo "psicomotricidade" aparece a partir do discurso médico, mais precisamente neurológico, quandofoinecessário,noiníciodoséculoXIX,nomearaszonasdocórtexcerebralsituadasmaisalémdasregiõesmotoras. Com o desenvolvimento e as descobertas da neurofisiologia, começa a constatar-se que há diferentes disfunções graves sem que o cérebro esteja lesionado ou sem que a lesão esteja claramente localizada.
São descobertos distúrbios da atividade gestual, da atividade práxica. Portanto, o "esquema anátomo-clínico" que determinava para cada sintoma sua correspondente lesão focal já não podia explicar alguns fenômenos patológicos. É, justamente, a partir da necessidade médica de encontrar uma área que explique certos fenômenos clínicos que se nomeia, pela primeira vez, a palavra PSICOMOTRICIDADE, no ano de 1870.
As primeiras pesquisas que dão origem ao campo psicomotor correspondem a um enfoque eminentemente neurológico.
A figura de Dupré, neuropsiquiatra, em 1909, é de fundamental importância para o âmbito psicomotor, já que é ele quem afirma a independência da debilidade motora (antecedente do sintoma psicomotor) de um possível correlato neurológico.
Em 1925, Henry Wallon, médico psicólogo, ocupa-se do movimento humano dando-lhe uma categoria fundante como instrumento na construção do psiquismo. Esta diferença permite a Wallon relacionar o movimento ao afeto, à emoção, ao meio ambiente e aos hábitos do indivíduo.
Em 1935, Edouard Guilmain, neurologista, desenvolve um exame psicomotor para fins de diagnóstico, de indicação da terapêutica e de prognóstico. Em 1947, Julian de Ajuriaguerra, psiquiatra, redefine o conceito de debilidade motora, considerando-a como uma síndrome com suas próprias particularidades. É ele quem delimita com clareza os transtornos psicomotores que oscilam entre o neurológico e o psiquiátrico. Com estas novas contribuições, a psicomotricidade diferencia-se de outras disciplinas, adquirindo sua própria especificidade e autonomia.
Na década de 70, diferentes autores definem a psicomotricidade como uma motricidade de relação. Começa então, a ser delimitada uma diferença entre uma postura reeducativa e uma terapêutica que, ao despreocupar-se da técnica instrumentalista e ao ocupar-se do "corpo de um sujeito" vai dando progressivamente, maior importância à relação, à afetividade e ao emocional. Para o psicomotricista, a criança constitui sua unidade a partir das interações com o mundo externo e nas ações do Outro (mãe e substitutos) sobre ela.
A especificidade do psicomotricista situa-se assim, na compreensão da gênese do psiquismo e dos elementos fundadores da construção da imagem e da representação de si. O sintoma psicomotor instala-se, quando ocorre um fracasso na integração somatopsíquica, conseqüente de fatores diversos, seja na origem do processo de constituição do psiquismo, ou posteriormente em função de disfunções orgânicas e/ou psíquicas. A patologia psicomotora é, portanto, uma patologia do continente psíquico, dos distúrbios da representação de si cuja sintomatologia pode se apresentar no somático e/ou no psíquico (Disponível em: https://psicomotricidade.com.br/historico-da-psicomotricidade/ - acesso em 26 de março de 2020).

Art. 2º São vias terrestres urbanas e rurais as ruas, as avenidas, os logradouros, os caminhos, as passagens, as estradas e as rodovias, que terão seu uso regulamentado pelo órgão ou entidade com circunscrição sobre elas, de acordo com as peculiaridades locais e as circunstâncias especiais.

Parágrafo único. Para os efeitos deste Código, são consideradas vias terrestres as praias abertas à circulação pública, as vias internas pertencentes aos condomínios constituídos por unidades autônomas e as vias e áreas de estacionamento de estabelecimentos privados de uso coletivo. (Redação dada pela Lei 13.146, de 2015) (Vigência).

O anexo I do Código de Trânsito (conceitos e definições) também define vias.[30]

5.2. Sujeitos do Crime

Sujeito ativo é condutor do veículo automotor, que o dirija nas condições previstas no tipo penal. Qualquer pessoa poderá ser sujeito ativo do crime.

Sujeito passivo é a coletividade e, secundariamente, a vítima do delito de embriaguez ao volante, contra a qual o agente produzir danos corporais ou materiais.

5.3. Condutas

A conduta do "caput" consiste em o condutor dirigir, em via, veículo automotor com a capacidade psicomotora alterada em razão da influência de álcool ou de outra substância psicoativa.

Segundo o parágrafo primeiro, as condutas consistirão em conduzir veículo automotor com concentração igual ou superior a 6 decigramas de álcool por litro de sangue ou igual ou superior a 0,3 miligrama de álcool por litro de ar alveolar ou com sinais que indiquem, na forma disciplinada pelo Contran,[31] alteração da capacidade psicomotora.

Vale destacar que as previsões constantes do parágrafo 1º dizem respeito não somente a outras condutas que caracterizarão o crime de embriaguez ao volante, além daquela descrita na cabeça do artigo, como também aos meios de prova da infração penal.

A conduta que se verificar pela presença dos sinais clássicos de embriaguez encerra norma penal em branco, pois remete a um complemento, a Resolução n. 432/13, do CONTRAN, que estabelece quais serão tais sinais: arrogância, olhos vermelhos, fala pastosa ou desconexa, andar cambaleante, cabelos e vestes em desalinho, sem prejuízo de outros sinais que o agente de trânsito constatar e relatar na ocasião do fato.

Temos também um elemento normativo na cabeça do artigo: *com a capacidade psicomotora alterada, ou seja, com os reflexos comprometidos pelo álcool, outra droga ou substância psicoativa.*

Há quem sustente que esse elemento normativo sugeriria o perigo concreto de dano, pois o crime somente se configurará se houver direção anormal, ou seja, se o condutor estiver

---

30 VIA – superfície por onde transitam veículos, pessoas e animais, compreendendo a pista, a calçada, o acostamento, ilha e canteiro central. • VIA DE TRÂNSITO RÁPIDO – aquela caracterizada por acessos especiais com trânsito livre, sem interseções em nível, sem acessibilidade direta aos lotes lindeiros e sem travessia de pedestres em nível. • VIA ARTERIAL – aquela caracterizada por interseções em nível, geralmente controlada por semáforo, com acessibilidade aos lotes lindeiros e às vias secundárias e locais, possibilitando o trânsito entre as regiões da cidade. • VIA COLETORA – aquela destinada a coletar e distribuir o trânsito que tenha necessidade de entrar ou sair das vias de trânsito rápido ou arteriais, possibilitando o trânsito dentro das regiões da cidade. • VIA LOCAL – aquela caracterizada por interseções em nível não semaforizadas, destinada apenas ao acesso local ou a áreas restritas. • VIA RURAL – estradas e rodovias. • VIA URBANA – ruas, avenidas, vielas, ou caminhos e similares abertos à circulação pública, situados na área urbana, caracterizados principalmente por possuírem imóveis edificados ao longo de sua extensão. • VIAS E ÁREAS DE PEDESTRES – vias ou conjunto de vias destinadas à circulação prioritária de pedestres.

31 Nesse sentido, a Resolução 432/12 do Contran regulou ao matéria, ao tratar dos clássicos sinais evidenciadores da embriaguez, influência do álcool e comprometimento da capacidade psicomotora.

dirigindo com a capacidade psicomotora efetivamente alterada, descumprindo regras de circulação e rebaixando o nível de segurança viária.

Não é a posição a que nos filiamos, pois entendemos, na linha do pensamento adotado pelo Supremo Tribunal Federal, que o delito é de perigo abstrato, presumido por lei, com base naquilo que na vida de ordinário ocorre, sabido que a mistura de direção e álcool gera efeitos danosos, produz lamentavelmente tragédias cotidianas, ceifando vidas, sobretudo de jovens, e condena muitas pessoas a sequelas incapacitantes, onerando as famílias e os serviços de saúde.

Não é necessário que haja perigo concreto de dano para que o crime se verifique.

Assim, basta a condução, ainda que normal, em conformidade com as regras de tráfego, mas com a capacidade psicomotora alterada em razão do uso de álcool ou outra substância psicoativa, como outras drogas, remédios de uso controlado que alterem a capacidade psicomotora etc. para que o delito se perfaça.

5.4. *Voluntariedade*

O dolo, direto ou eventual, representado pela vontade livre e consciente de dirigir numa nas condições e ou situações previstas no tipo penal, rebaixando o nível de segurança viária, a segurança dele próprio, condutor, de seus acompanhantes (se houver) no interior do veículo e ainda das pessoas que eventualmente estejam na via e em suas adjacências, outros condutores, pedestres, ciclistas etc.

5.4.1. *A Teoria da Ação Livre na Causa* (Actio Libera in Causa)

Trata-se de teoria que auxilia a aplicação da norma penal do art. 306, do Código de Trânsito, na medida em que desloca o exame da imputabilidade para o momento anterior ao delito em que, de forma livre, o autor da infração penal se colocou em estado de embriaguez por álcool ou outra droga, para delinquir em seguida.

É a chamada embriaguez preordenada, que serviu de estímulo para o cometimento do crime na sequência. Desse nexo entre a embriaguez e o delito resulta a responsabilidade penal do agente.

Nosso Código Penal, no art. 28, II, adotou a teoria mencionada ao dispor que não exclui e imputabilidade penal *a embriaguez voluntária ou culposa, pelo álcool ou substância de efeitos análogos.*

Segundo o jurista Luiz Flávio Gomes,

> "a teoria da *actio libera in causa* vem solucionar casos nos quais, embora considerado inimputável, o agente tem responsabilidade pelo fato.
>
> É o clássico exemplo da embriaguez preordenada, na qual a pessoa se embriaga exatamente para cometer o delito. Veja que, na hipótese, a pessoa é livre na causa antecedente, ainda que durante a prática do delito fosse considerada inimputável, ela é responsável porque se transfere para este momento anterior (livre na causa – quando a pessoa decide se embriagar para delinquir) a constatação da imputabilidade.

5.5. *Consumação e Tentativa*

O crime se consuma quando o sujeito dirige veículo automotor em via (a lei não exige mais que seja em via pública), nas condições previstas na cabeça do artigo ou no parágrafo 1º.

A tentativa em tese é possível, pois o sujeito ativo pode tentar dirigir numa das situações previstas no tipo penal e ser impedido por terceiros. De difícil configuração prática, porém.

5.6. *Condutas que Configuram o Crime e Meios de Prova*

Na redação anterior, o crime se configurava somente quando alguém conduzia veículo automotor, na via pública, com concentração de álcool superior a mais de 6 decigramas de álcool por litro de sangue.

O legislador, porém, ciente da grave dificuldade probatória decorrente da redação anterior da lei, que levou muito operadores do direito a entenderem-na lei anterior – que o exame de sangue era a única prova possível da embriaguez ao volante, ampliou o preceito e modificou profundamente sua redação. Isso porque, se o condutor se recusasse a fornecer sangue, com base no direito de não produzir prova contra si mesmo, o fato ficava ao desamparo de comprovação técnica.

A lei atual continua a prever que o crime se configura quando o condutor dirigir veículo automotor com mais de 6 decigramas de álcool por litro de sangue.

Mas também estabeleceu que o delito se perfaz com a presença de sinais evidenciadores de comprometimento da capacidade psicomotora.

São os clássicos sinais da embriaguez, previstos na Resolução n. 432/12 do Contran: arrogância, voz pastosa, andar cambaleante, fala desconexa, olhos vermelhos, dificuldade de equilíbrio, vestes em desalinho etc.

Além disso, o Decreto 6.488/08 estabelece critérios de equivalência entre o apurado pelo etilômetro (álcool expelido pelo ar alveolar) e a quantidade de álcool presente no sangue do condutor, *de modo que 0,3 mg de álcool por litro de ar expirado equivalem a 6 decigramas de álcool por litro de sangue.*

Assim, sempre que o condutor se recusar a assoprar o bafômetro ou negar autorização para que lhe seja colhida amostra de sangue para o exame de dosagem alcoólica, o agente de trânsito relatará os sinais de embriaguez verificados, nos termos da resolução mencionada.

E, conduzido o infrator à repartição policial, poderá ser chamado médico legista, que o entrevistará, examinará e elaborará laudo atinente ao exame clínico realizado.

Mas ninguém poderá jamais ser obrigado a contribuir *ativamente* para a produção de provas contra si mesmo. Isso em decorrência do direito à não autoincriminação, incorporado ao nosso ordenamento jurídico por ser o Brasil signatário do Pacto de San José da Costa Rica e presente na nossa Constituição Federal como corolário do direito ao silêncio[32] (art. 5º, LXIII). Revista, nesse passo, posição constante de edição anterior, em que sustentávamos a obrigatoriedade de o condutor submeter-se ao teste do etilômetro.

Há de se estabelecer aqui importante distinção: no campo administrativo, o condutor é obrigado a se submeter ao exame, sob pena de suspensão do direito de dirigir e multa. Mas, na seara penal, não se pode impor a ninguém esta obrigação.

O § 4º, acrescentado pela Lei nº 13.840, publicada no DOU em 06 de junho de 2019 e em vigor a partir desta data, previu que qualquer aparelho, homologado pelo Inmetro, poderá ser utilizado para prova da conduta prevista no *caput*, ou seja, para comprovação do crime de embriaguez ao volante.

Segundo a disposição, qualquer aparelho homologado pelo Instituto Nacional de Metrologia, Qualidade e Tecnologia, o INMETRO, poderá ser empregado para se determinar o previsto no *caput*, ou seja, para comprovar o crime de embriaguez ao volante.

A regra convive com os demais meios de prova elencados no § 2º, como **exame clínico, perícia, vídeo, prova testemunhal ou outros meios de prova em direito admitidos, observado o direito à contraprova.**

Porém, é importante destacar que a disposição passa a exigir, **de forma expressa**, que o aparelho empregado para teste de alcoolemia (bafômetro, etilômetro ou similar) tenha homologação do INMETRO.

Impõe-se cautela maior aos agentes do Estado no momento de colher a prova material da infração por um dos aparelhos referidos, sob pena de surgirem questionamentos à validade e

32 O princípio que diz *nemo tenetur se detegere*, ou seja, nada a temer por se deter.

mesmo à licitude da prova e à lisura da investigação penal, caso se utilize, por exemplo, aparelho não homologado pelo INMETRO[33].

> "No Brasil, o Instituto Nacional de Metrologia, Qualidade e Tecnologia - Inmetro, entidade executiva do Governo Federal, é o gestor do Sistema Brasileiro de Avaliação da Conformidade – SBAC, obedecendo às políticas públicas estabelecidas pelo Conselho Nacional de Metrologia, Normalização e Qualidade Industrial – Conmetro que, por sua vez, é tecnicamente assessorado pelo Comitê Brasileiro de Avaliação da Conformidade – CBAC. Na área de Avaliação da Conformidade, o Inmetro é o único acreditador oficial do Estado Brasileiro, seguindo a tendência internacional atual de apenas um acreditador por país ou economia. O Inmetro é reconhecido internacionalmente como o organismo de acreditação brasileiro pelo *International Accreditation Forum* (IAF) e foi o primeiro a possuir este reconhecimento na América Latina" (Avaliação da Conformidade, 6ª edição, publicação do INMETRO. Disponível em: http://www.inmetro.gov.br/infotec/publicacoes/acpq.pdf - acesso em 9 de junho de 2019).

A nova disposição, a rigor, não encerra novidade, pois a **Resolução nº 206, de 20 de outubro de 2006, do CONTRAN, Conselho Nacional de Trânsito**, de longa data previa entre os requisitos do etilômetro ou bafômetro a aprovação e inspeção periódica pelo INMETRO:

> Art. 6º. O medidor de alcoolemia – etilômetro - deve observar os seguintes requisitos:
>
> I - ter seu modelo aprovado pelo Instituto Nacional de Metrologia, Normalização e Qualidade Industrial - INMETRO, atendendo a legislação metrológica em vigor e aos requisitos estabelecidos nesta Resolução;
>
> II - ser aprovado na verificação metrológica inicial realizada pelo INMETRO ou órgão da Rede Brasileira de Metrologia Legal e Qualidade - RBMLQ;
>
> III - ser aprovado na verificação periódica anual realizada pelo INMETRO ou RBMLQ;
>
> IV - ser aprovado em inspeção em serviço ou eventual, conforme determina a legislação metrológica vigente.
>
> Art. 7º. As condições de utilização do medidor de alcoolemia - etilômetro- devem obedecer a esta resolução e à legislação metrológica em vigor.

E a Resolução nº 432/13, do CONTRAN, que revogou a Resolução nº 206/06, continuou a regular a matéria:

> DO TESTE DE ETILÔMETRO
>
> Art. 4º. O etilômetro deve atender aos seguintes requisitos:
>
> I - ter seu modelo aprovado pelo INMETRO;
>
> II - ser aprovado na verificação metrológica inicial, eventual, em serviço e anual realizadas pelo Instituto Nacional de Metrologia, Qualidade e Tecnologia - INMETRO ou por órgão da Rede Brasileira de Metrologia Legal e Qualidade - RBMLQ;
>
> Parágrafo único. Do resultado do etilômetro (medição realizada) deverá ser descontada margem de tolerância, que será o erro máximo admissível, conforme legislação metrológica, de acordo com a "Tabela de Valores Referenciais para Etilômetro" constante no Anexo I.

---

33 O Instituto Nacional de Metrologia, Qualidade e Tecnologia é uma autarquia federal brasileira, no formato de uma agência executiva, vinculada ao Ministério do Desenvolvimento, Indústria e Comércio Exterior. Wikipédia

Fundação: 11 de dezembro de 1973
Sede: Rio de Janeiro, Rio de Janeiro
Finalidade: *Standards organization*
Natureza jurídica: Agência executiva
Atribuições: Metrologia, Qualidade e Tecnologia

Importante lembrar que no final de maio de 2019, em decisão monocrática proferida pelo Ministro Gilmar Mendes em agravo interposto contra decisão que não admitiu recurso extraordinário, o STF considerou válida a prova de materialidade da infração obtida por meio do etilômetro, aparelho em conformidade com o disposto na Resolução nº 206/06 do CONTRAN:

> (...). **1. Embriaguez ao volante. Etilômetro (bafômetro). Calibração anual pelo Inmetro. Certificação anual. Presunção pro administração. Margem de erro acima do limite de tolerância. Materialidade e autoria comprovadas. Delito configurado (...) No caso, o aparelho teve sua última calibração no dia 20/02/2014, com data da próxima certificação do INMETRO prevista para o dia 10/04/2015, sendo que a data do teste no recorrente foi no dia 22/11/2014 (fl. 18), ou seja, dentro do período anual da certificação pelo INMETRO. E mesmo que não contasse a data da última calibração do etilômetro, não seria esse o motivo para se declarar a imprestabilidade da prova, pois esta 2a Câmara Criminal decidiu que a calibração do elitômetro é de presunção juris tantum, cabendo ao réu o ônus da prova de seu desajuste: (...) Portanto, o etilômetro foi utilizado dentro dos padrões estabelecidos na resolução do CONTRAN, não havendo razão, pois, para admitir a imprestabilidade da prova (...)** (ARE 1209405, Relator(a): Min. GILMAR MENDES, julgado em 27/05/2019, publicado em PROCESSO ELETRÔNICO DJe-114 DIVULG 29/05/2019 PUBLIC 30/05/2019).

No mesmo sentido, no STF, decisão monocrática proferida pelo Ministro Edson Fachin em outro agravo regimental:

> Decisão: Trata-se de agravo cujo objeto é a decisão que inadmitiu recurso extraordinário interposto em face do acórdão do Tribunal de Justiça do Estado de Santa Catarina, assim ementado (fls. 146): **APELAÇÃO CRIMINAL. CRIME DE EMBRIAGUEZ AO VOLANTE. SENTENÇA CONDENATÓRIA. (...) SUPOSTA INOBSERVÂNCIA DA VALIDADE DO BAFÔMETRO. EXAME REALIZADO NO INTERREGNO DE CERTIFICAÇÃO PELO INMETRO. DATA DA CALIBRAGEM QUE DIFERE DAQUELA DA VERIFICAÇÃO ANUAL PERIÓDICA. AUSÊNCIA DE RISCO À COLETIVIDADE. INACOLHIMENTO. CRIME DE PERIGO ABSTRATO. DESNECESSIDADE DE DEMONSTRAÇÃO DA POTENCIALIDADE LESIVA DA CONDUTA. CONDUÇÃO DE VEÍCULO EM VIA PÚBLICA SOB O EFEITO DE BEBIDA ALCÓOLICA QUE, POR SI SÓ, EXPÕE À RISCO A COLETIVIDADE. RECURSO CONHECIDO E DESPROVIDO** (...) (ARE 896150, Relator(a): Min. EDSON FACHIN, julgado em 19/09/2017, publicado em DJe-243 DIVULG 23/10/2017 PUBLIC 24/10/2017).

5.6.1. *A Jurisprudência Sobre os Meios de Prova do Delito*

Supremo Tribunal Federal:

> Ementa: HABEAS CORPUS. PENAL. DELITO DE EMBRIAGUEZ AO VOLANTE. ART. 306 DO CÓDIGO DE TRÂNSITO BRASILEIRO. ALEGAÇÃO DE INCONSTITUCIONALIDADE DO REFERIDO TIPO PENAL POR TRATAR-SE DE CRIME DE PERIGO ABSTRATO. IMPROCEDÊNCIA. ORDEM DENEGADA. I – A objetividade jurídica do delito tipificado na mencionada norma transcende a mera proteção da incolumidade pessoal, para alcançar também a tutela da proteção de todo corpo social, asseguradas ambas pelo incremento dos níveis de segurança nas vias públicas. II – Mostra-se irrelevante, nesse contexto, indagar se o comportamento do agente atingiu, ou não, concretamente, o bem jurídico tutelado pela norma, porque a hipótese é de crime de perigo abstrato, para o qual não importa o resultado. Precedente (...)
>
> (HC 109269, Relator(a): Min. RICARDO LEWANDOWSKI, Segunda Turma, julgado em 27/09/2011, PROCESSO ELETRÔNICO DJe-195 DIVULG 10-10-2011 PUBLIC 11-10-2011 RTJ VOL-00224-01 PP-00528 RT v. 101, n. 916, 2012, p. 639-644 REVJMG v. 62, n. 198, 2011, p. 413-415).

Habeas corpus. 2. Penal e Processo Penal. Crime de embriaguez ao volante (artigo 306, caput, do Código de Trânsito Brasileiro). 3. Alegação de nulidade no laudo pericial, pois teria sido elaborado após o decurso do prazo legal de 10 dias. Suposta violação ao art. 160, parágrafo único, do Código de Processo Penal. Inexistente. 4. O prazo estabelecido pela lei é impróprio, caso seja ultrapassado não implica nenhuma sanção processual específica. Arcabouço probatório apto a atestar o estado de embriaguez do paciente. Acusado flagrado dirigindo veículo automotor com concentração de álcool no sangue superior ao que a legislação vigente permite. 5. Ausência de constrangimento ilegal. Ordem denegada.

(HC 125507, Relator(a): Min. GILMAR MENDES, Segunda Turma, julgado em 10/05/2016, PROCESSO ELETRÔNICO DJe-109 DIVULG 27-05-2016 PUBLIC 30-05-2016).

Tribunal de Justiça de São Paulo:

Crime de Trânsito – Condução de veículo automotor com capacidade psicomotora alterada em razão da influência de álcool ou de outra substância psicoativa – Conjunto probatório desfavorável ao réu lastrado em depoimentos policiais harmônicos – Validade (...)

(Relator(a): Grassi Neto; Comarca: Junqueirópolis; Órgão julgador: 8ª Câmara de Direito Criminal; Data do julgamento: 15/12/2016; Data de registro: 15/12/2016).

5.6.2. *Ausência de Contraprova Oferecida pelo Acusado*

A apresentação de contraprova é mera faculdade do acusado e de sua defesa. Não oferecida, prevalece a prova produzida pela acusação, que não se limita, mais, atualmente, à de natureza técnica, pericial, posto que a lei admite, expressamente, a prova testemunhal, vídeos etc.

5.7. *Crime de Perigo Abstrato e Constitucionalidade do Preceito*

Apesar das controvérsias resultantes da redação anterior, atualmente o crime é considerado, majoritariamente, delito de perigo abstrato, ou seja, aquele que se consuma independentemente da demonstração de perigo concreto e efetivo para o bem jurídico segurança viária.

Basta o condutor dirigir com a capacidade psicomotora comprometida pela influência do álcool e o delito estará caracterizado. Ainda que não haja direção anormal ou infração às regras de trânsito.

Nesse sentido:

Supremo Tribunal Federal:

"Delito de embriaguez ao volante. Art. 306 do Código de Trânsito Brasileiro. (...) A objetividade jurídica do delito tipificado na mencionada norma transcende a mera proteção da incolumidade pessoal, para alcançar também a tutela da proteção de todo corpo social, asseguradas ambas pelo incremento dos níveis de segurança nas vias públicas. Mostra-se irrelevante, nesse contexto, indagar se o comportamento do agente atingiu, ou não, concretamente, o bem jurídico tutelado pela norma, porque a hipótese é de crime de perigo abstrato, para o qual não importa o resultado (...)" (HC 109.269, rel. min. Ricardo Lewandowski, julgamento em 27-9-2011, Segunda Turma, *DJE* de 11-10-2011.) No mesmo sentido: RE 666.511, rel. min. Gilmar Mendes, decisão monocrática, julgamento em 1º-6-2012, *DJE* de 11-6-2012; RHC 110.258, rel. min. Dias Toffoli, julgamento em 8-5-2012, Primeira Turma, *DJE* de 24-5-2012.

No mesmo sentido, o **Superior Tribunal de Justiça:**

PENAL. HABEAS CORPUS SUBSTITUTIVO DE RECURSO ESPECIAL. EMBRIAGUEZ AO VOLANTE. PLEITO DE ABSOLVIÇÃO. CARÊNCIA DE PROVAS DE AUTORIA E MATERIALIDADE DELITIVAS. IMPOSSIBILIDADE DE ANÁLISE DA MATÉRIA NA VIA ELEITA. NECESSIDADE DE REVOLVIMENTO FÁTICO-PROBATÓRIO. CRIME DE PERIGO ABSTRATO. REGIME PRISIONAL SEMIABERTO. REINCIDÊNCIA ESPECÍFICA. FLAGRANTE ILEGALIDADE NÃO EVIDENCIADA. WRIT NÃO CONHECIDO.

> ...
>
> 4. Nos termos da pacífica jurisprudência desta Corte, o crime de embriaguez ao volante é de perigo abstrato, não sendo necessária a demonstração da potencialidade lesiva da conduta ou a existência de dano efetivo à incolumidade de outrem. Precedentes (...)
>
> (HC 364.006/SP, Rel. Ministro RIBEIRO DANTAS, QUINTA TURMA, julgado em 22/11/2016, DJe 25/11/2016).

5.8. Questões Relacionadas ao Etilômetro ou Bafômetro

A verificação periódica anual do etilômetro não se confunde com a calibragem, que é feita somente uma vez, quando o aparelho é entregue ao órgão público. Essa verificação anual é prevista na Resolução 206/06, art. 6º, III, do Contran.

Não raro, surgem alegações defensivas, afirmando que o etilômetro deveria ser calibrado anualmente e que a prova técnica seria nula, por ausência dessa calibragem anual, alegação que não se justifica. Nesse sentido, o STJ e o TJSP:

> **Superior Tribunal de Justiça:**
>
> PENAL. AGRAVO REGIMENTAL NO HABEAS CORPUS. **ART. 306 DO CTB. ETILÔMETRO. CALIBRAÇÃO. AFERIÇÃO. ALEGADO USO DE PROVA ILÍCITA. DESCABIMENTO. TESTE DE ALCOOLEMIA DEVIDAMENTE DEMONSTRADA PELAS INSTÂNCIAS ORDINÁRIAS. PROVA TESTEMUNHAL. CONFISSÃO DO RÉU.** REVOLVIMENTO DE PROVAS. AUSÊNCIA DE ARGUMENTOS NOVOS PARA ATACAR A DECISÃO IMPUGNADA. MERO INCONFORMISMO. AGRAVO REGIMENTAL DESPROVIDO.
>
> **I - A jurisprudência deste Superior Tribunal de Justiça firmou-se no sentido de que a idoneidade do etilômetro (bafômetro) é constatada por verificação periódica anual do INMETRO e não pela calibração do aparelho, que é realizada uma única vez, por ocasião do fornecimento do produto pelo fabricante (AgRg no AREsp n. 411.064/RS, Quinta Turma, Rel. Min. Felix Fischer, DJe de 27/04/2016) (...) (AgRg no HC 453.137/MS, Rel. Ministro FELIX FISCHER, QUINTA TURMA, julgado em 27/11/2018, DJe 03/12/2018).**
>
> PENAL. AGRAVO REGIMENTAL NO AGRAVO EM RECURSO ESPECIAL. ART. 306 DO CTB. EMBRIAGUEZ AO VOLANTE. MATERIALIDADE DELITIVA. REGULARIDADE DO TESTE DE ALCOOLEMIA. SÚMULA N. 7/STJ. **1. Nos termos do entendimento consolidado do Superior Tribunal de Justiça, para fins de comprovação da materialidade delitiva do crime do art. 306 do CTB, praticado após a alteração promovida pela Lei n. 11.705/2008 e antes do advento da Lei n. 12.760/2012, a regularidade do etilômetro depende apenas da verificação periódica anual feita pelo INMETRO, "que não se confunde com a calibração do aparelho feita uma única vez pelo fabricante, quando do fornecimento dos aparelhos aos órgãos públicos" (RHC n. 35.258/MS, rel. Ministro ROGERIO SCHIETTI CRUZ, SEXTA TURMA, DJe 3/2/2015) (...). (AgRg no AREsp 1252335/PI, Rel. Ministro ANTONIO SALDANHA PALHEIRO, SEXTA TURMA, julgado em 17/05/2018, DJe 01/06/2018).**
>
> **EMBRIAGUEZ AO VOLANTE. AFERIÇÃO POR ETILÔMETRO. DISPOSIÇÕES DO CONTRAN. DESCONFORMIDADE. AFERIÇÃO E CALIBRAÇÃO. INSTITUTOS DISTINTOS.** AUSÊNCIA DE DOCUMENTAÇÃO COMPROBATÓRIA. NECESSIDADE DE PROVA PRÉ-CONSTITUÍDA. CONSTRANGIMENTO ILEGAL NÃO EVIDENCIADO. **1. Esta Corte Superior de Justiça pacificou o entendimento de que não é necessária a calibragem anual do etilômetro, procedimento que é realizado uma única vez pelo fabricante, quando do fornecimento do aparelho ao órgão público, bastando a verificação periódica realizada pelo INMETRO para fins de constatação de sua regularidade**

(...) (HC 326.820/RS, Rel. Ministro LEOPOLDO DE ARRUDA RAPOSO (DESEMBARGADOR CONVOCADO DO TJ/PE), QUINTA TURMA, julgado em 08/09/2015, DJe 15/09/2015) (destacamos).

"Nos termos de precedentes desta Corte, a verificação periódica anual, prevista no art. 6º, III, da Resolução 206/06, do CONTRAN, não se confunde com a calibração do aparelho. Com efeito, a calibragem é feita apenas uma vez, quando o aparelho é entregue aos órgãos públicos..." (STJ, HC 240338/MG, Rel. Min. Marilza Maynard, 6ª Turma, DJe 11/04/2014).

5.9. *Revogação do Art. 34, da Lei das Contravenções Penais (Decreto-Lei 3.688/41)*

O crime de embriaguez ao volante derrogou a contravenção do art. 34, da Lei das Contravenções Penais, que não mais vigora no tocante à direção perigosa de veículo pela via pública. A contravenção vige ainda apenas no tocante à pilotagem perigosa de embarcação em águas públicas. Isso porque o Código de Trânsito regulou toda a matéria administrativa e penal atinente aos delitos de circulação em vias terrestres. E é princípio geral do direito aquele segundo o qual a lei nova revoga a lei anterior, quando trate da matéria versada no antigo diploma.

5.10. *Institutos despenalizadores aplicáveis: suspensão condicional do processo e ANPP (acordo de não persecução penal)*

O crime de embriaguez ao volante comporta, em tese, a suspensão condicional do processo, em face da pena mínima prevista não superior a um ano, nos termos do art. 89, da Lei n. 9.099/95.

Poderá comportar, ainda, o acordo de não persecução penal, nos termos do art. 28-A, do CPP, porque a pena mínima prevista não é igual e nem superior a quatro anos.

Tanto para o "sursis" processual (Prof. Damásio de Jesus cunhou a expressão), quanto para o ANPP, deverão estar presentes requisitos objetivos e subjetivos e não poderá haver impedimentos previstos em lei, como utilização de um dos institutos há menos de cinco anos pelo agente, reincidência, personalidade, antecedentes e conduta social incompatíveis etc.

O art. 306, do CTB, em sua redação original, primeira, comportava a transação penal, porque a pena máxima não era superior a dois anos. Isso, porém, mudou com a Lei n. 12.760/12, que aumentou a pena máxima para três anos, superado o limite conceitual de dois anos, da infração penal de menor potencial ofensivo.

Adotada por nós a tese de que os institutos da suspensão condicional do processo e do acordo de não persecução penal são prerrogativas institucionais do Ministério Público e não direito subjetivo do agente, a aplicação deles poderá ser negada, sempre de forma motivada, se as circunstâncias do caso concreto indicarem que não são suficientes e necessários para repressão e prevenção do fato criminoso.

6. Crime de Violação da Suspensão ou da Proibição de se Obter a Permissão ou a Habilitação para Dirigir Veículo Automotor

> **Art. 307.** Violar a suspensão ou a proibição de se obter a permissão ou a habilitação para dirigir veículo automotor imposta com fundamento neste Código:
>
> Penas – detenção, de seis meses a um ano e multa, com nova imposição adicional de idêntico prazo de suspensão ou de proibição.
>
> Parágrafo único. Nas mesmas penas incorre o condenado que deixa de entregar, no prazo estabelecido no § 1º do art. 293, a Permissão para Dirigir ou a Carteira de Habilitação.

» INFRAÇÃO ADMINISTRATIVA RELACIONADA

Art. 162. Dirigir veículo:

...

II – com Carteira Nacional de Habilitação, Permissão para Dirigir ou Autorização para Conduzir Ciclomotor cassada ou com suspensão do direito de dirigir: (Redação dada pela Lei 13.281, de 2016) (Vigência)

Infração – gravíssima; (Redação dada pela Lei 13.281, de 2016) (Vigência)

Penalidade – multa (três vezes); (Redação dada pela Lei 13.281, de 2016) (Vigência)

Medida administrativa – recolhimento do documento de habilitação e retenção do veículo até a apresentação de condutor habilitado; (Incluído pela Lei 13.281, de 2016) (Vigência)

6.1. Bem Jurídico Tutelado

A norma penal protege a Administração Pública e a Administração da Justiça, conforme se tratar de decisão que tenha decretado a suspensão ou proibição no âmbito administrativo ou na esfera jurisdicional[34].

---

34 Cumpre lembrar que o C. **Superior Tribunal de Justiça decidiu no HC 427.472**, julgado em 23 de agosto de 2018 e publicado em 12 de dezembro de 2018, Relatora a Eminente Ministra Maria Thereza Rocha de Assis Moura, decidiu por maioria de votos que o crime do art. 307 do CTB somente se configura quando se tratar de descumprimento de decisão judicial, não de decisão administrativa. A declaração de Voto Vencido do Ministro Nefi Cordeiro, porém, deu ao tema – segundo nosso entendimento - a mais adequada intelecção, ao considerar que o descumprimento tanto da punição imposta judicialmente, quanto daquele imposta administrativamente, caracteriza o delito do art. 307 do CTB, sob pena de se criar perigoso precedente: "[...] o Código previu hipóteses de suspensão, hipóteses de proibição de habilitação aplicada administrativamente e, depois, vem no art. 307 a dizer que quem isso desrespeita pratica um tipo penal específico, diverso do crime de desobediência, não me parece possível daí pretender trazer os argumentos do crime de desobediência para este tipo penal. Além do que, como argumentação de política criminal, parece-me um gravíssimo incentivo a que pessoas que tenham suspensa a habilitação continuem dirigindo, porque, ainda que isso seja uma infração administrativa, não possui as mesmas consequências do tipo penal que prevê a pena de detenção no art. 307. Então, com o máximo respeito, parece-me que as elementares do art. 307 estão preenchidas quando há o desrespeito à punição administrativa".

Devemos lembrar ainda que esse entendimento que prevaleceu no HC acima, no STJ, já foi adotado em alguns julgados do Tribunal de Justiça de São Paulo: TJSP; Apelação Criminal 0001312-36.2013.8.26.0590; Relator (a): Kenarik Boujikian; Órgão Julgador: 2ª Câmara de Direito Criminal; Foro de São Vicente - 2ª Vara Criminal; Data do Julgamento: 18/02/2019; Data de Registro: 19/02/2019; TJSP; Recurso em Sentido Estrito 0000599-87.2015.8.26.0397; Relator (a): Otavio Rocha; Órgão Julgador: 7ª Câmara de Direito Criminal; Foro de Nuporanga - Vara Única; Data do Julgamento: 16/05/2018; Data de Registro: 25/05/2018.

Mas, mesmo no **Tribunal de Justiça de São Paulo**, não é posição dominante o entendimento restritivo do STJ no HC acima citado, de somente considerar tipificado o delito no descumprimento de decisão judicial. Ou seja, a tendência majoritária é no sentido de considerar configurado o crime tanto no descumprimento de decisão judicial, quanto administrativa:

Habeas Corpus. Artigo 307, caput do CTB. Nulidade processual. Inocorrência. Paciente não localizado para comparecer à audiência preliminar de proposta de transação penal, a despeito de terem sido expedidos os ofícios de praxe visando à sua localização. Cerceamento de defesa não configurado. **Trancamento da ação penal. Inadmissibilidade. Inexistência de distinção no tipo penal a respeito de ser necessário que a suspensão do direito de dirigir violada advenha de decisão judicial. Precedentes deste E. TJSP. Constrangimento ilegal não caracterizado. Ordem denegada.** (TJSP; Habeas Corpus Criminal 2267321-10.2018.8.26.0000; Relator (a): Sérgio Coelho; Órgão Julgador: 9ª Câmara de Direito Criminal; Foro de Campinas - 5ª Vara Criminal; Data do Julgamento: 31/01/2019; Data de Registro: 06/02/2019).

Além disso, **o Setor de Recursos Extraordinários e Especiais Criminais do Ministério Público de São Paulo, na Tese nº 409**, no mesmo sentido, estabeleceu:

Tese 409

CRIMES DE TRÂNSITO – VIOLAÇÃO À SUSPENSÃO DO DIREITO DE DIRIGIR (ARTIGO 307 DO CTB) – SUSPENSÃO ORIUNDA DE DECISÃO ADMINISTRATIVA – POSSIBILIDADE

A violação à suspensão do direito de dirigir veículo automotor - segundo pensamos, ressalvadas respeitáveis opiniões em sentido contrário -, caracteriza o crime do artigo 307 do CTB, ainda que decorrente de decisão administrativa.

Secundariamente, protege a segurança viária, a segurança no trânsito, rebaixada por condutores que continuem a dirigir com o direito de dirigir suspenso ou então proibidos de obtê-lo.

6.2. Sujeitos do Crime

Sujeito ativo poderá ser qualquer pessoa, em especial aquele que estiver com o direito de dirigir suspenso ou então proibido de obter a permissão ou habilitação.

Poderá ainda concorrer para o crime terceiro que, consciente de que havia a suspensão ou proibição, atue no sentido de tornar viável a violação da suspensão ou da proibição da obtenção do direito de dirigir ou da permissão para dirigir.

Sujeito passivo serão a Administração Pública e a Administração da Justiça, dependendo do órgão que tenha decretado a suspensão ou proibição. Secundariamente, a coletividade, que terá rebaixada a segurança viária se condutores, nas situações previstas no tipo penal, continuarem a dirigir.

6.3. Condutas

As condutas consistem em violar, descumprir: a) a suspensão do direito de dirigir, decretada pela autoridade de trânsito em regular procedimento administrativo, assegurada a ampla defesa, ou ainda pela autoridade judiciária, em regular processo, assegurada, também, a ampla defesa; ou b) a proibição de obtenção da permissão ou habilitação para dirigir veículo automotor.

O parágrafo 1º prevê conduta equiparada:

Equipara-se ao delito de violação a conduta daquele que deixa de entregar a carteira de habilitação, no prazo assinalado pelo art. 293, § 1º, do Código Penal, punida com as mesmas penas.

Enquanto o crime do "caput" é comissivo, se pratica por ação, o do parágrafo 1º é omissivo, pois decorre de comportamento omissivo, verificando-se quando o agente deixa de entregar a carteira de habilitação no prazo assinalado, incorrendo num não fazer ou num deixar de agir, agir a que estava obrigado pela ordem jurídica.

6.4. Voluntariedade

É o dolo, direto ou eventual, representado pela vontade consciente e deliberada de violar a suspensão ou proibição. Não há forma culposa.

É necessário que o sujeito tenha conhecimento da suspensão ou da proibição da obtenção da permissão ou habilitação.

6.5. Consumação e Tentativa

A consumação do delito ocorre quando se dá a violação da suspensão ou da proibição de obtenção da permissão ou da habilitação para dirigir veículos automotores.

A tentativa em tese é possível.

6.6. Ação Penal

A ação penal, no silêncio do legislador, será pública incondicionada.

Cuida-se de infração penal de menor potencial ofensivo, passível de transação penal, na forma do art. 76, da Lei 9.099/95, de suspensão condicional do processo, nos termos do art. 89, da Lei 9.099/95, de substituição da pena privativa da liberdade por restritiva de direitos (art. 44, do Código Penal), de suspensão condicional da pena privativa da liberdade (art. 77, do Código Penal), de regime inicial aberto.

Não caberá o acordo de não persecução penal, por se tratar de infração penal de menor potencial ofensivo, da competência do Juizado Especial Criminal.

6.7. Constitucionalidade do Preceito

A norma penal do art. 307 do Código de Trânsito Brasileiro não é afastada pela existência de infração administrativa correlata e não fere a Constituição Federal. Cuida-se de norma que encerra, portanto, conduta penalmente típica.

Segundo **Leonardo Schmitt de Bem,**

> "O núcleo do tipo penal consiste em violar, vale dizer, desrespeitar ou descumprir decisão de natureza administrativa ou judicial que suspende a permissão ou habilitação para dirigir veículo automotor ou que proíbe a sua obtenção, imposta com fundamento no Código de Trânsito. Nesse sentido:
>
> Apelação crime. Delito de trânsito. Art. 307 do CTB. Violação da suspensão para dirigir veículo automotor. Suficiência probatória. Tipicidade da conduta. Condenação. Réu que conduz automóvel em via pública, à revelia da proibição administrativa vigente, porquanto suspensa sua habilitação, circunstância que tinha plena ciência, pratica o delito do art. 307, do CTB, merecendo a reprimenda penal" (TJRS, Turma Recursal Criminal, Apelação criminal 71003871506, Rel. Juíza Cristina Pereira Gonzales, j. 3-9-2012) (Direito Penal de Trânsito. 3 ed. São Paulo: Saraiva, 2015, p. 428).

7. Crime de Competição ou Disputa Automobilística não Autorizada (Racha)

Art. 308. Participar, na direção de veículo automotor, em via pública, de corrida, disputa ou competição automobilística ou ainda de exibição ou demonstração de perícia em manobra de veículo automotor, não autorizada pela autoridade competente, gerando situação de risco à incolumidade pública ou privada: (Redação dada pela Lei 13.546, de 2017)

Penas – detenção, de 6 (seis) meses a 3 (três) anos, multa e suspensão ou proibição de se obter a permissão ou a habilitação para dirigir veículo automotor. (Redação dada pela Lei 12.971, de 2014)

§ 1º Se da prática do crime previsto no caput resultar lesão corporal de natureza grave, e as circunstâncias demonstrarem que o agente não quis o resultado nem assumiu o risco de produzi-lo, a pena privativa de liberdade é de reclusão, de 3 (três) a 6 (seis) anos, sem prejuízo das outras penas previstas neste artigo. (Incluído pela Lei 12.971, de 2014)

§ 2º Se da prática do crime previsto no caput resultar morte, e as circunstâncias demonstrarem que o agente não quis o resultado nem assumiu o risco de produzi-lo, a pena privativa de liberdade é de reclusão de 5 (cinco) a 10 (dez) anos, sem prejuízo das outras penas previstas neste artigo. (Incluído pela Lei 12.971, de 2014)

» INFRAÇÕES ADMINISTRATIVAS RELACIONADAS

Art. 173. Disputar corrida: (Redação dada pela Lei 12.971, de 2014) (Vigência)

Infração – gravíssima;

Penalidade – multa (dez vezes), suspensão do direito de dirigir e apreensão do veículo; (Redação dada pela Lei 12.971, de 2014) (Vigência)

Medida administrativa – recolhimento do documento de habilitação e remoção do veículo.

Parágrafo único. Aplica-se em dobro a multa prevista no caput em caso de reincidência no período de 12 (doze) meses da infração anterior. (Incluído pela Lei 12.971, de 2014) (Vigência)

Art. 174. Promover, na via, competição, eventos organizados, exibição e demonstração de perícia em manobra de veículo, ou deles participar, como condutor, sem permissão da autoridade de trânsito com circunscrição sobre a via: (Redação dada pela Lei 12.971, de 2014) (Vigência)

Infração – gravíssima;

Penalidade – multa (dez vezes), suspensão do direito de dirigir e apreensão do veículo; (Redação dada pela Lei 12.971, de 2014) (Vigência)

Medida administrativa – recolhimento do documento de habilitação e remoção do veículo.

§ 1º As penalidades são aplicáveis aos promotores e aos condutores participantes. (Incluído pela Lei 12.971, de 2014) (Vigência)

§ 2º Aplica-se em dobro a multa prevista no caput em caso de reincidência no período de 12 (doze) meses da infração anterior. (Incluído pela Lei 12.971, de 2014) (Vigência)

Art. 175. Utilizar-se de veículo para demonstrar ou exibir manobra perigosa, mediante arrancada brusca, derrapagem ou frenagem com deslizamento ou arrastamento de pneus: (Redação dada pela Lei 12.971, de 2014) (Vigência)

Infração – gravíssima;

Penalidade – multa (dez vezes), suspensão do direito de dirigir e apreensão do veículo; (Redação dada pela Lei 12.971, de 2014) (Vigência)

Medida administrativa – recolhimento do documento de habilitação e remoção do veículo.

Parágrafo único. Aplica-se em dobro a multa prevista no caput em caso de reincidência no período de 12 (doze) meses da infração anterior. (Incluído pela Lei 12.971, de 2014) (Vigência)

7.1. Bem Jurídico Tutelado

O legislador, no art. 308, protege a coletividade, a segurança viária, que é direito de todos.

De forma secundária, protege a vida e a integridade corporal das pessoas.

Protege ainda a incolumidade pública e privada.

7.2. Sujeitos do Crime

Sujeito ativo do delito poderá ser qualquer pessoa que se envolva em corrida, disputa ou competição automobilística (com uso de veículo automotor – carro ou motocicleta ou até mesmo ciclomotor).

Sujeito passivo do crime será a coletividade. Secundariamente, as pessoas eventualmente vitimadas pela conduta, que venham a sofrer lesões corporais de natureza grave ou morte (racha qualificado) ou mesmo danos de ordem patrimonial.

7.3. Condutas

Cuida-se em linhas gerais do crime de racha, corrida, disputa ou competição automobilística não autorizada e agora também de manobras de exibição de perícia na via pública, sem autorização da autoridade de trânsito competente para expedi-la.

A conduta consistirá em disputar, na via pública, corrida, disputa ou competição automobilística não autorizada pela autoridade de trânsito competente, gerando situação de risco à incolumidade pública ou privada.

Além da corrida, a conduta abrangerá também as disputas que envolvam manobras de exibição de perícia, como arrancadas, cavalos de pau, freadas bruscas, *drift*[35] em via pública, empinar o guidão de motocicleta etc.

Importante observar que há posição doutrinária de que o crime de competição não autorizada é delito de concurso necessário, de modo que a execução de manobra isolada de um condutor, portanto, implicaria conduta não alcançada pelo tipo penal.

35 "*Drift ou Drifting*: é uma técnica de direção de carros que consiste em deslizar nas curvas escapando a traseira, girar o volante para que as rodas dianteiras estejam sempre em uma direção oposta a curva (se o carro vira para a direita então a roda deve estar a esquerda, e vice versa), controlando o nível de derrapagem." www.google.com.br – acesso em 06 de junho de 2019).

Pensamos diversamente, pois aquele que desempenha na via pública manobras de exibição de perícia que rebaixem a segurança viária viola o bem jurídico protegido pela norma penal, ainda que esteja só. É este o espírito invocado pelo legislador ao incluir tais manobras no tipo penal, num claro propósito de sepultar de vez a vetusta contravenção do art. 34, do Decreto-lei n. 3.688/41. Assim, se o condutor executa manobra perigosa, dá cavalo de pau ou empina o guidão da motocicleta, incorre no tipo penal reportado. O verbo *participar*, que inicia o tipo penal, abrange, evidentemente, as condutas de executar ou realizar manobras perigosas em via pública, sem autorização da autoridade de trânsito competente, isoladamente ou em grupo de dois ou mais competidores.

E é necessário, frise-se, que as condutas ocorram na via pública e sem autorização da autoridade de trânsito competente para expedi-la.

Se a conduta não se verificar na via pública, não haverá este crime. Poderá haver outro delito, mas não este do art. 308.

Se houver regular autorização da autoridade de trânsito competente, não haverá o crime. Trata-se do elemento normativo do tipo penal (*sem autorização da autoridade de trânsito competente*).

7.4. Voluntariedade

O elemento subjetivo é o dolo, representado pela vontade livre e consciente de participar de corrida, competição ou disputa automobilística clandestina, não autorizada pela autoridade competente.

7.5. Consumação e Tentativa

A consumação se dá quando o sujeito ou sujeitos participam de competição ou corrida automobilística não autorizada, em via pública.

A tentativa em tese será possível, quando os competidores, por exemplo, estiverem prestes a largar e forem impedidos de consumar o crime pela chegada da polícia, por exemplo, ao local em que se daria a competição ilegal.

7.6. Ação Penal

A ação penal será pública incondicionada, no silêncio do legislador.

O crime de competição não autorizada em sua modalidade fundamental, na cabeça do artigo, comportará, em tese, a suspensão condicional do processo, nos termos do art. 89, da Lei 9.099/95, uma vez que a pena mínima prevista não é superior a um ano. Cabíveis ainda em tese a suspensão condicional da pena privativa da liberdade, nos termos do art. 77, do Código Penal, a substituição da pena privativa da liberdade por restritiva de direitos, nos termos do art. 44, do Código Penal, e o regime inicial aberto, nos termos do art. 33, § 3º, c.c. art. 59, do Código Penal, se as circunstâncias do caso concreto não indicarem a necessidade de regime inicial mais rigoroso.

No tipo penal qualificado pela lesão grave não caberão suspensão condicional do processo, nem suspensão condicional da pena privativa da liberdade. Poderá caber substituição da pena privativa da liberdade por restritivas de direitos, nos termos do art. 44, do Código Penal, se não for aplicada pena superior a 4 anos.

No tipo qualificado pelo resultado morte, não caberá nenhum dos benefícios acima. E o regime inicial de cumprimento deverá ser pelo menos o semiaberto, pois a pena oscila entre 5 e 10 anos de reclusão.

Porém, se a pena fixada for de 8 anos ou mais, o regime inicial de cumprimento será obrigatoriamente fechado.

7.7. Crime Qualificado pela Lesão Corporal de Natureza Grave

Cuida-se de crime preterdoloso, em que há dolo no antecedente e culpa no consequente.

Ou seja, o sujeito tinha em mente participar de racha, corrida, disputa ou competição automobilística não autorizada, em manobra de exibição ou perícia ao volante.

Não pretendia resultado mais grave.

Mas, por imprevisão no uso dos meios, ou seja, por culpa, consciente ou inconsciente, dá causa a resultado danoso não querido e nem tolerado. Se assumir o risco de produzir o resultado, responderá por lesão dolosa grave ou gravíssima a título de dolo eventual. Veja item seguinte, 7.8.

7.8. Crime Qualificado pelo Resultado Morte

Aqui, o delito se perfaz com o resultado morte, não querido, não tolerado e de nenhum modo desejado pelo agente.

Outro caso de preterdolo (além do dolo), como se dá no parágrafo anterior: dolo no antecedente e culpa no consequente. O participante do racha age em princípio com deliberada e consciente vontade de rebaixar a segurança viária e, por imprevisão diante do que lhe era previsível, dá causa a resultado mais danoso do que o pretendido inicialmente (a participação na corrida ou disputa não autorizada, rebaixando o nível de segurança no trânsito e não o propósito de matar alguém).

O participante do racha identifica a possibilidade de produção de dano em sua conduta, mas não tolera sua produção e nem a ela aquiesce. Se assumir o risco de produzir o resultado, diversa será a solução:

Se isso acontecer, ou seja, se o participante do racha assumir o risco de lesionar alguém gravemente ou até mesmo de matar alguém, estaremos diante do dolo eventual. Esse dolo eventual não será lido na mente do agente, mas extraído das circunstâncias do caso concreto.

O agente então responderá por lesões corporais dolosas de natureza grave (art. 129, § 1º, do Código Penal) ou por homicídio doloso (art. 121, "caput", ou § 2º, do Código Penal), este último crime contra a vida, afastada a aplicação do Código de Trânsito em ambas as situações.

7.9. O Conflito Aparente de Normas que inicialmente Existiu entre o Racha Qualificado pelo Resultado Morte e a Figura Típica do Art. 302, § 2º, do Código de Trânsito (Homicídio Culposo Qualificado pela Embriaguez ou pelo Racha), Revogada pela Lei 13.281, de 4 de Maio de 2016

Como já dito nos comentários ao art. 302, do Código de Trânsito, em boa hora a Lei 13.281/16 revogou o preceito do parágrafo 2º daquele artigo, que previa o homicídio culposo qualificado pela influência do álcool ou outra substância e pela participação em racha.

Isso pelo evidente conflito de normas que se desenhava: para o homicídio culposo qualificado pela embriaguez ou pelo racha, penas de 2 a 4 anos de reclusão; para o crime de racha qualificado pelo resultado morte, penas de 5 a 10 anos de reclusão.

Qual dos crimes imputar? Qual das penas aplicar em situação em que houvesse participação em racha e morte, sem que se cogitasse do dolo eventual ou direto no homicídio?

No homicídio culposo de trânsito qualificado pelos fatores acima elencados, sustentávamos que o crime se perfazia independentemente do local em que a conduta se verificasse, pois o tipo penal do art. 302 não previa o elemento de ordem espacial *na via pública*.

No crime de racha qualificado pela morte, sustentávamos e continuamos a sustentar que o crime se configura somente se a conduta se der *na via pública*, uma vez que, no art. 308, a lei previu o elemento de ordem espacial, ou seja, implementou a exigência explícita de que a conduta se verifique *na via pública*.

Na doutrina, porém, havia quem dissesse que o delito do art. 308, § 2º, do Código Penal, era inaplicável, em face dos princípios da proporcionalidade, da consunção e da prevalência do interesse do réu, Nesse sentido, Guilherme de Souza Nucci sustentava que em racha de que resultasse morte, o condutor deveria responder por homicídio culposo qualificado, não por este delito do art. 308, § 2º, do Código de Trânsito. E o fazia com os seguintes argumentos:

> "O conflito é evidente: quem pratica homicídio culposo em "racha", que termina em morte culposa, recebe a pena de reclusão de dois a quatro anos; quem pratica "racha", que termina em morte culposa, recebe a pena de reclusão de cinco a dez anos. Seria uma pilhéria, não fosse uma lei. Aliás, a mesmíssima lei, editada e publicada na mesma data. Em suma: quem praticar racha e matar uma pessoa recebe qual pena? A prevista no art. 302, § 2º, ou a estipulada pelo art. 308, § 2º? O conflito aparente de normas deve ser solucionado da seguinte maneira: a) o crime de dano sempre absorve o de perigo; foi assim, é assim e continuará sendo desse modo. Logo, quem atinge o *plus* (morte de alguém), incide na figura do homicídio culposo qualificado; b) o delito de perigo, com resultado danoso qualificador (morte), com pena superior, jamais poderá ser aplicado, pois a figura típica central e básica do *caput* do art. 308 é de perigo, que sempre cede à figura típica central e básica do *caput* do art. 302, que é dano, contendo qualificadora idêntica ao *caput* do art. 308; c) aplica-se a consunção; homicídio qualificado pelo 'racha' absorve o 'racha', que leva à morte; d) aplica-se, ainda, o princípio constitucional da proporcionalidade, associado ao princípio da prevalência do interesse do réu: se há duas penas (art. 302, § 2º, e art. 308, § 2º), editadas pela mesma lei, na mesma data, para os mesmos fatos, aplica-se a mais benéfica, que é a do art. 302, § 2º..." (Leis Penais e Processuais Penais Comentadas. 8 ed. Rio de Janeiro: Gen Método, 2014, vol. 2, p. 846).

O ilustre doutrinador, porém, não levava em consideração o elemento espacial, constante do art. 308, § 2º, do Código de Trânsito, *na via pública*, enquanto o art. 302, § 2º, do Código de Trânsito, contentava-se que o delito se verificasse em via (sem exigir expressamente o elemento espacial "na via pública").

Além disso, entendíamos e entendemos que, *pelo desvalor maior dado pelo legislador à conduta daquele que participa de racha com resultado morte, não haveria violação ao princípio da proporcionalidade pela aplicação de pena maior na hipótese do art. 308, § 2º, afastadas as hipóteses de homicídio culposo e dolo eventual.*

Considerávamos assim que as duas normas penais eram perfeitamente aplicáveis a cada caso concreto, conforme o bem jurídico ofendido prioritariamente (vida – no homicídio culposo qualificado – ou segurança viária – no crime de racha) e conforme o elemento espacial presente na conduta (em qualquer via, no homicídio culposo; em via pública, no racha).

Em sentido diverso, em posição semelhante àquela adotada por Nucci, tínhamos o pensamento de Luiz Flávio Gomes:

> "No art. 302 (homicídio culposo em razão de 'racha') a pena é de reclusão de dois a quatro anos; no art. 308 ("racha com resultado morte decorrente de culpa") a pena é de cinco a dez anos de reclusão! Mesmo fato, com penas diferentes (juridicamente falando, sempre se aplica a norma mais favorável ao réu, ou seja, deve incidir a pena mais branda – *in dubio pro libertate* " (Texto disponível em: HTTP://m.migalhas.com.br/depeso/200729/nova-lei-de-transito-barbeiragem-e-deparragem-do-legislador- acesso em 1º/1/2017).

Postas, enfim, tais premissas a título de esclarecimento acerca da superação da séria controvérsia, forçoso concluir que todas as divergências que existiam em relação a qual figura típica e a quais penas se fariam aplicar se esvaziaram totalmente, com a expressa revogação do art. 302, § 2º, do Código de Trânsito pela Lei 13.281, de 4 de maio de 2016, de modo que permaneceu somente a figura do art. 308, § 2º, do Código de Trânsito, eliminado definitivamente o conflito aparente de normas.

7.9.1. *Consequências Decorrentes da Revogação do Art. 302, § 2º, do Código de Trânsito: o Agente Responderá pelo Crime de Racha Qualificado, se Afastadas as Hipóteses de Dolo Direto ou Eventual*

Assim, quando houver participação em racha com resultado morte, o agente responderá pelo delito do art. 308, § 2º, do Código de Trânsito, desde que afastadas as hipóteses de dolo direto ou eventual.

Se houver dolo direto ou eventual, o agente responderá por homicídio simples ou qualificado, dependendo das circunstâncias do caso concreto. Crime doloso contra a vida, de competência do Tribunal do Júri, afastada a aplicação do Código de Trânsito em suas normas penais.

7.9.1.1. Possibilidade de Concurso de Crimes entre o Racha e o Homicídio Culposo, se a Morte não se Verificar Durante a Participação no Racha, no Mesmo Contexto ou em Virtude da Disputa ou Competição não Autorizada

Com a eliminação – pelo legislador – da figura do homicídio culposo qualificado pelo racha, entendemos sustentável o concurso material de crimes (art. 69, do Código Penal) entre os crimes de racha (art. 308) e o homicídio culposo (art. 302), pois o agente poderá primeiro participar de racha, colocando em perigo a segurança no trânsito, sem causar nenhuma morte, e, em seguida, terminada ou interrompida a disputa, noutro momento e contexto, atropelar um transeunte por ainda transitar em alta velocidade, por exemplo (agora não mais em virtude de estar disputando o racha, que terminou ou foi interrompido), e incorrer em homicídio culposo de trânsito.

Primeiro violou o art. 308, do Código de Trânsito. Depois a figura do art. 302, do Código de Trânsito. Hipótese clara de concurso material de crimes. A morte se produziu em momento distinto daquele da disputa ilegal, embora próximo no tempo. Não ocorreu *pela participação no racha.*

Tudo, evidentemente, dependendo das circunstâncias do caso concreto e das provas reunidas a respeito no inquérito policial, para formação da *opinio delicti* do órgão do Ministério Público.

7.10. Revogação do Art. 34, da Lei das Contravenções Penais (Decreto-Lei n. 3.688/41) pelo Art. 308, do Código de Trânsito

A figura típica do art. 308, do Código de Trânsito, revogou a lei das contravenções penais, ou seja, passou a alcançar as hipóteses de direção perigosa antes subsumidas na figura contravencional do art. 34, do Decreto-lei n. 3.688/41 (a Lei das Contravenções Penais), como cavalos de pau, cantadas de pneus, pilotagem de motocicleta empinando o guidão etc. Tais manobras de exibição ou perícia eram exemplos da denominada direção perigosa de veículo na via pública.

Isso porque a lei nova passou a regular por inteiro comportamentos tratados na lei anterior. E, nos termos do art. 2º, § 1º, da Lei de Introdução às Normas do Direito Brasileiro, estabelecidas pelo Decreto-lei n. 4.657, de 4 de setembro de 1942, "a lei posterior revoga a anterior quando expressamente o declare, quando seja com ela incompatível ou quando regule inteiramente a matéria de que tratava a lei anterior".

8. Crime de Direção não Habilitada, Gerando Perigo de Dano

Art. 309. Dirigir veículo automotor, em via pública, sem a devida Permissão para Dirigir ou Habilitação ou, ainda, se cassado o direito de dirigir, gerando perigo de dano:

Penas – detenção, de seis meses a um ano, ou multa.

» **INFRAÇÃO ADMINISTRATIVA RELACIONADA**

Art. 162. Dirigir veículo:

I – sem possuir Carteira Nacional de Habilitação, Permissão para Dirigir ou Autorização para Conduzir Ciclomotor: (Redação dada pela Lei 13.281, de 2016) (Vigência)

Infração – gravíssima; (Redação dada pela Lei 13.281, de 2016) (Vigência)

Penalidade – multa (três vezes); (Redação dada pela Lei 13.281, de 2016) (Vigência)

Medida administrativa – retenção do veículo até a apresentação de condutor habilitado; (Incluído pela Lei 13.281, de 2016) (Vigência)

II – com Carteira Nacional de Habilitação, Permissão para Dirigir ou Autorização para Conduzir Ciclomotor cassada ou com suspensão do direito de dirigir: (Redação dada pela Lei 13.281, de 2016) (Vigência)

Infração – gravíssima; (Redação dada pela Lei 13.281, de 2016) (Vigência)

Penalidade – multa (três vezes); (Redação dada pela Lei 13.281, de 2016) (Vigência)

Medida administrativa – recolhimento do documento de habilitação e retenção do veículo até a apresentação de condutor habilitado; (Incluído pela Lei 13.281, de 2016) (Vigência)

III – com Carteira Nacional de Habilitação ou Permissão para Dirigir de categoria diferente da do veículo que esteja conduzindo: (Redação dada pela Lei 13.281, de 2016) (Vigência)

Infração – gravíssima; (Redação dada pela Lei 13.281, de 2016) (Vigência)

Penalidade – multa (duas vezes); (Redação dada pela Lei 13.281, de 2016) (Vigência)

Medida administrativa – retenção do veículo até a apresentação de condutor habilitado; (Redação dada pela Lei 13.281, de 2016) (Vigência)

IV – (VETADO)

V – com validade da Carteira Nacional de Habilitação vencida há mais de trinta dias:

Infração – gravíssima;

Penalidade – multa;

Medida administrativa – recolhimento da Carteira Nacional de Habilitação e retenção do veículo até a apresentação de condutor habilitado;

VI – sem usar lentes corretoras de visão, aparelho auxiliar de audição, de prótese física ou as adaptações do veículo impostas por ocasião da concessão ou da renovação da licença para conduzir:

Infração – gravíssima;

Penalidade – multa;

Medida administrativa – retenção do veículo até o saneamento da irregularidade ou apresentação de condutor habilitado.

8.1. Bem Jurídico Tutelado

O legislador, ao criminalizar a conduta daquele que dirige veículo automotor, em via pública, sem habilitação ou permissão, ou se cassado seu direito de dirigir, gerando perigo de dano, protege a segurança viária, a coletividade.

8.2. Sujeitos do Crime

Sujeito ativo comum. Poderá ser qualquer pessoa.

Sujeito passivo será a coletividade, pelo rebaixamento do nível de segurança viária causado pelas pessoas que dirijam estando nas situações previstas no tipo penal incriminador.

8.3. Condutas

Trata-se do crime de direção não habilitada,[36] na via pública, com produção de perigo *concreto* de dano para a segurança viária.

As condutas consistem em: a) dirigir sem possuir habilitação (de nenhuma espécie); b) sem a devida habilitação (de categoria adequada àquele veículo que estiver sendo conduzido) ou ainda, c) se tiver sido cassado o direito de dirigir.

E em qualquer das três situações, a conduta deverá gerar perigo concreto de dano, ante a elementar *gerando perigo de dano*. Ou seja, deverá ocorrer direção anormal, com desrespeito a regras de circulação, como desobedecer sinal de parada obrigatória, avançar sinal vermelho, transitar pela contramão de direção, avançar sobre o passeio ou área de pedestres, dirigir em alta velocidade etc.

Observe-se que a circunstância de não portar simplesmente o documento de habilitação não configura o crime, caso o condutor seja regularmente habilitado. Nessa hipótese, estaremos diante de infração de natureza administrativa.

Nesse sentido, o E. Superior Tribunal de Justiça, ao afastar a aplicação da causa de aumento de pena atinente à ausência de habilitação em caso concreto em que o condutor era habilitado, mas não portava o documento respectivo:

> AGRAVANTE PREVISTA NO ARTIGO 298, INCISO III, DO CÓDIGO DE TRÂNSITO BRASILEIRO. INAPLICABILIDADE AO ACUSADO QUE POSSUI LICENÇA PARA DIRIGIR E APENAS NÃO ESTÁ PORTANDO O RESPECTIVO DOCUMENTO NO MOMENTO DA ABORDAGEM. COAÇÃO ILEGAL CARACTERIZADA. CONCESSÃO DA ORDEM DE OFÍCIO.
>
> 1. Nos termos do artigo 298, inciso III, do Código de Trânsito Brasileiro, as penalidades dos crimes de trânsito são agravadas quando o agente os comete sem possuir permissão para dirigir ou carteira de habilitação.
>
> 2. O que torna o delito mais grave é o fato de o agente não possuir licença para conduzir veículo automotor, não se podendo aplicar a agravante àqueles que efetivamente possuem

---

36 Código de Trânsito:

Art. 143. Os candidatos poderão habilitar-se nas categorias de A a E, obedecida a seguinte gradação:

I – Categoria A – condutor de veículo motorizado de duas ou três rodas, com ou sem carro lateral;

II – Categoria B – condutor de veículo motorizado, não abrangido pela categoria A, cujo peso bruto total não exceda a três mil e quinhentos quilogramas e cuja lotação não exceda a oito lugares, excluído o do motorista;

III – Categoria C – condutor de veículo motorizado utilizado em transporte de carga, cujo peso bruto total exceda a três mil e quinhentos quilogramas;

IV – Categoria D – condutor de veículo motorizado utilizado no transporte de passageiros, cuja lotação exceda a oito lugares, excluído o do motorista;

V – Categoria E – condutor de combinação de veículos em que a unidade tratora se enquadre nas categorias B, C ou D e cuja unidade acoplada, reboque, semirreboque, trailer ou articulada tenha 6.000 kg (seis mil quilogramas) ou mais de peso bruto total, ou cuja lotação exceda a 8 (oito) lugares. (Redação dada pela Lei 12.452, de 2011)

§ 1º Para habilitar-se na categoria C, o condutor deverá estar habilitado no mínimo há um ano na categoria B e não ter cometido nenhuma infração grave ou gravíssima, ou ser reincidente em infrações médias, durante os últimos doze meses.

§ 2º São os condutores da categoria B autorizados a conduzir veículo automotor da espécie motor-casa, definida nos termos do Anexo I deste Código, cujo peso não exceda a 6.000 kg (seis mil quilogramas), ou cuja lotação não exceda a 8 (oito) lugares, excluído o do motorista. (Incluído pela Lei 12.452, de 2011)

§ 3º Aplica-se o disposto no inciso V ao condutor da combinação de veículos com mais de uma unidade tracionada, independentemente da capacidade de tração ou do peso bruto total. (Renumerado pela Lei 12.452, de 2011)

Art. 144. O trator de roda, o trator de esteira, o trator misto ou o equipamento automotor destinado à movimentação de cargas ou execução de trabalho agrícola, de terraplenagem, de construção ou de pavimentação só podem ser conduzidos na via pública por condutor habilitado nas categorias C, D ou E.

permissão ou habilitação para dirigir, estando apenas sem o respectivo documento quando da abordagem (...)

(HC 329.631/RS, Rel. Ministro JORGE MUSSI, QUINTA TURMA, julgado em 24/11/2015, DJe 01/12/2015) (destacamos).

Se o agente não tiver habilitação, for habilitado para categoria diversa ou estiver com o direito de dirigir cassado, mas não praticar direção anormal, ou seja, não violar regras de circulação, não haverá o delito do art. 309, do Código de Trânsito, mas mera infração de natureza administrativa.

Dirigir com o documento de habilitação vencido também não configura o crime, *pois não se pode sustentar que quem dirige com a CNH vencida o faz sem possuir a devida habilitação legal*. O fato se circunscreve ao âmbito da infração de natureza administrativa, ainda que haja direção anormal, que poderá eventualmente caracterizar outro delito de trânsito.

Nesse sentido, a jurisprudência do E. **Tribunal de Justiça de São Paulo**:

(...) Direção sem habilitação – **Artigo 309 do Código de Trânsito Brasileiro – Condenação – Inviabilidade – Acusado que dirigia o veículo com a carteira de habilitação vencida – Conduta atípica – Mera infração administrativa** – Absolvição mantida – Recurso de apelação desprovido.

(TJSP; Apelação 0050890-77.2009.8.26.0405; Relator (a): Cesar Augusto Andrade de Castro; Órgão Julgador: 8ª Câmara de Direito Criminal; Foro de Osasco – 4ª Vara Criminal; Data do Julgamento: 08/02/2018; Data de Registro: 09/02/2018) (destacamos).

Nota: Observe-se ainda que se o condutor, além de não possuir a devida habilitação legal (ou seja, o agente não é habilitado, não se trata de simples hipótese de não portar o documento), estiver embriagado ao volante ou executar manobras de exibição de perícia ou estiver envolvido em competição ou corrida não autorizada, na via pública, responderá pelos crimes dos arts. 306 e 308, do Código de Trânsito, com a causa especial de aumento de pena do art. 298, I, do Código de Trânsito, afastada, nesse caso, a incidência do delito do art. 309, do Código de Trânsito.

8.4. Voluntariedade

É o dolo, representado pela vontade livre e consciente de conduzir veículo pela via pública numa das situações previstas no tipo penal, gerando perigo de dano, rebaixando o nível de segurança no trânsito.

8.5. Consumação e Tentativa

Ocorre com a produção de perigo concreto de dano, ou seja, quando o sujeito ativo dirige de forma anormal, numa das situações previstas no tipo penal, com violação das normas de trânsito, como por exemplo, a desobediência a sinal de parada obrigatória, a sinal semafórico vermelho, excesso de velocidade, ultrapassagem proibida etc.

A tentativa em tese é possível.

8.6. Ação Penal

A ação penal, no silêncio do legislador, será pública incondicionada.

Cuida-se de infração penal de menor potencial ofensivo, passível em tese de transação penal, nos termos do art. 76, da Lei 9.099/95, de suspensão condicional do processo, na forma do art. 89, da Lei 9.099/95, de substituição da pena privativa da liberdade por restritiva de direitos, nos termos do art. 44, do Código Penal, de suspensão condicional da pena privativa da liberdade, nos termos do art. 77, do Código Penal, de regime inicial aberto.

Não cabe acordo de não persecução penal, por se tratar de infração penal de menor potencial ofensivo, da competência do Juizado Especial Criminal.

8.7. Revogação da Contravenção do Art. 32, da Lei das Contravenções Penais (Decreto-Lei 3.688/41)

O delito ora comentado derrogou (revogou em parte) a contravenção do art. 32, do Decreto-lei 3.688/41 (a lei das contravenções penais), por regular a matéria por inteiro, no que se refere ao trânsito em vias terrestres (art. 2º, § 1º, da LINDB).

Continua a existir a conduta contravencional no que se refere à direção não habilitada de embarcação em águas públicas.

Nesse sentido, o enunciado da **Súmula 720 do Supremo Tribunal Federal**:

> **O art. 309 do Código de Trânsito Brasileiro, que reclama decorra do fato perigo de dano, derrogou o art. 32 da Lei das Contravenções Penais no tocante à direção sem habilitação em vias terrestres.**

9. Crime de Permissão, Confiança ou Entrega da Direção a Pessoa não Habilitada ou sem Condições de Dirigir com Segurança

Art. 310. Permitir, confiar ou entregar a direção de veículo automotor a pessoa não habilitada, com habilitação cassada ou com o direito de dirigir suspenso, ou, ainda, a quem, por seu estado de saúde, física ou mental, ou por embriaguez, não esteja em condições de conduzi-lo com segurança:

Penas – detenção, de seis meses a um ano, ou multa.

» **INFRAÇÕES ADMINISTRATIVAS RELACIONADAS**

Art. 163. Entregar a direção do veículo a pessoa nas condições previstas no artigo anterior[37]:

Infração – as mesmas previstas no artigo anterior;

Penalidade – as mesmas previstas no artigo anterior;

Medida administrativa – a mesma prevista no inciso III do artigo anterior.

Art. 164. Permitir que pessoa nas condições referidas nos incisos do art. 162 tome posse do veículo automotor e passe a conduzi-lo na via:

Infração – as mesmas previstas nos incisos do art. 162;

Penalidade – as mesmas previstas no art. 162;

Medida administrativa – a mesma prevista no inciso III do art. 162.

Art. 166. Confiar ou entregar a direção de veículo a pessoa que, mesmo habilitada, por seu estado físico ou psíquico, não estiver em condições de dirigi-lo com segurança:

Infração – gravíssima;

Penalidade – multa.

---

37 Art. 162. Dirigir veículo:

I – sem possuir Carteira Nacional de Habilitação, Permissão para Dirigir ou Autorização para Conduzir Ciclomotor: (Redação dada pela Lei 13.281, de 2016) (Vigência)

Infração – gravíssima; (Redação dada pela Lei 13.281, de 2016) (Vigência)

Penalidade – multa (três vezes); (Redação dada pela Lei 13.281, de 2016) (Vigência)

Medida administrativa – retenção do veículo até a apresentação de condutor habilitado; (Incluído pela Lei 13.281, de 2016) (Vigência)

II – com Carteira Nacional de Habilitação, Permissão para Dirigir ou Autorização para Conduzir Ciclomotor cassada ou com suspensão do direito de dirigir: (Redação dada pela Lei 13.281, de 2016) (Vigência)

Infração – gravíssima; (Redação dada pela Lei 13.281, de 2016) (Vigência)

Penalidade – multa (três vezes); (Redação dada pela Lei 13.281, de 2016) (Vigência)

9.1. Bem Jurídico Tutelado

O legislador, ao antecipar a tutela penal e dispor que é crime a permissão, confiança ou entrega da direção a pessoa que não esteja – por uma das situações previstas no tipo penal – em condições de dirigir de forma segura, protege a coletividade, a segurança no trânsito, direito de todos.

Protege, secundariamente, até mesmo as pessoas que não estejam em condições de dirigir, às quais o sujeito ativo, indevidamente, permitiu, confiou ou entregou a direção de veículo automotor.

9.2. Sujeitos do Crime

Sujeito ativo poderá ser qualquer pessoa que permita, confie ou entregue a direção do veículo automotor.

Sujeito passivo será a coletividade, pelo rebaixamento do nível de segurança viária causado por pessoas que dirijam sem condições de fazê-lo em segurança.

Será ainda sujeito passivo do delito a pessoa que não deveria estar dirigindo, por não poder fazê-lo com segurança, à qual o sujeito ativo permitiu, confiou ou entregou a direção.

9.3. Condutas

As condutas consistirão em permitir (autorizar, consentir que alguém dirija), confiar (incumbir, deixar) e entregar (dar literalmente a direção, passá-la a alguém que se insira numa das situações previstas no tipo penal).

Cuida-se de crime de perigo abstrato, presumido pelo legislador, pois a experiência daquilo que na vida de comum ocorre já demonstrou suficientemente que é normalmente perigoso que pessoas não habilitadas, com habilitação cassada ou suspensa, de saúde física ou mental ruins, embriagadas por uso de álcool ou de quaisquer outras substâncias psicoativas, dirijam veículos automotores.

Não é necessário que a conduta de quem permitiu, confiou ou entregou gere perigo concreto de dano. Primeiro porque a lei, quando quer que determinado crime seja de perigo concreto, o diz de forma expressa, como fez nos arts. 308, 309 e 311 do Código de Trânsito. E no art. 310 o Código de Trânsito não o fez. Tudo isso autoriza concluir que o crime versado é de perigo abstrato, presumido por lei.

Medida administrativa – recolhimento do documento de habilitação e retenção do veículo até a apresentação de condutor habilitado; (Incluído pela Lei 13.281, de 2016) (Vigência)

III – com Carteira Nacional de Habilitação ou Permissão para Dirigir de categoria diferente da do veículo que esteja conduzindo: (Redação dada pela Lei 13.281, de 2016) (Vigência)

Infração – gravíssima; (Redação dada pela Lei 13.281, de 2016) (Vigência)

Penalidade – multa (duas vezes); (Redação dada pela Lei 13.281, de 2016) (Vigência)

Medida administrativa – retenção do veículo até a apresentação de condutor habilitado; (Redação dada pela Lei 13.281, de 2016) (Vigência)

IV – (VETADO)

V – com validade da Carteira Nacional de Habilitação vencida há mais de trinta dias:

Infração – gravíssima;

Penalidade – multa;

Medida administrativa – recolhimento da Carteira Nacional de Habilitação e retenção do veículo até a apresentação de condutor habilitado;

VI – sem usar lentes corretoras de visão, aparelho auxiliar de audição, de prótese física ou as adaptações do veículo impostas por ocasião da concessão ou da renovação da licença para conduzir:

Infração – gravíssima;

Penalidade – multa;

Medida administrativa – retenção do veículo até o saneamento da irregularidade ou apresentação de condutor habilitado.

Nesse sentido, o pensamento do **Supremo Tribunal Federal:**

> "A permissão ou entrega de direção de veículo automotor a pessoa não habilitada, tipificada no art. 310 do Código de Trânsito Brasileiro, classifica-se como crime de perigo abstrato, que prescinde do resultado naturalístico." (HC 129.818, rel. min. Dias Toffoli, julgamento em 22-9-2015, Segunda Turma, *DJE* de 21-10-2015).

E, segundo a **Súmula 575, do Superior Tribunal de Justiça, constitui crime a conduta de permitir, confiar ou entregar a direção de veículo automotor a pessoa que não seja habilitada, ou que se encontre em qualquer das situações previstas no art. 310 do CTB, independentemente da ocorrência de lesão ou de perigo de dano concreto na condução do veículo.**

Ou seja, também o Superior Tribunal de Justiça sumulou entendimento no sentido de que o delito sob foco é de perigo abstrato, presumido por lei.

9.4. Voluntariedade

O elemento subjetivo do tipo penal é o dolo direto ou eventual, representado pela vontade livre e consciente de permitir, confiar ou entregar a direção de veículo automotor a quem não possa dirigir com segurança.

É necessário que o sujeito ativo saiba ou deva saber que a pessoa a quem permite, confia ou entrega a direção de veículo automotor não esteja em condições de dirigi-lo com segurança.

9.5. Consumação e Tentativa

O crime se consuma quando o sujeito ativo permite (autoriza), confia (cede) ou entrega (dá, transfere literalmente) a direção de veículo automotor a pessoa que esteja numa das situações previstas no tipo penal.

A tentativa em tese é possível de se verificar.

Não é necessário que a pessoa a quem se permitiu, confiou ou entregou a direção sequer movimente o veículo. Se isso ocorrer, teremos o exaurimento da conduta daquele que permitiu, confiou ou entregou a direção do veículo automotor.

Em sentido contrário, Fernando Capez e Victor Eduardo Rios Gonçalves, que sustentam que a consumação desse crime:

> "...Ocorre apenas quando, após ter recebido o veículo do agente, ou a permissão para usá-lo, o terceiro o coloca em movimento. Não basta, portanto, que o sujeito permita, confie ou entregue o veículo a uma das pessoas elencadas na lei.
>
> Esta é a solução correta, pois, antes de o terceiro efetivamente colocar o veículo em movimento, é possível que o agente mude de ideia e impeça a sua condução, hipótese em que deve ser reconhecido o arrependimento eficaz, instituto que seria inaplicável se o crime já se considerasse consumado..." (Aspectos Criminais do Código de Trânsito Brasileiro, p. 66).

9.6. Ação Penal

No silêncio do legislador, a ação penal é pública incondicionada.

Como se trata de crime de menor potencial ofensivo, caberão em tese a transação penal, na forma do art. 76, da Lei 9.099/95, a suspensão condicional do processo, nos termos do art. 89, da Lei 9.099/95, a suspensão condicional da pena privativa da liberdade, nos termos do art. 77, do Código Penal, a substituição da pena privativa da liberdade por restritiva de direitos (art. 44, do Código Penal) e o regime inicial aberto.

Não cabe acordo de não persecução penal, por se tratar de infração penal de menor potencial ofensivo, da competência do Juizado Especial Criminal.

9.7 Derrogação do Art. 32, da Lei das Contravenções Penais (Decreto-Lei 3.688/41)

Aqui, uma vez mais, o legislador, no Código de Trânsito, derrogou, revogou em parte o art. 32, da Lei das Contravenções Penais, pois as pessoas que permitiam, confiavam e entregava a direção de veículos automotores a outras não habilitadas normalmente respondiam pela figura contravencional como partícipes, nos termos do art. 29, do Código Penal.

Agora, como temos o delito versado na lei nova, a figura contravencional deixa de ser aplicada. Foi, portanto, também aqui derrogada pelo Código de Trânsito.

A lei nova regulou inteiramente a matéria tratada na lei anterior, no tocante à direção não habilitada de veículo em vias públicas terrestres.

E, quando isso acontece, nos termos do art. 2º, § 1º, da Lei de Introdução às Normas do Direito Brasileiro, considera-se revogada a lei anterior, ou seja, o art. 32, da Lei das Contravenções Penais, que ainda subsiste *somente na parte em que cuida da direção não habilitada de embarcação em águas públicas.*

A Súmula 720 do STF resolveu definitivamente a questão: **O art. 309 do Código de Trânsito Brasileiro, que reclama decorra do fato perigo de dano, derrogou o art. 32 da Lei das Contravenções Penais no tocante à direção sem habilitação em vias terrestres.**

10. Crime de Velocidade Incompatível em Determinados Locais

Art. 311. Trafegar em velocidade incompatível com a segurança nas proximidades de escolas, hospitais, estações de embarque e desembarque de passageiros, logradouros estreitos, ou onde haja grande movimentação ou concentração de pessoas, gerando perigo de dano:

Penas – detenção, de seis meses a um ano, ou multa.

» **INFRAÇÕES ADMINISTRATIVAS RELACIONADAS**

Art. 170. Dirigir ameaçando os pedestres que estejam atravessando a via pública, ou os demais veículos:

Infração – gravíssima;

Penalidade – multa e suspensão do direito de dirigir;

Medida administrativa – retenção do veículo e recolhimento do documento de habilitação.

Art. 190. Seguir veículo em serviço de urgência, estando este com prioridade de passagem devidamente identificada por dispositivos regulamentares de alarme sonoro e iluminação vermelha intermitentes:

Infração – grave;

Penalidade – multa.

Art. 191. Forçar passagem entre veículos que, transitando em sentidos opostos, estejam na iminência de passar um pelo outro ao realizar operação de ultrapassagem:

Infração – gravíssima;

Penalidade – multa (dez vezes) e suspensão do direito de dirigir. (Redação dada pela Lei 12.971, de 2014) (Vigência)

Parágrafo único. Aplica-se em dobro a multa prevista no caput em caso de reincidência no período de até 12 (doze) meses da infração anterior. (Incluído pela Lei 12.971, de 2014) (Vigência)

Art. 192. Deixar de guardar distância de segurança lateral e frontal entre o seu veículo e os demais, bem como em relação ao bordo da pista, considerando-se, no momento, a velocidade, as condições climáticas do local da circulação e do veículo:

Infração – grave;

Penalidade – multa.

Art. 193. Transitar com o veículo em calçadas, passeios, passarelas, ciclovias, ciclofaixas, ilhas, refúgios, ajardinamentos, canteiros centrais e divisores de pista de rolamento, acostamentos, marcas de canalização, gramados e jardins públicos:

Infração – gravíssima;

Penalidade – multa (três vezes).

10.1. Bem Jurídico Tutelado

O bem jurídico tutelado pela norma penal é a segurança no trânsito nos locais mencionados no tipo penal. Secundariamente, a lei protege as pessoas que estejam nos locais mencionados na norma penal incriminadora.

10.2. Sujeitos do Crime

Sujeito ativo do delito será qualquer pessoa que conduza veículo automotor em velocidade incompatível com a segurança nos locais e situações previstos no tipo penal.

Sujeito passivo do crime será a coletividade. Serão ainda as pessoas cuja vida, saúde e integridade corporal sejam colocadas em perigo pela conduta.

10.3. Conduta

A conduta consiste em trafegar em velocidade incompatível com a segurança, ou – interpretemos finalisticamente a norma penal –, acima da recomendada pelas condições de trânsito, em determinados locais, nos quais haja grande movimentação ou concentração de pessoas, gerando perigo de dano.

A enumeração de locais e situações trazida pelo tipo penal é exemplificativa, uma vez que, depois de se referir às proximidades de escolas, hospitais, estações de embarque e desembarque de passageiros e logradouros estreitos, o legislador utilizou a fórmula genérica *ou onde haja grande movimentação ou concentração de pessoas.*

O legislador sabe que as hipóteses de ocorrência da infração penal são muitas. E a norma penal não pode ser formulada sobre casuísmos. Daí, um rol exemplificativo, abarcando as hipóteses mais comuns, seguido da fórmula genérica. Técnica legislativa semelhante àquela empregada pelo legislador penal, ao definir, no homicídio qualificado, a qualificadora da surpresa.[38]

E a norma penal exige ainda direção anormal, o excesso de velocidade, ao prever que a conduta deverá gerar perigo concreto de dano.

Nesse passo, cremos que a elementar *gerando perigo de dano* era perfeitamente dispensável na redação do tipo penal incriminador, pois a experiência daquilo que na vida de comum ocorre já demonstrou e demonstra, no dia a dia, que é extremamente perigoso transitar em velocidade excessiva ou inadequada em locais em que haja concentração de pessoas, como os referidos no tipo penal, portas de escola, pontos de ônibus etc.

Porém, como a norma jurídica deve ser interpretada em toda sua inteireza e não contém palavras inúteis, o crime deve ser considerado de perigo concreto, pois a lei, de forma expressa, previu a elementar *gerando perigo de dano.*

Assim, *para que o crime se perfaça o perigo deverá ser aferido e comprovado no caso concreto.*

Cabe observar que a velocidade segura não será necessariamente aquela regulamentada para a via. Assim, por exemplo, se a via local tiver velocidade máxima permitida de 40 km/h,

38 Código Penal:

Art. 121, § 2º, IV: à traição, de emboscada, ou mediante dissimulação *ou outro recurso que dificulte ou torne impossível a defesa do ofendido (destacamos).*

mas houver tumulto, manifestação, multidão, cortejo fúnebre, feira livre nas imediações etc, o condutor evidentemente não poderá transitar a 40 km/h. *A velocidade de segurança será aquela recomendada ou ditada pelas circunstâncias de tráfego encontradas pelo condutor na via e não necessariamente a constante das placas de sinalização.*

Nesse passo, pedimos vênia para discordar da lição autorizada de Guilherme de Souza Nucci (Leis Penais, p. 862), que menciona que o art. 311 encerra norma penal em branco, que depende de complemento, ou seja, a regulamentação da velocidade prevista para o local em que ocorra a conduta.

Nossa discordância se dá porque a velocidade compatível com a segurança nem sempre será aquela prevista para o local e poderá ser inferior à máxima permitida para a via, dependendo das circunstâncias de trânsito que o condutor encontrar na ocasião.

10.3.1. Elemento Espacial

No rol inicialmente exemplificativo dos locais em que a conduta poderá se verificar, a lei implicitamente exige que o crime se dê em via pública. Depois, na fórmula genérica (ou onde haja grande movimentação ou concentração de pessoas), a lei não exige que o fato se dê necessariamente em via pública. O crime poderá ocorrer, portanto, em estacionamentos particulares ou outros locais. Não necessariamente apenas em via pública. Lembramos que as vias internas dos condomínios são equiparadas às vias públicas[39].

10.4. Voluntariedade

O elemento subjetivo do tipo penal é o dolo, representado pela vontade livre e consciente de transitar em velocidade incompatível com a segurança, numa das situações previstas na norma penal.

10.5. Consumação e Tentativa

O crime se consuma quando o condutor transitar em velocidade incompatível com a segurança numa das situações previstas na norma penal.

A tentativa em tese é possível, mas de difícil caracterização na prática, pois se o condutor, ainda que momentaneamente, imprimir velocidade excessiva numa das situações previstas, o delito estará consumado.

10.6. Ação Penal

A ação penal, no silêncio do legislador, é pública incondicionada.

Como se trata de infração penal de menor potencial ofensivo, caberão em tese a transação penal, a suspensão condicional do processo, o "sursis", a substituição da pena privativa da liberdade por restritivas de direitos e o regime inicial aberto.

---

39 Conceitos de via constantes do Anexo I do CTB, dos conceitos e definições: *VIA - superfície por onde transitam veículos, pessoas e animais, compreendendo a pista, a calçada, o acostamento, ilha e canteiro central. *VIA DE TRÂNSITO RÁPIDO - aquela caracterizada por acessos especiais com trânsito livre, sem interseções em nível, sem acessibilidade direta aos lotes lindeiros e sem travessia de pedestres em nível. *VIA ARTERIAL - aquela caracterizada por interseções em nível, geralmente controlada por semáforo, com acessibilidade aos lotes lindeiros e às vias secundárias e locais, possibilitando o trânsito entre as regiões da cidade. *VIA COLETORA - aquela destinada a coletar e distribuir o trânsito que tenha necessidade de entrar ou sair das vias de trânsito rápido ou arteriais, possibilitando o trânsito dentro das regiões da cidade. ***VIA LOCAL - aquela caracterizada por interseções em nível não semaforizadas, destinada apenas ao acesso local ou a áreas restritas.** *VIA RURAL - estradas e rodovias. ***VIA URBANA - ruas, avenidas, vielas, ou caminhos e similares abertos à circulação pública, situados na área urbana, caracterizados principalmente por possuírem imóveis edificados ao longo de sua extensão.** *VIAS E ÁREAS DE PEDESTRES - vias ou conjunto de vias destinadas à circulação prioritária de pedestres.

10.7. Crime de Perigo Concreto

Nesta figura típica, *o legislador previu expressamente que o delito se perfaz quando a conduta gerar perigo concreto de dano, ou seja, risco de efetiva lesão ao bem jurídico.*

Ante a expressa previsão legal da elementar mencionada, inevitável a conclusão de que se trata de crime de perigo concreto, que deverá ser aferido e verificado no caso concreto. Não se trata de perigo abstrato, simplesmente presumido por lei, como acontece atualmente no caso do art. 306, do Código de Trânsito.

10.8. Derrogação do Art. 34, da Lei das Contravenções Penais (Decreto-Lei 3.688/41)

Aqui, mais uma vez, o Código de Trânsito derrogou o art. 34, da Lei das Contravenções Penais, pois quem dirigia em velocidade excessiva e inadequada à segurança viária nas situações previstas no tipo penal do art. 311, antes do Código de Trânsito, respondia – antes de janeiro de 1998 – pela figura contravencional.

Porém, como a lei nova regulou a matéria tratada anteriormente segundo a lei contravencional, o art. 311 prevalece sobre a simples contravenção do art. 34 (direção perigosa de veículo na via pública), que foi claramente derrogada (art. 2º, § 1º, da LINDB).

Hoje o art. 34, da Lei das Contravenções Penais, subsiste somente na parte em que trata da pilotagem perigosa de embarcação em águas públicas.

10.9. Concurso de crimes

Interessante observar que a jurisprudência tem admitido o concurso de crimes de perigo, como embriaguez ao volante (CTB, art. 306), periclitação da vida ou da saúde humana (CP, art. 132) e deste crime do art. 311 do CTB:

Tribunal de Justiça de São Paulo:

> **Apelação – Sentença condenatória pelo art. 306, caput, art. 311, ambos do Código de Trânsito Brasileiro, e art. 132, do Código Penal, em concurso material de infrações. Apelo Defensivo buscando a absolvição nos termos do art. 387, incisos I, III ou VII, do Código de Processo Penal.** Materialidade e autoria comprovadas – **Réu que na fase inquisitiva confessou que ingeriu bebida alcoólica antes de conduzir seu veículo, retratando-se em juízo – versão apresentada em juízo que está isolada nos autos – Policiais Militares que em depoimentos coesos e harmônicos entre si descreveram as práticas criminosas do acusado. Existência de prova da materialidade delitiva do crime previsto no art. 306, caput, do Código de Trânsito Brasileiro. Acusado que expôs a perigo a vida e a saúde da vítima a perigo direto e iminente quando 'jogou' o veículo automotor que conduzia em direção àquela, que se encontrava na rua, atendendo ocorrência anterior entre o réu e sua ex-esposa. Policiais Militares que deixaram claro que o acusado trafegou em velocidade incompatível com a segurança nas proximidades do local dos fatos, a qual possui estações de embarque e desembarque de passageiro, bem como grande movimentação de pessoas, gerando perigo de dano.** Dosimetria – Penas-bases mantidas no mínimo legal, apesar do registro de maus antecedentes, em razão do conformismo Ministerial – Pena-base do crime previsto no art. 311, do Código de Trânsito Brasileiro, que foi aplicada abaixo do mínimo legal previsto, não tendo havido recurso Ministerial. Ausentes circunstâncias agravantes ou atenuantes, assim como causas de aumento e diminuição. Substituição de pena e regime prisional aberto mantidos. Recurso desprovido. **(TJSP; Apelação Criminal 0000201-97.2015.8.26.0573; Relator (a): Ely Amioka; Órgão Julgador: 8ª Câmara de Direito Criminal; Foro de Botucatu - 1ª Vara Criminal; Data do Julgamento: 31/01/2019; Data de Registro: 01/02/2019) (destacamos).**

> **Apelação – Artigos 306 e 311 do Código de Trânsito Brasileiro – Recurso defensivo** – Materialidade e autoria devidamente comprovadas – Condenação com base em

conjunto probatório robusto e convincente – **Laudo de exame de verificação de embriaguez que demonstrou que o sentenciado apresentava indícios de embriaguez – Testemunhas que não hesitaram ao descrever o episódio, o fazendo com riqueza de detalhes – Crime do art. 311 do CTB que restou devidamente demonstrado – Sentenciado que, ao constatar a aproximação de viatura policial, tentou evadir-se trafegando por vias de grande movimentação, em velocidade incompatível, realizando movimentos de "ziguezague" e desrespeitando os sinais semafóricos, assim afetando a "segurança viária" – Penas fixadas no mínimo legal – Recurso desprovido. (TJSP; Apelação Criminal 0008387-97.2013.8.26.0050; Relator (a): Otavio Rocha; Órgão Julgador: 7ª Câmara de Direito Criminal; Foro Central Criminal Barra Funda - 13ª Vara Criminal; Data do Julgamento: 01/11/2017; Data de Registro: 10/11/2017) (destacamos).**

10.10. Absorção do delito do art. 309 do CTB pelo art. 311 do CTB

A jurisprudência tem entendido que, num mesmo contexto, o crime de velocidade incompatível absorve o delito de direção não habilitada de veículo automotor na via pública, gerando perigo de dano, pois a objetividade jurídica tutelada pelas normas penais é a mesma.

Nesse sentido, o Tribunal de Justiça de São Paulo:

> APELAÇÃO CRIMINAL – ARTS. 309 E 311 DO CÓDIGO DE TRÂNSITO BRASILEIRO E ART. 331 DO CÓDIGO PENAL – Preliminar – Reconhecimento de incompetência do juízo sentenciante, com o restabelecimento da transação penal homologada pelo JECRIM – Impossibilidade – Descumprimento do acordo homologado em transação penal que autoriza o oferecimento e o recebimento da denúncia – Precedentes do STF, STJ e deste TJSP – Competência do juízo comum – Imputação de delitos cuja somatória das penas máximas abstratamente cominadas ultrapassa os 02 anos – Mérito – Materialidade e autoria suficientemente demonstradas com relação a todos os delitos – Alegação de precariedade probatória no que tange ao crime disposto no art. 311 do CTB – Descabimento – Prova oral que dá conta de que o apelante, ao empreender fuga, conduziu motocicleta em velocidade incompatível com a segurança, passando por diversas vias, incluindo canteiros de praças públicas, gerando perigo de dano – Validade do depoimentos dos agentes públicos – Declarações extrajudiciais que, quando ratificadas por elementos colhidos sob o crivo do contraditório, revestem-se de inegável valor probante – **Necessidade, contudo, de absorção do delito disposto no art. 309 pelo elencado no art. 311, ambos do CTB, na medida em que, além de praticados num mesmo contexto, tutelam o mesmo bem jurídico (incolumidade pública) – Precedentes** – Desacato – Conduta típica verificada – Dolo de ofender ou menosprezar os agentes evidenciado – Pena e regime inalteráveis – Preliminar rejeitada e recurso parcialmente provido. **(TJSP; Apelação Criminal 0019072-66.2015.8.26.0577; Relator (a): Camilo Léllis; Órgão Julgador: 4ª Câmara de Direito Criminal; Foro de São José dos Campos - 4ª Vara Criminal; Data do Julgamento: 23/10/2018; Data de Registro: 29/10/2018)**

Mas é importante observar que há julgados que também admitem o concurso de crimes, entre a direção não habilitada de veículo automotor, na via pública, gerando perigo de dano, e o crime de velocidade incompatível. Confiram-se, nesse sentido, julgados do Tribunal de Justiça de São Paulo:

> APELAÇÃO CRIMINAL. Direção de veículo automotor sem habilitação. Trafegar em velocidade incompatível onde existe grande concentração de pessoas, gerando perigo de dano. Desobediência. Sentença condenatória. Defesa requer, preliminarmente, o reconhecimento de nulidade processual ab initio, por incompetência do Juízo. No mérito, pleiteia a absolvição por atipicidade da conduta e, subsidiariamente, o reconhecimento do princípio da consunção em relação aos ilícitos previstos nos artigos 309 e 311 do Código de Trânsito Brasileiro, o reconhecimento da atipicidade do crime de desobediência, a aplicação da transação penal, bem como o reconhecimento da atenuante da confissão espontânea,

aplicação da pena no mínimo legal, e a substituição da pena privativa de liberdade por uma restritiva de direitos. Impossibilidade. Preliminar rejeitada. Ausência de comprovação de prejuízo à parte. Somatório das penas impede a transação penal. Mérito. Autoria e materialidade demonstradas. **Restou devidamente comprovado que DIEGO conduziu veículo automotor sem a devida habilitação, gerando perigo de dano concreto, suficiente à caracterização do delito tipificado no artigo 309 da Lei 9.503/97. Também trafegou em velocidade incompatível com a segurança, em local onde havia grande concentração de pessoas (boate). Impossível aplicar o instituto da consunção ao caso, vez que é impossível vislumbrar a existência de crime meio utilizado para a prática de outro delito (crime-fim).** A dosimetria não comporta reparos. Basilares fixadas no mínimo. Confissão parcial impede o reconhecimento da atenuante. Regime aberto. Substituição da pena corporal. Impossível a transação penal. Sentença mantida. Recurso improvido. **(TJSP; Apelação Criminal 0005984-30.2014.8.26.0048; Relator (a): Andrade Sampaio; Órgão Julgador: 9ª Câmara de Direito Criminal; Foro de Atibaia - 2ª Vara Criminal; Data do Julgamento: 20/09/2018; Data de Registro: 27/09/2018)**

APELAÇÃO CRIMINAL – Crimes de Trânsito - Decreto condenatório pelos delitos tipificados nos artigos 309 e 311, ambos da Lei 9.503/97 (CTB) - Defesa requer a absolvição por insuficiência de provas – Improcedência – **Provas hábeis a ensejar a condenação – Depoimentos de vítima e de testemunha em consonância com as demais provas colhidas e suficientes para a comprovação de que o acusado dirigia veículo automotor em velocidade incompatível com a segurança nas proximidades de escola, sem possuir a devida habilitação para dirigir** – Penas mantidas no patamar mínimo, comportando ligeira redução tão-somente no que tange ao prazo da proibição de se obter a permissão ou habilitação para dirigir veículo automotor – Sanção que deve guardar proporcionalidade com a pena privativa de liberdade, respeitando os limites previstos no art. 293 do Código de Trânsito Brasileiro – Recurso parcialmente provido. **(TJSP; Apelação Criminal 0002018-07.2015.8.26.0539; Relator (a): Sérgio Ribas; Órgão Julgador: 8ª Câmara de Direito Criminal; Foro de Santa Cruz do Rio Pardo - Vara Criminal; Data do Julgamento: 23/08/2018; Data de Registro: 23/08/2018)**

11. Crime de Fraude Processual de Trânsito

> **Art. 312.** Inovar artificiosamente, em caso de sinistro automobilístico com vítima, na pendência do respectivo procedimento policial preparatório, inquérito policial ou processo penal, o estado de lugar, de coisa ou de pessoa, a fim de induzir a erro o agente policial, o perito, ou juiz (redação dada pela Lei n. 14.599/23[40]):
>
> Penas – detenção, de seis meses a um ano, ou multa.
>
> Parágrafo único. Aplica-se o disposto neste artigo, ainda que não iniciados, quando da inovação, o procedimento preparatório, o inquérito ou o processo aos quais se refere.

11.1. Bem Jurídico Tutelado

A norma penal protege, nessa figura típica, a Administração Pública e Administração da Justiça.

40 A Lei altera em vários artigos a palavra acidentes por sinistros de trânsito. Essa mudança é decorrente de uma norma da ABNT, de 2018, que redefiniu os termos técnicos usados na preparação e execução de pesquisas relativas e na elaboração de relatórios estatísticos e operacionais a incidentes de trânsito. A norma corrige a expressão "acidente de trânsito", substituída por "sinistro de trânsito" (informação disponível em: https://www.portaldotransito.com.br/noticias/nova-lei-que-altera-regras-do-transito-entra-em-vigor-veja-principais-mudancas/) - acesso em 26 de agosto de 2023.

Tutela-se a persecução criminal nas duas fases em que se desenvolve: da fase do inquérito policial à ação penal.

11.2. Sujeitos do Crime

Sujeito ativo poderá ser qualquer pessoa.

Sujeito passivo serão a Administração Pública e a Administração da Justiça.

Será ainda sujeito passivo a coletividade, que tem o direito à apuração séria e segura de todos os ilícitos penais.

11.3. Condutas

A conduta consiste em inovar de forma artificiosa, artificial, maliciosa, *em sinistro de trânsito com vítima*, o estado de lugar, de coisa ou de pessoa, com um fim especial: induzir a erro o agente policial, o perito ou o juiz.

Já sustentamos que o crime somente se caracterizaria se a conduta implicasse modificação mecânica no cenário do acidente.

Hoje, porém, revimos esse posicionamento e concluímos que não só a intervenção mecânica no palco do acidente com vítima tipifica o delito.

Falsificar ou concorrer para que se falsifiquem croqui, boletim de ocorrência relativo ao fato, relatório, laudos periciais etc são condutas que também poderão configurar o delito, desde que o fim pretendido seja induzir a erro o perito ou o juiz, quando estes forem emitir juízo valorativo acerca da dinâmica do acidente com vítima.

Podem ser exemplos da conduta: mudar a posição dos veículos, arrancar placas de sinalização, inverter placas de sinalização, produzir alteração na posição dos veículos envolvidos no acidente etc. E ainda inserir informações ou dados falsos em documentos relativos ao acidente, com o fim de induzir a erro o perito ou juiz.

Trata-se do crime de fraude processual específico para os casos de sinistro automobilístico com vítima.

A Lei n. 14.599/23 modificou a redação do preceito primário do tipo penal, substituindo o termo acidente por sinistro automobilístico. Isso, porém, em nada interfere no alcance da norma penal, porque sinistro tem o mesmo significado de acidente, desastre (cf. Houaiss, Míni Dicionário da Língua Portuguesa, 3ª ed. Rio de Janeiro: Objetiva, 2008, p. 691).

Interessante anotar que o crime deixará vestígios. E só se comprovará em termos de materialidade se houver os vestígios da inovação.

Porém, cuida-se de crime formal, *cuja consumação se dá independentemente de a inovação atingir ou não o efeito fraudulento desejado de induzir a erro o perito ou o juiz.*

Para que o crime se configure, é necessário que a inovação artificiosa seja idônea para enganar, tenha potencialidade ilusória para induzir a erro o juiz ou perito.

Como leciona Renato Marcão,

> "somente inovação apta a enganar é que configura o crime" (Crimes de Trânsito. 5 ed. São Paulo: Saraiva, 2015, p. 273).

Se do acidente resultar *somente danos materiais* e houver a prática de inovação artificiosa visando induzir a erro o juiz ou perito, o crime a considerar poderá ser o de fraude processual previsto no art. 347, do Código Penal, pois o tipo especial do Código de Trânsito exige que se trate de acidente de trânsito *com vítima.*

E se a inovação for feita para induzir a erro o Delegado de Polícia ou o Promotor de Justiça, não mencionados no tipo penal de inovação artificiosa ou fraude processual do Código de Trânsito?

Ainda assim, o crime se configurará, pois o Juiz será o destinatário da prova constante do inquérito policial elaborado pela Autoridade Policial, de eventual promoção de arquivamento do procedimento investigatório e da ação penal porventura proposta, normalmente com base no termo circunstanciado ou no inquérito policial, pelo Ministério Público.

Importante assinalar que o controle jurisdicional do arquivamento de procedimentos investigatórios somente deixará de existir *se e quando* for revogada a liminar que o Ministro Luiz Fux, do STF, deferiu no bojo das ADIs 6298, 6299, 6300 e 6305, para suspender a *eficácia* do art. 28, *caput*, do CPP, com a redação dada pela Lei n. 13.964/19 (lei ou pacote anticrime). E até o fechamento desta edição, não havia ocorrido referida revogação. A liminar subsistia, tal como proferida.

11.4. Voluntariedade

É o dolo direto, pois o agente procede com o fim especial de induzir a erro as autoridades responsáveis pela apuração do acidente de trânsito com vítima. Não há forma culposa.

11.5. Consumação e Tentativa

O crime se consuma quando o agente inova o estado de lugar, pessoa ou coisa, conforme prevê a norma penal.

Observe-se que, nos termos do parágrafo único, não é necessário nem mesmo que o procedimento investigatório esteja formalmente instaurado para que o crime se consume. Ou seja, ainda que não haja ainda termo circunstanciado ou inquérito policial formalmente instaurados, o crime poderá se verificar se houver a inovação artificiosa prevista no tipo penal.

Crime formal, que se consuma independentemente da produção de resultado.

Basta que o agente faça a inovação artificiosa. A lei não exige nenhum resultado para que o crime se consume. Ou seja, não é necessário que a conduta efetivamente induza a erro o agente policial, o perito ou o juiz ou ainda a Autoridade Policial ou o Ministério Público.

A tentativa em tese é possível. O agente poderá iniciar a execução e, por circunstâncias alheias à sua vontade, ser obstado de ir adiante e consumar a alteração pretendida.

Tribunal de Justiça de São Paulo:

> APELAÇÃO – CRIMES DE TRÂNSITO – HOMICÍDIO CULPOSO E INOVAÇÃO ARTIFICIOSA DE ESTADO DE COISA – ABSOLVIÇÃO POR INSUFICIÊNCIA PROBATÓRIA QUANTO AO HOMICÍDIO CULPOSO E POR ATIPICIDADE DA CONDUTA EM RELAÇÃO AO SEGUNDO DELITO – IMPOSSIBILIDADE – **Tendo a prova oral demonstrado que o acidente de trânsito que resultou na morte da vítima decorreu da imprudência do réu, bem como que este inovou artificiosamente, em caso de acidente automobilístico com vítima, o estado de coisa (veículo), efetivamente induzindo em erro o agente policial, impõe-se a condenação, pelos delitos dos artigos 302, "caput", e 312, ambos da Lei nº 9.503/97. Prova testemunhal firme e coerente. Condenação mantida. Recurso não provido. (TJSP; Apelação Criminal 0001844-04.2013.8.26.0010; Relator (a): Luis Augusto de Sampaio Arruda; Órgão Julgador: 1ª Câmara Criminal Extraordinária; Foro Regional X - Ipiranga - 1ª Vara Criminal; Data do Julgamento: 03/02/2016; Data de Registro: 16/02/2016) (destacamos).**

11.6. Ação Penal

A ação penal será pública incondicionada, ante o silêncio do legislador.

Como se trata de infração penal de menor potencial ofensivo, caberão em tese a transação penal, na forma do art. 76, da Lei 9.099/95, a suspensão condicional do processo, nos termos do art. 89, da Lei 9.099/95, a substituição da pena privativa da liberdade por restritiva de direitos (art. 44, do Código Penal), a suspensão condicional da pena privativa da liberdade, nos termos do art. 77, do Código Penal, e o regime inicial aberto.

Não cabe o acordo de não persecução penal por se tratar de infração penal de menor potencial ofensivo, da competência do Juizado Especial Criminal.

Os comentários aos arts. 312-A e 312-B, deste Código de Trânsito, foram feitos nos itens 4, 4.1, 4.2 e 4.3 e no item 3.2.1, deste capítulo 25, aos quais remetemos o leitor.

REFERÊNCIAS BIBLIOGRÁFICAS

ANDRADA, Doorgal Gustavo Borges de. CTB: a transação penal chega à justiça comum. *Boletim IBCCrim*, São Paulo, ano 6, n. 67, p. 15, jun. 1998.

ARAGÃO, Fructuoso Moniz Barreto de. Delictos do Automóvel e outros carros (sentenças). Rio de Janeiro: Typ. do Jornal do Commercio, de Rodrigues & C., 1924.

ARANHA, Adalberto José Queirós Teles de. Da prova no processo *penal*. 4. ed. São Paulo: Saraiva, 1996.

________. Dos recursos no processo penal. São Paulo: Saraiva, 1988.

ARAÚJO JR., João Marcello de. Delitos de Trânsito. Rio de Janeiro: Forense, 1981.

BITENCOURT, Cezar Roberto. Desvalor da ação e desvalor do resultado nos crimes culposos de trânsito. *Boletim IBCCrim*, São Paulo, ano 6, n. 64, p. 14, mar. 1998.

________. Tratado de Direito Penal. São Paulo: Saraiva, 2009.

________. CONDE, Francisco Muñoz. Teoria Geral do Delito. 2. ed. São Paulo: Saraiva, 2004.

BONFIM, Edilson Mougenot. Direito penal da sociedade. São Paulo: Oliveira Mendes, 1997.

BUENO, Francisco da Silveira. Minidicionário da língua portuguesa. São Paulo: FTD, 1996.

CABETTE, Eduardo Luiz Santos. Novo artigo 296, CTB: a pena obrigatória de suspensão do direito de dirigir. *Boletim IBCCrim*, São Paulo, ano 16, n. 189, p. 15, ago. 2008.

CALLEGARI, André Luís; LOPES, Fábio Motta. A imprestabilidade do bafômetro como prova no processo penal. *Boletim IBCCrim*, São Paulo, ano 16, n. 191, p. 8, out. 2008.

________. A inconstitucionalidade do teste de alcoolemia e o novo Código de Trânsito. *Boletim IBCCrim*, São Paulo, ano 6, n. 66, p. 12, maio 1998.

________. Delitos de perigo abstrato – um retrocesso no Código de Trânsito Brasileiro". *Boletim IBCCrim*, São Paulo, ano 16, n. 189, p. 14-15, ago. 2008.

CAPEZ, Fernando. Lei seca. *Carta Forense*, São Paulo, ed. 63, p. 12, ago. 2008.

________. Curso de Processo Penal. 22 ed. São Paulo: Saraiva, 2015.

CARNELUTTI, Francesco. As misérias do processo penal. Campinas/SP: Conan, 1995.

CINTRA, Antonio Carlos de Araújo; GRINOVER, Ada Pellegrini; DINAMARCO, Cândido R. Teoria geral do processo. 8. ed. São Paulo: Ed. Revista dos Tribunais, 1991.

COSTA JUNIOR, Paulo José da; QUEIJO, Maria Elizabeth. Comentários aos crimes do novo Código de Trânsito. São Paulo: Saraiva, 1998.

DELMANTO, Celso. Código Penal comentado. 2. ed. Rio de Janeiro: Renovar, 1988.

DELMANTO, Roberto. As Inconstitucionalidades da lei seca. *Boletim IBCCrim*, São Paulo, ano 16, n. 189, p. 18, ago. 2008.

DIÁRIO DO NORDESTE. Álcool causa 30% das lesões. *InteLog:* Inteligência em Gestão Logística, Porto Alegre, 20 jul. 2008. Disponível em: <http://www.newslog.com. br/site/default.asp?TroncoID=907492&SecaoID=508074&SubsecaoID=807262 &Template=../artigosnoticias/user_exibir.asp&ID=720727&Titulo=%C1lcool%20 causa%2030%25%20das%20les%F5es>.

DINIZ, Maria Helena. Lei de introdução ao Código Civil interpretada. São Paulo: Saraiva, 1994.

DUALIBI, Sérgio; LARANJEIRA, Ronaldo. O bafômetro e a 'lei seca'. *Boletim IBCCrim*, São Paulo, ano 16, n. 189, p. 17, ago. 2008.

DE BEM, Leonardo Schmitt. Direito Penal de Trânsito. 3d. São Paulo: Saraiva, 2015.

ESTEFAM, André. Direito Penal, volume 1, Parte Geral. 4 ed. São Paulo: Saraiva, 2017.

FAGGIONI, Luiz Roberto Cicogna. Da constitucionalidade do requisito negativo da reincidência processual na suspensão condicional do processo. *Boletim IBCCrim*, São Paulo, ano 6, n. 67, p. 12, jun. 1998.

FRAGOSO, Heleno Cláudio. Lições de direito penal. 11. ed., atual. por Fernando Fragoso. Rio de Janeiro: Forense, 1987.

FRANÇA, Genival. Medicina legal. 3. ed. Rio de Janeiro: Guanabara Koogan, 1991.

FRANCO, Alberto Silva et al. Código penal e sua interpretação jurisprudencial. 5. ed. São Paulo: Ed. Revista dos Tribunais, 1995.

________. Crimes hediondos. 2. ed. São Paulo: Ed. Revista dos Tribunais, 1992.

________. Leis penais especiais e sua interpretação jurisprudencial. 7. ed. São Paulo: Ed. Revista dos Tribunais, 2002.

FUKASSAWA, Fernando Yukio. Crimes de trânsito. São Paulo: Oliveira Mendes, 1998.

GARCIA, Waléria Garcelam Loma. Código de trânsito brasileiro: o crime de homicídio culposo e a possibilidade de suspensão condicional do processo. *Boletim IBCCrim*, São Paulo, ano 6, n. 63, p. 4, fev. 1998.

________. Código de trânsito brasileiro: o crime de homicídio culposo e a possibilidade de suspensão condicional do processo. *Boletim Informativo da Escola Superior do Ministério Público*, São Paulo, n. 11, p. 1-3, fev. 1998.

______. Código de Trânsito brasileiro: o crime de homicídio culposo e a possibilidade de suspensão condicional do processo. *Boletim IBCCrim*, São Paulo, ano 6, n. 63, p. 4, fev. 1998.

GOMES, Hélio. Medicina legal. 25. ed. Rio de Janeiro: Freitas Bastos, 1987.

GOMES, Luiz Flávio; CUNHA, Rogério Sanches; PINTO, Ronaldo Batista. Comentários às reformas do Código de Processo Penal e da Lei de Trânsito. São Paulo: Ed. Revista dos Tribunais, 2008.

________. CTB: primeiras notas interpretativas. *Boletim IBCCrim*, São Paulo, ano 5, n. 61, p. 4-5, dez. 1997.

________. Estudos de direito penal e processo penal. São Paulo: Ed. Revista dos Tribunais, 1999.

GOMES, Luiz Flávio. Lei seca: acertos, equívocos, abusos e impunidade. 4 jul. 2008. Disponível em: <http://www.lfg.com.br/public_html/article.php?story =20080804114125256>. Acesso em: 4 jul. 2008.

________. Suspensão condicional do processo. São Paulo: Ed. Revista dos Tribunais, 1995.

GONÇALVES, Victor Eduardo Rios. A derrogação da contravenção do art. 32 da LCP. *Boletim IBCCrim*, São Paulo, ano 6, n. 65, p. 4, abr. 1998.

________. BECHARA, Fábio Ramazzini. A transação penal nas lesões corporais culposas de trânsito da nova Lei n. 9.503/97. *Boletim IBCCrim*, São Paulo, ano 5, n. 61, p. 12, dez. 1997.

______. Aspectos Criminais do Código de Trânsito. São Paulo: Saraiva, 2015.

GRECO, Rogério. Código Penal Comentado. Niterói: Impetus, 2012.

GRINOVER, Ada Pellegrini; FERNANDES, Antonio Scarance; GOMES FILHO, Antonio Magalhães. As nulidades no processo penal. 2. ed. São Paulo: Malheiros, 1992.

____; ____; ____. 10. ed. São Paulo: Ed. Revista dos Tribunais, 2008.

________________ et al. Juizados especiais criminais. São Paulo: Ed. Revista do Tribunais, 1996.

______. As nulidades no processo penal. 10. ed. São Paulo: Ed. Revista dos Tribunais, 2008.

______. GOMES FILHO, Antônio Magalhães; FERNANDES, Antonio Scarance. Recursos no processo penal. São Paulo: Ed. Revista dos Tribunais, 1996.

GUERRA, Fernando Bejerano. *Los efectos de las reformas penales en el delito de conducción bajo la influencia de bebidas alcohólicas*. Estudios Monográficos. Número 10, ano I, novembro de 2004. Biblioteca do IBCCrimSP.

GÜNTHER, Kaiser. *Delincuencia de Tráfico y Prevención General – investigaciones sobre la criminología y el derecho penal del tráfico*. Madrid: Ed. Espasa – Calpe, S.A., 1979.

HADDAD, Eneida Gonçalves de Macedo; PIETROCOLLA, Luci Gati. Penas alternativas: desafiando velhas mentalidades. *Boletim IBCCrim*, São Paulo, ano 6, n. 66, p. 1, maio 1998.

HONORATO, Cássio Mattos. Alterações introduzidas pelo novo Código de Trânsito brasileiro. São Paulo: Sugestões Literárias, 1998.

________. Sanções de trânsito na *common law*: análise doutrinária e estudo de direito comparado dos sistemas jurídicos inglês e norte-americano. *Revista Brasileira de Ciências Criminais*, São Paulo, n. 52, p. 71-134, jan./fev. 2005.

________. Trânsito: infrações e crimes. Campinas/SP: Millenium, 2000.

________. Alterações processuais relevantes trazidas pela Lei n. 11.705/08 aos crimes de trânsito. Disponível em: http://www2.mp.pr.gov.br/cpdignid/noticias/ cep_artigos_ch.html – acesso em 12 de fevereiro de 2012.

HUNGRIA, Nélson; FRAGOSO, Heleno. Comentários ao Código Penal. 6. ed. Rio de Janeiro: Forense, 1980, v. I, t. I.

________. Comentários ao Código Penal. 4. ed. Rio de Janeiro: Forense, 1958, v. I, t. II.

JARDIM, Afrânio Silva, AMORIM, Pierre Souto Maior Coutinho de. Direito Processual Penal. Estudos e Pareceres. 13 ed. Rio de Janeiro: Lumen Juris, 2014.

JESUS, Damásio Evangelista de. Código de Processo Penal anotado. 14. ed. São Paulo: Saraiva, 1998.

________. Código Penal anotado. São Paulo: Saraiva, 1989.

________. Código Penal anotado. São Paulo: Saraiva, 1998.

________. Direito Penal: parte geral. 11. ed. São Paulo: Saraiva, 1986, v. 1-2.

________. Dois temas da parte penal do Código de Trânsito brasileiro. *Boletim IBCCrim*, São Paulo, ano 5, n. 61, p. 10, dez. 1997.

________. Lei dos juizados especiais criminais anotada. São Paulo: Saraiva, 1998.

________. Natureza jurídica dos crimes de trânsito. São Paulo: Paloma, 1998.

________. Notas ao art. 306 do Código de Trânsito: crime de embriaguez ao volante. *Boletim IBCCrim*, São Paulo, ano 6, n. 67, p. 14, jun. 1998.

________. Perdão judicial nos delitos de trânsito. *Boletim IBCCrim*, São Paulo, ano 6, n. 63, p. 2, fev. 1998.

________. Perdão judicial nos delitos de trânsito. *Revista Jurídica*, Porto Alegre, v. 46, n. 248, p. 41-43, jun.1998.

________. Crimes de trânsito. São Paulo: Saraiva, 1998.

KELSEN, Hans. Teoria geral do direito e do Estado. São Paulo: Martins Fontes, 1992.

LAVES, Wolfgang. *Los Accidentes de la circulación*. Madrid: Editorial Paz Montalvo, 1959.

LEAL, João José. O CTB e o homicídio culposo de trânsito – duas penas e duas medidas. *Boletim IBCCrim*, São Paulo, ano 6, n. 65, p. 3-4, abr. 1998.

LEITE DE CARVALHO, Antônio César. Juizados Especiais Criminais. Curitiba: Juruá Editora, 2006.

LIMA, Renato Brasileiro de. Manual de Processo Penal. 2 ed. Salvador: Jus Podivm, 2014.

LIMA, Marcellus Polastri. Crimes de trânsito e a transação penal. *Boletim IBCCrim*, São Paulo, ano 6, n. 66, p. 10, maio 1998.

LISZT, Franz von. Tratado de Derecho Penal, Tomo Segundo, 4. ed. Madrid: Editorial Reus S.A, 1999.

LOPES, Fábio Motta. A imprestabilidade do bafômetro como prova no processo penal. *Boletim IBCCrim*, São Paulo, ano 16, n. 191, p. 8, out. 2008.

MACHADO, Antonio Alberto. Teoria Geral do Processo Penal. São Paulo: Atlas, 2009.

________. Curso de Processo Penal. 2 ed. São Paulo: Atlas, 2009.

MACHADO, Bruno Amaral. Omissão de socorro e vítima com morte instantânea. *Boletim IBCCrim*, São Paulo, ano 6, n. 66, p. 11, maio 1998.

________. Termo circunstanciado e delitos de trânsito. *Boletim IBCCrim*, São Paulo, ano 5, n. 61, p. 7, jan. 1998.

MARCÃO, Renato. Embriaguez ao volante; exames de alcoolemia e teste do bafômetro: uma análise do novo art. 306, *caput*, da Lei n. 9.503, de 23.09.1997 (Código de Trânsito Brasileiro). Disponível em: <http://www.apmp.com.br/juridico/ artigos/docs/2008/bafometro_alcoolemia.doc>. Acesso em: 11.09.2008.

________. Crimes de Trânsito. 5 ed. São Paulo: Saraiva, 2015.

MARINONI, Luiz Guilherme. A Ética dos Precedentes. Justificativa do Novo CPC. 2 ed. São Paulo: Revista dos Tribunais, 2016.

MARQUES, José Frederico. Elementos de direito processual penal. Campinas/ SP: Bookseller, 1997, v. 1.

MARQUES, Oswaldo Henrique Duek. Crimes culposos no novo Código de Trânsito. *Boletim IBCCrim*, São Paulo, ano 6, n. 66, p. 12, maio 1998.

MARRONE, José Marcos. Delitos de trânsito: aspectos penais e processuais do Código de Trânsito Brasileiro: Lei n. 9.503-97. São Paulo: Atlas, 1998.

MASSON, Cleber. Código Penal Comentado. 2 ed. Rio de Janeiro: Gen Método, 2014.

MAXIMIANO, Vitore André Zillo. O juizado especial criminal e os novos delitos de trânsito. *Boletim IBCCrim*, São Paulo, ano 6, n. 67, jun. 1998.

MAXIMILIANO, Carlos. *Hermenêutica e aplicação do direito*. 13. ed. Rio de Janeiro: Forense, 1993.

MENDONÇA, Andrey Borges de. Nova Reforma do Código de Processo Penal Comentada – artigo por artigo. 2 ed. São Paulo: Método, 2009.

MEYR, Alexandre. A polícia judiciária e o art. 303 do CTB. *Boletim IBCCrim*, São Paulo, ano 6, n. 67, p. 6, jun. 1998.

MIRABETE, Julio Fabbrini. Crimes de trânsito têm normas gerais específicas. *Boletim* IBCCrim, São Paulo, ano 5, n. 61, p. 13, dez. 1997.

________. Execução penal. 5. ed. São Paulo: Atlas, 1992.

________. Juizado especial criminal. 2. ed. São Paulo: Atlas, 1998.

________. Processo penal. 6. ed. São Paulo: Atlas, 1996.

MITIDIERO, Nei Pires. Crimes de Trânsito e de Circulação Extratrânsito. Comentários à parte penal do CTB. São Paulo: Saraiva, 2015.

MONTEIRO, Ruy Carlos de Barros. Crimes de trânsito: (e a aplicação da Lei n. 9.099, de 26.09.1995, e a responsabilidade civil): jurisprudência do STF e do STJ atualizada até 29 de junho de 1998. São Paulo: Juarez de Oliveira, 1999.

MULLER, Walter Martins. Bafômetro: exame obrigatório ou não? *Boletim IBCCrim*, São Paulo, ano 6, n. 66, p. 9, maio 1998.

________. LEON, Altair Ramos. Comentários ao novo Código de Trânsito Brasileiro. *Boletim IBCCrim*, São Paulo, ano 6, n. 63, p. 5, fev. 1998.

NOGUEIRA, Fernando Célio de Brito. Crimes do Código de Trânsito. São Paulo: Atlas, 1999.

________. Do alcance do art. 291 do CT e da inexigibilidade de representação nos crimes de trânsito de embriaguez e racha. Coordenador: Mário Antonio Lobato de Paiva. Leme/SP: LED, 2001. (Temas atuais em direito e processo penal).

________. Suspensão condicional do processo: momento da proposta. MP Paulista, dezembro de 1996. *Boletim IBCCrim*, São Paulo, ano 4, n. 50, p. 25, jan. 1997.

________. Temas centrais da lei do juizado especial criminal. Leme/SP: JH Mizuno, 2006.

NOGUEIRA, Paulo Lúcio. Comentários à lei de execução penal. São Paulo: Saraiva, 1990.

________. Curso completo de processo penal. 6. ed. São Paulo: Saraiva, 1991.

________. Leis especiais. 2. ed. São Paulo: LEUD, 1992.

NORONHA, Edgard Magalhães. Direito penal: introdução e parte geral. 25. ed., atual. por Adalberto Q. T. de Camargo Aranha. São Paulo: Saraiva, 1987, v. 1.

________. Curso de direito processual penal. 17. ed. São Paulo: Saraiva, 1986.

________. Do Crime Culposo. São Paulo: Saraiva, 1966.

NUCCI, Guilherme de Souza. Leis penais e processuais penais comentadas. 8 ed. Rio de Janeiro: Gen Forense, 2014.

________. A presunção de inocência e a 'lei seca'. *Carta Forense*, São Paulo, ed. 63, p. 14-15, ago. 2008.

________. Código de Processo Penal comentado. 14 ed. Rio de Janeiro: Gen Forense, 2015.

________. Código Penal Comentado. 15 ed. Rio de Janeiro: Gen Forense, 2015.

OLIVEIRA, William Terra de. CTB – Controvertido natimorto tumultuado. *Boletim IBCCrim*, São Paulo, ano 5, n. 61, p. 5-7, dez. 1997.

PAGLIUCA, José Carlos Gobbis. Direito penal do trânsito. São Paulo: Juarez de Oliveira Ltda., 2000.

PARIZATTO, João Roberto. Delitos em acidentes de trânsito. São Paulo: EUD, 1988.

PAZZAGLINI FILHO, Marino et al. Juizado especial criminal. 2. ed. São Paulo: Atlas, 1997.

PELUSO, Vinicius de Toledo Piza. Breves notas sobre a aplicação do Código de Trânsito Brasileiro. *Boletim IBCCrim*, São Paulo, ano 6, n. 63, p. 3, fev. 1998.

________. O crime de embriaguez ao volante e o "bafômetro": algumas observações. *Boletim IBCCrim*, São Paulo, ano 16, n. 189, p. 16, ago. 2008.

PINHEIRO, Geraldo de Faria Lemos. Breves anotações sobre o Código de Trânsito Brasileiro. *Boletim IBCCrim*, São Paulo, ano 5, n. 61, p. 11, dez. 1997.

________. Enfim, o código: Lei n. 9503, de 23.09.1997. *Boletim IBCCrim*, São Paulo, ano 5, n. 60, p. 14-15, nov. 1997.

________. RIBEIRO, Dorival; OLIVEIRA, Juarez de. Código de Trânsito Brasileiro sistematizado. São Paulo: Oliveira Mendes, 1998.

PINTO, Ronaldo Batista; GOMES, Luiz Flávio; SANCHES CUNHA, Rogério. Comentários às reformas do CPP e da Lei de Trânsito. São Paulo: Ed. Revista dos Tribunais, 2008.

PIRES, Ariosvaldo de Campos Pires; SALES, Sheila Jorge Selim de. Crimes de trânsito na Lei 9.503/97. Belo Horizonte: Del Rey, 1998.

POLASTRI LIMA, Marcellus. O Processo Penal dos Crimes de Trânsito. Rio de Janeiro: Lumen Juris, 2001.

QUEIJO, Maria Elizabeth. O Direito de não produzir prova contra si mesmo. São Paulo: Saraiva, 2003.

RANGEL, Paulo. Direito Processual Penal. 24 ed. São Paulo: Atlas, 2016.

REALE, Miguel. Lições preliminares de direito. 11. ed. São Paulo: Saraiva, 1984.

RIZZARDO, Arnaldo. Comentários ao Código de Trânsito Brasileiro. São Paulo: Ed. Revista dos Tribunais, 1998.

ROCHA, Luiz Otávio de Oliveira. Código de Trânsito: primeiras impressões. *Boletim IBCCrim,* São Paulo, ano 5, n. 61, p. 6-8, dez. 1997.

ROXIN, Claus. Estudos de Direito Penal. 2 ed. Rio de Janeiro: Renovar, 2008.

SALLES JUNIOR, Romeu de Almeida. Homicídio e lesão corporal culposos. São Paulo: Oliveira Mendes, 1998.

SANTOS, Juarez Cirino dos. A moderna teoria do fato punível. São Paulo: Freitas Bastos, 2002.

SARRUBBO, Mário Luiz. A embriaguez nas infrações penais de trânsito. 2001. Dissertação (Mestrado em Direito das Relações Sociais) – Pontifícia Universidade Católica de São Paulo, São Paulo, 2001.

SHECAIRA, Sérgio Salomão. Primeiras perplexidades sobre a nova lei de trânsito. *Boletim IBCCrim*, São Paulo, ano 5, n. 61, p. 3, dez. 1997.

SILVA JUNIOR, Edison Miguel da; SILVA, Mozart Brum. Crimes de trânsito: multa reparatória. *Boletim IBCCrim,* São Paulo, ano 6, n. 67, p. 13, jul. 1998.

SILVA, De Plácido e. Vocabulário jurídico. 10. ed. Rio de Janeiro: Forense, 1987.

SILVA, José Afonso da. Curso de direito constitucional positivo. 8. ed. São Paulo: Malheiros, 1992.

SILVA, José Geraldo da. Os crimes de trânsito e a Lei n. 9.099/95. *Boletim IBCCrim*, São Paulo, ano 6, n. 67, p. 5, jun. 1998.

________. GENOFRE, Fabiano; LAVORENTI, Wilson. Leis penais especiais anotadas. Campinas/SP: Millenium, 2003.

STOCO, Rui. Código de Trânsito brasileiro: disposições penais e suas incongruências. *Boletim IBCCrim,* São Paulo, ano 5, n. 61, p. 8-10, dez. 1997.

________. TAVARES, Juarez. Direito Penal da Negligência. 2. ed. Rio de Janeiro: Lumen Juris, 2003.

TOLEDO, Francisco de Assis. Princípios básicos de direito penal. 3. ed. São Paulo: Saraiva, 1987.

ZAFFARONI, Eugenio Raúl; PIERANGELLI, José Henrique. Da tentativa. 3. ed. São Paulo: Ed. Revista dos Tribunais, 1992.

________. *Tratado de Derecho Penal – parte general II.* Buenos Aires: Ediar, 1987.

________. *En torno de la cuestión penal.* Buenos Aires: Editorial IBdeF, 2005.

________. O inimigo no Direito Penal. Rio de Janeiro: Revan, 2007.

CAPÍTULO 25

Crime Ambiental – Lei nº 9.605/1998

Rafael Schwez Kurkowski

CAPÍTULO I
DISPOSIÇÕES GERAIS

Nesta introdução, demonstra-se a **adequação do direito penal, principalmente por meio dos crimes de perigo, para tutelar do meio ambiente**. Também, apresentam-se observações de cunho geral sobre os crimes ambientais, notadamente quanto ao seu bem jurídico, aos sujeitos e ao (des)cabimento do princípio da insignificância.

O meio ambiente saudável é um direito coletivo, de titularidade difusa, também qualificado como direito fundamental de terceira geração/dimensão. Na condição de bem de uso comum do povo e dada a sua importância à geração atualmente existente e às gerações futuras, o meio ambiente reclama uma proteção prioritariamente voltada à prevenção do dano, em vez da sua reparação ou da sua mera indenização. A regeneração do meio ambiente (objeto jurídico dos crimes tipificados nos arts. 38-A e 48), em regra, é possível, todavia, pode levar décadas; já a simples indenização não recompõe o bem ambiental. Por essa razão é preferível a prevenção à reparação.

Os princípios da precaução e da prevenção reclamam a atuação preventiva nesse sentido. O princípio da precaução decorre implicitamente da exigência, feita no art. 225, § 4º, IV, da CF, do estudo prévio de impacto ambiental e tem previsão expressa no art. 1º da Lei n. 11.105/2005. Havendo incerteza científica (risco potencial) quanto aos efeitos de determinada conduta sobre o meio ambiente, deve ser adotada a posição mais favorável ao meio ambiente, aplicando-se o *in dubio pro natura*, como observam Pedro Abi-Eçab e Alexandre Gaio.[1] A incerteza científica sobre os efeitos ambientalmente negativos de determinadas atividades não justifica a recusa para adotar soluções que protejam o meio ambiente. Com base no princípio da precaução, o STJ tem determinado a inversão do ônus da prova nas ações civis públicas ambientais (AgInt no AREsp 1311669/SC, Rel. Min. Ricardo Cueva, 3ª T., J. em 03/12/2018). Diferentemente, o princípio da prevenção conduz à adoção de medidas para evitar impactos ou riscos ambientais cujas consequências já são conhecidas pela ciência, vale dizer, no contexto de certeza científica (risco certo).[2]

1 ABI-EÇAB, Pedro; GAIO, Alexandre. Tutela do Meio Ambiente. *In*: VITORELLI, Edilson (Org.). *Manual de Direitos Difusos*. 2. ed. Salvador: Juspodivm, 2019. p. 661-845. p. 678.

2 Registra-se a existência de doutrina minoritária, aqui representada por Sirvinskas, no sentido de que a prevenção seria gênero do qual decorreriam duas espécies: a precaução e a cautela (SIRVINSKAS, Luís Paulo. *Manual de direito ambiental*. 14. ed. São Paulo: Saraiva, 2016. p. 148).

A proteção do meio ambiente sucede mediante a tríplice responsabilização ambiental prevista no art. 225 da CF: o infrator ambiental está sujeito à responsabilidade tanto sob o ponto de vista criminal como cível e administrativo.

Ademais, na medida em que é fundamental a prevenção do dano ambiental, a política criminal recomenda a utilização do Direito Penal para a tutela do meio ambiente. Respeita-se a subsidiariedade porque as demais medidas de cunho administrativo e cível se afiguram insuficientes para essa proteção. Aliás, o próprio constituinte originário, no art. 225, § 3º, da CF, em caráter vinculante ao Poder Público, determinou o emprego do direito penal, ao lado do direito civil e do direito administrativo, para a tutela do meio ambiente. Além de esse artigo constituir verdadeiro **mandado de criminalização**[3], ele encerra o princípio hermenêutico *in dubio pro natura*, na seara da responsabilidade civil ambiental (STJ, 2ª T., REsp n. 1145083/MG (2009/0115262-9), j. 27.09.11).

Igualmente, a proporcionalidade, não como a clássica proibição do excesso, mas enquanto a proibição da proteção insuficiente/deficiente[4], justifica o manejo do Direito Penal para a tutela ambiental. Basicamente, o poder público necessita do direito penal para oferecer uma proteção eficaz e suficiente ao meio ambiente.

Para permitir uma proteção eficiente do meio ambiente, na qual se procura prevenir – e não apenas reparar – o dano, o Direito Penal Ambiental procura, muitas vezes, punir a conduta que gera algum risco considerável de dano ambiental. De fato, "a **tipificação da 'probabilidade de dano'** aumenta a possibilidade de se evitar a ocorrência de um prejuízo [dano] ambiental, em face do potencial e presumível desestímulo que a existência de um tipo penal deve exercer sobre os indivíduos".[5] Para tanto, o Direito Penal Ambiental utiliza tipos constituídos por **crime de perigo**, concreto ou abstrato. Enquanto o crime de dano causa uma lesão efetiva, o crime de perigo conduz uma potencialidade de lesão, realizável ou não, em concreto, que o legislador

---

3 "Mandados expressos de criminalização são disposições constitucionais que impõem a criminalização de certas ações. Não por acaso, esses mandados vêm expressos no título de garantias fundamentais da Constituição Federal, o que permite a conclusão de que a criminalização de certas de certas condutas pelo legislador infraconstitucional representa um direito fundamental coletivo" (FRISCHEISEN, Luiza Cristina Fonseca. GARCIA, Mônica Nicida. GUSMAN, Fábio. Execução provisória da pena. Um contraponto à decisão do Supremo Tribunal Federal no Habeas Corpus 84.078. In: CALABRICH, Bruno. FISCHER, Douglas. PELELLA, Eduardo (org.). *Garantismo penal integral*: questões penais e processuais, criminalidade moderna e aplicação do modelo garantista no Brasil. 3. ed. São Paulo: Ed. Atlas, 2015. p. 491-517.). Apenas se acrescenta que a Constituição apresenta direitos fundamentais fora do catálogo do seu art. 5º.

4 Sobre o princípio da proibição da proteção insuficiente, conferir: KURKOWSKI, Rafael Schwez. A justificação constitucional da execução provisória da pena privativa de liberdade na pendência dos recursos extraordinário e especial recebidos sem efeito suspensivo. *Revista Brasileira de Direito*, São Paulo, v. 18, n. 7, p. 242-262, set./dez. 2017. Disponível em: http://www.rdb.org.br/ojs/index.php/rdb/article/view/504. Acesso em: 27 jan. 2018; KURKOWSKI, Rafael Schwez. PIEDADE, Antônio Sérgio Cordeiro. Justificação constitucional da execução provisória da pena privativa de liberdade na pendência dos recursos extraordinário e especial recebidos sem efeito suspensivo. *Revista Duc in Altum Cadernos de Direito*, Recife, v. 9, n. 18, p. 121-163, mai./ago. 2017. Disponível em: http://www.faculdadedamas.edu.br/revistafd/index.php/cihjur/article/view/609/521. Acesso em: 27 jan. 2018; KURKOWSKI, Rafael Schwez. SUXBERGER, Antônio Henrique Graciano. Execução provisória da pena privativa de liberdade: resultado da harmonização entre a presunção de inocência e a segurança pública. *E-Civitas – Revista Científica do Curso de Direito do UNIBH*. Belo Horizonte. Volume IX, número 2, dezembro de 2016. Disponível em: http://revistas.unibh.br/index.php/dcjpg/article/view/1994. Acesso em: 07 mar. 17; STRECK, Lenio Luiz. A dupla face do princípio da proporcionalidade: da proibição de excesso (Übermassverbot) à proibição de proteção deficiente (Untermassverbot) ou de como não há blindagem contra normas penais inconstitucionais. *Revista da Ajuris*, ano XXXII, n. 97, março de 2005. p.171-202; SARLET, Ingo Wolfgang. *Constituição e proporcionalidade: o direito penal e os direitos fundamentais entre proibição de excesso e de insuficiência*. 2005. Disponível em: http://egov.ufsc.br/portal/sites/default/files/anexos/15113-15114-1-PB.htm. Acesso em: 18 abr. 2017; PULIDO, Carlos Bernal. *O direito dos direitos*: escritos sobre a aplicação dos direitos fundamentais. Tradução de Thomas da Rosa de Bustamante. São Paulo: Ed. Marcial Pons, 2013; CANARIS, Claus-Wilhelm. *Direitos Fundamentais e Direito Privado*. Tradução: Ingo Wolfgang Sarlet e Paulo Mota Pinto. Lisboa: Almedina, 2012.

5 DINO NETO, Nicolau; BELLO FILHO, Ney; DINO, Flávio. *Crimes e infrações administrativas ambientais*. 3. ed. Belo Horizonte: Del Rey, 2011. p. 173.

deseja cortar no nascedouro. No perigo concreto, a realização do tipo exige a constatação de perigo real, concreto; já no perigo abstrato, essa constatação é dispensável, por se tratar de perigo presumido de lesão.[6] Com efeito, o "direito criminal ambiental possui características peculiares, dentre as quais destacamos a prospecção ou caráter preventivo (e não apenas retrospectivo/repressivo, isto é, que surge após o dano), o que leva à antecipação da tutela penal"[7].

Além da vocação preventiva da legislação penal ambiental, a Lei n. 9.605/1998 – LCA também tem por escopo a reparação dos danos ambientais causados. Para tanto, "o princípio do poluidor pagador refletirá na elaboração de normas penais ambientais que visem diretamente à prevenção de danos, criminalizando condutas de perigo, mas também reforçará a ideia de reparação de danos, caso se verifique a consumação da lesão".[8] O próprio princípio da prevenção reclama a criação dos crimes de perigo.

Pelo caráter dinâmico do meio ambiente e em função do avanço da ciência para identificar novas formas de danos ambientais e de prevenção destes, a LCA faz uso de uma **tipicidade penal aberta**, que é refletida nos seguintes casos: a) crime culposo; b) crime comissivo por omissão; c) presença de elementos normativos no tipo; e d) norma penal em branco. Nesta, há a necessidade de complementação para que se possa compreender o âmbito de aplicação do seu preceito primário; se o complemento provém da mesma fonte legislativa que editou a norma, trata-se de norma penal em branco homogênea; se o complemento provém de outra fonte, trata-se de norma penal em branco heterogênea.[9] Com efeito, uma proteção ambiental adequada seria incompatível com a consolidação – exigida pelo princípio da taxatividade da lei penal –, no tipo, de dados dinâmicos do meio ambiente. Por exemplo: o art. 34 incrimina a pesca em período proibido pela autoridade pública (período do "defeso"), de que é exemplo a piracema; ocorre que a época da piracema varia em cada região do país, o que inviabiliza a previsão desse período em lei; por essa razão, a previsão abstrata do crime do art. 34 necessita da complementação do ato administrativo da autoridade pública.

Quando a denúncia se refere a um tipo que é norma penal em branco, ela deve, necessariamente, sob pena de inépcia, descrever a complementação. Por exemplo, no crime de pesca em local proibido, a acusação deve demonstrar a existência do ato normativo que proíbe a pesca no local em que ela sucedeu; se não houver tal demonstração, a denúncia será considerada inepta.

Em se tratando de crimes ambientais, afigura-se útil "a distinção entre o ambiente como **bem jurídico *categorial***, ou seja, como objeto jurídico genérico de proteção, e como bem jurídico *específico* (em sentido técnico) protegido em um determinado tipo legal de delito, isto é, como objeto jurídico próprio de cada figura delitiva".[10] Assim, o meio ambiente consiste em objeto jurídico constante de todo e qualquer crime ambiental. Mesmo nos crimes tipificados na Seção V desta Lei ("Dos Crimes contra a Administração Ambiental"), objetiva-se a tutela da higidez do meio ambiente o qual será posto em xeque na hipótese da concessão de uma licença ambiental em desacordo com a legislação, por exemplo, no caso do crime tipificado no art. 67. Nessa hipótese, ao lado do meio ambiente, também ostenta a qualidade de bem jurídico (específico) a Administração Pública ambiental.

O meio ambiente tem definição legal, no art. 3º, I, da Lei n.6.938/1981: "Para os fins previstos nesta Lei, entende-se por: I – meio ambiente, o conjunto de condições, leis, influências e

---

6 TOLEDO, Francisco de Assis. *Princípios básicos de direito penal*. 5. ed. São Paulo: Saraiva, 194. p. 143.

7 FIORILLO, Celso Antonio Pacheco; CONTE, Christiany Pegorari. *Crimes ambientais*. São Paulo: Saraiva, 2012. p. 13.

8 CRUZ, Ana P. F. N. A responsabilidade penal da pessoa física, a culpabilidade e as excludentes em matéria penal ambiental. *In*: MARCHESAN, Ana Maria Moreira; STEIGLEDER, Annelise Monteiro. (Org.). *Crimes ambientais:* comentários à lei 9.605/98. Porto Alegre: Livraria do Advogado, 2013. p. 48.

9 GRECO, Rogério. *Curso de Direito Penal*. 11. ed. Rio de Janeiro: Impetus, 2009. p. 22-23.

10 PRADO, Luiz Régis. *Direito penal do ambiente*. 4. ed. São Paulo: Revista dos Tribunais, 2012. p. 118.

interações de ordem física, química e biológica, que permite, abriga e rege a vida em todas as suas formas". Leme Machado aponta a existência de legislação estadual que também define o meio ambiente: art. 1º, parágrafo único, do Decreto-Lei n. 134/1975, do Rio de Janeiro; art. 3º da Lei n. 4.090/1979 de Alagoas; art. 2º, I, da Lei n. 5.793/1980, de Santa Catarina; art. 1º, parágrafo único, da Lei n. 7.772/1980, de Minas Gerais; art. 2º da Lei n. 3.858/1980, da Bahia; art. 2º, parágrafo segundo, *a*, da Lei n. 4.154/1980; art. 3º, II, da Lei n. 7.488/1981, do Rio Grande do Sul.[11]

Sustentando a insuficiência desse conceito legal, Sirvinskas propõe que o meio ambiente pode ser dividido em: a) meio ambiente natural: aquele que existe *de per si*, a exemplo da atmosfera, águas, solo, biodiversidade, patrimônio genético (art. 225 da CF); b) meio ambiente artificial: aquele que integra os equipamentos urbanos, os edifícios comunitários (arts. 21, XX, 182 e ss. e 225, todos da CF); c) meio ambiente cultural: aquele que integra os bens de natureza material e imaterial, a exemplo dos conjuntos urbanos e sítios de valor histórico (arts. 215 e 216 da CF); e d) meio ambiente do trabalho: aquele que integra a proteção do homem em seu local de trabalho, com observância às normas de segurança (arts. 7º, XXII, e 200, VII e VIII, ambos da CF).[12] Seguindo essa linha, a definição de meio ambiente de Migliari é completa: "O meio ambiente é a integração e a interação do conjunto de elementos naturais, artificiais, culturais e do trabalho que propiciem o desenvolvimento equilibrado de todas as formas, sem exceções".[13] Fiorillo e Conte acrescentam ainda o meio ambiente digital, que envolve a "manifestação de pensamento, criação, expressão e informação realizados pela pessoa humana com a ajuda de computadores".[14]

O **princípio da insignificância** constitui causa supralegal de exclusão da tipicidade, em razão da inexistência de lesão ao bem jurídico protegido pela norma penal. Seus requisitos são: a) mínima ofensividade da conduta do agente; b) nenhuma periculosidade social da ação; c) reduzidíssimo grau de reprovabilidade do comportamento; d) inexpressividade da lesão jurídica provocada.

Parte significativa da doutrina é contrária ao seu cabimento nos crimes ambientais, com base, principalmente, em três motivos: a) titularidade difusa do bem jurídico; b) importância fundamental do meio ambiente; e c) impossibilidade de aferir, consideradas as relações de dependência recíproca existentes no interior de um ecossistema, se o dano ambiental é, realmente, insignificante para o meio ambiente.

Na jurisprudência, o STJ e o STF admitem a insignificância para os crimes ambientais, desde que presentes todos os seus requisitos, o que, na prática, é muito raro: no crime de pesca, p. ex., se houver a utilização de petrechos proibidos, a reprovabilidade não é baixa; se o ato for praticado num domingo, a reprovabilidade não é baixa porque o agente se aproveita da menor fiscalização da autoridade pública nesse dia. Essas circunstâncias afastam, então, o princípio da bagatela. Neste sentido, o STF decidiu que: "O princípio da bagatela não se aplica ao crime previsto no art. 34, 'caput' c/c parágrafo único, II, da Lei 9.605/1998. Com base nesse entendimento, a Primeira Turma denegou a ordem de 'habeas corpus' em que se pleiteava a aplicação do princípio da insignificância à realização de pesca em período de defeso com o uso de método não permitido, ante a alegada irrelevância do dano ambiental causado pela pesca de sete quilos de camarão. A Turma afirmou que as circunstâncias da prática delituosa não afastam a configuração do tipo penal. Tais circunstâncias devem repercutir na fixação da pena. Ademais, a natureza do bem protegido – o meio ambiente – afasta a construção jurisprudencial do crime

11 MACHADO, Paulo Affonso Leme. *Direito Ambiental Brasileiro*. 21. ed. São Paulo: Malheiros, 2013. p. 63-64.

12 SIRVINSKAS, Luís Paulo. *Manual de direito ambiental*. 14. ed. São Paulo: Saraiva, 2016. p. 130.

13 MIGLIARI JR., Arthur. *Crimes ambientais*: Lei 9.605/98, novas disposições penais gerais: concurso de pessoas, responsabilidade penal da pessoa jurídica, desconsideração da personalidade jurídica. 2. ed. Campinas: CS Edições, 2004. p. 39.

14 FIORILLO, Celso Antonio Pacheco; CONTE, Christiany Pegorari. *Crimes ambientais*. São Paulo: Saraiva, 2012. p. 15.

de bagatela" (STF, Informativo n. 901, HC 122560/SC, Rel. Marco Aurélio, J. em 08/05/2018; conferir também o STF, AgReg no HC n. 223419, Rela. Cármen Lúcia, 1ª T., J. em 27/3/23). O STJ já decidiu em sentido semelhante (STJ, 5ª T., AgRg no REsp n. 1862960/TO, Rel. Félix Fischer, J. em 18/05/20).

Afigura-se correto o posicionamento da inaplicabilidade do princípio da insignificância aos crimes ambientais. Além do acerto dos motivos elencados acima, a interpretação sistemática da LCA reforça essa conclusão. Considerado o caráter especial do bem jurídico meio ambiente, a própria lei ambiental já previu soluções para as condutas que não atingem o meio ambiente de forma tão intensa, tais como a transação (art. 27), a suspensão condicional do processo (art. 28) e o termo de compromisso a que se refere o art. 60 da Lei n. 12.651/2012. Descabe a aplicação da insignificância aos crimes ambientais porque a própria Lei já "adequou" a punição às condutas de menor repercussão negativa sobre o meio ambiente.

A **teoria dos *crimes de acumulação***, de origem alemã e cujo cabimento no Brasil não é pacífico, também afasta a aplicação do princípio da bagatela dos crimes ambientais. Os delitos de acumulação têm cabimento quando se trata de bens coletivos e se relacionam à atual sociedade de risco. Individualmente considerada, a conduta praticada pelo agente não tem o condão de ofender o bem jurídico tutelado pelo tipo penal. Todavia, se considerada a acumulação dessas condutas praticadas, individualmente, por vários agentes, o bem jurídico é posto em risco. Por exemplo, uma conduta de pesca ilegal ou de poluição, individualmente analisada e a princípio considerada irrelevante, deveria ser objeto de aplicação de pena, já que inúmeras condutas do mesmo porte produzirão uma lesão penalmente relevante. Diante dessa circunstância, pode-se sustentar o descabimento da aplicação do princípio da insignificância para esses crimes.

O STJ já adotou essa teoria dos delitos por acumulação, em decisão monocrática, com referência ao crime tipificado no art. 55: "Os crimes ambientais fazem parte dos delitos de acumulação, ou seja, aqueles que consistem em condutas com pequeno desvalor de resultado, mas que, se praticadas por muitos causam um dano ou um risco de lesão futura considerável. Com o advento destes tipos penais surge a consciência de que atos que lesionam objetos jurídicos transindividuais podem causar consequências até mais graves do que lesões individuais, porque atingem a massa de uma forma mediata, no entanto, muito cruel" (STJ, AG em RESP 1129732, decisão monocrática, Rel. Reynaldo da Fonseca, J. em 24/11/2017). Também por decisão monocrática, o STJ aplicou a teoria dos crimes por acumulação ao crime de pesca: "É evidente que a proteção ao meio ambiente é devida e que, inclusive, a conduta perpetrada caracteriza, em tese, delito de acumulação. Afinal, mesmo que a pesca de poucos peixes seja aparentemente inexpressiva, a repetição da conduta, por uma série de indivíduos, poderia gerar um grave dano, mormente em se tratando de proteção ao meio ambiente, bem constitucionalmente protegido (art. 225 da CF)" (STJ, RESP 1765951, decisão monocrática, Rel. Félix Fischer, J. em 02/10/2018).

Art. 1º. (VETADO)

A Lei n. 9.605/1998, originalmente, foi projetada para ser um diploma de responsabilização penal, administrativa e civil das pessoas jurídicas e físicas responsáveis por danos ao meio ambiente. Todavia, após os vetos do Presidente da República, "surgiu uma legislação de caráter nitidamente criminal e administrativo, aplicando penas e medidas administrativas, não obstante tenhamos noções tipicamente civis no seu artigo 4º, como é o caso da desconsideração da personalidade jurídica".[15]

15 MIGLIARI JR., Arthur. *Crimes ambientais*: Lei 9.605/98, novas disposições penais gerais: concurso de pessoas, responsabilidade penal da pessoa jurídica, desconsideração da personalidade jurídica. 2. ed. Campinas: CS Edições, 2004. p. 39.

Há antecedentes legislativos que já dispuseram e/ou ainda dispõem sobre a proteção penal do meio ambiente: Lei nº 4.771/1965 (antigo Código Florestal); Lei nº 5.197/1967 (proteção à fauna), alterada pela Lei nº 7.653/1988; Lei nº 6.938/1981 (Política Nacional do Meio Ambiente). Quase todos os tipos previstos nessas leis constituem crimes de dano, e não de perigo, o que prejudica a função preventiva do direito penal que também deve atuar sobre a geração do risco que se concretiza no dano. Observa-se, em razão disso, a insuficiência da proteção do meio ambiente, situação que foi parcialmente melhorada pela edição da LCA.

Art. 2º. Quem, de qualquer forma, concorre para a prática dos crimes previstos nesta Lei, incide nas penas a estes cominadas, na medida da sua culpabilidade, bem como o diretor, o administrador, o membro de conselho e de órgão técnico, o auditor, o gerente, o preposto ou mandatário de pessoa jurídica, que, sabendo da conduta criminosa de outrem, deixar de impedir a sua prática, quando podia agir para evitá-la.

Considerando a titularidade difusa do meio ambiente (enquanto bem jurídico), a coletividade é **sujeito passivo (vítima)** constante dos crimes ambientais. O sujeito passivo é indeterminado, portanto. Mesmo na hipótese da pichação de edifício de propriedade particular (art. 65), toda a sociedade figura como vítima tendo em vista o seu direito ao meio ambiente artificial saudável, o qual é atingido negativamente pela pichação. Contudo, em alguns crimes ambientais, pode haver, também, um sujeito passivo determinado. Nesse exemplo da pichação, o proprietário do prédio atingido ostenta a qualidade de vítima determinada, o que lhe confere legitimidade inclusive para o ajuizamento da ação penal privada subsidiária da pública, como será visto nos comentários ao art. 26.

No atinente ao **sujeito ativo do crime ambiental**, a primeira parte deste art. 2º, sendo complementada pela regra do art. 29 do CP, por força do art. 79 da LCA[16], prevê as modalidades de autoria, coautoria, participação e participação de menor importância. Este art. 2º manteve a teoria monista ou unitária do delito, pela qual todos os concorrentes respondem pelo mesmo crime.

Hipótese especial é a do índio na condição de sujeito ativo, dada a sua integração com a natureza. Freitas apresenta lição completa sobre o assunto, no exemplo de um índio que caça um espécime da fauna silvestre (art. 29): a questão depende da integração dele com a sociedade, então, se o índio for considerado "isolado", a sua ação pode ser tida como exercício regular de direito, sendo portanto aprovada pelo direito (art. 24, § 2º, da Lei n. 6.001/1973); se ele estiver em "vias de integração", é necessário avaliar o seu grau de adesão aos modos de existência dos demais setores da vida nacional; se ele for considerado "integrado", ele será responsabilizado penalmente. Ainda nesse caso, Freitas observa que, além da possibilidade do cabimento da atenuante genérica prevista no art. 56 da Lei n. 6.001/1973, a competência para o julgamento será da Justiça Estadual.[17] "O mero fato de índio figurar como autor do delito ambiental, sem nenhuma conotação especial, não enseja o deslocamento da causa para a Justiça Federal, conforme enunciado da súmula nº 140/STJ" (STJ, 3ª S., CC 93.120/AM, Rel. Jorge Mussi, J. em 09/06/2010).

Quanto ao concurso de agentes entre pessoas físicas e pessoas jurídicas (a responsabilidade penal da pessoa jurídica será analisada nos comentários ao art. 3º), frisa-se a pertinência da aplicação da **teoria do domínio funcional do fato** tanto para incluir quanto para excluir a responsabilidade penal da pessoa física. Rogério Greco leciona que, nessa teoria, baseada na

---

16 No mesmo sentido: FIORILLO, Celso Antonio Pacheco; CONTE, Christiany Pegorari. *Crimes ambientais*. São Paulo: Saraiva, 2012. p. 128.

17 FREITAS, Vladimir Passos de; FREITAS, Gilberto Passos de. *Crimes contra a natureza*. 9 ed. São Paulo: Revista dos Tribunais, 2012. p. 50-51.

divisão de tarefas, cada um dos sujeitos ativos é responsável por uma conduta que, apesar de não ser típica, interfere no "se" e no "como" da empreitada criminosa.[18] Facilita-se a compreensão dessa teoria pelo critério da exclusão, em raciocínio hipotético: "se", suprimida a conduta desempenhada pelo agente, o crime deixar de ser praticado, ele é coautor; "se", suprimida a conduta do agente, o crime houver de ser praticado por outra maneira ("como"), ele é coautor; diversamente, "se", apesar da supressão da conduta do autor, o crime continuar a ser praticado da mesma maneira, ele não pode ser considerado coautor. Esse quadro demonstra que o coautor exerce a decisão comum quanto à prática do crime, razão pela qual ele é considerado coautor.

O STJ já utilizou a teoria sob estudo para excluir a responsabilidade de funcionário de pessoa jurídica que, apesar de denunciado juntamente com esta pela prática de crime ambiental, não tinha ingerência sobre a conduta criminosa: STJ, 5ª T., RHC 34.997/RJ, Rel. Jorge Mussi, J. em 11/04/2013; STJ, 5ª T., HC 119.511/MG, Rel. Jorge Mussi, J. em 21/10/2010. Por outro lado, o mesmo STJ arrimou-se na teoria do domínio do fato para não permitir o trancamento de ação penal na seguinte hipótese de crime ambiental: "A regra de extensão subjetiva do art. 29 do Código Penal dispõe que: 'Quem, de qualquer modo, concorre para o crime incide nas penas a este cominadas, na medida de sua culpabilidade.' 3. Ademais, à luz das disposições contidas no art. 14 da Lei 7.802/89, art. 3º, IV, da Lei 6938/91, art. 2º da Resolução n.º 344, do Conselho Federal de Engenharia, Arquitetura e Agronomia, o engenheiro agrônomo, dotado da expertise da atividade agrícola e possuidor da confiança do agricultor, ao prescrever receituário agronômico em desacordo com as normais legais do uso de agrotóxico, possui controle funcional da conduta ilícita poluente (teoria do domínio do fato). Assim, mesmo não sendo o autor dos atos materiais de poluição, é, sem dúvida, responsável e, por isso, imputável, pela atividade causadora de danos ao meio ambiente" (STJ, 5ª T., RHC 118591/PR, Rel. Ribeiro Dantas, J. em 11/02/2020).

Ainda no caso de concurso de agentes, registra-se que, excepcionalmente, é admitida a **denúncia geral**, ou seja, aquela que imputa, com individualização mínima, mas suficiente, a mesma conduta a todos os concorrentes; contudo, não se admite a **denúncia genérica**, vale dizer, aquela que, ao não individualizar a conduta imputada aos denunciados, não permite a estes o exercício do contraditório e da ampla defesa (STJ, 5ª T., HC 305.636/AL, Rel. Reynaldo Soares da Fonseca, J. em 28/03/2017; STJ, 5ª T., RHC 58.694/RR, Rel. Ribeiro Dantas, J. em 18/10/2016).

A segunda parte do art. 2º apresenta regra de extensão que criou hipótese de **omissão penalmente relevante**, a qual exige a presença concomitante dos seguintes requisitos: o sujeito ativo deve saber da conduta criminosa de outrem e deixar de impedir a sua prática, desde que pudesse agir para evitá-la. Se o agente não souber ou não puder impedir a prática da conduta criminosa por outrem, ele não pode ser punido, sob pena da responsabilidade penal objetiva.

Há uma integração entre o art. 2º da LCA e o art. 13, § 2º, do CP, já reconhecida pelo STJ: "Para que um agente seja sujeito ativo de delito omissivo [impróprio], além dos elementos objetivos do próprio tipo penal, necessário se faz o preenchimento dos elementos contidos no art. 13 do Código Penal: a situação típica ou de perigo para o bem jurídico, o poder de agir e a posição de garantidor" (STJ, 6ª T., REsp 1618975/PR, Rel. Sebastião Reis Júnior, J. em 07/03/2017). "Assim, o dirigente ou assemelhado ocupa a função de garante do bom gerenciamento de riscos por parte da empresa que administra, sendo, portanto, como corresponsável pela não adoção de medidas e condutas de modo a não atender aos riscos inerentes à atividade e que venham a redundar em delitos contra o meio ambiente".[19] Na linha do STF, o "art. 2º da Lei nº 9.605/98

18 GRECO, Rogério. *Código penal*: comentado. 6. ed. Niterói: Impetus, 2012, p. 92.

19 CRUZ, Ana P. F. N. A responsabilidade penal da pessoa física, a culpabilidade e as excludentes em matéria penal ambiental. *In*: MARCHESAN, Ana Maria Moreira; STEIGLEDER, Annelise Monteiro. (Org.). *Crimes ambientais:* comentários à lei 9.605/98. Porto Alegre: Livraria do Advogado, 2013. p. 38.

prevê expressamente a responsabilidade do administrador da empresa que de qualquer forma concorre para a prática de crimes ambientais, ou, se omite para tentar evitá-los" (STF, 2ª T., HC 97484, Rel. Ellen Gracie, J. em 23/06/2009). Essa modalidade de comissão por omissão é baseada sobre uma causalidade hipotético-normativa, já que, do ponto de vista natural, nenhuma conduta surge da omissão, do nada. No caso da LCA, esse tipo de responsabilidade pode, quando o agente deixa de impedir a prática do crime ambiental, ser atribuída aos seguintes sujeitos: diretor (aquele que conduz os destinos da pessoa jurídica), administrador (aquele que operacionaliza as decisões tomadas por quem dirige a empresa), membro de conselho de órgão (aqueles que são responsáveis por parecer técnico que conduz a atitude da pessoa jurídica), auditor (aquele que tem por função a fiscalização da atividade da empresa) e preposto, gerente ou mandatário (aquele sujeito vinculado à pessoa jurídica que assume a direção, ainda que para ato específico, e exercendo o mandato que lhe foi outorgado). Ademais, a conjugação desse art. 2º sob estudo com o art. 54, § 1º, cria a possibilidade do crime comissivo por omissão culposa.[20]

Art. 3º. As pessoas jurídicas serão responsabilizadas administrativa, civil e penalmente conforme o disposto nesta Lei, nos casos em que a infração seja cometida por decisão de seu representante legal ou contratual, ou de seu órgão colegiado, no interesse ou benefício da sua entidade.

Parágrafo único. A responsabilidade das pessoas jurídicas não exclui a das pessoas físicas, autoras, co-autoras ou partícipes do mesmo fato.

A responsabilização penal da pessoa jurídica depende da teoria que se adota quanto à sua personalidade. Pela teoria da ficção, criada por Savigny, a pessoa jurídica é uma abstração. Como ela não existe materialmente, carece de vontade própria, consciência e finalidade, sendo, exatamente por isso, incapaz de delinquir. Daí advém a máxima *societas non potest delinquere*. Ao revés, pela teoria da realidade, criada por Otto Gierke, a pessoa jurídica é um ente real e autônomo frente aos indivíduos que a compõem. Diante da sua personalidade real, a pessoa jurídica é capaz de dupla responsabilidade: civil e penal.[21] Já a teoria da responsabilidade pelo fato de outrem (aquela segundo a qual os mandantes respondem pelos atos praticados pelos mandatários), como anota Walter Rothenburg, não é apropriada ao Direito Penal, que pressupõe a responsabilidade por fato próprio.[22]

Diante do mandamento de criminalização da pessoa jurídica expresso no art. 225, § 3º, da CF, é simples compreender que o constituinte originário adotou a teoria da realidade. Ademais, o Brasil é signatário da Convenção das Nações Unidas contra o Crime Organizado Transnacional (Aprovada pelo Decreto Legislativo 231, de 29 de maio de 2003, e promulgada pelo Decreto 5.015, de 12 de março de 2004), a qual prevê a responsabilidade penal da pessoa jurídica. Não bastasse, o projeto do novo Código Penal prevê expressamente a responsabilidade criminal da pessoa jurídica (art. 41 do Projeto de Lei do Senado 236, de 2012). Ney Bello anota também que a criminalização da pessoa jurídica atende aos princípios da máxima efetividade e da prevenção.[23] Em consequência da vontade da Constituição no sentido da criminalização da

20 DINO NETO, Nicolau; BELLO FILHO, Ney. DINO, Flávio. *Crimes e infrações administrativas ambientais*. 3. ed. Belo Horizonte: Del Rey, 2011. p. 10.

21 CAPEZ, Fernando. *Curso de direito penal*: legislação penal especial, volume 4. 9. ed. São Paulo: Saraiva, 2014. p. 74-75.

22 ROTHENBURG, Walter Claudius. A responsabilidade penal da pessoa jurídica. *In*: MARCHESAN, Ana Maria Moreira; STEIGLEDER, Annelise Monteiro. (Org.). *Crimes ambientais:* comentários à lei 9.605/98. Porto Alegre: Livraria do Advogado, 2013. p. 59-60.

23 DINO NETO, Nicolau; BELLO FILHO, Ney; DINO, Flávio. *Crimes e infrações administrativas ambientais*. 3. ed. Belo Horizonte: Del Rey, 2011. p. 22.

conduta praticada pela pessoa jurídica, toda a legislação infraconstitucional deve ser adaptada e interpretada nesse sentido, e não contrário. Logo, não tem razão, a despeito do seu esforço hermenêutico, a doutrina que inadmite a responsabilização criminal da pessoa jurídica, aqui representada por Luiz Régis Prado, que apresenta três objeções a essa responsabilização, todas relacionadas à incapacidade da pessoa jurídica de: a) ação no sentido estrito; b) culpabilidade; e c) pena (princípio da personalidade da pena).[24] Basta uma interpretação sistemática e teológica para elidir essas objeções: a) a pessoa jurídica é capaz de ação em sentido estrito porque ela age por intermédio dos seus representantes; b) a culpabilidade da pessoa jurídica lhe é peculiar a diz respeito à sua "responsabilidade social", que é composta pela capacidade de atribuição e pela exigibilidade de outra conduta[25]; e c) a LCA, em cumprimento à possibilidade da criação de outras penas conferida pelo art. 5º, XLVI, da CF, prevê penas apropriadas para a condição da pessoa jurídica. Reporta-se ao seguinte julgado STJ que sintetiza adequadamente a responsabilização criminal da pessoa jurídica, com ressalva à dupla imputação que será analisada na sequência: STJ, 5ª T., REsp 610.114/RN, Rel. Gilson Dipp, J. em 17/11/2005.

Rebate-se outro argumento contrário. Sustenta-se que punição da pessoa jurídica transcende esta e termina por atingir os seus sócios, violando assim o princípio da intranscendência da pena: "Porém, tais sanções [contra pessoas jurídicas] têm a característica essencial de que afetam terceiras pessoas não responsáveis pelo delito"[26] (tradução nossa). Tal argumento revela-se capcioso, pois, nesse ponto, inexiste diferença com a punição da pessoa física. Sabidamente, a pena privativa de liberdade imposta a um pai de família repercute, faticamente, sobre a família, a qual ficará privada do sustento trazido por ele. Aliás, é por essa razão que existe o benefício previdenciário do auxílio-reclusão a ser pago em favor dos dependentes do custodiado (art. 18, II, *b*, da Lei n. 8.213/1991). Com razão, portanto, Ney Bello: "a pena não pode ser normativamente sustentada pelos familiares, ou pelos sócios da empresa, mas faticamente não há como impedir que os efeitos da pena sejam sentidos por muitos que convivem no entorno do apenado".[27]

Para o reconhecimento da **autoria ou da coautoria por parte da pessoa jurídica**, dois requisitos devem ser preenchidos. É necessário que a conduta infratora decorra de decisão do seu representante ou do seu órgão colegiado. Ademais, é essencial que a conduta seja praticada no interesse da própria pessoa jurídica. Assim, resta excluída a responsabilidade nos seguintes casos: a) um diretor da pessoa jurídica que se vale desta para, mediante a prática de crime ambiental, obter benefício no seu interesse exclusivo, apenas; b) um simples empregado da pessoa jurídica que comete um crime ambiental, já que essa conduta não decorreu de decisão do seu representante ou órgão colegiado.

Se, para a pessoa jurídica, é possível a (co)autoria, a participação resta inviável: "A pessoa jurídica jamais poderá ser partícipe de delito praticado por pessoa física. Ou é coautora (quando a conduta foi praticada 'no seu interesse ou benefício') ou mero instrumento (quando a pessoa física pratica o crime ambiental em benefício próprio, e não da empresa, beneficiando-se da sua estrutura)".[28]

---

24 PRADO, Luiz Régis. *Direito penal do ambiente*. 4. ed. São Paulo: Revista dos Tribunais, 2012. p. 134.

25 MILARÉ, Edis; COSTA JR., Paulo José da; COSTA, Fernando José da. *Direito penal ambiental*. 2. ed. São Paulo: Revista dos Tribunais, 2013. p. 43-44.

26 LUZÓN PEÑA, Diego Manuel. *Lecciones de Derecho Penal*: parte general. 3. ed. Valencia: Tirant Lo Blanch, 2016. p. 7-8.

27 DINO NETO, Nicolau; BELLO FILHO, Ney. DINO, Flávio. *Crimes e infrações administrativas ambientais*. 3. ed. Belo Horizonte: Del Rey, 2011. p. 39.

28 CRUZ, Ana P. F. N. A responsabilidade penal da pessoa física, a culpabilidade e as excludentes em matéria penal ambiental. *In*: MARCHESAN, Ana Maria Moreira; STEIGLEDER, Annelise Monteiro. (Org.). *Crimes ambientais:* comentários à lei 9.605/98. Porto Alegre: Livraria do Advogado, 2013. p. 37-38.

Há discórdia quanto à **responsabilização criminal da pessoa jurídica de direito público.** Sociedades de economia mista e empresas públicas não apresentam dificuldades, pois, apesar da participação societária do Estado, têm personalidade jurídica de direito privado; e, na medida em que perseguem lucro, ostentam legitimidade ativa para a prática de crimes ambientais. Diferentemente, em se tratando de pessoas jurídicas de direito internacional e de direito público interno, a exemplo de governos e autarquias, inexiste consenso. Leme Machado[29], Rothenburg[30], Ney Bello[31] e Nucci[32] sustentam a possibilidade da sua responsabilização criminal, com base nos seguintes argumentos: a) o art. 225, § 3º, da CF, não estabeleceu diferença entre as pessoas jurídicas de direito privado e de direito público; b) apesar de perseguir o interesse público, a pessoa jurídica de direito público pode cometer atos ilícitos; e c) a responsabilidade penal auxilia a eficiência administrativa. O TRF da 4ª Região tem precedentes admitindo a responsabilização penal da pessoa jurídica de direito público, a exemplo deste: "CRIME AMBIENTAL. ART. 48 DA LEI 9.605/98. RESPONSABILIZAÇÃO DE PESSOA JURÍDICA DESVINCULADA DA PESSOA FÍSICA. POSSIBILIDADE. RESPONSABILIZAÇÃO DE ENTE PÚBLICO. VIABILIDADE. PRINCÍPIO DA LEGALIDADE. HERMENÊUTICA JURÍDICA. PRINCÍPIO DA ISONOMIA. PRINCÍPIO DA EFICIÊNCIA. MUNICÍPIO DE FLORIANÓPOLIS. FACTIBILIDADE DE FIGURAR COMO RÉU. IMPEDIR/DIFICULTAR REGENERAÇÃO DE VEGETAÇÃO. DESÍGNIO AUTÔNOMO. MATERIALIDADE, AUTORIA E DOLO DEMONSTRADOS. CONDENAÇÃO. CULPABILIDADE E MOTIVOS. AFASTAMENTO DA VALORAÇÃO NEGATIVA. REDUÇÃO DA MULTA. 1. De acordo com recentes entendimentos dos Tribunais Superiores, a teoria da dupla imputação, segundo a qual a responsabilidade penal da pessoa jurídica não poderia ser dissociada da pessoa física atuante em seu benefício, não encontra suporte jurídico, já que não há tal exigência no art. 225, § 3º, da Constituição Federal. Logo, é possível a responsabilização, em isolado, da pessoa jurídica envolvida na prática de crime ambiental. 2. A responsabilização criminal de pessoa jurídica de direito público encontra farto suporte jurídico, decorrente: 2.1) do princípio da legalidade, na medida em que, ao atribuir a responsabilidade criminal de pessoas jurídicas pela prática de ilícito ambiental, o art. 225, § 3º da CF e o art. 3º da Lei 9.605/98 não fizeram distinção alguma entre as pessoas de direito público e as de direito privado; 2.2) das regras de hermenêutica jurídica, tendo em vista a orientação de que não compete ao intérprete distinguir o texto legal quando, podendo, o legislador não o fez; 2.3) do princípio da isonomia, porquanto não se justifica tal isenção em detrimento das pessoas jurídicas de direito privado, precipuamente levando em conta que é obrigação constitucional dos entes públicos a garantia do meio ambiente ecologicamente equilibrado; 2.4) do princípio da eficiência, eis que o meio ambiente será melhor salvaguardado se os entes públicos puderem, também, ser responsabilizados criminalmente, mormente porque não é incomum que tais entidades atuem como sujeitos ativos de delitos ambientais; 2.5) do fato de que, embora tenham sido criadas para defender o interesse público, as entidades em tela muitas vezes cometem arbitrariedades, devendo existir instrumento apto a coibir agressões a direitos que deveriam ser, por aqueles mesmos, garantidos; 2.6) da possibilidade de aplicação de pena, em simetria ao que ocorre na esfera cível, isto é, imposição de pagamento em pecúnia ao ente público, assegurada ação regressiva contra a pessoa física que causou o dano. 3. Portanto,

29 MACHADO, Paulo Affonso Leme. *Direito Ambiental Brasileiro*. 21. ed. São Paulo: Malheiros, 2013. p. 836-837.

30 ROTHENBURG, Walter Claudius. A responsabilidade penal da pessoa jurídica. *In*: MARCHESAN, Ana Maria Moreira; STEIGLEDER, Annelise Monteiro. (Org.). *Crimes ambientais:* comentários à lei 9.605/98. Porto Alegre: Livraria do Advogado, 2013. p. 66-67.

31 DINO NETO, Nicolau; BELLO FILHO, Ney; DINO, Flávio. *Crimes e infrações administrativas ambientais*. 3. ed. Belo Horizonte: Del Rey, 2011. p. 51.

32 NUCCI, Guilherme de Souza. *Leis penais e processuais penais comentadas*. (livro digital). 9. ed. Vol. 2. Rio de Janeiro: Forense, 2015. p. 559.

na hipótese, a Prefeitura Municipal de Florianópolis pode figurar como ré" (ACR 0000574-90.2009.4.04.7200, Rel. Salise Sanchotene, TRF 4, 7ª T., j. em 1/7/2014).

Em sentido contrário, os Freitas[33] sustentam que a imposição de pena criminal à pessoa jurídica de direito público não teria sentido, porque, além de ela almejar apenas o interesse público, prejudicaria o povo – motivo da existência do Estado. O TJMG já encampou esse entendimento: "4. Não é possível responsabilizar as pessoas jurídicas de direito público, em virtude de ausência de um dos requisitos legais exigidos pelo artigo 3º, da Lei 9.605/98, uma vez que o cometimento de um delito jamais poderá beneficiar tais entes, bem como as penas a eles impostas ou seriam inócuas ou, então, se executadas, prejudicariam diretamente a própria comunidade beneficiária do serviço público. 5. As pessoas jurídicas de direito público não podem ser punidos penalmente porque só podem perseguir fins que se conciliem com o interesse público, assim o cometimento de delitos ambientais por tais entes configuraria desvio de finalidade, impondo que, neste caso, apenas o agente público, executor material do fato criminoso, responda criminalmente (HC 1.0000.12.060680-1/000, Rel. Des. Rubens Soares. TJMG, 6ª C. Crim., j. em 22/5/2012).

Marchesan[34] também apresenta outro argumento contrário à responsabilização penal da pessoa jurídica de direito público, valendo-se de uma interpretação sistemática e teleológica que demonstra a inaptidão das penas previstas nos arts. 21 e 22: "Uma interpretação sistemática da Lei 9.605/1998, sobretudo se analisado o conjunto de penas elencadas nos arts. 21 e ss., leva a crer não fosse seu escopo a inclusão dos entes públicos. A aplicação das sanções previstas na LCA estigmatiza a pessoa moral condenada, criando dificuldades para sua atuação no cenário negocial, inclusive limitando a celebração de contratos com o Poder Público. Seu cunho pedagógico reside justamente no desestímulo a práticas ilícitas do ponto de vista ambiental. As penas restritivas de direitos previstas no art. 22 e as modalidades de prestação de serviços à comunidade não condizem com a natureza voltada ao bem comum inerente aos entes públicos. Quanto à multa, não se vê sentido em punir a sociedade (já afetada negativamente pela prática delituosa) com mais esse encargo".

Sustenta-se, em opinião própria, outro argumento contrário à responsabilização da pessoa jurídica de direito público. Além do caráter subsidiário do Direito Penal, consigna-se que a pena criminal ambiental tem tripla função: punitiva, ressocializadora e preventiva/reparatória do dano ambiental. Ocorre que a imposição de uma pena criminal a uma pessoa jurídica de direito público não cumpre as funções punitiva e ressocializadora. Entrementes, a função preventiva ou reparatória do dano ambiental é seguramente obtida com medidas de cunho administrativo e cível (ação civil pública e ação popular que visem à proteção ao meio ambiente), o que afasta a aplicação do Direito Penal, que deve ser subsidiário. Por isso, não há necessidade de que o Direito Penal intervenha contra a pessoa jurídica de direito público.

Impõem-se um esclarecimento quanto ao **elemento subjetivo em relação à pessoa jurídica**. Embora, quando ela pratique crime ambiental, a intenção de lucro geralmente esteja presente, Rothenburg observa que esse objetivo é dispensável para a caracterização do crime, pois "basta que a atividade desempenhada pela pessoa jurídica seja capaz de agredir gravemente o ambiente ecologicamente equilibrado".[35] A intenção de lucro apenas será relevante quando ela for exigida pelo tipo penal como elemento subjetivo especial, tal qual ocorre, por exemplo, no

---

33 FREITAS, Vladimir Passos de; FREITAS, Gilberto Passos de. *Crimes contra a natureza*. 9 ed. São Paulo: Revista dos Tribunais, 2012. p. 73.

34 MARCHESAN, Ana Maria Moreira. Consolidação e perspectivas da responsabilidade da pessoa jurídica no Direito Penal Ambiental. *Revista de Direito Ambiental*, São Paulo, v. 100, a. 25. p. 57-97, out.-dez. 2020. p. 81-88.

35 ROTHENBURG, Walter Claudius. A responsabilidade penal da pessoa jurídica. *In*: MARCHESAN, Ana Maria Moreira; STEIGLEDER, Annelise Monteiro. (Org.). *Crimes ambientais:* comentários à lei 9.605/98. Porto Alegre: Livraria do Advogado, 2013. p. 65.

art. 45, quanto à conduta de cortar ou transformar em carvão madeira de lei para fins de exploração econômica . Mesmo aqui, todavia, segundo a redação do tipo do art. 45, a exploração para fins não econômicos também tipifica a conduta.

Registra-se que a **extinção da pessoa jurídica**, por ser equivalente à morte da pessoa física, é causa extintiva da punibilidade, com base no art. 107, I, do CP. Não obstante, caso a pessoa jurídica extinta continue exercendo as suas atividades sob nova personalidade jurídica (os sócios constituem nova empresa para exercerem a mesma atividade que desempenhavam anteriormente, por exemplo), não deve ser decretada a extinção da punibilidade, pois essa situação equivaleria ao contexto em que a pessoa física simula a sua morte mediante certidão de óbito falsa, hipótese que não impede o prosseguimento da ação penal, segundo o STF (STF, 2ª T., HC 84525, Rel. Carlos Velloso, J. em 16/11/2004). Em 2022, a 3ª Seção do STJ decidiu exatamente nesses termos, com ênfase sobre o argumento de que a pena criminal não equivale a uma obrigação patrimonial, a qual está sujeita à transmissão na hipótese de sucessão da pessoa jurídica: "2. A incorporação gera a extinção da sociedade incorporada, transmitindo-se à incorporadora os direitos e obrigações que cabiam à primeira. Inteligência dos arts. 1.116 e 1.118 do CC, bem como do art. 227 da Lei 6.404/1976. 3. A pretensão punitiva estatal não se enquadra no conceito jurídico-dogmático de obrigação patrimonial transmissível, tampouco se confunde com o direito à reparação civil dos danos causados ao meio ambiente. Logo, não há norma que autorize a transferência da responsabilidade penal à incorporadora. 4. O princípio da intranscendência da pena, previsto no art. 5º, XLV, da CR/1988, tem aplicação às pessoas jurídicas. Afinal, se o direito penal brasileiro optou por permitir a responsabilização criminal dos entes coletivos, mesmo com suas peculiaridades decorrentes da ausência de um corpo biológico, não pode negar-lhes a aplicação de garantias fundamentais utilizando-se dessas mesmas peculiaridades como argumento. 5. Extinta legalmente a pessoa jurídica ré - sem nenhum indício de fraude, como expressamente afirmou o acórdão recorrido -, aplica-se analogicamente o art. 107, I, do CP, com a consequente extinção de sua punibilidade. 6. Este julgamento tratou de situação em que a ação penal foi extinta pouco após o recebimento da denúncia, muito antes da prolação da sentença. Ocorrendo fraude na incorporação (ou, mesmo sem fraude, a realização da incorporação como forma de escapar ao cumprimento de uma pena aplicada em sentença definitiva), haverá evidente distinção em face do precedente ora firmado, com a aplicação de consequência jurídica diversa. É possível pensar, em tais casos, na desconsideração ou ineficácia da incorporação em face do Poder Público, a fim de garantir o cumprimento da pena. 7. Diversamente, a responsabilidade civil pelos danos causados ao meio ambiente ou a terceiros, bem como os efeitos extrapenais de uma sentença condenatória eventualmente já proferida quando realizada a incorporação, são transmissíveis à incorporadora" (STJ, 3ª S., RESP n. 1977172/PR, Rel. Ribeiro Dantas, J. em 24/8/2022). Para conferir posição contrária à conclusão da 3ª Seção do STJ, com exame sobre os votos vencidos desse julgado, vide artigo de autoria de Douglas Fischer[36].

Existem, por outro lado, entes que, não obstante desprovidos de personalidade jurídica, detêm personalidade judiciária (capacidade de estar em juízo), podendo assim, demandar em juízo. Exemplos são a massa falida (art. 75, V, CPC), o espólio (art. 75, VII, CPC) e a Câmara de Vereadores (Súmula n. 525 do STJ). De todo modo, como eles não têm personalidade jurídica, não podem ser sujeitos ativos de crimes, o que não impede, evidentemente, a responsabilização criminal das pessoas físicas que os representam.

36 FISCHER, Douglas. *STJ*: "MORTE" e extinção da punibilidade (criminal) da PESSOA JURÍDICA pela "incorporação" (cível) ? E os "Casos Mariana e Brumadinho"? 2 nov. 2022. Disponível em: https://temasjuridicospdf.com/stj-morte-e-extincao-da-punibilidade-criminal-da-pessoa-juridica-pela-incorporacao-civel-e-os-casos-mariana-e-bruma/. Acesso em: 9 nov. 2022.

Ainda quanto à responsabilidade da pessoa jurídica, existe a **tese da dupla imputação necessária**, ou seja, se o concurso de agentes entre a pessoa jurídica e a física que materialmente pratica o ilícito criminal seria obrigatório. Por essa teoria, a responsabilidade da pessoa jurídica seria indissociável da responsabilidade da pessoa física que age em seu nome e no seu interesse. Ocorre uma mescla entre as teorias da ficção (Savigny) e da realidade (Otto Gierke). Por consequência, a denúncia contra uma pessoa jurídica deveria, necessariamente, ser oferecida também contra a pessoa física que agiu em concurso; além disso, a condenação da pessoa jurídica somente seria possível se a pessoa física também fosse condenada criminalmente.

Em 2013, o STF decidiu que a exigência da dupla imputação era incompatível com o regime de responsabilidade previsto no art. 225, § 3º, da CF: "Condicionar a aplicação do art. 225, §3º, da Carta Política a uma concreta imputação também a pessoa física implica indevida restrição da norma constitucional, expressa a intenção do constituinte originário não apenas de ampliar o alcance das sanções penais, mas também de evitar a impunidade pelos crimes ambientais frente às imensas dificuldades de individualização dos responsáveis internamente às corporações, além de reforçar a tutela do bem jurídico ambiental" (STF, 1ª T., RE 548181, Rel. Rosa Weber, J. em 06/08/2013). Em 2015, o STJ alterou o seu entendimento anterior a passou a acompanhar o STF: "Abandonada a teoria da dupla imputação necessária, eventual ausência de descrição pormenorizada da conduta dos gestores da empresa não resulta no esvaziamento do elemento volitivo do tipo penal (culpa ou dolo) em relação à pessoa jurídica" (STJ, 5ª T., AgRg no RMS 48.085/PA, Rel. Gurgel de Faria, J. em 05/11/2015). Já houve o alinhamento da jurisprudência brasileira ao abandono dessa tese da dupla imputação necessária.

Não obstante a jurisprudência tenha evoluído o seu entendimento, dispensando a dupla imputação, ao permitir que apenas a pessoa jurídica seja denunciada, há uma especificidade em relação ao Ministério Público. Porque este deve zelar pelo princípio da obrigatoriedade da ação penal, o membro do Ministério Público é obrigado a oferecer a denúncia criminal contra a pessoa jurídica e contra o seu representante legal ou contratual ou os integrantes do órgão colegiado, quando houver indícios da prática de infração criminal por todos eles. Vale dizer: apesar do afastamento, pelos tribunais, da teoria da dupla imputação, o membro do Ministério Público não pode oferecer a denúncia apenas contra a pessoa jurídica, deixando de oferecê-la contra a pessoa física, notadamente quando é possível individualizar a conduta desta.

A situação é diversa quando o Ministério Público, num primeiro momento, oferece a denúncia apenas contra a pessoa jurídica, para num segundo momento, após a obtenção de mais elementos de informação/convicção, oferecer a denúncia contra as pessoas físicas concorrentes, ou vice-e-versa. Esse procedimento é regular, pois, no caso da ação penal pública, na qual vigora o **princípio da divisibilidade**, não há necessidade de a denúncia ser oferecida, ao mesmo tempo e no mesmo ato processual, contra todos os concorrentes, conforme têm decidido o STF (STF, 2ª T., RHC n. 126423 AgR, Rel. Gilmar Mendes, J. em 07/10/2016) e o STJ (STJ, C. Especial, APn 300/ES, Rel. Mauro Marques, J. em 21/09/2016).

O *compliance*[37] é assunto que deve ser estudo no âmbito da responsabilização da pessoa jurídica. Compliance consiste nas ações adotadas facultativamente por pessoas jurídicas objetivando garantir que cumpram todas as exigências legais e regulamentares do setor ou segmento em que atuam; contempla inclusive preceitos éticos e de boa governança, visando evitar, detectar, punir e remediar adequadamente fraudes e atos de corrupção em geral[38]. A expressão *compliance* pode ser traduzida como conformidade com a lei.

37 As ideias aqui apresentadas sobre o compliance ambiental foram extraídas da seguinte obra: ABI-EÇAB, Pedro; KURKOWSKI, Rafael Schwez. *Resumo de direito ambiental*. 2. ed. 2022. no prelo.

38 CUNHA, Rogério Sanches; SOUZA, Renee. *Lei Anticorrupção Empresarial*. 3. ed. Salvador: Juspodivm, 2020.

A despeito da ausência de previsão, na legislação ambiental, do dever de *compliance*, a Lei Anticorrupção (Lei n. 12.846/2013), que dispõe sobre a responsabilização administrativa e civil de pessoas jurídicas pela prática de atos contra a administração pública, nacional ou estrangeira, prevê o programa de *compliance* ao estabelecer que será levada em consideração, na aplicação das sanções, "a existência de mecanismos e procedimentos internos de integridade, auditoria e incentivo à denúncia de irregularidades e a aplicação efetiva de códigos de ética e de conduta no âmbito da pessoa jurídica" (art. 7º, VIII).

O Decreto n. 8.420/2015, que regulamenta a Lei n. 12.846/2013, no seu art. 41, conceitua o Programa de Integridade ou *compliance* como sendo, "no âmbito de uma pessoa jurídica, no conjunto de mecanismos e procedimentos internos de integridade, auditoria e incentivo à denúncia de irregularidades e na aplicação efetiva de códigos de ética e de conduta, políticas e diretrizes com objetivo de detectar e sanar desvios, fraudes, irregularidades e atos ilícitos praticados contra a administração pública, nacional ou estrangeira.".

Assim, pode sintetizar-se o ***compliance* ambiental** como um conjunto de medidas estabelecidas pelo empreendedor com o objetivo de prevenir a ocorrência de práticas ilícitas ambientais no decorrer das atividades econômicas desenvolvidas, buscando a conformidade destas com a legislação e a ética ambiental.

Essencial à boa governança ambiental, o *compliance* ambiental decorre do princípio constitucional da função socioambiental da empresa (art. 170, *caput* e inciso IV, da CF). São seus objetivos principais: cumprir a legislação nacional e internacional, além das regulações do mercado e das normas internas da empresa; prevenir demandas judiciais; obter transparência na condução dos negócios; proteger a confidencialidade da informação outorgada à instituição por seus clientes; evitar o conflito de interesse entre os diversos atores da instituição; evitar ganhos pessoais indevidos; e, por fim, disseminar na cultura organizacional, por meio de treinamento e educação, os valores éticos[39].

Se o *compliance* genericamente considerado decorre da função social da empresa, o *compliance* ambiental encontra fundamento nos princípios do poluidor pagador e da prevenção, pois se trata de atividade internalização de custos do processo produtivo, visando evitar a ocorrência de ilícitos contra o meio ambiente.

Observa-se que a Resolução 4.327/2014 do Banco Central do Brasil, que instituiu a Política de Responsabilidade Socioambiental no setor da regulação financeira, formalmente iniciou o fomento, no país, ao *compliance* ambiental.

Abordam-se agora outros aspectos materiais e processuais em relação à pessoa jurídica, à exceção da prescrição das penas aplicáveis a elas, que é estudada nos comentários aos arts. 21 a 23. A **citação da pessoa jurídica** deve ocorrer na pessoa do seu representante legal. O **interrogatório**, por ser ato pessoal, também deve suceder na pessoa do representante legal indicado nos atos constitutivos (TJRS, Turma Recursal Criminal, Recurso Crime n. 71001823855, Rel. Ângela Maria Silveira, J. em 13/10/2008), e nunca sobre o preposto (TRF4, 7ª T., MS 2002.04.01.013843-0, Rel. Fábio Bittencourt da Rosa, J. em 10/12/2002). Se esse representante da pessoa jurídica também for réu e suceder colisão de defesas, na hipótese de o representante atribuir a responsabilidade à pessoa jurídica para se isentar de responsabilidade, cabe a nomeação de outro representante da pessoa jurídica[40]. São aplicáveis às pessoas jurídicas a **transação** (art. 27), a **suspensão condicional do processo** (art. 28) e o **acordo de não persecução penal** (art. 28-A do CPP). **Anistia, graça e indulto**, se tiverem como objeto as espécies de penas

39 RIBEIRO, Marcia Carla Pereira; DINIZ, Patrícia Dittrich Ferreira. Compliance e Lei Anticorrupção nas Empresas. *Revista de Informação Legislativa*, Brasília, a. 52, n. 205, jan./mar. 2015, p. 89.

40 MARCHESAN, Ana Maria Moreira. Consolidação e perspectivas da responsabilidade da pessoa jurídica no Direito Penal Ambiental. Revista de Direito Ambiental, São Paulo, v. 100, a. 25. p. 57-97, out.-dez. 2020. p. 62, 65, 94.

cabíveis às pessoas jurídicas, são aplicáveis a elas. Sobre a suspensão condicional da pena, vide comentários ao art. 16. No mais, a **reabilitação** é direito da pessoa jurídica.

Especificamente quanto ao ***habeas corpus***, a pessoa jurídica não pode ser paciente em função da impossibilidade de coação no seu direito de ir e vir. Assim decidiu o STF (STF, 1ª T., HC n. 92921, Rel. Ricardo Lewandowski, J. em 19/08/2008)[41]. O STJ, em 2015, aderiu a esse entendimento (STJ, 6ª T., RHC 48.172/PA, Rel. Sebastião Reis Júnior, J. em 20/10/2015).

Art. 4º. Poderá ser desconsiderada a pessoa jurídica sempre que sua personalidade for obstáculo ao ressarcimento de prejuízos causados à qualidade do meio ambiente.

O art. 4º da LCA cuida da desconsideração da personalidade jurídica, instituto de natureza tipicamente civil que não tem cabimento no âmbito da responsabilidade penal. Este art. 4º ficou deslocado após os vetos do Presidente da República aos artigos de índole civil da LCA.

A desconsideração da personalidade jurídica, que não anula, tampouco desconstitui, a pessoa jurídica, consiste simplesmente no afastamento da sua autonomia patrimonial em relação aos sócios para permitir que estes respondam por obrigações cíveis dela. Essa desconsideração é prevista no art. 28, § 5º, do Código de Defesa do Consumidor, que acolheu a chamada "teoria menor", pela qual basta a insolvência da pessoa jurídica para que os seus sócios respondam pelas dívidas dela. O art. 50 do Código Civil também prevê a desconsideração, mas segundo a "teoria maior", pela qual, além da insuficiência patrimonial da pessoa jurídica, deve haver abuso da personalidade jurídica, caracterizado pelo desvio de finalidade, ou pela confusão patrimonial. Segundo a literalidade deste art. 4º sob análise, constata-se que a LCA encampou a teoria menor, como, aliás, já decidiu o STJ (STJ, 3ª T., REsp 279.273/SP, Rel. Nancy Andrighi, J. em 04/12/2003). Assim, se a pessoa jurídica não tiver patrimônio suficiente para pagar uma indenização arbitrada em ação civil pública ambiental movida pelo Ministério Público, por exemplo, os seus sócios podem ser responsabilizados por essa obrigação.

Repisa-se que a desconsideração da personalidade jurídica é inaplicável no âmbito penal: "a desconsideração da personalidade em foro penal representaria a possibilidade de admitir que um crime praticado por uma pessoa seria atribuível a outrem, agredindo de uma só vez os princípios da culpabilidade e da individualização da pena".[42]

Art. 5º. (VETADO)

CAPÍTULO II

DA APLICAÇÃO DA PENA

Art. 6º. Para imposição e gradação da penalidade, a autoridade competente observará:

I – a gravidade do fato, tendo em vista os motivos da infração e suas conseqüências para a saúde pública e para o meio ambiente;

II – os antecedentes do infrator quanto ao cumprimento da legislação de interesse ambiental;

III – a situação econômica do infrator, no caso de multa.

41 Recomenda-se a leitura do inteiro teor do HC n. 92.921, e não apenas da sua ementa, a qual pode transmitir, equivocadamente, a conclusão de que o STF teria admitido a impetração de habeas corpus em favor de pessoa jurídica. Verificar também: STJ, 6ª T., RHC 38929 RS 2013/0206043-0, Rel. Antônio Palheiro, J. em 20/03/2018.

42 DINO NETO, Nicolau; BELLO FILHO, Ney; DINO, Flávio. *Crimes e infrações administrativas ambientais*. 3. ed. Belo Horizonte: Del Rey, 2011. p. 61.

O art. 6º cuida da dosimetria da sanção penal e, por fazer referência à "autoridade competente", da sanção administrativa também. Não se deve olvidar de que a LCA prevê infrações administrativas aos infratores ambientais (arts. 70 a 76).

Quanto à dosimetria penal, este art. 6º deve ser complementado, na forma do art. 79, pelas circunstâncias judiciais previstas no art. 59 do CP. Contudo, as circunstâncias previstas neste art. 6º devem ter um peso maior do que aquelas previstas no art. 59 do CP, em função da sua especialidade. Assim, a gravidade, não abstrata, mas concreta do ilícito penal ambiental, segundo os motivos da infração e as suas consequências para a saúde pública e para o meio ambiente, deve ser valorada especialmente pela sentença condenatória. Evidentemente, se a gravidade do fato já constituir elementar do tipo ou majorante específica, ela não poderá ser considerada na primeira fase da dosimetria penal, a título de circunstância judicial, sob pena de *bis in idem*. Assim, se, nos crimes contra a flora (arts. 38 a 52), resultar a diminuição de águas naturais, essa consequência negativa não poderá ser valorada como circunstância judicial na fixação da pena base, porquanto ela majorará a pena provisória, por força do art. 53, I.

Segundo parcela considerável da doutrina, a LCA, ao fazer referência ao "cumprimento da legislação de interesse ambiental", teria adotado um conceito amplo de antecedentes.[43] Dessa forma, a existência de inquérito policial sobre crime ambiental, por exemplo, poderia ser valorada negativamente pela sentença. Apesar do acerto desse posicionamento, o STJ, em 2014, no caso específico de crime ambiental, afastou essa tese, sustentando que, com base na Súmula 444 do STJ, "inquéritos policiais ou ações penais em andamento e condenações sem certificação do trânsito em julgado não podem ser levados à consideração de maus antecedentes" (STJ, 5ª T., AgRg no HC 218.037/SC, Rel. Jorge Mussi, J. em 18/03/2014). O **conceito de antecedentes criminais**, para o STJ, "abrange não apenas as condenações definitivas por fatos anteriores cujo trânsito em julgado ocorreu antes da prática do delito em apuração, mas também aquelas transitadas em julgado no curso da respectiva ação penal, além das condenações transitadas em julgado há mais de cinco anos, as quais também não induzem reincidência, mas servem como maus antecedentes" (STJ, 6ª T., HC 356.084/SP, Rel. Nefi Cordeiro, J. em 10/11/2016). Nesse último aspecto, destaca-se o julgamento feito pelo STF com repercussão geral: "O Tribunal, por maioria, apreciando o tema 150 da repercussão geral, deu parcial provimento ao recurso extraordinário e fixou a seguinte tese: 'Não se aplica para o reconhecimento dos maus antecedentes o prazo quinquenal de prescrição da reincidência, previsto no art. 64, I, do Código Penal'" (STF, RE 593818, Rel. Barroso, J. em 18/08/20).

A pena de multa será analisada nos comentários ao art. 18.

Art. 7º. As penas restritivas de direitos são autônomas e substituem as privativas de liberdade quando:

I – tratar-se de crime culposo ou for aplicada a pena privativa de liberdade inferior a quatro anos;

II – a culpabilidade, os antecedentes, a conduta social e a personalidade do condenado, bem como os motivos e as circunstâncias do crime indicarem que a substituição seja suficiente para efeitos de reprovação e prevenção do crime.

Parágrafo único. As penas restritivas de direitos a que se refere este artigo terão a mesma duração da pena privativa de liberdade substituída.

---

43 Por exemplo: MILARÉ, Edis; COSTA JR., Paulo José da; COSTA, Fernando José da. *Direito penal ambiental*. 2. ed. São Paulo: Revista dos Tribunais, 2013. p. 61.; MARTINI, Daniel. A dosimetria da penal. Integração com a parte geral do código penal. As penas aplicáveis às pessoas físicas (artigos 6º a 13). *In*: MARCHESAN, Ana Maria Moreira; STEIGLEDER, Annelise Monteiro. (Org.). *Crimes ambientais:* comentários à lei 9.605/98. Porto Alegre: Livraria do Advogado, 2013. p. 88-89.; DINO NETO, Nicolau; BELLO FILHO, Ney; DINO, Flávio. *Crimes e infrações administrativas ambientais*. 3. ed. Belo Horizonte: Del Rey, 2011. p. 65.

O art. 7º dispõe a respeito dos requisitos relativos às penas restritivas de direito para pessoas físicas; ele não se aplica às pessoas jurídicas, como já decidiu o TJDFT: "O artigo 8º da Lei ambiental arrola as penas restritivas de direito aplicáveis à pessoa física e os artigos 21 e 22 elencam as penas específicas das pessoas jurídicas. Estas não são sanções substitutivas, como acontece no artigo 44 do Código Penal e no artigo 7º da Lei 9.605/98 em relação às pessoas físicas. São penas principais e autônomas aplicáveis às sociedades. Portanto, o parágrafo único do artigo 7º, ao determinar a duração da pena restritiva de direitos, só é aplicável às pessoas físicas" (TJDFT, 1ª T., Apelação Criminal 20060310259068APR, Rel. George Lopes Leite, J. em 24/09/2009).

As penas do art. 7º são substitutivas, ou seja, após o juiz definir a pena privativa de liberdade, ele aplica, quando cabível, a substituição por pena restritiva de direito. Uma vez operada a substituição, a pena restritiva é autônoma, vale dizer, é a única a ser cumprida, podendo apenas ser cumulada com a pena de multa. Diante dessa autonomia da pena restritiva de direito, é inviável a cumulação desta com pena privativa de liberdade. Além disso, segundo o art. 7º, parágrafo único, a pena restritiva de direito tem duração equivalente ao prazo da pena privativa de liberdade que ela substituiu. Isso não é válido para todos os tipos de penas restritivas de direitos. O pagamento de prestação pecuniária, por exemplo, é incompatível com essa sistemática.

A substituição por pena restritiva de direito tem cabimento para o crime culposo, qualquer que seja o *quantum* da pena privativa de liberdade correspondente, e para o crime doloso, em caso de condenação à pena privativa de liberdade inferior a quatro anos. Aqui se registra diferença da LCA em relação ao Código Penal (art. 44, I, CP): para a LCA, a pena privativa de liberdade deve ser inferior a 4 anos, o que exclui os crimes com pena igual a 4 anos; para o Código Penal, a pena privativa de liberdade não pode ser superior a 4 anos, o que inclui os crimes com pena igual a 4 anos.

A culpabilidade, os antecedentes (v. respectivo conceito nos comentários ao art. 6º), a conduta social e a personalidade do réu assim como os motivos e as circunstâncias do crime devem demonstrar a pertinência da substituição da pena privativa de liberdade por pena restritiva de direito. Aqui, a LCA não exige, como o faz o Código Penal (art. 44, I, do CP), que o crime não tenha sido cometido com violência ou grave ameaça à pessoa. Ademais, apesar de a LCA não proibir a substituição por pena restritiva de direito em caso de reincidência, como o faz o art. 44, II, do CP, sustenta-se que a reincidência não recomenda a substituição porque, ontologicamente, ela não difere do antecedente. Então, se um simples antecedente (para o STJ, toda a condenação criminal que não é apta a gerar reincidência), que é menos reprovável do que a reincidência (pela sua menor reprovabilidade, aliás, o antecedente figura como circunstância judicial – art. 59 do CP, enquanto a reincidência constitui circunstância legal – art. 61, I, do PC), não recomenda a substituição, a reincidência não poderá levar à conclusão diversa.

Em caso de descumprimento da pena restritiva de direitos, observado o seu caráter substitutivo, ocorrerá a sua conversão em pena privativa de liberdade, segundo as regras do Código Penal, especialmente o do seu art. 44, § 4º, e da Lei de Execução Penal – LEP (Lei n. 7.210/1984). Nessa hipótese, destaca-se a necessidade de, em respeito ao contraditório, ser designada a audiência de justificação para o apenado poder justificar o motivo do descumprimento.

Registra-se que a substituição da pena privativa de liberdade pela pena restritiva de direito, operada na sentença, independe da concordância do réu. Tampouco se trata de poder discricionário do magistrado: se presentes os requisitos, a substituição é obrigatória. Todavia, quando da realização da audiência admonitória (art. 160 da LEP), o apenado já pode manifestar o seu desinteresse na pena restritiva de direitos, o que provocará a conversão referida no parágrafo anterior, dispensada a audiência de justificação.

Art. 8º. As penas restritivas de direito são:

I – prestação de serviços à comunidade;

II – interdição temporária de direitos;

III – suspensão parcial ou total de atividades;

IV – prestação pecuniária;

V – recolhimento domiciliar.

O art. 8º da LCA apresenta o rol das penas restritivas de direito destinadas a pessoas físicas (para as pessoas jurídicas, as penas restritivas estão previstas no art. 22). Esse rol é taxativo, pois, apesar de o art. 5º, XLVI, da CF, autorizar a criação de outras penas, a competência para tanto é do legislador, mediante lei expressa. E o legislador já fez a sua opção ao prever as modalidades de penas neste artigo sob comentário.

Destaca-se que o TRF da 4ª Região, com base na teleologia da LCA, já decidiu que a prestação de serviços à comunidade deve ocorrer em "atividade diretamente ligada à proteção ambiental" (TRF4, 1ª T., ACR n. 96.04.63430-5, Rel. Fábio da Rosa, J. em 15/06/1999).

Art. 9º. A prestação de serviços à comunidade consiste na atribuição ao condenado de tarefas gratuitas junto a parques e jardins públicos e unidades de conservação, e, no caso de dano da coisa particular, pública ou tombada, na restauração desta, se possível.

A prestação de serviços à comunidade, na seara da LCA, consiste na prestação de tarefas gratuitas pelo condenado em parques, jardins públicos e unidades de conservação. Na hipótese de dano à coisa particular, pública ou tombada, as tarefas devem visar à restauração do dano, quando possível.

Art. 10. As penas de interdição temporária de direito são a proibição de o condenado contratar com o Poder Público, de receber incentivos fiscais ou quaisquer outros benefícios, bem como de participar de licitações, pelo prazo de cinco anos, no caso de crimes dolosos, e de três anos, no de crimes culposos.

Embora o art. 7º, parágrafo único, disponha que a pena restritiva de direito tenha a mesma duração da pena privativa de liberdade substituída, o art. 10 contém regra especial, a qual afasta inclusive a aplicação do art. 55 do CP. Assim, a interdição temporária de direito terá a duração de 5 anos no caso de crimes dolosos e de três anos na hipótese de crimes culposos, não sendo, portanto, pelo tempo da pena privativa de liberdade.[44]

Registram-se, no entanto, severas críticas a este art. 10: o tipo não é claro se o prazo de 3 a 5 anos se refere apenas à proibição de participar de licitações ou a todas as previsões que o artigo faz; contrariedade do art. 10 ao art. 7º, parágrafo único; e inconstitucionalidade por ferir o princípio da individualização da pena.[45]

Art. 11. A suspensão de atividades será aplicada quando estas não estiverem obedecendo às prescrições legais.

---

44 CAPEZ, Fernando. *Curso de direito penal*: legislação penal especial, volume 4. 9. ed. São Paulo: Saraiva, 2014. p. 82-83.

45 MARTINI, Daniel. A dosimetria da penal. Integração com a parte geral do código penal. As penas aplicáveis às pessoas físicas (artigos 6º a 13). *In*: MARCHESAN, Ana Maria Moreira; STEIGLEDER, Annelise Monteiro. (Org.). *Crimes ambientais:* comentários à lei 9.605/98. Porto Alegre: Livraria do Advogado, 2013. p. 92.

Frente à vagueza e à abertura do art. 11, é necessário recorrer-se a uma interpretação adequada para a sua compreensão e para possibilitar a sua aplicação prática. Segundo Dino, o artigo sob comento exige a reiteração da conduta do réu. Assim, a presente pena pode ser aplicada nos "casos em que o infrator desenvolva, em caráter habitual ou permanente, atividade da qual resulte um dos tipos penais descritos no Capítulo V, em face de descumprimento de previsões legais ou regulamentares referentes à proteção do meio ambiente". Ela também será adequada "em relação aos crimes permanentes – necessariamente permanentes ou eventualmente permanentes. Nesses casos, como p. ex., o lançamento reiterado de resíduos líquidos poluentes em um rio (art. 54, § 2º, V), a suspensão da atividade da qual resulte a poluição implicará a cessação dos efeitos nocivos, evitando-se, pois, a perpetuação do dano ambiental".[46]

Art. 12. A prestação pecuniária consiste no pagamento em dinheiro à vítima ou à entidade pública ou privada com fim social, de importância, fixada pelo juiz, não inferior a um salário mínimo nem superior a trezentos e sessenta salários mínimos. O valor pago será deduzido do montante de eventual reparação civil a que for condenado o infrator.

O pagamento da **prestação pecuniária** dá-se em favor da vítima ou de entidade pública ou privada com fim social, preferentemente na área ambiental, de um valor máximo equivalente a 360 salários mínimos, que será descontado de eventual indenização que o réu tenha de pagar no juízo cível, à mesma vítima. Seu descumprimento voluntário pode gerar a conversão em pena privativa de liberdade.

Diversamente, o pagamento da pena de **multa** dá-se em favor do Fundo Penitenciário Nacional, criado pela LC n. 79/1994, de um montante equivalente a, no máximo, 3 vezes o valor de 360 dias-multa (art. 49 do CP c/c art. 18 da LCA). Seu descumprimento voluntário não gera a conversão em pena privativa de liberdade, tendo em vista que constitui dívida de valor, conforme o art. 51 do CP, hipótese em que deve ser observada a legitimação ativa prioritária para sua execução pelo Ministério Público, perante a Vara das Execuções Criminais, conforme decido pelo STF (ADI n. 3150, Rel. Marco Aurélio, J. em 13/12/2018).

Segundo Freitas, em razão da omissão da LCA e do Código Penal quanto à fixação do valor da prestação pecuniária, o magistrado deve, além de se guiar pelas regras contidas no art. 6º, I, II e III, examinar a extensão dos danos causados ao meio ambiente e observar o princípio da proporcionalidade.[47]

Art. 13. O recolhimento domiciliar baseia-se na autodisciplina e senso de responsabilidade do condenado, que deverá, sem vigilância, trabalhar, freqüentar curso ou exercer atividade autorizada, permanecendo recolhido nos dias e horários de folga em residência ou em qualquer local destinado a sua moradia habitual, conforme estabelecido na sentença condenatória.

O recolhimento domiciliar tem natureza de pena restritiva de direitos, e não privativa de liberdade. Logo, o descumprimento da presente pena não gera a regressão ao regime semiaberto ou fechado, mas a conversão para o regime originalmente fixado na sentença condenatória.

46 DINO NETO, Nicolau; BELLO FILHO, Ney; DINO, Flávio. *Crimes e infrações administrativas ambientais*. 3. ed. Belo Horizonte: Del Rey, 2011. p. 81-82.

47 FREITAS, Vladimir Passos de; FREITAS, Gilberto Passos de. *Crimes contra a natureza*. 9 ed. São Paulo: Revista dos Tribunais, 2012. p. 341.

Art. 14. São circunstâncias que atenuam a pena:

I – baixo grau de instrução ou escolaridade do agente;

II – arrependimento do infrator, manifestado pela espontânea reparação do dano, ou limitação significativa da degradação ambiental causada;

III – comunicação prévia pelo agente do perigo iminente de degradação ambiental;

IV – colaboração com os agentes encarregados da vigilância e do controle ambiental.

As atenuantes são circunstâncias legais que incidem na segunda fase da dosimetria da pena. Por motivos de política criminal, elas constituem fatores que o legislador reputou suficientes para, reduzindo a reprovabilidade da conduta criminosa, ensejar uma redução da pena. Apesar de o *quantum* da redução não ser predeterminado, ficando à discricionariedade do magistrado, ele deve observar o limite da Súmula n. 231 do STJ ("A incidência da circunstância atenuante não pode conduzir à redução da pena abaixo do mínimo legal."), cuja tese foi adotada pelo STF, em sede de repercussão geral (STF, RE 597270 QO-RG, Rel. Cezar Peluso, J. em 26/03/2009). Por autorização do art. 79, as atenuantes previstas no Código Penal, especialmente a do art. 66 do CP, também incidem sobre os crimes tipificados na LCA. Aplica-se, todavia, o princípio da especialidade a fim de impedir que a mesma circunstância atenue a pena mais de uma vez.

Inciso I: à vista da indeterminação do conceito de "**baixa escolaridade**", Milaré propõe que ela se refere ao "agente que não houver concluído os quatro anos do ensino fundamental".[48] Não obstante, cada caso é particular e deve ser analisado especificamente pelo juízo, sobretudo em razão dos conhecidos altos índices de analfabetismo funcional, mesmo entre aquelas pessoas que completam o ensino fundamental. A título de exemplo, menciona-se o seguinte julgado catarinense: "Em relação a atenuante referente ao baixo grau de instrução, embora o apelante possua apenas ensino fundamental completo, possui conhecimento técnico suficiente para entender o ilícito cometido, porquanto afirmou, em interrogatório, que trabalha com o transporte de madeira a muito tempo, conhecendo as espécies de plantas que compõem o Bioma Mata Atlântica bem como a necessidade de autorização para a supressão de tais plantas, razão pela qual inviável o reconhecimento da atenuante prevista no inciso I do art. 14 da Lei. 9.605/98" (TJSC, 5ª C. Crim., Apelação Criminal n. 0000161-79.2015.8.24.0021, Rel. Cinthia Beatriz da Silva Bittencourt Schaefer, J. em 14-06-2018). Muito excepcionalmente, contudo, a baixa escolaridade, aliada a outras circunstâncias que favoreçam o sujeito ativo, pode dar ensejo ao erro de proibição, o qual, se invencível, isenta o agente de pena, e se vencível, diminui a pena, conforme o art. 21 do CP (TRF4, 7ª T., ACR: 2887 RS 2005.71.18.002887-1, Rel. Márcio Antônio Rocha, J. em 20/07/2010; TJRS, TRCim, RI 71003855178, Rel. Madgeli Frantz Machado, J. em 01/10/2012).

Inciso II: a reparação ou a limitação significativa do dano ambiental devem decorrer de ato espontâneo do agente. Segundo Bitencourt, sobre a diferença entre voluntariedade e espontaneidade, esta "ocorre quando a idéia inicial parte do próprio agente, e voluntária é a desistência sem coação moral ou física, mesmo que a idéia inicial tenha partido de outrem, ou mesmo resultado de pedido da própria vítima".[49] Logo, se a reparação do dano ambiental levada a cabo pelo agente decorreu, exclusivamente, de ação civil pública julgada procedente, por exemplo, a atenuante não será aplicada em função da falta de espontaneidade. Esta, aliás, é a diferença

48 MILARÉ, Edis; COSTA JR., Paulo José da; COSTA, Fernando José da. *Direito penal ambiental*. 2. ed. São Paulo: Revista dos Tribunais, 2013. p. 69.

49 BITENCOURT, Cezar Roberto. *Manual de Direito Penal*: parte geral. v. 1. 7 ed. São Paulo: Saraiva, 2002, p. 369.

em relação ao arrependimento posterior previsto no art. 16 do CP, para o qual basta a voluntariedade.

Atenta-se também para a seguinte diferença: a atenuante prevista na primeira parte do art. 65, III, "b", do CP, é geral e incide desde que o agente tenha procurado, por sua espontânea vontade e com eficiência, "logo após o crime", evitar-lhe ou minorar-lhe as conseqüências; já a atenuante do art. 14, II, é especial e não se submete ao requisito temporal previsto no Código Penal, vale dizer, ela não precisa ocorrer "logo após o crime".

Inciso III: a comunicação, além de ser direcionada à autoridade pública competente, deve ser eficiente, observando um prazo de antecedência que permita a adoção de alguma providência. "Não deve ser aceita a comunicação realizada na iminência do evento, mas cuja ciência do agente acerca do perigo é anterior. Caso contrário, o retardamento do alerta e a elevação do grau do risco beneficiam o agente indevidamente".[50]

Inciso IV: a **colaboração** deve ser efetiva a ponto de interferir positivamente na atuação dos *agentes encarregados da vigilância e do controle ambiental*, que são servidores de órgãos ambientais do Executivo federal, estadual ou municipal. Trata-se, vulgarmente, de um auxílio, ou seja, uma facilitação prestada pelo sujeito ativo aos agentes que exercem a vigilância e a fiscalização do meio ambiente. Contudo, o mero acompanhamento, por parte do sujeito ativo, do trabalho desenvolvido por esses agentes, sem que forneça a estes algo de útil, não deve atenuar a pena.

A colaboração fornecida pelo agente à Polícia Civil, já na fase investigativa do crime, e/ou ao Poder Judiciário, na fase processual, não acarreta a aplicação da presente atenuante, tendo em vista que a autoridade policial e o magistrado não são *agentes encarregados da vigilância e do controle ambiental*. Diversamente, essa colaboração pode importar na aplicação dos benefícios da Lei n. 9.807/1999 (proteção a vítimas, testemunhas e réus colaboradores) ou da Lei n. 12.850/2013 (organização criminosa e colaboração premiada), desde que atendidos os seus requisitos e pressupostos. Percebe-se, assim, que o vocábulo "colaboração" foi empregado, pela LCA, que é de 1998, no seu sentido vulgar; já nas Leis ns. 9.807/1999 e 12.850/2013, que são posteriores àquela, o termo "colaboração" foi empregado em um sentido mais técnico, preciso. Logo, se um integrante de uma organização criminosa que praticou crimes ambientais passa a colaborar com a investigação dos crimes, identificando os demais coautores e partícipes (art. 4º, I, da Lei n. 12.850/2013), por exemplo, a ele não será aplicada a atenuante do art. 14, IV, da LCA, mas algum benefício da Lei n. 12.850/2013.

Art. 15. São circunstâncias que agravam a pena, quando não constituem ou qualificam o crime:

I – reincidência nos crimes de natureza ambiental;

II – ter o agente cometido a infração:

a) para obter vantagem pecuniária;

b) coagindo outrem para a execução material da infração;

c) afetando ou expondo a perigo, de maneira grave, a saúde pública ou o meio ambiente;

d) concorrendo para danos à propriedade alheia;

e) atingindo áreas de unidades de conservação ou áreas sujeitas, por ato do Poder Público, a regime especial de uso;

f) atingindo áreas urbanas ou quaisquer assentamentos humanos;

---

50 RASLAN, Alexandre. Circunstâncias atenuantes e agravantes (artigos 14 e 15). *In*: MARCHESAN, Ana Maria Moreira; STEIGLEDER, Annelise Monteiro. (Org.). *Crimes ambientais:* comentários à lei 9.605/98. Porto Alegre: Livraria do Advogado, 2013. p. 98.

g) em período de defeso à fauna;

h) em domingos ou feriados;

i) à noite;

j) em épocas de seca ou inundações;

l) no interior do espaço territorial especialmente protegido;

m) com o emprego de métodos cruéis para abate ou captura de animais;

n) mediante fraude ou abuso de confiança;

o) mediante abuso do direito de licença, permissão ou autorização ambiental;

p) no interesse de pessoa jurídica mantida, total ou parcialmente, por verbas públicas ou beneficiada por incentivos fiscais;

q) atingindo espécies ameaçadas, listadas em relatórios oficiais das autoridades competentes;

r) facilitada por funcionário público no exercício de suas funções.

As agravantes são circunstâncias legais que incidem na segunda fase da dosimetria da pena. Por motivos de política criminal, elas constituem fatores que o legislador reputou suficientes para, em razão do aumento da reprovabilidade da conduta criminosa, ensejar um acréscimo da pena. Apesar de o *quantum* desse acréscimo não ser predeterminado, o STF já adotou a fração equivalente a **1/6 sobre a pena base** (STF, 2ª T., RHC 127382, Rel. Teori Zavascki, J. em 05/05/2015). Sob pena de *bis in idem*, a agravante incide quando o fato que a caracteriza não constitui majorante, tampouco elementar do tipo, ou seja, quando constitui ou qualifica o tipo.

A **aplicação subsidiária das agravantes previstas no Código Penal** não é pacífica. Enquanto Luiz Flávio Gomes e Sílvio Maciel são contrários, sob o argumento da proibição da analogia *in malam partem*[51], Dino[52], Fiorillo[53] e Nucci[54] são favoráveis, com base na subsidiariedade prevista no art. 79. Afigura-se correto esse último posicionamento, já que a incidência das agravantes previstas no Código Penal aos crimes tipificados na LCA não resulta de analogia, a qual pressupõe omissão não intencional do legislador, mas da subsidiariedade expressa que foi prevista no art. 79. Ademais, a máxima efetividade do meio ambiente ecologicamente equilibrado exige a interpretação que mais favoreça a tutela do bem ambiental, o que é obtido pela aplicação subsidiária das agravantes previstas no Código Penal.

Visto ser possível a aplicação subsidiária do Código Penal, deve ser observada a especialidade das agravantes previstas na LCA que têm identidade com as previstas no Código Penal. Nesses casos, aplica-se, apenas, a agravante disposta na LCA.

Em razão da sua posição topográfica, Freitas sustenta que as agravantes previstas no art. 15 não se aplicam às pessoas jurídicas.[55] Todavia, a razão está com Alexandre Raslan, para quem as agravantes e as atenuantes devem ser consideras quanto à pessoas jurídicas em face da

51 GOMES, Luiz Flávio; MACIEL, Sílvio Luiz. *Lei de crimes ambientais*: comentário à Lei 9.605/1998. 2. ed. Rio de Janeiro: Forense, 2015. p. 59.

52 DINO NETO, Nicolau; BELLO FILHO, Ney; DINO, Flávio. *Crimes e infrações administrativas ambientais*. 3. ed. Belo Horizonte: Del Rey, 2011. p. 91.

53 FIORILLO, Celso Antonio Pacheco; CONTE, Christiany Pegorari. *Crimes ambientais*. São Paulo: Saraiva, 2012. p. 54.

54 NUCCI, Guilherme de Souza. *Leis penais e processuais penais comentadas*. (livro digital). 9. ed. Vol. 2. Rio de Janeiro: Forense, 2015. p. 577.

55 FREITAS, Vladimir Passos de; FREITAS, Gilberto Passos de. *Crimes contra a natureza*. 9 ed. São Paulo: Revista dos Tribunais, 2012. p. 342.

necessidade da individualização da pena; além disso, "não é pertinente como fundamento de exclusão de incidência deste ou daquele dispositivo sua mera situação no texto legal, mas, sim, se sua incidência ou não incidência resultam de interpretação válida".[56]

A despeito de parte da doutrina sustentar que as agravantes, à exceção da reincidência, não se aplicam aos crimes culposos[57], o STF já decidiu que, "além da reincidência, outras circunstâncias agravantes podem incidir na hipótese de crime culposo: assim, as atinentes ao motivo, quando referidas à valoração da conduta, a qual, também nos delitos culposos, e voluntária, independentemente da não voluntariedade do resultado: admissibilidade, no caso, da afirmação do motivo torpe – a obtenção de lucro fácil –, que, segundo o acórdão condenatório, teria induzido os agentes ao comportamento imprudente e negligente de que resultou o sinistro" (STF, 1ª T., HC 70362, Rel. Sepúlveda Pertence, J. em 05/10/1993).

A reincidência (art. 15, I), no âmbito da LCA, ocorre apenas sob a forma **específica**, ou seja, se o crime anterior tem natureza ambiental. De todo modo, considerando o conceito de antecedente criminal apresentado nos comentários ao art. 6º (toda condenação inapta a caracterizar reincidência), a prática anterior de crime de natureza não ambiental caracteriza mau antecedente, devendo ser valorada negativamente na fixação da pena base. Além disso, em razão da omissão da LCA quanto à definição de reincidência, deve-se recorrer aos arts. 63 e 64 do CP quanto ao seu conceito e prazo.

Seguem doravante comentários pontuais às demais agravantes:

Inc. II, *a*: A mera intenção de receber vantagem pecuniária já é suficiente, tendo em vista que o dispositivo legal se refere ao objetivo de receber a vantagem ("para receber"). Agrava-se a pena, no presente caso, porque a finalidade pecuniária torna provável a prática de um dano de maior proporção ao meio ambiente (TRF 4, 7ª T., ACR: 30804272009404710 0 RS 0030804-27.2009.4.04.7100, Rel. Cláudia Cristofani, J. em 12/12/2017).

Inc. II, *b*: Com o auxílio do art. 22 do CP, tem-se que a coação física irresistível exclui a conduta praticada pelo coagido; que a coação psicológica irresistível exclui a culpabilidade; e que a coação psicológica resistível gera o concurso de agentes entre o coator e o coagido, possibilitada a este a incidência da atenuante prevista no art. 65, III, *c*, do CP.

Inc. II, *c*: Dispensa-se o dano, mas exige-se a exposição a perigo, de maneira grave a ser comprovada mediante perícia, em regra, da saúde pública ou do meio ambiente. Contudo, se o perigo referido por esse artigo constituir elementar do crime ambiental, a exemplo do art. 54, a agravante não pode ser aplicada, sob pena de *bis in idem*.

Inc. II, *d*: "Observe-se que os danos podem ser de qualquer espécie e não apenas ambientais, pois o legislador foi genérico na menção".[58] Nucci critica a presente agravante: "a agravante, neste caso, é inútil. Se o agente do crime ambiental concorrer (contribuir) efetivamente para causar danos à propriedade alheia, deve responder pelo delito previsto na Lei 9.605/98 em concurso com o crime específico (ex.: dano, art. 163, CP)".[59]

Inc. II, *e*: Os danos que atingirem as unidades de conservação (v. conceito nos comentários aos arts. 40 e 40-A) ou áreas sujeitas a regime especial de uso pelo Poder Público (arts. 3º, II; 4º; 6º; e 7º, todos da Lei n. 12.651/2012 – CFL) devem decorrer de condutas praticadas fora

56 RASLAN, Alexandre. Circunstâncias atenuantes e agravantes (artigos 14 e 15). *In*: MARCHESAN, Ana Maria Moreira; STEIGLEDER, Annelise Monteiro. (Org.). *Crimes ambientais:* comentários à lei 9.605/98. Porto Alegre: Livraria do Advogado, 2013. p. 97.

57 Por todos, ver: DELMANTO, Celso. *et al. Código Penal Comentado.* 6. ed. Rio de Janeiro: Renovar, 2002. p. 120.

58 FREITAS, Vladimir Passos de; FREITAS, Gilberto Passos de. *Crimes contra a natureza.* 9 ed. São Paulo: Revista dos Tribunais, 2012. p. 344.

59 NUCCI, Guilherme de Souza. *Leis penais e processuais penais comentadas.* (livro digital). 9. ed. Vol. 2. Rio de Janeiro: Forense, 2015. p. 579.

dessas áreas, já que, caso "o crime tenha sido praticado *dentro* de tais espaços, pode haver o crime do art. 40".[60]

Inc. II, *f*: O dano deve atingir área urbana, aquela delimitada em lei municipal, ou qualquer área que contenha grupo de pessoas que lá residam, mesmo sem ânimo definitivo. A mesma crítica que Nucci teceu à agravante do art. 15, II, *d*, tem lugar aqui.

Inc. II, *g*: Esta agravante, que se aplica somente para os crimes cometidos contra a fauna, não incide sobre o crime tipificado no art. 34, sob pena de *bis in idem*, e exige comprovação em relação à decretação do período de defeso (v. jurisprudência em relação ao art. 15, II, *l*).

Inc. II, *h*: Esta agravante justifica-se pela facilitação que a redução da fiscalização ambiental aos domingos e aos feriados gera para a prática criminosa. Destaca-se também que a majorante prevista no art. 53, II, *e*, que se refere aos crimes contra a flora, afasta a aplicação desta agravante.

Inc. II, *i*: A justificativa é a mesma para a agravante do art. 15, II, *h*, frisando-se que o conceito de "noite" é mais amplo do que o de "repouso noturno" (art. 155, §1º, do CP). A majorante prevista no art. 53, II, *e*, que se refere aos crimes contra a flora, afasta a aplicação desta agravante.

Inc. II, *j*: A majorante prevista no art. 53, II, *d*, que se refere aos crimes contra a flora, afasta a aplicação desta agravante.

Inc. II, *l*: Se o crime é praticado no interior de um espaço territorial especialmente protegido, a exemplo de uma unidade de conservação ou de uma área de preservação permanente, a reprovabilidade é maior, motivo que justifica o agravamento da pena. Quanto ao **conceito de espaço territorial especialmente protegido**, observa-se que o art. 225, III, da CF, diz ser incumbência do poder público "definir, em todas as unidades da Federação, *espaços territoriais e seus componentes a serem especialmente protegidos*, sendo a alteração e a supressão permitidas somente através de *lei*" (grifo próprio). Espaço territorial especialmente protegido, portanto, é qualquer área que tenha sido objeto de proteção por lei, tanto diretamente (exs.: terras indígenas – art. 231 da CF; área de preservação permanente – art. 4º da Lei n. 12651/2012; reserva legal – art. 12 da Lei n. 12651/2012) quanto indiretamente (ex.: unidade de conservação, que pode ser criada mediante ato administrativo do poder público diante da autorização legal para tanto concedida, especificamente no art. 22 da Lei n. 9985/2000). Pedro Abi-Eçab conclui que o "constituinte, assim agindo, criou um **conceito jurídico indeterminado**: o de espaço territorial especialmente protegido (ETEP). Não definiu tal instituto nem enumerou suas espécies e o fez acertadamente para, com isso, dar suporte constitucional a todo e qualquer tipo de área sujeita (afetada) a regime especial de proteção ambiental, não importando a intensidade nem a denominação" (grifo próprio).[61]

Inc. II, *m*: Método cruel é aquele que implica um sofrimento acima do necessário, o que justifica o agravamento da pena-base. Contudo, sob pena de *bis in idem*, esta agravante não se aplica ao art. 32.

Inc. II, *n*: A relação de confiança "pressupõe liberdade, lealdade, credibilidade, presunção de honestidade entre as pessoas." Abusa o agente da confiança que nele fora depositada quando se aproveita dessa relação para praticar o crime. Já a fraude "significa a utilização de meios ardilosos, insidiosos, fazendo com que a vítima incorra ou seja mantida em erro", a fim de que o agente pratique o crime.[62]

60 RASLAN, Alexandre. Circunstâncias atenuantes e agravantes (artigos 14 e 15). *In*: MARCHESAN, Ana Maria Moreira; STEIGLEDER, Annelise Monteiro. (Org.). *Crimes ambientais:* comentários à lei 9.605/98. Porto Alegre: Livraria do Advogado, 2013. p. 100.

61 ABI-EÇAB, Pedro. *Função ambiental das terras indígenas e mecanismos de efetividade*. 2012. 253 f. Tese (Doutorado em Direito) – Pontifícia Universidade Católica de São Paulo, São Paulo. p. 112.

62 GRECO, Rogério. *Código penal*: comentado. 6. ed. Niterói: Impetus, 2012, p. 439-440.

Inc. II, *o*: Incorre nesta agravante o agente que excede os limites impostos pela licença, permissão ou autorização ambiental que lhe foi concedida.

Inc. II, *p*: Justifica-se a presente agravante pela incompatibilidade existente entre o patrocínio público e a causação de dano ao meio ambiente. Esta agravante incidirá ainda que a pessoa jurídica beneficiada não seja ré na ação penal.[63]

Inc. II, *q*: Se o fato que caracteriza a presente agravante for elementar do tipo, constituindo-o, qualificando-o ou majorando-o, não se aplica a agravante, diante da vedação do *bis in idem*. A União, os Estados e os municípios têm competência comum (arts. 23, VI e VII; 24, VI; e 225, § 1º, VII, todos da CF) para editar listas oficiais prevendo as espécies em extinção. A propósito, os arts. 7º, XVI, e 8º, XVII, ambos da Lei Complementar n. 140/2011, preveem como ações da União e dos Estados a elaboração da relação de espécies da fauna e da flora ameaçadas de extinção. Exemplificativamente, o Ministério do Meio Ambiente editou os atos normativos: Instrução Normativa MMA n. 03, de 26 de maio de 2003 (fauna); Portaria MMA n. 445, de 17 de dezembro de 2014 (fauna); Portaria MMA n. 443, de 17 de dezembro de 2014 (flora); Portaria IBAMA n. 1.522, de 19 de dezembro de 1989 (fauna); Portaria IBAMA n. 6-N, de 15 de janeiro de 1992 (flora); Portaria IBAMA n. 37-N, de 03 de abril de 1992 (flora); Portaria MMA n. 443, de 17 de dezembro de 2014 (flora). Inclusive, o Brasil é signatário, por força do Decreto n. 76.623/1975, da Convenção sobre Comércio Internacional das Espécies da Flora e Fauna Selvagens em Perigo de Extinção (CITIES).

Inc. II, *r*: A presente agravante não pode ser reconhecida se a conduta do servidor público caracterizar concurso de agentes ou crime próprio.

A aplicação de algumas agravantes pode depender de perícia. No art. 15, II, *q*, por exemplo, é necessária a perícia para demonstrar que o espécime objeto do crime integra espécie ameaçada de extinção em lista oficial.

Art. 16. Nos crimes previstos nesta Lei, a suspensão condicional da pena pode ser aplicada nos casos de condenação a pena privativa de liberdade não superior a três anos.

Art. 17. A verificação da reparação a que se refere o § 2º do art. 78 do Código Penal será feita mediante laudo de reparação do dano ambiental, e as condições a serem impostas pelo juiz deverão relacionar-se com a proteção ao meio ambiente.

Os artigos 16 e 17 regulamentam a suspensão condicional da pena *(sursis)*, no âmbito dos crimes ambientais.

Sinteticamente, no *sursis*, a pena imposta ao réu condenado é suspensa enquanto ele cumpre algumas condições impostas pelo juízo. Uma vez cumpridas todas essas condições, sem ter havido a revogação do benefício, sucede a extinção da punibilidade.

Enquanto, no Código Penal, o *sursis* comum tem cabimento para crimes com pena privativa de liberdade de até 2 anos, inclusive, na LCA, a suspensão condicional da pena tem lugar para crimes com pena privativa de liberdade de até 3 anos, inclusive. Segundo Prado, "diante do silêncio no que toca ao prazo de suspensão da pena, depreende-se que seja ele de dois a quatro anos (art. 77, *caput*, CP)".[64] Ademais, as condições do *sursis*, na LCA, devem relacionar-se, necessariamente, à proteção do meio ambiente.

63 RASLAN, Alexandre. Circunstâncias atenuantes e agravantes (artigos 14 e 15). *In*: MARCHESAN, Ana Maria Moreira; STEIGLEDER, Annelise Monteiro. (Org.). *Crimes ambientais:* comentários à lei 9.605/98. Porto Alegre: Livraria do Advogado, 2013. p. 102.

64 PRADO, Luiz Régis. *Direito penal do ambiente*. 4. ed. São Paulo: Revista dos Tribunais, 2012. p. 175.

Não obstante, o *sursis* terá escassa aplicação, porque ele só pode ser aplicado quando não foi cabível a substituição da pena privativa de liberdade por pena restritiva de direitos, segundo o art. 77, III, do CP. Como essa substituição por pena restritiva de direitos, cabível para condenação à pena privativa de liberdade inferior a 4 anos, tem requisitos subjetivos mais facilitados ainda do que os exigidos pelo Código Penal (v. comentários ao art. 7º), na prática, ela operará na quase totalidade das condenações por crimes ambientais, o que afasta, portanto, o *sursis*.

A doutrina divide-se quanto à aplicabilidade da suspensão condicional da pena em favor de pessoa jurídica. Têm razão, todavia, os que advogam o seu descabimento, tendo em vista que o *sursis* se destina a suspender a pena privativa de liberdade, a qual, por impossibilidade jurídica e fática, não pode ser imposta à pessoa jurídica.

O laudo de reparação do dano ambiental, que é necessário para a substituição prevista no art. 78, § 2º, do CP, é documento que deve ser elaborado por perito, obedecendo às formalidades previstas nos arts. 159 e seguintes do CPP. Assim, deve ser confeccionado por um perito oficial, portador de diploma de curso superior, ou, mediante compromisso, por dois peritos não oficiais, também portadoras de diploma de curso superior. Tanto o beneficiário do *sursis* quanto o Ministério Público poderão constituir assistente técnico.

O juízo não deve aceitar, a título de laudo definitivo, o laudo particular, mesmo que confeccionado por expertos na área ambiental, porque o "perito" contratado pelo beneficiário do *sursis* não tem a imparcialidade necessária, já que é remunerado por ele. Esse laudo poderá, todavia, ser considerado pelo magistrado, que atua com base no princípio do livre convencimento (persuasão racional), para fins de comparação com as conclusões a que o laudo elaborado pelo(s) perito(s) nomeado(s) pelo juízo chegou.

Art. 18. A multa será calculada segundo os critérios do Código Penal; se revelar-se ineficaz, ainda que aplicada no valor máximo, poderá ser aumentada até três vezes, tendo em vista o valor da vantagem econômica auferida.

A pena de multa difere da de prestação pecuniária, que se trata de pena restritiva de direitos, conforme já analisado nos comentários ao art. 12, os quais esclarecem, também, o processo de cobrança da multa em caso do seu inadimplemento.

A pena de multa exige a conjugação de três artigos da LCA:

a) deve observar a situação econômica do agente (art. 6º, III, da LCA);

b) segue o critério de aplicação do art. 49 do Código Penal (em primeiro lugar, define-se a quantidade de dias-multa; em segundo lugar, define-se o valor de cada dia-multa), com a diferença de que, caso se revele ineficaz, pode ser aumentada até 3 vezes, tendo em vista o valor da vantagem econômica auferida pelo sujeito ativo (art. 18 da LCA); e

c) deve considerar o montante do prejuízo causado (art. 19 da LCA).

Esquematicamente, a multa considera, então: a) situação econômica do agente; b) vantagem econômica auferida pelo agente; c) montante do prejuízo causado.

Essa mesma forma de cálculo serve para a pena de multa aplicada contra a pessoa jurídica.

Nos termos da Súmula 171 do STJ, a pena de multa substitutiva prevista no art. 60, § 2º, do CP, não terá cabimento nos crimes tipificados na LCA que preveem pena privativa de liberdade cumulada com pena de multa.

Art. 19. A perícia de constatação do dano ambiental, sempre que possível, fixará o montante do prejuízo causado para efeitos de prestação de fiança e cálculo de multa.

Parágrafo único. A perícia produzida no inquérito civil ou no juízo cível poderá ser aproveitada no processo penal, instaurando-se o contraditório.

A perícia, nos crimes ambientais, em regra, é necessária, pois cuida de crime que deixa vestígios (art. 158 do CPP). O valor apurado na perícia deve ser considerado para fins da arbitração de eventual fiança e para o cálculo da pena de multa.

O art. 19, parágrafo único, permite o aproveitamento da perícia realizada em sede de inquérito civil ou de ação cível. Trata-se de **prova emprestada**, na qual o contraditório pode ser diferido, ou seja, exercido em momento posterior, quando da apresentação da resposta à acusação, no processo penal. Quando o sujeito passivo é o mesmo do processo cível no qual se confeccionou a perícia, o contraditório já foi observado, o que facilita o empréstimo da prova ao processo penal. Diferentemente, se a perícia foi produzida em sede de inquérito civil instaurado pelo Ministério Público ou em processo civil do qual o réu da ação penal não participou, devem ser assegurados todos os meios de prova para que ele possa contraditar essa prova técnica. A propósito: "A teor dos julgados desta Corte Superior, a exigência, como requisito para o empréstimo da prova, de que seja oriunda de processo no qual figurem idênticas partes, restringiria excessivamente sua aplicabilidade e a economia processual, dando ensejo a repetições desnecessárias com idêntico conteúdo. 5. No curso da instrução, a parte terá oportunidade de insurgir-se contra os documentos que lastrearam a denúncia e de refutá-los adequadamente" (STJ, 6ª T., RHC n. 79.534/SP, Rel. Rogério Schietti Cruz, J. em 04/04/2017).

Art. 20. A sentença penal condenatória, sempre que possível, fixará o valor mínimo para reparação dos danos causados pela infração, considerando os prejuízos sofridos pelo ofendido ou pelo meio ambiente.

Parágrafo único. Transitada em julgado a sentença condenatória, a execução poderá efetuar-se pelo valor fixado nos termos do *caput*, sem prejuízo da liquidação para apuração do dano efetivamente sofrido.

O art. 20 guarda semelhança com o art. 387, IV, do CPP, no sentido de que a sentença penal condenatória deve, quando possível, fixar um valor mínimo de indenização à vítima, sem prejuízo da posterior liquidação do montante indenizatório. Como a sentença penal condenatória constitui título executivo judicial (art. 515, VI, do NCPC), ela fixa, no mínimo, o *an debeatur*, vale dizer, a obrigação de a parte responsável pelo dano indenizá-lo. No entanto, sob pena de ofensa ao contraditório, destaca-se a impossibilidade de ser promovida a execução civil da sentença penal condenatória contra pessoa que não foi ré no processo penal, à exceção da eventual desconsideração da personalidade jurídica que venha a ser decretada.

Se a indenização destinar-se à coletividade, o Ministério Público, com base nos arts. 127, *caput*, e 129, III, ambos da CF, terá legitimidade para executá-la, hipótese em que o montante obtido deve reverter para o Fundo de Defesa de Direitos Difusos, que foi regulado pela Lei n. 9.008/1995. Na hipótese de a vítima ser determinada, a ela competirá a execução. Igualmente, como observam Luiz Flávio Gomes e Sílvio Maciel, os demais entes legitimados coletivamente para a ação civil pública ambiental podem executar a sentença, no ponto em questão[65].

Mesmo que a indenização, na hipótese deste art. 20, seja considerada um efeito específico da sentença penal (art. 91, I, do CP), como Pacceli e Fischer sustentam[66], o STJ já exigiu a formulação expressa de pedido nesse sentido pelo Ministério Público, a fim de impedir que o réu seja surpreendido, pela sentença, a pagar determinado valor sobre o qual não se produziu nenhuma

65 GOMES, Luiz Flávio; MACIEL, Sílvio Luiz. *Lei de crimes ambientais*: comentário à Lei 9.605/1998. 2. ed. Rio de Janeiro: Forense, 2015. p. 82-83.

66 OLIVEIRA, Eugênio Pacceli de; FISCHER, Douglas. *Comentários ao código de processo penal e sua jurisprudência*. 4. ed. São Paulo: Atlas, 2011. p. 770.

prova (STJ, 6ª T., AgRg no REsp 1626962/MS, Rel. Sebastião Reis Júnior, J. em 06/12/2016). Neste mesmo julgado e em outro, o STJ admitiu a condenação do réu ao pagamento de indenização por danos morais em favor de vítima determinada, na própria sentença criminal (STJ, 6ª T., REsp 1585684/DF, Rel. Maria Thereza de Assis Moura, J. em 09/08/2016). Dada a mesma razão, deve ser admitida, na sentença penal condenatória, a condenação do réu ao pagamento de indenização por dano moral coletivo, como sustentam Monnerat, Vidal e Santos.[67]

Art. 21. As penas aplicáveis isolada, cumulativa ou alternativamente às pessoas jurídicas, de acordo com o disposto no art. 3º, são:

I – multa;

II – restritivas de direitos;

III – prestação de serviços à comunidade.

Observada a impossibilidade jurídica e física da imposição de pena privativa de liberdade às pessoas jurídicas, estas podem ser condenadas criminalmente às seguintes espécies de pena: multa, restrição de direitos e prestação de serviços à comunidade.

Atenta-se para a seguinte distinção: para a pessoa física, a prestação de serviços à comunidade constitui uma pena restritiva de direito; já para a pessoa jurídica, a prestação de serviços à comunidade não constitui pena restritiva de direitos, mas uma espécie própria de pena. Mesmo assim, trata-se de mera questão formal: apesar de, sob o ponto de vista ontológico, a prestação de serviços à comunidade ser uma pena restritiva de direitos, como previsto no art. 43, IV, do CP, ela constitui uma classe própria de pena, no âmbito da Lei n. 9605/1998, por força do art. 21.

A **prescrição da pretensão relacionada à pena de multa** ocorre segundo o art. 114, I, do CP: "em caso de eventual condenação da pessoa jurídica, somente, incurso na pena de multa, isoladamente, o prazo do lapso prescricional será de 2 anos, conforme preconiza o art. 114, inciso I, do CP" (STF, 2ª T., ARE 944034 AgR, Relator Gilmar Mendes, J. em 30/09/2016). Deve-se ressalvar a aplicação do art. 114, II, do CP, quando a pena de multa é cumulada com outro tipo de pena: "Se aos crimes ambientais imputados à agravante for possível, além da pena de multa, ser aplicada cumulativamente medida restritiva de direitos, como na hipótese, deve-se levar em consideração para o cálculo do prazo prescricional em abstrato o disposto no art. 109, parágrafo único, do Código Penal, segundo o qual, antes de transitar em julgado a sentença final, aplicam-se às penas restritivas de direito o mesmo prazo previsto para as privativas de liberdade" (STJ, 5ª T., AgRg no RMS 59533/SP, Relator Jorge Mussi, J. em. 25/05/2019). Sobre a prescrição das penas restritivas de direitos e da pena de prestação de serviços à comunidade, vide comentários sobre os artigos 22 e 23.

Em caso de **descumprimento dessas penas previstas no art. 21**, considerando a impossibilidade da sua conversão em pena privativa de liberdade, Eládio Lecey sustenta que elas devem ser executadas, pelo Ministério Público, como obrigação de fazer ou de pagar, no próprio juízo criminal, segundo o rito do Código de Processo Civil.[68] No tocante à pena de multa, Marchesan sustenta que, inicialmente, a execução deve ocorrer perante o próprio juízo de execução penal,

---

67 MONNERAT, Carlos Fonseca; VIDAL, Ricardo Ramos; SANTOS, Renato Márcio dos. Reparação do dano moral ambiental na sentença penal condenatória. *Universidade Católica de Santos*. v. 38, n. 104-6, 2012. Disponível em: http://periodicos.unisantos.br/leopoldianum/article/view/460/421. Acesso em: 25 abr. 2017.

68 LECEY, Eládio. Responsabilidade penal da pessoa jurídica: efetividade e questões processuais. *Revista Cadernos do Programa de Pós-Graduação em Direito PPGdir./UFRGS*. V. 2, n. 5, 2004. p. 672. Disponível em: http://seer.ufrgs.br/index.php/ppgdir/article/view/49561/30978. Acesso em: 25 abr. 2017.

na forma do art. 164 da LEP; caso não haja o pagamento voluntário, "proceder-se-á à penhora de bens suficientes à garantia da execução, remetendo-se os autos para o juízo cível, com o prosseguimento de acordo com o Código de Processo Civil (art. 523 e segs.)". Ademais, "[t] anto o não cumprimento voluntário das penas restritivas de direitos como o das de prestação de serviços à comunidade estarão sujeitos ao modelo de execução de sentença referido pelo art. 536 do CPC, por serem com ele congruente"[69].

Art. 22. As penas restritivas de direitos da pessoa jurídica são:

I – suspensão parcial ou total de atividades;

II – interdição temporária de estabelecimento, obra ou atividade;

III – proibição de contratar com o Poder Público, bem como dele obter subsídios, subvenções ou doações.

§ 1º A suspensão de atividades será aplicada quando estas não estiverem obedecendo às disposições legais ou regulamentares, relativas à proteção do meio ambiente.

§ 2º A interdição será aplicada quando o estabelecimento, obra ou atividade estiver funcionando sem a devida autorização, ou em desacordo com a concedida, ou com violação de disposição legal ou regulamentar.

§ 3º A proibição de contratar com o Poder Público e dele obter subsídios, subvenções ou doações não poderá exceder o prazo de dez anos.

A suspensão – parcial ou total – de atividades constitui pena restritiva de direitos que se aplica quando as atividades desenvolvidas pela pessoa jurídica não estiverem obedecendo às normas de proteção ao meio ambiente. A interdição do estabelecimento, obra ou atividade, por sua vez, tem lugar na hipótese de ausência ou excesso dos limites da autorização necessária, ou, ainda, no caso de ocorrer violação de disposição legal ou regulamentar. Frisa-se que as penas criminais do art. 22, I e II, têm correspondência nas sanções administrativas previstas no art. 72, VII e IX. Migliari esclarece que, "[e]nquanto a interdição é aplicada à falta de autorização concedida pelos organismos próprios destinados a cuidar do ambiente, a suspensão segue uma desobediência às disposições legais".[70] Já a proibição de contratar com o Poder Público bem como dele receber alguma espécie de patrocínio (art. 22, III) não poderá exceder o prazo de dez anos. A impossibilidade de contratação com o Poder Público não deve atingir serviços públicos básicos, como água, energia elétrica e telefonia.

As penas restritivas de direitos aplicáveis às pessoas jurídicas não são **substitutivas**, como as previstas no Código Penal (art. 44 do CP) e as previstas no art. 7º da LCA, mas autônomas. Assim sustentam Luiz Flávio Gomes e Sílvio Maciel, para quem a pena restritiva de direito é aplicada "de forma direta (não em substituição da pena de prisão), utilizando-se como limite o máximo da pena privativa de liberdade cominada no tipo legal"[71], e Steigleder, para quem, não obstante a sua autonomia, o juiz "deverá calcular uma hipotética pena privativa de liberdade para a pessoa jurídica, sendo este o tempo da pena restritiva de direitos".[72] Dino, por sua vez,

69 MARCHESAN, Ana Maria Moreira. Consolidação e perspectivas da responsabilidade da pessoa jurídica no Direito Penal Ambiental. *Revista de Direito Ambiental*, São Paulo, v. 100, a. 25. p. 57-97, out.-dez. 2020. p. 68-69.

70 MIGLIARI JR., Arthur. *Crimes ambientais*: Lei 9.605/98, novas disposições penais gerais: concurso de pessoas, responsabilidade penal da pessoa jurídica, desconsideração da personalidade jurídica. 2. ed. Campinas: CS Edições, 2004. p. 157.

71 GOMES, Luiz Flávio; MACIEL, Sílvio Luiz. *Lei de crimes ambientais*: comentário à Lei 9.605/1998. 2. ed. Rio de Janeiro: Forense, 2015. p. 72-73.

72 STEIGLEDER, Annelise Monteiro. As penas aplicáveis às pessoas jurídicas (artigos 21 a 24). *In*: MARCHESAN, Ana Maria Moreira; STEIGLEDER, Annelise Monteiro. (Org.). *Crimes ambientais:* comentários à lei 9.605/98. Porto Alegre:

sustenta o caráter substitutivo das penas restritivas de direitos.[73] Independentemente da posição que se escolha, esses autores apresentam solução para um erro crasso do legislador ambiental: na medida em que a LCA não previu prazo máximo de duração para as penas previstas no art. 22, I e II, estas não podem ultrapassar o tempo máximo previsto a título de pena privativa de liberdade em cada tipo.

Nucci, que também sustenta a necessidade de a sentença fixar uma pena privativa de liberdade hipotética para a pessoa jurídica, esclarece como o juiz escolhe as penas cabíveis para esse tipo de pessoa. "O que nos parece correto é o seguinte: há tipos penais que preveem pena única (ex.: art. 40); outros, por sua vez, preveem penas cumulativas (ex.: art. 41); há, ainda, os que cominam penas alternativas (ex.: art. 49, parágrafo único); restam aqueles que possibilitam a aplicação alternativa ou cumulativa (art. 49, caput). Assim sendo, as penas previstas para a pessoa jurídica, porque não podem ser privativas de liberdade, mas são calculadas com base nestas, obedecem aos mesmos critérios. Ilustrando: a) se a pessoa jurídica causa dano a uma unidade de conservação, o julgador mensura a pena de um a cinco anos, conforme os critérios gerais do Código Penal (art. 68). Chegando a um montante de três anos, transforma essa pena em prestação de serviços à comunidade. É pena isoladamente aplicada; b) se a pessoa jurídica provoca incêndio em mata, o juiz elege a pena entre dois e quatro anos, na sequência substitui por pena alternativa e, ainda, fixa a multa, conforme os critérios do Código Penal; c) se a pessoa jurídica destrói, culposamente, plantas de ornamentação de logradouro público, o juiz escolhe entre a pena privativa de liberdade, que será substituída pela pena restritiva de direitos (incluindo-se, aí, a prestação de serviços à comunidade, que é restritiva também) ou aplica somente multa; d) se a pessoa jurídica destrói, dolosamente, essas mesmas plantas, pode o juiz fixar a pena privativa (para efeito de mensuração da culpabilidade), substituindo-a por restritiva de direitos, ou aplica somente a multa, ou fixa as duas."[74]

A ausência de indicação expressa do prazo de duração das penas restritivas de direitos aplicáveis às pessoas jurídicas gera um problema grave ao **exame da prescrição**. Já se pode descartar o pensamento de que não haveria um limite máximo de duração dessas penas, pois tal situação caracterizaria imprescritibilidade. Formaram-se duas correntes a respeito. Para a primeira, para fins da prescrição da pretensão punitiva relacionada à pena restritiva de direito aplicável contra a pessoa jurídica, considera-se o prazo prescricional da pena de multa, previsto no art. 114, I, do CP; não se poderia aplicar o art. 114, II, do CP, visto que a pena restritiva de direito, no âmbito da LCA, não é substitutiva, mas autônoma, quando em relação às pessoas jurídicas. Assim já decidiram, exemplificativamente, o TJRS (4ª C. Crim., Apelação Crime Nº 70054678164, Rel. Rogério Leal, J. em 18/07/13), o TJSP (15ª C. Crim., RSE 0003993-50.2014.8.26.0361, Rel. Camargo Aranha Filho, J. em 20/10/2016) e o TRF1 (4ª T., ACR 19432320104013303, Rel. Olindo Menezes, J. em 14/10/2014).

Por seu turno, a segunda corrente, encampada pelo STJ, advoga, para fins da prescrição da pretensão relacionada à pena restritiva de direitos aplicável contra a pessoa jurídica, a consideração do prazo prescricional previsto para a pena privativa de liberdade, no art. 109 do CP: "De acordo com a jurisprudência desta Corte, na hipótese de aplicação de pena de multa e restritiva de direitos à pessoa jurídica, em virtude da omissão da Lei 9.605/1998, adotam-se, subsidiariamente, as disposições do Código Penal, nos termos do seu art. 109 e do art. 79 da Lei 9.605/1998" (STJ, 6. T, (AgRg no AREsp 1616383/RJ, Rel. Nefi Cordeiro, J. em 19/05/2020). O

Livraria do Advogado, 2013. p. 124.

73 DINO NETO, Nicolau; BELLO FILHO, Ney; DINO, Flávio. *Crimes e infrações administrativas ambientais*. 3. ed. Belo Horizonte: Del Rey, 2011. p. 97.

74 NUCCI, Guilherme de Souza. *Leis penais e processuais penais comentadas*. (livro digital). 9. ed. Vol. 2. Rio de Janeiro: Forense, 2015. p. 587.

STF já decidiu assim também: "Nos crimes ambientais, às pessoas jurídicas aplicam-se as sanções penais isolada, cumulativa ou alternativamente, somente as penas de multa, restritivas de direitos e prestação de serviços à comunidade (art. 21 da Lei 9.605/98). No caso, os parâmetros de aferição de prazos prescricionais são disciplinados pelo Código Penal. Nos termos do art. 109, *caput* e parágrafo único, do Código Penal, antes de transitar em julgado a sentença final, aplica-se, às penas restritivas de direito, o mesmo prazo previsto para as privativas de liberdade, regulada pelo máximo da pena privativa de liberdade cominada ao crime" (STF, 2ª T., ARE 944034 AgR, Relator Gilmar Mendes, J. em 30/09/2016).

Encampam-se os argumentos de Marchesan, que defende essa segunda corrente no tocante ao prazo prescricional: "mais recentemente, pode-se observar uma tendência da jurisprudência em assentar o entendimento de aplicação dos arts. 109 e 110 do Código Penal, regendo-se a prescrição pelos limites máximos das penas privativas de liberdade (art. 109 do CP) e, no caso da multa, pelo tempo previsto no art. 114 do CP. (...) Não se trata de fazer uma analogia *in malam partem*, como sustentam alguns, mas sim reconhecer a autonomia da pessoa jurídica para delinquir e a existência de um microssistema próprio para sua efetiva penalização"[75].

Art. 23. A prestação de serviços à comunidade pela pessoa jurídica consistirá em:

I – custeio de programas e de projetos ambientais;

II – execução de obras de recuperação de áreas degradadas;

III – manutenção de espaços públicos;

IV – contribuições a entidades ambientais ou culturais públicas.

A prestação de serviços à comunidade – pena autônoma para as pessoas jurídicas – pode ocorrer sob as formas indicadas nos incisos do art. 23. De relevante, ressalta-se que o custeio de programas e projetos ambientais (art. 23, I) envolve uma contrapartida necessariamente financeira por parte da pessoa jurídica condenada. Já no caso do art. 23, IV, as contribuições podem envolver contrapartida não financeira, a exemplo da cessão de mão de obra, e as entidades destinatárias podem incluir até pessoas jurídicas de direito privado, desde que integrantes da administração indireta.[76]

Quanto à prescrição, há decisões que aplicam o prazo do art. 114, I, do CP: STJ, 5ª T., EDcl no AgRg no REsp 1230099/AM, Rel. Laurita Vaz, J. em 20/08/2013; TJRS, 4ª C. Crim., Mandado de Segurança n. 70067367250, Rel. Rogerio Leal, J. em 17/12/2015. No entanto, o STJ, em 2017, decidiu que a prescrição da pretensão relacionada à prestação de serviços à comunidade se sujeita ao prazo do art. 109 do CP. Confira-se: "tem-se que a prestação de serviços à comunidade é uma pena restritiva de direitos, nos termos do art. 43, inciso IV, do Código Penal e, consoante disposto no parágrafo único do art. 109, do Código Penal, aplicam-se às penas restritivas de direito os mesmos prazos previstos para as privativas de liberdade" (STJ, 5ª T., AgRg no REsp 1589299/SP, Relator Joel Paciornik, J. em 23/05/2017) Em outro julgado: "3. Dispõe o art. 21, § 3º, da Lei n. 9.605/98, que às pessoas jurídicas serão aplicáveis isolada, cumulativa ou alternativamente as penas de multa, de restrição de direitos ou de prestação de serviços à comunidade. 4. Podendo, portanto, no caso dos crimes ambientais, além da pena de multa, ser aplicada cumulativamente medida restritiva de direitos, para o cômputo do prazo prescricional

75 MARCHESAN, Ana Maria Moreira. Consolidação e perspectivas da responsabilidade da pessoa jurídica no Direito Penal Ambiental. Revista de Direito Ambiental, São Paulo, v. 100, a. 25. p. 57-97, out.-dez. 2020. p. 80.

76 DINO NETO, Nicolau; BELLO FILHO, Ney; DINO, Flávio. *Crimes e infrações administrativas ambientais*. 3. ed. Belo Horizonte: Del Rey, 2011. p. 105.

em abstrato, deve-se levar em consideração a disposição do art. 109, parágrafo único, do Código Penal, segundo a qual antes de transitar em julgado a sentença final, aplicam-se às penas restritivas de direito o mesmo prazo previsto para as privativas de liberdade" (STJ, 6ª T., AgRg no RMS 56158/PA, Relator Nefi Cordeiro, J. em 19/06/2018). Apesar de, no âmbito da Lei n. 9605/1998, a prestação de serviços à comunidade não ser, formalmente, uma pena restritiva de direitos (v. comentários ao art. 21), é correta a aplicação do art. 109 do CP à pena do art. 22, pois, por força do art. 79, o art. 109 do CP tem aplicação analógica à Lei n. 9605/1998. Além disso, no âmbito do CP, a prestação de serviços à comunidade tem natureza de pena restritiva de direitos, de modo que todo o regramento aplicável a esta estende-se àquela, tendo, repisa-se, aplicação analógica no âmbito da Lei n. 9605/1998 por força do art. 79 desta.

Art. 24. A pessoa jurídica constituída ou utilizada, preponderantemente, com o fim de permitir, facilitar ou ocultar a prática de crime definido nesta Lei terá decretada sua liquidação forçada, seu patrimônio será considerado instrumento do crime e como tal perdido em favor do Fundo Penitenciário Nacional.

Segundo Freitas, a "liquidação é uma autêntica pena acessória e deverá, por isso mesmo, ser objeto de expresso pedido na denúncia. Se assim não for, não poderá o juiz impô-lo na sentença, pois estaria sacrificando o direito de ampla defesa da ré".[77]

Tal como previsto no art. 42 do projeto do novo Código Penal (Projeto de Lei do Senado 236, de 2012), a liquidação implica a extinção da pessoa jurídica, com a reversão do seu patrimônio ao Fundo Penitenciário Nacional, criado pela LC n. 79/1994. Essa constitui a principal diferença para com a desconsideração da personalidade jurídica prevista no art. 4º, medida que apenas torna ineficaz, perante os sócios, a autonomia patrimonial da pessoa jurídica que eles constituem.

Sobre a liquidação forçada, "o próprio juízo da sentença deverá externar os comandos necessários para implementá-la, decretando a perda do patrimônio da empresa em favor do Fundo Penitenciário Nacional, cuja conversão em pecúnia talvez acabe tendo de ser feita por hasta pública. Pode-se fazer necessária a nomeação de um liquidante, pois, durante o período de liquidação, os órgãos de controle do ente moral perderão seus poderes de gestão e representação"[78].

Embora seja possível a aplicação de pena às **empresas públicas e sociedades de economia mista**, como já exposto nos comentários ao art. 3º, a pena acessória de liquidação forçada não tem lugar contra essas pessoas. A interpretação sistemática com a Lei n. 13.303/2016 conduz a esse resultado. Como bem observado por Renee Souza, o art. 94 da Lei n. 13.303/2016 excluiu a aplicação da pena prevista no inciso III (dissolução compulsória da pessoa jurídica) do art. 19 da Lei n. 12.846/2013 (Lei Anticorrupção) em relação à empresa pública, à sociedade de economia mista e às suas subsidiárias. De fato, "essa sanção não pode ser aplicada para estatais. Embora seja difícil a caracterização dos pressupostos para aplicação dessa pena [dissolução compulsória], temos que a extinção dessas pessoas jurídicas é parte de uma decisão política direta dos Poderes Legislativo e Executivo, indevassável, portanto, ao Judiciário".[79z]

77 FREITAS, Vladimir Passos de; FREITAS, Gilberto Passos de. *Crimes contra a natureza*. 9 ed. São Paulo: Revista dos Tribunais, 2012. p. 77.

78 MARCHESAN, Ana Maria Moreira. Consolidação e perspectivas da responsabilidade da pessoa jurídica no Direito Penal Ambiental. *Revista de Direito Ambiental*, São Paulo, v. 100, a. 25. p. 57-97, out.-dez. 2020. p. 69.

79 SANCHES, Rogério; SOUZA, Renee. *Lei anticorrupção empresarial*. 2. ed. Salvador: Juspodivm, 2018. p. 34, 190-191.

CAPÍTULO III
DA APREENSÃO DO PRODUTO E DO INSTRUMENTO DE INFRAÇÃO ADMINISTRATIVA OU DE CRIME

Art. 25. Verificada a infração, serão apreendidos seus produtos e instrumentos, lavrando-se os respectivos autos.

§ 1º Os animais serão prioritariamente libertados em seu habitat ou, sendo tal medida inviável ou não recomendável por questões sanitárias, entregues a jardins zoológicos, fundações ou entidades assemelhadas, para guarda e cuidados sob a responsabilidade de técnicos habilitados.

§ 2º Até que os animais sejam entregues às instituições mencionadas no § 1º deste artigo, o órgão autuante zelará para que eles sejam mantidos em condições adequadas de acondicionamento e transporte que garantam o seu bem-estar físico.

§ 3º Tratando-se de produtos perecíveis ou madeiras, serão estes avaliados e doados a instituições científicas, hospitalares, penais e outras com fins beneficentes.

§ 4º Os produtos e subprodutos da fauna não perecíveis serão destruídos ou doados a instituições científicas, culturais ou educacionais.

§ 5º Os instrumentos utilizados na prática da infração serão vendidos, garantida a sua descaracterização por meio da reciclagem.

O art. 25 (alterado pela Lei n. 13.052/2014) regula tanto a apreensão judicial como a administrativa, esta também prevista no art. 72, IV. A apreensão deve ser realizada mediante termo que identifique, no mínimo: a autoridade responsável pela apreensão, o motivo desta e o(s) objeto(s) apreendido(s). No âmbito federal, a apreensão é regulamentada pelo Decreto Federal n. 6.514/2008.

Deve ser observada a **independência entre os legitimados a fazer a apreensão**. Como muitos crimes ambientais também caracterizam infrações ambientais administrativas, as investigações sobre os ilícitos ambientais costumam envolver órgãos ambientais federais (IBAMA, p. ex.), estaduais e/ou municipais e a polícia judiciária. Em consequência, pode haver mais de uma apreensão sobre o mesmo bem: uma apreensão relacionada ao crime ambiental, e outra, à infração administrativa. Por exemplo, em uma operação envolvendo o corte ilegal de madeira de floresta pública, a motosserra utilizada para o corte, o caminhão usado para o transporte e a própria madeira podem ser apreendidos pela autoridade ambiental porque foram empregados na prática de infração ambiental administrativa; esses mesmos bens, também, podem ser objeto de apreensão determinada pela autoridade policial porque têm relação com o fato criminoso (art. 6º, II, do CPP). Haverá assim duas ordens (comandos) de apreensão sobre o mesmo bem. Daí a importância da lavratura do termo de apreensão.

Caso o proprietário do caminhão ajuíze, perante o Juízo Criminal, um pedido de restituição de coisa apreendida (arts. 118 e ss. do CPP), eventual deferimento desse pedido importará apenas no cancelamento da apreensão realizada pela autoridade policial, sobre a qual o juízo criminal tem competência para decidir, mas não sobre a apreensão realizada pela autoridade administrativa ambiental, em relação à qual o juízo criminal não tem competência. Como resultado, nesse exemplo, o caminhão continuará apreendido por força da ordem da autoridade ambiental. Para reaver o seu caminhão, em caso de indeferimento do requerimento administrativo apresentado ao órgão ambiental de restituição do bem apreendido, o proprietário deverá impetrar um mandado de segurança contra o diretor do órgão ambiental, observado o prazo decadencial, ou ajuizar ação ordinária contra a pessoa jurídica de direito público interno à qual está vinculado o órgão ambiental, perante o juízo cível competente. A solução é a mesma se o caminhão, não obstante a absolvição do respectivo proprietário no processo criminal, remanescer apreendido pela autoridade ambiental sem a instauração de processo administrativo para os fins da infração administrativa ambiental, como, aliás, já se decidiu (TJRS, 3ª C. Cível, AI n. 70038613436, Rel. Nelson Pacheco, J. em 20/01/2011). A propósito: "A ordem de liberação dos bens, na esfera penal, não obriga a esfera administrativa e nem o Juízo Cível que examinará a questão administrativa. Afinal, o princípio que rege a relação entre as esferas cível, criminal e administrativa é o da independência" (TJMG, 4ª C. Cív., Agravo de Instrumento-Cv 1.0000.19.136493-4/001, Rel. Moreira Diniz, J. em 30/01/2020).

Quanto ao objeto da apreensão, os instrumentos do crime ou infração ambiental, ou seja, os bens empregados pelo sujeito ativo para a prática da infração podem ser apreendidos. Reporta-se aos comentários ao art. 25, § 5º, mais abaixo.

Igualmente, estão sujeitos à apreensão os produtos do crime ou infração ambiental, vale dizer, os bens adquiridos diretamente (ex.: espécimes pescados, no art. 34) ou indiretamente (ex.: o dinheiro obtido com a venda dos espécimes pescados, no art. 34).

"Verificada a infração" é locução que deve ser interpretada no sentido da sua ocorrência fática, e não como exigência do trânsito em julgado da condenação penal ou administrativa, sob pena de completa ineficácia da apreensão, que tem manifesto caráter cautelar, no sentido de que tem como objetivo garantir a eficácia e/ou utilidade de uma providência principal.

Segundo o art. 25, § 1º, os animais apreendidos devem ser imediatamente entregues a zoológicos e afins para, tão logo possível, serem libertados no seu habitat. Em caso de impossibilidade dessa libertação, a exemplo do espécime que se tornou incapaz de sobreviver em razão da sua dependência em relação aos homens, eles devem permanecer na instituição para a qual foram, originalmente, entregues. Há amparo para essa providência no art. 107, I, do Decreto Federal n. 6.514/2008.

Contudo, em se tratando de animais silvestres, na hipótese de as instituições mencionadas no art. 25, § 1º, não poderem receber os espécimes apreendidos, é possível que eles sejam confiados a um fiel depositário. Essa possibilidade está prevista no art. 105, *caput*, do Decreto Federal n. 6.514/2008, que foi regulamentado pela Resolução CONAMA n. 457/2013. No caso em comento, a autoridade deve, preferencialmente, utilizar o *Termo de Guarda de Animal Silvestre* (TGAS), que constitui o "termo de caráter provisório pelo qual *o interessado, que não detinha o espécime*, devidamente cadastrado no órgão ambiental competente, assume voluntariamente o dever de guarda do animal resgatado, entregue espontaneamente ou apreendido, enquanto não houver destinação nos termos da lei" (art. 2º, VII, da Resolução CONAMA n. 457/2013). Apenas se restar inviável a constituição do TGAS, a autoridade responsável pela apreensão deve lançar mão do *Termo de Depósito de Animal Silvestre* (TDAS), que designa o "termo de caráter provisório pelo qual o *autuado* assume voluntariamente o dever de prestar a devida manutenção e manejo do animal apreendido, objeto da infração, enquanto não houver a destinação nos termos da lei" (art. 2º, V, da Resolução CONAMA n. 457/2013). Constata-se a diferença essencial: O Termo de Guarda de Animal Silvestre, que é preferencial, é feito com o sujeito a quem não é imputada a prática do crime ou infração ambientais; o Termo de Depósito de Animal Silvestre, que é subsidiário, é feito com o sujeito a quem é imputado o cometimento do crime ou infração ambientais.

Consoante o art. 25, § 2º, até que os espécimes apreendidos sejam entregues às entidades mencionadas no art. 25, § 1º, o órgão responsável pela autuação deve zelar para que eles sejam mantidos em condições adequadas de acondicionamento e transporte que garantam o seu bem-estar físico. Embora não escrito, é intuitivo que essa providência também é devida quando, em vez da entrega a essas entidades, é firmado o Termo de Guarda de Animal Silvestre ou o Termo de Depósito de Animal Silvestre.

Conforme o art. 25, § 3º, os produtos perecíveis ou as madeiras apreendidas devem ser avaliados e doados a instituição com fins beneficentes. A avaliação é essencial para eventual ressarcimento do proprietário em caso de improcedência da ação penal ou da medida administrativa: "A doação de madeiras apreendidas em razão de ilícito administrativo tem respaldo legal – art. 25 da Lei n.º 9.605/98 e arts. 134 e 135 do Decreto n.º 6.514/2008 – bastando que se faça prévia avaliação delas, a fim de assegurar eventual ressarcimento, em caso de anulação, cancelamento ou revogação, definitivos, da apreensão, nos termos do art. 105, parágrafo único, do mencionado Decreto. Prevalece no ordenamento jurídico pátrio a independência das instâncias, de modo que, ainda que a infração administrativa tenha sido tornada insubsistente perante o órgão ambiental, é preciso relembrar que as investigações estão em andamento através de inquérito policial, o que pode desaguar na deflagração de ação penal contra o recorrente por delito ambiental, independentemente da solução administrativa" (TJMS, 2ª C. Crim., RSE n. 0900057-90.2018.8.12.0021, Rel. Luiz Marques, J. em 15/09/2021).

Nos termos do art. 25, § 4º, os produtos e subprodutos não perecíveis da fauna devem ser destruídos ou doados a instituição com finalidades científicas, culturais ou educacionais. A doação é preferível à destruição, pois gerará algum benefício, ao passo que a destruição, além de ser medida socialmente inútil, deve ser cercada de cuidados para não causar degradação ambiental.

Quanto ao(s) produto(s) do crime, não deve ser admitido que o sujeito ativo seja nomeado depositário, porque este poderá suprimir a materialidade do delito. Havendo a necessidade do depósito, o juízo deverá constituir um depositário judicial, portanto.

Conforme o art. 25, § 5º, os instrumentos – sejam lícitos ou ilícitos – utilizados para o cometimento da infração ambiental devem ser vendidos, possibilitada ainda a sua descaracterização por intermédio da reciclagem. Pela literalidade da Lei, há diferença significativa entre a apreensão e perdimento do art. 25, § 5º, e o perdimento previsto no art. 91, II, b, do CP: este apenas pode ocorrer desde que referidos instrumentos consistam em coisas cujo fabrico, alienação, uso, porte ou detenção constitua fato ilícito; aqueles, pela Lei, não têm essa limitação.

Anteriormente, para permitir a apreensão dos instrumentos utilizados na prática da **infração ambiental administrativa**, o STJ exigia a demonstração de que eles fossem empregados específica e exclusivamente no cometimento da infração (STJ, 2ª T., REsp 1526538/RO, Rel. Humberto Martins, J. em 12/05/2015; STJ, 2ª T., AgRg no AREsp 522.274/RO, Rel. Mauro Marques, J. em 06/12/2018). Essa exegese da lei ambiental contrariava o mandamento constitucional de tutela do meio ambiente, já que dificultava ao extremo a apreensão, pois exigia que a autoridade ambiental comprovasse que o bem era utilizado, apenas, na prática da infração ambiental, o que demandava inclusive prova acerca da habitualidade dessa utilização.

Em 2019, o STJ iniciou a revisão do seu entendimento, em se tratando da apreensão administrativa: "2. Os arts. 25 e 72, IV, da Lei n. 9.605/1998 estabelecem como efeito imediato da infração a apreensão dos bens e instrumentos utilizados na prática do ilícito ambiental. A exigência de requisito não expressamente previsto na legislação de regência para a aplicação dessas sanções compromete a eficácia dissuasória inerente à medida, consistindo em incentivo, sob a perspectiva da teoria econômica do crime, às condutas lesivas ao meio ambiente. 3. Ademais, exigir que a autoridade ambiental comprove que o veículo é utilizado específica, exclusiva, reiterada ou rotineiramente para a prática de delito ambiental caracteriza verdadeira prova diabólica, tornando letra morta a legislação que ampara a atividade fiscalizatória" (STJ, 2ª T., AREsp 1084396/RO, Rel. Og Fernandes, J. em 19/09/2019). Em outro julgado: "2. Merece ser superada a orientação jurisprudencial desta Corte Superior que condiciona a apreensão de veículos utilizados na prática de infração ambiental à comprovação de que os bens sejam **específica e exclusivamente empregados na atividade ilícita**. 3. Os arts. 25 e 72, IV, da Lei n. 9.605/1998 estabelecem como efeito imediato da infração a apreensão dos bens e instrumentos utilizados na prática do ilícito ambiental. A exigência de requisito não expressamente previsto na legislação de regência para a aplicação dessas sanções compromete a eficácia dissuasória inerente à medida, consistindo em incentivo, sob a perspectiva da teoria econômica do crime, às condutas lesivas ao meio ambiente (STJ, 6ª T., REsp 1820640/PE, Rel. Og Fernandes, J. em 01/10/2019).

Como conclusão desse novo entendimento, quanto ao transporte de madeira em desacordo com o documento de origem florestal (DOF), a "[m]adeira legalmente extraída e transportada com guia florestal válida, mas utilizada para esconder ou disfarçar carga ilícita ou dificultar a fiscalização pelas autoridades competentes, transforma-se em instrumento de crime ou de infração administrativa e, por isso, deve ser igualmente apreendida" (STJ, 2ª T., RESP n. 1.693.917/RO, Rel. Herman Benjamin, J. em 21/11/2019; no mesmo sentido: STJ, 2ª T., AgInt no RESP n. 1.935.278/CE, Rel. Francisco Falcão, J. em 9/11/2021). No caso concreto, o sujeito ativo, para confundir a autoridade ambiental, misturou madeira lícita, que tinha base em documento de origem florestal, com madeira ilícita. O STJ considerou a madeira lícita um instrumento do crime que, embora de origem lícita, merecia perdimento diante da sua utilização para a prática do crime.

Na sequência, em 2021, quanto à apreensão administrativa, a 1ª Seção do STJ (direito administrativo) consolidou o entendimento acima exposto mediante o julgamento do tema repetitivo n. 1036, que criou a seguinte tese: "A apreensão do instrumento utilizado na infração ambiental, fundada na atual redação do § 4º do art. 25 da Lei 9.605/1998, independe do uso específico, exclusivo ou habitual para a empreitada infracional".

Quanto à **apreensão criminal**, que decorre da prática de crime, menciona-se o enunciado n. 97 do FONAJE: "É possível a decretação, como efeito secundário da sentença condenatória, da perda dos veículos utilizados na prática de crime ambiental da competência dos Juizados Especiais Criminais (XXI Encontro – Vitória/ES)". Todavia, não há ainda entendimento consolidado do STJ a respeito da necessidade do emprego específico e exclusivo na atividade criminosa.

Espera-se que as Turmas criminais do STJ sigam essa exegese da 1ª Seção, já que as esferas criminal e administrativa integram igualmente o direito sancionatório, sendo o arcabouço normativo exatamente o mesmo, ou seja, o presente art. 25. Logo, não há razões para distinguir os requisitos da apreensão e perdimento sob as vertentes administrativa ou criminal. Assim, aliás, decidiu o TJRO: "Apelação criminal. Ambiental. Restituição de veículo apreendido. Impossibilidade. Perdimento. Recurso não provido. Comprovada a prática do crime ambiental por sentença penal condenatória, os instrumentos utilizados na prática da infração devem ser perdidos, independentemente de também ser empregados em atividades lícitas, uma vez que a legislação ambiental exige a mera utilização, ainda que episódica" (TJRO, 1ª C. Crim., Apelação n. 0003045-39.2018.822.0601, Relator José Robles, J. em 04/06/2020).

O contraditório e o devido processo legal devem conformar a medida prevista no art. 25, § 5º, no sentido de que, se o instrumento apreendido não for de fácil e rápida deterioração, tampouco tiver um alto custo para a sua guarda, a venda ou a reciclagem apenas podem ocorrer após o trânsito em julgado da sentença condenatória. Diferentemente, se houver necessidade quanto à venda dos instrumentos, por eles terem elevado custo de armazenagem, por exemplo, deve haver prévia avaliação, e o valor auferido deve ser mantido em depósito até o trânsito em julgado; caso a condenação se confirme, haverá a perda, caso contrário, o proprietário deve ser indenizado aproveitando-se o valor depositado para tanto.

Em relação aos instrumentos e produto do crime, é possível a **nomeação do seu possuidor ou proprietário como depositário do bem apreendido**. Essa medida justifica-se, quando não for o caso de confisco, pela impossibilidade ou dificuldade na guarda de certos instrumentos, os quais também podem deteriorar-se com o passar do tempo, principalmente porque suscetíveis a intempéries. A *ratio* do art. 120, § 4º, do CPP, possibilita essa providência. Nessa linha já se decidiu (TJMT, 3ª C. Crim., Ap n. 86705/2016, Rel. Mario Oliveira, J. em 31/08/2016).

Contudo, para evitar o risco do desaparecimento do bem apreendido, sobretudo após o reconhecimento pelo STF da impossibilidade da prisão do depositário infiel (Súmula Vinculante n. 25 do STF: "É ilícita a prisão civil de depositário infiel, qualquer que seja a modalidade de depósito"), é recomendável que o juízo ordene a anotação da apreensão, que importa em restrição quanto à alienação do bem, no registro público referente ao instrumento, se existente. Exemplo palpitante é a apreensão de veículo automotor, geralmente caminhão, utilizado para o transporte de madeira cortada ilegalmente (art. 46): ao nomear o proprietário como depositário, o juízo deve ordenar que o DETRAN anote essa restrição no prontuário do veículo.

Independentemente da possibilidade da anotação da restrição em eventual cadastro existente sobre o bem, o depositário judicial que não o entrega pratica o crime de **apropriação indébita** (art. 168, § 1º, II, do CP), como decidiu o STJ: "2. A impossibilidade, convencional e legal, de prisão do depositário infiel, impede a prisão civil para forçar ao cumprimento de obrigação - restituição do bem ou equivalente em dinheiro. 3. Razoável é a valoração legislativa de criminalizar o descumprimento ao dever de guardar e bem restituir coisa entregue por ordem judicial nessa condição temporária, pois dano socialmente relevante, assim se considerando legítimo e proporcional o crime do art. 168 e seu § 1º, II, do Código Penal" (STJ, 6ª T., RHC 58.234/PR, Rel. Néfi Cordeiro, J. em 20/09/2016). Esse entendimento deve ser aplicado em relação às apreensões ocorridas em crimes ambientais, como decidiu o TJRO, quanto ao art. 46: "Uma vez depositada a madeira apreendida por ocasião do auto de flagrante em dependências ou instalações do próprio agente (normalmente por razões logísticas e limitações estruturais dos órgãos de fiscalização), portanto, sob sua responsabilidade, e, ao ser intimado a devolvê-las, não o faz, o núcleo do tipo penal de apropriação indébita se aperfeiçoa, sobretudo porque é suficiente para caracterização do elemento subjetivo, o dolo genérico, isto é, o dolo puro, que se verifica pela simples literalidade informada em sua redação" (TJRO, 2ª C. Crim., Ap. Criminal 1000408-35.2017.822.0019, Rel. Miguel Monico Neto, J. em 12/02/2020).

Em vez de apreender, pode a autoridade ambiental **destruir imediatamente o instrumento utilizado para o crime ambiental** bem como o respectivo produto? Imagine-se que a autoridade ambiental flagra, no meio da floresta amazônica, em local distante de qualquer centro urbano e desprovido de vias terrestres, navios draga, tratores, caminhões e maquinário similar utilizados como instrumento para a prática de crimes ambientais. É cabível a destruição imediata desses bens?

O art. 3º, V, do Decreto n. 6.514/2008, prevê como sanção administrativa a "destruição ou inutilização do produto". Aqui, além de a providência não abranger o instrumento utilizado para a infração, ela cuida de uma sanção, ou seja, uma medida principal e final. Diversamente, segundo o art. 101 do Decreto n. 6.514/2008, "constatada a infração ambiental", a autoridade ambiental, no uso do seu poder de polícia, pode adotar, como "medidas administrativas": apreensão, embargo de obra ou atividade e suas respectivas áreas, suspensão de venda ou fabricação de produto, suspensão parcial ou total de atividades, destruição ou inutilização dos produtos, subprodutos e instrumentos da infração e demolição. Percebe-se que as providências desse art. 101, inclusive as de destruição e demolição, não são penas (sanções), mas medidas administrativas de cunho cautelar, já que cuidam de providências acessórias para assegurar a eficácia e/ou utilidade de uma providência principal, no caso, a sanção administrativa. Essa marca de cautelaridade está expressa na parte final do art. 101, § 1º, do Decreto n. 6.514/2008: "As medidas de que trata este artigo têm como objetivo prevenir a ocorrência de novas infrações, resguardar a recuperação ambiental e garantir o resultado prático do processo administrativo".

Especificamente, o art. 111 do Decreto n. 6.514/2008 permite a destruição ou inutilização imediata dos produtos, subprodutos e instrumentos utilizados para a prática da infração ambiental, em duas situações. Pela primeira, quando "a medida for necessária para evitar o seu uso e aproveitamento indevidos nas situações em que o transporte e a guarda forem inviáveis em face das circunstâncias". Não basta que o transporte do bem para a custódia administrativa seja inviável; é necessário que, além dessa impossibilidade, a permanência do bem, no local, evidencie o risco de ele continuar a ser empregado para a prática do ilícito ambiental, o que coloca em xeque o meio ambiente. Pela segunda situação, é cabível a destruição imediata quando os bens "possam expor o meio ambiente a riscos significativos ou comprometer a segurança da população e dos agentes públicos envolvidos na fiscalização". Aqui, independentemente da dificuldade no transporte do bem, a sua periculosidade intrínseca, por si só, justifica a medida extrema.

Intuitivamente, as medidas administrativas do art. 101, com destaque para a medida de destruição ou inutilização do art. 111, ambos do Decreto n. 6.514/2008, exigem, quando possível, um contraditório prévio, em procedimento cujas linhas gerais estão previstas nos arts. 134 e ss. desse mesmo Decreto. Há casos, contudo, em que esse contraditório prévio resta inviável, sendo a destruição ou inutilização devidas no momento. A depender do contexto fático, reportando-se ao exemplo apresentado na pergunta formulada no início desse tema, é justamente o caso dessas duas situações descritas quanto ao art. 111: impossibilidade de transporte aliado ao objetivo de impedir a continuidade do uso do bem ou a elevada periculosidade intrínseca do bem.

Para o IBAMA, autoridade ambiental com poder de polícia (art. 2º, I, da Lei n. 7.735/1989), a Instrução Normativa n. 19, de 19 de dezembro de 2014, e a Instrução Normativa n. 3, de 23 de janeiro de 2018, regulamentam a medida administrativa de destruição ou inutilização. Resumidamente, a destruição ou inutilização, que são medidas excepcionais, têm cabimento após a decisão irrecorrível que confirma o auto de infração ambiental. Todavia, dado o caráter cautelar dessas providências, preenchidos os requisitos do perigo na demora e da fumaça do cometimento da infração ambiental, a serem avaliados pela autoridade ambiental, no ato, são possíveis a destruição ou inutilização imediatas. Nessa hipótese, deve ser lavrado o Termo de Destruição ou Inutilização, que discriminará os bens afetados pela medida e inclusive os avaliará sumariamente, de forma a permitir a indenização ao proprietário se for reconhecida a insubsistência da infração ambiental, conforme a parte final do parágrafo único do art. 105 do Decreto n. 6.514/2008.

A medida de destruição ou inutilização do instrumento utilizado para o ilícito ambiental implica uma colisão entre o direito de propriedade e a direito difuso ao meio ambiente ecologicamente equilibrado. Na ponderação[80] para resolver essa colisão, tem um peso maior a tutela ambiental, a qual deve ser privilegiada: na impossibilidade da apreensão do instrumento, a destruição revela-se uma medida adequada e necessária, pois, dentre as medidas possíveis, é a única que promove a finalidade (proteção do meio ambiente), e proporcional em sentido estrito, porque, no final, a destruição ou inutilização do bem material é compensada pela maior proteção ao meio ambiente, direito difuso pertencente às atuais e futuras gerações. Afinal, um bem material pode ser substituído por um novo, o que não é possível em relação ao meio ambiente. Além disso, o direito de propriedade deve cumprir a sua função social, a qual exige o respeito ao meio ambiente (art. 170 da CF e art. 1228, § 1º, do CC): se o proprietário descumpre as normas de proteção ao meio ambiente, ele deixa de cumprir, ao menos parcialmente, a função social da sua propriedade, razão por que a tutela que o ordenamento jurídico deve a ela pode ser flexibilizada. Quanto ao núcleo essencial do direito de propriedade, ele resta assegurado porque, se, posteriormente, for constatado que a inutilização ou destruição não eram devidas, caberá o ressarcimento (perdas e danos mais lucro cessante) ao prejudicado.

Esse entendimento já foi adotado pelo STF, ao julgar conjuntamente as ADINs 7.200/RR e 7.204/RR, nas quais fixou a seguinte tese: "É inconstitucional lei estadual que proíbe os órgãos policiais e ambientais de destruir e inutilizar bens particulares apreendidos em operações,

80 Sinteticamente, a ponderação envolve três níveis: adequação (a medida é adequada para promover a finalidade?); necessidade (dentre todas as medidas adequadas, qual promove a finalidade com a menor restrição possível?); e proporcional em sentido estrito (o resultado da ponderação justifica a restrição realizada sobre o direito preterido?).

por violação da competência privativa da União para legislar sobre direito penal e processual penal, para editar normas gerais de proteção ao meio ambiente (arts. 22, I, e 24, VI e § 1º, da CF/1988) e por afronta ao direito ao meio ambiente ecologicamente equilibrado (art. 225, caput, da CF/1988)". Também na ADIN 7.203/RO, o STF decidiu no mesmo sentido: "2. Lei 5.299, de 12 de janeiro de 2022, do Estado de Rondônia. 3. Ofende o art. 24 da Constituição da República lei estadual que esvazia norma de legislação federal (Lei Federal 9.605/1988 e Decreto 6.514/2008) que prevê o perdimento de bens como forma de proteção ao meio ambiente. 4. Afronta ao art. 225, §3º, da Constituição Federal. 5. Precedentes do STF. 6. Ação Direta de Inconstitucionalidade julgada procedente para declarar a inconstitucionalidade da Lei 5.299, de 12 de janeiro de 2022, do Estado de Rondônia".

CAPÍTULO IV
DA AÇÃO E DO PROCESSO PENAL

Art. 26. Nas infrações penais previstas nesta Lei, a ação penal é pública incondicionada.

Parágrafo único. (VETADO)

O art. 26 é ocioso, tendo em vista o disposto no art. 100, *caput*, do CP, e no art. 24, *caput*, do CPP, no sentido de que a ação penal é sempre pública incondicionada, salvo se a lei exigir representação (ação penal pública condicionada) ou queixa-crime (ação penal privada). De todo modo, fica claro, na LCA, que a ação penal relativa a crimes que, aparentemente, ofendem apenas interesses privados, a exemplo da causação de um incêndio em floresta particular (art. 41), não depende da vontade da vítima.

Admite-se, aliás, a **ação penal privada subsidiária da pública** (ou ação penal supletiva), conforme o art. 5º, LIX, da CF, e o art. 29 do CPP, para os crimes tipificados na LCA, desde que neles haja um sujeito passivo determinado. Se não houver uma vítima certa do crime, não há quem possa oferecer a queixa-crime substitutiva da ação penal pública[81]. Por isso, aliás, nos crimes vagos, não se admite esse tipo de ação.

Para o cabimento da ação penal supletiva, exige-se inércia do Ministério Público, ou seja, que o Ministério Público, no prazo legal, não adote nenhuma providência em relação ao inquérito policial, termo circunstanciado ou peças de informação. Se o Ministério Público promover o arquivamento da investigação ou requisitar diligências à autoridade policial, por exemplo, não se caracteriza a inércia, razão por que não terá lugar a ação penal supletiva.

O mesmo raciocínio vale para o cabimento do assistente do Ministério Público (arts. 268 a 273 do CPP), ou seja, ele só é admitido nas ações penais que tenham vítima determinada. Aceita-se, inclusive, que pessoa jurídica (desde que seja vítima determinada) possa ser assistente de acusação. Apesar de o interesse primordial do assistente na ação penal ser patrimonial, o STJ admite que o assistente recorra visando ao aumento da pena aplicada ao réu, questão que, sob a óptica patrimonial, lhe é irrelevante (STJ, 5ª T., HC 137.339/RS, Rel. Jorge Mussi, J. em 09/11/2010).

Observadas a independência da instância cível e da penal bem como considerada a indisponibilidade da ação penal pública, a celebração de termo de ajustamento de conduta (art. 5º, § 6º, da Lei n. 7.347/1985) com o autor do dano ambiental não impede o oferecimento da denúncia criminal[82], conforme o STF ("o fato de o paciente haver firmado "Termo de Compromisso de Recuperação Ambiental" e noticiado processo administrativo em curso consubstanciam

---

81 No mesmo sentido: LIMA, Renato Brasileiro de. *Manual de Processo Penal*. 8. ed. Juspodivm: Salvador, 2020. p. 348.

82 Em sentido oposto, conferir: LUCIANO, Geraldo Donizete; DEUS FILHO, Leandro de. *Crimes Ambientais*: comentários à Lei 9.605/98. Porto Alegre: Livraria do Advogado, 2021. p. 169-177.

circunstâncias insuficientes para, de plano, excluir a tipicidade da conduta imputada ao réu" – STF, 1ª T., HC 86361, Rel. Menezes Direito, J. em 16/10/2007) e o STJ ("A assinatura do termo de ajustamento de conduta, firmado entre o Ministério Público estadual e o suposto autor de crime ambiental, não impede a instauração da ação penal, pois não elide a tipicidade penal. Ademais, há independência entre as esferas administrativa, cível e penal" – STJ, 6ª T., REsp 1154405/MG, Rel. Rogerio Schietti Cruz, J. em 18/05/2017). Apesar disso, o cumprimento do TAC terá influência positiva ao réu na fase da dosimetria da pena, em caso da sua condenação. Assim, a "[a]ssinatura do termo de ajustamento de conduta com o órgão ambiental estadual não impede a instauração da ação penal, pois não elide a tipicidade formal das condutas imputadas ao acusado, repercutindo, na hipótese de condenação, na dosimetria da pena" (STJ, Corte Especial, APN 888/DF, Rel. Nancy Andrighi, J. em 02/05/2018). Para o TRF da 4ª Região: "a efetiva recuperação da área não implicaria, conforme requerido pelo acusado, a sua absolvição, mas tão somente diminuição na sanção aplicada (TRF4, 8ª T., ACR 0004143-67.2007.404.7201, Rel. Leandro Paulsen, J. em 09/04/2014).

Não obstante, por expressa disposição do art. 60 da Lei n. 12.651/2012, a assinatura do termo de compromisso para regularização de imóvel ou posse rural, nos termos do art. 59 dessa mesma Lei, suspenderá a punibilidade dos crimes previstos nos arts. 38, 39 e 48 da LCA. Se houver a regularização efetiva, a punibilidade será declarada extinta (art. 60, § 2º, da Lei n. 12.651/2012). Esclarece-se que, segundo o art. 59, § 4º, da Lei n. 12.651/2012, o termo de compromisso sob análise apenas poderá envolver as infrações que foram praticadas até 22 de julho de 2008. O art. 60 da Lei n. 12.651/2012 cuida de verdadeira hipótese de anistia enquanto causa extintiva de punibilidade, conforme decidido pelo STF (ADC 42 e ADIs 1.901, 4.902, 4.903 e 4.937). Este art. 60 não está infenso a críticas, contudo. Marchesan e Cappelli anotam que, em razão da tríplice responsabilização do autor do dano ambiental prevista no art. 225, §3º, da CF, "eventuais normas de hierarquia inferior que venham a isentar de pena aquele que repara o dano ambiental após o oferecimento da denúncia padecem de inconstitucionalidade".[83]

Em razão da **independência das instâncias judicial e administrativa**, o Ministério Público não depende da conclusão da atuação administrativa para oferecer a denúncia criminal. Assim, o encerramento de eventual procedimento administrativo para apurar o dano ambiental não é condição de procedibilidade da ação penal, tampouco impede o início desta (STJ, 5ª T., HC 160.525/RJ, Rel. Jorge Mussi, J. em 05/03/2013). Com efeito, basta que o Ministério Público disponha de elementos de informação suficientes para caracterizar a justa causa para o oferecimento da denúncia.

Nos crimes ambientais, a **perícia** é, em regra, necessária, dada a especificidade do seu objeto material. A maior parte dos crimes ambientais, outrossim, deixa vestígios, o que enseja a aplicação do art. 158 do CPP, com o temperamento, todavia, do art. 167 do CPP. Além disso, impõe-se a observância da cadeia de custódia (art. 158-A e ss. do CPP) como a confecção da perícia.

A perícia realizada na fase inquisitorial pode ser aproveitada na fase judicial se o contraditório postergado (ou diferido ou retardado) for garantido ao réu (TRF4, 8ª T., ACR 5000221-43.2011.404.7216, Rel. Victor Laus, J. em 18/12/2013). Nos crimes ambientais, a prova pode ser irrepetível (se não for produzida naquele momento, os vestígios desaparecerão), circunstância que autoriza a sua produção antecipada, conforme o art. 155 do CPP. Essa produção antecipada costuma ocorrer ainda na fase do inquérito policial, na qual o contraditório é assaz mitigado. Justamente porque o contraditório é mitigado, a "prova" produzida na fase inquisitorial não constitui prova no sentido técnico, mas apenas elemento de informação cujo destinatário é o

83 MARCHESAN, Ana Maria Moreira; CAPPELLI, Sílvia. Introdução. *In*: MARCHESAN, Ana Maria Moreira; STEIGLEDER, Annelise Monteiro. (Org.). *Crimes ambientais:* comentários à lei 9.605/98. Porto Alegre: Livraria do Advogado, 2013. p. 23.

membro do Ministério Público para fins da formação da sua *opinio delicti*. Essa perícia, com efeito, passará a constituir "prova" quando for oferecida ao sujeito passivo a possibilidade de a contraditar. Isso ocorre apenas quando o réu é citado para apresentar a sua defesa (no rito comum ordinário, trata-se da resposta à acusação, prevista no art. 396-A do CPP). Por essa razão, diz-se que o contraditório, nesse caso, é diferido: embora o estudo técnico que constitui a prova (perícia) seja realizado na fase inquisitorial, o contraditório será exercido de forma diferida, postergada ou retardada, ou seja, apenas quando do oferecimento da defesa do réu na ação penal.

Doravante, analisa-se de forma genérica a **competência judicial** nos crimes ambientais. Comentários específicos, quando necessários, são feitos aos tipos ao longo desta Lei.

A contravenção penal, mesmo que praticada contra bem ou interesse da União, é sempre julgada pela Justiça Estadual, nos termos do art. 109, IV, da CF (STJ, 3ª S., CC 145166/MG, Rel. Ribeiro Dantas, J. em 14.12.16).

Quanto aos crimes ambientais, após o cancelamento da Súmula 91 do STJ ("Compete à Justiça Federal processar e julgar os crimes praticados contra a fauna"), sedimentou-se o entendimento de que somente haverá a competência da Justiça Federal se forem atingidos bens (art. 20 da CF), interesses específicos ou serviços da União, incluindo suas autarquias e empresas públicas, conforme o art. 109 da CF. Logo, para se constatar a competência da Justiça Federal, basta identificar alguma norma que relacione os objetos jurídico e/ou material do crime à União ou suas autarquias ou empresas públicas. Considerando que a proteção ambiental é competência comum da União, Estados e Municípios, "[i]nexistindo dispositivo expresso, constitucional ou legal, sobre qual a Justiça competente quanto aos crimes ambientais, tem-se, em regra, que o processo e o julgamento desses crimes é da competência da Justiça Comum Estadual" (STJ, 5ª T., RHC 35.551/PA, Rel. Marco Bellizze, J. em 11/06/2013).

Dessa forma, exemplificativamente, a **competência será da Justiça Federal** se o crime ambiental:

A) Atentar contra bens, serviços ou interesses diretos e específicos da União ou de suas entidades autárquicas. Não basta que o interesse seja genérico. Por exemplo, a "atividade de fiscalização ambiental exercida pelo IBAMA, ainda que relativa ao cumprimento do art. 46 da Lei de Crimes Ambientais, configura interesse genérico, mediato ou indireto da União, para os fins do art. 109, IV, da Constituição", o que justifica a competência da Justiça Estadual (STF, 2ª T., HC 81916, Rel. Gilmar Mendes, J. em 17/09/2002). Por isso, mesmo havendo concurso do crime tipificado no art. 46 da Lei n. 9.605/1998 com o crime de falsificação do DOF, o qual é fiscalizado pelo IBAMA, o STJ entende que a competência para o julgamento é da Justiça estadual (STJ, 3ª S., CC 141.822/PR, Rel. Rogério Cruz, J. em 09/09/2015).

Se serviço desenvolvido pela União for atingido, a competência é da Justiça Federal. "É da Justiça Federal a competência para processamento de ação penal cujo objeto é a apuração de crimes praticados com o fim de ludibriar e dificultar a atividade fiscalizatória de autarquia federal (IBAMA)" (STJ, 5ª T., REsp 1006383/PA, Rel. Félix Fischer, J. em 21/08/2008). Caso funcionário público federal, mesmo que equiparado (art. 327, § 1º, do CP), pratique crime em razão do cargo, a competência igualmente será da Justiça Federal (STJ, 6ª T., HC 47.364/SC, Rel. Hélio Barbosa, J. em 04/04/2006).

Crime ambiental envolvendo bens da União justifica a competência da Justiça Federal (STF, 1ª T., RE 454740, Rel. Marco Aurélio, J. em 28/04/2009). Trata-se do entendimento atual do STF: "CRIME CONTRA O MEIO AMBIENTE. RIO INTERESTADUAL. BEM DA UNIÃO. COMPETÊNCIA. JUSTIÇA FEDERAL. JURISPRUDÊNCIA DO SUPREMO TRIBUNAL FEDERAL. 1. O acórdão proferido pela Turma Recursal diverge da orientação desta Corte no sentido de que, "nos termos do art. 109, IV, da Constituição Federal, compete à Justiça Federal o julgamento de crime ambiental praticado no âmbito de rio interestadual que, conforme previsto no art. 20, III, da Lei Maior, trata-se de bem da União" (RE 1.377.232, Rel. Min. Ricardo Lewandowski). 2. Nessa mesma linha: RE 1.363.018, Relª. Minª. Rosa Weber; RE 1.152.289, Rel. Min. Celso de Mello; REs 1.259.098 e 1.181.354, Rel. Min. Edson Fachin; RE 1.146.353, Rel. Min. Luiz Fux; RE 1.176.156, Rel. Min. Luís Roberto Barroso; RE 1.275.440, Rel. Min. Ricardo Lewandowski; e, em caso análogo aos dos autos, o RE 1.362.909, Rel. Min. Gilmar Mendes" (STF, 1ª T., AgR no REXT 1404594/GO, J. em 19/12/22). Logo, crime ocorrido em rio que banha mais de um Estado da Federação (art. 20, III, da CF) é da competência da Justiça Federal (STJ, 3ª S., CC 55.130/SP, Rel. Maria Moura, J. em 28/02/2007; STJ, 3ª S., CC 35.058/SP, Rel. Hamilton Carvalhido, J. em 12/06/2002). Não obstante, o STJ, que entendia que a pesca realizada em rio que banhasse mais de um Estado era da competência da Justiça Federal (STJ, 3ª S., CC 39.055/RS, Rel. Paulo Medina, J. em 23/02/2005), passou a sustentar, desde 2016, que o crime de pesca em rio interestadual desacompanhado da comprovação de que o dano dela decorrente tenha repercutido em mais de um Estado é da competência da Justiça Estadual (STJ, 3ª S., CC 146.373/MG, Rel. Reynaldo Fonseca, J. em 11/05/2016; STJ, 3ª S., AgRg no CC. 154855/SP, Rel. Maria Thereza de Assis Moura, J. em 13/12/2017), no que foi acompanhado pelo TRF da 3ª Região (TRF3, 5ª T., RSE 00008023320164036138/SP, Rel. Paulo Fontes, J. em 20/09/2017).

Terrenos de marinha, por serem bens da União (art. 20, VII, da CF), ensejam a competência da Justiça Federal (STJ, 5ª T., HC 165.931/RJ, Rel. Laurita Vaz, J. em 01/03/2011), independentemente de ter havido demarcação oficial (STJ, 5ª T., RHC 50.692/SC, Rel. Ribeiro Dantas, J. em 05/04/2016). Da mesma forma, crimes ambientais envolvendo sítio arqueológico (art. 20, X, da CF), a exemplo do tipificado no art. 62 da Lei n. 9.605/1998, são da competência da Justiça Federal (TRF4, 8ª T., ACR 200304010431331, Rel. Fernando Wowk, J. em 22/09/2004).

Crimes ambientais praticados no interior de unidade de conservação federal (Lei n. 9.985/2000) ou na sua zona de amortecimento são igualmente de competência da Justiça Federal.

B) For previsto tanto no direito interno quanto em tratado ou convenção internacional, no caso de execução iniciada no Brasil, mas o resultado tenha ou deve ter ocorrido no estrangeiro, ou na hipótese inversa. Nesse ponto, reporta-se aos comentários lançados sobre a ação penal, no art. 29 desta Lei.

C) Tiver sido cometido a bordo de navios ou aeronaves.

D) Houver sido praticado com grave violação de direitos humanos a provocar incidente de deslocamento de competência.

E) Mantiver conexão ou continência com outro crime de competência federal, ressalvada a competência da Justiça Militar e da Justiça Eleitoral. Assim, em caso de conexão ou continência entre crimes da competência da Justiça Federal e da Estadual, compete àquela o julgamento unificado (Súmula n. 122 do STJ). De exemplo, menciona-se o crime previsto no art. 55 da Lei n. 9.605/1998: como esse crime é praticado em concurso formal com aquele tipificado no art. 2º da Lei n. 8.176/1991, pois o minério é bem da União (art. 20, IX, da CF), a Justiça Federal é a competente (STJ, 6ª T., RHC 50.160/MG, Rel. Rogério Schietti Cruz, J. em 16/09/2014), mesmo que a conduta criminosa seja praticada em propriedade particular (STJ, 3ª S., CC 116.447/MT, Rel. Maria Moura, J. em 25/05/2011).

Por outro lado, nos seguintes exemplos, observa-se a **competência residual da Justiça Estadual**:

A) Crimes contra a fauna (v. cancelamento da Súmula 91 do STJ).

B) O mero fato de o auto de infração ter sido lavrado pelo IBAMA não faz com que, obrigatoriamente, o correspondente crime ambiental seja julgado pela Justiça Federal, já que esse órgão ambiental atua supletivamente aos órgãos estaduais, visto que a atribuição para proteger o meio ambiente é comum. Nesse sentido: "verifica-se que o Juízo Estadual declinou de sua competência tão somente pelo fato de o auto de infração ter sido lavrado pelo IBAMA, circunstância que se justifica em razão da competência comum da União para apurar possível crime ambiental, não sendo suficiente, todavia, por si só, para atrair a competência da Justiça Federal" (STJ, 3ª S., CC 113.345/RJ, Rel. Márcio Bellizze, J. em 22/08/2012). O STJ tem reiterados julgados neste sentido: "(...) a mera presença de um órgão federal, seja como agente executor-fiscalizador de normas fixadas para o meio ambiente, seja como agente responsável pelo licenciamento de atividades que efetiva ou potencialmente, possam causar dano ao meio ambiente (no caso, o instituto Brasileiro do Meio Ambiente e dos Recursos Naturais Renováveis – IBAMA), por si só, não tem o condão de definir a competência da Justiça Federal" (STJ, 3ª S., CC 133475 / AP (2014/0090804-0), Rel. Reynaldo Fonseca, J. em 26/08/2015).

C) Crime ambiental praticado em rio que não banha mais de um Estado, não faz divisa com outro país, não se estende a outro país ou deste provém, ou em rio interestadual cujos danos não sejam regionais ou nacionais é julgado pela Justiça Estadual.

D) Patrimônio nacional, por sua vez, a exemplo da Mata Atlântica (art. 225, § 4º, da CF), não constitui bem da União, razão por que a competência, nesse caso, é da Justiça Estadual (STF, 1ª T., RE 299856, Rel. Ilmar Galvão, J. em 18/12/2001; STJ, 5ª T., REsp 610.015/TO, Rel. Félix Fischer, J. em 06/05/2004).

E) Crime ambiental ocorrido em programa "Minha Casa Minha Vida", nas hipóteses em que a Caixa Econômica Federal atue, tão somente, na qualidade de agente financiador da obra (STJ, 3ª S., CC 139.197/RS, Rel. Joel Paciornik, J. em 25/10/2017).

F) Crimes ambientais ocorridos em área particular, mesmo que localizadas no interior de área de preservação permanente – APP (arts. 3º, II, e 6º, ambos da Lei n. 12.651/2012), são de competência da Justiça Estadual, conforme entendimento jurisprudencial: STJ, 3ª S., CC 30.260/MG, Rel. Paulo Gallotti, J. em 22/02/2006; STJ, 6ª T., HC 110.405/SP, Rel. Maria Moura, J. em 16/06/2009; STJ, 5ª T., REsp 849.423/SP, Rel. Gilson Dipp, J. em 19/09/2006; STJ, 5ª T., REsp 592.009/TO, Rel. Arnaldo Esteves Lima, J. em 12/04/2005; STJ, 3ª S., CC 30.636/SP, Rel. Gilson Dipp, J. em 18/02/2002.

Art. 27. Nos crimes ambientais de menor potencial ofensivo, a proposta de aplicação imediata de pena restritiva de direitos ou multa, prevista no art. 76 da Lei nº 9.099, de 26 de setembro de 1995, somente poderá ser formulada desde que tenha havido a prévia composição do dano ambiental, de que trata o art. 74 da mesma lei, salvo em caso de comprovada impossibilidade.

A transação consiste no oferecimento antecipado de uma pena restritiva de direitos ou multa que, se cumprida, implica a extinção da punibilidade do autor do fato. É um instituto que representa uma mitigação ao princípio da obrigatoriedade da ação penal. Sobre a natureza jurídica, há duas correntes: a) a transação consiste em direito subjetivo do réu (TJSC, 2ª C. Crim., APR: 2012.031097-7, Rel. Sérgio Izidoro Heil, J. em 24/09/2012; TJRS, Turma Recursal Criminal, RC n. 71003743523, Rel. Fabio Vieira Heerdt, J. em 09/07/2012); b) a transação consiste em poder-dever do Ministério Público (STF, 1ª T., HC 83250, Rel. Joaquim Barbosa, J. em 25/11/2003; STJ, C. Esp., APn 634/RJ, Rel. Feliz Fischer, J. em 21/03/2012).

Enquanto a transação, no âmbito da Lei n. 9.099/95, independe da composição dos danos civis com a vítima, na LCA, a transação exige a **prévia composição do dano ambiental**. "Prévia composição" significa simplesmente o acerto, o acordo pelo qual o infrator se compromete, se obriga a reparar o dano causado. Na medida em que o art. 74 da Lei n. 9.099/95 sustenta que a sentença que homologar a composição dos danos civis terá eficácia de título a ser executado no juízo civil, fica evidente que essa composição equivale a um simples acordo que constitui fonte de obrigação ao autor do fato. Nesse ponto, enfatiza-se: para permitir a transação, a lei não exige a reparação em si do dano ambiental, mas o acordo pelo qual o infrator se obriga a essa reparação.

A transação tem cabimento para a pessoa jurídica, não revelando qualquer incompatibilidade com esta[84]. Basta, além da prévia composição ambiental, que se fixem condições passíveis de cumprimento pelo ente moral que é a pessoa jurídica.

Na hipótese de descumprimento da transação, o STF decidiu, em nível de repercussão geral, que "não fere os preceitos constitucionais a propositura de ação penal em decorrência do não cumprimento das condições estabelecidas em transação penal" (STF, RE 602072 QO-RG, Rel. Cezar Peluso, J. em 19/11/2009). Aliás, confira-se a Súmula Vinculante 35 do STF. Assim, a execução da prestação de fazer ou da obrigação de pagar não constitui a única alternativa para o descumprimento da transação. Nesse ponto, contudo, Luiz Flávio Gomes e Sílvio Maciel estabelecem criteriosa distinção: se o autor do fato cumprir a pena restritiva de direitos ou a multa que lhe foi imposta, mas descumprir o acordo de reparação dos danos ambientais, será possível apenas a execução da avença descumprida. "Aqui não é válido o entendimento doutrinário e jurisprudencial de que é possível o oferecimento de denúncia no caso de descumprimento injustificado da transação penal. É que nessa hipótese a pena transacionada foi cumprida, não havendo que se falar, portanto, em oferecimento de denúncia, o que inclusive acarretaria, em caso de sentença condenatória, dupla sanção pelo mesmo crime (sanção imposta em transação e em sentença penal), acarretando *bis in idem*".[85] Concorda-se com esse pensamento visto que o art. 27 exige, apenas, a *prévia composição* do dano ambiental, o que designa apenas o acordo (direito obrigacional) pelo qual o beneficiário assume a obrigação de reparar o dano ambiental. A interpretação sistemática da Lei revela que ela, intencionalmente, não condicionou a transação à reparação do dano ambiental, mas apenas ao acordo pelo qual o beneficiário assume a obrigação de fazer essa reparação: se a Lei almejasse exigir a reparação em si do dano ambiental, em vez do simples acordo de reparação, teria condicionado a transação ao "dependerá de laudo de constatação de reparação do dano ambiental", exatamente como o fez em relação à suspensão condicional do processo, no art. 28, I.

A impossibilidade de reparação referida no art. 27 deve ser interpretada segundo o art. 225, §3º, da CF, não se tratando da mera insuficiência econômico-financeira do beneficiário. Mesmo assim, quando houver impossibilidade técnica de reparação específica do dano ambiental, será o caso para a reparação pecuniária, pois, "o que não se pode conceber, é que o degradador fique sem reparar os danos causados ao bem de uso comum do povo. Portanto, a reparação do dano ambiental é sempre possível e deve ser obrigatoriamente exigida, para que possa o autor do fato que preencher os requisitos subjetivos ser efetivamente beneficiado com a transação penal".[86] Essa interpretação está correta inclusive porque privilegia o princípio da isonomia. Com efeito, negar a transação para o infrator que degradou o ambiente a um nível menor, que admite reparação, mas simplesmente dispensar da composição o infrator que cometeu um dano maior, que é irreparável, viola o princípio da igualdade.

Durante o período de cumprimento da transação, a prescrição da pretensão punitiva não se suspende, tampouco se interrompe, por força do princípio da legalidade (a lei não prevê suspensão nem impedimento). "Durante o prazo de cumprimento das condições impostas em

---

84 MARCHESAN, Ana Maria Moreira. Consolidação e perspectivas da responsabilidade da pessoa jurídica no Direito Penal Ambiental. *Revista de Direito Ambiental*, São Paulo, v. 100, a. 25. p. 57-97, out.-dez. 2020. p. 61, 70.

85 GOMES, Luiz Flávio; MACIEL, Sílvio Luiz. *Lei de crimes ambientais*: comentário à Lei 9.605/1998. 2. ed. Rio de Janeiro: Forense, 2015. p. 97.

86 AKAOUI, Fernando Reverendo. Da ação e do processo penal (artigos 26 a 28). *In*: MARCHESAN, Ana Maria Moreira; STEIGLEDER, Annelise Monteiro. (Org.). *Crimes ambientais:* comentários à lei 9.605/98. Porto Alegre: Livraria do Advogado, 2013. p. 135.

acordo de transação penal (art. 76 da Lei n. 9.099/1995) não há, em razão da ausência de previsão legal, a suspensão do curso do prazo prescricional" (STJ, 6ª T, RHC 80148/CE, Rel. Antonio Palheiro, J. em 01/10/2019). Logo, se for oferecida a proposta de transação com espécie de parcelamento para o beneficiário cumpri-la, recomenda-se a fiscalização efetiva sobre o seu cumprimento, sob pena de, no aguardo para o beneficiário adimplir as condições que lhe tenham sido fixadas, suceder a prescrição.

Art. 28. As disposições do art. 89 da Lei nº 9.099, de 26 de setembro de 1995, aplicam-se aos crimes de menor potencial ofensivo definidos nesta Lei, com as seguintes modificações:

I – a declaração de extinção de punibilidade, de que trata o § 5º do artigo referido no caput, dependerá de laudo de constatação de reparação do dano ambiental, ressalvada a impossibilidade prevista no inciso I do § 1º do mesmo artigo;

II – na hipótese de o laudo de constatação comprovar não ter sido completa a reparação, o prazo de suspensão do processo será prorrogado, até o período máximo previsto no artigo referido no *caput*, acrescido de mais um ano, com suspensão do prazo da prescrição;

III – no período de prorrogação, não se aplicarão as condições dos incisos II, III e IV do § 1º do artigo mencionado no *caput*;

IV – findo o prazo de prorrogação, proceder-se-á à lavratura de novo laudo de constatação de reparação do dano ambiental, podendo, conforme seu resultado, ser novamente prorrogado o período de suspensão, até o máximo previsto no inciso II deste artigo, observado o disposto no inciso III;

V – esgotado o prazo máximo de prorrogação, a declaração de extinção de punibilidade dependerá de laudo de constatação que comprove ter o acusado tomado as providências necessárias à reparação integral do dano.

A suspensão condicional do processo, também conhecida por sursis processual, consiste na suspensão da ação penal cuja denúncia já foi oferecida contra o réu, mediante a submissão deste a algumas condições. Uma vez cumpridas estas condições e ausentes motivos para a revogação do benefício, sucede a extinção da punibilidade do réu. A mesma dicotomia em relação à natureza jurídica da transação, se direito subjetivo do réu ou se poder-dever do Ministério Público, existe quanto ao sursis processual.

A diferença fundamental entre a suspensão condicional do processo regulada no art. 28 e a prevista na Lei n. 9.099/95 reside em que, naquela, **a reparação do dano ambiental é condição para a decretação da extinção da punibilidade**. Esse fator evidencia o objetivo reparador, ao lado do preventivo, da LCA.

O *caput* do art. 28 revela-se atécnico e provoca confusão. Ele sustenta que as disposições do art. 89 da Lei n. 9.099/1995, que trata do sursis processual aplicável para os "crimes em que a pena mínima cominada for igual ou inferior a um ano, abrangidas ou não por esta Lei", se aplicam para os crimes de menor potencial ofensivo (conceituados pelo art. 61 da Lei n. 9.099/1995 como "as contravenções penais e os crimes a que a lei comine pena máxima não superior a 2 (dois) anos") definidos na Lei n. 9.605/1998 (!). Nessa confusão conceitual, tem-se dúvida sobre quais são os limites de pena para o cabimento da suspensão condicional do processo. A melhor interpretação, contudo, preserva o sentido original da Lei n. 9.099/1995. Assim, é sustentável o entendimento de que, no âmbito da Lei n. 9.605/1998, a suspensão condicional do processo tem cabimento para aqueles crimes cuja pena mínima de até um ano.

O *sursis* processual é aplicável para as **pessoas jurídicas** também, desde que sejam feitas adaptações. Exemplificativamente, as condições previstas no art. 89, § 1º, II (proibição de frequentar determinados lugares) e III (proibição de ausentar-se da comarca onde reside, sem autorização do Juiz), não podem ser exigidas da pessoa jurídica, ao passo que as condições previstas no art. 89, § 1º, I (reparação do dano, salvo impossibilidade de fazê-lo) e IV (comparecimento pessoal e obrigatório a juízo, mensalmente, para informar e justificar suas atividades), devem ser exigidas.

A extinção da punibilidade apenas pode ocorrer se for comprovada a reparação do dano ambiental. Findo o prazo de suspensão, se o laudo constatar que a reparação não foi completa, o prazo de suspensão (2 a 4 anos) poderá ser prorrogado até o máximo (4 anos), acrescido de mais 1 ano, segundo o art. 28, II. Findo o prazo da prorrogação, se o dano ambiental ainda não houver sido reparado, o prazo da suspensão do processo, segundo o art. 28, IV, que já estava prorrogado, pode ser prorrogado, mais uma vez, por mais 5 anos, totalizando 10 anos. Durante a suspensão original (art. 89, § 6º, da Lei n. 9.099/1995) e as prorrogações, não corre o prazo prescricional. Durante as prorrogações, tampouco se aplicam as condições previstas no art. 89, §1º, II, III e IV, da Lei n. 9.099/95 (art. 28, III). Esgotado o prazo máximo de suspensão do processo, a extinção da punibilidade dependerá da conclusão do laudo pericial no sentido de o dano ambiental ter sido reparado ou de haver o autor do dano ambiental adotado providências para a sua reparação completa. Nessa segunda hipótese, é recomendável que o Ministério Público ajuíze ação civil pública para acompanhar o beneficiário da suspensão condicional do processo, a fim de garantir que o dano ambiental seja, efetiva e completamente, reparado.

O laudo de constatação de reparação do dano ambiental (art. 28, I) é semelhante, quanto à finalidade, com o laudo referido pelo art. 17. Logo, os comentários lançados em relação ao laudo referido por esse art. 17 aplicam-se ao laudo ora em estudo.

A mesma interpretação lançada em relação à "impossibilidade" da reparação do dano ambiental, nos comentários ao art. 27, tem lugar quanto à impossibilidade referida neste art. 28.

Tecem-se considerações breves sobre o **Acordo de Não Persecução Penal (ANPP)**, previsto no art. 28-A do CPP, que pode ter aplicabilidade para os crimes ambientais.

Para os crimes cuja pena mínima seja inferior a 4 anos, excluídos os crimes para os quais cabe transação, o Ministério Público, antes de oferecer a denúncia, pode propor, ao investigado, que pode ser pessoa jurídica, o ANPP, cujas condições, uma vez cumpridas, implicam a extinção da punibilidade. Exemplificativamente, os seguintes crimes ambientais admitem ANPP: "os crimes tipificados na Lei 9.605/98 (artigos 30, 33, 34, 35, 38, 38-A, 39, 40, 41, 42, 45, 54, 56, 61, 62, 63, 66, 67, 68, 69 e 69-A da Lei de Crimes Ambientais, por exemplo), quanto outros previstos em leis especiais (artigos 15 e 16 da Lei 7.802/89 – Lei de Agrotóxicos; artigo 50 da Lei 6.766/79 – Lei do Parcelamento do Solo Urbano, por exemplo), atendem a três dos principais requisitos objetivos para o cabimento do ANPP, porquanto não estão sujeitos à transação penal nos Juizados Penais Criminais; não são praticados com violência ou grave ameaça e possuem pena mínima inferior a quatro anos"[87]. Sobre o cabimento do ANPP para o crime de maus tratos de animais, reporta-se aos comentários ao art. 32 desta Lei.

Nos crimes ambientais, a reparação do dano, se impossível, pode ser dispensada para a confecção do ANPP. Todavia, é raro, senão impossível, que o dano ambiental não possa ser tecnicamente reparado, em razão da alta capacidade regenerativa do meio ambiente. E, como já sugerido nos comentários ao art. 27, a absoluta impossibilidade técnica de reparação do dano ambiental dá lugar à indenização pecuniária. Por isso, concorda-se com Marchesan, ao sustentar que "é de suma relevância que o acordo envolva o dever de reparar o dano ao meio ambiente, não só pela previsão expressa do art. 28-A, inc. I, do CPP, como pela incidência de

---

87 MINISTÉRIO PÚBLICO DO ESTADO DE SÃO PAULO. *Roteiro para o Acordo de Não Persecução Penal e a Lei n. 13.964/19*. 2. ed. São Paulo: MPSP. p. 23. Disponível em: http://www.mpsp.mp.br/portal/page/portal/documentacao_e_divulgacao/doc_biblioteca/bibli_servicos_produtos/BibliotecaDigital/Publicacoes_MP/Todas_publicacoes/Roteiro-de-ANPP_Segunda-Edicao_com-ANEXOS.pdf. Acesso em: 26 nov. 2021.

um dos princípios que regem o Direito Ambiental, inclusive o penal, que é o da máxima reparação do dano ambiental. O acordo, em hipótese alguma, pode abrir mão do dever de reparar o dano, sempre que possível, sob pena de violação do princípio, de matriz constitucional e já reconhecido pela Suprema Corte brasileira41, que é o da reparação integral (art. 225, § 1º, inc. I, da CF), o qual fundamenta a ideia, reiteradamente pronunciada nos recentes acórdãos do STJ42, da inexistência de um direito adquirido de poluir"[88].

Tendo em conta a interpretação sistemática do art. 28-A do CPP com o art. 27 da LCA, que exige a composição prévia para fins da transação, e com este art. 28 da LCA, que exige a reparação do dano ambiental, quando possível, para fins da decretação da extinção da punibilidade, o ANPP deve contemplar cláusula que obrigue o sujeito ativo à reparação do dano ambiental causado por ele. Nesse sentido, basta que o Ministério Público, com base no art. 28-A, I e V, do CPP, avence com o sujeito ativo a reparação ambiental. A omissão dessa cláusula de reparação do dano ambiental deve ensejar a recusa do juízo quanto à homologação do ANPP.

Ainda sobre as condições do ANPP, observa-se que a prestação de serviços à comunidade (art. 28-A, III, do CPP) deve seguir o art. 9º da LCA, em vez do art. 46 do CP. Já a prestação pecuniária (art. 28-A, IV, do CPP) deve observar o art. 12 da LCA, em vez do art. 45 do CP. Também pode o Ministério Público indicar outra condição, por prazo determinado, desde que proporcional e compatível com a infração penal imputada (art. 28-A, V, do CP). Essa última disposição é muito importante, pois permite a adaptação de uma condição à maneira mais efetiva de reprovar e prevenir o crime ambiental bem como de reparar o dano ambiental.

CAPÍTULO V

DOS CRIMES CONTRA O MEIO AMBIENTE

SEÇÃO I

DOS CRIMES CONTRA A FAUNA

Art. 29. Matar, perseguir, caçar, apanhar, utilizar espécimes da fauna silvestre, nativos ou em rota migratória, sem a devida permissão, licença ou autorização da autoridade competente, ou em desacordo com a obtida:

Pena – detenção de seis meses a um ano, e multa.

§ 1º Incorre nas mesmas penas:

I – quem impede a procriação da fauna, sem licença, autorização ou em desacordo com a obtida;

II – quem modifica, danifica ou destrói ninho, abrigo ou criadouro natural;

III – quem vende, expõe à venda, exporta ou adquire, guarda, tem em cativeiro ou depósito, utiliza ou transporta ovos, larvas ou espécimes da fauna silvestre, nativa ou em rota migratória, bem como produtos e objetos dela oriundos, provenientes de criadouros não autorizados ou sem a devida permissão, licença ou autorização da autoridade competente.

§ 2º No caso de guarda doméstica de espécie silvestre não considerada ameaçada de extinção, pode o juiz, considerando as circunstâncias, deixar de aplicar a pena.

§ 3º São espécimes da fauna silvestre todos aqueles pertencentes às espécies nativas, migratórias e quaisquer outras, aquáticas ou terrestres, que tenham todo ou parte de seu ciclo de vida ocorrendo dentro dos limites do território brasileiro, ou águas jurisdicionais brasileiras.

88 MARCHESAN, Ana Maria Moreira. Consolidação e perspectivas da responsabilidade da pessoa jurídica no Direito Penal Ambiental. *Revista de Direito Ambiental*, São Paulo, v. 100, a. 25. p. 57-97, out.-dez. 2020. p. 75.

§ 4º A pena é aumentada de metade, se o crime é praticado:

I – contra espécie rara ou considerada ameaçada de extinção, ainda que somente no local da infração;

II – em período proibido à caça;

III – durante a noite;

IV – com abuso de licença;

V – em unidade de conservação;

VI – com emprego de métodos ou instrumentos capazes de provocar destruição em massa.

§ 5º A pena é aumentada até o triplo, se o crime decorre do exercício de caça profissional.

§ 6º As disposições deste artigo não se aplicam aos atos de pesca.

BEM JURÍDICO TUTELADO

O bem jurídico específico (v. comentários ao art. 2º) tutelado consiste na fauna silvestre, terrestre ou aquática. Logo, os espécimes gozam de proteção, quer provenham do próprio país quer do estrangeiro, mesmo que estejam apenas de passagem pelo território brasileiro. Para alguns, inclusive os insetos são protegidos[89].

A fauna constitui bem de uso comum do povo, ostentando, portanto, natureza difusa (art. 225, *caput*, da CF). A fauna "classifica-se como 'bem de natureza difusa' que não se confunde com os bens públicos de nenhum ente da federação e ainda quando sujeita à propriedade privada (como é comum no caso dos animais exóticos e domésticos) é protegida pelas limitações expressas no ordenamento jurídico ambiental"[90]. Por consequência, a CF, assim que entrou em vigor, não recepcionou o art. 1º, *caput*, da Lei n. 5.197/1967, na parte em que ele diz que os animais "são propriedades do Estado". É a titularidade difusa dos animais que obsta que eles, para fins da proteção penal, sejam propriedade da União, dos Estados ou dos Municípios.

Tradicionalmente, com amparo em uma cultura baseada no antropocentrismo, os animais não são sujeitos de direito, mas apenas objetos; é o homem que tem o direito de que a integridade deles seja preservada. Não obstante, nota-se um esforço, sobretudo na ordem internacional, em instituir direitos em favor dos animais, a exemplo da Declaração Universal dos Direitos dos Animais, elaborada pela UNESCO. Seguindo essa linha, a Constituição da República do Equador, no seu artigo 10, tornou a natureza sujeito de direitos ("La naturaleza será sujeto de aquellos derechos que le reconozca la Constitución"). Sob uma perspectiva ecológica da dignidade humana, o STJ já reconheceu a dignidade dos animais não humanos, a qual merece ser tutelada pelo direito (STJ, 2ª T., RESP n. 1.797.175/SP (2018/0031230-0), Rel. Og Fernandes, J. em 21/03/2019).

O art. 29, por disciplinar as mesmas condutas, revogou tacitamente o art. 27, *caput*, e § 1º, da Lei n. 5.197/1967.

SUJEITOS DO CRIME

O sujeito passivo consiste na coletividade. Tratando-se de crime comum, o sujeito ativo, por sua vez, pode ser qualquer pessoa, inclusive a jurídica. O proprietário do imóvel onde haja

89 FREITAS, Vladimir Passos de; FREITAS, Gilberto Passos de. *Crimes contra a natureza*. 9 ed. São Paulo: Revista dos Tribunais, 2012. p. 90.

90 STIFELMAN, Anelise Grehs. *Alguns aspectos sobre a fauna silvestre na Lei dos Crimes Ambientais*. Associação do Ministério Público do Rio Grande do Sul. Disponível em: www.amprs.org.br/arquivos/comunicao_noticia/anelise1.pdf. Acesso em: 7 mai. 2019.

espécimes da fauna silvestre pode ser sujeito ativo se praticar as condutas contra eles, já que a proteção ambiental conferida pela Constituição afasta o entendimento de que o acessório (animais) segue o principal (imóvel). Ademais, se o proprietário da área permitir ou favorecer que terceiros pratiquem os verbos nucleares contra animais que estejam no seu imóvel, haverá concurso de agentes, se comprovados os requisitos objetivos e subjetivos pertinentes.

CONDUTAS

O tipo do art. 29, *caput*, incrimina as condutas do sujeito ativo que *mata* (tirar a vida), *persegue* (seguir de perto), *caça* (perseguir para aprisionar ou matar), *apanha* (colher) e/ou *utiliza* (fazer uso) de espécimes da fauna silvestre, sem permissão, licença ou autorização da autoridade competente, ou excedendo os limites das que foram obtidas. Há elementos normativos no tipo: permissão (ato unilateral pelo qual a Administração faculta precariamente a alguém a prestação de um serviço público ou defere a utilização especial de um bem público), autorização (ato unilateral pelo qual a Administração, discricionariamente, faculta o exercício de atividade material, tendo, como regra, caráter precário) ou licença (ato vinculado, unilateral, pelo qual a Administração faculta a alguém o exercício de uma atividade, uma vez demonstrado pelo interessado o preenchimento dos requisitos legais exigidos).[91] Então, se presente o consentimento da Administração Pública para a prática das condutas previstas no tipo, o fato será atípico. É o que ocorre, por exemplo, com a licença objeto da Resolução CONAMA n. 496/2020 (o uso e o manejo sustentáveis das abelhas-nativas-sem-ferrão em meliponicultura) e com a permissão objeto da Instrução Normativa IBAMA n. 141/2006 (regulamenta o controle e o manejo ambiental da fauna sinantrópica nociva[92]).

O objeto material sobre o qual incide a conduta são os espécimes[93] da fauna silvestre, que estão classificados na interpretação autêntica realizada pelo art. 29, § 3º. Anota-se que a CF não apresenta qualquer classificação da fauna; aliás, quando se refere a ela (arts. 23, VII; 24, VI; e 225, § 1, VII), sequer o conceito apresenta. Nesse sentido, infere-se que o constituinte empregou o sentido ordinário, vulgar, de fauna, a qual cuida de substantivo feminino que designa, simplesmente, "a vida animal", segundo o dicionário Houaiss. Logo, a CF pretendeu proteger indistintamente todos os animais, sem exceção. Tal escopo constitucional deve ser concretizado pelo intérprete no sentido de se conferir a máxima efetividade a ele.

A fim de se extrair a máxima efetividade do art. 29 na tutela da fauna, esta pode ser classificada segundo vários parâmetros. Com amparo em Ela Wiecko[94], a fauna, na sua relação com o homem, ou seja, considerando o seu habitat, pode ser **silvestre** (selvagem, livre, que vive na natureza, a exemplo da onça) ou **doméstica** (integrada ao homem, dependente deste, a exemplo do cachorro, que "foi o primeiro animal domesticado pelo *Homo sapiens*, e isso ocorreu

91 MELLO, Celso Antônio Bandeira de. *Curso de direito administrativo*. 19. ed. São Paulo: Malheiros, 2005. p. 408-409.

92 O art. 3º, XVII e XVIII, da Resolução n. 384/2015 do Conselho Federal de Biologia assim se refere à fauna sinantrópica: "XVII – Fauna sinantrópica: populações animais de espécies silvestres nativas ou exóticas, que utilizam recursos de áreas antrópicas, de forma transitória em seu deslocamento como via de passagem ou local de descanso, ou permanente, utilizando-as como área de vida; XVIII – Fauna sinantrópica nociva: fauna sinantrópica que interage de forma negativa com a população humana, causando-lhe transtornos significativos de ordem econômica ou ambiental, ou que represente riscos à saúde pública".

93 O art. 3º da IN IBAMA n. 169, de 20 de fevereiro de 2008, diferencia didaticamente espécie de espécime: inc. XIII – Espécie: conjunto de indivíduos semelhantes e com potencial reprodutivo entre si, capazes de originar descendentes férteis, incluindo aqueles que se reproduzem por partenogênese; inc. XIV – Espécime: indivíduo ou parte dele, vivo ou morto, de uma espécie, em qualquer fase de seu desenvolvimento, unidade de uma espécie;

94 CASTILHO, Ela Wiecko de. Conceito de Fauna e de Animais nos Crimes contra a Fauna da Lei 9.605/98. *In*: FREITAS, Vladimir Passos de (Org.). *Direito Ambiental em Evolução*. V. 2. Curitiba: Juruá. p. 59-72. p. 63.

antes da Revolução Agrícola", ou seja, há cerca de quinze mil anos[95]"). Tendo em conta a sua relação com a área geográfica, a fauna pode ser **nativa** (originária do Brasil, como a tartaruga-da-amazônia, por exemplo), em **rota migratória** (consideram-se migratórias as espécies que apresentam deslocamento populacional a partir de, no mínimo, uma área reprodutiva para outra(s) área(s) não reprodutiva(s) de forma regular e sazonal)[96] ou **exótica** (nascida fora do Brasil). Sob a relação com o ecossistema, a fauna pode ser terrestre (incluídas as aves, pois estas não vivem permanentemente no ar) ou aquática.

Dessa forma, afigura-se inadequado contrapor a classificação "exótica" em relação à "silvestre", já que elas partem de ângulos diversos de análise. Este raciocínio foi bem desenvolvido: "O art. 2º, da Portaria nº 93, de 07 de julho de 1998, dispõe, em seus incisos, acerca da definição do que vem a ser definido como fauna silvestre brasileira, fauna silvestre exótica e fauna doméstica. A definição de animal silvestre se faz em contraposição à de animal doméstico, de modo que em não doméstico é silvestre" (TRF5, 1ª T., Apelação Cível n. 0803639-82.2014.4.05.8000, Rel. Élio Siqueira Filho, J. em 14/03/2017).

A classificação ora proposta (silvestre ou doméstico; nativo, migratório ou exótico; terrestre ou aquático) pode ser aproveitada para a leitura do art. 29, § 3º, que considera fauna silvestre os representantes das espécies nativas, migratórias e *quaisquer outras* (o que abrange as exóticas), as quais podem ser aquáticas ou terrestres. Observa-se que o animal silvestre exótico desenvolve parte do seu ciclo no Brasil quando para cá é trazido. A propósito, a Portaria IBAMA n. 93/1998, que regulamenta a importação e a exportação da fauna silvestre assim conceitua, no seu art. 2º, a fauna doméstica e a silvestre, esta subdividida em brasileira e exótica: "I – Fauna Silvestre Brasileira: são todos aqueles animais pertencentes às espécies nativas, migratórias e quaisquer outras, aquáticas ou terrestres, que tenham seu ciclo de vida ocorrendo dentro dos limites do Território Brasileiro ou águas jurisdicionais brasileiras. II – Fauna Silvestre Exótica: são todos aqueles animais pertencentes às espécies ou subespécies cuja distribuição geográfica não inclui o Território Brasileiro e as espécies ou subespécies introduzidas pelo homem, inclusive domésticas em estado asselvajado ou alçado. Também são consideradas exóticas as espécies ou subespécies que tenham sido introduzidas fora das fronteiras brasileiras e suas águas jurisdicionais e que tenham entrado em Território Brasileiro. III – Fauna Doméstica: Todos aqueles animais que através de processos tradicionais e sistematizados de manejo e/ou melhoramento zootécnico tornaram-se domésticas, apresentando características biológicas e comportamentais em estreita dependência do homem, podendo apresentar fenótipo variável, diferente da espécie silvestre que os originou". Já o art. 2º da Instrução Normativa IBAMA n. 07/2015, que disciplina as categorias de uso e manejo da fauna silvestre em cativeiro, manteve a classificação em fauna doméstica, fauna silvestre exótica e fauna silvestre nativa.

Do exposto, conclui-se que o crime tipificado no art. 29 protege a fauna silvestre nativa, a fauna silvestre migratória e a fauna silvestre exótica, cujos espécimes podem ser terrestres ou aquáticos. Já a fauna doméstica não é objeto deste art. 29, mas do art. 32.

No tocante à **caça**, esta pode ser **predatória**, hipótese em que será profissional (proibida pelo art. 2º da Lei n. 5.197/1967 e pelo art. 19, § 3º, da Lei n. 9.985/2000) ou sanguinária

95 HARARI, Yuval Noah. *Sapiens* – Uma breve história da humanidade. Tradução de Janaína Marcoantonio. 9. ed. Porto Alegre: L&PM, 2016. p. 55.

96 As aves são um exemplo de espécimes de rota migratória. O Brasil é o segundo país do mundo em diversidade de aves, com 1901 espécies, das quais 93 apresentam padrão migratório com sítio de reprodução fora do país. "Essas aves deixam suas áreas de reprodução quando as condições se apresentam desfavoráveis, em busca de locais que propiciem maior disponibilidade de alimento e habitat para continuação dos processos biológicos como as mudas de penas, para depois retornarem às suas áreas de origem completando assim seu ciclo biológico" (INSTITUTO CHICO MENDES DE CONSERVAÇÃO DA BIODIVERSIDADE. *Relatório anual de rotas e áreas de concentração de aves migratórias no Brasil*. Cabedelo: CEMAVE/ICMBio, 2016. p.13).

(praticada por puro prazer e igualmente proibida). A caça também pode ser classificada como ***não predatória***, subdividindo-se em: a) caça de controle: destina-se à proteção da agricultura e da saúde pública, permitida pelo art. 3º, § 2º, da Lei n. 5.197/1967; b) caça esportiva ou amadorista: tipo de esporte amador, permitida nos termos do art. 1º, § 1º, da Lei n. 5.197/1967; c) caça de subsistência: caracteriza estado de necessidade e exclui a ilicitude da conduta (v. art. 37, I); d) caça científica: para fins de estudos científicos, regulamentada pelo art. 14 da Lei n. 5.197/1967.[97] Em razão da autorização concedida pela Instrução Normativa IBAMA n. 03/2013, de 31 de janeiro de 2013, para o controle populacional do javali, o que se dá mediante caça, esta será atípica. Em relação à conduta "caçar", ainda, não se deve olvidar a aplicação das excludentes previstas no art. 37.

O art. 29, *caput*, constitui tipo misto alternativo, motivo pelo qual a prática de mais de um dos verbos nucleares, no mesmo contexto, caracteriza crime único, não havendo que se cogitar em concurso de crimes. No tipo misto alternativo, a realização de mais de um verbo nuclear é sopesada na primeira fase da dosimetria da pena (art. 59 do CP), razão pela qual o agente que pratica mais de um verbo nuclear merece uma pena mais elevada do que aquele que pratica apenas um.

O art. 29, §1º, I, que também prevê tipos mistos alternativos, incrimina o sujeito ativo que, sem autorização, permissão ou licença, *impede* (obstar) que a fauna se reproduza, a exemplo do sujeito que destrói ovos de tartaruga. Segundo o art. 29, § 1º, II, é crime igualmente *modificar* (alterar), *danificar* (deteriorar) ou *destruir* (aniquilar) ninho (lugar onde as aves põem ovos e criam seus filhotes ou os animais se recolhem e dormem), abrigo (lugares de moradia e habitação permanente) ou criadouro natural (espaços onde se situam os viveiros em que algumas espécies crescem, a exemplo, de banhados e mangues).[98]

Já pelo art. 29, § 1º, III, que também é tipo misto alternativo, incrimina-se a conduta do sujeito ativo que *vende* (comercializar), *expõe* à *venda* (anunciar para comercialização), *exporta* (enviar algo para fora do Estado ou do país) ou *adquire* (tornar-se proprietário por compra, permuta, doação), *guarda* (armazenar), *tem* (manter) em cativeiro ou depósito, *utiliza* (usar) ou *transporta* (locomover) os seguintes objetos materiais: ovos, larvas (primeiro estado dos insetos) ou espécimes da fauna silvestre, nativa ou em rota migratória, bem como produtos (bens derivados, a exemplo de um casaco de pele) e objetos (penas) dela oriundos, provenientes de criadouros não autorizados ou sem a devida permissão, licença ou autorização da autoridade competente. Presentes estes elementos normativos, a conduta será atípica. Registra-se que o comércio é permitido pela Lei n. 5.197/1967, regulamentado pela Portaria IBAMA n. 117-N, de 15 de outubro de 1997 ("Dispõe sobre a comercialização de animais vivos, abatidos, partes e produtos da fauna silvestre") e pela Portaria IBAMA 118-N, de 15 de outubro de 1997 ("Dispõe sobre os criadouros comerciais da fauna silvestre brasileira"); a criação amadora e comercial de passeriformes nativos é regulada pela Instrução Normativa IBAMA n. 10/2011; o apanho ou a utilização de espécimes da fauna silvestre por criadouros previamente licenciados são autorizados pelo art. 3º da Lei 5.197/1967.

Nos verbos nucleares comuns ("adquirir", "transportar", "vender" e "expor à venda"), há **conflito aparente de normas entre o art. 29, § 1º, III, e o art. 180 do CP** (receptação)? Pode-se sustentar que, pelo princípio da especialidade, prevalece o crime ambiental quando o objeto material da infração penal for um dos elencados no art. 29, § 1º, III. Em sentido oposto, defende-se a possibilidade do concurso formal (art. 70 do CP) entre os crimes em questão, tendo em vista a diversidade do objeto jurídico protegido por eles: enquanto o art. 29, § 1º, III, protege

97 SIRVINSKAS, Luís Paulo. *Manual de direito ambiental*. 14. ed. São Paulo: Saraiva, 2016. p. 639-642.

98 FREITAS, Vladimir Passos de; FREITAS, Gilberto Passos de. *Crimes contra a natureza*. 9 ed. São Paulo: Revista dos Tribunais, 2012. p. 96.

o equilíbrio do meio ambiente (bem jurídico imaterial) que se vê afetado negativamente pela conduta que atinge a fauna, o art. 180 do CP tutela o patrimônio (bem jurídico material). Nesse caso, mediante uma ação, o agente atinge dois bens jurídicos. Há jurisprudência nesse último sentido (TJPR, 5ª C. Crim., RSE 0000091-35.2020.8.16.0013, Rel. Marcus Costa, J. em 08/05/20). O raciocínio é o mesmo quanto à receptação qualificada: se, no exercício de atividade comercial ou industrial, o sujeito ativo adquire, transporta, vende ou expõe à venda (verbos nucleares comuns entre os dois tipos) o objeto material definido no art. 29, § 1º, III, haverá concurso formal com o art. 180, § 1º, do CP.

Esse mesmo entendimento exposto no parágrafo anterior pode ser aplicado no **conflito aparente entre o art. 29, § 1º, III, e o art. 180-A do CP** (receptação de animal), em que os verbos comuns são "adquirir", "transportar", "vender", e "ter em depósito". Há quem argumente que o crime ambiental prevaleça diante da sua especialidade. Todavia, tendo em vista a diversidade dos objetos jurídicos do crime ambiental e do crime patrimonial, que, nesse caso, tem repercussões negativas sobre a livre concorrência e a ordem econômica (art. 170 da CF), sustenta-se a ocorrência de concurso formal também.

O art. 29, § 2º, contempla hipótese de perdão judicial (v. Súmula 18 do STJ): dependendo das circunstâncias, não será aplicada a pena ao sujeito ativo que tem, em guarda doméstica, exemplar de espécie silvestre não ameaçada de extinção. É comum a aplicação desse perdão judicial nos casos de pessoas que criam, no âmbito doméstico e sem finalidade comercial, aves silvestres não ameaçadas de extinção: "Presentes os requisitos legais do § 2º do art. 29, tratando-se de guarda doméstica de espécie silvestre não ameaçada de extinção, réu primário, com bons antecedentes, possuidor do registro de criador amador de passeriforme, ausentes sinais de maus tratos nos animais, deve ser concedido o perdão judicial" (TRF1, 3ª T., ACR 0005716-82.2011.4.01.3807/MG, Rel. Ney Bello, J. em 23/05/2017). Ainda nesse tema, considerando a primeira parte do art. 156 do CPP ("A prova da alegação incumbirá a quem a fizer"), é ônus do réu a comprovação de que a guarda é doméstica e de que a espécie silvestre não é considerada ameaçada de extinção: "Para fins de incidência do benefício do Lei 9.605/1998, art. 29, § 2º – que não configura direito absoluto do infrator, mas, ao revés, prerrogativa do juízo, com base nos princípios da razoabilidade e da proporcionalidade, dependentemente das circunstâncias do caso concreto –, incumbe ao beneficiário simultaneamente provar, como ônus seu, o genuíno caráter de 'guarda doméstica' e não se tratar, 'ainda que somente no local da infração', de "espécie silvestre ameaçada de extinção" (STJ, 2ª T., Resp 1686089/MG, Rel. Herman Benjamin, J. em 07/12/2017). Por outro lado, deve ser observada também a Resolução CONAMA n. 394, de 6 de novembro de 2007, que estabelece os critérios para a determinação de espécies silvestres a serem criadas e comercializadas como animais de estimação. Logo, a criação de um animal de estimação que obedeça a essa resolução é um fato atípico, não sendo sequer o caso de se aplicar o perdão judicial, que demanda a realização da instrução processual criminal.

O art. 29, § 4º, prevê causas de aumento em patamar fixo (metade), as quais preferem à aplicação das agravantes genéricas previstas no art. 15, quando coincidentes, nas hipóteses em que a conduta criminosa: inc. I) envolver espécie rara (catalogada devidamente em ato administrativo) ou em extinção (v. comentários ao art. 15, II, *q*); inc. II) for praticada em período proibido à caça, destacando-se que, para Nucci, como a caça é praticamente vedada em todo o país, a presente majorante teria aplicação praticamente obrigatória e generalizada, o que não é compatível com o objetivo de uma causa de aumento, a qual deveria ser excepcional[99]; inc. III) for praticada à noite (v. conceito nos comentários ao art. 15, II, *i*); inc. IV) exceder os

99 NUCCI, Guilherme de Souza. *Leis penais e processuais penais comentadas*. (livro digital). 9. ed. Vol. 2. Rio de Janeiro: Forense, 2015. p. 603. No mesmo sentido: FREITAS, Vladimir Passos de; FREITAS, Gilberto Passos de. *Crimes contra a natureza*. 9 ed. São Paulo: Revista dos Tribunais, 2012. p. 104.

limites da licença concedida; inc. V) for praticada em unidade de conservação (art. 2º da Lei n. 9.985/2000 e v. comentários aos arts. 40 e 40-A da LCA), frisando-se, todavia, que "[a]presentando-se insuficiente a prova colacionada a caracterizar a ciência pelo acusado quanto a se encontrar no interior de unidade de conservação por ocasião dos fatos, resulta inviabilizada a aplicação na hipótese da causa de aumento do inciso V do § 4º do artigo 29 da Lei nº 9.605/1998 (TRF4, 7ª T., ACR 5003647-27.2015.404.7215, Rel. Danilo Júnior, J. em 18/10/2016); inc. VI) envolver o emprego de métodos ou instrumentos capazes de provocar destruição em massa (a perícia é essencial para essa demonstração). Ademais, se a conduta envolver caça profissional (já abordada acima), a pena será majorada até o triplo, conforme o art. 29, § 5º.

O art. 29, § 6º, exclui desde artigo os atos de pesca, cuja tipificação das condutas relacionadas está prevista nos arts. 34 a 36.

Sublinha-se, no mais, que, se o sujeito ativo utilizar ilegalmente arma de fogo para cometer o crime ambiental, haverá concurso material (TJRS, 1ª C. Crim., Apelação Crime n. 70027405802, Rel. Marco Oliveira, J. 25/03/2009).

VOLUNTARIEDADE

O crime do art. 29 é doloso, sem exigir elemento subjetivo específico. Não é prevista a forma culposa.

CONSUMAÇÃO E TENTATIVA

A consumação dependerá do verbo nuclear. Matar, apanhar, utilizar, modificar, danificar, destruir, vender, exportar, adquirir, utilizar são crimes materiais, que exigem resultado naturalístico, consumando-se no momento em que este é atingido. Impedir, guardar, ter em cativeiro ou depósito e transportar são crimes permanentes, cuja consumação se prolonga no tempo.

Como todos os verbos nucleares são plurissubsistentes, a tentativa (*conatus*) é admissível.

AÇÃO PENAL

Todos os crimes previstos na Lei n. 9.605/98 são de ação penal pública incondicionada (art. 26). Observadas as penas mínima e máxima do tipo sob análise, são cabíveis a transação (art. 27) e a suspensão condicional do processo (art. 28).

Em relação à competência material (v. comentários ao art. 26), deve ser observada a tese fixada, em sede de repercussão geral, no julgamento do Recurso Extraordinário n. 835558, pelo STF: "Compete à Justiça Federal processar e julgar o crime ambiental de caráter transnacional que envolva animais silvestres, ameaçados de extinção e espécimes exóticas ou protegidas por compromissos internacionais assumidos pelo Brasil" (STF, RE 835558 QO-RG, Rel. Luiz Fux, J. em 09/02/2017). Extraem-se as seguintes conclusões da leitura desse aresto: a) a proteção à fauna é um compromisso assumido pelo Brasil em diplomas internacionais: Convenção para a Proteção da Flora, da Fauna e das Belezas Cênicas Naturais dos Países da América (ratificada pelo Decreto Legislativo nº 3, de 1948, em vigor no Brasil desde 26 de novembro de 1965, promulgado pelo Decreto nº 58.054, de 23 de março de 1966); a Convenção de Washington sobre o Comércio Internacional das Espécies da Flora e da Fauna Selvagens em Perigo de Extinção (CITES, ratificada pelo Decreto-Lei nº 54/75 e promulgada pelo Decreto nº 76.623, de novembro de 1975) e a Convenção sobre Diversidade Biológica – CDB (ratificada pelo Brasil por meio do Decreto Legislativo nº 2, de 8 de fevereiro de 1994); b) independentemente dessa previsão em instrumentos internacionais, "a transnacionalidade, em casos que tais, atrai a competência da Justiça Federal, *ainda que o delito não esteja expressamente tipificado em tratados e convenções*, uma vez que resta configurado o interesse direto da União no alcance do compromisso internacionalmente assumido"; e c) observada a discussão travada entre os Ministros, ao final do julgamento em questão, restou claro que é da competência da Justiça Federal o julgamento de crimes ambientais transnacionais que envolvam: animais silvestres brasileiros ameaçados ou não de extinção, animais silvestres exóticos e animais silvestres protegidos por compromissos internacionais assumidos pelo Brasil.

Art. 30. Exportar para o exterior peles e couros de anfíbios e répteis em bruto, sem a autorização da autoridade ambiental competente:

Pena – reclusão, de um a três anos, e multa.

BEM JURÍDICO TUTELADO

O bem jurídico específico (v. comentários ao art. 2º) tutelado consiste na fauna integrada por répteis e anfíbios, a qual é protegida também pela Convenção sobre Comércio Internacional das Espécies da Flora e Fauna Selvagens em Perigo de Extinção – CITIES (Decreto n. 76.623/1975).

Houve revogação tácita do crime previsto no art. 27 c/c art. 18, ambos da Lei n. 5.197/1967.

SUJEITOS DO CRIME

O sujeito passivo são a coletividade e a União. Tratando-se de crime comum, o sujeito ativo pode ser qualquer pessoa, inclusive a jurídica.

CONDUTAS

O art. 30 incrimina a conduta do sujeito ativo que *exporta* (enviar algo para fora de uma cidade, estado ou país) para o exterior (estrangeiro) peles (órgão que recobre o corpo) e couro (espécie de pele) em estado bruto, ou seja, sem processo de manufaturação, sem autorização dos órgãos competentes.

O objeto material sobre o qual incide a conduta é a pele ou couro de répteis (grande classe de animais vertebrados, originada durante o Carbonífero, a partir de anfíbios labirintodontes, que inclui, entre as cerca de 6 mil spp. viventes, formas bastante distintas como tartarugas, serpentes, lagartos e crocodilianos; seu corpo é coberto por pele seca e cornificada, dotada de escamas ou placas, coração ger. com três câmaras e respiração esp. pulmonar, nunca por brânquias) ou anfíbios (classe de animais vertebrados, que inclui os sapos e as salamandras entre outros, de pele lisa, sem escamas, rica em glândulas de veneno e muco).

A existência de autorização da autoridade ambiental competente (elemento normativo do tipo) torna a conduta atípica.

O comércio interno, dentro do país, da pele e do couro de anfíbios e répteis, não é incriminado pelo art. 30, mas pelo art. 29, § 1º, III (*produtos e objetos*).

No conflito aparente entre o art. 30 e o art. 334-A do CP (contrabando), prevalece aquele, por força do princípio da especialidade. Registra-se posição minoritária no sentido de restar caracterizado o concurso formal: "não há relação de especialidade entre as normas, devendo ser aplicada, caso a conduta se subsuma, simultaneamente, a ambas as figuras criminais, a regra do concurso formal (art. 70, caput, do Código Penal). De fato, os delitos protegem bens jurídicos diversos: o de contrabando visa resguardar a administração pública; o delito sob exame, o meio ambiente. O elemento normativo do tipo também é diferente: enquanto no contrabando o que falta é a regularidade perante as autoridades aduaneiras, no delito contra o ambiente a irregularidade provém da ausência de autorização da autoridade ambiental, ou seja, do IBAMA"[100].

VOLUNTARIEDADE

O crime do art. 30 é doloso, sem exigir elemento subjetivo específico. Luis Flávio Gomes e Sílvio Maciel acertam ao sustentar que, como o tipo não exige o intuito de lucro, o sujeito ativo que encaminha, gratuitamente, couro de jacaré em estado bruto para um amigo que resida na Europa responderá pelo crime sob estudo.[101]

Não é prevista a forma culposa.

CONSUMAÇÃO E TENTATIVA

A consumação ocorre no instante em que o objeto material sai do território nacional. Sendo crime plurissubsistente, a tentativa (*conatus*) é possível.

AÇÃO PENAL

Todos os crimes previstos na Lei n. 9.605/98 são de ação penal pública incondicionada (art. 26). Tendo em vista as penas mínima e máxima, não cabe transação (art. 27); tem lugar a suspensão condicional do processo (art. 28); e tem cabimento o acordo de não persecução penal (art. 28-A do CPP).

A competência material (v. comentários ao art. 26) é da Justiça Federal (art. 109, V, da CF).

> **Art. 31.** Introduzir espécime animal no País, sem parecer técnico oficial favorável e licença expedida por autoridade competente:
>
> Pena – detenção, de três meses a um ano, e multa.

BEM JURÍDICO TUTELADO

O bem jurídico específico (v. comentários ao art. 2º) tutelado consiste no equilíbrio ambiental atinente à fauna, o qual é posto em risco pela introdução de um espécime. O risco é elevado principalmente quando o espécime for estrangeiro e não tiver um predador no Brasil, o que provocará a sua reprodução descontrolada, afetando a flora e a fauna. Isso ocorreu, por exemplo, com a introdução dos javalis no sul do Brasil, cujas consequências graves justificaram a autorização da sua caça, como visto nos comentários ao art. 29. Outro exemplo palpitante advém de Ushuaia, na Argentina: em 1946, introduziram-se aproximadamente 25 casais de castores canadenses no local; em razão da inexistência de predador natural, os castores reproduziram-se a tal ponto que, atualmente, há mais de 135 mil castores, ou seja, quantidade superior à das pessoas que habitam o local.[102] A Convenção sobre Comércio Internacional das

---

100 GHIGNONE, Luciano Taques. *Manual ambiental penal*: comentários à lei 9.605/98. Decisões judiciais, roteiros práticos, modelos de peças. Salvador: Ministério Público do Estado da Bahia, Núcleo Mata Atlântica, 2007. p. 133. Disponível em: http://www.ceama.mpba.mp.br/2012-11-21-00-12-29/doc_view/1329-manual-ambiental-penal.html. Acesso em: 9 out. 2020.

101 GOMES, Luiz Flávio; MACIEL, Sílvio Luiz. *Lei de crimes ambientais*: comentário à Lei 9.605/1998. 2. ed. Rio de Janeiro: Forense, 2015. p. 141.

102 Fundación Tierra. *Los castores, la plaga de Tierra de Fuego*. Disponível em: http://www.terra.org/categorias/peliculas/los-castores-la-plaga-de-tierra-de-fuego. Acesso em: 28 abr. 2017.

Espécies da Flora e Fauna Selvagens em Perigo de Extinção – CITIES (Decreto n. 76.623/1975) igualmente protege o bem jurídico em questão.

O art. 31 revogou tacitamente o crime tipificado no art. 27 c/c art. 4º, ambos da Lei n. 5.197/67.

SUJEITOS DO CRIME

O sujeito passivo é a coletividade e a União. Tratando-se de crime comum, o sujeito ativo pode ser qualquer pessoa, inclusive a jurídica.

CONDUTAS

O art. 31 incrimina a conduta do sujeito ativo que *introduz* (importar) espécime animal, sem parecer técnico oficial favorável e licença expedida pela autoridade ambiental competente, no território brasileiro (conceito amplo: solo, subsolo, espaço aéreo e águas territoriais).

O objeto material sobre o qual incide a conduta é o espécime animal de qualquer tipo, não necessariamente silvestre, o que abrange inclusive os domésticos. Essa circunstância, aliás, torna desnecessária a perícia. Freitas anota que o espécime deve estar vivo, do contrário haverá o crime de contrabando.[103] E basta a introdução de um espécime, apenas, dado que o art. 31 empregou a palavra no singular.

Sobre autorização (elemento normativo do tipo), a Instrução Normativa IBAMA n. 3, de 15 de abril de 1999, regulamenta a importação de animais silvestres e a sua criação em cativeiro. Já a Portaria IBAMA n. 93, de 7 de julho de 1998 regulamenta a importação e a exploração de espécimes vivos, produtos e subprodutos da fauna silvestre brasileira e da fauna silvestre exótica.

VOLUNTARIEDADE

O crime do art. 31 é doloso, sem exigir elemento subjetivo específico. Quanto ao dolo, não é necessário que o agente saiba que a importação do animal é proibida; basta apenas que ele se omita em se submeter ao controle da autoridade ambiental.

Não é prevista a forma culposa.

CONSUMAÇÃO E TENTATIVA

A consumação ocorre com o ingresso do espécime animal no país, sem submeter-se à fiscalização da autoridade ambiental realizada nas áreas alfandegárias. O crime é de perigo abstrato, razão por que dispensa a ocorrência de qualquer dano. Tratando-se de crime plurissubsistente, a tentativa (*conatus*) é possível.

AÇÃO PENAL

Todos os crimes previstos na Lei n. 9.605/98 são de ação penal pública incondicionada (art. 26). Observadas as penas mínima e máxima do tipo sob análise, são cabíveis a transação (art. 27) e a suspensão condicional do processo (art. 28).

A competência material (v. comentários ao art. 26) é da Justiça Federal, tendo em vista o art. 109, V, da CF. Ademais, porque "o ingresso de espécimes exóticas no País está condicionado à autorização do IBAMA, firma-se a competência da Justiça Federal, haja vista a existência de interesse de autarquia federal" (STJ, 3ª S., CC 96.853/RS, Rel. Og Fernandes, J. em 08/10/2008).

---

103 FREITAS, Vladimir Passos de; FREITAS, Gilberto Passos de. *Crimes contra a natureza*. 9 ed. São Paulo: Revista dos Tribunais, 2012. p. 108-109.

O interesse da União é patente em razão da sua ação administrativa prevista no art. 7º, XVII, da LC n. 140/2011: "controlar a introdução no País de espécies exóticas potencialmente invasoras que possam ameaçar os ecossistemas, habitats e espécies nativas".

Art. 32. Praticar ato de abuso, maus-tratos, ferir ou mutilar animais silvestres, domésticos ou domesticados, nativos ou exóticos:

Pena – detenção, de três meses a um ano, e multa.

§ 1º Incorre nas mesmas penas quem realiza experiência dolorosa ou cruel em animal vivo, ainda que para fins didáticos ou científicos, quando existirem recursos alternativos.

§ 1º-A Quando se tratar de cão ou gato, a pena para as condutas descritas no *caput* deste artigo será de reclusão, de 2 (dois) a 5 (cinco) anos, multa e proibição da guarda. (Incluído pela Lei nº 14.064, de 2020)

§ 2º A pena é aumentada de um sexto a um terço, se ocorre morte do animal.

BEM JURÍDICO TUTELADO

O objeto jurídico específico (v. comentários ao art. 2º) tutelado consiste no equilíbrio do meio ambiente, o qual depende da integridade física dos animais. Para uma concepção mais ecocêntrica, o objeto é a própria integridade do animal, o qual seria sujeito de direitos.

Este art. 32 revogou tacitamente a contravenção penal prevista no art. 64 da LCP.

Para o ordenamento jurídico brasileiro, sob uma visão antropocêntrica, os animais são objetos, coisas, propriedade do homem. O que justifica a sua proteção, então? Por que o homem pode danificar um objeto material seu, a exemplo de um eletrodoméstico, mas não pode, sob pena de crime, maltratar um cachorro seu? Ora, qualquer propriedade, imóvel ou móvel, deve atender a uma **função social**, segundo o art. 5º, XXIII, da CF. Toda forma de mau trato sobre um animal não atende a função social da propriedade, razão pela qual deve ser proibida. Para coibir o abandono de um eletrodoméstico, por exemplo, situação que não cumpre a função social da propriedade, o direito administrativo é suficiente ao estabelecer normas para o descarte adequado desses aparelhos, muitas vezes sob pena de multa. Diversamente, para proibir maus-tratos sobre animais, situação que também representa a violação da função social da propriedade, o direito administrativo é insuficiente, dada a importância deles; por isso, respeitados os princípios da fragmentariedade e da subsidiariedade, o Direito Penal deve ser utilizado para a tutela dos animais.

Não obstante, reitera-se a atenção para a perspectiva ecológica da dignidade humana que reconhece a dignidade dos animais não humanos (STJ, 2ª T., RESP n. 1.797.175/SP (2018/0031230-0), Rel. Og Fernandes, J. em 21/03/2019). Os animais merecem proteção *de per si*, independentemente da sua utilidade para o homem. Nesse mesmo sentido, filiada ao direito animal, Monique Gonçalves sustenta que o art. 225, §1º, VII, da CF, veda a crueldade aos animais independentemente de utilidade deles para o homem. A "Constituição não apenas reconheceu os animais como seres sencientes, mas também reconheceu o interesse que eles têm de não sofrer. A tutela desse interesse não se dá, como uma interpretação restritiva poderia sugerir, tão-somente para a proteção do meio ambiente, da fauna ou para a preservação das espécies. A proteção dos animais contra práticas cruéis constitui norma autônoma, com objeto e valor próprios"[104]; a proteção aos animais sucede independentemente da utilidade que eles tenham para o homem.

104 GONÇALVES, Monique Mosca. A tutela penal dos animais no contexto da nova Lei nº 14.064/2020. *Boletim Criminal Comentado n. 114*, Ministério Público do Estado de São Paulo, out. 2020. Disponível em: http://www.mpsp.mp.br/portal/page/portal/Criminal/Boletim_Semanal/Boletim%20CAOCRIM%20114.pdf. Acesso em: 15 nov. 2020. p. 9.

SUJEITOS DO CRIME

Na concepção antropocentrista, o sujeito passivo é a coletividade. Se animais silvestres em extinção forem o objeto material, a União também figurará como sujeito passivo. Tratando-se de crime comum, o sujeito ativo pode ser qualquer pessoa, inclusive, embora de difícil caracterização na prática, a jurídica.

Sob uma concepção biocêntrica, com destaque para o reconhecimento da dignidade dos animais não humanos, o próprio animal atingido seria vítima.

CONDUTAS

O art. 32 incrimina a conduta do sujeito ativo que *pratica abuso* (exigir demais) ou *maus-tratos* (causar sofrimento) ou *feri* (machucar) ou *mutila* (separar membros do corpo) animais.

O vocábulo "maus-tratos" constitui elemento aberto, podendo ser preenchido pelos conceitos apresentados no art. 3º do Decreto-Lei federal n. 24.645/1934, o qual ainda está vigente, conforme sustentam Santana e Santos[105], e até mesmo pelo art. 136 do CP, como sugere Dino.[106] Não obstante, para a Turma Recursal Criminal Gaúcha, configuram maus-tratos: a) "[a]gressão imoderada dos animais a fim de estimulá-los a correr que permite reconhecer a prática de maus-tratos. Ausência de adequação social da conduta, que não pode ser comparada a outras tidas como lícitas tais como lidas campeiras, corridas de cavalo em hipódromos e rodeios. Ademais, nem mesmo na hipótese de adequação social da conduta, que não se reconhece na hipótese, se haveria de admitir que, de forma imoderada, fosse açoitado o eqüino, tal como fez o acusado para fazê-lo correr mais" (TR. Crim./RS, Recurso Crime n. 71003345063, Rel. Luiz Capra, J. em 28/11/2011); b) deixar de proporcionar água e alimentação adequada a cachorros (TR. Crim./RS, Recurso Crime n. 71004715942, Rel. Cristina Gonzales, J. em 17/03/2014); c) abandono de animal (TR. Crim./RS, Recurso Crime n. 71003256153, Rel. Edson Cechet, J. em 31/10/2011); e d) submissão de cavalo a condições inadequadas de trabalho a alimentação (TR. Crim./RS, Recurso Crime n. 71004895900, Rel. Gisele Azambuja, J. em 28/07/2014; e TR. Crim./RS, Recurso Crime n. 71003202975, Rel. Cristina Gonzales, J. em 15/08/2011).

O objeto material sobre o qual incide a conduta são os animais, de qualquer tipo (TJGO, 1ª C. Cív., AI n. 20141-5/180, Rel. Arivaldo Chaves, J. em 10/10/2000). Reportando-se à classificação já apresentada no item "condutas" dos comentários ao art. 29, estão sujeitos a maus tratos qualquer representante das espécies doméstica e silvestre.

Pode ocorrer concurso material deste art. 32 com o crime tipificado no art. 29, § 1º, III, como no exemplo do agente que, ao praticar o tráfico internacional de animais, transporta e acondiciona estes em condições insalubres e inadequadas (TRF4, 8ª T., ACR 2006.71.15.002557-4, Rel. Victor Laus, J. em 09/12/2009).

A figura equiparada prevista no art. 32, § 1º, incrimina a conduta do sujeito ativo que realiza experiência dolorosa ou cruel em animal, quando existentes recursos alternativos. Sobre o tema, o art. 14 da Lei n. 5.197/1967 permite a concessão de licenças para fins científicos, enquanto o seu art. 3º proíbe licenças para fins comerciais. Já a Lei n. 11.794/2008 estabelece procedimentos para o uso científico de animais, especialmente a vivissecção.

Acerca da utilização de animais para experiências científicas, embora a competência para legislar sobre crimes ambientais seja privativa da União (art. 22, I, da CF), convém ter

105 SANTANA, Luciano Rocha; SANTOS, Clarissa Pereira Gunça dos. O crime de maus-tratos aos animais: uma abordagem sobre a interpretação e a prova de materialidade e autoria (artigo 32). *In*: MARCHESAN, Ana Maria Moreira; STEIGLEDER, Annelise Monteiro. (Org.). *Crimes ambientais:* comentários à lei 9.605/98. Porto Alegre: Livraria do Advogado, 2013. p. 154-155.

106 DINO NETO, Nicolau; BELLO FILHO, Ney; DINO, Flávio. *Crimes e infrações administrativas ambientais*. 3. ed. Belo Horizonte: Del Rey, 2011. p. 213.

conhecimento a respeito sobre o julgamento de Improcedência da ADIN 5996/AM: "3. A Lei 289/2015 do Estado do Amazonas, ao proibir a utilização de animais para desenvolvimento, experimentos e testes de produtos cosméticos, de higiene pessoal, perfumes e seus componentes, não invade a competência da União para legislar sobre normas gerais em relação à proteção da fauna. Competência legislativa concorrente dos Estados (art. 24, VI, da CF). 4. A sobreposição de opções políticas por graus variáveis de proteção ambiental constitui circunstância própria do estabelecimento de competência concorrente sobre a matéria. Em linha de princípio, admite-se que os Estados editem normas mais protetivas ao meio ambiente, com fundamento em suas peculiaridades regionais e na preponderância de seu interesse, conforme o caso" (STF, ADIN 5996/AM, Rel. Alexandre de Moraes, J. em. 15/04/20).

O art. 32, § 1º-A, incluído pela Lei n. 14.064/2020, institui uma forma qualificada do crime: se o objeto material for cachorro ou gato, não se aplica a pena do *caput* (três meses a um ano de detenção e multa), mas a pena prevista nesse § 1º-A: dois a cinco anos de reclusão, multa e proibição da guarda. Como implementar a proibição da guarda? Sugere-se a aplicação, no que for pertinente, do art. 25.

Se o sujeito ativo matar um animal silvestre, que pode ser nativo, migratório ou exótico, ele responde pelo crime previsto no art. 29, como explicado acima. Todavia, considerando que o art. 32 não tipifica a conduta de "matar", o agente que mata um animal doméstico responde por crime? Sim, pelo previsto neste art. 32, pois é imprescindível que, para "matar" o animal doméstico, o agente tenha de "feri-lo" antes (um dos verbos nucleares do art. 32 é "ferir"). Nesse caso, inclusive, a morte do animal doméstico decorrente do seu ferimento prévio majora a pena, conforme comentário que segue.

Luiz Flávio Gomes e Sílvio Maciel fazem estudo completo sobre a majorante prevista no art. 32, § 2º, que prevê um aumento de pena se ocorrer a morte do animal. Aproveita-se parte[107] desse estudo para se chegar à seguinte conclusão. A morte – por dolo direto ou dolo eventual – do animal silvestre, que pode ser nativo, migratório ou exótico, tipifica o art. 29, com pena mínima de seis meses, já comentado alhures. A morte preterdolosa do animal silvestre, quando o agente age com dolo nos maus tratos e culpa na morte, tipifica o crime previsto no art. 32, § 2º, que tem pena mínima equivalente a três meses e quinze dias. A pena menor, nessa última hipótese, é proporcional à menor reprovabilidade da conduta do agente que mata o animal silvestre por culpa em comparação ao agente que mata dolosamente o animal silvestre. Quanto ao animal doméstico, que não figura como objeto do art. 29, a sua morte dolosa ou preterdolosa tipifica o crime do art. 32, *caput*, ou do art. 32, § 1º-A, com a majorante prevista no art. 32, § 2º.

O estudo do tipo em tela não pode ser desvinculado das excludentes de ilicitude previstas no art. 37.

Por fim, analisam-se questões que envolvem a fauna e os costumes:

a) "rinha de galo": "A promoção de briga de galos, além de caracterizar prática criminosa tipificada na legislação ambiental, configura conduta atentatória à Constituição da República, que veda a submissão de animais a atos de crueldade, cuja natureza perversa, à semelhança da 'farra do boi' (RE 153531/SC), não permite sejam eles

107 "No caso de animais silvestres, apenas se aplica a causa de aumento de pena [do art. 32, § 2º] se a morte do animal for culposa (crime preterdoloso). Se o agente pretende, com os maus-tratos ou crueldade, matar o animal, haverá o delito do art. 29, *caput*, com a eventual agravante do art. 15, II, *m* (emprego de método cruel). No caso de animais domésticos, domesticados ou **exóticos**, o crime pode ser doloso ou preterdoloso, aplicando-se a majorante ainda que o agente tenha praticado os maus-tratos ou abuso com a intenção de provocar a morte do animal" (grifo dos autores) (GOMES, Luiz Flávio; MACIEL, Sílvio Luiz. *Lei de crimes ambientais*: comentário à Lei 9.605/1998. 2. ed. Rio de Janeiro: Forense, 2015. p. 152). Discorda-se desses autores apenas quando eles tipificam a morte, dolosa ou preterdolosa, do animal silvestre no art. 32, 2º, pois, consoante já explicado, a morte por dolo direto ou dolo eventual do animal silvestre exótico tipifica o crime do art. 29.

qualificados como inocente manifestação cultural, de caráter meramente folclórico" (STF, ADI 1856, Rel. Celso de Mello, J. em 26/05/2011);

b) "farra do boi": na farra do boi, "há uma prática abertamente violenta e cruel para com os animais, e a Constituição não deseja isso" (STF, 2ª T., RE 153531, Rel. Francisco Rezek, J. em 03/06/1997);

c) tourada: essa prática inflige sofrimento e crueldade aos animais, conforme Sirvinskas sustenta;[108]

d) rodeio: se forem atendidos os requisitos previstos na Lei n. 10.519/2002, todos direcionados a evitar o tratamento cruel dos animais, cuida-se de exercício regular de direito. Observa-se que, segundo a Lei n. 13.364/2016, o rodeio foi elevado à condição de manifestação da cultura nacional e de patrimônio cultural imaterial;

e) vaquejada: o STF em 2016, no julgamento da ADI 4983/CE, sob a relatoria do Ministro Marco Aurélio, declarou inconstitucional a Lei n. 15299/2013 do Estado do Ceará, que regulamentava a vaquejada naquele Estado. Segue o essencial da ementa desse julgado: "VAQUEJADA – MANIFESTAÇÃO CULTURAL – ANIMAIS – CRUELDADE MANIFESTA – PRESERVAÇÃO DA FAUNA E DA FLORA – INCONSTITUCIONALIDADE. A obrigação de o Estado garantir a todos o pleno exercício de direitos culturais, incentivando a valorização e a difusão das manifestações, não prescinde da observância do disposto no inciso VII do artigo 225 da Carta Federal, o qual veda prática que acabe por submeter os animais à crueldade. Discrepa da norma constitucional a denominada vaquejada." Não obstante, em 2017, foi editada a Emenda Constitucional n. 96, que acrescentou o § 7º ao art. 225, com a seguinte redação: "Para fins do disposto na parte final do inciso VII do § 1º deste artigo, não se consideram cruéis as práticas desportivas que utilizem animais, desde que sejam manifestações culturais, conforme o § 1º do art. 215 desta Constituição Federal, registradas como bem de natureza imaterial integrante do patrimônio cultural brasileiro, devendo ser regulamentadas por lei específica que assegure o bem-estar dos animais envolvidos". Com a EC n. 96, o legislador realizou verdadeira ponderação entre a manifestação cultural, de um lado, e a proteção dos animais, de outro. Prevaleceu aquela, desde que assegurado, na forma da lei, o bem-estar dos animais. Já a Lei n. 13.364/2016, alterada pela Lei n. 13.873/2019, estabeleceu que "o rodeio, a vaquejada e o laço, bem como as respectivas expressões artísticas e esportivas, são reconhecidos como manifestações culturais nacionais e elevados à condição de bens de natureza imaterial integrantes do patrimônio cultural brasileiro, enquanto atividades intrinsecamente ligadas à vida, à identidade, à ação e à memória de grupos formadores da sociedade brasileira". A Lei n. 13.364/2016 também dispôs no seguinte sentido: "Art. 3º-B. Serão aprovados regulamentos específicos para o rodeio, a vaquejada, o laço e as modalidades esportivas equestres por suas respectivas associações ou entidades legais reconhecidas pelo Ministério da Agricultura, Pecuária e Abastecimento. § 1º Os regulamentos referidos no caput deste artigo devem estabelecer regras que assegurem a proteção ao bem-estar animal e prever sanções para os casos de descumprimento. § 2º Sem prejuízo das demais disposições que garantam o bem-estar animal, deve-se, em relação à vaquejada: I – assegurar aos animais água, alimentação e local apropriado para descanso; II – prevenir ferimentos e doenças por meio de instalações, ferramentas e utensílios adequados e da prestação de assistência médico-veterinária; III – utilizar protetor de cauda nos bovinos; IV – garantir quantidade suficiente de areia lavada na faixa onde ocorre a

108 SIRVINSKAS, Luís Paulo. *Manual de direito ambiental*. 14. ed. São Paulo: Saraiva, 2016. p. 657-660.

pontuação, respeitada a profundidade mínima de 40 cm (quarenta centímetros)". Em consequência, uma vez editados os regulamentos que assegurem o bem-estar dos animais envolvidos na prática esportiva em comento, a vaquejada que os observe constituirá fato atípico. Ainda assim, registra-se que foram ajuizadas a ADI n. 5772/DF bem como a ADI 5728/DF contra a EC n. 96. Deve-se então aguardar o desfecho dessas ações a fim de se aferir a compatibilidade da EC n. 96 com o art. 225 da CF;

f) sacrifício de animais em rituais religiosos: ao negar provimento ao Recurso Extraordinário n. 494601, interposto pelo Ministério Público do Estado do Rio Grande do Sul contra acórdão do Tribunal de Justiça do RS que julgara improcedente a ação direta de inconstitucionalidade ajuizada pelo MPRS sobre a Lei RS 11915/2003, a qual permitia a morte de animais no contexto de cultos e liturgias das religiões de matriz africana, o STF fixou a seguinte tese de julgamento: "É constitucional a lei de proteção animal que, a fim de resguardar a liberdade religiosa, permite o sacrifício ritual de animais em cultos de religiões de matriz africana". Aqui, o STF fez uma ponderação entre a liberdade religiosa (art. 5º, VI, da CF) e a função ecológica da fauna (art. 225, § 1º, VII, da CF), decidindo pela prevalência daquela. Não prevaleceu a interpretação conforme a Constituição que alguns ministros pretenderam conferir no sentido de ser vedado, nesses cultos e rituais, a prática de crueldade contra os animais. Contudo, em leitura própria, entende-se vedado o emprego de crueldade e de maus tratos contra os animais sacrificados, pois as próprias religiões em função das quais se realiza o sacrífico vedam o sofrimento de qualquer ser vivo;

g) abate de animais apreendidos: em setembro de 2021, o STF, na ADPF 640, fundamentou que a "interpretação da legislação federal proposta pelos órgãos administrativos e adotada pelas autoridades judiciais, ao possibilitar o abate de animais apreendidos em condições de maus-tratos, ofende normas materiais da Constituição, em especial o art. 225, §1º, VII, da CF/88"; ofende também o princípio da legalidade previsto no art. 37 da CF, "porque inexiste autorização legal expressa que possibilite o abate de animais no caso específico de apreensão em situação de maus-tratos, conforme se observa da literalidade dos artigos 25, §§1º e 2º (com redação conferida pela Lei 13.052/2014), c/c art. 32 da Lei 9.605/1998, bem como os artigos 101, 102 e 103 do Decreto 6.514/2008". O STF, então, por unanimidade, converteu a ratificação da medida cautelar em julgamento de mérito e julgou procedente o pedido formulado na ADPF "para declarar a ilegitimidade da interpretação dos arts. 25, §§ 1º e 2º, da Lei 9.605/1998, bem como dos artigos 101, 102 e 103 do Decreto 6.514/2008 e demais normas infraconstitucionais, que autorizem o abate de animais apreendidos em situação de maus-tratos, nos termos do voto do Relator". Já em outubro de 2021, foi sancionada a Lei n. 14.428/21, com *vacatio legis* de 120 dias, cujo art. 2º, embora apenas quanto a cães e gatos, e não quaisquer animais, prevê: "Fica vedada a eliminação da vida de cães e de gatos pelos órgãos de controle de zoonoses, canis públicos e estabelecimentos oficiais congêneres, com exceção da eutanásia nos casos de males, doenças graves ou enfermidades infectocontagiosas incuráveis que coloquem em risco a saúde humana e a de outros animais".

VOLUNTARIEDADE

O crime do art. 32 é doloso, sem exigir elemento subjetivo específico. Quanto ao dolo, é necessário que o sujeito ativo aja com o intuito de prejudicar o animal, razão por que não é típica a conduta do agente que castra o seu cachorro ou corta o rabo deste.

Não é prevista a forma culposa.

CONSUMAÇÃO E TENTATIVA

O crime consuma-se quando os verbos nucleares são efetivamente praticados. Cuidando-se de crime plurissubsistente, a tentativa (*conatus*) é admissível.

AÇÃO PENAL

Todos os crimes previstos na Lei n. 9.605/98 são de ação penal pública incondicionada (art. 26). Observadas as penas mínima e máxima do tipo sob análise, são cabíveis a transação (art. 27) e a suspensão condicional do processo (art. 28), com exceção para o art. 32, § 1º-A. Para este tipo, cabe apenas o ANPP, conforme se expõe na sequência.

Cabe o **ANPP (art. 28-A do CPP) para o crime tipificado no art. 32, § 1º-A?**[109] Com a elevação drástica da pena em abstrato, é notória a intenção do legislador de afastar medidas despenalizadoras e de conferir um tratamento mais severo ao sujeito ativo, pois, além de admitir a prisão preventiva (art. 313, I, do CPP), torna defesos a transação, a suspensão condicional do processo e o arbitramento da fiança pela autoridade policial (art. 322 do CPP).

Mesmo diante da tendência restritiva do legislador no sentido de afastar os instrumentos despenalizadores, é certa a inexistência de vedação expressa do ANPP ao art. 32, § 1º-A, como ocorre com a proibição dos benefícios da Lei n. 9.099/1995 aos crimes praticados com violência doméstica e familiar contra a mulher (art. 41 da Lei n. 11.230/2006). Havendo margem de dúvida no tocante ao cabimento de algum benefício, a legislação, quando pretende afastá-lo, traz previsão expressa nesse sentido, como sucede, além do art. 41 da Lei n. 11.340/2006, no descabimento da fiança nas hipóteses do art. 323 do CPP.

Por outro lado, Rodrigo Cabral explica que é apenas a violência contra a pessoa que desautoriza o ANPP, porque o art. 28-A do CPP está intimamente vinculado ao art. 44, I, do CP, o qual permite, na sentença condenatória, que a pena restritiva de direitos substitua a pena privativa de liberdade quando esta não for superior a 4 anos e o crime não for cometido com "violência ou grave ameaça à pessoa". O art. 28-A do CPP realiza uma "projeção, ainda que aproximada, sobre a possibilidade de substituição de uma eventual futura pena. Em outras palavras, o legislador possibilitou o acordo para aqueles investigados que, ao que tudo indica, seriam efetivamente beneficiados pela substituição da pena privativa de liberdade pela restritiva de direito"[110].

Vale dizer: a lógica do ANPP é adiantar a reprovação e prevenção do crime para antes mesmo do oferecimento da denúncia, no caso de crime cuja pena privativa de liberdade estabelecida pela sentença condenatória possa ser substituída por pena restritiva de direitos. Observada a pena mínima de 2 anos, será muito rara, na prática, a condenação do réu a uma pena superior a 4 anos, de forma que, na maioria dos casos, a condenação do agente permitirá a substituição da pena. Aqui está uma forte razão que milita contra o posicionamento pelo descabimento do ANPP: quanto ao tipo do art. 32, § 1º-A, não há coerência no sistema que veda o ANPP, no início da persecução penal, mas admite, no final, com a sentença condenatória, a substituição da pena privativa de liberdade por pena restritiva de direitos, observando que o art. 44, I, do CP, somente proíbe essa substituição nas hipóteses de violência praticada contra a pessoa.

---

109 Embora se discorde dele, confira-se o bem fundamentado posicionamento de Monique Gonçalves no sentido do descabimento do ANPP para o crime de maus tratos do art. 32, § 1º-A, em razão da violência que é praticada contra o cão ou gato, que, pela sua condição de ser senciente, seria sujeito de direitos na órbita penal (GONÇALVES, Monique Mosca. A tutela penal dos animais no contexto da nova Lei nº 14.064/2020. *Boletim Criminal Comentado* n. 114, Ministério Público do Estado de São Paulo, out. 2020. Disponível em: http://www.mpsp.mp.br/portal/page/portal/Criminal/Boletim_Semanal/Boletim%20CAOCRIM%20114.pdf. Acesso em: 15 nov. 2020). No mesmo sentido do descabimento do ANPP, confira-se: LUCIANO, Geraldo Donizete; DEUS FILHO, Leandro de. *Crimes Ambientais*: comentários à Lei 9.605/98. Porto Alegre: Livraria do Advogado, 2021. p. 90-91.

110 CABRAL, Rodrigo Leite Ferreira. *Manual do Acordo de Não Persecução Penal*. Salvador: Juspodivm, 2020. p. 91.

Além dessa interpretação sistemática, a interpretação literal evidencia que a violência referida pelo art. 28-A do CPP envolve somente a pessoa. O art. 28-A do CPP admite o ANPP quando o agente confessa a prática de infração penal "sem violência ou grave ameaça". O posicionamento que aumenta o âmbito de incidência da "violência" para abranger outros seres além do homem, notadamente os sencientes, deve ampliar também o âmbito da grave ameaça. Chegará assim à inóspita conclusão de que a grave ameaça contra um cão também impede o ANPP. Todavia, como se identifica uma grave ameaça irrogada por um homem contra um animal? Sustenta-se, em leitura própria, que, como os vocábulos "violência" e "grave ameaça" vêm elencados em sequência, intercalados por uma conjunção alternativa ("ou"), o âmbito de incidência deles deve ser exatamente o mesmo. E porque não há que se cogitar em grave ameaça contra o animal, mas apenas contra o homem, conclui-se que a violência referida no art. 28-A do CPP é apenas aquela praticada contra o homem.

Sustenta-se, outrossim, que negar, abstratamente, o cabimento do ANPP para o art. 32, § 1º-A, implica reconhecer a incapacidade do Ministério Público de resolver o conflito penal sem depender da judicialização, o que é a tônica do ANPP. Significa contrariar a política criminal que recomenda um Ministério Público resolutivo, aquele que, por mecanismos extrajudiciais, promove a pacificação social conferindo uma resposta efetiva para o problema penal.

Não obstante, a maior gravidade dos maus tratos contra cães e gatos repercute no ANPP. As condições, no caso do art. 32, § 1º-A, devem ser mais severas e intensas, justamente para cumprir a reprovação e prevenção do crime exigidas pelo art. 28-A, *caput*, do CPP. Essas condições, com destaque para a do art. 28-A, V, do CPP, devem ser proporcionais, sob a óptica da suficiência da reprovação e prevenção, à pena a que o agente seria condenado.

Resta claro ainda que, se a gravidade dos maus tratos, no caso concreto, evidenciar uma reprovação e necessidade de prevenção tão intensas a ponto de essas finalidades não poderem ser garantidas pela via do acordo, o ANPP não deve ser oferecido. Menciona-se, a título de exemplo, o agente que mutila as quatro patas e as mamas (glândulas mamárias) de uma cadela, impedindo que ela se locomova e amamente os seus filhotes recém nascidos. Nesse exemplo, as consequências e circunstâncias do crime atestam a imprestabilidade do ANPP.

Dessa forma, o ANPP é capaz de proporcionar a tutela que os animais merecem *de per si*.

No tocante à competência material, ver comentários ao art. 26.

PENA DE PROIBIÇÃO DA GUARDA DO CÃO OU GATO

O art. 32, § 1º-A, prevê a proibição da guarda de cão ou gato. Trata-se de pena restritiva de direito fixada de forma direta e autônoma pela lei, e não em substituição à pena privativa de liberdade. Observada essa natureza jurídica de pena, e não de efeito da sentença condenatória (arts. 91 e 92 do CP), o instituto, à vista da ausência de parâmetros assinados pelo legislador, desafia dificuldades: significado, tempo, abrangência.

A melhor interpretação dessa pena inicia pela Constituição. Esta, no artigo 225, especialmente no seu § 1º, VII, garante o bem estar aos animais. A Constituição adquire força normativa quando a sua pretensão é materializada pelos atos legislativos e executivos que a executam.[111] Ao revés, a força normativa perece quando se opera a frustração material da finalidade do texto constitucional[112], que, no caso do art. 32, § 1º-A, consiste em evitar o sofrimento do animal.

111 HESSE, Konrad. *A força normativa da constituição*. Tradução de Gilmar Ferreira Mendes. Porto Alegre: Sérgio Antônio Fabris Editor, 1991. p. 11-19.

112 GRAU, Eros Roberto. *Por que tenho medo de juízes* (a interpretação/aplicação do direito e os princípios). 7. ed. São Paulo: Malheiros, 2016. p. 95.

Impende verificar a melhor forma de a "proibição da guarda" cumprir essa finalidade constitucional. Para tanto, o intérprete, notadamente o juiz, deve conciliar o interesse individual com o interesse social, que é superior, e adaptar a norma à finalidade humana[113]; deve adaptar o direito às necessidades presentes e futuras da vida social.[114]

A interpretação, ao conferir relevância para o seu resultado, reprova consequências incompatíveis com o bem geral. Prefere-se o sentido conducente ao resultado mais razoável às necessidades da prática e que conduza a melhor consequência para a coletividade.[115] Assim, conclui-se que limitar a "proibição da guarda" apenas à suspensão temporária da guarda do cão ou gato maltratado não é o melhor resultado para a sociedade, a qual exige, pelo art. 225 da CF, o bem estar de todos os animais – este é um verdadeiro fim social.

Considerando que o juiz atribui aos vocábulos o sentido resultante da linguagem vulgar, porque presume que o legislador tenha-se valido de expressões comuns, tirante os termos técnicos[116], compreende-se que a "proibição da guarda" é genérica e abrangente, envolvendo tanto a perda da guarda de todos os cães e gatos pertencentes ao agente, no momento da sentença condenatória, bem como a impossibilidade, durante certo tempo, de ele ter novos animais dessas duas espécies. A extensão da proibição da guarda para os outros cães e gatos que não foram vítimas justifica-se pela alta probabilidade de que eles também venham a ser agredidos. Essa é a interpretação que efetivamente atende à força normativa do art. 225, § 1º, VII, da CF.

Qual o prazo da proibição da guarda? Quanto aos cães e gatos existentes à época da sentença, ocorre a perda da guarda; logo, não há que se falar em prazo. Já a proibição para que o agente, a partir da sentença condenatória, tenha outros cães e gatos deve ocorrer pelo prazo fixado para a pena privativa de liberdade.

Qual o destino dos animais cuja guarda foi perdida? Animais em situação de abandono ou maus tratos constituem típica questão sanitária local, pelo que é dever do município cuidar deles. Assim tem-se decidido: "Conforme entendimento desta Corte, é da competência dos Municípios a guarda de animais domésticos abandonados, por se tratar de medida sanitária para a promoção da saúde pública. Tratando-se de dever do Município o cuidado com animais abandonados em seu território, não há fundamento para invocação da precariedade de recursos para o cumprimento do dever legalmente estabelecido" (TJRS, 21ª C. Cív., Apelação Cível 70083786400, Rel. Marco Heinz, J. em: 11/03/2020). Logo, os animais de cuja guarda o agente condenado foi proibido devem ser encaminhados ao município, que, por conta própria ou por instituição conveniada, os manterá e inclusive poderá providenciar o seu oferecimento para adoção.

Aqui se divisa uma das principais vantagens do ANPP. É sabido que a maioria dos municípios brasileiros não têm abrigos para cães e gatos; quando têm, as condições são precárias. Uma vez cabível o ANPP, deve ser avençado com o agente que ele custeie toda a guarda do cão ou gato até que haja a adoção.

Caso o agente condenado descumpra essa proibição da guarda, que cuida de pena restritiva que o privou de direito seu, haverá a tipificação do crime de desobediência a decisão judicial (art. 359 do CP).

Mesmo que a interpretação ora esposada não vingue, o legislador estadual, no exercício da sua competência legislativa concorrente de tutela do meio ambiente (art. 24, VI, da CF), pode editar atos normativos prevendo, como medida de cunho cível administrativo, a perda da

113 MAXIMILIANO, Carlos. *Hermenêutica e Aplicação do Direito*. 20 ed. Rio de Janeiro: Forense, 2011. p. 25, 83.

114 GRAU, Eros Roberto. *Por que tenho medo de juízes* (a interpretação/aplicação do direito e os princípios). 7. ed. São Paulo: Malheiros, 2016. p. 83.

115 MAXIMILIANO, Carlos. *Hermenêutica e Aplicação do Direito*. 20 ed. Rio de Janeiro: Forense, 2011. p. 135.

116 MAXIMILIANO, Carlos. *Hermenêutica e Aplicação do Direito*. 20 ed. Rio de Janeiro: Forense, 2011. p. 90.

guarda do animal que sofre maus tratos bem como de todos que pertencem ao agente. Exemplificativamente, o art. 5º, § 5º, da Lei Estadual/MG n. 21.970/2016 prevê que: "O cão ou gato que tenham, comprovadamente, sofrido atos de crueldade, abuso ou maus-tratos e que tenham sido recolhidos nos termos deste artigo não serão devolvidos a seu responsável, devendo ser esterilizados e disponibilizados para adoção". Por sua vez, a Lei Estadual/SP n. 16.308/2016 dispõe: "Artigo 1º - Fica proibida de obter a guarda do animal agredido, bem como de outros animais, toda pessoa que comprovadamente cometer maus-tratos contra animais domésticos que estejam sob sua guarda ou de outrem. Parágrafo único - O agressor poderá ter a guarda de um animal doméstico após o decurso de 5 (cinco) anos contados da agressão cometida, reiniciando-se a contagem do prazo se outra constatação de maus-tratos foi apurada". Nesse sentido, o Ministério Público deve valer-se desses atos normativos para, se for o caso, ajuizar ação civil pública.

Art. 33. Provocar, pela emissão de efluentes ou carreamento de materiais, o perecimento de espécimes da fauna aquática existentes em rios, lagos, açudes, lagoas, baías ou águas jurisdicionais brasileiras:

Pena – detenção, de um a três anos, ou multa, ou ambas cumulativamente.

Parágrafo único. Incorre nas mesmas penas:

I – quem causa degradação em viveiros, açudes ou estações de aqüicultura de domínio público;

II – quem explora campos naturais de invertebrados aquáticos e algas, sem licença, permissão ou autorização da autoridade competente;

III – quem fundeia embarcações ou lança detritos de qualquer natureza sobre bancos de moluscos ou corais, devidamente demarcados em carta náutica.

BEM JURÍDICO TUTELADO

O bem jurídico específico (v. comentários ao art. 2º) tutelado consiste no equilíbrio da fauna ictiológica "em suas múltiplas espécies, existentes em rios, lagos, lagoas, açudes, ou águas jurisdicionais brasileiras (peixes, ouriços, moluscos, mariscos, caranguejos, camarões, lagostas)".[117]

O art. 33 revogou tacitamente o art. 27, § 2º, da Lei n. 5.197/1967.

SUJEITOS DO CRIME

O sujeito passivo é a coletividade. Se for atingida a fauna aquática localizada em águas federais (art. 20, III, IV e VI, da CF, p. ex.), a União também será vítima. Tratando-se de crime comum, o sujeito ativo pode ser qualquer pessoa, inclusive a jurídica.

CONDUTAS

O art. 33, que é especial quanto ao crime de poluição do art. 54, incrimina a conduta do sujeito ativo que *provoca* (causar), pela emissão de efluentes (descarregamento de águas poluídas) ou carreamento de materiais (transporte de materiais de um lugar para outro), o perecimento (morte) da fauna aquática existente em rio (curso de água natural, mais ou menos torrencial,

117 MILARÉ, Edis; COSTA JR., Paulo José da; COSTA, Fernando José da. *Direito penal ambiental*. 2. ed. São Paulo: Revista dos Tribunais, 2013. p. 95.

que corre de uma parte mais elevada para uma mais baixa e que deságua em outro rio, no mar ou num lago), lago (acumulação permanente de águas em grande extensão numa depressão de terreno fechada), açude (construção de terra, pedra, cimento etc. destinada a represar águas, a fim de que sejam usualmente na geração de força, na agricultura ou no abastecimento; acéquia, barragem, represa), lagoa (depressão de pequena profundidade, contendo água doce ou salgada), baía (grande sinuosidade numa costa, por onde penetra o mar) ou águas jurisdicionais brasileiras (doze milhas marítima de largura, medidas a partir da linha de baixa-mar do litoral continental e insular – art. 1º da Lei n. 8.617/1993).

O objeto material sobre o qual incide a conduta prevista no art. 33, *caput*, são todas as formas de vida animal que vivem nas águas a que ele se refere.

O art. 33, parágrafo único, prevê condutas equiparadas:

Inc. I: O agente, pela emissão de efluentes ou carreamento de materiais, causa (provocar) a degradação (deterioração) em viveiros (local de criação), açudes (definido acima) ou estações de aquicultura (destinadas à atividade de cultivo de organismos cujo ciclo de vida em condições naturais se dá total ou parcialmente em meio aquático, sendo a atividade de aquicultura regulamentada pela Lei n. 11.959/09, pelo Decreto-Lei n. 221, de 28 de fevereiro de 1967 e pela Portaria IBAMA n. 110-N, de 7 de outubro de 1992) de domínio público. Com razão, Luiz Flávio Gomes e Sílvio Maciel observam: se a "degradação ocorrer em viveiro, açude ou estação de aquicultura *particular*, poderá o agente responder pelo crime do art. 29, *caput*, desta Lei, caso ocorra a *morte* de espécimes que estejam em tais criadouros privados; ou poderá responder pelo delito de dano (art. 163 do CP) por degradar patrimônio alheio".[118] Observa-se que basta para este inc. I a degradação, enquanto, para o *caput*, se exige perecimento.

Inc. II: O sujeito ativo, pela emissão de efluentes ou carreamento de materiais, *explora* (finalidade econômica), sem autorização, licença ou permissão (v. conceitos nos comentários ao art. 29), campos naturais de invertebrados aquáticos (animais desprovidos de vértebras, como as águas-vivas) e algas (divisão do reino vegetal que reúne plantas eucariotas e procariotas, que apresentam, além de clorofila, outros pigmentos assimiladores (o que determina sua coloração diversa), pouca ou nenhuma diferenciação de tecidos ou órgãos, grande variedade de formas e tamanhos (desde unicelulares, coloniais e filamentosas até formas parenquimatosas que podem alcançar mais de 50 m) e que vivem na maioria dos ambientes terrestres, esp. em águas salgadas ou doces, algumas adaptadas a extremos de temperatura). Deve-se atentar para a seguinte diferença: enquanto o inc. I versa sobre instalações artificiais, o inc. II abrange campos naturais.

Inc. III: O agente *fundeia* (ancorar) embarcações ou *lança* (jogar) detritos de qualquer natureza (resíduos) sobre bancos de moluscos (v. conceito nos comentários ao art. 36) ou corais (design. comum a diversos animais cnidários, antozoários, coloniais, esp. os da ordem dos escleractíneos, cujos pólipos secretam um volumoso esqueleto calcário externo, principal responsável pela formação de recifes) que estejam demarcados em carta náutica. "As Cartas Náuticas são documentos cartográficos que resultam de levantamentos de áreas oceânicas, mares, baías, rios, canais, lagos, lagoas, ou qualquer outra massa d'água navegável e que se destinam a servir de base à navegação. [...] À DHN, na qualidade de Serviço Hidrográfico Brasileiro, cabe manter, por meio do Centro de Hidrografia da Marinha (CHM), todas as Cartas Náuticas em Águas Jurisdicionais Brasileiras atualizadas."[119]

118 GOMES, Luiz Flávio; MACIEL, Sílvio Luiz. *Lei de crimes ambientais*: comentário à Lei 9.605/1998. 2. ed. Rio de Janeiro: Forense, 2015. p. 156.

119 Centro de Hidrografia da Marinha. Disponível em: http://www.mar.mil.br/dhn/chm/box-cartas-nauticas/cartas.html. Acesso em: 29 abr. 2017.

O delito do art. 33, *caput*, e parágrafo único, I e II, pode ser classificado como crime de forma vinculada, pois ele descreve as duas únicas formas pelas quais se provocam os resultados a que ele se refere: emissão de efluentes ou carreamento de materiais.

O conflito aparente entre este art. 33 e o art. 35, II, é resolvido pela análise do elemento subjetivo. Se o dolo do agente for voltado a causar poluição na fauna aquática, ele incorre na prática do art. 33; se o dolo for voltado à pesca, ou seja, se o agente utiliza a substância tóxica para a finalidade de pescar, ele responde pelo art. 35, II. Por outro lado, se, com a mesma conduta, o agente, além de provocar o perecimento da fauna aquática, causar poluição que resulta ou possa resultar em danos à saúde humana ou que provoque a mortandade da fauna não aquática ou a destruição significativa da flora, haverá concurso formal entre este art. 33 e o crime tipificado no art. 54.[120]

VOLUNTARIEDADE

O crime do art. 33 é doloso, sem exigir elemento subjetivo específico. Não é prevista a forma culposa.

CONSUMAÇÃO E TENTATIVA

No *caput* e no parágrafo único, I, o crime é material, razão por que a consumação ocorre quando os resultados ali previstos são atingidos. Já nas hipóteses dos incs. II e III do parágrafo único, é prescindível o resultado material, consumando-se o crime com a simples prática das condutas neles previstas. Tratando-se de crime plurissubsistente, a tentativa (*conatus*) é admissível.

AÇÃO PENAL

Todos os crimes previstos na Lei n. 9.605/98 são de ação penal pública incondicionada (art. 26). Tendo em vista as penas mínima e máxima, não cabe transação (art. 27); todavia, têm lugar a suspensão condicional do processo (art. 28) e o acordo de não persecução penal (art. 28-A do CPP).

No atinente à competência material (v. comentários ao art. 26), observa-se que, se a conduta ocorrer em águas pertencentes à União, a competência será da Justiça Federal; nos outros casos, a Justiça Estadual será competente.

Art. 34. Pescar em período no qual a pesca seja proibida ou em lugares interditados por órgão competente:

Pena – detenção de um ano a três anos ou multa, ou ambas as penas cumulativamente.

Parágrafo único. Incorre nas mesmas penas quem:

I – pesca espécies que devam ser preservadas ou espécimes com tamanhos inferiores aos permitidos;

II – pesca quantidades superiores às permitidas, ou mediante a utilização de aparelhos, petrechos, técnicas e métodos não permitidos;

III – transporta, comercializa, beneficia ou industrializa espécimes provenientes da coleta, apanha e pesca proibidas.

120 FREITAS, Vladimir Passos de; FREITAS, Gilberto Passos de. *Crimes contra a natureza*. 9 ed. São Paulo: Revista dos Tribunais, 2012. p. 123.

BEM JURÍDICO TUTELADO

O bem jurídico específico (v. comentários ao art. 2º) tutelado consiste no equilíbrio da fauna aquática (peixes, crustáceos, moluscos, vegetais hidróbios). A proibição da pesca visa, primordialmente, permitir que as espécies aquáticas possam reproduzir-se.

O art. 34 revogou tacitamente o art. 27, § 3º, da Lei n. 5.197/1697.

SUJEITOS DO CRIME

O sujeito passivo é a coletividade. Tratando-se de crime comum, o sujeito ativo pode ser qualquer pessoa, inclusive a jurídica.

CONDUTAS

O art. 34 incrimina a conduta do sujeito ativo que *pesca* (v. interpretação autêntica do art. 36) em períodos ou locais proibidos pela autoridade ambiental competente. Esta autoridade deve integrar o Sistema Nacional do Meio Ambiente – SISNAMA (art. 6º da Lei n. 6.938/1981), sob pena de o ato administrativo expedido ser inválido. Por essa razão, o STJ reconheceu a atipicidade da conduta do agente que pescou em barragem localizada em Três Marias (MG), que fora interditada para a pesca pela Companhia Energética de Mingas Gerais – CEMIG, a qual, todavia, não integrava o SISNAMA (STJ, 5ª T., HC 42.528/MG, Rel. Arnaldo Esteves Lima, J. em 07/06/2005). Em razão das características locais, há uma infinidade de atos administrativos que dispõem sobre os locais e os períodos em que a pesca é proibida.

O art. 34, parágrafo único, equipara a crime as seguintes condutas:

Inc. I: *Pescar* (v. interpretação autêntica do art. 36) espécimes que devem ser preservadas ou que tenham tamanhos inferiores aos permitidos em ato administrativo ambiental.

Inc. II: *Pescar* (v. interpretação autêntica do art. 36) espécimes em quantidades superiores às permitidas ou mediante instrumentos e métodos não permitidos em ato administrativo ambiental.

Inc. III: *Transportar* (locomover), *comercializar* (finalidade econômica), *beneficiar* (enriquecer) ou *industrializar* (transformar em bem de produção) os espécimes objetos de pesca proibida. Percebe-se que este inc. III, o qual se assemelha à receptação e constitui tipo misto alternativo (v. conceito nos comentários ao item "condutas" do art. 29), se destina a terceiros, e não ao pescador. Caso este, além de pescar (art. 34, *caput*, ou art. 34, parágrafo único, I), pratique as condutas do inc. III, haverá a caracterização de *post factum impunível* (TJMS, 2ª C. Crim., ACR: 6239 MS 2012.006239-9, Rel. Carlos Eduardo Contar, J. em 09/04/2012). Pós-fato impunível, para Francisco de Assis Toledo, ajusta-se ao critério da consunção: ocorre, geralmente, com os atos de exaurimento do crime consumado, os quais estão previstos também como crimes autônomos, destacando-se que a punição do primeiro absorve a do último.[121] Para Luís Flávio Gomes: "a interpretação do tipo penal em foco, no que tange a elementar 'proibidas', deve ser *restritiva*, no sentido de que se trata de condutas '*penalmente* proibidas'. Se o transporte, a comercialização, o beneficiamento ou a industrialização ocorrerem em face de espécimes provenientes da coleta, apanha e pesca proibidas *apenas administrativamente* (como, por exemplo, pescar sem autorização), a conduta será atípica".[122]

O art. 34 constitui norma penal em branco, pois depende da regulamentação de algum integrante do SISNAMA sobre a proibição da pesca. Em razão do tamanho do Brasil e da

121 TOLEDO, Francisco de Assis. *Princípios básicos de direito penal*. 5. ed. São Paulo: Saraiva, 1994. p. 54.

122 GOMES, Luís Roberto. Crimes contra a fauna aquática (artigos 33 a 37). *In*: MARCHESAN, Ana Maria Moreira; STEIGLEDER, Annelise Monteiro. (Org.). *Crimes ambientais:* comentários à lei 9.605/98. Porto Alegre: Livraria do Advogado, 2013. p. 179.

peculiaridade das suas regiões, há um número enorme de atos administrativos que regulamentam a proibição da pesca. Exemplificativamente, mencionam-se os seguintes atos normativos que definem períodos ou lugares, espécimes, métodos, instrumentos, apetrechos e quantidades permitidos e proibidos: Instrução Normativa MMA n. 30/2005 (bacia hidrográfica do Rio Paraná); Portaria IBAMA n. 22-N/1993 (Estados de MS e MT); Portaria IBAMA n. 21/1993 (bacia hidrográfica do Rio Paraná), Portaria IBAMA n. 92/1995 (bacia hidrográfica do Rio São Francisco); Portaria IBAMA n. 84/2002 (Estado de SC); Portaria IBAMA n. 4/2009 (normas gerais para o exercício da pesca amadora em todo território nacional); Instrução Normativa IBAMA n. 206/2008 (Art. 1º Proibir, nas águas sob jurisdição brasileira, o exercício da pesca das lagostas vermelha (*Panulirus argus*) e verde (*P. Laevicauda*), anualmente, no período de 1º de dezembro a 31 de maio.); Instrução Normativa MMA n. 5/2004 (espécimes ameaçadas de extinção cuja captura é proibida); e Instrução Normativa Interministerial MPA/MMA n. 09/2012 (quantidades permitidas na pesca amadora).

A denúncia deve, necessariamente, especificar o ato normativo administrativo que torna a pesca proibida, sob pena de inépcia: "É entendimento consolidado desta Corte que o oferecimento da denúncia sem a norma complementadora constitui inépcia da denúncia, por impossibilitar a defesa adequada do denunciado" (STJ, 6ª T., HC 304.952/MT, Rel. Nefi Cordeiro, J. em 10/03/2016). No mesmo sentido: "Crime do art. 34, parágrafo único, inciso II, da Lei 9.605/98 é norma penal em branco, necessitando, por isso, de norma complementar. Denúncia que não indica qual a norma complementar violada na espécie" (TJ/RS, 4ª C. Crim., ACR: 70075426965 RS, Rel. Julio Cesar Finger, J. em 03/05/2018).

O objeto material sobre o qual incide a conduta são os peixes, crustáceos, moluscos e vegetais hidróbios (v. conceito nos comentários ao art. 36).

Para a jurisprudência que admite a aplicação do **princípio da insignificância aos crimes de pesca**, a quantidade do pescado é essencial para a incidência ou não desse princípio: "No caso, os pacientes foram acusados de pesca de 1 kg de peixe com petrecho proibido, conduta que se reconhece atípica, pois ínfima quantidade pescada" (STJ, 6ª T., AgRg no HC 313815/SP, Rel. Sebastião Reis Júnior, J. em 21/09/2017). Contudo, posteriormente, o STJ refluiu: "I. Esta Corte tem entendimento pacificado no sentido de que é possível a aplicação do denominado princípio bagatelar aos delitos ambientais, quando demonstrada a ínfima ofensividade ao bem ambiental tutelado. II. Todavia, no caso dos autos, a decisão agravada está fundamentada em jurisprudência desta Corte, no sentido de que não é insignificante a conduta de pescar em local e época proibida, e com petrechos proibidos para pesca, ainda que não tenha sido apreendido qualquer peixe em poder do recorrente" (STJ, 5ª T., AgRg no RESP 1862960/TO, Rel. Felix Fischer, J. em 05/05/2020).

Ademais, a natureza formal do crime de pesca proibida dificulta a aplicação do princípio da insignificância, o qual, fundamentalmente, depende da inexpressividade do resultado. Como, no crime formal, dispensa-se o resultado naturalístico, esse quesito não pode ser avaliado para fins do reconhecimento da bagatela. Assim decidiu o STJ em 2022: "1. O crime do art. 34 da Lei 9.605/1998 é de natureza formal, prescindindo da provocação de qualquer resultado naturalístico, até mesmo porque o art. 36 da mesma Lei considera como pesca qualquer ato tendente à extração de espécimes aquáticos, ainda que a efetiva extração não ocorra. Precedentes. 2. Como a consumação do delito independe da apreensão de espécimes aquáticos em posse do réu, a pequena quantidade de peixes eventualmente pescados (ainda que um único exemplar) não atrai a incidência do princípio da insignificância. Precedentes" (STJ, 5ª T., AgRg no REsp n. 1.983.579/PR, rel. Ribeiro Dantas, J. em 7/6/2022)

Sobre a aplicação da insignificância aos crimes ambientais, remete-se o leitor aos comentários sobre esse princípio e sobre a teoria dos crimes de acumulação lançados nas observações sobre as disposições gerais da presente Lei, logo no seu início.

Porque os fatos que as caracterizam são elementares do art. 34, restam inaplicáveis as agravantes previstas no art. 15, II, *g* e *l*.

No mais, segundo o princípio da especialidade, o art. 2º da Lei n. 7.643/1987, que tipifica a pesca ou molestamento de cetáceos (ordem de mamíferos aquáticos, que inclui as baleias, botos e golfinhos; de corpo hidrodinâmico, ger. sem pelos, membros anteriores modificados em nadadeiras e posteriores ausentes, nadadeira caudal horizontal, orifícios respiratórios situados no alto da cabeça), continua vigente, conforme entendimento do STJ (STJ, 5ª T., HC 19.279/SC, Rel. Gilson Dipp, J. em 17/12/2002).

VOLUNTARIEDADE

O crime do art. 34 é doloso, sem exigir elemento subjetivo específico. Não é prevista a forma culposa.

CONSUMAÇÃO E TENTATIVA

A consumação depende, fundamentalmente, do estudo do art. 36, que conceitua como pesca qualquer "ato tendente a retirar, extrair, coletar, apanhar, apreender ou capturar" espécimes da fauna aquática. O parágrafo único do art. 42 do Decreto 6.514/2008 pode ser utilizado para a exegese sobre o ato de pescar: "Entende-se por ato tendente à pesca aquele em que o infrator esteja munido, equipado ou armado com petrechos de pesca, na área de pesca ou dirigindo-se a ela". Portanto, a **retirada do peixe da água é mero exaurimento** do crime, o qual já se consumou antes.

O STJ entende que o crime tipificado no art. 34 é formal e de perigo abstrato, "que prescinde, portanto, de qualquer resultado danoso para sua configuração" (STJ, 6ª T., AgRg no AREsp 665.254/SC, Rel. Rogério Schietti Cruz, J. em 16/02/2017). No mesmo sentido: STJ, 6ª T., AgRg no Rec. em HC 55689/RO, Rel. Rogerio Schietti Cruz, J. em 21/09/2017. Em 2022, o STJ corroborou esse entendimento: "2. Hipótese em que, além de se tratar o delito de pesca em local proibido de delito formal, que não demanda a existência de resultado naturalístico para sua consumação, este Superior Tribunal tem entendimento de que é inaplicável o princípio da insignificância" (STJ, 6ª T., AgRg no HC 606726/PR, Rel. Sebastião Reis Júnior, J. em 09/08/2022).

Sobre o art. 34, II, especificamente, mas cujo entendimento pode ser aplicado para as figuras do inc. I e do *caput*, o TRF da 3ª Região decidiu, que, sendo de perigo abstrato (TRF3, 1ª T., Apelação criminal n. 14386-0000536-49.2001.4.03.6113, Rel. Johonsom di Salvo, J. em 05/08/2008), a "consumação do delito não exige a retirada de espécimes aquáticos da água, porque se trata de crime formal. A apreensão de peixes constituiria mero exaurimento do delito" (TRF3, 5ª T., Apelação Criminal n. 16938 – 0002185-53.1999.4.03.6102, Rel. André Nabarrete, J. em 21/05/2007). O caráter de crime formal e de perigo abstrato também foi reconhecido pelo TRF da 4ª Região (TRF4, 7ª T., ACR 2008.72.00.012436-3, Rel. Néfi Cordeiro, J. em 25/03/2010).

Tanto o crime do art. 34, parágrafo único, I e II, é formal que o TRF da 4ª Região tem admitido o posicionamento revelado pelo PREPS (v. comentários ao item "condutas" do art. 68 desta Lei) da embarcação sobre área de pesca proibida como prova do cometimento do crime de pesca (TRF4, 8ª T., ACR 5000166-97.2021.4.04.7101/RS, Rel. Marcelo Malucelli, J. em 19/7/23), mesmo na ausência de apreensão do pescado (TRF4, 7ª T., ACR 5007418-54.2021.4.04.7101/RS, Rel. Ângelo Silva, J. em 15/8/23).

Quanto ao art. 34, parágrafo único, III, o crime consuma-se com a efetiva prática dos verbos nucleares ali referidos.

Pela amplitude do conceito de pesca (art. 36 – "*todo ato* tendente a retirar, extrair, coletar, apanhar, apreender ou capturar"), a tentativa (*conatus*) resta de difícil configuração, na prática.

AÇÃO PENAL

Todos os crimes previstos na Lei n. 9.605/98 são de ação penal pública incondicionada (art. 26). Tendo em vista as penas mínima e máxima, não cabe transação (art. 27); todavia, têm lugar a suspensão condicional do processo (art. 28) e o acordo de não persecução penal (art. 28-A do CPP).

A competência material (v. comentários ao art. 26) será da Justiça Estadual, em regra. Se envolver algum bem da União, a competência será da Justiça Federal. Não obstante, o STJ, que entendia que a pesca realizada em rio que banhasse mais de um Estado era da competência da Justiça Federal (STJ, 3ª S., CC 39.055/RS, Rel. Paulo Medina, J. em 23/02/2005), desde 2016, passou a sustentar que **o crime de pesca em rio interestadual desacompanhado da comprovação de que o dano dela decorrente tenha repercutido em mais de um Estado é da competência da Justiça Estadual** (STJ, 3ª S., CC 146.373/MG, Rel. Reynaldo Fonseca, J. em 11/05/2016; STJ, 3ª S., AgRg no CC. 154855/SP, Rel. Maria Thereza de Assis Moura, J. em 13/12/2017). Confira-se: "1. Conforme orientação jurisprudencial do STJ, 'para atrair a competência da Justiça Federal é necessário que os danos ambientais produzidos pela prática de pesca predatória em rio interestadual tenham repercutido para além do local em que supostamente praticada' (AgRg no CC n. 152.534/SP, relator Ministro JORGE MUSSI, TERCEIRA SEÇÃO, julgado em 13/2/2019, DJe 19/2/2019). 2. *In casu*, a extensão do dano ambiental (12,6kg de peixes pescados com a utilização de rede) não tem potencial de ferir diretamente os interesses da União, o que afasta a competência da Justiça Federal" (STJ, 3ª S., AgRg no CC n. 170.310/AL, Rel. Antonio Palheiro, J. em 24/2/2021).

> **Art. 35.** Pescar mediante a utilização de:
>
> I – explosivos ou substâncias que, em contato com a água, produzam efeito semelhante;
>
> II – substâncias tóxicas, ou outro meio proibido pela autoridade competente:
>
> Pena – reclusão de um ano a cinco anos.

BEM JURÍDICO TUTELADO

O bem jurídico específico (v. comentários ao art. 2º) tutelado consiste no equilíbrio da fauna aquática.

O art. 35, por dispor sobre as mesmas condutas, revogou tacitamente o art. 27, § 3º, da Lei n. 5.197/1967, e o art. 8º da Lei n. 7.679/1988.

SUJEITOS DO CRIME

O sujeito passivo é a coletividade. Se a pesca ocorrer em área pertencente à União, esta será vítima também. Tratando-se de crime comum, o sujeito ativo pode ser qualquer pessoa, inclusive a jurídica.

CONDUTAS

O art. 35 incrimina a conduta do sujeito ativo que pesca (v. interpretação autêntica do art. 36) com a utilização de: I) explosivos (o Decreto n. 10.030/2020 da Presidência da República, que regulamenta a fiscalização de produtos controlados, prevê a seguinte classificação de explosivos: a) "Explosivo: tipo de matéria que, quando iniciada, sofre decomposição muito rápida, com grande liberação de calor e desenvolvimento súbito de pressão"; b) "Explosivos de ruptura ou altos explosivos: são destinados à produção de um trabalho de destruição pela ação da força viva dos gases e da onda de choque produzidos em sua transformação"; c) "Explosivos primários ou iniciadores: são os que se destinam a provocar a transformação (iniciação) de outros explosivos menos sensíveis. Decompõem-se, unicamente, pela detonação e o impulso inicial exigido é a chama (calor) ou choque") ou substâncias que produzam efeito semelhante ao de explosivo quando em contato com a água (Luiz Régis Prado menciona os seguintes exemplos: produtos geradores de ondas de alta frequência e descargas elétricas de alta voltagem)[123]; II) substância tóxicas ou outro meio proibido pela autoridade competente. A realização de perícia é fundamental para a caracterização do instrumento utilizado para a pesca como explosivo (ou substância análoga), substância tóxica ou outro meio proibido.

Sobre o conflito aparente deste art. 35, II, com o art. 33, vide comentários a este. Já a análise do dolo auxilia a superar o conflito aparente entre este art. 35, II, e o art. 54: se, ao utilizar a substância tóxica, o sujeito pretender pescar, responderá pelo art. 35, II; diferentemente, se ele visar causar poluição, responderá pelo art. 54. Ademais, se, mediante a explosão, o agente expuser a perigo a vida, a integridade física ou o patrimônio de outrem, responderá em concurso formal com o crime do art. 251 do CP. E, se, com gás tóxico, o sujeito ativo expuser a perigo a vida, a integridade física ou o patrimônio de outrem, haverá concurso formal com o crime tipificado no art. 252 do CP. O concurso formal justifica-se, nesses dois últimos casos, porque a objetividade jurídica do crime do art. 35 (equilíbrio da fauna aquática) é diversa da dos arts. 251 e 252, que tutelam a incolumidade pública.

VOLUNTARIEDADE

O crime do art. 35 é doloso, sem exigir elemento subjetivo específico. Não é prevista a forma culposa.

CONSUMAÇÃO E TENTATIVA

Observado o conceito de pesca no art. 36, tem-se que o crime do art. 35 é formal, ou seja, dispensa resultado naturalístico. Por isso, sequer a morte dos peixes crustáceos, moluscos e vegetais hidróbios é necessária para a consumação. Todavia, é necessário que o agente, de posse dos explosivos (ou substância tóxica), inicie, efetivamente, algum ato de execução da pesca. Do contrário, se o agente for surpreendido em flagrante transportando, no seu veículo, explosivos para posterior utilização em pesca, ele incorre no crime do art. 16 da Lei n. 10.826/2003 (STJ, Conflito de competência n. 63.051-BA (2006/0090650-5), decisão monocrática, Rel. Félix Fischer). Contudo, registra-se que a doutrina não é pacífica, havendo quem sustente se tratar de crime material (exige a morte dos espécimes da fauna ictiológica)[124].

Pela amplitude do conceito de pesca (art. 36), a tentativa (*conatus*) resta de difícil configuração, na prática.

AÇÃO PENAL

Todos os crimes previstos na Lei n. 9.605/98 são de ação penal pública incondicionada (art. 26). Tendo em vista as penas mínima e máxima, não cabe transação (art. 27); todavia, têm lugar a suspensão condicional do processo (art. 28) e o acordo de não persecução penal.

Sobre a competência material, ver comentários aos arts. 26 e 34.

---

123 PRADO, Luiz Régis. *Direito penal do ambiente*. 4. ed. São Paulo: Revista dos Tribunais, 2012. p. 211.

124 Nesse sentido: FREITAS, Vladimir Passos de; FREITAS, Gilberto Passos de. *Crimes contra a natureza*. 9 ed. São Paulo: Revista dos Tribunais, 2012. p. 133.; MILARÉ, Edis; COSTA JR., Paulo José da; COSTA, Fernando José da. *Direito penal ambiental*. 2. ed. São Paulo: Revista dos Tribunais, 2013. p. 100; e PRADO, Luiz Régis. *Direito penal do ambiente*. 4. ed. São Paulo: Revista dos Tribunais, 2012. p. 211.

Art. 36. Para os efeitos desta Lei, considera-se pesca todo ato tendente a retirar, extrair, coletar, apanhar, apreender ou capturar espécimes dos grupos dos peixes, crustáceos, moluscos e vegetais hidróbios, suscetíveis ou não de aproveitamento econômico, ressalvadas as espécies ameaçadas de extinção, constantes nas listas oficiais da fauna e da flora.

A pesca é disciplinada pela Lei n. 11.959/2009, que revogou quase a totalidade do antigo Código de Pesca (Decreto-Lei n. 221, de 8 de fevereiro de 1967). O art. 2º, III, dessa Lei, conceitua pesca como "toda operação, ação ou ato tendente a extrair, colher, apanhar, apreender ou capturar recursos pesqueiros". No seu art. 8º, ela classifica a pesca em comercial (podendo ser artesanal ou industrial) ou em não comercial (podendo ser científica, amadora e de subsistência).

No âmbito da LCA, a pesca é objeto de interpretação autêntica realizada pelo art. 36 sob análise, que apresenta teor similar ao conceito do art. 2º da Lei n. 11.959/2009. A diferença consiste na exclusão do conceito de pesca, por este art. 36, das espécies ameaçadas de extinção, constantes nas listas oficiais da fauna e da flora. Leitura açodada leva à conclusão equivocada de que a pesca de espécimes em extinção seria atípica. Não é isso o que ocorreu, todavia: "O inciso I do art. 34, por sua vez, proíbe a pesca de espécimes que devam ser preservadas, mormente aquelas ameaçadas de extinção. Ora, afinal são justamente elas que demandam maior proteção. A ressalva da parte final do art. 36, a meu ver, não pretendeu excluir a pesca de espécimes que devem ser protegidas, sob pena de serem extintas, do tipo legal inserido no inciso I do art. 34. Com efeito, essa norma tem caráter explicativo e visa definir o que vem a ser a atividade de pesca permitida, razão pela qual fez a ressalva às espécimes ameaçadas de extinção. Assim, valendo-se de uma interpretação lógico-sistemática dos dispositivos legais, e buscando um sentido mais consentâneo com a tutela de proteção aos bens jurídicos em questão, chega-se à conclusão de que a norma explicativa diz o que é "pesca", pura e simples – que, por si só, não constitui crime –, ressalvando a retirada de espécimes ameaçadas de extinção, conduta essa penalmente reprimida, junto com as demais pescas de espécimes "normais", mas em locais ou períodos proibidos" por isso, a "conduta de pesca de espécies ameaçadas de extinção subsume-se ao tipo descrito no art. 34, parágrafo único, inciso I, da Lei n.º 9.605/98" (STJ, 5ª T., REsp 1262965/RS, Rel. Laurita Vaz, J. em 19/11/2013).

Podem ser objeto material da pesca: a) peixe, que consiste na "designação comum aos animais vertebrados, aquáticos, que possuem os membros transformados em nadadeiras sustentadas por raios ósseos, esqueleto ósseo ou cartilaginoso, coração dividido em duas cavidades e respiração branquial"; b) crustáceo, que designa "filo ou subfilo de animais artrópodes, de respiração branquial, com dois pares de antenas, um par de mandíbulas e dois pares de maxilas, que reúne mais de 30.000 spp. descritas, esp. do ambiente marinho, distribuídas por seis classes; são os vulgarm. conhecidos camarões, cracas, tatuzinhos, lagostas, caranguejos e siris"; c) molusco, que respeita ao "grande filo de animais invertebrados, marinhos, de água doce ou terrestres, que compreende os caramujos, ostras e lulas, entre outros; distinguem-se pelo corpo mole e mucoso, com simetria bilateral ou ausente, coberto por um manto fino que ger. secreta uma concha calcária com uma, duas ou mais partes, a cabeça é ger. anterior e dotada de um órgão alimentar característico, chamado rádula, têm pé ventral bem desenvolvido, e a respiração é feita pelas brânquias ou pulmões)"; e d) vegetal hidróbio, aquele que vive na água, a exemplo da vitória-régia.

Sobre a consumação e a tentativa dos crimes relacionados à pesca, vide comentários no item "consumação e tentativa" referente aos arts. 34 e 35.

Art. 37. Não é crime o abate de animal, quando realizado:

I – em estado de necessidade, para saciar a fome do agente ou de sua família;

II – para proteger lavouras, pomares e rebanhos da ação predatória ou destruidora de animais, desde que legal e expressamente autorizado pela autoridade competente;

III – em legítima defesa, diante do ataque de animais ferozes (VETADO);

IV – por ser nocivo o animal, desde que assim caracterizado pelo órgão competente.

O art. 37 apresenta hipóteses em que o abate de animal, apesar de ser conduta típica, é lícita. O ônus probatório, admitidos todos os meios de prova lícitos, competirá ao sujeito ativo, conforme o art. 156, *caput*, do CPP. A previsão deste art. 37 não impede a aplicação das excludentes de ilicitude previstas no art. 23 do CP. São as seguintes hipóteses previstas neste art. 37:

Inc. I: Para saciar a fome do agente e da sua família, situação que caracteriza o estado de necessidade (art. 23, I, do CP). Aqui, a lei já fez a ponderação entre a vida e a saúde, de um lado, e o direito da coletividade à vida do animal que é abatido, do outro lado.

Inc. II: Para proteger plantações em geral e rebanhos da ação predatória ou destruidora de animais, desde que a autoridade ambiental haja autorizado a conduta. Caracteriza-se aqui o exercício regular de direito.

Inc. III: O art. 37 previa que o abate do animal feroz quando diante de ataque dele era lícito por cuidar de legítima defesa. O veto a esse dispositivo legal foi absolutamente correto porque a situação de fato trazida por ele representa evidente hipótese de estado de necessidade, prevista no art. 23, I, do CP.

Inc. IV: Quando o animal é nocivo, desde que assim reconhecido por órgão competente. Caracteriza-se aqui o exercício regular de direito (pelo proprietário da lavoura, p. ex.) ou estrito cumprimento do dever legal (agente público do controle de zoonoses). A Instrução Normativa IBAMA nº 141, de 19 de dezembro de 2006, regulamenta o controle e o manejo ambiental da fauna sinantrópica nociva. A Instrução Normativa IBAMA n. 03/2013, de 31 de janeiro de 2013 declarou o javali-europeu, de nome científico *Sus Scrofa*, espécie nociva e autorizou o seu abate em todo o território nacional. Frisa-se que o abate, no art. 37, IV, ocorre pela mera nocividade do animal, independentemente de ele oferecer perigo à pessoa. Haverá estado de necessidade no abate do animal quando, independentemente da sua nocividade caracterizado pelo órgão ambiental, ele representar perigo ao indivíduo.

SEÇÃO II
DOS CRIMES CONTRA A FLORA

Segundo o Vocabulário de Meio Ambiente do IBGE, flora consiste no conjunto de entidades taxonômicas vegetais (espécies, gêneros etc.) que compõem a vegetação de um território de dimensões consideráveis, como por exemplo, a flora do cerrado. Floresta, por sua vez, é o conjunto de sinúsias dominado por fanerófitos de alto porte, e apresentando quatro estratos bem definidos: herbáceo, arbustivo, arvoreta e arbóreo. Deve ser também levada em consideração a altura, para diferenciá-la das outras formações lenhosas campestres. Já o item 18 do Anexo I da Portaria IBDF (antecessor do IBAMA) 486-P, de 28 de outubro de 1986, conceitua a floresta como a "formação arbórea densa, de alto porte, que recobre área de terra mais ou menos extensa". Esse conceito foi adotado pela maioria da doutrina e foi encampado pelo STJ para conceituar "floresta", prevista nos tipos da LCA: o "elemento normativo 'floresta', constante do tipo de injusto do art. 38 da Lei nº 9.605/98, é a formação arbórea densa, de alto porte, que recobre área de terra mais ou menos extensa. O elemento central é o fato de ser constituída por árvores de grande porte. Dessa forma, não abarca a vegetação rasteira" (STJ, 5ª T., HC 74.950/SP, Rel. Félix Fischer, J. em 21/06/2007). Não obstante os conceitos de flora e floresta sejam distintos, a aplicação da lei não é alterada, conforme observam Freitas e Milaré.[125]

Art. 38. Destruir ou danificar floresta considerada de preservação permanente, mesmo que em formação, ou utilizá-la com infringência das normas de proteção:

Pena – detenção, de um a três anos, ou multa, ou ambas as penas cumulativamente.

Parágrafo único. Se o crime for culposo, a pena será reduzida à metade.

BEM JURÍDICO TUTELADO

O bem jurídico específico (v. comentários ao art. 2º) tutelado consiste na preservação das florestas consideradas de preservação permanente, mesmo que em formação.

SUJEITOS DO CRIME

O sujeito passivo é a coletividade. Se a floresta atingida estiver localizada em área da União, esta será vítima também. Tratando-se de crime comum, o sujeito ativo pode ser qualquer pessoa, inclusive a jurídica. O proprietário da área privada localizada em APP pode ser tanto sujeito passivo como ativo.

CONDUTAS

O art. 38 incrimina a conduta do sujeito ativo que *destrói* (aniquilar) ou *danifica* (deteriorar) floresta considerada de preservação permanente, mesmo que em formação.

O objeto material sobre o qual incide a conduta é a floresta (v. conceito nos comentários à Seção II) que esteja localizada em área de preservação permanente – APP, que é aquela "área protegida, coberta ou não por vegetação nativa, com a função ambiental de preservar os recursos hídricos, a paisagem, a estabilidade geológica e a biodiversidade, facilitar o fluxo gênico de fauna e flora, proteger o solo e assegurar o bem-estar das populações humanas" (art. 3º, II, da Lei n. 12.651/2012). A APP pode ser definida por lei (art. 4º, da Lei n. 12.651/2012, a exemplo do seu inc. X: as áreas em altitude superior a 1.800 metros, qualquer que seja a vegetação).

A APP também pode ser constituída por ato do Poder Executivo municipal, distrital ou federal (art. 6º da Lei n. 12.651/20120. Nessa hipótese, diz-se que o art. 38 caracteriza uma **norma penal em branco ao quadrado**: trata-se de uma lei duplamente em branco, pois o complemento da norma penal em branco, que já está previsto em outro ato normativo, remete para outro complemento previsto em um terceiro ato normativo. O art. 38 é exemplo clássico de norma penal em branco ao quadrado: o conceito de floresta de preservação permanente é encontrado no Código Florestal (Lei n. 12651/2012), que, no seu art. 6º, prevê que florestas de preservação permanente podem ser constituídas por ato do Chefe do Poder Executivo; nesse caso, para preencher o conceito de "floresta de preservação permanente", que é uma elementar do art. 38 da LCA, é necessário recorrer, em primeiro lugar, ao Código Florestal para, num segundo momento, analisar o ato do Chefe de Poder Executivo; por isso, o complemento é considerado "ao quadrado".

---

125 FREITAS, Vladimir Passos de; FREITAS, Gilberto Passos de. *Crimes contra a natureza*. 9 ed. São Paulo: Revista dos Tribunais, 2012. p. 143.; MILARÉ, Edis; COSTA JR., Paulo José da; COSTA, Fernando José da. *Direito penal ambiental*. 2. ed. São Paulo: Revista dos Tribunais, 2013. p. 103.

Tanto a floresta já formada como aquela em processo de formação são protegidas, o que torna necessária a realização de perícia. A capoeira, por exemplo, pode caracterizar floresta em processo de formação (STJ, 6ª T., HC 52.722/SP, Rel. Maria Moura, J. em 25/03/2008).

Também é incriminada a conduta de *utilizar* (fazer uso) floresta em APP com infringência das normas de proteção. O art. 8º da Lei n. 12.651/2012 permite a intervenção e até mesmo a supressão de vegetação nativa em APP em hipóteses de utilidade pública, de interesse social ou de baixo impacto ambiental, conforme o art. 3º, VIII, IX e X, da Lei n. 12.651/2012. Ademais, ato do Poder Executivo pode prever mais hipóteses de intervenção e supressão. Nesses casos, a utilização da floresta ocorre segundo as regras permissivas, o que torna lícita a conduta.

Se apenas houver corte de árvores, sem permissão, em floresta de preservação permanente, o crime será o tipificado no art. 39; diversamente, se, além do corte de árvores, houver danificação ou destruição dessa mesma floresta, o crime do art. 39 é absorvido por este crime tipificado no art. 38, como já decidiu o STJ ("É de ser reconhecido o excesso acusatório relativamente ao concurso material entre os artigo 38 e 39 da Lei 9.605/98, já que o artigo 38 engloba também a hipótese em que o dano à floresta de preservação permanente decorre do corte de árvores" – STJ, 6ª T., HC 52.722/SP, Rel. Maria Moura, J. em 25/03/2008). Sobre o conflito aparente com os arts. 40, 41, 50 ou 50-A, vide comentários ao item "condutas" relativo a cada um desses artigos.

VOLUNTARIEDADE

O crime do art. 38 é doloso, sem exigir elemento subjetivo específico. É prevista também a forma culposa.

CONSUMAÇÃO E TENTATIVA

Os verbos "destruir" e "danificar" caracterizam crime material, sucedendo a consumação quando a floresta é destruída ou danificada; ademais, sendo crime plurissubsistente, cabe tentativa (*conatus*), na forma dolosa. Já o verbo nuclear "utilizar" configura crime de mera conduta, pois não há sequer previsão de resultado naturalístico. Não cabe tentativa para a conduta "utilizar", pois, ou a utilização da floresta em desacordo às regras já consuma o delito, ou a utilização ocorre de acordo com as regras, sendo fato atípico.

AÇÃO PENAL

Todos os crimes previstos na Lei n. 9.605/98 são de ação penal pública incondicionada (art. 26). Tendo em vista as penas mínima e máxima, para a forma dolosa, não cabe transação (art. 27); todavia, têm lugar a suspensão condicional do processo (art. 28) e o acordo de não persecução penal (art. 28-A do CPP). Para a forma culposa, cabem tanto a transação quanto o *sursis* processual.

Para os crimes tipificados nos arts. 38, 39 e 48, é cabível a suspensão prevista no art. 60 da Lei n. 12.651/2012 (v. comentários ao art. 26).

Quanto ao art. 38, o STJ reiterou o seu entendimento: "O Novo **Código Florestal não implicou abolitio criminis do delito previsto no art. 38** da Lei 9.605/98, uma vez que a nova lei não alterou a natureza jurídica da área de preservação permanente, tendo apenas tolerado as práticas já iniciadas, condicionando-se à recomposição da área degradada" (STJ, 5º T., AgRg no RESP 1410840/PR, Rel. Ribeiro Dantas, J. em 20/02/2020).

Quanto à competência material (v. comentários ao art. 26), vale observar a *ratio* do STJ: a "simples circunstância de se tratar de área de preservação permanente não tem o condão de deslocar a competência para a Justiça Federal, pois, constituindo **propriedade particular**, não há interesse direto e específico da União" (STJ, 5ª T., REsp 592.009/TO, Rel. Arnaldo Esteves Lima, J. em 12/04/2005).

Art. 38-A. Destruir ou danificar vegetação primária ou secundária, em estágio avançado ou médio de regeneração, do Bioma Mata Atlântica, ou utilizá-la com infringência das normas de proteção:

Pena – detenção, de 1 (um) a 3 (três) anos, ou multa, ou ambas as penas cumulativamente.

Parágrafo único. Se o crime for culposo, a pena será reduzida à metade.

BEM JURÍDICO TUTELADO

O bem jurídico específico (v. comentários ao art. 2º) tutelado consiste na preservação ambiental do bioma Mata Atlântica, cuja utilização e proteção foram regulamentadas pela Lei n. 11.428/2006, a qual incluiu o artigo 38-A na LCA. O art. 2º da Lei n. 11.428/2006 considera integrantes do Bioma Mata Atlântica as seguintes formações florestais nativas e ecossistemas associados, com as respectivas delimitações estabelecidas em mapa do IBGE: Floresta Ombrófila Densa; Floresta Ombrófila Mista, também denominada de Mata de Araucárias; Floresta Ombrófila Aberta; Floresta Estacional Semidecidual; e Floresta Estacional Decidual, bem como os manguezais, as vegetações de restingas, campos de altitude, brejos interioranos e encraves florestais do Nordeste. Consoante o Vocabulário básico de recursos naturais e meio ambiente do IBGE, bioma designa o "conjunto de vida (vegetal e animal) definida pelo agrupamento de tipos de vegetação contíguos e identificáveis em escala regional, com condições geoclimáticas similares e história compartilhada de mudanças, resultando em uma diversidade biológica própria".

SUJEITOS DO CRIME

O sujeito passivo é a coletividade. Tratando-se de crime comum, o sujeito ativo pode ser qualquer pessoa, inclusive a jurídica. O proprietário da área privada localizada no bioma Mata Atlântica pode ser tanto sujeito passivo como ativo.

CONDUTAS

O art. 38-A incrimina a conduta do sujeito ativo que *destrói* (aniquilar) ou *danifica* (deteriorar) vegetação primária ou secundária, em estágio médio ou avançado de regeneração, do bioma Mata Atlântica.

O art. 38-A cuida de uma norma penal em branco, pois o seu complemento deve ser buscado em outros diplomas normativos. O Bioma Mata Atlântica, como visto acima, é definido na Lei n. 11.428/2006. Já a definição de vegetação primária e secundária e o seu estágio de regeneração foi incumbência atribuída ao CONAMA, conforme o art. 4º da Lei n. 11.428/06. Nesse sentido, o CONAMA editou várias resoluções sobre o tema, entre as quais se destaca a Resolução CONAMA n. 388/2007, que convalidou as resoluções anteriores que definiam a vegetação primária e secundária nos estágios inicial, médio e avançado de regeneração da Mata Atlântica, a exemplo da Resolução CONAMA n. 10, de 1º de outubro de 1993. **Vegetação primária** consiste em "vegetação de máxima expressão local, com grande diversidade biológica, sendo os efeitos das ações antrópicas mínimos, a ponto de não afetar significativamente suas características originais de estrutura e de espécies". **Vegetação secundária ou em regeneração** consiste em "vegetação resultante dos processos naturais de sucessão, após supressão total ou parcial da vegetação primária por ações antrópicas ou causas naturais, podendo ocorrer árvores remanescentes da vegetação primária". Os estágios de regeneração da vegetação secundária (estágio inicial, estágio médio e estágio avançado) estão definidos no art. 3º da Resolução CONAMA 10/1993.

O art. 38-A também incrimina a conduta de *utilizar* (fazer uso) a vegetação com infringência das normas de proteção. A Lei n. 11.428/2006 apresenta critérios pelos quais é possível o corte, a supressão e a exploração de vegetação do bioma Mata Atlântica. Nesses casos, a utilização da vegetação ocorre segundo as regras permissivas, o que torna atípica a conduta.

Destaca-se que o TRF da 4ª Região já reconheceu o concurso entre este art. 38-A e o art. 64: "O ato de destruir ou danificar vegetação primária ou secundária do Bioma Mata Atlântica, em médio ou avançado estágio de regeneração, apresenta-se, em princípio, como desígnio autônomo em relação à ação de promover construção em solo não edificável" (TRF4, 8ª T., RSE 2009.72.00.008030-3, Rel. Paulo Brum Vaz, J. em 05/05/2010).

Se a vegetação destruída ou danificada era secundária em estágio inicial de regeneração, não há o preenchimento do tipo previsto no art. 38-A, mas sucede a tipificação do crime previsto no art. 48, como observam Pedro Abi-Eçab e Alexandre Gaio.[126]

VOLUNTARIEDADE

O crime do art. 38-A é doloso, sem exigir elemento subjetivo específico. É prevista também a forma culposa.

CONSUMAÇÃO E TENTATIVA

Os verbos "destruir" e "danificar" caracterizam crime material, sucedendo a consumação quando a floresta é destruída ou danificada; ademais, sendo crime plurissubsistente, cabe tentativa (*conatus*) na forma dolosa. Já o verbo nuclear "utilizar" configura crime de mera conduta, pois não há sequer previsão de resultado naturalístico. Não cabe tentativa para essa conduta: ou a utilização da vegetação sucede em desacordo às regras, o que já consuma o delito, ou a utilização ocorre de acordo com as regras, o que torna o fato atípico.

AÇÃO PENAL

Todos os crimes previstos na Lei n. 9.605/98 são de ação penal pública incondicionada (art. 26). Tendo em vista as penas mínima e máxima, para a forma dolosa, não cabe transação (art. 27); todavia, têm lugar a suspensão condicional do processo (art. 28) e o acordo de não persecução penal (art. 28-A do CPP).

Para a forma culposa, cabem tanto a transação quanto o *sursis* processual.

A suspensão prevista no art. 60 da Lei n. 12.651/2012, destinada apenas para os crimes tipificados nos arts. 38, 39 e 48, não é cabível para o presente crime, pois, por cuidar de normas de exceção, não está sujeita à interpretação ampliativa.[127]

A competência material (v. comentários ao art. 26), em regra, será da Justiça Estadual. A circunstância de a Mata Atlântica ser patrimônio nacional não a torna bem da União, razão pela qual não enseja a competência da Justiça Federal (STJ, Informativo n. 0365, AgRg no CC 93.083-PE, Rel. Nilson Naves, J. em 27/8/2008).

Art. 39. Cortar árvores em floresta considerada de preservação permanente, sem permissão da autoridade competente:

Pena – detenção, de um a três anos, ou multa, ou ambas as penas cumulativamente.

---

126 ABI-EÇAB, Pedro; GAIO, Alexandre. Tutela do Meio Ambiente. *In*: VITORELLI, Edilson (Org.). *Manual de Direitos Difusos*. 2. ed. Salvador: Juspodivm, 2019. p. 661-845; p. 768.

127 FREITAS, Vladimir Passos de; FREITAS, Gilberto Passos de. *Crimes contra a natureza*. 9 ed. São Paulo: Revista dos Tribunais, 2012. p. 143.; MILARÉ, Edis; COSTA JR., Paulo José da; COSTA, Fernando José da. *Direito penal ambiental*. 2. ed. São Paulo: Revista dos Tribunais, 2013. p. 155.

BEM JURÍDICO TUTELADO

O bem jurídico específico (v. comentários ao art. 2º) tutelado consiste na preservação das florestas consideradas de preservação permanente.

SUJEITOS DO CRIME

O sujeito passivo é coletividade. Tratando-se de crime comum, o sujeito ativo pode ser qualquer pessoa, inclusive a jurídica. O proprietário da área privada localizada em APP pode ser tanto sujeito passivo como ativo.

CONDUTAS

O art. 39 incrimina a conduta do sujeito ativo que *corta* (separar algo em duas partes ou mais) árvores em floresta (v. conceito nos comentários à Seção II) considerada de preservação permanente (v. conceito nos comentários ao art. 38). Independe se a floresta é pública ou privada ("O fato de o réu não saber que se tratava de área militar em nada altera o juízo de condenação, pois aqui interessa serem árvores de espécie ameaçada de extinção e integrantes de área de proteção permanente, independentemente de quem seja o efetivo proprietário" – TRF4, 8ª T., ACR 2006.72.14.000965-3, Rel. Eloy Bernst Justo, J. em 05/08/2009).

Quanto ao objeto material, árvore consiste em "vegetal lenhoso dotado de tronco robusto, via de regra com um sistema de ramos divaricados de primeira ordem, a partir de um certo nível, de onde se dispõem as ramificações da copa" (Vocabulário básico de recursos naturais e meio ambiente do IBGE). O corte de apenas uma árvore é atípico, observado que o tipo do art. 39 emprega o vocábulo arvore no plural.[128] A quantidade de árvores cortadas é circunstância judicial (art. 6º, I) que influirá na dosimetria da pena, especificamente na primeira fase.

O corte pressupõe a realização de uma incisão que separa o tronco da raiz. A poda, por sua vez, consiste na separação dos galhos de uma árvore. Pelo princípio da legalidade, portanto, a poda é fato atípico. Discorda-se de Luiz Régis Prado, para quem a poda caracteriza o crime tipificado no art. 49[129], visto que o elemento subjetivo do agente que poda uma árvore não visa a maltratá-la, destruí-la, danificá-la ou lesá-la, mas a preservá-la.

Havendo permissão (elemento normativo do tipo), a conduta torna-se atípica. Referida permissão encontra-se no art. 8º da Lei n. 12.651/2012 (v. comentários ao item "condutas" do art. 38).

Nota-se que o art. 39, diferentemente do art. 38, não menciona a floresta "em formação". Contudo, não deixa de ser típica a conduta do agente que corta árvores de floresta em processo de formação que esteja localizada em APP, pois essa conduta *danifica* a floresta, caracterizando assim o tipo do art. 38.

Se o agente, sem permissão, cortar árvores classificadas como "madeira de lei", localizadas em floresta considerada de preservação permanente, surgirá um conflito aparente entre este art. 39 e o art. 45. Pelo critério da especialidade, prevalecerá o crime tipificado no art. 45. Sobre o conflito aparente com o arts. 40 e 40-A, 50 ou 50-A, vide os comentários no item "condutas" relativos a estes quatro dispositivos legais.

VOLUNTARIEDADE

O crime do art. 39 é doloso, sem exigir elemento subjetivo específico.

---

128 Nesse sentido: MILARÉ, Edis; COSTA JR., Paulo José da; COSTA, Fernando José da. *Direito penal ambiental*. 2. ed. São Paulo: Revista dos Tribunais, 2013. p. 103. Em sentido contrário: FREITAS, Vladimir Passos de; FREITAS, Gilberto Passos de. *Crimes contra a natureza*. 9 ed. São Paulo: Revista dos Tribunais, 2012. p. 143.

129 PRADO, Luiz Régis. *Direito penal do ambiente*. 4. ed. São Paulo: Revista dos Tribunais, 2012. p. 229.

CONSUMAÇÃO E TENTATIVA

Tratando-se de crime material e plurissubsistente, a consumação ocorre a partir do corte da segunda árvore, sendo admissível a tentativa (*conatus*).

AÇÃO PENAL

Todos os crimes previstos na Lei n. 9.605/98 são de ação penal pública incondicionada (art. 26). Tendo em vista as penas mínima e máxima, não cabe transação (art. 27); todavia, têm lugar a suspensão condicional do processo (art. 28) e o acordo de não persecução penal (art. 28-A do CPP).

Para os crimes tipificados nos arts. 38, 39 e 48, é cabível a suspensão prevista no art. 60 da Lei n. 12.651/2012 (v. comentários ao art. 26).

A competência material (v. comentários ao art. 26), em regra, será da Justiça Estadual: o "crime de corte indevido de árvores em área de preservação permanente, praticado no interior de propriedade rural privada, inexistente lesão a bens, interesses ou serviços da União é de competência da Justiça Estadual" (STJ, 6ª T., HC 110.405/SP, Rel. Maria Moura, J. em 16/06/2009).

Art. 40. Causar dano direto ou indireto às Unidades de Conservação e às áreas de que trata o art. 27 do Decreto nº 99.274, de 6 de junho de 1990, independentemente de sua localização:

Pena – reclusão, de um a cinco anos.

§ 1º Entende-se por Unidades de Conservação de Proteção Integral as Estações Ecológicas, as Reservas Biológicas, os Parques Nacionais, os Monumentos Naturais e os Refúgios de Vida Silvestre.

§ 2º A ocorrência de dano afetando espécies ameaçadas de extinção no interior das Unidades de Conservação de Proteção Integral será considerada circunstância agravante para a fixação da pena.

§ 3º Se o crime for culposo, a pena será reduzida à metade.

Art. 40-A. (VETADO)

§ 1º Entende-se por Unidades de Conservação de Uso Sustentável as Áreas de Proteção Ambiental, as Áreas de Relevante Interesse Ecológico, as Florestas Nacionais, as Reservas Extrativistas, as Reservas de Fauna, as Reservas de Desenvolvimento Sustentável e as Reservas Particulares do Patrimônio Natural.

§ 2º A ocorrência de dano afetando espécies ameaçadas de extinção no interior das Unidades de Conservação de Uso Sustentável será considerada circunstância agravante para a fixação da pena.

§ 3º Se o crime for culposo, a pena será reduzida à metade.

BEM JURÍDICO TUTELADO

O bem jurídico específico (v. comentários ao art. 2º) tutelado consiste na preservação das unidades de conservação e das áreas de que trata o art. 27 do Decreto n. 99.724, de 6 de junho de 1990.

Em razão do veto ao *caput* do art. 40-A (que foi incluído pela Lei n. 9.985/2000), o art. 40 (que teve nova redação pela Lei n. 9.985/2000) e os parágrafos do art. 40-A formam um tipo, apenas. A conduta incriminada está prevista no art. 40, enquanto os parágrafos do art. 40-A são explicativos (interpretação autêntica).

SUJEITOS DO CRIME

O sujeito passivo é a coletividade. Se algum bem pertencente a ente público for atingido, ele será vítima também. Tratando-se de crime comum, o sujeito ativo pode ser qualquer pessoa, inclusive a jurídica. O proprietário da área privada localizada em unidade de conservação pode ser tanto sujeito passivo como ativo.

CONDUTAS

Incrimina-se a conduta do sujeito ativo que *causa* (provocar) dano (prejuízo) direto (resultado imediato) ou indireto (resultado reflexo) às unidades de conservação e às áreas a que o art. 27 do Decreto n. 99.274, de 6 de junho de 1990 se refere.

Há doutrina que tacha de inconstitucional a conduta relacionada a causar dano indireto, em razão da indeterminação deste conceito, o que fere o princípio da taxatividade e clareza da redação do tipo penal. Por todos, v. Luiz Flávio Gomes e Sílvio Maciel.[130] Não obstante, já se adianta que, sob pena de inépcia, a denúncia deve descrever, especificamente, quais foram os danos diretos ou indiretos que ela imputa ao denunciado. Confira-se: "Não atende aos requisitos previstos no art. 41 do Código de Processo Penal a denúncia que imputa a prática do crime do art. 40, caput, da Lei n.º 9.605/98, sem indicar qual seria o dano causado à Unidade de Conservação, limitando-se a afirmar que houve dano indireto, impondo-se a concessão da ordem, para o trancamento da ação penal nesse ponto" (TRF4, 8ª T., HC 5011949-59.2015.4.04.0000, Rel. Leandro Paulsen, J. em 16/06/2015).

Quanto ao objeto material, esclarece-se que as unidades de conservação (que podem ser municipais, estaduais ou federais) estão definidas na Lei n. 9.985/2000, que criou o Sistema Nacional de Unidades de Conservação. O art. 2º, I, da Lei n. 9.985/2000, prevê que **unidade de conservação** é o "espaço territorial e seus recursos ambientais, incluindo as águas jurisdicionais, com características naturais relevantes, legalmente instituído pelo Poder Público, com objetivos de conservação e limites definidos, sob regime especial de administração, ao qual se aplicam garantias adequadas de proteção". As unidades de conservação dividem-se em dois grupos: a) unidades de proteção integral, grupo composto pelas categorias Estação Ecológica, Reserva Biológica, Parque Nacional, Monumento Natural e Refúgio de Vida Silvestre (art. 8º da Lei n. 9.985/2000); e b) unidades de uso sustentável, grupo composto pelas categorias Área de Proteção Ambiental, Área de Relevante Interesse Ecológico, Floresta Nacional, Reserva Extrativista, Reserva de Fauna, Reserva de Desenvolvimento Sustentável e Reserva Particular do Patrimônio Natural (art. 14 da Lei n. 9.985/2000). Nota-se assim que o art. 40, § 1º, e o art. 40-A, § 1º, se limitaram a repetir os conceitos apresentados nos arts. 8º e 14, ambos da Lei n. 9.985/2000.

Segundo essa definição, já se percebe que a área de preservação permanente – APP, por não se enquadrar no conceito de unidade de conservação, não permite a caracterização do crime sob estudo ("Área de Preservação Permanente não se confunde com Unidade de Conservação" – STJ, 6ª T., REsp 891.318/SP, Rel. Rogério Schietti Cruz, J. em 11/02/2014). No mesmo sentido: STJ, 5ª T., REsp 849.423/SP, Rel. Gilson Dipp, J. em 19/09/2006.

Parques estaduais e municipais, a seu turno, por estarem previstos no art. 11, § 4º, da Lei n. 9.985/2000, caracterizam unidades de conservação. Logo, danos provocados a eles caracterizam o crime sob estudo.[131]

130 GOMES, Luiz Flávio; MACIEL, Sílvio Luiz. *Lei de crimes ambientais*: comentário à Lei 9.605/1998. 2. ed. Rio de Janeiro: Forense, 2015. p. 186.

131 Nesse sentido: FREITAS, Vladimir Passos de; FREITAS, Gilberto Passos de. *Crimes contra a natureza*. 9 ed. São Paulo: Revista dos Tribunais, 2012. p. 163.; ARRUDA, Domingos Sávio de. Crimes contra a flora (artigos 38 a 44).

Por sua vez, as áreas referidas pelo art. 27 do Decreto Federal n. 99.274/1990 são aquelas que circundam as unidades de conservação, num raio de 10 quilômetros. A Resolução CONAMA n. 13/1990 (revogada pela Resolução CONAMA n. 428/2010), no seu art. 2º, dispunha que, "[n]as áreas circundantes das Unidades de Conservação, num raio de dez quilômetros, qualquer atividade que possa afetar a biota, deverá ser obrigatoriamente licenciada pelo órgão ambiental competente". Sobreveio a Lei n. 9.985/2000, que, no seu art. 2º, XVIII, estabeleceu a "zona de amortecimento: o entorno de uma unidade de conservação, onde as atividades humanas estão sujeitas a normas e restrições específicas, com o propósito de minimizar os impactos negativos sobre a unidade". Zonas de amortecimento "são formas especiais de Zoneamento Ambiental, porque são zonas ou setores com objetivos semelhantes aos do zoneamento, áreas devidamente delimitadas nas quais se aplicam normas de manejo e restrições específicas em reforço da função de preservação ecológica da Unidade de Conservação a que servem".[132] Segundo o art. 25, *caput*, e § 2º, da Lei n. 9.985/2000, as unidades de conservação, exceto Área de Proteção Ambiental e Reserva Particular do Patrimônio Natural, devem possuir uma zona de amortecimento, cujos limites podem ser definidos no ato de criação da unidade ou posteriormente. Em 2010, foi editada a Resolução CONAMA n. 428/2010, cujo art. 1º, §2º, dispôs que, durante 5 anos, contados a partir da publicação da Resolução CONAMA n. 473/2015, o licenciamento de empreendimento de significativo impacto ambiental, localizado numa faixa de 3 quilômetros a partir do limite da unidade de conversação cuja zona de amortecimento não esteja estabelecida, sujeitar-se-á à autorização do administrador da unidade de conservação. Destaca-se que não houve revogação expressa, tampouco tácita, do art. 27 do Decreto Federal n. 99.274/1990.

Em razão dessa multiplicidade de Resoluções e da baixa qualidade normativa do art. 40, *caput*, da Lei em comento, porque ela instituiu um crime com base num ato precário como um decreto, há mais de uma interpretação sobre o tamanho da área em relação a qual o crime sob estudo pode ser praticado. A melhor interpretação, com o objetivo de conferir a máxima efetividade ao direito fundamental ao meio ambiente equilibrado, envolve a diferenciação entre "área circundante" (Decreto Federal n. 99.274/1990) e "zona de amortecimento" (Lei n. 9.985/2000). Não se trata de sinônimos. Na área circundante, que tem o tamanho de 10 quilômetros, "qualquer atividade que possa afetar a biota ficará subordinada às normas editadas [apenas] pelo CONAMA"; já na zona de amortecimento, cujo tamanho atual é de 3 quilômetros, salvo previsão formal de tamanho diverso no ato constitutivo ou modificativo da respectiva unidade de conservação, as atividades humanas estão sujeitas a normas e restrições específicas editada por qualquer autoridade ambiental, e não apenas pelo CONAMA. Essa distinção entre área circundante e zona de amortecimento foi bem exposta na seguinte decisão: "Até a edição da Lei n.º 9985/00, que estabeleceu o Sistema Nacional de Unidades de Conservação (SNUC), não havia previsão da existência de Zonas de Amortecimento em Unidades de Conservação 4. Foi a Lei citada que estabeleceu a necessidade das Unidades de Conservação disporem de uma Zona de Amortecimento. Deve-se frisar, mais uma vez, que a entrada em vigor do SNUC não revogou a resolução CONAMA nº 13/90 tampouco o Decreto nº 99274/90. Assim, as Unidades de Conservação dispõem tanto de Zonas de Amortecimento como de Áreas Circundantes, exceto no caso das Reservas Particulares do Patrimônio Natural (RPPN) e Áreas de Proteção Ambiental (APA), para as quais vale apenas a Área Circundante de 10 km" (STJ, CC n. 149.654 (2016/0291676-9), decisão monocrática, Rel. Antonio Palheiro, J. em 13/11/2018). Impõe-se apenas um esclarecimento nesse julgado: a Resolução CONAMA n. 13/1990 foi revogada pela Resolução CONAMA n. 428/2010. Esse detalhe, todavia, não interfere na conclusão

In: MARCHESAN, Ana Maria Moreira; STEIGLEDER, Annelise Monteiro. (Org.). *Crimes ambientais:* comentários à lei 9.605/98. Porto Alegre: Livraria do Advogado, 2013. p. 199. Em sentido contrário: GOMES, Luiz Flávio; MACIEL, Sílvio Luiz. *Lei de crimes ambientais*: comentário à Lei 9.605/1998. 2. ed. Rio de Janeiro: Forense, 2015. p. 187.

132 SILVA, José Afonso da. *Direito Ambiental Constitucional*. 8. Ed. São Paulo: Malheiros, 2010. p. 279.

ora esposada – área circundante não é sinônimo de zona de amortecimento – tendo em vista a vigência do art. 27 do Decreto Federal n. 99.274/1990.

Observada a autonomia do conceito de área circundante em relação ao de zona de amortecimento, o STJ tem adotado o **tamanho fixo de 10 quilômetros**, independentemente do tamanho da zona de amortecimento da unidade de conservação, para o tipo previsto no art. 40, *caput*: "O bem jurídico tutelado pelo dispositivo mencionado [art. 40, *caput*] é o meio ambiente e, para sua configuração, é necessário que o dano seja causado em uma Unidade de Conservação ou nas áreas circundantes de Unidade de Conservação, num raio de 10 km (art. 27 do Decreto n. 99.274/1990)" (STJ, 6ª T., RESP 897.319/SP, Rel. Rogério Schietti Cruz, J. em 15/10/2015). Nesse mesmo sentido: STJ, 6ª T., RESP n. 891.318/SP, Rel. Rogério Schietti Cruz, J. em 11/02/2014; e STJ, AgRESP n. 312.502 (2013/0099562-9), decisão monocrática, Rel. Félix Fischer, J. em 25/04/2017.

Em razão do princípio da legalidade, os danos provocados a unidades de conservação que não estejam previstas no art. 40, § 1º (que corresponde ao art. 8º da Lei n. 9.985/2000) e no art. 40-A, § 1º (que corresponde ao art. 14 da Lei n. 9.985/200) não caracterizam o crime sob estudo. Assim, o dano provocado a uma unidade de conservação criada na forma do art. 6º, parágrafo único, da Lei n. 9.985/2000 ("Podem integrar o SNUC, excepcionalmente e a critério do Conama, unidades de conservação estaduais e municipais que, concebidas para atender a peculiaridades regionais ou locais, possuam objetivos de manejo que não possam ser satisfatoriamente atendidos por nenhuma categoria prevista nesta Lei e cujas características permitam, em relação a estas, uma clara distinção"), não apresentará tipicidade em relação ao crime tipificado no art. 40, ora sob estudo.

O art. 40, § 2º, e o art. 40-A, § 2º, preveem a agravação da pena quando o dano praticado afeta qualquer espécie da flora e fauna ameaçadas de extinção (v. comentários ao art. 15, II, *e*), localizadas no interior das unidades de conservação. Sob pena de *bis in idem*, não se aplicam a este crime as agravantes tipificadas no art. 15, II, *e q*. Diversamente, se o dano for praticado na área circundante (zona de amortecimento) e afetar espécimes da flora ou fauna em extinção, a pena será agravada, com base no art. 15, II, *q*.

Há alguns conflitos aparentes que envolvem o crime sob análise. Nos seguintes casos, o princípio da especialidade justifica que o art. 40 prevaleça em relação aos tipos com que, aparentemente, conflita: a) art. 38, *caput*, se o dano afetar uma das áreas referidas pelos arts. 40 e 40-A; b) art. 39 ("Comete o ilícito previsto no artigo 40 da Lei n.º 9.605/98 aquele que efetua o corte de árvores no interior de unidade de conservação. Sutil e objetiva especialidade, no caso, da regra do artigo 40 sobre aquela do artigo 39, ambos da Lei nº 9.605/98" – TRF4, 8ª T., ACR 2005.72.04.010264-0, Rel. Paulo Brum Vaz, J. em 17/09/2008); c) art. 41, *caput*; d) art. 60 ("O elemento especializador da conduta capitulada no artigo 40 Lei Ambiental, em relação àquela prevista no artigo 60 da mesma lei, é o fato de o dano ser causado a uma 'Unidade de Conservação' e não a atividade ilícita 'construir, reformar, ampliar'" – TRF4, 8ª T., HC 2008.04.00.034890-8, Rel. Paulo Brum Vaz, J. em 29/10/2008). Sobre o conflito com os arts. 50 ou 50-A, vide comentários ao item "condutas" relativo a estes últimos artigos.

Por outro lado, o STJ já reconheceu **concurso material entre os crimes tipificados nos art. 40, 48 e 64:** "I. Hipótese em que, construída casa em solo não edificável, isto é, a menos de 30 metros de curso d'água, em violação ao art. 64 da Lei n.º 9.605/98, restou constatado que a construção encontra-se no interior da Área de Proteção Ambiental de Anhatomirim, uma das denominadas Unidades de Conservação Federal (art. 40 da Lei Ambiental), tendo sido demonstrado, ainda, que referida construção vem impedindo a regeneração da floresta e demais formas de vegetação local (art. 48 da Lei 9.605/98). II. Além se ser responsável pela construção em solo não edificável (art. 64 da lei Ambiental), a manutenção da referida edificação ilegalmente construída ainda impede a regeneração da vegetação natural, conduta na qual incide no tipo penal insculpido no art. 48 da Lei n.º 9.605/98, que se trata de delito permanente e não pode ser absorvido pelo disposto no art. 64 da mesma lei, que é instantâneo. III. A manutenção de construção impedindo a regeneração da vegetação é um novo crime, diverso e autônomo em relação ao tipo do artigo 64 da Lei 9.605/98. IV. Vislumbra-se a existência de três condutas distintas, três ações autônomas de construir em solo não edificável (art. 64), em Unidade de Conservação Ambiental (art. 40), impedindo a regeneração natural da vegetação (art. 48), através das quais três crimes diferentes foram praticados" (STJ, 5ª T., REsp 1125374/SC, Rel. Gilson Dipp, J. em 02/08/2011). Nesse mesmo sentido: "3. Os crimes previstos nos arts. 40, 48 e 64 da Lei 9.605/98 revestem-se de autonomia jurídica e tutelam bens jurídicos distintos, inviabilizando a aplicação do princípio da consunção" (STJ, 6ª T., AgRg no REsp 1134058/SC, Rel. Nefi Cordeiro, J. em 15/10/2015). Todavia, o próprio STJ tem apresentado decisões divergentes sobre o concurso de crimes em estudo; para tanto, remete-se aos comentários, no item "condutas", referentes aos arts. 48 e 64.

VOLUNTARIEDADE

O crime do art. 40 é doloso, sem exigir elemento subjetivo específico. É prevista também a forma culposa.

CONSUMAÇÃO E TENTATIVA

Tratando-se de crime material e plurissubsistente, a consumação ocorre quando sobrevém o dano, sendo cabível, para a forma dolosa, a tentativa (*conatus*).

AÇÃO PENAL

Todos os crimes previstos na Lei n. 9.605/98 são de ação penal pública incondicionada (art. 26). Tendo em vista as penas mínima e máxima, não cabe transação (art. 27), mesmo para a forma culposa; todavia, têm lugar a suspensão condicional do processo (art. 28) e o acordo de não persecução penal (art. 28-A do CPP).

Quanto à competência material (v. comentários ao art. 26) envolvendo unidades de conservação, estabelece-se a seguinte regra geral. As unidades de conservação podem ser municipais, estaduais ou federais (art. 3º da Lei n. 9.985/2000). Quando municipais e estaduais, a competência material será da Justiça Estadual: "Tendo o crime previsto no art. 40 da Lei 9.605/98 sido perpetrado, em tese, no interior de propriedade privada, não há que se falar em lesão a bens, serviços ou interesses da União, razão pela qual compete à Justiça Estadual processar e julgar o feito" (STJ, 3ª S., CC 104.383/SP, Rel. Jorge Mussi, J. em 28/04/2010). Se a unidade de conservação na qual ocorrer o crime ambiental for federal, deve ser observada a seguinte distinção.

Há unidades de conservação que são constituídas apenas por terras públicas. Se houver propriedade particular no seu interior, ocorrerá desapropriação. Logo, porque esse tipo de unidade constitui bem da União, a competência será da Justiça Federal ("Se o crime ambiental foi cometido em unidade de conservação criada por decreto federal, evidencia-se o interesse federal na manutenção e preservação da região, ante a possível lesão a bens, serviços ou interesses da União, nos termos do artigo 109, inciso IV, da Constituição Federal" – STJ, 3ª S., CC 147.694/MS, Rel. Reynaldo da Fonseca, J. em 10/08/2016). São unidades desse tipo, a provocar a competência da Justiça Federal para o julgamento de crimes que as afetam:

a) Estação Ecológica (art. 9º, § 1º, da Lei n. 9.985/2000): "Tratando-se de fatos ocorridos em área limítrofe a Unidade de Conservação Federal [Estação Ecológica de Carijós], e tendo ocorrido danos à referida Unidade, evidencia-se a competência da Justiça Federal para processar e julgar a causa, *ex vi* do art. 109, inciso IV, da Constituição

Federal, na medida em que o pretenso delito atenta contra bem e interesses da União" (STJ, 5ª T., HC 180.987/RS, Rel. Laurita Vaz, J. em 10/09/2013);

b) Reserva Biológica (art. 10, § 1º, da Lei n. 9.985/2000): "3. O suposto crime teria ocorrido na Reserva Biológica Marinha do Arvoredo, criada pelo Decreto n.º 99.142 de 12/03/1990, localizada na região costeira ao norte da ilha de Santa Catarina, em pleno mar territorial, que é bem da União, nos termos do art. 20, inciso VI, da Constituição Federal, evidenciando-se a competência da Justiça Federal" (STJ, 5ª T., REsp 905.864/SC, Rel. Laurita Vaz, J. em 11/03/2008). O próximo aresto é elucidativo: o crime ambiental praticado em área de propriedade privada (no caso, a Reserva Natural constituída pela empresa Vale S.A.) inserida na zona de amortecimento da Reserva Biológica de Soretama (instituída pela União) justifica a competência da Justiça Federal: "4. Situação em que quatro investigados foram flagrados, às 2h da madrugada de 26/07/2017, no interior da Reserva Natural mantida pela empresa Vale S/A, localizada em zona de amortecimento de Unidade de Conservação Federal (a Reserva Biológica de Sooretama), cada um portando uma espingarda, munição, uma faca e um facão, além de outros artefatos destinados à prática da caça, tendo alguns admitido, diante da autoridade policial, que sua intenção era caçar pacas para consumo próprio. 5. A despeito de constituir área privada, a Reserva Natural mantida pela empresa VALE S/A, localiza-se dentro da zona de amortecimento que circunda a Reserva Biológica de Sooretama, unidade de conservação criada pela União, sendo, portanto, também área de interesse federal. 6. Definida a competência da Justiça Federal para a condução do inquérito em relação ao delito ambiental, por força do disposto na Súmula 122/STJ, será ela competente também para a investigação do delito conexo, de porte ilegal de arma de fogo" (STJ, 3ª S., CC 154.889/ES, Rel. Reynaldo Fonseca, J. em 22/11/2017);

c) Parque Nacional (art. 11, § 1º, da Lei n. 9.985/2000): "2. Na espécie, os fatos narrados na denúncia apontam para danos ambientais, diretos e indiretos, a unidade de conservação federal, assim é inequívoco o interesse da União, consubstanciado na proteção da área atingida, o que atrai a competência da Justiça Federal. De um lado, atos ilícitos teriam sido praticados na área circundante do Parque Nacional dos Campos Gerais, de outro, a falsidade dos estudos e dos laudos apresentados aos órgãos estaduais, ao induzir a erro a administração ambiental local, acabam por vulnerar justamente a área protegida pela União, tornando o interesse federal mais uma vez presente" (STJ, 6ª T., RHC 39.664/PR, Rel. Sebastião Reis Júnior, J. em 03/10/2017); "3. Constatada que a área desmatada ilegalmente foi transformada no Parque Nacional das Araucárias, criado pela União e cuja administração coube ao IBAMA (art. 3º do Decreto de 19 de outubro de 2005), evidencia-se o interesse federal na manutenção e preservação da região, sendo certo que, tratando-se de competência absoluta em razão da matéria, não há que se falar em *perpetuatio jurisdictionis*, a teor do que dispõe o art. 87 do Código de Processo Civil" (STJ, 3ª S., CC 104.942/SC, Rel. Marco Bellizze, J. em 14/11/2012);

d) Floresta Nacional (art. 17, § 1º, da Lei n. 9.985/2000): "É competência da Justiça Federal o julgamento de crime ambiental cometido, em tese, em área localizada no entorno de unidade de conservação federal, qual seja, a Floresta Nacional do Passa Quatro/MG, restando caracterizado o interesse da União, a teor do art. 109, IV, da Constituição da República" (TRF1, 4ª T., RSE 0005462-76.2006.4.01.3810/MG, Rel. Hilton Queiroz, J em 10/12/2010);

e) Reserva Extrativista (art. 18, § 1º, da Lei n. 9.985/2000): "No Laudo Pericial n. 1.230/2016-SETEC/SR/PF/SC produzido no inquérito policial (Evento 23), fez-se constar que a extremidade noroeste do terreno se situa nos limites da Unidade de Conservação (Reserva Extrativista Marinha do Pirajubaé). Essa proximidade, assim, justifica a legitimidade do Ministério Público Federal, bem como a permanência do processo nessa Justiça Federal, ainda que não tenha havido a aprovação do Plano de Manejo para a Unidade de Conservação" (TRF4, 7ª T., HC 5002135-81.2019.4.04.0000, Rel. Salise Sanchotene, J. em 01/02/2019);

f) Reserva de Fauna (art. 19, § 1º, da Lei n. 9.985/2000): atualmente, o Cadastro Nacional de Unidades de Conservação, mantido pelo Ministério do Meio Ambiente, não registra a existência de reservas de fauna no Brasil.

Há, contudo, unidades de conservação que podem conter, no seu interior, propriedade privada, ou seja, terras particulares. Nessas áreas, se a administração não for federal ou se o crime ambiental não causar dano direto ou indireto sobre a unidade de conservação, a competência será da Justiça estadual. São unidades de conservação desse tipo:

a) área de proteção ambiental (art. 15, § 1º, da Lei n. 9.985/2000): A Área de Proteção Ambiental é constituída por terras públicas ou privadas. Tal como ocorre em relação à área de relevante interesse ecológico (art. 16, § 1º, da Lei n. 9.985/2000), a Lei n. 9.985/2000 não condiciona nem restringe especificamente a propriedade particular em relação à APA ou à ARIE, diferentemente do que ocorre no monumento natural e no refúgio da vida silvestre, como será visto abaixo. Assim, é possível que, na APA, a propriedade privada não esteja sob a administração federal, tampouco sujeita a restrições e limitações administrativas. Nesse contexto, se o crime ambiental nela ocorrido não causar dano direto ou indireto à APA federal, a competência será da Justiça estadual: "PENAL. CONFLITO DE COMPETÊNCIA NEGATIVO. JUÍZO DE DIREITO E JUÍZO FEDERAL. CRIME CONTRA O MEIO AMBIENTE. FLORA. ÁREA DE PROTEÇÃO AMBIENTAL CRIADA POR DECRETO FEDERAL. DANO OCORRIDO EM PROPRIEDADE PRIVADA. INEXISTÊNCIA DE INTERESSE DA UNIÃO. COMPETÊNCIA DA JUSTIÇA ESTADUAL SUSCITADA. [...] 2. A criação de uma APA por meio de Decreto Federal não transfere integralmente a gestão ambiental das áreas nela inseridas à União, não subsistindo, portanto, o interesse direto e específico desse ente federativo, a justificar a competência da Justiça Federal para o processamento do feito. [...] 4. A atribuição do IBAMA de fiscalizar a preservação do meio ambiente também não atrai a competência da Justiça Federal para processamento e julgamento de ação penal referente a delitos ambientais" (STJ, 3ª S., CC 97.372/SP, Rel. Celso Limongi, J. em 24/03/2010);

b) área de relevante interesse ecológico (art. 16, § 1º): aplica-se o mesmo entendimento acima visto em relação à área de proteção ambiental. Se não houve limitação ou restrição do ente federal sobre a propriedade particular, a competência será da Justiça estadual. A *contrario sensu*, confira-se o seguinte aresto: "1. Considerando que a propriedade particular em que praticado o suposto crime encontra-se em Área de Relevante Interesse Ecológico - ARIE criada pelo CONAMA/MME, há interesse da União no feito" (STJ, 3ª S., CC 59.535/SC, Rel. Maria Moura, J. em 12/09/2007). Esse mesmo entendimento pode ser extraído do seguinte julgado do TRF da 2ª Região: "Mesmo que as condutas narradas na denúncia tenham ocorrido dentro de propriedade particular, na área de entorno de 10 km da ARIE da Reserva Florestal da Cicuta, subsiste o interesse direto e específico da União na causa, posto que *se trata de área sujeita à restrição administrativa ao uso da propriedade privada*, estabelecida em favor daquela, e também porque a gestão, fiscalização e administração é atribuição do IBAMA, autarquia federal" (TRF2, HC 0006871-44.2006.4.02.0000 (TRF2 2006.02.01.006871-3), Rel. Abel Gomes, J. em 20/09/2006);

c) Monumento Natural (art. 12, §1º, da Lei n. 9.985/2000): O Monumento Natural pode ser constituído por áreas particulares, desde que seja possível compatibilizar os objetivos da unidade com a utilização da terra e dos recursos naturais do local pelos proprietários. Nesse caso, se existir propriedade privada no monumento natural, sempre haverá uma limitação ou restrição da Administração sobre ela, justamente para a "compatibilização" referida no art. 12, § 1º, da Lei n. 9.985/2000. Logo, a Justiça estadual será competente apenas se o crime ambiental ocorrido na propriedade particular localizada no interior do monumento natural não repercutir na limitação administrativa, tampouco causar dano direito ou indireto na unidade de conservação;

d) Refúgio de Vida Silvestre (art. 13, §1º, da Lei n. 9.985/2000): O Refúgio de Vida Silvestre pode ser constituído por áreas particulares, desde que seja possível compatibilizar os objetivos da unidade com a utilização da terra e dos recursos naturais do local pelos proprietários. Diante da semelhança, aplica-se o mesmo entendimento quanto ao monumento natural, recém visto acima;

e) Reserva de Desenvolvimento Sustentável (art. 20, §2º, da Lei n. 9.985/2000): A Reserva de Desenvolvimento Sustentável é de domínio público, sendo que as áreas particulares incluídas em seus limites devem ser, quando necessário, desapropriadas, de acordo com o que dispõe a lei. Diante da semelhança, aplica-se o mesmo entendimento quanto ao monumento natural e ao refúgio da vida silvestre, recém vistos acima.

Já a reserva particular de patrimônio natural demanda um entendimento próprio. Trata-se de uma área privada, gravada com perpetuidade, com o objetivo de conservar a diversidade biológica. Embora seja área particular, a perpetuidade do ônus dessa unidade de conservação, quando instituída por órgão ambiental ligado à União, caracteriza o interesse permanente do ente federal. Aliás, o gravame da reserva particular de patrimônio natural constará de termo de compromisso assinado perante o órgão ambiental, depois que este verificar a existência de *interesse público*. Logo, se o órgão ambiental federal identificou interesse público, este é federal também. Por isso, mesmo que o crime ocorra em Reserva Particular de Patrimônio Natural (cuja área é de propriedade privada) instituída pela União, a competência será da Justiça Federal: "Contudo, tratando-se de possível venda de animais silvestres, caçados em Reserva Particular de Patrimônio Natural - declarada área de interesse público, segundo a Lei n.º 9.985/00 - evidencia-se situação excepcional indicativa da existência de interesse da União, a ensejar a competência da Justiça Federal" (STJ, 3ª S., CC 35.476/PB, Rel. Gilson Dipp, J. em 11/09/2002). No mesmo sentido já decidiu o TRF da 4ª Região: "Compete à Justiça Federal processar e julgar os crimes contra a fauna ocorridos na área de Reserva do Patrimônio Natural instituída pelo IBAMA" (TRF4, RSE 2001.72.00.004728-3, OITAVA TURMA, Relator ÉLCIO PINHEIRO DE CASTRO, DJ 15/05/2002).

Art. 41. Provocar incêndio em floresta ou em demais formas de vegetação:

Pena – reclusão, de dois a quatro anos, e multa.

Parágrafo único. Se o crime é culposo, a pena é de detenção de seis meses a um ano, e multa.

BEM JURÍDICO TUTELADO

O bem jurídico específico (v. comentários ao art. 2º) tutelado consiste na preservação do meio ambiente, especialmente, mas não só, das matas e florestas. O incêndio numa floresta não atinge apenas a flora, mas a fauna também.

SUJEITOS DO CRIME

O sujeito passivo é a coletividade. Tratando-se de crime comum, o sujeito ativo pode ser qualquer pessoa, inclusive a jurídica. O proprietário da mata ou floresta pode ser tanto sujeito passivo como ativo.

CONDUTAS

O art. 41 incrimina a conduta do sujeito ativo que *provoca* (dar causa) incêndio em floresta ou mata. Incêndio consiste em fogo de grandes proporções, o qual se diferencia da "queimada controlada", que é excepcionalmente autorizada pelo art. 38 da Lei n. 12.651/2012 e regulamentada pelo Decreto n. 2.661/1998 para fins de práticas agropastoris e florestais. Logo, a queimada controlada realizada segundo lei permissiva é lícita por constituir exercício regular de direito. Diversamente, se a queimada controlada não observar os limites da lei, ela passa a ser ilícita e tipifica o crime em questão.

O objeto material sobre o qual incide a conduta é a floresta (v. conceito nos comentários à Seção II) ou a mata (conjunto de árvores, de porte médio, naturais ou cultivadas[133]). Enquanto floresta confere a ideia de uma área com árvores de porte grande, mata indica uma área com árvores de médio porte.

Esse objeto material foi ampliado pela Lei n. 14.944/2024, que acrescentou a expressão "ou em demais formas de vegetação" ao *caput*. Esse acréscimo foi significativo, pois, a partir da sua vigência, além de floresta e mata, qualquer outra forma de vegetação permite a tipificação do crime sob estudo, a exemplo de cerrados, campos limpos, manguezais, caatingas, capoeiras. De todo modo, repisa-se a observação já tecida aos comentários do art. 48 quanto à necessidade de que as demais formas de vegetação tenham relevância jurídica, sob pena de atipicidade.

Conflitos aparentes de normas envolvendo o art. 41 são resolvidos pelo critério da especialidade ou pelo elemento subjetivo do agente:

A) com o art. 250 do CP: Tendo em conta que o tipo do art. 250 do CP tutela a incolumidade pública, ao passo que o tipo do art. 41 protege o equilíbrio do meio ambiente, se o incêndio provocado em floresta, lavoura, pastagem ou mata, expuser a perigo a vida ou a integridade física de pessoa ou patrimônio (elemento especializante previsto no art. 250 do CP), tipifica-se o crime do art. 250, § 1º, *h*, do CP. Se o incêndio provocado em outras formas de vegetação que não lavoura, pastagem, mata e floresta, expuser a perigo a vida ou integridade física de pessoa ou patrimônio, tipifica-se o crime do art. 250, *caput*, do CP. Já se o incêndio provocado em qualquer forma de vegetação não expuser a perigo a vida ou a integridade física de pessoa ou patrimônio, caracteriza-se o crime do art. 41 sob estudo.

B) com os arts. 38, 38-A, 40, 50 e 50-A: A solução, em abstrato, passa pela análise do elemento subjetivo do agente. Se este, para atingir os resultados previstos nos artigos já mencionados, usar dolosamente o fogo, ocorrerá a consunção/absorção do crime-meio (art. 41) pelo crime-fim (arts. 38, 38-A, 40, 50 e 50-A). Todavia, adere-se ao entendimento segundo o qual a consunção apenas ocorrerá se a pena do crime-fim for igual ou maior do que a do crime-meio; do contrário, prevalecerá a pena deste porque a reprovabilidade do crime-meio é maior (STJ, 5ª T., REsp 896312/PA, Rel. Arnaldo Esteves Lima, J. em 16/08/2007.; TRF4, 8ª T., ACR 0001329-17.2005.404.7116, Rel. Artur César de Souza, J. em 10/02/2011.; TJRS, 3ª C. Crim., Apelação Crime n. 70034259754, Rel. Newton Brasil de Leão, J. em 05/08/2010).

VOLUNTARIEDADE

O crime do art. 41 é doloso, sem exigir elemento subjetivo específico. O dolo eventual adéqua-se perfeitamente a este crime: "Tratando-se de produtor rural experiente, conhecedor das normas para queimada controlada, e que procede de forma diversa, assume o risco (dolo eventual) de produzir dano ambiental" (TJMG, 2ª C. Crim., Apelação Criminal n. 1.0643.06.000780-1/001, Rel. Hyparco Immesi, J. em 14/08/2008).

É prevista também a forma culposa.

133 MILARÉ, Edis; COSTA JR., Paulo José da; COSTA, Fernando José da. *Direito penal ambiental*. 2. ed. São Paulo: Revista dos Tribunais, 2013. p. 114.

CONSUMAÇÃO E TENTATIVA

Tratando-se de crime material e plurissubsistente, a consumação ocorre quando sobrevém o dano, sendo cabível, para a forma dolosa, a tentativa. À diferença do crime tipificado no art. 250 do CP, que é de perigo concreto, o que resulta na necessidade de que a perícia comprove, além da materialidade do incêndio, que deste resultou perigo à vida, à integridade física ou ao patrimônio de outrem (p. ex.: "O crime do artigo 250 do Código Penal, além de deixar vestígios, pressupõe a existência de perigo comum e concreto a terceiros, razão pela qual era imprescindível a realização de perícia para comprovação da materialidade e do elemento normativo do tipo, notadamente porque a prova oral deixa dúvidas acerca da proporção do incêndio, sendo imperioso o acolhimento da súplica absolutória" (TJMG, 7ª C. Crim., Apelação Criminal n. 1.0074.19.001565-6/001, Rel. Sálvio Chaves, j. em 12/06/2024)), o crime tipificado no art. 41 sob estudo requer prova pericial apenas a respeito da materialidade do incêndio, dispensando prova a respeito do perigo, o qual, no caso, é presumido.

AÇÃO PENAL

Todos os crimes previstos na Lei n. 9.605/98 são de ação penal pública incondicionada (art. 26). Tendo em vista as penas mínima e máxima cominadas, para a forma dolosa, não cabe transação (art. 27), tampouco suspensão condicional do processo (art. 28), mas cabe o acordo de não persecução penal (art. 28-A do CPP); para a forma culposa, cabem a transação e o *sursis* processual.

Quanto à competência material (v. comentários ao art. 26), se o incêndio ocorrer em área pertencente à União (incluídas suas autarquias e empresas públicas), a Justiça Federal é competente; nos demais casos, a competência é da Justiça Estadual.

> **Art. 42.** Fabricar, vender, transportar ou soltar balões que possam provocar incêndios nas florestas e demais formas de vegetação, em áreas urbanas ou qualquer tipo de assentamento humano:
>
> Pena – detenção de um a três anos ou multa, ou ambas as penas cumulativamente.

BEM JURÍDICO TUTELADO

O bem jurídico específico (v. comentários ao art. 2º) tutelado consiste na preservação do meio ambiente, especialmente das florestas e outras formas de vegetação, que são postas em risco em função da chance de incêndio provocada pela soltura de balões.

O art. 42 revogou tacitamente o art. 28, parágrafo único, da Lei de Contravenções Penais, na parte em que dispõe sobre a conduta relacionada a balão.

SUJEITOS DO CRIME

O sujeito passivo é a coletividade. Tratando-se de crime comum, o sujeito ativo pode ser qualquer pessoa.

CONDUTAS

O art. 42, que constitui tipo misto alternativo (v. conceito nos comentários ao item "condutas" do art. 29), incrimina a conduta do agente ativo que *fabrica* (confeccionar), *vende* (comercializar), *transporta* (locomover) ou *solta* (impulsionar ao céu) balões que tenham a capacidade de provocar incêndios nas florestas (v. conceito nos comentários à Seção II) e nas demais formas de vegetação (qualquer forma), em áreas urbanas (cidades) ou qualquer tipo de assentamento humano (local onde haja pessoas). Atente-se para este detalhe: o art. 42 não tipificou as condutas de "comprar" e de "receber" balões.

O instrumento utilizado para a prática do crime, balão, deve oferecer o risco concreto de causar incêndio, nas áreas já referidas. Já se excluem então os balões pequenos e aqueles que não são movidos a fogo. Essa circunstância caracteriza o **crime como de perigo concreto**, no qual a perícia é necessária.

Em razão do dolo eventual, haverá concurso deste art. 42 com o art. 41, *caput*, se, com o balão, o agente provoca incêndio em mata ou floresta, ou com o art. 250, *caput* e majorantes, do CP, se provoca incêndio que exponha a risco a incolumidade pública.

VOLUNTARIEDADE

O crime do art. 42 é doloso, sem exigir elemento subjetivo específico. Não é prevista a forma culposa.

CONSUMAÇÃO E TENTATIVA

Por se tratar de crime formal (dispensa resultado naturalístico, ou seja, o incêndio), a consumação ocorre quando os verbos nucleares são praticados. Sendo crime plurissubsistente, a tentativa (*conatus*) é admissível.

AÇÃO PENAL

Todos os crimes previstos na Lei n. 9.605/98 são de ação penal pública incondicionada (art. 26). Tendo em vista as penas mínima e máxima, não cabe transação (art. 27); todavia, têm lugar a suspensão condicional do processo (art. 28) e o acordo de não persecução penal (art. 28-A do CPP).

Sobre a competência material (v. comentários ao art. 26), tem-se que a Justiça Estadual é competente. Em caso de concurso deste crime do art. 42 com o tipificado no art. 41, se este atingir área federal, a Justiça Federal será competente por força da Súmula n. 122 do STJ.

Art. 43. (VETADO)

Art. 44. Extrair de florestas de domínio público ou consideradas de preservação permanente, sem prévia autorização, pedra, areia, cal ou qualquer espécie de minerais:

Pena – detenção, de seis meses a um ano, e multa.

BEM JURÍDICO TUTELADO

O bem jurídico específico (v. comentários ao art. 2º) tutelado consiste na preservação do meio ambiente.

SUJEITOS DO CRIME

O sujeito passivo é a coletividade. Cuidando-se de crime comum, o sujeito ativo pode ser qualquer pessoa, inclusive a jurídica. Eventual proprietário da área pode ser tanto sujeito passivo como ativo.

CONDUTAS

O art. 44 incrimina a conduta do sujeito ativo que *extrai* (retirar), sem autorização, pedra, areia, cal ou qualquer espécie de minerais, de floresta (v. conceito nos comentários à Seção II) de domínio público (o art. 3º, I, da Lei n. 11.284/2006 conceitua florestas públicas como florestas, naturais ou plantadas, localizadas nos diversos biomas brasileiros, em bens sob o domínio da União, dos Estados, dos Municípios, do Distrito Federal ou das entidades da administração indireta) ou considerada de preservação permanente (v. conceito nos comentários ao art. 38).

Quanto ao objeto material sobre o qual incide a conduta, o art. 44 usou da interpretação analógica, pois apresenta uma relação casuística (pedra, areia, cal) seguida de uma fórmula genérica (qualquer espécie de mineral).

A autorização, enquanto elemento normativo, torna a conduta atípica. Na forma do Código de Mineração (Decreto-Lei n. 227, de 28 de fevereiro de 1967), além do licenciamento ambiental feito pela autoridade competente, é necessário o licenciamento promovido pela Agência Nacional de Mineração – ANM, que substituiu o extinto Departamento Nacional de Produção Mineral – DNPM, conforme a Lei n. 13.575/2015.

Pelo princípio da especialidade, este art. 44 prevalece em relação ao art. 55, o qual, pela sua generalidade, ocorrerá quando a retirada de recursos minerais, sem autorização, ocorrer em qualquer outro lugar que não os indicados no presente artigo 44 (florestas públicas ou de preservação permanente). No conflito aparente com o art. 38, ou seja, se a extração de espécie mineral de floresta pública acarretar a destruição ou danificação desta, prevalecerá a figura do art. 38 porque esta é crime de dano, enquanto o art. 44 é crime de perigo. Ademais, haverá concurso formal deste art. 44, que tutela o meio ambiente, com o art. 2º, *caput*, da Lei n. 8.176/1991, que tutela o patrimônio da União, justamente pela diversidade do objeto jurídico.

VOLUNTARIEDADE

O crime do art. 44 é doloso, sem exigir elemento subjetivo específico.

CONSUMAÇÃO E TENTATIVA

O crime consuma-se quando a espécie mineral é extraída, dispensando, porém, a ocorrência do dano ambiental. Classifica-se, por isso, como crime de perigo abstrato. Tratando-se de crime plurissubsistente, a tentativa (*conatus*) é admissível.

AÇÃO PENAL

Todos os crimes previstos na Lei n. 9.605/98 são de ação penal pública incondicionada (art. 26). Observadas as penas mínima e máxima do tipo sob análise, são cabíveis a transação (art. 27) e a suspensão condicional do processo (art. 28).

Quanto à competência material (v. comentários ao art. 26), considerando que os bens minerais são propriedades da União (art. 20, IX, da CF), haverá o concurso formal com o crime tipificado no art. 2º, *caput*, da Lei n. 8.176/1991, o que ensejará a competência da Justiça Federal, com base na Súmula 122 do STJ ("Incorre, em concurso formal, nos delitos capitulados nos artigos 2º da Lei nº 8.176/91 e 44 da Lei nº 9.605/98 aquele que procede à extração de minérios desacompanhada de autorização, permissão ou concessão dos órgãos competentes em área de floresta de preservação permanente. Inocorrência de conflito aparente de normas" – TRF4, 8ª T., ACR 2005.71.00.042656-0, Rel. Artur de Souza, J. em 06/08/2008). A propósito, a extração ilícita de minerais sempre implicará a competência da Justiça Federal tendo em vista que os minerais são propriedade da União, independentemente de onde estejam localizados: "3. O crime de usurpação mineral, previsto no art. 2º da Lei n. 8.176/1991, se caracteriza como espécie de delito perpetrado contra o patrimônio público, cujo foco central está no prejuízo resultante da indevida ou irregular extração mineral. Os recursos minerais são bens da União, conforme art. 20, IX, da CF, ainda que estejam inseridos em área particular ou pertencente a outro ente federativo. Como consectário da natureza desses bens, no que tange ao seu domínio, é competência da Justiça Federal processar e julgar as condutas tipificadas no art. 2º da Lei n. 8.176/1991. 4. O Tribunal de origem decidiu contrariamente à jurisprudência do STJ, ao entender ser atípica a conduta do réu porque a extração do ouro ocorreu em terras particulares ou em áreas pertencentes ao município. Todavia, o fato de o minério estar localizado em propriedade particular ou em zona rural municipal não afasta a dominialidade federal do bem. Dessa forma, não há falar em atipicidade da conduta, porquanto subsiste o interesse direto e específico da União no caso em exame, em que se imputa ao acusado o delito previsto no art. 2º da Lei n. 8.176/1991" (STJ, 6ª T., AgRg no AREsp n. 1.789.629/MT, Rel. Rogerio Schietti, j. em 28/11/2023).

Art. 45. Cortar ou transformar em carvão madeira de lei, assim classificada por ato do Poder Público, para fins industriais, energéticos ou para qualquer outra exploração, econômica ou não, em desacordo com as determinações legais:
Pena – reclusão, de um a dois anos, e multa.

BEM JURÍDICO TUTELADO

O bem jurídico específico (v. comentários ao art. 2º) tutelado consiste na preservação do meio ambiente, especialmente das árvores classificadas pelo Poder Público como "madeira de lei".

SUJEITOS DO CRIME

O sujeito passivo é a coletividade. Tratando-se de crime comum, o sujeito ativo pode ser qualquer pessoa, inclusive a jurídica.

CONDUTAS

O art. 45, que constitui tipo misto alternativo (v. conceito nos comentários ao item "condutas" do art. 29), incrimina a conduta do sujeito ativo que *corta* (separar algo em duas partes ou mais) ou *transforma* (modificar) em carvão madeira de lei, assim classificada pelo Poder Público, para fins industriais (emprego na indústria), energéticos (combustível) ou para qualquer outra exploração, econômica ou não, em desacordo com as determinações legais.

Quanto ao objeto material, a doutrina costuma definir "madeira de lei" como a madeira dura, constituída por material forte e próprio para construções e que é protegida desde a época do Império, a exemplo da araucária, imbuia, jacarandá, mogno e cedro.[134] Considerando que o legislador penal deve empregar uma redação simples e clara, para a compreensão da população em geral, "madeira de lei" significa, simplesmente, a madeira cujo uso é restringido ou mesmo vedado pelo Estado.

Não obstante, tendo em vista o princípio da legalidade inerente à redação de qualquer tipo penal, é necessária a existência de algum ato formal do Poder Público que declare a madeira como "de lei".

Trata-se, com efeito, de norma penal em branco. Nesse ponto, alguns julgados (ex.: TJRS, 4ª C. Crim., Ap. Crim. n. 70051945244, Rel. Marcel Hoppe, J. em 06/02/2013) adotam como complemento a Portaria Normativa IBDF 302-P, de 3 de julho de 1984, cujo anexo I diz: "entende-se por madeira de lei aquelas espécies de valor comercial, as quais são utilizadas principalmente em indústrias tais como serraria, fábricas de móveis, compensados, laminados, etc".

134 FREITAS, Vladimir Passos de; FREITAS, Gilberto Passos de. *Crimes contra a natureza*. 9 ed. São Paulo: Revista dos Tribunais, 2012. p. 179.

Já o art. 19 elenca as seguintes espécies como madeira de lei: Pinho Brasileiro (*Araucarie angustifolia*), Pinho Bravo (*Podocarpus lamberttii*), Canela Sassafrás (*Ocotea pretiosa*), Guatambu ou Pau Marfim (*Balforodendron riedelianum*), Imbuia (*Ocotea porosa*), Pau Rosa (*Aniba dukei*), Mogno (*Swietenia macrophylla*), Virola (*Virola surinamensis*). Contudo, essa Portaria Normativa IBDF 302-P, de 3 de julho de 1984, foi expressamente revogada pela Instrução Normativa IBAMA n. 5, de 25 de outubro de 1999, o que resulta na impossibilidade de ela caracterizar a "madeira de lei".

Com base em interpretação teleológica, observa-se que a finalidade do art. 45 é proteger a madeira declarada, pelo Poder Público, de alguma forma, como importante, razão pela qual o seu corte é proibido. Então, a proteção outorgada por qualquer ato normativo à determinada madeira é suficiente para caracterizá-la como "madeira de lei", cujo corte, sem autorização, tipifica o crime ora sob estudo. No Estado do Acre, por exemplo, o art. 60 da Lei Estadual/AC n. 1117/94 proíbe o corte da castanheira *Bertholettia excelsa* e da seringueira *Hevea*. Então, o corte, sem autorização, dessa castanheira caracteriza o crime do art. 45, segundo já decidiu o TJAC (C. Crim., Ap. crim. 0023225-83.2010.8.01.0070, acórdão n. 18.788, Rel. Francisco Djalma, J. em 02/07/2015). Essas mesmas duas espécies contam com proteção nacional decorrente da previsão do art. 29 do Decreto 5.975/2006: "Não são passíveis de exploração para fins madeireiros a castanheira (*Betholetia excelsa*) e a seringueira (*Hevea spp*) em florestas naturais, primitivas ou regeneradas.

Por sua vez, o TJMG já equiparou à "madeira de lei" as árvores imunes a corte, como no caso do ipê-amarelo, cujo corte é proibido pela Lei Estadual/MG n. 9.734/88 ("A conduta imputada ao denunciado, prevista no art. 45 da Lei 9.605/98 encerra norma penal em branco, cuja regulamentação requer específica classificação do Poder Público. – Tendo a legislação estadual (Lei nº 9.734/88) regulamentado o corte do 'ipê-amarelo', se subsume ao tipo penal do art. 45 da Lei 9.605/98, a conduta do agente de cortar, sem autorização legal, essa espécie de árvore, considerada madeira de lei" – TJMG, 7ª C. Crim., APR: 10481110110428001 MG, Rel. Cássio Salomé, J. em 14/05/2015).

Ademais, considerando a teleologia do art. 45 – proteger a madeira que é considerada importante, não apenas sob o ponto de vista econômico –, sustenta-se, em leitura própria, que madeira contida na flora que está classificada, por ato normativo, como ameaçada de extinção pode ser o objeto material do crime sob estudo. Afinal, se determinada espécie de flora madeireira é considerada em risco de extinção, intuitivamente existe um interesse público na sua proteção e conservação, o que implica a proibição do seu corte e da sua exploração. É o caso, por exemplo, da Portaria MMA n. 443, de 17 de dezembro de 2014, que reconhece como espécies da flora brasileira ameaçadas de extinção aquelas constantes da "Lista Nacional Oficial de Espécies da Flora Ameaçadas de Extinção". O art. 2º dessa Portaria dispõe que as espécies constantes da Lista "ficam protegidas de modo integral, incluindo a proibição de coleta, *corte*, transporte, armazenamento, manejo, beneficiamento e comercialização, dentre outras". Então, o corte ou a transformação em carvão da madeira decorrente de flora considerada em extinção, por qualquer ato normativo, como a Portaria MMA n. 443, de 17 de dezembro de 2014, tipifica o crime do art. 45, observada ainda a incidência da majorante prevista no art. 53, II, "c".

A exegese ora sugerida no sentido de que a flora madeireira considerada sob risco de extinção tipifica o art. 45, quando não autorizado o corte ou a transformação em carvão, atende ao mandamento de proteção do meio ambiente contido no art. 225 da CF ao mesmo tempo em que respeita o princípio da legalidade, tendo em vista a existência de ato normativo formal e público para considerar o objeto material como "madeira de lei".

Apesar disso, talvez por desconhecimento, há jurisprudência que sustenta que a expressão "madeira de lei" não foi regulamentada até hoje: "Crime do art. 45 da lei de crimes ambientais. Inaplicabilidade do dispositivo supostamente infringido, haja vista se tratar de norma penal em branco e inexistir ato normativo regulamentador no que atine à expressão "madeira de lei", integrante do tipo. Atipicidade da conduta" (TJSC, 2ª C. Crim., Apelação criminal n. 250307 SC 2010.025030-7, Rel. Túlio Pinheiro, J. em 14/07/2011): "É de se absolver o acusado quanto ao delito previsto no artigo 45 da Lei 9.605/98, visto que este possui como objeto material da conduta a 'madeira de lei' para fins de incriminação do tipo penal ali descrito, e considerando-se que se trata de norma penal em branco, a mesma necessita de complementação por ato do Poder Público, sendo que até o momento inexiste referida normatização" (TJPR, 2ªº C. Crim, Ap. n. 1.0033889-71.2017.8.16.0019, Rel. Luís Xavier, J. em 09/09/2021).

É certo que, se a denúncia não indicar o ato normativo que qualifica a madeira como "madeira de lei", ela será inepta ou o respectivo processo penal terminará com a absolvição do réu: "No caso ora em julgamento, não há nos autos sequer menção à legislação complementar que classifica as árvores das espécies Pequi e Sucupira Branca, supostamente cortadas pelos apelantes, como madeiras de lei, ônus que, a meu ver, competia ao Ministério Público. Diante disso, não havendo provas de que os recorrentes cortaram madeira de lei, assim classificada por ato do Poder Público, suas absolvições pela prática do crime previsto no art. 45 da Lei 9.605/98 é medida de rigor" (TJMG, 5ª C. Crim., Ap. Crim. n. 1.0082.13.001004-2/001, Rel. Júlio Lorens, J. em 09/11/2021).

De qualquer sorte, a perícia é essencial para a caracterização do crime sob estudo, a sua ausência implicará a absolvição (TJRS, Turma Recursal Criminal, Recurso Crime n. 71006151385, Rel. Keila Catta-Preta, J. em 07/11/2016). Nela, o perito classificará, ou não, o material como madeira de lei. Recomenda-se, a propósito, que um dos quesitos da perícia verse sobre o enquadramento da madeira apreendida em qualquer ato normativo que proíba o seu corte (ou a transformação em carvão) ou a considere decorrente de flora sob risco de extinção.

A existência de ato normativo permissivo (elemento normativo do tipo) para o corte da madeira de lei ou a transformação desta em carvão torna a conduta atípica. É o caso da exploração autorizada de madeira em procedimento de remanejamento florestal, por exemplo.

Se o agente cortar madeira de lei (art. 45) decorrente de árvores localizadas em florestas de preservação permanente (art. 39) ou nos locais referidos pelos arts. 40 ou 40-A, o critério da especialidade será insuficiente para a resolução desse conflito aparente de normas, já esses crimes contêm elementos especializantes. Prevalecerá, então, a conduta punida com pena maior, pela *ratio* já explicada nos comentários ao item "condutas" relativo ao art. 41.

VOLUNTARIEDADE

O crime do art. 45 é doloso. É previsto elemento subjetivo especial: "para fins industriais, energéticos ou para qualquer outra exploração, econômica ou não". Se essa finalidade não estiver presente, o fato é atípico. Logo, não basta apenas o corte ou a transformação em carvão da madeira de lei; é necessária, também, a finalidade de exploração industrial, energética ou de qualquer outro tipo: "O delito previsto no art. 45 da Lei 9.605/98 exige, além do corte em "madeira de lei", assim classificada por ato do Poder Público, a finalidade industrial, energética ou qualquer outra forma de exploração. E, ausente prova quanto ao dolo específico na conduta do agente, aliás, sequer descrito na denúncia, cabível é a solução absolutória" (TJMG, 7ª C. Crim., Ap. Crim. n. 1.0481.11.007528-2/001, Rel. Paulo, J. em 21/01/2016).

Inexiste a forma culposa.

CONSUMAÇÃO E TENTATIVA

Tratando-se de crime material, a consumação ocorre no instante que a madeira de lei é cortada ou transformada em carvão. Por ser crime plurissubsistente, a tentativa (*conatus*) é possível.

AÇÃO PENAL

Todos os crimes previstos na Lei n. 9.605/98 são de ação penal pública incondicionada (art. 26). Observadas as penas mínima e máxima do tipo sob análise, são cabíveis a transação (art. 27) e a suspensão condicional do processo (art. 28).

Quanto à competência material (v. comentários ao art. 26), consoante Baltazar Júnior, a Justiça Estadual, em regra, é a competente, "a não ser que a madeira seja oriunda de área de propriedade da União ou de suas autarquias ou empresas públicas".[135]

Art. 46. Receber ou adquirir, para fins comerciais ou industriais, madeira, lenha, carvão e outros produtos de origem vegetal, sem exigir a exibição de licença do vendedor, outorgada pela autoridade competente, e sem munir-se da via que deverá acompanhar o produto até final beneficiamento:

Pena – detenção, de seis meses a um ano, e multa.

Parágrafo único. Incorre nas mesmas penas quem vende, expõe à venda, tem em depósito, transporta ou guarda madeira, lenha, carvão e outros produtos de origem vegetal, sem licença válida para todo o tempo da viagem ou do armazenamento, outorgada pela autoridade competente.

BEM JURÍDICO TUTELADO

O bem jurídico específico (v. comentários ao art. 2º) tutelado consiste na preservação do meio ambiente, especificamente dos recursos florestais.

SUJEITOS DO CRIME

O sujeito passivo é a coletividade. Tratando-se de crime comum, o sujeito ativo pode ser qualquer pessoa, inclusive a jurídica.

CONDUTAS

O art. 46, *caput*, incrimina a conduta do sujeito ativo que *recebe* (aceitar, tomar) ou *adquire* (tornar-se proprietário por compra, permuta, doação) o seguinte objeto material: lenha ("denominação aplicada a madeira picada ou desdobrada em pedaços com dimensões próprias, para ser queimada ou transformada em carvão") (Vocabulário do IBGE), madeira ("tecido constituído esp. de celulose e lignina, formado pelo desenvolvimento do xilema secundário dos caules, ramos e raízes de árvores e arbustos; lenho"), carvão ("material sólido, de origem mineral ou vegetal, que consiste esp. em carbono com pequeno percentual de hidrogênio, compostos orgânicos complexos e materiais inorgânicos, muito us. industrialmente como combustível; carvão mineral, carvão de pedra") (Houaiss) ou outros produtos de origem vegetal (ex.: palmito), sem exigir a licença do vendedor expedida pela autoridade competente ou sem munir-se da via que deverá acompanhar o produto até o final beneficiamento (enriquecimento).

Sucede o crime sob estudo quando o agente recebe ou adquire o objeto material sem exigir a licença do vendedor (elemento normativo do tipo) ou quando ele não retém a via da licença que deve acompanhar o produto até o seu beneficiamento.

135 BALTAZAR JÚNIOR, José Paulo. *Crimes federais*. 10. ed. São Paulo: Saraiva, 2015. p. 1036.

Atualmente, essa licença consiste no Documento de Origem Florestal – DOF, que substituiu a antiga Autorização para Transporte de Produtos Florestais – ATPF, e que foi instituído pela Portaria MMA n. 253/2006. Regulamentado pela Instrução Normativa IBAMA n. 112/2006, o DOF constitui licença obrigatória para o transporte e armazenamento de produtos florestais de origem nativa, inclusive o carvão vegetal nativo, contendo as informações sobre a procedência desses produtos, nos termos do art. 36 da Lei n. 12.651/2012. São produtos florestais: aqueles que se encontram no seu estado bruto ou *in natura*, nas seguintes formas: a) madeira em toras; b) toretes; c) postes não imunizados; d) escoramentos; e) palanques roliços; f) dormentes nas fases de extração/fornecimento; g) estacas e moirões; h) achas e lascas; i) pranchões desdobrados com motosserra; j) bloco ou filé, tora em formato poligonal, obtida a partir da retirada de costaneiras; k) lenha; l) palmito; m) xaxim; n) óleos essenciais; e o) plantas ornamentais, medicinais e aromáticas, mudas, raízes, bulbos, cipós e folhas de origem nativa ou plantada das espécies constantes da lista oficial de flora brasileira ameaçada de extinção e dos anexos da CITES. Por sua vez, são subprodutos florestais aqueles que passaram por processo de beneficiamento sob uma das seguintes formas: a) madeira serrada sob qualquer forma, laminada e faqueada; b) resíduos da indústria madeireira (aparas, costaneiras, cavacos e demais restos de beneficiamento e de industrialização de madeira) quando destinados para fabricação de carvão; c) dormentes e postes na fase de saída da indústria; d) carvão de resíduos da indústria madeireira; e) carvão vegetal nativo empacotado, na fase posterior à exploração e produção; e f) xaxim e seus artefatos na fase de saída da indústria. Afigura-se essencial a constatação se o produto florestal necessita ou não de licença; se não necessitar, o fato, evidentemente, será atípico.

O art. 46, parágrafo único, que constitui tipo misto alternativo (v. conceito nos comentários ao item "condutas" do art. 29), equipara a crime a conduta do agente que *vende* (comercializar), *expõe à venda* (anunciar para comercialização), *tem* (manter) em depósito, *transporta* (locomover) ou *guarda* (armazenar) o objeto material já referido, sem o DOF. "Ao manter em depósito madeira sem o correspondente cadastro no DOF (documento de origem florestal), resta configurado o crime do artigo 46, parágrafo único, da Lei nº 9.605/98" (TRF4, 8ª T., ACR 5003406-14.2014.404.7110, Rel. João Gebran Neto, J. em 01/06/2016).

Quanto ao objeto material, é necessária a realização de perícia para a constatação da sua qualificação como produto florestal que exige licença para ser manuseado: "Ausência de prova técnica que permita identificar as espécies vegetais que o acusado deslocou, o que compromete a materialidade do delito imputado" (Turma Recursal Criminal do RS, RC: 71007260607 RS, Rel. Luiz Capra, J. em 12/03/2018).

Se, para a prática deste crime do art. 46, o agente faz uso de um DOF falso, é caso de concurso, não havendo que se aplicar o princípio da consunção: "1. Hipótese em que o réu, na condição de proprietário e administrador de empresa madeireira, recebeu, armazenou e manteve em depósito tábuas de madeiras, sem a licença válida para o armazenamento, mediante uso de documento falsificado, ao apresentar, ao IBAMA, Documento de Origem Florestal (DOF) materialmente falso. 2. A conduta de fazer uso do documento falso é punida como crime autônomo em relação ao crime ambiental quando o ato praticado não é meio necessário para a consumação da outra conduta. Afastada na espécie a aplicação do princípio da consunção" (TRF4, 7ª T., ACR 5001804-86.2012.404.7100, Rel. Cláudia Cristofani, J. em 16/05/2016).

No mais, observa-se que, por exemplo, se o sujeito ativo armazena ou guarda, sem propósito comercial, madeira, para consumo no próprio imóvel, o tipo do deste art. 46, em comento, resta afastado, diante da aplicação do art. 23 da Lei n. 12.652/2012 ("O manejo sustentável para exploração florestal eventual sem propósito comercial, para consumo no próprio imóvel, independe de autorização dos órgãos competentes, devendo apenas ser declarados previamente ao órgão ambiental a motivação da exploração e o volume explorado, limitada a exploração anual a 20 (vinte) metros cúbicos").

VOLUNTARIEDADE

O crime do art. 46 é doloso. O *caput* prevê o elemento subjetivo especial: "para fins comerciais ou industriais", o que torna atípica a conduta do agente que adquire ou recebe o objeto material para consumo próprio. Já o art. 46, parágrafo único, não exige o intuito de comercialização ou industrialização ("Tendo o acusado mantido em depósito o produto de origem vegetal (palmitos), sem licença válida outorgada pela autoridade competente – licença esta que constitui o elemento normativo do tipo em questão, referente à falta de uma causa de justificação –, consumou-se o crime previsto no parágrafo único do art. 46, o qual não exige o intuito de comercialização" – TRF2, 2ª T., Apelação Criminal n. 0490375-37.2005.4.02.5101 (TRF2 2005.51.01.490375-8), Rel. Liliane Roriz, J em 16/06/2009).

Inexiste previsão de forma culposa.

CONSUMAÇÃO E TENTATIVA

No *caput*, a consumação ocorre no instante em que os verbos nucleares são praticados, ou seja, no momento em que ocorre a aquisição ou recebimento sem a exigência da licença. Tratando-se de crime plurissubsistente, a tentativa (*conatus*) é possível. No parágrafo único, "vender" e "transportar" consumam-se com a prática dessas condutas, sendo admissível a tentativa; já as condutas "expor à venda" e "guardar" são crimes permanentes (a consumação prolonga-se no tempo) e são compatíveis, embora de difícil ocorrência na prática, com a tentativa. Independentemente da conduta, não se exige prejuízo ao meio ambiente.

AÇÃO PENAL

Todos os crimes previstos na Lei n. 9.605/98 são de ação penal pública incondicionada (art. 26). Observadas as penas mínima e máxima do tipo sob análise, são cabíveis a transação (art. 27) e a suspensão condicional do processo (art. 28).

Em regra, por inexistir interesse específico da União, a competência material (v. comentários ao art. 26) será da Justiça Estadual (STF, 1ª T., RE 349186, Rel. Ilmar Galvão, J. em 22/10/2002). Destaca-se, nesse ponto, o seguinte entendimento do STF: "A atividade de fiscalização ambiental exercida pelo IBAMA, ainda que relativa ao cumprimento do art. 46 da Lei de Crimes Ambientais, configura interesse genérico, mediato ou indireto da União, para os fins do art. 109, IV, da Constituição", o que justifica a competência da Justiça Estadual (STF, 2ª T., HC 81916, Rel. Gilmar Mendes, J. em 17/09/2002). Mesmo havendo **concurso com o crime de falsificação do DOF**, que é fiscalizado pelo IBAMA, o STJ, desde 2016, entende que a competência para o julgamento é da Justiça estadual: "5. Conquanto o Sistema DOF tenha sido instituído e implantado pelo IBAMA (art. 1º da Portaria/MMA n. 253/2006, c/c Instrução Normativa n. 112/2006 do IBAMA), o mero fato de o Sistema estar hospedado em seu site não atrai, por si só, a competência federal para o julgamento de delito de falsificação de Documento de Origem Florestal. Precedente: CC 141.822/PR, Rel. Ministro ROGERIO SCHIETTI CRUZ, TERCEIRA SEÇÃO, julgado em 09/09/2015, DJe 21/09/2015. 6. Ausentes indícios de que a madeira irregularmente comercializada tivesse sido extraída de alguma das áreas de interesse da União descrita no art. 7º, XIV e XV, da Lei Complementar n. 140/2011 ou de que o licenciamento ambiental da empresa ré tivesse sido concedido pela União, não há nem prejuízo nem interesse diretos do IBAMA ou da União que tenham sido feridos seja em decorrência da falsificação do DOF, seja em decorrência de sua eventual apresentação à fiscalização da autarquia" (STJ, 3ª S., CC 147.393/RO, Rel. Reynaldo Fonseca, J. em 14/09/2016).

Art. 47. (VETADO)

Art. 48. Impedir ou dificultar a regeneração natural de florestas e demais formas de vegetação:

Pena – detenção, de seis meses a um ano, e multa.

BEM JURÍDICO TUTELADO

O bem jurídico específico (v. comentários ao art. 2º) tutelado consiste na preservação do meio ambiente, o qual é posto em risco pela conduta que dificulta ou impede a regeneração da vegetação.

SUJEITOS DO CRIME

O sujeito passivo é a coletividade. Tratando-se de crime comum, o sujeito ativo pode ser qualquer pessoa, inclusive a jurídica.

CONDUTAS

O art. 48, que constitui tipo misto alternativo (v. conceito nos comentários ao item "condutas" do art. 29), incrimina a conduta do sujeito ativo que *impede* (obstar) ou *dificulta* (atrapalhar) a regeneração natural (regeneração pela própria natureza) de florestas (v. conceito nos comentários à Seção II) ou demais formas de vegetação.

Mesmo que não tenha erigido a construção irregular, o adquirente de uma casa indevidamente construída no interior de unidade de conservação incorre na prática do crime tipificado no art. 48, quando ele é notificado a respeito da irregularidade e não adota providência alguma. Não se trata de responsabilidade penal objetiva, tendo em vista que, ao ser comunicado pela autoridade ambiental sobre a construção irregular impedir ou dificultar a regeneração natural de floresta, p. ex., o adquirente da construção passa a atuar com dolo. Assim, tem decidido o STJ: "AGRAVO REGIMENTAL EM RECURSO ESPECIAL. CRIME AMBIENTAL. ART. 48 DA LEI N. 9.605/1998. IMPEDIMENTO DE REGENERAÇÃO DAS FORMAS NATURAIS DE VEGETAÇÃO. MANGUE. OBRIGAÇÃO DE CONSERVAÇÃO TRANSFERIDA AO OCUPANTE DO IMÓVEL CONSTRUÍDO EM ÁREA IRREGULAR. SÚMULA 7/STJ. INOCORRÊNCIA. [...] Cinge-se a controvérsia em definir se o fato de o recorrente manter construção em unidade de conservação ambiental, mesmo não a tendo construído e após comunicado pela fiscalização do ICMBIO, constitui conduta típica prevista no art. 48 da Lei 9.605/98. II - O delito tipificado no art. 48 da Lei 9.605/98, pelo qual foi o agravante condenado em primeira instância, visa punir quem impede ou dificulta a regeneração natural de florestas e demais formas de vegetação. Nessa toada, irrelevante a existência de prova acerca de ser ou não o agravante causador primeiro do obstáculo à regeneração do habitat natural, ou seja, o construtor da casa edificada no interior da unidade de conservação. III - *In casu*, a permanência e a manutenção da edificação construída em área sensível, após reiterados alertas sobre a situação irregular, é o que configura o delito. Com efeito, **responde pelo crime previsto no art. 48 da Lei 9.605/98, o agente que, mesmo não sendo construtor da obra, deixa de promover ou impede a regeneração da vegetação natural destruída em decorrência dela**. Precedentes. Agravo regimental desprovido" (STJ, 5ª T., AgRg no REsp 1497163/SC, Rel. Félix Fischer, J. em 19/04/2018).

Quanto ao objeto material, as demais formas de vegetação devem possuir relevância jurídica. Por isso, o agente que impede a regeneração natural de um terreno baldio localizado no centro da cidade pratica fato atípico. De outra banda, se o agente comprovar que a área não pode mais se regenerar naturalmente, caracteriza-se crime impossível em razão da impropriedade absoluta do objeto (art. 17 do CP).

A perícia é relevante para identificar se a área é floresta ou outra forma de vegetação e se houve impedimento ou dificultação quanto à sua regeneração natural.

O STJ já reconheceu **concurso material entre os crimes tipificados nos art. 40, 48 e 64** (v. comentários ao item "condutas" relativo aos arts. 40 e 64). Há decisão, no entanto, reconhecendo a absorção do crime tipificado no art. 48 por aquele tipificado no art. 64: "O crime de destruir área de preservação permanente dá-se como meio necessário da realização do único intento de construir edificação em solo não edificável, sendo o crime-meio de destruição de vegetação absorvido pelo crime-fim de edificação proibida" (STJ, 6ª T., REsp 1376670/SC 2013/0119375-3, Rel. Rogério Schietti Cruz, J. em 16/02/2017). Nesse mesmo sentido: TRF4, 8ª T., RSE 2005.72.00.011630-4, Rel. Paulo Brum Vaz, J. em 24/06/2009. Sobre esse ponto, remete-se aos comentários, no item "condutas", ao art. 64.

VOLUNTARIEDADE

O crime do art. 48 é doloso, sem exigir elemento subjetivo específico.

CONSUMAÇÃO E TENTATIVA

Quanto à consumação deste crime, a jurisprudência oscila: ora reconhece-o como instantâneo de efeitos permanentes (TRF4, 8ª T., ACR 5000798-61.2010.404.7214, Rel. Leandro Paulsen, J. em 12/03/2014) ora como crime permanente: "A jurisprudência tanto do Superior Tribunal de Justiça quanto do Supremo Tribunal Federal reconhece que o tipo penal do art. 48 da Lei n. 9.605/1998 é permanente e, dessa forma, pode ser interpretado de modo a incluir a conduta daquele que mantém edificação, há muito construída, em área às margens de represa artificial - na qual a vegetação nativa foi removida também há muito tempo -, não havendo que se falar na ocorrência de prescrição da pretensão punitiva" (STJ, 5ª T., AGRG no RESP 1.840.129/RN (2019/0287801-8), Rel. Reynaldo Fonseca, J. em 04/08/20).

Não obstante, o crime tipificado no art. 48 pode ser instantâneo (a consumação ocorre num momento certo, definido) ou instantâneo de efeitos permanentes (não a conduta do agente, mas apenas o resultado da ação é permanente)[136], tudo dependendo da forma pela qual a conduta é praticada. Se o agente impede a regeneração porque fez uma construção sobre a área, trata-se de crime instantâneo de efeitos permanentes, pois a sua conduta cessou com a finalização da construção. Inclusive, exige-se uma conduta positiva (fazer) consistente na retirada da construção para possibilitar a regeneração. Diversamente, se o agente, diariamente, aplica veneno com o intuito de evitar a regeneração, a sua conduta constitui crime permanente, tanto que, para cessar a sua conduta que se prolonga no tempo, basta uma conduta negativa (não fazer, omissão) consistente na paralisação da aplicação do veneno.

Tratando-se de crime plurissubsistente, a tentativa (*conatus*) é possível, embora, na prática seja muito difícil, tendo em vista que o simples "dificultar" a regeneração já consuma o crime sob estudo.

AÇÃO PENAL

Todos os crimes previstos na Lei n. 9.605/98 são de ação penal pública incondicionada (art. 26). Observadas as penas mínima e máxima do tipo sob análise, são cabíveis a transação (art. 27) e a suspensão condicional do processo (art. 28).

Para os crimes tipificados nos arts. 38, 39 e 48, é cabível a suspensão prevista no art. 60 da Lei n. 12.651/2012 (v. comentários ao art. 26).

136 TOLEDO, Francisco de Assis. *Princípios básicos de direito penal*. 5. ed. São Paulo: Saraiva, 194. p. 146.

A competência material (v. comentários ao art. 26), em regra, será da Justiça Estadual, a exemplo da prática do crime do art. 48 sobre área particular situada em APP (STJ, 5ª T., REsp 849.423/SP, Rel. Gilson Dipp, J. em 19/09/2006). Todavia, se o crime for praticado em unidade de conservação criada por decreto federal, a competência será da Justiça Federal (STJ, 3ª S., CC 147.694/MS, Rel. Reynaldo da Fonseca, J. em 10/08/2016).

Art. 49. Destruir, danificar, lesar ou maltratar, por qualquer modo ou meio, plantas de ornamentação de logradouros públicos ou em propriedade privada alheia:

Pena – detenção, de três meses a um ano, ou multa, ou ambas as penas cumulativamente.

Parágrafo único. No crime culposo, a pena é de um a seis meses, ou multa.

BEM JURÍDICO TUTELADO

O bem jurídico específico (v. comentários ao art. 2º) tutelado consiste na preservação da flora.

SUJEITOS DO CRIME

O sujeito passivo é a coletividade e, no caso de planta localizada em propriedade privada alheia, também o proprietário. Tratando-se de crime comum, o sujeito ativo pode ser qualquer pessoa, inclusive a jurídica, como no exemplo de uma empresa concessionária de energia elétrica que danifica plantas de ornamentação ao trabalhar com postes de energia. O proprietário do imóvel não pode ser sujeito ativo, no art. 49, *in fine*, porquanto este faz referência à propriedade "alheia".

CONDUTAS

O art. 49, que constitui tipo misto alternativo (v. conceito nos comentários ao item "condutas" do art. 29), cuida de forma especial do crime de dano (art. 163 do CP), que incrimina a conduta do agente que *destrói* (aniquilar), *danifica* (deteriorar), *lesa* (machucar) ou *maltrata* (causar mal), por qualquer meio ou modo (crime de forma livre), o seguinte objeto: plantas de ornamentação (plantas destinadas ao embelezamento) de logradouros públicos (espaços urbanos abertos e espaços urbanos fechados com destinação pública)[137] ou de propriedades privadas alheias.

Nucci reconhece a inconstitucionalidade do art. 49 em razão de ofensa aos princípios da intervenção mínima e da proporcionalidade, além de empregar uma redação demasiadamente aberta (p. ex.: "por qualquer modo ou meio").[138] Luiz Régis Prado, por sua vez, sustenta a inconstitucionalidade do art. 49 em razão de ele não representar nenhum atentado ao bem jurídico ambiental.[139]

VOLUNTARIEDADE

O crime do art. 49 é doloso, sem exigir elemento subjetivo específico. É prevista também a forma culposa.

---

137 BUGALHO, Nelson. Delitos contra o patrimônio florestal (artigos 45 a 53). *In*: MARCHESAN, Ana Maria Moreira; STEIGLEDER, Annelise Monteiro. (Org.). *Crimes ambientais:* comentários à lei 9.605/98. Porto Alegre: Livraria do Advogado, 2013. p. 218.

138 NUCCI, Guilherme de Souza. *Leis penais e processuais penais comentadas*. (livro digital). 9. ed. Vol. 2. Rio de Janeiro: Forense, 2015. p. 643.

139 PRADO, Luiz Régis. *Direito penal do ambiente*. 4. ed. São Paulo: Revista dos Tribunais, 2012. p. 250.

CONSUMAÇÃO E TENTATIVA

Tratando-se de crime material e plurissubsistente, a consumação ocorre quando o resultado descrito no tipo é atingido, sendo admissível, apenas para a forma dolosa, a tentativa (*conatus*).

AÇÃO PENAL

Todos os crimes previstos na Lei n. 9.605/98 são de ação penal pública incondicionada (art. 26). Observadas as penas mínima e máxima do tipo sob análise, são cabíveis a transação (art. 27) e a suspensão condicional do processo (art. 28).

A competência material (v. comentários ao art. 26), segundo Baltazar Júnior, será da Justiça Estadual, em regra, "a não ser que o delito ocorra em logradouro público federal ou área de propriedade da União, suas autarquias ou empresas públicas".[140]

Art. 50. Destruir ou danificar florestas nativas ou plantadas ou vegetação fixadora de dunas, protetora de mangues, objeto de especial preservação:

Pena – detenção, de três meses a um ano, e multa.

BEM JURÍDICO TUTELADO

O bem jurídico específico (v. comentários ao art. 2º) tutelado consiste na preservação do meio ambiente, especialmente a flora, na figura das florestas ou vegetação fixadora de dunas e protetoras de mangues.

SUJEITOS DO CRIME

O sujeito passivo é a coletividade. Tratando-se de crime comum, o sujeito ativo pode ser qualquer pessoa, inclusive a jurídica.

CONDUTAS

O art. 50, que constitui tipo misto alternativo (v. conceito nos comentários ao item "condutas" do art. 29), incrimina a conduta do sujeito ativo que *destrói* (aniquilar) ou *danifica* (deteriorar): a) florestas nativas; b) florestas plantadas; c) vegetação fixadora de dunas; d) vegetação protetora de mangues; e) vegetação objeto de especial preservação.

Quanto ao objeto material sobre o qual incide a conduta: a) as florestas (v. conceito nos comentários à Seção II) nativas são aquelas que crescem naturalmente, sem intervenção humana; b) as florestas plantadas decorrem da intervenção humana, a exemplo do reflorestamento; c) vegetação que fixa as dunas, as quais constituem "unidade geomorfológica de constituição predominante arenosa, com aparência de cômoro ou colina, produzida pela ação dos ventos, situada no litoral ou no interior do continente, podendo estar recoberta, ou não, por vegetação" (art. 2º, X, da Resolução CONAMA n. 303/2002); d) vegetação que protege mangues, que são "terrenos pantanosos situados junto às praias, rios, lagoas e desaguadouros, caracterizados pela presença de várias plantas, especificamente a *Rhizophora mangle*"[141], ao passo que manguezal constitui um "ecossistema litorâneo que ocorre em terrenos baixos, sujeitos à ação das marés, formado por vasas lodosas recentes ou arenosas, às quais se associa, predominantemente, a

140 BALTAZAR JÚNIOR, José Paulo. *Crimes federais*. 10. ed. São Paulo: Saraiva, 2015. p. 1044.

141 PRADO, Luiz Régis. *Direito penal do ambiente*. 4. ed. São Paulo: Revista dos Tribunais, 2012. p. 252.

vegetação natural conhecida como mangue, com influência fluviomarinha, típica de solos limosos de regiões estuarinas e com dispersão descontínua ao longo da costa brasileira, entre os Estados do Amapá e de Santa Catarina" (art. 3º, XIII, da Le n. 12.651/2012); e) vegetação objeto de especial preservação passível de ser instituída por qualquer uma das três esferas do Poder Executivo, servindo como exemplos a vegetação objeto de tutela pela Lei n. 12.651/2012 e pela Resolução CONAMA n. 303/2002).

Especificamente quanto à vegetação objeto de especial preservação, reconhece-se que a redação do art. 50 é atécnica. Uma leitura açodada deste art. 50 traz dúvida sobre se ele protege apenas a vegetação fixadora de dunas ou protetora de mangues, que seja objeto de especial preservação, ou toda e qualquer vegetação objeto de especial preservação. Essa dúvida resolve-se segundo uma interpretação teleológica do bem jurídico protegido pelo art. 50: o meio ambiente. Deve-se lançar mão da interpretação que melhor tutele o meio ambiente, a que confira a máxima efetividade à tutela ambiental. Também, considerando que "toda lei penal aparece como uma medida que o Estado adota para proteger os direitos fundamentais e os demais bens constitucionais"[142], deve-se buscar a sua máxima efetividade. Logo, a leitura correta do art. 50 é a seguinte: é proibido destruir ou danificar: a) florestas nativas; b) florestas plantadas; c) vegetação fixadora de dunas; d) vegetação protetora de mangues; e) vegetação objeto de especial preservação.[143]

Diante do princípio da especialidade, caso a destruição ou o dano ocorram a florestas localizadas em áreas de preservação permanente, prevalecerá o crime tipificado nos arts. 38 ou 39; se a floresta se localizar em unidade de conservação, o crime será aquele tipificado no art. 40.

VOLUNTARIEDADE

O crime do art. 50 é doloso, sem exigir elemento subjetivo específico. Não é prevista a forma culposa.

CONSUMAÇÃO E TENTATIVA

Sendo crime material e plurissubsistente, a consumação ocorre com o efetivo dano ou destruição da floresta ou vegetação, sendo admissível a tentativa (*conatus*).

AÇÃO PENAL

Todos os crimes previstos na Lei n. 9.605/98 são de ação penal pública incondicionada (art. 26). Observadas as penas mínima e máxima do tipo sob análise, são cabíveis a transação (art. 27) e a suspensão condicional do processo (art. 28).

Inexistindo motivo para atrair a competência da Justiça Federal, a competência material (v. comentários ao art. 26), em regra, será da Justiça Estadual (STF, 1ª T., RE 349189, Rel. Moreira Alves, J. em 17/09/2002).

Art. 50-A. Desmatar, explorar economicamente ou degradar floresta, plantada ou nativa, em terras de domínio público ou devolutas, sem autorização do órgão competente:
Pena – reclusão de 2 (dois) a 4 (quatro) anos e multa.

---

142 PULIDO, Carlos Bernal. *O direito dos direitos*: escritos sobre a aplicação dos direitos fundamentais. Tradução de Thomas da Rosa de Bustamante. São Paulo: Marcial Pons, 2013. p. 111.

143 No mesmo sentido: BUGALHO, Nelson. Delitos contra o patrimônio florestal (artigos 45 a 53). *In*: MARCHESAN, Ana Maria Moreira; STEIGLEDER, Annelise Monteiro. (Org.). Crimes ambientais: comentários à lei 9.605/98. Porto Alegre: Livraria do Advogado, 2013. p. 220.

§ 1º Não é crime a conduta praticada quando necessária à subsistência imediata pessoal do agente ou de sua família.

§ 2º Se a área explorada for superior a 1.000 ha (mil hectares), a pena será aumentada de 1 (um) ano por milhar de hectare.

BEM JURÍDICO TUTELADO

Incluído pela Lei n. 11.284/2006, o bem jurídico específico (v. comentários ao art. 2º) tutelado pelo art. 50-A consiste na preservação do meio ambiente, especialmente da flora.

SUJEITOS DO CRIME

O sujeito passivo é a coletividade. Tratando-se de crime comum, o sujeito ativo pode ser qualquer pessoa, inclusive a jurídica.

CONDUTAS

O art. 50-A, que constitui tipo misto alternativo (v. conceito nos comentários ao item "condutas" do at. 29), incrimina a conduta do sujeito ativo que *desmata* (desflorestar), *explora economicamente* (finalidade econômica) ou *degrada* (causar dano) floresta, plantada ou nativa, localizada em terra de domínio público ou devoluta, sem autorização.

As condutas desmatar e degradar devem ter repercussão significativa. O agente que corta uma árvore, por exemplo, não desmata, tampouco degrada. Degradação, ainda, denota um processo que leva certo período de tempo para se recuperar.

No tocante ao objeto material sobre o qual pode incidir a conduta criminosa, a floresta (v. conceito nos comentários à Seção II), que pode ser nativa (aquela que cresce naturalmente, sem intervenção humana) ou plantada (decorre da intervenção humana, como no reflorestamento), deve estar localizada em terras de domínio público (v. conceito nos comentário ao item "condutas" relativo ao art. 44) ou em terras devolutas, que são "as terras públicas não aplicadas ao uso comum nem ao uso especial"[144], estando definidas no art. 3º da Lei n. 601/1850. São exemplos de terras devolutas aquelas referidas nos arts. 20, II; 26, IV; e 225, § 5º, todos da CF.

A possibilidade de autorização do órgão competente, enquanto elemento normativo no tipo, está prevista no art. 23, III, VI e VII, da Lei Complementar n. 140/2011. Nessa linha, a Lei n. 11.284/2006, que regulamenta a gestão de florestas públicas para a produção sustentável, dispõe, no seu art. 18, I: "Nos casos potencialmente causadores de significativa degradação do meio ambiente, assim considerados, entre outros aspectos, em função da escala e da intensidade do manejo florestal e da peculiaridade dos recursos ambientais, será exigido estudo prévio de impacto ambiental – EIA para a concessão da licença prévia". O Decreto n. 6.063/2007 regulamenta a Lei n. 11.284/2006. Existente a autorização, a conduta praticada pelo agente, desde que respeite os seus limites, é atípica.

Pelo princípio da especialidade, o art. 50-A tem aplicação subsidiária nas hipóteses de as florestas estarem localizadas em áreas de preservação permanente ou em unidades de conservação, casos em que prevalecerão os crimes tipificados nos art. 38 (ou 39) ou 40, respectivamente.

O art. 50-A, § 1º, caracteriza estado de necessidade, que exclui a ilicitude da conduta realizada pelo agente.

144 MELLO, Celso Antônio Bandeira de. *Curso de direito administrativo*. 19. ed. São Paulo: Malheiros, 2005. p. 850. O STF já conceituou terras devolutas no seguinte julgado: STF, 1ª T., RE 72020, Rel. Rodrigues Alckmin, J. em 11/09/1973; o STJ, por sua vez, no seguinte julgado: STJ, C. Especial, EREsp n. 617.428/SP, Rel. Nancy Andrighi, J. em 04/06/2014.

Já o art. 50-A, § 2º, prevê causa de aumento que se aplica apenas para a conduta "explorar": se a área explorada for superior a mil hectares, para cada mil hectares (um hectare equivale a 10.000m²), a pena será majorada em um ano.

VOLUNTARIEDADE

O crime do art. 50-A é doloso, sem exigir elemento subjetivo específico. Não é prevista a forma culposa.

CONSUMAÇÃO E TENTATIVA

Tratando-se de crime material, a consumação ocorre quando sucedem os resultados previstos no tipo. As condutas "desmatar" e "degradar", sendo plurissubsistente, admitem tentativa (*conatus*). Já a conduta "explorar" economicamente, por se tratar de crime habitual, é incompatível com a tentativa.

AÇÃO PENAL

Todos os crimes previstos na Lei n. 9.605/98 são de ação penal pública incondicionada (art. 26). Observadas as penas mínima e máximá, não cabem transação (art. 27), tampouco suspensão condicional do processo (art. 28), mas tem lugar o acordo de não persecução penal (art. 28-A do CPP).

Sobre a competência material (v. comentários ao art. 26), se a conduta ocorrer em área federal, a competência será da Justiça Federal. "Hipótese na qual o desmatamento ilegal verificou-se em área inserta em Projeto de Assentamento outorgada pelo INCRA, autarquia federal, cujo domínio sobre o imóvel ainda não foi transferido, o que evidencia a competência da Justiça Federal para processar e julgar o feito (art. 109, IV, da CF/88)" (TRF1, 4ª T., RSE n. 26149220104013902, Rel. Hilton Queiroz, J. em 03/11/2014). Nos demais casos, a Justiça Estadual será competente.

Art. 51. Comercializar motosserra ou utilizá-la em florestas e nas demais formas de vegetação, sem licença ou registro da autoridade competente:

Pena – detenção, de três meses a um ano, e multa.

BEM JURÍDICO TUTELADO

O bem jurídico específico (v. comentários ao art. 2º) tutelado consiste na preservação da flora.

SUJEITOS DO CRIME

O sujeito passivo é a coletividade. Tratando-se de crime comum, o sujeito ativo pode ser qualquer pessoa, inclusive a jurídica. Eventual proprietário determinado da floresta ou outra forma de vegetação, pode figurar tanto como sujeito ativo (ele próprio utiliza a motosserra) quanto passivo (terceiro utiliza a motosserra na sua propriedade).

CONDUTAS

O art. 51 incrimina a conduta do sujeito ativo que *comercializa* (ato que resulta em vantagem econômica: venda, aluguel, permuta) ou *utiliza* (faz uso) motosserra em florestas ou nas demais formas de vegetação, sem licença ("permissão" para o uso ou o porte) ou registro (de comerciante ou de proprietário).

A Portaria IBAMA n. 149/1992 regulamenta o comércio de motosserra, que consiste em "todo e qualquer equipamento utilizado para o corte de árvore e/ou madeira em geral, constituído de motor de combustão interna, sabre e corrente". Ela prevê a necessidade do Registro de Comerciante para o vendedor e do Registro de Proprietário para o comprador. A exigência do registro para o comerciante e para o comprador da motosserra também é exigência legal, conforme o art. 69, *caput*, da Lei n. 12.651/2012. Já a licença para o porte e uso da motosserra deve ser renovada a cada dois anos, segundo o § 1º do art. 69 da Lei n. 12.651/2012. A situação, em certa medida, é similar à da arma de fogo: existem o registro de propriedade da arma de fogo e o respectivo porte (licença) propriamente considerado.

A conduta de comercializar implica que o agente aufira alguma vantagem econômica. Por isso, se o agente empresta ou doa uma motosserra a terceiro, ele não responde, na condição de autor, pelo crime do art. 51; todavia, ele responderá como coautor ou partícipe pelo crime ambiental que venha a ser praticado pelo donatário, se presentes os requisitos do concurso de agentes: pluralidade de agentes e condutas, relevância causal de cada conduta; identidade da infração penal e, principalmente, liame subjetivo.

Já a utilização da motosserra caracterizará o crime se a motosserra for utilizada sem registro ou licença em floresta (v. conceito nos comentários à Seção II) de qualquer tipo, pois o art. 51 não fez qualquer delimitação (quando a LCA pretende, ela delimita, como fez no art. 50-A, *caput*), e nas demais formas de vegetação. Logo, se o agente utiliza motosserra, mesmo que sem registro ou licença, para cortar lenha seca, que já foi extraída da floresta, o fato é atípico (TJRS, Turma Recursal Criminal, Recurso Crime n. 71002370815, Rel. Volcir Antônio Casal, J. em 25/01/2010).

Também não há que se falar em tipo misto alternativo, pois o agente não pode comercializar a motosserra para si próprio. Ademais, se um agente comercializa ilegalmente a motosserra e outro, que a adquiriu, a utiliza ilegalmente, haverá a prática de dois crimes, cada qual com o seu autor: o crime daquele que vendeu a motosserra e o crime daquele que a adquiriu. O julgamento desses crimes pode ser unido por critério de conexão; ou seja, não se configura coautoria, nesse exemplo. Percebe-se uma exceção à teoria monista do crime, adotada como regra pelo art. 29 do CP.

Restringindo-se aos verbos nucleares "comercializar" e "utilizar", o registro e/ou a licença vencidos caracterizam o crime, pois, uma vez expirado o prazo, eles deixam de ser válidos. Da mesma forma, o registro e/ou licença obtidos posteriormente à prática da conduta não tornam o fato atípico, pois eles produzem efeitos *ex nunc*.

Pelo critério da consunção, se a motosserra foi utilizada ilegalmente para obter os resultados dos crimes tipificados nos arts. 38, 39, 45, 50 e 50-A, estes absorverão aquele. O art. 51 é subsidiário, portanto.

VOLUNTARIEDADE

O crime do art. 51 é doloso, sem exigir elemento subjetivo específico. Não é prevista a forma culposa.

CONSUMAÇÃO E TENTATIVA

A consumação ocorre no instante em que a motosserra é comercializada ou, desde que em floresta ou outra forma de vegetação, utilizada, sem licença ou registro. Tratando-se de crime plurissubsistente, a tentativa (*conatus*) é admissível.

AÇÃO PENAL

Todos os crimes previstos na Lei n. 9.605/98 são de ação penal pública incondicionada (art. 26). Observadas as penas mínima e máxima do tipo sob análise, são cabíveis a transação (art. 27) e a suspensão condicional do processo (art. 28).

Sobre a competência material, ver comentários ao art. 26.

Art. 52. Penetrar em Unidades de Conservação conduzindo substâncias ou instrumentos próprios para caça ou para exploração de produtos ou subprodutos florestais, sem licença da autoridade competente:

Pena – detenção, de seis meses a um ano, e multa.

BEM JURÍDICO TUTELADO

O bem jurídico específico (v. comentários ao art. 2º) tutelado consiste na flora e na fauna.

SUJEITOS DO CRIME

O sujeito passivo é a coletividade. Tratando-se de crime comum, o sujeito ativo pode ser qualquer pessoa, inclusive a jurídica, embora de difícil ocorrência, na prática.

CONDUTAS

O art. 52 incrimina a conduta do sujeito ativo que *penetra* (ingressar) em unidade de conservação (v. conceito nos comentários ao item "condutas" dos arts. 40 e 40-A) conduzindo substâncias (produto natural ou químico) instrumentos (aparelhos) próprios (que sirvam) para caça (perseguição para aprisionar ou matar) ou exploração (ato de tirar proveito) de produtos (o que é produzido diretamente pela natureza) ou subprodutos (o que resulta secundariamente da natureza, mediante atividade extrativista) florestais, sem licença.

A unidade de conservação pode ser de qualquer espécie, tendo em vista que o presente artigo não apresenta qualquer distinção a respeito.

O agente deve saber ou ter condições de saber que a área na qual ingressa é classificada como unidade de conservação. Do contrário, a sua conduta será atípica por erro de tipo, tendo em vista que o dolo deve abranger todos os elementos da figura típica.

A existência de licença (elemento normativo do tipo) da autoridade competente torna a conduta do agente atípica.

Este art. 52 equivale à punição de atos preparatórios, que ocorre "quando o legislador eleva à categoria de infração autônoma um ato que, por sua natureza, seria considerado preparatório ao cometimento de outra infração penal".[145] Diante dessa característica, ele é crime subsidiário, sendo absorvido pelo crime do art. 29, se a caça for realizada, ou o do art. 40, se da exploração de produtos ou subprodutos florestais resultar dano à unidade de conservação.

Se o agente penetra em unidade de conservação portando ilegalmente arma de fogo, a qual é apropriada para a caça, haverá o **concurso material entre o art. 52 da LCA e o art. 14 da Lei n. 10.826/2003** – ED, pois: a) os objetos jurídicos são distintos (enquanto este art. 52 tutela o meio ambiente, o art. 14 do ED tutela a incolumidade pública); b) a potencialidade lesiva do porte ilegal de arma de fogo não se esgota com o ingresso em unidade de conservação; c) o art. 52 (crime-fim) não pode absorver o art. 14 do ED (crime-meio) porquanto a sua pena é menor (v. comentários ao item "condutas" do art. 41). Assim já decidiu Tribunal Regional Federal (TRF2, 1ª T., Apelação Criminal n. 0490324-79.2012.4.02.5101 (TRF2 2012.51.01.490324-6), Rel. Abel Gomes, J. em 05/12/2016) e o STJ, que acrescentou: "Ademais, o delito previsto no art. 14 da Lei 10.826/2003 é tipo misto alternativo, portanto a prática de deter, adquirir, ter em depósito arma de fogo, anteriormente à entrada do recorrente na Unidade de Conservação para a caça, configuraria, em tese, hipótese de perigo abstrato apta à consumação do delito"

---

145 GRECO, Rogério. *Curso de direito penal*. 11. ed. Rio de Janeiro: Impetus, 2009. p. 251-252.

(STJ, 5ª T., AgRg no AREsp 1091901/RJ, Rel. Felix Fischer, J. em 06/02/2018). Assim, para garantir o reconhecimento do concurso material em questão, a denúncia deve individualizar duas condutas: portar arma de fogo antes do ingresso na unidade de conservação (art. 14 do ED) e penetrar em unidade de conservação portando a arma de fogo, que é um instrumento próprio de caça (art. 52 da LCA).

VOLUNTARIEDADE

O crime do art. 52 é doloso, sem exigir elemento subjetivo específico. Não é prevista a forma culposa.

CONSUMAÇÃO E TENTATIVA

Tratando-se de **crime de mera conduta e de perigo abstrato**, a simples penetração na unidade de conservação portando substâncias ou instrumentos referidos pelo tipo já consuma o crime, independentemente da produção de qualquer resultado naturalístico. A tentativa (*conatus*), embora de difícil caracterização, na prática, afigura-se possível. Seria o exemplo de o agente ser surpreendido enquanto, portando os instrumentos e/ou as substâncias proibidas, pula a cerca que limita a unidade de conservação.

AÇÃO PENAL

Todos os crimes previstos na Lei n. 9.605/98 são de ação penal pública incondicionada (art. 26). Observadas as penas mínima e máxima do tipo sob análise, são cabíveis a transação (art. 27) e a suspensão condicional do processo (art. 28).

A competência material (v. comentários ao art. 26), em regra, será da Justiça Estadual. Todavia, a Justiça Federal será competente para julgar o crime do art. 52 e os conexos (Súmula n. 122 do STJ) se a unidade de conservação for federal, a exemplo de um parque nacional (TRF4, 8ª T., Apelação criminal n. 5013360-27.2013.404.7205, Rel. Victor Laus, J. em 22/01/2014).

Art. 53. Nos crimes previstos nesta Seção, a pena é aumentada de um sexto a um terço se:

I – do fato resulta a diminuição de águas naturais, a erosão do solo ou a modificação do regime climático;

II – o crime é cometido:

a) no período de queda das sementes;

b) no período de formação de vegetações;

c) contra espécies raras ou ameaçadas de extinção, ainda que a ameaça ocorra somente no local da infração;

d) em época de seca ou inundação;

e) durante a noite, em domingo ou feriado.

O art. 53 prevê causas de aumento (incidem na terceira fase da dosimetria da pena) que se aplicam apenas para os crimes tipificados na Seção II (arts. 38 ao 52), sejam dolosos ou culposos (as majorantes previstas no art. 58, por exemplo, se aplicam apenas para os crimes dolosos). Para evitar o *bis in idem*, se a circunstância prevista como majorante servir como elementar de alguma figura típica, não se aplica o aumento da pena. Igualmente, havendo correspondência entre essas majorantes (que se aplicam para os crimes praticados contra a flora) e as agravantes previstas no art. 15 (que se aplicam, em tese, para todos os crimes ambientais), aquelas preferem em relação a estas em razão da sua especialidade.

Segundo o art. 53, I, se do crime resultar a diminuição de águas naturais, a erosão do solo (desgaste da superfície terrestre pela ação mecânica e química da água corrente, das intempéries ou de outros agentes geológicos) (Houaiss) ou a modificação do regime climático, a pena é aumentada.

Conforme o art. 53, II, haverá aumento da pena quando o crime for cometido: a) no período de queda das sementes, hipótese em que a reprovabilidade da conduta é maior porque é o período de renovação da flora; b) no período de formação de vegetações, pois o dano é mais grave do que se praticado na vegetação já consolidada; c) contra espécies raras ou ameaças de extinção (v. comentários ao art. 15, II, *q*), mesmo que a ameaça ocorra somente no local da infração, conforme certificação em ato administrativo da autoridade competente (esta majorante prefere à aplicação da agravante do art. 15, II, *q*); d) em época de seca ou inundação, pois as consequências do crime serão mais graves (esta majorante prefere à aplicação da agravante prevista no art. 15, II, *j*); e e) durante a noite (v. comentários ao art. 15, II, *i*), em domingo ou feriado (v. comentários ao art. 15, II, *h*) (esta majorante prefere à aplicação das agravantes previstas no art. 15, II, *h* e *i*).

Tendo em vista a complexidade dos fatos, a perícia será necessária para a elucidação de todas as majorantes, à exceção da prevista no art. 53, II, *e* e, em alguns casos, da prevista no art. 53, II, *d* (existem áreas em que a época de seca é de conhecimento comum).

SEÇÃO III
DA POLUIÇÃO E OUTROS CRIMES AMBIENTAIS

Art. 54. Causar poluição de qualquer natureza em níveis tais que resultem ou possam resultar em danos à saúde humana, ou que provoquem a mortandade de animais ou a destruição significativa da flora:

Pena – reclusão, de um a quatro anos, e multa.

§ 1º Se o crime é culposo:

Pena – detenção, de seis meses a um ano, e multa.

§ 2º Se o crime:

I – tornar uma área, urbana ou rural, imprópria para a ocupação humana;

II – causar poluição atmosférica que provoque a retirada, ainda que momentânea, dos habitantes das áreas afetadas, ou que cause danos diretos à saúde da população;

III – causar poluição hídrica que torne necessária a interrupção do abastecimento público de água de uma comunidade;

IV – dificultar ou impedir o uso público das praias;

V – ocorrer por lançamento de resíduos sólidos, líquidos ou gasosos, ou detritos, óleos ou substâncias oleosas, em desacordo com as exigências estabelecidas em leis ou regulamentos:

Pena – reclusão, de um a cinco anos.

§ 3º Incorre nas mesmas penas previstas no parágrafo anterior quem deixar de adotar, quando assim o exigir a autoridade competente, medidas de precaução em caso de risco de dano ambiental grave ou irreversível.

BEM JURÍDICO TUTELADO

O bem jurídico específico (v. comentários ao art. 2º) tutelado consiste no meio ambiente, em qualquer das suas formas. Paralelamente, também se protege a saúde pública.

Poluição, que constitui elemento normativo do tipo a ser valorado pelo intérprete, é a "degradação da qualidade ambiental resultante das atividades que direta ou indiretamente prejudiquem a saúde, a segurança e o bem-estar da população, criem condições adversas às atividades sociais e econômicas, afetem desfavoravelmente a biota [flora e fauna], afetem as condições estéticas ou sanitárias do meio ambiente, e lancem materiais ou energia em desacordo com os padrões ambientais estabelecidos" (Vocabulário do IBGE).

Não obstante, a doutrina e a jurisprudência extraem o conceito legal de poluição do art. 3º, II e III, da Lei n. 6.938/1981: "Para os fins previstos nesta Lei, entende-se por: (...) II – degradação da qualidade ambiental, a alteração adversa das características do meio ambiente; III – poluição, a degradação da qualidade ambiental resultante de atividades que direta ou indiretamente: a) prejudiquem a saúde, a segurança e o bem-estar da população; b) criem condições adversas às atividades sociais e econômicas; c) afetem desfavoravelmente a biota; d) afetem as condições estéticas ou sanitárias do meio ambiente; e) lancem matérias ou energia em desacordo com os padrões ambientais estabelecidos". Com base no conceito de poluição conferido pela Lei n. 6.938/1981, a doutrina[146] prevê as seguintes espécies de poluição: a) *poluição atmosférica*: liberação, na atmosfera, de gases ou partículas líquidas ou sólidas, minusculamente dispersas, em taxas muito altas para serem absorvidas pelo meio ambiente (v. Resoluções CONAMA ns. 03/1990 (padrões de qualidade do ar), 382/2006 (limites máximos de emissão de poluentes atmosféricos para fontes fixas) e 432/2011 (emissões de gases poluentes por automotores)); b) *poluição hídrica*: liberação, nas águas, de esgotos sem tratamento, resíduos sólidos e lixo tóxico (v. Resoluções CONAMA ns. 20/1986 e 357/2005); c) *poluição térmica*: variação na temperatura; d) *poluição do solo*: contaminação da camada superior da terra; e) *poluição visual*: causada pelo excesso de faixas, cartazes e demais propagandas impressas ou pintadas em vias públicas e em locais de visibilidade estratégica; f) poluição sonora: comprovada por níveis excessivos de ruídos (v. Resoluções CONAMA ns. 01/1990 (emissão de ruídos, em decorrência de quaisquer atividades industriais, comerciais, sociais ou recreativas, inclusive as de propaganda política, com limites previstos pela norma NBR 10.152), 01/1993, 02/1993 (ruídos emitidos por automotores)). Contudo, nem todas essas formas de poluição caracterizam um ilícito criminal.

Com efeito, a definição da poluição com base na Lei n. 6.938/1981 tem inteira utilidade para os fins da responsabilidade administrativa e/ou cível. Todavia, para constituir um ilícito criminal, a poluição (art. 3º, III, da Lei n. 6.938/1981), além de provocar a degradação da qualidade ambiental (art. 3º, II, da Lei n. 6.938/1981), deve preencher, sob pena de atipicidade, as elementares do *caput* do art. 54: resultar ou poder resultar em danos à saúde humana ou provocar a mortandade de animais ou a destruição significativa da flora. Dito de outra forma: se a degradação ambiental decorrente da poluição não preencher essas elementares do art. 54, o fato não constituirá o crime de poluição, embora possa caracterizar um ilícito civil e/ou administrativo. Daí já se percebe, por exemplo, que a poluição visual, muito dificilmente, tipificará o crime de poluição, pois a poluição visual é, comumente, incapaz de resultar, mesmo que potencialmente, em danos à saúde humana ou de provocar a mortandade de animais ou a destruição significativa da flora.

SUJEITOS DO CRIME

O sujeito passivo, por excelência, é a coletividade. Tratando-se de crime comum, o sujeito ativo pode ser qualquer pessoa, inclusive a jurídica. A propósito, o art. 3º, IV, da Lei n. 6.938/1981, define o poluidor como "a pessoa física ou jurídica, de direito público ou privado, responsável, direta ou indiretamente, por atividade causadora de degradação ambiental".

146 CAPEZ, Fernando. *Curso de direito penal*: legislação penal especial, volume 4. 9. ed. São Paulo: Saraiva, 2014. p. 156-157.

CONDUTAS

O art. 54 incrimina a conduta do sujeito ativo que *causa* (provocar) poluição (degradação da qualidade ambiental, de qualquer natureza: atmosférica, aquática, do solo etc.) em níveis tais (elemento normativo do tipo, a expressar ideia de proporção relevante, significativa) que resultem ou possam resultar em danos à saúde humana, ou que provoquem a mortandade (número significativo, relevante, de mortes) de animais ou a destruição significativa (expressiva, considerável) da flora. O emprego, na construção do tipo, de termos abertos e valorativos, a exemplo de "níveis tais" e "significativa", revela o objetivo da lei: incrimina-se a conduta que, pela sua intensidade, seja realmente capaz de provocar danos à saúde humana ou a morte indiscriminada de vários espécimes animais ou a destruição em grandes proporções da flora. Por essa razão, por exemplo, despejar, no oceano, o equivalente a um caminhão-pipa de água contaminada não constituirá, provavelmente, o crime de poluição, tendo em vista a alta capacidade de o oceano absorver o líquido que nele foi despejado, o que afasta o risco de dano à saúde ou a mortandade de animais ou a destruição significativa da flora.

Os incisos do § 2º do art. 54 preveem formas qualificadas do crime de poluição. Enquanto os incs. I a IV se relacionam ao resultado, a qualificadora do inc. V está ligada à reprovação da conduta do agente:

Inc. I: Quando a poluição (sob qualquer forma) *torna* (transformar em) área urbana (delimitada em lei municipal, cuja propriedade privada é o fato gerador do IPTU) ou rural (por exclusão, área que não é urbana, cuja propriedade privada é o fato gerador do ITR) imprópria para a ocupação (domicílio, residência ou ocupação momentânea) humana. "O tipo penal não distingue entre espaço rural ou urbano, de forma que qualquer solo existente no território brasileiro é apto a ser objeto material deste delito."[147] A impropriedade da área para a ocupação humana pode ser causada por qualquer espécie de poluição, embora as formas mais propícias sejam a poluição do solo ou da água. A Resolução CONAMA n. 420/2009 pode ser utilizada aqui, pois estabelece as quantidades de poluentes no solo ou na água que são capazes de gerar risco à saúde humana. Acima dos limites máximos de concentração dos poluentes, a área pode ser considerada imprópria, portanto. A prova pericial é necessária.

Inc. II: Quando a poluição atmosférica (apenas sob a forma atmosférica) *provoca* (ocasionar) a retirada, ainda que momentânea, dos habitantes das áreas afetadas, ou *causa* (provocar) danos diretos à saúde da população. A atmosfera consiste em "camada fina de gases, inodora, sem cor, insípida, e presa à Terra pela força da gravidade. Compreende uma mistura mecânica estável de gases, sendo que os mais importantes são: nitrogênio, oxigênio (que perfazem cerca de 99% do volume), argônio, dióxido de carbono, ozônio e vapor d'água" (Vocabulário do IBGE). Exemplificativamente, a Resolução CONAMA n. 267/2000, dispõe sobre a proibição de substâncias que destroem a camada de ozônio. Então, se a poluição atmosférica provocar a retirada dos habitantes de determinada área ou causar danos diretos à saúde da população, resta configurado o crime sob estudo. No tocante à segunda parte deste inc. II, Luiz Flávio Gomes e Sílvio Maciel entendem que ela é inaplicável, pois a poluição com danos à saúde humana já caracterizaria a forma simples do crime de poluição. "Em verdade não há diferença alguma, a não ser terminológica, entre as expressões, *danos à saúde humana* (constante no *caput*) e *danos diretos à saúde da população* (prevista no § 2º, II)."[148] Ademais, Freitas relaciona os seguintes

147 MARCHESAN, Ana Maria Moreira. Poluição e outros crimes ambientais (artigo 54). *In*: MARCHESAN, Ana Maria Moreira; STEIGLEDER, Annelise Monteiro. (Org.). *Crimes ambientais:* comentários à lei 9.605/98. Porto Alegre: Livraria do Advogado, 2013. p. 244.

148 GOMES, Luiz Flávio; MACIEL, Sílvio Luiz. *Lei de crimes ambientais*: comentário à Lei 9.605/1998. 2. ed. Rio de Janeiro: Forense, 2015. p. 232.

efeitos causados pela poluição do ar: efeito estufa, chuva ácida, inversão térmica, aquecimento global e buraco na camada de ozônio.[149] Observado o art. 158 do CPP, a perícia é necessária.

Inc. III: Quando a poluição hídrica (apenas sob a forma hídrica) *torna necessária* (resultar em) a interrupção do abastecimento público de água de uma comunidade. Nesse caso, o lançamento de qualquer produto na água acaba por torná-la imprópria ao consumo humano, razão por que o abastecimento público dessa água é interrompido. A Resolução CONAMA n. 357/2005, que dispõe sobre a classificação dos corpos de água e diretrizes ambientais para o seu enquadramento, bem como estabelece as condições e padrões de lançamento de efluentes, pode ser utilizada para a definição da poluição sob estudo. Destaca-se que, além de a denúncia dever indicar que a água poluída é utilizada para abastecimento público, a perícia também deve apresentar essa constatação, sob pena de afastamento da qualificadora sob análise e desclassificação para o art. 54, *caput*.

Inc. IV: Quando a poluição (sob qualquer forma) *dificulta* (atrapalhar) ou *impede* (obstar) o uso público das praias. Segundo o art. 10, § 3º, da Lei n. 7.661/1988, praia é "a área coberta e descoberta periodicamente pelas águas, acrescida da faixa subseqüente de material detrítico, tal como areias, cascalhos, seixos e pedregulhos, até o limite onde se inicie a vegetação natural, ou, em sua ausência, onde comece um outro ecossistema". Como o art. 54, § 2º, IV, não estabeleceu qualquer diferença quanto ao tipo de praia, está incluída tanto a praia marítima quanto a fluvial, as quais são bens da União (art. 20, III e IV, da CF). Como regra, a perícia é necessária.

Inc. V: Quando a poluição (sob qualquer forma) *ocorre* (suceder) por lançamento de resíduos sólidos, líquidos ou gasosos, ou detritos, óleos ou substâncias oleosas, em desacordo com as exigências estabelecidas em leis ou regulamentos. Resíduo é resto, aquilo que sobra, segundo o dicionário Hoauiss. Resíduos sólidos consistem, segundo o art. 3º, XVI, da Lei n. 12.305/2010, em "material, substância, objeto ou bem descartado resultante de atividades humanas em sociedade, a cuja destinação final se procede, se propõe proceder ou se está obrigado a proceder, nos estados sólido ou semissólido, bem como gases contidos em recipientes e líquidos cujas particularidades tornem inviável o seu lançamento na rede pública de esgotos ou em corpos d'água, ou exijam para isso soluções técnica ou economicamente inviáveis em face da melhor tecnologia disponível". Frisa-se que a Lei n. 12.305/2010, especialmente no seu artigo 13, apresenta uma classificação de resíduos sólidos, quanto à sua origem e quanto à sua periculosidade. No tocante aos demais objetos materiais do presente crime: a) *resíduos líquidos*: restos de substâncias sob a forma líquida capazes de causar dano ao meio ambiente, a exemplo da gasolina dos postos de combustíveis que deve permanecer adequadamente armazenada; b) *resíduos gasosos*: sobras decorrentes da combustão de gases, a exemplo da "queima" de combustível; c) *detritos*: sobra de qualquer substância, resíduo, resto (Houaiss); d) *óleos*: substância gordurosa, líquida à temperatura normal, insolúvel na água, e que se extrai de certas plantas ou sementes, de animais ou de minerais (Houaiss). Deve ser observado o elemento normativo do tipo consistente na prática da conduta em desacordo com as exigências estabelecidas em leis ou regulamentos. Essa circunstância torna o presente dispositivo *norma penal em branco*. Assim, a denúncia deve identificar a norma que foi desrespeitada, sob pena de ser considerada inepta. A propósito, os arts. 47, 48 e 49 da Lei n. 12.305/2010, preveem proibições para a disposição de resíduos ou rejeitos. Um exemplo recorrente da poluição qualificada sob análise é comum nas regiões de interior e envolve a suinocultura: "Configurado o crime de poluição, consistente no lançamento de dejetos provenientes da criação de cerca de dois mil suínos em sistema de confinamento em 3 (três) pocilgas verticais, despejados a céu aberto, correndo por uma vala que os levava até às margens do Rio do Peixe, situado em área de preservação permanente, sendo

149 FREITAS, Vladimir Passos de; FREITAS, Gilberto Passos de. *Crimes contra a natureza*. 9 ed. São Paulo: Revista dos Tribunais, 2012. p. 226.

a atividade notoriamente de alto potencial poluidor, desenvolvida sem o devido licenciamento ambiental, evidenciando a potencialidade do risco à saúde humana" (STJ, 5ª T., AgRg no REsp n. 1418795 SC 2013/0383156-9, Rel. marco Bellizze, J. em: 18/06/2014). Igualmente, a perícia faz-se necessária para a comprovação do crime sob análise. Registra-se, outrossim, a possibilidade de concurso formal entre os incisos IV e V, a exemplo do vazamento de óleo no mar, pois essa conduta, além causar poluição, pode impedir o uso da praia abrangida por esse mar.

Segundo o art. 54, § 3º, equipara-se a crime a conduta do sujeito ativo que *deixar* (omitir) de *adotar* (seguir, observar), quando assim o exigir a autoridade competente, medidas de precaução em caso de risco de dano ambiental grave ou irreversível. Esse crime caracteriza-se pelo descumprimento de uma ordem concreta da autoridade, e não pelo mero descumprimento da legislação, sendo classificado como crime omissivo próprio (STJ, 5ª T., HC 58.604, Rel. Gilson Dipp, J. em 19/09/2006), aplicável somente às condutas de poluição enumeradas no *caput* e § 3º do art. 54, mas não a outros crimes ambientais (TRF4, 8ª T., ACR 2001.71.01.000178-2, Rel. Élcio Castro, J. em 24/05/2006). O princípio da precaução tem uma aplicabilidade menor, no âmbito penal, em comparação ao âmbito civil, já que a responsabilidade penal é sempre subjetiva, sendo imperiosa a demonstração da culpa.[150]

A **poluição sonora** é crime, a despeito do veto ao art. 59? Na medida em que a poluição pode ser de "qualquer natureza", segundo o *caput* do art. 54, a poluição sonora pode constituir crime ambiental. Para que se caracterize o delito previsto no referido art. 54, a poluição gerada deve poder, ao menos, causar danos à saúde humana (STJ, 6ª T., HC 134.163/PE, Rel. Og Fernandes, J. em 18/12/2012). Então, se a poluição sonora ocorrer em níveis tais que possam prejudicar a saúde humana, haverá o crime tipificado no art. 54, *caput*; ao revés, se ela não ostentar essa capacidade, ela tipifica apenas a contravenção penal do art. 42 da LCP. A Resolução CONAMA n. 01/1990, que se reporta às NBRs 10.151 e 10.152, é adotada pelo STJ para a análise do crime de poluição sonora porque ela estabelece limites à emissão de ruídos decorrentes de quaisquer atividades industriais, comerciais, sociais ou recreativas, inclusive as de propaganda política. Especificamente, a poluição sonora pode tipificar as condutas previstas no art. 54, *caput*, e art. 54, § 2º, I, segundo o STJ: "A conduta narrada na denúncia mostra-se plenamente adequada à descrição típica constante no art. 54, caput, e § 2º, I, da Lei n. 9.605/1998, c/c o art. 3º, III, da Lei n. 6.938/1981, pois descreve a emissão pela pessoa jurídica de ruídos acima dos padrões estabelecidos pela NBR 10.151, causando, por conseguinte, prejuízos à saúde humana, consoante preconiza a Resolução do Conama n. 01/1990" (STJ, 6ª T., AgRg no REsp 1442333/RS, Rel. Sebastião Reis Júnior, J. em 14/06/2016). Também, a despeito de a prova pericial ser comumente exigida nos crimes ambientais, por força do art. 158 do CPP, o STJ já a dispensou, admitindo a prova testemunhal para fins de demonstração da potencialidade do prejuízo à saúde humana: "[...] EXAME DE CORPO DE DELITO. IMPOSSIBILIDADE. POLUIÇÃO SONORA – CRIME QUE NÃO DEIXA VESTÍGIOS. MATERIALIDADE QUE PODE SER COMPROVADA POR OUTROS MEIOS DE PROVA. [...] Na espécie, considerando a impossibilidade de realização de exame de corpo de delito e que a prova testemunhal supre sua falta em casos como tais (art. 167 do Código de Processo Penal), a materialidade do crime ficou comprovada pelo testemunho de engenheiro ambiental devidamente inscrito no CREA/MS, servidor da SEMUR – Secretaria Municipal de Controle Ambiental e Urbanístico de Campo Grande/MS, que, munido de um decibelímetro, instrumento esse utilizado para constatar os índices de intensidade sonora, realizou a medição no momento em que o som do carro estava ultrapassando os limites previstos pela legislação" (STJ, 5ª T., AgRg no HC n. 173.189/MS (2010/0090564-6), Rel. Marco Bellizze, J. em 11/12/2012). A dispensa da prova pericial para

---

150 Nesse mesmo sentido: MACHADO, Paulo Affonso Leme. *Direito Ambiental Brasileiro*. 21. ed. São Paulo: Malheiros, 2013. p. 853.

a demonstração da poluição sonora igualmente foi tese adotada pelo STF (STF, 2ª T., RHC 117465, Rel. Ricardo Lewandowski, J. em 04/02/2014).

A **poluição socialmente tolerada** caracteriza crime? Ney Bello[151] e Dino[152] advogam que a poluição, mesmo que autorizada, pode caracterizar um ilícito criminal. Todavia, sustenta-se que a poluição socialmente tolerada, ou seja, aquela permitida dentro dos limites da lei e autorizada por licenciamento ambiental não caracteriza um ilícito criminal. Trata-se de exercício regular de direito. Sob o ponto de vista criminal, uma conduta que é permitida pela legislação não pode caracterizar um crime, sob pena de violação dos princípios da legalidade e da culpabilidade. Inclusive a tipicidade conglobante justifica esse entendimento no sentido da atipicidade da poluição socialmente admitida. Não obstante, mesmo que autorizada a atividade poluidora, não se afasta a possível responsabilização civil do poluidor, principalmente com base no princípio do poluidor-pagador. Logo, a poluição autorizada não é penalmente típica, embora possa caracterizar um ilícito civil.

A **degradação ambiental prévia** não impede a prática do crime de poluição, o qual pode ser reconhecido pelo agravamento das consequências para o meio ambiente, não obstante o dano ambiental preexista à conduta. Segundo o STF: o "dano grave ou irreversível que se pretende evitar com a norma prevista no artigo 54, § 3º, da Lei nº 9.605/98 não fica prejudicado pela degradação ambiental prévia. O risco tutelado pode estar relacionado ao agravamento das conseqüências de um dano ao meio ambiente já ocorrido e que se protrai no tempo" (STF, 1ª T., HC 90.023, Menezes Direito, J. em 06/11/2007).

Sobre conflitos que envolvem este art. 54, Ney Bello[153] apresenta visão abrangente:

> Art. 270 do CP *vs* art. 54 da LCA: pela especialidade, prevalece o art. 270, porque, "[q]uando se estiver diante de crime de envenenamento de água potável se estará diante de uma poluição específica que possui tratamento específico, razão pela qual vai subsistir o crime da parte especial do Código Penal".
>
> Art. 271 do CP *vs* art. 54 da LCA: o art. 54 revogou tacitamente o art. 271 do CP, porque aquele "abrangeu toda a situação antes regulamentada pelo Código Penal".
>
> Art. 15 da Lei n. 6.938/1981 *vs* art. 54 da LCA: aquele artigo foi revogado tacitamente por este, pois a "norma genérica do art. 54 regulou a matéria de forma a afastar a aplicação da norma do art. 15 da Lei n. 6.938/81".
>
> Art. 250 do CP *vs* art. 54 da LCA: "Aceitável é a tese do concurso formal, uma vez que o incêndio causado com o intuito de poluir o meio ambiente representa a prática de dois fatos típicos previstos em normas que não se excluem, levando a conseqüência da aplicação de ambas as responsabilidades penais".
>
> Art. 38 da LCP *vs* art. 54 da LCA: "Toda emissão de gás que possa causar "danos à saúde humana ou que provoque a mortandade de animais ou a destruição significativa da flora" acarreta a configuração do tipo do art. 54, mas quando da emissão abusiva de fumaça, vapor ou gás sobrevier apenas ofensa, que não se configure em danos à saúde, e algo mais que mero inconveniente, estar-se-á diante da figura da contravenção do art. 38".
>
> Art. 252 do CP *vs* art. 54 da LCA: pela especialidade, aquele prefere a este. "Se o gás utilizado possui as características previstas neste artigo, e se há exposição de outrem, com risco

151 BELLO FILHO, Ney de Barros. Anotações ao crime de poluição. *Revista CEJ*, Brasília, n. 22, p. 49-62, jul./set. 2003. p. 61. Disponível em: www.jf.jus.br/ojs2/index.php/revcej/article/download/564/744. Acesso em: 15 mai. 2017.

152 DINO NETO, Nicolau; BELLO FILHO, Ney; DINO, Flávio. *Crimes e infrações administrativas ambientais*. 3. ed. Belo Horizonte: Del Rey, 2011. p. 169.

153 BELLO FILHO, Ney de Barros. Anotações ao crime de poluição. *Revista CEJ*, Brasília, n. 22, p. 49-62, jul./set. 2003. p. 55-57. Disponível em: www.jf.jus.br/ojs2/index.php/revcej/article/download/564/744. Acesso em: 15 mai. 2017.

de vida ou à integridade física, ou ainda a seu patrimônio (semoventes ou plantas), o crime caracterizado é o previsto na Lei Penal Geral. Evidentemente existem pressupostos muito específicos para a configuração deste delito, o que vai afastar o art. 54 desta Lei, em razão do princípio da especialidade."

Já sobre o conflito aparente deste art. 54 com o art. 33 ou com o art. 35, II, vide comentários ao item "condutas" desses dois últimos artigos.

A respeito do conflito aparente deste art. 54 com os arts. 15 e 16, ambos da Lei n. 7.802/89, vide os excelentes comentários a esta última Lei, na presente obra.

VOLUNTARIEDADE

O crime do art. 54 é doloso, sem exigir elemento subjetivo específico. É prevista a forma culposa, que se aplica, pela sua posição topográfica, apenas ao *caput* do art. 54.

CONSUMAÇÃO E TENTATIVA

O art. 54, *caput*, prevê um crime material e de dano quando se refere à poluição que resulta em danos à saúde humana ou que provoca a mortandade de animais ou a destruição significativa da flora. A consumação, nesse caso, ocorre quando sobrevém um desses resultados. Tratando-se de crime plurissubsistente, admite-se a tentativa (*conatus*). Por outro lado, o art. 54, *caput*, prevê crime de perigo abstrato[154] ou crime formal quando se refere à poluição que possa resultar em danos à saúde humana (STJ, 5ª T, AgRg no AREsp 956.780/AM, Rel. Reynaldo Fonseca, J. em 27/09/2016); nesse caso, basta a prática da conduta, independentemente da superveniência de qualquer resultado naturalístico. A tentativa igualmente é admitida.

Os tipos previstos no art. 54, § 2º, I a IV, exigem a ocorrência do resultado material neles previstos para fins da sua consumação. Já o tipo previsto no art. 54, § 2º, V, se consuma quando a conduta nele descrita é praticada, independentemente de qualquer resultado naturalístico, sendo, por isso, classificado como crime formal (STJ, 5ª T., AgRg no REsp 1418795/SC, Rel. Marco Bellizze, J. em 18/06/2014). Em 2018, o STJ, em sede de embargos de divergência, reafirmou que o tipo do art. 54, § 2º, V, é classificado como crime formal (STJ, 3ª S., EREsp 1417279/SC, Rel. Joel Paciornik, J. em 11/04/2018).

A figura típica prevista no art. 54, § 3º, por ser omissiva própria, consuma-se com a mera omissão (STJ, 5ª T., HC 58.604, Rel. Gilson Dipp, J. em 19/09/2006) e não admite tentativa.

Sobre o momento consumativo, merece análise a parte o AgRg no REsp 1847097/PA, julgado pelo STJ e em que a empresa ré foi denunciado pela prática dos crimes tipificados nos arts. 54, § 2º, I, II, III e IV e § 3º e 56, § 1º, I e II, c/c 58, I, da Lei n. 9.605/98. Nesse caso, o STJ reconheceu que a **poluição qualificada é um crime permanente**: "2. *In casu*, as condutas delituosas se resumem na ação de causar poluição ambiental que provoque danos à população e ao próprio ambiente, em desacordo com as exigências estabelecidas na legislação de proteção, e na omissão em adotar medidas de precaução nos casos de risco de dano grave ou irreversível ao ecossistema. Com efeito, há dificuldade de classificação do tipo legal quanto ao momento de sua consumação na medida em que é de fácil visualização a conduta inicial definida - causar poluição - que pode restar configurada simplesmente na primeira ação ou omissão por parte do autor ou, ainda, perdurar no tempo. 3. No caso dos autos, *a empresa agravante armazenou seu lixo industrial, no município de Ulianópolis, e, dessa conduta, resultou poluição grave da*

154 Para Freitas, o crime é de perigo abstrato (FREITAS, Vladimir Passos de; FREITAS, Gilberto Passos de. *Crimes contra a natureza*. 9 ed. São Paulo: Revista dos Tribunais, 2012. p. 218.); já para Milaré, trata-se de crime de perigo concreto (MILARÉ, Edis; COSTA JR., Paulo José da; COSTA, Fernando José da. *Direito penal ambiental*. 2. ed. São Paulo: Revista dos Tribunais, 2013. p. 134).

área degradada, sendo que, até o momento de prolação do julgado, não teria tomado providências para reparar o dano, caracterizando a ***continuidade da prática infracional***. Desse modo, constata-se que *o crime de poluição qualificada em exame é permanente, ainda que por omissão da parte recorrente, que foi prontamente notificada a reparar o dano* causado". O aresto faz referência a um paradigma interpretativo: "4. Esta Corte tem se posicionado pela impossibilidade de aferição do transcurso do lapso prescricional quanto a delito cometido em desfavor do meio ambiente, quando pautado na continuidade das atividades ilícitas. 5. Esse posicionamento vem tomando força e deve ser a linha de orientação a ser seguida, considerado o bem jurídico-constitucional de elevado valor a que a lei faz referência - direito ao meio ambiente ecologicamente equilibrado - que legitima a intervenção do Estado no controle das ações praticadas a seu desfavor, devendo ser promovida a efetiva aplicação das normas penais" (STJ, 5ª T., AgRg no REsp 1847097/PA, Rel. Joel Paciornik, J. em 05/03/2020).

Acerca do julgado mencionado no parágrafo anterior, sustenta-se, em leitura própria, a essencialidade da notificação da poluidora pela autoridade ambiental, pois essa comunicação tem o condão de tornar exigível da poluidora a reparação do dano causado por ela. Porque a poluidora foi comprovadamente notificada, é certo que a sua omissão em reparar o dano ambiental, na forma do art. 54, § 3º, não permite a fluência da prescrição da pretensão punitiva quanto ao crime de poluição.

A fim de analisar a **(des)necessidade da perícia para a caracterização do crime de poluição**, este deve ser dividido em duas partes. O crime material previsto no art. 54, *caput* (poluição de qualquer natureza em níveis tais que *resulta* em danos à saúde humana ou que *provoque* a mortandade de animais ou a destruição significativa da flora), por exigir um resultado naturalístico, deixa vestígios, razão por que a prova pericial é necessária, sob pena de atipicidade.

Já o crime formal previsto no art. 54, *caput* (poluição de qualquer natureza em níveis tais que *possa resultar* em danos à saúde humana), por dispensar a ocorrência do resultado naturalístico, não deixa vestígios, razão pela qual a perícia é dispensável. Aliás, quanto ao crime formal, mesmo que a perícia conclua pela inexistência de danos ambientais, não é sinal de que o crime não tenha existido: "2. Quando se trata de poluição que possa resultar em danos à saúde humana, está-se diante de crime formal, que não exige a presença de resultado naturalístico, consistente na efetiva afetação da saúde das pessoas. 3. Desse modo, o fato de existir nos autos da ação penal laudo judicial no qual se afirmaria a inexistência de danos ambientais vigentes, por si só, não tem o condão de atestar a inocorrência do delito denunciado, de cunho formal, sendo certo que a aludida prova pericial deve ser valorada em conjunto com os demais elementos de prova pelo magistrado competente por ocasião da análise do mérito da acusação" (STJ, 5ª T., RHC 40.317/SP, Rel. Jorge Mussi, J. em 22/10/2013). Em 2018, em sede de embargos de divergência, o STJ definiu um importante precedente sobre a desnecessidade da perícia: "O delito previsto na primeira parte do artigo 54 da Lei n. 9.605/1998 possui natureza formal, sendo suficiente a potencialidade de dano à saúde humana para configuração da conduta delitiva, não se exigindo, portanto, a realização de perícia" (STJ, 3ª S., EREsp 1417279/SC, Rel. Joel Paciornik, J. em 11/04/2018). Também sustentando a dispensabilidade da prova pericial para o crime de poluição, quando ele é formal: STJ, 5ª T, AgRg no AREsp 956.780/AM, Rel. Reynaldo Fonseca, J. em 27/09/2016; STJ, 5ª T., RHC 62.119/SP, Rel. Gurgel de Faria, J. em 10/12/2015).

No mais, a forma culposa é incompatível com tentativa.

AÇÃO PENAL

Todos os crimes previstos na Lei n. 9.605/98 são de ação penal pública incondicionada (art. 26). Observadas as penas mínima e máxima do art. 54, *caput*, e §§ 2º e 3º, para a forma dolosa, não é cabível a transação (art. 27); todavia, têm lugar a suspensão condicional do processo (art. 28) e o acordo de não persecução penal (art. 28-A do CPP). Já para a forma culposa, cabem tanto a transação como o *sursis* processual.

A competência material (v. comentários ao art. 26), em regra, será da Justiça Estadual. A Justiça Federal será competente se a conduta envolver bem ou interesse federal, a exemplo de praia (TRF4, 7ª T., RSE 2005.72.01.005154-9, Rel. Marcelo Nardi, J. em 28/06/2006).

Art. 55. Executar pesquisa, lavra ou extração de recursos minerais sem a competente autorização, permissão, concessão ou licença, ou em desacordo com a obtida:

Pena – detenção, de seis meses a um ano, e multa.

Parágrafo único. Nas mesmas penas incorre quem deixa de recuperar a área pesquisada ou explorada, nos termos da autorização, permissão, licença, concessão ou determinação do órgão competente.

BEM JURÍDICO TUTELADO

O bem jurídico específico (v. comentários ao art. 2º) tutelado consiste no meio ambiente, especialmente os seus recursos minerais, e no desenvolvimento sustentável. A atividade minerária impacta altamente o meio ambiente, razão pela qual ela é normatizada (Decreto-Lei n. 227/1967) e, segundo o art. 225, § 2º, da CF, gera o dever de recuperar a área degradada.

O artigo em questão revogou tacitamente o art. 21 da Lei n. 7.805/1989.

SUJEITOS DO CRIME

O sujeito passivo é a coletividade e o eventual proprietário da área onde praticado o crime. Tratando-se de crime comum, o sujeito ativo pode ser qualquer pessoa, inclusive a jurídica.

CONDUTAS

O art. 55, *caput*, incrimina a conduta do sujeito ativo que *executa* (realizar) pesquisa, lavra ou extração de recursos minerais sem autorização *lato sensu*. Referida autorização era concedida pelo Departamento Nacional de Produção Mineral (art. 2º do Decreto-Lei n. 227/1967), o qual foi extinto pela Lei n. 13.575/2015, que criou, no seu lugar, a Agência Nacional de Mineração – ANM. Segundo o art. 14, *caput* e § 1º, do Decreto-Lei n. 227/1967, *pesquisa mineral* consiste na execução dos trabalhos necessários à definição da jazida, sua avaliação e a determinação da exequibilidade do seu aproveitamento econômico, compreendendo, entre outros, os seguintes trabalhos de campo e de laboratório: levantamentos geológicos pormenorizados da área a pesquisar, em escala conveniente, estudos dos afloramentos e suas correlações, levantamentos geofísicos e geoquímicos; aberturas de escavações visitáveis e execução de sondagens no corpo mineral; amostragens sistemáticas; análises físicas e químicas das amostras e dos testemunhos de sondagens; e ensaios de beneficiamento dos minérios ou das substâncias minerais úteis, para obtenção de concentrados de acordo com as especificações do mercado ou aproveitamento industrial. Conforme o art. 36 do Decreto-Lei n. 227/1967, *lavra* é o conjunto de operações coordenadas objetivando o aproveitamento industrial da jazida, desde a extração das substâncias minerais úteis que contiver até o beneficiamento delas. Segundo esses conceitos, constata-se que a *extração* é compreendida pela lavra, na sua primeira etapa.

O objeto material sobre o qual incide a conduta são os minerais passíveis de pesquisa, lavra ou extração. Há um rol exemplificativo desses minerais no art. 10, § 1º, da Lei n. 7.805/1989: "São considerados minerais garimpáveis o ouro, o diamante, a cassiterita, a columbita, a tantalita e wolframita, nas formas aluvionar, eluvionar e coluvial; a sheelita, as demais gemas, o rutilo, o quartzo, o berilo, a muscovita, o espodumênio, a lepidolita, o feldspato, a mica e outros, em tipos de ocorrência que vierem a ser indicados, a critério do Departamento

Nacional de Produção Mineral – DNPM" (o DNPM foi substituído pela ANM, segundo a Lei n. 13.575/2015).

Segundo o art. 55, parágrafo único, nas mesmas penas incorre quem *deixa* (omitir) de *recuperar* (restaurar) a área pesquisada ou explorada, nos termos da autorização, permissão, licença, concessão ou determinação do órgão competente. Trata-se de crime próprio, pois apenas pode ser sujeito ativo o agente que é obrigado pela autorização, licença, concessão ou determinação, a recuperar a área pesquisada ou explorada. O art. 225, § 2º, da CF, que exige a recuperação da área degradada pela atividade minerária, é regulamentado pelo art. 2º, VIII, da Lei n. 6.938/1981 e pelo Decreto Federal n. 97.632, de 10 de abril de 1989, o qual dispõe sobre o Plano de Recuperação de Áreas Degradadas – PRAD.

Se o sujeito ativo responsável pela degradação omitir-se na recuperação da área, haverá crime único. Nesse caso, a dosimetria da pena será mais elevada em relação à daquele que apenas degrada ou deixa de recuperar a área, em razão da maior reprovabilidade da sua conduta.

A exploração de minerais também caracteriza o crime tipificado no art. 2º, *caput*, da Lei n. 8.176/1991. Enquanto o art. 55 da LCA tutela o meio ambiente, o art. 2º, *caput*, da Lei n. 8.176/1991 tutela o patrimônio da União. Em função de diversidade desses objetos jurídico, há concurso formal entre esses dois crimes (STJ, 5ª T., REsp 922.588/BA, Rel. Laurita Vaz, J. em 27/09/2007). O seguinte julgado do TRF da 4ª Região é elucidativo sobre esse concurso formal: "Não há que se falar em *bis in idem* na imputação feita ao réu, pois a extração de granito sem a correlata autorização legal ofende as diretrizes do artigo 2º da Lei 8.176/91, que tutela o patrimônio da União coibindo sua usurpação. Já o artigo 55 da Lei nº 9.605/98 tutela o meio ambiente, de modo que são dois bens jurídicos distintos tutelados. Assim, o agente, mediante uma ação afetou dois bens jurídicos distintos, cometendo dois crimes, havendo concurso formal em sua conduta" (TRF2, 2ª T., Apelação Criminal n. 0011439-28.2012.4.02.5001, Rel. Simone Schreiber, J. em 31/01/2017). No mesmo sentido: STJ, 5ª T., RHC 33.669/RJ, Rel. Marco Bellizze, J. em 20/06/2013; TRF4, 8ª T., ACR 50010414320164047004/PR 5001041-43.2016.4.04.7004, Rel. Leandro Paulsen, J. em 29/08/2018).

Não obstante, a extração de minerais, por órgão da administração pública direta e autárquica da União, dos Estados, do Distrito Federal e dos municípios, para emprego imediato na construção civil e/ou uso em obras públicas por eles executadas diretamente prescinde de autorização (*lato sensu*), conforme o art. 2º, parágrafo único, do Decreto-Lei n. 227/1967. Assim, a extração de mineral por município, por exemplo, desde que com as finalidades já identificadas, não caracteriza o crime tipificado no art. 2º da Lei n. 8.176/1991 ("Não comete o delito previsto no artigo 2º da Lei nº 8.176/91 o Prefeito Municipal que, mesmo sem autorização, extrai substância mineral destinada a obra pública" – TRF4, 4ª S., Inq. 2009.04.00.004309-9, Rel. Paulo Brum Vaz, J. em 15/04/2010), tampouco o previsto no art. 55 da LCA (STJ, 5ª T., RHC 33.669/RJ, Rel. Marco Bellizze, J. em 20/06/2013).

No conflito aparente entre os arts. 55 e 44, prevalece este pela sua especialidade, remetendo-se o leitor ao item "condutas" referente ao art. 44.

VOLUNTARIEDADE

O crime do art. 55 é doloso, sem exigir elemento subjetivo específico. A finalidade econômica, por exemplo, não é exigida. Não é prevista a forma culposa.

CONSUMAÇÃO E TENTATIVA

No art. 55, *caput*, por cuidar de crime de perigo, a consumação ocorre com a simples extração do minério, sem autorização (*lato sensu*), independentemente de qualquer dano ao meio ambiente. A consumação ocorre, portanto, com a mera retirada do minério. Por essa razão, a "produção de prova pericial não se mostra imprescindível quando a materialidade e a autoria delitivas podem ser demonstradas por outros meios de prova" (TRF4, 8ª T., ACR 5001588-54.2010.404.7211, Rel. Pedro Gebran Neto, J. em 05/04/2017). Admite-se a tentativa (*conatus*) por ser crime plurissubsistente.

Já o crime do art. 55, parágrafo único, consuma-se com a prática da omissão. O sujeito ativo dispõe de um prazo para recuperar a área. Expirado esse prazo, o crime resta consumado. É descabida a tentativa diante da sua incompatibilidade com o crime omissivo.

AÇÃO PENAL

Todos os crimes previstos na Lei n. 9.605/98 são de ação penal pública incondicionada (art. 26). Observadas as penas mínima e máxima do tipo sob análise, são cabíveis a transação (art. 27) e a suspensão condicional do processo (art. 28).

Quanto à competência material (v. comentários ao art. 26), observa-se que o crime previsto no art. 55 é praticado em concurso formal com o tipificado no art. 2º da Lei n. 8.176/1991, pois o minério é bem da União (art. 20, IX, da CF). Assim, por força da Súmula n. 122 do STJ, a Justiça Federal é a competente (STJ, 6ª T., RHC 50.160/MG, Rel. Rogério Schietti Cruz, J. em 16/09/2014), mesmo que o crime seja praticado em propriedade particular (STJ, 3ª S., CC 116.447/MT, Rel. Maria Moura, J. em 25/05/2011).

Art. 56. Produzir, processar, embalar, importar, exportar, comercializar, fornecer, transportar, armazenar, guardar, ter em depósito ou usar produto ou substância tóxica, perigosa ou nociva à saúde humana ou ao meio ambiente, em desacordo com as exigências estabelecidas em leis ou nos seus regulamentos:

Pena – reclusão, de um a quatro anos, e multa.

§ 1º Nas mesmas penas incorre quem:

I – abandona os produtos ou substâncias referidos no caput ou os utiliza em desacordo com as normas ambientais ou de segurança;

II – manipula, acondiciona, armazena, coleta, transporta, reutiliza, recicla ou dá destinação final a resíduos perigosos de forma diversa da estabelecida em lei ou regulamento.

§ 2º Se o produto ou a substância for nuclear ou radioativa, a pena é aumentada de um sexto a um terço.

§ 3º Se o crime é culposo:

Pena – detenção, de seis meses a um ano, e multa.

BEM JURÍDICO TUTELADO

O bem jurídico específico (v. comentários ao art. 2º) tutelado consiste no equilíbrio do meio ambiente. Paralelamente, a saúde é protegida também.

SUJEITOS DO CRIME

O sujeito passivo é a coletividade. Tratando-se de crime comum, o sujeito ativo pode ser qualquer pessoa, inclusive a jurídica.

CONDUTAS

O art. 56, que constitui tipo misto alternativo (v. conceito nos comentários ao item "condutas" do art. 29), incrimina a conduta do sujeito ativo que *produz* (gerar), *processa* (manufaturar), *embala* (envolver), *importa* (introduzir no território nacional algo proveniente de fora do país), *exporta* (enviar algo para fora de uma cidade, estado ou país), *comercializa* (ato que resulta em vantagem econômica: venda, aluguel, permuta), *fornece* (abastecer), *transporta* (locomover), *armazena* (manter ou conversar em armazém), *guarda* (preservar), *tem* (manter) em depósito ou *usa* (utilizar) produto ou substância tóxica, perigosa ou nociva à saúde humana ou ao meio ambiente, em desacordo com as exigências estabelecidas em leis ou nos seus regulamentos.

A conduta "exportar" não exige a saída da substância tóxica ou perigosa do território nacional. A essa conclusão se chega com base em simples interpretação sistemática: quando a LCA exige a saída do objeto material do território nacional, ela o faz de forma expressa, empregando "exportar para o exterior", como ocorre no art. 30. Por isso, o art. 56 incrimina a conduta do agente que promove o deslocamento interno de substâncias tóxicas ou perigosas em desacordo com as exigências legais e regulamentares.[155]

No tocante ao objeto material, o STJ já exigiu que o produto ou a substância estivessem catalogados em ato normativo, sob pena de atipicidade (STJ, 5ª T., HC 18.836/PR, Rel. Jorge Scartezzini, J. em 26/02/2002). Contudo, em 2017, o mesmo STJ reconheceu a prática deste crime do art. 56 na hipótese do agente que, "agindo em desacordo com as exigências legais ou regulamentares, é flagrado guardando e transportando em seu veículo automotor 8 kg de inseticida, de procedência uruguaia, que tem substância tóxica, perigosa ou nociva à saúde humana ou ao equilíbrio do meio ambiente, de origem chinesa, como princípio ativo, e que não tem registro e aprovação no Ministério da Agricultura, Pecuária e Abastecimento" (STJ, 6ª T., AgRg no REsp 1367294/RS, Rel. Rogério Schietti Cruz, J. em 14/02/2017).

Em função da presença de elemento normativo do tipo (exigências estabelecidas em leis ou nos seus regulamentos), o tipo em tela constitui *norma penal em branco*. A denúncia deverá, portanto, indicar qual a norma que foi violada pela conduta praticada pelo agente. Badini é enfático: "há o mister de se identificar quais os produtos considerados tóxicos, perigosos ou nocivos, bem como o regramento imposto para seu adequado manuseio"[156]. Nesse ponto, exemplificativamente, a Resolução CONAMA n. 452/2012 dispõe sobre resíduos perigosos.

A propósito, sintetizando o que foi visto até agora, vale a análise do seguinte aresto do STJ:

> RECURSO ESPECIAL. CRIME AMBIENTAL. TRANSPORTE DE PRODUTOS TÓXICOS, NOCIVOS OU PERIGOSOS. ART. 56, CAPUT, DA LEI N. 9.605/1998. LEI PENAL EM BRANCO. RESOLUÇÃO DA ANTT N. 420/2004. NORMA DE INTEGRAÇÃO. BEM JURÍDICO TUTELADO. MEIO AMBIENTE E INCOLUMIDADE PÚBLICA. CRIME DE PERIGO ABSTRATO. PERÍCIA. PRESCINDIBILIDADE. RECURSO ESPECIAL CONHECIDO E PROVIDO. 1. A conduta ilícita prevista no art. 56, *caput*, da Lei n. 9.605/1998 é norma penal em branco, cuja complementação depende da edição de outras normas, que definam o que venha a ser o elemento normativo do tipo "produto ou substância tóxica, perigosa ou nociva à saúde pública ou ao meio ambiente". No caso específico de transporte de tais produtos ou substâncias, o Regulamento para o Transporte Rodoviário de Produtos Perigosos (Decreto n. 96.044/1988) e a Resolução n. 420/2004 da Agência Nacional de Transportes Terrestres – ANTT, constituem a referida norma integradora, por inequivocamente indicar os produtos e substâncias cujo transporte rodoviário é considerado perigoso. 2. Por outro lado, a conduta ilícita prevista no art. 56, *caput*, da Lei n. 9.605/1998 é de perigo abstrato. Não é exigível, pois, para o aperfeiçoamento do crime, a ocorrência de lesão ou de perigo de dano concreto na conduta de quem produz, processa, embala, importa, exporta,

155 No mesmo sentido: DINO NETO, Nicolau; BELLO FILHO, Ney; DINO, Flávio. *Crimes e infrações administrativas ambientais*. 3. ed. Belo Horizonte: Del Rey, 2011. p. 346.

156 BADINI, Luciano. Substâncias tóxicas nocivas ao meio ambiente (artigos 56 a 58). *In*: MARCHESAN, Ana Maria Moreira; STEIGLEDER, Annelise Monteiro. (Org.). *Crimes ambientais:* comentários à lei 9.605/98. Porto Alegre: Livraria do Advogado, 2013. p. 254.

comercializa, fornece, transporta, armazena, guarda, tem em depósito ou usa produto ou substância tóxica, perigosa ou nociva à saúde humana ou ao meio ambiente, em desacordo com as exigências estabelecidas em leis ou nos seus regulamentos. 3. Embora seja legítimo aspirar a um Direito Penal de mínima intervenção, não pode a dogmática penal descurar de seu objetivo de proteger bens jurídicos de reconhecido relevo, assim entendidos, na dicção de Claus Roxin, como "interesses humanos necessitados de proteção penal", qual a proteção ao meio ambiente e à incolumidade pública. Não se pode, assim, esperar a concretização de danos, ou exigir a demonstração de riscos concretos para a punição de condutas que representam potencial produção de danos ao ecossistema e, por consequência, a pessoas indeterminadas. 4. O *eventus periculi*, advindo da prática de quem incorre em uma das condutas previstas no art. 56, *caput*, da Lei n. 9.605/1998, portanto, é presumido e, por conseguinte, prescinde da realização de perícia para comprovar a nocividade da substância ou produto, bastando, para tanto, que o "produto ou substância tóxica, perigosa ou nociva para a saúde humana ou o meio ambiente" esteja declinado *ex lege*, ou seja, no caso, que esteja elencado na Resolução n. 420/04 da ANTT. 5. Recurso especial conhecido e provido, para restabelecer a condenação dos recorridos e determinar ao Tribunal de origem que reexamine a apelação defensiva, partindo da premissa de que a mera ausência de prova pericial não constitui óbice à manutenção do édito condenatório (STJ, 6ª T., REsp 1439150/RS, Rel. Rogério Schietti, J. em 05/10/2017).

Sobre o **conflito aparente de normas entre o presente art. 56 e o art. 334-A do CP**[157], tendo em vista que os verbos "importar" e "exportar" são comuns a ambos os tipos, o TRF4 decidiu que prevalece o crime ambiental: "A importação de pneus usados constitui crime ambiental, forma especial de contrabando, por se tratar de produto nocivo à saúde pública e ao meio ambiente" (TRF4, 8ª T., RSE n. 5007239-10.2013.404.7002, Rel. Simone Fortes, J. em 29/01/2014). Em se tratando de combustível importado irregularmente, há decisão monocrática do STJ neste sentido: "a importação de combustível, que é substância tóxica, perigosa e que gera risco ambiental, vem sendo enquadrada no art. 56 da Lei dos Crimes Ambientais como norma especial relativamente ao crime de contrabando" (STJ, RHC 42.823/PR (2013/0387257-8), Rel. Néfi Cordeiro, J. em 12/04/2016).

Todavia, pelas razões já expostas mais acima sobre o conflito aparente entre o art. 29, § 1º, III, e o art. 180 do CP, *mutatis mutandis*, é plenamente sustentável a ocorrência de concurso formal (art. 70 do CP), tendo em vista a diversidade do bem jurídico protegido (mediante uma ação, o agente ofende dois bens jurídicos): enquanto o art. 56 tutela o meio ambiente, que é posto em risco com a importação de produto ou substância tóxica, perigosa ou nociva ao meio ambiente, o art. 334-A protege a administração pública, que é posta em perigo com a importação de qualquer mercadoria que seja proibida. Ademais, se, no contrabando, houver finalidade comercial ou industrial, o crime também afeta a livre concorrência e a ordem econômica como um todo (art. 170 da CF). Além disso, inexistindo identidade entre os verbos nucleares, é possível o concurso formal, como já constou em denúncia: "Em 08 de fevereiro de 2017, por volta das 5hs, no Posto da Sefaz, em Pacaraima/RR, Eroteia [sobrenome suprimido] e Ruben [sobrenome suprimido], previamente ajustados, atuando com identidade de desígnios, com consciência e vontade, ciente da ilicitude e reprovabilidade de suas condutas, importaram clandestinamente mercadoria que depende de registro, análise ou autorização de órgão público competente, qual seja, aproximadamente 80 (oitenta) litros de combustível de procedência venezuelana, armazenados em três carotes, em discordância com as exigências previstas na Portaria nº 314/2001 da Agência Nacional de Petróleo (ANP). Ademais, nas mesmas circunstâncias de tempo e local, Eroteia [sobrenome suprimido] e Ruben [sobrenome suprimido],

157 O mesmo entendimento vale para a redação antiga do art. 334 do CP, que tipificava o contrabando juntamente com o descaminho.

previamente ajustados, atuando com identidade de desígnios, embalaram, guardaram e armazenaram produto ou substância tóxica, perigosa e nociva à saúde humana e ao meio ambiente, em desacordo com as exigências estabelecidas no art. 1º, 9 10 e art. 30 da Resolução na 8/2007 da ANp2, qual seja, aproximadamente 80 (oitenta) litros de combustível de procedência venezuelana armazenados em três carotes" (JF/RR, Ação Penal n. 0000667-35.2017.4.01.4200).

São formas equiparadas a crime, segundo o art. 56, § 1º (que teve a redação alterada pela Lei n. 12.305/2010):

Inc. I: Quando o agente *abandona* (descartar por tempo suficiente para pôr em risco o meio ambiente) produtos ou substâncias tóxicas, perigosas ou nocivas à saúde ou os *utiliza* (usufruir, usar) em desacordo com as normas ambientais ou de segurança (norma penal em branco). Se o mesmo agente praticou alguma conduta do *caput* e abandonou o produto ou substância, há crime único, embora com valoração negativa desse aspecto na dosimetria da pena. No mais, se do abandono decorrer poluição que preencha as elementares do art. 54, o crime tipificado neste artigo restará consumado.

Inc. II: Quando o agente *manipula* (preparar), *acondiciona* (guardar em embalagem), *armazena* (manter ou conversar em armazém), *coleta* (recolher, juntar), *transporta* (locomover), *reutiliza* (utilizar novamente), *recicla* (processar para que se possa reutilizar) ou dá destinação final (cláusula aberta) a resíduos perigosos de forma diversa da estabelecida em ato normativo. Este inc. II, que cuida de tipo misto alternativo, foi introduzido pela Lei n. 12.305/2010 (Política Nacional dos Resíduos Sólidos), a qual deve ser utilizada para complementar a norma penal em branco. No mais, aplica-se a mesma observação do inciso antecedente se o sujeito ativo for o mesmo que pratica a conduta prevista no *caput*.

Quanto ao **conflito aparente entre o presente art. 56 da LCA e o art. 56 da Lei n. 14.785/2023**, reporta-se aos comentários sobre esse tema apresentados na Lei n. 14.785/2023, desta obra. Complementam-se apenas os seguintes aspectos.

Pelo critério da especialidade, as condutas de "produzir", "armazenar", "transportar", "importar" e "comercializar" (comuns a ambos os tipos) e "usar" (art. 56 da LCA) ou "utilizar" (art. 56 da Lei n. 14.785/2023), que são sinônimos entre si, agrotóxicos tipificam o crime previsto no art. 56 da Lei n. 14.785/2023. Por consequência, em se cuidando de agrotóxicos como objeto material da conduta, todos os verbos nucleares previstos no art. 56 da Lei n. 14.785/2023, que têm correspondência na LCA, repisando-se que "usar" e "utilizar" são sinônimos, tipificam o crime previsto no art. 56 da Lei n. 14.785/2023.

Ademais, observada a finalidade do agente, se os verbos nucleares previstos apenas no art. 56 da LCA e não repetidos no art. 56 da Lei n. 14.785/2023 (são estes os verbos nucleares nessa condição: "processar", "embalar", "exportar", "fornecer" e "ter em depósito") constituírem atos de execução de uma das figuras típicas do art. 56 da Lei n. 14.785/2023, este crime restará caracterizado, e não o do art. 56 da LCA. Por isso, à luz do "princípio da consunção, o crime de manter em depósito agrotóxicos [a conduta "ter em depósito" não é prevista no art. 15 da Lei n. 7.802/1989, que foi sucedido pelo art. 56 da Lei n. 14.785/2023] ficará absorvido pela figura delitiva prevista no artigo 15 da Lei nº 7.802/89 quando servir como mero instrumento para perfectibilização de um objetivo final único, qual seja a comercialização dos insumos" (TRF4, 8ª T., ACR 2007.70.05.000625-0, Rel. Luiz Wowk Penteado, J. em 18/02/2009).

Para Luiz Flávio Gomes e Sílvio Maciel, que fizeram estudo sobre os vários posicionamentos da doutrina em relação ao tema, sob a égide da Lei n. 7.802/1989, o adequado consistiria na aplicação do art. 15 da Lei n. 7.802/1989, porém com a pena prevista no art. 56 da LCA, sob pena de ofensa ao princípio da proporcionalidade. Essa posição é criticável pela violação ao princípio da separação dos poderes, tendo em vista que o Judiciário, ao combinar o preceito primário de uma lei com o preceito secundário de outra, criaria uma terceira lei. Aliás, essa violação ao princípio da separação dos poderes é a razão da Súmula 501 do STJ.

Sem embargo, a jurisprudência, ainda referindo-se ao art. 15 da Lei n. 7.802/1989, não é uniforme. Enquanto o STJ já decidiu pela prevalência do art. 15 da Lei n. 7.802/1989 em relação ao art. 56 da LCA (STJ, 6ª T., REsp 1449266/PR, Rel. Maria Moura, J. em 06/08/2015; STJ, REsp 1378064/PR, Rel. Felix Fischer, J. em 27.06.17), o TRF da 4ª Região, em 2017, decidiu que o transporte de agrotóxico estrangeiro importado do exterior tipifica o crime do art. 56 da LCA (TRF4, 7ª T., ACR 5001437-19.2013.404.7103, Rel. Márcio Rocha, J. em 18/04/2017).

Se o objeto material for produto ou substância nuclear (relativo ao núcleo do átomo) ou radioativa (emite radiação), a pena é aumentada de 1/6 a 1/3. A majoração deve ser diretamente proporcional à quantidade do produto ou substância. Ainda quanto a essa questão, há divergência na doutrina sobre o art. 56, § 2º, ter revogado tacitamente os arts. 20, 22, 24 e 25 da Lei n. 6.453/1977 (dispõe sobre atividades nucleares).[158]

No tocante ao conflito aparente com o art. 278 do CP, é válido reproduzir a lição de Nucci: "o artigo 278 do Código Penal possui menor número de condutas no tipo penal, algumas delas específicas, não constantes do art. 56 da Lei 9.605/98, como fabricar (manufaturar ou construir). Entretanto, pode-se sustentar que essa conduta estaria abrangida pela forma produzir (criar, dar origem a algo), prevista no art. 56. O mesmo se pode dizer em relação a vender, que seria subsumida em comercializar. Assim considerando, o art. 56 seria mais abrangente que o art. 278. Por se tratar o referido art. 56 de norma prevista em lei especial, mais recente, teria revogado o disposto no Código Penal. Entretanto, há que se considerar a parte final do art. 56. Exige-se, para a incriminação, haver a tutela do produto em legislação específica ("em desacordo com as exigências estabelecidas em leis ou nos seus regulamentos"). Por isso, é viável sustentar que a figura típica do art. 278 seria afastada no tocante aos produtos ou substâncias nocivas à saúde humana (ou ao meio ambiente), quando as exigências para a sua atividade estiverem disciplinadas em normas. Por outro lado, remanesceria a figura do art. 278 para os outros casos gerais de coisas ou substâncias nocivas à saúde humana, sem específica previsão em leis ou regulamentos".[159]

VOLUNTARIEDADE

O crime do art. 56 é doloso, sem exigir elemento subjetivo específico. É prevista também a forma culposa.

CONSUMAÇÃO E TENTATIVA

O crime do art. 56 é de perigo abstrato, prescindindo de resultado naturalístico. A consumação, portanto, ocorre com a simples prática das condutas previstas nele. Tratando-se de crime plurissubsistente, a tentativa (*conatus*) é admitida, exceto na forma culposa.

AÇÃO PENAL

Todos os crimes previstos na Lei n. 9.605/98 são de ação penal pública incondicionada (art. 26). Observadas as penas mínima e máxima do tipo sob análise, para o art. 56, *caput*, e § 1º, não cabe a transação (art. 27), porém têm lugar a suspensão condicional do processo (art. 28) e o acordo de não persecução penal (art. 28-A do CPP); no caso da majorante prevista no

158 A favor da revogação tácita: FREITAS, Vladimir Passos de; FREITAS, Gilberto Passos de. *Crimes contra a natureza*. 9 ed. São Paulo: Revista dos Tribunais, 2012. p. 248. Pela subsistência dos arts. 20, 22, 24 e 25 da Lei n. 6.453/1977: NUCCI, Guilherme de Souza. *Leis penais e processuais penais comentadas*. (livro digital). 9. ed. Vol. 2. Rio de Janeiro: Forense, 2015. p. 660.

159 NUCCI, Guilherme de Souza. *Leis penais e processuais penais comentadas*. (livro digital). 9. ed. Vol. 2. Rio de Janeiro: Forense, 2015. p. 657.

art. 56, mesmo que considerado o aumento mínimo de 1/6 sobre a pena mínima, cabe apenas o ANPP. Já para a forma culposa, têm lugar tanto a transação quanto o *sursis* processual.

A competência material (v. comentários ao art. 26), em regra, será da Justiça Estadual; poderá ser da Justiça Federal quando algum interesse ou bem da União for afetado.

Art. 57. (VETADO)

Art. 58. Nos crimes dolosos previstos nesta Seção, as penas serão aumentadas:

I – de um sexto a um terço, se resulta dano irreversível à flora ou ao meio ambiente em geral;

II – de um terço até a metade, se resulta lesão corporal de natureza grave em outrem;

III – até o dobro, se resultar a morte de outrem.

Parágrafo único. As penalidades previstas neste artigo somente serão aplicadas se do fato não resultar crime mais grave.

O art. 58, que se aplica apenas para os crimes dolosos previstos nesta Seção III, prevê causas de aumentos.

Conforme o art. 58, I, se do crime resultar dano irreversível à flora ou ao meio ambiente, a pena será majorada de 1/6 a 1/3.

O art. 58, II e III, prevê majorantes cuja natureza jurídica respeita a crime preterdoloso (dolo no antecedente e culpa no posterior). Assim, o resultado previsto nesses incisos deve decorrer de culpa do agente; ao revés, se o resultado decorrer de dolo do agente, haverá concurso formal impróprio (art. 70, *in fine*, do CP). Então, por exemplo, se o sujeito ativo pratica poluição com o dolo de causar lesão corporal de natureza grave e se este resultado sobrevém (inc. II), ele responderá pela prática do crime tipificado no art. 54 da LCA c/c art. 129, §§ 1º ou 2º, na forma do art. 70, *in fine*, do CP. Se o agente pratica a poluição com o dolo de matar, haverá concurso formal impróprio entre o crime ambiental e o de homicídio.

No mais, anota-se a previsão da subsidiariedade expressa pelo art. 58, parágrafo único.

Art. 59. (VETADO)

O art. 59 dispunha: Produzir sons, ruídos ou vibrações em desacordo com as prescrições legais ou regulamentares, ou desrespeito as normas sobre emissão e imissão de ruídos e vibrações resultantes de quaisquer atividades: Pena – detenção, de três a um ano, e multa.

Sobre poluição sonora, vide comentários ao art. 54.

Art. 60. Construir, reformar, ampliar, instalar ou fazer funcionar, em qualquer parte do território nacional, estabelecimentos, obras ou serviços potencialmente poluidores, sem licença ou autorização dos órgãos ambientais competentes, ou contrariando as normas legais e regulamentares pertinentes:

Pena – detenção, de um a seis meses, ou multa, ou ambas as penas cumulativamente.

BEM JURÍDICO TUTELADO

O bem jurídico específico (v. comentários ao art. 2º) tutelado consiste no equilíbrio do meio ambiente, que pode ser colocado em risco por empreendimentos potencialmente poluidores que sejam instalados sem autorização (*lato sensu*).

SUJEITOS DO CRIME

O sujeito passivo é a coletividade. Tratando-se de crime comum, o sujeito ativo pode ser qualquer pessoa, inclusive a jurídica.

CONDUTAS

O art. 60, que constitui tipo misto alternativo (v. conceito nos comentários ao item "condutas" do art. 29), incrimina a conduta do sujeito ativo que *constrói* (edificar), *reforma* (dar melhor forma a alguma coisa), *amplia* (aumentar), *instala* (montar para que possa ser usado) ou *faz funcionar* (fazer entrar em atividade), no território nacional, estabelecimentos, obras ou serviços que sejam potencialmente poluidores, sem licença ou autorização da autoridade ambiental, ou contrariando os atos normativos pertinentes.

Para desenvolver um empreendimento potencialmente poluidor, é necessário, inicialmente, segundo o art. 225, § 1º, IV, da CF, e o art. 3º da Resolução CONAMA n. 237/1997, o estudo prévio de impacto ambiental (EIA). Após o EIA, afigura-se imprescindível o **licenciamento ambiental**[160], que, visando à obtenção da licença ambiental, constitui, segundo o art. 2º, I, da Lei Complementar n. 140/2011, o "procedimento administrativo destinado a licenciar atividades ou empreendimentos utilizadores de recursos ambientais, efetiva ou potencialmente poluidores ou capazes, sob qualquer forma, de causar degradação ambiental". O licenciamento ambiental é regulamentado pela Resolução CONAMA n. 237/1997, que, no seu artigo 8º, prevê as seguintes etapas: "I – Licença Prévia (LP) – concedida na fase preliminar do planejamento do empreendimento ou atividade aprovando sua localização e concepção, atestando a viabilidade ambiental e estabelecendo os requisitos básicos e condicionantes a serem atendidos nas próximas fases de sua implementação; II – Licença de Instalação (LI) – autoriza a instalação do empreendimento ou atividade de acordo com as especificações constantes dos planos, programas e projetos aprovados, incluindo as medidas de controle ambiental e demais condicionantes, da qual constituem motivo determinante; III – Licença de Operação (LO) – autoriza a operação da atividade ou empreendimento, após a verificação do efetivo cumprimento do que consta das licenças anteriores, com as medidas de controle ambiental e condicionantes determinados para a operação".

A Resolução CONAMA n. 237/1997 também prevê uma forma de Licenciamento Ambiental Simplificado ou unifásico, no seu art. 12, § 1º: "Poderão ser estabelecidos procedimentos simplificados para as atividades e empreendimentos de pequeno potencial de impacto ambiental, que deverão ser aprovados pelos respectivos Conselhos de Meio Ambiente". Então, o agente que pratica qualquer das condutas previstas no tipo sem a licença necessária incorre na prática do crime sob estudo.

A simples ausência do licenciamento caracteriza o crime? O que significa a exigência de que o empreendimento seja potencialmente poluidor? Há discussão doutrinária sobre o tipo de perigo que o crime do art. 60 constitui. Sob a perspectiva do crime de perigo concreto[161], "para a configuração do delito previsto no art. 60, da Lei nº 9.605/98, o tipo penal exige, de forma concomitante, o desenvolvimento de atividade potencialmente poluidora sem a correspondente licença ambiental, o que somente pode ser verificado através de perícia. Saliento que o fato de ser exigida a licença ambiental não pode gerar a presunção de que a atividade desenvolvida pelo acusado seja potencialmente poluidora" (STJ, 5ª T., AgRg no RESP 1411354/RS, Rel. Moura

---

160 Mesmo antes da CF/88, o licenciamento ambiental já era exigido pelo art. 10 da Lei n. 6.938/1981.

161 Nesse sentido: PRADO, Luiz Régis. *Direito penal do ambiente*. 4. ed. São Paulo: Revista dos Tribunais, 2012. p. 286.; GOMES, Luiz Flávio; MACIEL, Sílvio Luiz. *Lei de crimes ambientais*: comentário à Lei 9.605/1998. 2. ed. Rio de Janeiro: Forense, 2015. p. 250.

Ribeiro, J. em 19/08/2014). Já para os que sustentam se tratar de crime de perigo abstrato[162], basta apenas a demonstração de que a atividade é rotulada como potencialmente poluidora por algum ato normativo: "O crime previsto no art. 60 da Lei n. 9.605/98 é de perigo abstrato, do qual não se exige prova do dano ambiental, sendo certo que a conduta ilícita se configura com a mera inobservância ou descumprimento da norma, pois o dispositivo em questão pune a conduta do agente que pratica atividades potencialmente poluidoras, sem licença ambiental" (STJ, 5ª T., RHC 89.461/AM, Rel. Félix Fischer, J. em 17/05/2018). Dino sustenta essa última posição: "Pune-se a prática de qualquer das ações demonstradas nos verbos constitutivos do tipo sem que a licença administrativa seja corretamente expedida. Todas as atividades para as quais a lei ou as normas administrativas exigem licença ou autorização são potencialmente poluidoras."[163]

Para Alexandre Saltz, o qual fundamenta que o crime do art. 60 é de perigo abstrato, a licença ambiental concedida *a posteriori*[164] assim como a renovada extemporaneamente não descaracterizam o crime.[165]

VOLUNTARIEDADE

O crime do art. 60 é doloso, sem exigir elemento subjetivo específico. Não é prevista a forma culposa.

CONSUMAÇÃO E TENTATIVA

A consumação ocorre com a prática de qualquer das condutas previstas no tipo, independentemente da superveniência de resultado naturalístico. Tratando-se de crime plurissubsistente, admite-se a tentativa (*conatus*).

AÇÃO PENAL

Todos os crimes previstos na Lei n. 9.605/98 são de ação penal pública incondicionada (art. 26). Observadas as penas mínima e máxima do tipo sob análise, são cabíveis a transação (art. 27) e a suspensão condicional do processo (art. 28).

A competência material (v. comentários ao art. 26) será da Justiça Federal se a conduta atingir um bem ou serviço de natureza federal ("Possível crime ambiental, previsto no artigo 60 da Lei nº 9.605/98, consistente na realização de obras ou serviços potencialmente poluidores sem licença ou autorização do órgão ambiental competente, perpetrado em terras particulares, não configura, em tese, violação a interesses, bens ou serviços da União" – STJ, 3ª S., CC 28.279/MG, Rel. Félix Fischer, J. em 10/05/2000).

Art. 61. Disseminar doença ou praga ou espécies que possam causar dano à agricultura, à pecuária, à fauna, à flora ou aos ecossistemas:

Pena – reclusão, de um a quatro anos, e multa.

---

162 NUCCI, Guilherme de Souza. *Leis penais e processuais penais comentadas.* (livro digital). 9. ed. Vol. 2. Rio de Janeiro: Forense, 2015. p. 663.

163 DINO NETO, Nicolau; BELLO FILHO, Ney; DINO, Flávio. *Crimes e infrações administrativas ambientais.* 3. ed. Belo Horizonte: Del Rey, 2011. p. 358.

164 No mesmo sentido: FREITAS, Vladimir Passos de; FREITAS, Gilberto Passos de. *Crimes contra a natureza.* 9 ed. São Paulo: Revista dos Tribunais, 2012. p. 251.

165 SALTZ, Alexandre Sikinowski. Controle de atividades impactantes ao ambiente (artigo 60). *In*: MARCHESAN, Ana Maria Moreira; STEIGLEDER, Annelise Monteiro. (Org.). *Crimes ambientais:* comentários à lei 9.605/98. Porto Alegre: Livraria do Advogado, 2013. p. 267-268.

BEM JURÍDICO TUTELADO

O bem jurídico específico (v. comentários ao art. 2º) tutelado consiste no equilíbrio do meio ambiente em geral. Paralelamente, a saúde humana também é protegida.

SUJEITOS DO CRIME

O sujeito passivo é a coletividade. Tratando-se de crime comum, o sujeito ativo pode ser qualquer pessoa, inclusive a jurídica, embora de difícil caracterização.

CONDUTAS

O art. 61 incrimina a conduta do agente que *dissemina* (espalhar) doença ("alteração biológica do estado de saúde de um ser (homem, animal etc.), manifestada por um conjunto de sintomas perceptíveis ou não; enfermidade, mal, moléstia") ou praga ("qualquer forma de vida animal que possa destruir aquilo que o ser humano considera um bem seu") (Houaiss) que tenham a potencialidade de causar dano à agricultura (cultivo de alimentos), à pecuária (criação de gado), à fauna (conjunto de animais de certo local), à flora (conjunto de plantas de certo local) ou aos ecossistemas. Ecossistema é um "complexo dinâmico de comunidades vegetais, animais e de microorganismos e o seu meio inorgânico que interagem como uma unidade funcional" (art. 2º da Convenção sobre Diversidade Biológica).

VOLUNTARIEDADE

O crime do art. 61 é doloso, sem exigir elemento subjetivo específico. Não é prevista a forma culposa.

A quase totalidade da doutrina advoga que o art. 61 revogou tacitamente o art. 259 do CP, por dispor sobre a mesma conduta. Nucci inclusive traz relevante observação: "Afastado o art. 259, deixa de subsistir a forma culposa nele prevista, mas não repetida no art. 61 desta Lei. Logo, se a disseminação se der por imprudência do agente, por exemplo, é fato atípico".[166] Juliana Santini discorda, ao sustentar que "quem culposamente difunde doença ou praga que possa causar dano, deverá ser enquadrado no art. 259 do CP".[167]

CONSUMAÇÃO E TENTATIVA

A consumação ocorre com a simples disseminação de doença ou praga, ainda que não sobrevenha dano. Todavia, exige-se que a doença ou praga tenham a potencialidade de causar dano (crime de perigo concreto), o que torna a perícia necessária. Tratando-se de crime plurissubsistente, a tentativa (*conatus*) é possível.

AÇÃO PENAL

Todos os crimes previstos na Lei n. 9.605/98 são de ação penal pública incondicionada (art. 26). Observadas as penas mínima e máxima, não cabem transação (art. 27), tampouco suspensão condicional do processo (art. 28); diversamente, cabe o acordo de não persecução penal (art. 28-A do CPP).

Acerca da competência material, ver comentários ao art. 26.

---

166 NUCCI, Guilherme de Souza. *Leis penais e processuais penais comentadas*. (livro digital). 9. ed. Vol. 2. Rio de Janeiro: Forense, 2015. p. 664.

167 SANTINI, Juliana. Crime de difusão de doença ou praga (artigo 61). *In*: MARCHESAN, Ana Maria Moreira; STEIGLEDER, Annelise Monteiro. (Org.). *Crimes ambientais*: comentários à lei 9.605/98. Porto Alegre: Livraria do Advogado, 2013. p. 272-273.

SEÇÃO IV

DOS CRIMES CONTRA O ORDENAMENTO URBANO E O PATRIMÔNIO CULTURAL

Nos comentários ao art. 2º, explicou-se, com base em Sirvinskas, que o meio ambiente compreende o natural, o artificial, o cultural e o laboral. Os crimes tipificados nesta Seção tutelam o meio ambiente artificial urbano e o meio ambiente cultural. Este se relaciona com o patrimônio cultural, o qual, segundo o art. 216 da CF, é constituído pelos "bens de natureza material e imaterial, tomados individualmente ou em conjunto, portadores de referência à identidade, à ação, à memória dos diferentes grupos formadores da sociedade brasileira".

Art. 62. Destruir, inutilizar ou deteriorar:

I – bem especialmente protegido por lei, ato administrativo ou decisão judicial;

II – arquivo, registro, museu, biblioteca, pinacoteca, instalação científica ou similar protegido por lei, ato administrativo ou decisão judicial:

Pena – reclusão, de um a três anos, e multa.

Parágrafo único. Se o crime for culposo, a pena é de seis meses a um ano de detenção, sem prejuízo da multa.

BEM JURÍDICO TUTELADO

O bem jurídico específico (v. comentários ao art. 2º) tutelado consiste no meio ambiente em suas formas artificial e cultural.

O art. 62 revogou tacitamente o art. 165 do CP.

SUJEITOS DO CRIME

O sujeito passivo é a coletividade. Também pode ser vítima determinada o proprietário do bem atingido pelo crime. Tratando-se de crime comum, o sujeito ativo pode ser qualquer pessoa, inclusive a jurídica.

CONDUTAS

O art. 62, que constitui tipo misto alternativo (v. conceito nos comentários ao item "condutas" do art. 29), incrimina a conduta do sujeito ativo que *destrói* (aniquilar), *inutiliza* (tornar imprestável) ou *deteriora* (estragar, danificar): a) "arquivo (lugar onde se recolhem documentos); registro (instituição onde se transcrevem atos, fatos, títulos etc.), museu (local onde se abrigam coleções de interesse histórico, artístico ou técnico, normalmente aberto à visitação, como incentivo à cultura), biblioteca (local onde se guardam livros e documentos); pinacoteca (lugar onde se guardam pinturas de valor histórico ou artístico, normalmente aberto à visitação, também como forma de incentivo à cultura); instalação científica (lugar onde se desenvolvem projetos em prol da ciência em geral) ou similar (forma residual, para abranger qualquer lugar semelhante – ex.: cinemateca, lugar onde se guardam filmes cinematográficos de valor cultural e histórico)"[168], desde que protegidos por lei, ato administrativo ou decisão judicial; ou

168 NUCCI, Guilherme de Souza. *Leis penais e processuais penais comentadas*. (livro digital). 9. ed. Vol. 2. Rio de Janeiro: Forense, 2015. p. 666.

b) qualquer bem, desde que também especialmente protegido por lei, ato administrativo ou decisão judicial.

Percebe-se a necessidade de um ato normativo ou de uma decisão judicial que confira proteção ao bem; do contrário, na ausência dessa proteção, ocorrerá atipicidade relativa ou absoluta. Assim, o agente que deteriora um museu particular que não conta com proteção por lei, decisão ou ato administrativo, por exemplo, incorre na prática do crime de dano (art. 163 do CP), e não no crime sob estudo.

Quanto à proteção por lei, esta pode ser federal, estadual ou municipal, tendo em vista que, segundo o arts. 24, VII e VIII, e o art. 30, IX, ambos da CF, é competência concorrente da União, dos estados e dos municípios a proteção do patrimônio cultural. Exemplificativamente, a Lei n. 3.924/1961 dispõe sobre a proteção de monumentos arqueológicos e pré-históricos. Já a proteção conferida por decisão judicial pode decorrer de qualquer tipo de ação, proveniente, por exemplo, de ação civil pública ajuizada pelo Ministério Público e julgada tanto pela Justiça Federal quanto pela Justiça Estadual. Por sua vez, a proteção por ato administrativo pode ocorrer sob as seguintes formas: a) tombamento: disciplinado pelo Decreto-Lei n. 25/1937; b) inventário: compete aos "órgãos públicos (federais, estaduais e municipais) realizar o inventário de todos os bens materiais e imateriais, independentemente do tombamento, como fonte de conhecimento nacional, regional ou local", como nos casos referidos pelo art. 9º, VII, VIII, XI e XII, da Lei n. 6.938/1981, e art. 6º, §§ 1º e 2º, da Lei n. 6.513/1977[169]; c) registro: disciplinado pelo Decreto n. 3.551/2000; e d) considerando que a Constituição Federal não foi taxativa ao enumerar as formas administrativas de proteção do patrimônio cultural[170], quaisquer outros atos administrativos, a exemplo da chancela da paisagem cultural (Portaria IPHAN n. 127/2009) e da Lista do Patrimônio Cultural Ferroviário (Portaria IPHAN n. 407/2010).

O crime em questão poderá ser realizado de "forma comissiva ou omissiva, como quando o agente não preservar o bem tombado".[171]

É essencial que a denúncia, sob pena de inépcia, informe qual o ato que confere especial proteção ao bem atingido pelo crime.

VOLUNTARIEDADE

O crime do art. 62 é doloso, sem exigir elemento subjetivo específico. Contudo, o dolo do agente deve abranger o conhecimento de que o objeto material é protegido por lei, ato administrativo ou decisão judicial.

É prevista, outrossim, a forma culposa. Observe-se a diferença em relação ao dano comum, previsto no art. 163 do CP, o qual não admite culpa.

CONSUMAÇÃO E TENTATIVA

Tratando-se de crime material, a consumação ocorre quando o bem é destruído, inutilizado ou deteriorado. Sendo crime plurissubsistente, a tentativa (*conatus*) é possível. No entanto, registra-se ser de difícil ocorrência a tentativa em relação ao verbo nuclear "destruir", pois o início material de uma conduta visando à destruição do bem já terá consumado a conduta de "deteriorar".

169 SIRVINSKAS, Luís Paulo. *Manual de direito ambiental*. 14. ed. São Paulo: Saraiva, 2016. p. 753.

170 Conforme a posição de SOUZA, Zani Cajueiro Tobias de. A Proteção do Patrimônio Cultural. *In*: VITORELLI, Edilson (Org.). *Manual de Direitos Difusos*. 2. ed. Salvador: Juspodivm, 2019. p. 847-896; p. 877.

171 MILARÉ, Edis; COSTA JR., Paulo José da; COSTA, Fernando José da. *Direito penal ambiental*. 2. ed. São Paulo: Revista dos Tribunais, 2013. p. 155.

AÇÃO PENAL

Todos os crimes previstos na Lei n. 9.605/98 são de ação penal pública incondicionada (art. 26). Observadas as penas mínima e máxima, para a forma dolosa, não cabe transação (art. 27), tendo lugar, todavia, o *sursis* processual (art. 28) e o acordo de não persecução penal (art. 28-A do CPP); para a forma culposa, cabem a transação e a suspensão condicional do processo.

Quanto à competência material (v. comentários ao art. 26), se o crime atingir bem ou interesse da União, a exemplo de um sítio arqueológico (art. 20, X, da CF), a Justiça Federal será competente (TRF4, 8ª T., ACR 200304010431331, Rel. Fernando Wowk, J. em 22/09/2004); do contrário, a competência será da Justiça Estadual.

> **Art. 63.** Alterar o aspecto ou estrutura de edificação ou local especialmente protegido por lei, ato administrativo ou decisão judicial, em razão de seu valor paisagístico, ecológico, turístico, artístico, histórico, cultural, religioso, arqueológico, etnográfico ou monumental, sem autorização da autoridade competente ou em desacordo com a concedida:
>
> Pena – reclusão, de um a três anos, e multa.

BEM JURÍDICO TUTELADO

O bem jurídico específico (v. comentários ao art. 2º) tutelado consiste no meio ambiente artificial e cultural.

SUJEITOS DO CRIME

O sujeito passivo é a coletividade. Também pode ser vítima determinada o proprietário do bem atingido pelo crime. Tratando-se de crime comum, o sujeito ativo pode ser qualquer pessoa, inclusive a jurídica.

CONDUTAS

O art. 63 incrimina a conduta do sujeito ativo que *altera* (modificar) o *aspecto* (aparência) ou *estrutura* (composição, organização) de edificação (construção) ou local (lugar) protegidos por lei, ato administrativo ou decisão judicial, sem autorização ou em desacordo com a concedida.

A proteção dos objetos materiais dá-se em função do seu valor paisagístico (paisagem natural ou artificial), ecológico (meio ambiente), turístico (locais disponíveis para visitação pública), artístico (obra humana, provida de criatividade), histórico (bens que retratam acontecimentos históricos), cultural (conjunto de conhecimentos e valores da cultura tradicional de grupos humanos), religioso (relacionado à determinada religião ou seita religiosa), arqueológico (estudo dos costumes e das culturas dos povos antigos), etnográfico (estudo descritivo das diversas etnias, de suas características antropológicas, sociais etc.).

O patrimônio histórico, artístico e paisagístico nacional é objeto de proteção pelo Decreto-Lei n. 25/1937; áreas de interesse turístico estão definidas na Lei n. 6.513/1977; locais de valor ecológico, atualmente, estão previstos nos arts. 8º, 9º, 14 e 16, todos da Lei n. 9.985/2000; monumentos arqueológicos e pré-históricos estão dispostos na Lei n. 3.924/1961.

Quanto ao aspecto monumental: "Em relação ao valor monumental do bem protegido, alguns autores entendem que está ligado aos monumentos naturais, enquanto para outros é necessário que se trata de obra ou construção grandiosa, de ponto de vista arquitetônico ou escultural. Preferimos adotar o conceito contido no art. 1º da Convenção para a Proteção do Patrimônio Mundial Cultural e Natural da UNESCO [...]: Obras arquitetônicas, de escultura ou de pintura monumentais, elementos de estruturas de caráter arqueológico, inscrições, grutas e grupos de elementos com valor universal excepcional do ponto de vista da história, da arte ou da ciência".[172]

Tal qual o art. 62, é necessária existência de proteção especial ao objeto material para a caracterização do presente crime. Quanto aos institutos que podem conferir essa proteção – lei, ato administrativo ou decisão judicial –, valem aqui os mesmos comentários lançados ao art. 62.

A existência de autorização (elemento normativo do tipo) por parte da autoridade competente e o respeito aos seus limites tornam a conduta atípica.

VOLUNTARIEDADE

O crime do art. 63 é doloso, sem exigir elemento subjetivo específico. Contudo, o dolo do agente deve abranger o conhecimento de que o objeto material é protegido por lei, ato administrativo ou decisão judicial.

Não é prevista a forma culposa.

CONSUMAÇÃO E TENTATIVA

Tratando-se de crime material, a consumação ocorre quando sobrevém a alteração no aspecto ou estrutura do objeto material. Daí exsurge, em regra, a necessidade da perícia (art. 158 do CPP). Afigura-se admissível a tentativa (*conatus*) por se cuidar de crime plurissubsistente.

AÇÃO PENAL

Todos os crimes previstos na Lei n. 9.605/98 são de ação penal pública incondicionada (art. 26). Observadas as penas mínima e máxima, não cabe transação (art. 27); todavia, têm lugar o *sursis* processual (art. 28) e o acordo de não persecução penal (art. 28-A do CPP).

Quanto à competência material (v. comentários ao art. 26), considerando o objeto material, anota que, se "pertencente à União, dela for o tombamento ou a decisão judicial, competente será a Justiça Federal. Nas demais hipóteses, a Justiça Estadual".[173]

Art. 64. Promover construção em solo não edificável, ou no seu entorno, assim considerado em razão de seu valor paisagístico, ecológico, artístico, turístico, histórico, cultural, religioso, arqueológico, etnográfico ou monumental, sem autorização da autoridade competente ou em desacordo com a concedida:

Pena – detenção, de seis meses a um ano, e multa.

BEM JURÍDICO TUTELADO

O bem jurídico específico (v. comentários ao art. 2º) tutelado consiste no meio ambiente cultural, que é posto em xeque mediante construções promovidas em solo não edificável em razão do seu especial valor cultural.

---

172 CUREAU, Sandra. Crimes contra o ordenamento urbano e o patrimônio cultural (artigos 62 e 63). *In*: MARCHESAN, Ana Maria Moreira; STEIGLEDER, Annelise Monteiro. (Org.). *Crimes ambientais*: comentários à lei 9.605/98. Porto Alegre: Livraria do Advogado, 2013. p. 284.

173 FREITAS, Vladimir Passos de; FREITAS, Gilberto Passos de. *Crimes contra a natureza*. 9 ed. São Paulo: Revista dos Tribunais, 2012. p. 267.

SUJEITOS DO CRIME

O sujeito passivo é a coletividade. Também pode ser vítima determinada o proprietário do bem atingido pelo crime. Tratando-se de crime comum, o sujeito ativo pode ser qualquer pessoa, inclusive a jurídica.

CONDUTAS

O art. 64 incrimina a conduta do sujeito ativo que *promove* (realizar, fazer) *construção* (edificação, incluindo a modificação de uma construção já finalizada) em solo que não é edificável (ou seja, não é sujeito a construção), incluindo o seu entorno, em razão de seu valor paisagístico, ecológico, artístico, turístico, histórico, cultural, religioso, arqueológico, etnográfico ou monumental (conceitos já analisados nos comentários ao item "condutas" do art. 63).

Diferentemente dos arts. 62 e 63, a existência de especial proteção que seja conferida ao solo por lei, ato administrativo ou decisão judicial não é prevista neste art. 64. Contudo, para fins da segurança jurídica e da função de orientação (educação) dos tipos penais, é necessária a existência de algum ato normativo ou decisão judicial que, ao menos, declare o solo como não edificável em razão do seu valor cultural.[174] Do contrário, o sujeito ativo incorrerá em erro do tipo por não saber e não ter condições de saber se determinada área é edificável ou não.

Se o agente, após suspensão (embargo) judicial ou administrativa da obra, prossegue na construção em solo não edificável, haverá concurso entre este crime do art. 64 e aquele de desobediência (art. 330 do CP) (Turma Recursal Criminal do RS, Recurso Crime n. 71003003480, Rel. Cristina Pereira Gonzales, J. em 18/04/2011).

Dependendo da forma como praticadas as condutas, pode haver **concurso entre os crimes tipificados nos arts. 48 e 64** (v. comentários, no item "condutas", ao art. 40), ou pode aquele ser consumido por este: "PROCESSO PENAL. RECURSO ESPECIAL. CRIME AMBIENTAL. CONFLITO APARENTE DE NORMAS. ARTS. 48 E 64 DA LEI N. 9.605/98. CONSUNÇÃO. ABSORVIDO O CRIME MEIO DE DESTRUIR FLORESTA E O PÓS-FATO IMPUNÍVEL DE IMPEDIR SUA REGENERAÇÃO. CRIME ÚNICO DE CONSTRUIR EM LOCAL NÃO EDIFICÁVEL. RECURSO ESPECIAL IMPROVIDO. [...] 2. O crime de destruir floresta nativa e vegetação protetora de mangues dá-se como meio necessário da realização do único intento de construir casa ou outra edificação em solo não edificável, em razão do que incide a absorção do crime-meio de destruição de vegetação pelo crime-fim de edificação proibida. 3. Dá-se tipo penal único de incidência final (art. 64 da Lei n. 9.605/98), já em tese crime uno, diferenciando-se do concurso formal, onde o crime em tese é duplo, mas ocasionalmente praticado por ação e desígnio únicos. 4. Recurso especial improvido" (STJ, 6ª T., REsp 1639723/PR, Rel. Néfi Cordeiro, J. em 07/02/2017).[175]

No entanto, nota-se tendência de o STJ consolidar o entendimento da absorção dos arts. 40 e 48 pelo art. 64, nos termos do seguinte julgado de 2021: "PENAL E PROCESSO PENAL. RECURSO ESPECIAL. CRIMES AMBIENTAIS. DANO EM UNIDADE DE CONSERVAÇÃO, IMPEDIMENTO À REGENERAÇÃO DA FLORA E CONSTRUÇÃO IRREGULAR (ARTS. 40, 48 E 64 DA LEI 9.605/1998). ABSORÇÃO DOS DOIS PRIMEIROS DELITOS PELO ÚLTIMO. APLICAÇÃO DO PRINCÍPIO DA CONSUNÇÃO. PRECEDENTES. RECURSO ESPECIAL DESPROVIDO. 1. O MPF ofereceu denúncia (e-STJ, fls. 3-7) contra o ora recorrido, imputando-lhe a conduta de construir, dentro da área da Estação Ecológica de

---

174 No mesmo sentido: MIRANDA, Marcos Paulo de Souza. Ordenação do uso e ocupação do solo urbano ou rural (artigos 64 e 65). *In*: MARCHESAN, Ana Maria Moreira; STEIGLEDER, Annelise Monteiro. (Org.). *Crimes ambientais*: comentários à lei 9.605/98. Porto Alegre: Livraria do Advogado, 2013. p. 291.

175 No mesmo sentido: TRF4, 8ª T., RSE 2005.72.00.011630-4, Rel. Paulo Brum Vaz, J. em 10/06/2009.

Carijós, em Florianópolis/SC, uma edícula de alvenaria de 261m², sem autorização da Administração Pública. Por isso, pleiteou sua condenação nas iras dos arts. 40 e 48 da Lei 9.605/1998, em concurso material. 2. Para a Corte de origem, o ato de edificar na área de estação ecológica, unidade de conservação do tipo de proteção integral, corresponderia ao crime único do art. 64 da Lei 9.605/1998. 3. Consoante **o entendimento das duas Turmas que compõem a Terceira Seção deste STJ**, a conduta do art. 48 da Lei 9.605/1998 é mero pós-fato impunível do ato de construir em local não edificável. Afinal, com a própria existência da construção desejada e executada pelo agente - e à qual, portanto, se dirigia seu dolo -, é inevitável que fique impedida a regeneração da flora antes existente no mesmo lugar. 4. Para analisar a possibilidade de absorção do crime do art. 40 da Lei 9.605/1998 pelo do art. 64, não é relevante a diversidade de bens jurídicos protegidos por cada tipo incriminador; tampouco impede a consunção o fato de que o crime absorvido tenha pena maior do que a do crime continente, como se vê na própria Súmula 17/STJ. 5. **O dano causado pela construção do recorrido à estação ecológica se encontra, efetivamente, absorvido pela edificação irregular**. Este dano pode, em tese, ser considerado concomitante à construção, enquanto ato integrante da fase de execução do iter do art. 64, caso em que se aplicaria o princípio da consunção em sua formulação genérica; ou, então, como consequência naturalística inafastável e necessária da construção, de maneira que seu tratamento jurídico seria o de pós-fato impunível. De todo modo, o dano à unidade de conservação se situa na escala causal da construção irregular (seja como ato executório ou como exaurimento), nela exaurindo toda sua potencialidade lesiva. 6. Recurso Especial desprovido" (STJ, 5ª T., REsp 1925717/SC, Rel. Ribeiro Dantas, J. em 25/05/2021).

VOLUNTARIEDADE

O crime do art. 64 é doloso, sem exigir elemento subjetivo específico. Contudo, o dolo do agente deve abranger o conhecimento de que o objeto material (solo e/ou entorno) não é edificável.

Não é prevista a forma culposa.

CONSUMAÇÃO E TENTATIVA

Tratando-se de crime material, a consumação ocorre quando sobrevém a alteração no aspecto ou estrutura do objeto material. Daí exsurge, em regra, a necessidade da perícia (art. 158 do CPP). Afigura-se admissível a tentativa (*conatus*), bastando que o agente não inicie a construção por circunstâncias alheias à sua vontade.

AÇÃO PENAL

Todos os crimes previstos na Lei n. 9.605/98 são de ação penal pública incondicionada (art. 26). Observadas as penas mínima e máxima do tipo sob análise, são cabíveis a transação (art. 27) e a suspensão condicional do processo (art. 28).

A competência material (v. comentários ao art. 26), de regra, será da Justiça estadual, exceto quando houver bem ou interesse federal: "Conflito negativo de competência. Justiça Federal X Justiça Estadual. Inquérito policial. Edificação de construção civil em área de proteção ambiental das Ilhas e várzeas do Rio Paraná (arts. 48 e 64 da Lei 9.605/98). Área de proteção ambiental instituída por decreto federal. Interesse da União caracterizado. Competência da Justiça Federal" (STJ, 3ª S., CC 147.694/MS, Rel. Reynaldo Fonseca, J. em 10/08/2016).

Art. 65. Pichar ou por outro meio conspurcar edificação ou monumento urbano:

Pena – detenção, de 3 (três) meses a 1 (um) ano, e multa.

§ 1º Se o ato for realizado em monumento ou coisa tombada em virtude do seu valor artístico, arqueológico ou histórico, a pena é de 6 (seis) meses a 1 (um) ano de detenção e multa.

§ 2º Não constitui crime a prática de grafite realizada com o objetivo de valorizar o patrimônio público ou privado mediante manifestação artística, desde que consentida pelo proprietário e, quando couber, pelo locatário ou arrendatário do bem privado e, no caso de bem público, com a autorização do órgão competente e a observância das posturas municipais e das normas editadas pelos órgãos governamentais responsáveis pela preservação e conservação do patrimônio histórico e artístico nacional.

BEM JURÍDICO TUTELADO

Alterado pela Lei n. 12.408/2011, o bem jurídico específico (v. comentários ao art. 2º) tutelado pelo art. 65 consiste no meio ambiente artificial, localizado em área urbana.

SUJEITOS DO CRIME

O sujeito passivo é a coletividade e o titular do bem atingido pelo crime. Tratando-se de crime comum, o sujeito ativo pode ser qualquer pessoa, inclusive, embora de difícil caracterização, a jurídica.

CONDUTAS

O art. 65 incrimina a conduta do sujeito ativo que *picha* (escrever, rabiscar dizeres de qualquer espécie em muros, paredes, fachadas de edifícios etc.) ou, por qualquer meio, *conspurca* (colocar ou deixar cair sujeira sobre; sujar, manchar) (Houaiss) edificação (construção) ou monumento (v. caráter "monumental nos comentários ao art. 63) *urbano* (v. comentário ao art. 54, § 2º, I).

A pichação de uma edificação localizada em área rural não tipifica o crime do art. 65, que é de ação penal pública incondicionada. Não obstante, pode haver atipicidade relativa: a pichação de edificação localizada em zona rural pode caracterizar o crime de dano, previsto no art. 163 do CP, que é de ação penal privada. Logo, percebe-se que o crime de pichação (art. 65) é especial em relação ao crime de dano (art. 163 do CP).

Anota-se que "[b]ens móveis como vagões de trens, metrôs e bondes em circulação não constituem bem material deste delito, que abrange apenas edificações e monumentos. A pichação de bens móveis encontrará tipicidade no art. 163 do CPB ou no art. 63 desta Lei, neste último caso quando houver especial proteção incidindo sobre o bem".[176]

O art. 65, § 1º, apresenta uma forma qualificada do crime, embora somente a pena mínima seja alterada em relação ao *caput*. Aqui, a pichação atinge monumento ou coisa objeto de tombamento (Decreto-Lei n. 25/1937) em razão do seu valor artístico, arqueológico ou histórico (v. conceitos nos comentários ao item "condutas" do art. 63). A denúncia deve, sob pena de desclassificação para a forma simples, identificar o tombamento. Curiosamente, este art. 65, § 1º, tutela apenas o bem tombado, excluindo, indevidamente, outras formas de proteção, a exemplo dos outros atos administrativos (inventário, p. ex.) e de decisão judicial, como fazem os artigos 62 e 63, em cumprimento ao art. 216, § 1º, da CF. Em consequência, enquanto a pichação de um monumento tombado em razão do seu valor artístico é qualificada, a mesma

176 MIRANDA, Marcos Paulo de Souza. Ordenação do uso e ocupação do solo urbano ou rural (artigos 64 e 65). *In*: MARCHESAN, Ana Maria Moreira; STEIGLEDER, Annelise Monteiro. (Org.). *Crimes ambientais*: comentários à lei 9.605/98. Porto Alegre: Livraria do Advogado, 2013. p. 295.

pichação em um monumento protegido por decisão judicial em razão do seu valor artístico será punida na forma simples. Ademais, se a coisa foi tombada por outras razões que não o seu valor histórico, arqueológico ou artístico, o crime será o previsto no *caput*.

Observada a revogação do art. 328 da Lei n. 4.737/1965 (Código Eleitoral), a pichação com a finalidade de propaganda política tipifica este crime do art. 65.[177]

Por sua vez, o grafite ("pichação" realizada com a finalidade de embelezamento e valorização) do bem privado não constituirá crime se contar com o consentimento do proprietário, locatário ou arrendatário. Por analogia, deve-se incluir o comodatário. O consentimento da vítima, porque incluído como elementar no tipo, exclui a tipicidade. Esse consentimento admite qualquer meio de prova.

Já o grafite de bem público, para ser atípico, exige autorização do órgão competente e a observância das demais normas relacionadas à preservação e conservação do patrimônio histórico e artístico.

A pichação prévia exclui o crime? Depende do grau de interferência que a pichação prévia teve sobre o bem: se este foi completamente pichado, a pichação posterior será crime impossível dada a absoluta impropriedade do objeto (art. 17 do CP); ao revés, se a pichação prévia não atingiu a totalidade do bem, a pichação posterior tem o condão de caracterizar o crime do art. 65.

VOLUNTARIEDADE

O crime do art. 65 é doloso, sem exigir elemento subjetivo específico. Não é prevista a forma culposa.

CONSUMAÇÃO E TENTATIVA

Tratando-se de crime material, a consumação ocorre quando é realizada a pichação ou, por outro meio, a conspurcação. Daí exsurge, em regra, a necessidade da perícia (art. 158 do CPP), a qual pode ser substituída por outros meios de prova. Na medida em que não vigora o princípio da prova tarifada, prova testemunhal acompanhada de fotografias, por exemplo, é suficiente para a demonstração da materialidade. Afigura-se admissível a tentativa (*conatus*), bastando que o agente não inicie a pichação por circunstâncias alheias à sua vontade.

AÇÃO PENAL

Todos os crimes previstos na Lei n. 9.605/98 são de ação penal pública incondicionada (art. 26). Observadas as penas mínima e máxima do tipo sob análise, são cabíveis a transação (art. 27) e a suspensão condicional do processo (art. 28).

A competência material (v. comentários ao art. 26), em regra, será da Justiça Estadual, tirante a hipótese de envolver bem federal, hipótese em que a Justiça Federal será competente.

SEÇÃO V

DOS CRIMES CONTRA A ADMINISTRAÇÃO AMBIENTAL

Art. 66. Fazer o funcionário público afirmação falsa ou enganosa, omitir a verdade, sonegar informações ou dados técnico-científicos em procedimentos de autorização ou de licenciamento ambiental:

Pena – reclusão, de um a três anos, e multa.

177 No mesmo sentido: FREITAS, Vladimir Passos de; FREITAS, Gilberto Passos de. *Crimes contra a natureza*. 9 ed. São Paulo: Revista dos Tribunais, 2012. p. 277.

BEM JURÍDICO TUTELADO

O bem jurídico específico (v. comentários ao art. 2º) tutelado consiste na moralidade da atividade administrativa.

SUJEITOS DO CRIME

O sujeito passivo é a coletividade e a Administração Pública ambiental. Tratando-se de crime próprio, o sujeito ativo é o funcionário público, definido pelo art. 327 do CP. Pela amplitude desse conceito, aliás, funcionários de uma pessoa jurídica de direito privado contratada pela Administração Pública, por exemplo, são considerados funcionários públicos. Ademais, nota-se que o tipo não se restringe apenas ao funcionário público ambiental, mas ao funcionário público vinculado a qualquer ramo da Administração Pública. Não obstante se trate de crime próprio (aquele que exige uma qualidade especial do sujeito ativo), admite-se o concurso de agentes, mesmo que estes não ostentem a qualidade de funcionários públicos, nas modalidades coautoria e participação. Todavia, se a conduta do concorrente preencher o tipo do art. 69-A, não haverá concurso de agentes, mas a prática desse crime.

CONDUTAS

Assemelhado aos arts. 299 e 319, ambos do CP, o art. 66 da LCA incrimina a conduta do sujeito ativo que, no curso de procedimento de autorização (v. conceito nos comentários ao art. 29) ou licenciamento ambiental (v. conceito nos comentários ao art. 60), *faz* (praticar) afirmação falsa (que não corresponde à verdade) ou enganosa (que provoca engano), *omite* (não revelar) a verdade, *sonega* (esconder) informações ou dados técnico-científicos, que "são todos os fatores que podem influenciar na concessão da autorização ou licenciamento, sendo que os dados são aqueles objetivos, e as informações contêm também avaliações qualitativas ou valorativas a respeito do procedimento".[178] A falsidade pode ser material ou ideológica. Enfatiza-se que, sob pena de atipicidade relativa ou absoluta, a conduta deve ser praticada durante o trâmite da autorização ou do licenciamento ambiental.

O crime pode ser comissivo, quando o agente faz afirmação falsa, ou omissivo, quando ele omite um dado técnico-científico relevante, por exemplo.

VOLUNTARIEDADE

O crime do art. 66 é doloso, sem exigir elemento subjetivo específico. Não é prevista a forma culposa. Logo, se o agente, por culpa, imprudência ou imperícia, faz uma afirmação falsa, por exemplo, a conduta é atípica.

CONSUMAÇÃO E TENTATIVA

Tratando-se de crime formal, a consumação ocorre quando as condutas previstas no tipo são praticadas, independentemente da expedição da licença ambiental ou da superveniência de resultado naturalístico. Tratando-se de crime plurissubsistente, a tentativa (*conatus*) é admissível se a conduta for comissiva, excluída se a conduta for omissiva.

AÇÃO PENAL

Todos os crimes previstos na Lei n. 9.605/98 são de ação penal pública incondicionada (art. 26). Observadas as penas mínima e máxima, não cabe transação (art. 27); todavia, têm lugar o *sursis* processual (art. 28) e o acordo de não persecução penal (art. 28-A do CPP).

---

178 BALTAZAR JÚNIOR, José Paulo. *Crimes federais*. 10. ed. São Paulo: Saraiva, 2015. p. 1079.

A competência material (v. comentários ao art. 26) é da Justiça Estadual, a não ser que, no licenciamento, figure como vítima um órgão federal.

Art. 67. Conceder o funcionário público licença, autorização ou permissão em desacordo com as normas ambientais, para as atividades, obras ou serviços cuja realização depende de ato autorizativo do Poder Público:

Pena – detenção, de um a três anos, e multa.

Parágrafo único. Se o crime é culposo, a pena é de três meses a um ano de detenção, sem prejuízo da multa.

BEM JURÍDICO TUTELADO

O bem jurídico específico (v. comentários ao art. 2º) tutelado consiste na regularidade da atividade da Administração Pública.

SUJEITOS DO CRIME

O sujeito passivo é a coletividade e a Administração Pública. Tratando-se de crime próprio, o sujeito ativo é o funcionário público, definido pelo art. 327 do CP. No mais, sobre o sujeito ativo e a possibilidade de concurso de agentes, aplicam-se as mesmas observações já tecidas nos comentários do art. 66.

CONDUTAS

Assemelhado aos arts. 299 e 319, ambos do CP, o art. 67 incrimina a conduta do sujeito ativo que *concede* (fornecer) licença[179], autorização ou permissão (v. conceito nos comentários ao art. 29) em desacordo com as normas ambientais (conceito amplo, envolvendo leis e resoluções, p. ex.) para atividades, obras ou serviços que dependam do consentimento do Poder Público.

Enquanto, no crime do art. 66, o funcionário público, no curso do procedimento, faz afirmação falsa ou enganosa, omite a verdade ou sonega informações e/ou dados científicos, neste crime do art. 67, o funcionário concede a licença que está em desacordo com a legislação ambiental, não sendo necessária a existência de contexto de enganação ou falsidade. Se o mesmo funcionário que praticou a conduta do art. 66 conceder a licença, o crime do art. 67 absorverá o do art. 66.

VOLUNTARIEDADE

O crime do art. 67 é doloso, sem exigir elemento subjetivo específico. Se o sujeito ativo exigir ou solicitar vantagem indevida para a prática do ato, haverá concurso do crime sob estudo com o do 316 ou o do 317, ambos do CP, respectivamente.

É prevista a forma culposa.

CONSUMAÇÃO E TENTATIVA

Por se tratar de crime formal de perigo abstrato, consuma-se "com a simples emissão do ato administrativo, independente de vir ou não a ser executado o ato administrativo ou da sua concessão causar danos ambientais" (STJ, 5ª T., AgRg no REsp 1730114/SC 2018/0058922-3,

179 Sobre o licenciamento ambiental, v. comentários ao item "condutas" do art. 60.

Rel. Ribeiro Dantas, J. em 04/09/2018). Aliás, o "delito previsto no art. 67 da Lei n. 9.605/98 é formal e se consuma com a emissão de autorização em desacordo com a legislação ambiental, sendo prescindíveis, para a configuração da tipicidade e da materialidade, a elaboração de laudo pericial ou a existência de efetivo prejuízo para o ambiente" (STJ, 6ª T., AgRg no ARESP 1792583, Rel. Laurita Vaz, J. em 08/02/22).

Sendo crime instantâneo, a tentativa (*conatus*) não é admissível.

AÇÃO PENAL

Todos os crimes previstos na Lei n. 9.605/98 são de ação penal pública incondicionada (art. 26). Observadas as penas mínima e máxima, para a forma culposa, cabem transação (art. 27) e suspensão condicional do processo (art. 28); para a forma dolosa, têm lugar o *sursis* processual (art. 28) e o acordo de não persecução penal (art. 28-A do CPP).

No atinente à competência material (v. comentários ao art. 26), se a licença, permissão ou autorização for da atribuição de órgão municipal ou estadual, a competência será da Justiça Estadual; se de órgão federal, da Justiça Federal.

Art. 68. Deixar, aquele que tiver o dever legal ou contratual de fazê-lo, de cumprir obrigação de relevante interesse ambiental:

Pena – detenção, de um a três anos, e multa.

Parágrafo único. Se o crime é culposo, a pena é de três meses a um ano, sem prejuízo da multa.

BEM JURÍDICO TUTELADO

O bem jurídico específico (v. comentários ao art. 2º) tutelado consiste na Administração Pública ambiental.

SUJEITOS DO CRIME

O sujeito passivo é a coletividade e a Administração Pública ambiental. O sujeito ativo pode ser qualquer pessoa, inclusive a jurídica, que seja titular do dever legal ou contratual de cumprir obrigação de interesse ambiental. O STJ enfrentou a classificação como crime próprio: "Da leitura do tipo legal em questão, denota-se que, apesar de se tratar de crime próprio, a posição de sujeito ativo não é exclusiva do funcionário público, pois o delito pode ser cometido por todo aquele que tiver o dever legal ou contratual de cumprir obrigação de relevante interesse ambiental" (STJ, 5ª T., HC 84.498/MT, Rel. Napoleão Maia Filho, J. em 28/05/2008). Esse entendimento foi reiterado em 2012 (STJ, 5ª T., REsp 1032651/SC, Rel. Laurita Vaz, J. em 28/02/2012).

CONDUTAS

O art. 68 incrimina a conduta do sujeito ativo que, apesar de ter o dever legal ou contratual para tanto, *deixa de cumprir* (omite-se no cumprimento de) obrigação de relevante interesse ambiental.

A obrigação de relevante interesse ambiental (norma penal em branco), a despeito de cuidar de conceito indeterminado, deve estar prevista em contrato ou em lei. A denúncia, sob pena de inépcia, deve descrever essa obrigação de forma suficiente a permitir o exercício da ampla defesa e do contraditório por parte do réu. Freitas fornece exemplo de previsão contratual dessa obrigação: autorizado o funcionamento de um restaurante no interior de uma AEIT (Área Especial de Interesse Turístico, regulamentada na Lei n. 6.513/1977), o contrato prevê que o arrendatário se comprometa a zelar pela preservação ambiental dessa área; se o arrendatário tomar conhecimento de uma ação predatória e omitir-se na respectiva comunicação ao órgão ambiental, incorrerá na prática do crime tipificado deste art. 68.[180] Já para Leme Machado, o agente público que deixa de promover a apuração de infração ambiental incorre na prática deste crime do art. 68, pois essa apuração não é facultativa.[181]

A previsão legal desse tipo de obrigação, por sua vez, deve ser *específica*, e não genérica, razão pela qual o dever genérico de a coletividade proteger o meio ambiente, conforme o art. 225, *caput*, da CF, não permite a caracterização do crime sob estudo. Nesse ponto, o art. 52 da Lei n. 12.305/2010 (institui a Política Nacional dos Resíduos Sólidos) fornece exemplos do tipo de obrigação sob estudo: "A observância do disposto no *caput* do art. 23 e no § 2º do art. 39 desta Lei é considerada obrigação de relevante interesse ambiental para efeitos do art. 68 da Lei nº 9.605, de 1998, sem prejuízo da aplicação de outras sanções cabíveis nas esferas penal e administrativa". Assim, o descumprimento dessas obrigações específicas constitui o crime do art. 68.

Segundo o STJ, o crime do art. 68 classifica-se "como crime omissivo impróprio em que o agente deixa de praticar o ato, contrariando o dever de fazê-lo para evitar o resultado lesivo ao meio ambiente" (STJ, 5ª T., REsp 1032651/SC, Rel. Laurita Vaz, J. em 28/02/2012). O STJ reiterou esse entendimento, em julgado de 2017, em caso no qual a omissão do agente em cumprir norma de relevante interesse ambiental terminou por provocar poluição (STJ, 6ª T., REsp 1618975/PR, Rel. Sebastião Reis Júnior, J. em 07/03/2017). Não obstante, o crime do art. 68 pode ser omissivo próprio: 1. Tendo em vista que há previsão legal para a imposição da instalação de equipamento rastreador em embarcações pesqueiras nos arts. nos. 31 a 33 da Lei n.º 11.959/09, o não atendimento a esta determinação caracteriza a conduta omissiva tipificada no art. 68 da Lei n.º 9.605/98. 2. O delito previsto no art. 68 da Lei n.º 9.605/98 é crime contra a Administração Ambiental, possuindo como bem jurídico tutelado não apenas o meio ambiente, mas, também, a moralidade administrativa, razão pela qual não é possível a aplicação do princípio da insignificância ao caso concreto" (STJ, 6ª T., RESP n. 1.816.357/RS, Rela. Laurita Vaz, J. em 15/10/2019). A propósito da instalação em embarcação de equipamento que permite a emissão de sinais por sistema de satélite – PREPS –, cuja obrigatoriedade decorre da Instrução Normativa Conjunta SEAP-PR/MB/MMA nº 2, de 4 de setembro de 2006, o STF, confirmando aresto do STJ, decidiu pela impossibilidade da aplicação do princípio da insignificância da conduta do réu que não providenciou essa instalação, tendo em vista a elevada periculosidade social para a proteção da fauna aquática e para o controle da Administração Ambiental (STF, 2ª T., HC 150147 AgR, Rel. Celso de Mello, J. em 12/04/2019).

VOLUNTARIEDADE

O crime do art. 68 é doloso, sem exigir elemento subjetivo específico. É prevista a forma culposa.

CONSUMAÇÃO E TENTATIVA

Tratando-se de crime omissivo, a consumação ocorre quando o sujeito ativo deixa de cumprir, no prazo que lhe foi assinado, a obrigação de relevante interesse ambiental. Não é admitida a tentativa (*conatus*) por se tratar de crime omissivo.

AÇÃO PENAL

Todos os crimes previstos na Lei n. 9.605/98 são de ação penal pública incondicionada (art. 26). Observadas as penas mínima e máxima, para a forma culposa, cabem transação (art.

180 FREITAS, Vladimir Passos de; FREITAS, Gilberto Passos de. *Crimes contra a natureza*. 9 ed. São Paulo: Revista dos Tribunais, 2012. p. 289.

181 MACHADO, Paulo Affonso Leme. *Direito Ambiental Brasileiro*. 21. ed. São Paulo: Malheiros, 2013. p. 346-347.

27) e suspensão condicional do processo (art. 28); para a forma dolosa, têm lugar o *sursis* processual (art. 28) e o acordo de não persecução penal (art. 28-A do CPP).

A competência material (v. comentários ao art. 26), em regra, será da Justiça Estadual, a não ser que haja interesse ou bem federal, hipótese que a Justiça Federal será competente.

Art. 69. Obstar ou dificultar a ação fiscalizadora do Poder Público no trato de questões ambientais:

Pena – detenção, de um a três anos, e multa.

BEM JURÍDICO TUTELADO

O bem jurídico específico (v. comentários ao art. 2º) tutelado consiste na regularidade da atividade fiscalizadora ambiental da Administração Pública.

SUJEITOS DO CRIME

O sujeito passivo é a coletividade e a Administração Pública que teve a sua ação de fiscalização prejudicada. Tratando-se de crime comum, o sujeito ativo pode ser qualquer pessoa, inclusive a jurídica.

CONDUTAS

O art. 69 incrimina a conduta do sujeito ativo que *obsta* (impedir) ou *dificulta* (atrapalhar) ato da Administração Pública que constitua ação de fiscalização no trato de questões ambientais. Quanto ao objeto material, a redação do tipo é, de propósito, aberta, para abranger qualquer conduta da Administração Pública voltada à fiscalização ambiental. Assim, exemplificativamente as seguintes condutas tipificam o crime: a) agente que, para dissimular o transporte de madeira sem licença, apresenta documentos referentes a madeira diversa (TJRS, 4ª C. Crim., n. 70053473179, Rel. Gaspar Batista, J. em 09/05/2013); b) impedir o ingresso de agentes de fiscalização em estádio de futebol para averiguar denúncias de poluição sonora (TJRS, 4ª C. Crim., Habeas Corpus Nº 70063815195, Rel. Ivan Leomar Bruxel, J. em 30/04/2015); c) impedir o acesso de fiscais do IBAMA à embarcação (TRF2, 2ª T., HC n. 0015669-52.2010.4.02.0000 (TRF2 2010.02.01.015669-1), Rel. André Fontes, J. em 14/12/2010); d) "[o] exame minucioso do conjunto probatório não deixa margem a dúvidas de que os acusados, cada um em uma oportunidade, receberam a equipe do IBAMA de maneira agressiva e afrontosa, deixando de se identificar adequadamente e proferindo-lhe xingamentos, tornando o clima hostil ao ponto de impedir a regular fiscalização dos agentes ambientais. Não restam dúvidas de que essas condutas dificultaram a ação fiscalizadora do Poder Público no trato de questões ambientais, razão pela qual se impõe a condenação de ambos os réus pela prática do crime previsto no art. 69 da Lei 9.605/98" (TRF4, 7ª T., ACR 0017806-32.2006.404.7100, Rel. Salise Sanchotene, J. em 01/04/2014); e) após pescar em local proibido, para evitar a apreensão do produto, lançar os peixes ao mar e empreender fuga (TRF4, 8ª T., ACR 2005.72.00.002133-0, Rel. Élcio de Castro, J. em 02/05/2007); f) "O simples fato de jogar na água o petrecho por medo de confisco da embarcação já denota claramente que os tripulantes tinham conhecimento da ilegalidade do petrecho utilizado, agindo com dolo de dificultar a fiscalização ao tentarem livrarem-se dele antes da abordagem policial" (TRF4, 7 ª T., ACR: 50057543220144047101/RS, Rel. Luiz Canalli, J. em 29/05/2018).

No conflito aparente entre o art. 69 da LCA, de um lado, e os arts. 329, 344 e 347, todos do CP, de outro, prevalece aquele por força do critério da especialidade. Diversamente, se a conduta do agente consistir na recusa, no retardamento ou na omissão quanto ao fornecimento de dados técnicos indispensáveis à propositura de ação civil pública, restará caracterizado o crime previsto no art. 10 da Lei n. 7.347/1985.

VOLUNTARIEDADE

O crime do art. 69 é doloso, sem exigir elemento subjetivo específico, razão pela qual é desnecessária a análise das razões pelas quais o autor resistiu à fiscalização ambiental (STJ, 6ª T., HC 189.885/RJ, Rel. Og Fernandes, J. em 04/08/2011).

Não é prevista a forma culposa.

CONSUMAÇÃO E TENTATIVA

Tratando-se de crime formal, a consumação ocorre com a prática da conduta "dificultar" ou "impedir" a ação de fiscalização, independentemente de ela ocorrer ou não. Tratando-se de crime plurissubsistente, a tentativa (*conatus*) é possível. Todavia, quanto ao verbo "impedir", a tentativa é de difícil configuração, tendo em vista que o simples "dificultar" a fiscalização já consuma o crime sob estudo.

AÇÃO PENAL

Todos os crimes previstos na Lei n. 9.605/98 são de ação penal pública incondicionada (art. 26). Observadas as penas mínima e máxima, não cabe transação (art. 27); todavia, têm lugar o *sursis* processual (art. 28) e o acordo de não persecução penal (art. 28-A do CPP).

Quanto à competência material (v. comentários ao art. 26), se a fiscalização prejudicada for do interesse de órgão municipal ou estadual, a exemplo de uma agência do meio ambiente de determinado Estado, a Justiça Estadual será competente; já se a fiscalização for do interesse de órgão federal, a exemplo do IBAMA, a competência será da Justiça Federal.

Art. 69-A. Elaborar ou apresentar, no licenciamento, concessão florestal ou qualquer outro procedimento administrativo, estudo, laudo ou relatório ambiental total ou parcialmente falso ou enganoso, inclusive por omissão:

Pena – reclusão, de 3 (três) a 6 (seis) anos, e multa.

§ 1º Se o crime é culposo:

Pena – detenção, de 1 (um) a 3 (três) anos.

§ 2º A pena é aumentada de 1/3 (um terço) a 2/3 (dois terços), se há dano significativo ao meio ambiente, em decorrência do uso da informação falsa, incompleta ou enganosa.

BEM JURÍDICO TUTELADO

Incluído pela Lei n. 11.284/2006 (dispõe sobre a gestão de florestas públicas), o art. 69-A tem como bem jurídico específico (v. comentários ao art. 2º) a regularidade da atividade da Administração Pública voltada ao licenciamento, à concessão florestal ou a qualquer outro procedimento administrativo.

SUJEITOS DO CRIME

O sujeito passivo é a coletividade e a Administração Pública responsável pelo licenciamento, concessão florestal ou outro procedimento. Tratando-se de crime comum, o sujeito ativo pode ser qualquer pessoa, inclusive a jurídica.

CONDUTAS

O art. 69-A, que constitui tipo misto alternativo (v. conceito nos comentários ao item "condutas" do art. 29), incrimina a conduta do sujeito ativo que *elabora* (confeccionar, produzir) ou *apresenta* (utilizar), no curso do licenciamento (disciplinado na Seção V da Lei n. 11.284/2006; conceituado no art. 2º, I, da Lei Complementar n. 140/2011), concessão florestal (art. 3º, VII, da Lei n.11.284/2006) ou outro procedimento, estudo (análise acerca de determinada questão que integra o procedimento), laudo (estudo técnico de determinada questão realizado por perito), relatório ambiental (documento escrito que descreve as fases de um procedimento), falso (que não corresponde à verdade) ou enganoso (que provoca engano), inclusive mediante conduta omissiva. A falsidade ou a enganosidade podem ser totais ou parciais. A falsidade, outrossim, pode ser material ou ideológica.

Por expressa autorização do tipo, admite-se interpretação analógica quanto a "qualquer outro procedimento administrativo", bastando que ele tenha cunho ambiental. Diversamente, em função do princípio da legalidade, é defeso o emprego de analogia quanto a outros documentos técnicos, que não "estudo", "laudo", "relatório", que integrem o procedimento ambiental. Não obstante, se a falsidade ocorrer sobre um desses documentos técnicos não mencionados pelo art. 69-A, a conduta pode tipificar o crime do art. 66, se praticada por funcionário público.

O art. 69-A, § 2º, prevê como causa de aumento se da informação falsa, incompleta ou danosa resultar dano significativo ao meio ambiente. Lecey[182] observa que, como o Direito Penal inadmite a responsabilidade penal objetiva, esse dano ambiental, que deve ser significativo, ou seja, em proporção relevante, deve decorrer, no mínimo, da culpa do agente, caracterizando preterdolo (dolo no antecedente e culpa no posterior). Se decorrer de dolo, haverá concurso de crimes, notadamente o da poluição (art. 54), por exemplo.

Em sede de conflito aparente, este art. 69-A, pelo critério da especialidade, prefere aos crimes de falsa perícia (art. 342 do CP) e de falsidade (arts. 297 a 299 e 304, todos do CP), os quais, aliás, não admitem a modalidade culposa.

VOLUNTARIEDADE

O crime do art. 69-A é doloso, sem exigir elemento subjetivo específico. É prevista a forma culposa.

CONSUMAÇÃO E TENTATIVA

Por se tratar de crime formal, que dispensa o resultado naturalístico, a consumação ocorre quando as condutas previstas no tipo são praticadas, independentemente de influírem no procedimento ambiental. Para a causa de aumento, todavia, exige-se a ocorrência do dano significativo ao meio ambiente. Sendo crime plurissubsistente, a tentativa (*conatus*) é admissível, exceto na forma culposa.

AÇÃO PENAL

Todos os crimes previstos na Lei n. 9.605/98 são de ação penal pública incondicionada (art. 26). Observadas as penas mínima e máxima cominadas, cabem a suspensão condicional do processo (art. 28) e o acordo de não persecução penal (art. 28-A do CPP). Já o tipo majorado (art. 69-A, § 2º), observada a sua pena mínima, não admite nenhum desses benefícios.

A competência material (v. comentários ao art. 26) é da Justiça Estadual, a não ser que, no licenciamento, concessão florestal ou qualquer outro procedimento administrativo, figure como vítima um órgão federal.

---

182 LECEY, Eládio. Crimes contra a administração ambiental na Lei nº 9.605/1998. *Revista Magister de Direito Ambiental e Urbanístico*. n. 10 – Fev-Mar/2007. p. 35.

CAPÍTULO VIII

DISPOSIÇÕES FINAIS

Art. 79. Aplicam-se subsidiariamente a esta Lei as disposições do Código Penal e do Código de Processo Penal.

Por intermédio do art. 79, fica expresso que as disposições do Código Penal (Decreto-Lei n. 2.848/1940) e do Código de Processo Penal (Decreto-Lei n. 3.689/1941) têm aplicação subsidiária no âmbito da LCA. A subsidiariedade é possível quando, havendo omissão na LCA, o instituto derivado do CP ou do CPP que nela se pretende aplicar não é contrário a ela sob o ponto de vista gramatical, teleológico e sistemático.

BIBLIOGRAFIA CONSULTADA

ABI-EÇAB, Pedro. Função ambiental das terras indígenas e mecanismos de efetividade. 2012. 253 f. Tese (Doutorado em Direito) – Pontifícia Universidade Católica de São Paulo, São Paulo.

ABI-EÇAB, Pedro; GAIO, Alexandre. Tutela do Meio Ambiente. *In*: VITORELLI, Edilson (Org.). *Manual de Direitos Difusos*. 2. ed. Salvador: Juspodivm, 2019. p. 661-845.

BALTAZAR JÚNIOR, José Paulo. *Crimes federais*. 10. ed. São Paulo: Saraiva, 2015.

BELLO FILHO, Ney de Barros. Anotações ao crime de poluição. *Revista CEJ*, Brasília, n. 22, p. 49-62, jul./set. 2003. Disponível em: www.jf.jus.br/ojs2/index.php/revcej/article/download/564/744. Acesso em: 15 maio 2017.

BOBBIO, Norberto. *Teoria do ordenamento jurídico*. Tradução: Maria Celeste Cordeiro Leite dos Santos. 10. ed. Brasília: Universidade de Brasília. 1999.

CABRAL, Rodrigo Leite Ferreira. *Manual do Acordo de Não Persecução Penal*. Salvador: Juspodivm, 2020. p. 91.

CAPEZ, Fernando. *Curso de direito penal*: legislação penal especial, volume 4. 9. ed. São Paulo: Saraiva, 2014.

CASTILHO, Ela Wiecko de. Conceito de Fauna e de Animais nos Crimes contra a Fauna da Lei 9.605/98. *In*: FREITAS, Vladimir Passos de (Org.). *Direito Ambiental em Evolução*. V. 2. Curitiba: Juruá. p. 59-72.

CUNHA, Rogério Sanches; SOUZA, Renee. *Lei Anticorrupção Empresarial*. 3. ed. Salvador: Juspodivm, 2020.

DELMANTO, Celso. et al. *Código Penal Comentado*. 6. ed. Rio de Janeiro: Renovar, 2002.

DINO NETO, Nicolau; BELLO FILHO, Ney; DINO, Flávio. *Crimes e infrações administrativas ambientais*. 3. ed. Belo Horizonte: Del Rey, 2011.

FIORILLO, Celso Antonio Pacheco; CONTE, Christiany Pegorari. *Crimes ambientais*. São Paulo: Saraiva, 2012.

FREITAS, Vladimir Passos de; FREITAS, Gilberto Passos de. *Crimes contra a natureza*. 9 ed. São Paulo: Revista dos Tribunais, 2012.

GHIGNONE, Luciano Taques. *Manual ambiental penal*: comentários à lei 9.605/98. Decisões judiciais, roteiros práticos, modelos de peças. Salvador: Ministério Público do Estado da Bahia, Núcleo Mata Atlântica, 2007. Disponível em: http://www.ceama.mpba.mp.br/2012-11-21-00-12-29/doc_view/1329-manual-ambiental-penal.html. Acesso em: 9 out. 2020.

GOMES, Luiz Flávio; MACIEL, Sílvio Luiz. Lei de crimes ambientais: comentário à Lei 9.605/1998. 2. ed. Rio de Janeiro: Forense, 2015.

GONÇALVES, Monique Mosca. A tutela penal dos animais no contexto da nova Lei nº 14.064/2020. *Boletim Criminal Comentado n. 114*, Ministério Público do Estado de São Paulo, out. 2020. Disponível em: http://www.mpsp.mp.br/portal/page/portal/Criminal/Boletim_Semanal/Boletim%20CAOCRIM%20114.pdf. Acesso em: 15 nov. 2020.

GRAU, Eros Roberto. *Por que tenho medo de juízes* (a interpretação/aplicação do direito e os princípios). 7. ed. São Paulo: Malheiros, 2016.

GRECO, Rogério. *Código penal*: comentado. 6. ed. Niterói: Impetus, 2012.

GRECO, Rogério. *Curso de Direito Penal*. 11. ed. Rio de Janeiro: Impetus, 2009.

HARARI, Yuval Noah. *Sapiens* – Uma breve história da humanidade. Tradução Janaína Marcoantonio. 9. ed. Porto Alegre: L&PM, 2016.

HESSE, Konrad. *A força normativa da constituição*. Tradução de Gilmar Ferreira Mendes. Porto Alegre: Sérgio Antônio Fabris Editor, 1991.

HOUAISS, Antônio. *Dicionário da língua portuguesa*. Versão eletrônica monousuário 3.0. Ed. Objetiva: 2009.

Instituto Brasileiro de Geografia e Estatística. *Vocabulário básico de recursos naturais e meio ambiente*. 2. ed. Rio de Janeiro, 2004. Disponível em: http://www.ibge.gov.br/home/presidencia/noticias/vocabulario.pdf. Acesso em: 07 abr. 2017.

Instituto Chico Mendes de Conservação da Biodiversidade. *Relatório anual de rotas e áreas de concentração de aves migratórias no Brasil*. Cabedelo: CEMAVE/ICMBio, 2016.

LECEY, Eládio. Crimes contra a administração ambiental na Lei nº 9.605/1998. *Revista Magister de Direito Ambiental e Urbanístico*. n. 10 – Fev-Mar/2007.

LECEY, Eládio. Responsabilidade penal da pessoa jurídica: efetividade e questões processuais. *Revista Cadernos do Programa de Pós-Graduação em Direito PPGdir./UFRGS*. v. 2, n. 5, 2004. p. 672. Disponível em: http://seer.ufrgs.br/index.php/ppgdir/article/view/49561/30978. Acesso em: 25 abr. 2017.

LIMA, Renato Brasileiro de. *Manual de Processo Penal*. 8. ed. Juspodivm: Salvador, 2020.

LUCIANO, Geraldo Donizete; DEUS FILHO, Leandro de. *Crimes Ambientais*: comentários à Lei 9.605/98. Porto Alegre: Livraria do Advogado, 2021.

LUZÓN PEÑA, Diego Manuel. *Lecciones de Derecho Penal*: parte general. 3. ed. Valencia: Tirant Lo Blanch, 2016.

MACHADO, Paulo Affonso Leme. *Direito Ambiental Brasileiro*. 21. ed. São Paulo: Malheiros, 2013.

MARCHESAN, Ana Maria Moreira. Consolidação e perspectivas da responsabilidade da pessoa jurídica no Direito Penal Ambiental. *Revista de Direito Ambiental*, São Paulo, v. 100, a. 25. p. 57-97, out.-dez. 2020.

MARCHESAN, Ana Maria Moreira; STEIGLEDER, Annelise Monteiro. (Org.). *Crimes ambientais*: comentários à lei 9.605/98. Porto Alegre: Livraria do Advogado, 2013.

MAXIMILIANO, Carlos. *Hermenêutica e Aplicação do Direito*. 20 ed. Rio de Janeiro: Forense, 2011.

MELLO, Celso Antônio Bandeira de. *Curso de direito administrativo*. 19. ed. São Paulo: Malheiros, 2005. p. 408-409.

MILARÉ, Edis; COSTA JR., Paulo José da; COSTA, Fernando José da. *Direito penal ambiental*. 2. ed. São Paulo: Revista dos Tribunais, 2013.

MIGLIARI JR., Arthur. *Crimes ambientais*: Lei 9.605/98, novas disposições penais gerais: concurso de pessoas, responsabilidade penal da pessoa jurídica, desconsideração da personalidade jurídica. 2. ed. Campinas: CS Edições, 2004.

MINISTÉRIO PÚBLICO DO ESTADO DE SÃO PAULO. Roteiro para o Acordo de Não Persecução Penal e a Lei n. 13.964/19. 2. ed. São Paulo: MPSP. Disponível em: http://www.mpsp.mp.br/portal/page/portal/documentacao_e_divulgacao/doc_biblioteca/bibli_servicos_produtos/BibliotecaDigital/Publicacoes_MP/Todas_publicacoes/Roteiro-de-ANPP_Segunda-Edicao_com-ANEXOS.pdf. Acesso em: 26 nov. 2021.

MONNERAT, Carlos Fonseca; VIDAL, Ricardo Ramos; SANTOS, Renato Márcio dos. Reparação do dano moral ambiental na sentença penal condenatória. *Universidade Católica de Santos*. v. 38, n. 104-6, 2012. Disponível em: http://periodicos.unisantos.br/leopoldianum/article/view/460/421. Acesso em: 25 abr. 2017.

NUCCI, Guilherme de Souza. *Leis penais e processuais penais comentadas*. (livro digital). 9. ed. Vol. 2. Rio de Janeiro: Forense, 2015.

OLIVEIRA, Eugênio Pacceli de; FISCER, Douglas. *Comentários ao código de processo penal e sua jurisprudência*. 4. ed. São Paulo: Atlas, 2011.

PRADO, Luiz Régis. *Direito penal do ambiente*. 4. ed. São Paulo: Revista dos Tribunais, 2012.

PULIDO, Carlos Bernal. *O direito dos direitos*: escritos sobre a aplicação dos direitos fundamentais. Tradução de Thomas da Rosa de Bustamante. São Paulo: Marcial Pons, 2013.

RIBEIRO, Marcia Carla Pereira; DINIZ, Patrícia Dittrich Ferreira. Compliance e Lei Anticorrupção nas Empresas. *Revista de Informação Legislativa*, Brasília, a. 52, n. 205, jan./mar. 2015.

SILVA, José Afonso da. *Direito Ambiental Constitucional*. 8. Ed. São Paulo: Malheiros, 2010. p. 279.

SIRVINSKAS, Luís Paulo. *Manual de direito ambiental*. 14. ed. São Paulo: Saraiva, 2016.

STIFELMAN, Anelise Grehs. *Alguns aspectos sobre a fauna silvestre na Lei dos Crimes Ambientais*. Associação do Ministério Público do Rio Grande do Sul. Disponível em: www.amprs.org.br/arquivos/comunicao_noticia/anelise1.pdf. Acesso em: 7 mai. 2019.

SOUZA, Zani Cajueiro Tobias de. A Proteção do Patrimônio Cultural. *In*: VITORELLI, Edilson (Org.). *Manual de Direitos Difusos*. 2. ed. Salvador: Juspodivm, 2019. p. 847-896.

TOLEDO, Francisco de Assis. *Princípios básicos de direito penal*. 5. ed. São Paulo: Saraiva, 194.

CAPÍTULO 26

Lavagem de Dinheiro – Lei nº 9.613/1998

Francisco de Assis Machado Cardoso

1. INTRODUÇÃO

A *lavagem de dinheiro* encontra-se na ordem do dia. Basta abrirmos os principais jornais e revistas do país, estampados com inúmeros casos de corrupção, desvios de verbas públicas e tráfico de drogas, para logo nos depararmos com ela: *a lavagem de dinheiro*.

Para o simples leitor, sempre que ocorre a movimentação de quantias cuja origem lícita é duvidosa, estamos diante de um caso de lavagem de dinheiro. E não está ele de todo equivocado. Nas ruas, quando determinada pessoa aparenta possuir patrimônio injustificado, ostentando riquezas e bens em descompasso com sua realidade econômica, é comum ouvirmos: *ah, esse tá lavando dinheiro!* Na verdade, a lavagem de dinheiro, fenômeno de natureza eminentemente criminal, ganhou, nos dias atuais, contornos quase populares. No entanto, nem sempre foi assim.

Quando editada no ano de 1998, a Lei de Lavagem de Dinheiro (Lei n. 9.613/98) veio seguida de muita desconfiança. Embora percorresse caminho internacionalmente trilhado para se fazer frente ao tráfico de drogas, fenômeno delituoso que crescia em escala global[1], a criminalização dos mecanismos adotados para se dar aparência de licitude a recursos ilícitos não foi facilmente admitida. Em um país muitas vezes refratário ao cumprimento de regras, podemos afirmar que a lavagem de dinheiro *"demorou para pegar"*. E, infelizmente, isso não ocorria exclusivamente entre os leigos, pessoas que não detinham conhecimento técnico para entenderem a questão sob a ótica jurídico-legal.

No meio jurídico, diversos *falsos paradigmas* precisaram ser superados. Empecilhos variados tiveram de ser enfrentados pelos operadores do Direito para que o instituto da lavagem de dinheiro fosse assimilado. Era comum a confusão criada entre tal espécie delituosa e certas modalidades de crimes previstos, de forma ordinária, em nossa legislação penal. Não raras vezes, via-se a nítida tentativa em se afastar a investigação da lavagem do âmbito das Justiças Estaduais, sob o argumento de que seu processamento seria de competência exclusiva da

1 A exposição de motivos da Lei nº 9.613/98 afirmava, de maneira expressa, que a edição da referida lei tratava-se *"de mais uma contribuição legislativa que se oferece ao País, visando ao combate sistemático de algumas modalidades mais frequentes da criminalidade organizada em nível transnacional"*, decorrente da obrigação assumida pelo Brasil, nos termos da Convenção de Viena (ratificada pelo Decreto nº 154, de 26 de junho de 1991), de *"tipificar penalmente o ilícito praticado com bens, direitos ou valores oriundos do narcotráfico"*. exposição de motivos da Lei nº 9.613/98 pode ser encontrada em *www.coaf.fazenda.gov.br/backup/legislacao-e-normas/legislacao-1/Exposicao%20de%20Motivos%20Lei%209613.pdf/view.*

esfera federal. Além disso, demorou muito para que fosse assimilada a ideia de que a lavagem de dinheiro também poderia ser praticada em suas formas menos elaboradas, não havendo a necessidade da realização de operações financeiras complexas e o envio de recursos para fora do país.

A nosso ver, a lavagem de dinheiro nada mais é que a conduta pela qual se busca *ocultar ou dissimular a origem, localização, disposição ou movimentação de ativos provenientes da prática de uma infração penal, tendo por finalidade sua futura reinserção na economia formal, revestido de aparência de licitude*. Em síntese, a lavagem de dinheiro objetiva a transformação de valores financeiros, maculados desde o nascedouro por sua origem criminosa, em recursos que possam ser apresentados como algo "aparentemente legal".

Na verdade, quando de posse do recurso ilícito, o agente criminoso precisa necessariamente fazer com que o dinheiro "sujo" passe a ser considerado "usufruível" do ponto de vista financeiro. Excluindo-se os casos de "uso pulverizado" –*em valores baixos e que não atinjam os limites previstos nas diversas normas que regulam a obrigação de comunicar por parte dos sujeitos obrigados*[2] –, a introdução direta de recursos de origem ilícita na economia formal certamente acionaria os mecanismos de controle existentes – os conhecidos sinais de alerta financeiro ou *red flags* – permitindo-se a rápida identificação do agente criminoso[3].

Por tal razão, para o delinquente, uma nova etapa precisa necessariamente ser iniciada: a prática de conduta cuja finalidade específica consiste em "maquiar" ou "reciclar" a vantagem

---

2 *Apenas a título de exemplos*, em conformidade com as normas de prevenção à prática de lavagem de dinheiro atualmente vigentes em nosso país, **se um agente criminoso tentar comprar um veículo**, de valor igual ou superior a R$ 10.000,00 (dez mil reais), as concessionárias e revendedores de automóveis, na forma da Resolução nº 25, de 16 de janeiro de 2013, do Conselho de Controle de Atividades Financeiras – COAF,, devem manter cadastros dos adquirentes e registro das operações realizadas (artigos 2º e 3º). Além disso, as operações de um mesmo cliente no período de seis meses que envolva o pagamento ou o recebimento de valor igual ou superior a R$ 30.000,00 (trinta mil reais) devem ser objeto de comunicação ao COAF, por intermédio de sistema eletrônico de informações criado com tal finalidade (artigo 4º). Da mesma forma, **se o criminoso opta por adquirir joias, pedras e metais preciosos**, semelhante sistema de cadastro de clientes e registro de operações é aplicado, adotando-se os mesmos valores para cadastro e registro de operações e para a realização de comunicações ao COAF (artigos 4º, 8º e 9º da Resolução nº23, de 20 de dezembro de 2012. Por outro lado, **se o agente tenta inserir tais valores ilícitos no sistema bancário**, nos moldes da Circular, nº3.461/2009 do Banco Central do Brasil – BCB, as instituições financeiras devem manter, de forma permanente, cadastros atualizados de seus clientes (artigo 2º), registros dos serviços financeiros prestados pelo cliente ou em seu nome (artigo 6º), das movimentações em espécie em valor igual ou superior a R$ 50.000,00 (artigo 9º, § 1º, inciso I) e a emissão de cheques administrativos, TED ou outro instrumento de transferência de fundos em valor igual ou superior a R$ 50.000,00 (artigo 9º, § 1º, inciso III). Além disso, as instituições financeiras devem comunicar ao COAF, dentre outros: 1) as operações realizadas ou serviços prestados em valor igual ou superior a R$ 10.000,00 (dez mil reais) que, considerando as partes envolvidas, os valores, as formas de realização, os instrumentos utilizados ou a falta de fundamento econômico ou legal, possam configurar a existência de indícios de crimes de lavagem; 2) as operações realizadas ou serviços prestados que, por sua habitualidade, valor ou forma, configurem artifício que objetive burlar os mecanismos de identificação, controle e registro. Os citados atos normativos podem ser encontrados, na íntegra, nos seguintes sítios da *internet*: *http://www.bcb.gov.br/pre/normativos/busca/downloadNormativo.asp?arquivo=/Lists/Normativos/ Attachments/47555/Circ_3461_v8_P.pdf; http://www.coaf.fazenda.gov.br/menu/legislacao-e-normas/nor-mas-do-coaf/coaf-resolucao-no--23-de-20-de-dezembro-de-2012-esta-resolucao-entra-em-vigor-em 1.6.2013e http://www.coaf.fazenda.gov.br/menu/legislacao-e-normas/normas-do-coaf/coaf-resolucao-no-25-de-16-de-janeiro-de-2013-esta-resolucao-entra-em-vigor-em-1.3.2013.*

3 Nesse sentido, as medidas administrativas de cunho preventivo evidenciam-se como importante instrumento para se evitar a prática de delitos de lavagem de dinheiro. Rogério Filippetto afirma, na obra Lavagem de dinheiro: crime econômico da pós-modernidade, p. 207: *"A criminalidade de índole econômica causa certa perplexidade diante da ineficiente, mas também imprópria aplicação das fórmulas tradicionalmente concebidas pelo Direito Penal. Se é crescente uma conscientização no sentido de se migrarem as estratégias punitivas para um formato cada vez mais preventivo, isso se faz mais saliente em matéria econômica.* ***Pode-se, então, perceber um fortalecimento da esfera administrativa com fins preventivos, integrando-se com a*** área ***penal, sem com ele confundir-se, apresentando como elo comum o desiderato de evitar a prática da lavagem"***(sem grifos no original).

financeira ilícita, permitindo a sua regular utilização na economia formal. É exatamente nesse momento que ocorre a *lavagem de dinheiro.*

Sob essa ótica, nos é permitido ver o fenômeno da lavagem de dinheiro de uma maneira muito mais simples, menos "elitizada". Como algo natural, consequência lógica do crime antecedente, praticado com a exclusiva intenção de obtenção de lucro. Assim, vemos o crime objeto de estudo da presente obra intimamente ligado à realidade delituosa que enfrentamos no dia a dia. As operações de lavagem de dinheiro podem ser praticadas, no entanto, de maneiras bastante distintas. Das mais complexas, envolvendo vultosas quantias, sucessivas etapas de ocultação e o envio de recursos ao exterior, às aparentemente mais simples, como por exemplo, a aquisição de imóvel por parte de um traficante de drogas, que, para dissimular a real propriedade do bem, efetua o seu registro em nome de um familiar ou da própria amante. Em ambos os casos, vemos caracterizada a lavagem de dinheiro.

É justamente esse o escopo da presente obra. Apresentar a *lavagem de dinheiro* como consequência natural da prática da infração penal antecedente. Um crime que decorre da necessidade de se dar utilidade econômica a um recurso financeiro intrinsicamente ilícito. É a conversão do *dirty money* em *recurso aparentemente limpo.*

Como parte componente da obra coletiva que se apresenta, nosso enfoque principal serão os aspectos penais e processuais penais trazidos pela Lei de Lavagem de Dinheiro (Lei n. 9.613/98), sem, no entanto, assumirmos o compromisso de exaurir todos os inúmeros pontos tratados no tema. Conforme se verá nos capítulos seguintes, objetiva-se exclusivamente a abordagem de questões consideradas relevantes para o regular entendimento do fenômeno criminal em questão, apresentando a visão pessoal do autor acerca de alguns aspectos já estudados em sede doutrinária e pela jurisprudência pátria.

Assim, dentre outros, procuraremos abordar aspectos relativos à ocorrência da lavagem de dinheiro em casos de crimes de corrupção passiva; envolvendo o mercado de obras de arte e antiguidades; mediante a aquisição de joias, metais e pedras preciosas; e por intermédio da simulação ou superfaturamento de serviços de consultoria, realização de palestras e doações eleitorais. Tudo isso, procurando dar a devida atenção a aspectos históricos, culturais e outros de natureza eminentemente prática, abordagem que julgamos necessária para um efetivo entendimento do tema.

Embora se revistam de extrema importância, não serão objeto de estudo da presente obra as normas administrativas trazidas pela Lei n. 9.613/98. Entretanto, sempre que necessárias para o regular entendimento dos pontos apresentados ao leitor, serão efetuadas abordagens, ainda que pontuais, sobre as principais normas que regulam a atuação na prevenção e combate ao crime de lavagem de dinheiro.

1.1. Origens da lavagem de dinheiro

Quase sempre que se fala das origens da lavagem de dinheiro são apresentadas duas principais afirmações: *a lavagem de dinheiro é tão antiga quanto a própria circulação de valores ao redor do mundo* e *o termo lavagem de dinheiro surgiu em razão de Al Capone.*[4] De fato, tendemos a concordar com ambas as afirmações.

---

4 ***Blanco Cordero***, em sua obra El Delito de Blanqueo de Capitales, afirma que a origem da lavagem de dinheiro *"remonta a la utilización por parte de las organizaciones mafiosas, fundamentalmente en los Estados Unidos, de cadenas de lavanderías automáticas para colocar fondos de origen ilícito y el dinero obtenido de manera ilegal con el objetivo de encubrir su origen".In* BLANCO CORDERO, Isidoro, El Delito de Blanqueo de Capitales, p.98, Ed. Thomson Reuters Aranzadi, 4ª edição, 2015. No mesmo sentido, **Raúl Cervini** aduz que a lavagem de dinheiro *"proviene de la costumbre de las "máfias" norteamericanas en la década del 20 de adquirir o montar lavanderías para ocultar los ingresos procedentes de sus actividades"*e **Zaragoza Aguado** afirma: *"el término blanqueo de dinero fue al aparecer acuñado en los Estados Unidos de América durante el decenio de 1920 cuando ciertos grupos de delincuentes callegeros trataron*

Por acreditarmos ser um fenômeno que naturalmente decorre da prática do crime antecedente, como já afirmado acima, não haveria razões para não concordarmos com a afirmação de que a lavagem de dinheiro existe desde o surgimento da circulação de valores ao redor do mundo. Em havendo a obtenção de valores de procedência ilícita, parece-nos coerente afirmar que atividades visando à ocultação de tais recursos sempre foram igualmente praticadas. Destarte, a lavagem de dinheiro sempre foi a forma utilizada pelos criminosos visando proporcionar aos recursos ilícitos obtidos a capacidade de serem inseridos na economia formal como se lícitos fossem.[5]

Etimologicamente, o verbo *lavar* possui significados interessantes. Ao mesmo tempo que exprime *"enxaguar, purificar, banhar"*, pode ser entendido também como *"limpar"*. Aliás, vale pontuar que as raízes linguísticas do verbo lavar remetem ao latim *lavere*[6], vinculado por alguns como origem da palavra *lavanda*, flores aromáticas utilizadas ao passar dos anos para perfumar roupas e pessoas. Portanto, a lavagem de dinheiro, sob essa perspectiva, caracteriza-se como um verdadeiro processo de sanitização, de purificação. É a busca por tornar lívido um recurso originalmente "sujo".

No tráfico de drogas, após a troca da mercadoria (substância entorpecente) pelo recurso financeiro utilizado como pagamento (dinheiro), os traficantes sempre precisaram se valer de mecanismos que lhes possibilitassem a livre utilização ou a guarda de tais recursos sem despertar suspeitas quanto a sua origem. É o ritual de purificação do dinheiro "sujo".

Essa prática se vê claramente nos conhecidos cartéis mexicanos. Estima-se que os principais cartéis de drogas do México movimentam a quantia aproximada de USD 14 bilhões ao ano.[7] Enquanto a droga é enviada aos Estados Unidos, o dinheiro desce para o México como

---

de buscar un origen aparentemente legitimo para el dinero que sus negocios turbios generaban. Para ello, esas bandas criminales adquirían a veces negocios de servicios de pagaderos en metálicos, y frecuentemente optaban por comprar lavanderías, servicios de lavado de coches, empresas de expendedores automáticos etc. La finalidad era mezclar fondos legales e ilegales, y declarar sus ingresos totales como ganancias de su negocio tapadera. Al hacerlo combinaban en una sola etapa las tres fases del ciclo normal del blanqueo de dinero: se distanciaba el dinero del delito, se ocultaba en un negocio legitimo y finalmente afloraba como ganancias de una empresa legal que justificaba la cantidad de dinero declarada. Así trataban de evitar una posible inculpación por evasión de impuestos, arma esta que fue esgrimida a comienzos de la década de los años 30 contra peligrosos delincuentes para los que no prosperaba ningún otro cargo". Estes, citados por CASTELLAR, João Carlos, *Lavagem de dinheiro – A questão do bem jurídico*, p.81, Ed. Revan, 2ª edição, 2004.

5 **Marcelo Mendroni**, em texto no qual aborda tópicos do tema em estudo, apontou origens remotas para a lavagem de dinheiro na atividade de pirataria, realizada no séc. XVII: *"Esta era uma proposta cara. Havia um alto custo para manter um navio pirata, posto que muitas coisas eram obtidas através de hostilidade assumida. Uma vez admitida a pirataria, a tripulação necessitava ser alimentada e paga, o navio tinha de ser mantido, armas deviam ser estocadas com pólvora e munição. Muitas coisas eram obtidas através de roubos, mas muitas outras através dos portos amigos. Aí mercadores providenciavam coisas para os navios, roupas, cerveja, vinho, munição, enquanto oficiais corruptos fechavam os olhos para a presença de saqueadores no seu setor de vigilância. Porém os piratas, após saquearem e roubarem, não enterravam as "arcas dos tesouros", como se costuma imaginar. Isto é apenas folclore. O navio pirata necessitava de "dinheiro" para funcionar. Na verdade eles mantinham um esquema de lavagem de dinheiro a exemplo do que se observa nos dias atuais. Eles depositavam – entregavam ou "colocavam" (placement) – o lote e mercadorias (ouros, moedas espanholas, peças caras de ouro e prata) com mercadores americanos de reputação, que as trocavam por várias quantias menores ou por moedas mais caras. As cargas dos navios capturados eram muito procuradas pelos mercadores americanos. Não havia ali necessidade de acomodação (layering), já que os piratas operavam abertamente e as mercadorias eram facilmente aceitas e trocadas. A integração (integration) dos fundos lavados se tornava importante somente quando o pirata resolvia se aposentar, e todos o faziam na então alegre Inglaterra. Lá, aportando a gama de valores amealhados, pela falta de documentação um pirata aposentado podia tranquilamente trazer consigo uma verdadeira fortuna ganha aparentemente nas colônias sob a realização de negócios legítimos". In* MENDRONI, Marcelo Batlouni. *Tópicos essenciais da lavagem de dinheiro.* São Paulo: Revista dos Tribunais/Fascículo Penal, ano 90, maio 2001.

6 *Alguns estudiosos igualmente atribuem ao latim lavere* a origem da palavra "lavatório", atualmente utilizada em nosso idioma com o sentido de lavabo, banheiro.

7 Conforme estudos apresentados pela *Global Financial Integrity – GFI*, organização sem fins lucrativos com sede em Washington-DC que realiza pesquisas e serviços de consultoria a países em desenvolvimento no que se refere

forma de pagamento *(drugs go north; money goes south)*. Dinheiro sujo que precisa "ser lavado". Foi exatamente esse mecanismo que se tornou explícito no famoso caso de lavagem de dinheiro envolvendo o HSBC (*Hong Kong and Shanghai Banking Corporation*).

Fundado em Hong Kong em 1865, quando ainda sob o domínio do Reino Unido *(British Commonwealth)*, o HSBC começou, a partir da década de 1980, a expandir seus negócios para outros mercados mundiais, chegando ao México no ano de 2004. Para tal, efetuou a aquisição do *Banco Internacional S.A.* (conhecido como *Bital*), uma das principais instituições financeiras do país, com vasta rede de agências e relacionamentos bancários que se estendiam por todo o território mexicano. Com a aquisição do *Bital*, as contas pertencentes aos narcotraficantes, abarrotadas de "narcodólares" inseridos sem a devida observância às normas de DDC – devida diligência ao cliente *(customer due diligence)*[8], passaram a ter acesso a uma rede bancária de ramificação mundial, espalhando, ao redor do mundo, o dinheiro sujo obtido com a produção e comércio ilegal de drogas em solo mexicano.[9]

Com *Al Capone* não ocorreu de forma diferente. Com a prática de diversos crimes, dentre eles a exploração de jogos ilegais, extorsão e o contrabando e comércio de bebidas durante a lei seca que vigorou nos Estados Unidos nas décadas de 1920 e 1930, o gângster ítalo-americano e seus asseclas movimentaram, por intermédio do controle da máfia que atuava em Chicago, no Estado de Illinois, a volumosa quantia, em cifras atuais, de USD 1.4 bilhões ao ano. Dinheiro originalmente sujo.

Até então, nada de muito diferente do que se vê ocorrer com o crime organizado nos dias atuais. No entanto, de posse de tais quantias ilícitas e buscando justamente maquiar a origem dos valores, *Al Capone* passou a adquirir diversas lavanderias, as conhecidas *laundromats*, encontradas por toda parte nas principais cidades norte-americanas e que funcionam pelo sistema de autoatendimento mediante pagamento *cash only*, nelas inserindo os recursos ilícitos que havia obtido com seus crimes. Na prática, efetuava a mescla do dinheiro sujo com o dinheiro legalmente obtido na atividade comercial exercida, conseguindo, assim, a inserção dos valores ilícitos na economia formal.

O final, todos já sabem. Condenado a 11 anos de prisão pela prática de crimes fiscais, foi mandado para a famosa prisão de Alcatraz, vindo a morrer aos 48 anos de idade, vítima de pneumonia e complicações cardíacas, em 1947, em Palm Island, na Flórida. De herança, deixou-nos o uso do termo "lavagem de dinheiro".[10]

---

ao funcionamento dos fluxos financeiros ilícitos ao redor do mundo, estima-se que, de um total de USD 1.6 a 2.2 trilhões auferidos pela criminalidade organizada transnacional no ano de 2014, de USD 652 a 426 bilhões sejam diretamente provenientes do tráfico de drogas (*Channing May, "Transnational crime and the developing world", Global Financial Integrity – Washington D.C., March 2017*).

8 *A obrigatoriedade da adoção de medidas de devida diligência ao cliente (customer due diligence – CDD)* por parte das instituições financeiras encontra-se inserida na Recomendação 10 do GAFI, *in verbis: "**R.10. Devida diligência acerca do cliente:** As instituições financeiras deveriam ser proibidas de manter contas anônimas ou contas em nomes obviamente fictícios. As instituições financeiras deveriam ser obrigadas a tomarem medidas de devida diligência acerca do cliente (DDC) quando: (i) estabelecerem relações de negócios; (ii) realizarem transações ocasionais: (i) acima do limite designado aplicável (US$/EUR 15.000); ou (ii) que forem transferências eletrônicas nas circunstâncias cobertas pela Nota Interpretativa da Recomendação 16; (iii) houver suspeita de lavagem de dinheiro ou financiamento do terrorismo; ou (iv) a instituição financeira tiver dúvidas com relação à veracidade ou adequação de dados de identificação do cliente obtidos anteriormente."* (40 Recomendações do GAFI, p.15, *http://www.coaf.fazenda.gov.br/links-externos/As%20Recomendacoes%20GAFI.pdf*).

9 Diversos estudos existentes dedicam-se ao tema, podendo ser encontradas importantes referências na obra da jornalista mexicana Anabel Hernández, *Los Señores del Narco* (traduzida para o inglês como *Narcoland: The Mexico Drug Lords and their Godfathers*). O mesmo assunto é abordado sob uma perspectiva interessante no documentário *Dirty Money*, produzido pela Netflix no ano de 2017.

10 No âmbito judicial, no entanto, a expressão *lavagem de dinheiro(money laundering)* somente veio a ser empregada na década de 1980, nos Estados Unidos, em julgado que tratava do confisco de recursos que estariam sendo objeto de lavagem e que seriam provenientes do tráfico de cocaína colombiana. Caso *United States v. $4.255.625,39, Federal*

1.2. A questão do *nomen iuris*

A lavagem de dinheiro, em nosso país, foi "registrada" como *lavagem ou ocultação de bens, direitos ou valores*. O próprio legislador, já em sua ementa, apresenta a Lei nº 9.613/98 como aquela que *dispõe sobre os crimes de lavagem ou ocultação de bens, direitos ou valores*. Pelo menos no "registro de nascimento", esse foi o nome dado à lavagem de dinheiro no Brasil.

Ocorre que o termo *lavagem de dinheiro* evidencia-se como consolidação de uma gíria popular criada para denominar um fenômeno criminoso que acabou se incorporando ao convívio social. Originada na seara delituosa, a expressão lavagem de dinheiro foi incorporada ao dia a dia das pessoas. Nas palavras de Bajo Fernández, a expressão lavagem de dinheiro é *a mais genuína gíria de origem criminosa*.[11]

Assim, até os dias atuais, ainda não existe um consenso quanto à exatidão terminológica que deva ser utilizada para, juridicamente, denominar o fenômeno da lavagem de dinheiro. Ao redor do mundo, cada jurisdição, com base nas mais variadas razões, foi estabelecendo o *nomen iuris* que seria adotado no direito interno para se designar as atividades praticadas com a finalidade de dar aparência de licitude a recurso ilegalmente obtido.

Nos Estados Unidos e Inglaterra, *ad exemplum*, resolveu-se privilegiar o "processo" desenvolvido na lavagem de dinheiro, adotando-se a nomenclatura *money laundering* para denominar juridicamente o fenômeno em questão. Por outro lado, França e Bélgica (*blanchiment d'argent*), Espanha (*blanqueo de capitales*), Portugal (*branqueamento de capitais*) e alguns países latino-americanos, resolveram adotar o "resultado" como fator a determinar o nome jurídico da figura penal em questão.

No Brasil, diversamente do caminho seguido por quase todos os integrantes da Comunidade dos Países de Língua Portuguesa – CPLP[12], resolveu-se privilegiar o *processo* em vez do *resultado*. Seguimos o padrão norte-americano e adotamos a terminologia *lavagem de dinheiro*. Não por convicções exclusivamente tecnicistas, mas motivados por abordagens culturais e políticas. Consta da exposição de motivos da Lei n. 9.613/98, apresentada por Nelson Jobim, então Ministro da Justiça, que, ao se debruçarem sobre a celeuma de qual seria nome jurídico dado à lavagem de dinheiro, resolveram não utilizar a expressão branqueamento de capitais, adotada em Portugal e em praticamente todos os demais países lusófonos, uma vez que *"a denominação branqueamento, além de não estar inserida no contexto da linguagem formal ou coloquial em nosso País, sugere a interferência racista do vocabulário, motivando estéreis e inoportunas discussões"*.[13] Blanco Cordero, por exemplo, adota um critério muito peculiar para distinguir

---

Supplement, vol. 551, *South District of Florida*, p. 314. Citado no texto *"Money laundering and associated issues: the need for international cooperation" (Documento E/CN.15/1992/4/Add.5)*, p. 5, publicado pelo Conselho Econômico e Social das Organizações das Nações Unidas – ONU, em 23 de março de 1992. Citado por Blanco Cordero, obra referida, p.98.

11 *Bajo Fernandéz, Miguel. Derecho Penal Económico: desarrollo económico, protección penal y cuestiones político/criminales. Citado por BLANCO CORDERO, Isidoro, El Delito de Blanqueo de Capitales, p.98, Ed. Thomson Reuters Aranzadi, 4ª edição, 2015.*

12 A Comunidade dos Países de Língua Portuguesa – CPLP, organização internacional criada no ano de 1996, congrega os nove países lusófonos distribuídos ao redor do mundo: Angola, Brasil, Cabo Verde, Guiné-Bissau, Guiné Equatorial, Moçambique, Portugal, São Tomé e Príncipe e Timor-Leste. Com a finalidade de estreitar laços existentes entre seus membros, intimamente ligados por uma visão compartilhada de desenvolvimento social e democracia, os países da CPLP ocupam área territorial equivalente a 7,2% da superfície terrestre e englobam uma população de aproximadamente 274 milhões de pessoas. Além do Brasil, dentre todos os países integrantes da CPLP, apenas Cabo Verde não utiliza a alcunha lusófona *branqueamento de capitais* para denominar legalmente a lavagem de dinheiro. A Lei nº 38/VII, de 20 de abril de 2009, apresenta a denominação *lavagem de capitais, bens, direitos e valores*.

13 *A exposição de motivos da Lei nº 9.613/98 pode ser encontrada em www.coaf.fazenda.gov.br/backup/legislacao-e-normas/legislacao1/Exposicao%20de%20Motivos%20Lei%209613.pdf/view.* **Semelhante postura foi adotada, na década de 1980, quando do estabelecimento da terminologia que seria utilizada para a doença AIDS em nosso país.** Deixando de lado o padrão estabelecido pelos países de língua portuguesa e espanhola – SIDA (síndrome

os termos *lavagem* e *branqueamento*. Fazendo referência à obra de Panizo González e López de Los Mozos[14], afirma entender que a distinção se efetua com base na origem do dinheiro ou bens que serão objeto da lavagem de dinheiro. O que é sujo precisa ser lavado e o que é negro, branqueado. Assim, enquanto o "dinheiro negro" se originaria de atividades comerciais legais, porém com a prática de sonegação fiscal, o "dinheiro sujo" seria proveniente de atividades efetivamente criminosas, como contrabando, tráfico de drogas etc. Assim, segundo o referido autor, o correto seria dizer "lavagem" quando o recurso for procedente de condutas delituosas e "branqueamento" quando o dinheiro lavado tiver origem em evasão fiscal.

Nossa opinião é no sentido de que não se pode confundir o processo de lavagem, ato de se tornar formalmente lívido recurso de origem espúria, com branqueamento, na acepção literal da palavra. Por conseguinte, nem tudo que é branco é limpo; da mesma forma que aquilo que não é branco, não é necessariamente sujo. Por isso, preferimos o uso do termo *lavagem* ao termo *branqueamento*.

Nesse sentido, a essência da lavagem está justamente no processo praticado pelo agente buscando dar aparência de licitude ao recurso por ele ilegalmente obtido. Ela reside nas diversas camadas que são sucessivamente criadas na tentativa de se afastar da origem criminosa que, desde o nascedouro, macula a vantagem econômica utilizada no processo de lavagem. Nessa incessante busca de se distanciar da origem espúria do dinheiro sujo, o agente cria obstáculos, disfarces e armadilhas para dificultar o trabalho do investigador no seu rastreio. É o momento da busca ao dinheiro, da aplicação da tão conhecida expressão "siga o dinheiro" (*follow the money*). Limpo, na verdade, ele nunca será. Contudo, a intenção precípua do agente é justamente fazer com que, ao final do processo, as diversas condutas praticadas possibilitem que o objeto da lavagem aparente estar novo, lícito, límpido.

Por outro lado, muitos – acertadamente, diga-se de passagem – criticam o termo utilizado para definir o objeto da lavagem: dinheiro. Nem sempre é apenas o "dinheiro" o objeto da lavagem de dinheiro. Não raras vezes, as manobras de lavagem recaem sobre objeto de natureza distinta, como, por exemplo, bens e outros tipos de ativos. Por isso, apesar de largamente utilizado, predomina na doutrina especializada o entendimento de que o termo *dinheiro* deveria ser substituído por *capitais*, expressão de maior amplitude e que daria ao objeto da lavagem uma maior abrangência.[15]

Na prática, desde que os elementos típicos utilizados para a composição do tipo penal sejam amplos o suficiente para atingirem todo e qualquer recurso financeiro que venha a ser

---

da imunodeficiência adquirida) – optou-se pela nomenclatura norte-americana AIDS (*acquired immunodeficiency syndrome*), justamente para se evitar a associação da doença com a o nome Aparecida (Cida), um dos nomes mais populares de nosso país e, inclusive, nome da santa padroeira nacional. Vide colocações sobre o tema em Histórias da Aids no Brasil, de Lindinalva Laurindo-Teodorescu e Paulo Roberto Teixeira (*http://unesdoc.unesco.org/images/0023/002355/235557POR.pdf*). Na referida obra, é efetuada citação a curiosa passagem: *"No final de 1985, o Hospital de Clínicas da Universidade Federal do Rio Grande do Sul (UFRGS) abriu uma ala destinada especificamente à internação de doentes de aids. Essa primeira enfermaria foi criada por iniciativa de Matias Kronfeld, professor de clínica médica na UFRGS, e só foi viabilizada porque contou com o aval do professor Carlos César de Albuquerque, então presidente do Hospital de Clínicas de Porto Alegre. A equipe do médico Matias Kronfeld ficaria conhecida como a equipe do "Serviço do Sexto Sul" do Hospital de Clínicas de Porto Alegre, porque os 18 leitos então destinados aos pacientes de aids se encontravam, como ainda hoje, na ala sul do sexto andar do hospital. Fez parte dessa primeira equipe, entre outros, a enfermeira* ***Maria Aparecida Ruffo Mattos****, que se tornou referência em cuidados de enfermagem para pacientes de aids e em medidas de biossegurança para profissionais de saúde, como lembra o médico Jair Ferreira: "O apelido dela era Cida, então ficou conhecida como a enfermeira Cida da enfermaria de Sida. Há nomes que condicionam o destino" (Jair Ferreira, março de 2005, por correio eletrônico).* **Naquela** época **era comum ouvir piadas ou comentários associando a sigla Sida ao nome feminino. Para evitar esse tipo de analogia, optou-se desde o início, em São Paulo, pela sigla Aids"** – sem grifos.

14 Panizo González, Gabriel/López de Los Mozos, Ángel Martín, *Blanqueo de fondos de origen ilegal*, p.20. Dirección General de Polícia, Madrid, 1991.

15 Entendimento amplamente majoritário indicado pela doutrina espanhola, conforme Blanco Cordero em *El delito de blanqueo de capitales*. Obra citada, p.101.

utilizado em manobras de lavagem, pouco importa o *nomen iuris* escolhido pelo legislador. Isto posto, a nosso sentir, a expressão *bens, direitos ou valores* utilizada no artigo 1º, da Lei nº 9.613/98, conforme abordaremos em tópico específico, demonstra-se suficientemente adequada para se atingir todo tipo de proveito financeiro que possa ser utilizado quando da prática da lavagem de dinheiro.

Resumindo: acertou duplamente o legislador. Na escolha dos termos relativos à ação praticada e ao objeto da lavagem de dinheiro. No entanto, poucos ainda a conhecem pelo seu "nome de registro". Assim, na presente obra, trataremos a *lavagem de bens, direitos ou valores* simplesmente por *lavagem de dinheiro*, seu apelido mais conhecido.

2. BEM JURÍDICO TUTELADO

Quando se estuda o *bem jurídico tutelado*, tem-se por finalidade definir qual o objeto de proteção da norma penal. Busca-se identificar, na verdade, a sua própria razão de existir. Um tipo penal é criado com a finalidade precípua de proteger os bens de primordial importância para o homem em sua posição como elemento social. Assim, o *bem jurídico* caracteriza-se como o próprio objeto de proteção do tipo penal.

É justamente por isso que a análise do *bem jurídico* se reveste de extrema importância, pois determina, em *ultima ratio*, quais os bens ou interesses que são efetivamente protegidos com a criação da norma penal em questão.

Conforme leciona Pierpaolo Bottini, o *bem jurídico* é um relevante instrumento de interpretação teleológica, capaz de solucionar impasses dogmáticos diversos, como problemas de concurso de normas, de aplicação de lei penal no tempo, e de fixação de critérios para apuração da materialidade típica.[16]

No âmbito de estudo da lavagem de dinheiro, a definição de quais seriam os bens ou interesses jurídicos tutelados tem sido tema de grande discussão doutrinária. Variados entendimentos são apresentados pela doutrina pátria e estrangeira[17], sendo predominante, no entanto, o raciocínio de que os principais bens jurídicos tutelados pelo crime de lavagem de dinheiro seriam a *Administração da Justiça* e a *Ordem Socioeconômica.*

Para os estudiosos que defendem a Administração da Justiça como bem jurídico tutelado pelo crime de lavagem de dinheiro, com a efetiva repressão a tal delito, por via de consequência, reforça-se a punição aos crimes antecedentes dos quais originariam o produto das manobras de lavagem de dinheiro, dando-se maior efetividade ao sistema estatal de administração da Justiça.[18] Além disso, as condutas tipificadas como lavagem de dinheiro colocariam em risco a

---

16 *In Lavagem de Dinheiro, Aspectos Penais e Processuais Penais*, pág. 80, 3ª edição, 2016, Ed. Revista dos Tribunais.

17 Outros autores apresentam como bem jurídico das normas de lavagem de dinheiro: as obrigações da Polícia de apuração do crime antecedente (SALDITT, Franz); o mesmo bem jurídico do delito antecedente (HUND, Horst) e o patrimônio (ARRIETA, Andrés Martínz), citados em Crime de Lavagem de Dinheiro, Marcelo Batlouni Mendroni, págs. 80/81, Ed. Atlas, 3a edição, 2015.

18 Tal posição é defendida por Marcelo Mendroni, ao afirmar: *"consideramos que a melhor interpretação é aquela que entende que os crimes de lavagem de dinheiro ofendem, ao mesmo tempo, a administração de justiça, e a ordem socioeconômica. (...) A Administração da Justiça: tendo a característica penal dos chamados "crimes parasitários", que dependem da existência de outro antecedente, observamos na doutrina estrangeira duas espécies de conclusões: parte da doutrina, como na Suíça, entende que o bem jurídico tutelado é a administração da Justiça, na medida em que visa suplementar a eficiência na apuração e punição das infrações penais que, reconhecidamente pelo legislador, balam sobremaneira a ordem pública e não conseguem encontrar, por si só, a resposta adequada da própria administração de justiça com vistas à defesa da sociedade. Então,* ***a criminalização de condutas concebidas como "processamento de ganhos ilícitos" vem potencializar a aplicação da justiça em relação aos crimes precedentes****"*. Obra citada, pág. 81. Pierpaolo Bottini e Gustavo Badaró, embora defendam que a administração da Justiça é o bem jurídico nuclear da norma da lavagem de dinheiro, admitem que, em parte dos casos, são constatadas lesões à ordem econômica (pluriofensividade). Lavagem de dinheiro: aspectos penais e processuais penais, p. 93. Citada.

Administração da Justiça, pois se caracterizariam como forma de escamoteamento do produto do crime, o que dificulta a sua identificação.[19]

Embora coerente o entendimento apresentado, nossa posição é no sentido de que o *bem jurídico* primordialmente protegido pelas normas de lavagem de dinheiro é a *ordem socioeconômica.*

Nesse sentido, Arturo Rocco leciona que "a existência humana é o centro de irradiação de todos os bens ou interesses juridicamente protegidos, mas, como a existência humana se apresenta, ora como existência do homem individualmente considerado, ora como existência do homem em estado de associação com outros homens, isto é, como coexistência ou convivência dos homens em sociedade, segue-se a distinção entre *bens ou interesses jurídicos individuais* e *bens ou interesses jurídicos coletivos*".[20]

Embora outros bens ou interesses sejam indiretamente tutelados pelas normas em questão, parece-nos evidente que a primordial intenção do legislador com a criação do tipo penal de lavagem de dinheiro foi justamente proteger a *ordem socioeconômica*, nitidamente abalada com a prática de tal espécie delituosa.

Sob a ótica apresentada pelo Grupo de Ação Financeira – GAFI (*Financial Action Task Force – FATF)*[21], a lavagem de dinheiro apresenta nocivos impactos ao regular desenvolvimento econômico, uma vez que os criminosos que a praticam encontram-se continuamente à procura de novas rotas para lavar seus fundos. Economias com centros financeiros pouco desenvolvidos ou ainda em desenvolvimento, acrescidas de um controle inadequado, tornam-se

---

19 Pierpaolo Bottini e Gustavo Badaró, Lavagem de dinheiro: aspectos penais e processuais penais, p. 90. Citado. Os referidos autores ainda afirmam que *"a ideia da norma, bem como das diretivas internacionais sobre o tema, é usar o direito penal para suprir a incapacidade do Estado de investigar o crime antecedente da lavagem de dinheiro e rastrear seu produto. A ineficiência dos meios tradicionais de investigação provocou a criminalização de sua obstrução pelo escamoteamento de bens. Espiritualizou-se o bem jurídico, que se afasta de seu referencial antropocêntrico e passa a abrigar meras funcionalidades sistêmicas, protegendo não mais o homem e sua capacidade de desenvolvimento livre, mas a estrutura policial e judicial"* (Idem, p.94).

20 *In* HUNGRIA, Nélson. *Comentários ao Código Penal, Vol. V, Arts. 121 a 136*, p.10. Editora Revista Forense, 3a edição, 1955.

21 O **Grupo de Ação Financeira Internacional – GAFI** (*Financial Action Task Force- FATF/Groupe d'Action Financière sur le Blanchiment des Capitaux – GAFI)* foi criado em dezembro de 1998 no âmbito do G-7, grupo que congrega os sete países mais ricos do mundo. Como órgão integrante da Organização para Cooperação e Desenvolvimento Econômico – OCDE, possui mandato específico para efetuar o exame, a promoção e o desenvolvimento de políticas na área de prevenção e combate à prática da lavagem de dinheiro. Originalmente focadas na lavagem derivada do tráfico de drogas, no ano de 1990 foram expedidas as 40 Recomendações do GAFI, como iniciativa visando a combater a utilização do sistema financeiro por pessoas para a prática de lavagem de dinheiro, notadamente aquela derivada do tráfico de drogas. No ano de 1996, as 40 Recomendações passaram por um processo de revisão, incorporando, pela primeira vez, temas que envolviam conhecidas tipologias de lavagem. Já em 1996, com o apoio de mais de 130 jurisdições, as 40 Recomendações foram aprovadas, passando a constituir, desde então, o padrão internacional de atuação antilavagem de dinheiro. No entanto, em outubro de 2001, como reflexo dos atentados de 11 de setembro em território norte-americano, o GAFI resolveu expedir as 40+9 Recomendações, alargando o espectro de atuação de determinadas recomendações-chave para a área de financiamento ao terrorismo. Por fim, no ano de 2012, as 40+9 Recomendações do GAFI passaram por extenso processo de revisão, alterando-se a ordem de apresentação e incorporando, no texto das 40 Recomendações, as disposições relativas ao Financiamento ao Terrorismo. Além disso, adotou-se como premissa o processo de avaliação nacional de riscos (*national risk assessment – NRA*), segundo o qual, para uma efetiva atuação na seara de prevenção e combate aos delitos de lavagem de dinheiro e financiamento ao terrorismo, os países devem realizar um processo de autoavaliação de seus próprios riscos, adotando a metodologia de abordagem de riscos (*risk based approach – RBA*) para sua efetiva mitigação. Além disso, quando do processo de avaliação mútua realizada periodicamente pelo GAFI e demais organismos tipo-GAFI em relação aos seus estados membros, foi aplicada metodologia de avaliação específica de efetividade, com base na avaliação de 11 resultados imediatos (*inmediate outcomings*), abrangendo avaliação da aplicação prática das normas previstas nas 40 Recomendações. Maiores referências podem ser encontradas *em http://www.fatf-gafi.org/media/fatf/documents/FATF%20Standards%20-%2040%20Recommendations%20rc.pdf; http://www.fatf-gafi.org/media/fatf/documents/FATF%20Standards%20-%2040%20Recommendations%20rc.pdf e http://www.fatf-gafi.org/media/fatf/documents/methodology/FATF%20Methodolog y%2022%20Feb%202013.pdf.*

particularmente vulneráveis. Além disso, os criminosos exploram as diferenças existentes entre os diversos sistemas nacionais de combate à lavagem de dinheiro, tendendo a moverem suas redes de atuação para países e sistemas financeiros que possuem medidas fracas ou ineficazes para a prevenção e repressão à lavagem de dinheiro. Nesses moldes, entende o referido organismo internacional que a luta contra a lavagem de dinheiro caracteriza-se como indispensável à criação de um ambiente saudável para a atuação das empresas, condição prévia para o regular desenvolvimento econômico de uma jurisdição.[22]

Destarte, a lavagem de dinheiro apresenta diversas potenciais consequências macroeconômicas negativas em decorrência da entrada em circulação de fundos não submetidos aos regulares mecanismos de controle, podendo acarretar mudanças inexplicáveis na demanda de dinheiro, riscos prudenciais para a solidez bancária, efeitos de contaminação nas transações financeiras legais e o aumento da volatilidade dos fluxos de capital internacionais e das taxas de câmbio devido ao passo transfronteiriço ilegal de moedas.[23]

Ora, com a prática ilegal, o ingresso da vantagem financeira de origem ilícita na economia formal – *embora travestida de legalidade* – ofende sobremaneira a ordem socioeconômica, pois acarreta nítido desequilíbrio em um mercado pautado por regras harmonicamente estabelecidas. Não serão mais o preço, a qualidade do produto ou a eficiência do serviço prestado a conduzirem a lógica das atividades econômicas. Na verdade, a introdução de recursos de origem espúria no cenário econômico traz motivações e elementos outros que certamente afetam a harmonia lógica reinante no mundo dos negócios[24].

Assim, não é surpresa alguma constatar que as operações de lavagem de dinheiro evidenciam-se, não raras vezes, como negócios desvantajosos do ponto de vista econômico. Isso decorre justamente do fato de a motivação para a prática desses atos ser totalmente diferente da empregada no mundo dos negócios. Não é mais o lucro que pauta tais atividades, mas a incessante busca em se obter um recurso aparentemente limpo ao final do processo utilizado. Aliás, para aquele que pratica a lavagem de dinheiro, pouco importa o lucro. Mesmo que aparentemente pouco lucrativas e ilógicas do ponto de vista financeiro, se forem hábeis a fornecerem a tão perseguida aparência de legalidade, terão as manobras de lavagem atingido a finalidade visada pelo agente criminoso.

3. SUJEITOS DO CRIME

3.1. Sujeito ativo

O crime de lavagem de dinheiro é classificado como *crime comum*, podendo ser cometido por qualquer pessoa, não se exigindo nenhuma característica específica ao agente delitivo.

Assim sendo, qualquer pessoa que vier a praticar as condutas típicas descritas no *caput* do artigo 1º, bem como nos §§ 2º e 3º, da Lei nº 9.613/98, cometerá o crime em questão.

22 In *http://www.fatf-gafi.org/faq/money laundering.*

23 Idem.

24 Nesse sentido, ao abordar o impacto negativo do ingresso de recursos ilícitos na economia formal de um país, notadamente aqueles oriundos de atividades relacionadas ao tráfico de substâncias entorpecentes, o Escritório das Nações Unidas sobre Drogas e Crime – UNODC, em sua publicação *World Drug Report – 2017*, afirma que*"billions of dollars flow through the hands of drug trafficking organizations each year, and what they do with that money can have a huge impact on local and wider economies. They might smuggle cash out of their home country, buy or build real estate, invest in restaurants and casinos for money laundering purposes, or stash their profits in offshore financial centres. **Depending on the method they choose, property prices can be distorted, unfair competition created, licit businesses crowded out, corruption bolstered and the climate to attract international investment spoilt, ultimately eroding rule of law and economic stability.**" The drug problem and organized crime, illicit financial flows, corruption and terrorism – World Drug Report 2017*, págs. 21/22.O inteiro teor do referido relatório encontra-se disponível em *https://www.unodc.org/ wdr2017/field/Booklet_5_NEXUS.pdf.*

3.1.1. A autolavagem e a Recomendação nº 3 do GAFI

Embora autônomo em relação à infração penal que lhe rende a matéria-prima para a sua prática, o delito de lavagem de dinheiro pode ser cometido tanto por pessoa distinta, quanto pelo próprio autor do injusto penal antecedente.

A *autolavagem (self laundering/autolavado)* encontra atualmente amplo respaldo na doutrina e jurisprudência pátrias[25], não existindo mais dúvidas quanto à possibilidade de sua aplicação e total independência em relação ao crime antecedente praticado. No cenário internacional, igualmente, esse é o entendimento que pauta, como regra geral, as diversas normativas penais existentes.

Países como Alemanha, Áustria, Suécia e Itália não permitem a criminalização da autolavagem, vinculando, em seus tipos penais, que as condutas de lavagem devem ser praticadas sobre bens ou valores provenientes de crime praticado por pessoa distinta do autor da lavagem.[26]

No âmbito do GAFI, a Recomendação nº 3, que trata especificamente da definição do tipo penal de lavagem de dinheiro, admite a não criminalização da autolavagem, desde que tal punição seja incompatível com os princípios fundamentais previstos na legislação pátria[27]. As jurisdições que optam pela vedação da autolavagem, seja em casos de autoria ou de participação, adotam como fundamento, basicamente, a aplicação do princípio do *non bis in idem* e a ocorrência de um *postfactum* impunível. Assim, punir o autor do crime antecedente pela lavagem do produto de crime que ele mesmo praticou, seria o mesmo que puni-lo novamente pelo mesmo fato ou por conduta ideologicamente inserida na infração penal anterior, razão pela qual não deveria receber repressão penal autônoma.

Nosso entendimento é no sentido de que a prática da *autolavagem* não apenas é possível, como merece efetiva reprimenda estatal. O autor do crime antecedente, já de posse do proveito financeiro obtido, poderia perfeitamente se satisfazer com os atos criminosos até então praticados, usufruindo dos bens e valores que já se encontravam à sua disposição. No entanto, com motivação completamente distinta, ele inicia a prática de uma nova série de condutas,

---

25 O STF já se debruçou algumas vezes a respeito da possibilidade de ocorrência e autonomia da autolavagem em relação ao crime antecedente. Nesse sentido, *n verbis:* PENAL. PROCESSUAL PENAL. DENÚNCIA. CRIMES DE LAVAGEM DE DINHEIRO E FORMAÇÃO DE QUADRILHA OU BANDO. DENÚNCIA NÃO INÉPTA. DEMAIS PRELIMINARES REJEITADAS. PRESCRIÇÃO QUANTO AO DELITO DE QUADRILHA EM RELAÇÃO AOS MAIORES DE SETENTA ANOS. RECEBIMENTO PARCIAL DA DENÚNCIA. (...) IV – **Não sendo considerada a lavagem de capitais mero exaurimento do crime de corrupção passiva,** é **possível que dois dos acusados respondam por ambos os crimes, inclusive em ações penais diversas, servindo, no presente caso, os indícios da corrupção advindos da AP 477 como delito antecedente da lavagem**. (Inq. 2471, Relator: Min. RICARDO LEWANDOWSKI, Tribunal Pleno, julgado em 29/09/2011, ACÓRDÃO ELETRÔNICO DJe-043 DIVULG 29-02-2012 PUBLIC 01-03-2012 –**grifos do autor**). Igualmente, quando do julgamento do RHC 124313, cuja relatoria coube ao saudoso Ministro Teori Zavascki, afirmou-se que "**a autonomia do crime de lavagem de dinheiro, mesmo quando praticado pelo mesmo agente do crime antecedente,** é **afirmada pela jurisprudência do Supremo Tribunal Federal** – AP 470, relator min. JOAQUIM BARBOSA, Tribunal Pleno, julgado em 17.12.2012, Capítulo VI, da denúncia, subitens VI.1, VI.2, VI.3 E VI.4, nº 3." (RHC 124313, Relator(a): Min. TEORI ZAVASCKI, Segunda Turma, julgado em 10/03/2015, PROCESSO ELETRÔNICO DJe-090 DIVULG 14-05-2015 PUBLIC 15-05-2015 –**grifos do autor**).

26 Referências apresentadas por Blanco Cordero: *"La limitación del* ámbito *de los posibles sujetos activos de delito de blanqueo de capitales suele consistir básicamente en la exclusión de los responsables del delito previo. Por ejemplo, el § 261 StGB alemán declara que los bienes de origen delictivo han de proceder del delito de "otro"(Verbrechen eines anderen) y en el mismo sentido de pronuncia el § 165 CP austríaco. Los artículos 648 bis y ter del Código Penal italiano sólo son aplicables "fuera de los casos de concurso de delitos", lo que se interpreta en el sentido de excluir como autores de tal delito a los responsables del delito previo, pues no es posible su aplicación en concurso con el hecho previo. El Código Penal sueco, en su artículo 6 núms. 1 y 2 del capítulo 9 sanciona a quien saque provecho indebido de los productos de la actividad criminal de otro".*

27 A Nota Interpretativa de nº 6 da Recomendação 3 do GAFI permite a não criminalização da autolavagem, desde que baseada em princípios fundamentais pátrios, prevendo que: *"os países poderão definir que o crime de lavagem de dinheiro não se aplica a pessoas que cometeram o crime antecedente,* ***se esse for um dos princípios fundamentais de suas leis domésticas***. Citado. Sem grifos.

buscando agora dar aparência de licitude ao recurso por ele obtido com a prática da infração penal anterior. Portanto, não nos parece razoável afastar a sua punição autônoma pelo crime de lavagem de dinheiro.

Por outro lado, outro fato que reforça a necessidade de punição da autolavagem é que a lavagem de dinheiro afeta bem jurídico distinto daquele protegido pela infração penal antecedente, merecendo, assim, reprimenda penal de natureza autônoma.

3.2. Sujeito Passivo

O sujeito passivo do crime de lavagem de dinheiro é a coletividade, a própria sociedade que sofre os impactos negativos provenientes da prática do referido delito. Quando a ordem socioeconômica se vê violada, toda a coletividade é afetada, tendo de suportar os desequilíbrios financeiros e as nefastas consequências que a lavagem de dinheiro provoca.

Estudos realizados pelo Escritório das Nações Unidas sobre Drogas e Crime *(United Nations Office on Drugs and Crime – UNODC)* com a finalidade de se determinar a magnitude dos fundos ilícitos gerados pelo tráfico de substâncias entorpecentes e pelo crime organizado apontam que, no ano de 2009, tais recursos chegaram ao montante de 3,6% do Produto Interno Bruto Mundial, sendo que 2,7% desse valor, estimado em USD 1,6 trilhões, estariam sendo objeto de manobras de lavagem de dinheiro ao redor do mundo.[28]

Para os que apontam a Administração da Justiça como bem jurídico tutelado pela lavagem de dinheiro, vê-se, por mais vez, a sociedade como sujeito passivo de tal espécie criminosa.

Afetando-se a Administração da Justiça, por via direta, abalam-se o cotidiano e a qualidade de vida do indivíduo social. Como recompensa à prática de atos de corrupção e crimes, quando manobras de lavagem de dinheiro são bem-sucedidas, verifica-se a ocorrência de graves prejuízos à integridade de toda a sociedade, minando a democracia e o senso social de Justiça.

4. FASES DOUTRINÁRIAS DA LAVAGEM DE DINHEIRO

Muitos foram os modelos elaborados ao passar dos anos para doutrinariamente se estabelecerem as *fases da lavagem de dinheiro.*

Conforme pontuado por Blanco Cordero, embora diversos entendimentos tenham sido apresentados pela doutrina internacional sobre o tema – *v.g., os modelos de Bernasconi, o modelo de ciclos de Zünd, o modelo de objetivos e o modelo de quatro setores*[29] –, a classificação amplamente adotada nos dias atuais é a formulada pelo Grupo de Ação Financeira, apresentada nos anexos de suas recomendações, definida pelas três conhecidas fases: colocação, ocultação e integração (*placement, layering and integration*).

Diante do afirmado, semelhantemente nos ateremos apenas à análise da classificação trifásica proposta pelo GAFI.[30]

4.1. Colocação (*placement/colocación*)

A primeira fase estabelecida pela doutrina para a prática de lavagem de dinheiro é denominada *colocação.* Na colocação, o agente criminoso, de posse do produto ou proveito da

---

28 FATF website (http://www.fatf-gafi.org/faq/moneylaundering/). Citado.

29 *El delito de blanqueo de capitales, p.73. Citado.*

30 Ana Maria Pietro Del Pino, Deborah Isabel García Magna y Antonio Martín Pardo, na obra "La deconstitución del concepto de blanqueo de capitales" apresentam classificação da lavagem de dinheiro em quatro categorias de condutas: *colocación, transformación, blanqueo y periférica.* A quarta categoria (ou fase) abrangeria *"los actos consistentes en transportar, almacenar o transformar el producto del delito fuera del tráfico lícito, actos estos que consideran que no suponen su introducción en el sistema económico lícito".* Na legislação pátria, a conduta de transformar, desde que munida da específica finalidade de agir (dar aparência de licitude), pode caracterizar o tipo penal equiparado descrito no artigo 1º, § 1º da Lei nº 9.613/98.

infração penal antecedente, inicia a prática de condutas visando à inserção dos valores espúrios na economia formal.

A colocação pode ser efetuada das mais variadas formas, como, por exemplo, a conversão dos ativos em moedas estrangeiras, o depósito de valores em espécie em contas de terceiras pessoas e o envio dos recursos para o exterior, mediante a simulação de operações envolvendo novas pessoas físicas ou jurídicas.

Ao obter o proveito financeiro com a prática das infrações penais antecedentes, o agente se vê em posição, no mínimo, curiosa. Tendo alcançado o recurso financeiro, principal motivador da prática criminosa prévia, ele agora dispõe de valores financeiros ilícitos que necessitam passar por um processo de lavagem para serem efetivamente utilizados sem que se levante suspeitas quanto à sua licitude. É o ritual de purificação que precisa ser iniciado.

Determinados crimes antecedentes geram grande quantidade de valores em espécie, os quais precisam ser lavados para assegurar ao criminoso sua livre utilização ou, até mesmo, alocação onde não venham a ser descobertos. É o que historicamente ocorre no tráfico de substâncias entorpecentes. Quem não se lembraria das paredes de residências dos chefes do narcotráfico repletas de pilhas e pilhas de dólares escondidos. Ou, então, dos inúmeros tonéis repletos de maços de cédulas de dólares enterrados para não serem encontrados pelos agentes da lei. Chega um momento em que a captação de valores ilícitos é tão grande que o agente não tem mais capacidade de gastá-los ou de simplesmente guardá-los, precisando iniciar a sua inserção na economia formal para assegurar futura utilização.

A *colocação* normalmente se efetua por intermédio da inserção direta dos valores obtidos com a prática dos crimes antecedente no sistema financeiro, como por exemplo, com o depósito de valores na rede bancária. No entanto, diante dos inúmeros mecanismos estabelecidos para proteger o sistema financeiro para que não seja utilizado para o cometimento da lavagem, essa inserção precisa ser realizada de maneira não usual.

Para tal, variados mecanismos são utilizados pelos "lavadores", sendo o comum a prática de fracionamento de valores, utilização de contas de terceiras pessoas, a inserção fraudulenta de valores contando com o conluio de funcionários das instituições financeiras ou a utilização de produtos de controle reduzido.

A Carta-Circular nº 3.542, de 12 de março de 2012, do Banco Central do Brasil – BACEN, lista diversas operações e situações normalmente utilizadas nas fases de colocação e ocultação, que devem ser consideradas operações suspeitas e objeto de comunicação ao COAF, na forma do artigo 11, da Lei nº 9.613/98, dentre elas, situações relacionadas com: *operações em espécie em moeda nacional; operações em espécie em moeda estrangeira e cheques de viagem; dados cadastrais de clientes; com a movimentação de contas; com operações de investimento interno; com cartões de pagamento; com operações de crédito; com a movimentação de recursos oriundos de contratos com o setor público; situações relacionadas a consórcios; relacionadas a pessoas suspeitas de envolvimento com atos terroristas; relacionadas com atividades internacionais; com operações de crédito contratadas no exterior; com operações de investimento externo e com empregados das instituições financeiras e seus representantes.*[31]

O fracionamento, mecanismo pelo qual o recurso ilícito é fragmentado em pequenos valores e posteriormente inserido no sistema financeiro é conhecido por *structuring*, jargão bancário utilizado para designar a execução de transações financeiras praticadas mediante a adoção de um padrão calculado para se evitar que os sistemas de prevenção a fraudes adotados pelas instituições financeiras sejam disparados, acarretando na comunicação de operações suspeitas. O mecanismo de fracionamento, por vezes utilizado para a inserção de valores ilícitos

31 O texto integral da Carta Circular nº 3.542 do BACEN pode ser encontrado em *http://www.bcb.gov.br/pre/normativos/buscadownloadNormativo.asp?arquivo=/Lists/Normativos/Attachments/49233/C_Circ_3542_v1_O.pdf*.

no sistema financeiro como ato inaugural de manobras de lavagem de dinheiro, pode igualmente ser empregado no âmbito de outras fraudes e delitos financeiros.[32]

O método *structuring* é também conhecido como *smurfing*[33], termo que guarda origem no desenho animado "*The Smurfs* (*Los Pitufos*)", criação do ilustrador belga *Pierre Culliford (Peyo)* e hoje pertencente ao grupo norte-americano *Hanna Barbera*, comunidade de pequenas criaturas azuis liderada pelo Papai *Smurf*, que habitam uma aldeia na selva e vivem fugindo do feiticeiro *Gargamel* e seu maldoso gato.

A inserção dos recursos ilícitos no sistema bancário também pode se dar mediante a utilização por parte de criminosos de contas-correntes pertencentes a laranjas, a fim de que os valores ilícitos obtidos possam ser nelas inseridos sem a imediata identificação de sua propriedade. Normalmente, essas contas são utilizadas meramente como "contas de passagem", com a posterior transferência de tais valores para outras contas ou atividades financeiras. A "cessão" do uso dessas contas-correntes pode ocorrer de maneira gratuita, mas usualmente é praticada mediante o fornecimento de uma contraprestação ao seu titular. Por vezes, mediante o pagamento de uma comissão ou valor fixo ao titular do relacionamento bancário pela utilização de sua conta[34].

4.1.1. A movimentação de valores em contas correntes de familiares ou terceiras pessoas

Em nosso país, tornou-se comum a identificação de casos de utilização por parte do agente criminoso de contas pertencentes a familiares ou a terceiros que com ele guardam relação de afinidade para a movimentação de valores provenientes de crimes antecedentes. No início dos anos 2000, o tráfico de drogas fluminense adotou amplamente tal método de ocultação, com a realização de depósitos fracionados de valores em espécie em contas pertencentes a familiares dos líderes do narcotráfico local. Ultimamente, a prática tornou-se notória em razão dos casos do recebimento e circulação de valores pagos como propinas em contas-correntes abertas no exterior em nome de cônjuges ou filhos de políticos envolvidos em atos de corrupção.

A nosso ver, embora o método relatado possa ser utilizado como etapa inicial ou intermediária do processo de lavagem de dinheiro, servindo como forma de entrada dos recursos ilícitos no sistema financeiro legal ou como criação de camada na fase de ocultação, a utilização de tal mecanismo pode caracterizar, de maneira autônoma, o tipo penal de lavagem de dinheiro.

---

32 Nos Estados Unidos, a atividade de *structuring* encontra-se tipificada como delito no artigo 18 U.S.C. § 1957, que o define como: *"Engaging in monetary transactions in property from specified unlawful activity"*. A subseção a) dispõe: *"(a) whoever, in any of the circumstances set forth in subsection (d), knowingly engages or attempts to engage in a monetary transaction in criminal derived property that is of a value greater than $10,000 and is derived from specified unlawful activity, shall be punished as provided in subsection (b)"*. Citado por Blanco Cordero, p.79, obra citada. No Brasil, a prática do *smurfing*, consistente na realização de diversas operações em valores fracionados tendo por finalidade fugir dos sistemas de comunicação de operações suspeitas, devem ser passíveis de comunicação ao COAF, de acordo com a Carta Circular nº 3.542, de 12 de março de 2012, do BACEN, em seu artigo 1º, inciso I, alínea d: *"Art. 1º – As operações ou as situações descritas a seguir, considerando as partes envolvidas, os valores, a frequência, as formas de realização, os instrumentos utilizados ou a falta de fundamento econômico ou legal, podem configurar indícios de ocorrência dos crimes previstos na Lei nº 9.613, de 3 de março de 1998, passíveis de comunicação ao Conselho de Controle de Atividades Financeiras (Coaf): I – situações relacionadas com operações em espécie em moeda nacional: (...) d) fragmentação de depósitos, em espécie, de forma a dissimular o valor total da movimentação"*.

33 *O termo smurfing* foi cunhado no ano de 1985 por Gregory Baldwin, conhecido advogado norte-americano com atuação na região de Miami/FL.

34 Blanco Cordero expõe posição doutrinária que define dos *recaudadores*, figura que se caracterizaria como verdadeiros intermediários financeiros, *"poniendo usas cuentas a disposición de los blanqueadores para que estos puedan transferir el dinero a otros lugares, a cambio de una comisión. (...) A estos sujetos se les denomina "mulas" o también "cucos" algún autor denomina a esta técnica "cuckoo smurfing". En muchas ocasiones los recaudadores son profesionales de diversos sectores comerciales que prestan sus cuentas"*. Obra citada, p. 79.

Isso porque a simples mantença ou circulação de valores ilícitos em contas de titularidade de parentes do autor infração penal antecedente utilizada como forma de se ocultar a própria localização e propriedade do proveito financeiro ilícito basta para a caracterização do delito, na forma do artigo 1º, *caput*, da Lei nº 9.613/98.[35]

Assim, embora academicamente estudado, não se faz necessário o exaurimento de todas as fases doutrinárias da lavagem de dinheiro para a caracterização do delito. Na verdade, pouco importa se o agente criminoso trilhou, ou não, todo o caminho estudado pela doutrina, desde a inserção do recurso ilícito na economia formal, passando pelas sucessivas manobras de ocultação até obtê-lo, ao final do processo, com a aparência de licitude.[36]

A posição que defendemos é que certos atos que integram esquemas complexos de lavagem de dinheiro, quando analisados de forma individualizada, já são suficientes para a caracterização dos tipos descritos na Lei nº 9.613/98, podendo ser perfeitamente considerados para a imputação delitiva de condutas de lavagem de dinheiro.

Marcelo Mendroni, ao abordar a questão, apresenta raciocínio no mesmo sentido:

> *"Os delitos de lavagem de dinheiro consumam-se já no momento em que o agente pratica uma ação que envolva "ocultar" ou "dissimular" a natureza, origem, localização, disposição, movimentação ou propriedade de bem, direito ou valor". (...) "Não será somente com a "integração" que o crime será consumado, mas, simplesmente, já através de qualquer primeiro ato de "colocação". Nesses termos, uma só, ou a primeira transferência de valores obtidos pelo tráfico de entorpecentes, será ação criminosa suficiente à configuração do crime, ainda que venha seguida inúmeras outras transações bancárias. Em outras, palavras, não é possível exigir-se a demonstração de toda a linha do dinheiro, bastando apresentar a primeira transação financeira (...)".*[37]

4.2. Ocultação (*layering/encubrimiento*)

De início, já questionamos a propriedade do termo *ocultação*, adotado por parte da doutrina pátria para denominar a segunda fase da lavagem de dinheiro. Diante da importância de tal fase no processo de lavagem de dinheiro – pois é nela que, efetivamente, a transformação ocorre –, pensamos que mais adequado seria tratá-la por *dissimulação* em vez de mera ocultação[38].

Conforme já afirmado quando da análise das ações típicas constantes do *caput* do artigo 1º, da Lei nº 9.613/98, o que diferencia a dissimulação da ocultação é justamente o fato de nela

---

35 Nesse sentido: "Lavagem de dinheiro: L. 9.613/98: caracterização. **O depósito de cheques de terceiro recebidos pelo agente, como produto de concussão, em contas-correntes de pessoas jurídicas,** às **quais contava ele ter acesso, basta a caracterizar a figura de 'lavagem de capitais' mediante ocultação da origem, da localização e da propriedade dos valores respectivos** (L. 9.613, art. 1º, caput): o tipo não reclama nem êxito definitivo da ocultação, visado pelo agente, nem o vulto e a complexidade dos exemplos de requintada 'engenharia financeira' transnacional, com os quais se ocupa a literatura."**(RHC n. 80816/SP – Rel. Min. Sepúlveda Pertence – 1.a T. – un. – j. 10.04.2001 – DJ 18.06.2001, p. 13 – grifos do autor).**

36 Entendimento igualmente esposado por Pierpaolo Bottini e Gustavo Badaró, Lavagem de dinheiro: aspectos penais e processuais penais, p. 30, ao afirmarem que *"a legislação brasileira do ciclo exposto para a tipicidade da lavagem de dinheiro. Não é necessária a integração do capital sujo à economia lícita para a tipicidade penal. Basta a consumação da primeira etapa – a ocultação – para a materialidade delitiva, incidindo sobre ela a mesma pena aplicável à dissimulação ou integração".*

37 *In* Crime de Lavagem de Dinheiro. Obra citada, págs. 87/88. No mesmo sentido, aliás, decidiu o STF no RHC nº 80816 do STF: "(...) *o tipo penal não reclama nem êxito definitivo da ocultação, visado pelo agente, nem o vulto e a complexidade dos exemplos da requintada "engenharia financeira" transnacional, com os quais se ocupa a literatura"(RHC 80816, Relator: Min. SEPÚLVEDA PERTENCE, Primeira Turma, julgado em 18/06/2001, DJ 18-06-2001 PP-00013 EMENT VOL-02035-02 PP-00249).*

38 Em sentido semelhante, Pierpaolo Bottini e Gustavo Badaró, definindo a segunda fase do processo de lavagem de dinheiro como "mascaramento ou dissimulação do capital. Lavagem de dinheiro: aspectos penais e processuais penais, p. 30. Citado.

ser aplicada pelo agente criminoso alguma habilidade especial quando da prática do ato de esconder, ocultar, não permitir que determinado bem ou valor seja visto ou identificado. É a tão conhecida expressão *ocultar com astúcia*. Para isso, o agente se vale da prática de sucessivas operações – *por vezes, ilógicas do ponto de vista financeiro* –, com a utilização do sistema bancário e de outras instituições financeiras e não financeiras, na nítida tentativa de se livrar da mácula que atinge o capital objeto das condutas de lavagem de dinheiro. Assim agindo, estrutura suas operações com a formação de diferentes camadas, reforçando o encobrimento da localização, natureza e propriedade do bem, recurso ou valor utilizado.

Nesse sentido, parece-nos que a doutrina estrangeira melhor batizou a segunda fase da lavagem de dinheiro. A expressão *layering* utilizada em língua inglesa, a nosso sentir, sintetiza perfeitamente o que ocorre em tal fase da lavagem: a criação de camadas, de cascas que dificultam a real identificação da essência. Da mesma maneira, a doutrina espanhola define tal fase como *diversificación, estratificación* ou *encubrimiento*. Este último, justamente o verbo que ladeia o termo *ocultación* contido no artigo 301, n.2, do Código Penal Espanhol[39], descrição típica que pode ser equiparada ao *caput* do artigo 1º, da Lei nº 9.613/98.

No estudo doutrinário da lavagem de dinheiro, é na fase da ocultação (dissimulação) que efetivamente a lavagem ocorre. Assim, a fase da ocultação pode ser considerada a "fase-chave" da lavagem. Seria o *core business* da lavagem. Se olharmos para o processo de lavagem de dinheiro como uma linha de produção, teríamos na fase da colocação o momento inicial, no qual a matéria-prima é inserida na linha de produção para a obtenção do objeto a ser produzido.

A fase da integração, por sua vez, seria a etapa final de produção; aquela em que o produto, já finalizado e pronto para o consumo, deixa a linha de produção e se encontra preparado para o envio ao destinatário final. E entre essas duas fases se encontra justamente a ocultação, no momento em que ocorre a transformação da matéria-prima; quando são realizados os diversos procedimentos necessários para que aquele insumo inicialmente inserido possa se transformar no produto final desejado.

No caso da lavagem de dinheiro, é na fase da ocultação, com a realização de diversas e sucessivas operações por parte do agente criminoso sobre o dinheiro sujo, que ocorre o processo de reciclagem, no qual o proveito ilícito é efetivamente lavado, passando a obter aura de licitude, aparentando pureza.

Nessa fase, diversos métodos são utilizados para a criação das "camadas" sobre o capital ilícito. Uma vez inserido no sistema financeiro, variadas manobras são realizadas. Como já afirmado, por vezes, incoerentes e pouco lucrativas do ponto de vista econômico, mas realizadas com finalidade distinta: afastar o objeto da lavagem cada vez mais de sua origem, esperando

---

39 ***Artículo 301**: 1. El que adquiera, posea, utilice, convierta, o transmita bienes, sabiendo que éstos tienen su origen en una actividad delictiva, cometida por él o por cualquiera tercera persona, o realice cualquier otro acto para ocultar o encubrir su origen ilícito, o para ayudar a la persona que haya participado en la infracción o infracciones a eludir las consecuencias legales de sus actos, será castigado con la pena de prisión de seis meses a seis años y multa del tanto al triplo del valor de los bienes. En estos casos, los jueces o tribunales, atendiendo a la gravedad del hecho y a las circunstancias personales del delincuente, podrán imponer también a éste la pena de inhabilitación especial para el ejercicio de su profesión o industria por tiempo de uno a tres años, y acordar la medida de clausura temporal o definitiva del establecimiento o local. Si la clausura fuese temporal, su duración no podrá exceder de cinco años. La pena se impondrá en su mitad superior cuando los bienes tengan su origen en alguno de los delitos relacionados con el tráfico de drogas tóxicas, estupefacientes o sustancias psicotrópicas descritos en los artículos 368 a 372 de este Código. En estos supuestos se aplicarán las disposiciones contenidas en el artículo 374 de este Código. También se impondrá la pena en su mitad superior cuando los bienes tengan su origen en alguno de los delitos comprendidos en los Capítulos V, VI, VII, VIII, IX y X del Título XIX o en alguno de los delitos del Capítulo I del Título XVI.**2. Con las mismas penas se sancionará, según los casos, la ocultación o encubrimiento de la verdadera naturaleza, origen, ubicación, destino, movimiento o derechos sobre los bienes o propiedad de los mismos, a sabiendas de que proceden de alguno de los delitos expresados en el apartado anterior o de un acto de participación en ellos.*** Sem grifos no original.

que o investigador se perca na sua tarefa se seguir o rastro do dinheiro ilícito[40]. Essas operações servem para "maquiar" o recurso ilícito, mediante a produção de rastro documental falso, a conversão dos valores em instrumentos financeiros lícitos (*travel checks, cartões pré-pagos, ordens de pagamento etc*), aquisição de bens móveis de alto valor que possuem facilidade de movimentação e dificuldade de registro e rastreio *(pedras e metais preciosos, joias, obras de arte)* e, nas palavras de Blanco Cordero *"probablemente el método de ensombrecimiento más importante accesible a los blanqueadores"*[41], a transferência eletrônica de fundos.

Embora não existam fronteiras para a realização de manobras de lavagem de dinheiro, verifica-se usualmente uma concentração geográfica das atividades praticadas de acordo com cada fase ou etapa do processo de lavagem de dinheiro. Na fase de colocação, *ad exemplum*, as atividades são realizadas em locais relativamente próximos daqueles onde foram praticadas as infrações penais antecedentes que geraram o proveito financeiro objeto da lavagem de dinheiro. Isso porque, enquanto ainda não inseridos tais recursos na economia formal, todos os atos de guarda e, principalmente, de transporte dos valores obtidos para outros locais dificultam a atividade do agente, expondo-o a risco. Assim, sempre que possível, tais riscos são evitados ou mitigados com a concentração dos atos em locais próximos daqueles onde os recursos são obtidos.

Na fase da ocultação, diversamente, constata-se uma ampliação dos limites territoriais das atividades de encobrimento praticadas, valendo-se o agente de diversas operações e métodos financeiros que possibilitem a movimentação eletrônica dos recursos, até que sejam efetivamente enviados para jurisdições consideradas mais seguras ou menos rigorosas na aplicação dos métodos de controle. É o que se chama, na gíria utilizada pela Polícia Espanhola de "efeito helicóptero", consistente *"en mover el dinero de un lugar a otro a gran velocidad de manera que los investigadores son incapaces de seguirle la pista"*[42]. O recurso financeiro ilícito inserido no sistema financeiro passa a ser transferido por variadas contas bancárias para destinos onde possa livremente transitar ou permanecer, ainda que temporariamente, sem deixar rastros de sua fonte ou real destinação. Nesse momento, são escolhidos centros financeiros que admitem a utilização de figuras jurídicas pouco submetidas a controle estatal, mediante, não raras vezes, flagrantes violações às regras de identificações do beneficiário final (*offshores, shell companies e outros)*.

4.3. Integração (*integration/blanqueo*)

A fase de integração é o final do processo. É o momento no qual os recursos de proveniência ilícita, já com aparência de licitude, são reinseridos na economia formal totalmente dissociados de sua origem espúria.

Na verdade, se tiverem sido efetivas as atividades praticadas na fase de ocultação, neste momento o agente criminoso consegue obter o objeto da lavagem sem que nenhuma suspeita seja levantada em relação a sua licitude. A não ser que seja descoberto o rastro do dinheiro sujo, levantando-se etapas na criação das camadas de ocultação, dificilmente o dinheiro sujo com aura de dinheiro limpo poderá ser identificado. Na verdade, torna-se o verdadeiro "sepulcro caiado", por fora aparentemente limpo, mas por dentro, sujo e fétido.

Nesse momento, o agente criminoso passa a externar riqueza, mediante a realização de negócios e a aquisição de bens para ostentar o sucesso da empreitada por ele praticada. É nesse momento que ele coloca em xeque a efetividade da sua manobra de lavagem de dinheiro.

---

40 *Paper trail ou* trilha do papel, conforme expressão utilizada por certa parte da doutrina.

41 *Blanco Cordero, El delito de blanqueo de capitales, p.85. Citado.*

42 *Idem, p. 86.*

Outro fato interessante é que, diversamente do que ocorre na fase da ocultação, em que o criminoso foge do recurso ilícito como "o diabo foge da cruz" –*utilizando terceiras pessoas e laranjas em operações simuladas, tudo na tentativa de se afastar da origem espúria do bem lavado* –, já na integração, via de regra, o recurso passa a constar em nome próprio, de familiar ou de pessoa jurídica cujo poder de controle se encontra na esfera de decisão do agente.

5. VOLUNTARIEDADE

Quanto à voluntariedade, exige-se o dolo para a caracterização do elemento subjetivo do tipo penal de lavagem de dinheiro.

Diferentemente do que ocorre em alguns outros países[43], a Lei nº 9.613/98 não prevê a ocorrência da lavagem na modalidade culposa, sendo necessário, para a configuração do delito em questão, que o agente pratique as condutas previstas no artigo 1º da Lei devidamente munido de dolo.

Nas palavras de César Roberto Bitencourt, dolo é a *consciência* e *vontade* da realização da conduta descrita em um tipo penal.[44] Nesse sentido, para a configuração do dolo exigido pelo tipo penal de lavagem de dinheiro, torna-se necessário demonstrar que o criminoso agiu de maneira *consciente (elemento cognitivo ou intelectual)* e com *vontade (elemento volitivo)*.

Por questões lógicas, a consciência e vontade do agente, por serem elementos eminentemente subjetivos, encontram-se exclusivamente na mente do criminoso, fazendo-se necessária a sua efetiva demonstração no caso em concreto. No entanto, a tarefa de demonstrar os elementos que permeavam a consciência do agente quando da prática da conduta criminosa seria atividade humanamente impossível, visto que tais elementos, se por ele não externados, somente a ele caberiam.

Assim, como ocorre com os delitos em geral, na lavagem de dinheiro a prova do dolo deve decorrer diretamente da análise de elementos objetivos, fazendo com que o elemento intencional do agente seja demonstrado a partir da apresentação de elementos objetivos que indiquem a prática da conduta típica com a finalidade de se atingir o resultado pretendido.

Justamente nesse sentido é a recomendação apresentada pelo Grupo de Ação Financeira – GAFI quando da indicação dos parâmetros que devem ser seguidos pelos países quando da criminalização da lavagem de dinheiro. Ao tratar especificamente dos elementos que devem compor os tipos penais de lavagem, recomenda-se que "os países devem assegurar que a intenção e o conhecimento exigidos para a demonstração do crime de branqueamento de capitais possam ser deduzidos a partir de circunstâncias factuais objetivas".[45]

---

43 As normativas internacionais referentes à criminalização da lavagem de dinheiro não abordam, de maneira exaustiva, a questão relativa a tal prática delituosa em sua modalidade culposa. Conforme relatado por Blanco Cordero, *"Los instrumentos internacionales vinculantes no han mostrado una especial atención a la modalidad imprudente del blanqueo de capitales, especialmente en el contexto de las Naciones Unida. De hecho, ninguno de los Convenios de esta organización internacional la contempla. Ni el Convenio de Viena, ni la de Palermo ni la de Mérida contienen disposiciones sobre la forma imprudente. Sin embargo, esto no significa que los Estados no puedan ir más allá y castigarla, como efectivamente ocurre. Y ello porque no debemos olvidar que tales textos internacionales constituyen normas de mínimos que deben cumplir los Estados parte, que están autorizados a prever medidas más estrictas o rigurosas (El delito de blanqueo de capitales*, págs. 868/869). À guisa de exemplos, países como Alemanha (§ 261, núm. 5 CP), Bélgica (505 Núm. 2 e 4 CP), República Tcheca (Art. 217 do CP), Espanha (Art. 301, 3 do CP), Eslováquia (Art. 252, a) do CP), Eslovênia (Art. 245, § 5º do CP), Finlândia (Art. 32, seção 9, do CP), Hungria (Seção 303A do CP), Irlanda (Seção 31-1 do CJA), Holanda (Art. 420 *quater* CP), Suécia (Capítulo 9, seções 7 e 7a do CP) e Reino Unido, existe expressa previsão da lavagem de dinheiro na modalidade culposa.

44 Manual de Direito Penal, Volume I, p. 205, Ed. Saraiva, 6ª edição, 2000.

45 *Nota interpretativa 7, alínea a, da Recomendação 3. Livre consulta em www.fatf-gafi.org/,edia/fatf/documents/recommendations/pdfs/FATF-40-Rec-2012-Portuguese-Port.pdf.*

5.1. Específica finalidade de agir (aspecto subjetivo da norma)

Em determinados tipos penais, ao lado do dolo, figura uma série de características subjetivas que o integram ou o fundamentam[46], denominadas pela doutrina clássica de *dolo específico*, caracterizado como o especial fim ou motivo de agir do criminoso. Nas palavras de Welzel, *"ao lado do dolo, como momento geral pessoal-subjetivo daquele, que produz e configura a ação como acontecimento dirigido a um fim, apresentam-se, frequentemente, nos tipos* ***especiais momentos subjetivos****, que dão colorido num determinado sentido ao conteúdo* ético-social *da ação.*[47]É exatamente isso que ocorre nos delitos de lavagem de dinheiro.

Para a completa caracterização da lavagem de dinheiro não bastam a prática de ações típicas descritas no tipo *(elementos objetivos)* e a demonstração da consciência e vontade por parte do agente criminoso *(elemento subjetivo)*. Na verdade, exige-se que este pratique a conduta típica, munido de consciência e vontade, mas com um "algo a mais": a intenção de dar aparência de licitude ao bem ou valor proveniente da infração penal antecedente.

Por tal razão, para a configuração de delito em comento, quando da prática da conduta típica, o agente criminoso deve estar implicitamente premido da intenção de conseguir a tão visada aparência de licitude, o branqueamento, a própria reciclagem do recurso que, em sua origem, era sujo. Se assim não o fosse, a conduta daquele que oculta ou dissimula a origem, localização, disposição, movimentação ou propriedade de bens, direitos ou valores provenientes de infração penal em nada se diferenciaria dos delitos de *receptação* (CP 180 – na modalidade ocultação) e *favorecimento real* (CP 349).

Nesse sentido, Pierpaolo Cruz Bottini afirma que *"o tipo penal de lavagem de dinheiro – na forma do caput do art. 1º – apresenta-se como assimétrico, pois o elemento volitivo não recai apenas sobre os elementos objetivos do tipo (dolo), mas se estende à reinserção do capital na economia formal. Ainda que tal reintegração não seja necessária para a consumação do tipo, é imprescindível a demonstração da vontade de alcançá-la, no plano subjetivo. Do contrário, há apenas favorecimento real"*[48].

Imaginemos o caso em que um policial rodoviário federal, no regular exercício de uma fiscalização de rotina, intercepta um veículo no qual, em um "fundo falso" é encontrada considerável quantia em espécie sendo transportada. Efetuando-se as pesquisas de rotina, o diligente policial rodoviário identifica que o motorista do veículo ostenta anotações criminais pelo crime de associação para a prática de crimes de tráfico de entorpecentes (art. 35 da Lei nº 11.343/06). Conduzidos o motorista e o veículo com o numerário em espécie apreendido à unidade de polícia judiciária da circunscrição, poderia a autoridade policial lavrar flagrante delito pela prática de crime de lavagem de dinheiro?

No nosso entender, embora haja a ocultação e indícios da vinculação dos recursos apreendidos com a prática de infração penal antecedente, falta ao agente o especial fim ou o motivo de agir. Ou seja, embora ocultasse proveito de crime antecedente, não buscava, com a prática de tal conduta, obter aparência de licitude. Assim, a conduta descrita não configuraria lavagem de dinheiro, pois lhe faltaria elemento subjetivo essencial para a configuração do tipo penal em estudo.

5.1.1. A lavagem de dinheiro e a realização de gastos e aquisição de bens de uso pessoal de alto valor

A questão da utilização do proveito do crime antecedente, pelo próprio agente da infração penal anterior ou por terceira pessoa, para a aquisição de bens de alto valor ou mesmo a

46 Bitencourt, Cezar Roberto, Manual de Direito Penal, Volume I, p.212, Ed. Saraiva, 6ª edição, 2000.

47 *Welzel, Hans. Derecho Penal alemán. Trad. Juan Bastos Ramirez e Sergio Yáñes Pérez. Santiago, Ed. Jurídica de Chile, 1970. Citado por Cezar Roberto Bitencourt, idem, p.212, sem grifos.*

48 *Bottini, Pierpaolo Cruz, Lavagem de dinheiro: aspectos penais e processuais penais, p. 152, Ed. Revista dos Tribunais, 3ª edição, 2017.*

realização de elevados gastos dos valores criminosamente obtidos, por sua repercussão prática, merece especial atenção de nossa parte.

A nosso sentir, para caracterizarem lavagem de dinheiro, os atos praticados pelo agente devem ser movidos pela finalidade específica de obtenção de aparência de licitude, não bastando a simples intenção de usufruir do produto/proveito do crime antecedente mediante a aquisição de bens de alto valor ou gastos exorbitantes. Isso, na verdade, seria mero ato de usufruir, o próprio desfrute da vantagem ilícita obtida.

Desta forma, quando da avaliação prática da questão apresentada, parece-nos que a análise da natureza dos bens adquiridos e sua utilidade para aquele que o adquire reveste-se de especial importância.

Ad exemplum, se com recursos provenientes de atos de corrupção, praticados por ele próprio ou por terceira pessoa –*ainda que um familiar* –, o agente desfruta de uma vida de luxo, com a aquisição de bolsas e sapatos de grife, tais atos não poderiam caracterizar atos de lavagem de dinheiro. Como afirmado, a aquisição não caracterizaria ocultação ou dissimulação com a finalidade de mascarar a natureza ou localização dos recursos ilícitos com os quais foram tais bens adquiridos. Trata-se de simples aquisição de bens de uso pessoal, nitidamente comprados, no nosso entender, com intenção de usufruir das vantagens obtidas com a prática do crime, em uma mera satisfação da vaidade, e não com a finalidade de praticar a lavagem de dinheiro.[49]

---

49 No mesmo sentido do texto: PENAL. LAVAGEM DE DINHEIRO. CONDUTAS DE OCULTAR OU DISSIMULAR. NECESSIDADE. CRIME DERIVADO, ACESSÓRIO OU PARASITÁRIO. EXIGÊNCIA DE DELITO ANTERIOR. PUNIÇÕES AUTÔNOMAS. EXISTÊNCIA DE CONCURSO DE CRIMES. CONFIGURAÇÃO DE CRIME ANTECEDENTE. DESNECESSIDADE DE PARTICIPAÇÃO. PRECEDENTES. JURISDIÇÃO PENAL E PROCESSO ADMINISTRATIVO FISCAL. AUSÊNCIA DE VINCULAÇÃO. EMPRÉSTIMO DE REGRESSO. DENÚNCIA RECEBIDA. I – O mero proveito econômico do produto do crime não configura lavagem de dinheiro, que requer a prática de condutas de ocultar e dissimular. Assim, não há que se falar em lavagem de dinheiro se, com o produto do crime, o agente se limita a depositar o dinheiro em conta de sua própria titularidade, paga contas ou consome os valores em viagens ou restaurantes. (...). (STJ – AÇÃO PENAL APn 458 SP 2001/0060030-7 (STJ) DATA DE PUBLICAÇÃO: 18/12/2009 –**grifos do autor**). No mesmo sentido, aliás, decidiu o juiz federal Sérgio Fernando Moro quando da apreciação da imputação de lavagem de dinheiro à esposa do ex-Deputado Federal Eduardo Cosentino Cunha. No referido caso, foi imputada à ré a prática do crime previsto no artigo 1º da Lei nº 9.613/98 em razão da aquisição, com o produto dos crimes de corrupção praticados por seu consorte, diversas bolsas e roupas de grife, valendo-se, para tal, de valores que se encontravam depositados em contas de sua titularidade no exterior. Conforme se verifica em trechos da sentença proferida, o referido magistrado entendeu por bem absolver a ré Claudia Cruz pela prática dos crimes de lavagem de dinheiro consistentes na movimentação de recursos provenientes de crimes de corrupção em contas de sua titularidade e na realização de gastos em viagens no exterior e aquisição de bens de grife e de alto valor. É o que se verifica nos trechos do referido *decisum* trazidos à colação: *(...) 537.* ***Alega o MPF que tais transferências, totalizando USD 1.110.000,00 caracterizariam crimes de lavagem de dinheiro tendo por antecedentes crimes financeiros, manutenção de ativos não declarados por Eduardo Cosentino da Cunha****, ou seja, o crime do art. 22, parágrafo único, parte final, da Lei nº 7.492/1986, e ainda haveria indícios de que seriam provenientes de outros crimes de corrupção no âmbito da Petrobrás, já que Eduardo Cosentino da Cunha responderia a outras ações penais e inquéritos policiais. Seriam os crimes de lavagem descritos como fato 05 da denúncia. 538.* ***Esses recursos transferidos para a conta Köpek teriam sido utilizados, entre 20/01/2008 a 02/04/2015, para a realização despesas de cerca de USD 1.079.218,31 e 8.903,00 libras esterlinas. Cerca de USD 526.760,93 teriam sido gastos através de faturas dos cartões de crédito Corner Card vinculado à conta. Boa parte dos gastos refere-se a despesas luxuosas em viagens internacionais, diárias em hotéis de luxo, aquisições em lojas de griffe. Parte dos gastos foi efetuado com cartão de crédito diretamente vinculado à acusada Cláudia Cordeiro Cruz****. 539.* ***Os gastos de cartão de crédito vinculados à conta secreta mantida no exterior configurariam novos crimes de lavagem de dinheiro, descritos como fato 06 da denúncia****. 540. Ora, para configuração do crime de lavagem de dinheiro, não é necessário que o crime antecedente seja provado com todas os seus elementos e circunstâncias, conforme previsão expressa do art. 2º, §1º, da Lei nº 9.613/1998. 541. Existem alguns indícios de que todos os valores mantidos por Eduardo Cosentino da Cunha nas contas em nome dos trusts, Orion SP, Netherton Investments e Triumph SP têm origem e natureza criminosas, pois tais ativos nunca foram declarados e eram inconsistentes com os rendimentos e patrimônio declarados de Eduardo Cosentino da Cunha, na* época *deputado federal. (...)* ***561. Evidentemente, não há nada de errado nos gastos em si mesmos, mas são eles extravagantes e inconsistentes para ela e para sua família, considerando que o marido era agente público. 562. Deveria, portanto, a acusada Cláudia Cordeiro Cruz ter percebido que o padrão de vida levado por ela e por seus familiares era inconsistente com as fontes de renda e o cargo público de seu marido. 563. Embora***

No entanto, parece-nos que a questão ainda comporta análise sob ótica distinta.

As manobras de lavagem de dinheiro dificilmente são realizadas de maneira destacada, mediante a prática de um único ato isolado. Na verdade, o agente, no afã de esconder o rastro do recurso espúrio que tenta lavar, vai criando sucessivas camadas, tendo por finalidade se distanciar cada vez mais de sua origem criminosa.

Assim, muito embora gastos com viagens, hospedagens em hotéis de luxo, jantares em restaurantes com estrelas *Michelin*, compra de bolsas de grife, sapatos *Louboutin* etc, sejam formas de utilização do proveito do crime econômico, pode o agente ter praticado, no caminho, outras condutas que, por serem dotadas de desígnios autônomas, já seriam suficientes para a caracterização do crime de lavagem de dinheiro.

Ad exemplum, que os recursos utilizados para a realização dos gastos acima listados fossem provenientes de crime de corrupção passiva e estivessem depositados em contas de titularidade de familiares de autor do crime antecedente. A simples utilização, o gasto em si dos valores, não caracterizaria lavagem de dinheiro; mas a utilização das contas de familiares para a ocultação de tais valores – *com o conhecimento, ou não, da origem espúria por parte dos titulares das contas bancárias (dolo direto ou eventual)* –, já caracteriza tal espécie delituosa.

Por isso, entendemos que uma regular investigação de lavagem de dinheiro deve analisar todas as condutas praticadas pelo agente e seus asseclas no caminho percorrido na busca da aparência de licitude para o dinheiro sujo, uma vez que atos autônomos, por si sós, já podem se demonstrar suficientes para a caracterização do delito em questão. Assim, a descrição típica deve envolver todos os atos identificados pelo investigador na cadeia de conduta praticada pelo agente, descrevendo-se, sempre que possível, todas as camadas por ele produzidas para a efetivação da reciclagem do recurso ilícito.

Nesse sentido, por sua clareza, merece especial registro trecho do voto relator do Ministro Teori Zavascki, no julgamento do RHC nº 124313, *in verbis*:

> "É certo que os atos de aquisição, recebimento, depósito ou outros negócios jurídicos que representem o próprio aproveitamento (pelo agente ou terceiros), o desfrute em si, da vantagem patrimonial obtida no delito dito 'antecedente' não constituem o crime de lavagem. *No caso, entretanto, é possível afirmar, ao menos neste juízo superficial, que a narrativa exposta pelo Ministério Público possui relevo para esfera penal, na medida em que expõe, em tese, um* subterfúgio autônomo para distanciar tal vantagem de sua origem ilícita, não constituindo, por conseguinte, a mera utilização do produto do crime." *(RHC 124313, Relator(a): Min. TEORI ZAVASCKI, Segunda Turma, julgado em 10/03/2015, PROCESSO ELETRÔNICO DJe-090 DIVULG 14-05-2015 PUBLIC 15-05-2015 –**grifos do autor**).*

tal comportamento seja altamente reprovável, ele leva** à **conclusão de que a acusada Cláudia Cordeiro Cruz foi negligente quanto** às **fontes de rendimento do marido e quanto aos seus gastos pessoais e da família. 564. Não** é**, porém, o suficiente para condená-la por lavagem dinheiro. 565. Gastos de consumo com produto do crime não configuram por si só lavagem de dinheiro, por falta de adequação típica ao art. 1º, caput, da Lei nº 9.613/1998. 566. Faz-se necessária, para a tipificação, a prática de condutas de ocultação e dissimulação. 567. No caso presente, porém, as condutas de ocultação e dissimulação, com a utilização de contas secretas no exterior e falta de declaração das contas no Brasil, são imputáveis a Eduardo Cosentino da Cunha, já que ele comprovadamente era o gestor das contas, inclusive tendo ele próprio um cartão de crédito internacional vinculado** à **conta em nome da Köpek. 568. A acusada teve participação meramente acessória e** é **bastante plausível a sua alegação de que a gestão financeira da família era de responsabilidade do marido e de que, quanto** à **conta no exterior, ela tinha presente somente que era titular de um cartão de crédito internacional. 569. Então a acusada Cláudia Cordeiro da Cruz deve ser absolvida por falta de dolo, pois não há prova de que teve participação no crime antecedente, de corrupção, e não há prova suficiente de que tenha participado conscientemente nas condutas de ocultação e dissimulação."** **(Seção Judiciária do Paraná, 13ª Vara Federal de Curitiba, AÇÃO PENAL Nº 5027685-35.2016.4.04.7000/PR AUTOR: PETRÓLEO BRASILEIRO S/A – PETROBRÁS AUTOR: MINISTÉRIO PÚBLICO FEDERAL RÉU: JORGE LUIZ ZELADA e outros, Juiz Federal SÉRGIO FERNANDO MORO, pub. 25/05/2017,** às **16:46:40 – grifos do autor).

Concluindo, sob a perspectiva apresentada, podemos afirmar que, se os recursos ilícitos utilizados na aquisição dos bens de luxo e roupas de grife estivessem alocados em conta de titularidade de determinado familiar no exterior, essa simples conduta, que poderia ser identificada apenas como uma das camadas do processo de lavagem adotado, por si só, já seria suficiente para a imputação e caracterização do delito de lavagem de dinheiro previsto no *caput* do artigo 1º, da Lei nº 9.613/98 (dissimulação em coautoria).

5.1.2. A lavagem de dinheiro por intermédio da aquisição de joias

Além da natureza dos bens adquiridos, outros aspectos nos parecem relevantes para a análise dos desígnios do agente quando da aquisição dos considerados bens de uso pessoal de alto valor com valores de origem espúria: *o valor final agregado ao produto; a facilidade física para seu transporte e armazenamento e a eventual dificuldade no controle administrativo de subsequentes transferências do bem*.

No caso das roupas, sapatos e bolsas de grife, embora de alto custo e valor econômico, parece-nos evidente a natureza de bens de consumo e uso pessoal, uma vez que, após a sua simples aquisição, normalmente sofrem considerável perda de seu valor de mercado, fato que praticamente impossibilita posterior transação na tentativa de obter valores aparentemente lícitos.

No entanto, no caso de joias, entendemos que o mesmo raciocínio não se aplica com tanta facilidade.

Em tais casos – *a despeito de eventuais alegações de que igualmente poderiam ser caracterizadas como de uso pessoal* –, a perda de valor econômico após a aquisição das peças não é tão evidente. Ao contrário, em mercados como os de joalheria e obras de arte, o transcurso dos anos, por vezes, serve como elemento de valorização da peça, aumentando ainda mais o seu valor de revenda.

Por outro lado, quando da aquisição de joias com a finalidade de praticar lavagem de dinheiro, faculta-se ao agente grande instrumentalidade com tal mecanismo, uma vez que lhe é permitido alocar considerável valor econômico em poucas ou, até mesmo, em uma única peça. Tal fato agrega indiscutível valor à manobra, reforçando a eficácia do método de ocultação/dissimulação escolhido pelo criminoso.

Por isso, na prática, a avaliação de certos elementos como a periodicidade das aquisições, o quantitativo de peças adquiridas, o preço individual e o montante total empregado nas compras são de suma importância para se evidenciar o elemento subjetivo do agente. Portanto, não nos parece crível alegar aquisição para uso pessoal ou para "presentear" parentes em datas festivas quando, por exemplo, as aquisições são efetuadas de maneira constante (e não apenas em datas específicas), em quantidades discrepantes (*e.g.*, inúmeras peças em uma mesma data), ou quando o valor individual ou total das joias adquiridas destoam do padrão de vida e renda lícita ostentados pelo agente investigado ou quando em comparação com o padrão comportamental naturalmente aceito pelo senso comum.

Em tais casos, certamente não há falar-se em bens adquiridos para uso pessoal; estamos diante de verdadeira manobra de lavagem de dinheiro visando à ocultação da localização e origem de recursos ilícitos obtidos com a prática de crimes antecedentes.[50]

---

50 *Nesse sentido, inclusive, vem decidindo a 4a Vara Federal do Rio de Janeiro, em julgados relativos a casos da força-tarefa do MPF/RJ na Operação Lava Jato, in verbis: (...) Com efeito, importa consignar, desde já, que a aquisição de joias para uso pessoal, com produto do crime, não constitui, por si só, crime de lavagem de dinheiro. Todavia, a compra de joias de altíssimos valores (próximo e superior a 1 milhão de reais) de forma dissimulada, ou seja, com ocultação do verdadeiro adquirente, sem a emissão de nota fiscal e certificado nominal, inclusive mediante pagamento em cheque posteriormente substituído por dinheiro é suficiente para configurar o crime capitulado no art. 1º da lei no 9.613/98. Essa, exatamente, a hipótese dos autos. De fato, para ocultar e dissimular a origem, natureza, localização, movimentação e disposição sobre os vultosos valores provenientes direta e/ou indiretamente dos inúmeros crimes contra a administra-*

5.1.3. A lavagem de dinheiro por intermédio da aquisição de metais e pedras preciosas

No que se refere especificamente aos metais e pedras preciosas, nosso entendimento é que a manobra de lavagem de dinheiro se torna ainda mais evidente.

Diferentemente do que ocorre com as joias, aqui não se permite a alegação de que, *e.g.*, as barras de ouro adquiridas ou as pedras de diamante eram para uso pessoal. A não ser que se encontrem penduradas ao pescoço ou encravadas nos dentes do agente, não nos parece crível aceitar que tais bens tenham sido adquiridos para o uso pessoal. *In casu*, evidencia-se sua nítida aquisição para se ocultar a localização e origem dos recursos ilícitos com os quais foram obtidos.

Aliás, não é de hoje que a criminalidade organizada adota o mecanismo de aquisição de pedras preciosas *(e.g. diamantes)* como forma de alocação de recursos provenientes de atividades ilícitas. Pequenas pedras com altíssimo valor agregado e de fácil armazenamento e transporte certamente caracterizam-se como instrumento eficaz a ser utilizado por organizações criminosas para a prática de lavagem de dinheiro[51].

Ad exemplum, conforme relatos constantes de investigações realizadas pelo *FBI – Federal Bureau of Investigation*, a rede terrorista *Al-Qaeda* teria passado a adquirir grande parte das reservas mundiais de pedras de *tanzanite*, ciente da efetividade de tal método como forma de transformação em ativos lícitos, facilitando seu armazenamento e transporte, permitindo, assim, o fluxo de valores ilegais ao redor do mundo e a própria lavagem do dinheiro sujo por eles obtido com a prática de diversos crimes relacionados à organizações terroristas.[52]

A manobra de se adquirir pedras e metais preciosos para lavar dinheiro sujo pode ser utilizada de maneira destacada, com a direta aquisição de tais bens com o próprio proveito do

---

*ção pública perpetrados pela organização criminosa durante a gestão Cabral no Governo do Estado do Rio de Janeiro, SÉRGIO CABRAL, ADRIANA ANCELMO e CARLOS MIRANDA, com auxílio de CARLOS BEZERRA, passaram a adquirir regularmente, entre os anos de 2007 e 2016, joias de altíssimo valor de mercado perante as joalherias ANTONIO BERNARDO e H STERN."***(Seção Judiciária do Rio de Janeiro, 7ª Vara Federal Criminal – AP 0509503-57.2016.4.02.5101 – 2016.51.01.509503-9, Autor: MINISTERIO PUBLICO FEDERAL, Réu: SÉRGIO DE OLIVEIRA CABRAL SANTOS FILHO E OUTROS. Juiz Federal MARCELO DA COSTA BRETAS, pub. 20 de setembro de 2017).**

51 Especialistas afirmam que a venda ilegal dos chamados *"blood diamonds"* produziu bilhões de dólares nas últimas décadas, financiando guerras civis e outros conflitos em várias nações africanas, incluindo Serra Leoa, Angola, Libéria, Costa do Marfim e República Democrática do Congo (RDC). Na maioria das vezes, as verdadeiras motivações para essas guerras civis e conflitos militarizados baseavam-se na disputa pelo controle da lucrativa indústria de diamantes da região. Ao todo, estima-se que cerca de 20 mil civis sofreram mutilações corporais, 75 mil foram mortas e 2 milhões de pessoais fugiram em razão dos conflitos ocorridos em Serra Leoa, que perdurou até o ano de 2002. De acordo com dados apresentados pela *National Geographic News*, em razão dos conflitos africanos decorrentes de interesses econômicos ligados ao controle do mercado de diamantes, milhões de pessoas foram deslocadas de seus territórios, resultando, ainda, na morte de mais de 4 milhões de pessoas. No ano de 2002, criou-se o sistema de Certificação do Processo de Kimberley (KCPS), estabelecido para regulamentar e controlar o comércio de diamantes, impedindo que os "diamantes de sangue" ingressassem no mercado legítimo de tal pedra preciosa. Atualmente, mais de 70 países participam do Processo Kimberley, fator que reduziu drasticamente a exploração ilegal e o comércio de diamantes como forma de financiamento de guerras civis em território africano (Fonte: site *www.howstuffworks.com*). No entanto, até a presente data, não é incomum nos depararmos com casos de valores provenientes de atos de corrupção envolverem o mercado de diamantes e pedras preciosas em países africanos, conforme se verifica, por exemplo, nas matérias jornalísticas.

52 As pedras tanzanita (*tanzanite*), originárias da Tanzânia, país da África oriental, tornaram-se mundialmente famosas, quando após sua descoberta no ano de 1962, nas imediações dos Montes Meralani, na cidade de Arusha, passaram a ter grande parte de sua produção e comercialização mundial monopolizada pela rede norte-americana *Tiffany & Co.* Em razão de suas limitadas reservas encontrarem-se adstritas a uma pequena porção de terra situada no referido país africano, o valor global da pedra tanzanita atingiu altas cotações no mercado mundial. No entanto, com a divulgação de sua vinculação à rede terrorista Al-Qaeda, havendo relatos de vinculação, inclusive, a atividades que deram suporte aos atentados terroristas de 11 de setembro em Nova Iorque, a cotação da pedra sofreu brusca queda nos anos de 2002 e seguintes.

crime antecedente, ou como parte integrante ou camada do processo de lavagem adotado pelo agente criminoso.

Nos desdobramentos da operação Lava Jato no Rio de Janeiro, evidenciou-se a utilização de tal manobra, tendo sido descoberto que o ex-Governador Sérgio Cabral, após o envio dos recursos para o exterior mediante operações dólar-cabo, teria adquirido, já em solo europeu, diversos diamantes com valores provenientes dos crimes de corrupção por ele praticados, efetuando a sua guarda em cofres locados de instituições financeiras situadas em Genebra, na Suíça.[53]

Assim, nossa opinião é no sentido de que a aquisição de metais e pedras preciosas efetuada para alocar recursos provenientes da prática de crimes, com a específica finalidade de ocultar sua origem ou a própria localização, caracteriza nitidamente o delito de lavagem de dinheiro.

5.1.4. A lavagem de dinheiro por intermédio da aquisição de obras de arte e antiguidades

Os elementos acima apresentados para os casos de lavagem praticada mediante a aquisição de joias, metais e pedras preciosas aplicam-se perfeitamente quando da utilização do mercado das obras de arte e antiguidades.

Quadros de pintores famosos são avaliados e vendidos por valores astronômicos[54], referenciais difíceis de serem compreendidos por pessoas comuns. Nesses casos, novamente uma grande soma de recursos pode se encontrar alocada em apenas um determinado bem, por vezes, de pequenas dimensões e de fácil armazenamento e transporte. Ademais, no caso das obras de arte, o alto grau de subjetividade na avaliação dos valores de mercado inegavelmente é um fator atrativo a práticas criminosas, facilitando a ocorrência da lavagem de dinheiro. Por exemplo, um quadro adquirido no passado por valor irrisório, em razão de critérios altamente subjetivos e variáveis como originalidade e demanda de mercado, pode ser vendido atualmente por milhões de dólares[55].

Fausto De Sanctis, ao tratar do tema lavagem de dinheiro por meio de obras de arte, afirma que *"apesar das vias tradicionais de lavagem de dinheiro, como a aquisição de commodities e*

---

53 A respeito do tema, as seguintes matérias jornalísticas: *http://politica.estadao.com.br/noticias/geral,operacao-de--cabral-reuniu-us-3-5-milhoes-em-ouro-ediamantes-na-suica,70001649596;http://politica.estadao.com.br/noticias/geral,cofres-guardam-fortuna-de-cabral,70 001651423* e *https://oglobo.globo.com/brasil/cabral-comprou-3-milhoes--em-diamantes-dois-meses-antes-da-prisao-21040096.*

54 *Ad exemplum*, temos os seguintes quadros: "Os jogadores de carta", de Paul Cézanne (USD 260 milhões, comprado pela família real do Catar, em 2011), "No. 5, 1948", de Jackson Pollock (USD 160,8 milhões de dólares, comprador não revelado), "La Rêve", de Pablo Picasso (USD 155 milhões, comprado por Steven A. Cohen, em 2013), "Woman III", de Willem de Kooning (USD 154,5 milhões, Steven A. Cohen, em 2006), "Retrato de Adele Bloch-Bauer I", de Gustav Klimt (UDS 135 milhões, Ronald Lauder, em 2006), "Retrato de Dr. Gachet", de Vincent Van Gogh (UDS 148,3 milhões, Ryoei Saito, em 1990), "Le bal du mulin de la galette", de Pierre-Auguste Renoir (USD 140,3 milhões, Ryoei Saito), "Garçon à la Pipe", de Pablo Picasso (USD 127,9 milhões, supostamente Guido Barilla, em 2004), "O Grito", de Edvard Munch (USD 121,1 milhões, Leon Black, em 2012), "Nu, folhas e busto", de Pablo Picasso (USD 113,3 milhões, comprador não revelado, 2010). Listagem apresentada em *https://super.abril.com.br/blog/superlistas/10-pinturas--mais-caras-do-mundo/.*

55 Foi o que teria ocorrido no caso do quadro "Magnólias no veludo de ouro", do pintor norte-americano *Martin Johnson Heade*. Conforme relatos divulgados pela imprensa, um morador de Indiana teria comprado um quadro em uma loja de antiguidade, pela quantia de poucos dólares, unicamente com a finalidade de tampar buracos na parede de sua casa. Alguns anos depois, durante uma partida de um jogo de tabuleiro, ele teria encontrado um cartão que mostrava uma obra muito parecida com a que por ele tinha sido adquirida. Após consultar um especialista, o sortudo descobriu que era dono de uma pintura pouco conhecida feita pelo famoso pintor americano, avaliada em 1,2 milhão de dólares. O mesmo teria ocorrido no caso do quadro "Vaso com papoulas vermelhas". Um casal de Wisconsin teria comprado uma cópia do referido quadro, de autoria de Van Gogh. Mas a reprodução era tão boa que despertou a curiosidade dos donos, que levaram a peça a um avaliador. Eles acabaram descobrindo que tinham comprado o original, pintado em 1886, e que valia 1,4 milhão de dólares.

imóveis, mediante o uso do sistema financeiro (especialmente paralelo ou clandestino), de terceiros (laranjas), de offshores e de hawalas systems (doleiros) para afastar dinheiro de sua origem, serem normalmente utilizadas pelo crime organizado, este tem evoluído para outras áreas, menos regradas ou observadas"[56].

A falta de um efetivo controle administrativo nas aquisições e posteriores negociações de bens de alto valor, joias, metais e pedras preciosas e obras de arte e antiguidades também é um desafio a ser enfrentado na prevenção e combate aos crimes de lavagem de dinheiro.

No âmbito das investigações da Operação Lava Jato, evidenciou-se que o mercado de obras de artes e antiguidades era um dos meios preferidos pelos criminosos para a prática de lavagem de dinheiro. Justamente em razão dos elementos acima descritos, a aquisição de obras de artes e antiguidades acabou sendo uma das formas utilizadas pelos agentes públicos para "esconder" o proveito dos crimes de corrupção por eles praticados.[57]

5.1.5. As normas administrativas que regulam a comercialização de bens de luxo e de alto valor; joias, metais e pedras preciosas; e obras de arte e antiguidades

Em nosso país, a regulação dos referidos setores no que concerne à obrigação de registros e comunicação de operações atípicas/suspeitas decorre da expressa previsão legal no artigo 14, §1º, da Lei nº 9.613/98, e é efetuada por intermédio de atos normativos expedidos pelo Conselho de Controle de Atividades Financeiras – COAF.[58]

---

56 *Sanctis, Fausto Martin De, Lavagem de dinheiro por meio de obras de arte: uma perspectiva judicial criminal, p. 69. Editora Del Rey, 2015.*

57 Quando da prisão ex-Diretor de Serviços da Petrobrás, Renato de Souza Duque, ocorrida no dia 16 de março de 2015, foram apreendidas 131 obras de artes, incluindo inúmeras peças de autoria do modernista *Alberto da Veiga Guignard*. Ao todo, centenas de obras de arte foram apreendidas durante as inúmeras fases da operação Lava Jato. As obras apreendidas eram de autoria de diversos artistas, dentre eles, Amilcar de Castro, Di Cavalcanti, Heitor dos Prazeres, Salvador Dalí, Cícero Dias, Antonio Bandeira, Claudio Tozzi, Nelson Leirner, Adriana Varejão, Vik Muniz e Miguel Rio Branco. Muitas foram cedidas provisoriamente para o acervo do Museu Oscar Niemeyer (MON), situado em Curitiba/PR. Quando do cumprimento de busca e apreensão na residência da conhecida doleira Nelma Kodama (AP nº 5026243-05.2014.404.7000/PR), foram apreendidas diversas obras de arte, as quais foram objeto de medidas constritivas por parte do juízo competente, conforme se verifica em trecho de *decisum* trazido à colação: *(...) 337. Na busca e apreensão na residência de Nelma Kodama, Rua Conde de Porto Alegre, 1033, apartamento 141, Torre B, Campo Belo, São Paulo/SP, foram encontrados doze quadros de pintura de valor significativo (evento 12 do processo 5048401-88.2013.404.7000. Não há prova de que tais obras foram adquiridas com receitas lícitas. Segundo Nelma, em seu interrogatório, ela teria recebido os quadros em dação de pagamento de dívidas por Raul Henrique Srour. Tai dívidas teriam por origem operações cambiais do âmbito do mercado negro de câmbio. Tais obras de arte são, portanto, produto dos crimes financeiros, motivo pelo qual decreto, com base no art. 91 do CP, o confisco dos seguintes bens: – 1 quadro 'Roda de Samba', de Heitor dos Prazeres; – 1 quadro óleo sobre tela de Emiliano Di Cavalcanti; – 2 quadros de Cícero Dias, óleo sobre tela, sem datas:; – 1 quadro arlequim óleo sem madeira, de Mário Gruber; – 1 quadro acrílico sobre tela 'Trama Urbana', de Cláudio Tozzi; – 1 quadro óleo sobre tela provável cópia da obra 'Duas Irmãs', de Renoir; – 2 quadros de Orlando Teruz: óleo sobre tela 'Nu Deitado' e um sem título de 1983; – 1 quadro óleo sobre tela 'Flores', de Aldemir Martins, 1972; – 1 quadro óleo sobre tela 'Nu feminino', de Tony Koegl, 1942; – 1 quadro óleo sobre tela de Antonio Gomide.*

58 O **COAF – Conselho de Controle de Atividades Financeiras**, unidade de inteligência financeira brasileira, foi criado em nosso país em março de 1998, com a promulgação e entrada em vigor da Lei nº 9.613/98. Quando de sua criação, optou o legislador por inserir o órgão central de todo o sistema antilavagem de dinheiro nacional dentro da estrutura administrativa do extinto Ministério da Fazenda (MF), onde permaneceu até a edição da MP nº 870/19, que o realocou no recém criado Ministério da Justiça e Segurança (MJSP). A medida, integrante do chamado Pacote Anticrime da nova gestão federal que se iniciava em 01/01/2019, recebeu fortes críticas de opositores, que alegavam que sua ida para o novo MJSP – *a meu sentir, de forma totalmente equivocada* – caracterizaria verdadeiro "aparelhamento policialesco" do órgão. Cedendo às pressões políticas, o Governo Federal editou, em 18 de junho de 2019, uma nova medida provisória (a MP nº 886), transferindo o COAF para a estrutura do Ministério da Economia (ME), nova nomenclatura dada para o antigo Mistério da Fazenda (MF). Como se já não bastasse, veio então a mudança mais impactante nessa infeliz epopeia trilhada pelo COAF: em razão de uma nova MP editada em 19 de agosto de 2019 (a MP nº 893/19), o COAF foi "transformado" em Unidade de Inteligência Financeira (UIF). A referida medida provisória, em linhas gerais, apenas "renomeava" o órgão, inserindo-o dentro da estrutura administrativa do Banco Central do Brasil (BACEN), autarquia federal vinculada ao ME. No entanto, embora mantida a autonomia

A Resolução nº 23, de 20 de dezembro de 2012, dispõe sobre os procedimentos a serem adotados pelas pessoas físicas ou jurídicas que comercializem joias, pedras e metais preciosos, enquanto a Resolução nº 25, de 16 de janeiro de 2013, trata dos procedimentos a serem adotados na comercialização ou intermediação de bens de luxo ou de alto valor.

Em ambos os casos, nas operações de valor igual ou superior a R$ 10.000,00 (dez mil reais) ou equivalente em outra moeda, as pessoas físicas ou jurídicas responsáveis pela comercialização de tais bens devem manter o cadastro de seus clientes e dos demais envolvidos, inclusive representantes e procuradores, bem como o registro das operações efetuadas[59].

A título de exemplo, citamos o caso das aquisições de joias por parte da ex-primeira dama do Estado do Rio de Janeiro, Adriana Ancelmo, no qual, em razão da inobservância do dever de comunicação das operações realizadas, as empresas que venderam as joias para ela e para seu marido, o ex-Governador do Estado Sérgio Cabral, encontram-se sujeitas à aplicação de multas administrativas por parte do COAF de até o valor de R$ 20.000,000,00 (vinte milhões de reais).[60]

Além disso, impõe-se, quando da comercialização tanto de bens de luxo ou de alto valor quanto de joias, metais e pedras preciosas, como forma de aplicação do sistema de prevenção e combate à lavagem de dinheiro, a "obrigação de comunicar" ao COAF todas as operações realizadas em valor igual ou superior a R$ 30.000,00 (trinta mil reais)[61].

---

técnica e operacional do órgão, provocou-se, na prática, uma imensa confusão em razão da perda de identidade de um nome que era amplamente conhecido nos cenários nacional e internacional. Com efeito, a renomeação do COAF, passando-o a chamar pela própria nomenclatura gênero constante das normas internacionais (*Financial Intelligence Unit – FIU* ou Unidade de Inteligência Financeira – UIF), ao invés de ajudar, em pouco (ou quase nada) ajudou, trazendo ainda mais confusão a um cenário que já se demonstrava demasiado turbulento. Nesse sentido, em tom jocoso, um grande amigo e brilhante profissional da área AML/CFT, afirmava que o COAF, que era *"cachorro que se chamava Rex"*, com a edição da MP nº 893/19, passou a ser *"um cachorro que se chamava cachorro"*. Por sorte, toda essa confusão se desfez com a publicação da Lei nº 13.974/20, que ao converter a MP nº 893/19 em lei ordinária, embora o mantenha vinculado administrativamente ao BACEN (art. 2º) corrigiu o grave equívoco quanto à nomenclatura, mantendo como COAF o nome de nossa unidade de inteligência financeira. Dessa forma, embora lamentável, diante do tratamento político dado a um órgão de natureza eminentemente técnica, o triste episódio, afortunadamente, passa agora para as páginas da narrativa histórica da atuação antilavagem de dinheiro do nosso país, deixando-nos o conhecido e sedimentado nome COAF.

59 No caso das operações de comercialização de joias, pedras e metais preciosos, a obrigação da manutenção de registros aplica-se a todas as operações realizadas, e não apenas às operações em valores iguais ou superiores a R$ 10.000,00 (dez mil reais) ou equivalente, como ocorre no caso dos bens de luxo ou de alto valor. Nos termos do artigo 8º, da Resolução nº 23 do COAF, *"Art. 8º- As pessoas de que trata o artigo 1º devem manter registros de* ***todas*** *as operações que realizarem, do qual devem constar, no mínimo: I – a identificação do cliente; II – descrição pormenorizada das mercadorias; III – valor da operação; IV – data da operação; V – forma de pagamento; VI – meio de pagamento; e; VII – o registro fundamentado da decisão de proceder às comunicações de que trata o art. 9º*, bem como das análises de que trata o art. 3º.

60 Nos moldes do artigo 12, da Lei nº 9.613/98, o descumprimento das obrigações de identificação de clientes, manutenção de registros e comunicações de atividades financeiras por parte dos sujeitos obrigados ensejará a aplicação, de maneira cumulativa ou autônoma, das penas de advertência, multa pecuniária até o valor de R$ 20.000.000,00 (vinte milhões de reais), inabilitação temporária para o exercício do cargo de administrador e cassação ou suspensão da autorização para o exercício da atividade.

61 Artigo 9º, da Resolução nº 23 e artigo 4º, da Resolução nº 25, ambas do COAF: *"Art. 9º As operações e propostas de operações nas situações listadas a seguir devem ser comunicadas ao COAF, independentemente de análise ou de qualquer outra consideração: I – qualquer operação ou conjunto de operações de um mesmo cliente no período de seis meses, que envolva o pagamento ou recebimento de valor igual ou superior a R$ 30.000,00 (trinta mil reais), ou equivalente em outra moeda, em espécie, inclusive a compra ou venda de bens móveis ou imóveis que integrem o ativo das pessoas de que trata o art. 1º;II – qualquer das hipóteses previstas na Resolução COAF nº 15, de 28.3.2007; e III – outras situações designadas em ato do Presidente do COAF* (Resolução nº 23, de 20 de dezembro de 2012). *Art. 4º As operações e propostas de operações nas situações listadas a seguir devem ser comunicadas ao COAF, independentemente de análise ou de qualquer outra consideração: I – qualquer operação ou conjunto de operações de um mesmo cliente no período de seis meses que envolva o pagamento ou recebimento de valor igual ou superior a R$ 30.000,00 (trinta mil reais) ou equi-*

No caso específico do mercado de obras de arte, até então o setor encontrava-se regulado pela Resolução nº 08, do COAF, expedida em 15 de setembro de 1999. No entanto, em setembro de 2016, o Instituto do Patrimônio Histórico e Artístico Nacional – Iphan editou a Portaria nº 396/2016, passando a regular as atividades de compra e venda de obras de arte e antiguidades. A referida norma estabelece os mecanismos de controle que devem ser adotados sobre essas operações, indicando aos comerciantes e leiloeiros quais as situações podem ser consideradas indícios de envolvimento com atividades de lavagem de dinheiro.[62]

5.2. A lavagem de dinheiro e o dolo eventual

Para a efetivação do elemento intencional do delito de lavagem de dinheiro, como já afirmado, faz-se necessária a comprovação de que o agente praticou as condutas típicas descritas no art. 1º, da Lei nº 9.613/98, munido de *consciência* e *vontade*.

Para a configuração do crime de lavagem, o dolo pode ser tanto direto, quanto eventual.

Citando jurisprudência do Tribunal Supremo Espanhol, **Blanco Cordero** relata restar caracterizado o dolo eventual quando o sujeito *"decide la realización de la acción pese a haber tenido consistentes y claras sospechas de que se dan en el hecho los elementos del tipo objetivo, manifestando indiferencia respecto de la concurrencia o no de estos. (...) Por lo tanto, existirá dolo eventual cuando está acreditado que el sujeto estaba decidido a actuar cualquiera fuera la situación en la que lo hacía y que existían razones de peso para sospechar la realización del tipo"*.[63]De fato, o dolo eventual evidencia-se quando o agente pratica a conduta descrita no tipo penal devidamente animado de consciência e vontade, mas sem desejar que o resultado efetivamente ocorra. Se houvesse o liame volitivo do agente com a ocorrência do resultado estaríamos diante

---

valente em outra moeda, em espécie; e II – outras situações designadas em ato do Presidente do COAF (Resolução nº 25, de 16 de janeiro de 2013)."

62 Portaria IPHAN nº 396, de 15 de setembro de 2016: *"Art. 1º – As pessoas físicas ou jurídicas que comercializem objetos de antiguidade ou obras de arte de qualquer natureza, de forma direta ou indireta, mediante recebimento ou cessão em consignação, importação ou exportação, posse em depósito, intermediação de compra e venda, comércio eletrônico, leilão, feiras ou mercados informais, em caráter permanente ou eventual, de forma principal ou acessória, cumulativamente ou não, devem observar as disposições constantes na presente Portaria, conforme estabelecido na Lei nº 9.613, de 1998. Art. 2º – As pessoas mencionadas no Art. 1º devem se cadastrar e manter suas informações atualizadas no Cadastro Nacional de Negociantes de Obras de Arte e Antiguidades/CNART do Instituto do Patrimônio Histórico Nacional/IPHAN"."Art. 4º. Nas operações de valor igual ou superior a R$ 10.000,00 (dez mil reais), as pessoas de que trata o Art. 1º devem manter em arquivo próprio cadastro de seus clientes e dos demais envolvidos nas negociações que realizarem, inclusive representantes, procuradores, consignantes, donos das obras, intermediários, leiloeiros e beneficiários finais, em relação aos quais deve constar no mínimo: I – se pessoa física: a) nome; b) endereço eletrônico e/ou página na internet; c) endereço completo (logradouro, complemento, bairro, cidade, unidade da federação, CEP), telefone; d) número do documento de identificação, nome do órgão expedidor e data de expedição, se brasileiro; ou dados do passaporte ou carteira civil, se estrangeiro; e) número de inscrição no Cadastro de Pessoas Físicas – CPF; e f) enquadramento na condição de pessoa exposta politicamente, nos termos da Resolução nº 16 do Conselho de Controle de Atividades Financeiras – COAF de 28 de março de 2007 se for o caso. II – se pessoa jurídica: a) denominação ou razão social; b) endereço eletrônico e/ou página na internet; c) número de inscrição no Cadastro Nacional de Pessoa Jurídica – CNPJ; d) endereço completo (logradouro, complemento, bairro, cidade, unidade da federação, CEP), telefone; e) atividade principal desenvolvida; e f) nome de controladora(s), controlada (s) ou coligada(s); se for o caso"."Art. 5º. As pessoas de que trata o Art. 1º devem manter registro de todas as operações que realizarem no valor igual ou superior a R$ 10.000,00 (dez mil reais) ou equivalente em outra moeda, do qual devem constar, no mínimo: I – nome do cliente e dos demais envolvidos, inclusive beneficiários finais ou terceiros pagantes, nas negociações que realizarem ou intermediarem; II – descrição pormenorizada dos bens/mercadorias; III – valor da operação; IV – data da operação; V – forma e meio de pagamento. Parágrafo Único. Deverão igualmente ser registradas as operações que, realizadas por uma mesma pessoa física ou jurídica, conglomerado ou grupo, em um mesmo mês calendário, no mesmo estabelecimento, superem em seu conjunto o limite estabelecido no caput". "Art. 6º. As pessoas de que trata o Art. 1º são obrigadas a comunicar ao COAF, independentemente de análise ou de qualquer outra consideração, qualquer operação ou conjunto de operações de um mesmo cliente que envolva o pagamento ou recebimento, em espécie, de valor igual ou superior a R$ 10.000,00 (dez mil reais), ou o equivalente em outra moeda."*

63 *STS 60/2011, de 15 de febrero. Referido em El delito de blanqueo de capitales*, p. 827.

de dolo direto e, não, eventual. No dolo eventual, o agente não quer o resultado, mas deseja tanto a prática da conduta que, mesmo prevendo que ele possa ocorrer, despreza a possibilidade de sua ocorrência.[64]

Assim, para a caracterização da lavagem de dinheiro basta ao agente o dolo eventual.

O exemplo clássico da doutrina é o do gerente de banco que, premido por incontrolável desejo em bater suas metas de abertura de contas e venda de produtos financeiros, permite que criminoso notoriamente conhecido ou pessoa sobre a qual incidam fortes indícios de vinculação a práticas criminosas movimente valores em conta aberta em nome de um laranja. Para isso, deixa de adotar as medidas de devida diligência ao cliente (*customer due diligence - CDD*), incluindo regras de identificação do beneficiário final e de comunicação de atividades suspeitas. Assim agindo, o gerente do banco adere à conduta do agente criminoso, em atividades de lavagem de dinheiro, na figura de coautor ou partícipe, na modalidade de dolo eventual.

Isso porque, se esse mesmo gerente – ou um agente *compliance officer* da instituição financeira – deixa de observar conscientemente as normas de diligência e obrigação de reporte por estar, *exempli gratia*, em conluio com o agente criminoso ou com integrante da organização criminosa, o dolo será direto e, não, eventual.

5.2.1. O registro de bens imóveis e bens móveis de alto valor em nome de terceira pessoa

Parte da jurisprudência pátria tem entendido que quando terceira pessoa ligada ao agente criminoso – *familiar ou pessoa com a qual guarde vínculo afetivo* – permite o registro de bem imóvel ou móvel de grande valor em seu nome, não detendo renda lícita declarada para suportar tais operações, igualmente pratica o crime de lavagem de dinheiro por dolo eventual.

Na verdade, a pessoa que permite a utilização de seu nome quando da aquisição do bem realiza verdadeira simulação de operação, concorrendo para a dissimulação de sua origem, localização e propriedade, realizada com a exclusiva finalidade de dar-lhe aparência de licitude. Tendo plena ciência de sua incapacidade financeira lícita, se não restar demonstrado que tal pessoa agiu visando à obtenção da lavagem – quando passaria a ter dolo direto –, no mínimo, responderá na modalidade de dolo eventual.

Nesse sentido, encontram-se alguns julgados proferidos pela 4ª Vara Federal do Rio de Janeiro, em imputações de lavagem de dinheiro aos ex-inspetores da Polícia Civil do Estado do Rio de Janeiro conhecidos como *"inhos"*, que adotavam a prática de registro de bens adquiridos com o proveito dos crimes por eles praticados em nome de familiares[65].

---

64 Seguindo o "modismo" dos *memes*, foi veiculada em redes sociais e aplicativos de comunicação instantânea aquela que talvez seja a melhor definição coloquial para o dolo eventual. Parafraseando o conhecido bordão utilizado pelo personagem *Chaves (El Chavo del ocho)*, imortalizado pelo ator mexicano Roberto Gómez Bolaños (1929-2014), dizia-se que o dolo eventual era o "sem querer, querendo".

65 *Ad exemplum*, o TRF da 2a Região, quando do julgamento da AP nº 2008.51.01815684-5, deixou bastante claro a caracterização de dolo eventual na conduta de uma sogra que "emprestou" seus dados para o registro formal de bens adquiridos pelo genro com proveitos de infrações penais. Nesse sentido, merece destaque alguns trechos do julgamento do voto da relatora, a Juíza Karla Nanci Grando: *"(...) A autoria também restou comprovada, pois JORGE adquiriu o imóvel e o registrou em nome de LEDA, que, naturalmente, tinha ciência da origem ilícita dos valores utilizados para essa aquisição, até porque ela própria, não tendo renda, certamente perguntou do que se tratava. Entendo presente, portanto, o dolo em relação a ambos os acusados, ainda que na modalidade eventual no tocante à ré LEDA. Esta acusada, ao permitir a aquisição em seu nome de um imóvel que valia em 2002 pelo menos R$ 200.000,00, certamente tinha ciência de que o dinheiro utilizado para essa aquisição não vinha dos rendimentos mensais ordinários recebidos por seu ex-genro. A situação era de fácil desconfiança: como uma pessoa que recebe R$2.000,00 por mês poderia adquirir tal patrimônio, a não ser valendo-se de dinheiro obtido ilicitamente? (...)"*. A defesa de LEDA não logrou convencer o juízo do contrário, não apresentando qualquer versão plausível a fim de afastar a sua culpabilidade. Caracterizada, portanto, a autoria de JORGE e LEDA para o crime do art. 1º da Lei nº 9.613/98. (...)Em outro trecho da decisão, adotou-se o mesmo entendimento para se caracterizar dolo eventual na conduta da mãe que "cedeu" seus dados para

Semelhante raciocínio se aplica à hipótese da aquisição bens móveis de alto valor, tais como automóveis importados, embarcações e aeronaves. Em tais circunstâncias, tendo sido tais bens comprados com recursos provenientes dos crimes antecedentes e registrados em nome de terceira pessoa com a específica finalidade de se ocultar a real propriedade e a natureza dos recursos com os quais foram adquiridos, perfeitamente estará caracterizada a lavagem de dinheiro.[66]

É evidente, no entanto, que há a necessidade de análise dos elementos que constam do caso em concreto, a fim de se avaliar o elemento subjetivo que pauta as condutas praticadas pela pessoa que permite a utilização de seu nome para o registro de tais bens. A nosso ver, dependendo do nível de conhecimento que tal agente detenha acerca da ilicitude dos valores com os quais foram os bens adquiridos, poderá realizar a conduta típica na modalidade tanto do dolo direto, quanto do dolo eventual.

Nesse particular, merece destaque o fato de que não apenas o registro em nome de terceira pessoa do bem imóvel ou móvel de alto valor adquirido pelo criminoso com proveito do crime antecedente caracterizará a lavagem de dinheiro. Na aquisição de bem e a manutenção do seu registro, perante os órgãos administrativos competentes, em nome do antigo proprietário, desde que realizada com a intenção de ocultar a nova propriedade, igualmente restará evidenciada a manobra de lavagem. Em tais casos, da mesma forma, deverá ser analisado, no caso concreto,

---

o registro de bem imóvel adquirido com valores ilícitos pelo filho: *"(...) A fim de ocultar a origem ilícita do dinheiro recebido, o acusado registrou o imóvel em nome de um "laranja", no caso, sua mãe, praticando o delito previsto no art. 1º da Lei nº 9.613/98. A autoria também restou comprovada, pois JORGE adquiriu de fato o imóvel e o registrou em nome de sua mãe MARIA RITA, a qual, naturalmente, tinha ciência da origem ilícita dos valores utilizados para essa aquisição. Entendo presente, portanto, o dolo em relação a ambos os acusados, ainda que na modalidade eventual no tocante à ré MARIA RITA. Esta acusada, ao permitir a aquisição em seu nome de um imóvel que valia em 2004 pelo menos R$ 200.000,00, certamente tinha ciência de que o dinheiro utilizado para essa aquisição não vinha dos rendimentos mensais ordinários recebidos por seu filho. A situação era de fácil desconfiança: como uma pessoa que recebe R$2.000,00 por mês poderia adquirir tal patrimônio, a não ser valendo-se de valores obtidos ilicitamente? (...)"* (AP nº 2008.51.01815684-5, Autor: Ministério Público Federal, Réus: JORGE LUÍS FERNANDES e outros. Juíza Federal: Karla Nanci Grando, publicada em 02 de abril de 2012 – **grifos do autor**).A defesa de MARIA RITA não logrou convencer o juízo do contrário, não apresentando qualquer versão plausível a fim de afastar a sua culpabilidade. Caracterizada, portanto, a autoria de JORGE e MARIA RITA para o crime do art. 1º da Lei nº 9.613/98.

66 No entanto, encontramos na jurisprudência decisões que entendem caracterizada a lavagem de dinheiro na aquisição de bens imóveis e veículos com valores auferidos com a prática de infrações penais antecedentes, como forma de transformação/conversão de recursos espúrios em ativos lícitos, ainda que registrados em nome pessoal. Nesse sentido, encontra-se a decisão proferida pelo TRF da 4a Região no julgamento do ACR 199971030011553: *"PENAL. PROCESSUAL PENAL. PECULATO. EVASÃO DE DIVISAS. LAVAGEM DE DINHEIRO. CRIME CONTRA A ORDEM TRIBUTÁRIA. BANCO DO BRASIL S.A. EQUIPARAÇÃO. FUNCIONÁRIO PÚBLICO. COMPETÊNCIA DA JUSTIÇA FEDERAL. SÚMULA 142 DO STJ. CONEXÃO. DENÚNCIA. ADITAMENTO. NULIDADE. AUSÊNCIA DE PREJUÍZO. INÉPCIA DA DENÚNCIA. INOCORRÊNCIA. ART. 514 DO CPP. INAPLICABILIDADE. PRINCÍPIO DA RESERVA LEGAL. HABITUALIDADE. PLURALIDADE OFENSIVA. CRIME ANTECEDENTE CONTRA A ADMINISTRAÇÃO. CONFISSÃO EXTRAJUDICIAL. EXAURIMENTO DE CRIME. NÃO CONFIGURADO. PENALIDADES. VALOR DO DIA-MULTA. ART. 1º, III, DA LEI Nº 8.137/90. AUSÊNCIA DE DOLO. 1. (...) 8. Os fatos narrados na peça acusatória efetivamente configuram o crime de lavagem de dinheiro, restando evidenciado que o réu transformava os valores auferidos em ativos lícitos, por meio da compra de imóveis, bem como de veículos automotores. (...) A lei de lavagem de capitais não se aplica somente à macrocriminalidade, porque reconhece-se uma pluralidade ofensiva na atividade criminosa destinada a reciclar capitais ilícitos, sendo comum no contexto de lavagem de dinheiro as falsidades, os delitos contra o patrimônio e à administração, as lesões ao patrimônio individual e a corrupção. (...) O crime antecedente foi cometido contra a Administração Pública, na modalidade de peculato, sendo pois penalmente típica a conduta de adquirir ativos lícitos, enquadrando-se no art. 1º, V, §1º, I e II, da Lei nº 9.613/98. 14"* (TRF 4ª R., ACR 199971030011553, Rel. Desembargador Federal José Luiz Borges Germano da Silva, DJ 10/01/2001, p. 83 – **grifos do autor**). Em tais casos, embora entenda possível a configuração do crime de lavagem de dinheiro, vejo como imprescindível a efetiva demonstração da específica finalidade do agente quando da prática da ação típica descrita no tipo penal, ou seja, que ele efetivamente converteu os valores espúrios em ativos lícitos tendo a nítida intenção de lhes dar aparência de licitude. Nesses casos, a imputação da conduta deve ser efetuado, a meu sentir, no tipo assemelhado do art. 1°, §1º, inciso I, da Lei nº 9.613/98, uma vez que a imputação das ações típicas previstas no *caput* (ocultar e dissimular) facilmente cairiam por terra diante do fato de os bens estarem registrados em nome do próprio delinquente e não de terceira pessoa.

o *animus* do vendedor que permite a manutenção do registro do bem alienado em seu nome, a fim de se avaliar se também poderá responder pelo delito de lavagem.[67]

5.2.2. A teoria da cegueira deliberada

Nos moldes das previsões estatuídas nas seções *18 USC 1956* e *18 USC 1957*, introduzidas pelo *Money Laundering Control Act* de 1986, para a configuração do elemento subjetivo do tipo de lavagem de dinheiro faz-se necessária a demonstração da intencionalidade (*knowledge*) do agente.

De acordo com a teoria da cegueira deliberada *(willful blindness)*, o agente cria voluntariamente uma barreira psicológica que o impede de ver circunstâncias óbvias, optando por permanecer na ignorância da realidade. Conforme Von Kaenel, citado por Blanco Cordero, *"si una persona lleva a cabo un plan sin ningún tipo de investigación, y opta por permanecer en la ignorancia de la realidad, el Derecho le imputa el conocimiento de lo que podía haber conocido. En resumidas cuentas, este criterio deduce el conocimiento de la prueba de que una persona ha cerrado deliberadamente sus ojos a lo que habría sido obvio para él"*.[68]Nas palavras do próprio Blanco Cordero, que defende a aplicação da referida teoria no âmbito da lavagem de dinheiro para os casos de imprudência grave, a *ceguera delibera* ou *ignorancia intencional* ocorre quando o agente *"no tiene la más mínima intención de saber la procedencia delictiva de los bienes, pero de alguna forma, en función de las circunstancias objetivas, se representa* ésta *como probable"*.[69] A questão é que, no âmbito do sistema norte-americano, a aplicação da teoria da cegueira deliberada serviu como forma de se estender a punição da lavagem a condutas que não se encontravam diretamente atreladas ao conceito de *knowledge (intencionalidade, conhecimento)*, requisito exigível pela legislação para a caracterização da *mens rea* prevista no tipo penal de lavagem de dinheiro.

Embora de razoável aceitação jurisprudencial, a teoria da cegueira deliberada ainda desperta certa resistência na doutrina norte-americana, pois, na visão de muitos, amplia em

67 Nesse sentido, o juiz federal Sérgio Fernando Moro, da 7ª Vara Federal de Curitiba/PR, condenou a conhecida doleira Nelma Kodama, nos autos da AP nº 5026243-05.2014.404.7000/PR, pela prática de lavagem de dinheiro na aquisição de veículos de luxo com o proveito de crimes antecedentes e manutenção dos registros em nome de terceiras pessoas: *"268. Como adiantado, quanto ao crime de lavagem, imputa-se a Nelma Kodama, nesta ação penal, apenas a aquisição com produto dos crimes financeiros do veículo Porsche Cayman, 2011, placa AXP8640, em outubro de 2013, no valor de R$ 225.000,00, com sua colocação ou manutenção em nome de Rafael Pinheiro do Carmo. (...) 275. Repare-se que o certificado de licenciamento foi emitido em 22/11/2013 ainda em nome de Rafael Pinheiro do Carmo, o que significa que o veículo foi mantido em nome dele mesmo após a venda, já que não era mais o proprietário do mesmo nesta data, já que Nelma o adquiriu em 21/10/2013. (...) 279. Confrontada com questão em Juízo, Nelma Kodama admitiu que teria adquirido o carro, mas juntamente com sua mãe e que esta seria a responsável pelo pagamento. O veículo não teria sido transferido apenas porque as parcelas não teriam sido quitadas. 280. Ocorre que essa versão não é consistente com a prova, pois as parcelas foram cobradas de Nelma Kodama e não da mãe dela. Além disso, como visto é Nelma Kodama quem teria condições financeiras de adquirir um Porsche e não a sua mãe. (...) 282. Quanto à alegação de que o veículo não teria sido transferido apenas por não terem sido quitadas as parcelas, observa-se que a última parcela venceu em 21/01/2014, tendo havido tempo suficiente para a sua transferência até a operação policial em 17/03/2014. (...) 284. Situação similar, embora não tenha sido objeto de imputação, verificou-se com outro veículo, este apreendido na residência de Nelma Kodama, um veículo Mercedes Benz, modelo SL63ANG, 2010, cor preta, placas ADX0063 (evento 12, out1, do processo conexo 5048401-88.2013.404.7000). Este veículo, embora em nome de Rafael Henrique Srour, era de propriedade de Nelma e por ela utilizado para fins pessoais, conforme reconheceu o co-acusado Cleverson Coelho (evento 571); 285. Era praxe, como visto, de Nelma Kodama não colocar patrimônio em seu nome, ocultando sua real titularidade. (...) 288. A aquisição de veículo com valores provenientes de crimes financeiros e a sua colocação ou manutenção em nome de terceiro, ainda que o anterior proprietário, ocultando-se o verdadeiro e atual titular, configuram o crime de lavagem de dinheiro do art. 1º da Lei n. 9.613/1998"* (grifos do autor).

68 *In El delito de blanqueo de capitales*. Obra citada, p. 833.

69 *Idem, p. 848.*

demasia o espectro de atuação da norma penal. Nesse sentido, alguns autores chegam, inclusive, a equipará-la aos casos de culpa (*reckleness* ou *imprudencia*). Outros, ao próprio dolo eventual.[70]

Tendemos a direcionar nosso entendimento neste último sentido.

Como já afirmado, perfeitamente possível a ocorrência da lavagem de dinheiro na modalidade dolo eventual. Em tais casos, o agente, por tanto querer a prática da conduta, despreza, de forma intencional, a ocorrência de um resultado que lhe era perfeitamente previsível. Isso, na prática, pouco difere daquele que, deliberadamente, decide permanecer na ignorância da realidade.

Assim sendo, no caso do ordenamento jurídico pátrio, a nosso sentir, bastaria a aplicação do dolo eventual, não sendo necessário nos socorrer da teoria da cegueira deliberada.[71]

Não é outro, aliás, o entendimento defendido por Blanco Cordero. Para o referido autor, que defende a possibilidade de aplicação da teoria da cegueira deliberada no âmbito do delito de blanqueo de capitales na Espanha, a decisão do agente criminoso que decide "permanecer en la ignorancia, ciego ante de los hechos, pese a la posibilidad de disponer de la información, es merecedora de la pena del dolo eventual".[72]

6. OBJETO MATERIAL

Na definição apresentada por Aníbal Bruno[73], tem-se por objeto material do crime a pessoa ou a coisa sobre a qual incide o comportamento do agente.

Ombreado com os demais elementos objetivos e subjetivos que compõem os tipos penais previstos na Lei nº 9.613/98, o objeto material dos delitos em questão caracteriza-se como elemento normativo, uma vez que, para sua devida compreensão, faz-se necessária a adoção, por parte daquele que interpreta a lei, de determinados critérios que possibilitem a valoração real de seu significado.

O objeto material dos crimes de lavagem encontra-se descrito no *caput*, do artigo 1º, da Lei nº 9.613/98. Assim, pratica o delito em questão aquele que *oculta ou dissimula a natureza, origem, localização, disposição, movimentação ou propriedade de* ***bens, direitos ou valores*** *provenientes, direta ou indiretamente, de infração penal.*

Percebe-se, da leitura do tipo penal transcrito, que o legislador optou por adotar fórmula genérica para a descrição do objeto material da lavagem de dinheiro, afirmando que qualquer *bem, direito ou valor* que tenha origem ilícita pode vir a ser objeto de manobras de branqueamento.

A nosso sentir, andou bem o legislador, utilizando expressão suficientemente ampla para abranger qualquer espécie de objeto que detenha valor econômico. Assim, difícil seria pensar

70 Conforme *BUCY, Money Laundering*, p. 844 e *ACKERMANN,Geldwäscherei-Money Laundering*, págs. 269/270. Citados por Blanco Cordero, *El delito de blanqueo de capitales*. Obra citada, p. 839.

71 No âmbito da jurisprudência pátria, a doutrina da cegueira deliberada, no entanto, tem sido aplicada a casos de lavagem de dinheiro, conforme se verifica em julgados proferidos pela 7ª Vara Federal do Rio de Janeiro/RJ: *"(...) Entendo que no caso dos autos, os acusados tinham pleno conhecimento da origem ilícitas dos recursos a serem lavados, bem como do fato de que o recebimento da propina se dava por intermédio de operações que visavam dissimular a origem, disposição, movimentação e propriedade dos valores. Mas ainda que assim não fosse, é* ***plenamente possível afirmar que, no caso dos autos, os agentes no mínimo se recusam a saber a origem ou forma dos pagamentos, "fechando os olhos" aos evidentes sinais de ilicitude dos recursos (teoria da cegueira deliberada), o que se a figura possível, mas pouco provável dadas as relações de parentesco, amizade e subordinação que se observa entre os acusados."*** **(AP nº 0510926-86.2015.4.02.5101. SEÇÃO JUDICIÁRIA DO RIO DE JANEIRO, 7a VARA FEDERAL CRIMINAL – Autor: Ministério Público Federal, Réus: Othon Luiz Pinheiro da Silva e outros. Juiz Federal Marcelo da Costa Bretas, pub. 03 de agosto de 2016).**

72 Ibidem, p. 848.

73 BRUNO, Aníbal. Direito Penal: parte geral. Rio de Janeiro. Editora Forense, 1984, tomo 2, pág.211.

em outro objeto de valor econômico que não se encaixasse dentro das definições de bem, direito ou valor.

Rogério Filippetto traz a definição de *bem* como sendo *tudo aquilo que satisfaz uma necessidade humana, por mais frugal que seja*. Citando o saudoso Hélio Tornaghi, afirma que *a noção de bem, quer econômica, quer jurídica, é bem mais ampla que a de coisa. Bem é tudo quanto serve à satisfação de uma necessidade humana ou, mesmo, apenas, acarreta uma utilidade. Tudo quanto corresponde a um apetite natural, ainda que não estritamente necessário, é um bem.*[74] A definição jurídica de bem, em nossa perspectiva, já seria suficiente para abranger todo e qualquer elemento de valor econômico que pudesse ser objeto de condutas de lavagem de dinheiro. No entanto, coube ao legislador, correndo o risco de ser redundante, ampliar a definição, e atingir, igualmente, *direitos* e *valores*. Por aqueles, entende-se, de forma bastante superficial, como o vínculo existente entre a pessoa humana e um patrimônio e estes, todo e qualquer bem que seja passível de representação econômica.[75]

Nos moldes da Recomendação nº 4, do GAFI, devem ser caracterizados como objeto material dos crimes de lavagem de dinheiro, sujeitando-se à aplicação de medidas assecuratórias e da perda judicial: os bens efetivamente lavados, os produtos e instrumentos utilizados ou destinados à prática dos crimes de lavagem e bens de valor equivalente.[76]

Nesse sentido, entendemos que a legislação pátria enquadra na definição de objeto material do tipo de lavagem de dinheiro, além dos citados *direitos* e *valores*, apenas os *bens* em sentido amplo, caracterizados como os produtos e proveitos do crime. Os instrumentos encontram-se fora da definição legal, uma vez que se caracterizam como meios materiais utilizados para a prática delituosa, sobre os quais incidem as regras de perdimento previstas no artigo 91, inciso II, do Código Penal.

Ainda de acordo com a previsão contida no *caput* do artigo 1º, da Lei nº 9.613/98, os bens, direitos e valores – objeto material da lavagem de dinheiro –, devem ser provenientes, *direta ou indiretamente*, da prática de infração penal.

Destarte, como anteriormente afirmado, o delito de lavagem de dinheiro, por sua característica acessória, depende da prática de uma infração penal antecedente, que lhe gere o proveito econômico a ser objeto de suas condutas típicas, tanto de maneira direta, quanto indireta.

6.1. A utilização de laranjas e empresas de fachada. Adoção do método da Mescla (*Commingling*)

A utilização de terceiras pessoas para a movimentação de recursos ilícitos é marca registrada da criminalidade financeira. Deriva da própria natureza obscura do crime, de sua clandestinidade, do atuar dissimulado. O agente criminoso precisa esconder os valores ilícitos por ele auferidos, simulando negócios jurídicos e operações financeiras em nome de pessoas que, no mundo real, não são os verdadeiros proprietários do bem ou valor em questão.

Isso se vê claramente nos conhecidos *laranjas* – ou *gatekeepers*, na terminologia norte-americana – pessoas físicas, normalmente de baixa renda, utilizadas por criminosos para a

---

74 *Apud* FILIPPETTO, Rogério. Lavagem de dinheiro: crime econômico da pós-modernidade. Rio de Janeiro, *Lumen Juris, 2011.*

75 *In* FILIPPETTO, Rogério. Obra citada. Págs. 139 e 140.

76 *Recomendação* nº 4 do GAFI:" Os países deveriam adotar medidas semelhantes àquelas estabelecidas na Convenção de Viena, na Convenção de Palermo e na Convenção para Supressão do Financiamento do Terrorismo, inclusive medidas legislativas, para permitir que suas autoridades competentes possam congelar ou apreender e confiscar, sem prejuízo dos direitos de terceiros de boa-fé: (a) bens lavados, (b) produtos ou instrumentos usados ou com a intenção de que fossem usados em crimes de lavagem de dinheiro ou crimes antecedentes, (c) bens que sejam produtos, ou que tenham sido usados, ou com a intenção de que fossem usados ou alocados para uso no financiamento do terrorismo, de atos ou de organizações terroristas, ou (d) bens de valor equivalente (...)".

movimentação de recursos de origem espúria. São facilmente cooptados, mediante, na maioria das vezes, o recebimento de vantagens diretas ou indiretas por parte do criminoso. Da mesma forma, são altamente fungíveis, substituídos a todo momento, servindo apenas enquanto ainda úteis ao agente criminoso, para a utilização de seu nome para registro de bens, movimentações bancárias e abertura de pessoas jurídicas. Após o uso, o simples descarte. Nesse aspecto, não poderia a expressão *laranja* ser mais adequado: sugando-se todo o sumo, descarta-se o bagaço.

Não apenas pessoas físicas são utilizadas pelas organizações criminosas para a prática de delitos financeiros - notadamente, crimes de lavagem de dinheiro. Embora igualmente deixe rastros para a investigação, a utilização de empresas de fachada continua sendo um dos métodos preferidos por agentes criminosos para a prática da lavagem de dinheiro.

Em tais casos, a pessoa jurídica é criada com a exclusiva finalidade de ser utilizada na prática de crimes. Não realiza atividades econômicas, não possui clientes reais, não circula mercadorias e não possui infraestruturas física e de pessoal compatíveis com a movimentação financeira que realiza. Apenas circula valores, evidenciando nitidamente a sua criação para a utilização na prática de ilícitos penais.

No entanto, o método da utilização de *laranjas* ou simples empresas de fachada para a prática de lavagem de dinheiro, como normalmente ocorre no mundo delituoso, sofreu avanços. Eis que a ausência de capacidade financeira lícita por parte dessas pessoas físicas e jurídicas sempre evidenciou, quase que de forma imediata, a sua utilização para a prática de manobras escusas. Assim, ficaria muito mais difícil de identificação e rastreio, se os valores ilícitos fossem inseridos em contas em nome de pessoas físicas e ou na atividade profissional de pessoas jurídicas que tivessem, ainda que parcialmente, lastro financeiro lícito.

Dessa forma, opta o agente criminoso pela adoção de manobra consistente na mescla de bens de proveniência ilícita com valores lícitos, tendo por nítida finalidade conferir maior efetividade ao processo de branqueamento e dificultar a identificação e rastreio do dinheiro sujo.

Em tais casos, utiliza-se o método conhecido como *commingling* ou mescla, no qual recursos ilícitos são misturados a recursos de proveniência lícita. Essa mescla efetuada pelos agentes criminosos tem por exclusiva finalidade ocultar a natureza e localização dos recursos ilícitos, dificultando a sua identificação e rastreio e dando-lhes aparência de recursos legais.[77]

Nas palavras de Marcelo Mendroni, por intermédio desse procedimento, *"o agente de lavagem mistura seus recursos ilícitos com os recursos legítimos. Vale-se, por exemplo, de uma empresa verdadeira, e depois apresenta o volume total como a receita proveniente da atividade lícita da empresa. Utiliza desde logo os recursos obtidos ilegalmente na própria empresa, com o pagamento de pessoal, compra de matéria-prima etc., de forma a dificultar o rastreamento"*.[78]O método da mescla é normalmente utilizado em atividades em que se torna fácil a inserção de recursos em espécie e que possuem frágil sistema de identificação de operações. Isso ocorre, por exemplo, em motéis, hospedagens ou pousadas que são locadas, por período de horas,

---

77 Conforme largado divulgado na imprensa, no âmbito das investigações da força-tarefa da operação Lava Jato no Rio de Janeiro foram identificadas diversas tipologias envolvendo o método *commingling* para ocultação de recursos obtidos com a prática de crimes de corrupção. As operações envolviam o pagamento de boletos bancários emitidos mediante simulação por empresas que integravam o esquema delituoso, os quais eram pagos com recursos ilícitos por eles recebidos, o que, na prática, caracterizava-se como verdadeira "compra do dinheiro em espécie", mediante deságio. Além disso, integravam o esquema conhecidas empresas de transporte de valores, que inseriam em suas atividades econômicas recursos ilícitos, custodiando valores em espécie obtidos pela organização criminosa. Informações apresentadas em diversas matérias jornalísticas, dentre elas *https://oglobo.globo.com/brasil/esquema-liderado-por-cabral-tinha-estrutura-para-movimentar-recursos-aponta-operacao-20503872* e *http://g1.globo.com/rio-de-janeiro/noticia/2016/11/lavagem-de-dinheiro-de-cabral-envolvia-transportadora-diz-mpf.html*.

78 *Obra citada. Pág. 191.*

para encontros amorosos[79]. Nesse caso, por não haver a identificação dos usuários locadores temporários dos quartos, torna-se perfeitamente possível a simulação da atividade empresarial, inserindo recursos ilícitos em espécie como se fossem relativos aos pagamentos efetuados pelos clientes. Assim, simulando as operações e inserindo os recursos ilícitos como se fossem os pagamentos recebidos, completa-se o ciclo da lavagem. Pagam-se os impostos e obtém-se, ao final do processo, o recurso já "lavado", com aparência de licitude. *Em todas elas há de comum o fato de que o lucro é de difícil aferição. É difícil saber "quanto" de bens ou serviços foram efetivamente vendidos.*[80]

A prática de tais manobras pelo agente criminoso caracteriza, nos termos do artigo 1º, da Lei nº 9.613/98, crime de lavagem de dinheiro, pois caracteriza forma de dissimulando da origem, localização, disposição, movimentação ou propriedade de recursos provenientes da prática de infração penal.

7. OS TIPOS PENAIS DA LEI DE LAVAGEM DE DINHEIRO

A Lei nº 9.613/98, ao descrever as condutas típicas que compõem os tipos penais de lavagem de dinheiro, optou por apresentar um *tipo penal principal* (artigo 1º, *caput*) e *tipos penais equiparados* (artigo 1º, §§ *2º e 3º*), os quais serão objeto da devida análise nos capítulos abaixo.

7.1. Tipo Penal Principal (artigo 1º, *caput*)

> **Art. 1º.** Ocultar ou dissimular a natureza, origem, localização, disposição, movimentação ou propriedade de bens, direitos ou valores provenientes, direta ou indiretamente, de infração penal.
>
> Pena: reclusão, de 3 (três) a 10 (dez) anos, e multa.

7.1.1. A ampliação dos antecedentes penais da lavagem de dinheiro

A definição de quais os crimes devem ser considerados antecedentes da lavagem de dinheiro nem sempre foi tarefa fácil. Por tal razão, encontra-se inserida na alçada de política criminal de cada jurisdição, cabendo ao legislador pátrio optar por quais condutas criminosas deseja estender a criminalização da lavagem do recurso financeiro ilicitamente gerado.

Embora historicamente se observe uma certa gradação em termos de amplitude do rol de antecedentes da lavagem de dinheiro, não se encontra na doutrina internacional a classificação em fases ou em gerações de delitos de lavagem de dinheiro, termos usualmente utilizados no estudo do tema em nosso país.[81] Na verdade, essa ampliação gradativa da extensão dos antece-

---

79 À guisa de exemplos, Marcelo Mendroni ainda cita como negócios utilizados na técnica da mescla de valores, *"bares, restaurantes, especialmente fast foods e casas de espetáculos (porque de difícil controle e constatação da contabilidade); lojas de veículos, de obras de arte e antiguidades (por causa da atribuição dos verdadeiros valores); negócios de importação e exportação de mercadorias (muitas vezes com falsidade em declarações de valores pagos); casas de câmbio e factorings etc.* Idem, pág. 192.

80 Marcelo Mendroni, Ibidem, p.191.

81 No Brasil, é comum a classificação doutrinária do crime de lavagem de dinheiro em gerações. A primeira, teria apenas o tráfico de drogas como antecedente. A segunda, ampliaria o rol de crimes antecedentes para os delitos considerados mais graves do país (situação inicial de nossa legislação pátria, com a redação original da Lei nº 9.613/98). Por fim, os delitos de lavagem de dinheiro de 3ª geração seriam aqueles que não possuem restrições aos crimes antecedentes, podendo qualquer infração penal ser caracterizada como antecedente da lavagem de dinheiro (o que teria ocorrido no Brasil com o advento da Lei nº 12.683/12). Nesse sentido, a própria Exposição de Motivos da Lei nº 9.613/98 afirma o seguinte: *"15. As primeiras legislações a esse respeito, elaboradas na esteira da Convenção de Viena, circunscreviam o ilícito penal da "lavagem de dinheiro" a bens, direitos e valores à conexão com o tráfico ilícito de*

dentes da lavagem apresentou-se como uma consequência lógica da constatação da necessidade de se expandir a repressão a tal espécie delituosa, que, por razões lógicas, não era de prática exclusiva do narcotráfico.[82]

É fato que a criminalização da lavagem de dinheiro encontra gênese na constatação pela comunidade internacional que, para se dar um efetivo combate ao tráfico de drogas, fenômeno que se alastrava de maneira incontrolável mundo afora, havia a necessidade de se criminalizarem os mecanismos utilizados para a movimentação, no sistema financeiro mundial, dos recursos provenientes de tais atividades criminosas.

Desse modo, partindo do tráfico de drogas como principal delito antecedente da lavagem de dinheiro, os países passaram a ampliar o rol de antecedentes para atingir uma maior gama de delitos considerados graves de acordo com a realidade criminal de cada jurisdição. Essa ampliação atingiu o seu ápice em países que passaram a permitir a ocorrência da lavagem de recurso oriundos da prática de qualquer crime ou, como no caso da definição jurídica atualmente vigente em nosso país, de toda e qualquer infração penal.[83]

A norma internacional específica a regular a questão é a Recomendação nº 3 do GAFI, que estabelece às jurisdições o dever de efetuar a criminalização da lavagem de dinheiro em conformidade com as regras contidas nas Convenções de Viena e Palermo, assegurando que os crimes antecedentes se apliquem a todos os crimes graves, *"de maneira a incluir a maior gama de crimes antecedentes"*[84].

O Grupo de Ação Financeira facultou à opção legislativa de cada país a forma de delimitação dos crimes antecedentes da lavagem[85]. Assim, ao redor do mundo foram sendo adotados sistemas que estabeleciam um rol taxativo para os crimes antecedentes ou permitiam a sua configuração por intermédio da aplicação do sistema de *umbrais* –também conhecido como

---

substâncias entorpecentes ou drogas afins. Gravitavam, assim, na órbita da "receptação" as condutas relativas a bens, direitos e valores originários de todos os demais ilícitos que não foram as espécies típicas ligadas ao narcotráfico. Essa orientação era compreensível, visto que os traficantes eram os navegadores pioneiros nessas marés da delinquência transnacional e os frutos de suas conquistas não poderiam ser considerados como objeto da receptação convencional. 16. Adveio, então, uma legislação de ***segunda geração*** *para ampliar as hipóteses dos ilícitos antecedentes e conexos, de que são exemplos as vigentes na Alemanha, na Espanha e em Portugal. 17. Outros sistemas, como o da Bélgica, França, Itália, México, Suíça e Estados Unidos da América do Norte, optaram por conectar a "lavagem de dinheiro" a todo e qualquer ilícito precedente. A doutrina internacional considera a legislação desses países como de* ***terceira geração****. 18. A orientação do projeto perfila o penúltimo desses movimentos".* Citado. Sem grifos.

82 A posição apresentada reforça o entendimento da ordem socioeconômica como bem jurídico primordialmente tutelado pelos delitos de lavagem de dinheiro. Diferentemente do defendido por aqueles que vinculam o bem jurídico da lavagem àquele tutelado pelo crime antecedente, entendemos que, embora o objeto da lavagem decorra da infração anterior, trazendo o vínculo de acessoriedade ao delito de lavagem de dinheiro, este visa a proteger bem jurídico completamente autônomo. Por essa razão, aliás, o artigo 1º, inciso II, da Lei nº 9.613/98 conferiu à lavagem de dinheiro a independência em relação à infração penal antecedente.

83 Por razões óbvias, somente podem ser consideradas antecedentes da lavagem de dinheiro as infrações penais *(latu sensu)* que geram proveito econômico, cujo recurso obtido possa vir a ser objeto de manobras de lavagem de dinheiro. Nesse sentido, excluem-se os injustos penais que possuem motivação distinta do lucro (*e.g.* delitos passionais, crimes contra a honra, contra os costumes, dentre outros).

84 *Nota Interpretativa nº 2, da Recomendação 3, do GAFI: "2. Os países devem aplicar o crime de lavagem de dinheiro a todos os crimes graves, com o objetivo de incluir a maior gama de crimes antecedentes.* Citado. Sem grifos.

85 Notas Interpretativas nº 2, 3 e 4, da Recomendação 3, do GAFI: *"2. (...) Os crimes antecedentes podem ser definidos tendo como* ***referência a todos os crimes****, ou* ***um limite relacionado a uma categoria de crimes graves,*** *à* ***pena de prisão aplicável ao crime antecedente (abordagem de limite****), a* ***uma lista de crimes antecedentes****, ou ainda a uma* ***combinação de todas essas abordagens****;3. Quando os países adotarem a abordagem de limite, os crimes antecedentes deveriam, no mínimo, compreender todos os crimes que estejam incluídos na categoria de crimes graves em suas leis domésticas, ou incluir crimes puníveis por uma pena máxima de mais de um ano de prisão, ou, no caso de países que tenham um limite mínimo para crimes em seus sistemas legais, os crimes antecedentes deveriam compreender todos os crimes puníveis com uma pena mínima de mais de seis meses de prisão; 4. Independente da abordagem adotada, cada país deverá, no mínimo, incluir uma variedade de crimes dentro de cada uma das categorias designadas (...).* Citado. Sem grifos.

abordagem de limite ou moldura penal – de acordo com o qual todos os crimes com pena igual ou superior a determinado patamar seria caracterizado como antecedente da lavagem de dinheiro.[86]

No entanto, o GAFI estabeleceu que os países deveriam incluir como crimes antecedentes, no mínimo, uma variedade de crimes previstos dentro de uma das *"categorias de infrações designadas"* que apresenta. Ou seja, para se adequar à recomendação relativa à criminalização da lavagem de dinheiro, além de possuir todos os elementos constantes das Convenções de Viena e Palermo, o tipo penal de lavagem de dinheiro deve adotar como antecedente uma parcela considerável dos crimes que constam da lista produzida pelo GAFI[87], os quais são internacionalmente entendidos como infrações graves que devem ser considerados antecedentes da lavagem de dinheiro.

No caso da legislação pátria, ao analisarmos o *caput* do artigo 1º, da Lei nº 9.613/98, já nos deparamos com a principal – *e talvez mais importante* – alteração efetuada na redação originária da Lei de Lavagem de Dinheiro.

A Lei nº 12.683/12, resultado de louvável mobilização realizada no âmbito da *Estratégia Nacional de Combate à Corrupção e à Lavagem de Dinheiro – ENCCLA (SNJ/MJ)*[88], veio no sentido de trazer considerável avanço em nossa legislação pátria, ampliando o rol de crimes

---

86 Adotando o sistema de umbrais, por intermédio do qual são considerados antecedentes da lavagem determinados crimes que se encontram dentro de um patamar de pena previamente estabelecido pelo legislador, encontramos, *ad exemplum, Costa Rica* (artículo 69 *de la Ley 8204: "son delitos determinantes de LA aquellos que "dentro de su rango de penas puede ser sancionado con pena de prisión de cuatro (4) años o más.")* e *Angola* (artigo 60, 5 da Lei 34/11, de 02 de dezembro de 2011: *Consideram-se infracções subjacentes ao crime de branqueamento de capitais (...) todos os factos ilícitos típicos puníveis com pena deprisão que tenha duração mínima superior a 6 meses*). Outros países, adotam sistema amplo para caracterização dos crimes antecedentes, como por exemplo: *México*(Artículo 400 bis del CPF, *tipifica el lavado del producto de cualquier conducta tipificada en la legislación mexicana); Argentina* (Artículos 277, 278 y 279 del CP: *"el delito subyacente de lavado de activos puede ser cualquier tipo de delito previsto en el Código Penal y otras leyes penales"*) e *Cabo Verde* (artigo 24, núm. 1, 2 e 3 da Lei nº 38/VII/2009, de 20 de abril de 2009 –*todos os crimes, à exceção dos crimes de ação penal privada).* Portugal adota sistema misto, apresentando rol de delitos precedentes somando-se cláusula genérica que abrange todos os crimes punidos com pena de prisão de, no mínimo, 6 meses ou de duração máxima superior a 5 anos – art. 368-A, I CP português.

87 Por *categorias de infrações designadas*, entende-se: *1) participação num grupo organizado e em ações ilegítimas para obtenção de fundos, nomeadamente através de chantagem, intimidação ou outros meios (rackteering); 2) terrorismo, incluindo o financiamento do terrorismo; 3) tráfico de seres humanos e tráfico ilícito de migrantes; 4) exploração sexual, incluindo a exploração sexual de crianças; 5) tráfico de estupefacientes e de substâncias psicotrópicas; 6) tráfico de armas; 7) tráfico de bens roubados e de outros bens; 8) corrupção e suborno; 9) fraude; 10) contrafação de moeda; 11) contrafação e pirataria de produtos; 12) crimes contra o meio ambiente; 13) homicídio e ofensas corporais graves; 14) rapto, detenção ilegal e tomada de reféns; 15) roubo ou furto; 16) contrabando (inclusive em relação a direitos aduaneiros, impostos especiais de consumo e outras taxas); 17) crimes fiscais (relacionados a impostos diretos e indiretos); 18) extorsão; 19) falsificação; 20) pirataria; 21) abuso de informação privilegiada e manipulação do mercado. Na determinação das infrações a considerar como infrações subjacentes a abranger em cada uma das categorias enumeradas, cada país poderá decidir, de acordo com o seu direito interno, como tipificar essas infrações, bem como atender à natureza de qualquer elemento particular que as qualifique como infrações graves.*

88 *A Estratégia Nacional de Combate à Corrupção e à Lavagem de Dinheiro – ENCCLA, foi criada no ano de 2003, tendo por finalidade servir de fórum de discussão e implementação de políticas de prevenção e repressão à lavagem de dinheiro e à corrupção. Capitaneada pela Coordenação-Geral de Articulação Institucional do Departamento de Recuperação de Ativos e Cooperação Jurídica Internacional – DRCI/SNJ, a iniciativa de cooperação nacional conta com a participação dos mais variados dos Três Poderes do Estado, nas federais e estaduais e do Ministério Público. Os trabalhos da ENCCLA consistem, basicamente, na proposição e elaboração anual de ações (anteriormente chamadas de metas), as quais são discutidas e aprovadas pelo colegiado, com a formação de grupos de trabalho compostos por representantes dos órgãos integrantes da estratégia para a realização de estudos para a discussões e proposição de alternativas para se atingir o incremento da atuação em relação a tais espécies delituosas em nosso país. Ao longo desses anos, as ações realizadas pela ENCCLA trouxeram diversos resultados positivos no combate ao crime de lavagem de dinheiro e às práticas de corrupção. A atuação do grupo para a edição de modificações na Lei nº 9.613/98 é apontada como uma das principais conquistas da ENCCLA. Oriunda da Meta nº 20 da ENCCLA 2004 (atualmente chamadas de ações), após anos de discussão por parte dos principais players* do cenário nacional na área ALD/CFT, foi apresentada proposta de lei listando todas as modificações que deveriam ser realizadas para a incremento da prevenção e repressão à lavagem de dinheiro

antecedentes e permitindo a lavagem de dinheiro proveniente da prática de qualquer infração penal. Nas palavras de Pierpaolo Bottini, não só o legislador abdicou do sistema de rol taxativo, como também deixou de lado o modelo de moldura penal[89].

Alguns autores criticam a expansão dos antecedentes da lavagem de dinheiro promovida pela Lei nº 12.683/12, classificando-a como "além do razoável"[90] ou "exagerada"[91].

Não existe modelo certo ou errado. A nosso ver, trata-se exclusivamente de questão de política criminal. Verdadeira opção legislativa.

No entanto, sempre buscamos nos filiar à postura ampliativa. Nitidamente, a orientação trazida pelas normativas internacionais – notadamente a citada Recomendação 3, do GAFI – jamais foi a de restringir o espectro de aplicação da lavagem de dinheiro. Ao contrário, a tendência demonstrada sempre foi a de ampliar ao máximo possível sua caracterização, respeitando-se a opção legislativa de cada jurisdição, desde que observada a regra de abrangência mínima aos crimes considerados graves.

No Brasil, a adoção do *rol taxativo* acarretava evidente barreira à criminalização da lavagem de recursos financeiros derivados de infrações penais que, embora consideradas graves de acordo com a nossa realidade criminal, não faziam parte da limitada enumeração delitiva trazida pela originária redação da Lei nº 9.613/98.

Embora permitisse, ainda que de maneira não tão abrangente, a caracterização da lavagem do produto/proveito dos principais crimes praticados em nosso país, a opção legislativa adotada certamente dificultava a efetiva repressão à lavagem de dinheiro em solo pátrio[92].

---

em nosso país, culminando no PL 3.443 que, posteriormente, deu origem à Lei nº 12.683/06. Informações disponíveis em: *http://www.justica.gov.br/sua-protecao/lavagem-de-dinheiro/enccla* e *http://enccla.camara.leg.br/acoes.*

89 Pierpaolo Bottini e Gustavo Badaró. Obra citada, p. 99.

90 MORAES, Luciana Furtado. *Crimes antecedentes,* p.261. *In* Pierpaolo Bottini e Gustavo Badaró, p. 100.

91 Pierpaolo Bottini e Gustavo Badaró. Obra citada, p. 100.

92 Antes da ampliação trazida pela Lei nº 12.683/12, discutia-se a possibilidade de utilização da organização criminosa como antecedente da lavagem de dinheiro. Aqueles que apregoavam a tese, defendiam entendimento no sentido de que tendo sido a Convenção de Palermo –*norma internacional que traz a definição de organizações criminosas* – devidamente incorporada ao nosso ordenamento jurídico, não haveria a necessidade da edição de norma penal que tipificasse o crime de organização criminosa para sua aplicação como antecedente da lavagem. A tese foi vencida no âmbito de nossa Suprema Corte, prevalecendo entendimento exigindo-se lei específica tipificando o referido crime (princípio da reserva constitucional absoluta de lei em sentido formal) e a impossibilidade de equiparação do crime de formação de quadrilha (art. 288 do Código Penal) ao delito de organização criminosa. Foi nesse sentido o voto relator do Ministro Celso de Mello, em julgamento realizado pela 2ª Turma do STF, *in verbis:* RECURSO ORDINÁRIO EM "HABEAS CORPUS" – LAVAGEM DE DINHEIRO – ORGANIZAÇÃO CRIMINOSA – INFRAÇÃO PENAL ANTECEDENTE – QUADRILHA (ATUALMENTE DESIGNADA "ASSOCIAÇÃO CRIMINOSA") –**CONDUTAS PRATICADAS ENTRE 1998 E 1999, MOMENTO QUE PRECEDEU A EDIÇÃO DA LEI Nº 12.683/2012 E DA LEI Nº 12.850/2013 – IMPOSSIBILIDADE CONSTITUCIONAL DE SUPRIR-SE A AUSÊNCIA DE TIPIFICAÇÃO DO DELITO DE ORGANIZAÇÃO CRIMINOSA, COMO INFRAÇÃO PENAL ANTECEDENTE, PELA INVOCAÇÃO DA CONVENÇÃO DE PALERMO – INCIDÊNCIA, NO CASO, DO POSTULADO DA RESERVA CONSTITUCIONAL ABSOLUTA DE LEI EM SENTIDO FORMAL (CF, art. 5º, inciso XXXIX) – DOUTRINA – PRECEDENTES – INADMISSIBILIDADE, DE OUTRO LADO, DE CONSIDERAR-SE O CRIME DE FORMAÇÃO DE QUADRILHA COMO EQUIPARÁVEL AO DELITO DE ORGANIZAÇÃO CRIMINOSA PARA EFEITO DE REPRESSÃO ESTATAL AO CRIME DE LAVAGEM DE DINHEIRO COMETIDO ANTES DO ADVENTO DA LEI Nº 12.683/2012 E DA LEI Nº 12.850/2013** – RECURSO DE AGRAVO IMPROVIDO. – Em matéria penal, prevalece o dogma da reserva constitucional de lei em sentido formal, pois a Constituição da República somente admite a lei interna como única fonte formal e direta de regras de direito penal, a significar, portanto, que as cláusulas de tipificação e de cominação penais, para efeito de repressão estatal, subsumem-se ao âmbito das normas domésticas de direito penal incriminador, regendo-se, em consequência, pelo postulado da reserva de Parlamento. Doutrina. Precedentes (STF). – As convenções internacionais, como a Convenção de Palermo, não se qualificam, constitucionalmente, como fonte formal direta legitimadora da regulação normativa concernente à tipificação de crimes e à cominação de sanções penais. (RHC 121835 AgR, Relator(a): Min. CELSO DE MELLO, Segunda Turma, julgado em 13/10/2015, PROCESSO ELETRÔNICO DJe-235 DIVULG 20-11-2015 PUBLIC 23-11-2015 –**grifos do autor**). No mesmo sentido: (...) 4. Ressalvado o entendimento do Relator, é **atípica a conduta capitulada no art. 1º, inciso VII, da Lei nº 9.613/98 – a qual foi imputada ao recorrente –, pois,**

O sistema anterior não apenas limitava a consideração de outros crimes graves como antecedentes da lavagem por não constarem do rol taxativo[93], como impossibilitava a lavagem de dinheiro para todas as contravenções penais, uma vez não inseridas na definição de *crimes* como elemento normativo do artigo 1º, da Lei nº 9.613/98. Na prática, não era possível criminalizar a lavagem de dinheiro proveniente das graves e notoriamente lucrativas contravenções penais do *jogo de azar* (na qual se incluem o *jogo do bicho* e a exploração das *máquinas caça-níqueis*).

No final das contas, ponto para o nosso legislador. Hoje dispomos de sistema legal que permite que toda e qualquer infração penal – *desde que gere proveito econômico* – possa ser caracterizada como antecedente da lavagem de dinheiro, recebendo a necessária e efetiva reprimenda estatal.

7.1.2. Ações típicas

O *caput* do artigo 1º, da Lei nº 9.613/98, apresenta os dois principais verbos núcleos do tipo penal principal, estabelecendo que pratica a lavagem de dinheiro aquele que *oculta* ou *dissimula* a natureza, origem, localização, disposição, movimentação ou a propriedade dos recursos financeiros obtidos com a prática da infração penal antecedente.

As ações que compõem as condutas típicas descritas pelo *caput* do referido artigo são *ocultar* e *dissimular*. Por ser tipo penal alternativo ou de conteúdo múltiplo, basta a prática de um dos verbos típicos para restar configurado o delito.

Em uma análise literal, vemos que as ações típicas trazidas pelo legislador caracterizam-se como verdadeiros sinônimos. Ambas permitem o significado *"encobrir algo, esconder, não deixar ver"*. No entanto, a nosso sentir, a simples interpretação literal da norma não é suficiente para se determinar ou, por exemplo, optar por qual verbo típico constante do *caput* do artigo 1º utilizar quando da descrição de imputação típica deduzida em uma denúncia ministerial.

Ocultar significa *"esconder, ter algo em segredo, não permitir que outras pessoas vejam determinada coisa ou bem"*. A *ocultação* trazida pelo tipo penal refere-se à conduta de encobrimento de determinado bem ou valor que se encontrava anteriormente na posse do agente.

Ao comentar as condutas típicas trazidas pelo Código Penal Espanhol, (artigo 301, n. 2), Isidoro Blanco Cordero afirma que o termo *ocultación* adotado pelo legislador espanhol

---

à época dos fatos narrados na denúncia (1998 a 2005), não havia definição jurídica na legislação pátria para 'organização criminosa'. 5. A Convenção Internacional de Palermo, incorporada ao direito positivo brasileiro pelo Decreto nº 5.015/04, não supriu essa omissão, conforme assentado majoritariamente pela Corte no julgamento da AP nº 470/MG.(RHC 124082, Relator(a): Min. DIAS TOFFOLI, Primeira Turma, julgado em 09/12/2014, PROCESSO ELETRÔNICO DJe-025 DIVULG 05-02-2015 PUBLIC 06-02-2015). No mesmo sentido, aliás, decidiu o Tribunal Regional Federal da 5ª Região, deferindo liminar em revisão criminal ajuizada com o escopo de afastar condenação por delito de lavagem de dinheiro cometido antes da vigência da Lei nº 12.850/13 e da própria extensão do rol de antecedentes trazida pela Lei nº 12.683/12. No caso em apreço, um dos agentes, integrante do grupo criminoso responsável pelo conhecido furto praticado na unidade do Banco Central situada no Estado do Ceará, foi condenado por lavagem de dinheiro que teve por antecedente justamente a organização criminosa contida no artigo 1º, inciso VII da Lei nº 9.613/98, em sua redação original: *"Ao menos neste juízo de cognição sumária, penso que assiste razão à parte autor, porque parece ser atípica a conduta prevista no art. 1º, VII, da Lei nº 9.613/98, antes das alterações promovidas pela Lei nº 12.683/2012 (lavagem de dinheiro tendo como antecedente crime praticado por organização criminosa), por ausência de descrição normativa do conceito de organização criminosa, que somente veio a ser tipificado pela Lei nº 12.850/2013 (após o fato criminoso objeto destes autos), impedindo, portanto, o reconhecimento dessa figura como antecedente da lavagem de dinheiro, em observância ao princípio da anterioridade legal – art. 5º, XXXIX, da CF e no art. 1º do CP"* **(TRF5, Revisão Criminal, Proc. nº: 0809660-76.2018.4.05.0000, Rel.: Francisco Roberto Machado, Pleno, j. 28.06.2018).**

93 O principal exemplo era a dificuldade da caracterização da lavagem de recursos provenientes da prática de crimes fiscais. Por não constarem expressamente dentre os incisos I a VIII, a lavagem de dinheiro somente poderia ser investigada quando as fraudes fiscais eram praticadas com outros crimes que constavam do referido rol, como, *e.g.*, as organizações criminosas ou crimes contra a administração pública.

consiste em ações típicas positivas de "*esconder, disfarçar, assim como suprimir aquilo que é conhecido para evitar o conhecimento por parte de terceiros*".[94] A *dissimulação*, por sua vez, caracteriza-se como o ato de ocultar com o emprego de alguma habilidade específica. É o "*ocultar com astúcia*".[95] Nas palavras do saudoso Roberto Lyra, a *dissimulação* é o "*encobrimento dos próprios desígnios*"[96], e é justamente isso que o agente pratica quando dissimula a natureza, origem ou localização de bem proveniente de uma infração penal.

Entendemos que na *dissimulação*, diversamente do que ocorre na ocultação, o agente não apenas esconde o bem que é objeto da lavagem. Ele vai além. Utilizando habilidade especial, o agente emprega determinada forma de ocultação que, por suas próprias características, torna ainda mais difícil a identificação ou a localização do bem que se busca lavar.

Assim, aquele que adquire bem imóvel com recursos criminosos e o registra em nome de terceira pessoa na intenção de ocultar a sua real propriedade, uma vez que aparentaria, em uma primeira análise, pertencer a outrem e não a ele, pratica a *ocultação* prevista no *caput* do artigo 1º da Lei. O mesmo ocorre com o agente que, para dificultar a identificação da origem, localização e propriedade, deposita valores provenientes do tráfico de drogas em contas correntes de titularidade de familiares ou pessoas com as quais guarda vínculo afetivo.

No entanto, aquele que recebe valores derivados de atos de corrupção mediante a simulação de determinadas operações, como, por exemplo, a realização de doações eleitorais, oferta de valores a instituições religiosas, a simulação ou superfaturamento de valores pagos por palestras, serviços de consultoria e atividades advocatícias, pratica a *dissimulação* prevista como ação típica descrita no artigo 1º, da Lei de Lavagem de Dinheiro.

7.1.2.1. Lavagem de dinheiro e as doações eleitorais

Já que tocamos no tema, vamos falar da lavagem de dinheiro praticada mediante a simulação de doações eleitorais.

A doação de valores com a finalidade de financiar a prática de atividades eleitorais encontra-se devidamente regulada pela legislação eleitoral. Na essência, quando determinada pessoa efetua a destinação de valores para o financiamento de atividades político-partidárias ou de campanhas a cargos eletivos deveria fazê-la exclusivamente por ideologia política. Assim, o doador, por acreditar nos valores pregados e defendidos por determinado partido político ou candidato, resolve aderir às atividades partidárias ou à campanha, fornecendo fundos para o custeio das despesas realizadas com o exercício de tais atividades.

No entanto, infelizmente, nem sempre é isso o que ocorre.

A doação eleitoral direcionada, aquela constatada em eleições passadas e que eram realizadas por pessoas jurídicas a diversos candidatos sem qualquer vinculação partidária, na verdade, caracterizava-se como verdadeiro "investimento", pois as empresas financiavam partidos ou candidatos na esperança, ou sob ocultas promessas, de obterem vantagens futuras em contratações públicas.

Como se não bastasse, a doação eleitoral passou a ser utilizada como forma de se efetuar o pagamento de propinas decorrentes de atos de corrupção a políticos que se candidatavam continuamente

---

94 *In* BLANCO CORDERO, Isidoro. Citado, p.617. O referido autor ainda descreve que a conduta de *ocultação* pode se realizar mediante uma conduta ativa ou mediante uma conduta passiva: *"La doctrina admite que la ocultación puede realizarse bien mediante una conducta activa – esconder, disfrazar o tapar –, o mediante una conducta pasiva – callar lo que se conoce -. Las activas abarcan conductas de carácter manipulador o clandestino, realizadas en el tráfico económico fundamentado sobre los principios básicos de confianza y transparencia. La conducta omisiva consiste en callar lo que se puede o debe decir.*

95 *Expressão utilizada por Mendroni, in* Crime de Lavagem de Dinheiro: *"Pode-se considerar, então, que dissimular significa "esconder com astúcia", com truque"*. Obra citada, p. 75.

96 *In* Comentários ao Código Penal, Vol. II, p.285, Ed. Revista Forense, edição 1955.

a cargos eletivos ou que detinham o controle das siglas partidárias. Assim agindo, tais criminosos recebiam os valores provenientes da corrupção "travestidos" como doações eleitorais.

Na prática, porém, o que se constatava é que as empresas doadoras eram as mesmas que contratavam com o Estado, ou pessoas jurídicas pertencentes ao mesmo conglomerado empresarial. Além disso, apenas certa parcela das doações recebidas era efetivamente declarada à Justiça Eleitoral, sendo, ao menos do ponto de vista formal, utilizada na atividade política. Na maioria das vezes, os valores "doados" eram diretamente destinados para os políticos destinatários da propina, que os utilizavam para o custeio de gastos pessoais ou praticavam novas condutas visando a assegurar a lavagem de dinheiro ilegalmente obtido.

Como alegação defensiva, tratava-se somente de "sobras" de verbas oriundas de doações eleitorais "não contabilizadas" – o conhecido Caixa 2. Porém, na verdade, trata-se de valores derivados da prática de atos de corrupção, que foram direcionados para o agente criminoso travestidos de doações eleitorais, evidenciando a utilização de tal artifício como manobra de lavagem dos recursos ilicitamente obtidos.

7.1.2.2. Lavagem de dinheiro mediante simulação ou superfaturamento no pagamento de palestras e serviços de consultoria e advocacia

A mesma artimanha utilizada para receber valores provenientes de atos de corrupção como doações eleitorais também se vê ocorrer com a simulação ou superfaturamento no pagamento de palestras e serviços de consultoria e advocacia.

Em tais casos, a finalidade é sempre a mesma. Entregar o recurso proveniente da prática do crime antecedente (corrupção) de forma *dissimulada*, adotando-se a simulação da prestação de serviços inexistentes ou superfaturando aqueles realizados. Não raras vezes, quando realizado algum tipo de serviço, este demonstra-se inadequado ou despropositado, sempre com pagamento de valor irreal se comparado com aquele que efetivamente merecia receber.

Na verdade, o que o agente pretende com a simulação ou superfaturamento da atividade é receber os valores provenientes do crime antecedente praticado já com a "aparência de licitude" que a simulação lhe fornece para ter a justificativa de dizer que se tratava do simples pagamento pela atividade realizada.

7.1.3. Condutas de lavagem de dinheiro e exaurimento do crime antecedente. Inaplicabilidade das teses de consunção e inexigibilidade de conduta diversa

Questão que atualmente merece a atenção do leitor é a definição dos estreitos limites nos quais se encerra o crime antecedente e onde se inicia a própria lavagem de dinheiro. A questão passou a ser objeto de intensa discussão em sede doutrinária, chegando ao Supremo Tribunal Federal quando do julgamento dos recursos relativos à Ação Penal 470, popularmente conhecida como o caso do "Mensalão". No entanto, até a presente data, ainda não existe consenso a respeito do tema.

Em relação à alegação da ocorrência de inexigibilidade de conduta diversa, a questão foi intensamente debatida no STF no âmbito do julgamento da AP 470, tendo o então Ministro Joaquim Barbosa, ao apreciar diversos embargos de declaração, manifestado entendimento no sentido que de que a tese da inexigibilidade de conduta de diversa deveria ser rechaçada.

Para os defensores de tal tese, a lavagem de dinheiro não poderia ser punida, uma vez que as condutas que caracterizariam o delito teriam sido praticadas com a exclusiva finalidade de tornar seguro o produto do crime antecedente, razão pela qual as condutas praticadas se encontrariam acobertadas pela causa supralegal de exclusão de culpabilidade.

No entanto, como bem salientado pelo referido Ministro no voto relator do julgamento do décimo primeiro ED da AP 470, o agente não pode "*a pretexto de não ser punido pelo crime anterior ou com o fim de tornar seguro o seu produto, praticar novas infrações penais, lesionando outros bens jurídicos"*. Na verdade, a excludente de culpabilidade demonstra-se totalmente incompatível com o delito de lavagem de dinheiro, uma vez que este *"não se destina à proteção de bens jurídicos, mas sim, dentre outras finalidades, a assegurar o próprio proveito econômico obtido com a prática do crime antecedente"*.[97]

No nosso entender, semelhante entendimento se aplica para se afastar a alegação de que, nos casos de corrupção passiva, as condutas que normalmente são imputadas pela acusação como atos de lavagem de dinheiro seriam, na verdade, mero exaurimento do crime antecedente.

Na doutrina pátria, diversas vozes se levantaram na defesa da impossibilidade de cumulação do crime de corrupção passiva e de lavagem de dinheiro, quando a manobra adotada pelo agente criminoso para o recebimento da vantagem indevida se confunde com o próprio ato de lavagem de dinheiro.

Pierpaolo Bottini, por exemplo, defende que *"sempre que a ocultação estiver contida dentre os elementos do crime antecedente, o delito restará absorvido por este, pela consunção. Tomemos como exemplo o crime de corrupção passiva (...). o recebimento da corrupção passiva pode se dar de forma direta ou indireta. O próprio agente pode receber vantagem indevida, bem como terceiros podem fazê-lo em seu nome, como interpostas pessoas. Ambas as hipóteses estão contidas expressamente no tipo penal do art. 317 do Código Penal. Assim, se um funcionário público recebe vantagens indevidas por interposta pessoa, há corrupção passiva consumada."*[98]

O *leading case* em relação ao tema no STF foi o julgamento dos décimos sextos embargos infringentes na AP 470, ocorrido no dia 13/03/2014. Em tal caso, a Suprema Corte firmou precedente que o corrupto que recebe valores de forma dissimulada não pratica lavagem de

---

97 Nesse sentido: AÇÃO PENAL. EMBARGOS DE DECLARAÇÃO. ALEGAÇÃO DE OMISSÃO QUANTO À ALEGAÇÃO DE INEXIGIBILIDADE DE CONDUTA DIVERSA NA PRÁTICA DO DELITO DE LAVAGEM DE DINHEIRO. IMPROCEDÊNCIA. CONTRADIÇÃO DECORRENTE DE CONDENAÇÃO FUNDADA UNICAMENTE EM PROVA COLHIDA NO INQUÉRITO. INEXISTÊNCIA. REDISCUSSÃO DE FATOS E PROVAS. INVIABILIDADE. REDUÇÃO DA PENA IMPOSTA POR ALEGADA CONTRADIÇÃO E DESPROPORCIONALIDADE. IMPOSSIBILIDADE. ACÓRDÃO DEVIDAMENTE FUNDAMENTADO. EMBARGOS REJEITADOS. **A tese da inexigibilidade de conduta diversa para a prática do crime de lavagem de dinheiro foi devidamente tratada no acórdão embargado. Inaplicabilidade demonstrada.** Assim, mostra-se absolutamente infundada a alegação de omissão. (...) *Além disso, o acórdão embargado analisou as hipóteses de aplicabilidade da excludente de inexigibilidade de conduta diversa, decidindo pela impossibilidade de sua aplicação à prática do crime de lavagem de dinheiro, cuja finalidade não era a salvaguarda de outros bens jurídicos, mas sim, unicamente, impedir que fossem descobertos os delitos antecedentes. Como constou do acórdão, **"Situação distinta, e que afasta a possibilidade de aplicação da citada causa supralegal** é **que, a pretexto de não ser punido pelo crime anterior ou com o fim de tornar seguro o seu produto, pratique ele novas infrações penais, lesionando outros bens jurídicos, como** é **o caso da lavagem de dinheiro**" (fls. 55.855). Assim, como se extrai do acórdão, **para que se verifique essa excludente de ilicitude, o próprio agente não pode ser autor doloso de um crime antecedente e, para assegurar a impunidade desse crime, praticar outro delito. Ou seja: a causa de exclusão da ilicitude conhecida como inexigibilidade de conduta diversa só**é **aplicável quando a conduta do agente se destina** à **proteção de bens jurídicos, não** à **ocultação de crimes**. Nesse sentido, vejam-se fls. 52.854/52.858 do acórdão embargado, em que se analisam as hipóteses de exclusão da culpabilidade admitidas em nosso ordenamento jurídico-penal. Está claro, no acórdão, que a inexigibilidade de conduta diversa somente se verifica em situações análogas à coação moral irresistível, ao estado de necessidade ou a outras excludentes semelhantes previstas na lei, o que evidentemente não era o caso do embargante Jacinto Lamas. Assim, senhores ministros, considero que o acórdão é suficientemente claro e, à luz das premissas ali lançadas, ficou evidente a ausência de qualquer situação de excepcionalidade que autorizasse a Corte a afastar a culpabilidade do embargante pela prática do delito de lavagem de dinheiro. Saliente-se, ainda, que não apenas essa tese ficou afastada como, também, a alegação de que os atos de branqueamento do capital são mero exaurimento dos crimes antecedentes, o que se verifica em vários trechos do acórdão embargado (cito, apenas como exemplo, fls. 57.359/57.361 e fls. 54.064/54.065). Aliás, essa compreensão, por si só, jáé incompatível com a alegada tese da inexigibilidade de conduta diversa, invocada pelo embargante. Trata-se, assim, de mais uma alegação sem cabimento, ausente qualquer omissão a ser sanada no acórdão sobre o tema.* (AP 470 EDj-décimos primeiros, Relator(a): Min. JOAQUIM BARBOSA, Tribunal Pleno, julgado em 14/08/2013, ACÓRDÃO ELETRÔNICO DJe-200 DIVULG 09-10-2013 PUBLIC 10-10-2013 –**grifos do autor**).

98 *Citado, p.125.*

dinheiro, na medida em que o recebimento seria caracterizado como mero exaurimento do crime de corrupção.

No precedente em questão, que envolvia recurso apresentado pelo ex-Deputado Federal João Paulo Cunha, a conduta de lavagem de dinheiro imputada consistia no fato de receber valores derivados da prática de corrupção por intermédio de conta corrente de titularidade de sua esposa, da qual tais recursos eram sacados em espécie.

Nesse caso, a Egrégia Suprema Corte decidiu, ainda que por maioria, que a conduta por ele desenvolvida não seria suficiente para a caracterização autônoma da lavagem de dinheiro, uma vez que fazia parte do crime antecedente, sendo verdadeira forma de recebimento de tais valores ilícitos. Com base em tal entendimento, diversos *habeas corpus* passaram a ser impetrados perante o STF, objetivando o trancamento de ações penais que imputavam a lavagem de dinheiro em casos semelhantes.[99]

Entendemos de maneira diametralmente oposta.

A nosso ver, as divergências de entendimentos decorrem de uma razão bastante lógica. Na lavagem de dinheiro inexiste critério matemático que permita a definição exata de sua ocorrência. Tudo deriva do caso em concreto, o qual deve ser analisado pelo julgador em seus mínimos detalhes. Assim, deve-se avaliar, pelas circunstâncias que envolvem a conduta praticada pelo agente, se ele pretendia tão somente receber a vantagem oriunda do crime antecedente ou, ao contrário, se junto com tal recebimento já objetivava praticar manobra de lavagem de dinheiro.

Evidentemente, a discussão não se aplica a um cenário hipotético em que o agente criminoso pratica a infração penal antecedente, adquirindo a vantagem indevida, e somente após inicia a prática das condutas visando a obter a aparência de licitude para o dinheiro sujo. Ao

---

99 Exemplificativamente, podemos citar: Habeas corpus. Direito penal. Processo penal. 2. Crime contra a ordem tributária. Imputação de responsabilidade penal. Terceiro estranho ao quadro social da pessoa jurídica. Possibilidade. Art. 11 da Lei 8.137/90. 3 . Inépcia da denúncia. Ausência de descrição do conjunto que levou a enquadrar o denunciado como administrador de fato da pessoa jurídica. Denúncia inepta. 4. **Lavagem de dinheiro. Ocultação do pagamento de vantagem indevida a funcionário público. Precedente pela atipicidade – Décimos Sextos Embargos Infringentes na Ação Penal 470 – Tribunal Pleno, julgados em 13.3.2014. Semelhança apenas parcial entre os casos. Inexistência de jurisprudência consolidada. Excepcionalidade do trancamento da ação penal por atipicidade da conduta. Descabimento do reconhecimento imediato da atipicidade**. 5. Quebra de sigilo bancário. Prova ilícita. Distribuição ao juízo especializado em crimes contra a ordem tributária. Alegação de direcionamento da distribuição e de incompetência do juízo. Fatos com forte ligação com ilícitos contra a ordem tributária. Enquadramento dos fatos na legislação específica que não seria absurdo. Aplicação da teoria do juízo aparente. Ilicitude da prova afastada. 6. Nulidade do interrogatório. Falta de intimação do corréu. Inocorrência. Defesa intimada para o interrogatório realizado ao início da instrução e para novo interrogatório ao final. 7. Ordem concedida em parte, para extinguir a ação penal em quanto à imputação da prática do crime do art. 1º, V, da Lei 8.137/90, em relação ao paciente e a corréu em idêntica situação. (...) O trancamento seria cabível caso houvesse jurisprudência consolidada, formada em casos idênticos. O caso é diverso do precedente. O precedente tratava de corrupção passiva. Este caso, de corrupção ativa. Aparentemente, a mesma razão pode ser projetada para ambos os crimes. Entretanto, isso não é indisputável. Além disso, trata-se de decisão, por maioria, adotada em único caso, uma ação penal originária. Tenho que, muito embora o precedente impressione, seria prematuro invocá-lo para impedir o Ministério Público de defender sua posição pela tipicidade da conduta no caso concreto. (HC 121719, Relator(a): Min. GILMAR MENDES, Segunda Turma, julgado em 24/11/2015, PROCESSO ELETRÔNICO DJe-094 DIVULG 10-05-2016 PUBLIC 11-05-2016 REPUBLICAÇÃO: DJe-133 DIVULG 24-06-2016 PUBLIC 27-06-2016 –**grifos do autor**). No mesmo sentido: "Por fim, o argumento de que o recebimento dissimulado e mediante artifícios constitui exaurimento do delito de corrupção passiva – e não crime autônomo de lavagem de dinheiro –, tal como decidido na AP 470 em relação ao réu João Paulo Cunha –, é matéria, igualmente, a ser dirimida no final da ação penal, mormente porque depois de produzidas todas as provas será possível avaliar a existência "do elemento subjetivo do tipo [de lavagem], consubstanciado na especial intenção de emprestar aparência lícita aos valores" (fl. 1.127). **Embora tal entendimento tenha sido bem empregado no referido precedente, não se pode, desde logo, dar-lhe o mesmo efeito para afirmar a atipicidade das condutas narradas pelo Ministério Público na denúncia que ora se examina**."(Inq 3997, Relator(a): Min. TEORI ZAVASCKI, Segunda Turma, julgado em 21/06/2016, ACÓRDÃO ELETRÔNICO DJe-204 DIVULG 23-09-2016 PUBLIC 26-09-2016).

revés, ela se evidencia justamente quando o recebimento do recurso ilícito ocorre no mesmo contexto fático-temporal em que a conduta de lavagem de dinheiro é praticada.

Nos dias atuais, testemunhamos constante evolução na complexidade dos mecanismos aplicados em manobras de lavagem de dinheiro. Os criminosos buscam diariamente aperfeiçoar os métodos empregados, a fim de conferir-lhes maior eficiência para possibilitar o recebimento do dinheiro sujo devidamente lavado, dificultando a detecção do crime e a própria atividade investigativa dos órgãos de aplicação da lei.

Isto posto, tornaram-se comuns casos em que o agente criminoso se vale do próprio momento do recebimento do recurso proveniente do crime antecedente para empregar manobras que dificultem sua descoberta, dissimulando sua origem e natureza e obtendo aparência de licitude. Ora, pergunta-se: se para o criminoso é possível receber o recurso ilícito derivado do crime antecedente – *por exemplo, os valores oriundos de corrupção passiva praticada por agente público* – já com a aparência de licitude, simulando operações, utilizando-se de interpostas pessoas ou adotando mecanismo que, além de dificultar o rastreio do dinheiro sujo, ainda permita a utilização de subterfúgio que lhe confira ares de legalidade, por que não o faria?

Por conseguinte, se para o recebimento da vantagem indevida ou a obtenção da posse do recurso ilícito o agente se vale de método que lhe confira igualmente a própria lavagem do dinheiro sujo, deverá ele responder não apenas pela corrupção passiva, mas também pela lavagem de dinheiro. Não se pode, a nosso ver, entender-se tal conduta como mero exaurimento do delito anterior. Na verdade, é evidente que ao agente caberia a possibilidade do recebimento da vantagem ilícita das mais variadas formas: diretamente em espécie, por intermédio de envio para contas de sua titularidade, em nome de parentes ou pessoas que lhe são intimamente ligadas etc. No entanto, ele opta por empregar mecanismo que, aos seus olhos, é mais eficiente justamente porque dissimula seus verdadeiros desígnios, escondendo a natureza e a origem criminosa que maculava o recurso que lhe era destinado. Por tal razão, não poderia simplesmente responder pela prática exclusiva do crime antecedente, merecendo reprimenda também pelo tipo penal de lavagem de dinheiro.

Embora o tipo penal do artigo 317 do CP preveja a possibilidade do recebimento da vantagem indevida de forma indireta, entendemos que, quando o agente pratique conduta dissimulada que lhe permita não apenas a efetivação da posse do recurso ilícito, como também sirva para dar ao proveito financeiro ilícito aura de legalidade, conferindo-lhe aparência de licitude, igualmente deve responder pela lavagem de dinheiro.

O então juiz federal Sérgio Fernando Moro, ao sentenciar caso referente ao ex-Deputado Federal Eduardo Consentindo da Cunha, passou a avaliar a questão, referindo que, inclusive, vinha adotando a posição de que a lavagem de dinheiro somente poderia ocorrer após finalizadas as condutas relativas ao crime antecedente. Em suas palavras, de acordo com tal entendimento, *"só haveria lavagem se, após o recebimento da vantagem indevida do crime de corrupção, fosse o produto submetido a novas condutas de ocultação e dissimulação"*.[100]

No entanto, o próprio julgador afirmou que a realidade contrastava com a teoria, tendo sido necessária a revisão de entendimento para se admitir a ocorrência de delito autônomo de lavagem de dinheiros em tais casos. Assim, proferiu *decisum* com o seguinte teor:

> (...) 435. A realidade dos vários julgados na assim denominada Operação Lavajato recomenda alteração desse entendimento. 435. A sofisticação da prática criminosa tem revelado o emprego de mecanismos de ocultação e dissimulação já quando do repasse da vantagem indevida do crime de corrupção. 436. **Tal sofisticação tem tornado desnecessária, na prática, a adoção de mecanismos de ocultação e dissimulação após o**

100 Ação Penal nº 505160623.2016.4.04.7000/PR, 13ª Vara Federal de Curitiba, juiz federal SÉRGIO FERNANDO MORO, sentença publicada em 30/03/2017 11:29:53 –**grifos do autor**).

recebimento da vantagem indevida, uma vez que o dinheiro, ao mesmo tempo em que recebido, é **ocultado ou a ele** é **conferida aparência lícita**. 437. Este é o caso, por exemplo, do pagamento de propina através de transações internacionais subreptícias. Adotado esse método, **a propina já chega ao destinatário, o agente público ou terceiro beneficiário, ocultada e, por vezes, já em local seguro e fora do alcance das autoridades públicas, tornando desnecessária qualquer nova conduta de ocultação ou dissimulação**. 438. **Não seria justificável premiar o criminoso por sua maior sofisticação e ardil, ou seja, por ter habilidade em tornar desnecessária ulterior ocultação e dissimulação do produto do crime, já que estes valores já lhe são concomitantemente repassados com a aparência de licitude ou para receptáculo secreto**. 439. Não se desconsidera aqui o precedente do Egrégio Supremo Tribunal Federal na Ação Penal 470. 440. No caso, quando do julgamento dos embargos infringentes, o Egrégio Supremo Tribunal Federal condenou o ex-deputado federal João Paulo Cunha por corrupção, mas o absolveu por lavagem, por entender que o expediente de ocultação em questão envolvia o recebimento da vantagem indevida por pessoa interposta, no caso sua esposa que sacou em espécie a propina no banco. O Supremo Tribunal Federal entendeu, acertadamente, naquele caso que o pagamento de propina a pessoa interposta ainda fazia parte do crime de corrupção e não do de lavagem. 441. Salta aos olhos primeiro a singeleza da conduta de ocultação naquele processo, a mera utilização da esposa para recebimento em espécie da propina. 442. Também necessário apontar a relevante diferença de que, naquele caso, o numerário não foi recebido pela esposa e sucessivamente pelo ex-parlamentar já ocultado ou com aparência de lícito. Pelo contrário, ao dinheiro em espécie, ainda necessário, para a reciclagem, o emprego de algum mecanismo de ocultação e dissimulação. 443. Já no presente feito, não se trata de mero pagamento a pessoa interposta, mas, com a utilização de contas secretas no exterior, em nome de, de um lado, uma *offshore*, doutro lado, um *trust*, da realização de uma transação subreptícia, por meio da qual a propina é colocada e ocultada em um local seguro. Para o beneficiário, desnecessárias ulteriores providência para ocultar a propina, já que as condutas envolvidas na transferência foram suficientes para essa finalidade. 444. O entendimento ora adotado, em evolução da posição do julgador, não representa contrariedade com o referido precedente do Egrégio Supremo Tribunal Federal, pois distintas as circunstâncias."[101]

7.2. Tipos penais equiparados (artigo 1º, §§ 1º e 2º)

> § 1º Incorre na mesma pena quem, para ocultar ou dissimular a utilização de bens, direitos ou valores provenientes de infração penal:
>
> I – os converte em ativos lícitos;
>
> II – os adquire, recebe, troca, negocia, dá ou recebe em garantia, guarda, tem em depósito, movimenta ou transfere;
>
> III – importa ou exporta bens com valores não correspondentes aos verdadeiros.

Como anteriormente estudado, o tipo penal principal de lavagem de dinheiro encontra-se previsto no *caput*, do artigo 1º, da Lei nº 9.613/98, gravitando ao redor das ações típicas *ocultar ou dissimular*.

Na verdade, as condutas de ocultação e dissimulação constituem o núcleo principal das atividades de lavagem de dinheiro, sendo a origem de todo o processo de criminalização das condutas em questão.

101 O texto integral da citada decisão judicial pode ser encontrado em https://www.conjur.com.br/dl/condenacao-eduardo-cunha-13-vara.pdf.

No entanto, ao lado do tipo principal, o artigo 1º, da Lei nº 9.613/98, traz condutas penais acessórias em seus parágrafos 1º e 2º, conferindo-lhes semelhante grau de censura penal, uma vez que sujeitas aos mesmos parâmetros de pena estabelecidos no *caput*.

Os tipos penais acessórios são caracterizados como derivados do tipo principal porque encontram-se intrinsecamente vinculados ao tipo básico nas condutas de ocultação e dissimulação, estatuindo, no entanto, ações típicas distintas para a caracterização do delito de lavagem de dinheiro.

Preambularmente, importa o registro de que todas as condutas típicas descritas no § 1º dependem, para sua devida configuração, da *específica finalidade de agir* –por alguns estudiosos definida como *elemento subjetivo especial*[102]. Destarte, para que tais tipos penais acessórios da lavagem encontrem-se devidamente caracterizados faz-se necessário que o agente, ao praticar as ações que constituem os verbos núcleos do tipo, tenha por finalidade precípua a obtenção da aparência de licitude. É a própria finalidade de reciclagem de valores.

No entanto, embora seja imprescindível a presença da específica finalidade de agir a guiar a conduta delitiva quando da prática dos verbos núcleos do tipo penal, não se faz necessário que o agente efetivamente atinja o seu intento delituoso, bastando a comprovação que sua conduta foi dirigida a tal finalidade. A presente afirmação decorre de uma simples interpretação literal do tipo penal em questão (§ 1º, do artigo 1º, da Lei nº 9.613/98).

Visto isso, a primeira modalidade descrita no § 1º é daquele que *converte* em ativos lícitos, os bens, direitos e valores provenientes de infração penal.

Na verdade, a conversão prevista no tipo penal caracteriza-se pela transformação do produto do crime, dando-lhe nova natureza jurídica. Com efeito, quando da prática de tal conduta, o agente busca verdadeira "mutação de forma" do bem derivado da infração penal antecedente, tencionando deixar para trás características que destacam sua proveniência ilícita.

Isso ocorre, não raras vezes, quando o agente obtém, com a prática dos crimes antecedentes, grandes quantias de valores em espécie, bens que, por sua natureza perecível, de alta vulnerabilidade na guarda e notória depreciação monetária, normalmente não são guardados por longos períodos de tempo em grande quantidade. Estando assim alocados fora da economia formal, certamente chamam a atenção quanto à ilicitude de sua origem.

Portanto, em tais casos, normalmente se torna imperiosa a prática de conduta que vise a transformar o produto do crime antecedente, convertendo-o em outro que não evidencie sua proveniência delituosa. Quando a conversão é efetuada justamente com a finalidade da obtenção dessa aura de licitude, caracterizada estará a lavagem de dinheiro prevista no artigo 1º, § 1º, inciso I, da Lei nº 9.613/98.

A modalidade seguinte é a conduta daquele que *adquire, recebe, troca, negocia, dá ou recebe em garantia, guarda, tem em depósito, movimenta ou transfere* bens, direitos ou valores provenientes de infração penal.

Igualmente, para a caracterização do delito em questão, urge que o agente pratique as ações típicas descritas no inciso II animado da específica finalidade de agir, buscando a obtenção da aparência de licitude. Portanto, registre-se que a simples guarda e manutenção de valores provenientes de práticas delituosas em depósito, por exemplo, se não devidamente evidenciados aspectos que indiquem a intenção de dar aparência de licitude com a prática de tais condutas, por si só, não caracterizariam o delito de lavagem em sua modalidade acessória.

Nesse sentido, a 1ª Turma do STF, ao abordar o tema, apresentou o seguinte entendimento:

102 *Bonfim e Bonfim, Lavagem de Dinheiro*, p. 49. Citado por Pierpaolo Bottini e Gustavo Badaró, Lavagem de dinheiro: aspectos penais e processuais penais, p. 158.

"1. No crime de "lavagem" ou ocultação de valores de que trata o inc. II do art. 1º da Lei nº 9.613/98, as ações de adquirir, receber, guardar ou ter em depósito constituem elementos nucleares do tipo, que, todavia, ***se compõe, ainda, pelo elemento subjetivo consistente na peculiar finalidade do agente de, praticando tais ações, atingir o propósito de ocultar ou dissimular a utilização de bens, direitos ou valores provenientes de quaisquer dos crimes indicados na norma incriminadora. Embora seja dispensável que o agente venha a atingir tais resultados, relacionados à facilitação do aproveitamento ("utilização") de produtos de crimes, é inerente ao tipo que sua conduta esteja direcionada e apta a alcançá-los. Sem esse especial elemento subjetivo (relacionado à finalidade) descaracteriza-se o crime de ocultação****, assumindo a figura típica de receptação, prevista no art. 180 do CP. (...)"*[103]

A terceira e última modalidade acessória prevista no § 1º refere-se à conduta do agente que *importa ou exporta bens com valores não correspondentes aos verdadeiros*. Tal modalidade abrange as atividades de importação e exportação de mercadorias, tipologias amplamente divulgadas como manobras de lavagem de dinheiro utilizadas por organizações criminosas.

Sérgio Fernando Moro, em sua obra específica sobre o delito de lavagem de dinheiro, ressalta o avanço na expressa previsão legal da ocorrência do delito em foco quando praticadas condutas em atividades de importação e exportação de bens, *in verbis*:

"Das condutas descritas nos incisos, chamam a atenção a importação e a exportação de bens com valores não correspondentes aos verdadeiros. Trata-se de tipologia comum na atividade de lavagem de dinheiro, tendo sido inclusive objeto de relatório específico do FATF. A lavagem de dinheiro baseada em um sistema de importação ou exportação ("Money laundering trade base") é definida, no referido relatório, como um processo de ocultação do produto do crime e de transferência de valor através de transações comerciais na tentativa de legitimar sua origem ilícita. Suas técnicas básicas são: – o subfaturamento ou superfaturamento das operações de importação ou exportação; – a expedição de múltiplas faturas para uma mesma operação; – a falsa descrição das mercadorias ou serviços importados ou exportados. Exemplificativamente, subfaturando o valor da operação de exportação, o exportador transfere valor ao importador, que receberá mercadorias de valor superior ao pago. Ao contrário, superfaturando a operação de exportação, o exportador receberá valor superior ao das mercadorias recebidas pelo importador. A operação poderá estar acompanhada da transferência de numerário por sistemas informais de transferência, como o pagamento da diferença entre o valor real da operação e o valor declarado através do mercado de câmbio negro. Evidentemente, para configuração de um crime de lavagem, faz-se necessário que tal mecanismo seja utilizado não com o propósito único de obter ganhos fiscais ou evadir dinheiro, mas também de ocultar ou dissimular a origem e a natureza de produto do crime. É fácil entender o atrativo de tais mecanismos quando se tem presente, segundo o referido relatório do FATF, que apenas cerca de 5% das cargas do comércio internacional são efetivamente fiscalizadas."[104]

§ 2º Incorre, ainda, na mesma pena quem:

I – utiliza, na atividade econômica ou financeira, bens, direitos ou valores provenientes de infração penal;

Nessa modalidade de tipo penal acessório trazida pelo § 2º, verifica-se a criminalização como lavagem da conduta daquele que, valendo-se de sua privilegiada posição profissional,

103 *Julgado citado por Pierpaolo Bottini e Gustavo Badaró, Lavagem de dinheiro: aspectos penais e processuais penais, p. 159. Grifos do autor. No mesmo sentido, decidiu o STJ nos autos da APn 472, de relatoria do então Ministro daquela Corte, Teori Albino Zavascki – julgado em 01/06/2011 – DJe 08/09/2011.*

104 *MORO, Sérgio Fernando. Crime de lavagem de dinheiro. Editora Saraiva. 2010. Págs. 37/38.*

utiliza em atividade econômica ou financeira bens, direitos ou valores provenientes de infração penal.

Na visão de Rogério Filippetto, "a censura penal advém não só da conduta propriamente dita, mas também da qualidade do agente, que normalmente tem condição de evitar a lavagem ou pelo menos o dever de reportar a ação suspeita e não o faz, com o nítido intuito de lucro (art. 2º, § 2º, inciso I)".[105]

Em relação a tal modalidade delituosa, note-se que, diversamente do que ocorre com os tipos acessórios descritos no parágrafo anterior, não é feita por parte do legislador qualquer referência à específica finalidade de agir contida na fórmula legal *para ocultar ou dissimular*.

Respeitados entendimentos adversos[106], entendemos que, por questão de política criminal, entendeu por bem o legislador punir de forma mais severa a simples utilização de bens ou valores provenientes de infração penal nas atividades econômicas e financeiras.

Nesse sentido, Sérgio Fernando Moro, ao afirmar que *"a redação do inciso I do § 2.º ainda revela que seu propósito explícito é a proteção da ordem econômica ou financeira. Não é qualquer emprego de bens, direitos ou valores procedentes de crime que configura o tipo penal, mas apenas o emprego na destinação específica, atividade financeira ou econômica. Investimentos procedentes de crime em uma empresa econômica configuram o crime, mas não a mera utilização dos recursos criminosos para aquisição de bens de consumo. De certa forma, o tipo subsidiário exige menos do que o tipo do caput, ao não exigir as condutas "ocultar" ou "dissimular", mas exige mais ao criminalizar apenas a utilização do produto do crime na atividade econômica ou financeira."*[107]

Por razões óbvias, aplica-se à presente subespécie penal as considerações relativas ao dolo direto ou eventual, havendo a necessidade da efetiva demonstração que o agente tinha plena ciência da origem delituosa do proveito financeiro por ele utilizado.

II – participa de grupo, associação ou escritório tendo conhecimento de que sua atividade principal ou secundária é dirigida à prática de crimes previstos nesta Lei.

A última espécie de tipos penais acessórios ou assemelhados é a contida no § 2º, inciso II.

Na nossa visão, o autor optou, na presente modalidade penal, pela criminalização autônoma daquele que participa de grupo, associação ou escritório tendo conhecimento de que sua atividade principal ou secundária é dirigida à prática dos crimes de lavagem.

Na verdade, pretendeu o legislador punir aqueles que se unem, de forma organizada, para a prática da lavagem de dinheiro. A nosso sentir, quis estender a esfera de proteção penal à participação do agente em grupo, associação ou escritório que tenha atividades direcionadas à prática do delito em questão.

Com efeito, embora seja efetuada expressa referência à atividade associativa, que pode se dar mediante a reunião de agentes munidos do mesmo propósito delituoso, importa ressaltar

---

105 Lavagem de dinheiro: crime econômico da pós-modernidade. Citado, p.133.

106 Posição diversa é defendida por Pierpaolo Bottini e Gustavo Badaró, Lavagem de dinheiro: aspectos penais e processuais penais, págs. 161/162.

107 *Idem, pág. 39. No mesmo sentido, a própria Exposição de Motivos da Lei n. 9.613/98 afirma: "O projeto também criminaliza a utilização, 'na atividade econômica ou financeira, de bens, direitos ou valores que sabe serem provenientes de qualquer dos crimes antecedentes...' (artigo 1.º, § 2.º, I). Neste caso, a mera utilização, sem ter por objetivo a ocultação ou a dissimulação da origem dos bens, direitos ou valores, uma vez que o agente saiba de tal origem, caracteriza a prática do ilícito. Tal hipótese o projeto buscou no direito francês (art. 324-1, 2. a alínea, introduzida pela Lei n. 96-392, de 1996)". In www.coaf.fazenda.gov.br/backup/legislacao-e-normas/legislacao1/Exposicao%20de%20Motivos%20Lei%209613.pdf/view.*

que o tipo penal não exige a reiteração delitiva e nem mesmo a divisão de tarefas típica das organizações criminosas para a caracterização do delito em tela.

Dessa forma, caracterizada a participação associativa para a prática de atividades direcionadas à lavagem de dinheiro, afastada se encontrará a possibilidade de imputação do crime previsto no artigo 288, do Código Penal.[108]

Igualmente, mesmo se restar evidenciado que associação encontra-se estruturalmente ordenada e com a regular divisão de tarefas, entendemos que, se direcionada à prática de crimes de lavagem de dinheiro, por força do princípio da especialidade, deve ser imputada a modalidade delituosa descrita no § 2º, inciso II, da Lei nº 9.613/98 e, não, o crime previsto no artigo 2º, da Lei nº 12.850/13.

8. TENTATIVA

§ 3º A tentativa é punida nos termos do parágrafo único do art. 14 do Código Penal.

Nos moldes da sistemática trazida pelos atos normativos internacionais que balizam a atuação da seara de prevenção e combate aos delitos de lavagem de dinheiro, a Lei nº 9.613/98 pune a tentativa de prática de tais condutas delituosas no § 3º, de seu artigo 1º.

Blanco Cordero[109] relembra que o primeiro instrumento internacional a mencionar a necessidade da punição da tentativa no âmbito de aplicação dos delitos de lavagem de dinheiro foi a Convenção de Viena, de 1998.[110] Posteriormente, essa declaração foi praticamente repetida na Convenção do Conselho da Europa e igualmente passou a constar da Convenção de Palermo[111], da Convenção de Mérida[112] e das Convenções de Estrasburgo e Varsóvia[113].

Com efeito, não poderia ser outra a posição em relação à punibilidade da tentativa no âmbito da lavagem de dinheiro. O que se pretende, na verdade, é evitar que tais comportamentos, que nitidamente colocam em risco o bem jurídico tutelado pelas normas em questão, sejam praticados à margem da esfera de repressão estatal.

Nitidamente, pretendeu o legislador ampliar os limites punitivos a tais espécies delituosas, uma vez que, embora perfeitamente aplicáveis ao âmbito da lavagem as regras previstas na legislação penal pátria, optou por deixar expressamente prevista a possibilidade da tentativa em tal espécie delituosa.

No entanto, como cediço, para que reste caracterizada a tentativa punível torna-se necessário o início da execução delituosa, com a prática de atos executórios relacionados às condutas típicas previstas nos tipos penais de lavagem de dinheiro.

---

108 No mesmo sentido, Sérgio Fernando Moro. Crime de lavagem de dinheiro. Citado, p. 39.

109 *In* BLANCO CORDERO, Isidoro, El Delito de Blanqueo de Capitales, págs. 933 e 934. Citado.

110 Ao lado de certas modalidades de participação delituosa, o artigo 3º, 1, c), iv) estatui a obrigatoriedade da adoção, por parte de cada uma das partes signatárias, das medidas necessárias para a efetiva punição da tentativa de cometimento dos delitos de lavagem de dinheiro, *in verbis: ARTIGO 3 – Delitos e Sanções: 1 – Cada uma das Partes adotará as medidas necessárias para caracterizar como delitos penais em seu direito interno, quando cometidos internacionalmente: (...) c) de acordo com seus princípios constitucionais e com os conceitos fundamentais de seu ordenamento jurídico; (...) iv) a participação em qualquer dos delitos mencionados neste Artigo, a associação e a confabulação para cometê-los, a tentativa de cometê-los e a assistência, a incitação, a facilitação ou o assessoramento para a prática do delito.*

111 Artigo 6º, 1, d).

112 Artigo 23, b), ii.

113 Respectivamente, no artigo 6º, 1, d) e no artigo 9, 1, d). Em ambos os casos, utilizou-se fórmula genérica para se referir às formas de tentativa do cometimento dos delitos de lavagem de dinheiro.

Em tais casos, quando em sua esfera de disponibilidade ou já de posse do proveito econômico obtido com a prática da infração antecedente, o agente dá início à prática de condutas direcionadas à ocultação ou dissimulação de sua origem, devidamente munido do *animus* em dar-lhe a tão almejada aparência de licitude. Assim, iniciada a prática de tais condutas, sendo o agente impedido, por circunstâncias alheias ao seu desejo, de obter a consumação delitiva, deverá ser punido pela prática da lavagem de dinheiro em sua modalidade tentada.

Como exemplo, tomemos o caso das conhecidas organizações criminosas que por intermédio da exploração de produtos e serviços e da prática de atos de extorsão em certas comunidades, obtêm como lucro de suas ilícitas atividades, vultosas quantias em espécie. Como manobra de lavagem de dinheiro, adotam o artifício da inserção de recursos ilícitos em atividades exercidas por empresas que atuam no ramo da venda de materiais para a construção civil. Para tal, mediante participação societária direta ou por intermédio de interpostas pessoas, possuem o controle final das atividades exercidas por tais pessoas jurídicas, simulando operações comerciais com a emissão de duplicatas tendo como cedentes/beneficiários outras empresas igualmente ligadas à organização criminosa, para destas, efetuar o repasse de valores para novas contas diretamente ligadas aos controladores da quadrilha.

Assim agindo, permitem que o dinheiro "sujo" ingresse em atividades aparentemente legais, dissimulando a origem de tais valores mediante a realização de operações comerciais fictícias. Nesse caso, se ainda houver a mescla dos valores ilícitos com outros legalmente obtidos em atividades comerciais regulares das empresas utilizadas, poderão se valer de manobra ainda mais consistente, permitindo-lhes a alegação de que se tratava, na verdade, de valores lícitos.

Diante do exemplo dado, temos as seguintes situações: 1) se percorrido todo o *iter criminis* planejado, desde a emissão das duplicatas até o efetivo ingresso dos valores ilícitos nas contas pertencentes aos chefes da organização criminosa, ter-se-á como exaurida a manobra de lavagem de dinheiro. Seria a prática do ciclo completo de lavagem, desde a colocação dos valores ilícitos, com a sua inserção na economia formal e criação de camadas visando à ocultação, até a efetiva integração já com aparência de licitude; 2) Se, no entanto, emitidas as duplicatas e antes dos efetivos pagamentos, por qualquer razão, desbaratada a organização criminosa e evidenciado o esquema de lavagem por ela eleito, temos caracterizada a tentativa da lavagem de dinheiro. Nesse caso, iniciada a prática de atos executórios direcionados à consecução do intento delituoso visado, este apenas não se tornou consumado devido a circunstâncias alheias à vontade do agente; 3) Por fim, se documentalmente preparadas as simulações das operações comerciais – com a constituição das empresas a serem utilizadas e, até mesmo, a emissão das notas fiscais que embasariam a emissão das duplicatas que posteriormente seriam pagas com os valores obtidos com a prática de crimes –, mas antes da emissão e pagamento das duplicatas, entende-se que não teriam os agentes saído da esfera dos atos preparatórios à lavagem de dinheiro, respondendo apenas por estes.

O exemplo acima trazido, a nosso ver, ilustra nitidamente a preparação, os atos executórios e o próprio exaurimento de uma manobra de lavagem de dinheiro. Contudo, parece-nos oportuno relembrar que a prática de lavagem de dinheiro nunca deve ser analisada de forma isolada. Conforme se buscou demonstrar, ela se realiza, via de regra, em diversas etapas, com prática de sucessivas operações na criação de camadas tendo por específica finalidade desvincular-se da origem criminosa que macula os recursos ilícitos movimentados.

Dessa forma, não raras vezes, bastaria para a caracterização do delito em questão a prática de uma simples conduta integrante da cadeia delituosa, a qual, por si só, já serve para caracterizar a ocultação ou dissimulação necessárias à configuração do tipo penal em estudo. É o que ocorreria, no exemplo citado, se após o pagamento das duplicatas emitidas, com a inserção de valores em contas pertencentes a outras empresas que integram a organização criminosa, fosse a manobra de lavagem interrompida antes que os valores pudessem chegar às contas finais pertencentes aos líderes da quadrilha.

9. CAUSAS DE AUMENTO DE PENA

> § 4º A pena será aumentada de um a dois terços, se os crimes definidos nesta Lei forem cometidos de forma reiterada, por intermédio de organização criminosa ou por meio da utilização de ativo virtual.

9.1. Reiteração delitiva

O parágrafo 4º do artigo 2º traz a previsão de causa de aumento de pena em razão da *reiteração delitiva* e da prática da lavagem por *intermédio de organização criminosa*.

A previsão legal das causas de exacerbação da pena reveste-se, na prática, de suma importância, pois permite que casos que se diferenciam por sua reiteração delitiva ou pela estrutura utilizada para o seu cometimento recebam tratamento penal distinto no que tange ao *quantum* da pena aplicada.

Antes de se entrar na análise das hipóteses de aumento de pena previstas no § 4º, importante ressaltar que, conforme a redação originária da Lei nº 9.613/98, a majorante incidia quando os crimes de lavagem fossem praticados de "forma *habitual*". Com a alteração trazida pela Lei nº 12.683/12, a expressão empregada foi substituída por de "forma *reiterada*".

Embora possa parecer, em um primeiro momento, não ter havido alteração substancial na norma, a nosso sentir, o legislador demonstrou querer afastar qualquer correlação entre a causa de aumento do § 4º e a regra da continuidade delitiva, prevista no artigo 71, do Código Penal.

De fato, a utilização da expressão *de forma habitual* poderia trazer dúvidas quanto a sua extensão e aplicação prática, quando da análise do caso em concreto.

Tanto é que, ainda sob a égide da redação anterior, a questão foi objeto de discussão pelo Plenário do STF, no decorrer do julgamento da AP 470, popularmente conhecida como "Mensalão". Quando da análise da dosimetria da pena aplicada, por maioria de votos, decidiu-se pelo afastamento do concurso material, conforme imputação deduzida na denúncia, aplicando-se a continuidade delitiva, por entender devidamente demonstrados os elementos caracterizadores previstos no artigo 71, do CP.[114]

---

114 Conforme teor do acórdão, *"Ante o empate na apreciação da dosimetria dos delitos de lavagem de dinheiro (Lei 9.613/98, art. 1º, V e VI), descrito no capítulo IV da denúncia, prevaleceu o voto do revisor, atribuindo-se a pena de 6 anos, 2 meses e 20 dias de reclusão, mais 20 dias-multa. Alinharam-se a esse patamar os Ministros Rosa Weber, Dias Toffoli, Cármen Lúcia e Presidente. Ao revés, os Ministros Luiz Fux, Gilmar Mendes, Marco Aurélio e Celso de Mello seguiram o relator na fixação da reprimenda em 11 anos e 8 meses de reclusão e 291dias-multa. Tanto o relator quanto o revisor decretaram a interdição do exercício de cargo ou função pública, nos termos do art. 7º, II, da lei específica. Determinaram, ainda, a perda dos valores disposta no inciso I deste mesmo preceito. Rejeitou-se o pleito do parquet de reconhecimento do concurso material entre as operações de lavagem por reputar configurada a regra do crime continuado (CP, art. 71). Em virtude disso, afastou-se a habitualidade contida no § 4º do art. 1º da Lei 9.613/98, ao considerar que resultaria em bis in idem. O Min. Marco Aurélio assinalou que não se poderia cogitar de sobreposição. (...) A acusação, em alegações finais, pede a aplicação da causa especial de aumento de pena prevista no § 4º do artigo 1º da lei 9.613/98 (na redação anterior à lei 12.683/2012), dada "a circunstância de os delitos de lavagem de dinheiro terem sido praticados de forma habitual, haja vista que a denúncia descreveu mais de sessenta episódios consumados ao longo do tempo" (fls. 45.371). Ocorre que a reiteração de condutas configuradoras da lavagem de dinheiro, quando verificada nas mesmas circunstâncias (como se dá no caso), atrai a regra do crime continuado (CP, art. 71). Daí porque, no caso, sob pena de bis in idem, não vejo como aplicar, suplementarmente, a causa especial de aumento de pena descrita no art. 1º, § 4º da Lei 9.613/1998, que se refere à hipótese de o crime em questão ser "cometido de forma habitual", visto que o disposto no art. 71 do Código Penal já foi aplicado". (STF, AP 470/MG, rel. Min. Joaquim Barbosa, publicado em 25.10.2012).*

Incidentes as regras do crime continuado, optaram por afastar a majorante da habitualidade então prevista no § 4º, do artigo 1º, da Lei nº 9.613/98, sob pena de caracterização do *bis in idem*. Tal entendimento decorria de uma evidente indicação de que a *habitualidade* se revestiria de semelhantes elementos daqueles integrantes da continuidade delitiva prevista no artigo 71, do CP.

No entanto, com a atual redação, entendemos superada tal discussão.

Com efeito, a *reiteração delitiva* constante do § 4º em nada se confunde com a continuidade delituosa. Enquanto esta exige que os crimes de lavagem sejam praticados observando-se as mesmas circunstâncias de tempo, modo e lugar de execução *(elementos objetivos)*, evidenciando, de plano, terem sido os crimes subsequentes continuação do primeiro *(liame subjetivo)*, a reiteração criminosa ocorre quando o agente pratica lavagens autônomas e isoladas, mas de forma reiterada.

Desta forma, a nosso sentir, perfeitamente possível a cumulação da majorante em razão da *reiteração delitiva* com o *concurso material* previsto no artigo 69, do CP.[115]

9.2. Organização criminosa

O parágrafo 4º do artigo 1º ainda prevê a incidência do aumento da pena quando a lavagem de dinheiro é praticada *por intermédio de organização criminosa*.

A definição de organização criminosa encontra-se atualmente prevista no artigo 1º, da Lei nº 12.850/13. De acordo com o referido texto legal, considera-se organização criminosa "*a associação de 4 (quatro) ou mais pessoas estruturalmente ordenada e caracterizada pela divisão de tarefas, ainda que informalmente, com objetivo de obter, direta ou indiretamente, vantagem de qualquer natureza, mediante a prática de infrações penais cujas penas máximas sejam superiores a 4 (quatro) anos, ou que sejam de caráter transnacional.*"

Com efeito, a lavagem de dinheiro, quando praticada por intermédio de organização criminosa, demonstra-se merecedora de reprimenda diferenciada no tocante ao *quantum* de pena a ser aplicada.

Não seria coerente com a mesma sanção penal, por exemplo, a lavagem praticada por organização criminosa, devidamente estruturada e com orquestrada divisão de tarefas entre seus agentes, e aquela realizada, por vezes, mediante conduta individualizada, como o caso do agente que, com recursos criminosos, adquire bem imóvel e o registra em nome de terceira pessoa para ocultar a sua real propriedade.

Questão que se apresenta é a possibilidade da incidência da majorante da organização criminosa para casos ocorridos antes do advento da Lei nº 12.850/13.

---

115 Nesse sentido, encontram-se os seguintes precedentes jurisprudenciais: *"Não se há de falar em continuidade delitiva, se as condições de tempo, lugar e modo de execução, são diferentes de um crime para o outro. 2.* ***Não se pode confundir reiteração criminosa com continuidade delitiva. Se o réu faz do crime um modo de auferir dinheiro, trata-se de contumácia criminosa e não de crime continuado.*** **"(TJDF; Rec. 2009.05.1.004355-7; Ac. 436.151; Segunda Turma Criminal; Rel. Des. João Timóteo de Oliveira; DJDFTE 16/08/2010; Pág. 426)**;*"Para a caracterização do crime continuado faz-se necessária a presença tanto dos elementos objetivos quanto subjetivos. 2.* ***Constatada a reiteração habitual, em que as condutas criminosas são autônomas e isoladas, deve ser aplicada a regra do concurso material de crimes.*** *3. A continuidade delitiva, por implicar verdadeiro benefício àqueles delinquentes que, nas mesmas circunstâncias de tempo, modo e lugar de execução, praticam crimes da mesma espécie, deve ser aplicada somente aos acusados que realmente se mostrarem dignos de receber a benesse (...)"* **(STF HC 101049/RS – Relator(a): Min. ELLEN GRACIE Julgamento: 04/05/2010** Órgão **Julgador: Segunda Turma Publicação DJe-091 DIVULG 20-05-2010 PUBLIC 21-05-2010)**;*"Constatada a reiteração criminosa, e não a continuidade delitiva, inviável acoimar de ilegal a decisão que negou a incidência do art. 71 do CP, pois, na dicção do Supremo Tribunal Federal,* ***a habitualidade delitiva afasta o reconhecimento do crime continuado*** *(...)"* **(STJ; HC 128.663; Proc. 2009/0027662-7; SP; Quinta Turma; Rel. Min. Jorge Mussi; Julg. 05/08/2010; DJE 13/09/2010)**e ***"Há reiteração delituosa quando tais condutas são habituais ou exercidas por profissionais na prática de delitos, revelando incapacidade do agente em se adaptar*** à ***ordem legal."*** *(STF – HC 70568 SP).* **Grifos do autor.**

Quando ainda vigente o rol taxativo de crimes antecedentes da lavagem de dinheiro, presente na redação original da Lei nº 9.613/98, a discussão existia em relação ao inciso VII do artigo 1º, crime *praticado por organização criminosa.*

O STF debruçou-se sobre o tema, decidindo, por maioria de votos, que, não existindo em nosso ordenamento jurídico definição de organizações criminosas, não seria possível a caracterização da lavagem de dinheiro de recursos provenientes de crimes por elas praticados.

Gustavo Badaró e Pierpaolo Bottini defendem a incidência da majorante apenas para fatos ocorridos a partir da data de início de vigência da Lei nº 12.850/13. Na visão dos autores, a definição contida na Convenção de Palermo não seria suficiente, pois haveria a necessidade da criação de lei específica a definir a expressão *organizações criminosas.*[116]

Preferimos nos filiar a posição oposta.

A expressão "*organização criminosa*" – contida na redação original do artigo 1º, inciso VII, e mantida na majorante do parágrafo 4º, revela-se como elemento normativo do tipo, exigindo a aplicação de um juízo valorativo para a constatação de sua real extensão.

A Convenção de Palermo, devidamente incorporada ao direito pátrio em 2004 pelo Decreto nº 5.015/2004, já trazia substancial definição de *grupo criminoso organizado*, estabelecido como aquele *"estruturado de três ou mais pessoas, existente há algum tempo e atuando concertadamente com o propósito de cometer uma ou mais infrações graves ou enunciadas na presente Convenção, com a intenção de obter, direta ou indiretamente, um benefício econômico ou outro benefício material (artigo 2, a)"*.

Isso porque, tendo sido os termos da Convenção de Palermo devidamente incorporados ao nosso ordenamento jurídico, não nos parece razoável exigir que o legislador pátrio tivesse a obrigatoriedade de efetuar nova definição jurídica daquilo que deveria ser entendido como organização criminosa. Não significa que não pudesse fazê-lo – como de fato o fez com a Lei nº 12.850/13. O que não se demonstra aceitável era estabelecer como indispensável a definição legislativa de expressão já integrante do ordenamento jurídico.

Contudo, inegável que a edição da Lei nº 12.850/13 veio a trazer maior segurança jurídica à aplicação da causa de aumento de pena em questão, impedindo o recurso a interpretações jurídicas que visem afastar diferenciada punição à lavagem de dinheiro quando praticada por organizações criminosas.

9.3. Por meio da utilização de ativos virtuais

A Lei nº 14.478/22, publicada em 21 de dezembro de 2022, trouxe grande inovação com a introdução, juntamente com os casos de reiteração delitiva e organização criminosa, de mais uma causa de aumento de pena para os delitos de lavagem de dinheiro previstos na Lei nº 9.613/98. Dando nova redação ao § 4º, a Lei de Lavagem de Dinheiro passou a prever a possibilidade da aplicação do acréscimo de pena de 1/3 (um terço) a 2/3 (dois terços) quando os crimes de lavagem forem praticados por meio da utilização de ativo virtual.

Com efeito, as alterações trazidas no bojo da Lei nº 14.478/22 fizeram parte de importante iniciativa do Legislativo Federal em direção à regulamentação do mercado de ativos virtuais e da atuação das prestadoras de ativos virtuais (exchanges de ativos virtuais). A iniciativa reveste-se de ainda mais relevância considerando a ocorrência, nos últimos anos, de inúmeros casos de fraudes financeiras e crimes de lavagem de dinheiro praticados no mercado de criptoativos, até então alheio à uma abrangente regulamentação estatal.

---

116 Os referidos autores defendem que nem mesmo as definições trazidas pela Lei nº 9.034/95 (com as alterações da Lei nº 10.217/01) e Lei nº 12.694/12 seriam suficientes para suprir a ventilada lacuna legislativa quanto à efetiva definição de organizações criminosas. Obra citada, p.216.

O grande obstáculo para a aplicação das medidas antilavagem no setor de criptoativos em nosso país sempre foi a ausência de uma autoridade central, no âmbito administrativo, designada para exercer as atividades de regulação e supervisão dos criptoativos e das próprias exchanges prestadores de serviços de ativos virtuais. Embora iniciativas isoladas tenham sido tomadas por órgãos que indiretamente se viam afetados com a indevida utilização dos criptoativos para a prática de fraudes e ocultação de recursos – como foi o caso da Receita Federal do Brasil com a edição das IN 1888/2019 e 2219/2024[117] –, a regulamentação do setor ainda se apresentava de forma parcial e nitidamente direcionada ao atendimento dos próprios interesses do órgão emissor das normas.

Neste particular, a ausência de uma efetiva regulamentação do setor não é exclusividade de nosso país, estando a temática constantemente em debate no cenário internacional, com inúmeras discussões acerca da forma como o mercado de criptoativos deve ser regulamentado e qual o órgão/autoridade nacional que deveria exercer as funções de regulação e supervisão do setor. No âmbito normativo internacional, o FATF/GAFI estabelece na Rec.15[118] que os estados devem designar uma autoridade central para exercer as funções de regulação e supervisão do setor de criptoativos, aplicando-se às exchanges de criptoativos as medidas básicas de DDC – devida diligência ao cliente, a saber: adequada identificação e perfil de risco do cliente, manutenção de registros (*recordkeeping*) e comunicações de operações suspeitas (STR/COS).

A Lei nº 14.478/22, embora não tenha estabelecido prazo, determinou ao Executivo Federal a tarefa de designar um ou mais órgãos ou entidades integrantes da Administração Pública federal para exercer esse papel de autoridade central do sistema, realizando as atividades de regulação e supervisão do setor de criptoativos (arts. 5º, parágrafo único, 6º e 7º da Lei nº 14.478/22), o que veio a ser efetuado no dia 13 de junho de 2023, com a edição do Decreto nº 11.563/23, que estabeleceu o Banco Central do Brasil (BCB) como a autoridade responsável por "disciplinar o funcionamento das prestadoras de serviços de ativos virtuais e supervisionar suas atividades". Dessa forma, com a edição do referido Decreto, passou o Banco Central do Brasil a ser a autoridade central nacional relativa às operações com cirtoativos, cabendo-lhe a

117 A IN 1888/2019, editada pela Receita Federal do Brasil, com as alterações trazidas pela IN 1889/19, prevê a obrigatoriedade da prestação de informações relativas às operações envolvendo criptoativos à RFB, abrangendo as exchanges de criptoativos e as pessoas físicas e jurídicas domiciliadas em território nacional (art. 6º), que devem declarar as operações, realizadas em exchanges domiciliadas no exterior e aquelas que não forem realizadas por intermédio de exchanges, sempre que o valor mensal das operações, isolado ou conjuntamente, ultrapassar R$ 30.000,00 (trinta mil reais). Além disso, as exchanges de criptoativos domiciliadas. No Brasil devem comunicar à RFB em relação aos usuários de seus serviços, em relação ao dia 31 de dezembro de cada ano: I – o saldo das moedas fiduciárias, em reais; II – o saldo de cada espécie de criptoativos, em unidade dos respectivos criptoativos e; III – o custo, em reais, de obtenção de cada espécie de criptoativo, declarado pelos usuários de seus serviços. Embora louvável a iniciativa da RFB, não se pode esquecer que a norma tem por finalidade atender aos anseios próprios de controle e arrecadação de impostos do referido órgão federal e é alimentada, essencialmente, com dados declarados pelos contribuintes e pelas próprias exchanges, o que, por si só, não seria suficiente para atender a necessidade de abrangente regulamentação e supervisor do setor de criptoativos no cenário nacional. De igual forma, a IN 2219/2024, prevê, em apertada síntese, que as instituições de pagamento devem prestar informações, semestralmente, em relação aos serviços prestados para *exchanges* "internacionais" que atuam em território nacional. Dessa forma, informações relativas a operações com criptoativos realizadas em *exchanges* estrangeiras e que eventualmente não tenham sido comunicadas com base na IN 1888/2019 (artigo 6º, II, a), passam a estar à disposição da RFB – *e, consequentemente, dos órgão de persecução criminal mediante ordem judicial específica* - uma vez que de comunicação obrigatória com fundamento na IN 2219/2024.

118 A recomendação 15 do GAFI/FATF, editada em relação às chamadas Novas Tecnologias, prevê o seguinte: Os países e instituições financeiras deveriam identificar e avaliar os riscos de lavagem de dinheiro e financiamento do terrorismo que possam surgir em relação a (a) desenvolvimento de novos produtos e práticas de negócios, inclusive novos mecanismos de entrega, e (b) o uso de novas tecnologias ou em desenvolvimento para produtos novos ou já existentes. No caso de instituições financeiras, tal avaliação de riscos deveria ocorrer antes do lançamento desses novos produtos, práticas de negócios ou do uso de novas tecnologias ou em desenvolvimento. As instituições deveriam adotar medidas apropriadas para gerenciar ou mitigar tais riscos.

regulamentação dos ativos virtuais e regulamentação, licenciamento/autorização de funcionamento e supervisão das atividades das *exchanges* e instituições financeiras que atuem no mercado de criptoativos no país[119].

Outra importante inovação trazida pela Lei nº 14.478/22 foi a inclusão das prestadores de serviços de ativos virtuais, conceito que engloba tanto as exchanges de criptoativos quanto instituições financeiras que atuem no setor, no rol de sujeitos obrigados do art. 9º da Lei nº 9.613/98, as quais somente poderão funcionar em território nacional após prévia autorização federal (art. 2º da Lei 14.478/22), devendo exercer as atividades de monitoramento e comunicações de operações suspeitas (COS) ao COAF, conforme previsto no art. 11, inciso II, da Lei nº 9.613/98.

No que concerne à aplicação da nova modalidade de causa de aumento de pena quando o crime de lavagem de dinheiro for praticado "por meio da utilização de ativo virtual", importante enfatizar que a majorante penal se aplica a todas as modalidades do crime de lavagem previstas na Lei nº 9.613/98, tanto ao tipo principal previsto no caput do artigo 1º quanto às condutas equiparadas dos parágrafos 1º e 2º.

De igual maneira, considerando a própria expressão escolhida pelo legislador ("por meio da utilização"), torna-se evidente que, independente da forma de utilização ou do momento de utilização do criptoativo no iter da manobra de lavagem, desde que identificada a efetiva utilização de ativos virtuais, será plenamente possível a incidência da majorante legal. Isso porque, embora a utilização de criptoativos para a prática de lavagem normalmente se vê caracterizada na conversão de recursos ilícitos em ativos lícitos (artigo 1º, § 1º, inciso I), é plenamente possível que ela não seja a conduta principal do agente e venha a ser utilizada apenas na fase da estratificação como uma das camadas de ocultação por ele utilizadas pelo agente para desviar a identificação da localização e a vinculação dos recursos utilizados com a sua origem criminosa. Em todos os casos, desde que identificada a utilização de ativos virtuais na manobra de lavagem, qualquer que seja a forma ou o momento de sua utilização, aplicável a causa de aumento de pena.

Por outro lado, importante ressaltar que a majorante se aplica à utilização de qualquer espécie de ativo virtual, desde as conhecidas criptomoedas até outras representações digitais de valor que permitam a negociação e transferência e que sirvam para a realização de pagamentos ou com o propósito de investimento, conforme a própria definição trazida pelo art. 3º da Lei 14.478/22. Neste particular, embora atualmente se tenha por suficientemente abrangente a definição de ativo virtual trazida pela Lei 14.478/22, considerando a constante modernização e inovações trazidas ao setor, a técnica legislativa adotada pode servir como elemento limitador para a aplicação prática das medidas de prevenção e repressão à lavagem de dinheiro envolvendo o setor de ativos virtuais. A nosso sentir, o mais adequado teria sido a inserção de cláusula legal genérica que permitisse a edição de ato normativo regulamentar por parte da autoridade central designada que pudesse ser constantemente atualizado, de forma que todas as previsões contidas na Lei 14.478/22 – e que impactam diretamente no sistema antilavagem – pudesse se aplicar de forma abrangente a novos produtos e serviços de representação digital de valor que, por exemplo, venham a ser criados como meras "reservas de valor" e que não se destinem a meios de pagamento ou de investimento.

119 Embora editado o Decreto 11.563/23 e estabelecido o Banco Central do brasil como Autoridade Central nacional para a regulação e supervisão do mercado de criptoativos no país, o grande desafio que ainda se apresenta é a efetiva expedição de normas adequadas, atualizadas e abrangentes o suficiente para regular um mercado permeado por tecnologias tão inovadoras e em constante mutação, exercendo, de forma efetiva na prática, as necessárias atividades de supervisão das atividades, assegurando que as medidas de prevenção à prática da LD/FT e outras inúmeras fraudes e ilícitos penais sejam efetivamente aplicadas.

10. CAUSAS DE DIMINUIÇÃO E ISENÇÃO DE PENA

> § 5º A pena poderá ser reduzida de um a dois terços e ser cumprida em regime aberto ou semiaberto, facultando-se ao juiz deixar de aplicá-la ou substituí-la, a qualquer tempo, por pena restritiva de direitos, se o autor, coautor ou partícipe colaborar espontaneamente com as autoridades, prestando esclarecimentos que conduzam à apuração das infrações penais, à identificação dos autores, coautores e partícipes, ou à localização dos bens, direitos ou valores objeto do crime.

10.1. Delação premiada

O parágrafo 5º prevê a possibilidade de redução da pena a ser aplicada e, até mesmo, a isenção de pena ao autor, coautor ou partícipe que venha a prestar colaboração espontânea às autoridades de aplicação da lei.

A *delação premiada* prevista na Lei nº 9.613/98 difere-se da atualmente tão propalada *colaboração premiada*. Encaradas por muitos como sinônimos, a *delação premiada*, como o próprio texto legal estatui, decorre de ato unilateral, praticado pelo agente criminoso que, de forma espontânea, decide auxiliar os trabalhos investigativos. Em tal caso, não lhe é ofertada nenhuma vantagem processual ou relacionada à própria aplicação da pena. O agente o faz como forma exclusiva de auxílio às atividades investigativas, cabendo ao juiz, como mera faculdade legal, a aplicação de benefícios ao réu delator[120].

Os benefícios que derivam da delação premiada prevista na Lei nº 9.613/98 podem atingir o quantitativo de pena aplicada ao final da instrução criminal, o seu regime de cumprimento ou a sua substituição por pena restritiva de direitos. Além disso, dependendo do nível da colaboração ofertada pelo réu, o juiz poderá deixar de aplicar a pena.

A colaboração do agente envolve a apresentação de dados que efetivamente venham a auxiliar na apuração das infrações penais praticadas, na identificação dos autores, coautores e partícipes, ou na própria localização dos bens, direitos ou valores que foram objeto da lavagem de dinheiro. No entanto, repise-se, a delação premiada sempre decorre de ato voluntário e espontâneo do agente criminoso, não podendo ser sugerida ou provocada e, muito menos, convencionada com a acusação.

Em virtude de tal característica, com o advento da Lei nº 12.850/13, que, além de trazer o conceito de organização criminosa, listou dentre os meios de investigação e obtenção de prova a *colaboração premiada*, regulando-a em seus artigos 3º-A ao 7º, a aplicação prática do instituto da delação prevista na presente lei se viu esvaziada[121].

---

120 A gradação legislativa presenciada na legislação processual pátria, partindo de um sistema baseado na mera delação unilateral para o estabelecimento de um verdadeiro "contrato" entre a acusação e o agente colaborador, também ocorreu na Itália. A informação é ilustrada por Cibele Benevides Guedes da Fonseca, que conta que: "Após o assassinato do juiz Rosário Livatino pela Máfia e a pressão dos magistrados sicilianos, adveio a Lei de Proteção a colaboradores e testemunhas (Decreto-Lei nº 8/1991, convertido na Lei nº 82, de 15 de março do mesmo ano), em muito influenciada por Giovanni Falconi, que sempre argumentava em favor da total proteção aos réus colaboradores, como ocorre nos Estados Unidos. Referida lei, pela primeira vez utilizou a expressão *"collaboratore di Giustizia"* (colaborador da Justiça), enquanto que as normas anteriores falavam apenas em *"collaboratore"*. Na mesma época foi publicado o Decreto-Lei nº 152/1991, convertido na Lei nº 203/1991, que estabeleceu no artigo 8º mais benefícios para os réus colaboradores, além de prever o aumento de pena para quem facilita a associação mafiosa ou se vale de sua condição intimidativa". In FONSECA, Cibele Benevides Guedes, Colaboração Premiada, págs. 70/71. Belo Horizonte: Editora Del Rey, 2017. Sem grifos no original.

121 A Lei nº 13.964/19 (conhecida como Lei Anticrime) trouxe importantes avanços para o instituto da colaboração premiada, inserindo, dentre outros, os arts. 3º-A, 3º-B e 3º-C na Lei nº 12.850/13.

Na verdade, enquanto na *delação premiada* o réu deve efetuar sua contribuição para a apuração dos atos delituosos sem qualquer participação na fixação dos termos dos benefícios que irá receber, na *colaboração premiada*, opostamente, ele participa de forma ativa no acordo a ser celebrado, demonstrando as informações que pode apresentar e postulando os benefícios que deseja obter.

A *colaboração premiada* – ao (ausência de espaço) lado do *acordo de leniência* aplicado às pessoas jurídicas – inaugurou, no âmbito do processo penal pátrio, um verdadeiro modelo de Direito Penal Premial, sinalizando-nos a necessidade de se encontrar um ponto de equilíbrio entre o princípio da obrigatoriedade da lei penal e a existência de um efetivo sistema na repressão aos crimes praticados pelas organizações criminosas.

De fato, a *colaboração premiada* veio a permitir a obtenção de informações preciosas quanto ao funcionamento das organizações criminosas, permitindo aos investigadores o conhecimento de elementos relacionados à sua composição, estruturação de atividades e divisão orquestrada daquelas atividades. Essas informações encontravam-se, até então, restritas aos próprios integrantes das hordas criminosas, nas quais impera (espaço extra) verdadeira "lei do silêncio"[122], com a aplicação de severas penas para aqueles que violam o pacto de sigilo que lhes é imposto.

Na verdade, toda organização criminosa se estabelece pela criação de diversas camadas, distinguindo-se os seus variados componentes por critérios rígidos de hierarquia e divisão de tarefas. Desse modo, quanto mais externa a camada, mais fungível ela será, com a fácil dispensabilidade e substituição de seus integrantes. Além disso, para as camadas externas, aplica-se severa restrição de acesso a informações relacionadas à engenharia da organização, suas reais finalidades e aos componentes das demais camadas, notadamente as mais profundas. É a verdadeira aplicação, no âmbito do mundo delituoso, do *princípio da compartimentação de informação*, tão estudado na seara da inteligência policial.

Já as camadas internas, aquelas que costumeiramente detêm o controle intelectual de sua atuação, são as mais difíceis de serem desbaratadas. Nelas se insere a espinha dorsal do crime organizado. O efetivo planejamento e direcionamento dos caminhos que serão seguidos pelos demais criminosos que integram a organização, e, como não poderia ser diferente, o controle financeiro dos recursos ilícitos obtidos com os delitos praticados pela organização criminosa.

É justamente nesse contexto que se insere a *colaboração premiada*, instrumento que veio a permitir, mediante acordos celebrados com integrantes das organizações criminosas, a obtenção de informações *"de dentro pra fora"*, trazendo aos agentes de aplicação da lei dados que dificilmente, ou jamais, obteriam com o emprego das técnicas habituais de investigação.

Em diversas sentenças de feitos originados da Operação Lava Jato[123], o juiz federal Sérgio Fernando Moro costuma citar a fala de um integrante da equipe milanesa que atuou nas investigações da Operação Mãos Limpas, na Itália, relatando a indiscutível utilidade da *colaboração premiada* para a obtenção de informações internas quanto ao funcionamento das organizações criminosas, *in verbis:*

> *(...) 84. Quem, em geral, vem criticando a colaboração premiada é, aparentemente, favorável à regra do silêncio, a omertà das organizações criminosas, isso sim reprovável. Piercamilo*

---

122 As máfias em atuação no sul da Itália denominavam como *omertà* o código de honra que pautava a atuação de seus integrantes. Expressão derivada do latim *humilitas*, a *omertà* italiana baseava-se em estritos sentimentos ligados à família, consistindo em um voto de silêncio, que vedava qualquer tipo de colaboração de seus membros com os agentes de órgãos de aplicação da lei e representantes do Poder Judiciário.

123 *Ad exemplum*, a referida citação foi efetuada no bojo das sentenças proferidas nos autos da AP no. 5030883-80.2016.4.04.7000/PR (parágrafo 109, p. 21), da AP no. 505160623.2016.4.04.7000/PR (parágrafo 169, p.33) e AP no. 5054932-88.2016.4.04.7000/PR (parágrafo 165, p.28).

Davigo, um dos membros da equipe milanesa da famosa Operação Mani Pulite, disse, com muita propriedade: "A corrupção envolve quem paga e quem recebe. Se eles se calarem, não vamos descobrir jamais" (SIMON, Pedro coord. Operação: Mãos Limpas: Audiência pública com magistrados italianos. Brasília: Senado Federal, 1998, p. 27).

85. É certo que a colaboração premiada não se faz sem regras e cautelas, sendo uma das principais a de que a palavra do criminoso colaborador deve ser sempre confirmada por provas independentes e, ademais, caso descoberto que faltou com a verdade, perde os benefícios do acordo, respondendo integralmente pela sanção penal cabível, e pode incorrer em novo crime, a modalidade especial de denunciação caluniosa prevista no art. 19 da Lei n. 12.850/2013. ***(AÇÃO PENAL No 503042478.2016.4.04.7000/PR, 13a Vara Federal de Curitiba, juiz federal SÉRGIO FERNANDO MORO, sentença publicada em 02/12/2016 17:34:38 – grifos do autor)***

Assim, embora de extrema relevância para a aplicação prática do tema, deixaremos de abordar na presente obra questões processuais e os próprios requisitos necessários para a utilização do instituto da *colaboração premiada*, remetendo o leitor para os comentários tecidos à Lei nº 12.850/13, igualmente integrante desta obra coletiva.

11. A INFILTRAÇÃO DE AGENTES E A AÇÃO CONTROLADA EM INVESTIGAÇÕES DE LAVAGEM DE DINHEIRO

No âmbito da lavagem de dinheiro, a única novidade trazida pela Lei nº 13.964/2019 – *a conhecida Lei Anticrime* – foi a introdução do § 6º no artigo 1º da Lei nº 9.613/98, prevendo expressamente a possibilidade da realização de ações controladas e infiltração de agentes em investigações de lavagem de dinheiro.

Há tempos a aplicação das chamadas técnicas especiais de investigação no bojo de investigações complexas, como é o caso daquelas que envolvem o crime organizado, a prática de manobras de lavagem de dinheiro e dos delitos financeiros em geral, vem sendo considerada medida crucial para se alcançar o êxito na árdua tarefa de se descapitalizar o crime.

Nesse sentido, aliás, a própria Convenção das Nações Unidas contra o Crime Organizado Transnacional, editada no ano de 2000, já sinalizava a preocupação que permeava a comunidade internacional em adequadamente combater o crime organizado transnacional, que se apresentava como uma das principais ameaças ao regular desenvolvimento das nações. Dentre as medidas de cunho legislativo e operacional previstas na referida convenção – *que acabou ficando popularmente conhecida como a "Convenção de Palermo"* -, dava-se especial enfoque justamente à necessidade de dotar os órgãos de persecução penal de ferramentas investigativas eficazes na desigual e árdua luta contra a criminalidade organizada transnacional.

Apesar de exemplificar com a técnica operacional conhecida como entrega vigiada, a Convenção de Palermo sinalizou com a possibilidade de aplicação outra técnicas especiais de investigação, como a *"vigilância eletrônica ou outras formas de vigilância e as operações de infiltração por parte das autoridades competentes em seu território, a fim de combater eficazmente a criminalidade organizada"*.[124]

124 Nesse sentido, encontra-se a Convenção das Nações Unidas contra a Criminalidade Organizada Transnacional (comumente conhecida como Convenção de Palermo), promulgada em nosso ordenamento jurídico pelo Dec. nº 5.015, de 12 de março de 2004, a qual, em seu artigo 20, estatui que: *"1. Se os princípios fundamentais do seu ordenamento jurídico nacional o permitirem, cada Estado Parte, tendo em conta as suas possibilidades e em conformidade com as condições prescritas no seu direito interno, adotará as medidas necessárias para permitir o recurso apropriado a entregas vigiadas e, quando o considere adequado, o recurso a outras técnicas especiais de investigação, como a vigilância eletrônica ou outras formas de vigilância e as operações de infiltração, por parte das autoridades competentes no seu território, a fim de combater eficazmente a criminalidade organizada".*

No cenário legislativo pátrio, embora algumas leis específicas já previssem expressamente a possibilidade da aplicação das referidas técnicas especiais de investigação, como ocorre no caso das organizações criminosas (Lei nº 12.850/13), do tráfico de drogas (Lei nº 11.343/06) e, particularmente em relação à infiltração de agentes, dos crimes contra a dignidade sexual de crianças e adolescentes (Lei nº 13.441/17), no âmbito da lavagem de dinheiro isso nem sempre foi tão claro.

É verdade que a Lei nº 9.613/98 já contava com a previsão de seu artigo 4-B, inserido pela Lei nº 12.683/12, que possibilitava a suspensão do cumprimento de ordens de prisão e de medidas assecuratórias quando sua execução pudesse "comprometer a efetividade das investigações". No entanto, ainda que considerássemos tal medida como uma providência assemelhada, na prática, à ação controlada, ainda faltava uma norma que expressamente permitisse a aplicação das técnicas especiais de investigação de ação controlada e infiltração de agentes em investigações autônomas de lavagem de dinheiro.

Isso porque, embora o delito de lavagem de dinheiro seja considerado um crime acessório – *ou seja, que exige a prática de uma infração penal antecedente que gere os proveitos financeiros a serem objeto das manobras de ocultação* –, a investigação da lavagem de dinheiro não se encontra condicionada à apuração, processamento ou condenação de seus antecedentes. Por isso, é perfeitamente possível – *inclusive, bastante comum* – que a investigação da lavagem seja procedida de maneira autônoma e não em conjunto com o crime antecedente.

A grande verdade é que, antes da inserção do parágrafo 6º no artigo 1º da Lei nº 9.613/98, a incidência da ação controlada e da infiltração de agentes em uma investigação de lavagem somente ocorria pela via reflexa. De fato, sem a expressa previsão legal, isso somente se fazia possível se o antecedente fosse um dos crimes previstos nas Leis nº 11.343/06 e 13.441/17, ou se restasse caracterizada a participação de uma organização criminosa nos moldes da Lei nº 12.850/13.

De agora em diante, no entanto, já não mais importará o antecedente da lavagem ou se esta foi praticada ou não por uma organização criminosa: em qualquer caso de investigação de lavagem de dinheiro será possível a aplicação das técnicas especiais de investigação de ação controlada e infiltração de agentes.

Por isso, não há como desprezar o inegável avanço trazido à Lei de Lavagem de Dinheiro com a aprovação do Pacote Anticrime.

Contudo, é fato que a inserção do texto do parágrafo 6º do artigo 1º somente acarreta mudanças efetivas no caso da infiltração de agentes – *que não era legalmente permitida para investigações exclusivas de lavagem de dinheiro* -, não produzindo os mesmos efeitos em relação à ação controlada. A uma, porque a aplicação desta já se fazia possível, ao menos do ponto de vista legal, por força do artigo 4º-B da Lei nº 9.613/98, inserido pela Lei nº 12.683/12. A duas, porque a própria permanência que reveste os tipos penais de lavagem de dinheiro já possibilitava a postergação do estado flagrancial, permitindo a efetivação da prisão em flagrante no momento considerado mais adequado para o êxito das investigações.

Por fim, vale registrar que, do ponto de vista prático, entendemos que na grande maioria dos casos em que se faz necessária a utilização da infiltração de agentes inevitavelmente nos depararemos com o envolvimento de uma organização criminosa estruturada, o que justificaria a aplicação da referida técnica operacional justamente para se ter acesso a informações, quanto à estruturação e funcionamento do grupo criminoso, que normalmente não seriam alcançadas com a aplicação de métodos tradicionais de investigação.

Dessa forma, alcançamos a seguinte conclusão: por falta de fundamentação legal, não deixarão de serem aplicadas as técnicas especiais de ação controlada e infiltração de agentes em investigação de lavagem de dinheiro, ainda que realizadas de forma autônoma e independente da participação ou não de uma organização criminosa na realização das manobras de ocultação de bens, direitos ou valores de origem criminosa.

12. AÇÃO PENAL

Todos os tipos penais de lavagem de dinheiro são de ação penal pública incondicionada.

13. REGRAS PROCESSUAIS PENAIS

Art. 2º. O processo e julgamento dos crimes previstos nesta Lei:

I – obedecem às disposições relativas ao procedimento comum dos crimes punidos com reclusão, da competência do juiz singular;

13.1. Aplicação analógica do CPP

O artigo 2º, inciso I, da Lei nº 9.613/98, determina que devem ser aplicadas, ao processo e julgamento de casos de lavagem de dinheiro, as disposições constantes do Código de Processo Penal relativas ao procedimento comum dos crimes punidos com reclusão.

Além disso, importante lembrar que, em não havendo a previsão de regra processual específica na Lei nº 9.613/98, devem ser aplicadas, de forma subsidiária, as disposições contidas no Código de Processo Penal.

II – independem do processo e julgamento das infrações penais antecedentes, ainda que praticados em outro país, cabendo ao juiz competente para os crimes previstos nesta Lei a decisão sobre a unidade de processo e julgamento;

13.2. Da independência e acessoriedade do crime de lavagem de dinheiro

A lavagem de dinheiro caracteriza-se com um *crime acessório*, guardando estreita relação com a infração penal antecedente. Inexistindo o ilícito penal antecedente, não haverá lavagem de dinheiro.

Isso decorre de uma conclusão lógica: é a infração penal antecedente que gera o proveito financeiro ilícito que será objeto das manobras de lavagem. O recurso "sujo" que precisa passar a ser "limpo", ostentando aparência de licitude.

Justamente em razão de sua natureza acessória, derivada da prática da infração penal antecedente, alguns autores costumam classificar o delito de lavagem de dinheiro como sendo um *delito derivado ou parasitário*[125], pois, de forma isolada, o tipo penal em estudo não existe.

No entanto, embora dotada de natureza acessória, a lavagem de dinheiro possui plena autonomia em relação à infração penal antecedente.

Dessa forma, para o início da investigação, processamento ou, até mesmo, do julgamento de um ato de lavagem de dinheiro, não se faz necessário que a infração antecedente esteja devidamente comprovada ou que tenha sido objeto de condenação prévia. Aliás, para a ocorrência da lavagem sequer é necessário que o autor do crime antecedente seja conhecido, podendo, inclusive, ser isento de pena.

Na verdade, para a caracterização da lavagem, o que se revela realmente indispensável é a prática de uma das condutas previstas no tipo penal e a demonstração da origem espúria dos recursos utilizados.

125 *Utilizando as citadas classificações, Marcelo Mendroni, em Crime de Lavagem de Dinheiro. Obra citada, p. 66.*

Nesse aspecto, inclusive, torna-se irrelevante para a caracterização da lavagem a ocorrência de mais de um crime antecedente, bastando a efetiva demonstração da presença de indícios suficientes que indiquem a origem ilícita dos recursos utilizados quando da prática da lavagem.[126]

Embora desejável a unidade de investigação e processamento entre as infrações penais antecedentes e a lavagem decorrente – uma vez que esta, como já afirmado, caracteriza-se como verdadeira consequência lógica daquelas –, não exigiu o legislador que isso ocorresse. Assim, pode um determinado réu ser condenado pela prática de lavagem de dinheiro de crime antecedente que sequer teve sua investigação iniciada, desde que devidamente demonstrado que os valores utilizados na manobra de lavagem tinham origem ilícita.

Nesse sentido, tem se posicionado claramente o STF, conforme se verifica nas ementas e trechos de acórdãos abaixo transcritos:

> ***PENAL E PROCESSO PENAL. HABEAS CORPUS. CRIMES CONTRA O SISTEMA FINANCEIRO. LEI Nº 7.492/86, ARTS. 4º, 16 E 22, PARÁGRAFO** -2022909311 **ÚNICO. CRIMES DE LAVAGEM DE DINHEIRO. LEI Nº 9.613/98, ART. 1º, VI E VII C/C ARTIGO 1º, § 1º, II C/C ARTIGO 1º, § 2º, II C/C ARTIGO 1º, § 4º. CONEXÃO HÁBIL A FIXAR A COMPETÊNCIA DO JUÍZO PREVENTO. AUSÊNCIA DE JUSTA CAUSA NÃO VERIFICADA. SUPERVENIÊNCIA DA SENTENÇA QUE PREJUDICA A ANÁLISE DA AUSÊNCIA DE JUSTA CAUSA. INOCORRÊNCIA DA INÉPCIA DA DENÚNCIA. COMPATIBILIDADE ENTRE OS CRIMES DOS ARTIGOS 4º E 16 DA LEI 7.492/86. INADMISSIBILIDADE DE REEXAME DE PROVA NA VIA ESTREITA DO HABEAS CORPUS. PRECEDENTES. ORDEM DENEGADA.** (...) 4. A denúncia que descreve minuciosamente fatos que se subsumem ao disposto no art. 1º, VI, da Lei 9.613/98, qual seja, o crime contra o sistema financeiro nacional, não é inepta, porquanto traz a narrativa dos crimes antecedentes. **Para a instauração da ação penal ou para o ato de recebimento da denúncia, não se faz necessária a certeza quanto aos crimes antecedentes.** 5. **O processo e julgamento do crime de lavagem de dinheiro** é **regido pelo Princípio da Autonomia, não se exigindo, para que a denúncia que imputa ao réu o delito de lavagem de dinheiro seja considera apta, prova concreta da ocorrência de uma das infrações penais exaustivamente previstas nos incisos I a VIII do art. 1º do referido diploma legal, bastando a existência de elementos indiciários de que o capital lavado tenha origem em algumas das condutas ali previstas.** 6. **A autonomia do crime de lavagem de dinheiro viabiliza inclusive a condenação, independente da existência de processo pelo crime antecedente.** 7. É o que dispõe o artigo 2º, II, e § 1º, da Lei nº 9.613/98: "O processo e julgamento dos crimes previstos nesta*

126 Nesse sentido: AÇÃO PENAL. EMBARGOS DE DECLARAÇÃO. VOTO DO MINISTRO AYRES BRITTO. VALIDADE. CRIME DE LAVAGEM. CRIMES ANTECEDENTES. AMBIGUIDADE, OBSCURIDADE E OMISSÃO. INEXISTÊNCIA. REEXAME DA PROVA. INADEQUAÇÃO. DOSIMETRIA DA PENA. CONTRADIÇÃO INTRINSECA RECONHECIDA. REDUÇÃO DO PERCENTUAL DE MAJORAÇÃO PELA CONTINUIDADE DELITIVA. CANCELAMENTO DAS NOTAS. POSSIBILIDADE. PREVISÃO REGIMENTAL EMBARGOS ACOLHIDOS EM PARTE. (...) Ausente omissão, ambiguidade ou obscuridade na fixação da pena pelo crime de lavagem de capitais. **A fixação da pena-base pelo crime de lavagem levou em conta o caput do artigo 1º da Lei 9.613/98, para cuja concretização** é **irrelevante o cometimento de um ou mais dos crimes antecedentes então listados, no dispositivo, hoje revogado, pois** -2022909310 **é suficiente o conhecimento de que são bens ou valores provenientes de infração penal**. (...) Está clara a existência do elemento subjetivo do tipo no crime de lavagem de dinheiro. A condenação do embargante pela prática do crime antecedente de corrupção passiva jáé suficiente para concluir que tinha conhecimento pleno e absoluto da procedência criminosa dos valores, tendo agido com dolo direto na execução do crime de lavagem de dinheiro. (...)*"Em segundo lugar, para a fixação da pena-base pela prática do crime de lavagem, foi considerada irrelevante a adequação da conduta dos réus a um ou mais incisos do art. 1º da Lei 9.613/98, nos termos expressamente constantes do acórdão embargado (fls. 55.169): "Com efeito,* ***a múltipla origem criminosa dos recursos não influi seja na tipicidade da conduta, seja no número de crimes de lavagem de dinheiro praticados – este*** *último é* ***influenciado pela quantidade de vezes que as operações foram empregadas, e não pela quantidade de crimes antecedentes****"*.(AP 470 EDj-décimos sétimos, Relator(a): Min. JOAQUIM BARBOSA, Tribunal Pleno, julgado em 05/09/2013, ACÓRDÃO ELETRÔNICO DJe-200 DIVULG 09-10-2013 PUBLIC 10-10-2013 –**grifos do autor**).

Lei: II – independem do processo e julgamento dos crimes antecedentes referidos no artigo anterior, ainda que praticados em outro país; § 1º A denúncia será instruída com indícios suficientes da existência do crime antecedente, sendo puníveis os fatos previstos nesta Lei, ainda que desconhecido ou isento de pena o autor daquele crime." 8. A doutrina do tema assenta: "Da própria redação do dispositivo depreende-se que é suficiente a demonstração de indícios da existência do crime antecedente, sendo desnecessária a indicação da sua autoria. Portanto, a autoria ignorada ou desconhecida do crime antecedente não constitui óbice ao ajuizamento da ação pelo crime de lavagem. (...) Na verdade, a palavra 'indício' usada na Lei de Lavagem representa uma prova dotada de eficácia persuasiva atenuada (prova semiplena), não sendo apta, por si só, a estabelecer a verdade de um fato, ou seja, no momento do recebimento da denúncia, é necessário um início de prova que indique a probabilidade de que os bens, direitos ou valores ocultados sejam provenientes, direta ou indiretamente, de um dos crimes antecedentes. Não é necessário descrever pormenorizadamente a conduta delituosa relativa ao crime antecedente, que pode inclusive sequer ser objeto desse processo (art. 2º, II, da Lei 9.613/98), mas se afigura indispensável ao menos a sua descrição resumida, evitando-se eventual arguição de inépcia da peça acusatória, ou até mesmo trancamento da ação penal por meio de habeas corpus. (...) De se ver que, no momento do recebimento da denúncia, a lei exige indícios suficientes, e não uma certeza absoluta quanto à existência do crime antecedente" (in Luiz Flávio Gomes – Legislação Criminal Especial, Coordenador Luiz Flávio Gomes e Rogério Sanches Cunha, Lavagem ou Ocultação de Bens – Renato Brasileiro, São Paulo: Revista dos Tribunais, 2009, p. 588/590). (...)

(HC 93368, Relator(a): Min. LUIZ FUX, Primeira Turma, julgado em 09/08/2011, DJe-163 DIVULG 24-08-2011 PUBLIC 25-08-2011 EMENT VOL-02573-01 PP-00030 – grifos do autor)

RECURSO ORDINÁRIO EM HABEAS CORPUS. PENAL. PROCESSUAL PENAL. 1. ALEGAÇÃO DE OFENSA AO PRINCÍPIO DO JUIZ NATURAL. ARGUMENTO DISTINTO DAQUELES APRESENTADOS NA INSTÂNCIA ANTECEDENTE: IMPOSSIBILIDADE DE APRECIAÇÃO. SUPRESSÃO DE INSTÂNCIA. 2. ALEGAÇÃO DE IMPEDIMENTO DO TRIBUNAL REGIONAL FEDERAL DA 3ª REGIÃO PARA O JULGAMENTO DO SEGUNDO RECURSO DE APELAÇÃO INTERPOSTO PELO RECORRENTE: IMPROCEDÊNCIA. HABEAS CORPUS PARCIALMENTE CONHECIDO E, NESSA PARTE, DENEGADO. *1. Se não foi submetida à instância antecedente a alegação de ofensa ao princípio do juiz natural, não cabe ao Supremo Tribunal Federal dela conhecer originariamente, sob pena de supressão de instância. Precedentes. 2. O art. 252, inc. III, do Código de Processo Penal não preceitua qualquer ilegalidade em razão dos julgadores terem exercido a jurisdição na mesma instância, notadamente quando os recursos de apelação foram interpostos pela defesa contra sentenças penais proferidas em processos-crime distintos. 3. A jurisprudência deste Supremo Tribunal assentou a impossibilidade de criação pela via da interpretação de causas de impedimento. Precedentes. 4. A Lei n. 9.613/98 estabelece expressamente a independência de processamento e julgamento dos crimes antecedentes em relação ao crime de lavagem de dinheiro. 5.* ***A identificação do crime antecedente em processo diverso não impede o exercício da jurisdição no processo que trata do crime de lavagem de dinheiro****. 6. Recurso parcialmente conhecido e, nessa parte, denegado. (...)"Alega que ante a autonomia do crime de lavagem e para evitar a prescrição, [os Desembargadores integrantes da Quinta Turma do Tribunal Regional Federal da 3ª Região teriam julgado anteriormente a Apelação nº 2000.61.81.001248-1, oportunidade em que teriam se pronunciado de direito sobre o 'crime antecedente' requisito do crime de lavagem, oportunidade em que demonstraram convicção da existência do 'crime antecedente', do qual na oportunidade o paciente estava absolvido, posto que até então fora acusado de tráfico de influência, cujo tipo penal não convalidaria o crime de lavagem" (fl. 1604). (...) Sustenta que diante do pronunciamento de direito, [os Desembargadores integrantes da Quinta Turma do Tribunal*

Regional Federal da 3ª Região] deveriam dar-se por impedidos de virem a julgar o 'crime antecedente' após terem afirmado de sua existência, não importando o fato de não terem citado os nomes dos autores, posto que, anteciparam questão de mérito sobre o crime, de forma a ser inexistente e/ou nulo o julgamento posterior pelas mesmas autoridades" (fl. 1604). [Alegações defensivas] (...) ***Além da Lei n. 9.613/98 ser extremamente clara quanto à independência de processamento e julgamento dos crimes antecedentes em relação ao crime de lavagem de dinheiro****, a jurisdição exercida pela Quinta Turma do Tribunal Regional Federal da 3ª Região para manter a condenação relativa ao crime de lavagem de dinheiro no Processo-crime n. 2000.61.81.001248-1 foi exercida de maneira completamente autônoma àquela exercida para reformar a sentença penal do Proc. 2000.61.81.001198-1 e condenar o Recorrente nas penas do crime de peculato-desvio. Verifica-se, portanto, completamente desprovida de razão a alegação do Recorrente no sentido de que a identificação do crime antecedente à lavagem de dinheiro nos autos do Proc. 2000.61.81.001248-1 teria reflexos impeditivos ao exercício da jurisdição no julgamento do recurso de apelação interposto nos autos do Proc. 2000.61.81.001198-1."*

(RHC 105791, Relator(a): Min. CÁRMEN LÚCIA, Segunda Turma, julgado em 11/12/2012, ACÓRDÃO ELETRÔNICO DJe-022 DIVULG 31-01-2013 PUBLIC 01-02-2013 – grifos do autor)

14. COMPETÊNCIA

> III – são da competência da Justiça Federal:
>
> a) quando praticados contra o sistema financeiro e a ordem econômico-financeira, ou em detrimento de bens, serviços ou interesses da União, ou de suas entidades autárquicas ou empresas públicas;
>
> b) quando a infração penal antecedente for de competência da Justiça Federal.

14.1. Considerações iniciais

O estudo das regras de competência no âmbito dos crimes de lavagem de dinheiro reveste-se de extrema importância. Na prática forense, talvez seja um dos pontos que mais desperte dúvidas entre os operadores do Direito, pois impacta diretamente na atuação dos órgãos integrantes do sistema de repressão estatal.

De fato, além de fixar o juízo que exercerá a jurisdição no processo e julgamento dos casos de lavagem, ele servirá para a fixação das regras de atribuições ministeriais e da própria atuação da Polícia Judiciária. Dessa forma, são as regras de competência que irão direcionar, em uma primeira análise, qual a unidade do Ministério Público que irá atuar no caso – se Federal ou Estadual – e qual o ofício ou órgão ministerial que efetivamente deterá atribuição para oficiar no feito. Além disso, a determinação da competência federal ou estadual indicará, ainda, a atuação da Polícia Federal ou das Polícias Civis Estaduais na fase investigativa do crime.

Assim, antes mesmo de entrarmos na análise dos dispositivos legais relacionados à competência trazidos pela Lei nº 9.613/98, necessário abordarmos a questão da acessoriedade da lavagem de dinheiro e os impactos de tal característica na fixação das regras de competência.

Como afirmado no capítulo anterior, embora autônoma, a lavagem de dinheiro é derivada da infração penal antecedente, pois são justamente os recursos gerados pelo ilícito anterior que são utilizados na prática das manobras de lavagem.

Portanto, quando da fixação das regras de competência, a nosso sentir, não pode ser tão importante característica esquecida.

Será o crime antecedente a fixar, como regra geral, a competência da lavagem de dinheiro. Se um deriva do outro – e sendo ambos conhecidos –, não existem razões para tramitarem em órgãos ministeriais ou em juízos distintos.

Nas palavras de Marcelo Batlouni Mendroni, negar tal característica ao delito de lavagem de dinheiro seria o mesmo que torná-lo um *"delito* órfão"[127]. De fato, como regra geral, não se pode admitir que o crime de lavagem seja dissociado da infração penal antecedente.

Sempre que possível, deve o feito de lavagem tramitar em conjunto com a infração penal anterior. Assim, instaurada investigação em relação ao crime antecedente, não haveria razões lógicas para que a investigação da lavagem de dinheiro dela decorrente fosse efetuada por órgão ministerial distinto. Da mesma forma, deflagrada ação penal pela prática do crime antecedente, entendemos que a lavagem de dinheiro deve tramitar no mesmo juízo. É o que indica o próprio legislador, no inciso II, do artigo 2º, da Lei nº 9.613/98, ao prever a possibilidade de reunião de feitos para processamento e julgamento.

Portanto, deve haver reunião de feitos, privilegiando-se a natureza acessória da lavagem de dinheiro e, indubitavelmente, facilitando sua investigação e processamento.

14.1.1. Regra geral: competência da Justiça Estadual

Diferentemente do que se pode aparentar, a regra geral é a competência da Justiça Estadual para o processamento e julgamento dos casos de lavagem de dinheiro.

O artigo 2º, inciso III, da Lei nº 9.613/98, adota técnica legislativa semelhante à utilizada pelo artigo 109, da Constituição Federal, para a fixação da competência da Justiça Federal. No texto constitucional, encontram-se listados, nos diversos incisos do referido artigo, os casos em que caberá à Justiça Federal, de forma exclusiva, o processo e julgamento de feitos. Em todos os demais, atuará a Justiça Estadual.

No caso da lavagem de dinheiro, não é diferente.

As duas únicas hipóteses de atuação de atuação da Justiça Federal em casos de lavagem de dinheiro encontram-se expressamente descritas nas alíneas do inciso III: *a) quando praticados contra o sistema financeiro e a ordem econômico-financeira, ou em detrimento de bens, serviços ou interesses da União, ou de suas entidades autárquicas ou empresas públicas; b) quando a infração penal antecedente for de competência da Justiça Federal.*

Conforme se verifica, o legislador optou por seguir a mesma regra constitucional, definindo como de competência federal a lavagem de dinheiro, em razão da matéria, dos bens e pessoas envolvidas e da natureza da infração penal antecedente, demonstrar interesse direto ou indireto por parte da União.

Destarte, pode-se afirmar que tais hipóteses constituem exceções à regra geral, pois todos os demais casos são da competência da Justiça Estadual.

14.1.2. Conflitos de competência entre Justiça Federal e a Justiça Estadual

Em havendo a incidência de infrações penais antecedentes que sejam da competência de ambas as Justiças Federal e Estadual, entendemos que a *vis attractiva* é da Justiça Federal, devendo haver nesta a reunião de feitos. Assim, a lavagem decorrente de tais infrações antecedentes igualmente deverá tramitar na Justiça Federal, pois incidirá a regra do artigo 2º, inciso III, alínea b, da Lei nº 9.613/98.

127 Posição defendida pelo citado autor no artigo *Crimes interligados: Constituição define competência para julgar lavagem*, publicado em 02/09/2013 no site Consultor Jurídico (*https://www.conjur.com.br/2013-set-02/marcelo-mendroni-constituicao-preve-competencia-julgar-lavagem*).

No entanto, a situação exposta não se confunde com o caso da simples remessa de valores ao exterior. Em tais casos, não necessariamente será a lavagem de dinheiro praticada, mesmo com o envio de recursos ilícitos para fora do país, de competência federal.

Para a fixação da competência, há a necessidade de ser analisado, no caso em concreto, se a transferência de recursos foi efetuada de forma legal ou não. Se os valores foram enviados ao exterior, *ad exemplum*, via operação dólar-cabo, à margem da lei e sem os devidos registros perante as autoridades competentes, caracterizado igualmente estará o crime de evasão de divisas, de competência federal, o que tornará igualmente a lavagem de competência da Justiça Federal.

Por outro lado, se o envio de recursos ao exterior, ainda que de origem ilícita, deu-se de forma regular, não restará caracterizada a evasão fiscal. Assim, se os demais delitos antecedentes forem da competência da Justiça Estadual, esta permanecerá competente para processar e julgar a lavagem de dinheiro decorrente.

No sentido do texto, Marcelo Mendroni afirma que:

> *"(...)* ***o simples fato de ocorrer situação de constatação da existência de quantias depositadas no exterior, suspeitas de que sejam provenientes de crimes elencados nos incisos do artigo 1º da Lei nº 9.613/98, não desloca a competência para a justiça federal.*** *Torna-se necessário, antes de mais nada, para dar cumprimento ao teor do dispositivo legal, averiguar a competência do crime praticado que gerou a obtenção ilícita daquelas quantias. De se considerar também que nestes casos, em que se verifica a existência de fundos depositados no exterior, suspeitos de origem ilícita, eles podem ter origens ilícitas diversas e mesmo o montante total pode provir ao mesmo tempo de origens lícitas e ilícitas, parte de um e parte do outro. Nada impossível que uma conta em outro país tenha sido alimentada por dinheiro criminoso e também por dinheiro obtido licitamente pelo correntista ou beneficiário. Neste caso devem as autoridades providenciar a abertura de investigações pertinentes, tantas quanto forem as origens suspeitas até que, com suficiente grau de convicção, sejam deslocadas para aquela onde se constatar a competência ou mesmo culminando na abertura de processos, tanto na esfera estadual como na esfera federal, cada qual orientada para a busca de evidências da origem do montante criminoso. Exemplificando: A, funcionário da Prefeitura de São Paulo, obtém dinheiro através de crimes de corrupção, no montante de US$ 10 mil. Ao mesmo tempo esse funcionário se integra a uma quadrilha que pratica tráfico ilícito de entorpecentes, tendo adquirido cocaína da Colômbia e revendido na cidade de São Paulo, que lhe rendeu outros US$ 12 mil. Todo esse numerário é depositado em uma conta na Suíça, somando-se US$ 22 mil, onde ele também acrescenta mais US$ 3 mil, que juntou através do seu salário. Enquanto as duas primeiras situações configuram crime de lavagem de dinheiro, fundados nos incisos I e V do artigo 1º da Lei nº 9.613/98, a terceira situação pode configurar crime de evasão de divisas. Torna-se necessário então distinguir: Na primeira situação, o agente deverá responder por crime de lavagem de dinheiro perante a justiça estadual, dada a origem de crime de competência estadual do crime de corrução praticado; na segunda situação, o agente responderá por crime de tráfico de entorpecentes perante a justiça federal, em razão da natureza federal do crime antecedente; e na terceira situação – que deverá gerar investigação e processo diverso, ele deverá responder pelo crime de evasão de divisas (e não lavagem de dinheiro – porque a sua origem é lícita), perante a justiça federal, naturalmente competente.*

14.1.3. Conexão probatória

A fixação da competência por conexão encontra-se prevista no artigo 2º, inciso II, segunda parte, da Lei nº 9.613/98: "*(...) cabendo ao juiz competente para os crimes previstos nesta Lei a decisão sobre a unidade de processo e julgamento*".

A reunião de feitos se justifica em razão da utilidade do processamento conjunto entre a lavagem de dinheiro e o crime antecedente, uma vez que ambos os delitos guardam estreita relação, sendo este, como já afirmado, elementar da lavagem, uma vez que lhe gera o proveito econômico objeto de suas manobras.

Por razões evidentes, o processo e julgamento da lavagem de dinheiro juntamente com os crimes antecedentes facilita a atividade jurisdicional, possibilitando ao julgador um contato mais próximo com os delitos prévios que deram origem à lavagem, permitindo-lhe reunir maiores condições para, de maneira acertada, exercer o poder jurisdicional que lhe é conferido.

A união dos feitos tende ainda a evitar a prolação de decisões conflitantes sobre fatos que guardam íntima relação. Além disso, permite, na visão defensiva, um melhor exercício do contraditório e da ampla defesa.[128]

No nosso entendimento, a modalidade de conexão que mais se aplica aos casos de lavagem de dinheiro é a *conexão instrumental ou probatória*, prevista no artigo 76, inciso III, do CPP, a qual ocorre *"quando a prova de uma infração ou de qualquer de suas circunstâncias elementares influir na prova de outra infração"*.[129]

A reunião de feitos por conexão probatória, no entanto, dependerá da discricionariedade do juiz competente para o processo e julgamento do crime de lavagem de dinheiro, tomando-se por base, *a contrario sensu*, a regra constante do artigo 80, do CPP.[130]

Nesse particular, apesar de sermos entusiastas da aplicação regra da conexão probatória no âmbito de casos de lavagem de dinheiro, entendemos que esta deve ocorrer apenas nos casos em que restar devidamente demonstrado que a reunião de feitos trará efetivos benefícios ou evitará a ocorrência de prejuízos às atividades investigatória e jurisdicional.

A desmedida ampliação do conceito da conexão instrumental, abrangendo casos nos quais não se evidencia, de maneira inquestionável, a necessidade da reunião de feitos, caracteriza, a nosso sentir, injustificada e ilegal violação aos princípios do "Promotor Natural" e do "Juiz Natural". Em alguns casos, subvertem-se normas estritas de fixação de atribuição e competência, baseando-se, unicamente, no fato de a prova que origina a investigação subsequente ter sido descoberta no bojo do caso inicial.

14.1.4. Conflitos de competência entres Justiças Estaduais e entre Juízos de um mesmo Estado

Outra questão que se levanta é a determinação da competência da lavagem quando os crimes antecedentes são praticados em mais de uma unidade da Federação ou, se dentro de um Estado, em comarcas distintas.

A hipótese não se refere a delitos antecedentes praticados em mais de uma unidade da Federação que, de alguma forma, amoldam-se à regra da competência da Justiça Federal, pois em tal caso, conforme o artigo 2º, inciso III, da Lei nº 9.613/98, a lavagem de dinheiro será de competência federal.

---

128 Pierpaolo Bottini e Gustavo Badaró. Obra citada, p. 291.

129 Os mesmos autores defendem a aplicação, no âmbito da lavagem, da *conexão objetiva ou teleológica*, prevista no artigo 76, inciso III do CPP, quando as infrações penais *"houverem sido umas praticadas para facilitar ou ocultar as outras, ou para conseguir impunidade ou vantagem em relação a qualquer delas"*.

130 No sentido do texto, Sérgio Fernando Moro, *in* O processo penal no crime de lavagem. Comentários à lei pelos juízes das varas especializadas em homenagem ao Ministro Gilson Dipp, p. 121. Porto Alegre. Livraria do Advogado, 2007 e Renato Brasileiro de Lima, *Lavagem e ocultação de bens*. In GOMES, Luiz Flávio; CUNHA, Rogério Sanches (coordenadores). Legislação criminal especial, p. 576. São Paulo. Ed. RT, 2009. A jurisprudência igualmente tem adotado posicionamento prevalente no sentido de que a reunião de feitos por conexão probatória depende da discricionariedade judicial. *Ad exemplum*: "O STJ entende que a reunião de processos em razão da conexão é uma faculdade do juiz, conforme interpretação a *contrario sensu* do art. 80 do Código de Processo Penal que possibilita a separação de determinados processos. Precedentes". (STJ, RHC 29.658/RS, 5ª Turma, julgamento em 02/02/2012, relatoria Min. Gilson Dipp, *DJe* 08/02/20120).

No entanto, dúvidas se apresentam quando, *exempli gratia*, uma quadrilha pratica lavagem de dinheiro com o proveito financeiro obtido com a realização de variados furtos a caixas eletrônicos, ocorridos em cidades próximas, porém situadas em estados diversos. Da mesma forma, quando determinado servidor público, na posse de recursos oriundos de crimes de corrupção passiva praticado em município do interior do estado, dirige-se à capital deste, onde efetua a compra de um suntuoso apartamento e o registra em nome de terceira pessoa para ocultar a real propriedade.

Em ambos os casos, embora indiscutível a competência estadual para atuar no caso, há a necessidade de regra para se determinar qual a Justiça e a Vara será competente para processar e julgar a lavagem de dinheiro. Na primeira hipótese, há a necessidade de saber a Justiça de qual dos dois Estados será competente. Na segunda, de igual maneira, ainda que mesmo de um mesmo estado, necessário determinar qual o Juízo será competente para atuar no feito.

A solução da questão passa, a nosso sentir, pela aplicação subsidiária das regras de competência previstas no Código de Processo Penal.

Nesse sentido, deve ser seguida a regra da competência territorial, entre jurisdições de mesma categoria (artigo 78, inciso II, do CPP), adotando-se os seguintes balizamentos: *a) preponderará a do lugar da infração, à qual for cominada a pena mais grave; b) prevalecerá a do lugar em que houver ocorrido o maior número de infrações, se as respectivas penas forem de igual gravidade; e c) firmar-se-á a competência pela prevenção, nos outros casos.*

Assim sendo, entendemos que a aplicação da regra prevista na legislação processual penal demonstra-se suficiente para a solução de questionamentos em relação à fixação de competência entre Justiças de estados distintos e mesmo entre Juízos diversos dentro de um mesmo estado.

Contudo, não é demais lembrar que eventuais alegações de nulidades incidentes sobre a regra prevista no artigo 78, inciso II, do CPP, seriam de natureza relativa, sendo indispensável à demonstração de efetivo prejuízo para invalidação de atos praticados em alegada violação a tais normas processuais.

15. JUSTA CAUSA E ELEMENTOS NECESSÁRIOS PARA A PROPOSIÇÃO DA AÇÃO PENAL

> § 1º A denúncia será instruída com indícios suficientes da existência da infração penal antecedente, sendo puníveis os fatos previstos nesta Lei, ainda que desconhecido ou isento de pena o autor, ou extinta a punibilidade da infração penal antecedente.

Não é exigível, para o início da investigação, processamento e, até mesmo, condenação pela prática da lavagem de dinheiro, que tenha sido ajuizada ação penal ou obtida condenação judicial em relação à infração penal antecedente. Na verdade, a lavagem de dinheiro perdurará mesmo que desconhecido, isento de pena ou extinta a punibilidade em relação à infração penal antecedente.

Como se sabe, para a caracterização da lavagem de dinheiro faz-se necessária a demonstração da *intencionalidade* por parte do agente criminoso. Ou seja, torna-se imprescindível que o agente pratique a conduta dotado de *consciência e vontade* dirigidas à realização dos elementos objetivos previstos nos tipos penais descritos no artigo 1º, da Lei nº 9.613/98.

No entanto, como parte integrante do aspecto subjetivo do delito de lavagem de dinheiro, torna-se necessária a demonstração de que o agente praticou a conduta típica munido de consciência e vontade, tendo plena ciência acerca da procedência ilícita dos bens objeto da lavagem.

Por conseguinte, o que se faz necessário, apenas, é a regular demonstração, quando da imputação da prática da lavagem, que o recurso financeiro objeto de suas manobras tinha proveniência ilícita.

Nesse sentido, a denúncia deve descrever, de forma minuciosa, os fatos que se amoldam ao tipo penal de lavagem de dinheiro, incluindo a narrativa relativa aos crimes antecedentes, de forma a demonstrar a presença de indícios robustos quanto à ilicitude dos recursos que foram objeto das operações de lavagem.

A jurisprudência pátria tem sido pacífica no sentido de que não se considera inepta denúncia que apresenta descrição detalhada dos atos de lavagem e informações suficientes quanto aos indícios da prática do crime antecedente. Nesse sentido, encontram-se diversos julgados do STF, merecendo registro a ementa de acórdão abaixo transcrito, de relatoria do saudoso Ministro Teori Zavascki:

> *PENAL. AUSÊNCIA DE INTIMAÇÃO DOS DEFENSORES PARA A SESSÃO DE JULGAMENTO DO HABEAS CORPUS. NULIDADE. NÃO OCORRÊNCIA. LAVAGEM DE DINHEIRO. ART. 1º, VI, DA LEI 9.613/1998 (REDAÇÃO ANTERIOR À LEI 12.683/2012). EXTINÇÃO PREMATURA DA AÇÃO PENAL. QUESTÕES DE MÉRITO QUE DEVEM SER DECIDIDAS PELO JUIZ NATURAL DA CAUSA. 1. Por não depender de pauta, a jurisprudência desta Corte tem acolhido a tese de que somente haverá nulidade do julgamento de habeas corpus, por ausência de comunicação prévia, quando a defesa requerer que seja cientificada da data do julgamento. Assim, ausente requerimento de sustentação oral, não há falar em cerceamento de defesa. Precedentes. 2.* ***A denúncia descreve de forma individualizada e objetiva as condutas atribuídas ao recorrente, adequando-as, em tese, ao tipo de lavagem de dinheiro (art. 1º, VI, da Lei nº 9.613/96), na medida em que expõe a suposta utilização de subterfúgio autônomo com o objetivo de conferir aparência lícita a valores, em tese, provenientes de crime. Assim, por não se cuidar de mera utilização do produto do delito dito 'antecedente', as ações descritas possuem relevo para a esfera penal e, portanto, não cabe a esta Corte suprimir do Ministério Público a produção de prova dirigida** *à* ***demonstração de suas alegações.*** *3. Ademais, não há como avançar nas alegações postas no recurso sobre a licitude do recebimento dos valores ou a veracidade das acusações, pretensões, aliás, que demandariam o revolvimento de fatos e provas. Caberá ao juízo natural da causa, com observância ao princípio do contraditório, proceder ao exame dos elementos de prova colhidos e conferir a definição jurídica adequada para o caso. 4. Recurso ordinário improvido.*
>
> ***(RHC 124313, Relator(a): Min. TEORI ZAVASCKI, Segunda Turma, julgado em 10/03/2015, PROCESSO ELETRÔNICO DJe-090 DIVULG 14-05-2015 PUBLIC 15-05-2015 – grifos do autor)***

No mesmo sentido do julgado acima, quando da apreciação de *habeas corpus* levado a julgamento na 1ª Turma do STF, o eminente Ministro Luiz Fux, citando abalizada doutrina de Renato Brasileiro, reafirma a independência da lavagem de dinheiro em relação à infração penal antecedente, ressaltando a desnecessidade de juízo de certeza em relação a esta quando do recebimento da exordial acusatória, *in verbis:*

> *PENAL E PROCESSO PENAL. HABEAS CORPUS. CRIMES CONTRA O SISTEMA FINANCEIRO. LEI Nº 7.492/86, ARTS. 4º, 16 E 22, PARÁGRAFO ÚNICO. CRIMES DE LAVAGEM DE DINHEIRO. LEI Nº 9.613/98, ART. 1º, VI E VII C/C ARTIGO 1º, § 1º, II C/C ARTIGO 1º, § 2º, II C/C ARTIGO 1º, § 4º. CONEXÃO HÁBIL A FIXAR A COMPETÊNCIA DO JUÍZO PREVENTO. AUSÊNCIA DE JUSTA CAUSA NÃO VERIFICADA. SUPERVENIÊNCIA DA SENTENÇA QUE PREJUDICA A ANÁLISE DA AUSÊNCIA DE JUSTA CAUSA. INOCORRÊNCIA DA INÉPCIA DA DENÚNCIA. COMPATIBILIDADE ENTRE OS CRIMES DOS ARTIGOS 4º E 16 DA LEI 7.492/86. INADMISSIBILIDADE DE REEXAME DE PROVA NA VIA ESTREITA DO HABEAS CORPUS. PRECEDENTES. ORDEM DENEGADA. (...) 4.* ***A denúncia que descreve minuciosamente fatos que se subsumem ao disposto no art. 1º, VI,***

> ***da Lei 9.613/98, qual seja, o crime contra o sistema financeiro nacional, não*** ***é inepta, porquanto traz a narrativa dos crimes antecedentes. Para a instauração da ação penal ou para o ato de recebimento da denúncia, não se faz necessária a certeza quanto aos crimes antecedentes. 5. O processo e julgamento do crime de lavagem de dinheiro é regido pelo Princípio da Autonomia, não se exigindo, para que a denúncia que imputa ao réu o delito de lavagem de dinheiro seja considera apta, prova concreta da ocorrência de uma das infrações penais exaustivamente previstas nos incisos I a VIII do art. 1º do referido diploma legal, bastando a existência de elementos indiciários de que o capital lavado tenha origem em algumas das condutas ali previstas. 6. A autonomia do crime de lavagem de dinheiro viabiliza inclusive a condenação, independente da existência de processo pelo crime antecedente. 7. É o que dispõe o artigo 2º, II, e § 1º, da Lei nº 9.613/98: "O processo e julgamento dos crimes previstos nesta Lei: II – independem do processo e julgamento dos crimes antecedentes referidos no artigo anterior, ainda que praticados em outro país; § 1º A denúncia será instruída com indícios suficientes da existência do crime antecedente, sendo puníveis os fatos previstos nesta Lei, ainda que desconhecido ou isento de pena o autor daquele crime."*** *8. A doutrina do tema assenta: "Da própria redação do dispositivo depreende-se que é suficiente a demonstração de indícios da existência do crime antecedente, sendo desnecessária a indicação da sua autoria. Portanto, a autoria ignorada ou desconhecida do crime antecedente não constitui óbice ao ajuizamento da ação pelo crime de lavagem. (...)* ***Na verdade, a palavra 'indício' usada na Lei de Lavagem representa uma prova dotada de eficácia persuasiva atenuada (prova semiplena), não sendo apta, por si só, a estabelecer a verdade de um fato, ou seja, no momento do recebimento da denúncia, é necessário um início de prova que indique a probabilidade de que os bens, direitos ou valores ocultados sejam provenientes, direta ou indiretamente, de um dos crimes antecedentes. Não é necessário descrever pormenorizadamente a conduta delituosa relativa ao crime antecedente, que pode inclusive sequer ser objeto desse processo (art. 2º, II, da Lei 9.613/98), mas se afigura indispensável ao menos a sua descrição resumida, evitando-se eventual arguição de inépcia da peça acusatória, ou até mesmo trancamento da ação penal por meio de habeas corpus. (...) De se ver que, no momento do recebimento da denúncia, a lei exige indícios suficientes, e não uma certeza absoluta quanto à existência do crime antecedente"*** *(in Luiz Flávio Gomes – Legislação Criminal Especial, Coordenador Luiz Flávio Gomes e Rogério Sanches Cunha, Lavagem ou Ocultação de Bens – Renato Brasileiro, São Paulo: Revista dos Tribunais, 2009, p. 588/590). (...)*
>
> *(HC 93368, Relator(a): Min. LUIZ FUX, Primeira Turma, julgado em 09/08/2011, DJe-163 DIVULG 24-08-2011 PUBLIC 25-08-2011 EMENT VOL-02573-01 PP-00030)*

Da mesma forma, quando da apresentação da exordial acusatória, não se pode exigir que o conhecimento acerca da ilicitude que macula os bens objeto da conduta típica seja preciso por parte do agente delituoso. Assim, não é necessária a demonstração de que o agente tinha conhecimento preciso de quais crimes ou contravenções penais foram praticadas, gerando o proveito financeiro empregado nas atividades de lavagem.

Na verdade, o que se faz necessário, apenas, é a efetiva demonstração de que o agente tinha conhecimento da origem delitiva dos bens, direitos ou valores por ele utilizados quando da realização das manobras de lavagem de dinheiro.[131]

---

131 A jurisprudência do STF, de maneira coerente com os princípios que regem a lavagem de dinheiro, tem decidido, quanto à imputação do tipo penal em questão, ser aceitável a demonstração dos indícios de crime antecedente que vem sendo processado em feito diverso da lavagem, não sendo estritamente necessária a reunião de processos em tal caso. Nesse sentido: "RECURSO ORDINÁRIO EM HABEAS CORPUS. PENAL. PROCESSUAL PENAL. 1. ALEGAÇÃO DE OFENSA AO PRINCÍPIO DO JUIZ NATURAL. ARGUMENTO DISTINTO DAQUELES APRESENTADOS NA INSTÂNCIA ANTECEDENTE: IMPOSSIBILIDADE DE APRECIAÇÃO. SUPRESSÃO DE INSTÂNCIA. 2. ALEGAÇÃO DE IMPEDIMENTO DO TRIBUNAL REGIONAL FEDERAL DA 3ª REGIÃO PARA O JULGAMENTO DO SEGUNDO RECURSO DE APELAÇÃO INTERPOSTO PELO RECORRENTE: IMPROCEDÊNCIA. HABEAS CORPUS PARCIALMENTE CONHECIDO E, NESSA PARTE, DENEGADO. 1. Se não foi submetida à instância antecedente a alegação de ofensa ao princípio do juiz

16. INAPLICABILIDADE DA SUSPENSÃO PROCESSUAL E DO CURSO PROCESSUAL (ART. 366 DO CPP)

> § 2º No processo por crime previsto nesta Lei, não se aplica o disposto no art. 366 do Decreto-Lei nº 3.689, de 3 de outubro de 1941 (Código de Processo Penal), devendo o acusado que não comparecer nem constituir advogado ser citado por edital, prosseguindo o feito até o julgamento, com a nomeação de defensor dativo.

Por força de expressa previsão em sentido contrário, contida no § 2º, do artigo 2º, da Lei nº 9.613/98, não se aplica aos casos de lavagem de dinheiro a regra prevista no artigo 366, do CPP. Em tais casos, se o acusado pela prática de lavagem não comparecer e nem constituir advogado para a defesa de seus interesses, deve ser adotada a citação por edital, com a nomeação de defensor dativo para a sua defesa, com o regular prosseguimento do feito até julgamento final.

A despeito de vozes que se levantam em sentido contrário, entendemos perfeitamente adequado à ordem constitucional vigente, não significando qualquer tipo de violação aos princípios da ampla defesa e do contraditório.[132]

De fato, não há falar-se em inviabilização da ampla defesa do acusado ou limitação ao exercício do contraditório, uma vez que a própria lei lhe assegura que o processo somente seguirá após a nomeação de defensor dativo para a defesa de seus interesses. Sem isso, impossível será a continuidade do feito.

De toda sorte, não se pode esquecer que a regra prevista no artigo 2º, § 2º, somente será aplicada após esgotadas todas as tentativas de citação pessoal do acusado, inclusive nos endereços deste constantes dos bancos de dados oficiais. Na verdade, em um mundo onde se faz necessária a manutenção de dados atualizados para simples compras de bens de consumo em supermercados ou lojas de departamento, não nos parece crível que o acusado que não deseja se eximir de sua responsabilidade perante a Justiça, não venha a ser encontrado em nenhum dos endereços constantes dos bancos de dados oficiais e que se encontram à disposição do Poder Judiciário e do Ministério Público.

Ademais, demonstra-se indubitável que o afastamento da regra processual prevista no artigo 366 do CPP privilegia o interesse público nitidamente apresentado em casos de lavagem de dinheiro. Torna-se evidente, em tal caso, a intenção do legislador em dar tratamento processual distinto àquele que pratica a lavagem de dinheiro, crime de consequências nefastas para a sociedade e merecedor de uma efetiva reprimenda estatal.

---

natural, não cabe ao Supremo Tribunal Federal dela conhecer originariamente, sob pena de supressão de instância. Precedentes. 2. O art. 252, inc. III, do Código de Processo Penal não preceitua qualquer ilegalidade em razão dos julgadores terem exercido a jurisdição na mesma instância, notadamente quando os recursos de apelação foram interpostos pela defesa contra sentenças penais proferidas em processos-crime distintos. 3. A jurisprudência deste Supremo Tribunal assentou a impossibilidade de criação pela via da interpretação de causas de impedimento. Precedentes. 4. **A Lei n. 9.613/98 estabelece expressamente a independência de processamento e julgamento dos crimes antecedentes em relação ao crime de lavagem de dinheiro. 5. A identificação do crime antecedente em processo diverso não impede o exercício da jurisdição no processo que trata do crime de lavagem de dinheiro**. 6. Recurso parcialmente conhecido e, nessa parte, denegado."**(RHC 105791, Relator(a): Min. CÁRMEN LÚCIA, Segunda Turma, julgado em 11/12/2012, ACÓRDÃO ELETRÔNICO DJe-022 DIVULG 31-01-2013 PUBLIC 01-02-2013 – grifos do autor).**

132 Em sentido contrário, entendendo ser inconstitucional a norma prevista no § 2º, do artigo 2º, da Lei nº 9.613/98, por violar o princípio da ampla defesa e impossibilitar a exercício do contraditório, encontram-se Pierpaolo Bottini e Gustavo Badaró, Lavagem de Dinheiro: aspectos penais e processuais penais. Citado, p. 327/330; Marco Antonio de Barros, *Lavagem de Capitais*, cit. p.210; Rodolfo Tigre Maia, *Lavagem de Dinheiro*, cit. p. 125 e Renato Brasileiro de Lima, Lavagem e ocultação de bens, p. 594, dentre outros.

Nas palavras de Marcelo Mendroni, *"parece intuitivo que o espírito da lei de lavagem de dinheiro, diversamente do (espírito) das leis processuais ordinárias – porque combate crime extremamente repugnante, seguramente mais grave do que os crimes antecedentes que a geraram –, deve ser aplicado com* êxito. *Ninguém deve desconhecer que o art. 366 do Código de Processo Penal, com a redação antiga, esteve durante anos sem que inconstitucionalidade fosse arguida".* O referido autor ainda continua: *"O que não pode acontecer é atrelar-se a justiça ao sabor da ocultação de um suposto criminoso que, endinheirado, não hesitará em valer-se dos mais variados artifícios para não ser encontrado, ainda mais em um país de dimensões continentais. Há incontáveis casos criminais e cíveis, em todo o país, em que o réu leva anos para ser citado, e em muitos deles jamais é encontrado. Mas isso significa que, na Lei 9.613/98, não encontrado, terá o advogado nomeado pelo Juízo em atenção ao princípio da ampla defesa. E ora, é evidente que a citação pessoal será tentada, que o Oficial de justiça deverá certificar a sua não localização e que, não havendo se ocultado, o acusado será encontrado e terá todas as chances de comparecer e constituir advogado – e defender-se no estrito cumprimento do devido processo legal".*[133] Por fim, embora a questão ainda não tenha sido objeto de devida análise por parte de nossa Suprema Corte, o Ministro Gilmar Mendes, em obra específica na qual comenta, dentre outros tópicos, justamente os aspectos processuais da Lei de Lavagem de Dinheiro, afirma:

> *"Uma questão polêmica é a cláusula constante da lei que determina a não-aplicabilidade do disposto no artigo 366 do Código de Processo Penal, relativa à suspensão do processo na hipótese de citação por edital. É claro que dentro de uma visão ortodoxa é razoável que se faça crítica.* ***Quem considerar a gravidade do crime, certamente com interesse na persecução, não terá também dificuldade para justificar a opção legislativa que aqui se fez".***[134]

17. MEDIDAS CAUTELARES PATRIMONIAIS

17.1. Introdução

As *medidas cautelares patrimoniais ou reais* encontram-se previstas no capítulo VI do Código de Processo Penal, nos artigos 125 a 144-A – com as modificações e introduções legislativas trazidas pelas Leis nº 11.435/06 e 12.694/12 – e no artigo 4º, da Lei nº 9.613/98.

Na prática, caracterizam-se como importante instrumento de repressão ao crime, pois permitem que o Estado atinja o patrimônio do agente delituoso, proporcionando reparação à vítima em razão dos prejuízos sofridos em decorrência da prática do delito.

No caso específico da lavagem de dinheiro, as *medidas cautelares patrimoniais* visam a recompor a ordem socioeconômica, flagrantemente violada com a prática de tal delito financeiro. Tamanha é a importância prática das medidas assecuratórias para os casos de lavagem de dinheiro que, para alguns autores, trata-se dos *"melhores e mais eficientes instrumentos previstos na Lei nº 9.613/98".*[135]

De fato, as medidas assecuratórias – *e a própria perda judicial (artigo 7º, inciso I)* – revelam-se como instrumentos de crucial importância para uma efetiva repressão aos delitos financeiros, nomeadamente, a lavagem de dinheiro. Sem elas, certamente, a luta contra tais espécies delituosas seria ainda mais árdua.

Isso porque, se analisarmos o histórico de efetividade na aplicação da lei penal, veremos que, com o passar dos anos, houve o surgimento de uma classe privilegiada de pessoas, as quais,

---

133 *Marcelo Batlouni Mendroni, Crime de lavagem de dinheiro, obra citada, págs. 149/151.*

134 *MENDES, Gilmar. Aspectos penais e processuais penais da Lei de Lavagem de Dinheiro. Seminário Internacional sobre Lavagem de Dinheiro – Série Cadernos do CEJ – Conselho da Justiça Federal, 2000, p. 32. Citado por Marcelo Mendroni, Crime de lavagem de dinheiro, p. 150.*

135 Adjetivação apresentada por Marcelo Mendroni, em Crime de Lavagem de Dinheiro. Obra cit., p. 152.

em razão do poderio econômico que ostentam, sempre se valeram dos inúmeros subterfúgios processuais para não se sujeitarem à aplicação da lei. São aqueles conhecidos na doutrina norte-americana como *non-jailable* ou "não passíveis de prisão/punição".

Entretanto, temos testemunhado uma nítida mudança de realidade em nosso país, em razão da efetiva aplicação das normas de repressão aos crimes de lavagem de dinheiro.

A mudança presenciada decorre, por um lado, das inovações trazidas ao quadro legislativo, que restou aperfeiçoado com a extensão do rol de antecedentes da lavagem para toda e qualquer infração penal que gere proveito financeiro. Por outro lado, substanciais inovações foram acrescentadas ao instituto das medidas assecuratórias, possibilitando uma efetiva atuação estatal sobre o patrimônio do agente criminoso. Assim agindo, franqueou o legislador, aos órgãos de aplicação da lei, uma gama de novos instrumentos legais que tornaram mais eficaz a atuação estatal, piorando para delinquente, por consequência, o "custo-benefício" do crime. Na verdade, o crime não pode compensar.

Com efeito, instrumentos tradicionais de repressão ao crime – como a própria pena privativa de liberdade – tiveram sua eficácia prática mitigada, vindo a surgir um novo protagonismo no sistema repressivo estatal aos delitos de lavagem de dinheiro: *as medidas cautelares patrimoniais*.

Nesse aspecto, nas palavras de Rogério Filippetto, *"percebe-se uma inquinação no sentido de que as respostas que se apresentam aos crimes de lavagem sejam cada vez mais despidas dos contornos das sanções tradicionais do Direito Penal. Elas afastam-se de um conteúdo eminentemente corporal, para assumir uma feição patrimonial"*.[136]

De fato, na seara da delinquência financeira, o fluxo ilícito de recursos evidencia-se como o ponto central na engrenagem de funcionamento das organizações criminosas. Tal como o sangue no organismo humano, o dinheiro ilícito "irriga" o atuar das associações clandestinas direcionada à prática de crimes, permitindo que suas estruturas hierárquicas, dotadas de regular divisão de tarefas e integradas por inúmeros criminosos, funcionem de forma orquestrada, como uma verdadeira "empresa do crime".

A simples privação de liberdade de seus integrantes não tem se mostrado suficiente para abalar o regular funcionamento das organizações criminosas. Impera sobre estes, principalmente os que atuam nas camadas mais externas, um alto nível de fungibilidade, sendo facilmente substituídos por outros "operários do crime". Para se ter sucesso na repressão aos crimes de lavagem de dinheiro, devem se encontrar ombreadas à prisão, as medidas cautelares patrimoniais, as quais precisam ser aplicadas de forma rápida e efetiva, de modo que o fluxo financeiro das organizações criminosas venha a ser interrompido. Conforme se diz no bordão popular, atingir o criminoso *"na parte mais sensível do seu corpo: o bolso"*.[137]

---

136 *In* Lavagem de Dinheiro: crime econômico da pós-modernidade. Cit., p. 198.

137 Nas palavras de **Rogério Filippetto**, *"é a despatrimonialização do crime, fazendo com que o crime não compense"*. Obra citada, p.190. O referido autor ainda acrescenta: "No que diz respeito aos crimes de lavagem de dinheiro, as medidas inspiradas no Código de Processo Penal permanecem com essa índole reparatória, mas a ela associam outra mais importante, que é a utilização posterior daquele patrimônio a título de perdimento, como efeito da condenação. A preservação patrimonial pode destinar-se a satisfazer a vítima eventualmente identificada, mas também para reparar a vulneração da ordem socioeconômica, quando então a vítima é a sociedade como um todo, fazendo-se representar pelo próprio Estado. Ressalvado o aspecto reparatório, a conservação da riqueza identificada para fins de perdimento objetiva satisfazer também o fim obtuso da lei de lavagem, impedindo que o agente aproveite o fruto do ilícito, forma através da qual também indiretamente pune-se o crime anterior. É possível propor, ainda, que guarneçam o patrimônio para uma possibilidade que se apresenta para o futuro, após um aperfeiçoamento legislativo: viabilizar a aplicação da pena de perda de bens e valores". Obra citada, p.210.

17.2. Medidas assecuratórias no CPP

Antes de adentrarmos no estudo específico das regras aplicadas às *medidas cautelares patrimoniais* no âmbito da lavagem de dinheiro, faz-se necessário, a nosso sentir, efetuarmos rápida análise das previsões relativas às medidas assecuratórias contidas no Código de Processo Penal.

As medidas assecuratórias encontram-se previstas no capítulo VI do Código de Processo Penal, nos artigos 125 a 144-A, os quais foram objeto de diversas alterações trazidas pelas Leis 11.435/06, 12.694/12 e 13.964/19 (Lei Anticrime).

Em uma primeira análise, importante ressaltar que as medidas cautelares patrimoniais guardam estreita relação com os efeitos genéricos da condenação, previstos no artigo 91, do Código Penal. Por intermédio delas, permite-se que os bens, direitos e valores que constituem os produtos e os instrumentos do crime sejam atingidos pelo Estado, assegurando-se posterior indenização à vítima e a perda em favor da União dos objetos de fabrico, porte ou uso não permitidos.[138]

A *perda judicial* dos bens relacionados com a prática delituosa, conforme salienta Rogério Filippetto, *"é uma evolução da denominada pena acessória, que seguia à punição principal, isto é, à pena privativa de liberdade, para ser considerada na atualidade, como uma consequência da condenação"*[139]. Em outras palavras, a perda judicial nada mais é que uma consequência lógica da condenação penal, aplicada de forma a impedir que o agente criminoso lucre com a prática dos crimes.

Além da perda judicial, outra obrigação decorre da sentença penal condenatória: o *dever de indenizar*. Imputa-se ao criminoso a obrigação legal de prestar reparação à vítima, como forma de compensação das violações suportadas em decorrência da prática criminosa. No âmbito da lavagem de dinheiro, diversamente, o *dever de indenizar* adquire finalidade distinta, pois, de maneira difusa, visa a recompor a ordem socioeconômica maculada com a prática delituosa.

17.2.1. Natureza jurídica

As medidas assecuratórias previstas no CPP possuem natureza jurídica de *provimentos cautelares*, devendo obedecer às mesmas regras aplicáveis a todo procedimento de tal natureza, com autuação em apartado e prazos para o ajuizamento da ação principal.

Como toda medida cautelar, para o seu deferimento, devem se encontrar presentes os elementos que constituem o *fumus boni iuris* e o *periculum in mora*. Dessa forma, devidamente comprovados os indícios suficientes da prática do crime e de sua autoria, deve o provimento antecipatório ser deferido pela autoridade judiciária competente, como forma de salvaguarda dos bens envolvidos na prática da conduta delituosa, impedindo-se que eventual demora na prolação de decisão judicial definitiva frustre a efetiva aplicação dos efeitos da condenação.

---

138 Art. 91 do CP: São efeitos da condenação: I – tornar certa a obrigação de indenizar o dano causado pelo crime; II – a perda em favor da União, ressalvado o direito do lesado ou de terceiro de boa-fé: a) dos instrumentos do crime, desde que consistam em coisas cujo fabrico, alienação, uso, porte ou detenção constitua fato ilícito; b) do produto do crime ou de qualquer bem ou valor que constitua proveito auferido pelo agente com a prática do fato criminoso.

139 O referido autor, ao afirmar que a reforma penal de 1984 extinguiu a pena acessória, cita Aníbal Bruno: *"O seu fundamento pode ser a natureza do crime cometido, ou a falta ao cumprimento de certos deveres, ou a espécie ou gradação da pena aplicada. Verificado um desses fundamentos previstos na lei, a pena acessória impõe-se de maneira obrigatória, e pode resultar automaticamente da condenação, ou, como é mais comum acontecer, vir declarada expressamente na sentença" (BRUNO, Direito Penal: parte geral. Tomo 3, p.91. 3ª edição, Rio de Janeiro, Ed. Forense, 1967). In* Lavagem de Dinheiro: crime econômico da pós-modernidade. Cit., p.184.

17.2.2. Apreensão (artigos 240 a 250 do CPP)

A *apreensão* – ou busca e apreensão, conforme tratada pelo legislador[140] – consiste na atuação estatal direcionada à arrecadação de todos os bens móveis envolvidos na prática de uma infração penal. Além dos produtos do crime, ainda serão objeto de apreensão os instrumentos utilizados em seu cometimento.

A rigor, os produtos e instrumentos do crime são apreendidos porque demonstram interesse para a instrução criminal, uma vez que, de maneira direta ou indireta, podem trazer elementos que auxiliem na elucidação da prática delituosa, permitindo a sua comprovação e a identificação de sua autoria.

Além disso, conforme afirmado, a apreensão igualmente se justifica em razão da própria ilicitude do produto do crime, que não pode permanecer na esfera patrimonial do agente, caso contrário, estaria tirando vantagem econômica com a prática da infração penal.

Por outro lado, a apreensão dos instrumentos do crime possibilita a sua posterior utilização no decorrer das investigações do fato delituoso, sendo devolvidos para eventuais terceiros de boa-fé, quando de uso legalmente permitido ou, ao final do processo, objeto de perda judicial.

17.2.3. Sequestro (artigos 125 e seguintes do CPP)

O *sequestro* talvez seja, dentre as medidas cautelares patrimoniais, a espécie de maior incidência prática, recebendo do legislador processual especial tratamento nos artigos 125 a 132 do CPP.

Diversamente da apreensão, o *sequestro* incidirá, como regra geral, sobre *bens imóveis* que constituem o *proveito do crime praticado*[141]. Ou seja, bens de origem *ilícita,* derivados do produto da infração penal cometida.[142]

Assim sendo, guarda o *sequestro* íntima relação com instituto da perda estatal, uma vez que tem por finalidade atingir o *patrimônio ilícito do agente*, não permitindo que este mantenha, em sua esfera patrimonial, bem ou recurso de or]igem criminosa.

Como requisito para o deferimento da medida assecuratória de *sequestro*, a lei processual estabelece que basta a demonstração da presença de *indícios veementes da proveniência ilícita dos bens* (artigo 132 do CPP).[143]

17.2.4. Arresto e hipoteca legal

Fechando o rol das medidas assecuratórias previstas na legislação processual, encontram-se o *arresto e a hipoteca legal*, previstos nos artigos 134 e seguintes do CPP.

---

140 A apreensão que se caracteriza como o provimento cautelar adotado para a arrecadação dos bens envolvidos da prática do crime. A busca, na verdade, é apenas a ação utilizada para a efetivação do provimento cautelar. Contudo, diante da terminologia adotada pela legislação, tornou-se praxe tratar o provimento cautelar em questão como "busca e apreensão". Além disso, parte da doutrina pátria não encara a apreensão como uma das espécies de medidas assecuratórias. Para isso, haveria a expressa previsão do sequestro de bens móveis, utilizado quando da impossibilidade de aplicação da apreensão (artigo 132 do CPP).

141 *Nesse sentido, STJ, ROMS 13450/PR, Min. Jorge Scartezzini, 5ª. T., u., 11/06/02 e STJ, REsp. 882400/RJ, Min. Maria Thereza Moura, 6ª. T., u., 22.11.07.*

142 A jurisprudência tem admitido o sequestro de contas bancárias de empresa, *"quando existentes indícios de que se trata de produto de crime"*(STJ, REsp. 882400/RJ, Min. Maria Thereza Moura, 6ª. T., u., 22.11.07) e para alcançar bens do ex-cônjuge, quando *"houver indícios de que a separação é simulada ou fraudulenta"* (STJ, ROMS 6645/RS, Min. Luiz Vicente Cernicchiaro, 6ª. T., u., 25.11.96).

143 No que tange à existência de indícios veementes da proveniência ilícita dos bens, a jurisprudência vem entendendo sua ocorrência em algumas hipóteses, tais como: *"a incompatibilidade do patrimônio do paciente em relação aos rendimentos declarados"(STF, HC, segundo julgamento, 88262/SP, Gilmar Mendes, 2º Turma., u., 18.12.06)*; a *"contemporaneidade da aquisição dos ditos bens com a imputada prática de atos delituosos, os quais, segundo consta, envolveram elevadas somas de dinheiro"(STF, Inq-AgR 705/DF, Ilmar Galvão, Pl., 25.8.93).*

O *arresto e a hipoteca legal*, diversamente das espécies anteriores, não atingem o patrimônio ilícito do agente delituoso, incidindo sobre os *bens móveis e imóveis* que compõem o seu *patrimônio lícito*.[144]

Por tal razão, guardam estreita relação com o *dever de indenizar* decorrente da obrigação imposta ao agente criminoso de recompor a vítima ao seu *status quo*, reparando os maléficos efeitos resultantes da infração penal por ele praticada.

No âmbito da lavagem de dinheiro, os institutos do *arresto e da hipoteca legal* ganham contornos distintos, pois passam a serem vinculados à necessidade de *recomposição da ordem socioeconômica*, nitidamente violada com a prática do ilícito financeiro.

17.3. Medidas Assecuratórias na Lei nº 9.613/98

> **Art. 4º.** O juiz, de ofício, a requerimento do Ministério Público ou mediante representação do delegado de polícia, ouvido o Ministério Público em 24 (vinte e quatro) horas, havendo indícios suficientes de infração penal, poderá decretar medidas assecuratórias de bens, direitos ou valores do investigado ou acusado, ou existentes em nome de interpostas pessoas, que sejam instrumento, produto ou proveito dos crimes previstos nesta Lei ou das infrações penais antecedentes.

Analisadas as espécies de medidas assecuratórias previstas na legislação processual, passamos, então, ao estudo das particularidades previstas na Lei nº 9.613/98, referentes à aplicação de tais medidas cautelares no âmbito de investigações e processamentos de casos de lavagem de dinheiro.

17.3.1. Aplicação subsidiária do CPP

Preliminarmente, por força da previsão contida no artigo 2º, da Lei nº 9.613/98, aplicam-se às medidas assecuratórias empregadas em casos de lavagem de dinheiro, de forma subsidiária, todas as regras previstas no Código de Processo Penal. Dessa forma, em não havendo regra processual específica na Lei nº 9.613/98, adotam-se os dispositivos contidos nos artigos 125 a 144-A, do CPP.

No entanto, quando da aplicação das normas gerais previstas na legislação processual, não se pode perder de vista a relevância do bem jurídico protegido pelos crimes de lavagem de dinheiro. Não mais se tutelam interesses privados, intimamente relacionados à vítima do delito. Na verdade, torna-se necessária uma releitura do sistema retributivo estatal, deixando-se para trás a visão meramente individualista do Direito Penal. Os interesses em questão pertencem à sociedade como um todo, que anseia pela recomposição da ordem socioeconômica violada com a prática de tal delito.

Com efeito, quando elaborados os dispositivos da legislação processual relativos às medidas assecuratórias, a vítima do delito figurava como elemento principal do cenário de atuação da norma. Assim, as medidas cautelares patrimoniais foram definidas de forma que assegurassem à vítima a reparação dos danos por ela suportados, mediante a obrigação de indenizar imposta ao autor do crime.

Na lavagem de dinheiro, no entanto, o enfoque é completamente distinto. O sentimento que pautou o legislador quando da edição das normas da Lei nº 9.613/98 foi a intenção de "descapitalizar" o crime, fazendo com que a prática delituosa não viesse a compensar financeiramente para os seus autores. Destarte, quando da aplicação prática dos institutos, exige-se do aplicador do Direto certa flexibilização das normas, de forma a melhor atenderem os anseios sociais, permitindo um efetivo combate aos crimes de lavagem de dinheiro.

144 No sentido do texto: STJ, ROMS 13450/PR, Jorge Scartezzini, 5ª. T., u., 11.6.02.

17.3.2. Requisitos e prazo para ajuizamento da ação principal

Os *requisitos* para o deferimento das medidas assecuratórias aplicadas no âmbito da lavagem de dinheiro são os mesmos previstos para as demais medidas de natureza cautelar, a saber: o *fumus boni iuris* e o *periculum in mora*.

No entanto, não é demais enfatizar que tais requisitos referem-se, exclusivamente, à ilicitude dos bens, direitos e valores objeto do provimento cautelar em questão, e, não, sobre a culpabilidade do agente em relação ao crime de lavagem, ou mesmo, à infração penal antecedente.[145]

O prazo de validade das medidas cautelares patrimoniais, ainda que aplicadas com base na Lei nº 9.613/98, é o previsto no artigo 131, inciso I, do CPP. A contar da data do seu efetivo cumprimento, terá a acusação, sob pena de levantamento dos seus efeitos da medida assecuratória deferida, o prazo máximo de 60 dias para o ajuizamento da ação principal.[146]

A jurisprudência pátria tem admitido, no entanto, a flexibilização de tal prazo, quando o atraso for justificável e não guardar origem em injustificada inércia por parte da acusação. A excepcionalidade do caso pode ser demonstrada, por exemplo, em decorrência da quantidade de informações tratadas e das dificuldades no cumprimento de diligências e obtenção dos elementos necessários ao regular ajuizamento da medida.[147]

17.3.3. Objeto Material

Nos termos do artigo 4º, da Lei nº 9.613/98, as medidas assecuratórias podem incidir sobre *"bens, direitos e valores do investigado ou acusado, ou existentes em nome de interpostas pessoas, que sejam instrumento, produto ou proveito dos crimes previstos nesta Lei ou das infrações penais antecedentes"*.

O dispositivo legal em estudo repetiu a fórmula genérica adotada no artigo 1º, *caput*, da Lei nº 9.613/98, definindo como objeto material das medidas assecuratórias os *bens, direitos ou valores* decorrentes da prática delituosa. A nosso sentir, a expressão demonstra-se

---

145 Em relação aos requisitos necessários ao deferimento das medidas assecuratórias no âmbito de casos de lavagem de dinheiro, a jurisprudência tem entendido que, para a decretação da constrição, necessária é a demonstração de indícios suficientes que atestem a origem ilícita dos bens. No entanto, não se tem exigido a existência de indícios veementes, *"bastando a existência de indícios mínimos que levam a crer serem tais bens provenientes de lavagem"*(-TRF4, AC 2006.70.00.010009-6/PR, Paulo Afonso, 8ª. T., u., 24.10.07).

146 Os artigos 130 e 131 do CPP trazem as seguintes disposições: "Art. 130. O sequestro poderá ainda ser embargado: I – pelo acusado, sob o fundamento de não terem os bens sido adquiridos com os proventos da infração; **II – pelo terceiro, a quem houverem os bens sido transferidos a título oneroso, sob o fundamento de tê-los adquirido de boa-fé.** Parágrafo único. Não poderá ser pronunciada decisão nesses embargos antes de passar em julgado a sentença condenatória. **Art. 131. O sequestro será levantado: I – se a ação penal não for intentada no prazo de sessenta dias, contado da data em que ficar concluída a diligência;** II – se o terceiro, a quem tiverem sido transferidos os bens, prestar caução que assegure a aplicação do disposto no art. 74, II, b, segunda parte, do Código Penal; III – se for julgada extinta a punibilidade ou absolvido o réu, por sentença transitada em julgado". No que se refere especificamente ao prazo para conclusão das medidas cautelares assecuratórias, na redação originária da Lei nº 9.613/98 havia previsão de prazo diferenciado quando aplicadas em casos de lavagem de dinheiro *(§ 1º As medidas assecuratórias previstas neste artigo serão levantadas se a ação penal não for iniciada no prazo de cento e vinte dias, contados da data em que ficar concluída a diligência)*. Tal previsão, no entanto, foi expressamente revogada pela Lei nº 12.683/12. Diante disso, aplica-se atualmente o prazo de 60 dias previsto no artigo 131, inciso I do CPP.

147 Nesse sentido: STJ, RMS 9.999/SP e AgRg 1.387.258, 5ª Turma, Relatora Ministra Laurinda Vaz, julgado em 02/02/2012. Em sentido contrário, diante da não apresentação de justificativas razoáveis para o excesso de prazo: STJ, RMS 27.230/RJ, 6ª Turma, v.u., Relator Ministro Nilson Naves, j. 04/10/2006; TRF 3ª Região, ApCrim 2007.61.05.011952-3/SP, 2ª Turma, v.u., relator Desembargador Cotrim Guimarães; TRF 4ª Região, ApCrim 2006.71.00.003146-5/RS, 8ª Turma, relator Desembargador Élcio Pinheiro de Castro e STJ, RMS 21.453/DF, 5ª Turma, 19/04/2007, v.u., relator Ministro Félix Fischer. A jurisprudência ainda tem admitido que o juiz renove a medida, de ofício, por ocasião do oferecimento da denúncia (STF, RE 86635/SP, Min. Leitão de Abreu, 2ª. T., u., 10.5.77; STJ, ROMS 3272/SP, Min. Assis Toledo, 5ª. T., u., 29.3.95) ou, ainda, no curso da própria ação penal (STF, AI-AgR 65482/SP, Min. Moreira Alves, 2ª. T., u., 21.11.75).

suficientemente ampla para abranger qualquer espécie de objeto de valor econômico que precise ser salvaguardado para se assegurar futura aplicação do instituto da perda judicial.[148]

Além disso, com a utilização da expressão "*ou existentes em nome de interpostas pessoas*", tornou-se plenamente possível a incidência das medidas assecuratórias inclusive sobre bens que não estejam formalmente registrados em nome do investigado ou acusado.

Nesse particular, conforme afirmado, a aquisição de bens imóveis ou móveis de alto valor com recursos ilícitos, com o seu posterior registro em nome de terceiras pessoas, tem se evidenciado como importante tipologia de lavagem de dinheiro em nosso país. Largamente adotada por criminosos, a manobra delitiva descrita tem sido utilizada na tentativa de se ocultar a real propriedade do bem adquirido com o proveito do crime, dando-lhe aparência de licitude.

Dessa forma, a expressa previsão legal da incidência das medidas assecuratórias sobre bens pertencentes ao agente criminoso, ainda que se encontrem registrados em nome de terceiras pessoas, afasta eventuais alegações que venham a ser criadas com o intuito de suprimi-los dos limites de atuação das medidas cautelares patrimoniais.

Por fim, o artigo 4º ainda traz importante previsão relativa aos limites de aplicação das medidas assecuratórias. Mediante expressa previsão legal, os provimentos de natureza cautelar atualmente podem ser aplicados não apenas a casos de investigação e processamento de crimes de lavagem de dinheiro, como também, em relação às infrações penais antecedentes.

Do ponto de vista prático, a referida previsão legal demonstra-se de extrema utilidade. Não é incomum o agente criminoso efetuar, em operações de lavagem de dinheiro, a mescla de recursos ilícitos com outros de natureza lícita. Na verdade, ele opta pela prática de tal conduta justamente para dificultar a localização e o rastreio dos recursos ilícitos, uma vez que, misturados a outros cuja origem lícita pode ser alegada, podem assumir feições lícitas. *Ad exemplum*, tomemos o caso em que valores amealhados por determinado criminoso com a prática de crimes de corrupção são depositados, em espécie, em conta de familiar, vindo a serem "misturados" com recursos de natureza lícita pertencentes ao titular da conta. Em tal caso, a despeito de eventual responsabilização do titular da conta pela prática de lavagem de dinheiro, seria perfeitamente possível a incidência de medidas assecuratórias sobre a totalidade dos recursos existentes em sua conta corrente. Ao titular caberia apenas, na forma do § 2º, do artigo 4º, postular a liberação total ou parcial dos valores, desde que devidamente comprovada, perante o Juízo competente, a licitude de tais valores.

17.3.3.1. Delimitação do bem objeto da medida

Muito embora de conceituação ampla, de forma a abranger todos os bens, direitos ou valores que sejam provenientes dos crimes de lavagem de dinheiro e das infrações penais antecedentes, o objeto das medidas assecuratórias deve ser devidamente determinado, havendo a necessidade de sua devida determinação por parte do órgão acusador.

De fato, as medidas assecuratórias, como se sabe, caracterizam-se como provimento judicial de natureza excepcional, que incidente sobre o patrimônio do réu ou indiciado para assegurar que os bens, direitos e valores envolvidos na prática da lavagem ou das infrações penais antecedentes sejam devidamente preservados para a efetivação da futura perda judicial.

148 A jurisprudência vem entendendo que, diante da natureza da medida assecuratória, exige-se *"fundada suspeita da referida vinculação com a lavagem de dinheiro"*(STF Inq-QO 2248/DF, Min. Carlos Ayres Britto, Pl., u., 25.5.06). Da mesma forma, tratando-se de medida cautelar, *"não se pode exigir maior rigor probatório na comprovação da suspeita e da vinculação, admitindo-se, portanto, o sequestro quando houver indícios suficientes da origem ilícita dos bens"*(STJ, ROMS 15.995/RS, Min, Gilson Dipp, 5ª T., u., 12.8.03; TRF4, AC 200471000294030, Élcio Pinheiro de Castro, 8ª T., u., 11.5.05). *"Por suficientes, entendem-se indícios mínimos, e não veementes"*(TRF4, AC 2006.70.00.010009-6/PR, Min. Paulo Afonso, 8ª. T., u., 24.10.07).

Nas palavras de Rogério Filippetto, "*o sequestro é medida assecuratória de caráter patrimonial, despreocupada com a função probatória e cujo objeto é realmente atingir o proveito do crime. (...) O sequestro é, portanto, de coisa certa.*"[149] Marcelo Mendroni, no entanto, entende que, diante da situação criminológica que pautou a edição da Lei nº 9.613/98, totalmente distinto da apresentada quando da criação das normas processuais contidas do CPP, devem ser aplicadas quaisquer medidas assecuratórias sobre bens, direitos e valores indeterminados, desde que supostamente oriundos da prática de crimes antecedentes.[150]

A nosso sentir, devem ser devidamente especificados quais os bens integrantes do patrimônio ilícito do réu ou investigado que devem ser alcançados pelo provimento cautelar judicial. Da mesma forma, mesmo que sejam atingidos bens pertencentes ao patrimônio lícito do agente criminoso para a recomposição da ordem socioeconômica maculada, há a necessidade da demonstração de sua vinculação com a prática delituosa e, igualmente, a sua devida determinação.[151]

17.3.4. Espécies de medidas assecuratórias aplicadas a casos de lavagem de dinheiro

O advento da Lei nº 12.683/12 trouxe importantes avanços às disposições relativas às medidas cautelares patrimoniais aplicadas no curso de investigações e processamentos de crimes de lavagem de dinheiro.

Embora não existisse previsão em sentido contrário, a referência legal até então existente no artigo 4º, da Lei nº 9.613/98, adstrita à apreensão e ao sequestro, levantava dúvidas quanto à incidência do arresto e da hipoteca legal aos casos de lavagem de dinheiro. A interpretação restritiva da lei, além de afrontar flagrantemente os anseios do legislador da Lei nº 9.613/98, apresentava severa limitação aos instrumentos colocados à disposição dos órgãos de aplicação da lei na busca de uma efetiva repressão aos delitos de lavagem de dinheiro.

Com efeito, não apenas os bens ilícitos obtidos pelo agente com a prática dos crimes devem ser perseguidos em uma investigação de lavagem de dinheiro. O patrimônio lícito por ele eventualmente ostentado deve igualmente ser atingido, assegurando-se a recomposição da ordem socioeconômica violada.

Com a nova redação legal, no entanto, não pairam dúvidas quanto à possibilidade de aplicação de *todas as espécies de medidas assecuratórias* previstas no CPP aos feitos de lavagem de dinheiro.

17.3.4.1. Sequestro (DL nº 3.240/41)

Outra modalidade de medida cautelar patrimonial que pode perfeitamente ser aplicada em casos de lavagem de dinheiro, embora não prevista na Lei nº 9.613/98 e no Código de Processo Penal, é o "sequestro" contido no Decreto-Lei nº 3.240/41.

Nos termos do artigo 1º, do referido texto legislativo, "*ficam sujeitos a sequestro os bens de pessoa indiciada por crime de que resulta prejuízo para a fazenda pública, ou por crime definido no Livro II, Títulos V, VI e VII da Consolidação das Leis Penais desde que dele resulte locupletamento ilícito para o indiciado.*"

Dessa forma, quando a lavagem de dinheiro tiver como antecedente, *exempli gratia*, crimes contra a Administração Pública, será perfeitamente possível a aplicação do "sequestro" previsto no Decreto-Lei nº 3.240/41.

149 *Obra cit., p.216.*

150 *In* Crime de lavagem de dinheiro. Cit., págs. 154 e 155.

151 No sentido do texto: *"A constrição deve recair somente sobre os bens que sejam instrumento, produto, ou proveito dos crimes de lavagem, estando excluídos da medida os bens que integrem o patrimônio do acusado, mas não tenham qualquer relação com os crimes."* (STF, Inq-QO 2248/DF, Min. Carlos Ayres Britto, Pl., u., 25.5.06).

A despeito de ter o legislador optado pela nomenclatura sequestro para definir a medida assecuratória descrita no DL nº 3.240/41, a nosso sentir, não é essa a mais adequada diante da própria natureza do instituto em questão.

Conforme afirmado, o *sequestro* incide apenas sobre *bens móveis e imóveis* que guardam relação com a prática delituosa, ou seja, aqueles que constituem o *patrimônio ilícito* do réu ou investigado. No entanto, mediante expressão previsão contida no artigo 4º, o "sequestro" do DL nº 3.240/41 pode recair *sobre todos os bens pertencentes ao acusado*, inclusive, os de origem lícita.[152]

Assim sendo, no nosso entendimento, o "sequestro" do DL 3.240/41 ostenta natureza mista, atuando duplamente como sequestro, quando atinge o patrimônio ilícito do criminoso, e como arresto, ao alcançar os bens de natureza lícita que este vier eventualmente a possuir.

17.3.5. Medidas cautelares inominadas

Diante da própria incapacidade legislativa em prever todas as hipóteses de adequação prática dos provimentos necessários à cautela de bens envolvidos na prática de condutas delituosas, tornou-se imperiosa a adoção, por parte dos órgãos jurisdicionais, de medidas cautelares inominadas adotadas com base no *poder geral de cautela*.[153]

As medidas assecuratórias inominadas guardam fundamento na necessidade de preservação dos bens envolvidos, diante da existência de fundados receios de seu perecimento ou da ocorrência de danos de difícil reparação.

Além disso, as medidas assecuratórias inominadas devem ser adotadas quando evidenciada a necessidade de se assegurar proporcionalidade à medida eleita. Nesse sentido, deve-se sempre privilegiar a adoção de medida menos gravosa ao investigado ou acusado, ainda que não tipicamente existente, desde que produza semelhantes efeitos de outra descrita na legislação processual.

Rogério Filippetto, comentando o tema em questão, ressalta o seguinte:

> "O poder geral de cautela, por meio das medidas atípicas, presta-se a suprir a imprevisibilidade legal, mas tem também o condão de evitar uma constrição que se mostra exagerada, ainda que típica. Seguindo-se os ditames da necessidade e da proporcionalidade, pode ser concebida medida cautelar desguarnecida de previsão legal, que substitui com eficiência outra consagrada em lei."[154]

---

152 Nesse sentido, STJ: *"O art. 1º do Decreto-Lei nº 3.240/41, por ser norma especial, prevalece sobre o art. 125 do CPP e não foi por este revogado eis que a legislação especial não versa sobre a mera apreensão do produto do crime, mas, sim, configura específico meio acautelatório de ressarcimento da Fazenda Pública, de crimes contra ela praticados."* (STJ, REsp. 149516/SC, Dipp, 5ª. T., u., 21.5.02). Na mesma linha de entendimento: STJ, ROMS 4161/PB, Acioli, 6ª. T., m., 20.9.94; STJ, REsp. 132539/SC, Patterson, 6ª. T., m., 1.12.97; TRF4, AC 200672090012492/SC, Élcio Pinheiro de Castro, 8ª. T., u., 30.7.08.

153 *O poder geral de cautela encontra-se atualmente abrangido, nos moldes no Código de Processo Civil de 2015 – NCPC, pela efetivação da tutela provisória, que pode ser aplicada em casos de urgência ou evidencia. A tutela provisória encontra-se regulada pelos artigos 294 a 297 do NCPC: "Art. 294. A tutela provisória pode fundamentar-se em urgência ou evidência. Parágrafo único. A tutela provisória de urgência, cautelar ou antecipada, pode ser concedida em caráter antecedente ou incidental. Art. 295. A tutela provisória requerida em caráter incidental independe do pagamento de custas. Art. 296. A tutela provisória conserva sua eficácia na pendência do processo, mas pode, a qualquer tempo, ser revogada ou modificada. Parágrafo único. Salvo decisão judicial em contrário, a tutela provisória conservará a eficácia durante o período de suspensão do processo.* ***Art. 297. O juiz poderá determinar as medidas que considerar adequadas para efetivação da tutela provisória.*** *Parágrafo único. A efetivação da tutela provisória observará as normas referentes ao cumprimento provisório da sentença, no que couber".* O Código de Processo Civil anterior, a nosso ver, trazia redação mais clara em relação ao poder de geral de cautela em seu artigo 798, *in verbis*: *"Art. 798. Além dos procedimentos cautelares específicos, que este Código regula no Capítulo II deste Livro,* ***poderá o juiz determinar as medidas provisórias que julgar adequadas, quando houver fundado receio de que uma parte, antes do julgamento da lide, cause ao direito da outra lesão grave e de difícil reparação.****"*(Sem grifos no original)

154 Obra citada, p. 212.

É o caso, *ad exemplum*, da retenção do passaporte do réu ou investigado em um caso de lavagem de dinheiro no lugar da sua privação de liberdade. Se a finalidade visada fosse impedir a sua fuga, assegurando-se a aplicação da lei penal (artigo 312 do CPP), a cautelar inominada se mostraria muito mais proporcional e adequada ao caso que a sua prisão.

Da mesma forma, a própria proibição da alienação de bens (indisponibilidade), quando determinada pela autoridade judicial competente e registrada perante os respectivos órgãos administrativos –*e.g.* DETRAN, RGI etc –, revela-se, não raras vezes, muito mais adequada e, até mesmo, eficaz ao fim visado: *impossibilita que o agente se desfaça dos bens e, ao mesmo tempo, afasta a incidência de problemas relacionados a sua administração e manutenção, dificuldades que certamente seriam enfrentadas caso estivessem sob custódia estatal.*

17.3.6. Inversão do ônus da prova

§ 2º O juiz determinará a liberação total ou parcial dos bens, direitos e valores quando comprovada a licitude de sua origem, mantendo-se a constrição dos bens, direitos e valores necessários e suficientes à reparação dos danos e ao pagamento de prestações pecuniárias, multas e custas decorrentes da infração penal.

§ 3º Nenhum pedido de liberação será conhecido sem o comparecimento pessoal do acusado ou de interposta pessoa a que se refere o caput deste artigo (...).

§ 4º Poderão ser decretadas medidas assecuratórias sobre bens, direitos ou valores para reparação do dano decorrente da infração penal antecedente ou da prevista nesta Lei ou para pagamento de prestação pecuniária, multa e custas.

A *inversão do* ônus *da prova*, no âmbito da lavagem de dinheiro, guarda origem no artigo 5, n. 7 da Convenção de Viena. Nos termos do referido tratado internacional, cada Estado-Parte "*considerará a possibilidade de inverter o* ônus *da prova com respeito à origem lícita do suposto produto ou outros bens sujeitos a confisco, na medida em que isto seja compatível com os princípios de direito interno e com a natureza de seus procedimentos jurídicos e de outros procedimentos*".

A nosso sentir, ao condicionar a liberação dos bens apreendidos à efetiva comprovação de licitude, o artigo 4º, § 2º, da Lei nº 9.613/98, adota o instituto da *inversão do* ônus *da prova* para o âmbito de aplicação das medidas assecuratórias em casos de lavagem de dinheiro.

Destarte, basta à acusação a demonstração da presença dos requisitos necessários ao deferimento da medida cautelar patrimonial – *fumus boni iuris* e *periculum in mora* – não lhe sendo exigível comprovar a ilicitude do bem que caracteriza o objeto do provimento assecuratório postulado.

Entendemos que a previsão da *inversão do* ônus *da prova* para as medidas assecuratórias aplicadas com base na Lei nº 9.613/98, constitui-se inegável avanço no sistema de repressão aos crimes de lavagem de dinheiro. Embora vozes se levantem questionando a constitucionalidade da previsão de inversão do ônus da prova, trata-se de verdadeira opção legislativa, conferindo tratamento diferenciado a delitos que tão gravosamente atingem a coletividade, causando nefastas consequências ao seio social.

Marcelo Mendroni, ao comentar o artigo 4º, § 2º, da Lei nº 9.613/98, afirma:

> ***"Longe de violar o princípio da presunção de inocência, o dispositivo cria instituto indiscutivelmente necessário para a sistemática da lei como um todo. É preciso entender que a "presunção" de inocência, como o próprio nome revela, nada mais é do que presunção. Diga-se, simples presunção. Presunção esta que pode estar ou não adstrita a outro princípio constitucional – o do devido processo legal.*** *É dizer: o devido processo legal pode não*

> *estabelecer a presunção de inocência. Aliás, isso resta mais do que evidente na simples leitura do dispositivo constitucional: Art. 5º, LIV: "Ninguém será provado da liberdade ou de seus bens sem o devido processo legal" (...)* ***Por certo que a lei é rigorosa, enfatizamos, mas não poderia ser de outra forma. Não se combate câncer com aspirina. Para crimes graves e complexos, leis rigorosas e eficientes.***[155]

A presunção criada pelo legislador restringe-se, no entanto, à ilicitude dos bens que serão objeto das medidas cautelares patrimoniais. Portanto, não se referem à culpabilidade do agente em relação à prática da lavagem de dinheiro, ou mesmo, à infração penal antecedente.

Na verdade, com a previsão da *inversão do* ônus *da prova*, simplesmente se transfere ao investigado ou acusado a responsabilidade de provar a licitude dos bens acautelados pelo Estado. Assim, se não o fizer até o trânsito a sentença penal condenatória, os bens deverão ser objeto de perda judicial.[156]

17.3.7. Utilização cautelar de bens apreendidos

> **Art. 4º.** (...)
>
> § 3º (...) podendo o juiz determinar a prática de atos necessários à conservação de bens, direitos ou valores, sem prejuízo do disposto no § 1º.
>
> **Art. 4º-A.** (...)
>
> § 12. O juiz determinará ao registro público competente que emita documento de habilitação à circulação e utilização dos bens colocados sob o uso e custódia das entidades a que se refere o caput deste artigo.

A *utilização cautelar de bens apreendidos*, instituto de grande valia prática no âmbito de casos de lavagem de dinheiro, encontra fundamento jurídico no próprio poder geral de cautela, conferido ao magistrado no rol de atos necessários à própria preservação do bem.

Com efeito, com a apreensão cautelar de bens, a responsabilidade por sua guarda e manutenção transfere-se ao Estado, cabendo-lhe, então, a tomada de todas as providências necessárias para sua regular conservação.

De fato, antes do trânsito em julgado da sentença penal condenatória, embora pairem sobre os bens apreendidos presunção legal acerca de sua vinculação com a prática delituosa, estes ainda não se encontram inseridos no patrimônio estatal, o que efetivamente ocorrerá apenas com a decretação da perda judicial. Enquanto isso não ocorre, os bens ainda pertencem ao réu ou investigado, a despeito de serem objeto de ato de constrição judicial.

Assim, durante o período em que permanecer sob a tutela estatal, caberá ao Estado a prática de todos os atos necessários a sua regular conservação, neles incluindo, por razões óbvias, a autorização judicial para a utilização cautelar de tais bens por parte de órgão da Administração Pública.

É exatamente a leitura que se extrai da regra contida no artigo 4º, § 3º, da Lei nº 9.613/98: *"(...) podendo o juiz determinar a prática de atos necessários à conservação de bens, direitos ou*

---

155 Nesse sentido, ob. cit., p.140.

156 No mesmo sentido, **Rogério Filippetto**: *"(...) atingida a sentença condenatória e não afastada a presunção autorizada pela lei, o ativo deverá ser objeto de perdimento".* Obra citada, p.214. Igualmente, **Marcelo Mendroni**: *"(...) se não comprovar, advindo sentença condenatória, como efeito, será decretado o perdimento dos bens em favor da União, nos estritos termos do inciso I, art. 7º, da lei, em consonância com o art. 5º, XLVI, b, da Constituição Federal. Como a perda dos bens é "efeito da condenação", obviamente que, uma vez absolvido, tê-los-á de volta. Ainda que durante o processo, não comprovando o acusado a origem lícita dos bens, direitos ou valores apreendidos, poder-lhes-á ser nomeado administrador até o trânsito em julgado da sentença".* Cit., p.154.

valores, sem prejuízo do disposto no artigo 1º". Assim, não sendo o caso de alienação antecipada do bem apreendido, a nosso sentir, a autorização para a utilização cautelar deve sempre ser determinada pela autoridade judiciária competente.

De fato, a permanência do bem em depósitos estatais sem a sua devida utilização, além de acarretar inegável depreciação em seu valor real de mercado, ainda o coloca sob evidentes riscos de deterioração. Por outro lado, a utilização cautelar do bem serve como forma de mantê-lo preservado, assegurando a sua regularidade e perfeitas condições de uso.

Além disso, a utilização cautelar ainda permite a diminuição de gastos necessários à cautela do bem apreendido, o qual, não raras vezes, necessita de especiais condições para guarda e alocação, como ocorre, por exemplo, com embarcações e aeronaves, que carecem de locais adequados para a sua cautela.

Na forma do § 12, do artigo 4º, da Lei nº 9.613/98, deferida a utilização cautelar do bem apreendido, o juiz deverá adotar todas as providências necessárias para a regulação do seu uso perante os órgãos administrativos competentes. A referida providência se justifica diante da necessidade de os bens se encontrarem, mesmo estando sob utilização estatal, em situação regular de uso. Além disso, a devida comunicação por parte da autoridade judiciária competente isenta o seu proprietário, *por exemplo*, de indenizações e outras penalidades decorrentes do uso inadequado do bem.

Nesse sentido, importante pontuar que a utilização do bem cautelar cedido deve ser estritamente vinculada a atividades exclusivamente públicas, sendo totalmente vedada a sua utilização, ainda que de forma transversa, para atender interesses particulares de agentes públicos.

Por tal razão, cabe ao órgão público que receber bem apreendido para utilização cautelar, zelar pela sua regular preservação e manutenção, não permitindo que o seu uso inadequado venha a depreciá-lo. Da mesma forma, entendemos que deve haver estrito controle quanto à regular utilização do bem, mantendo-se registros que permitam a identificação das atividades nas quais foi o bem empregado, o servidor responsável pela utilização e o período no qual o bem permaneceu em uso. A destinação indevida dos recursos cautelarmente cedidos para uso e a sua simples utilização sem adequados controles estatais caracterizam, a nosso sentir, desvio de finalidade do instituto, permitindo a responsabilização dos agentes públicos envolvidos.

Embora a Lei nº 9.613/98 não preveja de forma expressa para quais órgãos deva ser destinada a utilização cautelar dos bens apreendidos em casos de lavagem de dinheiro, entendemos que devem ser privilegiados órgãos de aplicação da lei que detenham funções atreladas à prevenção e repressão a delitos financeiros e a infrações penais antecedentes mais incidentes.[157]

Dessa forma, poderá a Justiça destinar recursos que venham a somar esforços na busca de uma efetiva atuação estatal no combate a tais espécies delituosas, atendendo-se aos anseios da coletividade evidenciados na tutela da paz social.

Nesse sentido, o art. 133-A no CPP, inserido por força da Lei nº 13.964/19 (Lei Anticrime), prevê expressamente a possibilidade da autorização judicial para a utilização cautelar de bens por parte de órgãos de segurança pública, do sistema prisional, do sistema socioeducativo, da

157 Para os crimes previstos na Lei de Drogas (Lei nº 11.343/06), há a previsão expressa da utilização cautelar de bens apreendidos no artigo 62 da referida lei: *"Art. 62. Comprovado o interesse público na utilização de qualquer dos bens de que trata o art. 61, os órgãos de de polícia judiciária, militar e rodoviária poderão deles fazer uso, sob sua responsabilidade e com o objetivo de sua conservação, mediante autorização judicial, ouvido o Ministério Público e garantida a prévia avaliação dos respectivos bens"*. Diante da nova redação dada ao art. 62 da Lei nº 11.343/06 pela Lei nº 13.840/19, houve nítida ampliação em relação aos órgãos que podem ser destinatários de decisões judiciais deferindo a utilização cautelar de bens apreendidos. Por tal razão, após prévia avaliação dos respectivos bens, poderá a autoridade judiciária competente autorizar a utilização de bens apreendidos no âmbito de investigações de crimes previstos na Lei nº 11.343/06 não apenas para polícia judiciária, mas agora também para os órgãos das polícias militares e rodoviária federal.

Força Nacional de Segurança Pública e do Instituto Geral de Perícia, quando do desempenho de suas atividades.

No entanto, diante da própria natureza metaindividual dos interesses demonstrados por intermédio do bem jurídico tutelado pelos crimes de lavagem de dinheiro, entendemos que toda e qualquer iniciativa judicial para a destinação cautelar de bens por parte de órgãos estatais, desde que devidamente fundamentadas e vinculadas ao espírito da lei, deve ser adotada e, inclusive, fomentada pela sociedade.

Assim, em nosso entendimento, seria perfeitamente possível a destinação de bens apreendidos para entidades públicas que não atuem diretamente na seara da segurança pública, mas que, ainda de forma indireta e mediata, exerçam atividades que tragam benefícios à sociedade em áreas sensíveis, como por exemplo, educação e saúde.[158]

17.3.8. Alienação antecipada

Art. 3º. (...)

§ 1º Proceder-se-á à alienação antecipada para preservação do valor dos bens sempre que estiverem sujeitos a qualquer grau de deterioração ou depreciação, ou quando houver dificuldade para sua manutenção.

Art. 4º-A. A alienação antecipada para preservação de valor de bens sob constrição será decretada pelo juiz, de ofício, a requerimento do Ministério Público ou por solicitação da parte interessada, mediante petição autônoma, que será autuada em apartado e cujos autos terão tramitação em separado em relação ao processo principal.

§ 1º O requerimento de alienação deverá conter a relação de todos os demais bens, com a descrição e a especificação de cada um deles, e informações sobre quem os detém e local onde se encontram.

§ 2º O juiz determinará a avaliação dos bens, nos autos apartados, e intimará o Ministério Público.

§ 3º Feita a avaliação e dirimidas eventuais divergências sobre o respectivo laudo, o juiz, por sentença, homologará o valor atribuído aos bens e determinará sejam alienados em leilão ou pregão, preferencialmente eletrônico, por valor não inferior a 75% (setenta e cinco por cento) da avaliação.

§ 4º Realizado o leilão, a quantia apurada será depositada em conta judicial remunerada, adotando-se a seguinte disciplina:

I – nos processos de competência da Justiça Federal e da Justiça do Distrito Federal:

a) os depósitos serão efetuados na Caixa Econômica Federal ou em instituição financeira pública, mediante documento adequado para essa finalidade;

158 No âmbito da operação Lava Jato, tornou-se notória a alternativa vislumbrada pela 7ª Vara Federal de Curitiba/PR após a apreensão de diversas obras de arte produzidas por artistas consagrados internacionalmente e de grande valor de mercado. Visando não apenas a sua regular conservação, foi deferida a utilização cautelar de tais bens para o Museu Oscar Niemeyer (MON), localizado na capital paranaense, onde as obras de arte permaneceram em exposição, permitindo que a sociedade, que constantemente suporta os malefícios do crime, pudesse usufruir da expressão artística contida nas obras que foram adquiridas com proveitos criminosos e que agora se encontram sob a tutela estatal. Nesse sentido, vide nota de rodapé nº ??, na qual se relembra o caso das 131 obras de artes apreendidas com o ex-Diretor de Serviços da Petrobrás, Renato de Souza Duque. Dentre as obras apreendidas, estavam inúmeras peças de autoria do modernista *Alberto da Veiga Guignard*. Ao todo, centenas de obras de arte foram apreendidas durante as inúmeras fases da Operação Lava Jato. As obras apreendidas eram de autoria de diversos artistas, dentre eles, Amilcar de Castro, Di Cavalcanti, Heitor dos Prazeres, Salvador Dalí, Cícero Dias, Antonio Bandeira, Claudio Tozzi, Nelson Leirner, Adriana Varejão, Vik Muniz e Miguel Rio Branco. Muitas delas foram cedidas para utilização cautelar no acervo do referido museu.

> b) os depósitos serão repassados pela Caixa Econômica Federal ou por outra instituição financeira pública para a Conta Única do Tesouro Nacional, independentemente de qualquer formalidade, no prazo de 24 (vinte e quatro) horas; e
>
> c) os valores devolvidos pela Caixa Econômica Federal ou por instituição financeira pública serão debitados à Conta Única do Tesouro Nacional, em subconta de restituição;
>
> II – nos processos de competência da Justiça dos Estados:
>
> a) os depósitos serão efetuados em instituição financeira designada em lei, preferencialmente pública, de cada Estado ou, na sua ausência, em instituição financeira pública da União;
>
> b) os depósitos serão repassados para a conta única de cada Estado, na forma da respectiva legislação.
>
> § 5º Mediante ordem da autoridade judicial, o valor do depósito, após o trânsito em julgado da sentença proferida na ação penal, será:
>
> I – em caso de sentença condenatória, nos processos de competência da Justiça Federal e da Justiça do Distrito Federal, incorporado definitivamente ao patrimônio da União, e, nos processos de competência da Justiça Estadual, incorporado ao patrimônio do Estado respectivo;
>
> II – em caso de sentença absolutória extintiva de punibilidade, colocado à disposição do réu pela instituição financeira, acrescido da remuneração da conta judicial.
>
> § 6º A instituição financeira depositária manterá controle dos valores depositados ou devolvidos.
>
> § 7º Serão deduzidos da quantia apurada no leilão todos os tributos e multas incidentes sobre o bem alienado, sem prejuízo de iniciativas que, no âmbito da competência de cada ente da Federação, venham a desonerar bens sob constrição judicial daqueles ônus.
>
> § 8º Feito o depósito a que se refere o § 4º deste artigo, os autos da alienação serão apensados aos do processo principal.
>
> § 9º Terão apenas efeito devolutivo os recursos interpostos contra as decisões proferidas no curso do procedimento previsto neste artigo.
>
> § 10. Sobrevindo o trânsito em julgado de sentença penal condenatória, o juiz decretará, em favor, conforme o caso, da União ou do Estado:
>
> I – a perda dos valores depositados na conta remunerada e da fiança;
>
> II – a perda dos bens não alienados antecipadamente e daqueles aos quais não foi dada destinação prévia; e
>
> III – a perda dos bens não reclamados no prazo de 90 (noventa) dias após o trânsito em julgado da sentença condenatória, ressalvado o direito de lesado ou terceiro de boa-fé.
>
> § 11. Os bens a que se referem os incisos II e III do § 10 deste artigo serão adjudicados ou levados a leilão, depositando-se o saldo na conta única do respectivo ente.
>
> § 12. O juiz determinará ao registro público competente que emita documento de habilitação à circulação e utilização dos bens colocados sob o uso e custódia das entidades a que se refere o caput deste artigo.
>
> § 13. Os recursos decorrentes da alienação antecipada de bens, direitos e valores oriundos do crime de tráfico ilícito de drogas e que tenham sido objeto de dissimulação e ocultação nos termos desta Lei permanecem submetidos à disciplina definida em lei específica.

A *alienação antecipada de bens* talvez seja um dos grandes avanços legislativos trazidos para o âmbito de incidência de casos de lavagem de dinheiro. Antes restrita a iniciativas pontuais por parte de magistrados que se deparavam com dificuldade de administração e conservação dos bens apreendidos, atualmente o instituto da alienação antecipada encontra-se detalhadamente regulado na Lei nº 9.613/98, permitindo a sua regular e efetiva aplicação prática.

Com efeito, o instituto da *alienação antecipada de bens* surge da própria responsabilidade estatal em conservar os bens apreendidos. Conforme afirmado, com a constrição do patrimônio do réu ou investigado, o bem passa à tutela do Estado, a quem cabe a prática de todos os atos relativos à sua preservação.

Contudo, a preservação dos bens apreendidos, na prática, não se demonstra uma tarefa fácil. Por envolverem o dispêndio de recursos humanos e financeiros, não raras vezes, as atividades relacionadas à manutenção dos bens acautelados tornam-se demasiadamente onerosas ao Estado, o que contestaria a própria viabilidade prática na aplicação das medidas assecuratórias a certa classe de bens.

Para além dos casos de dificuldade de manutenção, a *alienação antecipada de bens* igualmente se revela alternativa eficaz quando os bens apreendidos estejam expostos a riscos de deterioração ou depreciação de seu valor de mercado.

No mesmo sentido, **Fausto De Sanctis** apresenta o seguinte comentário:

> *"Como se viu,* ***não dispondo o Estado de local adequado ou suficiente e não havendo previsão de verba própria que vise*** *à* ***administração e conservação de bens****, para não inviabilizar as futuras apreensões, sequestros e arrestos, deve o magistrado,* ***evitando que se avance a deterioração de bens, ou sua depreciação, dar-lhes um destino: ou simples uso (mediante guarda provisória ou depósito judicial, já mencionados), ou, então decidir-se pela venda antecipada ou leilão judicial.***[159]

De fato, facilita-se a atuação estatal, que não mais se verá obrigada a manter o bem em perfeitas condições, gastando os seus limitados recursos para se desincumbir de tal obrigação que lhe é imposta. Por outro lado, confere-se maior segurança ao próprio patrimônio do réu ou investigado, que poderá, quando de eventual levantamento do provimento ou, ao fim do processo, em caso de superveniência de sentença absolutória, reaver os recursos decorrentes da alienação do bem, acrescidos da remuneração da conta judicial na qual se encontravam depositados.

Para a efetivação da *alienação antecipada* em casos de lavagem de dinheiro, a Lei nº 9.613/98 trouxe a previsão de procedimentos específicos que devem ser adotados pela autoridade judiciária competente.

A *alienação antecipada* é ato exclusivamente judicial, decretado de ofício ou após requerimento ministerial ou da parte interessada. O seu procedimento deverá ser autuado em apartado, tendo tramitação em separado em relação aos autos principais.

Nos moldes do § 1º, do artigo 4º-A, acrescentado pela Lei nº 12.683/12, o requerimento de alienação antecipada deverá conter relação de todos os bens objeto da medida, com a sua devida descrição e a especificação de cada um deles, além da apresentação de informações sobre os seus detentores e os locais onde se encontram.

Arrolados os bens, que segue modelo de memorial descritivo, o juiz deve determinar a sua avaliação, contando com a efetiva atuação do *Parquet*, ainda que não tenha sido o órgão provocador da medida antecipatória, que atuará na função de fiscal da lei – *custos legis*.

Com a homologação judicial dos valores de avaliação, passa-se, então, para a venda propriamente dita, a qual será efetuada nas modalidades de leilão ou pregão, preferencialmente por meio eletrônico. Quando da venda dos bens, na forma do § 3º, do artigo 4º-A, não poderá ser aceito valor inferior a 75% da avaliação efetuada.

159 ***DE SANCTIS, Fausto Martin.*** *Crime organizado e lavagem de dinheiro*, p.80. Editora Saraiva, São Paulo, 2009. Sem grifos no original.

Por fim, realizado o leilão, com a obtenção do valor correspondente, as quantias devem ser depositadas em conta judicial, adotando-se, de acordo com a esfera de competência do crime de lavagem, as regras e instituições descritas nos incisos I e II, do § 4º, e suas respectivas alíneas.

Questão que se apresenta é a destinação final dos valores após o trânsito em julgado da sentença penal.

Por lógica do sistema, no caso de sentença condenatória, os valores auferidos com a venda antecipada dos bens deverão ser objeto de perdimento, passando a incorporar o patrimônio da União ou dos respectivos Estados, dependendo da competência federal ou estadual dos crimes de lavagem dos quais derivam.

A perda judicial derivada da sentença penal condenatória abrangerá não apenas os valores depositados nas contas judiciais e sua respectiva remuneração, como também os valores relativos a eventuais fianças pagas no curso do feito, os bens não alienados antecipadamente e aqueles não reclamados pelo seu titular no prazo de 90 dias após o trânsito em julgado da sentença penal condenatória, ressalvados o direito do lesado ou terceiro de boa-fé (§ 10, incisos I, II e III, do artigo 4º-A).

17.3.9. Superveniência de sentença absolutória

> **Art. 4º-A.** (...)
>
> § 5º (...)
>
> II – em caso de sentença absolutória extintiva de punibilidade, colocado à disposição do réu pela instituição financeira, acrescido da remuneração da conta judicial.

Na superveniência de sentença penal absolutória extintiva de punibilidade, os valores são colocados à disposição do réu pela respectiva instituição financeira, acrescidos da remuneração decorrente do período em que permaneceram depositados na conta judicial (§ 5º, inciso II, do artigo 4º-A).

Embora não haja previsão específica no texto legal, entendemos que a mesma providência se aplica para os casos de alienação antecipada de bens na fase pré processual, em caso de arquivamento da investigação por negativa de autoria ou inexistência do fato delituoso.

17.3.10. Administração de bens apreendidos

> **Art. 5º.** Quando as circunstâncias o aconselharem, o juiz, ouvido o Ministério Público, nomeará pessoa física ou jurídica qualificada para a administração dos bens, direitos ou valores sujeitos a medidas assecuratórias, mediante termo de compromisso.
>
> **Art. 6º.** A pessoa responsável pela administração dos bens:
>
> I – fará jus a uma remuneração, fixada pelo juiz, que será satisfeita com o produto dos bens objeto da administração;
>
> II – prestará, por determinação judicial, informações periódicas da situação dos bens sob sua administração, bem como explicações e detalhamentos sobre investimentos e reinvestimentos realizados.
>
> Parágrafo único. Os atos relativos à administração dos bens sujeitos a medidas assecuratórias serão levados ao conhecimento do Ministério Público, que requererá o que entender cabível.

A questão da *administração de bens apreendidos* inegavelmente é um dos aspectos mais complexos quando da aplicação de medidas assecuratórias no âmbito de investigação ou processamento de casos de lavagem de dinheiro.

A administração do bem, por razões evidentes, é tarefa que decorre da obrigação do Estado em preservar o bem por ele apreendido, não permitindo que venha a sofrer deterioração ou depreciação de seu valor.

Como cediço, a atividade de administrar os bens apreendidos igualmente envolve o dispêndio de recursos humanos e financeiros, tão limitados dentro da esfera pública. Além disso, a estrutura administrativa dos órgãos públicos, notadamente aqueles integrantes do Poder Judiciário, responsável mediato pela cautela estatal, ainda não se encontra devidamente preparada para o exercício de atividades, por vezes, tão específicas.

É o que ocorre quando são objeto de constrição cautelar judicial, *ad exemplum*, empresas em pleno funcionamento ou atividades que demandem especial expertise para sua realização, como a administração de rebanhos de gados ou plantações em propriedades rurais.

Nesse contexto, a figura do administrador dos bens apreendidos ganha especial importância. Atuando como *longa manus* da autoridade judiciária, ele irá praticar todos os atos necessários para a preservação do bem e para a própria manutenção de suas atividades, atuando de forma eficiente a alcançar, inclusive, lucros derivados das atividades desempenhadas, por exemplo, por empresas que estejam sob atos de constrição judicial.

Antes das alterações trazidas pela Lei nº 12.683/12, as iniciativas adotadas na busca de soluções relacionadas à administração de bens apreendidos vinham sendo adotadas – novamente com base no poder geral de cautela – de forma individualizada por magistrados, ao se defrontarem com problemas derivados da apreensão de bens em investigações de lavagem de dinheiro. Na maioria das vezes, o Poder Judiciário contava apenas com o apoio de entidades públicas ou privadas que atuam na área de ensino e pesquisa, as quais, mediante convênios celebrados com a Justiça, emprestavam sua expertise e conhecimento técnico exercendo tais atividades de administração de bens.

No entanto, nem sempre as soluções necessárias à regular administração dos bens eram encontradas no caso em concreto, não restando à autoridade jurisdicional competente outra medida a não ser determinar a permanência do bem sob administração do próprio réu ou investigado, impedindo, apenas, a sua alienação.

Com o advento das novas regras relativas à administração de bens em casos de lavagem de dinheiro, passou-se a ser facultado ao juiz, quando as circunstâncias do caso indicarem, a nomeação de pessoa física ou jurídica que detenha a devida qualificação para realizar a administração dos bens objeto de medidas assecuratórias (artigo 5º, da Lei nº 9.613/98).

A função desempenhada pelo administrador nomeado pela autoridade judiciária ganha contornos de função pública, praticada mediante prévia assinatura de termo de compromisso, fazendo jus a remuneração em valor fixado pelo juiz e que será satisfeita com o próprio produto dos bens objeto da administração. Além disso, caberá ao administrador a obrigação de prestar informações periódicas ao Juízo acerca da situação atualizada dos bens sob custódia, apresentando informações e detalhamentos sobre eventuais investimentos realizados com o produto da atividade desempenhada (artigo 6º, incisos I e II, da Lei nº 9.613/98).

Em todas as fases relativas aos atos de administração dos bens apreendidos, deverá atuar o presentante do Ministério Público com atribuição, assegurando o respeito à lei e o regular atendimento aos interesses públicos em questão (artigo 6º, parágrafo único, da Lei nº 9.613/98).

17.4. Suspensão da ordem de prisão e das medidas assecuratórias

Art. 4º-B. A ordem de prisão de pessoas ou as medidas assecuratórias de bens, direitos ou valores poderão ser suspensas pelo juiz, ouvido o Ministério Público, quando a sua execução imediata puder comprometer as investigações.

A previsão expressa no artigo 4º-B da Lei nº 9.613/98 da possibilidade de suspensão da prisão e das próprias medidas assecuratórias que puderem trazer riscos às investigações, a nosso sentir, deriva da nítida intenção do legislador em deixar claro o espírito da lei: a busca suprema de uma efetiva atuação na repressão aos crimes de lavagem de dinheiro.

Dessa forma, se as circunstâncias do caso indicarem que a aplicação da prisão cautelar ou provimento assecuratório patrimonial possa colocar em risco a efetividade das investigações realizadas, após prévia oitiva ministerial, poderá o juiz suspender a efetividade de tais medidas.

17.5. Efeitos da condenação

Art. 7º. São efeitos da condenação, além dos previstos no Código Penal:

I – a perda, em favor da União – e dos Estados, nos casos de competência da Justiça Estadual –, de todos os bens, direitos e valores relacionados, direta ou indiretamente, à prática dos crimes previstos nesta Lei, inclusive aqueles utilizados para prestar a fiança, ressalvado o direito do lesado ou de terceiro de boa-fé;

II – a interdição do exercício de cargo ou função pública de qualquer natureza e de diretor, de membro de conselho de administração ou de gerência das pessoas jurídicas referidas no art. 9º, pelo dobro do tempo da pena privativa de liberdade aplicada.

§ 1º A União e os Estados, no âmbito de suas competências, regulamentarão a forma de destinação dos bens, direitos e valores cuja perda houver sido declarada, assegurada, quanto aos processos de competência da Justiça Federal, a sua utilização pelos órgãos federais encarregados da prevenção, do combate, da ação penal e do julgamento dos crimes previstos nesta Lei, e, quanto aos processos de competência da Justiça Estadual, a preferência dos órgãos locais com idêntica função.

§ 2º Os instrumentos do crime sem valor econômico cuja perda em favor da União ou do Estado for decretada serão inutilizados ou doados a museu criminal ou a entidade pública, se houver interesse na sua conservação.

17.5.1. A perda judicial

O artigo 7º, inciso I, repete a regra relativa à perda judicial como efeito da condenação prevista no artigo 91, II, do Código Penal.

Dessa forma, soa evidente que o juiz competente deve determinar na sentença penal condenatória a perda, em favor da União ou dos Estados, de todos os bens, direitos e valores que se encontravam relacionados, direta ou indiretamente, com a prática dos crimes de lavagem de dinheiro. Nesse sentido, a perda judicial abrangerá, inclusive, os recursos relacionados a eventuais fianças pagas no decorrer a investigação ou ação penal. Em todos os casos, no entanto, devem ser preservados os direitos do lesado ou de terceiro de boa-fé.

A lei ainda determina que os entes federativos, dentro das suas esferas de competência normativa, devem regular a destinação dos bens adquiridos em razão da perda judicial, adotando-se, preferencialmente, o encaminhamento dos bens ou recursos para órgãos que atuem na seara de prevenção e combate aos delitos de lavagem de dinheiro (artigo 7º, § 1º, da Lei nº 9.613/98).

No entanto, diante da natureza metaindividual dos interesses tutelados pelos crimes de lavagem de dinheiro, nada impede a destinação de bens derivados da perda judicial para entidades públicas que não atuem diretamente na seara da segurança pública. Podem ser beneficiados órgãos e instituições que exerçam, ainda de forma indireta e mediata, atividades que tragam benefícios à sociedade em áreas sensíveis, tais como, educação e saúde.[160]

A nosso sentir, o direcionamento dos valores restituídos para outras áreas de interesse social, distintas da segurança pública, poderia se caracterizar exemplo de aplicação, no âmbito do sistema de destinação de bens apreendidos, do conceito de "Justiça restaurativa".[161]

17.5.2. A interdição do exercício de cargo ou função pública

Um outro efeito da condenação especificamente trazido pelo artigo 7º, inciso II, da Lei nº 9.613/98, é a interdição do exercício de cargo ou função pública e das funções de diretor, membro de conselho de administração ou de gerência das pessoas jurídicas listadas no artigo 9º, sobre as quais incide a obrigação de comunicação.[162]

---

160 No âmbito das investigações relacionadas à força-tarefa da Operação Lava Jato no Rio de Janeiro, por exemplo, R$ 250.000.000,00 (duzentos e cinquenta milhões de reais) recuperados nas investigações sobre o esquema de corrupção praticado no âmbito do Governo do Estado do Rio de Janeiro, chefiado pelo ex-governador do Rio Sérgio Cabral, foram usados para pagamento do 13.º salário de 146 mil aposentados e pensionistas do Estado. Além disso, mediante convênio celebrado entre o Ministério Público Federal – MPF/RJ e a Secretaria de Educação do Estado do Rio de Janeiro – SEE/RJ, foram repassados R$ 15.000.000,00 (quinze milhões de reais), recuperados pela Operação Lava Jato, para a realização de melhorias na infraestrutura de escolas fluminenses integrantes da rede estadual de ensino. Importante pontuar, nessa última hipótese, que a quantia objeto do convênio com a SEE/RJ provinha justamente do acordo de colaboração celebrado com a conhecida empresa H. Stern, que vendeu inúmeras joias, com a não realização ou inobservância das regras de registro e comunicação de operações (artigos 4º, 8º e 9º, da Resolução nº 23, de 20 de dezembro de 2012), utilizadas como manobras de lavagem de dinheiro, ao casal Sérgio Cabral e Adriana Ancelmo, ex-Governador e primeira dama do Estado do Rio de Janeiro. A medida adotada, de admirável iniciativa por parte de membros do Ministério Público Federal – MPF que atuam na força-tarefa da Operação Lava Jato no Rio de Janeiro e integrantes do Projeto MPEduc/MPF, possibilitou, ainda que por caminhos diversos, que o dinheiro público desviado retornasse para onde inicialmente ele deveria ter sido destinado, de forma que se permite à sociedade acesso a um sistema efetivo e amplo à educação. A respeito das iniciativas relatadas, constam as seguintes matérias jornalísticas: *http://congressoemfoco.uol.com.br/noticias/dinheiro-recuperado-pela-lava-jato-vai-pagar13%C2%BA-de-servidores-do-rio/* e *https://oglobo.globo.com/brasil/lava-jato-repassa-15-milhoes-para-escolas-do-rio-22438970.*

161 Vê-se na **Justiça restaurativa** uma alternativa à tradicional Justiça retributiva, exclusivamente baseada na punição de seu agente. A concepção de Justiça restaurativa é atribuída a ***Albert Eglash***, que, no ano de 1977, publicou o texto *Beyond Restitution: Creative Restitution*, no qual sustentava que as respostas estatais à prática delituosa não deveriam estar restritas à mera punição do agente. O foco igualmente deveria abranger tarefas de cunho distributivo, direcionadas na reeducação e, principalmente, na efetiva restauração das violações decorrentes do crime, ou seja, a reparação dos danos causados não somente à vítima, mas à própria sociedade.

162 *"Art. 9º Sujeitam-se às obrigações referidas nos arts. 10 e 11 as pessoas físicas e jurídicas que tenham, em caráter permanente ou eventual, como atividade principal ou acessória, cumulativamente ou não: I – a captação, intermediação e aplicação de recursos financeiros de terceiros, em moeda nacional ou estrangeira; II – a compra e venda de moeda estrangeira ou ouro como ativo financeiro ou instrumento cambial; III – a custódia, emissão, distribuição, liquidação, negociação, intermediação ou administração de títulos ou valores mobiliários. Parágrafo único. Sujeitam-se às mesmas obrigações: I – as bolsas de valores, as bolsas de mercadorias ou futuros e os sistemas de negociação do mercado de balcão organizado; II – as seguradoras, as corretoras de seguros e as entidades de previdência complementar ou de capitalização; III – as administradoras de cartões de credenciamento ou cartões de crédito, bem como as administradoras de consórcios para aquisição de bens ou serviços; IV – as administradoras ou empresas que se utilizem de cartão ou qualquer outro meio eletrônico, magnético ou equivalente, que permita a transferência de fundos; V – as empresas de arrendamento mercantil (leasing) e as de fomento comercial (factoring); VI - as sociedades que, mediante sorteio, método assemelhado, exploração de loterias, inclusive de apostas de quota fixa, ou outras sistemáticas de captação de apostas com pagamento de prêmios, realizem distribuição de dinheiro, de bens móveis, de bens imóveis e de outras mercadorias ou serviços, bem como concedam descontos na sua aquisição ou contratação; VII – as filiais ou representações de entes estrangeiros que exerçam no Brasil qualquer das atividades listadas neste artigo, ainda que de forma eventual; VIII – as demais entidades cujo funcionamento dependa de autorização de órgão regulador dos mercados financeiro, de câmbio, de capitais e de seguros; IX – as pessoas físicas ou jurídicas, nacionais ou estrangeiras, que operem no Brasil como agentes, dirigentes, procuradoras, comissionárias ou por qualquer forma representem interesses de ente*

Por *cargo público* entende-se o lugar ocupado pelo agente dentro da administração pública, nos balizamentos pautados pelas normas de Direito Administrativo. *Função pública* é o conjunto de atribuições exercidas, de modo que todo cargo tem a correspondente função pública, mas pode existir função pública sem cargo.[163]

A definição de *funcionário público* encontra-se estampada no artigo 327 do Código Penal, sendo assim considerado, para efeitos penais, *"quem, embora transitoriamente ou sem remuneração, exerce cargo, emprego ou função pública"*.

Além de atingir as pessoas que exercem cargo ou função pública, a interdição ao exercício das funções abrange também os diretores, membros de conselho de administração ou de gerência das pessoas jurídicas consideradas, no âmbito da lavagem de dinheiro, como sujeitos obrigados.

Parece-nos coerente a extensão da interdição de funções a tais funcionários das pessoas jurídicas que exercem funções financeiras e não financeiras que impactam fundamentalmente nas atividades de prevenção e repressão aos crimes de lavagem de dinheiro.

A interdição aplicável aos detentores de *cargo público*, aos que exercem *funções públicas* e aos diretores, membros de conselho de administração ou de gerência das pessoas jurídicas consideradas que atuam como sujeitos obrigados deve ser aplicada, conforme previsão legal, pelo dobro do tempo da pena privativa de liberdade aplicada, funcionando como verdadeira pena acessória ao tipo penal de lavagem de dinheiro.

17.6. Medidas assecuratórias sobre bens oriundos de lavagem praticada no exterior

> **Art. 8º.** O juiz determinará, na hipótese de existência de tratado ou convenção internacional e por solicitação de autoridade estrangeira competente, medidas assecuratórias sobre bens, direitos ou valores oriundos de crimes descritos no art. 1º praticados no estrangeiro.
>
> § 1º Aplica-se o disposto neste artigo, independentemente de tratado ou convenção internacional, quando o governo do país da autoridade solicitante prometer reciprocidade ao Brasil.
>
> § 2º Na falta de tratado ou convenção, os bens, direitos ou valores privados sujeitos a medidas assecuratórias por solicitação de autoridade estrangeira competente ou os recursos provenientes da sua alienação serão repartidos entre o Estado requerente e o Brasil, na proporção de metade, ressalvado o direito do lesado ou de terceiro de boa-fé.

estrangeiro que exerça qualquer das atividades referidas neste artigo; X – as pessoas físicas ou jurídicas que exerçam atividades de promoção imobiliária ou compra e venda de imóveis; XI – as pessoas físicas ou jurídicas que comercializem joias, pedras e metais preciosos, objetos de arte e antiguidades. XII – as pessoas físicas ou jurídicas que comercializem bens de luxo ou de alto valor, intermedeiem a sua comercialização ou exerçam atividades que envolvam grande volume de recursos em espécie; XIII – as juntas comerciais e os registros públicos; XIV – as pessoas físicas ou jurídicas que prestem, mesmo que eventualmente, serviços de assessoria, consultoria, contadoria, auditoria, aconselhamento ou assistência, de qualquer natureza, em operações: a) de compra e venda de imóveis, estabelecimentos comerciais ou industriais ou participações societárias de qualquer natureza; b) de gestão de fundos, valores mobiliários ou outros ativos; c) de abertura ou gestão de contas bancárias, de poupança, investimento ou de valores mobiliários; d) de criação, exploração ou gestão de sociedades de qualquer natureza, fundações, fundos fiduciários ou estruturas análogas; e) financeiras, societárias ou imobiliárias; e f) de alienação ou aquisição de direitos sobre contratos relacionados a atividades desportivas ou artísticas profissionais; XV – pessoas físicas ou jurídicas que atuem na promoção, intermediação, comercialização, agenciamento ou negociação de direitos de transferência de atletas, artistas ou feiras, exposições ou eventos similares; XVI – as empresas de transporte e guarda de valores; XVII – as pessoas físicas ou jurídicas que comercializem bens de alto valor de origem rural ou animal ou intermedeiem a sua comercialização; e XVIII – as dependências no exterior das entidades mencionadas neste artigo, por meio de sua matriz no Brasil, relativamente a residentes no País.

163 Rogério Filippetto, Lavagem de dinheiro: crime econômico da pós-modernidade. Cit., p.192.

O artigo 8º da Lei nº 9.613/98 trata da cooperação jurídica internacional, permitindo-se a efetivação de medidas assecuratórias, desde que devidamente amparada pelos instrumentos normativos competentes, sobre bens, direitos ou valores decorrentes da lavagem de dinheiro praticada fora do território nacional.

Os casos de cooperação jurídica internacional encontram-se regulados por intermédio de tratados e convenções internacionais, que podem deter natureza multilateral ou bilateral, assumindo os Estados-Partes a obrigação de unir esforços na busca da efetividade na atuação repressiva aos crimes de lavagem de dinheiro.

A cooperação internacional também terá espaço, independentemente da existência de tratado ou convenção internacional prevendo sua aplicabilidade, quando o governo do país solicitante acenar com acordo de reciprocidade ao Brasil (artigo 8º, § 1º, da Lei nº 9.613/98).

Por fim, o artigo 8º trata ainda da repartição dos bens auferidos em casos de lavagem de dinheiro praticada fora do território nacional, mas cujos bens sejam objeto de medidas assecuratórias ou posterior perdimento judicial no Brasil. Em tais casos, inexistindo regra normativa específica, a repartição dos valores entre os estados alienígenas e nosso país se dará na proporção da metade, ressalvados os direitos do lesado ou de terceiro de boa-fé (artigo 8º, § 2º, da Lei nº 9.613/98).

BIBLIOGRAFIA

ACKERMANN, Jurg-Beat, *Geldwascherei-Money Laundering. Eine vergleichende Darstellung des Rechts und der Erscheinungsformen in den USA und der Schweiz*, Zurich, 1992. *In* BLANCO CORDERO, Isidoro. *El delito de blanqueo de capitales*. Editora Thomson Reuters Aranzadi, 4ª edición, 2015.

ARÁNGUEZ SANCHEZ, Carlos. *El delito de blanqueo de capitales*. Madrid: Marcial Pons, 2000.

ARAS, Vladimir. A investigação criminal na nova Lei de Lavagem de Dinheiro. *Boletim IBCCrim*, vol 20. n. 237, ago.-2012.

______. *Lavagem de dinheiro e o conceito de organização criminosa na convenção de Palermo*. Tributo a Afrânio Silva Jardim: escritos e estudos. Rio de Janeiro: Lumen Juris, 2010.

______. Sistema nacional de combate à lavagem de dinheiro e de recuperação de ativos. Teresina, ano 12, n. 1+411. Disponível em: [http://jus.com.br/revista/texto/9862]. Acesso em: 18.07.2012.

BADARÓ, Gustavo Henrique Righi Ivahy; BOTTINI, Pierpaolo Cruz. *Lavagem de dinheiro:* aspectos penais e processuais penais: comentários à Lei 9.613/1998 com as alterações da Lei 12.683/2012. São Paulo: Ed. RT, 3ª edição, 2016.

______. Medidas cautelares alternativas à prisão preventiva – Comentários aos artigos 319-350 do CPP, na redação da Lei 12.403/2011. In: FERNANDES, Og (coord.). *Medidas cautelares no processo penal:* comentários à Lei 12.403, de 04.05.2011. São Paulo: Ed. RT, 2011.

______. *Ônus da prova no processo penal*. São Paulo: Ed. RT, 2003.

______. *Processo penal*. 4. ed. São Paulo: Ed. RT, 2016.

______. Tutela cautelar no processo penal e a restituição de coisa apreendida. *Revista Brasileira de Ciências Criminais*. vol. 59, São Paulo: Ed. RT, mar.-abr./2006.

BAJO FERNÁNDEZ, Miguel. Derecho Penal Económico: desarollo econômico, protección penal y cuestiones político/criminales. *In:* Blanco Cordero, Isidoro. *El delito de blanqueo de capitales*. Editora Thomson Reuters Aranzadi, 4ª edición, 2015.

BARROS, Marco Antonio de. *Lavagem de dinheiro e o princípio da anterioridade. Boletim IBCCrim, vol.9*, São Paulo, 2010.

BITENCOURT, Cezar Roberto. *Manual de direito penal. Parte geral*. 6ª edição. São Paulo: Saraiva, 2000.

BLANCO CORDERO, Isidoro. *El delito de blanqueo de capitales*. Editora Thomson Reuters Aranzadi, 4ª edición, 2015.

BONFIM, Edilson Mougenot; BONFIM, Marcia Monassi Mougenot. *Lavagem de dinheiro*. 2. ed. São Paulo: Malheiros, 2008.

BRUNO, Aníbal. *Direito penal: parte geral – Tomo 2*.8ª edição. Rio de Janeiro: Forense, 1984.

CALLEGARI, André Luís. Erro de tipo no delito de lavagem de dinheiro. *Revista Ibero-americana de Ciências Penais*, ano 3, n. 5, jan.-abr./2002.

______. *Lavagem de dinheiro.* 2ª edição. Porto Alegre: Livraria do Advogado, 2008.

______. Problemas pontuais da Lei de Lavagem de Dinheiro. *Revista Brasileira de Ciências Criminais,* vol. 31. São Paulo: Ed. RT, jul.-set./2000.

______. *Lavagem de dinheiro:* aspectos penais da Lei n. 9.613/98. Porto Alegre: Livraria do Advogado, 2008.

CASTELLAR, João Carlos. *Lavagem de dinheiro – A questão do bem jurídico.*Editora Revan, 2ª edição, 2004.

CERVINI, Raúl. Derecho penal económico. Concepto y bien jurídico. *Revista Brasileira de Ciências Criminais,* vol. 43. São Paulo: Ed. RT, abr./2003.

______. Lavado de activos e individualización de operaciones sospechosas. *Curso de Direito Econômico e Empresarial.* Uruguay: Fundação Getúlio Vargas, 2002.

______. Los procesos de lavado de dinero y el funcionamiento de los networks ilícitos: metodológica y su transparencia. *Revista de Ciencias Penales,* n. 5. Montevideo, 2000.

______. Primeros comentarios a la Ley 17.016 de 22.10.1998 en los aspectos atinentes a las nuevas tipificaciones del lavado de dinero y las cargas de vigilancia de las entidades financieras. *Revista Brasileira de Ciências Criminais,* vol. 26. São Paulo: Ed. RT, abr.-jun./1999.

______; OLIVEIRA, Willian Terra de; e GOMES, Luiz Flavio. *Lei de Lavagem de Capitais.* São Paulo: Ed. RT, 1998.

COSTA, José de Faria. O branqueamento de capitais (Algumas reflexões à luz do Direito Penal e da política criminal). In: CORREIA, Eduardo et al. *Direito penal econômico e europeu: textos doutrinários.* Coimbra: Coimbra Editora, 1999. vol. 2.

CUNHA, Rogério Sanches. *Direito penal.* Parte Especial. São Paulo: Ed. RT, 2008. vol. 3.

DALLAGNOL, Deltan Martinazzo. Tipologias de lavagem. In: CARLI, Carla Veríssimo de (org.). *Lavagem de dinheiro.* Porto Alegre: Verbo Jurídico, 2011.

DE CARLI, Carla Veríssimo. Dos crimes: aspectos objetivos. In: ______ (org.). *Lavagem de dinheiro.* Prevenção e controle penal. Porto Alegre: Verbo Jurídico, 2011.

DE GRANDIS, Rodrigo. Considerações sobre o dever do advogado de comunicar atividade suspeita de lavagem de dinheiro. *Boletim IBCCrim,* vol. 20, n. 237. São Paulo, ago./2012.

______. O exercício da advocacia e o crime de lavagem de dinheiro. In: DE CARLI, Carla Veríssimo (org.). *Lavagem de dinheiro.* Prevenção e controle penal. Porto Alegre: Verbo Jurídico, 2011.

DELMANTO, Celso et al. *Código Penal comentado.* 8. ed. São Paulo: Saraiva, 2010.

DELMANTO, Roberto; DELMANTO JR., Roberto; DELMANTO, Fábio Machado de Almeida. *Leis penais especiais comentadas.* Rio de Janeiro: Renovar, 2006.

DOTTI, Rene Ariel. *Curso de direito penal.* 2. ed. Rio de Janeiro: Forense, 2005.

FILIPPETTO, Rogério. *Lavagem de dinheiro:* crime econômico da pós-modernidade. Rio de Janeiro: Lumen Juris, 2011.

FONSECA, Cibele Benevides Guedes, *Colaboração Premiada.* Belo Horizonte: Editora Del Rey, 2017.

GOMES, Luiz Flávio. Lei da Lavagem de Capitais: aspectos processuais. *Boletim IBCCrim,* n. 65, edição especial. São Paulo, abr./1998.

GRECO FILHO, Vicente. Tipicidade, bem jurídico e lavagem de valores. In: COSTA, José de Faria. *Direito penal especial, processo penal e direitos fundamentais*: visão luso-brasileira. São Paulo: Quartier Latin, 2006.

HUNGRIA, Nélson. *Comentários ao Código Penal, Vol. V, Arts. 121 a 136,* Editora Revista Forense, 3a edição, 1955.

JARDIM, Afrânio Silva. *Ação penal pública:* princípio da obrigatoriedade. 2. ed. Rio de Janeiro: Forense, 1994.

______. A imputação alternativa no processo penal. *Direito Processual Penal.* 11. ed. Rio de Janeiro: Forense, 2002.

JESUS, Damásio Evangelista de. *Código de Processo Penal anotado.* 23ª ed. São Paulo: Saraiva, 2009.

______. *Direito penal.* 33. ed. São Paulo: Saraiva, 2012.

______. Lavagem de dinheiro proveniente de tráfico internacional de mulheres e crianças não constitui crime. *Revista Síntese de Direito Penal e Processual Penal,* vol. 4. n. 21, p. 11-13. Brasília, 2003.

JOBIM, Nelson. A Lei 9.613 e os seus aspectos. Seminário Internacional sobre Lavagem de Dinheiro. *Cadernos do CEJ,* n. 17, p. 11-16. Brasília.

LIMA, Renato Brasileiro de. *Lavagem ou ocultação de bens – Lei 9.613/1998.* In: GOMES, Luiz Flávio; CUNHA, Rogério Sanches (coord.). *Legislação criminal especial.* São Paulo: Ed. RT, 2009.

MAIA, Rodolfo Tigre. *Lavagem de dinheiro.* 2ª edição. São Paulo: Malheiros, 2007.

______. *Lavagem de dinheiro:* lavagem de ativos provenientes de crime – anotações às disposições criminais da Lei 9.613/98. 2ª edição. São Paulo: Malheiros, 2004.

MARQUES, José Frederico. *Da competência em matéria penal.* São Paulo: Saraiva, 1953.

MAXIMILIANO, Carlos. *Hermenêutica e aplicação do direito.* 19. ed. Rio de Janeiro: Forense, 2010.

MAZLOUM, Cassem. Lavagem de dinheiro (Lei 9.613, de 03.03.1998). *Boletim do IBCCrim,* n. 95, p. 4. São Paulo, out./2000.

MENDES, Gilmar. *Aspectos penais e processuais penais da Lei de Lavagem de Dinheiro.* Seminário Internacional sobre Lavagem de Dinheiro – Série Cadernos do CEJ – Conselho da Justiça Federal, 2000. *In* MENDRONI, Marcelo Batlouni. *Crime de lavagem de dinheiro.* São Paulo: Atlas, 2006.

MENDRONI, Marcelo Batlouni. *Crime de lavagem de dinheiro.* São Paulo: Atlas, 2006.

______. *Tópicos essenciais da lavagem de dinheiro.* São Paulo: Revista dos Tribunais/Fascículo Penal, 2001.

______. *Crimes interligados: Constituição define competência para julgar lavagem.* Site Consultor Jurídico. São Paulo, publicado em 02/09/2013.

______. *Crimes de Lavagem de Dinheiro: Competência – Federal ou Estadual?* Site Consultor Jurídico. São Paulo, 2013.

MIRABETE, Julio Fabbrini; MIRABETE, Renato Fabbrini. *Código Penal interpretado.* 7. ed. São Paulo: Atlas, 2011.

______. *Processo penal.* 16. ed. São Paulo: Atlas, 2004.

MORAES, Luciana Furtado de. Crimes antecedentes. *In* DE CARLI, Carla Veríssimo (org.). *Lavagem de dinheiro.* Porto Alegre: Verbo Jurídico, 2011.

MORO, Sérgio Fernando. *Crime de lavagem de dinheiro.* São Paulo: Saraiva, 2010.

______. O processo penal no crime de lavagem. Comentários à lei pelos juízes das varas especializadas em homenagem ao Ministro Gilson Dipp. Porto Alegre: Livraria do Advogado, 2007. *In* GOMES, Luiz Flávio; CUNHA, Rogério Sanches (coordenadores). *Legislação criminal especial.* São Paulo. Ed. RT, 2009.

NUCCI, Guilherme de Souza. *Código de Processo Penal comentado.* 10. ed. São Paulo: Ed. RT, 2011.

______. *Leis penais e processuais penais comentadas.* 4. ed. São Paulo: Ed. RT, 2009.

OLIVEIRA, Eugênio Pacelli de. *Curso de processo penal.* 16. ed. São Paulo: Atlas, 2012.

OLIVEIRA, Rafael Serra. O crime de lavagem de dinheiro. *Boletim IBCCrim,* n. 65, p. 9-10. São Paulo, abr./1998.

______. A criminalização da lavagem de dinheiro (aspectos penais da Lei 9.613/98 de 1.º de março de 1998). *Revista Brasileira de Ciências Criminais,* vol. 23, p. 111. São Paulo: Ed. RT, jul.-set./1998.

PANIZO GONZÁLEZ, Gabriel/LÓPEZ DE LOS MOZOS, Ángel Martín, *Blanqueo de fondos de origen ilegal.* Dirección General de Polícia, Madrid, 1991.

PEREIRA, Flávio Cardoso. Lavagem de dinheiro e o tratamento penal do *pitufeo* ou *smurfing. Boletim IBCCrim,*vol. 12, n. 144, p. 10-11. São Paulo, nov./2004.

______. Lavagem de dinheiro: compatibilidade com o dolo eventual. *Revista Síntese de Direito Penal e Processual Penal,* n. 31, vol. 6. p. 32-44. Porto Alegre, abr.-maio/2005.

______. O direito penal como *ultima ratio*: repercussão junto à lavagem de capitais e à delinquência organizada. *Revista Magister de Direito Penal e Processual Penal,* ano III, n. 13, p. 14-31. Porto Alegre: Magister, ago.-set./2006.

PRADO, Luiz Regis. *Curso de direito penal brasileiro.* 5. ed. São Paulo: Ed. RT, 2006. vol. 2.

______. *Delito de lavagem de capitais*: um estudo introdutório. São Paulo: Ed. RT, 2007.

______. *Direito penal econômico.* 4. ed. São Paulo: Ed. RT, 2011.

______. *Ordem econômica e direito penal antitruste.* Curitiba: Juruá, 2008.

______. *Direito penal contemporâneo*: estudos em homenagem ao professor José Cerezo Mir. São Paulo: Ed. RT, 2007.

REALE JÚNIOR, Miguel. Crime organizado e crime econômico. *Revista Brasileira de Ciências Criminais,* vol. 13, p. 182-190. São Paulo, jan./1996.

______. Figura típica e objeto material do crime de "lavagem de dinheiro". In: ANDRADE, Manuel da Costa de; ANTUNES, Maria João; SOUSA, Susana Aires de. (Org.). Estudos em homenagem ao Prof. Doutor Jorge de Figueiredo Dias. Coimbra: Coimbra, 2010.

SANCTIS, Fausto Matin De. *Lavagem de dinheiro por meio de obras de arte: uma perspectiva judicial criminal.* Belo Horizonte: Editora Del Rey, 2015.

______. *Crime organizado e destinação de bens apreendidos:* lavagem de dinheiro, delação premiada e responsabilidade social. São Paulo: Saraiva, 2009.

______. *Crime organizado e lavagem de dinheiro.* São Paulo: Saraiva, 2009.

______. *Lavagem de dinheiro.* Jogos de azar e futebol. Análises e proposições. Curitiba: Juruá, 2010.

______. *Responsabilidade penal das corporações e criminalidade moderna.* 2. ed. São Paulo: Saraiva, 2009.

SANTOS, Carlos Fernando dos. O sistema nacional antilavagem de dinheiro. In: DE CARLI, Carla Veríssimo (org.). *Lavagem de dinheiro.* Porto Alegre: Verbo Jurídico, 2011.

WELZEL, Hans. *Derecho penal alemán.* Parte general. 11. ed. Trad. Juan Bustos Ramirez e Sergio Yañez Pérez. Santiago: Jurídica de Chile, 1970. *In* BITENCOURT, Cezar Roberto. *Manual de direito penal. Parte geral.* 6ª edição. São Paulo: Saraiva, 2000.

Dicionários:

AULETE, Caldas. *Dicionário contemporâneo da língua portuguesa.* Rio de Janeiro: Delta, 1958. vol. II.

BUENO, Francisco Silveira. *Grande dicionário etimológico-prosódico da língua portuguesa.* São Paulo: Saraiva, 1964. vol. 2.

FREIRE, Laudelino. *Grande e novíssimo dicionário da língua portuguesa.* A noite, 1940. vol. II.

HOUAISS, Antonio; VILLAR, Mauro de Salles; FRANCO, Francisco Manoel de Mello. *Dicionário Houaiss da língua portuguesa.* Rio de Janeiro: Objetiva, 2001.

Normativas internacionais:

Recomendação 10 do Comitê de Ministros do Conselho da Europa (1980).

Convenção das Nações Unidas sobre drogas de 1988.

Convenção das Nações Unidas contra a delinquência Organizada Transnacional.

Convenção das Nações Unidas sobre a Corrupção (Convenção de Mérida).

Legislação modelo do programa mundial contra a lavagem de dinheiro das Nações Unidas.

Regulamento modelo da Comissão Interamericana para o Controle do Abuso de Drogas (CICAD).

Recomendações do Grupo de Ação Financeira Internacional – GAFI.

Comitê da Basiléia.

Convenção do Conselho da Europa sobre a lavagem de dinheiro – 1990.

Diretivas da União Europeia.

Normas de referência de países diversos e outros documentos.

Documento E/CN.15/1992/4/Add.5 – Conselho Econômico e Social das Organizações das Nações Unidas – ONU, em 23 de março de 1992.

World Drug Report 2017, págs. 21/22 – https://www.unodc.org/ wdr2017/field/Booklet_5 _NEXUS.pdf

Sites pesquisados:

http://www.bcb.gov.br/pre/normativos/busca/downloadNormativo.asp?arquivo=/Lists/Normativos/Attachments/47555/Circ_3461_v8_P.pdf

http://www.coaf.fazenda.gov.br/menu/legislacao-e-normas/normas-do-coaf/coaf-resolucao-no-23-de-20-de-dezembro-de-2012-esta-resolucao-entra-em-vigor-em 1.6.2013

http://www.coaf.fazenda.gov.br/menu/legislacao-e-normas/normas-do-coaf/coaf-resolucao-no-25-de-16-de-janeiro-de-2013-esta-resolucao-entra-em-vigor-em-1.3.2013

http://www.coaf.fazenda.gov.br/links-externos/As%20Recomendacoes%20GAFI.pdf

http://www.coaf.fazenda.gov.br/backup/legislacao-e-normas/legislacao1/Exposicao%20de%20Motivos%20Lei%20 9613.pdf/view

http://www.fatf-gafi.org/media/fatf/documents/FATF%20Stand

ards%20-%2040%20Recommendations%20rc.pdf

http://www.fatf-gafi.org/media/fatf/documents/FATF%20Stand

ards%20-%2040%20Recommendations%20rc.pdf

http://www.fatf-gafi.org/media/fatf/documents/methodology/FATF%20Methodology%2022%20Feb%202013.pdf.

http://www.fatf-gafi.org/faq/money laundering.

http://www.bcb.gov.br/pre/normativos/buscadownloadNormativo.asp?arquivo=/Lists/Normativos/Attachments/49233/C_Circ_3542_v1_O.pdf.

www.fatf-gafi.org/,edia/fatf/documents/recommendations/pdfs/FATF-40-Rec-2012-Portuguese-Port.pdf.

www.howstuffworks.com

http://politica.estadao.com.br/noticias/geral,operacao-de-cabral-reuniu-us-3-5-milhoes-em-ouro-e-diamantes-na-suica,70001649596

http://politica.estadao.com.br/noticias/geral,cofres-guardam-fortuna-de-cabral,70001651423

https://oglobo.globo.com/brasil/cabral-comprou-3-milhoes-em-diamantes-dois-meses-antes-da-prisao-21040096.

https://super.abril.com.br/blog/superlistas/10-pinturas-mais-caras-do-mundo/

https://oglobo.globo.com/brasil/esquema-liderado-por-cabral-tinha-estrutura-para-movimentar-recursos-aponta-operacao-20503872

http://g1.globo.com/rio-de-janeiro/noticia/2016/11/lavagem-de-dinheiro-de-cabral-envolvia-transportadora-diz-mpf.html.

http://www.justica.gov.br/sua-protecao/lavagem-de-dinheiro/enccla

http://enccla.camara.leg.br/acoes.

http://www.coaf.fazenda.gov.br/backup/legislacao-e-normas/legislacao1/Exposicao%20de%20Motivos%20Lei%209613.pdf/view.

CAPÍTULO 27

Proteção Especial a Vítimas e a Testemunhas – Lei nº 9.807/1999

Luciano Casaroti

INTRODUÇÃO

Nas últimas décadas temos visto o aumento da criminalidade, especialmente do crime organizado, o qual por meio de seus poderes e influência coage e ameaça testemunhas, vítimas e réus que possam cooperar com a investigação criminal.

A Lei nº 9.807/99, Lei de Proteção a Vítimas e a Testemunhas ameaçadas e Réus Colaboradores, criou um sistema nacional de proteção, com mecanismos que possam oferecer segurança as pessoas que colaborem para solução de crimes e, que muitas vezes, não o faziam com receio de sofrerem algum tipo de ataque de criminosos investigados. Nesse contexto, a Lei nº 9.807/99 é um importante instrumento posto à disposição da polícia judiciária, do Ministério Público e do Judiciário, para a concretização da justiça penal.

A Lei de Proteção a Vítimas e a Testemunhas ameaçadas é complementada pelo Decreto nº 3.518/2000, que disciplina a execução do sistema protetivo voltado para os depoentes, e sobre quais são os papéis e responsabilidades de cada órgão envolvido.

A Lei 9.807/99 é dividida em duas partes. A primeira refere-se a proteção especial às vítimas e testemunhas ameaçadas e institui o Programa Federal de Assistência às Vítimas e Testemunhas Ameaçadas, procedimentos administrativos. A segunda trata-se da proteção aos réus colaboradores, com aplicabilidade nos processos judiciais.

CAPÍTULO I

DA PROTEÇÃO ESPECIAL A VÍTIMAS E A TESTEMUNHAS

Art. 1º As medidas de proteção requeridas por vítimas ou por testemunhas de crimes que estejam coagidas ou expostas a grave ameaça em razão de colaborarem com a investigação ou processo criminal serão prestadas pela União, pelos Estados e pelo Distrito Federal, no âmbito das respectivas competências, na forma de programas especiais organizados com base nas disposições desta Lei.

§ 1º A União, os Estados e o Distrito Federal poderão celebrar convênios, acordos, ajustes ou termos de parceria entre si ou com entidades não-governamentais objetivando a realização dos programas.

§ 2º A supervisão e a fiscalização dos convênios, acordos, ajustes e termos de parceria de interesse da União ficarão a cargo do órgão do Ministério da Justiça com atribuições para a execução da política de direitos humanos.

COMPETÊNCIA PARA APLICAÇÃO DAS MEDIDAS DE PROTEÇÃO

O art. 1º da Lei 9.807/99 prevê que cabe a União, Estados e Distrito federal a implementação das medidas necessárias à proteção a vítimas e a testemunhas ameaçadas. Desse modo, cada Estado poderá estabelecer programas especiais adotando como princípios básicos as disposições da Lei nº 9.807/99. O município não foi incluído no rol dos entes federativos responsáveis pela aplicação de medidas protetivas à vítima e testemunha.

Define-se qual o ente estatal é competente para aplicar as medidas de proteção conforme a competência para apuração e julgamento do crime. Se o crime for de competência da justiça estadual, compete ao Estado prestar as medidas protetivas à vítima ou testemunha ameaçada ou coagida. Se o crime for de competência da justiça federal, incumbe a União aplicar as medidas necessárias à proteção da vítima ou testemunha.

Nos termos do parágrafo 1º da Lei nº 9.807/99 é possível a celebração de convênios, acordos, ajustes ou termos de parceria entre Estados, Distrito Federal, União entre si ou com entidades não governamentais com a finalidade de efetivar a proteção de vítimas e testemunhas.

José Carlos Robaldo explica que "A presença de órgão federativo é obrigatória, porém, ao mesmo tempo não dispensou a participação de entidades não governamentais. O propósito é envolver nessa tarefa protetiva as entidades públicas, bem como a sociedade civil como um todo, o que é salutar, pois evitar a impunidade interessa não só ao estado, como também a sociedade de modo geral. A participação do particular é importante tanto no conselho deliberativo, como na contribuição financeira para o êxito do programa"[1].

SUPERVISÃO E FISCALIZAÇÃO DOS CONVÊNIOS

Na esfera federal cabe ao Ministério da Justiça a supervisão e a fiscalização dos convênios, acordos, ajustes e termos de parceria de interesse da União. Já na esfera estadual a incumbência fica a cargo dos órgãos dos Estados.

Ainda que não previsto expressamente na Lei nº 9.807/99, nos filiamos a posição que entende que o Ministério Público também tem legitimidade para efetuar a fiscalização de programas e convênios ligados a proteção a vítima e testemunhas. Neste sentido, também é a posição de José Carlos Robaldo: "Entendemos, entretanto, que o Ministério Público, no seu âmbito de atribuição, pela sua própria natureza, não está excluído da possibilidade de fiscalizar esses convênios, ainda que subsidiariamente"[2].

Art. 2º A proteção concedida pelos programas e as medidas dela decorrentes levarão em conta a gravidade da coação ou da ameaça **à** integridade física ou psicológica, a dificuldade de preveni-las ou reprimi-las pelos meios convencionais e a sua importância para a produção da prova.

§ 1º A proteção poderá ser dirigida ou estendida ao cônjuge ou companheiro, ascendentes, descendentes e dependentes que tenham convivência habitual com a vítima ou testemunha, conforme o especificamente necessário em cada caso.

§ 2º Estão excluídos da proteção os indivíduos cuja personalidade ou conduta seja incompatível com as restrições de comportamento exigidas pelo programa, os condenados que estejam cumprindo pena e os indiciados ou acusados sob prisão cautelar em qualquer de suas modalidades. Tal exclusão não trará prejuízo a eventual prestação de medidas de preservação da integridade física desses indivíduos por parte dos **órgaos** de segurança pública.

---

1 ROBALDO, José Carlos de Oliveira, Legislação Criminal Especial, obra coletiva. São Paulo: ed. RT, 2009, p. 855.

2 ROBALDO, José Carlos de Oliveira, Legislação Criminal Especial, obra coletiva. São Paulo: ed. RT, 2009, p. 855.

§ 3º O ingresso no programa, as restrições de segurança e demais medidas por ele adotadas terão sempre a anuência da pessoa protegida, ou de seu representante legal.

§ 4º Após ingressar no programa, o protegido ficará obrigado ao cumprimento das normas por ele prescritas.

§ 5º As medidas e providências relacionadas com os programas serão adotadas, executadas e mantidas em sigilo pelos protegidos e pelos agentes envolvidos em sua execução.

MEDIDA EXCEPCIONAL

O Programa de Proteção às Testemunhas e Vítimas Ameaçadas é uma política de Segurança Pública e Direitos humanos que tem como finalidade proteger testemunhas, vítimas e familiares de vítimas de violência que estiverem sendo coagidas ou expostas a grave ameaça em virtude de crime no qual se achem envolvidos ou sobre o qual tenham conhecimento, e que visam contribuir com as autoridades do sistema de justiça.

Com o programa, pretende-se fornecer apoio jurídico, psicossocial, proteção à integridade física e também promover a reinserção social de pessoas em situação de risco, em novos espaços comunitários, de forma sigilosa e contando com a efetiva participação da sociedade civil na construção de uma rede solidária de proteção[3].

A inclusão da pessoa no programa de proteção constitui medida excepcional, que somente deve ser aplicada quando os meios convencionais se mostrarem insuficientes para garantir a segurança da pessoa ameaçada ou coagida. Nessa quadra, se a decretação da prisão preventiva ou temporária for suficiente para cessar a ameaça ou coação sofrida pela vítima ou testemunha, a prisão processual deve ser efetivada.

REQUISITOS PARA A ADMISSÃO NO PROGRAMA DE PROTEÇÃO

O *caput* do art. 2º da Lei nº 9.807/99 elenca os requisitos para que o indivíduo possa ser aprovado no programa de proteção a vítimas e a testemunhas, são eles:

a) **relevância do depoimento para a produção de provas:** para inserir a pessoa no programa de proteção é imprescindível que seu depoimento seja relevante para o deslinde dos fatos investigados. Do contrário, é melhor que a testemunha ou vítima ameaçada seja dispensada de depor, em vez de movimentar o Estado para lhes proteger.

b) **situação de risco do sujeito ameaçado:** o colaborador deve estar sob ameaça efetiva e atual, ou ao menos existir indícios que algo possa ser tentado contra ele. ***Nesse trilhar, não*** se faz necessário que a coação ou ameaça já se tenha consumado, sendo bastante a existência de elementos que demonstrem a probabilidade de que tal prática possa vir a ocorrer. O risco pode ser tanto a integridade física do colaborador como na esfera psicológica.

A ameaça ou coação a vítima, a testemunha ou aos seus familiares deve revestir-se de conteúdo idôneo e sério para causar um mal, de modo a impedir ou dificultar o conteúdo do depoimento ou declaração a ponto de prejudicar o desvendamento do crime.

c) **conduta pessoal:** o comportamento e a conduta pessoal e social do colaborador têm que ser compatíveis com as limitações e restrições impostas pelo programa de proteção (art. 2º, § 2º da Lei nº 9807/99).

---

3 Guia prático de atuação do Ministério Público na proteção e amparo às vítimas de criminalidade / Conselho Nacional do Ministério Público. – Brasília: CNMP, p. 31, 2019.

A pessoa admitida no programa de proteção a vítima e a testemunhas fica sobre a tutela do Estado e tem restringidos direitos como ir, vir e permanecer, além da mudança de rotina de vida.

Na hipótese do colaborador desrespeitar as restrições impostas pelo programa de proteção é cabível a sua exclusão, visto que comportamentos inadequados do protegido colocam em risco os agentes, as equipes técnicas, além de toda a rede protetora, conforme art. 10, II, "b" da Lei nº 9.807/99.

d) **inexistência de limitação à liberdade pessoal do protegido:** ficam excluídas do programa de proteção as pessoas que estão com sua liberdade restringida, pois estão cumprindo pena ou custodiados em decorrência de prisão processual (art. 2º, § 2º da Lei nº 9.807/99). Segundo Guilherme Nucci os "condenados a penas privativas de liberdade e pessoas presas cautelarmente já se encontram sob tutela estatal, razão pela qual espera-se que existam mecanismos suficientes para mantê-los resguardados e separados dos demais detentos, assegurando-lhes a integridade física e psicológica. Aliás, esse é o motivo da afirmativa feita na parte final deste artigo, indicando que medidas de proteção devem ser tomadas no interior do cárcere onde se encontrem"[4].

Entendemos que o legislador andou mal ao excluir a possibilidade de pessoas presas aderirem ao programa, haja vista que o condenado pode possuir relevantes informações que contribuam para elucidação de fatos investigados, mas, com medo de sofrer ataques dentro do estabelecimento penal, acaba por não prestar as informações.

e) **anuência do protegido com as regras do programa:** o programa de proteção a vítima e as testemunhas impõe ao protegido uma série de restrições, que devem ser seguidas. Assim, é necessário que o colaborador ou seu representante legal manifeste sua anuência a inclusão no programa, as restrições de segurança e demais medidas previstas, pois, uma vez ingresso, estará obrigado ao cumprimento das normas impostas. O não cumprimento das restrições acarreta o insucesso do programa de proteção.

Extensão das medidas protetivas a terceiros

É sabida a importância da participação da vítima e da testemunha na solução dos crimes, pois no Processo Penal o meio probatório mais utilizado é a prova testemunhal, sempre em busca da obtenção da verdade real dos acontecimentos.

A vítima, no processo penal, também denominada de ofendido, é o sujeito passivo do delito, ou seja, é o titular do direito violado ou posto em risco pelo crime.

A Resolução nº 40/34 da Assembleia Geral das Nações Unidas, de 29.11.85, define vítima como a *"Pessoa que, individual ou coletivamente, tenha sofrido danos, inclusive lesões físicas ou mentais, sofrimento emocional, perda financeira ou diminuição substancial de seus direitos fundamentais, como consequências de ações ou omissões que violem a legislação penal vigente, nos Estados–Membros, incluída a que prescreve o abuso de poder". É possível classificar a vítima em:*

a) Direta: aquela que sofreu lesão direta causada pela ação ou omissão do agente;

b) indireta: são os parentes de pessoa cuja morte ou desaparecimento tenha sido diretamente causada por um delito ou ato infracional e que tenham sofrido dano em consequência da morte e desaparecimento dessa pessoa.

Por sua vez, **testemunha** pode ser definida como a pessoa que, sob o compromisso de dizer a verdade, presta declaração a uma autoridade sobre os fatos dos quais tem conhecimento e interessam ao processo. Dispõe o Código de Processo Penal que "toda pessoa poderá ser testemunha". (art. 202, CPP).

4 NUCCI, Guilherme de Souza, Leis Penais e Processuais Penais Comentadas, ed. GEN, 2018, p. 811.

A testemunha presta o compromisso de dizer a verdade (art. 203 do CPP). Ocorre, contudo, que há pessoas que prestam depoimento, mas sem o compromisso de dizer a verdade (art. 208[5], CPP). Essas são tidas como informantes.

Devido à finalidade protetiva da Lei n° 8.907/99, entendemos que o conceito de testemunha para aplicação de medidas de proteção deve ser amplo, incluindo, também, os informantes, mesmo que estes não assumam o compromisso de dizer a verdade, pois suas declarações podem ser relevantes para o descobrimento da verdade.

As medidas protetivas a serem aplicadas diante do caso concreto devem abarcar a proteção tanto à integridade física do indivíduo quanto à psicológica. É extremamente relevante que a pessoa protegida esteja segura, amparada e ciente de que é parte importante no processo. Além disso, esteja emocionalmente equilibrada para poder dizer tudo o que sabe sobre os fatos do processo, prestando um depoimento coeso e útil para a Justiça.

O art. 2º, § 1º da Lei 9.807/99 deixa claro que as medidas protetivas do programa de proteção abarcam não apenas o indivíduo ameaçado ou coagido, mas também seu cônjuge ou companheiro, ascendentes, descendentes e pessoas que vivam sob sua dependência, em caso de necessidade.

Entendemos que mesmo não estando expresso na lei, a ascendência e a descendência podem ser em qualquer grau, como também a proteção pode ser estendida ao colateral, com consanguinidade ou afim.

O programa de proteção não teria eficácia se somente a pessoa ameaçada em razão de colaborar com a investigação ou processo criminal fosse incluída no programa e seus familiares ficassem expostos sem qualquer medida de proteção. Como bem explica Guilherme Nucci "se o objetivo da lei é proteger a testemunha e a vítima, além de guarnecer seus parentes próximos, é fundamental estender a guarida àqueles que vivam sob dependência do depoente. É sabido, por exemplo, que tios podem cuidar de seus sobrinhos, irmão mais velhos tomem conta dos mais novos, enfim, que a testemunha ou vítima mantenha sob sua dependência, com convívio regular, oura pessoa, que não seja cônjuge (companheiro), ascendente ou descendente, mas também merecedora de proteção, sob pena de se inviabilizar a colaboração na produção da prova[6]". Portanto, podem ser inseridas no programa de proteção tanto a vítima direta como a indireta.

A aplicação das medidas protetivas a familiares ou dependentes deve ser analisada à luz do caso concreto.

SIGILO DAS MEDIDAS

O êxito do programa de proteção passa pelo sigilo das medidas e providências tomadas com o programa. Desse modo, todas as pessoas envolvidas na rede de proteção, como, o protegido e os responsáveis em executar as medidas protetivas, deverão manter o sigilo sob pena de inviabilizar a proteção da pessoa ameaçada ou coagida, conforme disposto no art. 2º, § 5º da Lei nº 9.807/99.

A quebra do sigilo pode levar a necessidade de alteração das medidas de proteção adotadas ou até mesmo a exclusão do protegido, na hipótese de dele apresentar conduta incompatível com a finalidade do Programa.

---

5 Art. 208. Não se deferirá o compromisso a que alude o art. 203 aos doentes e deficientes mentais e aos menores de 14 (quatorze) anos, nem às pessoas a que se refere o art. 206.

6 NUCCI, Guilherme de Souza, Leis Penais e Processuais Penais Comentadas, ed. GEN, 2018, p. 811.

Art. 3º Toda admissão no programa ou exclusão dele será precedida de consulta ao Ministério Público sobre o disposto no art. 2º e deverá ser subsequentemente comunicada à autoridade policial ou ao juiz competente.

O Ministério Público deve se manifestar, previamente e sempre de forma fundamentada, tanto na hipótese de admissão ao programa como de exclusão. O Ministério Público deve ser ouvido até mesmo nas hipóteses de ações penais privadas, pois tanto como parte como fiscal da lei, o *Parquet* tem interesse na produção das provas.

Cabe ao Ministério Público a análise da incidência dos requisitos do art. 2º da Lei nº 9.807/99 para a inclusão no programa de proteção a vítima e as testemunhas, bem como as situações de exclusão do protegido do programa, devendo informar se concorda ou não com a admissão do indivíduo. Após manifestação ministerial, serão comunicados à autoridade policial ou ao juiz competente.

Cabe asseverar que o Ministério Público pode atuar de quatro formas distintas:

a) **membro do Conselho Deliberativo:** como membro do Conselho Deliberativo, o Ministério Público tem o dever de zelar pelo cumprimento correto das disposições legais referentes à proteção, e pela vida e dignidade da pessoa protegida, garantindo-lhe respeito e proteção;

b) **parte:** o Ministério Público tem legitimidade para requerer a inclusão da pessoa ameaçada ou coagida no programa de proteção. Entendemos que mesmo não estando expresso na Lei, o Ministério Público pode requerer a exclusão do protegido do programa de proteção, nos termos do art. 10;

c) **órgão executor:** o art. 8º da Lei nº 9.807/99 estabelece que o conselho deliberativo pode solicitar ao Ministério Público que ele requeira a concessão de medidas cautelares;

d) **fiscal da lei:** o art. 9º da Lei de Proteção a Vítimas e as Testemunhas prevê a possibilidade de alteração do nome das pessoas protegidas, devendo o magistrado ouvir o Ministério Público. Assim, nos casos de alteração do nome das pessoas protegidas, o *Parquet* atua como fiscal da lei.

Art. 4º Cada programa será dirigido por um conselho deliberativo em cuja composição haverá representantes do Ministério Público, do Poder Judiciário e de órgãos públicos e privados relacionados com a segurança pública e a defesa dos direitos humanos.

§ 1º A execução das atividades necessárias ao programa ficará a cargo de um dos órgãos representados no conselho deliberativo, devendo os agentes dela incumbidos ter formação e capacitação profissional compatíveis com suas tarefas.

§ 2º Os órgãos policiais prestarão a colaboração e o apoio necessários à execução de cada programa.

CONSELHO DELIBERATIVO

Trata-se do órgão responsável pelo programa de proteção a vítimas e as testemunhas.

É composto por representantes do Ministério Público, do Poder Judiciário e de órgãos públicos e privados relacionados com a segurança pública e a defesa dos direitos humanos. Assim, verifica-se que o órgão tem uma composição heterogênea e que conta com a participação da sociedade civil. É obrigatória a participação dos órgãos e entidades acima citados no Conselho Deliberativo.

Merece aplausos o modelo proposto pelo nosso legislador ao unir, em um mesmo colegiado, órgãos e instituições públicas e privadas, e, dentre os públicos, tanto os vinculados ao Poder Executivo, quanto ao Judiciário e ao Ministério Público, abarcando assim os setores interessados e com responsabilidades na área e com diferentes visões sobre o assunto[7].

O Conselho possui caráter deliberativo, inexistindo instância administrativa superior, ficando suas decisões sujeitas tão somente à revisão do Poder Judiciário.

O Conselho Deliberativo deverá possuir Regimento Interno que regulará as atividades, de integrantes titulares e suplentes.

Órgão Executor

A execução das medidas necessárias a dar efetividade ao programa é responsabilidade do órgão executor, que é um dos órgãos integrantes do Conselho Deliberativo. O órgão executor é responsável pela contratação da equipe técnica, composta por profissionais qualificados, como por exemplo, assistentes sociais e psicólogos, os quais são responsáveis de prestar a proteção necessária ao colaborador, além de oferecer, entre outros, o apoio psicológico, financeiro e de transporte.

A Lei nº 9.807/99 não definiu quais seriam as atividades necessárias ao programa de proteção, deixando espaço para que cada conselho deliberativo estabeleça a estrutura adequada.

O § 2º do art. 4º da Lei nº 9.807/99 prevê a **colaboração dos órgãos policiais** na execução das medidas protetivas definidas no programa de proteção. Desse modo, os órgãos policiais prestarão o apoio necessário à execução de cada programa.

> **Art. 5º** A solicitação objetivando ingresso no programa poderá ser encaminhada ao órgão executor:
>
> I – pelo interessado;
>
> II – por representante do Ministério Público;
>
> III – pela autoridade policial que conduz a investigação criminal;
>
> IV – pelo juiz competente para a instrução do processo criminal;
>
> V – por órgãos públicos e entidades com atribuições de defesa dos direitos humanos.
>
> § 1º A solicitação será instruída com a qualificação da pessoa a ser protegida e com informações sobre a sua vida pregressa, o fato delituoso e a coação ou ameaça que a motiva.
>
> § 2º Para fins de instrução do pedido, o órgão executor poderá solicitar, com a aquiescência do interessado:
>
> I – documentos ou informações comprobatórios de sua identidade, estado civil, situação profissional, patrimônio e grau de instrução, e da pendência de obrigações civis, administrativas, fiscais, financeiras ou penais;
>
> II – exames ou pareceres técnicos sobre a sua personalidade, estado físico ou psicológico.
>
> § 3º Em caso de urgência e levando em consideração a procedência, gravidade e a iminência da coação ou ameaça, a vítima ou testemunha poderá ser colocada provisoriamente sob a custódia de órgão policial, pelo órgão executor, no aguardo de decisão do conselho deliberativo, com comunicação imediata a seus membros e ao Ministério Público.

7 Cartilha sobre programas de proteção a vítimas e testemunhas ameaçadas. - Brasília: MPF/PFDC, 2013, p. 24.

LEGITIMADOS PARA REQUERER O INGRESSO NO PROGRAMA

Tem legitimidade para solicitar o ingresso da pessoa ameaçada ou coagida no programa de proteção a testemunhas: 1 – o próprio interessado; 2 – o representante do Ministério Público; 3 – a autoridade policial que conduz a investigação criminal; 4 – o juiz competente para a instrução do processo criminal; 5 – os órgãos públicos; 6 – as entidades com atribuições de defesa dos direitos humanos.

Quando o pedido não for feito pelo próprio interessado, este deve concordar com a solicitação de ingresso no programa de proteção.

O Pedido de ingresso no programa deve ser endereçado ao Conselho Deliberativo, órgão responsável em decidir pela admissão ou não no programa.

O requerimento de admissão no programa de proteção deve estar instruído com a qualificação da pessoa a ser protegida e com informações sobre a sua vida pregressa, o fato delituoso e a coação ou ameaça que a motiva, conforme o disposto no art. 5º, § 1º da Lei. nº 9.807/99.

Se o Conselho Deliberativo entender necessário, por meio do órgão executor, poderá solicitar outros documentos para auxiliar na decisão a ser tomada, como, por exemplo, documentos comprobatórios do estado civil, situação profissional, além de exames ou pareceres técnicos sobre sua personalidade e estado físico ou psicológico (art. 5º, § 2º da Lei. nº 9.807/99).

A possibilidade de solicitação de novos documentos tem a finalidade de avaliar melhor a pessoa do interessado. A utilização dos documentos solicitados pelo Conselho Deliberativo deve ter aquiescência do interessado.

Apesar de não existir o contraditório e a ampla defesa, o pedido deve ser fundamentado e deixar evidenciado a necessidade de ingresso da pessoa no programa de proteção, sob pena de indeferimento pelo Conselho Deliberativo.

Custódia provisória

É possível a inclusão da vítima ou testemunha provisoriamente sob a custódia de órgão policial, desde que presentes dois requisitos: a) urgência; b) necessidade de custódia, considerando a procedência, gravidade e a iminência da coação ou ameaça e a situação pessoal da vítima ou testemunha (art. 5º, § 2º da Lei. nº 9.807/99). A análise da necessidade da custódia provisória deve ser feita de acordo com as circunstâncias do caso concreto.

Após a aplicação da custódia cautelar, esta deve ser imediatamente comunicada ao Ministério Público e ao Conselho Deliberativo. O Ministério Público deve emitir parecer sobre a necessidade ou não da inclusão, mesmo que após a aplicação da medida, haja vista o teor do art. 3º da Lei nº 9.807/99.

Art. 6º O conselho deliberativo decidirá sobre:

I – o ingresso do protegido no programa ou a sua exclusão;

II – as providências necessárias ao cumprimento do programa.

Parágrafo **único.** As deliberações do conselho serão tomadas por maioria absoluta de seus membros e sua execução ficará sujeita à disponibilidade orçamentária.

DECISÕES DO CONSELHO DELIBERATIVO

O Conselho deliberativo é o órgão mais importante do programa de proteção a vítima e as testemunhas. Cabe ao Conselho deliberativo decidir quanto ao ingresso do interessado no programa de proteção, bem como sua exclusão do programa.

Quando da análise do *ingresso* da testemunha ou vítima no programa de proteção, incumbe ao Conselho aferir todas as circunstâncias, tais como as condições pessoais do protegido, a gravidade da coação ou da ameaça à integridade física ou psicológica, a dificuldade de preveni-las ou reprimi-las pelos meios convencionais, bem como a sua importância para a produção da prova.

A exclusão do protegido do programa de proteção também é de competência do Conselho, que vai verificar se cessaram os motivos ensejadores da proteção ou se a conduta do beneficiário é incompatível com as regras do programa (art. 10, II). Explica o Procurador da República Alexandre Amaral Gavronski[8] que:

> *Em qualquer hipótese (inclusão ou exclusão) a atribuição do Conselho Deliberativo é discricionária, dada a largueza conceitual de várias das condicionantes legais ("personalidade ou conduta incompatível", "importância para produção da prova", "gravidade da coação ou ameaça"). Isso, por certo, não afasta a possibilidade de apreciação judicial, visto que nenhuma lesão ou ameaça a direito pode ser dela suprimida (art. 5º, XXXV, CF). Essa análise, contudo, sofre as restrições ordinariamente aplicáveis à apreciação judicial de atos discricionários, limitando-se à observância dos princípios do devido processo legal (garantia de defesa do beneficiário no caso de exclusão por conduta incompatível, por exemplo) e da validade formal do ato (competência e forma), bem como, se for o caso, da verificação da efetiva ocorrência dos motivos apontados como fundamento da decisão do Conselho (Teoria dos Motivos Determinantes). Ademais, as peculiaridades do caso concreto podem fazer tão evidentes o cumprimento ou descumprimento da lei que desaparece a discricionariedade da decisão14. Por isso a importância de o Conselho bem fundamentar eventual negativa de ingresso ou suas decisões de exclusão.*

Além disso, tudo que for necessário para a execução do programa também é de responsabilidade do Conselho Deliberativo, desse modo, se reconhece ao conselho a competência para determinar, dentro dos limites legais, quais as medidas de proteção a serem aplicadas aos beneficiários, já que essas poderão ser aplicadas de forma isolada ou cumulativa (art. 7°).

O Conselho deliberativo ainda tem como atribuições:

a) no início de cada exercício financeiro, fixar o teto mensal de ajuda financeira para cada protegido (art. 7º, parágrafo único);

b) nas hipóteses que entender necessário, solicitar ao Ministério Público que requeira ao juiz a concessão de medidas cautelares direta ou indiretamente relacionadas com a eficácia da proteção (art. 8º);

c) em situações excepcionais, encaminhar requerimento da pessoa protegida ao juiz competente para alteração do nome e manter controle sobre a localização do protegido cujo nome tenha sido alterado (art. 9º).

Há outras atribuições do Conselho deliberativo, que não constam de forma expressa na lei, como decidir pela prorrogação da permanência do programa (art. 11).

Quorum qualificado e Disponibilidade Orçamentaria

As decisões do Conselho deliberativo deverão ser tomadas por maioria absoluta (quorum qualificado).

A regra que os programas de proteção às vítimas e às testemunhas somente serão executadas se houver disponibilidade orçamentária não se coaduna com os fins sociais da Lei nº 9.807/99. Entendemos que se uma pessoa tem negado, pelo Conselho Deliberativo, o ingresso no programa de proteção ante a falta de disponibilidade orçamentária, ela deve acionar o poder judiciário para ter o seu direito atendido.

---

8 Cartilha sobre programas de proteção a vítimas e testemunhas ameaçadas. - Brasília: MPF/PFDC, 2013, p. 26.

Art. 7º Os programas compreendem, dentre outras, as seguintes medidas, aplicáveis isolada ou cumulativamente em benefício da pessoa protegida, segundo a gravidade e as circunstâncias de cada caso:

I – segurança na residência, incluindo o controle de telecomunicações;

II – escolta e segurança nos deslocamentos da residência, inclusive para fins de trabalho ou para a prestação de depoimentos;

III – transferência de residência ou acomodação provisória em local compatível com a proteção;

IV – preservação da identidade, imagem e dados pessoais;

V – ajuda financeira mensal para prover as despesas necessárias à subsistência individual ou familiar, no caso de a pessoa protegida estar impossibilitada de desenvolver trabalho regular ou de inexistência de qualquer fonte de renda;

VI – suspensão temporária das atividades funcionais, sem prejuízo dos respectivos vencimentos ou vantagens, quando servidor público ou militar;

VII – apoio e assistência social, médica e psicológica;

VIII – sigilo em relação aos atos praticados em virtude da proteção concedida;

IX – apoio do órgão executor do programa para o cumprimento de obrigações civis e administrativas que exijam o comparecimento pessoal.

Parágrafo único. A ajuda financeira mensal terá um teto fixado pelo conselho deliberativo no início de cada exercício financeiro.

MEDIDAS DE PROTEÇÃO

O legislador elencou um rol de medidas a serem aplicadas no programa de proteção a vítima e as testemunhas. As medidas podem ser aplicadas cumulativa ou isoladamente conforme as necessidades do caso concreto.

O Conselho deliberativo pode aplicar medidas protetivas diversas das elencadas no art. 7º da Lei nº 9.807/99, desde que compatíveis com o programa de proteção. A expressão "dentre outras" deixa claro que o rol é meramente exemplificativo.

São medidas de proteção:

I – segurança na residência, incluindo o controle de telecomunicações: é uma medida restritiva da liberdade do indivíduo protegido e das demais pessoas que residem no mesmo local. Contudo, muitas vezes, se torna imprescindível o monitoramento da residência, inclusive o controle de telecomunicações para garantir a segurança pessoal da vítima ou testemunha.

II – escolta e segurança nos deslocamentos da residência, inclusive para fins de trabalho ou para a prestação de depoimentos: é mais uma medida protetiva que restringe a liberdade do indivíduo protegido. A escolta deve ser realizada por policiais conforme art. 4º, § 2º da Lei nº 9.807/99.

III – transferência de residência ou acomodação provisória em local compatível com a proteção: a depender da situação concreta, o monitoramento da residência é insuficiente para se garantir a segurança do protegido, se fazendo necessário que o protegido mude de residência, ou seja, colocado provisoriamente em local compatível com a proteção.

IV – preservação da identidade, imagem e dados pessoais: o órgão de execução das medidas protetivas é encarregado de zelar pela preservação da identidade, imagem e dados pessoais do protegido. O próprio protegido deve seguir as indicações do programa de proteção para se manter seguro, preservando, assim, a sua identidade, imagem e dados pessoais.

V – ajuda financeira mensal para prover as despesas necessárias à subsistência individual ou familiar, no caso de a pessoa protegida estar impossibilitada de desenvolver trabalho regular ou de inexistência de qualquer fonte de renda: Cabe ao Estado garantir ajuda financeira para a pessoa que, em razão de sua inclusão no programa de vítima e testemunha, fique impedida de exercer seu trabalho regular ou de inexistência de qualquer outra fonte.

A ajuda financeira terá um teto fixado pelo Conselho Deliberativo no início de cada exercício financeiro (art. 7º, parágrafo único, Lei nº 9.807/99). O valor fixado deve suprir as necessidades básicas da pessoa protegida e de sua família. A ajuda financeira pode ser complementada por entidades privadas.

VI – suspensão temporária das atividades funcionais, sem prejuízo dos respectivos vencimentos ou vantagens, quando servidor público ou militar: o servidor público ou militar incluído no programa de proteção e que tenha que suspender temporariamente suas atividades funcionais laborais, continuará a receber os seus vencimentos ou vantagens.

VII – apoio e assistência social, médica e psicológica: O Estado deve prestar toda a assistência necessária a pessoa protegida e seus familiares. O apoio psicológico é essencial, porquanto há uma alteração significativa na vida da pessoa ameaçada e de seus familiares.

VIII – sigilo em relação aos atos praticados em virtude da proteção concedida: o sigilo dos atos e medidas praticadas é essencial para o êxito do programa de proteção. O vazamento de informações pode prejudicar não apenas a produção da prova como colocar em risco a própria segurança da pessoa ameaçada.

Nesse sentido, o STF vem reconhecendo a inexistência de nulidade no sigilo a identidade da testemunha em razão do temor de represálias: "A tese de nulidade do ato do interrogatório do paciente devido ao sigilo das informações acerca da qualificação de uma das testemunhas arroladas na denúncia não deve ser acolhida. 2. No caso concreto, há indicações claras de que houve a preservação do sigilo quanto à identidade de uma das testemunhas devido ao temor de represálias, sendo que sua qualificação foi anotada fora dos autos com acesso restrito aos juízes de direito, promotores de justiça e advogados constituídos e nomeados. Fatos imputados ao paciente foram de formação de quadrilha armada, da prática de dois latrocínios e de porte ilegal de armas"[9].

IX – apoio do órgão executor do programa para o cumprimento de obrigações civis e administrativas que exijam o comparecimento pessoal: a pessoa protegida sofre diversas restrições de seus direitos, além de, em regra, ter que fica no anonimato, assim, incumbe ao órgão executor do programa auxiliá-la no cumprimento de suas obrigações civis e administrativas.

> **Art. 8º** Quando entender necessário, poderá o conselho deliberativo solicitar ao Ministério Público que requeira ao juiz a concessão de medidas cautelares direta ou indiretamente relacionadas com a eficácia da proteção.

LEGITIMIDADE PARA REQUERER MEDIDAS CAUTELARES

Cabe ao Ministério Público postular, em juízo, medidas cautelares relacionadas à efetividade da proteção da pessoa ameaçada.

9 HC 90321, Relator(a): Min. ELLEN GRACIE, Segunda Turma, julgado em 02/09/2008, DJe-182 DIVULG 25-09-2008 PUBLIC 26-09-2008 EMENT VOL-02334-02 PP-00333.

O Conselho deliberativo pode solicitar ao Ministério Público que requeira a concessão de medidas cautelares junto ao judiciário. A solicitação do Conselho Deliberativo não vincula o Ministério Público, que deve avaliar a gravidade do caso concreto e a necessidade ou não de ingressar com o pedido cautelar para garantia da proteção da pessoa ameaçada.

Entendemos que o membro do *Parquet* pode requerer de ofício a concessão de medidas cautelares, não ficando limitado à solicitação do Conselho Deliberativo.

Art. 9º. Em casos excepcionais e considerando as características e gravidade da coação ou ameaça, poderá o conselho deliberativo encaminhar requerimento da pessoa protegida ao juiz competente para registros públicos objetivando a alteração de nome completo.

§ 1º A alteração de nome completo poderá estender-se às pessoas mencionadas no § 1º do art. 2º desta Lei, inclusive aos filhos menores, e será precedida das providências necessárias ao resguardo de direitos de terceiros.

§ 2º O requerimento será sempre fundamentado e o juiz ouvirá previamente o Ministério Público, determinando, em seguida, que o procedimento tenha rito sumaríssimo e corra em segredo de justiça.

§ 3º Concedida a alteração pretendida, o juiz determinará na sentença, observando o sigilo indispensável à proteção do interessado:

I – a averbação no registro original de nascimento da menção de que houve alteração de nome completo em conformidade com o estabelecido nesta Lei, com expressa referência à sentença autorizatória e ao juiz que a exarou e sem a aposição do nome alterado;

II – a determinação aos órgãos competentes para o fornecimento dos documentos decorrentes da alteração;

III – a remessa da sentença ao órgão nacional competente para o registro único de identificação civil, cujo procedimento obedecerá às necessárias restrições de sigilo.

§ 4º O conselho deliberativo, resguardado o sigilo das informações, manterá controle sobre a localização do protegido cujo nome tenha sido alterado.

§ 5º Cessada a coação ou ameaça que deu causa à alteração, ficará facultado ao protegido solicitar ao juiz competente o retorno à situação anterior, com a alteração para o nome original, em petição que será encaminhada pelo conselho deliberativo e terá manifestação prévia do Ministério Público.

ALTERAÇÃO DO NOME

A alteração do nome completo da pessoa incluída no programa de proteção é **medida excepcional** e deve ser feita quando as circunstâncias do caso indicarem a necessidade.

A mudança não pode prejudicar o direito de terceiros, pois é realizada para proteger a pessoa ameaçada e não para isentá-la de suas obrigações.

Compete à pessoa ameaçada elaborar o requerimento que, por meio do Conselho deliberativo, é enviado ao juiz da Vara de Registro Público, e não mais ao juiz competente para a instrução criminal. Após oitiva do Ministério Público, o juiz decreta o segredo de justiça e determina o rito sumaríssimo, ou seja, célere, a fim de resguardar a proteção do interessado.

A mudança do nome pode ser estendida ao cônjuge ou companheiro, ascendentes, descendentes que convivam com a pessoa protegida (art.9º, § 1º da Lei nº 9.807/99). É requisito para extensão do nome que a convivência seja habitual.

A alteração é feita em caráter permanente, todavia, finda a causa que a originou, a pessoa protegida, por meio do Conselho deliberativo, poderá ingressar em juízo para ter de volta seu nome original. O juiz antes de decidir ouvirá o Ministério Público.

Art. 10. A exclusão da pessoa protegida de programa de proteção a vítimas e a testemunhas poderá ocorrer a qualquer tempo:

I - por solicitação do próprio interessado;

II - por decisão do conselho deliberativo, em consequência de:

a) cessação dos motivos que ensejaram a proteção;

b) conduta incompatível do protegido.

EXCLUSÃO DO PROGRAMA

A exclusão do programa pode ocorrer a qualquer tempo e por três motivos:

a) **por solicitação do próprio interessado:** a própria vítima ou testemunha pode solicitar sua exclusão do programa.

b) **cessação dos motivos:** com o fim dos motivos que ensejaram a inclusão da vítima ou testemunha no programa de proteção, esta também deve ser encerrada, por decisão do Conselho deliberativo.

c) **conduta incompatível:** a vítima ou testemunha deve seguir algumas normas de segurança do programa de proteção. Contudo, se a pessoa protegida não seguir as normas do programa, tendo uma conduta incompatível com o regramento, ela deve ser excluída do programa, pois sua manutenção poderá pôr em risco toda a rede de segurança e, em especial, a equipe técnica.

Segunda chance

Na hipótese de procedimento para exclusão do programa em virtude de conduta incompatível com as normas de segurança, analisando as peculiaridades do caso, a importância da prova, os riscos de morte em razão, por exemplo, de seu testemunho, pode o Conselho deliberar em conceder uma segunda chance à pessoa protegida e não excluí-lo do programa. Em contrapartida, a manutenção de uma pessoa no programa sem que ela observe as normas de conduta poderá colocar em risco toda a rede de proteção e, em especial, a equipe técnica. Desta forma, o Conselho deverá analisar o caso concreto com muita cautela para decidir qual a melhor decisão a ser tomada.[10]

Art. 11. A proteção oferecida pelo programa terá a duração máxima de dois anos. Parágrafo único. Em circunstâncias excepcionais, perdurando os motivos que autorizam a admissão, a permanência poderá ser prorrogada.

TEMPO MÁXIMO DO PROGRAMA

O programa de proteção tem a duração máxima de 2 (dois) anos. No entanto, excepcionalmente, a lei **permite a prorrogação do programa de proteção,** em situações excepcionais, quando perdurarem os motivos que autorizaram a inclusão da pessoa protegida.

A prorrogação deve ser por tempo indeterminado, enquanto existirem os motivos que levaram à admissão da vítima ou testemunha no programa de proteção. A Lei não prevê a qual órgão cabe deliberar pela prorrogação. Entendemos que compete ao Conselho deliberativo a

10 Cartilha sobre programas de proteção a vítimas e testemunhas ameaçadas. - Brasília: MPF/PFDC, 2013, p. 26.

tomada de decisão pela prorrogação ou não do programa de proteção, uma vez que é dele a decisão de incluir ou excluir o beneficiário. Os conselheiros deverão analisar a necessidade de se manter o programa para, por exemplo, garantir a integridade da vítima colaboradora.

Art. 12. Fica instituído, no âmbito do órgão do Ministério da Justiça com atribuições para a execução da política de direitos humanos, o Programa Federal de Assistência a Vítimas e a Testemunhas Ameaçadas, a ser regulamentado por decreto do Poder Executivo. (Regulamento).

O decreto executivo n°3.518 de 20 de junho de 2000 regulamenta o Programa Federal de Assistência a Vítimas e a Testemunhas Ameaçadas (Provita).

O Provita Federal tem como finalidade proteger vítimas ou testemunhas ameaçadas de morte que tenham sido encaminhadas pelo sistema de justiça e entidades de segurança pública. Para garantir a vida e segurança destas pessoas, o Provita constitui uma rede de entidades no Brasil que aplicam medidas como o deslocamento geográfico, quando for necessário retirar a pessoa da área onde sofre ameaças[11].

Conselho deliberativo

Conselho Deliberativo do Provita Federal é órgão de instância de direção superior, colegiado e de caráter deliberativo responsável pela implantação, execução e aperfeiçoamento do Programa Federal de Assistência a Vítimas e Testemunhas Ameaçadas.

De acordo com o art. 7° do Decreto Executivo n°3.518/2000 incumbe ao Ministro de Estado da Justiça a designação dos membros do conselho deliberativo, que terão mandato de 2 anos, podendo ser reconduzidos.

O Conselho deliberativo é composto pelos seguintes membros: *I) - um representante da Secretaria de Estado dos Direitos Humanos; II - um representante da Secretaria Nacional de Segurança Pública; III - um representante da Secretaria Nacional de Justiça; IV - um representante do Departamento de Polícia Federal; V - um representante do Ministério Público Federal; VI - um representante do Poder Judiciário Federal, indicado pelo Superior Tribunal de Justiça; e VII - um representante de entidade não-governamental com atuação na proteção de vítimas e testemunhas ameaçadas, indicado pelo Secretário de Estado dos Direitos Humanos*[12].

Compete ao Conselho Deliberativo adotar as seguintes medidas, nos termos do decreto: *a) decidir os pedidos de admissão e exclusão do Programa; b) solicitar às autoridades competentes medidas de proteção; c) solicitar ao Ministério Público as providências necessárias à obtenção de medidas judiciais acautelatórias; d) encaminhar as pessoas que devem ser atendidas pelo Serviço de Proteção ao Depoente Especial; e) adotar as providências necessárias para alteração da identidade civil por meio judicial; f) fixar o valor máximo da ajuda financeira mensal aos beneficiários da proteção; e) deliberar sobre questões relativas ao funcionamento e aprimoramento do Programa*[13].

Do Órgão Executor Federal

O Órgão Executor Federal vem disciplinado no art. 8° do Decreto n°3.518/2020. As suas atribuições serão desempenhadas pela Secretaria de Estado dos Direitos Humanos.

11 https://www.mdh.gov.br/todas-as-noticias/2018/junho/o-programa-de-protecao-a-testemunhas-provita-criado-e-gerenciado-pelo-ministerio-dos-direitos-humanos-completa-20-anos-em-2018-para-marcar-a-data-representantes-das-varias-entidades-que-participam-da-gestao-do-programa-em-todo-o-brasil-se-encontram-nesta.

12 *Art.7° do Decreto Executivo n°3.518/2000.*

13 *Art.6° do Decreto Executivo n°3.518/2000.*

Cumpre ao órgão executor empregar as diligências necessárias para que as medidas do programa sejam aplicadas com a finalidade de assegurar a integridade física e psicológica das pessoas ameaçadas e também oferecer elementos ao Conselho e propiciar o cumprimento de suas deliberações, cabendo-lhe, por exemplo, providenciar apoio para o cumprimento de obrigações civis e administrativas.

Da Rede Voluntária de Proteção

A Rede Voluntária de Proteção (art. 9º) é formada pelas associações civis, entidades e demais organizações não governamentais, as quais, sem objetivo de lucro, se dedicam a acolher as pessoas aceitas no programa com a finalidade de dar-lhes moradia e condições de inserção social em lugares diversos de sua residência habitual.

Para integrar a rede voluntária de proteção, as associações civis e organizações deverão preencher as seguintes condições:

a) não ter fins lucrativos;

b) possuir reconhecida atuação na área de assistência e desenvolvimento social, na defesa de direitos humanos ou na promoção da segurança pública;

c) ter firmado termo de compromisso para o cumprimento dos procedimentos e das normas estabelecidas com o órgão executor ou entidade a ele conveniada.

Do Serviço de Proteção ao Depoente Especial

O Serviço de Proteção ao Depoente Especial traduz-se na prestação de medidas que buscam a proteção da integridade física e psicológica do depoente especial.

Considera-se depoente especial[14]:

I – o réu detido ou preso, aguardando julgamento, indiciado ou acusado sob prisão cautelar em qualquer de suas modalidades, que testemunhe em inquérito ou processo judicial, se dispondo a colaborar efetiva e voluntariamente com a investigação e o processo criminal, desde que dessa colaboração possa resultar a identificação de autores, coautores ou partícipes da ação criminosa, a localização da vítima com sua integridade física preservada ou a recuperação do produto do crime;

II – a pessoa que, não admitida ou excluída do Programa, corra risco pessoal e colabore na produção da prova.

As medidas protetivas poderão ser empregadas de forma isoladas ou cumulativamente, com base nas particularidades do caso concreto.

Consoante o art. 11 do decreto executivo são medidas de proteção: a) segurança na residência, incluindo o controle de telecomunicações; b) escolta e segurança ostensiva nos deslocamentos da residência, inclusive para fins de trabalho ou para a prestação de depoimentos; c) transferência de residência ou acomodação provisória em local compatível com a proteção; d) sigilo em relação aos atos praticados em virtude da proteção concedida; e, e) medidas especiais de segurança e proteção da integridade física, inclusive dependência separada dos demais presos, na hipótese de o depoente especial encontrar-se sob prisão temporária, preventiva ou decorrente de flagrante delito.

A escolta dos admitidos no programa de proteção, em caso de necessidade de deslocamento, será feita pelo Serviço de Proteção.

É possível a celebração de convênios, acordos, ajustes e termos de parceria com órgãos da Administração Pública e entidades não governamentais, pelo departamento de Polícia federal, do Ministro da Justiça, visando o planejamento e a execução do serviço de proteção.

14 Art. 10 do Decreto executivo 3518/2000.

O encaminhamento das pessoas admitidas a serem atendidas pelo Serviço de Proteção deverá ser feito pelo Conselho e pelo Ministro de Estado da Justiça.

A exclusão da pessoa enquadrada no serviço de proteção poderá se dar em qualquer tempo e mediante:

a) solicitação da própria pessoa atendida no serviço de proteção;

b) por decisão de autoridade policial responsável pelo serviço de proteção;

c) deliberação do Conselho.

Em caso de exclusão, será elaborado um termo onde deverá constar os motivos e a ciência da pessoa excluída.

Vale dizer ainda que incumbe ao Serviço de Proteção acompanhar a investigação, o inquérito ou processo criminal, receber intimações endereçadas ao depoente especial ou a quem se encontre sob sua proteção, bem como providenciar seu comparecimento, adotando as medidas necessárias à sua segurança.

CAPÍTULO II

DA PROTEÇÃO AOS RÉUS COLABORADORES

Art. 13. Poderá o juiz, de ofício ou a requerimento das partes, conceder o perdão judicial e a conseqüente extinção da punibilidade ao acusado que, sendo primário, tenha colaborado efetiva e voluntariamente com a investigação e o processo criminal, desde que dessa colaboração tenha resultado:

I – a identificação dos demais co-autores ou partícipes da ação criminosa;

II – a localização da vítima com a sua integridade física preservada;

III – a recuperação total ou parcial do produto do crime. Parágrafo **único.** A concessão do perdão judicial levará em conta a personalidade do beneficiado e a natureza, circunstâncias, gravidade e repercussão social do fato criminoso.

COLABORAÇÃO PREMIADA

A colaboração premiada ou delação premiada faz parte de uma nova política de combate à criminalidade, fazendo com que se crie o estímulo ao arrependimento daqueles que já se envolveram na prática de algum crime ou espécies de crimes. Surgida principalmente para combater a criminalidade organizada, a colaboração passa a ter uma maior relevância e abrangência com a utilização para outras modalidades delitivas.

A colaboração premiada consiste em atribuir um benefício ao coautor ou partícipe de infração penal que contribua, efetiva e voluntariamente, para que a autoridade identifique os demais coautores ou partícipes, localize a vítima com a sua integridade física preservada e a recuperação total ou parcial do produto do crime. O instituto da colaboração/delação premiada, em geral, trata-se de um acordo bilateral, concretizado em um pacto, que pode ocorrer na fase pré-processual ou mesmo durante o curso do processo penal.

O instituto é oriundo do chamado direito premial. Os benefícios oferecidos na colaboração premiada, prevista na Lei 9.807/99, em troca das informações repassadas podem ser a diminuição da pena ou, até mesmo, o perdão judicial.

A colaboração premiada sofre críticas sob o argumento de ser considerada a institucionalização da traição. Logo, o Estado atua com imoralidade e falta de ética ao estimular a traição do colaborador em face de seus comparsas. Além disso, com a colaboração premiada, o Estado está confessando sua incompetência para investigar e impor as sanções aos criminosos.

A par das respeitadas opiniões críticas à Lei, entendemos que, seguindo uma tendência mundial, o Estado adotou a política criminal de priorizar a proteção dos direitos da vítima e a efetividade da persecução penal na preservação e repressão de delitos penais. Além disso, a colaboração premiada vem se mostrando um instituto imprescindível no combate da criminalidade organizada, e os resultados positivos são muito superiores aos argumentos críticos destacados pela doutrina.

A colaboração premiada se distingue da confissão, pois esta se refere à autoincriminação, enquanto aquela representa a imputação do fato criminoso a terceiros.

O instituto da colaboração premiada está previsto em diversos diplomas, dentre os quais: Código Penal (arts. 159, § 4º, e 288, p.u.); Lei dos Crimes Hediondos 8.072/90, art. 8º; ; Lei dos Crimes contra o Sistema Financeiro Nacional – nº 7.492/86 (art. 25, § 2º); Lei dos Crimes de Lavagem de Capitais – nº 9.613/88 (art. 1º, § 5º); Lei dos Crimes contra a Ordem Tributária e Econômica – nº 8.137/90 (art. 16, p.u.); Lei de Drogas – nº 11.343/06 (art. 41); e, Lei que trata do Sistema Brasileiro de Defesa da Concorrência – nº 12.529/2011 (art. 86) e Lei nº 12.850/13 (art. 3º-A com redação dada pela Lei nº 13.964/19 – conhecida como Lei Anticrime). Na esfera da Lei n. 9.807/99 a colaboração premiada vem descrita nos seus arts. 13 e 14.

Já decidiu o STF que "A eventual desconstituição de acordo de colaboração premiada tem âmbito de eficácia restrito às partes que o firmaram, não beneficiando nem prejudicando terceiros[15].

Colaboração premiada unilateral

É tema controverso a possibilidade da denominada colaboração/delação premiada unilateral, forma específica do instituto que consiste em o julgador conceder os benefícios da colaboração premiada, àquele que, a par de prestar informações para o deslinde da investigação e/ou ação, não entabula um acordo com o Ministério Público.

Trata-se, para os defensores desta modalidade de delação, de um mecanismo de controle de negativas de sua celebração, desacompanhadas da necessária motivação para tanto. Assim, se o Ministério Público se recusa, sem qualquer justificativa, a formalizar o acordo de colaboração premiada, poderá haver o controle judicial, sendo concedidos os benefícios da delação, se presentes os requisitos legais. Não será possível impedir que o réu confesse o delito e forneça elementos suficientes de prova da participação dos demais autores do crime. Nessa hipótese, mesmo sem a formalização do instrumento da delação, caberia ao juiz aplicar as benesses do instituto. Há, portanto, a necessidade de dois requisitos para a efetivação da delação premiada unilateral: 1) preenchimento dos requisitos legais; 2) omissão ou negativa injustificada por parte do Ministério Público em formalizar o acordo.

Ocorre que a unilateralidade do instituto é incompatível com a sua natureza jurídica, agora expressamente previsto pela Lei nº 13.964/19 como negócio jurídico-processual (art. 3º-A, da Lei nº 12.850/13) que, como tal, pressupõe a celebração de um ajuste bilateral de prestações e contraprestações recíprocas, todas devidamente discutidas e aceitas pelas partes do acordo. Frise-se que o STF já reconhecia a colaboração premiada como negócio jurídico: *"Por se tratar de negócio jurídico personalíssimo, o acordo de colaboração premiada não pode ser impugnado por coautores ou partícipes do colaborador na organização criminosa e nas infrações penais por ela praticadas [...]. De todo modo, nos procedimentos em que figurarem como imputados, os coautores ou partícipes delatados - no exercício do contraditório - poderão confrontar, em juízo, as declarações do colaborador e as provas por ele indicadas, bem como impugnar, a qualquer tempo, as medidas restritivas de direitos fundamentais eventualmente adotadas em seu desfavor" (HC 127.483, Rel. Min. Dias Toffoli, Tribunal Pleno)". (RE 1103435 AgR, Relator(a): Min. RICARDO LEWANDOWSKI, Segunda Turma, julgado em 17/05/2019, PROCESSO ELETRÔNICO DJe-123 DIVULG 07-06-2019 PUBLIC 10-06-2019).*

15 (HC 127.483, Rel. Min. DIAS TOFFOLI, Tribunal Pleno, DJe de 4.2.2016).

De mais a mais, a necessidade de consensualidade das cláusulas do acordo entabulado implica dizer que não existe direito adquirido na formalização do instrumento entre as partes, ou seja, trata-se de ato voluntário, insuscetível de imposição judicial[16].

Por outro lado, assentir com a colaboração premiada unilateral é romper com o sistema acusatório, porque permite que o juiz substitua o Ministério Público no tocante a sua atuação probatória, o que acarreta uma fusão das funções acusatória e julgadora, sendo vedada pelo § 6º do art. 4º da Lei 12.850/13.[17] Não podemos olvidar que a Lei 13.964/19 inseriu o art. 3°-A no CPP, que embora esteja suspenso por força da Adin nº 6.299, pode vir entrar em vigor, e nele esta aclarada a informação que é vedada a iniciativa do juiz na fase de investigação e a sua substituição da atuação probatória do órgão de acusação.

Outro aspecto que chama a atenção é saber como o magistrado pode conceder o benefício da delação premiada sem parâmetros procedimentais, sem uma tratativa entre as partes, sem ter garantias do seu aproveitamento para a causa? A nosso sentir, a resposta somente pode ser pela impossibilidade de aceitação da colaboração premiada unilateral.

Alcance normativo

Antes da edição da Lei nº 9.807/99, a colaboração premiada era aplicável somente aos tipos penais descritos nas leis especiais que previam o instituto jurídico.

Com o advento da Lei de Proteção a vítimas e testemunhas, contudo, a colaboração premiada foi estendida a todos os tipos penais, posto que não ficou ressalvada a aplicação do instituto a nenhum crime específico, já que não havendo ressalva expressa, não se pode interpretar a norma penal mais benéfica de forma restritiva. Portanto, desde que a Lei nº 9.807/99 entrou em vigor, resta claro que a aplicação da delação premiada não está limitada a tipos penais específicos.

Extensão Subjetiva

O benefício concedido ao colaborador resultante da colaboração premiada (diminuição de pena ou perdão judicial) possui natureza personalíssima, ou seja, é pessoal e incomunicável. Portanto, não se estende aos corréus ou partícipes[18].

Além disso, decidiu o STF que "por se tratar de negócio jurídico personalíssimo, o acordo de colaboração premiada não pode ser impugnado por coautores ou partícipes do colaborador na organização criminosa e nas infrações penais por ela praticadas, ainda que venham a ser expressamente nominados no respectivo instrumento no "relato da colaboração e seus possíveis resultados" (art. 6º, I, da Lei nº 12.850/13)"[19]. (destaque nosso).

PERDÃO JUDICIAL

O art. 13 da Lei nº 9.807/99 prevê que o juiz, de ofício ou a requerimento das partes, após análise dos requisitos previstos, poderá conceder o perdão judicial e a consequente extinção da punibilidade.

---

16 Nesse sentido: STF. 2ª Turma. MS 35693 AgR/DF, Rel. Min. Edson Fachin, julgado em 28/5/2019.

17 Art. 4º, § 6º da Lei 12.850/13: O juiz não participará das negociações realizadas entre as partes para a formalização do acordo de colaboração, que ocorrerá entre o delegado de polícia, o investigado e o defensor, com a manifestação do Ministério Público, ou, conforme o caso, entre o Ministério Público e o investigado ou acusado e seu defensor.

18 STF- RHC 124192, Relator(a): Min. DIAS TOFFOLI, Primeira Turma, julgado em 10/02/2015, PROCESSO ELETRÔNICO DJe-065 DIVULG 07-04-2015 PUBLIC 08-04-2015.

19 STF- HC 127483, Relator(a): Min. DIAS TOFFOLI, Tribunal Pleno, julgado em 27/08/2015, PROCESSO ELETRÔNICO DJe-021 DIVULG 03-02-2016 PUBLIC 04-02-2016.

Segundo Cesar Roberto Bitencourt, "perdão judicial é o instituto através do qual a lei possibilita ao juiz deixar de aplicar a pena diante da existência de determinadas circunstâncias expressamente determinadas (exs.: arts. 121, § 5, 129, § 8, 140, § 1, I e II, 180, § 5, 1 parte, 242, parágrafo único, 249, § 2)"[20].

Entendemos que, desde que preenchidos os requisitos legais, cabe ao juiz conceder o perdão judicial. Logo, não se trata de uma faculdade e sim um direito subjetivo do colaborador. É prevalente na doutrina e jurisprudência que, mesmo a lei empregando a expressão "acusado", o perdão judicial pode ser aplicado tanto na fase investigatória quanto na judicial.

REQUISITOS

Para a concessão do perdão judicial exige-se a presença dos requisitos previstos nos incisos I, II, III e § único do art. 13 da Lei de Proteção às vítimas e testemunhas. Os requisitos são de duas ordens: subjetivos e objetivos.

I – Subjetivos

a) **primariedade do colaborador:** primariedade é um conceito negativo. É primário aquele que não é reincidente, ou seja, aquele que não possua condenação anterior transitada em julgado.

A primariedade, contudo, não basta para constituir o direito público subjetivo a concessão do perdão judicial, pois o juiz deve levar em conta outros aspectos como a personalidade do beneficiado e a natureza, circunstâncias, gravidade e repercussão social do fato criminoso (art. 13, § único, Lei nº 9.807/99), além dos demais requisitos previstos no *caput* do art. 13.

b) **colaboração voluntária:** é aquela sem qualquer vício ou tipo de constrangimento, ela nasce da livre vontade do agente colaborador, sem sofrer qualquer tipo de pressão física, moral ou mental. No entanto, pode derivar de um fator externo como sugestão da autoridade. Logo, não é exigido que o ato de colaboração seja espontâneo (cuja motivação é interna, que nasce exclusivamente da vontade do agente, sem interferência externa). O que se exige é que a colaboração não seja resultado de qualquer forma de constrangimento ou ameaça contra o investigado/processado por parte das autoridades legais.

No mesmo sentido, transcrevo trecho do voto do Ministro Luiz Fux no julgamento do HC 129877, julgado em 18/04/2017: *"À luz das premissas teóricas lançadas no presente voto, entendo importante deixar assentado que os conceitos jurídicos de "voluntariedade" e "espontaneidade" vêm sendo diferenciados, pela doutrina e pela jurisprudência, de modo que a voluntariedade implica, unicamente, a ausência de coação, o ato praticado livre de qualquer constrangimento. Já a espontaneidade exige, em regra, além da voluntariedade, também "a livre disposição do agente de procurar a autoridade para, evidenciando alto grau de responsabilidade moral, informar a prática da infração penal ignorada ou imputada a outrem"."*[21]

c) **personalidade favorável:** Para se obter o direito ao perdão judicial, o colaborador deve ter personalidade favorável, ou seja, ter uma boa índole.

Personalidade é o conjunto de atributos morais de uma pessoa. Para se descobrir a personalidade de alguém é necessária uma investigação dos antecedentes psíquicos e morais do agente. O art. 6, IX do CPP[22] dispõe que a autoridade policial, logo após a prática da infração,

20 BITENCOURT, Cezar Roberto, Tratado de Direito Penal, parte geral, vol. 1, ed. Saraiva, 2009, p. 771.

21 HC 129877, Relator(a): Min. MARCO AURÉLIO, Primeira Turma, julgado em 18/04/2017, PROCESSO ELETRÔNICO DJe-168 DIVULG 31-07-2017 PUBLIC 01-08-2017.

22 Art. 6º Logo que tiver conhecimento da prática da infração penal, a autoridade policial deverá: ... IX – averiguar a vida pregressa do indiciado, sob o ponto de vista individual, familiar e social, sua condição econômica, sua atitude

deve buscar informações sobre a atitude e estado de ânimo do indiciado antes e depois do crime e durante ele, e quaisquer outros elementos que contribuírem para a apreciação do seu temperamento e caráter.

II – Objetivos

A Lei nº 9.807/99 estabeleceu requisitos de ordem objetiva, além dos subjetivos já elencados, para concessão do perdão judicial, são eles:

a) **Efetividade da colaboração:** o colaborador deve repassar informações relevantes que possam levar a identificação dos demais comparsas, a libertação da vítima com sua integridade física preservada e recuperação do produto do crime. Desse modo, informações vagas e imprecisas, que pouco ou nada contribuem para a investigação não levam ao perdão judicial.

Entendemos que se faz necessário a existência de elementos de confirmação dos dados do colaborador, do contrário, não há direito ao benefício do perdão judicial. Além disso, a mudança na versão dos fatos ao depor judicialmente também não enseja a aplicação do perdão judicial em favor do colaborador.

a.1) Números de Comparsas

A expressão demais "coautores ou partícipes" induz ao entendimento da necessidade de, pelo menos, três comparsas. Ocorre que a interpretação literal, neste caso, é incompatível com a finalidade da lei. É necessário fazer uma interpretação teleológica e assim a identificação do coautor ou partícipe é suficiente para aplicação do benefício, desde que sejam apenas dois agentes.

b) **recuperação do produto do crime:** para a concessão do benefício a recuperação do produto do crime pode ser total ou parcial. Produto do crime é a vantagem direta auferida pela prática do crime.

c) **localização da vítima com a integridade preservada:** se a vítima resgatada estiver abalada psicologicamente e com lesões corporais, não se reconhece o perdão judicial.

José Carlos Robaldo afirma que "No que tange às lesões corporais leves, compartilhamos a ideia de que, segundo o parágrafo único do art. 13, a concessão ficará ao prudente arbítrio do juiz, que avaliará em função dos requisitos subjetivos (personalidade do agente, natureza, circunstâncias, gravidade e repercussão social do crime)[23]".

c.1) Pluralidade de Vítimas

A lei se refere à vítima no singular. No entanto, havendo duas ou mais vítimas e o colaborador tendo ciência da localização de todas elas, o benefício somente deve valer se as informações forem sobre o paradeiro de todas. Mas, se o colaborador indica a localização de apenas uma, por não conhecer a localização das demais, ele deve receber o benefício.

d) **circunstâncias:** a natureza, as circunstâncias, a gravidade e a repercussão social do fato criminoso devem autorizar a concessão do perdão judicial.

Cumulação dos requisitos

Como já mencionado, a Lei de Proteção a Vítimas e as Testemunhas foi o primeiro diploma normativo a aplicar a colaboração premiada de forma genérica, ou seja, independente do tipo penal praticado. Na verdade, essa é a única lei que aplica a colaboração a todos os tipos penais, bastando que haja concurso de pessoas. Nessa trilha, entendemos que os requisitos da Lei 9.807/99 são alternativos e não cumulativos, sob pena de se restringir o seu alcance

e estado de ânimo antes e depois do crime e durante ele, e quaisquer outros elementos que contribuírem para a apreciação do seu temperamento e caráter.

23 ROBALDO, José Carlos de Oliveira, Legislação Criminal Especial, obra coletiva, ed. RT, 2009, p. 867.

de aplicação. É certo que se o objetivo fosse limitar o âmbito de incidência do instituto, a Lei 9.807/99 teria feito remissão expressa às hipóteses cabíveis.

Ademais, ante a ausência de previsão expressa quanto a cumulatividade ou alternatividade, deve ser empregada a regra segundo a qual não cabe ao intérprete afastar incidência de solução mais benéfica, quando a lei expressa e claramente não o fizer.

Guilherme Nucci, por exemplo, afirma que se os requisitos fossem cumulativos só seria possível a aplicação da colaboração premiada do art. 13 da Lei 9.807/99 ao crime de extorsão mediante sequestro (art. 158 do CP): "Acolhendo-se a tese da cumulatividade, a lei perde o seu significado e reduz-se à aplicação ao crime de extorsão mediante sequestro, pois é o único que permite a identificação de comparsas + a localização da vítima + recuperação do produto do crime (valor do resgate). Não é lógica essa posição, uma vez que não teria sentido editar uma lei de proteção a testemunhas voltada, unicamente, ao delito previsto no art. 159 do Código Penal. Portanto, parece-nos natural concluir pela alternatividade dos requisitos"[24].

Art. 14. O indiciado ou acusado que colaborar voluntariamente com a investigação policial e o processo criminal na identificação dos demais co-autores ou partícipes do crime, na localização da vítima com vida e na recuperação total ou parcial do produto do crime, no caso de condenação, terá pena reduzida de um a dois terços.

Diminuição de Pena

O art. 14 da Lei 9807/99 traz uma hipótese de redução da pena entre 1/3 (um terço) e 2/3 (dois terços). Para se conseguir a redução da pena é necessário que as informações do agente contribuam com a identificação dos demais comparsas, localização da vítima com vida ou recuperação do produto do crime. Note-se que é prevalente na doutrina a necessidade de apenas um dos resultados acima, já que não são requisitos cumulativos, mas sim alternativos.

Para a redução da pena, diferentemente da concessão do perdão judicial, não se exige a primariedade do colaborador e não são analisadas a personalidade, a natureza, as circunstâncias, a gravidade e a repercussão social do fato criminoso. Além disso, basta que a vítima seja encontrada com vida, ainda que a sua integridade física não esteja preservada.

O critério para redução da pena deve ser de acordo com a culpabilidade do agente, ou seja, a medida da censura de seu comportamento.

Subsidiariedade

O art. 14 da Lei nº 9.807/99 somente é aplicável quando não for possível a concessão do perdão judicial, previsto no art. 13 do mesmo diploma, por ser norma mais benéfica ao colaborador.

Art. 15. Serão aplicadas em benefício do colaborador, na prisão ou fora dela, medidas especiais de segurança e proteção a sua integridade física, considerando ameaça ou coação eventual ou efetiva.

§ 1º Estando sob prisão temporária, preventiva ou em decorrência de flagrante delito, o colaborador será custodiado em dependência separada dos demais presos.

§ 2º Durante a instrução criminal, poderá o juiz competente determinar em favor do colaborador qualquer das medidas previstas no art. 8º desta Lei.

24 NUCCI, Guilherme de Souza, Leis Penais e Processuais Penais Comentadas, ed. GEN, 2018, p. 817.

§ 3º No caso de cumprimento da pena em regime fechado, poderá o juiz criminal determinar medidas especiais que proporcionem a segurança do colaborador em relação aos demais apenados.

MEDIDAS DE PROTEÇÃO AO COLABORADOR

O art. 15 da Lei nº 9.807/99 prevê algumas medidas de proteção ao colaborador como ficar separado dos demais presos. Tais medidas visam manter a vida e integridade física do colaborador, já que sabemos que os colaboradores são vistos como traidores pelos demais detentos. É possível ainda a aplicação das medidas cautelares previstas no art. 8º do mesmo diploma legal.

DISPOSIÇÕES GERAIS

Art. 16. O art. 57 da Lei nº 6.015, de 31 de dezembro de 1973, fica acrescido do seguinte § 7º:

"§ 7º Quando a alteração de nome for concedida em razão de fundada coação ou ameaça decorrente de colaboração com a apuração de crime, o juiz competente determinará que haja a averbação no registro de origem de menção da existência de sentença concessiva da alteração, sem a averbação do nome alterado, que somente poderá ser procedida mediante determinação posterior, que levará em consideração a cessação da coação ou ameaça que deu causa à alteração."

Alteração do nome

A lei de Proteção a vítimas e testemunhas em seu art. 9º possibilita como medida excepcional, a alteração do nome da vítima ou testemunha, que esteja no programa de proteção.

O legislador atento a necessidade de disciplinar o procedimento, entendeu por bem, com a redação trazida pelo art. 16 da Lei 9.807/99, inserir o § 7º no art. 57 da Lei de Registros Público (Lei nº 6015/73), disciplinando o procedimento para alteração do nome da pessoa colocada sob proteção.

Em caso de necessidade a mudança do nome pode estender-se ao cônjuge, companheiro, ascendente, descendente, dependente que tenham convivência habitual com a vítima ou testemunha.

Art. 17. O parágrafo único do art. 58 da Lei nº 6.015, de 31 de dezembro de 1973, com a redação dada pela Lei no 9.708, de 18 de novembro de 1998, passa a ter a seguinte redação:

"Parágrafo único. A substituição do prenome será ainda admitida em razão de fundada coação ou ameaça decorrente da colaboração com a apuração de crime, por determinação, em sentença, de juiz competente, ouvido o Ministério Público." (NR)

O legislador, por meio do art. 17 da Lei de Proteção a vítima e testemunhas, alterou a redação do art. 58 da Lei de Registros Públicos, possibilitando a alteração do prenome do colaborador em caso de fundada coação ou ameaça. Impõe ainda o referido artigo, que o juiz, antes de decidir, abra vista ao Ministério Público para que este elabore sua manifestação.

Art. 18. O art. 18 da Lei nº 6.015, de 31 de dezembro de 1973, passa a ter a seguinte redação:

"Art. 18. Ressalvado o disposto nos arts. 45, 57, § 7º, e 95, parágrafo único, a certidão será lavrada independentemente de despacho judicial, devendo mencionar o livro de registro ou o documento arquivado no cartório."

Art. 19. A União poderá utilizar estabelecimentos especialmente destinados ao cumprimento de pena de condenados que tenham prévia e voluntariamente prestado a colaboração de que trata esta Lei. Parágrafo único. Para fins de utilização desses estabelecimentos, poderá a União celebrar convênios com os Estados e o Distrito Federal.

A norma prevê a possibilidade de criação de estabelecimentos penais destinados especificamente a colaboradores. Na ausência dos estabelecimentos especializados é permitida a formulação de convênios entre a União, Estados e o Distrito Federal com a finalidade de se permitir a utilização dos estabelecimentos penais de ente federativo diverso daquele competente para processar o fato criminoso.

Art. 19-A. Terão prioridade na tramitação o inquérito e o processo criminal em que figure indiciado, acusado, vítima ou réu colaboradores, vítima ou testemunha protegidas pelos programas de que trata esta Lei.

Parágrafo único. Qualquer que seja o rito processual criminal, o juiz, após a citação, tomará antecipadamente o depoimento das pessoas incluídas nos programas de proteção previstos nesta Lei, devendo justificar a eventual impossibilidade de fazê-lo no caso concreto ou o possível prejuízo que a oitiva antecipada traria para a instrução criminal.

Prioridade

As pessoas que estão no programa de proteção a vítimas e as testemunhas sofrem um desgaste psicológico. Assim, é plenamente justificável que as investigações e processos que possuam pessoas inseridas em programa de proteção, tenham prioridade em sua tramitação.

Nos termos do art. 5° da Resolução 93/2013 do Conselho Nacional do Ministério Público – CNMP, incumbe ao membro do Ministério Público cumprir rigorosamente todos os prazos processuais previstos em lei, se não for possível antecipá-los. Além disso, incumbe ao Ministério Público "zelar pela celeridade dos demais feitos criminais ou não criminais de interesse da pessoa protegida e que possam interferir na efetividade do programa ou na qualidade da proteção do assistido".[25]

Pode ainda o Ministério Público, com fim de zelar pelo cumprimento do disposto no art. 19-A da Lei n° 9.807/99, adotar outras providências, tais como requerer a produção antecipada de prova testemunhal, tendo em vista os elevados riscos à integridade física da testemunha.

Art. 20. As despesas decorrentes da aplicação desta Lei, pela União, correrão à conta de dotação consignada no orçamento.

A União deve inserir em seu orçamento as despesas com o programa de proteção a vítimas e testemunhas.

Art. 21. Esta Lei entra em vigor na data de sua publicação.

25 Art. 5º, §2° da Resolução 93/2013 do CNMP.

CAPÍTULO 28

Estatuto da Pessoa Idosa – Lei nº 10.741/2003

Luciano Casaroti

INTRODUÇÃO

A Lei n. 14.423, de 22 de julho de 2022, tem sua origem no projeto de Lei Complementar 72/18, de autoria do Senador Paulo Paim, confere nova designação ao Estatuto do Idoso, que passa a se chamar Estatuto da Pessoa Idosa. Destaca-se que o referido diploma legal também substitui, em todo o texto normativo, os vocábulos "idoso" e "idosos" por "pessoa idosa" e "pessoas idosas", respectivamente.

Conforme consta na justificativa do projeto de Lei Complementar 72/18, as alterações buscam "Para além do maior respeito e melhor atenção às mulheres idosas, o termo "pessoa" também relembra a necessidade de combate à discriminação de gênero e à desumanização do envelhecimento, especialmente sensível para pessoas com demência ou deficiência, que dependem de cuidados de terceiros."[1]

A mudança atende o Conselho Nacional dos Direitos da Pessoa Idosa – CNDI – que vinha recomendando a substituição dos termos. Frise-se que na prática, as modificações apenas alteram a nomenclatura.

Conceito jurídico da pessoa idosa

Segundo dados do Instituto Brasileiro de Geografia e Estatística (IBGE), de 1940 a 2016 a expectativa de vida do brasileiro subiu mais de 30 anos. Atualmente, no Brasil, a **expectativa** de vida é de 75,8 anos, sendo 72,2 anos para os homens e 79,4 anos para as mulheres, de acordo com a Tábua completa de mortalidade para o Brasil – 2016, do IBGE.

O Ministério da Mulher, da Família e dos Direitos Humanos divulgou que de janeiro a junho de 2022 foram registrados mais de 35 mil denúncias de violações de direitos humanos contra pessoas idosas. As vítimas com faixa etária entre 70 e 74 anos aparecem com o maior número de denúncia com cerca de 5,9 mil registros. Em mais de 87% das denúncias as violações ocorrem na casa onde a pessoa idosa reside. São dados assustadores que demonstram que o Brasil precisa, com urgência, começar a concretizar as ações em defesa dessa parcela de pessoas vulneráveis.

A Constituição de 1988, fundada nos princípios da solidariedade e proteção, dispôs que incumbe à família, à sociedade e ao Estado o dever de amparar as pessoas idosas, assegurando

1 https://legis.senado.leg.br/sdleg-getter/documento?dm=7640267&ts=1669751542529&disposition=inline

sua participação na comunidade, defendendo sua dignidade e bem-estar e garantindo-lhes o direito à vida.

O envelhecimento é um direito personalíssimo e de cunho social, portanto, necessárias medidas de efetivação de políticas sociais públicas, que permitam um envelhecimento saudável e em condições de dignidade.

O legislador, atento aos comandos da Constituição Federal e com o propósito de tutelar de forma específica os direitos e medidas de proteção as pessoas idosas, editou o Estatuto do Idoso, por meio da Lei 10.741/03, o qual adotou a doutrina da proteção integral para os direitos das pessoas idosas. O princípio da proteção integral à pessoa idosa lhe garante a preservação da saúde física e mental, em condições de liberdade e dignidade, sendo obrigação da família e do Estado garantir-lhe, com absoluta prioridade, a efetivação de tais direitos.

Importante observar que há três critérios para conceituação jurídica da pessoa idosa:

a) **critério cronológico:** considera-se pessoa idosa a pessoa que atingiu o patamar etário estabelecido na lei. Esse critério é tido como objetivo, pois basta analisar a idade da pessoa para saber se é ou não pessoa idosa.

b) **critério biopsicológico**: examinam-se as condições pessoais do indivíduo, como seu estado psicológico e fisiológico, independentemente de sua idade. É um critério com caráter eminentemente subjetivo, o que dificulta o estabelecimento de critérios razoáveis para determinar quem se enquadraria como pessoa idosa.

c) **critério econômico-social**: considera a condição social do indivíduo, pressupõe que a pessoa hipossuficiente necessita de uma maior proteção do Estado em contraponto ao autossuficiente.

O critério cronológico foi adotado peloEstatuto da Pessoa Idosa, em seu art.1º: *É instituído o Estatuto da Pessoa idosa, destinado a regular os direitos assegurados às pessoas com idade* ***igual ou superior a 60 (sessenta) anos.***"

Observe-se que nem todos os direitos dispostos no Estatuto da Pessoa Idosa são aplicáveis às pessoas com idade igual ou superior 60 anos. Vejamos o benefício de prestação continuada, previsto na Lei orgânica de Assistência Social (LOAS), que só é destinado a pessoas com idade igual ou superior a 65 anos e desde que não possua meios para prover sua subsistência nem tê-la provida por sua família. A gratuidade dos transportes coletivos públicos urbanos e semiurbanos, exceto nos serviços seletivos e especiais, quando prestados paralelamente aos serviços regulares, também é destinada à pessoa com idade igual ou superior a 65 anos (art. 39, Estatuto da Pessoa Idosa).

Por sua vez, a depender da legislação local, as pessoas na faixa etária entre 60 e 65 anos poderão ter gratuidade nos meios de transporte coletivo urbano e semiurbano.

Proteção especial

O legislador, atento ao aumento da expectativa de vida e melhora na qualidade de vida das pessoas idosas, editou a Lei nº 13.466/2017 que conferiu, dentro das prioridades conferidas as pessoas idosas, uma prioridade especial para as pessoas com 80 anos ou mais.

Nesse compasso, o art. 3º do Estatuto, que elenca o rol geral de prioridades, teve acrescentado o § 2º, assegurando a prioridade especial aos maiores de oitenta anos, atendendo-se suas necessidades sempre preferencialmente em relação as demais pessoas idosas.

Além disso, a Lei nº 13.466/2017 inseriu, de forma expressa, a prioridade dos maiores de 80 anos nos casos de atendimento de saúde, exceto em caso de emergência (art. 15, § 7º, da Lei nº 10.741/2003) e na tramitação dos processos judiciais (art. 71, § 5º, da Lei nº 10.741/2003).

Vale ressaltar que todas as pessoas idosas contam com a garantia de prioridade. Todavia, as pessoas idosas com idade superior a 80 anos, terão prioridade em relação às demais pessoas idosas. Dessa forma, diante de dois processos judiciais distintos, sendo que num deles a parte é pessoa idosa com 70 anos e no outro uma pessoa idosa com idade superior a 80 anos, o processo desta terá prioridade de tramitação e julgamento.

TÍTULO VI
DOS CRIMES

Com fulcro no princípio da proteção integral, o legislador também implementou figuras típicas penais no Estatuto da Pessoa Idosa com a finalidade de dar proteção e garantia aos direitos da pessoa idosa. Tais tipos penais são destinados a tutelar a vida, a integridade física, a saúde, a liberdade, a honra, a imagem e o patrimônio das pessoas idosas.

A parte criminal ficou disposta no Título VI do Estatuto da Pessoa Idosa, que foi dividido em dois capítulos, sendo que o segundo capítulo é o responsável por disciplinar os crimes contra as pessoas idosas .

CAPÍTULO I
DISPOSIÇÕES GERAIS

Art. 93. Aplicam-se subsidiariamente, no que couber, as disposições da Lei nº 7.347, de 24 de julho de 1985.

O legislador optou por deixar expressa a aplicação subsidiária da Lei nº 7.347/85. Entendemos que o legislador não agiu com a melhor técnica legislativa. A nosso sentir, o conteúdo do art. 93 não deveria ter sido inserido no Título VI do Estatuto da Pessoa Idosa porquanto este trata dos crimes contra a pessoa idosa. Melhor seria se o referido artigo estivesse no Título V, Capítulo III que cuida da Proteção Judicial dos Interesses Difusos, Coletivos e Individuais Indisponíveis ou Homogêneos.

Ademais, o legislador não utilizou a melhor técnica legislativa, ao dizer que a Lei da Ação Civil Pública se aplica de forma subsidiária ao regramento do Estatuto da Pessoa Idosa, porquanto, conforme a teoria do Diálogo das Fontes o direito deve ser interpretado como um todo de forma sistemática e coordenada. Cláudia Lima Marques[2] ensina que "*É o chamado 'diálogo das fontes' (di + a = dois ou mais; logos = lógica ou modo de pensar), expressão criada por Erik Jayme, em seu curso de Haia (Jayme, Recueil des Cours, 251, p. 259), significando a atual aplicação simultânea, coerente e coordenada das plúrimas fontes legislativas, leis especiais (como o CDC, a lei de seguro-saúde) e gerais (como o CC/2002), com campos de aplicação convergentes, mas não mais iguais.*

Nesse contexto, é fácil constatar que a Lei de Ação Civil Pública deve ser aplicada em convergência com o Estatuto da Pessoa Idosa para a defesa das pessoas idosas, sempre que a lei especial não dispuser de forma contrária.

Art. 94. Aos crimes previstos nesta Lei, cuja pena máxima privativa de liberdade não ultrapasse 4 (quatro) anos, aplica-se o procedimento previsto na Lei nº 9.099, de 26 de setembro de 1995, e, subsidiariamente, no que couber, as disposições do Código Penal e do Código de Processo Penal.

2 MARQUES, Claudia Lima. *Manual de direito do consumidor.* 2. ed. rev., atual. e ampl. Antonio Herman V. Benjamin, Claudia Lima Marques e Leonardo Roscoe Bessa. São Paulo: Editora Revista dos Tribunais, 2009, p. 90.

O dispositivo gerou discussões quanto a amplitude de sua aplicação, ou seja, nos crimes previstos no Estatuto da Pessoa Idosa cuja pena privativa de liberdade é de até 4 anos aplica-se integralmente a Lei nº 9.099/95, incluindo os institutos despenalizadores, como a composição civil e a transação penal?

O tema foi objeto de ação direta de inconstitucionalidade (ADI 3096-5), proposta pela Procuradoria-Geral de República. O STF enfrentou a questão e decidiu pela constitucionalidade do dispositivo, não obstante deu "interpretação conforme à Constituição do Brasil, com redução de texto, para suprimir a expressão "do Código Penal e". Aplicação apenas do procedimento sumaríssimo previsto na Lei n. 9.099/95: benefício do idoso com a celeridade processual. Impossibilidade de aplicação de quaisquer medidas despenalizadoras e de interpretação benéfica ao autor do crime" (ADI – 3096-5 STF).

Dessa forma, conclui-se que é aplicável o procedimento da Lei nº 9.099/95 para os delitos contra pessoa idosa cuja pena máxima privativa de liberdade não ultrapasse 4 (quatro) anos, porém os institutos despenalizadores de direito material, como transação penal e composição civil de danos são aplicáveis tão somente para os delitos que não ultrapassem 2 anos.

CAPÍTULO II
DOS CRIMES EM ESPÉCIE

Nos crimes contra as pessoas idosas previstos na Lei 10.741/2003, o legislador, diferentemente da técnica legislativa utilizada em outros diplomas legislativos que definem os crimes, como o Código Penal, optou em não colocar a denominação jurídica do *crime* (nomen juris). Assim, é oportuno esclarecer que os nomes dados aos delitos previstos no Estatuto da Pessoa Idosa não são de natureza legal, mas sim doutrinária.

Art. 95. Os crimes definidos nesta Lei são de ação penal pública incondicionada, não se lhes aplicando os arts. 181 e 182 do Código Penal.

Os crimes previstos no Estatuto da Pessoa Idosa são de ação pública incondicionada, portanto, o seu exercício não se subordina a qualquer requisito.

O dispositivo também afasta a possibilidade de reconhecimento das hipóteses de imunidade absoluta (art. 181, CP[3]) e relativa (art. 182, CP[4]) previstas no Código Penal quando o crime patrimonial é praticado contra vítima idosa.

Entendemos que o legislador não utilizou da boa técnica, pois a menção à exclusão das imunidades expressas nos arts.181 e 182 do Código Penal é desnecessária, uma vez que o art. 110 do Estatuto da Pessoa Idosa acrescentou o inciso III no art. 183 do Código Penal, afastando a aplicação das causas de imunidade (absoluta e relativa) se o crime é praticado contra pessoa com idade igual ou superior a 60 (sessenta) anos.

3 Art. 181 – É isento de pena quem comete qualquer dos crimes previstos neste título, em prejuízo: I – do cônjuge, na constância da sociedade conjugal; II – de ascendente ou descendente, seja o parentesco legítimo ou ilegítimo, seja civil ou natural.

4 Art. 182 – Somente se procede mediante representação, se o crime previsto neste título é cometido em prejuízo: I – do cônjuge desquitado ou judicialmente separado; II – de irmão, legítimo ou ilegítimo; III – de tio ou sobrinho, com quem o agente coabita.

DISCRIMINAÇÃO POR MOTIVO DE IDADE

Art. 96. Discriminar pessoa idosa, impedindo ou dificultando seu acesso a operações bancárias, aos meios de transporte, ao direito de contratar ou por qualquer outro meio ou instrumento necessário ao exercício da cidadania, por motivo de idade:

Pena – reclusão de 6 (seis) meses a 1 (um) ano e multa.

§ 1º Na mesma pena incorre quem desdenhar, humilhar, menosprezar ou discriminar pessoa idosa, por qualquer motivo.

§ 2º A pena será aumentada de 1/3 (um terço) se a vítima se encontrar sob os cuidados ou responsabilidade do agente.

§ 3º Não constitui crime a negativa de crédito motivada por superendividamento da pessoa idosa."

BEM JURÍDICO TUTELADO

Tutela-se a dignidade da pessoa humana no que diz respeito ao pleno exercício da cidadania da pessoa idosa.

SUJEITOS DO CRIME

O tipo penal não exige qualquer condição especial do agente, portanto, trata-se de **crime comum,** podendo ser praticado por qualquer pessoa.

O **sujeito passivo** é a pessoa idosa, assim entendida aquela com idade igual ou superior a 60 anos (art. 1º da Lei nº 10.741/03).

CONDUTAS

O tipo penal visa à proteção das pessoas idosas no que pertine a práticas discriminatórias por motivo de sua idade, pois são portadoras dos mesmos direitos inerentes a todas as demais pessoas.

O Estatuto da Pessoa Idosa fez referência à proibição na esfera cível de condutas discriminatórias, em face das pessoas idosas, em diversos dispositivos, tais como os arts. 2º, 3º, *caput*, 10, §§ 1º e 3º, 26, 27, 49, V e VI, 50. Por sua vez, o art. 96 do mesmo diploma legal traz a proibição da conduta discriminatória em desfavor da pessoa idosa na esfera criminal.

O tipo penal descreve a conduta de discriminar a pessoa idosa, **impedindo** ou **dificultando** seu acesso a operações bancárias, ao transporte, ao direito de contratar ou por qualquer outro meio ou instrumento que obstaculize o exercício da cidadania.

Discriminar significa distinguir, diferenciar ou tratar de forma injusta ou desigual uma pessoa ou grupo de pessoas em razão de característica étnica, cultural ou religiosa, entre outras.

Diante da dificuldade em descrever todas as formas pelas quais se pode realizar as condutas discriminatórias, tendo em vista as infinitas possibilidades de praticá-las, o legislador utilizou-se do instituto da interpretação analógica[5] prevendo no tipo penal, após uma sequência

5 De acordo com Fenando Capez, "Interpretação analógica: após uma sequência casuística, o legislador utiliza-se de uma formulação genérica, que deve ser interpretada de acordo com os casos anteriormente elencados (p. ex., crime praticado mediante paga, promessa de recompensa ou outro motivo torpe). Na interpretação analógica, existe uma norma regulando a hipótese (o que não ocorre na analogia) expressamente (não *é* o caso da interpretação extensiva), mas de forma genérica, o que torna necessário o recurso *à* via interpretativa". (Fernando Capez. Curso de Direito Penal Geral, vol. 1, São Paulo: Saraiva, 2011).

casuística (operações bancárias, meios de transporte, direito de contratar) a aplicação de uma cláusula genérica consistente na expressão "ou qualquer outro meio ou instrumento necessário ao exercício da cidadania".

A discriminação estará caracterizada sempre que forem criadas dificuldades ou obstáculos ao acesso da pessoa idosa a *operações bancárias de qualquer natureza*, como empréstimos, financiamentos e saques; *aos meios de transportes*, como o motorista do ônibus que se recusa a parar com o fim de evitar o embarque de uma pessoa idosa; ao *direito de contratar* como a não pactuação de contrato por motivo da idade da pessoa; ou *qualquer outro meio* que obstaculize o exercício da cidadania como negar o direito ao estudo por motivo de sua idade.

A expressão **"por motivo de idade"** constitui **elemento normativo do tipo**, assim, é imprescindível que, diante do caso concreto, o juiz proceda a um juízo de valoração com a finalidade de verificar se a discriminação ocorreu por motivo da idade da pessoa idosa. Caso entenda que o ato de discriminar deu-se em razão da idade da vítima, o agente deve responder pelo crime em questão. Porém, se a conclusão é no sentido de que o ato discriminatório ocorreu por motivo diverso, o sujeito ativo pode incidir no crime previsto no art. 96, § 1º, do Estatuto da Pessoa Idosa.

Na hipótese de a discriminação ocorrer por motivo de raça, cor, etnia, religião e não pela condição da vítima ser idosa, o agente incide em um dos crimes previstos na Lei nº 7.716/89, que define os crimes decorrentes de racismo, preconceito e discriminação racial.

Humilhação a pessoa idosa

O § 1º do art. 96 do Estatuto tipifica, com a mesma pena prevista para as condutas descritas no *caput* do artigo, a conduta daquele que desdenhar, humilhar, menosprezar ou discriminar pessoa idosa, por qualquer motivo.

Desdenhar significa tratar terceira pessoa com desprezo, desamor. **Humilhar** quer dizer dar tratamento vexatório ou constrangedor à pessoa. **Menosprezar** é depreciar a qualidade de terceira pessoa, diminuir a sua virtude. **Discriminar** é tratar de forma injusta ou desigual.

Sobre o tema, o TJSP decidiu que "*Configura o crime previsto no art. 96, § 1º, do Estatuto do Idoso, a conduta daquele que, em meio a discussão, por qualquer motivo, desdenha, humilha, menospreza ou discrimina pessoa idosa, chamando-a de "velha safada, sem vergonha, que não vale nada*"[6].

A conduta descrita no art. 96, § 1º, do Estatuto da Pessoa Idosa distingue-se do **crime de injúria a pessoa idosa** (art.140, § 3º do CP) nos seguintes aspectos: a) no crime de humilhação a pessoa idosa, o sujeito ativo não utiliza a condição de pessoa idosa para humilhar a vítima, enquanto no delito de injúria ao idoso, previsto no CP, a condição de pessoa idosa da vítima é *conditio sine qua non* para a materialização da ofensa; b) no delito do estatuto (art. 96, § 1º), a ação penal é de natureza pública incondicionada, por sua vez, quanto à injúria a pessoa idosa, prevista no Código Penal, a ação penal é de natureza privada.

Por fim, ressalta-se que para a configuração do crime previsto no artigo 96, § 1º, da Lei 10.741/03 não importa o motivo da prática dos núcleos do tipo penal. Nesse sentido, decidiu o Tribunal do Distrito Federal e Territórios: "Para a configuração do crime previsto no artigo 96, § 1º, da Lei 10.741/03 (Estatuto da Pessoa Idosa) basta a conduta de desdenhar ou menosprezar a pessoa idosa, não importando o motivo. Daí porque impossível, no caso analisado, a desclassificação para o crime de injúria"[7].

---

6 TJ-SP – APL: 00315591620108260554 SP 0031559-16.2010.8.26.0554, Relator: Grassi Neto, Data de Julgamento: 21/08/2014, 8ª Câmara de Direito Criminal, Data de Publicação: 26/08/2014.

7 TJ-DF – APR: 20130910104537, Relator: CESAR LABOISSIERE LOYOLA, Data de Julgamento: 13/08/2015, 2ª Turma Criminal, Data de Publicação: Publicado no DJE: 21/08/2015. Pág.: 117.

Majorante

Nos termos do § 2º, "A pena será aumentada de 1/3 (um terço) se a vítima se encontrar sob os cuidados ou responsabilidade do agente".

A majorante **não exige vínculo de parentesco** para sua configuração, bastando a relação de cuidado ou responsabilidade do agente em face a pessoa idosa. É desnecessário que a relação de cuidado entre o agente e a vítima seja duradoura ou permanente, podendo ser temporária, desde que por tempo juridicamente relevante. Ademais, prescinde de contraprestação, ou seja, ainda que a relação seja a título gracioso, pode estar configurado o delito.

A causa de aumento aplica-se às condutas descritas no *caput* e no § 1º do art. 96 do Estatuto da Pessoa Idosa.

CAUSA DE EXCLUSÃO DA TIPICIDADE

A Lei n. 14.181, de 01 de julho de 2021, que altera o Código de Defesa do Consumidor com a finalidade de aperfeiçoar a disciplina do crédito ao consumidor e dispor sobre a prevenção e o tratamento do superendividamento, trouxe também modificação no Estatuto da Pessoa Idosa, pois acrescentou o § 3º ao seu art. 96, prevendo que "*Não constitui crime a negativa de crédito motivada por superendividamento da pessoa idosa*".

Da análise do novo parágrafo, infere-se que possui **natureza de causa legal de exclusão da tipicidade,** porquanto, a negativa de crédito à pessoa pode acarretar no crime do artigo em estudo. Todavia, se a negativa ocorrer de forma motivada em razão da pessoa idosa encontrar em situação de superendividamento, a conduta não será típica e, portanto, o agente não incidirá no crime em comento.

Vale frisar que, nos termos do art.54-A, §1º do Código de Defesa do Consumidor, compreende-se como superendividamento a impossibilidade manifesta de o consumidor pessoa natural, de boa-fé, pagar a totalidade de suas dívidas de consumo, exigíveis e vincendas, sem comprometer seu mínimo existencial, nos termos da regulamentação.

Quanto à voluntariedade, a figura do *caput* dispõe que o **dolo específico** consiste na vontade consciente de discriminar a pessoa idosa com a finalidade de impedir ou dificultar seu acesso a operações bancárias, aos meios de transporte, ao direito de contratar ou por qualquer outro meio capaz de embaraçar o exercício da cidadania, em razão da idade.

Por outro lado, a figura descrita no § 1º do art.96 exige o dolo genérico consistente na vontade e consciência de **desdenhar, humilhar, menosprezar ou discriminar pessoa idosa, por qualquer motivo.**

Tanto a figura do *caput* como a do § 1º do referido artigo não admitem a forma culposa, haja vista a falta de previsão legal.

CONSUMAÇÃO E TENTATIVA

O crime previsto no art. 96 é material, sendo necessário, para sua **consumação,** que a discriminação impeça ou dificulte o acesso da pessoa idosa às operações bancárias, aos meios de transporte, às contratações e aos demais direitos que garantem o exercício da cidadania, em razão da idade.

A **tentativa** é possível quando o sujeito ativo pratica a conduta discriminatória, mas não obtém êxito em impedir ou dificultar o acesso da pessoa idosa a operações bancárias, aos meios de transporte, às contratações e aos demais direitos que garantem exercício da cidadania, por motivo da idade.

OMISSÃO DE SOCORRO

Art. 97. Deixar de prestar assistência à pessoa idosa, quando possível fazê-lo sem risco pessoal, em situação de iminente perigo, ou recusar, retardar ou dificultar sua assistência à saúde, sem justa causa, ou não pedir, nesses casos, o socorro de autoridade pública:

Pena – detenção de 6 (seis) meses a 1 (um) ano e multa.

Parágrafo único. A pena é aumentada de metade, se da omissão resulta lesão corporal de natureza grave, e triplicada, se resulta a morte.

BEM JURÍDICO TUTELADO

O delito do art. 97 tem como objetividade jurídica a proteção da vida e da integridade físico-psíquica da pessoa idosa. O fundamento para a criminalização da omissão de socorro da pessoa idosa está pautado no dever de solidariedade humana, que impõe a intercessão de todos quando a vítima se encontrar nas condições previstas na lei.

SUJEITOS DO CRIME

O crime é comum, podendo ser cometido por **qualquer pessoa**, dispensando condição especial do agente ou algum vínculo deste com a vítima.

Em razão do princípio da solidariedade, qualquer pessoa tem o dever de prestar assistência. Se a prestação de socorro, contudo, impuser risco a terceira pessoa, a omissão não será antijurídica, sendo de se reconhecer o estado de necessidade, conforme as circunstâncias concretas.

No **polo passivo** temos como ofendido a pessoa idosa (com idade igual ou superior a 60 (sessenta) anos), a qual se encontra em situação de iminente perigo ou que necessita de assistência médica.

CONDUTAS

O crime do art. 97 do Estatuto é similar ao delito de omissão de socorro, previsto no art. 135 do Código Penal, diferenciando-se, essencialmente, quanto ao sujeito passivo. No art. 135 do Código Penal, temos como sujeito passivo a criança abandonada ou extraviada; pessoa inválida ou ferida; e a pessoa em grave ou iminente perigo. Por seu turno, figura no polo passivo do crime previsto no art. 97 a pessoa idosa.

Trata-se de crime omissivo, considerado ao se constatar três situações, assim descritas:

a) **deixar de prestar assistência a pessoa idosa, quando possível fazê-lo sem risco pessoal, em situação de iminente perigo:** consiste na conduta omissiva do sujeito ativo em prestar a referida assistência a pessoa idosa, sem risco pessoal. Para que o crime se concretize, é necessário que haja a possibilidade de o agente prestar a referida assistência, sem risco pessoal. Assim, são circunstâncias necessárias para a tipicidade da conduta: I) possibilidade de prestar assistência; II) ausência de risco pessoal ao agente.

O risco pessoal é a possibilidade de dano à incolumidade física da pessoa, e não de natureza patrimonial ou moral. Esses riscos poderão configurar estado de necessidade, a depender da situação concreta.

Damásio de Jesus, ao comentar o delito similar previsto no art. 135 do CP, assevera que "a assistência prevista no tipo penal pode ser: 1) imediata: existente o dever de prestação imediata de socorro; 2) dever de pedir ajuda a autoridade pública"[8].

8 JESUS, Damásio de. **Direito Penal.** Parte especial, Vol. 2. São Paulo: Saraiva, 2007, p. 185.

Questão interessante é saber se constituirá crime previsto no art. 97 do Estatuto quando ocorrer a recusa, por parte da pessoa idosa, em receber o socorro. Entendemos que persiste o crime, pois não se pode renunciar aos bens tutelados pelo tipo penal. A vida e a integridade físico-psíquica são indisponíveis e irrenunciáveis. Entretanto, se a recusa por parte da vítima inviabilizar o socorro, fica afastado o crime. Em sentido contrário, entende-se que a recusa da vítima exclui o crime.

Guilherme Nucci afirma que: "Embora a pessoa tenha atingido 60 anos de idade, não se torna incapaz automaticamente, de modo que qualquer um possa decidir o que ela deve ou não fazer. Por isso, é fundamental respeitar o desejo de *qualquer pessoa*, inclusive da pessoa idosa, quando mentalmente capaz, para deixar-se socorrer. Somente em situação de estado de necessidade, estando em jogo valor superior à liberdade individual (como a vida, por exemplo), interfere-se, contra a vontade do sujeito passivo, promovendo o auxílio a qualquer custo"[9].

b) **recusar, retardar ou dificultar sua assistência à saúde, sem justa causa:** consiste em negar, atrasar ou obstaculizar a assistência (proteção) a pessoa idosa sem justa causa, ou seja, sem motivo razoável.

A expressão "**justa causa**", assim como o termo **"em situação de iminente perigo"**, previstos no tipo penal em comento, constitui **elemento normativo** do tipo penal, ante a necessidade de se fazer um juízo de valoração. Compete ao magistrado, à luz do caso concreto, aferir se a vítima estava em situação de iminente perigo, a qual necessitava de assistência, bem como a existência ou não de justa causa para recusa, retardamento, dificuldade de assistência à saúde dela ou, ainda, se houve negligência em pedir socorro à autoridade pública.

c) **não pedir, nesses casos, o socorro de autoridade pública:** significa omitir-se em avisar a autoridade pública. O aviso deve ser imediato e necessário, podendo ser feito de qualquer forma, desde que chegue o mais rápido possível à autoridade competente. Essa hipótese é subsidiaria e somente deve ser utilizada quando a prestação de assistência não puder ser realizada sem risco pessoal ao agente. **Autoridade pública** é a aquela que tem atribuição para intervir no caso, como por exemplo, bombeiros, policiais civis e Ministério Público.

Assevera-se que não importa o motivo que levou à situação de perigo e nem quem o provocou, pode ter sido causado pela vítima, terceiros ou até mesmo pelo sujeito ativo, ainda acidentalmente.

Causas de aumento de pena

A pena é aumentada de metade se da omissão resulta lesão corporal de natureza grave, e triplicada, se resulta em morte.

Tratam-se de hipóteses de crimes preterdolosos ou preterintencionais, pois a omissão ocorre a título de dolo enquanto o resultado naturalístico (lesão grave ou morte) incorre em conduta culposa.

Se em razão da omissão do sujeito ativo sobrevier lesão corporal de natureza leve, o crime de lesão corporal leve restará absorvido pelo crime de omissão.

Somente será aplicada a causa de aumento se fica provado que, caso o agente tivesse socorrido, poderia ter evitado a ocorrência do resultado agravador (lesão grave ou morte).

9 NUCCI, Guilherme de Souza. **Leis Penais e Processuais Penais Comentadas**. São Paulo: RT, 2015, p. 484.

VOLUNTARIEDADE

Quanto à voluntariedade, exige-se o dolo de perigo, abrangendo a consciência, por parte do agente, da concreta situação de perigo em que incorre a vítima.

Se a intenção era de provocar os resultados morte ou lesão corporal, o agente responde, respectivamente, pelo crime de homicídio doloso ou lesão corporal dolosa.

Não existe a forma culposa e nem elemento subjetivo específico do tipo.

CONSUMAÇÃO E TENTATIVA

O crime se consuma com a negativa do agente em agir, ou seja, com a mera omissão em prestar a assistência a pessoa idosa ou se deixar de pedir socorro.

Não se admite a tentativa, por se tratar de crime omissivo próprio, de forma que não se exige um resultado naturalístico produzido pela omissão.

ABANDONO DE PESSOA IDOSA

Art. 98. Abandonar a pessoa idosa em hospitais, casas de saúde, entidades de longa permanência, ou congêneres, ou não prover suas necessidades básicas, quando obrigado por lei ou mandado:

Pena – detenção de 6 (seis) meses a 3 (três) anos e multa.

BEM JURÍDICO TUTELADO

A norma penal tutela a vida e a saúde física e psíquica da pessoa idosa.

A objetividade jurídica do art. 97 abarca também o direito da pessoa idosa ser cuidado preferencialmente pela sua família, nos termos do art. 3º do Estatuto da Pessoa Idosa[10]. Conforme Guilherme Nucci, "Sob o ponto de vista moral, as famílias devem zelar pelos seus idosos de todas as maneiras possíveis, inclusive com expressão de amor e afeto. Sob o ponto de vista jurídico, exige-se que os parentes e todos aqueles que, legal ou judicialmente, estejam obrigados a tanto (como curador) mantenham os idosos, provendo suas necessidades básicas, na medida justa de sua condição social[11]".

SUJEITOS DO CRIME

O **sujeito ativo** é a pessoa responsável em zelar pela pessoa idosa, por meio de lei ou mandado judicial. Trata-se de crime omissivo próprio, pois exige uma **relação especial** do agente imposta por lei ou ordem judicial.

Não havendo essa vinculação especial entre o agente e a pessoa idosa afasta-se a adequação típica, podendo, eventualmente, configurar outro delito penal, como omissão de socorro ou abandono material. Desse modo, se qualquer pessoa, que não tenha vínculo, abandonar a pessoa idosa em um asilo, mesmo que o exponha a perigo, não pratica o crime de abandono da pessoa idosa, uma vez que não há relação especial com a vítima.

---

10 Art. 3º É obrigação da família, da comunidade, da sociedade e do Poder Público assegurar à pessoa idosa, com absoluta prioridade, a efetivação do direito à vida, à saúde, à alimentação, à educação, à cultura, ao esporte, ao lazer, ao trabalho, à cidadania, à liberdade, à dignidade, ao respeito e à convivência familiar e comunitária.

11 NUCCI, Guilherme de Souza. **Leis Penais e Processuais Penais Comentadas**. São Paulo: RT, 2015, p. 485.

O **sujeito passivo** é a pessoa idosa abandonada (com idade igual ou superior a 60 (sessenta) anos). Vale salientar que a pessoa idosa não precisa ser incapaz para figurar como sujeito passivo do delito de abandono da pessoa idosa.

CONDUTAS

O tipo penal do crime de abandono de idoso descreve duas condutas, caracterizando-se como um tipo misto alternativo, uma vez que o cometimento de uma ou das duas condutas configura um único delito.

As condutas típicas são:

a) **abandonar a pessoa idosa em hospitais, casas de saúde, entidades de longa permanência, ou congêneres:** o núcleo da primeira parte do tipo é *abandonar*, que possui o significado de desamparar, desassistir, isto é, deixar a pessoa idosa sem a devida assistência.

O abandono é de cunho material e não moral, isto significa que consiste na violação do dever de assistência material. Assim, incorre no crime do art. 98 do Estatuto aquele que, por lei ou ordem judicial, possui obrigação de prestar à assistência material a pessoa idosa e não o faz, como, por exemplo, o filho que coloca seu pai idoso em um lar de idosos, deixando de visitá-lo e levar os medicamentos necessários para a sua saúde.

Para caraterização do crime em comento é indiferente que o abandono seja temporário ou definitivo, desde que seja por tempo juridicamente relevante, isto é, capaz de colocar a vítima em risco.

Ao elencar os estabelecimentos em que a pessoa idosa pode ser abandonado, o legislador utilizou o instituto da interpretação analógica, em que após uma enumeração casuística (hospitais, casas de saúde, entidades de longa permanência), emprega fórmula genérica consistente na expressão "congêneres", que deve ser interpretada de acordo com os casos anteriormente elencados.

De acordo com Paulo Rogério Bonini, "*Hospital* é o local específico para a internação para tratamento de doença; *casa de saúde* é hospital particular, com tratamento pago pelo paciente, convênio particular ou por entidade governamental, incluindo-se clínicas; *entidades de longa permanência* são asilos, instituições de assistência social que abrigam para sustento pessoas idosas, crianças, mendigos etc.[12]".

b) **não prover as necessidades básicas do idoso, quando obrigado por lei ou mandado:** a conduta consiste em deixar de destinar recursos necessários para a compra de **bens materiais** fundamentais à sobrevivência, isto é, os indispensáveis para alimentação, remédios, vestuário e habitação.

Há de se mencionar que apenas aqueles que tenham obrigação por lei ou por meio de ordem judicial é que podem ser sujeitos passivos do crime de abandono de pessoa idosa

VOLUNTARIEDADE

Quanto à voluntariedade, exige-se o dolo, isto é, vontade e consciência de abandonar a pessoa idosa ou deixar de prover suas necessidades básicas.

Não se pune a conduta praticada de forma culposa. Inexiste a previsão do elemento subjetivo específico do tipo.

12 BONINI, Paulo Rogério; **Leis Penais Especiais Anotadas,** obra coletiva. – São Paulo: Millennium, 2011, p. 675.

CONSUMAÇÃO E TENTATIVA

Quanto à conduta de abandonar a pessoa idosa, o crime se consuma com o efetivo abandono da vítima. Por sua vez, em relação à segunda conduta descrita no tipo, o crime ocorre no momento em que o agente deixa de prover as necessidades básicas da pessoa idosa.

Se sujeito ativo reassume o dever de assistência após abandonar a pessoa idosa ou ter deixado de prover suas necessidades básicas, tal circunstância não tem o condão de excluir a infração penal, uma vez que já atingida a consumação.

Tratando-se de crime omissivo próprio ou puro, não é possível a tentativa.

MAUS-TRATOS A PESSOA IDOSA

Art. 99. Expor a perigo a integridade e a saúde, física ou psíquica, da pessoa idosa, submetendo-o a condições desumanas ou degradantes ou privando-o de alimentos e cuidados indispensáveis, quando obrigado a fazê-lo, ou sujeitando-o a trabalho excessivo ou inadequado:

Pena – detenção de 2 (dois) meses a 1 (um) ano e multa.

§ 1º Se do fato resulta lesão corporal de natureza grave: Pena – reclusão de 1 (um) a 4 (quatro) anos.

§ 2º Se resulta a morte: Pena – reclusão de 4 (quatro) a 12 (doze) anos.

BEM JURÍDICO TUTELADO

O crime de maus-tratos a pessoa idosa tem como objetividade jurídica a proteção à saúde (física e psíquica) e a vida.

SUJEITOS DO CRIME

O crime de maus-tratos a pessoa idosa pode ser cometido de três formas. Na primeira figura – *submeter a pessoa idosa a condição degradante ou desumana* – cuida-se de crime comum, o **sujeito ativo** pode ser qualquer pessoa. Diferentemente do **crime de maus-tratos** previsto no art. 136 do Código Penal, o agente não precisa ter uma relação especial com o **sujeito passivo**, pois o tipo não prevê que a vítima esteja sob a autoridade, guarda ou vigilância do sujeito ativo.

Na segunda figura – *privar a pessoa idosa de alimentos e cuidados indispensáveis* – trata-se de crime próprio, pois somente pode ser **sujeito ativo** a pessoa legalmente responsável. A responsabilidade pode advir da lei, contrato ou comando judicial.

Entendemos que a pessoa pode assumir a posição de garante e, assim, ser sujeito ativo do crime de maus-tratos a pessoa idosa, mesmo diante da inexistência de contrato de prestação de serviço escrito ou decisão judicial conferindo a curatela, desde que fique comprovado, pelo conjunto probatório, que ela aceitou tacitamente a posição de garante da vítima.

É esse também o entendimento da Turma Recursal Criminal dos Juizados Especiais Criminais do Estado do Rio Grande do Sul: Comprovada a obrigação da ré para com a vítima, na medida em que a relação entre ambas iniciou-se apenas em decorrência da dependência da ofendida, desde o princípio conhecida pela autora do fato, que passou a perceber a integralidade de seus proventos mensais, comprometendo-se a lhe dispensar os cuidados necessários. RECURSO IMPROVIDO"[13].

Nesse sentido, vale colacionar trecho do voto do relator Eduardo Ernesto Lucas Almada: "Os próprios fatos levam à conclusão induvidosa de que à ré incumbia o dever de cuidado

13 Recurso Crime nº 71004014643, Turma Recursal Criminal, Turmas Recursais, Relator: Eduardo Ernesto Lucas Almada, Julgado em 17/12/2012.

para com a vítima, na medida em que esta, não mais podendo cuidar de si mesma, havia lhe outorgado procuração para que recebesse **integralmente** seus proventos, a fim de que lhe emprestasse os cuidados necessários, com o que, aliás, a mesma anuiu, ainda que tacitamente, uma vez que fornecia até mesmo a alimentação da idosa, bem como gerenciava totalmente a pensão a que esta fazia jus. Com efeito, não se pode pretender acreditar que a ré, que percebia todos os vencimentos da vítima – sendo esta pessoa extremamente enferma, cega e parcialmente surda, com idade superior a 75 anos à época dos fatos, vivendo absolutamente sozinha – entendesse que nenhum dever lhe incumbia com relação a ela, considerando ainda que a própria relação entre as duas, conforme se percebe das provas carreadas aos autos, decorre da aceitação da acusada em zelar pela vítima, pela fragilidade crescente desta"[14].

Na terceira figura – *sujeitar a pessoa idosa a trabalho excessivo ou inadequado* – o sujeito ativo volta a ser qualquer pessoa, portanto, trata-se de crime comum.

No polo passivo temos como ofendido a pessoa idosa (com idade igual ou superior a 60 (sessenta) anos).

CONDUTAS

A conduta típica é expor a perigo (colocar em risco) a integridade e a saúde, física ou psíquica,da pessoa idosa (maior de 60 anos). O crime pode ser executado das seguintes maneiras:

a) **submeter a pessoa idosa a condições desumanas ou degradantes:** *Condição desumana* pode ser entendida como a imposição, a pessoa idosa, de sofrimento físico ou mental. São exemplos de condutas desumanas: obrigar a pessoa idosa a permanecer alojado em local sem a mínima higiene; trancafiar a pessoa idosa em um cômodo do imóvel por longo período de tempo; impedir que a pessoa idosa proceda a condutas de higiene. *Condição degradante* significa expor a pessoa a uma condição humilhante, aviltante, como, por exemplo, forçar a pessoa idosa a se alimentar com as mãos, sem a utilização de talheres.

A Turma Recursal do TJRS decidiu que incorre no delito de maus-tratos a pessoa que "deixou a vítima, de oitenta e seis anos de idade, caída no chão, por mais de uma hora, sem ajudá-la a levantar-se"[15].

Oportuno destacar que as expressões *desumana* e *degradante* são elementos normativos do tipo, incumbindo um juízo de valor criterioso por parte do magistrado.

b) **privar a pessoa idosa de alimentos e cuidados indispensáveis:** trata-se de condutas omissivas do agente. A *privação de alimentos* pode ser absoluta ou relativa, e ambos os casos, desde que de forma dolosa, têm o condão de tipificar o crime.

Prevê o Estatuto da Pessoa Idosa que a obrigação alimentar é solidária (art.12 do Estatuto da Pessoa Idosa), porém na esfera criminal, a responsabilização depende de **atuação específica** de cada agente, devendo a denúncia narrar o nexo causal e a conduta individualizada de cada autor. A mera circunstância de a pessoa ser responsável pelo caráter alimentar da pessoa idosa não é suficiente para condená-la pelo crime de maus-tratos. Nesse prisma, a 6º Turma do STJ decidiu que: "muito embora a assistência a pessoa idosa seja solidaria entre os filhos, isso não

14 Recurso Crime nº 71004014643, Turma Recursal Criminal, Turmas Recursais, Relator: Eduardo Ernesto Lucas Almada, Julgado em 17/12/2012.

15 TJ-RS – RC: 71003194842 RS, Relator: Luiz Antônio Alves Capra, Data de Julgamento: 29/08/2011, Turma Recursal Criminal, Data de Publicação: Diário da Justiça do dia 30/08/2011.

significa que a responsabilidade penal também deva ser. A denúncia deve conter o nexo causal e a participação de cada um para a ocorrência do crime"[16].

Outra forma de execução é *privar a pessoa idosa de cuidados indispensáveis*, o que significa privar dos cuidados mínimos necessários à preservação dos direitos fundamentais inerentes à pessoa humana, como o direito a saúde, física e mental, e o direito de liberdade. Por exemplo: o agente que deixa intencionalmente de fornecer a medicação prescrita pelo médico.

c) **sujeitar a pessoa idosa a trabalho excessivo ou inadequado:** *excessivo* é o trabalho desmedido, exagerado, demasiado, que vai muito além da capacidade física e mental da pessoa idosa, ou seja, aquele trabalho que ultrapassa o limite das forças da pessoa idosa, como, por exemplo, extensa carga horária de trabalho. Por outro lado, de acordo com Cezar Roberto Bitencourt, o *trabalho inadequado* é "o trabalho que não for compatível com as condições físico-orgânicas da vítima ou com suas aptidões pessoais e profissionais, de acordo com idade, sexo, compleição física etc."[17].

É de se ressaltar que se a pessoa idosa for exposto a perigo por uma causa diferente das três acima citadas, a conduta pode configurar o crime previsto no art. 132 do CP (perigo para a vida ou saúde de outrem). Greice Patrícia Fuller cita como exemplo o "caso de um agente induzir uma pessoa idosa a seguir por uma ponte que sabe não oferecer segurança, gerando a exposição a perigo, sem, contudo, não decorrer nenhuma das formas mencionadas no art. 99 do Estatuto"[18].

Para a tipicidade do crime de maus-tratos a pessoa idosa, é imprescindível a comprovação de que a conduta do agente tenha exposto a vida ou a saúde da pessoa idosa a um **risco concreto.** Não basta a mera probabilidade de dano. Assim, o tipo penal é classificado como crime de perigo concreto[19].

Figuras Qualificadoras

Os parágrafos 1º e 2º do art. 99 do Estatuto da Pessoa Idosa elencam as qualificadoras para o crime de maus-tratos a pessoa idosa .

De acordo com o § 1º, *se do fato resulta lesão corporal de natureza grave*, a pena passa a ser de reclusão de 1 (um) a 4 (quatro) anos. Já nos termos do § 2º, *se resulta a morte*, a pena será de reclusão de 4 (quatro) a 12 (doze) anos.

As qualificadoras são aplicadas quando a lesão corporal grave ou morte decorram de culpa. Trata-se de tipo preterdoloso, ou seja, quando a conduta dolosa produz um resultado mais grave do que o desejado pelo agente (dolo no antecedente + culpa no consequente). O agente pratica a conduta com dolo de maus-tratos e o resultado agravador (lesão corporal grave ou morte) ocorre a título de culpa.

VOLUNTARIEDADE

Quanto à voluntariedade, exige-se o dolo para as condutas descritas no tipo fundamental (*caput do artigo*).

16 HC 200.260/MG, Rel. Ministro OG FERNANDES, Sexta Turma, julgado em 28/02/2012, DJe 28/05/2012.

17 BITENCOURT, Cezar Roberto. **Tratado de Direito Penal.** Parte Geral. Vol. 1. São Paulo: Saraiva, 2007, p. 269.

18 FULLER, Greice Patrícia. **Comentários ao Estatuto do Idoso.** São Paulo: Saraiva, 2016. p. 335.

19 *Crime de perigo:* é aquele que se aperfeiçoa com a mera probabilidade de dano, ou seja, a consumação ocorrerá com a simples criação de perigo. Estes são divididos em: *1) Crime de perigo presumido ou abstrato:* aquele em que basta a prática da conduta para sua configuração, ou seja, não é exigida a comprovação do perigo. Desse modo, a prática da conduta causa uma presunção absoluta de perigo; *2) Crime de perigo concreto:* é aquele em que, para sua configuração, exige-se a comprovação do perigo.

O agente deve agir com a consciência e vontade de maltratar a vítima, nas situações específicas descritas no artigo 99 do Estatuto – submeter a condições desumanas ou degradantes; privar dos alimentos e cuidados indispensáveis; sujeitar a trabalho excessivo ou inadequado.

Dessa forma, imaginemos a hipótese em que o agente, após uma discussão com o idoso, passa a desferir-lhe chutes e socos, resultando em lesões corporais na vítima. Entendemos que o agente deve responder pelo crime de lesões corporais do CP e não de maus-tratos do Estatuto, pois a conduta do autor não tinha o dolo de maltratar a vítima nas condições específicas da lei.

A propósito, decidiu nesse sentido o TJDF ao analisar um pedido de conflito negativo de jurisdição: "A conduta descrita no art. 99, do Estatuto do Idoso, consiste em expor a perigo a saúde e a integridade física ou psíquica de idoso mediante sua submissão a condições desumanas ou degradantes, privando dos alimentos e cuidados necessários ou sujeitando-o a trabalho excessivo ou inadequado. 2. Se os autos narram apenas um ato momentâneo e isolado de agressão física, em que o enteado, chamado à responsabilidade pelo padrasto idoso, reagiu desferindo-lhe chutes e socos, causando-lhe lesões corporais, o fato se subsume ao tipo penal do art. 129, § 9º, do CP."[20]

As qualificadoras (§§ 1º e 2º do art. 99), por sua vez, são preterdolosas, isto é, o agente atua com dolo na conduta antecedente (maus-tratos) e culpa quanto ao resultado agravador (lesão corporal grave ou morte).

Se o agente, desde o início de sua conduta, tem por finalidade lesionar gravemente a vítima, ele responde pelo crime de lesão corporal grave (art. 129, § 2º, do CP) e não pelo crime de maus-tratos contra pessoa idosa , que fica absorvido. Da mesma forma, se o dolo do agente é de *animus necandi*, ou seja, atua com vontade de matar a vítima, ele responde pelo crime de homicídio.

Por outro lado, se da conduta de maus-tratos resulta lesão corporal leve (art. 129, *caput*, do CP), o agente responde tão somente pelo crime do art. 99 do Estatuto, restando absorvida a lesão corporal leve.

PRIORIDADE NA CONFECÇÃO DO EXAME DE CORPO DE DELITO

A Lei nº 13.721/2018, no intuito de dar maior celeridade à elucidação de alguns crimes, acrescentou parágrafo único ao art. 158 do CPP[21]. O diploma normativo conferiu prioridade à realização do exame de corpo de delito, quando o crime envolva violência doméstica e familiar contra a mulher ou praticado mediante violência, tendo como vítimas criança, adolescente, pessoa idosa ou pessoa com deficiência. Nestes termos, nos casos em que a violência for exercida contra a pessoa idosa, e deixar vestígios materiais, deverá ser dada prioridade à realização do exame de corpo de delito.

CONSUMAÇÃO E TENTATIVA

Na primeira figura – *submeter a condições desumanas ou degradantes* – o crime se consuma no momento da submissão da pessoa idosa a condição desumana ou degradante. É possível a tentativa.

20 TJ-DF – CCR: 20150020266362, Relator: JESUINO RISSATO, Data de Julgamento: 14/12/2015, Câmara Criminal, Data de Publicação: Publicado no DJE: 16/12/2015. Pág.: 84.

21 Art.158.Quando a infração deixar vestígios, será indispensável o exame de corpo de delito, direto ou indireto, não podendo supri-lo a confissão do acusado. *Parágrafo único. Dar-se-á prioridade à realização do exame de corpo de delito quando se tratar de crime que envolva: (Incluído dada pela Lei nº 13.721, de 2018). I - violência doméstica e familiar contra mulher; (Incluído dada pela Lei nº 13.721, de 2018) II - violência contra criança, adolescente, idoso ou pessoa com deficiência. (Incluído dada pela Lei nº 13.721, de 2018).*

Em relação à segunda figura – *privar a pessoa idosa de alimentos e cuidados indispensáveis* – considerando que se trata de modalidade omissiva, a consumação ocorre no exato momento da omissão do agente em fornecer os alimentos ou prestar os cuidados indispensáveis a pessoa. Não se admite tentativa, por ser tratar de crime omissivo próprio. Oportuno destacar que tanto a conduta de privar de alimentos quanto a de não prover os cuidados indispensáveis são permanentes, logo, a consumação se protrai durante todo o tempo em que se perdura a negativa em fornecer os alimentos ou de prestar os cuidados necessários.

Quanto à terceira figura – *sujeitar a pessoa idosa a trabalho excessivo ou inadequado* –, estará consumada quando o agente impõe o trabalho excessivo ou inadequado a pessoa idosa. É admissível a tentativa.

O art. 99 do Estatuto da Pessoa Idosa cuida de **tipo misto alternativo;** assim, independe se o sujeito pratica uma única conduta ou mais de uma, ele responderá por um único delito, desde que sejam praticadas no mesmo contexto fático. Portanto, o agente que privar a pessoa idosa de alimentos e sujeitá-lo a condição degradante, desde que no mesmo contexto fático, responde por crime único.

No que se refere às formas qualificadas (art. 99, §§ 1º e 2º, do Estatuto da Pessoa Idosa), a consumação ocorre com a lesão corporal grave ou morte do sujeito passivo. É impossível a tentativa, uma vez que o resultado agravador deriva de culpa e, portanto, não é desejado.

OUTROS CRIMES

Art. 100. Constitui crime punível com reclusão de 6 (seis) meses a 1 (um) ano e multa:

I – obstar o acesso de alguém a qualquer cargo público por motivo de idade;

II – negar a alguém, por motivo de idade, emprego ou trabalho;

III – recusar, retardar ou dificultar atendimento ou deixar de prestar assistência *à* saúde, sem justa causa, a pessoa idosa;

IV – deixar de cumprir, retardar ou frustrar, sem justo motivo, a execução de ordem judicial expedida na ação civil a que alude esta Lei;

V – recusar, retardar ou omitir dados técnicos indispensáveis *à* propositura da ação civil objeto desta Lei, quando requisitados pelo Ministério Público.

BEM JURÍDICO TUTELADO

Trata-se de crime múltiplo, com condutas autônomas, as quais tutelam bens jurídicos diversos, que, no entanto, buscam a proteção dos diretos das pessoas idosas.

Na figura do inciso I, temos como bem jurídico tutelado a *dignidade da pessoa idosa* no que se refere à possibilidade de a pessoa idosa trabalhar na Administração Pública. Quer-se evitar a discriminação de acesso a cargos públicos em razão da idade da pessoa.

No inciso II tutela-se o *direito ao trabalho perante a iniciativa privada*, também por motivo de idade.

No inciso III tutela-se o *direito à saúde da pessoa idosa.*

No inciso IV é tutelada a *Administração da Justiça*, no que diz respeito à obediência das decisões judiciais relacionadas aos direitos das pessoas idosas.

Por fim, no inciso V, o bem jurídico tutelado é a *administração da justiça*, relativa ao poder requisitório do Ministério Público.

SUJEITOS DO CRIME

Na primeira figura (inc. I), entendemos que se trata de crime próprio, pois somente a pessoa com autoridade para impedir o acesso ao cargo público pode ser **sujeito ativo**. Oportuno esclarecer que qualquer pessoa pode responder pelo crime do inc. I do art.100 do Estatuto, desde que atue em concurso de agentes com a pessoa que detém de autoridade para impedir o acesso ao cargo público.

Na segunda figura (inc. II), é **sujeito ativo** somente o agente com capacidade de obstar o acesso a determinado emprego ou cargo. Exemplo: o gerente da empresa com a função de efetuar a contratação de pessoas. Cuida-se, portanto, de crime próprio, já que exige uma qualidade especial do sujeito ativo. Assim como no inc. I, apesar de se tratar de crime próprio, qualquer pessoa pode responder pelo delito, desde que em concurso de agentes com a pessoa capaz de obstar o acesso a determinado cargo ou emprego.

Na terceira figura (inc. III), o **sujeito ativo** é a pessoa com condições de prestar assistência à saúde de pessoa idosa. Trata-se de crime comum, posto que qualquer pessoa pode prestar assistência à saúde da pessoa idosa , como, por exemplo, prestar os primeiros socorros a pessoa idosa ferida. Logo, é desnecessário que seja um agente ligado à área da saúde, como médicos e enfermeiros.

Na quarta figura (inc. IV), o **sujeito ativo** é o agente com incumbência de cumprir a ordem judicial.

Na quinta figura (inc. V), o **sujeito ativo** pode ser qualquer pessoa destinatária das informações requisitas pelo Ministério Público.

O **sujeito passivo**, presente nas figuras dos incisos I, II e III, é o idoso.

Quanto às condutas descritas nos incisos IV e V, figuram como **sujeito passivo** a pessoa idosa, e, secundariamente, o Estado.

CONDUTAS

O tipo penal, previsto no art. 100 do Estatuto da Pessoa Idosa, é exceção à regra adotada pelo legislador brasileiro, pois prevê no *caput* a pena a ser aplicada, definindo as condutas em 5 incisos.

Concordamos com Guilherme Nucci, ao apontar que "a construção do tipo penal é imprópria, iniciando-se com a expressão "constitui crime" para, depois, no mesmo preceito, indicar a pena aplicável, e, por fim, nos incisos, estabelecer as condutas puníveis"[22].

As condutas previstas nos cinco incisos do tipo penal são independentes, no entanto, possuem a mesma pena: reclusão, de 6 (seis) meses a 1 (um) ano, e multa.

São condutas tipificadas no art. 100 do Estatuto:

I – obstar o acesso de alguém a qualquer cargo público por motivo de idade: obstar significa criar dificuldade, obstáculos para que a pessoa idosa ocupe cargo público em razão da sua idade, ou seja, pune-se a obstrução da pessoa idosa ao cargo público em razão de sua idade. A expressão "por motivo de idade" constitui elemento normativo do tipo. A despeito do tipo penal não delimitar qual é a idade, deve-se adotar a idade de 60 anos, uma vez que os crimes constantes na Lei nº10.741/03 visam a proteção dos direitos da pessoa idosa (art. 1º do Estatuto).

Limitação da idade em concurso público: É firme o entendimento do Supremo Tribunal Federal, ao expressar que é legal a limitação de idade para participar de certames públicos, desde que haja anterior *previsão legal e que a exigência seja razoável diante das atribuições do cargo público a ser preenchido.* Nesse sentido dispõe a súmula 683 do STF[23], cujo conteúdo foi reafirmado em sede de repercussão geral no Recurso Extraordinário 678112 RG, relator

---

22 NUCCI, Guilherme de Souza. **Leis Penais e Processuais Penais Comentadas.** São Paulo: RT, 2015, p. 489.

23 *Súmula 683, STF: O limite de idade para a inscrição em concurso público só se legitima em face do art. 7º, XXX, da Constituição, quando possa ser justificado pela natureza das atribuições do cargo a ser preenchido.*

ministro Luiz Fux[24] e no RE 943837, sob a relatoria do ministro Roberto Barroso. A 5ª turma do STF, em 16.12.2016, voltou a reafirmar a mesma posição, inclusive quanto à necessidade de comprovação da idade no ato de inscrição.

Assim, a conduta de obstruir o acesso da pessoa idosa ao cargo público somente constitui o crime em comento se tiver como finalidade a discriminação de pessoas exclusivamente pela sua idade. Havendo outros critérios de negação, desde que justificáveis, exclui-se o crime previsto no art. 100, I, do Estatuto.

Na hipótese de a pessoa idosa ser impedida de assumir o cargo público da Administração Direta ou Indireta, bem como das concessionárias de serviços públicos, ou ainda obstar a promoção funcional, por motivo de sua raça, cor, etnia, religião ou procedência nacional, o crime é o previsto no art. 3º da Lei 7.716/89, que define os crimes decorrentes de racismo, preconceito e discriminação racial[25].

II – negar a alguém, por motivo de idade, emprego ou trabalho: a conduta típica é similar à prevista no inciso I do mesmo artigo, com a distinção de que se pretende evitar a discriminação da pessoa idosa ao acesso a emprego ou trabalho na esfera da iniciativa privada. O tipo penal pune a negativa (recusa) de emprego a pessoa idosa, com capacidade de exercê-lo, devido a sua idade.

Da mesma forma que no inciso I, a expressão "por motivo de idade" constitui elemento normativo do tipo. Incumbe ao juiz verificar se a recusa foi fundamentada na idade da pessoa. Porém, se for fundada em motivo diverso da idade, não caracteriza o crime disposto no art. 100, II, do Estatuto.

Conforme Guilherme Nucci, emprego ou trabalho são termos correlatos, "significativos de atividade remunerada mediante contraprestação de serviço"[26].

É abarcada pelo tipo penal qualquer forma de emprego na iniciativa privada, inclusive as vagas em fundações e empresas públicas cujas atribuições não sejam voltadas ao servidor concursado.

Na hipótese de a pessoa idosa ser impedida de assumir o emprego ou trabalho na iniciativa privada, não pela sua idade, mas em razão de sua raça, cor, etnia, religião ou procedência nacional, o crime será o previsto no art. 4º da Lei 7.716/89, que define os crimes decorrentes de racismo, preconceito e discriminação racial[27].

É preciso que a pessoa idosa tenha capacidade para o exercício das funções do emprego ou trabalho, pois se ficar comprovado que ele, em razão de sua idade avançada, não possui condições para exercer a função, o crime está excluído.

---

24 *Recurso Extraordinário com Agravo. Constitucional e Administrativo. Concurso Público. Limitação de idade fixada em edital. Policial Civil. Art. 7º, XXX, da Constituição Federal. Agravo conhecido para negar provimento ao Recurso Extraordinário. Repercussão Geral reconhecida. Reafirmação de Jurisprudência. (ARE 678112 RG, Relator(a): Min. LUIZ FUX, julgado em 25/04/2013, ACÓRDÃO ELETRÔNICO REPERCUSSÃO GERAL – MÉRITO DJe-093 DIVULG 16-05-2013 PUBLIC 17-05-2013).*

25 Art. 3º Impedir ou obstar o acesso de alguém, devidamente habilitado, a qualquer cargo da Administração Direta ou Indireta, bem como das concessionárias de serviços públicos. Parágrafo único. Incorre na mesma pena quem, por motivo de discriminação de raça, cor, etnia, religião ou procedência nacional, obstar a promoção funcional. Pena: reclusão de dois a cinco anos.

26 NUCCI, Guilherme de Souza. **Leis Penais e Processuais Penais Comentadas**. São Paulo: RT, 2015, p. 490.

27 Art. 4º Negar ou obstar emprego em empresa privada. 1º Incorre na mesma pena quem, por motivo de discriminação de raça ou de cor ou práticas resultantes do preconceito de descendência ou origem nacional ou *étnica:* I – deixar de conceder os equipamentos necessários ao empregado em igualdade de condições com os demais trabalhadores; II – impedir a ascensão funcional do empregado ou obstar outra forma de benefício profissional; III – proporcionar ao empregado tratamento diferenciado no ambiente de trabalho, especialmente quanto ao salário. § 2º Ficará sujeito *às* penas de multa e de prestação de serviços *à* comunidade, incluindo atividades de promoção da igualdade racial, quem, em anúncios ou qualquer outra forma de recrutamento de trabalhadores, exigir aspectos de aparência próprios de raça ou etnia para emprego cujas atividades não justifiquem essas exigências. Pena: reclusão de dois a cinco anos.

III – recusar, retardar ou dificultar atendimento ou deixar de prestar assistência à saúde, sem justa causa, a pessoa idosa: O tipo penal pune a conduta do agente que *recusar* (não aceitar, negar, não conceder), *retardar* (diferir, demorar), *dificultar* (atrapalhar) atendimento ou *deixar de prestar assistência* (não conceder auxílio) à saúde, sem justa causa (sem motivo justificável) a pessoa idosa. Concordamos com Roberto Freitas Júnior no sentido de que "a menção à conduta de retardar o atendimento é desnecessária, pois tal ação equivale à criação de dificuldades no atendimento"[28].

O art. 100, II, do Estatuto trata-se de tipo misto alternativo; por conseguinte, o sujeito que pratica mais de uma conduta descrita no tipo, desde que praticadas no mesmo contexto fático, responde por **um único crime**.

A expressão "sem justa causa" prevista no tipo é o **elemento normativo do tipo**, tendo em vista a necessidade de um juízo de valoração diante do caso concreto. Se o juiz entender que ocorreu a justa causa, a conduta é atípica.

IV – deixar de cumprir, retardar ou frustrar, sem justo motivo, a execução de ordem judicial expedida na ação civil a que alude esta Lei: o comando normativo pune a conduta daquele que *deixa de cumprir* (desatende), *retarda* (demora, atrasa) *ou frustra* (torna inútil) a execução (cumprimento) de ordem judicial (decisão emanada por um juiz de direito) em ação civil prevista no Estatuto da Pessoa Idosa.

Para a tipicidade da conduta do agente, é necessário que o descumprimento, o protelamento ou a frustração do cumprimento do comando judicial ocorra **sem justo motivo,** que se caracteriza como **elemento normativo do tipo**. Cabe ao magistrado, diante do caso concreto, analisar se as condutas de descumprir, retardar ou frustrar ocorreram sem justo motivo.

A expressão "ação civil" abrange todas as ações que digam respeito aos interesses da pessoa idosa de caráter difuso, coletivo e individual indisponível ou homogêneo.

V – recusar, retardar ou omitir dados técnicos indispensáveis à propositura da ação civil objeto desta Lei, quando requisitados pelo Ministério Público: Para dar efetividade à atuação do Ministério Público na defesa dos direitos difusos e coletivos, é imperioso o acesso a documentos e informações. Assim, o legislador dotou o órgão ministerial de autonomia para requisitá-los.

O ato de requisitar encontra-se consubstanciado, por exemplo, na Lei Orgânica Nacional do MP (Lei nº 8.625/1.993, artigo 26, I, b e II), na Lei de Organização do MP da União (Lei Complementar nº 75/1.993, artigo 8º, II e IV), na Lei de Ação Civil Pública (Lei nº 7.347/1.985, artigo 8º, parágrafo 1º) e no Estatuto da Pessoa Idosa (Lei nº 10.741/03, art. 74, V, "b" e "c").

O dispositivo pune aquele que *recusar* (não aceitar, negar, não conceder), *retardar* (diferir, demorar) ou *omitir* (não mencionar, deixar de dizer ou de fazer) dados técnicos (resultantes da atividade especializada, de conhecimento artístico ou científico) indispensáveis à propositura da ação civil objeto desta lei, quando requisitados.

Para a configuração do crime é necessário que se trate de uma ordem, e não de mero pedido ou solicitação e que essa determinação seja dirigida a quem tem o dever de responder. Ademais, o objeto da determinação deve ser **dados técnicos**. Por dados técnicos entende-se qualquer informação dependente de conhecimento ou trabalho específico, que seja peculiar, ou de determinado ofício ou profissão, como, por exemplo, o prontuário médico da pessoa idosa.

O expedidor da requisição há de ser membro do Ministério Público dotado de atribuições para o ato. Caso contrário, o desatendimento à requisição não enseja a prática do crime previsto no art. 100, V, da Lei nº 10.741/03.

---

28 FREITAS JÚNIOR, Roberto Mendes de. **Direitos e Garantias do Idoso.** São Paulo: Atlas, 2015, p. 249.

Oportuno salientar que o art. 10 da Lei de Ação Civil Pública[29] elenca um crime cuja redação é semelhante ao do inciso V do art. 100 do Estatuto. Inobstante a aplicação subsidiária da Lei de Ação Civil Pública ao Estatuto da Pessoa Idosa , conforme previsto no seu art. 93, é de se aplicar o art. 100, V, em razão do princípio da especialidade, pois este possui todos os elementos do art. 10 da LACP e mais o especializante, consistente na previsão de que a ação civil pública deve possuir como objeto a defesa dos direitos da pessoa idosa.

VOLUNTARIEDADE

Quanto à voluntariedade, exige-se o dolo para as condutas descritas nos incisos I, II, III, IV e V do art. 100 do Estatuto da Pessoa Idosa , ou seja, vontade livre e consciente de praticar as condutas típicas descritas.

Nos incisos I e II, há o elemento subjetivo específico do tipo consistente na expressão *por motivo de idade*. Assim, o agente tem a finalidade específica de discriminar pessoas exclusivamente pelo fator da idade da vítima idosa.

No inciso V, concordamos com o posicionamento de Guilherme Nucci de que "há elemento subjetivo específico implícito consistente na vontade de desobedecer, pois nem sempre a recusa, o retardo e a omissão, em si mesmas, representam o intuito de frustrar direito da pessoa idosa ou implicam em menosprezar exigência legal.[30]"

Esse elemento especial torna-se particularmente importante, já que não se inseriu no tipo nenhuma expressão indicativa da ilicitude, como "sem justa causa" ou "sem motivo", como se fez em incisos anteriores. Não há forma culposa.

CONSUMAÇÃO E TENTATIVA

No inciso I, a consumação se dá com a efetiva obstrução ou impedimento de acesso ao cargo público. O acesso posterior ao cargo público mediante decisão judicial não interfere na configuração do crime, haja vista que o delito já estará consumado no instante em que o agente obsta o acesso ao cargo. A tentativa é admitida quando o agente pratica conduta apta a impedir o acesso ao cargo, mas, por circunstâncias alheias a sua vontade, não obtém êxito.

No inciso II, a consumação ocorre com a negativa do emprego ou trabalho. O acesso posterior ao emprego ou trabalho, por força de decisão judicial, não interfere na configuração do crime, haja vista que o delito já estará consumado no instante em que há a negativa do emprego ou trabalho. A tentativa não é admitida.

Por sua vez, na figura descrita no inciso III, o crime se consuma com a recusa, retardamento, atrapalho ou com a omissão à assistência da vítima idosa. Se várias pessoas negam a assistência à vítima, todas respondem pelo delito. Porém, se uma delas presta a devida assistência, as demais não respondem pelo delito, posto que o cumprimento por parte de uma delas desobriga as outras. A tentativa é possível, salvo nas condutas omissivas.

No inciso IV, na primeira figura (deixar de cumprir a ordem judicial) o crime se consuma no momento da omissão, isto é, quando o sujeito ativo decide deixar de cumprir a decisão judicial. Não admite a tentativa por se tratar de crime omissivo. Por sua vez, na segunda figura (retardar ou frustrar a execução da ordem judicial), a consumação ocorre quando *atrasa ou torna inútil o cumprimento da ordem judicial.* É admitida a tentativa, com exceção das condutas omissivas.

---

29 Art. 10. Constitui crime, punido com pena de reclusão de 1 (um) a 3 (três) anos, mais multa de 10 (dez) a 1.000 (mil) Obrigações Reajustáveis do Tesouro Nacional – ORTN, a recusa, o retardamento ou a omissão de dados técnicos indispensáveis à propositura da ação civil, quando requisitados pelo Ministério Público.

30 NUCCI, Guilherme de Souza. **Leis Penais e Processuais Penais Comentadas**. São Paulo: RT, 2015, p. 487.

No inciso V, nas modalidades *recusar* e *omitir*, a consumação ocorre no instante da negativa e da omissão em fornecer os dados técnicos. Por se tratar de condutas negativas, não é possível a tentativa. Já na modalidade retardar, a consumação se dá no momento em que o agente opta em *postergar* o fornecimento dos dados técnicos requisitados. Nessa modalidade, é possível a tentativa. Por exemplo: o agente decide protelar o envio dos dados técnicos, mas outra pessoa os entrega ao Ministério Público.

DESOBEDIÊNCIA DE ORDEM LEGAL PROFERIDA EM AÇÃO ENVOLVENDO PESSOA IDOSA

Art. 101. Deixar de cumprir, retardar ou frustrar, sem justo motivo, a execução de ordem judicial expedida nas ações em que for parte ou interveniente a pessoa idosa:

Pena – detenção de 6 (seis) meses a 1 (um) ano e multa.

BEM JURÍDICO TUTELADO

Tutela-se a administração da Justiça, notadamente, o cumprimento das ordens judiciais em que a pessoa idosa for parte ou interveniente.

Especialidade

O crime de desobediência a ordem judicial, descrito no art. 101 da Lei nº 10.741/03, é norma especial em relação à regra do art. 330 do Código Penal, posto que se busca a proteção de bem jurídico específico, traduzido na administração da Justiça relativa a cumprimento de ordens judiciais cuja pessoa idosa é parte ou interveniente.

SUJEITOS DO CRIME

Trata-se de crime próprio, pois somente pode ser **sujeito ativo** a pessoa destinatária ou responsável pelo cumprimento da ordem judicial.

O **sujeito passivo** imediato é o Estado, haja vista o descumprimento de uma ordem judicial, ofendendo, assim, a administração da Justiça. O *sujeito passivo mediato* é a pessoa idosa que foi prejudicada pela conduta do sujeito ativo.

CONDUTAS

As condutas típicas são: deixar de cumprir (descumprir, não obedecer, desatender), retardar (procrastinar, atrasar, causar embaraço) ou frustrar (falhar, tornar inútil), sem justo motivo, a execução de ordem judicial cuja ação tenha como parte (polo ativo ou passivo) ou interveniente pessoa idosa (idade igual ou superior a 60 (sessenta) anos).

É necessário que o comando judicial expeça uma ordem (determinação). *Ordem judicial* é a expedida pela autoridade judicial. O descumprimento, ainda que sem justo motivo, de solicitações ou pedidos é insuficiente para tipificar o crime. Além disso, a ordem tem que ser dada na atividade judicante do magistrado.

Anota-se que não importa a natureza da ação, civil ou criminal, em que ocorreu o descumprimento para a caracterização do crime em comento. Contudo, concordamos com o posicionamento de Paulo Rogério Bonini no sentido de que a ordem judicial "deve ter sido tomada com o objetivo de tutelar a pessoa idosa como tal, sob pena de criminalizar todo e qualquer descumprimento de obrigação civil que tenha como sujeito ativo a pessoa idosa"[31].

31 BONINI, Paulo Rogério; **Leis Penais Especiais Anotadas,** obra coletiva, São Paulo: Millennium, 2011, p. 681.

Dessa forma, entendemos que não caracteriza o crime previsto no art. 101 do Estatuto, por exemplo, a conduta daquele que se recusa a pagar o valor determinado na sentença judicial pela reparação de danos materiais sofridos pela pessoa idosa , decorrentes de acidente de trânsito. Não se pode permitir a criminalização de todos os ilícitos processuais civis, sob pena de afastar a aplicação dos princípios da fragmentariedade e da intervenção mínima.

Vale destacar que apesar de constar a expressão "execução de ordem judicial" na redação do tipo penal do art. 101 do Estatuto, não é necessário que a ordem judicial tenha sido expedida em processo de execução, bastando que seja fruto de atividade típica do magistrado.

Questão controvertida é referente à necessidade de a ordem ser proferida por juiz competente. Sobre essa questão, o art. 101 do Estatuto, diferentemente do art. 330 do CP, não exige que a ordem seja legal. Além disso, vigora o princípio da prioridade absoluta para a efetivação dos direitos das pessoas idosas (art.3º do Estatuto). Ademais, oportuno rememorar que o legislador adotou o procedimento da Lei nº 9.099/95 para o trâmite dos crimes contra as pessoas idosas cuja pena máxima não ultrapasse 4 anos (art.94 do estatuto), o qual tem como princípios orientadores a celeridade e a informalidade.

Nesse quadrante, não nos parece razoável deixar de tutelar o direito da pessoa idosa enquanto se discutem questões processuais relativas à competência do juízo.

Entendemos, portanto, que é suficiente que a ordem tenha sido proferida por um juiz de direito em sua atuação judicante. No mesmo sentido é a posição de Paulo Sérgio Duarte da Rocha Júnior: "Considerando a objetividade jurídica da norma e que ela almeja proteger a eficácia e a eficiência dos processos judiciais envolvendo pessoas idosas, os quais demandam, como regra, uma maior celeridade (daí as normas dos arts. 69 a 71 da Lei nº 10.741/03), pode-se entender que, desde que a ordem provenha de um juiz regularmente investido no cargo, haverá crime se ela for descumprida, retardada ou frustrada, ainda que tenha sido proferida por Magistrado incompetente".[32]

O comando judicial tem que ser dirigido a uma pessoa individualizada, isto é, diretamente a alguém. Nesse caso, o agente tem ciência e condições de cumprir a ordem judicial, mas deixa de cumpri-la, sem justo motivo.

A expressão *sem justo motivo* é o elemento normativo do tipo, competindo ao magistrado avaliar se o descumprimento, a demora ou a frustração ocorreram de forma injustificada. Em havendo fundado motivo para o desatendimento da ordem judicial, não há o crime previsto no art. 101 do Estatuto.

Distinção entre o delito disposto no art. 101 e no art. 100, IV, ambos do Estatuto.

O tipo penal em estudo se assemelha ao descrito no art. 100, IV, do Estatuto, com a diferença que este diz respeito a ação civil pública prevista no Estatuto (arts. 78 a 92, Lei nº 10.741/03), proposta pelo Ministério Público ou outro legitimado. Já o art. 101 cuida de ação proposta pela pessoa idosa ou contra ele, ou ainda que ele seja interveniente.

Além disso, os delitos diferem quanto à modalidade da pena privativa de liberdade, ou seja, a pena prevista no art. 100, IV, é de **detenção** de 6 (seis) meses a 1 (um) ano, enquanto a pena do art. 101 é de **reclusão** de 6 (seis) meses a 1 (um) ano.

Na hipótese de a ordem judicial ter sido proferida em ação civil pública cujo objeto seja a discussão de direitos de pessoa portadora de deficiência, ainda que idosa, o seu desatendimento tipifica o crime do art. 8º, V, da Lei de Proteção às Pessoas Portadoras de Deficiência (Lei nº 7.853/89)[33].

---

32 ROCHA JÚNIOR, Paulo Sérgio Duarte da. Comentários aos arts. 87 a 89 da Lei 10.741/2003. In: PINHEIRO, Naide Maria. (Org.). **Estatuto do Idoso Comentado.** 2 ed. Campinas: Servanda Editora, 2007, p. 627.

33 Art. 8º Constitui crime punível com reclusão de 2 (dois) a 5 (cinco) anos e multa: (...), V – deixar de cumprir, retardar ou frustrar execução de ordem judicial expedida na ação civil a que alude esta Lei.

VOLUNTARIEDADE

Quanto à voluntariedade, exige-se o dolo. O não cumprimento da ordem judicial derivado da culpa não constitui crime, mas mero ilícito processual, sujeitando às sanções previstas na legislação civil.

Inexiste elemento subjetivo especial, sendo irrelevante a motivação do agente.

Na hipótese de o agente, na dúvida, deixar de cumprir, retardar ou frustrar a execução de ordem judicial, caracteriza-se o dolo eventual, que é suficiente para a responsabilização.

Não se admite a forma culposa.

CONSUMAÇÃO E TENTATIVA

O crime se consuma no momento em que o agente efetivamente descumpre, retarda ou frustra a execução da ordem judicial. Trata-se de crime formal, logo, não se exige o efetivo prejuízo da vítima para sua consumação.

A modalidade descumprir ordem judicial é omissiva e, portanto, ocorre com a expiração do prazo dado para o cumprimento da ordem judicial.

A ordem judicial deve dispor de forma clara o prazo para o seu cumprimento. Saliente-se que, havendo prazo fixado na lei para o cumprimento da decisão judicial, este deve ser considerado para a análise de descumprimento da ordem judicial.

Na modalidade *descumprir* não é possível a tentativa, pois cuida-se de crime omissivo próprio. Nas modalidades *retardar* ou *frustrar*, em tese, admite-se a tentativa quando praticada por meio de uma conduta positiva.

APROPRIAÇÃO INDÉBITA

Art. 102. Apropriar-se de ou desviar bens, proventos, pensão ou qualquer outro rendimento da pessoa idosa , dando-lhes aplicação diversa da de sua finalidade:

Pena – reclusão de 1 (um) a 4 (quatro) anos e multa.

BEM JURÍDICO TUTELADO

O bem jurídico protegido é o patrimônio da pessoa idosa. Busca-se tutelar a inviolabilidade dos bens, proventos, pensão ou qualquer outro rendimento da pessoa idosa.

SUJEITOS DO CRIME

O crime é comum, podendo ser *sujeito ativo* qualquer pessoa. Freitas Júnior aponta que não é necessária "uma condição especial do agente, tampouco relação de amizade, confiança ou parentesco com o idoso"[34].

Sujeito passivo é a pessoa idosa, titular do direito patrimonial atingido pela conduta do sujeito ativo.

CONDUTAS

O art. 102 do Estatuto da Pessoa Idosa constitui modalidade **específica de apropriação indébita**, criminalizando a conduta do agente que se apropriar de ou desviar bens, proventos, pensão ou qualquer outro rendimento da pessoa idosa, dando-lhes aplicação diversa da de sua finalidade.

34 FREITAS JÚNIOR, Roberto Mendes de. **Direitos e Garantias do Idoso.** São Paulo: Atlas, 2015, p. 249.

O primeiro núcleo do tipo é *apropriar-se*. De acordo com Cezar Roberto Bitencourt, apropriar-se "é tomar para si, isto é, inverter a natureza da posse, passando a agir como se dono fosse da coisa alheia de quem tem a posse ou detenção"[35]. O agente, portanto, inverte seu ânimo após o recebimento do bem, passando a agir com o *animus* de assenhoreamento definitivo. Exemplo: o locatário que procura vender o imóvel locado sem a permissão do proprietário idoso. Neste caso, o locatário passa a ostentar a condição de proprietário do bem.

Por outro lado, o segundo núcleo do tipo é o *desviar*, que significa empregar finalidade diversa da originária ao bem, provento, pensão ou qualquer outro rendimento da pessoa idosa. Há uma alteração no destino originário do objeto material do delito, como, por exemplo, o agente que realiza saques da conta-corrente da vítima idosa, deixando de comprar os alimentos solicitados para adquirir, com o valor, ingresso para show musical.

Paulo Rogério Bonini lembra que *"se o não uso ou desvio dos bens não teve por finalidade a alteração da finalidade dos bens, não há crime. Por exemplo, se se usa o dinheiro destinado ao pagamento do plano de saúde para pagamento de medicamento necessário, não há o crime, pois a finalidade prover a saúde não foi alterada"*[36].

Note-se que o ponto comum dos núcleos do tipo penal (*apropriar-se de* e *desviar*) é a utilização, por parte do sujeito ativo dos valores monetários, para proveito próprio ou de terceiros e não em benefício da pessoa idosa.

São objetos materiais do delito: a) Bens: objetos ou coisas com valores econômicos; b) Proventos: é a retribuição pecuniária paga ao ocupante de cargo público quando passa da atividade para a inatividade, isto é, se aposenta; c) Pensão: valor pago a beneficiário de pessoa falecida ou a terceiro, ou ainda em razão de aposentadoria por incapacidade; d)Rendimentos: lucros e vantagens como alugueis e juros.

Questão controversa é a necessidade de o agente ter a posse ou detenção do objeto material do crime. Para Ricardo Andreucci, "Embora o dispositivo em comento não faça menção expressa, é necessário que o sujeito ativo tenha a posse ou detenção do bem, provento, pensão ou qualquer outra renda da pessoa idosa . Trata-se de modalidade especial de apropriação indébita inserida no Estatuto para a tutela específica do patrimônio da pessoa idosa. Caso o agente se aproprie ou desvie e não tenha posse ou detenção da remuneração ou renda da pessoa idosa, estará configurado outro ilícito penal contra o patrimônio (furto, estelionato, roubo, etc.)"[37]

Entendemos, no entanto, que na conduta *apropriar-se*, é necessária a posse ou detenção anterior do objeto material, pois o sujeito ativo só se apropria de bem ou valor do qual tem a posse ou detenção.

Por sua vez, é prescindível a posse ou detenção do bem no que se refere à conduta *desviar*, haja vista a possibilidade do sujeito ativo alterar a destinação do bem, mesmo ele não dispondo do bem. Exemplo: funcionário do banco que se utiliza do cartão magnético e da senha de saque da pessoa idosa para transferir o dinheiro da vítima para sua conta pessoal, beneficiando-se ilicitamente. Nesse sentido, decidiu o STJ que: *"Na hipótese, o autor do delito desviou bens da vítima. Para essa conduta, não há necessidade de prévia posse por parte do agente, restrita à hipótese de apropriação. Da mesma forma, é evidente que a transferência dos valores da conta bancária da vítima para conta pessoal do autor desviou os bens de sua finalidade"*.[38]

O **objeto material** do crime de apropriação indébita de bens da pessoa idosa, diferentemente do delito previsto no art. 168 do CP, não se restringe a coisa móvel, haja vista "a maior

---

35 BITENCOURT, Cezar Roberto. **Tratado de Direito Penal.** Parte Geral. Vol. 1. São Paulo: Saraiva, 2007, p. 199.

36 BONINI, Paulo Rogério; **Leis Penais Especiais Anotadas,** obra coletiva, São Paulo: Millennium, 2011, p. 681.

37 ANDREUCCI, Ricardo Antônio. **Legislação Penal Especial Esquematizada.** São Paulo: Saraiva, 2016, p. 410.

38 STJ – REsp 1.358.865-RS, Rel. Min. Sebastião Reis Júnior, julgado em 4/9/2014.

extensão da figura típica da apropriação, que não menciona somente coisa móvel, mas fala genericamente de bens, proventos, pensão ou qualquer outro rendimento e não exige que estejam eles na posse ou detenção do autor do crime"[39].

O crime de apropriação indébita, mencionado no art. 102 do Estatuto, distingue-se do crime de apropriação indébita previsto no art. 168 do CP. No delito do art. 102 do Estatuto, temos dois núcleos autônomos: *apropriar-se de* e *desviar*, ao passo que no crime do art. 168 do CP só há previsão de um núcleo consistente no verbo *apropriar*.

Além disso, no crime do art. 102 do Estatuto, o objeto material abarca tanto os bens móveis quanto os imóveis; já no art. 168 do CP, o objeto material restringe-se a bem móvel. De forma semelhante, na apropriação indébita do Estatuto, o sujeito passivo é necessariamente uma pessoa idosa, por sua vez, no art. 168 do CP podemos ter qualquer pessoa no polo passivo.

Por fim, não constam no tipo penal do crime de apropriação indébita do Estatuto as causas de aumento de pena previstas no art. 168 do Código Penal. Entendemos que a ausência de previsão das referidas causas de aumento no art. 102 do Estatuto foi um erro do legislador, como bem ilustra o professor Guilherme Nucci: "caso um advogado se aproprie do dinheiro de um cliente com mais de 60 anos, a pena será fixada entre 1 e 4 anos de reclusão e multa, mas sem o aumento da pena por crime praticado em razão de ofício, emprego ou profissão, pois é forma não prevista no Estatuto do Idoso"[40].

VOLUNTARIEDADE

Quanto à voluntariedade, exige-se o dolo específico consistente na vontade e consciência de apropriar-se de ou desviar bens, proventos, pensão ou qualquer outro rendimento do idoso, dando-lhes aplicação diversa da sua finalidade.

Não se admite a forma culposa.

CONSUMAÇÃO E TENTATIVA

Na modalidade apropriação, a consumação ocorre quando o agente, por ato voluntário, inverte o seu ânimo em relação ao bem, passando a se comportar como proprietário. Resta, portanto, caracterizada a consumação com a prática de algum ato de disposição do bem, como, por exemplo, a sua venda, troca ou doação.

A conduta do agente pode se dar por ação ou omissão, como, por exemplo, o agente que se recusa a devolver o bem ao seu proprietário.

A regra é que o crime seja instantâneo, isto é, consuma-se em um momento determinado, sem que perdure a consumação no tempo. Todavia, excepcionalmente, a depender da forma como é praticada a conduta descrita no tipo, pode se tratar de crime permanente. Nesse sentido, é a linha do STJ: *3. Embora a apropriação do imóvel tenha se dado no ano de 2001, houve nitidamente a prorrogação do momento consumativo, porquanto o Paciente poderia fazer cessar, a qualquer momento, a atividade delituosa e assim não o fez. Trata-se, portanto, de crime permanente, tendo em vista a natureza duradoura de sua consumação*[41]".

Na modalidade *desviar*, a consumação ocorre no momento em que o objeto material do delito é empregado com finalidade diversa da original.

---

39 Apelação Crime Nº 70017860990, Oitava Câmara Criminal, Tribunal de Justiça do RS, Relator: Marlene Landvoigt, Julgado em 07/02/2007.

40 NUCCI, Guilherme de Souza. **Leis Penais e Processuais Penais Comentadas**. São Paulo: RT, 2015, p. 497.

41 STJ – HC: 111120 DF 2008/0156982-7, Relator: Ministra LAURITA VAZ, Data de Julgamento: 02/12/2010, T5 – QUINTA TURMA, Data de Publicação: DJe 17/12/2010.

Anota-se que o ressarcimento do prejuízo ou a restituição do bem não desnatura o crime, podendo caracterizar arrependimento posterior (art. 16, CP), se anterior a denúncia, ou atenuante genérica (art. 66, CP), se posterior. Todavia, diante da redação determinada pelo Estatuto da Pessoa Idosa, no art. 183 do CP[42] é vedado o reconhecimento das imunidades descritas nos arts. 181[43] e 182[44] do CP.

Tratando-se de crime material, é possível a tentativa. A identificação da tentativa fica na dependência de se constatar a vontade ou intenção do agente em apropriar-se ou desviar o bem alheio, como, por exemplo, quando o sujeito ativo é surpreendido no momento em que inicia a digitação da senha do cartão da pessoa idosa para sacar certa quantia em dinheiro.

RECUSA DE ACOLHIMENTO OU PERMANÊNCIA DA PESSOA IDOSA

Art. 103. Negar o acolhimento ou a permanência da pessoa idosa, como abrigado, por recusa deste em outorgar procuração à entidade de atendimento:

Pena – detenção de 6 (seis) meses a 1 (um) ano e multa.

BEM JURÍDICO TUTELADO

O objeto jurídico é, preponderantemente, o direito da pessoa idosa à liberdade, ao respeito e à dignidade, como pessoa humana e sujeito de direitos civis, políticos, individuais e sociais. De forma secundária, tutela-se o patrimônio do idoso.

SUJEITOS DO CRIME

O **sujeito ativo** é a pessoa responsável pela entidade de abrigamento do idoso, que diante da recusa da pessoa idosa, impede o acolhimento ou a permanência da mesma. Assim, trata-se de crime próprio, pois exige uma qualificação especial do agente ativo, consistente em ser o responsável pela entidade de abrigamento depessoas idosasquem decide por acolher ou não a pessoa idosa.

No **polo passivo** temos como ofendido a pessoa idosa (art. 1º. do Estatuto da Pessoa Idosa).

CONDUTAS

O tipo penal prevê duas condutas: *a) negar o acolhimento:* significa rejeitar a possibilidade da pessoa idosa em se abrigar na entidade de atendimento; *b) negar a permanência:* não aceitar ou suspender a continuidade do acolhimento da pessoa idosa em entidade de atendimento.

Para tipificar a conduta descrita no art. 103 do Estatuto, a negativa do sujeito ativo deve ocorrer por um motivo específico consistente *na recusa da pessoa idosa em outorgar procuração à entidade de atendimento*. Qualquer outro motivo, como, por exemplo, a falta de vagas, não tem o condão de tipificar o crime do art. 103 do Estatuto.

---

42 Art. 183 – Não se aplica o disposto nos dois artigos anteriores: III – se o crime *é* praticado contra pessoa com idade igual ou superior a 60 (sessenta) anos.

43 Art. 181 – *É* isento de pena quem comete qualquer dos crimes previstos neste título, em prejuízo: I – do cônjuge, na constância da sociedade conjugal; II – de ascendente ou descendente, seja o parentesco legítimo ou ilegítimo, seja civil ou natural.

44 Art. 182 – Somente se procede mediante representação, se o crime previsto neste título *é* cometido em prejuízo: I – do cônjuge desquitado ou judicialmente separado; II – de irmão, legítimo ou ilegítimo; III – de tio ou sobrinho, com quem o agente coabita.

Paulo Rogério Bonini leciona que "O termo 'abrigado'" deve ser interpretado de forma restrita, não se aplicando a acolhimentos eventuais e não realizados de forma profissional e contínua pelo agente. Nestes casos, exigindo-se vantagem indevida da pessoa idosa para abrigamento eventual, poderá ocorrer estelionato (art. 171, CP) se a exigência da procuração deu-se com uso de ardil ou outro meio de engodo, ou, ainda, constrangimento ilegal (art. 146, CP), se presentes suas elementares).[45]"

É válida a outorga da procuração a entidade de atendimento, desde que a pessoa idosa esteja em sua plena capacidade de discernimento e a manifestação de vontade ocorra sem qualquer tipo de coação. O que se pune é a recusa em acolher ou a suspensão do acolhimento da pessoa idosa pela entidade de atendimento em razão de sua recusa em outorgar a procuração.

VOLUNTARIEDADE

Quanto à voluntariedade, o art. 103 dispõe que o dolo genérico consiste na vontade e consciência em negar o acolhimento do idoso. Inexiste elemento subjetivo específico do tipo. Não há modalidade culposa.

CONSUMAÇÃO E TENTATIVA

A **consumação** ocorre no momento da negativa de acolhimento ou permanência do idoso. Não é cabível a **tentativa**.

Cumpre esclarecer que se trata de um crime comissivo e não omissivo, haja vista que o verbo indica uma conduta positiva de conotação negativa. Conforme Guilherme Newton do Monte Pinto, "Trata-se de um delito comissivo já que, como ensina Nucci, "o verbo indica ação", de forma que a consumação está a exigir a ação de negar e não apenas a omissão em acolher o idoso. O tipo penal indica, pois, uma ação, ainda que de conotação negativa, mas não uma omissão.[46]"

RETENÇÃO INDEVIDA DE CARTÃO MAGNÉTICO OU OUTRO DOCUMENTO

Art. 104. Reter o cartão magnético de conta bancária relativa a benefícios, proventos ou pensão do idoso, bem como qualquer outro documento com objetivo de assegurar recebimento ou ressarcimento de dívida:

Pena – detenção de 6 (seis) meses a 2 (dois) anos e multa.

BEM JURÍDICO TUTELADO

Tutela-se a proteção da pessoa idosa no que diz respeito ao seu patrimônio e à autonomia da vontade, haja vista que a retenção do cartão magnético ou qualquer outro documento ocorre sem sua concordância.

SUJEITOS DO CRIME

O **sujeito ativo** é o credor da dívida do idoso. No **polo passivo** temos como ofendido a pessoa idosa (art. 1º. do Estatuto da Pessoa Idosa).

45 BONINI, Paulo Rogério; **Leis Penais Especiais Anotadas,** obra coletiva, São Paulo: Millennium, 2011, p. 675.

46 PINTO, Guilherme Newton do Monte. **Estatuto do Idoso Comentado.** Campinas: Servanda Editora, 2012. p. 640.

CONDUTAS

No art. 104 do Estatuto, o credor, com a finalidade de garantir o pagamento de uma dívida, retém o cartão magnético ou outro documento do sujeito passivo.

O núcleo do tipo é *reter* que significa manter em seu poder coisa de outrem.

Diante do núcleo do tipo (reter), é imperioso concluir que o cartão magnético ou outro documento está na posse do sujeito ativo, que se nega a restituí-lo como forma de assegurar o recebimento de uma dívida. Não se exige que à retenção perdure por um longo espaço de tempo, bastando a detenção do objeto material. Assim, a pessoa que retém cartão de conta bancária pertencente a pessoa idosa para assegurar recebimento ou ressarcimento de dívidas incorre no delito do art. 104 do Estatuto.

O efetivo pagamento ou ressarcimento da dívida não constitui requisito do tipo, bastando para adequação típica da conduta a retenção do cartão ou outro documento como garantia da dívida. Ademais, é necessário o dissenso da vítima quanto a retenção do cartão magnético ou outro documento. Logo, a concordância da pessoa idosa com a retenção do cartão magnético ou de outro documento similar exclui a tipicidade delitiva.

Analisando a redação do crime em comento, verifica-se que o tipo penal é taxativo quanto à necessidade da conta bancária estar relacionada aos rendimentos descritos, quais sejam: ***a) Proventos:*** é a retribuição pecuniária paga ao exercente de cargo público quando passa da atividade para a inatividade, isto é, se aposenta; ***b) Pensão:*** é o valor pago ao beneficiário de pessoa falecida ou a terceiro, ou ainda em razão de aposentadoria por incapacidade; ***c) Benefícios:*** segundo Guilherme Newton, é um termo mais amplo, "incluindo todas as prestações pecuniárias pagas na seara previdenciária e assistencial, inclusive as aposentadorias e pensões"[47].

O **objeto material** do crime pode ser *cartão magnético* de conta bancária ou *qualquer outro documento*. Segundo Guilherme Nucci, cartão magnético pode ser compreendido como "*documento emitido por determinada instituição, contendo tarja magnética, na qual armazena informação passível de ser processada eletronicamente, com o fim de liberar dinheiro e processar outras transações*"[48].

O cartão magnético como objeto material do delito deve ser aquele apto a possibilitar movimentações da conta bancária do idoso, não importando sua natureza – conta corrente ou conta poupança. O que não se admite é o cartão com finalidade diversa como os cartões magnéticos de plano de saúde.

O cartão magnético com a função unicamente de crédito, ou seja, sem a função débito, não constitui objeto material do crime, pois a despeito de estarem, muitas vezes, vinculados a conta bancária, não permitem movimentações por terceiros.

Além disso, o cartão magnético deve ser utilizado para movimentar os valores advindos da previdência e assistência social. Nesse sentido, é a lição de Guilherme Newton Pinto: "O primeiro objeto material sobre o qual pode recair a retenção é o cartão magnético da conta bancária relativa a benefícios, proventos ou pensão do idoso, o que aponta, de imediato para o instrumento utilizado pelos beneficiários da previdência e assistência social no recebimento das respectivas remunerações, impondo, de forma muito clara, uma vinculação necessária do objeto em exame com os rendimentos da pessoa idosa decorrentes de sua condição de beneficiário, aposentado ou pensionista, já que o tipo discrimina as espécies remuneratórias, apontando benefícios, proventos ou pensão, nada se referindo a outras remunerações próprias dos que se encontram em atividade, sejam agentes, servidores públicos ou trabalhadores, tais como subsídios, vencimentos, salários, etc.[49]"

---

47 PINTO, Guilherme Newton do Monte. **Estatuto do Idoso Comentado.** Campinas: Servanda Editora, 2012. p. 647.

48 NUCCI, Guilherme de Souza. **Leis Penais e Processuais Penais Comentadas**. São Paulo: RT, 2015, p. 499.

49 PINTO, Guilherme Newton do Monte. **Estatuto do Idoso Comentado.** Campinas: Servanda Editora, 2012. p. 647.

Logo, se a retenção for de cartão magnético vinculado à conta bancária da pessoa idosa em que não há movimentação dos valores percebidos da previdência ou assistência social, a conduta não se enquadra no tipo penal em comento.

O segundo objeto material descrito no tipo é *qualquer outro documento,* que deve ser entendido como aquele apto a substituir as funções do cartão magnético da conta bancária, tendo em vista que se buscar punir a retenção de instrumento que possibilita movimentar conta bancária.

VOLUNTARIEDADE

O elemento subjetivo é o dolo. Há previsão de um **elemento subjetivo específico** (especial fim de agir) consistente no propósito de reter o cartão com fito assegurar o recebimento ou ressarcimento de uma dívida do idoso.

Não há previsão da modalidade culposa.

CONSUMAÇÃO E TENTATIVA

A *consumação* ocorre no momento da retenção do cartão magnético ou outro documento. Trata-se de crime formal, portanto, é desnecessário o recebimento ou ressarcimento da dívida para a consumação do crime.

A *tentativa* é possível, como, por exemplo, na situação em que o agente procura reter o documento, mas, por circunstâncias alheias a sua vontade, não obtém êxito.

VEICULAÇÃO DE DADOS DEPRECIATIVOS DO IDOSO

Art. 105. Exibir ou veicular, por qualquer meio de comunicação, informações ou imagens depreciativas ou injuriosas à pessoa do idoso:
Pena – detenção de 1 (um) a 3 (três) anos e multa.

BEM JURÍDICO TUTELADO

É a honra, imagem e intimidade do idoso.

SUJEITOS DO CRIME

Sujeito ativo pode ser qualquer pessoa, não se exige qualidade especial, tratando-se, portanto, de crime comum.

Sujeito passivo é a pessoa idosa, que tem sua honra, imagem e intimidade ofendida com a veiculação de informações ou imagens depreciativas ou injuriosas.

CONDUTAS

As condutas típicas são *exibir* (expor, mostrar, externar) ou *veicular* (publicar, difundir, propalar), por qualquer meio de comunicação, informações ou imagens depreciativas ao idoso.

As *informações*, prevista no tipo penal, correspondem a quaisquer dados divulgados, escritos ou não, que depreciam o idoso. *Imagens* são representações gráficas ou fotográficas da pessoa idosa como vídeos, desenhos e fotos. As informações e imagens devem ser divulgadas por algum meio de comunicação como televisão, rádio, revista, jornal, entre outros.

O delito exige que as informações e imagens propaladas tenham cunho depreciativo ou injurioso, que constituem os **elementos normativos do tipo,** pois sua verificação necessita de um prévio juízo de valor. Informações ou imagens depreciativas são aquelas que menosprezam ou desdenham das pessoas. Elas possuem o cunho de rebaixar a qualidade ou virtude de alguém. Já informações ou imagens injuriosas são aquelas que atingem a honra subjetiva da pessoa, ofendem o decoro ou a dignidade da pessoa.

Trata-se de crime de forma livre, podendo ser cometido por qualquer meio, escrito ou verbal.

VOLUNTARIEDADE

Quanto à voluntariedade, entendemos que o tipo penal prevê o dolo genérico, caracterizado pela vontade e consciência de exibir ou veicular informações ou imagens depreciativas ou injuriosas referentes à pessoa idosa. Não se exige um elemento específico para adequação típica do crime. Todavia, há entendimento no sentido de que o tipo penal exige o elemento subjetivo específico, consistente na vontade de menosprezar, diminuir, atingir o amor-próprio da pessoa idosa.

CONSUMAÇÃO E TENTATIVA

O crime d*o* art. 105 do Estatuto atinge a **consumação** com a efetiva divulgação das informações ou imagens depreciativas ou injuriosas, sendo prescindível que o ofendido tome conhecimento.

O crime de veiculação de dados depreciativos da pessoa idosa é **formal**, porque a definição legal descreve o comportamento e o resultado visado pelo agente, mas não exige sua produção, ou seja, não há necessidade de a vítima se sentir ofendida com as imputações depreciativas ou injuriosas a ela irrogadas.

A princípio, a **tentativa** não é admitida, embora, em tese, ela seja possível, dependendo do meio utilizado, como, por exemplo, o agente tenta veicular uma imagem depreciativa da pessoa idosa na televisão, mas por motivos de força maior, ela não é veiculada.

INDUZIMENTO DE PESSOA IDOSA A OUTORGAR PROCURAÇÃO

Art. 106. Induzir pessoa idosa sem discernimento de seus atos a outorgar procuração para fins de administração de bens ou deles dispor livremente:

Pena – reclusão de 2 (dois) a 4 (quatro) anos.

BEM JURÍDICO TUTELADO

O tipo penal tem como escopo a proteção do patrimônio da pessoa idosa sem discernimento. O legislador visa garantir a inviolabilidade patrimonial, punindo quem, aproveitando-se de idoso, sem discernimento, leve-o a outorgar procuração para fins de administrar ou dispor de bens dos idosos.

SUJEITOS DO CRIME

O crime é comum, podendo ser **sujeito ativo** qualquer pessoa, independentemente de ostentar ou não qualquer vínculo com a vítima.

Para a tipificação do delito, não é necessário que a outorga da procuração tenha como destinatário o agente responsável pelo induzimento. A outorga destinada a terceira pessoa já é suficiente para a tipicidade do crime.

No caso de a pessoa destinatária da procuração estar em conluio (unidade de desígnios e previamente ajustado) com o agente responsável pelo induzimento, ambos responderão pelo crime em comento, em concurso de pessoas.

Sujeito passivo é a pessoa idosa sem discernimento, isto é, sem a aptidão para avaliar algo com sensatez e clareza.

CONDUTAS

A conduta típica consiste em *induzir* a pessoa idosa sem discernimento a outorgar procuração para fins de administração de seus bens (objetos ou coisas com valores econômicos) ou deles dispor livremente.

O tipo penal criminaliza a conduta daquele que induz astuciosamente um idoso, sem lucidez para uma avaliação sensata, mediante a assinatura de procuração, a autorizar a administração do seu patrimônio ou dele dispor. O agente se vale da pouca ou nenhuma capacidade de discernimento da pessoa idosa para obter vantagens indevidas.

Como o tipo penal não faz distinção, o instrumento procuratório pode ser público ou particular, devendo ter como objeto a administração ou livre disposição dos bens (móveis ou imóveis) da vítima.

O STJ entendeu haver elementos para a continuidade da ação penal na conduta de um advogado que contatou "a vítima, pessoa idosa, a fim de que esta, mediante a assinatura de procuração, o autorizasse a reter para si 30% dos valores que a vítima viria a receber em razão de ação ajuizada em face do INSS, mesmo sendo dispensável, para o levantamento da quantia, a intervenção de advogado, induzindo-a, portanto, em erro quanto à necessidade de seus serviços[50].

Interdição do Idoso

O legislador, na descrição típica, não faz referência à necessidade de interdição da vítima, ou mesmo à declaração de sua incapacidade civil. Não constitui elemento do tipo penal, portanto, a interdição ou declaração da incapacidade da vítima. Assim, entendemos que é suficiente para tipicidade do delito a comprovação da capacidade reduzida de discernimento da vítima para os exercícios dos seus atos da vida civil. Nesse sentido, também é a posição de João Batista Machado Barbosa: "O Estatuto, portanto, não exige que além dessa debilidade, a pessoa idosa seja portador de doença mental ou enfermidade, condições que, reunidas, tornariam a pessoa idosa absolutamente incapaz (CC, art. 3º)"[51].

---

50 PROCESSUAL PENAL. HABEAS CORPUS. ART. 106 DO ESTATUTO DO IDOSO. TRANCAMENTO DA AÇÃO PENAL. MEDIDA EXCEPCIONAL. INOCORRÊNCIA DAS HIPÓTESES QUE AUTORIZAM A PREMATURA INTERRUPÇÃO DA PERSECUTIO CRIMINIS IN IUDICIO. I – O trancamento da ação penal por meio do habeas corpus se situa no campo da excepcionalidade (HC 901.320/MG, Primeira Turma, Rel. Min. Marco Aurélio, DJU de 25/05/2007), sendo medida que somente deve ser adotada quando houver comprovação, de plano, da atipicidade da conduta, da incidência de causa de extinção da punibilidade ou da ausência de indícios de autoria ou de prova sobre a materialidade do delito (HC 87.324/SP, Primeira Turma, Relª. Minª. Cármen Lúcia, DJU de 18/05/2007). Ainda, a liquidez dos fatos constitui requisito inafastável na apreciação da justa causa (HC 91.634/GO, Segunda Turma, Rel. Min. Celso de Mello, DJU de 05/10/2007), pois o exame de provas *é* inadmissível no espectro processual do habeas corpus, ação constitucional que pressupõe para seu manejo uma ilegalidade ou abuso de poder tão flagrante que pode ser demonstrada de plano (RHC 88.139/MG, Primeira Turma, Rel. Min. Carlos Britto, DJU de 17/11/2006). II – No presente caso, a denúncia, peça formalizadora da acusação, revela-se formalmente correta, além de evidenciar, inquestionavelmente, a presença de justa causa para o prosseguimento da ação penal. Vê-se que a conduta do paciente consistiu em contactar a vítima, pessoa idosa, a fim de que esta, mediante a assinatura de procuração, o autorizasse a reter para si 30% dos valores que a vítima viria a receber em razão de ação ajuizada em face do INSS, mesmo sendo dispensável, para o levantamento da quantia, a intervenção de advogado, induzindo-a, portanto, em erro quanto a necessidade de seus serviços. III – Não exsurgindo hipótese de atipicidade absoluta, afasta-se o trancamento da ação penal. Ordem denegada. (HC 102601/SP-STJ- 5ª Turma, Rel. Min. Félix Fischer, 10.11.2008).

51 BARBOSA, João Batista Machado. **Estatuto do Idoso Comentado.** Campinas: Servanda Editora, 2012, p. 640.

A expressão "sem discernimento" constitui **elemento normativo do tipo penal**, posto a necessidade de se fazer um juízo de valoração, competindo ao magistrado, à luz do caso concreto, aferir se, na data dos fatos, a vítima possuía ou não reduzida capacidade de discernimento.

Importante aferir que, em regra, deve-se realizar a prova pericial com o intuito de verificar se a pessoa idosa tinha sua capacidade de discernimento reduzida. O Juiz, entretanto, nos termos do art. 182[52] do CPP, não fica vinculado ao resultado da perícia.

VOLUNTARIEDADE

Quanto à voluntariedade, exige-se o dolo (direto ou eventual). Além do dolo, o crime exige o elemento subjetivo especial do tipo consistente na finalidade de administrar ou dispor dos bens da vítima.

É indispensável que o agente tenha conhecimento da reduzida capacidade de discernimento da vítima para tipificação do delito em comento.

Se tiver dúvidas sobre a capacidade de discernimento da vítima, e mesmo assim, o agente a induz a outorgar procuração para fins de administrar ou dispor de seus bens, o sujeito ativo responde pelo crime por dolo eventual. Contudo, o desconhecimento da reduzida capacidade de discernimento da vítima por parte do agente pode ensejar o afastamento da tipicidade de sua conduta, configurando erro de tipo.

Se o sujeito passivo induzir a pessoa idosa sem discernimento a outorgar procuração para administrar ou dispor dos bens no intuito de obter vantagem ilícita, ele deve responder pelo crime de estelionato (art. 171 do CP), que absorve o crime em comento. Ao analisar o tema, o Tribunal de Justiça do Mato Grosso do Sul decidiu que: "O delito previsto no art. 106 do Estatuto do Idoso, em relação ao estelionato, é crime meio, restando absorvido pelo crime fim, incidindo assim, o Princípio da Consunção"[53].

Não se admite a forma culposa.

CONSUMAÇÃO E TENTATIVA

Consuma-se o crime de *induzimento de pessoa idosa* no momento em que o sujeito passivo outorga a procuração a terceira pessoa para fins de administração de bens ou deles dispor livremente.

O crime do art. 106 do Estatuto é formal porquanto não se exige a efetiva lesão ao bem jurídico para sua consumação, contentando-se com a probabilidade de tal violação. Logo, é desnecessária a ocorrência do resultado naturalístico, ou seja, não se faz prescindível a ocorrência de qualquer ato de administração ou disposição dos bens da vítima por parte do agente.

Além disso, não se exige o efetivo prejuízo patrimonial da vítima. A eventual perda patrimonial do sujeito passivo deve ser levada em consideração na primeira fase de aplicação da pena.

---

52 Art. 182 do CPP: O juiz não ficará adstrito ao laudo, podendo aceitá-lo ou rejeitá-lo, no todo ou em parte.

53 EMENTA -APELAÇÃO CRIMINAL – ESTELIONATO E ART. 106, DO ESTATUTO DO IDOSO – PRINCÍPIO DA CONSUNÇÃO – AMEAÇA – COMPROVAÇÃO DA AUTORIA E MATERIALIDADE DO CRIME – PALAVRA DA VÍTIMA TEM VALOR PROBATÓRIO – PARCIAL PROVIMENTO. O delito previsto no art. 106, do Estatuto do Idoso, em relação ao estelionato é crime-meio, restando absorvido pelo crime-fim, incidindo assim, o Princípio da Consunção. A materialidade e a autoria do crime de ameaça estão demonstradas nos autos, pelos depoimentos da vítima colhidos em juízo e na fase inquisitiva. A palavra da vítima, quando segura, coerente e sem contradições possui valor probante, posto que, na maioria dos casos, crimes dessa natureza são praticados na ausência de testemunhas. (TJ-MS – APL: 00006831320108120055 MS 0000683-13.2010.8.12.0055, Relator: Des. Dorival Moreira dos Santos, Data de Julgamento: 29/04/2013, 1ª Câmara Criminal, Data de Publicação: 16/05/2013).

A tentativa é possível, como na hipótese citada por Ricardo Andreucci, em que "induzido o idoso, não chega ele, por circunstâncias alheias à vontade do agente, a outorgar procuração"[54].

COAÇÃO DO IDOSO

Art. 107. Coagir, de qualquer modo, a pessoa idosa a doar, contratar, testar ou outorgar procuração:

Pena – reclusão de 2 (dois) a 5 (cinco) anos.

BEM JURÍDICO TUTELADO

A norma penal protege a liberdade individual da pessoa idosa e, secundariamente, o seu patrimônio. Tutela-se a liberdade da pessoa idosa em fazer ou não fazer o que lhe aprouver. A liberdade individual protegida é a psíquica e a física.

Como bem menciona Cezar Roberto Bitencourt, a proteção desse bem jurídico, liberdade, ganhou assento constitucional, nos seguintes termos: "ninguém será obrigado a fazer ou deixar de fazer alguma coisa senão em virtude de lei" (art. 5, II, da CF). Assegura-se assim, ao indivíduo o direito de fazer tudo o que a lei não proibir, não podendo ser obrigado a fazer senão aquilo que a lei lhe impuser[55]".

SUJEITOS DO CRIME

O crime é **comum**, podendo ser cometido por **qualquer pessoa**, dispensando qualidade ou condição especial do agente.

No **polo passivo** temos como ofendido a pessoa idosa (art. 1º do Estatuto da Pessoa Idosa).

CONDUTAS

O tipo penal vem conferir proteção ao direito de liberdade do idoso, previsto no art. 10 do Estatuto, que é infringido com o emprego de coação contra a vítima com a finalidade de forçá-la a realizar um dos negócios jurídicos descritos no tipo penal.

A conduta típica consiste em *coagir*, que significa constranger, forçar, de qualquer modo, a pessoa idosa a doar, contratar, testar ou outorgar procuração.

A coação exercida pelo sujeito ativo tem como finalidade prática compelir a vítima a realizar um dos negócios jurídicos previsto no tipo penal. De fato, o agente atua com a finalidade de retirar o livre arbítrio da vítima no intuito de conseguir a doação de bens (móveis ou imóveis), a celebração de contrato, a elaboração de testamento, ou a outorga de procuração (pública ou particular).

A expressão "qualquer modo" contida na redação do tipo penal deixa claro que a coação pode ser física ou moral. A coação física *(vis absoluta)* é aquela praticada mediante o emprego de força física contra a vítima idosa, com o fim de obrigá-la a praticar um dos negócios jurídicos descritos no tipo penal. Exemplo: agredir a integridade física com o fim de forçá-la a assinar a doação de um bem.

Por sua vez, a coação moral (*vis compulsiva*) é aquela em que o agente pressiona a vontade da vítima, impondo determinada conduta, restringindo ou eliminando o poder de decisões.

54 ANDREUCCI, Ricardo Antônio. **Legislação Penal Especial Esquematizada.** São Paulo: Saraiva, 2016, p. 412.

55 BITENCOURT, Cezar Roberto. **Tratado de Direito Penal.** Parte Geral. Vol. 1. São Paulo: Saraiva, 2007, p. 269.

Assim como na coação física, a coação moral pode ser exercida em desfavor da própria vítima idosa ou de terceira pessoa ligada a ela. Exemplo: o agente ameaça matar a neta da idosa, caso ela não venha a assinar o termo de doação de determinado bem.

Não é requisito para a adequação típica do delito que o beneficiário direto do negócio jurídico seja a mesma pessoa responsável pelo emprego da coação. Desse modo, a coação pode ser empregada por um agente e o beneficiário ser uma terceira pessoa.

PRIORIDADE NA CONFECÇÃO DO EXAME DE CORPO DE DELITO

A Lei nº 13.721/2018, no intuito de dar maior celeridade à elucidação de alguns crimes, acrescentou parágrafo único ao art. 158 do CPP[56]. O diploma normativo conferiu prioridade à realização do exame de corpo de delito, quando o crime envolva violência doméstica e familiar contra a mulher ou praticado mediante violência, tendo como vítimas criança, adolescente, idoso ou pessoa com deficiência. Nestes termos, nos casos em que a violência for exercida contra a pessoa idosa, e deixar vestígios materiais, deverá ser dada prioridade à realização do exame de corpo de delito.

VOLUNTARIEDADE

O elemento subjetivo é o dolo, que é representado pela vontade e consciência de coagir a vítima a doar, contratar, testar ou outorgar procuração.

Há previsão de elemento subjetivo específico, que é constituído pelo especial fim de agir, *in casu*, a vontade de administrar ou dispor dos bens da vítima idosa.

Não há forma culposa.

CONSUMAÇÃO E TENTATIVA

Entendemos que o crime de coação da pessoa idosa consuma-se no momento do emprego da coação contra a vítima. Cuida-se de delito formal, portanto, não exigindo a efetivação do negócio jurídico para a consumação delitiva.

Ademais, como bem lembrado por Cezar Roberto Bitencourt, ao citar Aníbal Bruno, "a consumação é a fase última do atuar criminoso. É o momento em que o agente realiza em todos os seus termos o tipo legal da figura delituosa, e em que o bem jurídico penalmente protegido sofre a lesão efetiva ou a ameaça que se exprime no núcleo do tipo".[57]

No crime do art. 107 do Estatuto, o bem jurídico tutelado (liberdade individual) sofre a lesão com a prática da coação, portanto, neste momento estará consumado o delito. Em havendo a efetivação do negócio jurídico descrito no tipo penal, temos o exaurimento do crime, podendo ser levado em consideração quando da análise das circunstâncias judiciais para a fixação da pena-base.

Vale registrar, contudo, o posicionamento divergente de Ricardo Andreucci, segundo o qual "consuma-se o delito com a doação, celebração do contrato, testamento ou outorga de procuração pelo idoso, que age contra sua vontade, coagido pelo agente"[58].

---

56 Art.158.Quando a infração deixar vestígios, será indispensável o exame de corpo de delito, direto ou indireto, não podendo supri-lo a confissão do acusado. *Parágrafo único. Dar-se-á prioridade à realização do exame de corpo de delito quando se tratar de crime que envolva: (Incluído dada pela Lei nº 13.721, de 2018). I - violência doméstica e familiar contra mulher; (Incluído dada pela Lei nº 13.721, de 2018) II - violência contra criança, adolescente, idoso ou pessoa com deficiência. (Incluído dada pela Lei nº 13.721, de 2018).*

57 BITENCOURT, Cezar Roberto. **Tratado de Direito Penal.** Parte Geral. Vol. 1. São Paulo: Saraiva, 2007, p. 428.

58 ANDREUCCI, Ricardo Antônio. **Legislação Penal Especial Esquematizada.** São Paulo: Saraiva, 2016, p. 410.

Anote-se que, assim como o crime de induzimento de pessoa idosa a outorgar procuração (art. 106 do Estatuto), não é necessário o efetivo prejuízo patrimonial da pessoa idosa para a consumação do crime previsto no art. 107 do Estatuto.

Apesar de se tratar de um crime formal, o delito de coação a pessoa idosa admite a tentativa quando for plurissubsistente, ou seja, a coação é praticada por mais de um ato.

LAVRATURA DO ATO NOTARIAL SEM REPRESENTAÇÃO LEGAL DO IDOSO

Art. 108. Lavrar ato notarial que envolva pessoa idosa sem discernimento de seus atos, sem a devida representação legal:

Pena – reclusão de 2 (dois) a 4 (quatro) anos.

BEM JURÍDICO TUTELADO

De forma imediata, tutela o patrimônio da pessoa idosa – pessoas com idade igual ou superior a 60 (sessenta) anos – sem discernimento dos seus atos, uma vez que os atos notariais servem para a transmissão da administração ou alienação de bens.

Secundariamente, protege-se a administração pública no que diz respeito à fé pública dos atos notariais. São dotados de fé pública os atos praticados pelo notário, tabelião e pelo oficial de registro[59], a quem é delegado o exercício da atividade notarial e de registro.

A fé pública é uma forma de declarar que um ato ou documento está em conformidade com os padrões legais, permitindo que as partes tenham segurança quanto a sua validade, até prova em contrário.

SUJEITOS DO CRIME

O **sujeito ativo** é o notário, tabelião e o oficial de registro a quem é delegada a atividade notarial e de registro, ou ainda o funcionário competente para a lavratura do ato notarial. Assim, trata-se de **crime próprio,** pois exige-se uma qualidade especial do sujeito ativo.

A lavratura de um ato notarial é de exclusiva atribuição de escrivães e seus serventuários. Entretanto, é possível, mediante o concurso de pessoas com o funcionário competente para lavrar o ato notarial, que terceira pessoa responda pelo crime do art. 108 do Estatuto.

O **sujeito passivo principal** é a pessoa idosa, sem discernimento. O Estado é o **sujeito passivo mediato.**

CONDUTAS

A conduta típica consiste em *lavrar* (fazer formalmente) ato notarial (ato jurídico formalizado pelo notário), que envolva pessoa idosa sem discernimento de seus atos, sem a devida representação legal. São exemplos de atos notariais a escritura pública; testamento público e a procuração pública.

A expressão "sem discernimento" constitui elemento normativo do tipo penal, posto a necessidade de se fazer valorar. Incumbe ao juiz aferir se a vítima possuía ou não reduzida capacidade de discernimento. Deve-se realizar a prova pericial para fins de verificar se a pessoa idosa tinha sua capacidade de discernimento reduzida. Importante lembrar que, nos termos do art. 182 do CPP[60], a decisão do magistrado não fica vinculada ao resultado da perícia.

---

59 Notário, ou tabelião, e oficial de registro, ou registrador, são profissionais do direito, dotados de fé pública, a quem é delegado o exercício da atividade notarial e de registro (art. 3º da Lei nº 8.935/94).

60 Art. 182 do CPP: o juiz não ficará adstrito ao laudo, podendo aceitá-lo ou rejeitá-lo, no todo ou em parte.

Saliente-se que mesmo a falta de discernimento temporária é suficiente para a tipicidade da conduta, sendo que a retomada do discernimento não tem o condão de afastar o crime.

Diante da expressão "sem a devida representação legal" contida no tipo penal, é crível a necessidade de a pessoa idosa ser interditado com a nomeação de um curador. Logo, podemos concluir que a falta de anuência do curador constitui elementar do tipo. Oportuno salientar que é dever do notário a observância das prescrições legais ou normativas[61] e entre elas está a necessidade de representação ou assistência dos absoluta ou relativamente incapazes, conforme legislação civil.

VOLUNTARIEDADE

O elemento subjetivo é o dolo, inexistindo o elemento subjetivo específico. Não há previsão de forma culposa. Contudo, se a conduta do sujeito ativo é praticada a título de culpa, ele pode responder na via administrativa por infração ao art. 30, II, da Lei 8.935/94[62].

CONSUMAÇÃO E TENTATIVA

O crime se consuma com a lavratura do ato notarial. Cuida-se de delito formal, portanto, não se exige o resultado naturalístico, ou seja, não é necessário que ocorra efetivo prejuízo patrimonial à vítima.

Se a vítima experimentar prejuízo patrimonial, o juiz deverá levar esse fato em consideração no momento da fixação da pena. É possível a tentativa, quando, por exemplo, o agente inicia a lavratura do termo, mas por circunstâncias alheias à sua vontade, não consegue concluir o ato.

Como afirma Greice Patrícia Fuller, é admitida a tentativa "se o agente, iniciando a execução do delito, a interrompe por circunstâncias alheias a sua vontade, v.g., o escrivão, iniciando a lavratura de uma escritura de compra e venda de bem imóvel, vem a interrompê-la por ser surpreendido pela chegada de um representante ministerial no cartório"[63].

TÍTULO VII
DISPOSIÇÕES FINAIS E TRANSITÓRIAS

IMPEDIMENTO OU EMBARAÇO A ATO DOS ÓRGÃOS FISCALIZADORES

Art. 109. Impedir ou embaraçar ato do representante do Ministério Público ou de qualquer outro agente fiscalizador:

Pena – reclusão de 6 (seis) meses a 1 (um) ano e multa.

BEM JURÍDICO TUTELADO

O crime do art. 109 do Estatuto tem como objeto jurídico a administração da Justiça, em especial a atuação do Ministério Público e de outros órgãos fiscalizadores dos direitos das pessoas idosas.

61 Art. 31 da Lei 8.935/94: São infrações disciplinares que sujeitam os notários e os oficiais de registro às penalidades previstas nesta lei: I – a inobservância das prescrições legais ou normativas.

62 Art. 30. São deveres dos notários e dos oficiais de registro: (...) II – atender as partes com eficiência, urbanidade e presteza.

63 FULLER, Greice Patrícia. **Comentários ao Estatuto do Idoso.** São Paulo: Saraiva, 2016. p. 358.

Em relação ao Ministério Público, importante notar que o legislador conferiu a obrigatoriedade de sua atuação na defesa dos direitos e interesses das pessoas idosas previstos no Estatuto, mesmo quando não for parte, hipótese em que terá vista dos autos depois das partes, podendo juntar documentos, requerer diligências e produção de outras provas, usando os recursos cabíveis[64]. Reconhecendo a importância da atuação do órgão ministerial o legislador dispôs que a falta de intervenção do Ministério Público tem por consequência a nulidade do processo, a qual deve ser declarada pelo juiz ou a requerimento de qualquer interessado[65].

SUJEITOS DO CRIME

O crime é **comum**, podendo ter como **sujeito ativo** qualquer pessoa, dispensando qualidade ou condição especial do agente.

No **polo passivo** temos como ofendido a pessoa idosa (art. 1º do Estatuto da Pessoa Idosa). Secundariamente, o Estado, pois tem interesse na fiscalização dos direitos da pessoa idosa, previstos no Estatuto.

O Ministério Público não pode figurar no polo passivo, haja vista que o órgão não atua em nome próprio, mas sim na defesa dos direitos das pessoas idosas elencados no Estatuto da Pessoa Idosa. Contudo, sobreleva notar que há posição no sentido de que o Ministério Público seria sujeito passivo, posto ser o responsável pela recusa, retardamento ou omissão no fornecimento. Nesse sentido é a posição de Wendell Beetoven Ribeiro Agra: "Secundariamente, sofrem as consequências do crime o representante do Ministério Público ou o agente fiscal que são tolhidos no exercício da atividade funcional.[66]"

CONDUTAS

A conduta típica consiste em impedir (não permitir a realização do ato, interromper) ou embaraçar (criar dificuldades não existente para a realização do ato, atrapalhar) ato do representante do Ministério Público ou de qualquer outro agente fiscalizador.

O Estatuto da Pessoa Idosa estabelece, em seu art. 52, que as entidades de atendimentos as pessoas idosas serão fiscalizadas pelos órgãos de fiscalização, entre eles os Conselhos do idoso, Vigilância Sanitária e o Ministério Público[67]. Dessa forma, conclui-se que agente fiscalizador é o agente pertencente a um dos órgãos de fiscalização dos direitos das pessoas idosas

O ato de fiscalização é aquele exercido no intuito de se verificar a condição de pessoa idosa em seu ambiente familiar ou em entidade de acolhimento, além de eventual irregularidade na atuação destas últimas.

O delito em tela cuida-se de **tipo misto alternativo.** Assim, a prática de mais de uma conduta descrita no tipo pelo sujeito ativo, desde que praticadas no mesmo contexto fático, importa na responsabilização por um único crime. Portanto, se o agente, além de dificultar a fiscalização, a obstrui, responde por crime único.

No crime em comento, o objeto material é o ato do representante do Ministério Público ou de qualquer outro agente fiscalizador, que foi impedido ou embaraçado. O ato a ser praticado deve ter como propósito a fiscalização das entidades de atendimento das pessoas idosas.

---

64 Art. 75 do Estatuto: "Nos processos e procedimentos em que não for parte, atuará obrigatoriamente o Ministério Público na defesa dos direitos e interesses de que cuida esta Lei, hipóteses em que terá vista dos autos depois das partes, podendo juntar documentos, requerer diligências e produção de outras provas, usando os recursos cabíveis".

65 Art. 77 do Estatuto: A falta de intervenção do Ministério Público acarreta a nulidade do feito, que será declarada de ofício pelo juiz ou a requerimento de qualquer interessado.

66 AGRA, Wendell Beetoven Ribeiro. **Estatuto do Idoso Comentado**. Campinas: Servanda Editora, 2012, p. 673.

67 Art. 52. As entidades governamentais e não-governamentais de atendimento à pessoa idosa serão fiscalizadas pelos Conselhos do Idoso, Ministério Público, Vigilância Sanitária e outros previstos em lei.

VOLUNTARIEDADE

Quanto à voluntariedade, exige-se o dolo. Entende-se que o tipo penal possui elemento subjetivo específico consistente na vontade de não permitir a realização do ato fiscalizatório ou criar dificuldades não existentes para a sua realização.

Não se admite a forma culposa.

CONSUMAÇÃO E TENTATIVA

Na conduta *impedir*, a consumação se dá no momento em que o ato fiscalizatório é obstado, impedido de ser praticado. Por sua vez, quanto à conduta de *embaraçar*, o crime se consuma com a criação de dificuldades para o cometimento do ato fiscalizador. Trata-se de crime formal, assim não se exige o resultado naturalístico.

A tentativa é possível, mas de difícil ocorrência, pois se a conduta do agente for insuficiente para impedir a atuação do agente fiscalizador, ainda assim pode caracterizar o crime na modalidade **embaraçar**.

CAPÍTULO 29

Desarmamento – Lei nº 10.826/2003

Ricardo Silvares

INTRODUÇÃO

O controle sobre a propriedade e posse de armas de fogo é alvo de atenção e discussões no mundo todo, sendo assunto normalmente acompanhado de muita polêmica. Em alguns países, o direito a ter armas chega a ser tratado em nível constitucional, como ocorre nos Estados Unidos da América[1].

No Brasil, não encontramos o mesmo tratamento, o que não significa ausência de debates intensos. Ao contrário, a discussão sobre as armas de fogo ganhou as ruas em razão da promulgação da Lei nº 10.826 e da previsão de um referendo popular a respeito da comercialização de armamento. E, no Congresso Nacional, não faltam projetos alterando a legislação vigente, inclusive para relaxar as exigências para autorização de porte.

A discussão era e continua sendo necessária.

Estudo divulgado pela Secretaria de Estado dos Negócios da Segurança Pública do Estado de São Paulo[2] revela que, no ano de 2001, na cidade de São Paulo, os homicídios foram responsáveis por 62,4% do total de mortes por causas externas, a esmagadora maioria com utilização de armas de fogo (66,5%, se considerados os dados constantes das declarações de óbito; 88,6%, se levados em conta os laudos dos exames necroscópicos). A média de projéteis encontrados nos cadáveres foi de 6,9. Tais dados deveriam assustar. Para comparação, nos Estados Unidos da América, as armas de fogo foram utilizadas em 64,7% dos homicídios no ano de 2000; em Cali, na Colômbia, entre os anos de 1993 e 1998, houve a utilização em 79,3% dos assassinatos, chegando a um pico de 84%. Note-se: ainda menor que o percentual da capital paulista no período apontado.

O mesmo estudo aponta os jovens como as principais vítimas. Para se ter uma ideia, enquanto na cidade americana de Los Angeles o coeficiente de mortes por homicídio em 1996 foi de 164,2/100.000, considerados apenas os homens do grupo afro-americano com idade entre 15 a 34 anos – 14/100.000, se considerada a população em geral –, na cidade de São Paulo, em 2001, considerados apenas os indivíduos do sexo masculino da mesma faixa etária, o coeficiente foi muito maior: 222,7/100.000.

---

1 Nesse ponto, de interesse os debates travados a respeito da segunda emenda à Constituição americana, incluindo uma interpretação menos literal da palavra *arms*. Cf. AMAR, Akhil Reed. *The Bill of Rights*. Yale University, 1998, p. 49/50.

2 KAHN, Túlio (coord.). *Estudos Criminológicos 1*, Coordenadoria de Análise e Planejamento, julho de 2004. Disponível em: www.ssp.sp.gov.br/estatisticas/downloads/manual_estudos_criminologicos_1.pdf. Acesso em: 15/02/2009.

As estatísticas mostram que no Brasil, no ano de 2003, houve 39.325 mortes decorrentes de ferimentos por arma de fogo, sendo 283 acidentais, 1.330 por suicídio, 1.597 em circunstâncias indeterminadas e 36.115 em decorrência de homicídio.[3]

Segundo o mesmo estudo sobre tais estatísticas, estimava-se que, no ano de 2005, havia no país cerca de 15,2 milhões de armas de fogo em mãos privadas, sendo apenas 6,8 milhões registradas e, dentre as 8,5 milhões daquelas não registradas, 3,8 milhões estariam nas mãos de criminosos.

Ao menos no campo penal, o legislador brasileiro muito demorou para tratar o problema de modo mais adequado e reconhecer que as armas de fogo representam ameaça real à segurança da sociedade, em vista de sua larga utilização em crimes contra a pessoa e também contra o patrimônio.

Com efeito, o Código Criminal do Império previa o delito de utilização de armas ofensivas, dentre aquelas proibidas, cominando penas de prisão por quinze a sessenta dias, e "multa correspondente à metade do tempo além da perda das armas" (art. 297). Naquela época, incumbia às câmaras municipais a elaboração da relação das armas ofensivas que os juízes de paz ou as próprias câmaras poderiam permitir o uso, bem como da relação daquelas cujo porte, sem licença, seria lícito em certos trabalhos.[4]

Já o Código Penal de 1890 previu duas condutas relacionadas a armas de modo geral, sendo ambas meras contravenções penais: o estabelecimento de fábrica de armas, sem licença do governo (art. 376), e o uso de armas ofensivas sem licença da autoridade policial (art. 377), já determinando, portanto, a quem cabia a expedição das licenças para o porte. No último caso, a pena prevista era a de prisão celular por quinze a sessenta dias.[5] O quadro permaneceu inalterado com o advento da "Consolidação das Leis Penais", por meio do Decreto nº 22.213/1932.

O Código Penal de 1940, ainda em vigor até nossos dias, não tratou do assunto, mas o Decreto-lei nº 3.688, de 3 de outubro de 1941 (Lei das Contravenções Penais), acabou por prever algumas condutas típicas relacionadas às armas em geral. Note-se que não havia qualquer distinção, para fins penais, entre armas de fogo e outras espécies de armamento.

Na Lei de Contravenções, tratou o legislador do comércio de armas no art. 18: "Fabricar, importar, exportar, ter em depósito ou vender, sem permissão da autoridade, arma ou munição". Previu pena de prisão simples, de 3 meses a 1 ano, ou multa, ou ambas cumulativamente, "se o fato não constitui crime contra a ordem política ou social". No *caput* do art. 19, cuidou de tipificar o porte ilegal: "Trazer consigo arma fora de casa ou de dependência desta, sem licença da autoridade". A pena: prisão simples, de 15 dias a 6 meses, ou multa, ou ambas cumulativamente. No § 2º foram previstas outras três condutas, quais sejam, a daquele que, possuindo arma ou munição: a) deixa de fazer comunicação ou entrega à autoridade, quando a lei o determine; b) permite que alienado ou menor de 18 anos a maneje; c-) permite que pessoa inexperiente no manejo da arma a tenha consigo. O Decreto-lei ainda puniu o disparo de arma. Considerando-se apenas as armas de fogo, é inegável que o art. 19, *caput*, tratava o assunto com muita timidez, já que punia apenas o porte não autorizado fora da casa ou de dependência desta. Se mantida dentro da residência e desde que não se tratasse de arma de uso exclusivo das Forças Armadas, não estaria configurada a contravenção, ainda que inexistente a licença da autoridade policial.[6] Com o advento da Lei nº

3 WAISELFISZ, Julio Jacobo. *Mapa da violência 2016: homicídios por armas de fogo no Brasil*. Disponível em www.Mapadaviolencia.org.br. Acesso em 13/05/2017.

4 PIERANGELI, José Henrique. *Códigos Penais do Brasil: evolução histórica*. 1ª ed. Bauru: Jalovi, 1980, p. 262.

5 Idem, p. 314.

6 Cf. SZNICK, Valdir. *Contravenções Penais*. São Paulo: Livraria e Editora Universitária de Direito, 1987, p. 142: "Dois elementos se conjugam à conduta – portar, trazer consigo – que a torna atípica e portando justificada. São: fora de casa, ou seja, só existe o porte quando essa conduta se verifica fora da casa do agente. E, o segundo, licença da autoridade".

9.099/1995, as contravenções passaram a ser tratadas como infrações de menor potencial ofensivo, incluindo todas as relacionadas às armas de fogo.

Em 1997, com a promulgação da Lei nº 9.437, de 20 de fevereiro, o tratamento dado à matéria foi outro. Finalmente, os ilícitos relacionados às armas de fogo foram tratados como crimes.

Por óbvio, a mudança não trouxe a solução para a violência crescente e nem era esperado que tal ocorresse, a não ser, é claro, por aqueles que acreditavam – e acreditam – em mudanças legislativas como remédio para todos os males. Como lembra Damásio E. de Jesus, em nota introdutória à sua própria obra sobre o tema: "Repetidas vezes, tanto no Brasil como em reuniões de organismos internacionais, temos tecido críticas à tendência moderna de a legislação penal interferir excessivamente em matérias que, de per si, não seriam objeto de lei penal, na ingênua ilusão de que, à força de promulgar normas coercitivas, o Estado pode corrigir erros muito disseminados na sociedade, produzidos por causas de natureza bem diversa".[7]

A preocupação do ilustre penalista não é nova. Como já observaram Luiz Flávio Gomes e Alice Bianchini: "A preocupação com a mínima intervenção, como se nota, não teve, e atualmente tem menos, a aplicabilidade pretendida, sendo que já em 1819, Carl Joseph Anton Mittermaier considerava um grande problema o excesso de leis que versavam sobre Direito penal, produto da concepção equivocada de que desta forma chegariam a bom termo os conflitos vinculados à criminalidade".[8]

Não obstante, a alteração legal veio atender às recomendações da Organização das Nações Unidas, surgidas depois dos debates realizados no 9º Congresso das Nações Unidas sobre Prevenção do Crime e Tratamento do Delinquente, no Egito, no ano de 1995, sobretudo à recomendação feita, no ano seguinte, quando do 5º Período de Sessões da Comissão de Prevenção do Delito e Justiça Penal, em Viena, de que os Estados-membros deveriam tornar mais rígidos os controles sobre a aquisição, posse e porte de armas.[9]

Na verdade, a lei de 1997 fez muito mais do que simplesmente criminalizar as condutas antes contravencionais ou criar tipos, pois procurou regular toda a matéria relacionada às armas de fogo – não mais as equiparando às demais espécies de armas –, inclusive sob o aspecto administrativo.

De fato, a citada lei instituiu o Sistema Nacional de Armas (SINARM), no Ministério da Justiça, especificamente no âmbito da Polícia Federal, tendo como principais funções: cadastrar as armas de fogo produzidas, importadas e vendidas no País; cadastrar as transferências de titularidade das armas e o extravio de modo geral; cadastrar as apreensões de armas de fogo, incluindo aquelas vinculadas a procedimentos policiais e judiciais. As armas de fogo das Forças Armadas e auxiliares – polícias militares – ficaram de fora do SINARM, mantendo-se um registro próprio sob controle de tais forças (Arts. 1º e 2º).

A mesma lei de 1997 trouxe a obrigatoriedade do registro das armas de fogo, salvo as consideradas obsoletas[10] (art. 3º). Incluiu as armas de uso restrito ou proibido, cujos proprietários

---

7 JESUS, Damásio E. *Direito Penal do Desarmamento: anotações à parte criminal da Lei nº 10.826, de 22 de dezembro de 2003 (Estatuto do Desarmamento)*. 6ª ed., São Paulo: Saraiva, 2007, p. XII.

8 GOMES, Luis Flávio; MOLINA, Antônio García-Pablos; BIANCHINI, Alice. *Direito Penal, volume 1: Introdução e princípios fundamentais*. São Paulo: Editora Revista dos Tribunais, 2007, p. 280/281.

9 JESUS, Damásio E., *op. cit.*, p. 1.

10 O revogado Decreto nº 2.222/1997, que regulamentou a referida lei, dispunha, em seu art. 3º, § 1º, que as armas obsoletas eram aquelas fabricadas há mais de cem anos, sem condições de funcionamento eficaz e cuja munição não era mais de produção comercial. Já o art. 3º, inciso XXI, do Decreto nº 3.665/2000 (Regulamento para a Fiscalização de Produtos Controlados – R-105), depois revogado pelo Decreto nº 9.493, de 5 de setembro de 2018, definia arma de fogo obsoleta como aquela "que não se presta mais ao uso normal, devido a sua munição e elementos de munição não serem mais fabricados, ou por ser ela própria de fabricação muito antiga ou de modelo muito antigo e fora de uso". O decreto revogador não trouxe definição alguma a respeito, assim como o Decreto 10.030/2019,

deveriam cadastrar-se no Exército como atiradores, colecionadores ou caçadores (parágrafo único). O certificado de registro permitia ao proprietário manter a arma no interior de sua residência ou dependências dela, ou ainda em seu local de trabalho, desde que fosse o titular ou responsável legal do estabelecimento ou empresa (art. 4º). A lei ainda previu uma "anistia", possibilitando que as armas sem registro fossem regularizadas dentro do prazo de seis meses (prorrogável por igual período), contado a partir da sua promulgação, com a dispensa de comprovação de origem, pois presumia a boa-fé quando alguém buscava a regularização (art. 5º). O registro da arma passou a ser federal, com validade em todo o território nacional, não obstante continuasse a ser requerido, normalmente, às autoridades policiais dos Estados.

Já o porte passou a ser ou federal ou estadual, nesse último caso, com eficácia apenas na unidade da federação de residência do titular.

Quanto aos crimes, a lei previu, num único artigo[11], todas as condutas típicas. Basicamente, a lei tratou das armas de fogo de *uso permitido* no *caput* do art. 10 – trazendo, finalmente, uma distinção entre espécies de armas – enquanto as armas de *uso proibido* foram objeto do § 2º, com penas maiores. O § 1º trouxe um crime culposo no inciso I; cuidou da utilização de simulacros de armas (ou "armas de brinquedo", que, obviamente, não são armas) no inciso II; e deixou ao inciso III o trato do disparo de arma de fogo, sempre mantendo as penas do *caput*. Com as mesmas penas do § 2º, o § 3º cuidou da alteração ou supressão dos sinais identificadores da arma de fogo (inciso I); da modificação de suas características (inciso II); dos artefatos explosivos ou incendiários (inciso III); e ainda trouxe a estranha tipificação de uma certa espécie de "reincidência", o que muitos entenderam como uma qualificadora (inciso IV). O § 4º previu uma causa de aumento de pena no caso de ser o agente "servidor público".

---

que o revogou. Prosseguindo nessa espécie de "incontinência regulamentar" que teve início em 2019, a definição passou a constar do Decreto 9.847/2019: "as armas de fogo que não se prestam ao uso efetivo em caráter permanente, em razão de: a) sua munição e seus elementos de munição não serem mais produzidos; ou b) sua produção ou seu modelo ser muito antigo e fora de uso, caracterizada como relíquia ou peça de coleção inerte" (art. 2º, VI), mas o dispositivo foi revogado pelo Decreto 10.630/2021. O decreto 10.627/2021 inseriu a definição no Decreto 10.030/2019, cujo art. 3º, VI, passou a ter a seguinte redação: "arma de fogo obsoleta – as armas de fogo que não se prestam ao uso efetivo em caráter permanente, em razão de: a) sua munição e seus elementos de munição não serem mais produzidos; b) sua produção ou seu modelo ser muito antigo e estar fora de uso, caracterizada como relíquia ou peça de coleção inerte; ou c) serem armas de antecarga ou de retrocarga que utilizam a pólvora negra como carga propulsora e suas réplicas atuais".

11 Art. 10. Possuir, deter, portar, fabricar, adquirir, vender, alugar, expor à venda ou fornecer, receber, ter em depósito, transportar, ceder, ainda que gratuitamente, emprestar, remeter, empregar, manter sob guarda e ocultar arma de fogo, de uso permitido, sem a autorização e em desacordo com determinação legal ou regulamentar.

Pena – detenção de um a dois anos e multa.

§ 1º Nas mesmas penas incorre quem:

I – omitir as cautelas necessárias para impedir que menor de dezoito anos ou deficiente mental se apodere de arma de fogo que esteja sob sua posse ou que seja de sua propriedade, exceto para a prática do desporto quando o menor estiver acompanhado do responsável ou instrutor;

II – utilizar arma de brinquedo, simulacro de arma capaz de atemorizar outrem, para o fim de cometer crimes;

III – disparar arma de fogo ou acionar munição em lugar habitado ou em suas adjacências, em via pública ou em direção a ela, desde que o fato não constitua crime mais grave.

§ 2º A pena é de reclusão de dois anos a quatro anos e multa, na hipótese deste artigo, sem prejuízo da pena por eventual crime de contrabando ou descaminho, se a arma de fogo ou acessórios forem de uso proibido ou restrito.

§ 3º Nas mesmas penas do parágrafo anterior incorre quem:

I – suprimir ou alterar marca, numeração ou qualquer sinal de identificação de arma de fogo ou artefato;

II – modificar as características da arma de fogo, de forma a torná-la equivalente a arma de fogo de uso proibido ou restrito;

III – possuir, deter, fabricar ou empregar artefato explosivo e/ou incendiário sem autorização;

IV – possuir condenação anterior por crime contra a pessoa, contra o patrimônio e por tráfico ilícito de entorpecentes e drogas afins.

§ 4º A pena é aumentada da metade se o crime é praticado por servidor público.

Não foram poucas as críticas que a lei recebeu da doutrina.[12]

Depois de menos de uma década de vigência, a Lei nº 9.437 foi revogada com a aprovação do Projeto de Lei nº 1.555/2003, primeiro na Câmara dos Deputados, em 23 de outubro de 2003, e, depois, no Senado, em 09 de dezembro do mesmo ano. Com a sanção presidencial e posterior promulgação, surgiu a Lei nº 10.826, de 22 de dezembro de 2003, o denominado "Estatuto do Desarmamento", que trouxe importantes modificações à lei anterior, tendo como uma de suas marcas a de tornar extremamente difícil a autorização para aquisição das armas e a obtenção de autorização para o porte, ao menos para os cidadãos que não fazem parte das instituições de algum modo relacionadas à segurança pública.

Na verdade, parece-nos que o escopo inicial da lei era o de banir o comércio de armas de fogo no Brasil – salvo exceções – tanto assim que o art. 35 previu expressamente a proibição: "É proibida a comercialização de arma de fogo e munição em todo o território nacional, salvo para as entidades previstas no art. 6º desta Lei". Ocorre que referido dispositivo nunca entrou em vigor, pois permaneceu pendente uma condição suspensiva,[13] prevista em seu § 1º: "Este dispositivo, para entrar em vigor, dependerá de aprovação mediante referendo popular, a ser realizado em outubro de 2005". Houve, então, a consulta popular, que rechaçou a referida proibição.

Mesmo antes do referendo, o Poder Executivo Federal, através da Portaria Interministerial 388, de 04 de fevereiro de 2004, criou uma comissão para elaboração de proposta para o decreto que deveria regulamentar a nova lei. A proposta foi elaborada e esteve sujeita à consulta popular até 27 de abril do mesmo ano. O resultado foi a edição do Decreto nº 5.123, de 1º de julho de 2004, atualmente revogado.[14]

Passada a primeira década desde a promulgação do Estatuto, é certo que os índices de criminalidade vêm diminuindo em alguns Estados da Federação, incluindo as taxas de homicídio. Porém, é difícil afirmar que tal diminuição seja resultado da nova legislação em vigor, pois ainda não existem estudos conclusivos a respeito. Ademais, não acreditamos que a nova lei tenha afetado as atividades de certos ramos da criminalidade, sobretudo da chamada criminalidade organizada.

Apenas para efeito de registro, tomando-se os números de todos os Estados da Federação e o Distrito Federal, temos números ainda inaceitáveis em termos do que representam em perda de vidas humanas. Veja-se a tabela abaixo, referente ao total de mortes que resultam de ferimentos por arma de fogo:[15]

ANO	ACIDENTE	SUICÍDIO	INDETERMINADO	HOMICÍDIO
1980	386	660	1.560	6.104
1990	658	989	2.379	16.588
2003	283	1.330	1.597	36.115
2013	326	956	1.242	40.369

12 Por todos, GOMES, Luiz Flávio; OLIVEIRA, William Terra de. *Lei das Armas de Fogo*. São Paulo: Revista dos Tribunais, 1998, p. 60/61.: "Essas críticas são procedentes, pois as consequências da concentração de várias tipificações em um mesmo artigo são bastante sérias, já que proporcionam, como veremos, dificuldades significativas ao intérprete, quando este busca diferenciar, por exemplo, crimes autônomos de causas de aumento de pena. Observamos que o legislador utiliza de maneira indiscriminada parágrafos e incisos, misturando conceitos e não revelando uma preocupação técnica em oferecer um desenho legislativo ajustado ao resto do sistema penal nem, tampouco, ao conjunto da própria lei, esquecendo-se de que isso poderá influir na maneira como os tipos serão interpretados (...) Estruturalmente encontramos um desenho legislativo relativamente confuso, que destaca condutas e temas dentro de um mesmo dispositivo".

13 CAPEZ, Fernando. *Estatuto do desarmamento: comentários à Lei nº 10.826, de 22-12-2003*. 4ª ed. São Paulo: Saraiva, 2006, p. 195.

14 BUENO, Luciano. *Controle de armas: um estudo comparativo de políticas públicas entre Grã-Bretanha, EUA, Canadá, Austrália e Brasil*. São Paulo: IBCRIM, 2004, p. 221/222. "Por força de liminar do STF na ADI 6.675, foi restabelecida a vigência do § 2º do art. 30 do Decreto 5.123".

15 WAISELFISZ, Julio Jacobo, op. cit.

Não obstante, cremos ser perfeitamente possível que a Lei 10.826 tenha contribuído para a diminuição dos homicídios, considerando-se que parte destes delitos ocorre entre pessoas conhecidas, resultante de meros desentendimentos e não muito frequentemente sob efeito de álcool[16]. Além disso, a tabela acima mostra clara desaceleração no ritmo do crescimento das mortes a partir de 2003. Por isso, se a vigência do Estatuto – aliada às campanhas governamentais e de entidades não governamentais pelo desarmamento – realmente trouxe alguma diminuição de armas nas ruas e mesmo nas residências, tal fato muito provavelmente teve seus reflexos nos crimes contra a vida.

Fiquemos, porém, com as argutas advertências de Damásio: "Não nos devemos iludir com o milagre da lei solitária. Ela é o instrumento de que se vale o Estado para impor as suas determinações. Isolada, porém, não produz a eficácia desejada. Nesse campo, não adianta ter boas ideias, nem boas leis. É preciso concretizá-las, executá-las com seriedade, eficácia e responsabilidade, em conjunto com o auxílio de outros meios, como investimento em educação, saúde, oportunidade de trabalho etc. E mais: o desarmamento popular só pode ser imposto quando se tem uma polícia apta a garantir a segurança social. Ao lado do 'Estatuto do Desarmamento' deveria existir o 'Estatuto da Polícia', concedendo-lhe instrumentos reais e capazes de concretizar a sua missão de prevenir a criminalidade".[17]

ASPECTOS GERAIS DO ESTATUTO DO DESARMAMENTO

O Estatuto do Desarmamento encontra-se dividido em seis capítulos: I – Do Sistema Nacional de Armas (SINARM); II – Do Registro; III – Do Porte; IV – Dos Crimes e Das Penas; V – Disposições Gerais; e VI – Disposições Finais. Contém, ainda, um Anexo, com tabela de taxas para registro das armas, renovação do certificado de registro etc.

O Estatuto já sofreu sucessivas modificações, que foram trazidas pelas Leis nº 10.867/2004, 10.884/2004, 11.118/2005, 11.501/2007, 11.706/2008, 12.694/2012, 12.993/2014, 13.500/2017, 13.886/2019 e 13.964/2019, também pelas Medidas Provisórias nº 157 (2003), 253 (2005), 379, 390, 394 (2007) e 417 (2008). Com reflexos sobre o Estatuto, também a Lei 11.191/2005. Note-se, ainda, que o Estatuto já foi alvo de ações diretas de inconstitucionalidade (ADIs 3.112, 5.538 e 5.948).

Também é de interesse para o estudo da matéria o Decreto 10.030/2019, que constitui o Regulamento de Produtos Controlados, tendo revogado o Decreto 9.493/2018 – quando este ainda estava no período de *vacatio* – que, por sua vez, revogou o Decreto nº 3.665/2000, também conhecido como R-105. Houve constantes edições de decretos ao longo de 2019 e 2021 a respeito do tema, seguido de mais uma leva no início de 2021, o que demanda muita atenção e atualização do intérprete da Lei 10.826. Em janeiro de 2023 foi editado o Decreto 11.366, que reverteu algumas das alterações regulamentares produzidas entre os anos de 2019-2022 e determinou a formação de uma comissão para reformular toda a regulamentação do Estatuto. Esse decreto, porém, foi revogado alguns meses depois, sendo elaborado o Decreto 11.615, que, junto com os Decretos 9.847, 10.030 e uma regra sobrevivente no Decreto 5.123/2004, constitui a atual regulamentação da matéria.

Cadastro das armas no Sistema Nacional de Armas (SINARM) e no Sistema de Gerenciamento Militar de Armas (SIGMA)

O Estatuto do Desarmamento manteve o SINARM – instituído no Ministério da Justiça, especificamente no âmbito da Polícia Federal – e ainda ampliou sua abrangência. Ao mesmo

16 KAHN, Túlio (coord.). *O papel dos municípios na segurança pública -, estudos criminológicos 4*, Coordenadoria de Análise e Planejamento, julho de 2005 Disponível em: www.ssp.sp.gov.br/estatisticas/downloads/manual_estudos_criminologicos_4.pdf. Acesso em 15/02/2009.

17 Op. cit., p. 5.

tempo, o Decreto nº 5.123/2004 criou também o Sistema de Gerenciamento Militar de Armas (SIGMA), instituído no Ministério da Defesa, no âmbito do Comando do Exército, o que foi mantido pelo Decreto 9.847/2019.

Há, assim, dois sistemas diferentes para registro de armas de fogo.

Compete ao SINARM, segundo a Lei 10.826: (i) identificar as características e a propriedade de armas de fogo, mediante cadastro; (ii) cadastrar as armas de fogo produzidas, importadas e vendidas no País; (iii) cadastrar as autorizações de porte de arma de fogo e as renovações expedidas pela Polícia Federal; (iv) cadastrar as transferências de propriedade, extravio, furto, roubo e outras ocorrências suscetíveis de alterar os dados cadastrais, inclusive as decorrentes de fechamento de empresas de segurança privada e de transporte de valores; (v) identificar as modificações que alterem as características ou o funcionamento de arma de fogo; (vi) integrar no cadastro os acervos policiais já existentes; (vii) cadastrar as apreensões de armas de fogo, inclusive as vinculadas a procedimentos policiais e judiciais; (viii) cadastrar os armeiros em atividade no País, bem como conceder licença para exercer a atividade; (ix) cadastrar mediante registro os produtores, atacadistas, varejistas, exportadores e importadores autorizados de armas de fogo, acessórios e munições; (x) cadastrar a identificação do cano da arma, as características das impressões de raiamento e de microestriamento de projétil disparado, conforme marcação e testes obrigatoriamente realizados pelo fabricante; (xi) informar às Secretarias de Segurança Pública dos Estados e do Distrito Federal os registros e autorizações de porte de armas de fogo nos respectivos territórios, bem como manter o cadastro atualizado para consulta.

De acordo com o Decreto 11.615/2023 (art. 7º, § 1º), são cadastradas no SINARM as armas de fogo: (a) importadas, produzidas e comercializadas no País, de uso permitido ou restrito, exceto aquelas pertencentes às Forças Armadas, às polícias militares e aos corpos de bombeiros militares dos Estados e do Distrito Federal, e ao Gabinete de Segurança Institucional da Presidência da República, e as demais que constem dos seus registros próprios; (b) apreendidas, ainda que não constem dos cadastros do Sinarm ou do Sigma, incluídas aquelas vinculadas a procedimentos policiais e judiciais; c) institucionais, constantes de cadastros próprios: (c.1) da Polícia Federal; (c.2) da Polícia Rodoviária Federal; (c.3) da Força Nacional de Segurança Pública; (c.4) das polícias penais; (c.5) dos órgãos do sistema penitenciário federal, estadual ou distrital; (c.6) das polícias civis e dos órgãos oficiais de perícia criminal dos Estados e do Distrito Federal; (c.7) da Agência Brasileira de Inteligência; (c.8) dos órgãos policiais da Câmara dos Deputados e do Senado Federal; (c.9) das guardas municipais, nos termos do disposto nas leis municipais que as instituíram; (c.10) dos órgãos públicos aos quais sejam vinculados os integrantes das escoltas de presos dos Estados e das guardas portuárias; (c.11) dos órgãos do Poder Judiciário, para uso exclusivo de servidores de seus quadros de pessoal que efetivamente estejam no exercício de funções de segurança, na forma prevista em regulamento editado pelo Conselho Nacional de Justiça; (c.12) dos órgãos dos Ministérios Públicos da União, dos Estados e do Distrito Federal e Territórios, para uso exclusivo de servidores de seus quadros de pessoal que efetivamente estejam no exercício de funções de segurança, na forma prevista em regulamento editado pelo Conselho Nacional do Ministério Público; (c.13) da Secretaria Especial da Receita Federal do Brasil do Ministério da Fazenda, adquiridas para uso dos integrantes da Carreira de Auditoria da Receita Federal do Brasil, composta pelos cargos de Auditor-Fiscal e de Analista-Tributário; (c.14) do órgão ao qual se vincula a Carreira de Auditoria-Fiscal do Trabalho, adquiridas para uso de seus integrantes; (c.15) do órgão ao qual se vincula a Carreira de Auditoria-Fiscal do Trabalho, adquiridas para uso de seus integrantes; (c.16) do Poder Judiciário e do Ministério Público, adquiridas para uso de seus membros; (c.17) dos órgãos públicos cujos servidores tenham autorização, concedida por legislação específica, para portar arma de fogo em serviço e que não tenham sido mencionados nos itens anteriores; (d) de uso pessoal dos integrantes: (d.1) da Polícia Federal; (d.2) da Polícia Rodoviária Federal; (d.3) das polícias penais; (d.4) dos órgãos dos sistemas penitenciários federal, estaduais ou distrital; (d.5) das polícias civis e dos órgãos oficiais de perícia criminal dos Estados e do Distrito Federal; (d.6) dos órgãos policiais da Câmara dos Deputados e do Senado Federal; (d.7) das guardas municipais; (d.8) da Agência Brasileira de Inteligência; (d.9) dos quadros efetivos dos agentes e guardas prisionais, das escoltas de presos dos Estados e das guardas portuárias; (d.10) dos quadros efetivos dos órgãos do Poder Judiciário que efetivamente estejam no exercício de funções de segurança, na forma prevista em regulamento editado pelo Conselho Nacional de Justiça; (d.11) dos quadros efetivos dos órgãos dos Ministérios Públicos da União, dos Estados e do Distrito Federal e Territórios que efetivamente estejam no exercício de funções de segurança, na forma prevista em regulamento editado pelo Conselho Nacional do Ministério Público; (d.12) dos quadros efetivos da Carreira de Auditoria da Receita Federal do Brasil, composta pelos cargos de Auditor-Fiscal e Analista-Tributário, e da Carreira de Auditoria-Fiscal do Trabalho; (d.13) dos membros do Poder Judiciário e do Ministério Público; (d.14) das empresas de segurança privada e de transporte de valores; (d.15) os quadros efetivos dos órgãos públicos cujos servidores tenham autorização, concedida por legislação específica, para portar arma de fogo em serviço e que não tenham sido mencionados acima; (e) dos instrutores de armamento e tiro credenciados pela Polícia Federal, inclusive aquelas já cadastradas no Sigma; (f) adquiridas por pessoa autorizada nos termos do disposto no § 1º do art. 4º da Lei nº 10.826, de 2003.

O Decreto 11.366/2023 passou a exigir que as armas de fogo de uso permitido e de uso restrito adquiridas a partir da edição do Decreto 9.785/2019 serão cadastradas no SINARM, no prazo de 60 dias, ainda que cadastradas em outros sistemas, salvo as armas de fogo das Forças Armadas e Auxiliares, bem como as demais que constem dos seus registros próprios (art. 2º, parágrafo único, Lei 10.826/2003).

Ao SIGMA, segundo o Decreto 9.847, compete manter cadastro nacional das armas de fogo importadas, produzidas e comercializadas no País que não estejam previstas dentre aquelas que deverão ser registradas no SINARM. Cabe ao SIGMA cadastrar as armas de fogo: (a) institucionais, constantes de registros próprios: (a.1) das Forças Armadas; (a.2) das polícias militares e dos corpos de bombeiros militares dos Estados e do Distrito Federal; (a.3) da Agência Brasileira de Inteligência; (a.4) do Gabinete de Segurança Institucional da Presidência da República; (b) dos integrantes: (b.1) das Forças Armadas; (b.2) das polícias militares e dos corpos de bombeiros militares dos Estados e do Distrito Federal; (b.3) da Agência Brasileira de Inteligência; (b.4) do Gabinete de Segurança Institucional da Presidência da República; (c) obsoletas; (d) das representações diplomáticas; (e) importadas ou adquiridas no País com a finalidade de servir como instrumento para a realização de testes e avaliações técnicas.

Não se deve confundir *cadastro* e *registro*. As armas deverão ser cadastradas, conforme o caso, no SINARM ou no SIGMA, mas deverão ser registradas, de acordo com sua natureza, na Polícia Federal ou no Comando do Exército.

De acordo com o Decreto 11.615/2023, há quatro certificados de registro:

a) Certificado de Registro (CR): documento hábil que autoriza as pessoas físicas ou jurídicas a utilização industrial, armazenagem, comércio, exportação, importação, transporte, manutenção, recuperação e manuseio de produtos controlados pelo Comando do Exército;

b) Certificado de Registro de Pessoa Física (CRPF): documento comprobatório do ato administrativo de cadastro da pessoa física, concedido pela Polícia Federal, com autorização pessoal e intransferível para aquisição e utilização de arma de fogo, munições e acessórios;

c) Certificado de Registro de Pessoa Jurídica (CRPJ): documento comprobatório do ato administrativo de cadastro da pessoa jurídica, concedido pela Polícia Federal, com autorização para a aquisição, o uso e a estocagem de armas de fogo, para a constituição de empresa de segurança privada vinculado às finalidades e às atividades legais declaradas;

d) Certificado de Registro de Arma de Fogo (CRAF): documento comprobatório do ato administrativo de cadastro de arma de fogo, com o número do referido cadastro, vinculado à identificação do proprietário e à finalidade legal que motivou a aquisição da arma de fogo, concedido pela Polícia Federal ou pelo Comando do Exército, conforme o caso.

Houve ampliação do rol de competências do SINARM em relação à lei anterior, que importou no aumento de maior controle das armas de fogo por parte do Poder Público, através de um cadastro único. Por sinal, a Lei 13.964/2019 (equivocadamente apelidada "Lei Anticrime") acrescentou o art. 34-A ao Estatuto do Desarmamento, e desse modo criou o "Banco Nacional de Perfis Balísticos", com o objetivo de cadastrar armas de fogo e armazenar características de classe e individualizadoras de projéteis e estojos de munição deflagrados por armas de fogo. Será gerido, segundo a lei, pela unidade oficial de perícia criminal.[18]

Há mais uma camada de fiscalização. O Decreto 10.030/2019 traz o SisFPC, Sistema de Fiscalização de Produtos Controlados, com a finalidade de promover a regulamentação, a autorização e a fiscalização de atividades referentes aos PCEs, Produtos Controlados pelo Comando do Exército (art. 11). Estes são divididos em três grupos: a) de uso proibido; b) de uso restrito; c) de uso permitido. As armas de fogo estão contidas nesses grupos, conforme sua classificação, que veremos adiante. Além do Comando do Exército, integram o SisFPC, na condição de auxiliares da fiscalização de PCE: (i) os órgãos de segurança pública; (b) os órgãos da administração pública federal aos quais compete a supervisão de atividades relacionadas com o comércio exterior; (c) a Secretaria da Receita Federal do Brasil do Ministério da Economia; (d) o Instituto Nacional de Metrologia, Qualidade e Tecnologia (Inmetro); (e) o serviço postal, similares ou de encomenda; (f) as entidades de tiro desportivo.

Importante, ainda, a Portaria Colog/C Ex 167/2027, que trata das normas para aquisição, registro, cadastro e transferência de armas de fogo e a aquisição de munições, insumos, acessórios e outros produtos controlados de competência do Comando do Exército.

18 No entanto, permitimo-nos fazer uma advertência, pois entendemos que essa previsão de cadastramento, aliada àquela do inciso X do art. 2º do Estatuto (cadastramento das impressões de raiamento e de microestriamento de projétil disparado, conforme marcação e testes que deverão ser feitos pelo fabricante), é de eficácia muito duvidosa e poderá trazer complicações futuras. Como se sabe, as armas podem possuir raiamentos e estriamentos nos canos, que têm funções técnicas bastante específicas (p. ex., produzir uma rotação no projétil e aumentar, assim, a precisão), mas que geraram um subproduto muito importante para certas investigações criminais: o projétil disparado pode ficar marcado por tais impressões, tornando possível o exame de comparação balística. Os peritos comparam o projétil encontrado no corpo da vítima ou na cena do crime com aquele disparado da arma objeto de investigação pelos próprios *experts*, em ambiente controlado. A pesquisa é normalmente feita com uso de microscópios especiais e o que se compara, especificamente, são as coincidências nas impressões deixadas nos respectivos projéteis: se coincidentes, pode-se afirmar que tal arma foi utilizada naquela cena de crime específica. Pois bem. Ocorre que as características das impressões podem ser alteradas com o tempo, conforme a arma é utilizada. Tal ocorre naturalmente em função do desgaste provocado por cada disparo. Assim, cumprindo-se o disposto na lei, poderemos enfrentar problemas. Suponhamos que seja retirado do corpo de uma vítima de homicídio um projétil; que a polícia chegue a um suspeito, que foi efetivamente o autor do delito, no qual utilizou sua arma pessoal; que este afirme tê-la perdido; que, consultando o SINARM, a polícia constate a existência de registro da arma, com cadastramento, inclusive, das impressões de raiamento, tal como ela saiu da fábrica. Agora, suponhamos que tal arma foi muito utilizada por seu proprietário desde que vendida pelo fabricante, digamos, dez anos antes: haverá o risco de o resultado do exame de comparação balística ser negativo, ou seja, que o projétil encontrado possua marcas não coincidentes com aquelas que tal arma deixava nos projéteis quando saiu da fábrica. Isso pode se dar em razão do desgaste ocorrido ao longo dos dez anos de utilização do armamento, que tem a capacidade de alterar as características de impressão do raiamento. Ou seja, há um risco potencial de erro nas investigações. A intenção do legislador foi boa e é possível até que, em geral, o cadastramento de tais características das armas possa render bons frutos em apurações criminais. Mas espera-se que as considerações acima sejam levadas em conta. Com a palavra, os peritos (nesse ponto, utilizamos as lições do *"Curso de Balística Forense"*, ministrado pela Dra. Sônia Maria Bocamino Viebig, Perita Criminal e Especialista em Balística Forense, na Escola Superior do Ministério Público de São Paulo, no período de 8 de agosto a 3 de outubro de 2008).

ASPECTOS GERAIS DOS TIPOS PENAIS DO ESTATUTO DO DESARMAMENTO

O Estatuto do Desarmamento apresentou-se, de modo geral, muito mais bem sistematizado do que a lei que o antecedeu, o que se revela também no capítulo destinado à tipificação dos delitos.

Com efeito, ao contrário da lei anterior, não foram os crimes previstos em um único artigo, mas em sete (arts. 12 a 18).

Assim, no art. 12 prevê-se a posse irregular de arma de fogo de uso permitido; a omissão de cautela no art. 13, mais amplo, pois incluiu os responsáveis por empresas de segurança e transporte de valores; no art. 14, o porte ilegal de arma de fogo de uso permitido; no art. 15, o disparo; sob *nomen juris* de "Posse ou porte ilegal de arma de fogo de uso restrito", o art. 16 traz, na verdade diversas condutas típicas, começando pelo *caput* e prosseguindo pelos seis incisos de seu § 1º, trazendo, ainda, figura qualificada, quando as armas forem de uso proibido; o art. 17 trata do comércio ilegal de arma de fogo; e, finalmente, o art. 18, que tipifica o tráfico internacional. Além disso, os arts. 19 e 20 trazem causas de aumento de pena. Sob o vício da inconstitucionalidade, como veremos, o art. 21 buscou proibir a concessão de liberdade provisória para certos delitos.

Fundamento e bem jurídico tutelado nos crimes da Lei 10.826/2003

As armas de fogo são ferramentas projetadas e construídas com a função de matar ou, no mínimo, de ferir. Não importa a razão de seu uso – se em defesa própria ou para ataque à integridade física de outrem –, a essência das armas de fogo reside nisso: são instrumentos vulnerantes, mortais. Um machado pode ser usado como arma, mas igualmente para rachar lenha; uma faca pode matar um ser humano – e é, de fato, muito usada para tal finalidade – mas, onipresente em quase todos os lares de nosso planeta, é mais utilizada para cortar alimentos; a motosserra foi projetada para o corte de árvores, podendo, eventualmente, servir de instrumento mortal para sádicos psicopatas. Com as armas de fogo nada disso ocorre, pois não foram projetadas para múltiplas utilidades, senão para a aniquilação de outro ser vivo.

Não queremos, com tais afirmações, colocarmo-nos como inimigo das armas de fogo, pois não somos. Trata-se apenas de ressaltar a natureza delas, muitas vezes eclipsada ou excessivamente ressaltada, em ambos os casos de propósito, nos apaixonados debates entre os defensores de seu comércio e aqueles que sonham em proibi-lo.

Assim, é correto afirmar que as armas de fogo são inerentemente perigosas e o perigo aumenta exponencialmente dependendo daquele que as manuseia, surgindo a necessidade de controle por parte do Estado, de modo que seja assegurada a posse de armas apenas àqueles em condições de com elas lidar e que delas necessitem efetivamente. Com isso, fica reconhecido o perigo representado pelas armas de fogo, mas, ao mesmo tempo, também se reconhece que são muitas vezes necessárias, desde que permaneçam em mãos daqueles, em tese, capazes de utilizá-las adequadamente.

Como explicam Luiz Flávio Gomes e William Terra de Oliveira: "Verifica-se, entretanto, com clareza, que não é o simples perigo inerente a toda arma de fogo a verdadeira *ratio essendi* da sua criminalização, senão o perigo específico (qualificado ou penalmente relevante) que consiste na posse, no porte ou na sua detenção *sem o devido controle do poder público*. Se a razão da lei fosse o simples perigo decorrente da arma de fogo, em si, seria o caso de se proibir a sua própria fabricação e jamais se permitiria que qualquer pessoa andasse armada".[19]

E não é só.

19 Op. cit., p. 44/45.

Deixar sem controle as armas de fogo seria possibilitar, com muita facilidade, sua proliferação, com grave deterioração à segurança pública, direito fundamental de todos, conforme previsto no *caput* do art. 5º da Constituição Federal. Por isso, soa inimaginável a simples revogação do Estatuto do Desarmamento, sem nada que o venha substituir, como costumam apregoar alguns durante campanhas políticas. Bravatas eleitorais, pelo que se viu até aqui.

Resta evidente que requisitos mais rigorosos para o registro das armas e a emissão de autorização para o porte, aliados à criminalização de certas condutas relacionadas às armas em situação de ilegalidade, podem levar a uma diminuição na circulação destas e, consequentemente, a um aumento da segurança dos habitantes em geral. A razão para tal conclusão é lógica, como esclarece Guilherme de Souza Nucci: "O cidadão honesto, ao menos, que não mais poderá encontrar armas de fogo em qualquer canto, fica livre de sua má utilização. Não temos a ilusão de que o controle estatal impedirá a ocorrência de crimes em geral, afinal, seria ingênuo imaginar que a marginalidade compra armas de fogo em lojas, promovendo o devido registro e conseguindo o necessário porte. Ocorre que, a proliferação incontrolada das armas de fogo pelo País pode levar à sensível piora na segurança pública, pois não somente o criminoso faz uso indevido desses instrumentos, mas também o pacato indivíduo que, pela facilidade de ter e usar uma arma de fogo, pode ser levado a resolver conflitos fúteis com agressão a tiros, gerando homicídios e lesões corporais de toda espécie cometidos de forma leviana e inconsequente. Em suma, o Estatuto do Desarmamento não trará a paz permanente à sociedade, mas poderá contribuir para melhorar a segurança pública, retirando de circulação, cada vez mais, armas de fogo sem qualquer registro ou controle, bem como permitindo à polícia que, prendendo o infrator que porta arma ilegal, evite a prática de delitos mais graves, como roubos, homicídios, estupros, extorsões etc. O potencial assaltante pode ser preso pelo simples porte ilegal de arma de fogo, *antes* de cometer o mal maior".[20]

Portanto, o Estado tem a obrigação de estabelecer normas mais rígidas para o efetivo controle das armas de fogo, buscando a máxima proteção ao bem jurídico protegido através da criminalização de certas condutas relacionadas a tais instrumentos. Parece-nos, assim, ser esse o fundamento da previsão de delitos por parte do Estatuto do Desarmamento.

Mas, afinal, qual é o bem jurídico protegido pela Lei nº 10.826/2003?

A doutrina hoje dominante parte da ideia de que a função primordial do Direito Penal é a de proteger os valores fundamentais da ordem social, ou seja, a proteção de "bens jurídicos"[21], compreendidos como "os bens vitais, fundamentais, para o indivíduo assim como para a comunidade. Esses bens vitais, no momento em que são tutelados pelo Direito, transformam-se em bens 'jurídicos'".[22]

Em geral, a doutrina considera que o Estatuto do Desarmamento busca a proteção da *incolumidade pública*, como bem jurídico. Nesse sentido: Renato Marcão[23]; César Dario Maria-

20 *Leis penais e processuais penais comentadas*. São Paulo: Revista dos Tribunais, 2006, p. 249.

21 Cf. BACIGALUPO, Enrique. *Direito penal: parte geral*. trad. de André Estefam. São Paulo: Malheiros Editores, 2005, p. 34/35: "O direito penal moderno (a partir de Binding) desenvolveu-se em torno da *idéia de proteção de bens jurídicos*. De acordo com ela, o legislador ameaça com pena as ações que violam (ou põem em perigo) determinados interesses de uma dada sociedade. A vida, a liberdade, a propriedade etc., são interesses ou finalidades da sociedade que o legislador quer proteger, ameaçando a quem os ataque com a aplicação de uma pena; desta forma, tais interesses convertem-se, por meio de seu reconhecimento no ordenamento jurídico, em *bens jurídicos*. (...) A teoria do bem jurídico, entretanto, não tem em si mesma a possibilidade de limitar o uso do direito penal somente à proteção de bens jurídicos. (...) Diante desse ponto de vista (dominante na doutrina atual) sustenta-se que 'a tarefa do direito penal consiste na proteção de bens jurídicos por meio da proteção de valores ético-sociais relativos à ação'. Na sua limitação aos deveres elementares (afirma Welzel) 'o direito penal cumpre uma significativa função, formadora dos costumes' (*sittenbildende Funktion*)".

22 Cf. GOMES, Luiz Flávio *et al.*, *Direito penal, vol. 1*, p. 225.

23 *Estatuto do desarmamento: anotações e interpretação jurisprudencial da parte criminal da Lei n. 10.826, de 22-12-2003*. São Paulo: Saraiva, 2008, p. 3: "(...) a incolumidade pública. Visa à preservação da vida e da integridade física das pessoas".

no da Silva[24]; Fernando Capez[25]; e Alexandre de Moraes e Gianpaolo Poggio Smanio[26], dentre outros.

Para Damásio, a objetividade jurídica dos delitos previstos no Estatuto é *múltipla*, havendo um objeto jurídico principal e imediato, a *incolumidade pública*, mas, também, a objetividade jurídica mediata e secundária, que busca a *proteção da vida*, a *incolumidade física* e a *saúde dos cidadãos*[27]. Já Guilherme de Souza Nucci entende haver dois bens jurídicos protegidos pelo Estatuto, quais sejam, a *segurança* e a *paz públicas*.[28]

Considerando a *segurança* como um dos direitos fundamentais previstos na Constituição Federal, em estudo sobre a revogada Lei nº 9.437, Luiz Flávio Gomes e William Terra de Oliveira apresentaram entendimento no sentido de que existe uma obrigação do legislador de editar normas que garantam, continuamente, a proteção a tal direito. Então, afirmam que o bem jurídico protegido, *in casu*, é a *segurança coletiva*: "Assim, o legislador (cumprindo a ordem constitucional e sensível à realidade hodierna) resolveu inserir no âmbito da tutela penal a 'segurança' enquanto um valor social coletivo. Realizou para tanto uma decisão valorativa e normativa, optando pelo processo de criminalização daquelas condutas que lesionem tal bem jurídico. (...) Para tanto, em relação às armas de fogo, o Estado tomou a decisão de tipificar uma série de condutas por entender serem elas contrárias à segurança social enquanto bem jurídico de natureza *coletiva*, e *não individual*. (...) Ainda que possamos enxergar na lei nova uma longínqua proteção a bens jurídicos primordiais (como a vida, a incolumidade física de cada um, a segurança individual, o patrimônio ou, segundo alguns, os interesses da Administração Pública baseados em seus controles e cadastros), não podemos confundir tais categorias (situadas no campo da *ratio legis*) com sua 'segurança' (que é o próprio bem jurídico tutelado)".[29]

Crimes de lesão ou de perigo (abstrato)?

Se não encontramos grandes divergências na doutrina a respeito da objetividade jurídica dos crimes relacionados às armas, previstos tanto na revogada Lei das Armas de Fogo quanto no atual Estatuto do Desarmamento, a controvérsia instala-se quando o objetivo é a classificação dos delitos. Basicamente, a divergência está em determinar se se tratam de crimes de dano[30] ou de perigo, seja concreto ou abstrato.

Vale lembrar que delito "de dano" é o que encontra a consumação com a ocorrência de efetiva lesão ao bem jurídico protegido pela norma penal; enquanto que, "de perigo" é o que se consuma com a mera possibilidade de dano, é dizer, com o simples perigo ao bem jurídico.[31]

---

24 *Estatuto do desarmamento*. 3ª ed. Rio de Janeiro: Forense, 2007, p. 31: "(...) incolumidade pública, ou seja, a segurança da sociedade como um todo, que deve ser preservada, evitando-se que bens jurídicos como a vida, a segurança e a integridade física da coletividade sejam lesionados ou expostos a perigo de dano".

25 *Curso de direito penal, volume 4: legislação penal especial*. 3ª ed., São Paulo: Saraiva, 2008, p. 333: "(...) tutela-se, principalmente, a incolumidade pública, ou seja, a garantia e preservação do estado de segurança, integridade corporal, vida, saúde e patrimônio dos cidadãos indefinidamente considerados contra possíveis atos que os exponham a perigo".

26 *Legislação penal especial*. 10ª ed., São Paulo: Atlas, 2008, p. 321.

27 Op. cit., p. 32.

28 Op. cit., p. 252.

29 Op. cit., p. 51/52.

30 Uma corrente da doutrina entende ultrapassada tal classificação, preferindo substituir a expressão "crime de dano" por "de lesão". Cf. GOMES, Luiz Flávio *et al*, *Direito penal, vol. 2*, p. 524: "Tendo em vista a concepção (material ou normativa ou constitucionalista) atual do delito (que adotamos), podemos e devemos classificá-lo em *crime de lesão* (quando se exige a efetiva lesão ao bem jurídico tutelado para a consumação material) ou *de perigo* (concreto) (crimes que se exaurem com o perigo de lesão ao bem jurídico)".

31 Cf. ANDREUCCI, Ricardo Antônio. *Manual de direito penal*. 4ª ed. São Paulo: Saraiva, 2008, p. 37/38.

Nesse último caso, é possível encontrar na doutrina subdivisões, sendo as mais relevantes aquelas que diferenciam os delitos de perigo em *concreto* e *abstrato*: no primeiro, para a adequação típica exige-se uma situação de efetivo perigo; no segundo, há a presunção da situação de perigo, de modo que o crime restará caracterizado ainda que se não demonstre ter sido a vítima exposta a uma situação de perigo real, efetivo, concreto.[32]

Tradicionalmente, desde a Lei de Contravenções, a doutrina majoritária vem classificando os delitos relacionados às armas de fogo como **delitos de perigo abstrato**, pois a mera posse ou o simples porte de uma arma – para ficarmos com exemplos de duas das modalidades criminosas –, já representa perigo à comunidade, não sendo necessária a demonstração de que o agente, naquele ato específico, esteja efetivamente a expor alguém a algum risco.

Nas palavras de César Dario Mariano da Silva: "Como crimes de perigo abstrato, não necessitam da demonstração de que efetivamente alguém foi exposto a perigo de dano, que é presumido pela lei de forma absoluta, não admitindo prova em contrário. São, também, crimes de perigo coletivo (ou comum), uma vez que um número indeterminado de pessoas é exposto a perigo de dano. Assim, a objetividade jurídica dos delitos elencados no Estatuto é a incolumidade pública, ou seja, a segurança da sociedade como um todo, que deve ser preservada, evitando-se que bens jurídicos como a vida, a segurança e a integridade física da coletividade sejam lesionados ou expostos a perigo de dano. (...) Observamos que os crimes descritos no Estatuto prescindem da comprovação da ocorrência de perigo concreto, uma vez que a experiência tem demonstrado que a posse ou o porte ilegal de armas de fogo, acessórios ou munições, ou outras condutas correlatas, colocam em risco a coletividade, sendo isso fato notório".[33]

Analisando o tema, Fernando Capez afirma que no Estatuto do Desarmamento não há necessidade de prova da efetiva exposição de alguém a risco, para a adequação típica dos delitos nele previstos, isso porque, ao contrário do que ocorre em tipos penais como do art. 132 do CP, nos tipos do Estatuto, não há descrição do risco gerado por uma conduta (não são previstas expressões como "expor a perigo", "expondo a perigo" etc.). Assim, se alguém andar pelas ruas com uma arma de fogo de uso permitido, mas sem autorização, por exemplo, estará cometendo o delito previsto no art. 14 da Lei, ainda que não tenha o agente sequer passado perto de outra pessoa, ou seja, não tenha concretamente exposto outrem a algum risco. Apesar disso, segundo o autor, o argumento não autoriza a conclusão de que há sempre presunção de perigo, pois não haveria fato típico na conduta daquele que porta arma absolutamente inapta a realizar disparos, não porque ausente a comprovação de efetiva exposição de perigo a alguém, mas porque "a conduta jamais poderá levar a integridade corporal de alguém a um risco de lesão. (...) A lei só pode presumir o perigo onde houver, em tese, possibilidade de ele ocorrer". Para o autor, portanto, não seria possível presumir o perigo nos casos em que, de antemão, vislumbra-se a impossibilidade de o perigo surgir (crime impossível).

Afirma, ainda, Capez: "Não se desconhece o princípio da ofensividade ou lesividade, segundo o qual todo crime exige resultado jurídico, ou seja, lesão ou ameaça de lesão ao bem jurídico. Ocorre que comportamentos ilícitos, como o de possuir uma arma de fogo sem ter autorização para portá-la, ou ainda disparar arma de fogo em plena via pública, por si sós, já induzem à existência de risco à coletividade. Não se pode alegar que tais condutas não diminuíram o nível de segurança dos cidadãos apenas porque não se logrou encontrar ninguém por perto quando de sua realização. (...) Exigir o perigo concreto e comprovado, para tais infrações, implicaria tolerar a prática de comportamentos perniciosos e ameaçadores à sociedade. Entretanto, isso não significa dizer que houve crime sem resultado jurídico, pois a conduta, mesmo sem comprovação de perigo concreto a alguém determinado, foi idônea, ou seja, apta a

32 Cf. CAPEZ, Fernando. *Curso de direito penal, volume 1: parte geral*. 9ª ed., São Paulo: Saraiva, 2005, p. 262.

33 Op. cit., p. 31.

reduzir o nível de segurança da coletividade. (...) Quando a conduta for absolutamente incapaz de lesar o bem jurídico, será, por óbvio, inofensiva e, por conseguinte, atípica. O princípio da ofensividade não deve ser empregado para tornar obrigatória a comprovação do perigo, mas para tornar atípicos os comportamentos absolutamente incapazes de lesar o bem jurídico. É a aplicação pura e simples do art. 17 do CP, que trata do chamado crime impossível (também conhecido por tentativa inidônea, que é aquela que jamais pode dar certo)". E mais: "Presumir perigo não significa inventar perigo onde esse jamais pode ocorrer. Perigo presumido não é sinônimo de perigo impossível. Em suma, entendemos que a ofensividade ou lesividade é um princípio que deve ser aceito, por se tratar de princípio constitucional do direito penal, diretamente derivado do princípio da dignidade humana (CF, art. 1º, III). Sua aplicação, no entanto, não pode ter o condão de abolir totalmente os chamados crimes de perigo abstrato, mas tão-somente temperar o rigor de uma presunção absoluta e inflexível (...). Temos, portanto, três momentos distintos de proteção à pessoa humana: o da origem do dano (perigo abstrato), o da iminência (perigo concreto) e o da efetiva agressão (dano). O ressurgimento dos tipos de perigo abstrato, longe de configurar um retrocesso no direito penal, representa um novo momento de valorização da figura da vítima, outrora tão negligenciada".[34]

No entanto, surgiram na doutrina respeitadas vozes dissonantes.

Damásio considerou que os crimes de porte de arma e figuras similares são sempre *de lesão*, afastando-se, portanto, da doutrina tradicional. Para o ilustre jurista, não se pode aceitar a existência, em nosso ordenamento, de crimes de perigo abstrato, pois tal classificação fere os princípios da legalidade, do estado de inocência, da lesividade, do contraditório, da amplitude de defesa, entre outros, além de se afastar do verdadeiro fundamento do Direito Penal moderno, que é a culpabilidade, uma vez que traz em si a presunção da existência do perigo na conduta do agente. Em outras palavras, a responsabilidade surgiria por presunção em tal espécie de infração penal. Assim, Damásio entende que, sob o ponto de vista do resultado naturalístico, os delitos em questão devem ser classificados como "de mera conduta", ao passo que, sob o prisma do *resultado jurídico*, como *delitos de lesão*, pois ocorre dano ao objeto jurídico, qual seja, a segurança pública, que é lesada e não apenas posta em perigo. Argumenta que toda vez que alguém porta uma arma de fogo, o faz fora do "círculo de permissão estatal e rebaixa o nível de segurança física e coletiva".

Nas palavras do citado autor: "Não consideramos a qualificação dos crimes de armas de fogo como delitos de dano ou de lesão no sentido tradicional de infrações em que 'o tipo pressupõe que se lese o objeto da ação', i. e., o objeto material (JESCHECK, *Tratado de derecho penal*, trad. esp. Santiago Mir Puig e Muñoz Conde, Barcelona, Bosch, 1981, v. 1, p. 358). Não são delitos materiais (de resultado naturalístico). A lesão ou dano, em nossa posição, refere-se ao interesse jurídico e não ao objeto material do delito. Sempre há ofensa ao bem jurídico primário, no sentido de que o fato delituoso reduz o nível mínimo de segurança que deve existir nas 'relações sociais', conforme os parâmetros impostos pelo Estado. Nota-se que a essência dos delitos relacionados com armas de fogo está na lesão ao interesse jurídico da coletividade, que se consubstancia na segurança pública, não pertencendo 'necessariamente' ao tipo incriminador a lesão ou o perigo concreto de lesão a objeto material individual. Isso pode ocorrer, quando então se falará em objeto jurídico, sujeito passivo e objeto material secundários. Os tipos, porém, continuam sendo de lesão. (...) Como ficou consignado, os tipos de porte de arma e figuras análogas retratam crimes de lesão porque o infrator, com sua conduta, reduz o nível de segurança coletiva exigido pelo legislador, atingindo a objetividade jurídica concernente à incolumidade pública".[35]

34 *Estatuto do desarmamento*, p. 44/52.

35 Op. cit., p. 8/12.

Luiz Flávio Gomes e William Terra de Oliveira, como vimos, apontam a segurança pública como bem jurídico protegido nos delitos relacionados às armas de fogo. Reconhecem que tais normas acabam tutelando de forma mediata certos bens jurídicos fundamentais, como a vida, a incolumidade física de cada um, a segurança individual, o patrimônio etc., pois busca o Estado, com a tipificação de tais condutas (porte ilegal, por exemplo) prevenir ataques a eles. Tal prevenção é feita elevando-se à categoria de bem jurídico a própria segurança de outros bens, antecipando-se, assim, a barreira protetora da norma. Porém, os aludidos autores fazem questão de advertir que isso não significa perigo abstrato.

Assim como Damásio, ambos se posicionam no sentido de que os delitos da natureza dos previstos no Estatuto do Desarmamento (comentavam, é certo, a lei revogada, mas os argumentos, cremos, sobreviveram incólumes) devem ser classificados como *de lesão*. *Verbis*: "Adotando o modelo dos *crimes de lesão*, o legislador substituiu os bens primários (vida, patrimônio etc.) por um bem referencial e adjetivo: a sua 'segurança'. Nesse momento os bens *primários* convertem-se em *secundários*, pois sua *segurança* ganha o 'protagonismo na ordem lógica da tutela penal'. (...) Em termos pragmáticos, teremos um delito todas as vezes em que a conduta do agente atentar contra o 'nível mínimo de segurança' de outros bens, quer rebaixando-o ou anulando-o. (...) A diminuição dos níveis de segurança na circulação de armas é punível porque representa, em última instância, um risco maior para os bens jurídicos (que, segundo o enfoque da lei, são agora secundários) vida, incolumidade pessoal ou patrimônio. (...) Mas nem por tal motivo – adverte-se – estaremos diante de 'crimes de perigo'. Teremos, pelo contrário, um crime de *lesão* por excelência, já que a conduta do agente que desobedece a Lei 9.437/97 lesiona (via de regra) a *segurança pública* enquanto *bem jurídico* independente. (...) Na verdade, o novo sistema contempla aquilo que denominamos 'bem jurídico referencial', onde a lei eleva a segurança de um outro bem à condição de um verdadeiro bem jurídico autônomo (realizando um tipo de 'proteção penal referencial' ou 'indireta'). (...) Altera-se o clássico esquema de proteção penal. Saltamos da proteção imediata ao bem jurídico primário que se busca resguardar (vida incolumidade física, patrimônio) para a criação de um verdadeiro 'anteparo' jurídico precedente, um escudo protetor que atrai a incidência da norma, e sobre o qual recairá a conduta do autor. (...) O sistema penal converte em 'bem jurídico' a 'segurança de outro bem'. Um mero ataque à *segurança* do bem secundário já representa uma lesão a um bem referencial e adjetivo, protegido de forma reflexa. (...) Um modelo de tutela de tal natureza prescinde dos esquemas que contemplam os crimes de perigo concreto e abstrato, porque possui uma forma original de tutela jurídica".[36]

Gustavo Octaviano Diniz Junqueira e Paulo Henrique Aranda Fuller, depois de resumirem a controvérsia sobre a alegada inconstitucionalidade das infrações de perigo abstrato, expõem as soluções da doutrina para a questão da natureza jurídica dos delitos previstos no Estatuto do Desarmamento: a primeira, seria a pura e simples descriminalização de tais condutas; a segunda, seria considerá-los como crimes *de dano*, pois atingiriam o bem jurídico "nível satisfatório de segurança pública" (essa última, como vimos, a posição de Damásio, Luiz Flávio Gomes e William Terra de Oliveira). Os dois autores, porém, consideram a primeira solução inaceitável,

36 Op. cit., p. 47/59. Registre-se as interessantes considerações de Enrique Bacigalupo: "Um problema de difícil solução, vinculado ao acima exposto, diz respeito aos limites até os quais o direito penal se estende para punir ações que podem produzir um perigo de infração de normas que protegem certos interesses importantes. Por exemplo: o crime de porte de arma (arts. 563 e ss. do CP espanhol) implica numa antecipação da proteção a normas que resguardam, por sua vez, a vida, a integridade física e, em alguns casos, a liberdade de terceiros; (...). Com razão tem-se assinalado que 'um aumento na proteção de bens particulares sempre acarreta, ao mesmo tempo, uma diminuição da liberdade e da privacidade'. (...) Neste sentido, os *crimes de perigo abstrato* podem dar lugar a uma limitação incompatível constitucionalmente com a garantia de direitos fundamentais, quando impliquem uma limitação, por exemplo, da liberdade, que afete o 'conteúdo essencial' (art. 53, 1, CE) deste direito. Nesse ponto, fica evidente a importância do modelo de uma sociedade livre do qual se parta: o conteúdo essencial da liberdade de ação está historicamente condicionado pelo sentimento jurídico de uma sociedade em determinado momento" (op. cit., p. 36/37).

dado o potencial de violência das armas de fogo; e a segunda, parece-lhes conter argumento sedutor, mas muito perigoso, embora reconheçam ser, hoje em dia, a mais adotada no Brasil, ao menos pela doutrina.

Argumentam que a segurança não é um bem jurídico, mas "um estado a ser alcançado em relação aos reais bens jurídicos, e a inversão de sentido tem como efeito a prescindibilidade dos 'bens jurídicos' consagrados como merecedores de 'dignidade penal' (vida, dignidade, liberdade...), que seriam substituídos, sempre, pela *segurança*". E mais: a adoção do entendimento por eles criticado levaria ao abandono da proteção aos bens jurídicos propriamente ditos, passando o Direito Penal a proteger a "segurança que a norma dá a tais bens" ou, em última análise, a proteger a própria norma. Com isso, segundo os mesmos autores, o bem jurídico perderia a função de limite à intervenção penal, uma das bases para um Direito Penal democrático. Enfim, troca-se a "presunção de perigo" pela "presunção de lesão".

E finalizam: "Queremos concluir, assim, que, em nossa visão, todas as infrações de perigo abstrato são, a princípio, ilegítimas e deveriam ser extirpadas, no caminho da primeira posição elencada, em defesa das garantias individuais de limite ao poder do Estado. Reconhecemos, no entanto, que tal solução não se adapta ao problema das armas de fogo e outros com perigos extremos, mormente no atual contexto social de 'superarmamentismo'. Assim, com base nas noções da intervenção mínima penal em cotejo com a necessidade de prevenção, acreditamos ser possível a criminalização, mesmo sob o rótulo de perigo abstrato (mais sincero, evitando malabarismos conceituais e quebra do sistema do bem jurídico), nos seguintes termos: em razão do imenso risco que a arma de fogo gera ao bem jurídico supremo do ser humano, é possível a incriminação da conduta de portar ou possuir arma de fogo fora dos limites legais. Tal compreensão rebaixa, de imediato, os limites das garantias do indivíduo diante do poder penal do Estado, pois admite a punição sem real comprovação de risco a bem jurídico determinado, merecendo as críticas já apontadas aos crimes de perigo abstrato. A partir da orientação do princípio da proporcionalidade, toda situação de diminuição de tal risco (o perigo presumido sancionado pela lei) no caso concreto, ainda que envolvida com arma de fogo, torna o fato imediatamente irrelevante penal, como sintoma de *compensação* de garantias pelo rebaixamento referido, como o caso da arma quebrada, ineficaz, ou o porte de arma desmuniciada".[37]

Entendemos ser inegável a importância do bem jurídico no Direito Penal moderno[38] e sua função limitadora ao poder do Estado, é dizer, sua função de garantia. Ademais, deve o legislador dar a adequada tutela àqueles bens considerados, em nível constitucional, especialmente relevantes, pois erigidos à condição de direitos fundamentais.

Nesse ponto, ao dirigirmos nossa atenção ao art. 5º, *caput*, da Constituição da República, encontramos a *segurança* como um direito inviolável, ao lado do direito à vida, à liberdade, à

---

37 *Legislação penal especial, volume 1*. 5ª ed., São Paulo: Premier Máxima, 2008, p. 417/421.

38 Cf. HASSEMER, Winfried. *Introdução aos fundamentos do direito penal*. Trad. de Pablo Rodrigo Alflen da Silva. Porto Alegre: Sergio Antonio Fabris Editor, 2005, p. 56: "O conceito de bem jurídico deve-se à idéia de bem do *Iluminismo*. Ele foi formulado e fundamentado por *Paul Johann Anselm Feuerbach* por volta do século XIX, como arma contra uma concepção moralista do Direito Penal. A infração contra uma norma (moral ou ética) não podia ser suficiente para explicar uma conduta como criminosa, senão, primeiramente, a prova de que esta conduta lesiona interesses reais de outros homens, precisamente 'bens jurídicos'. Com isso foi introduzida a mudança para um sistema do Direito Penal orientado empiricamente, mesmo que ainda necessitasse de muitas lutas para atrair a atenção do legislador penal e dos juristas sobre as conseqüências dos seus procedimentos. (...) 'A conduta humana somente pode ser então injusto penal, quando lesiona um bem jurídico' – com esta máxima a *vítima* entrou (novamente) no plano, depois que ela esteve por séculos desaparecida atrás dos princípios da reprovabilidade, da contrariedade à norma, do procedimento criminal. A repreensão à violação de uma norma (moral ou ética) não pode ser suficiente ao legislador como fundamento da conduta humana merecedora de pena. Ele precisa antes provar a lesão de um bem jurídico: apresentar uma vítima desta conduta e indicar quanto a esta a lesão de bens, de interesses".

igualdade e à propriedade.[39] Desse modo, não compreendemos a relutância de alguns em aceitar que a *segurança*, vista coletivamente, i.e., a *segurança pública*, possa ser o verdadeiro objeto jurídico dos delitos aqui estudados. Não há qualquer malabarismo em tal aceitação, pois, como explicam Luiz Flávio Gomes, Antônio García-Pablos de Molina e Alice Bianchini: "Se por um lado há bens jurídico-penais diretamente reconduzíveis à pessoa humana (vida, propriedade, honra), por outro é incontestável que, para sua realização social, também existem bens supra-individuais de fundamental relevância, sendo uns gerais ou universais (segurança pública etc.), outros institucionais (administração da justiça, segurança do Estado) e ainda existem os difusos (bens de interesse de um grupo determinado ou determinável de pessoas)".[40]

Ora, se a segurança pública pode ser e é um bem jurídico apto a receber a especial tutela da norma penal e se efetivamente a recebeu no caso dos delitos previstos no Estatuto do Desarmamento, parece-nos uma consequência lógica a conclusão de que tais delitos, uma vez cometidos, atingem, é dizer, *lesionam* esse bem jurídico. Isso se dá porque, sempre que alguém, por exemplo, sai pelas ruas com uma arma de fogo, sem a devida autorização, há ali, de modo mediato, potencial de dano à vida ou ao patrimônio alheio (ou seja, perigo), mas, de imediato, a própria segurança da população, da coletividade, já se encontra rebaixada. Assim, há risco à vida ou ao patrimônio alheio, mas estes, vale lembrar, não constituem o bem jurídico imediatamente protegido na Lei sob análise. Em nosso entender, o bem jurídico tutelado de modo imediato, a segurança pública, não é simplesmente colocada em perigo, mas efetivamente atingida, eis que, em tais casos, resta sensivelmente diminuída pela conduta delitiva.

Portanto, colocamo-nos entre aqueles que entendem serem os crimes do Estatuto do Desarmamento crimes de lesão, e não de perigo abstrato.

Inaceitável, a nosso ver, o argumento de que, embora uma determinada categoria de crimes – os de perigo abstrato – deva ser considerada ilegítima (devendo, mesmo, ser extirpada de nosso ordenamento), pode ser aceita no caso das armas de fogo, dado se tratar de uma emergência ("superarmamentismo"), justificadora, inclusive, de um rebaixamento dos limites das garantias individuais frente ao poder do Estado. Com todo respeito, tal argumento é que representa verdadeiro perigo, pois, levada tal lógica às últimas consequências, de emergência em emergência, as garantias individuais ficam, ao final, expostas à pura e simples eliminação.

No Brasil, os Tribunais Superiores vêm reconhecendo que os crimes do Estatuto do Desarmamento são crimes de perigo abstrato, cancelando a controvérsia, ao menos no âmbito jurisprudencial.

Segundo o STF: "(...) Porte ilegal de arma de fogo de uso permitido é crime de mera conduta e de perigo abstrato. O objeto jurídico tutelado não é a incolumidade física, mas a segurança pública e a paz social, sendo irrelevante estar a arma de fogo desmuniciada. (...)".[41]

No mesmo sentido, o entendimento do STJ.[42]

Em resumo: ***embora encontremos controvérsia na doutrina, prevalece na jurisprudência o entendimento de que as infrações penais do Estatuto do Desarmamento são crimes de perigo abstrato***.

39 Art. 5º. Todos são iguais perante a lei, sem distinção de qualquer natureza, garantindo-se aos brasileiros e aos estrangeiros residentes no País a inviolabilidade do direito à vida, à liberdade, à igualdade, à segurança e à propriedade, nos termos seguintes: (...)".

40 Op. cit., p. 396.

41 HC 117.206-RJ, Min. Cármen Lúcia, 2ª T., j. 05/11/2013. E ainda: RHC 128.281-SP, Rel. Min. Teori Zavascki, 2ª T. j. 04/08/2015; RHC 117.566-SP, Rel. Min. Luiz Fux, 1ª T. j. 24.09.2013.

42 AgRg no AREsp 1.063.140-SE, Rel. Min. Reynaldo Soares da Fonseca, 5ª T., j. 20.04.2017; RHC 80.631-PI, Rel. Min. Nefi Cordeiro, 6ª T., j. 18.04.2017.

Objetos materiais dos crimes do Estatuto do Desarmamento

Os objetos materiais da maioria dos tipos penais previstos no Estatuto do Desarmamento são a arma de fogo, o acessório e a munição. Os explosivos e os artefatos incendiários são objetos materiais do delito previsto nos incisos III, V e VI, do § 1º do art. 16 do Estatuto (e, como veremos, em parte também do § 2º).

O Estatuto do Desarmamento foi inovador ao dar o mesmo tratamento dispensado às armas de fogo também às munições e acessórios, que passavam praticamente incólumes na legislação brasileira. Na nova lei, todos foram erigidos ao *status* de objeto material de delitos.

Ao menos quanto às munições, agiu com acerto o legislador, visto que nada havia na lei anterior a respeito do assunto e no caso de, por hipótese, alguém ser flagrado trazendo um carregamento de munição de uso permitido, pouco poderia ser feito no campo penal. E armas sem munição que as alimente de nada servem.

A opção do legislador, porém, não passou alheia a críticas.[43]

Seja como for, vejamos o que se deve entender por *arma de fogo*, *munição* e *acessório*. Nesse ponto, o intérprete deve ter muita paciência, tendo em vista a incrível sucessão de decretos regulamentadores no ano de 2019, e depois uma nova regulamentação em 2023, o que traz inegáveis dificuldades de compreensão do tema. Vamos tentar, a seguir, expor a evolução desses conceitos, para, somente então, trazer os conceitos e a classificação atualmente em vigor.

(A) A evolução dos decretos regulamentadores e o conflito de leis penais no tempo

(A.1) O regime dos Decretos 5.123/2004 e 3.655/2000 (R-105)

Logo em seguida à entrada em vigor da Lei 10.826/2003, os conceitos sobre armas, munições e acessórios, para fins de aplicação do Estatuto, podiam ser encontrados no Decreto 5.123/2004 e no Decreto nº 3.665/2000, ambos hoje revogados.[44]

Arma era definida como qualquer artefato que tivesse por objetivo causar dano, permanente ou não a seres vivos e coisas (Decreto 3.665/2000, art. 3º, IX).[45]

Mais especificamente, *arma de fogo* era considerada aquela "que arremessa projéteis empregando a força expansiva dos gases gerados pela combustão de um propelente confinado em uma câmara que, normalmente, está solidária a um cano que tem a função de propiciar continuidade à combustão de propelente, além de direção e estabilidade ao projétil" (Decreto 3.665/2000, art. 3º, XIII).[46]

Porém, a Lei nº 10.826/2003 cita em seu texto três espécies de armas de fogo: *de uso proibido, de uso restrito* e *de uso permitido*. Esse foi o principal ponto afetado pela sucessão de decretos vista em 2019.

O inciso LXXX do art. 3º do Decreto 3.665/2000 explicava que "a antiga designação 'de uso proibido' é dada aos produtos controlados pelo Exército designados como 'de uso restrito'".[47]

---

43 Cf. CAPEZ, Fernando, *Estatuto do desarmamento*, p. 57/58: "A nova lei equiparou a posse ou o porte de acessórios ou munição à arma de fogo. Dessa forma, o sujeito que for detido transportando somente a munição de um armamento de uso restrito incidirá nas mesmas penas que aquele que transportar a própria arma municiada. Não parece ser a medida mais justa, pois o projétil, sozinho, isto é, desacompanhado da arma de fogo, pode não ter idoneidade vulnerante. De qualquer forma, o legislador adotou o critério de presumir o perigo das condutas descritas no Estatuto do Desarmamento, como já havia feito por ocasião da Lei nº 9.437/97. Assim, o princípio da ofensividade, segundo o qual existe crime quando se demonstrar a efetiva lesão ou perigo de lesão do bem jurídico, deve ser aplicado excepcionalmente, apenas quando claramente for hipótese de crime impossível (CP, art. 17)".

44 Por força de liminar do STF na ADI 6.675, foi restabelecida a vigência do § 2º do art. 30 do Decreto 5.123.

45 Esse dispositivo teve eficácia até 1º de outubro de 2019, data em que foi publicado o Decreto 10.030.

46 Esse dispositivo teve eficácia até 1º de outubro de 2019, data em que foi publicado o Decreto 10.030.

47 Art. 3º, LXXXI, do Decreto 3.665/2000: "a designação 'de uso restrito' é dada aos produtos controlados pelo Exército que só podem ser utilizados pelas Forças Armadas ou, autorizadas pelo Exército, algumas Instituições de Segu-

Quer dizer, as expressões *de uso proibido* e *de uso restrito* eram então consideradas sinônimas para os efeitos legais.

O Decreto 5.123/2004, em seu art. 11, definia *arma de fogo de uso restrito* como aquela de uso exclusivo das Forças Armadas, de instituições de segurança pública e de pessoas físicas e jurídicas habilitadas, devidamente autorizadas pelo Comando do Exército, de acordo com legislação específica. É praticamente a mesma definição que continha o inciso XVIII, do art. 3º, do Decreto 3.665/2000.[48]

Mas, afinal, que armas eram de *uso restrito*? A resposta era encontrada no Decreto 3.665/2000, em seu art. 16. Armas de fogo de uso restrito eram:[49]

- as iguais ou que possuam alguma característica no que diz respeito aos empregos tático, estratégico e técnico do material bélico usado pelas Forças Armadas nacionais;
- as que, não sendo iguais ou similares ao material bélico usado pelas Forças Armadas nacionais, possuam características que só as tornem aptas para emprego militar ou policial;
- as curtas, cuja munição comum tenha, na saída do cano, energia superior a 300 libras-pé ou 407 Joules, como ocorre, por exemplo, nos calibres .357 Magnum, 9 Luger, .38 Super Auto, .40 S&W, .44 SPL, .44 Magnum, .45 Colt e .45 Auto;
- as longas raiadas, cuja munição comum tenha, na saída do cano, energia superior a 1.000 libras-pé ou 1.355 Joules, como ocorre, por exemplo, nos calibres .22-250, .223 Remington, .243 Winchester, .270 Winchester, 7 Mauser, .30-06, .308 Winchester, 7,62 x 39, .357 Magnum, .375 Winchester e .44 Magnum;
- as automáticas[50] de qualquer calibre;
- as de alma lisa (sem raiamento) de calibre 12 ou maior com comprimento de cano menor que 24 polegadas ou 610 milímetros;
- as de alma lisa de calibre superior ao 12;
- as dissimuladas, conceituadas como tais os dispositivos com aparência de objetos inofensivos, mas que escondem uma arma, tais como bengalas-pistola, canetas-revólver e semelhantes, desde que o mecanismo seja o mesmo das armas de fogo.

Notem o critério do Decreto 3.665/2000: considerava as características genéricas das armas, especialmente a energia cinética apresentada pela munição na saída do cano, e ao mesmo tempo nominava expressamente quais os calibres se inseriam no critério adotado.

Já o conceito de *arma de fogo de uso permitido* estava contido no art. 10 do Decreto 5.123/2004, sendo aquela cuja utilização é autorizada a pessoas físicas, bem como a pessoas jurídicas, de acordo com as normas do Comando do Exército e nas condições previstas no Estatuto do Desarmamento. Prevalecia tal definição sobre aquela contida no inciso XVII do art. 3º do Decreto 3.665/2000.[51]

---

rança, pessoas jurídicas habilitadas e pessoas físicas habilitadas". Esse dispositivo foi tacitamente revogado pelo Decreto 9.785/2019, publicado em 08 de maio e com vigência imediata, que trouxe definição própria.

48 Esses dispositivos foram revogados pelo Decreto 9.785/2019, o primeiro, de forma expressa, e o segundo, porque o novo decreto trouxe definição própria.

49 Esse dispositivo foi revogado pelo Decreto 9.785/2019, que trouxe definição própria.

50 Decreto 3.665/2000, art. 3º, inciso X: "arma em que o carregamento, o disparo e todas as operações de funcionamento ocorrem continuamente enquanto o gatilho estiver sendo acionado (é aquela que dá rajadas)". Esse dispositivo permaneceu até 1º de outubro de 2019, data em que foi publicado o Decreto 10.030.

51 Eis a definição: "arma cuja utilização é permitida a pessoas físicas em geral, bem como a pessoas jurídicas, de acordo com a legislação normativa do Exército". Portanto, o Decreto 5.123 revogara tacitamente a definição.

De acordo com o art. 17 deste último decreto, eram consideradas *armas de uso permitido*:[52]

- as armas de fogo curtas, de repetição ou semiautomáticas, cuja munição comum tenha, na saída do cano, energia de até 300 libras-pé ou 407 Joules, como ocorre, por exemplo, nos calibres .22 LR, .25 Auto, .32 Auto, .32 S&W, .38 SPL e .380 Auto;
- as longas raiadas, de repetição ou semiautomáticas, cuja munição comum tenha, na saída do cano, energia de até 1.000 libras-pé ou 1.355 Joules, como ocorre, por exemplo, nos calibres .22 LR, .32-20, .38-40 e .44-40;
- as armas de fogo de alma lisa, de repetição ou semiautomáticas, calibre 12 ou inferior, com comprimento de cano igual ou maior do que 24 polegadas ou 610 milímetros; as de menor calibre, com qualquer comprimento de cano;
- armas que tenham por finalidade dar partida em competições desportivas, que utilizem cartuchos contendo exclusivamente pólvora;
- armas de fogo para uso industrial ou que utilizem projéteis anestésicos para uso veterinário.

Percebe-se, também aqui, a utilização do mesmo critério misto, com característica da energia cinética da munição na saída do cano e calibres nominais.

Munição era definida como o artefato completo, pronto para carregamento e disparo de uma arma, cujo efeito desejado pode ser a destruição, a iluminação ou o ocultamento do alvo, produzir algum efeito moral sobre pessoas, o uso em simples exercício, manejo ou outros especiais (art. 3º, LXIV, Decreto 3.665/2000).[53]

Elas também são classificadas em *de usos restrito* e *permitido*. O art. 16 do Decreto 3.665/2000 definia como de uso restrito as munições:[54]

- que possuam alguma característica no que diz respeito aos empregos tático, estratégico e técnico do material bélico usado pelas Forças Armadas nacionais;
- que, não sendo iguais ou similares ao material bélico usado pelas Forças Armadas nacionais, possuam características que só as tornem aptas para emprego militar ou policial;
- as que possuam projéteis que contenham elementos químicos agressivos, cujos efeitos sobre a pessoa atingida sejam de aumentar consideravelmente os danos, tais como projéteis explosivos ou venenosos.

Por fim, o Decreto 3.665/2000 definia *acessório* como o "engenho primário ou secundário que suplementa um artigo principal para possibilitar ou melhorar o seu emprego" (art. 3º, I).[55]

Eram considerados de *uso permitido* os dispositivos óticos de pontaria, desde que trouxessem aumento menor que seis vezes e diâmetro da objetiva menor que 36 milímetros (art. 17, Decreto 3.665/2000).[56] E de *uso restrito* (art. 16 do mesmo decreto)[57]:

- os acessórios e equipamentos iguais ou que possuam alguma característica no que diz respeito aos empregos tático, estratégico e técnico do material bélico usado pelas Forças Armadas nacionais;
- os que, não sendo iguais ou similares ao material bélico usado pelas Forças Armadas nacionais, possuam características que só as tornem aptas para emprego militar ou policial;

52 Esse dispositivo foi revogado pelo Decreto 9.785/2019, que trouxe definição própria.

53 Esse dispositivo foi revogado pelo Decreto 9.785/2019, que trouxe definição própria.

54 Esse dispositivo foi revogado pelo Decreto 9.785/2019, que trouxe definição própria.

55 Esse dispositivo foi revogado pelo Decreto 10.030/2019.

56 Esse dispositivo foi revogado pelo Decreto 10.030/2019.

57 Esse dispositivo também foi revogado pelo Decreto 10.030/2019.

- os dispositivos que constituam acessórios de armas e que tenham por objetivo dificultar a localização da arma, como os silenciadores de tiro, os quebra-chamas e outros, que servem para amortecer o estampido ou a chama do tiro e os que modificam as condições de emprego (excluídos, a nosso ver, os bocais lança-granadas, que são artefatos explosivos, caracterizadores do crime do art. 16, então parágrafo único, III, do art. 16 do Estatuto);
- os equipamentos para visão noturna, tais como óculos, periscópios, lunetas, etc.;
- dispositivos ópticos de pontaria com aumento igual ou maior que seis vezes ou diâmetro da objetiva igual ou maior que 36 milímetros;
- dispositivos de pontaria que empregam luz ou outro meio de marcar o alvo.

(A.2) O Decreto 9.493/2018

Em 5 de setembro de 2018, foi editado o Decreto 9.493, que entraria em vigor 180 dias depois de sua publicação, ou seja, em março de 2019. Ocorre que, antes disso, houve a edição do Decreto 9.720, apenas para aumentar a *vacatio legis* para trezentos dias. Assim, o Decreto 9.493/2018 entraria em vigor em 2 de julho de 2019, com a intenção de substituir o Decreto 3.665/200 (R-105), constituindo o novo "Regulamento para Fiscalização de Produtos Controlados".

Porém, durante o período de *vacatio*, em maio de 2019, foi editado o Decreto 9.785 que trouxe muitas das definições que seriam objeto do Decreto 9.493, levando-nos à conclusão de que, quando entrasse em vigor, já estaria parcial e tacitamente revogado.[58] Em 2 de julho do mesmo ano, editou-se o Decreto 9.898, com aumento da *vacatio* para mais 90 dias. Finalmente, o Decreto 9.493/2018 foi revogado pelo Decreto 10.030/2019, sem nunca ganhar eficácia.

(A.3) O Decreto 9.785/2019: alteração dos critérios de classificação e a lex mitior

A nova classificação de armas de fogo e munições de uso permitido e restrito apresentada pelo Decreto 9.785, publicado em 08 de maio de 2019, alterou de modo substancial o tratamento penal dos arts. 12, 14, 16 e 19 (indiretamente, também dos arts. 17 e 18), uma vez que a categoria *armas de fogo de uso permitido* foi bastante ampliada. Já no que tange às munições, a definição de munição de uso restrito trouxe dúvidas quanto à sua aplicação, pois apresentava-se com redação deficiente.

Segundo o Decreto 9.785, passaram a ser *armas de fogo de uso permitido* as semiautomáticas[59] ou de repetição[60] que fossem:

a) de porte[61] que, com a utilização de munição comum, não atinjam, na saída do cano, energia cinética superior a mil e duzentas libras-pé e mil seiscentos e vinte *joules*;

---

58 Decreto posterior que regule de modo diverso algum assunto, revoga, nesse ponto, o anterior. Consideramos que *decreto posterior* é aquele *editado* e *publicado posteriormente* e não aquele com *vigência posterior*. Portanto, como o Decreto 9.493 foi editado em setembro de 2018, ainda que viesse a entrar em vigor apenas em julho de 2019, seria anterior ao Decreto 9.785, de maio de 2019.

59 Para o Decreto 3.665/2000, então ainda em vigor, semiautomática era: a arma que realiza, automaticamente, todas as operações de funcionamento com exceção do disparo, o qual, para ocorrer, requer, a cada disparo, um novo acionamento do gatilho.

60 Para o Decreto 3.665/2000, então ainda em vigor, arma de repetição era: aquela em que o atirador, após a realização de cada disparo, decorrente da sua ação sobre o gatilho, necessita empregar sua força física sobre um componente do mecanismo desta para concretizar as operações prévias e necessárias ao disparo seguinte, tornando-a pronta para realizá-lo.

61 Segundo o Decreto 3.665/2000, arma de porte era considerada a "arma de fogo de dimensões e peso reduzidos, que pode ser portada por um indivíduo em um coldre e disparada, comodamente, com somente uma das mãos pelo atirador; enquadram-se, nesta definição, pistolas, revólveres e garruchas". O Decreto 9.785/2019, nesse caso, tinha definição própria, que revogou a do Decreto 3.665: "arma de dimensões e peso reduzidos, que pode ser disparada pelo atirador com apenas uma de suas mãos, a exemplo de pistolas, revólveres e garruchas".

b) portátil[62] de alma lisa[63]; ou

c) portátil de alma raiada[64] que, com a utilização de munição comum, não atinjam, na saída do cano, energia cinética superior a mil e duzentas libras-pé e mil seiscentos e vinte *joules*.

De plano, nota-se duas coisas: o Decreto 9.785/2019 ingressou em definições que, até então, eram deixadas inteiramente a cargo do Regulamento de Produtos Controlados; e que se abandonou a técnica de citação expressa dos calibres nominais, mantendo-se apenas o critério da energia cinética da munição na saída do cano.

Graças a isso, e a partir da entrada em vigor do Decreto 9.785 em 08 de maio de 2019, pode-se perfeitamente afirmar que muitas das armas antes consideradas de uso restrito passaram a ser enquadradas na categoria das armas de uso permitido. Adiante, traremos tabelas já aplicáveis desde a data acima citada.

Quais armas passaram a ser de *uso restrito e proibido*?

Segundo o Decreto 9.785, passaram a ser consideradas *de uso proibido*, as armas de fogo: "classificadas de uso proibido em tratados internacionais dos quais a República Federativa do Brasil seja signatária"; e "dissimuladas, com aparência de objetos inofensivos". Passaram a ser classificadas como de *uso restrito* as armas de fogo automáticas[65], semiautomáticas ou de repetição que fossem:

a) não portáteis[66];

b) de porte que, com a utilização de munição comum, atinjam, na saída do cano, energia cinética superior a mil e duzentas libras-pé e mil seiscentos e vinte *joules*; ou

c) portátil de alma raiada que, com a utilização de munição comum, atinjam, na saída do cano, energia cinética superior a mil e duzentas libras-pé e mil seiscentos e vinte *joules*.

O evidente aumento dos limites de energia cinética mostra que houve intenção de deixar na categoria de armas de uso restrito, na prática, apenas as armas longas, como fuzis, deixando os revólveres e pistolas, salvo raras exceções (sendo exemplo a pistola .50), na categoria do uso permitido.

O impacto penal foi grande.

Todos aqueles acusados pela prática do crime do art. 16, *caput*, da Lei 10.826/2003 – ou seja, que praticaram a conduta de possuir, deter, portar, adquirir, fornecer, receber, ter em depósito, transportar, ceder, ainda que gratuitamente, emprestar, remeter, empregar, manter sob sua guarda ou ocultar arma de fogo, acessório ou munição de uso proibido ou restrito, sem

---

62 Segundo o Decreto 3.665/2000, arma portátil era a "arma cujo peso e cujas dimensões permitem que seja transportada por um único homem, mas não conduzida em um coldre, exigindo, em situações normais, ambas as mãos para a realização eficiente do disparo". O Decreto 9.785/2019 tinha definição própria, que revogou a citada: "arma de fogo que, devido às suas dimensões ou ao seu peso, pode ser transportada por uma pessoa, tais como fuzil, carabina e espingarda".

63 O Decreto 3.665/2000, então ainda em vigor, não definia diretamente o que era arma de alma lisa, mas extraía-se dele que seria aquela cujo cano não possui raias internas.

64 O Decreto 3.665/2000, então ainda em vigor, não definia diretamente o que é arma de alma raiada, mas extraía-se dele que seria aquela cujo cano possui raias internas.

65 Para o Decreto 3.665/2000, então ainda em vigor, automática é "a arma em que o carregamento, o disparo e todas as operações de funcionamento ocorrem continuamente enquanto o gatilho estiver sendo acionado (é aquela que dá rajadas)".

66 Segundo o Decreto 3.665/2000, arma não portátil era a "arma cujo peso e cujas dimensões permitem que seja transportada por um único homem, mas não conduzida em um coldre, exigindo, em situações normais, ambas as mãos para a realização eficiente do disparo". O Decreto 9.785/2019 continha definição própria, que revogava a anterior: "arma de fogo que, devido às suas dimensões ou ao seu peso, precisa ser transportada por mais de uma pessoa, com a utilização de veículos, automotores ou não, ou sejam fixadas em estruturas permanentes".

autorização e em desacordo com determinação legal ou regulamentar – e cujo objeto do crime, a arma de fogo, tiver sido rebaixado da categoria de uso restrito para de uso permitido, foram imediatamente beneficiados pelo Decreto 9.785/2019.

A razão é simples: os crimes do Estatuto do Desarmamento são normas penais em branco, pois dependem das definições constantes dos decretos regulamentadores, estando nestes as definições de armas, munições e acessórios, de uso proibido, restrito e permitido.

Isso significa que os acusados pela prática do crime do art. 16, em casos de aplicação do citado rebaixamento, não mais estarão sujeitos às penas de 3 a 6 anos de reclusão, mas àquelas previstas nos arts. 12 e 14 do Estatuto do Desarmamento, conforme as circunstâncias do caso. Assim, se a arma tiver sido encontrada no interior da residência, passará a ser aplicado, retroativamente, o art. 12, com pena de 1 a 3 anos de detenção, e multa. Se o agente a portava fora de casa, incidirá o art. 14, com pena de 2 a 4 anos de reclusão, e multa.

Nesses pontos, o Decreto 9.785/2019 representou inegável *novatio legis in mellius* e, como tal, retroagiu, atingindo até mesmo os processos com trânsito em julgado.

Impacto também foi gerado sobre o crime do art. 16, parágrafo único, inciso II (atual § 1º, inciso II) que trata da conduta de modificar as características de arma de fogo, de forma a torná-la equivalente a arma de fogo de uso proibido ou restrito ou para fins de dificultar ou de qualquer modo induzir a erro autoridade policial, perito ou juiz. Se a modificação da arma não tiver trazido aumento na energia cinética da munição a ponto de transformá-la em arma de uso restrito, à luz dos novos parâmetros do Decreto 9.785, o fato se tornará atípico, devendo levar à absolvição.

Não vislumbramos qualquer outro impacto sobre as demais modalidades do art. 16 do Estatuto, uma vez que, como veremos, não fazem distinção sobre a categoria da arma de fogo.

Quanto às *munições*, o Decreto 9.785 somente trouxe nova definição quanto às de uso restrito. Nesse ponto, o Decreto apresentou deficiência evidente. Dizia seu art. 2º, IV: "munição[67] de uso restrito – munições de uso exclusivo das armas portáteis raiadas, e das perfurantes, das traçantes, das explosivas e das incendiárias".

Essa redação defeituosa trouxe, de cara, uma indagação: todas as munições de uso exclusivo das armas portáteis raiadas seriam de uso restrito? A resposta, em nosso entender, deveria ser negativa. A munição deveria ser considerada de uso restrito sempre que a arma de fogo também o fosse. Além disso, as munições perfurantes, traçantes, explosivas e incendiárias também deveriam ser consideradas de uso restrito.

Os reflexos penais dessas alterações quanto às munições foram os mesmos vistos acima para as armas, considerando-se o art. 16 do Estatuto: tivemos, também aqui, hipótese de *novatio legis in mellius*.

Quanto aos acessórios, nada mudou em relação à regulamentação que havia na época, eis que o Decreto 9.785 nada dispôs a respeito, ficando mantidas as definições então existentes, ainda do Decreto 3.665/2000, até ser revogado e substituído pelo Decreto 10.030/2019.

O art. 19 do Estatuto também sentiu os reflexos do Decreto 9.785. Tal dispositivo prevê que: "Nos crimes previstos nos arts. 17 e 18, a pena é aumentada da metade se a arma de fogo, acessório ou munição forem de uso proibido ou restrito". Vê-se que, havendo reclassificação da arma para de uso permitido, deixará de ser aplicada a causa de aumento de pena que atingia os crimes de comércio ilegal (art. 17) e tráfico internacional de arma de fogo (art. 18). Outra hipótese de *novatio legis in mellius*.

Quando da análise dos arts. 12 e 13 da Lei 10.826, veremos que o Decreto 9.785 trouxe também outras discussões, além do aspecto da reclassificação dos objetos materiais.

67 O Decreto assim definia munição: "cartucho completo ou seus componentes, incluídos o estojo, a espoleta, a carga propulsora, o projétil e a bucha utilizados em armas de fogo".

(A.4) As alterações trazidas pelo Decreto 9.797 ao Decreto 9.785/2019

Passados poucos dias edição do Decreto 9.785, o Poder Executivo da União editou novo decreto, sob nº 9.797, a fim de trazer algumas modificações ao seu texto.

Vejamos, então, o que efetivamente mudou com a publicação do Decreto 9.797, em 22 de maio de 2019.

Vimos que a nova classificação de armas de fogo e munições de uso permitido e restrito apresentada pelo Decreto 9.785/2019 alterou de modo substancial o tratamento penal dos arts. 12, 14, 16 e 19 (indiretamente, também dos arts. 17 e 18), uma vez que a espécie das armas de fogo de uso permitido foi bastante ampliada. Vimos, também, no que tange às munições, que a definição de munição de uso restrito do citado decreto poderia trazer dúvidas quanto à sua aplicação, pois apresentava-se com redação deficiente.

Segundo o Decreto 9.785/2019, com as alterações trazidas pelo Decreto 9.797, passaram a ser consideradas *armas de fogo de uso permitido* as semiautomáticas ou de repetição que fossem (as alterações estarão em itálico abaixo):

a) de porte que, com a utilização de munição comum, não atinjam, na saída do cano *de prova*, energia cinética superior a mil e duzentas libras-pé *ou* mil seiscentos e vinte *joules*;
b) *portáteis* de alma lisa; ou
c) *portáteis* de alma raiada, *cujo calibre nominal*, com a utilização de munição comum, não *atinja*, na saída do cano *de prova*, energia cinética superior a mil e duzentas libras-pé *ou* mil seiscentos e vinte joules.

As alterações foram apenas na redação, trazendo maior precisão e apuro técnico, sem mudanças sobre os tipos penais, de modo que ficam mantidas as considerações expostas em nossos comentários ao Decreto 9.785.

De outra parte, continuaram a ser consideradas *de uso proibido*, as armas de fogo: "classificadas de uso proibido em tratados internacionais dos quais a República Federativa do Brasil seja signatária"; e "dissimuladas, com aparência de objetos inofensivos". Não houve, portanto, alteração alguma aqui.

Passaram a ser classificadas como de *uso restrito* as armas de fogo automáticas, semiautomáticas ou de repetição que fossem (as alterações estão em itálico):

a) não portáteis;
b) de porte, *cujo calibre nominal*, com a utilização de munição comum, *atinja*, na saída do cano, energia cinética superior a mil e duzentas libras-pé *ou* mil seiscentos e vinte *joules*; ou
c) *portáteis* de alma raiada, *cujo calibre nominal*, com a utilização de munição comum, *atinja*, na saída do cano *de prova*, energia cinética superior a mil e duzentas libras-pé *ou* mil seiscentos e vinte joules.

As alterações trazidas pelo novo decreto também foram de ordem técnica e, como vimos em nossos comentários anteriores, o impacto penal já havia sido grande.

Quanto às munições, o Decreto 9.785 apresentava deficiências evidentes, como já expusemos. Dizia seu art. 2º, IV: "munição de uso restrito – munições de uso exclusivo das armas portáteis raiadas, e das perfurantes, das traçantes, das explosivas e das incendiárias". Então, com a redação dada pelo Decreto 9.797, foram classificadas como *munições de uso restrito* aquelas que:

a) atinjam, na saída do cano de prova de armas de porte ou portáteis de alma raiada, energia cinética superior a mil e duzentas libras-pé ou mil seiscentos e vinte joules;
b) sejam traçantes, perfurantes ou fumígenas;
c) sejam granadas de obuseiro, de canhão, de morteiro, de mão ou de bocal; ou
d) sejam rojões, foguetes, mísseis ou bombas de qualquer natureza.

Houve a inclusão da definição de munições de uso proibido: "as munições incendiárias, as químicas ou as que sejam assim definidas em acordo ou tratado internacional de que a República Federativa do Brasil seja signatária".

(B) O regime atual: Decretos 9.847, 10.030/2019, 11.366/2023 e 11.615/2023, e Portaria Conjunta C Ex/DG-PF 2/2023

A edição do Decreto 9.785 e as modificações trazidas pelo Decreto 9.797 trouxeram diversas polêmicas, não apenas por conta da reclassificação dos objetos materiais vista a acima, mas também por conta de outros aspectos que buscavam facilitar a aquisição e registro de armas de fogo. O Congresso Nacional chegou a ameaçar revogar tais decretos. Nem foi preciso.

Sem verdadeiramente recuar nas modificações, o Poder Executivo editou três novos decretos, sob os números 9.845, 9.846 e 9.847, publicados no dia 25 de junho de 2019 (na verdade, chegou a ser publicado toda a matéria num único decreto, sob nº 9.844, no mesmo dia, mas imediatamente revogado!), ficando expressamente revogados os Decretos 9.785 e 9.797. Em 1º de outubro do mesmo ano, o Governo publicou o Decreto 10.030, que trouxe o novo "Regulamento de Produtos Controlados", revogando por completo os Decretos 3.665/2000 (R-105) e 9.493/2018 (que ainda estava no período de *vacatio*).

Em 2021, insistiu-se no aprofundamento da facilitação para aquisição de armas, munições e acessórios, desta feita, por obra dos Decretos 10.628, 10.629, 10.630 e 10.627/2021. Como consequência, o STF foi provocado e, por liminar, foram suspensos diversos dispositivos então incluídos (ADI 6.675), alguns depois considerados inconstitucionais. E agora ainda temos o Decreto 11.615, que igualmente trouxe algumas definições.

Vejamos como ficaram os objetos materiais da maioria dos crimes do Estatuto do Desarmamento com toda essa regulamentação.

O trabalho do intérprete de trazer à baila definições do que seja arma de fogo é extremamente facilitado pelo ordenamento, pois, como não poderia deixar de ser, é nele que encontramos todos os conceitos. Ou, pelo menos, deveria ser assim. Convém lembrar que, se um tipo penal menciona a expressão "arma de fogo de uso permitido" ou "acessório de uso restrito", deve existir no próprio ordenamento uma definição de tais termos, sob pena de se tornar inaplicável o dispositivo legal, uma vez que temos, no caso, uma norma penal em branco. É a pura e simples observância do princípio da legalidade.

Os conceitos são encontrados, basicamente, no Regulamento do Estatuto, hoje dividido em dois Decretos – 9.847/2019 e 11.615/2023 -, bem como no Regulamento de Produtos Controlados, do Decreto 10.030/2019. Útil, também, para o estudo do tema é a Portaria Conjunta C Ex/DG/PF 2/2023 (portaria conjunta entre o comandante do Exército e a Polícia Federal).

(B.1) Arma de fogo

Arma de fogo é aquela "que arremessa projéteis empregando a força expansiva dos gases, gerados pela combustão de um propelente confinado em uma câmara, normalmente solidária a um cano, que tem a função de dar continuidade à combustão do propelente, além de direção e estabilidade ao projétil" (Decreto 10.030/2019, Anexo III – Glossário). Por isso, estão excluídas do alcance do Estatuto do Desarmamento as armas que utilizam gás comprimido ou pressão, ainda que de uso restrito. Também estão excluídas as armas brancas, como facas, por exemplo.

As armas de fogo são consideradas armas próprias, pois fabricadas para utilização como meio de defesa ou ataque; uma faca de cozinha, ou um pedaço cortante de vidro, é uma arma imprópria, pois não foi criada para a finalidade de servir como meio de defesa ou ataque, embora possa ser usada com essa finalidade, podendo até mesmo resultar na majoração da pena de crimes como o roubo.

A Lei nº 10.826/2003 cita em seu texto três espécies de armas de fogo: de *uso proibido*, de *uso restrito* e de *uso permitido*. Depois das frequentes alterações dos decretos regulamentares, temos atualmente definições normativas dessas categorias de armas de fogo presentes nos Decretos 10.030 e 11.615.

Armas de fogo de uso proibido

Segundo as normas em vigor, *são armas de fogo de uso proibido: a) as armas de fogo classificadas de uso proibido em acordos e tratados internacionais dos quais a República Federativa do Brasil seja signatária; b) as armas de fogo dissimuladas, com aparência de objetos inofensivos* (Decreto 10.030/2019, Anexo I, art. 3º, parágrafo único, III; Decreto 11.615, art. 14).

Explicam Almir Santos Reis Júnior e Christiano Jorge Santos: "'*Dissimuladas , com aparência de objetos inofensivos*' são as armas que, normalmente, se valem de munições de baixos calibres (o calibre mais comum é o .22) e que na grande maioria das vezes, permitem a efetuação de um único disparo. Como é próprio de sua natureza tem como objetivo evitar sua identificação e apreensão em buscas pessoais ou domiciliares. Por dificultar ou impossibilitar a percepção de que uma pessoa se encontre armada, pode ser útil, por exemplo, para permitir a aproximação do atirador a seu alvo, numa hipótese de atentado, ou o ingresso de alguém armado em local cujo acesso é vedado a pessoas que portam armas. Em sendo produzidas artesanalmente (ou assim adaptadas) não possuem numeração de série e, por conseguinte, permanecem alheias ao controle estatal".[68]

E quais são as armas proibidas em tratados e acordos internacionais dos quais o Brasil é signatário?

As armas proibidas são encontradas nos Protocolos anexos à Convenção da ONU sobre Armas Convencionais (Convenção sobre Proibições ou Restrições ao Emprego de Certas Armas Convencionais que Poder Ser Consideradas como Excessivamente Lesivas ou Geradoras de Efeitos Indiscriminados), internalizada pelo Decreto 2.739/1998.

Assim, também devem ser consideradas armas de uso proibido: a) "*aquelas cujo efeito primário seja ferir por meio de fragmento que, no corpo humano, não são detectáveis por raios X* (art. único do Protocolo I)"; e b) "*as armas incendiárias* (nos exatos termos da definição e com as exclusões definidas no art. 1 do Protocolo III). Tal hipótese se verifica desde que a arma de fogo funcione nos moldes da definição contida no Glossário que compõe o Anexo III do Decreto nº 10.030, de 30 de setembro de 2019 e assim dispare munição incendiária. Contrariamente, portanto, um aparelho de 'lança chamas' que funcione com base no incandescer de gás inflamável expelido sobre pressão não será arma incendiária para os fins do Estatuto do Desarmamento, embora o seja para a Convenção, pois não funciona com arremesso de projétil em processo iniciado pelo incêndio da pólvora".[69]

O inciso II do art. 14 do Decreto 11.615 estabelece ser de *uso proibido*: os brinquedos, as réplicas e os simulacros de armas de fogo que com estas possam se confundir, exceto as classificadas como armas de pressão e as réplicas e os simulacros destinados à instrução, ao adestramento ou à coleção de usuário autorizado, nas condições estabelecidas pela Polícia Federal.

Cuidado: o decreto não equiparou tais objetos a armas de fogo, mas apenas estabeleceu a proibição de seu uso, exceto nas hipóteses ali mencionadas.

Armas de fogo de uso restrito

De acordo como Decreto 11.615/2023, são de uso restrito as armas de fogo e munições especificadas em ato conjunto do Comando do Exército e da Polícia Federal (Portaria 2/2023).

---

68 Posse ou porte illegal de arma de fogo de uso restrito: art. 16 da Lei 10.826/2003. In: HAMMERSCHMIDT, Denise (coord.), *Crimes hediondos e assemelhados*. Curitiba: Juruá, 2020, p. 296-297.

69 REIS JÚNIOR, Almir Santos; SANTOS, Christiano Jorge. Posse ou porte illegal de arma de fogo de uso restrito: art. 16 da Lei 10.826/2003. In: HAMMERSCHMIDT, Denise (coord.), *Crimes hediondos e assemelhados*. Curitiba: Juruá, 2020, p. 297.

Porém, o mesmo dispositivo traz uma relação do que considera estar incluído em qualquer especificação trazida por referido ato conjunto. Vejamos.

A) *Armas de fogo automáticas*[70], *independentemente do tipo ou calibre*. O art. 3º, parágrafo único, II, do Decreto 10.030/2019 (Anexo I) que manteve os mesmos parâmetros aplicados desde o revogado Decreto 9.785, já vinha classificando as armas automáticas como de uso restrito.

B) Armas de pressão por gás comprimido ou por ação de mola, com calibre superior a seis milímetros, que disparem projéteis de qualquer natureza, exceto as que lancem esferas de plástico com tinta, como os lançadores de *paintball*. Há um equívoco evidente do legislador. Se *arma de fogo* é a quela "que arremessa projéteis empregando a força expansiva dos gases, gerados pela combustão de um propelente confinado em uma câmara, normalmente solidária a um cano, que tem a função de dar continuidade à combustão do propelente, além de direção e estabilidade ao projétil", na definição do Decreto 10.030/2019, uma *arma de pressão* não pode ingressar nessa classificação. Vale lembrar que o Decreto 11.615 não traz sua própria definição de arma de fogo, razão pela qual sequer se pode afirmar ter sido revogada tacitamente a definição do Decreto 10.030. Ademais, a Lei 10.826/2003 cuida de regulamentar as *armas de fogo* e traz os tipos penais aplicáveis à espécie. Portanto, a equiparação das armas de pressão às armas de fogo, trazida pelo Decreto 11.615, em nosso entender, extrapola o escopo do Estatuto do Desarmamento. Para o que interessa nesse livro, é dizer, os reflexos penais, ficamos com nosso entendimento de que as armas de pressão não poderão configurar objeto material dos crimes do Estatuto, embora sua posse ou porte, sem autorização, pode atrair a aplicação da Lei de Contravenções Penais.

C) *Armas de fogo de porte*[71], *cuja munição comum tenha, na saída do cano de prova, energia superior a trezentas libras-pé ou quatrocentos e sete joules*. Trata-se de inovação importante trazida pelo novo Decreto 11.615. Vale lembrar que, de acordo com o art. 3º, parágrafo único, II, do Decreto 10.030/2019 (Anexo I), eram consideradas de uso restrito as armas de fogo de porte, cujo calibre nominal, com a utilização de munição comum, atingisse, na saída do cano de prova energia cinética superior a mil e duzentas libras-pé ou mil seiscentos e vinte joules. Esse reclassificação terá reflexos importantes, visto que algumas armas de porte que antes eram consideradas de uso permitido, voltam a figurar como de uso restrito. Há, aqui, inegavelmente, pela via regulamentar da norma penal em branco, *novatio legis in pejus*, que não poderá retroagir para atingir fatos anteriores a 21 de julho de 2023, data da publicação do novo Decreto.

D) *Armas de fogo portáteis*[72], *longas*[73], *de alma raiada*[74], *cuja munição comum tenha, na saída do cano de prova, energia superior a mil e duzentas libras-pé ou mil seiscentos*

70 Arma de fogo cujo carregamento, disparo e demais operações de funcionamento ocorrem continuamente, enquanto o gatilho estiver acionado (art. 2º, X).

71 Arma de fogo de dimensão e peso reduzidos que pode ser disparada pelo atirador com apenas uma de suas mãos, como pistola, revólver e garrucha (art. 2º, III).

72 Arma de fogo cujo peso e cujas dimensões permitem que seja transportada por apenas um indivíduo, mas não conduzida em um coldre, que exige, em situações normais, ambas as mãos para a realização eficiente do disparo (art. 2º, IV).

73 Arma de fogo cujo peso e cuja dimensão permitem que seja transportada por apenas uma pessoa, mas não conduzida em um coldre, e que exige, em situações normais, ambas as mãos com apoio no ombro para a realização eficiente do disparo (art. 2º, VII).

74 Arma de fogo de cano com sulcos helicoidais, responsáveis pela giroestabilização do projétil durante o percurso até o alvo (art. 2º, XII).

e vinte joules. O Decreto 10.030 traz idêntica classificação, embora sem exigir que a arma seja longa, o que pode trazer alguma dúvida sobre alguns tipos de armas. De qualquer maneira, na maioria dos casos, será possível dizer não ter havido qualquer alteração no que tange à tipicidade formal.

E) *Armas de fogo portáteis, longas, de alma lisa*[75]*: a) de calibre superior a doze; b) semiautomáticas*[76] *de qualquer calibre; c) armas de fogo não portáteis*[77]. Na primeira hipótese ("a"), temos uma possibilidade de reclassificação que constitui *novatio legis in pejus*, visto que, sob o Decreto 10.030, as armas de fogo portáteis, semiautomáticas ou de repetição, de alma lisa eram sempre consideradas de uso permitido (art. 3º, parágrafo único, I, do Anexo I). Agora, se forem de calibre superior a doze, automaticamente serão consideradas de uso restrito. Na segunda hipótese ("b"), somente serão consideradas automaticamente de uso restrito aquelas armas semiautomáticas que forem longas e de alma lisa. Assim, sendo armas de porte ou portáteis de alma raiada, sua classificação dependerá, como visto acima, da energia cinética do projétil na saída do cano. Na terceira hipótese ("c"), todas as armas de fogo não portáteis, de alma lisa, são consideradas de uso restrito. Aqui, não haverá qualquer mudança, vez que as armas não portáteis em geral já eram consideradas de uso restrito pelo art. 3º, parágrafo único, II, do Decreto 10.030/2019 (Anexo I).

F) Armas de fogo não portáteis. Manteve-se, como visto, a classificação anterior. Arma não portátil é sempre de uso restrito.

A Portaria Conjunta C Ex/DG/PF 2/2023 ainda estabelece que as armas de fogo portáteis, longas, de alma raiada, semiautomáticas, cuja munição comum não atinja, na saída do cano de prova, energia cinética superior a 1.200 (mil e duzentas) libras-pé ou 1.620 (mil seiscentos e vinte) joules são de uso restrito (art. 8º). Já as armas do tipo multicalibre serão classificadas quanto ao uso considerando a munição de maior energia (art. 9º).

Mas, afinal, levando-se em considerações os calibres nominais, quais são as armas de uso restrito?

Para dar uma resposta a esta importante indagação, temos o ato conjunto da Polícia Federal e Ministério da Defesa (Portaria Conjunta 2/2023).

Seguem as tabelas da citada portaria, que trata da classificação.

Listagem de calibres nominais de armas de fogo, de porte, de repetição ou semiautomáticas, e munições de uso restrito.

Calibre Nominal	Energia Média (joules)	Classificação
38 Automatic	419,17	Restrito
9x19mm Parabellum	453,56	Restrito
45 Auto Rim	471,20	Restrito
44 S&W Special	497,98	Restrito

75 É a arma que não possui sulcos helicoidais, responsáveis pela giroestabilização do projétil durante o percurso até o alvo.

76 Arma de fogo que realiza automaticamente todas as operações de funcionamento, com exceção dos disparos, cujas ocorrências dependem individualmente de novo acionamento do gatilho (art. 2º, IX).

77 Arma de fogo que, devido à sua dimensão e ao seu peso: a) precisa ser transportada por mais de uma pessoa, com a utilização de veículo, automotor ou não; ou b) seja fixada em estrutura permanente (art. 2º, V).

Calibre Nominal	Energia Média (joules)	Classificação
45 Automatic	545,71	Restrito
5,7x28mm FN	545,76	Restrito
45 Glock Automatic Pistol	563,30	Restrito
38 Super Automatic +P	566,61	Restrito
40 Smith & Wesson	569,16	Restrito
45 Colt	595,74	Restrito
357 Sig	625,95	Restrito
356 TSW	680,34	Restrito
400 Cor-Bom	734,00	Restrito
10mm Automatic	776,90	Restrito
9x23 Winchester	785,19	Restrito
327 Federal Magnum	815,61	Restrito
221 Remington Fireball	955,74	Restrito
357 Magnum	1.020,20	Restrito
45 Winchester Magnum	1.222,68	Restrito
41 Remington Magnum	1.336,19	Restrito
44 Remington Magnum	1.470,29	Restrito
50 Action Express	1.917,38	Restrito
480 Ruger	1.986,47	Restrito
500 Special	1.991,78	Restrito
429 Desert Eagle	2.133,89	Restrito
457 Linebaugh	2.359,85	Restrito
454 Casull	2.798,16	Restrito
460 S&W Magnum	3.183,38	Restrito
500 S&W Magnum	3.212,49	Restrito

Listagem de calibres nominais de armas de fogo portáteis, longas, de alma raiada, de repetição e munições de uso restrito.

Calibre Nominal	Energia Média (joules)	Classificação
9x19mm Parabellum (1)(2)	453,56	Restrito
40 Smith & Wesson (1)(2)	569,16	Restrito

Calibre Nominal	Energia Média (joules)	Classificação
300 AAC Blackout (1)(2)	1.536,66	Restrito
204 Ruger	1.650,95	Restrito
222 Remington Magnum	1.711,17	Restrito
223 Remington	1.718,71	Restrito
25-35 Winchester	1.720,04	Restrito
5.56x45 mm	1.748,63	Restrito
22-250 Remington	1.830,17	Restrito
224 Valkyrie	1.988,08	Restrito
22 Nosler	2.024,90	Restrito
7.62x39	2.044,60	Restrito
225 Winchester	2.074,61	Restrito
44 Remington Magnum	2.165,46	Restrito
220 Swift	2.198,56	Restrito
350 Legend	2.206,16	Restrito
300 HAM'R	2.276,29	Restrito
250 Savage	2.366,21	Restrito
6mm Advanced Rifle Catridge	2.366,22	Restrito
30-30 Winchester	2.371,27	Restrito
6.5 Grendel	2.464,41	Restrito
223 Winchester Super Short Magnum	2.475,25	Restrito
6.8mm Remington SPC	2.495,48	Restrito
257 Roberts	2.510,32	Restrito
35 Remington	2.530,81	Restrito
7-30 Waters	2.633,16	Restrito
243 Winchester	2.671,21	Restrito
32 Winchester Special	2.720,34	Restrito
375 Winchester	2.767,38	Restrito
6mm GT	2.774,07	Restrito
454 Casull	2.798,16	Restrito
8mm Mauser (8x57)	2.801,88	Restrito

Calibre Nominal	Energia Média (joules)	Classificação
6mm Remington	2.820,79	Restrito
6mm Creedmoor	2.824,70	Restrito
30 Remington AR	2.897,37	Restrito
243 Winchester Super Short Magnum	2.916,21	Restrito
45-70 Government	2.917,91	Restrito
6.5 x 55 Swedish	2.939,51	Restrito
260 Remington	3.062,56	Restrito
7mm Mauser (7x57)	3.098,57	Restrito
300 Savage	3.101,76	Restrito
30-40 Krag	3.117,02	Restrito
6.5 Creedmoor	3.147,75	Restrito
25 Winchester Super Short Magnum	3.178,12	Restrito
25-06 Remington	3.179,69	Restrito
303 British	3.237,91	Restrito
307 Winchester	3.277,91	Restrito
6.5-284 Norma	3.285,82	Restrito
6.8 True Velocity Composite	3.286,42	Restrito
356 Winchester	3.310,69	Restrito
308 Marlin Express	3.336,54	Restrito
308 Winchester	3.402,27	Restrito
7mm-08 Remington	3.451,83	Restrito
7x64 Brenneke	3.461,44	Restrito
270 Winchester	3.477,40	Restrito
264 Winchester Magnum	3.554,27	Restrito
7.62x51 mm	3.632,01	Restrito
277 SIG FURY	3.651,58	Restrito
284 Winchester	3.664,40	Restrito
358 Winchester	3.689,80	Restrito
450 Bushmaster	3.713,56	Restrito

Calibre Nominal	Energia Média (joules)	Classificação
6.5 Precision Rifle Catridge	3.715,50	Restrito
30-06 Springfield	3.753,43	Restrito
348 Winchester	3.777,58	Restrito
280 Remington	3.816,43	Restrito
338 Marlin Express	3.914,52	Restrito
257 Weatherby Magnum	3.915,54	Restrito
444 Marlin	3.963,19	Restrito
6.5 Weatherby Rebated Precision Magnum	3.978,53	Restrito
30 Thompson Center	4.007,34	Restrito
7mm Remington Magnum	4.111,33	Restrito
7mm Weatherby Magnum	4.234,92	Restrito
6.8 Western	4.242,08	Restrito
7mm Remington Short Action Ultra Magnum	4.245,79	Restrito
270 Winchester Short Magnum	4.264,08	Restrito
338 Federal	4.307,54	Restrito
35 Whelen	4.365,50	Restrito
405 Winchester	4.370,54	Restrito
300 Holland & Holland Magnum	4.395,51	Restrito
6.5-300 Weatherby Magnum	4.412,31	Restrito
7mm Winchester Short Magnum	4.422,90	Restrito
270 Weatherby Magnum	4.431,43	Restrito
280 Ackley Improved	4.478,49	Restrito
26 Nosler	4.488,65	Restrito
350 Remington Magnum	4.529,23	Restrito
27 Nosler	4.623,38	Restrito
300 Remington Short Action Ultra Magnum	4.658,41	Restrito
450 Marlin	4.692,49	Restrito
7mm Precision Rifle Catridge	4.707,83	Restrito
7mm Shooting Times Westerner	4.751,02	Restrito

Calibre Nominal	Energia Média (joules)	Classificação
300 Winchester Magnum	4.783,51	Restrito
9.3x62	4.794,67	Restrito
300 Ruger Compact Magnum	4.834,49	Restrito
300 Winchester ShortMagnum	4.843,55	Restrito
7mm Remington Ultra Magnum	4.891,32	Restrito
28 Nosler	4.938,30	Restrito
457 Wild West Guns	4.978,82	Restrito
300 Weatherby Magnum	5.070,27	Restrito
338 Ruger Compact Magnum	5.091,48	Restrito
300 Remington Ultra Magnum	5.142,14	Restrito
8mm Remington Magnum	5.180,49	Restrito
325 Winchester Short Magnum	5.182,37	Restrito
338 Weatherby Rebated Precision Magnum	5.301,55	Restrito
300 Precision Rifle Catridge	5.301,55	Restrito
338 Winchester Magnum	5.320,06	Restrito
376 Steyr	5.409,68	Restrito
475 Turnbull	5.433,07	Restrito
30 Nosler	5.500,87	Restrito
370 Sako Magnum	5.597,76	Restrito
300 Norma Magnum	5.773,35	Restrito
375 Holland & Holland Magnum	6.040,50	Restrito
35 Nosler	6.095,27	Restrito
33 Nosler	6.112,21	Restrito
338 Remington Ultra Magnum	6.112,21	Restrito
340 Weatherby Magnum	6.191,03	Restrito
338 Lapua Magnum	6.227,13	Restrito
375 Ruger	6.409,74	Restrito
338 Norma Magnum	6.427,59	Restrito
36 Nosler	6.438,13	Restrito
458 Winchester Magnum	6.604,85	Restrito

Calibre Nominal	Energia Média (joules)	Classificação
416 Rigby	6.762,77	Restrito
416 Remington Magnum	6.825,91	Restrito
375 Remington Ultra Magnum	6.828,96	Restrito
470 Nitro Express	6.956,89	Restrito
416 Ruger	6.992,98	Restrito
458 Lott	7.442,55	Restrito
500 Nitro Express 3"	7.747,49	Restrito
416 Weatherby Magnum	8.487,06	Restrito
50 BMG (12.7x99 mm)	17.112,5	Restrito

Listagem de calibres nominais de armas de fogo portáteis, longas, de alma lisa, de repetição ou tiro simples de uso restrito.

Calibre Nominal	Classificação
11 GA	Restrito
10 GA	Restrito
8 GA	Restrito
4 GA	Restrito

Armas de fogo de uso permitido

Já *arma de fogo de uso permitido* é definida pelo art. 11 do Decreto 11.615/2023 como aquelas cujo uso seja autorizado a pessoas físicas e a pessoas jurídicas, especificadas em ato conjunto do Comando do Exército e da Polícia Federal, ato ainda não editado.

O mesmo dispositivo regulamentar inclui dentre as armas de uso restrito: a) *armas de fogo de porte, de repetição ou semiautomáticas, cuja munição comum tenha, na saída do cano de prova, energia de até trezentas libras-pé ou quatrocentos e sete joules, e suas munições*; b) *armas de fogo portáteis, longas, de alma raiada, de repetição, cuja munição comum não atinja, na saída do cano de prova, energia cinética superior a mil e duzentas libras-pé ou mil seiscentos e vinte joules*; c) *armas de fogo portáteis, longas, de alma lisa, de repetição, de calibre doze ou inferior*.

O parágrafo único do art. 12 do Decreto 11.615 ainda afirma ser permitido o uso de armas de pressão por ação de gás comprimido ou por ação de mola, com calibre igual ou inferior a seis milímetros, e das que lançam esferas de plástico com tinta, como os lançadores de *paintball*. Uma vez mais, observe-se que armas que não sejam de fogo não deveriam estar no âmbito desse Decreto, que regulamenta o Estatuto do Desarmamento.

A nova classificação evidencia reflexos certos sobre a tipicidade penal, pois algumas das armas que eram classificadas como de uso permitido nos regimes dos Decretos 9.785, 9.847 e 10.030/2019 tornaram-se, a partir de 21 de julho de 2023, de uso restrito, o que caracteriza *novatio legis in pejus*, não podendo ocorrer a retroação a fatos anteriores.

Vejamos quais são as armas de uso permitido, conforme a Portaria Conjunta C Ex/DG/PF 2/2023:

Listagem de calibres nominais de armas de fogo, de porte, de repetição ou semiautomáticas e munições de uso permitido.

Calibre Nominal	Energia Média (joules)	Classificação
25 Automatic	86,30	Permitido
22 Short	88,32	Permitido
32 Short Colt	117,99	Permitido
32 Smith &Wesson	127,58	Permitido
22 Long	128,86	Permitido
25 North American Arms	151,70	Permitido
22 Long Rifle	168,97	Permitido
32 Smith & Wesson Long	177,17	Permitido
32 Automatic	179,56	Permitido
38 Smith & Wesson	202,51	Permitido
380 Automatic	245,32	Permitido
32 North American Arms	268,81	Permitido
9x18 Makarov	275,73	Permitido
32 H&R Magnum	309,22	Permitido
38 Special	353,27	Permitido
30 Luger (7.65mm)	396,41	Permitido
22 Winchester Magnum (Rimfire)	401,79	Permitido

Listagem de calibres nominais de armas de fogo portáteis, longas, de alma raiada, de repetição e munições de uso permitido.

Calibre Nominal	Energia Média (joules)	Classificação
22 Short	88,32	Permitido
22 Long	128,86	Permitido
22 Long Rifle	168,97	Permitido
17 Mach 2	206,73	Permitido
22 Winchester Rimfire	228,91	Permitido
17 Hornady Magnum Rimfire	314,83	Permitido

Calibre Nominal	Energia Média (joules)	Classificação
22 Winchester Magnum (Rimfire)	401,79	Permitido
32-20 Winchester	433,44	Permitido
30 Super Carry	463,34	Permitido
17 Winchester Super Magnum	525,25	Permitido
25-20 Winchester	540,51	Permitido
38-40 Winchester	716,53	Permitido
17 Hornet	743,11	Permitido
44-40 Winchester	754,20	Permitido
22 Hornet	942,21	Permitido
357 Magnum	1.020,20	Permitido
218 Bee	1.028,16	Permitido
17 Remington Fireball	1.032,10	Permitido
17 Remington	1.145,69	Permitido
30 Carbine	1.278,46	Permitido
38-55 Winchester	1.297,16	Permitido
221 Remington Fireball	1.332,02	Permitido
6x45mm	1.505,01	Permitido
222 Remington	1.526,30	Permitido

Listagem de calibres nominais de armas de fogo portáteis, longas, de alma lisa, de repetição ou tiro simples e munições de uso permitido.

Calibre Nominal	Classificação
20 Caliber Wingo	Permitido
6 mm	Permitido
7 mm	Permitido
310 Remington	Permitido
32 Rimfire	Permitido
9 mm Rimfire	Permitido
9 mm Centerfire	Permitido
9,1x40 mm	Permitido
360 Centerfire	Permitido

Calibre Nominal	Classificação
410 Bore	Permitido
44 XL (19/16 polegadas)	Permitido
11,15 x 52 mm	Permitido
36 GA	Permitido
32 GA	Permitido
12/14 GA Martini Shotgun	Permitido
28 GA	Permitido
55 Maynard	Permitido
24 GA	Permitido
20 GA	Permitido
64 Maynard	Permitido
18 GA	Permitido
16 GA	Permitido
15 GA	Permitido
14 GA	Permitido
12 GA	Permitido

(B.2) Munição

Munição era definido pelo Decreto 9.847/2019 como *o cartucho completo ou seus componentes, incluídos o estojo*, a espoleta, a carga propulsora, o projétil e a bucha utilizados em armas de fogo (art. 2º, X). O dispositivo, contudo, foi revogado pelo Decreto 10.630/2019, e a definição não foi inserida em qualquer outro veículo normativo, além do que as definições que havia nos Decretos 9.846 e 9.845 foram igualmente revogadas. No entanto, no inciso XIII do parágrafo único do art. 3º do Anexo I do Decreto 10.030/2019 permaneceu a definição de "insumo para carregar ou recarregar munição", sendo citados materiais utilizados para carregar justamente as peças que a compõem, quais sejam, cartuchos, incluídos o estojo, a espoleta, a pólvora ou outro tipo de carga propulsora, o projétil e, eventualmente, a bucha. Além disso, permanecem as definições de munições de uso restrito e proibido. Tal falha foi corrigida pela Portaria Conjunta C Ex/DG-PF 2/2023, que definiu munição como "o cartucho completo ou seus componentes, incluídos o estojo, a espoleta, a carga propulsora, o projétil e a bucha utilizados em armas de fogo e que também se aplica à munição para armas de alma lisa, de fogo radial ou central" (art. 2º, IV). E munição comum como "a munição não artesanal, que possua projétil ogival, encamisado ou não, não expansível, não frangível e que não apresente adição de componentes que a caracterizem como perfurante, traçante, incendiária, explosiva ou que modifiquem qualquer característica original de sua balística interna, externa ou terminal" (art. 2º, V).

Observe-se que um dos componentes da munição, o projétil, por força do Decreto 10.627/2021, que incluiu o § 3º ao art. 2º do Anexo I do Decreto 10.030/2019, chegou a deixar de ser considerado produto controlado, desde que a munição fosse usada em armas de porte ou portáteis, até o calibre nominal máximo com medida de 12,7 mm, exceto os químicos, perfurantes, traçantes e incendiários. Essa disposição referia-se apenas ao projétil, mas não à munição, que é um conjunto formado por diversos componentes. Portanto, o dispositivo não tornou a munição de calibre até 12,7 mm produto sem controle. Ademais, o inciso I do citado § 3º teve eficácia suspensa por liminar do STF, na ADI 6.675, foi depois considerado inconstitucional e finalmente revogado pelo Decreto 11.366/2023, voltando o projétil a ser produto controlado.

Munição de uso proibido

Munições de uso proibido são aquelas: a) *classificadas como de uso proibido em acordos ou tratados internacionais dos quais a República Federativa do Brasil seja signatária*; b) incendiárias ou químicas (art. 14, IV, Decreto 11.615/2023). Manteve-se, assim, a mesma classificação do art. 3º, parágrafo único, V, Anexo I, do Decreto 10.030/2019.

Chamamos a atenção para a Portaria COLOG/C Ex nº 92/2021, do Exército Brasileiro, com definições importantes a respeito de munições incendiárias e químicas.

Almir Santos Reis Júnior e Christiano Jorge Santos enumeram o que devem ser consideradas munições de uso proibido:[78]

a) aquelas que se expandem ou achatam facilmente no interior do corpo humano, tais como balas de revestimento duro que não cobre totalmente o interior ou possui incisões (art. 8º, 2, b, xix, do Estatuto de Roma, internalizado pelo Decreto 4.388/2002);

b) minas lançadas à distância por armas de fogo (Item 1 do art. 2º do Protocolo II da Convenção da ONU sobre Armas Convencionais);

c) munições incendiárias arremessadas por armas de fogo;

d) munições químicas letais, lançadas por armas de fogo (vide a Convenção Internacional sobre a Proibição do Desenvolvimento, Produção, Estocagem e Uso de Armas Químicas e sobre a Destruição das Armas Químicas Existentes no Mundo – Decreto 2.977/1999).

De se notar uma coisa: nem sempre uma arma de fogo proibida terá uma correspondente munição de uso proibido. De fato, uma arma de fogo dissimulada como um objeto inofensivo será considerada proibida, mas não sua munição: uma arma construída como uma caneta pode disparar projéteis de calibre .22 e será considerada de uso proibido, mas a munição continuará sendo de uso permitido.

Munição de uso restrito

O Decreto 11.615/2023 atrelou a classificação das munições às armas que as empregam, de modo que são de uso restrito as munições empregadas pelas armas de uso restrito.

No entanto, nem tudo o que havia na definição constante do art. 3º, parágrafo único, IV, (Anexo I), do Decreto 10.030/2019 foi repetido. Então, como este não foi revogado, a não ser parcialmente e de forma implícita, entendemos que algumas das definições ainda deve ser consideradas, tendo em vista a omissão do novo decreto.

Assim, também devem ser consideradas de uso restrito *são as munições que: a) sejam traçantes, perfurantes ou fumígenas; e b) sejam granadas de obuseiro*[79], *de canhão, de morteiro*[80], *de mão ou de bocal; ou sejam rojões, foguetes, mísseis ou bombas de qualquer natureza* (art. 3º, parágrafo único, IV, Anexo I, Decreto 10.030/2019).

78 Op. cit., p. 299-301.

79 **Obuseiro**: armamento pesado, que realiza tanto o tiro de trajetória tensa quanto o de trajetória curva e dispara granadas de calibres acima de vinte milímetros, com velocidade inicial baixa (Decreto 10.030/2019, Anexo III, Glossário).

80 **Morteiro**: armamento bélico pesado de carregamento antecarga (carregamento pela boca), que realiza tiro de trajetória curva (Decreto 10.030/2019, Anexo III, Glossário).

Deve-se atentar para o item "b" do parágrafo anterior, pois o Decreto 10.030 trouxe um ponto que pode ensejar muita discussão, uma vez que o legislador regulamentar definiu como "munição" também as granadas (de obuseiro, de canhão, de morteiro, de mão ou de bocal), os rojões, foguetes, mísseis e bombas de qualquer natureza.

Assim, na atual sistemática, as granadas (de obuseiro, de canhão, de morteiro, de mão ou de bocal), os rojões, foguetes, mísseis e bombas de qualquer natureza devem ser considerados munição de uso restrito, salvo se classificadas como de uso proibido em acordos ou tratados internacionais dos quais a República Federativa do Brasil seja signatária. Mas, há que se fazer uma ressalva.

A pergunta que se faz é: tais objetos sempre serão considerados "munição"? Defendemos que não. Apesar de o atual conceito de "munição" não repetir alguns elementos da definição anterior – "artefato completo, pronto para utilização e lançamento" –, pensamos que estes são da própria essência da ideia de munição como objeto atrelado às armas de fogo. Logo, somente será "munição" o artefato que tiver um cartucho e estiver pronto para ser utilizado mediante lançamento por uma arma de fogo. Ou seja, é aquele que depende de algum instrumento para ser lançado, que somente pode ser, em razão do princípio da taxatividade, uma arma de fogo. Já um artefato que não seja lançado por arma, mas pela força muscular, ou é deixado, inerte, em algum lugar para explodir não pode ser considerado "munição", mas "artefato explosivo".

Munição de uso permitido

Como visto, o Decreto 11.615/2023 atrelou a classificação das munições às armas que as empregam, de modo que são de uso permitido as munições empregadas pelas armas de uso permitido.

Antes, sequer havia uma definição direta de munição de uso permitido, mas sempre se podia concluir que era permitida a munição que não fosse considerada restrita ou proibida, bem como aquela que servisse para ser disparada por arma de uso permitido.

(B.3) Acessório

O Decreto 3.665/2000 definia acessório como o "engenho primário ou secundário que suplementa um artigo principal para possibilitar ou melhorar o seu emprego" (art. 3º, I). O Decreto 10.030/2019 definia acessório de arma de fogo como o "artefato que, acoplado a uma arma, possibilita a melhoria do desempenho do atirador, a modificação de um efeito secundário do tiro ou a modificação do aspecto visual da arma". Essa definição foi substituída, em razão de modificação trazida pelo Decreto 10.627/2021, por uma definição mais singela: os acessórios são os "artefatos listados nominalmente na legislação como Produto Controlado pelo Exército - PCE que, acoplados a uma arma, possibilitam a alteração da configuração normal do armamento, tal como um supressor de som". (Anexo III, Glossário).

Embora o art. 16 da Lei 10.826 faça menção a acessório de uso restrito (*caput*) e proibido (§ 2º), a atual regulamentação restringiu-se a definir, direta ou indiretamente, os acessórios de uso permitido e restrito apenas.

De acordo com o Decreto 11.615/2023, caberá ao Comando do Exército, por intermédio do Ministério da Defesa, apresentar proposta ao Presidente da República para tratar da classificação legal, técnica e geral dos produtos controlados e proposta de definição e de classificação legal, técnica e geral das armas de fogo, das munições, dos componentes e dos acessórios de uso proibido, restrito ou permitido ou obsoletos e de valor histórico, mediante referenda do Ministério da Justiça e Segurança Pública (art. 5º).

Por ora, o Decreto 10.030/2019 classifica os "produtos controlados pelo Comando do Exército" em de uso proibido, restrito ou permitido. Dentre os *produtos controlados de uso restrito* estão os acessórios de arma de fogo que tenham como objetivo: a) suprimir ou abrandar o estampido (os "silenciadores"); ou b) modificar as condições de emprego, conforme regulamentação do Comando do Exército (art. 15, § 2º, II – Anexo I). O acessório que não for classificado como de uso restrito, será considerado de uso permitido.

Passamos a adotar o entendimento de Almir Santos Reis Júnior e Christiano Jorge Santos,[81] no sentido de que é possível chegar aos acessórios de uso proibido sempre que eles representem um conjunto de conversão de calibre, supressor de som ou quebra-chamas de uma arma de fogo destinada a disparar munição proibida. Apenas mantemos nossa ressalva de edições anteriores desta obra: deve-se ter cautela, pois, se nem sempre há correspondência entre o grau de permissão/restrição entre a arma de fogo e a munição disparada, tampouco há entre o acessório e a arma e/ou munição.

Os acessórios usados para suprimir ou abrandar o estampido são popularmente conhecidos como "silenciadores". Para conhecermos quais são os acessórios usados para modificar as condições de emprego da arma teremos de recorrer à regulamentação que deverá ser elaborada pelo Exército, mas pode-se pensar em dispositivos de mira a *laser*, miras ópticas e coisas do tipo.

Além disso, por força de modificação trazida pelo Decreto 10.627/2021, deixaram de ser considerados produtos controlados pelo legislador regulamentar os seguintes acessórios: a) os carregadores destacáveis tipo cofre ou tipo tubular, metálicos ou plásticos, com qualquer capacidade de munição, cuja ausência não impeça o disparo da arma de fogo; b) os quebrachamas; c) as miras optrônicas, holográficas ou reflexivas; e d) as miras telescópicas, independentemente de aumento (art. 2º, § 3º, IV a VII, Anexo I, Decreto 10.030/2019). Essa alteração, porém, foi parcialmente suspensa por liminar do STF, na ADI 6.675, considerada inconstitucional depois e finalmente revogada pelo Decreto 11.366/2023, de modo que as miras optrônicas, holográficas ou reflexivas, bem como as miras telescópicas, continuam a ser consideradas produtos controlados.

À parte isso, o Exército Brasileiro editou a Portaria Colog (Comando Logístico) 118, de 4 de outubro de 2019, com uma tabela anexa, que indica serem considerados acessórios (sem classificação) aquilo que compuser um conjunto de conversão de funcionamento, emprego ou calibre, supressor de som e quebra chamas.

Para saber se uma nova regulamentação trará reflexos penais, será necessário comparar a regulamentação anterior – vista acima, quando tratamos da evolução dos decretos – com o que vier a ser publicado a respeito pelo Comando do Exército ou por outra espécie de regulamentação.

POSSE IRREGULAR DE ARMA DE FOGO DE USO PERMITIDO

> **Art. 12.** Possuir ou manter sob sua guarda arma de fogo, acessório ou munição, de uso permitido, em desacordo com determinação legal ou regulamentar, no interior de sua residência ou dependência desta, ou, ainda no seu local de trabalho, desde que seja o titular ou o responsável legal do estabelecimento ou empresa:
>
> Pena – detenção, de 1 (um) a 3 (três) anos, e multa.

A lei revogada pelo Estatuto do Desarmamento não fazia qualquer distinção entre as condutas de possuir arma de fogo no interior da residência ou de levá-la pelas ruas. Conforme dispunha o *caput* do art. 10 da revogada Lei 9.437, se a arma era de uso permitido, nas duas situações o infrator estaria sujeito às penas de detenção, de 1 a 2 anos, e multa; se de uso restrito, as penas seriam de reclusão, de 2 a 4 anos, e multa (§ 2º).

81 Op. cit., p. 302-303.

A Lei 10.826/2003 alterou tal quadro, separando as condutas em tipos penais diversos, conforme a gravidade de cada uma, acrescentando, ainda, como objetos materiais, os acessórios e munições. Assim, para quem possuir tais objetos, de uso permitido, e os mantiver no interior da própria residência ou local de trabalho, há a previsão de pena de detenção, de 1 a 3 anos, e multa, aplicando-se o art. 12 do Estatuto; porém, se portá-los fora de tais ambientes, a pena será de reclusão, de 2 a 4 anos, e multa, sendo aplicável o art. 14, não o art. 12; se forem os objetos de uso restrito, não importando onde o crime for cometido, além da multa, o agente fica sujeito a uma pena privativa de liberdade bem maior, de 3 a 6 anos de reclusão, aplicando-se o *caput* do art. 16; nas mesmas situações, idênticas sanções serão aplicadas se a arma de fogo contiver numeração, marca ou qualquer outro sinal de identificação raspado, suprimido ou adulterado, incidindo o art. 16, § 1º, inciso IV; se a arma for de uso proibida, incidirá no § 2º do art. 16, com pena de 4 a 12 anos.

Agiu com acerto o legislador, já que, sendo a segurança pública o bem jurídico imediatamente tutelado pela Lei, cabe dar-lhe a proteção adequada, cominando penas proporcionais ao grau da lesão provocada por cada conduta. E, realmente, o portador de uma arma de fogo em via pública provoca um rebaixamento bem maior nos níveis de segurança coletiva do que o indivíduo que a mantém dentro de casa, numa gaveta. Ambos cometem crimes, mas são apenados diversa e proporcionalmente, considerando-se o grau de lesão ao bem jurídico.

Apesar do *nomen iuris*, entendemos mais adequada a utilização do termo *posse ilegal*, no lugar de *irregular*, pois o crime se perfaz quando não obedecida, antes de mais nada, a determinação *legal* e, subsidiariamente, a regulamentar.

O crime do art. 12 enseja a aplicação do art. 28-A do CPP (acordo de não persecução penal) e art. 89 da Lei 9.099/1995 (suspensão condicional do processo).

Aplicação da Lei Penal no Tempo

Desde que entrou em vigor o Estatuto do Desarmamento, em 23 de dezembro de 2003, data de sua publicação, a doutrina passou a advertir que o art. 12 teria eficácia suspensa, pois estaria na dependência de regulamentação. Como veremos, a mesma discussão deu-se com relação aos arts. 14 e 16 da Lei 10.826.

Tal questionamento se dava em razão do originalmente disposto nos arts. 30 e 32 do Estatuto que deferiam ao possuidor de uma arma de fogo prazo de 180 dias para que providenciasse o registro dela – no caso de o não possuir – ou a entregasse à Polícia Federal.

Portanto, a lei permitiu dois caminhos possíveis para regularização da arma de fogo: o registro (art. 30) ou a entrega da arma à autoridade policial (arts. 31 e 32), estabelecendo, em ambas as hipóteses, um termo final.

Ora, se o possuidor da arma sem registro poderia regularizá-la dentro de um prazo, por óbvio, desde que a mantivesse dentro de casa ou em seu local de trabalho, nas circunstâncias indicadas pelo Estatuto, não poderia ser autuado por sua posse ilegal, pois ainda ilegalidade não haveria.

Observem que a redação original do art. 30 não exigia que a arma de fogo, sujeita à regularização por meio de registro, fosse de *uso permitido*, abrangendo também as de *uso restrito*.

Tal quadro, depois, foi alterado.

É que tanto os prazos como as respectivas redações dos arts. 30 e 32 do Estatuto foram sendo paulatinamente alterados pelo Presidente da República, por meio de medidas provisórias, ou pelo Congresso Nacional.

Com efeito, a Medida Provisória 174, de 18 de março de 2003, depois convertida na Lei 10.884/2004[82], esticou o prazo do art. 30 para 180 dias após a data da publicação do Regu-

82 V. interessante estudo de Damásio E. de Jesus a respeito da edição de medidas provisórias em matéria penal e seus reflexos no Estatuto do Desarmamento (op. cit., p. 21/31).

lamento (no caso, do Decreto 5.123/2004). Esse prazo foi depois prorrogado para 23 de junho de 2005, pela Lei 11.118/2005. Um dia antes, contudo, foi editada a Medida Provisória 253, convertida na Lei 11.191/2005, que estabeleceu o dia 23 de outubro de 2005 como o prazo final para entrega das armas à Polícia Federal (art. 32). Além disso, apenas para os moradores da zona rural que comprovassem a necessidade da arma para a sua subsistência (art. 6º, § 5º), tal lei estendeu o prazo para 120 dias, contado de sua publicação, para a regularização do registro (art. 30), portanto, com termo final em 11 de março de 2006.

Mas, as alterações dos prazos não pararam aí, já que a Lei 11.706, de 19 de junho de 2008 (resultado da conversão da Medida Provisória 417, de 31 de janeiro de 2008), trouxe diversas mudanças ao Estatuto.

De fato, essa lei alterou a redação do art. 5º, § 3º, e do art. 30, fixando outro prazo para a regularização das *armas de uso permitido* (notem: não estão mais incluídas nesse prazo as armas de uso restrito) tivessem elas ou não o registro: 31 de dezembro de 2008 (art. 30). Também alterou a redação do art. 32, estabelecendo que: "Os possuidores e proprietários de arma de fogo poderão entregá-la, espontaneamente, mediante recibo, e, presumindo-se de boa-fé, serão indenizados, na forma do regulamento, ficando extinta a punibilidade de eventual posse irregular da referida arma". Ou seja, desapareceu o prazo para entrega da arma, *de uso permitido ou restrito*, à polícia.

E há mais. A Lei 11.922/2009 estabeleceu outro prazo para a regularização, por meio do competente registro – ou seja, o prazo previsto no art. 30 – das *armas de uso permitido*: 31 de dezembro de 2009.

Esse novo quadro trouxe diversas indagações a respeito da vigência de alguns dos tipos penais da Lei 10.826. Nos interessa no presente tópico apenas analisar os questionamentos referentes ao crime do art. 12 e, portanto, à posse de arma de fogo de uso permitido. Veremos a solução específica quanto às armas de uso restrito ou aquelas com sinal ou numeração alterada quando analisarmos os tipos penais aplicáveis a tais hipóteses.

Pois bem. Surgiu a indagação: as sucessivas reaberturas do prazo para registro da arma de fogo de uso permitido implicaram em atipicidade temporária da conduta do art. 12 do Estatuto, desde a entrada em vigor da lei até o prazo definitivo fixado para a regularização (31 de dezembro de 2009)? E outra: houve *abolitio criminis* temporária nesse período, retroagindo para atingir os fatos cometidos até mesmo sob a vigência da Lei 9.437/1997?

Vejamos a resposta à primeira indagação.

Sempre entendemos que o prazo final a ser considerado para efeito da aplicação do art. 12 deveria ser o estabelecido pelo art. 30 do Estatuto do Desarmamento[83] (que, como vimos, encerrou-se definitivamente em 31 de dezembro de 2009).[84]

---

83 HC 122.311-MG, Rel. Min. Dias Toffoli, 1ª T., j. 10/06/2014: "(...). A alegada atipicidade da conduta, sob o fundamento de que o art. 32 da Lei nº 10.826/03 (redação dada pela Lei nº 11.706/08) não mais fixaria prazo para a entrega de armas de uso permitido e munições, carece de plausibilidade jurídica, pois esse dispositivo não deve ser interpretado de forma isolada, mas, sim, em conjunto com o art. 30 do Estatuto do Desarmamento, com a modificação introduzida pela Lei nº 11.922/09, que estabeleceu o dia 31 de dezembro de 2009 como termo final para a regularização da posse de arma de fogo de uso permitido".

84 Tal observação deve ser feita logo de início, a fim de refutar entendimentos recorrentes na doutrina – ao menos durante certo tempo – no sentido de que o dispositivo a ser considerado deveria ser o do art. 32 da mesma lei. Se aceito tal entendimento, o art. 12 seria inaplicável até os dias atuais, pois, como vimos, as alterações legislativas acabaram por eliminar qualquer prazo psara entrega da arma à polícia. Como exemplo do entendimento do qual sempre discordamos, SILVA, César Dario Mariano, op. cit., pp. 182-184: "De acordo com o art. 30 do Estatuto, os possuidores e proprietários de armas de fogo não registradas deveriam solicitar seu registro, sob pena de responsabilidade penal, até o dia 23 de junho de 2005. Para tanto, deveriam exibir nota fiscal de compra ou demonstrar a origem lícita da posse, pelos meios de prova em Direito admitidos. Essas armas de fogo eram as passíveis de registro (registráveis). Contudo, como já salientado, o prazo final desse dispositivo encerrou-se em 23 de junho de 2005.

Além disso, e muito importante, o art. 12 prevê o crime de possuir ou manter sob sua guarda arma de fogo de uso permitido (e munições ou acessórios) no interior da residência ou dependência desta ou no seu local de trabalho (desde que seja o titular ou o responsável legal do estabelecimento ou empresa) *em desacordo com determinação legal ou regulamentar*. Notem a parte final do tipo penal, pois ela traz uma consequência lógica: sempre que faltar à arma o registro, haverá desobediência à Lei, que exige tal ato formal, de controle estatal, para todo armamento (art. 3º, *caput*). Mas é certo que, com o objetivo de incentivar a regularização pelo registro – ao invés de simplesmente, da noite para o dia, jogar tais armas na ilegalidade –, o legislador estipulou prazo, findo o qual resta caracterizado o descumprimento da Lei. O problema é que o prazo em questão foi diversas vezes postergado, como já expusemos acima.

Entendam, então, as situações criadas por tais alterações legislativas: a) antes da entrada em vigor do Estatuto do Desarmamento, possuir arma de fogo de uso permitido, sem autorização, era crime, conforme previa a Lei 9.437/1997; b) com a entrada em vigor do Estatuto, a conduta típica continuou a ser prevista, foi até ampliada e agravada, mas permaneceu com a eficácia suspensa até 25 de junho de 2005 (prazo final para requerer o registro, nos termos do que dispunha o Estatuto, com a redação dada pela Lei 11.118/2005); c) no período entre 25 de junho de 2005 e 31 de janeiro de 2008 (dia em que foi editada a Medida Provisória 417, que prorrogou uma vez mais o mesmo prazo), a posse de arma de fogo voltou a ser conduta típica e ilícita, ganhando plena vigência o art. 12 do Estatuto – e mais: nesse período, não era permitida a regularização da arma, sendo afastada a presunção de boa-fé na conduta de quem a possuísse; d) no período compreendido entre 1º de janeiro de 2009 e 13 de abril de 2009 (dia anterior à entrada em vigor da Lei 11.922/2009), novamente a conduta citada voltou a ser típica e ilícita.

Certamente, houve processos e condenações por força de condutas verificadas nos períodos de vigência da Lei 9.437 e da Lei 10.826, nesse último caso, relativas a fatos ocorridos

---

Com efeito, não mais é possível registrar arma de fogo ainda não registrada pela legislação anterior, mesmo que o sujeito possa demonstrar sua origem lícita. A única exceção era para os caçadores de subsistência (art. 6º, § 5º, do Estatuto), que teriam o prazo de cento e vinte dias, a contar de 11 de novembro de 2005 (até 11 de março de 2006), para registrá-la, sendo que para tanto deveriam demonstrar sua origem lícita (cf. art. 2º da Lei nº 11.191/2005). (...) O art. 32 do Estatuto permitia que os possuidores e proprietários de armas de fogo não registradas, até o dia 23 de outubro de 2005, entregassem-nas à Polícia Federal, mediante recibo e, presumindo-se a boa-fé, poderiam ser indenizados, nos termos do regulamento. (...) O Legislador, ao criar os artigos 30 e 32 do Estatuto, pretendeu regularizar ou diminuir a quantidade de armas de fogo em circulação. Até os proprietários e possuidores de armas de fogo ilegais poderiam entregá-las ao Estado para se verem livres de uma possível punição, haja vista que o artigo 32 do Estatuto não faz menção à situação jurídica desse objeto material, que pode ser de uso permitido, proibido ou restrito, ou até mesmo contar com a marca, numeração ou qualquer sinal de identificação raspado, suprimido ou adulterado. (...) Com efeito, entendemos que até o dia 23 de outubro de 2005 os possuidores e proprietários de armas de fogo não registradas não poderiam ser responsabilizados penalmente pela posse irregular de arma de fogo de uso permitido (art. 12), posse ilegal de arma de fogo de uso restrito (art. 16, *caput*) ou posse de arma de fogo com numeração, marca ou sinal de identificação raspado, suprimido ou adulterado (art. 16, parágrafo único, inciso IV). Isso porque, até lá, poderiam entregá-la à Polícia Federal, nos termos do art. 32 do Estatuto, que teve o prazo prorrogado pela MP nº 253/3005, convertida na Lei nº 11.191, de 10 de novembro de 2005". No mesmo sentido, o entendimento de Marcelo Lessa Bastos. A Medida Provisória nº 229/04 e o Estatuto do Desarmamento – retomando a questão da eficácia de seus arts. 12 e 14 (posse irregular de arma de fogo), *Boletim do Instituto Brasileiro de Ciências Criminais nº 147*, fevereiro/2005: "Em primeiro lugar, (...) gostaria de acrescentar que as mesmas observações que se fazem quanto à incidência do art. 12 – armas de fogo de uso permitido – devem ser feitas no que concerne ao art. 16 do Estatuto do Desarmamento, exclusivamente quanto à conduta de possuir, no interior de casa, arma de fogo de uso restrito, ou mesmo arma de fogo com numeração raspada, suprimida ou adulterada (inciso IV). Isto porque as razões são rigorosamente as mesmas – o art. 32 do Estatuto confere a tal possuidor o direito de se desfazer dessas armas, entregando-as à Polícia Federal, podendo inclusive ser indenizado, na forma prevista no Regulamento. Concluindo: até que termine o prazo para deposição dessas armas de uso restrito ou com numeração raspada, suprimida ou adulterada, não se pode cogitar do crime do art. 16 pelo simples fato de sua posse. (...) Com muito mais razão, o mesmo há de ser dito quanto ao crime do art. 12, cuja incidência só pode ser dar após o término do prazo conferido pelos arts. 30 e 32 do Estatuto do Desarmamento para a regularização do registro ou da entrega à Polícia Federal".

entre 25 de junho de 2005 e 31 de dezembro de 2008, bem como entre 1º de janeiro e 13 de abril de 2009.

Esses novos prazos deviam retroagir ao início da vigência do Estatuto do Desarmamento para efeito da aplicação de seu art. 12?

O último prazo fixado – i.e., aquele estabelecido pela Lei 11.922/2009 (31 de dezembro de 2009) – devia ser aplicado ao art. 12 do Estatuto do Desarmamento desde o dia em que tal lei entrou em vigor. Porém, pensamos que não se tratava propriamente de retroação de lei penal mais benéfica, mas hipótese de aumento de prazo de *vacatio legis*, realizado de forma indireta.

Não é possível dar tratamento diverso a situações idênticas ocorridas sob o mesmo regime jurídico. A partir da entrada em vigor do Estatuto do Desarmamento, restou claro que pretendeu o legislador dar prazo para regularização das armas de fogo e, no que nos interessa diretamente aqui, especialmente àquelas de uso permitido, admitindo que fossem registradas as armas ou renovados os registros dentro de determinado lapso temporal. Enquanto isso, embora não houvesse previsão explícita da lei, ficaria o art. 12 com a eficácia suspensa, em *vacatio legis* indireta.

Passado o prazo inicial, houve uma primeira prorrogação e seguiu-se período de alguns poucos anos em que o art. 12 ganhou plena vigência. Porém, também restou claro que decidiu o legislador dar novas oportunidades à regularização de tais armas e, para tanto, estabeleceu novos prazos, seja por alteração da redação do art. 30 da Lei 10.826, seja simplesmente por sua fixação em outra lei (dessa última forma é que foi estabelecido o prazo de 31 de dezembro de 2009). Em outras palavras, o período de *vacatio legis* foi diversas vezes alterado.

Logo, todos os possuidores de armas de uso permitido ganharam mais chances – no plural mesmo! – de a registrarem, incluindo aqueles eventualmente processados pelo crime do art. 12. Afinal, nos curtos períodos em que tal tipo penal do Estatuto teve vigência, todas as armas não registradas tornaram-se ilegais, mas, depois, por alteração legislativa, de novo puderam ser regularizadas. É dizer, até 31 de dezembro de 2009, todas as armas carentes de registro voltaram a estar dentro da legalidade e não mais *em desacordo com determinação legal ou regulamentar*. Ora, por que só poderiam ser regularizadas aquelas que, apenas por acaso, não geraram imputações formais em processo criminal? O período de *vacatio legis*, ainda que indireto, deve ser uno, não apresentando soluções de continuidade, sob pena de trazer soluções distintas para situações rigorosamente idênticas.

Concluindo esse ponto, reputamos que somente depois de decorrido o prazo final estabelecido pelo Estatuto do Desarmamento as armas de uso permitido sem registro tornaram-se ilegais, pois não mais registráveis, restando ao proprietário apenas entregá-las à Polícia Federal e, desse modo, regularizar a situação. Assim, se permaneceu com a arma, incorreu em crime.

O contrário também é verdadeiro: enquanto não decorrido o prazo para providenciar o registro, não resta caracterizada a ilegalidade. Ou seja, *a mantença da arma de uso permitido, em casa ou no local de trabalho (sendo o possuidor do objeto titular ou responsável legal do estabelecimento ou empresa), entre o início da vigência do Estatuto, em 23 de dezembro de 2003, e o dia 31 de dezembro de 2009, prazo final para o requerimento de registro, não estava em desacordo com determinação legal ou regulamentar*. Portanto, nesse período, não seria possível aplicar o tipo penal do art. 12 do Estatuto do Desarmamento.

Resumindo, temos a seguinte situação (art. 12):

- *conduta praticada entre 23 de dezembro de 2003 e 31 de dezembro de 2009*: fato temporariamente atípico, por *vacatio legis* indireta;
- *conduta praticada a partir de 1º de janeiro de 2010*: fato típico.

A conclusão de nosso resumo encontra guarida na jurisprudência do STJ.[85] Porém, o STF tem apresentado conclusão diametralmente oposta,[86] entendendo plenamente aplicável o

---

85 HC 290.765-SP, Rel. Min. Ribeiro Dantas, 5ª T., j. 14/06/2016: "O Estatuto do Desarmamento estabeleceu o prazo de 180 (cento e oitenta) dias, contados da data da publicação da lei, para que os proprietários e possuidores de armas de fogo não registradas, sob pena de responsabilidade penal, solicitassem o seu registro mediante apresentação de nota fiscal de compra ou a comprovação da origem lícita da posse, pelos meios de prova admitidos em direito (art. 30 da Lei n. 10.826/2003), podendo, ainda, entregá-las à Polícia Federal, ficando extinta a punibilidade de eventual crime de posse irregular de arma (art. 32 da Lei n. 10.826/2003). (...) Durante tal lapso temporal, doutrinariamente conhecido como vacatio legis indireta, a conduta de possuir arma de fogo de uso permitido (art. 12 da Lei n. 10.826/2003) ou de uso restrito (art. 16 da Lei n. 10.826/2003) era considerada atípica. O legislador, de fato, conferiu ao possuidor ou proprietário de arma de fogo a possibilidade de regularizar a posse ou, ainda, de se desfazer do artefato espontaneamente, recebendo até mesmo compensação financeira. Por certo, a referida lei, em seu bojo, estabeleceu prazo específico para que tais dispositivos entrassem em vigor, reconhecendo a atipicidade dos comportamentos praticados dentro do período de 180 (cento e oitenta) dias. (...) Ocorre que o aludido interstício teve seu termo final prorrogado até 23/10/2005 pela Lei n. 1.191/2005, em relação aos crimes de posse irregular de arma de fogo ou munição de uso permitido e restrito, sem qualquer distinção. Conforme a dicção do art. 1º da Lei n. 11.706/2008, que conferiu nova redação aos arts. 30 e 32 da Lei n. 10.826/2003, o prazo final restou estendido até 31/11/2008, tão somente em relação aos possuidores e proprietários de arma de fogo de uso permitido. Na sequência, com o advento da Lei n. 11.922/2009, houve nova prorrogação de tal prazo para o dia 31/12/2009. (...)".

86 RE 768.494-GO, Rel. Min. Luiz Fux, Pleno, j. 19/09/2013: "(...) 1. O Estatuto do Desarmamento (Lei nº 10.826/03) favoreceu os possuidores e proprietários de arma de fogo com duas medidas: (i) permitiu o registro da arma de fogo (art. 30) ou a sua renovação (art. 5º, § 3º); e (ii) facultou a entrega espontânea da arma de fogo à autoridade competente (art. 32). 2. A sucessão legislativa prorrogou diversas vezes o prazo para as referidas medidas, a saber: (i) o Estatuto do Desarmamento, cuja publicação ocorreu em 23 de dezembro de 2003, permitiu aos proprietários e possuidores de armas de fogo tanto a solicitação do registro quanto a entrega das armas no prazo de 180 (cento e oitenta) dias, após a publicação do diploma; (ii) após a edição das leis 10.884/2004, 11.119/2005 e 11.191/2005, o prazo final para solicitação do registro de arma de fogo foi prorrogado para 23 de junho de 2005, enquanto o termo final para entrega das armas foi fixado em 23 de outubro de 2005; (iii) a Medida Provisória nº 417 (convertida, posteriormente, na Lei nº 11.706/08), cuja publicação ocorreu em 31 de janeiro de 2008, alargou o prazo para registro da arma de fogo até a data de 31 de dezembro de 2008, bem como permitiu, sine die, a entrega espontânea da arma de fogo como causa de extinção da punibilidade; (iv) por fim, a Lei nº 11.922/2009, cuja vigência se deu a partir de 14 de abril de 2009, tornou a prolongar o prazo para registro, até 31 de dezembro de 2009. 3. A construção jurisprudencial e doutrinária, conquanto inexistente previsão explícita de abolitio criminis, ou mesmo de que a eficácia do delito previsto no art. 12 do Estatuto do Desarmamento estaria suspensa temporariamente, formou-se no sentido de que, durante o prazo assinalado em lei, haveria presunção de que o possuidor de arma de fogo irregular providenciaria a normalização do seu registro (art. 30). 4. O art. 12 do Estatuto do Desarmamento, que prevê o crime de posse de arma de fogo de uso permitido, passou a ter plena vigência ao encerrar-se o interstício no qual o legislador permitiu a regularização das armas (até 23 de junho de 2005, conforme disposto na Medida Provisória nº 253, convertida na Lei nº 11.191/2005), mas a Medida Provisória nº 417, em 31 de janeiro de 2008, reabriu o prazo para regularização até 31 de dezembro do mesmo ano. 5. No caso sub judice, a vexata quaestio gira em torno da aplicabilidade retroativa da Medida Provisória nº 417 aos fatos anteriores a 31 de janeiro de 2008, à luz do art. 5º, XL, da Constituição, que consagra a retroatividade da lex mitior, cabendo idêntico questionamento sobre a retroeficácia da Lei nº 11.922/2009 em relação aos fatos ocorridos entre 1º de janeiro de 2009 e 13 de abril do mesmo ano. 6. Consectariamente, é preciso definir se a novel legislação deve ser considerada abolitio criminis temporária do delito previsto no art. 12 da Lei nº 10.826/03, caso em que impor-se-ia a sua eficácia retro-operante. 7. O possuidor de arma de fogo, no período em que vedada a regularização do registro desta, pratica conduta típica, ilícita e culpável, porquanto cogitável a atipicidade apenas quando possível presumir que o agente providenciaria em tempo hábil a referida regularização, à míngua de referência expressa, no Estatuto do Desarmamento e nas normas que o alteraram, da configuração de abolitio criminis. 8. A jurisprudência desta Corte é assente no sentido de que, verbis: 'I – A vacatio legis de 180 dias prevista nos artigos 30 e 32 da Lei 10.826/2003, com a redação conferida pela Lei 11.706/2008, não tornou atípica a conduta de posse ilegal de arma de uso restrito. II – Assim, não há falar em abolitio criminis, pois a nova lei apenas estabeleceu um período de vacatio legis para que os possuidores de armas de fogo de uso permitido pudessem proceder à sua regularização ou à sua entrega mediante indenização. III – Ainda que assim não fosse, a referida vacatio legis não tem o condão de retroagir, justamente por conta de sua eficácia temporária' (RHC 111637, Relator(a): Min. RICARDO LEWANDOWSKI, Segunda Turma, julgado em 05/06/2012). Em idêntico sentido: HC 96168, Relator(a): Min. EROS GRAU, Segunda Turma, julgado em 09/12/2008. 9. O Pretório Excelso, pelos mesmos fundamentos, também fixou entendimento pela irretroatividade do Estatuto do Desarmamento em relação aos delitos de posse de arma de fogo cometidos antes da sua vigência (HC 98180, Relator(a): Min. RICARDO LEWANDOWSKI, Primeira Turma, julgado em 29/06/2010; HC 90995, Relator(a): Min. MENEZES DIREITO, Primeira Turma, julgado em 12/02/2008). 10. In casu: (i) o Recorrido foi preso em flagrante, na data de 27 de dezembro de 2007, pela posse de arma de fogo e munição (um revólver Taurus, calibre 22, nº 97592, com seis munições

art. 12 do Estatuto nos períodos de 25 de junho de 2005 e 31 de dezembro de 2008, bem como entre 1º de janeiro e 13 de abril de 2009.

Agora, a questão sobre a *abolitio criminis* temporária.

A Lei 9.437/1997 previa o delito de possuir arma de fogo de uso permitido, sem autorização. Tal lei foi expressa e totalmente revogada pelo Estatuto do Desarmamento (art. 36). E, como vimos, entre 23 de dezembro de 2003 (data da entrada em vigor da novel legislação) até 31 de dezembro de 2009 (prazo do art. 30), não havia crime no ato de possuir arma de fogo de uso permitido, no interior da residência ou do local de trabalho, ou seja, nos termos do tipo penal mencionado (art. 12, Lei 10.826), porque sua eficácia permaneceu suspensa em tal período. O fato permaneceu temporariamente atípico.

Pergunta-se: tratou-se de *abolitio criminis*? Aqueles que, eventualmente, foram processados nos termos do art. 10, *caput*, da Lei 9.437, devem ser beneficiados por tal causa extintiva da punibilidade?

Pensamos que não.

Entendemos que o ordenamento jurídico não deixou de prever a conduta como criminosa, mas, simplesmente, manteve a eficácia de um dispositivo legal – que prevê conduta específica de possuir a arma de uso permitido no interior de residência ou no local de trabalho – suspensa. Portanto, não houve uma opção do legislador em tornar penalmente indiferente tal conduta, de modo a não mais se justificar qualquer punição, inclusive de modo retroativo. Na verdade, o legislador continuou a prever a conduta como típica e ilícita, de modo que as condutas praticadas quando da vigência da lei anterior – no que diz respeito a "possuir arma de fogo de uso permitido", no interior da residência – não são atingidas pela nova legislação, ou seja, pela atipicidade apenas temporária.

Nem se diga haver contradição entre o que agora afirmamos e nosso posicionamento no sentido de que deve aplicada a prorrogação do prazo desde o início da vigência do Estatuto do Desarmamento: afinal, por que não *retroagir* a período anterior a ele?

É que o Estatuto do Desarmamento inaugurou novo regime jurídico a respeito do tema das armas de fogo, trazendo até mesmo maior rigor no tratamento encontrado na Lei 9.437. Mas, buscando diminuir a circulação de armas não registradas, permitiu o Estatuto a regularização delas, suspendendo, indiretamente, a vigência de seu art. 12, suspensão esta que teve seu término somente em 31 de dezembro de 2009. Tratou-se, assim, de *vacatio legis* indireta, não de *abolitio criminis*. A atipicidade era temporária, enquanto não entrasse em vigor o dispositivo da nova lei.

Entendemos que não se pode confundir atipicidade temporária, por força de *vacatio legis*, e *abolitio criminis*. Esta última sempre retroagirá, uma vez verificada: se o legislador extirpou do ordenamento jurídico penal uma determinada espécie de conduta, os efeitos de tal opção legislativa devem atingir todos aqueles que algum dia a cometeram. Situação diversa é aquela em que o legislador continua a prever a mesma conduta como criminosa, mas suspende a aplicação do tipo penal durante certo período: enquanto não decorrido, não pode o Estado exercer o *ius puniendi*,

---

intactas do mesmo calibre; uma cartucheira Rossi, calibre 28, nº 510619; um Rifle CBC, calibre 22, nº 00772; uma espingarda de fabricação caseira, sem marca visível; uma espingarda Henrique Laport, cano longo; uma espingarda de marca Rossi, calibre 36, nº 525854; nove cartuchos, sendo cinco de metal e cheios, calibre 28, e quatro de plástico, calibre 20, intactos), bem como por ocultar motocicletas com chassis adulterados; (ii) o ora Recorrido foi condenado, em primeira instância, à pena de 08 (oito) anos de reclusão pela prática dos crimes previstos no art. 12 da Lei nº 10.826/03, no art. 180, §§ 1º e 2º, e no art. 311, ambos do Código Penal; (iii) o Tribunal de Justiça de Goiás reformou em parte a sentença para absolver o Recorrido das imputações do art. 12 da Lei nº 10.826/03, com base no art. 386, V, do CPP. 11. Ex positis, dou provimento ao Recurso Extraordinário do Ministério Público para restabelecer a sentença condenatória de primeira instância, ante a irretroatividade da norma inserida no art. 30 da Lei nº 10.826/03 pela Medida Provisória nº 417/2008, considerando penalmente típicas as condutas de posse de arma de fogo de uso permitido ocorridas após 23 de junho de 2005 e anteriores a 31 de janeiro de 2008".

ficando suspensa a punibilidade; decorrido, volta o Estado a ter o direito de punir; os fatos anteriores ao surgimento da lei, porém, restam intocados, pois ausente causa extintiva da punibilidade.

Também pela inocorrência de *abolitio criminis*, Fernando Capez: "Esses deverão continuar sendo investigados, processados ou ter a sua pena executada normalmente, de acordo com a legislação vigente à época (Lei nº 9.437/97). Como já tinham sido surpreendidos com a arma de fogo em situação ilegal, não podem mais alegar boa-fé, nem se beneficiar com a reabertura do prazo para regularização das armas (Lei nº 10.826/2003, arts. 30 e 32). Tais delitos já estavam consumados ao tempo da entrada em vigor da nova Lei. Esta, por sua vez, em momento algum afirmou que tais condutas deixaram de constituir infração penal, pelo contrário, até agravou as penas. A situação temporária do vácuo legislativo, durante o qual o art. 12 do Estatuto do Desarmamento ficou aguardando para começar a irradiar efeitos, não se refere às situações anteriores já consolidadas. A situação circunscreve-se às condutas que continuaram a ser praticadas, em estado de permanência, após a entrada em vigor da nova legislação. Para essas sim. Do dia 23 de dezembro de 2003 até o termo final do prazo para a regularização da posse de arma de fogo, não haverá fato típico, ante a ausência de dolo em face da presunção de boa-fé".[87]

No sentido oposto, defendendo a *abolitio criminis*, César Dario Mariano da Silva: "Como a possibilidade de registro da arma de fogo ou entrega à Polícia Federal é benéfica para o acusado ou condenado, retroagirá e alcançará os processos em andamento ou já definitivamente julgados, tratando-se de evidente *abolitio criminis*. Nesses casos, haverá a extinção da punibilidade das pessoas que estejam sendo processadas ou tenham sido condenadas por posse ilegal de arma de fogo, segundo a Lei nº 9.437/97. Não se há de falar na aplicação do artigo 3º do Código Penal, que dispõe sobre a lei excepcional ou temporária. Esse dispositivo não pode ser aplicado quando se trata de norma permissiva temporária mais benéfica. Para a situação em estudo, deve ser observado o princípio da retroatividade da lei penal mais benéfica (art. 5º, XL, da CF), sob pena de o artigo 3º do Código Penal ser taxado de inconstitucional".[88]

O STJ firmou entendimento de que ocorreu *abolitio criminis*, que deve retroagir para atingir fato típico análogo cometido sob a vigência da lei anterior (Lei 9.437).[89] Já no STF, o quadro é diverso, não sendo reconhecida a *abolitio criminis*, mas apenas hipótese de *vacatio legis* especial, com atipicidade temporária.[90]

Muito importante observar que as condutas de *possuir ou manter sob sua guarda acessório ou munição de uso permitido*, nas condições de lugar do art. 12, importou em inovação legislativa, não prevista na Lei 9.437/1997, podendo-se, pois, afirmar tratar-se de *novatio legis* incriminadora, sendo vedada, por óbvio, a retroação.

---

87 *Estatuto do desarmamento*, p. 68.

88 Op. cit., p. 185.

89 HC 164.321-SP, Rel. Min. Laurita Vaz, 5ª T., j. 19/06/2012: "(...) Com base no art. 5.º, inciso XL, da Constituição Federal e no art. 2.º, do Código Penal, a abolitio criminis temporária deve retroagir para beneficiar o réu apenado pelo crime de posse de arma de fogo seja de uso permitido ou restrito, com ou sem numeração suprimida, perpetrado na vigência da Lei n.º 9.437/97. (...)"

90 HC 90.995-SP, Rel. Min. Menezes Direito, 1ª T., j. 12/02/2008: "(...) Posse ilegal de arma de fogo de uso restrito cometida na vigência da Lei nº 9.437/97. Lei nº 10.826/03 (Estatuto do Desarmamento). Vacatio legis especial. Atipicidade temporária. Abolitio criminis. 1. A vacatio legis especial prevista nos artigos 30 a 32 da Lei nº 10.826/03, conquanto tenha tornado atípica a posse ilegal de arma de fogo havida no curso do prazo assinalado, não subtraiu a ilicitude penal da conduta que já era prevista no artigo 10, § 2º, da Lei nº 9.437/97 e continuou incriminada, até com maior rigor, no artigo 16 da Lei nº 10.826/03. Ausente, portanto, o pressuposto fundamental para que se tenha por caracterizada a abolitio criminis. 2. Além disso, o prazo estabelecido nos referidos dispositivos expressa, por si próprio, o caráter transitório da atipicidade por ele criada indiretamente. Trata-se de norma que, por não ter **ânimo** definitivo, não tem, igualmente, força retroativa. Não pode, por isso, configurar abolitio criminis em relação aos ilícitos cometidos em data anterior. Inteligência do artigo 3º do Código Penal. (...)". O argumento usado no acórdão vale para o crime do art. 12 da Lei 10.826, pois o fundamento é o mesmo.

Outro problema, mais recente, de aplicação da lei penal no tempo foi trazida pelo Decreto 9.685/2019, já revogado pelo Decreto 9.785/2019 (por sinal, depois revogado pelo Decreto 9.847 do mesmo ano), que trouxe diversas alterações ao Decreto 5.123/2004 – antes de sua revogação – quanto aos critérios de emissão e prazo de validade dos certificados de registro. Em seu art. 2º, o Decreto 9.685 dispôs que: "Os Certificados de Registro de Arma de Fogo expedidos antes da data de publicação deste Decreto ficam automaticamente renovados pelo prazo a que se refere o § 2º do art. 16 do Decreto nº 5.123, de 2004".

Vamos entender o problema: havendo a regularização da arma por meio do registro, há a expedição de um certificado, que possui um determinado prazo de validade – que já foi de 3 anos, passou para 5 anos e, então, para 10 anos, voltando, com o Decreto 11.366/2023, para 5 anos. Como será melhor explicado abaixo, entendemos – acompanhando a jurisprudência majoritária – que o mero fato de alguém possuir, nas condições do art. 12 do Estatuto, uma arma registrada, mas com o certificado de registro expirado, não implica em crime.

Não obstante, é certo que há entendimento no sentido oposto, o que significa que certamente há pessoas que estão sendo processadas pelo crime do art. 12 do Estatuto, justamente por terem sido flagradas com o registro vencido. Nesses casos, o processo criminal não pode subsistir, pois a renovação automática dos certificados emitidos anteriormente ao Decreto 9.685 evidentemente afastou por completo a conduta criminosa.

Por fim, sobre os impactos da reclassificação das armas e munições trazida pelos Decretos 9.785, 9.847, 9.846, 9.845 e 10.030/2019, vide tópico sobre o objeto material.

Sujeitos do Crime

O crime previsto no art. 12 do Estatuto é, em geral, *comum* e, por isso, pode ser praticado por qualquer pessoa, mesmo se funcionário público, não havendo previsão, nesse último caso, de qualquer causa de aumento de pena, já que os arts. 19[91] e 20[92] referem-se expressamente a outros delitos.

Porém, assim como Damásio E. de Jesus,[93] entendemos que a parte final do dispositivo é caracterizadora de *crime próprio*, porque somente será praticado por aquele que possuir ou mantiver sob sua guarda arma de uso permitido em seu local de trabalho, desde que seja *o titular ou o responsável legal do estabelecimento comercial*. Não tendo o autor essa qualidade, haverá alteração qualitativa de delito, caracterizando-se o previsto no art. 14 do Estatuto.

Segundo o parágrafo único do art. 23 do Decreto 11.615/2023, considera-se: a) titular do estabelecimento ou empresa aquele indicado em seu instrumento de constituição; b) responsável legal, aquele designado em contrato individual de trabalho, com poderes de gerência.

O sujeito passivo é normalmente apontado como a *coletividade*, i.e., toda a sociedade (crime vago). Não pensamos que o Estado possa ser sujeito passivo primário do delito, pois o bem jurídico protegido – a segurança pública – é direito fundamental que a ele não pertence, mas que tem a obrigação de garantir.

Tipicidade objetiva

A conduta típica é a de possuir ou manter sob sua guarda arma de fogo, acessório ou munição, de uso permitido, em desacordo com determinação legal ou regulamentar, no interior de

---

91 Art. 19. Nos crimes previstos nos arts. 17 e 18, a pena é aumentada da metade se a arma de fogo, acessório ou munição forem de uso proibido ou restrito.

92 Art. 20. Nos crimes previstos nos arts. 14, 15, 16, 17 e 18, a pena é aumentada da metade se forem praticados por integrante dos órgãos e empresas referidas nos arts. 6º, 7º e 8º desta Lei.

93 Op. cit., p. 33.

sua residência ou dependência desta, ou, ainda, no seu local de trabalho, mas, neste caso, desde que seja o titular ou o responsável legal do estabelecimento ou empresa.

A pena cominada no preceito secundário do tipo é a de detenção, de 1 a 3 anos, e multa. É crime afiançável e a própria Autoridade Policial pode arbitrar o valor da fiança (art. 322, *caput*, CPP). Outrossim, é possível a suspensão condicional do processo, nos termos do art. 89 da Lei nº 9.099/1995, mas não a transação penal. É igualmente possível o acordo de não persecução penal, previsto pelo art. 28-A do CPP.

(A) Núcleos do tipo

Os núcleos do tipo resumem-se a *possuir* ou *manter sob sua guarda* (crime de ação múltipla).

Possuir é ter algo, seja como proprietário ou como possuidor. O sentido do termo é justamente esse: possui uma arma quem a tem em algum lugar, à sua disposição, sendo ou não seu proprietário, é dizer, tendo ou não o domínio da coisa. Assim, o agente pode ter tomado a arma de terceiro, a título de "aluguel" (fato não incomum na criminalidade), não sendo, pois, seu titular. Porém, sendo ela de uso permitido e mantida em sua residência, pode-se perfeitamente afirmar que ele a possui e, consequentemente, que comete o delito do art. 12.

Trata-se de modalidade de crime permanente.

Na lição de Luiz Flávio Gomes e William Terra de Oliveira: "Em *sentido ordinário*, *possuir* significa ter ou reter em seu poder, ter um objeto. Significa fruir, gozar de algo. Sob certos aspectos pode confundir-se com o domínio da coisa, quando expressamos a idéia de que alguém é o responsável pela arma, o seu dono (e neste momento seu conceito deriva originariamente da idéia de titularidade e propriedade da mesma). (...) *Juridicamente* (enquanto verbo de imputação), *possuir* transmite uma idéia específica, limitada por uma série de requisitos mínimos, tais como a existência de um *animus* especial em relação à arma, sujeição a regras temporais e circunstanciais para a configuração da posse ilegal e a aferição de sua real *ofensividade*. (...) Analisando detidamente o significado de *possuir*, acabamos por verificar que, apesar da posse ser um dos atributos da propriedade, existirá situações em que o proprietário não estará no exercício da posse, e somente o *possuidor* cometerá o delito na modalidade *possuir*".[94]

Manter sob sua guarda significa conservar consigo.[95] Não conseguimos apreender a diferença entre as condutas previstas no tipo do art. 12, pois parece-nos óbvio que a circunstância de alguém manter uma arma sob sua guarda, equivale a possuí-la, pois não há qualquer necessidade de que o possuidor seja também o seu proprietário.

Ficamos, assim, com Guilherme de Souza Nucci, para quem: "O termo *manter sob sua guarda* implica, automaticamente, na posse da arma, do acessório ou da munição. Não há possibilidade de se manter algo sob tutela sem ter a posse. Por outro lado, a utilização do verbo *manter* é restritiva, pois implica em habitualidade. Ninguém pode *manter* algo num único dia. A mantença de uma situação demanda frequência, algo incompatível com o espírito da lei, afinal, quem tem a arma, ilegalmente, um único dia já pode e deve responder pelo delito. Por isso, pensamos que *possuir* seria mais que suficiente para caracterizar o crime. Se assim não fosse o intuito, o melhor seria a preservação dos inúmeros verbos anteriormente existentes, de modo a evitar qualquer dúvida na aplicação do tipo penal incriminador".[96]

---

94 Op. cit., p. 96/97.

95 Cf. JESUS, Damásio E., op. cit., p. 34: "Tem o significado de conservar, reter sob o seu cuidado em nome de terceiro. Possui natureza permanente; STJ, HC 12.280, 5ª Turma, rel. Ministro Gilson Dipp, *DJU*, 4 dez. 2000, p. 79. Diferencia-se do depósito (art. 14), em que o sujeito retém a arma para si mesmo. No sentido de que a guarda diz respeito a objeto material mantido pelo sujeito em nome de terceiro: *RT, 587:362*; *JTACrimSP, 59:281*; *RJTJSP, 15:377*. Exige um elemento normativo do tipo, contido na expressão 'em desacordo com determinação legal ou regulamentar'. Ausente, o fato é atípico".

96 Op. cit., p. 251.

(B) Objeto material

O objeto material do delito do art. 12 é a arma de fogo, o acessório ou a munição, desde que **de uso permitido** (v. acima esses conceitos). Os explosivos e os artefatos incendiários são objetos materiais do delito previsto nos incisos III, V e VI, do § 1º do art. 16 do Estatuto.

Não importa se, no mesmo contexto, forem apreendidos armas, munições e acessórios, tudo de uso permitido: o crime será único, pois o bem jurídico foi atingido uma única vez.

Se a perícia constatar que a *arma é absolutamente imprestável* para a realização de disparos, esta não poderá ser considerada objeto material do delito.[97] Arma incapaz de disparar não pode ser considerada arma de fogo nos termos da definição do Decreto 10.030/2019. E se não pode atingir o bem jurídico protegido, trata-se de crime impossível. Mas, lembremos, o art. 17 do CP exige ineficácia *absoluta* do meio, de modo que, mesmo havendo a necessidade de algum procedimento excepcional para a realização do disparo, mas desde que este seja possível, a ineficácia será apenas relativa e, assim sendo, haverá o crime.

Da mesma forma, somente existirá o crime se a *munição for apta a ser disparada*, ou seja, se puder ser deflagrada. Se apresentar defeito que impeça a normal deflagração, não haverá o crime, pois o objeto em questão não poderá ser definido como "munição".

Tais considerações mostram que a *perícia na arma, acessório ou munição* pode ser de extrema relevância para comprovação da materialidade, havendo quem defenda sua imprescindibilidade.[98] No entanto, a jurisprudência do STJ hoje é pacífica quanto à desnecessidade da perícia,[99] de modo que o crime impossível somente será reconhecido se, eventualmente, for realizada a perícia e esta constatar o defeito, pois, do contrário, haverá o crime, eis que se entende haver perigo presumido com a mera posse da arma ou da munição. Nos parece haver aqui uma óbvia contradição, pois o atual posicionamento jurisprudencial permite condenações por posse ou porte de arma de fogo (ou munição) inapta ao uso, ou seja, que não oferece risco ao bem jurídico, desde que não tenha passado por perícia para constatar a inaptidão.

O tipo penal menciona *munição*, usando o singular, não o plural. Por isso, há entendimento de que basta a *posse de um único cartucho* para que se configure o crime.[100] É o posi-

97 STJ, REsp 1.451.397-MG, Rel. Min. Maria Thereza de Assis Moura, 6ª T., j. 15/09/2015: "(...) 1. A Terceira Seção desta Corte pacificou entendimento no sentido de que o tipo penal de posse ou porte ilegal de arma de fogo cuida-se de delito de mera conduta ou de perigo abstrato, sendo irrelevante a demonstração de seu efetivo caráter ofensivo. 2. Na hipótese, contudo, em que demonstrada por laudo pericial a total ineficácia da arma de fogo (inapta a disparar) e das munições apreendidas (deflagradas e percutidas), deve ser reconhecida a atipicidade da conduta perpetrada, diante da ausência de afetação do bem jurídico incolumidade pública, tratando-se de crime impossível pela ineficácia absoluta do meio. (...)". Esse entendimento vem sendo reiterado pelo STJ: HC 445.564-SP, j. 15/05/2018).

98 Cf. SILVA, José Geraldo; LAVORENTI, Wilson; GENOFRE, Fabiano. *Leis penais especiais anotadas*. 10ª ed. Campinas: Millennium, 2008: "Acreditamos indispensável o exame pericial da arma de fogo, acessório ou munição, para definir se ela é de uso permitido ou não, se obsoleta ou réplica de arma verdadeira".

99 AgRg no REsp 1.527.891-MG, Rel. Min. Maria Thereza de Assis Moura, 6ª T., j. 26/05/2015: "(...). É firme o entendimento deste Tribunal Superior de que 'eventual apreensão de munições isoladas não descaracteriza o crime previsto no art. 12, caput, do Estatuto do Desarmamento, pois, por ser delito de perigo abstrato e de mera conduta, para o reconhecimento da prática dessa infração penal, basta a simples posse da munição, sem autorização da autoridade competente, independendo da comprovação, por perícia, do efetivo prejuízo ou da lesão ao bem jurídico tutelado.' (AgRg no REsp 1.360.271/MG, Rel. Min. MOURA RIBEIRO, QUINTA TURMA, DJe 11/02/2014). (...)". E ainda, AgRg no AgRg no AREsp 664.932-SC, Rel. Min. Felix Fischer, 5ª T., j. 15/12/2016: "(...) A jurisprudência recente desta Corte é pacífica no sentido de que, para a caracterização dos delitos previstos nos arts. 14 da Lei n. 10.826/2003, por ser de perigo abstrato e de mera conduta, e por colocar em risco a incolumidade pública, basta a prática dos núcleos 'ter em posse' ou 'portar' sem a devida autorização legal, sendo prescindível a realização de perícia (precedentes). (...)".

100 Cf. SILVA, César Dario Mariano, op. cit., p. 67/68. Em sentido contrário, JUNQUEIRA, Gustavo Octaviano Diniz; FULLER, Paulo Henrique Aranda, op. cit., p. 437: "Acreditamos que, principalmente em relação às munições, a lei deve ser interpretada sob o manto da razoabilidade, com atenção à insignificância de determinadas condutas como a guarda de um ou dois projéteis de arma de pequeno calibre, desacompanhadas de qualquer arma de fogo, uma vez que logicamente não foi esse o âmbito de proteção da norma traçado pelo legislador penal, preocupado justi-

cionamento que vinha sendo adotado pelo STJ, que considerava haver crime nessa hipótese, ainda que não tivesse sido apreendida arma de fogo, mas apenas a munição.[101] O STF, porém, já reconheceu o princípio da insignificância em caso de apreensão de um único cartucho, desacompanhado da arma.[102] A partir desse entendimento da Corte Suprema, o STJ alterou seu entendimento para aplicar o princípio da insignificância naquelas situações em que a conduta, analisada concretamente, não seja capaz de gerar perigo ao bem jurídico tutelado.[103]

E a *arma desmuniciada*? Na dicção do art. 2º, VIII, do Decreto 11.815/2023, desmuniciada é a arma de fogo sem munição no tambor, no caso de revólver, ou sem carregador e sem munição na câmara de explosão, no caso de arma semiautomática ou automática.

Entendemos que constitui crime possuir ou manter sob sua guarda arma de fogo de uso permitido, nas condições espaciais do art. 12, ainda que permaneça desmuniciada. É que, mesmo nesses casos, o bem jurídico tutelado é atingido, pois há diminuição nos níveis de segurança (ou o bem jurídico é exposto a perigo, para os que entendem ser o delito de tal espécie). Basta pensar que a arma pode ser, a qualquer momento, municiada e depois utilizada, ainda que nos limites da residência ou local de trabalho. Resta claro que o intuito do Estatuto do Desarmamento é o de punir aqueles que possuam armas de fogo sem registro, pouco importando que estejam municiadas no momento da apreensão ou tenham munição por perto: se o fato ocorrer dentro de casa ou no local de trabalho, aplicam-se as penas do art. 12; senão, as dos arts. 14 ou 16, conforme o caso. É o entendimento também esposado por Guilherme de Souza Nucci, em comentário ao art. 14 do Estatuto.[104] Acreditamos que os mesmos argumentos usados por tal autor, válidos para o crime de porte ilegal de arma, devem igualmente valer para o delito do art. 12, vez que a objetividade jurídica é idêntica, a razão da tipificação é a mesma, mudando apenas o grau de agressão ao bem jurídico.

Basicamente com o mesmo entendimento, mas um pouco mais flexível, Fernando Capez: "Se é impossível o risco de lesão ao bem jurídico, não existe crime. Do mesmo modo, se o sujeito

---

ficadamente com a posse de quantidade relevante de munição sem autorização. Assim, em nosso entendimento, a posse de pequena quantidade de munição, desacompanhada de arma de fogo, não configura o crime em tela, devendo ser aplicado o princípio da insignificância".

101 STJ, HC 358.862-RS, Rel. Min. Reynaldo Soares da Fonseca, 5ª T., j. 28/06/2016: (...) A jurisprudência do Superior Tribunal de Justiça é assente no sentido de que os crimes previstos nos art. 12, 14 e 16 da Lei 10.826/2003 são de perigo abstrato, razão pela qual é desnecessária a comprovação de prejuízo para a configuração do ilícito e incabível a aplicação do princípio da insignificância. (...)".

102 STF, RHC 143.449-MS, 2ª T., Rel. Min. Ricardo Lewandowski, j. 26.09.2017: "(...) I – Recorrente que guardava no interior de sua residência uma munição de uso permitido, calibre 22. II – Conduta formalmente típica, nos termos do art. 12 da Lei 10.826/2003. III – Inexistência de potencialidade lesiva da munição apreendida, desacompanhada de arma de fogo. Atipicidade material dos fatos. IV – Recurso provido para determinar o trancamento da ação penal em relação ao delito descrito no art. 12 da Lei 10.826/2003 (Estatuto do Desarmamento)".

103 STJ, AgRg no HC 431.736-RS, 5ª T., Rel. Min. Jorge Mussi, j. 16.10.2018: "AGRAVO REGIMENTAL NO HABEAS CORPUS. POSSE ILEGAL DE MUNIÇÃO. CRIME DE PERIGO ABSTRATO. PRINCÍPIO DA INSIGNIFICÂNCIA. PEQUENA QUANTIDADE DE MUNIÇÃO DESACOMPANHADA DE ARMA DE FOGO. AGRAVO PROVIDO. 1. O Superior Tribunal de Justiça firmou entendimento no sentido de que "o crime de posse ou porte irregular de munição de uso permitido, independentemente da quantidade, e ainda que desacompanhada da respectiva arma de fogo, é delito de perigo abstrato, sendo punido antes mesmo que represente qualquer lesão ou perigo concreto de lesão, não havendo que se falar em atipicidade material da conduta". (AgRg no RHC 86.862/SP, Relator Ministro FELIX FISCHER, QUINTA TURMA, julgado em 20/02/2018, DJe 28/02/2018). 2. No entanto, o Supremo Tribunal Federal, em recente julgado, analisando as circunstâncias do caso concreto, reconheceu ser possível aplicar a bagatela na hipótese de apreensão de apenas uma munição de uso permitido desacompanhada de arma de fogo, tendo concluído pela total inexistência de perigo à incolumidade pública (RHC 143.449/MS, Rel. Ministro RICARDO LEWANDOWSKI, SEGUNDA Turma, DJe 9/10/2017). 3. Hipótese em que, embora formalmente típica, a conduta de possuir apenas três munições, destituídas de potencialidade lesiva, já que desacompanhadas de armamento capaz de deflagrá-las, não enseja perigo de lesão ou probabilidade de dano aos bens jurídicos tutelados, permitindo-se o reconhecimento da atipicidade material da conduta".

104 Op. cit., p. 258.

mantém uma arma de fogo dentro de casa, sem ter o registro legal do artefato, está realizando uma conduta descrita como delito pelo art. 12 do Estatuto do Desarmamento. No entanto, se essa arma mantida ilegalmente dentro de casa estiver descarregada, em um baú trancado no sótão da edícula, aos fundos do quintal, não se poderá falar na ocorrência de ilícito penal, uma vez que, nessa hipótese, a conduta jamais redundará na ocorrência de ilícito penal, uma vez que, nessa hipótese, a conduta jamais redundará em redução do nível de segurança da coletividade".[105]

Adotando posição diversa, Luiz Flávio Gomes e William Terra de Oliveira, em comentário ainda sob a luz da legislação revogada: "Com certeza, a realidade irá proporcionar um grande número de situações em que a aferição da ofensividade não será algo simples, revelando a complexidade do tema. Imagine-se, *v.g.*, os casos em que a arma esteja desmontada ou desmuniciada. Essas situações somente serão resolvidas pelos princípios gerais da *'disponibilidade'* e da efetiva *'ofensividade'* do objeto: a) se, uma vez montada, a arma pode disparar e se esta operação pode ser realizada com certa facilidade, estão cumpridos os dois requisitos mínimos – ofensividade e disponibilidade; b) se a munição está ao alcance do agente, possibilitando a pronta utilização da arma, estará cumprido o requisito da disponibilidade, mas ainda assim é necessária uma segunda aferição, que permitirá verificar se a arma, uma vez municiada, poderia ferir ou matar (ofensividade)".[106]

De acordo com o STF, haverá o crime do art. 12 do Estatuto, ainda que a arma esteja desmuniciada e a munição esteja fora do alcance das mãos.[107] No mesmo sentido, o entendimento do STJ.[108]

E a *arma desmontada*?

Há na doutrina o entendimento de que tudo depende da facilidade com que a arma possa ser montada: se tal operação puder ser realizada rapidamente, ficando a arma pronta para a realização de disparos, haverá o delito; do contrário, se a montagem for uma operação complexa, demandando tempo e instrumentos especiais, o crime não existirá (a doutrina normalmente trata de casos relativos ao porte ou transporte da arma, mas não vemos razão para excluirmos de tal raciocínio a conduta de "possuir"). É o posicionamento de Luiz Flávio Gomes e William Terra de Oliveira, como visto antes, e de Guilherme de Souza Nucci: "*(...) arma desmontada*: depende do caso concreto. Se estiver ao alcance do agente, como, por exemplo, dentro de uma bolsa, deve-se considerar crime, pois há quem monte uma arma em segundos, inclusive com a inserção de munição, representando perigo à sociedade. Porém, se a arma está desmontada,

---

105 *Estatuto do desarmamento*, p. 47.

106 Op. cit., pp. 81-82. O STF seguia essa mesma orientação, mas alterou seu entendimento (v. nota 115, abaixo).

107 RHC 90.197-DF, Rel. Min. Ricardo Lewandowski, 1ª T., j. 09/06/2009: "(...) Mostra-se irrelevante, no caso, cogitar-se da eficácia da arma para a configuração do tipo penal em comento, isto é, se ela está ou não municiada ou se a munição está ou não ao alcance das mãos, porque a hipótese é de crime de perigo abstrato, para cuja caracterização desimporta o resultado concreto da ação. (...)". E ainda, HC 107.957-RS, Rel. Min. Luiz Fux, 1ª T., j. 25/06/2013: "(...). A arma de fogo mercê de desmuniciada mas portada sem autorização e em desacordo com determinação legal ou regulamentar configura o delito de porte ilegal previsto no art. 10, caput, da Lei nº 9.437/1997, crime de mera conduta e de perigo abstrato. 2. Deveras, o delito de porte ilegal de arma de fogo tutela a segurança pública e a paz social, e não a incolumidade física, sendo irrelevante o fato de o armamento estar municiado ou não. Tanto é assim que a lei tipifica até mesmo o porte da munição, isoladamente. Precedentes: HC 104206/RS, rel. Min. Cármen Lúcia, 1ª Turma, DJ de 26/8/2010; HC 96072/RJ, rel. Min. Ricardo Lewandowski, 1ª Turma, Dje de 8/4/2010; RHC 91553/DF, rel. Min. Carlos Britto, 1ª Turma, DJe de 20/8/2009. (...)".

108 AgRg no REsp 1.624.015-RS, Rel. Min. Sebastião Reis Júnior, 6ª T., j. 01/12/2016: "(...) Segundo a jurisprudência deste Superior Tribunal, o simples fato de possuir arma de fogo, mesmo que desacompanhada de munição, caracteriza o delito previsto no art. 12 da Lei n. 10.826/2003, por se tratar de crime de perigo abstrato. Nesse contexto, é irrelevante aferir a eficácia da arma de fogo para a configuração do tipo penal, que é misto-alternativo, em que se consubstanciam, justamente, as condutas que o legislador entendeu por bem prevenir, podendo até mesmo ser o simples porte de munição ou o porte de arma desmuniciada. (...)".

no porta-malas de um veículo, devidamente acondicionada em caixa lacrada, não nos parece crime, uma vez que o proprietário pode estar levando-a para a casa de campo, por exemplo"[109]

Ousamos discordar de tão ilustres autores. Arma desmontada, mantida no interior da residência ou no local de trabalho, continua sendo arma, mantém sua potencialidade lesiva, pois pode ser montada a qualquer tempo, e representa ameaça aos cidadãos, rebaixando o nível de segurança pública, atingido, destarte, o bem jurídico protegido. Para nós, mesmo desmontada a arma, haverá o crime descrito no art. 12.

É também o entendimento do STJ[110] e do STF.[111]

(C) Residência ou local e trabalho do agente

Para a ocorrência do delito do art. 12, a posse da arma deve dar-se *no interior da residência ou dependência desta*, é dizer, no imóvel habitado, com regularidade, pelo agente e nas áreas ou cômodos a ele agregados, como um quintal, um jardim, a garagem, uma edícula, casa de hóspedes etc.[112]

Ou a posse deve ocorrer *no local de trabalho* do agente, desde que este seja o seu titular ou, ao menos, o responsável legal do estabelecimento ou empresa, i.e., que tenha poderes de gerência.

Fora dessas duas situações, não haverá o crime do art. 12, restando caracterizado porte ou transporte do bem, previstos no art. 14 do Estatuto.

Tendo o agente o devido registro da arma, pergunta-se: poderia portá-la no seu quintal ou no seu local de trabalho (sendo o estabelecimento de sua titularidade ou dele gerente)? Para alguns, a resposta era negativa. O registro autorizaria o proprietário a manter a arma em tais locais, guardada, à sua disposição, mas não a levá-la consigo, pois, nesse caso, incorreria no crime de porte ilícito (art. 14 da Lei 10.826).

A questão possuía maior relevância, evidentemente, nos casos das residências com grandes áreas não edificadas, de propriedades rurais, bem como de grandes estabelecimentos comerciais. Assim, basta imaginar um "hipermercado" cujo gerente circula pela imensa loja com

---

109 Op. cit., p. 258.

110 AgRg no REsp 1.387.946-SE, Rel. Min. Assusete Magalhães, 6ª T., j. 27/08/2013: "(...) I. A Sexta Turma do STJ, a partir do julgamento do REsp 1.193.805/SP, de relatoria do Ministro Sebastião Reis Júnior, em 15/12/2011, firmou entendimento no sentido de que o crime de porte ilegal de arma de fogo é de perigo abstrato, de forma a ser irrelevante, para a configuração do tipo penal, o fato de estar o artefato desmontado ou não ser apto a efetuar disparos, pois o bem jurídico tutelado é a segurança pública e a paz social. II. No mesmo sentido decide a Quinta Turma do STJ: 'O porte ilegal de arma de fogo não depende de lesão ou perigo concreto para caracterizar sua tipicidade, pois o objeto jurídico tutelado não é a incolumidade física, e sim a segurança pública e a paz social, colocados em risco com a posse ou o porte de armas à deriva do controle estatal, mostrando-se irrelevante, portanto, o fato de a arma estar desmuniciada ou desmontada para a configuração do crime' (STJ, AgRg no AREsp 190.443/SC, Rel. Ministra LAURITA VAZ, QUINTA TURMA, DJe de 09/10/2012). (...)".

111 HC 95.861, Rel. Min. Cezar Peluso, Rel. p/ o Acórdão Min. Dias Toffoli, 2ª T., j. 02.06.2015: "Habeas corpus. Penal. Porte ilegal de arma de fogo de uso permitido (art. 14 da Lei nº 10.826/03). Arma desmontada e desmuniciada. Crime de perigo abstrato. Tipicidade da conduta configurada. Precedentes. Ordem denegada. Prescrição da pretensão punitiva efetivada. Habeas corpus concedido de ofício para julgar extinta a punibilidade do paciente. 1. O Supremo Tribunal Federal firmou o entendimento de que é de perigo abstrato o crime de porte ilegal de arma de fogo, sendo, portanto, irrelevante para sua configuração encontrar-se a arma desmontada ou desmuniciada. 2. Entretanto, o caso é de concessão da ordem de ofício, em razão da efetivação da prescrição. 3. A pena máxima, abstratamente cominada para o delito imputado ao paciente (art. 14 da Lei nº 10.826/03), é de 4 (quatro) anos, razão pela qual seu prazo prescricional é de 8 (oito) anos (CP, art. 109, inciso V). Nessa conformidade, considerando que o último marco interruptivo se deu com o recebimento da denúncia (CP, art. 117, inciso I), em 18/6/04, é de se concluir que a prescrição foi alcançada aos 17/6/12. 4. Habeas corpus denegado. Ordem concedida de ofício para julgar extinta a punibilidade do paciente em virtude da consumação da prescrição da pretensão punitiva estatal, com fundamento no art. 107, IV, do Código Penal".

112 Cf. NUCCI, Guilherme de Souza, op. cit., p. 252: "Não há necessidade de ser domicílio, uma residência com ânimo definitivo. É também residência a casa de campo ou de praia, bem como a casa-sede da fazenda. (...) Não se pode considerar como dependência da residência, por exemplo, um celeiro ou um galpão de fazenda, afastado da sede".

uma arma de uso permitido oculta em suas vestes, ainda que registrada. Nesse caso, havia entendimento de que estaria cometendo o delito do art. 14, pois o registro da arma apenas o autorizaria a mantê-la no local – por exemplo, no interior de sua sala ou em outro espaço, devidamente acondicionada e protegida – mas não junto a si, o que caracterizaria porte e demandaria autorização específica.

Esse entendimento não mais poderá subsistir à vista de duas disposições, incialmente trazidas pelo Decreto 9.785/2019, mantidas pelo Decreto 9.845/2019, e repetidas, com algumas sutis modificações, pelos Decretos 11.366 e 11.615/2023.

A primeira trata da definição de "interior da residência ou dependências desta", que passou, com o Decreto 9.845, a ser considerada "toda a extensão da área particular do imóvel, edificada ou não, em que resida o titular do registro, inclusive quando se tratar de imóvel rural" (art. 4º, § 1º, I). Então, com os Decretos 11.366 e 11.615, o primeiro revogado por este, trata-se de "toda a extensão da área particular registrada do imóvel, edificada ou não, em que resida o titular do registro, inclusive quando se tratar de imóvel rural" (art. 23, parágrafo único, I). Note-se que passou a exigir que a área, inclusive rural, esteja "registrada".

A segunda trata da definição de "interior do local de trabalho", que passou a ser considerada toda a extensão da área particular do imóvel, edificada ou não, em que esteja instalada a pessoa jurídica, registrada como sua sede ou filial (art. 4º, § 1º, II, Decreto 9.845), o que não recebeu alteração pelo Decreto 11.366/2023 (art. 6º, parágrafo único, II), e apenas uma ligeira modificação pelo art. 23, parágrafo ínico II, do Decreto 11.615: toda a extensão da área particular *registrada* do imóvel, edificada ou não, em que esteja instalada a pessoa jurídica, registrada como sua sede ou filial.

Parece-nos ter sido intenção dos Decretos deixar claro que o possuidor da arma poderá permanecer com ela no interior da residência e nas áreas não edificadas, inclusive se se tratar de propriedade rural, o que, na prática, significará que o agente a terá consigo, mesmo que estiver a quilômetros de distância, por exemplo, da sede da fazenda, mas dentro dos limites da propriedade. Igualmente, o gerente ou proprietário do estabelecimento comercial poderá levar consigo a arma registrada por toda a extensão dele, mesmo nas áreas não edificadas, como o estacionamento, sendo o local sede ou filial, mas desde que forem áreas registradas como parte do estabelecimento.

Apenas para percebermos o impacto da mudança: se um gerente de supermercado estivesse sendo processado pela prática do art. 14, porque estava, por exemplo, carregando, oculta nas vestes, uma arma de uso permitido registrada em seu nome, no estacionamento do estabelecimento, deverá ser absolvido pela atipicidade do fato.

Caso o proprietário da arma (registrada) precise levá-la para outro local, ou seja, necessite transportá-la, deverá obter uma autorização especial da Polícia Federal (guia de tráfego), nos termos previstos pelo art. 21 do Decreto 11.615/2023.[113]

(D) Registro

O tipo penal do art. 12 possui elemento normativo, consubstanciado na expressão *em desacordo com determinação legal ou regulamentar*. Portanto, o crime ocorrerá se a posse da arma infringir as regras do Estatuto do Desarmamento ou dos decretos regulamentares, desde que, evidentemente, estes não entrarem em conflito com a Lei. Trata-se de norma penal em branco, pois há necessidade de verificar quais são as determinações contidas no Estatuto e no Regulamento.

113 "Art. 7º, caput: "O proprietário de arma de fogo, na hipótese de mudança de domicílio ou outra situação que implique o transporte da arma de fogo, deverá solicitar guia de trânsito à Polícia Federal para as armas de fogo cadastradas no Sinarm, na forma estabelecida em ato editado pelo Diretor-Geral da Polícia Federal". Parágrafo único. "A guia de trânsito não autoriza o porte da arma, mas apenas o seu transporte, desmuniciada e acondicionada de maneira a não ser feito o uso e, somente, no percurso nela autorizado".

Nesse passo, a mantença da arma de uso permitido em casa ou local de trabalho (se o agente for o seu titular ou, ao menos, o responsável legal do estabelecimento ou empresa), *sem o registro*, implica na prática do crime do art. 12 do Estatuto.

O principal, portanto, é que haja registro da arma de fogo e do acessório, nesse último caso, quando exigido. Quanto à munição, só é possível a posse daquela que o agente está autorizado a adquirir, do mesmo calibre da arma registrada e nas quantidades indicadas na autorização.

Vejamos, então, em breve resumo, as principais regras a respeito do registro.

Registro[114], segundo a doutrina, é a autorização "para que o proprietário mantenha a arma de fogo exclusivamente no interior de sua residência ou dependência desta, ou em seu local de trabalho",[115] desde que, nesse último caso, seja o sujeito titular do estabelecimento ou da empresa (nos termos do contrato social) ou seu responsável legal (de acordo com o contrato individual de trabalho, que lhe dê poderes de gerência).[116]

A partir da edição do Estatuto do Desarmamento, as armas de fogo devem ser registradas na Polícia Federal ou no Comando do Exército.

Na *Polícia Federal* deverão ser registradas as armas de fogo que devam ser cadastradas no SINARM (vide tópico a respeito mais acima), conforme disposição dos arts. 3º e 4º, do Decreto 11.615/2023. A relação dessas armas está no art. 7º, § 1º do mesmo Decreto.

É importante não confundir: cabe à Polícia Federal a expedição do certificado de registro da arma, não ao SINARM. Este, por sua vez, deve cadastrar a arma e autorizar a expedição do certificado (art. 5º, § 1º, do Estatuto).

No *Comando do Exército do Ministério da Defesa* deverão ser registradas as armas de fogo que devam ser cadastradas no SIGMA (para a lista destas, vide tópico mais acima e o § 2º do art. 4º, do Decreto 9.847/2019, e art. 3º, § 1º, do Decreto 11.615).

O texto original do Estatuto do Desarmamento previa que os registros de propriedade expedidos até a data de sua publicação (23 de dezembro de 2003), deveriam ser renovados junto à Polícia Federal no prazo máximo de três anos (§ 3º do art. 5º). Tais registros eram expedidos, antes da nova lei, em geral, por autoridades estaduais. No entanto, o dispositivo sofreu diversas modificações, a última delas por meio da Lei 11.922/2009 (art. 20).

Assim, o proprietário de arma de fogo com certificados de registro de propriedade expedido por órgão estadual ou do Distrito Federal até a data da publicação do Estatuto que não optou pela entrega espontânea prevista em seu art. 32, tinha o dever de renová-lo mediante o pertinente registro federal, até o dia 31 de dezembro de 2009, ante o cumprimento de determinados requisitos.

Portanto, o prazo já expirou, de modo que aqueles proprietários de armas de fogo que se omitiram em tal dever possuem-nas, desde então, ilegalmente, podendo até mesmo responder criminalmente por tal conduta. O mesmo se diga quanto aos proprietários de armas de uso permitido que não possuíam qualquer registro, visto que o art. 30 do Estatuto também fixou a mesma data para a devida regularização.

Aquele que registrou a arma ou renovou o registro dentro do prazo acima passou a ter uma arma em acordo com as determinações legais.

---

114 Art. 3º, parágrafo único, XI, do Anexo I do Decreto 10.030/2019: "registro – matrícula da arma de fogo vinculada à identificação do respectivo proprietário em banco de dados".

115 JUNQUEIRA, Gustavo Octaviano Diniz *et al. Legislação Penal Especial: volume 1*, 5ª ed., São Paulo: Premier Máxima, 2008, p. 430.

116 V. art. 23, *caput*, do Decreto 11.615/2023: "O CRAF tem validade no território nacional e autoriza o seu proprietário a manter a arma de fogo exclusivamente no interior de sua residência ou dependências desta, ou, ainda, de seu local de trabalho, desde que seja ele o titular ou responsável legal pelo estabelecimento ou pela empresa".

E se, depois disso, vencer o prazo de validade do registro ou não for este renovado por falta dos requisitos legais, pergunta-se: haverá o crime do art. 12 do Estatuto, caso o proprietário não entregue a arma à Polícia Federal?

Antes de tratar desse ponto, cabe lembrar que o art. 16, § 2º, do Decreto 5.123/2004 (com a redação dada pelo Decreto 9.685/2019) previa que alguns dos requisitos para o registro da arma de fogo deviam ser comprovados a cada dez anos, sendo este, então, o prazo de validade, que vinha sendo mantido desde então (vide art. 12, § 11, Decreto 9.847/2019). Com o Decreto 11.366/2023, houve sensível diminuição do prazo para 5 anos (art. 5º, § 8º).

A matéria está agora regulada no art. 24 do Decreto 11.615/2023, com prazos diversos, conforme o certificado. Assim, o certificado de registro de arma de fogo (CRAF) terá validade de; a) três anos para CRAF concedido a colecionador, atirador desportivo ou caçador excepcional; b) cinco anos para CRAF concedido para fins de posse de arma de fogo ou de caça de subsistência; c) cinco anos para CRAF concedido a empresa de segurança privada; d) prazo indeterminado para o CRAF dos integrantes da ativa das instituições a que se refere o inciso IV do § 1º do art. 7º do mesmo Decreto.

Pois bem. Vencido o registro, não tendo providenciado o proprietário da arma sua renovação, não haverá o crime do art. 12 do Estatuto e o fato será atípico se a arma for encontrada nas condições descritas no dispositivo legal (posse dentro de casa ou local de trabalho). É que registro houve e os objetivos deste foram cumpridos, não havendo o rebaixamento da segurança pública apenas porque expirada sua validade. Trata-se, assim, de infração administrativa, sem reflexos penais. Esse posicionamento vem sendo, por sinal, adotado pelo STJ,[117] com a ressalva de que o entendimento, segundo a mesma Corte, é restrito ao delito de posse ilegal de arma de fogo de uso permitido (art. 12), não se aplicando ao crime de porte ilegal de arma de fogo (art. 14), muito menos ao delito de porte ilegal de arma de fogo de uso restrito (art. 16), cujas elementares são diversas e a reprovabilidade mais intensa.[118]

De importância para esse ponto foi o Decreto 9.685/2019, que renovou automaticamente todos os certificados de registro de arma de fogo expedidos antes de sua data de publicação (15 de janeiro de 2019), conforme texto de seu art. 2º.[119]

Entendemos que esse dispositivo não fez distinção entre certificados ainda válidos e os vencidos, pois apenas mencionava os certificados "expedidos antes da data de publicação deste Decreto". Ora, mesmo os certificados vencidos foram expedidos antes da data de publicação do decreto. Portanto, a questão acima levantada – é crime possuir a arma com registro vencido? –, em nosso entender perdeu importância, pois a renovação automática dos registros retirou a tipicidade da conduta – mesmo para aqueles que entendiam ser típica –, pois os possuidores

---

117 RHC 80.365-SP, Rel. Min. Maria Thereza de Assis Moura, 6ª T., j. 14/03/2017: "(...) Na espécie, o órgão governamental atestou, mediante a entrega do registro, que o material bélico encontrava-se com o recorrente, ou seja, o Estado exerceu o seu controle ao registrar a arma e a munição, embora o acusado estivesse com o documento vencido à época do fato. (...) Não obstante a reprovabilidade comportamental, a omissão restringe-se à esfera administrativa, não logrando repercussão penal a não revalidação periódica do certificado de registro. Precedentes. (...)". E também, APn 686-AP, Rel. Min. João Otávio de Noronha, Corte Especial, j. 21/10/2015: "(...). Os objetos jurídicos dos tipos previstos nos arts. 12 (guarda de arma de uso permitido em residência) e 16 (posse de munição de uso restrito) da Lei n. 10.826/2003 – Estatuto do Desarmamento – são a administração pública e, reflexamente, a segurança, incolumidade e paz pública (crime de perigo abstrato). No primeiro caso, para se exercer controle rigoroso do trânsito de armas e permitir a atribuição de responsabilidade pelo artefato; no segundo, para evitar a existência de armas irregulares circulando livremente em mãos impróprias, colocando em risco a população. (...) Se o agente já procedeu ao registro da arma, a expiração do prazo é mera irregularidade administrativa que autoriza a apreensão do artefato e aplicação de multa. A conduta, no entanto, não caracteriza ilícito penal. (...)".

118 AgRg no AREsp 885.281-ES, Rel. Min. Antonio Saldanha Palheiro, Sexta Turma, por unanimidade, julgado em 28/4/2020, DJe 08/5/2020.

119 Art. 2º. Os Certificados de Registro de Arma de Fogo expedidos antes da data de publicação deste Decreto ficam automaticamente renovados pelo prazo a que se refere o § 2º do art. 16 do Decreto nº 5.123, de 2004.

de tais armas passaram a estar em concordância com a disposição regulamentar. É verdade que há entendimentos, inclusive da Polícia Federal, de que só foram automaticamente renovados os registros ainda válidos em 15 de janeiro de 2019. Caso aceito esse último entendimento, – a questão continua a ter importância.

Seja qual for o entendimento, a renovação automática atingiu aqueles que, por conta da promulgação do próprio Estatuto do Desarmamento, tinham o dever de regularizar a arma até o dia 31 de dezembro de 2009, mediante o pertinente registro ou sua renovação? A resposta só pode ser negativa. É que nesse caso o prazo foi instituído pela própria Lei 10.826 e, como vimos, já expirou. Quem quisesse registrar a arma depois disso teria que solicitar outro registro, não a renovação do que deixou de existir. O registro simplesmente deixou de existir sob a égide da nova Lei. Ademais, não pode, pela via infra legal, ser desconstituído o prazo estabelecido em lei.

Portanto, repita-se: uma vez regularizada a arma até 31 de dezembro de 2009, com o registro ou sua renovação, a arma passou a estar em acordo com determinação legal; vencido depois o registro, não haverá crime, seja porque todos os certificados foram automaticamente renovados por dez anos, a partir de 15 de janeiro de 2019, seja porque não haveria lesão ao bem jurídico tutelado.

Em suma: registro válido depois de 31 de dezembro de 2009, vencido ou não, é registro renovável e, assim, renovado pelo Decreto 9.685/2019, a partir de 15 de janeiro de 2019.

Isso significa, como chegou-se a afirmar[120], que tal Decreto trouxe verdadeira *abolitio criminis*? Pensamos que não. O Decreto 9.685 não abriu novo prazo para regularização de armas de fogo, mas simplesmente renovou todos os portes, automaticamente, por dez anos, mesmo os vencidos, cuja posse da arma, nessa hipótese, para parte da doutrina e STJ, nem crime era. O tipo penal do art. 12, porém, pode ser aplicado para todos aqueles possuidores de armas que nunca a registraram, que perderam o prazo da Lei 10.826 para registrá-las ou cujo pedido de renovação foi recusado. Portanto, o fato em si não deixou de ser tratado como infração penal em nosso ordenamento, como apressadamente afirmou-se.

No caso de recusa de renovação por falta de atendimento a algum requisito legal não terá havido renovação automática.

De acordo com o art. 67-B do Decreto 5.123/2004, já revogado, nesse caso deveria o proprietário entregar a arma à Polícia Federal – mediante indenização – ou providenciar sua transferência para terceiro, no prazo máximo de sessenta dias e a inobservância de uma dessas obrigações implicaria a apreensão da arma pela Polícia Federal ou órgão público por esta credenciado, sem prejuízo da aplicação das sanções penais cabíveis. Essa regra foi mantida pelo art. 8º do Decreto 9.845/2019.

Assim, entendemos que, na hipótese de recusa de renovação, se o proprietário mantiver a arma em casa ou local de trabalho – nas condições, portanto, do art. 12 do Estatuto do Desarmamento – ainda assim incorrerá nesse tipo penal. É que o próprio Estado negou a renovação do registro, por falta de algum requisito legal (ex.: prática de crime, resultado de exame psicológico etc.) e, a partir daí, tem o possuidor a obrigação de se desfazer da arma, quer entregando-a à Polícia, quer a transferindo a terceiro. Mantendo a arma consigo, cometerá crime.

Isso mudou com o Decreto 9.685/2019? Não. Pensamos que o art. 67-B do Decreto 5.123 não foi atingido pela renovação automática prevista pelo decreto de janeiro de 2019, ainda mais porque, como visto, a regra foi mantida no Decreto 9.847, de junho do mesmo ano. Note-se que o possuidor da arma que teve indeferida a renovação do registro perdeu o direito de reiterar futuramente o pedido, simplesmente porque perdeu o direito de possuir aquela arma

120 Foi o caso de Aury Lopes Jr., em entrevista para o *site* "Consultor Jurídico", citada em matéria publicada em 15.01.2019, intitulada "Comunidade jurídica diverge quanto à eficácia de decreto de armas". Disponível em: www.conjur.com.br. Acesso em 04.12.2019.

anteriormente registrada, tanto que passou a ter o dever de entregá-la à Polícia Federal ou de transferi-la, no prazo máximo de sessenta dias. Em suma: o possuidor tentou renovar o registro, não conseguiu e, com isso, perdeu o direito de possuir e de registrar a arma, não podendo ser beneficiado por uma renovação automática.

O Decreto 9.685 foi revogado pelo Decreto 9.785. Isso mudou alguma coisa do que expusemos até aqui a respeito dele? Não.

Vamos recordar que o Decreto 9.685 renovou por dez anos todos os registros expedidos antes de 15 de janeiro de 2019, salvo, em nosso entender, os vencidos antes de 31 de dezembro de 2009 e não regularizados até essa data, e aqueles cujos pedidos de renovação foram indeferidos. Isso gerou, como vimos, para tais pessoas, a indiscutível atipicidade da conduta de possuir, em sua residência ou local de trabalho (sendo proprietário ou gerente), arma de fogo de uso permitido, com registro vencido.

Ora, o Decreto 9.785, ao revogar o Decreto 9.685, revogou também o dispositivo que gerou a renovação automática dos registros e não repetiu regra semelhante. Porém, tal revogação não pode atingir uma situação penal anterior mais benéfica e um ato jurídico perfeito. Nesse ponto, portanto, a Decreto 9.785/2019 – também não poderá retroagir, até porque, segundo pensamos, a renovação dos registros foi automática e, assim, pode ser considerado ato jurídico perfeito.

O Decreto 11.366/2023 manteve a mesma linha dos decretos anteriores quanto à obrigação de devolver a arma em caso de não renovação.

Com efeito, no caput do art. 11, ficou determinado que, na hipótese de não cumprimento dos requisitos de que trata o seu art. 5º para a renovação do Certificado de Registro de Arma de Fogo, o proprietário deverá entregar a arma à Polícia Federal, mediante indenização, na forma prevista no art. 48 do Decreto nº 9.847, ou deverá providenciar a sua transferência, no prazo de 30 dias, para terceiro interessado na aquisição. Se o não fizer, a arma deverá ser apreendida e incorrerá em crime.

Mas, atenção: nada disso apaga o que antes se apontou aqui, pois a renovação automática ocorrida em 2019 não foi anulada pelo Decreto 11.366 e, portanto, o art. 11 deste último somente podia ser aplicado àqueles proprietários de armas que, em algum momento, solicitaram a renovação do certificado e esta lhes foi negada.

Pouco mudou com o Decreto 11.615/2023, que, em seu art. 26, determina que, na hipótese de o certificado de registro de arma de fogo não ser renovado antes da expiração do prazo (conforme o art. 24, visto acima), o proprietário da arma de fogo será notificado, por meio eletrônico, para, no prazo de sessenta dias a: a) entregar a arma de fogo à Polícia Federal, mediante indenização, nos termos do disposto em regulamentação a ser editada pela autoridade competente e respeitadas as disponibilidades orçamentárias; b) efetivar a sua transferência para terceiro, observados os requisitos legais; ou c) proceder à renovação do registro. Em caso de inércia, será instaurado procedimento de cassação do certificado, com a consequente e imediata apreensão das armas de fogo, dos acessórios e das munições, sob pena de incorrer nos crimes dos arts. 12 ou 14.

Importante, ainda, a Portaria Colog/C Ex 167/2027, que trata das normas para aquisição, registro, cadastro e transferência de armas de fogo e a aquisição de munições, insumos, acessórios e outros produtos controlados de competência do Comando do Exército. Tal texto normativo traz os limites para tais aquisições, que, ultrapassados, podem resultar na aplicação de tipos penais do Estatuto do Desarmamento.

Tipo subjetivo

O crime descrito no art. 12 da Lei nº 10.826/2003 é doloso, não havendo qualquer previsão de modalidade culposa.

O tipo penal também não traz qualquer finalidade especial por parte do agente, ou seja, não existe, *in casu*, elemento subjetivo do tipo.

Assim, há necessidade de que o agente tenha consciência de que possui arma de fogo fora das disposições do Estatuto e do seu regulamento.[121]

Perfeitamente possível o erro de tipo, pois o agente pode manter em casa ou no local de trabalho uma arma de fogo de uso permitido, acreditando tratar-se de arma de brinquedo.[122] Já o erro de proibição é igualmente possível, mas de difícil ocorrência, pois houve ampla campanha de esclarecimento à população sobre as regras do Estatuto, chegando mesmo a ocorrer um referendo a respeito de um de seus dispositivos.

O dolo eventual é teoricamente possível: o agente, não obstante a dúvida sobre se pode ou não manter a arma em sua residência, mesmo sem o registro, resolve lá deixá-la, assumindo o risco de atingir o bem jurídico protegido.

Consumação e Tentativa

O crime do art. 12 consumar-se-á no exato momento em que o agente entrar na posse da arma, do acessório ou da munição, se dentro de sua residência ou local de trabalho (se titular do estabelecimento ou gerente).

Pode ter o agente adquirido uma arma de uso permitido na rua, na clandestinidade e, somente depois, a levado para sua residência. Entre a aquisição e a chegada à residência, houve o porte ilegal, previsto no art. 14 do Estatuto, isso é certo. Mas, chamamos a atenção para a dificuldade de tal prova, pois o agente sempre poderá alegar ter recebido a arma em sua residência. Ora, se esta foi lá encontrada, há um fato seguramente demonstrado e uma situação flagrancial evidente, caracterizadora do art. 12, não havendo sentido em perder-se com hipóteses a respeito da chegada da arma à casa.

Assim, a partir do instante em que o sujeito tem a arma não registrada disponível para si, em sua residência ou local de trabalho, estará consumado o crime.

O delito é permanente, razão pela qual, a qualquer momento, pode ocorrer a apreensão da arma e a prisão em flagrante delito de seu possuidor.

Para alguns, a tentativa é teoricamente possível, pois os atos de possuir ou de manter sob sua guarda são plurissubsistentes.[123]

Na prática, porém, a caracterização da tentativa será hipótese rara, dada a dificuldade de demonstrar que o agente iria entrar na posse do objeto, sendo impedido, por exemplo, pela ação da polícia. Aliás, a dificuldade maior será a de descaracterizar os atos até então praticados como meramente preparatórios e, por consequência, impuníveis. Outros simplesmente consideram a forma tentada inadmissível, como Fernando Capez: "Ou o agente mantém consigo ou não mantém. Ou possui ou não possui. Na hipótese do agente surpreendido enquanto tenta adquirir ilegalmente a arma de fogo, o crime será o do art. 14, na forma tentada, e não o delito em comento".[124]

121 Cf. JUNQUEIRA, Gustavo Octaviano Diniz *et al*, op. cit., p. 435: "Assim, se o sujeito não tem consciência de que a arma está em sua casa, não pode ser por isso responsabilizado, ainda que imprudente na verificação do que terceiros ali coloquem".

122 Cf. JUNQUEIRA, Gustavo Octaviano Diniz *et al*, op. cit., p. 435: "O erro quanto à qualidade de 'arma de fogo' do objeto que é entendido pelo sujeito como enfeite ou relíquia de família, em nossa opinião, afasta o dolo, embora existam entendimentos em sentido contrário".

123 Cf. SILVA, César Dario Mariano, *op. cit.*, p. 71.

124 *Estatuto do desarmamento*, p. 72.

Ação penal

A ação penal é pública incondicionada.

Concurso de Crimes

Vejamos algumas hipóteses de concurso de crimes, oportunidade em que incluiremos na análise outros delitos previstos no Estatuto, e não apenas o art. 12 ora em comento, sempre que idênticos os raciocínios.

Assim, fiquemos com o exemplo do homicídio.

Suponhamos que o agente possua em sua residência uma arma de fogo de uso permitido, sem registro, devidamente guardada em uma gaveta ao lado de sua cama. Em dado momento, surge uma discussão entre ele e sua companheira. O agente pega a arma e a descarrega, matando a mulher. Obviamente, será processado por feminicídio. Pergunta-se: haverá concurso entre este último delito e a posse ilegal prevista no art. 12 do Estatuto? Pensamos que sim. É que, bem antes da discussão e de seu ato de covardia, o agente já mantinha a arma em situação de franca ilegalidade. Assim, lembrando ser o art. 12 delito permanente, é certo que sua consumação já havia ocorrido e manteve-se até o momento do desenlace fatal. Dessa forma, não temos dúvida: nesse caso haverá concurso material entre os dois delitos.[125]

Suponhamos agora que um gerente mantenha uma arma de uso permitido, sem registro, no interior de sua sala, quando a empresa é tomada de assalto, com morte imediata de seguranças e alguns funcionários, razão pela qual ele a pega e atira nos criminosos, matando um deles. É razoável afirmar ter agido o gerente em legítima defesa. Pergunta-se: responderá pelo delito do art. 12 do Estatuto?

Entendo que deverá responder pela posse ilegal da arma. Notem bem: não se nega a ocorrência da causa de exclusão da ilicitude, mas apenas que esta deve ser aplicada apenas à conduta típica de homicídio, visto que, bem antes de sua ocorrência, já estava consumado o delito do art. 12, pois o gerente já "possuía ilegalmente" a arma em questão.

A tese de *inexigibilidade de conduta diversa* como causa supralegal de exclusão da culpabilidade vem obtendo cada vez mais reconhecimento pela doutrina nacional.[126] Entendemos possível sua invocação em sede dos delitos previstos no Estatuto do Desarmamento em geral, embora dependa, para seu reconhecimento, de prova inequívoca. Assim, teoricamente, é possível ao agente demonstrar que mantinha a arma dentro de sua residência, pois era efetivamente ameaçado de morte por pessoa que comprovadamente tinha comportamento violento e era provável que cumprisse a ameaça. Nesse caso, estaria ausente a culpabilidade por não lhe ser exigível outra conduta. Porém, se a tese em questão está relacionada diretamente a um crime de homicídio, daí então o raciocínio que deve ser feito é o mesmo antes usado para as causas de exclusão da ilicitude.

---

125 STJ, HC 325.387-SP, Rel. Min. Ribeiro Dantas, 5ª T., j. 13/12/2016: "(...) A absorção do crime de porte ilegal de arma pelo de homicídio pressupõe que as condutas tenham sido praticadas em um mesmo contexto fático, guardando entre si uma relação de dependência ou de subordinação. Destarte, o porte da arma de fogo deve ter como fim unicamente a prática do crime de homicídio para ser absorvido como ante factum impunível. Ausente essa vinculação com o crime fim, não há falar em consunção, havendo, pois, crime autônomo de porte ou posse de arma de fogo. (...)". O Acórdão refere-se ao *porte*, mas o raciocínio pode ser aplicada à *posse* da arma de fogo.

126 Cf. GOMES, Luiz Flávio *et al.*, *Direito penal, vol. 2*, p. 645: "Quando o agente atua de acordo com circunstâncias normais, não fica afastada a exigibilidade de conduta diversa (a culpabilidade). Em caso de anormalidade, ao contrário, pode ficar eliminada a exigibilidade de conduta diversa. Na anormalidade das circunstâncias residem as causas de exclusão da exigibilidade de conduta diversa, também chamadas de causas de exculpação. Essas causas podem ser legais (coação moral irresistível e obediência hierárquica – cf. CP, art. 22) ou supralegais (inexigibilidade de conduta diversa como causa supralegal de exclusão da culpabilidade)".

De outra parte, nada obsta a que haja concurso entre o delito do art. 12 da Lei nº 10.826/2003 e outro nela previsto. Por exemplo: se o sujeito mantém uma arma de fogo de uso permitido, sem registro, dentro de sua residência e, além disso, porta nas ruas uma arma de fogo com numeração suprimida, estará cometendo dois delitos diversos, sendo o do art. 12 com a primeira conduta, e o descrito no inciso IV do § 1º do art. 16 com a segunda. São dois planos de ação totalmente diversos.[127] A mesma solução haveria, ainda que a arma portada fora da residência fosse também de uso permitido, com numeração intacta.

Diversa deveria ser a solução no caso de ambas as armas serem encontradas no interior da mesma residência: o crime mais grave, referente à arma com numeração raspada, deveria absorver o previsto no art. 12. ***No entanto, não é essa a solução dada pela jurisprudência, que entende haver concurso formal de crimes.***[128] Assim, a orientação jurisprudencial do STJ é de que os tipos penais dos arts. 12 e 16 tutelam bens jurídicos diversos, razão pela qual consideram haver concurso formal quando apreendidas armas ou munições de uso permitido e de uso restrito no mesmo contexto fático.

E o crime de associação criminosa armada? Acreditamos que o princípio é sempre o mesmo, ou seja, se for possível enxergar contextos fáticos distintos entre tal delito e aqueles previstos no Estatuto, poderá ser reconhecido o concurso material.[129]

---

127 No mesmo sentido, NUCCI, Guilherme de Souza, op. cit., p. 259.

128 STJ, AgRg no REsp 1.825.695, Rel. Min. Sebastião Reis Júnior, 6ª T., j. 10.03.2020: "AGRAVO REGIMENTAL EM RECURSO ESPECIAL. LEGISLAÇÃO EXTRAVAGANTE. ÓBICE DA SÚMULA 7/STJ. INAPL CABILIDADE. JULGADO QUE NÃO REVOLVEU MATÉRIA FÁTICO-PROBATÓRIA. ESTATUTO DO DESARMAMENTO. VIOLAÇÃO DOS ARTS. 70 DO CP; 14 E 16, PARÁGRAFO ÚNICO, IV, AMBOS DA LEI N. 10.826/2003. PORTE ILEGAL DE **ARMAS** DE FOGO, DE MUNIÇÃO DE USO **PERMITIDO** E DE ACESSÓRIO DE USO **RESTRITO**. PRINCÍPIO DA CONSUNÇÃO. MANUTENÇÃO DO AFASTAMENTO QUE SE IMPÕE. BENS JURÍDICOS DISTINTOS. **CONCURSO** FORMAL. APLICABILIDADE. 1. A questão veiculada no recurso especial não envolve a análise de conteúdo desta natureza, mas, sim, a possibilidade de aplicação, no caso concreto, da regra do concurso formal entre os delitos dos arts. 14 e 16, parágrafo único, IV, ambos da Lei n. 10.826/2003, em harmonia com a jurisprudência desta Corte Superior. Dessa forma, não se configura a hipótese de aplicação do óbice constante da Súmula 7/STJ, haja vista a análise eminentemente jurídica do caso. 2. Há precedentes desta Corte no sentido de que a apreensão de mais de uma arma, de munição, de acessório ou de explosivo, com o mesmo agente, não caracteriza **concurso** de crimes, mas delito único, pois há apenas uma lesão ao bem jurídico tutelado. 3. Na presente hipótese, não pode ser aplicado tal raciocínio, pois, no caso, a conduta praticada pelo agravante se amolda a tipos penais diversos, atingindo distintos bens jurídicos, o que inviabiliza o reconhecimento de crime único e o afastamento do **concurso**. 4. Tem-se reconhecido a existência de crime único quando são apreendidos, no mesmo contexto fático, mais de uma arma ou munição, tendo em vista a ocorrência de uma única lesão ao bem jurídico protegido. Sucede que referido entendimento não pode ser aplicado no caso dos autos, porquanto a conduta praticada pelo réu se amolda a tipos penais diversos, sendo que um deles, o do artigo 16, além da paz e segurança públicas também protege a seriedade dos cadastros do Sistema Nacional de **Armas**, razão pela qual é inviável o reconhecimento de crime único e o afastamento do **concurso** material (HC n. 211.834/SP, Ministro Jorge Mussi, Quinta Turma, DJe 18/9/2013). 5. As condutas de possuir arma de fogo e munições de uso **permitido** e de uso **restrito**, apreendidas em um mesmo contexto fático, configuram **concurso** formal de delitos. [...] O art. 16, do Estatuto do Desarmamento, além da paz e segurança públicas, também protege a seriedade dos cadastros do Sistema Nacional de **Armas**, sendo inviável o reconhecimento de crime único, pois há lesão a bens jurídicos diversos. Também não é adequada a aplicação da regra do **concurso** material ou do **concurso** formal impróprio, não havendo a demonstração da existência de desígnios autônomos. (HC n. 467.756/RJ, Ministro Reynaldo Soares da Fonseca, Quinta Turma, DJe 6/5/2019). 6. Agravo regimental improvido".

129 STJ, RHC 78.242-ES, Rel. Min. Jorge Mussi, 5ª T., j. 01/12/2016: "(...) ABSORÇÃO DO CRIME DE POSSE ILEGAL DE ARMA DE FOGO DE USO RESTRITO PELO DE ASSOCIAÇÃO CRIMINOSA ARMADA. DENÚNCIA QUE DESCREVE FATOS EM TESE TÍPICOS. ARMAMENTO QUE SERIA UTILIZADO NA PRÁTICA DE ROUBOS. INEXISTÊNCIA DE PROVAS DE QUE A POSSE DA PISTOLA SE ESGOTARIA NO DELITO DO PARÁGRAFO ÚNICO DO ARTIGO 288 DO CÓDIGO PENAL. IMPOSSIBILIDADE DE ABSORÇÃO. NECESSIDADE DE REVOLVIMENTO DE MATÉRIA FÁTICO-PROBATÓRIO. IMPOSSIBILIDADE NA VIA ELEITA. 1. Em habeas corpus e em recurso ordinário em habeas corpus, somente deve ser obstada a ação penal se restar demonstrada, de forma indubitável, a atipicidade da conduta, a ocorrência de circunstância extintiva da punibilidade e a ausência de indícios de autoria ou de prova da materialidade do delito. 2. Na espécie, a narrativa contida na peça vestibular não permite extrair, com a certeza necessária para a aplicação do princípio da consunção, que a posse do armamento se esgotaria no delito de associação criminosa armada, como sustentado na irresignação. (...)".

Por fim, entendemos que pode ocorrer concurso entre os delitos previstos no Estatuto do Desarmamento, notadamente entre os arts. 12, 13, 14, 15, 16 e 17, com o crime de receptação, pois o bem jurídico protegido no crime contra o patrimônio é diverso daquele amparado pela Lei Especial.[130]

OMISSÃO DE CAUTELA

Art. 13. Deixar de observar as cautelas necessárias para impedir que menor de 18 (dezoito) anos ou pessoa portadora de deficiência mental se apodere de arma de fogo que esteja sob sua posse ou que seja de sua propriedade:

Pena – detenção, de 1 (um) a 2 (dois) anos, e multa.

Parágrafo único. Nas mesmas penas incorrem o proprietário ou diretor responsável de empresa de segurança e transporte de valores que deixarem de registrar ocorrência policial e de comunicar à Polícia Federal perda, furto, roubo ou outras formas de extravio de arma de fogo, acessório ou munição que estejam sob sua guarda, nas primeiras 24 (vinte e quatro) horas depois de ocorrido o fato.

Cominando a mais leve das penas privativas de liberdade do Estatuto, o art. 13 trouxe basicamente duas condutas: a primeira, contida no *caput*, praticamente repetiu a legislação anterior, consistindo na omissão de cautela originadora do *nomen juris*; a segunda, uma novidade da legislação, é delito correlato às obrigações previstas no art. 7º.

A pena prevista é de detenção, de 1 a 2 anos, e multa. Trata-se de delito de menor potencial ofensivo, sendo perfeitamente cabível a transação penal e, eventualmente, a suspensão condicional do processo, tal como previstas na Lei nº 9.099/1995. Sendo cabível a transação penal, não se aplica o acordo de não persecução penal, por força da vedação prevista no inciso I do § 2º do art. 28-A do CPP.

Aplicação da Lei Penal no Tempo

O parágrafo único do art. 13 trouxe um novo crime ao nosso ordenamento jurídico, constituindo inequívoca *novatio legis* incriminadora, razão pela qual não poderá retroagir. O fato nele descrito era, antes do advento do Estatuto do Desarmamento, atípico.

Sujeitos do Crime

As figuras típicas previstas no *caput* e no parágrafo único do art. 13 constituem, no que tange ao sujeito ativo, *crimes próprios*: somente poderá o agente cometer o primeiro delito descrito se for o proprietário ou possuidor da arma de fogo;[131] e o segundo somente será cometido pelo proprietário ou diretor responsável de empresa de segurança e transporte de valores.

130 Nesse sentido, GOMES, Luiz Flávio; OLIVEIRA, William Terra. Op. cit., p. 159: "Aqui, importa indagar sobre o dolo de aquisição de algo que seja 'produto de crime'. Caso o agente adquira a arma sabendo ser ela fruto de um delito, estará cometendo um crime contra o patrimônio no momento em que se apoderar da *res*. Se depois mantiver consigo a arma, circulando com a mesma ou mantendo-a guardada, estará cometendo o delito de porte ou posse ilegal (os quais possuem uma objetividade jurídica diversa e momentos consumativos ulteriores). A modalidade de conduta 'adquirir' descrita no *caput* está reservada aos casos de aquisição de uma arma sem o respectivo registro, porém sem o componente anímico de vantagem patrimonial ilícita". Contra, no sentido de que o agente apenas responderá pelo delito mais grave, JUNQUEIRA, Gustavo Octaviano Diniz *et al*, op. cit., p. 441. Os mesmos autores, porém, trazem jurisprudência sustentando a ocorrência de concurso (idem, p. 460).

131 Com entendimento de que o crime descrito no *caput* do art. 13 é comum: JESUS, Damásio E., op. cit., p. 39.

O sujeito passivo é a coletividade e, também, ainda que de modo secundário, o menor de 18 anos e a pessoa portadora de deficiência mental (*caput*). Para a caracterização do delito não há necessidade de qualquer vínculo entre estes últimos e o proprietário ou possuidor da arma.[132]

Tipicidade objetiva

Analisemos, primeiramente, a figura típica prevista no *caput* do artigo.

A conduta prevista é a de deixar de observar as cautelas necessárias para impedir que menor de 18 anos ou pessoa portadora de deficiência mental se apodere de uma arma de fogo que esteja sob a posse do agente ou que seja de propriedade deste.

O núcleo do tipo situa-se na expressão *deixar de observar*, ou seja, não ter atenção, o que sugere a existência de um dever, de um comportamento esperado que não foi seguido pelo agente (crime *omissivo próprio*).[133]

Mas o que se deixa de observar nesse caso? As *cautelas necessárias*, expressão que constitui elemento normativo do tipo e que representa, no dizer de Guilherme de Souza Nucci, "o dever de cuidado objetivo, imposto a todos os que vivem em sociedade, significando atuar com atenção e zelo".[134]

O tipo ainda prevê um objetivo para a exigência da cautela, é dizer, o legislador deixa expresso o que quer efetivamente impedir: *que menor de 18 anos ou pessoa portadora de deficiência mental se apodere de arma de fogo*. Tais sujeitos do delito são indivíduos incapazes de entender o caráter ilícito do fato ou de determinar-se de acordo com tal entendimento, por definição legal. O tipo penal menciona apenas tais pessoas, nada dizendo sobre "pessoa inexperiente em manejá-la", como fazia o art. 19, § 2º, alínea *c*, da LCP. Por isso, há entendimento de que continua sendo contravenção penal a conduta de omitir as cautelas necessárias para impedir que pessoa inexperiente no manejo de arma de fogo dela se apodere.[135]

Vamos aos Decretos regulamentadores, pois trouxeram alguns pontos que merecem atenção.

Com efeito, o Decreto 5.123/2004, com a redação que lhe foi dada pelo Decreto 9.685/2019, passou a exigir daquele que quisesse adquirir uma arma de fogo e que possuísse residência habitada também por criança, adolescente ou pessoa com deficiência mental, a apresentação de uma declaração de que, a sua moradia possuía cofre ou local seguro com tranca para armazenamento (art. 12, VIII). Essa exigência não existia até 15 de janeiro de 2019, data da publicação do Decreto 9.685.

O § 10 do mesmo art. 12 do Decreto 5.123 (também incluído pelo Decreto 9.685/2019) estatuía o seguinte: "A inobservância do disposto no inciso VIII do caput sujeitará o interessado à pena prevista no art. 13 da Lei nº 10.826, de 2003".

Este último dispositivo mereceu cautelosa interpretação de nossa parte.

A exigência do inciso VIII do art. 12 do Decreto 5.125 não poderia ser considerada a "cautela necessária" prevista no tipo do art. 13 do Estatuto: a cautela seria o ato de providenciar que

---

132 Cf. JESUS, Damásio E., op. cit., p. 39, e SILVA, César Dario Mariano, op. cit., p. 74.

133 Em sentido oposto, SILVA, César Dario Mariano, op. cit., p. 74, para quem o crime não pode ser considerado omissivo. E também GOMES, Luiz Flávio; OLIVEIRA, William Terra, op. cit., p. 160: "Enquanto crime culposo, o tipo apresenta fundamentalmente *conduta omissiva*, traduzida pela falta de cautelas. Não estamos diante de um crime omissivo, pois, além da omissão, o legislador inseriu no tipo a 'inobservância do cuidado objetivo necessário' como requisito da conduta. Assim, ao lado de um comportamento omissivo ou mesmo comissivo, deverá surgir um resultado involuntário, não querido pela agente".

134 Op. cit., p. 253. Vide STJ, APn 394-RN, Rel. Min. José Delgado, Corte Especial, j. 15/03/2006: "(...) Inexistência de omissão de cautela na guarda da arma de fogo a justificar a denúncia, visto que o relatório policial registra que a arma estava guardada no móvel do quarto de casal desmuniciada e a munição guardada separadamente. (...)".

135 Cf. CAPEZ, *Estatuto do desarmamento*, p. 85-86. Em sentido contrário, pela revogação tácita do dispositivo da LCP, quanto às armas de fogo, JUNQUEIRA, Gustavo Octaviano Diniz *et al*, op. cit., p. 446.

na moradia houvesse cofre ou local seguro com tranca para armazenamento da arma, de modo a impedir que menor de 18 anos ou pessoa portadora de deficiência mental dela se apoderasse. O que o inciso VIII do art. 12 do Decreto passou a exigir foi apenas a apresentação de uma *declaração* do interessado de que possuía tal cofre ou local seguro em casa.

Assim, como deveria ser interpretado que "a inobservância do disposto no inciso VIII do caput sujeitará o interessado à pena prevista no art. 13 da Lei nº 10.826, de 2003"? Para nós, a inobservância não poderia ser simplesmente da falta de apresentação da declaração, obviamente, porque, nesse caso, não estaria presente um dos requisitos então exigidos pelo Decreto 5.123 para que fosse autorizada a aquisição da arma.

Tampouco poderia ser a falta de apresentação da declaração daquele que tinha o dever de apresentá-la, ocultando o fato de coabitar com menor de 18 anos ou pessoa portadora de deficiência mental. Isso porque a simples apresentação de uma declaração não poderia ser, em si, a própria cautela. Esta não poderia ser outra coisa senão o possuir, na casa, o cofre ou o local seguro com tranca para armazenar a arma.

Com isso, "a inobservância do disposto no inciso VIII.." não poderia ser interpretada no sentido de que a falta de apresentação da declaração, quando exigida pelo Decreto, configurava o crime do art. 13 do Estatuto. Claro, já que a mera apresentação da declaração não poderia ser considerada a "cautela necessária" do tipo penal. E não sendo a cautela necessária, afirmar que alguém cometeria o crime do art. 13 do Estatuto simplesmente porque deixou de apresentar a declaração quando exigida seria aceitar que um decreto pudesse criar novo tipo penal, o que seria inconstitucional, por flagrante violação ao princípio da reserva legal.

Pensamos que a única interpretação possível seria outra: o § 10 do art. 12 do Decreto 5.123 trazia uma presunção de que, caso houvesse o apoderamento da arma por menor de 18 anos ou pessoa portadora de deficiência mental que residisse na casa (vide tópico sobre consumação e tentativa), a falta de cofre ou de local seguro com tranca para armazenar o objeto traria a presunção da falta das "cautelas necessárias" do tipo do art. 13 do Estatuto do Desarmamento. Ademais, essa presunção não poderia ser aplicada aos casos anteriores a 15 de janeiro de 2019, data em que entrou em vigor o Decreto 9.685, que trouxe o citado § 10 ao art. 12 do Decreto 5.123/2004.

Eis que o Decreto 9.785/2019 revogou o Decreto 5.123/2004 e o Decreto 9.685/2019. Porém, o Decreto 9.785 manteve a previsão sobre a apresentação da declaração já mencionada. Dizia o art. 9º, VIII, que, para fins de aquisição de arma de fogo de uso permitido e de emissão do Certificado de Registro de Arma de Fogo, o interessado deveria "apresentar declaração de que possui lugar seguro para armazenamento das armas de fogo das quais seja proprietário de modo a adotar as medidas necessárias para impedir que menor de dezoito anos de idade ou pessoa com deficiência mental se apodere de arma de fogo que esteja sob sua posse ou que seja de sua propriedade nos termos do disposto no art. 13 da Lei nº 10.826, de 2003". A regra anterior foi amenizada, pois deixou de existir a necessidade da declaração de que a moradia possuía cofre ou local seguro com tranca para armazenamento da arma, bastando declaração de que possuía um "lugar seguro". E mais: o Decreto 9.785 não repetiu a regra do § 10 do art. 12 do Decreto 5.123, com a redação que lhe deu o Decreto 9.685. Ou seja, deixou de existir o dispositivo que afirmava configurar o crime do art. 13 do Estatuto a inobservância da declaração.

O Decreto 9.785 também foi revogado, mas um de seus substitutos, o Decreto 9.845/2019, manteve a mesma sistemática (art. 3º, VIII).

Isso mudou alguma coisa? Muito pouco.

É que, como já alertamos, sempre interpretamos o dispositivo do § 10 do art. 12 do revogado Decreto 5.123 com muita cautela. Resumindo: a declaração não poderia ser considerada a "cautela necessária" prevista no tipo do art. 13 do Estatuto; tampouco a falta da declaração poderia ser considerada ausência de cautela; a cautela seria o ato de providenciar que na moradia houvesse cofre ou local seguro com tranca para armazenamento da arma, de modo a impedir que menor de 18 anos ou pessoa portadora de deficiência mental dela se apoderasse.

Então, com o Decreto 9.845, devia-se interpretar que parte das "cautelas necessárias" – elementar do tipo do art. 13 do Estatuto – seria o ato de providenciar que na moradia houvesse "lugar seguro" para armazenamento das armas de fogo, de modo a impedir que menor de 18 anos ou pessoa portadora de deficiência mental dela se apodere. Ao exigir a declaração, que pressupõe verdadeira, o Decreto estava a exigir que tal cautela tivesse sido de fato adotada, ou seja, que o proprietário da arma de fogo tivesses providenciado o "lugar seguro" para armazená-la.

Não configurava e continua a não configurar o crime do art. 13 do Estatuto a simples inobservância da falta de apresentação da declaração.

Mas, é certo que, segundo entendíamos, o § 10 do art. 12 do revogado Decreto 5.123 trazia uma presunção iuris et de iure: caso houvesse o apoderamento da arma por menor de 18 anos ou pessoa portadora de deficiência mental que residisse na casa (o que a doutrina, em geral, tem exigido para configuração do crime), a falta de "cofre" ou de "local seguro com tranca" para armazenar o objeto traria a presunção de falta das "cautelas necessárias" do tipo do art. 13 do Estatuto do Desarmamento e estaria configurada infração penal. Essa presunção não poderia ser aplicada aos casos anteriores a 15 de janeiro de 2019, data em que entrou em vigor o Decreto 9.685, que trouxe o citado § 10 ao art. 12 do Decreto 5.123/2004. Então, com a revogação e inexistência de repetição dessa presunção legal, pensamos que ela não mais poderá ser aplicada, mesmo aos casos posteriores a 15 de janeiro de 2019. É dizer, deixou de existir a presunção de ausência de cautela.

E há mais.

O Decreto 11.366/2023, em seu art. 5º, V, trouxe de volta a exigência de apresentação de declaração de que a residência possui cofre ou lugar seguro, com tranca, para armazenamento das armas de fogo desmuniciadas de que seja proprietário, de modo a adotar as medidas necessárias para impedir que menor de dezoito anos de idade ou pessoa civilmente incapaz se apodere de arma de fogo sob sua posse ou de sua propriedade. A mesma regra foi mantida no Decreto 11.615 (art. 15, VIII). Em ambos os decretos não se mencionou que o descumprimento configuraria o crime do art. 13 do Estatuto, mas que a regra apenas estaria em consonância com tal dispositivo ("observado o disposto no art. 13").

Enfim, hoje, caso haja o apoderamento da arma por menor de 18 anos ou civilmente incapaz que resida na casa, exige-se a comprovação de que ela não estava armazenada em "em cofre ou lugar seguro, com tranca", para que reste configurada a inobservância das "cautelas necessárias" do tipo penal do art. 13.

Observe-se, ainda, que a doutrina costuma afirmar que temos no *caput* do art. 13 a descrição de negligência, o que está correto se considerarmos que a imprudência se revela por meio de conduta comissiva, um agir. Fernando Capez, comentando o artigo em questão e mencionando a imprudência: "É a culpa de quem age, ou seja, manifestada por meio de uma ação. Tratando-se de comportamento comissivo, a imprudência não tem previsão no art. 13, que fala em 'deixar de observar as cautelas necessárias' e, por isso, cuida apenas da negligência". Em seguida, contudo, reconhece a possibilidade de outra solução: "Na prática, contudo, se o agente coloca (portanto, age) a arma de fogo ao alcance do menor, por imprudência, acabará respondendo pelo delito em questão, já que também terá omitido as cautelas necessárias para impedir o acesso a ela".[136] Portanto, a depender de como se apresentar a conduta, pode-se nela vislumbrar imprudência ou negligência, não possuindo o tipo penal a rigidez que alguns lhe atribuem.[137]

O objeto material do delito previsto no art. 13 é a arma de fogo apenas, pois o tipo não menciona munição ou acessório. Então, no caso da conduta prevista resultar no apoderamento

136 *Estatuto do desarmamento*, p. 83.

137 Como, de resto, espera-se menos rigidez no trato do tema em geral, não apenas nos limites da lei em comento. Afinal, aquele que deixa de dar manutenção ao seu veículo e, ainda assim o dirige, ocorrendo uma falha mecânica e um acidente com vítima, foi imprudente ao conduzir o carro em tais condições impróprias, ou negligente, por não lhe dar manutenção adequada? A resposta é claramente condicionada pela pergunta.

de munição por parte do menor de 18 anos ou da pessoa portadora de deficiência mental não se configurará o delito em tela, mas a contravenção do art. 19, § 2º, alínea *c*, da LCP, pois nela há menção expressa a tal objeto material. Já quanto aos acessórios, o fato é atípico.[138]

Quanto à necessidade de efetivo apoderamento da arma por menor de 18 anos ou pessoa portadora de deficiência mental para a configuração do crime, entendemos ser tal requisito indispensável para a caracterização do delito, como veremos em tópico adiante (sobre consumação e tentativa).

Passaremos agora a tratar da figura típica prevista no parágrafo único do art. 13.

A conduta criminosa é a de deixar o proprietário ou diretor responsável de empresa de segurança e transporte de valores de registrar ocorrência policial e de comunicar à Polícia Federal perda, furto, roubo ou outras formas de extravio de arma de fogo, acessório ou munição que estejam sob sua guarda, nas primeiras 24 horas depois de ocorrido o furto.

Lembremos, inicialmente, que o § 1º, do art. 7º, do Estatuto do Desarmamento, impõe obrigações ao proprietário ou diretor responsável de empresa de segurança privada e de transporte de valores: a de registrar ocorrência policial e de comunicar à Polícia Federal perda, furto, roubo ou outras formas de extravio de armas de fogo, acessórios e munições que estejam sob sua guarda, nas primeiras 24 horas depois de ocorrido o fato.[139] Quer dizer, ocorrido o extravio da arma, munição ou acessório, deve o proprietário ou diretor responsável da empresa, no prazo máximo de 24 horas depois do fato, levá-lo ao conhecimento da Polícia Civil (que tem atribuição para investigar o extravio, advindo daí a necessidade de registro da ocorrência) e da Polícia Federal (para fins de controle, eis que detém as atribuições relativas ao registro da arma e fará a devida comunicação ao SINARM).

O próprio dispositivo citado já adverte sobre a consequência do descumprimento de tais obrigações, mencionando expressamente a caracterização do delito previsto no art. 13, parágrafo único.

Mais uma vez, espera-se e exige-se do sujeito ativo um determinado comportamento, que não é correspondido. Trata-se, portanto, de conduta *omissiva*.

Mas, a redação do parágrafo único do art. 13 vem suscitando algumas discussões na doutrina.

Com efeito, a pergunta que logo surge é: para a caracterização do delito é necessário que o sujeito ativo deixe de registrar a ocorrência e de comunicar o fato à Polícia Federal? Em outras palavras, se apenas registrar a ocorrência na Polícia Civil – ou apenas comunicar o extravio à Polícia Federal – terá praticado o crime?

Entendemos que o tipo penal em tela exige a omissão das duas obrigações para que o crime se configure, de forma que não estará caracterizado o delito se o agente apenas comunicar o fato à Polícia Federal ou se apenas registrar a ocorrência policial. Somente haverá o crime se o sujeito ativo deixar de adotar as duas posturas dele esperadas.[140] No mesmo sentido, entende

138 Cf. CAPEZ, Fernando, *Estatuto do desarmamento*, p. 86.

139 De acordo com o *caput* do art. 7º do Estatuto, com a redação dada pela Lei 14.967/2024: "As armas de fogo utilizadas pelos profissionais de segurança privada dos prestadores de serviços de segurança privada e das empresas e dos condomínios edilícios possuidores de serviços orgânicos de segurança privada, constituídas na forma da lei, serão de propriedade, responsabilidade e guarda das respectivas empresas, somente podendo ser utilizadas quando em serviço, devendo essas observarem as condições de uso e de armazenagem estabelecidas pelo órgão competente, sendo o certificado de registro e a autorização de porte expedidos pela Polícia Federal em nome da empresa".

140 Cf. CAPEZ, Fernando, *Estatuto do desarmamento*, p. 87/88: "Entendemos que, a despeito da interpretação literal sugerir que ambas as providências devam ser tomadas, sob pena de haver o aperfeiçoamento típico, a exigência é de cunho alternativo. Assim, caso o agente registre a ocorrência de furto da arma de fogo na Delegacia de Polícia estadual, no prazo legal, tal atitude por si só basta para afastar o crime. Da mesma forma se proceder à comunicação do furto somente à Polícia Federal. É que, na hipótese, cumpriu-se o objetivo da lei, qual seja, o de proporcionar às autoridades públicas a ciência imediata do desaparecimento do bem, de forma a lhes facilitar a sua investigação e a

Guilherme de Souza Nucci: "No entanto, para não configurar a infração penal, o agente tem *dupla obrigação*: registrar a ocorrência, em qualquer repartição policial estadual (responsável pela investigação), além de, oficialmente, comunicar à Polícia Federal. Pressupõe-se, por óbvio, que, se a ocorrência for registrada em delegacia da polícia federal, dispensa-se a comunicação".[141]

Além disso, o tipo prevê um prazo para a configuração do crime: o agente deve deixar passar as primeiras 24 horas depois do extravio, sem comunicar o fato à Polícia. Ou seja: o extravio ocorre e, antes de decorrerem 24 horas, o sujeito ativo dele toma conhecimento e, não obstante, permanece inerte, deixando fluir tal prazo. Vale lembrar que, segundo o art. 50, II, do Decreto 11.615/2023, o proprietário de arma de fogo, é obrigado a comunicar, **imediatamente**, à unidade policial mais próxima do ocorrido e à Polícia Federal o extravio, o furto ou o roubo da arma de fogo. Para a configuração do crime, porém, exige-se o intervalo de 24 horas.

Não concordamos com a afirmação de que o prazo é contado do momento em que o sujeito ativo toma conhecimento do extravio, pois o tipo penal é expresso: *nas primeiras 24 horas depois de ocorrido o fato*.[142] Se o agente tomar conhecimento do extravio depois de passado o prazo de 24 horas e permanecer inerte, haverá o crime. Por sinal, pensamos mesmo que o dispositivo pretendeu transformar em crime aquilo que deveria permanecer na esfera da infração administrativa.

Ao contrário do que se dá no *caput*, o parágrafo único possui como objetos materiais não somente as armas de fogo, mas também os acessórios e munições.

Tipo subjetivo

O delito previsto no *caput* do dispositivo em estudo é *culposo*, pois o agente não quer que o menor de 18 anos (ou a pessoa portadora de deficiência mental) se apodere da arma de fogo, nem assume o risco de que tal ocorra. É que, se o sujeito ativo agir com dolo, estará configurado outro delito, previsto no art. 16, § 1º, inciso V, que prevê a conduta de entregar arma de fogo a criança ou adolescente. É, assim, um crime culposo o previsto no art. 13, *caput*, apesar de ter o legislador fugido da praxe de evitar a descrição da conduta (normalmente, nos crimes culposos, encontramos apenas a expressão "se culposo o crime" ou similar).[143]

Concluindo: se o agente quiser que o menor de 18 anos se apodere da arma, comete o delito do art. 16, § 1º, inciso V, do Estatuto (§ 2º, se o objeto material for de uso proibido); se, ao invés do menor de 18 anos, quem se apodera da arma é pessoa portadora de deficiência mental, o crime poderá ser o do art. 14 (arma de uso permitido), art. 16, *caput* (arma de uso restrito),

---

imediata apreensão, impedindo, com isso, que os artefatos fiquem por tempo demasiado nas mãos de criminosos. Comunicado o desparecimento ou a subtração a um órgão público, incumbirá a este entrar em contato com seu congênere, não se podendo partir da premissa de que a Polícia Estadual e a Federal são departamentos estanques, sem comunicação entre si. O dever de entrosamento é do Poder Público, não se podendo delegar ao particular tal ônus. Feito isso, o bem jurídico protegido não sofre qualquer lesão ou perigo de lesão, tornando-se o fato atípico".

141 Op. cit., p. 255. Segundo SILVA, César Dario Mariano, op. cit., p. 79): "Não há como aceitar que somente com a falta do registro policial **e** da ausência da comunicação à Polícia Federal é que haverá a adequação típica. Partindo-se de uma simples interpretação gramatical chegaríamos a essa conclusão. Entretanto, interpretando-se sistematicamente o dispositivo, percebe-se que o legislador pretendeu obrigar o sujeito ativo a fazer o registro policial e também noticiar o evento à Polícia Federal, justamente para que os órgãos de segurança pública possam agir para a localização e apreensão dos objetos materiais extraviados e para que haja a atualização dos registros do SINARM o mais breve possível".

142 Cf. SILVA, César Dario Mariano, op. cit., p. 80: "Observamos, ainda, que o prazo de vinte e quatro horas começará a fluir a partir do momento em que a perda, o furto, o roubo ou qualquer outra forma de extravio do objeto material chegar ao conhecimento do sujeito ativo. Caso o sujeito ativo não tenha conhecimento do evento, não pode ser responsabilizado penalmente por não ter agido, não havendo que se falar em omissão". Acompanha-o MARCÃO, Renato, op. cit., p. 43.

143 É a posição de Capez (*Estatuto do desarmamento*, p. 82), Nucci (op. cit., p. 253), Damásio (op. cit., p. 39) e Cézar Dario Mariano da Silva (op. cit., p. 74).

art. 16, § 1º, inciso IV (arma com numeração suprimida), art. 16, § 2º (arma de uso proibido), nestes casos, na forma de concurso de agentes (art. 29 do CP).

Já o crime descrito no parágrafo único é doloso, pois a omissão do sujeito ativo – não fazer o registro do extravio ou a comunicação deste – deve ser intencional, ou seja, um franco descumprimento de suas obrigações.[144-145]

César Dario Mariano da Silva, por sua vez, possui entendimento bastante peculiar a respeito do tema: "Temos, novamente, um crime, via de regra, praticado na forma culposa (negligência). Contudo, se o sujeito dolosamente se omitir e não fizer o registro e a comunicação, igualmente incorrerá no tipo. Não há como entender que o crime somente se implementa na forma culposa, pois bastaria o sujeito dolosamente se omitir para não ser punido".[146]

Consumação e Tentativa

O crime do art. 13, *caput*, consuma-se com o apoderamento da arma por parte do menor de 18 anos ou da pessoa portadora de deficiência mental. O crime é material e, para consumar-se, é necessária a ocorrência do resultado previsto na descrição típica, além do que, sendo culposo o delito, é imprescindível a ocorrência da lesão ao bem jurídico para sua caracterização.[147] Por consequência, a tentativa é impossível: ou o menor de 18 anos (ou a pessoa portadora de deficiência mental) apodera-se da arma ou não haverá o crime em questão.[148]

Por outro lado, o delito descrito no parágrafo único consuma-se uma vez decorrido o prazo de 24 horas do extravio da arma, munição ou acessório; caso o agente só tome conhecimento do fato depois desse prazo, haverá a consumação se deixar de fazer as comunicações de forma imediata. A tentativa é igualmente impossível, já que, feita alguma das comunicações dentro do prazo, não haverá o delito; deixando o agente de fazê-las dentro do prazo, o crime restará consumado.

Ação penal

A ação penal é pública incondicionada.

Concurso de Crimes

É possível o concurso dos delitos previstos no art. 13 com outros do Estatuto do Desarmamento.

---

144 Cf. NUCCI, Guilherme de Souza, op. cit., p. 255: "Não se exige elemento subjetivo específico, nem se pune a forma culposa. É essencial considerar que o dolo é *abrangente*, razão pela qual o proprietário ou diretor precisa ser *convenientemente* informado da perda furto, roubo ou qualquer forma de extravio, para que possa providenciar a imediata comunicação. Por outro lado, esse registro e comunicação podem ser feitos por prepostos. Se estes, porventura, recebem a incumbência e não o fazem, não se pode responsabilizar criminalmente o proprietário ou diretor, uma vez que se está no âmbito penal e não na esfera civil, quando se poderia argumentar com a culpa *in vigilando*".

145 Cf. CAPEZ, Fernando, *Estatuto do desarmamento*, p. 87: "Convém notar não ser raro que o diretor ou proprietário somente tome conhecimento da perda ou furto do objeto muito tempo depois. Ainda que o desconhecimento, e a consequente omissão, tenha sido obra da incúria do agente, a ausência de previsão da forma culposa torna a não-comunicação do sumiço fato penalmente irrelevante. Há necessidade, portanto, da vontade livre e consciente de não comunicar o fato à autoridade. Não poderá, todavia, o agente alegar que não sabia da obrigação legal de fazer a comunicação, pois o desconhecimento da lei é inescusável (CP, art. 21, primeira parte)".

146 Op. cit., p. 80. Acompanha-o em tal entendimento, MARCÃO, Renato, op. cit., p. 43/44.

147 Contra, no sentido de que se trata de crime de mera conduta: Damásio (op. cit., p. 39) e Nucci (op. cit., p. 254). Mas ambos concordam com a necessidade do apossamento. Segundo Nucci: "O preceito primário demanda o apossamento da arma de fogo pelo menor ou deficiente. Logo, se uma arma de fogo é esquecida sobre a mesa, mas inexiste menor ou deficiente que possa alcançá-la, cuida-se de conduta atípica. Vislumbra-se, portanto, um crime omissivo condicionado. A negligência seguida do apossamento configura o crime".

148 É também o entendimento de Capez (*Estatuto do desarmamento*, p. 82) e Nucci (op. cit., p. 256).

Assim, se o agente possui uma arma sem registro, em casa, e omite as cautelas necessárias para evitar que um menor de 18 anos dela se apodere, terá cometido o delito previsto no art. 12 ou art. 16, *caput*, ou § 1º, inciso IV, ou § 2º, a depender do armamento, em concurso formal com o art. 13, *caput*.

PORTE ILEGAL DE ARMA DE FOGO DE USO PERMITIDO

Art. 14. Portar, deter, adquirir, fornecer, receber, ter em depósito, transportar, ceder, ainda que gratuitamente, emprestar, remeter, empregar, manter sob guarda ou ocultar arma de fogo, acessório ou munição, de uso permitido, sem autorização e em desacordo com determinação legal ou regulamentar:

Pena – reclusão, de 2 (dois) a 4 (quatro) anos, e multa.

Parágrafo único. O crime previsto neste artigo é inafiançável, salvo quando a arma de fogo estiver registrada em nome do agente.

Sob o nome de "porte ilegal de arma de fogo de uso permitido", o art. 14 do Estatuto do Desarmamento previu, na verdade, uma série de condutas que podem ser praticadas com arma, acessório ou munição de uso permitido, sendo o "portar" apenas um dos treze núcleos do tipo. O legislador procurou diferenciar o simples "possuir" arma de fogo, munição ou acessório de uso permitido (dentro de casa ou do local de trabalho) do "portar" tais objetos, punindo esta última conduta com mais severidade, acertadamente, diga-se, eis que atinge com maior gravidade o bem jurídico protegido.

A pena prevista é de reclusão, de 2 a 4 anos, e multa, podendo ocorrer um aumento de metade, nas hipóteses no art. 20[149] do mesmo Estatuto. Não se trata de crime de menor potencial ofensivo e nem pode ser oferecida a suspensão condicional do processo, embora seja possível o acordo de não persecução penal previsto no art. 28-A do CPP.

O parágrafo único estabelece que o crime é afiançável se a arma estiver registrada em nome do agente, do contrário, não será cabível fiança. Note-se que, sem tal ressalva, seria o delito, a princípio, afiançável, nos termos da sistemática adotada pelo CPP. Não estaria o juiz proibido de conceder a liberdade provisória, pois, caso verificasse a ausência dos requisitos para a prisão cautelar, poderia perfeitamente conceder ao agente a liberdade. Somente estaria vedada a medida mediante fiança.

Ocorre que o STF julgou inconstitucional o parágrafo único do art. 14, em julgamento de ação direta de inconstitucionalidade, razão pela qual não mais poderá ser aplicado.[150] Assim, poderá o magistrado arbitrar fiança – ou, independente dela, conceder a liberdade provisória – sendo ou não a arma registrada em nome do agente.

Aplicação da Lei Penal no Tempo

A comparação do art. 14 do Estatuto do Desarmamento com o art. 10 da Lei nº 9.437/1997 revela que o legislador manteve a maioria dos núcleos do tipo existentes na legislação revogada. Ao mesmo tempo, deixou para o delito do art. 12 a conduta de "possuir" arma de fogo, desde que nos limites e condições ali previstos; e eliminou os núcleos "fabricar", "vender", "alugar" e "expor à venda", o que não significa, como veremos adiante, a ocorrência de *abolitio criminis*, já que, ou continuará a incidir sobre tais condutas o art. 14 ou incidirá o art. 17 da nova Lei.

149 Art. 20. Nos crimes previstos nos arts. 14, 15, 16, 17 e 18, a pena é aumentada da metade se forem praticados por integrante dos órgãos e empresas referidas nos arts. 6º, 7º e 8º desta Lei.

150 ADI nº 3.112-DF, Rel. Min. Ricardo Lewandowski, j. 02/05/2007.

De qualquer modo, é inegável que, quanto às demais ações mantidas no art. 14, estamos diante de *novatio legis in pejus*, pois o Estatuto prevê pena bem mais severa daquela constante do art. 10 da lei revogada: de delito apenado com detenção, de 1 a 2 anos, e multa, passou-se à previsão das penas de reclusão, de 2 a 4 anos, e multa. Assim, deve-se aplicar o princípio da irretroatividade da lei penal mais severa, de forma que o indivíduo processado por portar arma de fogo de uso permitido quando da vigência da lei anterior não será atingido pela nova Lei.

Não podemos nos esquecer, contudo, que as condutas antes previstas na Lei 9.437 e mantidas na Lei 10.826 são, em geral, permanentes (como "manter sob sua guarda", por exemplo), o que pode trazer a seguinte consequência: caso o sujeito ativo mantivesse sob sua guarda uma arma de fogo ainda sob a vigência da lei revogada e, advindo a nova legislação, prosseguiu com tal conduta, é certo que o art. 14 poderia ser aplicado. Nesse sentido, a Súmula 711 do STF: "A lei penal mais grave aplica-se ao crime continuado ou ao crime permanente, se a sua vigência é anterior à cessação da continuidade ou da permanência".

O art. 14 do Estatuto trouxe uma novidade em relação à lei anterior, pois incluiu os acessórios e as munições como objetos materiais, representando, nesse aspecto, *novatio legis* incriminadora, não podendo, por óbvio, retroagir a situações anteriores à sua entrada em vigor.

Por outro lado, o art. 10, § 3º, inciso IV, da lei revogada previa uma qualificadora para os casos de armas de uso permitido, consistente na seguinte hipótese: "possuir condenação anterior por crime contra a pessoa, contra o patrimônio e por tráfico ilícito de entorpecentes e drogas afins". Tal previsão não se repetiu no Estatuto do Desarmamento, razão pela qual estamos diante, nesse aspecto, de *novatio legis in mellius*, cabendo retroação.[151]

Ademais, a *vacatio legis* temporária de que falamos nos comentários ao art. 12 do Estatuto, que trata da *posse* de arma de uso permitido, não atingiu o crime do art. 14, que trata do *porte*.[152]

Por fim, as alterações trazidas pelo Decreto 9.785, e depois pelos Decretos 9.847, 9.846, 9.845 e 10.030/2019, que vimos no tópico sobre os objetos materiais dos crimes do Estatuto, retroagiram quando editados, tornando possível que uma acusação pela prática do caput do art. 16 da Lei 10.826 fosse desclassificada para o delito do art. 14, se a arma, munição ou acessório, antes considerada de uso restrito, tiver sido reclassificada para de uso permitido. Agora, com o Decreto 11.615/2023, ocorre o contrário, pois algumas armas que eram consideradas de uso permitido passaram a ser de uso restrito, razão pela qual as novas regras não poderão retroagir, pois constituem *lex gravior*.

Sujeitos do Crime

O crime do art. 14 é comum, podendo ser praticado por qualquer pessoa. Mas, conforme disposto no art. 20, a pena será aumentada da metade se o delito em questão for cometido por integrantes dos órgãos e empresas referidos nos arts. 6º, 7º e 8º do Estatuto. Ou seja, ao mesmo

---

151 STJ, HC 61.390-SP, Rel. Min. Laurita Vaz, 5ª T., j. 24/10/2006: "(...) 1. Ao contrário da tese esposada no aresto do Tribunal de Justiça Paulista, trazido à colação pelo Impetrante, não se trata, a figura descrita no art. 10, § 3.º, inciso IV, da Lei n.º 9.437/97, de crime autônomo, constituindo evidente hipótese de circunstância qualificadora, absolutamente dependente do caput do mesmo dispositivo. (...) Desse modo, a posterior revogação implementada pela Lei n.º 10.826/03 não tem o condão de tornar atípica a conduta antes qualificada em virtude de o agente possuir condenação anterior por crime contra a pessoa, contra o patrimônio ou por tráfico ilícito de entorpecentes e drogas afins, mas tão-somente de desclassificar o delito para a forma simples, prevista no caput do art. 10 da Lei n.º 9.437/97. (...)".

152 STJ, HC 216.779-RS, Rel. Min. Maria Thereza de Assis Moura, 6ª T., j. 29/08/2013: "(...) O Superior Tribunal de Justiça firmou entendimento no sentido de que a vacatio legis estabelecida pelos artigos 30 e 32 da Lei nº 10.826/2003, para a regularização das armas dos seus proprietários e possuidores, é reconhecida hipótese de abolitio criminis temporalis. (...) Tal compreensão, todavia, somente abrange as hipóteses de posse de arma de fogo, assim compreendidas aquelas em que a arma está na residência ou no local de trabalho do acusado, configurando-se o porte de arma, delito diverso do crime de posse, não há se falar em hipótese abrangida pela vacatio legis. (...)".

tempo em que a Lei deu a tais pessoas maior facilidade para possuírem arma de fogo, acessório ou munição, e portá-la, passou a puni-los com maior rigor caso fujam dos limites da permissão legal.

O sujeito passivo é, mais uma vez, a coletividade (crime vago).

Tipicidade objetiva

O tipo penal do art. 14 prevê nada menos do que treze núcleos diferentes, sendo, assim, um tipo misto alternativo. Haverá crime nas condutas de portar, deter, adquirir, fornecer, receber, ter em depósito, transportar, ceder (gratuitamente ou não), emprestar, remeter, empregar, manter sob sua guarda ou ocultar arma de fogo, acessório ou munição, de uso permitido, sem autorização e em desacordo com determinação legal ou regulamentar. Vê-se que o legislador procurou prever o maior número possível de situações, tendo obtido, a nosso ver, sucesso em tal intuito.

(A) Núcleos do tipo

O primeiro núcleo do tipo previsto no art. 14 acabou sendo a razão do *nomen iuris* escolhido pelo legislador. *Portar* significa, segundo a doutrina, levar consigo o objeto material, "em condições de pronta utilização, mantendo-a sob sua disponibilidade imediata. Portar é levar a arma, circular com ela. Além disso, o verbo não abrange apenas o contato físico com a arma, mas também significa que o agente tem o objeto ao seu alcance, em condições de fazer rápido uso do mesmo".[153]

Isso não significa que o agente esteja, necessariamente, levando a arma, o acessório ou a munição em suas mãos, mas desde que tenha possibilidade de ter acesso ao objeto com facilidade e em condições de usá-lo prontamente. Fernando Capez traz os seguintes exemplos, alguns retirados da jurisprudência: "em porta-luvas do veículo (*RT*, *653*:387) ou o seu banco (*RT*, *559*:398), na cintura (*RT*, *534*:403), no bolso ou sob as vestes, em capanga, embaixo ou atrás do banco do motorista (*JTACrimSP*, *71*:287), presa ao tornozelo, no console do carro, no arreio do animal, dentro de uma pasta no veículo, no assoalho deste etc.".[154] Fora de tais casos, o agente poderá incidir em outro núcleo do tipo, como "transportar", por exemplo.

Deter significa conservar o objeto em seu poder de forma apenas momentânea, sem que seja o proprietário dele ou mesmo o possuidor. Seria o caso, *v.g.*, daquele que permanece com a arma de terceiro, enquanto o proprietário ausenta-se por alguns instantes.

Transportar é transferir o objeto de um local para outro, fora das hipóteses configuradoras do porte ou da detenção. É o caso, por exemplo, do sujeito que leva a arma no porta-malas do automóvel, dentro de uma caixa e desmontada.[155]

Adquirir é a obtenção onerosa da arma, munição ou acessório, seja por meio de compra ou por troca.

Receber significa obter, entrar na posse do objeto, aceitá-lo de alguém, seja como mero possuidor ou já como proprietário. Abrange, portanto, a situação de obtenção não onerosa do bem.

---

153 GOMES, Luiz Flávio; OLIVEIRA, William Terra, op. cit., p. 115.

154 *Estatuto do desarmamento*, p. 96.

155 STJ, AgRg no AREsp 664.960-MG, Rel. Min. Reynaldo Soares da Fonseca, 5ª T., j. 03/03/2016: "(...) 1. O agravante foi condenado na instância ordinária pela prática do crime previsto no art. 14 da Lei 10.826/2003 – Estatuto do Desarmamento. 2. Guia de tráfego de arma concedido pelo Exército ao agravante, que o autorizava, enquanto praticante de tiro esportivo, a transportar a arma de sua residência para um estande ou clube de tiro, regulamente registrado. 3. O Tribunal de origem, fundado no contexto fático-probatório constante dos autos, concluiu que o agravante, ao desobedecer a rota preestabelecida na guia de tráfego de arma, extrapolou os limites do documento autorizativo, materializando, assim, o elemento normativo do tipo – sem autorização e em desacordo com determinação legal ou regulamentar. 4. Alterar as conclusões consignadas no acórdão recorrido, para concluir de forma diversa – pela atipicidade da conduta –, exigiria a incursão aprofundada no conjunto fático-probatório e demais elementos de convicção dos autos, o que não é possível em sede de recurso especial. (...)".

Fornecer a arma, o acessório ou a munição é entregá-la por qualquer meio, seja oneroso ou gratuito. É abastecer.[156] Nesse ponto, note-se que, caso o fornecimento seja oneroso, restará caracterizada a venda, muito embora não seja previsto o núcleo do tipo "vender" no art. 14. Porém, "fornecer" mediante uma contraprestação é o mesmo que "vender".[157] Mas, cuidado: se o fornecimento oneroso – é dizer, a venda – ocorrer no exercício de atividade comercial ou industrial, estará caracterizado o crime previsto no art. 17 do Estatuto, com previsão de pena muito mais elevada.

Ceder equivale a passar a outrem a posse do objeto, sem que haja, necessariamente, transferência de propriedade ou contraprestação. Assim, como o próprio artigo ressalva, haverá o crime ainda que haja a cessão gratuita do objeto. Por exemplo, aquele que precisou entrar em uma casa bancária e deixou a arma com um amigo, que o esperou à porta do estabelecimento, ambos sem autorização para o porte, cedeu-a, enquanto o último a deteve.

Ter em depósito é o mesmo que guardar, manter armazenado o objeto material para seu uso, seja qual for o objetivo final, desde que, se o objetivo for a venda posterior, não seja esta praticada no exercício de atividade comercial ou industrial, caso em que estará configurado o delito do art. 17 do Estatuto.

Manter sob guarda diferencia-se de "ter em depósito" porque significa a mantença do objeto com o agente, mas em nome de terceiro. Como ensina César Dario Mariano da Silva: "O sujeito não é o proprietário nem o possuidor do objeto material, mas, por algum motivo, guarda-o para o seu proprietário, possuidor ou detentor. Para que ocorra o crime em estudo, o sujeito deverá manter o objeto material sob sua guarda em outro local que não os descritos no art. 12 do Estatuto. Se o sujeito mantiver sob sua guarda o objeto material nos locais descritos no art. 12 do Estatuto, o crime será o previsto no referido artigo".[158]

Emprestar é o mesmo que ceder o objeto material, em caráter temporário, mas com a clara ideia de que o objeto será posteriormente devolvido.

Remeter significa enviar o objeto material para outro local, desacompanhado do agente, é dizer, este não estará próximo do objeto, senão a conduta equivaleria a "transportar". Assim, o agente encaminha o objeto por meio do correio ou por terceiro (este último responderá pelo delito, caso conheça a natureza do objeto, na modalidade de "transportar").

Empregar é usar o objeto material, o que traz evidentes dificuldades para o intérprete. Usar como? No caso de uma arma, dispará-la é empregá-la? Obviamente que a conduta de empregar a arma de fogo não pode abranger o seu disparo, sob pena de tornar-se simplesmente inaplicável o art. 15 do Estatuto, que incrimina tal ato. Por isso, segundo o entendimento de parte da doutrina, "deve-se interpretar o emprego como sendo qualquer forma de utilização da arma, com exceção do disparo, como, por exemplo, a ameaça exercida com o emprego de arma de fogo ilegal. Nesse caso, responde o agente pelo crime, previsto no Estatuto do Desarmamento, mais grave, e não pelo delito capitulado no art. 147 do CP (ameaça)".[159] Mas, a

156 Cf. NUCCI, Guilherme de Souza, op. cit., p. 256.

157 É a posição de JESUS, Damásio E., op. cit., p. 50. Na visão de, MARCÃO, Renato, op. cit., p. 52: "O art. 14 da Lei nº 10.826/2003 não tipifica o verbo *vender*. É preciso, diante do caso concreto, que se faça justa adequação em face de outro verbo previsto, pois antes da venda o agente necessariamente deverá ter praticado qualquer das demais condutas reguladas. (...) Em sentido contrário, entendendo que *vender* não configura crime algum: 'Cessão e venda se diferenciam quanto ao seu objeto. Enquanto esta é o ato jurídico pelo qual o alienante transfere, ao adquirente, o domínio de certa coisa, aquela é o ato jurídico pelo qual o cedente transfere, ao cessionário, créditos ou direitos. Havendo omissão do legislador, já que não consta entre as ações nucleares típicas do artigo 14 da Lei nº 10.826/03 o verbo vender, aquele que vende arma de fogo de uso permitido não responde por crime algum' (TJRJ, ApCrim 4.832/2006, 7ª Ccrim, j. 5-12-2006, rel. Des. Maurilio Passos Braga)".

158 Op. cit., p. 87.

159 CAPEZ, Fernando, *Estatuto do desarmamento*, p. 98.

doutrina igualmente também traz ressalvas à aplicação prática do dispositivo, pois, como lucidamente advertem Luiz Flávio Gomes e William Terra de Oliveira: "Na verdade, considerando que *empregar* equivale a 'usar' a arma segundo a finalidade para a qual foi concebida (disparos, intimidação, ferir ou matar outrem), torna-se difícil imaginar os casos em que o emprego (uso) já não configure um crime autônomo e distinto. (...) Somente encarando o emprego como uma conduta independente, que lesiona um bem jurídico distinto (a segurança coletiva), é que podemos conceber a possibilidade de que tal comportamento seja típico. O estabelecimento do concurso de crimes é a única solução possível, ainda que censurável (diante de um duvidoso *bis in idem*)".[160]

O último núcleo do tipo previsto no art. 14 consubstancia-se no verbo *ocultar*, significando esconder a arma, o acessório ou a munição para que não seja encontrada.

Sendo o art. 14 um tipo de conteúdo variado (ou misto alternativo) é possível que o agente incida em mais de um dos treze núcleos previstos (ex.: o sujeito adquire um revólver e depois passa a portá-lo). Nesse caso, em regra, o crime será único.[161]

(B) Objeto material

Como vimos acima, o art. 14 possui como objeto material a arma, a munição ou o acessório, todos de *uso permitido*.[162] Observe-se que as armas de uso permitido, mas com numeração raspada, são objeto material do delito previsto no art. 16, § 1º, inciso IV, do Estatuto.

Lembramos que haverá crime único na hipótese em que, num mesmo contexto fático, o agente esteja portando mais de uma arma ou mesmo armas e munições, armas e acessórios ou tudo junto, desde que sejam todos de uso permitido e desde que não esteja com numeração raspada.

São pertinentes também quanto ao crime de porte ilegal as discussões vistas nos comentários ao art. 12 a respeito da aptidão da arma ou munição para disparo,[163] a necessidade de perícia, o porte de um único cartucho, e o fato de a arma estar ou não municiada ou desmontada. Vejamos.

Quanto à aptidão da arma ou da munição, consoante entendimento que já expusemos nos comentários ao art. 12, que entendemos aplicável ao crime de porte nesse aspecto, se a *arma*

---

160 Op. cit., p. 152/153.

161 Fernando Capez vislumbra a possibilidade de conclusão diversa: "Pode suceder que entre as condutas típicas inexista qualquer nexo-causal, por exemplo, o agente porta em sua cintura uma arma de fogo e recebe outra arma, ambas as condutas previstas no art. 14. Nessa hipótese, haverá dificuldade em explicar a razão de existir um só delito. Aqui, o princípio da alternatividade se revela incapaz de oferecer adequada resposta. Com efeito, não se pode afirmar ter havido crime único, tampouco que as diferentes condutas atuaram como fase normal de sua execução. Na hipótese de as condutas serem diferentes, mas sem qualquer relação de mútua interdependência que as torne fato anterior ou posterior conectado com o principal, como se poderá falar em absorção? Tratando-se de fatos completamente diversos, como é o caso do porte da arma de fogo e do recebimento de outra em contexto fático distinto, será juridicamente impossível falar em atos integrantes da mesma conduta, inexistindo qualquer conflito aparente de normas. Haverá, em suma, dois crimes distintos, devendo o agente ser responsabilizado por ambos, sob a forma de concurso material ou, quando presentes todas as circunstâncias do art. 71, *caput*, do Código Penal, de crime continuado. O mesmo sucede se o agente adquire um grande lote de munições e guarda em depósito diversos acessórios de arma de fogo. Nessa hipótese, não há como afastar o concurso de crimes, dado que não existe qualquer nexo causal entre as condutas" (*Estatuto do desarmamento*, p. 92/93).

162 Remetemos o leitor aos esclarecimentos feitos quanto aos objetos materiais dos crimes do Estatuto.

163 STJ, REsp 1.228.545-RS, Rel. Min. Og Fernandes, 6ª T., j. 18/04/2013: "(...) 1. Esta Corte consolidou o entendimento de que para a caracterização do delito previsto no artigo 14 da Lei nº 10.826/03 é irrelevante se a munição possui ou não potencialidade lesiva, por se tratar de delito de perigo abstrato, pouco importando se estava acompanhada de arma de fogo para a sua efetiva utilização. 2. O Direito Penal somente deve se preocupar com os bens jurídicos mais importantes e necessários à vida em sociedade, interferindo o menos possível na vida do cidadão. É a última entre todas as medidas protetoras a ser considerada, devendo ser as perturbações mais leves objeto de outros ramos do Direito. 3. Na hipótese dos autos, verifico que a arma para a qual se destinava a munição era devidamente registrada em nome do recorrido no Sistema de Armas não sendo razoável punir o transporte da munição destinada ao seu uso. (...)".

for absolutamente imprestável para a realização de disparos não poderá ser considerada objeto material do delito.[164] Arma incapaz de disparar não pode ser considerada arma de fogo nos termos da definição do Decreto 10.030/2019. E se não pode atingir o bem jurídico protegido, trata-se de crime impossível. Mas, lembremos, o art. 17 do CP exige ineficácia *absoluta* do meio, de modo que, mesmo havendo a necessidade de algum procedimento excepcional para a realização do disparo, mas desde que este seja possível, a ineficácia será apenas relativa e, assim sendo, haverá o crime. Da mesma forma, somente existirá o crime se a *munição for apta a ser disparada*, ou seja, se puder ser deflagrada. Se apresentar defeito que impeça a normal deflagração, não haverá o crime, pois o objeto em questão não poderá ser definido como "munição".

Porém, não obstante a conclusão de que a verificação da ineficácia absoluta para o disparo pode levar ao reconhecimento do crime impossível, não se tem exigido a realização da perícia,[165] de modo que a atipicidade somente será reconhecida se eventualmente for realizada a perícia e esta constatar o defeito, pois, do contrário, haverá o crime, eis que se entende haver perigo presumido com a mera posse da arma ou da munição. Repetimos que nos parece haver aqui uma óbvia contradição, pois o atual posicionamento jurisprudencial permite condenações por posse ou porte de arma de fogo (ou munição) inapta ao uso, ou seja, que não oferece risco ao bem jurídico, desde que não tenha passado por perícia para constatar a inaptidão.

O tipo penal menciona *munição*, usando o singular, não o plural. Por isso, há entendimento de que basta o *porte de um único cartucho* para que se configure o crime.[166] É o posicionamento que vinha sendo adotado pelo STJ, que considerava haver crime nessa hipótese, ainda que não tenha sido apreendida arma de fogo, mas apenas a munição.[167] O STF, porém, já reconheceu o princípio da insignificância em caso de apreensão de um único cartucho,

---

164 STJ, REsp 1.451.397-MG, Rel. Min. Maria Thereza de Assis Moura, 6ª T., j. 15/09/2015: "(...) 1. A Terceira Seção desta Corte pacificou entendimento no sentido de que o tipo penal de posse ou porte ilegal de arma de fogo cuida-se de delito de mera conduta ou de perigo abstrato, sendo irrelevante a demonstração de seu efetivo caráter ofensivo. 2. Na hipótese, contudo, em que demonstrada por laudo pericial a total ineficácia da arma de fogo (inapta a disparar) e das munições apreendidas (deflagradas e percutidas), deve ser reconhecida a atipicidade da conduta perpetrada, diante da ausência de afetação do bem jurídico incolumidade pública, tratando-se de crime impossível pela ineficácia absoluta do meio. (...)". Porém, há precedente recente da 5ª Turma do mesmo Tribunal que considera haver o crime do art. 14, ainda que a arma esteja estragada: AgRg no AREsp 765.902-MS, Rel. Min. Ribeiro Dantas, 5ª T., j. 07/03/2017: "(...) Consoante entendimento firmado no julgamento do AgRg nos EAREsp n. 260.556/SC, o crime previsto no art. 14 da Lei n. 10.826/2003 é de perigo abstrato, sendo irrelevante o fato de a arma estar desmuniciada ou, até mesmo, desmontada ou estragada, porquanto o objeto jurídico tutelado não é a incolumidade física, e sim a segurança pública e a paz social, colocados em risco com o porte de arma de fogo sem autorização ou em desacordo com determinação legal, revelando-se despicienda a comprovação do potencial ofensivo do artefato através de laudo pericial.. (...)".

165 STJ, AgRg no AgRg no AREsp 664.932-SC, Rel. Min. Felix Fischer, 5ª T., j. 15/12/2016: "(...) A jurisprudência recente desta Corte é pacífica no sentido de que, para a caracterização dos delitos previstos nos arts. 14 da Lei n. 10.826/2003, por ser de perigo abstrato e de mera conduta, e por colocar em risco a incolumidade pública, basta a prática dos núcleos 'ter em posse' ou 'portar' sem a devida autorização legal, sendo prescindível a realização de perícia (precedentes). (...)".

166 Cf. SILVA, César Dario Mariano, op. cit., p. 67/68. Em sentido contrário, JUNQUEIRA, Gustavo Octaviano Diniz; FULLER, Paulo Henrique Aranda, op. cit., p. 437: "Acreditamos que, principalmente em relação às munições, a lei deve ser interpretada sob o manto da razoabilidade, com atenção à insignificância de determinadas condutas como a guarda de um ou dois projéteis de arma de pequeno calibre, desacompanhadas de qualquer arma de fogo, uma vez que logicamente não foi esse o âmbito de proteção da norma traçado pelo legislador penal, preocupado justificadamente com a posse de quantidade relevante de munição sem autorização. Assim, em nosso entendimento, a posse de pequena quantidade de munição, desacompanhada de arma de fogo, não configura o crime em tela, devendo ser aplicado o princípio da insignificância".

167 STJ, HC 358.862-RS, Rel. Min. Reynaldo Soares da Fonseca, 5ª T., j. 28/06/2016: (...) A jurisprudência do Superior Tribunal de Justiça é assente no sentido de que os crimes previstos nos art. 12, 14 e 16 da Lei 10.826/2003 são de perigo abstrato, razão pela qual é desnecessária a comprovação de prejuízo para a configuração do ilícito e incabível a aplicação do princípio da insignificância. (...)".

desacompanhado da arma.[168] A partir desse entendimento da Corte Suprema, o STJ alterou seu entendimento para aplicar o princípio da insignificância naquelas situações em que a conduta, analisada concretamente, não seja capaz de gerar perigo ao bem jurídico tutelado.[169]

Quanto à *arma desmuniciada*, entendemos, que o porte de arma de uso permitido, sem autorização, e ainda que desmuniciada, caracteriza o crime do art. 14 do Estatuto, pois o bem jurídico protegido é atingido, havendo diminuição nos níveis de segurança (ou o bem jurídico é exposto a perigo, para os que entendem ser o delito de tal espécie). Basta pensar que a arma pode ser, a qualquer momento, municiada e depois utilizada. Resta claro que o intuito do Estatuto do Desarmamento é o de punir aqueles que portem armas de fogo, sem autorização, pouco importando que estejam municiadas no momento da apreensão ou tenham munição por perto: se o fato ocorrer dentro de casa ou no local de trabalho, aplicam-se as penas do art. 12; senão, as dos arts. 14 ou 16, conforme o caso.[170]

Em relação à arma desmontada, melhor sorte não assiste aos que a portarem. É que o entendimento pacificado no STJ vai no sentido de que, por ser crime de perigo abstrato, o art. 14 do Estatuto não depende, para sua caracterização, que a arma esteja montada e pronta para uso.[171]

---

168 STF, RHC 143.449-MS, 2ª T., Rel. Min. Ricardo Lewandowski, j. 26.09.2017: "(...) I – Recorrente que guardava no interior de sua residência uma munição de uso permitido, calibre 22. II – Conduta formalmente típica, nos termos do art. 12 da Lei 10.826/2003. III – Inexistência de potencialidade lesiva da munição apreendida, desacompanhada de arma de fogo. Atipicidade material dos fatos. IV – Recurso provido para determinar o trancamento da ação penal em relação ao delito descrito no art. 12 da Lei 10.826/2003 (Estatuto do Desarmamento)".

169 STJ, AgRg no HC 431.736-RS, 5ª T., Rel. Min. Jorge Mussi, j. 16.10.2018: "AGRAVO REGIMENTAL NO HABEAS CORPUS. POSSE ILEGAL DE MUNIÇÃO. CRIME DE PERIGO ABSTRATO. PRINCÍPIO DA INSIGNIFICÂNCIA. PEQUENA QUANTIDADE DE MUNIÇÃO DESACOMPANHADA DE ARMA DE FOGO. AGRAVO PROVIDO. 1. O Superior Tribunal de Justiça firmou entendimento no sentido de que "o crime de posse ou porte irregular de munição de uso permitido, independentemente da quantidade, e ainda que desacompanhada da respectiva arma de fogo, é delito de perigo abstrato, sendo punido antes mesmo que represente qualquer lesão ou perigo concreto de lesão, não havendo que se falar em atipicidade material da conduta". (AgRg no RHC 86.862/SP, Relator Ministro FELIX FISCHER, QUINTA TURMA, julgado em 20/02/2018, DJe 28/02/2018). 2. No entanto, o Supremo Tribunal Federal, em recente julgado, analisando as circunstâncias do caso concreto, reconheceu ser possível aplicar a bagatela na hipótese de apreensão de apenas uma munição de uso permitido desacompanhada de arma de fogo, tendo concluído pela total inexistência de perigo à incolumidade pública (RHC 143.449/MS, Rel. Ministro RICARDO LEWANDOWSKI, SEGUNDA Turma, DJe 9/10/2017). 3. Hipótese em que, embora formalmente típica, a conduta de possuir apenas três munições, destituídas de potencialidade lesiva, já que desacompanhadas de armamento capaz de deflagrá-las, não enseja perigo de lesão ou probabilidade de dano aos bens jurídicos tutelados, permitindo-se o reconhecimento da atipicidade material da conduta".

170 STJ, HC 56.358-RJ, Rel. Min. Maria Thereza de Assis Moura, 6ª T., j. 18/10/2010: "(...)Tratando-se de transporte de arma de fogo, desmuniciada e desmontada, armazenada em sacola, na carroceria de caminhonete, comprovadamente apta a efetuar disparos, não há falar em atipicidade tendo em conta a redação abrangente do art. 14 do Estatuto do Desarmamento. (...)". *Tal entendimento parece-nos, hoje, superado nos Tribunais Superiores*. No STF, RHC 90.197-DF, Rel. Min. Ricardo Lewandowski, 1ª T., j. 09/06/2009: "(...) Mostra-se irrelevante, no caso, cogitar-se da eficácia da arma para a configuração do tipo penal em comento, isto é, se ela está ou não municiada ou se a munição está ou não ao alcance das mãos, porque a hipótese é de crime de perigo abstrato, para cuja caracterização desimporta o resultado concreto da ação. (...)". E ainda, HC 107.957-RS, Rel. Min. Luiz Fux, 1ª T., j. 25/06/2013: "(...). A arma de fogo mercê de desmuniciada mas portada sem autorização e em desacordo com determinação legal ou regulamentar configura o delito de porte ilegal previsto no art. 10, caput, da Lei nº 9.437/1997, crime de mera conduta e de perigo abstrato. 2. Deveras, o delito de porte ilegal de arma de fogo tutela a segurança pública e a paz social, e não a incolumidade física, sendo irrelevante o fato de o armamento estar municiado ou não. Tanto é assim que a lei tipifica até mesmo o porte da munição, isoladamente. Precedentes: HC 104206/RS, rel. Min. Cármen Lúcia, 1ª Turma, DJ de 26/8/2010; HC 96072/RJ, rel. Min. Ricardo Lewandowski, 1ª Turma, Dje de 8/4/2010; RHC 91553/DF, rel. Min. Carlos Britto, 1ª Turma, DJe de 20/8/2009. (...)". No STJ, vide próxima nota.

171 AgRg no AREsp 765.902-MS, Rel. Min. Ribeiro Dantas, 5ª T., j. 07/03/2017: "(...) Consoante entendimento firmado no julgamento do AgRg nos EAREsp n. 260.556/SC, o crime previsto no art. 14 da Lei n. 10.826/2003 é de perigo abstrato, sendo irrelevante o fato de a arma estar desmuniciada ou, até mesmo, desmontada ou estragada, porquanto o objeto jurídico tutelado não é a incolumidade física, e sim a segurança pública e a paz social, colocados

(C) Autorização de porte

De crucial importância para o estudo do art. 14 é o seu elemento normativo, representado na expressão *sem autorização e em desacordo com determinação legal ou regulamentar*.

Somente haverá o crime se ausente a autorização para o porte da arma, munição ou acessório de uso permitido, dada por lei (pelo próprio Estatuto ou por outra lei) ou pela Polícia Federal (nos limites da lei e dos decretos regulamentadores). Não basta o registro da arma, pois este apenas permite que o possuidor a mantenha em sua residência ou em seu local de trabalho.[172] Ainda que a arma seja registrada, o porte em qualquer outro local que não os dois mencionados implica na tipicidade da conduta, nos termos do art. 14 (se de uso permitido o artefato e não esteja com numeração raspada ou com outra modificação que atraia a incidência do § 1º do art. 16).

A expressão "porte" de arma de fogo (a explicação a seguir vale também para munição e acessório) pode ter mais de um significado, interessando-nos, aqui, tão-somente o porte no sentido de "autorização legal ou da autoridade para carregar uma arma". O "portar", enquanto núcleo do tipo do art. 14, foi analisado acima.

Nesse passo, pode-se afirmar que, sem dúvida, a nova lei tornou o procedimento para obtenção do porte de arma muito mais difícil.

Como regra, é proibido o porte de arma de fogo no território brasileiro, salvo os casos previstos em lei, trazendo o próprio Estatuto, em seu art. 6º, algumas dessas exceções. Portanto, o rol ali previsto não é taxativo, vez que qualquer lei poderá prever outros casos, como ocorre, por exemplo, com os membros do Ministério Público e da Magistratura.

Cabe à Polícia Federal autorizar o porte de arma de fogo de uso permitido, desde que haja prévia autorização do SINARM (art. 10, Estatuto).

Com efeito, como exceção à regra da proibição do porte no Brasil, a Polícia Federal poderá expedir autorização para tal, mas desde que o cidadão, maior de 25 anos: a) demonstre a efetiva necessidade de levar consigo, fora de casa ou do trabalho, a arma de fogo, seja devido ao exercício de alguma atividade profissional de risco, seja em razão de ameaça à sua integridade física; b) comprove sua idoneidade, nos termos do previsto no inciso I do art. 4º; c) apresente documento comprobatório de ocupação lícita e de residência certa; d) comprove capacidade técnica e de aptidão psicológica para o manuseio de arma de fogo, atestadas na forma dos decretos regulamentadores; e) apresente documentação de propriedade de arma de fogo, bem como o seu devido registro no órgão competente. São as rigorosas exigências do art. 10, § 1º, da Lei 10.826.

Importante observar que o art. 48 do Decreto 11.615 /2023 dispõe que o porte de arma de fogo é pessoal, intransferível e revogável a qualquer tempo e será válido apenas em relação à arma nele especificada, mediante a apresentação do documento de identificação do portador.

O STF, na ADI 6.675, considerou inconstitucional a expressão "em todo território nacional" que havia em decreto anterior e fixou a exegese de que o âmbito espacial de validade do

---

em risco com o porte de arma de fogo sem autorização ou em desacordo com determinação legal, revelando-se despicienda a comprovação do potencial ofensivo do artefato através de laudo pericial. (...)".

172 STJ, RHC 51.739-DF, Rel. Min. Rogerio Schietti Cruz, 6ª T., j. 02/12/2014: "(...) Para atender ao princípio da legalidade, e denominar típica a conduta descrita no art. 14 da Lei n. 10.826/2003, impõe-se ao agente o porte da referida arma sem a devida autorização ou em desobediência a determinação legal ou regulamentar. (...) Por autorização entende-se deter o respectivo certificado de registro federal de arma de fogo emitido pelo Sistema Nacional de Armas (SINARM) do Departamento de Polícia Federal (art. 10 da Lei n. 10.826/2003). (...) No caso dos autos, o acusado é possuidor do aludido certificado, emitido por órgão da Polícia Federal – ainda na validade e colacionado à fl 83 destes autos –, o qual atesta que a pistola marca Glock, modelo G25, n. VPE790, calibre 380, com a qual foi surpreendido o paciente, encontra-se registrada em seu nome, sob o n. 002394950. (...) Como consectário lógico do art. 5º da Lei n. 10.826/2003, típica deve ser a conduta se o sujeito mantiver sob guarda arma de fogo registrada em qualquer local, diverso da residência ou de trabalho. Precedentes. (...) O art. 14 da Lei n. 10.826/2003 é norma penal em branco, a qual exige complementação por meio de ato regulador, que forneça parâmetros e critérios legais, para a penalização das condutas ali descritas. (...)".

porte de arma de uso permitido concedido pela Polícia Federal deverá corresponder à amplitude do território (municipal, estadual ou nacional) onde se mostre presente a efetiva necessidade exigida pelo Estatuto, devendo o órgão competente fazer constar essa indicação no respectivo documento.

De outra parte, o art. 29 do Estatuto trouxe uma regra de transição, dispondo que as autorizações de porte já concedidas antes de sua vigência expirariam em noventa dias, prazo que deveria ser contado a partir da publicação do regulamento, conforme previsão do art. 1º da Lei 10.884/2004, com limite, portanto, em 23 de junho de 2004. "O detentor de autorização com prazo de validade superior a noventa dias poderia renová-la, perante a Polícia Federal, nas condições dos arts. 4º, 6º e 10 do Estatuto, até o dia 21 de setembro de 2004, sem ônus para o requerente (art. 29 c.c. Lei nº 10.884/2004). Com efeito, todas as autorizações para o porte de arma de fogo concedidas antes da vigência do Estatuto não mais têm validade".[173]

O Decreto 11.366/2023 trouxe uma regra que trouxe polêmica. Segundo seu art. 27, caput, deveriam ser cassadas as autorizações de posse e de porte de arma de fogo do titular que responda a inquérito policial ou a ação penal por crime doloso.

Note-se que a regra não mencionava "suspensão", mas "cassação", e determinava, no parágrafo seguinte, a obrigação de entrega da arma à polícia. Certamente, vozes surgiram no sentido de que se tratava de norma inconstitucional, por ferir a presunção de inocência, eis que bastaria a instauração do inquérito para que fosse possível a cassação da autorização.

O novo Decreto 11.615/2023 possui regras semelhantes, previstas em no art. 28.

Assim, o procedimento de cassação do certificado de registro da arma de fogo será instaurado de ofício, ou mediante denúncia, quando houver indícios de perda superveniente de quaisquer dos requisitos trazidos pelo mesmo decreto. Instaurado o procedimento de cassação, a autoridade competente poderá suspender administrativa e cautelarmente os certificados a ele associado e a autorização para o porte de arma de fogo de uso permitido, com imediata apreensão administrativa da arma de fogo, dos acessórios e das munições.

Outra regra: o decreto considera haver elementos demonstrativos da perda do requisito de idoneidade, entre outros, a existência de mandado de prisão cautelar ou definitiva, o indiciamento em inquérito policial pela prática de crime e o recebimento de denúncia ou de queixa pelo juiz.

A apreensão da arma de fogo é de responsabilidade da polícia judiciária competente para a investigação do crime motivador da cassação e, nos casos de ação penal ou de inquérito policial que envolva violência doméstica e familiar contra a mulher, a arma será apreendida imediatamente pela autoridade competente.

Na hipótese de cassação do certificado, o proprietário será notificado para, no prazo de quinze dias e sob pena de incorrer nos crimes dos arts. 12 e 14 do Estatuto, § 6º Na hipótese de cassação do CRAF, o proprietário será notificado para, no prazo de quinze dias e sob pena de incorrer nos crimes previstos nos art. 12 e art. 14 da Lei nº 10.826, de 2003, manifestar-se sobre o interesse: a) na entrega da arma de fogo à Polícia Federal, mediante indenização, nos termos do disposto em regulamentação a ser editada pela autoridade competente e respeitadas as disponibilidades orçamentárias; b) na transferência da arma de fogo para terceiro, observados os requisitos legais.

De qualquer modo, o procedimento de cassação será disciplinado em ato conjunto do Diretor-Geral da Polícia Federal e do Comandante do Exército.

Pode-se perfeitamente questionar se realmente faz sentido alguém ter cassado o porte de arma simplesmente porque foi indiciado num inquérito por crime doloso, mas praticado sem

173 SILVA, César Dario Mariano, op. cit., p. 60.

violência ou grave ameaça. No entanto, ponderamos o seguinte: para se obter o certificado de propriedade de uma arma de fogo, deve-se comprovar a ausência de qualquer inquérito em que figure como investigado (art. 4º, I, Lei 10.826/2003). Ora, me parece que, obtendo o certificado, mas deixando de ter presente um dos requisitos para isso, não é irrazoável a cassação determinada pela norma regulamentar.

Outras exceções para o porte de arma de fogo encontram-se no art. 6º da Lei 10.826. São os casos de portes legais, ou seja, garantidos pelo próprio Estatuto. Insistimos que outras leis podem trazer novos casos a respeito de autorização para porte, como se dá com as leis orgânicas da Magistratura e dos Ministérios Públicos.

No âmbito do Estatuto, o rol do *caput* do art. 6º permite o porte de arma de fogo para:

(i) os integrantes das Forças Armadas;

(ii) os integrantes da Polícia Federal;

(iii) os integrantes da Polícia Rodoviária Federal;

(iv) os integrantes da Polícia Ferroviária Federal;

(v) os integrantes das Polícias Civis;

(vi) os integrantes das Polícias Militares e Corpos de Bombeiros Militares;

(vii) os integrantes das Polícias Penais Federal, Estaduais e Distrital;

(viii) os integrantes da Força Nacional de Segurança Pública (FNSP);

(ix) os integrantes das guardas municipais das capitais dos Estados e dos Municípios com mais de quinhentos mil habitantes, nas condições estabelecidas no Decreto 9.847/2019;

(x) os integrantes das guardas municipais dos Municípios com mais de 50.000 e menos de 500.000 habitantes, quando em serviço;

(xi) os agentes operacionais da Agência Brasileira de Inteligência (ABIN) e os agentes do Departamento de Segurança do Gabinete de Segurança Institucional da Presidência da República;

(xii) dos órgãos policiais da Câmara dos Deputados e do Senado Federal;

(xiii) os integrantes do quadro efetivo dos agentes e guardas prisionais e os integrantes das escoltas de presos;

(xiv) os integrantes das guardas portuárias;

(xv) as empresas de segurança privada e de transporte de valores constituídas, nos termos do Estatuto;

(xvi) os integrantes das entidades de desporto legalmente constituídas, cujas atividades esportivas demandem o uso de armas de fogo, na forma dos Decretos 9.607/2018, 9.847/2019 e 9.846 de 2019, observando-se, no que couber, a legislação ambiental;

(xvii) os integrantes da carreira de Auditoria da Receita Federal do Brasil (Analista Tributário e Auditor-Fiscal);

(xviii) os integrantes da carreira de Auditoria-Fiscal do Trabalho (Auditor-Fiscal);

(xix) os tribunais do Poder Judiciário descritos no art. 92 da CF, para uso exclusivo de servidores de seus quadros pessoais que efetivamente estejam no exercício de funções de segurança, na forma de regulamento emitido pelo Conselho Nacional de Justiça (CNJ);

(xx) os Ministérios Públicos da União e dos Estados, para uso exclusivo de servidores de seus quadros pessoais que efetivamente estejam no exercício de funções de segurança, na forma de regulamento a ser emitido pelo Conselho Nacional do Ministério Público (CNMP).

O § 1º do artigo 6º do Estatuto, com a redação dada pela Lei nº 11.706/2008, estabelece que os integrantes das Forças Armadas, da Polícia Federal, da Polícia Rodoviária Federal, da Polícia Ferroviária Federal, das polícias civis, das polícias militares, dos corpos de bombeiros militares, das guardas municipais das capitais dos Estados e dos Municípios com mais de quinhentos mil habitantes, os agentes operacionais da ABIN, os agentes do Departamento de Segurança do Gabinete de Segurança Institucional da Presidência da República, e os integrantes dos órgãos policiais da Câmara dos Deputados e do Senado Federal terão direito de portar suas armas de fogo particulares e as fornecidas pela corporação ou instituição, mesmo fora de serviço, devendo-se apenas observar as disposições regulamentares.

Os integrantes do quadro efetivo de agentes e guardas prisionais poderão portar arma de fogo de propriedade particular ou fornecida pela respectiva corporação ou instituição, mesmo fora de serviço, desde que estejam, desde que atendidos os requisitos do § 1º-B do art. 6º do Estatuto.

O art. 30 do Decreto 9.847/2019 trata dos integrantes das Forças Armadas e das instituições, órgãos e corporações citados nos incisos II, V, VI e VII do *caput* do art. 6º do Estatuto, que se aposentarem ou forem transferidos para a reserva. Nestes casos, caso queiram conservar a autorização de porte de arma de sua propriedade, deverão submeter-se, a cada dez anos, a testes de avaliação de aptidão psicológica. Aqui, deve-se ter cautela, pois, sem revogar tal dispositivo, o art. 24, § 1º, II, do Decreto 11.615/2023, trouxe outro prazo, aplicável para os aposentados de algumas carreiras a que se refere o inciso IV do § 1º do art. 7º do mesmo decreto: nas hipóteses em que a lei lhes garanta o direito ao porte de arma, para fins de manutenção do certificado, a avaliação psicológica para o manuseio de arma de fogo deverá ser realizada, a cada três anos.

A autorização para o porte de arma de fogo das guardas municipais está condicionada à formação funcional de seus integrantes em estabelecimentos de ensino de atividade policial, à existência de mecanismos de fiscalização e de controle interno, nas condições estabelecidas no regulamento do Estatuto, observada a supervisão do Ministério da Justiça (art. 6º, § 3º, Lei 10.826).

O art. 6º, III da Lei 10.826/2003 (Estatuto do Desarmamento) permite o porte de arma de fogo aos integrantes das guardas municipais das capitais dos estados e dos municípios com mais de 500.000 (quinhentos mil) habitantes, nas condições estabelecidas pelo regulamento. Já o inciso IV permite porte de arma de fogo aos integrantes das guardas municipais dos municípios com mais de 50.000 (cinquenta mil) e menos de 500.000 (quinhentos mil) habitantes, quando em serviço. Por sua vez, o § 7º do mesmo artigo permite o porte, em serviço, aos integrantes das guardas municipais dos municípios integrantes de região metropolitana, ainda que tenham menos de cinquenta mil habitantes. A autorização para o porte está condicionada à formação funcional de seus integrantes em estabelecimentos de ensino de atividade policial, à existência de mecanismos de fiscalização e de controle interno, nas condições estabelecidas no regulamento do Estatuto, observada a supervisão do Ministério da Justiça (art. 6º, § 3º, Lei 10.826).

Trata-se, assim, de tratamento diferenciado que a lei dá aos integrantes das guardas municipais das capitais dos estados e dos municípios com mais de quinhentos mil habitantes (inciso III), que podem portar arma mesmo quando não estiverem em serviço.

Essa diferença de tratamento já suscitou alegações de inconstitucionalidade do inciso IV do *caput* do art. 6º do Estatuto, por ferir o princípio da isonomia.

Alguns tribunais estaduais chegaram a reconhecer a inconstitucionalidade e, na primeira instância, juízes já concederam *habeas corpus* preventivo, com salvo-conduto para que guardas municipais, em tais condições, portassem armas de fogo fora do serviço. O Órgão Especial do Tribunal de Justiça do Estado de São Paulo, nos incidentes de inconstitucionalidade

126.032-0/5-00 e 138.395-0/3-00, entendeu inconstitucional o inciso IV do art. 6º do Estatuto, sob o argumento de que feriria o princípio da isonomia e a autonomia municipal, pois todas as guardas possuem como função proteger bens, serviços e instalações municipais, independentemente de valor ou do número de habitantes. Outros tribunais seguiram entendimento diverso. Então, o Procurador-Geral da República, em 2015, foi autor da ADC 38, em favor dos incisos III e IV do art. 6º do Estatuto do Desarmamento, depois de provocação do Procurador-Geral de Justiça do Estado de São Paulo. Porém, não houve imediata concessão de liminar. As ADIs 5.538 e 5.948, ajuizadas, respectivamente, pelo Partido Verde (PV) e Democratas (DEM), também questionavam o tema.

É certo, contudo, que na ADI 5.948, o Min. Alexandre de Moraes, em junho de 2018, concedeu liminar para suspender a eficácia das expressões "capitais dos Estados" e "com mais de 500.000 (quinhentos mil) habitantes", constantes do inciso III, e de todo o inciso IV do art. 6º do Estatuto, o que, na prática, acabava com o tratamento desigual imposto pela Lei.

Finalmente, em sessão virtual de 26 de fevereiro de 2021, a Corte declarou inconstitucionais os dispositivos do Estatuto que proibiam ou restringiam o uso de armas de fogo de acordo com o número de habitantes das cidades. O Tribunal julgou parcialmente procedentes as ADIs 5.948 e 5.538, e improcedente a ADC 38. Assim, foi tornada definitiva a medida cautelar acima referida e invalidados os trechos de dispositivos que autorizavam o porte de arma de fogo apenas para os integrantes das guardas municipais das capitais dos estados e dos municípios com mais de 500 mil habitantes e para os guardas municipais dos municípios com mais de 50 mil e menos de 500 mil habitantes, quando em serviço.

De acordo com a posição da maioria, caso se admitisse a restrição ao porte de arma a integrantes do sistema geral de segurança pública (como são os guardas municipais, por força da Lei 13.675/2018), o parâmetro deveria ser, não o número de habitantes no município, mas o número de ocorrências policiais ou algum outro índice relevante para aferição da criminalidade. Esse entendimento estaria em consonância com a Lei 13.675/2018, pois esta estabelece que as atividades de polícia ostensiva e de preservação da ordem pública serão aferidas, dentre outros fatores, pela maior ou menor incidência de infrações penais e administrativas em determinada área.

Cessadas as distinções que havia no Estatuto do Desarmamento, tornou-se possível, assim, a concessão de porte funcional aos integrantes das guardas municipais. Nesse ponto, repita-se, deve-se atentar para a regulamentação, ou seja, para os dispositivos do Decreto 11.615.

Eram encontradas diversas disposições a respeito das guardas municipais no Decreto 9.847/2019, sendo relevante ressaltar a regra do art. 29-D: "A Polícia Federal poderá conceder porte de arma de fogo, nos termos no § 3º do art. 6º, da Lei nº 10.826, de 2003, às Guardas Municipais dos municípios que tenham instituído: a) corregedoria própria e independente para a apuração de infrações disciplinares atribuídas aos servidores integrantes da guarda municipal; e b) ouvidoria, como órgão permanente, autônomo e independente, com competência para fiscalizar, investigar, auditar e propor políticas de qualificação das atividades desenvolvidas pelos integrantes das guardas municipais".

O regramento foi substituído pelo Decreto 11.615/2023, cujo art. 57 estatui que a Polícia Federal, diretamente ou por meio de convênio com os órgãos de segurança pública dos Estados, do Distrito Federal e dos Municípios, nos termos do disposto no § 3º do art. 6º, da Lei 10.826, observada a supervisão do Ministério da Justiça e Segurança Pública: (i) estabelecerá o currículo da disciplina de armamento e tiro dos cursos de formação das guardas municipais; (ii) concederá porte de arma de fogo funcional aos integrantes das guardas municipais, com prazo de validade de dez anos, contado da data de emissão do porte, nos limites territoriais do Estado em que exercerem a função; e (c) fiscalizará os cursos de formação para assegurar o cumprimento do currículo da disciplina.

E mais: o parágrafo único do mesmo art. 57 do Decreto permite que os guardas municipais autorizados a portar arma de fogo possam portá-la nos deslocamentos para suas residências, mesmo quando localizadas em Município situado em Estado limítrofe.

De outra parte, os moradores de áreas rurais, maiores de 25 anos, poderão obter autorização para porte de uma arma de uso permitido, de tiro simples, com um ou dois canos, de alma lisa e de calibre igual ou inferior a 16, desde que comprovem depender do emprego dela para prover sua subsistência familiar. Desse modo, obterão a autorização na categoria "caçador para subsistência" e desde que atendam aos demais requisitos do § 5º do art. 6º, do Estatuto. O art. 40 do Decreto 11.615 dispõe a respeito que aos maiores de vinte e cinco anos de idade, residentes em áreas rurais, que comprovem depender do emprego de arma de fogo para prover sua subsistência alimentar familiar será concedido pela Polícia Federal o porte, na categoria caçador para subsistência, de uma arma de uso permitido, de tiro simples, com um ou dois canos, de alma lisa e de calibre igual ou inferior a dezesseis, desde que o interessado comprove a efetiva necessidade em requerimento, ao qual serão anexados os seguintes documentos: (i) documento de identificação pessoal; (ii) comprovante de residência em área rural; e (iii) atestado de bons antecedentes.

Consoante o § 1º do art. 40 do Decreto 11.615: "O caçador para subsistência que der uso diferente do autorizado à sua arma de fogo, independentemente de outras tipificações penais, responderá, conforme o caso, por porte ilegal ou por disparo de arma de fogo de uso permitido".

No inciso VIII do *caput* do artigo 6º do Estatuto do Desarmamento, é garantido o porte de arma para as empresas de segurança privada e de transporte de valores. Ocorre que as armas utilizadas pelos funcionários de tais empresas devem ser sempre de propriedade destas, que ficarão responsáveis por elas, inclusive por sua guarda, conforme estabelece o art. 7º da mesma Lei. E mais. O § 1º deixa expresso que o proprietário ou diretor responsável de empresa de segurança privada e de transporte de valores responderá pelo crime previsto no parágrafo único do art. 13 do Estatuto, sem prejuízo de outras sanções de cunho administrativo ou civil, caso deixe de registrar ocorrência policial e de comunicar à Polícia Federal – a quem cabe expedir, quanto a tais armas, o certificado de registro e a autorização para porte – eventual perda, furto, roubo ou qualquer forma de extravio de armas de fogo, acessórios e munições que estejam sob sua guarda. O Decreto 11.615 /2023 trata de tais empresas em diversos dispositivos, merecendo destaque os arts. 19, 24, § 1º, I, e 63, § 1º. Ademais, de acordo com a nova redação do *caput* do art. 7º do Estatuto, as amas de tais empresas somente poderão ser utilizadas (*rectius*, portadas), em serviço.

Inovação trazida ao Estatuto em 2012 (Lei 12.694) concedeu porte de arma aos tribunais do Poder Judiciário descritos no art. 92 da Constituição Federal e aos Ministérios Públicos da União e dos Estados, para uso exclusivo de servidores de seus quadros pessoais que efetivamente estejam no exercício de funções de segurança, na forma de regulamento emitido pelo CNJ e pelo CNMP.[174] Nesses casos, as armas serão de propriedade, responsabilidade e guarda das respectivas instituições, somente podendo ser utilizadas quando em serviço, devendo estas observar as condições de uso e de armazenagem estabelecidas pelo órgão competente, sendo o certificado de registro e a autorização de porte expedidos pela Polícia Federal em nome da instituição (art. 7º-A, Estatuto). O presidente do tribunal ou o chefe do Ministério Público designará os servidores de seus quadros pessoais no exercício de funções de segurança que poderão portar arma de fogo, respeitado o limite máximo de cinquenta por cento do número de servidores que exerçam funções de segurança. As instituições de que trata este artigo são obrigadas a registrar ocorrência policial e a comunicar à Polícia Federal eventual perda, furto, roubo ou outras formas de extravio de armas de fogo, acessórios e munições que estejam sob

---

174 Atualmente, a Resolução Conjunta CNJ/CNMP nº 4/2014 regula tal hipótese.

sua guarda, nas primeiras vinte e quatro horas depois de ocorrido o fato. A ausência do registro e da comunicação, porém, não caracteriza o crime do parágrafo único do art. 13 da Lei 10.826, que menciona apenas o proprietário ou diretor responsável de empresa de segurança e transporte de valores, não os presidentes dos tribunais ou os procuradores-gerais.

Como exceção à atribuição da Polícia Federal para a expedição de autorização para o porte de armas de fogo, o art. 9º da Lei 10.826 diz competir ao Ministério da Justiça expedi-la para os responsáveis pela segurança de cidadãos estrangeiros em visita ou sediados no Brasil.[175] Como outra exceção, o mesmo dispositivo determina competir ao Comando do Exército o registro e a concessão de porte de trânsito de arma para colecionadores, atiradores e caçadores e de representantes estrangeiros em competição internacional oficial de tiro realizada no Brasil.

Por falar no esporte em que são utilizadas armas de fogo, o inciso IX do *caput* do art. 6º da Lei garante o porte aos integrantes das entidades de desporto legalmente constituídas, cujas atividades desportivas demandem o uso delas, devendo ser observado o Decreto 11.615/2023 e, eventualmente, a legislação ambiental.

No caso dos integrantes da Magistratura e do Ministério Público, já dissemos que possuem o porte de arma por força de lei. Trata-se do chamado "porte funcional".

Quanto aos magistrados, ele é garantido pelo art. 33, V, da Lei Complementar 35, de 14 de março de 1979.[176] Para os membros do Ministério Público, o art. 42 da Lei 8.625/1993[177] e o art. 18, I, *e*, da Lei Complementar 75/1993[178] garantem a mesma prerrogativa. Em face de tais regras, pergunta-se: o porte a que se referem os dois dispositivos legais abrange também as armas de fogo de uso restrito?

A questão é controvertida, mas entendemos que as duas leis não fazem qualquer distinção a respeito do tipo de arma que pode ser portada pelos membros do Ministério Público, havendo apenas menção, quanto aos magistrados, a "armas de defesa pessoal".

No entanto, mesmo nesse último caso, armas de defesa pessoal não são, necessariamente, de uso permitido, caso consideremos as definições normalmente encontradas na literatura especializada. E, ainda que assim não fosse, caber-nos-ia verificar se existe alguma definição em nosso ordenamento jurídico a respeito, o que teria prevalência sobre qualquer definição doutrinária. E o fato é que não existe definição de "arma de defesa pessoal" nas normas em vigor.

Ora, se não há limitações na lei quanto a quais armas podem ser portadas por membros da Magistratura e do Ministério Público, não se pode estabelecer, assim, a tipicidade da conduta, especificamente do art. 16, *caput*, do Estatuto, por ausência de adequação típica, pois o porte, em tais casos, não ocorreria "sem autorização e em desacordo com determinação legal ou regulamentar".

Assim, concordamos inteiramente com as conclusões de William Terra de Oliveira, em esclarecedor artigo publicado na Revista da Associação Paulista do Ministério Público: "(...) A nova redação dada ao conceito de arma de uso 'restrito', preconizada no novo Regulamento

175 Art. 9º do Decreto 11.615: "Compete ao Ministério da Justiça a autorização do porte de arma para os responsáveis pela segurança de cidadãos estrangeiros em visita ou sediados no Brasil e, ao Comando do Exército, nos termos do regulamento desta Lei, o registro e a concessão de porte de trânsito de arma de fogo para colecionadores, atiradores e caçadores e de representantes estrangeiros em competição internacional oficial de tiro realizada no território nacional".

176 Art. 33 – São prerrogativas do magistrado: (...) V – portar arma de defesa pessoal.

177 Art. 42. Os membros do Ministério Público terão carteira funcional, expedida na forma da Lei Orgânica, valendo em todo o território nacional como cédula de identidade, e porte de arma, independentemente, neste caso, de qualquer ato formal de licença ou autorização.

178 Art. 18. São prerrogativas dos membros do Ministério Público da União: I – institucionais: (...) e) o porte de arma, independentemente de autorização.

105, estabelece um rol que não define o conteúdo da expressão 'arma de defesa pessoal'. Tampouco existe nas regulamentações atuais qualquer referência a tal expressão, ou ao tipo de arma que promotores e juízes podem portar. Assim, não podemos interpretar a norma de maneira a incriminar o agente, em desfavor do indivíduo, em havendo aí uma lacuna legal. (...) Assim, como explicamos ao princípio, as expressões 'autorização' e 'regulamentação legal' referidas pela lei, que na verdade recebem o nome técnico por parte da doutrina de 'requisito normativo do tipo', são fundamentais para que exista a tipicidade inscrita no artigo 16 do Estatuto do Desarmamento. Sem uma completa adequação da norma em todo o seu espectro de significados (notadamente o conteúdo da norma que autoriza o porte de juízes e promotores) não há falar-se em crime. Os conceitos doutrinários e jurisprudenciais antes citados (sobre a expressão 'arma de defesa pessoal') não bastam para complementar a norma em termos de adequação típica autorizadora da incidência da norma no caso concreto. Em conclusão: é urgente a necessidade do legislador revisar as autorizações legais de porte de armas de fogo relativas aos membros do Ministério Público e da Magistratura, a fim de esclarecer quais os tipos (ou categorias) de armas que estes podem portar. Para isso, a lei tanto poderá adotar os critérios já existentes no revisado 'Regulamento 105' (usando os sistemas de uso restrito ou permitido) ou poderá ir mais além (o que seria mais adequado), e bem assim, explicar o conceito da expressão legal 'arma de defesa pessoal', indicando que tipos de armas estariam incluídas nessa noção, e que tipos de armamentos não estariam, de forma a afastar qualquer dúvida à respeito do tema. Enquanto essa regulamentação não vier, não podemos interpretar a norma de modo a forçar a tipicidade penal, remetendo a conduta ao âmbito do Direito Penal".[179]

No mesmo sentido, o posicionamento do STJ, que tratou, no julgado do qual transcrevemos, a seguir, trecho da ementa, de caso envolvendo membro da Magistratura: "(...) 1. O art. 16 do Estatuto do Desarmamento (Lei 10.826/2003) é norma penal em branco que delega à autoridade executiva definir o que é arma de uso restrito. A norma infralegal não pode, contudo, revogar direito previsto no art. 33, V, da Lei Complementar n. 35/1979 – Lei Orgânica da Magistratura – e que implique ainda a criminalização da conduta. 2. A prerrogativa constante na LOMAN não faz distinção do direito ao porte de arma e munições de uso permitido ou restrito, desde que com finalidade de defesa pessoal dos magistrados. Paralelismo entre magistrado de segundo grau e conselheiro de tribunal de contas estaduais reconhecido constitucionalmente. 3. Não se trata de hierarquia entre lei complementar e ordinária, mas de invasão de competência reservada àquela por força do art. 93 da Constituição de 1988, que prevê lei complementar para o Estatuto da Magistratura. Conflito de normas que se resolve em favor daquela mais benéfica para abranger o direito também em relação à arma e munição de uso restrito. 4. A Portaria do Comando do Exército n. 209/2014 autoriza membro do Ministério Público da União ou da magistratura a adquirir até duas armas de uso restrito (ponto 357 Magnum e ponto 40) sem mencionar pistolas 9mm. É indiferente reconhecer a abolitio criminis por analogia, diante de lei própria a conferir direito de porte aos magistrados. (...)".[180]

Mas, atenção: o porte funcional, estabelecido pela Lei 10.826/2003 ou por outro texto legislativo, não afasta a necessidade do registro da arma, sob pena de se incorrer na prática dos

179 Estatuto do desarmamento: breves considerações sobre o porte funcional de arma de fogo no âmbito do Direito Penal. *APMP Revista*, ano XI, nº 46, fevereiro a abril de 2008, p. 71/77. Com entendimento diverso, no sentido de que há a necessidade de autorização do Comando do Exército, no caso de armas de uso restrito, César Dario Mariano da Silva: "Da mesma forma que os membros do Ministério Público, o porte tem validade em todo o território nacional e vale somente para a arma de fogo de uso permitido ou de uso restrito, no caso de autorização especial do Comando do Exército para a aquisição dessa última" (op. cit., p. 49). Com todo respeito, uma coisa é a obtenção de autorização para aquisição da arma; outra, a de portá-la: um promotor poderá portar uma arma de uso restrito, registrada, mas a ele emprestada, e não estará a cometer crime algum.

180 Apn 657-PB, Rel. Min. João Otávio de Noronha, Corte Especial, j. 21/10/2015.

crimes dos arts. 12 e 14 (arma de uso permitido) e do art. 16, *caput* (arma de uso restrito).[181] Obviamente, armas com numeração, marca ou qualquer outro sinal de identificação raspado, suprimido ou adulterado não podem ser portadas em hipótese alguma.

No caso de portes funcionais, como no caso dos membros do Ministério Público, o documento não indica qual a arma que poderá ser portada, mas exige-se que o portador da arma tenha consigo sua carteira funcional e que a arma seja registrada.

Voltando à autorização para o porte, a princípio, ela permite que o indivíduo possa portar uma arma específica e é comprovada com a exibição do documento. Além dos portes funcionais, o Decreto 11.615 regula o que chamou de "porte de arma de fogo para defesa pessoal" (arts. 46 a 52).

Assim, o porte de arma de fogo de uso permitido, vinculado à prévia expedição de certificado de registro da arma e ao cadastro nas plataformas de gerenciamento de armas do Sinarm, é expedido pela Polícia Federal, no território nacional, em caráter excepcional, desde que atendidos os requisitos previstos no § 1º do art. 10 do Estatuto do Desarmamento, que assim dispõe:

> Art. 10. A autorização para o porte de arma de fogo de uso permitido, em todo o território nacional, é de competência da Polícia Federal e somente será concedida após autorização do Sinarm.
>
> § 1º A autorização prevista neste artigo poderá ser concedida com eficácia temporária e territorial limitada, nos termos de atos regulamentares, e dependerá de o requerente:
>
> I – demonstrar a sua efetiva necessidade por exercício de atividade profissional de risco ou de ameaça à sua integridade física; (Vide ADI 6139)
>
> II – atender às exigências previstas no art. 4o desta Lei;
>
> III – apresentar documentação de propriedade de arma de fogo, bem como o seu devido registro no órgão competente.

O porte de arma de fogo é documento obrigatório para a condução da arma e conterá os seguintes dados: (i) abrangência territorial; (ii) eficácia temporal; (iii) características da arma; (iv) número do cadastro da arma no Sinarm; (v) dentificação do proprietário da arma; (vi) assinatura, cargo e função da autoridade concedente (art. 47, Decreto 11.615/2023). O porte de arma de fogo é pessoal, intransferível e revogável a qualquer tempo e será válido apenas em relação à arma nele especificada, mediante a apresentação do documento de identificação do portador.

Mas, e se o agente não estiver portando o documento, apesar de possuir a autorização? Entendemos, com Gustavo Octaviano Diniz Junqueira e Paulo Henrique Aranda Fuller, que não há o crime de porte ilegal, pois a autorização existe, havendo apenas infração administrativa.

O titular de porte de arma de fogo para defesa pessoal não poderá conduzi-la ostensivamente ou com ela adentrar ou permanecer em locais públicos, como igrejas, escolas, estádios desportivos, clubes, agências bancárias ou outros locais onde haja aglomeração de pessoas em decorrência de eventos de qualquer natureza e a inobservância dessa regra implicará a cassação do porte de arma de fogo e a apreensão da arma pela autoridade competente, que adotará as medidas legais pertinentes. O mesmo se aplica à hipótese de o titular do porte de arma de fogo portar o armamento em estado de embriaguez ou sob o efeito de drogas ou de medicamentos

181 Ainda sob a vigência da lei anterior, STJ, Apn 290-PR, Rel. Min. Felix Fischer, Corte Especial, j. 6/03/2005: "(...) A prerrogativa institucional de porte funcional (porte de arma de fogo independentemente de autorização legal) não afasta a necessidade do registro da arma, medida obrigatória (art. 3º, da Lei nº 9.437/97 e art. 3º, do Decreto nº 2.222/97). (...)". Mais recentemente, RHC 70.141-RJ, Rel. Min. Rogerio Schietti Cruz, 6ª T., j. 07/02/2017: "(...) É típica e antijurídica a conduta de policial civil que, mesmo autorizado a portar ou possuir arma de fogo, não observa as imposições legais previstas no estatuto do Desarmamento, que impõem registro das armas no órgão competente. (...)".

que provoquem alteração do desempenho intelectual ou motor (regras previstas no art. 51, do Decreto 11.615).

Já estivemos de acordo com Gustavo Octaviano Diniz Junqueira e Paulo Henrique Aranda Fuller em outra interessante hipótese por eles levantada: "O art. 26 do Dec. 5.123/04 regulamenta que o titular de Porte de Arma de Fogo não poderá conduzi-la ostensivamente ou com ela adentrar ou permanecer em locais públicos, tais como igrejas, escolas, estádios desportivos, clubes ou outros locais onde haja aglomeração de pessoas em virtude de eventos de qualquer natureza. Se o sujeito descumpre tal regra, há o crime, uma vez que há porte *em desacordo com determinação regulamentar*? Não, podendo haver sanção administrativa. Primeiramente porque, conforme a interpretação restritiva necessária ante a excepcional constitucionalidade dos crimes de perigo abstrato, o sujeito tem a presumida capacidade para trazer consigo arma, ou seja, não está havendo incremento de risco proibido para a incolumidade pública. Mais, e ainda, a lei expressamente prevê a sanção para tal comportamento, qual seja, a cassação do Porte de Arma e apreensão da mesma, sem qualquer ressalva de sanção penal".[182]

No entanto, após muita reflexão, alteramos nosso entendimento. Nesse caso, se há vedação regulamentar a tal tipo de comportamento, a conduta que o espelhe não pode ser considerada de acordo com determinação regulamentar. Assim, reformulando anterior posicionamento, entendemos que há, sim, crime na hipótese trazida por Junqueira e Fuller.

Um problema muito frequente nos últimos anos, depois dos decretos de 2019 e 2021, diz respeito aos CACs (colecionadores, atiradores e caçadores), que receberam tratamento mais que privilegiado por tais instrumentos normativos, parte deles suspenso por liminar na ADI 6.675, depois considerados inconstitucionais, ou simplesmente revogados. É comum processo em que o "CAC" – vamos chamar assim o indivíduo – é surpreendido com a arma fora do local onde é autorizado a usá-la, por exemplo, num bar e não no clube de tiro. Haveria crime? Sem dúvida.

O § 3º do art. 5º do Decreto 9.846/2019 dispunha o seguinte: "§ 3º Os colecionadores, os atiradores e os caçadores poderão portar uma arma de fogo de porte municiada, alimentada e carregada, pertencente a seu acervo cadastrado no Sigma, no trajeto entre o local de guarda autorizado e os de treinamento, instrução, competição, manutenção, exposição, caça ou abate, por meio da apresentação do Certificado de Registro de Arma de Fogo e da Guia de Tráfego válida, expedida pelo Comando do Exército".

Porém, a liminar concedida na ADI 6.675 suspendeu a eficácia desse dispositivo, que, depois, foi considerado inconstitucional.

Assim, desde a liminar, o CAC passou a ser proibido de portar arma de fogo municiada, alimentada e carregada no trajeto entre o local em que a mantém guardada e os locais em que está autorizado a usá-las nas atividades afins. O Decreto 11.366/2023, em seu art. 14, proibiu o porte de trânsito de arma de fogo municiada por CACs, inclusive no trajeto entre sua residência e o local de exposição, prática de tiro ou abate controlado de animais. O Decreto 11.615, do mesmo ano, exige o porte de trânsito, concedido pelo Comando do Exército, mediante emissão da guia de tráfego, que autoriza o trânsito com armas de fogo registradas nos acervos dos CACs, desmuniciadas, acompanhadas da munição acondicionada em recipiente próprio, com validade em trajeto preestabelecido, por período predeterminado, e de acordo com a finalidade declarada no registro correspondente, na forma estabelecida pelo Comando do Exército (art. 33).

O descumprimento dessa proibição faz o CAC incidir em crime de porte ilegal de arma de fogo.

Mesmo antes da ADI e dos novos decretos, é certo que, estando o CAC num bar, num restaurante, num mercado, numa academia de ginástica ou coisa do tipo, não estará agindo de acordo com o regulamento, ainda que o estabelecimento fique "no caminho" para o clube de tiro.

182 Op. cit., p. 451. Hoje, regra semelhante encontra-se no art. 20 do Decreto 9.847/2019.

Mas, atenção: segundo a Quinta Turma do STJ, é atípica a conduta de colecionador, com registro para a prática desportiva e guia de tráfego, que se dirigia ao clube de tiros sem portar consigo a guia de trânsito da arma de fogo.[183]

Outro ponto que vinha trazendo questionamentos dizia respeito à possibilidade de leis estaduais assegurarem o direito de porte de arma a servidores públicos. Porém, na ADI 5.010, julgada em agosto de 2018, o STF decidiu que norma estadual concessiva de porte é inconstitucional, por violar a competência privativa da União para legislar sobre matéria criminal, uma vez que retira a incidência do tipo penal do art. 14 do Estatuto do Desarmamento, tendo, nesse aspecto, natureza penal.

Uma última indagação: o porte de arma com autorização vencida configura o crime aqui tratado? Pensamos que sim.

Vimos, ao tratarmos do art. 12 do Estatuto, que o encontro da arma nas condições daquele tipo penal, com o registro vencido, não configura o crime, pois registro existiu e o Poder Público tem conhecimento da existência da arma e de seu proprietário. Aquele que permanece com a arma depois de negada a renovação do registro comete o crime do art. 12.

A solução, contudo, não pode ser a mesma para o crime de porte ilícito de arma de fogo. É que a autorização para o porte de arma permite a seu titular que circule com a arma, o que incrementa a exposição do bem jurídico, bem ao contrário da simples mantença da arma em casa ou local de trabalho. Além disso, existem exigências legais e regulamentares para a renovação do porte, é dizer, para que se tenha autorização de circular com a arma pelas vias públicas, fora de casa ou do local de trabalho, sendo estabelecidos, ainda, determinados prazos. Assim, vencido o prazo para a autorização, a arma deverá ser mantida em casa até que se providencie a renovação. Do contrário, haverá o crime do art. 14 (arma de uso permitido) ou do art. 16 (arma de uso restrito). Negada a renovação do porte, praticado algum dos núcleos do tipo, a solução será a mesma. É também o posicionamento do STJ.[184]

Tipo Subjetivo

O crime tipificado no art. 14 do Estatuto do Desarmamento somente ficará caracterizado se demonstrada a presença do dolo na conduta do agente, devendo abranger, naturalmente, todos os elementos descritos no tipo, incluindo os normativos.

É possível a ocorrência do erro de tipo e do erro de proibição, valendo lembrar que o dispositivo não prevê punição a título de culpa.

Consumação e Tentativa

Tendo em vista a variedade de condutas previstas no art. 14, a consumação dependerá do modo como o delito está sendo praticado.

Assim, por exemplo, haverá a consumação, na modalidade de "portar", sempre que o sujeito ativo levar a arma consigo, tendo-a ao seu alcance, ao passo que haverá a consumação na

183 AgRg no AgRg no RHC 148.516-SC, Rel. Min. Joel Ilan Paciornik, Quinta Turma, por unanimidade, julgado em 09/08/2022, DJe 15/08/2022.

184 RHC 63.686-DF, Rel. Min. Reynaldo Soares da Fonseca, 5ª T., j. 16/02/2017: "(...) O entendimento firmado pelo Superior Tribunal de Justiça no julgamento da APn n. 686/AP (Rel. Ministro JOÃO OTÁVIO DE NORONHA, Corte Especial, DJe 29/10/2015) é restrito ao delito de posse ilegal de arma de fogo de uso permitido (art. 12 da Lei 10.826/2003), não se aplicando ao crime de porte ilegal de arma de fogo (art. 14 da Lei 10.826/2003), cuja elementar é diversa e a reprovabilidade mais intensa. (...) 'O simples fato de portar ilegalmente arma de fogo caracteriza a conduta descrita no artigo 14 da Lei 10.826/2003, por se tratar de crime de perigo abstrato, cujo objeto imediato é a segurança coletiva" (HC 356.198/SP, Rel. Ministro JORGE MUSSI, Quinta Turma, DJe 5/10/2016). (...)". Mais recentemente: AgRg no AREsp 885.281-ES, Rel. Min. Antonio Saldanha Palheiro, Sexta Turma, por unanimidade, julgado em 28/4/2020, DJe 08/5/2020.

modalidade de "transportar" quando ele a transferir de um local para outro, e na modalidade de "ceder", assim que ocorrer a transferência da posse etc.

Percebe-se logo que, não obstante a doutrina afirmar ser possível a tentativa, em vista das condutas serem, de modo geral, plurissubsistentes, dificilmente ela ocorrerá, pois quase sempre ocorrerá a consumação por outro dos núcleos do tipo. Ex.: mesmo que seja o agente detido antes de consumar a cessão da arma, certamente já terá antes consumada a conduta de portá-la, guardá-la etc.

Ação penal

A ação penal é pública incondicionada.

Concurso de Crimes

Remetemos o leitor para o item correspondente dos comentários ao art. 12, em que discutimos as principais hipóteses relativas ao concurso de crimes, inclusive sobre a abrangência das causas de exclusão da ilicitude ou da culpabilidade. Os raciocínios ali apresentados valem para a conduta típica do art. 14 do Estatuto.

Assim, somente haverá concurso entre o porte de arma e o homicídio em que esta foi empregada para matar, se for possível separar as duas condutas em contextos fáticos distintos. Do contrário, o homicídio deve absorver o porte.[185]

O critério acima pode ser aplicado até mesmo na hipótese de emprego da arma quando caracterizada causa de exclusão da ilicitude. Convém lembrar que o porte da arma pela via pública, em contexto distinto do episódio violento que lhe é posterior, já configura o crime do art. 14. Por isso, se, no meio do caminho, o agente deparar-se com situação que o obriga a empregar a arma em legítima defesa, a presença de tal causa de exclusão da ilicitude não afasta, por absorção, o delito do art. 14 já consumado.[186]

Porém, caso o agente venha a tomar uma arma de fogo para defender-se de uma agressão iminente, nesse caso nem chegou a ocorrer o delito de porte, que foi apenas um meio necessário e momentâneo para a realização de outra conduta lícita. É dizer, o crime de porte não chegou a consumar-se de modo independente, autônomo, em contexto fático distinto.

No caso do agente que emprega a arma de fogo na prática do roubo, haverá concurso entre os delitos? O princípio é o mesmo que utilizamos acima, quando da análise do concurso do art. 14 com o crime de homicídio. Assim, acreditamos que, caso fique demonstrado (nunca "presumido") que o agente já portava a arma de fogo – ou perfazia qualquer dos demais núcleos do tipo do art. 14, com exceção de "empregar" – antes do cometimento do roubo, será perfeitamente possível acusá-lo da prática dos dois delitos, em concurso material. No entanto, caso somente haja a demonstração da utilização da arma no roubo, este, por ser o crime-fim, absorverá o porte ilegal, ainda que isso provoque a incrível situação em que o delito mais grave é absorvido pelo mais leve (ex.: roubo tentado praticado com o emprego de arma de uso

185 STJ, HC 325.387-SP, Rel. Min. Ribeiro Dantas, 5ª T., j. 13/12/2016: "(...) A absorção do crime de porte ilegal de arma pelo de homicídio pressupõe que as condutas tenham sido praticadas em um mesmo contexto fático, guardando entre si uma relação de dependência ou de subordinação. Destarte, o porte da arma de fogo deve ter como fim unicamente a prática do crime de homicídio para ser absorvido como ante factum impunível. Ausente essa vinculação com o crime fim, não há falar em consunção, havendo, pois, crime autônomo de porte ou posse de arma de fogo. (...)".

186 Com entendimento diametralmente oposto, Guilherme de Souza Nucci, para quem "a ocorrência da utilização de arma de fogo em legítima defesa ou estado de necessidade, ainda que configure qualquer tipo penal da Lei 10.826/2003, afasta a possibilidade de punição do agente. Afinal, a situação maior – de licitude – para a proteção da integridade física própria ou de terceiro, envolve e absorve o delito de perigo, relativo à posse ou porte de arma de fogo, acessório ou munição irregular" (op. cit., p. 259).

restrito, este último delito previsto no art. 16 do Estatuto, com pena de reclusão, de 3 a 6 anos, além da multa).

E se o agente furtar a arma e, em seguida, sair com ela pela rua, haverá concurso entre a subtração e o porte ilegal? Explicam Gustavo Octaviano Diniz Junqueira e Paulo Henrique Aranda Fuller as posições existentes a respeito do assunto: "a) responde apenas pelo furto, que absorve o porte de arma, pois seria impossível furtar sem trazer consigo; b) o porte de arma absorve o furto, por ser crime mais grave (ou ao menos na pena mínima), ou seja, no caso, a exposição a perigo do bem jurídico incolumidade pública é considerada pelo legislador mais grave e deve ser prestigiada no cotejo com a simples proteção do patrimônio, ou, por outro ângulo, tem maior carência de comunicação sobre a punição (é nossa posição); c) concurso de crimes entre porte de arma e furto. A hipótese mais adequada é de concurso formal, pois com o mesmo ato o sujeito subtrai e passa a trazer a arma consigo, mas há posição no sentido de concurso material".[187]

Nosso entendimento é o de que, uma vez cometido o furto, o ato de levar a arma é meio absolutamente necessário para a consumação, de modo que o crime contra o patrimônio deve absorver o delito do Estatuto do Desarmamento. Porém, a partir do momento em que o agente possuir a posse tranquila da arma, acessório ou munição e a mantiver consigo – ao invés de vender ou, de alguma forma, entregar a terceiro o bem – estará incidindo em um dos crimes previsto na Lei ora em comento, em concurso material. Os contextos fáticos são distintos.

Como afirmamos antes, nada obsta que haja concurso entre o delito do art. 14 da Lei nº 10.826/2003 e outro nela previsto. Por exemplo: se o sujeito mantém uma arma de fogo de uso permitido, sem registro, dentro de sua residência e, além disso, porta nas ruas outra arma de fogo de uso permitido, estará cometendo dois delitos diversos, sendo o do art. 12 com a primeira conduta, e o do art. 14 com a segunda. São condutas praticadas em planos diversos.[188]

Por outro lado, haverá crime único ainda que haja o porte de mais de uma arma ou munições e acessórios, desde que sejam todos de uso permitido. Se um dos objetos materiais for de uso restrito, haverá também a incidência do art. 16, em concurso formal, o mesmo se podendo afirmar caso haja incidência de alguma das figuras dos parágrafos do mesmo tipo penal. Seja como for, nos dois casos a maior reprovabilidade da conduta poderá ser reconhecida no momento da fixação da reprimenda.[189]

E o crime de associação criminosa armada? Acreditamos que o princípio é sempre o mesmo, ou seja, se for possível enxergar contextos fáticos distintos entre tal delito e aqueles previstos no Estatuto, poderá ser reconhecido o concurso material.[190]

---

187 Op. cit., p. 459/460.

188 No mesmo sentido, NUCCI, Guilherme de Souza, op. cit., p. 259.

189 STJ, AgRg no AgRg no REsp 1.547.489-MG, Rel. Min. Sebastião Reis Júnior, 6ª T., j. 28/06/2016: "(...) 1. Há precedentes desta Corte no sentido de que a apreensão de mais de uma arma, munição, acessório ou explosivo com o mesmo agente não caracteriza concurso de crimes, mas delito único, pois há apenas uma lesão ao bem jurídico tutelado. 2. Na presente hipótese, não pode ser aplicado tal raciocínio, pois, no caso, a conduta praticada pelo agravante se amolda a tipos penais diversos, atingindo distintos bens jurídicos, o que inviabiliza o reconhecimento de crime único e o afastamento do concurso. 3. Tem-se reconhecido a existência de crime único quando são apreendidos, no mesmo contexto fático, mais de uma arma ou munição, tendo em vista a ocorrência de uma única lesão ao bem jurídico protegido. Sucede que referido entendimento não pode ser aplicado no caso dos autos, porquanto a conduta praticada pelo réu se amolda a tipos penais diversos, sendo que um deles, o do artigo 16, além da paz e segurança públicas também protege a seriedade dos cadastros do Sistema Nacional de Armas, razão pela qual é inviável o reconhecimento de crime único e o afastamento do concurso material (HC n. 211.834/SP, Ministro Jorge Mussi, Quinta Turma, Dje 18/9/2013). 4. O STJ firmou entendimento de que é possível a unicidade de crimes, quando, no porte ilegal, há pluralidade de armas, equacionando-se a reprimenda na fixação da pena-base. Na espécie, contudo, a pretensão não se justifica, dado se buscar o reconhecimento de crime único diante de imputações distintas: arts. 14 e 16, pár. único, da Lei 10.8.26/03 (...)". Ver também: STJ, AgRg no REsp 1.825.695, Rel. Min. Sebastião Reis Júnior, 6ª T., j. 10.03.2020.

190 STJ, HC 25.157-SP, Rel. Min. Gilson Dipp, 5ª T., j. 15/04/2003: "CRIMINAL. HC. PORTE ILEGAL DE ARMA E CRIME DE QUADRILHA QUALIFICADO PELO USO DE ARMA. APLICAÇÃO DO PRINCÍPIO DA CONSUNÇÃO. IMPOSSIBILIDADE. CONDU-

Por fim, entendemos que pode ocorrer concurso entre o art. 14 do Estatuto do Desarmamento e o crime de receptação, pois o bem jurídico protegido no crime contra o patrimônio é diverso daquele amparado pela Lei Especial.[191]

DISPARO DE ARMA DE FOGO

Art. 15. Disparar arma de fogo ou acionar munição em lugar habitado ou em suas adjacências, em via pública ou em direção a ela, desde que essa conduta não tenha como finalidade a prática de outro crime:

Pena – reclusão, de 2 (dois) a 4 (quatro) anos, e multa.

Parágrafo único. O crime previsto neste artigo é inafiançável.

O legislador manteve na nova Lei a previsão de conduta autônoma para o ato de disparar arma de fogo, mantendo praticamente a redação do revogado art. 10, § 1º, inciso III, da Lei 9.437/1997 e com idêntica pena do delito imediatamente anterior (art. 14).

A pena prevista – reclusão, de 2 a 4 anos, e multa – não permite sua inclusão entre os delitos de menor potencial ofensivo, nem mesmo possibilita a suspensão condicional do processo, mas sim o acordo de não persecução penal, previsto no art. 28-A do CPP.

Em relação à proibição de concessão de fiança, recomendamos a leitura do tópico correspondente a este nos comentários ao art. 14, pois o parágrafo único do art. 15 foi igualmente declarado inconstitucional pelo STF, na ADI nº 3.112.

Aplicação da Lei Penal no Tempo

Por prever a mesma conduta do dispositivo citado da Lei 9.437/1997, mas, ao mesmo tempo, cominar pena bem mais severa (detenção, de 1 a 2 anos, e multa na lei anterior; reclusão de 2 a 4 anos, e multa, no atual art. 15), entende-se ter ocorrido *novatio legis in pejus*, não podendo haver retroação aos fatos praticados anteriormente à entrada em vigor da Lei nº 10.826/2003.

Sujeitos do Crime

O crime do art. 15 é comum, podendo ser praticado por qualquer pessoa, incidindo também a causa de aumento de pena do art. 20 do Estatuto, caso o sujeito ativo for integrante dos órgãos e empresas mencionados nos arts. 6º, 7º e 8º.

TAS AUTÔNOMAS. ORDEM DENEGADA. O princípio da consunção pressupõe a existência de um nexo de dependência das condutas ilícitas, para que se verifique a possibilidade de absorção daquela menos grave pela mais danosa. Evidenciado, na hipótese, que os crimes de porte ilegal de armas e de quadrilha, qualificado pelo uso de armas, se afiguram absolutamente autônomos, inexistindo qualquer relação de subordinação entre as condutas, resta inviabilizada a aplicação do princípio da consunção, devendo o réu responder por ambas as condutas. Ordem denegada".

191 Nesse sentido, GOMES, Luiz Flávio; OLIVEIRA, William Terra. Op. cit., p. 159: "Aqui, importa indagar sobre o dolo de aquisição de algo que seja 'produto de crime'. Caso o agente adquira a arma sabendo ser ela fruto de um delito, estará cometendo um crime contra o patrimônio no momento em que se apoderar da *res*. Se depois mantiver consigo a arma, circulando com a mesma ou mantendo-a guardada, estará cometendo o delito de porte ou posse ilegal (os quais possuem uma objetividade jurídica diversa e momentos consumativos ulteriores). A modalidade de conduta 'adquirir' descrita no *caput* está reservada aos casos de aquisição de uma arma sem o respectivo registro, porém sem o componente anímico de vantagem patrimonial ilícita". Contra, no sentido de que o agente apenas responderá pelo delito mais grave, JUNQUEIRA, Gustavo Octaviano Diniz *et al*, op. cit., p. 441. No STJ, HC 168.171-RS, Rel. Min. Sebastião Reis Júnior, 6ª T., j. 04/10/2011: "(...) Esta Corte Superior de Justiça possui orientação no sentido de que os crimes de receptação e porte ilegal de arma de fogo são autônomos e possuem momentos consumativos diversos, não havendo que falar, portanto, em consunção. Assim, o réu que porta ilegalmente arma de fogo, cuja origem sabe ou deveria saber ser decorrente de produto de crime, deve responder por ambos os delitos, em concurso material. (...)".

Sujeito passivo é toda a coletividade. Como muito bem observado por César Dario Mariano da Silva, o delito em questão "é de extrema gravidade, principalmente porque projéteis são disparados sem que se saiba ao certo aonde irão cair e o que ou quem poderão atingir. Infelizmente, tornou-se rotina o disparo de arma de fogo por qualquer motivo, inclusive quando de comemorações. Isso fez com que 'balas perdidas' atingissem um grande número de pessoas, que acabaram morrendo ou sendo lesionadas seriamente".[192]

Tipicidade objetiva

A conduta prevista no tipo do art. 15 do Estatuto é a de disparar arma de fogo ou acionar munição em lugar habitado ou suas adjacências, em via pública ou em direção a ela. O dispositivo em questão ainda faz confissão de sua subsidiariedade ao ressalvar: "desde que essa conduta não tenha como finalidade a prática de outro crime". A ressalva traz consequências importantes e difere da lei anterior, na qual constava: "desde que o fato não constitua crime mais grave".

Disparar arma de fogo é fazer com que ela arremesse um ou mais projéteis, por meio da força expansiva dos gases gerados pela combustão de um propelente confinado em uma câmara.

Acionar munição é deflagrá-la, ou seja, fazê-la funcionar por meio de combustão do propelente, sem a utilização de uma arma de fogo. Caso seja a munição acionada com uso dos mecanismos de uma arma de fogo, haverá a primeira conduta, ou seja, disparar. Não se deve confundir o delito em questão com o previsto no art. 16, § 1º, inciso III, que trata, dentre outras condutas, do emprego de artefato explosivo ou incendiário. Deste trataremos mais à frente.

Ocorrendo um ou diversos disparos, haverá crime único, podendo a multiplicidade dos tiros influir na fixação da pena.

Observe-se que não importa para a realização do tipo penal em exame a existência de registro da arma ou de autorização para o porte.[193]

O tipo penal possui elementos objetivos, relativos ao espaço em que a conduta deve ocorrer para que se configure o delito. Assim, primeiramente, o disparo ou acionamento de munição deve ocorrer *em lugar habitado ou em suas adjacências. Habitado* é o lugar que possui alguma pessoa morando, mesmo que não em caráter permanente (ex.: cidade, vila, fazenda, chácara, casa etc.). *Adjacências* correspondem "aos locais próximos da residência etc., como, v.g., perto de uma casa. Não significa dependência da moradia, nem contiguidade. Indica 'proximidade do lugar' (TACrimSP, Acrim 605.131, *RT*, *663*:308)".[194]

Alternativamente, menciona o tipo que o disparo ou acionamento de munição deve dar-se em *via pública ou em direção a ela*. Pública é a via pertencente à União, ao Estado, ao Distrito Federal ou ao Município, ou seja, ao poder público (ex.: ruas e avenidas, estradas, praças etc.). Mas não é necessário que o disparo ocorra na via pública, ou seja, que o atirador esteja nela, bastando que seja efetuado na direção dela: haverá fato típico mesmo se o tiro partir do interior de uma residência. E nem é necessário que, no momento do disparo, haja pessoas na rua, sendo este o entendimento majoritário,[195] até mesmo porque prevalece o posicionamento de que se trata de crime de perigo abstrato.[196]

---

192 Op. cit., p. 101.

193 Sobre eventual concurso entre o crime de disparo e o de porte ilícito de arma de fogo, vide comentários no tópico específico, mais adiante.

194 JESUS, Damásio E., op. cit., p. 91.

195 JUNQUEIRA, Gustavo Octaviano Diniz *et al*, op. cit., p. 465.

196 STJ, REsp 1.494.303-SP, Rel. Min. Sebastião Reis Júnior, 6ª T., j. 25/11/2014: "(...) A conduta tipificada no art. 15 da Lei n. 10.826/2003 é mais grave do aquela prevista no art. 132 do Código Penal, uma vez que, embora de perigo abstrato, a ação de disparar arma de fogo em local habitado e em via pública representa um risco à integridade física

Entende-se ser mais reprovável a conduta daquele que dispara arma de fogo em local movimentado, sendo possível a fixação da pena-base acima do patamar mínimo.[197]

Pode ocorrer, portanto, que o disparo se dê em uma estrada pública, não havendo qualquer moradia nas proximidades: ele ocorreu em via pública, mas em local desabitado.

Pensamos, porém, que se o lugar for ermo, sem absolutamente ninguém por perto (estrada totalmente deserta, em região inabitada), não haverá o crime, eis que não terá havido qualquer diminuição à segurança pública, sem lesão ao bem jurídico.

De outra parte, pode-se imaginar a hipótese de disparo realizado num condomínio fechado (fora da hipótese de loteamentos), em que as vias poderiam ser consideradas privadas. Nesse caso, ainda assim haveria o delito, pois se trataria de local habitado.

Tipo subjetivo

O crime do art. 15 do Estatuto somente restará caracterizado se o sujeito ativo agir com dolo, não havendo previsão de conduta culposa, o que torna atípico o disparo acidental. Assim, se o agente acredita realmente que a arma está descarregada e aciona o gatilho, produzindo o disparo, pode ter sido imprudente, mas não será punido, a não ser, eventualmente, por outro delito do Estatuto, como a posse ou o porte ilícito.

Consumação e Tentativa

O crime consumar-se-á no exato instante da ocorrência do disparo da arma de fogo ou do acionamento da munição.

A doutrina tem se posicionado no sentido da possibilidade da forma tentada, desde que não ocorra o disparo ou o acionamento da munição por circunstâncias alheias à vontade do agente. E, de fato, sendo o delito plurissubsistente, pode-se perfeitamente admitir, em tese a tentativa.[198] Mas um cuidado há de ser tomado: se o disparo deixa de ocorrer por *ineficácia absoluta* da arma ou da munição, forçoso será o reconhecimento de crime impossível.

Ademais, deve-se sempre verificar se, no caso concreto, o sujeito poderia responder pela posse ou porte da arma, crime certamente mais grave do que o simples disparo tentado.

Ação penal

O crime do art. 15 é de ação penal pública incondicionada.

Concurso de Crimes

O próprio art. 15 revela sua subsidiariedade ao determinar que somente se caracterizará se a conduta não tiver por finalidade a prática de outro delito.

No entanto, tem a doutrina geralmente observado que este outro delito somente absorverá o disparo se for apenado de modo mais gravoso, do contrário, deverá subsistir o crime do art. 15 do Estatuto. Ora, do contrário, como bem observado por César Dario Mariano da Silva, para livrar-se desta acusação e receber pena mais amena, bastaria ao agente "sempre alegar que

de uma coletividade, isto é, de todos que habitam a localidade e cercanias; não apenas de uma pessoa específica, situação prevista no art. 132 do Código Penal. Logo, não há desproporção na sanção cominada. (...)".

197 STJ, HC 103.805-MS, Rel. Min. Laurita Vaz, 5ª T., j. 15/04/2010: "(...) Idônea a fundamentação declinada pelo magistrado, ao considerar a maior reprovabilidade da conduta porque o agente levou seu irmão adolescente para efetuar disparos e, ainda, 'em local movimentado da cidade'. Embora o ato de disparar arma de fogo em local habitado seja uma elementar do próprio tipo, o fato de esse lugar ser 'movimentado', sem dúvida, torna a conduta mais reprovável. (...)".

198 Cf. CAPEZ, Fernando, *Estatuto do desarmamento*, p. 104: "É o caso do disparo que falha, devido ao picote do projétil ou ao agente ser impedido de puxar o gatilho no exato instante em que o faria".

seu intuito era apenas ferir alguém, ocasião em que será responsabilizado apenas pelo crime de lesões corporais (consumado ou tentado), dependendo do caso concreto, o que nos parece um contra-senso".[199]

Partindo dessa premissa, vejamos algumas situações que poderão surgir com mais frequência.

Em primeiro lugar, o concurso entre os crimes de disparo e porte de arma.

Nesse caso, sendo as duas condutas cometidas no mesmo contexto fático, entendemos não ser possível o concurso, devendo ser aplicado o princípio da consunção. Mas qual dos crimes subsiste? Depende. Se a arma for de uso permitido, com numeração intacta, o disparo absorve o porte (art. 14), pois ambos são apenados de modo idêntico, sendo o delito do art. 15 o crime-fim.[200] Porém, caso a arma seja de uso proibido ou tenha numeração suprimida (art. 16, §§ 2º e 1º, inciso IV, respectivamente), para o porte ou posse dela é cominada pena mais severa, de modo que o disparo deve ser absorvido.[201] No caso do delito do art. 12, este é absorvido pelo do art. 15.

Porém, cometidas as condutas em contextos fáticos distintos, é possível a concurso material entre tais delitos.[202]

Quanto ao concurso entre o art. 15 do Estatuto e o crime previsto no art. 132 do CP (perigo para a vida ou saúde de outrem), ficamos com a lição de Rogério Sanches Cunha: "Dispõe o art. 132 do CP, em seu preceito secundário, que o crime somente será aplicado *se o fato não constitui crime mais grave* (subsidiariedade expressa). (...) Antes do advento da Lei de Armas de Fogo (Lei 9.437/97), o simples disparo caracterizava apenas contravenção penal e, nessa qualidade, era afastada para ver aplicada a infração penal de perigo (art. 132 do CP). Entrando em vigor a lei especial, a situação se inverteu: o disparo (art. 10, § 1º, III) foi mais gravemente apenado que o simples perigo para a vida ou saúde de outrem, logo, aplicando-se ao caso em exame. (...) Contudo, veio a recente Lei 10.826/2003 (Estatuto do Desarmamento), revogando

---

199 Op. cit., p. 104. É também o entendimento Guilherme de Souza Nucci (op. cit., p. 262) e de Alexandre de Moraes e Gianpaolo Poggio Smanio (op. cit., p. 338). Segundo Fernando Capez (*Estatuto do desarmamento*, p. 109-110): "O legislador procurou, desse modo, afastar expressamente a incidência do princípio da subsidiariedade, pelo qual deveria prevalecer a infração de maior gravidade, dando preferência ao princípio da especialidade. O que passou a importar é a vontade finalística do agente e não a maior ou menor lesividade do resultado produzido". Mas o mesmo autor acaba por entender que tal solução afronta a ordem constitucional: "Sendo o processo penal permeado e regido pelos princípios maiores derivados da Constituição, os quais se colocam bem acima do próprio direito positivo, a ressalva há de ser tida como inconstitucional e, por conseguinte, inválida. Com efeito, o vício de incompatibilidade vertical com a ordem constitucional decorre da clara afronta ao princípio da proporcionalidade das penas. A melhor solução, no caso, será interpretar a ressalva como incidente, apenas quando o crime-fim, isto é, o resultado perseguido pela vontade finalística do agente for de maior gravidade do que o disparo da arma de fogo, como, por exemplo, quando o intuito for ocasionar, na vítima, lesão corporal de natureza grave ou gravíssima, homicídio, infanticídio. Trata-se, portanto, da adoção do princípio da subsidiariedade implícita".

200 STJ, AgRg no REsp 1.331.199-PR, Re. Min. Ericson Maranho (Desembargador convocado do TJ/SP), 6ª T., j. 23/10/2014: "(...) A jurisprudência desta Corte possui entendimento firmado no sentido de que não é automática a aplicação do princípio da consunção para absorção do delito de porte de arma de fogo pelo de disparo, dependendo das circunstâncias em que ocorreram as condutas. – Na hipótese dos autos, as instâncias ordinárias reconheceram que os crimes foram praticados no mesmo contexto fático, devendo ser aplicado o referido postulado para que a conduta menos grave (porte ilegal de arma de fogo) seja absorvida pela conduta mais grave (disparo de arma de fogo). (...)".

201 É também o entendimento de César Dario Mariano da Silva, op. cit., pp. 105-106 e de Fernando Capez, que, porém, admite o concurso material em alguns casos: "Assim, se o sujeito perambula a noite inteira, pela cidade, portando ilegalmente uma arma de fogo e, ao amanhecer, efetua disparos a esmo, nesse caso, sim, haveria concurso material de infrações" (*Estatuto do desarmamento*, p. 105).

202 STJ, HC 94.673-MS, Rel. Min. Felix Fischer, 5ª T., j. 27/03/2008: "(...) Esta Corte vem entendendo que a absorção do delito de porte de arma pelo de disparo não é automática, dependendo, assim, do contexto fático do caso concreto. Por conseguinte, em se tratando de contextos fáticos distintos, há a possibilidade de configuração de delitos autônomos. (...)". Esse entendimento vem sendo mantido: AgRg no REsp 1.841.594-RJ, Rel. Min. Sebastião Reis Júnior, 6ª T., j. 16.06.2020.

a Lei 9.437/97, tipificando o crime de disparo no art. 15, ressalvando a sua aplicação 'desde que essa conduta não tenha como finalidade a prática de outro crime'. Observa Capez que o intuito do legislador com a introdução da presente ressalva foi permitir que o agente viesse a responder pelo delito que pretendeu praticar, ainda que menos grave. No caso em tela, como o autor da periclitação pretende expor a vida de outrem a perigo, usando os disparos como simples meio para essa realização, diante da nova redação deveria prevalecer a norma do art. 132 do CP. Entretanto, tal solução violaria o princípio da proporcionalidade, de modo que entendemos estar mantida a mesma conseqüência da lei anterior, isto é, prevalece a infração mais grave, no caso, o disparo".[203]

E o crime de homicídio, muitas vezes praticado com emprego de arma de fogo, é dizer, mediante disparo? Entendemos que o crime contra a vida que resulte do disparo absorve o delito do art. 15 do Estatuto. É que o próprio art. 15 indica subsistir apenas o delito-fim (o homicídio, que é a finalidade do agente ao disparar), além do que o ato do disparo está no mesmo contexto do homicídio, sendo crime-meio para sua execução. Se, antes ou depois do crime contra a vida, de modo destacado, o agente efetuar disparos nas condições do art. 15, aí sim será possível o concurso entre tais delitos.[204]

Caso o agente efetue o disparo em legítima defesa, estado de necessidade, ou qualquer outra das causas excludentes da ilicitude, o delito do art. 15 será por elas alcançado. O mesmo se aplica ao caso de inexigibilidade de conduta diversa, como causa supralegal de exclusão da culpabilidade.

POSSE OU PORTE ILEGAL DE ARMA DE FOGO DE USO RESTRITO

Art. 16. Possuir, deter, portar, adquirir, fornecer, receber, ter em depósito, transportar, ceder, ainda que gratuitamente, emprestar, remeter, empregar, manter sob sua guarda ou ocultar arma de fogo, acessório ou munição de uso restrito, sem autorização e em desacordo com determinação legal ou regulamentar:

Pena – reclusão, de 3 (três) a 6 (seis) anos, e multa.

Assim como na lei por ele revogada, o Estatuto do Desarmamento tratou de diferenciar, por meio das respectivas penas cominadas, as condutas referentes às armas, acessórios e munições de uso permitido e as de uso restrito: das primeiras cuidou nos arts. 12 (posse) e 14 (porte, entre outras condutas); das demais, no art. 16. Os arts. 14 e 16, *caput*, são praticamente idênticos, a não ser pela natureza dos objetos materiais e pelo acréscimo, a este último dispositivo, da conduta de "possuir".

Mas, a diferença de tratamento entre os dispositivos torna-se evidente quando se verifica que para o art. 16, *caput* e § 1º (uso restrito) foram cominadas penas maiores, de 3 a 6 anos de reclusão, e multa. Não se trata, portanto, de crime de menor potencial ofensivo, não permite a

203 *Manual de direito penal: parte especial (arts. 121 ao 361)*. 8ª ed. Salvador: Editora Juspodivm, 2016, p. 143. Damásio concorda com tal entendimento, desde que o disparo ocorra *extra muros*; se *intra muros*, por entender inexistente qualquer perigo à incolumidade pública, deve prevalecer o delito do art. 132 do CP (op. cit., p. 92). Segundo o STJ: "(...) A conduta tipificada no art. 15 da Lei n. 10.826/2003 é mais grave do aquela prevista no art. 132 do Código Penal, uma vez que, embora de perigo abstrato, a ação de disparar arma de fogo em local habitado e em via pública representa um risco à integridade física de uma coletividade, isto é, de todos que habitam a localidade e cercanias; não apenas de uma pessoa específica, situação prevista no art. 132 do Código Penal. Logo, não há desproporção na sanção cominada. (...)" (REsp 1.494.303-SP, Rel. Min. Sebastião Reis Júnior, 6ª T., j. 25/11/2014).

204 Eis o entendimento de Capez: "Havendo o disparo e, posteriormente, em contexto fático bem destacado, o crime de dano (homicídio, lesão, roubo etc.), haverá concurso de crimes" (*Estatuto do desarmamento*, p. 106).

suspensão condicional do processo, mas apenas o acordo de não persecução penal previsto no art. 28-A do CPP, salvo se incidir a causa de aumento de pena do art. 20 do Estatuto.[205]

O tratamento também foi diferente para os objetos materiais de uso proibido, pois, conforme previsão do § 2º do art. 16, incluído pela Lei 13.964/2019, se as condutas do caput e do § 1º do art. 16 envolverem tais objetos, a pena será de reclusão, de 4 a 12 anos. Nessa hipótese, sequer será cabível, segundo entendemos, a aplicação do acordo de não persecução, pois, embora não haja vedação legal expressa, por se tratar de crime hediondo (art. 1º, parágrafo único, II, da Lei 8.072/1990, com a redação dada pela Lei 13.964/2019), há incompatibilidade com os objetivos dessa forma de negócio jurídico, que pressupõe sua necessidade e suficiência para a prevenção e reprovação do crime.

Convém esclarecer que, até o início da eficácia da Lei 13.964/2019, em 23 de janeiro de 2020, a posse ou porte de arma de fogo, munição e acessório de *uso restrito* era considerada crime hediondo, por força do parágrafo único do art. 1º da Lei 8.072/1990 (Lei dos Crimes Hediondos), com a redação dada pela Lei 13.497/2017 (com eficácia desde 27 de outubro de 2017). Ocorre que a denominada "Lei Anticrime" alterou a Lei dos Crimes Hediondos e retirou tal conduta de seu rol.

Assim, indiscutivelmente, as condutas previstas no *caput* e no § 1º do art. 16, quando envolverem arma, acessório ou munição *de uso restrito*, não são mais consideradas crimes hediondos.

Porém, nos casos do novo § 2º do mesmo artigo, ou seja, quando as condutas do caput e do § 1º envolverem arma de fogo ou munição de *uso proibido*, continuará a incidir o caráter hediondo (art. 1º, parágrafo único, inciso II, da Lei 8.072/1990), pois, nesse passo, não houve alteração. É que, inobstante redação anterior do parágrafo único do art. 1º da Lei dos Crimes Hediondos fazer menção apenas às armas de uso restrito, como, ao mesmo tempo, relacionava a conduta àquelas previstas no art. 16, não quis o legislador excluir as armas de uso proibido do rol legal, o que seria uma contradição: ambas – as de uso restrito e proibido – eram tratadas no mesmo dispositivo, em pé de igualdade; e as de uso proibido, como muito mais razão, deveriam ser consideradas hediondas.

Além disso, entendíamos, quando da 1ª edição desta obra que, tendo em vista o aparente silêncio do dispositivo quanto às munições e acessórios de uso restrito – o que se repete, agora, com as de uso proibido –, o porte ou a posse destes não constituiria crime hediondo. Como se percebe pelo afirmado acima, mudamos esse entendimento.

É verdade que as alterações da Lei dos Crimes Hediondos – primeiro pela Lei 13.497, agora, pela Lei 13.964 – deveriam atingir qualquer conduta que se subsome ao *nomen iuris* "posse ou porte ilegal de arma de fogo de uso proibido", ou seja, à figura típica trazida pelo § 2º do art. 16 da Lei 10.826. No entanto, o *nomen iuris* do delito é totalmente infeliz, pois é evidente que o tipo traz outros núcleos além do "portar" e do "possuir", além do que não trata apenas de posse ou porte ilegal de "arma de fogo", mas também de acessório ou munição de uso proibido (embora, atualmente, não há definição normativa do que seja acessório de uso proibido).

---

205 Cf. CAPEZ, Fernando, *Estatuto do desarmamento*, p. 125: "A pena prevista para o delito de posse ilegal ou porte de artefato de uso restrito ou proibido é de reclusão, de três a seis anos, e multa, portanto, mais severa do que a pena cominada para alguns crimes contra a pessoa, como, por exemplo, o delito de lesão corporal de natureza grave, cuja pena é de reclusão, de um a cinco anos, ou o infanticídio, cuja pena é a de detenção, de dois a seis anos. Para o nosso ordenamento jurídico, portanto, é mais censurável possuir ou portar uma arma de fogo de uso proibido do que utilizá-la efetivamente para produzir lesões com seqüelas definitivas ou mesmo matar o próprio filho recém-nascido, com um tiro à queima-roupa na cabeça, sob influência do estado puerperal. Trata-se, portanto, de dispositivo que infringe o princípio da proporcionalidade das penas. Se levado às suas últimas consequências, deveria ser reputado inconstitucional".

Assim, entendemos que, já desde a edição da Lei 13.497/2017 (portanto, desde 27 de outubro de 2017), as condutas previstas no art. 16 referentes a arma de fogo, munição e acessório de uso proibido já eram consideradas hediondas, de modo que a Lei 13.964 não alterou isso, tendo apenas excluído a hediondez no caso dos objetos materiais de uso restrito.

De outra parte, o art. 21 do Estatuto determina expressamente a proibição à concessão da liberdade provisória àqueles que incidem no delito do art. 16, reacendendo a antiga discussão levantada quando da edição da Lei 8.072/1990. Como já esperado, o STF declarou inconstitucional o art. 21, na mesma ADI 3.112 citada nos comentários aos parágrafos únicos dos arts. 14 e 15.

Porém, o porte ou posse de arma de fogo de uso restrito transformou-se em delito inafiançável, por força da Lei 13.497/2017, que lhe deu o caráter de crime hediondo. A Lei 13.964/2019 retirou esse caráter, de modo que, em tese, o crime passou a ser afiançável.

Mas, para complicar, a mesma Lei alterou o CPP, para introduzir o § 2º ao art. 310, com a seguinte redação: "Se o juiz verificar que o agente é reincidente ou que integra organização criminosa armada ou milícia, ou que porta arma de fogo de uso restrito, deverá denegar a liberdade provisória, com ou sem medidas cautelares". Portanto, tal regra acaba por vedar a concessão de liberdade provisória para o crime do art. 16, *caput*, do Estatuto do Desarmamento. Certamente, sua constitucionalidade será contestada perante o Poder Judiciário. Note-se a incongruência do legislador: não haveria proibição se a arma for de uso proibido!

Mas, sendo o objeto material de uso proibido, será o crime inafiançável, dada a natureza hedionda da conduta (art. 1º, parágrafo único, II, da Lei 8.072/1990).

Por fim, no estudo do art. 16, há a necessidade de se efetuar uma separação entre o *caput* e o § 1º, pois tratam de assuntos completamente diversos, tendo em comum tão somente a pena. Trata-se de técnica legislativa absolutamente criticável, pois o *nomen iuris* ("posse ou porte ilegal de arma de fogo de uso restrito") refere-se apenas à conduta descrita na cabeça do artigo, pois nos seis incisos do parágrafo vislumbram-se outros seis delitos diferentes, entre os quais alguns que sequer referem-se a armas de fogo, acessórios ou munições. Por isso, daremos tratamento separado a cada um deles, iniciando pelo estudo da conduta prevista no *caput*. Já o § 2º constitui uma forma qualificada, caso as condutas do *caput* ou do § 1º envolverem armas de fogo ou munições de uso proibido.

Aplicação da Lei Penal no Tempo

Desde já, alertamos o leitor que muitas das questões já analisadas acima, especificamente nos comentários aos art. 12 e 14, podem ser aplicadas ao art. 16, *caput*. Por que as semelhanças? Porque o artigo ora comentado, assim como o art. 12, também prevê a conduta de *possuir*; além disso, praticamente repete as condutas do art. 14, mudando apenas a natureza do objeto material, que é de uso restrito.

Quanto à conduta de *possuir*, trazida pelo art. 12, como vimos, a mantença da arma de uso permitido, em casa ou no local de trabalho (sendo o possuidor do objeto titular ou responsável legal do estabelecimento ou empresa), entre o início da vigência do Estatuto, em 23 de dezembro de 2003, e o dia 31 de dezembro de 2009, prazo final para o requerimento de registro, era atípico. Em se tratando de arma de uso *restrito*, objeto do *caput* do art. 16, a situação é diversa.

É que, como já analisado nos comentários ao art. 12, o Estatuto do Desarmamento, desde que entrou em vigor em 23 de dezembro de 2003, sofreu diversas modificações quanto aos prazos de regularização do registro e entrega da arma à Polícia Federal. Originalmente, os arts. 30 e 32 do Estatuto deferiam ao possuidor de uma arma de fogo prazo de 180 dias para que providenciasse o registro – no caso de o não possuir – ou a entregasse à Polícia Federal. Se o possuidor da arma sem registro poderia regularizá-la dentro de um prazo, por óbvio, não poderia ser autuado por sua posse ilegal, pois não haveria, ainda, qualquer ilegalidade.

Notem, e isso é muito importante: a redação original do art. 30 não exigia que a arma de fogo, sujeita à regularização por meio de registro, fosse de *uso permitido*, abrangendo também as de *uso restrito*. Mas, como já visto, a Lei foi alterada.

A Medida Provisória nº 174, de 18 de março de 2003, depois convertida na Lei nº 10.884/2004, ampliou o prazo do art. 30 para 180 dias após a data da publicação do Regulamento (que seria o Decreto 5.123/2004). Esse prazo foi depois prorrogado para 23 de junho de 2005, pela Lei nº 11.118/2005. Além disso, apenas para os moradores da zona rural que comprovassem a necessidade da arma para a sua subsistência (art. 6º, § 5º), tal lei estendeu o prazo para 120 dias, contado de sua publicação, para a regularização do registro (art. 30), portanto, com termo final em 11 de março de 2006.

A Lei 11.706/2008 (resultado da conversão da Medida Provisória 417, de 31 de janeiro de 2008) alterou a redação do art. 5º, § 3º, e do art. 30 do Estatuto, fixando outro prazo para a regularização das armas, mas, pela primeira vez, limitando a prorrogação às *armas de uso permitido*, tivessem elas ou não o registro: 31 de dezembro de 2008 (art. 30). Também alterou a redação do art. 32, estabelecendo que: "Os possuidores e proprietários de arma de fogo poderão entregá-la, espontaneamente, mediante recibo, e, presumindo-se de boa-fé, serão indenizados, na forma do regulamento, ficando extinta a punibilidade de eventual posse irregular da referida arma". Ou seja, desapareceu o prazo para entrega da arma, *de uso permitido ou restrito*, à polícia. Finalmente, a Lei 11.922/2009 estabeleceu outro prazo para a regularização (31 de dezembro de 2009) por meio do competente registro e novamente restringiu a ampliação temporal às *armas de uso permitido*.

Conclusão: para a posse de *armas de uso restrito*, o prazo de regularização expirou em 23 de junho de 2005. Logo, até tal data, *possuir arma de fogo de uso restrito* era fato atípico. É o posicionamento também adotado pelo STJ,[206] e STF.[207]

Quanto à *abolitio criminis* temporária da conduta de *possuir* tal espécie de arma, remetemos o leitor às considerações feitas nos comentários ao art. 12.

E quanto às demais condutas do *caput* do art. 16? Como vimos nos comentários ao art. 14, a *vacatio legis* temporária aplica-se apenas à *posse* de arma, não atingindo as outras modalidades do crime, trazidas pelos demais núcleos do tipo.[208]

---

206 HC 367.669-RS, Rel. Min. Joel Ilan Paciornik, 5ª T., j. 15/12/2016: "(...) A jurisprudência desta Corte entende que é atípica a posse irregular de arma de arma de fogo, acessórios e munição de uso permitido (art. 12), restrito ou proibido (art. 16), perpetrada entre 23/12/2003 e 23/10/2005. A partir dessa data, até 31/12/2009, somente é atípica a conduta do art. 12, e desde que a arma de fogo seja apta a ser registrada (numeração íntegra). (...)". E ainda, HC 290.765-SP, Rel. Min. Ribeiro Dantas, 5ª T., j. 14/06/2016: "O Estatuto do Desarmamento estabeleceu o prazo de 180 (cento e oitenta) dias, contados da data da publicação da lei, para que os proprietários e possuidores de armas de fogo não registradas, sob pena de responsabilidade penal, solicitassem o seu registro mediante apresentação de nota fiscal de compra ou a comprovação da origem lícita da posse, pelos meios de prova admitidos em direito (art. 30 da Lei n. 10.826/2003), podendo, ainda, entregá-las à Polícia Federal, ficando extinta a punibilidade de eventual crime de posse irregular de arma (art. 32 da Lei n. 10.826/2003). (...) Durante tal lapso temporal, doutrinariamente conhecido como vacatio legis indireta, a conduta de possuir arma de fogo de uso permitido (art. 12 da Lei n. 10.826/2003) ou de uso restrito (art. 16 da Lei n. 10.826/2003) era considerada atípica. (...)".

207 RE 768.494-GO, Rel. Min. Luiz Fux, Pleno, j. 19/09/2013: "(...) A jurisprudência desta Corte é assente no sentido de que, verbis: 'I – A vacatio legis de 180 dias prevista nos artigos 30 e 32 da Lei 10.826/2003, com a redação conferida pela Lei 11.706/2008, não tornou atípica a conduta de posse ilegal de arma de uso restrito. II – Assim, não há falar em abolitio criminis, pois a nova lei apenas estabeleceu um período de vacatio legis para que os possuidores de armas de fogo de uso permitido pudessem proceder à sua regularização ou à sua entrega mediante indenização. III – Ainda que assim não fosse, a referida vacatio legis não tem o condão de retroagir, justamente por conta de sua eficácia temporária' (RHC 111637, Relator(a): Min. RICARDO LEWANDOWSKI, Segunda Turma, julgado em 05/06/2012). (...)".

208 STJ, HC 216.779-RS, Rel. Min. Maria Thereza de Assis Moura, 6ª T., j. 29/08/2013: "(...) O Superior Tribunal de Justiça firmou entendimento no sentido de que a vacatio legis estabelecida pelos artigos 30 e 32 da Lei nº 10.826/2003, para a regularização das armas dos seus proprietários e possuidores, é reconhecida hipótese de abolitio criminis temporalis. (...) Tal compreensão, todavia, somente abrange as hipóteses de posse de arma de fogo, assim com-

De outra parte, a comparação do art. 16, *caput*, do Estatuto do Desarmamento com o revogado art. 10, § 2º, da Lei 9.437/1997 revela que o legislador manteve, no primeiro, a maioria dos núcleos do tipo existentes neste último, incluindo a conduta de "possuir", mas eliminou os núcleos "fabricar", "vender", "alugar" e "expor à venda", o que não significa a ocorrência de *abolitio criminis*, já que, ou continuará a incidir sobre tais condutas o próprio art. 16, *caput*, ou incidirá o art. 17 da nova Lei.

De qualquer modo, é inegável que, quanto às demais ações mantidas no *caput* do art. 16, estamos diante de *novatio legis in pejus*, pois o Estatuto prevê pena bem mais severa do que o antigo § 2º do art. 10 da lei revogada: de delito apenado com reclusão, de 2 a 4 anos, e multa, passou-se à previsão das penas de reclusão, de 3 a 6 anos, e multa. Assim, deve-se aplicar o princípio da irretroatividade da lei penal mais severa, de forma que o indivíduo processado por portar arma de fogo de uso restrito quando da vigência da lei anterior não será atingido pela nova Lei.

Não podemos nos esquecer, contudo, que as condutas antes previstas na Lei 9.437 e mantidas na Lei 10.826 são, em geral, permanentes (como "manter sob sua guarda", por exemplo), o que pode trazer a seguinte consequência: caso o sujeito ativo mantivesse sob sua guarda uma arma de fogo ainda sob a vigência da lei revogada e, advindo a nova legislação, prosseguiu com tal conduta, é certo que o art. 16, *caput*, poderia ser aplicado. Neste sentido, a Súmula 711 do STF: "A lei penal mais grave aplica-se ao crime continuado ou ao crime permanente, se a sua vigência é anterior à cessação da continuidade ou da permanência".

O art. 16, *caput*, do Estatuto trouxe uma novidade em relação à lei anterior, pois incluiu a munição como objeto material – antes, a previsão era apenas para arma de fogo e acessórios –, representando, nesse aspecto, *novatio legis* incriminadora, não podendo, por óbvio, retroagir a situações anteriores à sua entrada em vigor.

Por outro lado, o art. 10, § 3º, inciso IV, da lei revogada previa uma qualificadora para os casos de armas, consistente na seguinte hipótese: "possuir condenação anterior por crime contra a pessoa, contra o patrimônio e por tráfico ilícito de entorpecentes e drogas afins". Tal previsão não se repetiu no Estatuto do Desarmamento, razão pela qual estamos diante, nesse aspecto, de *novatio legis in mellius*, cabendo retroação.

Vale relembrar que o caráter hediondo das figuras de porte ou posse ilegal de arma de fogo ou munição de uso proibido abrangerá os casos ocorridos a partir de 27 de outubro de 2017, data em que entrou em vigor a Lei 13.497, que tornou tais condutas hediondas, não podendo retroagir. Porém, como visto, a Lei 13.964/2019 não manteve a hediondez da conduta no caso de arma de fogo, acessório ou munição de uso restrito, razão pela qual houve inegável novatio legis in mellius quanto a estas.

Por força dos Decretos 9.785, 9.845, 9.846 e 9.847/2019, muitas das armas e munições antes classificadas como de uso restrito passaram a ser consideradas de uso permitido. Constatada, no caso concreto, a reclassificação, a consequência será a desclassificação do tipo penal: do art. 16, *caput*, para o art. 14 ou 12, conforme o caso. Assim, para tais casos, a nova reclassificação trazida pelo Decreto 11.615/2023 – que trouxe diversas armas, antes de uso permitido, para o rol daquelas de uso restrito – não poderá retroagir, pois se trata de *lex gravior*.

Sujeitos do Crime

O crime previsto no art. 16, *caput*, é comum, podendo ser praticado por qualquer pessoa. Também deve incidir a causa de aumento prevista no art. 20, se o delito for praticado por integrantes dos órgãos e empresas referidas nos arts. 6º, 7º e 8º do próprio Estatuto.

Sujeito passivo é a coletividade.

---

preendidas aquelas em que a arma está na residência ou no local de trabalho do acusado, configurando-se o porte de arma, delito diverso do crime de posse, não há se falar em hipótese abrangida pela vacatio legis. (...)".

Tipicidade objetiva

O tipo penal do art. 16, *caput*, prevê nada menos do que quatorze núcleos diferentes, sendo, assim, um tipo misto alternativo. Haverá crime nas condutas de possuir, deter, portar, adquirir, fornecer, receber, ter em depósito, transportar, ceder (gratuitamente ou não), emprestar, remeter, empregar, manter sob sua guarda ou ocultar arma de fogo, acessório ou munição, de uso restrito, sem autorização e em desacordo com determinação legal ou regulamentar. Vê-se que o legislador, tal como já fizera no art. 14, procurou prever o maior número de situações possíveis, tendo obtido, a nosso ver, sucesso em tal intuito.

Quanto ao significado e implicações da conduta consistente em *possuir arma de fogo, acessório ou munição*, remetemos o leitor aos comentários ao art. 12. Quanto aos demais núcleos do tipo, remetemos aos comentários ao art. 14, já que, como afirmamos, o *caput* do art. 16 praticamente os repete.

Além disso, para análise dos demais elementos do tipo remetemos o leitor aos comentários ao art. 14, quando trata do porte e das situações que podem surgir referentes a este, pois as diversas questões ali propostas e respondidas – assim esperamos – servem igualmente ao delito em estudo.

Como visto, apenas a forma qualificada do § 2º será classificada como crime hediondo, inclusive quando envolver munição de uso proibido, e não apenas arma de fogo. Como veremos, o § 2º, apesar de mencionar apenas arma de fogo, por interpretação extensiva, inclui também munição.

Tipicidade subjetiva

Vide tópicos respectivos nos comentários aos arts. 12 (para o núcleo do tipo *possuir* do art. 16, *caput*) e 14 (para os demais núcleos do tipo).

Acrescente-se que o STJ vem considerando haver crime único entre os delitos do *caput* e do § 1º, IV, do art. 16, ou seja, entre o porte de arma de fogo de uso restrito ou proibido e o porte de arma (de uso restrito ou proibido) com numeração raspada, suprimida ou adulterada.[209]

Consumação e Tentativa

Uma vez mais, a fim de não cansar o leitor, vide tópicos respectivos nos comentários aos arts. 12 (para o núcleo do tipo *possuir* do art. 16, *caput*) e 14 (para os demais núcleos do tipo).

Ação penal

Todos os crimes do art. 16 são de ação penal pública incondicionada.

Concurso de Crimes

Vide tópicos respectivos nos comentários aos arts. 12 (para o núcleo do tipo *possuir* do art. 16, *caput*) e 14 (para os demais núcleos do tipo).

SUPRESSÃO OU ALTERAÇÃO DE MARCA, NUMERAÇÃO OU SINAL IDENTIFICADOR

Art. 16. (...):

Pena – reclusão, de 3 (três) a 6 (seis) anos, e multa.

---

209 STJ, AgRg no REsp 1.624.632/RS, Rel. Min. Jorge Mussi, Quinta Turma, julgado em 28/04/2020, DJe de 30/04/2020.

§ 1º. Nas mesmas penas incorre quem:

I – suprimir ou alterar marca, numeração ou qualquer sinal de identificação de arma de fogo ou artefato;

Na esteira da Lei 9.437/1997, o Estatuto do Desarmamento cuidou detalhadamente do registro das armas de fogo, mantendo o SINARM, ampliando suas competências, sempre com o objetivo de aumentar o controle do Estado sobre tais perigosos instrumentos. Ocorre que, essenciais para o controle dos armamentos são os respectivos sinais de identificação, como o número de série que toda arma de fogo deve possuir. Mais do que lógico, portanto, que o Estatuto trouxesse a previsão de conduta típica para o ato de eliminar ou alterar o sinal identificador (e, conforme veremos adiante, também para a conduta de possuir, portar, adquirir, transportar ou fornecer a arma com tal sinal de alguma forma adulterado).

No inciso I do § 1º do art. 16 cuidou o legislador apenas da conduta daquele que faz a supressão ou a alteração. Trata-se de dispositivo de rara aplicação, pois dificilmente será possível demonstrar a autoria do delito, pois o que se tem normalmente é a apreensão da arma já adulterada, sendo muito mais fácil imputar ao agente a prática do delito descrito no inciso IV do mesmo parágrafo (posse ou porte de tal tipo de armamento).

Como já afirmado, quando a arma de fogo for de uso proibido, a pena será de 4 a 12 anos.

Aplicação da Lei Penal no Tempo

O Estatuto do Desarmamento nada mais fez senão repetir a conduta descrita no art. 10, § 3º, inciso I, da revogada Lei nº 9.437, que previa pena menor, de 2 a 4 anos de reclusão, e multa. Assim, o crime do art. 16, parágrafo único (atual § 1º), inciso I, do Estatuto representa verdadeira *novatio legis in pejus*, razão pela qual é impossível a retroação.

Além disso, a pena da forma qualificada do § 2º – embora não o seu caráter hediondo, que é anterior – somente será aplicável para os fatos cometidos a partir de 23 de janeiro de 2020, data do início de eficácia da Lei 13.964/2019, que a criou.

Objetividade Jurídica

Apesar de entendermos que o delito ora em comento protege igualmente a segurança pública como bem jurídico (ou a incolumidade pública, como preferem alguns), estamos perfeitamente de acordo com o entendimento de que se trata de delito pluriofensivo, atingindo também a administração pública, na medida em que é de interesse desta identificar e controlar as armas de fogo em circulação, o que é impedido pela supressão ou alteração do sinal identificador.[210]

Tipicidade objetiva

A conduta típica é a de suprimir ou alterar marca, numeração ou qualquer sinal de identificação de arma de fogo ou artefato.

As penas cominadas são as mesmas do *caput*, ou seja, de reclusão, de 3 a 6 anos, e multa, salvo na forma qualificada do § 2º (vide abaixo).

Suprimir significa eliminar, destruir totalmente, seja por qual método for, apontando a doutrina a possibilidade de métodos químicos ou mecânicos. Os mais comuns "são a raspagem com outro objeto sólido, como uma lima, e a pinagem, que consiste em sobrepor uma

210 No mesmo sentido, Fernando Capez (*Estatuto do desarmamento*, p. 130) César Dario Mariano da Silva (op. cit., p. 124).

superfície sólida e pontuda sobre a numeração e bater com um martelo ou outro objeto semelhante, de forma que a numeração desapareça. Métodos químicos, como o emprego de ácidos, também podem ser empregados".[211]

Alterar é modificar algo, ou seja, mudar-lhe as características, como ocorre no caso de alteração dos números, com troca de ordem ou modificação de algum numeral ou de todos eles.

Os núcleos do tipo – as condutas consubstanciadas nos verbos suprimir e alterar – recaem sobre *marca, numeração* ou *qualquer outro sinal de identificação* de arma de fogo ou artefato.

Marca é o "nome, expressão ou sinal que individualiza e identifica o produto", enquanto *numeração* é o "número de série que singulariza a substância".[212] Mas é certo que a lei também se refere a *qualquer sinal identificador* que não a marca ou a numeração (sinais outros empregados pelo fabricante, indicação do calibre etc.).[213]

E os raiamentos do cano? Pode-se, em tese, considerá-los como sinais que identificam uma arma de fogo, mas voltamos a lembrar do caráter mutável deles, eis que sujeitos a desgastes causados pelos próprios disparos. Além disso, modificações no raiamento do cano normalmente ocorrem associadas à finalidade de levar o exame pericial de comparação balística a resultado negativo ou inconclusivo, provocando o enquadramento da conduta em outro delito, descrito no inciso II, do mesmo § 1º do art. 16 do Estatuto do Desarmamento.

O dispositivo em comento menciona que os sinais de identificação devem pertencer a *arma de fogo* ou *artefato*. Já analisamos o conceito de arma de fogo. E artefato, o que seria?

De acordo com o Decreto 10.030/2019 *artefato* pode ser equiparado a acessório de arma de fogo (vide, no Glossário do decreto, o verbete "acessório de arma de fogo). No entanto, a doutrina vem apontando também a utilização da mesma palavra no inciso III do § 1º do art. 16, desta feita com o significado de mecanismo explosivo ou incendiário. Assim, entendo ser possível abarcar aqui ambos os significados.[214]

Surgiu na doutrina a seguinte questão: os objetos materiais mencionados nos delitos previstos nos incisos I, II, IV e V do § 1º do art. 16 são, nos termos do *caput* e § 2º, somente os de uso restrito e proibido ou podem ser incluídos também os de uso permitido?

A doutrina é majoritária no sentido de que a lei não faz qualquer referência à qualidade do objeto material, não cabendo ao intérprete fazê-lo, além do que as condutas ali descritas já são, por si mesmas, graves o suficiente para permitir a equiparação com as penas previstas no *caput*. Portanto, nesses casos, *os objetos materiais podem ser de uso permitido, restrito ou proibido, havendo diferença tão somente na aplicação da pena, uma vez que, no que tange a estas últimas, haverá a forma qualificada, nos termos do § 2º*. É a nossa posição.[215]

Pouco importa se a arma de fogo, de uso permitido, restrito ou proibido, foi obtida lícita ou ilicitamente ou mesmo se possui registro. Em todos os casos, havendo supressão ou alteração de sinal de identificação, haverá o crime.

---

211 Cf. SILVA, César Dario Mariano, op. cit., p. 125.

212 A duas definições são de Luiz Flávio Gomes e William Terra de Oliveira, op. cit., p. 193.

213 Idem, ibidem.

214 É também o entendimento de Guilherme de Souza Nucci, op. cit., p. 267.

215 É também o posicionamento de César Dario Mariano da Silva (op. cit., p. 178-181), Renato Marcão (op. cit., p. 125) e Fernando Capez (*Estatuto do desarmamento*, p. 130), entre outros. É o entendimento do STJ, exposto no HC 179.502-SP, Rel. Min. Nefi Cordeiro, 6ª T., j. 16/02/2016: "(...) Acertada a condenação do paciente, porquanto a conduta se amolda ao delito previsto no art. 16, parágrafo único, IV, da Lei 10.826/03, pois o porte ilegal de arma de fogo de uso permitido com a numeração raspada equipara-se à arma de uso restrito. (...)". *Contra*, no sentido de que somente se aplica o dispositivo às armas de uso restrito, devendo, do contrário, ser aplicada a pena cominada no art. 14, Gustavo Octaviano Diniz Junqueira e Paulo Henrique Aranda Fuller, op. cit.. p. 473-474).

Quando da edição da Lei 13.497, nos posicionamos no sentido de que esta modalidade delitiva não podia ser considerada crime hediondo, mesmo que a arma ou o acessório (artefato) fosse de uso restrito. Conforme costumávamos explicar, a redação dada ao § 1º do art. 1º da Lei 8.072/1990 pela lei citada abrangia apenas condutas que se relacionassem com a *posse* ou o *porte* da arma e não com sua alteração, ainda que implicasse em posse momentânea.

Justificávamos que as figuras do então § 1º do art. 16 (atual § 1º), por serem meramente *equiparadas*, representariam tipos penais autônomos, daí porque a regra da Lei 13.497 deveria atingir apenas a conduta que se subsomisse ao *nomen iuris* "posse ou porte ilegal de arma de fogo de uso restrito", ou seja, à figura típica trazida pelo *caput*. Quisesse o legislador abarcar as figuras equiparadas, teria feito como consta do inciso VII-B do art. 1º da Lei 8.072/1990, que incluiu não só o *caput* do art. 273 do Código Penal (falsificação, corrupção, adulteração ou alteração de produto destinado a fins terapêuticos ou medicinais), mas também as demais figuras equiparadas (§§ 1º, 1º-A e 1º-B), citando-as uma a uma. Não foi o que fez no caso do porte ou posse ilegal de arma de fogo de uso restrito, tendo o legislador apenas mencionado o *nomen iuris*, seguido da expressão "previsto no art. 16 da Lei nº 10.826, de 22 de dezembro de 2003". Ora, tal crime é previsto apenas no *caput* do art. 16 (vide abaixo nossas considerações sobre a conduta do inciso IV do § 1º).

Reconhecemos, porém, que tal entendimento era minoritário.

Segundo Rogério Sanches Cunha: "Se analisarmos as justificativas do projeto de lei, tanto no Senado quanto na Câmara dos Deputados, veremos que a intenção era punir com mais rigor a conduta tipificada no *caput*. Com efeito, as referências dos parlamentares que advogavam a aprovação do projeto eram todas à crescente violência ligada à posse e ao porte de armamentos por criminosos, que normalmente fazem uso de artefatos com grande poder de fogo, não raro maior do que os de que dispõem as forças policiais, razão pela qual o maior rigor na punição seria um esforço a ser somado no combate a prática tão nefasta. E se analisarmos as condutas tipificadas no parágrafo único do art. 16, veremos que algumas delas não estão necessariamente ligadas às circunstâncias descritas nas justificativas parlamentares, como ocorre, por exemplo, com os incisos I, IV, V e VI. De fato, o maior perigo causado pela posse ou pelo porte de uma arma de uso restrito não tem nenhuma relação com o ato de suprimir marca, numeração ou sinal de identificação de arma de fogo, tanto que esta conduta pode ser cometida inclusive sobre armas de uso permitido. Exatamente o mesmo pode ser dito dos demais incisos citados, pois todas as condutas neles tipificadas pode se fundamentar tanto em armas de uso permitido quanto em armas de uso restrito. (...) Defendemos desde o início, todavia, não ser possível limitar a incidência das disposições relativas aos crimes hediondos apenas à conduta do *caput* do art. 16. O projeto da Lei 13.497/17 tramitou, entre o Senado e a Câmara, por mais de três anos, e foi objeto de extenso debate, tanto que foram diversas as modificações promovidas ao longo do caminho (originalmente, aliás, o projeto contemplava o comércio ilegal e o tráfico internacional de armas de fogo). Fosse para limitar a incidência do maior rigor ao *caput*, temos de supor que o legislador o teria feito expressamente. Além disso, limitar a incidência da Lei dos Crimes Hediondos a uma parte do tipo penal criaria uma situação desproporcional. (...) Diante disso, entendemos que qualquer conduta do art. 16, parágrafo único, da lei 10.826/03 atrai os consectários relativos aos crimes hediondos. E em decisão monocrática proferida no HC 460.910/PR, o ministro Jorge Mussi, do STJ aderiu, à mesma orientação (*sic*)".[216]

As duas turmas do STJ, por sinal, firmaram entendimento de que todo o art. 16 da Lei 10.826 deveria ser considerado hediondo, não apenas o *caput*.[217]

216 Texto disponível em www.meusitejuridico.editorajuspodivm.com.br. Acesso em: 23.12.2018. Veja também os comentários do mesmo autor, nesta obra coletiva, no capítulo sobre a Lei dos Crimes Hediondos.

217 Vide HC 526.916-SP, Rel. Min. Nefi Cordeiro, j. 01.10.2019.

Isso mudou com a Lei 13.964/2019 (Lei Anticrime)?

Sim. Segundo o inciso II do parágrafo único do art. 1º da Lei 8.072/1990, com a nova redação, deve ser considerada hediondo "o crime de posse ou porte ilegal de arma de fogo de uso proibido, previsto no art. 16 da Lei nº 10.826, de 22 de dezembro de 2003".

Desse modo, a mudança mais evidente é esta: a posse ou porte ilegal de arma de fogo, acessório ou munição de uso restrito deixou de ser crime hediondo; agora, possui tal natureza qualquer conduta descrita no caput e § 1º do art. 16 que envolva arma de fogo ou munição de uso proibido.

Assim sendo, a conduta do inciso I do § 1º será hedionda quando envolver supressão ou alteração de marca numeração ou sinal de identificação de arma de fogo de uso proibido e a pena será de 4 a 12 anos de reclusão (§ 2º).

Tipo subjetivo

O tipo penal em questão somente admite a forma dolosa, sendo absolutamente atípica a conduta culposa, por sinal, de dificílima ocorrência.

Consumação e Tentativa

O crime em tela consuma-se com a ocorrência da supressão ou pela simples alteração do sinal identificador, não sendo previsto qualquer resultado específico, sendo, assim, crime de mera conduta.[218]

A tentativa é admitida pela doutrina, pois sempre haverá a possibilidade de ser o agente surpreendido no ato de suprimir ou alterar, sem que o tivesse ainda concluído. Atenção, porém, para as características do caso concreto, pois pode ocorrer que, como primeira etapa da supressão, o agente tenha provocado alteração do sinal identificador, já caracterizador da forma consumada.

Concurso de Crimes

Entendemos possível o concurso de crimes entre o delito em estudo e a posse ou porte ilegal da arma de fogo, havendo necessidade apenas de destacar com clareza os contextos de cada uma das condutas.

Assim, se restar comprovado que o agente possuía ou portava a arma de fogo muito antes de decidir perfazer a modificação do sinal identificador, haverá o concurso entre os delitos (concurso material).

Mas, por outro lado, se se provar que o agente estava na posse ou porte da arma com o único objetivo de suprimir ou alterar tal sinal, nesse caso é forçoso reconhecer a ocorrência de crime único, qual seja, o do art. 16, § 1º, inciso I, desde que, é claro, tenha dado início à sua execução.

MODIFICAÇÃO DAS CARACTERÍSTICAS DE ARMA DE FOGO

Art. 16. (...):

Pena – reclusão, de 3 (três) a 6 (seis) anos, e multa.

§ 1º. Nas mesmas penas incorre quem:

---

218 Também entendendo ser delito de mera conduta, Guilherme de Souza Nucci, op. cit., p. 267. No sentido de que se trata de crime formal, César Dario Mariano da Silva, op. cit., p. 126; e crime material, Fernando Capez, *Estatuto do desarmamento*, p. 130.

I – (...)

II – modificar as características de arma de fogo, de forma a torná-la equivalente a arma de fogo de uso proibido ou restrito ou para fins de dificultar ou de qualquer modo induzir a erro autoridade policial, perito ou juiz;

Este inciso II do § 1º do art. 16 prevê duas condutas, uma delas nova em nosso ordenamento jurídico, pois se trata de figura assemelhada à fraude processual, mas específica para arma de fogo. A outra conduta, por sua vez, é mera repetição de fórmula já existente na lei revogada.

Aplicação da Lei Penal no Tempo

O art. 10, § 3º, inciso II, da Lei 9.437/1997 já previa a conduta de "modificar as características da arma de fogo, de forma a torná-la equivalente a arma de fogo de uso proibido ou restrito". Portanto, a primeira parte do ora comentado inciso II do § 1º do art. 16 do Estatuto do Desarmamento apenas repetiu a figura típica da lei revogada, embora cominando pena privativa de liberdade em patamar superior. Por isso, trata-se de *novatio legis in pejus*, sendo vedada a retroação.

Já a parte final do dispositivo é novidade na legislação, pois não havia previsão específica a respeito. Antes do advento do Estatuto, caso o agente modificasse as características de uma arma de fogo para de alguma forma induzir a erro juiz ou perito poderia responder pelo delito previsto no art. 347 do CP, ou seja, por fraude processual, com previsão de pena privativa de liberdade bastante inferior. Por isso, também aqui fica vedada a retroação, por se tratar mais uma vez de *novatio legis in pejus*. Embora seja uma novidade no ordenamento jurídico a previsão em comento, o fato não era atípico, passando-se, a partir da entrada em vigor do Estatuto, a ser aplicado o princípio da especialidade: se a fraude processual disser respeito à modificação das características da arma de fogo, não mais deve ser aplicado o art. 347 do CP, mas o dispositivo do Estatuto.

Poder-se-ia argumentar que o art. 347 do CP não previa a figura da autoridade policial, mas apenas a do juiz ou perito, como destinatária da conduta criminosa. Mas, atente-se para o fato de que o art. 347 possui uma estrutura bipartida: no *caput*, trata da fraude em processo civil ou administrativo, nos quais, por óbvio, não atua delegado de polícia (ao menos não no exercício de suas funções típicas); e no parágrafo único, trata da fraude no processo criminal, "ainda que não iniciado". Ora, o que é um processo criminal ainda não iniciado, senão um procedimento de investigação, como, por exemplo, o inquérito policial? E é a autoridade policial quem o preside e, assim, implicitamente, acaba também sendo destinatária da conduta. Portanto, o fato igualmente era típico nesse aspecto. E continua sendo, mas, agora, deve ser aplicado o princípio da especialidade, proibida a retroatividade, já que a pena cominada é mais severa.

Ademais, o Estatuto não faz menção se a modificação ocorre para induzir em erro autoridade policial, perito ou juiz em processo administrativo, civil ou penal. É óbvio que, quanto ao delegado, somente ocorrerá o crime se a intenção for induzi-lo a erro em investigação de cunho criminal. Mas e o juiz ou o perito? A lei nada diz a respeito e, por conseguinte, entendemos que não deve o intérprete restringir o alcance do dispositivo: haverá o crime mesmo se a intenção for induzir em erro o juiz ou o perito em processo civil ou, no último caso, até mesmo em processo administrativo.

Suponhamos que haja uma lide a respeito da propriedade de rara arma de fogo e ocorra a modificação de suas características para induzir a erro o juiz ou o perito: aplica-se o art. 16, § 1º, inciso II, do Estatuto ou o art. 347, *caput*, do CP? Pensamos que deve ser aplicado o dispositivo do Estatuto, tendo em conta a ausência de qualquer menção a respeito da natureza do procedimento.[219]

O § 2º não pode incidir para os fatos ocorridos antes de 23 de janeiro de 2020, data em que a Lei 13.964/2019 (Lei Anticrime), responsável por sua introdução, ganhou eficácia, uma vez que prevê piso e teto penais mais altos daqueles até então previstos, constituindo *novatio legis in pejus*.

Objetividade Jurídica

O bem jurídico protegido no crime em tela é a segurança pública, especificamente no que diz respeito à primeira parte do dispositivo. Ao mesmo tempo, a segunda parte igualmente busca resguardar os interesses da administração da Justiça.

Sujeitos do Crime

O crime é comum, podendo ser praticado por qualquer pessoa. Também incide a causa de aumento de pena prevista no art. 20 do Estatuto.

Sujeito passivo é a coletividade e, na segunda conduta, o Estado, na medida em que atinge a administração da Justiça.

Tipicidade objetiva

A conduta típica é a de *modificar as características de arma de fogo*, com uma das duas finalidades específicas previstas no dispositivo, ou seja:

a) torná-la equivalente a uma de uso proibido ou restrito; ou
b) com o fim de dificultar ou de qualquer modo induzir a erro autoridade policial, perito ou juiz.

Todas as armas possuem características próprias, como, por exemplo, o raiamento do cano (nas armas raiadas). Assim, pratica o crime aquele que altera qualquer destas características. Mas isso, apenas, poderia até mesmo caracterizar o delito anteriormente estudado, discutido quando da análise do inciso I. O que definitivamente os diferencia é o objetivo almejado pelo agente, que deverá ser um daqueles expostos acima.

Na primeira hipótese, o agente modifica as características da arma de fogo a fim de torná-la equivalente a uma arma de uso restrito ou proibido. Conclui-se, portanto, que *o objeto material do crime é a arma de fogo de uso permitido ou restrito* (o tipo não menciona acessório ou munição), pois somente estas podem ser "transformadas" em de uso restrito ou proibido, por óbvio.

Cabe, porém, a pergunta: aquele que faz a modificação de uma arma de uso permitido ou restrito para torná-la equivalente a uma de uso proibido, incide nas penas do inciso II do § 1º ou na forma qualificada do § 2º?

Pensamos que a Lei 13.964/2019 revogou parcialmente o inciso II do § 1º, ao incluir o § 2º no art. 16 e estabelecer patamares maiores para a sanção penal quando as condutas do caput e do § 1º "envolverem arma de fogo de uso proibido". Afinal, a conduta de quem realiza modificação em arma de uso permitido ou restrito que a torne equivalente a uma arma de uso proibido acaba por envolver *arma de uso proibido*, tal como descreve o § 2º. Logo, aquele que modifica uma arma e a torna equivalente a uma de uso proibido estará sujeito às penas do § 2º. Do contrário, teríamos a inaceitável situação: o agente que modifica uma espingarda para se parecer com um inocente guarda-chuva (arma simulada, portanto, de uso proibido) estaria sujeito a uma pena de reclusão, de 3 a 6 anos; já aquele que encomendou a modificação e depois

219 No sentido de que somente se aplica o crime do Estatuto se a fraude ocorrer em processo criminal, César Dario Mariano da Silva, op. cit., p. 130.

passou a portar a referida arma estaria sujeito a uma pena mais grave, de 4 a 12 anos; o primeiro não teria cometido crime hediondo, o segundo, sim.

Somente se provará inequivocamente a transformação por meio de perícia.

Na segunda hipótese prevista no tipo penal, o agente modifica as características da arma de fogo para dificultar ou induzir a erro, de qualquer modo, autoridade policial, juiz ou perito. O *objeto material pode ser tanto uma arma de uso permitido quanto uma de uso restrito*. Exemplo: o autor de um crime de homicídio troca o cano de sua pistola semiautomática, para que, num exame de comparação balística, o resultado seja negativo e a arma, por sua vez, afastada como suspeita de ter sido utilizada no delito.

Não pode esta modalidade delitiva ser considerada crime hediondo se a transformação for para tornar a arma equivalente a uma de uso restrito. Pensamos que só haverá hediondez se a alteração tornar a arma equivalente a uma de uso proibido.

Vide nossas considerações a respeito do tema quando tratamos do inciso I do § 1º do art. 16.

Tipo subjetivo

O crime é doloso, havendo a previsão de dois elementos subjetivos do tipo, de modo alternativo: tornar a arma equivalente a uma de uso restrito ou proibido; ou finalidade de dificultar ou de qualquer modo induzir a erro autoridade policial, perito ou juiz.

Consumação e Tentativa

O crime consuma-se com a ocorrência da modificação, sendo delito material quanto à primeira conduta (havendo a modificação, a arma terá se tornado equivalente a uma de uso restrito ou proibido), e formal quanto à segunda (basta a modificação, não sendo necessário que, efetivamente, seja a autoridade policial, o juiz ou o perito induzido em erro).

A tentativa é possível, em tese, pois sempre poderá ser o agente surpreendido no ato da modificação, sem que a tenha completado.

Concurso de Crimes

A única questão relevante, *in casu*, é a seguinte: havendo a modificação da arma e tornando-se esta equivalente a uma de uso restrito, haverá concurso entre o delito em tela e o *caput* do art. 16 (ou entre aquele e o § 2º, se de uso proibido)?

Ficamos com o entendimento de Fernando Capez a respeito: "Em tese, a lei incriminou o que deveriam ser atos preparatórios; no entanto, na maior parte das vezes, no momento em que o agente procedeu às alterações das características, passou a possuir arma de fogo de uso proibido, incorrendo na primeira conduta do art. 16, *caput* ('possuir') e incidindo a mesma pena. A primeira conduta, qual seja, a do inciso II do parágrafo único, ficará absorvida por força do princípio da consunção, como meio necessário impunível".[220]

POSSE ILEGAL DE ARTEFATO EXPLOSIVO OU INCENDIÁRIO

> **Art. 16.** (...):
>
> Pena – reclusão, de 3 (três) a 6 (seis) anos, e multa.
>
> § 1º. Nas mesmas penas incorre quem:
>
> I – (...)

220 *Estatuto do desarmamento*, p. 133. O trecho se refere à obra tal escrita antes da Lei 13.964/2019.

> II – (…)
>
> III – possuir, deter, fabricar ou empregar artefato explosivo ou incendiário, sem autorização ou em desacordo com determinação legal ou regulamentar;

A conduta em questão é, em nosso entender, muito grave, mas, ao menos até a edição da Lei 13.260/2016 (Lei de Terrorismo), recebia o mesmo tratamento reservado pelo legislador às armas, munições e acessórios de uso restrito.

É conduta grave, dizíamos, porque o objeto material do delito – artefato explosivo ou incendiário – possui potencial lesivo muito maior do que, por exemplo, um simples acessório de uso restrito, o que tem restado muito claro com sua utilização em larga escala em atentados pelo mundo afora, inclusive no nosso País. Um artefato explosivo pode, de uma só vez, eliminar a vida de diversas pessoas, provocar destruição material e mergulhar toda uma comunidade em clima de puro terror.

Pelo menos o legislador manteve a previsão típica, praticamente nos mesmos moldes da legislação revogada, com ligeiras modificações e elevação da reprimenda penal.

Aplicação da Lei Penal no Tempo

Em relação à previsão antes existente no art. 10, § 3º, inciso III, da Lei 9.437/1997, o dispositivo do Estatuto do Desarmamento praticamente o repete, mas, ao mesmo tempo, comina pena superior, havendo, assim, a denominada *novatio legis in pejus*, não sendo possível a retroação.

Advertimos, mais uma vez, que as condutas de "possuir" e "deter" antes previstas na Lei 9.437 e mantidas na Lei 10.826 são permanentes, o que pode trazer a seguinte consequência: caso o sujeito ativo possuísse um artefato explosivo ainda sob a vigência da lei revogada e, advindo a nova legislação, tivesse prosseguido com tal conduta, é certo que o novel dispositivo poderia ser aplicado. Neste sentido, a Súmula 711 do STF: "A lei penal mais grave aplica-se ao crime continuado ou ao crime permanente, se a sua vigência é anterior à cessação da continuidade ou da permanência".

A doutrina discute, ainda, se ocorreu derrogação do art. 253 do CP.[221]

A conclusão é de que a Lei 9.437/1997 já o havia derrogado, havendo na nova Lei mera repetição do dispositivo. Por todos, em comentários à lei revogada, Luiz Flávio Gomes e William Terra de Oliveira: "O que o legislador fez, logo se perceberá, foi incrementar a pena de algumas condutas que já estavam tipificadas no art. 253 do CP, que incrimina a fabricação, o fornecimento, a aquisição, a posse ou o transporte, sem licença da autoridade, de: a) substância explosiva; b) engenho explosivo; c) gás tóxico ou asfixiante; d) material destinado a sua fabricação. (…) É importante observar que o tipo penal em questão distingue a 'substância' (líquida ou gasosa: tolueno, trotil, TNT, gases) do 'engenho' explosivo. Engenho explosivo é a mesma coisa que artefato explosivo. Logo, essa parte típica do art. 253 tem agora novo regime jurídico (pena maior). (…) Fabricar e possuir são verbos que estão tanto nesse artigo como no inc. III ora analisado. De outro lado, quem fornece ou transporta artefato explosivo é porque tem a posse. Por último, quem o adquire acaba tendo a detenção ou posse da substância. Em suma, no que se relaciona com os artefatos ('engenhos') explosivos, o art. 253 foi derrogado. Seu âmbito de

---

221 Art. 253. Fabricar, fornecer, adquirir, possuir ou transportar, sem licença da autoridade, substância ou engenho explosivo, gás tóxico ou asfixiante, ou material destinado à sua fabricação:
Pena – detenção, de 6 (seis) meses a 2 (dois) anos, e multa.

incidência residual versa sobre substâncias explosivas, gás tóxico ou asfixiante ou material destinado à fabricação de artefatos explosivos".[222]

Por fim, entendemos que o dispositivo em comento não foi revogado pela Lei 13.260/2016, cujo art. 2º, § 1º, I, prevê como atos de terrorismo usar ou ameaçar usar, transportar, guardar, portar ou trazer consigo *explosivos*, gases tóxicos, venenos, conteúdos biológicos, químicos, nucleares ou outros meios capazes de causar danos ou promover destruição em massa, mas desde que a conduta se insira no âmbito trazido pelo *caput* do mesmo artigo, ou seja, da prática por um ou mais indivíduos dos atos previstos na lei, *por razões de xenofobia, discriminação ou preconceito de raça, cor, etnia e religião*, quando cometidos *com a finalidade de provocar terror social ou generalizado, expondo a perigo pessoa, patrimônio, a paz pública ou a incolumidade pública*. Assim, somente nessas circunstâncias é que a Lei de Terrorismo se sobrepõe ao Estatuto do Desarmamento, com pena bem mais alta: reclusão, de 12 a 30 anos, além das sanções correspondentes à ameaça ou à violência.

Sujeitos do Crime

O crime é comum, podendo ser praticado por qualquer pessoa, sendo passível de aumento de pena nos casos elencados no art. 20 do Estatuto.

O sujeito passivo é a coletividade.

Tipo objetivo

A conduta típica é a de possuir, deter, fabricar ou empregar artefato explosivo ou incendiário, sem autorização ou em desacordo com determinação legal ou regulamentar.

A pena prevista é de 3 a 6 anos, e multa, não sendo crime de menor potencial ofensivo, nem passível de suspensão condicional do processo.

Quanto ao significado de possuir, deter e empregar, remetemos o leitor às considerações feitas no estudo dos arts. 12 e 14.

Fabricar é manufaturar, produzir algo a partir de matérias-primas. Ou seja, comete o crime não somente quem possui ou detém o artefato explosivo ou incendiário, mas quem também, a partir de certas substâncias, o produz.

Os objetos materiais são: o artefato explosivo e o incendiário.

Segundo a definição do Decreto 10.030 (vide Glossário), explosivo é o "tipo de matéria que, quando iniciada, sofre decomposição muito rápida, com grande liberação de calor e desenvolvimento súbito de pressão". Assim, artefato explosivo é aquele capaz de produzir a referida reação na substância explosiva e produzir, como consequência, a liberação de calor e a pressão súbita.

O que se pune no Estatuto é a posse, detenção, fabrico ou emprego do *artefato*, não do *explosivo* em si, permanecendo, nessa última hipótese, a incidência do art. 253 do CP ou, se presentes todos os elementos do tipo, do art. 2º, § 1º, I, da Lei 13.260/2016.

Mas, como vimos nos comentários aos objetos materiais dos crimes do Estatuto – quando procuramos definir o que é "munição" – o Decreto 9.847/2019 trouxe um ponto que pode ensejar muita discussão, que foi mantido na atual redação do Decreto 10.030, que o substituiu nessa parte. Vamos recordar o problema.

Vimos como o legislador regulamentar classificou como "munição" também as granadas (de obuseiro, de canhão, de morteiro, de mão ou de bocal), os rojões, foguetes, mísseis e bombas de qualquer natureza, que podem ser incendiárias ou explosivas

222 Op. cit., p. 195.

Assim, na atual sistemática, as granadas (de obuseiro, de canhão, de morteiro, de mão ou de bocal), os rojões, foguetes, mísseis e bombas de qualquer natureza devem ser considerados munição de uso restrito, salvo se classificadas como de uso proibido em acordos ou tratados internacionais dos quais a República Federativa do Brasil seja signatária.

A pergunta que se faz é: tais objetos sempre serão considerados "munição"?

Defendemos que não. Apesar de o atual conceito de "munição" não repetir alguns elementos da definição anterior – "artefato completo, pronto para utilização e lançamento" –, pensamos que estes são da própria essência da ideia de munição como objeto atrelado às armas de fogo. Logo, somente será "munição" o artefato que tiver um cartucho e estiver pronto para ser utilizado mediante lançamento por uma arma de fogo. Ou seja, é aquele que depende de algum instrumento para ser lançado, que somente pode ser, em razão do princípio da taxatividade, uma arma de fogo. Já um artefato que não seja lançado por arma, mas pela força muscular, ou é deixado, inerte, em algum lugar para explodir não pode ser considerado "munição", mas "artefato explosivo".[223]

Tome-se um exemplo: uma granada que estiver pronta para ser lançada por uma arma de fogo com bocal apropriado será considerada munição; se deixada, inerte, em algum local, para depois explodir, será um artefato explosivo. No primeiro caso, teremos munição e, assim, o crime do *caput* (uso restrito) ou, eventualmente, do § 2º (uso proibido) do art. 16; no segundo, o delito tipificado no inciso III do § 1º.

Artefato incendiário é qualquer mecanismo construído com o objetivo de provocar um incêndio.

A mera posse de substância incendiária – não do artefato – é, como crime, atípica, sobretudo com a revogação do art. 12, parágrafo único, da Lei 7.170/1983 (Lei de Segurança Nacional).[224]

Vimos também que é classificado como *de uso restrito* o acessório de arma de arma de fogo que tenha por objetivo modificar as condições de emprego, podendo ser citados, em caráter exemplificativo, os bocais lança-granadas. Cabe indagar: a posse ou detenção desse acessório de uso restrito constitui o crime do *caput* do art. 16 do Estatuto do Desarmamento ou o crime ora em comento? Em nosso entender, configura o crime do art. 16, *caput*, do Estatuto. É que o bocal lança-granadas não constitui artefato explosivo, mas acessório para emprego do artefato, que é a granada. Assim, o bocal representa o acessório de uso restrito mencionado no *caput* do art. 16.

Já a munição incendiária não configura artefato incendiário, mas munição mesmo.

E o caso de uma granada de gás lacrimogêneo ou de gás de pimenta? Já entendeu o STJ que não configura artefato explosivo.[225] Tampouco, para alguns, pode ser considerada munição ou arma de fogo, sendo produto controlado de espécie própria. Era nossa posição, que, hoje, revisamos.

---

223 Vale trazer aqui, também, as definições contidas na Convenção Internacional sobre a Supressão de Atentados Terroristas com Bombas (vide Decreto 4.394/2002). O art. 1º da Convenção define *artefato explosivo* como qualquer "arma ou artefato explosivo ou incendiário, que tenha o propósito ou a capacidade de causar morte, lesões corporais graves ou danos materiais substanciais"; ou "arma ou artefato que tenha o propósito ou a capacidade de causar morte, lesões corporais graves ou danos materiais substanciais pela emissão, a propagação ou o impacto de produtos químicos tóxicos, agentes ou toxinas biológicas ou substâncias semelhantes, ou radiação ou material radioativo".

224 Aliás, toda a Lei de Segurança Nacional foi revogada, mas parte das condutas nela previstas tiveram continuidade normativo-típica.

225 REsp 1.627.028-SP, Rel. Min. Maria Thereza de Assis Moura, 6ª T., j. 21/02/2017: "(...)RECURSO ESPECIAL. PENAL. ESTATUTO DO DESARMAMENTO. DELITO TIPIFICADO NO ARTIGO 16, PARÁGRAFO ÚNICO, III, DA LEI N. 10.826/2003. PORTE DE ARTEFATO EXPLOSIVO. GRANADA DE GÁS LACRIMOGÊNEO/PIMENTA. INADEQUAÇÃO TÍPICA. RECURSO IMPROVIDO. 1. Explosivo é, em sentido amplo, um material extremamente instável, que pode se decompor rapidamente, formando produtos estáveis. Esse processo é denominado de explosão e é acompanhado por uma intensa liberação de energia, que pode ser feita sob diversas formas e gera uma considerável destruição decorrente da liberação dessa energia. 2. Não será considerado explosivo o artefato que, embora ativado por explosivo, não projete e nem disperse fragmentos perigosos como metal, vidro ou plástico quebradiço, não possuindo, portanto, conside-

É que, como vimos antes, podemos afirmar serem munições de uso proibido as munições químicas (art. 14, IV, Decreto 11.615). E, de acordo com a importante Portaria COLOG/C Ex nº 92/2021, a munição com agente químico é todo e qualquer engenho de guerra que contenha agentes químicos capazes de produzir efeito tóxico, fumígeno ou incendiário. Seus efeitos sobre o pessoal dependem mais do agente químico nela contido do que da explosão ou da fragmentação da granada ou da cabeça-de-guerra. A munição fumígena é a munição química destinada a produzir fumaça ou neblina (vide art. 12 da Portaria).

E se o agente empregar o artefato e produzir um incêndio ou uma explosão? Prevalece o entendimento de que, caso tenha existido perigo concreto para a vida ou o patrimônio alheio, haverá ou o crime previsto no art. 250 (incêndio) ou aquele tipificado no art. 251 (explosão) do CP, ambos com previsão de pena também de 3 a 6 anos de reclusão, e multa. Do contrário, sem a prova do perigo, incidirá o delito do Estatuto, não se admitindo, em qualquer caso, o concurso de delitos.[226]

Se a explosão ou incêndio for provocados por inconformismo político pode restar caracterizado algum dos novos crimes contra o Estado Democrático de Direito, instituídos pela Lei n. 14.197/2021.

Se o emprego do artefato explosivo ou incendiário se der por razões de xenofobia, discriminação ou preconceito de raça, cor, etnia e religião, quando cometidos com a finalidade de provocar terror social ou generalizado, expondo a perigo pessoa, patrimônio, a paz pública ou a incolumidade pública, aplica-se o art. 2º, § 1º, I, da Lei 13.260/2016 (Lei de Terrorismo).

Somente haverá o delito se a conduta ocorrer *sem autorização ou em desacordo com determinação legal ou regulamentar*. Assim, se houver autorização para a posse, fabrico, detenção ou emprego do artefato, não há crime, como ocorre, cotidianamente, com empresas de construção pesada (túneis, linhas de trens metropolitanos etc.) e pedreiras.

Não pode esta modalidade delitiva ser considerada crime hediondo, por não envolver arma, acessório ou munição de uso proibido. Como acabamos de expor, se o artefato explosivo puder ser caracterizado como munição, haverá a incidência do caput do art. 16 ou, sendo de uso proibido, do § 2º, sendo, somente neste último caso, hediondo. Mas vale lembrar que, desde a Lei 13.964/2019, o furto cometido com emprego de artefato explosivo passou a ser considerado hediondo (art. 1º, IX, Lei 8.072/1990).

Tipo subjetivo

O crime é doloso, não sendo previsto qualquer elemento subjetivo do tipo. Não é punida a forma culposa.

Consumação e Tentativa

A consumação dependerá do núcleo do tipo, conforme já expusemos nos comentários aos arts. 12 e 14. Quanto à conduta de fabricar, estará consumado o delito no momento que a manufatura do artefato for completada. Assim, há a possibilidade, em tese, de tentativa.

Concurso de Crimes

Para não cansar o leitor, sugerimos a leitura dos tópicos correspondentes nos comentários aos arts. 12 e 14, trocando-se "arma de fogo" pelos artefatos ora tratados, e art. 15, eis que,

---

rável potencial de destruição. 3. Para a adequação típica do delito em questão, exige-se que o objeto material do delito, qual seja, o artefato explosivo, seja capaz de gerar alguma destruição, não podendo ser tipificado neste crime a posse de granada de gás lacrimogêneo/pimenta, porém, não impedindo eventual tipificação em outro crime. (...)".

226 Neste sentido: Luiz Flávio Gomes e William Terra de Oliveira (op. cit., p. 197), Fernando Capez (*Estatuto do desarmamento*, pp. 135-136) e César Dario Mariano da Silva (op. cit., pp. 132-133).

mutatis mutandis, o emprego do artefato explosivo ou incendiário pode ser comparado ao disparo da arma de fogo.

POSSE E PORTE DE ARMA DE FOGO COM NUMERAÇÃO, MARCA OU SINAL DE IDENTIFICAÇÃO RASPADOS, SUPRIMIDOS OU ADULTERADOS

> **Art. 16.** (...):
>
> Pena – reclusão, de 3 (três) a 6 (seis) anos, e multa.
>
> § 1º. Nas mesmas penas incorre quem:
>
> I – (...)
>
> II – (...)
>
> III – (...)
>
> IV – portar, possuir, adquirir, transportar ou fornecer arma de fogo com numeração, marca ou qualquer outro sinal de identificação raspado, suprimido ou adulterado;

O crime em tela é correlato àquele previsto no inciso I do mesmo parágrafo. Se naquele é produzida a adulteração do sinal identificador, no inciso IV cuidou o legislador do momento posterior, em que a arma é, de algum modo, colocada em circulação.

Aplicação da Lei Penal no Tempo

Estamos diante de mais uma inovação do Estatuto do Desarmamento, pois a Lei nº 9.437/1997 não previa conduta igual, mas apenas aquela, já tratada acima, de produzir a adulteração. Porém, o fato não chegava a ser atípico, visto que a posse, o porte, a aquisição, o transporte ou o fornecimento da arma com numeração raspada era tratada na lei anterior ou como posse (ou porte) ilegal de arma de uso permitido ou como posse (ou porte) de arma de uso restrito, a depender do tipo de armamento. Agora, há um crime diverso para cada caso, aplicando-se o princípio da especialidade.

De qualquer modo, não poderá haver retroação, pois, doravante, o crime sempre será este do inciso IV do § 1º do art. 16 do Estatuto, seja a arma de uso permitido ou de uso restrito; e do § 2º, se a arma for de uso proibido.

Em relação à vigência do dispositivo, em face do disposto nos arts. 30 e 32, do Estatuto, o entendimento consolidado no STJ (Súmula 513) é o de que:

> A 'abolitio criminis' temporária prevista na Lei n. 10.826/2003 aplica-se ao crime de posse de arma de fogo de uso permitido com numeração, marca ou qualquer outro sinal de identificação raspado, suprimido ou adulterado, praticado somente até 23/10/2005.

Ousamos discordar do entendimento dominante, que simplesmente equiparou situação da *posse* de arma de fogo de uso permitido e com numeração, marca ou qualquer outro sinal identificador raspado, suprimido ou adulterado, à *posse* de arma de uso permitido sem tais máculas.

A nosso ver, a equiparação é indevida. Entendemos que sempre foi inaplicável o art. 30 do Estatuto à hipótese de arma com numeração raspada ou sinal adulterado, pois tal armamento jamais poderia ser registrado. Ou seja, não era passível de regularização, a não ser pela entrega da arma à polícia. Era arma não registrável.[227]

---

227 O STJ concorda que tal espécie de arma não pode ser registrada, pois *registráveis* são apenas as armas com numeração hígida. Mesmo assim, a Corte Superior mantém o entendimento aqui criticado. Vide, dentre outros, o HC 296.163-MS, Rel. Min. Maria Thereza de Assis Moura, 6ª T., j. 25/11/2014: "(...) A Sexta Turma, a partir do julgamento do HC n.º 188.278/RJ, passou a entender que a abolitio criminis, para a posse de armas e munições de uso permi-

O Decreto 5.123/2004, com a modificação trazida pelo Decreto nº 6.715/2008, deixou isso claro ao estabelecer em seu art. 70-F que: "Não poderão ser registradas ou terem seu registro renovado as armas de fogo adulteradas ou com o número de série suprimido". Com outra redação, a regra encontra-se em vigor no § 5º do art. 5º do Decreto 9.847/2019.

Assim, se já não se podia registrar tais armas, restava ao possuidor entregá-las à Polícia Federal. Não valia para ele, portanto, o prazo para regularização, de modo que, sempre que encontrada tal espécie de armamento na residência do indivíduo, haveria o crime do art. 16, § 1º, inciso IV, do Estatuto.[228]

E mais: o prazo citado na Súmula 513 do STJ realmente existiu, mas referente a uma já revogada redação do art. 32, que previa a data de 23 de outubro de 2005 como prazo final para entrega da arma à Polícia Federal, e não para regularização por meio do registro. Todavia, como já expusemos nos comentários ao art. 12, sempre foi indevido o emprego do art. 32 como parâmetro, o que ficou evidente quando simplesmente o legislador passou a permitir a entrega das armas à Polícia Federal, a qualquer tempo, sem prazo, portanto. Sempre que se considerou algum prazo, era aquele previsto no art. 30, inaplicável, repita-se, às armas com numeração ou sinal suprimido ou de algum modo maculado.

Quanto às demais condutas previstas no tipo penal em comento, a *vacatio legis* temporária aplica-se apenas à *posse* de arma de uso permitido, com nossas ressalvas já apresentadas acima, não atingindo condutas relativas ao *porte* ou correlatas.[229]

Sujeitos do Crime

O crime é comum, podendo ser cometido por qualquer pessoa. Casos presente alguma das hipóteses do art. 20, a pena deverá ser aumentada da metade.

O sujeito passivo é a coletividade.

Tipicidade objetiva

A conduta típica é a de portar, possuir, adquirir, transportar ou fornecer arma de fogo com numeração, marca ou qualquer outro sinal de identificação raspado, suprimido ou adulterado.

Sobre o significado e alcance dos núcleos do tipo citados, remetemos o leitor aos comentários aos arts. 12 e 14. E quanto aos significados de numeração, marca ou qualquer outro sinal de identificação, remetemos ao exposto na análise do inciso I do § 1º do art. 16.

O dispositivo em exame exige que os sinais de identificação estejam *raspados*, *suprimidos* ou de alguma forma *adulterados*. "*Raspar* significa empregar outro objeto para o fim de fazer desaparecer, total ou parcialmente, qualquer desses sinais. Exemplo: empregar uma lima para

---

tido, restrito, proibido ou com numeração raspada, tem como data final o dia 23 de outubro de 2005. (...) Dessa data até 31 de dezembro de 2009, somente as armas/munições de uso permitido (com numeração hígida) e, pois, registráveis, é que estiveram abarcadas pela abolitio criminis. (...) Desde 24 de outubro de 2005, as pessoas que possuam munições e/ou armas de uso restrito, proibido ou com numeração raspada, podem se beneficiar de extinção da punibilidade, desde que, voluntariamente, façam a entrega do artefato. (...)".

228 Por sinal, era o entendimento do STF, HC 120.077-RS, Rel. Min. Rosa Weber, 1ª T., j. 13/05/2014: "(...) O Estatuto do Desarmamento (Lei 10.826/2003) elencou, em seus arts. 30 e 32, hipóteses de descriminalização temporária do crime de posse ilegal de arma de fogo, concedendo prazo para regularização dos armamentos não registrados ou sua entrega à Polícia Federal. (...) A descriminalização temporária restringe-se ao crime de posse irregular de arma de uso permitido do art. 12 da Lei nº 10.826/2003, no período estipulado, e não abrange a posse de arma de fogo com numeração suprimida, conduta enquadrável no art. 16 do mesmo diploma legal. Precedentes. (...)".

229 STJ, HC 216.779-RS, Rel. Min. Maria Thereza de Assis Moura, 6ª T., j. 29/08/2013: "(...) O Superior Tribunal de Justiça firmou entendimento no sentido de que a vacatio legis estabelecida pelos artigos 30 e 32 da Lei nº 10.826/2003, para a regularização das armas dos seus proprietários e possuidores, é reconhecida hipótese de abolitio criminis temporalis. (...) Tal compreensão, todavia, somente abrange as hipóteses de posse de arma de fogo, assim compreendidas aquelas em que a arma está na residência ou no local de trabalho do acusado, configurando-se o porte de arma, delito diverso do crime de posse, não há se falar em hipótese abrangida pela vacatio legis. (...)".

lixar a numeração do revólver. *Suprimir* tem o sentido de retirar, empregando-se qualquer método químico ou físico. Exemplo: fazer a marca desaparecer com ácido sulfúrico. *Adulterar* significa modificar, falsificar ou alterar o objeto material empregando qualquer meio".[230]

Haverá o presente delito sendo ou não a arma de uso restrito, de forma que a pena será a do art. 16, *caput*, ainda que o armamento for de uso permitido, desde que com sinal identificador adulterado.[231] Porém, sempre que a arma for de uso proibido, a pena será a do § 2º.

Uma última observação: se a arma for de uso restrito, o crime não mais será considerado hediondo, por força do disposto no parágrafo único do art. 1º da Lei 8.072/1990, tendo em vista a modificação trazida pela Lei 13.964. Até então, podia-se simplesmente aplicar o *caput* do art. 16, que era indiscutivelmente hediondo, prescindindo-se da aplicação do inciso IV do parágrafo único (atual § 1º). Agora, não há mais hediondez quando a arma for de uso restrito. Porém, se a arma for de uso proibido, continua a ser crime hediondo, aplicando-se o § 2º do art. 16. É que, como já discutido em tópico anterior, quando a Lei 8.072/1990 mencionava as armas de uso restrito, por interpretação extensiva, incluía as de uso proibido.

Tipo subjetivo

O crime é doloso, não sendo previsto qualquer elemento subjetivo do tipo, não se punindo, evidentemente, eventual forma culposa.

Consumação e Tentativa

Vide comentários aos arts. 12 e 14.

Concurso de Crimes

Além dos comentários já feitos a respeito do tema no estudo dos arts. 12, 14, e 16, *caput*, observamos que se o possuidor da arma adulterada for o mesmo que a adulterou, responderá o sujeito apenas pelo delito do inciso I do § 1º do art. 16, pois trata-se da conduta anteriormente praticada e já consumada. A exceção estará no caso de ser a arma de uso proibido, pois será aplicado o § 2º do art. 16, hediondo.

Vale repetir que haverá crime único entre os delitos do *caput* e do § 1º, IV, do art. 16, ou seja, entre o porte de arma de fogo de uso restrito ou proibido e o porte de arma (de uso restrito ou proibido) com numeração raspada, suprimida ou adulterada.[232]

VENDA, ENTREGA OU FORNECIMENTO DE ARMA DE FOGO, ACESSÓRIO, MUNIÇÃO OU EXPLOSIVO A CRIANÇA OU ADOLESCENTE

> **Art. 16.** (...):
>
> Pena – reclusão, de 3 (três) a 6 (seis) anos, e multa.
>
> § 1º. Nas mesmas penas incorre quem:

230 Cf. SILVA, César Dario Mariano, op. cit., p. 137-138.

231 STF, HC 110.792-RS, Rel. Min. Luiz Fux, 1ª T., j. 17/09/2013: "(...) Deveras, para configuração do delito de porte ilegal de arma de fogo com a numeração suprimida, não importa ser a arma de fogo de uso restrito ou permitido, basta que a arma esteja com o sinal de identificação suprimido ou alterado, pois o que se busca proteger é a segurança pública, por meio do controle realizado pelo Poder Público das armas existentes no País. Precedentes (...)". É também o entendimento do STJ: HC 179.502-SP, Rel. Min. Nefi Cordeiro, 6ª T., j. 16/02/2016: "(...) Acertada a condenação do paciente, porquanto a conduta se amolda ao delito previsto no art. 16, parágrafo único, IV, da Lei 10.826/03, pois o porte ilegal de arma de fogo de uso permitido com a numeração raspada equipara-se à arma de uso restrito. (...)".

232 STJ, AgRg no REsp 1.624.632/RS, Rel. Min. Jorge Mussi, Quinta Turma, julgado em 28/04/2020, DJe de 30/04/2020.

> I – (...)
>
> II – (...)
>
> III – (...)
>
> IV – (...)
>
> V – vender, entregar ou fornecer, ainda que gratuitamente, arma de fogo, acessório, munição ou explosivo a criança ou adolescente; (...)

Quis o legislador destacar a deplorável e perigosíssima conduta de fornecimento de arma de fogo, acessório, munição ou explosivo a crianças e adolescentes, não raro envolvidos em tristes episódios de violência, ora como vítimas, ora como causadores do evento.

Mas, não soube o legislador fazê-lo adequadamente.

O fornecimento de arma, acessório ou munição (no sentido amplo) é previsto nos arts. 14 (se de uso permitido), 16, *caput* (se de uso restrito), 16, §§ 1º, IV, e 2º (com sinal identificador adulterado) e 17 (se no exercício de atividade comercial).[233]

A idade do adquirente ou recebedor da arma é mencionada apenas no inciso V do § 1º do art. 16. Portanto, em termos de sanção penal, a idade do recebedor somente fará diferença se a arma for de uso permitido e com o sinal identificador intacto, caso em que a pena será a do art. 16, maior, portanto, que a do art. 14. Se a arma for de uso proibido, aplica-se o § 2º, com pena majorada. Ainda maior será a pena caso o fornecimento se der no exercício da atividade comercial, como veremos nos comentários ao art. 17.

Aplicação da Lei Penal no Tempo

A lei anterior não trouxe previsão específica a respeito – ou seja, menção à idade da pessoa a quem a arma é fornecida –, e o caso era tratado como de fornecimento de arma de fogo de uso permitido ou restrito, conforme a hipótese. Ademais, entendeu-se que a Lei 9.437/1997 havia derrogado o art. 242 da Lei 8.069/1990 (Estatuto da Criança e do Adolescente – ECA).[234] Com o advento do Estatuto do Desarmamento, a mesma previsão típica do dispositivo derrogado do ECA foi inteiramente reproduzida no inciso V ora em comento, com o acréscimo dos *acessórios*, ausentes no art. 242. Não cabe, retroação, pois evidente a hipótese de *novatio legis in pejus*.

As penas do § 2º somente podem ser aplicadas se a arma ou munição for de uso proibido e a conduta tiver sido praticada a partir de 23 de janeiro de 2020. O caráter hediondo, porém, já existia desde a edição da Lei 13.497/2017.

Atenção: continua sendo passível de aplicação o art. 242 do ECA para qualquer outro tipo de arma, desde que não arma de fogo.

Objetividade Jurídica

O bem juridicamente protegido continua sendo a segurança ou incolumidade pública, mas admite-se que, nesse caso, há especial tutela também à criança ou ao adolescente.

---

233 Essa sistemática causa-nos espanto, pois esperava-se a cominação de pena sempre maior e a mesma para todas as condutas de fornecer arma de fogo, por si só muito grave, por permitir a circulação das armas, acessórios e munições, sem controle do Estado. Porém, como vimos, se a arma for de uso permitido, com numeração e sinal intactos, o recebedor já tiver 18 anos e o fornecimento não ocorrer em atividade comercial, a pena será a do art. 14. Não vislumbramos, todavia, qualquer infringência à diretriz do § 4º do art. 227 da CF, como quer Fernando Capez (*Estatuto do desarmento*, p. 144).

234 Art. 242. Vender, fornecer ainda que gratuitamente ou entregar, de qualquer forma, a criança ou adolescente arma, munição ou explosivo:
Pena – reclusão, de 3 (três) a 6 (seis) anos.

Sujeitos do Crime

O crime é comum, podendo ser praticado por qualquer pessoa, cabendo a incidência, se o caso, da causa de aumento prevista no art. 20 do Estatuto. Caso, porém, o fornecimento do objeto material a criança ou adolescente ocorra no exercício de atividade comercial ou industrial, haverá o delito do art. 17.

O sujeito passivo é a coletividade, mas também, secundariamente, a criança ou o adolescente a quem a arma foi entregue.

Tipicidade objetiva

A conduta típica é a de vender, entregar ou fornecer, ainda que gratuitamente, arma de fogo, acessório, munição ou explosivo a criança ou adolescente.

Vender é alienar, transferir o domínio de forma onerosa: o agente entrega o bem a terceiro, havendo uma contraprestação.

Entregar é a simples transferência da posse ou da detenção, ainda que por pouco tempo.

Fornecer é, normalmente, entregar por qualquer meio, seja oneroso ou gratuito. É abastecer. Nesse ponto, há que se ter cautela, já que, caso o fornecimento seja oneroso, restará caracterizada a venda, também prevista como núcleo do tipo.

Mas, cuidado: se a venda ocorrer no exercício de atividade comercial ou industrial, ocorrerá o crime previsto no art. 17 do Estatuto, com previsão de pena muito maior. Então, ficamos com a lição de César Dario Mariano da Silva a respeito do sentido do verbo *fornecer* no tipo penal em comento: "Para efeito do tipo, tem o sentido de entregar o objeto material para suprir uma necessidade. Esse fornecimento deve ser feito para o fim de abastecimento ou provisão com certa habitualidade, justamente para diferenciar da entrega e da venda. O fornecimento pode ser oneroso ou gratuito".[235]

Os objetos materiais são a arma de fogo, o acessório, a munição ou o explosivo.

A arma pode ser de uso permitido ou restrito, com ou sem adulteração da numeração. O tipo não faz a menor distinção, podendo ser, inclusive, arma desmuniciada, pois o que se quer evitar é que a criança ou o adolescente tenha acesso a armas de fogo, pois, a partir disso, poderão rapidamente obter munição. Pensamos, no entanto, que o fornecimento de arma, acessório, munição ou explosivo ineficaz, que simplesmente é incapaz de funcionar, não configura o delito, por falta de lesão ao bem jurídico protegido. Sendo o objeto material de uso proibido, aplica-se o § 2º.

Já vimos nos comentários ao inciso III do § 1º algumas considerações sobre o que se entende por explosivo. Observamos, todavia, que no inciso V não há menção a "artefato" explosivo, mas simplesmente a "explosivo". Assim, pode ser tanto um quanto outro, pois, o artefato dessa espécie, como o próprio nome diz, contém explosivo. Mas, no caso de explosivos que não representam qualquer ameaça à incolumidade pública – uma "bombinha de festa junina", por exemplo – não há o crime.

Criança é a pessoa até 12 anos de idade incompletos, e *adolescente* aquela entre 12 e 18 anos de idade, conforme definição do art. 2º do ECA.

Tipicidade subjetiva

O crime somente é punido se cometido a título de dolo. No caso de conduta culposa, pode caracterizar-se o delito do art. 13, *caput*, do Estatuto.

O erro quanto à idade do adolescente afasta o delito, podendo remanescer os dos arts. 14 e 16, caput (com aplicação do § 2º se o objeto material for de uso proibido).

---

235 Op. cit., p. 141.

Consumação e Tentativa

O crime consuma-se no momento da venda, entrega ou fornecimento da arma, acessório, munição ou explosivo a criança ou adolescente, sendo possível a tentativa.

Concurso de Crimes

Entendemos possível o concurso entre os delitos dos arts. 12, 14, 16, *caput*, ou § 1º, inciso IV, com o ora em comento, desde que reste evidenciado contextos fáticos bastantes distintos entre as duas condutas.

PRODUÇÃO, RECARREGAMENTO OU RECICLAGEM ILEGAL E ADULTERAÇÃO DE MUNIÇÃO OU EXPLOSIVO

> **Art. 16.** (...):
>
> Pena – reclusão, de 3 (três) a 6 (seis) anos, e multa.
>
> § 1º. Nas mesmas penas incorre quem:
>
> I – (...)
>
> II – (...)
>
> III – (...)
>
> IV – (...)
>
> V – (...); e
>
> VI – produzir, recarregar ou reciclar, sem autorização legal, ou adulterar, de qualquer forma, munição ou explosivo.

Com poucos instrumentos e ferramentas é perfeitamente possível fabricar munição, inclusive com reaproveitamento de partes do cartucho deflagrado. Com o crime do inciso VI, o último do § 1º do art. 16, quis o legislador punir tal conduta, pois, para a produção, o recarregamento ou a reciclagem de munição ou explosivo é necessária a devida autorização, pois, sem ela, o Estado perde o controle sobre tais produtos, que acabam sem registro no SINARM. Nesse sentido, de interesse as disposições dos art. 4º, §§ 2º e 5º, art. 23, §§ 1º, 2º e 4º, e art. 35 do Estatuto, e ainda, os arts. 23, § 2º, 111, V e XIV, do Decreto 10.030/2019.

Aplicação da Lei Penal no Tempo

O tipo penal do inciso VI é novo em nosso ordenamento penal, constituindo *novatio legis* incriminadora, razão pela qual a retroação é proibida. A pena do § 2º somente pode ser aplicada no caso de munição de uso proibido se a conduta for praticada a partir de 23 de janeiro de 2020. O caráter hediondo, porém, já existia desde a edição da Lei 13.497/2017.

Sujeitos do Crime

Comum, o delito do inciso VI pode ser cometido por qualquer pessoa, podendo incidir a causa de aumento do art. 20. Porém, se a adulteração de munição se der em pleno exercício de atividade comercial ou industrial, haverá o crime do art. 17, apenado mais severamente.

O sujeito passivo é a coletividade.

Tipicidade objetiva

A conduta típica é a de produzir, recarregar ou reciclar, sem autorização legal, munição ou explosivo, como também a de adulterar tais objetos.

Produzir é fabricar, manufaturar, inclusive por processos rudimentares.

Recarregar é refazer a munição, com aproveitamento de parte do material já utilizado (por exemplo, o atirador guarda os estojos dos cartuchos disparados e depois os recarrega com substância propelente, espoleta, projétil etc., formando novamente a munição).

Reciclar é o aproveitamento de restos de munição, que são convertidos em matéria-prima para, então, produzir-se novas munições.

O elemento normativo, *sem autorização legal*, aplica-se apenas a estes três núcleos do tipo.

O terceiro, *adulterar*, não é passível de autorização, pois, conforme a redação do inciso, o elemento normativo citado parece aplicar-se somente aos dois primeiros núcleos do tipo. Além disso, e mais importante, não existe "adulteração legal". Com a conduta, o agente modifica a munição ou explosivo, tornando-os, por exemplo, mais eficientes ou letais (corta-se parte do projétil, aumenta-se o poder detonante de um explosivo etc.).

Já vimos antes as definições de munição e de explosivo, que são os objetos materiais desse delito.

Entendemos não ser relevante para a caracterização do delito a quantidade de explosivo ou munição produzida, adulterada, reciclada ou recarregada, pois o tipo penal nada diz a respeito disso. Igualmente, a habitualidade da conduta é irrelevante, pois não se infere qualquer exigência do tipo nesse sentido.

Pode o § 2º incidir aqui, caso a munição seja de uso proibido?

Sim. É verdade que, sob o prisma tão somente da literalidade do § 2º do art. 16, a resposta seria negativa. No entanto, há que se ampliar o alcance do dispositivo, sob pena de termos uma proteção deficiente da segurança pública e uma contradição inaceitável no texto legal. Abordaremos esse ponto novamente no tópico seguinte, quando trataremos do § 2º.

Tipicidade subjetiva

O delito em tela é doloso, não havendo previsão de elemento subjetivo do tipo.

Consumação e Tentativa

A consumação ocorrerá assim que produzida a munição ou o explosivo, ou ainda quando terminado o recarregamento, a reciclagem ou a adulteração. A tentativa é perfeitamente possível, pois são condutas compostas de diversos atos (plurissubsistentes).

FORMA QUALIFICADA: ARMA, ACESSÓRIO OU MUNIÇÃO DE USO PROIBIDO

> **Art. 16.** (...):
>
> Pena – reclusão, de 3 (três) a 6 (seis) anos, e multa.
>
> § 2º. Se as condutas descritas no caput e no § 1º deste artigo envolverem arma de fogo de uso proibido, a pena é de reclusão, de 4 (quatro) a 12 (doze) anos.

O legislador da Lei 13.964/2019 preferiu destacar as condutas que envolvam objetos materiais de uso proibido, aplicando penas mais altas.

Quando a lei faz referência, no § 2º do art. 16, a arma de uso *proibido*, essa expressão remete às armas de fogo dissimuladas, com aparência de objetos inofensivos, e àquelas assim classificadas em acordos e convenções internacionais das quais o Brasil for signatário, conforme nossos comentários acima sobre os objetos materiais. Vimos, ainda, que a munição usada por arma de fogo de uso proibido nem sempre também será considerada de uso proibido: só será assim classificada a munição que foi tida como proibida em acordos e convenções internacionais, as incendiárias e as químicas.

Já tratamos da aplicação do § 2º nas condutas do caput e § 1º nos comentários acima. Mas, podemos destacar alguns problemas interpretativos que se mostram presentes e são análogos a outros que tratamos antes.

O primeiro deles refere-se à abrangência das munições e acessórios pela nova regra. Vejamos.

Uma interpretação puramente literal do § 2º poderia levar à conclusão de que, com a Lei 13.964/2019, o legislador deixou de punir condutas envolvendo munições ou acessórios de uso proibido (de ser recordar que a redação original do art. 16 as incluía) uma vez que, com a nova redação da Lei 10.826: o art. 14 pune apenas as condutas que envolvam arma de fogo, acessório ou munição de uso permitido; o art. 16, *caput*, o faz quando tais objetos materiais forem de uso restrito; então, o § 2º agravaria as condutas do caput e 1º do art. 16 apenas quando o objeto material fosse arma de fogo. Ou seja, em nenhum momento o Estatuto teria tipo penal com menção a munição ou acessório de uso proibido, sendo qualquer conduta relacionada com essas espécies de objeto material atípica. Inaceitável tal conclusão. *Quid faciam*?

Não há, segundo pensamos, lacuna nesse caso. O legislador, desde a elaboração da redação original da Lei 10.826 incorre em erros como esse.

Um dos mais evidentes está no título dos crimes previstos no art. 16: "posse ou porte de arma de fogo de uso restrito". O *nomen iuris* diz menos do que o caput e § 1º preveem, pois não tratam – e nunca trataram – apenas das armas de fogo, mas também das munições e acessórios, sem olvidar dos artefatos explosivos e incendiários. E os três primeiros objetos materiais das condutas neles descritas não se limitam – e nunca se limitaram – apenas aos de uso restrito, como tivemos a oportunidade de expor nas páginas anteriores.

Outro erro: as condutas descritas são muito mais variadas do que simplesmente a posse ou porte dos objetos materiais, abrangendo diversos outros núcleos do tipo.

Esses mesmos erros foram repetidos pela Lei 13.497, quando modificou o parágrafo único do art. 1º da Lei dos Crimes Hediondos, que apenas mencionava o crime de "posse ou porte ilegal de arma de fogo de uso restrito, previsto no art. 16 (...)". Mas, segundo o posicionamento praticamente unânime da doutrina e da jurisprudência, seriam hediondas todas as condutas do caput, não somente as de portar e possuir. E, conforme posicionamento majoritário, também todas as condutas do então parágrafo único (atual § 1º) seriam hediondas. E mais: considerávamos incluídas nesse rol também as munições e acessórios de uso restrito ou proibido.

Mais uma vez, cometeu-se erro semelhante na elaboração legislativa, pois a Lei 13.964 modificou o parágrafo único do art. 1º da Lei 8.072 para afirmar ser hediondo o crime de "posse ou porte ilegal de arma de fogo de uso proibido, previsto no art. 16 (...)". Ora, o legislador referiu-se ao *nomen iuris* do art. 16, com uma modificação, trocando a expressão "de uso restrito" por "de uso proibido", já que criou um parágrafo específico para tratar dessa modalidade de conduta.

Pois bem. Deixemos de lado esses frequentes erros do legislador, agora repetidos.

Antes da Lei 13.964, as condutas relacionadas a munições e acessórios de uso proibido eram previstas no *caput* – eventualmente, nas hipóteses dos incisos V (acessórios e munições) e VI (munições) do então parágrafo único – ao lado das armas de fogo e em paridade de tratamento com aquelas de uso restrito. Vem, então, a Lei 13.964 e cria o § 2º, destacando-as quando de uso proibido, com o intuito evidente de agravar a prática desse crime. Mas o fez de modo inapropriado, dizendo menos do que pretendia: mencionou apenas as armas de fogo, não obstante fizesse referência direta a todas as condutas descritas no *caput* e no § 1º, que incluem, sobretudo no *caput*, todos os objetos materiais – armas, acessórios e munições.

Ora, num momento em que o legislador pretendia agravar as condutas envolvendo objetos materiais de uso proibido – tanto assim que os manteve sob a etiqueta dos crimes hediondos – não seria correto entender que, ao mesmo tempo, quisesse deixar fora do alcance do direito penal as munições e acessórios proibidos. Em outras palavras: interpretação contrária à nossa implicaria na atipicidade da posse ou porte de munição de uso proibido, eis que a conduta não se subsumiria a qualquer dos dispositivos do Estatuto do Desarmamento. Teria ocorrido *abolitio criminis*! Interpretação como essa contrariaria a necessidade de maior tutela à segurança pública no caso de munição de uso proibido, de modo que se deve rechaçá-la, dando-se ao dispositivo interpretação conforme à Constituição.

Desse modo, quando a munição for proibida por tratados ou convenções das quais o Brasil for signatário, química ou incendiária, haverá a incidência do § 2º do art. 16, sempre que a conduta se subsumir a uma das descrições típicas do *caput* ou § 1º.

O mesmo se pode afirmar sobre o acessório, registrada a alteração de nosso entendimento, visto que entendemos ser possível afirmar a existência de acessório de uso proibido.

Além disso, reiteramos que, nos casos do novo § 2º, ou seja, quando as condutas do caput e do § 1º envolverem arma de fogo ou munição de *uso proibido*, continuará a incidir o caráter hediondo (art. 1º, parágrafo único, inciso II, da Lei 8.072/1990), pois, nesse passo, não houve alteração pela Lei 13.964. É que, inobstante redação anterior do parágrafo único do art. 1º da Lei dos Crimes Hediondos fazer menção apenas às armas de uso restrito, como, ao mesmo tempo, relacionava a conduta àquelas previstas no art. 16, não quis o legislador excluir as armas de uso proibido do rol legal, o que seria uma contradição: ambas – as de uso restrito e proibido – eram então tratadas no mesmo dispositivo, em pé de igualdade. Assim, as armas de uso proibido podiam ser consideradas hediondas e continuam assim classificadas.

Para concluir esse tópico, relembramos que, tendo em vista o aparente silêncio da redação anterior do parágrafo único do art. 1º da Lei 8.072/1990 quanto às munições e acessórios de uso restrito – o que se repete, agora, com as de uso proibido –, chegamos a entender, na primeira edição desta obra, que o porte ou a posse destes objetos materiais não constituiria crime hediondo. Todavia, mudamos esse entendimento.

É verdade que as alterações da Lei dos Crimes Hediondos pela Lei 13.964 deveriam atingir qualquer conduta que se subsuma ao *nomen iuris* "posse ou porte ilegal de arma de fogo de uso proibido", ou seja, à figura típica trazida pelo § 2º do art. 16 da Lei 10.826. No entanto, o *nomen iuris* do delito é totalmente infeliz, pois é evidente que o tipo traz outros núcleos além do "portar" e do "possuir", além do que não trata apenas de posse ou porte ilegal de "arma de fogo", mas também de acessório ou munição de uso proibido (embora, como vimos, não há definição normativa do que seja acessório de uso proibido).

Portanto, entendemos que, já desde a edição da Lei 13.497/2017 (portanto, desde 27 de outubro de 2017), as condutas previstas no art. 16 referentes a arma de fogo e munição de uso proibido já eram consideradas hediondas, de modo que a Lei 13.964 não alterou isso.

COMÉRCIO ILEGAL DE ARMA DE FOGO

> **Art. 17.** Adquirir, alugar, receber, transportar, conduzir, ocultar, ter em depósito, desmontar, montar, remontar, adulterar, vender, expor à venda, ou de qualquer forma utilizar, em proveito próprio ou alheio, no exercício de atividade comercial ou industrial, arma de fogo, acessório ou munição, sem autorização ou em desacordo com determinação legal ou regulamentar:
>
> Pena – reclusão, de 6 (seis) a 12 (doze) anos, e multa.
>
> § 1º. Equipara-se à atividade comercial ou industrial, para efeito deste artigo, qualquer forma de prestação de serviços, fabricação ou comércio irregular ou clandestino, inclusive o exercido em residência.

> § 2º. Incorre na mesma pena quem vende ou entrega arma de fogo, acessório ou munição, sem autorização ou em desacordo com a determinação legal ou regulamentar, a agente policial disfarçado, quando presentes elementos probatórios razoáveis de conduta criminal preexistente.

Ao longo do Estatuto do Desarmamento procurou o legislador trazer regras detalhadas a respeito do comércio de armas de fogo, acessórios e munições. Os decretos regulamentadores também tratam do tema. Corolário de tais exigências, o art. 17 pune severamente a desobediência a tais preceitos legais e regulamentares, atingindo não só o comerciante legalmente constituído, mas também o comércio informal, não raro realizado na própria residência do infrator.

A partir do início de eficácia da Lei 13.964, em 23 de janeiro de 2020, o delito em tela passou a ser considerado hediondo, ainda que a arma de fogo, o acessório ou a munição sejam de uso permitido ou restrito, conforme nova redação dada ao parágrafo único do art. 1º da Lei 8.072/1990, que incluiu o crime do art. 17 do Estatuto em seu inciso III.

Entendemos que, não obstante a regra citada da Lei dos Crimes Hediondo fazer menção apenas ao crime de "comércio ilegal de armas de fogo, previsto no art. 17" do Estatuto, não temos dúvida de que devem ser incluídas também as munições e acessórios. O legislador, uma vez mais, procurou mencionar – o fazendo de modo pouco preciso, nesse caso – o *nomen iuris* do delito tratado no art. 17, que inclui o comércio ilícito também de munições e acessórios. Portanto, também nesses casos haverá o caráter hediondo.

Não é aplicável a transação penal, a suspensão condicional do processo ou o acordo de não persecução penal.

Aplicação da Lei Penal no Tempo

Há no art. 17 mais uma novidade legislativa, pois a revogada Lei nº 9.437/1997 não tratou do assunto de modo específico, mas com ele lidou na forma dos delitos de posse ou porte de arma. Na lei antiga, não havia distinção entre quem portasse a arma e quem a vendesse, estando ou não no exercício de atividade comercial ou industrial.

Portanto, sem dúvida, a inovação legislativa é mais gravosa, aplicando-se o princípio da irretroatividade da lei penal mais severa.

O art. 21 – já declarado inconstitucional pelo STF na ADI 3.112 – chegou mesmo a proibir a concessão da liberdade provisória no caso de cometimento do crime do art. 17.

De acordo com o STJ, esse tipo penal não foi abrangido pelo que tal Corte considerou ser uma *abolitio criminis* temporária trazida pelos arts. 5º, § 3º, e 30 do Estatuto.[236]

Ademais, o art. 18 da LCP já havia sido derrogado pela Lei 9.437/1997, permanecendo aplicável apenas para armas que não as de fogo e munições. Com o Estatuto, agora também quanto às munições foi o dispositivo contravencional derrogado.

Por fim, os patamares da pena agora previstos para o art. 17 somente são aplicáveis para as condutas praticadas a partir de 23 de janeiro de 2020, data do início de eficácia da Lei 13.964/2019 (Lei Anticrime). Para as condutas típicas anteriores, a pena será de reclusão, de 4 a 8 anos, e multa. Nos dois casos, se a arma, o acessório ou a munição for de uso proibido ou restrito, incidirá um aumento de metade, conforme previsto no art. 19.

O caráter hediondo do crime, introduzido pela Lei 13.964/2019, também não poderá retroagir.

236 STJ, AgRg no REsp 1.692.637-SC, 6ª T., Rel. Min. Maria Thereza de Assis Moura, j. 08.05.2018.

Sujeitos do Crime

O art. 17 traz crime próprio, pois somente poderá ser cometido por aquele que exerça atividade comercial ou industrial, ainda que informalmente, como percebe-se da leitura do § 1º.

O sujeito passivo é a coletividade, mais uma vez.

Tipicidade objetiva

A conduta típica é a de adquirir, alugar, receber, transportar, conduzir, ocultar, ter em depósito, desmontar, montar, remontar, adulterar, vender, expor à venda, ou de qualquer forma utilizar, em proveito próprio ou alheio, arma de fogo, acessório ou munição, sem autorização ou em desacordo com determinação legal ou regulamentar, no exercício de atividade comercial ou industrial, equiparando-se a estas qualquer forma de prestação de serviços, fabricação ou comércio irregular ou clandestino, inclusive o exercido em residência.

A pena prevista é a segunda mais alta do Estatuto do Desarmamento, o que revela a preocupação do legislador com a conduta.[237]

O tipo prevê quatorze núcleos. Vejamos apenas aqueles cujos sentidos ainda não foram por nós analisados em comentários a outros artigos, pois aqui surgem pela primeira vez.

Alugar significa ceder a posse do bem por tempo determinado, mediante pagamento de um preço.

Conduzir é o mesmo que levar algo consigo, não havendo muita diferença com "transportar".

Desmontar significa separar as partes do objeto material, de modo a desfazê-lo.

Montar é a conduta contrária à anterior, ou seja, tomar as partes desmontadas do objeto e uni-las novamente, fazendo-o retornar ao estado funcional original.

Expor à venda é exibir o bem com o intuito de atrair comprador, ou seja, de vendê-lo posteriormente.

Utilizar é empregar algo, punindo-se, no crime em comento, apenas a utilização na própria atividade comercial ou industrial. Para nós, a conduta de usar a arma de fogo não inclui o seu disparo, que configura o crime do art. 15 do Estatuto. Como exemplo, a arma pode ser usada como instrumento de ameaça no bojo da atividade comercial ou industrial.

Sendo delito de conteúdo variado, se praticado mais de um núcleo no mesmo contexto fático (o sujeito expõe à venda e, em seguida, vende a arma, p. ex.), haverá crime único. Há possibilidade, porém, de concurso entre as condutas previstas no próprio dispositivo, pois é possível que tenha o agente, *v.g.*, em contextos bem distintos, adulterado a munição e, bem depois, a vendido.

O objeto material pode ser a arma de fogo, o acessório ou a munição, de uso permitido, restrito ou proibido, com adulteração dos sinais identificadores ou não, pois a lei não faz qualquer diferença, a não ser quanto à pena, aumentando-a caso o objeto for de uso restrito ou proibido (art. 19).

Embora a lei não mencione explosivos, isso não significa que o fato será atípico, pois, como visto antes, se a venda desse tipo de objeto se der a criança ou adolescente, ocorrerá a figura típica do art. 16, § 1º, inciso V; se para adulto, do inciso III ("possuir" ou "deter").

A jurisprudência do STJ dispensa a exigência de perícia para atestar a potencialidade lesiva da arma de fogo, acessório ou munição, visto que entende se tratar de crime de perigo abstrato.[238] Porém, se houver perícia atestando a ineficácia absoluta do objeto material, entendemos que haverá fato atípico. A contradição, não cansamos de apontar, nos parece evidente.

---

237 Lembre-se que o art. 35 do Estatuto chegou a prever a proibição do comércio de armas de fogo e munições, mas o dispositivo não foi confirmado no referendo popular.

238 STJ, AgRg no REsp 1.692.637-SC, 6ª T., Rel. Min. Maria Thereza de Assis Moura, j. 08.05.2018: "(...) Esta Corte tem jurisprudência uniforme no sentido de que o crime de comércio ilegal de arma de fogo e munição é delito de tipo

Importante questão suscitada pela doutrina diz respeito à exigência ou não de habitualidade, visto que o tipo penal exige, para a caracterização do delito, que tudo seja praticado *no exercício de atividade comercial ou industrial*.

Há duas correntes sobre o tema. Ficamos com os esclarecimentos de Guilherme de Souza Nucci: "a inserção no tipo penal da expressão *no exercício*, referindo-se a comércio ou indústria, demonstra não ser viável enquadrar-se neste crime qualquer pessoa que, *eventualmente*, receba, venda ou compre uma arma de fogo. Afinal, exige-se a conduta habitual de *exercitar* o comércio (compra e venda ou locação) ou a indústria (fabricação, com montagem, desmontagem etc.), como condição. Quem praticar qualquer dos verbos desse tipo em atividade comercial ou industrial de caráter eventual, deve ser inserido em outra figura desta Lei. Não se exige, no entanto, para a concretização do delito, a habitualidade das condutas descritas no art. 17 (...), pois é um crime instantâneo ou permanente de habitualidade preexistente (...), significando que a conduta de *adquirir*, por exemplo, se concretiza de maneira instantânea, mas é exigível uma conduta anterior, habitual, que é *exercer* atividade comercial ou industrial".[239]

Por isso, é perfeitamente possível diferenciar a venda de uma arma nesse caso, daquele outro, em que alguém vende sua própria arma a outra pessoa, numa conduta absolutamente isolada (o que configura o crime do art. 14, se de uso permitido o objeto; ou do art. 16, se de uso restrito ou proibido).

Note-se que se equipara a atividade comercial ou industrial qualquer forma de prestação de serviços, fabricação ou comércio irregular ou clandestino, inclusive o exercido em residência, como deixa expresso o § 1º do art. 17 (antigo parágrafo único).

Ademais, deve sempre ser verificado se a extrapolação dos limites da autorização ou a infringência à determinação legal ou regulamentar deu-se no momento da própria conduta e não posteriormente. Assim, por exemplo, embora seja obrigação do comerciante a comunicação à Polícia Federal e ao Comando do Exército de informações sobre vendas de armas (art. 17, § 1º, Decreto 11.615/2023), não haverá crime no descumprimento de tal dever, pois, obviamente, este dá-se sempre depois da venda, ou seja, depois da conduta. Todavia, caso não seja o estabelecimento credenciado pela Polícia Federal para a venda do produto, aí sim, no momento da comercialização incorrerá o comerciante em crime, havendo evidente concomitância entre a desobediência ao preceito legal ou regulamentar e a própria ação.[240]

Uma nova disposição pode trazer algumas dificuldades interpretativas. Referimo-nos ao novo § 2º, introduzido no art. 17 pela Lei 13.964/2019 (Lei Anticrime). Segundo o novo dispositivo: "Incorre na mesma pena quem vende ou entrega arma de fogo, acessório ou munição, sem autorização ou em desacordo com a determinação legal ou regulamentar, a agente policial disfarçado, quando presentes elementos probatórios razoáveis de conduta criminal preexistente". Algo semelhante foi introduzido no art. 33 da Lei de Drogas.

Trata-se, segundo uma possível interpretação, de regra absolutamente inútil.

---

misto alternativo e de perigo abstrato, sendo prescindível a realização de laudo pericial para atestar a potencialidade lesiva da arma de fogo, acessório ou munição porque a prática de quaisquer das condutas previstas na norma já importam em violação do bem juridicamente tutelado, que é a incolumidade pública".

239 Op. cit., pp. 271-272. No mesmo sentido, Fernando Capez: "Com efeito, embora não se possa falar em crime habitual, vez que uma única conduta já poderá configurar o delito em tela, será imprescindível a vontade do agente de continuar realizando outras operações comerciais ou industriais; afinal, a lei emprega a expressão 'no exercício de atividade comercial ou industrial', pressupondo continuidade no desempenho das condutas de vender, remontar, adulterar, adquirir, alugar etc. Trata-se de elemento normativo do tipo, consistente na vontade de prosseguir na realização de outras operações mercantis lucrativas. Atividade implica modo de vida, ocupação, ação contínua e reiterada, não podendo ser confundida com condutas eventuais" (*Estatuto do desarmamento*, p. 153).

240 Cf. JUNQUEIRA, Gustavo Octaviano Diniz; FULLER, Paulo Henrique Aranda, op. cit., p. 481.

A situação vislumbrada pelo legislador parece ser a seguinte: um policial disfarçado procura um comerciante para comprar ilegalmente arma de fogo, acessório ou munição e, quando ocorre a venda ou entrega, dá-se a prisão em flagrante.

Ora, tal situação já foi objeto de muita discussão nos crimes envolvendo drogas ilícitas, restando solidificado o entendimento de que não haveria crime se a venda ou entrega do produto deu-se por obra de agente provocador. O flagrante, nesse caso, seria preparado. O STF, aliás, editou o seguinte enunciado sumular: "Não há crime, quando a preparação do flagrante pela polícia torna impossível a sua consumação" (Súmula 145). Porém, é cediço que se a entrega da droga era precedida de conduta criminosa preexistente – por exemplo, o agente tinha em depósito o entorpecente – poderia ser preso e processado por esta e seria possível o flagrante.

O legislador mostrou-se ciente de tudo isso, tanto que, na parte final do novo dispositivo, acrescentou os dizeres "quando presentes elementos probatórios razoáveis de conduta criminal preexistente". Então, por que a afirmação de que o dispositivo é inútil?

O legislador procurou criar uma figura típica equiparada à do *caput* do art. 17, com os núcleos do tipo "vender" e "entregar". Porém, como visto, jamais será possível imputar a alguém tal conduta, quando estas ocorreram por conta do agente policial que as provocou. Haveria flagrante preparado e, na visão do STF, crime impossível. E o alerta contido na parte final? Este mostra apenas que, sim, haverá um crime, mas será o da conduta preexistente, que deverá se subsumir a um dos núcleos do tipo do *caput* (adquirir, alugar, receber, transportar, conduzir, ocultar, ter em depósito, desmontar, montar, remontar, adulterar, expor à venda, excluído "vender") e não do novo § 2º.

Logo, de inutilidade evidente o dispositivo, pois, ainda que haja a atuação do agente policial disfarçado, somente haverá crime em razão da conduta preexistente à venda ou entrega, tipificada no *caput* do art. 17.

Outra possível interpretação, porém, pode se revelar mais ousada: a regra legal permite, sim, que haja a punição pela venda ou entrega, e não pelas condutas anteriores, desde que o policial, atuando como agente disfarçado, tenha angariado elementos suficientes que demonstre conduta criminosa preexistente do mesmo tipo.

Veremos como os tribunais lidarão com essa nova regra.

Tipo subjetivo

O crime é doloso, havendo a previsão de elemento subjetivo do tipo, que consiste na finalidade específica de obtenção de *proveito próprio ou alheio*. A forma culposa é atípica.

Consumação e Tentativa

O momento consumativo variará de acordo com o núcleo do tipo praticado. A tentativa é possível, mas dificilmente ocorrerá, pois, em crimes com tal variedade de previsão de condutas, o agente certamente terá consumado uma delas.

Ação penal

A ação penal é pública incondicionada.

Concurso de crimes

Normalmente, não haverá concurso entre o crime do art. 17 e os demais do Estatuto, salvo com aqueles previstos no *caput* do art. 13 e do art. 15. Nesse último caso, se a arma for disparada em meio à prática de uma das condutas do art. 17, haverá concurso com o crime de disparo.

TRÁFICO INTERNACIONAL DE ARMA DE FOGO

Art. 18. Importar, exportar, favorecer a entrada ou saída do território nacional, a qualquer título, de arma de fogo, acessório ou munição, sem autorização da autoridade competente:

Pena – reclusão, de 8 (oito) a 16 (dezesseis) anos, e multa.

Parágrafo único. Incorre na mesma pena quem vende ou entrega arma de fogo, acessório ou munição, em operação de importação, sem autorização da autoridade competente, a agente policial disfarçado, quando presentes elementos probatórios razoáveis de conduta criminal preexistente.

O tipo penal toca num dos pontos mais cruciais quando se pensa em combate à criminalidade organizada ou violenta: o tráfico internacional de armas de fogo e munições. Pelos mesmos dutos por onde escoam as drogas passam as armas (e animais silvestres e seres humanos...), tornando tal atividade ilícita uma das mais lucrativas no mundo do crime.

Daí porque, justificadamente, ganhou esse tipo penal, depois das alterações da Lei 13.964/2019, a maior pena dentre os crimes do Estatuto do Desarmamento, o que se revela totalmente proporcional com a gravidade da conduta. Com os sucessivos aumentos previstos nos arts. 19 e 20, a pena mínima pode chegar a 18 anos de reclusão.

A Lei 13.964/2019 também alterou a Lei dos Crimes Hediondos, tornando dessa natureza o crime de "tráfico internacional de arma de fogo, acessório ou munição, previsto no art. 18" do Estatuto. Aqui, o legislador incluiu expressamente os acessórios e munições, fugindo do padrão até então usado, de mencionar apenas armas de fogo e de respeitar (ou tentar respeitar) o *nomen iuris* do delito. Apesar do acerto nesse caso, tal proceder trará equivocadas interpretações no sentido de que somente no caso do art. 18 é que foi dado o caráter hediondo às munições e acessórios.

Mesmo considerando-se o tipo simples, não há possibilidade de aplicação de transação penal, suspensão condicional do processo ou acordo de não persecução penal.

Aplicação da Lei Penal no Tempo

A Lei 9.437/1997 não possuía um tipo penal específico para a conduta em questão, embora o fato fosse típico porque, afinal, vender ou remeter – dentre outras ações – arma de fogo já era crime. Mas, note-se, não havia diferença entre vender uma arma para o vizinho ou remeter diversas delas, digamos, para a Síria, sem autorização.

Assim, a nova Lei veio corrigir tal situação, trazendo previsão específica para a hipótese. De qualquer modo, sendo mais gravoso, o art. 18 do Estatuto do Desarmamento não poderá retroagir.

E mais: a Lei 13.964/2019 aumentou os patamares da pena, que, antes, variava de 4 a 8 anos de reclusão. Essa alteração aplica-se apenas à conduta realizada a partir de 23 de janeiro de 2020, data do início da eficácia da nova lei, não podendo, portanto, retroagir.

O caráter hediondo do delito também foi trazido pela mesma Lei 13.964, não podendo, por isso, retroagir.

A proibição de concessão de liberdade provisória prevista no art. 21 também era aplicável ao caso, mas o dispositivo, repetimos, já foi julgado inconstitucional pelo STF (ADI 3.112).

Competência

Será da Justiça Federal, sendo o caso vertente uma exceção à regra geral, como veremos em tópico adiante.

Sujeitos do Crime

Trata-se de crime comum, que pode ser cometido por qualquer pessoa, não havendo qualquer exigência de que a conduta se dê no exercício de atividade comercial ou industrial.

O sujeito passivo é a coletividade e, secundariamente, o Estado (União).

Tipicidade objetiva

A conduta típica é a de importar, exportar, favorecer a entrada ou saída do território nacional, a qualquer título, de arma de fogo, acessório ou munição, sem autorização da autoridade competente.

Importar significa trazer de outro país, enquanto *exportar* é a atividade oposta, ou seja, enviar algo, normalmente por meio de venda, para fora do território nacional.

Favorecer a entrada ou saída significa de alguma forma colaborar, ajudar, permitir que outrem importe ou exporte o objeto. Nesse caso, a conduta pode ser até mesmo omissiva, desde que tenha o sujeito dever jurídico de agir para evitar a entrada ou saída do produto (art. 13, § 2º, do CP). Por exemplo: o funcionário da Receita Federal do Brasil deixa, dolosamente, de efetuar a fiscalização exigida, sabendo que haverá a entrada da arma, acessório ou munição.

Território nacional compreende o solo, ou seja, o espaço ocupado pela corporação política, mas também o espaço aéreo e o mar territorial, nos termos, respectivamente, das Leis nº 7.565/1986 e 8.617/1993.

Os objetos materiais são as armas de fogo, os acessórios e as munições, com aumento de pena no caso de serem de uso restrito ou proibido. Não basta que o objeto tenha procedência estrangeira, mas que haja a internacionalização da conduta.[241]

Vem prevalecendo no STJ o entendimento de ser inaplicável o princípio da insignificância nesse caso.[242]

Para que seja típica a conduta, deve ser praticada sem autorização da autoridade competente, lembrando que cabe ao Comando do Exército a autorização para importação ou exportação das armas, acessórios ou munições (art. 24, Estatuto).

De se observar que haverá o crime mesmo que o agente detenha o porte legal da arma, em razão do alto grau de reprovabilidade da conduta.[243]

---

241 STJ, CC 133.823-PR, 3ª Seção, Rel. Min. Newton Trisotto (Des. convocado), j. 08.10.2014: "PENAL. CONFLITO DE COMPETÊNCIA. CRIME DE TRÁFICO INTERNACIONAL DE ARMA DE FOGO. ART. 18 DA LEI N. 10.826/2003. MUNIÇÕES PRETENSAMENTE ORIUNDAS DO PARAGUAI. TRANSNACIONALIDADE DO DELITO. DEPOIMENTO DE TESTEMUNHA. NÃO COMPROVAÇÃO. COMPETÊNCIA DA JUSTIÇA ESTADUAL. 01. Compete à Justiça Federal processar e julgar o delito previsto no art. 18 da Lei n. 10.826/2003 (CR, art. 109, incs. IV e V). Todavia, 'para a configuração do tráfico internacional de arma de fogo não basta apenas a procedência estrangeira do armamento ou munição, sendo necessário que se comprove a internacionalização da ação' (CC 105.933/RS, Rel. Min. Jorge Mussi, Terceira Seção, Dje 20/05/2010). 02. Não havendo prova segura de que a munição encontrada na residência do investigado foi importada, sem autorização da autoridade competente, caberá à Justiça estadual processar e julgar a ação penal que vier a ser deflagrada em razão desse fato. (...)".

242 STJ, AgRg no REsp, Rel. Min. Nefi Cordeiro, 6ª T., j. 05.09.2017: "PROCESSUAL PENAL E PENAL. AGRAVO REGIMENTAL NO RECURSO ESPECIAL. TRÁFICO INTERNACIONAL DE ACESSÓRIO DE ARMA DE FOGO. PRINCÍPIO DA INSIGNIFICÂNCIA. INAPLICABILIDADE. RECURSO IMPROVIDO. 1. Não incide à espécie, o princípio da insignificância, pois a conduta do recorrente constitui crime de perigo abstrato, sendo irrelevante aferir sua lesividade ou mesmo o fato de se tratar de acessório desacompanhado de arma de fogo. 2. A criminalização do não autorizado porte de armas, munições e acessórios, seja de uso permitido ou restrito, protege bens jurídicos fundamentais, como a vida, o patrimônio, a integridade física, segurança e a paz. (...)".

243 STJ, AgRg no REsp 1.599.530-PR, 6ª T., Rel. Min. Sebastião Reis Júnior, j. 16.08.2016: "(...)1. A importação ilegal de munições, ab initio, poderia ser enquadrada no art. 334 do Código Penal, não fosse a especialização conferida pelo art. 18 da Lei n. 10.826/2003. 2. Consoante a jurisprudência deste Superior Tribunal, é típica a conduta de importar munição sem autorização da autoridade competente, nos termos dos arts. 18 c/c o 19, ambos da Lei n. 10.826/2003, mesmo que o réu detenha o porte legal da arma, no Brasil, em razão do alto grau de reprovabilidade da conduta.

Por fim, o aparente conflito entre o crime do art. 18 do Estatuto e os previstos nos arts. 318 (facilitação ao contrabando) e 334-A (contrabando) do CP, resolve-se pela simples aplicação do princípio da especialidade: em se tratando de arma de fogo, acessório ou munição, aplica-se a Lei 10.826.[244]

Mas, atenção: no caso de ter o agente autorização para importar, mas acabe iludindo o fisco quanto ao pagamento de tributos, incidirá a regra do art. 334, ou seja, o crime de descaminho.

Tipicidade subjetiva

O crime é doloso, sem previsão de finalidade especial.

Consumação e Tentativa

A consumação irá ocorrer sempre que houver a entrada do objeto material em território brasileiro ou a saída dele. No caso do favorecimento, ocorre a consumação com a ajuda dada à importação ou exportação, sendo delito formal, não havendo necessidade da efetiva entrada ou saída dos bens.

A tentativa é possível, com exceção da forma omissiva do favorecimento.

Uma nova disposição pode também aqui trazer algumas dificuldades interpretativas. Referimo-nos ao novo parágrafo único, introduzido no art. 18 pela Lei 13.964/2019 (Lei Anticrime). Segundo o novo dispositivo: "Incorre na mesma pena quem vende ou entrega arma de fogo, acessório ou munição, em operação de importação, sem autorização da autoridade competente, a agente policial disfarçado, quando presentes elementos probatórios razoáveis de conduta criminal preexistente". É praticamente idêntico ao novo § 2º do art. 17, já analisado. Algo semelhante também foi introduzido no art. 33 da Lei de Drogas.

Também aqui, trata-se, segundo uma possível interpretação, de regra absolutamente inútil. A situação vislumbrada pelo legislador parece ser a seguinte: um policial disfarçado procura um comerciante para comprar ilegalmente, por meio de operação de importação, arma de fogo, acessório ou munição e, quando ocorre a venda ou entrega, dá-se a prisão em flagrante.

Como já vimos nos comentários ao artigo anterior, tal situação já foi objeto de muita discussão nos crimes envolvendo drogas ilícitas, restando solidificado o entendimento de que não haveria crime se a venda ou entrega do produto deu-se por obra de agente provocador. O flagrante, nesse caso, seria preparado. O STF, aliás, editou o seguinte enunciado sumular: "Não há crime, quando a preparação do flagrante pela polícia torna impossível a sua consumação" (Súmula 145). Porém, é cediço que se a entrega da droga era precedida de conduta criminosa preexistente – por exemplo, o agente tinha em depósito o entorpecente – poderia ser preso e processado por esta e seria possível o flagrante.

O legislador mostrou-se ciente de tudo isso, tanto que, na parte final do novo dispositivo, acrescentou os dizeres "quando presentes elementos probatórios razoáveis de conduta criminal preexistente". Então, por que a afirmação de que o dispositivo é inútil?

---

3. Tipificada a conduta de importar munição sem autorização da autoridade competente pelo art. 18 da Lei n. 10.826/2003, não há que se falar em crime de contrabando. (...)".

244 STJ, AgRg no REsp 1.498.667-PR, Rel. Min. Ribeiro Dantas, 5ª T., j. 02/05/2017: "PENAL. AGRAVO REGIMENTAL NO RECURSO ESPECIAL. TRÁFICO INTERNACIONAL DE MUNIÇÕES. DESCLASSIFICAÇÃO DO DELITO PARA O CONTRABANDO. IMPOSSIBILIDADE. RESPEITO AO PRINCÍPIO DA ESPECIALIDADE. REVOLVIMENTO DE FATOS E PROVAS. INOCORRÊNCIA. AGRAVO DESPROVIDO. 1. Este Superior Tribunal de Justiça posiciona-se no sentido de que, independentemente da quantidade de armas de fogo, acessórios ou munição, não é possível a desclassificação do crime previsto no artigo 18 da Lei n. 10.826/2003 – tráfico de armas ou munições –, para outro tipo penal, em respeito ao princípio da especialidade. Para chegar-se à referida conclusão, não há necessidade de incursão no conteúdo fático-probatório dos autos, não havendo falar, assim, em afronta ao verbete sumular n. 7/STJ. 2. Agravo regimental desprovido".

O legislador procurou criar uma figura típica equiparada à do *caput* do art. 18, com os núcleos do tipo "vender" e "entregar". Porém, como visto, jamais será possível imputar a alguém tal conduta, quando estas ocorreram por conta do agente policial que as provocou. Haveria flagrante preparado e, na visão do STF, crime impossível. E o alerta contido na parte final? Este mostra apenas que, sim, haverá um crime, mas será o da conduta preexistente, que deverá se subsumir a um dos núcleos do tipo do *caput* (importar, exportar, favorecer a entrada ou saída do território nacional, a qualquer título) e não do novo § 2º.

Logo, de inutilidade evidente o dispositivo, pois, ainda que haja a atuação do agente policial disfarçado, somente haverá crime em razão da conduta preexistente à venda ou entrega, tipificada no caput do art. 18.

Outra possível interpretação, porém, pode se revelar mais ousada: a regra legal permite, sim, que haja a punição pela venda ou entrega, e não pelas condutas anteriores, desde que o policial, atuando como agente disfarçado, tenha angariado elementos suficientes que demonstre conduta criminosa preexistente do mesmo tipo.

Veremos como os tribunais lidarão com essa nova regra.

CAUSAS DE AUMENTO DE PENA (ART. 20)

Art. 20. Nos crimes previstos nos arts. 14, 15, 16, 17 e 18, a pena é aumentada de metade se:

I – forem praticados por integrante dos órgãos e empresas referidas nos arts. 6º, 7º e 8º desta Lei; ou

II – o agente for reincidente específico em crimes dessa natureza.

O art. 20 do Estatuto já previa, desde sua edição, que as penas cominadas aos crimes dos arts. 14, 15, 16, 17 e 18 estariam sujeitas a um aumento de metade, se cometidos por integrantes dos órgãos e empresas referidas nos arts. 6º, 7º e 8º da Lei 10.826.

Esse rol inclui os integrantes dos seguintes órgãos:

(i) Forças Armadas;

(ii) Polícia Federal;

(iii) Polícia Rodoviária Federal;

(iv) Polícia Ferroviária Federal;

(v) Polícias Civis;

(vi) Polícias Militares e Corpos de Bombeiros Militares;

(vii) Polícias Penais Federal, Estaduais e Distrital;

(viii) Força Nacional de Segurança Pública (FNSP);

(ix) guardas municipais das capitais dos Estados e dos Municípios com mais de quinhentos mil habitantes, nas condições estabelecidas no Decreto 9.847/2019;

(x) guardas municipais dos Municípios com mais de 50.000 e menos de 500.000 habitantes, quando em serviço;

(xi) Agência Brasileira de Inteligência (ABIN), se agentes operacionais; e Departamento de Segurança do Gabinete de Segurança Institucional da Presidência da República, se agentes;

(xii) órgãos policiais da Câmara dos Deputados e do Senado Federal;

(xiii) quadro efetivo dos agentes e guardas prisionais e os integrantes das escoltas de presos;

(xiv) guardas portuárias;

(xv) empresas de segurança privada e de transporte de valores constituídas, nos termos do Estatuto;

(xvi) entidades de desporto legalmente constituídas, cujas atividades esportivas demandem o uso de armas de fogo, na forma dos decretos regulamentadores, observando-se, no que couber, a legislação ambiental;

(xvii) carreira de Auditoria da Receita Federal do Brasil (Analista Tributário e Auditor-Fiscal);

(xviii) carreira de Auditoria-Fiscal do Trabalho (Auditor-Fiscal);

(xix) tribunais do Poder Judiciário descritos no art. 92 da CF, que efetivamente estejam no exercício de funções de segurança, na forma de regulamento emitido pelo Conselho Nacional de Justiça (CNJ);

(xx) Ministérios Públicos da União e dos Estados, que efetivamente estejam no exercício de funções de segurança, na forma de regulamento a ser emitido pelo Conselho Nacional do Ministério Público (CNMP).

Já o inciso II constitui novidade, pois foi introduzido pela Lei 13.964/2019, não podendo, assim, retroagir.

Segundo o novo inciso, incidirá um aumento de metade da pena se o agente for reincidente específico "em crimes dessa natureza".

Assim, não se exige reincidência no mesmo tipo penal, incidindo a causa de aumento sempre que o agente cometer um dos crimes relacionados no dispositivo (arts. 14, 15, 16, 17 e 18), já tendo sido, anteriormente, definitivamente condenado por qualquer um deles ou por qualquer outra infração penal tipificada no Estatuto do Desarmamento.

Como a lei não faz qualquer distinção, entendemos que inclui-se todas as modalidades de condutas previstas nos parágrafos do art. 16.

COMPETÊNCIA PARA JULGAMENTO DOS CRIMES DA LEI 10.826

A competência para processar e julgar os crimes previstos na Lei nº 10.826/2003 é, em regra, da Justiça Estadual, sendo exceção o delito tipificado no art. 18, sob o *nomen juris* de "tráfico internacional de arma de fogo". Além disso, a competência é, em regra, da Justiça Comum Estadual, salvo se o agente for militar e estiver presente alguma das situações do art. 9º do CPM.[245] Tendo em vista as alterações feitas no dispositivo citado, aumentam as possibilidade de julgamento pela Justiça Militar.

Além disso, nos crimes em tela – salvo a exceção do art. 18 – não se justifica o processamento no âmbito da Justiça Federal, vez que não se faz presente qualquer das hipóteses elencadas no art. 109 da CF. Ressalte-se que a segurança pública – bem jurídico protegido pelo Estatuto – é dever do Estado, incluindo todos os entes federativos, não havendo qualquer especificidade de interesse para a União.

Descabida, ademais, a alegação da transferência de competência para a esfera federal, ante a existência de um cadastro – SINARM – sob a responsabilidade de órgão do Poder Executivo

245 STJ, RHC 55.516-PR, Rel. Min. Jorge Mussi, 5ª T., j. 23/02/2016: "(...) COMPETÊNCIA DA JUSTIÇA CASTRENSE. CRIME QUE NÃO SE QUALIFICA QUER COMO MILITAR PRÓPRIO, QUER COMO MILITAR IMPRÓPRIO. IRRELEVÂNCIA DO FATO DE O SUPOSTO AUTOR SER POLICIAL MILITAR. ILEGALIDADE NÃO CARACTERIZADA. 1. A competência da Justiça Militar não é firmada em razão de o crime haver sido praticado por militar, mas sim em função da natureza da infração, que deve se qualificar como militar própria ou imprópria, nos termos do artigo 124 da Constituição Federal e do artigo 9º do Código Penal Militar. 2. O crime de posse ilegal de arma de fogo é previsto em lei especial e não encontra correspondência no Código Penal Militar, o que revela a competência da Justiça Estadual para processar e julgar o recorrente. Precedentes. (...)". Com a modificação do art. 9º do CPM, o entendimento de julgado como esse deve mudar, pois, agora, ainda que previsto em lei especial e sem correspondência no Código castrense, será crime militar se dentro das hipóteses do dispositivo alterado em 2017.

da União. Ora, como vimos, o Estatuto do Desarmamento não existe a fim de atuar na tutela penal de um cadastro, sendo este último simplesmente um elemento a mais para propiciar o desejado aumento de controle sob as armas em circulação e desarmar a população. Ou seja, o cadastro não é um fim em si mesmo. Como observa com acuidade Guilherme de Souza Nucci: "Seria o mesmo que concentrar todas as execuções penais na Justiça Federal, caso o Governo providencie um cadastro nacional de presos, para controlar, nacionalmente, o *status* do sistema carcerário. Ou, ainda, transferir para a Justiça Federal todos os delitos ligados ao crime organizado, somente porque um cadastro nacional é criado para auxiliar as polícias a atuar em conjunto contra essa espécie de criminalidade".[246]

Reconhecemos a possibilidade de julgamento de qualquer dos crimes do Estatuto do Desarmamento perante a Justiça Federal, desde que presentes os requisitos da Súmula 122 do STF, *verbis*: "Compete à Justiça Federal o processo e julgamento unificado dos crimes conexos de competência federal e estadual, não se aplicando a regra do art. 78, II, *a*, do Código de Processo Penal". Enfim, a competência realmente será da Justiça Federal nos casos de conexão entre delitos, em que um deles, pelo menos, deva ser julgado em âmbito federal. Por exemplo, se houver prova de que o autor do delito de porte ilegal de arma de origem estrangeira foi o responsável por sua importação ilegal.[247] Fora desses casos, a regra é o julgamento pelas Justiças dos Estados.[248]

A exceção, repita-se, é o crime de tráfico internacional de arma de fogo (art. 18), pois, *in casu*, deve-se levar em consideração que há violação das fronteiras do País, sendo do interesse – e

---

246 Op. cit., p. 250.

247 STJ, CC 126.235-PR, Rel. Min. Ribeiro Dantas, 3ª S., j. 09/11/2016: "CONFLITO DE COMPETÊNCIA. TRÁFICO INTERNACIONAL DE ARMAS DE FOGO E DE MUNIÇÕES, POSSE E PORTE ILEGAL DE ARMA DE FOGO DE USO PERMITIDO E RESTRITO, ASSOCIAÇÃO E TRÁFICO DE DROGAS. CARACTERIZADA A TRANSNACIONALIDADE. COMPETÊNCIA DA JUSTIÇA FEDERAL. LESÃO AOS INTERESSES DA UNIÃO. CONEXÃO PROBATÓRIA. SÚMULA 122/STJ. CONFLITO DE COMPETÊNCIA CONHECIDO. DECLARADA A COMPETÊNCIA DO JUÍZO FEDERAL. 1. 'Em se tratando de tráfico internacional de munições ou armas, cumpre firmar a competência da Justiça Federal para conhecer do tema, já que o Estado brasileiro é signatário de instrumento internacional (Protocolo contra a Fabricação e o Tráfico Ilícitos de Armas de Fogo, suas Peças e Componentes e Munições – complementando a Convenção das Nações Unidas contra o Crime Organizado Transnacional –, promulgado pelo Decreto n. 5.941, de 26/10/2006), no qual se comprometeu a tipificar a conduta como crime' (AgRg no Ag 1389833/MT, Rel. Ministro SEBASTIÃO REIS JÚNIOR, SEXTA TURMA, Dje 25/04/2013). 2. O bem a reclamar a tutela jurisdicional é da competência da Justiça Federal, porquanto o crime de tráfico internacional de armas e de munições evidencia, neste momento processual, lesão a bens, serviços ou interesses da União ou de suas entidades autárquicas ou empresas públicas. 3. A conexão probatória se configura na hipótese em que a prova de uma infração puder, de alguma forma, influir na de outra (art. 76 do CPP). 4. No caso, incidente a Súmula 122/STJ ('Compete à Justiça Federal o processo e julgamento unificado dos crimes conexos de competência federal e estadual, não se aplicando a regra do art. 78, II, "a", do Código de Processo Penal'), resta ao juízo suscitado a tarefa de processar e julgar os crimes pelos quais denunciados os interessados. (...)".

248 STJ, CC 132.393-PR, Rel. Min. Reynaldo Soares da Fonseca, 3ª S., j. 14/10/2015: "(...) 1. A origem estrangeira da arma, por si só, é irrelevante para a definição da competência para o julgamento dos delitos de porte ou posse ilegal de arma de fogo. (...) 2. A competência da Justiça Federal depende de demonstração da existência de ameaça ou lesão a interesses, bens ou serviços da União, de suas autarquias ou empresas públicas, o que estaria caracterizado, no caso de posse ilegal de arma de fogo, se houvesse evidências suficientes de contrabando internacional de armas de fogo ou diante de evidências contundentes de conexão entre a posse ilegal de arma de fogo e delito da competência da Justiça Federal, hipótese em que incidiria o enunciado n. 122 da Súmula desta Corte, segundo o qual 'Compete à Justiça Federal o processo e julgamento unificado dos crimes conexos de competência federal e estadual, não se aplicando a regra do art. 78, II, 'a', do Código de Processo Penal.' 3. O mero fato de os produtos descaminhados terem sido apreendidos no mesmo contexto em que também se verificou a configuração de elementos materiais referentes ao delito de posse irregular de arma de fogo de uso restrito não atrai, por si só, a competência da Justiça Comum Federal, pois não existem circunstâncias jurídicas que relacionem os delitos referidos. (...). 4. A possibilidade de descoberta de outras provas e/ou evidências, no decorrer das investigações, levando a conclusões diferentes, demonstra não ser possível firmar peremptoriamente a competência definitiva para julgamento do presente inquérito policial. Isso não obstante, tendo em conta que a definição do Juízo competente em tais hipóteses se dá em razão dos indícios coletados até então, revela-se a competência da Justiça Estadual para condução do inquérito policial, no tocante à investigação do delito de posse ilegal de arma de fogo de uso permitido. (...)".

é dever – da União protegê-las, advindo daí a competência da Justiça Federal para julgamento de tais casos. Além disso, segundo o STJ, a competência deve ser mesmo da Justiça Federal, visto que se trata de crime citado no "Protocolo contra a Fabricação e o Tráfico Ilícitos de Armas de Fogo, suas Peças e Componentes e Munições", promulgado pelo Decreto 5.941/2006.[249]

OBSERVAÇÕES FINAIS

O Estatuto do Desarmamento manteve a proibição à venda, comercialização ou importação das réplicas e simulacros de armas de fogo ou armas de brinquedo, que possam se confundir com as de verdade, salvo as destinadas à instrução, adestramento ou à coleção de pessoa autorizada, tudo conforme estabelecido em normas do Comando do Exército (art. 26).

Mas, ao mesmo tempo, o Estatuto não tipificou conduta em que o objeto material seja arma de brinquedo, ao contrário do que ocorria no art. 10, § 1º, inciso II, da Lei nº 9.437. E isso tem uma consequência importante. Muito embora houvesse entendimentos no sentido da inaplicabilidade do referido dispositivo da lei revogada, ele certamente chegou a ser aplicado. Como a nova lei nada previu e, simultaneamente, revogou expressamente a lei anterior (art. 36), não temos dúvida de que ocorreu *abolitio criminis*, com as consequências previstas no Código Penal (arts. 2º, *caput*, e 107, inciso III), pois a conduta de utilizar arma de brinquedo para fins de cometimento de outros delitos deixou de ser prevista como infração penal em nosso ordenamento.

O Estatuto também possibilitou aos possuidores e proprietários de armas de fogo que as adquiriram regularmente a entrega espontânea do armamento, a qualquer tempo, à Polícia Federal, mediante recibo e indenização (art. 31), medida esta de franco estímulo ao desarmamento da população. Ou seja, o possuidor ou proprietário de arma registrada, vencido ou não o registro, pode entregá-la à Polícia Federal quando bem entender.

Mas, e as armas não registradas, também podem ser entregues a qualquer tempo?

O art. 32 previa, inicialmente, a possibilidade de entrega de tais armas à Polícia Federal num prazo de 180 dias a partir de 23 de dezembro de 2003, havendo a extinção da punibilidade de eventual crime até então cometido pela mantença da arma em poder do agente. Ocorre que a nova redação dada pela Lei nº 11.706/2008 eliminou qualquer prazo: "Os possuidores e proprietários de arma de fogo poderão entregá-la, espontaneamente, mediante recibo, e, presumindo-se de boa-fé, serão indenizados, na forma do regulamento, ficando extinta a punibilidade de eventual posse irregular da referida arma".

As armas de fogo apreendidas, após a finalização dos procedimentos relativos à elaboração do laudo pericial e quando não mais interessarem à persecução penal, serão encaminhadas pelo juízo competente ao Comando do Exército, no prazo de quarenta e oito horas, para doação aos órgãos de que trata o art. 144 da Constituição ou às Forças Armadas ou para destruição, quando inservíveis (art. 66, Decreto 11.815/2023). As munições e os acessórios apreendidos, após a finalização dos procedimentos relativos à elaboração do laudo pericial e quando não mais interessarem à persecução penal, serão encaminhados pelo juízo competente ao Comando do Exército, no prazo de quarenta e oito horas, para doação aos órgãos de segurança pública

249 STJ, CC 126.235-PR, 3ª Seção, Rel. Min. Ribeiro Dantas, j. 09.11.2016: "CONFLITO DE COMPETÊNCIA. TRÁFICO INTERNACIONAL DE ARMAS DE FOGO E DE MUNIÇÕES, POSSE E PORTE ILEGAL DE ARMA DE FOGO DE USO PERMITIDO E RESTRITO, ASSOCIAÇÃO E TRÁFICO DE DROGAS. CARACTERIZADA A TRANSNACIONALIDADE. COMPETÊNCIA DA JUSTIÇA FEDERAL. LESÃO AOS INTERESSES DA UNIÃO. CONEXÃO PROBATÓRIA. SÚMULA 122/STJ. CONFLITO DE COMPETÊNCIA CONHECIDO. DECLARADA A COMPETÊNCIA DO JUÍZO FEDERAL. 1. 'Em se tratando de tráfico internacional de munições ou armas, cumpre firmar a competência da Justiça Federal para conhecer do tema, já que o Estado brasileiro é signatário de instrumento internacional (Protocolo contra a Fabricação e o Tráfico Ilícitos de Armas de Fogo, suas Peças e Componentes e Munições – complementando a Convenção das Nações Unidas contra o Crime Organizado Transnacional -, promulgado pelo Decreto n. 5.941, de 26/10/2006), no qual se comprometeu a tipificar a conduta como crime' (AgRg no Ag 1389833/MT, Rel. Ministro SEBASTIÃO REIS JÚNIOR, SEXTA TURMA, Dje 25/04/2013). (...)".

ou às Forças Armadas ou para destruição, quando inservíveis (art. 66, § 9º). As armas de fogo, as munições e os acessórios apreendidos que forem de propriedade das instituições públicas a que se referem o § 1º do art. 3º e o inciso III do § 1º do art. 7º do Decreto 11.615 serão devolvidas ao órgão após a realização de perícia, exceto se determinada pelo juízo competente a sua retenção até o final do processo (art. 66, § 14).

As armas de fogo e as munições apreendidas em decorrência do tráfico de drogas, utilizadas em atividades ilícitas de produção ou comercialização de drogas, ou que tenham sido adquiridas com recursos provenientes do tráfico de drogas, perdidas em favor da União e encaminhadas para o Comando do Exército, serão destinadas à doação, após perícia ou vistoria que ateste seu bom estado, observado o seguinte critério de prioridade: (i) órgão de segurança pública responsável pela apreensão; (ii) demais órgãos de segurança pública ou do sistema penitenciário do ente federativo responsável pela apreensão; (iii) órgãos de segurança pública ou do sistema penitenciário dos demais entes federativos.

Assim, ao contrário do CP – que, em seu art. 91, II, *a*, previu o confisco penal – a Lei 10.826, especial em relação àquele, dispôs ser regra geral a destruição da arma de fogo apreendida no processo, ainda que a acusação seja por crime diverso daqueles previstos no Estatuto do Desarmamento. Enquanto o CP menciona a perda em favor da União dos *instrumentos do crime*, o Estatuto não utilizou a mesma expressão, de modo a não importar ser a arma *instrumento do crime* ou *objeto material* dele: nas duas hipóteses a arma será encaminhada ao Comando do Exército, para destruição ou doação. E o Estatuto tampouco condicionou tal solução à ilicitude do fabrico, alienação, uso, porte ou detenção da arma de fogo, como faz o CP.

Logo, em regra, todas as armas apreendidas em processos criminais, desde que não mais interessarem à persecução e que o laudo pericial já tenha sido juntado aos autos, deverão ser encaminhadas ao Comando do Exército, independentemente de sentença penal condenatória com trânsito em julgado.

Porém, o Decreto 5.123/2004, que regulamentou o Estatuto do Desarmamento, permitia que as armas de fogo de uso permitido apreendidas pudessem ser devolvidas pela autoridade competente aos seus legítimos proprietários, se cumpridos os requisitos estabelecidos no art. 4º da Lei 10.826, de 2003. A regra foi mantida pelo art. 45-B do Decreto 9.847. Trata-se de ressalva aplicada aos lesados (p. ex., vítima de furto da arma), terceiros de boa-fé e, segundo entendíamos, até mesmo àqueles que tenham sido absolvidos pela prática de crime em que a arma tenha sido empregada (ex.: réu de homicídio, absolvido por legítima defesa) e que podem atender a todos os requisitos legais para registro da arma. No entanto, com o Decreto 11.366/2023, e sua determinação de cassação do certificado com o simples indiciamento em inquérito policial (o que foi mantido no Decreto 11.615), pensamos que tal devolução não mais será possível.

Por fim, no Brasil, os menores de 25 anos não podem adquirir armas de fogo, salvo se integrantes das entidades previstas nos incisos I, II, III, V, VI, VII e X do *caput* do art. 6º do Estatuto, por força do que dispõe seu art. 28, com a nova redação que lhe foi dada pela Lei nº 11.706/2008.

BIBLIOGRAFIA

ANDREUCCI, Ricardo Antônio. *Manual de Direito Penal*. 4ª ed. São Paulo: Saraiva, 2008.

AMAR, Akhil Reed. *The Bill of Rights*. Yale University, 1998.

BACIGALUPO, Enrique. *Direito Penal: Parte Geral*. Trad. de André Estefam. São Paulo: Malheiros Editores, 2005.

BASTOS, Marcelo Lessa. A Medida Provisória nº 229/04 e o Estatuto do Desarmamento – retomando a questão da eficácia de seus arts. 12 e 14 (posse irregular de arma de fogo), *in Boletim do Instituto Brasileiro de Ciências Criminais, nº 147*, fevereiro/2005.

BUENO, Luciano. *Controle de Armas: um estudo comparativo de políticas públicas entre Grã-Bretanha, EUA, Canadá, Austrália e Brasil*. São Paulo: IBCRIM, 2004.

CAPEZ, Fernando. *Estatuto do Desarmamento: comentários à Lei nº 10.826, de 22-12-2003*. 4ª ed. São Paulo: Saraiva, 2006.

______. *Curso de Direito Penal, volume 1: parte geral*. 9ª ed. São Paulo: Saraiva, 2005.

______. *Curso de Direito Penal, volume 4: legislação penal especial*. 3ª ed. São Paulo: Saraiva, 2008.

CUNHA, Rogério Sanches. *Manual de direito penal: parte especial (arts. 121 ao 361)*. 8ª ed. Salvador: Editora Juspodivm, 2016.

GOMES, Luis Flávio. MOLINA, Antônio García-Pablos. BIANCHINI, Alice. *Direito Penal, volume 1: Introdução e princípios fundamentais*. São Paulo: Revista dos Tribunais, 2007.

GOMES, Luis Flávio. OLIVEIRA, William Terra. *Lei das Armas de Fogo*. São Paulo: Revista dos Tribunais, 1998.

HASSEMER, Winfried. *Introdução aos fundamentos do direito penal*. Trad. de Pablo Rodrigo Alflen da Silva. Porto Alegre: Sergio Antonio Fabris Editor, 2005.

JESUS, Damásio E.. *Direito Penal do Desarmamento: anotações à parte criminal da Lei nº 10.826, de 22 de dezembro de 2003 (Estatuto do Desarmamento)*. 6ª ed. São Paulo: Saraiva, 2007.

JUNQUEIRA, Gustavo Octaviano Diniz. FULLER, Paulo Henrique Aranda. *Legislação Penal Especial: volume 1*. 5ª ed. São Paulo: Premier Máxima, 2008.

KAHN, Túlio (coord.). *Estudos Criminológicos 1, Coordenadoria de Análise e Planejamento*, Secretaria da Segurança Pública do Estado de São Paulo, 2004. Disponível em: www.ssp.sp.gov.br/estatisticas/downloads/manual_estudos_criminologicos_1.pdf. Acesso em: 15/02/2009.

______. *O Papel dos Municípios na Segurança Pública, Estudos Criminológicos 4*, Coordenadoria de Análise e Planejamento, julho de 2005 Disponível em: www.ssp.sp.gov.br/estatisticas/downloads/manual_estudos_criminologicos_4.pdf. Acesso em 15/02/2009.

MARCÃO, Renato. *Estatuto do Desarmamento: anotações e interpretação jurisprudencial da parte criminal da Lei n. 10.826, de 22-12-2003*. São Paulo: Saraiva, 2008.

MORAES, Alexandre. SMANIO, Gianpaolo Poggio. *Legislação Penal Especial*. 10ª ed. São Paulo, Atlas, 2008.

NUCCI, Guilherme de Souza. *Leis Penais e Processuais Penais Comentadas*. São Paulo: Editora Revista dos Tribunais, 2006.

OLIVEIRA, William Terra. Estatuto do Desarmamento: breves considerações sobre o porte funcional de arma de fogo no âmbito do Direito Penal. *APMP Revista nº 46*, fevereiro a abril de 2008.

PIERANGELLI, José Henrique. *Códigos Penais do Brasil: evolução histórica*. 1ª ed., Bauru, SP: Jalovi, 1980.

REIS JÚNIOR, Almir Santos; SANTOS, Christiano Jorge. Posse ou porte illegal de arma de fogo de uso restrito: art. 16 da Lei 10.826/2003. In: HAMMERSCHMIDT, Denise (coord.), *Crimes hediondos e assemelhados*. Curitiba: Juruá, 2020.

SILVA, César Dario Mariano. *Estatuto do Desarmamento*. 3ª ed. Rio de Janeiro: Forense, 2007.

SILVA, José Geraldo. LAVORENTI, Wilson. GENOFRE, Fabiano. *Leis Penais Especiais Anotadas*. 10ª ed. Campinas: Millennium Editora, 2008.

SZNICK, Valdir. *Contravenções Penais*. São Paulo: Livraria e Editora Universitária de Direito. 1987.

WAISELFISZ, Julio Jacobo. *Mapa da violência 2016: homicídios por armas de fogo no Brasil*. Disponível em www. Mapadaviolencia.org.br. Acesso em 13/05/2017.

CAPÍTULO 30

Falências – Lei nº 11.101/2005

Renee do Ó Souza

INTRODUÇÃO

O Direito Falimentar é o conjunto de normas jurídicas que visa regulamentar a situação de crise econômico-financeira enfrentada por empresas. Essa crise pode ser superada por meio de instrumentos legais, tais como a recuperação judicial ou extrajudicial, ou então ser solucionada por meio da declaração de falência (insolvência empresarial). Tais institutos, a saber, falência e recuperação, desempenham um papel fundamental em uma economia de mercado. Eles possibilitam, de um lado, a preservação de empresas viáveis e produtivas e, de outro lado, a exclusão do mercado daquelas que se mostram inviáveis, por meio de um processo de distribuição de seus ativos entre os credores.

Atualmente, o regime jurídico falimentar é disciplinado pela Lei nº. 11.101/2005, que substituiu o Decreto-lei nº. 7.661/1945. Essa nova legislação, voltada principalmente para a recuperação e preservação das empresas, busca promover o princípio econômico da função social da empresa, decorrente da função social da propriedade e do contrato. De acordo com essa corrente de pensamento, a propriedade privada desempenha sua função social quando, além de proporcionar a realização da dignidade da pessoa, contribui para o desenvolvimento nacional e para a redução da pobreza e das desigualdades sociais. Nesse contexto, o Supremo Tribunal Federal, por maioria, rejeitou um pedido formulado em ação direta de inconstitucionalidade movida pelo Partido Democrático Trabalhista – PDT contra os artigos 60, parágrafo único, 83, I e IV, c, e 141, II, da Lei 11.101/2005, que regulamenta a recuperação judicial, extrajudicial e a falência de empresários e sociedades empresárias. Alegou-se que, do ponto de vista teleológico, o referido diploma legal buscou assegurar a sobrevivência das empresas em dificuldades, permitindo a alienação de seus ativos, especialmente considerando a função social que esses complexos patrimoniais desempenham, conforme estabelecido no art. 170, III, da Constituição Federal (ADI 3.934, Rel. Min. Ricardo Lewandowski, julgamento em 27-5-09, Plenário, Informativo 548). Esses objetivos também estão presentes no capítulo VII da Lei que trata das disposições penais do direito falimentar (artigos 168 a 182).

Essa mesma aspiração se manifesta de maneira igualmente marcante nos crimes falimentares, que têm como principal objetivo assegurar a integridade e a confiabilidade do sistema falimentar. A importância da "confiabilidade social" se torna ainda mais evidente nesse contexto, desempenhando um papel crucial no fomento das atividades econômico-financeiras. A credibilidade das instituições de mercado, como o sistema falimentar, desempenha um papel fundamental na redução dos custos associados às transações comerciais. Quando os negócios jurídicos são realizados em um ambiente seguro e devidamente regulado, isso se traduz em menos burocracia e em requisitos menos onerosos em termos de garantias, tornando as negociações substancialmente mais eficientes e vantajosas.

BEM JURÍDICO GERAL TUTELADO

A diversidade de objetivos dos tipos penais a seguir estudadas indicam uma variabilidade de bens jurídicos específicos, o que dividiu a doutrina em diversas as correntes:

(a) 1ª Corrente: Os crimes falimentares são delitos patrimoniais[1] pelo que ora são equiparados ao furto ora assimilados ao estelionato. Trata-se de entendimento criticável visto que, como regra, o objeto dos crimes pertence ao próprio agente, o que indica que o tutela penal não recai unicamente sobre bens patrimoniais.

(b) 2ª Corrente: Os delitos falimentares visam tutelar outros bens jurídicos, que não o patrimônio, tais como a administração da justiça[2], a fé pública comercial, a atividade empresarial, dentre outros.

(c) 3ª Corrente: O crime falimentar é multifacetário, de sorte que cada tipo penal possui um objeto jurídico próprio, mais adequado aos seus fins, razão pela qual tendem a ser pluriofensivos. Defendem esse entendimento autores como Alexandre Demetrius Pereira[3] e Arthuro Rocco, Maximilianus Cláudio Américo Führer[4] e Rubens Requião[5].

O estudo individual dos tipos penais a seguir indica a pertinência dessa divergência visto que algumas dessas infrações tutelam o patrimônio, enquanto outros mais se aproximam dos delitos contra a Adminitração da Justiça ou ainda contra a fé pública.

De todo modo, vislumbra-se de um modo geral um propósito regulatório estatal na criminalização de condutas que procuram violar as normas relativas a recuperação judicial, extrajudicial e a falência. Esse objetivo geral, calcada na minimização da instabilidade do mercado econômico empresarial, realiza os valores constitucionais de promoção do desenvolvimento de um livre mercado premido pela ética e apto a garantir uma atividade econômica justa.

Classificação

Os crimes falimentares ou falitários podem ser classificados segundo critérios variados.

(a) Quanto ao momento do cometimento, os crimes falimentares se classificam como:

- ***Crimes ante ou Pré-falimentares***: cometidos antes da decisão que decreta a falência, concede ou homologa a recuperação da empresa.
- ***Crimes Pós-falimentares***: cometidos após a decretação da falência, a concessão ou homologação judicial da recuperação da empresa.

1 Neste sentido é a lição de Franz von Liszt: "Podemos considerar a bancarrota como ofensa dos direitos do credor pelo devedor mediante diminuição dolosa ou culposa do patrimônio ou ocultação do patrimônio deste ou ocultação de sua situação patrimonial. Direitos do credor, eis o objeto que a bancarrota particularmente ataca" (LISZT, Franz von. *Tratadado de Direito Penal Alemão*. Brasília: Senado Federal, STJ, 2006).

2 MIRANDA, Pontes de. *Tratado de direito privado*. T. 30, São Paulo: RT, 1984.

3 DEMETRIUS PEREIRA, Alexandre. *Crimes Falimentares: Teoria, Prática e Questões de Concurso Comentadas*. São Paulo: Editora Malheiros, 2010, p. 64.

4 Que ensina: "A Lei de Falências é uma lei absorvente, que envolve praticamente todos os ramos do Direito. Assim, a complexidade do instituto da falência reflete-se também no âmbito penal, e seria mesmo estranho que a lei protegesse apenas um dos muitos interesses em jogo. Por isso o legislador foi obrigado a omitir qualquer referência expressa ao objeto jurídico dos crimes falimentares, vez que, dentre os interesses protegidos, não há possibilidade de se estabelecer qual o prevalente. Como já salientou Arthuro Rocco 'ocorre frequentemente que a ação proibida sob a ameaça de pena ofende simultaneamente ou sucessivamente não apenas um, mas vários bens e interesses'". (FÜHRER, Maximilianus Cláudio Américo. *Crimes falimentares*. São Paulo: RT, 1972, p. 23).

5 REQUIÃO, Rubens. Curso de Direito Falimentar 2º vol. 11ª ed. São Paulo: Saraiva, 1.989, p. 140.

Com o advento da Lei nº. 11.101/2005, que tipifica crimes relacionados não apenas à falência, mas também à recuperação judicial ou extrajudicial, essa nomenclatura dessa classificação afigura-se desatualizadas visto que restritivas à apenas à falência. De todo modo, a classificação será mantida visto que consagrada na teoria falimentar porque apresenta uma metodologia útil à compreensão da matéria.

Não há um marco exato divisório relativo aos crimes pré-falimentares. Diferentemente dos crimes pós-falimentares, cujo limite temporal de seu momento consumativo é muito bem delimitado, em relação aos crimes pré-falimentares, não há contornos claros que o defina, se até a decretação da falência, concessão ou homologação da recuperação empresarial. Mesmo condutas praticadas antes da decisão judicial de quebra ou recuperação, indiferente assim de uma concreta situação de crise empresarial podem ser aptas a configuração do crime pré-falimentar, bastando para tanto que ofenda interesses coletivos de credores ou da administração da justiça. A fim de minimizar a insegurança gerada por essa ausência de um marco bem definido, parte da doutrina – com nomes como Nivulone e Sady Cardoso de Gusmão – defende que a conduta criminosa, para definir-se como crime falimentar, tem que guardar relação, mínima que seja, com a insolvência empresarial. Fala-se, então, numa "**zona de risco penal**", que serviria de contorno para a configuração do crime pré-falimentar. Nas palavras de Alexandre Demetrius Pereira:

> *"Não seria admissível, portanto, retroagir indefinidamente na vida do empreendimento para atingir condutas que sequer se relacionam com a situação de dificuldades econômico-financeiras, razão pela qual concordamos com os doutrinadores que entendem necessário estabelecer, ainda que de modo impreciso, um limite razoável de tempo anterior à quebra ou recuperação em que as condutas do devedor possam ser enquadradas nos tipos penais respectivos[6]".*

Essa corrente visa impedir que a norma penal alcance atos pretéritos à decretação da falência ou concessão da recuperação com uma retroatividade infinita, garantindo maior segurança jurídica aos empresários e aos operadores do Direito.

(b) Quanto às características pessoais do agente, os crimes falimentares podem ser:

- ***Crimes Próprios***: só podem ser cometidos pelo falido ou pelo devedor em recuperação. Nestes casos é perfeitamente cabível o concurso de pessoas visto que as elementares de caráter pessoal se comunicam aos partícipes ou coautores, ainda que não se revistam das mesmas condições ou qualidades exigidas pelo tipo. No tocante ao tema, importantes as considerações de Vander Ferreira de Andrade:

> Quanto ao concurso de agentes, de verificar-se que mesmo os crimes tidos por próprios, admitem a possibilidade de concurso de pessoas, sobretudo na modalidade participação, até porque prestigia a nossa legislação penal a teoria unitária no concurso de agentes, entendendo que qualquer sujeito que tenha de alguma forma contribuído para o advento do crime deve, em razão de sua conduta, sujeitar-se à respectiva pena ao delito cominada; torna-se assim indispensável à consciência do agente quanto ao status jurídico daquele com que age em inequívoca colaboração (intelectual ou material) ou auxílio, seja este devedor ou falido, comerciante (ou a este equiparado) ou ainda os diretores, administradores, gerentes ou liquidantes na hipótese de falência das sociedades. Recai assim a responsabilidade penal na pessoa física de firma individual, na pessoa dos gerentes de sociedade limitada, dos administradores e diretores das sociedades anônimas, dos liquidantes, bem como dos administradores de fato de uma sociedade qualquer; já a esposa do sócio-cotista, se não ficar comprovado que exercia os poderes de gerência, não responde[7].

> Vide ainda comentários ao art. 179 desta Lei.

6 DEMETRIUS PEREIRA, Alexandre. Crimes Falimentares: Teoria, Prática e Questões de Concurso Comentadas. São Paulo: Editora Malheiros, 2010, p. 69.

7 ANDRADE, Valter Ferreira. Breves anotações sobre os crimes falimentares. Revista Imes. Julho/dezembro -2002, p. 57.

- ***Crimes Impróprios***: podem ser praticados não só pelo falido ou devedor em recuperação, mas por qualquer outra pessoa (como, por exemplo, credores, administrador judicial etc.).

MOMENTO CONSUMATIVO

No que diz respeito aos crimes pré-falimentares, uma questão importante emerge devido à disposição estabelecida no artigo 180 da Lei 11.101/2005. Este artigo estipula que a decisão judicial de declaração de falência ou de aprovação da recuperação judicial (seja ela judicial ou extrajudicial) é uma condição objetiva para a punibilidade das infrações penais. Isso tem gerado um debate jurídico sobre o momento em que o crime é considerado consumado. Existem duas correntes de pensamento a respeito desse assunto:

Uma parte da doutrina argumenta que a consumação do crime pré-falimentar não ocorre no momento da prática da conduta típica, mas sim quando a sentença que decreta a falência é proferida, ou quando a recuperação empresarial é concedida ou homologada pelo tribunal. Nesse sentido, argumenta-se que, antes da decisão judicial que reconhece a situação de crise empresarial, a conduta do agente não é passível de punição, pois é considerada atípica e, portanto, impune.

A segunda corrente, por sua vez, sustenta que o crime se consuma no momento da prática da conduta típica em si, e a decisão judicial falimentar possui uma natureza jurídica de condição objetiva de punibilidade, que não afeta o momento consumativo do delito.

No que tange aos chamados "crimes pós-falimentares", não há controvérsia quanto ao momento em que o crime é considerado consumado. Nesse caso, o delito se consuma com a prática do núcleo da conduta típica, independentemente da existência de uma decisão judicial específica para condicionar sua consumação.

CONSIDERAÇÕES GERAIS

Prisão civil: O art. 35 da Lei nº 7.661/1945 previa que, quando o juiz verificava a existência de evidentes indícios de crime falimentar e a falta ao cumprimento de qualquer dos deveres enumerados no art. 34 da referida Lei poderia decretar a prisão civil do falido. Segundo Pedro Henrique Demercian e Jorge Assaf Maluly:

> Tratava-se, na verdade, de uma medida coercitiva contra o comerciante, com o intuito de forçá-lo a cumprir suas obrigações legais (nesse sentido: STJ, RHC nº 6.466/GO, 6ª Turma, Rel. Ministro William Patterson, DJ 18.08.1997, p. 37.916; HC nº 7.602/MG, 5ª Turma, Rel. Ministro Félix Fischer, DJ 05.10.1998, p. 109; TJSP, HC nº 34.442-4, HC nº 233.755-1, AI nº 210.658-1; Veja, também, Requião, Curso, p. 175).
>
> Porém, essa modalidade de prisão foi contestada, com o argumento de que não foi recepcionada pelo art. 5º, inciso LXVII, da Constituição Federal, que proíbe a prisão civil por dívidas, salvo nas hipóteses do depositário infiel e do inadimplemento injustificável da obrigação de alimentante. Esse entendimento prevaleceu na jurisprudência dos Tribunais Superiores, que não mais admitem essa espécie de constrição de liberdade (STF, RHC nº 76.741-MG, 1ª Turma, Rel. Ministro Moreira Alves, DJ 22.05.1998, p. 32; STJ, HC 19.745/PR, 4ª Turma, Rel. Ministro Aldir Passarinho Júnior, DJ 29.04.2002, p. 245; STJ, HC 15.046/CE, 6ª Turma, Rel. Ministro Vicente Legal, DJ 18.02.2002, p. 502). A esse respeito, o Colendo Superior Tribunal de Justiça editou a Súmula nº 280, reconhecendo a inconstitucionalidade do art. 35 da Lei de Falências.
>
> Convém destacar que, com o advento da nova Lei de Falências, essa questão ficou superada, porque a norma do art. 35 da Lei nº 7.661/1945 não foi renovada[8].

8 DEMERCIAN, Pedro Henrique. MALULY, Jorge Assaf. Curso de processo penal. 7ª. ed. Rio de Janeiro: Forense, 2011, p. 173/174.

Concurso de crimes: É entendimento prevalente na jurisprudência o de que não se aplica o concurso material de crimes, ainda que o falido cometa vários delitos falimentares. Segunda este entendimento, nestes casos: "dá-se uma só ação punível e não uma pluralidade de ações, visto tratar-se de crime de estrutura complexa, em que o comportamento do ou dos falidos deve restar unificado, em uma perspectiva abrangente e unitária" (RT, 575:364). Isso porque, segundo Fábio Ulhoa Coelho a característica essencial do crime falimentar é a sua unidade[9], daí falar-se em **unicidade dos crimes falimentares**, em que se opera verdadeira absorção do crime mais leve pelo mais grave, exceto se houver concurso entre crime falitário e outro delito comum. O STJ tem precedente neste sentido HC 56368/SP[10].

Essa corrente é criticada em alentado estudo feito por Hélvio Simões Vidal:

> Julgamos, entretanto, que deva ser revista a antiga concepção da unidade dos crimes falimentares. Os tipos penais na Lei nº 11.101/2005 não são, evidentemente, tipos mistos alternativos, não podendo ser reduzidos a uma unidade. As condutas incriminadas não descrevem modalidades da prática de um mesmo tipo delituoso. Além disso, várias das condutas incriminadas pressupõem uma violação não contextual do bem jurídico. Desse modo, é insustentável a redução dos crimes falimentares a uma unidade complexa, de forma que não se deve a priori rejeitar a possibilidade de concurso de crimes falimentares e, com maior enfoque, para os crimes praticados após a sentença de falência ou da concessão da recuperação judicial ou extrajudicial, quando a multiplicidade de condutas poderá importar em pluralidade de crimes. De outro lado, não é correto reduzir a ofensa ao patrimônio coletivo dos credores como o único bem jurídico tutelado na Lei de Falências e Recuperação de Empresas que ampliou, sensivelmente, o rol de bens suscetíveis de violação. Assim, p. ex., se o falido ou o empresário sob recuperação judicial, pratica favorecimento de credores (art. 172), dispõe do patrimônio social em benefício de credor, e, sucessivamente, desvia outros bens da massa, em proveito próprio, é de se reconhecer o concurso material de crimes. Igualmente, é possível que o devedor, antes da falência, omita a escrituração contábil (art. 178), prestando, após o decreto de falência, informações falsas no respectivo processo (art. 171 da Lei nº 11.101/2005), caso em que terá praticado dois crimes[11].

A lição condensa o melhor entendimento sobre o assunto. Realmente a Lei 11.101/2005 não aborda diretamente mais o assunto de modo que deve restar afastado o princípio da unicidade do crime falimentar, que antes beneficiava o autor desses crimes. Ao determinar a aplicação das normas do Código Penal, especialmente as relativas ao concurso de crimes (arts. 69 a 71), a nova legislação elimina o privilégio da unitariedade. Além disso, a Lei de Recuperação de Empresas (LRE) introduziu crimes durante o processo de recuperação judicial, algo inexistente no antigo regime das concordatas, reforçando a superação do conceito de unicidade no sistema falimentar.

Inquérito judicial: não há mais previsão da figura do inquérito judicial que era um procedimento administrativo inquisitivo presidido pelo magistrado e, cuja conclusão, nos termos da antiga lei, dava início, embora não obrigatoriamente, o início do prazo para que o Ministério Público oferecesse denúncia por crime falimentar. Andou bem o legislador. Como anota Eugênio Pacelli: "Com isso, a aludida legislação promove o alinhamento da referida lei ao sistema acusatório brasileiro, no qual o Juiz Criminal há de permanecer afastado das funções investigatórias, acudindo à fase pré-processual unicamente quando necessário para a tutela das liberdades públicas".

9 COELHO, Fábio Ulhoa. Manual de Direito Comercial, 14ª ed., São Paulo: Saraiva, 2003, pp. 375/376.

10 Disponível em: http://stj.jusbrasil.com.br/jurisprudencia/30847/habeas-corpus-hc-56368-sp-2006-0058937-3. Acesso em 21.10.2020.

11 VIDAL, Hélvio Simões. Os tipos penais na nova lei de falências e recuperação de empresas. De jure : revista juridica do Ministério Público do Estado de Minas Gerais, Belo Horizonte, n. 6 jan./jun. 2006, p. 218/219.

Ainda que o antigo procedimento do inquérito judicial contemplasse o exercício do contraditório[12], mesmo durante as investigações, como sustentávamos antes da nova legislação, não há como negar que a atividade então desenvolvida pelo juiz no inquérito judicial falimentar desbordava do sistema processual penal brasileiro[13].

Anote-se que este propósito – de separar a fase investigatória da julgadora – é o fim que anima a famigerada figura do juiz das garantias, introduzida nos arts 3º-B e ss. do CPP pela Lei 13.964/2019, mas referido dispositivo teve sua eficácia suspensa no dia 22 de janeiro de 2019.

Substituição do síndico pelo administrador judicial: embora a nova de Lei de Falência tenha extinguido a figura do síndico, suas atribuições passaram a ser exercidas pelo administrador judicial, nomeado pelo juiz ao deferir o processamento da recuperação judicial ou ao decretar a quebra da empresa.

***Compliance* aplicado na recuperação/falência das empresas**: Como cediço, de um modo geral, um programa de compliance cria mecanismos operacionais e de governança que buscam:

1. Evitação e detecção de ilícitos e fraudes em geral;
2. Diminuição de riscos, perdas e danos por meio de uma gestão de riscos;
3. Atenuação das sanções e penalidades legais;
4. Recrudescimento do cumprimento da função social da empresa, que passa a agir para transformação social e aumento dos padrões éticos nos negócios em geral;
5. Melhora reputacional com aumento do valor de mercado da empresa.

Percebe-se assim que um programa de integridade corporativa, além de fortalecer o desempenho de determinadas atividades, depurar o modelo de negócios em geral e gerar economia de recursos, pode ser decisivo na elaboração de um plano de recuperação judicial. Na verdade, a convergência de objetivos entre o *compliance* e o plano de recuperação é uma excelente medida para a superação da crise e pagamento das dívidas, mediante obediência de um rigoroso procedimento pré-estabelecido pela autorregulação corporativa e que pode servir, inclusive, para avaliação do caso para sua convolação ou não em falência.

Essa situação ocorre devido ao fato de que o programa de integridade corporativa otimiza os processos internos da empresa, revelando deficiências e ineficiências que podem ser exploradas por indivíduos sem escrúpulos. Isso desempenha um papel importante tanto na prevenção de fraudes quanto na identificação dos responsáveis por tais atos, o que pode ser especialmente desafiador em casos de crimes ocorridos em estruturas empresariais devido à compartimentalização das decisões tomadas de forma colegiada.

Em conclusão, a intersecção entre o programa de integridade corporativo, a recuperação judicial e a prevenção de fraudes constitui um estrato essencial no tecido empresarial contemporâneo. A vigilância constante contra práticas fraudulentas não somente coaduna-se com a recuperação financeira, mas também serve de esteio para a sustentabilidade e a revitalização exitosa de empresas diante de vicissitudes desafiadoras.

---

12 Neste sentido reconhecia o STF: "É da jurisprudência do Supremo Tribunal que o inquérito judicial falimentar, previsto na antiga Lei de Falências (DL 7.661/1945), constitui peça meramente informativa, cujas eventuais nulidades, por isso, não contaminam o processo penal. Precedentes. O referido inquérito, contudo, pressupõe contraditório prévio, à falta do qual são inadmissíveis o oferecimento e o recebimento da denúncia, tanto mais quanto se exige a fundamentação deste (Lei de Falências, art. 107)" (cfr. HC 82.222, Primeira Turma, 30-9-2003, Pertence, DJ de 6-8-2004) (RHC 90.632, rel. min. Sepúlveda Pertence, j. 5-6-2007, 1ª T, DJE de 22-6-2007).

13 PACELLI, Eugênio. Curso de processo penal. 21. ed. São Paulo: Atlas, 2017, p. 62.

CAPÍTULO VII
DISPOSIÇÕES PENAIS
SEÇÃO I
DOS CRIMES EM ESPÉCIE
FRAUDE A CREDORES

Art. 168. Praticar, antes ou depois da sentença que decretar a falência, conceder a recuperação judicial ou homologar a recuperação extrajudicial, ato fraudulento de que resulte ou possa resultar prejuízo aos credores, com o fim de obter ou assegurar vantagem indevida para si ou para outrem.

Pena – reclusão, de 3 (três) a 6 (seis) anos, e multa.

Também conhecido como "estelionato falimentar", em razão da elementar da fraude, esse crime reproduz, basicamente, a tipificação da figura prevista na legislação anterior do crime de falência fraudulenta. Neste sentido já reconheceu o STF: "*Fatos delituosos que se amoldam ao disposto nos arts. 187 e 188 do DL 7.661/1945, em vigor à época dos fatos. (...) Não houve abolitio criminis, uma vez que a nova Lei de Falências e Recuperação Judicial (Lei 11.101/2005) continua a incriminar essas condutas em seu art. 168*". (Ext 1.324, rel. min. Dias Toffoli, j. 7-4-2015, 2ª T, DJE de 4-5-2015). O tipo estampado na legislação atual, contudo, prevê sanção mais gravosa, tendo em vista que, enquanto o Decreto-lei nº. 7.661/1945 previa pena de reclusão de 01(um) a 04 (quatro) anos, a Lei nº. 11.101/2005 estabelece uma sanção de 03 (três) a 06 (seis) anos de reclusão e multa.

Tem semelhança com o tipo do art. 179 do Código Penal, mas diferem porque aqui o sujeito ativo do crime é o empresário e a conduta é realizada em prejuízo aos credores.

BEM JURÍDICO TUTELADO

Tutela-se, de um lado, os interesses da coletividade de credores – que, para terem adimplidas as obrigações assumidas pelo devedor, precisam garantir a integridade do patrimônio deste –, e por outro lado, ainda, a administração da justiça, comprometida quanto a eficácia da prestação jurisdicional.

SUJEITOS DO CRIME

O tipo estampado no art. 168 constitui um crime falimentar próprio, tendo em vista que tem como sujeito ativo o devedor, isto é, o empresário em situação de crise financeira.

O §3° deste mesmo artigo disciplina uma hipótese de concurso de agentes, e dispõe que "nas mesmas penas incidem os contadores, técnicos contábeis, auditores e outros profissionais que, de qualquer modo, concorrerem para as condutas criminosas descritas neste artigo, na medida de sua culpabilidade".

Não é demais recordar que, conforme explana o art. 179 da Lei de Falências, caso o empresário devedor, falido ou em recuperação seja uma sociedade, os seus sócios, diretores, gerentes, administradores e conselheiros, de fato ou de direito, bem como o administrador judicial, também serão responsabilizados pela prática dos delitos falimentares.

O sujeito passivo, por sua vez, é a coletividade de credores, bem como a administração da justiça. Essa, aliás, é uma das diferenças que se apresentam entre este delito de fraude a credores e o de estelionato (art. 171 do Código Penal): enquanto neste último o sujeito passivo é determinado, no crime falimentar ora estudado, o sujeito passivo é um grupamento, por vezes, até mesmo indeterminado (uma coletividade indeterminada).

CONDUTAS

A descrição típica é praticar, antes ou depois da sentença judicial que decreta a falência, concede a recuperação judicial ou homologa a recuperação judicial, um ato fraudulento do qual resulte ou possa resultar prejuízos aos credores. Perceba-se que o crime exige três circunstâncias: 1º ato fraudulento; 2º prejuízo (ao menos potencial) aos credores; e 3º obter ou assegurar vantagem indevida.

Núcleo verbal é *praticar* ato fraudulento, que significa enganar e trapacear pelo que o delito é caracterizado como de ação livre, em que o agente, utilizando-se de uma artimanha realiza algum negócio jurídico que possa prejudicar os credores e proporcionar alguma vantagem indevida, para si ou para outrem. Trata-se de conduta, *a priori*, comissiva, mas não há óbice jurídico ao seu cometimento através de conduta omissiva, por exemplo, por meio de um malicioso silêncio aderente à fraude.

A vantagem indevida é aquela em que não tem amparo legal, não merecida e imprópria. Nos dizeres de Cezar Roberto Bitencourt:

> "em outros termos, toda a vantagem que crie ou produza diretamente algum prejuízo alheio, isto é, que produza perda, dano, diminuição de lucro ou de patrimônio a terceiro, pode ser considerada vantagem indevida, isto é, não merecida, ainda que tal prejuízo seja involuntário. Acreditamos que a denominada vantagem indevida, é mais abrangente que a vantagem ilícita, por que está, a ilícita, afronta a ordem jurídica diretamente e não apenas a ordem ética e moral. A despeito dessa possível maior abrangência da locução 'vantagem indevida', quer nos parecer que tem o mesmo significado jurídico que a locução 'vantagem ilícta'"[14].

Entendemos que a vantagem indevida deve ser necessariamente de cunho patrimonial-econômico. Em sentido contrário Cezar Roberto Bitencourt face o silêncio eloquente da lei que, quando deseja restringir-se ao conteúdo econômico do benefício auferido pelo agente, o faz expressamente[15].

Assim como pode ocorrer no estelionato comum, embora excepcional, é possível que pessoa enganada seja diferente daqueles que suportarão o prejuízo fruto da fraude (credores).

Exemplos desse crime:

1. Ocultação de Ativos: Uma empresa à beira da falência esconde ativos valiosos transferindo-os secretamente para contas bancárias em nome de terceiros, evitando que esses ativos sejam incluídos na massa falida e beneficiando a si mesma ou seus sócios.

2. Venda de Ativos Subvalorizados: Uma empresa que está prestes a entrar em recuperação judicial vende seus ativos valiosos a preços muito abaixo do valor de mercado para um cúmplice ou para uma empresa controlada pelos mesmos proprietários, visando reduzir os ativos disponíveis para pagamento dos credores.

3. Falsificação de Documentos: Uma empresa falsifica documentos contábeis para inflar seus passivos ou diminuir seus ativos, a fim de aparentar uma situação financeira pior do que realmente é, na tentativa de convencer o tribunal a aprovar uma recuperação judicial ou conceder um tratamento mais favorável.

4. Transferência Fraudulenta de Credores: Uma empresa que busca recuperação judicial direciona pagamentos para credores específicos de maneira fraudulenta, escolhendo beneficiar apenas alguns credores em detrimento de outros, com o objetivo de obter apoio político ou favorecer relacionamentos comerciais específicos.

---

14 BITENCOURT, Cezar Roberto. Tratado de Direito Penal Econômico. Vol. 2. 2016. São Paulo Saraiva, p. 550.

15 BITENCOURT, Cezar Roberto. Tratado de Direito Penal Econômico. Vol. 2. 2016. São Paulo Saraiva, p. 550.

5. Criação de Dívidas Fictícias: Uma empresa cria dívidas fictícias com entidades relacionadas ou empresas-fantasmas, inflando seu passivo para aparentar uma situação mais grave e justificar a necessidade de recuperação judicial.

Diferença para o crime de estelionato: Há algumas diferenças entre o crime de fraude a credores e o estelionato (art. 171 do Código Penal). a) no delito falimentar, é possível que o prejuízo causado pela prática do ato fraudulento seja efetivo ou potencial (ou seja, a mera potencialidade já basta para configurar o crime), enquanto que, no estelionato, é essencial que se verifique o efetivo prejuízo; b) no crime especial o sujeito ativo é o empresário, enquanto no estelionato é qualquer pessoa; c) a vítima no crime falimentar é a universalidade de credores enquanto que no estelionato é pessoa certa e determinada.

VOLUNTARIEDADE

O elemento subjetivo é o dolo, devendo-se atentar para a exigência legal do dolo específico de causar prejuízo a credores ou de obter vantagem indevida para si ou para outrem.

A Lei 11.101/2005 aboliu as figuras típicas culposas, razão pela qual, inexiste neste caso crime culposo.

CONSUMAÇÃO E TENTATIVA

O crime tem como momento consumativo a prática do ato fraudulento capaz de ensejar prejuízo aos credores, não sendo relevante para esse fim a constatação do dano efetivo, que constitui mero exaurimento do crime. Trata-se, portanto, de crime formal e de perigo, razão pela qual a reparação do dano é irrelevante penal, exceto quanto aos efeitos premiais dos artigos 16 e 65, III, b, ambos do Código Penal[16].

Admite-se a tentativa. Ex. agente emprega a fraude, tenta realizar o negócio jurídico, mas, por circunstâncias alheis, não consegue enganar a vítima. Nesse caso, é necessário que o meio fraudulento não seja totalmente ineficaz.

Crime impossível: A fraude capaz de caracterizar o crime é aquela que reúne condições de enganar a vítima. A fraude totalmente inidônea, ou seja, incapaz de enganar alguém, caracteriza crime impossível por absoluta ineficácia do meio.

AÇÃO PENAL

A ação penal é pública incondicionada, nos termos do art. 184 da lei de Falências, sem prejuízo da possibilidade de ação penal privada subsidiária da pública.

CAUSAS DE AUMENTO DA PENA

Dos parágrafos 1º e 2º do artigo 168, podemos inferir que o legislador escolheu a fraude contábil como uma circunstância que qualifica a conduta típica básica vez que utilizada como instrumento, como meio para a sua concretização. A contabilidade é responsável por manter o registro histórico e da situação financeira do devedor, permitindo, assim, a análise da evolução de seu patrimônio e a sua viabilidade econômica e contratual. Qualquer conduta que distorça

16 Para o Superior Tribunal de Justiça, porém, "o tipo penal ao art. 168 da Lei n. 11.101/2005 tutela a conduta que possa causar prejuízo, desnecessária a demonstração de efetiva de prejuízo, pois o crime é classificado como de perigo. Sendo assim, não é necessário demonstrar que a criação de uma outra empresa, no mesmo ramo comercial que a falida, efetivamente acarretou prejuízo aos credores (REsp 1617129/RS. Rel. Min. Sebastião Reis Júnior, 6ª T, Julg. 07/11/2017).

esses registros é, portanto, prejudicial ao processo de falência ou de recuperação judicial ou extrajudicial, o que justifica as circunstâncias especiais que acarretam o aumento da pena.

A escrituração contábil, ensina Bonini, é o registro sistemático e metodologicamente organizado de fatos economicamente relevantes no funcionamento da empresa. Genericamente, envolve a documentação formal exigida, em lei, para a regularidade fiscal de qualquer empresa, consistente em livro diário (art. 1.180, CC), no livro de registro de duplicatas (art. 19, Lei n.º 5.474/68) ou no livro de registro de notas fiscais fatura (art. 19, § 3º, Lei n.º 5.474/68). No caso de sociedade anônima, há livros obrigatórios previstos no art. 100, Lei n.º 6.404/76 e arts. 1.075, § 1º e art. 1.069, II, ambos do CC. No caso de microempresa ou empresa de pequeno porte optantes pelo SIMPLES, há obrigação de manter a escrituração do livro-caixa e do registro de inventário; se não optante pelo SIMPLES, deverá acrescer a escrituração do livro diário. Em qualquer caso, se emitir duplicatas, deverá manter livro de registro de duplicatas[17].

O balanço é um resumo da situação patrimonial da empresa, na forma do art. 1.188 e 1.189, ambos do Código Civil.

AUMENTO DA PENA

§1º A pena aumenta-se de 1/6 (um sexto) a 1/3 (um terço), se o agente:

I – elabora escrituração contábil ou balanço com dados inexatos;

II – omite, na escrituração contábil ou no balanço, lançamento que deles deveria constar, ou altera escrituração ou balanço verdadeiros;

III – destrói, apaga ou corrompe dados contábeis ou negociais armazenados em computador ou sistema informatizado;

IV – simula a composição do capital social;

V – destrói, oculta ou inutiliza, total ou parcialmente, os documentos de escrituração contábil obrigatórios.

No **inciso I**, tutela-se a chamada "regularidade da informação contábil", que serve de base aos credores para fins de controle e acompanhamento da situação econômico-financeira do empresário devedor. Essa primeira causa de aumento, aliás, tem especial relevância diante de processos criativos de manipulação dos registros contábeis do devedor por meio da utilização de conhecimentos técnicos específicos de contabilidade. Trata-se da "contabilidade criativa", capaz de ensejar sérios prejuízos não só para a coletividade de credores, assim como para higidez do mercado em geral e da livre concorrência, visto que pode ensejar, v.g., obtenção de incentivos fiscais indevidos.

Do que se extrai dos **incisos II e III**, constata-se, mais uma vez, a proteção da escrituração contábil, como meio legítimo de controle da coletividade de credores. Tal proteção se estende, inclusive, aos procedimentos mais modernos de contabilidade (através de computador ou sistemas informatizados). Aqui estão descritas condutas que se assemelham aos delitos de falsidade ideológica e material, porque o agente oculta e altera informações que deveriam constar na escrituração contábil.

O **inciso IV** tutela as funções do capital social, que são: a) função interna: aferir a força política do sócio (quanto mais cotas o sócio obtiver do capital social, mais peso tem o seu voto, maior o seu poder de decisão na sociedade); b) função externa: serve de controle e garantia aos credores.

17 BONINI, Paulo Rogério et al. Leis Penais Especiais anotadas, 13ª ed. Campinas: Milennium, 2016, p. 378.

A simulação da composição do capital social, manobra conhecida como "subcapitalização" ou "capital aguado" altera a realidade dos registros escriturais e projeta um capital social inexistente, que não condiz com o que efetivamente se extrai da atividade empresarial, seja porque se revela superior ou porque se revela aquém do real. Como resultado disso, a empresa pode obter benefícios fiscais ou concessão de financiamentos pautados num capital social falsamente robusto, ou, proporcionar seu controle por sócios falsamente majoritários, o que viola aquela função externa mencionada.

Trata-se de causa aumento inerente, unicamente, às sociedades empresariais, uma vez que as demais espécies de empresário (empresário individual e empresa individual de responsabilidade limitada) não possuem capital social.

> Deixou a Lei nº 11.101/2005 de exigir o intuito de obtenção de maior crédito previsto no Decreto-Lei nº 7.661/45 (art. 188, I), bastando o fim de obtenção ou asseguração de vantagem indevida para si ou para outrem. A simulação de capital social que, segundo Valverde (1962, p. 68), é o "[...] montante em dinheiro, dos valores ou bens, que o dono ou donos da empresa realmente contribuíram, para possibilitar a sua exploração", consiste na declaração ou inserção em qualquer documento, de forma inexata, de maior capital que o verdadeiro, v.g., pela entrega a bancos ou financeiras de relatórios, memoriais ou exposições, confecção ou difusão de prospectos ou publicações, divulgação em revistas, etc. Se a simulação de capital social for inserida em balanço, escrituração contábil ou lançamento, configura-se a causa de aumento de pena prevista no art. 168, § 1º II, Lei nº 11.101/2005. Em todo caso, a simulação ocorre quando a cifra que exprime o capital social não representa o valor real das contribuições, em bens ou dinheiro, que os sócios da sociedade fizeram para a constituição deste capital[18].

Finalmente, no que se refere ao **inciso V**, a conduta típica se refere apenas aos documentos de escrituração obrigatórios, não abrangendo, portanto, todo e qualquer documento, dado ou informação importantes. É previsão bastante semelhante a do inciso III que se destina ao mesmo tipo de documentação contábil, porém, armazena em computador ou sistema informatizado.

Diferença entre a figura do inciso II e do art. 178: o crime do art. 178 é expressamente subsidiário e não é praticado mediante expediente fraudulento, circunstância que agrava a reprovabilidade da conduta e enseja a caracterização do delito previsto no art. 168, II, da Lei 11.101/2005.

CONTABILIDADE PARALELA

§2º. A pena é aumentada de 1/3 (um terço) até metade se o devedor manteve ou movimentou recursos ou valores paralelamente à contabilidade exigida pela legislação.

Contabilidade paralela e distribuição de lucros ou dividendos a sócios e acionistas até a aprovação do plano de recuperação judicial.

§ 2º A pena é aumentada de 1/3 (um terço) até metade se o devedor manteve ou movimentou recursos ou valores paralelamente à contabilidade exigida pela legislação, inclusive na hipótese de violação do disposto no art. 6º-A desta Lei. (redação dada pela Lei n.º 14.112/2020).

Esse §2º prevê agravante de 1/3 (um terço) até a metade da pena, caso a ação criminosa tenha ensejado a mantença ou movimentação de recursos ou valores paralelamente à

18 VIDAL, Hélvio Simões. Os tipos penais na nova lei de falências e recuperação de empresas. De jure : revista jurídica do Ministério Público do Estado de Minas Gerais, Belo Horizonte, n. 6 jan./jun. 2006, p. 222.

contabilidade exigida pela legislação. É o caso da chamada "contabilidade não oficial", também afamada como "**caixa dois**", caracterizado pela movimentação desses recursos à revelia dos órgãos arrecadadores, investidores, sócios e acionistas, o que produzi um falso modelo de empresa, apto a produzir inadimplências creditícias e enriquecimento ilícito de empresários.

A alteração promovida pela Lei n.º 14.112/2020 simplesmente acrescentou a oração aditiva "inclusive na hipótese de violação do disposto no art. 6º-A desta Lei". A modificação reforça, por meio da sanção penal, a proibição legal de distribuição de lucros e dividendos para sócios e acionistas até a aprovação do plano de recuperação judicial, conduta realmente nociva aos credores porque ignora o momento de atenção por qual passa a empresa e que reclama cautela na gestão de seus ativos.

A conjugação no passado dos núcleos verbais contida no tipo, opção redacional criticável, não prejudica o alcance de condutas em andamento porque o verbo "manter" se reporta a condutas permanentes, o abrange às iniciadas antes de serem descobertas pelas autoridades.

A incidência dessa causa de aumento estampada no § 2º não impede que, de forma autônoma e cumulativa, incida quaisquer das causas do §1º deste mesmo art. 168, mesmo porque se referem à circunstâncias objetivas, e, portanto, compatíveis entre si.

Trata-se de tipo assemelhado ao do art. 11 da Lei n.º 7.492/1986.

CONCURSO DE PESSOAS

§ 3º Nas mesmas penas incidem os contadores, técnicos contábeis, auditores e outros profissionais que, de qualquer modo, concorrerem para as condutas criminosas descritas neste artigo, na medida de sua culpabilidade.

Conforme supramencionado o §3º do art. 168 dispõe que devem ser responsabilizados, sob o mesmo peso sancional que o devedor, os contadores, técnicos contábeis, auditores e outros profissionais que, de qualquer modo, concorrerem para a fraude a credores. Trata-se de disposição, a rigor, dispensável visto que abrangida pelo art. 29 do Código Penal.

A medida da culpabilidade referida na parte final da norma indica que que o juiz deve levar em conta, no momento da dosimetria da pena, o grau de envolvimento de cada um dos codelinquentes no ilícito.

REDUÇÃO OU SUBSTITUIÇÃO DA PENA

§4º Tratando-se de falência de microempresa ou de empresa de pequeno porte, e não se constatando prática habitual de condutas fraudulentas por parte do falido, poderá o juiz reduzir a pena de reclusão de 1/3 (um terço) a 2/3 (dois terços) ou substituí-la pelas penas restritivas de direitos, pelas de perda de bens e valores ou pelas de prestação de serviços à comunidade ou a entidades públicas.

No §4º, o legislador dedicou tratamento diferenciado, mais brando, para microempresários ou empresários de pequeno porte, tendo previsto redução de 1/3 (um terço) a 2/3 (dois terços) da pena ou a substituição da pena restritiva de liberdade por restritiva de direitos, desde que inexista habitualidade na prática de condutas fraudulentas. Anote-se que o conceito de microempresas e empresas de pequeno porte é feito no art. 3º da Lei Complementar 123/2006.

À expressão habitual não deve levar a caracterização do tipo como crime habitual, que, segundo Rogério Sanches, é aquele que "*Somente irá ocorrer se houver repetição da conduta que revele ser aquela atividade um procedimento costumeiro por parte do agente*[19]". Deve ser entendida apenas como reiteração de conduta, razão pela qual, caracteriza-se como elemento normativo do tipo.

Trata-se de figura privilegiada que revela uma adequada distinção frente às atividades do micro e pequeno empresário devedor que, dado o menor capital de giro que manejam, não produzem os mesmos impactos nocivos no mercado quando praticam os atos ilícitos falimentares.

A alternatividade dos benefícios previstos no dispositivo é criticável uma vez que o art. 44, I, do Código penal, que deve ser aplicado de forma geral, já prevê a possibilidade de substituição das penas privativas por restritivas de direitos. A má redação da norma, possivelmente, será solucionada por uma deliberada preferência pela minoração da pena, operação que não elimina, posteriormente, a sua substituição por pena restritiva, o que implicará, em última análise, em um drible na alternatividade pretendida.

VIOLAÇÃO DE SIGILO EMPRESARIAL

Art. 169. Violar, explorar ou divulgar, sem justa causa, sigilo empresarial ou dados confidenciais sobre operações ou serviços, contribuindo para a condução do devedor a estado de inviabilidade econômica ou financeira:

Pena – reclusão, de 2 (dois) a 4 (quatro) anos, e multa.

A violação de sigilo empresarial não era tipificada pela legislação falimentar anterior. No que se refere a esse delito, portanto, a Lei nº. 11.101/2005 se apresenta como *novatio legis* incriminadora, não podendo, assim, retroagir para alcançar fatos anteriores à sua vigência.

BEM JURÍDICO TUTELADO

O bem jurídico tutelado é a inviolabilidade do sigilo empresarial e a confidencialidade de operações e serviços visto que a violação, exploração ou divulgação indevida de informação confidencial é apta a agravar a situação de crise financeira-econômica do empresário devedor.

SUJEITOS DO CRIME

O crime de violação de sigilo empresarial admite que qualquer pessoa protagonize como sujeito ativo. Classifica-se, pois, sob esse aspecto, como crime falimentar impróprio.

O sujeito passivo, por sua vez, é o próprio empresário em estado de insolvência, a coletividade de credores e a administração da justiça. Ex. secretária de uma empresa revela dados empresariais sigilosos que tomou conhecimento em correspondência eletrônica destinada ao diretor da corporação.

CONDUTAS

A conduta típica abrange três núcleos: violar (devassar), explorar (extrair os benefícios) e divulgar (tornar pública, propagar), que significam transgredir toda a matéria sigilosa da empresa, seja decorrente de ativos intangíveis, como os seus registros de marca e desenhos industriais, bem como das patentes de invenções e modelos de utilidade industrial, seja decorrente de contratos e outros negócios jurídicos, e ainda, notadamente, os documentos e informações sob sigilo contábil, como livros contábeis, livros do empresário - tenham objeto empresarial ou fiscal.

19 CUNHA, Rogério Sanches. Manual de direito penal: parte geral (arts. 1 o ao 120) I. 4. ed. Salvador: JusPODIVM, 2016. p. 169.

Ante o núcleo verbal explorar, nos afigura desnecessário que o sigilo seja comunicado a terceiros, bastando, nesta figura, que o agente o utilize. Nas demais figuras, essa comunicação é inerente à violação do segredo.

Há um elemento normativo que implica que somente haverá crime se a violação, exploração ou divulgação tenha ocorrido sem justa causa, bem como que o conteúdo divulgado tenha cunho empresarial, razão pela qual, em sendo dados de natureza diversa, não há que se falar em crime falimentar.

O objeto material do crime são as informações ou dados sigilosos. Como anota Bitencourt:

> De notar-se que, neste dispositivo legal, o texto não fala em documento, público ou particular, significando que é mais abrangente, embora não exclua que o sigilo ou confidencialidade possa ter por objeto eventual documento, na medida em que não faz qualquer restrição. Alias, documento seria apenas um dos tantos meios ou formas de violação do sigilo, e, ao mesmo tempo, também objeto de sua violação, ante a ausência de restrição nesse sentido. Por outro lado, não se pode ignorar que, na atualidade, pode-se receber documento ou correspondência confidencial ou sigiloso das mais variadas formas, como, por exemplo, via e-mail, gravações em fitas cassete, DVDs, fitas de vídeo etc[20].

Diferença para o crime de *insider trading* (uso indevido de informação privilegiada)[21]: há alguma semelhança entre o crime previsto no artigo 169 da Lei 11.101/2005 e o previsto no art. 27-D da Lei 6.385/1976 – chamado de *insider trading* ou uso indevido de informação privilegiada – visto que em ambos o agente utiliza e explora informações ou dados sigilosos empresariais de que tomou conhecimento prevalecendo-se de sua posição profissional. Diferem, todavia, nas especificidades dos tipos: a) no crime falimentar, o uso da informação ou dado sigiloso não visa, necessariamente, produzir vantagem indevida ao autor da conduta, enquanto que este objetivo é elementar do tipo do art. 27-D; b) no crime falimentar, o agente explora a informação sigilosa contribuindo para o estado de inviabilidade econômica ou financeira da companhia, situação inexistente no crime de *insider trading*; c) no delito da lei 6.385/1976, as informações sigilosas se destinam a negociação com valores mobiliários, enquanto que no crime falimentar não é prevista finalidade específica do agente ao utilizar aquela informação confidencial.

Diferença para o crime previsto no art. 195, XI e XII, da Lei 9.279/1996 (Lei dos crimes contra a propriedade industrial[22]): do mesmo modo, há semelhança entre o crime em estudo e aquele de concorrência desleal. Diferem na medida em que: a) no crime falimentar, o agente explora a informação sigilosa contribuindo para o estado de inviabilidade econômica ou financeira da companhia, situação inexistente no crime da Lei 9.279/1996; b) na figura do inciso

---

20 BITENCOURT, Cezar Roberto. Tratado de Direito Penal Econômico. Vol. 2. 2016. São Paulo Saraiva, p. 561/562.

21 Assim redigido: Art. 27-D. Utilizar informação relevante de que tenha conhecimento, ainda não divulgada ao mercado, que seja capaz de propiciar, para si ou para outrem, vantagem indevida, mediante negociação, em nome próprio ou de terceiros, de valores mobiliários: (Redação dada pela Lei nº 13.506, de 2017).

Pena - reclusão, de 1 (um) a 5 (cinco) anos, e multa de até 3 (três) vezes o montante da vantagem ilícita obtida em decorrência do crime. (Incluído pela Lei nº 10.303, de 31.10.2001).

22 Assim redigido: "Art. 195. Comete crime de concorrência desleal quem:

(...)

XI - divulga, explora ou utiliza-se, sem autorização, de conhecimentos, informações ou dados confidenciais, utilizáveis na indústria, comércio ou prestação de serviços, excluídos aqueles que sejam de conhecimento público ou que sejam evidentes para um técnico no assunto, a que teve acesso mediante relação contratual ou empregatícia, mesmo após o término do contrato;

XII - divulga, explora ou utiliza-se, sem autorização, de conhecimentos ou informações a que se refere o inciso anterior, obtidos por meios ilícitos ou a que teve acesso mediante fraude".

XII do art. 195 da Lei Especial a informação confidencial é obtida por meio ilícito, situação inexistente no delito falitário.

VOLUNTARIEDADE

O elemento subjetivo é o dolo, consistente na vontade livre e consciente de violar, explorar ou divulgar, sem justa causa, o empresarial ou dados confidenciais sobre operações ou serviços.

Ante a ausência de previsão legal, a ação culposa não é punível nesse delito.

CONSUMAÇÃO E TENTATIVA

A doutrina debate quanto ao momento consumativo do crime de violação de sigilo empresarial.

Com efeito, uma parte da doutrina (a exemplo de Manoel Justino Bezerra Filho) defende que a consumação se daria com a simples prática da conduta criminosa pelo agente, tratando-se, pois, de um crime mera conduta, hipótese que leva a inadmissibilidade de tentativa, tendo em vista a impossibilidade de fracionamento do *iter criminis*.

Uma segunda parcela doutrinária, sustenta que o delito é material e só estará consumado quando reconhecida judicialmente a situação de quebra do empresário, constituída por meio da decretação da falência. Essa corrente se pauta na exigência constante do tipo penal de que a conduta típica do agente contribua "para a condução do devedor a estado de inviabilidade econômica ou financeira". Neste caso, admite-se tentativa para os casos em que, embora praticada a conduta típica (violação, exploração ou divulgação), não houve falência decretada[23].

Há, ainda, uma corrente intermediária, defendida por Alexandre Demetrius Pereira, que, embora entenda que a consumação do crime se dá com a constatação de situação de inviabilidade econômica ou financeira, sustenta que esta não necessariamente será consubstanciada pela falência. A situação de crise pode ser temporária e restar solucionada através de um processo de recuperação judicial ou extrajudicial. Ignorar isso seria desconsiderar os inúmeros casos de empresas que já experimentaram situação de inviabilidade financeira e que acabaram se recuperando. Nesse sentido, explica o autor:

> "De fato, a lei obrigou que a violação do sigilo contribua com a inviabilidade do devedor. Ou seja, não prescindiu deste resultado econômico-financeiro para a consumação do crime. Por outro lado, exigiu a mera circunstância da inviabilidade econômica ou financeira, e não sua consagração jurídica definitiva, com a decretação da falência, para a consumação.
>
> Será possível, portanto, que a violação do sigilo empresarial torne momentaneamente inviável (econômica ou financeiramente) o devedor, que, por isso, seja conduzido a uma recuperação judicial ou extrajudicial na qual supere tal condição, sem que a quebra chegue a ser decretada. Nesta hipótese entendemos que estará inegavelmente consumado o delito[24]".

Neste caso, não se admite a tentativa, tendo em vista que ou a inviabilidade econômico-financeira é reconhecida (seja pela falência, seja pela concessão da recuperação judicial ou homologação da recuperação extrajudicial) ou não é, não havendo que se falar em desdobramento do *iter ciminis*.

23 É a posição de Paulo Rogério Bonini. Leis Penais Especiais anotadas, 13ª ed. Campinas: Milennium, 2016, p. 382.

24 PEREIRA, Alexandre Demetrius.Crimes *Falimentares: teoria, prática e questões de concursos comentadas*. São Paulo: Editora Malheiros, 2010, p. 164/165.

AÇÃO PENAL

A ação penal é pública incondicionada, nos termos do art. 184 da lei de Falências, sem prejuízo da possibilidade de ação penal privada subsidiária da pública.

DIVULGAÇÃO DE INFORMAÇÕES FALSAS

Art. 170. Divulgar ou propalar, por qualquer meio, informação falsa sobre devedor em recuperação judicial, com o fim de levá-lo à falência ou de obter vantagem:

Pena – reclusão, de 2 (dois) a 4 (quatro) anos, e multa.

Assim como o delito do art. 169, o crime ora apreciado também teve a sua previsão originária na Lei nº. 11.101/2005, não havendo qualquer equivalente na legislação falimentar anterior. No que se refere também a esse delito, portanto, a Lei nº. 11.101/2005 se apresenta como *novatio legis* incriminadora, não podendo, assim, retroagir para alcançar fatos anteriores à sua vigência.

BEM JURÍDICO TUTELADO

O que o delito sob exame pretende tutelar é a veracidade das informações do empresário que está sob recuperação judicial, homenageando, por via de consequência, o princípio da preservação da empresa.

SUJEITOS DO CRIME

Qualquer pessoa pode cometer o crime de divulgação de informações falsas, tratando-se, pois, de um crime comum (ou falimentar impróprio).

O sujeito passivo, por sua vez, é o empresário devedor, que deve estar submetido a processo de recuperação judicial; a coletividade de credores eventualmente atingida pela conduta criminosa; bem como a administração da justiça, tendo em vista a possibilidade de sofrer influência indevida da informação falsamente divulgada ou propalada. Tendo em vista o princípio da taxatividade, o devedor que está sob recuperação extrajudicial não deve ser abrangido nesse tipo, haja vista que o dispositivo legal se restringiu à recuperação judicial.

CONDUTAS

O tipo penal abrange dois núcleos: divulgar e propalar, ambos expressando conduta de exposição, de expansão, de publicização das informações inverídicas sobre o devedor em recuperação judicial. Dada a similitude entre os verbos, é mais um tipo misto alternativo.

Trata-se de delito similar ao previsto no tipo anterior, mas que se distinguem quanto ao objeto material, referente a informação sobre o devedor, que embora deva ser falsa, não precisa, necessariamente, ser sigilosa. Além disso, exige o tipo que o agente atue com um fim específico de levar o devedor à falência ou obter vantagem, ainda que lícita.

O delito de divulgação de informações falsas só se configura após a concessão de recuperação judicial. Este é um crime pós-recuperação, tendo em vista que deve, necessariamente, ser cometido após a concessão de recuperação judicial e durante o seu processamento.

A divulgação de falsas notícias desonrosas da companhia antes da recuperação judicial ou fora do contexto de crise falimentar, eventualmente, pode configurar crime contra a honra, desde que compatível com a condição de pessoa jurídica.

Esse delito exige, ainda, a falsidade da informação caracterizada por dados enganosos que atinjam a reputação e o patrimônio imaterial da empresa. Trata-se de elemento normativo do tipo que deve ser valorado a partir da não correspondência de seu conteúdo com a realidade dos fatos, o que por vezes, acarretará dificuldades para a sua cognição. Como anota Guilherme de Souza Nucci, a informação falsa deve ser relevante visto que a tola é incapaz de gerar resultado falência, caso em que se opera um meio totalmente ineficaz e o crime é impossível[25].

Como alerta Cezar Roberto Bitencourt:

> Ainda que o agente divulgador ou propalador de informação falsa afirme, numa maliciosa estratégia, que não acredita na veracidade do fato ou informação que está divulgando ou propalando, não afasta sua configuração típica, pois, mesmo na dúvida, não deixa de divulgá-lo, expondo-o ao risco da quebra, que em última instância é o objetivo de referido sujeito. Embora a consciência da falsidade, como elemento do dolo, deva ser atual, quem, na dúvida, não se abstém de divulgar ou propalar informação falsa assume o risco de ofender o bem jurídico protegido e, nessas circunstâncias, responde dolosamente pelo crime[26].

VOLUNTARIEDADE

O elemento subjetivo é o dolo, indicado ainda com o específico "com o fim de levar o devedor à falência ou de obter vantagem". Registre-se, por oportuno, que a vantagem que se intenta obter pode ser lícita ou legítima, não havendo valoração no tipo penal quanto a este tipo de circunstância.

Mais uma vez, ante a ausência de previsão legal, a ação culposa não é punível nesse delito.

CONSUMAÇÃO E TENTATIVA

Os núcleos verbais *divulgar* e *propalar* ensejam a consumação do crime no instante em que o agente torna pública a informação falsa de modo que a ciência da informação falsa por parte de terceiros não integra o tipo penal. Trata-se assim, de crime formal. Basta que ocorra a divulgação da informação falsa e que essa disseminação possa produzir danos à imagem da empresa em recuperação judicial.

Dada a natureza formal do crime, a retratação é irrelevante penal vez que o abalo à imagem e a reputação do devedor não é descaracterizado por este ato.

A tentativa é possível na hipótese de iniciado o ato de divulgação da informação, mas o agente é impedido de completá-la

AÇÃO PENAL

A ação penal é pública incondicionada, nos termos do art. 184 da lei de Falências, sem prejuízo da possibilidade de ação penal privada subsidiária da pública.

INDUÇÃO A ERRO

Art. 171. Sonegar ou omitir informações ou prestar informações falsas no processo de falência, de recuperação judicial ou de recuperação extrajudicial, com o fim de induzir a erro o juiz, o Ministério Público, os credores, a assembléia-geral de credores, o Comitê ou o administrador judicial:

Pena – reclusão, de 2 (dois) a 4 (quatro) anos, e multa.

O crime de indução a erro é mais uma novidade trazida pela Lei nº. 11.101/2005 (*novatio legis incriminadora*), não havendo na lei anterior nenhum crime de idêntico teor. Assim, é de se

25 NUCCI, Guilherme de Souza. Leis Penais e Processuais Penais Comentadas. Vol. 2. 8ª ed. Rio de Janeiro: Forense, p. 387.

26 BITENCOURT, Cezar Roberto. Tratado de Direito Penal Econômico. Vol. 2. 2016. São Paulo Saraiva, p. 568.

registrar, de logo, a sua aplicabilidade apenas prospectiva, não podendo retroagir para atingir condutas anteriores à sua vigência.

É de se notar, por outra via, certa similitude desse delito com o crime de "fraude processual", estampado no art. 347 do Código Penal.

BEM JURÍDICO TUTELADO

O bem jurídico tutelado por esse crime é a lisura das informações no processo falimentar. Por isso entende-se que o tipo também tutela a administração da justiça, que deve ser realizada livre de artifícios que visem enganá-la.

SUJEITOS DO CRIME

Trata-se de crime comum, que pode ter como agente qualquer pessoa que venha a ter alguma atuação no bojo do processo falimentar ou de recuperação judicial ou extrajudicial e, nesta oportunidade, sonegue ou omita informações ou, ainda, preste informações falsas.

O sujeito passivo, por sua vez, é a administração da justiça e a coletividade de credores que venha a ser prejudicada pela manobra indutiva ao erro. O próprio tipo penal, aliás, menciona os sujeitos que sofrem os efeitos da conduta criminosa: o juiz, o Ministério Público, os credores, a assembleia-geral de credores, o Comitê ou o administrador judicial.

CONDUTAS

O tipo possui três verbos, quais sejam, "sonegar" (esconder, ocultar) ou "omitir" (deixar de dizer, escrever ou de fazer algo que era de se esperar) informações e "prestar" informações falsas no curso de processo falimentar ou de recuperação judicial ou extrajudicial. É o caso do administrador judicial que apresenta relatório alterando falsamente as informações relevantes acerca da empresa ou do devedor que, no processo de falência, reconhece como verdadeiro um crédito falso.

Trata-se de crime que pode se classificar como pré ou pós-falimentar (ou recuperação), haja vista que, em que pese tenha a sua ocorrência vinculada a existência de um processo de falência, de recuperação judicial ou de recuperação extrajudicial, não há no tipo penal a exigência de que a autoridade judicial já tenha decidido acerca da decretação da falência, concessão ou homologação da recuperação do empresário.

Indução ao erro e direito de não produzir prova contra si mesmo: O direito de não produzir prova contra si mesmo (*nemo tenetur se detegere*), decorrente da ampla defesa e previsto expressamente no art. 8, item 2, g, do Pacto de San José da Costa Rica, incorporado ao direito pátrio pelo Decreto 678/1992, não autoriza que o investigado induza a erro o juiz, o Ministério Público, os credores, a assembleia-geral de credores, o Comitê ou o administrador judicial. Não se autoincriminar não pode franquear condutas atentatórios ao normal exercício da prestação jurisdicional.

VOLUNTARIEDADE

O elemento subjetivo é o dolo, exigindo o tipo penal que o agente tenha o elemento subjetivo específico, consistente em "induzir a erro o juiz, o Ministério Público, os credores, a assembleia-geral de credores, o Comitê ou o administrador judicial".

As duas primeiras modalidades são omissivas, razão pela qual, neste ponto só admite dolo direto.

CONSUMAÇÃO E TENTATIVA

O crime se consuma com a mera sonegação, omissão ou prestação de informações falsas, sendo irrelevante que o resultado venha a ser alcançado, isto é, que os destinatários da conduta sejam efetivamente induzidos a erro ou que os destinatários tenham efetiva ciência da conduta criminosa.

Em relação à tentativa, é admissível – embora de rara ocorrência prática – apenas na forma comissiva (prestar informações falsas). Com efeito, quanto aos núcleos "sonegar" e "omitir", por consubstanciarem crime omissivo próprio, não é possível a tentativa.

AÇÃO PENAL

A ação penal é pública incondicionada, nos termos do art. 184 da lei de Falências, sem prejuízo da possibilidade de ação penal privada subsidiária da pública.

FAVORECIMENTO DE CREDORES

Art. 172. Praticar, antes ou depois da sentença que decretar a falência, conceder a recuperação judicial ou homologar plano de recuperação extrajudicial, ato de disposição ou oneração patrimonial ou gerador de obrigação, destinado a favorecer um ou mais credores em prejuízo dos demais:

Pena – reclusão, de 2 (dois) a 5 (cinco) anos, e multa.

Parágrafo único. Nas mesmas penas incorre o credor que, em conluio, possa beneficiar-se de ato previsto no caput deste artigo.

O crime de favorecimento de credores é, em verdade, uma resposta penal frente a violação ao princípio do "*par conditio creditorum*", que consagra a condição de paridade dos credores.

Trata-se de infração pré-falimentar ou pós-falimentar, praticável antes ou depois da sentença que decretar a falência, conceder a recuperação judicial ou homologar plano de recuperação extrajudicial.

Constitui-se em figura típica mais ampla da prevista no antigo art. 188, II, do Decreto-Lei n.º 7.661/1945.

BEM JURÍDICO TUTELADO

Como mencionado alhures, o delito tem como fim a tutela da condição paritária entre os credores no bojo do processo falimentar ou de recuperação empresarial.

SUJEITOS DO CRIME

Trata-se de crime falimentar próprio, que só admite como sujeito ativo o próprio empresário devedor submetido a processo de falência ou de recuperação (judicial ou extrajudicial). O parágrafo único da norma prevê que também é sujeito ativo do delito o credor beneficiado com o negócio jurídico, desde que saiba de sua ilicitude.

O sujeito passivo, por sua vez, é a coletividade de credores e a administração da justiça.

CONDUTAS

A conduta típica abrange a prática de ato de disposição ou oneração patrimonial ou gerador de obrigação, destinado a favorecer um ou mais credores em prejuízo dos demais, com clara violação ao princípio do "*par conditio creditorum*". A legislação falimentar anterior (Decreto-lei nº. 7.661/45) estampava tipo penal similar em seu art. 188, inciso II, embora mais restrito e noutros termos, que criminalizava a conduta do empresário em situação de recuperação ou de pré-falência que pagava antecipadamente alguns credores em prejuízo de outros.

A disposição é a alienação de determinado bem que pode ocorrer mediante tradição, para bens móveis, ou mediante celebração de compromisso particular de compra e venda, no caso de imóveis, independente do registro do título no registro imobiliário.

A oneração patrimonial é ato que impõe obrigação sobre determinado bem, como instituição de hipoteca ou penhor.

Geração de obrigação é constituir vínculos jurídicos prestacionais, com valor econômico, em favor de outrem, com prestações de dar, fazer ou não fazer. São exemplos, celebração de contratos de empréstimos, emissão de títulos de crédito.

O art. 172, portanto, ao prever como conduta a prática de qualquer ato de disposição ou oneração patrimonial ou gerador de obrigação destinado a favorecer credores em prejuízo de outros, ampliou a conduta criminosa prevista na legislação anterior, de sorte a agravá-la. De todo modo, parece necessário aferir ainda que o negócio capaz de atrair a responsabilidade penal deste crime seja aquele praticado dentro da zona de risco penal, embora despicienda demonstração da fraude, elementar do tipo do art. 168 acima citado.

O objetivo do tipo é punir as condutas que arruínam o patrimônio da corporação prejudicando a universalidade de credores. Verifica-se tratar-se de tipo especial se comparados aos previstos nos artigos 168 e 173 da mesma lei. Por isso assim já se decidiu:

> "AGRAVO DE INSTRUMENTO – RECUPERAÇÃO JUDICIAL – Decisão que julgou parcialmente procedente a impugnação de crédito – Alegação de que pagamento parcial de notas fiscais não computado pela Administradora – Incontroverso o débito em relação à nota fiscal nº 1.243 – Nota fiscal de nº 1.249 quitada nos cálculos da Administradora Judicial, mas outra com idêntico valor em aberto – Ausente impugnação específica com relação a esta última – Aludido pagamento parcial da Nota de nº 1.262 que teria ocorrido após o pedido de recuperação judicial – Adimplemento não considerado - Acolhimento do pedido recursal que importaria em ofensa ao "par conditio creditorum" - Favorecimento de credores tipificado como crime falimentar no art. 172 da Lei 11.101/05 – Decisão mantida - Recurso improvido." (TJSP; Agravo de Instrumento 2059319-30.2021.8.26.0000; Relator (a): J. B. Franco de Godoi; Órgão Julgador: 1ª Câmara Reservada de Direito Empresarial; Foro de Birigui - 1ª Vara Cível; Data do Julgamento: 07/07/2021; Data de Registro: 07/07/2021).

VOLUNTARIEDADE

O elemento subjetivo é o dolo, exigindo-se, ainda, do agente o elemento subjetivo específico de prejudicar a coletividade de credores em benefício de um ou de alguns credores.

CONSUMAÇÃO E TENTATIVA

Embora haja vozes em sentido contrário (a exemplo de Antonio Sérgio A. Moraes Pitombo), entendemos que o delito de favorecimento de credores é crime formal, cuja consumação se dá com a disposição ou oneração do patrimônio, sem necessidade do prejuízo ou favorecimento efetivo de credor.

Admite a tentativa.

AÇÃO PENAL

A ação penal é pública incondicionada, nos termos do art. 184 da lei de Falências, sem prejuízo da possibilidade de ação penal privada subsidiária da pública.

DESVIO, OCULTAÇÃO OU APROPRIAÇÃO DE BENS

Art. 173. Apropriar-se, desviar ou ocultar bens pertencentes ao devedor sob recuperação judicial ou à massa falida, inclusive por meio da aquisição por interposta pessoa:

Pena – reclusão, de 2 (dois) a 4 (quatro) anos, e multa.

O crime estampado no art. 173 tinha previsão similar, embora mais restrita, na legislação falimentar anterior. A nova lei de falências ampliou a conduta criminosa ao acrescentar o núcleo "apropriar", e impôs ao delito pena mais gravosa, pois antes era de um a três anos e foi majorada para dois a quatro anos de reclusão.

A conduta de apropriar-se dos bens do devedor ou da massa falida não era completamente atípica ante a disposição do art. 168, § 1º, II, do CP que previa inclusive uma causa de aumento quando o agente que se apropriou do bem o recebeu na qualidade de síndico. De todo modo, seja em razão da extinção da figura do síndico, seja pela tipificação desta conduta neste crime, aquela disposição resta inaplicável.

Assim, no que se refere ao crime em comento, a Lei nº. 11.101/05 se apresenta como *novatio legis in pejus*.

BEM JURÍDICO TUTELADO

O que se busca proteger com o crime em tela são os interesses dos credores, representados pela integridade patrimonial do empresário devedor ou da massa falida.

SUJEITOS DO CRIME

Trata-se de crime comum, que pode ser cometido por qualquer pessoa. A interposta pessoa, popularmente chamado de "laranja", é aquela utilizada para dissimular o real beneficiário do bem, que, se ciente da conduta, responde como partícipe do crime.

O sujeito passivo é a coletividade de credores e a administração da justiça.

CONDUTAS

A conduta típica abrange os núcleos de "apropriar" (que significa apoderar, apreender, apossar), "desviar" (afastar, contornar, deslocar) e "ocultar" (como sinônimo de esconder ou encobrir algo). Trata-se de tipo misto alternativo visto que há entre as ações típicas uma relação de semelhança.

É crime que se classifica como pós-falimentar ou pós-recuperação, haja vista que sua ocorrência só se dá após a decisão que decreta a falência ou que concede a recuperação judicial.

Note-se que o tipo legal restringe o objeto material do delito, que só pode ser a bens pertencentes ao devedor sob recuperação judicial ou à massa falida. Assim, em homenagem ao princípio da legalidade estrita que norteia o Direito Penal, tem-se que no caso de a conduta criminosa ter como objeto bens pertencentes a devedor submetido a plano de recuperação extrajudicial não se configurará o crime do art. 173, em comento.

Esta figura típica procura impedir que os bens do devedor não sejam destinados para o pagamento das dívidas. Isso significa que ainda que todos os credores sejam pagos, haverá o crime se restar demonstrado o desvio de algum bem antes disso.

Exemplo da conduta de *desvio* é a conduta de um empregado que, decretada a falência, desloca uma máquina industrial para outra empresa. Caso apodere-se de um computador da empresa, realiza o núcleo *apropria-se*. Por fim, caso esconda um determinado bem para que não seja arrecadado, prática a modalidade *ocultar*.

> A *compra em nome de terceira pessoa* (cônjuge, p. ex.) é típica forma de execução desse delito, razão pela qual o legislador a especificou na parte final do art. 173. Nesse caso, o agente que recebeu o bem responde pelo delito do art. 174 (*aquisição, recebimento ou uso ilegal de bens*). De outro lado, é muito comum e, aliás, criminoso, p. ex., que o devedor, logo após o decreto da falência, transfira rapidamente maquinários, utensílios, matéria prima etc., para outro estabelecimento, especialmente quando ele é sócio ou tem interesse em ambas as empresas[27].

É imprescindível que o bem pertença ao devedor ou à massa falida. Caso pertença a terceiro, poderá haver crime de apropriação indébita previsto no art. 168 do CP.

Como bem explica Paulo Rogério Bonini:

> Aquisição por interposta pessoa ocorre quando há negócio jurídico com simulação subjetiva, declarando-se no instrumento pessoa diversa daquela que realmente está adquirindo o bem (art. 167, § 1º, I, CC). É o chamado "laranja" ou "testa de ferro" que, em venda simulada, figura como adquirente do bem, quando, em verdade, quem o adquiriu foi pessoa que não podia fazê-lo ou, ainda, que queria furtar-se aos efeitos do crime[28].

Conflito de leis: se a conduta praticada envolver falência de instituição financeira, haverá o crime do art. 13 da Lei 7.492/1986.

VOLUNTARIEDADE

O elemento subjetivo do crime é o dolo genérico, sendo prescindível a existência de qualquer elemento subjetivo específico.

CONSUMAÇÃO E TENTATIVA

Prevalece na doutrina que o crime em tela é de natureza formal, cuja consumação se dá com a mera conduta de ocultação, desvio ou apropriação.

A tentativa é admissível, posto que viável o fracionamento do *iter criminis*, quando embora iniciados os atos de execução, não se consuma o delito por circunstâncias alheias à vontade do agente.

Na modalidade ocultar, todavia, a tentativa é inviável vez tratar-se de crime omissivo.

AÇÃO PENAL

A ação penal é pública incondicionada, nos termos do art. 184 da lei de Falências, sem prejuízo da possibilidade de ação penal privada subsidiária da pública.

AQUISIÇÃO, RECEBIMENTO OU USO ILEGAL DE BENS

Art. 174. Adquirir, receber, usar, ilicitamente, bem que sabe pertencer à massa falida ou influir para que terceiro, de boa-fé, o adquira, receba ou use:

Pena – reclusão, de 2 (dois) a 4 (quatro) anos, e multa.

O crime de aquisição, recebimento ou uso ilegal de bens não era tipificada pela legislação falimentar anterior. No que se refere a esse delito, portanto, a Lei nº. 11.101/2005 se apresenta como *novatio legis* incriminadora, não podendo, assim, retroagir para alcançar fatos anteriores à sua vigência.

---

27 VIDAL, Hélvio Simões. Os tipos penais na nova lei de falências e recuperação de empresas. De jure : revista jurídica do Ministério Público do Estado de Minas Gerais, Belo Horizonte, n. 6 jan./jun. 2006, p. 227.

28 BONINI, Paulo Rogério et al. Leis Penais Especiais anotadas, 13ª ed. Campinas: Milennium, 2016, p. 386.

BEM JURÍDICO TUTELADO

O que se busca proteger com o crime em tela são os interesses dos credores, representados pela integridade do patrimônio da massa falida.

SUJEITOS DO CRIME

É crime comum, que pode ser cometido por qualquer pessoa, sendo possível o concurso de agentes, na hipótese de aquisições ou recebimentos sucessivos de bens.

O sujeito passivo, por sua vez, é a coletividade de credores e a administração da justiça.

CONDUTAS

Por guardar considerável semelhança com o crime de receptação previsto no art. 180 do Código Penal este delito é por muitos conhecido como "crime de receptação falimentar".

O tipo elenca como condutas típicas adquirir, receber, usar ou influir, de onde se verifica uma coincidência redacional com a receptação prevista no Código Penal, exceto pela criminalização do uso ilícito do bem pertencente à massa falida. Os verbos possuem uma semelhança entre si de modo que este é mais um tipo misto alternativo.

As condutas são:

a) Adquirir que é obter o domínio, a título oneroso (compra e venda) ou gratuito (doação);

b) Receber: obter a mera posse, ainda que precária. Ex.: receber veículo da massa falida para guardar na garagem de sua casa;

c) Usar: usufruir e utilizar;

d) Influir: instigar e convencer.

O objeto material do crime são os bens pertencentes ao devedor ou à massa falida que foram antes desfalcados de seu acervo. Por isso conclui-se que este crime é acessório ao crime anterior (art. 173) visto que pressupõe a anterior e ilícita apropriação, desvio ou ocultação do bem pertencente ao devedor ou à massa falida. O bem retirado do devedor ou da massa falida é destinado para o receptador que pode mantê-lo consigo (adquirir, receber e usar) ou oferecê-lo a outrem (influir).

Na modalidade usar o legislador inovou e criminaliza a conduta daquele que usa, ilicitamente, bem pertencente à massa falida, comportamento rotineiro praticado por administradores judiciais e depositários devido a demora dos processos de recuperação e falências.

Já na categoria influir o agente intermediário, sabendo da origem do bem, convence terceiro de boa-fé a recebê-lo ou usá-lo. É tipificação assemelhada à receptação imprópria prevista na segunda parte do *caput* do art. 180 do Código Penal.

O objeto material é bem pertencente à massa falida, o que restringe a ocorrência do crime a momento posterior à decretação da falência (crime pós-falimentar). Ademais, não há que se falar em crime se bem pertencer a empresário em processo de recuperação judicial ou extrajudicial.

O elemento normativo do tipo, qual seja, "ilicitamente", remete a valoração da antijuridicidade da conduta ao regime previsto no artigo 114 da Lei que prevê casos em é possível a aquisição e uso lícitos de bens da massa falida.

VOLUNTARIEDADE

O elemento subjetivo do crime é o dolo, sendo prescindível a existência de qualquer elemento subjetivo específico.

Devido a expressão "que sabe pertencer à massa falida" infere-se que o crime só é compatível com o dolo direto. Embora por outras razões, é a posição de Cezar Roberto Bitencourt:

> O dolo será sempre direto – tanto na receptação própria quanto na imprópria – e consistirá na vontade livre e consciente de praticar quaisquer das condutas descritas no tipo penal em exame, isto é, de receptar bem pertencente à massa falida ou influir para que terceiro de boa-fé o recepte. Em outros termos, o receptador, consciente e volun- tariamente, realiza uma ou mais das condutas proibidas. Age, nessa hipótese, com dolo direto, pois a vontade consciente do agente é dirigida à realização do fato típico. O objeto do dolo direto é o fim proposto (obtenção da coisa, em proveito próprio ou alheio), os meios escolhidos (crime de forma livre, qualquer meio que eleger) e os efei- tos colaterais ou secundários (dano ou prejuízo ao proprietário, possuidor ou detentor da coisa) representados como necessários à realização do fim pretendido[29].

Inexiste a figura culposa.

CONSUMAÇÃO E TENTATIVA

Consuma-se o crime com a efetiva aquisição, recebimento ou uso, classificando-se, no que tange a tais condutas como crime material (posto que a lei exige o resultado naturalístico), ou, ainda, com a influência de terceiro de boa-fé para tanto. Neste último caso, a mera influência exercida já basta para que o crime reste consumado, não se exigindo que o terceiro de boa-fé pratique qualquer ato. Em relação à conduta de influenciar, portanto, o crime em apreço se classifica como formal.

Na modalidade adquirir e receber o crime é instantâneo visto que possuem momento consumativo certo e determinado no tempo. O exercício da posse do bem adquirido ou recebido não torna essas modalidades em delitos permanentes.

Na conduta prevista no usar, todavia, a infração é permanente, porque sua consumação se prolonga durante todo o tempo em que o agente estiver utilizando o objeto de origem criminosa, razão pela qual pode ser preso em flagrante a qualquer momento, nos termos do art. 303 do Código de Processo Penal.

A tentativa, por sua vez, é admissível nas formas de adquirir, receber ou usar (tal como ocorre no crime de receptação, do art. 180 do Código Penal). Em relação à conduta de influenciar, que é crime formal, contudo, entende-se como inadmissível a tentativa.

AÇÃO PENAL

A ação penal é pública incondicionada, nos termos do art. 184 da lei de Falências, sem prejuízo da possibilidade de ação penal privada subsidiária da pública.

HABILITAÇÃO ILEGAL DE CRÉDITO

Art. 175. Apresentar, em falência, recuperação judicial ou recuperação extrajudicial, relação de créditos, habilitação de créditos ou reclamação falsas, ou juntar a elas título falso ou simulado:

Pena – reclusão, de 2 (dois) a 4 (quatro) anos, e multa.

O crime de habilitação ilegal de crédito, sob análise, tipifica condutas que já constavam como delituosas na legislação anterior. Trata-se, pois, de clara hipótese de continuidade delitiva.

29 BITENCOURT, Cezar Roberto. Tratado de Direito Penal Econômico. Vol. 2. 2016. São Paulo Saraiva, p. 616.

A nova lei, aliás, acabou sendo um pouco mais branda, ao restringir o alcance do tipo legal, que antes previa também como típica a conduta do devedor que reconhece como verdadeiros créditos falsos ou simulados. Não há previsão equivalente na legislação falimentar atual, de sorte que, em relação aos fatos ocorridos anteriormente ao seu advento, a norma retroage como uma verdadeira *abolitio criminis*, e, quanto aos fatos que lhes forem posteriores, não há que se falar em crime. Com efeito, é incabível, no âmbito penal, a utilização de analogia *in malam partem*.

BEM JURÍDICO TUTELADO

O delito visa a proteger a idoneidade do processo de falência ou de recuperação judicial ou extrajudicial, no interesse não só dos credores, mas também, e notadamente, da administração da justiça.

SUJEITOS DO CRIME

Trata-se de crime comum, que pode ser praticado por qualquer pessoa.

O sujeito passivo, por sua vez, é a coletividade de credores e a administração da justiça.

CONDUTAS

As condutas típicas abrangem o núcleo de "apresentar" (mostrar, expor, exibir, submeter a exame) e o de juntar (anexar), tendo como objetos materiais possíveis relação de créditos, habilitação de créditos ou reclamação, bem como títulos que venham ser a eles anexos.

Após a decretação da falência, o administrador judicial apresenta a relação de créditos, elaborada com base na escrituração contábil do devedor (art. 7º, § 3º c.c. art. 22, e, da Lei) ou pelo devedor. A habilitação de créditos é o incidente processual por meio do qual o credor que não consta naquela relação inicial postula o pagamento de sua dívida. A reclamação, a seu turno, é o incidente processual em que credor, devedor ou terceiros que não concordam com a relação de crédito publicada antes pelo administrador judicial ou oferecida pelo devedor, postulam sua reapreciação. Assim, este crime pune a conduta daquele que, durante falência ou de recuperação (judicial ou extrajudicial), apresenta os documentos supracitados eivados de falsidade, seja ela material ou ideológica.

Extrai-se do tipo penal que o delito é pós-falência ou pós-recuperação, haja vista que só pode ocorrer a partir da decretação da falência, da concessão da recuperação judicial ou da homologação de plano de recuperação extrajudicial.

Por fim, não é demais alertar que a falsidade que se exige dos documentos elencados no tipo deve ter idoneidade e aptidão para induzir o destinatário a erro. Isso porque, caso seja grosseira a falsificação, incapaz de enganar, estar-se-á diante de crime impossível, ante a absoluta impropriedade do objeto (nos termos do art. 17 do Código Penal).

Conflito de leis: se a conduta for praticada em meio a uma falência de uma instituição financeira, haverá o crime do art. 14 da Lei 7.492/1986.

VOLUNTARIEDADE

O elemento subjetivo do crime é o dolo, sendo prescindível a existência de qualquer elemento subjetivo específico.

Não há figura culposa.

CONSUMAÇÃO E TENTATIVA

O crime de habilitação ilegal de crédito é formal e de perigo.

Assim, consuma-se com a efetiva apresentação da relação ou habilitação de créditos ou reclamação falsas ou, ainda, com a juntada do título falso ou simulado, sendo irrelevante, para fins de consumação, a ocorrência do efeito desejado pelo agente.

Não admite tentativa.

AÇÃO PENAL

A ação penal é pública incondicionada, nos termos do art. 184 da lei de Falências, sem prejuízo da possibilidade de ação penal privada subsidiária da pública.

EXERCÍCIO ILEGAL DE ATIVIDADE

Art. 176. Exercer atividade para a qual foi inabilitado ou incapacitado por decisão judicial, nos termos desta Lei:

Pena – reclusão, de 1 (um) a 4 (quatro) anos, e multa.

O crime de exercício ilegal de atividade não era tipificado pela legislação falimentar anterior. No que se refere a esse delito, portanto, a Lei nº. 11.101/2005 se apresenta como *novatio legis* incriminadora, não podendo, assim, retroagir para alcançar fatos anteriores à sua vigência. Trata-se de espécie de desobediência a decisão judicial, semelhante ao art. 359 do Código Penal.

BEM JURÍDICO TUTELADO

O crime sob análise tem como objeto jurídico a autoridade da decisão judicial que declarou a inabilitação ou incapacidade do agente.

> O objeto desta proteção penal é o cumprimento de decisão judicial que, na seara falimentar, declarar ou decretar a inabilitação ou incapacitação de alguém para ao exercício de determinada atividade. Nesse particular, a previsão da atual lei de falências distingue-se daquela que constava do Código Penal de 1940 que, em sua versão original, incriminava o descumprimento das então denominadas penas acessórias (art. 67, I e II, da revogada parte geral do CP). Era exatamente esse o magistério de Nélson Hungria, o qual pedimos vênia para transcrever na íntegra: "Vê-se, para logo, que se trata de assegurar penalmente o cumprimento das penas acessórias previstas no art. 67, incs. I e II, quer quando aplicadas definitivamente (art. 70), quer quando provisoriamente (art. 71). Sobre (sic) quais sejam a função, a atividade (genus de que são espécies a profissão, o ofício e o ministério), o direito, a autoridade ou múnus a que se refere o dispositivo em exame, consultem-se os artigos 67, I e 69, incs. I a V. Conforme expressamente declara o texto legal, é preciso que a privação ou suspensão de que se cuida decorra de decisão judicial[30]".

SUJEITOS DO CRIME

Trata-se de crime que só pode ser cometido por aquele que foi inabilitado ou incapacitado por decisão judicial.

O polo passivo, por sua vez, é protagonizado pela administração da justiça, e, de forma secundária, pode-se considerar também a coletividade de credores que eventualmente se vir prejudicada pelo exercício ilegal da atividade.

30 BITENCOURT, Cezar Roberto. Tratado de Direito Penal Econômico. Vol. 2. 2016. São Paulo Saraiva, p. 621.

CONDUTAS

O crime em comento estampa o núcleo "exercer" (desempenhar função, praticar, realizar), referindo-se ao exercício de atividade para a qual o agente tenha sido inabilitado ou incapacitado por decisão judicial, sob os ditames da Lei nº. 11.101/2005.

É norma penal em branco visto que as hipóteses de inabilitação ou incapacitação previstas na Lei 11.101/2005 são as seguintes:

1) Art. 102. O falido fica inabilitado para exercer qualquer atividade empresarial a partir da decretação da falência e até a sentença que extingue suas obrigações, respeitado o disposto no § 1º do art. 181 desta Lei;

2) Art. 103. Desde a decretação da falência ou do seqüestro, o devedor perde o direito de administrar os seus bens ou deles dispor;

3) decorrente dos efeitos da condenação pela prática de crime falimentar previstos no art. 181 da Lei de Falências: inabilitação para o exercício de atividade empresarial, o impedimento para o exercício de cargo ou função em conselho de administração, diretoria ou gerência das sociedades sujeitas à Lei n. 11.101/2005, e, bem assim, a impossibilidade de gerir empresa por mandato ou por gestão de negócio.

Assim, caso o sujeito que sofrer o efeito da condenação supracitado venha a violar tal impedimento judicialmente imposto, incide no tipo penal do art. 176, em comento.

Trata-se de crime pós-falência ou pós-recuperação, tendo em vista que a sua ocorrência só pode se dar após o processo de falência ou de recuperação (judicial ou extrajudicial) no qual a decisão judicial de inabilitação ou incapacidade tenha sido tomada.

Para Cezar Roberto Bitencourt "*para que se admita a tipificação do crime de desobediência à decisão judicial, é indispensável que se trate de decisão transitada em julgado, à luz do princípio da presunção da inocência consagrado pela atual Constituição Federal*"[31].

VOLUNTARIEDADE

O elemento subjetivo do crime é o dolo, sendo prescindível a existência de qualquer elemento subjetivo específico.

CONSUMAÇÃO E TENTATIVA

O delito de exercício ilegal de atividade não é habitual vez que se consuma com um único ato de exercício da atividade da qual o agente foi suspenso ou privado por decisão judicial, ainda que desta conduta não seja produzido nenhum resultado naturalístico. Trata-se, portanto, de crime formal.

A tentativa é possível.

AÇÃO PENAL

A ação penal é pública incondicionada, nos termos do art. 184 da lei de Falências, sem prejuízo da possibilidade de ação penal privada subsidiária da pública.

VIOLAÇÃO DE IMPEDIMENTO

Art. 177. Adquirir o juiz, o representante do Ministério Público, o administrador judicial, o gestor judicial, o perito, o avaliador, o escrivão, o oficial de justiça ou o leiloeiro, por si ou

31 BITENCOURT, Cezar Roberto. Tratado de Direito Penal Econômico. Vol. 2. 2016. São Paulo Saraiva, p. 622.

por interposta pessoa, bens de massa falida ou de devedor em recuperação judicial, ou, em relação a estes, entrar em alguma especulação de lucro, quando tenham atuado nos respectivos processos:

Pena – reclusão, de 2 (dois) a 4 (quatro) anos, e multa.

O crime de violação de impedimento, sob análise, tipifica condutas que já constavam como delituosas na legislação anterior (Decreto-lei nº. 7.661/45, art. 190). A Lei nº. 11.101/2005, contudo, inaugurou previsão mais gravosa, tendo em vista que a pena estipulada passou de 01 (um) a 02 (dois) anos de detenção para 02 (dois) a 04 (quatro) anos de reclusão e multa. É na verdade um crime funcional especial.

Assim, por se tratar de hipótese de *novatio legis in pejus*, não retroage para alcançar fatos que sejam anteriores à sua vigência.

BEM JURÍDICO TUTELADO

O bem jurídico que se busca proteger com o crime de violação de impedimento é a moralidade da justiça e a honradez do processo falimentar ou de recuperação judicial.

SUJEITOS DO CRIME

O polo ativo é protagonizado por quaisquer dos agentes enunciados no tipo penal: o juiz, o representante do Ministério Público, o administrador judicial, o gestor judicial, o perito, o avaliador, o escrivão, o oficial de justiça ou o leiloeiro, por si ou por interposta pessoa.

No polo passivo figuram a administração da justiça e a coletividade de credores, em face do risco de qualquer desses agentes elencados no tipo vir a adquirir bens da massa falida ou do devedor em recuperação o judicial, de sorte a frustrar a satisfação de seus créditos.

CONDUTAS

O art. 177 expõe, em seu teor, impedimento expresso de alguns sujeitos para aquisição de bens de massa falida ou de devedor em recuperação judicial. Adquirir é obter a propriedade, a título oneroso (compra e venda) ou gratuito (doação).

A segunda modalidade, de difícil compreensão e delimitação[32], "entrar em alguma especulação de lucro", em relação aos bens da massa falida ou do devedor em recuperação judicial deve ser compreendida como qualquer negócio jurídico praticado pelo agente que mantenha um nexo com as informações de que tomou conhecimento em razão de sua atuação funcional e que lhe possam proporcionar ganhos financeiros, seja de que espécie for. São exemplos dessa espécie de violação o exercício de atividade que implique a prestação de serviços com a empresa em crise; compra de ações no mercado de valores relacionadas a empresa; locação de imóvel do devedor ou para a massa falida, etc.

---

32 Sobre as críticas a essa redação, confira-se as lições de Cezar Roberto Bitencourt que termina, citando Nilo Batista, sustentado sua inconstitucionalidade: "Certamente, a opção do legislador adotando uma locução, "entrar em alguma especulação", em vez de um verbo nuclear – especular –, que é a metodologia do direito penal clássico, não atende aos postulados consagrados pelo direito penal da culpabilidade, próprio de um Estado Democrático de Direito, inviabilizando a própria defesa do agente. Nessa linha, criticando a mesma locução, pontifica Nilo Batista, *in verbis*: 'não há outra solução senão reconhecer que, à distância de quase dois séculos, a velha expressão é incapaz de delimitar a matéria de proibição, e é melhor proclamar a inconstitucionalidade da segunda modalidade do delito, por violação ao princípio da legalidade, do que experimentar viabilizá-la em exemplos espantosos, nos quais a escassa juridicidade compete com elevados riscos político-criminais'" (BITENCOURT, Cezar Roberto. Tratado de Direito Penal Econômico. Vol. 2. 2016. São Paulo Saraiva, p. 627).

Embora haja alguma diferença entre as duas figuras típicas, dada a semelhança ontológica entre as condutas, verifica-se tratar-se de tipo misto alternativo. Incompreensivelmente o tipo penal exclui a recuperação extrajudicial.

A parte final exige que o sujeito ativo tenha efetivamente atuado no processo de falência ou recuperação judicial, não bastando que esteja apenas lotado no ofício onde tramita o processo. A atuação efetiva ocorre com a realização de algum ato processual ou administrativo efetivo. A fim de evitar manobras, o tipo prevê a caracterização do delito mediante a atuação por interposta pessoa, isto é, por pessoa que age a mando do sujeito ativo, seja familiar, sócio ou outra pessoa com aja com esse tipo de liame subjetivo.

O tipo não exige que a aquisição dos bens seja por preço inferior ao de mercado ou àquele oferecido aos demais possíveis adquirentes o que realça que o objetivo é manter a lisura e a neutralidade objetiva da atividade estatal.

O objeto material desta infração penal é o bem do devedor ou da massa falida adquirido ou objeto da especulação do sujeito ativo.

VOLUNTARIEDADE

O elemento subjetivo do crime é o dolo, sendo prescindível a existência de qualquer elemento subjetivo específico.

Inexiste figura culposa.

CONSUMAÇÃO E TENTATIVA

A consumação do delito em tela se dá com a aquisição ou participação em especulação de lucro, por parte dos agentes elencados no tipo penal, em relação aos bens pertencentes à massa falida ou ao devedor em recuperação judicial.

A tentativa é admissível quando o agente, por exemplo, faz o pagamento pelo objeto, mas, por circunstâncias alheias à sua vontade, ele não lhe é entregue.

AÇÃO PENAL

A ação penal é pública incondicionada, nos termos do art. 184 da lei de Falências, sem prejuízo da possibilidade de ação penal privada subsidiária da pública.

OMISSÃO DOS DOCUMENTOS CONTÁBEIS OBRIGATÓRIOS

Art. 178. Deixar de elaborar, escriturar ou autenticar, antes ou depois da sentença que decretar a falência, conceder a recuperação judicial ou homologar o plano de recuperação extrajudicial, os documentos de escrituração contábil obrigatórios:

Pena – detenção, de 1 (um) a 2 (dois) anos, e multa, se o fato não constitui crime mais grave.

Esse é o único crime falimentar para o qual foi estipulada pena de detenção. Todos os demais, vistos anteriormente, preveem pena de reclusão. Além disso, é infração de menor potencial ofensivo, sendo-lhe aplicada as disposições da Lei 9.099/1995. Anote-se que o preceito secundário prevê tratar-se de crime subsidiário de modo que fica absorvido se o fato constituir crime mais grave.

BEM JURÍDICO TUTELADO

O crime visa a tutelar a existência de meios de controle contábil da atividade e do patrimônio do empresário devedor.

SUJEITOS DO CRIME

O delito de omissão dos documentos contábeis obrigatórios é crime próprio, de sorte que só pode ser cometido pelo devedor falido ou em recuperação, afinal é dele, nos termos do art. 1.179 a 1184 do Código Civil, a obrigação de manter a escrituração uniforme de seus livros, bem como registrar neles as operações empresariais. O dever de elaborar, escriturar e autenticar esses livros obrigatórios também recai sobre o empresário e, eventualmente, do contabilista responsável pela empresa de modo que, nos termos do art. 168, § 3º, da Lei, podem também responder pela infração em estudo.

O sujeito passivo, por sua vez, é a coletividade de credores e a administração da justiça.

CONDUTAS

O art. 178 estampa conduta típica com três núcleos: deixar de elaborar, deixar de escriturar ou deixar de autenticar documentos de escrituração contábil obrigatórios. É mais um tipo misto alternativo, praticado por omissão.

A conduta criminosa pode ser realizada antes ou depois da sentença que decretar a falência, conceder a recuperação judicial ou homologar plano extrajudicial, pelo que se caracteriza como pré-falimentar (ou recuperação) ou pós-falimentar (ou recuperação).

É norma penal em branco, complementada, como explica Guilherme de Souza Nucci por muitas normas editadas atendendo o segmento econômico em que atuam as empresas:

> As variadas leis, regendo as atividades empresariais em geral, possuem, para cada tipo de comerciante ou empresário, um rol de livros necessários para, em suma, registrar as atividades realizadas no dia a dia, justamente para servir de prova da lisura dos negócios efetivados e para propiciar a fiscalização eficiente dos agentes do Estado e, também, quando o caso, dos credores e financiadores do empreendimento[33].

São leis de natureza cível (CC, arts. 1.181), tributária (CTN, art. 14, III e 195, parágrafo único) e empresarial que exigem este tipo de documentação, como por exemplo, o Livro Diário ou de Registro de Duplicatas.

Segundo Paulo Rogério Bonini:

> Deixar de escriturar tem sentido técnico de não efetuar o lançamento regular e contínuo de informações contábeis da empresa. Deixar de autenticar, também no sentido técnico, é deixar de apresentar documentos relativos à empresa e às suas operações, descritas em lei, a quem, também, por força legal, tenha competência para atestar a veracidade daqueles[34].

VOLUNTARIEDADE

O elemento subjetivo do crime é o dolo, sendo prescindível a existência de qualquer elemento subjetivo específico. Tratando-se de infração omissiva, não admite dolo eventual.

Não há figura culposa.

CONSUMAÇÃO E TENTATIVA

O delito em tela se consuma com a omissão do agente quanto ao dever de elaborar, escriturar ou autenticar documentos de escrituração contábil obrigatórios. Basta a ausência dos livros de modo que é desnecessário que a omissão tenha sido decisiva para a quebra.

Tratando-se de crime omissivo, não há que se falar em tentativa.

---

33 NUCCI, Guilherme de Souza. Leis Penais e Processuais Penais Comentadas. Vol. 2. 8ª ed. Rio de Janeiro: Forense, p. 399.

34 BONINI, Paulo Rogério et al. Leis Penais Especiais anotadas, 13ª ed. Campinas: Milennium, 2016, p. 391.

AÇÃO PENAL

A ação penal é pública incondicionada, nos termos do art. 184 da lei de Falências, sem prejuízo da possibilidade de ação penal privada subsidiária da pública.

SEÇÃO II
DISPOSIÇÕES COMUNS

Art. 179. Na falência, na recuperação judicial e na recuperação extrajudicial de sociedades, os seus sócios, diretores, gerentes, administradores e conselheiros, de fato ou de direito, bem como o administrador judicial, equiparam-se ao devedor ou falido para todos os efeitos penais decorrentes desta Lei, na medida de sua culpabilidade.

Norma de extensão

O dispositivo do art. 179 da Lei de Falências é autêntica norma de extensão, como a do art. 29 do Código Penal que institui o concurso de pessoas, e procura expressar a responsabilidade penal daqueles que, de qualquer modo, concorrem para a prática da infração penal, desde que presentes os seguintes requisitos: 1) pluralidade de condutas; 2) relevância causal das condutas; 3) liame subjetivo; 4) identidade de crime para todos os envolvidos.

Não há no dispositivo qualquer pretensão de se instituir a responsabilidade penal objetiva, presunção de participação ou a chamada responsabilidade penal em razão da posição do agente, não havendo razão para maiores alardes capazes de inquinar sua constitucionalidade.

É certo, porém, que devido as peculiaridades dos crimes praticados em meio a uma atividade econômica, o dispositivo é útil para externar a responsabilidade de pessoas que ocupam posições dispersas nas complexas estruturas hierárquicas empresarias atuais, em que as decisões são tomadas de forma fragmentada, por diferentes departamentos responsáveis por tarefas divididas entre si. Neste quadro atual, são inúmeros os desafios aos institutos tradicionais do direito penal como diferenciação entre ação e omissão, causalidade em decisões colegiadas, coautoria em crimes omissivos ou culposos, ingerência e posição de garantidor no âmbito da responsabilidade, etc. Assim que o direito penal experimentou desenvolvimento de novas teorias, capazes de evitar que condutas criminosas praticadas em meio a uma estrutura empresarial não pudessem ser responsabilizadas. Foi neste contexto que o direito societário e penal alemão reconheceu o chamado **princípio da responsabilidade e competência gerais dos membros da administração**, de onde deriva sua responsabilidade primária e original[35]. O princípio parece ter sido inaugurado na decisão proferida pelo BGH no caso conhecido como *Lederspray*, em que os dirigentes de uma empresa foram condenados criminalmente por lesões corporais causadas por um produto impermeabilizantes contido em embalagens de spray que fabricavam. Mesmo depois de a empresa ter sido comunicada dos ferimentos, mas não ter obtido resultados conclusivos acerca da lesividade do produto, os administradores decidiram, colegiadamente, manter a sua comercialização, ao que sucederam novas lesões corporais.

Claro que as peculiaridades daquele caso e da própria dogmática alemã não podem ser, pura e simplesmente, transplantadas para a teoria do direito penal brasileiro, mas o desenvolvimento daquelas construções jurídicas pode e deve ser aproveitado em nosso país, principalmente nos chamados crimes econômicos em que se inserem os delitos falitários.

35 ESTELLITA, Heloísa. Responsabilidade penal de dirigentes de empresas por omissão. São Paulo: Marcial Pons, 2017, p. 53.

O que o art. 179 ora em estudo parece destacar, de um modo mais ou menos preciso, é a condição especial de existência de responsabilidade e competência dos membros da administração da empresa falida ou em recuperação judicial ou extrajudicial. Em suma, o dispositivo busca evitar que essas pessoas sejam blindadas, principalmente porque suas decisões são tomadas de forma departamentalizada ou dividida em tarefas.

A questão é complexa e foge dos objetivos desta obra, mas de um modo geral podemos esboçar os seguintes parâmetros capazes de sustentar a imputação e responsabilidade penal das pessoas mencionadas no art. 179:

a) **Omissão penalmente relevante e posição de garante**: O art. 99, principalmente em seu inciso VI, da Lei de Falência investe todos os administradores da empresa em um dever concreto de agir para evitar o desfalque financeiro e econômico da massa falida. Trata-se de norma capaz de criar um **dever de proteção e vigilância**, cuja não observância pode conduzir à consequências penais, a depender da relevância e domínio causal da omissão no caso.

b) **Participação por omissão**: identificado o dever jurídico de evitar o resultado, o sujeito ativo toma ciência do cometimento de um crime por terceira pessoa e, podendo evitar-lhe a execução ou seu prosseguimento, resolve nada fazer para que o crime siga seu curso. É o caso do gerente de determinado departamento da empresa em recuperação que toma conhecimento de que o administrador judicial está usando, indevidamente, um veículo da massa falida, mas, mesmo podendo, nada faz a respeito.

c) **Coautoria e participação em crimes omissivos próprios**: é possível tanto coautoria como participação entre as pessoas enumeradas no art. 179. Serão coautores se deixam de agir na mesma oportunidade, como no caso de tomarem conhecimento de que o administrador omitiu, na escrituração contábil um lançamento que dele deveria constar. Neste caso, existe o liame subjetivo, ou seja, a ciência recíproca de colaborar para um fim comum — a omissão ao dever de escriturar. Observe-se que no caso de um dos sujeitos, por exemplo, um diretor tomar conhecimento da omissão e não adotar qualquer providência e, posteriormente, outra pessoa, um gerente, por exemplo, também descobrir a omissão, mas, igualmente, não adotar qualquer medida, não existe coautoria, mas sim dois delitos autônomos.

   A participação também é admissível. Suponha-se que um dirigente incentive o gerente vingativo a divulgar, sem justa causa, um dado confidencial sobre operações da empresa, contribuindo para sua inviabilidade econômica.

d) **Coautoria e a participação nos crimes comissivos impróprios.** Quando devedor e gerente combinam não impedir atos de disposição patrimonial da empresa em recuperação, destinado a favorecer um dado credor, há coautoria, pois ambos têm o dever jurídico de evitar o resultado e este só ocorre em decorrência da omissão recíproca. Haverá participação, por sua vez, por parte daquele que não tem o dever jurídico de evitar o resultado, mas que incentiva o detentor deste dever a se omitir.

e) **Coautoria sucessiva**: é possível que haja mais de um coautor sucessivo para a prática de um crime. Seria o caso de um devedor manter recursos da massa falida paralelamente à contabilidade e, um sócio avarento, depois de tomar conhecimento disso, adere à conduta e auxilia a primeira à ocultar essa situação.

De todo modo, devido a parte final do dispositivo "**na medida de sua culpabilidade**" destaca que a responsabilidade de sócios, diretores, gerentes, administradores e conselheiros, quando possível deve ser individual e orientada pela culpabilidade.

Por isso a importância da minudente investigação delitiva, pois, nos crimes de falência, os administradores são sempre os responsáveis diretos pela quebra. Entretanto, há que se examinar, também, a participação dos demais sócios, a fim de se ter o conhecimento da real participação de cada um, nos atos falimentares. Casos há, de sócios que não têm qualquer participação na administração da empresa e que, desde que provada a sua não participação nos atos ilegais, não podem ser eles punidos, pelo simples fato de serem sócios.

Ainda que a regra, repita-se, diga que os sujeitos ativos do crime falimentar sejam os sócios e seus administradores, há necessidade da demonstração da existência de um liame entre o fato tido por delituoso e a conduta daquele que figurar nos atos constitutivos da firma ou sociedade. Não se pune o fato de ser sócio. Pune-se o fato de, conhecendo os fatos delitivos, manter-se, de qualquer forma, conivente. O contrário estaríamos caindo na absurda idéia da culpabilidade objetiva, rejeitada por todas as escolas penais, inclusive pelos adeptos da escola positiva[36].

De fato ou de direito

A expressão "de fato ou de direito" serve para permitir legalmente a responsabilização criminal de pessoas que não figuram formalmente como administradores da empresa, mas, na prática, conduzem seus negócios e atividades. Como bem explica Mariana Tranchesi Ortiz:

> O exemplo mais vívido dessa situação é o do empresário que se vale de um "laranja" ou "testa de ferro", em cujo nome pratica os atos de gestão da pessoa jurídica. Ao contemplar o "administrador de fato", a norma espanhola promove "uma autêntica legalização da perspectiva fática", por meio da qual legitima a ampliação dos conceitos legais descritivos de status jurídicos formais (diretor, administrador, gerente), para dar guarida aos indivíduos que, sem designação formal, exercem materialmente as funções que lhes são atinentes[37]

Sobre a extensão conceito "administrador de fato", a autoria cita preciosas colocações de Silva Sánchez que defende uma interpretação ampla, mas atenta para os riscos de adoção de uma noção muito elástica, que acabe por autorizar a punição como autor de empregados subalternos. Assim, segundo o espanhol, o conceito deve ser capaz de abranger todos os casos nos quais a atuação manifeste domínio social sobre a situação fática e que a assunção fática deve abranger todas as funções do administrador de direito e não apenas algumas delas, bem como deve perdurar por certo período de tempo[38].

Art. 180. A sentença que decreta a falência, concede a recuperação judicial ou concede a recuperação extrajudicial de que trata o art. 163 desta Lei é condição objetiva de punibilidade das infrações penais descritas nesta Lei.

O crime falimentar tem a peculiaridade de ter a sua punibilidade condicionada ao reconhecimento da situação de crise empresarial junto ao Poder Judiciário, seja por meio da decretação de falência, seja da concessão da recuperação judicial ou extrajudicial. Em razão disso costuma-se afirmar que os crimes de falitários são concursais.

---

36 WEINMMAN, Amadeu de Almeida. Dos Crimes Falimentares. Revista Magister de Direito Penal e Processual Penal, São Paulo, v. 3, n. 13, ago./set. 2006, p. 34.

37 ORTIZ, Mariana Tranchesi. A atuação em lugar de outro no Direito Penal Empresarial: A responsabilidade dos representantes e gestores de fato por delitos especiais próprios. Revista Fórum de Ciências Criminais – RFCC | Belo Horizonte, ano 4, n. 7, p. 13-40, jan./jun. 2017, p. 28.

38 ORTIZ, Mariana Tranchesi. A atuação em lugar de outro no Direito Penal Empresarial: A responsabilidade dos representantes e gestores de fato por delitos especiais próprios. Revista Fórum de Ciências Criminais – RFCC | Belo Horizonte, ano 4, n. 7, p. 13-40, jan./jun. 2017, p. 28.

O Decreto nº. 7.661/1945 previa como elemento essencial do crime falimentar apenas a sentença que decreta a falência, mas a Lei 11.101/2005 admitiu expressamente a sentença concessiva de recuperação judicial, bem como a homologatória de recuperação extrajudicial.

Como cediço, a natureza jurídica da sentença de decretação da falência ou de concessão ou homologação de recuperação empresarial já foi objeto de muita controvérsia doutrinária. Em suma, há três correntes que se destacaram nesse cenário:

(a) 1ª Corrente: defendida pelo professor Vicente Greco Filho, sustenta que a decisão de falência (e, hoje, também a de recuperação empresarial) tem natureza de uma elementar do tipo penal. Sustenta o professor:

> Melhor, portanto, considerar a sentença de falência como elemento do tipo penal falimentar, única forma de se explicar a extinção total dos efeitos do processo e da sentença. Se falta a sentença antes da denúncia, esta não pode ser oferecida porque é impossível ação penal sobre fato atípico. Se a sentença desaparece, em virtude de rescisão, durante a ação penal, esta será extinta porque o pedido tornou-se juridicamente impossível dada a atipicidade do fato. Finalmente, se a rescisão ocorre depois do trânsito em julgado da sentença condenatória, esta desaparece como se nunca tivesse existido, porque ficou constatado, ainda que *a posteriori*, que o fato era atípico[39].

Finalmente, se a rescisão ocorre depois do trânsito em julgado da sentença condenatória, esta desaparece como se nunca tivesse existido, porque ficou constatado, ainda que a posteriori, que o fato era atípico" Tal posicionamento foi alvo de duras críticas, notadamente porque, ao contrário do que se verifica na prática com os institutos da falência e da recuperação, o elemento normativo do tipo deve estar abrangido pelo dolo do agente, sob pena de restar institucionalizada uma hipótese de responsabilidade civil objetiva, o que é questionável sob a ótica constitucional.

(b) 2ª Corrente: sustenta que a sentença que concede ou homologa a recuperação ou que decreta a falência tem natureza de condição de prosseguibilidade ou procedibilidade, isto é, um requisito que subordina o exercício da ação penal.

(c) 3ª Corrente: defende que essas decisões judiciais são **condições objetivas de punibilidade**, isto é, são circunstâncias externas ao fato típico, não abrangidas pelo dolo do agente, que condicionam o surgimento do direito de punir do Estado. Essa é a posição que prevalece na doutrina e que foi adotada pelo legislador (conforme art. 180 da Lei 11.101/2005, supratranscrito). Consequência importante disso diz respeito à prescrição do crime, tendo em vista que enquanto não venha a se aperfeiçoar a condição objetiva de punibilidade, não corre prescrição.

Em diversas situações, a legislação penal condiciona a punibilidade de determinadas condutas à ocorrência de fatos futuros e incertos, denominados condições objetivas de punibilidade. Um exemplo disso pode ser observado nos crimes previstos no art. 337-G do Código Penal, que exigem uma decisão judicial para a configuração do tipo penal, assim como no art. 241-A, § 2º, do Estatuto da Criança e do Adolescente. De acordo com Francisco Dirceu Barros, a condição objetiva de punibilidade consiste em uma circunstância exterior à conduta delituosa, alheia ao tipo penal e ao elemento subjetivo do agente, configurando-se como uma condição necessária para a imposição da punição. Trata-se de uma causa extrínseca ao fato criminoso, que não é abrangida pelo dolo do agente. Tal condição é também denominada "anexo do tipo" ou "suplemento do tipo"[40].

39 GRECO FILHO, Vicente. Manual de processo penal. 7ª ed. São Paulo: Saraiva, 2009. p. 109.

40 BARROS, Francisco Dirceu. *Direito penal:* parte geral. Rio de Janeiro: Impetus, 2003, p. 854.

Caso a sentença de falência seja revogada, deixa de haver justa causa para a ação penal, conforme já se decidiu: HABEAS CORPUS. FRAUDE A CREDORES (ART. 168, CAPUT, DA LEI. 11.101/05). TRANCAMENTO DA AÇÃO PENAL PELO NÃO PREENCHIMENTO DE CONDIÇÃO OBJETIVA DE PUNIBILIDADE. REVOGAÇÃO DA SENTENÇA QUE DECRETOU A FALÊNCIA. REGRAMENTO INSCULPIDO NO ART. 180 DA LEI 11101/2005. CONSTRANGIMENTO ILEGAL EVIDENCIADO. ORDEM CONCEDIDA PARA TRANCAR A AÇÃO PENAL. EXTENSÃO DOS EFEITOS AOS CORRÉUS NA FORMA DO ARTIGO 580 DO CÓDIGO DE PROCESSO PENAL. (TJ-SC - HC: 20130622552 SC 2013.062255-2 (Acórdão), Relator: José Everaldo Silva, Data de Julgamento: 30/09/2013, Primeira Câmara Criminal Julgado).

Juan Luiz Souza Vasquez traz importante anotação sobre o tema. Para ele, nos crimes praticados após a decretação da falência, a sentença é considerada uma elementar do tipo penal, e não uma condição objetiva de punibilidade. A condição objetiva de punibilidade, que é um fato futuro e incerto, funciona como um pressuposto necessário para o Ministério Público iniciar a ação penal em relação a crimes praticados antes ou simultaneamente à decretação da falência. Nesse contexto, a sentença de falência é o evento que autoriza a persecução penal. Já para crimes praticados após a falência, a sentença é um elemento integrante do tipo penal, como no crime de receptação de bens da massa falida, previsto no art. 174 da Lei de Falências. Assim, a sentença falimentar constitui uma condição objetiva de punibilidade apenas em relação aos atos anteriores à sua emissão, enquanto nos crimes posteriores, ela já integra o tipo penal[41].

> **Art. 181.** São efeitos da condenação por crime previsto nesta Lei:
>
> I – a inabilitação para o exercício de atividade empresarial;
>
> II – o impedimento para o exercício de cargo ou função em conselho de administração, diretoria ou gerência das sociedades sujeitas a esta Lei;
>
> III – a impossibilidade de gerir empresa por mandato ou por gestão de negócio.
>
> §1º Os efeitos de que trata este artigo não são automáticos, devendo ser motivadamente declarados na sentença, e perdurarão até 5 (cinco) anos após a extinção da punibilidade, podendo, contudo, cessar antes pela reabilitação penal.
>
> §2º Transitada em julgado a sentença penal condenatória, será notificado o Registro Público de Empresas para que tome as medidas necessárias para impedir novo registro em nome dos inabilitados.

Efeitos extrapenais da condenação: Na Seção II, referente às Disposições Comuns, o art. 181 elenca os possíveis efeitos extrapenais da condenação por crime falimentar. Cumpre esclarecer tratar-se de efeitos secundários visto que o principal é a aplicação da pena prevista no preceito secundário de cada uma das figuras delitivas previstas na Lei.

De logo, cumpre registrar que o regime anterior, protagonizado pelo Decreto-lei nº. 7.661/1945, previa como efeito da condenação por crime falimentar apenas a interdição do exercício do comércio (art. 195). Dispunha-se, ademais, que o aludido efeito se tornava efetivo após o trânsito em julgado da sentença condenatória, mas que o seu prazo começava a correr do dia em que terminasse a execução da pena privativa de liberdade (art. 196).

O novo regime falimentar inaugurado pela Lei 11.101/2005, por sua vez, trouxe previsão mais rígida acerca do tema, apresentando um rol mais amplo de efeitos da condenação. Com efeito, além da **inabilitação para o exercício do comércio** (representada, com nova redação, pelo **inciso I do art. 181**), previu também, como efeitos da condenação por crime falimentar: **o**

41 VAZQUEZ, Juan Luiz Souza. Considerações sobre Crimes Falimentares à Luz da Nova Lei de Falências. *In*: Contributos Em Homenagem Ao Professor Sergio Demoro Hamilton. Lumen Juris: Rio de Janeiro. 2009. p. 309-310.

impedimento para o exercício de cargo ou função em conselho de administração, diretoria ou gerência das sociedades (inciso II do art. 181) e **a impossibilidade de gerir empresa por mandato ou gestão de negócio (inciso III)**. Nesse sentido, trata-se de uma clara hipótese de uma lei penal mais gravosa no que tange aos efeitos inseridos pelo novo diploma, de sorte a ensejar a impossibilidade de aplicação retroativa, conforme estampa a Constituição Federal (art. 5º, inciso XL).

Registre-se que aplicação destes efeitos não está condicionada à existência de pedido expresso na denúncia ou queixa

Segundo a Lei 11.101/2005 os **efeitos extrapenais citados não são automáticos**, conforme prevê § 1º do art. 181 da Lei. A disposição deve ser bem compreendida visto que não pode significar apenas que a sentença condenatória deve motivá-los, pois, o dever de motivar decorre do art. 93, IX, da Constituição Federal. A melhor interpretação é de que esses efeitos devem ser expressamente fixados na sentença porque não operam *ex lege*, isto é, não são vinculativos porque o juiz pode considerá-los dispensáveis para determinado caso concreto. É da dosimetria da pena que o magistrado, levando em conta critérios de necessidade e suficiência para reprovação e prevenção do crime, aplicará ou não os efeitos extrapenais. Na prática, a facultatividade eleva o ônus argumentativo do magistrado que deve, analiticamente, demonstrar que, além de se tratar de hipótese que autoriza a aplicação do efeito, este se mostra adequado ao caso concreto que gerou a condenação. Neste sentido é que se deve interpretar a afirmação de que são efeitos não automáticos que necessitam ser motivadamente declarados na sentença.

O **período de vigência** desses efeitos é maior do que o tempo da pena principal imposta na sentença visto que o § 1º do art. 181 determina que perdurarão até 05 (cinco) anos após a extinção da pena.

O § 2º do art. 181 da Lei de Falência prevê que transitada em julgado a sentença penal condenatória, será notificado o Registro Público de Empresas para que tome as medidas necessárias para impedir novos registros em nome dos inabilitados. É uma providência complementar que busca dar conhecimento da decisão proibitiva.

Verifica-se deste modo que o objetivo do legislador é evitar que o empresário falido volte a exercer atividades empresariais ou mesmo administrar ou gerenciar sociedade empresariais.

Por fim, vale recordar que o rol estampado no art. 181 (supratranscrito) não impede a incidência de outros efeitos, também decorrentes da condenação por crime falimentar, os previstos no art. 1.011, § 1º, do CC[42], art. 52 da Lei 5.764/1971[43] e art. 147, § 1º, da Lei 6.404/1976[44].

Efeitos extrapenais e Acordo de Não Persecução penal: O acordo de não persecução penal é negócio jurídico celebrado entre investigado, assistido por seu defensor, e Ministério Público. Como é celebrado antes do oferecimento da denúncia e, caso integralmente cumprido,

---

42 Dispõe o art. 1011, § 1º: Não podem ser administradores, além das pessoas impedidas por lei especial, os condenados a pena que vede, ainda que temporariamente, o acesso a cargos públicos; ou por **crime falimentar**, de prevaricação, peita ou suborno, concussão, peculato; ou contra a economia popular, contra o sistema financeiro nacional, contra as normas de defesa da concorrência, contra as relações de consumo, a fé pública ou a propriedade, enquanto perdurarem os efeitos da condenação.

43 Art. 51. São inelegíveis, além das pessoas impedidas por lei, os condenados a pena que vede, ainda que temporariamente, o acesso a cargos públicos; ou por **crime falimentar**, de prevaricação, peita ou suborno, concussão, peculato, ou contra a economia popular, a fé pública ou a propriedade.

44 Art. 147. Quando a lei exigir certos requisitos para a investidura em cargo de administração da companhia, a assembleia geral somente poderá eleger quem tenha exibido os necessários comprovantes, dos quais se arquivará cópia autêntica na sede social.

§ 1.º São inelegíveis para os cargos de administração da companhia as pessoas impedidas por lei especial, ou **condenadas por crime falimentar**, de prevaricação, peita ou suborno, concussão, peculato, contra a economia popular, a fé pública ou a propriedade ou a pena criminal que vede, ainda que temporariamente, o acesso a cargos públicos.

enseja a extinção da punibilidade do caso (§13 do art. 28-A do CPP), o ANPP pode frustrar a aplicação dos efeitos extrapenais do art. 181 da LF.

Assim, nos termos do art. 28-A, inciso V, que prevê a possibilidade de fixação de "outra condição indicada pelo Ministério Público, desde que proporcional e compatível com a infração penal imputada", pode o ANPP conter condição com efeitos práticos equivalentes aos previstos no art. 181 da Lei n. 11.101/2005. Neste caso, esta condição não deve perdurar por mais de cinco anos contados depois da extinção da punibilidade (§ 13 do art. 28-A do CPP).

Art. 182. A prescrição dos crimes previstos nesta Lei reger-se-á pelas disposições do Decreto-Lei no 2.848, de 7 de dezembro de 1940 - Código Penal, começando a correr do dia da decretação da falência, da concessão da recuperação judicial ou da homologação do plano de recuperação extrajudicial.

Parágrafo único. A decretação da falência do devedor interrompe a prescrição cuja contagem tenha iniciado com a concessão da recuperação judicial ou com a homologação do plano de recuperação extrajudicial.

Prescrição dos crimes falimentares: A prescrição no âmbito dos crimes falimentares é regulada pelo art. 182 da Lei 11.101/2005, que segue a regência do Código Penal, mas prevê que o início da contagem do prazo começa a partir da decisão judicial que decreta a falência ou que concede ou homologa a recuperação empresarial.

Na vigência da legislação falimentar anterior (Decreto-lei n. 7.661/45, art. 199) a prescrição dos crimes falimentares era fixada no prazo de dois anos, contados do trânsito em julgado da sentença que encerrava a falência ou que a julgava cumprida a concordata. Em razão dessa disposição única, o prazo prescricional do crime falimentar era dissociado de qualquer pena abstrata ou concretamente cometida ao agente na sentença condenatória. Sucede que, com o passar do tempo, a *praxe* revelou que, em regra, o processo de falência se alongava por mais de dois anos, de sorte que comumente o início do prazo prescricional era adiado por longo período, restando suspensa a contagem até que transitasse em julgado o feito.

Em razão disso, o Supremo Tribunal Federal editou a Súmula nº. 147, que assim dispunha: "A prescrição de crime falimentar começa a correr da data em que deveria estar encerrada a falência, ou do trânsito em julgado da sentença que a encerrar ou que julgar cumprida a concordata".

Deste modo, na vigência da antiga Lei de Falências, salvo no caso de força maior, o processo de falência deveria se encerrar no prazo máximo de dois anos, a contar do dia da declaração (art. 132, §1º). Na prática, o entendimento firmado pelo Supremo Tribunal Federal restringiu a dilação do prazo prescricional nos crimes falimentares, de sorte que entre a decretação da falência e o recebimento da peça acusatória (marco interruptivo) não poderiam decorrer mais de quatro anos: dois para o encerramento do processo falimentar e mais dois referentes ao prazo prescricional.

O novo regramento disposto no art. 182 da Lei nº. 11.101/2005 trouxe duas relevantes inovações:

a) Determinou a regência dos prazos sob o farol do Código Penal, não havendo mais que se falar em um prazo específico único para crimes falimentares. Os prazos são aqueles dispostos no art. 109 do Código Penal.

b) Como termo inicial da contagem do prazo de prescrição, fixou a decretação judicial da falência, a concessão da recuperação judicial ou a homologação da recuperação extrajudicial. Isso significa que os crimes cometidos antes da condição objetiva de punibilidade estarão com seus prazos prescricionais suspensos. Mesmo se o processo falimentar conter sentença contra qual foi interposto recurso, a prescrição permanecerá suspensa ante a disposição do art. 116, I, do Código Penal de que a prescrição não corre enquanto não resolvida, em outro processo, questão de que dependa o reconhecimento da existência do crime. No caso de um crime pós-falimentar (cometido após a decisão), o prazo prescricional terá início na data da conduta típica, mediante a aplicação do art. 11 do CP. Neste sentido entende o STJ (AgRg no RHC n. 178.236/MG, relator Ministro Messod Azulay Neto, Quinta Turma, julgado em 11/9/2023, DJe de 22/9/2023).

Fácil notar que, diante do novo regramento, a prescrição do crime falimentar passou a se vincular diretamente à pena abstratamente prevista em lei ou, em se tratando de prescrição retroativa, à pena concretamente fixada pelo juiz, nos termos do art. 110, §1º, do Código Penal.

O art. 182, parágrafo único, prevê como **causa especial de interrupção da prescrição** a decretação da falência do devedor que teve antes uma decisão de recuperação judicial ou homologado um plano de recuperação extrajudicial. Restou deste modo ultrapassada a Súmula 592 do STF, que previa: "Nos crimes falimentares, aplicam-se as causas interruptivas da prescrição, previstas no Código Penal".

Diante desse regramento novo, induvidosamente mais rigoroso, deve-se atentar para o princípio da irretroatividade da lei penal mais gravosa.

SEÇÃO III
DO PROCEDIMENTO PENAL

Art. 183. Compete ao juiz criminal da jurisdição onde tenha sido decretada a falência, concedida a recuperação judicial ou homologado o plano de recuperação extrajudicial, conhecer da ação penal pelos crimes previstos nesta Lei.

Competência estadual - Como regra geral, todos os crimes falimentares são de competência da justiça estadual comum, mesmo que haja decretação de quebra de empesa concessionária de serviço público federal em plena vigência do contrato público. Com efeito, mesmo havendo interesse da União na arrecadação dos bens dessa empresa visto que a extinção do contrato de concessão implica na reversão de seus bens para o poder concedente, por expressa previsão constitucional, a competência do processo de falência e consequentemente, dos crimes dela decorrentes, são da justiça estadual comum. É que prevê o art. 109, I, da Constituição:

> Art. 109. Aos juízes federais compete processar e julgar:
>
> I - as causas em que a União, entidade autárquica ou empresa pública federal forem interessadas na condição de autoras, rés, assistentes ou oponentes, **exceto as de falência**, as de acidentes de trabalho e as sujeitas à Justiça Eleitoral e à Justiça do Trabalho

Regra especial de competência - Como sabido, em regra, a competência penal é definida pelo local em que ocorreu o resultado (art. 70 do CPP). Mas a Lei 11.101/2005 excepciona essa regra e prevê que será competente para julgar esses crimes o juiz onde tenha sido decretada a falência, que, segundo prevê o art. 3º da mesma lei "É competente para homologar o plano de recuperação extrajudicial, deferir a recuperação judicial ou decretar a falência o juízo do local do principal estabelecimento do devedor ou da filial de empresa que tenha sede fora do Brasil". Deste modo, caso o agente receba bem pertencente à massa falida em Presidente Prudente, mas a falência tenha sido decretada em São Paulo, local da sede da companhia, é do juízo criminal de São Paulo a competência para julgar o caso (crime do art. 174 da LF). A intenção da norma é assegurar ao mesmo órgão jurisdicional competência universal para decidir todas as questões afetas à falência, de modo a garantir-lhe maior precisão.

Há um debate na doutrina quanto à constitucionalidade dessa norma, tendo em vista que a Lei nº. 11.101/2005, de ordem federal, estaria a se imiscuir na organização judiciária, tema de competência legislativa estadual. De um lado, nomes da doutrina empresarial, tais como Fábio Ulhôa Coelho[45], defendem a competência do juízo estabelecido pela legislação de organização judiciária de cada estado. Guilherme de Souza Nucci explana a inconveniência do dispositivo e sustenta a possibilidade de as normas de organização judiciária fixar competência das suas varas, levando-se em conta as peculiaridades da região[46]. Ricardo Negrão, a seu turno, entende que a competência fixada pelo art. 183 da Lei de Falências se constitui em mera faculdade, tendo em vista que a organização judiciária é matéria de competência estadual, cabendo, pois, a cada ente federal definir qual a melhor solução em seu território.

O Tribunal de Justiça do Estado de São Paulo, a seu turno, normatizou o tema através da Resolução nº. 200/2005, e atribui competência criminal ao juízo falimentar desses crimes. Por isso já decidiu: "CONFLITO NEGATIVO DE COMPETÊNCIA. INQUÉRITO POLICIAL. CRIMES FALIMENTARES. Declinação da competência pelo Magistrado da Vara Criminal. Remessa dos autos ao juízo universal da falência. Possibilidade. Prevalência do art. 15 da Lei Estadual nº 3.947/83, que dispõe sobre a organização judiciária da Comarca de São Paulo. Inteligência do Parecer 653/05-J da E. Corregedoria Geral de Justiça e Resolução 200/05 do E. Órgão Especial deste TJSP. Precedentes. Conflito procedente. Competência do suscitante" (TJSP. Conflito de competência cível 0011295-05.2021.8.26.0000; Rel. Sulaiman Miguel; Órgão Julgador: Câmara Especial; Foro de Guarulhos - 10ª Vara Cível; Data do Julgamento: 09/06/2021; Data de Registro: 09/06/2021).

No âmbito jurisprudencial, o Superior Tribunal de Justiça tem precedentes nos quais observa e privilegia os ditames da legislação estadual própria, legitimando a possibilidade de cada estado fixar como competente para o julgamento dos crimes falimentares a vara cível de falência e recuperação empresarial. Nesse sentido:

> (...) IV – Especificamente no Estado de São Paulo, a Lei Estadual nº. 3.947/83, em seu art. 15, determina que as ações por crime falimentar e as que lhe sejam conexas são da competência do respectivo juízo universal da falência, tendo sido tal diploma legislativo declarado constitucional pelo c. Supremo Tribunal Federal, por se tratar de norma típica de organização judiciária, inserida, portanto, no âmbito da competência legislativa privativa dos Estados, a teor do art. 125, §1º, da Lex Fundamentalis. (STJ - HC 106406 – SP – 2008/0105012-8, Relator Min, Felix Fischer, j. 16/06/2009, t5 – Quinta Turma – publicação dje 03/08/2009).

O Supremo Tribunal Federal também já decidiu que "Delitos falimentares e crimes a eles conexos. Sentença penal condenatória proferida pelo juízo da falência. Suposta violação do postulado constitucional do juiz natural. Inocorrência. Autoridade judiciária investida de jurisdição penal por força de norma estadual dotada de abstração, generalidade e impessoalidade". (HC 93.730, rel. min. Celso de Mello, j. 28-5-2013, 2ª T, DJE de 30-10-2014).

A jurisprudência é tranquila, no sentido de reconhecer competência ao juízo cível para julgar os crimes falimentares, sem qualquer vício de constitucionalidade.

Questões específicas decorrentes dessa regra de competência: vale ressaltar que a competência acima é essencialmente judicial. Isso significa que na fase pré-processual, os crimes

45 COELHO, Fábio Ulhoa. Comentários à Lei de Falências e de recuperação de empresas. 9. ed. São Paulo: Saraiva, 2013. p. 1830.

46 Nucci, Guilherme de Souza. Leis Penais e Processuais Penais Comentadas. Vol. 2. 8ª ed. Rio de Janeiro: Forense, p. 406.

falimentares podem ser investigados por autoridades (policiais ou ministeriais) com essa atribuição, como acontece com delegacias ou promotorias de justiça especializadas em crimes falimentares.

Não havendo regras especiais com este teor, à luz do art. 4º do CPP, a investigação pode ser realizada pela autoridade policial que atua no território em que a infração se consumou. Neste sentido é Súmula 4ª do I Simpósio sobre Crimes Falimentares da Acadepol de São Paulo: "A Autoridade Policial competente para instauração de inquérito policial sobre crime falimentar é a da circunscrição correspondente à da consumação da infração penal e não à da decretação da falência".

Anote-se que investigações realizadas em desrespeito a essas regras são insuficientes para gerar qualquer nulidade na ação penal subsequente, ante o entendimento de que os vícios da fase pré-processual não se transmitem para a fase judicial.

Crimes falimentares de menor potencial ofensivo – embora o JECRIM tenha assento constitucional no art. 98 da CR, em se tratando de crimes falimentares de menor potencial ofensivo, tem prevalecido que cabe ao juiz criminal da jurisdição onde houver sido decretada a falência, concedida a recuperação judicial ou homologado o plano de recuperação extrajudicial, conhecer os crimes previstos na LFRJ , ainda que de menor potencial ofensivo. Neste sentido é a lição de Manoel Justino Bezerra Filho:

> "...Mesmo para os crimes de menor potencial ofensivo, aplica-se o art. 15 da Lei Estadual Paulista 3.947/83, sendo competente para o julgamento o próprio juiz da falência, que mandará processar o feito na forma da Lei 9.099/95. No AgInt no Recurso de Habeas Corpus 78.686/SP, rel. Min. Reynaldo Soares da Fonseca, j. em 08.02.2018, 5ª Turma, extrai-se da ementa: '6. No que concerne à alegada violação ao princípio do juiz natural, embora não tenha sido analisado pelo Tribunal de origem, consigno que, nos termos do parecer do Ministério Público Federal, a matéria diz respeito à organização judiciária, cuja lei, no estado de São Paulo, disciplina que as ações por crime falimentar são da competência do Juízo Universal da Falência'" (Lei de Recuperação de Empresas e Falência - Lei 11.101/2005 Comentada artigo por artigo. 14ª ed. São Paulo: RT, 2019, p. 450).

Nesse mesmo sentido:

> HABEAS CORPUS SUBSTITUTIVO DE RECURSO ESPECIAL. NÃO CABIMENTO. PROCESSO PENAL. JUÍZO UNIVERSAL DA FALÊNCIA. COMPETÊNCIA. ORGANIZAÇÃO JUDICIÁRIA. LEGISLAÇÃO ESTADUAL. WRIT NÃO CONHECIDO. I - A Terceira Seção desta Corte, seguindo entendimento firmado pela Primeira Turma do col. Pretório Excelso, sedimentou orientação no sentido de não admitir habeas corpus em substituição ao recurso adequado, situação que implica o não conhecimento do writ, ressalvados casos excepcionais em que, configurada flagrante ilegalidade apta a gerar constrangimento ilegal, seja possível a concessão da ordem de ofício. I - No caso concreto, alega-se a incompetência absoluta do Juízo Universal da falência no Estado de São Paulo para a apuração criminal. III - "Especificamente no Estado de São de Paulo, a Lei Estadual nº 3.947/83, em seu art. 15, determina que as ações por crime falimentar e as que lhe sejam conexas são da competência do respectivo Juízo Universal da Falência, tendo sido tal diploma legislativo declarado constitucional pelo c. Supremo Tribunal Federal, por se tratar de norma típica de organização judiciária, inserida, portanto, no âmbito da competência legislativa privativa dos Estados, a teor do art. 125, § 1º, da Lex Fundamentalis" (HC n.106.406/SP, 5ª T., de minha relatoria, DJe de 03/08/2009). Habeas corpus não conhecido.(HC 485.767/SP, Rel. Min. Felix Fischer, 5ª T., j. em 19/3/2019, DJe 26/3/2019).

Importante cotejar a regra de competência acima (183 da LF), com a fase preliminar prevista na Lei 9.099/1995, aplicável especialmente ao crime do art. 178 da LF. Como se sabe, a esta etapa pré-processual tem uma discreta participação judicial eis que tanto a composição civil como a transação penal devem ser homologadas pelo juiz de direito. Neste caso, ante a incidência do art. 183 da LF, a fase preliminar do juizado especial deve ser feita perante o juiz criminal da jurisdição onde tenha sido decretada a falência, competente para o caso.

E qual o membro do Ministério Público deve propor o Acordo de Não Persecução Penal? Em não havendo membro com atribuição especial para o caso (como ocorre nos casos de promotorias especializadas em crimes falimentares), a proposta de ANPP é atribuição do membro do Ministério Público que atue perante o juiz criminal da jurisdição onde tenha sido decretada a falência, competente para o caso nos termos do art. 183 da Lei n. 11.101/2005. Caso o investigado resida em outro local, pode a proposta ser feita por meio de precatória.

Prisão decretada pelo juiz cível: O art. 99, VII, da Lei 11.101/2005 prevê que ao decretar a falência, o juiz de direito poderá decidir a prisão preventiva do falido ou dos administradores da empresa, quando requerida com fundamento em provas da prática de crime definido nessa Lei. Insta inicialmente esclarecer não se tratar de modalidade de prisão civil, porque decretada face a existência de uma infração penal falimentar. De todo modo, é intenso o debate sobre esta disposição. Renato brasileiro bem elucida a discussão:

> De um lado, parte da doutrina considera ser possível a decretação da prisão preventiva pelo juiz da falência, mesmo não sendo ele o juiz com competência criminal. Nessa linha de raciocínio, para Denílson Feitoza, cuida-se de autoridade competente para a decretação da referida prisão cautelar, em fiel observância ao princípio do juiz natural. Eventual argumento de que se trata de juiz cível decretando prisão processual penal não deve prosperar, pois a Lei nº 11.101/05 prevê que, quanto à prisão preventiva por crimes previstos na Lei, o juiz da falência tem competência criminal.
>
> A nosso ver, o art. 99, inciso VII, da Lei nº 11.101/05, é incompatível com o art. 5º, incisos LXI e LXVII, da Constituição Federal, porquanto permite que, no cível, o juiz determine a prisão preventiva do falido como efeito da sentença que decreta a falência, sem que haja ação penal, pois esta será oferecida no juízo criminal e não perante o Juízo de falência (Lei nº 11.101/05, art. 187, caput). Tendo em conta que a prisão preventiva é espécie de prisão cautelar que visa assegurar a eficácia das investigações ou do processo criminal, não se pode admitir que essa medida cautelar seja decretada por autoridade judiciária desprovida de competência criminal para processar e julgar os crimes falimentares supostamente praticados pelo falido ou pelo administrador. Portanto, pensamos que subsiste a possibilidade de decretação da prisão preventiva, mas desde que decretada pela autoridade judiciária competente para processar e julgar os crimes falimentares[47].

Art. 184. Os crimes previstos nesta Lei são de ação penal pública incondicionada.

Parágrafo único. Decorrido o prazo a que se refere o art. 187, § 1º, sem que o representante do Ministério Público ofereça denúncia, qualquer credor habilitado ou o administrador judicial poderá oferecer ação penal privada subsidiária da pública, observado o prazo decadencial de 6 (seis) meses.

Ação penal - A ação penal que tem por objeto crimes falimentares é de iniciativa pública incondicionada.

O parágrafo único do art. 184 prevê que, decorrido o prazo para oferecimento da denúncia sem que o representante do Ministério Público tenha se manifestado, é cabível a ação penal privada subsidiária da pública, que poderá ser intentada no prazo decadencial de 06 (seis)

47 LIMA, Renato Brasileiro de. Manual de processo penal: volume único. 6. ed. Salvador: Ed. Juspodivm, 2018, p. 880/881.

meses, tendo como únicos legitimados qualquer credor habilitado ou o administrador judicial. Nucci faz arguta observação no tocante essa legitimidade ampliada da ação privada subsidiária:

> Aplica-se o disposto no art. 29 do Código de Processo Penal, com a diferença de que não se trata de ação proposta, necessariamente pela vítima do crime cometido, uma vez que a legitimação, no caso da Lei 11.101/2005, recai sobre o administrador judicial e em relação a qualquer credor habilitado. Logo, não pode ser qualquer pessoa que se julgue credora do falido ou devedor, mas as que forem reconhecidas pelo administrador judicial como tal (art. 7º, § 2º, desta Lei) ou, posteriormente, reconhecidas pelo juiz (art. 10 desta Lei)[48].

A lição é suficiente para aplacar a suposta existência da **ação penal popular** lembrada por Vicente Greco Filho, que com percuciência refuta o instituto com uma precisa lição acerca da privatividade da ação penal prevista no art. 129, I, da Constituição Federal:

> A redação da regra constitucional, combinada com a exclusividade da ação penal pública para o órgão do Ministério Público, impede, definitivamente, a chamada ação penal popular, que permitiria ao ofendido ou, pior, a qualquer do povo propor a ação penal mesmo diante da manifestação contrária do Ministério Público. A ação penal popular, a despeito de dizerem alguns que seria mais democrática, ao contrário, traria o risco da vingança privada, da extorsão, da perseguição por parte do Judiciário, por meio de ações infundadas. Bem fez a Constituição em repeli-la[49].

Assistente de acusação: apesar da Lei não prever expressamente, afigura-nos possível que qualquer credor habilitado ou o administrador judicial da Lei de Falência e Recuperação de Empresas, nos crimes falimentares, exerça a função de assistente de acusação. Neste sentido ensina Cezar Roberto Bitencourt:

> O substitutivo aprovado na câmara previa expressamente a figura do assistente do Ministério Público (art. 201, § 1º), não repetido no texto legal aprovado. Contudo, o novo diploma legal atribui a credor habilitado e ao administrador judicial 9art. 184) legitimidade para propor a ação penal privada subsidiária, quando for o caso. Ora, quem tem legitimidade para propor a ação penal, tê-lo-á, por certo, para figurar como assistente na ação penal pública incondicionada[50].

Art. 185. Recebida a denúncia ou a queixa, observar-se-á o rito previsto nos arts. 531 a 540 do Decreto-Lei no 3.689, de 3 de outubro de 1941 - Código de Processo Penal.

A Lei nº. 11.101/2005 promoveu relevante alteração no que se referente ao rito aplicável aos crimes falimentares. Com efeito, o Decreto-lei nº. 7.661/45 previa um rito especial, enquanto que a nova lei dispõe, em seu art. 185, que os crimes falimentares se submetem ao rito sumário, disciplinado pelos arts. 531 a 540 do Código de Processo Penal.

Assim, considerando tal previsão específica e sem ressalvas, entende-se que, embora o Código de Processo utilize a pena cominada ao delito para fixar o rito que será aplicado (art. 394), o procedimento sumário deve ser aplicado aos crimes falimentares independentemente de pena ou de qualquer outra circunstância.

A **decisão que recebe a denúncia** por crime falimentar não precisa mais ser fundamentada vez que, doravante, regida pelo Código de Processo Penal que não faz este tipo de exigência.

---

48 NUCCI, Guilherme de Souza. Leis Penais e Processuais Penais Comentadas. Vol. 2. 8ª ed. Rio de Janeiro: Forense, p. 406/407.

49 GRECO FILHO, Vicente. Manual de processo penal. 7ª ed. São Paulo: Saraiva, 2009. p. 52.

50 BITENCOURT, Cezar Roberto. Tratado de Direito Penal Econômico. Vol. 2. 2016. São Paulo Saraiva, p. 518/519.

Está superada, portanto, a súmula 564 do STF que dispunha "A ausência de fundamentação do despacho de recebimento de denúncia por crime falimentar enseja nulidade processual, salvo se já houver sentença condenatória".

> **Art. 186.** No relatório previsto na alínea e do inciso III do caput do art. 22 desta Lei, o administrador judicial apresentará ao juiz da falência exposição circunstanciada, considerando as causas da falência, o procedimento do devedor, antes e depois da sentença, e outras informações detalhadas a respeito da conduta do devedor e de outros responsáveis, se houver, por atos que possam constituir crime relacionado com a recuperação judicial ou com a falência, ou outro delito conexo a estes.
>
> **Parágrafo único.** A exposição circunstanciada será instruída com laudo do contador encarregado do exame da escrituração do devedor.

A disposição estabelecida no artigo 186 da Lei de Falências está alinhada com a tendência da política criminal colaborativa, na qual certos agentes privados, devido às suas funções e conhecimentos técnicos, são convocados para cooperar na investigação de determinados crimes. O relatório abordado neste contexto é resultado das atividades de apuração e fiscalização realizadas pelo administrador judicial, e ele reúne informações que podem ser fundamentais para responsabilizar criminalmente aqueles que contribuíram para a prática dos crimes falimentares.

Valor do relatório: O relatório mencionado neste dispositivo tem conteúdo informativo razão pela qual não vincula e nem prejudica a formação da *opinio delict* do membro do Ministério Público para o oferecimento da inicial acusatória. No caso, contudo de não se convencer pela existência de crime, o arquivamento do procedimento inquisitivo sem o relatório é providência inconveniente visto que nele podem haver importantes informações que podem subsidiar convicção do *parquet*. Essa cautela é exposta no § 1º do art. 187 desta Lei.

Quanto ao laudo do contador referido no parágrafo único também deve ser compreendido como documento informativo visto que elaborado por pessoa indicada, a teor do que dispõe o art. 104, I, c, da Lei 11.101/2005, pelo próprio falido e por isso não possui *status* de perícia propriamente dita.

Em ambos os documentos não devem ser tecidas considerações valorativas da conduta ou à culpabilidade do investigado, como ter agido ao abrigo de excludentes, etc, visto que esse tipo de opinião pessoal se constitui em um julgamento inadequado ao conteúdo meramente informativo de que devem se revestir.

> **Art. 187.** Intimado da sentença que decreta a falência ou concede a recuperação judicial, o Ministério Público, verificando a ocorrência de qualquer crime previsto nesta Lei, promoverá imediatamente a competente ação penal ou, se entender necessário, requisitará a abertura de inquérito policial.

O *caput* do art. 187 evidencia os reflexos da natureza pública da ação penal cabível diante de crimes falimentares. Com efeito, o *Parquet*, como titular da ação penal pública, diante da constatação do cometimento de crime falimentar, pode atuar independentemente da concordância de eventuais ofendidos (representação) ou mesmo de autoridades públicas (requisição).

> §1º O prazo para oferecimento da denúncia regula-se pelo art. 46 do Decreto-Lei no 3.689, de 3 de outubro de 1941 - Código de Processo Penal, salvo se o Ministério Público, estando o réu solto ou afiançado, decidir aguardar a apresentação da exposição circunstanciada de que trata o art. 186 desta Lei, devendo, em seguida, oferecer a denúncia em 15 (quinze) dias.

O §1º esclarece, por sua vez, que o prazo para fins de ajuizamento da ação penal regula-se pelo art. 46 do Código Penal, que assim dispõe:

> Art. 46. O prazo para oferecimento da denúncia, estando o réu preso, será de 5 dias, contado da data em que o órgão do Ministério Público receber os autos do inquérito policial, e de 15 dias, se o réu estiver solto ou afiançado. No último caso, se houver devolução do inquérito à autoridade policial (art. 16), contar-se-á o prazo da data em que o órgão do Ministério Público receber novamente os autos.
>
> §1º Quando o Ministério Público dispensar o inquérito policial, o prazo para o oferecimento da denúncia contar-se-á da data em que tiver recebido as peças de informações ou a representação.
>
> §2º O prazo para o aditamento da queixa será de 3 dias, contado da data em que o órgão do Ministério Público receber os autos, e, se este não se pronunciar dentro do tríduo, entender-se-á que não tem o que aditar, prosseguindo-se nos demais termos do processo.

Consta do dispositivo, contudo, uma ressalva quanto à possibilidade de, estando o réu solto ou afiançado, o Ministério Público decidir aguardar a apresentação pelo administrador judicial da exposição circunstanciada contendo todos os dados e informações a respeito da conduta do devedor e de outros responsáveis por atos que possam constituir crime falimentar ou outro que lhe seja conexo. Nesse caso, o prazo de 15 (quinze) dias para o oferecimento da denúncia será contado da apresentação da aludida exposição circunstanciada (disciplinada pelo art. 186, analisado supra). Isso implica em uma espécie de suspensão do prazo para o oferecimento da denúncia, finda quando da apresentação do relatório.

Em síntese, tem-se que, após a decisão judicial que decreta a falência, que concede a recuperação judicial ou que homologa a recuperação judicial, o Ministério Público tem três possibilidades de atuação:

(a) Pode requisitar a instauração de inquérito policial, diligência ou outros elementos de prova que entender necessário para a formação da *opinio delicti*;

(b) Pode aguardar a exposição da exposição circunstanciada pelo administrador judicial (art. 186, Lei de Falências), após terá o prazo de 15 (quinze) dias para oferecimento da denúncia;

(c) Já tendo elementos suficientes, pode oferecer a denúncia, observado o prazo de 05 (cinco) dias, em caso de réu preso, ou de 15 (quinze) dias, em caso de réu solto, conforme disposto no art. 46 do Código Penal.

§2º Em qualquer fase processual, surgindo indícios da prática dos crimes previstos nesta Lei, o juiz da falência ou da recuperação judicial ou da recuperação extrajudicial cientificará o Ministério Público.

Trata-se de norma que repete o disposto no art. 40 do CPP e que impõe o dever de comunicação de crime ao magistrado que toma conhecimento de sua ocorrência durante seu exercício funcional. O descumprimento deste dever enseja caracterização de contravenção penal prevista no art. 66, I, da Lei de Contravenções Penais, além de infração disciplinar.

Art. 188. Aplicam-se subsidiariamente as disposições do Código de Processo Penal, no que não forem incompatíveis com esta Lei.

Norma dispensável ante a subsidiariedade do Código de Processo Penal.

Valor mínimo de indenização: é comum nos processos criminais falimentares que o valor mínimo de indenização a ser fixado na sentença penal condenatória (CPP, art. 387, IV) seja deduzido em favor da massa falida e, por consequência, da coletividade de credores.

REFERÊNCIAS BIBLIOGRÁFICAS

ANDRADE, Valter Ferreira. Breves anotações sobre os crimes falimentares. Revista Imes. Julho/dezembro -2002.

BARROS, Francisco Dirceu. Direito penal: parte geral. Rio de Janeiro: Impetus, 2003.

BITENCOURT, Cezar Roberto. Tratado de Direito Penal Econômico. Vol. 2. 2016. São Paulo Saraiva.

BONINI, Paulo Rogério. Crimes falimentares. In: Leis Penais Especiais anotadas. LAVORENTI, Wilson. BALDAN, Édson Luís. 13ª ed. Campinas: Milennium, 2016.

COELHO, Fábio Ulhoa. Comentários à Lei de Falência e Recuperação de Empresas. São Paulo: Saraiva, 2005.

______. Comentários à Lei de Falências e de recuperação de empresas. 9. ed. São Paulo: Saraiva, 2013.

______. Manual de Direito Comercial, 14ª ed., São Paulo: Saraiva, 2003.

CUNHA, Rogério Sanches. Manual de direito penal: parte geral (arts. 1 o ao 120) I. 4. ed. Salvador: Juspodivm, 2016.

DEMERCIAN, Pedro Henrique. MALULY, Jorge Assaf. Curso de processo penal. 7ª. ed. Rio de Janeiro: Forense, 2011.

ESTELLITA, Heloísa. Responsabilidade penal de dirigentes de empresas por omissão. São Paulo: Marcial Pons, 2017.

FILHO, Manoel Justino Bezerra. Lei de Recuperação de Empresas e Falência Comentada. São Paulo, Editora RT, 2008.

______. Lei de Recuperação de Empresas e Falência Comentada. 14ª ed. São Paulo: RT, 2019.

GRECO FILHO, Vicente. Manual de processo penal. 7ª ed. São Paulo: Saraiva, 2009.

LIMA, Renato Brasileiro de. Manual de processo penal: volume único. 6. ed. Salvador: Ed. Juspodivm, 2018.

NUCCI, Guilherme de Souza. Leis Penais e Processuais Penais Comentadas. Vol. 2. 8ª ed. Rio de Janeiro: Forense.

ORTIZ, Mariana Tranchesi. A atuação em lugar de outro no Direito Penal Empresarial: A responsabilidade dos representantes e gestores de fato por delitos especiais próprios. Revista Fórum de Ciências Criminais – RFCC | Belo Horizonte, ano 4, n. 7, p. 13-40, jan./jun. 2017.

PACELLI, Eugênio. Curso de processo penal. 21. ed. São Paulo: Atlas, 2017, p. 62.

PEREIRA, Alexandre Demetrius. Crimes Falimentares: Teoria, Prática e Questões de Concurso Comentadas. São Paulo: Editora Malheiros, 2010.

RAMOS, André Luiz Santa Cruz. Direito Empresarial. Editora Método, 2018.

REQUIÃO, Rubens. Curso de Direito Falimentar 2º vol. 11ª ed. São Paulo: Saraiva, 1.989.

VAZQUEZ, Juan Luiz Souza. Considerações sobre Crimes Falimentares à Luz da Nova Lei de Falências. In: Contributos Em Homenagem Ao Professor Sergio Demoro Hamilton. Lumen Juris: Rio de Janeiro. 2009.

VIDAL, Hélvio Simões. Os tipos penais na nova lei de falências e recuperação de empresas. De jure: revista juridica do Ministério Público do Estado de Minas Gerais, Belo Horizonte, n. 6 jan./jun. 2006.

WEINMMAN, Amadeu de Almeida. Dos Crimes Falimentares. Revista Magister de Direito Penal e Processual Penal, São Paulo, v. 3, n. 13, ago./set. 2006.

CAPÍTULO 31

Biossegurança – Lei nº 11.105/2005

Ronaldo Vieira Francisco

INTRODUÇÃO

Inicialmente a regulamentação dos II, IV e V do § 1º do art. 225 da Constituição Federal coube à Lei n. 8.974, de 05 de janeiro de 1995. Passados pouco mais de dez anos, a lei da década de noventa foi ab-rogada pela atual Lei de Biossegurança, a Lei n. 11.105, de 24 de março de 2005, que se acha regulamentada pelo Decreto n. 5.591, de 22 de novembro de 2005.

Em linhas gerais, a Lei de Biossegurança estabelece normas de segurança e mecanismos de fiscalização sobre a construção, o cultivo, a produção, a manipulação, o transporte, a transferência, a importação, a exportação, o armazenamento, a pesquisa, a comercialização, o consumo, a liberação no meio ambiente e o descarte de organismos geneticamente modificados – OGM e seus derivados.

Segundo o art. 225, § 1º, II, da Constituição Federal, incumbe ao Poder Público "preservar a diversidade e a integridade do patrimônio genético do País e fiscalizar as entidades dedicadas à pesquisa e manipulação de material genético". O Inciso IV, do mesmo parágrafo, preceitua, como papel do Estado, "exigir, na forma da lei, para instalação de obra ou atividade potencialmente causadora de significativa degradação do meio ambiente, estudo prévio de impacto ambiental, a que se dará publicidade". E ainda, o inciso V, por sua vez, prevê como encargo do Poder Público, "controlar a produção, a comercialização e o emprego de técnicas, métodos e substâncias que comportem risco para a vida, a qualidade de vida e o meio ambiente".

O estímulo ao avanço científico na área de biossegurança e biotecnologia, a proteção à vida e à saúde humana, animal e vegetal, e a observância do princípio da precaução para a proteção do meio ambiente, são diretrizes da Lei de Biossegurança. (LB, art. 1º)

Isto porque a *biossegurança* deve ser entendida como a busca pela segurança na biotecnologia, uma exigência da vida moderna que torna indispensável o aprimoramento tecnológico em todas as áreas do conhecimento, com o objetivo de suprir as necessidades humanas, sempre em franco crescimento.

Nessa ordem de ideias, a *biossegurança e a biotecnologia* desenvolvem-se para atender às demandas da sociedade moderna, nas mais variadas exigências, como as alimentares, as habitacionais, as terapêuticas e outras mais. Essa evolução, contudo, não é irresponsável. Ela se faz de maneira a prevenir, administrar, diminuir e até mesmo eliminar os riscos relativos ao seu desenvolvimento científico, os quais podem atingir um número indeterminado de pessoas[1].

1 BUZATO, Thais Del Monte. O Direito Penal e a Biossegurança. 1 ed. Prismas. Curitiba. 2015, pág.90.

Não é demasiado lembrar que os alimentos transgênicos e os organismos geneticamente modificados já estão sob nossas mesas, e se desconhece, com toda a amplitude necessária, o quão boas ou más serão as consequências destas estruturas para as pessoas e para o meio ambiente.

A Lei de Biossegurança identifica-se pela tutela dispensada a bem jurídicos supra-individuais, de titularidade de um número indeterminado de pessoas, expostos a riscos até então desconhecidos e incontroláveis, típicos de uma sociedade de risco.

O Poder Público deve fiscalizar a evolução promovida pelo setor de pesquisa e manipulação do material genético, ainda que no Brasil se comprove a carência de grandes corporações nesse setor.

A própria *biossegurança* é o bem jurídico diretamente tutelado pela Lei n. 11.105/2005, em razão da possibilidade real de destruição das espécies vivas, inclusive a humana, por meio da utilização das chamadas armas biológicas e a disseminação de doenças ainda desconhecidas por meio de organismos transgênicos. Também não ficam de fora da tutela legal o meio ambiente, a saúde pública e a identidade genética.

Ademais, o meio ambiente, a saúde pública e a identidade genética não são objetos diretos da experiência, mas sim objetos sobre os quais recaem indiretamente seus efeitos.

Para a BUZATO, a biossegurança não constitui um bem jurídico, mas sim um fim a ser buscado tanto pelas ciências a ela relacionadas quanto pelo sistema jurídico.

Ainda no campo da Lei de Biossegurança, em 29 de maio de 2008 o Supremo Tribunal Federal, na ADI 3510, decidiu que as pesquisas com *células-tronco embrionárias* não violam o direito à vida, tampouco a dignidade da pessoa humana.

Segundo a maioria da Corte, o artigo 5º da Lei n. 11.105, de 2005, não merece reparo, ao argumento de que sua constitucionalidade garante o direito à vida, à saúde, ao planejamento familiar, à pesquisa científica e ao espírito de sociedade fraternal preconizado pela Constituição Federal, que não afasta a utilização de células-tronco embrionárias na pesquisa para curar doenças.

Segundo o então Ministro relator Carlos Britto, a Lei de Biossegurança deve ser qualificada como um "perfeito" e "bem concatenado bloco normativo".

Para o Ministro, a vida humana só pode existir se o embrião tiver sido implantado no útero humano. Segundo ele, tem que haver a participação ativa da futura mãe. No seu entender, o zigoto (embrião em estágio inicial) é a primeira fase do embrião humano, a célula-ovo ou célula-mãe, mas representa uma realidade distinta da pessoa natural, porque ainda não tem cérebro formado.

Ele se reportou, também, a diversos artigos da Constituição que tratam do direito à saúde (artigos 196 a 200) e à obrigatoriedade do Estado de garanti-la, para defender a utilização de células-tronco embrionárias para o tratamento de doenças.

Mais recentemente, em setembro de 2021, o STF retomou o julgamento da **ADI 3.526**, para decidir se a Lei de Biossegurança **centraliza indevidamente** os poderes na Comissão Técnica Nacional de Biossegurança (CTNBio), o que violaria a competência comum de União, estados e municípios para a proteção do meio ambiente.

No voto do Ministro Relator, Nunes Marques, "a União tem o poder de estabelecer regras gerais para a proteção do meio ambiente, conforme o artigo 24, VI, da Constituição. Estados e municípios podem até ampliar certos serviços, suplementando a lei federal, mas tudo dentro do espaço da lei geral editada pela União. A jurisprudência do tribunal, portanto, confere respaldo para que a União legisle, com normas gerais, sobre proteção ao meio ambiente, e, mediante regulamentação da Constituição, sobre biossegurança. Nessa perspectiva, a Lei 11.105/2005 não ofende a regra de competência prevista no artigo 23, VI da Constituição Federal, tanto mais porque os entes locais podem suplementar a legislação federal, sem prejuízo da observância do quadro normativo traçado pelo Congresso", disse o relator.

Já o Ministro Edson Fachin apresentou **voto divergente**, para "declarar inconstitucionais os artigos 6º, VI; 10; 14, IV, VIII, XX e parágrafos 1º, 2º, 3º, 4º, 5º e 6º; 16, parágrafo 1º, III e parágrafos 2º, 3º, 4º, 5º, 6º e 7º; 30; 34; 35; 36; 37, todos da Lei de Biossegurança. A jurisprudência do Supremo se encaminhou nos últimos anos e, mais especificamente, durante a epidemia de Covid-19, para o fortalecimento do sentido de um federalismo verdadeiramente cooperativo. Para o ministro, a União **não deve concentrar os poderes**. A norma criou exceção à exigência constitucional de licenciamento ambiental ao dispensar a medida quando a CTNBio julgasse que determinado organismo geneticamente modificado não se enquadra na categoria de potencialmente causador de significativa degradação ambiental. Dessa maneira, avaliou que a lei desrespeita a Lei 6.938/1981 e a orientação descentralizadora que impõe o artigo 23, VI e VII, da Constituição. O ministro também disse ser inconstitucional a limitação da exigência de estudo prévio de impacto ambiental".

Ao concluir, enfatizou o Ministro que o "**princípio da precaução** reclama aplicação no caso concreto, revela-se injustificada a opção do legislador de alocar, unilateralmente, na CTNBio a competência para definição do potencial danoso de organismos geneticamente modificados".

Antes de avançarmos aos tipos penais, a ordem jurídica nacional atribui a qualificação de *pessoa* ao nascido com vida.

Em relação ao *nascituro*, se pressupõe a possibilidade, a probabilidade, de vir a nascer, o que não acontece com os embriões inviáveis ou destinados ao descarte. O nascituro foi concebido, está sendo gerado, porém não nasceu ainda, continua no ventre. A ele já se reconhece, no art. 2º do Código Civil, a proteção jurídica. Ainda esse preceito da lei civil condicione a aquisição de personalidade jurídica ao nascimento (pessoa), o ordenamento jurídico brasileiro reconhece e concede ao nascituro uma categoria especial de direitos – os quais abrangem situações jurídicas destinadas a garantir o desenvolvimento digno e saudável no meio intrauterino e o consequente nascimento com vida –, a exemplo do direito à vida e à assistência pré-natal. Não há, no entanto, uma delimitação expressa do rol de tais direitos.

As correntes doutrinárias que buscam balizar a proteção jurídica devida àqueles que ainda não nasceram se dividem em três.

A primeira, *natalista*, defende que a titularização de direitos e a personalidade jurídica são conceitos inexoravelmente vinculados, de modo que, inexistindo personalidade jurídica anterior ao nascimento, a consequência lógica é que também não há direitos titularizados pelo nascituro, mas mera expectativa de direitos.

Já para a teoria *concepcionista*, a personalidade jurídica se inicia com a concepção, muito embora alguns direitos só possam ser plenamente exercitáveis com o nascimento, como os decorrentes de herança, legado e doação.

Por último, há a *teoria da personalidade condicional*, para a qual a personalidade tem início com a concepção, porém fica submetida a uma condição suspensiva (o nascimento com vida), assegurados, no entanto, desde a concepção, os direitos da personalidade, inclusive para assegurar o nascimento.

Vale ressaltar que *nascituro* não se confunde com *concepturo* e o *natimorto*. O nascituro é o ser que já foi concebido e ainda não nasceu (CC, art. 2º), enquanto que o concepturo ainda não foi concebido, embora haja a esperança de que venha a ser. Também chamado de prole eventual, o concepturo é figura presente na sucessão testamentária (CC, art. 1.799, I).

Por sua vez o *natimorto* é o nascido morto que deverá ser registrado em livro próprio do Cartório de Pessoas Naturais (LRP, art. 53, § 1º).

Considera-se feto, importante destacar, quando o estágio de desenvolvimento intrauterino atinge a 8ª semana de vida embrionária, momento em que já podem ser observados braços, pernas, olhos, nariz e boca, e vai até o fim da gestação.

A Resolução do Conselho Federal de Medicina (CFM) n. 2.320/2022, aliás, permite que gestação mediante as **técnicas de reprodução assistida (RA)**, que têm o papel de auxiliar no processo de procriação e formação das famílias (chamadas de ectogenéticas), dada a utilização de métodos que compreendem a doação de gametas ou embriões (*não lucrativo ou comercial*), a gestação de substituição (*cessão temporária do útero*) ou mesmo por reprodução assistida *post mortem*.

O Provimento n. 63 do CNJ, de 2017, dispõe sobre o registro de nascimento e emissão da respectiva certidão dos filhos havidos por **reprodução assistida**.

A partir de agora serão analisados os tipos penais previstos nos arts. 24 a 29 da Lei n. 11.105, de 2005, sob os seguintes aspectos: bem jurídico tutelado, sujeitos (ativo e passivo), conduta, voluntariedade, consumação e ação penal, observando-se, inicialmente, que os crimes da Lei de Biossegurança são de competência da justiça federal[2], conforme decidiu o Supremo Tribunal Federal, na vigência da Lei n. 8.974/95.

CAPÍTULO VIII
DOS CRIMES E DAS PENAS

Art. 24. Utilizar embrião humano em desacordo com o que dispõe o art. 5º desta Lei:

Pena – detenção, de 1 (um) a 3 (três) anos, e multa.

BEM JURÍDICO TUTELADO

O crime do art. 24 da Lei n. 11.105/2005, tem como objetividade jurídica a preservação do patrimônio genético, assim como a proteção da vida e da saúde humana.

---

2 PROCESSO PENAL – CONFLITO NEGATIVO DE COMPETÊNCIA – JUSTIÇA ESTADUAL E JUSTIÇA FEDERAL – DENÚNCIA – CRIME, EM TESE, DE LIBERAÇÃO NO MEIO AMBIENTE DE ORGANISMOS GENETICAMENTE MODIFICADOS (SOJA TRANSGÊNICA) – LEI Nº 8.974/95 – EXISTÊNCIA DE INTERESSES CONCRETOS E OBJETIVOS DA UNIÃO – COMPETÊNCIA CONCORRENTE RESIDUAL DOS ESTADOS PARA LEGISLAR E FISCALIZAR SOBRE A MATÉRIA – COMPETÊNCIA FEDERAL RECONHECIDA. 1 – Tendo os denunciados praticado, em tese, crime de liberação, no meio ambiente, de organismos geneticamente modificados – plantação de soja transgênica/safra 2001 (art. 13, V, da Lei nº 8974/95), verifica-se, consoante legislação federal específica, prejuízo à interesses da União, porquanto há reflexos concretos da utilização desta tecnologia de plantio na Política Agrícola Nacional e na Balança Comercial de Exportação de nosso País. 2 – Outrossim, a Lei nº 8.974/95 estabeleceu "normas de segurança e mecanismos de fiscalização no uso das técnicas de engenharia genética na construção, cultivo, manipulação, transporte, comercialização, consumo, liberação e descarte de organismo geneticamente modificado (OGM), visando proteger a vida e a saúde do homem, dos animais e das plantas, bem como o meio ambiente." (art. 1º, do citado diploma legal). No mesmo diapasão, o legislador ordinário federal atribuiu aos órgãos de fiscalização do Ministério da Saúde, do Ministério da Agricultura, do Abastecimento e da Reforma Agrária e do Ministério do Meio Ambiente e da Amazônia Legal, dentro do campo de suas competências, observado o parecer técnico conclusivo da Comissão Técnica Nacional de Biossegurança, órgão consultivo e de assessoramento do Governo Federal, o poder de fiscalizar as empresas, pessoas físicas e instituições que façam uso da biotecnologia dos transgênicos. 3 – Por fim, o Colendo Supremo Tribunal Federal assentou, no tocante a legislação pertinente aos Organismos Geneticamente Modificados, ser a competência dos Estados apenas residual, já que há lei federal expressa (Lei nº 8.974/95) (cf. Tribunal Pleno, Med.Cautelar em ADIN nº 3.035/PR, Rel. Ministro GILMAR MENDES, DJU de 12.03.2004). 4 – Conflito conhecido e provido para declarar competente o D. Juízo Federal da Vara Criminal de Passo Fundo/RS, ora suscitado (STJ – CC: 41279 RS 2004/0007970-8, Relator: Ministro JORGE SCARTEZZINI, Data de Julgamento: 28/04/2004, S3 – TERCEIRA SEÇÃO, Data de Publicação: DJ 01.07.2004 p. 175LEXSTJ vol. 181 p. 230)

SUJEITOS DO CRIME

O crime é comum, logo, pode ser cometido por qualquer pessoa. Ainda que se possa parecer o contrário, pois a manipulação de embriões humanos exige conhecimento da área de engenharia genética, o tipo não exige qualificação especial do sujeito ativo.

O sujeito passivo é a coletividade.

CONDUTAS (1)

O art. 24 da Lei n. 11.105, de 2005, é considerado um tipo penal remetido, pois a integral tipicidade da conduta demanda a subsunção ao art. 5º da mesma lei.

Segundo o art. 5º, I e II, da Lei de Biossegurança, é permitida, para fins de pesquisa e terapia, a utilização de *células-tronco embrionárias* obtidas de embriões humanos produzidos por fertilização *in vitro* e não utilizados no respectivo procedimento, atendidas as seguintes condições: (I) *sejam embriões inviáveis*; ou (II) *sejam embriões congelados há 3 (três) anos ou mais, na data da publicação desta Lei, ou que, já congelados na data da publicação desta Lei, depois de completarem 3 (três) anos, contados a partir da data de congelamento*.

De acordo com o § 1º do art. 5º, em qualquer caso, é necessário o consentimento dos genitores.

Estabelece ainda § 2º do art. 5º que as instituições de pesquisa e serviços de saúde que realizem pesquisa ou terapia com células-tronco embrionárias humanas deverão submeter seus projetos à apreciação e aprovação dos respectivos comitês de ética em pesquisa.

A conduta típica do art. 24 da Lei de Biossegurança é *utilizar* (fazer uso, empregar) *embrião humano* (organismo que se forma após a fecundação, entre a 2ª e a 8ª semana de desenvolvimento), em desacordo com do art. 5º, da Lei 11.105/2005. Um exemplo: utilizar de embrião sem o consentimento dos genitores (art. 5º, § 1º).

Diante disso, admite-se a manipulação de embriões humanos desde que os aspectos legais sejam efetivamente observados e respeitados.

Importante destacar que o feto não pode ser objeto de engenharia genética, pesquisas ou outros fins, o que se verifica na 8ª semana após a fecundação.

Utilizar de fetos para esse fim poderá caracterizar tipos penais diversos, como aborto ou tentativa de aborto, de maneira que o art. 24 da Lei de Biossegurança não os abrange. Sua proteção está garantida nos artigos 124 e 126 do Código Penal.

Estas situações acima não devem ser confundidas com as técnicas de reprodução assistida, sobre as quais dispõe a Resolução n. 2.320, de 2022, do Conselho Federal de Medicina, segundo a qual admite-se a gestação de substituição (cessão temporária de útero), que não pode ter caráter lucrativo ou comercial e nem tampouco ter a escolha da cedente intermediada pela clínica de reprodução.

CONDUTAS (2)

A **comercialização** embrião humano, embriões humanos produzidos por fertilização **in vitro**, embriões congelados ou mesmo de células-tronco embrionárias, implica a **violação de tipo penal especial**, descrito no art. 15 Lei de Transplantes (Lei n. 9.434/97).

Isto porque o art. 5º, § 3º, da Lei de Biossegurança, ao **vedar** a comercialização do material biológico a que se refere, tipifica e remete a conduta, daquele que o pratica, ao art. 15 da Lei nº 9.434/97.

Estabelece o art. 15 da Lei de Transplantes: "Comprar ou vender tecidos, órgãos ou partes do corpo humano: Pena - reclusão, de três a oito anos, e multa, de 200 a 360 dias-multa".

Importante lembrar que para a Lei de Transplantes, em seu art. 1º, parágrafo único, não estão compreendidos entre os tecidos o *sangue*, o *esperma* e o *óvulo*; todavia, o embrião humano e as células-tronco embrionárias estão sujeitos à sua incidência.

Para estudos mais aprofundados, remetemos o leitor aos comentários feitos ao art. 15 da Lei n. 9.434, de 1997 (Lei de Transplantes).

VOLUNTARIEDADE

Quanto à voluntariedade, exige-se o dolo. Não prevê o tipo o elemento subjetivo específico, e nem tampouco a forma culposa.

CONSUMAÇÃO E TENTATIVA

O crime é material, e se consuma na efetiva manipulação do embrião humano. A utilização de embrião humano fora das situações previstas no art. 5º atenta contra a vida humana e contra os interesses da sociedade e do Poder Público na preservação do patrimônio genético.

A tentativa mostra-se perfeitamente possível.

AÇÃO PENAL

No silêncio da lei, a ação penal neste crime é pública incondicionada.

É viável a suspensão condicional do processo (art. 89, da Lei 9.099/95) e em caso de condenação, a substituição da pena privativa de liberdade por restritiva de direitos (CP, art. 44). Ainda que o objeto material do delito seja o *embrião humano*, não se pode considerar a vedação do inciso I do art. 44 do CP, cuja aplicação limita-se aos crimes com violência ou grave ameaça à *pessoa*.

ACORDO DE NÃO PERSECUÇÃO PENAL – ANPP

Admite-se acordo de não persecução penal, pois a pena mínima cominada é inferior a 4 (quatro) anos. Ademais, pela conduta descrita, não há violência ou grave ameaça à pessoa (CPP, art. 28-A, *caput*).

A ação típica recai sobre embrião humano.

Art. 25. Praticar engenharia genética em célula germinal humana, zigoto humano ou embrião humano:

Pena – reclusão, de 1 (um) a 4 (quatro) anos, e multa.

BEM JURÍDICO TUTELADO

O art. 25 da Lei n. 11.105/2005, tem como objetividade jurídica a preservação do patrimônio genético, bem como a proteção à vida e à saúde humana.

SUJEITOS DO CRIME

O crime é comum, e pode ser cometido por qualquer pessoa. *Praticar engenharia genética* não é uma conduta que exija qualificação especial do sujeito ativo. Isso porque o simples *conhecimento* que permite o agente colocar em prática a engenharia genética não o torna um sujeito especial. Um estudante ou profissional podem praticá-lo. Para ilustrar, o Código Penal nos artigos 355 e 269, por exemplo, exigem que o *advogado* ou *médico*, respectivamente, incorram no comportamento proibido. Assim, não se exige qualificação *legal* ou *fática* para o agente do crime previsto pelo art. 25 desta lei.

O sujeito passivo é a sociedade.

CONDUTAS

Praticar engenharia genética é a conduta nuclear prevista no tipo, que significa *exercer* a atividade de produção e manipulação de *moléculas de ADN/ARN recombinante* (art. 3º, IV).

Tais *moléculas de ADN/ARN recombinante* são as manipuladas fora das células vivas mediante a modificação de segmentos de ADN/ARN natural ou sintético e que possam multiplicar-se em uma célula viva, ou ainda as moléculas de ADN/ARN resultantes dessa multiplicação; consideram-se também os segmentos de ADN/ARN sintéticos equivalentes aos de ADN/ARN natural (art. 3º, III). *Célula germinal humana* é célula-mãe responsável pela formação de gametas presentes nas glândulas sexuais femininas e masculinas e suas descendentes diretas em qualquer grau de ploidia (art. 3º, VII). *Zigoto humano* é a célula-ovo resultante da fecundação do óvulo pelo espermatozoide. *Embrião humano* é o organismo que se forma após a fecundação, abrangendo, o período da 2ª a 8ª semana de desenvolvimento. O tipo penal advém do art. 6º, III, da Lei de Biossegurança, que proíbe a engenharia genética em célula germinal humana, zigoto humano e embrião humano.

VOLUNTARIEDADE

Em relação à voluntariedade, exige-se o dolo. Por outro lado, não é previsto o elemento subjetivo específico. A forma culposa não foi contemplada pelo legislador.

CONSUMAÇÃO E TENTATIVA

O crime exige resultado naturalístico, consistente na efetiva manipulação da célula germinal, do zigoto ou do embrião humano. Ao utilizar-se destes objetos materiais, ocorre o atentado contra vida humana, e, notadamente, contra os interesses do Poder Público na preservação do patrimônio genético (CF, art. 225, § 1º, II). O crime, assim, é material, e não meramente formal. Consuma-se no momento da prática da manipulação, inviabilizando a célula germinal, zigoto ou embrião, e eliminando-se o potencial de vida.

A tentativa é possível.

AÇÃO PENAL

No silêncio da lei, a ação penal neste crime é pública incondicionada.

Admite-se a suspensão condicional do processo (art. 89, da Lei 9.099/95). Se houver condenação, permite-se a substituição da pena privativa de liberdade por restritiva de direitos (CP, art. 44). Mesmo que o objeto material do delito seja o *embrião humano*, não incide a vedação do inciso I do art. 44 do CP, cuja aplicação se circunscreve aos crimes com violência ou grave ameaça à *pessoa*.

ACORDO DE NÃO PERSECUÇÃO PENAL – ANPP

É aplicável o acordo de não persecução penal, pois a pena mínima, em abstrato, é inferior a 4 (quatro) anos (CPP, art. 28-A). De resto, a ação nuclear incide em célula germinal humana, zigoto humano ou embrião humano, ou seja, trata-se de infração sem violência ou grave ameaça à pessoa.

Art. 26. Realizar clonagem humana:

Pena – reclusão, de 2 (dois) a 5 (cinco) anos, e multa.

BEM JURÍDICO TUTELADO

O art. 26 da Lei de Biossegurança, tem como objetividade jurídica a preservação do patrimônio genético, bem como a proteção à vida e à saúde humana.

SUJEITOS DO CRIME

O crime é comum; logo, qualquer pessoa pode praticá-lo. Não exige o preceito primário do tipo uma especial qualificação do agente, ou seja, que seja ele médico ou engenheiro genético. Diante disso, o delito pode ser cometido por quem detenha os conhecimentos específicos para *clonagem humana*.

O sujeito passivo é a sociedade.

CONDUTAS

A conduta típica é a *realizar* (efetuar algo, tornar real) a clonagem humana. *Clonagem humana* é o processo de reprodução assexuada, produzida artificialmente, em relação a seres humanos, baseada em um único patrimônio genético, com ou sem a utilização de engenharia genética (3º, VIII, desta Lei).

Advém o tipo penal do art. 6º, IV, da Lei de Biossegurança, que veda expressamente a *clonagem humana*.

VOLUNTARIEDADE

Em relação à voluntariedade, exige-se o dolo. Não é previsto o elemento subjetivo específico, e nem tampouco a forma culposa.

CONSUMAÇÃO E TENTATIVA

O crime é formal, e não exige resultado naturalístico. Consuma-se no momento da realização da clonagem.

A tentativa é possível.

AÇÃO PENAL

No silêncio da lei, a ação penal neste crime é pública incondicionada.

Não se admite a suspensão condicional do processo (art. 89, da Lei 9.099/95). Em caso de condenação, permite-se a substituição da pena privativa de liberdade por restritiva de direitos (CP, art. 44), e é cabível, conforme o caso, a concessão da suspensão condicional da pena (CP, art. 77).

ACORDO DE NÃO PERSECUÇÃO PENAL – ANPP

É possível o acordo de não persecução penal, objetivamente analisado, pois a pena mínima, em abstrato, é inferior a 4 (quatro) anos (CPP, art. 28-A). No entanto, o crime de clonagem humana possui grande ofensividade à dignidade humana e a ética, de maneira que, revendo posicionamento anterior, essa infração é desproporcional e incompatível com o acordo, diante de sua natureza violadora de valores constitucionais, sendo acertado dizer que a solução consensual do crime refoge à necessária e suficiente reprovação e prevenção do crime.

Art. 27. Liberar ou descartar OGM no meio ambiente, em desacordo com as normas estabelecidas pela CTNBio e pelos órgãos e entidades de registro e fiscalização:

Pena – reclusão, de 1 (um) a 4 (quatro) anos, e multa.

§ 1º (VETADO).

§ 2º Agrava-se a pena:

I – de 1/6 (um sexto) a 1/3 (um terço), se resultar dano à propriedade alheia;

II – de 1/3 (um terço) até a metade, se resultar dano ao meio ambiente;

III – da metade até 2/3 (dois terços), se resultar lesão corporal de natureza grave em outrem;

IV – de 2/3 (dois terços) até o dobro, se resultar a morte de outrem.

BEM JURÍDICO TUTELADO

A objetividade jurídica deste crime é a proteção do meio ambiente.

SUJEITOS DO CRIME

Sujeito ativo deste delito pode ser qualquer pessoa, não exigindo o preceito primário uma especial qualificação do agente.

O sujeito passivo é a sociedade.

CONDUTAS

Neste tipo penal temos as seguintes condutas: *liberar*[3] (livrar-se de algo, libertar) ou *descartar* (jogar fora após o uso) OGM no meio ambiente, em desacordo com as normas da CTNBio, e por outros órgãos de controle.

Trata-se de norma penal em branco, já que o complemento do alcance da norma será fixado pela Comissão Técnica Nacional de Biossegurança, e por outros órgãos e entidades de registro e fiscalização do patrimônio genético.

É que se afirma no art. 6º, V, da Lei de Biossegurança, que proclama ser proibido a "destruição ou descarte no meio ambiente de OGM e seus derivados em desacordo com as normas estabelecidas pela CTNBio, pelos órgãos e entidades de registro e fiscalização, referidos no art. 16 desta Lei, e as constantes desta Lei e de sua regulamentação".

Os órgãos e entidades de registro e fiscalização pertencem ao Ministério da Saúde, do Ministério da Agricultura, Pecuária e Abastecimento e do Ministério do Meio Ambiente, e da Secretaria Especial de Aquicultura e Pesca da Presidência da República, bem como o Conselho Nacional de Biossegurança – CNBS (art. 16).

E o art. 5º do Decreto n. 5.591, de 22 de novembro de 2005, fixa as *atribuições* da Comissão Técnica de Biossegurança – CTNbio, enquanto o art. 6º disciplina sobre a composição do

---

3 STJ, CC 41301 / RS, Rel. Ministro GILSON DIPP (**ref. art. 13, V, da Lei n. 8.974/95, antiga Lei de Biossegurança, revogada pela Lei n. 11.105/2005**): CRIMINAL. CONFLITO DE COMPETÊNCIA. **LIBERAÇÃO DE ORGANISMO GENETICAMENTE MODIFICADO NO MEIO AMBIENTE. SEMENTES DE SOJA TRANSGÊNICA. FALTA DE AUTORIZAÇÃO DA CNTBio.** EVENTUAIS EFEITOS AMBIENTAIS QUE NÃO SE RESTRINGEM AO ÂMBITO DE ESTADOS DA FEDERAÇÃO INDIVIDUALMENTE CONSIDERADOS. POSSIBILIDADE DE CONSEQÜÊNCIAS À SAÚDE PÚBLICA. INTERESSE DA UNIÃO NO CONTROLE E REGULAMENTAÇÃO DO MANEJO DE SEMENTES DE OGM. COMPETÊNCIA DA JUSTIÇA FEDERAL. A Comissão Técnica Nacional de Biossegurança (CNTBio) – Órgão diretamente ligado à Presidência da República -, destinado a assessorar o governo na elaboração e implementação da Política Nacional de Biossegurança é a responsável pela autorização do plantio de soja transgênica em território nacional. **Cuidando-se de conduta de liberação, no meio ambiente, de organismo geneticamente modificado - sementes de soja transgênica - em desacordo com as normas estabelecidas pelo Órgão competente, caracteriza-se, em tese, o crime descrito no art. 13, inc. V, da Lei de Biossegurança, que regula manipulação de materiais referentes à Biotecnologia e à Engenharia Genética.** Os eventuais efeitos ambientais decorrentes da liberação de organismos geneticamente modificados não se restringem ao âmbito dos Estados da Federação em que efetivamente ocorre o plantio ou descarte, sendo que seu uso indiscriminado pode acarretar consequências a direitos difusos, tais como a saúde pública. Evidenciado o interesse da União no controle e regulamentação do manejo de sementes de soja transgênica, inafastável a **competência da Justiça Federal** para o julgamento do feito. Conflito conhecido para declarar a competência o Juízo Federal da Vara Criminal de Passo Fundo, SJ/RS, o Suscitado.

órgão, que possui arranjo heterogêneo, estruturado por 27 (vinte e sete) cidadãos brasileiros, de reconhecida qualificação técnico profissional.

O art. 27, § 2º, da Lei de Biossegurança, incisos I a IV, cuida das *causas de aumento de pena* a serem aplicadas no terceiro momento de fixação da pena, de acordo com o sistema trifásico acolhido no art. 68, *caput*, do CP. Os aumentos só correm se verificados os *resultados, consequências ou desdobramentos*, como circunstâncias do delito, da conduta principal, previstas no *caput* do art. 27.

As causas de aumento de pena são as seguintes: (inciso I): de 1/6 a 1/3, se resultar *dano à propriedade alheia*; (inciso II): aumento de 1/3 até a metade, se resultar *dano ao meio ambiente*; (inciso III): da metade até 2/3, se resultar *lesão corporal de natureza grave em outrem*; (inciso IV): de 2/3 até o dobro, se resultar a *morte de outrem*.

É importante observar que o crime previsto no art. 27 da Lei de Biossegurança é de *perigo*, ou seja, o agente possui a intenção *liberar* ou *descartar* OGM no meio ambiente em desacordo com as normas da CTNbio. Se o fizer com *dolo de dano*, o crime será outro, previsto na Lei n. 9.605/98 (Lei de Crimes Ambientais).

Feitas estas observações, em relação ao resultado qualificador previsto neste artigo, ele só pode atuar com *culpa*, a exemplo do que ocorre no art. 258 do CP, inserido no capítulo dos crimes de perigo comum.

VOLUNTARIEDADE

Em relação à voluntariedade, exige-se o *dolo de perigo*. Não é previsto o elemento subjetivo específico, e nem tampouco a forma culposa.

CONSUMAÇÃO E TENTATIVA

O crime é formal, e se consuma com a prática da conduta descrita no tipo, independentemente do resultado naturalístico.

Admite tentativa.

AÇÃO PENAL

No silêncio da lei, a ação penal neste crime é pública incondicionada.

No art. 27, *caput*, admite-se a suspensão condicional do processo (art. 89, da Lei 9.099/95). Com relação às formas qualificadas pelo resultado, sobre as quais dispõe o art. 27, § 2º, incisos I a IV, inviável o mesmo benefício, na linha do que estabelece a Súmula n. 243 do STJ.

Se houver condenação, permite-se a substituição da pena privativa de liberdade por restritiva de direitos (CP, art. 44), assim como, conforme o caso, a concessão da suspensão condicional da pena (art. 77).

ACORDO DE NÃO PERSECUÇÃO PENAL – ANPP

Objetivamente o acordo de não persecução penal é aplicável, ainda que a pena mínima, em abstrato, seja agravada no máximo (art. 27, § 2º, IV). Isso porque, para aferição da pena mínima cominada ao delito, devem ser consideradas as causas de aumento e diminuição aplicáveis ao caso concreto, segundo o art. 28-A, § 1º, do CPP.

No entanto, o crime de liberação ou descarte, no meio ambiente, de organismo geneticamente modificado, em desacordo com as normas estabelecidas pelo Órgão competente, pode acarretar consequências a direitos difusos, tais como a saúde pública, o que afasta, por si só, a necessária e suficiente reprovação e prevenção do crime (CPP, art. 28-A, *caput*).

Art. 28. Utilizar, comercializar, registrar, patentear e licenciar tecnologias genéticas de restrição do uso:

Pena – reclusão, de 2 (dois) a 5 (cinco) anos, e multa.

BEM JURÍDICO TUTELADO

A objetividade jurídica é a preservação do patrimônio genético, do meio ambiente e dos interesses econômicos da sociedade.

SUJEITOS DO CRIME

A depender do núcleo da conduta típica, o crime pode ser comum ou próprio.

É comum nas condutas de *utilizar* e *comercializar*, hipóteses nas quais o delito pode ser praticado por qualquer pessoa.

Será próprio nas modalidades de *registrar*, *patentear* e *licenciar* tecnologias genéticas de restrição de uso, casos em que o sujeito ativo é qualificado e ostenta aptidão jurídica para promover o registro, conceder a licença e registrar a patente.

Estas atividades são previstas na Lei n. 9.279/96, a cargo do Instituto Nacional de Propriedade Industrial - INPI, autarquia federal, vinculada ao Ministério do Desenvolvimento, Indústria e Comércio Exterior.

Sujeito passivo é a sociedade e o Estado.

CONDUTAS

As condutas típicas são as seguintes: *utilizar* (fazer uso de algo), *comercializar* (negociar, inserir no comércio), *registrar* (lançar em livro ou outra base material apta a receber inscrição), *patentear* (fazer registro de privilégio de invenção) *e licenciar* (permitir, autorizar) tecnologias genéticas de restrição do uso.

Trata-se de *tipo penal misto alternativo ou de conteúdo variado*, que ocorre quando a lei estabelece diversos núcleos que, se praticados no mesmo contexto fático, caracterizam o cometimento de apenas um delito.

O *tipo é misto pode ser cumulativo*, caso em que a lei estabelece várias condutas nucleares que, se praticadas seguidamente, ainda que em contexto único, ensejam o concurso material.

Todas as condutas têm por objeto a *tecnologia genética de restrição de uso* prevista no art. 6º, VII, e parágrafo único, da Lei de Biossegurança, dispositivo que conceitua e *proíbe* a utilização, a comercialização, o registro, o patenteamento e o licenciamento de tecnologias genéticas de restrição do uso.

Entende-se por *tecnologias genéticas de restrição do uso* qualquer processo de intervenção humana para geração ou multiplicação de plantas geneticamente modificadas para produzir estruturas reprodutivas estéreis, bem como qualquer forma de manipulação genética que vise à ativação ou desativação de genes relacionados à fertilidade das plantas por indutores químicos externos.

A figura típica quer evitar a formação do monopólio de mercado, o que poderia ocorrer, ilustrando, se determinada empresa inserisse no mercado sementes de grande potencial produtivo, mas que, por serem estéreis, sempre obrigariam o agricultor a comprar novas sementes, ou seja, não poderia aproveitar da colheita para realizar outros plantios.

VOLUNTARIEDADE

Em relação à voluntariedade, exige-se o dolo. Não é previsto o elemento subjetivo específico, e nem tampouco a forma culposa.

CONSUMAÇÃO E TENTATIVA

O crime é formal e de perigo, e se consuma com a prática das condutas descritas no preceito primário do tipo, independentemente do resultado naturalístico, pois basta o risco de potencial lesão ao patrimônio genético, ao meio ambiente e à economia.

Admite tentativa.

AÇÃO PENAL

No silêncio da lei, a ação penal neste crime é pública incondicionada.

Não se admite a transação penal e a suspensão condicional do processo (art. 89 da Lei 9.099/95). Em caso de condenação, permite-se a substituição da pena privativa de liberdade por restritiva de direitos (CP, art. 44), e é cabível, conforme o caso, a concessão da suspensão condicional da pena (CP, art. 77).

ACORDO DE NÃO PERSECUÇÃO PENAL – ANPP

Aplicável o acordo de não persecução penal, visto que a pena mínima é inferior a 4 (quatro) anos, em conformidade com o art. 28-A do CPP.

> **Art. 29.** Produzir, armazenar, transportar, comercializar, importar ou exportar OGM ou seus derivados, sem autorização ou em desacordo com as normas estabelecidas pela CTNBio e pelos órgãos e entidades de registro e fiscalização:
>
> Pena – reclusão, de 1 (um) a 2 (dois) anos, e multa.

BEM JURÍDICO TUTELADO

A objetividade jurídica é a preservação do patrimônio genético e do meio ambiente.

SUJEITOS DO CRIME

O crime é comum, e pode ser praticado por qualquer pessoa.

Sujeito passivo é a sociedade e o Estado.

CONDUTAS

As condutas típicas são: *produzir* (dar origem a algo, criar), *armazenar* (manter algo em depósito), *transportar*[4] (levar algo de um para outro), *comercializar* (negociar, colocar no comércio), *importar* (trazer algo para dentro do país) ou *exportar* (remeter algo para fora do país) OGM ou seus derivados, sem autorização ou em desacordo com as normas estabelecidas pela CTNBio e pelos órgãos e entidades de registro e fiscalização.

---

4 STJ, AgRg no CC 113610 / MT, Rel. Ministro SEBASTIÃO REIS JÚNIOR: PENAL. AGRAVO REGIMENTAL EM CONFLITO DE COMPETÊNCIA. **TRANSPORTE DE SOJA GENETICAMENTE MODIFICADA**. INEXISTÊNCIA DE REGISTRO NA NOTA FISCAL APRESENTADA NO PORTO DE PARANAGUÁ/PR. CRIME DE FALSIDADE IDEOLÓGICA E USO DE DOCUMENTO FALSO. CONEXÃO. CONCURSO DE JURISDIÇÕES DA MESMA CATEGORIA. COMPETÊNCIA DEFINIDA PELA PREVENÇÃO. IMPOSSIBILIDADE DE ALTERAÇÃO DA TIPIFICAÇÃO JURÍDICA DOS FATOS EFETUADA PELAS INSTÂNCIAS ORDINÁRIAS. FEITO QUE AINDA SE ENCONTRA EM FASE DE INVESTIGAÇÃO POLICIAL. PRECEDENTE DA TERCEIRA SEÇÃO... "conduta investigada - apresentação de nota fiscal **sem informação de transgenia** - só seria de competência federal se as investigações demonstrassem a prática do crime tipificado no art. 29 da Lei n. 11.105/2005 (Lei de Biossegurança); sendo prematuro, ainda na fase inquisitiva, modificar a tipificação penal com vistas a firmar a competência da Justiça Federal...".

O *tipo penal é misto alternativo ou de conteúdo variado*, daqueles que a lei estabelece diversos núcleos que, se praticados no mesmo contexto fático, caracterizam o cometimento de apenas um delito. O *tipo misto pode ser cumulativo*, mas nessa situação as várias condutas nucleares estabelecidas por lei, se praticadas, ainda que o contexto seja único, ensejam o concurso material.

Cuida-se, por outro lado, de *norma penal em branco*, pois dependente de complemento, consistente nas regras estabelecidas pela Comissão Técnica Nacional de Biossegurança e pelos órgãos e entidades de registro e fiscalização.

Com isso, evita-se a criação e a circulação de organismos geneticamente modificados sem qualquer controle e fiscalização do Poder Público.

VOLUNTARIEDADE

Em relação à voluntariedade, exige-se o dolo. Não é previsto o elemento subjetivo específico, e nem tampouco a forma culposa.

CONSUMAÇÃO E TENTATIVA

O crime é formal e de perigo, e se consuma com a prática das condutas descritas no tipo, independentemente do resultado naturalístico, pois basta o risco de potencial lesão ao patrimônio genético e ao meio ambiente.

AÇÃO PENAL

No silêncio da lei, a ação penal neste crime é pública incondicionada[5].

Admite-se a transação penal e a suspensão condicional do processo (art. 89, da Lei 9.099/95). Em caso de condenação, permite-se a substituição da pena privativa de liberdade por restritiva de direitos (CP, art. 44), e é cabível, conforme o caso, a concessão da suspensão condicional da pena (CP, art. 77).

ACORDO DE NÃO PERSECUÇÃO PENAL – ANPP

O acordo de não persecução penal não se aplica quando for cabível transação penal, consolida o art. 28-A, § 2º, I, do CPP.

5 PENAL. AGRAVO REGIMENTAL EM CONFLITO DE COMPETÊNCIA.TRANSPORTE DE SOJA GENETICAMENTE MODIFICADA. INEXISTÊNCIA DE REGISTRO NA NOTA FISCAL APRESENTADA NO PORTO DE PARANAGUÁ/PR. CRIME DE FALSIDADE IDEOLÓGICA E USO DE DOCUMENTO FALSO. CONEXÃO. CONCURSO DE JURISDIÇÕES DA MESMA CATEGORIA. COMPETÊNCIA DEFINIDA PELA PREVENÇÃO.IMPOSSIBILIDADE DE ALTERAÇÃO DA TIPIFICAÇÃO JURÍDICA DOS FATOS EFETUADA PELAS INSTÂNCIAS ORDINÁRIAS. FEITO QUE AINDA SE ENCONTRA EM FASE DE INVESTIGAÇÃO POLICIAL. PRECEDENTE DA TERCEIRA SEÇÃO.1. O conflito de competência não é a via adequada para se alterar a tipificação penal da conduta, inicialmente efetuada pelas instâncias ordinárias, notadamente quando o feito ainda se encontra em fase de investigação policial, como na espécie (AgRg no CC n.123.407/MT, Relator p/ acórdão Ministro Marco Aurélio Bellizze, Terceira Seção, DJe 4/12/2013).2. A conduta investigada – apresentação de nota fiscal sem informação de transgenia – só seria de competência federal se as investigações demonstrassem a prática do crime tipificado no art. 29 da Lei n. 11.105/2005 (Lei de Biossegurança); sendo prematuro, ainda na fase inquisitiva, modificar a tipificação penal com vistas a firmar a competência da Justiça Federal.3. Verificada a suposta ocorrência de dois crimes conexos – um consumado na cidade de Nova Ubiratã/MT (falsidade ideológica) e o outro, na cidade de Paranaguá/PR (uso de documento falso) –, a competência deve ser fixada pela prevenção, ou seja, em favor do primeiro Juízo que conheceu dos fatos. Precedentes desta Corte.4. Agravo regimental improvido. (AgRg no CC 113.610/MT, Rel. Ministro SEBASTIÃO REIS JÚNIOR, TERCEIRA SEÇÃO, julgado em 10/12/2014, DJe 15/04/2015).

CAPÍTULO 32

Violência Doméstica – Lei nº 11.340/2006

Rogério Sanches Cunha
Ronaldo Batista Pinto

LEI Nº 11.340, DE 7 DE AGOSTO DE 2006.

Cria mecanismos para coibir a violência doméstica e familiar contra a mulher, nos termos do § 8º do art. 226 da Constituição Federal, da Convenção sobre a Eliminação de Todas as Formas de Discriminação contra as Mulheres e da Convenção Interamericana para Prevenir, Punir e Erradicar a Violência contra a Mulher; dispõe sobre a criação dos Juizados de Violência Doméstica e Familiar contra a Mulher; altera o Código de Processo Penal, o Código Penal e a Lei de Execução Penal; e dá outras providências.

INTRODUÇÃO

Tão logo editada a Lei 11.340, de 7 de agosto de 2006, ela passou a ser conhecida como Lei Maria da Penha, embora em seu texto – e nem poderia ser diferente – não seja feita qualquer alusão a tal denominação.

O motivo que levou a lei a ser "batizada" com esse nome, pelo qual, irreversivelmente, passará a ser conhecida, remonta ao ano de 1983. No dia 29 de maio desse ano, na cidade de Fortaleza, no Estado do Ceará, a farmacêutica Maria da Penha Maia Fernandes, enquanto dormia, foi atingida por tiro de espingarda desferido por seu então marido, o economista M. A. H. V., colombiano de origem e naturalizado brasileiro. Em razão desse tiro, que atingiu a vítima em sua coluna, destruindo a terceira e a quarta vértebras, suportou lesões que a deixaram paraplégica.

O réu foi então pronunciado em 31 de outubro de 1986, sendo levado a júri em 4 de maio de 1991, quando foi condenado. Contra essa decisão apelou a defesa, suscitando nulidade decorrente de falha na elaboração dos quesitos. Acolhido o recurso, foi o réu submetido a novo julgamento, no dia 15 de março de 1996, quando restou condenado a pena de dez anos e seis meses de prisão. Seguiu-se novo apelo deste último julgamento, bem como recursos dirigidos aos tribunais superiores; certo que, apenas em setembro de 2002, passados, portanto, mais de 19 anos da prática do crime, foi seu autor finalmente preso.

O caso *Maria da Penha* chegou ao conhecimento da Comissão Interamericana de Direitos Humanos, órgão da Organização dos Estados Americanos (OEA), sediada em Washington, Estados Unidos. A principal tarefa da Comissão Interamericana de Direitos Humanos consiste em analisar as petições apresentadas denunciando violações aos direitos humanos, assim considerados aqueles relacionados na Declaração Americana dos Direitos e Deveres do Homem. Possuem legitimidade para formular tais petições qualquer indivíduo, grupo ou ONG legalmente reconhecida por pelo menos um Estado-membro da Organização dos Estados Americanos (OEA). Também a vítima da violação pode peticionar à Comissão Interamericana de Direitos Humanos, bem como terceira pessoa, com ou sem o conhecimento daquela primeira.

A Comissão Interamericana de Direitos Humanos assim se pronunciou: "A Comissão recomenda ao Estado que proceda a uma investigação séria, imparcial e exaustiva para determinar a responsabilidade penal do autor do delito de tentativa de homicídio em prejuízo da Senhora Fernandes e para determinar se há outros fatos ou ações de agentes estatais que tenham impedido o processamento rápido e efetivo do responsável; também recomenda a reparação efetiva e pronta da vítima e a adoção de medidas, no âmbito nacional, para eliminar essa tolerância do Estado ante a violência doméstica contra mulheres". Foi este o embrião da lei que, em seguida, passamos a examinar.

Tendo em vista os objetivos desta obra, este capítulo não se propõe a comentar detidamente todos os dispositivos da Lei 11.340/06; mas sim discutir os principais aspectos da Lei, especialmente em âmbito penal. Assim, não tecemos aqui comentários a respeito dos artigos 8º e 9º desta Lei, que versam, respectivamente, sobre as medidas de prevenção à violência doméstica e as formas de assistência à mulher em situação de violência doméstica.[1]

TÍTULO I
DISPOSIÇÕES PRELIMINARES

Art. 1º Esta Lei cria mecanismos para coibir e prevenir a violência doméstica e familiar contra a mulher, nos termos do § 8º do art. 226 da Constituição Federal, da Convenção sobre a Eliminação de Todas as Formas de Violência contra a Mulher, da Convenção Interamericana para Prevenir, Punir e Erradicar a Violência contra a Mulher e de outros tratados internacionais ratificados pela República Federativa do Brasil; dispõe sobre a criação dos Juizados de Violência Doméstica e Familiar contra a Mulher; e estabelece medidas de assistência e proteção às mulheres em situação de violência doméstica e familiar.

LEI 11.340/2006: FINALIDADE

A Lei 11.340/2006 extraiu do caldo da violência comum uma nova espécie, qual seja, aquela praticada contra a mulher (vítima própria), no seu ambiente doméstico, familiar ou de intimidade (art. 5.º). Nesses casos, a ofendida passa a contar com precioso estatuto, não somente de caráter repressivo, mas, sobretudo, preventivo e assistencial, criando mecanismos aptos a coibir essa modalidade de agressão[2].

Não queremos deduzir, com isso, que apenas a mulher é potencial vítima de violência doméstica. Também o homem pode sê-lo, conforme se depreende da redação do § 9º do art. 129 do CP, que não restringiu o sujeito passivo, abrangendo – ao menos até a edição da Lei 14.188/21

1 Para uma discussão mais aprofundada a respeito da Lei, ver Cunha e Pinto. Violência doméstica, comentada artigo por artigo. Editora Juspodivm, 14a ed, 2024.

2 O Dec. 9.586, publicado em 28.11.2018, instituiu o Sistema Nacional de Políticas para as Mulheres e o Plano Nacional de Combate à Violência Doméstica. Prevê o art. 1º que fica instituído o Sistema Nacional de Políticas para as Mulheres – Sinapom, vinculado à Secretaria Nacional de Políticas para Mulheres do Ministério dos Direitos Humanos, com o objetivo de ampliar e fortalecer a formulação e a execução de políticas públicas de direitos das mulheres, de enfrentamento a todos os tipos de violência e da inclusão das mulheres nos processos de desenvolvimento social, econômico, político e cultural do País.

– ambos os sexos[3]. Não bastasse, a Lei 12.403, de 04 de maio de 2011, ao alterar a redação do inc. III do art. 313 do Código de Processo Penal, ampliou a possibilidade de concessão das medidas protetivas de urgência, antes aplicáveis apenas à mulher. Por meio desse dispositivo, tais medidas, além da mulher, podem também abranger homens vulneráveis (criança, adolescente, pessoa idosa, enfermo ou com deficiência). Essa possibilidade acabou se confirmando com as edições de outras leis, como por exemplo, a Lei 13.431/17, que estabelece o sistema de garantia de direitos da criança e do adolescente vítima ou testemunha de violência e, mais recentemente, a Lei 14.344/22, conhecida como Lei Henry Borel.

Para maior aprofundamento do tema, *vítima criança ou adolescente*, sugerimos a leitura do próximo tópico.

VIOLÊNCIA DOMÉSTICA E FAMILIAR DIRIGIDA CONTRA CRIANÇA OU ADOLESCENTE

São vários os documentos normativos que buscam enfrentar violência contra crianças e adolescentes, destacando-se: Lei 8.069/90 (Estatuto da Criança e do Adolescente), Lei 11.340/06 (Lei Maria da Penha), Lei 13.431/17 (sistema de garantia de direitos da criança e do adolescente vítima ou testemunha de violência) e a Lei 14.344/22 (Lei Henry Borel).

Há uma relação de gênero e espécie entre a Lei n. 13.431/2017 e a Lei n. 14.344/2022. A primeira estabelece o sistema de garantia de direitos da criança e do adolescente vítima ou testemunha de violência. Ou seja, de quaisquer formas de violência. Já a Lei n. 14.344/2022 cria mecanismos para a prevenção e o enfrentamento da violência doméstica e familiar contra a criança e o adolescente. Portanto, o regramento da Lei Henry Borel é aplicável a uma modalidade dos crimes alcançados pela Lei n. 13.431/2017. Há cumulação de regimes jurídicos.

Há, portanto, uma possível intersecção entre três tipos de violências: violência contra crianças e adolescentes, violência doméstica e familiar e a violência de gênero. A figura 1 indica estas possíveis intersecções:

Figura 1: Intersecções dos tipos de violências

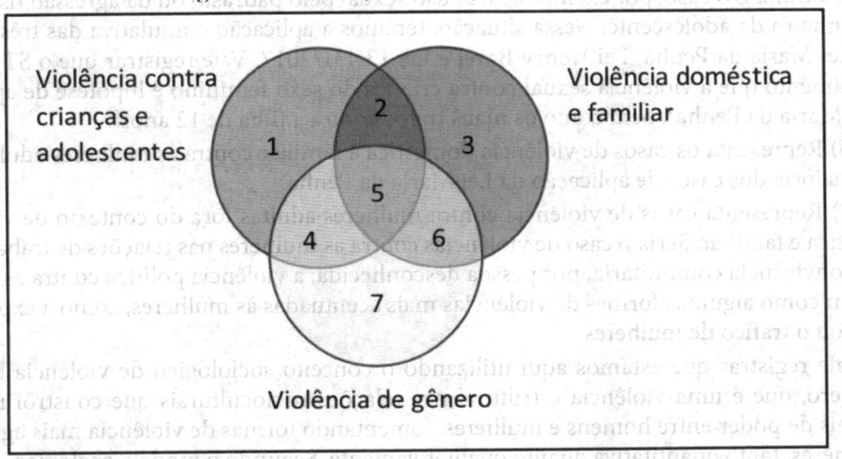

Fonte: produzido pelos autores.

3 Com o advento da Lei 14.188/21, a lesão corporal de natureza leve contra a mulher por razões da condição de sexo feminino passou a se ajustar ao §13 do art. 129 do CP, ficando o §9º somente para o caso de a vítima ser homem. As penas dos referidos parágrafos eram diversas, mas agora igualadas (reclusão de 2 a 5 anos) pela Lei 14.994/24.

Todo o círculo azul (intersecções 1, 2 4 e 5) representa o âmbito de aplicação da Lei n. 13.431/2017, ou seja, todas as situações de violências contra crianças e adolescentes (sejam vítimas ou testemunhas). A intersecção entre os círculos azul e vermelho (intersecções 2 e 5) representa o âmbito de aplicação da Lei Henry Borel, ou seja, a violência doméstica e familiar contra meninos e meninas. E a intersecção entre os círculos vermelho e amarelo (intersecções 5 e 6) representa o âmbito de aplicação da Lei Maria da Penha, a violência doméstica contra mulheres e meninas. Vejamos detalhadamente o que significam estas intersecções.

(1) Representa casos de violência contra crianças e adolescentes que não sejam violência doméstica e familiar ou violência baseada no gênero. Por exemplo, se um adolescente é vítima de um furto ou estelionato por pessoa desconhecida, esta será uma violência contra criança fora do âmbito de aplicação da Lei Henry Borel, mas com a incidência da Lei n. 13.431/2017.

(2) Representa casos de violência doméstica e familiar contra crianças e adolescentes que não sejam caso de violência de gênero. É a situação da violência doméstica e familiar contra os meninos. Nessa situação, aplica-se a Lei n. 14.344/2022 e não se aplica a Lei Maria da Penha.

(3) Representa os casos de violência doméstica e familiar que não sejam nem violência contra crianças e adolescentes nem violência baseada no gênero. É o caso da violência contra homens idosos, deficientes ou ainda homens adultos. Para estes casos, não se aplica nenhuma das leis aqui analisadas (Lei 11.340/2006, Lei 13.431/2017 ou Lei 14.344/2022). Para as violências contra idosos, aplica-se o Estatuto da Pessoa Idosa (Lei 10.741/2003) e para as violências contra pessoas com deficiência, aplica-se o estatuto respectivo (Lei 13.146/2015). Para os homens adultos e sem qualquer vulnerabilidade especial, aplicam-se os regramentos ordinários do Código Penal e Processual Penal, sem necessidade de proteções adicionais.

(4) Representa os casos de violência contra crianças e adolescentes que são violência de gênero, mas não são violência doméstica e familiar. Seria o caso de um abuso sexual contra adolescente (menina) praticado pelo treinador esportivo ou por um desconhecido em via pública. Este caso teria a aplicação da Lei n. 13.431/2017, sem aplicação da Lei Maria da Penha ou da Lei Henry Borel.

(5) Representa os casos de violência doméstica e familiar contra crianças e adolescentes do sexo feminino. É o caso, por exemplo, do abuso sexual pelo padrasto ou da agressão física pelo companheiro da adolescente. Nessa situação, teremos a aplicação cumulativa das três legislações: Lei Maria da Penha, Lei Henry Borel e Lei 13.431/2017. Vale registrar que o STJ possui entendimento que a violência sexual contra criança do sexo feminino é hipótese de aplicação da Lei Maria da Penha[4], bem como os maus tratos contra a filha de 12 anos[5].

(6) Representa os casos de violência doméstica e familiar contra as mulheres adultas, que são a maioria dos casos de aplicação da Lei Maria da Penha.

(7) Representa casos de violência contra mulheres adultas fora do contexto de violência doméstica e familiar. Seria o caso de violências contra as mulheres nas relações de trabalho, estudo, convivência comunitária, por pessoa desconhecida, a violência política contra as mulheres, bem como algumas formas de violências mais acentuadas às mulheres, como a exploração sexual ou o tráfico de mulheres.

Vale registrar que estamos aqui utilizando o conceito sociológico de violência baseada no gênero, que é uma violência estrutural nas relações socioculturais que constrói relações desiguais de poder entre homens e mulheres, fomentando formas de violência mais agravadas às mulheres, tanto quantitativa quanto qualitativamente. Segundo o modelo ecológico de compreensão da violência estrutural, ela se manifesta no âmbito social, comunitário, relacional e

4 STJ, RHC 121.813/RJ, rel. Min. Rogerio Schietti Cruz, 6ª T., j. 20/10/2020.

5 STJ, REsp 1616165/DF, rel. Min. Rogerio Schietti Cruz, 6ª T., j. 12/06/2018.

individual. Nessa perspectiva, todas as mulheres estão expostas a um risco mais agravado de sofrerem violências, pelo simples fato de serem mulheres. Portanto, não nos compactuamos com a atual tendência restritiva de alguns tribunais em excluir do âmbito da aplicação da Lei Maria da Penha casos de violências entre irmãos ou outros familiares, ou ainda quando há conflitos patrimoniais, de visitação de filhos ou relacionais[6].

Também é possível o concurso entre a Lei Henry Borel e a Lei Maria da Penha quando houver vítimas distintas. Seria o caso de, em um mesmo contexto, o ofensor ameaçar a ex-companheira e o filho dela, um adolescente; nesta situação a mulher estaria alcançada pelo regramento jurídico da Lei Maria da Penha e seu filho adolescente estaria alcançado pelo regramento da Lei Henry Borel. Esta situação pode gerar uma sobreposição de normas de proteção, pois a Lei Maria da Penha permite tanto proteger os familiares da vítima (Lei n. 11.340/2006, art. 22, inciso III, alíneas "a" e "b"), bem como a Lei Henry Borel permite proteger a familiares da criança ou a pessoa que noticia o crime (Lei 14.344/2022, art. 20, incisos III e IV).

Quando se trata de concurso de normas de proteção, deve-se aplicar a norma como o escopo mais alargado de proteção; se ambas as normas são idênticas, não há conflito a ser solucionado, pois a aplicação de qualquer das normas produziria resultado idêntico.

No caso de violência doméstica e familiar contra meninas, onde há intersecção de todas as formas de violências analisadas da Figura 1, surge a questão interessante de avaliar qual seria o juízo competente para o julgamento do crime, caso exista no local vara especializada em crimes contra crianças e adolescente. Há uma evidente duplicidade de regimes jurídicos, trata-se de crime contra a mulher e crime contra criança ou adolescente. Considerando que a vara especializada em crimes contra criança é ainda mais especializada que o Juizado de violência doméstica e familiar contra a mulher, cremos que a primeira deverá ser competente, aplicando-se ali as disposições cabíveis da Lei Maria da Penha, se for o caso. Nesse sentido é o entendimento do Enunciado 22 da COPEVID:

"Enunciado nº 22 (004/2015): O Ministério Público deve zelar para que, existindo Vara Especializada em Crimes contra Crianças e Adolescentes, quando a vítima for do sexo feminino em contexto de violência doméstica e familiar, a competência para conhecimento e julgamento seja das Varas Especializadas e não dos Juízos de Violência Doméstica, por se tratar de crime contra a vulnerabilidade da infância e juventude, reafirmando a competência do Juízo da Infância e Juventude quanto às medidas de proteção previstas no ECA".

Transexual

Ainda se discute nas mesas de debates se a mulher transexual está amparada pelo manto protetor da lei em exame. Sendo positiva a resposta, quais os requisitos: deve ela realizar a cirurgia de redesignação sexual? É imprescindível alteração dos seus registros civis?

Inicialmente, como bem ressaltam Cristiano Chaves de Farias e Nelson Rosenvald, "o transexual não se confunde com o homossexual, bissexual, intersexual ou mesmo com o travesti. O transexual é aquele que sofre uma dicotomia físico-psíquica, possuindo um sexo físico, distinto de sua conformação sexual psicológica.".[7]

Em eventual resposta à indagação inicial podem ser observadas três posições: uma primeira, conservadora e antiquada, entendendo que a transexual, geneticamente, não é mulher (apenas passa a ter órgão genital de conformidade feminina), e que, portanto, descarta, para

6 ÁVILA, Thiago Pierobom de; MESQUITA, Cristhiane Raisse de Paula. O conceito jurídico de "violência baseada no gênero": um estudo da aplicabilidade da Lei Maria da Penha à violência fraterna. *Quaestio Iuris*, v.13, n. 1, p. 174-208, 2020.

7 *Direito civil* – Teoria geral. 4 ed. Rio de Janeiro: Lumem Juris, 2006. p. 115.

a hipótese, a proteção especial; uma segunda, que exige que a pessoa transexual tenha se submetido a cirurgia de transgenitalização para receber a proteção especial; e a terceira, adotada atualmente pela jurisprudência, que reconhece que a proteção especial a mulheres trans independe de cirurgia de redesignação sexual ou mesmo alteração do registro civil, bastando a autodeclaração.

Lembre-se que a Resolução 11/2014, do Conselho Nacional de Combate à Discriminação e Promoção dos Direitos de Lésbicas, Gays, Bissexuais, Travestis e Transexuais, órgão ligado ao Ministério dos Direitos Humanos, estabelece os parâmetros para a inclusão dos itens "orientação sexual", "identidade de gênero" e "nome social" nos boletins de ocorrência emitidos pelas autoridades policiais no Brasil. Sobre "orientação sexual" e "identidade de gênero", confiram-se os comentários abaixo ao art. 2.º. De outra parte, considera-se nome social aquele pelo qual travestis e transexuais se identificam e são conhecidas pela sociedade. Assim, quando atendidos em uma Delegacia de Polícia, lésbicas, gays, bissexuais, travestis e transexuais podem indicar, no respectivo boletim de ocorrência, sua orientação sexual e identidade de gênero e, demais disso, apontar o nome social pelos quais são conhecidos.

Ainda nesse sentido, vale destacar o teor do Decreto n. 8.727, de 28 de abril de 2016, da Presidência da República, que dispõe sobre o uso do nome social e o reconhecimento da identidade de gênero de pessoas travestis e transexuais no âmbito da administração pública federal direta, autárquica e fundacional. Consta do art. 3º, desse diploma, que "os registros dos sistemas de informação, de cadastros, de programas, de serviços, de fichas, de formulários, de prontuários e congêneres dos órgãos e das entidades da administração pública federal direta, autárquica e fundacional deverão conter o campo 'nome social' em destaque, acompanhado do nome civil, que será utilizado apenas para fins administrativos internos". E também o entendimento do STF, na apreciação da ADI n. 4.275, em 1º de março de 2018, quando a Corte, por maioria de votos, "julgou procedente a ação para dar interpretação conforme a Constituição e o Pacto de São José da Costa Rica ao art. 58 da Lei 6.015/73, de modo a reconhecer aos transgêneros que assim o desejarem, independentemente da cirurgia de transgenitalização, ou da realização de tratamentos hormonais ou patologizantes, o direito à substituição de prenome e sexo diretamente no registro civil".

De sorte que, em regulamentação ao assunto, o Conselho Nacional de Justiça editou o Provimento 73/2018, publicado em 29 de junho de 2018, e alterado pelo Provimento 149/2023 estabelecendo regras e otimizando o procedimento de averbação da alteração do prenome e do gênero nos assentos de nascimento e de casamento de pessoa transgênero maior de 18 anos, a ser feita diretamente no Cartório de Registro Civil das Pessoas Naturais.

É de se ressaltar que, antes mesmo da edição do referido provimento, decisões de tribunais começaram a se multiplicar no sentido de aplicar a Lei Maria da Penha a mulheres transexuais, reconhecendo a mulher trans como vítima de violência doméstica, bastando a autodeclaração do gênero feminino, independente do fato de ter se submetido a cirurgia de redesignação sexual ou mesmo oficializado a alteração em seu registro civil, sendo suficiente que a violência sofrida se configure em razão da sua identidade de gênero, leia-se, preconceito, menosprezo ou discriminação.

Assim é o Enunciado 46 do FONAVID:

> "A Lei Maria da Penha se aplica às mulheres trans, independentemente de alteração registral do nome e de cirurgia de redesignação sexual, sempre que configuradas as hipóteses do artigo 5º, da Lei 11.340/2006"

Vale lembrar ainda que o enunciado nº 30 (001/2016) da COPEVID (Comissão Permanente de Combate à Violência Doméstica e Familiar contra a Mulher), criada pelo Grupo Nacional de Direitos Humanos (GNDH) do Conselho Nacional de Procuradores-Gerais (CNPG), assim dispõe:

"A Lei Maria da Penha pode ser aplicada a mulheres transexuais e/ou travestis, independentemente de cirurgia de transgenitalização, alteração do nome ou sexo no documento civil" (Aprovado na I Reunião Ordinária do GNDH em 05/05/2016 e pelo Colegiado do CNPG em 15/06/2016).

Na mesma esteira foi a decisão da justiça acreana, proferida em 25/07/2016, no Juízo da Vara de Proteção à Mulher da Comarca da Capital, que impôs medida protetiva prevista na Lei Maria da Penha em favor de uma transexual vítima de violência doméstica. Na decisão, o magistrado considerou que o sexo biológico de nascimento (masculino) não poderia impedir que a vítima, com identidade sexual feminina, fosse reconhecida como mulher e "sujeito de proteção da Lei Maria da Penha". Destacando a necessidade de proteção às minorias, argumentou, ainda, que: "[...], partindo da lógica das garantias dos direitos fundamentais, da igualdade e da dignidade da pessoa humana, considerando ainda a evolução histórica dos direitos humanos consagrada nos pactos e tratados internacionais dos quais o Brasil é signatário, entendo que devemos dar amplitude ao sujeito de direito protegido pela norma da Lei Maria da Penha para proteger também as lésbicas, os travestis e os transexuais contra agressões praticadas pelos seus companheiros ou companheiras"[8].

Em outro caso emblemático, o Tribunal de Justiça de Minas Gerais, no ano de 2017, em julgamento de recurso interposto pelo Ministério Público (processo nº 1.0382.15.013206-8/001), sob o argumento de que a noção de gênero extrapola o sexo biológico da vítima, interpretou o artigo 5º da Lei Maria da Penha de modo a possibilitar proteção especial também às mulheres transexuais em situação de violência doméstica, garantindo os seus direitos fundamentais[9].

No mesmo sentido, medidas protetivas e outras decisões judiciais são proferidas, inclusive para enquadramento do feminicídio, exigindo-se os requisitos básicos de que a violência se dê em razão dos vínculos de afeto, familiares ou domésticos entre as partes, e que a vítima apresente a identificação com o gênero feminino, enfatizando a situação de dupla vulnerabilidade da mulher trans, seja por causa da assumida condição feminina, seja por pertencer a um grupo ainda estigmatizado pela sociedade.

A 1ª Turma Criminal do TJDFT deu provimento ao recurso interposto pelo Ministério Público do Distrito Federal para determinar que o procedimento que investiga crimes de ameaça e lesões corporais contra transexual feminina deve tramitar no Juizado de Violência Doméstica e Familiar contra a Mulher, com aplicação das normas protetivas decorrentes da Lei Maria da Penha, destacando o argumento de que "...o gênero feminino da vítima parte de sua liberdade de autodeterminação sendo apresentado socialmente pelo nome que adota, pela forma como se veste e pela maneira como deseja ser tratada em suas relações"(Processo: 20171610076127-TJDFT)[10].

No Estado de São Paulo, a questão motivou alteração ao Dec. 29.981/1989[11], que estabelece as atribuições das Delegacias de Polícia Defesa da Mulher. O Dec. 65.127/2020[12] atualizou a norma anterior, substituindo o sujeito passivo "pessoa do sexo feminino", por "pessoas com identidade de gênero feminino" (sobre tal alteração vide comentários ao artigo 8, inc. IV, item 4).

Note-se que, na prática, o atendimento policial especializado das DEAMs às transexuais, vítimas de violência doméstica, já era realizado normalmente, independente da formalização das atribuições, contidas neste novo decreto estadual.

8 Fonte: Tribunal de Justiça do Acre, disponível em https://www.tjac.jus.br, acesso em 28/07/20.

9 Fonte: MPMG, disponível em https://www.mpmg.mp.br, acesso em 28/07/20.

10 Fonte: TJDFT, disponível em https://tj-df.jusbrasil.com.br,acesso em 13/08/20.

11 O Dec. 29.981/1989 foi publicado no *DOE* de 02.06.1989, p. 16.

12 O Dec. 65.127/2020 foi publicado no *DOE* em 13.08.2020, p. 160.

Face à relevância do tema – e a título de complementação - deve ser lembrada a evolução do tratamento psicossocial dado à transexualidade. Num passado recente, era definida, no Manual de Classificação Internacional de Doenças (CID-10), como espécie de transtorno mental relacionado à identidade sexual (CID 64-0). No ano de 2018, a Organização Mundial da Saúde (OMS) divulgou a sua intenção de ver excluída do rol de patologias, o que somente foi oficializado no ano seguinte, na 72ª Assembleia Mundial em Genebra, deliberando-se que na nova edição CID-11 (*International Statistical Classification of Diseases and Related Health Problems*) a transexualidade seja retirada da categoria de transtornos e classificada como "incongruência de gênero", integrando o tópico "condições relacionadas à saúde sexual". Consta, também, que cada país terá até 1º de janeiro de 2022 para se adaptar à CID-11.

No Brasil, o Conselho Federal de Psicologia já havia publicado Resolução 01/2018, na qual orienta os profissionais da área para que não considerassem como patologias travestilidades e transexualidades, posto que as identidades de gênero são "autodeclaratórias". No ano de 2020, aprimorando a orientação, veio Resolução-CFP n. 08 de 07 de julho de 2020, para que os profissionais psicólogos atuem de forma a "acolher e cooperar com ações protetivas à mulher, seja ela cisgênero, transexual ou travesti, e à pessoa com expressões não binárias de gênero, dentre outras, considerados os aspectos de raça, etnia, orientação sexual, deficiência, quando elas tiverem direitos violados"[13].

Ainda, a CEDAW (Convenção sobre a Eliminação de Todas as Formas de Discriminação contra as Mulheres) é um tratado internacional criado para promover a igualdade de gênero e combater a discriminação contra mulheres, incluindo as mulheres trans. O Brasil ratificou a convenção em 1984, mas só a adotou integralmente em 2002. A convenção foi originalmente voltada para a proteção de mulheres cis, mas seu escopo foi ampliado para incluir a proteção de mulheres trans contra discriminação e violência de gênero. Durante a 88ª sessão da CEDAW, o Brasil será avaliado em relação à implementação da convenção, especialmente no que diz respeito à violência e discriminação contra pessoas trans. No entanto, o Comitê da CEDAW enfrenta desafios de movimentos transexcludentes, que tentam restringir as proteções da convenção apenas a mulheres cis. As recomendações para a revisão incluem a defesa de uma perspectiva inclusiva de gênero, que promova a igualdade de tratamento para mulheres cis e trans, e a adoção de políticas que proíbam explicitamente a discriminação com base na identidade de gênero.

CONSTITUCIONALIDADE

Questionou-se a constitucionalidade da lei, vez que, num primeiro momento, parece discriminatória, tratando a mulher como "eterno" sexo frágil, deixando desprotegido o homem, presumidamente imponente.

Tal diferenciação, como se sabe, há muito foi afastada pela Constituição Federal que, no seu art. 5.º, I, equipara ambos os sexos em direitos e obrigações, garantindo aos dois sexos, no art. 226, § 8.º, proteção no caso de violência doméstica. É o que pareceu, em bem elaborado artigo, por João Paulo de Aguiar Sampaio Souza e Tiago Abud da Fonseca, quando ressaltam que "não é preciso muito esforço para perceber que a legislação infraconstitucional acabou por tratar de maneira diferenciada a condição de homem e mulher e o *status* entre filhos que o poder constituinte originário tratou de maneira igual criando, aí sim, a desigualdade na entidade familiar".[14]

13 Fonte: Conselho Federal de Psicologia, disponível em https://atosoficiais.com.br/cfp/resolucao-do-exercicio-profissional-n-8-2020.

14 Souza, João Paulo de Aguiar Sampaio; Fonseca, Tiago Abudda. A aplicação da Lei 9.099/95 nos casos de violência doméstica contra a mulher. *Boletim do IBCCrim*, n. 168, nov. 2006, p. 4.

Para tornar a questão mais clara, citam-se exemplos de injustiça (para com o homem), a saber: numa agressão mútua, o que justifica a mulher ficar amparada pelo presente diploma e o homem não? Sabendo que a violência doméstica não se resume na agressão do marido contra a mulher, qual o motivo para se proteger a filha agredida pelo pai e o filho agredido não? Para uma agressão do filho contra a mãe há lei específica protegendo a vítima, porém para a sua agressão contra o pai não?

Nessa linha é o pensar de Valter Foleto Santin: "Como se vê, a pretexto de proteger a mulher, numa pseudopostura 'politicamente correta', a nova legislação é visivelmente discriminatória no tratamento de homem e mulher, ao prever sanções a uma das partes do gênero humano, o homem, pessoa do sexo masculino, e proteção especial à outra componente humana, a mulher, pessoa do sexo feminino, sem reciprocidade, transformando o homem num cidadão de segunda categoria em relação ao sistema de proteção contra a violência doméstica, ao proteger especialmente a mulher, numa aparente formação de casta feminina".[15]

Apesar dos exemplos seduzirem a tese da inconstitucionalidade, pensamos que uma interpretação conforme pode fomentar a sua aplicação, como exigem as estatísticas que demonstram a situação de verdadeira calamidade pública que assumiu a agressão contra as mulheres.

Esclarecem, corretamente, Helena Omena Lopes de Faria e Mônica de Melo: "O sistema geral de proteção tem por endereçado toda e qualquer pessoa, concebida em sua abstração e generalidade. Por sua vez, o sistema especial de proteção realça o processo de especificação do sujeito de direito, que passa a ser visto de forma concreta e específica, pois determinados sujeitos de direitos, ou certas violações de direitos exigem uma resposta diferenciada. Importa o respeito à diversidade e a diferença, assegurando-se um tratamento especial".[16]

Em verdade, a tese da inconstitucionalidade não mereceu, como regra, maior receptividade em nossos Tribunais, mesmo antes da paradigmática decisão do Supremo Tribunal Federal. Da lavra de Marta Rodriguez de Assis Machado, José Rodrigo Rodriguez, Flavio Marques Prol, Gabriela Justino da Silva, Marina Zanata Ganzarolli e Renata do Vale Elias, foi elaborado valioso estudo em diversos Tribunais de Justiça do País, onde foram detectadas as tendências de cada Corte sobre o tema. Concluíram as pesquisadoras que "o debate sobre a constitucionalidade da Lei Maria da Penha não se reflete na formação de uma jurisprudência contrária à sua aplicação na segunda instância. Das 1.822 decisões analisadas nesta pesquisa, apenas 272 – 15% delas – discutem este problema. Destas, em 14 decisões os desembargadores aplicam parcialmente a Lei Maria da Penha, segundo o que denominam interpretação conforme a Constituição, e em apenas seis declarou-se efetivamente sua inconstitucionalidade [...] Podemos afirmar, como diagnóstico da aplicação da Lei Maria da Penha nos Tribunais estudados, que não houve na segunda instância uma resistência generalizada à aplicação da Lei Maria da Penha em função de sua suposta inconstitucionalidade, nem a formação de uma corrente jurisprudencial forte sustentando esta tese"[17].

Para maior detalhamento sobre o tema, convidamos o leitor à consulta dos comentários adiante tecidos ao art. 41, onde é analisada a decisão do STF a respeito da constitucionalidade de vários dispositivos legais da Lei Maria da Penha.

---

15 *Igualdade constitucional na violência doméstica*. Disponível em: [www.boletimjuridico.com.br/doutrina/texto.asp?id=1594]. Acesso em: 27.07.2012.

16 *Direitos humanos*: construção da liberdade e da igualdade. Convenção sobre a eliminação de todas as formas de discriminação contra a mulher e a Convenção para prevenir, punir e erradicar a violência contra a mulher. São Paulo: Centro de Estudos, 1998. p. 373.

17 Disputando a aplicação das leis: A constitucionalidade da Lei Maria da Penha. SUR. *Revista Internacional de Direitos Humanos* – vol.1, n.1, p. 83-5. São Paulo, jan./2004.

Tratados internacionais

Basta uma simples leitura dos vários tratados ratificados pelo Brasil, para concluirmos que a presente norma foi além, extrapolando o âmbito da proteção desejado pelos referidos diplomas, abrigando a mulher não apenas no seu ambiente doméstico e familiar, mas também "em qualquer relação íntima de afeto, na qual o agressor conviva ou tenha convivido com a ofendida, independentemente de coabitação" (cf. art. 5º, III).

Violência doméstica e familiar: conceito

De acordo com a Lei 11.340/2006 (art. 5º), entende-se por violência doméstica e familiar toda a espécie de agressão (ação ou omissão) dirigida contra mulher (vítima certa), num determinado ambiente (doméstico, familiar ou de intimidade), baseada no gênero, que lhe cause morte, lesão, sofrimento físico, sexual ou psicológico e dano moral ou patrimonial.[18]

Como bem salientou o Conselho da Europa, trata-se de "qualquer ato, omissão ou conduta que serve para infligir sofrimentos físicos, sexuais ou mentais, direta ou indiretamente, por meio de enganos, ameaças, coação ou qualquer outro meio, a qualquer mulher, e tendo por objetivo e como efeito intimidá-la, puni-la ou humilhá-la, ou mantê-la nos papéis estereotipados ligados ao seu sexo, ou recusar-lhe a dignidade humana, a autonomia sexual, a integridade física, mental e moral, ou abalar a sua segurança pessoal, o seu amor próprio ou a sua personalidade, ou diminuir as suas capacidades físicas ou intelectuais".[19]

Como veremos mais adiante, a Lei 14.550/23, ao incluir o art. 40-A, manda aplicar a Lei 11.340 a todas as situações previstas no seu art. 5º, independentemente da causa ou da motivação dos atos de violência e da condição do ofensor ou da ofendida. Vamos aprofundar este mandamento, inclusive tecendo respeitáveis críticas e fazendo sugestões para assegurar sua obediência.

Art. 2º Toda mulher, independentemente de classe, raça, etnia, orientação sexual, renda, cultura, nível educacional, idade e religião, goza dos direitos fundamentais inerentes à pessoa humana, sendo-lhe asseguradas as oportunidades e facilidades para viver sem violência, preservar sua saúde física e mental e seu aperfeiçoamento moral, intelectual e social [2].

Art. 3º Serão asseguradas às mulheres as condições para o exercício efetivo dos direitos à vida, à segurança, à saúde, à alimentação, à educação, à cultura, à moradia, ao acesso à justiça, ao esporte, ao lazer, ao trabalho, à cidadania, à liberdade, à dignidade, ao respeito e à convivência familiar e comunitária.

§ 1º O poder público desenvolverá políticas que visem garantir os direitos humanos das mulheres no âmbito das relações domésticas e familiares no sentido de resguardá-las de toda forma de negligência, discriminação, exploração, violência, crueldade e opressão.

§ 2º Cabe à família, à sociedade e ao poder público criar as condições necessárias para o efetivo exercício dos direitos enunciados no *caput*.

Orientação sexual e identidade de gênero

Segundo conclusão extraída de encontro entre especialistas de todo o mundo, ocorrido entre 6 e 9 de novembro de 2006, em Yogyakarta, na Indonésia, do qual resultou um documento intitulado "Princípios sobre a aplicação da legislação internacional de direitos humanos em relação à orientação sexual e identidade de gênero", compreende-se orientação sexual "como

---

18 Apesar de haver corrente (ainda embrionária) exigindo a habitualidade, tal requisito nos parece afrontar a intenção do legislador, que busca evitar *qualquer* forma de agressão.

19 *Violência contra a mulher*. Disponível em: [www.fjuventude.pt] Acesso em: 10.11.2006.

uma referência à capacidade de cada pessoa de ter uma profunda atração emocional, afetiva ou sexual por indivíduos de gênero diferente, do mesmo gênero ou de mais de um gênero, assim como ter relações íntimas e sexuais com essas pessoas". E como "identidade de gênero" a "experiência interna e individual do gênero de cada pessoa, que pode ou não corresponder ao sexo atribuído no nascimento, incluindo o senso pessoal do corpo (que pode envolver, por livre escolha, modificação da aparência ou função corporal por meios médicos, cirúrgicos ou outros) e outras expressões de gênero, inclusive vestimenta, modo de falar e maneirismos".

Apesar de o art. 2º da Lei Maria da Penha se referir apenas à orientação sexual, vale lembrar que o Brasil, desde 2002, é signatário da **Convenção sobre a Eliminação de Todas as Formas de Discriminação contra as Mulheres (CEDAW),** tratado internacional destinado a promover a igualdade de gênero e combater a discriminação contra mulheres, incluindo as mulheres trans, além de incentivar a adoção de políticas que proíbam explicitamente a discriminação com base na identidade de gênero.

A título de ilustração, em Nova Iorque, no ano de 2016, uma Comissão de Direitos Humanos reconheceu 31 nomenclaturas de gênero, oficializando uma multiplicidade rumo a um futuro plural e de inclusão, aparecendo na lista, dentre os tradicionais "man (homem)", "(woman) mulher", termos como "agender (sem gênero)", "third sex (terceiro sexo)", "gender fluid (gênero fluído)", "non-binary transgender (transgênero não binário)", "androgyne (andrógena)", e muitos outros, demonstrando a amplitude do tema[20].

Diretrizes e procedimentos a serem observados pelo Poder Judiciário, no âmbito criminal, com relação ao tratamento da população lésbica, gay, bissexual, transexual, travesti ou intersexo

O Conselho Nacional de Justiça, na Resolução nº 348 de 13/10/2020, alterada pela Resolução n. 366, de 20 de janeiro de 2021, difere identidade de gênero de sexo biológico, assim como da noção de orientação ([21]) sexual, que engloba a diversidade sexual e tem o gênero como parte de seus elementos. Importa atentar que a Resolução se pauta pela autodeclaração e constitui um instrumento fundamental de referência nas audiências de custódia.

A propósito, a Resolução fez questão de trazer as definições, as quais reproduzimos na íntegra, conceitos esses baseados no glossário das Nações Unidas:

– transgênero é termo empregado para descrever uma variedade ampla de identidades de gênero cujas aparências e características são percebidas como atípicas – incluindo pessoas transexuais, travestis, *crossdressers* e pessoas que se identificam como terceiro gênero; sendo:

a) mulheres trans: identificam-se como mulheres, mas foram designadas homens quando nasceram;

b) homens trans: identificam-se como homens, mas foram designados mulheres quando nasceram;

c) outras pessoas trans não se identificam de modo algum com o espectro binário de gênero; e

20 Fonte: site Hypeness, disponível em https://www.hypeness.com.br/2016/06/nova-york

21 Importante atentar para o termo "orientação" como o usualmente correto no lugar do antigo "opção" sexual. Considera-se este último de caráter estigmatizante por determinar que a direção da afetividade e do desejo sexual pelo mesmo sexo ou por sexo diverso seriam conscientemente escolhidas. Por outro lado, não se pode atribuir à "tese da sexuação cerebral", dirigida pela biologicidade que norteia a ideia de doença da homossexualidade, como se o cérebro da pessoa homossexual fosse doente, uma perversão, passível de "cura" ou uma correção de desvio. (SOUSA FILHO, Alípio de. A política do conceito: subversiva ou conservadora? crítica à essencialização do conceito de orientação sexual. Bagoas, n. 04, 2009ª. Disponível em: https://periodicos.ufrn.br/bagoas/article/view/2296/1729. Acesso em 20 de agosto de 2022).

d) que algumas pessoas transgêneras querem passar por cirurgias ou por terapia hormonal para alinhar o seu corpo com a sua identidade de gênero; outras, não.

– intersexo: pessoas que nascem com características sexuais físicas ou biológicas, como a anatomia sexual, os órgãos reprodutivos, os padrões hormonais e/ou cromossômicos que não se encaixam nas definições típicas de masculino e feminino; considerando que:

a) essas características podem ser aparentes no nascimento ou surgir no decorrer da vida, muitas vezes durante a puberdade; e

b) pessoas intersexo podem ter qualquer orientação sexual e identidade de gênero.

– orientação sexual: atração física, romântica e/ou emocional de uma pessoa em relação a outra, sendo que:

a) homens gays e mulheres lésbicas: atraem-se por indivíduos que são do mesmo sexo que eles e elas;

b) pessoas heterossexuais: atraem-se por indivíduos de um sexo diferente do seu;

c) pessoas bissexuais: podem se atrair por indivíduos do mesmo sexo ou de sexo diferente; e

d) a orientação sexual não está relacionada à identidade de gênero ou às características sexuais.

– identidade de gênero: o senso profundamente sentido e vivido do próprio gênero de uma pessoa, considerando-se que:

a) todas as pessoas têm uma identidade de gênero, que faz parte de sua identidade como um todo; e

b) tipicamente, a identidade de gênero de uma pessoa é alinhada com o sexo que lhe foi designado no momento do seu nascimento.

O princípio da diversidade foi encampado na Lei Maria da Penha expressamente, tanto que, em seu artigo 5º, parágrafo único, previu que "as relações pessoais enunciadas neste artigo independem de orientação sexual".

Direitos e garantias fundamentais da mulher

Os artigos em comento (2º e 3º) anunciaram o óbvio, explicitando os direitos fundamentais de qualquer mulher (direitos à vida, à segurança, à saúde, à alimentação, à educação, à cultura, à moradia, ao acesso à justiça, ao esporte, ao lazer, ao trabalho, à cidadania, à liberdade, à dignidade, ao respeito e à convivência familiar e comunitária), independentemente da sua classe, raça, etnia, orientação sexual, renda, cultura, nível educacional, idade e religião. Observa Guilherme de Souza Nucci: "O óbvio não preciso constar em lei, ainda mais se está dito, em termos mais adequados, pelo texto constitucional de maneira expressa e, identicamente, em convenções internacionais, ratificadas pelo Brasil, em plena vigência. De outro lado, o extenso rol de classificações realizado é, também, pueril, pois, quanto mais se busca descrever, sem generalizar, há o perigo de olvidar algum termo, dando brecha a falsas interpretações. Inseriu-se 'independentemente de classe, raça, etnia, orientação sexual, renda, cultura, nível educacional, idade e religião'. Omitiu o legislador, por exemplo, os termos 'cor' e 'origem' (existentes no art. 3.º, IV, CF/1988) e a expressão 'procedência nacional' (art. 1.º, *caput*, da Lei 7.716/1989). Por acaso mulheres de 'cores' diversas gozam de direitos humanos fundamentais diversificados?".[22]

22 *Leis penais e processuais penais comentadas*. São Paulo: RT, 2006. p. 861.

No entanto, no caso presente (proteção da mulher), a obviedade tem razão de ser, como bem alertam Helena Omena Lopes de Faria e Mônica de Melo: "É inegável, historicamente, que a construção legal e conceitual dos direitos humanos se deu, inicialmente, com a exclusão da mulher. Embora os principais documentos internacionais de direitos humanos e praticamente todas as Constituições da era moderna proclamem a igualdade de todos, essa igualdade, infelizmente, continua sendo compreendida em seu aspecto formal e estamos ainda longe de alcançar a igualdade real, substancial entre mulheres e homens. A Convenção sobre a Eliminação de Todas as Formas de Discriminação contra a Mulher foi, dentre as Convenções da ONU, a que mais recebeu reservas por parte dos países que a ratificaram. E em virtude da grande pressão das entidades não governamentais é que houve o reconhecimento de que os direitos da mulher também são direitos humanos, ficando consignado na Declaração e Programa de Ação de Viena (item 18) que: 'Os direitos humanos das mulheres e das meninas são inalienáveis e constituem parte integral e indivisível dos direitos humanos universais. (...)'".[23]

Políticas públicas: dever do Estado

O Estado brasileiro, depois de ratificar os documentos internacionais de proteção à mulher, assumiu obrigações no plano internacional, comprometendo-se a adotar medidas para garantir os direitos humanos das mulheres no âmbito das relações domésticas e familiares, resguardando-as de toda forma de negligência, discriminação, exploração, violência, crueldade e opressão. Para tanto, deve traçar políticas de prevenção, bem como investigar diligentemente qualquer violação, assegurando recursos para efetivar a finalidade desta lei. A omissão do Estado, em qualquer das frentes, configura publicidade negativa na comunidade internacional. Vejamos alguns exemplos de políticas públicas e normativas sobre o tema desenvolvidas pelo Poder Público.

Temos o projeto desenvolvido pelo governo federal que criou o chamado *Disque 180*, pelo qual a mulher tem à disposição uma relação de atendimentos específicos, em cada unidade da Federação. Segundo Nilcéa Freire, ministra da Secretaria Especial de Políticas para as Mulheres da Presidência da República, "as atendentes estão capacitadas para dar uma orientação, para registrar denúncias seja de mulheres agredidas, mulheres em cárcere privado, mulheres que são abusadas. E damos a garantia de total anonimato a quem denuncia".[24]

O Conselho Nacional de Justiça, em 17 de março de 2011, editou a Res. 128, a determinar que os Tribunais de Justiça dos Estados e do Distrito Federal, no prazo de 180 dias, criem "em sua estrutura organizacional, Coordenadorias Estaduais da Mulher em Situação de Violência Doméstica e Familiar como órgãos permanentes de assessoria da Presidência do Tribunal" (art. 1.º). Dentre as principais atribuições destas Coordenadorias, se acha a de "elaborar sugestões para o aprimoramento da estrutura do Judiciário na área do combate e prevenção à violência doméstica e familiar contra as mulheres" (art. 2.º, I) e de "colaborar para a formação inicial, continuada e especializada de magistrados e servidores na área do combate/prevenção à violência doméstica e familiar contra as mulheres" (art. 2.º, IV).

Já o Decreto 8.086, de 30 de agosto de 2013 (revogado pelo Decreto 11.431/2023), instituiu o "Programa Mulher: viver sem violência", que, dentre outras providências, implementou as chamadas "Casas da Mulher Brasileira", "que consistem em espaços públicos onde se concentram os principais serviços especializados e multidisciplinares de atendimento às mulheres em situação de violência de acordo com as diretrizes estabelecidas pelo Ministério das Mulheres", nos termos de seu art. 3.º, inc. I.

---

23 *Série Estudo*, n. 11, Procuradoria Geral do Estado de São Paulo, out. 1998, p. 373.

24 O *Disque 180* foi regulamentado pelo Decreto 7.393, de 15 de dezembro de 2010.

Tais órgãos podem oferecer serviços de atendimento psicossocial à vítima, alojamento passageiro, orientação e direcionamento para programas de auxílio e promoção da autonomia econômica, de geração de trabalho, emprego e renda, integração com os serviços da rede de saúde e socioassistencial; e o atendimento de órgãos públicos voltados para as mulheres, como as Delegacias Especializadas de Atendimento à Mulher, os Juizados e Varas Especializados de Violência Doméstica e Familiar contra a Mulher, as Promotorias Públicas Especializadas da Mulher e as Defensorias Públicas Especializadas da Mulher.

No Estado de São Paulo, foi instalada, em novembro de 2019, a primeira Casa da Mulher Brasileira, e a sétima do país, possuindo 3.659 metros quadrados, operando 24 horas por dia, prestando serviços humanizados para mulheres em situação de violência, garantindo seu fortalecimento e autonomia.

Considerada pela Secretaria de Municipal de Direitos Humanos e Cidadania do Governo de São Paulo a "espinha dorsal da rede de assistência à mulher", a Casa da Mulher já prestou, desde a inauguração até 2021, mais de 370 mil atendimentos, concentrando em um único local, acolhimento e escuta qualificada, além de suporte jurídico e de proteção[25].

A eficácia dessa política pública de proteção foi impulsionada, em 2023, pela elaboração de Acordo de Cooperação Técnica entre o Ministério das Mulheres e o Ministério da Justiça e Segurança Pública para construção de 40 novas unidades da Casa da Mulher Brasileira. Tal iniciativa está inserida no âmbito do Programa Nacional de Segurança com Cidadania (Pronasci 2), regulamentado pelo Decreto 11.436/2023, que tem como um dos eixos de prioridade o fomento às políticas de enfrentamento e prevenção de violência contra as mulheres, além de ter como meta reduzir a taxa nacional de mortes violentas de mulheres para abaixo de 2 mortes por 100 mil mulheres até 2030.

Importante lembrar, também, da Lei 14.542/23, que alterou a Lei nº 13.667, de 17 de maio de 2018, para dispor sobre a prioridade no atendimento às mulheres em situação de violência doméstica e familiar pelo Sistema Nacional de Emprego (Sine). Trata-se de importante ação afirmativa, que será abordada no tópico seguinte.

Ações afirmativas

Observam Helena Omena Lopes de Faria e Mônica Melo que a Convenção sobre a Eliminação da Discriminação contra a Mulher prevê a possibilidade de adoção, pelo Estado, de medidas afirmativas ("ações afirmativas") visando acelerar o processo de obtenção da igualdade entre a mulher e o homem[26]. Na definição de Serge Athabahian, "as ações afirmativas são medidas privadas ou políticas públicas objetivando beneficiar determinados segmentos da sociedade, sob o fundamento de lhes falecerem as mesmas condições de competição em virtude de terem sofrido discriminações ou injustiças históricas".[27]

Permite-se, desse modo, a "discriminação positiva", pela qual os Estados podem adotar medidas especiais temporárias, visando acelerar o processo de igualização de *status* entre homens e mulheres. Tais providências, de caráter excepcional e transitório, cessarão quando alcançado o seu objetivo. São medidas compensatórias que visam remediar as desvantagens históricas, consequências de um passado discriminatório, buscando a pluralidade e diversidade social (como, por exemplo, a recente política de cotas nas universidades para os estudantes afrodescendentes).

---

25 Disponível em https://www.capital.sp.gov.br/noticia/casa-da-mulher-brasileira-completa-dois-anos-com-mais-de-50-mil-atendimentos.

26 *Série Estudo*, Procuradoria Geral do Estado de São Paulo, n. 11, out. 1998, p. 381.

27 *Princípio da igualdade e ações afirmativas*. São Paulo: RCS Editora, 2004. p. 18.

Outra iniciativa a ser lembrada, das mais interessantes e especialmente destinada às mulheres (conquanto não relacionada à violência doméstica), trata-se da Lei Estadual 4.733/2006, do Rio de Janeiro.

Segundo esse diploma legal, nos termos de seu art. 1º, "as empresas que administram o sistema ferroviário e metroviário no Estado do Rio de Janeiro ficam obrigadas a destinarem vagões exclusivamente para mulheres nos horários de pico matutino e vespertino". Assim, em datas e horários que a lei determina, reservam-se vagões especialmente às mulheres a fim de evitar o constante e conhecido assédio praticado por homens.

Com base, porém, em dispositivos do Código de Defesa do Consumidor, dentre outros, o Ministério Público daquele Estado manejou ação civil pública em face das concessionárias do serviço de transporte, para que se vissem obrigadas a não cumprir a lei estadual. Incidentalmente, o Parquet pleiteou a declaração incidente da inconstitucionalidade do diploma, na medida em que, sob sua compreensão, discriminava os consumidores a partir do sexo, trazendo injustificado privilégio às mulheres.

O pedido formulado na ação, contudo, foi julgada improcedente em 1.º grau de jurisdição. Interposto recurso pelo Ministério Público, em 20 de julho de 2009 o órgão especial do TJRJ, à unanimidade, julgou improcedente a arguição de inconstitucionalidade.

Pertinente, em nosso sentir, a crítica lançada por Bruno Barata Magalhães, para quem "o diploma 4.733/2006 jamais deveria ser combatido pelo Parquet, haja vista não estar tal lei estadual criando privilégios, mas sim suprindo uma lacuna ao garantir direitos das mulheres que não vinham sendo respeitados, já que, fragilizadas pela quantidade de abusos cometidos por homens, fato notório publicado por todos os veículos de comunicação, ficam 'abandonadas', seja pela Administração Pública, quando não há força policial a fim de coibir tais práticas, seja pela iniciativa privada, quando não disponibiliza seguranças particulares para realizar tal tarefa".[28]

De sorte que a Lei 4733/2006, foi regulamentada pelo Decreto 46072 de 2017, o que propiciou a sua implantação no estado do Rio de Janeiro, sendo estipulada inclusive, multa aos homens, no caso de descumprimento, sendo a fiscalização e autuação realizada por policiais militares[29].

Comissão Permanente Mista de Combate à Violência contra a Mulher

Por meio da Resolução 1/2014, de 17 de janeiro de 2014, foi criada no Congresso Nacional a Comissão Permanente Mista de Combate à Violência contra a Mulher (COPEVID), composta por 27 deputados federais e 10 senadores, com mandato de dois anos. Essa comissão terá por atribuições: 1) diagnosticar as lacunas existentes nas ações e serviços da Seguridade Social e na prestação de segurança pública e jurídica às mulheres vítimas de violência; 2) apresentar propostas para consolidar a Política Nacional de Enfrentamento à Violência contra as Mulheres; 3) realizar audiências públicas; 4) solicitar depoimento de autoridades públicas e cidadãos; e 5) promover intercâmbio internacional para o aperfeiçoamento Legislativo.

Benefício de Prestação Continuada (BPC)

Tem trâmite na Câmara Federal o projeto de lei (PL n. 1.156/2022) que altera a Lei Orgânica da Assistência Social (Lei 8.742/1993, atualizada pela Lei 12.435/2011 e consolidada pela Lei 12.470/2011), para instituir o Benefício de Prestação Continuada (BPC), pago pela Previdência Social em favor da mulher vítima de violência doméstica ou familiar que tiver decisão judicial favorável a adoção de medida protetiva e que não reúna condições de se manter

28 Reserva de espaço exclusivo para mulheres em trens e metrôs. A constitucionalidade da Lei estadual n. 4.733/2006. Disponível em: [www.jusnavigandi.com.br]. Acesso em: 07.06.2012.

29 http://agenciabrasil.ebc.com.br/direitos-humanos/noticia/2017-08/lei-garante-vagao-exclusivo-para-mulheres-em-trens-e-metro-do-rio.

financeiramente. O referido projeto foi apensado ao PL n. 6437/2019, que prevê a concessão de auxílio-vulnerabilidade para mulheres vítimas de violência familiar e doméstica, quando verificar a situação de dependência econômica da vítima em relação ao agressor afastado do lar.

Na mesma esteira, a Comissão de Constituição e Justiça e de Cidadania (CCJ) da Câmara dos Deputados, em 09/12/2021, aprovou proposta que altera a definição de "vulnerabilidade temporária" constante na Lei Orgânica de Assistência Social (LOAS) n. 8.742/93, com vistas a incluir "situações de violência doméstica, física, sexual ou psicológica, além da ameaça de vida", como critérios para o recebimento do respectivo benefício por parte da vítima em situação de violência doméstica (Projeto de Lei n. 3.256/2012).

No mesmo sentido, o PL 4462/2021, que tramita na Câmara, visa incluir na Lei Maria da Penha o "Benefício de Proteção à Mulher", no valor de um salário-mínimo, para mulheres em situação de risco, vulnerabilidade e que tiveram seus agressores afastados do lar.

Cartilha

Em iniciativa do Tribunal de Justiça do Estado de São Paulo e da Escola Paulista da Magistratura, foi lançada a cartilha "A Lei Maria da Penha e a Atitude para a Paz". Trata-se de material que, de forma clara e objetiva, visa a esclarecer os princípios contidos na lei, orientando quanto às formas de violência e os mecanismos de proteção postos à disposição das vítimas.[30]

Na mesma esteira, no início de 2020, a Secretaria Nacional de Políticas para as Mulheres (SNPM) preparou uma cartilha ilustrada e com linguagem simples, tratando de vários assuntos relacionados à violência doméstica e familiar, bem como das medidas de enfrentamento, disponibilizando o material eletronicamente[31].

A Associação dos Magistrados Brasileiros (AMB), em parceria com o CNJ (Portaria CNJ n. 70/2020, criou grupo de trabalho tendo como finalidade a elaboração de estudos para a indicação de soluções voltadas à prioridade de atendimento das vítimas de violência doméstica e familiar ocorrida durante o isolamento social decorrente da pandemia COVID-19. Em junho de 2020, publicou cartilha com orientações diversas, indicando os instrumentos e meios de acesso às vítimas aos serviços essenciais, lançando, ainda, a campanha Sinal Vermelho contra violência doméstica, com a proposta de que a vítima desenhe um sinal "X" vermelho na palma da mão e o exiba ao entrar em uma farmácia vinculada ao projeto. Nesse cenário, foram criadas duas cartilhas, uma para as vítimas[32] e outra paras as farmácias[33], com orientações dos procedimentos a serem observados, as quais estão disponíveis em versão eletrônica.

O Programa de Cooperação do Sinal Vermelho conquistou status legal com a entrada em vigor da Lei 14.188/21, de 29 de julho de 2021, que promoveu alterações no Código Penal e na Lei Maria da Penha (ver comentários desta lei no artigo 12-C).

Vale enfatizar que a aludida Lei, em seu artigo 2º, expressamente autoriza a integração entre os poderes Executivo, Judiciário, o Ministério Público, a Defensoria Pública, os órgãos de segurança pública e as entidades privadas, para a promoção e a realização do programa Sinal Vermelho contra a Violência Doméstica.

30 A cartilha é distribuída gratuitamente a todos os segmentos da sociedade através de solicitação pelo *e-mail* spvioldom@tjsp.jus.br. Já a versão *online* pode ser acessada clicando-se no *Google* o título da cartilha.

31 https://www.gov.br/mdh/pt-br/assuntos/noticias/2020-2/maio/cartilha-auxilia-mulheres-no-enfrentamento-a--violencia/Cartilhaenfrentamento_QRCODE1.pdf

32 Disponível em https://www.amb.com.br/wp-content/uploads/2020/07/cartilha-sinal-vermelho-AMB-7.pdf

33 https://www.amb.com.br/wp-content/uploads/2020/07/cartilha-sinal-vermelho-AMB_farm%C3%A1cias.pdf

Política Nacional de Atenção às Mulheres em Situação de Privação de Liberdade e Egressas do Sistema Prisional

Por meio da Portaria Interministerial 210, de 16 de janeiro de 2014, foi instituída a *Política Nacional de Atenção às Mulheres em Situação de Privação de Liberdade e Egressas do Sistema Prisional*, "com o objetivo de reformular as práticas do sistema prisional brasileiro, contribuindo para a garantia dos direitos das mulheres, nacionais e estrangeiras" (art. 1.º). Essa iniciativa tem, como um de seus objetivos, a prevenção de todos os tipos de violência contra mulheres em situação de privação de liberdade, em cumprimento aos instrumentos nacionais e internacionais ratificados pelo Estado Brasileiro. Visa, ademais, à "humanização das condições do cumprimento da pena, garantindo o direito à saúde, educação, alimentação, trabalho, segurança, proteção à maternidade e à infância, lazer, esportes, assistência jurídica, atendimento psicossocial e demais direitos humanos" (inc. IV do art. 2.º).

No dia 27 de junho de 2019 foi editado o Decreto n. 9.871, que dispõe sobre o Comitê Gestor da Política Nacional de Atenção às Mulheres em Situação de Privação de Liberdade e Egressas do Sistema Prisional, com o objetivo de formular propostas sobre diretrizes, objetivos e metas da Política Nacional de Atenção às Mulheres em Situação de Privação de Liberdade e Egressas do Sistema Prisional, bem como iniciativas para garantir os direitos das mulheres, nacionais e estrangeiras, previstos na Lei nº 7.210, de 11 de julho de 1984 – Lei de Execução Penal[34].

Nesse contexto, vale recordar que, no caso Miguel Castro Castro vs. Peru, a Corte Interamericana de Direitos Humanos (Corte IDH) constatou que mulheres presas foram vítimas de violência de gênero no ambiente prisional, incluindo violência sexual. Durante o "Operativo Mudanza", muitas mulheres foram forçadas a ficar nuas e cobertas apenas com lençóis, enquanto eram constantemente observadas por homens armados, membros das forças de segurança do Estado. A Corte decidiu que essas ações constituíam graves violações dos direitos humanos e ordenou ao Estado peruano a implementação de medidas para prevenir a repetição desses abusos, além de reparações às vítimas. Trata-se de caso emblemático, já que foi nele que a Corte trabalhou, de forma pioneira e verticalizada, os termos da Convenção de Belém do Pará.

INSS e ação regressiva

O INSS tem ajuizado ações regressivas contra agressores em situação de violência doméstica, a fim de se ver ressarcido do pagamento que efetua em prol das respectivas vítimas. Suponha-se, assim, que por conta da agressão, a ofendida passe a receber benefício previdenciário (auxílio-doença, auxílio-acidente ou aposentadoria por invalidez), ou, em caso de morte, seus sucessores percebam pensão por morte. Uma vez deflagrado inquérito policial ou processo-crime, antes mesmo de eventual condenação, a autarquia vem promovendo ações regressivas, com base no art. 120 da Lei 8.213/1991, ação que, segundo lição de Cirlene Luiza Zimmerman, "é aquela que tem por objeto o ressarcimento ao INSS de despesas previdenciárias determinadas pela ocorrência de atos ilícitos, sendo ressarcíveis os pagamentos relativos aos benefícios por incapacidade e de pensão por morte, bem como aqueles decorrentes do custeio do programa de reabilitação profissional".[35]

Ao que parece ter sido a primeira decisão nesse sentido, proferida em 23 de agosto de 2013, o juiz Bruno César Bandeira Apolinário, da 3.ª Vara da Justiça Federal de Brasília, condenou um homem que matara a esposa a ressarcir em favor da autarquia a quantia de R$ 156 mil, destacando que "o INSS e a coletividade não podem arcar com o custo da pensão por morte.

34 Disponível em https://www.in.gov.br/web/dou/-/decreto-n-9.871-de-27-de-junho-de-2019-179409475

35 *A condenação em sede de ação regressiva previdenciária ao ressarcimento de benefícios futuros de espécies distintas não viola o princípio da sentença certa. Revista da Advocacia-Geral da União, n. 40, p. 149, abr.-jun. 2014.*

Isso porque se o réu não tivesse cometido ato ilícito, não haveria a necessidade de concessão do benefício, além do que a Previdência Social não possui a finalidade de abarcar quaisquer contingências provenientes de ilegalidade, ainda que a lei não exclua casos de ilicitude de sua cobertura".

Tal questão foi devidamente regulamentada com a Lei 13.846 de 18 de junho de 2019, que alterou o artigo 120 da Lei n. 8.212/1991, dispondo que "a Previdência Social ajuizará ação regressiva contra os responsáveis nos casos de: I – [...]; e II - violência doméstica e familiar contra a mulher, nos termos da Lei nº 11.340, de 7 de agosto de 2006[36].

A mesma Lei alterou também o artigo 121, a definir que o pagamento de prestações pela Previdência Social em decorrência dos casos relacionados a violência doméstica e familiar (inciso II do art.120) não exclui a responsabilidade civil do agressor condenado pelo ilícito penal.

Nesse sentido, espera-se que o agressor demandado na ação regressiva pelo INSS, sem prejuízo da responsabilidade penal decorrente do ato ilícito cometido, suporte também o dissabor do revés financeiro.

A Lei 13.931/2019 e a notificação compulsória à polícia dos serviços de saúde

A Lei 10.778/03 criou para os profissionais de saúde a obrigação de notificação compulsória no caso de violência doméstica contra a mulher. Esse dever se concretiza com o preenchimento da FIN (ficha de notificação individual) disponível no site do SINAN[37], cujas informações são enviadas às Secretarias de Saúde, com a finalidade de fornecer dados à vigilância epidemiológica para subsidiar as políticas públicas de prevenção e promoção da saúde, sendo este mesmo procedimento adotado no que se refere aos eventos violentos de que são vítimas pessoas idosas, as crianças e adolescentes, as pessoas com deficiência e também aos casos relacionadas a determinados tipos de moléstia grave ou infectocontagiosas como tuberculose, AIDS, COVID-19, etc.

A Lei 13.931, publicada no DOU em 19/12/2019, com vigência a partir de 10/03/2020, alterou a Lei 10.778/03, anunciando ser também obrigação dos profissionais da saúde, diante de indícios ou confirmação de violência contra a mulher, notificar à autoridade policial, no prazo de 24 horas, a quem caberá adotar as medidas de polícia judiciária pertinentes à situação.

Percebam que a obrigação nasce mesmo diante de meros indícios. Será importante, nos casos de violência doméstica não explícita e não revelada, a percepção do profissional de saúde, sua atenção aos sinais característicos, como ansiedade, cefaleia, enjoo, falta ou excesso de fome, alterações no sono, dor no peito ou até dificuldades de respirar, ou outros relatos compatíveis com disfunções mentais e emocionais (síndrome do pânico), com episódios depressivos, ou ideação suicida. Tudo isso sem desconsiderar os indícios físicos, como lesões nos órgãos íntimos, nos ouvidos, na cabeça ou mesmo falta de conexão entre o sintoma apresentado e a história clínica[38]. São todas situações que podem sugerir a violência doméstica, demandando a escuta atenta e compreensiva da equipe de saúde.

A nova lei, contudo, não explica o procedimento da notificação policial. Pensamos que deve seguir, no que couber, o mesmo da notificação enviada às autoridades sanitárias. A Lei 10.778/2003, no seu art. 3º, enfatiza o caráter sigiloso da notificação, e no parágrafo único, alerta que a "identificação da vítima de violência referida nesta Lei, fora do âmbito dos serviços de

---

36 Disponível em http://www.planalto.gov.br/ccivil_03/LEIS/L8213.

37 Sistema de Informação de Agravos de Notificação (disponível em http://portalsinan.saude.gov.br/notificacoes).

38 Cartilha da Sociedade Brasileira de Medicina de Família e Comunidade, distribuída aos profissionais de saúde, com diretrizes para os atendimentos, em razão da pandemia COVID 19, mas que se enquadram perfeitamente em todos os casos relacionados às vítimas de violência doméstica e demais vulneráveis (disponível em https://www.sbmfc.org.br/wp-content/uploads/2020/05/Cartilha-viole%CC%82ncia-contra-mulher.pdf).

saúde, somente poderá efetivar-se, em caráter excepcional, em caso de risco à comunidade ou à vítima, a juízo da autoridade sanitária e com conhecimento prévio da vítima ou do seu responsável". Escrevemos "no que couber", pois, na parte em que exige a preservação da identidade da vítima, para a notificação interna (no âmbito dos órgãos de saúde), faz todo sentido. Mas no caso da notificação policial, não. Para fins de investigação policial, pouco (ou nada) adiantaria ser a autoridade comunicada de um fato, sem que os nomes das partes fossem revelados.

Para a notificação policial, percebam que a Lei não pressupõe a permissão da vítima, despertando entre os operadores do direito indisfarçável controvérsia. Para uma primeira corrente, o consentimento da vítima deve ser dispensável. Para uma segunda, deve ser dispensável somente nos crimes de ação penal pública incondicionada. Para uma terceira, não sem razão, somente nos casos extremos, não importando a natureza da ação penal prevista para o crime, é que a vontade da vítima deve ser desconsiderada.

Essa terceira corrente acabou norteando o veto integral ao projeto que redundou na Lei em comento. O chefe do Executivo justificou que a norma contraria o interesse social visto que impõe a identificação da vítima para autoridade policial até sem seu consentimento colocando a mulher em posição vulnerável, pois ultrapassa os limites de identificação para além do atendimento na área da saúde. O veto ressaltou, ainda, que o sigilo é importante característica do atendimento às mulheres vítimas de violência nas unidades de saúde, seja porque temem os agressores ou porque nem todas rompem as relações com eles. O veto do Presidente foi analisado na Câmara dos Deputados e no Senado Federal e os Congressistas decidiram pela rejeição, ratificando a primeira corrente. Nesse cenário, a omissão da notificação pelos profissionais de atendimento de saúde pode caracterizar a contravenção penal do art. 66, II, da LCP. Ao receber a notificação, a Autoridade Policial determinará a instauração do procedimento investigatório, observando os termos do art. 5º., do CPP, no que se refere à vontade da vítima, quando a infração penal não for perseguida mediante ação penal pública incondicionada.

Para nós, a opção da Casa de Leis desconsiderou o contexto da relação de confiança que precisa existir entre o serviço de saúde e a paciente, que não raras vezes, enxerga nesse serviço seu único canal de comunicação fora do ambiente opressivo. Por isso, em regra, deveria ser considerada a autonomia volitiva da vítima, bem como respeitada a sua privacidade. Essa nossa conclusão parece dialogar com normativas do setor. Segundo orientação aos profissionais de saúde, constante na cartilha de 28/05/20, elaborada pela Sociedade Brasileira de Medicina de Família e Comunidade (Abordagem da violência contra a mulher no contexto da COVID-19)[39], no momento do atendimento, "[...]deve haver habilidade no manejo dessas situações, colocando o serviço de saúde como aliado. Profissionais sensibilizados e capacitados conseguem identificar e apoiar os pacientes que apresentam sintomas que possam estar relacionados ao abuso e à agressão de maneira integral e com qualidade e podem ser um recurso importante para as famílias".

O Conselho Federal de Psicologia também editou preceitos, mais precisamente, a Resolução n.08 de 07 de julho de 2020, estabelecendo normas de exercício profissional da psicologia em relação às violências de gênero. Deverão os psicólogos "acolher e cooperar com ações protetivas à mulher, seja ela cisgênero, transexual ou travesti, e à pessoa com expressões não binárias de gênero, dentre outras, considerados os aspectos de raça, etnia, orientação sexual, deficiência, quando elas tiverem direitos violados, articulando e fortalecendo as redes apoio social, familiar e de enfrentamento à violência de gênero no respectivo território de exercício profissional, acautelando-se para não favorecer as patologizações e as revitimizações e não prejudicar a autonomia das vítimas"[40].

---

39 *Bis in idem* (vide ref.²).

40 Disponível em https://site.cfp.org.br.

De qualquer forma, independentemente da notificação policial, a rede de proteção à mulher deve atuar em conjunto com os órgãos de saúde, para dar o suporte necessário e assegurar a integridade física e o devido acolhimento da vítima, antes mesmo que se efetue a notificação compulsória em discussão.

A Lei 14.022/2020 e a pandemia da Covid-19

A Lei 14.022, de 07 de julho de 2020, alterou a Lei 13.979 de 06/02/20, nela acrescentando dispositivos vários com o fim de implementar ações de proteção às pessoas vulneráveis (mulheres, crianças, adolescentes, pessoas idosas e com deficiência), vítimas da violência doméstica e de outros crimes previstos nos estatutos específicos, exacerbados em decorrência do confinamento e das medidas de restrições de isolamento social e de locomoção, impostas à população por conta do estado de emergência de saúde mundial provocado pelo surto da COVID-19.

Em resumo, a Lei 14.022/20, de natureza excepcional, editada para vigorar sob as condições atípicas provocadas pela pandemia, estabeleceu uma série de providências com vistas a facilitar e agilizar o acesso das vítimas aos serviços oferecidos pelos órgãos de atendimento, tais como:

a) disponibilização de canais eletrônicos para o registro de ocorrência, requerimento e concessão de medidas protetivas, início da persecução penal, produção de provas, intimação ao agressor e demais partes;
b) garantia de continuidade da prestação dos serviços de atendimento dos órgãos de saúde, policiais e do poder judiciário, inclusive na tramitação dos procedimentos, que terão caráter de urgência;
c) prioridade e garantia da realização dos exames de corpo de delito;
d) prorrogação automática das medidas protetivas já deferidas;
e) possibilidade de atendimento presencial nas unidades policiais e obrigatoriedade nos crimes de maior complexidade, elencados no novel dispositivo;
f) agilidade no encaminhamento das denúncias recebidas na esfera federal, como o "Ligue 180" e "Disque 100";
g) possibilidade atendimento por unidade móvel de saúde nos casos de crimes sexuais no local em que se encontrar a vítima.

Art. 4º Na interpretação desta Lei, serão considerados os fins sociais [1]a que ela se destina e, especialmente, as condições peculiares [2]das mulheres em situação de violência doméstica e familiar.

A Lei 14.583/23: difusão por órgãos públicos dos direitos fundamentais e dos direitos humanos, especialmente os que tratam de mulheres, crianças, adolescentes e das pessoas idosas

De acordo com a nova Lei, os Poderes Constituídos, na esfera de atuação respectiva, deverão difundir os direitos fundamentais e os direitos humanos, tais como os previstos na Constituição Federal; no Estatuto da Criança e do Adolescente; na Convenção Americana sobre Direitos Humanos; nos Pactos Internacionais dos Direitos Civis e Políticos e dos Direitos Econômicos, Sociais e Culturais; na Convenção sobre a Eliminação de Todas as Formas de Discriminação Contra a Mulher; na Convenção Interamericana para Prevenir, Punir e Erradicar a Violência Contra a Mulher; na Convenção sobre os Direitos das Crianças e nos seus Protocolos Adicionais; e no Estatuto da Pessoa Idosa.

Constarão nos contracheques mensais dos servidores públicos federais trechos dos instrumentos que consagram os direitos fundamentais e os direitos humanos, especialmente os que se referem às mulheres, às crianças, aos adolescentes e às pessoas idosas.

As emissoras públicas de rádio e de televisão deverão incluir em suas programações material alusivo aos direitos fundamentais e aos direitos humanos, sobretudo os referentes à proteção das mulheres, das crianças, dos adolescentes e das pessoas idosas.

Na publicidade dos atos, programas, obras, serviços e campanhas dos órgãos públicos deverão ser exibidos trechos dos instrumentos que consagram os direitos fundamentais e os direitos humanos, notadamente os referentes à proteção das mulheres, das crianças, dos adolescentes e das pessoas idosas.

A Lei 14.674/23: auxílio-aluguel a mulheres vítimas de violência doméstica

A dependência econômica de mulheres em situação de violência é um fator de vulnerabilidade, que pode agravar o risco de morte. Homens agressores, com frequência, isolam suas parceiras, exercendo o controle financeiro e, até mesmo, impedindo-as de trabalhar. A mulher se vê então presa em uma relação abusiva porque não têm condições econômicas de subsistência própria e de seus filhos.

Diversas pesquisas apontaram, durante a pandemia, um aumento significativo dos episódios de violência doméstica, bem como o agravamento da violência em relações abusivas, sendo a ausência de autonomia financeira o principal fator de vulnerabilidade indicado pelas mulheres.

No Formulário Nacional de Avaliação de Risco (FONAR), há questionamentos específicos quanto à dependência econômica da vítima em relação ao agressor e necessidade de abrigamento (Bloco IV), justamente porque a mulher pode necessitar socorro imediato em local seguro ou assistência financeira para sair da relação violenta.

Nesse sentido, a Lei Maria da Penha traz um conceito amplo de violência patrimonial com referência expressa à privação de recursos necessários à subsistência, nos seguintes termos:

Art. 7º, IV - violência patrimonial, entendida como qualquer conduta que configure retenção, subtração, destruição parcial ou total de seus objetos, instrumentos de trabalho, documentos pessoais, bens, valores e direitos ou recursos econômicos, incluindo os destinados a satisfazer suas necessidades.

Há, ainda, as medidas protetivas de caráter patrimonial previstas no artigo 24: restituição de bens indevidamente subtraídos pelo agressor à ofendida; proibição temporária para a celebração de atos e contratos de compra, venda e locação de propriedade em comum, salvo expressa autorização judicial; suspensão das procurações conferidas pela ofendida ao agressor; prestação de caução provisória, mediante depósito judicial, por perdas e danos materiais decorrentes da prática de violência doméstica e familiar contra a ofendida.

Apesar dessas previsões, raramente as medidas patrimoniais são concedidas, seja por ausência de elementos suficientes, em razão da complexidade da causa ou, ainda, porque a questão já está sendo discutida no juízo cível.

Assim, quando a mulher em situação de violência opta por romper a relação, se vê completamente desamparada, e a situação é agravada quando se trata de mulheres que não contam com nenhum tipo de apoio familiar ou vivem em situação de vulnerabilidade social.

Sair de casa pode ser fundamental para a preservação da integridade da mulher, mas, para isso, é necessária a garantia abrigo. Contudo, a escassez de casas-abrigo no Brasil escancara a deficiência do sistema de proteção projetado pela Lei Maria da Penha. Estudo realizado pelo Instituto Brasileiro de Geografia e Estatística (IBGE), em 2018, aponta que somente 2,4% dos municípios brasileiros contavam com casas-abrigo; destas, 134 administradas pelos próprios municípios e 43 pelos estados.

As dificuldades de implantação e manutenção das casas-abrigo, associadas a questões orçamentárias e à necessidade de garantir sigilo e segurança, impulsionaram a criação de políticas alternativas às casas-abrigo, como o auxílio-aluguel.

Nesse sentido, a Lei 14.674/23 criou uma medida protetiva de urgência para a vítima, inserindo-a no artigo 23:

> Art. 23.Poderá o juiz, quando necessário, sem prejuízo de outras medidas:
>
> VI - conceder à ofendida auxílio-aluguel, com valor fixado em função de sua situação de vulnerabilidade social e econômica, por período não superior a 6 (seis) meses."

Fins sociais da lei

Ao ressaltar que o intérprete da lei deve levar em conta os fins sociais, o legislador tomou de empréstimo ideia contida na Lei de Introdução às normas do Direito Brasileiro (Dec.-lei 4.657/42), que em seu art. 5.º dispõe que "na aplicação da lei, o juiz atenderá aos fins sociais a que ela se dirige (...)".

Trata-se da chamada interpretação sociológica, cujo método se baseia na adaptação do sentido da lei às realidades sociais, cabendo ao intérprete acompanhar as mudanças que o cercam, os impactos que tais alterações causam na sociedade, enfim, conferir à norma um significado que a insira no contexto em que concebida.

Precioso voto do Ministro Sálvio de Figueiredo, do STJ, ensina que "a vida, enfatizam os filósofos e sociólogos, e com razão, é mais rica que nossas teorias. A jurisprudência, com o aval da doutrina, tem refletido as mudanças do comportamento humano no campo do direito de família. Como diria o notável De Page, o juiz não pode quedar-se surdo às exigências do real e da vida. O direito é uma norma essencialmente viva. Está ele destinado a reger homens, isto é, seres que se movem, pensam, agem, mudam, se modificam. O fim da lei não deve ser a imobilização ou a cristalização da vida, e sim manter contato íntimo com esta, segui-la em sua evolução e adaptar-se a ela (...). Em outras palavras, a interpretação das leis não deve ser formal, mas sim, antes de tudo, real, humana, socialmente útil".[41]

Não que se pretenda, com isso, negar a importância da chamada interpretação gramatical ou filológica, que toma por base o significado da palavra contida na lei ou sua função gramatical. Tem ela sua relevância e se constitui, mesmo, no primeiro passo para a interpretação da lei. Mas não é suficiente. De sorte que, a simples análise do alcance da palavra, insulada do contexto em que foi produzida, sem se atentar ao espírito da norma, induz a uma interpretação defeituosa, fincada na velha afirmação de que o texto claro prescinde de interpretação, sintetizada no brocardo latino segundo o qual *in claris cessat interpretatio*.

Foi longe o tempo em que, por ilusão, se entendia que o legislador tudo podia prever e, com isso, ao juiz nada mais restava senão, como verdadeiro matemático, aplicar a lei. O Código da Baviera, de 1812, chegava a proibir o juiz de interpretar a lei. À época do Código de Napoleão, o civilista não ensinava o direito civil a seus alunos, mas sim o Código. Aliás, o direito civil era o próprio *Code*.

Essa falsa impressão, atualmente, não mais sobrevive, cabendo ao intérprete, assim, adequar a norma aos dias em que vive. Preso a valores éticos ou religiosos, incorreria em enorme equívoco o juiz que, por exemplo, deixasse de reconhecer, nos tempos modernos, a existência de relacionamentos homossexuais a exigirem a proteção da lei. Eles sempre existiram. Mas a necessidade de sua tutela, hoje, é muito maior do que era há cinquenta anos, em face do surgimento de novos direitos, novas relações e novas realidades inconcebíveis àquela época.

É com esse espírito, desarmado, despido de preconceitos, livre de fetichismos e atento à realidade que o cerca, que deve o intérprete, em nosso entendimento, enfrentar os desafios propostos pela lei.

---

41 *RSTJ* 129/364.

Claro que vez ou outra, decisões esdrúxulas, alheias à situação da mulher e aos fatos que a cercam, produzirão enorme perplexidade, na medida em que vão de encontro ao próprio objetivo da lei, interpretando-a, exatamente, em desfavor daquela que mereceu maior proteção do legislador.

É o que se viu de uma decisão oriunda da Comarca de Sete Lagoas, na qual o Magistrado definiu a Lei Maria da Penha (a quem qualifica como "monstrengo tinhoso"), como "um conjunto de regras diabólicas". Dentre outros argumentos apresentados por ele, concluiu que "a desgraça humana começou no Éden: por causa da mulher, todos nós sabemos, mas também em virtude da ingenuidade, da tolice e da fragilidade emocional do homem (...). O mundo é masculino! A ideia que temos de Deus é masculina! Jesus foi homem!". E arremata: "mulher moderna, dita independente, que nem de pai para seus filhos precisa mais, a não ser dos espermatozoides".

A mencionada decisão deu origem a um processo administrativo junto ao Conselho Nacional de Justiça, instalado no dia 20 de novembro de 2007, por iniciativa de seu corregedor-geral e ministro do STJ, Cesar Asfor Rocha, após provocação da Assembleia do Estado de Minas Gerais. Embora sem atribuição para julgar o mérito da decisão, pois o CNJ não possui competência recursal, entendeu-se que o excesso de linguagem empregado pelo Magistrado, com alusões desnecessárias a temas diversos, ora descontextualizados, na maioria das vezes preconceituosos mesmo, merecia uma apuração mais aprofundada.

Em decisão proferida em 9 de novembro de 2010, o Conselho Nacional de Justiça, por maioria de votos (9 a 6), determinou a suspensão do Magistrado do exercício de suas funções pelo prazo de dois anos. Contra tal decisão, ele impetrou Mandado de Segurança perante o STF (MS 30320), tendo o relator, Ministro Marco Aurélio, concedido liminar para suspender a execução da decisão proferida pelo CNJ. Segundo o Ministro relator, as considerações foram tecidas de forma abstrata, sem individualizar-se este ou aquele cidadão. "É possível que não se concorde com premissas da decisão proferida, com enfoques na seara das ideias, mas isso não se resolve afastando o magistrado dos predicados próprios à atuação como ocorre com a disponibilidade", destacou na decisão liminar:

O TJMG, de forma sistemática, reformou as diversas decisões de 1.º grau proferidas pelo mesmo juiz. A propósito, segundo o enunciado da Súmula 589, do STJ, "é inaplicável o princípio da insignificância nos crimes ou contravenções penais praticados contra a mulher no âmbito das relações domésticas".

Condições peculiares das mulheres em situação de violência doméstica

A mulher, em situação de violência doméstica, vê-se, em regra, desvalorizada (desprestigiada) no seu (árduo) trabalho doméstico, agredida nesse mesmo espaço sem ter a quem recorrer, pois, muitas vezes, depende do agressor, seja afetiva, familiar ou financeiramente. Na aplicação da lei cabe ao intérprete, necessariamente, voltar os olhos para essa realidade. Com isso em mente, argumentos relativos à inconstitucionalidade do novo estatuto – diga-se, respeitáveis – são mais facilmente afastados ou, pelo menos, mais bem enfrentados.

Julgamento com perspectiva de gênero

Os tribunais brasileiros deverão levar em conta, nos julgamentos, as especificidades das pessoas envolvidas, a fim de evitar preconceitos e discriminação por gênero ou por outras características. Para tanto, o Conselho Nacional de Justiça (CNJ) aprovou a Resolução n. 492, que torna obrigatórias, para todo o Poder Judiciário nacional, as diretrizes do **Protocolo para Julgamento com Perspectiva de Gênero**.

De acordo com o ato normativo, as cortes deverão promover cursos de formação inicial e continuada que incluam, obrigatoriamente, conteúdos relativos a direitos humanos, gênero, raça e etnia, conforme as diretrizes do protocolo.

A adoção do protocolo pelos órgãos do Poder Judiciário foi incentivada pelo CNJ no ano de 2022, por meio da edição da **Recomendação n. 128**. O documento, no entanto, apenas sugeria a adoção das medidas.

Alinhado aos Objetivos de Desenvolvimento Sustentável (ODS) **5** e **16** da Agenda 2030 da ONU, o protocolo – inspirado em iniciativas similares da Justiça de outros países, como a da Suprema Corte do México – traz considerações teóricas sobre a igualdade e um guia com exemplos práticos para que os julgamentos não incorram na perpetuação de estereótipos ou tratamentos discriminatórios.

A resolução aprovada também cria o Comitê de Acompanhamento e Capacitação sobre Julgamento com Perspectiva de Gênero no Poder Judiciário e o Comitê de Incentivo à Participação Institucional Feminina no Poder Judiciário.

No plano internacional, a Corte Internacional de Direitos Humanos reafirmou a necessidade de adoção do protocolo para investigação, processo e atuação com perspectiva de gênero também em casos criminais que envolvam vítimas LGBTI. A decisão foi tomada no âmbito do Caso Vicky Hernández e outras v. Honduras, em 26 de março de 2021, no qual reconheceu a responsabilidade do Estado hondurenho pela violação do direito à vida e à integridade pessoal de Vicky Hernández, mulher transgênero, trabalhadora sexual e defensora dos direitos das mulheres trans, morta em 2009 possivelmente em decorrência de violência policial. A autoria do crime, entretanto, não foi esclarecida, uma vez que, conforme pontuado pela Corte, a morte de Vicky não foi investigada com a devida diligência.[42]

No caso Barbosa de Souza e outros v. Brasil, a Corte volta a destacar a necessidade de adoção do protocolo para investigação, processo e atuação com perspectiva de gênero.

TÍTULO II
DA VIOLÊNCIA DOMÉSTICA E FAMILIAR CONTRA A MULHER

CAPÍTULO I
DISPOSIÇÕES GERAIS

Art. 5º Para os efeitos desta Lei, configura violência doméstica e familiar contra a mulher qualquer ação ou omissão baseada no gênero que lhe cause morte, lesão, sofrimento físico, sexual ou psicológico e dano moral ou patrimonial:

I – no âmbito da unidade doméstica, compreendida como o espaço de convívio permanente de pessoas, com ou sem vínculo familiar, inclusive as esporadicamente agregadas;

II – no âmbito da família, compreendida como a comunidade formada por indivíduos que são ou se consideram aparentados, unidos por laços naturais, por afinidade ou por vontade expressa;

III – em qualquer relação íntima de afeto, na qual o agressor conviva ou tenha convivido com a ofendida, independentemente de coabitação.

Parágrafo único. As relações pessoais enunciadas neste artigo independem de orientação sexual.

Violência doméstica: conceito

Violência doméstica pode ser definida como uma agressão contra a mulher, em um determinado ambiente (doméstico, familiar ou de intimidade), com a finalidade específica de

42 Corte IDH, Caso Vicky Hernández e outras v. Honduras. Disponível em: https://www.corteidh.or.cr/docs/casos/articulos/resumen_422_esp.pdf. Acesso em 07 jun. 2024.

coisificá-la ou objetificá-la, isto é, dela retirar direitos, aproveitando da sua vulnerabilidade ou hipossuficiência.

Para muitos, não sem razão, trata-se da violência contra a mulher em razão da própria condição de mulher (violência contra a mulher por ser mulher).

Apesar de alguns preconizarem a necessidade da habitualidade, não nos parece correto, considerando não somente o espírito dos tratados, mas do próprio legislador pátrio ao tipificar como violência doméstica "qualquer ação ou omissão"; aliás, exigir habitualidade é admitir que o Estado deva tolerar, antes de agir, certas agressões.

A LEI 14.550/23

A recente Lei 14.550/23 promoveu importantes e estratégicas alterações na Lei da Maria da Penha, principalmente para fazer cessar questionamentos quanto à autonomia das medidas protetivas, à existência ou não de prazo para a sua vigência e aos âmbitos de aplicação da lei. Trata-se de uma resposta legislativa às constantes decisões que, ora afastavam a incidência da norma, ora negavam proteção com base em análises factuais e, com frequência, marcadas por estereótipos, como o de que a mulher "usava" a lei para conseguir vantagens econômicas ou o afastamento arbitrário do agressor do lar.

De acordo com o art. 40-A, inserido pela referida Lei, a aplicação da Lei Maria da Penha deve ser determinada a partir de fatores objetivos – contexto afetivo, doméstico e familiar – presumindo, nesses ambientes, que a violência se deu em razão do gênero (preconceito, menosprezo ou discriminação quanto ao gênero feminino).

Prevê a Lei:

> **Art. 40-A.** Esta lei será aplicada a todas as situações previstas no art. 5º., independentemente da causa ou motivação dos atos de violência, ou da condição do ofensor ou da ofendida."

A redação já desperta debates, especialmente em relação à natureza da presunção anunciada no referido artigo: seria ela relativa ou absoluta?

Embora a quase totalidade dos casos de violência no contexto doméstico tenha um viés de gênero, já que a misoginia e a discriminação são problemas profundamente arraigados na sociedade, é possível vislumbrar uma situação excepcional, em que um caso de violência comum se deu no ambiente doméstico, mas não está necessariamente relacionado ao gênero. Assim, mesmo excepcionalmente, pode ocorrer uma infração penal em contexto doméstico que não esteja diretamente vinculada à condição de mulher, ou seja, em razão do gênero. Diante disso, por cautela, sugere-se reconhecer que se trata de presunção relativa (*juris tantum*).

Ao reconhecer a presunção relativa, o legislador estabelece que determinada situação é considerada verdadeira e só pode ser afastada diante de provas em contrário. Em outras palavras, trata-se de uma presunção de que a violência, nesses contextos, é uma violência de gênero, salvo quando ocorrer a demonstração inequívoca de que aquele ato não atingiu ou visou a mulher vítima.

O ônus da prova cabe ao agressor (fato modificativo), que não poderá trazer aos autos elementos impertinentes e estranhos ao processo ou que importem em violação da intimidade ou vida privada da vítima para afastar competência (Lei Mariana Ferrer, art. 400-A CPP).

A autoridade judiciária, em razão do princípio da proteção e da vulnerabilidade da mulher nesse contexto, não poderá afastar a incidência da lei com base em entendimentos pessoais, mas somente – e, excepcionalmente, repita-se – quando houver provas aptas a afastar uma presunção legal. Inclusive, nos crimes envolvendo violência contra a mulher no ambiente doméstico e familiar, a investigação, *ab initio*, deve considerar que o fato foi cometido em situação de violência de gênero.

O entendimento pela presunção absoluta (e não relativa, como sustentamos) poderia levar a uma aplicação muito abrangente (e intransigente) da norma, desvirtuando o espírito de proteção da mulher e causando uma indevida migração de processos comuns aos Juizados de Violência Doméstica, que requerem uma atuação ágil para deferir medidas e outras providências e, desta forma, prevenir a perpetuação da violência.

Para reforçar nossa posição, citamos alguns casos – reais – antes submetidos a um Juízo Comum e que seriam encaminhados ao Juizado de Violência Doméstica caso adotado o entendimento da presunção absoluta, como: a filha, mediante fraude, simula um sequestro para que seja pago resgate por seus genitores; traficante guarda drogas em sua residência e intimida todos os familiares (homens e mulheres) para que não o denunciem; integrante de organização criminosa especializada em lavagem de dinheiro usa o nome de empregada doméstica para ocultar bens sem que ela saiba. Nesses casos, o gênero da genitora, das familiares mulheres e da funcionária não foram determinantes.

Essa discussão tem um aspecto prático, de caráter processual, importante. Adotada a tese da presunção absoluta, feitos envolvendo crime contra a mulher no ambiente doméstico e familiar, em que não foi detectada a violência de gênero, serão imediata e automaticamente encaminhados para a Vara da Violência Doméstica e Familiar, quando não encerrada instrução (princípio da identidade física do juiz).

Esse aumento do fluxo de processos pode trazer prejuízos, notadamente para a celeridade processual que se espera de uma vara especializada. A duração razoável do processo é não somente importante para os réus, como também para as vítimas. No contexto de violência afetiva, doméstica e familiar, a agilidade do processo é fundamental. Vale destacar o que foi decidido pela Corte Interamericana de Direitos Humanos no caso Barbosa de Souza vs. Brasil:

> "A Corte indicou que o direito de acesso à justiça em casos de violações aos direitos humanos deve assegurar, em tempo razoável, o direito das supostas vítimas ou de seus familiares a que se faça todo o necessário para conhecer a verdade sobre o ocorrido e investigar, julgar e, se for o caso, sancionar os eventuais responsáveis. Outrossim, uma demora prolongada no processo pode chegar a constituir, por si mesma, uma violação às garantias judiciais"[43].

Por fim, alertamos que, da mesma forma que se determina o foro prevalente nos casos de conexão e continência em razão da maior gravidade, complexidade ou especialidade, também nos crimes contra a mulher o juízo prevalente não pode ser ignorado, independentemente da corrente adotada (presunção absoluta ou relativa da violência de gênero). Contudo, só haverá unificação de processos se os crimes tiverem vínculo estreito com a infração contra a mulher. Para ficar mais claro, vamos nos socorrer de uma situação hipotética, mas que coincide com inúmeros casos do dia a dia forense. Imaginemos um crime de tortura praticado por membros de uma organização criminosa em face de um agente "desertor". Durante a tortura, a esposa do desertor clama por piedade e é ameaçada pelo líder da organização, seu irmão. Há, assim, vínculo familiar. Esses crimes (organização criminosa, tortura e ameaça) vão ser julgados na Vara da Violência Doméstica e Familiar? Óbvio que não. Deve ser determinado o desmembramento em relação às infrações penais que não tiverem um vínculo estreito com a condição de mulher da vítima (art. 80, parte final do CPP).

Âmbito da unidade doméstica

Agressão no âmbito da unidade doméstica compreende aquela praticada no espaço caseiro, envolvendo pessoas com ou sem vínculo familiar, inclusive as esporadicamente agregadas,

43 Corte Interamericana de Direitos Humanos. CASO BARBOSA DE SOUZA Vs Brasil. Disponível em: https://www.corteidh.or.cr/docs/casos/articulos/seriec_435_por.pdf. Acesso em: 19 abr 2023.

integrantes dessa aliança (insere-se, na hipótese, a agressão do patrão em face da funcionária doméstica).

Com efeito, segundo Fabrício da Mota Alves, assessor parlamentar do Senado, com a experiência, portanto, de quem acompanhou a discussão legislativa travada no Parlamento, "essa definição abrange, inclusive, os empregados domésticos, ou seja, os 'esporadicamente agregados' – assunto, aliás, muito debatido no Congresso Nacional. O termo 'esporadicamente' aqui dá uma noção de relacionamento provisório, típica da relação de emprego doméstico".[44]

É também a impressão de Damásio de Jesus e Hermelino de Oliveira, quando destacam que "não se pode afirmar que essas normas foram expressas visando à proteção da empregada doméstica. De ver-se, entretanto, que não se pode dizer que a excluíram de sua incidência, até porque o mandamento constitucional proíbe a violência no âmbito das relações familiares. A questão é saber se a empregada doméstica insere-se nesse contexto, uma vez que a nova lei ordinária delimita o campo da sua incidência como sendo o 'espaço de convívio permanente de pessoas, com ou sem vínculo familiar, inclusive as esporadicamente agregadas' (...) Para que se possa 2022 opinar sobre a questão proposta, é também necessário relembrar o conceito legal de empregado doméstico como sendo 'aquele que presta serviços de natureza contínua e de finalidade não lucrativa à pessoa ou à família no âmbito residencial destas' (art. 1.º da Lei 5.859, de 11 de dezembro de 1972). Essa prestação de serviços no seio das famílias e no ambiente residencial é que justifica o tratamento legal dado à relação de trabalho doméstico e sua forma de proteção (...). A propósito, os escritores nunca desprezaram os empregados domésticos. No passado, encontramos a figura do mordomo fiel, que muito se prestou a tantas peças literárias, sendo, amiúde, a chave do deslinde de histórias policiais misteriosas. Hoje, diante das transformações da família e da vida moderna, a figura da empregada da casa passou a ser objeto de peças teatrais, algumas de muito sucesso, aparecendo como protagonista principal do enredo, tal o seu envolvimento com a vida das pessoas da residência. De se concluir, pois, que ela merece a proteção da Lei 11.340/2006".[45]

Âmbito da família

A violência no âmbito da família engloba aquela praticada entre pessoas unidas por vínculo jurídico de natureza familiar, podendo ser conjugal, em razão de parentesco (em linha reta e por afinidade), ou por vontade expressa (adoção). A propósito, o Enunciado 2, do Fonavid (Fórum Nacional de Juízes de Violência Doméstica e Familiar contra a Mulher), prevê *in verbis:* "Inexistindo coabitação ou vínculo de afeto entre agressor(a) e ofendida, deve ser observado o limite de parentesco estabelecido pelos artigos 1.591 a 1.595 do Código Civil, quando a invocação da proteção conferida pela Lei 11.340/2006 decorrer exclusivamente das relações de parentesco". De acordo com a Súmula 600 do STJ, "Para configuração da violência doméstica e familiar prevista no artigo 5º da lei 11.340/2006, lei Maria da Penha, não se exige a coabitação entre autor e vítima".

Como adverte Henrique Klassmann Wendland, "devem ser consideradas como 'famílias', igualmente, as anaparentais, formadas apenas por irmãos, as famílias paralelas, que ocorrem quando o homem, normalmente, mantém duas ou mais famílias e as homoafetivas, que são formadas por pessoas do mesmo sexo. Estas estão, igualmente, tuteladas no conceito

44 *Lei Maria da Penha: das discussões à aprovação de uma proposta concreta de combate à violência doméstica e familiar contra a mulher.* Disponível em: [http://jus.com.br/revista/texto/8764/lei-maria-da-penha]. Acesso em 27.07.2012.

45 *A empregada doméstica e a Lei Maria da Penha.* Disponível em: [www2.mp.pr.gov.br/cpdignid/telas/cep_b16_04.html]. Acesso em: 27.07.2012. Deve ser lembrado, ainda, que *a LC 150/2015, que dispõe sobre o contrato de trabalho doméstico, estabelece, no art. 27, parágrafo único, VII, a possibilidade de rescisão por culpa do empregador quando este* praticar qualquer das formas de violência contra mulheres de que trata o art. 5.º da Lei 11.340/2006.

constitucional de 'família', e são merecedoras das mesmas proteções estatais. Outro fator importante é que para ser considerado do gênero feminino não necessariamente deve se tratar de sujeito mulher, mas de qualquer sujeito que com este gênero se identifique, e na posição deste gênero esteja em relações de poder, assim, lésbicas, transexuais, travestis e transgêneros, que tenham identidade social com o sexo feminino estão ao abrigo da Lei Maria da Penha".[46]

Qualquer relação íntima de afeto

A lei é clara ao assegurar a proteção da vítima em qualquer relação íntima de afeto, na qual o agressor conviva ou tenha convivido com a ofendida, independentemente de coabitação, isto é, dispensando os envolvidos viverem sob o mesmo teto. A coabitação, aliás, é dispensável em todas as situações anunciadas pelo art. 5º. da Lei. Nesse sentido, como já alertado anteriormente, o teor da Súmula n. 600 do Superior Tribunal de Justiça, *in verbis*: "Para configuração da violência doméstica e familiar prevista no artigo 5º da Lei 11.340/2006, Lei Maria da Penha, não se exige a coabitação entre autor e vítima".

Orientação sexual

Notável a inovação trazida pela lei neste dispositivo legal, ao prever que a proteção à mulher, contra a violência, independe da orientação sexual dos envolvidos. Vale dizer, em outras palavras, que também a mulher homossexual, quando vítima de ataque perpetrado pela parceira, no âmbito da família – cujo conceito foi nitidamente ampliado pelo inc. II, deste artigo, para incluir também as relações homoafetivas – encontra-se sob a proteção do diploma legal em estudo.

Conforme bem anotado pela jurista Maria Berenice Dias, "no momento em que é afirmado que está sob o abrigo da lei a mulher, sem se distinguir sua orientação sexual, alcançam-se tanto lésbicas como travestis, transexuais e transgêneros que mantêm relação íntima de afeto em ambiente familiar ou de convívio. Em todos esses relacionamentos, as situações de violência contra o gênero feminino justificam especial proteção".[47]

A inovação merece aplausos em vista da timidez normativa que reinava sobre o tema em nosso País. Assim, a Constituição vê a unidade familiar, basicamente, sob três ângulos, todos tratados no art. 226: aquela decorrente do casamento (§§ 1.º e 2.º), da união estável (§ 3.º) e da entidade monoparental (formada por um dos pais e os filhos, mencionada no § 4.º). A Constituição cidadã deixa claro, ainda, que casamento, família, entidade familiar, são conceitos privativos da união entre homem e mulher (§§ 3.º e 5.º), não concebendo, a possibilidade de qualquer união entre pessoas do mesmo sexo.

O Código Civil de 2002 que, sensível à realidade fática, poderia ter avançado no trato da questão, optou pela manutenção do conservadorismo, ao dispor em seu art. 1.723 que, "é reconhecida como entidade familiar a união estável entre o homem e a mulher, configurada na convivência pública, contínua e duradoura e estabelecida com o objetivo de constituição de família".

Interessante anotar que, nesse tema, o administrador andou à frente do legislador ao reconhecer o direito do homossexual em receber indenização decorrente de morte no trânsito. Com efeito, dispõe a Circular 257, de 21 de junho de 2004, da Superintendência de Seguros Privados (Órgão do Ministério da Fazenda), que "o companheiro ou companheira homossexual fica equiparado ao companheiro ou companheira heterossexual na condição de dependente

---

46 *Fundamentos conceituais e hermenêuticos para aplicação da Lei Maria da Penha*. Disponível em: [www.ambito-juridico.com.br/site/?n_link=revista...leitura...id] e [www.conteudojuridico.com.br/artigo,fundamentos-conceituais--e-hermeneuticos-para-aplicacao-da-lei-maria-da-penha,35315.html]. Acesso em: 15.05.2015.

47 *Violência doméstica e as uniões homoafetivas*. Disponível em: [www.jusnavigandi.com.br]. Acesso em: 22.11.2006.

preferencial da mesma classe, com direito à percepção da indenização referente ao seguro DPVAT, em caso de morte do outro (...)" (art. 1.º).

Mas como a omissão legislativa não se presta de justificativa para que o juiz deixe de julgar (art. 4.º da LINDB) e tampouco para esconder uma realidade que é palpável, cabe à jurisprudência, baseada nas decisões de primeiro grau – sempre mais próxima dos fatos e sensível às inovações – o papel de reconhecer uma série de direitos em prol dos homossexuais. Dentre eles, poderíamos destacar: (a) admissão da união homoafetiva como verdadeira "entidade familiar" e não como mera "sociedade de fato"; (b) direito à herança deixada pelo companheiro homossexual; (c) deferimento de pedido de adoção em favor de casal homossexual; (d) direito à inclusão de companheiro homossexual em plano de saúde; (e) direito do homossexual à percepção de benefício previdenciário junto ao INSS, decorrente da morte de parceiro; (f) direito de homossexual em autorizar a doação de órgãos do parceiro falecido; (g) concessão de visto temporário para permanecer no país em favor de estrangeira que mantém união estável com brasileira; (h) competência da Vara da Família para julgamento da dissolução de sociedade de fato mantida entre pessoas do mesmo sexo; (i) acolhimento de pedido formulado por pessoa que se submeteu a cirurgia de transgenitalização, para que seja alterado o nome e, inclusive, o sexo, no registro civil, por meio do respectivo pedido de retificação.

Também, os Tribunais Superiores, em decisões ousadas e sensíveis à realidade inegável que cerca a todos, vêm reconhecendo esses direitos que independem da orientação sexual de seus titulares. Destaca-se, nessa linha, importante julgado do STF, no qual foi relator o Ministro Celso de Mello, que assim se posicionou: "O convívio de pessoas do mesmo sexo ou de sexos diferentes, ligadas por laços afetivos, sem conotação sexual, cabe ser reconhecido como entidade familiar. Presentes os requisitos de vida em comum, coabitação, mútua assistência, é de se concederem os mesmos direitos e se imporem iguais obrigações a todos os vínculos de afeto que tenham idênticas características".[48] Lembre-se, ainda nesse sentido, do julgamento, pelo STF, da ADIn 4.277 (ADPF 132), em 5 de maio de 2011, que tornou obrigatório o reconhecimento, em nosso país, da união estável entre pessoas do mesmo sexo, desde que atendidos os requisitos exigidos pelo art. 1.723 do Código Civil.

A lei em estudo, portanto, de forma até então inédita em nosso arcabouço normativo, prevê que as medidas nela previstas, de caráter penal e civil, aplicam-se, também, às uniões homossexuais entre mulheres, permitindo inclusive, em nosso entendimento, que se determine, por exemplo, o afastamento do lar da agressora (art. 22, II), a restrição de visitas ao filho eventualmente adotado (por analogia ao art. 22, IV), a fixação de alimentos (art. 22, V) etc.

Novo conceito de família

Em virtude da inovação trazida pela lei, já se afirma que, a partir dela, o conceito de "família" experimentou profunda alteração, não mais se admitindo interpretações baseadas em diplomas legais agora já revogados, tacitamente, pelo estatuto novel.

É a posição de Maria Berenice Dias, ao assinalar que "no momento em que as uniões de pessoas do mesmo sexo estão sob a tutela da lei que visa a combater a violência doméstica, isso significa, inquestionavelmente, que são reconhecidas como uma família, estando sob a égide do direito de família. Não mais podem ser reconhecidas como sociedades de fato, sob pena de se estar negando vigência à lei federal. Consequentemente, as demandas não devem continuar tramitando nas varas cíveis, impondo-se sua distribuição às varas de família. Diante

48 Medida cautelar em ADIn 3.300-0-DF, requerida pela Associação de Incentivo à Educação e Saúde de São Paulo e outro. Observamos que a ADIn 3.300-DF foi extinta, pois tinha por objeto norma revogada, segundo consta da decisão do relator (*DO* 09.02.2006).

da definição de entidade familiar, não mais se justifica que o amor entre iguais seja banido do âmbito da proteção jurídica, visto que suas desavenças são reconhecidas como violência doméstica".[49]

Mesmo antes do advento da lei, esse já era o posicionamento de Sérgio Resende de Barros, ao afirmar que "o afeto é que conjuga. Apesar de a ideologia da família parental de origem patriarcal pensar o contrário, não é requisito indispensável para haver família que haja homem e mulher, pai e mãe".[50]

A impossibilidade de geração de prole, como fator que impediria a caracterização de verdadeira "família", é refutada por Paulo Luiz Netto Lôbo: "O argumento da impossibilidade de filiação não se sustenta, pelas seguintes razões: (a) a família sem filhos é família tutelada constitucionalmente; (b) a procriação não é finalidade indeclinável da família constitucionalizada; (c) a adoção permitida a qualquer pessoa, independentemente do estado civil (art. 42 do ECA), não impede que a criança se integre à família, ainda que o parentesco civil seja apenas com um dos parceiros".[51]

Como salientam Iglesias Fernanda de Azevedo Rabelo e Rodrigo Viana Saraiva, "aceitar novos modelos familiares não significa dizer que a família será destruída. Conceber apenas a família nuclear composta pelo casal heterossexual e filhos como o único modelo de família aceitável, é incompatível com a natureza afetiva da família. A noção de família como núcleo de afetividade e base da sociedade deve ser encarada, como de fato é, como um fator cultural. E, dessa maneira, a legislação deve acompanhar a evolução da sociedade e, consequentemente, dos arranjos familiares".[52]

Vale mencionar, em acréscimo, a Conclusão 3, do Curso de Direito de Família e Sucessões promovido pelo Tribunal de Justiça de São Paulo, *in verbis:* "O art. 226, § 3.º, da CF/1988, não estabelece rol taxativo de entidades familiares, admitindo, ao contrário, uma pluralidade de modelos de família, cuja legitimidade e tutela jurídica se subordinam à capacidade, *in concreto*, para a realização da pessoa humana".[53]

Em síntese, a questão está colocada e o debate proposto à doutrina e jurisprudência pátrias.

Art. 6º A violência doméstica e familiar contra a mulher constitui uma das formas de violação dos direitos humanos.

VIOLAÇÃO DOS DIREITOS HUMANOS

Pareceu-nos, mais uma vez, desnecessária essa observação. Claro que a violência, qualquer que seja, representa um atentado aos direitos humanos. Mas isso quer seja a vítima homem ou mulher. Aliás, a Declaração Universal dos Direitos Humanos, de 1948, foi incisiva ao alertar

49 *Violência doméstica e as uniões homoafetivas.* Disponível em: [http://jus.com.br/revista/texto/8985/violencia-domestica-e-as-unioes-homoafetivas]. Acesso em: 27.07.2012.

50 A ideologia do afeto. *Revista Brasileira de Direito de Família*, n. 14, p. 9, Porto Alegre, Editora Síntese, jul.-set. 2002.

51 Entidades familiares constitucionalizadas: para além do *numerus clausus. Revista Brasileira de Direito de Família*, n. 12, p. 40, Porto Alegre, Editora Síntese, jan.-mar. 2002.

52 *A Lei Maria da Penha e o reconhecimento legal da evolução do conceito de família.* Disponível em: [http://jus.com.br/revista/texto/8911/a-lei-maria-da-penha-e-o-reconhecimento-legal-da-evolucao-do-conceito-de-familia]. Acesso em: 27.07.2012.

53 Trata-se da Conclusão 3, do dia 02.06.2006, ministrada pelo Dr. Gustavo Tepedino, sob o tema "A família na ordem constitucional vigente". O curso foi realizado entre 02.06.2006 e 28.07.2006, promovido pela Escola Paulista da Magistratura, sob a coordenação do Des. Benedito Silvério Ribeiro. Disponível em: [www.epm.org.br].

que "toda pessoa tem capacidade para gozar os direitos e as liberdades estabelecidos nesta Declaração, sem distinção de qualquer espécie, seja de raça, cor, sexo, língua, religião, opinião política ou de outra natureza, origem nacional ou social, riqueza, nascimento, ou qualquer outra condição" (art. 2.º). De sorte que, para configurar um atentado aos direitos humanos, basta que...seja humano o ofendido. Irrelevante, aqui, o sexo da vítima, importando em verdadeiro exagero a inserção desse dispositivo. Nesse sentido, aliás, o art. 2.º da lei.

A menos que o objetivo seja permitir o deslocamento da competência do julgamento para a Justiça Federal. Explicamos: O art. 109, V-A, da CF/1988 (com a redação dada pela EC 45/2004), prevê que as causas relativas a direitos humanos sejam julgadas pela Justiça Federal. Para tanto, é preciso que o Procurador-Geral da República provoque um incidente de deslocamento de competência, "com a finalidade de assegurar o cumprimento de obrigações decorrentes de tratados internacionais de direitos humanos dos quais o Brasil seja parte", nos termos do § 5.º, do mencionado dispositivo constitucional.

Vale dizer, os crimes tratados nesta lei são, a princípio, de competência da justiça estadual, mas porque etiquetados como "formas de violação dos direitos humanos", podem ensejar, eventualmente, o deslocamento da competência para a Justiça Federal mediante iniciativa do chefe do *parquet* federal. Daí a cautela do legislador quanto à adjetivação da violência doméstica e familiar perpetrada contra a mulher.

CAPÍTULO II
DAS FORMAS DE VIOLÊNCIA DOMÉSTICA E FAMILIAR CONTRA A MULHER

Art. 7º São formas de violência doméstica e familiar contra a mulher, entre outras:

I – a violência física, entendida como qualquer conduta que ofenda sua integridade ou saúde corporal;

II - a violência psicológica, entendida como qualquer conduta que lhe cause dano emocional e diminuição da autoestima ou que lhe prejudique e perturbe o pleno desenvolvimento ou que vise degradar ou controlar suas ações, comportamentos, crenças e decisões, mediante ameaça, constrangimento, humilhação, manipulação, isolamento, vigilância constante, perseguição contumaz, insulto, chantagem, violação de sua intimidade, ridicularização, exploração e limitação do direito de ir e vir ou qualquer outro meio que lhe cause prejuízo à saúde psicológica e à autodeterminação;

III – a violência sexual, entendida como qualquer conduta que a constranja a presenciar, a manter ou a participar de relação sexual não desejada, mediante intimidação, ameaça, coação ou uso da força; que a induza a comercializar ou a utilizar, de qualquer modo, a sua sexualidade, que a impeça de usar qualquer método contraceptivo ou que a force ao matrimônio, à gravidez, ao aborto ou à prostituição, mediante coação, chantagem, suborno ou manipulação; ou que limite ou anule o exercício de seus direitos sexuais e reprodutivos;

IV – a violência patrimonial, entendida como qualquer conduta que configure retenção, subtração, destruição parcial ou total de seus objetos, instrumentos de trabalho, documentos pessoais, bens, valores e direitos ou recursos econômicos, incluindo os destinados a satisfazer suas necessidades;

V – a violência moral, entendida como qualquer conduta que configure calúnia, difamação ou injúria.

VIOLÊNCIA FÍSICA

Violência física é o uso da força, mediante socos, tapas, pontapés, empurrões, arremesso de objetos, queimaduras etc., visando, desse modo, ofender a integridade ou a saúde corporal da vítima, deixando ou não marcas aparentes, naquilo que se denomina, tradicionalmente, *vis corporalis*. São condutas previstas, por exemplo, no Código Penal, configurando os crimes de lesão corporal e feminicídio (arts. 129 e 121-A), e mesmo na Lei das Contravenções Penais, como a vias de fato (art. 21). Como lembram Mônica de Melo e Maria Amélia de Almeida Teles, "importante destacar que a prática da violência de gênero é transmitida de geração a geração tanto por homens como por mulheres. Basicamente, tem sido o primeiro tipo de violência em que o ser humano é colocado em contato direto. A partir daí, as pessoas aprendem outras práticas violentas. E ela torna-se de tal forma arraigada no âmbito das relações humanas que é vista como se fosse natural, como se fizesse parte da natureza humana. A sociedade legitima tais condutas violentas e, ainda nos dias de hoje, é comum ouvir que as "mulheres gostam de apanhar". Isso dificulta a denúncia e a implantação de processos preventivos que poderão desarraigar por fim a prática da violência de gênero. A erradicação da violência social e política passa necessariamente pelo fim da violência de gênero, que, sem dúvida, dá origem aos demais tipos de violência".[54]

FEMINICÍDIO

Antes da Lei 14.994/24, o feminicídio era considerado um homicídio qualificado contra a mulher por razões da condição de sexo feminino, com pena de reclusão de 12 a 30 anos. As circunstâncias majorantes aumentavam a pena de 1/3 até a metade se o crime fosse praticado em situações específicas, como durante a gestação ou nos três meses posteriores ao parto, contra pessoas idosas ou com deficiência, na presença de descendentes ou ascendentes da vítima, ou em descumprimento de medidas protetivas.

Com a promulgação da Lei 14.994/24, o feminicídio passou a ser tipificado como um crime autônomo (art. 121-A do CP), com pena de reclusão de 20 a 40 anos e regulamentação específica. As circunstâncias majorantes agora incluem, além das anteriores, casos em que o crime é cometido contra uma vítima que seja mãe ou responsável por criança, adolescente ou pessoa com deficiência de qualquer idade, contra pessoa menor de 14 anos, mediante meio insidioso, cruel ou que possa resultar em perigo comum, de modo que dificulte ou impossibilite a defesa da vítima, ou com o emprego de arma de fogo de uso não permitido.

A autonomia do feminicídio como crime desvinculado do homicídio qualificado, o reconhecimento da inconstitucionalidade da tese de legítima defesa da honra pelo STF e a ampliação do conceito de violência de gênero são pontos destacados na nova legislação. A Lei 14.994/24 segue uma tendência internacional de endurecimento das penas para feminicídio, representando um avanço significativo na proteção das mulheres e buscando uma resposta mais rigorosa e eficaz do Estado contra o feminicídio, alinhando-se com práticas internacionais e reforçando a proteção dos direitos das mulheres.

De quem é a competência para o sumário da culpa no feminicídio?

Ocorrido um crime de feminicídio (art. 121-A do CP), resta-nos saber de quem será a competência para a condução do sumário de culpa e eventual prolação da sentença de pronúncia.

Competente será o juiz apontado pelas respectivas leis de organização judiciária como tal. Poderá ser o juiz da vara exclusiva do Júri, como ocorre na capital do Estado de São Paulo, a quem cabe a condução de todo o procedimento, desde o recebimento da acusação até o julgamento em plenário. Naquelas onde não há vara privativa do Júri, competente será o juiz de uma vara criminal, a quem caberá preparar o processo e, a partir do trânsito em julgado da sentença de pronúncia, enviá-lo ao juiz do Júri. Ou poderá, quem sabe, ser o próprio juiz dos Juizados

54 *O que é violência contra a mulher*. São Paulo: Brasilense, 2003. p. 24.

de Violência Doméstica e Familiar contra a Mulher, desde que regra de organização judiciária disponha nesse sentido.

Quanto à fase denominada *judicium causae*, que se finda com o julgamento em plenário, não resta nenhuma dúvida de que a competência será mesmo do Tribunal do Júri, em face da disposição constitucional que assegura a competência mínima desse tribunal para o julgamento dos crimes dolosos contra a vida (art. 5.º, XXXVIII, *d*).

Sobre o assunto temos os seguintes enunciados do FONAVID:

ENUNCIADO 31: As medidas protetivas de urgência, previstas na Lei Maria da Penha, são aplicáveis nas Varas do Tribunal do Júri.

ENUNCIADO 32: As vítimas de crime de feminicídio e seus familiares devem contar com a assistência jurídica gratuita, devendo o (a) Juiz(a) designar defensor(a) público(a) ou advogado(a) dativo(a) para atuar em sua defesa nos processos de competência do Tribunal do Júri, exceto se estiverem assistidos por advogado ou defensor público.

ENUNCIADO 47: A plenitude da defesa no júri deve se conformar ao disposto no art. 7º, "e", da Convenção Interamericana para Prevenir, Punir e Erradicar a Violência contra a Mulher "Convenção de Belém do Pará" e ao disposto no capítulo IX itens 9.1.2 e 9.1.3 das Diretrizes Nacionais para Investigar, Processar e Julgar com perspectiva de gênero as mortes violentas de mulheres – Feminicídio, sendo recomendável ao(à) Juiz(a) Presidente considerar como excesso de linguagem argumentos violentos ofensivos à dignidade da mulher por questão de gênero, devendo intervir nos termos do art. 497, III, do CPP e art. 10-A da Lei 11.340/06.

VIOLÊNCIA PSICOLÓGICA

A violência psicológica é uma forma de agressão emocional que pode ser tão ou mais grave que a violência física. Esse tipo de violência ocorre quando o agressor coage, rejeita, humilha ou discrimina a vítima, demonstrando prazer ao vê-la amedrontada, inferiorizada e diminuída. Dependendo do caso, essa conduta pode caracterizar vários crimes, como, por exemplo, constrangimento ilegal, ameaça, perseguição e violência psicológica propriamente dita.

A Lei 14.188/2021 alterou a redação do artigo 12-C da Lei Maria da Penha para incluir a integridade psicológica como motivo para o afastamento imediato do agressor do lar. Além disso, essa lei inseriu o artigo 147-B no Código Penal, criando um tipo penal específico para a violência psicológica contra a mulher, independente de ter ocorrido em razão de relações domésticas. Esse artigo define a violência psicológica como qualquer ação que cause dano emocional à mulher, prejudicando seu desenvolvimento ou visando degradar ou controlar suas ações, comportamentos, crenças e decisões, por meio de ameaça, constrangimento, humilhação, manipulação, isolamento, chantagem, ridicularização, limitação do direito de ir e vir ou qualquer outro meio que prejudique sua saúde psicológica e autodeterminação.

Uma das modalidades de violência psicológica é o *gaslighting*, que consiste na manipulação e distorção de fatos e informações para descredibilizar e desestabilizar a mulher, fazendo-a questionar sua memória e percepção dos fatos.

O crime de violência psicológica pode ser provado pela palavra da vítima, depoimentos de testemunhas, relatórios de atendimento e outros elementos que comprovem o impacto da conduta na saúde psicológica e autodeterminação da vítima, sem a necessidade de laudo pericial.

Outra forma de violência psicológica é o *stalking*, que envolve a perseguição obsessiva e constante, agora tipificada no artigo 147-A do Código Penal. Esse crime consiste em perseguir alguém reiteradamente, ameaçando sua integridade física ou psicológica, restringindo sua capacidade de locomoção ou invadindo sua esfera de liberdade ou privacidade. A perseguição pode ser realizada por diversos meios, incluindo o *cyberstalking*, e requer habitualidade na conduta.

VIOLAÇÃO DA INTIMIDADE

A Lei 13.772/18, ao mesmo tempo em que incluiu no inc. II do art. 7º da Lei Maria da Penha a violência psicológica mediante violação da intimidade, inseriu no Código Penal o art. 216-B, que tipifica as condutas de produzir, fotografar, filmar ou registrar, por qualquer meio, conteúdo com cena de nudez ou ato sexual ou libidinoso de caráter íntimo e privado sem autorização dos participantes. E, segundo o parágrafo único, incorre na mesma pena quem realiza montagem em fotografia, vídeo, áudio ou qualquer outro registro com o fim de incluir pessoa em cena de nudez ou ato sexual ou libidinoso de caráter íntimo.

O tipo preenche a lacuna que existia em relação à punição da conduta de indivíduos que registravam a prática de atos sexuais entre terceiros. Foi a grande a repercussão quando, em janeiro de 2018, um casal alugou um apartamento para passar alguns dias no litoral de São Paulo e, depois de se instalar, percebeu uma pequena luz atrás de um espelho que guarnecia o quarto. O inusitado sinal faz com que um deles vistoriasse o espelho e, espantado, descobrisse que ali há uma câmera instalada. O equipamento foi imediatamente desligado e, logo em seguida, o casal recebeu uma ligação do proprietário do imóvel, que indagou se havia ocorrido algum problema, o que indicava que as imagens estavam sendo transmitidas em tempo real.

Embora se tratasse de conduta violadora da intimidade e que inequivocamente dava ensejo a indenização por danos morais, o ato – não tão incomum – de quem instalava um equipamento de gravação nas dependências de um imóvel para captar imagens íntimas sem o consentimento dos ocupantes não se subsumia a nenhum tipo penal. A partir de agora, é classificado como crime contra a dignidade sexual.

VIOLÊNCIA SEXUAL

O inc. III, de forma ampla, entende por violência sexual qualquer conduta que constranja a mulher a presenciar, a manter ou a participar de relação sexual não desejada, mediante intimidação, ameaça, coação ou uso da força; que a induza a comercializar ou a utilizar, de qualquer modo, a sua sexualidade, que a impeça de usar qualquer método contraceptivo ou que a force ao matrimônio, à gravidez, ao aborto ou à prostituição, mediante coação, chantagem, suborno ou manipulação; ou que limite ou anule o exercício de seus direitos sexuais e reprodutivos. Agressões como essas provocam nas vítimas, não raras vezes, culpa, vergonha e medo, o que as faz decidir, quase sempre, por ocultar o evento. No Código Penal tais condutas configuram inúmeros crimes, destacando-se estupro, violação sexual mediante fraude, importunação sexual, entre outros. Mas não será, porém, todo e qualquer crime contra a liberdade sexual que se inserirá neste conceito. Um delito no qual o agente jamais teve contato com a vítima, decerto que escapará aos rigores da Lei Maria da Penha. E mesmo quando ele for mais próximo (um parente, por exemplo, como é tão comum), esse fato, de *per si*, não atrai a competência da lei em exame, exigindo-se que o delito tenha sido perpetrado no âmbito da unidade doméstica, da família ou em qualquer relação íntima de afeto. Tratar-se de um parente da ofendida, sabedor, bem por isso, onde ela reside e, aproveitar-se dessa situação para a prática do crime, não faz incidir a Lei Maria da Penha, que exige mais, reclamando uma relação de afeto entre eles, de amizade, de convivência, que tenha, de alguma forma, facilitado a consumação do crime.

A Lei 12.845, de 1.º de agosto de 2013, detalhou todo o procedimento a ser observado no atendimento à vítima de violência sexual. Trata-se de "atendimento emergencial, integral e multidisciplinar, visando ao controle e ao tratamento dos agravos físicos e psíquicos decorrentes de violência sexual, e encaminhamento, se for o caso, aos serviços de assistência social", nos termos do art. 1.º do mencionado diploma legal. Ressalte-se, ademais, que a Lei 10.778/2003, alterada pela Lei 13.931/2019, torna objeto de notificação compulsória, "os casos em que houver indícios ou confirmação de violência contra a mulher atendida em serviços de saúde públicos e privados" (art. 1.º), a ser efetivada pelos profissionais de saúde e comunicados "à autoridade policial no prazo de 24(vinte e quatro) horas, para as providências cabíveis e fins estatísticos (§4º). A lei entende por violência contra a mulher qualquer ação ou conduta, baseada no gênero, inclusive decorrente de discriminação ou desigualdade étnica, que cause morte, dano ou sofrimento físico, sexual ou psicológico à mulher. Já a Portaria 485/2014, do Ministério da Saúde, detalha a forma de atendimento às vítimas de violência sexual, prevendo seu acolhimento; atendimento humanizado, observados os princípios do respeito da dignidade da pessoa humana, da não discriminação, do sigilo e da privacidade; escuta qualificada, propiciando ambiente de confiança e respeito; informação prévia ao paciente, assegurada sua compreensão sobre o que será realizado em cada etapa do atendimento e a importância das condutas médicas, multiprofissionais e policiais, respeitada sua decisão sobre a realização de qualquer procedimento; atendimento clínico e psicológico; exames laboratoriais necessário; preenchimento da ficha de notificação compulsória de violência doméstica, sexual e outras violências; orientação e agendamento ou encaminhamento para acompanhamento clínico e psicossocial e orientação às pessoas em situação de violência ou aos seus responsáveis a respeito de seus direitos e sobre a existência de outros serviços para atendimento a pessoas em situação de violência sexual.

A LEI 14.540/2023: PROGRAMA DE PREVENÇÃO E ENFRENTAMENTO AO ASSÉDIO SEXUAL E DEMAIS CRIMES CONTRA A DIGNIDADE SEXUAL E À VIOLÊNCIA SEXUAL NO ÂMBITO DA ADMINISTRAÇÃO PÚBLICA

A Lei 14.540, de 03 de abril de 2023, institui o Programa de Prevenção e Enfrentamento ao Assédio Sexual e demais Crimes contra a Dignidade Sexual no âmbito da administração pública, direta e indireta, federal, estadual, distrital e municipal.

A norma não representa de todo uma inovação. No Estado de São Paulo, por exemplo, o Decreto n. 63.251, de 08 de março de 2019, disciplina a instauração e o processamento de apuração preliminar na hipótese de assédio sexual praticado por agente público no âmbito da Administração Pública Estadual; no Município de São Paulo, vigora, desde 2016, a Lei n. 16.488, regulamentada pelo Decreto n. 57.444, de 11 de novembro de 2016, que dispõe sobre a prevenção e o combate ao assédio sexual na Administração Pública Municipal Direta, Autárquica e Fundacional. No âmbito do Ministério Público de São Paulo, implementou-se, por meio do Comitê de Gênero instalado na Diretoria Geral, programa de enfrentamento ao assédio sexual, em vigor desde 2018. O Conselho Nacional do Ministério Público não possui ato normativo dirigido às unidades ministeriais sobre o tema, embora proposições estejam em andamento. Porém, o órgão editou, por sua vez, a Resolução n. 351, de 28 de outubro de 2020, que institui, no âmbito do Poder Judiciário, a Política de Prevenção e Enfrentamento do Assédio Moral, do Assédio Sexual e da Discriminação.

Reconhecendo que a violência e o assédio sexuais no mundo do trabalho, enquanto uma violação de direitos humanos, ameaçam a igualdade de oportunidades e são inaceitáveis e incompatíveis com o trabalho decente, foi aprovada, em 2019, a Convenção sobre a eliminação da violência e do assédio sexual no mundo do trabalho em Genebra, na 108ª sessão da Conferência Geral da Organização Internacional do Trabalho (OIT), destacando a importância de uma cultura de trabalho com base no respeito mútuo e na dignidade do ser humano.

Embora o Brasil ainda não tenha aderido à Convenção – o texto foi encaminhado pelo Poder Executivo para análise da Câmara dos Deputados em março de 2023 – a Lei 14.540/2023 sinaliza sua convergência com o tratado, tendo como objeto a instituição de um programa que previna e enfrente o assédio e a violência sexuais no espaço de trabalho público, em todas as esferas dos entes federativos.

A fim de especificar a exata dimensão do espaço de aplicação do programa, o art. 2º, § 1º, da Lei, inclui também as instituições privadas, desde que haja prestação de serviços públicos por meio de concessão, permissão, autorização ou qualquer outra forma de delegação.

A Lei define os objetivos do programa em seu artigo 4º, elegendo como principais instrumentos a capacitação e a informação. Reconheceu, o legislador, a necessidade de ampliar o conhecimento sobre o tema, a fim de desconstruir práticas, naturalizadas e banalizadas, de caráter sexual, no ambiente de trabalho e incentivar a notificação e a responsabilização. São objetivos do Programa de Prevenção e Enfrentamento ao Assédio Sexual e demais Crimes contra a Dignidade Sexual e à Violência Sexual:

> I - prevenir e enfrentar a prática do assédio sexual e demais crimes contra a dignidade sexual e de todas as formas de violência sexual nos órgãos e entidades abrangidos por esta Lei;
>
> II - capacitar os agentes públicos para o desenvolvimento e a implementação de ações destinadas à discussão, à prevenção, à orientação e à solução do problema nos órgãos e entidades abrangidos por esta Lei;
>
> III - implementar e disseminar campanhas educativas sobre as condutas e os comportamentos que caracterizam o assédio sexual e demais crimes contra a dignidade sexual e qualquer forma de violência sexual, com vistas à informação e à conscientização dos agentes públicos e da sociedade, de modo a possibilitar a identificação da ocorrência de condutas ilícitas e a rápida adoção de medidas para a sua repressão.

Um dos pontos mais importantes da lei é o rol de conceituações, em que remete a outros instrumentos legislativos o seu principal objeto de prevenção: a violência sexual.

Chama a atenção o art. 3º da Lei, que diz:

> "Art. 3º Para a caracterização da violência prevista nesta Lei, deverão ser observadas as definições estabelecidas no **Decreto-Lei nº 2.848, de 7 de dezembro de 1940** (Código Penal), e nas **Leis nºs 11.340, de 7 de agosto de 2006** (Lei Maria da Penha), e **13.431, de 4 de abril de 2017.**"

Não nos parece que o legislador tenha buscando ampliar a aplicação das Leis 11.340/06 e 13.431/17, mas sim considerá-las na análise do conceito de violência sexual no âmbito da administração pública, direta e indireta, federal, estadual, distrital e municipal, independentemente da idade ou sexo gênero da vítima. Vejamos.

De acordo com o art. 7º, inc. III, da Lei Maria da Penha, entende-se por violência sexual contra a vítima, qualquer conduta que a constranja a presenciar, a manter ou a participar de relação sexual não desejada, mediante intimidação, ameaça, coação ou uso da força; que a induza a comercializar ou a utilizar, de qualquer modo, a sua sexualidade, que a impeça de usar qualquer método contraceptivo ou que a force ao matrimônio, à gravidez, ao aborto ou à prostituição, mediante coação, chantagem, suborno ou manipulação; ou que limite ou anule o exercício de seus direitos sexuais e reprodutivos.

O art. 4º, inc. III, da Lei 13.431/17, por sua vez, define violência sexual como qualquer conduta que constranja a vítima a praticar ou presenciar conjunção carnal ou qualquer outro ato libidinoso, inclusive exposição do corpo em foto ou vídeo por meio eletrônico ou não, que compreenda:

a) abuso sexual, entendido como toda ação que se utiliza da vítima para fins sexuais, seja conjunção carnal ou outro ato libidinoso, realizado de modo presencial ou por meio eletrônico, para estimulação sexual do agente ou de terceiro;

b) exploração sexual comercial, entendida como o uso da vítima em atividade sexual em troca de remuneração ou qualquer outra forma de compensação, de forma independente ou sob patrocínio, apoio ou incentivo de terceiro, seja de modo presencial ou por meio eletrônico;

c) tráfico de pessoas, entendido como o recrutamento, o transporte, a transferência, o alojamento ou o acolhimento da vítima, dentro do território nacional ou para o estrangeiro, com o fim de exploração sexual, mediante ameaça, uso de força ou outra forma de coação, rapto, fraude, engano, abuso de autoridade, aproveitamento de situação de vulnerabilidade ou entrega ou aceitação de pagamento, entre os casos previstos na legislação.

As definições que contemplam os crimes contra a dignidade sexual dispostas no Código Penal foram expressamente indicadas pelo legislador, que não pretendeu se restringir ao tipo propriamente dito do assédio sexual.

Essa estratégia legislativa, quando se analisa, em especial, o assédio sexual, ganha importância. Isso porque o crime de assédio sexual (art. 216-A do CP), um dos comportamentos contemplados pela nova Lei, pune *constranger* alguém com o intuito de obter vantagem sexual, **prevalecendo-se o agente da sua condição de superior hierárquico ou ascendência (condição de mando) inerentes ao exercício de emprego, cargo ou função.** É, em síntese, a insistência importuna de alguém **em posição privilegiada,** que usa dessa vantagem para obter favores sexuais de um subalterno.

Trata-se de crime próprio, **que só pode ser praticado por superior hierárquico ou ascendente em relação de emprego, cargo ou função.** O sujeito passivo também é próprio, exigindo o tipo uma condição especial sua, qual seja, ser **subalterno do autor.** Não havendo essa relação entre os personagens, a conduta do agente não configura o crime do art. 216-A do CP, podendo se amoldar a outros crimes, a depender das circunstâncias do caso concreto.

Ora, se a lei em comento dependesse do conceito legal do tipo incriminador para reconhecer o assédio sexual, não abrangeria a insistência importuna de alguém em posição homogênea ou subalterna da vítima.

Conclusão: se, para a caracterização do crime exige-se relação de subordinação entre as partes, nas políticas de prevenção e enfretamento basta o assédio ser ambiental – leia-se, no âmbito da administração pública, direta e indireta, federal, estadual, distrital e municipal, - não importando se o agressor é superior hierárquico ou não da vítima agredida.

Nesse ponto, entendemos que a Lei poderia ter indicado, além das conceituações sobre a violência e os crimes propriamente ditos, os ambientes de seu raio de aplicação, tal como fez a Convenção 190 da OIT, que reservou um artigo inteiro para esta finalidade. Conforme o seu artigo 3º, as condutas de violência ou assédio que ocorrem durante o trabalho, relacionados com o trabalho ou decorrentes do trabalho podem se passar: (a) no local de trabalho, incluindo os espaços públicos e privados onde são um local de trabalho; (b) nos locais onde o trabalhador é remunerado, descansa ou toma uma refeição, ou usa as instalações sanitárias, de lavagem e vestiário; (c) durante deslocações, viagens, treinamentos, eventos ou atividades sociais relacionadas com o trabalho; (d) através de comunicações relacionadas com o trabalho, incluindo as facilitadas pelas tecnologias da informação e comunicação; (e) no alojamento fornecido pelo empregador; e (f) durante o trajeto entre o domicílio e o local de trabalho.

De todo modo, uma vez que a lei cria um programa, nada impede que tais hipóteses sejam futuramente esmiuçadas em possível regulamentação.

A lei arrola uma série de diretrizes aplicáveis às atividades a serem adotadas pelos órgãos e entidades abrangidos por ela. Compreendemos a importância de ressaltar três delas:

- a valorização da divulgação dos canais de denúncia, a fim de incentivar a notificação;
- a existência de procedimentos claros e transparentes sobre os encaminhamentos das denúncias, respeitado o sigilo e o devido processo legal;
- os conteúdos mínimos que devem contemplar os programas de capacitação: (a) as causas estruturantes do assédio sexual e demais crimes contra a dignidade sexual e da violência sexual; (b) consequências para a saúde das vítimas; (c) meios

de identificação, modalidades e desdobramentos jurídicos; (d) direitos das vítimas, incluindo o acesso à justiça e à reparação; (e) mecanismos e canais de denúncia; (f) instrumentos jurídicos de prevenção e de enfrentamento ao assédio sexual e demais crimes contra a dignidade sexual e a todas as formas de violência sexual disponíveis no ordenamento jurídico brasileiro.

Uma das consequências mais devastadoras da violência sexual no ambiente de trabalho diz respeito aos impactos na saúde da vítima. A pessoa assediada pode sofrer uma série de problemas de ordem psicopatológica, psicossomática e comportamental, além de perder a motivação e a autoestima, isolar-se socialmente e distanciar-se da família. Por essa razão, é necessário garantir um programa mínimo de acolhimento e atendimento psicológico às vítimas.

A organização, por sua vez, sofre um outro conjunto de problemas, como prejuízo financeiro, queda da produtividade, falta ao trabalho, ambiente hostil, aumento de afastamentos, entre outros.

Por fim, outro dispositivo que merece destaque é o art. 5º, mais precisamente seu parágrafo 1º:

> § 1º Qualquer pessoa que tiver conhecimento da prática de assédio sexual e demais crimes contra a dignidade sexual, ou de qualquer forma de violência sexual, tem o dever legal de denunciá-los e de colaborar com os procedimentos administrativos internos e externos, em consonância com o disposto no inciso VI do **caput** deste artigo [*estabelecimento de procedimentos para o encaminhamento de reclamações e denúncias de assédio sexual e demais crimes contra a dignidade sexual, ou de qualquer forma de violência sexual, assegurados o sigilo e o devido processo legal*].

Diferentemente da Lei Henry Borel, o descumprimento desse dever não veio acompanhado de um crime especifico (art. 26), bem como não foi prevista a compensação da pessoa que noticiar informações ou denunciar a prática de violência (art. 24). Preocupou-se, contudo, com eventuais retaliações, como se nota da leitura do parágrafo segundo do art. 5º:

> § 2º Para fins do disposto nesta Lei, serão apuradas eventuais retaliações contra:
>
> I - vítimas de assédio sexual e demais crimes contra a dignidade sexual, ou de qualquer forma de violência sexual;
>
> II – testemunhas;
>
> III - auxiliares em investigações ou em processos que apurem a prática de assédio sexual e demais crimes contra a dignidade sexual, ou de qualquer forma de violência sexual.

Na Lei Henry Borel, temos dispositivo semelhante. Trata-se de norma direcionada primariamente à desconstrução da crença social de que, em determinados conflitos, a "roupa suja se lava em casa", ou seja, de que se trata de um conflito privado que não merece a ingerência do Estado. Assim, o dever universal de comunicação de atos de violência doméstica e familiar contra crianças e adolescentes para as autoridades competentes exige a desconstrução dessas representações de tolerância à violência, em busca de uma nova cultura de solidariedade e de dever de intervenção diante de notícias de violações de direitos contra crianças e adolescentes.

A nosso ver, a Lei n. 14.540/23 traça um caminho importante em direção à proteção da dignidade humana no ambiente de trabalho, com o intuito de coibir graves violações de direitos humanos. O legislador, contudo, não estabeleceu medidas de garantia de acesso às vias de reparação e de apoio às vítimas, o que é crucial para um tipo de violência que reconhecidamente afeta o seu direito à liberdade e ao trabalho digno.

VIOLÊNCIA PATRIMONIAL

Entende-se por violência patrimonial qualquer conduta que configure retenção, subtração, destruição parcial ou total de seus objetos, instrumentos de trabalho, documentos pessoais, bens, valores e direitos ou recursos econômicos, incluindo os destinados a satisfazer suas necessidades. Esta forma de violência (a exemplo da violência do inciso seguinte) raramente se apresenta separada das demais, servindo, quase sempre, como meio para agredir, física ou psicologicamente, a vítima.

Acenou-se, na doutrina, que as imunidades previstas nos arts. 181 e 182 do Código Penal não são aplicadas no ambiente doméstico e familiar quando a vítima é mulher. É o pensamento de Maria Berenice Dias, assim exposto: "A partir da vigência da Lei Maria da Penha, o varão que 'subtrair' objetos da sua mulher pratica violência patrimonial (art. 7.º, IV). Diante da nova definição de violência doméstica, que compreende a violência patrimonial, quando a vítima é mulher e mantém com o autor da infração vínculo de natureza familiar, não se aplicam as imunidades absoluta ou relativa dos arts. 181 e 182 do Código Penal. Não mais chancelando o furto nas relações afetivas, cabe o processo e a condenação, sujeitando-se o réu ao agravamento da pena (CP, art. 61, II, *f*)".[55]

Os promotores de Justiça Thiago Pierobom e Renee do Ó Souza argumentam que as imunidades patrimoniais dos artigos 181 e 182 do Código Penal brasileiro são inconvencionais, pois violam o dever de devida diligência na punição da violência contra a mulher, conforme estabelecido pelas convenções internacionais. Essas imunidades são incompatíveis com as diretrizes de convenções, como a Convenção de Belém do Pará e a CEDAW, que exigem dos Estados a atualização e harmonização da legislação interna para proteger efetivamente as vítimas.

A Lei Maria da Penha reconhece a violência patrimonial como uma forma de violência doméstica, mas as imunidades patrimoniais dificultam a responsabilização penal dos agressores, ao isentá-los de pena ou condicionar a ação penal à representação da vítima. O controle de convencionalidade exige que as normas internas sejam compatíveis com os tratados internacionais, e as imunidades patrimoniais, ao isentarem de responsabilidade criminal os agressores, violam essas convenções.

Pesquisas do MPDFT sobre "estelionato amoroso" mostram que essas imunidades dificultam a responsabilização de crimes patrimoniais no contexto de violência doméstica, perpetuando a desigualdade e a discriminação. Concluem que é imperativo reconhecer a inconvencionalidade das imunidades patrimoniais, exigindo a atualização da legislação penal brasileira para garantir a proteção das vítimas e a responsabilização dos agressores.

Ainda que sedutores todos os argumentos acima, ousamos discordar. Vale lembrar que as imunidades têm objetivos e o principal, de acordo com Júlio Mirabete, é "preservar a paz, a honra da família, considerando-se ainda que, se houver punição, os prejuízos serão maiores do que os benefícios à ordem pública".[56]

A imunidade absoluta, prevista no art. 181 do CP, confere isenção de pena quando o crime for praticado em prejuízo de cônjuge, na constância da sociedade conjugal ou em prejuízo de ascendente ou descendente, seja o parentesco legítimo ou ilegítimo, seja civil ou natural. Já a imunidade relativa, do art. 182 do mesmo *codex*, impõe a prévia oferta de representação pelo ofendido, quando ele for cônjuge desquitado ou judicialmente separado, irmão legítimo ou ilegítimo, tio ou sobrinho com quem o agente coabita.

Pois bem. Teria a Lei Maria da Penha, marcantemente preocupada com a proteção à mulher (e, por consequência, a seu patrimônio), de alguma forma *revogado* tais disposições, afastando a

55 *A Lei Maria da Penha na Justiça*. São Paulo: RT, 2007. p. 88.

56 *Manual de direito penal*. 23. ed. São Paulo: Atlas, 2005. vol. II, p. 367.

escusa absolutória do art. 181 do CP e tornando, a partir dessa conclusão, pública incondicionada a ação penal nos casos de imunidade relativa, do art. 182 do mesmo diploma legal?

Pensamos que não. Como já salientado, razões de política criminal, que atuam na preservação da família enquanto instituição, recomendam a adoção das imunidades. Além disso, o menor alarma social acarretado pelo fato delituoso (por exemplo, um furto perpetrado pelo marido contra o patrimônio da esposa provoca reação menor do que se fosse um estranho o ofendido), também justifica sua manutenção.

De sorte que parece equivocada a conclusão de que a Lei Maria da Penha teria alterado esse estado de coisas. Somente uma declaração expressa contida na lei teria o condão de revogar os dispositivos do Código Penal. E tal revogação não é vista, quer parcial quer totalmente, no estatuto em exame.

Aliás, quando o legislador pretendeu excluir o âmbito de incidência das imunidades, ele o fez expressamente, como ocorre na hipótese de crime ser praticado contra o patrimônio da pessoa idosa. Com efeito, estabelece o art. 183, III, do Código Penal (acrescentado pela Lei 10.741/2003), que não se aplicam as imunidades "se o crime é praticado contra pessoa com idade igual ou superior a 60 (sessenta) anos".

Ante o silêncio do legislador no que concerne à mulher vítima de crime patrimonial, a conclusão é mesmo no sentido de que as imunidades previstas no Código Penal não suportaram qualquer espécie de alteração. Nem vale argumentar com eventual aplicação de analogia entre a situação do idoso e da mulher. Primeiro, porque é um tanto discutível se pretender igualar ambas as condições, de forma a propiciar a incidência da analogia. Segundo, como já destacado, porque não foi essa a opção do legislador. E, terceiro, em virtude de que o emprego desse processo de autointegração, no caso, seria francamente desfavorável ao agente, pois importaria na adoção da chamada analogia *in malam partem*. Ora, é sabido que a analogia jamais pode incidir sobre normas penais incriminadoras, criando figuras típicas não previstas em lei, ao arrepio do art. 1.º do CP. Por conta disso é que, a despeito da Lei Maria da Penha, nenhuma alteração experimentou o Código Penal no que tange às imunidades.

VIOLÊNCIA MORAL

A violência verbal, entendida como qualquer conduta que consista em calúnia (imputar à vítima a prática de determinado fato criminoso sabidamente falso), difamação (imputar à vítima a prática de determinado fato desonroso) ou injúria (atribuir à vítima qualidades negativas), normalmente se dá concomitantemente à violência psicológica.

Ressalte-se que o art. 141 do Código Penal também foi alterado pela **Lei 14.994/24**. O referido dispositivo elenca as denominadas "disposições comuns" aos crimes contra a honra disciplinados pelo CP (arts. 138, 139 e 140). Com a nova lei, o legislador acresceu o §3º ao art. 141, passando a prever a aplicação das penas em dobro aos crimes de calúnia, difamação e injúria, quando praticados em razão de condição do sexo feminino, nos termos do §1º do art. 121-A do Código Penal.

EFEITOS DA CONDENAÇÃO

A nova Lei 14.994/24 introduziu mudanças importantes nos efeitos extrapenais da condenação previstos no art. 92 do CP, especialmente no exercício de função pública e poder familiar. Em casos de crimes contra a mulher em contextos afetivos, domésticos ou familiares, três efeitos automáticos são aplicados:

1. Perda do cargo, função pública ou mandato eletivo.
2. Incapacidade de exercer o poder familiar.
3. Proibição de nomeação para qualquer função ou mandato eletivo até a extinção da pena.

Esses efeitos são aplicados independentemente da gravidade do crime ou da duração da pena, desde que o crime seja cometido contra a mulher por razão de gênero. No entanto, há críticas sobre a aplicação automática desses efeitos, especialmente em crimes de menor gravidade, sugerindo que o juiz deveria avaliar a necessidade de sua aplicação caso a caso.

A lei também prevê que, enquanto durar a pena, o condenado não poderá ocupar nova função pública ou mandato eletivo, para evitar manobras que permitam a nomeação para outro cargo. Além disso, a proibição de nomeação entre o trânsito em julgado da condenação e o cumprimento da pena foi considerada constitucional pelo STF.

No que diz respeito ao poder familiar, a medida visa proteger não só as mães, mas também os filhos, devido ao risco de violência vicária. A lei 14.713/2023 também impede a guarda compartilhada em casos de risco de violência doméstica e familiar, impondo ao juiz o dever de verificar essa situação.

Essas mudanças buscam assegurar a proteção das vítimas e a conformidade das normas com os princípios constitucionais, promovendo a supremacia da Constituição e a proteção dos direitos fundamentais.

OUTRAS FORMAS DE VIOLÊNCIA

O caput do artigo em comento reconhece a existência de outras formas de violência contra a mulher. Fala-se, por exemplo, em violência religiosa, tecnológica, obstétrica, política e institucional. Vamos discorrer sobre estas três últimas.

a) Violência obstétrica - é aquela sofrida durante o pré-natal, parto ou pós-parto, praticada por profissionais de saúde ou outros encarregados do atendimento à mulher. Trata-se de qualquer conduta que interfira na autonomia da mulher ou que atente contra a sua integridade física ou psicológica, como abusos, maus-tratos, humilhações, intervenções não consentidas e o uso de procedimentos ultrapassados (como a manobra de Kristeller e a episiotomia rotineira) etc.

De acordo com a pesquisa "Nascer no Brasil", conduzida pela Fiocruz em 2014, uma em cada quatro mulheres relatou ter sofrido violência obstétrica durante a gestação ou parto. Ainda assim, não existe, até o momento, lei federal específica sobre o tema. Ao pesquisar normas em nível estadual, encontramos a Lei nº 17.097/2017, de Santa Catarina, a Lei nº 23.175/2018, de Minas Gerais, e a Lei nº 3.385/2018, do Tocantins, buscando definir, prevenir e coibir a violência contra as parturientes, em como regulando procedimento padrão a serem observados pelas instituições e pelos profissionais. E, indiretamente, não se pode esquecer do Código de Ética Médica (Resolução CFMnº 1.931/2009), que veda a prática de atos desnecessários ou realizados sem consentimento, o desrespeito à integridade física e mental do paciente.

A violência obstétrica pode, também, ensejar responsabilidade civil, tratada no art. 186 do Código Civil e no art. 14 do Código de Defesa do Consumidor.

No que se refere à responsabilidade penal, a depender das circunstâncias do caso concreto, a violência obstétrica pode caracterizar crime contra a vida, lesões corporais, periclitação da vida e da saúde, contra a honra, contra a liberdade individual ou a dignidade sexual.

b) Violência política contra a mulher - foi positivada no nosso ordenamento pela Lei 14.192/21. No seu art. 3º, assim é definida:

> "Considera-se violência política contra a mulher toda ação, conduta ou omissão com a finalidade de impedir, obstaculizar ou restringir os direitos políticos da mulher".

A referida lei, alterando o Código Eleitoral, cria o crime de violência política contra a mulher, estampado no art. 326-B:

> "Art. 326-B. Assediar, constranger, humilhar, perseguir ou ameaçar, por qualquer meio, candidata a cargo eletivo ou detentora de mandato eletivo, utilizando-se de menosprezo

> ou discriminação à condição de mulher ou à sua cor, raça ou etnia, com a finalidade de impedir ou de dificultar a sua campanha eleitoral ou o desempenho de seu mandato eletivo.
>
> Pena - reclusão, de 1 (um) a 4 (quatro) anos, e multa.
>
> Parágrafo único. Aumenta-se a pena em 1/3 (um terço), se o crime é cometido contra mulher:
>
> I - gestante;
>
> II - maior de 60 (sessenta) anos;
>
> III - com deficiência."

A violência política contra a mulher é um obstáculo significativo para a igualdade de gênero e a justiça social. Combater essa forma de violência é essencial para garantir que as mulheres possam participar plenamente da vida política e contribuir para a construção de sociedades mais justas e democráticas.

c) Violência institucional - Já no que se refere à violência institucional, Vera Regina Pereira de Andrade ensina que essa espécie de violência "reproduz a violência estrutural das relações sociais patriarcais e de opressão sexista"[57]. A vítima enfrenta na investigação e na Justiça o mesmo preconceito e resistência que enfrenta na sociedade e nas relações pessoais.

Janaina Rigo Santin adverte que "o direito penal trata as mulheres da mesma forma como os homens as tratam (...). Assim, acaba-se, por força do costume, acusando a vítima e não o autor. Há uma seletividade de vítimas, somente sendo dignas de proteção as mulheres honestas. Ao invés de se julgar o autor do fato, julga-se a vítima, a qual sofre total interferência na sua intimidade, passando a ter sua vida, sua casa e sua família investigadas, com vistas a desvendar sua reputação a fim de comprovar se não contribuiu para o crime"[58].

Jussara Martins Cerveira de Oliveira, por sua vez, diz que nesse julgamento "a idoneidade da vítima, a incerteza sobre seu depoimento pesam mais que a violência cometida"[59].

A Lei 14.321/22 alterou a Lei de Abuso de Autoridade para tipificar o crime de violência institucional, estabelecendo penas para agentes públicos que submetem vítimas ou testemunhas a procedimentos desnecessários, repetitivos ou invasivos, que as fazem reviver situações de violência ou geradoras de sofrimento. A Resolução 40/34 da ONU e a Lei 13.431/17 também abordam a violência institucional, enfatizando o tratamento digno e a não revitimização das vítimas. A Lei Maria da Penha e a Lei Mariana Ferrer introduzem diretrizes específicas para o atendimento e inquirição de mulheres em situação de violência, visando evitar a revitimização.

A violência institucional surge quando a vítima é submetida a novos sofrimentos e estigmatizações desnecessários. A legislação busca proteger a integridade física e psicológica das vítimas e testemunhas, impondo deveres aos agentes públicos e limitando o uso de provas que ofendam a dignidade das vítimas.

Para proteger as vítimas, a legislação prevê a criação de ambientes adequados para a sua inquirição (e de testemunhas), com a presença de profissionais especializados e o registro eletrônico dos depoimentos. Essas medidas são essenciais para garantir que as vítimas sejam tratadas com dignidade e respeito, e que seus direitos sejam protegidos durante todo o processo judicial (processo vitimocêntrico).

---

57 Violência sexual e sistema penal: proteção ou duplicação da vitimação feminina? Sequência, Estudos jurídicos e políticos, publicação semestral, Florianópolis, Universidade Federal de Santa Catarina, n. 33, p. 107.

58 SANTIN, J. R.; GUAZZELLI, Maristela Piva; CAMPANA, Joziele Bona; CAMPANA, Liziane Bona. A violência doméstica e a ineficácia do direito penal na resolução dos conflitos. Revista da Faculdade de Direito (UFPR), Curitiba-PR, v. 39, p. 83, 2003.

59 A negação dos direitos humanos da mulher: violência de gênero. Revista Jurídica Unigran, Dourados, v. 05, n. 09, p. 43, jan.-jun. 2003.

TÍTULO III
DA ASSISTÊNCIA À MULHER EM SITUAÇÃO DE VIOLÊNCIA DOMÉSTICA E FAMILIAR

CAPÍTULO I
DAS MEDIDAS INTEGRADAS DE PREVENÇÃO

Art. 8º A política pública que visa coibir a violência doméstica e familiar contra a mulher far-se-á por meio de um conjunto articulado de ações da União, dos Estados, do Distrito Federal e dos Municípios e de ações não governamentais, tendo por diretrizes:

I – a integração operacional do Poder Judiciário, do Ministério Público e da Defensoria Pública com as áreas de segurança pública, assistência social, saúde, educação, trabalho e habitação;

II – a promoção de estudos e pesquisas, estatísticas e outras informações relevantes, com a perspectiva de gênero e de raça ou etnia, concernentes às causas, às consequências e à frequência da violência doméstica e familiar contra a mulher, para a sistematização de dados, a serem unificados nacionalmente, e a avaliação periódica dos resultados das medidas adotadas;

III – o respeito, nos meios de comunicação social, dos valores éticos e sociais da pessoa e da família, de forma a coibir os papéis estereotipados que legitimem ou exacerbem a violência doméstica e familiar, de acordo com o estabelecido no inciso III do art. 1º, no inciso IV do art. 3º e no inciso IV do art. 221 da Constituição Federal;

IV – a implementação de atendimento policial especializado para as mulheres, em particular nas Delegacias de Atendimento à Mulher;

V – a promoção e a realização de campanhas educativas de prevenção da violência doméstica e familiar contra a mulher, voltadas ao público escolar e à sociedade em geral, e a difusão desta Lei e dos instrumentos de proteção aos direitos humanos das mulheres;

VI – a celebração de convênios, protocolos, ajustes, termos ou outros instrumentos de promoção de parceria entre órgãos governamentais ou entre estes e entidades não governamentais, tendo por objetivo a implementação de programas de erradicação da violência doméstica e familiar contra a mulher;

VII – a capacitação permanente das Polícias Civil e Militar, da Guarda Municipal, do Corpo de Bombeiros e dos profissionais pertencentes aos órgãos e às áreas enunciados no inciso I quanto às questões de gênero e de raça ou etnia;

VIII – a promoção de programas educacionais que disseminem valores éticos de irrestrito respeito à dignidade da pessoa humana com a perspectiva de gênero e de raça ou etnia;

IX – o destaque, nos currículos escolares de todos os níveis de ensino, para os conteúdos relativos aos direitos humanos, à equidade de gênero e de raça ou etnia e ao problema da violência doméstica e familiar contra a mulher.

CAPÍTULO II
DA ASSISTÊNCIA À MULHER EM SITUAÇÃO DE VIOLÊNCIA DOMÉSTICA E FAMILIAR

Art. 9º A assistência à mulher em situação de violência doméstica e familiar será prestada em caráter prioritário no Sistema Único de Saúde (SUS) e no Sistema Único de Segurança Pública (Susp), de forma articulada e conforme os princípios e as diretrizes previstos na Lei nº 8.742, de 7 de dezembro de 1993 (Lei Orgânica da Assistência Social), e em outras normas e políticas públicas de proteção, e emergencialmente, quando for o caso. (Redação dada pela Lei nº 14.887, de 2024)

§ 1º O juiz determinará, por prazo certo, a inclusão da mulher em situação de violência doméstica e familiar no cadastro de programas assistenciais do governo federal, estadual e municipal.

§ 2º O juiz assegurará à mulher em situação de violência doméstica e familiar, para preservar sua integridade física e psicológica:

I – acesso prioritário à remoção quando servidora pública, integrante da administração direta ou indireta;

II – manutenção do vínculo trabalhista, quando necessário o afastamento do local de trabalho, por até 6 (seis) meses;

III – encaminhamento à assistência judiciária, quando for o caso, inclusive para eventual ajuizamento da ação de separação judicial, de divórcio, de anulação de casamento ou de dissolução de união estável perante o juízo competente. (Incluído pela Lei nº 13.894, de 2019)

§ 3º A assistência à mulher em situação de violência doméstica e familiar compreenderá o acesso aos benefícios decorrentes do desenvolvimento científico e tecnológico, incluindo os serviços de contracepção de emergência, a profilaxia das Doenças Sexualmente Transmissíveis (DST) e da Síndrome da Imunodeficiência Adquirida (AIDS) e outros procedimentos médicos necessários e cabíveis nos casos de violência sexual.

§ 4º Aquele que, por ação ou omissão, causar lesão, violência física, sexual ou psicológica e dano moral ou patrimonial a mulher fica obrigado a ressarcir todos os danos causados, inclusive ressarcir ao Sistema Único de Saúde (SUS), de acordo com a tabela SUS, os custos relativos aos serviços de saúde prestados para o total tratamento das vítimas em situação de violência doméstica e familiar, recolhidos os recursos assim arrecadados ao Fundo de Saúde do ente federado responsável pelas unidades de saúde que prestarem os serviços. (Incluído pela Lei nº 13.871 de 2019)

§ 5º Os dispositivos de segurança destinados ao uso em caso de perigo iminente e disponibilizados para o monitoramento das vítimas de violência doméstica ou familiar amparadas por medidas protetivas terão seus custos ressarcidos pelo agressor. (Incluído pela Lei nº 13.871 de 2019)

§ 6º O ressarcimento de que tratam os §§ 4º e 5º deste artigo não poderá importar ônus de qualquer natureza ao patrimônio da mulher e dos seus dependentes, nem configurar atenuante ou ensejar possibilidade de substituição da pena aplicada. (Incluído pela Lei nº 13.871 de 2019)

§ 7º A mulher em situação de violência doméstica e familiar tem prioridade para matricular seus dependentes em instituição de educação básica mais próxima de seu domicílio, ou transferi-los para essa instituição, mediante a apresentação dos documentos comprobatórios do registro da ocorrência policial ou do processo de violência doméstica e familiar em curso. (Incluído pela Lei nº 13.882, de 2019)

§ 8º Serão sigilosos os dados da ofendida e de seus dependentes matriculados ou transferidos conforme o disposto no § 7º deste artigo, e o acesso às informações será reservado ao juiz, ao Ministério Público e aos órgãos competentes do poder público. (Incluído pela Lei nº 13.882, de 2019)

Conforme mencionado nas páginas iniciais do capítulo Violência Doméstica, o objetivo desta obra é discutir os principais aspectos de natureza penal constantes nas leis especiais aqui estudadas. Por esta razão, não iremos aprofundar a respeito das medidas de prevenção previstas no artigo 8º da Lei e, tampouco, dos mecanismos de assistência à mulher previstos no artigo 9º.

CAPÍTULO III
DO ATENDIMENTO PELA AUTORIDADE POLICIAL

Art. 10. Na hipótese da iminência ou da prática de violência doméstica e familiar contra a mulher, a autoridade policial que tomar conhecimento da ocorrência adotará, de imediato, as providências legais cabíveis.

Parágrafo único. Aplica-se o disposto no *caput* deste artigo ao descumprimento de medida protetiva de urgência deferida.

ADOÇÃO DE MEDIDAS PELA AUTORIDADE POLICIAL

O projeto de lei original (Projeto de Lei 4.559/2004) previa que "nas hipóteses de violência familiar ou doméstica praticadas ou na iminência de serem praticadas contra mulheres deverá ser imediatamente notificada a autoridade ou o agente policial para que possa comparecer ao local" (art. 10, *caput*, do Projeto). No texto final da lei foi retirada essa previsão, preferindo-se manter a redação acima. Nem por isso se deve concluir que a autoridade policial está liberada de comparecer ao local. É que tal medida vem expressamente prevista no art. 6.º, I, do Código de Processo Penal, que tem aplicação subsidiária na lei em exame, conforme se vê do *caput* do art. 12 e do art. 13 abaixo.

AS PROVIDÊNCIAS CABÍVEIS E A OBSERVÂNCIA AOS ARTIGOS 158-A E SEGUINTES DO CPP – LEI 13.964/19 (PACOTE ANTICRIME) – CADEIA DE CUSTÓDIA DOS VESTÍGIOS

Dentre as medidas legais cabíveis mencionadas acima, nas situações em que o crime deixar vestígios, a autoridade policial, de acordo com o estabelecido no artigo 6º do CPP, providenciará para que não se alterem o estado e a conservação das coisas, até a chegada dos peritos criminais, estes encarregados também de liberar os objetos relacionados ao evento para a devida apreensão, procedendo-se à coleta de todas as provas aptas ao esclarecimento do crime. Na mesma esteira é o artigo 169, ao dispor sobre o procedimento de preservação do local de crime até a chegada dos peritos.

A preservação da prova pericial ganhou extrema relevância com o advento da Lei 13.964, de 24 de dezembro de 2019, que inseriu ao Código de Processo Penal capítulo específico sobre cadeia de custódia e perícias em geral. Define-se cadeia de custódia como sendo o "conjunto de todos os procedimentos utilizados para manter e documentar a história cronológica do vestígio coletado em locais ou em vítimas de crimes, para rastrear sua posse e manuseio a partir de seu reconhecimento até o descarte" (art. 158-A).

Aprofundamos o tema nos comentários ao inciso IV do artigo 12.

Competência da Justiça Federal (Lei n. 13.642/18)

A Constituição Federal anuncia no art. 144 que a segurança pública é dever do Estado, direito e responsabilidade de todos, exercida para a preservação da ordem pública e da incolumidade das pessoas e do patrimônio. Dentre os órgãos de segurança, destaca-se, para os propósitos deste texto, a Polícia Federal.

De acordo com o texto constitucional, a Polícia Federal, instituída por lei como órgão permanente, organizada e mantida pela União e estruturada em carreira, destina-se a: a) apurar infrações penais contra a ordem política e social ou em detrimento de bens, serviços e interesses da União ou de suas entidades autárquicas e empresas públicas, assim como outras infrações cuja prática tenha repercussão interestadual ou internacional e exija repressão uniforme, segundo se dispuser em lei (art. 144, § 1º, inc. I; b) prevenir e reprimir o tráfico ilícito de entorpecentes e drogas afins, o contrabando e o descaminho, sem prejuízo da ação fazendária e de outros órgãos públicos nas respectivas áreas de competência (inc. II); c) exercer as funções de polícia marítima, aeroportuária e de fronteiras (inc. III); d) exercer, com exclusividade, as funções de polícia judiciária da União (inc. IV).

Visando conferir eficácia ao mandamento do art. 144, § 1º, I, da Carta Maior, o legislador aprovou a Lei 10.446/02, que dispõe sobre infrações penais de repercussão interestadual ou internacional que exigem repressão uniforme. O advento da Lei 13.642/18 acrescentou ao rol do art. 1º a apuração, pela Polícia Federal, de "quaisquer crimes praticados por meio da rede mundial de computadores que difundam conteúdo misógino, definidos como aqueles que propagam o ódio ou a aversão às mulheres".

Mas no que consistem os crimes que propagam ódio ou aversão às mulheres? Bem, não existe tipificação específica de condutas a esse respeito. Parece-nos que a intenção do legislador é atribuir à Polícia Federal a apuração de algum crime já tipificado, contra uma ou várias mulheres, determinadas ou indeterminadas, que traga, explícita ou subjacentemente, conteúdo que propague ódio ou aversão às mulheres, como incitação ao crime (art. 286 do CP) ou apologia ao crime (art. 287 do CP).

Ademais, para que a Polícia Federal tenha atribuição para apurar, não basta que o crime esteja no rol do art. 1º. É necessário o preenchimento dos pressupostos entabulados no *caput*, a saber: a) repercussão interestadual ou internacional; b) exigência de repressão uniforme.

À par desses requisitos, devemos lembrar que o fato de um crime ser investigado pela Polícia Federal não impõe que a competência de julgamento seja da Justiça Federal. Para que isto ocorra, devem estar presentes as circunstâncias que, segundo o art. 109 da Constituição Federal, conferem competência criminal à Justiça Federal. Conclui-se, portanto, que os crimes de competência da Justiça Federal serão investigados pela Polícia Federal (a quem cabe exercer, com exclusividade, as funções de Polícia Judiciária da União), mas nem todo crime investigado pela Polícia Federal será julgado na Justiça Federal.

Destaque-se, por fim, que mesmo o fato de o crime ser cometido por meio de computadores não atrai, por si só, a competência da Justiça Federal. Para ilustrar, podemos citar julgamento do STF a respeito dos crimes relativos à pornografia infantil. De acordo com o tribunal, o julgamento dos crimes tipificados nos arts. 241, 241-A e 241-B da Lei nº 8.069/90 é de competência da Justiça Federal quando tais delitos forem cometidos por meio da rede mundial de computadores e: a) o fato esteja previsto como crime no Brasil e no estrangeiro; b) o Brasil seja signatário de convenção ou tratado internacional por meio do qual assume o compromisso de reprimir criminalmente aquela espécie delitiva; e c) a conduta tenha ao menos se iniciado no Brasil e o resultado tenha ocorrido, ou devesse ter ocorrido no exterior, ou reciprocamente. Assim ocorre porque se trata da situação em que, nos termos do art. 109, inciso V, da Constituição Federal, aos juízes federais compete processar e julgar os crimes previstos em tratado ou convenção internacional, quando, iniciada a execução no País, o resultado tenha ou devesse ter ocorrido no estrangeiro, ou reciprocamente[60]. O STJ, explicitando a disciplina da competência para julgamento (e referindo-se, no caso concreto, ao art. 241-A), decidiu, por meio de sua Terceira Seção, que a competência da Justiça Federal se impõe quando constatada a internacionalidade do delito. Caso contrário, a competência é da Justiça Estadual[61].

Aborto

Não mencionou a lei e com razão, posto que desnecessário, que a mulher vítima de violência sexual da qual resulte gravidez, tem direito ao chamado "aborto sentimental", também conhecido como "ético ou humanitário". É que ele vem previsto no art. 128, II, do Código Penal, ao enunciar que não se pune o aborto quando a gravidez resultar de estupro, desde que consentido pela gestante ou por seu representante legal.

60 RE 628.624/MG, DJe 09/11/2015.

61 CC 150.564/MG, DJe 02/05/2017.

Para a realização desse procedimento se dispensa qualquer espécie de autorização judicial, já que a lei, em nenhum momento, faz referência ao preenchimento desse requisito. De rigor, no entanto, que se colha o consentimento da gestante ou, se incapaz, de seu representante legal. Assim, é desnecessária qualquer decisão judicial que autorize o aborto. Tampouco se exige eventual julgamento do processo-crime, pois, a essa altura, devido à demora, a criança já teria nascido.

No entanto, conforme assinala Rogério Greco, exige-se que a vítima, de alguma forma, leve ao conhecimento do Estado a ocorrência da violência sexual. Segundo o autor, "esse documento, válido para fins de trazer ao médico a segurança de que precisa para a realização do aborto, poderia ser um simples boletim de ocorrência policial, lavrado pela polícia militar ou pela polícia civil, um exame de corpo de delito feito por órgão oficial do Estado, como o Instituto Médico Legal, ou até mesmo a cópia da inicial da ação penal por ela promovida".[62]

Ao médico, porém, se confere o direito de invocar a chamada "objeção de consciência" e, assim, se recusar a realizar o aborto. É o que consta do capítulo II, inc. IX, do Código de Ética Médica (Res. CFM 1931/2009), quando assegura a ele a possibilidade de "recusar-se a realizar atos médicos que, embora permitidos por lei, sejam contrários aos ditames de sua consciência".

De qualquer forma, quando a lei diz que à mulher, em situação de violência, se asseguram "outros procedimentos médicos necessários e cabíveis", nada impede que o juiz, o promotor de justiça ou a autoridade policial, adotem medidas para seu encaminhamento a hospitais a fim de que se submeta ao aborto.

Regulamentando a questão, o Ministério da Saúde editou a Portaria n. 2.282/20, que dispõe sobre o Procedimento de Justificação e Autorização da Interrupção da Gravidez nos casos previstos em lei no âmbito do Sistema Único de Saúde-SUS.

O novo regramento impõe uma série de exigências a serem observadas antes da efetiva interrupção da gravidez resultante de estupro, dificultando, de acordo com nosso pensar, demasiadamente o doloroso e traumático procedimento, podendo servir de campo fértil para a mulher vítima buscar presteza em clíncias clandestinas.

A portaria, na sua primeira versão, previu ser obrigatória a notificação à autoridade policial pelo médico, demais profissionais de saúde ou responsáveis pelo estabelecimento de saúde que acolheram a paciente dos casos em que houver indícios ou confirmação do crime de estupro. Sendo alvo de críticas, a Portaria, nesse tanto, foi alterada, prevendo a notificação sem carga de obrigatoriedade.

Os profissionais mencionados deverão preservar possíveis evidências materiais do crime de estupro a serem entregues imediatamente à autoridade policial, tais como fragmentos de embrião ou feto com vistas à realização de confrontos genéticos que poderão levar à identificação do respectivo autor do crime, nos termos da Lei Federal nº 12.654, de 2012.

O procedimento de Justicação e Autorização da Interrupção da Gravidez terá, de acordo com a Portaria, 04 fases:

i) a primeira fase será constituída pelo relato circunstanciado do evento, realizado pela própria gestante, perante 2 (dois) profissionais de saúde do serviço. O Termo de Relato Circunstanciado deverá ser assinado pela gestante ou, quando incapaz, também por seu representante legal, bem como por 2 (dois) profissionais de saúde do serviço, e conterá:

I - local, dia e hora aproximada do fato;

II - tipo e forma de violência;

III - descrição dos agentes da conduta, se possível; e

IV - identificação de testemunhas, se houver.

62 *Curso de direito penal*. 2. ed. Rio de Janeiro: Impetus, 2006. vol. II, p. 291.

ii) a segunda fase se dará com a intervenção do médico responsável que emitirá parecer técnico após detalhada anamnese, exame físico geral, exame ginecológico, avaliação do laudo ultrassonográfico e dos demais exames complementares que porventura houver. A gestante receberá atenção e avaliação especializada por parte da equipe de saúde multiprofissional, que anotará suas avaliações em documentos específicos. Três integrantes, no mínimo, da equipe de saúde multiprofissional subscreverão o Termo de Aprovação de Procedimento de Interrupção da Gravidez, não podendo haver desconformidade com a conclusão do parecer técnico. A equipe de saúde multiprofissional deve ser composta, no mínimo, por obstetra, anestesista, enfermeiro, assistente social e/ou psicólogo.

iii) a terceira fase se verifica com a assinatura da gestante no Termo de Responsabilidade ou, se for incapaz, também de seu representante legal, e esse termo conterá advertência expressa sobre a previsão dos crimes de falsidade ideológica (art. 299 do Código Penal) e de aborto (art. 124 do Código Penal), caso não tenha sido vítima do crime de estupro.

iv) a quarta fase se encerra com o Termo de Consentimento Livre e Esclarecido, que obedecerá aos seguintes requisitos:

I - o esclarecimento à mulher deve ser realizado em linguagem acessível, especialmente sobre:

a) os desconfortos e riscos possíveis à sua saúde;

b) os procedimentos que serão adotados quando da realização da intervenção médica;

c) a forma de acompanhamento e assistência, assim como os profissionais responsáveis; e

d) a garantia do sigilo que assegure sua privacidade quanto aos dados confidenciais envolvidos, passíveis de compartilhamento em caso de requisição judicial;

II - deverá ser assinado ou identificado por impressão datiloscópica, pela gestante ou, se for incapaz, também por seu representante legal; e

III - deverá conter declaração expressa sobre a decisão voluntária e consciente de interromper a gravidez.

A Portaria prevê, também, a possibilidade de a gestante visualizar o feto ou embrião por meio de ultrassonografia, o que deverá constar expressamente nos documentos.

Art. 10-A. É direito da mulher em situação de violência doméstica e familiar o atendimento policial e pericial especializado, ininterrupto e prestado por servidores – preferencialmente do sexo feminino – previamente capacitados. (Incluído pela Lei nº 13.505, de 2017)

Atendimento especializado

O atendimento à mulher, com efeito, pressupõe certa especialização, realizado por pessoas dotadas de sensibilidade para ouvir e adotar as medidas cabíveis à espécie. Sob pena de vitimá-la pela segunda vez, a mulher que já foi agredida deve ser acolhida e não, simplesmente, tratada como vítima de um outro delito qualquer ou simples objeto ou fonte de prova. Afirmar-se, por exemplo, que ela deveria "*ter visto antes com quem casou*" ou "*quem mandou se juntar com esse tipo*", só fará impor um segundo sofrimento à ofendida, naquilo que o inc. III abaixo denomina "*revitimização*". O ideal seria o acolhimento da mulher por uma equipe multidisciplinar, composta não apenas pela autoridade policial, mas também por médicas, psicólogas, assistentes sociais, enfim, por pessoas especializadas no trato da questão que, por óbvio, não se restringe à mera adoção de medidas de cunho policial. Mas nesse Brasil continental, com tantas carências e debilidades, parece claro que ainda estamos distantes desse ideal.

Para que a vítima possa se sentir efetivamente acolhida, prevê a lei que o atendimento, nas delegacias de polícia, seja realizado por agentes preferencialmente do sexo feminino. Parece claro que uma mulher, dotada de sensibilidade aguçada, pode melhor receber uma vítima, quando comparado ao atendimento que seria prestado por um homem. O machismo que ainda orienta nossas relações sociais, faz com que o homem, por vezes, acabe por atribuir à ofendida a "*culpa*" pelo crime. Afinal, "*quem mandou usar uma minissaia*" de modo a atiçar a cobiça de seu algoz em um crime contra a liberdade sexual? Exatamente para evitar essa espécie de comportamento é que a lei recomenda o atendimento da vítima por outra mulher. O que também, por si só, não assegura um tratamento mais humano, pois não se desconsidera a hipótese da policial feminina não contar com um mínimo de preparo.

A Lei 14.541, de 2023, que dispõe sobre as Delegacias Especializadas de Atendimento à Mulher (Deam), anuncia no seu art. 3º que o atendimento às mulheres nas delegacias será realizado em sala reservada e, preferencialmente, por policiais do sexo feminino. Acrescenta que os policiais encarregados do atendimento deverão receber treinamento adequado para permitir o acolhimento das vítimas de maneira eficaz e humanitária.

Atendimento por servidora do sexo feminino

Ao empregar o vocábulo "preferencialmente", a lei deixa claro que, à falta de uma policial, o atendimento deve mesmo ser realizado por um agente do sexo masculino. Ninguém deverá imaginar que a vítima deixará de ser atendida somente porque, na delegacia de polícia, não se conta com uma mulher que possa fazê-lo. Mas isso se imagina como exceção, devendo, regra geral, seguir-se a orientação legal quanto ao atendimento da mulher por outra mulher. A observação feita acima, quanto à carência de meios e recursos, aqui também se aplica.

§ 1º A inquirição de mulher em situação de violência doméstica e familiar ou de testemunha de violência doméstica, quando se tratar de crime contra a mulher, obedecerá às seguintes diretrizes: (Incluído pela Lei nº 13.505, de 2017)

I – salvaguarda da integridade física, psíquica e emocional da depoente, considerada a sua condição peculiar de pessoa em situação de violência doméstica e familiar; (Incluído pela Lei nº 13.505, de 2017)

II – garantia de que, em nenhuma hipótese, a mulher em situação de violência doméstica e familiar, familiares e testemunhas terão contato direto com investigados ou suspeitos e pessoas a eles relacionadas; (Incluído pela Lei nº 13.505, de 2017)

III – não revitimização da depoente, evitando sucessivas inquirições sobre o mesmo fato nos âmbitos criminal, cível e administrativo, bem como questionamentos sobre a vida privada. (Incluído pela Lei nº 13.505, de 2017)

Atendimento especial da mulher, familiar ou testemunha

No que se refere às Inovações trazidas pela Lei n. 13.505/2017, observadas no artigo em comento, embora as recebamos com entusiasmo, não podemos deixar de apontar as imensas dificuldades de sua implantação na prática, sobretudo em face das conhecidas carências que afligem este país. Novamente destacamos o rol de boas intenções, que devem ser louvadas, mas considerando que, por exemplo, a imensa maioria das cidades não conta nem mesmo com uma delegacia especializada no atendimento à mulher, vítima de violência doméstica, como se esperar que tais medidas, previstas para um cenário ideal, sejam efetivamente adotadas? Oxalá estejamos errados e, quem sabe, a médio ou longo prazo, a forma de atendimento proposta nestes dispositivos seja efetivamente adotada.

Nesse sentido, celebramos o advento da Lei 14.541/2023, que dispõe sobre a criação e o funcionamento ininterrupto de Delegacias Especializadas de Atendimento à Mulher.

Salvaguarda da mulher – Como já destacamos, a mulher, vítima de violência doméstica, apresenta uma condição especial de vulnerabilidade. Além da agressão propriamente dita que suportou, ela se sujeita, geralmente, a outras espécies de carências, como, *v.g.*, a condição de desempregada, a consequente dependência econômica de seu agressor, a dificuldade de obtenção de local onde se abrigar de seu algoz, etc. Essa "*condição peculiar*", mencionada pela lei, reclama que sua inquirição se cerque de cuidados especiais, buscando salvaguardar sua integridade física, psíquica e emocional. Um atendimento no qual a mulher se sinta efetivamente acolhida e não "*culpada*" pelo crime que experimentou, realizado por pessoas minimamente preparadas para tanto, decerto que a preservará, atendendo, assim, a "*ratio legis*".

Preservação especial da mulher, familiar ou testemunha – Nesse espírito de preservação da mulher, busca-se evitar que ela (assim como familiares e testemunhas) mantenham qualquer espécie de contato visual com seu agressor. Não teria cabimento, com efeito, que vítima de uma agressão física, tivesse a mulher, ainda, que manter contato com seu algoz, em situação configuradora de verdadeira e desnecessária revitimização. Trata-se, no mais, de medida prevista para os depoimentos prestados em juízo, bastando que sua confira a dicção do art. 217, do Código de Processo Penal, a autorizar retirada do réu da sala audiências ao detectar, o juiz, que sua presença "poderá causar humilhação, temor, ou sério constrangimento à testemunha ou ao ofendido, de modo que prejudique a verdade do depoimento...". Essa precaução, como assegura o legislador, se estende a familiares e testemunhas, sempre com o objetivo de garantir um depoimento livre de pressões externas.

Não revitimização da mulher – Outra preocupação do legislador, já ressaltada acima, é evitar a desnecessária revitimização da mulher, ou seja, a sua submissão a um novo ciclo de violência, desta vez nas mãos do sistema de justiça criminal. Inquirições sucessivas no âmbito policial (que a levem a ter de recontar e, assim, reviver os fatos diversas vezes) ou a submissão à acareação com seu agressor (como regra, aliás, de nenhuma eficácia prática) devem ser evitadas. Salvo, por óbvio, quando absolutamente imprescindíveis à prova. De qualquer forma, pelo menos uma reinquirição certamente ocorrerá, quando a ofendida, após ser ouvida na fase policial, venha novamente a ser inquirida em juízo. Também indagações sobre a vida privada da mulher, a menos que de interesse aos fatos em apuração, devem ser restringidas. Intimidades do casal e peculiaridades de sua vida sexual, para exemplificar, como regra não interessam à prova e como tal, são dispensáveis.

Revitimização e violência institucional – A Lei nº 14.245, de 22 de novembro de 2021, apelidada desde logo como "Lei Mariana Ferrer", surgiu depois da divulgação de imagens de uma audiência de instrução versando sobre crime de estupro em que a vítima, Mariana, teve sua intimidade inutilmente exposta pela defesa. Diante disso, a lei tem por objetivo central reprimir e prevenir a chamada "revitimização" ou vitimização secundária. Vale a pena recordar, nesse ponto, os graus de vitimização.

A vitimização primária é aquela que decorre direta e imediatamente da prática delitiva (ex.: a pessoa violentada na sua dignidade sexual).

A vitimização secundária – ou revitimização – é aquela provocada pelos agentes do Estado, compreendendo "o sofrimento das vítimas e testemunhas causado pelas instituições encarregadas de fazer justiça: policiais, juízes, peritos, criminólogos, funcionários de instituições penitenciárias etc"[63].

Já a vitimização terciária é provocada pela própria sociedade, na forma como culpabiliza, humilha e descredibiliza a vítima.

Nos processos, em especial aqueles versando sobre crimes sexuais, não raramente se reproduzem afirmações machistas e questionamentos morais, potencializando o sofrimento das ofendidas. É a conhecida violência institucional, por nós tratada no final dos comentários ao art. 7º.

---

63 BERISTAIN, Antonio. Nova criminologia à luz do direito penal e da vitimologia. Brasília: UNB, 2000. p. 105.

Com a nova lei, busca-se evitar exatamente esse cenário de revitimização durante a instrução criminal, justamente no momento em que a vítima e a as testemunhas são questionadas quanto ao crime, com um olhar mais incisivo direcionado aos crimes contra a dignidade sexual. O cuidado exigido pela Lei 14.245/21 não é novidade entre os vitimologistas que, norteados por documentos internacionais, alertam para a necessidade se adotar providências para proteger eficazmente vítimas e testemunhas durante o processo. A Resolução 40/34 da ONU prevê na Declaração dos Princípios Fundamentais de Justiça Relativos às Vítimas que:

> "Art. 4. As vítimas devem ser tratadas com compaixão e respeito pela sua dignidade. Têm direito ao acesso às instâncias judiciárias e a uma rápida reparação do prejuízo por si sofrido, de acordo com o disposto na legislação nacional".

Dentro desse espírito, a Lei 14.245/21 introduziu os artigos 400-A e 474-A no CPP e o art. 81 na Lei 9099/95, amoldando a instrução nos ritos ordinário, do júri e sumaríssimo, com redação semelhante para os três dispositivos. Em síntese, estabelece-se:

- prova vedada: há exclusão do objeto da prova de dados alheios aos fatos dos autos; conteúdo ou linguagem que ofendam a dignidade da vítima ou testemunha;
- sujeitos processuais: a lei impõe deveres para as partes e sujeitos processuais, principais ou secundários.
- limitação processual: as partes não podem usar essa prova como argumento jurídico ou de autoridade.
- consequências extraprocessuais: penais, civis e administrativas.

Embora se mencione prioritariamente os crimes contra a dignidade sexual, a lei cria uma NORMA PARADIGMA, um procedimento padrão que deve ser seguido sempre: vítima ou testemunha, em qualquer tipo de crime, deve ter seus direitos preservados. Esse modelo se aplica a toda a persecução penal, e não somente na fase do processo.

ATENÇÃO – Dentro desse espírito, o art. 10-A da Lei Maria da Penha, incluído pela Lei 13.505/17, anuncia ser direito da mulher em situação de violência doméstica e familiar o atendimento policial e pericial especializado, ininterrupto e prestado por servidores - preferencialmente do sexo feminino - previamente capacitados. A sua inquirição, quando vítima ou testemunha de crimes dessa natureza, obedecerá às seguintes diretrizes: I - salvaguarda da integridade física, psíquica e emocional da depoente, considerada a sua condição peculiar de pessoa em situação de violência doméstica e familiar; II - garantia de que, em nenhuma hipótese, a mulher em situação de violência doméstica e familiar, familiares e testemunhas terão contato direto com investigados ou suspeitos e pessoas a eles relacionadas; III - não revitimização da depoente, evitando sucessivas inquirições sobre o mesmo fato nos âmbitos criminal, cível e administrativo, bem como questionamentos sobre a vida privada.

No que tange ao conteúdo vedado, no inciso I do artigo 400-A, menciona o legislador, de forma genérica, circunstâncias ou elementos "alheios aos fatos objeto de apuração nos autos". Esse inciso só tem sentido se interpretado em conjunto com o "caput", ou seja, não pode haver referência a dados que importem em ofensa à dignidade ou exponham abusivamente a integridade de vítima e testemunhas. Não se trata apenas de provas desnecessárias sob o aspecto processual, mas de provas invasivas, desrespeitosas, que importem em desnecessária exposição da vida privada.

De se notar, outrossim, que quando se trata de violência em contexto doméstico e familiar é necessário avaliar fatos que vão além do crime apurado nos autos, tais como os fatores de risco mencionados no Formulário Nacional de Risco aprovado pela Resolução 05 do CNJ e CNMP.

O inciso II do art. 400-A trata de provas relacionadas ao objeto de prova dos autos, mas, mesmo nesse caso, há limites na sua produção: não se admitem excesso de linguagem, informações ou qualquer material ofensivo às vítimas ou testemunhas. Assim, não podem ser usados termos que causem inegável constrangimento, fotografias de redes sociais para fazer julgamentos quanto à honra, especulações quanto a namoros ou relacionamentos anteriores da vítima, dentre outras provas.

Surge, assim, uma LIMITAÇÃO PROCESSUAL quanto ao conteúdo que poderá ser abordado pelas partes no processo como argumento jurídico ou de autoridade. O desrespeito merece pronta intervenção do juiz, que determinará o "riscamento" das expressões escritas, permitindo extrair certidão da "expressão indigna" para a tomada das medidas cíveis, penais e/ou administrativas cabíveis. O "riscamento" tem cabimento também no processo digital, pois existem meios eletrônicos que permitem a exclusão computadorizada apenas do trecho que contém as palavras. E se a ofensa for praticada em ato oral, o juiz advertirá o ofensor, sob pena de, em se repetindo, ter cassada a palavra.

O legislador, como se percebe, optou por não estabelecer uma sanção processual – ilicitude ou nulidade - para o descumprimento dessa vedação. Isso não impede, de acordo com o caso concreto, a depender do grau de violação aos direitos fundamentais da vítima e/ou testemunha, rotular a prova produzida pela vítima ou testemunha como imprestável.

Trata-se de NORMA PROCESSUAL DE GARANTIA, de reforço, que tem por finalidade assegurar expressamente o respeito à intimidade e vida privada das vítimas e testemunhas durante a instrução criminal. Cria um dever jurídico para o juiz. A norma demanda uma atuação diferenciada do Poder Judiciário, mais diligente e proativo, de modo a promover o pronto e efetivo amparo não somente do acusado de um processo-crime, mas também (e com o mesmo grau de preocupação) da vítima, notadamente de crimes contra a dignidade sexual. O legislador constrói, também, um dever de zelo (de atenção) para os demais atores do processo. Mas quem são os sujeitos processuais na "mira" dessa norma?

No processo penal, tradicionalmente, mencionam-se como sujeitos processuais principais: Juiz, MP e réu com seu Defensor. Como partes: MP, réu e Defensor. Aparentemente, o legislador incluiu Ministério Público, réu e Defensor no conceito de partes (sujeitos processuais principais) e os demais como sujeitos processuais, Juiz (sujeito processual principal), órgãos auxiliares e peritos (sujeitos processuais secundários).

Trata-se de previsão muito relevante. Sujeitos processuais e pessoas que atuam no Sistema de Justiça estão inseridos na sociedade e podem agir segundo estereótipos.

Mais recentemente, a violência institucional foi tipificada como crime no art. 15-A da Lei de Abuso de Autoridade, incluído pela Lei 14.321/22. De acordo com o dispositivo:

> Art. 15-A. Submeter a vítima de infração penal ou testemunha de crimes violentos a procedimentos desnecessários, repetitivos ou invasivos que a leve a reviver sem estrita necessidade:
>
> I – a situação de violência; ou
>
> II - outras situações potencialmente geradoras de sofrimento ou estigmatização:
>
> Pena - detenção, de 3 (três) meses a 1 (um) ano, e multa.
>
> § 1º Se o agente público permitir que terceiro intimide a vítima de crimes violentos, gerando indevida revitimização, aplica-se a pena aumentada de 2/3 (dois terços).
>
> § 2º Se o agente público intimidar a vítima de crimes violentos, gerando indevida revitimização, aplica-se a pena em dobro.

Para maiores detalhes sobre o novo tipo do art. 15-A, ver nossos comentários ao art. 7º.

§ 2º Na inquirição de mulher em situação de violência doméstica e familiar ou de testemunha de delitos de que trata esta Lei, adotar-se-á, preferencialmente, o seguinte procedimento: (Incluído pela Lei nº 13.505, de 2017)

I – a inquirição será feita em recinto especialmente projetado para esse fim, o qual conterá os equipamentos próprios e adequados à idade da mulher em situação de violência doméstica e familiar ou testemunha e ao tipo e à gravidade da violência sofrida; (Incluído pela Lei nº 13.505, de 2017)

II – quando for o caso, a inquirição será intermediada por profissional especializado em violência doméstica e familiar designado pela autoridade judiciária ou policial; (Incluído pela Lei nº 13.505, de 2017)

III – o depoimento será registrado em meio eletrônico ou magnético, devendo a degravação e a mídia integrar o inquérito. (Incluído pela Lei nº 13.505, de 2017)

Recinto especializado para oitiva da vítima – Não se sabe, exatamente, no que consistiria este "*recinto*" imaginado pelo legislador. Na hipótese da Lei n. 13.431/2017, que estabeleceu normas para oitiva de crianças e adolescentes, vítimas ou testemunhas de violência, foi prevista uma sala especial, diversa da sala de audiências, na qual um profissional especializado ouve o menor, em depoimento que "será transmitido em tempo real para a sala de audiência, preservado o sigilo" (art. 12, inc. III).

A Lei 14.541, de 2023, que dispõe sobre as Delegacias Especializadas de Atendimento à Mulher (Deam), anuncia no seu art. 3º que o atendimento às mulheres nas delegacias será realizado em sala reservada e, preferencialmente, por policiais do sexo feminino.

Profissional especializado – Em consonância com o espírito da lei, é feita mais uma menção ao "*profissional especializado*". E nem poderia ser diferente. Boa parte das vítimas que acorrem a uma delegacia de polícia, busca um socorro que não se restringe à mera adoção das medidas de cunho penal visando a punição do agressor. Mais que isso, necessitam de um apoio psicológico capaz de garantir-lhe algum conforto sob o aspecto emocional. Ou precisam do auxílio de uma assistente social, capaz de assegurar-lhes um teto distante de seu algoz. Ou de um médico habilitado a atendê-las pelos males que experimentaram. É dizer: o atendimento da mulher vitimada deve envolver uma equipe multidisciplinar, que vá além da orientação jurídica.

A Lei 14.541, de 2023, que dispõe sobre as Delegacias Especializadas de Atendimento à Mulher (Deam), anuncia no seu art. 3º que os policiais encarregados do atendimento deverão receber treinamento adequado para permitir o acolhimento das vítimas de maneira eficaz e humanitária.

Registro por meio eletrônico ou magnético – O ideal é mesmo que o depoimento da mulher não se restrinja à frieza do papel. Um testemunho no qual se possa visualizar a vítima, será capaz de captar-lhe as emoções e – mais importante – permitirá que se avalie o real alcance da agressão que sofreu, em dado que nem sempre o exame de corpo de delito pode exprimir.

Art. 11. No atendimento à mulher em situação de violência doméstica e familiar, a autoridade policial deverá, entre outras providências:

I – garantir proteção policial, quando necessário, comunicando de imediato ao Ministério Público e ao Poder Judiciário;

II – encaminhar a ofendida ao hospital ou posto de saúde e ao Instituto Médico Legal;

III – fornecer transporte para a ofendida e seus dependentes para abrigo ou local seguro, quando houver risco de vida;

IV – se necessário, acompanhar a ofendida para assegurar a retirada de seus pertences do local da ocorrência ou do domicílio familiar;

V – informar à ofendida os direitos a ela conferidos nesta Lei e os serviços disponíveis, inclusive os de assistência judiciária para o eventual ajuizamento perante o juízo competente da ação de separação judicial, de divórcio, de anulação de casamento ou de dissolução de união estável. (Redação dada pela Lei nº 13.894, de 2019).

Proteção policial – Nada fácil à autoridade policial desincumbir-se de tão árdua tarefa consistente em garantir à vítima proteção. Não raras vezes, nem em favor de autoridades públicas essa responsabilidade pode ser firmada. Noutras, a polícia não garante proteção nem a si mesma. Pode – e deve – como previsto no inc. IV, acompanhar a ofendida no momento de retirada de seus bens do local onde mora. Deve representar pela prisão preventiva do agressor, conforme autoriza o art. 20 da lei. Agora, ao pretender garantir a segurança, parece que o legislador revelou-se um tanto otimista ou pretensioso, divorciado mesmo da realidade fática do cotidiano.

Exame médico – Uma das finalidades do encaminhamento da ofendida ao hospital ou posto de saúde e ao Instituto Médico Legal é atestar, *incontinenti*, o tipo e grau da lesão sofrida, evitando que eventuais vestígios se apaguem ou sejam alterados antes de serem examinados. A propósito, os laudos ou prontuários médicos serão admitidos como meios de prova à luz do que dispõe o art. 12, § 3.º, da lei ora examinada, a cujo comentário remetemos o leitor.

Prioridade na realização do exame médico – A Lei n. 13.721/2018 alterou o art. 158 do CPP e impôs prioridade na elaboração do exame de corpo de delito quando o crime envolver violência doméstica e familiar contra mulher ou contra criança, adolescente, pessoa idosa ou pessoa com deficiência. Preocupou-se o legislador em conferir especial proteção a pessoas hipossuficientes, a saber aquelas que lista no dispositivo. Em virtude desse déficit, da gravidade que a conduta do agente revela e da urgência que, na maioria das vezes, o caso reclama, é que se confere prioridade na elaboração da perícia. Na prática, deparando-se o perito com dois trabalhos que devam ser elaborados, um, por exemplo, relacionado à violação de uma porta ou a altura de um muro e, outro, a respeito de violência perpetrada contra a pessoa idosa, deverá, por óbvio, dar preferência à confecção deste último.

Transporte – Outra medida que se reveste da melhor das intenções, mas que, em vista da realidade que cerca a polícia, será de difícil concretização.

Com efeito, mercê da carência de recursos e da falta de maior cuidado do poder público, a polícia não conta, por vezes, com viaturas suficientes para fazer frente à criminalidade em geral. Se as têm, falta combustível. Isso quando boa parte da frota não se encontra em reparos. Lembrando que a lei é concebida para vigorar em todo o País, prevemos dificuldades para concretizar o objetivo do legislador.

Acompanhamento policial – Feliz a previsão legislativa, garantindo à ofendida segurança capaz de permitir-lhe retornar ao local dos fatos para retirar seus pertences.

No calor da violência, a fuga da mulher, fisicamente mais frágil, é quase sempre a única alternativa que lhe resta, muitas vezes sem que tenha, inclusive, oportunidade para retirada de seus objetos pessoais. A simples confecção do boletim de ocorrência ou termo circunstanciado não lhe garantia a devolução desses bens (ao contrário, servia, muitas vezes, de moeda de troca da "retirada da queixa" – para nos valermos de expressão vulgar, de uso coloquial). É importante aclarar, porém, que os bens a serem retirados devem se limitar aos pertences, assim entendidos, por exemplo, a documentação, roupas, medicamentos, objetos de uso típico da mulher etc., sobre os quais, demais disso, não se tenha qualquer dúvida a respeito de sua propriedade. Quando a questão for mais complexa, a envolver discussão, v.g., sobre quem adquiriu o bem ou se houve esforço comum em sua aquisição, não deve a autoridade policial permitir sua retirada sem que, antes, seja a controvérsia decidida nas vias judiciais adequadas, onde se estabelecerá a partilha dos bens.

Direito de informação – A Lei 13.894/19 passa a estabelecer uma espécie de assistência jurídica que possibilite à vítima de violência doméstica e familiar adotar imediatamente as providências para se separar, dissolver ou anular o vínculo matrimonial ou dissolver a união estável. A intenção de possibilitar que a assistência seja imediata se extrai de outra modificação que a mesma lei impôs: dentre as providências que o juiz deve adotar no procedimento das medidas protetivas de urgência, segundo dispõe o art. 18 da Lei 11.340/06, está o encaminhamento da ofendida ao órgão de assistência judiciária, quando for o caso, inclusive para o ajuizamento da ação de separação judicial, de divórcio, de anulação de casamento ou de dissolução de união estável perante o juízo competente (a menção expressa à finalidade da ação no inc. II do art. 18 foi incluída pela Lei 13.894/19).

A Lei 13.894/19 também altera a disciplina do atendimento pela autoridade policial, que passa a ser obrigada a informar a vítima acerca dos direitos de assistência judiciária para o eventual ajuizamento da ação de separação, de divórcio, de anulação de casamento ou de dissolução de união estável (art. 11, inc. V, da Lei 11.340/06).

O propósito do legislador não é outro senão evitar que a vítima seja obrigada a adotar providências adicionais para romper o vínculo pessoal com o agressor. Com o novo procedimento, a própria comunicação da violência, além de garantir as medidas protetivas necessárias para resguardar a integridade física e psicológica da vítima, pode dar ensejo às primeiras providências para a separação do casal, evitando que a mulher que sofreu a violência tenha que fazê-lo em procedimento apartado.

Art. 12. Em todos os casos de violência doméstica e familiar contra a mulher, feito o registro da ocorrência, deverá a autoridade policial adotar, de imediato, os seguintes procedimentos, sem prejuízo daqueles previstos no Código de Processo Penal:

Prisão em flagrante – As infrações penais (delitos ou contravenções), cometidas contra a mulher, nas condições previstas na lei em estudo, admitem a prisão em flagrante. Mesmo aquelas consideradas de menor potencial ofensivo.

Com efeito, prevê o parágrafo único do art. 69 da Lei 9.099/1995, que não se imporá prisão em flagrante ao autor do fato que, de imediato, for encaminhado ao JECrim ou se comprometer a ele comparecer. Ocorre que o art. 41 do diploma em exame afasta, expressamente, a incidência da Lei 9.099/1995 nos casos de violência doméstica e familiar contra a mulher. Com isso, restaura a possibilidade de prisão em flagrante para qualquer espécie de infração penal, sendo irrelevante, aqui, a pena cominada.

Nas hipóteses em que a infração penal perpetrada for de ação penal pública condicionada à representação ou de ação penal de iniciativa privada, cumpre à autoridade policial ouvir a vítima, para que esta manifeste sua intenção de representar contra seu ofensor ou de, posteriormente, ajuizar queixa-crime contra ele. Deve a autoridade policial, ainda, orientar a ofendida das consequências de sua opção no sentido de que, na hipótese de manifestação positiva, o agressor será preso em flagrante. Ao contrário, se não representar ou não manifestar interesse na posterior propositura da queixa, será ele colocado em liberdade, ante a impossibilidade de lavratura do flagrante. Destaque-se, a propósito, que a partir da decisão do STF proferida na ADIn 4.424-DF e na ADC 19-DF, julgadas em 09 de fevereiro de 2012, a ação penal nos crimes de lesões corporais a envolver violência doméstica, é pública incondicionada, não mais exigindo, assim, a prévia representação da ofendida. Nesse sentido, ainda, a Súmula 542 do STJ, a se conferir: "A ação penal relativa ao crime de lesão corporal resultante de violência doméstica contra a mulher é pública incondicionada".

Para maior detalhamento sobre o tema, convidamos o leitor à consulta dos comentários adiante tecidos ao art. 41.

Faz coro a esse entendimento a lição de Tourinho Filho, quando estuda a possibilidade de prisão em flagrante nos crimes que dependam de representação: "Se o Estado, nesses casos, outorgou ao ofendido, ou a quem legalmente o represente, o direito de julgar da conveniência ou não da propositura da ação penal, é evidente que, nessas hipóteses, não se pode prender alguém em flagrante delito. De fato. Sendo flagrante delito uma *notitia criminis* de natureza coercitiva, e se nesses casos a *notitia criminis* só pode ser dada pelo ofendido ou seu representante legal, não se concebe possam as autoridades policiais, ou seus agentes, ou qualquer do povo, efetuar a prisão em flagrante. O mais que a polícia poderá fazer é evitar a consumação do fato delituoso ou mesmo o escândalo dele resultante. Se, entretanto, o titular do direito de representação – ofendido ou seu representante legal – solicitar a prisão, esta deverá ser efetuada"[64].

Esse entendimento tem aplicação, também, para os crimes de ação penal de iniciativa privada. Daí a cautela sugerida pelo mencionado autor: "Quando da lavratura do auto, deverá a autoridade policial consignar a presença do titular do direito de queixa ou de representação e o seu desejo no sentido de que se efetuasse a prisão"[65].

Lavrado o flagrante, a autoridade policial analisará da possibilidade de concessão da fiança, à luz do disposto no art. 322 do CPP, isto é, nos casos de infração cuja pena privativa de liberdade máxima não seja superior a quatro anos.

O estatuto, com efeito, sem embargo do rigor com que tratou a infração penal voltada contra a mulher, não introduziu qualquer impedimento quanto à concessão da fiança pela autoridade policial, salvo no art. 24-A, restando, assim, intactos, os dispositivos do Código de Processo Penal que cuidam da matéria.

Há posicionamento doutrinário no sentido de que seria vedado, ao delegado de polícia, o arbitramento de fiança, cuja competência seria exclusiva do Juiz. Segundo o Promotor de Justiça do Estado de Rondônia, Jorge Romcy Auad Filho, "difícil explicar como alguém que foi solto mediante fiança arbitrada pelo Delegado de Polícia, momentos depois poderá ser preso preventivamente pela autoridade judiciária, para a garantia da vida e integridade das vítimas de violência doméstica [...] Permitir o arbitramento de fiança pela autoridade policial, no caso em que é possível a decretação de prisão preventiva, além de causar desvirtuamento do ordenamento jurídico, ainda acarretará perplexidade em posicionamentos contraditórios, bem como usurpação da função jurisdicional do juiz"[66].

Mantemos nosso entendimento, agora reforçado pelas profundas alterações introduzidas na disciplina da prisão processual, com o advento da Lei 12.403/2011. Observado o disposto no art. 322 do CPP e preenchidos os demais requisitos, nada impede – antes, constitui-se em um dever – que a autoridade policial arbitre a fiança. O argumento que invoca a possibilidade de ser decretada a prisão preventiva, fator que impediria a concessão da fiança, com a devida vênia, não aproveita. A um, porque prisão em flagrante e prisão preventiva repousam em fundamentos e pressupostos diversos; em segundo lugar, em virtude de que não parece correta a observação de que o agente, solto por meio de fiança, poderá, "momentos depois", ser preso preventivamente. Com efeito, a nova hipótese de decretação de prisão preventiva (art. 313, III, do CPP), introduzida pela Lei 12.403/2011 (que, em relação à mulher, somente reproduziu o texto do revogado inc. IV do art. 313 do CPP), autoriza essa medida desde que descumpridas as medidas protetivas de urgência deferidas em prol da ofendida. Ora, tais medidas são aquelas decretadas pelo juiz, quando transcorridas, pelo menos, 48 horas, que é exatamente o prazo concedido à autoridade policial para enviar o pedido de concessão de medidas protetivas, nos

64 *Processo penal*. 28. ed. São Paulo: Saraiva, 2006. p. 451, vol. 3.

65 Idem, p. 452.

66 *A liberdade provisória na Lei Maria da Penha*. Disponível em: [http://jus.com.br/revista/texto/10584/a-liberdade-provisoria-na-lei-maria-da-penha]. Acesso em: 27.07.2012).

termos do inc. III do artigo em estudo. Não há, portanto, essa preocupação de eventual desmoralização da Justiça, posto que inexistente a possibilidade do agente, solto agora, ser preso em seguida. A menos, é claro, que tornando à casa, venha a cometer novo crime, passível de flagrante e que não admita a concessão, pela autoridade policial, da fiança.

Por último, quisesse o legislador, de fato, vedar a concessão da fiança pelo Delegado de Polícia, seguramente, o teria feito de maneira expressa na lei, incluindo dispositivo que impedisse esse favor legal. Foi assim que ele agiu, por exemplo, ao proibir a aplicação da Lei 9.099/1995 aos crimes praticados com violência doméstica ou familiar (art. 41), ou quando vedou a aplicação de *pena de cesta básica* (art. 17). Ou quando introduziu o § 2º, no art. 24-A, que proíbe expressamente o arbitramento de fiança, pelo delegado, quando o fato envolver descumprimento, pelo agente, de medidas protetivas. Ora, um legislador que foi tão direto e objetivo em tais circunstâncias, não teria qualquer constrangimento em incluir, no texto legal, dispositivo que impedisse a concessão da fiança pela autoridade policial. Seu silêncio a respeito deve ser interpretado como nítida intenção de não proibir a concessão do benefício. De resto, o direito em jogo (liberdade da pessoa) é daqueles que não autorizam uma interpretação desfavorável ao agente. Ou a lei diz expressamente que não pode ou, então, pode. Não há como transigir.

A propósito da inclusão do art. 24-A, § 2º, entendemos que a proibição imposta à autoridade policial de conceder a fiança, aplica-se, exclusivamente, ao crime ali definido ("Descumprimento de Medidas Protetivas de Urgência"), não se estendendo a outros delitos.

> I – ouvir a ofendida, lavrar o boletim de ocorrência e tomar a representação a termo, se apresentada;

Formalidade – Lembramos inexistir regras formais rígidas para o oferecimento da representação, bastando a intenção inequívoca da vítima (ou de seu representante legal) de ver investigado o fato e processado o agressor. Até mesmo o mero registro da *notitia criminis* num boletim de ocorrência já foi admitido como representação válida[67]. Ou, como decidiu o STF, "é da jurisprudência desta Corte que a representação nos crimes de ação penal pública condicionada prescinde de qualquer formalidade, bastando o elemento volitivo, ainda que manifestado na fase policial. Ordem denegada"[68].

Confira-se, nesse sentido, o Enunciado 20 do Fonavid (Fórum Nacional de Juízes de Violência Doméstica e Familiar contra a Mulher): "A conduta da vítima de comparecer à unidade policial, para lavratura de boletim de ocorrência, deve ser considerada como representação, ensejando a instauração de inquérito policial".

> II – colher todas as provas que servirem para o esclarecimento do fato e de suas circunstâncias;
>
> III – remeter, no prazo de 48 (quarenta e oito) horas, expediente apartado ao juiz com o pedido da ofendida, para a concessão de medidas protetivas de urgência;

CRIME DE AMEAÇA

A Lei 14.994/24 promoveu duas alterações significativas no crime de ameaça (art. 147 do Código Penal). Primeiramente, foi adicionado o §1º ao art. 147, que dobra a pena se o crime for cometido contra uma mulher por razões de gênero, especialmente em contextos de violência

67 *RT* 643/393.

68 STF, HC 86.122/SC, 1.ª T., v.u., rel. Min. Eros Grau, *DJ* 17.03.2006.

doméstica e familiar. Essa mudança visa endurecer as penas para infrações penais praticadas contra mulheres.

Embora o aumento das penas não seja uma solução completa para a violência de gênero, no caso específico do crime de ameaça, o endurecimento é considerado necessário. Isso se alinha ao princípio da proporcionalidade, que proíbe a proteção insuficiente.

Antes da Lei 14.994/24, a pena para o crime de ameaça era de detenção de um a seis meses e multa, independentemente do contexto. Com a nova lei, o legislador incorporou uma perspectiva de gênero, reconhecendo que o crime de ameaça muitas vezes reforça estruturas de dominação masculina.

A segunda alteração importante foi a adição do §2º ao art. 147, que torna a ação penal para o crime de ameaça pública incondicionada quando a ameaça é motivada por discriminação de gênero ou ocorre em contexto de violência doméstica e familiar. Isso significa que não é mais necessária a representação da vítima para iniciar o processo.

Essa mudança visa fortalecer a proteção às vítimas, mas pode gerar debates sobre suas implicações práticas e psicológicas. Há preocupações de que a obrigatoriedade do processo penal possa desestimular as vítimas a procurarem ajuda, temendo agravar a situação com um processo criminal. Além disso, a mudança pode sobrecarregar o sistema de justiça com processos que poderiam ser evitados se a vítima tivesse a opção de buscar apenas medidas protetivas.

Medidas protetivas – O dispositivo deixa claro que a concessão das medidas protetivas de urgência, previstas nos arts. 22, 23 e 24 da lei, dependem de pedido da ofendida. E assim deve ser, afinal nada impede que a vítima, embora tenha sofrido uma infração penal, não almeje a adoção de nenhuma daquelas medidas.

Num exemplo: a vítima teve sua honra atingida por ato do marido, fato que configura uma violência moral (art. 7.º, V), a merecer, portanto, a proteção da lei. Conquanto tenha experimentado essa espécie de violência, pode a ofendida entender desnecessário seu afastamento do lar conjugal ou o do marido. Com isso, desnecessária seria, também, a fixação liminar de alimentos. Tampouco haveria lugar para qualquer restrição de acesso do agressor aos filhos.

Surge, a partir desse entendimento, aparente conflito com o art. 19 da lei, quando afirma que as medidas protetivas de urgência podem ser concedidas a pedido da vítima e mediante requerimento do Ministério Público.

Para harmonizar ambos os dispositivos, parece mais adequada a conclusão de que, em um primeiro momento, perante a autoridade policial, cumpre à ofendida manifestar sua vontade no sentido de se adotar, ou não, as medidas urgentes. Nada impede, contudo, que mais adiante, possa o *parquet*, já em juízo, agir *ex officio*, pleiteando a adoção das medidas cabíveis, sobretudo quando em defesa de eventuais incapazes que convivam em meio ao conflituoso relacionamento.

Em síntese, cabe à vítima, segundo seu livre discernimento e após a devida orientação a ser dada pela autoridade policial (art. 11, V), auferir da necessidade das medidas de proteção. Caso as dispense, deve a autoridade oficiar ao juízo, comunicando essa opção da ofendida, deixando, assim, de remeter o pedido tratado no dispositivo em análise.

Parece acertada a tese – que já se nota na doutrina – de que, percebendo que as medidas protetivas são vitais no caso apresentado e, havendo indícios de que a mulher não as requer por motivos alheios à sua vontade, a autoridade policial pode confeccionar a devida representação a ser analisada pelo Ministério Público, podendo o promotor de Justiça encampar os argumentos e requerer ao juiz as medidas de proteção pertinentes.

Deve ser alertado – e mais adiante será aprofundado – que a concessão da medida protetiva independe da prática de crime ou contravenção, bastando que o comportamento do agressor(a) se ajuste à uma das formas de violência contra a mulher. Adultério, por exemplo, é violência psicológica e merece medida protetiva, mesmo não correspondendo à infração penal.

A medida, aliás, pode ser requerida e concedida fora de um procedimento criminal. Não sem motivo, o parágrafo 5º do art. 19, incluído pela Lei 14.550/23, anuncia que as medidas protetivas de urgência serão concedidas independentemente da tipificação penal da violência, do ajuizamento de ação penal ou cível, da existência de inquérito policial ou do registro de boletim de ocorrência.

IV – determinar que se proceda ao exame de corpo de delito da ofendida e requisitar outros exames periciais necessários;

A PROVA PERICIAL E A PRESERVAÇÃO DA CADEIA DE CUSTÓDIA DO VESTÍGIO

O art. 158-A apresenta o conceito legal de cadeia de custódia. É, em suma, a sistematização de procedimentos que objetivam a preservação do valor probatório da prova pericial caracterizada, mais precisamente, da sua autenticidade. Cuida dos métodos científicos atuais de manejo da marca vinculada a uma conduta supostamente ilícita. Assegura a preservação dos vestígios desde o contato primário até o descarte dos elementos coletados, garantindo-se a sua qualidade através da documentação cronológica dos atos executados em observância às normas técnicas previstas nas etapas da chamada cadeia de custódia.

A relevância da evidência técnica já era enfatizada por Frederico Marques[69], para quem as provas periciais "contêm em si maior dose de veracidade, visto que nelas preponderam fatores de ordem técnica que, além de mais difíceis de serem deturpados, oferecem campo para uma apreciação objetiva e segura de suas conclusões". Para muitos, a prova pericial que observa a cadeia de custódia "é a testemunha que não mente, jamais".

Consta no *caput* do artigo 155 do CPP, que "*o juiz formará sua convicção pela livre apreciação da prova produzida em contraditório judicial[...], ressalvadas as provas cautelares, não repetíveis e antecipadas*". E o *caput* do artigo 158, dispõe sobre a imprescindibilidade da prova pericial, quando a infração penal deixar vestígios.

Assim, essa prova pericial, na grande maioria dos casos, assume caráter ímpar, senão definitivo, diante da impossibilidade de reprodução em juízo sob o crivo do contraditório. Daí a preocupação dos operadores do direito, no sentido de preservação de todos os vestígios desde a coleta, bem como a atenção à padronização dos procedimentos e ao aperfeiçoamento dos atos dos profissionais vinculados aos órgãos de criminalística.

Oportuno destacar que o conceito cadeia de custódia não é novo e aparece com as mesmas características em outras áreas de atuação, estranhas ao meio jurídico, como nos casos de registro de documentos e obras históricas, onde se faz necessário rastrear a origem do objeto a partir de sua concepção, para a confirmação ou não da autenticidade. Da mesma maneira, é aplicado no manuseio de madeiras sustentáveis, onde há um protocolo de rastreamento do caminho percorrido pelo produto originário da madeira desde a floresta, recebendo a *certificação da cadeia de custódia* fornecida pela organização não governamental *Forest Stewardship Council – FSC*. O Forest Stewardship Council (FSC) é uma organização independente, sem fins lucrativos, não governamental criada para apoiar o manejo ambientalmente adequado, socialmente benéfico e economicamente viável das florestas do mundo.

Na nossa esfera jurídica, a inovação implementada pela Lei 13.964/19 apresenta uma perspectiva contemporânea, na medida em que demonstra que o legislador está atento à globalização, potencializada pelo avanço tecnológico, que de forma galopante instrumentalizou também aos criminosos.

69 Elementos de direito processual penal – volume I. Campinas. Ed. Bookseller, 1997. p.155.

De modo que, a atualização dos instrumentos processuais penais, defasados, diante de diversos tipos de crimes, principalmente os cibernéticos, buscou o aprimoramento dos procedimentos de preservação das evidências atreladas a um delito, fortalecendo a natureza científica e técnica do sistema probatório.

CADEIA DE CUSTÓDIA E SUA IMPORTÂNCIA

Anotamos que o tema ganhou destaque em meados dos anos 90, nos Estados Unidos da América, com a absolvição do astro do cinema e jogador de futebol americano, O. J. Simpson, acusado de ter executado a morte da sua ex-esposa e de um amigo dela. À época, foram apontadas diversas falhas no atendimento da ocorrência, mais precisamente, na preservação da cena do crime e na falta de técnica por parte dos peritos, que sequer usaram luvas para a coleta dos vestígios no local do fato, tudo a manipular as evidências, mitigando eventual possibilidade de condenação criminal.

CPP E A PRECAUÇÃO COM A PRESERVAÇÃO DA PROVA

No Código de Processo, a precaução com a preservação da prova pericial sempre existiu, mesmo antes da Lei 13.964/19. Veja, por exemplo, o art. 6º, que estabelece que a autoridade policial, logo que tiver conhecimento da prática de infração penal, comparecerá no local, providenciando para que não se alterem o estado e conservação das coisas, até a chegada dos peritos criminais, estes encarregados também de liberar os objetos relacionados ao fato para a devida apreensão, procedendo-se à coleta de todas as provas aptas ao esclarecimento do crime.

No mesmo sentido, o artigo 169, ao dispor sobre o procedimento de preservação do local de crime até a chegada dos peritos. O art. 170, por sua vez, orienta que os peritos, nas perícias de laboratório, guardarão material suficiente para o caso de nova perícia e que, sempre que conveniente, os laudos serão ilustrados com provas fotográficas, ou microfotográficas, desenhos ou esquemas.

PADRONIZAÇÃO DOS PROCEDIMENTOS OPERACIONAIS RELACIONADOS ÀS ATIVIDADES PERICIAIS

Em atendimento às reivindicações de dirigentes de órgãos periciais, o Ministério da Justiça lançou em 2012 o "Programa Brasil Mais Seguro", tendo como finalidade a padronização dos procedimentos operacionais relacionados às principais atividades periciais necessárias ao esclarecimento de crimes violentos, sendo abarcadas sete grandes áreas periciais prioritárias: a) balística forense, b) genética forense, c) informática forense, d) local de crime, e) medicina legal, f) papiloscopia e g) química forense, com o objetivo primordial de uniformizar o processo de produção da prova técnica no país.

Regulamentação correlata foi coordenada pela Secretaria Nacional de Segurança Pública (SENASP), que criou 24 procedimentos operacionais padronizados (POPs), publicados em 2013, anunciando orientações para as sete áreas de atuação (balística forense, genética forense, informática forense, local de crime, medicina legal, papiloscopia e química forense), sem ignorar suas ramificações, sendo editado, inclusive, um manual, cujas regras não vinculam obrigatoriamente a atuação do perito, mas se prestam a nortear o trabalho técnico "padrão ouro".

Com efeito, em prosseguimento à aludida regulamentação, no dia 16 de julho de 2014, a Secretaria Nacional de Segurança Pública publicou a Portaria n. 82, estabelecendo a uniformização técnica do trabalho pericial, bem como criando diretrizes sobre os procedimentos a serem observados no tocante à cadeia de custódia de vestígios.

No texto regulatório de 2014 a cadeia de custódia é definida como *o conjunto de todos os procedimentos utilizados para manter e documentar a história cronológica do vestígio, para rastrear sua posse e manuseio a partir de seu reconhecimento até o descarte, consistindo o marco inicial as etapas de preservação do local de crime e/ou com procedimentos policiais ou periciais nos quais seja detectada a existência de vestígio, sendo que o agente público que reconhecer um elemento como de potencial interesse para a produção da prova pericial fica responsável por sua preservação.*

A Lei 13.964/19 se espelhou significativamente nos regramentos acima.

CADEIA DE CUSTÓDIA E A AUTENTICIDADE DA PROVA

Cadeia de custódia dos vestígios fidedigna aos ditames legais diminui a probabilidade de violação ou de contaminação, seja acidental ou dolosa, da amostra, garantindo-se a autenticidade do elemento de prova.

Autenticidade consiste na certeza de que o objeto em análise provém das fontes anunciadas e que não foi alvo de mutações ao longo de um processo, assegurando-se a identificação e a segurança da origem da informação.

O que se persegue com a preservação e a observância às etapas da cadeia de custódia o nível máximo de autenticidade da prova pericial, isto é, a propriedade do vestígio preservado genuinamente em sua essência.

Quando se discute preservação do vestígio e a garantia da autenticidade da prova, não se pode olvidar sobre a possibilidade de sua contaminação, gerada, por exemplo, pela presença de pessoa não autorizada no local do fato, acondicionamento inadequado do material coletado, ausência de identificação de todos os agentes que tiveram contato com o vestígio nas diversas fases da cadeia etc. Nesse quadro, inevitável a pergunta: a falha em alguma etapa da cadeia de custódia terá qual consequência? Passa a ser ilegal? Deixa de ser autêntica? Poderíamos escalonar a autenticidade em graus? Absoluta, média ou reduzida? O juiz poderá rejeitar essa prova? Ou atribuir um valor mitigado pelo grau de autenticidade alcançado?

Em que pese corrente em sentido contrário, entendemos que a não observância dos regramentos da cadeia de custódia não pode ser rotulada (ou confundida) com a obtenção ilegal de prova. A prova a ser custodiada é legal, pois, do contrário, nem merece ser guardada.

No capítulo em estudo, o elemento objeto da custódia não tem vícios instrumentais na sua obtenção, processuais ou legais. Em razão de algum evento acidental ou intencional, tem maculada a sua custódia genuína. Isso interfere na sua qualidade.

Nossa posição é a de que a prova permanece legítima e lícita, podendo ser questionada a sua autenticidade. Seu valor será maior ou menor quanto mais ou menos se respeitou o procedimento da cadeia de custódia. Não pode ser descartada pelo juiz, mas valorada.

No dizer do saudoso Ministro do Supremo Tribunal Federal Bento de Faria, o juiz, ao aferir o valor probatório do laudo pericial, "objetivamente, deve examinar se o perito, nas suas pesquisas, se utilizou de materiais apropriados ou elementos seguros; se entre as premissas e as conclusões existe o necessário nexo lógico; se o parecer é preciso ou perplexo, concludente ou inconcludente, decisivo ou não; se a respectiva ciência ou arte fornece seguros elementos para autorizar a opinião, ou meras hipóteses mais ou menos racionais"[70].

Como bem observou a **Sexta Turma** do **STJ**: "Mostra-se mais adequada a posição que sustenta que as irregularidades constantes da cadeia de custódia devem ser sopesadas pelo magistrado com todos os elementos produzidos na instrução, a fim de aferir se a prova é confiável. Assim, à míngua de outras provas capazes de dar sustentação à acusação, deve a pretensão ser julgada improcedente, por insuficiência probatória, e o réu ser absolvido. (...) A questão

---

70 Código de Processo Penal. Volume I. Arts. 1 a 250. Distribuidora Record Editora. Rio de Janeiro. 2ª ed. 1960. p. 278.

relativa à quebra da cadeia de custódia da prova merece tratamento acurado, conforme o caso analisado em concreto, de maneira que, a depender das peculiaridades da hipótese analisada, pode haver diferentes desfechos processuais para os casos de descumprimento do assentado no referido dispositivo legal" (**HC n. 653.515**).

Quando a quebra da cadeia de custódia, por exemplo, impedir o contraditório ou a ampla defesa, parece evitando a imprestabilidade do material. Mas esse cenário extremo nem sempre ocorre.

É certo que competirá somente ao juiz a adoção de critério de valoração da prova produzida na salvaguarda da *novatio legis*, havendo que se considerar, ademais, o constante no artigo 182 do CPP, cujo enunciado preconiza que o juiz em seu convencimento, não está vinculado de forma absoluta à conclusão do laudo pericial.

INÍCIO DA CADEIA DE CUSTÓDIA

Nos termos do que disposto no §1º. do art. 158-A, o marco inaugural da cadeia de custódia do vestígio pode ocorrer de três formas, em conjunto ou individualmente, a saber:

a) **preservação do local do crime:** nos casos em que a materialidade é explícita, como no homicídio, o agente público que primeiro chegar ao local deve providenciar, incontinenti, o isolamento preservando o espaço para, em seguida, acionar as demais autoridades policiais, assim como a equipe pericial encarregada do reconhecimento e coleta de todos os elementos sensíveis e de interesse. O objetivo principal é evitar que a cena do crime seja adulterada ou contaminada.

Como já alertamos, o capítulo em estudo foi construído na linha da Portaria n. 82/14 da SENASP. Esta, por sua vez, cataloga o local do crime em áreas: imediata, mediata e relacionada.

Por área *imediata* se entende aquela em que ocorreu o evento alvo da investigação, presumindo-se encontrar a maior concentração de vestígios relacionados ao fato (ex: o interior do imóvel onde o criminoso praticou o homicídio).

A área *mediata* é intermediária entre o sítio onde ocorreu o evento e o grande ambiente exterior. Este ambiente pode conter vestígios relacionados ao fato sob investigação. Entre o local imediato e o mediato existe uma continuidade geográfica (ex: o quintal do imóvel, onde o criminoso abandonou o objeto utilizado para prática delituosa).

A área *relacionada* é todo e qualquer lugar sem ligação geográfica direta com o local do crime e que possa conter algum vestígio ou informação que propicie vínculo com o infração ou venha a auxiliar no contexto do exame pericial (ex: a casa do criminoso, local em que ocorreu o planejamento do delito, consumado em outra localidade).

b) **procedimentos policiais:** o primeiro vestígio é obtido a partir de diligências inauguradas através de ação policial, militar ou não. A intervenção policial pode ser desencadeada por ações institucionais de patrulhamento e prevenção ao crime, prescindindo-se da autorização judicial. Ou, de outro modo, por ações controladas precedidas de investigação e expedição de mandados judiciais cautelares.

c) **procedimentos periciais:** aqui, o vestígio da atividade ilícita é detectado através do trabalho técnico.

AGENTE PÚBLICO E O DEVER DE PRESERVAÇÃO DO ELEMENTO DE PROVA

Agente público é definido como todo aquele que exerce, ainda que transitoriamente ou sem remuneração, por eleição, nomeação designação, contratação ou qualquer forma de investidura ou vínculo, mandato, cargo, emprego ou função pública (Portaria n. 82/14 SENASP).

O legislador, neste parágrafo, enfatiza a importância do momento inicial de reconhecimento da evidência probatória e o comprometimento do agente público com a sua tutela, impondo um discernimento responsável quando da identificação da prova apta a integrar a cadeia de custódia. O policial militar que é acionado para o atendimento de uma ocorrência de feminicídio, por exemplo, reconhecendo ser aquele o local da ação criminosa, deverá imediatamente adotar todas as medidas para isolar e preservar a área sensível, até que seja devidamente periciada e liberada pelos técnicos.

CONCEITO DE VESTÍGIO E SUAS ESPÉCIES

Segundo Botteon[71], vestígio consiste em qualquer objeto, instrumento, marca, rastro, mancha, sinais sensíveis aos sentidos, presente em um local de crime, podendo ter relação com o fato delituoso. Pode ser classificado em *verdadeiro, ilusório, forjado, efêmero, permanente, biológico, inorgânico, morfológico* etc. Pode perceptível ou latente. Pode ser perceptível quando captado pelos sentidos humanos, sem a necessidade de revelação por meio de técnicas forenses (ex: arma de fogo utilizada no cometimento do delito). Latente quando invisível ou oculto, demandando a utilização de técnica ou metodologia adequada para a revelação (ex: impressões digitais).

O perito, no atendimento ao local do crime, atuará no sentido de analisar todo e qualquer vestígio associado ao fato, registrando a cena e arrecadando o que for necessário à sua comprovação e ao esclarecimento da autoria. O objeto ou material bruto, quando visível e irremovível, no caso de um imóvel onde se deu um feminicídio, será analisado em toda a sua área, realizando-se a descrição, a fotografia, a coleta de impressões e o isolamento, se necessário.

O mesmo procedimento nas situações em que é visível e dotado de mobilidade o objeto, mas com características que dificultem ou impossibilitem a sua remoção, como, por exemplo, a cama, onde o marido cometeu o feminicídio.

Diversa será a atuação dos expertos nas situações em que o objeto visível, em razão de suas características, necessita ser recolhido para análise técnica nas dependências do Instituto de Criminalística (ex: arma de fogo), atentando-se para a observância de todos os requisitos exigidos ao recolhimento e encaminhamento do objeto.

A atuação ganha contornos também diferentes em se tratando de vestígio latente, ou seja, não visível, não é físico, não é captado naturalmente.

ETAPAS DE RASTREAMENTO

O art. 158-B anuncia as etapas de rastreamento do vestígio. O rigor científico da nova normatização aparece claramente na definição e encadeamento das etapas, sugerindo uma noção de continuidade, um processo de rastreamento ininterrupto cronologicamente. De acordo com a Portaria SENASP 82/14, as etapas da cadeia de custódia são distribuídas em duas macrofases: externa e interna.

Fase externa – Na fase externa, estão elencadas as etapas relacionadas aos passos entre a preservação do local do crime ou apreensões dos elementos de prova e a chegada do vestígio ao órgão pericial encarregado de processá-lo. Compreende, portanto, a preservação do local do crime, a busca, o reconhecimento (I), o isolamento (II) a fixação (III), a coleta (IV), o acondicionamento (V), o transporte (VI) e o recebimento do vestígio (VII).

Fase interna – A fase interna, por sua vez, compreende todas as etapas entre o ingresso do vestígio no órgão pericial até a conclusão do laudo e remessa ao órgão requisitante. Envolve as etapas de recepção, conferência, classificação, guarda e/ou distribuição do vestígio, análise pericial propriamente dita (VIII), guarda e devolução do vestígio de prova (IX), guarda de vestígios para contraperícia (X) e o registro da cadeia de custódia (XI).

71 Introdução à Criminalística, disponível em www.direcaoconcursos.com.br.

CONDIÇÕES DO DEPÓSITO DOS VESTÍGIOS

O art. 158-F do CPP enfatiza o papel fundamental dos órgãos periciais na preservação do material relacionado à infração penal, destacando a sua responsabilidade no processo de custódia legal. Além disso, atribui ao diretor do órgão central pericial a função de controle da viabilidade e das condições de armazenamento do material, com a iniciativa de se reportar diretamente ao delegado de polícia ou ao juiz de direito, no sentido de promover, caso necessário, a remoção de determinado material.

> V – ouvir o agressor e as testemunhas;

Trata-se de dispositivo que não exige maior explicação e que, de resto, reproduz o contido no inc. V, do art. 6º, do Código de Processo Penal. Sobre a oitiva da vítima, v. art. 10-A acima

> VI – ordenar a identificação do agressor e fazer juntar aos autos sua folha de antecedentes criminais, indicando a existência de mandado de prisão ou registro de outras ocorrências policiais contra ele;
>
> VI-A – verificar se o agressor possui registro de porte ou posse de arma de fogo e, na hipótese de existência, juntar aos autos essa informação, bem como notificar a ocorrência à instituição responsável pela concessão do registro ou da emissão do porte, nos termos da Lei nº 10.826, de 22 de dezembro de 2003 (Estatuto do Desarmamento); (Incluído pela Lei nº 13.880, de 2019)

Identificação do agressor – A lei Maria da Penha, ao fazer menção apenas à "identificação" do agressor, não criou, em absoluto, uma nova hipótese de identificação obrigatória dentre aquelas previstas na Lei 12.037/2009.

Com efeito, a identificação criminal somente será realizada caso o agressor se encontre em algumas das condições dos incs. I a VI do art. 3.º do diploma legal mencionado. As hipóteses são as seguintes: I – o documento apresentar rasura ou tiver indício de falsificação; II – o documento apresentado for insuficiente para identificar cabalmente o indiciado; III – o indiciado portar documentos de identidade distintos, com informações conflitantes entre si; IV – a identificação criminal for essencial às investigações policiais, segundo despacho da autoridade judiciária competente, que decidirá de ofício ou mediante representação da autoridade policial, do Ministério Público ou da defesa; V – constar de registros policiais o uso de outros nomes ou diferentes qualificações; VI – o estado de conservação ou a distância temporal ou da localidade da expedição do documento apresentado impossibilite a completa identificação dos caracteres essenciais.

Mas o simples fato de ter perpetrado um crime no âmbito protegido pela lei em análise, por si só, não justifica a identificação criminal do agente. Quisesse o legislador incluir essa nova modalidade de identificação obrigatória teria se utilizado da expressão "identificação criminal". Ao se referir, apenas, à "identificação" é porque se satisfez com a mera prova civil da identidade do autor.

Em suma, o simples fato de ter o agente perpetrado uma infração penal no contexto de violência doméstica ou familiar, não impõe a identificação criminal obrigatória. Esta ocorrerá, somente, se o agressor se encontrar em uma das situações dos incs. I a VI, do art. 3.º da Lei 12.037/2009.

Prazo para conclusão do inquérito policial

O prazo legal para conclusão do inquérito policial, à falta de disposição específica na lei, é o mesmo do Código de Processo Penal (art. 10), isto é, 10 dias se preso ou agente ou 30 dias, caso solto (nesta hipótese, com possibilidade de dilação do prazo, na dicção do § 3º do mesmo artigo).

Aqui, ressaltamos que a Lei 13.964/2019 (Pacote Anticrime), introduziu ao Código de Processo Penal, alterações em relação ao prazo estipulado no artigo 10, sendo previsto no artigo 3º-B, §2º, que o prazo para conclusão do inquérito policial de investigado preso, poderá ser prorrogado por uma única vez, por 15 dias, sendo a prisão relaxada após esse decurso, caso o procedimento não tenha sido concluído.

Nas ADIs 6.298, 6.299, 6.300 e 6.305, o STF, atribuindo ao art. 3º-B, §2º, do CPP, interpretação conforme, assentou que: "a) o juiz pode decidir de forma fundamentada, reconhecendo a necessidade de novas prorrogações no inquérito, diante de elementos concretos, e da complexidade da investigação; e b) a observância do prazo previsto em lei não implica na revogação automática da prisão preventiva, devendo o juiz competente ser instado a avaliar os motivos que a ensejaram, nos termos da ADI 6581".

Registro de posse ou porte de arma de fogo em nome do agressor

A Lei 13.880/19 inseriu no art. 12 o inciso VI-A, que impõe à autoridade policial a obrigação de verificar se há em nome do agressor registro de posse ou porte de arma de fogo, e, em caso positivo, juntar aos autos essa informação, bem como notificar a ocorrência à instituição responsável pela concessão do registro ou da emissão do porte.

Desta forma, uma vez praticada uma infração penal que se insira no conceito de violência doméstica e familiar contra a mulher, além das medidas de praxe para viabilizar a investigação, a autoridade policial deve pesquisar a existência de registro de arma de fogo em nome do agressor e, sendo identificado o registro, a mesma autoridade deve notificar a Polícia Federal, que, nos termos do art. 5º, § 1º, da Lei 10.826/03 é o órgão competente para a expedição tanto do registro da arma quanto da autorização para o porte.

Uma vez juntada a informação a respeito do registro da arma e adotadas as demais medidas cabíveis na forma do art. 12, os autos são remetidos ao juiz, que, conforme dispõe o novo inciso IV do art. 18 – também inserido pela Lei 13.880/19 – deve determinar a apreensão imediata de arma de fogo que estiver sob a posse do agressor. Não é, portanto, a autoridade policial a legitimada para determinar a apreensão; a ela cabe apenas adotar as providências iniciais para apurar se existe o registro.

Note-se que a medida não é exatamente uma novidade, mas sim uma forma de conferir maior efetividade a algo já presente na redação original da Lei 11.340/06. Isto porque o art. 22, que dispõe sobre as medidas protetivas de urgência que obrigam o agressor, traz já no inciso I a suspensão da posse ou restrição do porte de armas, com comunicação ao órgão competente. O que a Lei 13.880/19 permite é que, no mesmo expediente em que a ofendida requer a medida protetiva, o juiz determine simultaneamente a apreensão da arma.

Pressupõe-se que as restrições aqui mencionadas se refiram a uma arma regular, ou seja, devidamente registrada e com autorização para porte, se for o caso. Isto porque se a arma for ilegal a situação do agressor se agrava e sua conduta, a partir daí, passa a configurar um dos delitos tipificados nos arts. 12, 14 ou 16 da Lei 10.826/03. E mais, nesses casos, a arma apreendida deverá ser destruída, conforme dispõe o art. 25, *caput*, do Estatuto do Desarmamento.

VII – remeter, no prazo legal, os autos do inquérito policial ao juiz e ao Ministério Público.

§ 1º O pedido da ofendida será tomado a termo pela autoridade policial e deverá conter:

I – qualificação da ofendida e do agressor;

II – nome e idade dos dependentes;

III – descrição sucinta do fato e das medidas protetivas solicitadas pela ofendida;

IV – informação sobre a condição de a ofendida ser pessoa com deficiência e se da violência sofrida resultou deficiência ou agravamento de deficiência preexistente (Incluído pela Lei nº 13.836, de 2019).

§ 2º A autoridade policial deverá anexar ao documento referido no § 1º o boletim de ocorrência e cópia de todos os documentos disponíveis em posse da ofendida.

§ 3º Serão admitidos como meios de prova os laudos ou prontuários médicos fornecidos por hospitais e postos de saúde.

MEDIDAS PROTETIVAS SOLICITADAS PELA VÍTIMA

Quanto ao pedido de adoção das medidas protetivas, é de praxe que as delegacias possuam uma folha previamente impressa ou um modelo padrão no sistema de registro eletrônico, nos quais a vítima, mediante a colocação de um "x", aponte aquelas que deseja ver implementadas.

Além do requerimento das medidas protetivas, também deverá ser observado o preenchimento do Formulário Nacional de Avaliação de Risco desenvolvido para que, em casos concretos, autoridades possam identificar fatores de risco de intensificação da violência e feminicídio. Assim, é possível gerir o risco e adotar providências para proteger a mulher e sua família.

A importância desse formulário reside no fato de que, em regra, autores de violência são primários e de bons antecedentes e não demonstram socialmente sua agressividade. Além disso, em regra, as vítimas se retratam e não identificam o perigo de morte em razão do ciclo da violência a que estão submetidas.

Essas circunstâncias obrigaram estudiosos a desenvolver, ao redor do mundo, instrumentos de avaliação de risco validados cientificamente, tais como Danger Assment (DA), de Jacquelyn Campbell (1986), SARA – Spousal Assault Risk Assessment, DASH – Domestic Abuse, Stalking and Harassment and Honour Based Violence (DASH, 2009).

No Brasil, foi desenvolvido um formulário nacional e unificado, aprovado pela Resolução nº 05 do CNJ e CNMP, denominado FORMULÁRIO NACIONAL DE AVALIAÇÃO DE RISCO, que se tornou obrigatório com a Lei 14.149/2021. Como é o formulário no Brasil?

O documento é dividido em três partes:

HISTÓRICO DE VIOLÊNCIA, com referência ao uso de arma branca ou de fogo, formas de violência, uso de instrumentos, necessidade de atendimento médico, comportamento obsessivo ou de perseguição, medida protetiva anterior e descumprimento, intensificação das ameaças;

INFORMAÇÕES SOBRE O AGRESSOR/A: uso de álcool ou drogas; doença mental; ideação suicida; dificuldades financeiras ou desemprego; uso de arma ou acesso a arma; ameaça a filhos ou familiares;

INFORMAÇÕES SOBRE A VÍTIMA: separação recente; existência de filhos; existência de conflitos familiares; se os filhos já presenciaram agressão; violência durante gravidez; se a vítima está gravida; novo relacionamento da vítima; deficiência da vítima e raça da vítima.

Além disso, há informações para serem preenchidas pelo profissional: se a vítima tem consciência da situação de risco, como está física e emocionalmente, se menciona suicídio, mora com o agressor e outras informações relevantes.

Esses fatores de risco permitem identificar o grau de vulnerabilidade da mulher em situação de violência e as medidas pertinentes no caso concreto. Dentre os fatores de risco mais relevantes destacam-se a separação recente, responsável por quase metade dos feminicídios em São Paulo, seguindo-se sentimentos de posse e machismo.

Nesse sentido, a pesquisa Raio X do Feminicídio do Núcleo de Gênero do Centro de Apoio às Promotorias Criminais do MP de São Paulo[72]:

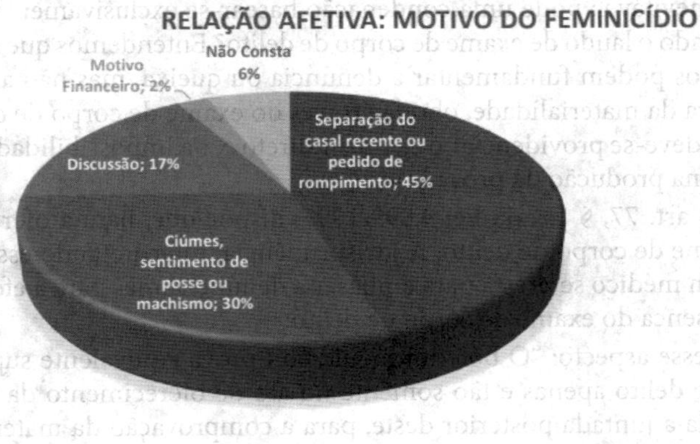

Com a Lei 14.149/2021, aprovada em 05 de maio, o Formulário Nacional de Avaliação de Risco tornou-se obrigatório.

O preenchimento deve ser feito preferencialmente pela Polícia Civil no momento do registro da ocorrência (art. 2º, par. 2º). Embora a lei não mencione, esse preenchimento também pode ser feito quando a vítima comparece à Delegacia de Polícia para prestar depoimento, quando a autoridade policial terá uma maior proximidade com a vítima, desde que não exista prejuízo para a vítima e para as providências urgentes, como o requerimento de medidas protetivas.

Caso não ocorra o preenchimento pela polícia, deverá ser feito pelo Ministério Público ou Poder Judiciário, **por profissional capacitado**, no primeiro atendimento à mulher (art. 2º, par. 3º da Lei 14.149/2021 c.c. art. 4º Resolução).

Pode haver o preenchimento por outros órgãos que atuem na prevenção e enfrentamento à violência contra a mulher.

A vítima poderá preencher apenas a parte objetiva, ou seja, a parte que compreende histórico de violência, informações sobre o agressor, informações sobre a vítima.

Todas as informações do formulário são sigilosas e devem utilizadas apenas para subsidiar a atuação de órgãos de segurança pública, do Ministério Público, Poder Judiciário, entidades de proteção (2º, par. 1º, da lei).

No âmbito do Ministério Público, as informações serão importantes para formulação de requerimentos de medidas protetivas, inclusive de caráter patrimonial, inserção da vítima em rede de atendimento, auxílio na investigação, descrição dos fatos na denúncia (exposição de filhos à violência, lesão à saúde, por exemplo).

Pessoa com deficiência

O art. 12, inciso IV, determina que o boletim de ocorrência contenha informações sobre a condição preexistente de deficiência da vítima ou se a violência causou ou agravou a condição. Reconhece, assim, a situação de aguda vulnerabilidade na qual se encontram as mulheres com deficiência.

72 NG- CAOCRIM. Raio X do Feminicidio: é possível prevenir a morte de mulheres. Disponível em: http://www.mpsp.mp.br/portal/page/portal/Nucleo_de_Genero/Feminicidio/RaioXFeminicidioC.PDF. Acesso em: 07 mai 2021.

LAUDOS OU PRONTUÁRIOS MÉDICOS COMO MEIOS DE PROVA

Serão admitidos como meios de prova os laudos ou prontuários médicos fornecidos por hospitais e postos de saúde.

A questão é inevitável: pode uma condenação basear-se exclusivamente em documentos médicos, dispensando o laudo de exame de corpo de delito? Entendemos que não. Os laudos ou prontuários médicos podem fundamentar a denúncia ou queixa, mas não a condenação, que requer prova segura da materialidade, obtida através do exame de corpo de delito. Se o exame direto for inviável, deve-se providenciar o exame indireto e, na impossibilidade deste, a questão deve ser abordada na produção da prova oral.

Com efeito, o art. 77, § 1.º, da Lei 9.099/1995, dispõe que, para a oferta de denúncia, é prescindível o exame de corpo de delito. A jurisprudência, interpretando esse dispositivo, entende que o boletim médico se presta para embasar a denúncia, mas para a efetiva condenação, é obrigatória a presença do exame de corpo de delito.

Confira-se, nesse aspecto: "O boletim médico ou prova equivalente supre a ausência do exame de corpo de delito apenas e tão somente no ato de oferecimento da denúncia, sendo, portanto, necessária a juntada posterior deste, para a comprovação da materialidade delitiva, de sorte que o art. 77, § 1.º, da Lei 9.099/1995 não revogou o disposto no art. 158 do CPP".[73]

No julgamento do AgRg no HC n. 843.482/SE, de relatoria do Ministro Reynaldo Soares da Fonseca, a 5ª Turma reafirmou a tese de que em crime de lesão corporal praticado no contexto de violência doméstica, o exame de corpo de delito propriamente dito pode ser dispensado, acaso a materialidade tenha sido demonstrada por outros meios de prova.

> 1. Como é de conhecimento, esta Corte Superior já se manifestou no sentido de que, em crime de lesão corporal praticado no contexto de violência doméstica, o exame de corpo de delito propriamente dito pode ser dispensado, acaso a materialidade tenha sido demonstrada por outros meios de prova.
>
> 2. Na hipótese dos autos, conforme destacado pela Corte local, a condenação do paciente pelo crime de lesão corporal no contexto de violência doméstica foi configurada ante o pormenorizado depoimento da vítima (companheira do paciente), informando com clareza o modo como foi agredida e as datas dos fatos, além das fotografias anexadas aos autos que demonstram as lesões sofridas no rosto da vítima e das provas testemunhais colhidas ao longo da instrução criminal, especialmente o relato de um dos policiais que avistou a vítima logo após as agressões, a qual lhe mostrou as lesões decorrentes da agressão praticada pelo paciente, afirmando terem sido causadas por socos na sua face. Portanto, ao contrário do alegado pela defesa, a condenação do paciente pelo crime previsto no artigo 129, §9º, do Código Penal, baseou-se em elementos concretos, não deixando dúvidas acerca da autoria e da materialidade do delito.
>
> 3. Nesse contexto, para alterar o entendimento da Corte Estadual (soberana na análise dos fatos e provas) e atender ao pleito de absolvição por insuficiência de provas seria necessário o revolvimento do conjunto fático-probatório dos autos, o que é sabidamente inviável na via estreita do habeas corpus.
>
> 4. Agravo regimental a que se nega provimento.
>
> (AgRg no HC n. 843.482/SE, relator Ministro Reynaldo Soares da Fonseca, Quinta Turma, julgado em 11/9/2023, DJe de 13/9/2023).

73 TACrimSP, rel. Breno Guimarães, *RJTACrim*37/230. E, ainda: TACrimSP, ApCrim 1.109.071/6, rel. Ubiratan de Arruda, j. 17.12.1998; TACrimSP, rel. Wilson Barreira, *RJE* 7/344.

Art. 12-A. Os Estados e o Distrito Federal, na formulação de suas políticas e planos de atendimento à mulher em situação de violência doméstica e familiar, darão prioridade, no âmbito da Polícia Civil, à criação de Delegacias Especializadas de Atendimento à Mulher (Deams), de Núcleos Investigativos de Feminicídio e de equipes especializadas para o atendimento e a investigação das violências graves contra a mulher.

Art. 12-B. (VETADO). (Incluído pela Lei nº 13.505, de 2017)

§ 1º (VETADO). (Incluído pela Lei nº 13.505, de 2017)

§ 2º (VETADO. (Incluído pela Lei nº 13.505, de 2017)

Atendimento especializado – O inc. IV, do art. 8º da lei em análise, elenca, como um dos itens de política pública de atendimento à mulher, "a implementação de atendimento policial especializado para as mulheres, em particular nas Delegacias de Atendimento à Mulher". A criação de delegacias especializadas, por si só, já importaria em notável avanço. Mas não basta a sua criação. É de rigor que se promova treinamento especializado aos policiais que exercerão suas atividades junto a tais unidades. Que se escolham pessoas que revelem aptidão para o trato da mulher e sensibilidade para abordagem dos problemas por ela suportados. E que se dê preferência a policiais do sexo feminino em face do constrangimento natural que se verifica cotidianamente, quando a mulher se vê obrigada a narrar fatos incômodos (a prática de um crime contra sua liberdade sexual, por exemplo) para homens nem sempre preparados para ouvi-la.

Interessantíssimo trabalho de orientação sobre o funcionamento das delegacias especializadas foi elaborado, no ano de 2010, pela Presidência da República juntamente com a Secretaria de Políticas para as Mulheres. Sob o título "Norma Técnica de Padronização das Delegacias Especializadas de Atendimento às Mulheres", é elencado todo um protocolo a abranger a recepção da vítima, seu atendimento e encaminhamento, bem como a adoção das medidas cabíveis, de cunho policial.

No que se refere, mais especificamente, ao primeiro contato da vítima que vai em busca da proteção policial, o trabalho indica o seguinte procedimento:

- Acolher as mulheres em situação de violência com atendimento humanizado, levando sempre em consideração a palavra da mulher, em ambiente adequado, com sala reservada, para manter a privacidade da mulher e do seu depoimento;
- Atender, sem qualquer forma de preconceito ou discriminação, as mulheres, independentemente de sua orientação sexual, incluindo também as mulheres prostitutas, quando vítimas de violência de gênero;
- O atendimento inicial e o acolhimento devem ser feitos por uma equipe de policiais qualificados profissionalmente, preferencialmente do sexo feminino, com compreensão do fenômeno da violência de gênero;
- A equipe de policiais responsáveis pelo atendimento e acolhimento das mulheres em situação de violência deve conhecer as diretrizes e procedimentos da Delegacia Especializada e possuir material de informação e de orientação para estas mulheres;
- Acolher as mulheres em situação de violência de gênero, mesmo nos casos os quais as Delegacias não tenham atribuições específicas (tráfico de seres humanos – de mulheres, turismo sexual), procedendo ao encaminhamento para a instância policial competente;
- Ter escuta qualificada, sigilosa e não julgadora.

A norma técnica recomenda, ainda, o funcionamento ininterrupto das Delegacias especializadas, por 24 horas, inclusive, aos sábados, domingos e feriados. E indica o número de tais delegacias em consonância com a população de cada cidade, a saber: para cidades com até 300 mil habitantes, 2 delegacias; para aquelas até 500 mil habitantes, 3 delegacias; de 500 mil a 1 milhão de habitantes, 4 delegacias; mais de 1 milhão, 5 delegacias. Trata-se de fórmula que, conquanto trace um panorama ideal, ainda está muito distante de nossa realidade. Para que se tenha uma ideia, a cidade de Ribeirão Preto, no Estado de São Paulo, com mais de 600 mil habitantes, conta com uma delegacia, quando o trabalho sugere que devessem ser quatro. Oxalá um dia se chegue perto da proposta do trabalho.

Projeto social – Interessante projeto, decorrente do Dec. 55.089, de 8 de maio de 2014, foi implantado na cidade de São Paulo, denominado Projeto Guardiã Maria da Penha, cujo objetivo é de prevenir e combater qualquer espécie de violência doméstica contra a mulher, monitorar o cumprimento de normas que garantam a proteção da mulher e a responsabilização de seu agressor e promover o acolhimento da vítima em centros especialmente capacitados a tanto. Tais atribuições, nos termos do diploma legal, são exercidas pela Guarda Civil Metropolitana, mediante prévia capacitação de seus componentes, e incluem, ademais, visitações domiciliares periódicas, com encaminhamento à Defensoria Pública quando for o caso. Cumpre, demais disso, verificar o cumprimento das medidas protetivas impostas contra o agressor e em favor da vítima, comunicando ao juiz eventual descumprimento.

Promoção de programas educacionais – Experiência das mais interessantes, desenvolvida, inicialmente, na cidade de São Paulo, é o projeto "Promotoras legais populares" (nenhuma relação com o Ministério Público), que tem por objetivo a capacitação de mulheres de baixa renda "para lidar com as leis, o direito e facilitar o seu acesso à justiça e aos serviços correlatos", segundo informa Maria Amélia de Almeida Teles[74].

§ 3º A autoridade policial poderá requisitar os serviços públicos necessários à defesa da mulher em situação de violência doméstica e familiar e de seus dependentes. (Incluído pela Lei nº 13.505, de 2017)

Requisição – Este dispositivo, segundo se extrai de sua leitura, permite que a autoridade policial *requisite* os serviços públicos disponíveis visando a proteção da vítima de violência doméstica.

Não se cuida de mero requerimento que, como tal, permite o deferimento ou não. Antes, tratando-se de *ordem*, deve, como regra, ser cumprida. Por óbvio, quando a ordem se revelar manifestamente ilegal, seu receptor não se obrigará a observá-la, cabendo oficiar à autoridade requisitante (o delegado de polícia), justificando as razões do descumprimento. Revestida dos requisitos legais, porém, a ordem descumprida pode sujeitar o agente à prática do crime de desobediência, previsto no art. 330 do Código Penal.

Assim, por exemplo, poderá a autoridade policial requisitar ao Conselho Tutelar que socorra uma vítima de violência doméstica, menor de idade. Ou que dispense o mesmo tratamento aos dependentes (filhos), da ofendida. Ou determinar que um posto de saúde acuda uma mulher que foi agredida. Ou, ainda, que o setor de assistência social da prefeitura acompanhe uma família cuja matriarca vem sendo violentada. Também o encaminhamento da vítima ao IML será instruído com requisição para a realização do respectivo exame de corpo de delito.

Art. 12-C. Verificada a existência de risco atual ou iminente à vida ou à integridade física ou psicológica da mulher em situação de violência doméstica e familiar, ou de seus

74 A luta pelos direitos humanos – Experiência prática – Promotoras legais populares. *Revista Brasileira de Ciências Criminais*, n. 6, jan.-mar. 1998.

dependentes, o agressor será imediatamente afastado do lar, domicílio ou local de convivência com a ofendida: (Incluído pela Lei nº 13.827, de 2019)

I - pela autoridade judicial; (Incluído pela Lei nº 13.827, de 2019)

II - pelo delegado de polícia, quando o Município não for sede de comarca; ou (Incluído pela Lei nº 13.827, de 2019)

III - pelo policial, quando o Município não for sede de comarca e não houver delegado disponível no momento da denúncia. (Incluído pela Lei nº 13.827, de 2019)

§ 1º Nas hipóteses dos incisos II e III do caput deste artigo, o juiz será comunicado no prazo máximo de 24 (vinte e quatro) horas e decidirá, em igual prazo, sobre a manutenção ou a revogação da medida aplicada, devendo dar ciência ao Ministério Público concomitantemente. (Incluído pela Lei nº 13.827, de 2019)

§ 2º Nos casos de risco à integridade física da ofendida ou à efetividade da medida protetiva de urgência, não será concedida liberdade provisória ao preso. (Incluído pela Lei nº 13.827, de 2019)

Afastamento do agressor como medida protetiva

Praticada uma infração penal que se insira no conceito de violência doméstica e familiar contra a mulher (art. 5º da Lei n. 11.340/2006), é possível ao juiz conceder medidas protetivas de urgência buscando impedir que a ofendida seja alvo de novos atos de violência.

Uma das medidas estabelecidas no art. 22 da Lei n. 11.340/2006 é o afastamento do agressor do lar, domicílio ou local de convivência com a ofendida (inc. II). Segundo o disposto no ***caput*** do citado dispositivo, a medida deve ser aplicada pelo juiz, sendo que, no geral, segue-se o trâmite estabelecido nos arts. 10 a 12 e 18 a 21 da Lei n. 11.340/2006, dos quais destacamos especificamente o inc. III do art. 12, e o ***caput*** do art. 18, segundo os quais, feito o registro da ocorrência, deverá a autoridade policial remeter, no prazo de quarenta e oito horas, expediente apartado ao juiz com o pedido da ofendida para a concessão de medidas protetivas de urgência, e, recebido o expediente, caberá ao juiz decidir no mesmo prazo.

Ocorre que o caso concreto pode trazer circunstâncias que tornem o prazo legal muito extenso, o que aumenta o risco de ineficácia da medida eventualmente concedida e de que a vítima continue sendo submetida a violência mesmo depois de comunicada a infração penal. Para suprir essa deficiência na proteção às vítimas de violência doméstica, a Lei 13.827/19 introduz na Lei Maria da Penha, o art. 12-C, cuja redação do caput foi alterada pela Lei 14.188/2021, para acrescentar ao risco atual e iminente à vida e à integridade física, também à integridade psicológica.

Depreende-se do novel dispositivo que o legislador pretendeu conferir à violência psicológica o mesmo status de gravidade àquelas definidas como ofensa à vida e à integridade física, no sentido de que todas merecem amparo de mesma categoria, com a garantia de aplicação imediata das medidas de proteção.

Além da alteração ao "caput" do artigo em questão, a Lei 14.188/2021 incorporou ao ordenamento jurídico o Programa de Cooperação Sinal Vermelho, criado em 2020 pelo Conselho Nacional de Justiça e pela Associação dos Magistrados do Brasil.

A Lei 14.188/2021 também introduziu no Código Penal duas alterações vinculadas à condição de gênero feminino. A primeira foi a inserção de uma qualificadora para o delito previsto no artigo 129, cuja redação (e pena) foi posteriormente alterada pela Lei 14.994/24, a saber:

> § 13. Se a lesão é praticada contra a mulher, por razões da condição do sexo feminino, nos termos do § 1º do art. 121-A deste Código: Pena – reclusão, de 2 (dois) a 5 (cinco) anos.

A segunda alteração criou o artigo 147-B, que define as ações que caracterizam a violência psicológica:

> "Causar dano emocional à mulher que a prejudique e perturbe seu pleno desenvolvimento ou que vise a degradar ou a controlar suas ações, comportamentos, crenças e decisões, mediante ameaça, constrangimento, humilhação, manipulação, isolamento, chantagem, ridicularização, limitação do direito de ir e vir ou qualquer outro meio que cause prejuízo à sua saúde psicológica e autodeterminação."

IMEDIATIDADE NA CONCESSÃO

Nota-se, inicialmente, que o art. 12-C cria situação em que a atualidade ou a iminência de risco à vida ou à integridade física da vítima impõe a concessão *imediata* da medida protetiva de afastamento do lar. Risco atual é o que está em curso, como no caso de uma lesão corporal que pode se reiterar. Iminente é o risco que está prestes a ocorrer, como em uma ameaça em que haja elementos indicando a possibilidade concreta de que o agente pode cometer o mal injusto e grave que promete.

O advérbio *imediatamente* não deixa dúvida: constatada a atualidade ou a iminência do perigo à vida ou à integridade física, a medida protetiva deve ser concedida no mesmo instante, sem nenhuma perda de tempo. Por isso, uma vez registrada a ocorrência, deve a autoridade policial providenciar *incontinenti* a remessa do pedido de medida protetiva à autoridade judicial, não se aplicando o prazo de quarenta e oito horas estabelecido no art. 12, inc. III. Da mesma forma, a autoridade judicial deve decidir *imediatamente*, não dentro do prazo de quarenta e oito horas que estabelece o art. 18. De fato, não faria sentido inserir na lei um dispositivo que determina a imediata concessão da medida se o trâmite do pedido devesse permanecer submetido à regra existente anteriormente. Desta forma, os mencionados prazos de quarenta e oito horas se aplicam apenas às situações em que não se trata de perigo atual ou iminente à vida ou à integridade física da mulher vítima de violência doméstica e familiar.

Por óbvio, a implantação do sistema digital nos diálogos entre os órgãos de persecução penal facilitou o trâmite não só dos feitos, mas também agilizou os procedimentos relacionados aos requerimentos de medida protetiva.

MEDIDA PROTETIVA APLICADA PELA AUTORIDADE POLICIAL E POLICIAIS

O art. 12-C permite que outros agentes, além da autoridade judicial, concedam a medida protetiva de afastamento do lar ou da convivência com a ofendida. Não se trata, todavia, de atuação simultânea, mas sim subsidiária, como se extrai claramente do dispositivo legal.

Com efeito, no caso de risco atual ou iminente à vida ou à integridade física ou psicológica da vítima, a lei estabelece que, em primeiro lugar, a autoridade judicial aplique a medida de afastamento. Caso o local não seja sede de comarca, isto é, caso se trate de um município (normalmente de pequeno porte) que não conte com varas judiciais e faça parte de comarca instalada em outro município, a medida pode ser concedida pelo delegado de polícia, que, aliás, ao receber a comunicação do crime tem mais condições de avaliar, ainda que superficialmente, as condições físicas e psicológicas da vítima e a real situação a que está submetida. Finalmente, caso o município não seja sede de comarca e, por alguma circunstância, não haja delegado disponível no momento da comunicação do crime, a medida pode ser concedida pelo policial.

Neste ponto, indaga-se: qual a extensão do vocábulo ***policial*** empregado pela lei?

Não há nenhuma dúvida de que o policial civil (investigador ou quem exerce função semelhante) está inserido na permissão legal. Trata-se, afinal, da primeira figura que se apresenta naturalmente ante a ausência do delegado de polícia. Mas, dado o caráter genérico da expressão adotada pelo legislador, e tendo em vista a situação de extrema urgência que fundamenta a concessão da medida, é razoável concluir que qualquer policial civil ou militar (ou mesmo federal, embora dificilmente ocorra crime de violência doméstica de atribuição federal) que tome conhecimento do crime pode determinar o afastamento do lar, respeitada, evidentemente, a ordem de subsidiariedade a que já nos referimos. Em termos práticos, a norma apenas possui aplicabilidade às comarcas de interior e de difícil acesso. Em havendo sistema de processo eletrônico, que permita a imediata comunicação ao magistrado, há sempre preferência para a decisão em sede jurisdicional.

Esta conclusão se reforça pelo disposto no § 1º do art. 12-C, segundo o qual a medida decretada pelo delegado de polícia ou pelo policial deve ser comunicada em no máximo vinte e quatro horas ao juiz, que, em igual prazo, deve decidir se a mantém ou se a revoga. Nota-se, portanto, que a decisão tomada pela autoridade policial ou por quem a substitui não se torna definitiva sem o aval quase imediato da autoridade judicial competente, o que minimiza os riscos de que uma medida eventualmente equivocada prejudique gravemente quem foi afastado do lar. Deve-se ter em mente que o art. 12-C traz uma distinção de gravidade em relação à já normalmente delicada situação de violência doméstica e familiar: o atual ou iminente perigo para a vida ou a integridade física ou psicológica da vítima, o que nos auxilia a compreender por que o legislador decidiu atribuir a diversos agentes públicos o poder de impor imediatamente o afastamento do agressor do lar conjugal. A premência da situação justifica o diferimento da análise judicial.

A nova regra também tem um relevante efeito enquanto parâmetro decisório aos magistrados. Infelizmente, diversas pesquisas documentavam uma postura restritiva do sistema de justiça no deferimento das medidas protetivas de urgência, minimizando a gravidade de atos de violência psicológica, como insultos reiterados, atos de ridicularização ou isolamento da vítima de sua família ou amigos, bem como adotando uma postura "familista" em se evitar o afastamento do homem do lar[75]. Muitas vezes, exigia-se uma "quase-feminicídio" para o deferimento da medida protetiva de urgência, remetendo-se o tema do afastamento do lar para a vara de família no caso de conflitos sem violência física. Por outro lado, a situação de o casal se separar e continuar vivendo sob o mesmo teto, em contexto conflitivo verbal, já é documentada como um fator de risco de feminicídio[76].

Agora, a lei expressamente indica que o risco à integridade psicológica da mulher, mesmo sem atos de violência física, exige o imediato afastamento do ofensor do lar. Ou seja, se o relacionamento se deteriorou em atos abusivos de violência psicológica, ainda que "apenas" mediante palavras, deve haver o imediato afastamento do ofensor do lar, privilegiando-se o princípio da precaução e a proteção preventiva à integridade psicológica da mulher. Questões patrimoniais são secundárias e serão discutidas futuramente perante o juízo de família. Um casal apenas pode permanecer residindo sob o mesmo teto se ambos estiverem de acordo com esta convivência pacífica. Os índices alarmantes de violência contra a mulher no contexto brasileiro exigem que se faça uma opção política de privilegiar a precaução neste tema: na dúvida, protege-se.

TÍTULO IV
DOS PROCEDIMENTOS

CAPÍTULO I
DISPOSIÇÕES GERAIS

Art. 13. Ao processo, ao julgamento e à execução das causas cíveis e criminais decorrentes da prática de violência doméstica e familiar contra a mulher aplicar-se-ão as normas dos

75 v. DINIZ; GUMIERI, 2016; PASINATO et al., 2016.

76 ÁVILA et al., 2020.

Códigos de Processo Penal e Processo Civil e da legislação específica relativa à criança, ao adolescente e ao idoso que não conflitarem com o estabelecido nesta Lei.

Normas aplicáveis – Uma das normas, oriundas do Código de Processo Civil (Lei 13.105/2015), que podem ser aplicadas ao dispositivo em análise, é a que permite a intimação por meio eletrônico, que se constitui em regra, ao dispor o art. 270 que "as intimações realizam-se, sempre que possível, por meio eletrônico, na forma da lei". Nada impede, outrossim, que inviável essa espécie de intimação, o ato se processe por carta registrada (art. 273, II, do CPC/2015). E na impossibilidade desta, dispõe o Enunciado 42 do FONAVID: "é cabível a intimação com hora certa de medidas protetivas de urgência, em analogia à citação com hora certa (art. 362, do CPP e art. 227 do CPC)" e o Enunciado 43: "esgotadas todas as possibilidades de intimação pessoal, será cabível a intimação por edital das decisões de medidas protetivas de urgência". Todas as formas são, também, um modo eficaz de se evitar que a própria ofendida entregue, a seu agressor, as intimações ou notificações, preocupação que não passou despercebida pelo legislador, conforme se vê do parágrafo único do art. 21 desta lei.

JUIZ DAS GARANTIAS

Visando harmonizar nosso processo penal ao sistema constitucional, a Lei 13.964/19 cria a figura do juiz das garantias, órgão jurisdicional com a missão de acompanhar as diversas etapas da investigação. O juiz das garantias é o responsável pelo controle da legalidade da investigação criminal e pela salvaguarda dos direitos individuais cuja franquia tenha sido reservada à autorização prévia do Poder Judiciário (art. 3º-B). Dessa forma, o juiz que julgará o caso – juiz de instrução – somente terá contato com o resultado da investigação depois de oferecida a inicial acusatória. A ideia que permeia a criação do instituto do juiz das garantias é a de distanciar o juiz de instrução da fase anterior, o que, acredita-se, lhe dará maior imparcialidade.

Em suma, com a nova estrutura, instala-se verdadeira separação entre as funções judiciais ligadas à investigação e ao processo. Como bem explica Fabiano Augusto Martins Silveira:

> "É fácil acompanhar o raciocínio. Não tendo emitido juízo sobre a oportunidade e conveniência de diligências que invadem direitos fundamentais do investigado, tampouco sobre pedidos cautelares, o magistrado entra no processo sem o peso de ter decidido a favor ou contra uma das partes. Não leva consigo o passivo da fase pré-processual. Não tem compromisso pessoal com o que se passou. Não colaborou na identificação das fontes de prova. Não manteve o flagrante nem decretou a prisão preventiva. Não impôs o sequestro de bens. Não autorizou a interceptação de conversas telefônicas nem a infiltração de agentes, etc. etc. Quer dizer, em nenhum momento compartilhou a perspectiva dos órgãos de persecução penal" (O Código, as cautelares e o juiz das garantias, Revista de Informação legislativa n. 183, julho/set 2009, p 89).

Observe-se, contudo, que no sistema acusatório, mesmo o juiz das garantias não deve imiscuir-se na fase investigatória, senão quando necessária a sua intervenção, sempre provocada pelos órgãos que atuam na investigação. O juiz das garantias não é um juiz investigador. Nesse sistema, a inércia do juiz em relação à persecução penal deve ser absoluta, não sendo possível a adoção de medidas que promovam ou incentivem a decisão de acusar, sob pena de quebra do princípio da imparcialidade objetiva.

Apesar de ser instituída como norma geral do processo penal brasileiro, era de se esperar que a sistemática da separação das funções jurisdicionais nas etapas de investigação e de julgamento fosse aplicada a todos os órgãos do Poder Judiciário com competência criminal. Afinal, se o escopo é a preservação da imparcialidade do juiz responsável pelo julgamento, não poderia haver exceções.

No entanto, a própria Lei n. 13.964/2019 trouxe exclusões à sistemática do juiz das garantias, visto que não mencionou os processos originários dos Tribunais e aqueles da Justiça Militar, não repetindo as modificações no CPPM. Além disso, o legislador excluiu expressamente as infrações de menor potencial ofensivo (art. 3º-C), opção declarada constitucional nas ADIs 6.298, 6.299, 6.300 e 6.305.

De fato, a Lei não mandou observar a figura do juiz das garantias nos Tribunais. Costuma-se justificar tal opção pelo fato de que o risco que se busca evitar no primeiro grau não existe num colegiado. Neste, normalmente cabe ao relator atuar na fase de investigação, cabendo o recebimento da denúncia aos magistrados reunidos. Ainda que o relator atue nas duas etapas da persecução, na fase do processo o julgamento é plural, razão pela o resultado não depende unicamente do seu convencimento.

Fez bem o legislador em excluir a figura do juiz das garantias no caso de infrações penais de menor potencial ofensivo. Nessa hipótese, em razão da especialização e do procedimento aplicável, com foco na resolução consensual da questão criminal, é certo que a desnecessidade de se utilizar a sistemática do juiz das garantias faz algum sentido. Ademais, o processo perante o Juizado Especial orienta-se pelos critérios da oralidade, simplicidade, informalidade, economia processual e celeridade, características incompatíveis com a figura do novo instituto.

Essas duas exceções (competência originaria dos Tribunais e JECrim) foram ampliadas pelo STF no julgamento das referidas ADIs, alcançando: a) processos de competência do tribunal do júri; b) violência doméstica e familiar.

Desde a edição da Lei n. 13.964, já percebíamos corrente lecionando que o juiz das garantias não deveria ser observado no procedimento especial do júri. Argumentava-se, em resumo, que no tribunal do júri o juiz do julgamento (jurados) está separado do juiz da instrução (juiz togado). O STF, aparentemente, seguiu esse raciocínio.

Discordamos, contudo, dessa solução.

Em que pese no procedimento aplicável aos crimes dolosos contra a vida, a decisão de mérito, em regra, ser de competência constitucional dos juízes leigos (jurados), temos casos em que o juiz togado decide o tema central, reconhecendo autoria e materialidade. Conseguimos vislumbrar, pelo menos, duas hipóteses em que esse cenário ocorre.

A primeira, quando, ao encerrar a fase de prelibação do procedimento, o juiz acolhe a única tese da defesa, julgando o réu inimputável, estando autorizado, desde logo, a julgar o mérito do processo e aplicar sanção penal (da espécie medida de segurança). Na segunda, quando os jurados desclassificam o crime para outro diverso do não doloso contra a vida (por exemplo, de homicídio tentado para lesão corporal), transfere-se ao juiz togado o poder de julgar o mérito, podendo absolver ou condenar o réu.

Esses dois panoramas deveriam indicar a aplicação do juiz das garantias no tribunal do júri, se o escopo do novo instituto fosse realmente incrementar a imparcialidade do juiz que profere decisão de mérito.

Outra exceção trazida pelo STF diz respeito aos casos de violência doméstica e familiar. É particularmente difícil entender a coerência de tal exclusão, se, repita-se, a justificativa para o juiz de garantias for a mantença da imparcialidade do juiz da instrução.

De nossa parte, somos favoráveis à especialização dos juízes, conforme as espécies delitivas que devam julgar, tampouco entendemos que o novo instituto vá, efetivamente, assegurar maior imparcialidade para o órgão julgador. Por isso, não vemos propriamente como um erro a exclusão do juiz das garantias nos crimes que envolvam violência doméstica e familiar, desde que se trate daquela cometida contra a mulher, ou seja, que esteja no campo da violência de gênero. Afinal, o juiz, ainda na fase de investigação, será responsável pela aplicação de medidas protetivas de urgência, que sequer possuem, hoje, natureza criminal, mas tutela cível de urgência. Logo, a especialização é salutar e recomendada para a maior efetividade do papel da Justiça no enfrentamento desse tipo de violência.

No entanto, faltou coerência ao STF, caso o critério para o afastamento da sistemática do novo instituto tiver sido, de fato, a especialização dessas Varas.

Bem sabemos que outras especializações existem em diversos ordenamentos estaduais e na Justiça Federal, notadamente, aquelas referentes aos crimes relacionados a atividades das organizações criminosas e à lavagem de dinheiro. Há tempos existem varas que cuidam exclusivamente dessas manifestações delitivas, até como decorrência de compromissos internacionais assumidos pela República brasileira. Não obstante, nesses casos, de acordo com o STF, haverá a separação das funções jurisdicionais, ou seja, terá que atuar um juiz das garantias na fase de investigação e um juiz de instrução na etapa seguinte.

TRAMITAÇÃO PRIORITÁRIA

O art. 394-A do CPP, com a redação dada pela Lei n. 13.285/2016, assegurava que "os processos que apurem a prática de crime hediondo terão prioridade de tramitação em todas as instâncias". Agora, com a **Lei 14.994/24**, foi adicionado na tramitação prioritária a violência contra a mulher[77].

A *ratio legis* se justifica pelo fato de que, essas espécies de crimes, dada à sua gravidade, reclama uma solução mais célere, uma resposta mais eficaz do Estado. Além disso, seus autores respondem, quase sempre, presos aos processos, o que reforça a necessidade de uma rápida solução.

A duração razoável do processo é um princípio constitucional no Brasil, garantido pelo artigo 5º, inciso LXXVIII. Esse princípio visa assegurar que todos os processos judiciais e administrativos sejam concluídos em um tempo adequado, evitando atrasos desnecessários e garantindo a eficiência da justiça.

Sob a ótica da vítima de um crime, a duração razoável do processo é crucial por várias razões:

- **Justiça e Reparação**: A vítima busca justiça e reparação pelo dano sofrido. Um processo que se arrasta por muito tempo pode aumentar o sofrimento e a sensação de impunidade.
- **Segurança e Tranquilidade**: A resolução rápida do processo pode proporcionar um senso de segurança e tranquilidade, permitindo que a vítima siga em frente com sua vida.
- **Confiança no Sistema Judicial**: A eficiência do sistema judicial em resolver casos de forma célere reforça a confiança da vítima (e da sociedade) na justiça.

Ao referido dispositivo o legislador acrescentou dois parágrafos, ambos tratando de assunto diverso, qual seja, isenção de custas, taxas ou despesas processuais. A finalidade do legislador ao criar os dispositivos é garantir o acesso à justiça para as vítimas de violência contra a mulher (e sucessores processuais), removendo barreiras financeiras que poderiam impedir ou dificultar a busca por proteção e reparação, notadamente em crimes em que a persecução penal depende da sua iniciativa (queixa-crime).

A exceção para casos de má-fé visa evitar que o benefício seja utilizado de forma indevida.

Art. 14. Os Juizados de Violência Doméstica e Familiar contra a Mulher, órgãos da Justiça Ordinária com competência cível e criminal, poderão ser criados pela União, no Distrito

77 Essa garantia, antes da nova Lei 14.994/24, já era assegurada aos processos, pois prevista não apenas no CPC, mas também no Estatuto da Pessoa Idosa e, em certa medida, na própria Lei Maria da Penha (art. 33, parágrafo único).

Federal e nos Territórios, e pelos Estados, para o processo, o julgamento e a execução das causas decorrentes da prática de violência doméstica e familiar contra a mulher.

Parágrafo único. Os atos processuais poderão realizar-se em horário noturno, conforme dispuserem as normas de organização judiciária.

Territórios – Não mais existem territórios em nosso País. Os então existentes até a promulgação da Constituição (Amapá, Roraima e Fernando de Noronha), foram, pelas disposições transitórias (arts. 14 e 15), transformados em Estados (os dois primeiros), e anexado ao Estado de Pernambuco (o último). Nada impede, porém, que outros venham a ser criados, "(...) mediante aprovação da população diretamente interessada, por intermédio de plebiscito, e do Congresso Nacional, por lei complementar", na letra do art. 18, § 3.º, da CF/1988.

Rito – Interessante assinalar que a lei em exame não indicou o rito procedimental para os processos criminais de sua competência. O PL 4.559/2004, inicialmente enviado à apreciação do Congresso, era expresso em afirmar que "ao processo, julgamento e execução dos crimes de competência dos juizados especiais criminais em que esteja caracterizada violência doméstica e familiar contra a mulher, aplica-se a Lei 9.099, de 26 de setembro de 1995, no que não conflitar com o estabelecido nesta lei" (art. 29). Em seguida, nos arts. 31 a 37, traçava todo rito procedimental, aliás muito semelhante àquele estabelecido para o JECrim.

Também o Estatuto da Pessoa Idosa teve esse cuidado, conforme se verifica de seu art. 94, que determina a observância à Lei 9.099/1995 e, subsidiariamente, "no que couber", aos Códigos Penal e de Processo Penal.

Ante a omissão legal, há que se concluir que a determinação do procedimento dependerá do crime cometido. São eles: o procedimento ordinário, quando tiver por objeto crime cuja sanção máxima cominada for igual ou superior a quatro anos e o sumário, para penas inferiores a quatro anos, na atual dicção do art. 394, § 1.º, I e II, do CPP, alterado pela Lei 11.719, de 20 de junho de 2008. E o procedimento sumaríssimo, reservado, nos termos do inc. III do mesmo dispositivo, "para as infrações penais de menor potencial ofensivo". A aplicação da Lei 9.099/1995 foi afastada pelo art. 41 da Lei 11.340/2006. E, por último, o "procedimento especial" que, como o nome indica, tem rito especial.

Assim, cometido contra a mulher um crime que configure violência doméstica ou familiar ("violência" aqui entendida em seu aspecto mais amplo, como consta do art. 7.º da lei), por exemplo, de estupro, o rito será o comum ou ordinário. Já se, nas mesmas condições, é a mulher vítima de uma ameaça, o rito será o sumário, logo ele que, com o advento da Lei 9.099/1995, estava quase esquecido. Tratando-se de um crime contra a honra (v. art. 7.º, V, da Lei 11.340/2006), o procedimento é o do art. 519 e ss. do CPP, e assim por diante.

Sistema recursal – Inviável a aplicação da Lei 9.099/1995, tem-se, por consequência, que eventual apelação contra sentença proferida no âmbito do juizado de violência doméstica e familiar contra a mulher deve ser julgada pelo Tribunal de Justiça. Não há, assim, que se cogitar da competência da turma recursal prevista na Lei 9.099/1995, cabível, somente quando a decisão emanar do JECrim, o que não é o caso.[78] Nesse sentido é Enunciado 21 do FONAVID: "A competência para apreciar os recursos contra as decisões proferidas pelos Juizados de Violência Doméstica contra a Mulher é dos Tribunais de Justiça, independentemente da pena".

78 Nesse sentido: "Compete ao Tribunal de Justiça, e não à Turma Recursal, julgar recurso de apelação aviado contra decisão do Juizado de Violência Doméstica" (STJ, CComp 111905/RJ, j. 23.06.2010, rel. Min. Maria Thereza de Assis Moura, *DJe* 02.08.2010).

Também o *habeas corpus* (que não tem a natureza jurídica de recurso), quando for autoridade coatora juiz do juizado de violência doméstica e familiar contra a mulher, deverá ser impetrado perante o Tribunal de Justiça. O mesmo órgão, portanto, que tem competência recursal tem competência para conhecer do *writ*.

Como observam Grinover, Magalhães e Scarance, "esse princípio não exclui, entretanto, a possibilidade de adoção pela Constituição do Estado, de outros critérios, nos termos da previsão do art. 125, § 1.º, CF/1988"[79]. É o que ocorria à época da existência dos Tribunais de Alçada, extintos pela EC 45/2004, quando, dependendo da matéria, o *habeas corpus* era de competência originária desses tribunais ou do Tribunal de Justiça.

Nada impede, assim, que determinada Constituição Estadual preveja a competência de uma seção civil do tribunal para conhecer do remédio heroico, mesmo porque algumas medidas previstas na lei (afastamento do lar do agressor, proibição de se aproximar da ofendida ou de frequentar determinados lugares), possuem mais um perfil cível do que propriamente criminal.

Na improvável hipótese da competência para julgamento da causa ser de um juiz federal (v. comentários ao art. 6.º da lei), qualquer ato ilegal por ele perpetrado, que atente contra o direito de locomoção do paciente, deve ser atacado por meio do *habeas corpus* impetrado perante o respectivo Tribunal Regional Federal.

Dependendo da condição do paciente ou do coator, a competência poderá ser do STF ou do STJ, conforme expressa previsão constitucional contida, respectivamente, nos arts. 102, I, *d*, e 105, I, *c*, da CF/1988.

Tratando-se de coação perpetrada por particular ou, por exemplo, por delegado de polícia, a competência será do juiz de direito local. Poderia ser lembrada a hipótese na qual, sendo o crime de ação penal pública condicionada, a autoridade policial instaure inquérito sem a respectiva representação da ofendida.

Para a revisão criminal, a competência do STF e do STJ tem previsão constitucional (arts. 102, I, *j*, e 105, I, *e*, da CF/1988). Em nível estadual, a questão é resolvida pelos regimentos internos dos respectivos tribunais.

Contra decisão que defere, indefere ou revoga medidas protetivas de urgência, apesar da indisfarçável controvérsia na doutrina e na jurisprudência, entendemos que o recurso cabível depende do feito em que proferida a decisão. Se a medida protetiva de urgência encontra-se vinculada a inquérito policial ou processo criminal, a decisão é criminal, desafiando o recurso em sentido estrito. Na hipótese de medida protetiva autônoma ou cível, a decisão é extrapenal, sendo revista por meio do agravo de instrumento. Nesse mesmo sentido temos o ENUNCIADO 73 do Centro de Apoio Operacional do Ministério Público do Estado de São Paulo (CAO-CRIM):

> "O recurso cabível da decisão que indefere ou revoga medida protetiva de urgência vinculada a inquérito policial ou processo criminal é o recurso em sentido estrito. Na hipótese de medida protetiva autônoma ou cível o recurso cabível é o agravo de instrumento".

Competência Cível dos Juizados

A competência cível dos Juizados de Violência Doméstica e Familiar contra a Mulher era restrita às medidas protetivas de urgência previstas na Lei Maria da Penha, sendo as ações relativas a direito de família processadas e julgadas pelas Varas de Família. Nesse sentido,

79 *Recursos no processo penal*. 3. ed. São Paulo: Ed. RT, 2001. p. 366.

Enunciado 3 do FONAVID, que, no entanto, está superado, face à alteração recente imposta pela Lei 13.894/19, que amplia essa competência, conforme explicado nos comentários ao artigo 14-A.

Vara de violência contra a mulher tem competência para autorizar viagem de mãe com filho menor de 18 anos ao exterior

É de competência das varas especializadas em violência doméstica ou familiar contra a mulher a análise de demandas relacionadas aos interesses da criança e do adolescente nas hipóteses em que os pedidos estiverem ligados especificamente à prática de violência contra a mulher. Nesses casos, a competência é mantida inclusive nos pedidos de viagem internacional em companhia de menor de idade.

O entendimento foi fixado pela Terceira Turma do Superior Tribunal de Justiça (STJ) ao reconhecer a competência de juizado de violência doméstica do Distrito Federal para autorizar que uma boliviana vítima de violência familiar retorne para o seu país de origem com o filho, de apenas um ano de idade.

Além de se opor à viagem da mãe, o pai da criança defendia a competência da Vara da Infância e Juventude para decidir sobre a questão, tese que foi acolhida pelo Tribunal de Justiça do Distrito Federal (TJDF), mas afastada pela maioria dos ministros do colegiado do STJ no julgamento do recurso especial interposto pela mãe.

VIOLÊNCIA DOMÉSTICA E FAMILIAR CONTRA CRIANÇA OU ADOLESCENTE

De acordo com o art. 23 da Lei 13.431/17, "Os órgãos responsáveis pela organização judiciária poderão criar juizados ou varas especializadas em crimes contra a criança e o adolescente". O parágrafo único complementa: "Até a implementação do disposto no caput deste artigo, o julgamento e a execução das causas decorrentes das práticas de violência ficarão, preferencialmente, a cargo dos juizados ou varas especializadas em violência doméstica e temas afins".

A Terceira Seção do Superior Tribunal de Justiça decidiu que, nas comarcas em que não houver vara especializada em crimes contra criança e adolescente, prevista no artigo 23 da Lei 13.431/2017, os casos de estupro com vítima menor, cometidos no ambiente doméstico e familiar, deverão ser processados e julgados nas varas especializadas em violência doméstica e, somente na ausência destas, nas varas criminais comuns.

Posteriormente, a Sexta Turma ampliou a interpretação do referido dispositivo legal, asseverando que, caso as varas especializadas ainda não tenham sido criadas, compete aos juizados ou varas especializados em violência doméstica o julgamento das ações penais que apurem crimes envolvendo violência contra crianças e adolescentes, independentemente do gênero da vítima ou se o delito cometido contra a criança foi praticado no âmbito doméstico (REsp n. 2.005.974/RJ).

A decisão causou espécie. Lendo e relendo seu teor, percebe-se que, para a Corte Cidadã, a mera condição de vítima criança ou adolescente já basta para firmar a competência do Juizado da Mulher, independentemente da sua idade, sexo ou ambiente em que foi agredida (podendo abranger violência cometida fora do ambiente doméstico e familiar). Aqui está nossa irresignação. A decisão faz sentido para vítima mulher (criança ou adolescente), desde que presente o pressuposto da violência doméstica ou familiar. Fora desse contexto, nos parece equivocado encaminhar para a Vara da Violência Doméstica e Familiar contra a Mulher, já assoberbada em todos os cantos de país, qualquer fato criminoso envolvendo menores de idade. A mulher, certamente, deixará de ter a atenção que carecia e demorou décadas para ser atendida. O ideal, por óbvio, é a criação, nos exatos termos da Lei 13.431/17, juizados ou varas especializadas em crimes contra a criança e o adolescente. Até a sua implementação, nos parece ideal que o julgamento e a execução das causas decorrentes das práticas de violência contra criança ou adolescente devam ficar a cargo das varas criminais, salvo quando a vítima for menina agredida no contexto doméstica e familiar, caso em que o julgamento deverá ocorrer no âmbito do juizado ou vara especializada em violência doméstica.

VIOLÊNCIA DOMÉSTICA E FAMILIAR ENTRE MILITARES

Temos precedente no Supremo Tribunal Federal de que o cometimento de delito por agente militar contra vítima militar somente desafia a competência da Justiça Castrense nos casos em que houver vínculo direto com o desempenho da atividade militar. No mesmo sentido vem se posicionando o Superior Tribunal de Justiça.

Art. 14-A. A ofendida tem a opção de propor ação de divórcio ou de dissolução de união estável no Juizado de Violência Doméstica e Familiar contra a Mulher. [1] (Incluído pela Lei nº 13.894, de 2019)

§ 1º Exclui-se da competência dos Juizados de Violência Doméstica e Familiar contra a Mulher a pretensão relacionada à partilha de bens. (Incluído pela Lei nº 13.894, de 2019)

§ 2º Iniciada a situação de violência doméstica e familiar após o ajuizamento da ação de divórcio ou de dissolução de união estável, a ação terá preferência no juízo onde estiver [2]. (Incluído pela Lei nº 13.894, de 2019)

AÇÃO DE DIVÓRCIO OU DE DISSOLUÇÃO DE UNIÃO ESTÁVEL NO JUIZADO DE VIOLÊNCIA DOMÉSTICA E FAMILIAR CONTRA A MULHER

O projeto orginalmente aprovado pela Casa de Leis, inseriu na Lei 11.340/06 o art. 14-A, estabelecendo a opção da ofendida, de ajuizar ação de divórcio ou de dissolução de união estável no Juizado de Violência Doméstica e Familiar contra a Mulher, excluindo-se qualquer pretensão relativa à partilha de bens. Porém, foi o dispositivo, inicialmente, vetado sob o argumento de que a complexidade de tais ações contrariava a natureza dos Juizados, a saber:

> *"Os dispositivos propostos, ao permitirem e regularem a possibilidade da propositura de ação de divórcio ou de dissolução de união estável no Juizado de Violência Doméstica e Familiar contra a Mulher, guardam incompatibilidade com o objetivo desses Juizados, especialmente no que tange à ágil tramitação das medidas protetivas de urgência previstas na Lei Maria da Penha. Portanto, a alteração proposta é contrária ao interesse público, pois compromete alguns dos princípios que regem a atuação desses juizados, tais como a celeridade, simplicidade, informalidade e economia processual, tendo em vista os inúmeros desdobramentos naturais às ações de Direito de Família."*

Por conseguinte, o Congresso, deliberando sobre o veto, resolveu repudiá-lo, exumando o art. 14-A, composto de dois parágrafos.

Antes de analisar as novidades, importante relembrar os termos do art. 14 da Lei:

> *"Art. 14. Os Juizados de Violência Doméstica e Familiar contra a Mulher, órgãos da Justiça Ordinária com competência cível e criminal, poderão ser criados pela União, no Distrito Federal e nos Territórios, e pelos Estados, para o processo, o julgamento e a execução das causas decorrentes da prática de violência doméstica e familiar contra a mulher.*

Com fulcro nesse dispositivo, sempre se ensinou e decidiu que a competência cível dos Juizados de Violência Doméstica e Familiar contra a Mulher era restrita às medidas protetivas de urgência previstas na Lei Maria da Penha, sendo as ações relativas a direito de família processadas e julgadas pelas Varas de Família. Nesse sentido, Enunciado 3 do FONAVID:

> *"A competência cível dos Juizados de Violência Doméstica e Familiar contra a Mulher é restrita às medidas protetivas de urgência previstas na Lei Maria da Penha, devendo as ações cíveis e as de Direito de Família ser processadas e julgadas pelas varas cíveis e de família, respectivamente".*

Com a nova Lei e a inclusão do artigo 14-A, o Enunciado fica superado. A ofendida tem a faculdade (direito de opção) de propor ação de divórcio ou de dissolução de união estável no Juizado de Violência Doméstica e Familiar contra a Mulher, exceptuando-se da sua competência a pretensão relacionada à partilha de bens.

Da mesma maneira, também nos parece desatualizado pelo novel dispositivo o Enunciado 35 do FONAVID:

> "O juízo de violência doméstica e familiar contra a mulher não é competente para a execução de alimentos fixados em medidas protetivas de urgência".

Inclusive o STJ, sobre o mesmo assunto (fixação e execução de alimentos), reconhecendo a competência híbrida dos Juizados de Violência Doméstica e Familiar, em julgamento de recurso ordinário de habeas corpus[80], assegurou que "a decisão proferida em processo penal que fixa alimentos provisórios ou provisionais em favor da companheira e da filha, em razão da prática de violência doméstica, constitui título hábil para imediata cobrança e, em caso de inadimplemento, passível de decretação de prisão civil", sob o argumento de que "A amplitude da competência conferida pela Lei n. 11.340/2006 à Vara Especializada tem por propósito justamente permitir ao mesmo magistrado o conhecimento da situação de violência doméstica e familiar contra a mulher, permitindo-lhe bem sopesar as repercussões jurídicas nas diversas ações civis e criminais advindas direta e indiretamente desse fato. Providência que, a um só tempo, facilita o acesso da mulher, vítima de violência doméstica, ao Poder Judiciário, e confere-lhe real proteção. Assim, se afigura absolutamente consonante com a abrangência das matérias outorgadas à competência da Vara Especializada da Violência Doméstica e Familiar contra a Mulher o deferimento de medida protetiva de alimentos, de natureza cível, no âmbito de ação criminal destinada a apurar crimes de violência doméstica e familiar contra a mulher. É de se reconhecer, portanto, que a medida protetiva de alimentos, fixada por Juízo materialmente competente é, por si, válida e eficaz, não se encontrando, para esses efeitos, condicionada à ratificação de qualquer outro Juízo, no bojo de outra ação, do que decorre sua natureza satisfativa, e não cautelar. Tal decisão consubstancia, em si, título judicial idôneo a autorizar a credora de alimentos a levar a efeito, imediatamente, as providências judiciais para a sua cobrança, com os correspondentes meios coercitivos que a lei dispõe (perante o próprio Juízo) não sendo necessário o ajuizamento, no prazo de 30 (trinta) dias, de ação principal de alimentos (propriamente dita), sob pena de decadência do direito. Compreensão diversa tornaria inócuo o propósito de se conferir efetiva proteção à mulher, em situação de hipervulnerabilidade" (RHC 100.446-MG, Rel. Min. Marco Aurélio Bellizze, julgado em 27/11/2018, DJe 05/12/2018).

ALTERAÇÃO DO ARTIGO 53 DA LEI 13.105/2015

A Lei 13.894/2019 alterou o artigo 53 do Código de Processo Civil, incluindo a alínea *d*, dispondo ser competente para a ação de divórcio, separação, anulação de casamento e reconhecimento ou dissolução de união estável, também o foro *de domicílio da vítima de violência doméstica e familiar nos termos da Lei Maria da Penha (d).*

De sorte que o §2º, deste artigo, estabelece que "uma vez iniciada a situação de violência doméstica e familiar após o ajuizamento da ação de divórcio ou de dissolução de união estável, a ação terá preferência no juízo onde estiver".

80 Informativo STJ 640 de 15/02/2019- HC 100.446-MG, DJe 05/12/2018.

Assim, o foro onde tramitar o processo de violência doméstica e familiar, também será competente para o ajuizamento da ação de divórcio, caso a vítima assim o decida.

> **Art. 15.** É competente, por opção da ofendida, para os processos cíveis regidos por esta Lei, o Juizado:
>
> I – do seu domicílio ou de sua residência;
>
> II – do lugar do fato em que se baseou a demanda;
>
> III – do domicílio do agressor.

Opção da ofendida – Quando o legislador confere a opção para a ofendida propor a ação em um dos foros indicados nos incs. I, II e III, deixa claro que se trata de uma hipótese de competência concorrente e relativa, ocorrendo esta última, segundo Vicente Greco Filho, nos casos "em que é possível a sua prorrogação ou derrogação por meio de cláusula contratual firmada pelas partes, de inércia da parte, no caso do réu que deixa de opor a exceção, chamada declinatória de foro, ou por fatos processuais como a conexão ou a continência"[81].

Em recente decisão, o STJ decidiu pela competência do Juízo Imediato para as medidas protetivas:

STJ: "A aplicação do princípio do juízo imediato na apreciação dos pedidos de medidas protetivas de urgência não entra em conflito com as demais disposições da Lei n. 11.340/06. Ao contrário, essa medida facilita o acesso da mulher vítima de violência doméstica a uma rápida prestação jurisdicional, que é o principal objetivo perseguido pelas normas processuais especiais que integram o microssistema de proteção de pessoas vulneráveis que já se delineia no ordenamento jurídico brasileiro.

A competência para examinar as medidas protetivas de urgência atribuída ao juízo do domicílio da vítima não altera a competência do juízo natural para o julgamento de eventual ação penal por crimes praticados no contexto de violência doméstica e familiar contra a mulher, que deve ser definida conforme as regras gerais fixadas pelo Código de Processo Penal" (CC n. 190.666/MG, relatora Ministra Laurita Vaz, Terceira Seção, julgado em 8/2/2023, DJe de 14/2/2023).

Processos Cíveis – O dispositivo em estudo tem aplicação para os processos cíveis. Para os processos criminais, seguem-se os dispositivos gerais de competência previstos nos arts. 69 *usque* 91 do Código de Processo Penal.

A regra geral é que o juiz competente para processamento e julgamento de uma causa, nos termos do art. 70 do CPP, é o do lugar onde a infração se consumou (*locus delicti commissi*). A partir daí vários fatores podem ocorrer que justifiquem a alteração dessa regra geral, admitindo-se seja a competência firmada pela condição funcional do agente, pela prevenção, pelo domicílio ou residência do réu etc.

A primeira indagação a ser formulada é se o agente goza da chamada "prerrogativa de função". Assim, para exemplificar, o promotor de justiça acusado da prática de agressões contra a esposa, será julgado pelo juiz ou pelo Tribunal de Justiça? Certamente pelo Tribunal de Justiça nos termos do art. 96, III, da CF/1988. E nem poderia ser diferente. Se até quando praticado um homicídio doloso, a competência do Tribunal do Júri, que tem previsão constitucional (art. 5.º, XXXVIII), dá lugar ao chamado "foro privilegiado", com mais razão o mesmo tratamento deve ser adotado quando da ocorrência de algum crime contra a mulher dentre aqueles protegidos pela lei em estudo. Já um juiz federal, pela prática de crimes tratados nesta lei, será julgado, em

81 *Direito processual civil brasileiro*. 12. ed. São Paulo: Saraiva, 1996. p. 208, vol. 1.

competência originária, pelo respectivo Tribunal Regional Federal, ante a regra do art. 108, I, a, da CF/1988. Se, por exemplo, for o Presidente da República ou um Ministro do STF o agressor, a competência será do Supremo (art. 102, I, *b*, da CF/1988). Sendo um governador de Estado, a competência será do STJ (art. 105, I, *a*, da CF/1988) e assim por diante.

De sorte que, regra geral, insistimos, será competente o juiz do lugar onde o crime se consumou, respeitadas as regras que disciplinam o chamado por prerrogativa de função.

Não sendo o caso de se cogitar esta última hipótese (foro privilegiado), deve ser dado o passo seguinte, isto é, observar se a competência é da justiça estadual ou federal.

Pois bem, regra quase absoluta imporá à justiça comum estadual o julgamento dos crimes previstos nesta lei. Uma exceção que se vislumbra – posto que os crimes aqui tratados são considerados formas de violação dos direitos humanos – ocorrerá na hipótese do Procurador-Geral da República provocar o chamado "incidente de deslocamento de competência", previsto no art. 109, V-A, da CF/1988 (acrescentado pela EC 45/2004), em tema que detalhamos no comentário ao art. 6.º da lei, ao qual remetemos o leitor.

Outra exceção pode ser lembrada. Na hipótese em que a mulher for vítima de violência, nas condições exigidas pela lei, cometida a bordo de navios ou aeronaves, quando então a competência será da justiça federal, na exata dicção do art. 109, IX, da CF/1988. Mas são, induvidosamente, situações que raríssimas vezes ocorrerão na prática, sendo forçoso concluir, por isso, que a competência, na imensa maioria dos casos, será mesmo da justiça estadual.

Outro debate que já se ouviu diz respeito aos crimes dolosos contra a vida da mulher, quando se discute sobre a competência para a fase inicial do processo, chamada sumário de culpa (*judicium accusationis*), que vai do oferecimento da denúncia ou queixa (nas hipóteses de ação penal privada subsidiária da pública ou mesmo exclusivamente privada em se tratando de crime conexo), até o trânsito em julgado da sentença de pronúncia.

A discussão a respeito da competência nos crimes dolosos contra a vida da mulher, certamente, teve origem em um substitutivo apresentado, pela Deputada Jandira Feghali, ao projeto de lei original, quando da tramitação da matéria no Congresso. Propunha tal substitutivo que "nos crimes dolosos contra a vida, após a decisão de pronúncia proferida pelo Juizado de Violência Doméstica e Familiar contra a Mulher, o processo será encaminhado ao Tribunal do Júri".

A inconveniência dessa proposta foi bem apontada pelo Deputado Antonio Carlos Biscaia que, na qualidade de membro da Comissão de Constituição e Justiça e de Cidadania (CCJC), apresentou voto em separado propondo outra redação, do seguinte teor: "Nos crimes dolosos contra a vida, após o trânsito em julgado da decisão de pronúncia, que nos termos das normas de organização judiciária poderá ser proferida pelo Juizado de Violência Doméstica e Familiar contra a Mulher, o processo será encaminhado ao Tribunal do Júri".

A observação, absolutamente pertinente do deputado, visou resguardar a competência dos tribunais para, segundo as respectivas leis de organização judiciária, tratarem da matéria, sob pena de se incorrer em violação ao disposto no art. 96, I, *a*, da CF/1988. Com efeito, o dispositivo constitucional informa que cumpre privativamente aos tribunais dispor sobre a competência de seus respectivos órgãos, sendo que a aprovação do substitutivo, por isso, implicaria em inconstitucional ingerência de outro poder no Poder Judiciário (retoma-se discussão semelhante nos comentários ao art. 33 da lei, mais adiante).

Na redação final da lei a questão não foi ventilada e, efetivamente, era mesmo desnecessária qualquer menção a ela. Indaga-se, então, de quem será a competência para a condução do sumário de culpa e eventual prolação da decisão de pronúncia caso o crime de feminicídio seja perpetrado, por exemplo, pelo marido?

Competente, se conclui, sem maior dificuldade, será o juiz apontado pelas respectivas leis de organização judiciária como tal. Poderá ser o juiz da vara exclusiva do Júri, como ocorre na capital do Estado de São Paulo, a quem cabe a condução de todo o procedimento, desde o recebimento da acusação até o julgamento em plenário. Naquelas onde não há vara privativa do Júri, competente será o juiz de uma vara criminal, a quem caberá preparar o processo e, a partir do trânsito em julgado da sentença de pronúncia, enviá-lo ao juiz do Júri, "normalmente considerado um anexo de uma das varas da comarca", no dizer de Guilherme de Souza Nucci[82]. Ou poderá, quem sabe, ser o próprio juiz dos Juizados de Violência Doméstica e Familiar contra a Mulher, desde que regra de organização judiciária disponha nesse sentido.

Quanto à fase denominada *judicium causae*, que se finda com o julgamento em plenário, não resta nenhuma dúvida que a competência será mesmo do Tribunal do Júri, em face da disposição constitucional que assegura a competência mínima deste tribunal para o julgamento dos crimes dolosos contra a vida (art. 5.º, XXXVIII, *d*).

Domicílio – Segundo definido pelo art. 70 do CC/2002, considera-se domicílio da pessoa natural "o lugar onde ela estabelece a sua residência com ânimo definitivo". Ressalva o art. 71 do mesmo *codex* que se "(...) a pessoa natural tiver diversas residências, onde, alternativamente, viva, considerar-se-á domicílio seu qualquer delas".

Residência – O art. 15 da LMP repetia a previsão do art. 100, I, do CPC/1973, que estabelecia a competência do foro da residência da mulher "para a ação de separação dos cônjuges e a conversão desta em divórcio, e para a anulação de casamento". Porém, o Código de Processo Civil em vigor (Lei 13.105/2015), em seu art. 53, I, extinguiu esse privilégio, passando a considerar, como competente, "para a ação de divórcio, separação, anulação de casamento e reconhecimento ou dissolução de união estável", nessa ordem, o domicílio do guardião do filho incapaz, do casal, caso não haja filho incapaz, do réu ou do alimentando. Pensamos, contudo, por se tratar de lei especial em relação ao Código (lei geral), que deva prevalecer a regra contida na Lei Maria da Penha, de tal sorte que remanesça a faculdade concedida à vítima de, nos casos a envolver violência doméstica, ajuizar a ação no foro de seu domicílio ou residência.

Lugar do fato – Sobre competência firmada pelo lugar do ato ou fato, ver art. 53, III e IV e respectivas alíneas do CPC/2015, enfatizando que neste dispositivo foi incluída pela Lei 13.894 de 29 de outubro de 2019, a alínea *d (de domicílio da vítima de violência doméstica e familiar, nos termos da Lei Maria da Penha)*. Sobre isso vide comentários retro ao §2º do artigo 14-A.

Art. 16. Nas ações penais públicas condicionadas à representação da ofendida de que trata esta Lei, só será admitida a renúncia à representação perante o juiz, em audiência especialmente designada com tal finalidade, antes do recebimento da denúncia e ouvido o Ministério Público.

Renúncia à representação – Sabendo que renúncia significa abdicação do exercício de um direito, clara está a impropriedade terminológica utilizada pelo legislador, quando, na realidade, pretendeu se referir à retratação da representação, ato da vítima (ou de seu representante legal) reconsiderando o pedido-autorização antes externado (afinal, não se renuncia a direito já exercido!). Na letra do art. 25 do CPP, não é admitida a retratação depois de ofertada a denúncia. *In casu*, a audiência tratada no dispositivo em estudo é realizada quando já se tem a denúncia, conforme se verifica da parte final do artigo em comento, ao tempo, portanto, que não mais seria admitida a retratação.

Vê-se, assim, que a partir do advento da Lei Maria da Penha, os arts. 25 do CPP e 102 do CP, passaram a merecer uma nova leitura, de tal maneira que a retratação, nos casos de violência doméstica e familiar, passa a ser admitida mesmo após a oferta da denúncia.

82 *Código de Processo Penal comentado*. 2. ed. São Paulo: Ed. RT, 2003. p. 615.

Como bem observa Eduardo Luiz Santos Cabette, "esta parece ser 'a melhor das piores opções'. Nos casos de violência doméstica contra a mulher, derrogado o art. 25, CPP, para alongar o tempo para a retratação (jamais 'renúncia'), teria o legislador criado uma nova formalidade processual antes do recebimento da denúncia, qual seja, a oitiva da vítima para que se manifeste quanto a eventual retratação da representação anteriormente ofertada. Já nas fases anteriores (pré-processuais), mantida estaria a sistemática tradicional da necessidade de satisfação da 'condição de procedibilidade' tanto para a instauração do inquérito policial, quanto para o oferecimento da denúncia".[83]

A partir da decisão do STF, na ADIn 4.424/DF e na Ação Direta de Constitucionalidade 19/DF, julgadas em 09 de fevereiro de 2012, chega-se à conclusão de que o dispositivo do art. 16 experimentou sensível alteração. Pelo menos no que se refere ao crime de lesões corporais de natureza leve. É que se entendia, até então, de forma praticamente unânime (sobretudo na jurisprudência do STJ), que a ação penal, nesses casos, era condicionada à prévia representação da vítima. Com a decisão do Pretório Excelso, que considerou pública incondicionada a ação penal nos crimes de lesões corporais leves que envolvam violência doméstica, não há mais que se falar em *renúncia à representação* (para ficarmos com a equivocada expressão empregada pela lei). Óbvio: representação e retratação são institutos típicos da ação penal pública condicionada e da ação penal privada, como se vê da letra dos arts. 24 e 25 do CPP. Cuidando-se de ação penal pública incondicionada, ao revés, a vontade da vítima é irrelevante e, bem por isso, o Ministério Público não se submete a qualquer manifestação prévia do ofendido, podendo – e devendo – deflagrar a ação penal, forte no princípio da obrigatoriedade. Concluímos, assim, sem maior dificuldade: para os crimes de lesões corporais leves não mais se cogita da designação da audiência em epígrafe, em entendimento que, inclusive, foi sacramentado pelo STJ através da Súmula 542: "A ação penal relativa ao crime de lesão corporal resultante de violência doméstica contra a mulher é pública incondicionada".

Partindo-se de tal premissa, poder-se-ia imaginar que o dispositivo em exame teria perdido seu conteúdo, redundando em verdadeira letra morta. Não é bem assim. O art. 16 continuará eficaz em relação a todos os crimes que, no Código Penal ou em legislação esparsa, exigirem a representação como condição prévia de procedibilidade. Dentre aqueles de interesse ao tema em estudo e de maior ocorrência na prática, é possível destacar o delito de perseguição (art. 147-A do CP)[84].

Outra questão a ser ressaltada, embora não guardando pertinência com a decisão do STF, trata-se da iniciativa de alguns Magistrados em, com base neste dispositivo, designar audiência mesmo quando a vítima – que de início representou contra seu ofensor – não tenha formulado qualquer espécie de manifestação no sentido de se retratar. Funcionaria quase como uma audiência para que a ofendida se retratasse da anterior representação ou *confirmasse*, em Juízo, sua representação inicial. Embora se possa vislumbrar, nessa prática, algum aspecto positivo, vez que busca, na maioria das vezes, colher a manifestação de vontade da vítima (no sentido, convenhamos, de que se retrate e se evite um processo criminal), não se pode ignorar que opera *contra legem*. A audiência, com efeito, tem por objetivo apurar a espontaneidade da vítima que, tendo inicialmente deflagrado a investigação criminal, posteriormente *renunciou* à

83 *Anotações críticas sobre a lei de violência doméstica e familiar contra a mulher.* Disponível em: [http://jus.com.br/revista/texto/8822/anotacoes-criticas-sobre-a-lei-de-violencia-domestica-e-familiar-contra-a-mulher]. Acesso em: 27.07.2012.

84 Com a mudança na modalidade de ação penal para o crime de ameaça, que após a Lei 14.994/24 não depende mais de representação da vítima, a aplicação do art. 16 da Lei Maria da Penha será substancialmente reduzida. Isso ocorre porque, entre os crimes cometidos no contexto de violência doméstica e familiar contra a mulher, apenas o delito de perseguição (*stalking*) ainda exige a representação da vítima para o início da persecução penal (art. 147-A, §3º, do Código Penal).

representação. Mas jamais para evitar a continuidade de processos, mesmo que sob o argumento de política criminal ou algo similar. É por isso que, em todos os casos que pesquisamos junto aos diversos tribunais do país, correições parciais propostas pelo Ministério Público foram triunfantes, no sentido da inversão tumultuária do processo decorrente dessa prática.

Formalidade da retratação – Apesar de a representação ser ato informal, quis o legislador dotar, para a hipótese de retratação, máxima formalidade, exigindo, para tanto, ratificação da vontade negativa perante o juiz, em audiência designada especialmente para essa finalidade. Excepcionou-se, desse modo, como mencionado acima, a regra trazida pelo art. 25 do CPP (e art. 102 do CP), que impede a retratação após o oferecimento da denúncia (no caso de violência doméstica, a retratação ratificada pressupõe a apresentação da inicial). Sobre a informalidade da representação, confiram-se acima os comentários ao art. 12.

Contraditório – No ato da audiência de ratificação (ou não) da retratação, a lei exige prévia oitiva do Ministério Público.

Contudo, como bem observado por Guilherme de Souza Nucci, "se o agressor já estiver indiciado e, especialmente, se possuir advogado constituído, não nos parece correto que a audiência seja designada sem a sua intimação (tanto do agressor, quanto do defensor). Fere-se o princípio constitucional da ampla defesa. O ato de retratação da representação pode implicar na extinção da punibilidade, logo, de interesse do agente do delito"[85].

Assim, embora, tecnicamente, ainda não haja a figura do réu (posto que a denúncia não foi recebida), convém que seja o denunciado intimado a comparecer; velando, o juiz e o promotor de justiça, para que a presença do denunciado não sirva de instrumento de constrangimento para a ofendida. Trata-se de uma participação passiva.

Chegamos a defender essa tese quando da 1.ª edição deste trabalho. Todavia, melhor refletindo sobre o tema e fruto, principalmente, de nossa experiência prática junto ao Ministério Público, passamos a adotar opinião diametralmente oposta. Assim, sob o ponto de vista teórico, conforme acima apontado, não há ainda processo e, portanto, é totalmente equivocada a invocação ao princípio da ampla defesa. Com efeito, quando o legislador pretendeu, antes do recebimento da denúncia, dar chance primeiro ao denunciado de se manifestar, ele o fez expressamente.

De sorte que o próprio Código de Processo Penal (art. 514), ao dispor sobre os crimes de responsabilidade do funcionário público, sendo afiançável o delito, impõe a prévia notificação do acusado, para que responda aos termos da acusação. Somente a partir dessa resposta é que o juiz, na exata dicção do art. 516 do CPP, irá analisar sobre o recebimento ou rejeição da denúncia ou queixa. Trata-se de providência adotada pelo legislador com o objetivo de proteger não o funcionário, mas a própria Administração Pública, razão pela qual cerca o procedimento dessa cautela. Também as Leis 8.038/1990 e 8.658/1993, que tratam dos crimes de competência originária dos Tribunais, perpetrados por aqueles que gozam do chamado *foro privilegiado*, contemplam uma fase preliminar, consistente na notificação do acusado para que, no prazo de 15 dias, responda à acusação (arts. 4.º e 1.º, respectivamente). Somente depois dessa resposta é que o respectivo Tribunal deliberará sobre o recebimento ou rejeição da denúncia ou queixa. A revogada Lei de Imprensa (Lei 5.250/1967), em seu art. 43, § 1.º, também cuidava da oferta de defesa prévia pelo réu (assim denominado de forma imprópria) antes do recebimento da acusação. Manifestações, ainda, no sentido de propiciar a oitiva do acusado antes de admitida a acusação podem ser encontradas na Lei 9.099/1995 (art. 81) e na recente Lei 11.343/2006 (art. 55), que cuida do tráfico ilícito de drogas. É a consagração, portanto, de um prévio juízo de admissibilidade da acusação, caracterizado pelo contraditório, mas – insiste-se

85 *Leis penais e processuais penais comentadas*. São Paulo: Ed. RT, 2006. p. 874.

– expressamente previsto em lei. No diploma em estudo, por ausência dessa previsão, não se pode dar ao dispositivo uma interpretação com tamanha elasticidade, capaz de conceber cautelas que o legislador jamais cogitou.

Já no que diz respeito ao aspecto prático, tivemos a oportunidade de participar de algumas audiências nas quais os agressores também se encontravam presentes. Em todas elas as vítimas, de forma sistemática, se manifestaram no sentido da retratação. Algumas, é verdade, de forma voluntária, movidas por uma nítida reconciliação entre o casal, que se via, era notória. Em outros casos, porém, se percebeu, com absoluta clareza, que a presença do homem, por si só, era evidentemente intimidativa, o que retirava da retratação, totalmente, o seu caráter de espontaneidade. A mulher, instada a se manifestar, na frente de seu agressor, se deseja a continuidade do processo criminal, acaba por ceder à pressão natural da presença de seu algoz, não lhe restando alternativa senão responder negativamente àquela indagação formulada pelo Magistrado. E não cabe a este último e, tampouco, ao promotor de justiça, insistirem, junto à ofendida, na continuidade do feito. Cumpre a eles, sim, prestar os esclarecimentos necessários quanto às consequências da renúncia. Mas somente isto. Caso contrário, a pressão que, antes, era exercida pelo varão, passará, agora, a ser realizada pelo Estado, por meio de seus dois representantes. Cremos, portanto, em face de nossa experiência cotidiana, que, seja sob o aspecto teórico, quer sob o aspecto prático, nada justifica a intimação do agressor e seu advogado para comparecimento em audiência. Vamos mais além: caso eles compareçam ao ato – vimos casos em que, embora não intimado, o agressor quis participar – devem ser mesmo proibidos de ingressar na sala de audiência, pelas razões que acima expusemos. Com esse novo posicionamento, nos alinhamos à doutrina de Maria Berenice Dias.[86]

(DES)NECESSIDADE DE DESIGNAÇÃO DA AUDIÊNCIA

O Ministério Público de Minas Gerais interpôs recurso especial impugnando acórdão do Tribunal de Justiça de Minas Gerais que anulou de ofício processo no qual não se designou audiência preliminar prevista no artigo 16 da Lei Maria da Penha, sob o argumento de que a vítima poderia se retratar da representação realizada.

O Recurso Especial nº 1.964.293 - MG (2021/0323960-1) sustentou que a audiência prevista no artigo 16 da Lei não tem por objetivo que a ofendida reitere a representação, mas que ratifique possível manifestação de renúncia ou retratação anteriormente explicitada nos autos, o que não ocorreu nos autos. Sustentou-se que a anulação do processo foi equivocada, pois os autos revelavam clara intenção da ofendida em dar continuidade ao processamento do feito. O argumento contrário, da Defensoria de Minas, era de que a audiência seria obrigatória.

O tema foi considerado relevante a se constituir por controvérsia que deva contemplar o julgamento no rito dos recursos repetitivos, pelo que o Superior Tribunal de Justiça procedeu à delimitação da controvérsia nos seguintes termos:

> "Definir se a audiência preliminar prevista no art. 16 da Lei n. 11.340/2006 (Lei Maria da Penha) é ato processual obrigatório determinado pela lei ou se configura apenas um direito da ofendida, caso manifeste o desejo de se retratar".

A postura do Superior Tribunal de Justiça mostra-se adequada e pertinente. Ainda que há muito tempo seja um tema de entendimento uniforme na doutrina, a existência dos inúmeros recursos citados no acórdão revela não apenas uma controvérsia propriamente dita, mas a resistência em aplicar uma norma que veio afastar dos ombros da vítima, considerada pela lei

86 Op. cit., p. 115.

em situação de vulnerabilidade, a insistência para que ela a todo momento se manifeste sobre a sorte do processo. É evidentemente uma prática de revitimização e de violência institucional.

No mesmo sentido decidiu o STF, no julgamento da ADI 7.267. Na ação, a Associação Nacional dos Membros do Ministério Público (Conamp) questionava a interpretação do dispositivo que tem levado magistrados a designar a audiência por conta própria, sem a manifestação da vítima. Segundo a entidade, o não comparecimento tem sido interpretado como renúncia tácita, com o arquivamento do processo. A Conamp sustentou na ação que a finalidade da audiência é verificar o real desejo da ofendida de, se for o caso, retirar a representação contra o agressor, e não confirmá-la. Para o relator da ação, ministro Edson Fachin, a obrigatoriedade da audiência, sem manifestação nesse sentido, viola o direito à igualdade, porque discrimina injustamente a vítima. Ele explicou que a função da audiência perante o juiz não é apenas avaliar um requisito procedimental, mas permitir que a mulher possa livremente expressar sua vontade. Segundo Fachin, a garantia da liberdade só é assegurada se a audiência for solicitada pela própria mulher, e obrigá-la a comparecer viola a intenção da vítima. Assim, o eventual não comparecimento não pode ser entendido como retratação ou renúncia tácita ao direito de representação.

Importante lembrar que o assunto não é novo. A COPEVID, em 2011, publicou o seguinte enunciado:

> **ENUNCIADO nº 03** (003/2011):
>
> Quanto à audiência prevista no artigo 16 da LMP, nos crimes que dependem de representação da vítima, somente deve ser designada quando a vítima procura espontaneamente o Juízo para manifestar sua desistência antes do recebimento da denúncia. (Aprovado na Plenária da II Reunião Ordinária do GNDH de 10/06/2011 e pelo Colegiado do CNPG de 17/06/201)

O FONAVID também se posicionou através do Enunciado 04 e, pelo seu Enunciado 19 inclusive considera que a ausência da vítima nessa audiência não pode ser interpretada como interesse em por fim ao processo, pelo contrário, impondo-se o prosseguimento do feito.

> **ENUNCIADO 4:** A audiência prevista no art. 16 da Lei nº 11.340/06 é cabível, mas não obrigatória, somente nos casos de ação penal pública condicionada à representação, independentemente de prévia retratação da vítima.

Ausência da vítima – Suponha-se que a vítima, após ter manifestado, na fase policial, sua intenção de ver seu agressor processado, se arrepende, não mais desejando a deflagração de qualquer medida penal. Tal *retratação*, por assim dizer, deve ser realizada em audiência, cercada das formalidades previstas no dispositivo em exame. Situação que se tem verificado na prática, com alguma frequência, ocorre quando a vítima, intimada a comparecer em audiência judicial, a fim de ratificar sua retratação, deixa de fazê-lo. Indaga-se, então, o que deve prevalecer: a inicial manifestação de vontade, tomada no calor dos fatos e logo após a agressão ou o aparente desinteresse da ofendida, demonstrado quando deixou de comparecer à audiência?

Entendemos que a ausência da vítima à audiência, após regularmente intimada para esse ato, demonstra, *a priori*, seu desinteresse no prosseguimento do feito, revelando que a situação se pacificou, não mais se justificando a adoção de qualquer medida penal. Essa impressão é reforçada pelo fato de que a ofendida, antes, no âmbito policial, já se manifestara no sentido de que não desejava o processo (não fosse assim e não teria sentido a designação de audiência de ratificação).

Esse raciocínio, contudo, não vem prevalecendo, mas sim o teor do Enunciado 19 do Fonavid (Fórum Nacional de Juízes de Violência Doméstica e Familiar contra a Mulher), prevê *in verbis*: "O não comparecimento da vítima à audiência prevista no art. 16 da Lei 11.340/2006 tem como consequência o prosseguimento do feito".

Vale alertar que, nesse cenário de ausência, não há que se cogitar de eventual condução coercitiva da vítima que, intimada, ausentou-se. Ora, se nem o réu pode ser obrigado a comparecer quando intimado para interrogatório, que dizer da vítima que, por opção própria, deixa de fazê-lo. Impõe-se, portanto, nessa hipótese, seja declarada a extinção da punibilidade do autor. Pode, contudo, ser determinada sua condução protetiva, isto é, condução cumprida por agentes não policiais (oficial de justiça, por exemplo) que, em contato com a ofendida, avaliarão a voluntariedade da ausência e seus motivos. Havendo indícios de constrangimento e ambiente prejudicial, poderão, aí sim, conduzi-la até a presença do magistrado para analisar o cabimento de eventuais medidas protetivas.

Art. 17. É vedada a aplicação, nos casos de violência doméstica e familiar contra a mulher, de penas de cesta básica ou outras de prestação pecuniária, bem como a substituição de pena que implique o pagamento isolado de multa.

Penas vedadas pela lei – Com a vigência da Lei 9.099/1995, houve uma evidente vulgarização das alternativas à pena de natureza real, em especial a (desenfreada) imposição do pagamento de cestas básicas, que, a rigor, nem em pena se constitui!

Como resposta, o legislador, por meio do art. 17, vedou a aplicação, nos casos de violência doméstica e familiar contra mulher, de penas de cesta básica ou outras de prestação pecuniária, bem como a substituição de pena que implique o pagamento isolado de multa. A intenção é ver o agressor cumprir pena de caráter pessoal, isto é, privativa de liberdade ou restritiva de direitos (prestação de serviços à comunidade, limitação de fim de semana ou interdição temporária de direitos), mais adequada ao tipo de crime (e autor) em análise.

Substituição da pena – Tampouco se admite a substituição da pena por restritiva de direitos, segundo enunciado da Súmula 588, do STJ, *in verbis*: "A prática de crime ou contravenção penal contra a mulher com violência ou grave ameaça no ambiente doméstico impossibilita a substituição da pena privativa de liberdade por restritiva de direitos".

Suspensão condicional da execução da pena – Diante das restrições impostas pelo artigo em comento, resta como medida alternativa à prisão nos crimes de violência doméstica e familiar contra a mulher o "sursis" (suspensão condicional da execução da pena), desde que preenchidos os requisitos do art. 77 do CP. Aqui merece ser explorada a questão da restrição de direitos como condição do "sursis". Para tanto, vamos recordar, ainda que em apertada síntese, o passo a passo legal na aplicação da pena.

O Código Penal, em seu artigo 68, adotou o sistema trifásico (ou Nélson Hungria) para o cálculo da pena privativa de liberdade. Assim, sobre a pena cominada:

1) na primeira fase, estabelece-se a pena-base atendendo às circunstâncias judiciais trazidas pelo artigo 59 do CP: culpabilidade, antecedentes, conduta social, personalidade do agente, motivos, circunstâncias e consequências do crime e comportamento da vítima;

2) na segunda fase, sobre a pena-base incidirão eventuais circunstâncias agravantes e atenuantes (arts. 61, 62, 65 e 66);

3) na terceira fase, encerrando o *quantum* da reprimenda, serão consideradas as causas de diminuição e aumento de pena previstas tanto na Parte Geral como na Especial do Código.

Estabelecido o quantum da pena, o juiz impõe o regime de cumprimento adequado e, em seguida, há três opções: 1) executa-se a pena privativa de liberdade aplicada; 2) substitui-se a pena privativa de liberdade por restritiva de direitos; 3) suspende-se condicionalmente a execução da pena.

Para atender sobretudo aos propósitos de recuperação e ressocialização, que no mais das vezes podem ser alcançados por meio de medidas alternativas, a tendência tem sido evitar as penas privativas de liberdade, reservadas a crimes de maior gravidade e a condenados que de antemão sinalizem pouca disposição para se adequar a medidas que demandam autodisciplina e senso de responsabilidade.

A alternativa preferencial à pena privativa de liberdade é a restrição de direitos, que tem caráter substitutivo e autônomo, pois necessariamente substitui a privação de liberdade (o juiz não pode aplicá-la diretamente) e não pode ser cumulada com ela. A restrição de direitos pode consistir em: a) prestação pecuniária; b) perda de bens e valores; c) limitação de fim de semana; d) prestação de serviço à comunidade ou a entidades públicas; e) interdição temporária de direitos; f) limitação de fim de semana.

A substituição da pena privativa de liberdade por restritiva de direitos se submete a determinados requisitos, estabelecidos no art. 44 do CP: a) a pena privativa não pode ser superior a quatro anos (a não ser em crimes culposos, em que a quantidade da pena é irrelevante); b) o crime não pode ter sido cometido com violência ou grave ameaça contra a pessoa; c) o réu não pode ser reincidente em crime doloso (a não ser que, em face de condenação anterior, a medida seja socialmente recomendável e a reincidência não se tenha operado em virtude da prática do mesmo crime); d) a culpabilidade, os antecedentes, a conduta social e a personalidade do condenado, bem como os motivos e as circunstâncias devem indicar a suficiência da substituição.

Outra medida que evita a privação de liberdade é a suspensão condicional da pena ("sursis"), instituto que susta, por um tempo certo (período de prova), a execução da pena, ficando o sentenciado em liberdade sob determinadas condições.

A suspensão condicional da pena é guiada por requisitos específicos elencados no art. 77 do CP[87]: a) a pena não pode ser superior a dois anos (sursis simples) ou a quatro anos (sursis etário ou humanitário – art. 77, § 2º, CP); b) o condenado não pode ser reincidente em crime doloso (a condenação anterior a pena de multa não obsta a suspensão); c) a culpabilidade, os antecedentes, a conduta social e personalidade do agente, bem como os motivos e as circunstâncias devem autorizar a concessão do benefício; d) não seja indicada ou cabível a substituição da pena privativa de liberdade por restritiva de direitos.

Como se trata de suspensão condicional da pena, é natural e obrigatório que, ao concedê-la, o juiz estabeleça as condições às quais deverá o condenado se submeter durante o período de prova.

Segundo o "caput" do art. 78 do CP, o condenado fica sujeito às condições estabelecidas pelo juiz, sendo que, no primeiro ano da suspensão, deve prestar serviços à comunidade ou submeter-se à limitação de fim de semana (§ 1º). Caso o condenado tenha reparado o dano (ressalvada a impossibilidade de fazê-lo) e as circunstâncias judiciais (art. 59 do CP) lhe sejam inteiramente favoráveis, o juiz pode substituir as mencionadas condições por proibição de frequentar determinados lugares, proibição de ausentar-se da comarca onde reside sem autorização do juiz e obrigação de comparecimento pessoal e obrigatório a juízo, mensalmente, para informar e justificar suas atividades (§ 2º – *sursis* especial).

Como se pode notar, uma das condições para a suspensão condicional da pena é a prestação de serviços à comunidade, que também é elencada entre as penas restritivas de direitos e que pode ser aplicada nas condenações superiores a seis meses de privação de liberdade. O § 1º do art. 78 faz inclusive referência ao art. 46, que disciplina a prestação de serviços à comunidade ou a entidades públicas.

---

87 Ou em leis de caráter especial, como a Lei dos Crimes Ambientais, no art. 16: "Nos crimes previstos nesta Lei, a suspensão condicional da pena pode ser aplicada nos casos de condenação a pena privativa de liberdade não superior a três anos".

Diante disso, indaga-se: qual a natureza da prestação de serviços de que trata o art. 78? Deve ser encarada exclusivamente como condição do "sursis" ou carrega a característica da pena autônoma e substitutiva da privação de liberdade?

Trata-se, sem a menor dúvida, única e exclusivamente de condição para a suspensão da pena, que de nenhuma forma se pode confundir a pena restritiva de direitos de que trata o art. 46.

Não obstante, temos visto decisões em que a condição obrigatória da suspensão condicional da pena tem sido afastada porque a pena privativa de liberdade aplicada não supera os seis meses. Vejamos, a título de exemplo, os seguintes acórdãos do Superior Tribunal de Justiça e do Tribunal de Justiça de São Paulo:

> "2. Conforme a dicção do art. 79 do CP, na hipótese do sursis simples, admite-se que o Julgador estabeleça outras condições às quais a suspensão condicional da pena ficará subordinada, desde que adequadas ao caso concreto, além das legalmente previstas, quais sejam, prestação de serviços à comunidade e limitação de final de semana. 3. No caso, a pena corporal foi estabelecida em 3 meses de detenção, o que afasta a possibilidade de prestação de serviços à comunidade, pois tal medida somente é aplicável às condenações superiores a 6 meses, a teor do art. 46 do CP. 4. Malgrado não tenha ocorrido a aplicação cumulativa das condições correspondentes ao sursis simples e ao sursis especial, deve ser estabelecida como condição legal e obrigatória da benesse a limitação de final de semana (CP, art. 48), no primeiro ano do prazo, ficando mantido o comparecimento mensal em juízo e a proibição de se ausentar da comarca, por serem tais medidas adequadas ao fato concreto e à situação do réu, conforme o autorizado pelo art. 79 do CP. 5. Writ não conhecido. Habeas corpus concedido, de ofício, tão somente para substituir a condição legal correspondente à prestação de serviços à comunidade pela limitação de final de semana, ficando mantidas as demais condições do sursis estabelecidas na sentença condenatória." (STJ: HC 440.286/RS, j. 12/06/2018)
>
> "(...) Ocorre que a pena fixada é inferior a seis meses de detenção, o que não autoriza exigir do sentenciado o cumprimento da condição do § 1º do artigo 78 do Código Penal (prestação de serviços à comunidade), vez que o próprio texto legal condiciona essa concessão ao quanto previsto no artigo 46, de referido ordenamento, que por sua vez somente autoriza essa fixação quando a pena for superior a seis meses, vetando, portanto, sua aplicação a pena inferior a esse montante, como aqui verificado (...)." (TJSP: Apelação Criminal 0000816-32.2017.8.26.0213, j. 25/03/2019)

Esta solução, no entanto, é equivocada, pois confunde institutos, impõe ao "sursis" um requisito inexistente e acaba afastando uma de suas condições fundamentais.

Na redação dada ao art. 46 do CP pela Lei 7.209/84 (que reformulou toda a Parte Geral do Código Penal), não havia nenhuma menção à pena mínima aplicada para que o juiz pudesse promover a substituição. Tratava-se tão somente de definir que a pena consistia em "atribuição ao condenado de tarefas gratuitas junto a entidades assistências, hospitais, escolas, orfanatos e outros estabelecimentos congêneres, em programas comunitários ou estatais". É a esta redação que se refere o art. 78, § 1º, do CP. O legislador de 1984 mencionou, nas condições do "sursis", a prestação de serviços e, para não se repetir, remeteu-se a seu conceito (não a requisitos) no art. 46.

Em 1998, a Lei 9.714 promoveu relevantes mudanças no sistema das penas restritivas de direitos e, modificando a redação do art. 46, impôs o mínimo de seis meses de pena aplicada para que o juiz efetue a substituição. Segundo Guilherme de Souza Nucci, "provavelmente para incentivar o magistrado a aplicar outras modalidades de restrição de direitos, como a prestação pecuniária ou a perda de bens e valores, bem como para facilitar a fiscalização e o cumprimento. Afinal, é dificultosa a mobilização para cumprir apenas um ou dois meses de prestação de serviços, escolhendo o local, intimando-se o condenado e obtendo-se resposta da entidade a tempo de, se for o caso, reconverter a pena em caso de desatendimento" (Manual de Direito Penal. 6ª ed. São Paulo: RT, 2009, p. 352).

Ora, esta justificativa não se aplica à prestação de serviços à comunidade imposta como condição do sursis, pois o serviço deve ser prestado durante todo o primeiro ano da suspensão, o que afasta qualquer inviabilidade que pudesse decorrer de um período de tempo mais curto.

Por fim, devemos nos atentar para o texto literal do art. 78, § 1º, do CP, segundo o qual deverá o condenado prestar serviços à comunidade ou submeter-se à limitação de fim de semana. Não se trata de opção, mas de imposição legal para que a pena seja suspensa. E esta imposição, como se extrai do próprio dispositivo citado, não contém em si mesma nenhuma condição relativa à quantidade da pena imposta. Por isso, a prestação de serviços à comunidade como condição do "sursis" deve ser imposta simplesmente em virtude da concessão da suspensão, ainda que a pena privativa de liberdade tenha sido fixada abaixo dos seis meses, pois as regras específicas das penas restritivas de direitos não se aplicam a esta situação.

Para afastar qualquer dúvida de que a prestação no "sursis" não é pena, mas condição, basta recordar que seu descumprimento acarreta a revogação do benefício, sem direito à detração na pena privativa do tempo de prestação cumprida.

Vale mencionar que, na prática, percebemos cada vez mais frequentes decisões judiciais, quando cabível o benefício do "sursis", aplicando a condição, sem prejuízo do constante no §1º do art.78 do CP, de comparecimento obrigatório do autor, a programas de recuperação e reeducação voltados a agressores condenados por crimes que envolvam violência doméstica, atendendo-se assim ao disposto no art. 152, parágrafo único, da LEP[88-89].

Art. 17-A. O nome da ofendida ficará sob sigilo nos processos em que se apuram crimes praticados no contexto de violência doméstica e familiar contra a mulher. Parágrafo único. O sigilo referido no **caput** deste artigo não abrange o nome do autor do fato, tampouco os demais dados do processo.

Inserido pela Lei 14.857, de 21 de maio de 2024, o artigo em comento, com o objetivo de inibir desnecessária revitimização, assegura à ofendido o direito de seu nome ficar sob sigilo nos processos em que se apuram crimes praticados no contexto de violência doméstica e familiar. Não se trata de um sigilo do processo, mas, repita-se, do nome da ofendida (e somente dela, não abrangendo nome do autor do fato). Como bem resume Érica Canuto,[90]

> "[A mulher] e seus dependentes têm direito de não ter divulgada a sua situação de violência e não ser identificada como vítima de violência doméstica e familiar. É um direito subjetivo da mulher, oponível *erga omnes*. Obviamente, se ela desejar, poderá divulgar, mas somente ela, e ninguém por ela, sob nenhum pretexto. O mesmo não se diga em relação ao autor da violência, que não tem direito à confidencialidade em relação aos atos praticados e/ou investigados, podendo ser expedida certidão, a pedido de qualquer pessoa, sobre a situação processual."

O CPP já previa, em seu art. 201, §6º, a possibilidade de decretação de segredo de justiça em relação aos dados, depoimentos e outras informações dos autos, com o intuito de proteger a intimidade, vida privada, honra e imagem do ofendido. A partir de agora, em decorrência do dispositivo em comento, o sigilo, em relação especificamente ao nome da vítima, é automático e não mais depende da discricionariedade do juiz. Como bem esclarece Thimotie Aragon Heemann: "torna-se automático o sigilo do nome da mulher vítima de violência doméstica por

88 TJ-RJ - APL: 02690633820148190001 -Data de Publicação: 20/07/2017.

89 TJ-RS - ACR: 70078595295 RS,-Data de Publicação: Diário da Justiça do dia 07/12/2018.

90 Princípios Especiais da Lei Maria da Penha: e a garantia dos direitos fundamentais da mulher em situação de violência doméstica e familiar. Belo Horizonte: Fórum, 2021, p. 104/105.

força do art. 17-A da LMP, porém persiste a possibilidade do magistrado estender o sigilo aos demais dados do processo ou até mesmo decretar o segredo de justiça, nos termos do mencionado dispositivo do Código de Processo Penal, caso sejam medidas necessárias para maximizar os direitos fundamentais da ofendida".[91]

Embora seja automático, o sigilo não é compulsório. Impor a obrigatoriedade do sigilo mesmo diante da recusa da ofendida seria contrariar diretamente os fins preconizados pela Lei Maria da Penha, especialmente considerando o teor do art. 4º, que dispõe que a lei deve ser interpretada tendo em vista os fins sociais a que se destina e, principalmente, as condições peculiares da mulher em situação de violência. Assim, entendemos, seguindo o posicionamento de Thimotie Heemann, que a mulher, caso queira, pode renunciar ao sigilo de seu nome nos autos do processo.

Para garantir a efetividade do sigilo, sugere-se o uso das iniciais da vítima em todos os atos processuais, conforme recomendado pelo Conselho Nacional de Justiça na Recomendação nº 52/2016. Isso visa a proteger a identidade da vítima sem comprometer o andamento do processo.

Vale ressaltar, por fim, que, embora o texto original do projeto de lei previsse a decretação de segredo de justiça aos processos, a redação eventualmente aprovada da Lei 14.857/24 acabou por limitar o sigilo apenas ao nome da vítima. Sendo assim, a identidade do autor do fato e outros dados do processo permanecem públicos.

CAPÍTULO II
DAS MEDIDAS PROTETIVAS DE URGÊNCIA

SEÇÃO I
DISPOSIÇÕES GERAIS

Art. 18. Recebido o expediente com o pedido da ofendida, caberá ao juiz, no prazo de 48 (quarenta e oito) horas:

I – conhecer do expediente e do pedido e decidir sobre as medidas protetivas de urgência;

II – determinar o encaminhamento da ofendida ao órgão de assistência judiciária, quando for o caso, inclusive para o ajuizamento da ação de separação judicial, de divórcio, de anulação de casamento ou de dissolução de união estável perante o juízo competente; (Redação dada pela Lei nº 13.894, de 2019)

III – comunicar ao Ministério Público para que adote as providências cabíveis.

IV – determinar a apreensão imediata de arma de fogo sob a posse do agressor. (Incluído pela Lei nº 13.880, de 2019)

MEDIDAS PROTETIVAS

O art. 18 deixa claro que a concessão das medidas protetivas de urgência, previstas nos arts. 22, 23 e 24 da lei, dependem de pedido da ofendida. E assim deve ser, afinal nada impede que a vítima, embora tenha sofrido uma infração penal, não almeje a adoção de nenhuma daquelas medidas.

Num exemplo: a vítima teve sua honra atingida por ato do marido, fato que configura uma violência moral (art. 7º, V), a merecer, portanto, a proteção da lei. Conquanto tenha experimentado essa espécie de violência, pode a ofendida entender desnecessário seu afastamento

91 Primeiras impressões acerca do novo artigo 17-A da Lei Maria da Penha. Disponível em: https://www.jota.info/opiniao-e-analise/colunas/direito-dos-grupos-vulneraveis/primeiras-impressoes-acerca-do-novo-artigo-17-a-da-lei-maria-da-penha-10062024?non-beta=1.

do lar conjugal ou o do marido. Com isso, desnecessária seria, também, a fixação liminar de alimentos. Tampouco haveria lugar para qualquer restrição de acesso do agressor aos filhos.

Surge, a partir desse entendimento, aparente conflito com o art. 19 da lei, quando afirma que as medidas protetivas de urgência podem ser concedidas a pedido da vítima e mediante requerimento do Ministério Público.

Para harmonizar ambos os dispositivos, parece mais adequada a conclusão de que, em um primeiro momento, perante a autoridade policial, cumpre à ofendida manifestar sua vontade no sentido de se adotar, ou não, as medidas urgentes. Nada impede, contudo, que mais adiante, possa o *parquet*, já em juízo, agir *ex officio*, pleiteando a adoção das medidas cabíveis, sobretudo quando em defesa de eventuais incapazes que convivam em meio ao conflituoso relacionamento.

Em síntese, cabe à vítima, segundo seu livre discernimento e após a devida orientação a ser dada pela autoridade policial (art. 11, V), auferir da necessidade das medidas de proteção. Caso as dispense, deve a autoridade oficiar ao juízo, comunicando essa opção da ofendida, deixando, assim, de remeter o pedido tratado no dispositivo em análise.

Deve ser alertado que a concessão da medida protetiva independe da prática de crime ou contravenção, bastando que o comportamento do agressor(a) se ajuste a uma das formas de violência contra a mulher. Adultério, por exemplo, é violência psicológica e merece medida protetiva, mesmo não correspondendo à infração penal. A medida, aliás, pode ser requerida e concedida fora de um procedimento criminal. Não sem motivo, o parágrafo 5º do art. 19, incluído pela Lei 14.550/23, anuncia que as medidas protetivas de urgência serão concedidas independentemente da tipificação penal da violência, do ajuizamento de ação penal ou cível, da existência de inquérito policial ou do registro de boletim de ocorrência.

Assistência judiciária

A Lei 13.894/19 passa a estabelecer uma espécie de assistência jurídica que possibilite à vítima de violência doméstica e familiar adotar imediatamente as providências para se separar, dissolver ou anular o vínculo matrimonial ou dissolver a união estável. A intenção de possibilitar que a assistência seja imediata se extrai da simples leitura do art. 18, II, que anuncia o dever de o juiz determinar o encaminhamento da ofendida ao órgão de assistência judiciária, quando for o caso, inclusive para o ajuizamento da ação de separação judicial, de divórcio, de anulação de casamento ou de dissolução de união estável perante o juízo competente.

A Lei 13.894/19 também altera a disciplina do atendimento pela autoridade policial, que passa a ser obrigada a informar a vítima acerca dos direitos de assistência judiciária para o eventual ajuizamento da ação de separação judicial, de divórcio, de anulação de casamento ou de dissolução de união estável (art. 11, inc. V, da Lei 11.340/06).

O propósito do legislador não é outro senão evitar que a vítima seja obrigada a adotar providências adicionais para romper o vínculo pessoal com o agressor. Com o novo procedimento, a própria comunicação da violência, além de garantir as medidas protetivas necessárias para resguardar a integridade física e psicológica da vítima, pode dar ensejo às primeiras providências para a separação do casal, evitando que a mulher que sofreu a violência tenha que fazê-lo em procedimento apartado.

Apreensão imediata de arma de fogo sob a posse do agressor

Em seu art. 12, a Lei 11.340/06 disciplina as medidas que a autoridade policial deve adotar em todos os casos de violência doméstica e familiar contra a mulher. São medidas preliminares que possibilitam à autoridade reunir elementos que possam demonstrar os indícios de crime e que justifiquem a tomada de outras providências, como a concessão de medidas protetivas de urgência.

Uma dessas medidas é a identificação do agressor e a juntada de folha de antecedentes criminais que indiquem a existência de mandado de prisão e o registro de outras ocorrências policiais contra ele. Pois no ensejo dessas pesquisas a Lei 13.880/19 inseriu no art. 12 o inciso VII-A, que impõe à autoridade policial a obrigação de verificar se há em nome do agressor registro de posse ou porte de arma de fogo, e, em caso positivo, juntar aos autos essa informação, bem como notificar a ocorrência à instituição responsável pela concessão do registro ou da emissão do porte.

Desta forma, uma vez praticada uma infração penal que se insira no conceito de violência doméstica e familiar contra a mulher, além das medidas de praxe para viabilizar a investigação a autoridade policial deve pesquisar a existência de registro de arma de fogo em nome do agressor e, uma vez identificado o registro, a mesma autoridade deve notificar a Polícia Federal, que, nos termos do art. 5º, § 1º, da Lei 10.826/03 é o órgão competente para a expedição tanto do registro da arma quanto da autorização para o porte.

Uma vez juntada a informação a respeito do registro da arma e adotadas as demais medidas cabíveis na forma do art. 12, os autos são remetidos ao juiz, que, conforme dispõe o novo inciso IV do art. 18 – também inserido pela Lei 13.880/19 – deve determinar a apreensão imediata de arma de fogo que estiver sob a posse do agressor. Não é, portanto, a autoridade policial a legitimada para determinar a apreensão; a ela cabe apenas adotar as providências iniciais para apurar se existe o registro.

Note-se que a medida não é exatamente uma novidade, mas sim uma forma de conferir maior efetividade a algo já presente na redação original da Lei 11.340/06. Isto porque o art. 22, que dispõe sobre as medidas protetivas de urgência que obrigam o agressor, traz já no inciso I a suspensão da posse ou restrição do porte de armas, com comunicação ao órgão competente. O que a Lei 13.880/19 permite é que, no mesmo expediente em que a ofendida requer a medida protetiva, o juiz determine simultaneamente a apreensão da arma.

Pressupõe-se que as restrições aqui mencionadas se refiram a uma arma regular, ou seja, devidamente registrada e com autorização para porte, se for o caso. Isto porque se a arma for ilegal a situação do agressor se agrava e sua conduta, a partir daí, passa a configurar um dos delitos tipificados nos arts. 12, 14 ou 16 da Lei 10.826/03. E mais, nesses casos, a arma apreendida deverá ser destruída, conforme dispõe o art. 25, caput, do Estatuto do Desarmamento.

Urgência na concessão das medidas

As medidas consideradas de urgência, tratadas neste capítulo, podem ser concedidas de ofício ou mediante provocação do Ministério Público ou da ofendida, prescindindo, inclusive, do acompanhamento de advogado.

É o que se infere da análise deste dispositivo juntamente com o art. 27 da lei. Com efeito, o art. 27 torna obrigatória a assistência de advogado (aqui incluído, por óbvio, o defensor público, nos termos do art. 28), mas faz uma ressalva, exatamente, quanto ao art. 19.

Vale dizer, dada à urgência da situação, a exigir, como tal, a adoção de medidas imediatas de proteção à vítima, pode ela mesma se dirigir à presença do magistrado, postulando por seus direitos. Parece salutar que, uma vez passada a situação de urgência, se torne à regra geral do art. 27, nomeando-se advogado para acompanhamento da mulher vitimada.

ATUAÇÃO *EX OFFICIO* DO JUIZ NA CONCESSÃO DAS MEDIDAS PROTETIVAS

A Lei Maria da Penha não prevê a atuação *ex officio* do juiz para a concessão da medida protetiva de urgência. O tema, contudo, desperta debate na doutrina. A primeira corrente, forte no sistema acusatório, leciona que não é possível atuação *ex officio*, sendo imprescindível a provocação do magistrado. A segunda, em sentido diametralmente oposto, ensina que sim, que o juiz pode conceder medidas urgentes de ofício, pois têm natureza protetiva e não punitiva. A violência doméstica e familiar contra mulher é um fenômeno dinâmico e singular que, por isso mesmo, demanda uma atuação diferenciada do Poder Judiciário que, em sede de medidas protetivas, deve ser mais diligente e proativo, de modo a promover o pronto e efetivo amparo e proteção da vítima. Vamos buscar um denominador comum entre as duas linhas de pensamento. Cremos que há duas situações: quando ainda não houve comunicação da situação de violência ao juízo e quando a situação de violência já foi comunicada ao juízo. Se ainda não houve comunicação da situação de violência ao juízo, cremos que o *ne procedat judex ex officio* exige que não se permita ao juiz exercer jurisdição sem ação. Seria situação absolutamente inusitada o juiz, de ofício, requisitar informações sobre uma situação de violência doméstica que ainda nem lhe foi comunicada e, novamente de ofício, deferir medidas protetivas. Esta postura de juiz-xerife seria absolutamente incompatível com o sistema acusatório. No âmbito do inquérito policial, considerando que este deverá, em regra ter tramitação direta entre Ministério Público e polícia, caso não acionamento da intervenção jurisdicional, cremos que a situação se reconduzirá à hipótese de ausência de comunicação do magistrado da situação de violência. Seria igualmente inusitado o magistrado ingressar de ofício numa tramitação direta de inquérito e deferir *ex officio* as medidas.

Todavia, uma vez sendo o juiz comunicado da situação de violência, nos limites de sua competência territorial e *ratione materiae*, ele possui o poder-dever de zelar pela melhor proteção à mulher, podendo, para tanto, deferir outras medidas protetivas de urgência, ainda que diversas das que foram inicialmente solicitadas.

Finalmente, cumpre esclarecer que a competência para deferir estas medidas, no âmbito criminal, será do juiz que tem competência para o julgamento do crime. Por exemplo, em se tratando de tentativa de feminicídio, a medida protetiva deverá ser apreciada pelo juiz criminal ou pelo juiz presidente do Tribunal do Júri (nesse sentido é o Enunciado 31 do FONAVID e Enunciado 28 da COPEVID). Se o agressor também for criança e adolescente, a competência para aplicar as medidas protetivas de urgência será da Vara da Infância e Juventude (v. Enunciado 40 do FONAVID e Enunciado 5 da COPEVID). Se houver prisão em flagrante delito, o juiz da audiência de custódia deverá apreciar quanto ao cabimento de eventuais medidas protetivas de urgência (v. Enunciado 38 do FONAVID).

Mesmo que o pedido de medidas protetivas de urgência seja distribuído ao juízo equivocado, há entendimento de que "O juízo que receber requerimento de medidas cautelares e/ou protetivas poderá apreciá-las e deferi-las, com procedência ao juízo sobre sua competência, que poderá ratificar ou não o deferimento, após distribuição e recebimento" (Enunciado 33 do FONAVID).

Art. 19. As medidas protetivas de urgência poderão ser concedidas pelo juiz, a requerimento do Ministério Público ou a pedido da ofendida.

§ 1º As medidas protetivas de urgência poderão ser concedidas de imediato, independentemente de audiência das partes e de manifestação do Ministério Público, devendo este ser prontamente comunicado.

Titularidade do pedido – O texto deixa claro que pode o juiz, de ofício, conceder medidas protetivas em prol da vítima, como pode fazê-lo, também (como é mais comum), a pedido dela ou do Ministério Público. Conquanto seja assim na praxe forense, não é obrigatória a prévia oitiva do *parquet*, que, no entanto, deve ser comunicado de imediato sobre a decisão.

§ 2º As medidas protetivas de urgência serão aplicadas isolada ou cumulativamente, e poderão ser substituídas a qualquer tempo por outras de maior eficácia, sempre que os direitos reconhecidos nesta Lei forem ameaçados ou violados.

> § 3º Poderá o juiz, a requerimento do Ministério Público ou a pedido da ofendida, conceder novas medidas protetivas de urgência ou rever aquelas já concedidas, se entender necessário à proteção da ofendida, de seus familiares e de seu patrimônio, ouvido o Ministério Público.
>
> § 4º As medidas protetivas de urgência serão concedidas em juízo de cognição sumária a partir do depoimento da ofendida perante a autoridade policial ou da apresentação de suas alegações escritas e poderão ser indeferidas no caso de avaliação pela autoridade de inexistência de risco à integridade física, psicológica, sexual, patrimonial ou moral da ofendida ou de seus dependentes. **(Incluído pela Lei nº 14.550, de 2023)**
>
> § 5º As medidas protetivas de urgência serão concedidas independentemente da tipificação penal da violência, do ajuizamento de ação penal ou cível, da existência de inquérito policial ou do registro de boletim de ocorrência. **(Incluído pela Lei nº 14.550, de 2023)**
>
> § 6º As medidas protetivas de urgência vigorarão enquanto persistir risco à integridade física, psicológica, sexual, patrimonial ou moral da ofendida ou de seus dependentes. **(Incluído pela Lei nº 14.550, de 2023)**

Transitoriedade das medidas – O legislador permite que as medidas sejam aplicadas isoladamente (apenas uma dentre as previstas em lei), ou de forma cumulativa, o que geralmente ocorre. Forte no brocardo do *rebus sic stantibus*, alterando-se a situação de fato, pode o juiz, a qualquer tempo, conceder novas medidas ou alterar aquelas que, de início, haviam sido adotadas.

Possibilidade de renovação no cível de pedido de medida protetiva negado pelo juízo criminal – Conforme o teor da Conclusão 5, do Congresso que versou o tema "Lei 11.340/2006 (Lei Maria da Penha) – Um Ano de Vigência. Avanços e retrocessos, sob o ponto de vista prático, na opinião dos operadores do Direito", realizado no dia 12 de dezembro de 2007, pelas Corregedoria Geral da Justiça e Presidência do TJSP: "É possível a reapreciação, pelo juízo cível, de pedido de medida protetiva anteriormente negado pelo juízo criminal"[92].

A LEI 14.550, DE 2023: NATUREZA JURÍDICA DAS MEDIDAS PROTETIVAS

Foram introduzidos os parágrafos 4º, 5º e 6º no artigo 19, buscando o legislador, mais uma vez, ser claro não apenas quanto ao manejo das medidas protetivas, mas também quanto à sua natureza jurídica. Essa alteração tem um foco certo: garantir a proteção das mulheres,

92 Tradicionalmente, a concessão de medidas protetivas de urgência tem sido atribuída ao juiz criminal. No entanto, é fundamental reconhecer que o juiz cível também possui competência para conceder tais medidas, conforme disposto no art. 24-A da referida lei. O art. 24-A da Lei Maria da Penha estabelece que, em casos de violência doméstica e familiar contra a mulher, o juiz pode conceder medidas protetivas de urgência, independentemente da competência cível ou criminal. Este dispositivo legal visa garantir uma resposta rápida e eficaz à situação de risco enfrentada pela vítima, priorizando sua segurança e integridade. A interpretação restritiva de que apenas o juiz criminal pode conceder medidas protetivas limita a eficácia da proteção oferecida pela Lei Maria da Penha. Em muitos casos, a violência doméstica envolve questões que transcendem o âmbito penal, como disputas de guarda, alimentos e direito de visita, que são tradicionalmente de competência do juiz cível. Permitir que o juiz cível também conceda medidas protetivas assegura uma abordagem mais holística e integrada, atendendo de forma mais completa às necessidades da vítima. Além disso, a possibilidade de o juiz cível conceder medidas protetivas contribui para a celeridade processual. Em situações de emergência, a rapidez na concessão de medidas protetivas é crucial para evitar a continuidade da violência e proteger a vida e a integridade física e psicológica da vítima. A competência compartilhada entre os juízes cível e criminal permite uma resposta mais ágil e eficiente, reduzindo o risco de ineficácia das medidas protetivas. Portanto, é imperativo que se reconheça a competência do juiz cível para conceder medidas protetivas de urgência, conforme previsto no art. 24-A da Lei Maria da Penha. Esta interpretação não apenas está em consonância com o espírito da lei, que é proteger a mulher em situação de violência, mas também promove uma resposta mais eficaz e abrangente às diversas dimensões da violência doméstica e familiar.

afastando interpretações que restringem o alcance da Lei Maria da Penha por parte de autoridades judiciárias.

Conforme constou da Justificativa do Projeto apresentada pela Senadora Simone Tebet: "Destaque-se, por fim, que diversos juízes e juízas se recusam a conferir um caráter autônomo às medidas protetivas de urgência, condicionando a vigência delas à existência de um inquérito policial ou algum processo cível ou criminal (...)

Vamos, agora, esmiuçar as alterações.

Cognição sumária pelo depoimento da vítima (art. 19, §4º)

Nos termos da Lei 14.550/23, para a concessão das medidas protetivas é suficiente o depoimento da vítima. Assim, ficam afastados argumentos de ausência de testemunhas, laudos periciais ou outros elementos de convicção. Aliás, embora o depoimento da vítima já seja tratado como prova na legislação, aqui surge um regramento específico que estabelece a prioridade desse elemento para aferir a existência de indícios de violência (ainda que não tipificada) e o perigo.

Não estamos fomentando a exumação do conceito de "rainha das provas", mas reconhecendo, a exemplo do que fez o legislador, que a palavra da vítima é um elemento central e relevante nesse tipo de violência e contexto.

Importante mencionar que, em razão do trauma, a memória da vítima e seu depoimento podem ser fragmentados, apresentar falhas ou inconsistências, o que não retira a validade dessa prova, centrada apenas na existência de violência e perigo. Com o trauma, há um "efeito avassalador", que pode "alterar o sistema psíquico do sujeito (no caso, a vítima), ameaçar sua percepção sobre o evento crítico e, de modo último, fragmentar sua coesão mental (Perrota, 2019)"[93].

Na seara da violência doméstica e familiar contra a mulher, a forma como é valorada a versão da vítima merece atenção especial. De acordo com o STJ, nesse tipo de crime, a palavra da ofendida tem especial relevância para fundamentar o recebimento da inicial ou a condenação, pois normalmente são crimes cometidos em espaços privados e sem testemunhas. Ora, se suficiente para fundamentar tais decisões, parece mais do que razoável, numa análise sumária, ser suficiente também para autorizar a concessão de medidas protetivas.

Nesse mesmo sentido, temos o enunciado 45 do FONAVID: "As medidas protetivas de urgência previstas na Lei 11.340/2006 podem ser deferidas de forma autônoma, apenas com base na palavra da vítima, quando ausentes outros elementos probantes nos autos".

Como as medidas protetivas firmaram-se na lei em comento como autônomas, a referência à cognição "sumária" destina-se a agilizar e fundamentar a decisão, dispensando-se procedimento penal (seja inquérito ou processo).

A decisão pode ser alterada a todo momento, diante de novos fatos. Ou seja, haverá sempre a possibilidade de alteração da decisão, que não possui, por isso, um caráter de definitividade.

Não se pode condicionar a decisão ao preenchimento do Formulário Nacional de Avaliação de Risco, como tem acontecido em alguns juízos. Esse formulário foi criado para proteger a mulher e não para burocratizar a decisão em medidas protetivas. Nesse sentido o ENUNCIADO 54: "As medidas protetivas de urgência deverão ser analisadas independentemente do preenchimento do Formulário Nacional de Avaliação de Risco, o qual deverá ser aplicado, preferencialmente, pela Polícia Civil, no momento do registro da ocorrência policial, visando a celeridade dos encaminhamentos da vítima para a rede de proteção" (Aprovado no XI Fonavid – São Paulo).

93 SCARPATI, Arielle Sagrillo. Violência de gênero como uma forma de trauma: reflexões para o acolhimento das vítimas. Apud: SARRUBBO, Mario Luiz; ROMANO, Michel B; LEITÃO, Patrícia de Carvalho; CHAKIAN, Silva (org). Ministério Público Estratégico, vol. 1. São Paulo: Foco, 2022, 136.

Presunção do perigo (art. 19, §4º) e fundamentação vinculante

O artigo 19, §4º, estabelece que as medidas só podem ser indeferidas se, na avaliação da autoridade, inexistir risco à integridade física, psicológica, sexual, patrimonial ou moral da ofendida ou de seus dependentes. Sem dúvida, aqui temos um dos pontos mais controvertidos da nova lei, uma vez que pode representar uma afronta à autonomia do Poder Judiciário.

No entanto, vincular autoridades judiciárias a uma interpretação ou fundamentação não é cenário novo no nosso direito. Na Constituição Federal já existe previsão de Súmulas Vinculantes, que limitam a interpretação judicial a respeito de temas controvertidos e relevantes. Como ressalta o Ministro Gilmar Mendes, "a súmula vinculante é um instituto de caráter racionalizador".

Assim, não há exclusão da apreciação judicial, mas sim a inversão do raciocínio normalmente utilizado: ao invés de se fundamentar pela existência de perigo, as autoridades devem focar, em caso de indeferimento, na inexistência de perigo.

Autonomia das medidas protetivas (art. 19, §5º)

Embora o STJ tenha entendimento de que parte das medidas protetivas tem natureza de cautelar criminal, com a nova lei, todas as medidas protetivas – por expressa previsão legal – têm natureza cível, já que podem ser deferidas independentemente de registro de Boletim de Ocorrência, instauração de inquérito policial ou processo criminal em curso.

Thiago Pierobom de Ávila, há tempos, já lecionava que a medida protetiva de urgência deve ser etiquetada como tutela cível de urgência, derivada do direito fundamental de proteção contra a violência, portanto, guiada pelo princípio da precaução[94]. Essa diferença quanto à natureza jurídica traz, de acordo com o correto raciocínio do autor, consequências importantes às medidas protetivas de urgência, diferenciando-as das medidas cautelares criminais:

> (i) as medidas protetivas de urgência podem ser concedidas independentemente da configuração criminal do ato de violência;
>
> (ii) as medidas protetivas de urgência independem de processo criminal principal, podendo ser concedidas mesmo que a vítima ou seu representante legal não desejem apresentar representação (o que impediria a instauração de investigação criminal) ou, ainda, mesmo que a investigação seja arquivada por insuficiência de provas;
>
> (iii) as medidas protetivas de urgência não se limitam à jurisdição criminal, podendo ser concedidas, inclusive, por um juiz com competência cível;
>
> (iv) no processo criminal, a dúvida sempre beneficia o réu. Todavia, para uma tutela de proteção de urgência de direitos fundamentais, se não há certeza de que a vítima está suficientemente protegida, o oposto acontece. Portanto, as medidas protetivas de urgência são guiadas pelo princípio da precaução e pela lógica do *in dubio pro tutela*;
>
> (v) as medidas protetivas devem ser mantidas em vigor enquanto forem necessárias à proteção à mulher.

É frequente que a vítima procure a autoridade policial para noticiar o episódio de violência com o intuito simplesmente de proteger-se e fazer cessar a violência, e não necessariamente para ver o agressor processado e punido. Isso ocorre por diversos motivos, que incluem os laços afetivos mantidos entre a vítima e o agressor, as relações de dependência econômica e emocional, o medo de represálias, etc. Os casos de violência doméstica são complexos e repletos

94 Sobre este tema, ver: ÁVILA, Thiago Pierobom de. Medidas protetivas da Lei Maria da Penha: natureza jurídica e parâmetros decisórios. Revista Brasileira de Ciências Criminais, São Paulo, v. 157, p. 131-172, 2019.

de nuances. Por esta razão, condicionar o deferimento das medidas protetivas ao registro de ocorrência ou à existência de um procedimento oficial do Estado pode representar um grave cerceamento ao direito de acesso à justiça da vítima.

Duração das medidas (art. 19, §6º)

Desdobramento lógico da sua autonomia, prevê o art. 19, §6º, que "as medidas protetivas de urgência vigorarão enquanto persistir risco à integridade física, psicológica, sexual, patrimonial ou moral da ofendida ou de seus dependentes."

Essa alteração resolve uma antiga divergência quanto à duração do manto de proteção. Não há medidas por prazo determinado, nem vinculação das medidas a um inquérito, processo ou ao cumprimento da pena. A conclusão que se extrai é que as medidas estão atreladas ao perigo, e não ao procedimento.

Contudo, em momento algum estamos defendendo a duração eterna da medida. A questão deve ser examinada à luz dos princípios da proporcionalidade e da adequação. Como já salientado pela promotora de Justiça, Valéria Scarance, na sua obra sobre a Lei Maria da Penha, deve ser determinado um período mínimo para reavaliação do perigo, tal como ocorre com as medidas de segurança e prisão preventiva: "o ideal é que, periodicamente, seja realizada nova avaliação de risco para se verificar a necessidade e adequação das medidas anteriormente deferidas, que poderão ser substituídas ou revogadas. (...) a decisão não faz coisa julgada e poderá ser modificada a todo momento, diante da alteração dos fatos".[95]

Estamos totalmente de acordo com as lições da colega Valéria. A revogação ou modificação das medidas deve ser baseada em uma mudança concreta nas circunstâncias que justificaram sua concessão, e não em um prazo fixo. O juiz pode determinar um prazo para revisão das medidas, mas deve garantir a oportunidade de manifestação das partes antes de qualquer decisão sobre a cessação das medidas. A manutenção das medidas deve ser reavaliada periodicamente, conforme necessário, para assegurar a proteção contínua da vítima. Antes de revogar as medidas protetivas, é necessário ouvir a vítima para avaliar a persistência do risco.

Esse entendimento foi adotado pelo STJ:

> "Levando em conta a impossibilidade de duração ad eternum da medida protetiva imposta – o que não se confunde com a indeterminação do prazo da providência -, bem como a necessidade de que a proteção à vítima perdure enquanto persistir o risco que se visa coibir – aferição que não pode ser realizada por esta Corte, na via exígua do writ -, é caso de se conceder a ordem de habeas corpus, ainda que em menor extensão, a fim de que, aplicando-se, por analogia, o disposto no art. 316, parágrafo único, do Código de Processo Penal, o Magistrado singular examine, periodicamente, a pertinência da preservação da cautela imposta, não sem antes ouvir as partes. Ordem parcialmente concedida para tornar por prazo indeterminado a medida protetiva de proibição de aproximação da vítima, revogando-se a definitividade estabelecida na sentença condenatória, devendo o Juízo de primeiro grau avaliar, a cada 90 dias e mediante a prévia oitiva das partes, a necessidade da manutenção da cautela" (STJ – HC: 605113 SC 2020/0203237-2, Data de Julgamento: 08/11/2022, T6 – SEXTA TURMA, Data de Publicação: DJe 11/11/2022).

Art. 20. Em qualquer fase do inquérito policial ou da instrução criminal, caberá a prisão preventiva do agressor, decretada pelo juiz, de ofício, a requerimento do Ministério Público ou mediante representação da autoridade policial.

---

95 SCARANCE FERNANDES, Valéria Diez. Lei Maria da Penha: o processo penal no caminho da efetividade, 4ª ed. São Paulo: Juspodivm, 2022.

Prisão preventiva – O inciso III do artigo 313 do CPP, incluído pela Lei 12.403/11, autoriza a decretação da prisão preventiva ao agressor, "se o crime envolver violência doméstica e familiar contra a mulher, criança, adolescente, idoso, enfermo ou pessoa com deficiência, para garantir a execução das medidas protetivas de urgência".

Diz o art. 20 da Lei Maria da Penha que o juiz pode decretar a prisão preventiva de ofício, pouco importando a fase da persecução penal (inquérito policial ou instrução criminal).

Contudo, o CPP tem sido objeto de repetidas alterações, todas com a nítida missão de condicionar a atuação do magistrado à prévia provocação das partes ou da autoridade policial. Vejamos.

No ano de 2011, a Lei 12.403 deu nova redação ao art. 311 do CPP, advertindo que "Em qualquer fase da investigação policial ou do processo penal, caberá a prisão preventiva decretada pelo juiz, de ofício, se no curso da ação penal, ou a requerimento do Ministério Público, do querelante ou do assistente, ou por representação da autoridade policial". Durante o curso do inquérito policial, portanto, não mais se admitiu que o juiz, *ex officio*, decretasse a medida extrema, dependendo de provocação da autoridade policial (mediante representação) ou do Ministério Público (por meio de requerimento).

No ano de 2019, a Lei 13.964 altera novamente o art. 311 do CPP, proibindo o juiz agir de ofício em qualquer fase da persecução penal: "Em qualquer fase da investigação policial ou do processo penal, caberá a prisão preventiva decretada pelo juiz a requerimento do Ministério Público, do querelante ou do assistente, ou por representação da autoridade policial".

Sendo assim, cremos que essa limitação introduzida no Código de Processo Penal tem incidência na Lei Maria da Penha, especificamente na primeira parte do art. 20, que concede ao juiz a possibilidade de decretação da prisão preventiva de ofício, em qualquer fase da persecução. Não há mais, assim, essa possibilidade, em posicionamento que, de resto, revela-se mais atento ao princípio acusatório, a evitar que o juiz adote medidas de cunho persecutório. Afinal, como lembra Aury Lopes Júnior, "são logicamente incompatíveis as funções de investigar e ao mesmo tempo garantir o respeito aos direitos do imputado. São atividades que não podem ficar nas mãos de uma mesma pessoa, sob pena de comprometer a eficácia das garantias individuais do sujeito passivo e a própria credibilidade da administração de justiça. (...) Em definitivo, não é suscetível de ser pensado que uma mesma pessoa se transforme em um investigador eficiente e, ao mesmo tempo, em um guardião zeloso da segurança individual. É inegável que 'o bom inquisidor mata o bom juiz ou, ao contrário, o bom juiz desterra o inquisidor'"[96].

Haverá, decerto, quem invoque o princípio da especialidade como argumento para a manutenção do dispositivo em análise, a despeito da limitação introduzida pelas Leis 12.403/11 e 13.964/19. Por esse princípio, a norma mais específica é aplicada em detrimento da norma de caráter geral. Ou, em outras palavras, surgindo um aparente conflito de normas, exatamente por ser específica, deve prevalecer a *lex specialis*, sobre a lei geral, que abrange um todo. Nesse sentido, destacamos o Enunciado 51 do FONAVID:

> "O art. 20 da LMP não foi revogado tacitamente pelas modificações do CPP, ante o princípio da especialidade".

Ocorre que o art. 20 da Lei Maria da Penha não contém (ou, no ano de sua vigência, não continha) nada de especial em relação ao Código de Processo Penal. Tratava-se, antes, de mera transcrição, quase que completa, do art. 311 do CPP, cuja redação, no ano de criação da Lei Maria da Penha, era a seguinte: "Em qualquer fase do inquérito policial ou da instrução criminal, caberá a prisão preventiva decretada pelo juiz, de ofício, a requerimento do Ministério Público,

96 *Investigação Preliminar no Processo Penal*. Rio de Janeiro: Lumen Juris, 2001, p. 74.

ou do querelante, ou mediante representação da autoridade policial". Ora, se a intenção do legislador foi repetir na Lei 11.340/06 a arquitetura geral prevista no CPP, alterada a redação do art. 311 do Código, tem-se, por consequência lógica, que essa mudança deva incidir também sobre o dispositivo em análise, para se concluir que não mais é dada ao juiz, a possibilidade de decretação, de ofício, da prisão preventiva do agressor. A reforçar esse entendimento, lembremos do disposto no art. 13 da lei em estudo, a determinar que "ao processo, ao julgamento e à execução das causas cíveis e criminais decorrentes da prática de violência doméstica e familiar contra a mulher aplicar-se-ão as normas dos Códigos de Processo Penal e Processo Civil (...)".

Temos, assim, que o art. 20, ora analisado, foi tacitamente revogado pela Lei n. 13.964/19 no que se refere à expressão "de ofício". No entanto, em decisão de 15/02/2022, a Sexta Turma do STJ, contrariando o entendimento da Quinta Turma, decidiu que o juiz está autorizado a decretar a prisão preventiva caso tenha sido provocado pelo MP a aplicar medida cautelar diversa da prisão. Nessa hipótese, o juiz não agiria de ofício, mas sim mediante provocação do órgão ministerial, e valendo-se do seu livre convencimento. Assim, a escolha de qual medida cautelar melhor se ajusta ao caso concreto cabe ao juiz da causa, que não agirá de ofício caso decida por aplicar uma cautelar distinta da requerida pelo MP. O ministro Rogerio Schietti Cruz, relator do processo, ponderou que, diferentemente do entendimento do tribunal de origem, o princípio da especialidade não autoriza a atuação judicial de ofício, mesmo em se tratando de crime de violência doméstica e familiar contra a mulher. Entretanto, no caso em questão, não houve decisão de ofício, tendo em vista a provocação do MP. Segundo o ministro, "Impor ou não cautelas pessoais, de fato, depende de prévia e indispensável provocação; contudo, a escolha de qual delas melhor se ajusta ao caso concreto há de ser feita pelo juiz da causa. Entender de forma diversa seria vincular a decisão do Poder Judiciário ao pedido formulado pelo Ministério Público, de modo a transformar o julgador em mero chancelador de suas manifestações, ou de lhe transferir a escolha do teor de uma decisão judicial" (RHC 145.225-RO).

Por fim, vale lembrar que a Lei Henry Borel, diferentemente da Lei Maria Penha, expressamente anuncia que a decretação da prisão preventiva depende de prévia e indispensável provocação do Ministério Público ou da autoridade policial (art. 17).

Constitucionalidade – Como salientado acima, a lei em estudo inovou no sentido de admitir a prisão preventiva para outra hipótese além daquelas relacionadas no art. 313 do CPP.

Assim, por exemplo, perpetrado um delito de lesão corporal leve contra a mulher, nos moldes expostos pelo estatuto em exame, pode seu autor ter decretada a prisão preventiva, embora esse crime seja apenado com pena de detenção (art. 44 da Lei). De forma que, essa espécie de prisão provisória, que na redação anterior do art. 313 do CPP, praticamente não existia para os crimes apenados com detenção (a menos que fosse o réu vadio ou pairasse dúvida quanto à sua identidade, hipóteses raríssimas de se verificarem ou se, antes, tivesse sido condenado pela prática de crime doloso), ganhou novo fôlego a partir da Lei Maria da Penha.

Essa iniciativa do legislador foi recebida com aplausos pela ainda incipiente doutrina que, à época, se estabeleceu sobre o tema. Nesse sentido as palavras de Eduardo Luiz Santos Cabette: "O dispositivo é providencial, constituindo-se em um utilíssimo instrumento para tornar efetivas as medidas de proteção preconizadas pela novel legislação. Não houvesse essa modificação, a maioria dos casos de violência doméstica e familiar contra a mulher ficaria privada do instrumento coercivo da prisão preventiva por ausência de sustentação nos motivos elencados no art. 312, CPP, tradicionalmente e nos casos de cabimento arrolados no art. 313, CPP".[97]

97 Anotações críticas sobre a lei de violência doméstica e familiar contra a mulher. Disponível em: [http://jus.com.br/revista/texto/8822/anotacoes-criticas-sobre-a-lei-de-violencia-domestica-e-familiar-contra-a-mulher]. Acesso em: 27.07.2012.

Arremata o autor que "a utilidade dessa inovação é cristalina. Basta, para exemplificar, destacar a inocuidade da medida protetiva de urgência de proibição ao agressor de aproximação da ofendida, de seus familiares e das testemunhas, fixando um limite mínimo de distância entre estes e o agressor (art. 22, III, *a*, da Lei 11.340/2006). Tal determinação judicial desprovida de um instrumento coercitivo rigoroso não passaria de formalidade estéril a desacreditar a própria Justiça".[98]

Compartilhamos desse entusiasmo, mas, no entanto, recomendamos cautela na abordagem do tema.

Primeiro, porque não basta, para a decretação da medida de exceção, que o crime tenha sido perpetrado contra a mulher, no âmbito doméstico ou familiar. É preciso que, além disso, estejam presentes, também, os pressupostos e fundamentos justificadores da prisão preventiva, elencados no art. 312 do CPP, de início, se exigirá a presença de prova da existência do crime e indício de sua autoria, a configurar o *fumus comissi deliciti*.

Além disso, a fim de completar o binômio clássico que inspira toda e qualquer medida cautelar, é de rigor a demonstração do *periculum in libertatis*, "previsto nas quatro hipóteses autorizadoras da prisão constantes da parte inicial do mencionado artigo, ou seja, prisão para garantia da ordem pública, da ordem econômica, por conveniência da instrução criminal ou para assegurar a aplicação da lei penal", na lição de Antonio Scarance Fernandes.[99]

Insistimos, a nova possibilidade que se inaugura para a decretação da prisão preventiva não pode ser interpretada de forma isolada, impondo, ao revés, que se atente ao preenchimento dos requisitos gerais de toda e qualquer prisão dessa espécie, mencionados no art. 312 do CPP.

A par da prisão preventiva, o descumprimento da medida protetiva configura o crime do art. 24-A, delito incluído na Lei 11.340/06 pela Lei 13.641/18, cuja pena foi recentemente alterada pela Lei 14.994/24, passando de 3 meses a 2 anos de detenção para 2 a 5 anos de reclusão. No crime de feminicídio, o descumprimento de determinadas medidas protetivas (art. 22, I, II e III) servirá como causa de aumento de pena no delito doloso contra a vida da mulher (art. 121-A, §2º, IV, CP).

Prazo obrigatório para revisão da necessidade da medida

Considerando "a preocupação da magistratura com as situações de prisão provisória com excesso de prazo ou a manutenção da privação da liberdade após o cumprimento da sua finalidade", o Conselho Nacional de Justiça (CNJ) editou a Resolução 66/2009, onde determina que, estando o réu preso provisoriamente há mais de três meses, com o processo ou inquéritos parados, cumpre ao juiz (ou ao relator tratando-se de recurso), investigar as razões da demora, indicando, ainda, as providências adotadas, a serem, posteriormente, comunicadas à Corregedoria Geral de Justiça ou à Presidência do Tribunal (no caso do relator). A propósito, como observam Alberto Silva Franco e Maurício Zanoide, sendo o juiz "obrigado a declinar os motivos da demora sempre que concluir a instrução fora do prazo, com maior razão deverá fundamentar a necessidade da prisão cautelar, se o *arco de tempo processual*, a que alude Chiavario, previsto para um determinado procedimento, estiver consumido".[100]

A Lei 13.964/19, acrescentando ao art. 316 do CPP novel parágrafo, seguiu o espírito da referida Resolução. Diz que o órgão emissor da decisão deverá revisar a necessidade de sua manutenção a cada 90 dias, mediante decisão fundamentada, sob pena de o constrangimento,

98 Direito processual civil brasileiro. 12. ed. São Paulo: Saraiva, 1996. vol. 1, p. 208.

99 Processo penal constitucional. 4. ed. São Paulo: Ed. RT, 2005. p. 315-316.

100 Código de Processo Penal e sua Interpretação Judicial, 2ª ed., vol. 1, São Paulo: Editora Revista dos Tribunais, 2004, p. 279) (grifo original).

até então legal, se tornar ilegal. A obrigação de revisar a necessidade da prisão preventiva a cada 90 dias é imposta não apenas ao juiz ou ao tribunal que decretou a medida em processo originário (réu com foro por prerrogativa de função), mas também ao tribunal quando do exame do processo em grau de recurso ordinário (não abrangendo STF e STJ quando do julgamento de recurso extraordinário e especial, respectivamente). A inobservância do prazo nonagesimal do art. 316 do Código de Processo Penal (CPP) não implica automática revogação da prisão preventiva, devendo o juízo competente ser instado a reavaliar a legalidade e a atualidade de seus fundamentos.

Fiança arbitrada pela autoridade policial – A partir do advento da Lei 12.403/2011, que alterou substancialmente a disciplina da prisão preventiva e da liberdade provisória, esboça-se um entendimento no sentido de que, para os delitos a envolver violência doméstica, não poderia a autoridade policial arbitrar fiança, em ato que, por consequência, seria privativo de juiz de direito.

Nesse sentido os ensinamentos de Fausto Rodrigues de Lima[101] e Jorge Romcy Auad Filho[102] Desse teor, ainda, o Enunciado 6 da Comissão Permanente de Promotores da Violência Doméstica do Brasil (Copevid), *verbis*: "Nos casos de violência doméstica e familiar contra a mulher, criança, adolescente, idoso, enfermo ou pessoa com deficiência, é vedada a concessão de fiança pela Autoridade Policial, considerando tratar-se de situação que autoriza a decretação da prisão preventiva nos termos do art. 313, III, do CPP".

O argumento principal desses respeitáveis entendimentos reside no fato de que, delitos perpetrados em contexto de violência doméstica, admitem a decretação da prisão preventiva, nos termos do inc. III do art. 313 do CPP, quando "o crime envolver violência doméstica e familiar contra a mulher, criança, adolescente, idoso, enfermo ou pessoa com deficiência, para garantir a execução das medidas protetivas de urgência" (Redação dada pela Lei 12.403/2011).

Sendo assim, por admitirem a prisão preventiva, a autoridade policial se veria impedida de arbitrar fiança, mesmo que ao delito seja cominada pena privativa de liberdade não superior a quatro anos (art. 322 do CPP), desautorizada pela dicção do inc. IV, do art. 324 do CPP, que veda o favor legal "quando presentes os motivos que autorizam a decretação da prisão preventiva".

Discordamos desse posicionamento. Pensamos que, a fim de avaliar a possibilidade da autoridade policial em arbitrar fiança se deva, em um primeiro momento, atentar à objetividade do art. 322 do CPP, isto é, se a pena máxima cominada ao delito não supera quatro anos.

Esse o primeiro dado a ser considerado. Em seguida, cumpre observar se, embora atendendo o critério objetivo, o agente não se acha inserido na hipótese que admite a prisão preventiva, do inc. III, do art. 313 do CPP. Aqui reside nossa divergência com o posicionamento inicialmente aludido.

Não basta, com efeito, que o delito envolva "violência doméstica e familiar contra a mulher" para que se admita a prisão preventiva, mas que, além disso, essa prisão se justifique "para garantir a execução das medidas protetivas de urgência", na dicção da parte final do inc. III do art. 313 do CPP.

É dizer, em reforço: o simples fato do crime ser praticado em contexto de violência doméstica, por si só, não impede a concessão da fiança pela autoridade policial. Haverá sim impedimento se, ademais, o delito for perpetrado quando, em favor da vítima, medidas protetivas de urgência tenham sido deferidas.

101 Fiança policial, violência doméstica e a Lei 12.403/2011. Disponível em: [www.jusnavigandi.com.br]. Acesso em 02.06.2012.

102 A liberdade provisória na Lei Maria da Penha. Disponível em: [http://jus.com.br/revista/texto/10584/a-liberdade--provisoria-na-lei-maria-da-penha]. Acesso em: 27.07.2012.

Não caberia ao intérprete, com a devida vênia, distinguir onde o legislador não distinguiu, sobretudo no trato de matéria a envolver a liberdade da pessoa.

Aliás, a se privilegiar tal entendimento, mas em conclusão que jamais foi cogitada, o furto simples perpetrado contra uma pessoa idosa, a apropriação indébita tendo como vítima um enfermo, o delito de maus-tratos e de abandono de incapaz – para ficarmos com alguns exemplos – também não permitiriam o arbitramento da fiança pela autoridade policial, eis que, nos termos do inc. III, do art. 313 do CPP, admitiriam a prisão preventiva dada a condição subjetiva dos ofendidos.

Não cabe argumentar com a gravidade do delito, posto que, delitos apenados de forma muito mais gravosa, como, por exemplo, o aborto provocado pela gestante ou com o seu consentimento, do art. 124 do CP ou, ainda, o perigo de contágio de moléstia grave, previsto no 131 do mesmo *codex*, permitem ao delegado de polícia, face à pena máxima a eles cominada e no exercício de verdadeiro poder-dever, o arbitramento da fiança.

Nem se argumente que, a partir do advento da Lei n. 13.641/2018, que incluiu o art. 24-A, § 2º, na Lei Maria da Penha, ao impedir o arbitramento de fiança somente pelo juiz, teria ocorrido uma alteração desse panorama. É que essa lei tem incidência, apenas, para o crime de "Descumprimento de Medidas Protetivas de Urgência", não sendo cabível qualquer interpretação analógica contra o agente (*in malam partem*), visando expandir essa restrição, também, para outros delitos. É dizer: nosso entendimento sobre a matéria não sofreu nenhuma alteração com o diploma novel (Lei n. 13.641/2018), continuando a se admitir o arbitramento de fiança pela autoridade policial, em postura que – imaginamos – ocorra às centenas ou milhares, diariamente, neste país continental.

Concluímos, bem por isso, que: (a) à autoridade policial, como regra (a exceção é o crime de "Descumprimento de Medidas Protetivas de Urgência"), cumpre arbitrar fiança em prol do autor preso em flagrante pela prática de um delito em situação de violência doméstica, desde que a pena máxima cominada não exceda quatro anos e (b) esse direito do agente somente será negado (quando caberá, então, ao juiz de direito apreciar a questão), se ele, com sua ação, descumpriu medidas protetivas que, antes, foram deferidas em favor da vítima.

> Parágrafo único. O juiz poderá revogar a prisão preventiva se, no curso do processo, verificar a falta de motivo para que subsista, bem como de novo decretá-la, se sobrevierem razões que a justifiquem.

Rebus sic stantibus – O juiz pode, a requerimento ou de ofício, revogar a prisão preventiva, desde que surja fato novo que não mais justifique sua manutenção. Não se estabelece, assim, uma situação irrevogável, mas antes, uma apreciação da causa no estado em que se encontra (*rebus sic stantibus*). Nada impede, ainda, que, revogada a medida, surjam posteriormente motivos que autorizem nova decretação, estando autorizado o juiz a decidir nesse sentido. Essa última decisão pode ser desafiada por meio de *habeas corpus*.

Esse dispositivo reforça a ideia de transitoriedade, que é inerente à prisão preventiva. Com efeito, enquanto a prisão em flagrante se apoia na *certeza visual* do crime, a prisão preventiva se satisfaz com prova da existência do crime e meros *indícios suficientes* de autoria, na dicção do art. 312 do CPP. Daí seu caráter de exceção, cujo cabimento é, por isso mesmo, reservado para hipóteses taxativamente elencadas em lei, a permitir, ademais, a revisão a todo tempo, seja para sua revogação, quando já decretada, seja para decretá-la novamente.

> **Art. 21.** A ofendida deverá ser notificada dos atos processuais relativos ao agressor, especialmente dos pertinentes ao ingresso e à saída da prisão, sem prejuízo da intimação do advogado constituído ou do defensor público.
>
> Parágrafo único. A ofendida não poderá entregar intimação ou notificação ao agressor.

Notificação dos atos processuais – O texto em exame não prima pelo rigor técnico. A começar pela utilização da expressão "notificação", mais adequada quando se trata da "cientificação que se faz a alguém de despacho ou decisão que ordena fazer ou deixar de fazer alguma coisa, sob certa cominação",[103] o que não é o caso. Mais técnico seria o emprego do termo "intimação".

O dispositivo impõe a notificação da vítima "dos atos processuais relativos ao agressor". Mais impreciso impossível. De forma que os únicos atos relativos ao agressor em que se pode cogitar da tal notificação, são mesmos os relativos ao ingresso e saída do agressor da prisão. Mas a lei não explica se a notificação (para ficarmos com a expressão por ela utilizada), deve ser pessoal ou por meio de seu advogado.

A intenção perseguida pelo legislador, nesse caso, parece ser de evitar que a ofendida seja tomada de surpresa, sem chance de se acautelar, principalmente com eventual ordem de soltura do agressor. Se é essa a *ratio legis*, há que se concluir, necessariamente, que se impõe a notificação pessoal, sob pena de não atingir seu objetivo.

Essa notificação, que possui quase que um cunho administrativo, admite, segundo entendemos, total informalidade em sua utilização.

Pode, assim, ser realizada inclusive por meio eletrônico (*e-mail*), como autoriza o Código de Processo Civil (Lei 13.105/2015), diploma a ser empregado subsidiariamente à Lei Maria da Penha (art. 13). Com efeito, o novo *codex* prevê essa espécie de intimação como regra, ao dispor que "as intimações realizam-se, sempre que possível, por meio eletrônico, na forma da lei" (art. 270 do CPC/2015).

Aliás, a intimação por meio de correio eletrônico (*e-mail*), já é prevista na Res. 522 do STJ, permite tal espécie de intimação das partes, do Ministério Público, advogados etc., no âmbito dos Juizados Especiais Federais. E mesmo por telefone.

Destacamos o enunciado 73 do Fórum Nacional dos Juizados Especiais Federais (FONAJEF):

> "A intimação telefônica, desde que realizada diretamente com a parte e devidamente certificada pelo servidor responsável, atende plenamente aos princípios constitucionais aplicáveis à comunicação dos atos processuais". De sua parte, o Enunciado 9, do Fonavid (Fórum Nacional de Juízes de Violência Doméstica e Familiar contra a Mulher), alterado no IX Fonavid de Natal, prevê in verbis: "A notificação/intimação da vítima acerca da concessão de soltura do agressor e/ou de qualquer ato processual, pode ser feita por whatsapp ou similar, quando houver seu consentimento expresso, manifestado em sede inquisitorial ou judicial, por escrito ou reduzido a termo, mediante certidão nos autos por servidor público". O importante é que a mulher tome conhecimento, principalmente, da saída de seu algoz da prisão, não se cogitando de qualquer nulidade porquanto a medida, insistimos, tem um perfil administrativo.

A revogação de medidas protetivas de urgência deve ser antecedida da oitiva da vítima para avaliar se a situação de risco, de fato, está encerrada. Isso vale também para os casos em que a ação penal sequer chegou a ser proposta. Essa foi a orientação fixada pela 3ª Seção do Superior Tribunal de Justiça em relação aos casos em que, por algum motivo, o inquérito relacionado à ocorrência de violência contra a mulher não evolui para denúncia, causando a extinção da punibilidade do acusado (REsp 1.775.341).

Entrega da intimação – O disposto neste parágrafo tem por escopo evitar sério inconveniente que, não raras vezes, ocorria na prática. De sorte que a vítima, além de noticiar a agressão perpetrada pelo marido ou companheiro, fato que, por si só, já era capaz de causar-lhe graves dissabores, se via, ainda, na obrigação de entregar ao agressor, a intimação para que

103 Tourinho Filho, Fernando da Costa. *Código de Processo Penal comentado*. 9. ed. São Paulo: Saraiva, 2005. vol. 1, p. 823.

comparecesse à Delegacia de Polícia ou mesmo ao fórum. Em outras palavras, além da violência que suportava e que deu causa à reclamação, ainda era novamente vitimada, agora no instante da entrega da intimação ou notificação, para utilizar as expressões empregadas pelo legislador.

Tratava-se, repetimos, de situação até comum, principalmente em locais dotados de precárias condições de atendimento, com falta de pessoal e equipamentos materiais adequados. A partir de agora, a ciência dada ao agressor deverá ser feita pelo Estado, quer por meio da polícia, na fase extrajudicial, quer através de oficiais de justiça ou funcionários do fórum, já em juízo. É por isso que o art. 39 da lei prevê a possibilidade da União, dos Estados, e do Distrito Federal e dos Municípios estabelecer dotações orçamentárias para fazer frente às despesas que, decerto, advirão para a efetiva implantação do novo diploma legal.

SEÇÃO II
DAS MEDIDAS PROTETIVAS DE URGÊNCIA QUE OBRIGAM O AGRESSOR

Art. 22. Constatada a prática de violência doméstica e familiar contra a mulher, nos termos desta Lei, o juiz poderá aplicar, de imediato, ao agressor, em conjunto ou separadamente, as seguintes medidas protetivas de urgência, entre outras:

I – suspensão da posse ou restrição do porte de armas, com comunicação ao órgão competente, nos termos da Lei 10.826, de 22 de dezembro de 2003;

II – afastamento do lar, domicílio ou local de convivência com a ofendida;

III – proibição de determinadas condutas, entre as quais:

a) aproximação da ofendida, de seus familiares e das testemunhas, fixando o limite mínimo de distância entre estes e o agressor;

b) contato com a ofendida, seus familiares e testemunhas por qualquer meio de comunicação;

c) frequentação de determinados lugares a fim de preservar a integridade física e psicológica da ofendida;

IV – restrição ou suspensão de visitas aos dependentes menores, ouvida a equipe de atendimento multidisciplinar ou serviço similar;

V – prestação de alimentos provisionais ou provisórios;

VI – comparecimento do agressor a programas de recuperação e reeducação; (Incluído pela Lei 13.984 de 2020)

VII – acompanhamento psicossocial do agressor, por meio de atendimento individual e/ou em grupo de apoio. (Incluído pela Lei 13.984 de 2020)

§ 1.º As medidas referidas neste artigo não impedem a aplicação de outras previstas na legislação em vigor, sempre que a segurança da ofendida ou as circunstâncias o exigirem, devendo a providência ser comunicada ao Ministério Público.

§ 2.º Na hipótese de aplicação do inciso I, encontrando-se o agressor nas condições mencionadas no *caput* e incisos do art. 6.º da Lei 10.826, de 22 de dezembro de 2003, o juiz comunicará ao respectivo órgão, corporação ou instituição as medidas protetivas de urgência concedidas e determinará a restrição do porte de armas, ficando o superior imediato do agressor responsável pelo cumprimento da determinação judicial, sob pena de incorrer nos crimes de prevaricação ou de desobediência, conforme o caso.

§ 3.º Para garantir a efetividade das medidas protetivas de urgência, poderá o juiz requisitar, a qualquer momento, auxílio da força policial.

§ 4.º Aplica-se às hipóteses previstas neste artigo, no que couber, o disposto no *caput* e nos §§ 5.º e 6.º do art. 461 da Lei 5.869, de 11 de janeiro de 1973 (Código de Processo Civil)

Rol exemplificativo

O § 1º do art. 22 da Lei Maria da Penha deixa claro que o rol de medidas protetivas contido na lei é meramente exemplificativo, permitindo a ampliação para outras hipóteses além das listadas. Isso é evidenciado pelo texto que afirma: "as medidas referidas neste artigo não impedem a aplicação de outras previstas na legislação em vigor (...)". O magistrado possui um poder geral de cautela que lhe permite adotar medidas protetivas não expressamente previstas na legislação, desde que devidamente justificadas. Esse poder é essencial para garantir a proteção integral da vítima de violência doméstica e familiar, adaptando-se às especificidades de cada caso.

A pertinência dessas medidas inominadas reside na necessidade de uma resposta rápida e eficaz para situações de risco iminente, onde as medidas previstas na lei podem não ser suficientes. Essa flexibilidade é crucial para assegurar a proteção da vítima, considerando a dinâmica complexa e muitas vezes imprevisível da violência doméstica. Ao permitir que o magistrado adote medidas específicas para cada situação, a lei busca prevenir novos episódios de violência e garantir a segurança e o bem-estar da vítima.

Um exemplo, agora expressamente previsto na lei, é trazido pelo Enunciado 30 do Fonavid (Fórum Nacional de Juízes de Violência Doméstica e Familiar contra a Mulher), que prevê: "O juiz, a título de medida protetiva de urgência, poderá determinar a inclusão do agressor dependente de álcool e/ou outras drogas em programa de tratamento, facultada a oitiva da equipe multidisciplinar". Outro exemplo é o Enunciado 11: "Poderá ser fixada multa pecuniária, a fim de assegurar a eficácia das medidas protetivas de urgência, sem prejuízo da configuração do crime previsto no art. 24-A da Lei 11.340/06" (atualizado de acordo com o XI FONAVID - São Paulo).

TUTELA CÍVEL DE URGÊNCIA

Em relação à sua natureza jurídica, em que pese corrente lecionando ser de cautelar criminal, vem crescendo a tese, encampada desde o início pelo promotor de Justiça do Distrito Federal e Territórios, Thiago Pierobom de Ávila, de que a medida protetiva de urgência deve ser etiquetada como tutela cível de urgência, derivada do direito fundamental de proteção contra a violência, portanto guiada pelo princípio da precaução[104]. Essa diferença quanto à natureza jurídica traz consequências importantes às medidas protetivas de urgência que as diferenciam das medidas cautelares criminais:

(i) as medidas protetivas de urgência podem ser concedidas independentemente da configuração criminal do ato de violência. Esta possibilidade é especialmente relevante para atos de violência psicológica que não tenham imediata correspondência criminal, mas que certamente constituem-se em ato jurídico ilícito, que gera uma obrigação de fazer ou não fazer pelo autor da violência, no sentido de abster-se de atos que elevem o risco de reiteração da violência, bem como de fazer determinadas condutas que reduzam este risco (como o comparecimento a programas reflexivos). Nesse sentido temos o Enunciado 37 do FONAVID: "A concessão da medida protetiva de urgência não está condicionada à existência de fato que configure, em tese, ilícito penal".

(ii) as medidas protetivas de urgência independem de processo criminal principal, podendo ser concedidas mesmo que a vítima ou seu representante legal não desejem apresentar representação (o que impediria a instauração de investigação criminal) ou mesmo que a investigação seja arquivada por insuficiência de provas. Vale registrar que os art. 67 e do CPP permite que o arquivamento do inquérito por insuficiência de provas ou a absolvição por atipicidade não impedem o ajuizamento da ação civil.

---

104 Sobre este tema, ver: ÁVILA, Thiago Pierobom de. Medidas protetivas da Lei Maria da Penha: natureza jurídica e parâmetros decisórios. *Revista Brasileira de Ciências Criminais*, São Paulo, v. 157, p. 131-172, 2019.

(iii) as medidas protetivas de urgência não se limitam à jurisdição criminal, podendo ser concedidas, inclusive, por um juiz com competência cível, conforme determina expressamente o art. 24-A, § 1º, desta lei.

(iv) no processo criminal, a dúvida gera sempre beneficia o réu. Todavia, para uma tutela de proteção de urgência de direitos fundamentais, se não há certeza de que a vítima está suficientemente protegida, na dúvida se protege. Portanto, as medidas protetivas de urgência são guiadas pelo princípio da precaução e pela lógica *in dubio pro tutela.* Pelo procedimento legal, registra-se ocorrência policial, colhe-se o depoimento da vítima e, com fundamento nestas informações é que o juiz deverá apreciar o requerimento. Não há que se falar em sobrecarga probatória à vítima para um requerimento de proteção de urgência. Se o relato da vítima já traz a verossimilhança da alegação da situação de violência, há que se privilegiar a proteção. Cria-se uma verdadeira inversão do ônus da prova ao suposto ofensor. Exatamente por estas razões é que a concessão de medida protetiva de urgência não pode ter efeitos deletérios permanentes sobre o suposto ofensor (como, v.g., impedir posse em concurso público), porque ela não exige um juízo de certeza, mas de mera possibilidade razoável.

(v) as medidas protetivas devem ser mantidas em vigor enquanto forem necessárias à proteção à mulher (e, aqui, à criança e ao adolescente). Poucos meses são claramente insuficientes a uma proteção adequada, especialmente quando se trata de uma violência que se prolonga por tempo significativo. Ademais, mesmo com o trânsito em julgado da sentença criminal condenatória, é possível a manutenção da vigência das medidas protetivas. As medidas protetivas não protegem processos, elas protegem pessoas.

Essa lição foi prestigiada pela Lei 14.550/23, quando alterou o art. 19 da Lei Maria da Penha, nele incluindo os parágrafos 4º, 5º, e 6º.

Recorribilidade das medidas protetivas

De se indagar qual o recurso cabível contra decisão que defere ou indefere ou de revisão determinada protetiva. Lorena Araújo de Oliveira e Davi Valdetaro Gomes Cavalieri ensinam que "o cabimento do recurso contra as decisões que versam sobre as medidas protetivas de urgência está intrinsecamente ligado à esfera de aproximação penal ou civil das próprias medidas. Caso a medida protetiva seja de feição cível, a matéria deve ser analisada na seara cível, sendo cabível o recurso de agravo de instrumento a ser processado e julgado por Turma Cível do Tribunal de Justiça competente, afastando-se a competência da Turma Criminal [...] De outra banda, caso a medida protetiva possua feição penal, a decisão que versa sobre sua aplicação desafia a interposição do recurso em sentido estrito"[105]. Ensinam, ainda, que na dúvida quanto ao recurso cabível e em face da divergência jurisprudencial, tem ampla aplicação o princípio da fungibilidade, devendo o recurso eventualmente interposto de forma equivocada ainda assim ser conhecido, por analogia ao art. 579 do Código de Processo Penal.

Para nós, contra decisão que defere, indefere ou revoga medidas protetivas de urgência, apesar da indisfarçável controvérsia na doutrina e na jurisprudência, o recurso cabível depende do feito em que proferida a decisão. Se a medida protetiva de urgência se encontra vinculada a inquérito policial ou processo criminal, a decisão é criminal, desafiando o recurso em sentido estrito. Na hipótese de medida protetiva autônoma ou cível, a decisão é extrapenal, sendo revista por meio do agravo de instrumento. Nesse mesmo sentido temos o ENUNCIADO 73 do Centro de Apoio Operacional do Ministério Público do Estado de São Paulo (CAOCRIM):

> "O recurso cabível da decisão que indefere ou revoga medida protetiva de urgência vinculada a inquérito policial ou processo criminal é o recurso em sentido estrito. Na hipótese de medida protetiva autônoma ou cível o recurso cabível é o agravo de instrumento".

105 Cabimento de recursos nos juizados de violência contra a mulher, disponível em: www.conjur.com.br.

SEÇÃO III
DAS MEDIDAS PROTETIVAS DE URGÊNCIA À OFENDIDA

Art. 23. Poderá o juiz, quando necessário, sem prejuízo de outras medidas:

I – encaminhar a ofendida e seus dependentes a programa oficial ou comunitário de proteção ou de atendimento;

II – determinar a recondução da ofendida e a de seus dependentes ao respectivo domicílio, após afastamento do agressor;

III – determinar o afastamento da ofendida do lar, sem prejuízo dos direitos relativos a bens, guarda dos filhos e alimentos;

IV – determinar a separação de corpos.

V – determinar a matrícula dos dependentes da ofendida em instituição de educação básica mais próxima do seu domicílio, ou a transferência deles para essa instituição, independentemente da existência de vaga. (Incluído pela Lei nº 13.882, de 2019)

VI – conceder à ofendida auxílio-aluguel, com valor fixado em função de sua situação de vulnerabilidade social e econômica, por período não superior a 6 (seis) meses. (Incluído pela Lei nº 14.674, de 2023)

Art. 24. Para a proteção patrimonial dos bens da sociedade conjugal ou daqueles de propriedade particular da mulher, o juiz poderá determinar, liminarmente, as seguintes medidas, entre outras:

I – restituição de bens indevidamente subtraídos pelo agressor à ofendida;

II – proibição temporária para a celebração de atos e contratos de compra, venda e locação de propriedade em comum, salvo expressa autorização judicial;

III – suspensão das procurações conferidas pela ofendida ao agressor;

IV – prestação de caução provisória, mediante depósito judicial, por perdas e danos materiais decorrentes da prática de violência doméstica e familiar contra a ofendida.

Parágrafo único. Deverá o juiz oficiar ao cartório competente para os fins previstos nos incs. II e III deste artigo.

Medidas protetivas de urgência à ofendida

Além das medidas que obrigam o agressor, a Lei prevê ainda medidas direcionadas à própria vítima, visando, por óbvio, oferecer assistência e proteção.

Medidas protetivas independem de inquérito ou processo penal

Em julgado do Superior Tribunal de Justiça (REsp1.419.421/GO, *DJe* 07.04.2014), no qual foi relator o Min. Luis Felipe Salomão, decidiu-se no sentido de que, a concessão de medidas protetivas, em favor da vítima, pode ser pleiteada perante a justiça cível, prescindindo, assim, da prévia existência de um inquérito policial ou de processo-crime. Tratava-se de um processo ajuizado perante uma vara cível e que, em 1.º grau de jurisdição, fora extinto sob o argumento de que a ação deveria ser manejada perante a justiça criminal.

Segundo o relator "parece claro que o intento de prevenção da violência doméstica contra a mulher pode ser perseguido com medidas judiciais de natureza não criminal, mesmo porque a resposta penal estatal só é desencadeada depois que, concretamente, o ilícito penal é cometido, muitas vezes com consequências irreversíveis, como no caso de homicídio ou de lesões corporais graves ou gravíssimas". E completou "franquear a via das ações de natureza cível, com aplicação de medidas protetivas da Lei Maria da Penha, pode evitar um mal maior, sem necessidade de posterior intervenção penal nas relações intrafamiliares".

Não temos dúvida do acerto da decisão. É plenamente cabível, com efeito, que a vítima ameaçada não deseje que seu ofensor seja processado criminalmente. Antes, quer que ele deixe o lar, proibindo-se sua aproximação. Trata-se da medida judicial que, em seu entender, é suficiente para solucionar o problema que experimenta. Bem por isso que o crime de ameaça depende de representação, ficando, pois, a critério do ofendido, a manifestação de vontade no sentido de ver seu ofensor processado. Ora, não será o fato da vítima deixar de representar contra seu ofensor que, automaticamente, a privará de obter as medidas protetivas prevista na lei em exame. Daí a possibilidade, reconhecida pelo Tribunal da Cidadania, do ajuizamento do pedido perante uma vara cível.

No sentido de que não há sequer a necessidade de constatação de crime para o pedido da aludida proteção, destacamos o Enunciado 37 do FONAVID: "A concessão da medida protetiva de urgência não está condicionada à existência de fato que configure, em tese, ilícito penal".

Proteção patrimonial

Além das medidas já mencionadas no artigo 23, a Lei, no artigo 24, estabelece uma série de providências voltadas à preservação do patrimônio da sociedade conjugal ou da vítima, que podem ser determinadas pelo juiz.

SEÇÃO IV
(INCLUÍDO PELA LEI Nº 13.641, DE 2018)
DO CRIME DE DESCUMPRIMENTO DE MEDIDAS PROTETIVAS DE URGÊNCIA
DESCUMPRIMENTO DE MEDIDAS PROTETIVAS DE URGÊNCIA

Art. 24-A. Descumprir decisão judicial que defere medidas protetivas de urgência previstas nesta Lei: (Incluído pela Lei nº 13.641, de 2018)

Pena – reclusão, de 2 (dois) a 5 (cinco) anos, e multa. (Redação dada pela Lei nº 14.994, de 2024)

§ 1º A configuração do crime independe da competência civil ou criminal do juiz que deferiu as medidas. (Incluído pela Lei nº 13.641, de 2018)

§ 2º Na hipótese de prisão em flagrante, apenas a autoridade judicial poderá conceder fiança. (Incluído pela Lei nº 13.641, de 2018)

§ 3º O disposto neste artigo não exclui a aplicação de outras sanções cabíveis. (Incluído pela Lei nº 13.641, de 2018)

INTRODUÇÃO

Ao tempo da entrada em vigor da Lei Maria da Penha, muito se debateu a respeito das consequências penais advindas do descumprimento, pelo agente, das medidas protetivas impostas pelo juiz, elencadas neste capítulo.

De sorte que, uma primeira corrente, defendia que a conduta do agente que descumpria medida protetiva, configuraria o crime de desobediência. Nesse sentido o Enunciado 27, do Fonavid, a se conferir: "O descumprimento das medidas protetivas de urgência previstas na Lei 11.340/2006 configura prática do crime de desobediência previsto no art. 330 do CP, a ser apurado independentemente da prisão preventiva decretada". Mesmo no âmbito do Superior Tribunal de Justiça pairava alguma divergência, havendo precedente que entendia configurado o crime do art. 359 do Código Penal, consistente na "desobediência a decisão judicial sobre perda ou suspensão de direito".[106] Depois, porém, aquela E. Corte pacificara entendimento no sentido de que a conduta era atípica, em face da possibilidade de imposição de outras medidas previstas

106 Nesse sentido, AgRg no REsp 1.392.228/RS, j. 25.02.2014, rel. Jorge Mussi, *DJe* 10.03.2014.

na própria lei. Assim, "na linha da jurisprudência desta Eg. Corte, não configura crime de desobediência o descumprimento de medida protetiva de urgência da Lei 11.340/2006. (Lei Maria da Penha), haja vista a previsão de imposição de outras medidas civis e administrativas, bem como a possibilidade de decretação de prisão preventiva, conforme o disposto no art. 313, III, do CPP"[107].

Todavia, face aos termos expressos da Lei n. 13.641/2018, a discussão perdeu seu objeto, não mais perdurando nenhuma dúvida: insere-se na Lei 11.340/06 um tipo penal específico para punir a desobediência a decisões judiciais cuja pena foi recentemente alterada pela Lei 14.994/24, passando de 3 meses a 2 anos de detenção para 2 a 5 anos de reclusão[108].

Competência – Na imensa maioria dos casos, o deferimento de medidas protetivas se dá por ordem de um juiz criminal, face aos termos do art. 33 da lei, ao dispor que "enquanto não estruturados os Juizados de Violência Doméstica e Familiar contra a Mulher, as varas criminais acumularão as competências cível e criminal para conhecer e julgar as causas decorrentes da prática de violência doméstica e familiar contra a mulher...". Ora, é sabido que, passados mais de 15 anos da vigência da Lei Maria da Penha, nem todas as comarcas são equipadas com varas especializadas, pelo que, em atenção do mencionado art. 33, o julgamento permanece, geralmente, como sendo de competência de um juiz criminal. Nada impede, contudo, que, uma vítima de *stalking*, por exemplo, conquanto deseje uma medida protetiva (*v.g.*, proibição de contato), haja por bem não adotar nenhuma providência de caráter penal contra. Basta, para tanto, que deixe de ofertar representação, porquanto o crime de perseguição é de ação penal pública condicionada a tal manifestação de vontade da ofendida. Seria, aliás, desnecessária disposição legal a equiparar as medidas para os efeitos da desobediência. Trata-se apenas de uma precaução adotada pelo legislador, que agiu com o propósito de evitar o surgimento de controvérsias a esse respeito.

Há, portanto, que se respeitar a opção da vítima que, abdicando da adoção de medidas criminais contra seu agressor, se dirija ao juízo cível para a obtenção de providências de caráter extrapenal. Juiz cível também atua na concessão de medidas protetivas, podendo caracterizar o crime em comento se a sua decisão for descumprida.

Calhou ao Superior Tribunal de Justiça apreciar o tema, valendo que se confira: "as medidas protetivas previstas na Lei 11.340/2006, observados os requisitos específicos para a concessão de cada uma, podem ser pleiteadas de forma autônoma para fins de cessação ou de acautelamento de violência doméstica contra a mulher, independentemente da existência, presente ou potencial, de processo-crime ou ação principal contra o suposto agressor [...] parece claro que o intento de prevenção da violência doméstica contra a mulher pode ser perseguido com medidas judiciais de natureza não criminal, mesmo porque a resposta penal estatal só é desencadeada depois que, concretamente, o ilícito penal é cometido, muitas vezes com consequências irreversíveis, como no caso de homicídio ou de lesões corporais graves ou gravíssimas. Vale dizer, franquear a via das ações de natureza cível, com aplicação de medidas protetivas da Lei Maria da Penha, pode evitar um mal maior, sem necessidade de posterior intervenção penal nas relações intrafamiliares. Na verdade, a Lei Maria da Penha, ao definir violência doméstica contra a mulher e suas diversas formas, enumera, exemplificadamente, espécies de danos que nem sempre se acomodam na categoria de bem jurídico tutelável pelo direito penal, como o

107 STJ, HC 305.442/RS, rel. Felix Fischer, j. 03.03.2015, *DJe* 23.03.2015.

108 Não se pode ignorar o risco associado ao descumprimento de medidas protetivas, especialmente para mulheres em situação de violência. Nacional e internacionalmente, esse descumprimento é visto como um grave fator de risco, conforme o Formulário Nacional de Avaliação de Risco (FONAR). Inclusive, o Superior Tribunal de Justiça (STJ) afirma que a manifestação da vítima pela revogação das medidas protetivas é irrelevante quando há gravidade concreta na conduta do agressor.

sofrimento psicológico, o dano moral, a diminuição da autoestima, manipulação, vigilância constante, retenção de objetos pessoais, entre outras formas de violência"[109].

Esse tema está pacificado e reforçado com o advento da Lei 14.550/23 que, no parágrafo 5º do art. 19, anuncia: "As medidas protetivas de urgência serão concedidas independentemente da tipificação penal da violência, do ajuizamento de ação penal ou cível, da existência de inquérito policial ou do registro de boletim de ocorrência".

Outras sanções – Este dispositivo deixa claro que, além das medidas previstas no art. 24-A, "outras sanções" podem ser aplicadas. Citaríamos, como exemplo, a prisão preventiva. Assim, o cometimento do crime, em uma situação que não seja de flagrante, não impede que o juiz decrete a prisão preventiva. Trata-se, a rigor, de dispositivo que talvez nem precisasse ser mencionado, porquanto o art. 20 desta mesma lei já autoriza a decretação da prisão preventiva do agressor. Também a combinação dos arts. 324 e 313, inc. III, do Código de Processo Penal, como visto acima, autorizam a medida extrema. Não custa, porém – e aí o mérito do legislador – ressaltar essa possibilidade.

CAPÍTULO III
DA ATUAÇÃO DO MINISTÉRIO PÚBLICO

Art. 25. O Ministério Público intervirá, quando não for parte, nas causas cíveis e criminais decorrentes da violência doméstica e familiar contra a mulher.

Art. 26. Caberá ao Ministério Público, sem prejuízo de outras atribuições, nos casos de violência doméstica e familiar contra a mulher, quando necessário:

I – requisitar força policial e serviços públicos de saúde, de educação, de assistência social e de segurança, entre outros;

II – fiscalizar os estabelecimentos públicos e particulares de atendimento à mulher em situação de violência doméstica e familiar, e adotar, de imediato, as medidas administrativas ou judiciais cabíveis no tocante a quaisquer irregularidades constatadas;

III – cadastrar os casos de violência doméstica e familiar contra a mulher.

Ministério Público – A importância da atuação do *parquet* veio bem-apanhada quando do encaminhamento do Projeto de Lei pela Secretaria Especial de Políticas para as Mulheres, à Presidência da República. Assinalou-se que "o Ministério Público se afigura hoje como advogado dos interesses sociais, difusos e coletivos. É titular da ação que se fizer necessária para proteger o que é de todos, conforme determina o art. 129 da CF/1988. Os arts. 18 e 19 do presente Projeto [numeração depois alterada, pois os referidos artigos correspondem aos arts. 25 e 26 da Lei 11.340/2006] referem-se à garantia da participação integral do Ministério Público nos casos de violência doméstica, intervindo nas causas cíveis e criminais, requisitando a força policial e a colaboração dos serviços públicos, exercendo a fiscalização nos estabelecimentos públicos e particulares de atendimento à mulher em situação de violência".

No âmbito do Juizado de Violência Doméstica e Familiar contra a Mulher, a atuação do Ministério Público é obrigatória, seja a ação de índole civil ou criminal. É que a situação da mulher agredida sempre recomendará essa participação e, por isso mesmo, a lei confere ao *parquet* a iniciativa das medidas relacionadas no artigo 26. Se proposta a ação principal (por exemplo, de divórcio perante a Vara da Família), essa intervenção somente se justificará em virtude da hipossuficiência dos envolvidos (v.g., pedido de divórcio cumulado com alimentos em favor de filhos incapazes), ou em razão da idade de uma das partes (art. 74, II, do Estatuto da Pessoa Idosa) etc.

109 (STJ, REsp 1.419.421/GO, j. 11.02.2014, rel. Luis Felipe Salomão, *DJe* 07.04.2014).

ATUAÇÃO DO MINISTÉRIO PÚBLICO COM PERSPECTIVA DE GÊNERO

Existem os métodos interpretativos tradicionais observados na condução ou julgamento de uma causa (analogia, dedução, indução, argumentos consequencialistas e aplicação de princípios). Tais métodos, contudo, são muitas vezes abstratos e acabam perpetuando desigualdades. A atuação com perspectiva de gênero aparece como importante complemento, assegurando um método interpretativo-dogmático tão genuíno e legítimo quanto qualquer outro. Espera-se, desse modo, uma interpretação do direito de forma não abstrata, atenta à realidade, identificando e desmantelando desigualdades estruturais. Na sua concretização, deve o promotor de Justiça verificar se há no processo assimetria entre os gêneros, na perspectiva interseccional, aproximando-se dos sujeitos, permitindo-lhe verificar se existem circunstâncias especiais que devam ser observadas. Na instrução, deve ser buscado um impacto (negativo) mínimo sobre as vítimas, projetando-se um ambiente de respeito, dignidade e sensibilidade. A interpretação e aplicação abstrata do direito pode servir de campo fértil para a visão androcêntrica tradicional, que, por sua vez, desconsidera as diferenças de gênero, raça e classe, que marcam o cotidiano das pessoas e que devem influenciar as bases sobre as quais o direito é criado, interpretado e aplicado.

MINISTÉRIO PÚBLICO E MEDIDAS PROTETIVAS

Em relação à titularidade do Ministério Público para requerer medidas protetivas, esta é independente da titularidade da vítima ou seu representante legal. Nesse sentido, o STJ possui precedente reconhecendo que o Ministério Público pode requerer medida protetiva de urgência até mesmo contra a vontade da mulher vítima de violência doméstica, desde que haja uma situação de grave risco[110]. Este requerimento pelo Ministério Público pode ocorrer no âmbito da audiência de custódia, na primeira oportunidade em que lhe for aberta vista dos autos, ou ainda no curso do processo, especialmente com o surgimento de fatos novos.

Sobre a titularidade autônoma do Ministério Público para requerer medidas protetivas de urgência, destacamos enunciado de oficina interpretativa realizada no âmbito do MPDFT (DISTRITO FEDERAL, 2023, p. 3 e 5):

> "Ainda que eventualmente a vítima ou seu representante legal não tenham formulado requerimento de afastamento do lar do ofensor, o membro do Ministério Público deverá verificar esta necessidade, de forma a evitar, inclusive, a retirada da criança ou do adolescente vítima de violência da convivência familiar, formulando o respectivo requerimento, nos termos do arts. 14 e art. 20, inciso V, e 33 da Lei nº 14.344/2022 (LHB), dos arts. 19, *caput*, e § 3º, 100, parágrafo único, incisos I, II e IV, 101, §§ 1º e 2º, e 130, da Lei nº 8.069/1990 (ECA), bem como do art. 5º, inciso XIII, da Lei nº 13.431/2017. [...]O membro do Ministério Público deve zelar para que a medida protetiva de urgência de proibição de frequentação de determinados lugares (art. 20, inciso V, da Lei nº 14.344/2022) abranja todos aqueles usualmente frequentados pela criança ou adolescente vítima de violência doméstica e familiar, como, por exemplo, a sua casa, sua escola, locais de prática desportivas, igreja, cursos, bem como residências de familiares."

Requisição – O texto se revela absolutamente incompreensível. *Requisitar*, como se sabe, tem o sentido de ordenar. É assim, *v.g.*, quando o Ministério Público requisita ao delegado de polícia a instauração de inquérito policial (art. 5.º, II, do CPP). Ou quando requisita alguma informação de autoridades, conforme previsto no art. 26, I, *b*, da Lei 8.625/1993. Até se admite

110. STJ, RHC 125.349/DF, rel. Min. Antonio Saldanha Palheiro, 6ª T., j. 23/06/2020.

a requisição de força policial para fins de condução coercitiva, nos termos do dispositivo acima aludido (alínea *a*) de sua Lei Orgânica Nacional.

Agora, explicar a possibilidade do Ministério Público requisitar "serviços públicos de saúde, de educação, de assistência social e de segurança, entre outros", como quer a lei, é tarefa impossível. Pode até o *parquet*, em tese, ajuizar ação civil pública, a fim de compelir o Estado, por exemplo, a instalar os equipamentos sociais que a lei prevê, como "centro de atendimento integral e multidisciplinar para mulheres, casas-abrigos" etc. (art. 35 da lei). Mas jamais *ordenar* ao poder público que adote tais medidas, sob pena de indevida ingerência na esfera do Poder Executivo, capaz de subverter todo o sistema no qual se funda o pacto federativo. Trata-se, portanto, de dispositivo que carece do mínimo rigor lógico e sistemático que se espera de uma lei, fadado, por isso mesmo, a não gerar qualquer consequência de ordem prática.

Fiscalização – Para que o Ministério Público possa, efetivamente, fiscalizar as entidades de atendimento, o legislador não fez qualquer referência à forma de apuração de eventuais irregularidades. Nada impede, contudo, possa ser aplicado aqui, por analogia, dispositivo constante do Estatuto da Pessoa Idosa (Lei 10.741/2003). A utilização de tal recurso, conforme já destacamos, é expressamente admitida pelo art. 13 da Lei 11.340/2006, que autoriza a aplicação de normas relativas à pessoa idosa "que não conflitarem com o estabelecido nesta Lei".

Convém, assim, transcrever alguns dispositivos do Estatuto da Pessoa Idosa, que regem a matéria e que servirão de parâmetro para apuração de irregularidades, também no atendimento à mulher:

> "Art. 65. O procedimento de apuração de irregularidade em entidade governamental e não governamental de atendimento ao idoso terá início mediante petição fundamentada de pessoa interessada ou iniciativa do Ministério Público.
>
> Art. 66. Havendo motivo grave, poderá a autoridade judiciária, ouvido o Ministério Público, decretar liminarmente o afastamento provisório do dirigente da entidade ou outras medidas que julgar adequadas, para evitar lesão aos direitos do idoso, mediante decisão fundamentada.
>
> Art. 67. O dirigente da entidade será citado para, no prazo de 10 (dez) dias, oferecer resposta escrita, podendo juntar documentos e indicar as provas a produzir.
>
> Art. 68. Apresentada a defesa, o juiz procederá na conformidade do art. 69 ou, se necessário, designará audiência de instrução e julgamento, deliberando sobre a necessidade de produção de outras provas.
>
> § 1.º Salvo manifestação em audiência, as partes e o Ministério Público terão 5 (cinco) dias para oferecer alegações finais, decidindo a autoridade judiciária em igual prazo.
>
> § 2.º Em se tratando de afastamento provisório ou definitivo de dirigente de entidade governamental, a autoridade judiciária oficiará a autoridade administrativa imediatamente superior ao afastado, fixando-lhe prazo de 24 (vinte e quatro) horas para proceder à substituição.
>
> § 3.º Antes de aplicar qualquer das medidas, a autoridade judiciária poderá fixar prazo para a remoção das irregularidades verificadas. Satisfeitas as exigências, o processo será extinto, sem julgamento do mérito.
>
> § 4.º A multa e a advertência serão impostas ao dirigente da entidade ou ao responsável pelo programa de atendimento."

Vale ressaltar, a propósito, que o procedimento acima é bastante parecido com aquele adotado para apuração de irregularidades em entidade de atendimento à criança e ao adolescente, conforme se constata dos arts. 191 e seguintes do ECA, que também pode ser aplicado quando a violência se voltar contra a mulher, a teor do disposto no art. 13 da Lei 11.340/2006.

Cadastro – Maria Berenice Dias faz a seguinte observação: "Mesmo que tenha sido atribuída aos órgãos oficiais do Sistema de Justiça e Segurança a instituição de um sistema nacional de dados e informações estatísticas sobre a violência doméstica e familiar contra a mulher (art. 38), o Ministério Público manterá um cadastro similar (art. 26, III). As secretarias estaduais de segurança pública devem remeter informações para a base de dados do Ministério Público [*rectius*: Ministério da Justiça] (art. 38, parágrafo único). Tal registro não se confunde com os antecedentes judiciais. Ainda que a operacionalização desta providência legal possa gerar mais trabalho, a medida é salutar. Trata-se de providência que visa a detectar a ocorrência de reincidência como meio de garantir a integridade da vítima. Também é atribuição do Ministério Público a defesa dos interesses e direitos transindividuais previstos na lei (art. 37)".[111]

Segundo observa Luis Paulo Sirvinskas, "há quem critica este cadastro, pois atribuiria mais um encargo ao Ministério Público sem qualquer fim específico e totalmente desarticulado dos demais órgãos públicos responsáveis pelo atendimento da mulher vítima de violência".[112]

Não pensamos assim. Um Promotor de Justiça, oficiando perante um Juizado da Violência Doméstica, devidamente instalado nos termos concebidos pelo legislador, decerto que deverá manter um cadastro (que não reclama qualquer rigor formal em sua elaboração), a fim de que possa detectar, por exemplo, os bairros nos quais a violência se faz mais presente (e, com isso, adotar medidas específicas para aquele local), acompanhar o desdobramento dos casos já decididos, quem sabe até com eventual reconciliação do casal. Com tal registro, poderá ter em mãos, ainda, de forma célere, o número de mulheres que eventualmente se encontrem nas casas-abrigo. Enfim, o cadastro presta-se como um meio eficaz de acompanhamento do trabalho realizado pelo Ministério Público, podendo ser cobrado, inclusive, pela sociedade, no legítimo direito de fiscalização que exerce e mesmo por órgãos internos da instituição, como a Corregedoria.

Tal impressão se reforça ao concluirmos que a função do Ministério Público, tal como sugerida pela lei, não ficará restrita ao mero acompanhamento burocrático dos feitos que tramitarão pelo Juizado. Longe de um Promotor encastelado em seu gabinete, imagina-se uma atuação efetiva, que extrapole o espaço físico dos fóruns, capaz de dialogar com a sociedade e com os poderes públicos, a fim de que, inúmeros equipamentos sociais, previstos pelo legislador (casas-abrigo, delegacias especializadas, centros de educação e de reabilitação para os agressores etc.), possam, de fato, ser implantados, conferindo efetividade à lei, sob pena de condená-la, mais à frente, como uma bela peça de retórica, mas sem qualquer aplicação prática.

No Estado de São Paulo, por iniciativa do Procurador-Geral de Justiça e do Centro de Apoio Operacional das Promotorias de Justiça da Cidadania, foi publicado o Aviso 81/2007, disciplinando a atuação dos Promotores de Justiça em face da Lei Maria da Penha.

Já o Aviso 371/2012, da Procuradoria-Geral de Justiça do Estado de São Paulo, com o objetivo de facilitar e atualizar as estatísticas referentes aos crimes cometidos no âmbito da violência doméstica, sugere que, em todas as denúncias criminais relacionadas a essa espécie de delito, se faça expressa menção à Lei 11.340/2006.

Deve ser alertado, por fim, que a Lei 13.827/19 inseriu na Lei Maria da Penha o art. 38-A, que determina ao juiz que providencie o registro da medida protetiva de urgência. O registro, segundo o parágrafo único, alterado pela Lei 14.310/22, deve ser imediato e concretizado em banco de dados mantido e regulamentado pelo Conselho Nacional de Justiça, garantido

---

111 Violência doméstica: uma nova lei para um velho problema! *Boletim do IBCCrim*, n. 168, p. 8, nov. 2006.

112 Aspectos polêmicos sobre a Lei 11.340, de 7 de agosto de 2006, que cria mecanismos para coibir a violência doméstica e familiar contra a mulher. Disponível em: [www.ibccrim.org.br]. Acesso em: 28.06.2007.

o acesso imediato do Ministério Público, da Defensoria Pública e dos órgãos de segurança pública e de assistência social, com vistas à fiscalização e à efetividade das medidas protetivas.

Na esteira da Lei 13.827/19 e objetivando a padronização e provimento integral dos bancos de dados relacionados às vítimas em situações de violência doméstica e familiar, o legislador, através da Lei 14.149/2021, instituiu o Formulário Nacional de Avaliação de Risco.

Legitimidade do Ministério Público para requerer atos inibitórios

Em recente decisão, o Superior Tribunal de Justiça deu provimento ao recurso especial interposto pelo Ministério Público do Estado de São Paulo, reconhecendo a legitimidade postulatória (legitimidade ativa) do Ministério Público para ajuizar ação civil pública a fim de resguardar interesse individual de uma mulher vítima de violência doméstica e familiar.

A Corte Cidadã entendeu que se trata de direito de natureza indisponível, haja vista que a Lei Maria da Penha surgiu no ordenamento jurídico brasileiro como um dos instrumentos internos que asseguram o respeito a tratados internacionais de direitos humanos, dos quais o Brasil é parte e nos quais assumiu o compromisso de resguardar a dignidade humana da mulher, dentre os quais se destaca a Convenção sobre a Eliminação de Todas as Formas de Discriminação contra as Mulheres.

Em seu voto, o Ministro Jesuíno Rissato apontou que:

> "(...) A Lei Maria da Penha foi criada como mecanismo para coibir e prevenir a violência doméstica e familiar contra a mulher, nos termos do §8° do art. 226 da Constituição da República, da Convenção sobre a Eliminação de Todas as Formas de Violência contra a Mulher, da Convenção Interamericana para Prevenir, Punir e Erradicar a Violência contra a Mulher e de outros tratados internacionais ratificados pela República Federativa do Brasil; dispõe sobre a criação dos Juizados de Violência Doméstica e Familiar contra a Mulher; e estabelece medidas de assistência e proteção às mulheres em situação de violência doméstica e familiar.
>
> Assim, o objeto da ação civil pública proposta, no presente caso, é sim direito individual indisponível que, nos termos do art. 1º da Lei n. 8.625/1993 (Lei Orgânica Nacional do Ministério Público), deve ser defendido pelo Ministério Público, que, no âmbito do combate à violência doméstica e familiar contra a mulher, deve atuar tanto na esfera jurídica penal, quanto na cível, conforme o art. 25 da Lei n. 11.340/2006. (...)" (REsp n. 1.828.546/SP, relator Ministro Jesuíno Rissato (Desembargador Convocado do TJDFT), Sexta Turma, julgado em 12/9/2023, DJe de 15/9/2023)

CAPÍTULO IV
DA ASSISTÊNCIA JUDICIÁRIA

Art. 27. Em todos os atos processuais, cíveis e criminais, a mulher em situação de violência doméstica e familiar deverá estar acompanhada de advogado, ressalvado o previsto no art. 19 desta Lei.

Art. 28. É garantido a toda mulher em situação de violência doméstica e familiar o acesso aos serviços de Defensoria Pública ou de Assistência Judiciária Gratuita, nos termos da lei, em sede policial e judicial, mediante atendimento específico e humanizado.

Acesso à justiça – Os dispositivos supramencionados garantem à mulher em situação de violência doméstica o acompanhamento de advogado, inclusive em audiências criminais. A *ratio legis* foi garantir maior proteção à ofendida, em preocupação que também se manifesta no art. 16 da lei, ao determinar que eventual renúncia ao direito de representação seja expressada na presença do juiz, do membro do Ministério Público e, por força do dispositivo em estudo, também do advogado.

Vale ressaltar, contudo, que a imprescindibilidade do advogado não implica na habilitação automática da Defensoria Pública como assistente qualificado da vítima. A jurisprudência tem entendido que o direito à assistência judiciária previsto no dispositivo em comento não confere ao advogado ou ao defensor público os direitos de assistente de acusação se não houver habilitação acordo com o CPP. Esse também é o teor do Enunciado n. 51 (aprovado em 2018) do COPEVID. Assim, a imprescindibilidade do advogado pode ser mitigada caso a vítima não o queira, considerando que já incumbe ao Ministério Público a defesa dos direitos transindividuais e a promoção da dignidade da vítima.

Defensoria Pública – A relevância da Defensoria Pública pode ser dimensionada com o tratamento que lhe conferiu a Constituição Federal, em seu art. 134, *caput*, quando salientou ser ela "instituição essencial à função jurisdicional do Estado, incumbindo-lhe a orientação jurídica e a defesa, em todos os graus, dos necessitados, na forma do art. 5.º, LXXIV". Sua criação, portanto, pela "Constituição cidadã", traduz-se em verdadeiro corolário da garantia constitucional que assegura a todos o mais amplo acesso à Justiça.

Tamanha importância não passou despercebida pelo STJ, quando assim se pronunciou: "Se a Constituição outorga ao defensor público poderes para defender os necessitados, implicitamente lhes atribui todos os meios legítimos para tornar efetiva a sua atuação, inclusive legitimidade para propor ações, visando à obtenção de documentos com aquele objetivo".[113]

ASSISTÊNCIA QUALIFICADA À VÍTIMA

A nomeação automática da Defensoria Pública como assistente especializado da vítima sem a manifestação expressa de sua vontade viola a autonomia da ofendida. A vítima deve ter o direito de escolher se deseja ou não ser assistida pela Defensoria Pública ou por um advogado particular. A assistência jurídica deve ser solicitada pela ofendida, conforme sua necessidade e vontade. A imposição automática de assistência jurídica pela Defensoria Pública sem a solicitação é uma subversão funcional e uma violação da autonomia privada da vítima.

A decisão de nomear automaticamente a Defensoria Pública pode resultar na revitimização da mulher, impondo-lhe obrigações e processos adicionais que podem ser prejudiciais e desnecessários. A vítima deve ser tratada com respeito e dignidade (e não como incapaz), evitando qualquer forma de revitimização.

A nomeação automática da Defensoria Pública como assistente especializado não encontra respaldo no ordenamento jurídico brasileiro, especificamente no Código de Processo Penal (artigo 268), que prevê que a própria vítima deve se habilitar nos autos, se assim desejar.

A imposição automática de assistência jurídica pela Defensoria Pública pode criar um litisconsórcio ativo necessário não previsto em lei, ampliando indevidamente o polo acusatório e interferindo na regularidade do devido processo legal.

Em suma, a assistência jurídica às vítimas de violência doméstica deve ser prestada de maneira que respeite sua autonomia, vontade e dignidade, evitando qualquer forma de imposição ou revitimização.

113 RSTJ 43/149.

TÍTULO V
DA EQUIPE DE ATENDIMENTO MULTIDISCIPLINAR

Art. 29. Os Juizados de Violência Doméstica e Familiar contra a Mulher que vierem a ser criados poderão contar com uma equipe de atendimento multidisciplinar, a ser integrada por profissionais especializados nas áreas psicossocial, jurídica e de saúde.

Art. 30. Compete à equipe de atendimento multidisciplinar, entre outras atribuições que lhe forem reservadas pela legislação local, fornecer subsídios por escrito ao juiz, ao Ministério Público e à Defensoria Pública, mediante laudos ou verbalmente em audiência, e desenvolver trabalhos de orientação, encaminhamento, prevenção e outras medidas, voltados para a ofendida, o agressor e os familiares, com especial atenção às crianças e aos adolescentes.

Art. 31. Quando a complexidade do caso exigir avaliação mais aprofundada, o juiz poderá determinar a manifestação de profissional especializado, mediante a indicação da equipe de atendimento multidisciplinar.

Art. 32. O Poder Judiciário, na elaboração de sua proposta orçamentária, poderá prever recursos para a criação e manutenção da equipe de atendimento multidisciplinar, nos termos da Lei de Diretrizes Orçamentárias.

Equipe multidisciplinar – A exemplo do que já acontece na área da Infância e da Juventude, a equipe multidisciplinar aparece como precioso auxiliar na busca da justiça. A psicóloga Renata Mancini, lembrada por Paulo Lúcio Nogueira, relata que "a audiência interdisciplinar constitui-se no momento de integração entre as contribuições do psicólogo e do assistente social no estágio formativo da convicção da autoridade judiciária. A audiência interdisciplinar representa, assim, o momento de união entre três formas de conhecimento, com o objetivo único de colocar à disposição do Juiz dados revelados não apenas pela utilização da ciência psicológica e da ciência social, mas sobretudo da integração destas visões, enquanto material informativo das decisões".[114]

TÍTULO VI
DISPOSIÇÕES TRANSITÓRIAS

Art. 33. Enquanto não estruturados os Juizados de Violência Doméstica e Familiar contra a Mulher, as varas criminais acumularão as competências cível e criminal para conhecer e julgar as causas decorrentes da prática de violência doméstica e familiar contra a mulher, observadas as previsões do Título IV desta Lei, subsidiada pela legislação processual pertinente.

Parágrafo único. Será garantido o direito de preferência, nas varas criminais, para o processo e o julgamento das causas referidas no caput.

Competência das Varas Criminais – Um tanto polêmica a questão tratada neste dispositivo.

A primeira crítica que se faz é quanto à sua constitucionalidade. Com efeito, a teor do art. 96, I, *a*, da CF/1988, compete privativamente aos Tribunais, "eleger seus órgãos diretivos e elaborar seus regimentos internos, com observância das normas de processo e das garantias processuais das partes, dispondo sobre a competência e o funcionamento dos respectivos órgãos jurisdicionais e administrativos".

114 *Estatuto da Criança e do Adolescente comentado*. 3. ed. São Paulo: Saraiva, 1996. p. 261.

É dizer: ao determinar a acumulação, por uma vara criminal, de competências cível e criminal, o legislador infraconstitucional invadiu matéria de competência exclusiva dos respectivos tribunais, rompendo com a regra que garante a independência dentre os poderes e assegura o "autogoverno da Magistratura", para se tomar de empréstimo uma expressão do Ministro Celso de Mello[115]. A alteração de competência, assim como a criação de novas varas (art. 96, I, *d*, da CF/1988), é matéria, portanto, que não admite ingerência de outro poder (no caso, o Poder Legislativo), pelo que a lei, nesse tópico, contém vício de inconstitucionalidade.

Trata-se, aliás, de observação que não passou despercebida pelo Deputado Antonio Carlos Biscaia que, ao tempo da tramitação do Projeto de Lei que deu origem à Lei 11.340/2006 e na qualidade de membro da Comissão de Constituição e Justiça e de Cidadania (CCJC), apresentou voto em separado apontando tal inconstitucionalidade.

A propósito, o Encontro de Juízes dos Juizados Especiais Criminais e de Turmas Recursais do Estado do Rio de Janeiro, concluiu nesse sentido, valendo que se confira o teor do enunciado 86: "É inconstitucional o art. 33 da Lei 11.340/2006 por versar matéria de organização judiciária, cuja competência legislativa é estadual (art. 125, § 1.º, da CF/1988)".[116]

Contudo, enquanto não declarada como tal, a lei está posta para cumprimento, cabendo, por ora, ao juiz criminal, sua aplicação. Soa, efetivamente, estranho à nossa tradição que um juiz criminal vá determinar, por exemplo, a separação de corpos do casal, proibir a celebração de contrato de locação ou fixar os alimentos provisórios. Inconstitucionalidade por inconstitucionalidade, talvez fosse mais adequado se atribuir a um juiz de família a competência transitória para aplicação da lei, embora também não lhe caísse bem decretar a prisão preventiva do agressor. Mas, de qualquer forma, o juiz de família é, via de regra, alguém mais afeito a essa espécie de discussão, com maior tato para promoção da conciliação, secundado por um curador que demonstre as mesmas aptidões.

Reconhecemos que, com o advento da Lei 13.894 de 2019, que inseriu o artigo 14-A na lei em comento, tal discussão nos parece desidratada. O novel dispositivo cria verdadeira opção da ofendida, que pode ajuizar ação de divórcio ou de dissolução de união estável no Juizado de Violência Doméstica e Familiar contra a Mulher, excluindo-se qualquer pretensão relativa à partilha de bens. Para fins de conformação à nova regra, foi também incluída a aliena d ao artigo 53 Código de Processo Civil.

TÍTULO VII
DISPOSIÇÕES FINAIS

Art. 34. A instituição dos Juizados de Violência Doméstica e Familiar contra a Mulher poderá ser acompanhada pela implantação das curadorias necessárias e do serviço de assistência judiciária.

Art. 35. A União, o Distrito Federal, os Estados e os Municípios poderão criar e promover, no limite das respectivas competências:

I – centros de atendimento integral e multidisciplinar para mulheres e respectivos dependentes em situação de violência doméstica e familiar;

II – casas-abrigos para mulheres e respectivos dependentes menores em situação de violência doméstica e familiar;

III – delegacias, núcleos de defensoria pública, serviços de saúde e centros de perícia médico-legal especializados no atendimento à mulher em situação de violência doméstica e familiar;

115 Constituição Federal anotada. 2. ed. São Paulo: Saraiva, 1985. p. 356.

116 O encontro foi realizado em setembro de 2006, em Búzios. Os enunciados foram publicados no *DOE* do Rio de Janeiro, em 11.09.2006, e podem ser consultados, ainda, no *Informativo* 37/2006, da Adv/Coad.

IV – programas e campanhas de enfrentamento da violência doméstica e familiar;

V – centros de educação e de reabilitação para os agressores.

Art. 36. A União, os Estados, o Distrito Federal e os Municípios promoverão a adaptação de seus órgãos e de seus programas às diretrizes e aos princípios desta Lei.

Art. 37. A defesa dos interesses e direitos transindividuais previstos nesta Lei poderá ser exercida, concorrentemente, pelo Ministério Público e por associação de atuação na área, regularmente constituída há pelo menos 1 (um) ano, nos termos da legislação civil.

Parágrafo único. O requisito da preconstituição poderá ser dispensado pelo juiz quando entender que não há outra entidade com representatividade adequada para o ajuizamento da demanda coletiva.

Art. 38. As estatísticas sobre a violência doméstica e familiar contra a mulher serão incluídas nas bases de dados dos órgãos oficiais do Sistema de Justiça e Segurança a fim de subsidiar o sistema nacional de dados e informações relativo às mulheres.

Parágrafo único. As Secretarias de Segurança Pública dos Estados e do Distrito Federal poderão remeter suas informações criminais para a base de dados do Ministério da Justiça.

Art. 38-A. O juiz competente providenciará o registro da medida protetiva de urgência. (Incluído pela Lei nº 13.827, de 2019)

Parágrafo único. As medidas protetivas de urgência serão, após sua concessão, imediatamente registradas em banco de dados mantido e regulamentado pelo Conselho Nacional de Justiça, garantido o acesso instantâneo do Ministério Público, da Defensoria Pública e dos órgãos de segurança pública e de assistência social, com vistas à fiscalização e à efetividade das medidas protetivas."

Parágrafo único. As medidas protetivas de urgência serão, após sua concessão, imediatamente registradas em banco de dados mantido e regulamentado pelo Conselho Nacional de Justiça, garantido o acesso instantâneo do Ministério Público, da Defensoria Pública e dos órgãos de segurança pública e de assistência social, com vistas à fiscalização e à efetividade das medidas protetivas. (Redação dada Lei nº 14.310, de 2022)

Art. 39. A União, os Estados, o Distrito Federal e os Municípios, no limite de suas competências e nos termos das respectivas leis de diretrizes orçamentárias, poderão estabelecer dotações orçamentárias específicas, em cada exercício financeiro, para a implementação das medidas estabelecidas nesta Lei.

Art. 40. As obrigações previstas nesta Lei não excluem outras decorrentes dos princípios por ela adotados.

Art. 40-A. Esta Lei será aplicada a todas as situações previstas no seu art. 5º, independentemente da causa ou da motivação dos atos de violência e da condição do ofensor ou da ofendida. (Incluído pela Lei nº 14.550, de 2023)

Art. 41. Aos crimes praticados com violência doméstica e familiar contra a mulher, independentemente da pena prevista, não se aplica a Lei nº 9.099, de 26 de setembro de 1995.

Contravenções penais – Dentro do amplo espectro de violência doméstica e familiar (art. 7º), encontram-se alguns comportamentos que configuram meras contravenções penais, como, por exemplo (e as mais comuns): vias de fato (art. 21) e perturbação do trabalho ou sossego alheio (art. 42). Nesses casos (referindo-se o art. 41 da Lei 11.340/2006, apenas a "crimes") defendemos ser aplicável a Lei 9.099/1995 (e suas medidas despenalizadoras), ressalvando-se, apenas, as proibições trazidas no art. 17 da Lei 11.340/2006 ("é vedada a aplicação, nos casos de violência doméstica e familiar contra a mulher, de penas de cesta básica ou outras de prestação pecuniária, bem como a substituição de pena que implique o pagamento isolado de multa").

Nesse sentido se posiciona também Paulo Henrique Aranda Fuller, para quem "a proibição da aplicação dos institutos da Lei 9.099/1995 (notadamente a transação penal e a suspensão condicional do processo) se restringe aos *crimes* praticados com violência doméstica ou familiar contra a mulher e, por isso, não alcança quaisquer contravenções penais, ainda que sujeitas ao regime jurídico da Lei 11.340/2006"[117].

Não foi esse, porém, o entendimento que vingou nos Tribunais Superiores. Para STF e STJ, numa interpretação teleológica e sistemática, as mesmas proibições para os crimes previstas no art. 41 da Lei 11.340/06 aplicam-se com igual colorido para as contravenções contra a mulher no ambiente doméstico e familiar.

Não aplicação da Lei dos Juizados Criminais – A despeito de inúmeras críticas que foram lançadas, não há dúvida que a opção do legislador foi a mais franca possível no sentido de afastar, peremptoriamente, do âmbito do JECrim o julgamento dos crimes perpetrados com violência doméstica e familiar contra a mulher. O principal argumento para essa postura se funda, em síntese, na banalização do crime praticado contra a mulher, decorrente da brandura da resposta penal proposta pela Lei 9.099/1995.

No seio das inúmeras discussões que precederam à lei em exame, estabeleceu-se esse debate, ou seja, se os mecanismos propostos pelo JECrim eram suficientes para conter a onda de violência contra a mulher ou se, ao contrário, haveria necessidade da adoção de medidas mais específicas, visando atacar, diretamente, o problema.

Wânia Pasinato Izumino[118] já alertava que "o próprio movimento de mulheres tem se confrontado com um dilema. Enquanto parte defende que seja criada uma legislação específica para o tratamento dos casos de violência de gênero, parte defende que a legislação existente pode e deve ser adaptada para atender às especificidades já identificadas – o Código Penal e a Lei 9.099/1995 são exemplos desta legislação. Há que se ressaltar o avanço representado pelos trâmites propostos na Lei 9.099/1995. Esta lei surge no contexto dos debates a respeito do abolicionismo penal, da reforma do Judiciário e do dilema colocado aos movimentos de defesa humanos: a necessidade de equacionar num mesmo sistema a garantia de punição das violações de direitos humanos sem ferir os direitos dos responsáveis por estes crimes. Considerando as especificidades da violência de gênero em especial a violência doméstica e das respostas que estas mulheres esperam obter da Justiça, conhecendo a realidade das DDM [Delegacias de Defesa da Mulher] que apesar de se constituírem num espaço especializado de atendimento às mulheres, na prática acabam por reproduzir a discriminação e a despolitização da violência contra a mulher, questiona-se se o mesmo não ocorreria no âmbito de uma legislação específica. Trata-se, portanto, de direcionar o debate para o fortalecimento da Lei 9.099/1995 e sua aplicação, adequando seus princípios às especificidades inerentes à violência de gênero".

Apimentando o debate, mencionemos posições contrárias. Lenio Luiz Streck argumenta no sentido de que "com o Juizado Especial Criminal, o Estado sai cada vez mais das relações sociais. No fundo, institucionalizou a 'surra doméstica' com a transformação dos delitos de lesões corporais de ação pública incondicionada para ação pública condicionada. Mais do que isso, a nova Lei dos Juizados permite, agora, o 'duelo nos limites das lesões', eis que não interfere na contenda entre pessoas, desde que os ferimentos não ultrapassem as lesões leves (que, como se sabe, pelas exigências do art. 129 e seus parágrafos, podem não ser tão leves assim). O Estado assiste de camarote e diz: batam-se que eu não tenho nada com isso! É o neoliberalismo no

117 Aspectos polêmicos da Lei de Violência Doméstica ou Familiar contra a mulher (Lei 11.340/2006), *Boletim IBCCrim* n. 171, fev. 2007, p. 15.

118 Delegacias de defesa da mulher e juizados especiais criminais: contribuições para a consolidação de uma cidadania de gênero. Revista Brasileira de Ciências Criminais, n. 40, p. 293, out.-dez. 2002.

Direito, agravando a própria crise da denominada 'teoria do bem jurídico', própria do modelo liberal-individualista de Direito".[119]

Na mesma linha de raciocínio é o artigo publicado por Flávia Piovesan que deixa clara a inadequação dos juizados para tratar da violência contra a mulher, quando salienta que "o grau de ineficácia da referida lei revela o paradoxo do Estado: romper com a clássica dicotomia público-privado, de forma a dar visibilidade a violações que ocorrem no domínio privado, para, então, devolvê-las a este mesmo domínio, sob o manto da banalização, em que o agressor é condenado a pagar à vítima uma cesta básica ou meio fogão ou meia geladeira (...) Os casos de violência contra a mulher ora são vistos como mera 'querela doméstica', ora como reflexo de ato de 'vingança ou implicância da vítima', ora decorrentes da culpabilidade da própria vítima, no perverso jogo de que a mulher teria merecido, por seu comportamento, a resposta violenta. Isto culmina com a consequente falta de credibilidade no aparato da justiça. No Brasil, apenas 2% dos acusados em casos de violência contra a mulher são condenados".[120]

As críticas, porém, quanto ao afastamento da competência do JECrim, repita-se, foram muitas. Já no Encontro Nacional de Coordenadores de Juizados Especiais, realizado em Aracaju, em junho de 2006, de um lado recomendou-se "a apresentação de moção de apoio ao projeto de lei que cria mecanismos para coibir a violência doméstica e familiar contra a mulher (...)" (Recomendação 1). Mas, de outra banda, criticou-se o movimento que, à época, já se formava, no sentido de retirar dos Juizados a competência para julgamento desses crimes. Argumentava-se que "o Juizado Especial Criminal está filosoficamente ligado à Justiça Social, à oitiva das partes sem intermediários, impossível de coexistir com o sistema tradicional da Vara Criminal. O problema enfrentado pelos Juizados Especiais Criminais não é decorrente da quantidade de pena cominada em abstrato, mas sim da falta de estrutura que propicie a eleição das medidas mais adequadas e a fiscalização de sua execução" (Recomendação 6). Temiam os juízes, ao tempo em que se debatia o projeto de lei, que fossem as causas julgadas por varas criminais em detrimento do JECrim, segundo eles, mais vocacionado para fazer frente a essa espécie de crime. Posteriormente, como se viu, o legislador nem atribuiu ao Juizado o julgamento e tampouco transferiu essa competência para as varas criminais, preferindo criar os Juizados de Violência Doméstica e Familiar contra a Mulher (art. 33 da lei).

Também não escapou da doutrina que se formou sobre a lei essa opção do legislador. Assim, em artigo publicado por Maurício e Marcelo Gonçalves Saliba acusaram a lei, nesse ponto, de impor verdadeiro retrocesso. Para eles, "a conciliação civil permitia que o autor da agressão e a ofendida buscassem, com o auxílio de mediadores, a solução adequada para os problemas vivenciados no ambiente doméstico e familiar. A conversa entre as partes é sem dúvida alguma o único e eficaz caminho para se combater a violência, não se apresentando a punição mais severa como forma de resolução dos conflitos. A violência contra a mulher não é um ponto isolado na história, mas sim fruto de um processo cultural da sociedade moderna".[121]

Constitucionalidade do art. 41 – Há quem sustente a inconstitucionalidade deste dispositivo, por afrontar o preceito constitucional do art. 98, I, da CF/1988, que prevê a criação de Juizados Especiais para julgamento de infrações penais de menor potencial ofensivo.

---

119 O senso comum teórico e a violência contra a mulher: desvelando a razão cínica do direito em Terra Brasilis. Revista Brasileira de Direito de Família n. 16, p.139, Porto Alegre, Editora Síntese, jan.-mar. 2003.

120 Violência contra mulher: um escândalo! Boletim da AgênciaCarta Maior, 21.06.2005. Disponível em: [www.fbes.org.br/index2.php?option=com_content&do_pdf=1&id=531]. Acesso em: 27.07.2012. Ainda sobre a inadequação do JECrim para tratar do tema, confira-se o interessantíssimo trabalho de Leda Hermann, intitulado Violência doméstica: a dor que a lei esqueceu. Considerações sobre a Lei 9.099/95. Campinas: Cel-Lex, 2000. p. 33.

121 Violência doméstica e familiar – Crime e castigo. Disponível em: [www.ibccrim.com.br]. Acesso em: 09.10.2006. [http://jus.com.br/revista/texto/8824/violencia-domestica-e-familiar]. Acesso em: 27.07.2012.

É a lição de Rômulo de Andrade Moreira, ao afirmar que "se a própria Constituição estabeleceu a competência dos Juizados Especiais Criminais para o processo, julgamento e execução das infrações penais de menor potencial ofensivo, é induvidoso não ser possível a exclusão desta competência em razão do sujeito passivo atingido (mulher) e pela circunstância de se tratar de violência doméstica e familiar (...) Destarte, subtraindo a competência dos Juizados Especiais Criminais, a referida lei incidiu em flagrante inconstitucionalidade, pois a competência determinada expressamente pela Constituição Federal não poderia ter sido reduzida por lei infraconstitucional".[122]

Ousamos discordar. A Constituição criou, de forma genérica, juizados especiais para julgamento de causas cíveis e criminais, de menor complexidade e potencial ofensivo. A definição, contudo, do que vem a ser uma *infração penal de menor potencial ofensivo*, é algo que cabe ao legislador infraconstitucional indicar. E, de fato, o fez. Inicialmente por meio da Lei 9.099/1995 e, posteriormente, com a Lei 11.313/2006, que ampliou o conceito de *infração penal de menor potencial ofensivo.*

Era esse, inclusive, o entendimento do STF antes da entrada em vigor da Lei 9.099/1995, valendo que se confira: "Os critérios de identificação das *causas de menor complexidade* e dos *crimes de menor potencial ofensivo*, a serem confiados aos Juizados Especiais, constitui matéria de Direito Processual, da competência legislativa privativa da União".[123]

Nada impede, portanto, que o legislador infraconstitucional inclua ou retire determinada conduta do âmbito dos Juizados. Aliás, a própria Lei 9.099/1995, contempla duas exceções, ao prever que é afastada a competência dos Juizados em virtude da complexidade do fato (art. 77, § 2.º) e da impossibilidade de ser o réu pessoalmente citado (art. 66, parágrafo único). E a Lei 11.313/2006, mais recentemente, determina a remessa dos autos ao Juízo comum, em casos de conexão e continência, não sendo de menor potencial ofensivo o crime conexo.

Interessante a observação de Marcelo Lessa Barbosa, em abono ao nosso entendimento: "Só para recordar, na primeira versão do art. 61 da Lei 9.099/1995, estavam fora do conceito de infração penal de menor potencial ofensivo e, portanto, fora do alcance dos institutos despenalizadores da Lei 9.099/1995, os crimes em que havia, simplesmente, previsão de procedimento especial, ainda que a pena máxima cominada fosse inferior a 1 (um) ano. E, nos termos do art. 90-A da Lei 9.099/1995, acrescentado pela Lei 9.839/99, estão fora do âmbito de incidência da primeira os crimes militares, independente da pena. Nunca se reclamou disto, na perspectiva da constitucionalidade, não fazendo sentido pretender deslegitimar a exclusão imposta pela Lei "Maria da Penha".[124]

Para exemplificar, o Código de Trânsito Brasileiro, em seu art. 291, parágrafo único, que autorizava, para determinadas condutas delituosas (por exemplo, embriaguez ao volante), fossem aplicados os benefícios da Lei 9.099/1995, foi alterado pela Lei 11.705/2008 que, dando nova redação ao art. 291 daquele diploma legal, vedou tal possibilidade para o motorista que perpetrar o crime de lesão corporal culposa sob influência de álcool ou substância psicoativa que determine dependência, participando de "racha" ou transitando em velocidade superior à permitida. Ou seja, mais uma vez é do legislador infraconstitucional a incumbência de indicar quais delitos que autorizam a aplicação da Lei dos Juizados Especiais Criminais e quais aqueles que não a toleram.

Observe-se, de qualquer forma, que para o crime de lesão corporal (seja homem ou mulher a vítima), esta discussão não aproveita, porquanto a redação dada ao § 9.º do art. 129 do

122 A Lei Maria da Penha e suas inconstitucionalidades. Revista Magister, n. 19, ago.-set. 2007, p. 82.

123 Pleno, ADIn 1.807-5/MT, rel. Min. Sepúlveda Pertence, *DJ* 05.06.1998, p. 2.

124 Violência doméstica e familiar contra a mulher. Disponível em: [www.jusnavigandi.com.br]. Acesso em: 14.11.2006.

CP, prevê uma pena máxima de cinco anos de reclusão, o que afasta, para esse delito, o conceito de infração penal de menor potencial ofensivo, na exata dicção do art. 61 da Lei 9.099/1995.

No final do ano de 2007, o Presidente da República, por meio do Advogado-Geral da União, ajuizou Ação Declaratória de Constitucionalidade dos arts. 1.º, 33 e 41 da Lei Maria da Penha (ADC 19/DF), sob o argumento de que alguns juízes e Tribunais não estão aplicando tais dispositivos da lei, sob o argumento de serem inconstitucionais. Pleiteou, ainda, o deferimento de liminar para que sejam suspensos "os efeitos de quaisquer decisões que, direta ou indiretamente, neguem vigência à lei, reputando-a inconstitucional", até o julgamento final do pedido.

O pedido foi distribuído ao Ministro Marco Aurélio que negou a liminar invocando os seguintes argumentos: "Requer-se que, de forma precária e efêmera, sejam suspensos atos que, direta ou indiretamente, neguem vigência à citada Lei. O passo é demasiadamente largo, não se coadunando com os ares democráticos que nortearam o Constituinte de 1988 e que presidem a vida gregária. A paralisação dos processos e o afastamento de pronunciamentos judiciais, sem ao menos aludir-se à exclusão daqueles cobertos pela preclusão maior, mostram-se extravagantes considerada a ordem jurídico-constitucional. As portas do Judiciário hão de estar abertas, sempre e sempre, aos cidadãos, pouco importando o gênero. O Judiciário, presente o princípio do juiz natural, deve atuar com absoluta espontaneidade, somente se dando a vinculação ao Direito posto, ao Direito subordinante. Fora isso, inaugurar-se-á era de treva, concentrando-se o que a Carta Federal quer difuso, com menosprezo à organicidade do próprio Direito. Repito, mais uma vez, eventual aplicação distorcida da Lei evocada pode ser corrigida ante o sistema recursal vigente e ainda mediante a impugnação autônoma que é a revelada por impetrações. Que atuem os órgãos investidos do ofício judicante segundo a organização judiciária em vigor, viabilizando-se o acesso em geral à jurisdição com os recursos pertinentes". O mérito do pedido foi apreciado em 09 de fevereiro de 2012 e é analisado no item seguinte.

Em julgamento do HC 106.212/MS, de 24 de março de 2011, no qual foi relator o Min. Marco Aurélio (a ementa está transcrita abaixo), o STF afirmou a constitucionalidade do dispositivo em exame. Segundo consta do Informativo do STF 620 (de 21 a 25 de março de 2011), "aduziu-se, inicialmente, que a Lei 11.340/2006 teria por escopo coibir a violência doméstica e familiar contra a mulher, em observância ao art. 226, § 8.º, da CF/1988 ("Art. 226. A família, base da sociedade, tem especial proteção do Estado. (...) § 8.º – O Estado assegurará a assistência à família na pessoa de cada um dos que a integram, criando mecanismos para coibir a violência no âmbito de suas relações."). A esse respeito, salientou-se que a mesma lei, em seu art. 7.º, definiria como "violência doméstica e familiar contra a mulher" não apenas a violência física, mas também a psicológica, social, patrimonial e moral. Reputou-se, por sua vez, que o preceito contido no art. 41 da referida lei afastaria, de forma categórica, a Lei 9.099/1995 de todo processo-crime cujo quadro revelasse violência doméstica ou familiar contra a mulher, o que abarcaria os casos de contravenção penal (...) o Min. Marco Aurélio, relator, acrescentou que a Lei 'Maria da Penha' preveria a criação de juizados específicos para as situações de que trata e que seria incongruente, pois, a aplicação de regras da Lei 9.099/1995 (...) o Min. Cezar Peluso, Presidente, observou que o art. 98, I, da CF/1988 não conteria a definição de 'infrações penais de menor potencial ofensivo', de modo que a lei infraconstitucional poderia estabelecer critérios – não restritos somente à pena cominada – aptos a incluir, ou não, determinadas condutas nesse gênero. Entendeu-se, também, que a norma impugnada estaria de acordo com o princípio da igualdade, na medida em que a mulher careceria de especial proteção jurídica, dada sua vulnerabilidade, e que atenderia à ordem jurídico-constitucional, no sentido de combater o desprezo às famílias, considerada a mulher como sua célula básica".

A decisão do STF e suas implicações – Em sessão plenária realizada no dia 9 de fevereiro de 2012, como já foi dito, o STF apreciou dois pedidos que versaram sobre o tema, no qual foi relator o Ministro Marco Aurélio.

No primeiro deles (ADIn 4.424/DF), ajuizado pela Procuradoria-Geral da República, o objetivo era se ver declarada a inconstitucionalidade dos arts. 12, I, e 16, a fim de que, a final, se reconhecesse que a ação penal, nos crimes que envolvam violência doméstica, é pública incondicionada, a prescindir, portanto, da prévia representação da vítima. A ação direta de inconstitucionalidade fazia referência, ainda, ao art. 41 da lei, para que a ele fosse dada uma interpretação conforme a Constituição.

O segundo (ADC 19/DF), se tratava de uma ação manejada pela Advocacia-Geral da União, que visou a declaração da constitucionalidade dos arts. 1.º, 33 e 41 da chamada Lei Maria da Penha. Isso porque, no que se refere ao art. 1.º, alguns tribunais vinham reconhecendo a inconstitucionalidade da lei por violar o princípio da igualdade entre homens e mulheres. Quanto ao art. 33 da lei, que atribuiu ao juízo criminal a competência para conhecer da matéria enquanto não estruturados os Juizados de Violência Doméstica e Familiar contra a Mulher, Tribunais do país se posicionavam no sentido da inconstitucionalidade da norma, já que a matéria era de competência exclusiva do Estado para sobre ela legislar. No que tange ao art. 41, a inconstitucionalidade derivaria do impedimento criado pela lei da aplicação dos benefícios previstos na Lei 9.099/1995 aos crimes perpetrados em um contexto de violência doméstica. O objetivo do pedido, portanto, era obter o posicionamento da mais alta Corte do país para que se declarassem constitucionais tais dispositivos legais.

Cumpre, de plano e ainda que rapidamente, tecer alguma observação sobre a natureza jurídica das ações diretas de inconstitucionalidade e constitucionalidade. É sabido, assim, que a constitucionalidade da lei (*lato sensu*), pode ser controlada pelo julgador em um caso concreto, naquilo que se denomina *controle difuso de constitucionalidade*. Ou pode esse controle, como na hipótese em análise, ser realizado por meio de pedido ajuizado diretamente no STF, que exerce, nesse caso, um *controle concentrado da constitucionalidade*, nos termos do art. 102, I, *a*, da CF/1988.

Pois bem. Sem maior aprofundamento no tema, por fugir ao âmbito do trabalho, deve se destacar, porém, o efeito vinculante que é próprio das decisões proferidas nessas espécies de ação, nos termos do § 2.º do art. 102 da CF/1988, *in verbis:* "As decisões definitivas de mérito, proferidas pelo STF, nas ações diretas de inconstitucionalidade e nas ações declaratórias de constitucionalidade produzirão eficácia contra todos e efeito vinculante, relativamente aos demais órgãos do Poder Judiciário e à administração pública direta e indireta, nas esferas federal, estadual e municipal".

Nem se argumente que, forte no princípio da livre convicção, poderia um Magistrado entender diversamente da decisão do STF. Não. Os efeitos irradiados a partir de decisões proferidas nessas espécies de ação a todos vinculam, tendo força de verdadeira lei, a não admitir, bem por isso, posicionamentos contrários. Destaque-se, a propósito, a lição do Gilmar Ferreira Mendes sobre o tema:

> "Proferida a declaração de constitucionalidade ou inconstitucionalidade de lei objeto da ação declaratória, ficam os Tribunais e órgãos do Poder Executivo obrigados a guardar-lhe plena obediência. Tal como acentuado, o *caráter transcendente* do efeito vinculante impõe que sejam considerados não apenas o conteúdo da parte dispositiva da decisão, mas a norma abstrata que dela se extrai, isto é, a proposição de que determinado tipo de situação, conduta ou regulação – e não apenas aquela objeto do pronunciamento jurisdicional – é constitucional ou inconstitucional e deve, por isso, ser preservado ou eliminado. É certo, pois, que a não-observância da decisão caracteriza grave violação de dever funcional, seja por parte das autoridades administrativas, seja por parte do magistrado (CF/1988., também, art. 133, I, do CPC). Em relação aos órgãos do Poder Judiciário, convém observar que eventual desrespeito à decisão do STF legitima a propositura de reclamação, pois estará caracterizada, nesse caso, inequívoca lesão à autoridade de seu julgado (art. 102, I, l, da CF/1988) (*Revista Jurídica Virtual*, vol. I, n. 4. Brasília, agosto de 1999).

A ADIn 4.424/DF foi acolhida por maioria de votos (vencido o Min. Cezar Peluso), a fim de firmar a tese no sentido de que, nas lesões corporais leves e culposas, a ação penal é pública incondicionada. É preciso que se tenha presente, porém, que esse entendimento se restringe, apenas, aos crimes de lesões corporais leves e culposas. De sorte que, conforme destacado no Informativo 654, do STF, de 6 a 10 de fevereiro de 2012, permanece a necessidade de representação para crimes dispostos em leis diversas da 9.099/1995, como o de perseguição (art. 147-A do CP). E nem poderia ser diferente, afinal a necessidade de representação para os delitos de lesões corporais leves e culposas foi uma inovação introduzida com a Lei 9.099/1995, em seu art. 88. Ora, ao declarar constitucional o art. 41 da Lei Maria da Penha, que afasta a incidência dos Juizados Especiais Criminais, por consequência afastou, também, a necessidade de representação mas apenas para esses dois delitos. Para os demais crimes (*stalking*, por exemplo), que não foram atingidos pela Lei 9.099/1995 e sempre dependeram de representação, essa condição de procedibilidade continua sendo exigida.

A ADC 19/DF foi julgada procedente à unanimidade, a fim de declarar constitucionais os dispositivos da lei inicialmente mencionados.

É dizer, em resumo: com a decisão do Supremo, que a todos vincula, a ação penal, nos crimes de lesões corporais leves e culposas que envolvam violência doméstica, é pública incondicionada, a não reclamar, portanto, a prévia representação da vítima. Com isso, restaram prejudicados os inúmeros pronunciamentos em sentido contrário dos tribunais estaduais, bem como o firme posicionamento do STJ que, após alguma divergência inicial, se consolidara pela natureza de ação penal pública condicionada quando praticada a lesão corporal no âmbito da lei em estudo. Também não mais se discutirá a constitucionalidade do dispositivo em exame – reconhecida pelo STF – que afasta a incidência da Lei 9.099/1995 aos delitos perpetrados com violência doméstica e familiar contra a mulher. Tampouco se dirá que a lei é inconstitucional por afrontar o princípio da igualdade entre homens e mulheres ou por invadir o âmbito da competência estadual para legislar sobre a criação de varas especializadas ou definir a competência da justiça criminal enquanto não implantados os Juizados de Violência Doméstica e Familiar contra a Mulher.

Art. 42. O art. 313 do Decreto-Lei nº 3.689, de 3 de outubro de 1941 (Código de Processo Penal), passa a vigorar acrescido do seguinte inciso IV:

"Art. 313...

....

IV – se o crime envolver violência doméstica e familiar contra a mulher, nos termos da lei específica, para garantir a execução das medidas protetivas de urgência." (NR)

O inc. IV do art. 313 do CPP foi revogado pela Lei 12.403/2011, que, ademais, alterou o inc. III do mesmo dispositivo, que passou à seguinte redação:

> "III – se o crime envolver violência doméstica e familiar contra a mulher, criança, adolescente, idoso, enfermo ou pessoa com deficiência para garantir a execução das medidas protetivas de urgência".

Art. 43. A alínea f do inciso II do art. 61 do Decreto-Lei nº 2.848, de 7 de dezembro de 1940 (Código Penal), passa a vigorar com a seguinte redação:

"Art. 61..

....

II -..

....

f) com abuso de autoridade ou prevalecendo-se de relações domésticas, de coabitação ou de hospitalidade, ou com violência contra a mulher na forma da lei específica;

...." (NR)

Agravante específica e a vedação do *bis in idem*

A Terceira Seção do Superior Tribunal de Justiça (STJ) afetou três recursos especiais de relatoria do desembargador convocado Jesuíno Rissato, para discutir se a agravante prevista no artigo 61, inciso II, alínea "f", do Código Penal, pode ser aplicada em conjunto com as disposições da Lei Maria da Penha.

O repetitivo foi cadastrado como Tema 1.197 na base de dados do STJ. A questão submetida a julgamento é a seguinte: "Verificar se a aplicação da agravante do artigo 61, inciso II, alínea "f", do Código Penal (CP) em conjunto com as disposições da Lei Maria da Penha (Lei 11.340/2006), configuraria *bis in idem*".

Art. 44. O art. 129 do Decreto-Lei nº 2.848, de 7 de dezembro de 1940 (Código Penal), passa a vigorar com as seguintes alterações:

"Art. 129...

....

§ 9º Se a lesão for praticada contra ascendente, descendente, irmão, cônjuge ou companheiro, ou com quem conviva ou tenha convivido, ou, ainda, prevalecendo-se o agente das relações domésticas, de coabitação ou de hospitalidade:

Pena – detenção, de 3 (três) meses a 3 (três) anos.

....

§ 11. Na hipótese do § 9º deste artigo, a pena será aumentada de um terço se o crime for cometido contra pessoa portadora de deficiência." (NR)

A LEI 14.188, DE 2021

Até a promulgação da Lei 14.188/2021, a lesão corporal leve era tipificada em duas modalidades no art. 129 do Código Penal. A modalidade simples, prevista no caput, era punida com detenção de 3 meses a 1 ano. Já a modalidade qualificada, descrita no §9º, aplicava-se quando a lesão era cometida contra ascendente, descendente, irmão, cônjuge ou companheiro, ou contra pessoa com quem o agente conviva ou tenha convivido, ou ainda, quando o agente se prevalecia das relações domésticas, de coabitação ou de hospitalidade. Esta modalidade era punida, inicialmente, com detenção de 3 meses a 3 anos.

Em ambas as figuras (*caput* e §9º), o legislador visava proteger pessoas de ambos os sexos, ainda que em contextos distintos.

Com a Lei 14.188/2021, foi introduzido o §13, que trata especificamente da lesão corporal leve cometida contra mulher no contexto doméstico ou familiar, ou em razão de preconceito ou discriminação de gênero, estabelecendo pena de reclusão de 1 a 4 anos.

Posteriormente, a Lei 14.994/2024 alterou as penas previstas nos §§9º e 13, unificando-as para reclusão de 2 a 5 anos.

Não há como negar que essa recente mudança causa espanto, pois resultou em uma punição mais severa para a lesão leve do que para a lesão grave.

SÚMULAS DO SUPERIOR TRIBUNAL DE JUSTIÇA

Súmula 536: "A suspensão condicional do processo e a transação penal não se aplicam na hipótese de delitos sujeitos ao rito da Lei Maria da Penha".

Súmula 542: "A ação penal relativa ao crime de lesão corporal resultante de violência doméstica contra a mulher é pública incondicionada".

Súmula 588: "A prática de crime ou contravenção penal contra a mulher com violência ou grave ameaça no ambiente doméstico impossibilita a substituição da pena privativa de liberdade por restritiva de direitos".

Súmula 589: "É inaplicável o princípio da insignificância nos crimes ou contravenções penais praticados contra a mulher no âmbito das relações domésticas".

Súmula 600: "Para configuração da violência doméstica e familiar prevista no artigo 5º da Lei 11.340/2006, Lei Maria da Penha, não se exige a coabitação entre autor e vítima".

CAPÍTULO 33

Drogas – Lei nº 11.343/2006

Rogério Sanches Cunha, Ronaldo Batista Pinto e Renee do Ó Souza

Institui o Sistema Nacional de Políticas Públicas sobre Drogas – Sisnad; prescreve medidas para prevenção do uso indevido, atenção e reinserção social de usuários e dependentes de drogas; estabelece normas para repressão à produção não autorizada e ao tráfico ilícito de drogas; define crimes e dá outras providências

TÍTULO I

DISPOSIÇÕES PRELIMINARES

Art. 1º. Esta Lei institui o Sistema Nacional de Políticas Públicas sobre Drogas – Sisnad; prescreve medidas para prevenção do uso indevido, atenção e reinserção social de usuários e dependentes de drogas; estabelece normas para repressão à produção não autorizada e ao tráfico ilícito de drogas e define crimes.

Parágrafo único. Para fins desta Lei, consideram-se como drogas as substâncias ou os produtos capazes de causar dependência, assim especificados em lei ou relacionados em listas atualizadas periodicamente pelo Poder Executivo da União.

Registros históricos na legislação penal brasileira acerca das drogas – Nas Ordenações Filipinas, datadas de 1603, mais precisamente no Livro V, Título LXXXIX, havia uma disposição penal acerca do uso, porte e comércio de substâncias entorpecentes com a seguinte redação: "que ninguém tenha em casa rosalgar, nem a venda, nem outro material venenoso" (CARVALHO, Salo de. A política criminal de drogas no Brasil: estudo criminológico e dogmático da lei nº 11.343/2006. 8. ed. São Paulo: Saraiva, 2016, p. 47-48).

Posteriormente, o Código Penal Republicano de 1890, ao regulamentar os crimes contra a saúde pública, passou a dispor sobre o tema no artigo 159, descrevendo o delito da seguinte forma: "expor à venda, ou ministrar, substâncias venenosas sem legítima autorização e sem as formalidades prescritas nos regulamentos sanitários", crime que cominava pena de multa.

Somente com as alterações legislativas ocorridas em 1932 por meio da chamada Consolidação das Leis Penais é que aquele dispositivo passou a adotar o léxico "entorpecentes" ou "psicotrópicos", acrescentando-lhe doze parágrafos, além de prever a pena de prisão. Dessa forma, deu-se início à política de repressão às drogas no Brasil.

A política criminal proibicionista das drogas foi confirmada alguns anos depois no artigo 281 do Código Penal de 1940, redigido de forma a abranger muitas condutas relacionadas ao porte e ao comércio. Embora entre os treze núcleos verbais contidos naquele crime não houvesse disposição sobre o consumo, o modelo sanitário vigente à época permitia a internação compulsória do usuário, bastando para tanto uma representação da autoridade policial ou do Ministério Público.

O tratamento penal em relação ao usuário foi fortemente endurecido pela legislação penal quando, em 1968, com a edição do Ato Institucional nº 5, o artigo 281 do Código Penal foi modificado pelo Decreto nº 385 que, além de acrescentar mais núcleos verbais ao tipo, dispôs no inciso III do parágrafo primeiro, uma igualdade de tratamento entre traficante e usuário, nos seguintes termos: "Nas mesmas penas incorre quem ilegalmente: traz consigo, para uso próprio, substância entorpecente ou que determine dependência física ou psíquica".

Somente com a edição da Lei 6.368/1976, repleta de vários outros tipos penais relacionados ao submundo dos entorpecentes, é que a legislação estabelece uma clara distinção político-criminal entre traficante e usuário. Referida Lei foi parcialmente revogada pela Lei 10.409/2002. Ambas as leis só foram revogadas em 2013, pela Lei atual, objeto de estudo nesta obra.

A política proibicionista das drogas – Do estudo do debate sobre a criminalização do consumo e tráfico de drogas, é possível identificar duas linhas criminológicas, cada uma com perspectivas distintas sobre os efeitos da criminalização e seu papel no Estado de Direito. Essas linhas podem ser divididas entre a defesa da descriminalização com base na liberdade individual e os impactos sociais da proibição, e a justificativa da manutenção do controle penal devido à proteção da ordem pública e aos riscos sociais. Vejamos:

A) Argumentos pela descriminalização: A primeira linha de argumentação enfatiza a ideia de que o consumo de drogas ilícitas se insere no âmbito das liberdades individuais, sendo uma questão de autolesão, não de lesão a terceiros. Segundo essa visão, o dano decorrente do consumo não ultrapassa a esfera privada, o que tornaria a punição penal injustificada. Defensores dessa abordagem sustentam que a criminalização seria ineficaz do ponto de vista preventivo e social, pois os danos mais graves são atribuídos não às drogas em si, mas às políticas de repressão e controle.

Para essa corrente, a política criminal exacerbada é apontada como causa de exclusão social e violência, uma vez que a proibição e o combate ao tráfico geram um mercado clandestino, impulsionando o poder de organizações criminosas e marginalizando grupos vulneráveis. O sistema penal, nesse cenário, acaba rotulando certas populações, reforçando estereótipos e promovendo seletividade penal. Além disso, argumenta-se que a criminalização das drogas fere o princípio da idoneidade, pois não demonstraria ser um método eficaz para lidar com o problema, uma vez que os custos sociais da repressão superariam seus benefícios, prejudicando tanto consumidores quanto o sistema de justiça.

Sob essa perspectiva, a aplicação do poder punitivo no controle de drogas estaria em desacordo com os princípios fundamentais do Estado de Direito, como a proporcionalidade e a dignidade humana, sendo mais recomendável a adoção de medidas alternativas, como políticas de saúde pública e educação, que lidem com o consumo de maneira preventiva e terapêutica.

B) Argumentos pela manutenção da criminalização: Por outro lado, a segunda linha de argumentação defende a necessidade de criminalização do tráfico e, em menor grau, do consumo de drogas, com base na proteção da ordem pública e no interesse coletivo. Para essa vertente, o consumo de drogas não afeta apenas o indivíduo, mas gera uma série de consequências sociais graves, como o aumento da violência, a sobrecarga dos sistemas de saúde e segurança, e a desestabilização do convívio familiar e comunitário.

O tráfico de drogas, especificamente, é visto como um fenômeno que alimenta o crime organizado, promove a violência e corrompe instituições. A criminalização, nesse sentido, busca proteger a sociedade dos riscos impostos pelo mercado ilegal, cujas atividades desestruturam o tecido social. A ausência de controle estatal sobre o tráfico aumentaria a violência e o poder das organizações criminosas, resultando em ainda maiores danos à sociedade.

Além disso, a manutenção da criminalização é justificada pela função simbólica do direito penal, que reforça a proteção de valores fundamentais, como a saúde pública e a segurança. A aplicação do direito penal, longe de ser apenas uma questão moral, cumpre uma função de dissuasão e controle social, essencial para a preservação da ordem pública.

A crítica à seletividade penal, embora pertinente, é tratada como um problema de aplicação da lei e não de sua essência. Ou seja, o problema não reside na criminalização em si, mas nos abusos e na desigualdade no tratamento de determinadas populações, o que demanda uma reforma do sistema de justiça criminal, e não a abolição da criminalização de condutas que ameaçam o bem-estar coletivo.

Sistema Nacional de Políticas Públicas sobre Drogas – A Lei 11.343/2006 revogou a Lei anterior (Lei 6.368/1976) e se notabiliza, já no art. 1º, pela instituição de um Sistema Nacional de Políticas Públicas sobre Drogas-Sisnad, que visa a estruturação de um programa do Poder Público voltado à prevenção ao uso de drogas e uma adequada repressão ao tráfico.

A Lei atual se caracteriza pela predominante pretensão preventiva e uma política de redução de danos; pela diferenciação clara e definitiva entre usuário e dependentes de drogas em relação aos traficantes; pela substituição do termo entorpecente, usado anteriormente, por drogas; e pela clara distinção entre traficante profissional e traficante ocasional.

Finalidade da lei 11.343/2006 – Ao apresentar os objetivos da Lei, o artigo 1º representa um marco fundamental para uma interpretação eficaz, apoiada em três pilares essenciais: a criação do Sisnad, a implementação de medidas de assistência ao usuário e ao dependente, e o combate ao tráfico de drogas.

Normas penais em branco – O parágrafo único do art. 1º da Lei de Drogas apresenta um exemplo paradigmático da chamada "norma penal em branco", entendida como aquela cujo preceito normativo é incompleto, em que a complementação deve ser encontrada em outra disposição legal. Quando essa complementação tem a mesma fonte normativa da lei a ser preenchida, estamos diante de uma "norma penal em branco homogênea" ou, em sentido amplo. Por outro lado, quando a complementação provém de uma fonte normativa distinta, temos a "norma penal em branco heterogênea" ou, em sentido estrito. Tal é o caso da Lei de Drogas, cuja origem é legislativa, mas cuja definição do que é considerado droga cabe ao Poder Executivo.

Drogas – Tratando-se, como visto acima, de uma lei penal em branco, a complementação, *in casu*, se origina da Portaria SVS/MS nº 344, de 12 de maio de 1998, como indica, textualmente, o art. 66 da lei em exame. É dizer: droga será tudo aquilo que constar das listas constantes da mencionada portaria. De sorte que, como seria impossível a lei conter, em seu texto, as centenas de drogas proibidas – o que exigiria, ademais, uma constante renovação da lei, dada à velocidade com se multiplicam as diversas espécies de entorpecentes – remete-se a uma portaria do Serviço de Vigilância Sanitária e do Ministério da Saúde, a definição das substâncias proibidas, por meio de listas periodicamente atualizadas. Anote-se que as drogas mais comumente apreendidas são a maconha, a cocaína (em pó ou em pedra – conhecida como *crack*), o lança-perfume, o *ecstasy*, a heroína, o LSD, o ópio, dentre outras.

A substância entorpecente é caracterizada pela capacidade química de provocar alterações fisiológicas e dependência física ou psíquica, razão pela qual, em regra, é necessária a realização de perícia denomina exame químico-toxicológico que visa verificar o princípio ativo no material apreendido. Por isso que, em regra, são imprescindíveis os laudos de constatação (provisório) e definitivo para comprovação da materialidade delitiva, conforme comentários feitos ao § 1º do artigo 50 da Lei.

Classificação das drogas – A partir dos efeitos produzidos no sistema nervoso central, as drogas podem ser classificadas em:

1. Depressoras ou psicolépticas: diminuem a atividade mental, induzem ao sono, relaxam os músculos e alteram as respostas funcionais reflexivas. Causam lentidão, sonolência, apatia, falta de coordenação motora, dificuldade de concentração e perda da memória. São exemplos: álcool, calmantes e ansiolíticos em geral, morfina, codeína, heroína, metadona, cola de sapateiro, benzina e acetona.
2. Estimulantes ou psicoanalépticas: aumentam a atividade do sistema nervoso central, causando insônia, excitam a atividade mental/intelectual e a tensão emocional. São exemplos: cocaína, crack, cafeína, teobromina, MDMA ou Ecstasy e anfetaminas.
3. Perturbadoras ou psicodislépticas ou alucinógenas: modificam a qualidade da atividade cerebral, gerando distorção da realidade, alucinações, ilusões, estados confusionais e despersonalização. São exemplos: maconha (THC), skunk, chá de cogumelo, cogumelo, LSD-25 (ácido lisérgico) e anticolinérgicos.

Cigarro eletrônico – Nos últimos anos, a disseminação dos dispositivos conhecidos como cigarro eletrônico, *vape* ou *e-cigarette* tem sido notável e preocupante. Introduzido globalmente como uma alternativa ao cigarro convencional, o cigarro eletrônico alcançou popularidade em diversos países, incluindo o Brasil. Estes dispositivos, em vez de queimarem tabaco, vaporizam um líquido armazenado em um cartucho, denominado *e-liquid*. O *e-liquid* geralmente contém propilenoglicol, glicerina vegetal, essências aromatizantes e, frequentemente, nicotina. Além disso, alguns dispositivos são projetados para vaporizar ervas secas, como a maconha.

O propilenoglicol, um composto orgânico utilizado em várias indústrias, intensifica os sabores nos vapes. A glicerina vegetal, derivada de plantas, é responsável pela produção do vapor denso. As essências aromatizantes conferem ao *e-liquid* seu sabor característico, e a nicotina, quando presente, atua como o princípio ativo estimulante.

Devido aos riscos associados à saúde, a comercialização de cigarros eletrônicos no Brasil é proibida há mais de uma década, conforme a Resolução da Diretoria Colegiada (RDC) nº 46/2009 da Agência Nacional de Vigilância Sanitária (ANVISA), resultando na proibição de sua comercialização formal no país. Aém disso, a RDC nº 46 estabelece penalidades para condutas que desrespeitem suas diretrizes, de acordo com a Lei nº 6.437/77, que prevê sanções administrativas e, potencialmente, cíveis e penais.

Consequentemente, a importação de cigarros eletrônicos, incluindo seus acessórios e refis, é considerada crime de contrabando pelo artigo 334-A do Código Penal Brasileiro, com pena de reclusão de dois a cinco anos. Além disso, a RDC nº 46 proíbe a venda e fornecimento desses dispositivos a menores de idade, e a violação dessa restrição pode levar à responsabilidade penal conforme o artigo 243 do Estatuto da Criança e do Adolescente (Lei nº 8.069/90), que estipula pena de detenção de dois a quatro anos, além de multa.

Importante ressaltar que, se o cigarro eletrônico contiver substâncias proibidas, como as listadas na Portaria nº 344 do Ministério da Saúde, que inclui a *Cannabis sativa* e o tetrahidrocanabinol (THC), o caso poderá configurar uma violação à Lei nº 11.343/2006, que trata de crimes relacionados às drogas. Nestes casos, a presença de substâncias controladas pode implicar sanções severas adicionais, conforme a legislação específica sobre drogas.

Crime putativo por erro do tipo – caso o agente deseje praticar crime de porte ou tráfico de drogas, mas por desconhecimento possui e comercializa talco, por exemplo, não comete crime algum. Há nesse caso um crime putativo por erro de tipo, também conhecido como delito imaginário ou erroneamente suposto, que existe exclusivamente na mente do agente. Embora queira praticar uma infração (pensa que possui cocaína), por erro, pratica fato penalmente irrelevante (porque na verdade possui farinha).

Grau de pureza da substância – conforme será estuado, a constatação de que determinada substância apreendida contém o princípio ativo de uma das drogas elencadas na norma administrativa é feita por meio de exame pericial, inicialmente pelo laudo de constatação, de elaboração simplificada, necessário para a prisão em flagrante, e posteriormente pelo laudo definitivo, mais completo e utilizado como fundamento para a condenação (embora ultimamente sua exigência tenha sido dispensada em situações nas quais o laudo de constatação é suficiente para comprovar definitivamente a materialidade delitiva).

Tratando-se do exame de constatação ou do definitivo, o trabalho do perito consiste em estabelecer se a substância remetida para análise contém droga em sua fórmula. A lei não exige que se examine o *grau de pureza* da droga para estabelecer seu poder viciante e, a partir deste dado, abrir caminho para a punição. E seria mesmo inviável que assim se procedesse, porque o fato de a droga ter baixo grau de pureza não significa que tenha baixo potencial lesivo, tendo em vista especialmente que indivíduos reagem de formas diversas à ingestão de substâncias que provocam dependência. E, tratando-se de crime de perigo abstrato e de acentuada gravidade, com consequências no geral nefastas, é necessário que a punição abranja o máximo possível de situações que possam se subsumir à lei. Caso a intenção fosse punir somente o tráfico de drogas de elevada pureza, o legislador teria elaborado fórmula típica com esta característica. Neste sentido entende o STJ: "1. Para a configuração do delito de tráfico de drogas é desnecessária a aferição do grau de pureza da droga apreendida, no caso, a cocaína. 2. Conforme ressaltado pelo Parquet estadual, "no crime de tráfico de entorpecentes é necessário se apurar a natureza e a quantidade da substância ou produto apreendidos, mas é irrelevante quantificar quantas dose poderiam ser produzidas com a substância proscrita, até porque esse 'varejo' varia de acordo com o traficante que faz a mistura para venda" (fl. 227). 3. In casu, no laudo realizado, em resposta aos quesitos n. 1, 2 e 3, o expert constatou que "a descrição e a massa líquida do material recebido encontram-se apresentadas no item 1 – MATERIAL RECEBIDO. Os testes descritos no item III – EXAMES, efetuados nas 10 (dez) amostras encaminhadas, resultaram todos positivos para a substância COCAÍNA, na forma de sal de cocaína""" (RHC 57.526/SP, j. 25/08/2015)

Art. 2º. Ficam proibidas, em todo o território nacional, as drogas, bem como o plantio, a cultura, a colheita e a exploração de vegetais e substratos dos quais possam ser extraídas ou produzidas drogas, ressalvada a hipótese de autorização legal ou regulamentar, bem como o que estabelece a Convenção de Viena, das Nações Unidas, sobre Substâncias Psicotrópicas, de 1971, a respeito de plantas de uso estritamente ritualístico-religioso.

Proibição geral – O dispositivo serve de amparo geral para a proibição no manejo das drogas em todo território nacional, o que é suficiente para a restrição jurídica individual daqueles que violarem a vedação. Além disso, esta proibição geral é o complemento valorativo do elemento normativo – sem autorização legal ou regulamentar – contido nos vários crimes descritos na Lei de Drogas.

Uso ritual e religioso – O artigo em análise faz uma ressalva quanto à possibilidade de emprego de substâncias vegetais e substratos para fins de uso ritualístico-religioso. Tal ressalva decorre do fato do Brasil ter aderido à Convenção sobre Substâncias Psicotrópicas (Viena, 1971), que foi promulgada, em nosso direito interno, pelo Decreto nº 79.388/1977, após aprovação pelo Congresso Nacional por meio do Decreto Legislativo nº 90/1972. A título de exemplo, é o que ocorre, em nosso país, com a doutrina denominada "Santo Daime", no qual é servido um chá a base de uma planta denominada "ayahuasca", capaz de produzir alucinações e levar seus consumidores a transes psicóticos. Essa substância, porque considerada psicotrópica, chegou a ser proibida no Brasil, mas, após longos debates, editou-se a Resolução n.

1/2010, do Conselho Nacional de Políticas sobre Drogas, admitindo seu uso. De tal resolução, a justificar a liberação do uso do chá, constou que "o uso ritualístico religioso da Ayahuasca, há muito reconhecido como prática legitima, constitui-se manifestação cultural indissociável da identidade das populações tradicionais da Amazônia e de parte da população urbana do País, cabendo ao Estado não só garantir o pleno exercício desse direito à manifestação cultural, mas também protegê-la por quaisquer meios de acautelamento e prevenção".

Parágrafo único. Pode a União autorizar o plantio, a cultura e a colheita dos vegetais referidos no caput deste artigo, exclusivamente para fins medicinais ou científicos, em local e prazo predeterminados, mediante fiscalização, respeitadas as ressalvas supramencionadas.

Fins medicinais e científicos – Pode ocorrer que determinada substância, conquanto definida como "droga", ainda assim seja permitido seu uso. Um exemplo: a substância "talidomida" é proibida, como consta da lista "C3", da Portaria nº 344/1998, posto que seu uso, por mulheres grávidas, pode resultar no nascimento de crianças com sérios problemas de formação óssea. Essa a regra geral. Sucede que tal substância se mostra eficaz em alguns tratamentos de câncer, razão pela qual permite-se sua importação, mediante rigoroso controle. Trata-se, pois, de exemplo de uma substância que, embora proibida, pode ser empregada para fins medicinais. O mesmo ocorre com a maconha, cujo benefício no tratamento de determinadas doenças (notadamente de cunho neurológico), tem comprovação científica. Forte nesse argumento, diversas famílias buscaram, com o sucesso, o Poder Judiciário, a fim de que lhe fosse autorizada a impostação da droga ou mesmo seu plantio doméstico. Podemos lembrar, ainda, do emprego de drogas para fins científicos. Imagine-se uma respeitada Universidade cujo seu departamento de medicina desenvolve um sério estudo sobre o uso da cocaína. Não se vai supor que os pesquisadores devam dirigir-se às ruas para, de um traficante, adquirir a droga. Nesse caso, se permitirá a posse e guarda da droga, a ser fornecida pelo Estado, sem que, porém, qualquer crime reste configurado.

Competência para autorização de cultivo: Registre-se o importante precedente do Superior Tribunal de Justiça que definiu que "A concessão de autorização para o cultivo de maconha depende de critérios técnicos cujo estudo refoge à competência do juízo criminal, que não pode se imiscuir em temas cuja análise incumbe à ANVISA. Assim, é incabível salvo-conduto para o cultivo da cannabis visando a extração do óleo medicinal, ainda que na quantidade necessária para o controle da epilepsia, posto que a autorização fica a cargo da análise do caso concreto pela ANVISA". (STJ. 5ª Turma. RHC 123.402-RS, Rel. Min. Reynaldo Soares da Fonseca, julgado em 23/03/2021 (Info 690)).

Maconha medicinal: A maconha, ou *Cannabis sativa*, é uma planta que contém diversas substâncias químicas, sendo o Tetra-hidrocanabiol (THC) a mais notória, responsável pela criminalização de seu uso. O THC possui propriedades psicoativas que podem causar sintomas psicóticos, prejudicar a memória, causar danos cognitivos sérios, induzir relaxamento, euforia e alterações na percepção do tempo e espaço (síndrome amotivacional).

Entretanto, a planta também contém substâncias químicas com propriedades medicinais, que podem ser utilizadas para propósitos terapêuticos, como no controle de náuseas em pacientes submetidos à quimioterapia, como analgésico, no tratamento do glaucoma, da epilepsia, de doenças cardiovasculares, entre outros.

O uso medicinal da maconha, por causa dos efeitos colaterais mencionados, deve ser cuidadosamente considerado, levando em conta a escolha do componente apropriado para cada caso. Tanto o Conselho Federal de Medicina (CFM) quanto a Associação Brasileira de Psiquiatria (ABP) alertaram, em 2019, sobre os riscos de autorizar de forma indiscriminada o cultivo da maconha, devido aos potenciais impactos na saúde pública. No entanto, foi ressalvado o uso do *canabidiol* em circunstâncias específicas, como no tratamento de epilepsias em crianças e adolescentes que não respondem bem aos métodos convencionais.

Para esses casos, não há violação da lei de drogas e nem tipicidade material na conduta daquele que cultiva a maconha para extrair o óleo de *canabidiol*, desde que seja de fato necessário para o tratamento de saúde de alguém e sob a supervisão de órgãos sanitários. Recentemente, decisões do Superior Tribunal de Justiça (STJ) das 5ª e 6ª Turmas corroboram que o cultivo de cannabis para uso medicinal próprio é materialmente atípico.

Em relação à inconstitucionalidade do crime de porte de drogas para consumo pessoal, sugerimos a leitura dos comentários ao art. 28 da Lei.

CAPÍTULO III
DOS CRIMES E DAS PENAS

Art. 27. As penas previstas neste Capítulo poderão ser aplicadas isolada ou cumulativamente, bem como substituídas a qualquer tempo, ouvidos o Ministério Público e o defensor.

Usuário e dependente – Este capítulo trata exclusivamente do *usuário* e do *dependente*, em distinção feita pelo legislador no título III do diploma em análise. É dizer: para a lei em exame, há que se diferenciar o mero usuário do dependente, cuja conclusão pode indicar a resposta estatal a ser aplicada ao agente, dentre aquelas elencadas no art. 28. Vê-se que o dependente será sempre um usuário, mas a recíproca não é verdadeira. Usuário, pois, é aquele que faz uso eventual da droga, para fins *recreativos*, sem estabelecer qualquer dependência com a substância. O dependente se vale da droga com maior frequência, sofrendo males físicos e psicológicos em casos de abstinência.

Tendências político-criminais para o enfrentamento das drogas – Como bem explica *Luiz Flávio Gomes* (*Lei de Drogas comentada artigo por artigo*, São Paulo: RT, 6ª ed., 2014, p. 115), em termos mundiais, são pelo menos quatro as vertentes político-criminais empregadas atualmente em relação ao usuário de drogas, que podem ser assim resumida:

1) *Modelo norte-americano*: prega a abstinência e a tolerância zero", com uma ou outra exceção – acrescento – segundo um ou outro Estado (sabe-se que, naquele país a lei penal não é única, vigorando em todo território, como ocorre no Brasil, mas, ao contrário, pode variar de um para outro Estado). Ensina o mencionado autor que, nos EUA, a questão das drogas, inclusive para o usuário ou dependente, tem um caráter policial e militar, merecendo total repressão pelos órgãos competentes.

2) *Modelo liberal radical (liberalização total)*: defende a total liberação do consumo de drogas.

3) *Modelo da "redução de danos" (sistema europeu)*: segundo o mencionado autor "em oposição à política norte-americana, na Europa adota-se uma outra estratégia, que não se coaduna com a abstinência ou mesmo com a tolerância zero. A 'redução dos danos' causados aos usuários e a terceiros (entrega de seringas, demarcação de locais adequados para consumo, controle do consumo, assistência médica etc.) seria o correto enfoque para o problema. Esse mesmo modelo, de outro lado, propugna pela descriminalização gradual das drogas assim como por uma política de controle ("regulamentação") e educacional; droga é problema de saúde privada e pública" (ob. cit., p. 117).

4) *Justiça terapêutica:* como indica o título, busca focar sua atenção no tratamento, afastando qualquer caráter delituoso na ação do usuário ou dependente. Deixando de

lado a repressão, tem em mente a necessidade da educação e do esclarecimento a fim de evitar sobre o uso nefasto de drogas.

Não podemos dizer que a Lei 11.343/06 seguiu fielmente qualquer dos modelos acima. Trabalhou com a despenalização moderada do porte de drogas para consumo pessoal, mas, de acordo com a maioria, ainda rotula o comportamento como crime, passível de pena não privativa de liberdade.

Nesse sentido, decidiu o Supremo Tribunal Federal: "o art. 1º da LICP – que se limita a estabelecer um critério que permite distinguir quando se está diante de um crime ou de uma contravenção – não obsta a que lei ordinária superveniente adote outros critérios gerais de distinção, ou estabeleça para determinado crime – como o fez o art. 28 da L. 11.343/06 – pena diversa da privação ou restrição da liberdade, a qual constitui somente uma das opções constitucionais passíveis de adoção pela lei incriminadora (CF/88, art. 5º, XLVI e XLVII) [...] Soma-se a tudo a previsão, como regra geral, ao processo de infrações atribuídas ao usuário de drogas, do rito estabelecido para os crimes de menor potencial ofensivo, possibilitando até mesmo a proposta de aplicação imediata da pena de que trata o art. 76 da L. 9.099/95 (art. 48, §§ 1º e 5º) [...] Ocorrência, pois, de 'despenalização', entendida como exclusão, para o tipo, das penas privativas de liberdade" (STF – RE n. 430105-RJ, Rel. Sepúlveda Pertence, j. 12/02.2077, DJe 27/04/2007, p. 69; *RT* 863/516).

Inegável, porém, que a reforma promovida pela Lei 13.840/2019 deu primazia e atenção ao tratamento terapêutico do usuário e dependente de drogas de modo a reforçar a tendência da política criminal brasileira sobre drogas voltada ao apoio, promoção e reinserção social.

Ministério Público e defesa – Os crimes previstos no art. 28 da lei em exame são de ação penal pública incondicionada, significando dizer que a titularidade da ação é privativa do Ministério Público, na dicção do inc. I, do art. 129, da Constituição. Ora, o art. 100 do Código Penal, dispõe que "a ação penal é pública, salvo quando a lei expressamente a declara privativa do ofendido". Como o diploma em tela não estabelece nenhuma exceção, não admitindo a oferta de queixa-crime ou a necessidade de representação, adota-se a regra geral, pelo que – insistimos – apenas ao *parquet* se defere a titularidade para agir. É bem por isso que se impõe, em todo o procedimento, a oitiva do Ministério Público e, por óbvio, da defesa, como forma de preservar-se o princípio do contraditório.

Art. 28. Quem adquirir, guardar, tiver em depósito, transportar ou trouxer consigo, para consumo pessoal, drogas sem autorização ou em desacordo com determinação legal ou regulamentar será submetido às seguintes penas:

I – advertência sobre os efeitos das drogas;

II – prestação de serviços à comunidade;

III – medida educativa de comparecimento a programa ou curso educativo.

Objetividade jurídica: O interesse protegido pela norma em análise é a saúde pública, um bem jurídico comumente classificado como supraindividual. Este pode ser interpretado como a soma das saúdes individuais de todos os membros da sociedade, englobando o sistema público de saúde, o conjunto de normas sanitárias e de higiene, bem como a prevenção de práticas sociais prejudiciais à comunidade devido aos danos que podem ocasionar à população. É a saúde pública que se encontra em risco diante do comportamento do usuário. Segundo Damásio Evangelista de Jesus, "Mediatamente, a tipificação do uso indevido e o tráfico de drogas têm como objetivo a proteção ao direito à vida, à saúde individual, à juventude, à segurança coletiva e à ordem pública" (JESUS, Damásio de. A Lei Antidrogas Anotada, comentários à Lei n. 11.343/2006. W Edição. Editora Saraiva. São Paulo, 2010. p. 97). Observa-se que, ao contrário da legislação de drogas revogada, o tipo em questão não sanciona o uso e, por conseguinte, não tem como finalidade primária a proteção da saúde do agente-usuário, visto que a autolesão não deve ser objeto de punição. O âmbito de tutela aqui transcende a esfera da vida privada e da individualidade, abarcando as consequências sociais externas e recíprocas que o porte de drogas pode acarretar para a coletividade.

Aliás, por conta da natureza do bem tutelado, a maioria dos Tribunais do Brasil se recusa aplicar o **princípio da insignificância**. No seio do Superior Tribunal de Justiça, o entendimento é no sentido da não aplicação desse princípio aos casos de uso de drogas.

> "Conforme jurisprudência pacífica desta Corte Superior de Justiça, não se aplica o princípio da insignificância ao delito descrito no art. 28 da Lei nº 11.343/2006, em razão de se tratar de crime de perigo abstrato, contra a saúde pública, sendo, pois, irrelevante, para esse fim, a pequena quantidade de substância apreendida. Precedentes 3. Agravo regimental não provido". (STJ. AgRg no RHC 147.158/SP, Rel. Min. Rogerio Schietti Cruz, 6ª T., j. 25/05/2021, DJe 01/06/2021).

Também é a posição ainda predominante do STF conforme se pode conferir no HC 102.940/ES, rel. Min. Ricardo Lewandowski, 1ª Turma, j. 06.04.2011, no ARE/ DF 728.688 AgR, rel. Min. Luiz Fux, 1ª Turma, j. 07.10.2013 e AgRg no HC 216.077, Rel. Min. Rosa Weber, 1ª Turma, j. 05.08.2022.

Há, todavia, um julgamento de HC n. 110.475/SC, em que o STF, no dia 14/02/2012, Rel. o Min. Dias Toffoli, pela 1ª Turma, reconheceu a incidência do princípio da insignificância, no caso de porte de 0,6 g de maconha para uso próprio.

Prevalece também a total inaplicabilidade da tese da insignificância do **porte de drogas praticado por militares** visto que "o bem jurídico penal-militar tutelado no art. 290 do CPM não se restringe à saúde do próprio militar, flagrado com determinada quantidade de substância entorpecente, mas sim a tutela da regularidade das instituições militares" (HC 94.685/CE, rel. Min. Ellen Gracie, Plenário, j. 12.04.2011). Neste sentido, ainda o HC 119.458/AM, rel. Min. Carmen Lúcia, 2ª Turma, j. 03.04.2014.

(In)constitucionalidade do crime de porte de drogas: A Suprema Corte de Brasil, foi chamada a aferir a (in)constitucionalidade do crime de porte de drogas no recurso extraordinário nº 635.659 (Tema 506), que possuía várias teses em sentidos díspares. Para Gilmar Mendes, que apresentou o voto condutor da tese, as sanções descritas no dispositivo passaram a ter caráter exclusivamente administrativo, pois a punição criminal "estigmatiza o usuário e compromete medidas de prevenção e redução de danos, bem como gera uma punição desproporcional ao usuário, violando o direito à personalidade". Os ministros Roberto Barroso, Edson Fachin, Alexandre de Moraes e Rosa Weber também consideraram inconstitucional a criminalização, mas limitaram seus votos à maconha, a que se referem os fatos tratados no recurso. Na sequência, o ministro Cristiano Zanin votou contrário a tese porque entende a mera descriminalização contraria a razão de ser da lei, pois contribuirá para agravar problemas de saúde relacionados ao vício. O julgamento foi finalizado no dia 26 de junho de 2024, oportunidade em que o Plenário da Corte decidiu que, por maioria de votos, decidiu que o porte da substância conhecida como "maconha", quando realizado para consumo pessoal, não se afigura como uma conduta delituosa, devendo ser considerado um ilícito administrativo.

Entendemos que nossa Corte Suprema não decidiu de forma acertada. A decisão parece fundamentar-se na violação ao princípio da alteridade, segundo o qual o direito penal não deve sancionar condutas que resultem em danos exclusivamente ao próprio agente. Trata-se de um argumento anteriormente utilizado, por exemplo, pelo Tribunal Constitucional Argentino (Corte Suprema de Justicia de la Nación), que, em 25 de agosto de 2009, declarou a inconstitucionalidade do tipo penal referente à posse de drogas para consumo pessoal. Os fundamentos dessa decisão foram, em primeiro lugar, a ineficácia desse crime como meio de combate ao uso de drogas na sociedade, comprovada pelo contínuo aumento do consumo de entorpecentes na Argentina, e, em segundo lugar, a violação do artigo 19 da Constituição argentina, que estabelece que os atos privados, desde que não prejudiquem terceiros, dizem respeito apenas a Deus e não ao Direito Penal.

Embora o direito penal não tenha como finalidade punir a autolesão consciente, no caso da posse de substâncias entorpecentes para consumo pessoal, especialmente quando consideramos os efeitos devastadores das drogas mais potentes, como a dependência química e a subsequente subjugação da autonomia pessoal do indivíduo, identificamos valores que merecem proteção jurídica. Por esse motivo, defendemos a constitucionalidade da tipificação prevista no artigo 28 da Lei nº 11.343/2006. Passemos, então, à análise

Cumpre ressaltar que a conduta tipificada no artigo 28 da Lei de Drogas não incrimina a ingestão/consumo/inoculação de substâncias entorpecentes, motivo pelo qual não se verifica uma criminalização direta da autolesão. Na verdade, os demais elementos verbais empregados no tipo penal evidenciam a intenção do legislador de coibir a disseminação das drogas, substâncias prejudiciais à saúde coletiva e ao adequado convívio social em geral.

Como ensina Vicente Greco Filho, citando a Corte Constitucional Italiana: "(...) a punição do simples porte se insere, como parte no todo, no quadro geral e no ciclo operativo completo, da luta, com meios legais, em todas as frentes, contra o alto poder destrutivo do uso de estupefacientes e contra a difusão de seu contágio que alcançam o nível de manifestações criminosas tais que suscitam, em medida cada vez mais preocupante, a perturbação da ordem. (...) A razão jurídica da punição daquele que adquire, guarda ou traz consigo para uso próprio é o perigo social que sua conduta representa. Mesmo o viciado, quando traz consigo a droga, antes de consumi-la, coloca a saúde pública em perigo, porque é fato decisivo na difusão dos tóxicos. Já vimos ao abordar a psicodinâmica do vício que o toxicômano normalmente acaba traficando, a fim de obter dinheiro para aquisição da droga, além de psicologicamente estar predisposto a levar outros ao vício, para que compartilhem ou de seu paraíso artificial ou de seu inferno". (Tóxico: Prevenção – Repressão, São Paulo, Editora Saraiva, 11ª ed., 1996, p. 112-113).

Além de ressaltar a danosidade social da conduta em questão, o *decisum* em análise aborda um ponto de grande relevância: o ciclo operativo completo do tráfico de drogas, termo técnico empregado para elucidar todas as etapas envolvidas na produção, distribuição e consumo de substâncias ilícitas. Este ciclo engloba desde o cultivo e manufatura das drogas até sua comercialização e utilização final.

Ao pleitear a descriminalização do porte de entorpecentes sem considerar que este, muitas vezes, é precedido pela aquisição dessas substâncias, passa-se a punir apenas um elo dessa cadeia, olvidando-se que a comércio de drogas é um ato que envolve dois atores centrais: o vendedor e o comprador. Impor sanções a apenas um dos envolvidos cria uma assimetria econômica e um desequilíbrio no senso de responsabilidade dos envolvidos, o que levanta questionamentos sobre a eficácia do sistema jurídico em lidar de maneira abrangente com o tráfico de drogas.

Isso possibilita o surgimento de uma espécie de "zona cinzenta" de semilegalidade, que poderia ser explorada de forma ainda mais danosa por traficantes e organizações criminosas que se apropriam desse vácuo legal com sérias implicações para a segurança pública e o controle das atividades criminosas. Ademais, a descriminalização da aquisição de drogas pode acarretar um aumento do consumo, uma vez que algumas pessoas podem sentir-se incentivadas a experimentar substâncias ilícitas sem o temor de sanções legais. Tal cenário poderia resultar em um aumento dos problemas de saúde associados ao consumo de drogas e sobrecarregar os sistemas de saúde. Além disso, a comercialização clandestina de drogas também poderia pôr em risco a segurança dos consumidores, visto que a qualidade e pureza das substâncias não seriam regulamentadas.

É ainda imperativo ressaltar que o Brasil é signatário de tratados internacionais que proíbem o consumo e a comercialização de drogas ilícitas. A diferença de tratamento legal sobre essa política internacional de repressão às drogas pode dar ensejo ao surgimento de um indesejável narcoturismo, comum em locais em que a legislação sobre drogas é mais permissiva que em outros, o que incentiva a visita de pessoas de outras localidades em busca de acesso facilitado a substâncias ilícitas. Isso, por sua vez, pode gerar uma série de desafios para as autoridades locais, desde questões de segurança pública até questões de saúde e bem-estar dos visitantes. Além disso, a adoção de uma descriminalização unilateral, voltada exclusivamente para o consumidor, poderia entrar em conflito com tais acordos, gerando tensões diplomáticas e colocando o Brasil em uma posição delicada no contexto internacional.

Ademais, o controle de constitucionalidade de leis em matéria penal deve levar sempre em conta que a Constituição confere ao legislador amplas margens para proteção de determinados bens, principalmente no tocante aos crimes de perigo, como o descrito no art. 28 da Lei de Drogas. Nessas situações, o legislador incrimina condutas que expõe determinado bem jurídico, notadamente aqueles de conteúdo supraindividual, a perigo indesejado.

Isso significa que a identificação do interesse público e social na tipificação das condutas descritas no art. 28 da Lei é feita a partir da necessidade de restringir riscos relevantes à saúde pública, verdadeiro direito fundamental coletivo, que conforme previsto no art. 196 da Constituição Federal, é direito de todos e dever do Estado, garantido mediante políticas sociais e econômicas que visem à redução do risco de doença e de outros agravos. É o que, por exemplo, anima o reproche penal àquele que se nega a vacinar-se contra determinada enfermidade e, com sua omissão injustificada, põe em risco a saúde de várias outras pessoas por meio da propagação de germes patogênicos aptos a ensejar uma epidemia.

A constitucionalidade do art. 28 da Lei de Drogas também é aferida diante das sanções ali cominadas, essencialmente despenalizadas e orientativas, o que lhe assegura compatibilidade com o princípio da proporcionalidade. Na verdade, as penas restritivas cominadas ao delito não permitem que o usuário seja arrastado para o ambiente criminoso, o que serve para afastar as alegações de eventuais excessos político-criminais desta incriminação.

Por isso, para nós, semelhantemente ao que ocorreu na Alemanha, não há substrato jurídico para declarar a inconstitucionalidade do art. 28 da Lei de Drogas. Como se sabe, naquele país, em uma das decisões mais importantes da Corte alemã, no famoso caso *Cannabis* (BVerfGE 90, 145), o Tribunal confirmou a constitucionalidade da tipificação penal da aquisição e porte para consumo de produtos derivados da planta *cannabis sativa*. Ao analisar o caso sob o ângulo do princípio da proporcionalidade, a Corte enfatizou que cabe ao legislador uma ampla margem de avaliação quanto à adequação e à necessidade de certa medida para o alcance do fim almejado, o que pressupõe também a discricionariedade para a realização de prognósticos quanto às consequências da medida adotada. E assentou a Corte alemã: "Se o legislador nesse contexto se fixa na interpretação de que a proibição geral de *cannabis* sancionada criminalmente afastaria um número maior de consumidores em potencial do que a suspensão da previsão de pena e que, portanto, seria mais adequada para a proteção dos bens jurídicos, isto deve ser tolerado constitucionalmente, pois o legislador tem a prerrogativa de avaliação e de decisão na escolha entre diversos caminhos potencialmente apropriados para o alcance do objetivo de uma lei" (BVerfGE 90, 145, 1994).

Por isso, ao analisarmos o artigo 28 da Lei de Drogas, não identificamos fundamentos jurídicos robustos que o tornem inconstitucional. O dispositivo está em consonância com os princípios constitucionais que regem a política criminal vigente, conferindo ao Estado a prerrogativa de preservar a ordem pública e a saúde coletiva. Portanto, não obstante as diversas interpretações do tema, concluímos que a manutenção da normativa é consentânea com os imperativos legais e constitucionais.

Mas como dito, nossa Suprema Corte, decidiu de forma diversa. A conclusão do julgamento do **Recurso Extraordinário 635.659-SP** levou a um recorte sobre este dispositivo da Lei de Drogas, especificadamente quanto à substância *cannabis sativa* (maconha). Assim ficou decidido:

1. Não comete infração penal quem adquirir, guardar, tiver em depósito, transportar ou trouxer consigo, para consumo pessoal, a substância cannabis sativa, sem prejuízo do reconhecimento da ilicitude extrapenal da conduta, com apreensão da droga e aplicação de sanções de advertência sobre os efeitos dela (art. 28, I) e medida educativa de comparecimento a programa ou curso educativo (art. 28, III); 2. As sanções estabelecidas nos incisos I e III do art. 28 da Lei nº 11.343/2006 serão aplicadas pelo juiz em procedimento de natureza não penal, sem nenhuma repercussão criminal para a conduta; 3. Em se tratando da posse de cannabis para consumo pessoal, a autoridade policial apreenderá a substância e notificará o autor do fato para comparecer em Juízo, na forma do regulamento a ser aprovado pelo CNJ. Até que o CNJ delibere a respeito, a competência para julgar as condutas do art. 28 da Lei nº 11.343/2006 será dos Juizados Especiais Criminais, segundo a sistemática atual, vedada a atribuição de quaisquer efeitos penais para a sentença; 4. Nos termos do § 2º do artigo 28 da Lei nº 11.343/2006 , será presumido usuário quem, para consumo próprio, adquirir, guardar, tiver em depósito, transportar ou trouxer consigo, até 40 gramas de cannabis sativa ou seis plantas-fêmeas, até que o Congresso Nacional venha a legislar a respeito; 5. A presunção do item anterior é relativa, não estando a autoridade policial e seus agentes impedidos de realizar a prisão em flagrante por tráfico de drogas, mesmo para quantidades inferiores ao limite acima estabelecido, quando presentes elementos que indiquem intuito de mercancia, como a forma de acondicionamento da droga, as circunstâncias da apreensão, a variedade de substâncias apreendidas, a apreensão simultânea de instrumentos como balança, registros de operações comerciais e aparelho celular contendo contatos de usuários ou traficantes; 6. Nesses casos, caberá ao Delegado de Polícia consignar, no auto de prisão em flagrante, justificativa minudente para afastamento da presunção do porte para uso pessoal, sendo vedada a alusão a critérios subjetivos arbitrários; 7. Na hipótese de prisão por quantidades inferiores à fixada no item 4, deverá o juiz, na audiência de custódia, avaliar as razões invocadas para o afastamento da presunção de porte para uso próprio; 8. A apreensão de quantidades superiores aos limites ora fixados não impede o juiz de concluir que a conduta é atípica, apontando nos autos prova suficiente da condição de usuário." (STF - Plenário. RE 635.659-SP. Rel.: Gilmar Mendes. Julgamento: 26/06/2024).

A decisão mencionada levanta diversos questionamentos e dúvidas práticas que precisarão ser esclarecidos ao longo do tempo. A seguir, analisamos algumas dessas consequências, sem prejuízo de outras que certamente surgirão.

Consequências práticas imediatas em razão do RE 635.659-SP:

1) Como primeira consequência prática, o julgado apresenta caráter vinculante (CPC, art. 927, III) e descriminalizou exclusivamente os casos envolvendo o porte de maconha (*Cannabis sativa*) para uso próprio. Essa descriminalização aplica-se tanto aos procedimentos em fase de apuração, seja investigatória ou judicial, quanto àqueles em fase de execução penal, conforme disposto na Tese 1. É importante reforçar que, por exclusão (silencio eloquente, diríamos), o porte para uso de outras substâncias ilícitas, como cocaína, crack ou heroína, permanece sendo conduta criminosa, punível nos termos do que que disposto pelo artigo 28 da Lei nº 11.343/2006 (Lei de Drogas).

2) O julgado limita sua aplicação a situações envolvendo apreensões de até 40 gramas ou cultivo de no máximo 6 plantas fêmeas de Cannabis sativa (Tese 4). Dessa forma, qualquer fato que exceda esses parâmetros estará fora do alcance dos efeitos previstos

na referida decisão, não se beneficiando da relativa presunção de uso pessoal estabelecida.

3) Além disso, o julgado estabelece que as apreensões de até 40 gramas ou 6 plantas fêmeas de maconha geram uma presunção relativa de que se trata de usuário (Teses 4 e 5). Isso não significa que o operador extrairá sua conclusão sobre porte para comércio ou uso apenas com base na quantidade da substância apreendida. O que estamos afirmando é que a presunção de porte para uso demanda quantia não superior a 40g. E mesmo nesse caso a presunção poderá ser afastada se as circunstâncias concretas do fato indicarem a intenção de mercancia, sendo desde logo apontadas como exemplos dessa intenção: a forma de acondicionamento da droga; as circunstâncias da apreensão; a variedade de substâncias apreendidas; ou a apreensão simultânea de instrumentos como balança, registros de operações comerciais, e aparelho celular contendo contatos de usuários ou traficantes (Tese 5). Deve-se notar que esse rol foi trazido pela própria ementa, oferecendo indicativos que orientem a análise dos casos, principalmente quando envolverem pequenas quantidades de maconha. Esta qualificação pode, inclusive, demandar a adoção de medidas invasivas, como sugerido na ementa, tais como: a plena possibilidade de a autoridade policial instaurar inquérito por portaria e representar pelo acesso pontual ao registro dos dados das conversas mantidas no aparelho celular, mesmo quando se tratar de apreensões menores que 40 gramas de maconha; e a possibilidade de realização de prisão em flagrante, sendo referido que a autoridade policial e seus agentes não estão impedidos de proceder a tal medida (Tese 5). Assim, por exemplo, em casos de reiteração de condutas, pela mesma pessoa, com apreensões repetidas de pequenas quantidades de maconha, inferiores a 40 gramas, pode ser considerada um fator relevante para afastar a presunção de porte para uso pessoal. Em qualquer desses cenários, será imprescindível que a autoridade policial apresente uma justificativa detalhada para o afastamento da presunção de porte para uso pessoal, sendo vedada a utilização de critérios subjetivos ou arbitrários (Tese 6). Em caso de prisão em flagrante, essa justificativa deverá constar no próprio auto de prisão, que servirá de base para a avaliação do juiz na audiência de custódia subsequente (Tese 7).

4) O julgado estabelece que, mesmo quando a quantidade de droga apreendida for inferior a 40 gramas, é imprescindível a apreensão do entorpecente e a notificação do autor do fato para comparecimento em juízo (Tese 3). Referida apreensão é necessária, sob pena de inviabilizar a verificação de circunstâncias que possam afastar a presunção relativa inicialmente estabelecida.

5) O julgado afirma que a conduta do usuário de drogas não possui natureza penal, assumindo uma natureza ilícita administrativa, que, no entanto, somente poderá ensejar a aplicação das sanções previstas nos incisos I e III do artigo 28 da Lei nº 11.343/06 (Teses 1 e 2). Embora a ementa publicada levante diversas dúvidas acerca dos exatos moldes do rito previsto (Teses 1 e 2) e antecipe as dificuldades na implementação plena das políticas públicas que visa promover, o Supremo Tribunal Federal referiu que, até deliberação do Conselho Nacional de Justiça (CNJ), 'a competência para julgar as condutas previstas no artigo 28 da Lei nº 11.343/06 será dos Juizados Especiais Criminais' (Tese 3). Assim, nos precisos termos do dispositivo da decisão do STF, o procedimento não penal destinado à apuração da conduta do usuário será de competência dos Juizados Especiais, 'segundo a sistemática atual', ainda que vedada a atribuição de quaisquer efeitos penais à sentença resultante (Tese 3).

6) Embora a conduta do usuário de drogas tenha assumido natureza de ilícito administrativo, caso o sujeito ativo seja adolescente, o ato deverá ser submetido à apreciação

da Justiça da Infância e da Juventude, para a aplicação de medidas protetivas pertinentes.

Em conclusão, a decisão do Supremo Tribunal Federal de descriminalizar o porte de maconha para uso pessoal em quantidades inferiores a 40 gramas introduz inovações significativas, mas também revela lacunas normativas e incertezas interpretativas que exigem atenção. Ao optar por descriminalizar apenas a maconha e manter a tipificação penal para outras drogas, a criação de uma presunção relativa de não criminalidade traz novos desafios que requerem prudência na aplicação.

Essa flexibilização pode gerar ambiguidades que comprometam a eficácia do Estado no combate ao tráfico de drogas, favorecendo a instrumentalização dessa tolerância por organizações criminosas e intensificando a sensação de ineficácia no sistema de justiça. Além disso, a falta de dados empíricos sobre os efeitos da descriminalização na saúde pública destaca uma fragilidade na articulação entre as esferas de segurança e assistência social, evidenciando a necessidade de estudos e políticas públicas integradas.

A operacionalização da decisão apresenta desafios tanto para as forças de segurança quanto para o Judiciário, que devem navegar em um ambiente complexo e dinâmico. É crucial evitar desarticulações institucionais e resultados indesejados, como a banalização do uso recreativo, reforçando a necessidade de interpretações cuidadosas e coordenadas para manter a previsibilidade e a confiança na justiça penal.

Roteiro prático – A seguir, apresentamos um roteiro preliminar para a nova sistemática aplicável ao porte de maconha em quantidades inferiores a 40 gramas, para uso pessoal, no âmbito dos Juizados Especiais Criminais (Jecrims), em conformidade com os parâmetros estabelecidos pela decisão do Supremo Tribunal Federal:

1. Ação inicial da autoridade policial
   - 1.1 Verificação do ilícito administrativo: Quando detectada a prática do porte de maconha para uso pessoal, a autoridade policial (civil ou militar) apreenderá a droga.
   - 1.2 Lavratura do auto de infração administrativa: A autoridade lavrará o auto de infração administrativa e notificará o autuado para comparecimento em juízo.
2. Encaminhamento ao Ministério Público
   - 2.1 Encaminhamento do expediente: O auto de infração será encaminhado ao Ministério Público (MP) para análise.
   - 2.2 Análise do Ministério Público: Se confirmado como ilícito administrativo, o procedimento seguirá adiante. Caso contrário, o MP poderá requisitar a instauração de um procedimento investigatório para verificar a prática de outros crimes previstos na Lei nº 11.343/2006.
3. Fase preliminar de transação administrativa
   - 3.1 Proposta de transação administrativa: Se confirmada a natureza administrativa do ilícito, o autuado poderá aceitar uma sanção administrativa por meio da transação administrativa, com as seguintes opções:
     - i) Advertência sobre os efeitos das drogas;
     - ii) Comparecimento a um programa ou curso educativo.
   - 3.2 Homologação da transação: Caso o autuado aceite a proposta, a mesma será encaminhada ao juízo para homologação.
4. Procedimento administrativo em caso de recusa
   - 4.1 Recusa da transação: Se o autuado não aceitar a transação administrativa, o Ministério Público representará pela prática da infração administrativa, iniciando o procedimento administrativo formal.

5. Garantias processuais e ampla defesa

5.1 Observância da ampla defesa: Mesmo com o teor da Súmula Vinculante nº 5 do STF, recomenda-se, por cautela, que, neste momento inicial, seja seguida a sistemática dos Juizados Especiais Criminais, garantindo-se a plena defesa do autuado.

Pontos de atenção e dúvidas da decisão do RE 635.659-SP: A decisão do Supremo Tribunal Federal que descriminalizou o porte de maconha para uso pessoal, mesmo que restrita a pequenas quantidades, gera uma série de incertezas e lacunas que evidenciam a inadequação e as consequências de intervenções judiciais em temas tão complexos. O impacto dessa decisão suscita diversas questões práticas e jurídicas que ainda carecem de respostas claras. A seguir, destacamos algumas delas.

Em primeiro lugar, a decisão carece de clareza quanto à prescrição relacionada ao porte de maconha, uma vez que tal conduta não é mais tipificada como crime. Assim, torna-se imperativo discutir qual será o tratamento dos casos pendentes. Deverá ser aplicada a prescrição prevista no art. 30 da Lei, ou outro previsto em leis que tratam de infrações sanitárias? Vale lembrar que para sanções em que o legislador não tratou da prescrição, o STF mandou aplicar o prazo prescricional mínimo do Código Penal, qual seja, 3 anos. Essa solução não serve ao nosso caso, pois o art. 30 da Lei de Drogas anuncia prazo ainda menor!

Além disso, a decisão proferida possui efeitos *ex tunc* ou *ex nunc*? Deverá ela produzir retroatividade benéfica, ensejando a reanálise de casos outrora julgados? Nesse contexto, tal medida revela-se consonante com a busca pela concretização da efetividade do sistema de justiça?

Ademais, considerando que o autor da infração administrativa relacionada ao porte de maconha não é mais considerado criminoso, é pertinente questionar se tal indivíduo poderá ser convocado como testemunha em processos envolvendo o acusado de ter-lhe fornecido a substância entorpecente. Haverá a possibilidade de recusa em depor? E, se sim, como essa recusa se articula com a tipificação de falso testemunho, dado que sua conduta, antes criminosa, deixou de ser classificada como tal? A validade dos depoimentos de usuários em processos criminais também suscita questionamentos, especialmente em relação à possível alteração de sua condição psíquica em decorrência do uso da substância.

É crucial atentar também para a necessária aplicação da agravante da embriaguez preordenada, conforme preconiza o artigo 61, inciso II, alínea "l", do Código Penal, nos casos em que o sujeito consome o entorpecente e, em seguida, prática algum crime, inclusive por omissão. Como sabido, essa previsão normativa visa coibir o uso da intoxicação como estratégia para mitigar a percepção do ilícito, assegurando que comportamentos premeditados, ainda que disfarçados sob a aparência de inibição ou descontrole, sejam punidos com maior rigor. Seria o caso do pai ou responsável, consciente de que deve buscar o filho na escola, consome maconha intencionalmente para evitar essa responsabilidade. Mesmo após ser avisado sobre a situação vulnerável da criança, ele escolhe não agir. Essa omissão dolosa configura o crime de abandono de incapaz (art. 133 do CP), agravado pela embriaguez preordenada (art. 61, II, "l"), pois o uso deliberado da droga teve como objetivo facilitar a inação, aumentando a reprovabilidade da conduta.

Outro ponto que deve ser destacado diz respeito a necessária preparação adequada das autoridades competentes para a fiscalização de indivíduos que conduzem veículos sob efeito de substâncias psicoativas, cuja conduta é tipificada no artigo 306 do Código de Trânsito Brasileiro, o que exigirá, também, a adaptação dos aparatos necessários para a realização dessa análise.

Não se pode esquecer que aquele que se apresenta em locais públicos em visível estado de alteração da consciência, devido ao consumo de maconha, poderá incorrer na contravenção penal prevista no artigo 62 da Lei das Contravenções Penais, contida no Decreto-lei nº 3.688, de 3 de outubro de 1941. Este dispositivo não abrange apenas a embriaguez causada pelo álcool, mas também por outras substâncias de efeitos análogos. Esse contexto levanta a questão de como instituições privadas, como estabelecimentos de ensino, empresas e igrejas, devem abordar o uso de maconha em seus espaços. Podem entidades privadas, por meio de regras particulares, restringir o porte da maconha em seus recintos? Existe a possibilidade de justa causa para demissão ou punição disciplinar de colaboradores que utilizem a substância? E nos espaços públicos e de interesse social, como locais de votação e prédios do Poder Judiciário, é possível restringir o porte de maconha? A autoridade administrativa terá o poder de impor tais restrições ou será necessária legislação específica?

Por fim, no que se refere à competência legislativa, persistem incertezas quanto à possibilidade de estados e municípios instituírem normas que limitem o uso de maconha em ambientes públicos ou privados. Poderão ser aplicadas multas ou sanções por violações a tais normas, mesmo em um contexto de descriminalização do porte?

Todos esses pontos de dúvida apenas ilustram que o chamado ativismo judicial produz impactos sistêmicos imprevisíveis. Embora o Judiciário possa promover mudanças sociais, a centralização dessas decisões fragiliza o papel do Legislativo, que é o fórum apropriado para debater questões dessa natureza. Isso resulta em uma hipertrofia do Judiciário, que molda a Constituição de acordo com suas próprias convicções e afasta o poder do povo e de suas representações políticas na tomada de decisões que o afetem. O risco de uma "concentração excessiva de poder no Judiciário" se evidencia quando a sociedade é excluída do processo decisório, sugerindo que as escolhas políticas do povo se tornam menos relevantes diante das interpretações constitucionais dos tribunais.

Sujeitos do crime: pode figurar como sujeito ativo qualquer pessoa (crime comum). Trata-se de crime que admite coautoria, que reclama, todavia, comprovação acerca da unidade de desígnios entre os agentes.

A coletividade figura como vítima.

Tipo objetivo: o art. 28, *caput*, anuncia cinco verbos nucleares, punindo aquele que adquirir, guardar, tiver em depósito, transportar ou trouxer consigo droga.

Adquirir é sinônimo de comprar. A forma de aquisição pode se dar, ainda, por troca, doação, etc.

Guardar indica a ideia de ter a droga consigo de forma oculta, escondida, clandestina.

Ter em depósito alcança a conduta de manter a droga sob controle, sob imediato alcance e disponibilidade. A droga em depósito pode ser exposta ou não ao público. Não importa o local do depósito.

Como transportar deve-se entender o deslocamento da droga, de certo local para outro.

Trazer consigo é o conhecido *porte de droga*. É essa a conduta mais comum, nessa espécie de crime, a permitir que o agente tenha imediato acesso à droga, independentemente de onde se encontre (no bolso, sob as vestes, guardada em uma mochila, etc.).

O tipo penal não prevê a punição de um agente flagrado no ato de consumo de drogas, como por exemplo, inalando cocaína, caso não haja apreensão da substância entorpecente em seu poder. Isso se dá pelo fato de que, tratando-se de crime que envolve substância proibida, cuja definição é regulamentada por ato administrativo do Ministério da Saúde, é imprescindível a apreensão de certa quantidade dessa substância para viabilizar a realização de exame toxicológico, salvo exceções extremamente raras.

Sem a apreensão da droga, ou na hipótese de ausência de perícia técnica adequada, torna-se inviável comprovar a materialidade delitiva, uma vez que meros depoimentos ou confissões do agente não são suficientes para atestar a natureza da substância envolvida.

Importa destacar que o legislador não criminaliza o uso de drogas em si, ainda que sejam encontrados traços de princípios ativos farmacológicos de substâncias entorpecentes em amostras de sangue ou urina de um indivíduo. Isso se dá porque, nesses casos, não há perigo social ou difuso à saúde pública, o que afasta a caracterização do crime previsto no artigo 28 da Lei nº 11.343/06. Portanto, o uso pretérito de drogas não configura delito.

Ademais, cabe registrar que diversos precedentes jurisprudenciais tratam da punição pela posse de drogas no interior de estabelecimentos prisionais, situações que também exigem a apreensão da substância. Nesses casos, além das sanções previstas na Lei de Drogas, há a responsabilização do agente pela prática de falta grave, em conformidade com a legislação aplicável. A jurisprudência do STJ firmou a orientação no sentido da imprescindibilidade do laudo toxicológico para comprovar a materialidade da infração disciplinar e a natureza da substância encontrada com o apenado no interior de estabelecimento prisional (HC n. 373.648/MG, Rel. Min. JOEL ILAN PACIORNIK, QUINTA TURMA, julgado em 16/2/2017, DJe 24/2/2017)" (AgRg no HC 448.115/SP, j. 23/04/2019).

Para a tipificação, é imprescindível que o agente saiba que está agindo sem autorização ou em desacordo com determinação legal ou regulamentar (elemento normativo do tipo).

Voluntariedade: o crime é punido a título de dolo, aliado ao fim especial consumo pessoal. Se o agente visar entrega ao consumo de outrem, outro poderá ser o crime (art. 33 ou art. 33, § 3º. a depender das circunstâncias do caso).

Consumação: a infração se consuma com a prática de qualquer um dos núcleos, protraindo-se a consumação em alguns verbos (guardar, ter em depósito e transportar). No tocante ao verbo adquirir, o crime se consuma quando o agente fecha o negócio, sendo desnecessária a tradição do entorpecente e o pagamento do preço. Basta que haja o ajuste ou combinação da venda.

Para a maioria, trata-se de crime de perigo abstrato.

Apesar de a doutrina admitir tentativa, parece de difícil configuração na prática.

Penas aplicáveis – Supondo-se que o agente, por uma das razões acima apontadas, deixou de ser beneficiado pelas medidas despenalizadores da Lei 9.099/1995, haverá, como consequência, a deflagração de um processo criminal, circunstância de difícil ocorrência na prática, como já ressaltamos. Ao cabo desse processo, com trâmite perante os Juizados Especiais Criminais, o juiz, dentre as sanções aqui prevista, elegerá uma, aplicada pelo prazo máximo de cinco meses (§ 3º), podendo ser redobrado para 10 meses, em caso de reincidência (§ 4º). Este último tópico demonstra, claramente, a vedação quanto à possibilidade de ser preso o agente, eis que, ainda que reincidente, mesmo assim poderá ser beneficiado com uma das penas previstas na lei, só que por prazo superior, de dez meses.

As penas podem ser aplicadas isolada ou cumulativamente, dependendo, por exemplo, da quantidade de droga apreendida, da condição de primário ou reincidente do agente e das demais circunstâncias que rodeiam o fato. De todo modo, vale a orientação contida no Enunciado 95 do Fonaje: "A abordagem individualizada multidisciplinar deve orientar a escolha da pena ou medida dentre as previstas no art. 28 da Lei nº 11.343/2006, não havendo gradação no rol".

Na *advertência*, a ser feita, exclusivamente, pelo juiz responsável pela aplicação da pena, o Magistrado esclarecerá ao agente sobre os efeitos nefastos do uso de drogas. Assim como os pais aconselham os filhos, caberá ao juiz fazê-lo em relação ao agente, em conduta de eficácia absolutamente duvidosa. Confessamos que, na prática, jamais nos deparamos com essa situação. Valem ainda a recomendações do Enunciado 83 do Fonaje: "Ao ser aplicada a pena de advertência, prevista no art. 28, I, da Lei nº 11.343/06, sempre que possível deverá o juiz se fazer acompanhar de profissional habilitado na questão sobre drogas" e do Enunciado 107, que dispõe: "A advertência de que trata o art. 28, I da Lei n.º 11.343/06, uma vez aceita em transação penal pode ser ministrada a mais de um autor do fato ao mesmo tempo, por profissional habilitado, em ato designado para data posterior à audiência preliminar".

Já a *prestação de serviços à comunidade* vem disciplinada no § 5º da lei. A lei não traz grande inovação quando comparada à *prestação de serviços à comunidade* prevista no art. 46 do Código Penal, seguindo, praticamente, o mesmo modelo. A diferença consiste no fato de que essa prestação de serviços deve ser realizada, preferencialmente, "em entidades "que se ocupem, preferencialmente, da prevenção do consumo ou da recuperação de usuários e dependentes de drogas".

Na *medida educativa de comparecimento à programa ou curso educativo*, deverá o juiz indicar a periodicidade (datas e horário), às quais se submeterá o agente. Na eventualidade do juiz da condenação haver omitido a periodicidade de frequência a tal curso, cumprirá ao juiz da execução fazê-lo, na dicção do § 3º, do art. 86 da Lei de Execuções Penais: *in verbis*: "Caberá ao juiz competente, a requerimento da autoridade administrativa definir o estabelecimento prisional adequado para abrigar o preso provisório ou condenado, em atenção ao regime e aos requisitos estabelecidos".

Como orienta o Enunciado 85 do Fonaje: "Aceita a transação penal, o autor do fato previsto no art. 28 da Lei nº 11.343/06 deve ser advertido expressamente para os efeitos previstos no parágrafo 6º do referido dispositivo legal".

Art. 28 e o efeito da reincidência – Embora não tenha havido descriminalização desta conduta, no ano de 2018, as duas Turmas do STJ afastaram a reincidência em virtude da condenação anterior por porte de drogas para consumo pessoal. Em síntese, considerou-se que, não obstante a infração mantenha seu caráter criminoso, é desproporcional, diante da inexistência de sanção privativa de liberdade, sopesar a condenação para os efeitos da reincidência.

De acordo com a decisão proferida no HC 453.437/SP – concedido de ofício por unanimidade –, não se justifica que a condenação por porte de drogas para consumo pessoal – ao qual não se comina sanção privativa de liberdade – agrave a pena pela reincidência porque sequer a condenação anterior por contravenção penal – à qual normalmente se comina prisão simples – tem esse efeito: "Cabe ressaltar que as condenações anteriores por contravenções penais não são aptas a gerar reincidência, tendo em vista o que dispõe o artigo 63 do Código Penal, que apenas se refere a crimes anteriores. E, se as contravenções penais, puníveis com pena de prisão simples, não geram reincidência, mostra-se desproporcional o delito do artigo 28 da Lei 11.343/2006 configurar reincidência, tendo em vista que nem é punível com pena privativa de liberdade".

Possibilita-se com isso que condenados por tráfico de drogas já punidos pelo porte para uso próprio sejam beneficiados pela causa de diminuição de pena do art. 33, § 4º, da Lei 11.343/06, que pressupõe primariedade e bons antecedentes: "No caso, verifico que a redutora não foi aplicada apenas em razão da reincidência e, tendo em vista o afastamento dessa agravante, a benesse deve ser reconhecida e aplicada na fração máxima de dois terços, sobretudo em razão da não expressiva quantidade de droga apreendida (7,2 gramas de crack)".

Competência do Jecrim – O crime de porte de entorpecente para consumo próprio, previsto no art. 28 da Lei n. 11.343/2006, é de menor potencial ofensivo, o que determina a competência do juizado especial estadual.

Suspensão condicional do processo e processo superveniente pelo crime do art. 28: Como se sabe, a suspensão será obrigatoriamente revogada se, no curso do prazo o beneficiário vier a ser processado por outro crime (art. 89, § 3º da Lei nº 9.099/95). Trata-se de causa de revogação obrigatória. Por outro lado, a suspensão poderá ser revogada pelo juiz se o acusado vier a ser processado, no curso do prazo, por contravenção (art. 89, § 4º). Trata-se de causa de revogação facultativa.

O processamento do réu pela prática da conduta descrita no art. 28 da Lei de Drogas no curso do período de prova deve ser considerado como causa de revogação FACULTATIVA da suspensão condicional do processo, afinal, a contravenção penal tem efeitos primários mais deletérios que o crime do art. 28 da Lei de Drogas. Assim, mostra-se desproporcional que o mero processamento do réu pela prática do crime previsto no art. 28 da Lei nº 11.343/2006 torne obrigatória a revogação da suspensão condicional do processo, enquanto o processamento por contravenção penal ocasione a revogação facultativa. STJ. 5ª Turma. REsp 1.795.962-SP, Rel. Min. Ribeiro Dantas, julgado em 10/03/2020 (Info 668).

É evidente que o processamento de uma pessoa por infração administrativa relativa ao porte de maconha, conforme decidido pelo STF no RE 635.659, não configura a revogação da suspensão condicional do processo.

Desclassificação do tráfico para o porte e o direito à transação e suspensão do processo – nesses casos, embora tenha havido transcurso do processo e o juízo formado seja exauriente, o STJ entende que deve ser assegurado o direito à transação e suspensão do processo:

> "1. Pacificou-se na jurisprudência desta Corte Superior o entendimento de que é cabível a aplicação dos institutos despenalizadores previstos na Lei n. 9.099/95 quando o magistrado singular, ao proferir a sentença de mérito, desclassifica a conduta atribuída ao acusado na exordial acusatória para outro crime cuja pena abstratamente prevista permite a oferta de tais opções.
>
> 2. No caso, os pacientes foram denunciados pela suposta prática da conduta prevista no artigo 12 da Lei 6.368/76, crime cuja pena abstratamente prevista não permite a aplicação de nenhum dos institutos despenalizadores. Todavia, ao analisar as provas produzidas nos autos, o magistrado singular formou sua convicção no sentido de desclassificar as condutas que lhes foram atribuídas na exordial acusatória para o delito do art. 28, caput, da Lei 11.343/06 (o qual reprime o usuário de drogas), cujo preceito secundário não prevê pena privativa de liberdade, deixando de observar a aplicação dos mencionados dispositivos da Lei n. 9.099/95, proferindo o édito condenatório com a aplicação de pena de prestação de serviços à comunidade." (HC 163.228/SP, DJe de 30/05/2011).

Medida socioeducativa no sistema do Estatuto da Criança e do Adolescente – considerando a inexistência de sanção privativa de liberdade na infração ao art. 28 da Lei de Drogas, entende-se incabível as medidas socioeducativas da mesma espécie ao adolescente que tenha praticado ato infracional análogo ao artigo 28 da Lei (STF, Inf. 772).

§ 1º Às mesmas medidas submete-se quem, para seu consumo pessoal, semeia, cultiva ou colhe plantas destinadas à preparação de pequena quantidade de substância ou produto capaz de causar dependência física ou psíquica.

Objetividade jurídica: o interesse protegido no § 1º. continua sendo a saúde pública, colocada em risco pelo comportamento do agente usuário.

Sujeitos do crime: pode figurar como sujeito ativo qualquer pessoa (crime comum). A coletividade figura como vítima.

Tipo objetivo: o art. 28, § 1º, pune nas mesmas penas do *caput* quem, para seu consumo pessoal, semeia, cultiva ou colhe plantas destinadas à preparação de pequena quantidade de substância ou produto capaz de causar dependência física ou psíquica.

Para a tipificação, é imprescindível não somente que o agente saiba que está agindo sem autorização ou em desacordo com determinação legal ou regulamentar (elemento normativo do tipo), mas que o objeto material sirva para a preparação de pequena quantidade de substância ou produto capaz de causar dependência. Se a quantidade for considerável, outro pode ser o crime praticado (art. 33, § 1º, II).

A partir da decisão do Supremo Tribunal Federal (STF) no Recurso Extraordinário 635.659-SP, que reclassificou o porte de maconha para consumo pessoal como infração administrativa, pode-se vislumbrar duas correntes acerca de sua extensão para o presente tipo penal.

Uma primeira corrente pode defender que o § 1º do art. 28 da Lei nº 11.343/2006 não deve ser automaticamente afetado pela decisão do STF, uma vez que trata de uma conduta distinta: o cultivo de plantas destinadas à preparação de substâncias entorpecentes. Nesse sentido, a natureza jurídica do cultivo difere substancialmente do porte de drogas, pois envolve a produção de substâncias, e não apenas a posse para consumo pessoal. O julgamento do STF limitou-se a tratar do porte de pequenas quantidades de maconha para uso próprio, enquanto o cultivo, mesmo que destinado ao consumo pessoal, traz riscos adicionais para a saúde pública e a segurança. A produção de entorpecentes aumenta a disponibilidade dessas substâncias no mercado ilícito, o que pode, direta ou indiretamente, alimentar o tráfico, ainda que em pequenas quantidades ou até de forma gratuita. Por essas razões, essa corrente se assenta da ideia de que o cultivo deve ser tratado com maior rigor pelo Direito Penal, justificando a manutenção do § 1º do art. 28 como uma conduta criminalizada, mesmo após a decisão do STF.

Contudo, uma segunda corrente pode adotar uma interpretação teleológica da decisão da Suprema Corte, e que argumenta em favor da descriminalização do cultivo de maconha para uso pessoal, quando realizado dentro dos estritos limites estabelecidos pelo STF para o porte de drogas. Essa visão parte do princípio de que a decisão do STF, ao reconhecer a inconstitucionalidade da criminalização do porte de pequenas quantidades de maconha para consumo pessoal, deve ser interpretada de maneira abrangente, de forma a incluir também a descriminalização do cultivo, semeadura e colheita da planta para o mesmo fim. Ora, se o objetivo da decisão foi descriminalizar o uso pessoal de drogas, não haveria razão jurídica para criminalizar o cultivo de pequenas quantidades de maconha destinadas a esse mesmo fim. Afinal, o cultivo pessoal de plantas para uso próprio não oferece, necessariamente, os riscos sociais e à saúde pública que a produção em larga escala e o tráfico de entorpecentes apresentam. Nesse sentido, a conduta de plantar maconha para consumo próprio seria uma extensão natural da despenalização do porte, pois não se poderia exigir que o indivíduo, que já foi autorizado a portar pequenas quantidades, adquirisse a droga exclusivamente por meios ilícitos. A possibilidade de cultivo pessoal garantiria o acesso à substância sem a necessidade de recorrer a redes criminosas, o que poderia, de fato, contribuir para a redução dos efeitos deletérios do tráfico.

Assim, essa segunda corrente sugere que a interpretação do § 1º do art. 28 da Lei de Drogas deve ser flexibilizada, à luz da decisão do STF, para que o cultivo de plantas para consumo pessoal também seja descriminalizado. Isso exigiria uma revisão jurisprudencial que harmonize o entendimento sobre o porte de drogas com a prática do cultivo em pequena escala, reconhecendo que ambas as condutas, se destinadas ao uso pessoal, não apresentam uma ameaça suficiente à ordem pública para justificar a intervenção penal.

Adotada esta segunda corrente, resta necessária a definição de algum critério quantitativo para a conformação do espaço legítimo de semeadura, cultivo e colheita de maconha para uso pessoal. A análise do RE 635.659-SP nos fornece um parâmetro útil ao definir que se presume usuário, como regra geral, aquele que adquire, guarda, tem em depósito, transporta ou traz consigo até 40 gramas de *cannabis sativa* ou seis plantas fêmeas. Nesse contexto, a limitação do cultivo a até seis plantas fêmeas se justifica pela necessidade de estabelecer um controle objetivo que permita diferenciar o cultivo destinado ao uso pessoal daquele que poderia indicar a intenção de produção em larga escala, com possível desvio para comercialização ilegal.

A escolha de seis plantas como limite visa atender ao princípio da razoabilidade, garantindo que a quantidade cultivada esteja alinhada com as necessidades de um consumo moderado e pessoal. Quantidades superiores poderiam sugerir excedente destinado a outros fins, como o tráfico, o que justificaria a manutenção desse parâmetro como forma de prevenir abusos e assegurar que o cultivo não ultrapasse os limites do uso privado. A fixação desse critério também se apoia na necessidade de segurança jurídica, permitindo que autoridades e usuários saibam com clareza os limites aceitáveis, reduzindo a subjetividade na análise de casos concretos e favorecendo a aplicação uniforme da lei.

Assim, a limitação de seis plantas fêmeas preserva o equilíbrio entre a descriminalização do uso pessoal e a prevenção de práticas ilícitas, mantendo uma linha clara que permite o controle social e estatal sobre o cultivo de substâncias entorpecentes.

Cultivo de *cannabis* para fins terapêuticos: O Superior Tribunal de Justiça (STJ), no Agravo Regimental no Habeas Corpus nº 783.717, proferido em outubro de 2023, estabeleceu um precedente sobre o cultivo doméstico de *Cannabis sativa* para fins terapêuticos no Brasil, de modo, inclusive, a refutar a caracterização de crime nestas hipóteses. Entre esses critérios, destaca-se a necessidade de um receituário e laudo médico especializado, que são essenciais para comprovar a necessidade terapêutica do paciente. Tanto a prescrição médica, como o laudo devem ser emitidos por um profissional especializado, garantindo que a recomendação para o cultivo seja apropriada à condição de saúde do paciente. A decisão também estabeleceu que a produção da *Cannabis sativa* deve ser realizada de forma artesanal, ou seja, em pequena escala e sem fins comerciais, com o intuito de assegurar que o cultivo seja destinado exclusivamente ao uso pessoal do paciente. Além disso, o cultivo deve ter como único objetivo o tratamento de doenças ou condições médicas específicas, com o uso da *Cannabis sativa* estando diretamente relacionado a uma necessidade de saúde comprovada. Adicionalmente, a decisão abordou um requisito facultativo referente à autorização da Agência Nacional de Vigilância Sanitária (ANVISA) para a importação de medicamentos à base de *canabidiol*.

A decisão comporta algumas críticas.

A obtenção deste tipo de autorização está regulada pela Lei de Drogas, especificamente nos artigos 2º e seu parágrafo único, e art. 31. Conforme previsto, a legislação brasileira faculta à União a autorização para o plantio de vegetais dos quais possam ser extraídas substâncias entorpecentes, exclusivamente para fins medicinais ou científicos, desde que observadas as condições legais, especialmente no que tange à fiscalização dessa atividade. Portanto, é indispensável, conforme a legislação vigente, que o cultivo de *cannabis* para fins terapêuticos seja previamente autorizado pelo órgão competente da União. Nesse contexto, o Decreto nº 5.912/2006, que regulamenta a Lei de Drogas, confere ao Ministério da Saúde a competência para autorizar o plantio, cultivo e colheita desses vegetais.

Todavia, observa-se que a ANVISA, até o presente momento, limitou-se a editar resoluções que regulamentam os critérios para a importação de produtos à base de *Canabidiol* para uso próprio, mediante prescrição médica, assim como para a comercialização de produtos derivados de cannabis em farmácias, sem, contudo, disciplinar diretamente o plantio da planta. É inegável que fármacos derivados da *Cannabis sativa* apresentam benefícios comprovados no tratamento de doenças graves, síndromes raras e distúrbios psiquiátricos. Contudo, a ANVISA restringe a administração dessas substâncias a casos em que não haja outras opções terapêuticas disponíveis, conforme previsto no art. 5º da RDC nº 357/2019. A mencionada resolução também impõe limites rigorosos quanto às concentrações e formas de uso dos produtos de *cannabis* para fins medicinais.

Importante destacar que não se pode equiparar o uso de óleos prescritos por médicos especializados ao fármaco produzido artesanalmente a partir do cultivo doméstico de *Cannabis sativa*. A ausência de garantia quanto à manipulação correta da planta e ao controle adequado da concentração e quantidade do princípio ativo inviabiliza a segurança e eficácia do tratamento. Ora, o controle de qualidade do produto é essencial para a eficácia terapêutica, o que dificilmente é garantido mediante a produção artesanal de extratos caseiros, que carecem de controle de qualidade adequado. Assim, a produção de medicamentos para o tratamento de doenças graves exige rigor técnico e supervisão, o que não se verifica em práticas domésticas. Ao contrário, a autorização para a produção domiciliar de fármacos derivados de *Cannabis sativa* expõe o paciente a riscos potencialmente graves, comprometendo não apenas a segurança do tratamento, mas também sua eficácia terapêutica. A produção caseira inviabiliza um controle rigoroso, tanto da manipulação quanto da concentração das substâncias ativas, o que eleva substancialmente os riscos associados ao tratamento. Tal prática dificulta a fiscalização por parte das autoridades competentes, que são incumbidas de garantir a qualidade e a segurança dos produtos utilizados em tratamentos médicos. Assim, é inquestionável que a administração de fármacos por entidades devidamente licenciadas e tecnicamente capacitadas oferece um grau de segurança muito superior à produção caseira de óleos terapêuticos.

Aqueles que defendem a autorização para o cultivo caseiro, sob o argumento de que tal prática reduziria os custos e beneficiaria indivíduos hipossuficientes, falham em considerar a ampla acessibilidade aos medicamentos e tratamentos essenciais proporcionada pelo Sistema Único de Saúde (SUS). A universalidade do SUS assegura o fornecimento de medicamentos indispensáveis aos pacientes, especialmente em casos de alto custo, mediante prescrição médica e, se necessário, por meio de demanda judicial. O Poder Judiciário tem sido acionado com frequência para compelir o Estado a fornecer medicamentos de custo elevado a pacientes carentes, garantindo assim o acesso aos tratamentos sem que o indivíduo precise arcar com o ônus financeiro diretamente. Dessa forma, o argumento baseado na condição financeira dos pacientes não justifica a flexibilização dos rigorosos controles que cercam a produção e a administração de fármacos, sobretudo aqueles oriundos de plantas que possuem substâncias entorpecentes, como a *Cannabis sativa*. A proteção à saúde pública e a segurança dos pacientes devem sempre prevalecer sobre soluções que podem, inadvertidamente, colocar em risco o próprio objetivo do tratamento.

A jurisprudência reforça essa interpretação. No julgamento do *Habeas Corpus* nº 2220963-16.2020.8.26.0000, o Tribunal de Justiça de São Paulo decidiu que cabe exclusivamente à União, por meio de licença administrativa, autorizar o plantio de *Cannabis sativa* para fins medicinais, com base na Lei de Drogas, e destacou os riscos à saúde pública e à segurança jurídica decorrentes da produção artesanal. No mesmo sentido, a decisão no Habeas Corpus nº 2077688-09.2020.8.26.0000 rejeitou a pretensão de plantio para uso medicinal, enfatizando a ausência de comprovação de negativa do SUS em fornecer o medicamento e a necessidade de expertise técnica para a produção. Além disso, o próprio STJ já decidiu que é incabível salvo-conduto para o cultivo de maconha visando a extração do óleo medicinal, ainda que na quantidade necessária para o controle da epilepsia, posto que a autorização fica a cargo da análise do caso concreto pela ANVISA (RHC nº 123.402/RS, rel. Min. Reynaldo Soares da Fonseca, j. 23.03.21).

Voluntariedade: o crime é punido a título de dolo, aliado ao fim especial consumo pessoal.

Consumação: a infração se consuma com a prática de qualquer um dos núcleos, protraindo-se a consumação em alguns verbos (cultivar, por exemplo).

Para a maioria, trata-se de crime de perigo abstrato.

Apesar de a doutrina admitir tentativa, parece de difícil configuração na prática.

> § 2º Para determinar se a droga destinava-se a consumo pessoal, o juiz atenderá à natureza e à quantidade da substância apreendida, ao local e às condições em que se desenvolveu a ação, às circunstâncias sociais e pessoais, bem como à conduta e aos antecedentes do agente.

Uso ou tráfico? – O § 2º mencionado indica os elementos a serem considerados para determinar, no caso concreto, se estamos lidando com tráfico de drogas ou simples posse para uso pessoal. No entanto, não compreendemos com precisão o alcance desse dispositivo. As penalidades listadas nos incisos I, II e III do artigo 28 da lei pressupõem o recebimento prévio da denúncia, o que significa que o processo criminal já está em andamento. Portanto, cabe ao juiz, dentro dos limites da acusação inicial, decidir se o réu cometeu ou não o crime descrito no caput do artigo 28 ou em seu parágrafo 2º.

Assim, há duas possibilidades: ou o juiz, convencido da culpabilidade do agente, o condena conforme uma das penas previstas nesse dispositivo, ou o absolve. No entanto, se durante o processo o juiz concluir que houve um crime de tráfico, não poderá, de imediato, condenar o réu por esse delito, uma vez que não foi mencionado na denúncia. Nesse caso, deverá aplicar o que está disposto no caput do artigo 384 do Código de Processo Penal, que trata da chamada *mutatio libelli*, e encaminhar o caso ao Ministério Público para aditamento da denúncia.

No entanto, é importante ressaltar que, de acordo com decisão do Supremo Tribunal Federal, "A demonstração da finalidade mercantil do entorpecente inviabiliza a absolvição e a desclassificação para a conduta versada no artigo 28 da Lei de Drogas – posse de droga para consumo pessoal" (STF, RHC 189709/SP, DJe 27/10/2020).

Critérios objetivos a partir da quantidade de droga apreendida: Inspiradas em legislações de outros países, existem correntes doutrinárias que defendem a necessidade de a lei estabelecer critérios objetivos para classificar os crimes de tráfico ou porte pessoal com base na quantidade e na natureza da droga apreendida. Um exemplo disso era a proposta da Secretaria de Estado de Justiça, Cidadania e Direitos Humanos do Estado do Paraná, que sugeria considerar como usuários os indivíduos encontrados com quantidades iguais ou inferiores às seguintes:

a) 2,5g (dois gramas e cinco decigramas) de maconha;

b) 3,8g (três gramas e oito decigramas) de cocaína;

c) até 16 (dezesseis) pedras – ou 5,2g (cinco gramas e dois decigramas) – de crack.

Entretanto, parece-nos que esse tipo de padronização não é apropriado, uma vez que não leva em consideração os aspectos sociais do agente e a análise do caso específico, fundamentais para discernir entre tráfico e posse para consumo pessoal. É importante salientar que a quantidade de entorpecentes que um usuário pode ou consegue consumir varia conforme sua dependência, acesso à droga, resistência orgânica, massa corporal, idade, entre outros fatores, assim como a variação na pureza da droga nas diferentes regiões do país.

Além disso, esse tipo de padronização oferece ao traficante a oportunidade de planejar suas atividades para evitar a penalidade, bastando para isso possuir a quantidade tolerada pelo Estado para distribuição, porte ou armazenamento. Além disso, esse tabelamento pode beneficiar o narcotraficante, incentivando-o a recrutar diversos distribuidores, cada um deles com uma quantidade abaixo do limite indicado, na tentativa de serem erroneamente considerados como meros usuários, o que poderia resultar em um aumento desastroso no tráfico de drogas.

Portanto, concluímos que estabelecer um critério quantitativo para a classificação do crime de tráfico ou porte de drogas é inadequado, pois desconsidera que a avaliação dos casos pelos agentes públicos envolvidos na persecução ao tráfico de drogas é baseada em uma análise abrangente e valorativa das circunstâncias em que a conduta ocorre.

Contudo, no tocante à maconha, como já estudado acima, restou consignado no julgamento do Recurso Extraordinário 635.659-SP pelo STF que as apreensões de até 40 gramas ou 6 plantas fêmeas de maconha geram uma presunção relativa de que se trata de usuário (Teses 4 e 5). Contudo, deve-se observar que o próprio texto da ementa afirma que, apesar da existência dessa presunção, ela poderá ser afastada se as circunstâncias concretas do fato indicarem a intenção de mercancia, sendo desde logo apontadas como exemplos dessa intenção: a forma de acondicionamento da droga; as circunstâncias da apreensão; a variedade de substâncias apreendidas; ou a apreensão simultânea de instrumentos como balança, registros de operações comerciais, e aparelho celular contendo contatos de usuários ou traficantes (Tese 5).

Ainda, deve-se notar que esse rol foi trazido pela própria ementa, oferecendo indicativos análise dos casos, especialmente no que tange à necessidade de qualificar adequadamente as apurações, principalmente quando envolverem pequenas quantidades de maconha. Esta qualificação pode, inclusive, demandar a adoção de medidas invasivas, como sugerido na ementa, tais como: a plena possibilidade de a autoridade policial instaurar inquérito por portaria e representar pelo acesso pontual ao registro dos dados das conversas mantidas no aparelho celular, mesmo quando se tratar de apreensões menores que 40 gramas de maconha; e a possibilidade de realização de prisão em flagrante, sendo referido que a autoridade policial e seus agentes não estão impedidos de proceder a tal medida (Tese 5).

Em qualquer desses cenários, será imprescindível que a autoridade policial apresente uma justificativa detalhada para o afastamento da presunção de porte para uso pessoal, sendo vedada a utilização de critérios subjetivos ou arbitrários (Tese 6). Em caso de prisão em flagrante, essa justificativa deverá constar no próprio auto de prisão, que servirá de base para a avaliação do juiz na audiência de custódia subsequente (Tese 7).

§ 3º As penas previstas nos incisos II e III do ***caput*** deste artigo serão aplicadas pelo prazo máximo de 5 (cinco) meses.

§ 4º Em caso de reincidência, as penas previstas nos incisos II e III do ***caput*** deste artigo serão aplicadas pelo prazo máximo de 10 (dez) meses.

§ 5º A prestação de serviços à comunidade será cumprida em programas comunitários, entidades educacionais ou assistenciais, hospitais, estabelecimentos congêneres, públicos ou privados sem fins lucrativos, que se ocupem, preferencialmente, da prevenção do consumo ou da recuperação de usuários e dependentes de drogas.

§ 6º Para garantia do cumprimento das medidas educativas a que se refere o ***caput***, nos incisos I, II e III, a que injustificadamente se recuse o agente, poderá o juiz submetê-lo, sucessivamente a:

I – admoestação verbal;

II – multa.

§ 7.º O juiz determinará ao Poder Público que coloque à disposição do infrator, gratuitamente, estabelecimento de saúde, preferencialmente ambulatorial, para tratamento especializado.

A prisão do agente, pela prática do crime do art. 28 da lei em análise, é expressamente vedada, pelo simples fato de que o legislador, nos incs. I, II e III do dispositivo, em nenhum momento ter previsto essa espécie de pena corporal. Aliás, o § 2º, do art. 48 do diploma proíbe, também, a prisão em flagrante do agente. Em caso de reincidência (e o vocábulo aqui deve ser interpretado em seu sentido mais amplo, para abranger, inclusive, aquele que tecnicamente ainda não pode ser considerado reincidente), a alternativa é trazida pela própria lei, em seu § 4º, ao dispor que as penas dos incs. II e III (prestação de serviços e medida educativa), deverão ser aplicadas pelo prazo de dez meses, ao invés dos cinco meses previstos no § 3º, previstos para os não reincidentes. Uma outra alternativa seria a aplicação, em um primeiro momento, somente da pena de advertência para depois, em caso de reincidência, cumular-se essa advertência com a prestação de serviços à comunidade ou com a medida educativa de comparecimento a programa ou curso educativo. Isso porque o art. 27 da lei contempla a possibilidade da aplicação isolada ou cumulativa das penas previstas neste capítulo. E se, ainda assim, o agente insistir na prática delituosa? O § 6º indica o caminho, cumprindo seja o agente novamente admoestado (inc. I). Não se emendando e somente depois da admoestação verbal (é o que se entende da expressão *sucessivamente* empregada pelo legislador), caberá a aplicação de multa (inc. II). Não paga a multa, a possibilidade de sua conversão em pena de detenção não mais subsiste, em virtude da atual dicção do art. 51 do Código Penal, cabendo sua execução fiscal pela Fazenda Pública, o que, na prática, não se verifica. Mas – insistimos – a prisão por conta do uso pessoal de drogas é expressamente vedada pelo legislador.

Posse de drogas para consumo pessoal. Art. 28, § 4º, da Lei n. 11.343/2006. Reincidência específica. Revisão do entendimento da Sexta Turma – Como já alertamos, o art. 28 da Lei 11.343/06 não comina penas privativas ou restritivas de liberdade a quem adquire, guarda, tem em depósito, transporta ou traz consigo droga para consumo pessoal. Há apenas advertência sobre os efeitos das drogas, prestação de serviços à comunidade e medida educativa de comparecimento a programa ou curso educativo.

As medidas de prestação de serviços à comunidade e de comparecimento a programa ou curso educativo têm duração máxima de cinco meses (§ 3º). Mas, tratando-se de reincidente, o prazo máximo dobra para dez meses (§ 4º).

De que reincidência se trata? A condenação anterior pode ter sido pela prática de qualquer crime, ou deve ter sido especificamente pela prática de uma das condutas tipificadas no art. 28?

Segundo decidiu o STJ, somente a condenação pretérita por posse de drogas para uso próprio pode fundamentar o aumento do tempo de cumprimento das penas cominadas no art. 28:

"Não obstante a existência de precedente em sentido diverso (AgRg no HC 497.852/RJ, Rel. Ministra Laurita Vaz, Sexta Turma, julgado em 11/06/2019, DJe 25/06/2019) – em que a reincidência genérica era pela prática dos delitos de roubo e de porte de arma –, em revisão de entendimento, embora não conste da letra da lei, forçoso concluir que a reincidência de que trata o § 4º do art. 28 da Lei n. 11.343/2006 é a específica. Com efeito, a melhor exegese, segundo a interpretação topográfica, essencial à hermenêutica, é de que os parágrafos não são unidades autônomas, estando vinculadas ao caput do artigo a que se referem. Vale dizer, aquele que reincidir na prática do delito de posse de drogas para consumo pessoal ficará sujeito a penas mais severas – pelo prazo máximo de 10 meses –, não se aplicando, portanto, à hipótese vertente, a regra segundo a qual ao intérprete não cabe distinguir quando a norma não o fez. Desse modo, condenação anterior por crime de roubo não impede a aplicação das penas do art. 28, II e III, da Lei n. 11.343/2006, com a limitação de 5 meses de que dispõe o § 3º do referido dispositivo legal" (REsp 1.771.304/ES, j. 10/12/2019).

Temos que alertar, por fim, que, para as duas Turmas do STJ, a condenação pretérita pelo crime do art. 28 da Lei de Drogas não serve par reincidência de crime comum. Em síntese, considerou-se que, não obstante a infração mantenha seu caráter criminoso, é desproporcional, diante da inexistência de sanção privativa de liberdade, sopesar a condenação para os efeitos da reincidência, salvo aquela mencionada no próprio art. 28.

De acordo com a decisão proferida no HC 453.437/SP – concedido de ofício por unanimidade –, não se justifica que a condenação por porte de drogas para consumo pessoal – ao qual não se comina sanção privativa de liberdade – agrave a pena pela reincidência porque sequer a condenação anterior por contravenção penal – à qual normalmente se comina prisão simples – tem esse efeito:

> "Cabe ressaltar que as condenações anteriores por contravenções penais não são aptas a gerar reincidência, tendo em vista o que dispõe o artigo 63 do Código Penal, que apenas se refere a crimes anteriores. E, se as contravenções penais, puníveis com pena de prisão simples, não geram reincidência, mostra-se desproporcional o delito do artigo 28 da Lei 11.343/2006 configurar reincidência, tendo em vista que nem é punível com pena privativa de liberdade".

Art. 29. Na imposição da medida educativa a que se refere o inciso II do § 6º do art. 28, o juiz, atendendo à reprovabilidade da conduta, fixará o número de dias-multa, em quantidade nunca inferior a 40 (quarenta) nem superior a 100 (cem), atribuindo depois a cada um, segundo a capacidade econômica do agente, o valor de um trinta avos até 3 (três) vezes o valor do maior salário mínimo.

Parágrafo único. Os valores decorrentes da imposição da multa a que se refere o § 6º do art. 28 serão creditados à conta do Fundo Nacional Antidrogas.

Dias-multa – Como vimos acima, o inc. II, do § 6º, do art. 28 da lei em exame, prevê a possibilidade de imposição de multa ao agente que descumprir as medidas elencadas nos incs. I, II e III do mesmo dispositivo. Como assinala Luiz Flávio Gomes (ob. cit., p. 127), "em primeiro lugar o agente aceita uma medida alternativa (do art. 28). Após o seu descumprimento (injustificado) o juiz faz-lhe uma admoestação. Caso persista o descumprimento vem a multa (que é a última medida cabível). O juiz deve levar em consideração (para a fixação do número de dias-multa) exatamente o grau desse descumprimento (de rebeldia, de menosprezo do agente). Quanto maior for o afastamento do agente do seu compromisso com a Justiça (quanto mais desleixado, quanto mais displicente etc.), maior deve ser o número de dias-multa". Os valores arrecadados, como consta da lei, serão revertidos ao Fundo Nacional Antidrogas (FUNAD), cujos objetivos são o desenvolvimento, a implementação e a execução de ações, programas e atividades de repressão, de prevenção, tratamento, recuperação e reinserção social de dependentes de substâncias psicoativas.

Art. 30. Prescrevem em 2 (dois) anos a imposição e a execução das penas, observado, no tocante à interrupção do prazo, o disposto nos arts. 107 e seguintes do Código Penal.

Prescrição – É conhecida a existência, basicamente, de duas espécies de prescrição: a prescrição da *pretensão punitiva*, que se verifica antes do trânsito em julgado final da sentença, e a prescrição da *pretensão executória* que, como o nome indica, acontece após o trânsito em julgado final. Na primeira, o Estado perde o direito de punir, não mais podendo processar o agente. Na segunda, conquanto existente uma condenação, não mais é possível a execução da pena.

Os prazos prescricionais, normalmente, variam de acordo com o *quantum* da pena privativa de liberdade cominada ou aplicada ao crime, ou multa (arts. 109 e 114, ambos do CP). No caso do art. 28 da Lei de Drogas, não existe previsão nem de pena privativa, nem de multa. Logo, precisou o legislador anunciar o prazo fatal próprio, evitando a inconstitucional conclusão de que o poder punitivo se eterniza no tempo.

O prazo da prescrição da pretensão punitiva e da pretensão executória é o mesmo (2 anos), aplicando-se, no mais, causas suspensivas e interruptivas do CP (arts. 116 e 117), bem como a redução do prazo em razão da menoridade ou senilidade (art. 115 CP).

TÍTULO IV
DA REPRESSÃO À PRODUÇÃO NÃO AUTORIZADA E AO TRÁFICO ILÍCITO DE DROGAS
CAPÍTULO I
DISPOSIÇÕES GERAIS

Art. 31. É indispensável a licença prévia da autoridade competente para produzir, extrair, fabricar, transformar, preparar, possuir, manter em depósito, importar, exportar, reexportar, remeter, transportar, expor, oferecer, vender, comprar, trocar, ceder ou adquirir, para qualquer fim, drogas ou matéria-prima destinada à sua preparação, observadas as demais exigências legais.

Licença para o manejo de drogas – O art. 2.º desta Lei proíbe as drogas, em todo o território nacional, bem como o plantio, a cultura, a colheita e a exploração de vegetais e substratos dos quais possam ser extraídas ou produzidos entorpecentes. De se ver, porém, que essa vedação não tem caráter absoluto, podendo, mediante prévia licença da autoridade competente, ser autorizada a produção, extração, fabricação, etc., de drogas. É que, por vezes, tais entorpecentes se prestam para fins medicinais (o emprego do princípio ativo da maconha, por exemplo, vem sendo ministrado, ao que parece, com bons resultados, a portadores de câncer), ou científicos, isto é, no desenvolvimento de pesquisas que visem apurar eventual benefício no emprego de drogas para a cura de algum mal.

A matéria vem regulamentada pelo Decreto n. 5.912/2006, que, em seu art. 14, inc. I, "c", determina que cabe ao Ministério da Saúde, "autorizar o plantio, a cultura e a colheita dos vegetais dos quais possam ser extraídas ou produzidas drogas, exclusivamente para fins medicinais ou científicos, em local e prazo predeterminados, mediante fiscalização, ressalvadas as hipóteses de autorização legal ou regulamentar".

De se ressalvar, ainda, que a Convenção de Viena sobre Substâncias Psicotrópicas, de 1971 – subscrita pelo Brasil e que ingressou em nosso direito positivo por meio do Decreto n. 79.388/1977 –, em seu art. 32, item 4, ressalva a possibilidade do Estado subscritor da Convenção, formular reservas quanto a plantas silvestres que contenham substâncias psicotrópicas e que sejam tradicionalmente utilizadas por pequenos grupos, nitidamente caracterizados, em rituais mágicos ou religiosos.

Art. 32. As plantações ilícitas serão imediatamente destruídas pelo delegado de polícia na forma do art. 50-A, que recolherá quantidade suficiente para exame pericial, de tudo lavrando auto de levantamento das condições encontradas, com a delimitação do local, asseguradas as medidas necessárias para a preservação da prova. (Redação dada pela Lei nº 12.961, de 2014)

§ 1º (Revogado). (Redação dada pela Lei nº 12.961, de 2014)

§ 2º (Revogado). (Redação dada pela Lei nº 12.961, de 2014)

§ 3º Em caso de ser utilizada a queimada para destruir a plantação, observar-se-á, além das cautelas necessárias à proteção ao meio ambiente, o disposto no Decreto nº 2.661, de 8 de julho de 1998, no que couber, dispensada a autorização prévia do órgão próprio do Sistema Nacional do Meio Ambiente – Sisnama.

Destruição de plantações ilícitas – O artigo 32 aborda exclusivamente a destruição de plantações ilícitas, enquanto os artigos 50 e 50-A dispõem sobre a destruição das substâncias entorpecentes apreendidas, como tabletes de maconha e porções de cocaína.

Diferente daquela hipótese, o artigo 32 prevê que a destruição imediata de plantações ilícitas será realizada pelo delegado de polícia, independentemente de autorização judicial, que deverá recolher amostras suficientes para exames periciais provisórios e definitivos, além de conservar quantidade adequada para eventual contraprova. A preservação da prova exige a rigorosa observância dos artigos 158-A e seguintes do CPP, que regulam a cadeia de custódia. Após a destruição, será lavrado auto pormenorizado.

Embora o artigo 32 não trate expressamente da destinação final das amostras, é possível, por analogia ao artigo 72 da Lei de Drogas, concluir que, encerrado o processo ou arquivado o inquérito, a droga recolhida será destruída por ordem judicial, mediante representação da autoridade policial ou a requerimento do Ministério Público.

Sobre a destruição de drogas apreendidas ver comentários ao art. 50-A da Lei.

Precauções relativas ao emprego de fogo – O Decreto 2.661/98 regulamenta o parágrafo único do art. 27 da Lei 4.771/65 (Código Florestal), mediante o estabelecimento de normas de precaução relativas ao emprego de fogo em práticas agropastoris e florestais. No seu art. 2.º, permite, excepcionalmente, o emprego de fogo, mediante Queima Controlada, assim entendido o emprego de fogo como fator de produção e manejo em atividades agropastoris ou florestais e para fins de pesquisa científica e tecnológica, em **áreas** com limites físicos previamente definidos (art. 2.º, parágrafo único), dependendo, ainda, de prévia autorização do Sistema Nacional do Meio Ambiente (SISNAMA). O art. 32 da nova Lei de Drogas, preocupado com a urgência da medida (*prazo máximo de 30 dias*), dispensa a prévia autorização do referido órgão ambiental, determinando, apenas, cautela na queima, isto é, que seja controlada, nos exatos termos do que disposto no art. 4.º da mencionada norma ambiental. Exige-se, assim, que "previamente à operação de emprego de fogo, deve o interessado: I) definir as técnicas, equipamentos e mão de obra a serem utilizados; II) fazer o reconhecimento da área; III) limitar a ação do fogo; IV) preparar aceiros; V) providenciar pessoal treinado para atuar no local da operação, com equipamentos apropriados ao redor da área, evitando, assim, a propagação do fogo fora dos limites estabelecidos; VI) comunicar formalmente aos confrontantes a intenção de realizar a queima; VII) prever a realização da queima em dia e horário apropriados, evitando-se os períodos de temperatura mais elevada e respeitando-se as condições dos ventos predominantes no momento da operação; VIII) providenciar o oportuno acompanhamento de toda a operação de queima, até a sua extinção, com vistas à adoção de medidas adequadas de contenção do fogo na área definida para o emprego do fogo).

§ 4º As glebas cultivadas com plantações ilícitas serão expropriadas, conforme o disposto no art. 243 da Constituição Federal, de acordo com a legislação em vigor.

Expropriação-sanção – O art. 243, *caput*, da Constituição determina que "as glebas de qualquer região do País onde forem localizadas culturas ilegais de plantas de psicotrópicas serão imediatamente expropriadas e especificamente destinadas ao assentamento de colonos, para o cultivo de produtos alimentícios e medicamentosos, sem qualquer indenização ao proprietário e sem prejuízo de outras sanções previstas em lei." Do texto extrai-se, com clareza, as duas finalidades da medida: *combate ao tráfico ilícito de entorpecentes* e *aproveitamento das glebas para a política de reforma agrária*.

Interessante questão pode ser lembrada na hipótese na qual apenas em uma parte da gleba de terras foi detectado o plantio de drogas. Indaga-se se toda a gleba deve ser alvo da expropriação ou apenas aquela na qual efetivamente encontrada a droga. Embora haja entendimento que restringe a expropriação das glebas onde forem localizadas culturas ilegais de plantas psicotrópicas, e não de toda a área de terras pertencentes ao responsável por aquelas culturas" (AC n. 13308-PE, Rel. Francisco Falcão, j. 13.09.1994, DJ 07.04.1995), o Supremo Tribunal Federal (STF) já decidiu que o termo "gleba", no artigo 243 da Constituição, refere-se à propriedade inteira onde forem encontradas culturas ilegais de plantas psicotrópicas, e não apenas à área específica onde essas plantas são cultivadas. Entendeu a Corte que a gleba expropriada deve ser destinada ao assentamento de colonos para cultivo de produtos alimentícios e medicamentosos de modo que a interpretação deve ser racional, evitando absurdos como expropriar pequenas áreas rurais insuficientes para assentamento de colonos (STF, RE nº 543.974, Rel. Min. Eros Grau, Tribunal Pleno, j. 26.03.2009).

Dolo ou culpa – Em outro interessante julgado, restou assentada a necessidade de comprovação do dolo ou culpa do proprietário da terra, somente assim se justificando sua expropriação. É que "para a concretização da expropriação prevista no art. 243, do Constituição vigente, exige-se, além dá existência da cultura ilegal, que fique comprovada a participação consciente do proprietário; seja cultivando diretamente a planta proibida, tolerando com a prática de tal cultivo, ou, ainda, omitindo-se no seu dever de vigilância e guarda do bem imóvel, para evitar o plantio ilícito. – Não restou demonstrado, ao longo da instrução processual, qualquer envolvimento, doloso ou culposo, dos possuidores do imóvel com o plantio da cultura ilegal. Na realidade, evidencia-se que os expropriados, pequenos agricultores que sobrevivem basicamente da chamada cultura de subsistência, se viram forçados a abandonar a posse da sua terra em decorrência de fatores sócio-econômicos e climáticos, sobejamente conhecidos por aqueles que têm alguma familiaridade com a realidade do sertão nordestino" (TRF – 5ª Região AC n. – 181603-PE – Rel. Castro Meira, j. 14.12.2000. DJ 06.04.2001, p. 276).

Em entendimento contrário, destaque-se que "o Pleno desta Corte Regional já se posicionou no sentido de que é objetiva a responsabilidade do proprietário de terras destinadas para o plantio de espécies psicotrópicas: sendo em consequência irrelevante, a existência ou inexistência de culpa na utilização criminosa. (TRF – 5ª. Reg., AR nº 484-PE, Rel. Paulo Roberto de Oliveira Lima, j. 21.09.2005, DJ 28.10.2005). No mesmo sentido, decidiu o Superior Tribunal de Justiça, a se conferir: "É objetiva a responsabilidade do proprietário de glebas usadas para o plantio de espécies psicotrópicas, sendo, em conseqüência, irrelevante a existência ou inexistência de culpa na utilização criminosa" (REsp n. 498742-PE – Rel. José Delgado, j. 16.09.2003, DJ 24.11.2003, p. 222 – RT 823/174).

O Supremo Tribunal Federal, no julgamento do RE n. 635.336, em que foi Relator o Ministro Gilmar Mendes e que teve repercussão geral reconhecida, na sessão de 14.12.2016, firmou a seguinte tese com repercussão geral: "A expropriação prevista no artigo 243 da Constituição Federal, pode ser afastada desde que o proprietário comprove que não incorreu em culpa, ainda que *in vigilando* ou *in elegendo*" (Tese 399).

Anote-se, por pertinente que a expropriação de propriedades rurais e urbanas em que forem localizadas culturas ilegais de plantas psicotrópicas não é uma modalidade de confisco efeito da condenação, daí exigir a propositura de ação específica, cujo único legitimado ativo é a União, conforme previsto pela da Lei nº 8.257/9188. A propósito vale conferir o Decreto nº 577/92, que regulamenta referida legislação.

O Superior Tribunal de Justiça, porém, entende que a expropriação de glebas cultivadas com plantações ilícitas é efeito automático da sentença penal condenatória, nos termos do art. 243, parágrafo único, da Constituição da República e decorre da sentença penal condenatória, conforme regulamentado, primeiramente e de forma geral, no art. 91, II, do Código Penal, e posteriormente, de forma específica no art. 63 da Lei n. 11.343/2006. (STJ, AgRg no AREsp nº 1.333.058/MS, Rel. Min. Reynaldo Soares da Fonseca, Quinta Turma, j. 11.12.2018).

Bem de família – É legítima a expropriação de bem considerado de família pertencente ao traficante, compatível com as exceções previstas no art. 3.º, inc. VI, da Lei 8.009/90, não ferindo o princípio do direito à moradia consagrado no art. 6.º da Constituição. Reza esse dispositivo que não será oponível a impenhorabilidade se o bem tiver "sido adquirido com produto de crime ou para execução de sentença penal condenatória a ressarcimento, indenização ou perdimento de bens." Aliás, merece ser lembrado que nenhuma liberdade pública é absoluta, jamais podendo servir de manto protetor para a prática de infrações penais.

Sobre o estudo das medidas assecuratórias e do confisco previsto na Lei de Drogas, nos reportamos ao estudo dos arts. 60 e seguintes.

CAPÍTULO II
DOS CRIMES

Art. 33. Importar, exportar, remeter, preparar, produzir, fabricar, adquirir, vender, expor à venda, oferecer, ter em depósito, transportar, trazer consigo, guardar, prescrever, ministrar, entregar a consumo ou fornecer drogas, ainda que gratuitamente, sem autorização ou em desacordo com determinação legal ou regulamentar:

Pena – reclusão de 5 (cinco) a 15 (quinze) anos e pagamento de 500 (quinhentos) a 1.500 (mil e quinhentos) dias-multa.

Objetividade jurídica – O bem jurídico protegido é a saúde pública (tutela imediata) e a saúde individual de pessoas que integram a sociedade (tutela mediata). A saúde pública é um bem jurídico supraindividual que pode ser interpretado como a soma das saúdes individuais de todos os membros da sociedade, englobando o sistema público de saúde, o conjunto de normas sanitárias e de higiene, bem como a prevenção de práticas sociais prejudiciais à comunidade devido aos danos que podem ocasionar à população.

Além disso, há quem sustente que o combate ao tráfico de drogas desempenha um papel de extrema importância na preservação da ordem econômica de uma nação. Isso se dá por diversas razões. Em primeiro lugar, o tráfico de drogas é frequentemente associado a atividades criminosas e organizações ilegais que buscam obter lucros ilícitos. Essas atividades incluem o contrabando, a lavagem de dinheiro e a corrupção, todas elas representando ameaças diretas à integridade do sistema econômico de um país.

Sob a perspectiva daquele que realiza o tráfico, cabe anotar a necessidade de evitar a desumanização progressiva que esse crime ocasiona. Com propriedade, confira-se a lição da doutrina: "Quem passa a comercializar drogas vai, aos poucos, tornando-se cada vez mais frio de ânimo e insensível ao sofrimento do usuário, do dependente e de seus familiares. Costuma, de modo espúrio, escuso, "prosperar" e, visando o lucro, rege-se tão-só pela "intenção lucrativa", pelos ganhos. Não raro, além de vender e de comprar, pode até roubar e mesmo matar, sequestrar, para satisfazer o desejo de lucro, de ganho perverso. Bem se sabe, tristemente, que as drogas constituem verdadeira pandemia que varre o mundo da juventude. E assim, o traficante faz fortuna à custa da desgraça e do sofrimento alheios. Por isso mesmo, é desprovido de sentimentos superiores como o dó, a compaixão, a honestidade, o remorso, a consciência moral, pois, o traficante é 'disposicionalmente' frio de ânimo, aético, perverso, desalmado." (POSTERLI, Renato. Psiquiatra, Professor de Medicina Legal e Psiquiatria Forense na Faculdade de Medicina da Universidade Federal de Goiás, tem várias obras publicadas, entre elas, "Aspectos da psicopatologia forense aplicada". Fonte: Revista Fato Típico, Ano III, n. 7, Abril-Junho/2011).

Além disso, o tráfico de drogas pode gerar um ambiente propício para o surgimento e o fortalecimento de economias paralelas e informais, minando a estabilidade e a confiança no sistema financeiro e comercial. Isso pode resultar em perdas significativas para a economia formal, afetando negativamente a arrecadação de impostos e, por consequência, a capacidade do Estado de prover serviços públicos essenciais.

Outro aspecto relevante é o impacto no mercado de trabalho e na produtividade. O consumo e a dependência de drogas muitas vezes levam à redução da capacidade de trabalho e ao afastamento de indivíduos do mercado laboral. Isso gera um custo econômico considerável em termos de produtividade perdida e de gastos com tratamento e reabilitação.

Ademais, o tráfico de drogas está intrinsecamente ligado a outras formas de criminalidade, como a violência urbana e a desestabilização de comunidades. Esses fatores afetam negativamente o ambiente de negócios, desencorajando investimentos e comprometendo o desenvolvimento econômico sustentável.

Portanto, é inegável que o combate ao tráfico de drogas não apenas protege a saúde pública, a segurança e o bem-estar da sociedade, mas também desempenha um papel crucial na preservação e fortalecimento da ordem econômica de uma nação. A implementação de políticas eficazes nesse sentido é essencial para garantir um ambiente propício ao crescimento econômico e ao desenvolvimento sustentável.

Crime de perigo – Entende a maioria da doutrina que o delito de tráfico de drogas é de *perigo abstrato*, isto é, dispensa a prova do risco efetivo, o qual é absolutamente presumido por lei, bastando a simples prática de qualquer um dos comportamentos típicos. Em recente julgado (HC 104.410/RS), o STF anunciou que a criação de crimes de perito abstrato não representa, por si só, comportamento inconstitucional por parte do legislador afinal os direitos fundamentais não podem ser considerados apenas como proibições de intervenção (*Eingriffsverbote*), expressando também um postulado de proteção (*Schutzgebote*). Pode-se dizer que os direitos fundamentais expressam não apenas uma proibição do excesso (*Übermassverbote*), como também podem ser traduzidos como proibições de proteção insuficiente ou imperativos de tutela (*Untermassverbote*).

Droga – A nova Lei, para ocupar o lugar da velha (e inadequada) locução *substância entorpecente*, preferiu a expressão *droga*, assim definida como toda substância relacionada na Portaria SVS/MS 344, de 12 de maio de 1998. A doutrina, na vigência da Lei anterior, já alertava que a Organização Mundial de Saúde considerou o termo *entorpecente* impróprio, preferindo adotar a expressão *droga que determina dependência*.

Norma penal em branco – Trata-se de lei penal em branco, complementada por preceito administrativo (Portaria SVS/MS 344/98). Respeitável parcela da doutrina tece severa crítica ao sistema adotado pela lei especial, isto é, relacionar, num rol taxativo, as substâncias consideradas entorpecentes. Segundo pensam, melhor seria, considerando o caso concreto, comprovar-se, através do competente laudo, a capacidade (ou não) da substância produzir dependência. Acácio Rebouças, lembrado por Valdir Sznick, fomenta a discussão indagando: "(...) que se dizer dos produtos estrangeiros que entram no país clandestinamente e são traficados, mas que, por não serem aqui comercializados, nunca figurarão em nenhuma portaria de qualquer órgão administrativo?" (*Lei anti-tóxico comentada*. São Paulo: Pillares, 2004. p. 87).

A Convenção de Viena sobre Substâncias Psicotrópicas (1971) já anotava: basta que uma droga tenha capacidade de produzir: 1 – um estado de dependência; 2 – estímulo ou depressão do sistema nervoso central, que cause alucinações, distúrbios de função motora, do raciocínio, do comportamento, da percepção ou do estado de ânimo ou abusos e efeitos semelhantes a uma substância constante da tabela I a IV (art. 2.º, item 4).

Em que pese o esforço (e praticidade) dessa fórmula, pensamos que ofenderia o princípio da *legalidade* (mais precisamente da *taxatividade* ou *determinação*), trazendo nefasta insegurança ao destinatário da norma. Somente quando o direito for "certo" a ação humana estará garantida. Aliás, como lembra Beccaria, "quanto maior for o número dos que compreenderem e tiverem entre as mãos o sagrado código das leis, menos frequentes serão os delitos, pois não há dúvida de que a ignorância e a incerteza das penas propiciam a eloquência das paixões". (*Dos delitos e das penas*. Rio de Janeiro: Martins Fontes, 1998. p. 51.)

Abolitio criminis – Excluindo-se da lista certa substância, configurar-se-á a *abolitio criminis*, extinguindo-se a punibilidade do agente, ainda que o feito esteja em fase de execução (ou seja, mesmo após o trânsito em julgado).

Sujeitos do crime – Trata-se, em regra, de crime comum, podendo ser praticado por qualquer pessoa. Temos, no entanto, uma exceção, trazida pelo verbo *prescrever*, o qual exige condição especial do agente (crime próprio), só podendo ser praticado por *médico* ou *dentista*.

Relembre-se que o simples fato de o acusado ser usuário de drogas não afasta o crime de tráfico de entorpecentes, pois é comum que pessoas envolvidas nesse delito também consumam drogas e pratiquem a mercancia para sustentar o próprio vício. No Brasil, o critério adotado para distinguir usuário de traficante é a avaliação judicial das circunstâncias do caso, conforme previsto no art. 28, § 2º, da Lei de Drogas. Portanto, a quantidade e natureza da substância apreendida, entre outros fatores, são analisados para determinar o crime.

Sujeito passivo primário é a sociedade, podendo com ela concorrer criança, adolescente ou pessoa incapaz de discernimento ou autodeterminação (art. 40, VI), e que receba a droga para consumi-la.

O crime previsto no art. 243 do ECA ("vender, fornecer ainda que gratuitamente, ministrar ou entregar, de qualquer forma, a criança ou adolescente, sem justa causa, produtos cujos componentes possam causar dependência física ou psíquica, ainda que por utilização indevida"), é subsidiário porque tem como objeto material coisa diversa da substância entorpecente. Assim, caso o agente entregue para menores de 18 anos de idade outras substâncias que possa causar dependência que não esteja prevista na Portaria do Ministério da Saúde como droga responderá pelo crime previsto na Lei 8.069/1990.

Tipo objetivo – Os dezoito verbos contemplados no art. 12 da Lei 6.368/76 foram mantidos, sem novos acréscimos, no tipo penal do art. 33 da Lei de Drogas. São eles: *importar* (trazer de fora), *exportar* (enviar para fora), *remeter* (expedir, mandar), *preparar* (por em condições adequadas para uso), *produzir* (dar origem, gerar), *fabricar* (produzir a partir de matérias primas, manufaturar), *adquirir* (entrar na posse), *vender* (negociar em troca de valor), *expor à venda* (exibir para a venda), *oferecer* (tornar disponível), *ter em depósito* (posse protegida), *transportar* (levar, conduzir), *trazer consigo* (levar consigo, junto ao corpo), *guardar* (tomar conta, zelar para terceiro), prescrever (receitar), *ministrar* (aplicar), *entregar* (ceder) a consumo ou *fornecer* (abastecer) drogas, *ainda que gratuitamente* (amostra grátis).

Crime de ação múltipla (ou conteúdo variado ou multinuclear) – Os vários núcleos verbais fazem do tráfico crime de ação múltipla (ou de conteúdo variado). Assim, mesmo que o agente pratique, *no mesmo contexto fático e sucessivamente* mais de uma ação típica (p. ex., depois de *importar* e *preparar* certa quantidade de droga, o agente *traz consigo* porções separadas para venda a terceiros), por força do princípio da alternatividade, responderá por crime único (*RT* 773/678), devendo, no entanto, a pluralidade de verbos efetivamente praticados ser considerada pelo juiz na fixação da pena (art. 59 do CP). Todavia, faltando proximidade comportamental entre as várias condutas haverá concurso de crimes (material ou mesmo continuado).

Também haverá concurso de crimes nas hipóteses em que o autor do crime perpetra um verbo nuclear em relação a uma espécie de droga e, posteriormente, durante o deslinde da investigação, sobressai a prática de verbo do tipo distinto relacionado a outra espécie de droga, cujos fatos remontam a circunstâncias diversas, ocorre concurso material entre dois tipos penais independentes de tráfico de drogas.

Cessão gratuita – Na vigência da lei anterior discutia-se o correto enquadramento típico da conduta daquele que, gratuitamente, cedia droga à terceira pessoa, para juntos a consumirem. Para uma primeira corrente, a conduta se ajustava ao art. 12 (tráfico de drogas, atual art. 33), vez que o tipo não diferenciava (e continua não diferenciando) a finalidade visada com a cessão. Assim:

> "Não é só vender, mas ter consigo, guardar, expor à venda, oferecer, fornecer ainda que gratuitamente, isso são algumas das múltiplas hipóteses legais, cada uma apta por si a implicar o dever de ser da pena do art. 12 da Lei de Drogas (atual 33). Se é para uso próprio, privilegia. Se também faz uso próprio da droga, como na espécie, este delito fica subsumido. Se a prova não tranquilizou sobre a venda, induvidosa foi a evidência do fornecimento." (*RJTJRS* 129/121).

Para outros, inexistente o objetivo de lucro (mercancia), a hipótese, por questão de equidade, melhor se amoldava ao art. 16 (porte para uso, atual art. 28). Confira-se:

> "A expressão fornecer do art. 12 [da revogada Lei 6.368/76] tem conotação mais forte, no sentido de abastecimento ou provisão com certa habitualidade, não podendo incluir-se nesse conceito a simples cessão, para uso em conjunto, em forma esporádica, de um cigarro de maconha." (*RJTJRS* 102/17).

Hoje, a tormentosa questão parece resolvida, prevendo a nova Lei tipo específico (art. 33, § 3.º), de menor potencial ofensivo, para o agente que oferece droga, eventualmente e sem objetivo de lucro, a pessoa de seu relacionamento, para juntos a consumirem.

Elemento normativo do tipo e a ilicitude da conduta – Sabendo-se que, excepcionalmente, a exploração de drogas é permitida no Brasil (arts. 2.º e 31), para que haja o crime mostra-se indispensável que o agente pratique qualquer dos núcleos verbais sem autorização ou em desacordo com determinação legal ou regulamentar (elemento normativo do tipo). Lembra Vicente Greco, que "equivale à ausência de autorização o desvio de autorização, ainda que regularmente concedido, como, por exemplo, alguém autorizado a importar cem gramas de morfina para fins terapêuticos, fizer a importação de cento e dez; ou, então, se alguém, autorizado a ter a posse para determinado fim, usa o entorpecente para outro" (*Lei de Drogas Anotada – Lei 11.343/2006*. São Paulo: Saraiva, 2008. p. 92).

Tipo subjetivo – O delito é punido somente na forma dolosa, isto é, o agente, com consciência e vontade, pratica qualquer dos núcleos verbais trazidos pelo tipo, ciente de que explora substância entorpecente proibida (droga) sem autorização ou determinação legal ou regulamentar.

Observa-se, ainda, que as condutas tipificadas no art. 33 da Lei nº 11.343/06 não requerem a presença do chamado dolo específico. Dessa forma, não é necessário comprovar que a droga se destinava ao comércio para que o crime se configure. O dolo específico está presente apenas no art. 28, de modo que, caso a droga seja portada, guardada ou adquirida exclusivamente para consumo pessoal, aplicam-se penas restritivas de direitos, conforme previsto na Lei. Qualquer outra finalidade atribuída à conduta do agente enseja a aplicação do art. 33, incluindo a hipótese de distribuição gratuita.

Caso o agente não saiba que tem consigo ou guarda ou tem a posse de droga, configurado está o chamado erro de tipo, que é excludente do dolo e, portanto, da tipicidade. Exemplo: o agente transporta substâncias ilícitas em seu veículo, a pedido de um amigo que o ludibriou ao afirmar que se tratavam de medicamentos. Nessa situação, é evidente que não possui a intenção de praticar o crime de tráfico de drogas, uma vez que não está ciente da verdadeira natureza do que está transportando. Assim, conforme estipula o art. 20, § 2.º do CP, o terceiro que induz ao erro é responsável pelo delito.

Também "Incide em erro sobre elemento do tipo o agente que, supondo erroneamente que o vocábulo 'autorização' contido no art. 12 da Lei 6.368/76 [atual art. 33 da Lei 11.343/2006], compreenderia também a autorização verbal ou tácita de autoridades policiais e judiciárias, mantém, sob sua guarda, drogas e objetos próprios para a utilização de substâncias entorpecentes, com a finalidade de serem mostrados em palestras educativas antitóxicos, isto porque, em tal hipótese, o erro recai sobre o conceito jurídico-penal de autorização, que é elemento essencial, normativo, do tipo penal. E, não prevendo a lei a modalidade culposa do crime descrito no mencionado artigo da referida lei, deve o réu ser absolvido, com fulcro no art. 20, *caput*, do CP, e art. 386, III, do CPP." (*RT* 712/447).

Circunstâncias indicativas do tráfico – No § 2º do art. 28, interpretado de forma ambivalente, a lei de drogas consagra algumas circunstâncias que podem indicar pela prática do tráfico de drogas. Assim, para determinar se a droga apreendida se destinava ao tráfico, deve-se avaliar uma série de elementos, não limitados apenas à quantidade da substância.

Além da natureza e quantidade da droga, devem ser consideradas as circunstâncias concretas do fato, como a forma de acondicionamento da substância, o local e as condições em que se deu a apreensão, e a variedade de drogas encontradas. Um exemplo é a apreensão simultânea de instrumentos que indicam mercancia, como balanças de precisão, registros de operações comerciais, e aparelhos celulares contendo contatos de usuários ou traficantes.

Esses elementos são indicativos de que há intenção de tráfico, especialmente em casos que envolvem pequenas quantidades de maconha. Ainda que a quantidade de droga seja inferior a 40 gramas, as autoridades policiais podem instaurar inquérito para investigar mais a fundo, representando, inclusive, pelo acesso a dados de conversas no celular apreendido. Esse acesso pode fornecer evidências adicionais, contribuindo para a qualificação correta do crime. A Tese 5, fixada no RE nº 635659 com repercussão geral (Tema 506), sugere que, mesmo em pequenas apreensões, não se descarta a possibilidade de prisão em flagrante, destacando que a autoridade policial não está impedida de adotar essa medida diante de indícios de tráfico.

Além disso, para que se conclua pela prática do crime de tráfico, outros fatores devem ser analisados, tais como o local e as condições em que a ação criminosa ocorreu, as circunstâncias da prisão, a conduta do agente, sua qualificação e antecedentes criminais. Em outras palavras, não é suficiente considerar apenas a quantidade ou a qualidade da droga. O Tribunal já decidiu que esses fatores podem tanto induzir à hipótese de tráfico quanto de uso próprio, dependendo do conjunto de circunstâncias envolvidas no caso concreto (RT 524/403).

Como exemplo, em um julgamento, o réu foi considerado traficante, não apenas pela quantidade de droga apreendida – 320,123 gramas de cocaína – mas também por suas condições pessoais, a ausência de capacidade econômica para justificar o uso pessoal e as circunstâncias da prisão. O réu foi preso em um ônibus intermunicipal com uma quantidade significativa de droga, e a total ausência de provas em sua defesa reforçou a conclusão de que ele era traficante (RT 691/297).

Portanto, a análise para a tipificação do fato no crime de tráfico de drogas não se restringe a um único fator, mas sim a um conjunto de elementos, como a forma de acondicionamento, os instrumentos encontrados, as circunstâncias da apreensão e a conduta do agente, que juntos indicam ou afastam a prática do tráfico de drogas.

Confissão – Anote-se que a demonstração da traficância deve ser feita por meios de elementos de convicação, dentre os quais se incluem a confissão do acusado. Deve-se atentar, porém, para o teor da nova Súmula 630 do STJ que dispõe que "A incidência da atenuante da confissão espontânea no crime de tráfico ilícito de entorpecentes exige o reconhecimento da traficância pelo acusado, não bastando a mera admissão da posse ou propriedade para uso próprio". Trata-se de verbete que consolida o entendimento de que não há que se conceder a atenuante genérica prevista no art. 65, III, "d", do Código Penal exige que o réu confesse os fatos pelos quais está sendo devidamente processado (STJ. 6ª Turma. HC 326.526/MS, Rel. Min. Antonio Saldanha Palheiro, julgado em 04/04/2017). Assim, em se tratando do crime de tráfico de entorpecentes, a confissão espontânea do acusado que admite a propriedade da droga, no entanto afirma ser destinada a consumo próprio, sendo mero usuário, impossibilita o reconhecimento da atenuante prevista no art. 65, inciso III, alínea "d", do Código Penal. (STJ. 5ªTurma. HC 488.991/PR, Rel. Min. Joel Ilan Paciornik, julgado em 26/03/2019).

É a posição do STF: "É inviável o reconhecimento da atenuante de confissão espontânea ao delito de tráfico de drogas, quando o réu, em interrogatório judicial, confessa a destinação da droga apreendida para uso próprio". (STF, AgRg no HC 208.434, Rel. Min. Dias Toffoli, 1ª Turma, j. 04.04.2022)

Consumação e tentativa – Consuma-se o crime com a prática de qualquer um dos núcleos trazidos pelo tipo, não se exigindo efetivo ato de tráfico (*RJTJSP* 70/371). Isso porque é muito comum a prática de diversas condutas típicas em transações envolvendo determinada quantidade de drogas. Normalmente, o mesmo agente importa, prepara, fabrica, transporta, vende, etc. As condutas são independentes e, obviamente, a punição pela prática de uma delas não pressupõe que outras também tenham sido praticadas. Caso comprovado, por exemplo, que um lote de cocaína estava sendo transportado para em seguida ser vendido, consuma-se o crime, independentemente de qualquer conduta relativa ao fim último do tráfico, que é o comércio. Da mesma forma, comprovada a transação para aquisição de droga que posteriormente seria revendida, consuma-se o tráfico ainda que não haja a entrega da substância por intervenção policial.

Convém lembrar que algumas modalidades de crimes são de natureza permanente, prolongando-se no tempo e no espaço, como, por exemplo, expor à venda, transportar, manter em depósito ou guardar substâncias ilícitas. Essa continuidade temporal e espacial nas condutas típicas parece, em princípio, inviabilizar a caracterização da tentativa nesses casos. No entanto, há uma corrente minoritária que defende entendimento contrário. Segundo essa posição: "Nos crimes de tráfico de entorpecentes, na modalidade de remeter substância tóxica por via postal, o delito não se consuma se a droga for apreendida nos Correios antes de chegar ao destinatário, configurando-se, nessa hipótese, a tentativa perfeita" (RT 782/552; RT 407/86).

No caso em que o agente negocia a **droga por telefone** e disponibiliza o transporte para recebê-la, entendemos haver o tráfico consumado na modalidade adquirir, vez que a o tráfico completa-se no instante em que ocorre a avença entre o comprador e o vendedor (STF. HC 71853/RJ, Rel. Min. Maurício Corrêa, Julgado em 07/05/1995, 2ª Turma, DJ de 19/5/1995).

Há julgados que sustentam que a mera solicitação do preso, sem a efetiva entrega do entorpecente ao destinatário no estabelecimento prisional, configura ato preparatório, o que impede a sua condenação por tráfico de drogas. (STJ. AgRg no REsp 1.999.604-MG, julgado em 20/3/2023 (Info 770). Contudo, o STJ possui julgados dizendo que, se o indivíduo combinou a compra da droga com o traficante e o entorpecente não foi entregue por circunstâncias alheias à sua vontade, esta conduta já configura o crime do art. 33 da Lei nº 11.343/2006, na modalidade "adquirir". (STJ. 6ª Turma. HC 650.712/SC, Rel. Min. Rogerio Schietti Cruz, julgado em 9/8/2022).

Concurso de crimes – Perfeitamente possível se mostra o concurso de tráfico de drogas com outros crimes, como furto (furtador que assalta um hospital, vendendo, em seguida, as substâncias para usuários) e receptação (venda de droga em troca de produto de crime). Tem-se negado, porém, o concurso com o delito de sonegação fiscal, sendo inaplicável, na seara penal, o princípio tributário do *non olet*, isto é, de que toda a atividade, lícita ou ilícita, desde que rentável, deve ser tributada (RT 776/663).

Concurso entre art. 282 do Código Penal e art. 33 da Lei de Drogas – O art. 282 do Código Penal pune a conduta daquele que exerce (pratica, exercita), ainda que a título gratuito, a profissão de médico, dentista ou farmacêutico, sem autorização legal ou excedendo-lhe os limites. No exercício sem autorização legal, o agente (qualquer pessoa) atua como médico, dentista ou farmacêutico sem estar diplomado por faculdade oficial. No excesso de limites, o profissional tem habilitação legal, mas a extrapola para exercer atividades outras ligadas à profissão (por exemplo, o clínico que se aventura a realizar cirurgias plásticas).

Se alguém exerce ilegalmente a medicina, a arte dentária ou a farmacêutica, é natural que o faça prescrevendo medicamentos. Se a prescrição se referir a substância classificada como droga, o agente responde em concurso formal com o crime de tráfico. Confira o julgado do STJ neste sentido: "Não existe a vinculação necessária, que se pretende estabelecer, da prática do crime previsto no art. 282 do Código Penal com o crime de tráfico de drogas. De fato, não se exige para a configuração do crime de exercício ilegal da medicina que o agente prescreva substância tida pela legislação como droga para os fins da Lei nº 11.343/2006. O vulgar exercício da medicina por parte daquele que não possui autorização legal para tanto é suficiente para a delimitação do tipo em destaque. Se o agente ao exercer irregularmente a medicina ainda prescreve droga, resta configurado, em tese, conforme já reconhecido por esta Corte em outra oportunidade (HC 9.126/GO, 6ª Turma, Rel. Min. Hamilton Carvalhido, DJ de 13/08/2001) o concurso formal entre o art. 282 do Código Penal e o art. 33, caput, da Lei nº 11.343/2006." (HC 139.667/RJ, j. 17/12/2009).

Nulidade da prova obtida a partir de ligação telefônica em que policial se faz passar por suspeito abordado – A rotina da atividade policial tem revelado com frequência situações nas quais indivíduos suspeitos da prática do tráfico de drogas são abordados trazendo consigo telefones celulares prontamente examinados pelos policiais em busca de *mensagens armazenadas em aplicativos como o WhatsApp*. O STJ tem decidido que os aparelhos podem ser examinados, mas desde que por meio de perícia previamente autorizada por decisão judicial (No sentido de que a autorização judicial nem sempre é necessária, conferir comentários ao art. 25 da Lei 13.869/2019). O tribunal firmou a tese de que violam direitos e garantias fundamentais a consulta e o exame pericial realizados diretamente após a apreensão pela polícia, sem a prévia autorização judicial:

> "2. 'A jurisprudência das duas Turmas da Terceira Seção deste Tribunal Superior firmou-se no sentido de ser ilícita a prova obtida diretamente dos dados constantes de aparelho celular, decorrentes de mensagens de textos SMS, conversas por meio de programa ou aplicativos ("WhatsApp"), mensagens enviadas ou recebidas por meio de correio eletrônico, obtidos diretamente pela polícia no momento do flagrante, sem prévia autorização judicial para análise dos dados armazenados no telefone móvel.' (HC 372.762/MG, Relator Ministro FELIX FISCHER, QUINTA TURMA, julgado em 03/10/2017, DJe 16/10/2017). 3. In casu, conforme se extrai dos autos (fls. 200/201), os telefones foram apreendidos no momento do flagrante, isto é, sem autorização judicial. 4. Hipótese em que, ainda que se considere nula a prova obtida por meio da apreensão dos celulares, tal constatação não tem o condão de afastar a condenação do recorrente que encontrou amparo em outros elementos de prova não decorrentes dos dados obtidos por meio da perícia realizada no celular do acusado." (REsp 1.727.266/SC, j. 05/06/2018)

Note-se que isto ocorre mesmo no caso de prisão em flagrante, durante a qual o aparelho pode ser apreendido, mas, até que se providencie autorização judicial específica, nenhuma devassa de dados considerados sigilosos pode ser promovida, sob pena de anulação da prova.

Ao julgar o HC 511.484/RS (j. 15/08/2019), o STJ se deparou com outra situação: em uma abordagem de rotina, policiais encontraram certa quantidade de drogas embaixo do assento do motorista de um veículo. Durante a revista, o telefone celular de um dos ocupantes do veículo tocou várias vezes, até que um policial decidiu atender. Ao perceber que se tratava de alguém que buscava adquirir drogas, fez-se passar pelo proprietário do aparelho e efetuou a negociação. Em seguida, foi até o lugar marcado e encontrou o potencial comprador, que confessou a aquisição de drogas do indivíduo que havia sido abordado pouco antes. Diante disso, os policiais efetuaram a prisão em flagrante pelo crime de tráfico.

Para o STJ, a prova foi ilegal, e, como dela derivaram todos os demais elementos probatórios, a ação penal foi anulada. Segundo o ministro Sebastião Reis Júnior, nem mesmo a situação de flagrância era certa até o momento em que o policial decidiu atender à ligação, pois a quantidade de drogas guardadas no veículo era muito pequena (2,8g de cocaína e 1,26g de maconha). Logo, até que o policial encontrasse o indivíduo que confessaria a aquisição de drogas daquele que já havia sido abordado, não havia nenhum elemento que revelasse indício razoável da mercancia ilegal. Citando seu próprio voto em outro habeas corpus, o ministro afirmou que:

> "tal conduta, embora não se encaixe perfeitamente no conceito de interceptação telefônica, revela verdadeira invasão de privacidade e indica a quebra do sigilo das comunicações

telefônicas do paciente, em afronta a princípios muito caros do nosso ordenamento jurídico. Não merece, portanto, o endosso do Superior Tribunal de Justiça, mesmo que se tenha em mira a persecução penal de pessoa supostamente envolvida com tráfico de drogas.

(...)

No caso, entendo que a prova foi obtida por meio de arbítrio do policial militar, e cabe ao magistrado abstraí-la do conjunto probatório porque alcançada sem observância das regras de Direito que disciplinam a execução do jus puniendi. Não tinha a autoridade policial permissão, do titular da linha telefônica ou mesmo da Justiça, para atender ao telefone móvel do paciente e travar conversa através daquela linha com qualquer interlocutor que fosse. O policial 'entrou' na comunicação alheia, de modo a obter, de modo sub-reptício, conversa que deveria ficar entre aquele que ligou e o destinatário real do telefonema. É consabido que o sigilo das comunicações telefônicas – e o caso se enquadra nesta situação – somente pode ser relativizado nas hipóteses e na forma que a lei especificar".

Anote-se que nestes casos, o possível vício na atuação estatal decorre da suposta violação ao direito à intimidade e não propriamente sobre a configuração de flagrante preparado, situação que sofreu uma alteração significativa após a entrada em vigor do novo inciso IV do § 1º do art. 33 da Lei, a seguir estudado.

Estado de necessidade – A jurisprudência é copiosa no sentido de ser incabível a descriminante do estado de necessidade em se tratando do crime de tráfico. Ainda na vigência da lei revogada, assim decidiu o Tribunal de Justiça de São Paulo: "Invocar estado de necessidade em tráfico de entorpecentes, sobre constituir em subversão de valores juridicamente tutelados, fere o senso de justiça da comunidade" (*JTJ* 141/399).

No mesmo sentido: "Dificuldade de subsistência por meios lícitos decorrentes de doença, embora grave, não justifica apelo a recurso ilícito, moralmente reprovável e socialmente perigoso, de se entregar o agente a negociação de tóxicos" (*JUTACRIM* 25/214).

Descabimento da teoria da coculpabilidade ao tráfico de drogas – segundo a teoria da coculpabilidade, a falta de prestações sociais como escola, saúde e oportunidades econômicas devidas pelo Estado moderno empurram determinadas pessoas a trilhar o caminho do crime, razão pela qual, a depender do grau de exclusão social em que se encontram determinados criminosos, o Estado também deveria ser responsabilizado pelos atos eles praticados. A teoria não é aceita no crime de tráfico de drogas, conforme decisão do STJ:

Habeas corpus. Tráfico de drogas. Condenação. Apelação julgada. Pretensões de absolvição e desclassificação. Via inadequada. Exame aprofundado das provas. Teoria da coculpabilidade do Estado. Não configuração. Ordem denegada. 1. Hipótese em que as instâncias originárias examinaram, com profundidade, os elementos de convicção produzidos nos autos da ação penal, concluindo pela condenação do paciente. Inviável atender a pretensão defensiva, de absolvição ou desclassificação da conduta, nesta via estreita do mandamus, em que vedado o revolvimento fático-probatório. 2. O Superior Tribunal de Justiça não tem admitido a aplicação da teoria da coculpabilidade do Estado como justificativa para a prática de delitos. Ademais, conforme ressaltou a Corte estadual, sequer restou demonstrado ter sido o paciente prejudicado por suas condições sociais. 3. Habeas corpus denegado" (STJ, HC 187.132/MG 2010/0185087-8, Rel. Min. Maria Thereza de Assis Moura, Data de publicação: 18.02.2013

Absorção dos crimes do § 1º do art. 33 e/ou art. 34 – O *caput* do art. 33 da Lei 11.343/06 pune condutas relativas ao tráfico de drogas propriamente dito, tanto consistentes no efetivo comércio quanto em procedimentos anteriores que tenham por fim a traficância (importação, exportação, fabricação, preparação, transporte, etc.). O § 1º do mesmo dispositivo pune o tráfico equiparado, abarcando condutas relativas a matéria-prima, insumo ou produto químico destinado à preparação de drogas; ao semeio, cultivo ou colheita de plantas que se sejam matéria-prima para a preparação de drogas; e à utilização de local ou bem de qualquer natureza de que o agente tem propriedade, posse, administração, guarda ou vigilância, bem como ao consentimento para que outrem se utilize do local, ainda que gratuitamente, para o tráfico ilícito de drogas.

O art. 34, por sua vez, tipifica condutas relativas ao tráfico de maquinário, aparelho, instrumento ou qualquer objeto destinado à fabricação, preparação, produção ou transformação de drogas.

Analisando os tipos penais, vê-se que suas condutas podem ser cometidas tanto no mesmo quanto em contextos fáticos totalmente diversos.

Com efeito, é plenamente possível que determinado indivíduo adquira um imóvel, maquinários e instrumentos para fabricar e preparar drogas, adquira a matéria prima, prepare a droga e efetue a venda para que alguém a distribua aos usuários. Temos aqui condutas correspondentes aos três tipos penais cometidas no mesmo contexto fático, o que faz incidir o princípio da consunção para que o agente seja punido apenas por sua finalidade última: o tráfico de drogas.

Se, no entanto, as múltiplas condutas são cometidas em contextos diversos, impõe-se o concurso de delitos, como ocorre, por exemplo, se constatado que alguém cede um imóvel para o comércio de drogas e, em outro local, toma parte na aquisição de matéria prima para a produção de drogas, enquanto se associa com outra pessoa para vender drogas provenientes de um fornecedor internacional. São três crimes absolutamente distintos, que atraem o concurso.

E, mesmo que diversas condutas se reúnam em contexto aparentemente único, é possível o concurso se demonstrada a maior potencialidade lesiva de cada uma delas assim reconhece o STJ:

> "1. O princípio da consunção resolve o conflito aparente de normas penais quando um delito menos grave é meio necessário ou normal fase de preparação ou execução de outro mais danoso. Nessas situações, o agente apenas será responsabilizado pelo último crime. Para tanto, porém, imprescindível a constatação do nexo de dependência entre as condutas a fim de que ocorra a absorção da menos lesiva pela mais nociva. Doutrina.
>
> 2. O crime descrito no 34 da Lei n. 11.343/2006 busca coibir a produção de entorpecentes, enquanto a norma incriminadora do tráfico de estupefacientes possui como objetivo obstar a disseminação dos materiais tóxicos. Sendo assim, nos termos da orientação jurisprudencial desta Casa, necessário avaliar, para fins de incidência do princípio da consunção, a concreta lesividade dos instrumentos destinados à fabricação, preparação ou transformação dos entorpecentes. Precedentes.
>
> 3. Na espécie, os condenados, além de terem em depósito certa quantidade de entorpecentes para fins de mercancia, armazenavam, em significativa escala, maquinários e utensílios – balanças, tachos e substâncias para mistura, com peso total, conforme auto de apreensão, de dezenove quilogramas – que não se destinavam somente à preparação dos estupefaciente encontrados no momento da prisão dos réus, compondo, para além disso, laboratório que funcionava de forma autônoma, proporcionando a preparação de número muito maior de substâncias estupefacientes. Desse modo, inviável a incidência do princípio da consunção, porquanto evidenciada a independência entre as condutas, ou seja, a fabricação ou transformação dos materiais tóxicos não operou como meio necessário para o crime de tráfico de entorpecentes." (HC 349.524/SP, j. 30/05/2017).

Sanção penal – A pena, que na lei anterior era de 3 (três) a 15 (quinze) anos de reclusão, e multa de 30 (trinta) a 360 (trezentos e sessenta) dias-multa, foi exacerbada, passando para 5 (cinco) a 15 (quinze) anos, acrescida do pagamento de 500 (quinhentos) a 1.500 (mil e quinhentos) dias-multa. Estamos diante de *novatio legis in pejus*, a ser aplicada, portanto, somente aos fatos ocorridos durante a sua vigência, sendo vedada, em caráter absoluto, a sua retroatividade (art. 1.º do CP). Contudo, sabendo que algumas modalidades do crime são permanentes (como, por exemplo, trazer consigo, manter em depósito etc.), importante lembrarmos, diante da nova pena (mais gravosa), a determinação contida na Súmula 711 do STF, *in verbis*: "A lei penal mais grave aplica-se ao crime continuado ou ao crime permanente, se a sua vigência é anterior à cessação da continuidade ou da permanência".

Constitucionalidade da multa mínima prevista no art. 33 da Lei 11.343/2006: O Plenário Virtual do Supremo Tribunal Federal, em 22/10/2021, reconheceu a existência de repercussão geral da questão constitucional suscitada no *Leading Case* RE 1347158 e no Tema 1.178, oportunidade em que fixou a seguinte tese: "A multa mínima prevista no artigo 33 da Lei 11.343/06 é opção legislativa legítima para a quantificação da pena, não cabendo ao Poder Judiciário alterá-la com fundamento nos princípios da proporcionalidade, da isonomia e da individualização da pena".

Não nos afigura haver inconstitucionalidade no *quantum* da pena de multa fixada no crime de tráfico de drogas.

A uma porque a recrudescida política criminal vigente em face do tráfico de droga possui status constitucional (art. 5º, XLIII), que inegavelmente impele o legislador ordinário à edição de norma penal severa sobre o assunto. Além disso, a Convenção Contra o Tráfico Ilícito de Entorpecentes e Substâncias Psicotrópicas, internalizada por meio do Decreto 154/1991 (artigo 3, item 4, letra a), prevê o necessário sancionamento pecuniário e confiscatório do tráfico, conferindo uma modelagem internacional mais ou menos uniforme na reprimenda deste crime, ponto do qual o Brasil não deve se distanciar. Há, portanto, razões constitucionais e internacionais para o apenamento pecuniário mais intenso na lei antidrogas quando comparada à legislação penal comum.

A duas porque, sob a perspectiva da análise econômica do crime, a pena de multa é a principal sanção dissuasória da prática do crime, que lhe retira a perspectiva recompensatória, calculada sob o cálculo do custo-benefício entre a sanção e o lucro dele advindo. A sanção pecuniária se acopla na tendência internacional de despatrimonialização do agente do crime de modo a incrementar, economicamente, os efeitos dissuasórios e retributivos da sanção penal, notadamente àquelas categorias delitivas altamente rentáveis como o tráfico de drogas praticado por organizações criminosas. A análise econômica do direito, dentre outras lições, indica que um sistema sancionador eficaz deve impor riscos superiores às vantagens inerentes à prática do crime.

A três porque, o preceito secundário do art. 33 da Lei 11.343/2006 prevê pena de multa em patamares mínimos e máximo bem delineados, absolutamente aptos a conferir ao julgador uma margem de discricionariedade suficiente para levar em considerações a condição econômica do acusado, o que satisfaz plenamente o princípio da individualização da pena.

Regime e progressão de cumprimento de pena: Em sua redação original, o art. 2º, § 1º, da Lei 8.072/90 dispunha que a pena para condenados por crimes hediondos e equiparados seria cumprida em regime integralmente fechado. Declarada inconstitucional pelo STF, a regra foi modificada pela Lei 11.464/07, que passou a impor o regime inicial fechado, também considerado inconstitucional pela Corte Suprema (HC 111.840/ES). Em virtude desta última decisão, a regra para a imposição do regime de pena nos crimes hediondos e equiparados é a mesma aplicável para os demais delitos, isto é, seguem-se os parâmetros do art. 33, § 2º, do CP – que estabelece balizas relativas à quantidade da pena aplicada – e do art. 59 do CP – que elenca as circunstâncias judiciais.

Fixado o regime inicial de cumprimento de pena, a progressão deve seguir as disposições do artigo 112 da Lei de Execução Penal, conforme alterado pela Lei 13.964/2019. Segundo essa norma, a progressão de regime para uma pessoa condenada por tráfico de drogas, considerado crime hediondo, pode variar de acordo com a situação do condenado e a natureza do crime.

Se o condenado por tráfico de drogas for primário, ele poderá progredir de regime após cumprir 40% da pena. No entanto, se o tráfico de drogas tiver resultado em morte e o condenado for primário, ele precisará cumprir 50% da pena, com a vedação ao livramento condicional. Para reincidentes na prática de crimes hediondos ou equiparados, como o tráfico de drogas, a fração necessária para a progressão é de 60%. Se o condenado for reincidente em crime hediondo com resultado morte, ele deverá cumprir 70% da pena, sendo vedado o livramento condicional. Esses índices refletem a severidade aplicada aos crimes hediondos, como o tráfico de drogas, durante a execução penal.

Sobre a progressão, devemos fazer ainda uma importante consideração.

Até a edição da Lei 13.964/2019, a progressão de regime para crimes hediondos e equiparados era regulada pela Lei 8.072/1990. O condenado deveria cumprir 2/5 da pena, se primário, ou 3/5, se reincidente. Como a lei não especificava que a reincidência deveria ser em crime hediondo, o Superior Tribunal de Justiça (STJ) havia estabelecido a orientação de que a fração de cumprimento era de 3/5 independentemente da natureza do crime.

Atualmente, o artigo 112 da Lei de Execução Penal (LEP), com as alterações introduzidas pela Lei 13.964/2019, lavrada com uma redação ambígua e imprecisa, parece especificar que a reincidência deve ser em crimes hediondos para que se aplique as frações mais severas para progressão de regime. Para uma corrente de entendimento, há uma lacuna quanto ao reincidente não específico, ou seja, aquele condenado por crime hediondo que foi previamente condenado por infração penal de outra natureza.

Assim, seguindo esta linha, a Terceira Seção do STJ, , consolidou o entendimento de que o condenado por crime hediondo que seja reincidente só deve cumprir a fração maior para progressão se a reincidência for específica. Caso contrário, deve cumprir a fração correspondente ao condenado primário, dado que a lei não estabelece uma regra específica para essa situação (REsp 1.910.240/MG, j. 26/05/2021).

O Supremo Tribunal Federal (STF) decidiu de maneira semelhante. Para a Corte, a reforma da sistemática de progressão de regime promovida pela Lei 13.964/2019 não abordou expressamente a situação do condenado anteriormente por crime não hediondo e, posteriormente, por crime hediondo, ou seja, o reincidente não específico em crime hediondo. Na ausência de previsão exata na norma, impõe-se a interpretação mais favorável ao réu, com base na presunção de inocência, um princípio fundamental do sistema penal em um Estado Democrático de Direito. Com base nesse entendimento, o Plenário do STF, por unanimidade, reconheceu a repercussão geral da questão constitucional suscitada (Tema 1169 da RG) e, no mérito, por maioria, reafirmou a jurisprudência dominante sobre a matéria, vencido o ministro Luiz Fux.

A tese fixada foi: "Tendo em vista a legalidade e a taxatividade da norma penal (art. 5º, XXXIX, CF), a alteração promovida pela Lei 13.964/2019 no art. 112 da LEP não autoriza a aplicação do percentual de 60% (inc. VII) aos condenados reincidentes não específicos para fins de progressão de regime. Diante da omissão legislativa, deve-se aplicar a analogia *in bonam partem*, utilizando o inciso V do artigo 112 da LEP (com fração de 40%) ao condenado por crime hediondo ou equiparado sem resultado morte reincidente não específico" (STF. ARE 1327963/SP, rel. Min. Gilmar Mendes, j. no Plenário Virtual em 17/09/2021).

Progressão de regime no caso de mulher gestante ou que for mãe ou responsável por crianças ou pessoas com deficiência - Além das regras referentes à prisão domiciliar, a Lei 13.769/18 promoveu alterações na Lei de Execução Penal, incluindo modificações no artigo 112 da LEP. Esse artigo foi alterado pela Lei 13.964/19, mas dois parágrafos foram mantidos inalterados e permanecem vigentes. O § 3º do artigo 112 estabelece requisitos específicos para a progressão de regime da apenada mulher gestante, mãe ou responsável por crianças ou pessoas com deficiência. Os requisitos são:

I – não ter cometido crime com violência ou grave ameaça à pessoa; II – não ter cometido o crime contra seu filho ou dependente; III – ter cumprido ao menos 1/8 (um oitavo) da pena no regime anterior; IV – ser primária e ter bom comportamento carcerário, comprovado pelo diretor do estabelecimento; V – não ter integrado organização criminosa.

A fração de pena a ser cumprida (1/8) é menor do que a fração mínima do caput do art. 112 (16% ou 1/6), e deve ser observada mesmo em casos de crimes hediondos e equiparados.

No entanto, a jurisprudência tem demonstrado a necessidade de aplicar esses requisitos com cautela, especialmente em casos de condenação por tráfico de drogas e reincidência. Por exemplo, em um agravo em execução penal, a defesa tentou obter a progressão de regime com base no § 3º do art. 112 da LEP, argumentando que a apenada era mãe de uma criança. Contudo, o Tribunal de Justiça de Santa Catarina manteve a negativa da progressão, pois a apenada utilizava sua própria filha adolescente para cometer o delito e armazenava entorpecentes na residência onde vivia com seus filhos, o que violava o inciso II da norma em questão (TJSC, Agravo de Execução Penal n. 5003729-80.2022.8.24.0018).

Esse julgamento reforça que, mesmo quando os requisitos formais do § 3º são atendidos, a análise prática das circunstâncias do caso concreto pode levar à negativa da progressão, especialmente se houver evidências de que a apenada utilizou suas condições familiares de maneira ilícita.

Extradição do traficante – A extradição nada mais é do que a entrega ou a solicitação de pessoa que tenha sofrido condenação penal transitada em julgado ou que esteja respondendo a processo penal. O regime jurídico vigente no Brasil não permite que que o brasileiro nato ou naturalizado possa ser extraditado (vide art. 5º, LI, da Constituição Federal). Para o naturalizado, todavia, há duas exceções: a) ter sido obtida a naturalização após o fato que motivou o pedido de extradição; b) quando for comprovado o envolvimento com tráfico de entorpecentes e drogas afins, caso em que se exige a sentença penal condenatória com trânsito em julgado.

O estrangeiro condenado por tráfico de drogas, como de resto nos demais crimes, poderá ser extraditado, o que deverá ser feito à luz das exigências previstas na Lei de Migração (Lei n. 13.445/2017).

Para que a extradição seja providenciada é importante pedir na denúncia ou nas alegações finais que o Juízo expeça ofício ao Ministério da Justiça para dar início ao processo administrativo de expulsão do estrangeiro condenado por tráfico de drogas, de modo a evitar que a execução do decreto de expulsão reste frustrada.

Morte do usuário por overdose em razão da entrega de droga pelo traficante – A questão atualmente em discussão diz respeito à possibilidade de responsabilizar o traficante que fornece uma determinada quantidade de droga a um usuário que, após consumi-la, morre de overdose.

O tema é abordado de maneira bastante restrita na doutrina nacional. Uma primeira corrente argumenta que não é viável responsabilizar o traficante pela morte do usuário, pois, mesmo que a vítima tenha conhecimento da toxicidade e danosidade da substância consumida, o óbito seria resultado de sua própria exposição voluntária a um perigo, uma condição derivada de seu discernimento e capacidade de gerir suas próprias ações na vida. Em última análise, em virtude do chamado princípio da auto-responsabilidade, a vítima tem o controle sobre os fatos e pode, livremente, optar por não se envolver na conduta arriscada. Esta é a corrente doutrinária defendida por Claus Roxin, que inclusive menciona uma decisão do Tribunal de Justiça Federal da Alemanha (o Bundesgerichtshof (BGH)) em apoio a essa posição (ROXIN, Claus. Estudos De Direito Penal. Tradução: Luís Greco. Rio de Janeiro: Renovar, 2006, p. 107-109).

Contudo, observamos que a argumentação acima parte do pressuposto de que a legislação alemã não sanciona a participação em suicídios, o que é uma situação distinta da existente na legislação penal brasileira e que gera uma diferença nos casos de participação e exposição alheia a perigo, um ponto também destacado por Fernando Galvão (Fernando Galvão, Imputação Objetiva. Belo Horizonte: Mandamentos, 2000, p. 64). Parece-nos plenamente verificável em casos como este que o traficante cria uma autêntica situação de risco, conforme previsto no artigo 13, § 2º, "c", do Código Penal, especialmente quando está ciente da letalidade do consumo excessivo da substância entorpecente, assumindo, assim, o risco de causar a morte do usuário. Mesmo Roxin faz uma ressalva em sua argumentação ao afirmar que "Quando, porém, o fornecedor da droga conhecer a periculosidade do material bem melhor que o comprador, o vendedor será o responsável, de maneira que também aqui o conhecimento do autor se torna importante para a imputação ao tipo objetivo" (ROXIN, Claus. Estudos De Direito Penal. Tradução: Luís Greco. Rio de Janeiro: Renovar, 2006, p. 121).

Dessa forma, na hipótese de a vítima, devido à dependência, não possuir capacidade para discernir sobre a letalidade e dosagem da droga consumida, não há como aplicar a auto-responsabilidade e, portanto, excluir a imputação da sua morte ao traficante. Nestes casos, além do resultado permanecer dentro da previsibilidade, ele se encontra na linha normal de desdobramento causal de sua conduta, motivo pelo qual o traficante pode ser responsabilizado por isso.

Natureza de crime equiparado a hediondo do tráfico de drogas: importa registrar que mesmo depois da revogação do art. 2º, § 2º, da Lei 8.072/1990 pela Lei 13964/2019, o tráfico de drogas mantém a natureza de crime equiparado a hediondo, qualificação feita pelo próprio texto da Constituição Federal (Art. 5º, XLIII). Como sabido, foi o legislador constituinte que estabeleceu tratamento mais gravoso aos crimes de tortura, tráfico ilícito de entorpecentes e aqueles considerados hediondos, principalmente por causa da lesividade inerentes a esses delitos, razão pela qual, inclusive, são chamados como **crimes constitucionalmente hediondos**.

Neste sentido, já decidiu o STJ: "As instâncias ordinárias não divergiram da jurisprudência dominante nesta Corte Superior, no sentido de que a equiparação do crime de tráfico de drogas a crimes hediondos, assim como a tortura e o terrorismo, decorrem diretamente da Constituição Federal, não sendo adequado afirmar que o "Pacote Anticrime" afastou as consequências deletérias da Lei n. 8.072/1990 destes delitos" (STJ. HC nº 721316 - SC (2022/0029185-8). Rel. Min. JOEL ILAN PACIORNIK, j. 08/02/2022).

No plano infraconstitucional, a igualdade de tratamento entre o tráfico de drogas e os demais crimes hediondos é mantida pelo art. 2º, caput, da Lei 8.072/1990 e pelo novo art. 112 da Lei de execuções Penais que estabelece percentuais específicos para a progressão de regime aos condenados por crimes hediondos ou equiparados nos incisos V e VII. Na verdade, a Lei nº 13.964/2019 não afastou a natureza de equiparado a hediondo do crime tipificado no artigo 33, caput, da Lei 13.343/2006. Ao contrário, reafirmou tal natureza ao inserir o §5º ao artigo 112 da Lei nº 7.210/1984, segundo o qual: "Não se considera hediondo ou equiparado, para os fins deste artigo, o crime de tráfico de drogas previsto no § 4º do artigo 33 da Lei nº 11.343, de 23 de agosto de 2006".

Em decorrência, a progressão de regime para os condenados pela prática do crime tipificado no artigo 33, caput, da Lei 13.343/2006 está subordinada ao cumprimento do percentual previsto para os crimes equiparados a hediondos (arts. 112, V ou VII, conforme o caso).

Insta anotar ainda que é desnecessário o reconhecimento, na sentença, do caráter equiparado a hediondo do crime de tráfico de drogas uma vez que essa natureza decorre da Constituição Federal (art. 5º, XLIII) e não da declaração judicial. (STJ. REsp 1.648.545/MG, rel. Min. Rogério Schietti Cruz, j. em 01/08/2019, DJe 07/08/2019).

Tráfico de drogas e medida sócio-educativa: Segundo a Súmula n. 492 do STJ, o ato infracional análogo ao tráfico de drogas, por si só, não impõe obrigatoriamente a medida socioeducativa de internação ao adolescente. Esse entendimento está em consonância com o art. 122 do Estatuto da Criança e do Adolescente, que estabelece a aplicação da internação apenas nas seguintes hipóteses: quando o ato infracional for praticado com grave ameaça ou violência contra a pessoa; em caso de reiteração no cometimento de infrações graves; ou no descumprimento reiterado e injustificado de medida previamente imposta. Portanto, a imposição da medida extrema de internação não pode ser fundamentada na mera gravidade abstrata do ato infracional, sendo necessária a observância das condições específicas previstas em lei, o que torna ilegal a internação imposta à paciente no presente caso.

§ 1.º Nas mesmas penas incorre quem:

I – importa, exporta, remete, produz, fabrica, adquire, vende, expõe à venda, oferece, fornece, tem em depósito, transporta, traz consigo ou guarda, ainda que gratuitamente, sem autorização ou em desacordo com determinação legal ou regulamentar, matéria-prima, insumo ou produto químico destinado à preparação de drogas;

II – semeia, cultiva ou faz a colheita, sem autorização ou em desacordo com determinação legal ou regulamentar, de plantas que se constituam em matéria-prima para a preparação de drogas;

III – utiliza local ou bem de qualquer natureza de que tem a propriedade, posse, administração, guarda ou vigilância, ou consente que outrem dele se utilize, ainda que gratuitamente, sem autorização ou em desacordo com determinação legal ou regulamentar, para o tráfico ilícito de drogas.

IV – vende ou entrega drogas ou matéria prima, insumo ou produto químico destinado à preparação de drogas, sem autorização ou em desacordo com a determinação legal ou regulamentar, a agente policial disfarçado, quando presentes elementos probatórios razoáveis de conduta criminal preexistente. (*Redação dada pela Lei n.º 13.964/019)*

Tráfico ilícito de matéria-prima, insumo ou produto químico destinado à preparação de drogas (inciso I) – Nas mesmas penas do *caput* (5 a 15 anos de reclusão, e multa) incorre qualquer pessoa (delito comum) que importa, exporta, remete, produz, fabrica, adquire, vende, expõe à venda, oferece, fornece, tem em depósito, transporta, traz consigo ou guarda, ainda que gratuitamente, *matéria-prima* (substância principal que se utiliza, ainda que eventualmente, no fabrico da droga), *insumo* (elemento necessário, não necessariamente indispensável, para produzir a droga) ou *produto químico* (substância resultante de uma elaboração química) destinado à preparação de drogas.

Como bem anota Vicente Greco Filho a respeito do que se entende por matéria-prima para a produção de drogas, "Não há necessidade de que as matérias-primas tenham já de per si os efeitos farmacológicos dos tóxicos a serem produzidos; basta que tenham as condições e qualidades químicas necessárias para, mediante transformação, adição etc., resultarem em entorpecentes ou drogas análogas. São matérias-primas o éter e a acetona, conforme orientação do Supremo Tribunal Federal e consagração da Convenção de Viena de 1988" (Lei de Drogas Anotada – Lei 11.343/2006. São Paulo: Saraiva, 2008. p. 96).

Os insumos controlados estão descritos em normativas periodicamente publicadas pela Anvisa e incluem substâncias como tolueno (utilizado como solvente na produção de gasolina), acetona, éter etílico, permanganato de potássio, ácido sulfúrico, efedrina, ácido lisérgico (diferente do LSD, que é uma substância de uso proibido no Brasil), ácido fenilacético, isosafrol, entre outros. Cumpre observar, todavia, que esta lista não taxativa, podendo outros insumos ou produtos químicos ser destinados à produção de drogas. Assim, conforme jurisprudência, "éter sulfúrico e acetona são substâncias reconhecidamente utilizadas no refino da cocaína. A expressão 'matéria-prima', constante do inciso I do § 1.º do art. 12 da Lei 6.368/76 (atualmente, art. 33, § 1.º, I, da Lei 11.343/2006), abrange tanto as substâncias destinadas exclusivamente à preparação de drogas quanto aquelas que, eventualmente, possam ser utilizadas para esse fim" (RTJ 119/397). No entanto, há entendimento divergente, que exige a comprovação de que a substância tinha como finalidade específica a preparação da droga (nesse sentido: RTJE 35/257; TJRJ 14/283).

Instalou-se certa divergência no que diz respeito à importação de pequena quantidade de **sementes de maconha** destinadas à produção da droga para consumo pessoal. Uma primeira corrente defende que a conduta se subsume ao tipo do tráfico, que não excepciona a respeito das circunstâncias em que se dá a importação de matéria-prima (STJ. 5ª T. AgRg no AREsp 1.096.628/CE, DJe 01/09/2017). Uma segunda linha sustenta que a importação de poucas sementes de *cannabis* destinadas a produzir droga para consumo pessoal é atípica, pois não existe, no art. 28 da Lei 11.343/06, tipificação expressa para semelhante conduta. (STJ. 6ª T. AgRg no REsp 1.658.928/SP, DJe 12/12/2017). O mesmo se deu no REsp 1.675.709/SP, DJe 13/10/2017. No STJ a matéria parece ter se pacificado por meio do EREsp 1.624.564-SP, em que a 3ª Seção fixou a tese de que não é considerado crime a importação de pequena quantidade de sementes de maconha (Rel.: Laurita Vaz. J. 14/10/2020. Publicação: 21/10/2020).

O Supremo Tribunal Federal (STF) também já considerou atípica a importação de sementes de maconha, por não se tratar de matéria-prima para a produção de droga ilícita. Para a Corte, a matéria-prima e o insumo devem ter condições e qualidades químicas para, mediante transformação ou adição, produzir a droga ilícita, o que não é o caso das sementes, que não possuem a substância psicoativa. Além disso, o STF fundamentou sua decisão na Portaria 344/98 da Agência Nacional de Vigilância Sanitária (ANVISA), que insere entre as plantas e as substâncias proscritas a *Cannabis sativa* e o *tetrahidrocanabinol*, mas não a semente que dá origem àquela planta. Neste vide HC 143.890/SP, julgado em 13/05/2019.

Por outro lado, "A conduta de transportar folhas de coca melhor se amolda, em tese e para a definição de competência, ao tipo descrito no § 1º, I, do art. 33 da Lei n. 11.343/2006, que criminaliza o transporte de matéria-prima destinada à preparação de drogas" (STJ - Terceira Seção. Conflito de Competência 172.464-MS. Rel.: Reynaldo Soares da Fonseca. Julgamento: 10/06/2020. Publicação: 16/06/2020).

Ilicitude da conduta – Sabendo que, excepcionalmente, a exploração de drogas é permitida no Brasil (arts. 2.º e 31), para que haja o crime mostra-se indispensável que o agente pratique qualquer dos núcleos verbais sem autorização ou em desacordo com determinação legal ou regulamentar (elemento normativo do tipo). Equivale à ausência de autorização o seu desvio, ainda que regularmente concedida.

Exame pericial – Para que fique comprovada a materialidade do crime previsto neste parágrafo, mostra-se necessária a existência de laudo definitivo atestando que o produto apreendido serve, ainda que eventualmente, como matéria prima, insumo ou substância química para a produção de entorpecentes.

Matérias-primas e os efeitos farmacológicos – Como bem anota Vicente Greco Filho: "Não há necessidade de que as matérias-primas tenham já de *per si* os efeitos farmacológicos dos tóxicos a serem produzidos; basta que tenham as condições e qualidades químicas necessárias para, mediante transformação, adição etc., resultarem em entorpecentes ou drogas análogas. São matérias-primas o éter e a acetona, conforme orientação do Supremo Tribunal Federal e consagração da Convenção de Viena de 1988" (ob. cit. p. 96).

Tipo subjetivo – É o dolo, isto é, deve o agente, com consciência e vontade, praticar qualquer dos núcleos verbais trazidos pelo tipo, ciente de que explora *matéria-prima, insumo ou produto químico destinado à preparação de drogas* sem autorização ou determinação legal ou regulamentar. Em que pese corrente em sentido contrário, entendemos que o crime dispensa a vontade de querer empregar a matéria-prima à produção de drogas, bastando conhecimento da sua capacidade para tanto. Novamente trazemos à baila a pertinente (e esclarecedora) lição de Vicente Greco Filho: "A expressão 'destinada à preparação de entorpecentes (...)' poderia levar à interpretação de que o tipo exigiria dolo específico. A destinação, contudo, a nosso ver não é a colocada como fim pelo agente, mas a que normalmente pode prestar-se a substância. A possibilidade de ser transformada em entorpecente não é condição subjetiva do agente em relação à matéria-prima, mas o conjunto de qualidades químicas que a tornem apta para aquele fim. Em outras palavras, não há necessidade para configuração do crime de que o agente queira destinar a matéria-prima à produção de entorpecentes, bastando que saiba ter ela as qualidades necessárias para tal" (ob. cit. p. 97).

Consumação e tentativa – Consuma-se o crime com a prática de qualquer um dos núcleos trazidos pelo tipo, dispensando a efetiva preparação da droga. Deve ser lembrado que algumas modalidades são permanentes, protraindo o seu momento consumativo no tempo e no espaço (por exemplo, *trazer consigo, manter em depósito, guardar* etc.). Apesar da superposição de tipos, a doutrina admite a tentativa.

Semeação, cultivo e colheita ilícita de plantas que se constituam em matéria-prima para a preparação de drogas (inciso II) – Ainda na mesma pena do *caput* incorre qualquer pessoa que *semeia* (deita sementes para fazer germinar), *cultiva* (tratar, promovendo o desenvolvimento de sementes deitadas ao solo) ou faz a *colheita* (colher produto da semeadura) de plantas que se constituam em matéria-prima para a preparação de drogas.

Ilicitude da conduta – Sabendo que, excepcionalmente, a exploração de drogas é permitida no Brasil (arts. 2.º e 31), para que haja o crime mostra-se indispensável que o agente pratique qualquer dos núcleos verbais sem autorização ou em desacordo com determinação legal ou regulamentar (elemento normativo do tipo). Equivale à ausência de autorização o seu desvio, ainda que regularmente concedida.

Princípio ativo – É perfeitamente aplicável ao tipo em estudo entendimento consagrado na lei revogada no sentido de que para configurar o crime em tela não importa que já apresentem as plantas o princípio ativo, porque o que a lei exige é que estas se destinem ao fornecimento de entorpecentes. Não se cultiva o entorpecente, em si, mas a planta da qual aquele será extraído. No que concerne, por exemplo, à atipicidade em virtude da impossibilidade de extrair o princípio ativo da semente da maconha, o STJ tem sido assente: esta circunstância não vem ao caso, pois o tipo do art. 33, § 1º, I, da Lei 11.343/06 pune a importação de matéria-prima, insumo ou produto químico destinado à preparação de drogas; não se trata de importar a droga, conduta que se subsume ao *caput* (5ª Turma, RHC 77.554/SP, DJe 19/12/2016; 6ª Turma (AgRg no REsp 1.609.752/SP, DJe 01/09/2016).

Cultivar e ter em depósito – O agente que, além de cultivar sementes de maconha, colhe o produto e o mantém em depósito, para fins de comércio, responde por um só crime (progressão criminosa). Nesse sentido (na vigência da lei anterior): "Cultivar maconha e mantê-la em depósito para a comercialização não configura concurso material de delitos. O depósito se apresenta como prosseguimento da ação anterior, existindo forçosa conexão entre os dois momentos da atividade desenvolvida pelo agente. O delito perpetrado é, pois, um só, com progressão de atividade criminosa" (*RT* 527/367).

Plantio para uso próprio – Muito se discutia, na vigência da lei revogada, o tratamento para a hipótese de o agente semear, cultivar e colher plantas destinadas à preparação de entorpecentes *para uso próprio*. Para uns, como o tipo não exigia (e continua não exigindo) finalidade especial do agente, seria tráfico, por equiparação.

Outros, preferindo solução menos drástica, usavam da analogia *in bonam partem* para amoldar o fato ao delito de porte para uso próprio: "Inexistindo provas de que o cultivo da maconha, realizado pelo acusado em pequenos vasos, destinava-se ao tráfico, é possível a desclassificação do delito para uso próprio, pois, embora o tipo do art. 16 da Lei [revogada] 6.368/76 não mencione o plantio da substância entorpecente, é admissível o uso de analogia *in bonam partem* como forma de evitar o excesso de punição" (*RT* 753/683. No mesmo sentido: *RT* 672/300).

Contudo, sabiamente, alguns doutrinadores perceberam que o caso espelhava, na verdade, um indiferente penal, uma lacuna, vez que para caracterizar tráfico, dependia do objetivo da mercancia; para caracterizar porte, demandava a prática de um dos núcleos (adquirir, guardar ou trazer consigo). Nesse sentido: "Se a Lei 6.368/76 [revogada pela Lei 11.343/2006] não dispõe que semear, cultivar ou colher plantas destinadas à preparação de entorpecentes ou de substância que determine dependência física ou psíquica, para uso próprio constitui infração penal, trata-se de situação atípica. Tal ação, de caráter distinto, não pode ser equiparada à descrita no art. 12, § 1.º, II, que a liga ao fim de tráfico, nem à prevista no art. 16, relativa à posse para uso próprio, não se podendo, através da interpretação e conjugação de textos, firmar um terceiro. Impossível a aplicação da analogia *in bonam partem* em Direito penal para criar figura delitiva não prevista expressamente ou sanção penal que o legislador não haja estatuído, sob pena de afronta ao princípio da legalidade estampado no art. 5.º, XXXIX, da Constituição" (*RT* 667/280).

A tormentosa questão com edição da nova Lei foi resolvida. Agora, tratando-se de *pequena quantidade*, as mesmas consequências para o usuário são aplicadas àquele que, para seu consumo pessoal, semeia, cultiva ou colhe plantas destinadas à preparação de substância ou produto capaz de causar dependência física ou psíquica (art. 28, § 1.º). Se média ou grande quantidade (superior ao que necessário para o consumo próprio dos viciados), responde o agente nas penas do art. 33, § 1.º, II (tráfico por equiparação).

Qual a consequência para o agente que semeia, cultiva ou realiza a colheita para fins de preparação de droga que será consumida de forma compartilhada? Abel Fernandes Gomes, Flávio Oliveira Lucas e Frederico Valdez Pereira não sem razão, concluem: "O § 3º deste artigo (33) somente prevê o oferecimento da droga para 'pessoa de seu relacionamento' para fim de consumo compartilhado, dando uma ideia de que este não seja futuro, mas que ocorra imediatamente após o oferecimento da droga. Por outro lado, o crime do art. 28, § 1.º repudia o fornecimento ou a intenção de fornecimento para terceira pessoa. Parece-nos que, por analogia benéfica, a solução mais correta será pelo enquadramento no tipo do art. 33, § 3.º, desde que não haja a intenção de venda da droga, que ela se destine à preparação de droga para consumo compartilhado com pessoa de relacionamento do agente e que esta seja plantada em pequena quantidade, tudo a revelar uma mera 'plantação de fundo de quintal'" (*Nova Lei Antidrogas*. Niterói: Impetus, 2006. p. 86).

Tipo subjetivo – É o dolo, bastando que o agente, com consciência e vontade, pratique qualquer dos núcleos trazidos pelo tipo, sem autorização ou em desacordo com determinação legal ou regulamentar, sabendo que a planta constitui matéria-prima para a preparação de drogas.

Consumação e tentativa – O delito se consuma com a prática de qualquer uma das condutas, lembrando que na modalidade *cultivar* (manter a plantação) o crime é permanente. A doutrina admite a tentativa.

Expropriação-sanção – O art. 32, § 4.º, remetendo ao art. 243 da CF, determina que as glebas de qualquer região do País onde forem localizadas culturas ilegais de plantas de psicotrópicos serão imediatamente expropriadas e especificamente destinadas ao assentamento de colonos, para o cultivo de produtos alimentícios e medicamentosos, sem qualquer indenização ao proprietário e sem prejuízo de outras sanções previstas em lei.

Utilização de local (ou de bem de qualquer natureza) para o tráfico (inciso III) – Equipara-se ao tráfico (*caput*) a conduta do agente que utiliza *local* (casa, apartamento, bares, cinema, restaurantes etc.) ou *bem de qualquer natureza* (carro, embarcações, aeronaves etc.) de que tem a *propriedade* (direito de usar, gozar e dispor de um bem, e de reavê-lo do poder de quem ilegalmente o possua), *posse* (direito de exercer alguns dos poderes inerentes à propriedade), *administração* (poder de gestão), *guarda* (zelar pela conservação do bem) ou *vigilância* (dever de fiscalizar), ou consente que outrem dele se utilize, ainda que gratuitamente, para o *comércio ilícito de drogas*. Observe-se assim que o crime não alcança que se utiliza do local para uso próprio de drogas.

Trata-se de crime próprio, admitindo concurso de pessoas (art. 30 do CP). Há que se observar a distinção feita por Victor Eduardo Rios Gonçalves e José Paulo Baltazar Junior: "Deve-se observar que não é adequada a tipificação de crime autônomo para quem utiliza local para tráfico, pois quem está traficando já está incurso nas figuras do art. 33, *caput*. Na prática, portanto, o delito estará tipificado para quem **consentir** na utilização de local de que tem a propriedade, posse, administração, guarda ou vigilância, público ou particular, para que, nele, **terceiro** pratique o tráfico de entorpecentes. Na última hipótese — consentimento na utilização de local para tráfico —, a conduta já seria punível como **participação** no tráfico exercido pelo terceiro. Porém, como a lei transformou a conduta em **crime autônomo**, deverá ser feita a distinção: quem consente na utilização do local incidirá no § 1º, III, e quem vende a droga responderá pela figura do *caput*." (GONÇALVES, Victor Eduardo Rios. BALTAZAR JÚNIOR, José Paulo. Legislação Penal Especial Esquematizado. 5ª ed. São Paulo: Saraiva, 2019. p. 196).

Além disso, como bem lembra Vicente Greco Filho: "Não desnatura o delito a precariedade da posse ou detenção do agente sobre o local, bastando que possa dele se utilizar ou tenha condições de consentir que outro o utilize. Assim, se alguém recebe as chaves de um imóvel para um fim de semana e aproveita a oportunidade para entregá-las a terceiro, para que dele se utilize para uso ilegal de entorpecentes, estará incidindo em incriminação legal. É irrelevante, também, se o agente tenha a posse do imóvel legítima ou ilegitimamente, bastando que a conduta do agente seja causal em relação ao uso de drogas no local" (ob. cit., p. 101).

A questão controversa refere-se ao cônjuge ou genitores de traficantes que, embora tenham conhecimento do uso da moradia comum para atividades criminosas, não participam diretamente dessas ações. O entendimento predominante tem sido o de que não é exigível a delação do cônjuge ou descendente envolvido no tráfico de drogas às autoridades. Ademais, na ausência de provas concretas de consentimento com a prática ilícita ou de obtenção de qualquer benefício proveniente dessa atividade, essas pessoas não podem ser responsabilizadas por atos alheios. Tal entendimento fundamenta-se no princípio constitucional da responsabilidade pessoal, do qual decorre o postulado da autorresponsabilidade. Também não se pode cogitar de uma participação omissiva, uma vez que não há, nesse caso, um dever jurídico de agir.

Ilicitude da conduta – Sabendo que, excepcionalmente, a exploração de drogas é permitida no Brasil (arts. 2.º e 31), para que haja o crime mostra-se indispensável que o agente pratique qualquer dos núcleos verbais sem autorização ou em desacordo com determinação legal ou regulamentar (elemento normativo do tipo). Equivale à ausência de autorização o seu desvio, ainda que regularmente concedida.

Tipo subjetivo – Deve o sujeito ativo, com sua conduta, visar a prática do comércio de drogas. Assim, diferentemente da lei revogada (art. 12, § 2.º, II), o novo crime não abrange a conduta daquele que assim age para facilitar o mero *uso por terceiros*. Ocorrendo essa hipótese, entendemos que a conduta subsumir-se-á ao parágrafo seguinte (art. 33, § 2.º).

Finalidade de lucro – Não se exige do agente agir com finalidade de lucro.

Consumação e tentativa – Na primeira modalidade (agente que utiliza local ou bem) o crime se consuma com o efetivo proveito do local, ainda que apenas uma vez, mostrando possível a tentativa. Já na forma segunda (consentir), basta mera permissão, havendo o *conatus* quando feita por escrito.

Tráfico de drogas e matéria prima para agente disfarçado (inciso IV) – A Lei n.º 13.964/019 inseriu esta nova figura delitiva com o propósito de assegurar a criminalização da conduta daquele que realiza atos de tráfico de drogas e de matéria prima com um agente policial disfarçado. Trata-se de uma adequada resposta a atual sofisticação na prática de crimes de tráfico de drogas, afinal, se é verdade que a legislação deve diferenciar adequadamente o grande e o pequeno traficante, não há dúvidas que o chamado *tráfico formiguinha* praticado por um exército de intermediadores do comércio ilícito (de armas e drogas), composto por pessoas que levam consigo pequena quantidade de drogas, estritamente encomendada pelo consumidor, devem ser alcançadas pela atuação penal de forma eficaz, razão pela qual o legislador lança mão de uma adaptação legislativa capaz de responder a essa nova prática criminosa. O novo tipo penal aniquila com o entendimento de que, outrora, a conduta de vender drogas em razão da solicitação do agente policial que se fazia passar por usuário era atípica vez que essa atuação não poderia autorizar a aquisição de drogas, caso em que, haveria verdadeiro flagrante preparado e crime impossível. De fato, ao qualificar essa conduta como crime, de forma excepcional, o legislador quebra a simetria naturalmente presente no comércio de drogas, conferindo um grau de reprovabilidade penal adequado às ações unilaterais voltadas para a disseminação de produtos perigosos relacionados ao tráfico. Em outras palavras, a criminalização incide sobre comportamentos que antecedem efetivamente o ato de comércio em si, resultando em uma divisão normativa suficiente para caracterizar um novo ilícito penal de forma apropriada. Assim, mediante a participação predominantemente passiva do agente disfarçado, resta afastado o crime impossível porque, doravante, a norma penal erigiu como nova hipótese normativa (suporte fático) uma conduta que produz um resultado jurídico penalmente relevante, qual seja, a dispersão daqueles produtos ilícitos, independentemente de serem identificadas outras pessoas no negócio.

Não se deve confundir esta figura delitiva, concebida legitimamente pela autonomia política do legislador, com a autorização para prática de verdadeiras simulações de compra e venda de drogas, que continuarão regidas pela súmula 145 do STF e consideradas como crime impossível, sem descurar dos casos excepcionais que possibilitam a prisão em flagrante em virtude da posse precedente do produto ilícito (entorpecente ou matéria prima), modalidade de crime permanente, conforme já estudado antes. Isso significa que, o disfarce do policial continua sendo legítimo em outras situações desde que indiferente para a caracterização do crime, isto é, quando não for ele (o policial disfarçado) o agente provocador da conduta criminosa, como ocorre nos casos de policiamento ostensivo ou atividades de campana policial, caso em que restará caracterizado outro crime da Lei de Drogas, possivelmente ante a consumação permanente da posse dos produtos ilícitos.

O dispositivo em estudo trata de outra hipótese. Aqui, é delito autônomo a venda ou entrega de drogas ou matéria prima à agente policial disfarçado e desde que presentes elementos probatórios razoáveis de conduta criminal preexistente. Trata-se de dois elementos normativos do tipo que devem ser bem compreendidos.

Deve-se entender como ***agente policial disfarçado*** aquele que, ocultando sua real identidade, posiciona-se com aparência de um cidadão comum e, partir disso, coleta elementos que indiquem a conduta criminosa preexistente do sujeito ativo. O agente disfarçado ora em estudo não se insere no seio do ambiente criminoso (não chega a infiltrar-se no grupo criminoso) e tampouco macula a voluntariedade na conduta delitiva do autor dos fatos. Trata-se de uma técnica especial de investigação utilizável em situações peculiares e que reclamam uma sofisticação operacional intermediária, situada entre uma simples campana policial e uma infiltração policial/ação controlada, pelo que é assemelhado a figura espanhola do "agente meramente encoberto".

O segundo requisito deste crime – ***presença de elementos probatórios razoáveis de conduta criminal preexistentes*** – esta a exigir a demonstração de provas em grau suficiente a indicar que o autor realizou antes uma conduta criminosa, circunstância objeto da investigação proporcionada pelo disfarce. Há, portanto, uma relação utilitarista-consequencial entres esses elementos típicos. A investigação realizada pelo agente disfarçado, em razão da qualificada apreensão de informações proporcionada pelo disfarce, colhe elementos probatórios razoáveis acerca da conduta criminosa preexistente.

Caso a investigação descarte a conduta criminosa preexistente, ou seja, caso revele tratar-se de vendedor casual dos produtos ilícitos, não será possível responder pelo crime especial ora em análise. Essa observação é crucial para compreender o instituto como uma aposta na atuação profissional dos investigadores policiais e não simplesmente como um expediente capaz de levar ao alargamento de prisões de pessoas desvinculadas da prática de crimes.

São esses elementos probatórios que, ao cabo, dão sustentação ao recorte feito pelo legislador e permitem a caracterização do crime sem que possa falar em flagrante preparado, além de assegurar que a conduta criminosa foi praticada de forma voluntária, livre e consciente. Dito de outra forma, são essas provas que asseguram que a participação do agente disfarçado é neutra, quase um indiferente causal à prática delitiva.

Assim, quando um policial anonimamente tenta adquirir drogas de um usuário, que, exclusivamente em razão desse ato, obtém e repassa a substância ao proponente, resta caracterizada uma obra fruto de um agente provocador e consequentemente um caso de flagrante provocado.

Contudo, caso um policial disfarçado realize um prévio levantamento investigativo que indique que determinada pessoa exerce função de vendedor de drogas em pequenas quantidades, sem que as mantenha consigo antes das propostas de compras, e realize com ela uma negociação pela substância, poderá, no momento da venda ou da entrega, efetuar sua prisão porque o crime, neste instante, resta caracterizado ante a realização dos elementos específicos do tipo, ainda que o criminoso mantenha consigo exclusivamente a exata quantia de drogas comercializada. Observe-se que neste caso, não fosse a nova figura delitiva em estudo e a participação do agente disfarçado, não seria possível a prisão do traficante pelos demais núcleos verbais vez que restariam descaracterizadas a voluntariedade acerca da posse da droga envolvida na comercialização.

Tipo subjetivo – É o dolo, bastando que o agente, com consciência e vontade, pratique qualquer dos núcleos trazidos pelo tipo, sem autorização ou em desacordo com determinação legal ou regulamentar.

Consumação e tentativa – Quanto ao primeiro núcleo verbal – vender-, o crime se consuma no momento em que o agente recebe o pagamento, ainda que parcial, pois é neste momento em que resta aperfeiçoada a venda do produto ilícito. Verifica-se assim, neste particular, tratar-se de modalidade de crime formal. Quanto ao núcleo verbal entregar, o crime se consuma no momento em que o agente transfere a posse do produto para o policial disfarçado, o que indica tratar-se de modalidade de crime material.

§ 2º Induzir, instigar ou auxiliar alguém ao uso indevido de droga:

Pena – detenção, de 1 (um) a 3 (três) anos, e multa de 100 (cem) a 300 (trezentos) dias-multa.

Induzimento, instigação ou auxílio ao uso indevido de drogas – Este crime, na vigência da Lei 6.368/76, era punido com a mesma pena do tráfico. A Lei nova, acreditando que o fato não trazia tamanha gravidade, o privilegiou, preferindo pena menos severa, qual seja, detenção de 1 a 3 anos, e multa. A brandura da nova Lei foi exagerada. Estamos diante de agente que, psicologicamente, leva alguém ao uso de entorpecentes (muitas vezes iniciando-o ao vício). Assim, parece, que o desvalor da sua conduta pouco (ou em nada) difere daquele que vende a droga ao viciado.

Sujeitos do crime – Qualquer pessoa pode praticar o crime (delito comum), figurando como sujeito passivo, ao lado do Estado, o induzido, instigado ou auxiliado.

Tipo objetivo – Pune-se o *induzir* (fazer nascer a vontade, aconselhando, sugerindo etc.), a *instigar* (reforçar ideia preexistente, açulando o indeciso) ou o *auxiliar* (assistência material, empréstimo de dinheiro) *alguém* (pessoa ou grupo de pessoas certo e determinado) ao uso indevido de droga.

O tipo penal em análise abrange aquele que estimula outrem ao uso de substâncias entorpecentes sem, contudo, possuir a droga ou agir com o propósito de auxiliar um traficante. Tal conduta se distingue pela ausência de qualquer vínculo entre o incentivador e o traficante, seja um liame subjetivo, um ajuste prévio ou até mesmo uma expectativa de benefício posterior. Não há qualquer contrapartida ou vantagem decorrente do incentivo. Como exemplo, podemos citar a pessoa que empresta dinheiro a outra para que adquira drogas ou que, em uma danceteria, indica o fornecedor de entorpecentes.

Ademais, existe uma relação de subsidiariedade entre este crime e o tráfico de drogas, na medida em que, se consumado o delito mais grave, a conduta de incentivo ao uso de drogas será absorvida, conforme a aplicação do princípio da consunção. Assim, o incentivo, por si só, não configura crime autônomo quando praticado no contexto de uma infração mais severa, como o tráfico.

Neste sentido, anotam Cleber Masson e Vinícius Marçal: "O verbo "auxiliar" é muito abrangente, e aparentemente poderia alcançar todas as ações materiais voltadas ao consumo de droga pelo usuário. Por esse motivo, surge aqui uma indagação: O auxílio de que trata esse dispositivo pode englobar a própria cessão da droga para consumo de outrem? A resposta só pode ser negativa. Com efeito, a cessão de drogas encontra tipificação no art. 33, *caput*, da Lei 11.343/2006, nos núcleos "vender", "entregar" a consumo e "fornecer" drogas, ainda que gratuitamente. Destarte, a conduta de auxiliar deve ser compreendida como a ajuda real no sentido de oferecer ao usuário não a droga propriamente dita, **e sim os meios necessários à sua utilização**, tais como o local para o uso da droga ou o instrumento que permita seu efetivo consumo. Em outras palavras, o auxílio ao uso não estará configurado quando a situação fática revelar o tráfico de drogas, previsto no art. 33, *caput*. O conflito aparente de normas é solucionado pelo princípio da subsidiariedade, pois a norma principal (art. 33, *caput*) afasta a incidência da norma subsidiária (art. 33, § 2º). Exemplificativamente, se "A", com o escopo de auxiliar o consumo de cocaína por "B", transporta a droga em seu veículo para, em seguida, entregá-la ao destinatário, estará caracterizado o tráfico de drogas (art. 33, *caput*)." (MASSON, Cleber; MARÇAL, Vinícius. Lei de Drogas: aspectos penais e processuais. Rio de Janeiro: Forense; São Paulo: Método, 2019. p. 76-77).

O **incentivo genérico, dirigido a pessoas incertas e indeterminadas**, não configura o crime previsto no art. 33, § 2.º, da Lei de Drogas, mas pode, conforme o caso, caracterizar o delito descrito no art. 287 do Código Penal (**Apologia de crime ou criminoso**). Assim, se um médico, em um ambiente público, incentivar seus alunos a portarem crack para consumo próprio, sob o argumento falacioso de que cada um tem o direito de cuidar da própria saúde como desejar, estará exaltando o porte indevido de drogas para uso pessoal, podendo ser responsabilizado pelo crime de apologia ao crime. Da mesma forma, será configurada apologia se, em uma entrevista de rádio, uma pessoa elogiar publicamente a organização de traficantes na distribuição de cocaína, afirmando que "eles fazem um trabalho admirável ao fornecer o produto às pessoas que o desejam, em várias comunidades". Tal discurso enaltece a prática criminosa do tráfico de drogas, promovendo-a como algo positivo e digno de reconhecimento.

Cabe aqui um recorte. O tipo penal de apologia ao crime ou criminoso não foi revogado pela Constituição Federal. Contudo, com a promulgação da nova Carta Política de 1988, que ampliou significativamente a liberdade de expressão, todos os crimes de opinião devem ser revistos e interpretados de forma mais restrita. No caso da apologia, há uma distinção: não é crime defender a mudança do ordenamento jurídico para revogar um tipo penal, mas incitar a desobediência à lei vigente configura crime. No exemplo da "Marcha da Maconha", é legítimo solicitar a revogação da lei sobre drogas, porém, os participantes não podem incitar ou fazer uso de drogas, sob pena de cometer apologia ao crime. Por isso que ao julgar a ADIN 4274/DF, o STF conferiu ao dispositivo interpretação conforme à Constituição para "dele excluir qualquer significado que enseje a proibição de manifestações e debates públicos acerca da descriminalização ou legalização do uso de drogas ou de qualquer substância que leve o ser humano ao entorpecimento episódico, ou então viciado, das suas faculdades psicofísicas". Restou decidido que as chamadas "**marchas da maconha**" devem observar algumas regras, a saber: (a) reunião pacífica, sem armas, previamente noticiada às autoridades públicas quanto à data, ao horário, ao local e ao objetivo, e sem incitação à violência; (b) não haja incitação, incentivo ou estímulo ao consumo de entorpecentes na sua realização; (c) não haja consumo de entorpecentes na ocasião da manifestação ou evento público. A marcha é apenas uma reunião para manifestar livremente o pensamento; e (d) não haja a participação ativa de crianças ou adolescentes na sua realização.

Irrelevância do RE 635.659-SP para o crime do art. 33, § 2º, da Lei – Como se posiciona o crime previsto no art. 33, § 2º, da Lei de Drogas após a decisão no RE 635.659-SP, que estabeleceu que não configura infração penal a prática de adquirir, guardar, ter em depósito, transportar ou trazer consigo até 40 gramas de *cannabis sativa* ou seis plantas fêmeas para consumo pessoal? Ora, o dispositivo em questão trata de um crime autônomo, distinto da tipificação contida no art. 28, que trata do porte para uso pessoal. Assim, mesmo que o incentivo se refira ao uso de maconha dentro dos limites descriminalizados pela Suprema Corte (40 gramas ou seis plantas fêmeas), a conduta tipificada no art. 33, § 2º, continua sendo penalmente relevante.

Isso decorre do fato de o crime de induzir, instigar ou auxiliar alguém ao uso de drogas ser formal, consumando-se pelo simples ato de incentivar ou auxiliar, independentemente de a pessoa incentivada vir a consumir a substância ou de haver qualquer perigo concreto ou efetiva lesão. Portanto, ainda que a pessoa instigada não faça uso da droga, o crime está consumado no momento em que ocorre a ação de incentivo ou auxílio por parte do agente.

Tal entendimento segue a lógica adotada pelo Superior Tribunal de Justiça no Tema Repetitivo 901, que estabelece que, no crime do art. 310 do Código de Trânsito Brasileiro, também se dispensa a necessidade de posterior lesão ou perigo concreto à segurança viária para sua consumação. Dessa maneira, se um agente incentiva que outra pessoa use maconha até o limite de 40 gramas ou empresta dinheiro para a aquisição dessa quantidade, sua conduta permanece criminosa, visto que a decisão no RE 635.659-SP não descriminalizou o ato de indução ou instigação, mesmo quando o incentivo está relacionado ao consumo pessoal dentro dos limites estabelecidos pela Corte.

Tipo subjetivo – É o dolo, consistente na vontade livre e consciente de incentivar alguém ao uso de drogas. Por isso que não configura crime a simples opinião no sentido de ser legalizado o uso e venda de drogas.

Consumação e tentativa – Na vigência da lei anterior, o crime consistia em incentivar alguém a *usar* droga. Por conta dessa redação típica (*a usar droga*) só se cogitava da consumação do crime quando a pessoa incentivada fizesse efetivo uso do psicotrópico. Apesar de Vicente Greco, mesmo com a nova redação, manter esse entendimento (ob. cit., p. 103), entendemos que a conclusão deva ser outra. Pune-se, hoje, aquele que induzir, instigar ou auxiliar alguém *ao uso* indevido de droga, consumando-se o crime ainda que a pessoa incentivada assim não faça (bastando a potencialidade lesiva). A tentativa é possível, por exemplo, se o incentivo se faz por meio escrito, como na carta interceptada. Confira-se a seguinte decisão do STJ: "A alegada atipicidade material não se verificou na espécie, eis que o tipo penal previsto no artigo 33, § 2.º, da Lei n.º 11.343/06 abrange múltiplas ações, primando a incoativa por empregar o verbo "instigar", cuja doutrina de escol entende ser delito de perigo abstrato, não se exigindo o efetivo consumo das substâncias estupefacientes, e em sendo despicienda a demonstração da potencialidade lesiva da conduta"(RHC 41.369/SP, Rel. Min. Maria Thereza De Assis Moura, 6ª T., j. em 20/03/2014, DJe 21/05/2014).

Induzir, instigar ou auxiliar incapaz – Se a pessoa induzida, instigada ou auxiliada for criança, adolescente ou quem tenha, por qualquer motivo, diminuída ou suprimida a capacidade de entendimento e determinação, o delito permanece o mesmo (art. 33, § 2.º), porém com a pena aumentada nos termos do que disposto no art. 40, VI.

> § 3.º Oferecer droga, eventualmente e sem objetivo de lucro, a pessoa de seu relacionamento, para juntos a consumirem:
> Pena – detenção, de 6 (seis) meses a 1 (um) ano, e pagamento de 700 (setecentos) a 1.500 (mil e quinhentos) dias-multa, sem prejuízo das penas previstas no art. 28.

Cessão gratuita para consumo – Na vigência da lei anterior muito se discutia a respeito do enquadramento a conduta daquele que, gratuitamente, cedia droga a terceiro, para juntos a consumirem. Para uma primeira corrente, a conduta se ajustava ao art. 12 (tráfico, atual art. 33), não distinguindo o tipo a finalidade visada com a cessão. Para outros, inexistente o objetivo de lucro (mercancia) à hipótese, por questão de equidade, melhor se amoldava ao art. 16 (porte para uso, atual art. 28). Hoje a tormentosa questão parece resolvida, prevendo a nova Lei tipo específico, equiparado ao tráfico (art. 33, § 3.º), porém de menor potencial ofensivo.

Sujeitos do crime – Pratica este crime aquele que oferece droga a pessoa de seu relacionamento. Assim, parece claro que o tipo exige uma relação (de fato ou jurídica) ligando os sujeitos (parentes, amigos, colegas, namorados etc.). Figura como sujeito passivo, ao lado do Estado, o indivíduo tentado pela ação do agente.

Tipo objetivo – Pune-se a conduta daquele que oferece droga (substância assim definida na Portaria SVS/MS 344, de 12 de maio de 1998), eventualmente e sem objetivo de lucro, à pessoa de seu relacionamento, para juntos a consumirem, como amigos, parentes, colegas de trabalho, etc. Além disso, o tipo penal exige que a droga deve ser destinada ao consumo conjunto entre quem a oferece e quem recebe, circunstância que está a indicar tratar-se de ato desvinculado dos fins mercantis comuns ao tráfico de drogas. Por isso que o crime se destina para atos de oferecimento e consumo de pequena quantidade de drogas.

Se o oferecimento for frequente e/ou visar enriquecimento (mesmo que indireto) do fornecedor, o crime passa a ser o de tráfico (art. 33, *caput*). Dentro desse espírito, parece óbvio que responderá por tráfico aquele que oferece gratuitamente droga visando futuros consumidores, isto é, para que pessoas (ainda que de seu relacionamento) experimentem a substância e confiram a qualidade, fomentando futuras compras. Neste ponto, vale destacar ainda importante observação feita por Renato Brasileiro de Lima: "mesmo que a droga seja oferecida pela primeira vez à pessoa, se restar comprovado que esse mesmo agente já havia oferecido drogas para consumo compartilhado a outras pessoas, essa habitualidade afastará a tipificação do crime do art. 33, § 3º, da Lei de Drogas" (LIMA, Renato Brasileiro de. Legislação Criminal Especial Comentada. Vol. Único. 8ª ed., Salvador: Juspodvim, 2020. p. 1067.). Trata-se de interpretação adequada porque ressalta que a análise acerca da eventualidade da conduta (elemento normativo do tipo) deve ser aferida a partir da conduta do autor do crime, que não pode esquivar-se da incriminação de tráfico de drogas quando oferece drogas habitualmente a diferentes pessoas de relacionamento.

Cessão eventual e gratuita para consumidor inimputável – Como a Lei não diferencia, somos obrigados a ajustar a conduta daquele que oferece drogas ao imputável no mesmo artigo daquele que assim age em face de um inimputável (menor, doente mental etc.), circunstância esta, no entanto, que não pode passar desapercebida pelo juiz na individualização da pena (art. 40, VI).

Tipo subjetivo – É o dolo, consistente na vontade consciente de oferecer a pessoa de seu relacionamento, droga, para juntos consumirem (elemento subjetivo do injusto positivo), sem finalidade de lucro (elemento subjetivo do injusto negativo).

Consumação e tentativa – O crime é formal (ou de consumação antecipada), perfazendo-se com o simples oferecimento, dispensando o efetivo uso (ou mesmo o aceite do terceiro).

Preceito secundário – O crime é punido com detenção, de seis meses a um ano, devendo o magistrado, na hipótese de substituição da pena por restritiva de direitos, considerar, também, as novas espécies de sanção alternativa trazidas no art. 28 desta Lei.

> § 4.º Nos delitos definidos no *caput* e no § 1.º deste artigo, as penas poderão ser reduzidas de 1/6 (um sexto) a 2/3 (dois terços), vedada a conversão em penas restritivas de direitos, desde que o agente seja primário, de bons antecedentes, não se dedique às atividades criminosas nem integre organização criminosa.

Tráfico privilegiado/Causa de diminuição de pena – No delito de tráfico (art. 33, *caput*) e nas formas equiparadas (§ 1.º), as penas poderão ser reduzidas de um sexto a dois terços, desde que o agente seja primário (não reincidente), de bons antecedentes e não se dedique às atividades criminosas nem integre organização criminosa (traficante, agindo de modo individual e ocasional). Os requisitos são subjetivos e cumulativos, isto é, faltando um deles, inviável a benesse legal.

Trata-se de abrandamento penal para casos que não envolvem um traficante contumaz ou profissional, que se utiliza desta atividade como um meio de vida e nem integra organização criminosa. Destina-se ao traficante eventual, que comercializou a droga episodicamente, como no caso do folião que, circunstancialmente, vende lança perfume para algumas pessoas durante uma festa carnavalesca.

Aparentemente, o legislador se baseou em outras situações em que o grau de reprovabilidade da conduta é atenuado, levando em consideração duas circunstâncias: a ausência de antecedentes criminais do agente e as consequências mínimas do delito, como aquela prevista no art. 155, § 1º, do Código Penal (furto privilegiado). Na nossa análise, o legislador não agiu de forma apropriada. O tráfico privilegiado, ao contrário de outras infrações penais, está em clara contraposição à diretriz estabelecida pela Constituição no art. 5º, XLIII, que traz uma ordem explícita de criminalização, com o objetivo de combater o tráfico de drogas. Além da falta de alinhamento com o texto constitucional, a norma em questão resulta na desproteção dos interesses jurídicos afetados por esse crime, o que vai de encontro à determinação constitucional de aplicar um tratamento mais rigoroso para o tráfico de drogas.

Até 2016, prevalecia o entendimento de que essa razão para a redução da pena não excluía a qualificação do crime como hediondo, o qual era respaldado pelo STJ por meio da súmula nº 512. No entanto, em 23/06/2016, ao analisar o habeas corpus 118.533/MS, com a relatoria da Ministra Cármen Lúcia, o STF determinou que esse benefício não está em conformidade com a natureza hedionda do crime de tráfico. Portanto, ao aplicar a redução da pena, o caráter hediondo do delito é anulado, levando o STJ a revogar a súmula nº 512.

Em decorrência dessa nova orientação, o STJ passou a adotar o entendimento de que é permitida a concessão de **indulto** a condenado pelo crime de tráfico privilegiado, considerando inviável negar o benefício com base em entendimento jurisprudencial já superado (HC 486.522/SP, j. 19/02/2019).

Sedimentando este entendimento, a **Lei 13.964/2019** alterou a Lei 7.210/1984 (LEP) que passou a prever textualmente no art. 112, § 5º, que "Não se considera hediondo ou equiparado, para os fins deste artigo, o crime de tráfico de drogas previsto no § 4º do art. 33 da Lei nº 11.343, de 23 de agosto de 2006".

Por fim, em 2023, foi editada a **Súmula Vinculante nº 59**, dispondo o seguinte: "É impositiva a fixação do regime aberto e a substituição da pena privativa de liberdade por restritiva de direitos quando reconhecida a figura do tráfico privilegiado (art. 33, § 4º, da Lei 11.343/2006) e ausentes vetores negativos na primeira fase da dosimetria (art. 59 do CP), observados os requisitos do art. 33, § 2º, alínea c, e do art. 44, ambos do Código Penal".

Requisitos do tráfico privilegiado: O primeiro requisito da lei é a **primariedade**, que não possui conceito legal definitivo e enseja diversas interpretações. Sabe-se que, na aplicação da pena, o juiz só pode considerar maus antecedentes as condenações transitadas em julgado e que, nos termos da Súmula 444 do STJ, não é possível exasperar a pena com fundamento em inquéritos policiais e em ações penais em andamento.

Ocorre que para alguns, neste dispositivo a primariedade pode ser analisada em conjunto com a **dedicação a atividades criminosas** de modo a indicar o descabimento da minorante, o que levou a 3ª Seção do STJ a firmar um primeiro entendimento de que inquéritos policiais e ações penais em curso podem ser utilizados para afastar a causa de diminuição de pena no tráfico sob o argumento da dedicação do agente a atividades criminosas. De acordo com essa posição, o fato de o agente ser investigado ou réu em outros feitos criminais não impossibilita automaticamente a aplicação da minorante, mas tampouco impede que o juiz deixe de aplicá-la se, analisando as circunstâncias, considerar que o agente não faz jus ao benefício legal. A cláusula de diminuição de pena não pode ser aplicada de forma desmedida, pois se destina a beneficiar somente aqueles que praticaram de forma eventual o crime de tráfico (EREsp 1.431.091/SP, j. 14/12/2016).

Recentemente, todavia, a 5ª Turma do Superior Tribunal de Justiça unificou a posição dos colegiados de direito penal ao decidir que a aplicação da causa de diminuição de pena pelo tráfico privilegiado não pode ser afastada com fundamento em investigações ou processos criminais em andamento (STJ. HC 664284. j. em 14.10.2021). De acordo com o Min. Relator, Ribeiro Dantas: "Na falta de parâmetros legais para se fixar o quantum dessa redução, os tribunais superiores têm decidido que a quantidade e a natureza da droga apreendida, além das demais circunstâncias do delito, podem servir para a modulação de tal índice ou até mesmo para impedir a sua aplicação, quando evidenciarem o envolvimento habitual do agente com o narcotráfico".

Foi ressaltado, ainda, que o Supremo Tribunal Federal (STF), copiosamente, já se manifestou no sentido de que outros inquéritos e processos em curso não devem ser considerados em desfavor do réu no cálculo da pena, sob pena de violação do princípio da não culpabilidade. Segundo Ribeiro Dantas, a partir dessa posição, o STF "vem decidindo ser inadmissível a utilização de ação penal em curso para afastar a causa de diminuição do artigo 33, parágrafo 4º, da Lei de Drogas".

É inegável que essa nova posição amplia o espectro de incidência do princípio da presunção de inocência ou da não culpabilidade de modo a assegurar que a simples existência de antecedentes autorize presumir que o agente integra organização criminosa. Neste sentido também já há precedente do STF: "A existência de processos ou investigações em andamento, por si só, não é suficiente para afastar a minorante do art. 33, § 4º, da Lei 11.343/2006" (STF, AgRg no RHC 209.413, Rel. Min. Nunes Marques, Rel. p/ acórdão Min. Gilmar Mendes, 2ª Turma, j. 04.04.2022).

De qualquer modo, é importante lembrar, por fim, ser entendimento do Superior Tribunal de Justiça que o **registro de atos infracionais** é elemento idôneo para afastar a figura do tráfico privilegiado, quando evidenciar a propensão do agente a práticas criminosas. Precedentes. (...) (AgRg no HC 573.149/SP, Rel. Min. Ribeiro Dantas, 5ª T., j. em 02/06/2020). Já há um precedente do STF no mesmo sentido: "Aplicação do redutor do art. 33, § 4º, da Lei de Drogas. Utilização da prática de atos infracionais para se afastar a causa de diminuição. Possibilidade" (Agravo Regimental no RHC n.º 190.434, 1ª T. DJ 16.11.2021).

Observa-se, contudo, que a possibilidade de utilização de atos infracionais pretéritos para afastar a referida minorante se dá quando eles forem análogos ao tráfico de drogas, a fim de caracterizar a dedicação a atividades criminosas. Logo, não se deve considerar em todos os casos os atos infracionais como sendo crimes, para o afastamento da minorante. O uso de ato infracional para demonstrar habitualidade delitiva é possível, desde que o crime praticado seja o mesmo.

É certo que a verificação da dedicação à atividade criminosa deverá levar em consideração as especificidades do caso concreto. Mas de um modo geral, o Superior Tribunal de Justiça possui entendimentos de ser impossível a aplicação da minorante caso o agente seja condenado, simultaneamente, por tráfico e por associação ao tráfico vez que a "A condenação pelo crime de associação para o tráfico (art. 35 da Lei n. 11.343/2006) denota a dedicação do agente às atividades criminosas e, por conseguinte, por si só, impede a incidência da minorante do art. 33, § 4.º, da Lei n.º 11.343/2006" (HC 480.782/SP, Rel. Min. Laurita Vaz, 6ª T., j. em 13/12/2018, DJe 04/02/2019. STJ; AgRg no AREsp 1465052/SP, Rel. Min. Jorge Mussi, 5ª T., j. em 18/06/2019, DJe 02/08/2019).

O mesmo acontece quando o agente é condenado por tráfico e por corrupção de menores: "O tráfico de drogas praticado por intermédio de adolescente que, em troca da mercancia, recebia comissão, evidencia a dedicação do acusado, ainda que não de forma exclusiva, a atividades criminosas (notadamente ao narcotráfico, com a utilização de menores), circunstância apta a afastar a incidência da causa especial de diminuição de pena prevista no art. 33, § 4º, da Lei n. 11.343/2006" (STJ; REsp 1380741/MG, Rel. Ministro ROGERIO SCHIETTI CRUZ, SEXTA TURMA, julgado em 12/04/2016, DJe 25/04/2016).

Por outro lado, caso haja **reincidência**, resta afastada aplicação da minorante em estudo. Não há qualquer impedimento para a reincidência desempenhe dupla função neste caso, e, portanto, ela pode servir como agravante e, ao mesmo tempo, para afastar a causa especial de diminuição da pena. Não há que se falar em violação à proibição do *bis in idem* porque, neste caso, a circunstância da reincidência tem papeis jurídicos distintos e pode ser utilizada em ambas os momentos. Anote-se por fim que prevalece o entendimento de que sequer é necessária a reincidência específica. Neste sentido já decidiu o STJ: "A reincidência, específica ou não, não se compatibiliza com a causa especial de diminuição de pena prevista § 4.º do art. 33 da Lei n.º 11.343/2006, dado que necessário, dentre outros requisitos, seja o agente primário. Tal óbice e a exasperação da pena, na segunda fase, não importam em bis in idem, mas em consequências jurídico-legais distintas de um mesmo instituto. Precedentes." (AgRg no HC 468.578/MG, j. 19/02/2019)

E quando a **condenação anterior do agente é por crime de porte de drogas**? Observe-se que nos idos de 2016 vigora o entendimento esposada pela seguinte decisão: "A condenação definitiva anterior pela prática da conduta prevista no art. 16 da Lei n. 6.368/1976 é circunstância apta a autorizar a majoração da pena, pela incidência da agravante da reincidência, e para impedir a aplicação do redutor do art. 33, § 4º, da referida Lei, uma vez que, segundo entendimento firmado nesta Corte, não houve a descriminalização do porte de substâncias entorpecentes para uso próprio, com a entrada em vigor da Lei n. 11.343/2006, mas apenas a despenalização. (...) 6. Habeas corpus não conhecido. Ordem concedida, de ofício, para reduzir a pena-base, fixando a pena final em 5 anos e 10 meses de reclusão, mais 583 dias-multa, mantido o regime inicialmente fechado" (HC 360.123/SP, Rel. Ministro Ribeiro Dantas, Quinta Turma, julgado em 15/09/2016, DJe 21/09/2016).

Acontece que desde 2018 o STJ (5ª e 6ª Turmas) entende que a condenação em porte de drogas não configura reincidência, isto é, não gera efeitos penais externos ao tipo do art. 28 da LD. Depois, AgRg no HC 552.355/SP, Rel. Min. Nefi Cordeiro, 6ª T, j. 10.03.2020, o STJ decidiu que "revela-se desproporcional o reconhecimento da reincidência em virtude de anterior condenação pelo delito previsto no art. 28 da Lei n. 11.343/2006, argumento que também se aplica para os maus antecedentes".

Assim é possível concluir que a condenação anterior pela prática do crime do art. 28 não pode impedir a causa de diminuição de pena do § 4º do art. 33 da LD, consequência lógica aventada no REsp 1795962/SP, rel. Min. Ribeiro Dantas, 5ª T., j. 10.03.2020.

Questão interessante diz respeito à aplicação da causa de diminuição de pena em favor do agente que serve de **transportador da droga** (o conhecido "mula"). Há quem sustente que o fato é indicativo bastante de participação em organização criminosa, fator impeditivo da minorante. O STJ tem tanto decisões nas quais aplica a minorante quanto outras nas quais a afasta, sempre considerando o caso concreto. Em síntese, o tribunal não considera que o fato de o agente servir de transportador da droga caracterize uma presunção absoluta de que integra a organização criminosa à qual esteja servindo. São as circunstâncias da prática criminosa que indicam a extensão de sua colaboração. E, note-se, este papel pode servir inclusive para balizar a quantidade da diminuição da pena, caso a minorante seja aplicada:

> "A condição de agente colaborador de crime organizado no tráfico internacional de drogas ("mula") constitui fundamento idôneo para se valorar negativamente na terceira fase da dosimetria, razão pela qual é válida a aplicação do percentual de redução em 1/6, pela incidência da minorante do art. 33, § 4º, da Lei n. 11.343/2006. Precedentes" (AgRg no REsp 1.354.656/SP, DJe 18/08/2017).

> "2. Em consonância com o entendimento desta Quinta Turma, foi ressaltado que a simples atuação do indivíduo flagrado no transporte eventual de droga alheia ("mula") não pode levar à conclusão de que integre organização criminosa para efeito de afastar a incidência da minorante do art. 33, § 4º, da Lei n. 11.343/06. 3. Todavia, a referida minorante foi afastada pois, no caso, as instâncias ordinárias concluíram, com base nos elementos de prova, que o réu "*não se trata indivíduo que se apresente totalmente desvinculado de organizações criminosas ou sobre quem não pairem indicativos de que tenha como meio de vida a dedicação ao crime, notadamente em razão "das anotações de viagens anteriores havidas no passaporte do acusado, viagens estas de curta duração (Azerbaijão – 1 semana; Geórgia – 1 dia) e cujo propósito evidentemente não foi aquele mencionado pelo réu na versão que trouxe à baila em seu interrogatório (procura de um trabalho temporário) tudo a indicar que foram realizadas com o mesmo propósito que a viagem feita ao Brasil e que culminou com sua prisão, ou seja, a traficância de drogas.*" 4. Com efeito, "*esta Corte tem entendido que a atuação como transportador de droga, aliada à presença de elementos que demonstram, concretamente, a vinculação com organização criminosa, é fundamento idôneo para afastar a redução aqui pleiteada.*" (AgRg no AREsp 736.510/SP, Rel. Ministro FELIX FISCHER, QUINTA TURMA, julgado em 27/04/2017, DJe 10/05/2017)" (AgRg no HC 241.072/SP, DJe 18/08/2017).

Com isso, o tribunal segue o entendimento firmado pelo STF: "2. Descabe afastar a incidência da causa de diminuição de pena do art. 33, § 4º, da Lei nº 11.343/06 com base em mera conjectura ou ilação de que o réu integre organização criminosa. Precedentes. 3. O exercício da função de "mula", embora indispensável para o tráfico internacional, não traduz, por si só, adesão, em caráter estável e permanente, à estrutura de organização criminosa, até porque esse recrutamento pode ter por finalidade um único transporte de droga. Precedentes" (HC 134.597/SP, DJe 09/08/2016).

Não se pode olvidar, todavia, que o transportador de substância entorpecente, ao deslocar-se entre diferentes Estados da Federação, está sujeito à incidência da causa de aumento de pena prevista no art. 40, inciso V, da Lei nº 11.343/2006.

A quantidade da pena como vetor para o tráfico privilegiado – A incidência da causa de diminuição da pena pode ser balizada pela natureza e pela quantidade da droga (art. 42), que podem não só influenciar na extensão da redução como também podem mesmo obstá-la, como vem decidindo o STJ (HC 400.528/SP, DJe 18/08/2017).

Note-se, no entanto, algo importantíssimo: as circunstâncias do art. 42 devem ser utilizadas na primeira ou na terceira fase de aplicação da pena, ou seja, o juiz tem a opção de, na primeira etapa, utilizar a natureza e a quantidade da droga para fixar a pena-base acima do mínimo legal, ou de, na terceira fase, considerar a natureza e a quantidade para dosar a fração de diminuição ou para afastar o benefício. Não é possível utilizar o mesmo expediente nas duas fases porque, segundo decidiu o STF em sede de repercussão geral, há *bis in idem*:

> "Cumpre destacar que, em sessão realizada no dia 19.12.2013, o Pleno do STF, ao julgar os HCs 112.776 e 109.193, ambos da relatoria do Min. Teori Zavascki, firmou orientação no sentido de que, em caso de condenação por tráfico ilícito de entorpecentes, a natureza e a quantidade da droga apreendida apenas podem ser levadas em consideração em uma das fases da dosimetria da pena, sendo vedada sua apreciação cumulativa. Na ocasião, ficou consignado que cabe ao juiz escolher em qual momento da dosimetria essa circunstância vai ser levada em conta, seja na primeira, seja na terceira, observando sempre a vedação ao bis in idem. No presente caso, o Juiz de 1º grau, ao realizar a fixação da pena, levou em consideração a quantidade e a natureza da droga tanto na primeira quanto na terceira fase da dosimetria para elevar a pena do recorrente, o que é vedado nos termos da jurisprudência desta Corte. Assim, manifesto-me pela existência de repercussão geral da questão constitucional debatida e pela reafirmação da jurisprudência desta Corte, de modo a fixar o entendimento no sentido de que as circunstâncias da natureza e da quantidade da droga apreendida devem ser levadas em consideração apenas em uma das fases do cálculo da pena" (ARE 666.334 RG/AM, DJe 06/05/2014 – trecho do voto do min. Gilmar Mendes).

Direito subjetivo do réu – A simples leitura do parágrafo pode induzir o intérprete a imaginar que o benefício está na órbita discricionária do juiz. Contudo, parece-nos que, preenchidos os requisitos, o magistrado não só pode, como deve reduzir a pena, ficando a sua discricionariedade (motivada) limitada à fração minorante (esta orientada pela quantidade e/ou espécie da droga apreendida).

Todavia, segundo consolidado entendimento jurisprudencial, a causa de diminuição de pena prevista no § 4º do art. 33 da Lei de Drogas só pode ser aplicada se todos os requisitos, cumulativamente, estiverem presentes de modo que a falta de um deles, inviabiliza a benesse legal (STJ. AgRg no HC 477.020/SP, j. 16/05/2019).

Neste ponto importa destacar que a **condenação simultânea nos crimes de tráfico e associação** para o tráfico afasta a incidência da causa especial de diminuição prevista no art. 33, §4º, da Lei n. 11.343/06 por estar evidenciada dedicação a atividades criminosas ou participação em organização criminosa. Isso porque o crime de associação pressupõe certa dedicação estável e permanente daqueles que compõem um dado grupo criminoso, circunstância suficiente para obstar o benefício (STJ. HC 511.370/RJ, j. 04/06/2019).

Antecedentes e a negativa do benefício - É possível que o juiz negue o benefício do § 4º do art. 33 da Lei de Drogas com base no fato de o acusado ser investigado em inquérito policial ou ser réu em outra ação penal que ainda não transitou em julgado?

Entende o STJ que sim. É possível a utilização de inquéritos policiais e/ou ações penais em curso para formação da convicção de que o réu se dedica a atividades criminosas, de modo a afastar o benefício legal previsto no art. 33, § 4º, da Lei n.º 11.343/2006. STJ. 3ª Seção. EREsp 1.431.091-SP, Rel. Min. Felix Fischer, julgado em 14/12/2016 (Info 596). STJ. 6ª Turma. AgRg no HC 539.666/RS, Rel. Min. Nefi Cordeiro, julgado em 05/03/2020.

Entende, porém, o STF que não: Não se pode negar a aplicação da causa de diminuição pelo tráfico privilegiado, prevista no art. 33, § 4º, da Lei nº 11.343/2006, com fundamento no fato de o réu responder a inquéritos policiais ou processos criminais em andamento, mesmo que estejam em fase recursal, sob pena de violação ao art. 5º, LIV (princípio da presunção de não culpabilidade). Não cabe afastar a causa de diminuição prevista no art. 33, § 4º, da Lei nº 11.343/2006

(Lei de Drogas) com base em condenações não alcançadas pela preclusão maior (coisa julgada). STF. 1ª Turma. HC 173806/MG, Rel. Min. Marco Aurélio, julgado em 18/2/2020 (Info 967). STF. 1ª Turma. HC 166385/MG, Rel. Min. Marco Aurélio, julgado em 14/4/2020 (Info 973). STF. 2ª Turma. HC 144309 AgR, Rel. Min. Ricardo Lewandowski, julgado em 19/11/2018.

***Quantum* da redução** – O § 4º do art. 33 não estabelece os parâmetros que devem ser utilizados pelo julgador para estabelecer a redução entre um sexto e dois terços. Inexistindo tais parâmetros, uma das soluções adotadas é a utilização do art. 42 da Lei 11.343/06, que impõe ao juiz, na fixação da pena, que considere com preponderância sobre as circunstâncias do art. 59 do CP a natureza e a quantidade da substância ou do produto, a personalidade e a conduta social do agente (STJ. AgRg no HC 462.289/RS, j. 30/05/2019).

Anote-se que o Plenário do Supremo Tribunal Federal, ao julgar os HCs 112.776/MS e 109.193/MG, entendeu que a natureza e a quantidade da droga aprendida não pode ser levada em conta na 1ª e depois na 3ª fase da dosimetria da pena porque essa providência constitui *bis in idem* (HC 112.776/MS e HC 109.193/MG, Pleno, julgamento realizado em 19/12/2013). Embora seja mais adequada a utilização dessas circunstâncias na fixação da pena-base (1ª fase), anote-se que o STF franqueia ao magistrado escolher se as utilizará na 1ª ou na 3ª fase da dosimetria.

Retroatividade – Na jurisprudência, prevaleceu o entendimento de que esta norma, mesmo sendo mais benéfica, só pode retroagir se não resultar em uma combinação com as disposições da lei antiga, a qual não contemplava o tráfico privilegiado. Neste sentido, Andrey Borges de Mendonça e Paulo Roberto Galvão de Carvalho explicam: "Este dispositivo, como mencionado anteriormente, foi criado para atenuar, de certa forma, a rigidez da nova Lei de Drogas, que aumentou consideravelmente a pena mínima dos delitos previstos no art. 33, caput, e § 1.º. Assim, há uma correlação lógica e necessária entre o aumento da pena mínima desses delitos e a criação da minorante. Portanto, o intérprete não pode negligenciar essa relação, aplicando retroativamente apenas a nova causa de diminuição, sob pena de estar criando uma disposição não prevista pelo legislador" (Lei de Drogas. São Paulo: Método, 2006. p. 99-101).

Em seguida, concluem referidos autores: "Neste ponto deverá o magistrado verificar se a nova Lei de Drogas é de fato mais favorável ao acusado, mesmo esta sendo aplicada unitariamente, sem cisão. E, para tanto, deverá fazer um juízo hipotético e analisar, retroagindo a pena base do art. 33, *caput* e § 1.º, bem como a causa de diminuição em estudo, em comparação com a Lei anterior, qual das duas leis será mais favorável ao agente. Como abstratamente não será possível definir qual das leis é mais favorável ao agente (se a antiga ou na nova Lei de Drogas), deverá o magistrado analisar o caso *sub judice* tendo em vista as particularidades concretas da conduta, para somente então determinar qual lei é mais favorável ao acusado".

O Superior Tribunal de Justiça, consagrou este entendimento e sumulou a orientação de que a causa de diminuição de pena só pode incidir se, aplicada integralmente, resulte em benefício para o agente: "É cabível a aplicação retroativa da Lei n. 11.343/2006, desde que o resultado da incidência das suas disposições, na íntegra, seja mais favorável ao réu do que o advindo da aplicação da Lei n. 6.368/1976, sendo vedada a combinação de leis" (súmula 501).

Vedação de penas restritivas de direitos – Com a redução da pena privativa de liberdade ao *primário* e de *bons antecedentes*, preenchidos estariam todos os requisitos (objetivos e subjetivos) permissivos da substituição da reprimenda por restritivas de direitos (art. 43 e ss. do CP). Contudo, o mesmo § 4.º logo vedou essa possibilidade, impedindo a "conversão" (*rectius*: substituição), proibição essa repetida no art. 44 desta Lei. Sempre questionamos a constitucionalidade desta vedação. O STF, finalmente, ao julgar no dia 1.º de setembro de 2010 o HC 97.256, colocou uma pá de cal na discussão, reconhecendo a inconstitucionalidade da proibição em abstrato, devendo o juiz, aquilatando o caso concreto, decidir pelo cabimento ou não do benefício. Não pode o legislador substituir-se ao magistrado no desempenho de sua atividade jurisdicional O Senado Federal promulgou a Res. 5/2012, suspendendo, nos termos do art. 52,

X, da CF/1988, a execução da expressão "vedada a conversão em penas restritivas de direitos" do § 4.º do art. 33 da Lei 11.343/2006. Aprofundamos o assunto no estudo do art. 44 desta Lei.

Nova Súmula Vinculante n.º 59 e regime aberto: Foi aprovada pelo STF, no dia 12/05/2023, uma nova Súmula Vinculante que dispõe: "É impositiva a fixação do regime aberto e a substituição da pena privativa de liberdade por restritiva de direitos quando reconhecida a figura do tráfico privilegiado (art. 33, § 4º, da Lei 11.343/06) e ausentes vetores negativos na primeira fase da dosimetria (art. 59 do CP), observados os requisitos do art. 33, § 2º, alínea 'c' e do art. 44, ambos do Código Penal".

A nova Súmula Vinculante estabelece de maneira imperativa que, quando reconhecida a figura do tráfico privilegiado (art. 33, § 4º, da Lei 11.343/06) e não estiverem presentes vetores negativos na primeira fase da dosimetria (art. 59 do CP), devem ser fixados o regime aberto e a substituição da pena privativa de liberdade por restritiva de direitos. Isso se dá mediante a observância dos requisitos dispostos no art. 33, § 2º, alínea 'c', e do art. 44, ambos do Código Penal. Neste contexto, todos os juízes e tribunais estão obrigados a aplicar essa determinação, garantindo que os condenados por tráfico privilegiado sejam beneficiados com o regime aberto e a substituição da pena.

No entanto, é crucial estar atento ao requisito negativo, que implica na inexistência de elementos desfavoráveis na primeira fase da dosimetria, conforme previsto no art. 59 do Código Penal, bem como aos critérios mencionados nos dispositivos legais citados. Dessa forma, é importante ressaltar que os benefícios estipulados na Súmula não serão aplicáveis em casos de reincidência ou quando as circunstâncias judiciais se mostrarem desfavoráveis. Cabe destacar ainda que esta questão é regulada pelo art. 42 da Lei de Drogas, o qual determina que o juiz deve dar maior ênfase à natureza e quantidade da substância ou produto, à personalidade e à conduta social do agente, em detrimento do que é estabelecido no art. 59 do Código Penal.

Além disso, é relevante salientar a conexão deste tema com as disposições presentes nas súmulas 718 e 719 do Supremo Tribunal Federal (STF), que enfatizam que a apreciação do magistrado sobre a gravidade abstrata do crime não constitui justificativa suficiente para impor um regime mais rigoroso do que o permitido pela pena aplicada e que a imposição de um regime mais severo do que a pena aplicada requer uma fundamentação idônea.

Tráfico privilegiado e o Cabimento de Acordo de não persecução Penal - Após a consolidação do entendimento de que o chamado tráfico de drogas privilegiado não é crime hediondo, o que inclusive permite lhe seja aplicada pena restritiva de direitos aos condenados por este delito, não vislumbramos motivos para negar a possibilidade dele ser alcançado pelo Acordo de Não Persecução Penal, previsto no art. 28-A do Código de Processo Penal. Isso porque a pena em perspectiva do tráfico privilegiado, ainda que considerada a redução em grau mínimo, encontra-se em grau suficiente para aplicação do instituto, desde que observados os demais requisitos previstos na lei. Deve-se, contudo, atentar que o ANPP deve ser utilizado com cautela nesses casos, ou seja, desde que os requisitos do tráfico privilegiados se encontrem sobeja e criteriosamente demonstrados, situação excepcional na etapa pré-processual e que geralmente são melhor examinadas ao final do processo penal.

Recentemente, o STJ decidiu que nos casos em que ocorre a alteração do enquadramento jurídico ou da desclassificação do delito, seja por meio de *emendatio libelli* ou de *mutatio libelli*, é possível aplicar o ANPP, desde que preenchidos os requisitos legais exigidos para esse instituto negocial: "Reconhecida a minorante do tráfico privilegiado, o acusado tem direito ao ANPP e o excesso de acusação (*overcharging*) não deve prejudicar o acusado". (HC 822.947-GO. Rel. Ministro Ribeiro Dantas. Julgado em 27.06.23).

Art. 34. Fabricar, adquirir, utilizar, transportar, oferecer, vender, distribuir, entregar a qualquer título, possuir, guardar ou fornecer, ainda que gratuitamente, maquinário, aparelho, instrumento ou qualquer objeto destinado à fabricação, preparação, produção ou transformação de drogas, sem autorização ou em desacordo com determinação legal ou regulamentar:

Pena – reclusão, de 3 (três) a 10 (dez) anos, e pagamento de 1.200 (mil e duzentos) a 2.000 (dois mil) dias-multa.

Objetividade jurídica – O bem jurídico protegido é a saúde pública (tutela imediata) e a saúde individual de pessoas que integram a sociedade (tutela mediata). A saúde pública é um bem jurídico supraindividual que deve sempre ter como referência última os bens jurídicos pessoais.

Tráfico de maquinários – O tipo penal em estudo traz o tráfico, porém não mais de drogas, mas de maquinário, aparelho, instrumento ou qualquer objeto destinado à fabricação, preparação, produção ou transformação de drogas. Vicente Amêndola Neto, lembrando o escólio de Menna Barreto, justifica a incriminação: "As razões desse acréscimo no elenco dos tipos previstos são bastante óbvias, pois com o incremento do uso de tóxicos, em todo o mundo, multiplicaram-se os laboratórios clandestinos, que atuam como verdadeiras usinas de fabricação, preparação ou transformação das mais variadas espécies de drogas e instrumentos para a sua utilização" (***Tráfico de entorpecentes***. Campinas: M.E. Editora, 2000. p. 173).

Delito subsidiário – Cuida-se de delito em regra subsidiário, ou seja, praticando o agente, no mesmo contexto fático, tráfico de drogas e de maquinários, deve responder apenas por aquele, ficando este absorvido (o que não impede o juiz de considerar essa circunstância na fixação da pena). Nesse sentido: "(...) 6. Segundo precedentes da Sexta Turma desta Corte, as condutas tipificadas nos arts. 33, § 1º, e 34 da Lei n. 11.343/2006 têm natureza subsidiária em relação àquelas previstas no art. 33, caput, da mesma Lei (anteriormente previstas nos arts. 12 e 13 das Lei n. 6.368/1976). Sendo assim, quando praticadas todas num mesmo contexto fático, responde o agente apenas pelo crime tipificado no art. 33, *caput*, da Lei n. 11.343/2006. 7. O próprio acórdão recorrido afirma que as condutas formavam um todo único, voltado para o tráfico de drogas. Contudo, impôs condenação distinta em relação aos arts. 33, § 1º, e 34 da Lei n. 11.343/2006 por entender que as condutas neles previstas não seriam subsidiárias em relação ao caput do art. 33, da Lei n. 11.343/2006, mas autônomas. Entretanto, essa conclusão discrepa da posição desta Corte Superior (...)" (STJ: REsp 1.470.276/SP, j. 01/09/2016).

A possibilidade de concurso de crimes não está afastada, desde que as circunstâncias demonstrem a ocorrência de condutas inseridas em contextos fáticos distintos. O crime previsto no artigo 34 da Lei n. 11.343/2006 tem como finalidade reprimir a produção de instrumentos destinados à fabricação, preparação ou transformação de entorpecentes, enquanto o crime de tráfico de drogas busca evitar a disseminação de substâncias ilícitas. Para a aplicação do princípio da consunção, faz-se imprescindível a avaliação da lesividade concreta dos instrumentos empregados na fabricação ou transformação dos entorpecentes. Nesse sentido, em decisão proferida no Habeas Corpus 349.524/SP (j. 18/05/2017), verificou-se que os condenados não apenas mantinham uma certa quantidade de drogas para fins de comércio, mas também armazenavam, em larga escala, maquinários e utensílios, como balanças, tachos e substâncias para mistura, cujo peso total alcançava dezenove quilogramas, conforme auto de apreensão. Esses equipamentos não se destinavam exclusivamente à preparação das drogas encontradas no momento da prisão, mas configuravam um laboratório autônomo, apto a produzir uma quantidade muito superior de entorpecentes. Assim, a autonomia das condutas foi devidamente constatada, afastando a incidência do princípio da consunção, uma vez que a fabricação ou transformação dos materiais tóxicos não constituiu meio necessário para a prática do crime de tráfico de drogas.

Crime equiparado a hediondo – Apesar de a maioria ensinar que o crime em estudo é equiparado a hediondo (ver art. 44), somos obrigados a discordar. Analisando o texto constitucional (art. 5.º, XLIII), percebe-se que a equiparação alcança somente a tortura, o terrorismo e o tráfico ilícito de *drogas* (abranger maquinários é integrar em prejuízo do réu, ferindo o princípio da legalidade).

Sujeitos do crime – Qualquer pessoa pode praticar o tráfico de maquinários (crime comum). A sociedade figura como vítima.

Tipo objetivo – Agora são onze (e não mais seis) as formas de praticar o tráfico de maquinaria: *fabricar* (manufaturar), *adquirir* (entrar na posse), *utilizar* (empregar), *transportar* (conduzir, carregar), *oferecer* (tornar disponível), *vender* (negociar em troca de valor), *distribuir* (entregar a diversos receptores), *entregar a qualquer título* (passar às mãos, ainda que de forma precária), *possuir* (ter a posse) ou *guardar* (tomar conta, zelar para alguém) ou *fornecer* (abastecer) ainda que gratuitamente, *maquinário* (conjunto de máquinas), *aparelho* (conjunto de peças ou utensílios organizados para determinada finalidade), *instrumento* (utensílio, apetrecho, ferramenta) ou qualquer objeto destinado à fabricação, preparação, produção ou transformação de drogas.

Objeto material – Quanto ao objeto material do crime (maquinário, aparelho, instrumento ou qualquer objeto), diverge a doutrina se deve ter destinação específica na produção de psicotrópicos. Prevalece a lição de que basta que os instrumentos e aparelhos estejam sendo utilizados para a prática da finalidade ilícita, ainda que criados para outro fim (ex: balança de precisão). Nesse ponto, alerta Vicente Greco: "Não existem aparelhos de destinação exclusivamente a essa finalidade. Qualquer instrumento ordinariamente usado em laboratório químico pode vir a ser utilizado na produção de tóxicos: um bico de Bunsen, uma estufa, pipetas, destiladores etc. Estes mesmos instrumentos poderiam ser, e comumente o são, empregados em atividades inocentes. O mesmo ocorre com instrumentos ou objetos caseiros também passíveis de serem transformados em preparadores de drogas ilícitas" (ob. cit., p. 123).

No entanto, ainda que amplo o rol de objetos materiais, torna-se necessária a prova de que eram (ou seriam) utilizados pelo agente na fabricação, preparação, produção ou transformação da droga. A lâmina de barbear, por exemplo, não se destina a tais finalidades, mas sim separar droga pronta para o uso, não configurando o crime do art. 34 (nesse sentido, ainda na vigência da lei anterior: RT 698/331). Do mesmo modo, a apreensão de instrumentos impregnados de droga não evidencia, por si só, o crime

É importante destacar que o entendimento consolidado é no sentido de que o crime previsto no artigo 34 da Lei de Drogas somente subsiste se demonstrado que a posse dos instrumentos configura ato preparatório para o tráfico de entorpecentes, não havendo crime quando a finalidade dos instrumentos é o uso pessoal. A esse respeito, o Superior Tribunal de Justiça (STJ) já se manifestou, sendo a relatora Ministra Laurita Vaz, que consignou: "Se a própria legislação reconhece o menor potencial ofensivo da conduta do usuário que adquire drogas diretamente no mercado ilícito de entorpecentes, não há como se furtar à conclusão de que também se encontra em situação de baixa periculosidade o agente que sequer fomentou o tráfico, haja vista ter cultivado pessoalmente a planta destinada à extração do óleo para seu exclusivo consumo."

A Ministra prosseguiu afirmando que, considerando que as penas previstas no artigo 28 da Lei de Drogas também se aplicam a quem cultiva plantas destinadas ao preparo de pequena quantidade de substância ou produto (como o óleo), seria um contrassenso jurídico tratar a posse de objetos utilizados no cultivo dessas plantas, para uso pessoal, como crime autônomo mais grave, equiparado a delito hediondo, punido com reclusão de três a dez anos e multa expressiva. Para a magistrada, quem cultiva uma planta, naturalmente, faz uso de ferramentas típicas de plantio, "razão pela qual se deve concluir que a posse de tais objetos está abrangida pela conduta típica prevista no parágrafo 1º do artigo 28 da Lei n. 11.343/2006 e, portanto, não é capaz de configurar delito autônomo" (STJ. RHC 135617/PR, Rel. Min. Laurita Vaz, Sexta Turma, unânime, data de publicação: 30/09/2021).

Dessa forma, resta claro que a posse de instrumentos relacionados ao cultivo para uso próprio deve ser analisada sob o prisma do artigo 28, e não do artigo 34, afastando-se, assim, a caracterização de crime autônomo com maior gravidade.

Exame pericial – A jurisprudência, na vigência da Lei anterior, vinha exigindo exame pericial para se comprovar a finalidade ilícita dos objetos apreendidos. Assim: "Sendo relativamente complicada máquina apreendida e que se destinaria ao preenchimento de ampolas e, seu fechamento após a introdução de droga, indeclinável seja ela submetida a exame pericial, para responsabilizar-se o réu pelo delito do art. 13 [atual art. 34] da lei especial." (*JUTACRIM* 56/193).

Ilicitude da conduta – Sabendo que, excepcionalmente, a exploração de drogas é permitida no Brasil (arts. 2.º e 31), para que haja o crime mostra-se indispensável que o agente pratique qualquer dos núcleos verbais sem autorização ou em desacordo com determinação legal ou regulamentar (elemento normativo do tipo). Equivale à ausência de autorização o seu desvio, ainda que regularmente concedida.

Tipo subjetivo – É o dolo, consistente na vontade consciente de traficar maquinários destinados à fabricação, preparação, produção ou transformação de drogas, sabendo não estar autorizado ou em acordo com determinação legal ou regulamentar.

Consumação e tentativa – O crime se consuma com a prática de qualquer um dos núcleos do tipo, independente da efetiva produção da droga (algumas modalidades são permanentes). Apesar de admitida pela doutrina, a tentativa mostra-se difícil na prática.

Sanção penal – A pena privativa de liberdade é a mesma da Lei anterior (3 a 10 anos de reclusão). A pecuniária (cumulativa), que era de 50 a 360 dias-multa, passou para 1.200 a 2.000 dias-multa. Estamos diante de *novatio legis in pejus*, aplicando-se somente aos fatos ocorridos durante a sua vigência, sendo vedada, em caráter absoluto, a sua retroatividade (art. 1.º do CP). Sabendo que algumas modalidades do crime são permanentes (*guardar* e *possuir*, por exemplo), deve ser lembrada a determinação contida na Súmula 711 do STF, *in verbis*: "A lei penal mais grave aplica-se ao crime continuado ou ao crime permanente, se a sua vigência é anterior à cessação da continuidade ou da permanência".

É possível, por analogia, aplicar-se ao delito em estudo a minorante tratada no § 4.º do art. 33 (*as penas poderão ser reduzidas de um sexto a dois terços, vedada a conversão em penas restritivas de direitos, desde que o agente seja primário, de bons antecedentes, não se dedique às atividades criminosas nem integre organização criminosa*)? Na resposta, Andrey Borges de Mendonça e Paulo Roberto Galvão de Carvalho, depois de bem analisarem o problema, concluem: "Chega-se, portanto, ao seguinte problema: caso o agente seja detido após montar um laboratório clandestino de drogas, mas antes de praticar qualquer conduta prevista no art. 33, *caput*, sua pena mínima será de três anos. Por outro lado, caso sua prisão ocorra após ter efetivamente colocado o laboratório em funcionamento, sua pena mínima, caso preencha os requisitos do § 4.º do art. 33, poderá ser de um ano a oito meses! Veja que para a conduta menos grave há a possibilidade de se aplicar pena mais gravosa, em clara afronta ao princípio da isonomia. O intérprete deve ser convocado para resolver esse impasse. A única solução será a aplicação da causa de diminuição de pena do art. 33, § 4.º, também sobre a pena do art. 34, incidindo a causa de redução de pena de um sexto a dois terços sobre a pena de três a 10 anos" (Ob. cit., p. 105.)

Art. 35. Associarem-se duas ou mais pessoas para o fim de praticar, reiteradamente ou não, qualquer dos crimes previstos nos arts. 33, caput e § 1º, e 34 desta Lei:

Pena – reclusão, de 3 (três) a 10 (dez) anos, e pagamento de 700 (setecentos) a 1.200 (mil e duzentos) dias-multa.

Parágrafo único. Nas mesmas penas do caput deste artigo incorre quem se associa para a prática reiterada do crime definido no art. 36 desta Lei.

Objetividade jurídica – O bem jurídico protegido é a saúde pública (tutela imediata) e a saúde individual de pessoas que integram a sociedade (tutela mediata). A saúde pública é um bem jurídico supraindividual que deve sempre ter como referência última os bens jurídicos pessoais.

Associação para o tráfico (de drogas e maquinários) – O art. 35 traz modalidade especial de associação criminosa (art. 288 do CP). Contudo, diferentemente desta, a associação para o tráfico exige apenas duas pessoas (e não três), agrupadas de forma estável e permanente, para o fim de praticar, reiteradamente ou não, qualquer dos crimes previstos nos arts. 33, *caput* (tráfico de drogas), e 34 (tráfico de maquinário) desta Lei. Nesse diapasão, não se caracterizará associação para o tráfico se os delitos visados forem os previstos nos artigos 33, §§ 2º e 3º, 37, 38 e 39 da Lei de Drogas.

Prevalece que este tipo penal, por ser especial e posterior, derrogou o art. 8º da Lei dos Crimes Hediondos, ao menos quando a finalidade da associação for a prática de tráfico de entorpecentes. Neste sentido: Comprovada estabilidade e permanência de grupo voltado à mercancia de drogas, cabível é o enquadramento no crime de associação para o tráfico (STF, RHC 192706/SP, DJe 11/01/2021).

Crime autônomo – Trata-se de crime autônomo, isto é, a sua caracterização não depende da prática de qualquer dos crimes referidos no tipo, configurando-se o concurso material de delitos, caso ocorram (art. 69, *caput*, do CP). Assim já decidiu o STF: "É perfeitamente possível que ocorra concurso material entre tráfico de entorpecentes e associação estável, pois o crime autônomo, previsto no art. 14 da Lei 6.368/76 [atual art. 35], tem como finalidade cometer delitos dos arts. 12 e 13 da mesma lei [hoje, arts. 33, *caput*, e 34, respectivamente]" (*RT* 773/503).

Em sentido contrário, temos: "O crime definido na Lei de Tóxicos, em seu art. 14 [atual art. 35], diz respeito à associação de agentes que não chegam a praticar qualquer dos outros delitos previstos em norma incriminadora. Assim, tal dispositivo é de se considerar como subsidiário em relação aos outros ilícitos mais graves, motivo pelo qual somente cabe sua configuração nos casos de não demonstrada a prática dos denominados delitos principais. Sua funcionalidade, pois, pode ser figurada como a de soldado de reserva da ordem jurídica. Descabe, pois, razão a quem o entenda como aplicável cumulativamente, por exemplo, com o crime do art. 12 [atual art. 33]" (*RJTJRS* 106/113).

Tipo subjetivo – É o dolo (*animus associativo*), que consiste em um ajuste prévio entre seus membros, aliado ao fim específico de traficar drogas ou maquinários, o que resulta na necessidade de identificação da estabilidade e permanência associativo entre os agentes. Como explica Victor Eduardo Rios Gonçalves e José Paulo Baltazar Junior: "Na prática, para fazer valer tal distinção, leva-se em conta o grau de organização, a gravidade da conduta e, evidentemente, a intenção de reiteração criminosa. Com efeito, quando existe essa intenção, não há dúvida de que está configurado o crime de associação para o tráfico (art. 35). Porém, quando não existir prova nesse sentido, o julgador deverá verificar se existe certa organização dos envolvidos, bem como a forma como se comportaram no caso concreto. Assim, ainda que não tenham intenção de reiteração, se o juiz verificar, por exemplo, que eles se organizaram para, de uma só vez, importar e depois distribuir grande quantia da droga, responderão pelo crime autônomo (art. 35), evidentemente, em concurso material com o tráfico por eles realizado (art. 33, *caput*). Igual conclusão deve ocorrer quando os agentes realizam várias condutas em relação ao mesmo objeto material, como, por exemplo, quando plantam, cultivam, colhem, preparam e vendem um mesmo "lote" de entorpecente." (GONÇALVES, Victor Eduardo Rios. BALTAZAR JÚNIOR, José Paulo. Legislação Penal Especial Esquematizado. 5ª ed. São Paulo: Saraiva, 2019. p. 212).

Isso significa que não se pode presumir a existência de vínculo estável e permanente entre os agentes, como inclusive decidiu o Superior Tribunal de Justiça ao afastar a caracterização do crime de associação pelo simples fato de o tráfico ter ocorrido em uma comunidade dominada por facção criminosa: "O fato de o flagrante do delito de tráfico de drogas ter ocorrido em comunidade apontada como local dominado por facção criminosa, por si só, não permite presumir que os réus eram associados (de forma estável e permanente) à referida facção, sob pena de se validar a adoção de uma seleção criminalizante norteada pelo critério espacial e de se inverter o ônus probatório, atribuindo prova diabólica de fato negativo à defesa". (STJ. 6ª Turma. HC 739.951-RJ, Rel. Min. Laurita Vaz, julgado em 09/08/2022, DJe 18/08/2022 (Info 753)).

Denúncia em crime de associação – Citando julgado do STJ, Cleber Masson e Vinícius Marçal ensinam que "Tem-se entendido majoritariamente que, nos chamados crimes de autoria coletiva, 'embora a vestibular acusatória não possa ser de todo genérica, é válida quando, apesar de não descrever minuciosamente as atuações individuais dos acusados, demonstra um liame entre o seu agir e a suposta prática delituosa, estabelecendo a plausibilidade da imputação e possibilitando o exercício da ampla defesa.' Nesse contexto, não é inepta a denúncia – geral – que apresenta uma narrativa fática congruente, de modo a permitir o devido processo legal, descrevendo conduta típica que, "atentando aos ditames do art. 41 do CPP, qualifica os acusados, descreve o fato criminoso e suas circunstâncias. O fato, por si só, de o Ministério Público ter imputado ao recorrente a mesma conduta dos demais denunciados não torna a denúncia genérica, indeterminada ou imprecisa" (MASSON, Cleber; MARÇAL, Vinícius. Lei de Drogas: aspectos penais e processuais. Rio de Janeiro: Forense; São Paulo: Método, 2019. p. 103).

Consumação e tentativa – A consumação do crime de associação para o tráfico, que ocorre com a formação da *societas criminis*, se prolonga enquanto perdurar a reunião das pessoas associadas, caracterizando um crime permanente. Como já mencionado, não é necessário que o delito de tráfico seja efetivamente praticado para que se configure o crime de associação, desde que fique demonstrado que houve um ajuste prévio e duradouro com o objetivo de praticar o tráfico de entorpecentes. A consumação ocorre independentemente do cometimento do crime de tráfico propriamente dito, o qual, se vier a acontecer, será imputado em concurso com a associação. Basta que se prove a existência de um ânimo associativo estável e duradouro.

Consequentemente, a apreensão de drogas na posse direta do agente não é imprescindível para sua punição por associação para o tráfico. Essa interpretação já foi consolidada, como decidido no Habeas Corpus 441.712/SP (j. 21/02/2019), onde se afirmou que "a ausência de apreensão de drogas na posse direta do paciente não afasta a prática dos delitos ou sua flagrância, sobretudo em relação à associação para o tráfico". As circunstâncias do caso, aliadas ao resultado da busca e apreensão, legitimaram as prisões efetuadas, uma vez que os crimes investigados são de natureza permanente, e sua consumação perdura mesmo quando o agente não está na posse direta de substâncias entorpecentes. Ademais, a caracterização do crime de associação para o tráfico não depende da apreensão de drogas na posse direta do acusado.

Além disso, a maior parte da doutrina não admite a tentativa no crime de associação, dado seu caráter de permanência e o fato de que sua consumação ocorre com o mero ajuste estável e duradouro entre os associados.

Crime equiparado a hediondo – Há quem sustente que este crime é também equiparado a hediondo, sofrendo todos os consectários da Lei 8.072/90 (ver art. 44). Discordamos. Como já discorremos acima, a CF/88 etiquetou, num rol taxativo, os crimes equiparados a hediondo, quais sejam, tortura, terrorismo e o tráfico ilícito de drogas e substâncias afins. Exclui-se, portanto, o delito de associação. Assim já restou decidido pelo STJ: "A jurisprudência pacífica do Superior Tribunal de Justiça reconhece que o crime de associação para o tráfico de entorpecentes (art. 35 da Lei n. 11.343/2006) não figura no rol de delitos hediondos ou a eles equiparados, tendo em vista que não se encontra expressamente previsto no rol taxativo do art. 2º da Lei n. 8.072/1990" (HC 429.672/SP, DJe 27/08/2018). E ainda: "De acordo com a Jurisprudência desta Corte Superior, ante a ausência de previsão no rol do art. 2º da Lei 8.072/90, o crime de associação para o tráfico previsto no art. 35 da Lei 11.343/06 não é crime hediondo ou equiparado." (AgRg no HC 485.529/RS, j. 12/03/2019).

Apesar de excluído do rol dos crimes de máxima potencialidade lesiva, por força da atual Lei este crime passou a ser inafiançável e insuscetível de *sursis*, graça, indulto e anistia (art. 44, *caput*). Neste sentido também já decidiu o STJ:

> PENAL. AGRAVO REGIMENTAL NO HABEAS CORPUS. ASSOCIAÇÃO PARA O TRÁFICO DE DROGAS. INDULTO. DECRETO PRESIDENCIAL N. 9.246/2017. VEDAÇÃO LEGAL CONTIDA NO ART. 44, CAPUT, DA LEI 11.343/2006. INDEFERIMENTO DO BENEFÍCIO. AGRAVO DESPROVIDO.
>
> 1. O art. 44 da Lei n. 11.343/2006 estatui que "os crimes previstos nos arts. 33, caput e § 1º, e 34 a 37 da Lei são inafiançáveis e insuscetíveis de sursis, graça, indulto, anistia e liberdade provisória, vedada a conversão de suas penas em restritivas de direitos."
>
> 2. Embora a vedação à concessão do indulto ao crime de associação para o tráfico de drogas (art. 35 da Lei n. 11.343/2006) não conste, de fato, no Decreto Presidencial n. 9.246/2017, está expressamente delineada no art. 44, caput, da Lei n. 11.343/2006.
>
> 3. Não é possível a concessão de indulto ou comutação da pena ao condenado pelo delito de associação para o tráfico de drogas, pois há vedação legal contida no art. 44, caput, da Lei n. 11.343/2006. Precedentes.
>
> 4. Agravo regimental desprovido. (STJ- AgRg no HC 464.605/RJ, Rel. Ministro RIBEIRO DANTAS, QUINTA TURMA, julgado em 02/04/2019, DJe 08/04/2019).

Indaga-se se a vedação abrange também o indulto humanitário, ou seja, aquele concedido por razões de grave deficiência física ou em virtude de debilitado estado de saúde. Uma primeira corrente leciona que a referida causa extintiva da punibilidade pode ser concedida inclusive para condenados por crimes hediondos ou assemelhados, hipótese à qual não seria aplicável a vedação legal. Por força do princípio da humanidade, até mesmo condenados por crimes de especial gravidade têm o direito de padecer seu estado doentio em sossego ou de preparar-se para a morte com dignidade, notadamente nas hipóteses em que os cuidados médicos não possam ser prestados no próprio estabelecimento penal. As decisões mais recentes dos Tribunais Superiores, contudo, adotam tese diversa, impedindo até mesmo o indulto humanitário.

Associação eventual – A lei revogada previa uma causa de aumento quando a associação fosse eventual (sem estabilidade), é dizer, mero concurso de agentes. A atual aboliu essa majorante, mudança que deve retroagir em benefício do agente, alcançando fatos pretéritos, ainda que acobertados pelo manto da coisa julgada (art. 2.º, parágrafo único, do CP). Nem se diga que, agora, a mera reunião ocasional de duas ou mais pessoas passou a subsumir-se ao tipo penal em estudo. *A uma*, porque a redação do crime autônomo da associação para o tráfico (antigo art. 14, agora art. 35) não mudou sua redação. *A duas*, porque a cláusula "reiteradamente ou não" significa somente que a reunião deve visar a prática de crimes futuros (no espírito do art. 288 do CP), não dispensando, de modo algum, a estabilidade. *A três*, porque é do nosso sistema penal (sem exceções) punir o mero concurso de agentes como agravante, causa de aumento ou qualificadora de crime, jamais como tipo básico, um delito autônomo. Neste sentido, já decidiu o STF: "O verbo núcleo do tipo previsto no art. 35 da Lei 11.343/2006 é associar-se. Portanto, a caracterização da associação para o tráfico de drogas depende da demonstração do vínculo de estabilidade entre duas ou mais pessoas, não sendo suficiente a união ocasional e episódica. Não se pode transformar o crime de associação, que é um delito contra a paz pública – capaz de expor a risco o bem jurídico tutelado –, em um concurso de agentes" (HC 124164, Relator(a): Min. Teori Zavascki, Segunda Turma, julgado em 11/11/2014, Processo Eletrônico DJe-230, 21-11-2014). Também a jurisprudência do STJ é neste sentido: "A jurisprudência do Superior Tribunal de Justiça firmou-se no sentido de que a configuração do crime de associação para o tráfico de drogas (art. 35, da Lei n. 11.343/2006) exige a demonstração do elemento subjetivo do tipo específico, qual seja, o ânimo de associação de caráter duradouro e estável. Do contrário, o caso é de mero concurso de pessoas." (HC 479.977/SP, j. 14/05/2019).

Sanção penal – Na vigência da Lei 6.368/76, a associação para o tráfico (art. 14) era punida com reclusão de 3 (três) a 10 (dez) anos, e multa. Com o advento da Lei 8.072/90, nasceu séria controvérsia. É que o seu art. 8.º, *caput*, estipulou pena de 3 (três) a 6 (seis) anos quando o delito de quadrilha ou bando (art. 288 do CP) visasse, dentre outros, a prática do comércio de drogas ou maquinários. Surgiu a inevitável pergunta: o art. 288 do CP c/c o art. 8.º, *caput*, da Lei 8.072/90, revogou o art. 14 (associação especial)? Depois de anos discutindo, o STF colocou uma pá de cal no assunto, decidindo que o art. 8.º, *caput*, da Lei dos Crimes Hediondos alterou somente o preceito secundário do art. 14 (que passou a ser de 3 a 6 anos), sem revogar o tipo incriminador (*JSTF* 243/356). Agora, com a atual Lei, a pena privativa de liberdade do delito de associação foi restaurada (3 a 10 anos de reclusão), majorando-se, também, a pecuniária. Em síntese, estamos diante de *novatio legis in pejus*, aplicando-se somente aos fatos ocorridos durante a sua vigência, sendo vedada, em caráter absoluto, a sua retroatividade (art. 1.º do CP), salvo se a associação ainda está em atividade, pois sendo delito permanente, aplica-se na espécie a Súmula 711 do STF: "A lei penal mais grave aplica-se ao crime continuado ou ao crime permanente, se a sua vigência é anterior à cessação da continuidade ou da permanência".

Causa de diminuição do § 4º do art. 33 – A jurisprudência do STJ estabeleceu que não se aplica a causa de diminuição prevista no art. 33, § 4º, da Lei n. 11.343/2006, aos condenados pelo crime de associação para o tráfico, haja vista que esse fato evidencia a dedicação à atividade criminosa (cf. EDcl no AgRg no AREsp 438943/GO. Embargos de Declaração no Agravo Regimental no Agravo em Recurso Especial 2013/0381521-5, publicado em 02/10/2014).

Associação para financiar ou custear a prática de tráfico – Dispõe o parágrafo único que nas mesmas penas do *caput* do art. 35 incorre quem se associa para a prática reiterada do crime definido no art. 36 desta Lei (financiar ou custear a prática do tráfico). Trata-se de mais uma modalidade de associação, reunindo, com exceção da finalidade, os mesmos requisitos e consequências do *caput* (duas ou mais pessoas reunidas de forma estável e permanente). O crime é formal, dispensando o custeio efetivo que, se ocorrer (habitualmente), configurará o concurso material de delitos (art. 69 do CP).

Organização criminosa e associação ao tráfico – É possível denunciar, no mesmo caso, organização criminosa e associação para o tráfico? Sim, desde que a organização criminosa se destine a prática de outros delitos graves e não seja destinada exclusivamente para a prática do crime de tráfico de drogas, tráfico equiparado e de maquinários. Caso contrário, poderá haver *bis in idem*. Neste sentido:

> PROCESSUAL PENAL. RECURSO ORDINÁRIO EM HABEAS CORPUS. ASSOCIAÇÃO PARA O TRÁFICO. ORGANIZAÇÃO CRIMINOSA. TRANCAMENTO DA AÇÃO PENAL. ALEGADA AUSÊNCIA DE JUSTA CAUSA. IMPOSSIBILIDADE. BIS IN IDEM. IMPOSSIBILIDADE. HABEAS CORPUS NÃO CONHECIDO. (...) II - Não se pode discutir a ausência de justa causa para a propositura da ação penal, em sede de habeas corpus, se necessário um minucioso exame do conjunto fático-probatório em que sucedeu a infração. (Precedentes). Na hipótese, há, com os dados existentes até aqui, o mínimo de elementos que autorizam o prosseguimento da ação penal, sendo por demais prematura a pretensão de seu trancamento. (Precedentes do STF e do STJ). III - Não se afigura possível, na via estreita do habeas corpus, avaliar a extensão das investigações realizadas, bem como os fatos delituosos e bem jurídicos envolvidos, com precisão, se houve ou não bis in idem. IV - In casu, a denúncia narra suficientemente os crimes imputados ao paciente, permitindo o efetivo exercício do contraditório e da ampla defesa, pelo que a ação penal deve ter prosseguimento para, somente após detalhada apuração dos fatos, que é a instrução criminal contraditória, com amplo debate pelas partes, se decidir sobre a definição jurídica dos fatos imputados, bem como verificar se foram praticados dois crimes distintos ou um foi absolvido pelo outro, não sendo, como já mencionado, esta restrita sede mandamental

e sumaríssima, adequada para tanto. Habeas Corpus não conhecido. (STJ. HC 339.414/SP, Rel. Min. Felix Fischer, 5ª T., j. em 25/10/2016, DJe 09/11/2016).

Art. 36. Financiar ou custear a prática de qualquer dos crimes previstos nos arts. 33, caput e § 1º, e 34 desta Lei:

Pena – reclusão, de 8 (oito) a 20 (vinte) anos, e pagamento de 1.500 (mil e quinhentos) a 4.000 (quatro mil) dias-multa.

Objetividade jurídica – O bem jurídico protegido é a saúde pública (tutela imediata) e a saúde individual de pessoas que integram a sociedade (tutela mediata). A saúde pública é um bem jurídico supraindividual que deve sempre ter como referência última os bens jurídicos pessoais.

Sustento do tráfico – Antes da atual Lei, aquele que financiasse (ou custeasse) o tráfico de drogas (típico ou equiparado) ou de maquinários, respondia pelo mesmo crime que o traficante (muitas vezes na condição de partícipe), porém com a sua pena agravada pela circunstância prevista no art. 62, I, do CP ("A pena será ainda agravada em relação ao agente que: I – promove, ou organiza a cooperação no crime ou dirige a atividade dos demais agentes"). Com a nova incriminação, percebemos uma exceção pluralista à teoria monista (art. 29 do CP), agora se punindo duas pessoas, que concorrem para o mesmo crime, com penas diversas (o traficante, pelo art. 33 ou 34; e o que sustenta o crime, pelo art. 36). Destaque-se que a exceção pluralista à teoria monista não é novidade no nosso ordenamento, bastando lembrar os seguintes exemplos, todos do Código Penal: arts. 124/126; 317/333; 318/334; 342, § 1.º/343.

Sujeitos do crime – Qualquer pessoa pode figurar como financiador (ou provedor) do tráfico (crime comum). A coletividade surge ao lado do Estado como vítima do crime.

Tipo objetivo – A conduta criminosa consiste em *financiar* (sustentar os gastos) ou *custear* (prover despesas, abastecendo do que for necessário) qualquer dos crimes previstos nos arts. 33, *caput* (tráfico de droga) e § 1.º (tráfico por equiparação), e 34 (tráfico de maquinários) desta Lei. A conduta pode ser praticada mediante a entrega de qualquer tipo de vantagem, ainda que não necessariamente financeira, como por exemplo, no caso do agente que fornece um veículo para seja utilizado para buscar drogas ou para que fossem negociadas, conforme já reconheceu o STF (HC 98754, Relator(a): Min. Ellen Gracie, 2ª T., j. 24/11/2009, DJe-232 Divulg. 10-12-2009).

Relevância do sustento – Ao analisarmos os núcleos típicos (financiar ou custear), como também a pena prevista para o crime (8 a 20 anos), parece-nos claro que não será qualquer contribuição financeira que servirá à presente tipificação, mas somente aquela relevante, sem a qual a prática do comércio ficaria precária.

Tipo subjetivo – O crime é punido a título de dolo, devendo o agente, com consciência e vontade, sustentar qualquer dos crimes referidos no tipo.

Consumação e tentativa – O crime se consuma com o abastecimento (entrega de dinheiro, depósitos em conta, entrega de bens etc.) dispensando, de acordo com a maioria, a efetiva prática dos delitos previstos nos arts. 33 e 34. Neste sentido: "O financiamento ou custeio ao tráfico ilícito de drogas (art. 36 da Lei nº 11.343/2006) é delito autônomo aplicável ao agente que não tem participação direta na execução do tráfico, limitando-se a fornecer os recursos necessários para subsidiar a mercancia". (REsp 1290296/PR, Rel. Ministra Maria Thereza de Assis Moura, Sexta Turma, julgado em 17/12/2013, DJe 03/02/2014). Também prevalece na doutrina ser infração de perigo abstrato ou presumido.

Habitualidade – O sustento deve ser reiterado, habitual, costumeiro, rotineiro, condição de sobrevivência do tráfico (de drogas ou maquinários). Essa conclusão é facilmente extraída da simples leitura de dois dispositivos: o parágrafo único do tipo anterior, que só pune a reunião estável de duas ou mais pessoas que visam financiar *reiteradamente* os crimes de tráfico, e do art. 40, VII, majorante aplicável no caso de o sustento ser meramente ocasional (outra interpretação conduz o operador ao inaceitável *bis in idem*). Dessa conclusão discordam Andrey Borges de Mendonça e Paulo Roberto Galvão de Carvalho, sustentando ser o crime instantâneo (Ob. cit., p. 116).

Sanção penal – O crime é punido com 8 (oito) a 20 (vinte) anos de reclusão, acrescida do pagamento de 1.500 (mil e quinhentos) a 4.000 (quatro mil) dias-multa. A majoração da pena pecuniária foi acertada, pois fatalmente estamos diante de pessoas abastadas, aliás, raramente alcançadas pela investigação.

Art. 37. Colaborar, como informante, com grupo, organização ou associação destinados à prática de qualquer dos crimes previstos nos arts. 33, caput e § 1º, e 34 desta Lei:

Pena – reclusão, de 2 (dois) a 6 (seis) anos, e pagamento de 300 (trezentos) a 700 (setecentos) dias-multa.

Objetividade jurídica – O bem jurídico protegido é a saúde pública (tutela imediata) e a saúde individual de pessoas que integram a sociedade (tutela mediata). A saúde pública é um bem jurídico supraindividual que deve sempre ter como referência última os bens jurídicos pessoais.

Informante colaborador – O crime de informante colaborador, popularmente chamado de "olheiro", "fogueteiro", "radinho", é um crime autônomo, verdadeira exceção a teoria monista, que tipifica autonomamente uma participação de menor importância ao tráfico. Aqui o agente fornece informações menores para a prática do tráfico. Caso o auxílio seja frontal para o tráfico, como estocagem e negociação de drogas, com franco e direto enlace com outros agentes, mediante colaborações com informações estratégicas ou vigília para a realização do comércio de drogas, haverá tipificação do caso no art. 33 da Lei.

Sujeitos do crime – Qualquer pessoa pode praticar este crime (ex: informantes dos morros que, soltando fogos, avisam ao grupo criminoso a chegada da polícia). Se o colaborador for funcionário público, assim agindo prevalecendo-se da sua função, a sua pena será majorada nos termos do que disposto no art. 40, II. No caso de o funcionário público solicitar ou receber alguma vantagem indevida para exercer referida função de informante, como por exemplo, policial que toma conhecimento de uma operação policial nas redondezas do depósito em que a droga traficada é mantida e telefona para informar o ato aos traficantes, deverá responder pelo crime de corrupção passiva (art. 317 do CP) em concurso com o crime em estudo (art. 37 da Lei de Drogas). Nesse caso, não haverá incidência da majorante do art. 40, II, pena de aviltar a proibição do *bis in idem*.

A vítima continua sendo a coletividade.

Tipo objetivo – *Colaborar* (cooperar), como *informante* (pessoa que transmite conhecimento obtido por meio de investigação), com grupo, organização ou associação destinados à prática de qualquer dos crimes previstos nos arts. 33, *caput* (tráfico de drogas) e § 1.º (tráfico equiparado), e 34 (tráfico de maquinários) desta Lei. Se a colaboração for financeira (de sustento) e reiterada, o crime será o anterior (art. 36). Para Andrey Borges de Mendonça e Paulo Roberto Galvão de Carvalho (ob. cit., p. 141) "Apesar de não expresso no dispositivo legal, entendemos que a conduta do informante colaborador necessariamente precisa ser eventual. Seria somente a conduta daquele agente que, sem estabelecer qualquer vínculo associativo com os destinatários das informações, contribui eventualmente com informes, seja mediante remuneração ou por qualquer outra vantagem. Comprovando-se que a contribuição desse olheiro não se mostra eventual, mas permanente e estável, com o estabelecimento de verdadeira *societas sceleris* com os destinatários da informação, a conduta não mais se tipificará no delito em estudo, mas sim na associação para o tráfico. Assim já decidiu o STJ que a conduta de "olheiro" pode ser enquadrada nos artigos 33, 35 ou 37 da Lei n. 11.343/2006, dependendo da comprovação de vínculo estável com o grupo criminoso. Se o indivíduo prestar informações de forma esporádica e sem vínculo efetivo, aplica-se o artigo 37. No entanto, se houver comprovação de que a atividade é exercida de forma estável, o enquadramento será no artigo 35, ou até no artigo 33, dependendo das circunstâncias. No caso analisado, o réu utilizava um rádio para avisar traficantes sobre a chegada da polícia, mas não ficou demonstrado um vínculo estável com o grupo, sendo aplicada a norma do artigo 37 (AgRg no REsp 1.738.851/RJ, j. 21/08/2018).

Como bem chamam a atenção Cleber Masson e Vinicius Marçal: "Não basta colaborar, como informante, para o tráfico de drogas. É imprescindível a colaboração, como informante, para **grupo**, **organização** ou **associação** destinados à prática do tráfico de drogas. (...) A tipificação da colaboração episódica como informante de um traficante isolado – pessoa que se dedica sozinha ao narcotráfico – gera intenso debate na doutrina e na jurisprudência. Existem três posições sobre o assunto: 1ª posição: O fato é atípico. Se a colaboração informativa for prestada em favor de um único traficante, e não para um grupo, organização ou associação, 'a conduta do agente será atípica em face deste art. 37, diante da interpretação restritiva da lei penal.' 2ª posição: Não há o crime do art. 37 da Lei de Drogas, mas pode o agente que colabora como informante de apenas um traficante, de acordo com o caso, responder pela 'participação no crime de tráfico (arts. 33, *caput* e § 1º, e 34).' Esse entendimento peca por consentir com a punição muito mais severa do agente que colabora eventualmente com informações prestadas a um traficante solitário (partícipe do tráfico), em relação àquele que colabora do mesmo modo com uma associação para o narcotráfico (Lei 11.343/2006, art. 37). 3ª posição: Defende a possibilidade de aplicação, por analogia *in bonam partem*, do art. 37 da Lei de Drogas ao colaborador eventual que presta informações ao traficante solitário. É o nosso entendimento, também adotado por Andrey Borges de Mendonça e Paulo Roberto Galvão de Carvalho: 'Não será atípica, pois em razão do disposto no art. 29 do CP, ele estará auxiliando o traficante e, como tal, deverá responder pelo delito por este praticado, como partícipe. Se, por exemplo, presta informações para um traficante solitário sobre o melhor local para a venda de drogas ou para a aquisição de drogas, responderá pelo crime de tráfico posteriormente executado. Porém, tal solução fere de morte o princípio da isonomia, pois neste caso receberá pena de cinco a 15 anos, enquanto se tivesse contribuído com um grupo de traficantes receberia pena de dois a seis anos. Não há razão para distinguir, principalmente porque a situação de quem contribui com apenas um traficante é menos grave do que aquela de quem contribui com um grupo de traficantes. A solução, justamente por isto, é a aplicação da analogia *in bonam partem*, de forma a ser alcançado pelo presente tipo penal também aquele que contribui com apenas um traficante, em razão da lacuna da Lei.'" (MASSON, Cleber; MARÇAL, Vinícius. Lei de Drogas: aspectos penais e processuais. Rio de Janeiro: Forense; São Paulo: Método, 2019. p. 112-113).

Continuidade típica – A conduta do "fogueteiro do tráfico", antes tipificada no art. 12, § 2º, da Lei 6.368/1976, encontra correspondente no art. 37 da lei que a revogou, a Lei 11.343/2006, não cabendo falar em abolitio criminis. (...) A revogação da lei penal não implica, necessariamente, descriminalização de condutas. Necessária se faz a observância ao princípio da continuidade normativo-típica, a impor a manutenção de condenações dos que infringiram tipos penais da lei revogada quando há, como in casu, correspondência na lei revogadora. (STF. HC 106.155, Rel. p/ o ac. Min. Luiz Fux, j. 4-10-2011, 1ª T, DJE de 17-11-2011.)

Tipo subjetivo – É o Dolo, consistente na consciente vontade de colaborar, como informante, com grupo, organização ou associação.

Consumação e tentativa – O crime se consuma com um ato apenas, indicativo de efetiva colaboração (crime instantâneo). A tentativa parece possível na cooperação por escrito (carta interceptada).

Sanção penal – O crime é punido com reclusão, de 2 (dois) a 6 (seis) anos, e pagamento de 300 (trezentos) a 700 (setecentos) dias-multa. No que tange a *pena privativa de liberdade*, deve retroagir para alcançar os fatos pretéritos, pois na lei antiga subsumiam-se ao crime de associação para o tráfico (art. 14), punidos com 3 a 6 anos.

Possibilidade de desclassificação do crime do art. 33 para o do art. 37 – caso o agente seja denunciado pelo crime do art. 33, *caput*, da Lei de Drogas, mas ao longo do processo reste comprovado que sua colaboração foi de menor importância, pode o juiz desclassificar a imputação inicial para a do art. 37, desde que os atos colaborativos estejam narrados na inicial.

Art. 38. Prescrever ou ministrar, culposamente, drogas, sem que delas necessite o paciente, ou fazê-lo em doses excessivas ou em desacordo com determinação legal ou regulamentar:

Pena – detenção, de 6 (seis) meses a 2 (dois) anos, e pagamento de 50 (cinquenta) a 200 (duzentos) dias-multa.

Parágrafo único. O juiz comunicará a condenação ao Conselho Federal da categoria profissional a que pertença o agente.

Objetividade jurídica – O bem jurídico protegido é a saúde pública, bem como a saúde individual do paciente.

Sujeitos do crime – Apesar da atual redação não apontar os sujeitos (como fazia a anterior), dos núcleos do tipo, concluímos que o delito continua próprio. Na modalidade *prescrever*, só pode ser praticado por médico ou dentista. Já no modo *ministrar*, por médico, dentista, farmacêutico ou profissional de enfermagem. Essa conclusão é reforçada pelo parágrafo único, que determina a comunicação da condenação ao Conselho Profissional respectivo. Vicente Greco, que na lei anterior excluía do alcance da norma os veterinários ou nutricionistas, com a nova redação, entende abrangidos: "Na lei revogada, sujeito ativo do delito só poderia ser médico, dentista, farmacêutico ou profissional de enfermagem no exercício regular de sua profissão, daí tratar-se de um crime 'próprio'. O texto vigente ampliou o tipo para abranger todos os que possam prescrever drogas, como o veterinário ou nutricionista, não previsto anteriormente" (ob. cit., p.136).

Sujeito passivo é a coletividade e, secundariamente, a pessoa que recebe a dose irregular.

Tipo objetivo (negligência) – Os médicos, dentistas e farmacêuticos devem observar, rigorosamente, os preceitos legais e regulamentares sobre a prescrição (e aplicação) de substâncias entorpecentes ou que determinem dependência física ou psíquica. Pune-se, no art. 38, a conduta do profissional que prescreve (receita, indica) ou ministra (aplica), culposamente, drogas, sem que delas necessite o paciente, ou fazê-lo em doses *excessivas* ou em desacordo com determinação legal ou regulamentar.

Pergunta Vicente Greco: "Qual a solução jurídica, contudo, na hipótese de um profissional de enfermagem ou outro habilitado a ministrar entorpecente a um paciente errado? Em virtude de as condutas do art. 33 serem dolosas, no caso de culpa na ministração por engano, aplica-se o tipo do artigo, sem prejuízo de eventual lesão corporal culposa e, se houver morte, homicídio culposo. A interpretação era diferente perante a lei revogada, que não previa a hipótese de ministrar sem necessidade. Atualmente, ministrar por engano é ministrar sem necessidade e tal conduta pode ser culposa" (ob. cit., p. 139).

A atual Lei cobre o espaço vazio da antecessora. Como visto, pune-se, hoje, também a conduta daquele que prescreve ou ministra drogas sem que delas necessite o paciente, abrangendo, consequentemente, a receita ou aplicação da droga à pessoa errada.

Como bem anotam Cleber Masson e Vinicius Marçal: "Em qualquer caso, **somente haverá o crime do art. 38 se a prescrição ou a ministração da droga ocorrer de forma culposa**.

Se o agente atuar **dolosamente**, a ele será imputado o crime tipificado no art. 33, *caput*, da Lei 11.343/2006. E como não se admite a participação dolosa em crime culposo, "se alguém, de forma dolosa, consegue obter receita culposamente dada, responde pelo art. 33 quando entrega a consumo a droga abusivamente receitada. O profissional que receita, continua, em tese, respondendo pelo crime culposo, se presentes os elementos da culpa"". (MASSON, Cleber; MARÇAL, Vinícius. Lei de Drogas: aspectos penais e processuais. Rio de Janeiro: Forense; São Paulo: Método, 2019. p. 115).

Tipo subjetivo – O crime é punido a título de culpa. Com base na lei anterior, já se decidiu: "É doloso o procedimento do médico que, conhecendo a qualidade dos psicotrópicos, os fornece, gratuitamente, a menor, que não era seu cliente e sem receituário". De se ver que o farmacêutico e o profissional de enfermagem não prescrevem (só ministram). Se receitarem droga a alguém incidirão no art. 33, *caput* (tráfico).

Consumação ou tentativa – A primeira configura-se com a entrega da receita pelo médico ou dentista ao paciente. A conduta ministrar consuma-se no momento da aplicação. Sofrendo o paciente danos à sua saúde física ou mental, ou mesmo a morte, haverá crime de lesão corporal culposa ou homicídio culposo, em concurso formal (art. 70 do CP).

Sanção penal – Trata-se de infração de menor potencial ofensivo, punida com detenção, de 6 (seis) meses a 2 (dois) anos, e pagamento de 50 (cinquenta) a 200 (duzentos) dias-multa.

Comunicação ao Conselho Profissional – O juiz comunicará a condenação ao Conselho Federal da categoria profissional a que pertença o agente, visando, com isso, instauração de procedimento e consequente sanção administrativa.

Art. 39. Conduzir embarcação ou aeronave após o consumo de drogas, expondo a dano potencial a incolumidade de outrem:

Pena – detenção, de 6 (seis) meses a 3 (três) anos, além da apreensão do veículo, cassação da habilitação respectiva ou proibição de obtê-la, pelo mesmo prazo da pena privativa de liberdade aplicada, e pagamento de 200 (duzentos) a 400 (quatrocentos) dias-multa.

Parágrafo único. As penas de prisão e multa, aplicadas cumulativamente com as demais, serão de 4 (quatro) a 6 (seis) anos e de 400 (quatrocentos) a 600 (seiscentos) dias-multa, se o veículo referido no caput deste artigo for de transporte coletivo de passageiros.

Objetividade jurídica – O bem jurídico protegido é a segurança no espaço aéreo e aquático (tutela imediata) e a saúde individual de pessoas que integram a sociedade (tutela mediata).

Lei anterior – Antes da atual Lei de Drogas, a presente conduta era mera contravenção penal, prevista no art. 34 da LCP ("Dirigir veículos na via pública, ou embarcações em águas públicas, pondo em perigo a segurança alheia: Pena – prisão simples, de 15 (quinze) dias a 3 (três) meses, ou multa".

Sujeitos do crime – O sujeito ativo é qualquer pessoa que dirige, sob efeito de drogas, embarcação ou aeronave. Sujeito passivo, primário, coletividade; secundariamente, eventual indivíduo colocado em perigo pelo comportamento do agente.

Tipo objetivo – Conduzir embarcação (em movimento, ainda que desligado o motor) ou aeronave, sob influência de substância entorpecente (não bastando o mero uso pretérito), rebaixando, com sua direção, o nível de segurança (caso não exista o perigo, será mera infração administrativa). Como se refere apenas à aeronave ou à embarcação, não se aplica aos casos em que o agente conduz veículo automotor em via terrestre, quando então estará sujeito ao crime do art. 306 do CTB.

E no caso do agente conduzir a embarcação ou aeronave sob efeito de outra espécie de substância potencialmente causadora de dependência não relacionada na Portaria da Anvisa, como a cola de sapateiro, por exemplo? Nestes casos, há um pequeno vácuo legislativo vez que a conduta não se subsume nem ao art. 39 da lei de Drogas e nem ao Código de Trânsito Brasileiro. Nesse caso, a depender do caso concreto, pode restar caracterizada contravenção penal do art. 34 ("Dirigir veículos na via pública, ou embarcações em águas públicas, pondo em perigo a segurança alheia") ou do art. 35 ("Entregar-se na prática da aviação, a acrobacias ou a voos baixos, fora da zona em que a lei o permite, ou fazer descer a aeronave fora dos lugares destinados a esse fim").

Tipo subjetivo – Dolo, consistente na vontade consciente de conduzir embarcação ou aeronave após o consumo de drogas (mas ainda sob o seu efeito).

Consumação e tentativa – Dá-se a consumação no momento em que o agente dirige o veículo de forma anormal, expondo a dano potencial a incolumidade de outrem (não admite tentativa).

Sanção penal – O delito é punido com detenção, de 6 (seis) meses a 3 (três) anos (infração de médio potencial ofensivo), além da apreensão do veículo, cassação da habilitação respectiva ou proibição de obtê-la, pelo mesmo prazo da pena privativa de liberdade aplicada, e pagamento de 200 (duzentos) a 400 (quatrocentos) dias-multa.

Medidas despenalizadoras do art. 291 do CTB – Sabendo que a condução de veículo *automotor* sob efeito de droga (art. 306 do CTB), apesar de médio potencial ofensivo (pena máxima superior a 2 anos), admitia, de acordo com o permissivo trazido pelo art. 291, parágrafo único, do CTB, a aplicação de algumas medidas despenalizadoras (transação penal, por exemplo), sugerimos, nas edições anteriores, estender o mesmo benefício, em respeito ao princípio da isonomia (e proporcionalidade), ao delito em comento (analogia *in bonam partem*), inexistindo motivo para discriminação. Contudo, com o advento da Lei 11.705/2008 (rotulada pelo Governo Federal de "Lei Seca"), aboliu-se da embriaguez ao volante de veículo *automotor* qualquer medida despenalizadora, dando ao art. 291, parágrafo único, nova redação. Conclusão: não mais se permite transação penal para o crime do art. 39 da Lei de Drogas, desaparecendo o substrato da analogia antes lecionada.

Qualificadora – Considerando a maior potencialidade lesiva da conduta, as penas de prisão e multa, serão de 4 (quatro) a 6 (seis) anos e de 400 (quatrocentos) a 600 (seiscentos) dias-multa, se o agente pratica o crime na condução de embarcação ou aeronave de transporte coletivo de passageiros (avião comercial, balsas etc.). Da simples leitura do parágrafo percebe-se imprescindível para o aumento: a) que o agente atue no transporte de passageiros (de fato ou de direito); b) a existência de viajante no veículo (ainda que apenas um) no instante do perigo.

Art. 40. As penas previstas nos arts. 33 a 37 desta Lei são aumentadas de um sexto a dois terços, se:

I – a natureza, a procedência da substância ou do produto apreendido e as circunstâncias do fato evidenciarem a transnacionalidade do delito;

II – o agente praticar o crime prevalecendo-se de função pública ou no desempenho de missão de educação, poder familiar, guarda ou vigilância;

III – a infração tiver sido cometida nas dependências ou imediações de estabelecimentos prisionais, de ensino ou hospitalares, de sedes de entidades estudantis, sociais, culturais, recreativas, esportivas, ou beneficentes, de locais de trabalho coletivo, de recintos onde se realizem espetáculos ou diversões de qualquer natureza, de serviços de tratamento de dependentes de drogas ou de reinserção social, de unidades militares ou policiais ou em transportes públicos;

IV – o crime tiver sido praticado com violência, grave ameaça, emprego de arma de fogo, ou qualquer processo de intimidação difusa ou coletiva;

> V – caracterizado o tráfico entre Estados da Federação ou entre estes e o Distrito Federal;
>
> VI – sua prática envolver ou visar a atingir criança ou adolescente ou a quem tenha, por qualquer motivo, diminuída ou suprimida a capacidade de entendimento e determinação;
>
> VII – o agente financiar ou custear a prática do crime.

Alcance da majorante – As causas especiais de aumento de pena previstas no art. 40 só alcançam crimes previstos nos arts. 33 a 37. Não podem ser aplicadas ao art. 28 da Lei.

Pluralidade de majorantes – É perfeitamente possível um crime ser praticado circundado por mais de uma majorante. Tal circunstância deve ser considerada no patamar de aumento, aproximando-se do *quantum* quanto mais graves forem as circunstâncias (princípio da individualização da pena).

A incidência de mais de uma causa de aumento prevista no art. 40 da Lei n. 11.343/06, porém, não implica a automática majoração da pena acima do mínimo (2/3) na terceira fase, pois a sua exasperação exige fundamentação concreta. O aumento da pena em fração acima do mínimo não pode decorrer simplesmente da soma das circunstâncias. É necessário que o julgador fundamente a exasperação com base em dados de gravidade concreta. Assim, colhe-se deste julgado do STJ: "Segundo a jurisprudência desta Corte Superior, a aplicação das majorantes previstas no art. 40 da Lei de Drogas exige motivação concreta, quando estabelecida acima da fração mínima, não sendo suficiente a mera indicação do número de causas de aumento, em analogia ao disposto na Súmula 443 do STJ, que dispõe: 'o aumento na terceira fase de aplicação da pena no crime de roubo circunstanciado exige fundamentação concreta, não sendo suficiente para a sua exasperação a mera indicação do número de majorantes' (Precedentes)." (HC 489.833/RJ, DJe 1/4/2019).

Concurso entre tráfico e associação – Não acarreta *bis in idem* a incidência simultânea das majorantes previstas no art. 40 aos crimes de tráfico de drogas e de associação para fins de tráfico, porquanto são delitos autônomos, cujas penas devem ser calculadas e fixadas separadamente. É perfeitamente possível, por exemplo, que entre os membros da associação haja um agente público que tome parte também no tráfico cometido pelo grupo; é possível que a associação vise à prática de tráfico interestadual ou em lugares como escolas, universidades, locais onde se realizem espetáculos ou diversões de qualquer natureza, atividades esportivas, etc. Nestes casos, indaga-se: a incidência simultânea das majorantes sobre o crime de associação e sobre o tráfico cometido é permitida ou há *bis in idem* neste procedimento? O Superior Tribunal de Justiça (STJ) concluiu que nada impede a incidência simultânea de causas de aumento de pena, uma vez que os crimes são autônomos e devem ter suas penas aplicadas individualmente. Nesse sentido, o Tribunal afirmou que "não se observa violação ao princípio do *non bis in idem* na aplicação cumulativa da causa de aumento prevista no art. 40, inciso VI, da Lei 11.343/2006, tanto para o crime de associação para o tráfico (art. 35) quanto para o crime de tráfico de drogas (art. 33 da mesma lei), pois se tratam de delitos distintos e independentes." Além disso, foi considerado legítimo aplicar a majorante prevista no artigo 40, VI, da Lei 11.343/2006, que se refere à prática do crime envolvendo ou visando atingir criança ou adolescente, também no contexto de associação para o tráfico de drogas, ainda que com a participação de menores de idade (HC 250.455/RJ, j. 17/12/2015).

Art. 40, I – A Lei 11.343/06, diferentemente da anterior, preferiu a expressão *transnacional* (situação ou ação além das nossas fronteiras) ao invés de *internacional* (situação ou ação concernente a duas ou mais nações). Com a mudança, foram atendidas as recomendações internacionais, em especial da Convenção de Palermo. A diferença é significativa. Antes, ao referir-se a tráfico internacional, não gerava o aumento o simples fato da aquisição da droga na Bolívia, exigindo-se vínculo entre nacionais e estrangeiros em atividade (*RT* 666/325). Com a mudança basta que a infração tenha a sua execução iniciada ou terminada fora dos limites do nosso território (em águas internacionais, por exemplo). Para a sua configuração, dispensa-se a habitualidade (RT 736/710) e a transposição de fronteiras, bastando que se demonstre a destinação internacional da droga, entendimento consolidado pela Súmula 607 do STJ: "A majorante do tráfico transnacional de drogas (art. 40, I, da lei 11.343/06) se configura com a prova da destinação internacional das drogas, ainda que não consumada a transposição de fronteiras".

Tanto o Supremo Tribunal Federal (STF) quanto o Superior Tribunal de Justiça (STJ) entendem que não há configuração de *bis in idem* na tipificação do tráfico de drogas pela importação ou exportação com o aumento da pena em razão da transnacionalidade do delito. Conforme decisão do STF, "a causa de aumento em razão da transnacionalidade é aplicável ao agente que transporta a droga para o exterior ou com ela adentra as fronteiras de nosso país, não configurando *bis in idem*" (HC 132.459/SP, DJe 13/02/2017). De forma semelhante, o STJ reforça que "não configura *bis in idem* a aplicação da majorante do artigo 40, I, da Lei n. 11.343/2006, em razão da transnacionalidade do crime de tráfico de entorpecentes, pois o artigo 33, *caput*, da mesma lei, é um tipo penal de ação múltipla, cuja consumação ocorre com a mera conduta de 'trazer consigo' a droga que o agente pretende transportar para o exterior, sendo essa circunstância um plus que justifica a elevação da pena" (RHC 59.063/SP, j. 07/06/2018).

Como lembram Cleber Masson e Vinicius Marçal "Cumpre destacar que somente se pode falar em tráfico transnacional se a droga objeto do crime é proibida tanto no Brasil como no país de sua procedência. Exige-se a **dupla proibição** para a incidência da majorante. A título ilustrativo, o "lança-perfume" (cloreto de etila) é proibido no Brasil, mas é permitido na Argentina" (MASSON, Cleber; MARÇAL, Vinícius. Lei de Drogas: aspectos penais e processuais. Rio de Janeiro: Forense; São Paulo: Método, 2019. p. 126).

Art. 40, II, 1.ª parte – A causa especial de aumento do inciso II alcança aquele que praticar o crime *prevalecendo-se de função pública* (art. 327 do CP). Nesse caso, o agente, tendo por mister prevenir (e combater) a criminalidade, passa a comercializar drogas, valendo-se, para tanto, das facilidades que seu cargo, emprego ou função lhe proporciona, como, por exemplo, o agente penitenciário que vende droga para o preso. "Na antiga Lei Antitóxicos (Lei n. 6.368/76), a pena só era aumentada se a função pública fosse relacionada com repressão à criminalidade, mas, como na nova Lei não existe tal exigência, o aumento incide qualquer que seja a espécie de função pública exercida". (GONÇALVES, Victor Eduardo Rios. BALTAZAR JÚNIOR, José Paulo. Legislação Penal Especial Esquematizado. 5ª ed. São Paulo: Saraiva, 2019. p. 228).

Art. 40, II, 2.ª parte – A pena será também majorada se o agente comete o crime no *desempenho de missão de educação*. Apesar de não possuir dever de prevenir crimes, o educador tem como missão a educação do pupilo. Aqui, ao invés de contribuir na sua formação e desenvolvimento físico, intelectual e moral, o introduz, de qualquer modo, no "mundo das drogas".

Art. 40, II, 3.ª parte – Cometer o delito no *desempenho do poder familiar, guarda ou vigilância* gera aumento de pena. A punição é mais severa porque, também nestes casos, o autor do crime exerce papel educacional e de orientação, ainda que sem relação com função pública.

Art. 40, III – A infração penal será majorada na sua pena se tiver sido cometida nas dependências (interior, compartimentos, cômodos) ou imediações (redondeza) de estabelecimentos prisionais (cadeias, penitenciárias e Fundação CASA), de ensino (escolas, faculdades, universidades, cursos técnicos) ou hospitalares (postos de saúde, hospitais, manicômios), de sedes de entidades estudantis (agremiações de estudantes, como sede da UNE), sociais, culturais (museus, exposições), recreativas (clubes, parques), esportivas (hipódromo, estádios, ginásios), ou beneficentes (orfanatos, asilos, casas de caridade), de locais de trabalho coletivo (empresas em geral, fazendas), de recintos onde se realizem espetáculos ou diversões de qualquer natureza (cinema, teatro, *shows*, mesmo que ao ar livre), de serviços de tratamento de dependentes de drogas ou de reinserção social (ambulatórios ou casas de recuperação), de unidades militares (batalhão) ou policiais (delegacias) ou em transportes públicos (ônibus, rodoviárias, pontos de táxi). Os locais foram aumentados em relação à lei revogada, trazendo uma amplitude (repetitivo em alguns pontos) que dificilmente se verá um crime de tráfico que não seja majorado (onde se comercializaria drogas que não próximo a local de trabalho coletivo?).

A palavra *imediação*, bastante vaga, é assim definida por Vicente Greco: "O termo 'imediações' não pode ser convertido em medida métrica rígida, mas deve ser entendido dentro de critério razoável em função do perigo maior que a Lei procura coibir: as imediações, portanto, abrangem a área em que poderia facilmente o traficante atingir o ponto protegido em especial, com alguns passos, em alguns segundos, ou em local de passagem obrigatória ou normal das pessoas que saem do estabelecimento ou a ele se dirigem" (ob. cit., p.145).

No que concerne **ao *tráfico cometido em transportes públicos***, os tribunais superiores têm decidido que a majorante só pode ser aplicada se o transporte for utilizado (ou se o agente pretender utilizá-lo) para o efetivo comércio da droga. Caso sua intenção seja simplesmente se deslocar com droga utilizando o sistema de transporte, não há o aumento. Assim entende o STJ: "O entendimento deste Superior Tribunal é de que, para a caracterização da majorante do art. 40, III, da Lei n. 11.343/2006, é necessária a efetiva oferta ou a comercialização da droga no interior do veículo público, não bastando, para a sua incidência, o só fato de o agente ter se utilizado dele como meio de locomoção e transporte da substância ilícita." (HC 455.652/SP, j. 04/09/2018).

É também a orientação seguida pelo STF: "TRÁFICO DE DROGAS – CAUSA DE AUMENTO – TRANSPORTE PÚBLICO. O que previsto no inciso III do artigo 40 da Lei nº 11.343/2006, relativamente ao transporte público, pressupõe o tráfico no respectivo âmbito, e não a simples locomoção do detentor da droga." (HC 120.275/PR, j. 15/05/2018).

Já para as demais situações que envolvam locais especialmente protegidos, o STJ tem decidido que a majorante incide nos crimes cometidos nas imediações, ainda que não envolva os frequentadores: "O Superior Tribunal de Justiça tem posicionamento consolidado no sentido de que, para a incidência da majorante prevista no artigo 40, III, da Lei n. 11.343/2006, é suficiente que o crime tenha ocorrido nas imediações dos locais especialmente protegidos, sendo, pois, desnecessária comprovação da efetiva mercancia aos frequentadores dessas localidades." (HC 450.926/RJ, j. 07/08/2018). E ainda: "Para a incidência da causa de aumento prevista no art. 40, III, da Lei n. 11.343/2006 é desnecessária a efetiva comprovação de que o tráfico se dava naquelas entidades ou que a mercancia se destinava a seus frequentadores, bastando apenas que o crime seja cometido em suas imediações, conforme comprovado pelo laudo pericial. Precedentes." (AgRg no HC 488.403/SP, j. 19/03/2019).

A majorante prevista no art. 40, inciso III, da Lei n. 11.343/2006 pode ser excepcionalmente afastada quando não houver indícios de que o agente se aproveitou da aglomeração de pessoas ou expôs os frequentadores do local à disseminação de drogas. Nesses casos, as circunstâncias específicas de dia, local e horário da prática do crime devem ser analisadas. Embora o tráfico de drogas possa ocorrer nas proximidades de um dos locais mencionados no inciso III, como escolas, é possível que as condições não indiquem aproveitamento do grande número de pessoas ou exposição dos frequentadores ao comércio ilegal. Um exemplo seria o tráfico cometido nas redondezas de uma escola às duas horas da madrugada, quando não há alunos presentes nem aglomeração de pessoas. Nessas circunstâncias, a causa de aumento pode ser afastada. No entanto, a regra geral é a incidência da majorante, visto que o dispositivo visa punir com maior rigor o tráfico em locais de maior vulnerabilidade e aglomeração, onde o criminoso pode se beneficiar de uma fiscalização reduzida. Trata-se de uma circunstância objetiva que só é afastada excepcionalmente, conforme o caso concreto.

O Superior Tribunal de Justiça (STJ) reforça esse entendimento ao decidir que a causa especial de aumento de pena prevista no inciso III do art. 40 da Lei n. 11.343/2006 existe para punir com maior severidade o tráfico praticado nas imediações de locais como escolas, onde há maior aglomeração de pessoas, facilitando a ação do traficante. No entanto, como no caso julgado, "não ficou evidenciado nenhum benefício advindo ao paciente com a prática do delito nas proximidades de um estabelecimento de ensino, pois o crime ocorreu em um domingo, de madrugada, sem exposição dos frequentadores da escola (alunos, pais, professores, funcionários). Em razão dessas peculiaridades, a incidência da majorante foi afastada" (HC 451.260/ES, j. 07/08/2018).

Art. 40, III – a questão da revista íntima – A revista íntima é uma espécie de inspeção reservada em pessoas (notadamente familiares) que visitam os presos. A esta inspeção são submetidos todos os que pretendem visitar alguém recolhido a um estabelecimento prisional, mulheres e homens, sejam crianças, adolescentes, jovens, adultos ou pessoas idosas.

De acordo com a praxe, os visitantes inspecionados são obrigados a se despir por completo e agachar sobre um espelho, abrir com as mãos o ânus e a vagina, contraindo os músculos para que servidores do estabelecimento penal possam verificar se estão carregando instrumentos ilegais (drogas, materiais bélicos, acessórios para celulares, etc.) ou qualquer outro objeto proibido para dentro do presídio.

A prática da revista íntima tem sido muito criticada por doutrinadores que apontam ofensa não apenas à Constituição Federal mas também a Convenções Internacionais (em especial a Convenção Americana sobre Direitos Humanos). Alguns Estados já adotam a "revista íntima humanizada", em que, na chegada à unidade prisional, o visitante faz um cadastro, no qual os agentes identificam se a pessoa está apta ou não a fazer a visita. A aptidão é avaliada levando-se em consideração características do apenado (comportamento, incidentes por atos de indisciplina, desacatos, ameaças, brigas internas, etc.). Realizado esse procedimento preliminar, inicia-se a revista manual, denominada "triagem". Os agentes revistam manualmente os objetos que os visitantes querem levar para dentro do presídio e determinam o que pode ou não entrar. Em seguida, passam os objetos pelo raio x, onde é possível verificar o seu interior. O visitante é convidado a se sentar num detector de metal em forma de banco, que apontará qualquer objeto de metal que possa ter sido inserido da cintura para baixo. Como etapa seguinte, passa por um "portal", que detecta possíveis metais ocultos em outras partes do corpo. Desse modo, seguindo essas fases, finaliza-se a revista sem humilhação.

Nessa linha, diversos estados já proíbem a revista íntima, dentre eles o de São Paulo, que editou a Lei 15.552/14. A norma estadual anunciou um prazo de 180 dias (iniciado dia 12 de agosto de 2014) para o governo do Estado adquirir scanners, detectores de metais e equipamentos de raio x para todas as suas unidades prisionais. Após a instalação dos equipamentos, os servidores ficariam proibidos de exigir que as visitas se despissem e fossem tocadas.

Mas as medidas contrárias que vêm sendo adotadas não significam que a revista íntima seja absolutamente vedada. Tomados os cuidados necessários para evitar a disseminação de procedimentos vexatórios, é possível, segundo o STJ, que a revista minuciosa seja implementada se houver fundada suspeita de que o visitante esteja transportando drogas ou outros itens proibidos para o interior do estabelecimento prisional: "A jurisprudência desta Corte Superior de Justiça consolidou-se no sentido de que, havendo fundada suspeita de que o visitante do presídio esteja portando drogas, armas, telefones ou outros objetos proibidos, é possível a revista íntima que, por si só, não ofende a dignidade da pessoa humana, notadamente quando realizada dentro dos ditames legais, sem qualquer procedimento invasivo, exatamente como ocorreu na espécie." (HC 460.234/SC, j. 11/09/2018).

Revista íntima e crime impossível – Segundo o STJ, "A revista íntima no estabelecimento prisional, por se tratar de atividade humana, sujeita a falhas, não impede, de forma absoluta, a consumação do delito de tráfico de drogas, ou seja, a entrada do entorpecente no estabelecimento prisional, sendo, portanto, típica a conduta praticada pela recorrente". (HC 381.593/RS, Rel. Min. Ribeiro Dantas, 5ª Turma, j. 16/05/2017, *DJe* 19/05/2017).

Art. 40, III (taxativo) – A previsão legal da causa de aumento de pena em determinados crimes é justificada pelo maior perigo gerado pela conduta do agente em locais de grande circulação de pessoas, conforme enumeração do artigo 40, inciso III, da Lei n. 11.343/2006. Essa enumeração, em princípio, seria taxativa, mas o Superior Tribunal de Justiça (STJ) tem entendido que o rol não é limitativo, já que o objetivo do legislador seria punir com maior rigor o traficante que opera em áreas onde o grande fluxo de pessoas facilita a prática criminosa. O STJ já decidiu que "o objetivo da lei, ao prever a causa de aumento de pena no inciso III do art. 40, é proteger espaços que promovam a aglomeração de pessoas, circunstância que facilita a ação criminosa. Para atender ao escopo da norma, o rol previsto nesse inciso não deve ser considerado taxativo, de modo a permitir a aplicação da causa de aumento de pena" (REsp 1.255.249/MG, Rel. Min. Gilson Dipp, Quinta Turma, julgado em 17/04/2012, DJe 23/04/2012).

No entanto, tal interpretação tem sido alvo de críticas. Acredita-se que essa visão não seja a mais adequada, não apenas porque a própria redação do dispositivo já prevê uma ampla aplicação, mas também porque, por se tratar de norma incriminadora, a interpretação extensiva ou por analogia não seria permitida, devendo-se respeitar os limites estritos impostos pela lei.

Art. 40, III (laudo) – Embora estas circunstâncias possam ser comprovadas por outros meios, a fim de assegurar sua objetivação, à luz inclusive do que prevê o art. 169 do Código de Processo Penal, é conveniente que sejam registradas em laudos, mapas, croquis ou outros documentos deste tipo.

Art. 40, IV – Se qualquer dos crimes previstos nos arts. 33 a 37 tiver sido praticado com violência (física), grave ameaça (violência moral), emprego de arma de fogo (de uso permitido, restrito ou proibido), ou qualquer processo de intimidação difusa ou coletiva, a pena será aumentada de um sexto a um terço. Lembramos que o porte ilegal da arma de fogo pode ou não ficar absorvido pelo delito de tráfico, a depender das circunstâncias que envolvem o caso concreto. Assim, se o agente porta a arma de fogo com a finalidade única e exclusiva de praticar o tráfico (meio para se atingir um fim), fica o art. 14 (ou 16) do Estatuto do Desarmamento absorvido. Situação diversa haverá se o porte está fora do contexto fático do tráfico, surgindo, na hipótese, o concurso material de crimes (art. 69 do CP).

Art. 40, V – Caracterizado o tráfico entre Estados da Federação ou entre estes e o Distrito Federal, a pena também será aumentada. Temos aqui o tráfico doméstico (interestadual), da competência da Justiça Estadual, ditada pela prevenção do local da apreensão da droga (art. 71 do CPP).

Tal como ocorre no tráfico transnacional, esta majorante incide ainda que a droga não transite efetivamente entre unidades federativas, ou seja, basta que se comprove a intenção de fazer com que a droga saia dos limites do Estado, conforme entendimento contido na Súmula 587 do STJ: "ara a incidência da majorante prevista no artigo 40, inciso V, da lei 11.343/06 é desnecessária a efetiva transposição de fronteiras entre Estados da Federação, sendo suficiente a demonstração inequívoca da intenção de realizar o tráfico interestadual". Esta inovação atendeu a reivindicação da doutrina especializada. Na vigência da Lei 6.368/76 reclamava (e sugeria) Valdir Sznick: "Entendemos que, como agravante, caberia aqui o tráfico interestadual, por sinal, cada vez mais, bastante ativo. Se este tráfico for coibido mais intensamente, em especial no Mato Grosso e Estados do Nordeste a traficância, no caso interno, se reduziria bastante. Não se justifica, a não ser para atender ao previsto nos acordos internacionais, a punição, como aqui neste inciso, apenas de tráfico só internacional, relegando a segundo plano o tráfico interestadual, mais intenso e, quiçá pernicioso como se não existisse ou fosse inexpressivo" (*Lei anti-tóxico comentada*. São Paulo: Pillares, 2004. p. 122).

Há decisão do STF neste sentido: "A jurisprudência desta Corte firmou-se no sentido de ser desnecessária a efetiva transposição das fronteiras interestaduais para a incidência da majorante prevista no inciso V do art. 40 da Lei de Drogas, "bastando a comprovação inequívoca de que a droga adquirida num estado teria como destino outro estado da Federação" (HC 115893, Relator(a): Min. RICARDO LEWANDOWSKI, Segunda Turma, DJe de 4/6/2013).".

Possibilidade de acumulação das causas de aumento relativas à transnacionalidade e à interestadualidade do delito, previstas nos incisos I e V do art. 40 da Lei de Drogas – O STJ firmou a orientação de que, uma vez demonstrada a origem estrangeira da droga que seria distribuída a diversos Estados da Federação, nada impede a imputação simultânea das duas majorantes. Note-se, contudo, que a majorante relativa ao tráfico interestadual pressupõe a prova de que a droga proveniente do exterior seria (ou foi) efetivamente distribuída em mais de um Estado, pois, tratando-se apenas de transporte que passa por várias unidades federativas, com destinação exclusiva a uma delas, não incide a majorante. Assim, sofre o duplo aumento de pena o tráfico de droga proveniente da Bolívia e que seria distribuída em Minas Gerais, em São Paulo e no Rio de Janeiro. Não o sofre, todavia, o tráfico de droga proveniente da Bolívia, que, com destino somente a São Paulo, passa pelos Estados do Mato Grosso, Goiás e Minas Gerais.

Art. 40, VI – A pena será igualmente aumentada de um sexto a dois terços se a prática do crime *envolver* (fizer tomar parte, contar com a participação) ou *visar a atingir* (objetivo de alcançar) *criança* (menor de 12 anos) ou *adolescente* (com doze anos completos, porém menor de 18) ou a quem tenha, por qualquer motivo, *diminuída ou suprimida a capacidade de entendimento e determinação* (alienado metal, enfermo, senil, ébrio etc.). A Lei anterior trazia aumento parecido (art. 18, III), porém causador de controvérsia, vez que a sua redação majorava a pena se o crime decorresse de associação ou visasse menor de 21 anos ou pessoa com idade igual ou maior de 60 ou a quem tivesse, por qualquer causa, diminuída ou suprimida a capacidade de discernimento. Ficava a dúvida: o aumento, na primeira parte (*decorrer de associação*) só incidia nas hipóteses em que o crime envolvesse as pessoas referidas no inciso? Com a nova escrita a questão foi resolvida.

O aumento da pena busca intensificar a punição não apenas daqueles que utilizam inimputáveis ou outros vulneráveis para viabilizar o tráfico de drogas, mas também de quem direciona o comércio a essas pessoas, incapazes de compreender plenamente as graves consequências do uso de substâncias psicotrópicas. Em síntese, a sanção é agravada tanto quando menores ou indivíduos sem discernimento adequado são cooptados para atuar no tráfico quanto quando são alvos na condição de consumidores.

Importa destacar que o envolvimento de crianças e adolescentes no tráfico de drogas configura uma das piores formas de trabalho infantil, conforme reconhecem compromissos internacionais assumidos pelo Brasil, como a Convenção nº 182 e a Recomendação nº 190 da Organização Internacional do Trabalho (OIT).

De acordo com o que já decidiu o STJ, a prova da menoridade dispensa a apresentação de certidão de nascimento, bastando que a condição do menor seja demonstrada por qualquer meio dotado de fé pública (REsp 1.827.895/MG, relatora Ministra Laurita Vaz, julgado em 27/05/2020, DJe 01/06/2020).

A incidência deste inciso afasta a possibilidade de concurso entre os crimes dos artigos 33 a 37 e o de corrupção de menores (art. 244-B do ECA), que consiste em corromper ou facilitar a corrupção de menor de dezoito anos, com ele praticando infração penal ou induzindo-o a praticá-la. Ora, se a lei que disciplina a punição ao tráfico de drogas e a outros delitos envolvendo psicotrópicos estabelece majorante específica para as situações que envolvem crianças ou adolescentes, não é possível aplicar o concurso de crimes, seja porque, para evitar o *bis in idem*, obsta-se que a majorante incida simultaneamente, seja porque afastar a majorante para ceder lugar ao concurso de delitos tornaria letra morta o inciso VI do art. 40 da Lei nº 11.343/06 (STJ: REsp 1.622.781/MT, j. 22/11/2016).

Art. 40, VII – Aumenta-se a pena quando o agente financiar ou custear a prática do crime de tráfico. Como conciliar esta majorante com o crime do art. 36? A convivência legítima (e constitucional) dos dispositivos é alcançada interpretando-se o delito de sustento (art. 36) como sendo de natureza *habitual*, isto é, exige reiteração de condutas para sua caracterização, e a majorante do art. 40, VII, meramente ocasional. Deve ser observado que o patamar de aumento determinado pelo art. 40 não pode extrapolar o preceito secundário do crime do art. 36, sob pena de se punir infração menos grave de forma mais severa, ferindo, desse modo, o princípio constitucional da proporcionalidade.

Art. 41. O indiciado ou acusado que colaborar voluntariamente com a investigação policial e o processo criminal na identificação dos demais coautores ou partícipes do crime e na recuperação total ou parcial do produto do crime, no caso de condenação, terá pena reduzida de um terço a dois terços.

Colaboração premiada – Alertamos que o tema em exame – colaboração premiada – vem analisado, minuciosamente, no capítulo desta obra que trata da lei do Crime Organizado (Lei nº 12.850/2013), razão pela qual convidamos o leitor à sua consulta. Nesse capítulo, deixamos clara a nossa posição de que o instituto não está circunscrito ao delito de organização criminosa, mas qualquer crime em que o legislador tenha admitido a justiça negociada, fomentando-se, para tanto, o diálogo das fontes.

Cumpre ressaltar que a concessão do instituto da colaboração premiada somente será cabível se esta se configurar como meio eficaz de obtenção de elementos probatórios capazes de ensejar os resultados elencados no art. 4º da Lei 12.850/2013. Destes, incluem-se também os previstos na legislação de entorpecentes, a saber: a identificação dos demais coautores, partícipes ou cúmplices do delito, bem como a integral ou parcial restituição do produto ou proveito das infrações penais perpetradas pela organização criminosa. Consoante já delineado no capítulo pertinente, a colaboração premiada visa potencializar o acervo probatório, resultando na ampliação da responsabilização penal daqueles que, até então, permaneciam imunes à persecução penal.

Nesse contexto, imperioso salientar que a expressão "produto do crime" consignada na norma não pode ser equiparada à substância entorpecente empregada na consecução dos delitos tipificados na Lei, a qual constitui, inquestionavelmente, o objeto material da infração. Para compreender o alcance desse termo, mister se faz relembrar a doutrina do eminente jurista Roberto Lyra, para quem "produto do crime (*producta sceleris*) são os bens adquiridos diretamente com o delito (coisa subtraída), ou por via de especificação sucessiva (jóia confeccionada com o ouro subtraído), ou adquiridos por meio de alienação (dinheiro proveniente da alienação do bem subtraído) ou ainda produzidos pelo delito (moeda falsificada)" (LYRA, Roberto. Comentários ao Código Penal, v. II, p. 574. Editora Revista Forense, 2ª edição, Rio de Janeiro, 1955).

Sob uma análise sistemática, é perceptível que este é o entendimento também adotado pela legislação penal, o qual menciona o termo "produto do crime" em diversas disposições legais, todas elas com o inequívoco sentido de bens adquiridos pelo agente mediante os lucros auferidos pela prática delituosa. Nesse contexto, basta examinar os artigos 91, II, "b", § 1º, 91-A do Código Penal (relativos ao confisco comum, por equivalência e alargado, respectivamente), além do art. 180 também do Código Penal, que versa sobre o crime de receptação. A própria Lei de Drogas utiliza esta terminologia com tal intuito nos dispositivos 60, 63, I e 63-F, os quais igualmente abordam as diversas formas de apreensão patrimonial. Seria absolutamente incongruente supor que o legislador almejasse despojar o agente do crime ao decretar o confisco das substâncias entorpecentes por ele utilizadas na perpetração do delito, motivo pelo qual não subsiste margem para interpretar o art. 41 da Lei de Drogas de maneira diversa do que essas disposições indicam.

Indiscutível que a conduta do agente que revela o paradeiro de drogas ocultas e não localizadas pelas autoridades merece certa consideração. Contudo, ao invés de ensejar o equivocado reconhecimento de uma colaboração premiada, tal comportamento pode resultar em benefícios a serem avaliados nas circunstâncias judiciais ou mesmo como atenuante penal.

Art. 42. O juiz, na fixação das penas, considerará, com preponderância sobre o previsto no art. 59 do Código Penal, a natureza e a quantidade da substância ou do produto, a personalidade e a conduta social do agente.

Fixação da pena – O Código Penal, em seu art. 68, adotou o sistema trifásico para a fixação da pena, idealizado por Nélson Hungria. Assim, sobre o preceito secundário *simples* ou *qualificado*, numa primeira fase, fixa-se a pena-base atendendo às circunstâncias judiciais trazidas pelo art. 59 do CP; em seguida, fixada a pena-base, sobre ela incidirão eventuais circunstâncias agravantes e atenuantes genéricas (arts. 61, 62, 65 e 66 do CP); por fim, encerrando o *quantum* da reprimenda, serão consideradas as causas de diminuição e aumento de pena previstas na Parte Geral e Especial do Código Penal, como também aquelas previstas na Legislação Especial.

Preponderância do art. 42 – A Lei 11.343/06 determina ao juiz que, na primeira etapa (fixação da pena-base) deve utilizar o CP (art. 59) subsidiariamente, considerando, com *preponderância* (maior peso), a *natureza* (espécie) e a quantidade da substância ou do produto, a *personalidade* (caráter do sentenciado) e a *conduta social do agente* (comportamento do réu no seu ambiente familiar, de trabalho e social).

A justificativa para essa disposição legal reside na necessidade de assegurar uma resposta penal mais adequada e proporcional à gravidade específica do crime de tráfico de drogas, bem como às características do agente envolvido. Ao determinar que o juiz, na fixação da pena, deve considerar com preponderância a natureza e a quantidade da substância ou produto, a legislação busca diferenciar a gravidade das diversas condutas relacionadas ao tráfico, que podem variar desde o comércio de pequenas quantidades até a distribuição em larga escala de drogas mais nocivas à saúde pública.

A relevância atribuída à personalidade e à conduta social do agente visa garantir que o julgador analise não apenas o ato em si, mas também o contexto pessoal e social do acusado, permitindo que a pena reflita o grau de envolvimento do indivíduo no crime. Um agente que, por exemplo, age esporadicamente ou em função de circunstâncias socioeconômicas adversas, deve ser tratado de maneira distinta daquele que tem um histórico de envolvimento contínuo e organizado no tráfico de drogas

O art. 42 também serve como critério relevante para a determinação do regime inicial de cumprimento de pena, em harmonia com as disposições do art. 33 do Código Penal. Nessa perspectiva, a quantidade e a natureza da droga apreendida podem, em determinadas situações, justificar a imposição de um regime inicial mais rigoroso do que o que seria estabelecido apenas com base na pena aplicada. Esse entendimento decorre da necessidade de se avaliar a gravidade concreta da infração, levando-se em consideração o potencial lesivo da substância e a extensão da prática delitiva, permitindo ao juiz modular o regime de cumprimento de forma mais compatível com a periculosidade do agente e o impacto da conduta no contexto social.

Ainda outra questão envolvendo o art. 42 é o fato de que, para o STJ, não existe *bis in idem* na utilização da natureza e da quantidade da droga para modular a **incidência da minorante no tráfico (art. 33, § 4º)**. O mesmo se diga sobre a possibilidade de utilização deste dispositivo para se estabelecer o **regime inicial de cumprimento da pena**. Dessa forma, é possível que o juiz, em razão da quantidade e da variedade de entorpecentes, afaste a causa de diminuição, estabeleça a pena em seis anos, por exemplo, e imponha, não obstante a pena aplicada, o regime inicial fechado considerando as mesmas circunstâncias. Neste sentido:

> "Tendo o legislador previsto apenas os pressupostos para a incidência do benefício legal, deixando, contudo, de estabelecer os parâmetros para a escolha entre a menor e a maior frações indicadas para a mitigação pela incidência do §4º do artigo 33 da nova Lei Antidrogas, devem ser consideradas as circunstâncias judiciais previstas no artigo 59 do Código Penal e, com preponderância, a natureza e a quantidade da droga, a personalidade e a conduta social do agente." (AgRg no REsp 1.796.165/SC, j. 21/05/2019).

> "Cumpre registrar, que é entendimento pacificado nesta Corte que inexiste *bis in idem* quando a quantidade e a natureza da droga são consideradas para afastar a minorante ou modula-la e, logo depois, no momento da fixação do regime inicial do cumprimento da reprimenda. (Precedentes.)" (AgRg no AREsp 670.161/MG, DJe 26/05/2017).

Isso decorre do fato de que o regime inicial é uma etapa à parte da aplicação da pena, isto é, não se insere no sistema trifásico, mas se segue a ele. Para determinar o regime inicial, o juiz deve atender aos seguintes fatores: a) espécie de pena; b) quantidade da pena definitiva; c) condições especiais do condenado; d) circunstâncias judiciais. É na análise das circunstâncias judiciais que a natureza e a quantidade da droga voltam a ter relevância.

Note-se, no entanto, algo de suma importância: as circunstâncias do art. 42 têm **incidência alternativa**, ou seja, devem ser utilizadas *na primeira ou na terceira fase de aplicação da pena*. O juiz tem a opção de, na primeira etapa, utilizar a natureza e a quantidade da droga para fixar a pena-base acima do mínimo legal, ou de, na terceira fase, considerar a natureza e a quantidade para dosar a fração de diminuição ou para afastar o benefício. Não é possível utilizar o mesmo expediente nas duas fases, pois isto provoca bis in idem. Assim decidiu o STF:

> "Cumpre destacar que, em sessão realizada no dia 19.12.2013, o Pleno do STF, ao julgar os HCs 112.776 e 109.193, ambos da relatoria do Min. Teori Zavascki, firmou orientação no sentido de que, em caso de condenação por tráfico ilícito de entorpecentes, a natureza e a quantidade da droga apreendida apenas podem ser levadas em consideração em uma das fases da dosimetria da pena, sendo vedada sua apreciação cumulativa. Na ocasião, ficou consignado que cabe ao juiz escolher em qual momento da dosimetria essa circunstância vai ser levada em conta, seja na primeira, seja na terceira, observando sempre a vedação ao bis in idem. No presente caso, o Juiz de 1º grau, ao realizar a fixação da pena, levou em consideração a quantidade e a natureza da droga tanto na primeira quanto na terceira fase da dosimetria para elevar a pena do recorrente, o que é vedado nos termos da jurisprudência desta Corte. Assim, manifesto-me pela existência de repercussão geral da questão constitucional debatida e pela reafirmação da jurisprudência desta Corte, de modo a fixar o entendimento no sentido de que as circunstâncias da natureza e da quantidade da droga apreendida devem ser levadas em consideração apenas em uma das fases do cálculo da pena." (ARE 666.334 RG/AM, DJe 06/05/2014 – trecho do voto do min. Gilmar Mendes)

E o STJ vem seguindo as mesmas diretrizes:

> "Caso em que ficou configurado o bis in idem, pois a quantidade de droga apreendida foi utilizada tanto para elevar a pena-base quanto para afastar a aplicação da redutora da pena prevista no art. 33, § 4º, da Lei de Drogas." (HC 477.770/SC, j 04/06/2019)

Mas há decisões nas quais o STJ afasta o *bis in idem* se a natureza da droga é utilizada para aumentar a pena-base e a quantidade serve como impeditivo da minorante:

> "1. Não há falar em *bis in idem* quando a natureza da droga é sopesada para o aumento da pena-base e a sua quantidade, por exemplo, para justificar a impossibilidade de incidência da minorante, porque, nesse caso, tais elementos estão sendo considerados de forma não cumulativa (HC n. 373.523/SP, Ministro Rogerio Schietti Cruz, Sexta Turma, DJe 21/8/2018).
>
> 2. In casu, a nocividade e a diversidade da droga foram utilizadas, na primeira fase da dosimetria, para aumentar a pena-base e a quantidade e demais circunstâncias do delito

serviram para modular a fração do tráfico privilegiado, não configurando, assim, o alegado bis in idem." (AgRg nos EDcl no HC 500.739/SP, j. 28/05/2019).

Pureza da substância – Da mesma forma que a caracterização da substância entorpecente dispensa a apuração do seu grau de pureza, a aplicação da pena não deve se ater a isso, pois o art. 42 da Lei 11.343/06, norma que impõe os parâmetros de aplicação da pena nos crimes tipificados na mesma lei, estabelece que devem ser analisadas, com preponderância sobre as circunstâncias judiciais do art. 59 do Código Penal, a natureza e a quantidade da substância ou do produto, a personalidade e a conduta social do agente. Nada se menciona, portanto, sobre a qualidade da droga apreendida. Assim já decidiu o STJ: "De acordo com a jurisprudência do Superior Tribunal de Justiça, é desnecessário se aferir o grau de pureza da droga para fins de fixação da pena. A Lei 11.343/06, em seu art. 42, estabelece como preponderantes a natureza e a quantidade de entorpecentes, independentemente da pureza da substância, de quanto ela poderia render ou de quanto ela está misturada a outros produtos nocivos à saúde." (RHC 63.295/SP, j. 19/11/2015)

Art. 43. Na fixação da multa a que se referem os arts. 33 a 39 desta Lei, o juiz, atendendo ao que dispõe o art. 42 desta Lei, determinará o número de dias-multa, atribuindo a cada um, segundo as condições econômicas dos acusados, valor não inferior a um trinta avos nem superior a 5 (cinco) vezes o maior salário-mínimo.

Parágrafo único. As multas, que em caso de concurso de crimes serão impostas sempre cumulativamente, podem ser aumentadas até o décuplo se, em virtude da situação econômica do acusado, considerá-las o juiz ineficazes, ainda que aplicadas no máximo.

Critério para fixação da pena de multa – A pena de multa consiste no pagamento ao fundo penitenciário da quantia fixada na sentença e calculada em dias-multas. Na sua fixação, deve o Magistrado levar em conta as circunstâncias judiciais do art. 42 (a natureza e a quantidade da substância ou do produto, a personalidade e a conduta social do agente). Em seguida, o valor do dia-multa será fixado pelo juiz, não podendo ser inferior a um trinta avos nem superior a 5 (cinco) vezes o maior salário mínimo. Nesse caso, o juiz atenderá à situação econômica do réu, podendo ser aumentada até o décuplo, se o juiz considerar que, em virtude da situação econômica do sentenciado, é ineficaz, embora aplicada no máximo. Em caso de concurso de crimes serão impostas sempre cumulativamente (art. 43, parágrafo único).

Sobre a constitucionalidade da pena de multa nos crimes da Lei de Drogas, remetemos o leitor aos comentários feitos ao art. 33.

Art. 44. Os crimes previstos nos arts. 33, caput e § 1º, e 34 a 37 desta Lei são inafiançáveis e insuscetíveis de sursis, graça, indulto, anistia e liberdade provisória, vedada a conversão de suas penas em restritivas de direitos.

Parágrafo único. Nos crimes previstos no caput deste artigo, dar-se-á o livramento condicional após o cumprimento de dois terços da pena, vedada sua concessão ao reincidente específico.

Restrições legais – O art. 44 prevê consequências típicas de um crime hediondo (aliás, até mais rigorosas) para os delitos previstos nos arts. 33, *caput* e § 1.º, e 34 a 37 desta Lei. Por conta desta peculiar maneira de redigir a norma restritiva, temos doutrina ensinando que passam a ser equiparados a hediondo não apenas o tráfico de drogas e maquinários (arts. 33, *caput*, § 1º, 34 e 36), mas todos os demais tipos incriminadores referidos no art. 44 (arts. 35 e 37).

Discordamos. A equiparação a crime hediondo tem gênese constitucional, não podendo o legislador ordinário suplantar o rol taxativo apresentado pelo constituinte. Conclusão: apesar de sofrer praticamente todos os consectários de um crime hediondo (salvo as restrições da progressão), não podem ser a ele equiparado os delitos dos arts. 34, 35 e 37, pois neles não ocorre tráfico de drogas propriamente dito (ficando abrangidos somente os arts. 33, *caput*, § 1º e 36).

Constitucionalidade – Referida norma cumpre o mandado de criminalização do art. 5º, inciso XLIII, da Carta da República, razão pela qual é plenamente constitucional. Neste sentido já decidiu a Suprema Corte:: "O óbice, previsto no art. 44 da Lei 11.343/2006, à suspensão condicional da pena imposta ante tráfico de drogas mostra-se afinado com a Lei 8.072/1990 e com o disposto no inciso XLIII do art. 5º da CF". (STF. HC 101.919, Rel. Min. Marco Aurélio, j. 6-9-2011, 1ª T, DJE de 26-10-2011)

Fiança – Como decorrência da sua equiparação a hediondo, o crime de tráfico (típico ou equiparado) é insuscetível de fiança.

Sursis – Antes da Lei 11.464/2007, muito se discutia a possibilidade (ou não) da concessão de *sursis* para crime hediondo ou equiparado. Para considerável parcela da doutrina, apesar de não haver proibição expressa, o regime integralmente fechado tornava inviável a concessão do benefício (proibição implícita). Essa discussão perdeu importância com o advento da Lei 11.464/2007, que aboliu – após decisão do STF reconhecendo a inconstitucionalidade – o regime integral fechado. Contudo, havendo na Lei 11.343/2006 a proibição expressa do *sursis* em relação ao tráfico, nova discussão começa a ganhar força: é legítimo impedir o benefício *somente* para o tráfico, delito também equiparado a hediondo? O art. 44 da Lei 11.343/2006 não estaria tratando situações iguais de maneira desigual? Ainda que sedutora a tese da especialidade (lei especial derroga lei geral), parece-nos que restringir a vedação do *sursis* apenas ao crime de tráfico é ferir de morte o princípio da isonomia. Observamos, no entanto, que, no STJ, prevalece ser incabível o benefício em face da proibição expressa no art. 44: "Consoante entendimento deste Superior Tribunal de Justiça, a vedação ao sursis (prevista no artigo 44 da Lei n. 11.343/06) não foi objeto de controle de constitucionalidade pelo Supremo Tribunal Federal, razão pela qual mantém-se em plena vigência, ainda que a reprimenda definitiva fixada não seja superior a 2 (dois) anos de reclusão" (AgRg no REsp 1.615.201/MG, j. 08/08/2017).

Graça, indulto e anistia – São institutos extintivos indicativos de renúncia do Estado ao seu direito de punir (art. 107, II, do CP). A CF/88 vedou a concessão de anistia e graça aos crimes hediondos e equiparados, mas não o indulto. Foi com o advento da Lei 8.072/90 que se acrescentou essa restrição. Surgiu a inevitável indagação: a restrição constitucional é máxima ou mínima? Se máxima, não poderia o legislador ordinário (infraconstitucional) ampliá-la; se mínima, sim. Prevaleceu que o rol de proibição previsto na Carta Maior é mínimo, outorgando-se ao legislador ordinário a disciplina da matéria. Contudo, no ano de 1997, surgiu a Lei 9.455/97 permitindo indulto para tortura (também equiparado a hediondo), fomentando, com isso, o argumento de que a restrição ao benefício teria sido revogada tacitamente (permitir indulto para tortura e não para os demais delitos hediondos ou equiparados feriria o princípio constitucional da isonomia). O Supremo decidiu que o indulto deve limitar-se ao crime de tortura, não se expandindo ao demais. Nesse espírito agiu o legislador ao continuar proibindo os três institutos para o crime de tráfico (e equiparados).

A 2ª Turma do STF já reiterou jurisprudência no sentido de não ser possível o deferimento de indulto a réu condenado por tráfico de drogas, ainda que precário estado de saúde do condenado. A Turma asseverou que o fato de a paciente estar doente ou ser acometida de deficiência visual não seria causa de extinção da punibilidade nem de suspensão da execução da pena (HC 118213/SP, rel. Min. Gilmar Mendes, 6.5.2014).

Liberdade provisória – A proibição da liberdade provisória para o crime de tráfico era o espírito que norteava a jurisprudência majoritária na vigência da Lei 6.368/76 (cf.: *RT* 806/636;

806/583; 797/532). A Lei 11.343/06, seguindo a maioria, insistiu na proibição. Porém, com o advento da Lei 11.464/2007, foi alterado o inc. II do art. 2.º da Lei 8.072/90, abolindo a vedação da liberdade provisória para crimes hediondos ou equiparados (mantendo a inafiançabilidade). Como se vê, a sucessão, no tempo, de leis processuais materiais leva a aplicação da regra de que *lei posterior revoga a lei anterior* (essa revogação, como sabemos, pode ser expressa ou tácita; no caso, a Lei 11.464/2007, que é geral, derrogou expressamente parte do art. 44 da Lei 11.343/2006, que é especial). Em outras palavras: desapareceu do citado art. 44 a proibição da liberdade provisória, porque a lei nova revogou (derrogou) explicitamente a antiga.

A jurisprudência dos tribunais superiores, ademais, é francamente contrária à vedação absoluta do benefício. No julgamento do *habeas corpus* 104.339/SP (j. 10/05/2012), o Supremo Tribunal Federal declarou incidentalmente a inconstitucionalidade da expressão "e liberdade provisória", posição que é referendada pelo STJ (HC 432.718/SP, j. 03/05/2018) e (RHC 108.638/MG, 07/05/2019).

Prisão preventiva – A prisão preventiva somente deve ser decretada com fundamento em elementos de gravidade concreta vez que a natureza do crime, por si, não é suficiente para sustentar a cautelar.

Não obstante a aparente redundância, a tese foi editada porque são muito frequentes as prisões preventivas no crime de tráfico de drogas, cuja prática é de acentuada gravidade, mas que, isoladamente, não tem servido para amparar as prisões. Anote-se que a nova redação do art. 312 do CPP promovida pela Lei 13.964/2019, menciona expressamente a necessidade de ser demonstrado o *perigo gerado pelo estado de liberdade do imputado*. Assim, mesmo em delitos desta natureza, é preciso fundamentar a prisão em um plus, como, por exemplo, a prática simultânea da associação para o tráfico, a internacionalidade ou a interestadualidade do crime, a grande quantidade e a diversidade de drogas, a apreensão de instrumentos e matéria-prima para a fabricação e a preparação de drogas, todos elementos indicativos da periculosidade concreta do agente (STJ. RHC 114.285/RS, j. 05/09/2019 e RHC 115.528/MS, j. 03/09/2019).

O afastamento da prisão preventiva fundamentada apenas na prática do tráfico, sem elementos adicionais que apontem maior gravidade, é decorrente da atual política criminal que pune menos severamente traficantes primários, de bons antecedentes, que não integram organização criminosa e não se dedicam à prática delituosa. Estes traficantes são beneficiados pela causa de diminuição de pena do art. 33, § 4º, da Lei 11.343/06 e podem ser beneficiados até mesmo pela substituição da pena privativa de liberdade por restritiva de direitos.

Anote-se que recentemente restou decidido que "A periculosidade do paciente, evidenciada pela acentuada quantidade de droga apreendida e pelo fundado receio de reiteração delitiva é fundamento idôneo para a decretação de prisão cautelar" (STF, RHC 193153 AgR/SP, DJe 28/01/2021).

Prisão domiciliar para presas gestantes e mães ou responsáveis por crianças ou pessoas com deficiência – Em razão das disposições dos artigos 318-A e 318-B do Código de Processo Penal, com redação dada pela Lei 13.769/2018, a prisão preventiva de mulher gestante, mãe ou responsável por crianças ou pessoas com deficiência deve ser substituída por prisão domiciliar, desde que a presa: I – não tenha cometido crime com violência ou grave ameaça à pessoa; II – não tenha cometido o crime contra seu filho ou dependente. Assim, a referida disposição é plenamente aplicável aos casos que envolvem crimes previstos na Lei de Drogas.

A intenção do legislador parece ter sido a de facilitar a substituição da prisão preventiva por domiciliar. No entanto, essa substituição deve ser avaliada quanto à sua adequação e suficiência para impedir a reiteração delitiva e garantir a aplicação da lei penal, a investigação ou a instrução criminal. Entender que a substituição deve ocorrer automaticamente para assegurar o exercício da maternidade pode desproteger outros bens jurídicos tutelados pelo Estado, resultando em uma interpretação que pode violar o princípio da proporcionalidade na vertente da proibição da proteção deficiente. Portanto, é necessário que o magistrado considere as particularidades do caso concreto e identifique "situações excepcionalíssimas" que podem justificar a negativa da prisão domiciliar, especialmente em crimes que, embora não envolvam violência ou ameaça, apresentem acentuada gravidade.

Além disso, ao decidir sobre a medida, deve-se avaliar se a presença da mãe pode representar um risco direto aos direitos das crianças menores ou dos dependentes. Assim, por exemplo, já decidiu o STJ. No caso do HC 426.526, os ministros levaram em consideração que a mãe supostamente mantinha o funcionamento de um ponto de venda de drogas ligado ao Comando Vermelho e utilizava arma de fogo rotineiramente, concluindo pela caracterização de uma situação excepcional mencionada pelo STF no habeas corpus coletivo. Por outro lado, no HC 470.549, embora a ré tivesse o benefício negado nas instâncias anteriores sob o argumento de que sua presença não era imprescindível, visto que contava com o auxílio da avó e da mãe para os cuidados com os filhos, a turma julgadora decidiu que não havia impedimento para a concessão da prisão domiciliar.

Além das disposições sobre a prisão domiciliar, a Lei 13.769/2018 também promoveu alterações na Lei de Execução Penal, incluindo modificações no artigo 112, conforme comentado na análise do artigo 33 da mesma lei.

Pena restritiva de direitos e o tráfico de drogas – A exemplo do que vimos no *sursis*, antes da Lei 11.464/2007, muito se discutia a possibilidade (ou não) da concessão de penas restritivas de direitos para crime hediondo ou equiparado. Para considerável parcela da doutrina, apesar de não haver proibição expressa, o regime integralmente fechado tornava inviável a concessão do benefício (proibição implícita). Essa discussão perdeu importância, vez que o regime integralmente fechado foi abolido (e mesmo o inicialmente fechado foi declarado inconstitucional pelo STF – HC 111.840), desaparecendo com ele o ventilado óbice. Contudo, havendo na Lei 11.343/2006 a proibição expressa de restritiva de direitos em relação ao tráfico, surgiu nova discussão: seria legítimo impedir o benefício *somente* para o tráfico, delito também equiparado a hediondo? No julgamento do HC 97.256/RS (j. 01/09/2010), o STF declarou a inconstitucionalidade incidental da proibição de substituição da pena privativa de liberdade pela pena restritiva de direitos no crime de tráfico. Para o tribunal, não obstante a característica da hediondez, proibir absolutamente a substituição contraria o postulado da individualização da pena, segundo o qual a reprimenda deve sempre ser aplicada com fundamento nas circunstâncias do caso concreto. No momento em que profere a sentença condenatória, deve o juiz analisar se as circunstâncias do crime e as condições pessoais de seu autor autorizam um regime mais brando ou exigem medida mais rigorosa:

> "1. O processo de individualização da pena é um caminhar no rumo da personalização da resposta punitiva do Estado, desenvolvendo-se em três momentos individuados e complementares: o legislativo, o judicial e o executivo. Logo, a lei comum não tem a força de subtrair do juiz sentenciante o poder-dever de impor ao delinqüente a sanção criminal que a ele, juiz, afigurar-se como expressão de um concreto balanceamento ou de uma empírica ponderação de circunstâncias objetivas com protagonizações subjetivas do fato-tipo. Implicando essa ponderação em concreto a opção jurídico-positiva pela prevalência do razoável sobre o racional; ditada pelo permanente esforço do julgador para conciliar segurança jurídica e justiça material. 2. No momento sentencial da dosimetria da pena, o juiz sentenciante se movimenta com ineliminável discricionariedade entre aplicar a pena de privação ou de restrição da liberdade do condenado e uma outra que já não tenha por objeto esse bem jurídico maior da liberdade física do sentenciado. Pelo que é vedado subtrair da instância julgadora a possibilidade de se movimentar com certa discricionariedade nos quadrantes da alternatividade sancionatória".

A conclusão a que chegou o tribunal acaba fazendo sentido principalmente diante de decisões tomadas posteriormente. Uma delas julgou inconstitucional o regime inicialmente fechado imposto abstratamente pelo art. 2º, § 1º, da Lei 8.072/90 (HC 111.840/ES); outra afastou a hediondez do crime de tráfico privilegiado (art. 33, § 4º), no qual são extremamente comuns as penas privativas de liberdade que não ultrapassam quatro anos.

Livramento condicional – O livramento condicional (liberdade antecipada) está permitido, com a ressalva de que, tratando-se do crime previsto nos arts. 33, *caput* e § 1.º, e 34 a 37 desta Lei, só fará jus aquele que, depois de cumprir dois terços da pena, não for reincidente específico em crimes desta natureza (assim, mesmo que reincidente em crimes de outra natureza, fará jus à liberdade antecipada) (parágrafo único do art. 44 da Lei).

No que tange ao livramento condicional para o condenado pela prática da associação para o tráfico, o STJ tem sido provocado a decidir a respeito da fração de cumprimento da pena a ser cumprida. Argumenta-se que, não se tratando de crime equiparado a hediondo, a regra aplicável deve ser a do Código Penal, isto é, cumprimento de mais de um terço da pena, caso o agente não seja reincidente em crime doloso e tenha bons antecedentes, ou mais de metade, se for reincidente em crime doloso.

O tribunal, no entanto, refuta a tese sob o fundamento de que o livramento condicional nos crimes relativos a drogas é disciplinado inteiramente pelo parágrafo único do art. 44, que estabelece o cumprimento de ao menos dois terços da pena, ainda que o agente não seja reincidente e não se trate de delito equiparado a hediondo:

> "O entendimento do Superior Tribunal de Justiça é firme de que, embora o delito de associação ao tráfico de drogas não integre o rol dos delitos hediondos ou a ele equiparados, persiste a necessidade de cumprimento de 2/3 da pena para a obtenção do livramento condicional, a teor do disposto no parágrafo único do art. 44 da Lei n. 11.343/2006, por se tratar de regra determinada pela lei especial, que se sobrepõe a regra geral (art. 83 do CP)" (HC 381.202/SP, j. 27/04/2017).
>
> "II – A jurisprudência desta Corte Superior entende que o crime de associação para o tráfico de entorpecentes (art. 35, caput, da Lei n. 11.343/06) não é considerado hediondo ou equiparado, por não constar no rol dos arts. 1º e 2º, da Lei n. 8.072/90.
>
> III – Em razão do Princípio da Especialidade, para a concessão do livramento condicional ao delito de associação para o tráfico, exige-se o cumprimento de 2/3 (dois terços) da pena, requisito objetivo previsto no parágrafo único do art. 44 da Lei n. 11.343/06. Precedentes." (HC 467.215/SP, j. 23/10/2018).

Art. 45. É isento de pena o agente que, em razão da dependência, ou sob o efeito, proveniente de caso fortuito ou força maior, de droga, era, ao tempo da ação ou da omissão, qualquer que tenha sido a infração penal praticada, inteiramente incapaz de entender o caráter ilícito do fato ou de determinar-se de acordo com esse entendimento.

Parágrafo único. Quando absolver o agente, reconhecendo, por força pericial, que este apresentava, à época do fato previsto neste artigo, as condições referidas no caput deste artigo, poderá determinar o juiz, na sentença, o seu encaminhamento para tratamento médico adequado.

Inimputabilidade por dependência – Na primeira parte do art. 45 está previsto caso de inimputabilidade do agente que, em razão da dependência de droga, era, ao tempo da ação ou da omissão, qualquer que tenha sido a infração penal praticada, inteiramente incapaz de entender o caráter ilícito do fato ou de determinar-se de acordo com esse entendimento.

Requisitos – Foi adotado o critério *biopsicológico*, isto é, não basta ser dependente, mas é preciso que o agente, em face da dependência, seja inteiramente incapaz de entender o caráter ilícito do fato ou de determinar-se de acordo com esse entendimento.

Consequência – Comprovada, mediante perícia, a inimputabilidade do agente, deve o juiz absolvê-lo, determinando, na sentença, o seu encaminhamento para tratamento médico adequado (não necessariamente internação, que, aliás, deve ser medida excepcional). Assim, "Tratando-se de dependente de tóxicos, considerado absolutamente incapaz pelo laudo pericial, porém não comprovada a necessidade de sua internação, é de ser o mesmo absolvido da imputação de tráfico e posse de entorpecente, impondo-se-lhe a medida de segurança consistente em liberdade vigiada, com tratamento obrigatório extra-hospitalar ou ambulatorial, desaconselhada a sua internação em manicômio judiciário, máximo em se tratando de menor e primário" (*RT* 542/371).

Vício e dependente – O vício não se confunde com a dependência. O primeiro consiste no hábito ou costume persistente da pessoa consumir droga (consumo irresistível), sem repercussão na sua capacidade de entendimento (imputável, portanto). Já a dependência pode alcançar o nível de doença mental ou retirar do agente a capacidade de tomar decisões, de entender e querer, ou seja, a sua autodeterminação (inimputável) quando sob o efeito da droga.

Perícia – A perícia deve ser realizada sempre que o réu se declare dependente ou quando a tal respeito houver fundadas suspeitas (*RT* 777/586; 687/284).

Possessão completa e acidental – Ficará também isento de pena o agente que, sob o efeito, proveniente de caso fortuito ou força maior, de droga, era, ao tempo da ação ou da omissão, qualquer que tenha sido a infração penal praticada, inteiramente incapaz de entender o caráter ilícito do fato ou de determinar-se de acordo com esse entendimento. Cuida-se, na verdade, da ingestão não voluntária do psicotrópico, fruto de ignorância (caso fortuito) ou coação (força maior). "Assim, imagine-se a hipótese daquele em quem, contra sua vontade, foi aplicada, à força, uma injeção contendo uma substância entorpecente extremamente forte, fazendo com que o agente perdesse o controle sobre os seus atos. Se, nesse caso, nos termos da redação legal, ele vier a praticar qualquer infração penal, deverá ser considerado isento de pena." (GRECO, Rogério. Curso de Direito Penal: Parte Geral: arts. 1º a 120 do CP. 10. ed. Rio de Janeiro: Impetus, 2008. v. I. p. 406-407).

Requisitos – Para o reconhecimento da exculpante devem estar presentes os seguintes requisitos: a) ingestão acidental da droga (não voluntária), fruto de caso fortuito (ex: tomar substância desconhecendo seu efeito inebriante) ou força maior (ex: ser forçado por terceira pessoa a tomar droga); b) ficar o agente, no momento da conduta, em razão do efeito do psicotrópico, inteiramente incapaz de entender o caráter ilícito do fato ou de determinar-se de acordo com esse entendimento.

Consequência – Pode parecer que o parágrafo único (tratamento médico) se aplica ao caso. Entendemos, porém, que a hipótese é de absolvição própria, limitando-se o tratamento para o dependente.

Internação de pessoas em situação de drogadição – O art. 23-A da Lei 13.840/2019 admite a internação de pessoas em situação de drogadição, desde que realizadas em unidades de saúde, contanto que precedida de autorização médica. A internação pode ser, segundo a Lei 10.216/2001, de três espécies:

a) internação voluntária: o próprio interessado solicita ou consente, voluntariamente, pela sua própria internação. A internação é finalizada com solicitação expressa do paciente ou por determinação médica.

b) A internação involuntária: ocorre independentemente do consentimento do paciente e pressupõe o risco concreto à saúde e integridade física do indivíduo ou de terceiros, devidamente indicado em laudo psiquiátrico, com descrição do quadro clínico do paciente, além da impossibilidade ou inadequação de adoção de outras medidas terapêuticas. A medida pode ser requerida por familiares ou representante legal do usuário, agentes públicos da área da saúde, de assistência social ou de órgãos do Sistema Nacional de Políticas Públicas sobre Drogas (Sisnad). Os familiares ou representante legal do internado podem, a qualquer momento, requisitar a interrupção do tratamento médico. Nesses casos, os responsáveis técnicos do estabelecimento de saúde têm prazo de 72 horas para informar ao Ministério Público do estado sobre a internação e os seus motivos.

c) internação compulsória: é sempre determinada por autoridade judiciária competente, independentemente de pedidos dos familiares ou representante legal do paciente. É feita depois de confirmação médica de que o indivíduo não possui autodeterminação sobre sua condição física ou mental, ou seja, em casos de alto grau de dependência química que leva à situações de risco, atual ou iminente, à vida e integridade física ou psíquica do paciente. Pode ser requerida pelo Ministério Público ou órgãos públicos da área da saúde perante o juiz da Vara da Família.

Art. 46. As penas podem ser reduzidas de um terço a dois terços se, por força das circunstâncias previstas no art. 45 desta Lei, o agente não possuía, ao tempo da ação ou da omissão, a plena capacidade de entender o caráter ilícito do fato ou de determinar-se de acordo com esse entendimento.

Imputabilidade com responsabilidade diminuída (semi-imputável) – O agente que, ao tempo da ação ou da omissão, não possua a plena capacidade de entender o caráter ilícito do fato ou de determinar-se de acordo com esse entendimento, terá a pena reduzida de um a dois terços. No caso, o legislador não previu possibilidade de substituição da pena por medida curativa. Assim, se necessário o tratamento, será garantido ao condenado serviço de atenção à sua saúde, definido pelo respectivo sistema penitenciário (art. 47).

Possessão incompleta e acidental – Para o agente que, sob efeito de drogas, consequência de caso fortuito ou força maior (acidental, portanto), não possua a plena capacidade de entender o caráter ilícito do fato ou de determinar-se de acordo com esse entendimento, não mais ficará isento de pena, mas sim, ao ser condenado, faz jus à diminuição prevista no art. 46 (de um a dois terços).

Direito subjetivo do condenado – Constatada a imputabilidade diminuída, a faculdade do juiz vincula-se à escolha da quantidade do redutor (1/3 a 2/3) sendo, de qualquer modo, compulsória a redução (nesse sentido: RT 705/311).

Semi-imputabilidade e hediondez – o reconhecimento da causa de diminuição prevista no art. 46 da Lei de drogas não autoriza, por falta de previsão legal, que o caso não possa ser considerado equiparado a crime hediondo. Neste sentido já reconheceu o STJ que "A semi-imputabilidade, por si só, não afasta o tráfico de drogas e o seu caráter hediondo, tal como a forma privilegiada". (STJ. 6ª Turma. AgRg no HC 716.210-DF, Rel. Min. Sebastião Reis Júnior, julgado em 10/05/2022 (Info 737)).

Art. 47. Na sentença condenatória, o juiz, com base em avaliação que ateste a necessidade de encaminhamento do agente para tratamento, realizada por profissional de saúde com competência específica na forma da lei, determinará que a tal se proceda, observado o disposto no art. 26 desta Lei.

Tratamento ao usuário ou dependente – Determina o art. 26 da Lei que o usuário e o dependente de drogas que, em razão da prática de infração penal, estiverem cumprindo pena privativa de liberdade ou submetidos a medida de segurança, têm garantidos os serviços de atenção à sua saúde, definidos pelo respectivo sistema penitenciário. Trata-se de materialização de direito já previsto na Constituição Federal e na Lei de Execuções Penais (assistência à saúde). Confira-se: "O tratamento ambulatorial de que se referem os arts. 26 e 47 da Lei 11.343/06 se destina a combater a redução da capacidade de entendimento decorrente do uso de substância entorpecente. Assim, o retardo mental dissociado do consumo de droga não constitui causa à concessão do benefício. 2. Ordem denegada" (HC 81.198/RJ, Rel. Ministro Arnaldo Esteves Lima, Quinta Turma, julgado em 28/11/2007, DJ 07/02/2008, p. 1).

CAPÍTULO III
DO PROCEDIMENTO PENAL

Art. 48. O procedimento relativo aos processos por crimes definidos neste Título rege-se pelo disposto neste Capítulo, aplicando-se, subsidiariamente, as disposições do Código de Processo Penal e da Lei de Execução Penal.

Código de Processo Penal e LEP – Conquanto a lei em exame contenha disposições específicas, a serem obrigatoriamente observadas, é possível a aplicação, em caráter subsidiário, do Código de Processo Penal (e também da LEP), conforme suscitaremos em várias passagens de nosso estudo. Apenas para ficarmos com um exemplo: a lei em análise não contempla a possibilidade de absolvição sumária do agente, prevista no art. 397 do Código de Processo Penal. E nem poderia fazê-lo, já que o dispositivo do CPP foi introduzido com a reforma processual de 2008, enquanto que a lei de drogas é de 2006. Nada impede, porém, que, em caráter subsidiário, seja aplicada a regra do processo penal.

Procedimento especial – Possui a lei um procedimento próprio, a ser observado para todos os delitos elencados no diploma legal, pouco importando se o crime é apenado com detenção (art. 33, § 2º, por exemplo), ou com reclusão (*v.g.*, art. 33, *caput*). Salvo quando se tratar dos crimes previstos nos arts. 28, art. 33, § 3º e 38. Nesses casos, o procedimento a ser observado é o da Lei n. 9.099/1995, que criou os Juizados Especiais Criminais. Claro que, praticado o crime do art. 28 em concurso com um dos delitos previstos nos arts. 33 (salvo o § 3º) a 37 da lei (relacionados ao tráfico de drogas), não terá lugar para a Lei n. 9.099/1995, devendo ser adotado o rito dos arts. 54 a 59 da lei.

§ 1.º O agente de qualquer das condutas previstas no art. 28 desta Lei, salvo se houver concurso com os crimes previstos nos arts. 33 a 37 desta Lei, será processado e julgado na forma dos arts. 60 e seguintes da Lei 9.099, de 26 de setembro de 1995, que dispõe sobre os Juizados Especiais Criminais.

Concurso entre posse de droga para consumo pessoal e tráfico de entorpecente – Imagine-se a seguinte situação: o agente consente que sua casa seja utilizada para fins de tráfico, cometendo, assim, o crime previsto no art. 33, § 1º, inc. III, da lei em análise, cuja pena máxima é de quinze anos. Ao mesmo tempo, é surpreendido trazendo consigo pequena quantidade de droga, a ser utilizada para consumo próprio, em conduta prevista no art. 28, cuja pena é de advertência, prestação de serviços à comunidade e medida educativa. Para o primeiro delito, não se aplica a transação penal, prevista na Lei n. 9.099/1995, já que tem pena máxima superior a dois anos, não se tratando, portanto, de uma infração penal de menor potencial ofensivo. Para o segundo, para o qual nem pena privativa de liberdade é prevista, teria incidência o favor legal consistente na transação penal. Indaga-se: seria o caso de tratamento separado entre os dois crimes, ou seja, de se admitir a transação penal para o crime do art. 28 e o prosseguimento regular em relação ao crime do art. 33, que não admite o favor legal?

Pensamos que não, isto é, tomando nosso exemplo, perpetrados os dois crimes e somando-se as duas penas, não haverá lugar para a proposta de transação penal, ainda que para o delito do art. 28 não seja prevista pena privativa de liberdade. Primeiro, em face da literalidade do § 1º acima, que prevê a aplicação dos Juizados Criminais aos infratores do art. 28 da lei em exame, mas ressalva, de forma expressa, sua inaplicabilidade quando "houver concurso com os crimes previstos nos arts. 33 a 37 desta Lei". Ora, por mais que se possa repudiar a chamada *interpretação gramatical* da lei (também conhecida por *interpretação literal* ou *interpretação filológica*), não se deve ignorar a vontade do legislador, sobretudo quando o texto é dotado de tamanha clareza (*in claris cessat interpretatio*). E, segundo, porque a jurisprudência parece confortar essa impressão. Com efeito, o Superior Tribunal de Justiça possui o seguinte entendimento cristalizado na Súmula n. 243, *in verbis*: "O benefício da suspensão do processo não é aplicável em relação às infrações penais cometidas em concurso material, concurso formal ou continuidade delitiva, quando a pena mínima cominada, seja pelo somatório, seja pela incidência da majorante, ultrapassar o limite de um (01) ano". É verdade que o enunciado se refere à suspensão condicional do processo, mas pode ser estendido, sem maior dificuldade, à transação penal. Mais precisamente sobre a transação penal e nesse sentido, confira-se o seguinte julgado também do *Tribunal da Cidadania*: "No caso de concurso de crimes, a pena considerada para fins de fixação da competência do Juizado Especial Criminal será o resultado da soma, no caso de concurso material, ou a exasperação, na hipótese de concurso formal ou crime continuado, das penas máximas cominadas ao delitos. Com efeito, se desse somatório resultar um apenamento superior a 02 (dois) anos, fica afastada a competência do Juizado Especial (Precedentes do Pretório Excelso e do STJ)" (STJ – HC n. 80773- RJ – Rel. Felix Fischer, j. 04.10.2007, DJ 19.11.2007 p. 256).

Concluímos, portanto, ainda com base em nosso exemplo, que caberá a oferta de denúncia por ambos as condutas, inviável, outrossim, a transação penal para o crime do art. 28, devendo ambos os delitos seguir o curso regular do processo-crime, a culminar, se bem provada a acusação, com uma condenação à pena privativa de liberdade pela prática do crime do art. 33, § 1º, inc. III e outra pelo delito do art. 28. (advertência, prestação de serviços à comunidade ou medida educativa).

Há, na doutrina, quem invoque o teor do parágrafo único, do art. 60 da lei dos Juizados, com a redação que lhe foi dada pela Lei 11.313/2006, de 28.06.2006, a permitir que, em relação ao crime de menor potencial ofensivo fosse concedida a transação penal. Ou seja, ainda tomando nosso exemplo, o mesmo juiz receberia a denúncia em relação ao crime do art. 33, § 1º, inc. III e concederia a transação penal (após proposta do Ministério Público nesse sentido), no que tange ao delito do art. 28. Cremos que o parágrafo único, do art. 60, da Lei n. 9.099/1995, não tenha esse alcance. Trata-se, em verdade, de uma lei que disciplina a competência. Explicamos: antes dessa alteração, verificada a prática de dois crimes, um de competência dos Juizados e outro do juízo comum, a este último não se permitir aplicar as medidas despenalizadoras, cabendo a separação das condutas com o envio, aos Juizados, daquela de menor potencial ofensivo. Em face da alteração, permite-se, agora – em homenagem mesmo aos princípios da celeridade e da economia processual – que o próprio juízo comum (ou mesmo do Tribunal do Júri), conceda a transação penal. Isso não implica concluir, sob nossa compreensão, que possa este juízo *separar* as imputações, concedendo a transação penal no que se refere ao primeiro delito e recebendo a denúncia no que tange ao segundo. Aliás, a proposta de transação penal esbarraria no requisito subjetivo do § 2º, do inc. III, da Lei n. 9.099/1995, que veda a transação penal quando "não indicarem os antecedentes, a conduta social e a personalidade do agente, bem como os motivos e as circunstâncias, ser necessária e suficiente a adoção da medida". Aquele que autoriza que sua casa seja empregada para o tráfico de drogas revelaria uma conduta social compatível com o benefício da transação penal? Respondemos, desenganadamente, que não.

§ 2.º Tratando-se da conduta prevista no art. 28 desta Lei, não se imporá prisão em flagrante, devendo o autor do fato ser imediatamente encaminhado ao juízo competente ou, na falta deste, assumir o compromisso de a ele comparecer, lavrando-se termo circunstanciado e providenciando-se as requisições dos exames e perícias necessários.

Lei n. 9.099/1995 – De se ver que art. 28 da lei em análise não prevê nenhuma pena corporal para a conduta daquele que visa o consumo pessoal de drogas, senão penas alternativas (advertência, prestação de serviços à comunidade e medida educativa). Ora, se as disposições dos Juizados Especiais Criminais se aplicam às infrações penais de menor potencial ofensivo, assim consideradas aquelas cuja pena máxima não exceda a dois anos, com mais razão devem incidir para os delitos previstos no art. 28 da lei de drogas, para os quais nem mesmo pena corporal é prevista. Nessa hipótese, portanto, cumpre observar o disposto nos arts. 60 e ss. da Lei 9.099/95.

Detenção do agente com droga para consumo próprio – Como já alertamos, é vedada a prisão em flagrante do agente que se encontrar na posse de droga para seu consumo pessoal, nos termos do § 2º acima. Isso não implica dizer, porém, que o policial (geralmente militar), que se deparar com essa conduta, deva simplesmente ignorá-la, permitindo o uso indiscriminado do entorpecente. Deve, ao revés, fazer cessar essa conduta, encaminhando o agente, de imediato, ao juízo competente (§ 1º acima). Ocorre que, é cediço, não se conta com uma estrutura que propicie um atendimento, pelo Poder Judiciário, 24 horas por dia. Imagine-se a detenção de alguém preso, com maconha, às 4 horas da madrugada de um sábado. Ainda que previsto um plantão judicial, a possibilidade de atendimento pelo Poder Judiciário, nessa situação, é inexistente. Por isso que o § 3º, prevê a possibilidade de, à falta da autoridade judicial, seja o autor do fato levado à presença do delegado de polícia, a quem cumprirá lavrar o respectivo termo circunstanciado, no qual ele se comprometerá a comparecer em Juízo assim que convocado e, em seguida, liberar o agente. Se for o caso, um tanto improvável, deve a autoridade policial, em acréscimo, determinar a realização do exame de corpo de delito mencionado no item acima, providenciado, ainda, "as requisições dos exames e perícias necessários", mencionados no 2º acima.

Outras infrações que admitem a transação penal – Embora o dispositivo faça referência, apenas, ao art. 28, outros dois delitos, previstos no mesmo diploma, admitem a transação penal, posto que de menor potencial ofensivo, cuja pena máxima não ultrapassa os dois anos. Trata-se dos crimes do art. 33, § 3.º e do art. 38 (prescrição culposa de drogas). Para esses crimes será cabível a prisão em flagrante, já que o § 2º acima a impede apenas para o delito do art. 28. Mas bastará que o agente se comprometa a, posteriormente, comparecer em Juízo, assim que convocado, para livrar-se do flagrante, na dicção do parágrafo único, do art. 69, da Lei n. 9.099/1995.

§ 3.º Se ausente a autoridade judicial, as providências previstas no § 2.º deste artigo serão tomadas de imediato pela autoridade policial, no local em que se encontrar, vedada a detenção do agente.

Apresentação perante o Delegado de Polícia – Na grande maioria dos casos, o agente detido com drogas para uso pessoal será apresentado à autoridade policial. Embora o dispositivo faça crer ser essa a exceção, é, na prática, a regra. Desconhecemos, assim, a existência de alguma estrutura judiciária no país que permita a imediata apresentação do usuário ao juiz. Vedada que é, expressamente, a prisão do agente, cabe ao Delegado de Polícia adotar as medidas próprias da Lei dos Juizados Especiais Criminais, previstas no art. 69 da Lei 9.099/1995, que são repetidas neste § 3º. Lavra-se, pois, o respectivo termo circunstanciado, elaborando-se, ainda, um auto de constatação, capaz de aferir, como o nome sugere, ainda que precariamente, o potencial lesivo da droga.

Lavratura do TCO pelo juiz de direito - O STF, interpretando os §§ 2º e 3º do art. 48 da Lei nº 11.343/2006, afirmou que o autor do crime previsto no art. 28 da Lei nº 11.343/2006 deve ser encaminhado imediatamente ao juiz e o próprio magistrado irá lavrar o termo circunstanciado e requisitar os exames e perícias necessários. Se não houver disponibilidade do juízo competente, deve o autor ser encaminhado à autoridade policial, que então adotará essas providências (termo circunstanciado e requisição). Não há qualquer inconstitucionalidade nessa previsão. Isso porque a lavratura de termo circunstanciado e a requisição de exames e perícias não são atividades de investigação. Considerando-se que o termo circunstanciado não é procedimento investigativo, mas sim uma mera peça informativa com descrição detalhada do fato e as declarações do condutor do flagrante e do autor do fato, deve-se reconhecer que a possibilidade de sua lavratura pela autoridade judicial (magistrado) não ofende os §§ 1º e 4º do art. 144 da Constituição, nem interfere na imparcialidade do julgador. As normas dos §§ 2º e 3º do art. 48 da Lei nº 11.343/2006 foram editadas em benefício do usuário de drogas, visando afastá-lo do ambiente policial, quando possível, e evitar que seja indevidamente detido pela autoridade policial. (STF. Plenário. ADI 3807, Rel. Cármen Lúcia, julgado em 29/06/2020 (Info 986))

§ 4.º Concluídos os procedimentos de que trata o § 2.º deste artigo, o agente será submetido a exame de corpo de delito, se o requerer ou se a autoridade de polícia judiciária entender conveniente, e em seguida liberado.

Exame de corpo de delito – Trata-se de medida de proteção ao agente que, tendo suportado alguma espécie de sevícia, poderá requerer a elaboração de um exame de corpo de delito a fim de atestar a ocorrência das agressões. Também a autoridade policial, caso entenda necessário, poderá determinar a realização dessa perícia. Suponha-se a hipótese na qual o conduzido é apresentado ao delegado de polícia, por policiais militares, com ferimentos capazes de revelar alguma agressão perpetrada pelos milicianos. Será de bom alvitre que a autoridade policial, até mesmo para se isentar de qualquer responsabilidade, ordene a elaboração do exame de corpo de delito.

§ 5.º Para os fins do disposto no art. 76 da Lei 9.099, de 1995, que dispõe sobre os Juizados Especiais Criminais, o Ministério Público poderá propor a aplicação imediata de pena prevista no art. 28 desta Lei, a ser especificada na proposta.

Transação penal – Preenchidos os requisitos legais, cumpre seja proposta, pelo Ministério Público, a transação penal, "a envolver, portanto, a aplicação imediata das penas de advertência sobre os efeitos das drogas, prestação de serviços à comunidade e medida educativa de comparecimento a programa ou curso educativo. Em divergência ao tratamento dado aos crimes de menor potencial ofensivo, não será possível o oferecimento de proposta de penas de prestação pecuniária, perda de bens e valores, interdição temporária de direitos, limitação de fim de semana ou multa", segundo lição de Andrey Borges de Mendonça e Paulo Roberto Galvão de Carvalho (*Lei de Drogas: Lei 11.343, de 23 de agosto de 2006 – Comentada artigo por artigo*. São Paulo: Editora Método, 2007, p. 203). E nem poderia ser diferente. Não prevendo a lei de drogas, por exemplo, pena pecuniária para o mero usuário, não teria cabimento que, em sede de transação penal, fosse proposto o pagamento de determinado valor em prol de entidade assistencial. Imaginar-se em sentido contrário importaria em concluir que a transação penal, que consiste, exatamente, em uma medida despenalizadora, acabaria por ser mais gravosa, ao agente, do que a própria condenação.

E na hipótese de o agente não atender os pressupostos elencados no art. 76, § 2º, da Lei n. 9.099/1959, porque, *v.g.*, reincidente? Pensamos que, ainda assim, fará jus à transação penal. É que, conforme já ressaltamos, a lei de drogas não prevê, nas hipóteses de seu art. 28, nenhuma pena privativa de liberdade, não fazendo sentido a deflagração de um processo-crime que, a seu final, qualquer que fosse a vida pregressa do agente, redundaria na imposição de advertência, prestação de serviços à comunidade ou medida educativa. Nesse sentido, aliás, o Enunciado 124 do Fórum Nacional de Juízes Estaduais (Fonaje): "A reincidência decorrente de sentença condenatória e a existência de transação penal anterior, ainda que por crime de outra natureza ou contravenção, não impedem a aplicação das medidas despenalizadoras do art. 28 da Lei de 11.343/06 em sede de transação penal".

E se o agente não aceitar a proposta de transação penal, almejando, por exemplo, comprovar sua inocência? Bem, aí não restará alternativa senão a oferta, pelo Ministério Público, de denúncia (não sendo o caso de arquivamento), que, uma vez recebida, deflagrará o respectivo processo-crime. O mesmo ocorrerá se, aceita a transação penal, o agente descumpre seus termos, deixando, por exemplo, de prestar serviços à comunidade. É o teor da Súmula vinculante n. 35, do Supremo Tribunal Federal: *in verbis*: "A homologação da transação penal prevista no artigo 76 da Lei 9.099/1995 não faz coisa julgada material e, descumpridas suas cláusulas, retoma-se a situação anterior, possibilitando-se ao Ministério Público a continuidade da persecução penal mediante oferecimento de denúncia ou requisição de inquérito policial".

Art. 49. Tratando-se de condutas tipificadas nos arts. 33, *caput* e § 1.º, e 34 a 37 desta Lei, o juiz, sempre que as circunstâncias o recomendem, empregará os instrumentos protetivos de colaboradores e testemunhas previstos na Lei 9.807, de 13 de julho de 1999.

Lei de Proteção a Vítimas e a Testemunhas – O dispositivo acima é expresso em admitir a incidência da Lei n. 9.807/1999, aos crimes previstos nos arts. 33, *caput* e § 1º, e 34 a 37 (estes últimos consistentes na fabricação de maquinário, associação para o tráfico, financiamento do tráfico e colaboração com o tráfico). Claro que se conduta do agente se inserir dentre aquelas previstas no art. 28, relacionadas ao consumo pessoal de drogas, no qual nem mesmo processo-crime será deflagrado (salvo se perpetrado o crime em concurso, por exemplo, com o delito do art. 33, § 1º, inc. III da lei em exame, consistente na cessão da casa para a prática do ilegal comércio), não fará sentido qualquer proteção à vítima e testemunhas, ante a inexistência tanto de uma como de outra.

A Lei n. 9.807/1999 prevê uma série de medidas de proteção à vítima e à testemunha, estabelecendo, ainda, os requisitos para ingresso no programa, a legitimidade para o pedido e, mais especificamente, no que consistem os atos que importam na concessão do favor legal, listados no art. 7º do mencionado diploma.

SEÇÃO I
DA INVESTIGAÇÃO

Art. 50. Ocorrendo prisão em flagrante, a autoridade de polícia judiciária fará, imediatamente, comunicação ao juiz competente, remetendo-lhe cópia do auto lavrado, do qual será dada vista ao órgão do Ministério Público, em 24 (vinte e quatro) horas.

Comunicação do flagrante – O art. 50 da Lei de Drogas condensa as regras relativas à comunicação da prisão em flagrante contidas no Código de Processo Penal (arts. 306 e ss.).

Tráfico de drogas e a desnecessidade de mandado judicial para ingresso na casa do agente – Nos termos do art. 303 do Código de Processo Penal, "nas infrações permanentes, entende-se o agente em flagrante delito enquanto não cessar a permanência". Trata-se do chamado *crime permanente*, assim considerado aquele delito cuja consumação se prolonga no tempo enquanto não cessada a conduta criminosa. A execução, assim, se protrai no tempo por determinação do sujeito ativo. É a modalidade de crime em que a ofensa ao bem jurídico se dá de maneira constante e cessa de acordo com a vontade do agente. O exemplo típico é, dentre outros, o crime de tráfico de drogas. De tal forma que, durante todo o período em que a droga estiver sob a guarda do traficante, o flagrante está ocorrendo. Irrelevante, assim, por quanto tempo a droga esteve guardada. Em uma ou outra data, porque a consumação do crime se prolonga, seu agente pode ser preso em flagrante. Essa caracterização do delito permanente tem importantes aspectos práticos, sendo o mais relevante aquele que se refere à inviolabilidade da casa da pessoa. De sorte que, por força de princípio constitucional, a casa é inviolável, "ninguém nela podendo penetrar sem consentimento do morador, salvo em caso de flagrante delito ..." (art. 5º, inc. XI da Constituição). Ora, saber-se se a situação configura ou não o flagrante é fundamental para a análise da legalidade da conduta daquele que invade a casa alheia.

As investigações envolvendo organizações criminosas por meio das quais ocorre o comércio de drogas são normalmente extensas e se iniciam com interceptações telefônicas e diligências de campo que identificam indivíduos, veículos e locais potencialmente envolvidos nas atividades ilícitas que se pretende ver esclarecidas. Diante desses indícios, a autoridade policial representa pela expedição de mandado judicial de busca e apreensão para averiguar o interior de imóveis nos quais recai a regra da proteção constitucional. Caso os indícios se confirmem, as drogas são apreendidas e as prisões em flagrante podem ser efetuadas.

Não são poucos, no entanto, os casos em que policiais em patrulhamento rotineiro – ou mesmo em diligências de campo – deparam com indivíduos em atitudes suspeitas – normalmente próximos a pontos de venda de drogas – e iniciam uma abordagem que culmina na vistoria de imóveis residenciais sem a devida autorização judicial, baseada na suspeita de que nesses locais algo ilícito pode estar sendo armazenado. Nesses casos, a jurisprudência do STJ se orienta, no geral, no sentido de que o mandado de busca e apreensão é prescindível, justamente porque se trata de crime permanente, que atrai a situação de flagrância:

> "2. Segundo jurisprudência firmada nesta Corte, o crime de tráfico de drogas, na modalidade de guardar ou ter em depósito, constitui crime permanente, configurando-se o flagrante enquanto o entorpecente estiver em poder do infrator, incidindo, portanto, a excepcionalidade do art. 5º, inciso XI, da Constituição Federal.
>
> 3. O Pleno do Supremo Tribunal Federal, no julgamento do RE n. 603.616, reafirmou o referido entendimento, com o alerta de que para a adoção da medida de busca e apreensão sem mandado judicial, faz-se necessária a caracterização dejusta causa, consubstanciada em razões as quais indiquem a situação de flagrante delito.
>
> 4. No caso em exame, a justa causa para a adoção da medida de busca e apreensão sem mandado judicial evidencia-se no fato de que os agentes estatais já tinham informação de que na residência do acusado estaria ocorrendo o tráfico de drogas, informações inclusive confirmadas por vizinhos próximos que falavam ser constante o tráfico de entorpecentes no local. Ainda, relataram que "no dia estavam realizando rondas e quando estavam próximos da residência apagaram a luz da viatura para evitarem serem vistos, momento em que visualizaram três homens na frente da casa do acusado, sendo que dois se evadiram e um correu para o interior. Que adentraram a casa e encontraram o homem que fugiu, revistando-o e depois acionaram a guarnição com os cães farejadores." Na ocasião, lograram êxito em apreender a quantidade de drogas contida no auto de exibição e apreensão – 23,55g de maconha; 5,12g de cocaína; e 94,62g de crack –, além de apetrechos típicos da prática do tráfico, como balança de precisão, rolo de papel filme, e rádio comunicador.

> 5. Considerando a natureza permanente do delito de tráfico e estando devidamente registrada a justa causa para ensejar o ingresso dos agentes de polícia no domicílio do réu, como acima destacado, conclui-se que não se identifica a manifesta ilegalidade sustentada pela defesa." (HC 437.178/SC, j. 06/06/2019).

Dá-se o mesmo no âmbito do STF: "A posse de drogas para fins de tráfico constitui crime permanente e autoriza, devido ao estado de flagrância, o ingresso no domicílio independentemente de mandado.". (STF. RHC 213852 AgR. Rel. Rosa Weber, 1ª T., j. em 30/05/2022, Processo Eletrônico. DJe-106 Divulg 31-05-2022. Public 01-06-2022).

O STJ, no entanto, já flexibilizou essa orientação ao considerar ilegal a entrada de policiais em uma residência sem autorização do morador, e confirmou a absolvição que já havia sido proferida em segunda instância. No caso, o acusado de tráfico havia sido abordado na rua e, diante dos policiais, correu para sua residência. Os policiais o perseguiram, entraram no imóvel, ali encontraram certa quantidade de droga e efetuaram a prisão em flagrante. Para o tribunal, era impossível considerar lícita a entrada no domicílio porque nenhuma diligência prévia indicava que na casa havia droga armazenada. O que levou os policiais a entrar fora a mera intuição de que o local pudesse estar sendo utilizado para atividades ilícitas, sem, contudo, algo concreto que justificasse o afastamento da garantia constitucional. A situação de flagrância não havia sido identificada, com a segurança necessária, *antes* da entrada no imóvel, mas fora descoberta *por acaso* após a entrada. Não é possível, portanto, que o estado de flagrância identificado por mera eventualidade sirva para dar guarida retroativa à violação de domicílio que deveria ter sido precedida de ordem judicial. Estabeleceu-se, dessa forma, que a entrada em domicílio em que recaia a suspeita de tráfico de drogas deve se basear em elementos objetivos da prática do crime, não em simples deduções a respeito do que pode estar acontecendo (REsp 1.574.681/RS, j. 20/04/2017).

O julgado segue a tendência estabelecida pelo Supremo Tribunal Federal no julgamento do recurso extraordinário 603.616/RO (j. 05/11/2015) – no qual foi reconhecida a repercussão geral. Decidiu-se, em síntese, que a prática de crime permanente autoriza o ingresso em domicílio, em qualquer horário, para que seja efetuada a prisão em flagrante, desde que haja fundadas razões, justificadas *a posteriori* para controle judicial, de que um crime está sendo cometido:

> "2. Inviolabilidade de domicílio – art. 5º, XI, da CF. Busca e apreensão domiciliar sem mandado judicial em caso de crime permanente. Possibilidade. A Constituição dispensa o mandado judicial para ingresso forçado em residência em caso de flagrante delito. No crime permanente, a situação de flagrância se protrai no tempo. 3. Período noturno. A cláusula que limita o ingresso ao período do dia é aplicável apenas aos casos em que a busca é determinada por ordem judicial. Nos demais casos – flagrante delito, desastre ou para prestar socorro – a Constituição não faz exigência quanto ao período do dia.
>
> (...)
>
> 5. Justa causa. A entrada forçada em domicílio, sem uma justificativa prévia conforme o direito, é arbitrária. Não será a constatação de situação de flagrância, posterior ao ingresso, que justificará a medida. Os agentes estatais devem demonstrar que havia elementos mínimos a caracterizar fundadas razões (justa causa) para a medida. 6. Fixada a interpretação de que a entrada forçada em domicílio sem mandado judicial só é lícita, mesmo em período noturno, quando amparada em fundadas razões, devidamente justificadas a posteriori, que indiquem que dentro da casa ocorre situação de flagrante delito, sob pena de responsabilidade disciplinar, civil e penal do agente ou da autoridade e de nulidade dos atos praticados".

Mais recentemente, todavia, o Superior Tribunal de Justiça vem revisitando o tema a dotando entendimentos mais restritivos para atuação persecutória e, em contrapartida, pretensamente mais protetivo do direito fundamental da inviolabilidade do domicílio do art. 5º, XI, da Constituição Federal.

Estes entendimentos partem de um problema de ordem prática: nem sempre é possível ter certeza sobre o armazenamento de drogas em uma residência. Há situações em que os órgãos de polícia judiciária são capazes de investigar amplamente a movimentação de membros de organizações criminosas e, com isso, conseguem estabelecer um grau razoável de certeza a respeito da conduta criminosa permanente. É comum, por exemplo, que policiais em campana observem por dias a movimentação em imóveis utilizados por traficantes, o que lhes dá segurança para uma abordagem certeira.

Mas há casos em que a investigação prévia é simplesmente impossível. São rotineiras as ocasiões em que policiais militares ou mesmo guardas municipais se defrontam com indivíduos em atitudes suspeitas – normalmente próximos a pontos de venda de drogas – e iniciam uma abordagem que culmina na vistoria de imóveis residenciais baseada apenas na suspeita de que nesses locais algo ilícito pode estar sendo armazenado. Isto faz surgir a dúvida: a entrada no imóvel é legal?

Não há uma resposta a priori, sem que se considerem as inúmeras circunstâncias que caracterizam um determinado fato. O STJ tem diversos julgados no sentido de que o mandado de busca e apreensão é dispensável, justamente porque se trata de crime permanente, que atrai a situação de flagrância:

> "1. É dispensável o mandado de busca e apreensão quando se trata de flagrante de crime permanente, podendo-se realizar a prisão sem que se fale em ilicitude das provas obtidas. Doutrina. Precedentes do STJ e do STF. 2. No caso, o paciente foi acusado de praticar o crime de tráfico na modalidade guardar e manter em depósito substâncias entorpecentes, estando-se diante de ilícito de natureza permanente, o que legitima a medida adotada" (HC 373.388/RS, DJe 01/02/2017).
>
> "A jurisprudência desta Corte é firme no sentido de que tratando-se de crimes de natureza permanente, como é o caso do tráfico ilícito de entorpecentes, prescindível o mandado de busca e apreensão, bem como a autorização do respectivo morador, para que policiais adentrem a residência do acusado, não havendo falar em eventuais ilegalidades relativas ao cumprimento da medida (HC 345.424/SC, Rel. Ministro FELIX FISCHER, QUINTA TURMA, j. 18/8/2016, DJe 16/9/2016)" (HC 326.503/RS, DJe 15/03/2017).

Mas essa dispensa deve ser fundamentada em evidências de que o crime de fato está ocorrendo, como, por exemplo, na situação em que a polícia presencia o comércio de drogas em frente a uma residência e constata que usuários e traficantes a estão frequentando. Se, no entanto, tratar-se apenas de uma presunção, sem elementos concretos, o próprio STJ tem julgado inválidas as violações de domicílios. Embora esta nos pareça a solução ponderada para o problema, há uma multiplicidade de precedentes em sentidos opostos, o que torna o estudo da questão ainda mais dificultosa. Vejamos.

Recentemente, o STJ considerou ilegal a busca e apreensão em situação na qual, em razão de uma "denúncia" anônima, uma equipe se deslocou ao local apontado e, ao avistá-la, o indivíduo apontado como traficante fugiu:

> "No caso, as razões para o ingresso no imóvel teriam sido a natureza permanente do tráfico, a denúncia anônima e a fuga do investigado ao avistar a polícia. Em relação à tentativa de fuga do agente ao avistar policiais, deve-se salientar que, nos termos do entendimento da Sexta Turma deste Superior Tribunal de Justiça, tal circunstância, por si só, não configura justa causa exigida para autorizar a mitigação do direito à inviolabilidade de domicílio.

Também já se decidiu que "a mera denúncia anônima, desacompanhada de outros elementos preliminares indicativos de crime, não legitima o ingresso de policiais no domicílio indicado, estando, ausente, assim, nessas situações, justa causa para a medida." (HC 512.418/RJ, Rel. Ministro Nefi Cordeiro, Sexta Turma, julgado em 26/11/2019, DJe 03/12/2019). Em situação semelhante, a Sexta Turma desta Corte entendeu que, mesmo diante da conjugação desses dois fatores, não se estaria diante de justa causa e ressaltou a imprescindibilidade de prévia investigação policial para verificar a veracidade das informações recebidas (RHC 83.501/SP, Rel. Ministro Nefi Cordeiro, Sexta Turma, julgado em 6/3/2018, DJe 5/4/2018).

Entendeu-se que, a partir da leitura do Tema 280/STF, resta mais adequado seguir o entendimento no sentido da exigência de prévia investigação policial da veracidade das informações recebidas, ainda que se entenda que não se está a exigir diligências profundas, mas breve averiguação, como "campana" próxima à residência para verificar a movimentação na casa e outros elementos de informação que possam ratificar a notícia anônima (RHC 89.853/SP, j. 18/02/2020).

Curiosamente, a Corte já reprovou a invasão de domicílio precedida da existência de denúncia anônima e certeza visual do crime (policiais conseguiram ver da rua pessoas manipulando drogas). Para a Sexta Turma do STJ, em razão da ausência de mandado judicial e da realização de diligência baseada apenas em denúncia anônima – com a consequente caracterização de violação inconstitucional de domicílio –, a entrada dos policiais deve ser rotulada como ilegal. Ao anular as provas e absolver os réus, a Corte também apontou recente precedente da Sexta Turma no HC 598.051, em que se estabeleceu orientação no sentido de que as circunstâncias que antecedem a violação do domicílio devem evidenciar, de modo satisfatório e objetivo, as razões que justifiquem a diligência e a eventual prisão em flagrante do suspeito, os quais não podem derivar de simples desconfiança da autoridade policial. (REsp 1.865.363.)

O problema se dramatiza na medida que os precedentes dos Tribunais Superiores não são uniformes o que indubitavelmente leva a uma incerteza jurídica sobre a matéria.

Em março de 2021, a Sexta Turma do STJ determinou que, ao entrar em uma residência para investigar um crime sem mandado judicial, os policiais devem registrar a autorização do morador em vídeo e áudio, e, sempre que possível, por escrito. Foi estabelecido um prazo de um ano para a implementação de equipamentos, treinamento de agentes e outras medidas para evitar irregularidades, que poderiam levar a responsabilização e anulação de provas. O ministro Rogério Schietti Cruz destacou que a inviolabilidade da moradia é crucial para proteger a intimidade do indivíduo e que a entrada deve ser justificada, não baseada apenas em desconfiança. O registro audiovisual foi adotado para assegurar a legalidade das ações policiais e proteger os direitos individuais (Habeas Corpus 598051/SP).

No entanto, essa decisão da Sexta Turma do STJ foi criticada por exceder os limites do Habeas Corpus e por não seguir as formalidades típicas de um litígio estrutural, que envolve diretrizes sobre políticas públicas. A nova exigência aumentava a formalidade e a burocracia do procedimento investigatório, contrariando os princípios de oralidade e simplicidade.

Como resultado, o STF, ao julgar o Recurso Extraordinário (RE) 1.342.077, anulou parte da decisão do STJ que exigia o registro em áudio e vídeo da entrada de policiais em domicílios para comprovar o consentimento do morador. O ministro Alexandre de Moraes considerou que o STJ ultrapassou sua competência ao impor requisitos não previstos na Constituição e ao aplicar a medida a todos os órgãos de segurança pública. O STF manteve a absolvição do acusado devido à anulação das provas obtidas com a entrada não autorizada, mas anulou a exigência de registro audiovisual das diligências.

Denúncia anônima – "Denúncias anônimas não podem embasar, por si sós, medidas invasivas como interceptações telefônicas, buscas e apreensões, e devem ser complementadas por diligências investigativas posteriores. Se há notícia anônima de comércio de drogas ilícitas numa determinada casa, a polícia deve, antes de representar pela expedição de mandado de busca e apreensão, proceder a diligências veladas no intuito de reunir e documentar outras evidências que confirmem, indiciariamente, a notícia. Se confirmadas, com base nesses novos elementos de informação o juiz deferirá o pedido. Se não confirmadas, não será possível violar o domicílio, sendo a expedição do mandado desautorizada pela ausência de justa causa. O mandado de busca e apreensão expedido exclusivamente com apoio em denúncia anônima é abusivo" (STF. 2ª Turma. HC 180709/SP, Rel. Min. Gilmar Mendes, julgado em 5/5/2020 (Info 976)).

Validade da prova prestada pelo colaborador confidencial: as informações prestadas pelo chamado informante confidencial, isto é, daquela pessoa que presta depoimento, mas cuja identidade é mantida em segredo, tem capacidade de deflagrar as diligências investigativas destinadas a averiguar a ocorrência do crime. Este tipo de prova é equiparável à chamada notícia-crime anônima que se recente de uma investigação complementar que corrobore e justifique a realização de atos investigatórios mais invasivos, como a quebra de sigilo em investigação de tráfico de drogas. Foi exatamente o entendimento esposado pelo STJ no RHC 525799, julgado em 16/08/2021 oportunidade em que a Corte manteve decisão judicial que determinou a quebra do sigilo telefônico de um piloto que, de acordo com os autos, esteve envolvido no transporte aéreo de 459 quilos de cocaína, processo no qual o réu foi condenado a nove anos de prisão por tráfico internacional de drogas (STJ. RHC 525799, 6ª. T. Rel. Min. Laurita Vaz. j. em 16/08/2021).

> § 1.º Para efeito da lavratura do auto de prisão em flagrante e estabelecimento da materialidade do delito, é suficiente o laudo de constatação da natureza e quantidade da droga, firmado por perito oficial ou, na falta deste, por pessoa idônea.
>
> § 2.º O perito que subscrever o laudo a que se refere o § 1.º deste artigo não ficará impedido de participar da elaboração do laudo definitivo.

Laudo de constatação e laudo definitivo – Da leitura dos §§ 1º e 2º acima, conclui-se, sem maior dificuldade, que são dois os laudos que devem ser elaborados. O primeiro, chamado *laudo de constatação*, deve indicar se o material apreendido, efetivamente, se trata de uma droga, incluída em lista da Anvisa (Agência Nacional de Vigilância Sanitária, do Ministério da Saúde), apontando, ainda, a quantidade da droga. Trata-se, portanto, de um exame provisório, apto, ainda que sem maior aprofundamento, a comprovar a materialidade do delito e, como tal, autorizar a prisão do agente ou a instauração do respectivo inquérito policial, caso não verificado o estado de flagrância. É firmado por um perito oficial ou, em sua falta, por pessoa idônea.

Para a deflagração da persecução penal, isto é, para a admissão da prisão em flagrante e o recebimento da denúncia, é suficiente o laudo de constatação porque sumariamente indica a materialidade da infração. De outro lado, conclui-se que sem ele, não é possível que se formalize a prisão e, menos ainda, que se ofereça denúncia. Neste sentido STJ: "De acordo com a Lei 11.343/2006, não se admite a prisão em flagrante e o recebimento da denúncia pelo crime de tráfico de drogas sem que seja demonstrada, ao menos em juízo inicial, a materialidade da conduta por meio de laudo de constatação preliminar da substância entorpecente, que configura condição de procedibilidade para a apuração do ilícito em comento." (HC 388.361/SP, j. 18/04/2017).

A par desse, há o laudo definitivo, presumivelmente mais complexo, que, como o nome indica, trará a certeza quanto à materialidade do delito, definindo, de vez, se o material pesquisado efetivamente se cuida de uma droga. Esse laudo, a teor do art. 159 do Código de Processo Penal, deve ser elaborado por perito oficial ou, na sua falta, "por 2 (duas) pessoas idôneas, portadoras de diploma de curso superior preferencialmente na área específica, dentre as que tiverem habilitação técnica relacionada com a natureza do exame", nos termos do § 1º, do mesmo dispositivo. Nada impede, outrossim, que o mesmo perito elabore o laudo de constatação e, mais adiante, o laudo definitivo. É isso, aliás, que ocorre na prática. Tal exame, segundo se depreende da leitura da parte final do art. 56 da lei em comento, deve ser juntado aos autos até a audiência de instrução e julgamento.

A jurisprudência vinha se inclinando no sentido de ser obrigatória a apresentação do laudo definitivo, vedando, assim, a condenação do agente com lastro, apenas, no laudo de constatação. É que, "os casos em que ocorre a apreensão do entorpecente, o laudo toxicológico definitivo é imprescindível à demonstração da materialidade delitiva do delito e, nesse sentido, tem a natureza jurídica de prova, não podendo ser confundido com mera nulidade, que corresponde a sanção cominada pelo ordenamento jurídico ao ato praticado em desrespeito a formalidades legais" (STJ – HC n. 350.996-RJ – Rel. Nefi Cordeiro, j. 24.08.2016, DJe 29.08.2016).

Tal rigor, porém, tem merecido alguma mitigação. Assim, em situações excepcionais, admite a jurisprudência do Superior Tribunal de Justiça, que "a comprovação da materialidade do crime de drogas possa ser efetuada pelo próprio laudo de constatação provisório, quando ele permita grau de certeza idêntico ao do laudo definitivo, pois elaborado por perito oficial, em procedimento e com conclusões equivalentes. Isso porque, a depender do grau de complexidade e de novidade da droga apreendida, sua identificação precisa como entorpecente pode exigir, ou não, a realização de exame mais complexo que somente é efetuado no laudo definitivo. Os testes toxicológicos preliminares, além de efetuarem constatações com base em observações sensoriais (visuais, olfativas e táteis) que comparam o material apreendido com drogas mais conhecidas, também fazem uso de testes químicos pré-fabricados também chamados "narcotestes" e são capazes de identificar princípios ativos existentes em uma gama de narcóticos já conhecidos e mais comercializados. Nesse sentido, o laudo preliminar de constatação, assinado por perito criminal, identificando o material apreendido como cocaína em pó, entorpecente identificável com facilidade mesmo por narcotestes pré-fabricados, constitui uma das exceções em que a materialidade do delito pode ser provada apenas com base no laudo preliminar de constatação" (REsp nº 1544057-RJ – Rel. Reynaldo Soares da Fonseca, j. 26.10.2016, DJe 09.11.2016). E, de fato, parece a solução mais correta. Tratando-se de droga cuja identificação não exige maior pesquisa, daquelas que costumeiramente são apreendidas, facilmente detectáveis pelo perito, não há porque se reconhecer a nulidade quando apenas o laudo de constatação foi apresentado. Sobretudo quando este, podendo ser elaborado por pessoa idônea, é realizado por um perito oficial. Afinal, se o exame de corpo de delito – chamado de indireto – por haverem desaparecido os vestígios, pode ser suprido pela prova testemunhal, nos termos do art. 167 do Código de Processo Penal, não se justifica tamanho rigor ante a falta do laudo definitivo.

Basta que substância tenha *cannabiódes* para ser classificada como maconha, não sendo necessária a existência de THC - Informativo nº 582 do STJ: Classifica-se como "droga", para fins da Lei n. 11.343/2006 (Lei de Drogas), a substância apreendida que possua canabinoides – característica da espécie vegetal Cannabis sativa –, ainda que naquela não haja tetrahidrocanabinol (THC). Precedente citado do STF: HC 116.312-RS, Primeira Turma, DJe 3/10/2013. (STJ. REsp 1.444.537-RS, Rel. Min. Rogerio Schietti Cruz, j. em 12/4/2016, DJe 25/4/2016).

Cadeia de custódia – O art. 158-A do CPP, introduzido pela Lei 13.964/2019, introduz a necessidade de ser observada a cadeia de custódia, entendida, em suma, como uma sistematização de procedimentos que objetivam a preservação do valor probatório da prova pericial caracterizada, mais precisamente, da sua autenticidade. Assegura a preservação dos vestígios desde o contato primário até o descarte dos elementos coletados, garantindo-se a sua qualidade através da documentação cronológica dos atos executados em observância às normas técnicas previstas nas etapas da chamada cadeia de custódia.

A observância da cadeia de custódia nos crimes da Lei de Drogas ganha importância na medida que assegura que o manuseio dos objetos materiais das infrações cometidas (drogas, maquinários, etc.) sejam corretamente preservados, de modo a conservar valor probatório suficiente acerca de seu manuseio e potencial lesivo.

CPP e a precaução com a preservação da prova – No código de processo, a precaução com a preservação da prova pericial sempre existiu, mesmo antes da Lei 13.964/19. Veja, por exemplo, o art. 6º, que estabelece que a autoridade policial, logo que tiver conhecimento da prática de infração penal, comparecerá no local, providenciando para que não se alterem o estado e conservação das coisas, até a chegada dos peritos criminais, estes encarregados também de liberar os objetos relacionados ao fato para a devida apreensão, procedendo-se à coleta de todas as provas aptas ao esclarecimento do crime.

No mesmo sentido, o artigo 169, ao dispor sobre o procedimento de preservação do local de crime até a chegada dos peritos. O art. 170, por sua vez, orienta que os peritos, nas perícias de laboratório, guardarão material suficiente para o caso de nova perícia e que, sempre que conveniente, os laudos serão ilustrados com provas fotográficas, ou microfotográficas, desenhos ou esquemas.

Cadeia de custódia e a autenticidade da prova – A cadeia de custódia dos vestígios, quando conduzida conforme os ditames legais, atenua a probabilidade de violação ou contaminação, seja por ação acidental ou intencional, garantindo, assim, a autenticidade do elemento de prova. Autenticidade, nesse contexto, diz respeito à certeza de que o objeto em análise origina-se das fontes declaradas e não sofreu alterações ao longo do processo, assegurando a identificação e a segurança da origem da informação. O propósito da preservação e estrita observância das etapas da cadeia de custódia é alcançar o nível máximo de autenticidade da prova pericial, ou seja, a preservação integral do vestígio em sua essência genuína.

Ao discutir a preservação do vestígio e a garantia da autenticidade da prova, é imperativo considerar a possibilidade de sua contaminação, originada, por exemplo, pela presença de pessoa não autorizada no local do fato, acondicionamento inadequado do material coletado, ausência de identificação de todos os agentes que tiveram contato com o vestígio nas diversas fases da cadeia, entre outros fatores. Diante disso, surge a indagação inevitável: qual seria a consequência de uma falha em alguma etapa da cadeia de custódia? A prova tornar-se-ia ilegítima? Deixaria de ser autêntica? Poderíamos classificar a autenticidade em graus distintos, como absoluta, moderada ou reduzida? O juiz teria o poder de rejeitar essa prova, ou atribuir-lhe um valor mitigado conforme o grau de autenticidade alcançado?

Em que pese a corrente em sentido contrário, entendemos que a não observância dos procedimentos da cadeia de custódia não pode ser equiparada à obtenção ilegal de prova. A prova a ser custodiada é legal, pois, do contrário, nem mereceria ser guardada.

No contexto abordado, o elemento sujeito à custódia não apresenta vícios instrumentais em sua obtenção, seja no âmbito processual ou legal. Por conta de algum evento acidental ou intencional, sua custódia genuína é afetada. Isso repercute na sua qualidade.

Nossa posição é a de que a prova permanece legítima e lícita, permitindo a contestação de sua autenticidade. Seu valor será maior ou menor quanto mais ou menos se respeitou o procedimento da cadeia de custódia. O juiz não pode descartá-la, mas deve valorá-la.

Conforme expresso no art. 158-B, III do CPP, a fotografia do material é facultativa e não um procedimento obrigatório. Segundo o dispositivo, a fixação consiste na "descrição detalhada do vestígio conforme se encontra no local de crime ou no corpo de delito, e a sua posição na área de exames, podendo ser ilustrada por fotografias, filmagens ou croqui, sendo indispensável a sua descrição no laudo pericial produzido pelo perito responsável pelo atendimento".

Em consonância com essa perspectiva, a 1ª Turma do STF concluiu que não ocorre "quebra da cadeia de custódia da prova quando, tendo havido a apreensão de droga, falte o registro fotográfico do material apreendido, e isso porque o art. 158-B, III, do CPP, não impõe a ilustração do vestígio por meio de fotos ou filmagens, mas apenas afirma que isso pode ser feito" (STF, AgRg no HC 205.294, Rel. Min. Dias Toffoli, 1ª Turma, j. 23.11.2021).

Quando a quebra da cadeia de custódia, por exemplo, impede o contraditório ou a ampla defesa, pode-se evitar a inutilidade do material. Contudo, esse cenário extremo nem sempre se configura.

Competirá exclusivamente ao juiz adotar critérios de valoração da prova produzida na observância da legislação vigente, considerando ainda o disposto no artigo 182 do CPP, o qual estabelece que o magistrado, em seu convencimento, não está rigidamente vinculado à conclusão do laudo pericial.

A falta da assinatura do perito criminal no laudo toxicológico é mera irregularidade que não tem o condão de anular o referido exame – Segundo as regras do Código de Processo Penal sobre a elaboração do laudo de exame de corpo de delito e das perícias em geral, o procedimento é realizado por perito oficial, portador de diploma de curso superior. Caso não haja perito oficial, o exame deve ser realizado por duas pessoas idôneas, portadoras de diploma de curso superior preferencialmente na área específica do exame, dentre as que tiverem habilitação técnica relacionada com a natureza do que deve ser examinado.

Após fazer os relatos característicos, que, no caso das drogas, no geral consistem em descrever a forma de acondicionamento, a aparência, a quantidade, se há o princípio ativo da droga e a forma como se chegou a essa conclusão, o perito se identifica, inclusive com número de matrícula – ou algo semelhante – e assina o laudo.

Mais comum do que se pode imaginar, a falta de assinatura provoca certa discussão a respeito da validade do exame realizado. Há quem argumente que o laudo não assinado simplesmente impede a identificação do perito e, portanto, torna inválido o exame, que, consequentemente, não é capaz de provar a materialidade delitiva. Já outros sustentam que a falta de assinatura é mera irregularidade incapaz de invalidar o exame se não houver nada que indique vício na origem da formulação. O STJ segue a segunda orientação, tendo fixado a seguinte tese: "A simples falta de assinatura do perito encarregado pela lavratura do laudo toxicológico definitivo constitui mera irregularidade e não tem o condão de anular a prova pericial na hipótese de existirem outros elementos que comprovem a sua autenticidade, notadamente quando o expert estiver devidamente identificado e for constatada a existência de substância ilícita" (STJ - Terceira Seção. REsp 2.048.422-MG. Rel.: Sebastião Reis Júnior. Julgamento: 22/11/2023. Publicação: 27/11/2023).

O papel saneador do laudo definitivo sobre eventuais irregularidades do laudo preliminar – Caso haja alguma falha na elaboração do laudo de constatação, o laudo definitivo que ateste regularmente a natureza da substância pode supri-la, sem que se cogite alguma espécie de nulidade vez que, por ser revestido de mais robustez técnica, tem grau de certeza mais elevado. Neste sentido já decidiu o STJ: "De acordo com a jurisprudência do Superior Tribunal de Justiça, o laudo preliminar de constatação é peça meramente informativa, ficando superadas eventuais irregularidades ocorridas na fase de investigação com a juntada do laudo definitivo. (HC 277.347/AM, Rel. Ministro Marco Aurélio Bellizze, Quinta Turma, DJe 19/03/2014)." (AgRg no AREsp 500.179/SP, j, 23/06/2015).

Possibilidade excepcional de processo e condenação sem laudo: confira-se: "PENAL E PROCESSO PENAL. AGRAVO REGIMENTAL NO RECURSO ESPECIAL. 1. VIOLAÇÃO AOS ARTS. 564, III, B, DO CPP E 50, § 1º, DA LEI N. 11.343/2006. OCORRÊNCIA. CONDENAÇÃO POR TRÁFICO. NÃO APREENSÃO DA DROGA. CONSTATAÇÃO DA NATUREZA E QUANTIDADE. AUSÊNCIA DE LAUDO. MATERIALIDADE EMBASADA APENAS EM CONFISSÃO DOS ENVOLVIDOS. AUSÊNCIA DE PROVA TESTEMUNHAL OU DOCUMENTAL. FRAGILIDADE DO ARCABOUÇO PROBATÓRIO. MATERIALIDADE NÃO COMPROVADA. DESCONSTITUIÇÃO DA CONDENAÇÃO. 2. AGRAVO REGIMENTAL IMPROVIDO. O Superior Tribunal de Justiça admite, excepcionalmente, a condenação pelo delito de tráfico de drogas sem que tenha sido realizado o laudo de constatação da natureza e quantidade do entorpecente, quando não for possível apreender a droga e a condenação se embasar em extensa prova documental e testemunhal produzida durante a instrução criminal, não sendo suficiente apenas a confissão dos envolvidos. Agravo regimental a que se nega provimento". (AgRg no REsp 1407257/DF, Rel. Min. Marco Aurélio Bellizze, 5ª T., j. em 27/03/2014, DJe 04/04/2014).

No mesmo sentido: "6. Não há se falar em nulidade pela ausência de laudo de exame toxicológico, visto que existem vários laudos de exames acostados ao feito. 7. As instâncias de origem, com base no acervo fático-probatório, condenaram o agravante pela prática dos delitos tipificados nos artigos 33, caput, e 35, caput, ambos da Lei n. 11.343/2006, valendo destacar que ele encontrava-se encarcerado, sendo, pois, muito difícil que se encontrasse drogas em seu poder. No entanto, ainda assim liderava um esquema organizado para a comercialização de entorpecentes. Ademais, consoante o informativo 501 do Superior Tribunal de Justiça, a ausência de apreensão da droga não torna a conduta atípica se existirem outros elementos de prova aptos a comprovarem o crime de tráfico" (STJ. AgRg no AREsp 1662300/RN, Rel. Min. Reynaldo Soares Da Fonseca, 5ª T., j. em 16/06/2020, DJe 25/06/2020).

Em sentido contrário, recentemente, por ocasião do julgamento dos EREsp n 1.544.057/ RJde relatoria do Ministro Reynaldo Soares da Fonseca (DJe 9/11/2016), a 3ª Seção do STJ uniformizou o entendimento de que a ausência do laudo toxicológico definitivo implica a absolvição do acusado, por ausência de provas acerca da materialidade do delito, e não a nulidade da sentença. Foi ressalvada, no entanto, a possibilidade de se manter o édito condenatório quando a prova da materialidade delitiva estiver amparada em laudo preliminar de constatação, dotada de certeza idêntica ao do definitivo, certificado por perito oficial e em procedimento equivalente, que possa identificar, com certo grau de certeza, a existência dos elementos físicos e químicos que qualifiquem a substância como droga, nos termos em que previsto na Portaria n. 344/1998, da Secretaria de Vigilância Sanitária do Ministério da Saúde". (Habeas Corpus nº 686.312-MS, STJ3º Seção, Rel. Min. Sebastião Reis Júnior, Relator para o acórdão Min. Rogerio Schietti Cruz. por maioria, j. em 12.04.2023, publicado no DJ em 19.04.2023) (STJ, HC 686.312, Rel. Min. Sebastião Reis Júnior, Rel. p/ acórdão Min. Rogerio Schietti Cruz, 3ª Seção, j. 12.04.2023).

Atente-se que pode ocorrer, excepcionalmente, condenação por tráfico de drogas mesmo sem a apreensão direta do entorpecente em posse de todos os acusados, especialmente em situações em que a droga foi encontrada com outros corréus. Nessas circunstâncias, não é necessário que cada acusado tenha posse física da droga, desde que haja um liame subjetivo entre eles, ou seja, uma clara demonstração de associação criminosa ou divisão de tarefas entre os agentes envolvidos. A existência de tal vínculo e a apreensão de drogas com um dos réus são elementos suficientes para caracterizar o delito. Inclusive o Superior Tribunal de Justiça (STJ) já consolidou entendimento no sentido de que a ausência de apreensão direta de drogas com todos os envolvidos não impede a configuração da materialidade do crime de tráfico de drogas, desde que haja provas robustas de associação ou concurso de pessoas. Este entendimento reflete a complexidade das organizações criminosas e a dificuldade, em muitos casos, de apreender o entorpecente diretamente com cada um dos seus membros. Assim, a materialidade do crime pode ser comprovada por outros elementos, como a divisão de tarefas entre os agentes, comunicação entre eles e circunstâncias que demonstrem claramente a atuação conjunta. A decisão proferida no Habeas Corpus n. 686.312/MS, relatada pelo Ministro Sebastião Reis Júnior e com acórdão do Ministro Rogerio Schietti Cruz, da 3ª Seção, julgada em 12 de abril de 2023, reafirma essa posição. Embora a presunção de inocência e a necessidade de provas concretas sejam princípios fundamentais no direito penal, o tribunal reconhece que, em contextos de crime organizado, a dinâmica da prática delitiva muitas vezes impede a apreensão direta de drogas com todos os envolvidos, sem que isso descaracterize o delito.

§ 3º Recebida cópia do auto de prisão em flagrante, o juiz, no prazo de 10 (dez) dias, certificará a regularidade formal do laudo de constatação e determinará a destruição das drogas apreendidas, guardando-se amostra necessária à realização do laudo definitivo. (Incluído pela Lei nº 12.961, de 2014)

§ 4º A destruição das drogas será executada pelo delegado de polícia competente no prazo de 15 (quinze) dias na presença do Ministério Público e da autoridade sanitária. (Incluído pela Lei nº 12.961, de 2014).

§ 5º O local será vistoriado antes e depois de efetivada a destruição das drogas referida no § 3º, sendo lavrado auto circunstanciado pelo delegado de polícia, certificando-se neste a destruição total delas. (Incluído pela Lei nº 12.961, de 2014)

Incineração e Ministério Público – O dispositivo deixa evidente a obrigatoriedade de a incineração ser realizada na presença de um membro do Ministério Público, bem como da autoridade sanitária competente. A matéria, no Estado de São Paulo, vem tratada no Ato Normativo nº. 829/2014-PGJ-CGMP, de 08 de setembro de 2014 que, de mais relevante, dispõe que a incineração será acompanhada "pelo Promotor de Justiça com atribuições na área criminal do local em que está situado o estabelecimento incinerador, independentemente da origem do processo criminal em que ocorreu a apreensão da droga, desde que de competência da Justiça Estadual". Sobre o tema, v. art. 72 adiante.

Anote-se que depois de encerrado o processo ou arquivado o inquérito policial, a destruição da amostra guardada deverá ser feita nos termos do art. 72 da Lei de Drogas.

Art. 50-A. A destruição das drogas apreendidas sem a ocorrência de prisão em flagrante será feita por incineração, no prazo máximo de 30 (trinta) dias contados da data da apreensão, guardando-se amostra necessária à realização do laudo definitivo. (Redação dada pela Lei nº 13.840, de 2019)

Destruição abreviada – O dispositivo trata da destruição abreviada das drogas apreendidas, desde que desvinculadas de uma prisão em flagrante, o que pode ocorrer mediante seu encontro fortuito ou situações em que não foi possível imputar responsabilidade em razão de sua posse. É o que ocorre, por exemplo, quando a autoridade policial encontra substâncias entorpecentes em locais abandonados, públicos ou privados.

Trata-se de regra que assegura uma atuação administrativa muito mais célere do que aquela prevista no art. 50 da Lei, embora a norma determine que a substância encontrada também deverá ser submetida à perícia, mediante a elaboração do laudo de constatação provisória para, em seguida, ser destruída, por incineração, no prazo máximo de 30 dias, contados da data da apreensão, guardando-se amostra necessária à realização do laudo definitivo.

Procedimento da destruição abreviada – A nova redação da Lei 13.840/2019 conferida ao art. 50-A da Lei parece dispensar as formalidades previstas no §§ 3º a 5º do art. 50, inclusive qualquer espécie de autorização judicial, de modo que a destruição da droga passa a ser executável por outra autoridade, e não apenas pelo delegado de polícia, na presença do Ministério Público, e nem mediante lavratura de auto circunstanciado. Também não se faz necessária a instauração de procedimento administrativo específico, bastando que a medida seja conduzida no curso do próprio procedimento investigatório.

A lei não especifica qual autoridade pública realiza a destruição da substância apreendida nesses casos pelo que entendemos recair essa atribuição sobre a autoridade sanitária, ante o disposto no § 2º do art. 89 da Lei, aplicado por analogia. Nada impede, contudo, seja o ato realizado mediante a supervisão de autoridades policiais a fim de resguardar sua segurança jurídica e evitar desvios do produto.

Deve-se atentar para observância do procedimento de destruição abreviado nos casos previstos no art. 32 da Lei de Drogas que trata da expropriação de propriedades rurais e urbanas em que forem localizadas culturas ilegais de plantas psicotrópicas, que como sabido, não é uma modalidade de confisco e nem efeito da condenação.

Naturalmente que, embora o dispositivo fale em prisão em flagrante, no caso de apreensão em flagrante de adolescente por ato infracional equivalente ao tráfico de drogas, deve-se seguir a regra do art. 50 da Lei.

Art. 51. O inquérito policial será concluído no prazo de 30 (trinta) dias, se o indiciado estiver preso, e de 90 (noventa) dias, quando solto.

Parágrafo único. Os prazos a que se refere este artigo podem ser duplicados pelo juiz, ouvido o Ministério Público, mediante pedido justificado da autoridade de polícia judiciária.

Prazo – O prazo acima mencionado se refere, por óbvio, ao inquérito policial deflagrado para apuração de crimes relacionados ao tráfico de drogas. Anote-se que tratando-se de infração de mero uso pessoal, como já vimos, não há lugar para o inquérito policial, devendo, nos termos do art. 48, § 1º, ser aplicada a Lei dos Juizados Criminais, com a elaboração de singelo termo circunstanciado. Salutar a iniciativa do legislador em estipular um determinado prazo, posto render homenagem ao princípio constitucional que prega a razoável duração do processo (art. 5º, LXXVIII).

Prorrogação do prazo – O dispositivo acima autoriza a prorrogação do prazo inicialmente estipulado, que pode se estender por mais 30 dias (se preso o indiciado), ou 90 dias, caso solto. Para tanto, deve o juiz, antes, ouvir o Ministério Público. Interessante que o § 3º, do art. 10, do Código de Processo Penal, que também trata do prazo para conclusão do inquérito, não prevê a oitiva do *parquet* (embora, na prática, seja medida amplamente adotada), e, tampouco, estipula um período de prorrogação, que fica a critério do juiz estabelecer. Outra diferença a ser apontada consiste no fato de que, no processo penal, a prorrogação do prazo somente é admitida quando solto o indiciado. A lei em apreço, por seu turno, não faz essa diferenciação, a admitir, portanto, a prorrogação ainda que preso o agente.

A lei não indica quando se justificaria a prorrogação do prazo. Por criação jurisprudencial, admite-se essa prorrogação aos casos de difícil elucidação, quando se exige uma investigação maia complexa e demorada. Por exemplo, se o crime foi cometido por uma quadrilha formada por vários elementos (a configurar associação para o tráfico), ou reclamar perícias mais complexas, ou, ainda, envolver um comércio interestadual ou mesmo internacional. Neste sentido: "1. A apuração de crimes de tráfico, associação para o tráfico e porte ilegal de arma, praticados, segundo o Ministério Público, por grupo criminoso bem organizado, com divisão minuciosa de tarefas (treze pessoas), afasta, em razão da complexidade da causa, o alegado constrangimento ilegal, por excesso de prazo na instrução, notadamente se o principal móvel do pedido, ou seja, falta de audiência de instrução e julgamento, não mais existe, por ter sido o ato realizado. 2. Incidência do princípio da razoabilidade na espécie, notadamente tendo em conta que os prazos processuais não são de peremptória observação, erigindo-se apenas como parâmetro, utilizado pelos Tribunais para aferir a duração do processo. Precedentes desta Corte. 3. Recurso não provido". (RHC 46.687/PE, Rel. Min. Maria Thereza De Assis Moura, Sexta Turma, j. em 04/09/2014, DJe 15/09/2014).

Convém ressaltar que a competência para decidir sobre a prorrogação da investigação cabe ao juiz das garantias, conforme dispõe o art. 3º-B do Código de Processo Penal (CPP). Em análise ao § 2º do mencionado artigo, que trata da prorrogação do inquérito, o Supremo

Tribunal Federal, ao julgar as ADIs 6.298/DF, 6.299/DF, 6.300/DF e 6.305/DF, sob relatoria do Ministro Luiz Fux, assentou que: a) o juiz das garantias, fundamentadamente, pode autorizar sucessivas prorrogações do inquérito, desde que haja elementos concretos que justifiquem essa necessidade, notadamente em face da complexidade da investigação; e b) o descumprimento do prazo legal para a conclusão do inquérito não enseja, por si só, a revogação automática da prisão preventiva, devendo o magistrado competente ser provocado a avaliar as razões que sustentam a manutenção da medida cautelar (STF, Pleno, julgamento em 24/08/2023, Informativo 1106).

Contagem dos prazos – A forma pela qual são contados os prazos vêm prevista no § 1º, do art. 798, do Código, valendo que se transcreva: *"não se computará no prazo o dia do começo, incluindo-se, porém, o do vencimento"*. Assim, o prazo teria seu início no dia seguinte à prisão do agente. Sob o argumento, porém, de que se trata de matéria relacionada à liberdade de locomoção do investigado, há corrente doutrinária lecionando que o prazo, na hipótese de indiciado preso, deve ser contado sob a ótica do direito material, ou seja, nos termos do art. 10 do Código Penal, computando-se, portanto, o dia do começo. Nesse sentido, Tourinho Filho (*Processo Penal*, v. 1, 1998, p. 272), para quem, no caso de prisão em flagrante, preventiva ou temporária, o prazo tem início da data em que efetivada a medida coercitiva.

Art. 52. Findos os prazos a que se refere o art. 51 desta Lei, a autoridade de polícia judiciária, remetendo os autos do inquérito ao juízo:

I – relatará sumariamente as circunstâncias do fato, justificando as razões que a levaram à classificação do delito, indicando a quantidade e natureza da substância ou do produto apreendido, o local e as condições em que se desenvolveu a ação criminosa, as circunstâncias da prisão, a conduta, a qualificação e os antecedentes do agente; ou

Relatório – Findas as investigações, cabe à autoridade policial elaborar um relatório daquilo que de relevante constar dos autos de inquérito policial, motivo pelo qual ele não deve se derramar em inoportunas citações doutrinárias ou jurisprudenciais. Mas, de outra parte, cabe uma análise minuciosa (ainda que sucinta), do que se apurou, indicando os fatos em investigação, as diligências que foram realizadas, apontando as testemunhas e vítima que foram ouvidas, a capitulação legal conferida ao fato, enfim, elaborando verdadeiro histórico daquilo que constar. Um relatório bem fundamentado serve de valioso guia ao Ministério Público, pois permite a consulta àqueles pontos que foram objeto de realce pelo delegado de polícia. Ao revés, uma peça elaborada sem maior cuidado, da qual conste, por exemplo, mera referência as páginas do inquérito policial, de nada servirá.

É o relatório, ainda, o momento adequado, para que a autoridade policial represente ao juiz no sentido de que seja decretada a prisão preventiva do indiciado, na dicção do art. 13, inc. IV do Código de Processo Penal, não sendo vedado, porém, que essa conduta seja adotada antes do desfecho do inquérito policial. Tratando-se especificamente da lei de drogas, segundo este dispositivo, deve a autoridade policial indicar, ademais, por qual razão enquadrou a conduta do indiciado sob determinada capitulação legal, caracterizadora, por exemplo, de tráfico e não de mero uso de entorpecentes. De qualquer sorte, a capitulação legal conferida pelo delegado de polícia não vincula o Ministério Público que, na qualidade de *dominus litis*, atribuirá ao fato a classificação que entender cabível. Aliás, a própria capitulação dada pela denúncia pode ser posteriormente alterada em juízo, no que se denomina *emendatio libelli* (art. 383 do CPP), ou *mutatio libellii* (art. 384 do CPP).

Prescindibilidade do relatório – Nada impede, outrossim, que o Ministério Público oferte denúncia sem que tenha sido elaborado o relatório. De sorte que, entendendo que reúne os elementos suficientes para deflagração da ação penal, pode o *parquet* apresentar sua acusação, antes mesmo de concluído o inquérito policial, sem que se afirme, com isso, que alguma nulidade decorra dessa conduta. Até porque nulidades porventura existentes no inquérito policial não possuem o condão de contaminar a posterior ação penal. Aliás, sendo prescindível o inquérito policial, ou seja, se possível a oferta de denúncia sem o prévio inquérito, com mais razão há de se admitir a acusação antes de seu desfecho formal.

II – requererá sua devolução para a realização de diligências necessárias.

Ver artigo anterior sob a rubrica *prorrogação do prazo.*

Parágrafo único. A remessa dos autos far-se-á sem prejuízo de diligências complementares:
I – necessárias ou úteis à plena elucidação do fato, cujo resultado deverá ser encaminhado ao juízo competente até 3 (três) dias antes da audiência de instrução e julgamento;

Diligências complementares – Pode ocorrer que, a despeito de eventual prorrogação do prazo para conclusão do inquérito policial, ainda assim ele seja remetido a juízo faltando algumas diligências "necessárias ou úteis à plena elucidação do fato". É dizer: a atividade investigativa prossegue mesmo após a conclusão do inquérito. Por vezes, *v.g.*, uma testemunha que não foi, de pronto, localizada mas que, após o envio do inquérito policial a juízo, venha a ser ouvida. Nada impede, nesse caso, que o Ministério Público adite a denúncia para que tal testemunha seja inquirida ou mesmo que peça ao juiz que o faça nos termos do art. 209 do CPP, que autoriza o Magistrado a, de ofício, "ouvir outras testemunhas, além das indicadas pelas partes". É que, "No processo penal, em que sobreleva o sistema de apuração da verdade substancial, de que é corolário o princípio da investigação, tem o Juiz a faculdade de ouvir outras testemunhas além das arroladas pelas partes, podendo inquiri-las mesmo encerrado o sumário e oferecidas as alegações finais" (STJ – Rel. Vicente Leal – *RT* 739/570). Tal faculdade se estende, inclusive, ao relator de eventual recurso das partes (STF – HC nº 70.882 – SP – DJ de 30.9.94, p. 26.166 – Rel. Sydney Sanches).

Essa diligência, porém, se submete ao prazo legal, ou seja, deve ser remetida no prazo mínimo de três dias antes da realização da audiência de instrução e julgamento. Isso para não tomar nenhuma das partes de surpresa e em homenagem aos princípios do contraditório e da ampla defesa.

II – necessárias ou úteis à indicação dos bens, direitos e valores de que seja titular o agente, ou que figurem em seu nome, cujo resultado deverá ser encaminhado ao juízo competente até 3 (três) dias antes da audiência de instrução e julgamento.

Investigação sobre bens do agente – Esta providência, a ser adotada também no prazo mínimo de três dias antes da realização da audiência, visa a efetivação das medidas assecuratórias previstas nos art. 125 a 144-A, do Código de Processo Penal.

Art. 53. Em qualquer fase da persecução criminal relativa aos crimes previstos nesta Lei, são permitidos, além dos previstos em lei, mediante autorização judicial e ouvido o Ministério Público, os seguintes procedimentos investigatórios:
I – a infiltração por agentes de polícia, em tarefas de investigação, constituída pelos órgãos especializados pertinentes;

Infiltração policial – Este dispositivo autoriza a chamada *infiltração de agentes*, que vem também prevista na lei que trata do crime organizado (Lei n. 12.850/2013), para onde remetemos o leitor para estudo mais aprofundado.

II – a não atuação policial sobre os portadores de drogas, seus precursores químicos ou outros produtos utilizados em sua produção, que se encontrem no território brasileiro, com a finalidade de identificar e responsabilizar maior número de integrantes de operações de tráfico e distribuição, sem prejuízo da ação penal cabível.

Parágrafo único. Na hipótese do inciso II deste artigo, a autorização será concedida desde que sejam conhecidos o itinerário provável e a identificação dos agentes do delito ou de colaboradores.

Ação controlada – "A não-atuação policial sobre os portadores de drogas", a que se refere a lei em exame, configura a *ação controlada*, prevista no art. 8º, da Lei n. 12.850/2013, para onde remetemos o leitor para um estudo mais aprofundado.

De qualquer forma, insta registrar precedente do STJ sobre a dispensa de autorização judicial para simples investigação policial visando obter informações acerca de determinado traficante, diligência não considerada como ação controlada. Neste sentido restou assentado no Informativo nº 570 do STJ: A investigação policial que tem como única finalidade obter informações mais concretas acerca de conduta e de paradeiro de determinado traficante, sem pretensão de identificar outros suspeitos, não configura a ação controlada do art. 53, II, da Lei 11.343/2006, sendo dispensável a autorização judicial para a sua realização. Como se extrai do art. 53, II, da Lei 11.343/2006, a ação controlada tem como finalidade "[...] identificar e responsabilizar maior número de integrantes de operações de tráfico [...]". Nesse sentido, a doutrina afirma que a ação controlada consiste em retardar a intervenção policial com a meta de atingir o "peixe graúdo", sem que se dissemine a prisão dos meros carregadores de drogas ilícitas, atuando por ordem dos verdadeiros comandantes da operação, traficantes realmente perigosos. Assim, a investigação policial que almeja apenas obter informações mais concretas acerca de condutas e de paradeiro de determinado traficante, sem pretensão de identificar outros suspeitos, não configura ação controlada, sendo dispensável a autorização judicial para a sua realização (STJ. RHC 60.251-SC, Rel. Min. Sebastião Reis Júnior, j. 17/9/2015, DJe 9/10/2015).

Entrega vigiada ou controlada – O dispositivo parece contemplar também o instituto da entrega vigiada ou controlada, entendida como técnica especial de investigação que permite que uma remessa de drogas, armas, insumos químicos ou qualquer outra espécie de origem ou tráfico ilegal, e que se envia ocultamente, possa chegar a seu lugar de destino sem ser interceptada pelas autoridades competentes, a fim de se individualizar aos remetentes, aos destinatários, assim como aos demais envolvidos em dita atividade ilícita.

Consiste na permissão de que produtos ilícitos circulem pelo território de um país, ou mesmo fora dele, sem interferência obstativa da autoridade, porém, mediante sob sua vigilância, com o fim de descobrir ou identificar as pessoas envolvidas na prática de algum delito relativo a drogas, assim também para prestar auxílio às autoridades estrangeiras.

Do mesmo modo que ocorre com a ação controlada, têm finalidade eminentemente probatória porque concede à polícia o direito de aguardar a oportunidade mais eficiente para atuar, seja prender, surpreender ou agir, de qualquer forma, de modo que no momento oportuno, segundo a interpretação dos agentes que participam da operação, a situação seja mais favorável para a obtenção de provas (MENDRONI, M. B. Crime organizado. Aspectos gerais e mecanismos legais. 2. ed. São Paulo: Atlas, 2007. p. 49-50.). Como bem observa Flávio Cardoso Pereira: "Com a sua utilização permite-se, na maioria das vezes, que não sejam tão somente identificados os 'mulas' dentro do tráfico de drogas, possibilitando-se a identificação e posterior detenção também dos eventuais compradores da droga, que normalmente são os traficantes da mesma" (Meios Extraordinários De Investigação Criminal: Infiltrações Policiais e Entregas Vigiadas (Controladas). Revista do MP-GO, Goiânia, ano XI, n. 16, Dez/2008. p. 31).

Insta por fim anotar que a entrega vigiada ou controlada tem previsão em compromissos internacionais, tias como Convenção de Viena de 1988, Convenção de Palermo (2000), Convenção das Nações Unidas contra a Corrupção (2003), Recomendações do GAFI (2003) etc.

SEÇÃO II
DA INSTRUÇÃO CRIMINAL

Art. 54. Recebidos em juízo os autos do inquérito policial, de Comissão Parlamentar de Inquérito ou peças de informação, dar-se-á vista ao Ministério Público para, no prazo de 10 (dez) dias, adotar uma das seguintes providências:

Prazo para oferecimento de denúncia – A Lei de drogas fixa o prazo de 10 dias para o Ministério Público requerer arquivamento, requisitar diligências ou oferecer denúncia criminal.

I – requerer o arquivamento;

Pedido de arquivamento – Não vislumbrando a materialidade do delito e/ou indícios de sua autoria, ao Ministério Público é dado promover o arquivamento do inquérito policial, de CPI ou de alguma peça de informação. Essa sua manifestação pode vir lastreada nas mais diversas circunstâncias. Assim, por exemplo, uma prova dúbia, que não foi dissipada pelas investigações policiais, decorrente do encontro de certa quantidade de droga em uma habitação coletiva, ocupada por dezenas de pessoas. Ou no caso de uma perícia que não tenha atestado a potencialidade da droga, a afastar a materialidade do delito. Ou, quem sabe, baseado na extinção da punibilidade do agente, porque morto ou verificada a prescrição.

É importante lembrar que o artigo 28 do Código de Processo Penal (CPP), que regula o arquivamento dos procedimentos criminais investigativos, sofreu significativas modificações pela Lei nº 13.964/2019. Esta alteração, inicialmente suspensa pelo Supremo Tribunal Federal (STF) por meio de uma liminar nas Ações Diretas de Inconstitucionalidade nº 6.298/DF, 6.299/DF, 6.300/DF e 6.305/DF, foi finalmente julgada em 24 de agosto de 2023. Na ocasião, o STF realizou um controle de constitucionalidade de natureza mista, declarando a inconstitucionalidade de algumas disposições e interpretando outras de forma conforme.

A nova sistemática de arquivamento, conforme estabelece referida decisão, estabelece que, ao ordenar o arquivamento do inquérito policial ou de quaisquer elementos informativos da mesma natureza, o órgão do Ministério Público deverá comunicar a decisão à autoridade judicial competente, à vítima, ao investigado e à autoridade policial. Caso a vítima ou seu representante legal não concorde com o arquivamento do inquérito policial, poderá, no prazo de 30 (trinta) dias após o recebimento da comunicação, submeter a matéria à revisão da instância competente do órgão ministerial, conforme o disposto na respectiva lei orgânica.

Também estabelece a decisão que, além da vítima ou de seu representante legal, a autoridade judicial competente também poderá submeter a matéria à revisão da instância competente do órgão ministerial, caso verifique patente ilegalidade ou teratologia no ato de arquivamento. Caso o juiz discorde do arquivamento, deve remeter os autos ao Procurador-Geral de Justiça (na hipótese de competência da justiça estadual) ou à Câmara de Coordenação e Revisão (no caso de crime da alçada federal), devendo tais órgãos dar a palavra final sobre a questão. Se concordarem com o pedido de arquivamento, devem homologá-lo. Caso contrário, podem ofertar a denúncia ou designar outro promotor de justiça ou procurador da República para fazê-lo.

Recurso de ofício – embora o art. 7º da Lei n. 1.521/51 disponha que o juiz deve recorrer de ofício sempre que determinar o arquivamento de inquérito que apure crime contra a saúde pública, prevalece o entendimento que é providência inaplicável aos crimes da Lei de Drogas, em razão do rito especial e a falta de previsão análoga na lei.

Princípio da bagatela – Questão que é alvo de grande debate diz respeito à adoção, para os crimes do art. 28 da lei em exame, do chamado *princípio da insignificância*, quando ínfima a quantidade de entorpecente apreendida em poder do agente. Segundo Paulo de Souza Queiroz, "por meio do princípio da insignificância (ou bagatela), o juiz, à vista da desproporção entre a ação (crime) e a reação (castigo), fará um juízo (valorativo) acerca da tipicidade material da conduta, recusando curso a comportamentos que, embora formalmente típicos (criminalizados), não o sejam materialmente, dada sua irrelevância" (*Direito Penal. Introdução crítica*. São Paulo: Saraiva, 2001, p. 54). Trata-se de condutas que, porque inexpressivas, que não representam qualquer periculosidade social, a colocar em risco, prioritariamente, o próprio agente, não devem merecer a preocupação do Direito Penal, de modo a afastar, assim, a própria tipicidade. Propõe-se, assim, uma intervenção estatal mínima, reservada àquilo que efetivamente importa, sem que se punam condutas inexpressivas, sem qualquer potencial de ofensividade.

A jurisprudência, inclusive da mais alta Corte do país, se divide, ora reconhecendo o princípio da insignificância (jamais, é óbvio, para o crime de tráfico), ora o rejeitando.

Neste último sentido, a repudiar a aplicação do princípio, de se consignar julgado no qual foi relator o Ministro Ricardo Lewandowski, para quem, "no caso sob exame, não há falar em ausência de periculosidade social da ação, uma vez que o delito de porte de entorpecente é crime de perigo presumido. É firme a jurisprudência desta Corte no sentido de que não se aplica o princípio da insignificância aos delitos relacionados a entorpecentes. A Lei 11.343/2006, no que se refere ao usuário, optou por abrandar as penas e impor medidas de caráter educativo, tendo em vista os objetivos visados, quais sejam: a prevenção do uso indevido de drogas, a atenção e reinserção social de usuários e dependentes de drogas. Nesse contexto, mesmo que se trate de porte de quantidade ínfima de droga, convém que se reconheça a tipicidade material do delito para o fim de reeducar o usuário e evitar o incremento do uso indevido de substância entorpecente" (HC n. 102940-ES, DJe 06.04.2011).

É a orientação adotada também pelo STJ: "Prevalece nesta Corte o entendimento de que afigura-se inaplicável o princípio da insignificância ao delito de tráfico ilícito de drogas, porquanto trata-se de crime de perigo presumido ou abstrato, sendo irrelevante a quantidade de droga apreendida em poder do agente" (EDcl no HC 463.656/SP, j. em 04/10/2018). Em sentido oposto, vale conferir a seguinte ementa, que tratava de caso envolvendo porte de 0,6 g de maconha: ARTIGO 28 DA LEI 11.343/2006. PORTE ILEGAL DE SUBSTÂNCIA ENTORPECENTE. ÍNFIMA QUANTIDADE. PRINCÍPIO DA INSIGNIFICÂNCIA. APLICABILIDADE. WRIT CONCEDIDO – "O sistema jurídico há de considerar a relevantíssima circunstância de que a privação da liberdade e a restrição de direitos do indivíduo somente se justificam quando estritamente necessárias à própria proteção das pessoas, da sociedade e de outros bens jurídicos que lhes sejam essenciais, notadamente naqueles casos em que os valores penalmente tutelados se exponham a dano, efetivo ou potencial, impregnado de significativa lesividade. O direito penal não se deve ocupar de condutas que produzam resultado cujo desvalor – por não importar em lesão significativa a bens jurídicos relevantes – não represente, por isso mesmo, prejuízo importante, seja ao titular do bem jurídico tutelado, seja à integridade da própria ordem social" (HC n. 110475-SC – Rel. Dias Toffoli, j. 14.02.1012, DJe 15.03.2012).

Recentemente a 2ª Turma do STF aplicou insignificância em um caso de posse de cigarro de 1,8 g de maconha (Ag. Reg. HC 202.883 SP. Rel. Min. Ricardo Lewandowski. Redator do Ac: Min. Gilmar Mendes. J. 15.09.2021).

Pensamos que, ainda que se trate do crime do art. 28 da lei em exame, não há lugar para a incidência do princípio da bagatela. De se ver, inicialmente, que a conduta prevista nesse tipo penal pressupõe, sempre, a pequena quantidade de droga. Não fosse assim e o delito a ser atribuído ao agente seria, na maioria das vezes, o de tráfico de entorpecentes, e não apenas sua singela posse para consumo próprio. Em outras palavras: é inerente ao próprio tipo do art. 28 a pequena quantidade de droga, de forma que, a se invocar esse argumento, estar-se-ia, por assim dizer, *revogando* a lei, em atribuição que não é própria do juiz. Saliente-se, por outro lado, que a reclamada *intervenção mínima* do Estado, já foi amplamente prevista pelo legislador. Afinal, quando o art. 28 do diploma em análise, prevê penas de advertência, prestação de serviços à comunidade ou comparecimento a programa ou curso educativo, sem cogitar da privação de liberdade, resta clara a opção por uma intervenção reduzida. Tivesse previsto pena de prisão e, aí sim, resultaria evidente a desproporção entre a conduta e sua sanção. Menos que isso só mesmo se tivesse abolido de vez a conduta daquele que traz consigo droga para consumo próprio. Não foi, porém, o caso.

Mas não é só: temos como equivocado o argumento de que, essa espécie de conduta, por atingir mais diretamente o próprio agente, não deve ocupar o Direito Penal. Os crimes dessa natureza, com efeito, afetam inegavelmente a saúde pública, não se restringindo, bem por isso, ao âmbito particular do indivíduo. Resultam, outrossim, em franco estímulo ao tráfico, pois não há que se cogitar da satisfação do vício sem a anterior aquisição da droga de um terceiro. Importam, ainda, em perigo à coletividade, na medida que inspiram a prática de crimes mais graves, animados pelo uso de entorpecente. Daí a pertinente observação do Ministro Rogério Schietti Cruz, do Superior Tribunal de Justiça, para quem: "é, pois, simplista afirmar que o consumo de drogas é proibido apenas pelo mal que a substância faz ao próprio usuário. Na verdade, ele o é também pelo perigo que o consumidor gera à sociedade. Basta, para corroborar tal ilação, lembrar o expressivo número de relatos de crimes envolvendo violência ou grave ameaça contra pessoa, associados aos efeitos do consumo de drogas ou à obtenção de recursos ilícitos para a aquisição de mais substância entorpecente" (HC n. 35920 – DF, j. 20.05.2014, DJe 29.05.2014).

Neste sentido, vale citar novo julgado do STJ: AGRAVO REGIMENTAL NO RECURSO EM HABEAS CORPUS. POSSE DE DROGA ILÍCITA PARA CONSUMO PESSOAL. PRINCÍPIO DA INSIGNIFICÂNCIA. IMPOSSIBILIDADE. AGRAVO REGIMENTAL NÃO PROVIDO. 1. Em razão da política criminal adotada pela Lei n. 11.343/2006, há de se reconhecer a tipicidade material do porte de substância entorpecente para consumo próprio, ainda que pequena a quantidade de drogas apreendidas, como na espécie. 2. Conforme jurisprudência pacífica desta Corte Superior de Justiça, não se aplica o princípio da insignificância ao delito descrito no art. 28 da Lei nº 11.343/2006, em razão de se tratar de crime de perigo abstrato, contra a saúde pública, sendo, pois, irrelevante, para esse fim, a pequena quantidade de substância apreendida. Precedentes 3. Agravo regimental não provido. (AgRg no RHC 147.158/SP, Rel. Min. Rogerio Schietti Cruz, 6ª T., j. em 25/05/2021, DJe 01/06/2021).

II – requisitar as diligências que entender necessárias;

Requisição de diligências – Trata-se de medida prevista no art. 16 do Código de Processo Penal, *in verbis*: "O Ministério Público não poderá requerer a devolução do inquérito à autoridade policial, senão para novas diligências, imprescindíveis ao oferecimento da denúncia". Assim, é possível que o promotor de justiça, analisando o inquérito policial, não consiga formar a sua *opinio delicti*, ou seja, não tenha ainda uma convicção definitiva sobre os fatos que foram objeto de apuração. Nesse caso, deverá requerer a devolução do inquérito à autoridade policial, apontando, fundamentadamente, as diligências que entender faltantes e que deverão ser realizadas.

III – oferecer denúncia, arrolar até 5 (cinco) testemunhas e requerer as demais provas que entender pertinentes.

Oferecimento de denúncia – Convicto quanto à *opinio delicti*, presentes, pois, certeza da materialidade do delito e de indícios quanto à sua autoria, a conferir justa causa à acusação, o Ministério Público ofertará denúncia, que deve atentar aos termos do art. 41 do Código de Processo Penal, dela constando "a exposição do fato criminoso, com todas as suas circunstâncias (com a maior exatidão possível de dia, horário e do lugar da infração), a qualificação do acusado (com menção de todos os nomes e apelidos usados pelos acusados e, se necessário, com esclarecimentos que permitem individualizá-los) ou esclarecimentos pelos quais se possa identificá-lo, a classificação do crime e, quando necessário, o rol das testemunhas".

Prazo – O prazo para oferta da denúncia é de dez dias (solto ou preso o agente), e o número máximo de testemunhas é de cinco. Eventual inobservância do prazo ensejará um constrangimento ilegal ao indiciado, passível de correção por meio de "habeas-corpus", eis que "preso por mais tempo do que determina a lei (art. 648, inc, II, do CPP), a impor sua soltura. Mas isso não impedirá o regular andamento do feito, ou seja, embora o excesso de prazo seja causa para eventual relaxamento do flagrante, a denúncia ofertada fora desse prazo, uma vez recebida, terá seu curso regular. A inobservância do prazo, portanto, configura mera irregularidade, não contaminando a posterior ação penal que terá seu curso normal, ainda que ofertada a denúncia a destempo. Conquanto a perda do prazo não acarrete nenhuma consequência de cunho processual, pode, todavia, configurar uma falta disciplinar, posto que dentre os deveres dos membros da Instituição se lista o de obedecer aos prazos processuais, nos termos do inc. IV, do art. 43 da Lei Orgânica do Ministério Público (Lei nº 8.625/1993). Caso a inércia decorra de eventual conduta dolosa, para satisfazer interesse ou sentimento pessoal, restará configurado o crime de prevaricação, previsto no art. 319 do Código Penal ou algum outro delito contra a Administração Pública.

Dies a quo – O prazo começa a fluir da data em que o Ministério Público receber os autos, de forma que esse primeiro dia é computado, por força do disposto no *caput* do art. 46 do Código de Processo Penal. Não tem aplicação, assim, a regra contida no art. 798, § 1º do código, que manda excluir o primeiro dia do prazo e incluir o último. Havendo devolução do inquérito à polícia para novas diligências, o prazo começa a fluir da data do retorno dos autos.

Art. 55. Oferecida a denúncia, o juiz ordenará a notificação do acusado para oferecer defesa prévia, por escrito, no prazo de 10 (dez) dias.

§ 1.º Na resposta, consistente em defesa preliminar e exceções, o acusado poderá arguir preliminares e invocar todas as razões de defesa, oferecer documentos e justificações, especificar as provas que pretende produzir e, até o número de 5 (cinco), arrolar testemunhas;

Defesa preliminar – Na resposta, a ser apresentada no prazo de 10 dias, o acusado, que foi notificado pessoalmente, deverá suscitar todas as teses de interesse para sua defesa, inclusive matérias preliminares ao mérito, sob pena de, não o fazendo neste momento oportuno, operar-se a preclusão. As matérias podem ser as mais diversas, mas, em especial, deve-se atentar ao disposto no art. 397 do Código de Processo Penal, que dão ensejo à absolvição sumária do acusado, caso acolhida a respectiva alegação. Assim, nessa oportunidade devem ser agitadas causas excludentes de ilicitude, culpabilidade ou punibilidade e a atipicidade da conduta. Trata-se da chamada *defesa preliminar*, como se convencionou denominá-la na prática, embora o legislador faça menção à *defesa prévia*.

A juntada de documentos que interessem à defesa, bem como o rol das testemunhas que pretenda ouvir (no máximo de cinco), devem sei aí indicados. Caso a defesa pretenda obter esclarecimento do perito, acareações, reconhecimentos, a serem produzidos em audiência, será esse também o momento oportuno para que se requeiram essas provas. Em suma: nessa resposta, a defesa deve preparar a atuação que desenvolverá posteriormente, na audiência una de que trata o artigo seguinte, a ser realizada caso não tenha sido o acusado absolvido sumariamente.

Caso o réu não seja encontrado, caberá sua notificação por edital. Nessa hipótese, na dicção do parágrafo único, do art. 396 do Código de Processo Penal, "o prazo para a defesa começará a fluir a partir do comparecimento pessoal do acusado ou do defensor constituído". Não comparecendo o acusado e, tampouco, constituindo advogado, cabe a nomeação de um defensor dativo, nos termos do § 3º acima. Pode o acusado, ainda, ser notificado com hora certa, por analogia ao art. 362 do CPP, na hipótese dele se ocultar para evitar a notificação pessoal.

Justificações – O artigo menciona a possibilidade de oferta de *justificações*. Há uma justificação admitida no processo penal, utilizada sobretudo para as hipóteses de revisão criminal, que vem detalhada nos comentários abaixo ao art. 621, inc. II. Neste procedimento, tomado do processo civil e no qual nada é decidido, simplesmente se produz a prova requerida pelo interessado que, posteriormente, irá instruir o pedido revisional. Com efeito, o Código de Processo Civil, ao disciplinar a produção antecipada da prova (art. 381, § 5º), admite a justificação para demonstração "de algum fato ou relação jurídica para simples documento e sem caráter contencioso".

Decerto o dispositivo em exame não trata dessa justificação. Tampouco se deve interpretar como *justificação* a indicação, pelo acusado, de alguma excludente de ilicitude, denominadas *justificativas*, máxime porque ele pode arguir, também, excludentes de culpabilidade ou punibilidade. *Justificação* aqui deve ser interpretada em um sentido amplo, como sendo todo e qualquer argumento que possa interessar a defesa, capaz de enfraquecer a acusação. Assim, por exemplo, a fragilidade da prova produzida no inquérito policial.

Réplica da acusação após a oferta da resposta à denúncia pela defesa – Indaga-se se, após a oferta da defesa preliminar, há necessidade de se facultar a manifestação da acusação, para que rebata os argumentos lançados naquela peça defensiva. O debate chegou aos tribunais superiores, tendo o STF decidido que "apresentada defesa prévia em que são articuladas, até mesmo, preliminares, é cabível a audição do Estado-acusador, para haver definição quanto à sequência, ou não, da ação penal" (HC nº 105739-RJ, Rel. Marco Aurélio, j. 07.02.2012, DJe 28.02.2012). Na praxe forense, aliás, vem se constituindo em prática comum, aplicada quase que indistintamente pelos juízes em geral como forma de garantir o pleno exercício do contraditório: "2. O direito ao órgão acusador de réplica às respostas dos denunciados deve ser assegurado, especialmente quando suscitadas questões que, se acolhidas, poderão impedir o prosseguimento da ação penal. Desse modo, estar-se-á prestigiando o princípio constitucional do contraditório (art. 5º, LV, CF), que garante aos litigantes, e não apenas à defesa, a efetiva participação na instrução do processo. 3. "Segundo a jurisprudência desta Corte e do Pretório Excelso, se a Defesa suscita preliminares, não ofende a ampla defesa a abertura de vista ao Parquet, falando a acusação, de forma excepcional, ulteriormente, em prestígio ao contraditório." (RHC 55.036/SP, Rel. Ministra MARIA THEREZA DE ASSIS MOURA, SEXTA TURMA, DJe 23/2/2015)" (RHC 46.443/SP, j. 21/09/2017).

Não observância do rito especial – nem sempre o rito estabelecido na Lei 11.343/06 é seguido. São inúmeras as situações em que se aplicam as disposições dos artigos 394 e seguintes do CPP, o que provoca primeiro o recebimento da denúncia para que somente em seguida se efetue a citação a fim de que a resposta à acusação seja apresentada (arts. 396 e 396-A). Com isso, inverte-se a ordem estabelecida na lei especial, que – reitere-se – possibilita que a resposta obste a própria deflagração da ação penal.

Em razão dessa inversão, não são poucos os casos de inconformismo em que réus processados por tráfico e outros crimes relacionados na Lei 11.343/06 buscam a decretação de nulidade por cerceamento de defesa. A tese, no entanto, não tem encontrado respaldo na jurisprudência do STJ, que decidindo que também não atribui nulidade absoluta à inversão entre a apresentação da defesa e o recebimento da denúncia:

> "I – A jurisprudência do Superior Tribunal de Justiça é no sentido de que a não observância do rito procedimental previsto na Lei de Drogas – ausência de notificação para

apresentação de defesa preliminar, antes do recebimento da denúncia, nos termos do art. 55 da Lei n. 11.343/2006 – gera nulidade relativa. Não demonstrado, com base em elementos concretos, eventuais prejuízos suportados pela não observância do mencionado rito, não se reconhece a nulidade.

II – Inviável o reconhecimento de nulidade pelo indeferimento do pedido de reabertura do prazo para o oferecimento de resposta à acusação, se foram dadas duas oportunidades para apresentação da referida peça preliminar de defesa, com a renovação de prazos, mas o advogado do recorrente os deixou transcorrer in albis.

III – Além disso, o defensor constituído continuou a se manifestar nos autos e compareceu aos demais atos processuais, tendo acompanhado o recorrente nas audiências e, inclusive, formulado indagações às testemunhas e aos corréus, manifestando-se por escrito em oportunidades distintas.

IV – Se foi oportunizado ao recorrente o direito de manifestar-se, na forma do art. 396-A do Código de Processo Penal, por mais de uma vez, no curso da instrução processual, e se as petições apresentadas pela Defesa foram interpretadas pelo Juízo de 1º grau como estratégia defensiva de postergar as teses de mérito para o final da instrução, não há qualquer nulidade a ser reconhecida." (RHC 94.446/MS, j. 15/05/2018)

Nota-se, portanto, que a simples modificação do momento em que o agente exerce a defesa não faz presumir a ocorrência de prejuízo. Há nulidade absoluta apenas se, recebida a denúncia sem a notificação prévia para a apresentação da defesa, também não se garante a manifestação nos termos que estabelece o Código de Processo Penal (arts. 396 e 396-A).

§ 2.º As exceções serão processadas em apartado, nos termos dos arts. 95 a 113 do Decreto-Lei 3.689, de 3 de outubro de 1941 – Código de Processo Penal.

Exceções – A defesa do réu, no processo penal, pode ser direta ou indireta. Defesa direta é aquela na qual o acusado nega a existência do fato, invoca uma causa excludente da antijuridicidade ou culpabilidade, etc. Já na defesa indireta se ataca o processo, sem adentrar o mérito. São as exceções. Exceção, assim, é um meio de defesa indireto com o objetivo de extinguir a ação penal ou dilatar o seu exercício. Ressalte-se, porém, que, no processo penal, as exceções não são privativas da defesa, podendo ser invocadas pela acusação e mesmo reconhecidas, de ofício, pelo juiz. As exceções estão elencadas no art. 95 do Código de Processo Penal e são elas: suspeição, incompetência de juízo, litispendência, ilegitimidade de parte e coisa julgada.

§ 3.º Se a resposta não for apresentada no prazo, o juiz nomeará defensor para oferecê-la em 10 (dez) dias, concedendo-lhe vista dos autos no ato de nomeação.

É obrigatória a oferta de resposta? – O dispositivo em análise merece uma observação que temos como relevante. Caso o réu não tenha apresentado resposta, cumpre ao juiz nomear-lhe um defensor dativo, a quem incumbirá de fazê-lo. Tem-se, assim, que para as hipóteses de defensor dativo, a resposta à acusação se constitui em peça obrigatória, cuja omissão, por afronta aos princípios do contraditório e ampla defesa, enseja nulidade do feito. Já se o réu possui advogado constituído, pensamos ser facultativa essa manifestação. Tanto que o § 2º, do art. 396-A, do Código de Processo Penal, apenas impõe a nomeação de defensor dativo (e a respectiva obrigação de ofertar a resposta), para os casos em que o acusado "não constituir defensor". Com efeito, tratando-se de advogado constituído, pode entender, por uma questão de estratégia ou mesmo porque nada há que alegar, ser dispensável essa resposta. A propósito, ao tempo em que vigia a redação original do art. 395 do código, que cuidava da chamada *defesa prévia*, sempre se entendeu pela dispensabilidade dessa peça. O Supremo Tribunal Federal ia além, entendendo dispensável sua apresentação ainda que dativo o defensor (nesse sentido: HC n. 51463, HC n. 69034, HC n. 69544). Era também a orientação do Superior Tribunal de Justiça (RT 722/547).

É verdade que esse é o momento oportuno para que o réu exerça relevantes atos de defesa, como, por exemplo, de indicar as testemunhas que pretende ouvir, como consta do "caput" deste dispositivo. Ocorre que não é obrigatória a oferta de um rol de testemunhas pela defesa constituída pelo réu, que pode entender desnecessária essa prova. Cremos, assim, em conclusão, que, tratando-se de réu que não possui defensor, cabe a nomeação de um dativo a quem, obrigatoriamente, cumprirá ofertar a resposta. Já quando o réu constituir advogado, é facultativa essa manifestação. Nulidade, nessa hipótese, ocorrerá caso não facultada oportunidade para que ele o faça, isto é, uma vez descumprida a regra do "caput" do art. 396 do CPP. A partir daí, a oferta de resposta do advogado constituído se reveste de mera faculdade, a ser exercida segundo sua conveniência e oportunidade. De se consignar, porém, que não foi nesse sentido que decidiu o STJ, a se conferir: "Dúvidas não há acerca da imprescindibilidade de apresentação da defesa preliminar, seja por meio de defensor constituído, seja por meio de causídico nomeado pelo juiz. A ausência de tal contraditório antecipado é causa de nulidade absoluta" (STJ – HC nº 158801-PR, Rel. Maria Thereza de Assis Moura, j. 20.06.2013, DJe 01.07.2013).

§ 4.º Apresentada a defesa, o juiz decidirá em 5 (cinco) dias.

Decisão do juiz acerca do recebimento ou rejeição da denúncia – Ofertada a defesa prévia, no prazo de cinco dias (pouco importando se preso ou solto o acusado), o juiz decidirá no sentido do recebimento ou rejeição da denúncia. As hipóteses de rejeição estão listadas no art. 395 do Código de Processo Penal, que será cabível caso a denúncia seja manifestamente inepta, se faltar pressuposto processual ou condição para o exercício da ação penal ou faltar justa causa para o exercício da ação penal.

Conquanto o legislador não o declare expressamente, pensamos ser cabível, nesta fase procedimental, a absolvição sumária do acusado, na dicção do art. 397 do CPP, ainda que em situação excepcional, conclusão decorrente do emprego da adjetivação contundente - somente admitindo a absolvição sumária quando *manifesta* a presença de causa excludente da ilicitude ou de culpabilidade do agente ou quando o fato narrado *evidentemente* não constituir crime.

Fundamentação da decisão de recebimento da denúncia – Para que o juiz rejeite as alegações do acusado e, por consequência, receba a denúncia, não se exige uma fundamentação longa e exaustiva, que aborde com excessiva profundidade todos os temas colocados em debate. Contentam-se, doutrina e jurisprudência, com uma motivação sucinta, sob pena do juiz adiantar sua convicção, com indevida introdução no mérito da causa, em momento inapropriado para fazê-lo. Traduz-se esse estágio, outrossim, em um mero juízo de admissibilidade da acusação, cuja dúvida, aliás, impõe seu recebimento, neste momento processual, admitida, inclusive a chamada *motivação per relationem*, assim entendida aquela na qual o juiz não elabora um raciocínio próprio, mas se louva em manifestação de outro órgão.

Isso não significa admitir, porém, a ausência completa de fundamentação. Uma decisão que, após a resposta do acusado, se limite a designar data e horário para a audiência é, sem dúvida, nula, porquanto não dedicou uma linha sequer aos argumentos trazidos pela defesa. O mesmo ocorrerá caso o juiz adote as razões do Ministério Público que, porém, se revelaram absolutamente lacônicas, omissas mesmo quanto às teses em discussão. Uma coisa é a má fundamentação. Coisa diversa é a total ausência de fundamentação. Tivesse o legislador se contentado com essa espécie de decisão (ou de *ausência* de decisão), e, decerto, não teria inovado, introduzindo na lei a resposta à acusação e a possibilidade, inclusive, de absolvição sumária do acusado. Em outras palavras: bastaria deixar tudo como antes, onde se previa, quase que como mera formalidade, útil apenas para que se arrolassem testemunhas, a chamada *defesa prévia*, do revogado art. 395 do CPP. Se foi além é porque impôs a análise pelo juiz das teses sustentadas pela defesa, cuja rejeição deve ser devidamente fundamentada, como, aliás, determina o preceito constitucional do art. 93, inc. IX, da Carta.

§ 5.º Se entender imprescindível, o juiz, no prazo máximo de 10 (dez) dias, determinará a apresentação do preso, realização de diligências, exames e perícias.

Diligências preliminares determinadas pelo juiz – Pode o juiz, no prazo de dez dias, determinar a apresentação do preso para que seja ouvido. Vale destacar que esse ato não se constitui no interrogatório propriamente dito, a ser realizado somente após o recebimento da denúncia e ao final da instrução probatória colhida em audiência. Trata-se de singela oitiva, para que algum esclarecimento seja prestado, em diligência que, na prática, não é utilizada, até porque suprida, atualmente, pela audiência de custódia. Tampouco se tem visto a determinação do juiz quanto à realização de diligências, exames e perícias. Trata-se mesmo de dispositivo que, de alguma forma, arranha o princípio acusatório que inspira nosso processo penal, pelo qual as tarefas são divididas, sendo que cada sujeito processual tem uma função bem definida. É o chamado *processo de partes*. A um caberá acusar (como regra o Ministério Público), a outro defender (o advogado) e, a um terceiro, julgar (o juiz). É, de resto, o sistema adotado em nosso país, conforme entendimento que predomina na doutrina e pressupõe um processo onde todas as garantias constitucionais sejam, efetivamente, observadas. Bem por isso a faculdade conferida ao juiz pelo § 5º acima, deve ser evitada ou, pelo menos, exercida com extrema cautela, sob pena de perder o juiz sua posição de equidistância entre as partes.

Art. 56. Recebida a denúncia, o juiz designará dia e hora para a audiência de instrução e julgamento, ordenará a citação pessoal do acusado, a intimação do Ministério Público, do assistente, se for o caso, e requisitará os laudos periciais.

Lei 14.195/2021 e a prática de atos por meio eletrônico: Visando a chamada celeridade processual, a Lei 14.195/2021 alterou o Código de Processo Civil e passou a prever que a citação será feita, preferencialmente, por meio eletrônico, no prazo de até 2 (dois) dias úteis, contado da decisão que a determinar, por meio dos endereços eletrônicos indicados pelo citando no banco de dados do Poder Judiciário, conforme regulamento do Conselho Nacional de Justiça.

Trata-se de inovação legislativa aplicável ao processo penal, por analogia, ante a cláusula do art. 3º do CPP.

Há de atentar, porém, pela imprescindibilidade de se assegurar que a citação ou a intimação eletrônica, inequivocamente, cheguem ao conhecimento do acusado e lhe comuniquem o ato processual, sob pena de prejuízo significativo à sua defesa processual. Relembre-se, inclusive, que segundo o STJ, eventual insuficiência de certeza sobre a identidade do acusado citado por WhatsApp gera nulidade do ato (STJ. HC 652.068. 6ª T. Rel. Min. Sebastião Reis Júnior. j. 24.08.2021).

Por isso a própria Lei 14.195/2021 prevê uma garantia de certificação aos dispor que "as citações por correio eletrônico serão acompanhadas das orientações para realização da confirmação de recebimento e de código identificador que permitirá a sua identificação na página eletrônica do órgão judicial citante" (§ 4º). E se essa confirmação não for realizada no prazo de até 3 dias úteis (do ato de recebimento da citação eletrônica), aí terá que ser feito o procedimento de citação conforme a ordem prevista nas alíneas do § 1º-A do art. 246 do CPC.

Providências após o recebimento da denúncia – Uma vez recebida a denúncia, o prazo para a realização da audiência de instrução, debates e julgamento é de 30 dias, pouco importando, aqui, tratar-se de réu preso ou solto. A lei determina a *intimação* do Ministério Público e do assistente de acusação. O legislador teria sido mais técnico se empregasse o verbo *notificar*, referente a um ato futuro, ao invés de *intimar*, que pressupõe um ato já praticado (intima-se, por exemplo, da sentença). Conquanto faça menção ao assistente de acusação, pensamos que, em crimes a envolver drogas, não haja lugar para essa figura, na medida que vítima não há.

É o momento oportuno, ainda, para que sejam requisitados os laudos periciais. Assim, elaborado um laudo de constatação, precário e provisório, cabe ao juiz, ao receber a denúncia, requisitar o envio do laudo definitivo, apto a atestar, de vez, a materialidade do delito. Nada impede, contudo, que o laudo definitivo seja apresentado posteriormente, antes da prolação da sentença. Com efeito, assim decidiu o STJ, a se conferir: "Em que pese a materialidade delitiva do crime previsto no artigo 33 da Lei 11.343/2006 ser comprovada apenas com o laudo toxicológico definitivo, não há óbices, quer na própria Lei de Drogas, quer na legislação processual penal existente, a que a referida perícia seja juntada aos autos após as alegações finais, até porque seu conteúdo, no mais das vezes, pouco se distancia do laudo toxicológico provisório, anexado aos autos antes mesmo do oferecimento da denúncia" (HC n. 233111 – MG – Rel. Jorge Mussi, j. 08.10.2013, DJe 16.10.2013). Assim também pareceu ao STF, para quem "descabe o argumento relativo à nulidade do processo em virtude da juntada tardia do laudo de exame toxicológico, já que não ficou demonstrado o prejuízo sofrido pelo paciente. O laudo foi apresentado antes da prolação da sentença e apenas confirmou a toxicidade da substância apreendida" (HC 104871 – Rel. Dias Toffoli, DJe de 07.10.2011).

§ 1.º Tratando-se de condutas tipificadas como infração do disposto nos arts. 33, *caput* e § 1.º, e 34 a 37 desta Lei, o juiz, ao receber a denúncia, poderá decretar o afastamento cautelar do denunciado de suas atividades, se for funcionário público, comunicando ao órgão respectivo.

Afastamento cautelar do acusado das suas funções – Para os crimes previstos nos arts. 33, *caput* e § 1.º (tráfico de droga e figuras equiparadas), e 34 a 37 desta Lei (fabricação de maquinário, associação para o tráfico, financiamento do tráfico e colaboração com o tráfico), praticado por funcionário público, pode o juiz, ao receber a denúncia, decretar o afastamento cautelar do denunciado de suas atividades.

Em face do princípio da presunção de inocência, recomendamos cautela na adoção dessa medida que, por óbvio, não é automática, a ser aplicada sempre que denunciado um funcionário público. Como destaca Luiz Flávio Gomes, "impõe-se comprovar ou o nexo funcional (o funcionário valeu-se do cargo para cometer o crime) ou o concreto risco (para a administração pública) que ele funcionário representa, caso se mantenha no cargo. A lei fala em afastamento, não em decretação da perda do cargo. O acusado é presumido inocente, logo, continua percebendo seus vencimentos normalmente. De outro lado, caso seja absolvido no final, retorna normalmente às suas funções, sem nenhum prejuízo à carreira" (ob. cit., p. 212).

§ 2.º A audiência a que se refere o *caput* deste artigo será realizada dentro dos 30 (trinta) dias seguintes ao recebimento da denúncia, salvo se determinada a realização de avaliação para atestar dependência de drogas, quando se realizará em 90 (noventa) dias.

Exceção – A lei ressalva, contudo, a necessidade de realização de exame de dependência. Com efeito, dispõe o art. 45 do diploma em exame que "é isento de pena o agente que, em razão da dependência, ou sob o efeito, proveniente de caso fortuito ou força maior, de droga, era, ao tempo da ação ou da omissão, qualquer que tenha sido a infração penal praticada, inteiramente incapaz de entender o caráter ilícito do fato ou de determinar-se de acordo com esse entendimento". Para avaliar a eventual inimputabilidade do agente (e mesmo a semi-imputabilidade de que trata o art. 46 da lei), será de rigor a realização de um exame, quando, então, o prazo para a audiência é de 90 dias.

Art. 57. Na audiência de instrução e julgamento, após o interrogatório do acusado e a inquirição das testemunhas, será dada a palavra, sucessivamente, ao representante do Ministério Público e ao defensor do acusado, para sustentação oral, pelo prazo de 20 (vinte) minutos para cada um, prorrogável por mais 10 (dez), a critério do juiz.

Audiência de instrução, debates e julgamento – O legislador, a exemplo do verificado no procedimento do júri, bem como nos procedimentos comum ou especial, dos arts. 394 e ss., do Código de Processo Penal, concentrou todos os atos de instrução em uma audiência única, na qual as partes apresentarão, ainda, alegações finais orais e o juiz proferirá a sentença. Optou com isso, francamente, pela oralidade que tem, por características, a predominância da palavra falada, a imediatidade da relação do juiz com a prova e a hiperconcentração dos atos processuais. A audiência, segundo adverte o § 2º, do art. 56, desta lei, deve ser realizada no prazo máximo de 30 dias, contado da data em que recebida a denúncia, pouco importando se preso ou solto o réu. O prazo – oxalá possamos nos enganar – parece absolutamente inexequível em vista do movimento assoberbado que atinge a maioria das comarcas do país. Incorreu o legislador, assim, no mesmo equívoco verificado no Código de Processo Civil de 1973 que, em sua redação original, previa que, no procedimento sumaríssimo, a sentença deveria ser proferida no prazo máximo de 90 dias (art. 281). A prática logo demonstrou a total inviabilidade da iniciativa, que caiu no ridículo e entrou para o folclore processual do país. O procedimento, embora *sumaríssimo*, por vez era mais demorado que o rito ordinário. Já que se optou por se estabelecer um prazo, melhor que fosse um pouco mais dilatado, atento à realidade de nosso foro. E, sobretudo, que se tivesse feito uma distinção, que nos parece fundamental, entre o réu preso (para quem a definição do processo é muito mais urgente) e o réu solto. De qualquer sorte, *legis habemus* e – tomara – não se confirme nosso pessimismo.

Prova testemunhal – A ser produzida em audiência, constitui-se na oitiva de, no máximo, cinco testemunhas, arroladas pela acusação (art. 54, inc. III), e pela defesa (art. 55, § 1º). Em que pese a lei não fazer nenhuma referência (e nem seria necessário, face ao disposto no art. 48), poderá o juiz "ouvir outras testemunhas, além das indicadas pelas partes", como lhe faculta o art. 209 do Código de Processo Penal.

Outros meios de prova – Embora a lei faça menção, como atos de instrução probatória, apenas ao interrogatório do réu e à prova testemunhal, por óbvio que outros meios de prova podem ser produzidos, como, por exemplo, acareações e reconhecimentos. A *acareação* ou *careação* consiste no ato probatório através do qual são colocadas cara a cara, face a face, pessoas que apresentaram versões divergentes sobre determinado fato. Podem ser acareadas as pessoas elencadas no art. 229 do CPP e o seu valor probatório é praticamente nenhum, eis que a pessoa que a ela se submete, via de regra, mantém a versão inicialmente apresentada. Já o *reconhecimento* trata de um cotejo entre elementos atuais e passados, capazes de propiciar a identidade de determinada pessoa ou coisa. O reconhecimento pode ser *formal* ou *informal*. O primeiro, realizado, como regra, na fase policial, como o nome indica, deve atender às formalidades do art. 226 do CPP. Já o segundo é aquele realizado em audiência, na presença do juiz e das partes e que, segundo monótona jurisprudência, prescinde das formalidades legais mencionadas. Nos crimes que envolvam o tráfico de drogas, o reconhecimento pode conter grande valor probatório e – decerto – ninguém sustentará o impedimento de produção dessa prova somente porque o legislador aludiu unicamente, à prova testemunhal e ao interrogatório.

Esclarecimentos do perito – Também a oitiva do perito em audiência, embora não prevista no diploma em análise, é perfeitamente cabível, a teor do *caput* do art. 400 do CPP. Imagine-se o surgimento de dúvida razoável quanto à natureza da droga apreendida e seu potencial ofensivo. Mas essa prova depende do prévio requerimento das partes ou, em outras palavras, não pode ser determinada de ofício pelo juiz, na dicção do § 2º, do art. 400, do Código de Processo Penal. Teria sido adotado, aqui, o sistema acusatório puro, ao se vedar ao juiz qualquer iniciativa probatória? Parece que não em face da atual redação do art. 156 do CPP, que, em seu inc. II, faculta ao juiz "determinar, no curso da instrução, ou antes de proferir sentença, a realização de diligências para dirimir dúvida sobre ponto relevante". Interessante que no art. 401, § 2º, do CPP, o legislador reforça a possibilidade do juiz ouvir testemunhas além das indicadas pelas partes. Parece contraditório que a prova testemunhal se produza de ofício enquanto se impõe aparente restrição quanto à prova pericial. Daí ficarmos com a impressão, em uma análise sistemática, que, a despeito do contido neste dispositivo, é dado ao juiz, *sponte propria*, convocar os peritos para que, em audiência, prestem esclarecimento. Embora omisso o § 2º, do art. 400, nada impede que também os assistentes técnicos sejam ouvidos em audiência, conforme previsto, expressamente, no art. 159, § 5º, inc. II do CPP, do diploma legal acima aludido.

Depoimento de policiais – Um tanto controverso é o valor probatório a ser conferido ao depoimento de policiais, muito comum em processos que cuidam de drogas. Parte da jurisprudência vê com enormes reservas essa espécie de depoimento. Afinal – argumentam – se o policial foi o responsável pela prisão do réu, buscará, sempre, conferir ares de legalidade ao seu ato. Não faria sentido, assim, que, por exemplo, tendo preso o acusado por tráfico de entorpecente, afirmasse que a droga não se encontrava em poder daquele primeiro. Ademais, em vista da posição antagônica em que se encontram – policial e réu – sua tendência seria de carregar nas cores, pintando um quadro mais grave do que o efetivamente verificado, de modo a prejudicar a situação do agente.

Há, de outra parte, posicionamento francamente favorável ao depoimento de policiais. É que, tendo participado diretamente da diligência que culminou com a deflagração de processo contra o réu, mais do que ninguém se encontra preparado para depor sobre os fatos. Demais disso, importaria em verdadeiro contrassenso que o Estado, de um lado, habilitasse o agente a prestar-lhe serviços, mediante, inclusive, ingresso na carreira por um concurso público para, de outro, negar credibilidade a seu depoimento. Além disso, como não há qualquer ilegalidade na coleta do depoimento de testemunhas policiais, não é possível a sentença contaminar-se de nulidade pelo simples fato de neles se basear. Além de contrariar a própria teoria das nulidades – que exige "prejuízo" –, o depoimento de policiais não padece de qualquer irregularidade.

Pensamos inexistir qualquer impedimento para que se confira eficácia ao depoimento prestado por policiais. Para tanto, ele deve ser analisado no cotejo com as demais provas, assim como todo e qualquer depoimento. Não se deve conferir valor absoluto a essa espécie de testemunho, só pelo fato de que prestado por agentes públicos. Mas, de outra parte, a suspeita quanto a esse depoimento também não é correta, sobretudo nos dias atuais quando, na maioria das vezes, praticado um crime, ninguém se presta a servir como testemunha. Ao contrário, adiantam-se em dizer que nada viram, nada ouviram e, portanto, nada sabem. É, assim, plenamente viável, sob nossa compreensão, que um édito condenatório venha lastreado, tão somente, em depoimentos de policiais, desde que encontre amparo em outros elementos do processo. Por qual motivo se desconfiaria de um policial a incriminar um réu com quem jamais tivera contato e, portanto, contra quem não guardava nenhuma animosidade anterior? Importa, pois, despir-se de qualquer preconceito (típico do sistema tarifado), para, na análise global da prova, conferir o valor cabível a cada depoimento, pois, como já se afirmou, "o réu se defende dos fatos e não das pessoas que o acusam" (STJ – HC nº 91885-DF, Rel. Arnaldo Esteves Lima, j. 23.02.2010, DJe 22.03.2010). Assim se firmou a orientação do Superior Tribunal de Justiça: "O depoimento policial tem a natureza jurídica de prova testemunhal e deve ser valorado enquanto tal. Dessa forma, o testemunho policial não de ser, aprioristicamente, sobrevalorizado, sob o único argumento de que o policial goza pública, tampouco pode ser subvalorizado, sob a justificativa de que sua palavra não é confiável para, isoladamente, fundamentar uma condenação" (STJ, 5ª T., AREsp n 106395/RJ, Rel. Min. Ribeiro Dantas, j. 25.10.2022).

O mesmo raciocínio se aplica aos depoimentos de agentes penitenciários em casos de tráfico de drogas dentro de grandes complexos carcerários. Nessas situações, há um fator adicional que impede outros detentos de deporem contra os criminosos: a presença dominante de grandes organizações criminosas nesses ambientes, apesar dos esforços do Estado para combatê-las. Um delator que revele informações sobre um "companheiro" certamente enfrentará graves riscos de vida, independentemente das promessas feitas pelas autoridades. Além disso, a autoridade muitas vezes não conta com o apoio dos detentos, o que agrava a situação de vulnerabilidade do delator.

É relevante notar que é comum a presença de policiais civis em grandes aglomerações para entrevistar moradores e vizinhos, a fim de investigar o envolvimento de indivíduos com o tráfico de drogas. Essas entrevistas são realizadas de forma informal e discreta, e os moradores só fornecem informações sobre o envolvimento dos investigados com o tráfico se puderem garantir seu anonimato. O respaldo legal para a manutenção do anonimato dos informantes pelos policiais civis está no artigo 5º, inciso XIV, da Constituição Federal, que garante o acesso à informação e protege o sigilo da fonte quando necessário ao exercício da profissão. Os depoimentos desses policiais, que recolhem informações de vários moradores confirmando o envolvimento dos investigados, podem ser utilizados como fundamento para a condenação, desde que corroborados por outros elementos de prova presentes no processo.

Alegações finais orais/debates – Finda a instrução, cumpre às partes a oferta oral de alegações finais, na seguinte ordem: Ministério Público (por 20 minutos prorrogáveis por mais 10), e defesa (pelo mesmo tempo). A regra do § 1º, do art. 403, do Código de Processo Penal, tem aqui ampla aplicação, a se conferir: "Havendo mais de um acusado, o tempo previsto para a defesa de cada um será individual". Na improvável hipótese de contar o feito com um assistente de acusação (já que os crimes aqui tratados não contam com uma vítima determinada), a ele será concedido o prazo de 10 minutos (prorrogável por igual período de tempo), para que oferte suas alegações orais, falando após o Ministério Público, tudo nos termos do § 2º, do art. 403 do CPP. Essa prorrogação do prazo, nos termos expressos do dispositivo, fica "a critério do juiz", a quem cumpre analisar se a complexidade do feito, o número elevado de réus e testemunhas, etc., justificam a prorrogação.

Memoriais escritos – A lei em comento não menciona a possibilidade de substituição dos debates orais pela oferta de memoriais escritos. Nem por isso deve ser afastada essa faculdade, aplicando-se, no caso, de forma subsidiária (como autoriza o art. 48 da lei), o disposto no § 3º, do art. 403, do Código de Processo Penal. Deve se ter em mente, contudo, que a regra geral impõe a oferta de alegações finais orais. A oferta de memoriais importa em verdadeira exceção, admitida nas hipóteses elencadas na lei, isto é, quando complexo o caso e razoável o número de acusados (ou ainda na situação tratada no artigo seguinte). Eventual alegação, por exemplo, de que manifestações orais das partes tomarão tempo precioso da audiência, atrasando as demais que se seguirão, decerto que não justifica seja determinada a oferta de peça escrita. Melhor que se organize mais adequadamente a pauta, de modo a prever eventuais atrasos no decorrer dos trabalhos. Óbvio que essa regra nem sempre poderá ser aplicada, bastando que se lembre da hipótese na qual o promotor de justiça esteja ausente da audiência. E mesmo, talvez, quando, ausente o advogado constituído, seja o réu acompanhado, em audiência, por defensor *ad hoc*. No mais, cumpre às partes insistirem no debate oral. Se a defesa concordar com a oferta de memoriais, o promotor de justiça, que oferte suas alegações finais orais. A partir daí, o juiz se acha liberado para julgar em audiência (e assim cumprir a regra geral) ou, por exceção, chamar o feito à conclusão. O que não se deve permitir é que a exceção tome o lugar da regra, fazendo verdadeira tabula rasa da intenção do legislador.

Indeferimento de provas – Este diploma não prevê a possibilidade do juiz indeferir provas. Tal omissão, porém, não o impede fazê-lo, incidindo, aqui, o disposto no § 1º, do art. 400, do Código Penal, quando autoriza o juiz a "indeferir as [provas] consideradas irrelevantes, impertinentes ou protelatórias" (lembremos que o art. 48, desta lei em exame, permite a aplicação subsidiária do Código de Processo Penal ao procedimento da lei de drogas). Cuida-se, de resto, de possibilidade conhecida pelo CPP, bastando que se atente ao disposto no art. 184, que faculta ao juiz indeferir a realização de perícia requerida pelas partes. Ou à redação do art. 212, que confere ao juiz a faculdade de não admitir perguntas à testemunha que induzam sua resposta, que não tenham relação com a causa ou que sejam repetidas. Lembre-se, ainda, do disposto no art. 357, § 7º, do Código de Processo Civil (com aplicação analógica ao processo penal, na dicção do art. 3º do CPP), pelo qual "o juiz poderá limitar o número de testemunhas levando em conta a complexidade da causa e dos fatos individualmente considerados". Claro que à parte interessada resta insistir para que, por exemplo, as perguntas indeferidas (ou qualquer outra prova que tenha sido rejeitada), conste da ata de audiência, a fim de que, adiante, em eventual preliminar de apelação (ou mesmo um *habeas corpus*, dependendo do caso concreto), possa retomar o debate.

Parágrafo único. Após proceder ao interrogatório, o juiz indagará das partes se restou algum fato para ser esclarecido, formulando as perguntas correspondentes se o entender pertinente e relevante.

Interrogatório do acusado – A lei em exame prevê a realização do interrogatório antes da produção da prova testemunhal. Ocorre que, a partir da reforma processual de 2008, introduzida pela Lei n. 11.719/2008, foi alterado o art. 400 do Código de Processo Penal, de forma que o interrogatório passou a se constituir no último ato de instrução, realizado após a oitiva de vítima e testemunhas, do reconhecimento, acareações, etc. Estabeleceu-se, então, no âmbito doutrinário e jurisprudencial, essa dúvida, isto é, deve ser mantida a regra especial prevista na lei de drogas ou, ao revés, é caso de aplicação do dispositivo posterior, do CPP. Prevaleceu o segundo entendimento. Com efeito, no julgamento do HC n. 127900, em 03.03.2016, em que foi relator o Min. Dias Toffoli, o Supremo Tribunal Federal entendeu que aos crimes militares, embora sujeitos ao Código de Processo Penal Militar, aplica-se a regra do art. 400 do CPP, razão pela qual o interrogatório do réu deve ser realizado ao final da instrução criminal. Esse entendimento, conforme o julgado que modulou seus efeitos, deve ser aplicado a todas as instruções ainda em curso, bem como aos processos de natureza penal eleitoral e aos procedimentos penais regidos por legislação especial. É que importa, segundo a Corte, em regra mais benéfica ao réu, a assegurar-lhe a ampla defesa e o contraditório. O julgado, portanto, conquanto se referisse mais especificamente aos crimes castrenses, deixou claro que, também aos delitos previstos em leis especiais (como a de drogas), deve ser observada a regra do Código de Processo Penal.

De qualquer forma, eventual realização do interrogatório antes da produção da prova testemunhal, configura mera nulidade relativa, a depender, portanto, de arguição oportuna e demonstração do prejuízo acarretado ao réu. O Supremo Tribunal Federal, invocando o princípio da especialidade e em posicionamento diverso daquele inicialmente exposto, decidiu que, em se tratando de lei de drogas, é cabível o interrogatório ao início da audiência, em falta, ademais, que, se existente, configuraria mera nulidade relativa, a reclamar a demonstração do prejuízo suportado pelo réu. Confira-se: PACIENTE CONDENADO PELO DELITO DE TRÁFICO DE DROGAS SOB A ÉGIDE DA LEI 11.343/2006. PEDIDO DE NOVO INTERROGATÓRIO AO FINAL DA INSTRUÇÃO PROCESSUAL. ART. 400 DO CPP. IMPOSSIBILIDADE. PRINCÍPIO DA ESPECIALIDADE. AUSÊNCIA DE DEMONSTRAÇÃO DO PREJUÍZO – "Se o paciente foi processado pela prática do delito de tráfico ilícito de drogas, sob a égide da Lei 11.343/2006, o procedimento a ser adotado é o especial, estabelecido nos arts. 54 a 59 do referido diploma legal. O art. 57 da Lei de Drogas dispõe que o interrogatório ocorrerá em momento anterior à oitiva das testemunhas, diferentemente do que prevê o art. 400 do Código de Processo Penal. Este Tribunal assentou o entendimento de que a demonstração de prejuízo, a teor do art. 563 do CPP, é essencial à alegação de nulidade, seja ela relativa ou absoluta, eis que [...] o âmbito normativo do dogma fundamental da disciplina das nulidades *pas de nullité sans grief* compreende as nulidades absolutas" (HC n. 122229-SP – Rel. Ricardo Lewandowski, j. 13.05.014, DJe 30.05.2014).

A tese do interrogatório como último ato da instrução em todos os procedimentos penais só se tornou obrigatória a partir da data de publicação da ata de julgamento do HC 127900/AM pelo STF (11/03/2016). Isso significa que "Os interrogatórios realizados nos processos penais militares, eleitorais e da lei de drogas até o dia 10/03/2016 são válidos mesmo que tenham sido efetivados como o primeiro ato da instrução" (STF. Plenário. HC 127900/AM, Rel. Min. Dias Toffoli (Info 816)) Também assim entende o STJ (6ª Turma. HC 397382-SC (Info 609)).

Art. 58. Encerrados os debates, proferirá o juiz sentença de imediato, ou o fará em 10 (dez) dias, ordenando que os autos para isso lhe sejam conclusos.

Princípio da oralidade – Deve se ter em mente que a regra geral impõe a oferta de alegações finais orais (para ficarmos com a expressão legal), e, ato contínuo, a prolação da sentença, tudo concentrado em uma única audiência. Com isso se homenageia o princípio da oralidade, francamente adotado pelo legislador e, por outro lado, se ressalta sua preocupação de garantir maior celeridade ao processo. Mas, decerto que, em determinadas situações específicas, tamanha rapidez se mostrará inviável, bastando que se lembre de um processo complexo, com grande números de réus, tudo a exigir uma reflexão mais aprofundada que, por vezes, se mostra inviável logo após o término dos debates, em audiência que, não raras vezes, se estende por algumas horas. Daí a possibilidade, ainda que excepcional, cogitada pelo legislador, a permitir que o juiz chama à conclusão o feito para decidi-lo em dez dias.

Art. 59. Nos crimes previstos nos arts. 33, caput e § 1º, e 34 a 37 desta Lei, o réu não poderá apelar sem recolher-se à prisão, salvo se for primário e de bons antecedentes, assim reconhecido na sentença condenatória.

Direito de apelar em liberdade – Este dispositivo impunha, como requisito para o conhecimento da apelação, o prévio recolhimento do condenado ao cárcere. Era o que constava da redação do art. 594 do Código de Processo Penal, segundo o qual "o réu não poderá apelar sem recolher-se à prisão [...] salvo se condenado por crime de que se livre solto". Solto, portanto, não poderia recorrer ("salvo se [...] primário e de bons antecedentes"). Caso apelasse e fugisse, teria o recurso considerado deserto, na dicção original do art. 595 do CPP.

Cuidavam-se de dispositivos há muito criticados pela doutrina e jurisprudência, sobretudo por afronta aos termos da Convenção Americana sobre Direitos Humanos, que, em seus arts. 8, 2, *h*, e 25, assegura o direito ao duplo grau de jurisdição. Em 2008, inclusive, o STJ editou a Súmula n. 347, cujo enunciado é o seguinte: "O conhecimento de recurso de apelação do réu independe de sua prisão". A matéria foi, finalmente, pacificada a nível legal, pois a Lei n. 11.719/2008, revogou o art. 594 do código, não mais condicionando, assim, o conhecimento do apelo à prisão do recorrente. Também o art. 595 do CPP foi expressamente revogado pela Lei nº 12.403/2011. De sorte que, atualmente, pode-se afirmar, sem maior dificuldade, que este dispositivo legal se encontra tacitamente revogado. Isso não implica dizer, por óbvio, que todo e qualquer réu, condenado pela prática de tráfico de drogas, poderá apelar em liberdade. Não se trata disso. O que os novos dispositivos afirmam é que a prisão não é mais automática, resultado natural da sentença condenatória. É sim possível a prisão, mas desde que o juiz indique motivos concretos que a justifique. Nesse sentido, a propósito, o § 1º, do art. 387 do CPP, ao dispor que o juiz, na sentença condenatória, "decidirá, fundamentadamente, sobre a manutenção ou, se for o caso, a imposição de prisão preventiva ou de outra medida cautelar, sem prejuízo do conhecimento de apelação que vier a ser interposta".

CAPÍTULO IV
DA APREENSÃO, ARRECADAÇÃO E DESTINAÇÃO DE BENS DO ACUSADO

Art. 60. O juiz, a requerimento do Ministério Público ou do assistente de acusação, ou mediante representação da autoridade de polícia judiciária, poderá decretar, no curso do inquérito ou da ação penal, a apreensão e outras medidas assecuratórias nos casos em que haja suspeita de que os bens, direitos ou valores sejam produto do crime ou constituam proveito dos crimes previstos nesta Lei, procedendo-se na forma dos arts. 125 e seguintes do Decreto-Lei nº 3.689, de 3 de outubro de 1941 - Código de Processo Penal. (Redação dada pela Lei nº 13.840, de 2019)

§ 1º (Revogado). (Redação dada pela Lei nº 13.840, de 2019)

§ 2º (Revogado). (Redação dada pela Lei nº 13.840, de 2019)

§ 3º Na hipótese do art. 366 do Decreto-Lei nº 3.689, de 3 de outubro de 1941 - Código de Processo Penal , o juiz poderá determinar a prática de atos necessários à conservação dos bens, direitos ou valores. (Redação dada pela Lei nº 13.840, de 2019)

§ 4º A ordem de apreensão ou sequestro de bens, direitos ou valores poderá ser suspensa pelo juiz, ouvido o Ministério Público, quando a sua execução imediata puder comprometer as investigações. (Redação dada pela Lei nº 13.840, de 2019)

§ 5º Decretadas quaisquer das medidas previstas no caput deste artigo, o juiz facultará ao acusado que, no prazo de 5 (cinco) dias, apresente provas, ou requeira a produção delas, acerca da origem lícita do bem ou do valor objeto da decisão, exceto no caso de veículo apreendido em transporte de droga ilícita. (Incluído pela Lei nº 14.322, de 2022)

§ 6º Provada a origem lícita do bem ou do valor, o juiz decidirá por sua liberação, exceto no caso de veículo apreendido em transporte de droga ilícita, cuja destinação observará o disposto nos arts. 61 e 62 desta Lei, ressalvado o direito de terceiro de boa-fé. (Incluído pela Lei nº 14.322, de 2022)

Medidas assecuratórias do produto ou proveito do crime – o Art. 60 da Lei 11.343/2006 dispõe sobre a constrição de ativos que se constituem em produto ou proveito do crime diferentemente do regime do art. 61 que está a tratar do rito para a apreensão e destinação dos chamados *instrumentos do crime*, entendidos como os objetos empregados na prática do delito como por exemplo o avião usado para transportar a droga de uma cidade para outra.

Como o termo indica, as medidas assecuratórias são aquelas que têm por objetivo assegurar a futura indenização da vítima que experimentou um dano decorrente da prática da infração penal. Prestam-se ainda, nos termos do art. 140 do Código de Processo Penal, para garantir o pagamento das despesas processuais e das penas pecuniárias. Como, por vezes, o processo criminal perdura por longo tempo, tal delonga poderia acarretar a impossibilidade do ofendido ser ressarcido e, por isso, é que se preveem essas medidas, de natureza cautelar, com o objetivo de garantir futura execução. De forma que "as medidas assecuratórias, de natureza instrumental – cuja efetivação demanda, como no caso do sequestro, prova da materialidade delitiva e indícios suficientes de autoria – têm por fim assegurar os efeitos civis de uma decisão judicial, pois o que garante os efeitos penais é a própria prisão, isto é, são cautelares reais, pois recaem sobre bens, como a hipoteca legal, arresto e seqüestro" (STJ – AgRG no REsp nº 1241961-PR, Rel. Jorge Mussi, j. 27.11.2012, DJe 03.12.2012). Estão previstas nos arts. 125 a 144 do CPP e são elas: 1) sequestro; 2) hipoteca legal e 3) arresto.

É certo que a motivação das medidas assecuratórias aqui na Lei de Drogas não é essencialmente a futura indenização da vítima ou o pagamento das despesas processuais. Em verdade, aqui na lei de drogas, que na maioria das vezes tipifica crimes vagos, a decretação de medidas assecuratórias dos bens que aparentemente são produtos ou constituam proveito do crime serve ao movimento de despatrimonialização do agente criminoso, fruto de um manejo eficacional do direito penal. Isso porque, embora a resposta penal sempre esteja tradicionalmente relacionada ao cumprimento de alguma sanção penal, notabilizada pela compulsória restrição de direitos individuais, o olhar eficientista na proteção do bem jurídico do direito penal atual desvelou que outras medidas também são capazes de produzir diferentes efeitos preventivos (gerais e específicos) e retributivos. A ampliação de efeitos penais da sentença penal condenatória ou penas acessórias como perda do cargo, perda de instrumentos do crime e do proveito do crime, inabilitação para exercício de função pública e multas, bem como a ampliação de instrumentos de constrição do patrimônio do criminoso, todos instrumentos acessórios, somam-se aos efeitos tradicionais das sanções penais de modo a aplacar o sentimento de impunidade que a mera aplicação de pena restritiva de liberdade produz, notadamente se levados em conta a relação de custo-benefício de determinadas categorias delitivas, como tráfico de drogas e delitos de corrupção. O recrudescimento das respostas penais a esses casos insere-se em um novo modelo de política criminal funcionalista porque busca enfrentar, com outra mecânica, o sentimento social de impunidade que leva à perda, à prazo, da eficácia da própria ordem jurídica. Como destaca Alberto Binder: "Constitui uma das tarefas mais importantes do presente construir o método que nos permita desenhar, executar e controlar a política criminal dentro do conjunto valorativo do sistema democrático submetido ao Estado de Direito, com maior rigor, menor conteúdo emocional e amplo debate público. Eficácia não significa aumentar o conteúdo violento do poder punitivo, muito pelo contrário. Eficácia significa ter a capacidade de contribuir para o controle da criminalidade com o menor conteúdo de violência possível. Isso constitui o núcleo das exigências político-criminais do processo penal de nosso tempo e um de suas tarefas mais urgentes". (BINDER, Alberto. Fundamentos para a reforma da justiça penal. Trad. Augusto Jobim do Amaral. 1. ed., Florianópolis: Empório do Direito, 2017, p. 206). Por isso que aqui na Lei de Drogas, as medidas assecuratórias podem ser decretadas independentemente da presença de vítimas certas ou mesmo da comprovação de danos materiais.

Legitimidade para requerer as medidas assecuratórias na Lei 11.343/2006 - A Lei 13.840/2019 alterou o art. 60 ora em estudo de maneira a excluir a possibilidade de o juiz decretar de ofício as medidas assecuratórias nos processos que versem crimes desta lei. Embora a lei mantenha a legitimidade ordinária do Ministério Público para requerer essas medidas, prevê a inusitada possibilidade de o assistente de acusação fazê-lo. Trata-se de previsão legal louvável, principalmente porque a integração da vítima no processo é uma tendência político-criminal internacional que ainda é timidamente contemplada no Brasil. Todavia, salvo nos casos em que haja no processo a imputação de outros crimes que permitam a identificação de uma vítima certa e determinada, a previsão é de utilidade bastante questionável, exceto se considerarmos a possibilidade de entidades responsáveis pelos serviços ligados à saúde pública habilitarem-se no processo como interessados no ressarcimento dos danos causados pelas condutas previstas na Lei de Drogas. A nova redação ainda contempla a representação da autoridade de polícia judiciária como peça suficiente para deflagrar a atuação jurisdicional cautelar penal, e nisso parece estar a novidade, sem a intervenção do Ministério Público, o que nos parece ferir o postulado do princípio acusatório e conflitar com as disposições do Código de Processo Penal, aplicado subsidiariamente conforme ressalta a própria parte final do art. 60 ora em estudo.

De qualquer forma, deflagrada a medida cautelar, em nosso ordenamento, as medidas tendentes à apreensão e arrecadação dos bens do acusado, ou que estiverem em seu poder, devem ordinariamente ser fruto de uma decisão judicial, salvo quando oriundas de diligência policial, imediatamente após tomar conhecimento da prática de crime, consoante o disposto no art. 6.º, inc. II, do CPP.

São cabíveis as medidas assecuratórias previstas na legislação processual penal, tais como sequestro, hipoteca e arresto, com observância das peculiaridades da Lei de Drogas.

Aplicação subsidiária do rito processual do CPP – a revogação dos §§ 1º e 2º e a modificação da redação dos §§ 3º e 4º do art. 60 da Lei de Drogas pela Lei 13.840/2019 relegou à aplicação subsidiária do rito processual do Código de Processo Penal às questões relacionadas às medidas assecuratórias, providência que procura uniformizar esses atos mediante a consolidação de uma sistemática adequada para a matéria. Também devem ser observadas, no que couber, as disposições do art. 61 da Lei de Drogas que trata do dever de comunicação, avaliação e alienação dos bens apreendidos, a seguir comentados.

***Standard* necessário para a decretação das medidas assecuratórias - substituição da expressão "Indícios suficientes" por "suspeita"** – Outrora, antes da reforma promovida pela Lei 13.840/2019, o art. 60 da Lei de Drogas, como *standard* para a decretação das medidas assecuratórias, exigia a existência de "indícios suficientes", expressão que foi substituída por "suspeita" mas que deve manter o mesmo sentido de um mediano suporte probatório indicativo da prática de ato ilícito, fruto de um juízo de simples probabilidades e calcado em conjeturas, apto a compor a suficientemente a decretação da medida cautelar. A alteração é bem-vinda vez que o emprego da locução *indícios* é feito, não raro, de forma confusa pela legislação processual que passa a utilizar-se da locução *suspeita* para expressar a ideia de existência suficiente de elementos probatórios aptos a autorizar uma dada conclusão decisória (plausibilidade do direito). Neste sentido é disposição da legislação alemão vez que o StPO conhece três graus de suspeita (Verdachtsgrade). Na fase mais superficial, existe a chamada suspeita inicial (Anfangsverdacht) (§§ 160 I, 152 II); no plano intermediário, move-se a suspeita suficiente (hinreichender Tatverdacht) (§§ 170 I, 203); na etapa mais avançada, encontra-se a forte suspeita (dringender Tatverdacht), exigida, por exemplo, para a imposição da prisão preventiva (Untersuchungshaft) (§ 112).

De qualquer forma é cabível compreender o sentido de indício, entendida como a circunstância plenamente conhecida a partir da qual, por dedução, se permite extrair uma conclusão a respeito de determinado fato. Assim, não presenciei a prática do furto, mas se escuto o soar de um alarme de um veículo e vejo alguém correndo, trazendo em mãos um rádio, posso concluir ser ele o autor da subtração desse objeto. Mais precisamente quanto ao sequestro, elucidativo é o exemplo lembrado por Câmara Leal, a saber: "o agente adquire um imóvel logo depois da prática de um furto ou roubo, não é encontrada em seu poder toda a importância subtraída, a quantia que falta corresponde exatamente ao preço pago pela aquisição do imóvel e o comprador não dispunha de recurso para essa compra; tudo leva a crer que o imóvel tivesse adquirido com o produto do crime. São tão veementes os indícios que o juiz poderá, baseado neles, decretar o sequestro do imóvel" (*Comentários ao Código de Processo Penal Brasileiro*, Rio de Janeiro: Freitas Bastos, 1942, vol. 1, p. 365). Daí a o ensinamento de Hélio Tornaghi, para quem "indícios veementes são os que levam a grave suspeita, os que eloquentemente apontam um fato, gerando uma suposição bem vizinha da certeza. Indícios suficientes são os que bastam para convencer" (*Instituições de Processo Penal*, São Paulo: Saraiva, 2ª. ed., 1977, vol. 3, p. 21). Não se reclama, pois, a certeza absoluta, sob pena mesmo de tornar eficaz a medida, prejudicada pelo perigo na demora de sua efetivação (*periculum in mora*).

Para a decretação das medidas assecuratórias, não se reclama, pois, a certeza absoluta, sob pena mesmo de tornar ineficaz a medida, prejudicada pelo perigo na demora de sua efetivação (*periculum in mora*) razão pela qual entendemos que este juízo é norteado por um *standard of proof* de caráter normativamente intermediário, composto por elementos de convicção de mediano grau de profundidade, aptos a comprovar a verossimilhança, a probabilidade do *fumus comissi delicti*.

Medidas assecuratórias e o art. 366 do CPP – A Lei 13.840/2019 modificou a redação do § 3º do art. 60 da Lei de Drogas de modo a prever que na hipótese de aplicação do art. 366 do Código de Processo Penal, o juiz poderá determinar a prática de atos necessários à conservação dos bens, direitos ou valores referentes ao caso. Em certa medida, a disposição se perfila na previsão daquela norma que possibilita ao juiz determinar a produção antecipada das provas consideradas urgentes, providência necessária quando a demora da instrução puder prejudicar a busca da verdade real. A presente norma, contudo, ante a natureza complementar mantida com o *caput* do art. 60, independente da função probatória, tem como finalidade principal a constrição dos bens, direitos e valores suspeitos de serem produto do crime ou de constituírem-se proveito dos crimes previstos na Lei de Drogas. Inegável a conjugação deste dispositivo com o art. 63-A, também acrescido pela Lei 13.840/2019 a seguir comentado.

Cabe ainda uma última consideração sobre essa disposição. Ao permitir que o juiz determine a prática de atos necessários à conservação dos bens, direitos e valores, a legislação facilita a destinação desses objetos para pessoas, físicas ou jurídicas, com expertise nisso, inclusive mediante seu uso social e útil previsto nos arts. 61 e 62, também a seguir estudados.

Suspensão da apreensão ou sequestro – Pode ocorrer que, em virtude da execução da ordem de uma medida assecuratória, as investigações sofram algum prejuízo. Imagine-se que, determinado o arresto de uma aeronave, descobre-se que tal veículo será utilizado para o transporte de grande quantidade de droga. Pode ser do interesse da investigação que, primeiro, seja concretizado o tráfico, com a prisão de todos os componentes da quadrilha para, somente depois, ser apreendido o avião.

Incidente defensivo simplificado – A Lei 14.322/2022 inseriu os parágrafos 5º e 6º ao art. 60 ora comentado. As novas disposições legais instituem um simplificado contraditório junto ao procedimento que instrumentaliza a medida assecuratória. Trata-se de previsão que descomplica o exercício da ampla defesa do acusado, franqueando-lhe a oportunidade para demonstrar a origem lícita dos ativos que foram apreendidos cautelarmente.

O regime de simplificação instrutória leva-nos a inferir que a decisão liberatória prevista no novo § 6º somente é cabível se a prova produzida indicar um manifesto desacerto da suspeita inicial de que os ativos apreendidos eram produto ou proveito dos crimes previstos na lei. Deve-se evitar assim, fazer deste incidente simplificado um amplo requerimento defensivo que já está assegurado pelo art. 130, I, do CPP, aplicado subsidiariamente como previsto pelo *caput* do 60 da Lei de Drogas.

Observe-se que ambos os parágrafos ressaltam que essa defesa não será cabível no caso de veículo apreendido em transporte de droga ilícita. A ressalva foi bem delineada pelo legislador porque esse caso é regulado pelo art. 61 da Lei a seguir comentado.

Art. 60-A. Se as medidas assecuratórias de que trata o art. 60 desta Lei recaírem sobre moeda estrangeira, títulos, valores mobiliários ou cheques emitidos como ordem de pagamento, será determinada, imediatamente, a sua conversão em moeda nacional. (Incluído pela Lei nº 13.886, de 2019)

§ 1º A moeda estrangeira apreendida em espécie deve ser encaminhada a instituição financeira, ou equiparada, para alienação na forma prevista pelo Conselho Monetário Nacional. (Incluído pela Lei nº 13.886, de 2019)

§ 2º Na hipótese de impossibilidade da alienação a que se refere o § 1º deste artigo, a moeda estrangeira será custodiada pela instituição financeira até decisão sobre o seu destino. (Incluído pela Lei nº 13.886, de 2019)

§ 3º Após a decisão sobre o destino da moeda estrangeira a que se refere o § 2º deste artigo, caso seja verificada a inexistência de valor de mercado, seus espécimes poderão ser destruídos ou doados à representação diplomática do país de origem. (Incluído pela Lei nº 13.886, de 2019)

§ 4º Os valores relativos às apreensões feitas antes da data de entrada em vigor da Medida Provisória nº 885, de 17 de junho de 2019, e que estejam custodiados nas dependências do Banco Central do Brasil devem ser transferidos à Caixa Econômica Federal, no prazo de 360 (trezentos e sessenta) dias, para que se proceda à alienação ou custódia, de acordo com o previsto nesta Lei. (Incluído pela Lei nº 13.886, de 2019)

Apreensão de ativos estrangeiros - Introduzido pela Lei 13.886/2019, o art. 60-A da Lei de Drogas dispõe que caso a apreensão ou medida assecuratória recaia sobre moedas estrangeiras, títulos, valores mobiliários ou cheques emitidos como ordem de pagamento deve ser providenciada sua conversão em moeda nacional. Trata-se de disposição que busca evitar o risco de deterioração ou depreciação desses ativos.

Trata-se de disposição semelhante à do art. 144-A, § 4º, do CPP, que inclusive deverá ser aplicado no caso porque especifica a destinação dos valores convertidos em pecúnia, qual seja, *depósito das correspondentes quantias em conta judicial*.

Apreensão de dinheiro ou cheque – A reforma da Lei de Drogas, promovida pela Lei 13.886/2019, modificou o § 2º e § 3º do art. 62, que regulamentava a apreensão de dinheiros e cheques, relegando o tratamento da matéria às disposições gerais do art. 144-A do CPP. De todo modo, as antigas previsões revogadas, que indicavam didaticamente o iter na atuação das autoridades persecutórias de modo que servem para este propósito. Assim, a autoridade pública que identifica uma apreensão sobre dinheiro ou cheques deve instar o Ministério Público para que este postule a conversão do numerário apreendido em moeda nacional (caso se trate de moeda estrangeira), ou a compensação dos cheques emitidos após a instrução do inquérito, depositando produto em conta judicial, com recibo nos autos.

Nos casos de apreensão de dinheiro e cheques, deve ser observada a Resolução 428/2005, do Conselho Nacional de Justiça (de aplicação à Justiça Federal). Esse diploma determina que, em se tratando de apreensão de moeda nacional, o numerário será guardado junto à Caixa Econômica Federal, em depósito judicial remunerado, na forma do inciso I do art. 1º do Decreto-lei nº 1.737/79, lavrado o respectivo termo de depósito. Embora a resolução determine o depósito judicial junto à CEF, do Regimento Interno do Banco do Brasil, em seu art. 55, inc. X, consta dentre suas atribuições a de, "manter a custódia dos valores encaminhados por órgãos oficiais e o acautelamento de cédulas e moedas falsas".

Cuidando-se de moeda estrangeira, será encaminhada ao Banco Central do Brasil. Também a moeda falsa, após perícia, será enviada ao Banco Central do Brasil, com um carimbo lançado em cada cédula, contendo a inscrição "moeda falsa" (cf. Carta Circular nº 3.329, do Banco do Brasil).

Os cheques, ainda nos termos da mencionada resolução, serão compensados, depositando-se o valor correspondente em conta remunerada à disposição do Juízo, junto à Caixa Econômica Federal, mantendo-se cópia autêntica nos autos.

Art. 61. A apreensão de veículos, embarcações, aeronaves e quaisquer outros meios de transporte e dos maquinários, utensílios, instrumentos e objetos de qualquer natureza utilizados para a prática, habitual ou não, dos crimes definidos nesta Lei será imediatamente comunicada pela autoridade de polícia judiciária responsável pela investigação ao juízo competente. (Redação dada pela Lei nº 14.322, de 2022)

§ 1º O juiz, no prazo de 30 (trinta) dias contado da comunicação de que trata o caput, determinará a alienação dos bens apreendidos, excetuadas as armas, que serão recolhidas na forma da legislação específica. (Incluído pela Lei nº 13.840, de 2019)

§ 2º A alienação será realizada em autos apartados, dos quais constará a exposição sucinta do nexo de instrumentalidade entre o delito e os bens apreendidos, a descrição e especificação dos objetos, as informações sobre quem os tiver sob custódia e o local em que se encontrem. (Incluído pela Lei nº 13.840, de 2019)

§ 3º O juiz determinará a avaliação dos bens apreendidos, que será realizada por oficial de justiça, no prazo de 5 (cinco) dias a contar da autuação, ou, caso sejam necessários conhecimentos especializados, por avaliador nomeado pelo juiz, em prazo não superior a 10 (dez) dias. (Incluído pela Lei nº 13.840, de 2019)

§ 4º Feita a avaliação, o juiz intimará o órgão gestor do Funad, o Ministério Público e o interessado para se manifestarem no prazo de 5 (cinco) dias e, dirimidas eventuais divergências, homologará o valor atribuído aos bens. (Incluído pela Lei nº 13.840, de 2019)

§ 5º (VETADO). (Incluído pela Lei nº 13.840, de 2019)

§ 6º (Revogado). (Redação dada pela Lei nº 13.886, de 2019)

§ 7º (Revogado). (Redação dada pela Lei nº 13.886, de 2019)

§ 8º (Revogado). (Redação dada pela Lei nº 13.886, de 2019)

§ 9º O Ministério Público deve fiscalizar o cumprimento da regra estipulada no § 1º deste artigo. (Incluído pela Lei nº 13.886, de 2019)

§ 10. Aplica-se a todos os tipos de bens confiscados a regra estabelecida no § 1º deste artigo. (Incluído pela Lei nº 13.886, de 2019)

§ 11. Os bens móveis e imóveis devem ser vendidos por meio de hasta pública, preferencialmente por meio eletrônico, assegurada a venda pelo maior lance, por preço não inferior a 50% (cinquenta por cento) do valor da avaliação judicial. (Incluído pela Lei nº 13.886, de 2019)

§ 12. O juiz ordenará às secretarias de fazenda e aos órgãos de registro e controle que efetuem as averbações necessárias, tão logo tenha conhecimento da apreensão. (Incluído pela Lei nº 13.886, de 2019)

§ 13. Na alienação de veículos, embarcações ou aeronaves, a autoridade de trânsito ou o órgão congênere competente para o registro, bem como as secretarias de fazenda, devem proceder à regularização dos bens no prazo de 30 (trinta) dias, ficando o arrematante isento do pagamento de multas, encargos e tributos anteriores, sem prejuízo de execução fiscal em relação ao antigo proprietário. (Incluído pela Lei nº 13.886, de 2019)

§ 14. Eventuais multas, encargos ou tributos pendentes de pagamento não podem ser cobrados do arrematante ou do órgão público alienante como condição para regularização dos bens. (Incluído pela Lei nº 13.886, de 2019)

§ 15. Na hipótese de que trata o § 13 deste artigo, a autoridade de trânsito ou o órgão congênere competente para o registro poderá emitir novos identificadores dos bens. (Incluído pela Lei nº 13.886, de 2019)

Comunicação, avaliação e alienação dos instrumentos do crime apreendidos - com a redação conferida por duas leis sucessivas, Leis 13.840/2019 e 13.886/2019, diferentemente do art. 60 que prevê o regime jurídico aplicável para a apreensão do produto ou proveito do crime, o art. 61 da Lei de Drogas estabelece um rito para a apreensão e destinação dos chamados *instrumentos do crime*, entendidos como os objetos empregados na prática do delito como por exemplo o avião usado para transportar a droga de uma cidade para outra.

Importa inicialmente observar que a Lei de Drogas é mais rigorosa do que a legislação ordinária visto que admite que todos os bens relacionados no *caput* do art. 61 sejam apreendidos e depois, no caso de condenação, perdidos em favor da União, ainda que não constituam fato ilícito em si mesmos, nisso residindo o maior rigor da lei especial. Para parte significativa da doutrina e jurisprudência, este maior rigor decorre do art. 243, parágrafo único, da Constituição Federal que prevê que "Todo e qualquer bem de valor econômico apreendido em decorrência do tráfico ilícito de entorpecentes e drogas afins e da exploração de trabalho escravo será confiscado e reverterá a fundo especial com destinação específica, na forma da lei".

A alteração promovida ao *caput* do art. 61 confirma o maior rigor da Lei de Drogas frente a outras disposições penais. A lei acrescentou a oração entre vírgulas "habitual ou não" de modo que a apreensão dos objetos mencionados na norma independe do seu uso reiterado para a prática dos crimes previstos na Lei. Trata-se, assim, de alteração legislativa que contempla o entendimento sedimentado no Supremo Tribunal Federal no julgamento do RE 638.491/PR (DJe 23/08/2017), de que, no caso de tráfico de drogas, as medidas confiscatórias podem ser realizadas, independentemente da habitualidade de seu uso no crime.

Realizada a apreensão destes objetos, a Lei de Drogas determina seja feita sua imediata comunicação ao juiz competente, o que deve ser feito dentro de algumas horas. Como geralmente a apreensão destes objetos é feita por ocasião da prisão em flagrante, cujo auto deve ser remetido no prazo de 24 horas para a autoridade judicial competente, sua comunicação é feita no cumprimento desta formalidade processual. Claro que a comunicação também deve ser feita, sem demora, no caso de a apreensão ser feita mediante cumprimento de um mandado de busca e apreensão ou ainda em razão da lavratura do termo circunstanciado de ocorrência (art. 69 da Lei n. 9.099/95). O objetivo desta comunicação é deflagrar, o mais rápido possível, a análise acerca das condições de armazenamento e depósito desses objetos ou ainda, visando evitar sua deterioração ou depreciação o cabimento da alienação cautelar ou ainda a possibilidade de serem utilizados pelos órgãos de segurança pública.

O juízo decisório cautelar de apreensão é normativamente sumário, até porque realizado mediante juízo de cognição superficial, calcado tão-somente na probabilidade de o objeto manter relação instrumental com o crime, conclusão que poderá ser alterada mediante o contraditório instalado por ocasião do pedido de restituição disposto no art. 63-A e ss. adiante comentados.

Alienação cautelar de bens – A alienação antecipada de bens é uma medida que se insere no poder cautelar do juiz e tem como propósito a evitar a deterioração ou depreciação do valor de determinados bens apreendidos ou ainda em razão da dificuldade de o mesmo ser armazenado. A medida alcança quaisquer apreendidos nos processos que versem sobre a Lei de Drogas, conforme prevê textualmente o § 10 do art. 61, de modo que mesmos os objetos alcançados pelas medidas assecuratórias do art. 60 podem ser, se necessário, alienados antecipadamente. Sua finalidade pública é bem destacada no julgado a seguir: "A alienação antecipada é uma cautela da efetividade da medida assecuratória real decretada, com fim de manter a incolumidade do valor do bem constrito, e não o bem em si". Não se trata, portanto, de garantia dos interesses do agente, mas dos bens jurídicos protegidos pela norma processual, ou seja, "os interesses patrimoniais das eventuais vítimas, o patrimônio público, relativamente aos dispêndios estatais na persecução penal e a idoneidade do sistema penal" (STJ, RMS: 52537 RS 2016/0307436-0, Relator: Min. Ribeiro Dantas, j. 12/09/2017, Quinta Turma, DJe 22/09/2017).

A alienação deve ser operacionalizada mediante autos apartados, dos quais constará a exposição sucinta do nexo de instrumentalidade entre o delito e os bens apreendidos, a descrição e especificação dos objetos, as informações sobre quem os tiver sob custódia e o local em que se encontrem (§ 2º).

A Alienação sempre dependerá de prévia avaliação que será realizada por oficial de justiça, no prazo de 5 (cinco) dias a contar da autuação, ou, caso sejam necessários conhecimentos especializados, por avaliador nomeado pelo juiz, em prazo não superior a 10 (dez) dias (§ 3º).

Feita a avaliação, o juiz intimará o órgão gestor do Funad, o Ministério Público e o interessado para se manifestarem no prazo de 5 (cinco) dias e, dirimidas eventuais divergências, homologará o valor atribuído aos bens (§ 4º).

Embora desnecessário, a lei prevê que o Ministério Público deve fiscalizar o cumprimento da comunicação dos bens apreendidos, bem como a análise acerca da medida mais adequada no caso, seja a alienação, seja acerca da possibilidade de serem utilizadas pelos órgãos públicos (§ 9º).

É prescindível a condenação – Por se tratar de uma medida precária, não se exige, para a alienação de bens, a prévia condenação do agente. Nesse sentido, o Tribunal Regional Federal da 4ª. Região: MEDIDAS ASSECURATÓRIAS. CONDENAÇÃO. PRESCINDIBILIDADE PARA A DECRETAÇÃO DO SEQÜESTRO PATRIMONIAL – "A alienação antecipada de bem constrito judicialmente em processo penal, já perdurando a medida por prolongado período de tempo, legitima-se com a finalidade de preservação do valor patrimonial da res. Uma vez alienado o patrimônio em hasta pública, todavia, o valor auferido com a venda deverá reverter para uma conta-corrente *à* disposição do Juízo, aguardando-se o desfecho da ação penal para a destinação da importância" (MS n. 200604000131479-RS, Rel. Paulo Afonso Brum Vaz, j. 26.07.2006, DJ 02.08.2006, p. 633).

Manual de Bens Apreendidos – A Corregedoria Nacional de Justiça editou um manual ("Manual de Bens Apreendidos), facilmente consultado pela *internet*, que se presta como valioso guia ao Magistrado, indicando o caminho a seguir quando da apreensão de bens relacionados não apenas ao crime de tráfico de entorpecentes, mas também, por exemplo, à apreensão de dinheiro, cheques, caça-níqueis, animais em cativeiro, etc. No âmbito da Justiça Federal, o tema é tratado na Resolução nº 428, de 12 de abril de 2005.

Recomendação nº 30 de 10/02/2010 – Segundo essa recomendação, emanada do Conselho Nacional de Justiça, sugere-se aos juízes criminais, qualquer que seja o delito (e não apenas aqueles relacionados à drogas), que "ordenem, em cada caso e justificadamente, a alienação antecipada da coisa ou bem apreendido para preservar-lhe o respectivo valor, quando se cuide de coisa ou bem apreendido que pela ação do tempo ou qualquer outra circunstância ..." (art. 1º, "b").

Armas de fogo, munições e apetrechos – A comunicação imediata dos bens apreendidos também serve para dar às armas de fogo o tratamento legal específico da Lei 10.826/2013. Nos termos da Resolução 134/2011, do Conselho Nacional de Justiça, com aplicação no âmbito das justiças federal e estadual, as armas de fogo e munições apreendidas nos autos submetidos ao Poder Judiciário, após perícia, deverão ser encaminhadas ao Comando do Exército, para destruição ou doação, nos termos previstos no art. 25 da Lei nº 10.826/2003, com a notificação do proprietário de boa-fé para manifestação quanto ao interesse na restituição. Caso a arma apreendida ou a munição seja de propriedade da Polícia Civil ou Militar, ou das Forças Armadas, será restituída à respectiva corporação, após a elaboração de laudo pericial e intimação das partes.

A resolução autoriza o juiz, mediante decisão fundamentada, a determinar a guarda da arma de fogo apreendida ou da munição, caso a medida seja imprescindível para o esclarecimento dos fatos apurados no processo judicial. Fica proibida, durante o processo ou inquérito, qualquer tipo de carga, cessão ou depósito, em mãos alheias, de armas de fogo e munições apreendidas.

Observe-se que as armas de fogo, de uso permitido ou restrito, devidamente registradas e autorizadas, devem ser restituídas, pela autoridade policial ou judicial (art. 120 do CPP), aos legítimos proprietários. Pressupõe-se, claro, a prévia exibição, no momento da retirada do material, da documentação atinente ao registro e à autorização de porte. Tratando-se de policiais, a restituição se dará mediante a apresentação da respectiva carteira funcional. Por vezes, na prática, em ocorrências que envolvam policiais (civis ou militares), ocorre que a respectiva corporação determine a apreensão dessa arma, quando, nesse caso, não deverá ser restituída.

Art. 62. Comprovado o interesse público na utilização de quaisquer dos bens de que trata o art. 61, os órgãos de polícia judiciária, militar e rodoviária poderão deles fazer uso, sob sua responsabilidade e com o objetivo de sua conservação, mediante autorização judicial, ouvido o Ministério Público e garantida a prévia avaliação dos respectivos bens. (Redação dada pela Lei nº 13.840, de 2019)

§ 1º (Revogado). (Redação dada pela Lei nº 13.886, de 2019)

§ 1º-A. O juízo deve cientificar o órgão gestor do Funad para que, em 10 (dez) dias, avalie a existência do interesse público mencionado no caput deste artigo e indique o órgão que deve receber o bem. (Incluído pela Lei nº 13.886, de 2019)

§ 1º-B. Têm prioridade, para os fins do § 1º-A deste artigo, os órgãos de segurança pública que participaram das ações de investigação ou repressão ao crime que deu causa à medida. (Incluído pela Lei nº 13.886, de 2019)

§ 2º A autorização judicial de uso de bens deverá conter a descrição do bem e a respectiva avaliação e indicar o órgão responsável por sua utilização. (Redação dada pela Lei nº 13.840, de 2019)

§ 3º O órgão responsável pela utilização do bem deverá enviar ao juiz periodicamente, ou a qualquer momento quando por este solicitado, informações sobre seu estado de conservação. (Redação dada pela Lei nº 13.840, de 2019)

§ 4º Quando a autorização judicial recair sobre veículos, embarcações ou aeronaves, o juiz ordenará à autoridade ou ao órgão de registro e controle a expedição de certificado provisório de registro e licenciamento em favor do órgão ao qual tenha deferido o uso ou custódia, ficando este livre do pagamento de multas, encargos e tributos anteriores à decisão de utilização do bem até o trânsito em julgado da decisão que decretar o seu perdimento em favor da União. (Redação dada pela Lei nº 13.840, de 2019)

§ 5º Na hipótese de levantamento, se houver indicação de que os bens utilizados na forma deste artigo sofreram depreciação superior àquela esperada em razão do transcurso do tempo e do uso, poderá o interessado requerer nova avaliação judicial. (Redação dada pela Lei nº 13.840, de 2019)

§ 6º Constatada a depreciação de que trata o § 5º, o ente federado ou a entidade que utilizou o bem indenizará o detentor ou proprietário dos bens. (Redação dada pela Lei nº 13.840, de 2019)

§ 7º (Revogado). (Redação dada pela Lei nº 13.840, de 2019)

§ 8º (Revogado). (Redação dada pela Lei nº 13.840, de 2019)

§ 9º (Revogado). (Redação dada pela Lei nº 13.840, de 2019)

§ 10. (Revogado).

§ 11. (Revogado).

Utilização de bens apreendidos pelos órgãos de persecução – Trata-se de medida de caráter provisório e instrumental, notabilizada pela necessidade de dar uso social, útil e tempestivo de bens já anteriormente objetos de constrição patrimonial assecuratória, de modo a evitar sua obsolescência, a ação corrosiva do tempo sobre esses objetos, bem como sanar a incapacidade prática do Estado de adequadamente administrar os bens que ingressam em sua esfera de proteção. Além disso, a destinação e utilização provisória desses bens tende a aumentar o poder de atuação na prevenção e repressão aos crimes previstos na Lei de Drogas. A utilização é autorizada por meio de uma decisão incidental que não depende, portanto, para sua efetivação, de uma sentença condenatória e, tampouco, de seu trânsito em julgado. Pode, assim, ser decretada ainda na fase de investigações deflagradas por meio do respectivo inquérito policial.

Como mencionado antes por ocasião dos comentários ao art. 60, este tipo de instituto é fruto de um olhar eficacional moderno do direito penal e que vem sendo progressivamente contemplado pela legislação brasileira. Além da previsão original na Lei de Drogas, a Lei de Lavagem de Dinheiro de Capitais (Lei 9.613/1998, art. 4º) também se vale da medida, que também é utilizada pela Receita Federal (art. 29, item II, do Decreto-Lei 1.455/76, atualmente regulamentado pelo decreto 6.759/09 e pela portaria MF 282/11).

Na verdade, a utilização cautelar de instrumentos do crime se insere na moderna tendência de despatrimonialização do criminoso e agrega efeitos dissuasórios (função preventiva, gerais e específicos) e retributivos da sanção penal. Ao lado de outras medidas acessórias como perda do cargo, perda de instrumentos do crime e do proveito do crime, inabilitação para exercício de função pública, constrição do patrimônio do criminoso, etc, este tipo de providência busca aplacar o sentimento de impunidade que uma pura e simples aplicação de uma pena privativa de liberdade colateralmente produz, notadamente se levados em conta a relação de custo-benefício de determinadas categorias delitivas, como tráfico de drogas e delitos de corrupção.

Requisitos para decretação da medida cautelar de utilização de bens - vetor principal para a decretação da medida é a comprovação do interesse público, expressão pouco utilizada pelo CPP que emprega mais comumente a locução interesse da sociedade ou interesse da justiça para antagonizar-se com aquele outro meramente individual, mesmo porque, no processo penal, o confronto entre eles é absolutamente natural. A palavra "interesse público", na veia da doutrina mais atual, deve ser compreendida tanto quanto vinculada à atividade estatal, quanto afeta à defesa dos interesses coletivos, características que autorizam a supremacia desses interesses sobre o individual. Seja como for, típico das manifestações do pós-positivismo, o emprego de conceitos jurídicos indeterminados nas leis atuais implica necessária valoração do caso concreto mediante um qualificado ônus argumentativo para a autoridade pública que decide. Isso significa que, para conceder a medida, o juiz deverá demonstrar, analiticamente, a compatibilidade entre o uso provisório do bem pelos órgãos cessionários e os benefícios coletivos advindos dessa decisão, necessariamente superiores à mera conservação isolada e estática desses bens. Observe-se ainda que o § 1º-A do art. 62 dispõe que o órgão gestor do Funad atue em conjunto com o juiz na avaliação na existência desse interesse público. Em obediência ao art. 20 da Lei de Introdução às Normas do Direito Brasileiro, a decisão deverá apontar também suas consequências práticas, ou seja, com os olhos não voltados apenas para o passado, mas também havendo de ter em conta as consequências futuras da interpretação da norma, numa espécie de razão finalista.

O novel art. 62 da Lei de Drogas, ao contrário da antiga redação do art. 61, dispensou a demonstração de que a medida não implica prejuízo para a instrução, além de inexigir também a estrita demonstração do vínculo instrumental entre o objeto apreendido no cometimento do crime. Na verdade, o dispositivo não menciona estes requisitos negativos porque pressupõe que este tipo de análise já foi feita antes, por ocasião da decisão anterior que decretou a apreensão do objeto ora remanejado.

Anote-se assim que a decretação da utilização de bens apreendidos prevista no art. 62 da Lei de Drogas ocorre por meio de duas decisões judiciais sucessivas: uma que decretou a apreensão ou a medida assecuratória anterior, seguida de outra, agora sim, destinada à utilização do bem apreendido mediante a análise do interesse público. Essa metodologia reduz, sobremaneira, a complexidade da matéria a ser decidida, permitindo ao julgador uma análise centrada naqueles parâmetros necessários a justificar a utilização dos bens pelas entidades beneficiárias.

Objeto da Medida - Observe-se que a nova redação do art. 62 é mais abrangente porque admite a utilização cautelar de quaisquer dos bens de que trata o art. 61, o que engloba *assim veículos, embarcações, aeronaves e quaisquer outros meios de transporte e dos maquinários,* *utensílios, instrumentos e objetos de qualquer natureza utilizados para a prática dos crimes*. Também armas apreendidas podem, por meio de ordem judicial específica, ser destinadas cautelarmente para as polícias.

Embora não haja restrição, mais adequado que sejam destinados para autoridades de segurança os chamados bens duráveis, entendidos como aqueles utilizáveis durante um tempo relativamente longo, isto é, que só se deterioram ou perdem a utilidade com o uso por determinado período de tempo, como casas, automóveis, eletrodomésticos, equipamentos eletrônicos, computadores, celulares etc.

Anote-se que ao ingressarem no uso prestacional de serviços públicos, esses bens experimentam uma verdadeira afetação pública e passam a categoria de bens de uso especial, ainda que de forma precária.

O § 4º do art. 62 prevê que, no caso de veículos, embarcações ou aeronaves, o juiz deverá ordenar uma certificação provisória de registro e licenciamento, providências que visa assegurar a utilização desembaraçada desses bens, rotineiramente sujeitos a fiscalizações administrativas. A medida também busca permitir a infiltração de agentes policiais em atividades investigativas por meio de bens descaracterizados, o que implica numa significativa melhora da repressão e investigação dos crimes.

Beneficiários da Medida - O projeto prevê que os bens serão utilizados pela polícia judiciária, militar e rodoviária.

O § 1º-B do art. 62 da Lei de Drogas estabelece uma regra de prioridade para a utilização do bem, vinculando-a ao órgão de segurança pública que, originalmente, devido sua atuação persecutória, deu causa à constrição. Trata-se de uma regra premial que serve para estimular os órgãos públicos a agir com eficiência na localização de bens que podem ser revertidos para suas atividades. Porém, esta regra, em razão da parte final do § 1º-A do art. 62, deve ser conjugada com o requisito central exigido pelo legislador para a aplicação do instituto: o atendimento ao interesse público. De fato, deve-se buscar para o bem apreendido a melhor utilização possível, direcionando-o para órgão de segurança pública que, de acordo com sua natureza e capacidade de utilização, melhor uso fará no exercício das atividades de prevenção e repressão por ele desempenhadas. Assim, *ad exemplum*, caso sejam apreendidos computadores de última geração, com capacidade de processamento elevada e úteis para investigação de crimes cibernéticos, devem, a nosso sentir, ser destinados às delegacias especializadas nessas infrações, ainda que não tenham atuado na atividade persecutória que deu origem à constrição do bem apreendido.

Deferida a utilização cautelar do bem apreendido, importa destacar que a transferência de domínio do bem é feita para o órgão público e não para as pessoas naturais que ocupam os seus cargos de direção. Isso significa que o registro e controle patrimonial exercido ordinariamente por esses órgãos deve ser feito normalmente. O dever de zelo, guarda, custódia e uso para finalidade pública deve ser exercido por aqueles que, ordinariamente, são responsáveis a tanto.

Nunca é demais lembrar que o bem se encontra na cautela estatal para atender ao interesse da sociedade e não do servidor que exerce suas funções no órgão público em questão. Assim, não poderá a autoridade policial utilizar um automóvel, por exemplo, para fins pessoais. Não faria sentido que, ao dirigir-se à praia, em um final de semana, se valesse o policial de um veículo apreendido, posto que nítida a desvinculação entre sua atividade funcional e o momento de lazer. O uso do bem deve ser exclusivamente para as finalidades públicas a que foi destinado, de modo que o uso fora dessas hipóteses caracteriza abuso de poder sob a forma de desvio de finalidade, o que enseja a apuração disciplinar do fato. Se o funcionário assim o fizer ficará sujeito a sanções de cunho administrativo e penal.

Procedimento da medida - a medida de utilização cautelar de bens é concedida após decisão judicial, ouvido o Ministério Público e garantida a prévia avaliação dos respectivos bens. A simplificação é justificada porque esta cautelar pressupõe a decisão anterior em que foi aplicada medida de sequestro, apreensão ou outra medida assecuratória sobre o bem, o que pressupõe que os postulados do contraditório já foram exercidos antes. Isso também torna desimportante discussões sobre o processamento em autos apartados, competência para processamento da medida e questões procedimentais visto que, naturalmente, o procedimento de utilização de bens apreendidos deverá ser processado, senão nos mesmos autos, ao menos de forma conexa àquele que instrumentalizou as decisões processuais (de sequestro, apreensão etc.).

Nada impede que os órgãos públicos que pretendem beneficiar-se desses bens apreendidos representem seu intento diretamente ao juiz perante o qual tramita os autos principais, deflagrando-se o pedido de utilização de bens.

Em princípio, a decisão final deve ser proferida no prazo de cinco dias, *ex vi*, art. 800, II, do CPP.

Em razão da precariedade do provimento cautelar, registre-se que é possível a revogação da medida com a restituição do bem, como por exemplo, caso reste comprovada a sua origem lícita.

Providências de cautela - A decisão que autoriza a utilização de bens apreendidos implica transferência da posse do bem para órgãos públicos, obrigando-os ao dever de custódia, guarda e cuidado e consequentemente, no dever de conservação e manutenção do bem. Assim sendo, mesmo diante da provisoriedade da decisão, via de regra, torna-se recomendável a adoção de providências de cautela, tais como: I- prévia avaliação; II - vistoria prévia do bem encaminhado que serve para descrição detalhada do seu estado de conservação; III – confecção de termo de entrega e responsabilidade (assinado pelo juiz competente e pelo chefe do órgão estatal cessionário), onde deverá constar que o bem terá uso exclusivo em serviço e com o objetivo de sua conservação; e, IV- em se tratando de veículos, embarcações ou aeronaves, comunicação às autoridades de trânsito ou órgão de registro e controle das providências previstas no § 4º do art. 62.

A avaliação e vistoria inicial, dentre outras finalidades, servem de base de cálculo para futura indenização ao proprietário de bem apreendido indevidamente, seja em razão de superveniente absolvição, seja em razão de decisão que o restitui para terceiro de boa-fé.

Extensão da utilização cautelar de bens - há entendimento jurisprudencial no sentido de ser possível estender esta hipótese para o uso de bens apreendidos e relacionados a outros crimes que não sejam os descritos na Lei 11.343/06. Neste sentido, STJ, REsp 1420960/MG, Rel. Min. Sebastião Reis Júnior, Sexta Turma, j. 24/02/2015, DJe 02/03/2015; TRF, 4ª R., MS 5022897-55.2018.4.04.0000; Sétima Turma; Rel. Des. Fed. Cláudia Cristina Cristofani; j. 16/10/2018; DEJF 18/10/2018; TRF 1ª R.; Apelação Criminal 0002339-45.2012.4.01.4300/TO; Rel. Des. Fed. Ney Bello; j. 21/06/2018; DEJF 29/06/2018; TJRS; MS 70077729853; 5ª Câmara Criminal; Rel. Des. Cristina Pereira Gonzales; j. 06/06/2018; DJe 07/06/2018.

§ 1º Os depósitos a que se refere o caput deste artigo devem ser transferidos, pela Caixa Econômica Federal, para a conta única do Tesouro Nacional, independentemente de qualquer formalidade, no prazo de 24 (vinte e quatro) horas, contado do momento da realização do depósito, onde ficarão à disposição do Funad. (Incluído pela Lei nº 13.886, de 2019)

§ 2º Na hipótese de absolvição do acusado em decisão judicial, o valor do depósito será devolvido a ele pela Caixa Econômica Federal no prazo de até 3 (três) dias úteis, acrescido de juros, na forma estabelecida pelo § 4º do art. 39 da Lei nº 9.250, de 26 de dezembro de 1995. (Incluído pela Lei nº 13.886, de 2019)

§ 3º Na hipótese de decretação do seu perdimento em favor da União, o valor do depósito será transformado em pagamento definitivo, respeitados os direitos de eventuais lesados e de terceiros de boa-fé. (Incluído pela Lei nº 13.886, de 2019)

§ 4º Os valores devolvidos pela Caixa Econômica Federal, por decisão judicial, devem ser efetuados como anulação de receita do Funad no exercício em que ocorrer a devolução. (Incluído pela Lei nº 13.886, de 2019)

> § 5º A Caixa Econômica Federal deve manter o controle dos valores depositados ou devolvidos. (Incluído pela Lei nº 13.886, de 2019)

Depósito em conta judicial – O numerário obtido com o leilão será depositado em conta judicial, devidamente remunerada, no aguardo do desfecho do processo. Caso seja o réu absolvido, o dinheiro lhe será entregue, desde que se trate de bem que admita a restituição. É benéfico ao réu que, por exemplo, ao invés de ter um veículo largado em um pátio, por anos a fio, sujeito à deterioração, seja o mais breve possível vendido esse veículo, depositando-se o valor apurado até final decisão.

> **Art. 63.** Ao proferir a sentença, o juiz decidirá sobre: (Redação dada pela Lei nº 13.840, de 2019).
>
> I - o perdimento do produto, bem, direito ou valor apreendido ou objeto de medidas assecuratórias; e (Incluído pela Lei nº 13.840, de 2019)
>
> II - o levantamento dos valores depositados em conta remunerada e a liberação dos bens utilizados nos termos do art. 62. (Incluído pela Lei nº 13.840, de 2019)
>
> § 1º Os bens, direitos ou valores apreendidos em decorrência dos crimes tipificados nesta Lei ou objeto de medidas assecuratórias, após decretado seu perdimento em favor da União, serão revertidos diretamente ao Funad. (Redação dada pela Lei nº 13.840, de 2019)
>
> § 2º O juiz remeterá ao órgão gestor do Funad relação dos bens, direitos e valores declarados perdidos, indicando o local em que se encontram e a entidade ou o órgão em cujo poder estejam, para os fins de sua destinação nos termos da legislação vigente. (Redação dada pela Lei nº 13.840, de 2019)
>
> § 3º (Revogado). (Redação dada pela Lei nº 13.886, de 2019)
>
> § 4º Transitada em julgado a sentença condenatória, o juiz do processo, de ofício ou a requerimento do Ministério Público, remeterá à Senad relação dos bens, direitos e valores declarados perdidos em favor da União, indicando, quanto aos bens, o local em que se encontram e a entidade ou o órgão em cujo poder estejam, para os fins de sua destinação nos termos da legislação vigente.
>
> § 4º-A. Antes de encaminhar os bens ao órgão gestor do Funad, o juiz deve: (Incluído pela Lei nº 13.886, de 2019)
>
> I – ordenar às secretarias de fazenda e aos órgãos de registro e controle que efetuem as averbações necessárias, caso não tenham sido realizadas quando da apreensão; e (Incluído pela Lei nº 13.886, de 2019)
>
> II – determinar, no caso de imóveis, o registro de propriedade em favor da União no cartório de registro de imóveis competente, nos termos do caput e do parágrafo único do art. 243 da Constituição Federal, afastada a responsabilidade de terceiros prevista no inciso VI do caput do art. 134 da Lei nº 5.172, de 25 de outubro de 1966 (Código Tributário Nacional), bem como determinar à Secretaria de Coordenação e Governança do Patrimônio da União a incorporação e entrega do imóvel, tornando-o livre e desembaraçado de quaisquer ônus para sua destinação. (Incluído pela Lei nº 13.886, de 2019)
>
> § 5º (VETADO). (Incluído pela Lei nº 13.840, de 2019)
>
> § 6º Na hipótese do inciso II do caput, decorridos 360 (trezentos e sessenta) dias do trânsito em julgado e do conhecimento da sentença pelo interessado, os bens apreendidos, os que tenham sido objeto de medidas assecuratórias ou os valores depositados que não forem reclamados serão revertidos ao Funad.

Perdimento do bem declarado na sentença – De se ver que o perdimento do bem não se constitui em um efeito natural da sentença condenatória, "já que a simples sentença condenatória não gera automaticamente o efeito de perdimento. Em outras palavras, o juiz deve se pronunciar, textualmente, sobre os bens apreendidos ou objeto das medidas assecuratórias esclarecendo sobre seu destino e situação jurídica. Não basta apenas que exista uma sentença penal condenatória para que os bens sejam considerados definitivamente perdidos. Todos os bens que sofreram qualquer tipo de constrição ao longo do processo devem ser objeto de análise pelo magistrado", como adverte Luiz Flávio Gomes (GOMES, Luiz Flávio. Lei de Drogas comentada artigo por artigo, São Paulo: RT, 6ª ed., 2014, p. 127). Nesse sentido: TJSP – ED 12521142008826O481, Rel. Euvaldo Chaib, publicado em 06.01.2011. Salvo, é claro, os instrumentos do crime que consistam em coisas cujo fabrico, alienação, uso, porte ou detenção constituam fato ilícito. Nestes casos, o perdimento é automático (STF – HC – *RT* 559/416) porque, claro, mesmo absolvido ou condenado o réu, ninguém, em sã consciência, determinaria a devolução de quilos de cocaína ou de uma metralhadora cujo uso é vedado por lei.

Mas o STJ firmou tese em sentido contrário, isto é, de que o perdimento de bens é efeito automático da sentença penal condenatória, pois se trata de decorrência lógica do art. 243, parágrafo único, da Constituição Federal, segundo o qual "Todo e qualquer bem de valor econômico apreendido em decorrência do tráfico ilícito de entorpecentes e drogas afins e da exploração de trabalho escravo será confiscado e reverterá a fundo especial com destinação específica, na forma da lei": "A expropriação de bens em favor da União pela prática do crime de tráfico ilícito de entorpecentes tem previsão em foro constitucional, nos termos do art. 243, parágrafo único, da Constituição da República e decorre da sentença penal condenatória, conforme regulamentado, primeiramente e de forma geral, no art. 91, II, do Código Penal, e posteriormente, de forma específica no art. 63 da Lei n. 11.343/2006." (AgRg no AREsp 1.333.058/MS, j. 11/12/2018).

Bens alcançados pelo confisco – A respeito, aliás, da interpretação a ser conferida ao art. 243 no tocante aos bens utilizados para a prática criminosa do tráfico de drogas, decidiu o STF que, para o confisco, basta a simples constatação de que determinado bem foi utilizado para o cometimento do crime, independentemente de qualquer prova de habitualidade ou de exclusividade (RE 638.491/PR, j. 17/05/2017).

No julgamento do RE 638.491/PR (DJe 23/08/2017), o STF adotou a orientação de que o confisco pode ocorrer pela simples constatação de que determinado bem foi utilizado para o cometimento do tráfico, independentemente de qualquer prova de habitualidade ou de exclusividade. Para o tribunal, basta que se observe o parágrafo único do art. 243 da Constituição Federal, que determina o perdimento de bens apreendidos *em decorrência do tráfico*. Não há, no texto constitucional, nenhum requisito de habitualidade ou de exclusividade na utilização dos bens apreendidos.

Por isso pacificou-se o entendimento de que o confisco de bens e valores vinculados ao crime de tráfico de drogas recai sobre todo e qualquer bem de valor econômico apreendido em decorrência deste delito, sem a necessidade de se perquirir a habitualidade e reiteração do uso do bem para tal fim, nem mesmo que tenha havido a sua modificação para dificultar a descoberta do local do acondicionamento da droga, já que tais requisitos não são exigidos pelo art. 243, parágrafo único, da Constituição. Além disso, a decretação da medida não depende da comprovação de sua ilicitude, mas tão somente de que tenham sido empregados nos respectivos delitos (Tese 647).

Entendemos que a medida pode alcançar ainda os produtos indiretos, frutos ou resultados econômicos extraordinários (como por exemplo o prêmio de loteria cujo bilhete fora adquirido com o produto do crime), vez que a medida visa alcançar todo o patrimônio e riqueza que tenham sido originadas de atividade criminosa, sob pena de admitir-se a fruição de benefícios econômicos provenientes de um delito. Neste sentido: "o sequestro é medida assecuratória cujo deferimento acarreta a indisponibilidade dos bens móveis ou imóveis adquiridos pelo agente como proveito da infração penal ou produto indireto (fructus sceleris), cuja finalidade precípua é garantir a reparação do dano causado pelo delito e a perda do produto ou proveito auferido pelo agente com a prática do crime, evitando-se, pois, benefício decorrente da própria torpeza" (STJ; RMS 52.537/RS, Rel. Ministro Ribeiro Dantas, Quinta Turma, j. 12/09/2017, DJe 22/09/2017).

Prevalece o entendimento de que o confisco de instrumentos ilícitos pode ser decretado em caso de crimes culposos ou de crimes tentados, bem como quando pertençam a um partícipe ou, inclusive, a um terceiro que não tenha título legítimo sobre a coisa e não figure como terceiro de boa-fé.

Comunicação ao Funad – O § 2º do art. 63 da Lei estabelece a obrigação do juiz de comunicar ao órgão gestor do Fundo Nacional Antidrogas (Funad) sobre os bens, direitos e valores que foram declarados perdidos em processos judiciais, geralmente relacionados ao tráfico de drogas ou crimes similares. A função do juiz, nesse contexto, é elaborar uma relação detalhada desses bens, indicando o local exato onde estão, além de especificar a entidade ou órgão que detém a posse, seja a polícia, uma agência governamental ou outra entidade envolvida no processo. Essas informações são enviadas ao órgão gestor do Funad, que tem a responsabilidade de destinar os bens conforme a legislação vigente, podendo utilizá-los ou vendê-los, com os recursos sendo aplicados para ações de combate ao tráfico de drogas, prevenção, tratamento de dependência química, entre outros. O objetivo é assegurar que os bens apreendidos sejam corretamente administrados e destinados a políticas públicas voltadas ao combate às drogas.

Quando a Secretaria Nacional de Políticas sobre Drogas (SENAD) não cumpre sua função de alienar bens perdidos após a condenação definitiva por tráfico de drogas, cabe ao Juízo da Execução tomar as providências necessárias para vender os bens e destinar o valor à União, garantindo assim a destinação adequada conforme previsto na Lei nº 11.343/2006 (TRF-4, Mandado de Segurança (Turma) 5030721-60.2021.4.04.0000, Relator(a): JOÃO PEDRO GEBRAN NETO, OITAVA TURMA, Julgado em: 26/01/2022, Publicado em: 26/01/2022).

Réu absolvido – em regra, o levantamento dos valores depositados e a liberação dos bens apreendidos ocorre em razão de uma sentença absolutória ou por meio de uma decisão que acolhe o pedido de restituição.

Deve-se atentar para a regra do § 6º do art. 63 que dispõe que nessa hipótese do inciso II, decorridos 360 (trezentos e sessenta) dias do trânsito em julgado e do conhecimento da sentença pelo interessado, os bens apreendidos, os que tenham sido objeto de medidas assecuratórias ou os valores depositados que não forem reclamados serão revertidos ao Funad. Nesse caso presume-se que o interessado dispôs, voluntariamente, de seu direito de propriedade. Diante do abandono desses objetos opera-se efeito equiparado ao previsto no art. 1.263 do Código Civil de modo que sua propriedade é transferida para o Funad.

Por isso o saudoso mestre *Nélson Hungria* afirmava que nosso diploma penal adotou o *critério dúplice ou bifronte*: se há condenação, opera-se o *confisco especial*; se há absolvição, o confisco limita-se aos instrumentos e produtos do crime que *consistam em coisas cujo fabrico, alienação, uso, porte ou detenção constitui fato ilícito*, figura entre as medidas de segurança patrimoniais (HUNGRIA, Nélson. Comentários ao Código Penal, v.III, p. 270. Editora Revista Forense, 2ª edição, Rio de Janeiro, 1955).

Por isso importa atentar que, ainda que absolvido o réu, impronunciado ou determinado o arquivamento de inquérito policial, há bens que jamais lhe serão restituídos. São aqueles mencionados no art. 91, inc. II, "a" e "b" do Código Penal, a saber "instrumentos do crime, desde que consistam em coisas cujo fabrico, alienação, uso, porte ou detenção constitua fato ilícito" e o "produto do crime ou de qualquer bem ou valor que constitua proveito auferido pelo agente com a prática do fato criminoso". Já dissemos que, *v.g.*, absolvido o réu por falta de provas, nem por isso lhe será devolvida a metralhadora de última geração apreendidas durante as investigações. Conquanto o art. 91 do Código Penal trate dos efeitos da sentença penal condenatória, o art. 779 do Código de Processo Penal admite o confisco "no despacho de arquivamento do inquérito, na sentença de impronúncia ou na sentença absolutória".

Confisco na Transação penal e no Acordo de Não Persecução Penal – Em regra, não se aplicam os efeitos secundários confiscatórios dos bens apreendidos na decisão que homologa uma transação penal ou um acordo de não persecução penal. Nada impede, contudo que esses acordos contenham cláusula de renúncia à propriedade do objeto apreendido, implicando num efeito prático similar ao perdimento, conforme inclusive já prevê o enunciado Criminal 58, do Fonaje.

Confisco de bens na colaboração premiada – A imanente natureza negocial da Colaboração Premiada implica na possibilidade de as partes autorregularem suas vontades que, a partir disso, produzem efeitos jurídicos permitidos e autorizados pelo ordenamento jurídico. Nesse modelo de solução de litígios, a liberdade de negociar é considerada ponto central porque diretamente ligada a autonomia da vontade e da cooperação necessária para a tutela do bem jurídico pretendida no caso concreto. É por isso que se diz que, no modelo de justiça consensual, vige o princípio do devido processo consensual, estruturado pela autonomia da vontade, princípio da eficiência, da lealdade e da boa-fé objetiva. A liberdade de negociar implica em relativa liberdade de conteúdo do acordo, que não pode ser igualado a um contrato de adesão, caracterizado pela fixação pasteurizada e meramente formais das condições a serem prestadas pelo investigado. Porém, de outro lado, não são permitidas condições que produzam violações a direitos fundamentais ou desproteção do bem jurídico tutelado pela norma penal aparentemente violada no caso.

O *standard* decisório é assim pautado pelo exame do atendimento aos interesses específicos das partes envolvidas, que se não forem cumpridos desemboca no desinteresse ao acordo ou criação de situações ineficientes ou injustas. Sobreleva-se neste aspecto a análise a partir do princípio da juridicidade que permite sejam levados em consideração os elementos materiais contidos no sistema jurídico em seu aspecto substancial de modo que devem ser admitidas as prestações sociais que levem a tutela penal do bem jurídico contido na infração penal imputada ao investigado.

Respeitados os limites acima, entendemos que podem ser fixadas outras condições ou medidas de interesse social que atendem a tutela do direito subjacente à infração penal praticada o que permite seja a perda de bens objeto de negociação por ocasião do acordo de colaboração processual, seja com o propósito de fixar a entrega imediata de bens, seja inclusive para imunizar determinados bens do agente colaborador, observados os termos do quanto decidido pelo STF nos autos do HC 127483/PR, j. 27/08/2015.

Propriedades rurais – A expropriação de propriedades rurais e urbanas em que forem localizadas culturas ilegais de plantas psicotrópicas (CR, 243, caput; Lei 11.343/06, art. 32, § 4°) não é uma modalidade de confisco efeito da condenação, daí exigir a propositura de ação específica, cujo único legitimado ativo é a União, conforme previsto pela da Lei nº 8.257/9188. A propósito vale conferir o Decreto nº 577/92, que regulamenta referida legislação e a Tese fixada pelo STF em sede de repercussão geral, no sentido de que: "*A expropriação prevista no art. 243 da CF pode ser afastada, desde que o proprietário comprove que não incorreu em culpa, ainda que in vigilando ou in eligendo*" (STF; RE 635336, Relator(a): Min. Gilmar Mendes, Tribunal Pleno, j. 14/12/2016, DJe-209 14-09-2017).

Art. 63-A. Nenhum pedido de restituição será conhecido sem o comparecimento pessoal do acusado, podendo o juiz determinar a prática de atos necessários à conservação de bens, direitos ou valores. (Incluído pela Lei nº 13.840, de 2019)

Comparecimento do acusado e conservação do bem – Ao impor a presença do acusado como condição para conhecimento do pedido de restituição, o legislador teve por objetivo fortalecer o interesse em defesas presenciais no processo. Não faria sentido, com efeito, que um réu foragido pudesse, ainda assim, continuar a frente de seus negócios, pedindo a restituição de seus bens. O comparecimento *pessoal* a que se refere a lei exige a apresentação do endereço em que o réu possa ser localizado.

No que se refere à conservação dos bens, deve o juiz zelar para que eles não se dissipem ou sejam deteriorados. Trata-se de dispositivo que tem paralelo no § 1º, art. 137 e no § 5º, do art. 120, ambos do Código de Processo Penal. Este último dispositivo reza que "tratando-se de coisas facilmente deterioráveis, serão avaliadas e levadas a leilão público, depositando-se o dinheiro apurado, ou entregues ao terceiro que as detinha, se este for pessoa idônea e assinar termo de responsabilidade". O mesmo ocorrerá caso se trate de bens fungíveis. Tratando-se, portanto, de coisas facilmente deterioráveis (remédios, alimentos, por exemplo), pode o juiz, depois da avaliação do bem, levá-lo a leilão, sendo o dinheiro apurado depositado em conta judicial, no aguardo da solução do incidente.

Art. 63-B. O juiz determinará a liberação total ou parcial dos bens, direitos e objeto de medidas assecuratórias quando comprovada a licitude de sua origem, mantendo-se a constrição dos bens, direitos e valores necessários e suficientes à reparação dos danos e ao pagamento de prestações pecuniárias, multas e custas decorrentes da infração penal. (Incluído pela Lei nº 13.840, de 2019)

Liberação de bens lícitos – O dispositivo cuida de hipótese de restituição de bem restituível, isto é, de objeto (I) cujo fabrico, alienação, uso, porte ou detenção não constitua fato ilícito; (II) não tenha sido demonstrado constituir-se em produto do crime ou constitua proveito dos crimes previstos nesta Lei e (III) não seja mais necessário para os fins do processo.

Como a Lei não regulamentou detalhadamente, o pedido de restituição de bens apreendidos em processos da Lei de Drogas deverá seguir as disposições gerais do Código de Processo Penal, exceto no tocante a autoridade restituinte que aqui na Lei especial só pode ser o juiz de direito, porque vinculado à constrição em razão da comunicação imediata mencionada no § 1º do art. 61 da Lei.

Art. 63-C. Compete à Senad, do Ministério da Justiça e Segurança Pública, proceder à destinação dos bens apreendidos e não leiloados em caráter cautelar, cujo perdimento seja decretado em favor da União, por meio das seguintes modalidades: (Incluído pela Lei nº 13.886, de 2019)

I – alienação, mediante: (Incluído pela Lei nº 13.886, de 2019)

a) licitação; (Incluído pela Lei nº 13.886, de 2019)

b) doação com encargo a entidades ou órgãos públicos, bem como a comunidades terapêuticas acolhedoras que contribuam para o alcance das finalidades do Funad; ou (Incluído pela Lei nº 13.886, de 2019)

c) venda direta, observado o disposto no inciso II do caput do art. 24 da Lei nº 8.666, de 21 de junho de 1993; (Incluído pela Lei nº 13.886, de 2019)

II – incorporação ao patrimônio de órgão da administração pública, observadas as finalidades do Funad; (Incluído pela Lei nº 13.886, de 2019)

III – destruição; ou (Incluído pela Lei nº 13.886, de 2019)

IV – inutilização. (Incluído pela Lei nº 13.886, de 2019)

§ 1º A alienação por meio de licitação deve ser realizada na modalidade leilão, para bens móveis e imóveis, independentemente do valor de avaliação, isolado ou global, de bem ou de lotes, assegurada a venda pelo maior lance, por preço não inferior a 50% (cinquenta por cento) do valor da avaliação. (Incluído pela Lei nº 13.886, de 2019)

§ 2º O edital do leilão a que se refere o § 1º deste artigo será amplamente divulgado em jornais de grande circulação e em sítios eletrônicos oficiais, principalmente no Município em que será realizado, dispensada a publicação em diário oficial. (Incluído pela Lei nº 13.886, de 2019)

§ 3º Nas alienações realizadas por meio de sistema eletrônico da administração pública, a publicidade dada pelo sistema substituirá a publicação em diário oficial e em jornais de grande circulação. (Incluído pela Lei nº 13.886, de 2019)

§ 4º Na alienação de imóveis, o arrematante fica livre do pagamento de encargos e tributos anteriores, sem prejuízo de execução fiscal em relação ao antigo proprietário. (Incluído pela Lei nº 13.886, de 2019)

§ 5º Na alienação de veículos, embarcações ou aeronaves deverão ser observadas as disposições dos §§ 13 e 15 do art. 61 desta Lei. (Incluído pela Lei nº 13.886, de 2019)

§ 6º Aplica-se às alienações de que trata este artigo a proibição relativa à cobrança de multas, encargos ou tributos prevista no § 14 do art. 61 desta Lei. (Incluído pela Lei nº 13.886, de 2019)

§ 7º A Senad, do Ministério da Justiça e Segurança Pública, pode celebrar convênios ou instrumentos congêneres com órgãos e entidades da União, dos Estados, do Distrito Federal ou dos Municípios, bem como com comunidades terapêuticas acolhedoras, a fim de dar imediato cumprimento ao estabelecido neste artigo. (Incluído pela Lei nº 13.886, de 2019)

§ 8º Observados os procedimentos licitatórios previstos em lei, fica autorizada a contratação da iniciativa privada para a execução das ações de avaliação, de administração e de alienação dos bens a que se refere esta Lei. (Incluído pela Lei nº 13.886, de 2019).

Art. 63-D. Compete ao Ministério da Justiça e Segurança Pública regulamentar os procedimentos relativos à administração, à preservação e à destinação dos recursos provenientes de delitos e atos ilícitos e estabelecer os valores abaixo dos quais se deve proceder à sua destruição ou inutilização. (Incluído pela Lei nº 13.886, de 2019)

Art. 63-E. O produto da alienação dos bens apreendidos ou confiscados será revertido integralmente ao Funad, nos termos do parágrafo único do art. 243 da Constituição Federal, vedada a sub-rogação sobre o valor da arrematação para saldar eventuais multas, encargos ou tributos pendentes de pagamento. (Incluído pela Lei nº 13.886, de 2019)

Parágrafo único. O disposto no caput deste artigo não prejudica o ajuizamento de execução fiscal em relação aos antigos devedores. (Incluído pela Lei nº 13.886, de 2019)

Destinação dos bens cujo perdimento foi decretado – Todas as disposições acima regulamentam a tramitação administrativa de destinação dos bens cujo perdimento foi decretado em uma sentença penal condenatória. Chama atenção a possibilidade de o Senad, último destinatário desses bens ter livre disposição desses objetos para órgãos e entidades públicas, inclusive estaduais e municipais, bem como para as comunidades terapêuticas acolhedoras, o que efetivamente ampla o rol de beneficiados desses bens.

Art. 63-F. Na hipótese de condenação por infrações às quais esta Lei comine pena máxima superior a 6 (seis) anos de reclusão, poderá ser decretada a perda, como produto ou proveito do crime, dos bens correspondentes à diferença entre o valor do patrimônio do condenado e aquele compatível com o seu rendimento lícito. (Incluído pela Lei nº 13.886, de 2019)

§ 1º A decretação da perda prevista no caput deste artigo fica condicionada à existência de elementos probatórios que indiquem conduta criminosa habitual, reiterada ou profissional do condenado ou sua vinculação a organização criminosa. (Incluído pela Lei nº 13.886, de 2019)

§ 2º Para efeito da perda prevista no caput deste artigo, entende-se por patrimônio do condenado todos os bens: (Incluído pela Lei nº 13.886, de 2019)

I – de sua titularidade, ou sobre os quais tenha domínio e benefício direto ou indireto, na data da infração penal, ou recebidos posteriormente; e (Incluído pela Lei nº 13.886, de 2019)

II – transferidos a terceiros a título gratuito ou mediante contraprestação irrisória, a partir do início da atividade criminal. (Incluído pela Lei nº 13.886, de 2019)

§ 3º O condenado poderá demonstrar a inexistência da incompatibilidade ou a procedência lícita do patrimônio. (Incluído pela Lei nº 13.886, de 2019)

Confisco alargado – O artigo 63-F da Lei 11.343/2006 introduz no Brasil o conceito de confisco alargado, também conhecido como perda alargada. Trata-se de uma nova forma de consequência da sentença penal condenatória, envolvendo a perda de bens considerados como produto ou proveito do crime, quando comprovado o envolvimento do agente em atividades criminosas relacionadas ao tráfico de drogas.

Como mencionado nos comentários ao artigo 60, o principal objetivo desse tipo de medida é despojar o criminoso de seus bens, proporcionando um impacto econômico significativo, além dos efeitos tradicionais de dissuasão e retribuição da sanção penal. Isso é particularmente relevante em casos de crimes altamente lucrativos, como o tráfico de drogas praticado por organizações criminosas. A estratégia parte do pressuposto de que certos crimes envolvem uma alta dose de cálculo racional por parte do agente, que avalia os riscos e benefícios da prática delituosa.

A análise econômica do crime sugere que um sistema penal eficaz deve impor riscos superiores aos ganhos associados à prática criminosa. Ao atingir os bens ligados à conduta delituosa, o confisco alargado assume uma dimensão econômica clara, representando uma ferramenta eficaz do direito penal e integrando um modelo de política criminal funcional, que visa enfrentar de forma diferente a percepção de impunidade na sociedade, prevenindo a eventual perda de eficácia da ordem jurídica.

Pressupostos do confisco alargado: O confisco alargado não é cabível em qualquer condenação por crimes previstos na Lei de Drogas. O dispositivo em estudo elenca três pressupostos necessários que delimitam seu cabimento.

Importa desde já deixar assente que esses pressupostos servem para demonstrar que a legislação não cria uma presunção legal, mesmo porque o confisco alargado é um efeito secundário específico da sentença penal condenatória que opera resultados jurídicos que se espraiam para além da privação da liberdade.

Assim, do mesmo modo que ocorre com os demais efeitos penais da condenação, não há propriamente uma presunção legal, mas tão somente uma consequência anexa e direta do édito condenatório que, por opção político-criminal, se alastra para outras esferas jurídicas e produz outros efeitos jurídicos mandamentais previstos na norma.

Aqui, a sentença penal condenatória constitui-se em si uma nova hipótese normativa (suporte fático) que produz outra consequência jurídica prevista na norma – por isso se diz tratar-se de efeito ex lege –, e por isso independe de requerimento ou manifestação de vontade para ocorrer. Ao contrário, não é facultado ao prolator da decisão emitir qualquer juízo de valor acerca da adequação da produção de tais efeitos.

O mesmo ocorre, por exemplo, com a perda do cargo, efeito extrapenal previsto do § 5º do art. 1º da Lei 9.455/1997, efeito automático que para ser aplicado independentemente de qualquer juízo de presunção acerca da incapacidade moral do agente público ou de que ele voltará a torturar alguém. Na verdade, cumpridos os pressupostos legais, o rompimento do vínculo funcional decorre automaticamente da sentença penal condenatória, sendo desnecessário fazer provas acerca da conveniência ou não desta medida, aplicada que é como manifestação de império penal estatal.

Os três pressupostos a seguir estudados servem de suporte normativo válido para alargar o confisco penal de determinados bens e conectar a utilidade da medida à determinados valores constitucionais, que no caso, são integrados à política-criminal de enfrentamento aos crimes relacionados ao tráfico de drogas.

1º) condenação por crime com pena máxima superior a 06 anos: A lei exige que a condenação seja pela prática de crime que a lei comine pena máxima superior a seis anos de reclusão. Trata-se de requisito objetivo que atinge os seguintes crimes: art. 33 e seu parágrafo único, 34, 35 e 36 da Lei 11.343/2006. Naturalmente que, para atingir este quantum, devem ser levadas em conta, no caso de concurso de crimes, (concurso material, concurso formal ou continuidade delitiva), o total de pena cominada, seja pelo somatório, seja pela incidência da majorante.

Observe-se também que a lei não exige o trânsito em julgado da condenação, o que, dada a morosidade do sistema atual, aniquilaria a eficaz despatrimonialização pretendida pela norma.

2º) Incompatibilidade do patrimônio com a renda lícita do agente: Para a aplicação do confisco alargado, é essencial demonstrar a incompatibilidade ou desproporcionalidade entre o patrimônio do condenado e sua fonte de renda lícita. Este é o ponto central para a adoção dessa medida. É crucial compreender essa questão, especialmente no que diz respeito ao ônus da prova. Com base nos elementos da norma, cabe ao órgão acusador apresentar evidências de uma evolução patrimonial que seja desproporcional em relação à renda do agente. Portanto, não ocorre propriamente uma inversão do ônus da prova, pois a apresentação de uma explicação plausível para essa evolução patrimonial em níveis superiores à renda percebida pelo agente é uma matéria de defesa comum.

3º) Demonstração de vinculação à práticas delituosas: A lei estabelece como condição para a aplicação do confisco alargado a existência de elementos de prova que indiquem a prática habitual, reiterada ou profissional de condutas criminosas pelo condenado, ou sua ligação a uma organização criminosa. Vamos analisar cada uma dessas situações.

A necessidade de demonstrar que o condenado está envolvido em uma conduta criminosa habitual ou profissional sugere, inicialmente, a avaliação de um padrão de vida delinquencial repetido e rotineiro. Isso pode ser evidenciado pela análise dos antecedentes criminais, inclusive eventos ocorridos antes da maioridade penal (STF. Decisão monocrática. RHC 134121 MC, Rel. Min. Luiz Fux, julgado em 20/04/2016), bem como pela reincidência do condenado. No entanto, a expressão "profissional" diferencia-se das anteriores, que são avaliadas essencialmente de forma quantitativa. Ela implica uma avaliação qualitativa, o que significa que mesmo se o agente não possui um histórico extenso de atividade criminosa indicando habitualidade e repetição, mas há registros de participação em um crime cometido com um caráter nitidamente profissional, utilizando métodos sofisticados na execução que indiquem uma preparação específica prévia (como a produção ou refino de uma substância entorpecente), o requisito exigido pela lei será igualmente satisfeito.

A aplicação dessa medida também é justificada quando se comprova a vinculação do acusado a uma organização criminosa. Isso segue a mesma lógica da situação anterior, especialmente no que se refere ao padrão de vida delinquencial, mas com um certo grau de objetividade. A comprovação do envolvimento de alguém com uma organização criminosa geralmente é feita de forma mais direta. É importante ressaltar que não é estritamente necessário que o agente tenha sido condenado por um crime de organização criminosa, conforme previsto no artigo 2º da Lei 12.850/2013, na sentença penal que determina o confisco alargado.

Bens atingidos pela medida: Observe-se que o art. 63-F da Lei abrange todos os bens do criminoso que não sejam compatíveis com a sua renda lícita de modo a reputá-los como produto *(producta sceleris)* e proveito do crime *(pretium sceleris)*. Para ser mais preciso, a norma considera como como produto ou proveito do crime, todos bens correspondentes à diferença entre o valor do patrimônio do condenado e aquele compatível com o seu rendimento lícito.

Embora o confisco alargado recaia sobre bens não identificados diretamente com o crime, caso em que constituir-se-iam em produto e proveito crime, é medida considerada como uma consequência da sentença penal -daí porque tem natureza jurídica de *efeito secundário da sentença penal condenatória*- e atinge todos os demais ativos sobressalentes à receita legal do condenado e que não tiveram sua origem comprovada.

Conforme se extrai do § 2º do art. 63-F da Lei, deve-se tem em conta que patrimônio aqui não deve ser compreendido apenas como o declarado. Como bem observa Francisco Cardoso "deve-se ser efetivamente aplicado o conceito de beneficiário final ou beneficiário efetivo (*beneficial ownership*), de maneira a se buscar não apenas os bens que estejam registrados em nome do agente (como se sabe, poucos ou nenhum), mas todos aqueles que estejam sob seu domínio ou que por eles sejam controlados ou usufruídos. É o que costumamos chamar de patrimônio real e não o patrimônio declarado do agente delituoso. De acordo com as Recomendações do GAFI, impõe-se às instituições financeiras *lato sensu*, no âmbito das medidas de devida diligência ao cliente (CDD – Costumer Due Diligence) aplicadas, a obrigação de identificar o beneficiário efetivo das operações realizadas, adotando-se as medidas adequadas para verificar a sua identidade. Somente assim, podem as IFs ter um conhecimento satisfatório sobre a identidade do beneficiário efetivo da operação realizada. No caso de pessoas jurídicas, as IFs devem ainda adotar todas as medidas adequadas que lhes permitam compreender a estrutura de propriedade da figura jurídica, de forma a exercer o efetivo controle do cliente com o qual se relacionam. Isso quer dizer, não basta saber em nome de quem a operação está sendo realizada. Há a necessidade que os sujeitos obrigados efetivamente atuem de forma a identificar quem são os verdadeiros beneficiários ou controladores finais daquela operação. Tudo isso é feito justamente com a finalidade de se dar um espectro cada vez mais amplo na atividade estatal quando da identificação dos bens que compõem o patrimônio do agente. De modo que não escapem do radar dos órgãos de persecução criminal bens ou valores que tenham sido obtidos com a prática de crimes e que, pela complexidade de sua ocultação/dissimulação, não tenham sido descobertos e identificados quando da investigação criminal. No entanto, mesmo que cumprida adequadamente tal tarefa, identificando-se todos os bens que compõem o patrimônio real do criminoso, ainda mais complexa seria a atuação do Estado se a lei exigisse, para que tal patrimônio fosse atingido, a efetiva determinação de sua vinculação a uma prática criminosa específica". (CARDOSO, Francisco de Assis Machado. *Projeto de Lei Anticrime, o Confisco Alargado de demais medidas para aprimorar o perdimento do produto do crime.* In: SANCHES, Rogério et al. Projeto de Lei Anticrime. Salvador: Juspodvm, 2019. p. 228-229).

Trata-se de sistemática já empregada antes pelo legislador no art. 8º da Lei 13.344/2016 que prevê que para a decretação de medidas assecuratórias no tocante a determinadas infrações, é indiferente se os bens, direitos ou valores pertencem ao próprio agente ou a terceiros, pois referida lei refere-se a *"bens, direitos ou valores do investigado ou acusado, ou existentes em nome de interpostas pessoas"*.

Constitucionalidade do confisco alargado: O ponto de partida constitucional para esse instituto é o artigo 5º, XLVI, "b" da Constituição Federal, que explicitamente prevê a possibilidade de perda de bens em decorrência de uma condenação criminal. Além disso, o artigo 243 da CF prevê o confisco de terras utilizadas para o cultivo ilegal de plantas psicotrópicas, assim como de todo valor econômico apreendido em decorrência do tráfico. O Supremo Tribunal Federal entende esse dispositivo como um mandado de criminalização que justifica a perda dos bens apreendidos em casos de tráfico, dispensando a necessidade de comprovação de habitualidade ou exclusividade na utilização desses bens (STF, RE 638.491/PR).

Sob uma perspectiva internacional, o instituto está contemplado em algumas normas internacionais, com destaque para três convenções específicas da ONU: a Convenção de Viena contra os Crimes de Tráfico de Substâncias Entorpecentes, a Convenção de Palermo contra a Criminalidade Organizada Transnacional e a Convenção de Mérida contra a Corrupção. Esta última, em seu artigo 31, § 8º, passou a prever explicitamente a necessidade da edição de normas legislativas por parte dos Estados-Partes para estabelecer a aplicação do confisco alargado.

Por fim, não se configura violação à presunção de inocência, pois o confisco alargado é concebido como um efeito legal de uma sentença penal condenatória, sendo aplicado somente após a verificação de elementos suficientes para comprovar a culpabilidade do condenado. Além disso, esse efeito é passível de refutação pela defesa do condenado.

Diferença para o confisco por equivalência – Embora sejam semelhantes, o confisco alargado não se confunde com o confisco por equivalência, previsto no § 1º do artigo 91 do Código Penal.

No confisco por equivalência, a perda não se restringe apenas aos bens que se encontram diretamente vinculados com o crime praticado ou que deles derivam. Na verdade, quando estes não forem encontrados ou estejam localizados no exterior, o legislador passou a permitir que o confisco seja aplicado sobre outros bens de propriedade ou que estejam sob a posse do agente, proporcionalmente aos valores dos bens originários.

Neste caso, pode-se falar que a perda se dá tanto ao objeto a que se recai a lavagem como aos valores necessários para ressarcir o prejuízo causado.

Art. 64. A União, por intermédio da Senad, poderá firmar convênio com os Estados, com o Distrito Federal e com organismos orientados para a prevenção do uso indevido de drogas, a atenção e a reinserção social de usuários ou dependentes e a atuação na repressão à produção não autorizada e ao tráfico ilícito de drogas, com vistas na liberação de equipamentos e de recursos por ela arrecadados, para a implantação e execução de programas relacionados à questão das drogas.

Secretaria Nacional de Políticas sobre Drogas (Senad) – Trata-se o Senad de um órgão que compõe a estrutura do Ministério da Justiça e Segurança Pública, cujas atribuições são relacionadas no Decreto n. 7.426/2011. De interesse para o nosso trabalho, destacamos que, nos termos do mencionado decreto, cumpre ao Senad "indicar bens apreendidos e não alienados em caráter cautelar, a serem colocados sob custódia de autoridade ou órgão competente para desenvolver ações de redução da demanda e da oferta de drogas, para uso nestas ações ou em apoio a elas", bem como "realizar, direta ou indiretamente, convênios com os Estados e o Distrito Federal, a alienação de bens com definitivo perdimento decretado em favor da União, articulando-se com os órgãos do Poder Judiciário, do Ministério Público e da administração pública federal e estadual para a consecução desse objetivo".

Celebração de convênios – Este dispositivo autoriza a celebração de convênios entre o Senas e os Estados, o Distrito Federal e organismos que se à prevenção e recuperação de usuários e dependentes de drogas. Tais acordos ensejam a liberação de recursos previstos na Lei n. 7.560/1986, em favor de Estados e do Distrito Federal, segundo o art. 67 da lei em exame.

Ao que se tem notícia, em 12 de janeiro de 2000, foi firmado o primeiro de convênio a envolver o Senad, o Estado de São Paulo o Ministério Público e o Tribunal de Justiça do Estado de São Paulo.

O Termo de Convênio em vigor foi firmado entre a Secretaria Nacional Antidrogas, o Estado de São Paulo, por intermédio da Secretaria da Justiça e da Defesa da Cidadania, o Tribunal de Justiça do Estado de São Paulo e o Ministério Público do Estado de São Paulo. Tal convênio estabelece percentuais sobre valores obtidos oriundos da venda de bens apreendidos de hasta e em decorrência de ação cautelar de venda antecipada de bens.

TÍTULO VI
DISPOSIÇÕES FINAIS E TRANSITÓRIAS

Art. 70. O processo e o julgamento dos crimes previstos nos arts. 33 a 37 desta Lei, se caracterizado ilícito transnacional, são da competência da Justiça Federal.

Parágrafo único. Os crimes praticados nos Municípios que não sejam sede de vara federal serão processados e julgados na vara federal da circunscrição respectiva.

Competência – O processo relativo aos crimes previstos na lei de drogas segue a sistemática constitucional geral que define a Competência Federal desde que presentes as situações contidas no art. 109 da Carta Magna. Ausentes aquelas circunstâncias, remanesce a competência da Justiça Estadual.

O art. 70 da Lei reforça a tese de que o tráfico transnacional, isto é, aquele que teve iniciada a execução no País e o resultado tenha ou devesse ter ocorrido no estrangeiro, ou reciprocamente, à luz do que prevê o art. 109, inciso V, da CF, é de competência da Justiça Federal.

O parágrafo único do art. 70 da Lei, de forma inovadora, dispõe que os crimes transnacionais ocorridos em municípios que não são sede de vara federal deverão ser processados na vara federal da circunscrição respectiva. Assim, será processado na vara da Justiça Federal em Cáceres-MT o crime decorrente de uma apreensão de carregamento de drogas provenientes da Bolívia ocorrida nas pequenas cidades daquelas proximidades.

Anote-se que a 3ª Seção do Superior Tribunal de Justiça CANCELOU a Súmula 528, que possuía o seguinte teor: *Compete ao juiz federal do local da apreensão da droga remetida do exterior pela via postal processar e julgar o crime de tráfico internacional.*

Assim, na hipótese de importação da droga via correio cumulada com o conhecimento do destinatário por meio do endereço aposto na correspondência deve ser considerado competente o Juízo do local de destino da droga, o que milita em favor da facilitação da fase investigativa, da busca da verdade e da duração razoável do processo, conforme já decidiu a 3ª Seção do STJ no CC 177.882-PR, Rel. Min. Joel Ilan Paciornik, julgado em 26/05/2021 (Info 698).

Art. 72. Encerrado o processo criminal ou arquivado o inquérito policial, o juiz, de ofício, mediante representação da autoridade de polícia judiciária, ou a requerimento do Ministério Público, determinará a destruição das amostras guardadas para contraprova, certificando nos autos. (Redação dada pela Lei nº 13.840, de 2019)

Destruição final das amostras - O dispositivo trata das providências finais a serem tomadas após encerramos do processo criminal ou arquivado o inquérito policial, mediante a determinação da destruição das amostras da droga guardadas para contraprova e certificação nos autos.

CAPÍTULO 34

Investigação Criminal por Delegado de Polícia – Lei nº 12.830/2013

Renee do Ó Souza

Art. 1º Esta Lei dispõe sobre a investigação criminal conduzida pelo delegado de polícia.

Introdução: A Lei 12.830/2013 foi editada para reafirmar e regulamentar a investigação conduzida pelos delegados de polícia, e consolida algumas prerrogativas importantes aos delegados de polícia, de modo a estabelecer um regime jurídico capaz de lhe assegurar um desempenho funcional livre de perseguições, subserviência e fisiologismos.

Os delegados de polícia são os dirigentes das polícias civis e da polícia federal, órgãos da segurança pública previstos no art. 144, I e IV, da Constituição Federal, que se notabilizam pelo monopólio da força e exercício de função organicamente elementar do Estado moderno. É verdade que a essa ideia clássica, deve ser agregada uma compreensão mais social sobre segurança pública, explicada de forma adequada por Nathália Masson:

> A segurança pública visa oportunizar a convivência pacífica e harmoniosa dos indivíduos, inafastável para a construção de uma comunidade estruturada na serenidade e na paz entre seus componentes. A exclusão da violência nas relações sociais e consequente alcance da tranquilidade cotidiana nos espaços comuns e socialmente partilhados, bem como nos lugares privados, é atribuição do Estado, que tomou para si o monopólio do uso da força tornando-se, pois, o guardião da ordem pública.
>
> É nesse sentido que a Constituição declara, em seu art. 144, ser a segurança pública um dever do Estado, direito e responsabilidade de todos, e determina que ela será exercida para a preservação da ordem pública e da incolumidade das pessoas e do patrimônio, sendo efetivada por meio do poder de polícia, no seu aspecto especial de assegurar a segurança[1].

Aliás, como bem observa Norberto Bobbio, a identificação da polícia como entidade incumbida da função estatal relacionada a segurança pública é universalizada. Polícia, para o mestre italiano é:

1 MASSON, Nathalia. Manual de direito constitucional. 8. ed. Salvador: Juspodivm, 2020, p. 1642.

> Função do Estado que se concretiza numa instituição de administração positiva e visa pôr em ação as limitações que a lei impõe à liberdade dos indivíduos e dos grupos para salvaguardar a manutenção da ordem pública, em suas várias manifestações: da segurança das pessoas à segurança da propriedade, da tranquilidade dos agregados humanos à proteção de qualquer outro bem tutelado com disposições penais[2].

As funções relacionadas à segurança pública são imprescindíveis para a promoção e proteção dos direitos humanos/fundamentais vez que, embora eles possam ser exercidos (e postulados) por seus próprios titulares, devido a proibição da justiça privada e do papel garantidor da paz do Estado, somente podem ser viabilizados e protegidos com a consolidação de instituições dotadas de capacidade ordenadora e imperativa. Daí a importância do delegado de polícia nesta modelagem institucional pois, na dicção constitucional, ele é o dirigente das polícias (civis e federal).

A origem do cargo de delegado de polícia, no Brasil, remonta à Lei Imperial 261, de 3 de dezembro de 1841, que alterou dispositivos do Código de Processo Criminal de 1832 e instituiu o Chefe de Polícia para o Município da Corte e para cada Província do Império, criando os cargos de delegado e subdelegado[3]. Ao longo do tempo, a função sofreu significativas alterações, mas mantém uma identidade com o titular de cargo público que exerce atividades policiais, voltadas à proteção da incolumidade pública, paz social e segurança dos cidadãos em geral.

O delegado de polícia é o chefe da delegacia de polícia (ou distrito policial), unidade predial da polícia judiciária em que são realizados o atendimento ao público, onde é fixada a base administrativa das operações policiais voltadas às atividades relacionadas a investigação, bem como onde é feita a detenção provisória de presos em flagrante delito.

Majoritariamente, a legislação emprega a expressão *autoridade policial* para designar o presidente do inquérito policial, o que quase sempre coincide com o cargo de delegado de polícia. Há, todavia, quem sustente em sentido contrário, celeuma que ganhou mais notoriedade após a previsão contida no art. 69, da Lei n.º 9.099/1995, conforme abaixo será explorado.

O regime jurídico funcional dos delegados de polícia estaduais é determinado pelas leis estaduais pertinentes. No que diz respeito à polícia federal, o assunto é regulamentado pela Lei Federal n.º 9.266/1996. Importa ressaltar que, conforme disposto no art. 24, XVI, da Constituição Federal, a legislação referente à organização, garantias, direitos e deveres das Polícias Civis é de competência concorrente entre a União e os Estados[4].

Art. 2º As funções de polícia judiciária e a apuração de infrações penais exercidas pelo delegado de polícia são de natureza jurídica, essenciais e exclusivas de Estado.

Delegado de polícia e polícia judiciária: O dispositivo destaca a função da polícia judiciária relacionada ao policiamento investigatório e repressivo de infrações penais em geral. A expressão "polícia judiciária" remonta a instalação do Poder Judiciário no Brasil Império (Intendência Geral de Polícia), quando a função de investigação das infrações penais era inerente ao Intendente Geral de Polícia (desembargador com status de ministro de Estado), que podia delegar (transferir) parcela dessas atribuições a agentes de sua confiança – daí o nome *delegado*.

---

2 BOBBIO, Norberto. Dicionário de política. 5.ed. Brasília: Editora da Universidade de Brasília: São Paulo: Imprensa Oficial do Estado, 2000, p.944.

3 BRENE, Cleyson. LEPORE, Paulo. Manual do Delegado de polícia civil. 5ª ed., Salvador: Juspodivm. 2017. p. 19.

4 Por isso decidiu o STF que "É compatível com o sistema normativo-constitucional vigente, norma estadual que veda a promoção ou a participação de policiais em manifestações de apreço ou desapreço a quaisquer autoridades ou contra atos da Administração Pública em geral". (STF. Plenário. ADPF 734/PE, Rel. Min. Dias Toffoli, julgado em 13/4/2023 (Info 1090).

As terminologias "delegado de polícia" e "polícia judiciária" foram mantidas mesmo depois que o juiz foi distanciado desta fase prévia persecutória, após o advento da Lei n. 2.033, de 20 de setembro de 1871 e do consequente Decreto n. 4.824, de 22 de novembro de 1871, o que levou ao remanejamento administrativo das instituições policiais para a estrutura orgânica do poder executivo, modelagem mantida até os dias atuais. Aliás, atualmente, embora ainda seja possível identificar um conteúdo finalístico auxiliar da polícia judiciária ao Poder Judiciário, dada a conformação do processo penal contemporâneo, de feição acusatória, as atividades de polícia judiciária têm como destinatário imediato o Ministério Público, titular da ação penal.

Embora as polícias civil e federal estejam vinculadas ao Poder Executivo Estadual e Federal, respectivamente, é importante observar que o sistema jurídico concede a essas instituições, e consequentemente aos delegados de polícia, um grau considerável de independência. Isso ocorre principalmente porque seus agentes são selecionados por meio de concurso público, aberto à população em geral, baseado em provas e títulos. Além disso, exercem a autoridade estatal investigativa com poderes próprios em nome da busca pela segurança pública.

Polícia Judiciária, polícia investigativa e polícia administrativa: Entende-se que a função de polícia judiciária, que é inerente à polícia civil e à polícia federal, é essencialmente repressiva, cuja atuação é realizada depois que a infração penal foi praticada.

Mas a leitura atenta do art. 2º da Lei indica a necessidade de ***distinção entre as funções de polícia judiciária e de polícia investigativa***. Conquanto ambas se relacionem à colheita de elementos informativos quanto à autoria e materialidade das infrações penais, temos que a expressão *polícia judiciária* está relacionada à atribuição de auxiliar do Poder Judiciário, quando a polícia cumpre as ordens judiciárias relativas à execução de mandados de prisão, busca e apreensão, condução coercitiva de testemunhas, etc. Como explica Norberto Avena[5]:

> Essa diferenciação entre funções de polícia judiciária e de polícia investigativa decorre, inicialmente, do art. 144 da Constituição Federal que, ao disciplinar as atribuições da polícia federal, dispõe que lhe incumbe, de um lado, "apurar infrações penais" nos casos previstos (§ 1.º, I) e, de outro, "exercer, com exclusividade, as funções de polícia judiciária da União" (§ 1.º, IV); e ao regular as atribuições da polícia civil, estabelece que lhe cabe, 'ressalvada a competência da União, as funções de polícia judiciária e a apuração de infrações penais, exceto as militares' (§ 4.º). Como se vê, a CF distingue, nos dois casos, as funções de polícia judiciária da atribuição de apurar infrações penais – esta última consistente na chamada polícia investigativa. A mesma distinção é feita no art. 2.º, caput, da Lei 12.830/2013, dispondo este que 'as funções de polícia judiciária e a apuração de infrações penais exercidas pelo delegado de polícia são de natureza jurídica, essenciais e exclusivas de Estado'.

Também deve-se anotar que a Lei Orgânica Nacional das Polícias Civis (Lei nº 14.735/23) e a Lei Orgânica Nacional das Polícias Militares (Lei nº 14.751/23) restringem, mutuamente, a atuação das respectivas instituições, não admitindo que a Polícia Civil exerça atribuição da Polícia Militar, do mesmo modo que veda o exercício pela Polícia Militar de atribuições da Polícia Civil.

A distinção feita pelo texto constitucional permite inferir que, no tocante a atividade investigativa, inexiste exclusividade das polícias, de modo que outras autoridades administrativas como Ministério Público, Polícia Militar, Comissões Parlamentares de Inquérito, Conselho de Controle de Atividades Financeiras (COAF), Conselho Administrativo de Defesa Econômica (CADE) etc, detêm atribuições investigativas, o que será mais à frente detalhado. Neste sentido entende o STJ: "A Constituição Federal confere às polícias civil e federal a exclusividade do exercício das funções de polícia judiciária, mas não as de polícia investigativa, que se trata da

5 AVENA, Norberto. Processo penal. 12. ed. Rio de Janeiro: Forense; São Paulo: Método. 2020. p. 341.

colheita de elementos informativos quanto à autoria e materialidade das infrações penais" (STJ - AgRg no HC: 711399. J.10/05/2022)[6].

Contudo, mesmo quanto ao primeiro ponto, cumpre observar a existência de precedentes do Superior Tribunal de Justiça que indicam que mesmo as funções de polícia judiciária podem, excepcionalmente, ser exercidas pela Polícia Militar[7], linha de compreensão que, a nosso sentir, pode se estender para outras situações de modo possibilitar que outras instituições cumpram determinadas ordens judiciais, notadamente quando meramente mandamentais, que independem de uma expertise investigativa ou mesmo da interposição de um agente público para serem cumpridas, como, por exemplo, as que determinam bloqueio de bens ou que envolvam investigações virtuais, como o mapeamento digital (conhecido como *geofencing*[8]) executado inteiramente por empresas particulares. Trata-se de uma visão ampliativa que parte do sentido normativo cooperativo do direito à segurança pública, que embora dever do estado, é direito de todos, o que assegura a profusão de atividades investigativas e a universalização dos serviços relativos à segurança pública[9].

Há ainda que se anotar a existência da chamada ***polícia administrativa***, de caráter preventivo e ostensivo, exercida com objetivo de impedir o cometimento de atos criminosos, sendo

---

6 Há outros precedentes sobre o tema: "A tese de usurpação da competência da Polícia Civil não encontra respaldo jurídico pois as funções de polícia investigativa podem ser realizadas pela Polícia Militar, inclusive na apuração de crimes comuns, como garantido pela CF". (STJ, AgRg no HC n. 813.597/SP. J. 3/5/2023). E ainda: "O fato de o Ministério Público ter se baseado em investigações levadas a efeito pela Polícia Militar não configura qualquer ilegalidade" (STJ - HC: 884491. J. 24/01/2024).

7 Neste sentido: "[...] II – A polícia militar pode empreender atos investigatórios, inclusive cumprimento de mandado de busca e apreensão, não havendo que se falar em nulidade ou ilicitude das provas obtidas mediante observância do ordenamento jurídico, não sendo possível dar interpretação restritiva ao art. 144 da CF, sob pena de inviabilizar em muitos casos a persecução penal. Precedentes. [...]" (AgRg no REsp 1672330/SP, Rel. Min. Felix Fischer, 5ª. T., j. em 19/06/2018).

"[...] Na hipótese dos autos, a realização de busca e apreensão na residência do paciente, conquanto sem autorização judicial, foi precedida não só de denúncias anônimas sobre o tráfico realizado no local, mas também de ronda policial na localidade, momento em que o paciente, ao avistar a guarnição da Polícia Militar, empreendeu fuga e buscou se refugiar dentro de sua casa. 5. "A tese de usurpação da competência da Polícia Civil pela Polícia Militar, no caso, não encontra respaldo jurídico, pois, diversamente das funções de polícia judiciária – exclusivas das polícias federal e civil -, as funções de polícia investigativa podem ser realizadas pela Polícia Militar (HC 476.482/SC, Rel. Min. Laurita Vaz, 6ª T., j. em 21/2/2019) [...]". (AgRg no RHC 109.770/SC, Rel. Min. Reynaldo Soares Da Fonseca, 5ª T., j. em 14/05/2019).

"[...] 1. A Constituição da República diferencia as funções de polícia judiciária e de polícia investigativa, sendo que apenas a primeira foi conferida com exclusividade à polícia federal e à polícia civil, evidenciando a legalidade de investigações realizadas pela polícia militar e da busca e apreensão por aquela corporação realizada, mediante ordem judicial. 2. Em se tratando de crime de tráfico de drogas, considerado de natureza permanente, sequer seria obrigatório o mandado de busca e apreensão para operar-se o flagrante. [...]" (RHC 97.886/SP, Rel. Min. Maria Thereza De Assis Moura, 6ª T., j. em 07/08/2018)".

8 Segundo Vladimir Aras, o *geofencing* "é um mero mapeamento de presença digital, numa área determinada; é semelhante a obter o registro da portaria de um clube para saber quem estava naquele ambiente em determinada janela de tempo. Ou saber de uma concessionária de rodovia que veículos passaram pelos guichês do pedágio no dia tal às tantas horas, período de interesse específico para uma investigação criminal. Esses parâmetros podem corresponder ao dia, hora e local do crime, ou a coordenadas de espaço e tempo de uma ação vinculada a esse crime grave. Uma vez conhecido este universo – sem invasão a conteúdo de diálogos –, outros indícios serão usados para separar o joio (suspeitos) do trigo. Somente aquele(s) estarão sujeitos a outras medidas investigativas, como buscas e apreensões ou prisões.". O texto ainda cita o precedente do STJ sobre o tema, a saber: acórdão no RMS 62.143/RJ, de relatoria do ministro Schietti (ARAS, Vladimir. Geofencing" como técnica de investigação criminal. Blog do Vlad. Publicado em 27.08.2020. disponível em https://vladimiraras.blog/2020/08/27/geofencing-como-tecnica-de-investigacao-criminal/ Acesso em 21.10.2020).

9 Daí decorre a conclusão de que a Constituição não veda que sejam constituídas empresas especializadas na prestação de serviço de segurança privada. Em alguns casos, o STF vem entendendo, até mesmo, ser responsabilidade do particular prover a segurança. É o que ocorre com os estabelecimentos bancários, cuja função fundamental é justamente garantir a segurança do patrimônio dos correntistas (STF, AI-AgRg n. 239.107, Rel. Min. Moreira Alves. j. 19 out. 1999).

cumprida pelos variados órgãos ou instituições da administração pública que possuam atividade fiscalizadora, como acontece com o policiamento ostensivo da polícia militar, previsto no art. 144, § 5.º, da CF.

Inegável que, atualmente, essa dualidade entre polícia investigativa e administrativa move-se para uma inutilidade gerencial visto que contraproducente e geradora de conflitos e desarticulação operacional entre os órgãos voltados à segurança pública de modo que, forte na ideia do chamado *ciclo completo de polícia*, as atribuições das atividades de policiamento ostensivo e de investigação criminal devem(riam) ser intercambiáveis entre as organizações policiais[10]. Esse novo paradigma estrutural, voltado à percepção de que o crime tem natureza multifocal e que demanda políticas integradas, permite que a mesma instituição policial execute funções de polícia administrativa, com patrulhamento ostensivo por meio de policiais fardados e viaturas caracterizadas, voltada à prevenção de delitos e à repressão imediata, bem como realize as funções de polícia judiciária, com investigações da autoria e materialidade dos delitos, mediante a colheita de provas e destinadas à formação da *opinio delicti* e um execução de uma boa política de segurança pública[11].

Polícia científica: Para o STF, a "Polícia Científica", responsável pela realização de perícias, pode atuar de forma autônoma, sem necessidade de vinculação à Polícia Civil, e ainda assim ser considerada parte integrante do sistema de segurança pública. Esse entendimento foi consolidado com a promulgação da Lei Orgânica Nacional das Polícias Civis, que formalizou a possibilidade de autonomia das atividades periciais em relação à estrutura da Polícia Civil. Essa autonomia está prevista nos artigos 6º, IV; 15; e 19, III, da Lei nº 14.735/2023.

Natureza jurídica, essencial e exclusivamente estatal das funções de polícia judiciária e apuração de infrações penais exercidas pelo delegado de polícia: Ao proclamar a natureza jurídica, essencial e exclusivamente estatal, a norma pretende assentar que, no exercício das funções de polícia judiciária e investigatórias, o delegado de polícia se vale de conhecimentos jurídicos, imprescindíveis para a interpretação da lei e juízos de valoração de fatos e provas. A norma reafirma assim que a atuação do delegado de polícia é revestida de conteúdo decisório normativo-jurídico, e por isso classificada como jurídica, alçando sua atuação ao mesmo nível dos demais agentes que atuam no sistema de justiça criminal.

Esse objetivo também é extraído quando o dispositivo legal afirma que essas funções, quando conduzidas pelo delegado de polícia, são essenciais e exclusivas de Estado. Assim, a juridicidade, a essencialidade e a exclusividade são atributos funcionais do delegado de polícia, aptas a despertar nos cidadãos o sentimento de confiança de que seus atos foram realizados em conformidade ao direito e, deste modo, alojar esses agentes no mesmo ponto de prestígio social de juízes de direito, membros do Ministério Público e advogados, todos essenciais ao sistema de justiça.

Aliás, foi a essencialidade dessas funções que levou o Supremo Tribunal Federal a decidir, em repercussão geral, pela **impossibilidade de policiais civis fazerem greve.** Na verdade, segunda a Corte, nenhum servidor público que trabalhe diretamente na área da segurança pública pode fazer greve (ARE 654432/GO, Plenário. Rel. p/ o ac. Min. Alexandre de Moraes, j. 05.04.2017). Conforme restou registrado no informativo 860, entendeu-se que não é possível compatibilizar que o braço armado do Estado faça greve porque isso colocaria em risco a segurança pública, a ordem e a paz social. Registrou-se ainda que os integrantes das carreiras

---

10 SAPORI, Luis Flávio. Como implantar o ciclo completo de polícia no brasil? São Paulo: Revista brasileira de segurança pública. v. 10, p.50-58, mar. 2016. p. 51.

11 É certo, porém, que, ao atribuir à polícia civil estadual a tarefa de realizar a investigação criminal e à polícia militar, a de cuidar do policiamento ostensivo, a Constituição Federal se apresenta como um embaraço para propostas de reforma institucional neste tema.

policiais possuem o dever de fazer intervenções e prisões em flagrante, sendo isso inconciliável com o exercício da greve.

> § 1º Ao delegado de polícia, na qualidade de autoridade policial, cabe a condução da investigação criminal por meio de inquérito policial ou outro procedimento previsto em lei, que tem como objetivo a apuração das circunstâncias, da materialidade e da autoria das infrações penais.

O sentido da norma: Essa disposição legal, ao contrário do que uma leitura superficial poderia sugerir, não implica na exclusividade das investigações criminais sob a responsabilidade do delegado de polícia. Na realidade, o sentido que se depreende desse dispositivo legal está relacionado com a sua interação sistemática com o artigo 4º do Código de Processo Penal (CPP), tanto no seu *caput* quanto no parágrafo único. A partir dessa interação, é possível concluir que o delegado de polícia é a autoridade policial mencionada nesse contexto, e, portanto, é ele quem conduz o inquérito policial e outros procedimentos investigatórios realizados pela polícia.

Nesse sentido, é importante ressaltar que, embora seja possível que outras entidades conduzam investigações criminais, a presidência do inquérito policial (ou de outros procedimentos investigatórios da polícia) é uma atribuição exclusiva do delegado de polícia.

Mesmo essa linha de entendimento sofre desafios práticos, notadamente em razão da já citada celeuma envolvendo o art. 69, da Lei n.º 9.099/1995, que adota a terminologia autoridade policial, mas, para alguns, se refere inclusive aos policiais militares. Sobre o tema, vale registrar que, como decidiu recentemente o Supremo Tribunal federal, qualquer polícia pode lavrar TCO (ADI 6264/DF, Pleno, Rel. Roberto Barroso, unânime, j. em 17/02/2023)[12].

Em todo caso, como já mencionado, o dispositivo em análise não estabelece que a investigação criminal seja uma prerrogativa exclusiva da autoridade policial. Isso se deve ao fato de que a possibilidade de outras instituições conduzirem investigações criminais está consagrada em diversas outras normas e é uma prática consolidada. A existência de regras jurídicas que preveem diferentes órgãos como investigadores de ilícitos e a ampla adoção dessa abordagem na atualidade requer uma interpretação sistemática e integrativa do ordenamento jurídico, a fim de conferir a ele um sentido normativo cooperativo, que garanta a segurança jurídica necessária para o desempenho dessas atividades. Portanto, a norma contida no parágrafo 1º do artigo 2º da Lei 12.830/2013 não deve ser interpretada como um impedimento absoluto à realização de investigações por outros órgãos.

É inegável, no entanto, que o dispositivo possui uma redação ambígua que pode levar à interpretação de que a condução de qualquer procedimento investigatório de natureza criminal é uma atribuição exclusiva da autoridade policial. Devido a essa ambiguidade, em setembro de 2013, a Procuradoria-Geral da República ingressou com a Ação Direta de Inconstitucionalidade 5.043 no Supremo Tribunal Federal, com o argumento de que tal parágrafo contraria

---

12 Neste sentido: "A finalidade da atividade policial não desnatura a condição de quem a exerce. A autoridade decorre do fato de o agente ser policial, civil ou militar. [...] O policial militar, ao tomar conhecimento da prática de uma contravenção penal ou de um crime de menor potencial ofensivo, poderá registrar a ocorrência de modo detalhado, com a indicação e qualificação das testemunhas, e conduzir o suspeito diretamente ao Juizado Especial Criminal." (JESUS, Damásio Evangelista de. Lei dos Juizados Especiais Criminais Anotada. 7. ed. São Paulo: Saraiva, 2002. p. 43). No mesmo sentido já decidiu o STJ: HC 7.199/PR, Rel. Min. Vicente Leal, 6ª T., j. em 01/07/1998, DJ 28/09/1998 e AgRg no REsp. 1005837/RS, Rel. Min. Francisco Falcão, 1ª T., j. em 19/02/2008, DJe 10/04/2008.

Sobre o tema valei ainda fazer menção ao PCA 0008430-38.2018.2.00.0000, decidido pelo plenário do CNJ em 20/11/2020 que confirmou que a lavratura de TCO's por policiais militares, além de não configurar invasão na competência da Polícia Judiciária, ainda atende aos objetivos da Lei n. 9.099/95. Sobre a interpretação dessa norma, remetemos o leitor aos comentários ao referido dispositivo nesta obra.

o artigo 129, VI, da Constituição Federal, que expressamente autoriza o Ministério Público a realizar investigações criminais preliminares.

De todo o modo, resta-nos examinar, brevemente, os casos em que é possível a realização de *investigações criminais por outras pessoas e instituições*.

Investigação criminal pelo Ministério Público: A legitimidade do Ministério Público para realizar investigações penais tem assento na Constituição Federal, que prevê à instituição o poder de requisição de diligências que julgar necessária (art. 129, VIII, da CF) e na própria qualidade de titular da ação penal, o que indica possuir, implícita e diretamente, poderes instrutórios. Neste sentido é o posicionamento consolidado pelo Supremo Tribunal Federal no Recurso Extraordinário 593.727/MG, do qual destacamos a seguir o voto do Ministro Celso de Mello:

> É por isso que entendo revestir-se de integral legitimidade constitucional a instauração, pelo próprio Ministério Público, de investigação penal, atribuição esta reconhecida com apoio na teoria dos poderes implícitos, e que permite, ao Ministério Público, adotar as medidas necessárias ao fiel cumprimento de suas funções institucionais e ao pleno exercício das competências que lhe foram outorgadas, diretamente, pela própria Constituição da República.
>
> Não fora assim, e desde que adotada, na espécie, uma indevida perspectiva reducionista, esvaziar-se-iam, por completo, as atribuições constitucionais expressamente conferidas ao Ministério Público em sede de persecução penal, tanto em sua fase judicial, quanto em seu momento pré-processual.

Restou consignado que os artigos 5º, incisos LIV e LV, 129, incisos III e VIII, e 144, inciso IV, § 4º, da Constituição Federal, não estabelecem exclusividade investigativa à polícia, razão pela qual o tema foi sedimentado em julgamento pela Suprema Corte com a seguinte tese:

> O Ministério Público dispõe de competência para promover, por autoridade própria e por prazo razoável, investigações de natureza penal, desde que respeitados os direitos e as garantias que assistem a qualquer indiciado ou a qualquer pessoa sob investigação do Estado, observadas, sempre, por seus agentes, as hipóteses de reserva constitucional de jurisdição e, também, as prerrogativas profissionais de que se acham investidos, em nosso País, os Advogados (Lei 8.906/94, artigo 7º, notadamente os incisos I, II, III, XI, XIII, XIV e XIX), sem prejuízo da possibilidade – sempre presente no Estado democrático de Direito – do permanente controle jurisdicional dos atos, necessariamente documentados (Súmula Vinculante 14), praticados pelos membros dessa instituição" (STF, RE 593727, Relator(a): Min. Cezar Peluso, Relator(a) p/ Acórdão: Min. Gilmar Mendes, Tribunal Pleno, julgado em 14/05/2015, DJe 04-09-2015).

Normatizando esta atividade ministerial, vige atualmente a Resolução nº 181/2017 do CNMP, que regulamenta a instauração e tramitação do procedimento investigatório criminal a cargo do Ministério Público que, segundo o artigo 1º, "é instrumento sumário e desburocratizado de natureza administrativa e investigatória, instaurado e presidido pelo membro do Ministério Público com atribuição criminal, e terá como finalidade apurar a ocorrência de infrações penais de iniciativa pública, servindo como preparação e embasamento para o juízo de propositura, ou não, da respectiva ação penal."

Investigação criminal pela polícia militar: embora o principal escopo da polícia militar seja a atuação ostensiva, nela é resguardada a atividade investigatória dirigida à elucidação dos crimes militares, julgados e apreciados pela justiça militar. Observa-se ainda que, de forma anômala, a polícia militar exerce atividades investigatória prévias, sobretudo em casos em que acionada em emergências. Nesses casos, além da prisão em flagrante do autor do crime, na maioria das vezes, é a polícia militar que comparece ao local do crime, apreende objetos pertinentes, bem como identifica e ouve testemunhas.

Investigação criminal por guardas municipais: calçadas pela previsão do art. 144, § 8º, da Constituição Federal e pela Lei n.º 13.022/2014, às guardas municipais competem prevenir, inibir e coibir infrações penais que atentem contra os bens, serviços e instalações municipais, fórmula que ganha, extensivamente, feição relacionada à investigação criminal, o que permite concluir ser-lhes destinadas alguma capacidade investigatória. Há, todavia, que se considerar o recorte recentemente efetuado pelo STJ para quem "As guardas municipais não possuem competência para patrulhar supostos pontos de tráfico de drogas, realizar abordagens e revistas em indivíduos suspeitos da prática de tal crime ou ainda investigar denúncias anônimas relacionadas ao tráfico e outros delitos cuja prática não atinja de maneira clara, direta e imediata os bens, serviços e instalações municipais." (STJ. 6ª Turma. REsp 1.977.119-SP, Rel. Min. Rogerio Schietti Cruz, julgado em 16/08/2022 (Info 746)).

Investigações por outros órgãos públicos: conforme prevê o art. 4º do CPP, outras autoridades públicas podem conduzir atividades persecutórias. Daí constar-se que há um mosaico de leis que preveem a atuação de órgão públicos com capacidades investigativas administrativas que podem servir para investigações criminais, ainda que de forma acidental. É o caso do COAF, BACEN, CVM, Receitas fiscais, Procon, IBAMA, Controladorias, Tribunais de Contas, etc.

Cabe aqui registrar o poder de investigação conferido pelo art. 58, § 3º, da CF, às **Comissões Parlamentares de Inquérito**[13] inclusive para fins de responsabilidade criminal. Ainda na esfera de atuação do poder legislativo, vale lembrar o previsto na Súmula 397 do STF que prevê "O poder de *polícia da Câmara dos Deputados e do Senado Federal*, em caso de crime cometido nas suas dependências, compreende, consoante o regimento, a prisão em flagrante do acusado e a realização do inquérito."

Também deve-se lembrar das excepcionais hipóteses em que o Poder Judiciário pode realizar investigações criminais. A primeira está prevista no art. 33, parágrafo único, da LOMAN (Lei Complementar 35/79), "Quando, no curso de investigação, houver indício da prática de crime por parte do magistrado, a autoridade policial, civil ou militar, remeterá os respectivos autos ao Tribunal ou órgão especial competente para o julgamento, a fim de que prossiga na investigação. Além desse caso, o Regimento Interno do Supremo Tribunal Federal, no art. 43, prevê "Ocorrendo infração à lei penal na sede ou dependência do Tribunal, o Presidente instaurará inquérito, se envolver autoridade ou pessoa sujeita à sua jurisdição, ou delegará esta atribuição a outro Ministro". Prevalece o entendimento de que, em ambos os casos, o relator do caso exercerá a função de presidente do inquérito, concentrando os papéis de investigador e de julgador das medidas invasivas pré-processuais.

Investigação criminal por particulares: além de inexistir proibição legal para tanto, a possibilidade de investigações criminais por particulares encontra legitimidade da dicção ampliativa da Constituição que prevê a segurança pública como direito de todos. Geralmente são realizadas por vítimas de crimes ou pessoas interessadas em alguma espécie de reparação de danos, face à inoperância do estado. Atualmente, em razão dos programas de ***compliance***, também ganham notoriedade, as chamadas investigações internas destinadas a identificar a prática de atos lesivos pelas pessoas jurídicas em geral, e que ensejam a apuração da materialidade e autoria unipessoal desses atos. Como já sustentamos em outra oportunidade: "Essa atividade investigatória é apta a detecção e coleta de provas que identificam o delito cometido que podem auxiliar, significativamente, a atividade estatal investigatória e persecutória criminal. Essa investigação privada, realizada no âmbito corporativo, assume papel de extrema relevância

13 A lei ordinária que regulamenta as atividades da CPI é a Lei nº 1.579/52.

porque permite uma melhor individualização e responsabilização do agente empresarial, além de uma melhor delimitação da responsabilidade dos envolvidos na atividade criminosa[14]".

É no campo das investigações por particulares que encontra guarida a chamada *investigação defensiva*[15], o jornalismo investigativo, as atividades dos *detetives particulares*[16] e a dos *whistleblowers*[17], todas marcadas pela informalidade, facultatividade e pela obtenção de provas não invasivas, como coleta de documentos, oitiva de pessoas, perícias em geral, filmagens etc.

Segurança privada: Em virtude das atividades inerentes aos serviços de segurança privada, disciplinadas pela Lei nº 14.967/2024, a atuação de empresas especializadas e de condomínios edilícios com serviços próprios de segurança tende a abranger situações de elevado risco e complexidade, especialmente em cenários que envolvem a vigilância patrimonial, a segurança de eventos e o controle de acesso em portos e aeroportos. Ao executar funções como a segurança de perímetros, o monitoramento de sistemas eletrônicos e a escolta de valores e bens, os profissionais de segurança privada, por vezes, se deparam com fatos de natureza suspeita ou condutas que, embora inicialmente voltadas à prevenção, podem caracterizar infrações penais.

Dessa forma, embora o escopo da segurança privada não inclua diretamente a apuração criminal, é plausível que, no curso de suas atividades, os agentes identifiquem comportamentos ou eventos que demandem posterior análise por parte das autoridades competentes. Tal ocorrência acidental de envolvimento com possíveis infrações penais deriva da própria natureza das atribuições previstas no art. 2º, incisos I a XIII, da Lei nº 14.967/2024, que conferem aos profissionais de segurança privada um papel proativo na observação e proteção de bens e pessoas.

---

14 CUNHA, Rogério Sanches. SOUZA, Renee do Ó. Lei Anticorrupção Empresarial – Lei 12.846/2013. 4ª ed. Salvador Juspodivm. 2021. p. 152.

15 Regulamentada pelo provimento 188/2018 da Ordem dos Advogados do Brasil, a investigação criminal defensiva consiste no conjunto de atividades investigatórias desenvolvidas pelo defensor, em qualquer fase da persecução penal, inclusive antes do oferecimento da peça acusatória, podendo ser realizada com ou sem a assistência de investigador particular, objetivando a colheita de elementos informativos que possam ser utilizados para beneficiar o investigado em contraponto à investigação policial.

16 O detetive particular tem suas atividades regulamentadas pela Lei 13.432/2017 que o define como "o profissional que, habitualmente, por conta própria ou na forma de sociedade civil ou empresarial, planeje e execute coleta de dados e informações de natureza não criminal, com conhecimento técnico e utilizando recursos e meios tecnológicos permitidos, visando ao esclarecimento de assuntos de interesse privado do contratante." (art. 2º). Interessante notar que a Lei 13.432/2017, de modo a preservar o poder de direção da investigação, prevê que a participação do detetive particular nas investigações somente ocorrerá se a autoridade policial expressamente concordar (ar. 5º, parágrafo único). Quanto a atuação do delegado de polícia sobre o detetive particular, valem as considerações feitas por Eduardo Luiz Santos Cabette: "O mais relevante, porém, é que a participação do detetive particular em colaboração suplementar à atividade de investigação oficial, mesmo contando com a autorização expressa de seu cliente, somente poderá ocorrer se for admitida pelo delegado de polícia. Essa admissão, nos termos do artigo 5º., parágrafo único, da lei 13.432/17, constitui ato discricionário e não vinculado do delegado de polícia, que decidirá com critérios subjetivos de oportunidade e conveniência sem necessidade de fundamentação específica, pois que, como já visto, a natureza da atividade de investigação particular é excepcional e facultativa. Também releva destacar que a admissão pode se dar a qualquer tempo, bem como que o seu deferimento pelo delegado de polícia não implica vinculação do detetive particular com o feito, podendo essa decisão da autoridade policial ser revertida "ad nutum" (discricionariamente) a qualquer momento. Ou seja, o fato de que o delegado de polícia tenha admitido o detetive particular no inquérito policial não significa que, a qualquer tempo, não possa rever sua autorização e impedir sua atuação também de maneira absolutamente livre e discricionária. Isso porque a titularidade da investigação criminal em inquérito policial é do delegado de polícia, não constituindo direito subjetivo do detetive sua participação" (CABETTE, Eduardo Luiz Santos. O detetive particular na investigação criminal. Disponível em https://www.migalhas.com.br/depeso/257798/o-detetive-particular-na-investigacao-criminal. Acesso em 23 set 2021).

17 Conhecidos como "sopradores de apito", que são os indivíduos que levam ao conhecimento das autoridades públicas informações relevantes de ilícitos em troca de recompensas vultosas. Recentemente, porém, a Lei 13.608/2018 dispôs sobre a possibilidade de recompensas pelo oferecimento de informações que auxiliem nas investigações de crimes ou ilícitos administrativos, o que parece contemplar, ao menos no plano normativo, o *whistleblower*, no Brasil. Sobre o tema, confira o trabalho: SOUZA, Renee do Ó. *Whistleblower* ou Informante do Bem – Análise da Lei 13.608/2018 com as alterações feitas pela Lei 13.964/2019. In: Lei Anticrime. 2ª ed., Belo Horizonte: D'Plácido, 2021.

Assim, as empresas de segurança privada, ao promover a vigilância patrimonial e o gerenciamento de riscos em transportes de numerário e bens, por exemplo, podem ocasionalmente identificar indícios de práticas delituosas, cabendo-lhes acionar, de forma imediata, os órgãos de segurança pública, evitando qualquer tipo de usurpação de função investigativa. Esse cuidado é necessário para manter a distinção entre a função de preservação e a de apuração, que deve permanecer exclusivamente nas mãos do Estado, conforme ditames constitucionais e princípios de legalidade e competência.

Procedimentos de verificação de procedência das informações: Observe-se que o § 1º do art. 2º da Lei 12.830/2013 assenta que cabe ao delegado de polícia a condução de outro procedimento previsto em lei, o que nos remete a breves considerações sobre os procedimentos de verificação de procedência das informações. Os chamados procedimentos de verificação de procedência de informação têm como fundamento o disposto no art. 5º, § 3º, do CPP, que dispõe: "Qualquer pessoa do povo que tiver conhecimento da existência de infração penal em que caiba ação pública poderá, verbalmente ou por escrito, comunicá-la à autoridade Policial, e esta, verificada a procedência das informações, mandará instaurar inquérito". Também encontram arrimo no disposto no art. 27, parágrafo único, da Lei 13.869/2019. Os VPIs são considerados de vital importância para evitar a instauração de inquéritos policiais infundados porque permitem seja feita uma filtragem inicial de toda a demanda que chega ao conhecimento da autoridade policial, de modo a permitir o descarte de casos absolutamente inviáveis ou comprovadamente inexistentes, análise sumária inerente à função decisória que caracteriza a atuação do delegado de polícia[18].

Finalidade do Inquérito policial e princípio da insignificância: O § 1º do art. 2º da Lei 12.830/2013 estabelece que a investigação criminal tem como objetivo a apuração das circunstâncias, da materialidade e da autoria das infrações penais, o que tem servido para sustentar pontos de vistas contrários sobre a possibilidade de o delegado de polícia reconhecer a incidência do ***princípio da insignificância***.

Sustenta essa possibilidade o professor Cleber Masson sob a alegação de que o afastamento da tipicidade que a insignificância enseja é objetivamente aferível pela autoridade policial[19]. Assim também sustenta Guilherme de Souza Nucci: "Ora, se o delegado é o primeiro juiz do fato típico, sendo bacharel em Direito, concursado, tem perfeita autonomia para deixar de lavrar a prisão em flagrante se constatar a insignificância do fato[20]". O Superior Tribunal de Justiça, a seu turno, quando do julgamento do HC 154.949/MG, já se manifestou no sentido de que o delegado de polícia, ao lhe ser apresentada uma situação de flagrância, deve, no estrito cumprimento do dever legal, proceder à autuação em flagrante, uma vez que cabe somente ao Poder Judiciário, *a posteriori*, a análise acerca da aplicação do princípio da insignificância, de acordo com o caso concreto (HC 154.949/MG, rel. Felix Fischer, 5ª T., j. 3/8/2010).

> § 2º Durante a investigação criminal, cabe ao delegado de polícia a requisição de perícia, informações, documentos e dados que interessem à apuração dos fatos.

Discricionariedade investigativa do delegado de polícia: O dispositivo contempla a discricionariedade investigativa do delegado de polícia, de maneira a lhe conferir uma liberdade

---

18 Esses procedimentos são regidos por normas infralegais, como acontece, por exemplo, no âmbito da Polícia Federal pela Instrução Normativa nº 108 do Diretor-Geral da Polícia Federal.

19 MASSON, Cleber. Direito Penal Esquematizado: Parte Geral - vol. 1. 11ª ed. Rio de Janeiro: Forense; São Paulo: Método, 2017. p. 48.

20 NUCCI, Guilherme de Souza. Curso de direito processual penal. 17. ed. Rio de Janeiro: Forense. 2020. p. 975.

e flexibilidade de atuação que lhe permite promover diligências pertinentes e mais adequadas ao caso concreto[21]. Este dispositivo é conjugado aos arts. 6º e 7º do Código de Processo Penal, que preveem algumas sugestões de diligências que podem ser realizadas no interesse da investigação.

Como sintetiza Edilson Mougenot Bonfim:

> Durante a investigação criminal, conforme dispõe a Lei n. 12.830/2013, caberá à autoridade policial a requisição de perícia, informações, documentos e dados que interessem à apuração dos fatos, assegurando-se a discricionariedade necessária para a boa consecução de suas atividades e o sucesso da perscrutação criminal. Não obstante gozar de ampla discricionariedade na condução das investigações, o Código de Processo Penal determina algumas práticas que, se adequadas aos casos concretamente apresentados, deverão ser adotadas, demonstrando a complexidade do inquérito, na medida em que a autoridade policial realizará várias medidas que configurarão o todo das investigações (vide tópico adiante). Deverá a autoridade policial, portanto, realizar as diligências previstas no art. 6º do Código de Processo Penal, evidentemente se pertinentes ao fato investigado, cabendo-lhe livremente – dentro dos parâmetros legais – eleger outras que julgar necessárias e eficientes para a elucidação do fato[22].

Essa liberdade de atuação é fundamental na rotina investigativa policial e é fruto da daquilo que a doutrina chama de *juízo de prognose*, caracterizado por pesquisas de informações simples, destinadas a uma filtragem inicial a respeito das notícias que lhe chegam ao conhecimento a fim de compor, se minimamente viáveis, as bases indiciárias para uma investigação propriamente dita. A partir dessa primeira análise, o delegado de polícia decide quais providências são necessárias para elucidar a infração penal. "A este juízo, mais tarde, quando finalizada a investigação, sucederá o *juízo de diagnose*, momento em que o delegado, examinando o conjunto probatório angariado, informará, no relatório do procedimento policial, as conclusões da apuração realizada[23]".

É certo, porém, que há alguns limites à discricionariedade do delegado de polícia. A começar pela própria redação condicional da norma que impõe que essas diligências devem ser feitas no interesse da apuração dos fatos de maneira que atos inúteis e impertinentes a estes fins podem ensejar desvios funcionais puníveis pelas instâncias disciplinares.

Além de voltadas ao interesse da apuração, as diligências devem ser feitas dentro dos limites colocados pela legislação vigente. Cite-se, por exemplo, a necessidade de requisição de perícia nos crimes que deixam vestígios, de advertir o acusado ao direito de permanecer calado quando interrogado ou ainda de se ater aos casos que demandam prévia autorização judicial, sujeitas que estão à denominada cláusula de reserva de jurisdição (*v.g.*, prisão temporária, mandado de busca domiciliar, interceptação telefônica).

Aponta-se ainda como limite à discricionariedade a necessidade de o delegado de polícia cumprir as diligências requisitadas pelo Ministério Público, conforme previsto no inciso II do

---

21 É certo que a discricionaridade investigativa atual conta com métodos e técnicas apropriadas para cada espécie de crime, permeadas por elementos históricos, criminológicos e criminalísticos pertinentes ao modus operandi específico do gênero investigado. Assim, por exemplo, para o crime de homicídio, a doutrina especializada desenvolveu o método dos círculos concêntricos que considera que o homicida, geralmente, pertence ao círculo de relações da vítima de modo que a identificação dessas pessoas é um ponto de partida para a elucidação desse crime. Já para os crimes econômicos, por exemplo, é sabida a utilidade da técnica conhecida como *Follow the Money* que parte da ideia de que a identificação dos rastros deixados pela movimentação do dinheiro é capaz de revelar os agentes envolvidos nesses crimes.

22 BONFIM. Edilson Mougenot. Curso de processo penal. 13. ed. São Paulo: Saraiva, 2019. p. 202.

23 AVENA, Norberto. Processo penal. 12. ed. Rio de Janeiro: Forense; São Paulo: Método. 2020. p. 350.

art. 13 do Código de Processo Penal, bem como o inciso VIII, art. 129, da Constituição Federal, desde que indicados os fundamentos jurídicos de suas manifestações.

Além de contemplar a discricionaridade funcional, a norma dá amparo para o **poder de requisição do delegado de polícia**, que deve ser entendido como possibilidade de se exigir que lhe sejam prestadas determinadas informações ou que sejam realizadas algumas obrigações de fazer e não fazer. Por isso que, visando à investigação de infrações penais, o delegado de polícia pode, por exemplo, fazer ou determinar vistorias, inspeções, exigir perícias, documentos públicos ou particulares, exigir imagens de sistema de câmeras de segurança de estabelecimentos públicos ou privados, notificar testemunhas, ter acesso a banco de dados cadastrais de pessoas junto à Justiça Eleitoral, empresas telefônicas, instituições financeiras, provedores de internet, administradoras de cartão de crédito. Este poder de requisição está expresso ainda nos art. 17-B da Lei 12.683/2012, art. 15 da Lei 12.850/2013, art 13-A e art. 13-B, ambos do CPP, incluídos pela Lei 13.344/2016.

Embora não previsto na Lei 12.830/2013, também é assegurado ao delegado de polícia o poder de **restrição momentânea da liberdade de locomoção**, necessário para assegurar a finalização da lavratura do auto de prisão em flagrante, ainda que, ao final, conclua pela inexistência de indícios que confirmem a participação do detido na infração ou pela inexistência de situação de flagrante. O mesmo se diga sobre a possibilidade de **condução coercitiva** de testemunhas, acusados, ofendidos e peritos, observadas as disposições vigentes sobre a matéria[24].

Há grande controvérsia sobre a possibilidade de o delegado de polícia ter capacidade para aplicar, diretamente, medidas restritivas da liberdade, polêmica acentuada depois da previsão feita no art. 12-C na Lei 11.340/2003, alterada pela Lei 13.827/2019. Esta disposição prevê que o delegado de polícia pode aplicar a **medida protetiva de afastamento cautelar do lar** do agressor, desde que verificada a existência de risco atual ou iminente à vida ou à integridade física da mulher em situação de violência doméstica e familiar, ou de seus dependentes devendo esta medida ser determinada pelo juiz (art. 12-C, I), sem embargo de poder ordená-la, também, o "delegado de polícia, quando o Município não for sede de comarca" (art. 12-C, II). Nesse caso, uma vez comandado o afastamento pelo delegado ou por outro policial, impõe-se a comunicação da medida aplicada ao juiz no prazo máximo de vinte e quatro horas, o qual deverá, em igual prazo, decidir sobre a sua manutenção ou revogação, com ciência concomitante ao Ministério Público (art. 12-C, § 1.º). Sobre a (in)constitucionalidade dessa previsão, remetemos o leitor aos comentários ao referido dispositivo legal nesta obra. No tocante ao dispositivo citado, todavia, deve-se registrar que o STF declarou que: "É válida a atuação supletiva e excepcional de delegados de polícia e de policiais a fim de afastar o agressor do lar, domicílio ou local de convivência com a ofendida, quando constatado risco atual ou iminente à vida ou à integridade da mulher em situação de violência doméstica e familiar, ou de seus dependentes, conforme o art. 12-C inserido na Lei nº 11.340/2006 (Lei Maria da Penha)". (STF. Plenário. ADI 6138/DF, Rel. Min. Alexandre de Moraes, julgado em 23/3/2022 (Info 1048)).

Independência funcional: A discricionaridade do delegado de polícia é voltada para a atividade investigativa e não pode ser confundida com a independência funcional, conferida pelo ordenamento jurídico para alguns agentes estatais com o objetivo de evitar ingerências externas sobre suas atuações finalísticas.Sobre o tema, já decidiu o STF que "É inconstitucional norma estadual que assegure a independência funcional a delegados de polícia, bem como que atribua à polícia civil o caráter de função essencial ao exercício da jurisdição e à defesa da ordem jurídica" (ADI 5522/SP, rel. Gilmar Mendes, j. virtual em 18.2.2022).

---

24 Relembre-se que o tema é regido também pelo crime do art. 10 da Lei de Abuso de Autoridade (Lei 13.869/2019), para onde remetemos o leitor para um maior detalhamento.

Seguindo essa linha de entendimento, o STF declarou a inconstitucionalidade de dispositivos das Constituições estaduais do Espírito Santo e do Tocantins que conferiam autonomia financeira e administrativa à Polícia Civil, bem como independência funcional aos delegados. As decisões proferidas nas ADIs 5.517 e 5.528 se baseia na ideia de que, no Estado Democrático, o órgão armado estatal não pode ter autonomia administrativa e nem independência funcional, sob pena de expor à riscos a hierarquia funcional e o poder de comando do Poder Executivo.

A falta de autonomia decisória não significa que os delegados de polícia não possuam relativa liberdade de atuação, o que está assegurada no art. 1º, § 2º, da Lei. Porém, os delegados encontram-se vinculados ao cumprimento das determinações emitidas de superiores hierárquicos, em última instância, o chefe do executivo, o que ...

> § 3º (VETADO).
>
> § 4º O inquérito policial ou outro procedimento previsto em lei em curso somente poderá ser avocado ou redistribuído por superior hierárquico, mediante despacho fundamentado, por motivo de interesse público ou nas hipóteses de inobservância dos procedimentos previstos em regulamento da corporação que prejudique a eficácia da investigação.

Estabilidade na presidência do inquérito policial: De modo a conferir uma mínima estabilidade e previsibilidade nas regras de distribuição do inquérito policial, a disposição do § 4º do art. 2º da Lei 12.830/2013 indica que, uma vez feita a distribuição regular de um inquérito policial a um determinado delegado de polícia, ele somente pode ser remanejado para a presidência de outro delegado em casos excepcionais[25]. Assim, em regra, após o recebimento de uma notícia de crime, ela deve ser distribuída ao delegado que possui atribuição para presidir a sua investigação e só poderá ser redistribuída nas situações legalmente descritas.

Somente por motivo de interesse público e nas hipóteses de inobservância de procedimentos previstos em regulamentos da corporação que prejudica a eficácia da investigação a competência administrativa, assentada em regulamentações prévias, pode ser modificada. Isso é feito por meio da avocação e redistribuição, que se distinguem porque a avocação é a transferência de uma investigação para um superior hierárquico, enquanto a redistribuição é a transferência da investigação para outra delegado de polícia do mesmo nível hierárquico.

A primeira hipótese legal para a modificação da competência administrativa é **por motivo de interesse público**. Ressalte-se que o Código de Processo Penal emprega mais comumente a locução *interesse da sociedade* ou *interesse da justiça* para antagonizar-se com aquele outro meramente individual, mesmo porque, no processo penal, o confronto entre eles é absolutamente natural. De todo modo, o interesse público pode ser compreendido como aquele revestido de interesse coletivo ou relacionado à consecução otimizadas dos fins públicos que animam a investigação. Assim, haverá interesse público se a redistribuição ou modificação estiverem voltadas ao interesse da apuração dos fatos porque o caso, dada a sua magnitude extraordinária, típico em situações de crimes de multidão ou chacinas, reinvidica uma apuração especial, tomada por um delegado especialmente destacado para o caso, por exemplo. Seja como for, o emprego desse conceito jurídico indeterminado leva a uma necessidade de valoração do caso concreto mediante um qualificado ônus argumentativo para a autoridade pública que decide pela avocação ou redistribuição, com demonstração analítica dos pressupostos fáticos que justificam sua decisão.

25 Há algum diálogo entre essa disposição com aquela do art. 15 da Lei 9.784/1999 que prevê que avocação temporária de competência atribuída à órgão inferior hierarquicamente somente é permitida em caráter excepcional e por motivos relevantes devidamente justificados.

O segundo pressuposto legal - **inobservância dos procedimentos da corporação** pressupõe a prática de alguma irregularidade procedimental que coloque em risco o resultado útil da investigação. Assim, será o caso de modificação da presidência do inquérito policial eventuais abusos praticados pela autoridade policial, violadores de direitos do acusado, por exemplo. Nesses casos, a modificação da presidência do inquérito independe da responsabilização disciplinar do agente.

Ao exigir que a modificação da competência administrativa esteja assentada em pressupostos excepcionais, além de conferir estabilidade à atuação do delegado de polícia, o dispositivo também desestimula a intervenção e o fisiologismo político na polícia brasileira, práticas que depõe contra o sentimento de confiança e impessoalidade que esses serviços públicos devem gozar junto aos cidadãos em geral.

> § 5º A remoção do delegado de polícia dar-se-á somente por ato fundamentado.

Remoção do delegado de polícia: Ao dispor que a remoção do delegado de polícia somente será possível por ato fundamento, o § 5º do art. 3º da Lei incrementa a estabilidade na competência administrativa criada no § 4º porque exige que eventual remoção da circunscrição seja realizada mediante a declinação de seus motivos determinantes.

Naturalmente que este dispositivo trata da remoção involuntária, ou seja, contra a vontade do delegado visto que a remoção voluntária é regida por outras disposições *interna corporis*.

A excepcionalidade pretendida pelas disposições acima não impede a instituição de mecanismos de **substituição entre delegados** de polícia previstos nas normas de regência da carreira, situações necessárias para assegurar que o gozo de férias e licenças não impeçam a continuidade do inquérito policial sob a presidência de outros agentes.

Princípio do delegado natural: embora as normas contidas nos §§ 4º e 5º acima estudadas possam fazer crer a existência de algo como o princípio do delegado natural, nos Tribunais superiores prevalece o entendimento pela sua inexistência. Neste sentido é o precedente do STF, RHC 126885 MC/DF, Rel. Min. Cármen Lúcia (decisão monocrática), DJ 27.04.2015 e outro do STJ, HC 145040/RJ, 5.ª Turma, DJ 19.08.2013.

Inamovibilidade: é certo que a soma das proteções normativas dos §§ 4º e 5º impede que o delegado de polícia seja afastado compulsoriamente de um inquérito policial sem que haja algum motivo justificado para tanto. Todavia, isso não deve ser interpretado como a adoção de uma espécie de inamovibilidade do delegado de polícia visto que as carreiras das polícias são essencialmente hierarquizadas, concepção incompatível com aquela ideia. Ademais, a garantia da inamovibilidade é assegurada constitucionalmente apenas aos membros do Poder Judiciário (art. 95, II), do Membro do Ministério Público (128, § 5.º, I, "b") e membros da Defensoria Pública (art. 134, § 1º).

Força-tarefa ou Grupos Especiais de Atuação: as disposições citadas também não podem servir para impedir ou invalidar a composição das chamadas forças-tarefas ou grupos especiais de atuação, entendidos como a formação de grupos de agentes estatais especializados para apurar determinado caso. Isso porque a nomeação ou designação de outros delegados para atuar nesses casos não subtrai do delegado original sua competência administrativa. Há, na verdade, um acréscimo significativo na apuração dos fatos visto que a sua elucidação passa a contar com a cooperação dos demais delegados designados. Essa união de esforços pode ser realizada inclusive entre instituições diferentes, conforme já reconheceu a Suprema Corte: "Ementa: pretendida nulidade da investigação penal pelo fato de a polícia judiciária estadual haver recebido cooperação da polícia federal. Inocorrência. Mútua assistência técnica entre a polícia federal e as polícias estaduais, além do fornecimento recíproco de dados investigatórios e o intercâmbio de informações entre referidos organismos policiais: medidas que se legitimam em face do modelo constitucional de federalismo cooperativo (...)." (STF. RHC nº116.002, Rel. Min Celso de Mello. j. 12.03.2014).

Suspeição e impedimento do delegado de polícia: as regras previstas na Lei 12.830/2013 devem ainda se compatibilizar com o art. 107 do CPP, que dispõe que a autoridade policial não está sujeita à arguição de suspeição. Isso não significa dizer, todavia, que o delegado de polícia não possa fazê-lo espontaneamente frente os inegáveis constrangimentos em determinados casos, como presidir inquérito cujo investigado seja seu descendente acusado da prática de um delito sob sua investigação ou naquele em que o ofendido seja seu amigo íntimo ou inimigo capital.

Cumpre anotar que a atuação, durante um inquérito policial, de um delegado de polícia suspeito não gera qualquer nulidade na ação penal subsequente. Neste sentido: "A suspeição de autoridade policial não é motivo de nulidade do processo, pois o inquérito é mera peça informativa, de que se serve o Ministério Público para o início da ação penal. Assim, é inviável a anulação do processo penal por alegada irregularidade no inquérito, pois, segundo jurisprudência firmada no STF, as nulidades processuais estão relacionadas apenas a defeitos de ordem jurídica pelos quais são afetados os atos praticados ao longo da ação penal condenatória" (STF. 2ª Turma. RHC 131450/DF, Rel. Min. Cármen Lúcia, julgado em 3/5/2016 (Info 824)).

Todavia, caso realmente ele seja suspeito e não se aparte do caso, parece cabível um pedido administrativo de afastamento junto ao superior hierárquico, que poderá, mediante ato fundamentado, avocar ou determinar a redistribuição do inquérito policial (art. 2.º, § 4.º, Lei 12.830/2013), além da responsabilidade disciplinar, se o caso.

> § 6º O indiciamento, privativo do delegado de polícia, dar-se-á por ato fundamentado, mediante análise técnico-jurídica do fato, que deverá indicar a autoria, materialidade e suas circunstâncias.

Privatividade do indiciamento pelo delegado de polícia: o dispositivo legal em estudo anuncia a privatividade do delegado de polícia na realização do indiciamento, ato formal pelo qual o suspeito passa a ser considerado, oficialmente, o provável autor da infração. O indiciamento é fruto de uma análise técnico-jurídico feita pelo delegado de polícia, a partir da identificação de elementos indiciários que autorizem essa conclusão, o que é feito mediante valoração das provas e fatos colhidos nos autos[26].

A privatividade desse ato é assentada também pelo Supremo que já decidiu que "A atribuição para efetuar o indiciamento é privativa da autoridade policial (Lei nº 12.830/13, art. 2º, § 6º), não sendo possível que o juiz, o MP ou uma CPI requisitem ao delegado de polícia o indiciamento de determinada pessoa" (STF. 2ª Turma. HC 115015/SP, rel. Min. Teori Zavascki, julgado em 27/8/2013).

Sendo ato privativo do delegado de polícia, o indiciamento não poderá ser requisitado por outras autoridades, como o juiz ou o Membro do Ministério Público, por exemplo. Nas situações em que o membro do Ministério Público oferecer uma acusação em face de alguém que não havia sido indiciado antes, parece possível, como esclarece Guilherme Nucci "apenas

26 Cumpre lembrar que existem duas autoridades que não podem ser indiciadas em razão de disposições legais expressas. É o caso dos magistrados (art.33, parágrafo único, da LC nº 35/79) e membros do Ministério Público (art. 18, parágrafo único, da LC nº 75/73; e art. 40, parágrafo único, da Lei nº 8.625/93 (STF, HC 133.835/MC – Informativo 825). No tocante aos parlamentares federais, prevalece o entendimento de que podem ser indiciados desde que o ato seja previamente autorizado pelo Ministro Relator do Inquérito Policial (STF – Tribunal Pleno – Pet 3825 QO – Rel. Min. Sepúlveda Pertence – Rel. p/ Acórdão: Min. Gilmar Mendes DJe 03/04/2008).

requisitar do delegado a qualificação formal, a identificação criminal e o relatório sobre sua vida pregressa[27]".

Na segunda parte do § 6º do art. 3º da Lei, há a previsão de que o indiciamento se dá por meio de ato fundamentado, mediante análise técnico-jurídica do fato, que deverá indicar a autoria, materialidade e suas circunstâncias. Isso significa que, ao indiciar alguém, o delegado de polícia deve indicar concretamente os elementos formadores de sua convicção, expondo quais são as circunstâncias que fundamentam o ato de indiciamento, bem como relatar quais são os indícios de autoria e de materialidade delitiva. Para parte da doutrina, uma vez reunidos os elementos aptos para a formação de sua convicção, deve o Delegado de Polícia proceder ao indiciamento do suspeito por meio do despacho fundamentado. Por isso parte da doutrina sustenta ser ato vinculado, visto que "Indiciar alguém, como parece claro, não deve surgir qual o ato arbitrário, ou de tarifa, da autoridade, mas, sempre legítimo. Não se funda, também, no uso do poder discricionário, visto que inexiste, tecnicamente, a possibilidade legal de escolher entre indiciar ou não[28]".

Isso não significa, porém, que essa análise é exauriente, *standard* incompatível com a própria fase pré-processual. Basta que sejam indicados, sucintamente, os elementos mínimos para a conclusão.

Anote-se que o Supremo Tribunal Federal declarou a inconstitucionalidade do art. 17-D da Lei 9.613/1998 que prevê um **automático afastamento cautelar do agente público indiciado** pela prática dessa espécie de crime. A Suprema Corte concluiu que "O afastamento do servidor, em caso de necessidade para a investigação ou instrução processual, somente se justifica quando demonstrado nos autos o risco da continuidade do desempenho de suas funções e a medida ser eficaz e proporcional à tutela da investigação e da própria Administração Pública, circunstâncias a serem apreciadas pelo Poder Judiciário. Reputa-se violado o princípio da proporcionalidade quando não se observar a necessidade concreta da norma para tutelar o bem jurídico a que se destina, já que o afastamento do servidor pode ocorrer a partir de representação da autoridade policial ou do Ministério Público, na forma de medida cautelar diversa da prisão, conforme os arts. 282, § 2º, e 319, VI, ambos do Código de Processo Penal (CPP). Ademais, a presunção de inocência exige que a imposição de medidas coercitivas ou constritivas aos direitos dos acusados, no decorrer de inquérito ou processo penal, seja amparada em requisitos concretos que sustentam a fundamentação da decisão judicial impositiva, não se admitindo efeitos cautelares automáticos ou desprovidos de fundamentação idônea. Por fim, sendo o indiciamento ato dispensável para o ajuizamento de ação penal, a norma que determina o afastamento automático de servidores públicos, por força da opinio delicti da autoridade policial, quebra a isonomia entre acusados indiciados e não indiciados, ainda que denunciados nas mesmas circunstâncias". (STF. Plenário, ADI 4911/DF, j. 20/11/2020).

Deve-se também lembrar que em 2007, o STF decidiu que não cabe à Polícia Federal indiciar autoridades sujeitas a foro especial. Foi na QO na Petição 3825/MT, rel. min. Gilmar Mendes, j. 10/10/2007.

Em razão da existência de pressupostos legais que justificam o indiciamento, ganha ainda mais plausibilidade a realização do **desindiciamento**, cabível nas situações que a base probatória que justificava o ato tenha sido superada por novos elementos que indicam pelo desacerto da decisão anterior. A constatação do equívoco, permite seja feito o desindiciamento por meio de despacho fundamentado com as comunicações necessárias aos institutos de identificação para a desconsideração da anotação de indiciamento anterior.

27 NUCCI, Guilherme de Souza. Curso de direito processual penal. 17. ed. Rio de Janeiro: Forense. 2020. p. 348.

28 PITOMBO, Sérgio Marcos de Moraes. O indiciamento como ato de polícia judiciária. Revista dos Tribunais, n. 577, p. 313.

Art. 3º O cargo de delegado de polícia é privativo de bacharel em Direito, devendo-lhe ser dispensado o mesmo tratamento protocolar que recebem os magistrados, os membros da Defensoria Pública e do Ministério Público e os advogados.

Formação jurídica do cargo de delegado de polícia: O bacharelado em direito, reforçado pela Lei 13.047/2014, é exigência feita desde há muito nos concursos públicos para o cargo de delegado de polícia no país. Para muitos, esta exigência é consectário lógico da natureza jurídica do cargo, necessária para as avaliações feitas pelo delegado no exercício de suas funções. Para Franco Perazzoni, essa exigência afigura-se em consonância ainda com a feição garantista e imparcial exigíveis nos modelos investigativos atuais[29]. Essas disposições são reforçadas pela Lei Orgânica das Polícias Civis (Art. 20, § 3º, Lei nº 14.735/23), que passou a exigir não só o bacharelado em Direito para o cargo de Delegado de Polícia, mas, também, 3 anos de atividade jurídica ou policial. Aliás, todos os concursos de Delegado de Polícia do país passarão, obrigatoriamente, a exigir 3 anos de atividade jurídica ou policial.

Em razão dessa previsão normativa resta consolidado o entendimento de que o exercício da função de delegado de polícia é válida como atividade jurídica[30].

Tratamento protocolar: Ponto alto das críticas feitas à lei 12.850/2013 porque considerada como meramente eloquente, a disposição do art. 3º prevê que, ao delegado de polícia deve ser dispensado o mesmo tratamento protocolar que recebem os magistrados, membros da Defensoria Pública e do Ministério Público e advogados. Seja como for, é inegável que essa disposição tem como propósito elevar a importância do delegado de polícia ao patamar dos demais personagens do sistema de justiça, de modo a assegurar-lhe o emprego do pronome de tratamento "Vossa Excelência".

Outras prerrogativas:

Prisão especial: o art. 295, XI, do CPP prevê a possibilidade de prisão especial aos delegados de polícia, distinção absolutamente necessária para evitar que uma vez presos, esses agentes fiquem sob o jugo de pessoas ressentidas com sua atuação anterior. Aliás, o art. 30, IV, da Lei nº 14.735/23 prevê a prisão especial para o policial também para a execução da sentença penal condenatória transitada em julgado.

Porte de armas: O porte de armas de fogo é permitido ao delegado de polícia por força do previsto no art. 6º, II, da Lei 10.826/2003.

Direito a defensor nos casos do Art. 14-A do CPP: O art. 14-A do CPP, introduzido pela Lei Anticrime (Lei 13.964/2019), prevê que é assegurado ao delegado de polícia investigado por fatos relacionados ao uso da força letal praticados no exercício profissional constituir defensor. No § 1º deste dispositivo é assegurado o dever do investigado ser "citado" da instauração do procedimento investigatório para constituir o defensor. Por fim, na ausência de nomeação de defensor pelo investigado, preveem ainda os §§ 2º e do art. 14-A do CPP a prerrogativa de ser o Estado instado a lhe indicar um defensor[31].

---

29 PERAZZONI, Franco. O delegado de polícia no sistema jurídico brasileiro: das origens inquisitoriais ao garantismo penal de Ferrajoli. In. Revista Segurança Pública & Cidadania. Brasília, v. 4, n. 2, p. 77-110, jul/dez 2011. p. 92.

30 Há precedente do CNJ que também reconhece como atividade jurídica o exercício do cargo de escrivão de polícia (0009079-37.2017.2.00.0000.)

31 Sobre o propósito da norma, vale trazer à baila a lúcida reflexão de Henrique Hoffmann, Adriano Sousa Costa, Eduardo Fontes e Márcio Alberto Gomes Silva: "Parece que a intenção maior do legislador foi garantir aos investigados que atuam na área de segurança pública a assistência jurídica (e não comprometer a apuração de crimes graves). Logo, aplicando-se o mesmo espírito da Súmula Vinculante 14, o dever de chamamento do investigado deve coexistir com o dever de apurar eficazmente o crime. Há diligências que devem ser sigilosas e anteceder o chamamento do investigado, sob risco de comprometimento do seu bom sucesso." (HOFFMANN, Henrique.

Aposentadoria especial: Porque presumidamente reconhecidas como atividades precipuamente perigosas, é assegurado aos delegados de polícia o direito à aposentadoria especial, *ex vi*, art. 40, § 4º-B.

Possibilidade de ser testemunha: Não há vedação para que delegado de polícia seja ouvido como testemunha sobre atos colhidos em meio a sua atividade funcional. Neste sentido, o STF (HC 87662, Rel. Min. Carlos Brito, j. 5/9/2006) já validou, enquanto instrumento de prova, depoimento em juízo da Autoridade Policial que presidiu o inquérito policial ou que tenha presenciado o momento do flagrante, não implicando imediata suspeição. No mesmo sentido, já se decidiu que "Os agentes policiais podem ser testemunhas e são presumidamente idôneos por exercerem função pública de relevante interesse social" (STF. Recurso Extraordinário n. 86926-PR, rel. Min. Cordeiro Guerra. RTJ, v. 84, 1, p. 302).

Local de depoimento: Quando funcionar como testemunha, por ausência de previsão legal, não assiste ao delegado de polícia a prerrogativa de ser inquirido em local, dia e hora previamente ajustado com o juiz. Anote-se que o Supremo Tribunal Federal julgou procedente pedido formulado em ação direta ajuizada pela Associação dos Magistrados Brasileiros para declarar a inconstitucionalidade do art. 32, IV, da Lei sergipana 4.122/99, que outorgava ao delegado de polícia de carreira a prerrogativa de ser ouvido como testemunha ou ofendido, em qualquer processo ou inquérito, em dia, hora e local previamente ajustados com o juiz ou autoridade competente. (STF, Tribunal Pleno, ADI nº 3.896/SE, Rel. Min. Cármen Lúcia, DJ 147 07/08/2008).

Foro por prerrogativa de função: tendo em vista que inexistem cargos simétricos ao de delegado de polícia para o qual a Constituição Federal assegure foro por prerrogativa de função, prevalece o entendimento de que não é possível que as Constituições Estaduais assegurem regra semelhante. "Logo, como a Constituição Federal não contemplou os advogados da União, os defensores públicos da União e os delegados de polícia federal com a previsão de foro por prerrogativa de função, não haverá paralelismo com a Constituição Federal a outorga de foro por prerrogativa de função perante o Tribunal de Justiça pelas Constituições Estaduais a Procuradores do Estado, Procuradores da Assembleia Legislativa, Defensores Públicos e Delegados da Polícia Civil[32]". A Suprema Corte inclusive já decidiu pela inconstitucionalidade do foro por prerrogativa de função previsto em Constituição Estadual sob a alegação de que, por força do art. 144, § 6º, da Constituição Federal, são subordinados, hierarquizados administrativamente aos Governadores de Estados e do Distrito Federal e que, por isso, não fariam jus a foro por prerrogativa de função (STF, Pleno, ADI 2.587/GO, Rel. Min. Carlos Britto, DJ 06/11/2006).

Funções anômalas: Por vezes, a legislação prevê a realização de atividades anômalas, entendidas aqui como estranhas aos atos investigatórios propriamente ditos. No CPP encontramos as seguintes: fornecer às autoridades judiciárias as informações necessárias à instrução e julgamento dos processos (art. 13, I) e emitir o atestado de pobreza em cuja circunscrição residir o ofendido (art. 32, § 2º).

Mas a legislação esparsa apresenta uma série de outras funções anômalas, que podem ser assim destacadas: atestar a residência mínima de 03 meses no domicílio do eleitor (art. 55, III, do Código Eleitoral); ser comunicado de comícios e ato de propaganda eleitoral, pelo menos 24 horas antes de ser realizada (art. 245, § 1º, do Código Eleitoral c.c. art. 39 da Lei 9.504/1997); emitir atestado para comprovação da situação econômica do trabalhador destinado a provar a impossibilidade de demandar, sem prejuízo do sustento próprio ou da família, para fins de

---

COSTA, Adriano Sousa. FONTES, Eduardo. SILVA, Márcio Alberto Gomes. Defesa obrigatória e citação dos policiais no inquérito policial. Conjur. Sessão Academia de polícia. Disponível em https://www.conjur.com.br/2020-ago-04/academia-policia-defesa-obrigatoria-citacao-policiais-inquerito-policial. Acesso em 07.08.2021).

32 LIMA, Renato Brasileiro de. Manual de processo penal: volume único. 8ª. ed. Salvador: Ed. Juspodivm. 2020. p. 576.

assegurar o direito a assistência judiciária (art. 14, § 3º, da Lei 5.584/1970); emitir atestado de residência destinado a instruir procedimento de habilitação de casamento (art. 67, § 1º, da Lei 6.015/1973); fazer a declaração de óbito a respeito de pessoas encontradas mortas (art. 79, 6º, da Lei 6.015/1973; garantir, nas ações de usucapião especial, a permanência no imóvel e a integridade física de seus ocupantes, sempre que necessário. (art. 9º da Lei 6.969/1981); emitir atestado de residência destinado para expedição de documento (art. 1º da Lei 6.629/1979); arrecadar e arrolar os bens em cumprimento de determinação do juiz cível (art. 740, § 1º, do CPC) e o dever de colaborar com o processo de avaliação da segurança pública, facilitando o acesso às suas instalações, à documentação e a todos os elementos necessários ao seu efetivo cumprimento (art. 28 da Lei 13.695/2018); realizar a proteção policial prevista no art. 13 da Lei 14.344/2022 (Lei Henry Borel).

Art. 4º Esta Lei entra em vigor na data de sua publicação.

Brasília, 20 de junho de 2013; 192º da Independência e 125º da República.

DILMA ROUSSEFF
José Eduardo Cardozo
Miriam Belchior
Luís Inácio Lucena Adams

REFERÊNCIAS:

ARAS, Vladimir. "Geofencing" como técnica de investigação criminal. Blog do Vlad. Publicado em 27.08.2020. disponível em https://vladimiraras.blog/2020/08/27/geofencing-como-tecnica-de-investigacao-criminal/ Acesso em 05.11.2021.

AVENA, Norberto. Processo penal. 12. ed. Rio de Janeiro: Forense; São Paulo: Método. 2020.

BOBBIO, Norberto. Dicionário de política. 5.ed. Brasília: Editora da Universidade de Brasília: São Paulo: Imprensa Oficial do Estado, 2000.

BRENE, Cleyson. LEPORE, Paulo. Manual do Delegado de polícia civil. 5ª ed., Salvador: Juspodivm. 2017.

BONFIM. Edilson Mougenot. Curso de processo penal. 13. ed. São Paulo: Saraiva, 2019.

CUNHA, Rogério Sanches. SOUZA, Renee do Ó. Lei Anticorrupção Empresarial – Lei 12.846/2013. 4ª ed. Salvador Juspodivm. 2021.

HOFFMANN, Henrique. COSTA, Adriano Sousa. FONTES, Eduardo. SILVA, Márcio Alberto Gomes. Defesa obrigatória e citação dos policiais no inquérito policial. Conjur. Sessão Academia de polícia. Disponível em https://www.conjur.com.br/2020-ago-04/academia-policia-defesa-obrigatoria-citacao-policiais-inquerito-policial. Acesso em 07.08.2021.

JESUS, Damásio Evangelista de. Lei dos Juizados Especiais Criminais Anotada. 7. ed. São Paulo: Saraiva, 2002.

MASSON, Cleber. Direito Penal Esquematizado: Parte Geral - vol. 1. 11ª ed. Rio de Janeiro: Forense; São Paulo: Método, 2017.

MASSON, Nathalia. Manual de direito constitucional. 8. ed. Salvador: Juspodivm, 2020.

NUCCI, Guilherme de Souza. Curso de direito processual penal. 17. ed. Rio de Janeiro: Forense. 2020.

PERAZZONI, Franco. O delegado de polícia no sistema jurídico brasileiro: das origens inquisitoriais ao garantismo penal de Ferrajoli. In. Revista Segurança Pública & Cidadania. Brasília, v. 4, n. 2, p. 77-110, jul/dez 2011.

PITOMBO, Sérgio Marcos de Moraes. O indiciamento como ato de polícia judiciária. Revista dos Tribunais, n. 577.

SAPORI, Luis Flávio. Como implantar o ciclo completo de polícia no brasil? São Paulo: Revista brasileira de segurança pública. v. 10, p.50-58, mar. 2016.

SOUZA, Renee do Ó. Whistleblower ou Informante do Bem – Análise da Lei 13.608/2018 com as alterações feitas pela Lei 13.964/2019. In: Lei Anticrime. 2ª ed., Belo Horizonte: D'Plácido, 2021.

CAPÍTULO 35

Crime Organizado – Lei nº 12.850/2013

Rogério Sanches Cunha,
Ronaldo Batista Pinto e Renee do Ó Souza

LEI Nº 12.850, DE 2 DE AGOSTO DE 2013

Define organização criminosa e dispõe sobre a investigação criminal, os meios de obtenção da prova, infrações penais correlatas e o procedimento criminal; altera o Decreto-Lei nº 2.848, de 7 de dezembro de 1940 (Código Penal); revoga a Lei nº 9.034, de 3 de maio de 1995; e dá outras providências.

A PRESIDENTA DA REPÚBLICA Faço saber que o Congresso Nacional decreta e eu sanciono a seguinte Lei:

CAPÍTULO I
DA ORGANIZAÇÃO CRIMINOSA

Art. 1º Esta Lei define organização criminosa e dispõe sobre a investigação criminal, os meios de obtenção da prova, infrações penais correlatas e o procedimento criminal a ser aplicado.

Evolução legislativa sobre o tema no Brasil – No ano de 1995, o Brasil editou a Lei 9.034 dispondo sobre a utilização de meios operacionais para a prevenção e repressão de ações praticadas por organizações criminosas. Apesar de louvável, a iniciativa veio acompanhada de falhas, chamando a atenção a ausência de definição do próprio objeto da Lei: organização criminosa.

A omissão legislativa incentivava parcela da doutrina a emprestar a definição dada pela Convenção de Palermo (sobre criminalidade transnacional), assim redigida: "(...) grupo estruturado de três ou mais pessoas, existente há algum tempo e atuando concertadamente com o propósito de cometer uma ou mais infrações graves ou enunciadas na Convenção, com a intenção de obter, direta ou indiretamente, um benefício econômico ou outro benefício material".

Nessa esteira de raciocínio, a 5ª T do STJ, no HC 77.771-SP, entendeu viável a acusação contra casal denunciado por lavagem de dinheiro, tendo como delito antecedente a organização criminosa. Depois de críticas de importante setor da doutrina, que posteriormente foram acolhidas pelo Supremo Tribunal (HC 96.007-SP), nasceu a Lei 12.694/12, oportunidade em que o legislador, finalmente, definiu organização criminosa para o Direito Penal interno. Posteriormente, adveio a Lei 12.850/13, oportunidade em que o legislador modificou novamente o conceito, definindo organização criminosa no § 1º do seu artigo inaugural, abaixo transcrito. Importa destacar que, na verdade, as duas Leis (12.694/2012 e 12.850/2013) convivem naquilo que não são incompatíveis, tendo sido revogada expressamente apenas a Lei 9.034/95.

§ 1º Considera-se organização criminosa a associação de 4 (quatro) ou mais pessoas estruturalmente ordenada e caracterizada pela divisão de tarefas, ainda que informalmente, com objetivo de obter, direta ou indiretamente, vantagem de qualquer natureza, mediante a prática de infrações penais cujas penas máximas sejam superiores a 4 (quatro) anos, ou que sejam de caráter transnacional.

Conceito de organização criminosa – A Lei 12.850/13 definiu no § 1º organização criminosa como sendo a associação de 4 (quatro) ou mais pessoas estruturalmente ordenada e caracterizada pela divisão de tarefas, ainda que informalmente, com objetivo de obter, direta ou indiretamente, vantagem de qualquer natureza, mediante a prática de infrações penais cujas penas máximas sejam superiores a 4 (quatro) anos, ou que sejam de caráter transnacional.

A nova Lei, ao conceituar organização criminosa, alterou o número mínimo de integrantes (de 3 para 4). Antes, a delinquência estruturada, para alcançar seu objetivo (obter, direta ou indiretamente, vantagem de qualquer natureza), tinha que praticar crimes cujas penas máximas fossem igual ou superior a 4 anos (ou de caráter transnacional). Agora, a organização persegue o mesmo objetivo, mas mediante a prática de infrações penais (abrangendo contravenções) cujas penas máximas sejam superior a 4 (quatro) anos (ou de caráter transnacional). Como se vê, a conformação de uma organização criminosa, nos termos legais, requer a conjugação de diversos elementos essenciais.

Inicialmente, a legislação vigente impõe como requisito a associação de, no mínimo, quatro indivíduos, cujas intenções convergem para a consecução de um fim ilícito comum. Não se trata de uma mera aglomeração de pessoas, mas sim de uma aliança estratégica, na qual os agentes atuam de maneira coordenada e orquestrada, visando a eficácia dos propósitos escusos.

Ademais, impõe-se que tal organização apresente uma estrutura hierarquicamente definida, com clara divisão de funções e responsabilidades entre seus membros. Essa ordenação funcional não apenas fortalece a coesão interna, mas também promove a otimização das atividades ilícitas, assegurando o sucesso na perpetração de crimes, que são a essência do empreendimento criminoso.

Além disso, a organização criminosa deve voltar-se à prática de infrações cuja pena máxima seja superior a quatro anos de reclusão, ou ainda por sua atuação em caráter transnacional. O escopo primordial que move essas associações é a obtenção de vantagens indevidas, as quais podem revestir-se de distintas naturezas, sejam elas de ordem financeira, política, eleitoral ou mesmo de outra espécie. A busca incessante por tais benefícios constitui o fulcro de sustentação do grupo, sendo este o vetor que justifica a prática reiterada de ilícitos e a permanência da organização ao longo do tempo.

§ 2º Esta Lei se aplica também:

I – às infrações penais previstas em tratado ou convenção internacional quando, iniciada a execução no País, o resultado tenha ou devesse ter ocorrido no estrangeiro, ou reciprocamente;

II – às organizações terroristas, entendidas como aquelas voltadas para a prática dos atos de terrorismo legalmente definidos."

Organização criminosa por extensão – O § 2º assenta a possibilidade de aplicar a Lei 12.850/13 a outras infrações (crimes ou contravenções), desde que reunidos os predicados elencados nos seus incisos. São hipóteses em que, apesar de eventualmente ausente a característica de delinquência estruturada, geram o mesmo perigo, justificando a aplicabilidade por extensão dos importantes e excepcionais instrumentos de investigação detalhados na nova Lei (colaboração premiada, ação controlada, infiltração de agentes e obtenção de provas).

No primeiro inciso temos as infrações penais previstas em tratado ou convenção internacional quando, iniciada a execução no País, o resultado tenha ou devesse ter ocorrido no estrangeiro, ou reciprocamente. Como exemplo maior cita-se o tráfico internacional de pessoas para fim de exploração sexual, crime previsto no art. 231 do CP, punindo, com reclusão de 3 a 8 anos, promover ou facilitar a entrada, no território nacional, de alguém que nele venha a exercer a prostituição ou outra forma de exploração sexual, ou a saída de alguém que vá exercê-la no estrangeiro.

O inciso II, alterado pela Lei 13.260/16, refere-se às organizações terroristas, entendidas como aquelas voltadas para a prática dos atos de terrorismo legalmente definidos.

Art. 2º Promover, constituir, financiar ou integrar, pessoalmente ou por interposta pessoa, organização criminosa:

Pena – reclusão, de 3 (três) a 8 (oito) anos, e multa, sem prejuízo das penas correspondentes às demais infrações penais praticadas.

Crime de organização criminosa – Com a nova Lei, a figura da organização criminosa deixou de ser "apenas" uma forma de se praticar crimes para se tornar delito autônomo, punido com reclusão de 3 a 8 anos. *Novatio legis incriminadora*, o tipo, obviamente, não retroage para alcançar os fatos esgotados antes da vigência da nova ordem legal.

Parece-nos que o bem jurídico tutelado, como em toda associação criminosa, é a paz pública.

O crime, quanto ao sujeito ativo, é comum (dispensando qualidade ou condição especial do agente), plurissubjetivo (de concurso necessário) de condutas paralelas (umas auxiliando as outras), estabelecendo o tipo incriminador a presença de, no mínimo, quatro associados, computando-se eventuais inimputáveis ou pessoas não identificadas, bastando prova no sentido de que tomaram parte da divisão de tarefas estruturada dentro da organização.

No número mínimo de quatro integrantes, devo computar o agente infiltrado? Certamente teremos doutrina admitindo. Ousamos discordar. O policial infiltrado não pode ser computado, pois não age com o necessário *animus* associativo. A sua finalidade, aliás, é diametralmente oposta, qual seja, desmantelar a sociedade criminosa.

A sociedade aparece como vítima.

A conduta punida consiste em promover (trabalhar a favor), constituir (formar), financiar (custear despesas) ou integrar (fazer parte), pessoalmente (forma direta) ou por interposta pessoa (indireta), organização criminosa.

Partindo da definição de organização criminosa, parece claro que a associação, além da pluralidade de agentes, demanda estabilidade e permanência, com estrutura ordenada e divisão de tarefas.

Como em toda associação criminosa, é imprescindível que a reunião seja efetivada antes da deliberação dos delitos (se primeiro identificam-se os crimes a serem praticados e depois reúnem-se seus autores, haverá mero concurso de agentes).

O crime é punido a título de dolo, sendo imprescindível *animus* associativo, aliado ao fim específico de obter, direta ou indiretamente, vantagem de qualquer natureza (não necessariamente econômica), mediante a prática de infrações penais cujas penas máximas sejam superiores a 4 anos ou de caráter transnacional, não importando, nesse caso, a pena máxima em abstrato prevista no tipo.

Consuma-se o delito com a *societas criminis*, sendo indispensável estrutura ordenada com divisão de tarefas. Infração permanente, a sua consumação se protrai enquanto não cessada a permanência. Isso significa que o agente pode ser preso em flagrante delito enquanto não desfeita (ou abandonar) a associação (art. 303 do CPP); o termo inicial da prescrição se dá com o fim da permanência (art. 111, III, do CP); a lei penal mais grave aplica-se ao crime permanente, se a sua vigência é anterior à cessação da continuidade ou da permanência (Súmula 711 do STF).

Tratando-se de delito autônomo, a punição da organização independe da prática de qualquer crime pela associação, o qual, ocorrendo, gera o concurso material (art. 69 do CP), cumulando as penas. O que já era tranquilo na doutrina (seguida pela jurisprudência), agora está expresso no preceito secundário do artigo em comento (reclusão, de 3 a 8 anos, e multa, *sem prejuízo das penas correspondentes às demais infrações penais praticadas*).

Não nos parece possível a tentativa. Os atos praticados com a finalidade de formar a associação (anteriores à execução de qualquer dos núcleos) são meramente preparatórios.

A pena do crime é perseguida mediante ação penal é pública incondicionada.

Organização criminosa e associação ao tráfico – É possível denunciar, no mesmo caso, organização criminosa e associação para o tráfico? Sim, desde que a organização criminosa se destine a prática de outros delitos graves e não seja destinada exclusivamente para a prática do crime de tráfico de drogas, tráfico equiparado e de maquinários. Caso contrário, poderá haver bis in idem. Neste sentido já decidiu o STJ no HC 339.414/SP, Rel. Min. Felix Fischer, 5ª T., j. em 25/10/2016, DJe 09/11/2016.

> § 1º Nas mesmas penas incorre quem impede ou, de qualquer forma, embaraça a investigação de infração penal que envolva organização criminosa.

Crime de obstrução da justiça – O art. 2º § 1º, pune, nas mesmas penas, a obstrução da persecução penal de infração que envolva organização criminosa. Tutela-se, com o novel tipo, a administração da Justiça (e não mais a paz pública, protegida no *caput*). Além disso, a tipificação da obstrução da justiça conta com mandado expresso de criminalização previsto no art. 25 da Convenção das Nações Unidas contra a Corrupção, que Brasil é signatário por força do Decreto n.º 5.687/2006).

Deve-se anotar que o Supremo Tribunal Federal que "Não viola o princípio constitucional da legalidade (CF/1988, art. 5º, II e XXXIX) a norma penal incriminadora do § 1º do art. 2º da Lei 12.850/2013, na qual apresentadas as condutas delituosas de "impedir" e de "embaraçar" a investigação de infração penal a envolver organização criminosa" (STF – Plenário. ADI 5.567-DF. Rel.: Alexandre de Moraes. J.: 21/11/2023. Publicação: 01/12/2023).

Cuida-se de crime comum, porém monossubjetivo (ou de concurso eventual), cometido por qualquer pessoa que não tenha, de qualquer modo, concorrido para a formação/funcionamento da organização criminosa. Aliás, tese diversa, abrangendo como potencial sujeito ativo o próprio integrante da associação, raramente se deixaria de subsumir sua conduta aos dois tipos penais (art. 2º, "caput" e § 1º.), bastando, para tanto, os integrantes da organização conversarem em códigos, trocarem constantemente "chips" dos celulares etc., sempre visando impedir a investigação.

Considerando o interesse protegido pela norma, não fica dúvida que o sujeito passivo é o Estado.

A conduta punida consiste em impedir ou, de qualquer forma, embaraçar a investigação de infração penal que envolva organização criminosa. A conduta punida consiste em impedir ou, de qualquer forma, embaraçar a investigação de infração penal que envolva organização criminosa. O propósito do legislador foi assegurar o desempenho das atividades persecutória livres de ingerências e expedientes fraudulentos.

Anote-se que a infração só restará caracterizada se agir fora dos limites constitucionais do princípio *nemo tenetur se detegere*, implicitamente acolhido no texto constitucional (art. 5.º, LXIII). Não caracteriza essa infração, portanto, o investigado manter-se em silêncio ou não produzir provas contra si mesma. Não se pode descurar, todavia, que o direito de não produzir provas contra si mesmo alcança apenas situações nas quais se pretenda constranger a pessoa a uma postura ativa e isto implicar em prejuízo à sua condição jurídica como ato de falar, escrever, apontar, etc. Nesses casos, não estará ela, de modo algum, obrigada a participar da diligência. Todavia, nos casos em que a obtenção da prova para uma investigação em andamento exige unicamente uma conduta passiva da pessoa investigada, como não impedir acesso a locais ou bens a ela pertencentes, o dever de cooperar é plenamente exigível, razão pela qual, caso dificulte e intervenha nas ações dos órgãos de investigação e fiscalização, poderá ser-lhe imputada esta infração.

Lamentavelmente o legislador omitiu a obstrução do processo judicial correspondente, lacuna que, para alguns, não pode ser suprida pelo intérprete, sob pena de incorrer em grave violação ao princípio da legalidade. Ousamos discordar. A interpretação literal deve ser acompanhada da interpretação racional possível (teleológica), até o limite permitido pelo Estado humanista – legal, constitucional e internacional – de Direito. De que modo podemos admitir ser crime a obstrução da investigação (fase preliminar da persecução penal) e atípico o embaraço do processo penal dela derivado (fase principal da persecução)? O operador de Direito, em casos tais, deve-se valer da interpretação extensiva (que não se confunde com a analogia):

A) a interpretação extensiva não foge nem ultrapassa a vontade do legislador;

B) na analogia aplica-se a um fato análogo ("B") o que o legislador previu para outra situação ("A"). Trata-se de integração maléfica, vedada pelo princípio da legalidade.

Da interpretação extensiva o operador pode fazer uso, desde que seja inequívoca a vontade da lei. É a posição do Superior Tribunal de Justiça (HC 487.962/SC).

Contudo, recentemente, a 2ª Turma do STF ao julgar o INQ 4720, entendeu em sentido contrário. Entendeu-se que o tipo legal restringe expressamente o âmbito de alcance da norma penal incriminadora aos atos de impedimento ou obstrução praticados na fase pré-processual de investigação. Entendimento contrário, na visão do colegiado, acarretaria violação do princípio da legalidade penal estrita, também conhecido como princípio da tipicidade, que está previsto no artigo 5º, inciso XXXIX, e no artigo 1º do Código Penal.

O crime é de execução livre, podendo ser praticado com violência, grave ameaça, fraude etc. Aliás, usando o agente, na obstrução, de violência ou grave ameaça contra autoridade ou qualquer outra personagem atuante na persecução penal, não há que se cogitar do crime de coação no curso do processo, tipificado no art. 344 do CP, punido com 1 a 4 anos de reclusão. Prevalece, na hipótese, o princípio da especialidade. Conclusão outra gera um absurdo inaceitável, punindo-se o mais com menos e o menos com mais, desafiando a proporcionalidade e a razoabilidade. Assim, suponhamos que alguém, ligado a organização criminosa, embaraça a investigação, agindo sem violência ou grave ameaça. Responde nas penas do art. 2, § 1º, da Lei 12.850/13, reclusão de 3 a 8 anos. Usando violência, física ou moral, não pode responder por coação no curso do processo, infração de médio potencial ofensivo, punida com 1 a 4 anos!

Quanto à voluntariedade, o crime só é punido a título de dolo, consistente na vontade consciente de impedir ou, de qualquer forma, embaraçar a investigação de infração penal que envolva organização criminosa.

A análise da consumação do crime de obstrução à investigação requer considerações específicas. No núcleo "impedir", a consumação ocorre com a efetiva obstrução da investigação ou do processo, admitindo-se a tentativa. Já no verbo "embaraçar", o crime se consuma com qualquer ação ou omissão que sugira um entrave, sem necessidade de um resultado naturalístico concreto, embora a tentativa também seja admissível.

O Superior Tribunal de Justiça (STJ) firmou o entendimento de que, na modalidade de embaraçar investigação em organização criminosa, o crime é material, o que implica a necessidade de um resultado concreto para sua consumação. A tipificação desse delito exige, portanto, uma interferência efetiva no curso da investigação.

Doutrinariamente, há três posições:

1. A primeira admite a tentativa em todos os núcleos, embora considere mais difícil sua aplicação ao verbo "embaraçar", devido à amplitude do elemento normativo "de qualquer forma", que facilita a consumação.

2. A segunda corrente limita a tentativa ao núcleo "impedir", que admite fracionamento em sua execução, enquanto o verbo "embaraçar", por ser unissubsistente, não comporta tentativa.

3. A terceira entende que se trata de crime de atentado ou empreendimento, em que não há distinção entre tentativa e consumação. Assim, o verbo "embaraçar" equivaleria a "impedir", de modo que qualquer tentativa de obstrução já configuraria a consumação.

O posicionamento predominante é que o crime é material, pois o verbo "embaraçar" exige um resultado concreto que afete a investigação, seja na fase de inquérito ou na ação penal. Mesmo que o embaraço seja temporário ou reversível, a interferência já caracteriza a consumação. O STJ, em decisão no REsp 1.817.416/SC (julgado em 03/08/2021), reforçou que nessa modalidade é imprescindível a existência de um resultado concreto para a consumação do delito.

> § 2º As penas aumentam-se até a metade se na atuação da organização criminosa houver emprego de arma de fogo.

Causa de aumento – organização criminosa armada – Anuncia o § 2º que as penas são aumentadas de 1/6 até 1/2 se a organização criminosa empregar "arma de fogo", não abrangendo outro tipo de instrumento, ainda que fabricado com finalidade bélica.

Seguindo o espírito de outros tipos penais com a mesma (ou semelhante) redação, a jurisprudência dos Tribunais Superiores orienta ser dispensável a apreensão da arma utilizada no crime, desde que sua utilização fique demonstrada por outros meios de prova.

Nesse caso, tratando-se de organização criminosa armada, a Lei 13.964/19 previu maior rigor na fase de execução da pena. Suas lideranças deverão iniciar o cumprimento da pena em estabelecimentos penais de segurança máxima (art. 2º, § 8º), lembrando que os estados e o Distrito Federal, a partir da novel lei, estão autorizados a criarem estabelecimentos dessa natureza.

> § 3º A pena é agravada para quem exerce o comando, individual ou coletivo, da organização criminosa, ainda que não pratique pessoalmente atos de execução.

Agravante do autor intelectual da organização criminosa – O § 3º pune mais severamente quem tem o domínio da associação. Trata-se de agravante semelhante a do art. 62, I, do CP, a ser considerada pelo magistrado na segunda fase do cálculo da pena.

> § 4º A pena é aumentada de 1/6 (um sexto) a 2/3 (dois terços):
>
> I – se há participação de criança ou adolescente;
>
> II – se há concurso de funcionário público, valendo-se a organização criminosa dessa condição para a prática de infração penal;

> III – se o produto ou proveito da infração penal destinar-se, no todo ou em parte, ao exterior;
>
> IV – se a organização criminosa mantém conexão com outras organizações criminosas independentes;
>
> V – se as circunstâncias do fato evidenciarem a transnacionalidade da organização.

Causas de aumento especiais – O § 4º volta a tratar de causas de aumento, majorando a pena de 1/6 (um sexto) a 2/3 (dois terços) nas seguintes circunstâncias:

I – se há participação de criança (até 12 anos incompletos) ou adolescente (até 18 anos incompletos) na organização criminosa, não importando seu papel na estrutura da associação.

II – se há concurso de funcionário público, valendo-se a organização criminosa dessa condição para a prática de infração penal.

Percebam que não basta ser o concorrente funcionário público (art. 327 do CP), mas valer-se a organização criminosa dessa sua condição para a prática de infração penal (requisitos cumulativos). Em suma, exige-se que a atuação do funcionário seja útil para a associação na busca da vantagem objetivada pelos seus integrantes.

III – se o produto (vantagem obtida com a prática do crime ou contravenção) ou proveito (produto transformado em outra vantagem) da infração penal destinar-se, no todo ou em parte, ao exterior. Nesses casos, aliás, o art. 91, § 1º, do CP (acrescentado pela Lei 12.694/12) autoriza a decretação da perda de bens ou valores equivalentes ao produto ou proveito do crime quando estes não forem encontrados ou quando se localizarem no exterior.

IV – se a organização criminosa mantém conexão com outras organizações criminosas independentes. A paz pública, nessa hipótese, é periclitada de forma mais grave, ficando as associações conexas ainda mais estruturadas, versáteis e poderosas, justificando a majorante.

V – a causa de aumento da transnacionalidade ficará sem aplicação. Esqueceu o legislador que essa circunstância aparece como elementar do tipo, não podendo, ao mesmo tempo, servir como majorante, sob pena de dupla valoração do fato em prejuízo do agente ("*bis in idem*").

> § 5º Se houver indícios suficientes de que o funcionário público integra organização criminosa, poderá o juiz determinar seu afastamento cautelar do cargo, emprego ou função, sem prejuízo da remuneração, quando a medida se fizer necessária à investigação ou instrução processual.

Afastamento cautelar do funcionário público – O parágrafo em comento cuida de medida cautelar, já prevista no art. 319, VI, do CPP (introduzida pela Lei 12.403/11), pressupondo o binômio típico: *periculum in mora* e *fumus boni iuris*.

Pode ser decretada em qualquer fase da persecução penal, desde que necessária (e não simplesmente conveniente) para a investigação ou instrução processual.

Em que pese o parágrafo em comento não mencionar *mandato eletivo*, o STF, na ADI 5526, conferindo interpretação conforme, decidiu ser possível a aplicação de medidas cautelares (arts. 312 a 319 do CPP) em face dos parlamentares federais, mas que tal medida **deve ser submetida à deliberação da respectiva Casa Legislativa em vinte e quatro horas,** seguindo a regra relativa à apreciação da prisão em flagrante (art. 53, § 2º, da CF).

> § 6º A condenação com trânsito em julgado acarretará ao funcionário público a perda do cargo, função, emprego ou mandato eletivo e a interdição para o exercício de função ou cargo público pelo prazo de 8 (oito) anos subsequentes ao cumprimento da pena.

Efeito da condenação – perda do cargo: O § 6º cuida de importante efeito extrapenal da sentença penal definitiva, anunciando que a condenação acarretará ao funcionário público a perda do cargo, função, emprego ou mandato eletivo.

Como já ocorre na Lei de Tortura (art. 1º, § 5º, Lei nº 9.455/97), o efeito previsto é automático, dispensando motivação do magistrado sentenciante (diferente da regra geral estampada no art. 92, parágrafo único, do CP).

Cabe anotar que, conforme decidiu a Suprema Corte do Brasil, "É compatível com o princípio da proporcionalidade, em sua acepção substancial, a previsão normativa de perda do cargo, função, emprego ou mandato eletivo e da interdição para o exercício de função ou cargo público pelo prazo de 8 anos subsequente ao cumprimento da pena, no caso em que funcionário público esteja envolvido com organizações criminosas (Lei 12.850/2013, art. 2º, § 6º)" (STF – Plenário. ADI 5.567-DF. Rel.: Alexandre de Moraes. J.: 21/11/2023. Publicação: 01/12/2023).

Reconhece-se o acerto do legislador ao limitar o tempo de interdição, por não existir no nosso ordenamento nenhuma pena de caráter perpétuo. Logo, decorrido o prazo, o condenado poderá assumir novo cargo, emprego, função ou mandato eletivo, porém jamais reintegrar-se na situação anterior (apesar do silêncio da lei, trata-se de decorrência lógica do art. 93, parágrafo único, do CP).

§ 7º Se houver indícios de participação de policial nos crimes de que trata esta Lei, a Corregedoria de Polícia instaurará inquérito policial e comunicará ao Ministério Público, que designará membro para acompanhar o feito até a sua conclusão.

Dever de comunicação – O texto estabelece que, para assegurar a eficiência na investigação de crimes envolvendo policiais e evitar o corporativismo, a Corregedoria de Polícia deve instaurar inquérito quando houver indícios de envolvimento de agentes. O Ministério Público será notificado e designará um membro para acompanhar o inquérito. Essa supervisão é parte do controle externo da polícia, função constitucional do Ministério Público (art. 129, VII, CF). A atuação da Corregedoria não impede que o Ministério Público também conduza investigações, e o promotor que participou da investigação pode atuar na ação penal. Neste sentido, restou decidido pelo STF que "É possível a designação de membro do Ministério Público para acompanhar as investigações que envolvam policiais em crime de organização criminosa (Lei 12.850/2013, art. 2º, § 7º)." (STF – Plenário. ADI 5.567-DF. Rel.: Alexandre de Moraes. J.: 21/11/2023. Publicação: 01/12/2023). Thiago André Pierobom de Ávila resume o dispositivo afirmando que: (i) a Corregedoria deve investigar policiais envolvidos em crimes organizados, evitando que delegacias ordinárias o façam; (ii) é obrigatória a instauração de inquérito policial, e não apenas de procedimentos administrativos; (iii) o Ministério Público deve ser imediatamente comunicado e acompanhar a investigação como uma "força-tarefa" desde o início.

§ 8º As lideranças de organizações criminosas armadas ou que tenham armas à disposição deverão iniciar o cumprimento da pena em estabelecimentos penais de segurança máxima. Redação dada pela Lei 13.964/2019.

Líderes de organização criminosa e o cumprimento de pena em estabelecimento de segurança máxima – O dispositivo introduzido pela Lei n.º 13.964/2019 estabelece que os líderes de organizações criminosas violentas devem iniciar o cumprimento de pena em estabelecimento penal de segurança máxima, destinados ao cumprimento da pena em regime fechado. Já havia disposição semelhante no art. 1º, VI, da Lei 12.694/2012 que implica na possibilidade de transferência do preso para estabelecimentos penais federais, situação regulada pela Lei

11.671/2008. A mudança de presos dos estabelecimentos estaduais para os federais é necessária quando a sua permanência em presídios estaduais ponha em risco a ordem ou incolumidade pública (Lei 8.072/1990, art. 3º) e nas hipóteses do art. 3º do Decreto Federal 6.877/2009, *in verbis*: Art. 3.º Para a inclusão ou transferência, o preso deverá possuir, ao menos, uma das seguintes características: I – ter desempenhado função de liderança ou participado de forma relevante em organização criminosa; II – ter praticado crime que coloque em risco a sua integridade física no ambiente prisional de origem; III – estar submetido ao Regime Disciplinar Diferenciado – RDD; IV – ser membro de quadrilha ou bando, envolvido na prática reiterada de crimes com violência ou grave ameaça; V – ser réu colaborador ou delator premiado, desde que essa condição represente risco à sua integridade física no ambiente prisional de origem; ou VI – estar envolvido em incidentes de fuga, de violência ou de grave indisciplina no sistema prisional de origem.

Observe-se que, conforme já decidiu a 1ª Turma do STF no HC 115.539, desde que haja motivação idônea e existência de fatos caracterizadores de situação emergencial (v.g., rebeliões ocorridas em determinado período, com a morte de vários detentos; julgamento, pela Corte Interamericana de Direitos Humanos, do Brasil e do estado-membro em que localizada a penitenciária na qual inicialmente recluso o preso; interdição do presídio; periculosidade do paciente), a transferência de preso para presídio federal de segurança máxima sem a sua prévia oitiva não configura ofensa aos princípios do devido processo legal, da ampla defesa, da individualização da pena e da dignidade da pessoa humana, nos termos do art. 5º, §§ 2º e 6º, da Lei nº 11.671/2008, sobretudo se considerarmos que não há direito subjetivo do condenado de cumprir a pena em penitenciária específica. (STF, 1ª Turma, HC 115.539/RO, Rel. Min. Luiz Fux, j. 03/09/2013).

O STJ decidiu também recentemente que "*acaso devidamente motivado pelo Juízo estadual o pedido de manutenção do preso em presídio federal, não cabe ao Magistrado Federal exercer juízo de valor sobre a fundamentação apresentada, mas apenas aferir a legalidade da medida.*" (AgRg no CC 168851/RJ. Agravo Regimental No Conflito de Competência 2019/0309786-5. Rel. Min. Reynaldo Soares Da Fonseca. 3º T. j. em 27/11/2019).

Atente-se que segundo o art. 52, § 1º, inciso II, e o § 3º, da LEP possibilita que os integrantes de organização criminosa convencional (isto é, que não emprega armas e nem pratica crimes hediondos) sejam transferidos para estabelecimentos federais de segurança máxima, bem como a aplicação do Regime Disciplinar Diferenciado.

> § 9º O condenado expressamente em sentença por integrar organização criminosa ou por crime praticado por meio de organização criminosa não poderá progredir de regime de cumprimento de pena ou obter livramento condicional ou outros benefícios prisionais se houver elementos probatórios que indiquem a manutenção do vínculo associativo."(NR) Redação dada pela Lei 13.964/2019.

Condição especial para benefícios prisionais – Este dispositivo foi inserido pela Lei n.º 13.964/2019 e visa enfrentar a perpetuação dos vínculos associativos do condenado com organizações criminosas mesmo depois de ter sido sentenciado pela prática desta infração penal, situação absolutamente nociva aos fins a que se propõe o direito penal. Com efeito, o preso que segue, mesmo depois de condenado, vinculado a uma organização criminosa continua a violar os bens jurídicos tutelados pela Lei 12.850/2013, além de perpetuar a frustração das expectativas sociais e de vigência fática das normas jurídicas. Isso resulta na necessidade permanente de atuação estatal, seja de modo a evitar que ele atue, quando solto, nos interesses escusos da organização, seja de modo a desmotivá-lo a manter-se a ela associado.

Por isso que a norma penal cria uma condição especial para o agente não progredir de regime de cumprimento de pena, nem obter livramento condicional ou outros benefícios penais, desde que tenha sido condenado expressamente por integrar organização criminosa ou por crime praticado por meio de organização criminosa, e desde que haja provas de que permanece ligado àquela organização. Em suma, caso haja demonstração de mantença de vínculo com organização criminosa, não há benefícios penais ao condenado. Com objetivo semelhante, recentemente decidiu o STJ que a concessão de benefícios a presos em presídios federais de segurança máxima depende da superação dos motivos que justificaram sua inclusão nesse sistema, como forma de dificultar a continuidade das atividades criminosas e associações ilícitas (AgRg no CC 168851/RJ, Rel. Min. Reynaldo Soares da Fonseca, 3ª T., julgado em 27/11/2019).

A decisão que impede a progressão será regida por um *standard* de caráter normativamente intermediário, caracterizado por um grau de probabilidade suficiente a fundar a suspeita do ilícito, comum àquele exigível dos demais incidentes executivos de pena. Trata-se de norma que deverá ser aplicada mesmo em face daqueles que foram condenados em datas anteriores à sua vigência visto que seus efeitos penais incidem no momento em que os benefícios penais são, em tese, cabíveis. Além disso, e principalmente, a hipótese de incidência da norma tem natureza permanente, visto amparar-se na indevida manutenção dos vínculos associativos entre o condenado e a organização criminosa. Aplica-se em sua inteireza a súmula 711 do STF que dispõe que a lei penal mais grave se aplica ao crime continuado ou ao crime permanente, se a sua vigência é anterior à cessação da continuidade ou da permanência.

No que se refere a **constitucionalidade do § 9º** ora em análise, anotamos tratar-se de norma que guarda consonância com o princípio da individualidade da pena vez que permite ao magistrado pautar sua decisão em pressupostos fáticos ligados à personalidade e ao comportamento do condenado. Além disso, a exigência jurídica (desvinculação associativa) mantém estrita conexão com o crime no qual o sujeito foi condenado, o que denota sua pertinência. Todos esses parâmetros são aferíveis pelo magistrado de forma individual, mediante o cotejo de circunstâncias pessoais do sentenciado, o que assegura a constitucionalidade da norma.

Outras alterações promovidas pela Lei 13.964/2019 relativas às organizações criminosas – A reforma promovida pela Lei 13.964/2019 introduziu diversas alterações na legislação relacionada a organizações criminosas, visando fortalecer a resposta penal a esses delitos. O artigo 310, § 2º, do CPP estabelece que a liberdade provisória deve ser denegada a acusados que sejam reincidentes ou integrem organizações criminosas armadas, condicionando a concessão desse benefício à prova da cessação do vínculo associativo.

Adicionalmente, a Lei de Execução Penal (Lei 7.210/1984) foi alterada para prever regime disciplinar diferenciado para presos com indícios de envolvimento em organizações criminosas, independentemente da prática de falta grave. O regime será cumprido em estabelecimentos federais se houver indícios de liderança ou atuação criminosa em múltiplos estados.

A nova redação do artigo 112 da LEP estabelece que a progressão de regime para condenados por crimes de organização criminosa requer o cumprimento de 50% da pena, especialmente se o condenado exercer comando sobre a organização. A reforma também elevou o crime de organização criminosa, quando ligado a crimes hediondos, à condição de crime hediondo, segundo a Lei 8.072/1990.

CAPÍTULO II
DA INVESTIGAÇÃO E DOS MEIOS DE OBTENÇÃO DA PROVA

Art. 3º Em qualquer fase da persecução penal, serão permitidos, sem prejuízo de outros já previstos em lei, os seguintes meios de obtenção da prova:

Os crimes previstos na legislação, especialmente aqueles relacionados a organizações criminosas, podem ser comprovados por diversos meios de prova legalmente admitidos. Nesse contexto, a importância dos meios especiais de obtenção de prova, como os elencados no dispositivo legal apresentado, se destaca no enfrentamento das complexas atividades de grupos organizados.

A colaboração premiada, por exemplo, é um instrumento essencial, pois permite que membros de organizações criminosas colaborem com as investigações em troca de benefícios legais. Isso pode resultar em informações valiosas sobre a estrutura e as operações dessas organizações, que, de outra forma, seriam difíceis de acessar.

Da mesma forma, a captação ambiental de sinais eletromagnéticos, ópticos ou acústicos é fundamental para monitorar comunicações e atividades suspeitas. Essas provas podem ser obtidas em ambientes públicos, onde as pessoas têm ciência de que podem ser gravadas, desde que respeitados os limites legais. A gravação em locais públicos, como portarias de edifícios ou sistemas de transporte, é um meio eficaz de coletar informações sem infringir direitos constitucionais à intimidade.

A ação controlada e a interceptação de comunicações telefônicas e telemáticas também são ferramentas importantes. Elas permitem a coleta de dados sobre a atuação de grupos criminosos, ajudando a entender suas dinâmicas e a identificar líderes e integrantes. Tais medidas são reguladas por legislações específicas que garantem a supervisão judicial e a proteção dos direitos individuais, evitando abusos.

Os afastamentos dos sigilos financeiro, bancário e fiscal também desempenham um papel crucial, permitindo que as autoridades investiguem movimentações suspeitas e identifiquem fontes de renda ilícitas. A infiltração por policiais, como previsto no artigo 11, é outra medida vital, pois possibilita o acesso direto às operações do crime organizado, permitindo a coleta de provas em tempo real.

Por fim, a cooperação entre instituições e órgãos em diferentes níveis é essencial para uma abordagem coordenada e eficaz no combate ao crime organizado. Essa colaboração facilita o intercâmbio de informações e o compartilhamento de recursos, aumentando a capacidade das autoridades em desmantelar organizações criminosas.

Dessa forma, a utilização de meios especiais de obtenção de prova é indispensável no enfrentamento das organizações criminosas, pois permite um combate mais eficaz, fundamentado em evidências sólidas, e respeitando os direitos constitucionais quando aplicáveis. De modo a manter um equilíbrio entre a eficácia da persecução penal e a proteção dos direitos fundamentais.

> I – colaboração premiada;

Conferir, abaixo, os comentários aos arts. 4º a 7º.

> II – captação ambiental de sinais eletromagnéticos, ópticos ou acústicos;

Este tema já consta da Lei nº 9.296/96 que é tratada nesta obra para onde remetemos o leitor.

> III – ação controlada;

O assunto é comentado na análise dos arts. 8º e 9º, abaixo.

IV – acesso a registros de ligações telefônicas e telemáticas, a dados cadastrais constantes de bancos de dados públicos ou privados e a informações eleitorais ou comerciais;

Ver abaixo comentários aos arts. 15 e 17.

V – interceptação de comunicações telefônicas e telemáticas, nos termos da legislação específica;

A disciplina sobre a interceptação telefônica e telemática já consta da Lei nº 9.296/96 que é tratada nesta obra para onde remetemos o leitor.

VI – afastamento dos sigilos financeiro, bancário e fiscal, nos termos da legislação específica;

Quebra do Sigilo Financeiro, Bancário e Fiscal – Prevê o art. 5º, inc. X da Constituição que "são invioláveis a intimidade, a vida privada, a honra e a imagem das pessoas, assegurado o direito a indenização pelo dano material ou moral decorrente de sua violação".

Como decorrência natural do princípio da inviolabilidade é assegurada, dentre outras, a garantia aos sigilos financeiro, bancário e fiscal, cuja quebra somente mediante ordem judicial pode ser determinada.

O sigilo bancário é previsto, também, em legislação infraconstitucional. Assim, reza o art. 1º da Lei Complementar nº 105/2001, que "as instituições financeiras conservarão sigilo em suas operações ativas e passivas e serviços prestados", cuja quebra, salvo exceções que relaciona, depende de ordem judicial (art. 1º, § 4º da lei), ou de determinação de Comissão Parlamentar de Inquérito, que, nos temos do § 3º, do art. 58 da CF, possui "poderes de investigação próprios das autoridades judiciais".

Também os sigilos fiscal e financeiro merecem tutela, como se vê do disposto no art. 198 do Código Tributário Nacional (Lei nº 5.172/66), *verbis*: "Sem prejuízo do disposto na legislação criminal, é vedada a divulgação, por parte da Fazenda Pública ou de seus servidores, de informação obtida em razão do ofício sobre a situação econômica ou financeira do sujeito passivo ou de terceiros e sobre a natureza e o estado de seus negócios ou atividades". Excepciona a lei, no § 1º, inc. I do art. 198, a possibilidade de divulgação no sigilo desde que determinada judicialmente.

A quebra, portanto, dessas espécies de sigilo, além de importarem em exceção à regra geral, somente podem ser decretadas por ordem judicial, em questão sobre a qual não perdura nenhuma dúvida e cuja menção na lei em exame, a rigor, nem mesmo seria necessária.

VII – infiltração, por policiais, em atividade de investigação, na forma do art. 11;

O tema é tratado abaixo, nos comentários aos artigos 10 a 14.

VIII – cooperação entre instituições e órgãos federais, distritais, estaduais e municipais na busca de provas e informações de interesse da investigação ou da instrução criminal.

Cooperação Institucional – A alta complexidade das atividades que envolvem a criminalidade organizada exige uma perfeita sintonia entre os diversos órgãos públicos, de todos os níveis, que possam colaborar em sua investigação.

A propósito, a Convenção das Nações Unidas contra o Crime Organizado Transnacional, com sede em Palermo, prevê em art. 7, item "b", que cada Estado-parte garantirá "que as autoridades responsáveis pela administração, regulamentação, detecção e repressão e outras autoridades responsáveis pelo combate à lavagem de dinheiro [...], tenham a capacidade de cooperar e trocar informações em âmbito nacional e internacional, em conformidade com as condições prescritas no direito interno, e, para esse fim, considerará a possibilidade de criar um serviço de informação financeira que funcione como centro nacional de coleta, análise e difusão de informação relativa a eventuais atividades de lavagem de dinheiro".

Tal auxílio deve se operar entre os dois níveis de polícia judiciária existentes no Brasil, a federal e as estaduais. Dentre estas últimas, a cooperação deve ocorrer entre as polícias civil e militar. Por mais óbvio que possa parecer essa constatação, o certo é que, na prática, no mais das vezes tais órgãos "não se falam", isto é, não compartilham suas informações de modo a permitir um adequado enfrentamento à criminalidade.

Mas a troca de informações não se restringe às entidades de caráter policial. Assim, por exemplo, a Receita Federal deve encaminhar ao Ministério Público representação pela prática, em tese, de crime tributário ou previdenciário, segundo o art. 83 da Lei nº 9.430/96.

Também as instituições financeiras (cujo rol é apresentado no artigo anterior), devem comunicar "às autoridades competentes, da prática de ilícitos penais ou administrativos", sem que tal conduta importe em violação do dever de sigilo, nos termos do art. 1º, § 3º, IV da Lei Complementar nº 105/2001. Esta lei obriga, ainda, que os presidentes do Banco Central do Brasil e da Comissão de Valores Imobiliários comuniquem ao Ministério Público a ocorrência de crime (art. 9º).

De sua parte, também o Tribunal de Contas da União, na dicção do art. 16, § 3º, da Lei nº 8.443/92, "providenciará a imediata remessa de cópia da documentação pertinente ao Ministério Público da União, para ajuizamento das ações civis e penais cabíveis." Idênticas providências têm previsão legal em leis estaduais que tratam dos respectivos tribunais de contas de cada unidade da Federação.

As corregedorias, das mais diversas carreiras, as Comissões Parlamentares de Inquérito, bem como o Conselho Nacional de Justiça e o Conselho Nacional do Ministério Público, também podem auxiliar, na análise do caso concreto, nos termos sugeridos por este dispositivo.

São apenas exemplos de órgãos e instituições que, embora não compondo o aparato policial, podem colaborar com a investigação visando o combate ao crime organizado.

SEÇÃO I
DA COLABORAÇÃO PREMIADA

Art. 3º-A. O acordo de colaboração premiada é negócio jurídico processual e meio de obtenção de prova, que pressupõe utilidade e interesse públicos. *Redação dada pela lei 13.964/2019*

Introdução ao tema, definição legal e natureza jurídica: O instituto da colaboração premiada, ainda que contando com denominação diversa, sempre foi objeto de análise pela doutrina, tratado que é como "delação premiada (ou premial)", "chamamento do corréu", "confissão delatória" ou, segundo os mais críticos, "extorsão premiada", etc.

Podemos sintetizar os diplomas legais que preveem a delação como sendo: Lei nº 8.072/90, art. 8º, parágrafo único; Lei 7.492/1986, art. 26, § 2º; Lei nº 9.034/95, art. 6º; Lei nº 9.807/99, arts. 13 e 14, Lei nº 11.343/2006, art. 41.

A Lei 12.850/2013 em exame altera sensivelmente esse panorama, cuidando da forma e do conteúdo da colaboração premiada, prevendo regras claras para sua adoção, indicando a legitimidade para formulação do pedido, enfim, permitindo, de um lado, maior eficácia na apuração e combate à criminalidade organizada, sem que, de outra parte, se arranhem direitos e garantias asseguradas ao delator.

Entendemos que o instituto da colaboração premiada, nos termos que delineados na Lei 12.850/13, pode ser aplicado para outros crimes, mesmo que não cometidos por organização criminosa, mas que autorizam o beneplácito da delação (como, por exemplo, associação criminosa – art. 288 do CP). A citada Lei criou, no nosso ordenamento jurídico, um microssistema do pacto premial, destrinchando os benefícios e o procedimento a serem observados, assegurando direitos e ditando deveres aos atores envolvidos no negócio jurídico. A aplicação da Lei 12.850/13 para crimes que não envolvem crime organizado tem autorização do direito penal (analogia in bonam partem) e do processo penal (analogia integradora). Importante recordar, num quadro de aparente conflito de normas, a teoria do diálogo das fontes. A ideia de que as leis devem ser aplicadas de forma isolada umas das outras é afastada pela referida teoria. O ordenamento jurídico deve ser interpretado de forma unitária. A teoria surge para fomentar a ideia de que o Direito deve ser interpretado como um todo de forma sistemática e coordenada. Uma norma jurídica não excluiria a aplicação da outra, como acontece com a adoção dos critérios clássicos para solução dos conflitos de normas (antinomias jurídicas) idealizados por Norberto Bobbio. Pela teoria, as normas não se excluiriam, mas se complementariam.

Por isso decidiu a Sexta Turma do Superior Tribunal de Justiça que é cabível acordo de delação premiada em quaisquer crimes cometidos em concurso de agentes, e não apenas se houver investigação pelo delito de organização criminosa. Assim, ainda que os investigados não sejam acusados de integrar uma organização criminosa, é possível a celebração de acordos de colaboração premiada na investigação de outros crimes cometidos em concurso de agentes, como já fez o Supremo Tribunal Federal em casos de corrupção passiva e lavagem de capitais. Basta para tanto lembrar situações esparsas em que a legislação concede benefícios processuais e penais aos colaboradores como nos crimes de extorsão mediante sequestro em concurso de agentes (artigo 159, parágrafo 4º, do Código Penal); crimes contra o Sistema Financeiro Nacional (artigo 25, parágrafo 2º, da Lei 7.492/1986) e Lei de Crimes Hediondos (parágrafo único do artigo 8º), entre outras hipóteses.

Na verdade, ante a fata de regulamentação do procedimento de formalização dos acordos de colaboração premiada pelo Código de Processo Penal, a Lei 12.850/2013 ampara sua realização perante o ordenamento processual penal em geral. Segundo arrematou a Ministra Laurita Vaz, relatora do caso citado, "não há óbice a que as disposições de natureza majoritariamente processual previstas na referida lei apliquem-se às demais situações de concurso de agentes (no que não for contrariada por disposições especiais, eventualmente existentes). Em quaisquer condutas praticadas em concurso de agentes é possível celebrar acordo de colaboração premiada – interpretação, inclusive, mais benéfica aos delatores". (STJ. HC 582678. Rel. Min. Laurita Vaz. J. 14/06/2022).

A **colaboração premiada é razoavelmente distinta do *plea bargain*,** razão pela qual, a fim de evitar confusões no plano internacional, convencionou-se chamá-la de *collaboration agreements*. A principal distinção é que a colaboração premiada possui nítida feição instrumental, com eficácia condicionada à obtenção de resultados socialmente úteis, e conta com uma co-participação do cidadão privado na atividade investigatória. Semelhante aos institutos do *Compliance*, Acordo de Leniência, *whistleblower* e outros, a colaboração premiada tem natureza de **norma premial.** Neste tipo de conformação, frente a determinadas condutas inofensivas ao convívio social, a norma cria estímulos a determinadas práticas desejadas, quando então assume um viés promocional. Ensina Norberto Bobbio que o direito promocional não se atém a premiar quem se pauta apenas em conformidade aos comandos e proibições, mas lança mão de estímulos de conduta em ações permitidas, que se dão no espaço do lícito (BOBBIO, Norberto. Da estrutura à função: novos estudos de teoria do direito. Tradução de Daniela

Beccaccia Versiani. Barueri: Manole, 2007, p. 70-71). A colaboração premiada enquadra-se nesta categoria de norma jurídica afinal, embora não seja obrigatório ao acusado cooperar com as investigações, dada superioridade de benefícios e interesse nesse comportamento, a lei o estimula mediante a prestação de prêmios.

Dadas as características até aqui apresentadas, a colaboração premiada pode ser definida, já com base na lei em exame, como a possibilidade que detém o autor do delito em obter o perdão judicial, redução de pena, ou sua substituição ou outros benefícios penais, desde que, de forma eficaz e voluntária, auxilie na obtenção dos resultados previstos em lei.

Observe-se, contudo que, devido a alteração promovida pela Lei 13.964/2019, foi inserido na Lei 12.850/2013 o art. 3º-A que tratou de dar um ***conceito legal*** à colaboração premiada, assim redigido: "*Art. 3º-A. O acordo de colaboração premiada é negócio jurídico processual e meio de obtenção de prova, que pressupõe utilidade e interesse públicos*".

A definição legal, em nosso sentir, produz significativas alterações sobre o tema porque consolida a sua natureza mista e estabelece bases principiológicas que devem ser aplicadas para todas as demais espécies de colaboração premiada. Vejamos.

Ao prever tratar-se de negócio jurídico e meio de obtenção de prova, proclamou-se sua natureza dúplice, já sedimentada inclusive pelos tribunais brasileiros. Neste sentido reconhece o STF que "*A colaboração premiada é uma técnica especial de investigação, meio de obtenção de prova advindo de um negócio jurídico processual personalíssimo, que gera obrigações e direitos entre as partes celebrantes*" (STF, HC 127.483/PR, Rel. Min. Dias Toffoli).

Esses elementos conceituais enunciam a estrutura ontológica e a função utilitarista da colaboração premiada. Vejamos.

Ao prever que a colaboração premiada ***é um negócio jurídico***, a legislação consagra a ideia de que ela deve ser celebrada em meio um ajuste bilateral de cláusulas, condições, prestações e contraprestações recíprocas, o que produz consequências significativas acerca de vários pontos do instituto. A partir disso, deve-se considerar a consensualidade como sua característica principal o que implica em um robustecimento da autonomia da vontade, na busca pela eficiência, na lealdade e boa-fé objetiva das partes. Essas características têm reflexos profundos como a substituição do sistema de legalidade estrita pelo da juridicidade negociada, aumento no protagonismo convergente das partes com consequente redução da atuação do juiz, diversificação de estratégias defensivas e acusatórias, etc.

Em razão da consensualidade, restou consolidado o entendimento de que "*Não existe direito líquido e certo a compelir o Ministério Público à celebração do acordo de delação premiada, diante das características desse tipo de acordo e considerando a necessidade de distanciamento que o Estado-juiz deve manter durante o cenário investigado e a fase de negociação entre as partes do cenário investigativo. O acordo de colaboração premiada, além de meio de obtenção de prova, constitui-se em um negócio jurídico processual personalíssimo, cuja conveniência e oportunidade estão submetidos à discricionariedade regrada do Ministério Público e não se submetem ao escrutínio do Estado-juiz. Em outras palavras, trata-se de ato voluntário, insuscetível de imposição judicial*". (STF. 2ª Turma. MS 35693 AgR/DF, Rel. Min. Edson Fachin, julgado em 28/5/2019 (Info 942)).

A natureza bilateral do acordo produz outras duas consequências, a nosso ver: 1) não é mais possível defender a possibilidade de colaborações premiada unilateral e 2) somente o Ministério Público pode celebrar os acordos de colaboração, conforme será visto em tópicos próprios.

Na verdade, a diversidade de abordagem defensiva que a colaboração proporciona nos leva à conclusão de que a colaboração premiada é um autêntico meio de defesa conferido ao acusado. Essa característica, quando somada a outras, corrobora a **natureza híbrida** desse instituto.

Além disso, ao afirmar que o acordo de colaboração premiada pressupõe a **utilidade e o interesse públicos**, a legislação indica claramente sua orientação utilitarista e funcionalista.

A colaboração premiada deve buscar uma proteção mais eficaz e eficiente do bem jurídico tutelado pela norma penal violada, e a comparação deve ser feita considerando uma sentença penal hipotética proferida sem a celebração desse acordo. O aumento da eficácia, eficiência e vantajosidade deve ser avaliado com base no alcance objetivo ou subjetivo da atuação persecutória, nos resultados finais decorrentes da aplicação da sanção penal e na economia de recursos proporcionada pela celebração do acordo. Estabelecidas essas premissas, derivadas do conceito legal, podemos identificar um conjunto de princípios gerais (um microssistema) capazes de responder a várias questões relacionadas ao tema, como demonstraremos a seguir.

Colaboração premiada por advogado e a Lei 14.365/2022: Dispõe o novo § 6º-I do art. 7º do EOAB, com redação dada pela Lei n.º 14.365/2022: "É vedado ao advogado efetuar colaboração premiada contra quem seja ou tenha sido seu cliente, e a inobservância disso importará em processo disciplinar, que poderá culminar com a aplicação do disposto no inciso III do caput do art. 35 desta Lei, sem prejuízo das penas previstas no art. 154 do Decreto-Lei nº 2.848, de 7 de dezembro de 1940 (Código Penal)".

A nosso juízo, **trata-se de disposição inconstitucional** porque fere o princípio constitucional da isonomia e da proporcionalidade.

Não há dúvidas que a inviolabilidade do segredo estabelecido entre advogado e cliente deve ser protegido de maneira a evitar comportamentos desleais e resguardar a confiança dessa relação profissional. Todas as informações recebidas pelo advogado no desempenho da sua função devem, em princípio, ser utilizadas apenas para a defesa dos interesses daquele e por isso são consideradas sigilosas. Assim, a lei põe a salvo essas informações (e o segredo entre advogado e cliente) quando, por exemplo, prevê a proibição ou a impossibilidade de servirem como testemunhas as pessoas que, por estado ou profissão, devam guardar sigilo (vide art. 207 do CPP e 448, II, do CPC). Por isso, também, que a injustificada revelação dos segredos profissionais pode caracterizar o crime do art. 154 do CP.

Todavia, ao vedar que o advogado efetue uma colaboração premiada contra quem tenha sido seu cliente, a lei viola o princípio da isonomia porque faz uma distinção injustificada entre o advogado e os demais cidadãos de um modo geral.

Isso porque a colaboração premiada é sobretudo uma ferramenta defensiva, um "recurso" inerente à ampla defesa, no sentido empregado pelo artigo 5º, inciso LV, da Constituição Federal. Os vários benefícios premiais são, não raro, a melhor estratégia de defesa dos acusados, o que confere à colaboração a natureza dúplice mencionada antes, qual seja, de meio de obtenção de prova e instrumento de defesa dos acusados em geral.

Assim sendo, ao advogado acusado de praticar crimes em coautoria ou como integrante de uma organização criminosa junto com seu cliente deve ser assegurado todos os instrumentos defensivos vigentes, inclusive a colaboração premiada. Nesse contexto, o suposto conflito entre o direito ao sigilo profissional do cliente e a ampla defesa do advogado deve ser dirimido em favor deste último vez que diretamente relacionado à liberdade individual, direito fundamental que tem primazia constitucional.

Basta lembrar que o dever de sigilo, mesmo nos casos envolvendo contratos advocatícios, não é absoluto. O próprio tipo penal do art. 154 do CP prevê que somente haverá crime se o segredo for revelado sem justa causa, que estará presente sempre que outro interesse fundamental se sobrepuser ao profissional. É o que acontece por exemplo quando o advogado é acusado, pelo cliente, de cometer um crime e, para se defender, apresenta provas de sua inocência. Como ensina Magalhães Noronha "a justa causa funda-se na existência de estado de necessidade, é a colisão de dois interesses, devendo um ser sacrificado em benefício do outro; no caso, a inviolabilidade dos segredos deve ceder a outro bem-interesse. Há, pois, objetividades jurídicas que a ela preferem, donde não ser absoluto o dever do silêncio ou sigilo profissional" (Direito Penal, ob. cit., vol. 2, p. 195).

Ora, os benefícios penais da colaboração premiada decorrem de lei e, inegavelmente, constituem causa justa para a revelação do segredo, o que afasta a caracterização do crime do art. 154 do CP.

Observe-se ainda que a nova lei veda que o advogado delate seus clientes, mas não proíbe a delação dos clientes contra seus procuradores. Essa desigualação de tratamento penal não encontra qualquer justificativa vez que fragiliza o *status libertatis* de pessoas que se posicionam de maneira idêntica perante o ilícito praticado, criando, entre elas, uma espécie de exclusividade defensiva.

A ponderação constitucional está a indicar que a revelação do segredo profissional é admitida para a salvaguarda do direito à defesa do advogado, razão pela qual a limitação imposta pela Lei n.º 14.365/2022, que veda ao advogado o direito a celebrar colaboração premiada contra clientes, é injustificável porque sacrifica desproporcionalmente o seu direito fundamental à ampla defesa e indiretamente à liberdade.

Há ainda uma contradição entre a nova disposição e o art. 3ºC, § 3º, da Lei. Isso porque, ao restringir a realização da colaboração que implique determinadas pessoas, a nova lei contraria sua natureza de meio de obtenção de prova, confundindo-a com meio de prova propriamente dito. É dizer: ao vedar a colaboração contra o cliente, a nova lei não impede que o advogado colaborador narre todos os fatos ilícitos para os quais concorreu, o que permite às agências de persecução a produção das provas relacionadas àquelas declarações. Ao restringir a colaboração premiada do advogado contra quem seja ou tenha sido seu cliente, a nova lei contraria essas disposições e fere de morte, uma vez mais, o princípio da isonomia.

Anote-se que recentemente o STJ entendeu nula a delação premiada celebrada por um advogado contra seu cliente (STJ. 5ª Turma. RHC 164.616-GO, Rel. Min. João Otávio de Noronha, julgado em 27/09/2022 (Info 751)). Mas resta fazer um importante *distinguishing* deste precedente frente as ponderações acima. Na verdade, no caso julgado pela 5ª Turma da Corte da Cidadania, o vício apontado estava no fato de a gravação de conversas entre defensor e cliente ter sido realizada em momento em que o advogado delator não estava sendo investigado, nem era acusado de crime. Ora, nessa situação não há mesmo exercício defensivo pelo procurador, pelo que restava incólume seu dever de guardar segredo. Mas na hipótese de a persecução penal já ter sido deflagrada e apontar para a participação criminosa de um advogado, diferente do que restou decidido neste precedente, é cabível uma colaboração premiada contra os demais envolvidos no crime, mesmo que sejam seus clientes.

Colaboração premiada por pessoa jurídica: Ante as várias disposições a respeito da colaboração premiada, recentemente, o Superior Tribunal de Justiça assentou a tese de que somente pessoa física autora de crime pode celebrar acordo de colaboração premiada. Isso porque não é possível o enquadramento de pessoa jurídica como investigada ou acusada no tipo de crime de organização criminosa, o que a desqualifica como ente capaz de celebrar o acordo de colaboração, nem mesmo por meio de seus dirigentes. Segundo restou assentado:

> "(...)
>
> 7. A interpretação das leis penais e processuais penais merece relevante atenção, por tratarem, em maior ou menor extensão, do direito de liberdade do cidadão. Essas normas, salvo se para beneficiar o investigado/acusado, ou em casos de normas efetivamente sem conteúdo penal, devem ser interpretadas de maneira a obedecer ao máximo o princípio da legalidade, sem extensões ou restrições em seu conteúdo.
>
> 8. Nessa compreensão, ou se tem uma colaboração premiada, baseada, por exemplo, na Lei 12.850/2013, com todas as suas regras gerais (de matiz voltada para o Direito Penal), ou um acordo de leniência, seja o da Lei 12.846/2013 ou mesmo o da Lei 12.529/2011, caso se pretenda a atuação em âmbito cível e administrativo. O que importa, ao fim e ao cabo, é que se observe a lei respectiva e seu conteúdo.

Acordo de leniência não é acordo de colaboração premiada!

9. A forma e o rito constituem garantias do acusado e limites de poder. Em última análise, deve-se garantir que não ocorra a situação onde a ameaça de possível prisão (cautelar ou em virtude de condenação definitiva) pressione imputados delatados em prévio "acordo empresarial" (no qual eventualmente vai constar a cúpula gestora da sociedade) a aderir à uma verdadeira "colaboração por arrastamento", sob pena de macular a voluntariedade necessária à avença e, por consequência, a própria ação penal daí decorrente.

10. Diante do reconhecimento da ineficácia do acordo de colaboração premiada celebrado entre o Ministério Público e a empresa colaboradora, nulos também são os termos de adesão ao referido acordo. Restando nulificadas as "colaborações premiadas por adesão", e como aparentemente os referidos acordos restaram isoladas nos autos, sem notícia de outros elementos de convicção a instruir a denúncia, de rigor o trancamento da ação penal, por ausência de justa causa. Precedentes. Prejudicadas as demais teses defensivas.

11. Recurso em habeas corpus provido para declarar a ineficácia da colaboração premiada celebrada entre o Ministério Público de São Paulo e a empresa Comércio e Construtora Camargo Corrêa, bem como os termos de adesão ao referido acordo, celebrados por Alessandro Vieira Martins e Emílio Eugênio Auler Neto, anulando-se ainda as provas que, diretamente, derivam do mencionado acordo e dos termos de adesão. Trancamento da ação penal n. 0004047-03.2019.8.26.0050 em relação ao recorrente (art. 648, I - CPP), com e feito extensivo (art. 580 - CPP)" (STJ- RHC n. 154.979/SP, rel. Min. Olindo Menezes (Desembargador Convocado do TRF 1ª Região), 6ª T., j. em 9/8/2022, DJe de 15/8/2022).

Colaboração premiada com a vítima: A colaboração premiada é um acordo realizado entre o acusador e a defesa, não podendo a vítima ser colaboradora. Neste sentido também decidiu o Superior Tribunal de Justiça, que entendeu que pela legislação pertinente, a vítima não pode ser colaboradora, porque lhe faltaria interesse - haja vista que é a interessada na tutela punitiva (STJ. HC 750.946-RJ, Rel. Min. Olindo Menezes (Desembargador convocado do TRF da 1ª Região), 6ª T., por maioria, j. em 11/10/2022).

Embora discordemos da motivação dada à decisão – *vez que a vítima, no processo penal, não é tecnicamente interessada na tutela punitiva* – entendemos que o ofendido realmente não possui legitimidade para celebrar acordo de colaboração premiada por falta de pressupostos lógicos tais como desconhecimento de informações sobre os crimes praticados que possam alavancar a persecução e ausência de sanções que possam ser minoradas pela atuação colaborativa. Nada impede, contudo, que a vítima seja incentivada a reportar informações sobre crimes em geral, nos termos da política *whistleblowing* prevista na Lei 13.608/2018.

Art. 3º-B. O recebimento da proposta para formalização de acordo de colaboração demarca o início das negociações e constitui também marco de confidencialidade, configurando violação de sigilo e quebra da confiança e da boa-fé a divulgação de tais tratativas iniciais ou de documento que as formalize, até o levantamento de sigilo por decisão judicial. Redação dada pela lei 13.964/2019

§ 1º A proposta de acordo de colaboração premiada poderá ser sumariamente indeferida, com a devida justificativa, cientificando-se o interessado.

§ 2º Caso não haja indeferimento sumário, as partes deverão firmar Termo de Confidencialidade para prosseguimento das tratativas, o que vinculará os órgãos envolvidos na negociação e impedirá o indeferimento posterior sem justa causa.

§ 3º O recebimento de proposta de colaboração para análise ou o Termo de Confidencialidade não implica, por si só, a suspensão da investigação, ressalvado acordo em contrário quanto à propositura de medidas processuais penais cautelares e assecuratórias, bem como medidas processuais cíveis admitidas pela legislação processual civil em vigor.

> § 4º O acordo de colaboração premiada poderá ser precedido de instrução, quando houver necessidade de identificação ou complementação de seu objeto, dos fatos narrados, sua definição jurídica, relevância, utilidade e interesse público.
>
> § 5º Os termos de recebimento de proposta de colaboração e de confidencialidade serão elaborados pelo celebrante e assinados por ele, pelo colaborador e pelo advogado ou defensor público com poderes específicos.
>
> § 6º Na hipótese de não ser celebrado o acordo por iniciativa do celebrante, esse não poderá se valer de nenhuma das informações ou provas apresentadas pelo colaborador, de boa-fé, para qualquer outra finalidade.'

Início das tratativas e a formalização da proposta de acordo – O art. 3º-B dispõe que o início das tratativas da colaboração premiada ocorre com o recebimento de sua *proposta de formalização*. O dispositivo deixa intuir que a iniciativa pela proposta é do colaborador que deve ofertar, suscintamente, comprovação do alegado e dos possíveis resultados descritos no art. 4º da Lei decorrentes da eventual colaboração.

Nada impede, contudo, que as autoridades públicas tenham esse tipo de iniciativa. Trata-se, afinal, de técnica especial de investigação que pode ser manejada pelos agentes públicos com este objetivo, sem que isso, inclusive, produza qualquer tipo de suspeição dessa autoridade pública" (STF. Plenário. AS 89/DF, Rel. Min. Edson Fachin, julgado em 13/9/2017(Info 877)).

Insta deixar bem claro que esta proposta serve unicamente para manifestar a vontade do colaborador de celebrar uma colaboração premiada, e, em seguida, para deflagrar os debates prévios, entendimentos, tratativas ou conversações sobre o eventual e posterior negócio jurídico premial. Na verdade, não passa de uma simples oferta ou proposta feita sem o caráter vinculante e que, por isso mesmo, não é revestida de informações detalhadas ou de pontos essenciais do negócio pretendido, razão pela qual, por si só, não dá ensejo a qualquer vínculo obrigacional recíproco, exceto o dever sigilo. Trata-se, enfim, de uma simples policitação, o que permite que o colaborador se retrate ou mesmo desista da proposta sem maiores consequências legais, conforme já previa o § 13 do art. 4º da Lei.

O recebimento da proposta ocorre mediante anotação ou autenticação protocolar junto à autoridade policitada, o que indica tratar-se de ato solene e necessariamente escrito.

Para que opere os efeitos legais previstos nesta norma – a saber, *demarcação do início das negociações e início da confidencialidade* – é necessário que a proposta seja recebida pela autoridade policitada competente, ou seja, com atribuições para atuar concretamente no caso em tela, circunstância geralmente conhecida pelo pretenso colaborador visto que a proposta, no mais das vezes, é oferecida em meio a um procedimento investigatório formalmente e anteriormente instaurado. Essa é a teleologia da primeira parte do § 5º do art. 3º-B da Lei.

O efeito demarcatório inicial das investigações: O principal sentido do *caput* do art. 3º é demarcar o início das negociações, o que enseja dois efeitos jurídicos: dever de confidencialidade legal e vínculo de confiança e boa-fé.

O *dever de confidencialidade legal* é automático, isto é, decorre do mero recebimento da proposta e independe da assinatura de termo de confidencialidade, mencionado no § 5º do art. 3º-B. Mesmo sendo a proposta suscinta, aqui o sigilo tem a finalidade principal de preservação da pessoa do colaborador contra eventuais retaliações, embora igualmente busque proteger o necessário ambiente negocial de confiança e boa-fé para a celebração do ajuste premial. A confidencialidade da proposta, em regra, deve ser mantida mesmo que haja indeferimento sumário vez que sua divulgação pode colocar em risco a incolumidade do proponente. Todavia, inexistindo riscos deste tipo, pode o sigilo ser levantado, desde que por decisão judicial, conforme indica a parte final do caput do art. 3º-B.

O *vínculo de confiança e boa-fé* é o segundo efeito decorrente do recebimento da proposta de formalização e consistem no sentimento de que a atuação das partes é pautada por padrões éticos de conduta que lhes confere um dever recíproco de normalização, estabilidade e previsibilidade dos atos de modo que atos torpes ou contrários a este sentimento são considerados ilícitos.

Para aqueles que entendem possível a *legitimidade concorrente* para celebração de acordo de colaboração premiada, a confiança e a boa-fé são vetores normativos cruciais para aferir a validade de uma (proposta de) colaboração premiada deduzida perante um dos legitimados à revelia de outros.

Assim, restará caracterizada má-fé de um proponente, por exemplo, quando uma proposta é oferecida para uma dada entidade mesmo ele sabendo, ainda que indiretamente, que outra instituição detém provas, qualitativamente e em quantidade igual ou superior às apresentadas por ele perante a agência procurada.

A proteção à boa-fé institucional também deve ser assegurada quando, por exemplo, a instituição não procurada para o acordo possuir provas, qualitativamente e em quantidade igual ou superior às apresentadas pelo colaborador perante outra instituição. Nesse caso, ainda que se possa vislumbrar um conflito entre a boa-fé da Administração Pública e do colaborador, dada a conhecida presunção de veracidade, legalidade e legitimidade dos atos praticados pelos órgãos públicos, a solução parece pender para aquela.

Mas como será possível aferir a boa-fé da Administração Pública visto que regida pela regra constitucional da impessoalidade? A resposta passa pela análise da boa-fé objetiva, entendido como o exigível padrão de comportamento ético do Estado, analisável por meio de uma atuação homogênea, definida em planos de sistematicidade, previamente definidas em protocolos administrativos. Toda a atuação estatal deve ser objetivamente definida em normas prévias de conduta, norteadas pela lealdade, que respeita os interesses legítimos da outra parte e que determine a cooperação dos contratantes para atingir a efetivação do negócio jurídico celebrado. Este tipo de providência, inclusive, decorre no novel art. 30 da Lei de Introdução às Normas do Direito Brasileiro, acrescentado pela Lei 13.6555/2018 que prevê que "as autoridades públicas devem atuar para aumentar a segurança jurídica na aplicação das normas, inclusive por meio de regulamentos, súmulas administrativas e respostas a consultas".

As normas regulamentares, como a orientação conjunta n.º 01/2018 do Ministério Público Federal, destacam a importância de padrões de comportamento nas negociações de acordos de colaboração. Referida orientação estabelece no item 4, por exemplo, que a aceitação da proposta de acordo inicia as negociações e implica um marco de confidencialidade, sendo a divulgação das tratativas ou documentos antes do levantamento de sigilo uma violação da confiança. E no item 25 requer que os acordos incluam cláusula de boa-fé, onde o colaborador deve informar se procurou outros órgãos para acordos.

A divulgação não autorizada das tratativas para a mídia, sem decisão judicial que levante o sigilo, é considerada uma quebra de confiança e boa-fé, podendo também configurar crime conforme o artigo 325 do Código Penal. No entanto, a comunicação reservada entre órgãos legitimados para celebrar acordos é permitida, pois visa a troca de informações relevantes para o interesse público, conforme o artigo 3º-A da Lei 12.850/2013.

Indeferimento sumário da proposta: ao prever a possibilidade de indeferimento sumário, o § 1º do art. 3º-B da Lei confirma a natureza eminentemente unilateral e de simples oferta da proposta de acordo, sem qualquer caráter vinculante.

Tendo em vista que o dispositivo impõe dever de justificação da decisão, entendemos que o indeferimento deve ser feito de maneira escrita, solenidade compatível com a natureza do ato. No silêncio da Lei, entendemos que o *prazo* para o órgão celebrante decidir sobre o indeferimento sumário é o fixado no art. 3º, § 4º, da Resolução 181/2017, que dispõe: "*O membro do*

Ministério Público, no exercício de suas atribuições criminais, deverá dar andamento, no prazo de 30 (trinta) dias a contar de seu recebimento, às representações, requerimentos, petições e peças de informação que lhe sejam encaminhadas, podendo este prazo ser prorrogado, fundamentadamente, por até 90 (noventa) dias, nos casos em que sejam necessárias diligências preliminares". Para aqueles que entendem ser possível a celebração da colaboração premiada por autoridade policial, por extensão isonômica, entendemos que o prazo acima deve ser o mesmo. Observe-se que mesmo durante este prazo não é vedada à autoridade pública dar continuidade à investigação, conforme autoriza expressamente o § 3º do art. 3º-B.

A norma exige ainda um *dever de justificação da decisão* que indefere a proposta de modo a apontar os motivos técnico-jurídicos para tanto, obrigação que decorre de vários postulados constitucionais que obrigam os agentes públicos à declinarem as razões que os conduziram a determinada conclusão de modo assegurar cumprimento dos fins institucionais e, com isso, reduzir a possibilidade de abusos e de perseguições pessoais.

Dada a necessidade de conferir discrição e assegurar a função útil da investigação, o indeferimento pode ser feito por meio de uma exposição simplificada, de modo a não comprometer outros atos investigatórios sigilosos, como andamento de outra colaboração premiada oferecida por outra pessoa envolvendo os mesmos fatos.

Respeitados esses limites, o indeferimento da proposta deve articular juízos decisório que demonstrem o desatendimento à utilidade e interesses públicos, objetivo central da colaboração premiada, conforme acima mencionado. Por isso que, por exemplo, nada impede que a patente inverossimilhança da proposta inicial possa constituir-se em justificativa suficiente para o seu indeferimento sumário.

Aliás, a proposta de acordo pode, conforme o caso, ser suficiente para a caracterização do *crime do art. 19 da Lei 12.850/2013*, desde que nela haja elementos suficientes para imputação falsa de prática de infração penal a pessoa que sabe ser inocente, ou revelação de informações sobre a estrutura de organização criminosa que sabe inverídicas.

Por fim, em nome da publicidade e direito à informação, a norma confere ao interessado o *direito de ser cientificado* acerca da decisão de indeferimento sumário da proposta. Não há qualquer previsão, até porque descabido, de eventual recurso contra a decisão que indefere sumariamente a proposta visto tratar-se de ato absolutamente relacionado ao exercício constitucional da independência funcional dos membros do Ministério Público (CF, art. 127, § 1º) e, para aqueles que sustentam essa possibilidade, da discricionariedade dos delegados de polícia (Lei 12.830/2013, art. 2º).

Não indeferimento da proposta inicial: O § 2º do art. 3º-B, redigido em uma oração negativa, cuida da hipótese em que a proposta de acordo não é indeferida de plano pela autoridade pública. Implica em uma decisão de admissibilidade prelibatória, calcado em juízo de cognição sumário exercido sobre as informações e documentos indicados na proposta.

A decisão de não indeferimento da proposta, ao contrário daquela que a indefere sumariamente, não necessita de fundamentação elaborada, mas deve ser escrita e expressa. Em razão da natureza não vinculante da proposta inicial, inexiste possibilidade de seu recebimento dar-se por meio de uma *decisão tácita*, ou seja, mediante mero transcurso do prazo para a autoridade decidir sobre a proposta de acordo.

Uma vez admitida a proposta, ainda segundo a disposição citada, as partes deverão firmar *Termo de Confidencialidade* para prosseguimento das tratativas. Trata-se de providência com relativa carga contratual, formalizado mediante instrumento próprio que, segundo anuncia o § 5º do art. 3º-B, deve ser elaborado pela autoridade celebrante e assinado por ela, pelo colaborador e pelo advogado ou defensor público com poderes específicos, formalidade que agrega ao dever de sigilo uma carga de voluntariedade e compromisso consciente das partes. Aqui a confidencialidade se intensifica porque não visa somente proteger o colaborador de retaliações, mas principalmente porque se destina a formatação de um ambiente negocial confiável e seguro, crucial para o bom prosseguimento das tratativas. A partir da celebração deste termo, tanto proponente como autoridade celebrante, a fim de convencerem-se acerca da utilidade e cabimento da colaboração premiada, podem apresentar informações recíprocas sobre o caso porque vinculados ao dever de sigilo, que impede que estranhos saibam sobre seu teor. Tanto é assim que os agentes públicos, no caso de quebra do dever de sigilo, ainda que deixem suas funções públicas, podem ser responsabilizados criminalmente (CP, art. 325) e por improbidade administrativa (Lei 8.429/1992, art. 11, inciso III). Já o proponente, se revelar o segredo, em tese, pode ser incurso nos art. 153 ou 154, ambos do CP, conforme o caso.

A finalidade do sigilo de emprestar segurança às tratativas vem confirmada pela previsão do § 2º do art. 3º que dispõe que a partir da sua assinatura, o termo de confidencialidade *vinculará os órgãos envolvidos na negociação e impedirá o indeferimento posterior sem justa causa.*

O objetivo da *vinculação aos órgãos envolvidos na negociação* é perpetuar o segredo dos autos para todas as esferas do órgão celebrante, independentemente da pessoa natural que tenha participado inicialmente do ato, o que encontra respaldo nos consectários da consagrada teoria do órgão segundo a qual os atos funcionais praticados pelos agentes públicos são atribuídos a pessoa jurídica a que ele esteja ligado. Além disso, o dispositivo serve para anunciar expressamente que o dever de confidencialidade abrange os vários órgãos que participam da investigação do caso, muito comum nos casos de forças-tarefas ou equipes conjuntas de investigação.

Além disso, a partir do recebimento da proposta e assinatura do termo de confidencialidade, resta *proibido o seu indeferimento posterior sem justa causa.* Como se vê, trata-se de mais uma regra destinada ao fortalecimento da confiança necessária para celebração do negócio porque impede que a autoridade celebrante haja de forma torpe e frustre a expectativa do proponente de avanço das tratativas. Na verdade, esta proibição deve ser lida de forma conjugada com a anterior – *que determina a vinculação dos órgãos envolvidos* – e implica verdadeira preclusão consumativa do juízo de recebimento da proposta. Em suma, o recebimento da proposta de acordo pela autoridade celebrante vincula todos os seus órgãos e não pode mais ser simplesmente revista.

Isso não significa que a autoridade celebrante não possa desistir da proposta, situação regida pelo § 6º do art. 3º-B da Lei, conforme será mais à frente estudado.

Segundo prevê o § 3º do art. 3º-B da Lei, o recebimento de proposta de colaboração para análise ou o Termo de Confidencialidade *não implica, por si só, a suspensão da investigação*, ressalvado acordo em contrário quanto à propositura de medidas processuais penais cautelares e assecuratórias, bem como medidas processuais cíveis admitidas pela legislação processual civil em vigor. O dispositivo confirma que a atuação investigatória estatal se desenvolve por impulso oficial e por isso não pode ser paralisada pelo simples recebimento da proposta de acordo, assegurando desta forma a independência dos órgãos estatais responsáveis pela persecução e evitando manobras oportunistas de investigados interessados apenas em procrastinar a investigação. Mas, de forma pertinente, a norma ressalva a possibilidade de, já nessa fase inicial, serem ajustados entre as partes o manejo acerca de ações cautelares ou mesmo ações cíveis cabíveis no caso. Sempre tendo em mira a utilidade e o interesse públicos, o objetivo aqui é flexibilizar as medidas cautelares penais cabíveis e aumentar o sentimento de confiança entre as partes, de modo a facilitar a celebração do ajuste. Assim, por exemplo, embora a investigação possa prosseguir, ainda neste início de tratativas, pode ser avençada a não decretação da prisão do colaborador mediante uso de tornozeleiras eletrônicas e entrega de seus passaportes ou ainda a não decretação de medidas assecuratórios sobre bens utilizados por seus familiares dependentes.

Já o § 4º do art. 3º-B da Lei ressalva, ainda na fase das tratativas, a possibilidade de ser realizada uma *instrução confirmatória*, desde que necessária a identificação ou complementação do objeto da proposta, dos fatos narrados, sua definição jurídica, relevância, utilidade e interesse público. Esses atos e diligências são praticados pela autoridade celebrante e servem para robustecer ou mesmo confirmar as informações prestadas pelo proponente, de onde se extrai que não é exigível aqui o mesmo *standard* probatório corroborativo necessário para uma condenação criminal, exigido no § 16 do art. 4º da Lei. Nada impede, contudo, que essas provas colhidas nesta etapa sirvam também a este propósito.

Ainda objetivando a identificação ou complementação da proposta inicial, não se descarta a possibilidade de o próprio proponente realizar investigações próprias mediante manejo de medidas judiciais cíveis ou criminais desde que observados os limites impostos pela Lei 13.432/2017, conhecida como lei dos detetives particulares. Neste ponto, ganham relevo os programas de *compliance*, úteis da sistematização de várias etapas de funcionamento de determinadas atividades e que podem servir para a documentação de vários elementos probatórios acerca do ilícito, conforme comentários mais à frente. Também podem ser aqui praticados atos em regime de colaboração do proponente com a autoridade celebrante mediante monitoramento de uma ação controlada, estudada nos comentários ao art. 8º desta Lei.

Observe-se que como a finalidade desta instrução confirmatória é identificar ou complementar a proposta de acordo, os elementos probatórios nela coletados, desde que mantido o nexo de íntima dependência com aquelas informações prestadas pelo proponente, não devem ser utilizadas no procedimento investigatório propriamente dito. Assim, caso a colaboração não seja celebrada por desistência do órgão celebrante, esse não poderá se valer de nenhuma das informações ou provas apresentadas pelo colaborador, de boa-fé, para qualquer outra finalidade, conforme dispõe o § 6º do art. 3º-B da Lei. Essas provas, contudo, podem ser aproveitadas na investigação principal, desde que reste descaracterizada a dependência causal com as informações prestadas pelo proponente, conclusão decorrente da regra prevista no §3º já examinado e que contempla a não paralisação da atividade investigatória.

Desistência da proposta de acordo: O § 6º do art. 3º-B da Lei 12.850/2013 anuncia a regra acerca da não celebração do acordo por iniciativa do celebrante, o que equivale à sua desistência, locução aparentemente evitada pela lei porque a iniciativa da proposta de acordo é do colaborador. Dispõe a norma: "*Na hipótese de não ser celebrado o acordo por iniciativa do celebrante, esse não poderá se valer de nenhuma das informações ou provas apresentadas pelo colaborador, de boa-fé, para qualquer outra finalidade*".

Embora haja alguma semelhança, o presente dispositivo cuida de hipótese distinta daquela prevista no § 10 do art. 4º da Lei. Aqui trata de desistência da proposta enquanto que aquele dispositivo trata de sua retratação.

A retratação, como será visto nos comentários àquele dispositivo, é ato jurídico pelo qual a parte retira ou revoga as declarações firmadas anteriormente, com intenção de anular quaisquer efeitos jurídicos delas decorrentes.

Na desistência, a autoridade celebrante renuncia unilateralmente à intenção de celebrar o acordo, o que implica na interrupção das tratativas e negociações para a celebração do negócio. A decisão pela não celebração do acordo é orientada pela utilidade e interesse públicos, razão pela qual deve conter uma fundamentação escrita, ainda que simplificada, capaz de apresentar elementos sobre essas circunstâncias. Essa decisão é irrecorrível porque pautada por critério de oportunidade e conveniência inerentes ao exercício constitucional da independência funcional dos membros do Ministério Público (CF, art. 127, § 1º) e, para aqueles que sustentam essa possibilidade, da discricionariedade dos delegados de polícia (Lei 12.830/2013, art. 2º).

Embora a fase pré-negocial em que se insere a proposta de acordo de colaboração não produza vínculos obrigacionais recíprocos, excepcionalmente, como consequência jurídica decorrente de sua desistência, o dispositivo estabelece que a autoridade celebrante não poderá se valer de nenhuma das informações ou provas apresentadas pelo colaborador, para qualquer finalidade. Trata-se da mesma imunidade processual prevista no § 10 do art. 4º da Lei e que tem como finalidade assegurar o ambiente de confiança necessário para a realização de negociações sem receios de traições e uso surpresa das provas apresentadas.

Andou muito bem o legislador ao ressalvar que a imunidade só será cabível se o colaborador estiver agindo de boa-fé, isto é, atuando mediante cumprimento dos padrões éticos de conduta voltadas a celebração do negócio. Assim, *a contrario sensu*, inexistirá a imunidade mencionada e a autoridade celebrante poderá utilizar as informações e provas apresentadas pelo colaborador que agiu de má-fé, caracterizada, por exemplo, quando ele quebra o sigilo das tratativas ou omite que tinha procurado previamente outro órgão ou outra unidade do Ministério Público para tentativa de acordo.

A lei não prevê nenhuma consequência em face da desistência da proposta de acordo pelo colaborador porque na fase pré-negocial poucas provas são apresentadas pelo órgão celebrante, razão pela qual aquela renúncia não produzirá maiores consequências.

Art. 3º-C. A proposta de colaboração premiada deve estar instruída com procuração do interessado com poderes específicos para iniciar o procedimento de colaboração e suas tratativas, ou firmada pessoalmente pela parte que pretende a colaboração e seu advogado ou defensor público. Redação dada pela lei 13.964/2019

§ 1º Nenhuma tratativa sobre colaboração premiada deve ser realizada sem a presença de advogado constituído ou defensor público.

§ 2º Em caso de eventual conflito de interesses, ou de colaborador hipossuficiente, o celebrante deverá solicitar a presença de outro advogado ou a participação de defensor público.

Formalidades para apresentação da proposta de acordo e o papel do advogado/defensor: O art. 3º-C prevê a possibilidade de a proposta de acordo ser ofertada por representante legal do colaborador-interessado, caso em que dever ser instruída com procuração com poderes específicos, ou firmada pessoalmente pelo colaborador, exigências que buscam assegurar sua voluntariedade e que decorrem da natureza personalíssima do ato.

Em qualquer um dos casos, deve haver, impreterivelmente, a assistência de advogado ou defensor público, formalidade essencial para a realização de qualquer ato relativo visando a celebração de uma colaboração premiada, conforme prevê o § 1º do art. 3º-C e ainda o § 15 do art. 4º da Lei.

A participação compulsória do advogado na proposta inicial, nas tratativas e na celebração do acordo de colaboração premiada serve para vários objetivos, dentre os quais destacamos:

- Reafirmar a indispensabilidade constitucional do advogado para a administração da justiça, dos interesses fundamentais dos acusados e da própria sociedade;
- Confirmar que a colaboração premiada é uma técnica de defesa;
- Assegurar aconselhamento fundamental ao acusado relativo à viabilidade da colaboração, orientação sobre a importância das informações e estratégias para comprovação dos fatos, ou sobre os riscos pessoais e profissionais envolvidos, além do dimensionamento dos prêmios a serem buscados;
- Proporcionar um diálogo dialogar com agentes públicos aptos a celebrar o acordo, estabelecendo com essas autoridades uma verdadeira parceria de trabalhos e objetivos;
- Auxiliar na proteção dos direitos fundamentais dos colaboradores, resguardando assim a voluntariedade e o esclarecimento para a realização do negócio jurídico;

O § 2º do art. 3º-C estabelece uma sistemática simplificada para solução de eventual **conflito de interesses, ou de colaborador hipossuficiente**. Nesses casos, o celebrante deverá solicitar a presença de outro advogado ou a participação de defensor público.

> § 3º No acordo de colaboração premiada, o colaborador deve narrar todos os fatos ilícitos para os quais concorreu e que tenham relação direta com os fatos investigados. Redação dada pela lei 13.964/2019.
>
> § 4º Incumbe à defesa instruir a proposta de colaboração e os anexos com os fatos adequadamente descritos, com todas as suas circunstâncias, indicando as provas e os elementos de corroboração.'

Deveres do colaborador: os §§ 3º e 4º do art. 3º-C da Lei 12.850/2013 estabelecem alguns deveres do colaborador, os quais somam-se outros esparsos pela Lei 12.850/2013.

Observe-se que, embora os arts. 3º-B e 3º-C regulamentem aspectos relacionados a proposta de acordo de colaboração, o § 3º prevê um dever permanente, exigível nas tratativas pré-negociais, na celebração do ajuste propriamente dito e também depois, durante qualquer fase em que o colaborador vier a ser chamado em juízo. Trata-se do *dever de reportar todos os fatos ilícitos para os quais concorreu e que sejam conexos com os fatos investigados*. A disposição deve ser conjugada com o art. 4º, incisos I e II, da Lei, examinado mais à frente.

A redação pode fazer supor que foram impostos limites à colaboração premiada, doravante vinculada exclusivamente aos fatos estritamente investigados.

Trata-se de interpretação equivocada porque (i) fere a essencialidade negocial do instituto, reafirmada no art. 3º-A da Lei, (ii) fere a natureza essencialmente investigativa e o efeito em cadeia ou efeito dominó do instituto que visa não apenas encontrar provas do que já se sabe, mas também conseguir provas de graves crimes que se ignora, característica também contida no art. 3º-A, (iii) é contrariada pela previsão legal que permite uma colaboração premiada na fase da execução, hipótese em que os fatos não estarão mais sendo investigados (iv) produz um efeito desencorajador contrário à própria reforma prevista na Lei 13.964/2019 que procura estruturar a política *whistleblowing* no Brasil por meio das alterações à Lei 13.608/2018.

Na verdade, entendemos que o dispositivo somente deixou mais evidente a obrigação principal do colaborador, qual seja, de narrar todos os fatos que ele praticou e que tenha relação com a organização criminosa que ele integrava. Caso não reporte integralmente estes fatos poderá ter o acordo rescindido. Assim, ao contrário do que sugere uma leitura apressada, a norma não veda que outros fatos sejam narrados no ato, caso em que poderão ou não ser objeto do ajuste, a depender das negociações entre órgão celebrante e colaborador.

Entender que a lei criou uma limitação à atuação estatal investigativa, afronta a legislação nacional, convencional e constitucional, vez que esta atividade deve ocorrer por impulso oficial e em vistas do interesse público ou do *dever de tutela penal*. Disso se extrai que a persecução penal não pode ficar submetida ao subjetivismo ou à seletividade do colaborador que, ao relatar outros fatos, ainda que não diretamente relacionados aos investigados, dá ensejo à obrigatória reação estatal. Por isso que entendemos que em casos assim, em que o colaborador narra novos fatos, deverá ser iniciado novo procedimento investigatório (PIC ou IP, conforme o caso) versando sobre esses outros fatos, caso em que o colaborador continuará a ter direito ao acordo e, mais ainda, poderá ter direito a ajuste de imunidade, conforme a lei nova, consoante os §§4º e 4º-A do art. 4º da Lei 12.850/2013. Assim, por exemplo, caso uma pessoa envolvida em determinado ato ilícito tenha conhecimento de outro esquema criminoso, envolvendo fraudes à licitação por exemplo, de que não tenha participado, mas tenha obtido informações, como convites para dela participar, e queira experimentar os efeitos premiais da Lei, pode celebrar Acordo de colaboração, para beneficiar-se no processo em que figura como parte.

O dispositivo deve ser interpretado em conjunto com o § 17 do art. 4º que dispõe: "*o acordo homologado poderá ser rescindido em caso de omissão dolosa sobre os fatos objeto da colaboração.*". Assim, no caso de omissão culposa de informações sobre os fatos investigados, o colaborador não será prejudicado com a rescisão. De igual modo, não haverá a rescisão se o colaborador omitir fatos que não estavam sob investigação e sobre os quais ninguém lhe perguntou, ninguém quis saber.

O que importa ao final é que o colaborador não está proibido de contar algo que não está ligado "aos fatos investigados", porque deve ser mantido o propósito cooperativo da colaboração e sua elevada capacidade investigatória.

Além disso tudo, o Supremo Tribunal Federal já consolidou a validade da serendipidade ocorrida em meio uma colaboração premiada, entendimento que deve predominar mesmo diante deste dispositivo, afinal, tendo em vista o interesse público e o dever de tutela penal, nosso ordenamento jurídico admite que a validade da *delatio criminis* prestada por qualquer pessoa do povo, *ex vi*, art. 5º, § 3º, do CPP. Confira-se: "Os elementos de informação trazidos pelo colaborador a respeito de crimes que não sejam conexos ao objeto da investigação primária devem receber o mesmo tratamento conferido à descoberta fortuita ou ao encontro fortuito de provas" (STF, Pet. 8090 – AgR, Rel. Min. Edson Fachin, Rel p/ o acórdão Min. Gilmar Mendes, 2ª T., j. 08/09/2020, Dje 10/12/2020). E também assim entende o STJ, para quem "O ordenamento jurídico brasileiro, todavia, admite que provas descobertas fortuitamente possam lastrear investigações diversas". HC 582.678-RJ, STJ, 6ª T., Rel Min. Laurita Vaz, j. 14.6.2022, DJ 21.6.2022).

Já o § 4º do art. 3º-C normatiza a forma como o colaborador deve apresentar a proposta de colaboração, de modo a relatar uma descrição adequada dos fatos, com exposição quanto suas circunstâncias de tempo, local, modo, motivo, etc, tudo com indicação de provas legais. Trata-se de disposição útil principalmente em casos complexos, compostos por mais de um fato. Para fatos mais simples, todavia, a formalidade pode ser simplificada bastando que a proposta se preste a uma descrição suficiente dos fatos e contenha as provas necessárias para sustentação das alegações.

Conteúdo da proposta de acordo e *compliance criminal*: O § 4º do art. 3º-C da Lei menciona que "*Incumbe à defesa instruir a proposta de colaboração e os anexos com os fatos adequadamente descritos, com todas as suas circunstâncias, indicando as provas e os elementos de corroboração.*". É verdade que o conteúdo probatório da proposta inicial pode ser menor do que aquele das etapas subsequentes às tratativas iniciais, que naturalmente pressupõe a disponibilização de provas mais intensas acerca dos fatos delatados.

Nestes casos, quanto melhor instruir sua proposta, maiores as chances de a proposta ser aceita e, posteriormente, de o acordo ser celebrado, o que estimula o cidadão-proponente a apurar o ilícito, característica gerencialista da política-criminal em que se insere a colaboração premiada.

Essa atividade dá destaca ao chamado *Compliance criminal*, que embora vocacionado essencialmente a prevenir ilícitos em meio às atividades de uma pessoa jurídica, têm inegáveis funções apuratória, reativa e remediadora que podem ser decisivas para a aceitação da proposta e posterior celebração de um acordo de colaboração premiada, notadamente nos casos em que a organização criminosa se instala em meio atividades formalmente regulares de determinadas pessoas jurídicas.

Disposições incluídas pela Lei 13.964/2019 e a instrumentalidades das formas: As disposições até aqui estudadas foram introduzidas pela Lei 13.964/2019 e tratam, principalmente, de aspectos relacionados a fase pré-negocial da colaboração premiada. A rigor, exceto pelo art. 3º-A, a nosso juízo, são disposições que versam matérias que sequer deveriam ser objeto de lei, mesmo porque estavam consolidadas nas práxis dos órgãos de persecução. Isso significa que muitas das formalidades previstas nessas normas não são essenciais à celebração dos acordos de colaboração premiada, desde que os objetivos nelas pretendidos sejam obtidos de outra forma, principalmente se considerarmos que a natureza negocial do instituto, como já afirmado antes, eleva a consensualidade à condição de princípio jurídico matricial. A atuação consensual das partes, pautada por um ambiente de colaboração mútua, flexibiliza o papel regulamentador de normas procedimentais de modo a contemplar, em um grau elevado, a instrumentalidade das formas.

Art. 4º. O juiz poderá, a requerimento das partes, conceder o perdão judicial, reduzir em até 2/3 (dois terços) a pena privativa de liberdade ou substituí-la por restritiva de direitos daquele que tenha colaborado efetiva e voluntariamente com a investigação e com o processo criminal, desde que dessa colaboração advenha um ou mais dos seguintes resultados:

Requisitos para colaboração premiada: Ao anunciar os benefícios legais possíveis (estudados mais à frente), esta norma deixa claro tratar-se de benefício penal condicionado ao cumprimento de determinados requisitos, que devem ser somados a outros previstos ao longo da Lei. São eles: i) narrativa de todos os fatos ilícitos para os quais concorreu e que tenham relação direta com os fatos investigados (Art. 3º, § 3º); ii) voluntariedade; iii) colaboração em investigação e com o processo criminal; iv) colaboração efetiva; e v) condições subjetivas favoráveis (art. 4º, § 1º). Os requisitos legais, na verdade, constituem-se em obrigações a serem observadas pelas partes e visam evitar a banalização da colaboração premiada e, também, desestimular denúncias vazias e oportunistas, pretensamente voltadas a desviar ou retardar a apuração de atos ilícitos.

Voluntariedade: A voluntariedade é essencial para a validade dos negócios jurídicos no direito penal, garantindo a liberdade de escolha do colaborador e afastando vícios de decisão. A colaboração premiada, mesmo em meio a um processo penal, não é considerada abusiva, pois a persecução penal é uma manifestação legítima do Estado de Direito, assegurando os direitos fundamentais do acusado e sua autonomia. A capacidade de autodeterminação permite ao indivíduo decidir o que é melhor para sua vida.

A Lei 12.850/2013 enfatiza a participação da defesa, que deve avaliar a conveniência do acordo e os direitos fundamentais do colaborador em troca de benefícios penais. A ampla defesa é fortalecida, exigindo uma maturidade maior na escolha do colaborador em comparação ao sistema processual tradicional, permitindo um rompimento com o paternalismo estatal.

O juiz deve homologar a voluntariedade da colaboração, que é entendida como um ato livre de coação, independentemente de quem iniciou a proposta. A aferição da voluntariedade deve desconsiderar motivações emocionais como remorso ou medo. Além disso, a oferta de benefícios ao colaborador não compromete sua voluntariedade, já que a iniciativa pode vir dele ou de terceiros.

Investigação e processo criminal: O art. 4º, *caput*, ainda informa que a colaboração premiada deve produzir efeitos efetivos junto a uma investigação ou em meio a um processo criminal.

Trata-se de disposição que impele o destino da colaboração premiada e que deve ser lido em conjunto com o § 3º do art. 3º-C já examinado, *in verbis*: "*§ 3º No acordo de colaboração premiada, o colaborador deve narrar todos os fatos ilícitos para os quais concorreu e que tenham relação direta com os fatos investigados*". Como já alertado, todavia, nada impede que a colaboração premiada que descreve fatos novos seja tomada como *notitia criminis* e seja suficiente para instauração de nova investigação persecutória. Neste sentido, recentemente decidiu o STJ: "O ordenamento jurídico brasileiro, todavia, admite que provas descobertas fortuitamente possam lastrear investigações diversas. "Os elementos de informação trazidos pelo colaborador a respeito de crimes que não sejam conexos ao objeto da investigação primária devem receber o mesmo tratamento conferido à descoberta fortuita ou ao encontro fortuito de provas" (STF, Pet. 8090 – AgR, Rel. Min. Edson Fachin, Rel p/ o acórdão Min. Gilmar Mendes, 2ª T., j. 08/09/2020, Dje 10/12/2020). (STJ. HC 582.678-RJ, STJ, 6ª T., Rel Min. Laurita Vaz, j. 14.6.2022, DJ 21.6.2022).

No que se refere a possibilidade de outros tipos de delações premiadas como *acordo de leniência* (Lei 12.846/2013, art. 16) ou *acordo administrativo em processo de supervisão* (Lei 13.506/2017) servirem como colaborações premiadas transversais, ou ainda, de uma colaboração premiada produzir efeitos transversais em outras esferas sancionadoras, como improbidade administrativa ou da Lei Anticorrupção empresarial, nos reportamos aos comentários feitos após o art. 7º.

Colaboração premiada em ações de improbidade administrativa: O Supremo Tribunal Federal formou maioria no julgamento do Tema de Repercussão Geral 1.043 para permitir a utilização de colaborações premiadas em ações de improbidade administrativa. A decisão se deu no julgamento virtual do ARE 1.175.650, cujo acórdão ainda não foi disponibilizado:

> É constitucional a utilização da colaboração premiada, nos termos da Lei 12.850/2013, no âmbito civil, em ação civil pública por ato de improbidade administrativa movida pelo Ministério Público, observando-se as seguintes diretrizes:
>
> 1) Realizado o acordo de colaboração premiada, serão remetidos ao juiz, para análise, o respectivo termo, as declarações do colaborador e cópia da investigação, devendo o juiz ouvir sigilosamente o colaborador, acompanhado de seu defensor, oportunidade em que analisará os seguintes aspectos na homologação: regularidade, legalidade e voluntariedade da manifestação de vontade, especialmente nos casos em que o colaborador está ou esteve sob efeito de medidas cautelares, nos termos dos §§6º e 7º do artigo 4º da referida Lei 12.850/2013;
>
> 2) As declarações do agente colaborador, desacompanhadas de outros elementos de prova, são insuficientes para o início da ação civil por ato de improbidade;
>
> 3) A obrigação de ressarcimento do dano causado ao erário pelo agente colaborador deve ser integral, não podendo ser objeto de transação ou acordo, sendo válida a negociação em torno do modo e das condições para a indenização;
>
> 4) O acordo de colaboração deve ser celebrado pelo Ministério Público, com a interveniência da pessoa jurídica interessada e devidamente homologado pela autoridade judicial;
>
> 5) Os acordos já firmados somente pelo Ministério Público ficam preservados até a data deste julgamento, desde que haja previsão de total ressarcimento do dano, tenham sido devidamente homologados em juízo e regularmente cumpridos pelo beneficiado. (STF. ARE 1.175.650. j. 30/06/2023).

Efetividade da colaboração: A redação do caput do art. 4º indica que a eficácia do acordo de colaboração premiada está condicionada à obtenção de resultados previstos na lei, caracterizando-o como uma obrigação de resultado. Como observa Andrey Borges de Mendonça, não é suficiente a boa vontade do colaborador; os resultados devem ser efetivamente atingidos para que ele possa usufruir dos benefícios legais. Informações superficiais ou já conhecidas não garantem a aplicação do benefício, conforme decidido pelo TRF da 4ª Região (DE MENDONÇA, Andrey Borges. A colaboração premiada e a nova Lei do Crime Organizado (Lei 12.850/2013). 2013. *Custus Legis*. Revista Jurídica do Ministério Público Federal, vol. 4. p. 9-10).

A preocupação com a efetividade da colaboração é reforçada pelo § 3º do art. 4º, que permite a suspensão da persecução para cumprir as obrigações ajustadas. Importante notar que os resultados dos incisos I a V não precisam ser cumulativos; a presença de apenas um deles é suficiente para a viabilidade do benefício, desde que respeitadas as condições do § 1º do art. 4º.

Por isso, não é adequado definir o instituto apenas pela delação de comparsas, pois o prêmio pode ser obtido também por outras formas de colaboração, como na proteção da integridade física da vítima.

> I – a identificação dos demais coautores e partícipes da organização criminosa e das infrações penais por eles praticadas;

Colaboração destinada a identificação dos comparsas (inciso I): Uma das formas mais contundentes de colaboração é, sem dúvida, aquela que propicia ao colaborador a possibilidade de delatar seus comparsas, bem como indicar as infrações penais que, em concurso, cometeram. Afinal, será por meio dessa iniciativa que se poderão alcançar, ademais, os objetivos da lei no que se referem à prevenção (inc. III), à recuperação dos bens (inc. IV), e à localização da vítima (inc. V).

Indagação interessante consiste em se saber se a colaboração, para ser válida, deve se restringir aos fatos em apuração em um determinado inquérito policial (ou no processo judicial), ou, ao contrário, se é possível estender a outros fatos estranhos relativos a investigações e processos diversos. Assim, suponha-se que o colaborador responda a um processo pela prática, em concurso com outros agentes, de tráfico de entorpecentes. Resolve, então, colaborar, mas delatando fatos diversos, relativos, por exemplo, a um crime de sequestro. Poderá aproveitar, em seu processo de tráfico de entorpecentes, a delação que formulou, recebendo, assim, os favores da lei ou, por se tratar de outro fato, essa colaboração não aproveita?

A dúvida existia em virtude da forma pela qual era prevista a questão por legislações anteriores que tratavam da colaboração. Assim, a revogada Lei nº 9.034/95, em seu art. 6º, previa a redução da pena "quando a colaboração espontânea do agente levar ao esclarecimento de infrações penais e sua autoria". Já a lei de proteção de vítimas e testemunhas (Lei nº 9.807/99), em seu art. 13, inc. I, prevê a concessão do perdão judicial desde que a colaboração resulte na "identificação dos demais co-autores ou partícipes da ação criminosa".

A redação deste dispositivo (que repete, em sua primeira parte, os termos do art. 13 da Lei nº 9.807/99), ao empregar as expressões "demais coautores e partícipes", não deixa qualquer dúvida no sentido de que, a colaboração, para surtir seus efeitos, deve se referir ao crime investigado ou processado no qual ela foi produzida. Não terá nenhum efeito, assim, a delação que faça referência a outros crimes que não são objeto do procedimento investigatório ou do processo pelos quais responde o colaborador.

Observe-se que sobre este tema a Lei 13.964/2019 acrescentou o § 3º do art. 3º-C, acima comentado, que dispõe que: *"No acordo de colaboração premiada, o colaborador deve narrar todos os fatos ilícitos para os quais concorreu e que tenham relação direta com os fatos investigados"*.

Como já destacamos antes, a redação pode fazer supor que foram impostos limites à colaboração premiada, doravante vinculada exclusivamente aos fatos estritamente investigados.

Trata-se de interpretação equivocada porque (i) fere a essencialidade negocial do instituto, reafirmada no art. 3º-A da Lei, (ii) fere a natureza essencialmente investigativa e o efeito em cadeia ou efeito dominó do instituto que visa não apenas encontrar provas do que já se sabe, mas também conseguir provas de graves crimes que se ignora, característica também contida no art. 3º-A, (iii) é contrariada pela previsão legal que permite uma colaboração premiada na fase da execução reforça a tese de que não há vinculação estrita ao caso em andamento visto que, pois, após o trânsito em julgado, em geral, a colaboração ocorrerá em relação a fatos de terceiros e (iv) produz um efeito desencorajador contrário e contraditório à própria reforma prevista na Lei 13.964/2019 que procura estruturar a política *whistleblowing* no Brasil por meio das alterações à Lei 13.608/2018.

Entender que a lei criou uma limitação à atuação estatal investigativa, afronta a legislação nacional, convencional e constitucional, vez que esta atividade deve ocorrer por impulso oficial e em vistas do interesse público ou do *dever de justiça penal.* Disso se extrai que a persecução penal não pode ficar submetida ao subjetivismo ou à seletividade do colaborador que, ao relatar outros fatos, ainda que não diretamente relacionados aos investigados, dá ensejo à obrigatória reação estatal. Por isso que entendemos que em casos assim, em que o colaborador narra novos fatos, deverá ser iniciado novo procedimento investigatório (PIC ou IP, conforme o caso) versando sobre esses outros fatos, caso em que o colaborador continuará a ter direito ao acordo e, mais ainda, terá direito a ajuste de imunidade, conforme a lei nova, consoante os §§4º e 4º-A do art.4º da Lei 12.850/2013. O dispositivo deve ser interpretado em conjunto com o § 17 do art. 4º que dispõe: "*o acordo homologado poderá ser rescindido em caso de omissão dolosa sobre os fatos objeto da colaboração*.". Assim, no caso de omissão culposa de informações sobre os fatos investigados, o colaborador não será prejudicado com a rescisão. De igual modo, não haverá a rescisão se o colaborador omitir fatos que não estavam sob investigação e sobre os quais ninguém lhe perguntou, ninguém quis saber. O que importa ao final é que o colaborador não está proibido de contar algo que não está ligado "aos fatos investigados", porque deve ser mantido o propósito cooperativo da colaboração e sua elevada capacidade investigatória.

Além disso, o Supremo Tribunal Federal já consolidou a validade da serendipidade ocorrida em meio uma colaboração premiada, quando a palavra do colaborador será equiparada ao encontro fortuito de provas, entendimento que deve predominar mesmo diante deste dispositivo, afinal, tendo em vista o interesse público e o *dever de tutela penal*, nosso ordenamento jurídico admite que a validade da *delatio criminis* prestada por qualquer pessoa do povo, *ex vi*, art. 5º, § 3º, do CPP: STF – Inq n. 4130 – QO-PR – Rel Dias Toffoli, j. 23.09.2015, DJe 02-02-2016.

Mas este dispositivo não se satisfaz com a mera identificação dos demais coautores ou partícipes, como faz a lei de drogas (Lei nº 11.343/2006, art. 41), exigindo, também, que o colaborador aponte as infrações penais cometidas por seus comparsas. Vê-se, nesse aspecto, que a colaboração importa em verdadeira confissão, ou seja, o colaborador admite sua participação criminosa e delata os demais componentes do grupo. Aliás, o art. 190 do Código de Processo Penal dispõe que, ao confessar a autoria, o interrogando "será perguntado [...] se outras pessoas concorreram para a infração, e quais sejam". A delação, a propósito, para que guarde eficácia probatória, sempre pressupôs que, antes de acusar terceiros, o delator assuma sua própria responsabilidade, conforme indica a jurisprudência[1].

II – a revelação da estrutura hierárquica e da divisão de tarefas da organização criminosa;

Revelação da estrutura da organização (inciso II): Por vezes a mera indicação dos crimes e de seus autores, como previsto no inciso anterior, não é suficiente para identificar toda a poderosa estrutura de uma organização criminosa. Este inciso, portanto, vai além do anterior, já que pressupõe que não só os nomes sejam indicados, mas, além disso, toda a hierarquia da organização, apontando, inclusive, a tarefa destinada a cada de um de seus membros. Por óbvio – sob pena de inviabilizar a aplicação do benefício – não se vai exigir do colaborador uma descrição absolutamente completa e detalhada do esquema, pelo simples motivo de que, muitas vezes, ele nem possui essa informação. A frequente e promiscua relação entre o crime

1 Nesse sentido: "A delação de co-réu, quando feita sem escopo liberatório do delator, reconhecendo sua parte de culpabilidade na ação delituosa, é elemento probatório de inequívoca validade na formação da convicção do Julgador, em relação à conduta do delatado" (TACrim/SP – Rel. José Urban – *RJTACrim* 35/223)". Ou ainda: "A delação de co-réu que não se exime de culpa, constitui valioso elemento de convicção, quando confortada por evidências filtradas na instrução" (TACRIM-SP – Rel. Corrêa de Moraes – *RJTACrim* 38/266).

organizado e o Estado, por exemplo, com a indicação da tarefa que cabe a cada um, é dado ao qual, provavelmente, não terá acesso um membro menos graduado do grupo, ocupante de uma posição inferior na hierarquia da organização. Sua estruturação piramidal impede o acesso dos componentes da base aos mais graduados[2]. Ainda que aponte somente parte dessa estrutura, mas desde que tal informação seja eficaz no desmantelamento da organização criminosa, merecerá, certamente, ver reconhecida sua colaboração.

III – a prevenção de infrações penais decorrentes das atividades da organização criminosa;

Colaboração destinada a prevenção de infrações penais (inciso III): O caráter preventivo da colaboração é outro relevante motivo a justificar o instituto em estudo. É capaz, inclusive, de afastar a constante crítica daqueles que são contrários à delação, porque, segundo eles, antiética e impregnada de traição. Tem-se aqui um exemplo clássico do quanto pode ser positiva essa colaboração, quando se presta a prevenir a prática de outros crimes. Havendo, por conta da colaboração, um desmantelamento de determinada organização criminosa, consequentemente outras infrações, perpetradas pelo grupo, serão evitadas. É verdade que nem sempre será fácil identificar a cessação de tais atividades criminosas e sua relação com a contribuição formulada pelo delator. Mas suponha-se que determinada região passe a ser atingida por constantes ataques a caixas eletrônicos. Com a identificação de um dos membros do grupo e, a partir de sua colaboração, constata-se que a frequência de tais furtos sofreu sensível redução. É possível, nesse caso, atribuir à delação a devida eficácia e seu conseqüente aproveitamento em favor do delator.

IV – a recuperação total ou parcial do produto ou do proveito das infrações penais praticadas pela organização criminosa;

Colaboração destinada a recuperação do patrimônio decorrente do crime (inciso IV): A colaboração premiada pode ter como mira a recuperação dos ativos proporcionados pelas infrações penais praticadas pela organização criminosa, providência penal que conta com uma atenção crescente na legislação ordinária.

Essa tendência é sentida na aprovação das Leis 13.886/2019 (que modificou a Lei de Drogas) e Lei 13.964/2019 que reconfiguraram a modelagem normativa das medidas penais assecuratórias e confiscatórias e indicam que finalmente a legislação penal passou a atentar-se que uma resposta penal de despatrimonialização do criminoso pode incrementar o reproche econômico significativo aos tradicionais efeitos dissuasórios e retributivos da sanção penal, notadamente àquelas categorias delitivas altamente rentáveis como o tráfico de drogas praticado por organizações criminosas. Trata-se de estratégia de enfrentamento à criminalidade que parte da ideia de que determinadas crimes são permeadas por um alto grau de escolha racional, em que o agente avalia e assume os riscos e benefícios decorrentes de sua prisão e do retorno proporcionado pelo delito. O elevado saldo patrimonial dessa equação de custo-benefício serve, senão como incentivo, para mantê-lo no intento criminoso. A análise econômica do crime,

---

2 A máfia italiana (com ramificações em outros países), é um bom exemplo, já que dividida em "famílias", chefiadas pelo "Don" (lembre-se do personagem Don Corleone do filme "O Poderoso Chefão") ou *capo di tutti capi*, vindo abaixo os gerentes ("capos"), e, por último, os "soldados", a quem cabe o trabalho de intimidação e, por vezes, exterminação dos adversários. Há, além disso, toda uma "estrutura de apoio", constituída por advogados, policiais e políticos corruptos. "Máfia", aliás, se tornou um substantivo apto a designar toda organização criminosa. Temos, assim, a máfia japonesa ("Yazuka"), a siciliana ("Cosa Nostra"), a napolitana ("Camorra"), a calabresa (Na'drangheta"), etc. Confira-se a propósito: Salvatore Lupo, in *História da Máfia – Das origens aos nossos dias*. São Paulo: Unesp, 2002 e Revista "Superinteressante", Editora Abril, nº 44-A, janeiro de 2014.

dentre outras lições, indica que um sistema criminal eficaz deve impor riscos superiores às vantagens inerentes à prática do crime. Ao atingir os bens que gravitam em torno da conduta delituosa praticada pelo agente, a norma incentiva que a colaboração premiada pode se prestar a estes efeitos econômicos.

O objeto desta colaboração premiada é o produto (por exemplo, o valor pago pelo resgate da vítima de um sequestro), ou seu proveito (veículos adquiridos com o dinheiro obtido no sequestro). Assim, o colaborador pode informar a localização e a recuperação de bens, direitos, valores, fundos, recursos ou serviços, de qualquer natureza, financeiros ou não, decorrentes da atividade criminosa.

Algumas questões devem ser desde já bem compreendidas.

A colaboração premiada, como sabido, é meio de obtenção de prova e por isso pode servir para indicar a localização desses ativos, como por exemplo, em casos em que o colaborador indica a conta bancária e o paraíso fiscal em que se encontra dada quantia vultuosa remetida pela Organização criminosa. Mas nada impede que, por meio da colaboração premiada, o colaborador ajuste a entrega desses ativos ao órgão celebrante, providência adequada e, muitas vezes, mais célere do que a mera indicação de seu paradeiro ante a facilidade operacional inerente ao colaborador.

A recuperação do produto do crime amealhado pela organização serve tanto para eventual reparação dos danos às vítimas, de difícil ocorrência nos crimes praticados em meio a uma organização criminosa, como também para fins de medidas confiscatórias previstas na legislação penal (CP, art. 91, 91-A; Lei 11.343/2006, art. 60 e ss.; CPP art. 120 e ss.).

Quanto a possibilidade de ser ressalvada uma parte do produto do crime em favor do colaborador, providência útil para estimular a celebração do negócio premial, mas reconhecidamente polêmica, reportamos à leitura do tópico mais à frente referente aos limites dos ajustes de uma colaboração premida.

V – a localização de eventual vítima com a sua integridade física preservada.

Colaboração destinada a localização da vítima (inciso V): trata-se de colaboração eminentemente prospectiva porque visa alcançar efeitos futuros. O bem maior a ser preservado, seja qual for a espécie de criminalidade que se pretenda combater, é a vida humana. Por isso que a colaboração deve ser admitida quando, através dela, for possível a localização da vítima, com sua integridade física preservada. Claro, outrossim, que o ato de delação, que propicie o encontro do cadáver da vítima, não contará com a eficácia exigida para a concessão do benefício, ainda que o colaborador a imaginasse viva.

Vale atentar, porém, que não basta que o ofendido esteja vivo, mas, além disso, que sua integridade física esteja preservada. Isso porque, embora vivo, ele pode apresentar seríssimas lesões corporais, decorrentes da ação criminosa, quando então não será cabível o acordo de colaboração. Mas se, embora contando alguma lesão, esta não chegue a comprometer seu estado geral de saúde, poderá então validamente ser admitida a colaboração.

O legislador não fez qualquer menção à integridade psicológica. Imagine-se uma vítima de sequestro, mantida em cárcere por longos dias, em cativeiro do qual lhe advieram enormes sequelas de cunho psicológico, de caráter permanente. A necessidade de preservação da higidez psicológica, todavia, porque não prevista na lei, não será também um fator a impedir o reconhecimento do favor legal.

Contando ainda com o exemplo do sequestro, caso a vítima escape do cativeiro ou dele seja libertada por ação de terceiros, de nada terá adiantado a atitude do colaborador e, por isso mesmo, não merecerá os benefícios típicos de sua atitude.

Benefícios premiais: A Lei 12.850/2013 prevê, textualmente, seis benefícios premiais negociáveis, predominantemente, de natureza penal material. São eles: **a)** perdão judicial; **b)** redução da pena privativa de liberdade em até 2/3; **c)** redução da pena até a metade, se a colaboração for posterior à sentença; **d)** progressão de regime, ainda que ausentes os requisitos objetivos, se a colaboração for posterior à sentença; **e)** substituição da prisão privativa por restritiva de direitos; **f)** não oferecimento de denúncia, se o colaborador não for o líder da organização criminosa, for o primeiro a prestar efetiva colaboração e se a proposta de acordo de colaboração referir-se a infração de cuja existência não tenha prévio conhecimento.

Dosimetria dos prêmios: A legislação não estabelece um sistema taxativo para a dosimetria dos prêmios, os quais devem ser meticulosamente avaliados com base no comprometimento do colaborador e na qualidade das evidências decorrentes da colaboração premiada.

A nosso juízo, os aspectos a serem considerados englobam a celeridade e a proximidade temporal entre os delitos perpetrados, a fase do processo de persecução penal em que a colaboração é proposta e a originalidade das informações fornecidas em relação aos crimes em investigação. O denominado "**grau de colaboração**" deve ser minuciosamente analisado levando em conta a prontidão na apresentação de documentos comprobatórios dos delitos, bem como a relevância, quantidade e correlação dessas provas com os crimes em questão.

Questão que se coloca é sobre a possibilidade de serem estabelecidos em uma colaboração premiada outros benefícios ou medidas não previstas textualmente na lei.

Possibilidade de benefícios ou medidas premiais extraordinários: A questão aqui a saber é: podem ser fixados benefícios não previstos textualmente na Lei 12.850/2013?

Como já enfatizado em diversas ocasiões, é crucial lembrar que o acordo de colaboração premiada possui a natureza de um negócio jurídico, no qual as partes regulam autonomamente suas vontades, resultando em efeitos jurídicos permitidos e autorizados pelo ordenamento jurídico. Nesse modelo de resolução de conflitos, a liberdade de negociação é um ponto central, seja porque está diretamente relacionada com a autonomia da vontade, seja porque é parte integrante da convergência de vontades e da cooperação necessária para a proteção do bem jurídico em questão no caso concreto. Portanto, no modelo de justiça consensual, prevalece o princípio do devido processo consensual, estruturado pela autonomia da vontade, princípios da eficiência, lealdade e boa-fé objetiva.

Contudo, essa liberdade de negociação não pode, evidentemente, resultar em violações de direitos fundamentais ou na desproteção do bem jurídico tutelado pela norma penal supostamente infringida no caso. Portanto, como limite primordial às condições negociadas em um acordo, não são permitidos compromissos que afetem os direitos de terceiros ou que sejam estritamente proibidos pelo ordenamento jurídico, como medidas consideradas cruéis, aplicadas por terceiros que não o colaborador, ou que envolvam punições físicas, por exemplo. Além disso, não são admitidas condições que violem valores sociais, garantindo assim a preservação do núcleo essencial da dignidade da pessoa humana.

Neste contexto, devido à necessidade premente de conciliar interesses sociais com a autonomia da vontade, é imperativo garantir uma decisão consciente e voluntária que não prejudique o interesse público. Portanto, as condições acordadas devem ser acompanhadas por salvaguardas a fim de evitar abusos. No sistema delineado pela Lei 12.850/2013, essa função de filtragem é desempenhada na decisão homologatória, na qual o Poder Judiciário exerce a função de proteger os direitos fundamentais dos cidadãos.

No entanto, essa decisão homologatória deve ser autocontida, permitindo que as condições sejam estabelecidas com base na livre escolha das partes e moldadas de acordo com as circunstâncias do caso, oferecendo assim uma solução adequada e oportuna ao caso concreto, como previsto no artigo 723, parágrafo único, do Código de Processo Civil. A concepção de medidas e benefícios dessa natureza visa atender a interesses específicos das partes envolvidas, que, caso não sejam atendidos, resultariam em desinteresse pelo acordo ou na criação de situações ineficazes ou injustas. Nesse contexto, é fundamental analisar o caso levando em consideração o princípio da juridicidade, que permite a consideração dos elementos materiais contidos no sistema jurídico em seu aspecto substancial, de modo que medidas sociais que contribuam para a proteção do bem jurídico tutelado pela norma penal supostamente infringida pelo colaborador devem ser admitidas.

Respeitando os limites acima, que nem sempre são claros, é verdade, outras condições ou medidas de interesse social podem ser estabelecidas, desde que: i) a prestação acordada não seja proibida; ii) não afete os direitos de terceiros; iii) não viole valores sociais ou a dignidade da pessoa humana; iv) respeite a consciência e voluntariedade do colaborador; v) esteja amparada pela juridicidade que permite a consideração dos elementos materiais contidos no sistema jurídico em seu aspecto substancial e vi) resulte na recomposição social do bem jurídico tutelado pela norma penal supostamente violada.

Nesta linha, recentemente **o STJ admitiu a fixação de sanções penais atípicas**, mais brandas, em um acordo de colaboração premiada. Restou expressamente consignado que no sistema da justiça consensual a autonomia da vontade das partes – no caso, o colaborador e o Ministério Público – adquire especial relevo, o que indica que deve ser superada a tradicional visão de que, por tratar de interesses indisponíveis, o processo penal encontra-se imune à autonomia privada da vontade. No julgado restou assentada possibilidade de ajustes de benefícios penais ainda maiores que o regime domiciliar já que o legislador autorizou a fixação de benefícios mais amplos, ao estabelecer que o juiz poderá conceder perdão judicial ou substituição da pena privativa de liberdade por pena restritiva de direitos. Ora, se é possível extinguir a punibilidade dos crimes praticados pelo colaborador (perdão judicial) ou isentá-lo de prisão (substituição da pena), com mais razão seria possível aplicar-lhe pena privativa de liberdade com regime de cumprimento mais benéfico. Como restou assentado no voto do relator: "O sistema deve ser atrativo ao agente, a ponto de estimulá-lo a abandonar as atividades criminosas e a colaborar com a persecução penal. Ao mesmo tempo, deve evitar o comprometimento do senso comum de justiça ao transmitir à sociedade a mensagem de que é possível ao criminoso escapar da punição, 'comprando' sua liberdade com informações de duvidoso benefício ao resultado útil do processo penal (...) Entendo que não há invalidade, em abstrato, na fixação de sanções penais atípicas, desde que não haja violação à Constituição da República ou ao ordenamento jurídico, bem como à moral e à ordem pública", declarou". (STJ. AgRg nos Eds na PET 13974 – Corte Especial – j. 5.10.2022).

Destinação de valores ou bens proveniente de uma colaboração premiada: A Resolução CNJ nº 558/2024, editada em virtude de decisão cautelar proferida na Arguição de Descumprimento de Preceito Fundamental (ADPF) nº 569/DF, pelo Supremo Tribunal Federal, estabelece normas que disciplinam a gestão e a destinação de valores e bens oriundos de sanções como penas de multa, perda de bens, prestações pecuniárias, bem como os decorrentes de colaborações premiadas, acordos de leniência e de cooperação internacional.

No que se refere aos recursos advindos de colaborações premiadas, conforme previsto na Lei nº 12.850/2013, a Resolução, em seu artigo 17, dispõe que tais valores e bens devem ser prioritariamente destinados à União. Essa previsão busca centralizar a destinação dos recursos recuperados, com vistas a maximizar sua aplicação em políticas públicas de interesse geral e a garantir o ressarcimento de prejuízos ao erário.

Contudo, a regra de destinação à União comporta exceções, admitindo-se a alocação desses recursos a outras entidades lesadas, conforme previsão legal específica. Exemplos dessas exceções incluem a destinação de recursos a fundos específicos, como o Fundo Nacional de Segurança Pública e o Fundo Nacional Antidrogas, dependendo da natureza dos crimes investigados e dos bens apreendidos.

§ 1º Em qualquer caso, a concessão do benefício levará em conta a personalidade do colaborador, a natureza, as circunstâncias, a gravidade e a repercussão social do fato criminoso e a eficácia da colaboração.

Requisitos subjetivos – A principal função deste dispositivo é indicar "*que devem ser analisadas as circunstâncias objetivas e subjetivas do caso concreto para verificar se é ou não cabível a colaboração. Veja, portanto, que não se trata de direito subjetivo do investigado/imputado/condenado realizar o acordo e receber os benefícios. O membro do MP e o Delegado de Polícia devem verificar a adequação da colaboração àquele caso concreto, à luz da estratégia investigativa e da persecução penal, sem olvidar a própria repercussão social do fato criminoso e sua gravidade*". (DE MENDONÇA, Andrey Borges. A colaboração premiada e a nova Lei do Crime Organizado (Lei 12.850/2013). 2013. Custus Legis. Revista Jurídica do Ministério Público Federal, vol. 4, p. 11). Neste sentido prevê o Manual do ENCCLA sobre colaboração premiada, que a "*autoridade policial e o Ministério Público não são obrigados a propor ou aceitar a oferta de colaboração quando julgarem, pela circunstância do caso, que ela não é necessária*".

O primeiro quesito a ser observado diz respeito à personalidade do colaborador que para ser aferido, segundo Aníbal Bruno "o juiz terá, assim, de investigar a história do paciente, o seu comportamento habitual, as condições de sua existência, a maneira pela qual tem procurado vencer as posições embaraçosas, as suas relações com a família e com as outras instituições sociais ou pessoas com que tenha entrado em convivência, suas inclinações e preferências para determinados meios, em suma, todas as formas de atividade que possam ser tomadas como expressão do seu próprio eu" (Ob. cit., vol. II, p. 293).

Ainda quanto à personalidade do colaborador, pensamos que não seja necessária sua primariedade. A um, pois tal exigência poderia frustrar, em boa parte dos casos concretos, a concessão do benefício, vez que muitos do envolvidos nessa espécie de criminalidade certamente não serão primários (e, tampouco, ostentarão bons antecedentes). A dois, em virtude de que o legislador, quando reclamou a primariedade, o fez de forma expressa, como, por exemplo, no "*caput*", do art. 13 da Lei nº 9.807/99, ao dispor que o perdão judicial poderá ser concedido "ao acusado que, sendo primário, tenha colaborado...". Se aqui preferiu omitir esse requisito, conclui-se que ele não seja imprescindível para o acatamento da colaboração.

Mas tampouco a primariedade ou mesmo os bons antecedentes garantirão ao colaborador, de pronto, o sucesso de sua iniciativa. Há que se avaliar, ainda, "a natureza, as circunstâncias, a gravidade e a repercussão social do fato criminoso".

A "natureza" do fato criminoso guarda relação com a espécie de delito perpetrado. Uma coisa, para a implantação da colaboração premiada, será a análise, por exemplo, de um crime de contrabando ou descaminho. Outra coisa, um tanto diversa, será o enfrentamento de um crime de sequestro seguido de morte. Claro que ambas as condutas são socialmente nocivas, tanto que o legislador as elegeu como criminosas. Mas não se pode negar que a natureza do crime de sequestro, do qual resultou a morte da vítima, por atingir o bem mais precioso do ser humano, é infinitamente mais grave se comparada ao contrabando ou descaminho, cujos danos são quase que unicamente de caráter fiscal.

O legislador também se refere às "circunstâncias" que, na lição de Julio Fabbrini Mirabete, quando da análise do art. 59 do Código Penal, "podem referir-se ao tempo do delito, que pode demonstrar maior ou menor determinação do criminoso, a atitude durante ou após a conduta criminosa indicadora de insensibilidade ou indiferença ou arrependimento, ou se relacionar com a gravidade maior ou menor do dano causado pelo crime" (Código Penal interpretado. São Paulo: Atlas, 1999, p. 333). Acrescentaríamos ainda, nesse quesito, o "modus operandi", bem como eventual armamento utilizado na prática criminosa, elementos também associados à natureza e à gravidade do crime.

Importantíssima inovação é prevista neste dispositivo, ao determinar que o Ministério Público e o delegado de polícia, antes de qualquer proposta de acordo, levem em conta "a gravidade e a repercussão social do fato criminoso". Também o juiz, ao apreciar o pedido de acordo de colaboração, deve proceder com essa cautela, podendo recusar sua homologação com fulcro neste dispositivo.

Com efeito, a revogada Lei nº 9.034/95, em seu art. 6º, autorizava a redução da pena desde que espontânea e eficaz a colaboração. Não fazia, portanto, nenhuma menção à gravidade do crime, de tal sorte que, em um crime de latrocínio, por exemplo, o corréu teria direito à redução da pena entre 1/3 a 2/3, bastando que delatasse seus comparsas, irrelevante, aqui, a morte da vítima.

Tornando à lei em comento, já dissemos que os requisitos elencados nos incs. I a V do art. 4º, não exigem simultaneidade, ou seja, a presença de um deles já é o suficiente. É o que se extrai da expressão lançada no "caput" do art. 4º, quando diz cabível a concessão dos benefícios, "desde que dessa colaboração advenha um ou mais dos seguintes resultados. Poderia se imaginar, assim, que num sequestro seguido de morte, a mera recuperação do proveito da infração (do dinheiro pago no resgate), em vista da delação do corréu (art. 4º, inc. IV) já daria direito aos benefícios da colaboração premiada. E seria mesmo assim caso a análise se restringisse aos requisitos do art. 4º Ocorre que, conforme já salientamos, tais requisitos não devem ser sopesados isoladamente, mas em consonância com os demais pressupostos deste dispositivo, dentre os quais a "gravidade e a repercussão social do fato criminoso".

É dizer: a mera recuperação do produto do crime e mesmo a identificação dos demais membros da organização criminosa (para ficarmos com dois exemplos), por si só não recomendam, de pronto, a homologação do acordo de colaboração premiada. Feriria o bom senso que a singela delação dos comparsas ou a devolução do dinheiro obtido no sequestro, tendo a vítima morrido em virtude do crime, pudessem propiciar tamanha sorte de benefícios ao colaborador.

Assim, a gravidade do crime e sua eventual repercussão social (imagine-se um sequestro que culminou com a morte de uma criança), podem inviabilizar, na análise do caso concreto, a implantação dos favores legais oriundos da colaboração.

Não se ignora que os Tribunais Superiores, em posições cristalizadas por meio de súmulas, têm restringido os efeitos da gravidade do crime[3]. Mas isso no que diz respeito ao regime inicial de cumprimento da pena. Aqui não se trata do regime a ser adotado, mas de situações muito mais benéficas ao agente, que pode ser coroado com o perdão judicial, substancial redução da pena corporal e mesmo sua substituição por restritiva de direitos. Daí a cautela que mais uma vez se recomenda para a concessão de tais favores.

§ 2º Considerando a relevância da colaboração prestada, o Ministério Público, a qualquer tempo, e o delegado de polícia, nos autos do inquérito policial, com a manifestação do Ministério Público, poderão requerer ou representar ao juiz pela concessão de perdão judicial ao colaborador, ainda que esse benefício não tenha sido previsto na proposta inicial, aplicando-se, no que couber, o art. 28 do Decreto-Lei nº 3.689, de 3 de outubro de 1941 (Código de Processo Penal).

3 Súmula 440 do STJ: "Fixada a pena-base no mínimo legal, é vedado o estabelecimento de regime prisional mais gravoso do que o cabível em razão da sanção imposta, com base apenas na gravidade abstrata do delito".
Súmula 718 do STF: "A opinião do julgador sobre a gravidade em abstrato do crime não constitui motivação idônea para a imposição de regime mais severo do que o permitido segundo a pena aplicada".
Súmula 719: "A imposição do regime de cumprimento mais severo do que a pena aplicada permitir exige motivação idônea".

Perdão judicial na colaboração premiada e legitimação para realizar o ajuste: No *caput* do art. 4º estão previstos os prêmios ordinários decorrentes de uma colaboração premiada, tais como, concessão do perdão judicial, redução em até 2/3 (dois terços) da pena privativa de liberdade ou substituição por restritiva de direitos.

No tocante ao perdão judicial, o dispositivo indica os dois entes legitimados para a formulação do pedido de perdão em prol do colaborador, a saber o delegado de polícia (na fase de inquérito policial) e o membro do Ministério Público, a qualquer tempo, isto é, durante as investigações, no curso do processo e mesmo após o trânsito em julgado da sentença.

Assim, ao *delegado de polícia* que durante as investigações perceber que o agente demonstra interesse em colaborar, cabe representar ao juiz no sentido da concessão do benefício. Tal representação deve atentar aos requisitos do art. 6º desta lei, contendo, assim, os termos exatos da colaboração e demais detalhamentos que permitirão a implantação do favor legal. Esse pedido será apreciado pelo Ministério Público que poderá, na análise do caso concreto, acompanhá-lo ou dele discordar.

Já o *Ministério Público pode requerer o perdão* em favor do colaborador na fase investigativa, o que, na prática, pressupõe um anterior entendimento, ainda que informal, entre ele e a autoridade responsável pelas investigações. Poderá fazê-lo, ainda, quando já deflagrado o processo criminal, ao ser instado pelo réu ou por seu defensor no sentido de que é possível a colaboração. E mesmo após a sentença, como autoriza o § 5º abaixo, isto é, quando a decisão se encontra em grau de recurso ou já em fase de execução penal.

E o *assistente de acusação* estaria legitimado para o pedido de concessão do perdão judicial? Pensamos que não. Na fase investigativa, com efeito, não há que se falar em assistência, somente prevista quando já existente "ação pública", nos termos do art. 268 do Código de Processo Penal, isto é, quando o processo penal já se encontre deflagrado. Tampouco há que se reconhecer a legitimidade do assistente para o pedido de perdão em favor do autor do delito. Primeiro, em razão de que, no exame da literalidade do texto, a lei em exame não incluiu essa possibilidade. Segundo em virtude de que, na análise do âmbito de atuação do assistente, prevista no art. 271 do Código de Processo Penal, não se vislumbra nenhuma hipótese que se assemelhe ao perdão judicial, de forma a admitir fosse o pedido de tal favor por ele formulado. E, terceiro, porque o objetivo maior do assistente é a obtenção de uma sentença penal condenatória, apta a propiciar a execução no cível (art. 63 do CPP), posto que constituído, neste caso, o título judicial, nos termos do art. 475-N, do Código de Processo Civil. Ora, não teria o assistente, dessa forma, interesse (*rectius*: utilidade), na proposição do benefício do perdão, que afastaria a condenação e que impediria a execução do julgado penal na esfera cível.

Conquanto guarde interesse meramente acadêmico, já que se trata de iniciativa raramente verificada na prática, vale observar que a lei não prevê a legitimidade do *particular (querelante)* para a hipótese de ação penal privada subsidiária da pública. Com efeito, prevista na Constituição (art. 5º, LIX) e no Código de Processo Penal (art. 29), é possível, em tese, que, face à inércia do Ministério Público, o particular oferte a queixa-crime que irá substituir a denúncia. Entendemos que, nessa hipótese, na qual o particular assume o lugar do membro do "*parquet*", ele possui, também, a legitimidade para formular o pedido de perdão judicial. Não durante a fase investigativa, pois não há que se falar em inércia nesse estágio. Mas nada impede que, durante o processo, com a queixa-crime em trâmite, ele formule o pedido de concessão do perdão judicial, o qual será submetido à apreciação do Ministério Público, a quem cabe, nos termos do art. 29 do CPP, "intervir em todos os termos do processo".

A legitimidade e constitucionalidade de celebração de acordos de colaboração por delegados de polícia: Há respeitada opinião no sentido da *inconstitucionalidade de o delegado de polícia* representar pela concessão do perdão judicial ao colaborador, por violação ao disposto no art. 129, I da Constituição, que confere ao Ministério Público, em caráter privativo, a titularidade da ação penal pública. A questão remete ao tema mais geral acerca da ***constitucionalidade de o delegado de polícia ter legitimidade para celebrar acordo de colaboração premiada***, que conta, igualmente, com opiniões que refutam essa possibilidade.

Há quem sustente que a discussão a respeito da constitucionalidade do dispositivo só tem interesse para a hipótese na qual a autoridade policial represente para que seja concedido o perdão, o Ministério Público se posicione contrariamente e o juiz conceda o favor legal. Melhor explicando: caso o delegado de polícia represente e o "*parquet*" concorde com o pedido, esta última manifestação equivale a verdadeira ratificação do pedido inicial, como se o Ministério Público estivesse mesmo subscrevendo o pedido, não havendo razão para se invocar a inconstitucionalidade. Ademais, pode ocorrer do delegado representar e o juiz indeferir o pedido, quando, por não se reconhecer legitimidade para a autoridade policial recorrer (ver abaixo), desinteressa a análise da constitucionalidade. Mas sobra – repetimos – a hipótese na qual, mesmo com a discordância do Ministério Público, o juiz acolha a representação policial.

Seja como for, a corrente de entendimento que defende a legitimidade de o delegado de polícia celebrar acordo e de, consequentemente, conceder perdão ao colaborador, sustenta que a autorização legal está inserido no âmbito regular de atribuições do delegado de polícia, tal como ocorre, por exemplo, quando representa pela decretação da prisão preventiva (art. 13, IV do CPP), inclusive na Lei Maria da Penha (art. 20 da Lei nº 11.340/2006), ou pela decretação da prisão temporária (art. 2º, da Lei nº 7.960/89). Aliás, a lei somente admite a representação na fase de inquérito, o que destaca o caráter investigatório da medida, típico da atividade policial.

Essa tese foi acolhida pelo Supremo Tribunal Federal que na ADI 5.508-DF julgou constitucional os parágrafos 2º. e 6º. do art. 4º. da Lei 12.850/13, reconhecendo não haver neles qualquer ofensa a titularidade da ação penal pública conferida ao Ministério Público pela Constituição (art. 129, I) e consolidou o entendimento de que "*O Delegado de Polícia pode formalizar acordos de colaboração premiada, na fase de inquérito policial, respeitadas as prerrogativas do Ministério Público, o qual deverá se manifestar, sem caráter vinculante, previamente à decisão judicial.*" (STF. Plenário. ADI 5508/DF, Rel. Min. Marco Aurélio, julgado em 20/6/2018 (Info 907)).

Entendemos, contudo, que a decisão deve ser revista pela Suprema Corte visto que o quadro jurídico que lhe dava suporte sofreu significativa alteração, apta a provocar-lhe a superação (*overruling*). Com efeito, o novo art. 3º-A da Lei de Organização Criminosa, introduzido pela Lei 13.964/2019, prevê expressamente que "O acordo de colaboração premiada é negócio jurídico processual e meio de obtenção de prova, que pressupõe utilidade e interesse públicos". (grifos nossos).

Os novos elementos normativos indicam que, embora não esteja proibida a atuação de delegados de polícia, seja da federal ou da civil, nas tratativas e na negociação com colaboradores, estes órgãos não podem celebrar o ato negocial, qualificado textualmente como processual, seu *locus* imediato. Com isso, com a segurança e estabilidade necessárias de um negócio jurídico, somente o Ministério Público poderá efetivamente instrumentalizar ou conformar o acordo, com especificação de suas cláusulas obrigacionais recíprocas.

Quer nos parecer que ao mencionar que o delegado de polícia poderá representar ao juiz pela concessão do perdão judicial ao colaborador, o § 2º do art. 4º da Lei simplesmente assegura que este agente público representará pela adoção deste benefício, possibilitando a remessa de sua manifestação não vinculante, quanto à futura sanção premial. E a representação, como ensina Tourinho Filho, não equivale a um requerimento ou a uma postulação em juízo, mas a uma exposição escrita de motivos (Processo Penal, vol. 3, p. 505, São Paulo: Saraiva, 27ª. ed., 2005).

Aliás, cabe aqui uma outra consideração relevante operada pela Lei 13.964/2019. É que o novo art. 3º-A do CPP, que prevê que o processo penal terá estrutura acusatória, vedadas a iniciativa do juiz na fase de investigação e a substituição da atuação probatória do órgão de acusação, reestruturou o sistema processual penal brasileiro com uma feição exclusivamente acusatória de modo que, doravante, o juiz não pode atuar na produção de qualquer espécie de prova, exceto mediante requerimento do Ministério Público ou querelante. Essa alteração, sobretudo na fase pré-processual, implica na impossibilidade de o juiz de ofício ou mediante a mera representação do delegado de polícia, participar da colaboração premiada que é um meio especial de obtenção de prova, como expressamente prevê o art. 3º-A da Lei 12.850/2019.

Também em razão dessa alteração estrutural, não é mais possível o juiz homologar um acordo de colaboração premiada celebrado exclusivamente com o delegado de polícia sem a presença ou, pior ainda, com a discordância do Ministério Público porque haveria nesta hipótese atuação de ofício na fase pré-processual, vedada amplamente pela reforma promovida pela Lei 13.964/2019.

Ainda que não tenha acolhido integralmente nossa posição, recentemente (maio de 2021), o STF revisitou o tema e consolidou a tese de que, embora possível ao delegado celebrar colaboração, faz-se necessária a anuência do Ministério Público, verdadeira condição de eficácia do acordo. Assim ficou a ementa:

> ACORDO DE COLABORAÇÃO PREMIADA. PRELIMINAR SUSCITADA PELA PROCURADORIA-GERAL DA REPÚBLICA. LEGITIMIDADE DA AUTORIDADE POLICIAL. PRECEDENTE DA ADI 5.508, POSIÇÃO MAJORITÁRIA DO STF PELA AUTONOMIA DA PF NA CELEBRAÇÃO DE ACP. POSIÇÃO CONTRÁRIA DESTE RELATOR VENCIDA NA OCASIÃO. TEMA QUE REPÕE A PGR EM PLENÁRIO E EM MENOR EXTENSÃO DO VOTO ENTÃO VENCIDO. ANUÊNCIA DO MINISTÉRIO PÚBLICO SUSCITADA AGORA PELA PGR. CONDIÇÃO DE EFICÁCIA. ACOLHIMENTO.
>
> 1. Nos termos do entendimento formado no julgamento da ADI 5.508, a autoridade policial tem legitimidade para celebrar autonomamente acordo de colaboração premiada. Em voto vencido, assentada a negativa dessa faculdade.
>
> 2. Matéria novamente suscitada, em menor extensão, pela PGR. Considerada a estrutura acusatória dada ao processo penal conformado à Constituição Federal, a anuência do Ministério Público deve ser posta como condição de eficácia do acordo de colaboração premiada celebrado pela autoridade policial. Posicionamento de menor extensão contido no voto vencido proferido. Possibilidade de submeter a matéria ao mesmo Plenário a fim de que o entendimento majoritário seja confirmado ou eventualmente retificado. Em linha de coerência com o voto vencido, pela retificação do entendimento majoritário na extensão que pleiteia a PGR.
>
> 3. Questão preliminar suscitada pela Procuradoria-Geral da República acolhida para dar parcial provimento ao agravo regimental e tornar sem efeito, desde então, a decisão homologatória do acordo de colaboração premiada celebrado nestes autos, ante a desconformidade manifestada pelo Ministério Público e aqui acolhida. Eficácia ex tunc. (STF, Pet 8482 AgR / DF, rel. min. EDSON FACHIN, j. em 31/05/2021, p. em 21/09/2021).

Na prática, o acordo celebrado pela autoridade policial sem a anuência do Ministério Público torna sem efeito a colaboração.

Sobretudo em razão da decisão proferida na ADI 5.508-DF, que autoriza os delegados de polícia a celebrar acordos de colaboração premiada, o Ministério Público de São Paulo apresentou enunciados institucionais que visam compatibilizar essa legitimidade com as atribuições ministeriais, em especial, a titularidade da ação penal (art. 129, I, CF):

> **ENUNCIADO N. 1**
>
> Apresentada proposta de acordo de colaboração premiada subscrita pelo Delegado de Polícia para homologação judicial, pode o Ministério Público, como titular da ação penal (art. 129, I, da CF), **depois de ouvido o colaborador na presença de seu defensor:**

a) ratificar os termos do acordo, **em especial quando dele participou desde a origem**;

b) substituir o acordo por outro;

c) recusar o acordo, ressalvada a possibilidade de o juiz, dissentindo, remeter a questão ao Procurador-Geral de Justiça, aplicando, por analogia, o art. 28 do CPP;

d) entendendo não existir justa causa para a ação penal, manifestar-se pela rejeição do acordo policial, promovendo o arquivamento da investigação;

e) realizar ou requisitar diligências imprescindíveis à análise dos termos do acordo ou da formação da "opinio delicti".

ENUNCIADO N. 2

O acordo celebrado pela Autoridade Policial não deve impedir ou restringir, direta ou indiretamente, o direito de ação ou de punir do Estado, ficando vedada a concessão de imunidade processual, perdão judicial, substituição de pena, regime prisional diverso daquele ditado pelo art. 33 do CP ou efeitos de eventual condenação.

ENUNCIADO N. 3

Não havendo previsão legal do cabimento de recurso em sentido estrito, da decisão que homologa o acordo policial desafia recurso de apelação, com fundamento no art. 593, II, CPP; se proferida por Tribunal, agravo interno.

ENUNCIADO N. 4

A atribuição do Delegado de Polícia para firmar acordo se limita à fase de investigação, com a fiscalização do Ministério Público, sob pena de reclamação. Proposta a ação penal, a Autoridade Policial fica impedida de celebrar acordo de colaboração envolvendo fatos e pessoas constantes da denúncia-crime, sob pena de violação do art. 129, I, da CF.

ENUNCIADO N. 5

Acordo celebrado pela Autoridade Policial versando, direta ou indiretamente, sobre matérias extrapenais deve ser recusado pelo Ministério Público.

ENUNCIADO N. 6

Na hipótese de homologação judicial da colaboração premiada celebrada pela Autoridade Policial, cabe ao MP ou querelante, como titular da ação penal, após analisar a eficácia da colaboração com base nos resultados obtidos, requerer a concessão parcial ou integral dos benefícios previstos no acordo, ou deixar de requerer sua aplicação.

Vale destacar que na hipótese de acolhimento, pelo juiz, da representação policial contendo um acordo colaborativo a despeito do posicionamento contrário do Ministério Público, restará sempre a este órgão a possibilidade de recurso às instâncias superiores.

A propósito, quando da análise do § 8º abaixo, comentamos se o perdão é um direito subjetivo do colaborador ou mera faculdade concedida ao juiz de aplicá-lo ou não.

Colaboração/delação premiada unilateral: Cumpre neste ponto examinarmos a questão acerca da possibilidade jurídica da chamada colaboração unilateral, entendida como o reconhecimento de uma delação premiada sem a celebração de um instrumento ou termo de acordo?

Aqueles que defendem essa possibilidade, se ancoram na caracterização da delação como um direito público subjetivo do acusado. Esse entendimento se apoia em um raciocínio demasiado simplista de que os prêmios decorrem da lei. A tese se arvora também em aspectos que restaram sobejamente superados pelas alterações promovidas pela Lei 13.964/2019 que procedimentalizou, pormenorizadamente, a fase pré e negocial do acordo, inserindo-as como parte importante para a celebração do negócio. Assim, como já sustentamos antes, a consagração, no texto da Lei, de que a colaboração premiada é um ***negócio jurídico***, implica na obrigatoriedade dela ser celebrada em meio um ajuste bilateral de cláusulas, condições, prestações e contraprestações recíprocas, todas devidamente autoreferenciadas pelas partes, em um ambiente de negociação claro e transparente, capaz de assegurar-lhe confiança e segurança jurídica. Precisas as colocações de Andrey Borges de Mendonça: "*Em consequência, a lógica de um negócio processual não é de um jogo de soma zero, a lógica do 'ganha-perde' (win-lose), em que apenas uma das partes ganha exatamente à medida que a outra perde e sucumbe – lógica mais próxima da sistemática do processo litigioso. Busca-se outra lógica, em que as duas partes devem, em suas cedências recíprocas, alcançar um objetivo comum em que as duas partes saíram satisfeitas. Ou seja, a lógica do 'ganha-ganha' (win-win), em que as duas partes devem lograr alcançar seus objetivos e acomodar seus interesses por meio do acordo.*" (Os benefícios possíveis na colaboração premiada. In Colaboração premiada, 2017. São Paulo: RT, p. 62).

Além disso, uma colaboração premiada estabelecida sem parâmetros procedimentais, sem um plano negocial capaz de lhe assegurar reciprocidade sinalagmática e principalmente, sem uma análise, pelo órgão de acusação acerca de seu efetivo potencial probatório, pautado pela necessidade de o colaborador apontar os possíveis elementos de corroboração do relato, incorre em equívoco grave. A regra da corroboração (art. 4º, § 16, da Lei), um importante filtro que visa evitar falsas e fabricadas colaborações e a busca desenfreada pelos prêmios legais, é reconhecidamente uma *regra de ouro* da colaboração premiada que impele o colaborador pela necessidade de apresentar uma outra prova independente (*independente evidence of guilt*) capaz de confirmar a confiabilidade do relato inicial. Uma declaração que imputa corresponsabilidade à outras pessoas sem elementos mínimos de corroboração é prova zero, um nada jurídico.

Em reforço, anote-se que a consensualidade da colaboração premiada consolidado o entendimento de que "*Não existe direito líquido e certo a compelir o Ministério Público à celebração do acordo de delação premiada, diante das características desse tipo de acordo e considerando a necessidade de distanciamento que o Estado-juiz deve manter durante o cenário investigado e a fase de negociação entre as partes do cenário investigativo. O acordo de colaboração premiada, além de meio de obtenção de prova, constitui-se em um negócio jurídico processual personalíssimo, cuja conveniência e oportunidade estão submetidos à discricionariedade regrada do Ministério Público e não se submetem ao escrutínio do Estado-juiz. Em outras palavras, trata-se de ato voluntário, insuscetível de imposição judicial*". (STF. 2ª Turma. MS 35693 AgR/DF, Rel. Min. Edson Fachin, julgado em 28/5/2019 (Info 942)).

Soma-se a isso tudo a reestruturação do processo penal promovida pela Lei 13.964/2019 que proclamou no novo art. 3º-A do CPP que "*O processo penal terá estrutura acusatória, vedadas a iniciativa do juiz na fase de investigação e a substituição da atuação probatória do órgão de acusação*".

A colaboração premiada unilateral fere o sistema acusatório porque permite que o juiz se aproxime e negocie com o acusado para obter provas incriminadoras de outros fatos ou pessoas, supostamente desconhecidos na ação penal em tramitação. Essa atuação voluntarista do juiz evidencia uma indevida concentração das funções acusatória e julgadora, fere a proibição textual dele participar das negociações de uma colaboração (§ 6º do art. 4º da Lei), e por isso é nociva porque enseja uma substituição da atuação probatória do órgão de acusação, afinal, os documentos e informações trazidas pelo colaborador servirão de estratégia para uma investigação a ser encetada pelo Ministério Público. E aqui verificamos uma encruzilhada. Considerando que o órgão de acusação, único dirigente da atuação probatória acusatória, pode não levar em conta essas informações, como pode o juiz premiar um acusado por prestá-las, mesmo sem ter garantias de sua utilidade pública, ou pior, mesmo nos casos em que elas não servirão para nada?

Ante o exposto, entendemos que as reformas promovidas pela Lei 13.964/2019, seja na Lei 12.850/2013, seja no CPP, ensejam a inadequação e revogação da chamada delação premiada unilateral, incompatível com a natureza negocial do instituto e com a dinâmica adversarial e acusatória que se assenta o processual penal brasileiro.

> § 3º O prazo para oferecimento de denúncia ou o processo, relativos ao colaborador, poderá ser suspenso por até 6 (seis) meses, prorrogáveis por igual período, até que sejam cumpridas as medidas de colaboração, suspendendo-se o respectivo prazo prescricional.

Suspensão da denúncia ou do processo: A "ratio legis" deste dispositivo é clara: busca-se garantir um prazo para demonstrar a eficácia da colaboração. Por exemplo, se um colaborador delata a estrutura de uma organização criminosa, mas, após seis meses, isso se revela falso, a colaboração perde seu objetivo. O prazo permite verificar se a colaboração é efetiva, podendo ser prorrogado por mais seis meses, se necessário.

O pedido de prorrogação deve ser analisado pelo Poder Judiciário, com o Ministério Público apresentando justificativas. Se o juiz discordar, não pode obrigar o oferecimento da denúncia, mas deve remeter o caso ao Procurador-Geral para decisão.

Além do pedido de prorrogação, a suspensão do prazo para oferecer a denúncia também precisa de apreciação judicial, já que isso suspende o prazo prescricional. O juiz não deve conceder perdão judicial imediatamente, pois essa decisão é irreversível e deve ocorrer apenas após a comprovação da eficácia da colaboração.

Se o juiz indeferir o pedido de suspensão, pode-se recorrer, e a correição parcial é uma alternativa viável. A suspensão do prazo prescricional é justa, evitando que um colaborador se beneficie da prescrição se sua colaboração não for efetiva. Assim, após o prazo de suspensão, a denúncia deve ser oferecida, pois os benefícios legais pressupõem um processo que culmina em sentença. Se a colaboração se revelar eficaz, os benefícios serão concedidos; caso contrário, não haverá direito a vantagens.

> § 4º Nas mesmas hipóteses do caput deste artigo, o Ministério Público poderá deixar de oferecer denúncia se a proposta de acordo de colaboração referir-se a infração de cuja existência não tenha prévio conhecimento e o colaborador: redação dada pela Lei 13964/2019.
>
> I – não for o líder da organização criminosa;
>
> II – for o primeiro a prestar efetiva colaboração nos termos deste artigo.
>
> § 4º-A. Considera-se existente o conhecimento prévio da infração quando o Ministério Público ou a autoridade policial competente tenha instaurado inquérito ou procedimento investigatório para apuração dos fatos apresentados pelo colaborador. redação dada pela Lei 13964/2019.

Benefício de não oferecimento de denúncia ou imunidade processual: O dispositivo trata do chamado *acordo de não denunciar* ou *acordo de imunidade*, que tem origem no art. 26, item 3, da Convenção de Palermo[4] e no art. 37, item 50, da Convenção de Mérida[5], e consiste em uma causa de improcessabilidade, benefício eminentemente processual porque, ao contrário

---

4 Cada Estado Parte poderá considerar a possibilidade, em conformidade com os princípios fundamentais do seu ordenamento jurídico interno, de conceder imunidade a uma pessoa que coopere de forma substancial na investigação ou no julgamento dos autores de uma infração prevista na presente Convenção.

5 Cada Estado parte considerará a possibilidade de prever, em conformidade com os princípios fundamentais de sua legislação interna, a concessão de imunidade judicial a toda pessoa que preste cooperação substancial na investigação ou no indiciamento dos delitos qualificados de acordo com a presente Convenção.

dos demais, não implica propriamente em direta redução ou minoração do *jus puniend* estatal. Quando a lei assegura ao colaborador o *não oferecimento de denúncia* concede-lhe uma à imunidade processual, subtraindo-lhe a chamada capacidade processual, um dos pressupostos processuais (de validade) cuja falta, segundo as lições de Cintra, Grinover e Dinamarco, implica na inviabilidade de desenvolvimento válido de uma relação processual (CINTRA, AC de A.; GRINOVER, Ada Pellegrini; DINAMARCO, Cândido Rangel. Teoria geral do processo. 31ª ed., Malheiros editores, 2015, p. 329).

Observe-se que a qualificação desta hipótese legal como um caso de imunidade processual ou como causa de ausência de capacidade processual (e por conseguinte, como *falta de pressuposto processual*) atenua as perplexidades práticas que essa hipótese de benefício premial enseja.

Assim, embora implique em um caso de abrandamento do princípio da obrigatoriedade da ação penal, típico das fórmulas alternativas de solução de litígios, o acordo de imunidade do § 4º do art. 4º da Lei de Organizações Criminosas qualifica-se como mais um caso de discricionariedade regrada conferida pela legislação ao Ministério Público, exatamente como ocorre com a suspensão condicional do processo e transação penal (Lei 9.099/1995, arts. 86 e 76, respectivamente), bem como com o acordo de leniência (Lei 12.529/2011, art. 87) e acordo de não persecução penal (CPP, art. 28-A e Resolução 181 do CNMP, art. 18). Em todos esses casos, a atuação persecutória alternativa é qualitativamente superior ao mero oferecimento insípido de uma denúncia. Como já sustentado por um dos autores em outra ocasião, ainda que referindo-se ao acordo de não persecução penal: "*A superação do apego formal ao texto frio da lei que o princípio da juridicidade provoca coloca uma pá de cal na discussão acerca do cumprimento do princípio da obrigatoriedade da ação penal que não pode mais ser lido como uma atuação robotizada de oferecimento de uma denúncia criminal em um caso de média gravidade em que investigado e vítima já se acertaram patrimonialmente e as prestações sociais oferecidas pelo autor da infração são, senão melhores, equivalentes àquelas que a hipotética decisão judicial o obrigaria a realizar. A celebração do acordo, nesses casos produz efeitos sociais tão ou mais significativos do que aqueles pretendidos pelas sanções penais. Efetivamente há exercício da tutela penal sobre os bens jurídicos contidos nestes delitos, o que deve ser interpretado como uma atuação institucional mais eficaz e racional que a mera propositura de uma demanda penal.*" (SOUZA, Renee do Ó. A Opção Político-Criminal do Acordo de não persecução penal como instrumento de segurança pública. In: SUXBERGER, Antonio Henrique Graciano (et al) (org.). Segurança Pública: Os desafios da pós-modernidade, Rio de Janeiro: Lumen Juris, 2019, p. 403).

Assim, atendidos os requisitos legais, tem o Ministério Público a faculdade de não ofertar a denúncia. Insistimos que esse ato não encerra nenhuma obrigatoriedade, mas, antes, como expresso no texto legal, mera faculdade conferida ao "*parquet*", pelo que não se deve cogitar de nenhum direito subjetivo do agente a não ser denunciado.

Apenas para exemplificar: quando do advento da Lei nº 9.099/95, que introduziu a suspensão condicional do processo (art. 89), discutiu-se o alcance da expressão "poderá" contida naquele dispositivo. Isto é, esse "poder" se traduzia, em verdade, em um poder-dever e, como consequência, na recusa do Ministério Público em propor o favor legal, poderia o juiz fazê-lo de ofício. Ou, ao revés, como indica a literalidade do texto, consistia mesmo uma faculdade, cabendo exclusivamente ao "*parquet*" a última palavra sobre o encaminhamento de proposta de "sursis" processual. Prevaleceu este último entendimento, tanto que o Supremo Tribunal Federal, a respeito do tema, editou a Súmula nº 696, com esse enunciado: "Reunidos os pressupostos legais permissivos da suspensão condicional do processo, mas se recusando o promotor de justiça a propô-la, o juiz, dissentindo, remeterá a questão ao procurador-geral, aplicando-se por analogia o art. 28 do Código de Processo Penal".

Ora, se para crimes de menor gravidade, cuja pena mínima não supera um ano, se entendeu que a proposta de suspensão condicional do processo encerra mera faculdade conferida ao Ministério Público, com muito mais razão deve prevalecer essa compreensão para os delitos que envolvam organizações criminosas, cujas sanções são consideravelmente mais severas.

Ressalte-se, ademais, que não se cogita de espécie de perdão, tampouco de redução da pena ou de sua substituição, como previsto no "*caput*" deste art. 4º Tais figuras, como já alertado neste trabalho, pressupõem a prévia existência de um processo judicial, no qual é reconhecida a responsabilidade do agente. Como alerta Damásio de Jesus, "*não é possível perdoar quem não errou. E o reconhecimento do erro é a condenação. Para perdoar, é necessário primeiro considerar que alguém praticou uma conduta típica e ilícita, sendo culpável. Se o fato não é típico, perdoar o quê? Se o fato é lícito, o que perdoar? Se o sujeito não se mostrou culpado, onde está o objeto do perdão? Perdão pressupõe culpa (em sentido amplo). Absolvição pressupõe inexistência de responsabilidade por imputação de infração penal.*" (Questões Criminais, São Paulo: Saraiva, 1981, págs. 231/232).

Sendo assim, em nosso sentir, o Ministério Público promoverá arquivamento do inquérito policial (ou de peças de informação que lhe faça as vezes), a ser submetido ao órgão de supervisão institucional tal qual previsto no novel art. 28 do CPP, com a redação dada pela Lei 13.964/2019, fórmula consagrada a fim de conferir a estabilidade suficiente e capaz de impedir que o colaborador seja indevidamente processado posteriormente.

No caso de ser oferecida denúncia contra corréus no mesmo procedimento em que restou firmado o acordo de imunidade, a fim de evitar irregularidades decorrentes do chamado *arquivamento implícito*, convém seja devidamente fundamentada a decisão de não oferecimento da denúncia em favor do colaborador, mediante a demonstração do cumprimento dos requisitos legais cabíveis na espécie.

De toda sorte, quer em virtude de certa dificuldade prática no implemento da opção de não denunciar, quer em face da pouca tradição em nosso ordenamento jurídico para essa espécie de barganha (restrita aos casos de transação penal de que cuida a Lei nº 9.099/95), deve o Ministério Público redobrar sua cautela, máxime quando se detecta a seriedade dos interesses em jogo.

Requisitos legais para o acordo de imunidade: Além dos requisitos anteriormente examinados, esta espécie de benefício exige outros pressupostos adicionais: a) que a proposta de acordo de colaboração se refira a infração cuja existência o MP não tenha prévio conhecimento; b) colaborador não seja o líder da organização criminosa e c) o colaborador seja o primeiro a prestar efetiva colaboração nos termos deste artigo.

Prevalece o entendimento de que esses requisitos são cumulativos, ou seja, de que deverão estar presentes concomitantemente, não bastando o preenchimento de um deles apenas. Fosse a "*ratio legis*" se contentar apenas com um deles e teria empregado a partícula "ou", o que não se verifica. Demais disso, pensar-se de forma diversa importaria na banalização do instituto, o que se mostra preocupante em face da tantas vezes reiterada gravidade dos crimes perpetrados em organização, sobretudo se levarmos em conta tratar-se de benefício que isenta, completamente, o colaborador de responsabilidade penal. Isso enseja relativa dificuldade na implementação do benefício, capaz mesmo de praticamente impedir sua aplicação na prática.

O primeiro requisito – *que a proposta de acordo de colaboração se refira a infração cuja existência o MP não tenha prévio conhecimento* – foi acrescido ao § 4º pela Lei 13.964/2019. A fim de evitar discordâncias, a lei definiu textualmente este requisito no § 4º-A, que prevê que "*Considera-se existente o conhecimento prévio da infração quando o Ministério Público ou a autoridade policial competente tenha instaurado inquérito ou procedimento investigatório para apuração dos fatos apresentados pelo colaborador*".

O segundo requisito – *demonstração de que o beneficiário não é "o líder da organização criminosa"* –, constitui-se em matéria de cunho probatório, que por vezes não se conseguirá demonstrar no âmbito do inquérito policial ou do expediente deflagrado pelo Ministério Público ou por outro órgão incumbido da investigação. A simples alegação do agente nesse sentido, isolada de outros elementos aptos a sustentá-la, não se prestará a esse objetivo. É verdade que, em alguns casos, pode ser notória a liderança da organização, quando então restará atendido esse pressuposto.

A demonstração do segundo dos requisitos, que exige a primazia do agente a ser beneficiado quanto à delação, não parece ser de comprovação mais complexa. Assim, aquele que *primeiro comparecer* ao inquérito policial ou ao expediente inquisitivo a fim de prestar sua colaboração, será, consequentemente, assim considerado. Mais é necessário, ademais, que a colaboração se revista de efetividade e relevância, como exigido pelo caput do art. 4º da lei.

A Lei só permite que seja celebrado acordo de imunidade com uma pessoa. Trata-se da adoção da regra '*first come, first serve*' prevista em certas leis[6], e que implica na proibição de serem celebrados outros acordos com outros coautores da conduta ilícita".

O dispositivo é inspirado no dilema dos prisioneiros[7] e pressupõe que a confissão por um dos cúmplices gere benefícios incabíveis aos demais autores do ilícito, de modo que o estímulo para que um dos "prisioneiros" coopere com a autoridade seja superior à pretensão de se manter em silêncio, cooperando com seus antigos aliados.

Assim, como o efeito premial só é dado a primeira pessoa que manifesta interesse, os antigos laços que a unia com outros cúmplices é enfraquecido, a ponto de serem rompidos. Abre-se uma corrida em direção à cooperação com a autoridade pública, que será vencida pela primeira pessoa que romper com o silêncio sobre o ilícito.

Caso fosse permitida a celebração do Acordo para todas as pessoas que participaram do ato ilícito, não haveria estímulo real para a quebra da cooperação existente entre elas e que as mantinha à margem da atuação da lei, afinal, bastaria que, após a primeira colaboração, toda a rede de antigos cúmplices prestassem colaborações sucessivas para obterem, todos juntos, benesses legais. A possibilidade de acordos múltiplos, na verdade, teria o efeito contrário da finalidade do instituto porque suas vantagens potenciais passariam a ser consideradas como variáveis no cálculo de riscos e bônus dos negócios (ilícitos) da organização criminosa.

Ademais, sob o ponto vista instrumental, acordos sucessivos produziriam poucos frutos processuais probatórios ou pouco relevantes para elucidação do que já se sabia sobre o ilícito.

Naturalmente que isso não impede que eventuais confissões dos demais integrante da organização criminosa sejam levadas em conta pela autoridade julgadora na dosimetria da pena, conforme prevê o artigo 65 do CP.

Regra de ouro da colaboração premiada: Este dispositivo (§ 4º do art. 4º) também serve de base normativa para a *regra de ouro* da colaboração premiada, qual seja, a de que a

---

6 O Acordo de Leniência previsto na Lei Anticorrupção Empresarial também prevê essa regra jurídica (Art. 16, § 1º, I).

7 "A teoria dos jogos, que ganhou notoriedade nas décadas de 1940 e 1950, está ligada ao desenvolvimento de modelos matemáticos sobre a estratégia para a tomada de decisões por parte de agentes racionais. O "dilema do prisioneiro" é um exemplo amplamente disseminado da teoria dos jogos e demonstra que dois indivíduos podem não cooperar ainda que seja no melhor interesse dos dois fazê-lo. Suponha que dois indivíduos são presos, mas que as autoridades não detenham provas suficientes para justificar as prisões. A polícia coloca cada indivíduo em uma sala separada e faz a mesma oferta para cada um deles: se um testemunhar contra o outro e o outro permanecer em silêncio, aquele que delatar o comparsa estará livre e o que não o tiver feito passara cinco anos na prisão. Se ambos permanecerem em silêncio, os dois estarão livres por falta de provas. Se ambos delatarem o seu comparsa, serão sentenciados a três anos de prisão. Agentes racionais, movidos por interesses próprios, escolhem delatar o comparsa. Isso porque se o comparsa permanecer em silêncio, ele estará livre e se o comparsa também o delatar, ambos serão condenados a três anos em vez de cinco anos de prisão. Se ambos permanecerem em silêncio, os dois estarão livres, mas a incerteza em relação as possíveis ações do outro vai fazer com que o agente racional opte por delatar – sendo essa, portanto, a estratégia dominante". (MARTINEZ, Ana Paula; ARAUJO, Mariana Tavares. O Acordo de Leniência da Lei Anticorrupção: lições da experiência antitruste. In: Cadernos FGV Projeto/Lei anticorrupção: Transparência e Boas Práticas. Abril 2016. ano 11. nº 27. p. 69).

colaboração premiada deve ser feita com baixos integrantes da organização criminosa para incriminar seus líderes, alegoricamente representada pela frase popular de que se deve fazer acordos com 'peixes pequenos' para pegar 'peixes grandes'. Assim, embora não seja vedada pela Lei, a colaboração do líder de uma organização criminosa que resulta na identificação de vários executores dos crimes que, outrora, ele comandava deve, naturalmente, ensejar um benefício menor. O uso otimizado da colaboração ocorre quando acusados de pequena ou média importância implicam os líderes da organização, em um verdadeiro efeito dominó. Segundo Sérgio Moro, "*o método deve ser empregado para permitir a escalada da investigação e da persecução na hierarquia da atividade criminosa. Faz-se um acordo com um criminoso pequeno para obter prova contra o grande criminoso ou com um grande criminoso para lograr prova contra vários outros grandes criminosos (...)*" (MORO, Sérgio. Crime de Lavagem de Dinheiro, São Paulo: Saraiva, 2010, p. 111/112).

Diferença para o acordo de não persecução penal: o acordo de não oferecimento de denúncia não se confunde com acordo de não persecução penal, previsto no art. 28 do CPP e art. 18 da Resolução 181 do CNMP. Embora ambos sejam espécie de acordos penais que implicam o não oferecimento da denúncia em favor do investigado e portanto, encerram o processo contra ele, diferenciam-se porque o acordo de imunidade é uma espécie de colaboração premiada, caracterizada essencialmente pela natureza instrumental probatória de modo a permitir a ampliação da atuação persecutória, notadamente em casos de criminalidade organizada. Já o acordo de não persecução é caracterizado pela celebração de um negócio jurídico extrajudicial cabível em situações de médica gravidade, somente em casos de crimes cometidos sem violência ou grave ameaça. Nele são entabuladas, de um lado, a fixação de medidas ou condições de interesse social a serem prestadas pelo investigado, em troca, de outro lado, da descaracterização do interesse de agir para o exercício da demanda penal e consequente arquivamento do caso pelo Ministério Público.

> § 5º Se a colaboração for posterior à sentença, a pena poderá ser reduzida até a metade ou será admitida a progressão de regime ainda que ausentes os requisitos objetivos.

Colaboração premiada pós-processual ou tardia: A leitura do dispositivo acima revela que não há prazo legal imposto para que a colaboração possa ser prestada, sendo ela cabível, assim, mesmo após a prolação da sentença. Dúvidas surgirão se o vocábulo "sentença" deva ser interpretado de forma estrita, a significar apenas a decisão de 1º grau recorrível ou, mais elasticamente, se engloba também a sentença já transitada em julgado. Ficamos com a última posição, a admitir, portanto, a utilização do instituto em sede de execução penal. Nesta hipótese, será do juiz da execução penal a competência para conhecer do pedido, como se infere do teor do art. 66, inc. I da Lei nº 7.210/84.

Cremos inviável a utilização da revisão criminal embora ela se preste à redução da pena do condenado, nos termos dos art. 626 do Código de Processo Penal. É que tal instituto pressupõe a ocorrência de erro judiciário, cuja correção se sobrepõe a qualquer invocação à coisa julgada. Não é o caso da aplicação tardia dos efeitos da colaboração. Mesmo na hipótese de redução da pena, é necessário "o surgimento de circunstância que determine ou autorize diminuição especial da pena" (art. 621, inc. III, parte final, do CPP). Assim, por exemplo, quando, findo o processo, se obtém a certidão de nascimento do réu dando conta de que ele praticara o delito quando contava menos de 21 anos de idade (art. 65, I, do Código Penal). Em um caso com este e sempre em caráter excepcional, se admite a diminuição da pena do réu condenado em definitivo. Não, todavia, para se obter a redução através da tardia colaboração do réu.

Ressalte-se, outrossim, que a colaboração posterior à sentença (que se encontre em grau de recurso ou já transitada em julgado), continua a exigir a observância aos requisitos de voluntariedade e eficácia previstos no art. 1º da lei. A identificação dos demais agentes criminosos, prevista no inc. I, parece, a essa altura, já improvável, posto que ou o feito se encontra em fase recursal, onde essa imputação não mais é tolerada ou já transitou em julgado, não se admitindo a reabertura do processo em prejuízo de coautores, eventualmente já absolvidos.

Já outros requisitos arrolados no art. 1º desta lei podem conferir a eficácia exigível para a concessão do favor legal. Assim, mesmo após a sentença de 1º grau se achar em grau de recurso ou com seu trânsito em julgado, é viável, por exemplo, que outras atividades da mesma organização sejam prevenidas (inc. III), a recuperação total ou parcial do produto do crime (inc. IV) e, quem sabe até, a localização a salvo da vítima (inc. V).

Mas é preciso, aqui, redobrada cautela na análise da efetividade e voluntariedade da colaboração, sob o risco de se abrir uma alternativa de extrema largueza para que réus já condenados e, posteriormente, arrependidos, obtenham o perdão judicial, substancial redução de pena ou progressão de regime. Sobretudo quando o dispositivo permite que tal progressão ocorra ainda que ausentes os requisitos objetivos que a autorizem. Imagine-se o réu que, condenado a uma pena de 50 anos, resolva colaborar, logo após a sentença recorrível ou mesmo em seguida ao trânsito em julgado da condenação. Merecerá, a teor da lei, a progressão para o regime semiaberto, mesmo tendo descontado pouquíssimo tempo de sua pena. Daí o cuidado com o qual deve ser interpretado o dispositivo em exame.

> § 6º O juiz não participará das negociações realizadas entre as partes para a formalização do acordo de colaboração, que ocorrerá entre o delegado de polícia, o investigado e o defensor, com a manifestação do Ministério Público, ou, conforme o caso, entre o Ministério Público e o investigado ou acusado e seu defensor.

Impossibilidade de participação do juiz na fase das tratativas e negociações: É mesmo prudente que se deixe o juiz afastado das tratativas para implemento da colaboração. É que, na eventualidade de insucesso do acordo, o desgaste advindo dessa frustração, a prematura inserção na prova criminal e mesmo o contato próximo com o réu, poderiam influir negativamente na formação da convicção do julgador. Melhor que se restrinja essa atuação do juiz ao ato de negar o acordo ou aceitá-lo, procedendo, nesta última hipótese, à homologação prevista no § 8º abaixo.

Cuidou-se, no mais, de prestigiar o sistema acusatório, limitando-se o campo de atuação de cada um dos operadores, cada qual com tarefas bem definidas e concretamente delimitadas. Ao comentarmos, em seguida, o § 1º, do art. 10, tornamos a abordar esse tema.

> § 7º Realizado o acordo na forma do § 6º deste artigo, serão remetidos ao juiz, para análise, o respectivo termo, as declarações do colaborador e cópia da investigação, devendo o juiz ouvir sigilosamente o colaborador, acompanhado de seu defensor, oportunidade em que analisará os seguintes aspectos na homologação: (Redação dada pela Lei 13.964/2019)
>
> I – regularidade e legalidade;
>
> II – adequação dos benefícios pactuados àqueles previstos no *caput* e nos §§ 4º e 5º deste artigo, sendo nulas as cláusulas que violem o critério de definição do regime inicial de cumprimento de pena do art. 33 do Decreto-Lei nº 2.848, de 7 de dezembro de 1940 (Código Penal), as regras de cada um dos regimes previstos no Código Penal e na Lei nº 7.210, de 11 de julho de 1984 (Lei de Execução Penal) e os requisitos de progressão de regime não abrangidos pelo § 5º deste artigo;
>
> III – adequação dos resultados da colaboração aos resultados mínimos exigidos nos incisos I, II, III, IV e V do *caput* deste artigo;

IV – voluntariedade da manifestação de vontade, especialmente nos casos em que o colaborador está ou esteve sob efeito de medidas cautelares.

Natureza da decisão judicial homologatória do acordo de colaboração premiada celebrado: Vencida a etapa de tratativas e negociações da colaboração premiada, marcada pela lavratura do termo que reúne as avenças recíprocas, medidas acessórias e absoluta exclusão de participação judicial, segue-se para a segunda etapa, que se refere ao juízo homologatório. Nesta fase, não há aferição concreta dos benefícios premiais, atividade reservada para a terceira etapa, a ser exercida no momento da sentença do processo a que responde o colaborador, conforme se extrai do § 11 do art. 4º da Lei.

Prevalece assim que a decisão homologatória, destinada a análise dos requisitos legais de regularidade do acordo, legalidade de seu conteúdo e a voluntariedade do colaborador, além de integrar o Poder Judiciário à colaboração premiada, visa resguardar os limites da autonomia da vontade, da convencionalidade entre as partes e dos efeitos protetivos dos bens jurídicos, isto é, da utilidade e interesses públicos.

Por isso a homologação é considerada condição inicial para a validade do negócio jurídico, obtida após a chancela decorrente da participação do Poder Judiciário, responsável pela salvaguardar dos interesses do acusado e, de outro lado, do interesse público.

Oitiva judicial e sigilosa do colaborador: A "*ratio legis*" da oitiva judicial do colaborador fica aqui bem clara. Abre-se ao juiz, com a oitiva do delator e de seu defensor, a salutar possibilidade, de avaliar a voluntariedade do acordo. Daí porque, na audiência que se refere o dispositivo, não haver previsão quanto à presença do proponente do acordo (Ministério Público ou delegado de polícia), mas somente do colaborador e seu defensor. É que não se descarta a possibilidade do acordo ser fruto de uma barganha entre aquelas autoridades e o colaborador, no sentido, por exemplo, de que se empenharão para que cesse a prisão temporária caso ocorra a delação dos demais agentes. Ou que o "*parquet*" concordará com eventual pedido de liberdade provisória caso o delator se disponha a colaborar. A presença daqueles que propuseram tais acordos decerto que traria constrangimento ao colaborador que, talvez por isso, pudesse se sentir inibido em apontar os reais motivos que o levaram a prestar o auxílio. Destaque-se que a o art. 3º-B, inciso XVIII, do CPP, introduzido pela Lei 13.964/2019, prevê que compete ao *juiz das garantias* decidir sobre a homologação de acordo de colaboração premiada, quando formalizados durante a investigação, aplicada as demais regras gerais de competência para tanto.

Destaque-se, por derradeiro, que o legislador empregou o vocábulo "juiz" em seu sentido amplo, pelo que, por óbvio, também cabe ao relator do processo (em caso de recurso ou de feito cuja competência originária é de um tribunal), a homologação da proposta. É o que decidiu a mais alta Corte do país, a se conferir: "*Considerando-se que o acordo de colaboração premiada constitui meio de obtenção de prova (art. 3º da Lei nº 12.850/13), é indubitável que o relator tem poderes para, monocraticamente, homologá-lo (art. 4º, § 7º, da Lei nº 12.850/13)*" (STF – Inq n. 4130 - QO-PR – Rel Dias Toffoli, j. 27.08.2015, DJe 03.02.2016). Posteriormente o entendimento foi confirmado pelo STF: "*É atribuição do Relator homologar, monocraticamente, o acordo de colaboração premiada, analisando apenas a sua regularidade, legalidade e voluntariedade, nos termos do art. 4º, § 7º da Lei nº 12.850/2013: § 7º Realizado o acordo na forma do § 6º, o respectivo termo, acompanhado das declarações do colaborador e de cópia da investigação, será remetido ao juiz para homologação, o qual deverá verificar sua regularidade, legalidade e voluntariedade, podendo para este fim, sigilosamente, ouvir o colaborador, na presença de seu defensor. Não há qualquer óbice à homologação do respectivo acordo mediante decisão monocrática. O art. 21, I e II, do RISTF confere ao Ministro Relator no STF poderes instrutórios para ordenar, de forma singular, a realização de quaisquer meios de obtenção de provas.*". (STF. Plenário. Pet 7074/DF, Rel. Min. Edson Fachin, julgado em 21, 22, 28 e 29/6/2017 (Info 870)).

Análise do acordo pelo juiz na fase homologatória: O § 7º do art. 4º da Lei de Organizações Criminosas consagra a finalidade de controle do acordo pelo Poder Judiciário, ainda que estrita a sua regularidade, legalidade e voluntariedade.

Prevalece assim que, neste momento, o magistrado exerce uma função de filtro de regularidade e legalidade, sem qualquer juízo de valor acerca das provas apresentadas ou do mérito do acordo de colaboração premiada. Este entendimento foi proclamado pelo Supremo Tribunal Federal que consolidou que "*A homologação não representa juízo de valor sobre as declarações eventualmente já prestadas pelo colaborador à autoridade judicial ou ao Ministério Público.*" (Min. Dias Toffoli, no HC 127483/PR). E ainda, "*A decisão do magistrado que homologa o acordo de colaboração premiada não julga o mérito da pretensão acusatória, mas apenas resolve uma questão incidente. Por isso, esta decisão tem natureza meramente homologatória, limitando-se ao pronunciamento sobre a regularidade, legalidade e voluntariedade do acordo (art. 4º, § 7º, da Lei nº 12.850/2013). O juiz, ao homologar o acordo de colaboração, não emite juízo de valor a respeito das declarações eventualmente prestadas pelo colaborador à autoridade policial ou ao Ministério Público, nem confere o signo da idoneidade a seus depoimentos posteriores. A análise se as declarações do colaborador são verdadeiras ou se elas se confirmaram com as provas produzidas será feita apenas no momento do julgamento do processo, ou seja, na sentença (ou acórdão), conforme previsto no § 11 do art. 4º da Lei*". (STF. Plenário. Pet 7074/DF, Rel. Min. Edson Fachin, julgado em 21, 22, 28 e 29/6/2017 (Info 870)).

Essa análise é feita levando-se em conta, além da oitiva judicial do colaborador, os documentos remetidos ao juiz responsável pela homologação indicados no próprio § 7º a saber: o respectivo termo de acordo, as declarações do colaborador e cópia da investigação.

Em razão dessa relativa neutralidade meritória da decisão homologatória é que restou decidido pelo STJ que "*A homologação de acordo de colaboração premiada por juiz de 1º grau de jurisdição, que mencione autoridade com prerrogativa de foro no STJ, não traduz em usurpação de competência deste Tribunal Superior. Ocorrendo a descoberta fortuita de indícios do envolvimento de pessoa com prerrogativa de foro, os autos devem ser encaminhados imediatamente ao foro prevalente, definido segundo o art. 78, III, do CPP, o qual é o único competente para resolver sobre a existência de conexão ou continência e acerca da conveniência do desmembramento do processo*". (STJ. Corte Especial. Rcl 31.629-PR, Rel. Min. Nancy Andrighi, julgado em 20/09/2017. (Info 612)).

Anote-se que a previsão de homologação judicial para realização de uma colaboração premiada não é capaz de sujeitar o instituto à reserva de jurisdição razão pela qual pode ser celebrado sem prévia autorização judicial. Por isso que suas tratativas somente são remetidas ao judiciário por ocasião da homologação do ajuste. Neste sentido já reconheceu o STF: "*A colaboração é um meio de obtenção de prova cuja iniciativa não se submete à reserva de jurisdição (não exige autorização judicial), diferentemente do que ocorre nas interceptações telefônicas ou na quebra de sigilo bancário ou fiscal. Nesse sentido, as tratativas e a celebração da avença são mantidas exclusivamente entre o Ministério Público e o pretenso colaborador. O Poder Judiciário é convocado ao final dos atos negociais apenas para aferir os requisitos legais de existência e validade, com a indispensável homologação*". (STF. Plenário. Pet 7074/DF, Rel. Min. Edson Fachin, julgado em 21, 22, 28 e 29/6/2017 (Info 870)).

O controle de regularidade e legalidade exercido por ocasião da decisão de homologação limita-se à aspectos formais e legais do acordo. Por isso que neste momento, excepcionalmente, é cabível um controle de legalidade sobre o conteúdo das cláusulas avençadas, notadamente nos casos de flagrante ofensa ao ordenamento jurídico vigente. Assim, por exemplo, o magistrado poderá excluir do acordo a cláusula que limite o acesso à justiça, por violar o art. 5º,

XXXV, da CF/88. Este entendimento restou consolidado pelo Supremo Tribunal Federal (STF. Plenário. Pet 7074/DF, Rel. Min. Edson Fachin, julgado em 21, 22, 28 e 29/6/2017 (Info 870)), situação bem consolidada pelo novo inciso II deste § 7º, à frente estudado.

Compatibilidade e nulidade dos benefícios pactuados: O inciso II do § 7º do art. 4º da Lei foi inteiramente introduzido pela Lei 13.964/2019. Dispõe que ao homologar o acordo, no exercício de verificação de regularidade e legalidade, deve o juiz analisar se os benefícios pactuados encontram compatibilidade com aqueles previstos na lei, quais sejam, perdão judicial, redução ou substituição de pena, ou ainda, acordo de imunidade. A norma prevê serem nulas as cláusulas que alterem aspectos relacionados à progressão de regime.

Para se compreender esta restrição, deve-se ter em conta inicialmente que o próprio Supremo Tribunal Federal já tinha admitido a concessão de benefícios não expressamente previstos em lei, como por exemplo, 1) permissão para familiares se utilizassem de bens que eram produto de crime (veículos blindados); 2) afastamento de efeitos extrapenais da condenação de perdimento de determinados bens; 3) aplicação de multas; 4) cumprimento da pena em regimes diferenciados, como regime fechado domiciliar, aberto diferenciado (com recolhimento domiciliar noturno), regime semiaberto diferenciado (com recolhimento domiciliar noturno durante a semana e em período integral aos fins de semana); 5) recolhimento domiciliar noturno durante a semana; 6) estabelecimento de penas fixas ou em margens fixas; 7) condenação a, no máximo, uma pena determinada; 8) suspensão de processos e investigações; 9) progressão *per saltum*, de regime diretamente do fechado para o aberto; 10) suspensão da pena e 11) substituição da prisão cautelar por outras medidas alternativas.

Todos esses benefícios foram concebidos porque o modelo de justiça consensual é estruturado sob os princípios da autonomia da vontade, eficiência, boa-fé e lealdade, que devem ser conciliados aos fins públicos protetivos inerentes ao processo penal. A conjugação entre esses valores justifica o oferecimento de respostas penais diferenciadas, forjadas a partir das particularidades de cada caso.

Como se pode observar, ignorando esse regime jurídico pautado pelo devido processo consensual que norteia a colaboração premiada, a alteração legislativa proíbe qualquer espécie de negociação que altere os critérios de definição do regime inicial de pena previsto no art. 33 do Código Penal, as regras de cada um dos regimes e os requisitos de progressão de regime não abrangidos pelo § 5º deste artigo.

Não há como não criticar o dispositivo, pois ateve-se, unicamente, a impedir negociações relativas ao regime de cumprimento de pena e, incoerentemente, permite sejam negociados outros benefícios penais. O dispositivo indica assim que as supostas objeções aos ajustes particularistas de benefícios de uma colaboração premiada como violação à legalidade, incentivo a cooperações mendazes, privatização do processo penal, etc., somente tem razão de ser em uma espécie de benefícios convencionais, e não em todos eles, como soa intuitivo decorrer da coerência lógica.

Principalmente no tocante ao regime aberto, a restrição legal é abrandada, é verdade, pela possibilidade de serem ajustadas regras e condições próprias conferida pelo art. 113 da LEP que estabelece que "o ingresso do condenado em regime aberto supõe a *aceitação de seu programa* e das condições impostas pelo Juiz". Mesmo adotada esta solução, vislumbra-se um relativo prejuízo ao instituto da colaboração porque a definição exata das medidas e condições pelo juiz cria uma inadequada incerteza negocial, já que ele não deve participar das negociações de um acordo e realiza, nessa etapa, mero juízo homologatório do acordo.

É verdade que além dessa hipótese, no § 7º-B do art. 4º, também introduzido pela Lei 13.964/2019, o legislador impede que seja objeto de negociação a renúncia ao direito de impugnar a decisão homologatória. Porém, ao contrário da restrição imposta pelo inciso II do § 7º do art. 4º da Lei, trata-se de restrição de baixo impacto na motivação para celebração de um acordo.

Além dessa incoerência lógica, a novel nulidade legal das cláusulas que se referem ao regime de cumprimento de pena deve ser vista como uma reação legislativa contra o instituto da colaboração premiada e a política criminal a ela inerente, que implica em grave retrocesso penal-protetivo, seja dos interesses dos acusados em geral, seja dos bens jurídicos favorecidos com seu uso, razão pela qual, entendemos deva esse dispositivo ser considerado inconstitucional por violação ao princípio da proibição de retrocesso.

Com efeito, o nível de adequação investigativo inerente à colaboração premiada nos crimes praticados por organizações criminosas não pode ser simplesmente obstado pela norma jurídica acima comentada. Uma legislação que seletivamente é alterada e aniquila um meio investigativo pertinente para este nicho de crimes pode prejudicar de modo decisivo o dever de tutela penal e por isso deve ser considerada uma involução que viola uma obrigação processual positiva estatal.

Isso não significa que não haja limites para a pactuação de cláusulas e medidas em uma colaboração premiada, tema objeto de nossas considerações e comentários específicos, para onde remetemos o leitor.

Análise da compatibilidade dos resultados legais: o inciso III do § 7º do art. 4º da Lei prevê ainda que ao homologar o acordo o juiz deve analisar a adequação dos resultados da colaboração aos resultados mínimos exigidos nos incisos I, II, III, IV e V do *caput* deste artigo.

Também é regra inserida pela Lei 13.964/2019 e que, se mal compreendida, pode contrariar o entendimento consolidado de que o juiz que homologa a colaboração premiada não deve analisar o mérito do acordo e nem as provas nelas contidas já que a norma sugere que a análise judicial recaia sobre aspectos meritórios.

Dada a natureza desta decisão homologatória proferida pelo juiz das garantias, a análise da adequação da colaboração aos resultados mínimos exigidos nos incisos I, II, III, IV e V do *caput* do art. 4º deve ser feita em um juízo de cognição sumário horizontal e refere-se ao confronto entre os fatos noticiados pelo colaborador e as linhas investigativas e medidas processuais deles derivados. É dizer, embora o destinatário direto da colaboração premiada seja o órgão de persecução, afinal, ela é meio de obtenção de prova, de forma secundária ou mediata, destina-se ao juiz que a homologará, tendo em conta a consistência e magnitude dos apontamentos e indicações feitas pelo colaborador. Vale neste ponto a lembrar que "*a colaboração pouco vale por aquilo que o colaborador traz oralmente como declarações a respeito de fatos incriminadores de terceiros ou elucidativos da atuação de organização criminosa. Interessa mais por aquilo que ele indica, quais as linhas probatórias a trilhar, quais as provas e os meios de prova a serem alcançados a partir do que ele colabora, como conhecedor da estrutura interna da organização criminosa e do modus operandi de suas ações delituosas*" (CASELATO JUNIOR, Dalbertom; SUXBERGER, Antonio Henrique Graciano. Efetividade e eficácia da colaboração premiada como chaves de compreensão para os limites da atuação judicial. Revista de Estudos Criminais, v. 18, n. 74, p. 221–240, 2019).

Verificação da voluntariedade: já falamos antes acerca da importância da voluntariedade para a justiça negocial, notadamente no âmbito da justiça penal, atributo indispensável para a validade dos ajustes autoreferenciados pelas partes.

O dispositivo anuncia que o primeiro momento em que o juiz analisa a voluntariedade do colaborador é por ocasião da homologação do acordo. Porque incapazes de viciar a vontade, essa análise deve ser desprovida de quaisquer valorações sentimentais-morais como remorso, arrependimento, vergonha, consideração para com as vítimas, emoção espiritual, temor ante a descoberta, medo da pena, religiosidade, etc. Nesse sentido, afigura-se correta a colocação de Bittencourt e Busato, quando afirmam que: "*O móvel, enfim, da decisão do delator – vingança, arrependimento, inveja ou ódio – é irrelevante para efeito de fundamentar a delação premiada*" (BITENCOURT, Cezar Roberto; BUSATO, Paulo César. Comentários à Lei de Organização Criminosa: Lei nº 12.850/2013. São Paulo: Saraiva, 2014. p. 119).

Observe-se que o inciso IV ora em estudo com a redação dada pela Lei 13.964/2019 estabelece que o juiz deverá examinar *a voluntariedade da manifestação da vontade, especialmente nos casos em que o colaborador está ou esteve sob efeito de medidas cautelares.* O dispositivo procura chamar a atenção para possível quebra da voluntariedade na celebração de acordo com pessoas presas, circunstância que enseja a análise sobre a existência de uma coação estrutural. Embora a prisão, sobretudo a indevida, possa servir para excluir o consentimento para a realização do negócio jurídico e, portanto, anulá-lo, diante das regras processuais vigentes, esse tipo de ilação automática não é adequada. Com efeito, os motivos que ensejam a decretação de uma prisão ou de outras medidas cautelares estão delineados no Código de Processo Penal e, em regra, a celebração de uma colaboração premiada não guarda qualquer relação com aquelas hipóteses. Não há uma relação causal entre prisão e celebração de acordos que, ao contrário da imagem indevidamente difundida no senso comum, não implica, por si só, na revogação das medidas cautelares. A propósito, na via contrária e de modo a confirmar a heurística do raciocínio exposto, já decidiu o STF que: "*Não se pode decretar a prisão preventiva do acusado pelo simples fato de ele ter descumprido acordo de colaboração premiada. Não há, sob o ponto de vista jurídico, relação direta entre a prisão preventiva e o acordo de colaboração premiada. Tampouco há previsão de que, em decorrência do descumprimento do acordo, seja restabelecida prisão preventiva anteriormente revogada. Por essa razão, o descumprimento do que foi acordado não justifica a decretação de* nova *custódia cautelar. É necessário verificar, no caso concreto, a presença dos requisitos da prisão preventiva, não podendo o decreto prisional ter como fundamento apenas a quebra do acordo.*" (STF. 1ª Turma. HC 138207/PR, Rel. Min. Edson Fachin, julgado em 25/4/2017 (Info 862)). O STJ também já decidiu de igual forma: 6ª Turma. HC 396.658-SP, Rel. Min. Antônio Saldanha Palheiro, julgado em 27/6/2017(Info 609).

Assim embora a análise da voluntariedade da manifestação da vontade possa ser feita também a partir da decretação das medidas cautelares em face do colaborador, com ela não se confunde, afinal, o fato de a colaboração premiada dar-se em meio a um processo penal em que o acusado tem contra si decretada uma medida cautelar, por si só, não é considerado motivo suficiente para inquiná-la de abusiva porque estas circunstâncias – *persecução penal e prisão* – não são manifestações estatais ilícitas. Ao contrário, são práticas realizada sob os auspícios dos direitos fundamentais e que, por esta razão, não implica em subtração do exercício pleno da liberdade de apreciação e nem ofende direitos fundamentais do acusado, assegurados em respeito a autonomia da pessoa. Em suma, o simples fato de alguém ser acusado ou estar preso em um processo criminal, por si só, não atinge a autonomia do indivíduo e a validade para consentir ou autorreferenciar sua vontade.

> § 7º-A O juiz ou o tribunal deve proceder à análise fundamentada do mérito da denúncia, do perdão judicial e das primeiras etapas de aplicação da pena, nos termos do Decreto-Lei nº 2.848, de 7 de dezembro de 1940 (Código Penal) e do Decreto-Lei nº 3.689, de 3 de outubro de 1941 (Código de Processo Penal), antes de conceder os benefícios pactuados, exceto quando o acordo prever o não oferecimento da denúncia na forma dos §§ 4º e 4º-A deste artigo ou já tiver sido proferida sentença. Redação dada pela Lei13.964/2019.

Análise do mérito independente dos benefícios da colaboração premiada: O dispositivo acima foi introduzido pela Lei 13.964/2019 e estabelece o dever de o magistrado, antes de conceder os benefícios pactuados na colaboração, decidir fundamentadamente sobre o mérito da denúncia e as primeiras etapas de aplicação da pena.

Como se pode verificar, os benefícios concedidos por uma colaboração premiada constituem-se em causa de diminuição de pena, causa de substituição por pena alternativa e causa extintiva da punibilidade. A norma em comento impede que esses benefícios sejam utilizados antecipadamente pelo juiz por ocasião do recebimento de uma denúncia, como geralmente é feito nos casos em que se identifica uma causa de diminuição de pena ou, antes de serem finalizadas as etapas de aplicação de pena.

Em nosso sentir, o dispositivo não deve ser compreendido como uma determinação de que a decisão de homologação, necessariamente, deve ser feita em conjunto com a decisão de recebimento de denúncia, caso em que restaria eliminada a possibilidade de serem celebradas colaborações na fase pré-processual. Isso porque, dada a natureza de meio de prova da colaboração premiada, é a partir de sua homologação que serão deflagrados atos investigativos que lhe proporcionam um efeito expansivo significativo, capazes de ampliar objetivamente e subjetivamente a persecução penal. Além disso, o dispositivo fala em etapa de aplicação de pena, o que ocorre em fase adiantada do procedimento processual penal, o que desautoriza essa interpretação.

§ 7º-B. São nulas de pleno direito as previsões de renúncia ao direito de impugnar a decisão homologatória. Redação dada pela Lei13.964/2019.

Impossibilidade de renunciar ao recurso: O § 7º-B do art. 4º da Lei foi incluído pela Lei 13.964/2019 e proclama a nulidade de pleno direito de qualquer tipo de pactuação que preveja a renúncia ao direito de impugnar a decisão homologatória. Trata-se de disposição de utilidade bastante duvidosa visto que caso o colaborador mantenha-se no propósito de cumprir o acordo, dificilmente impugnará a decisão que o homologou, principalmente se considerarmos todas as cautelas legais destinadas a aferir a sua voluntariedade no ato.

A norma parece somente fazer algum sentido, nos casos em que o colaborador tenha participado no ajuste mediante algum tipo de coação não constatada pelo juiz que a homologou. Sob essa perspectiva, a vedação de renúncia ao recurso é providência salutar porque esse tipo de pactuação impede o acesso dos casos aos tribunais superiores.

§ 8º O juiz poderá recusar a homologação da proposta que não atender aos requisitos legais, devolvendo-a às partes para as adequações necessárias.

Recusa da homologação: o juiz das garantias pode recusar a homologação do acordo por entender violado algum requisito legal, como por exemplo, falta de advogado ou defensor do acusado na fase de tratativa (Art. 3º-C, § 1º, da Lei 12.850/2013) ou incompreensão acerca do acordo celebrado.

Pode haver a *recusa total* no caso de inobservância de requisitos legais mínimos, como no caso de celebração de um acordo de imunidade com um líder de uma organização criminosa, situação vedada pelo art. 4º, § 4º, inciso I, da Lei.

Mas segundo entendimento consolidado pelo STF (Pet. 5.244), também é possível a *recusa parcial* o que implica a possibilidade de ser decotada apenas a cláusula ilegal, desde que essa operação não desnature o equilíbrio sinalagmático do ajuste.

Há uma polêmica sobre as providências cabíveis em casos de recusa do acordo. Se a recusa ocorrer em primeiro grau, a decisão parece ser atacável por recurso de apelação. Se em caso de competência originária, conforme já restou decidido pelo STJ, cabe agravo interno: "*Tratando-se de decisão monocrática proferida por Desembargador Relator, cabível o recurso de agravo interno por aplicação analógica das disposições do artigo 1021 do CPC.*" (HC 354.800/AP, 5ª Turma do STJ, DJe 26/09/2017).

Devolução do acordo para ajustes: A Lei 13.964/2019 alterou a redação deste dispositivo que agora prevê a possibilidade de o juiz devolver o acordo para as partes o ajustarem. Trata-se de disposição melhor que a anterior porque mantém a autoreferencia das cláusulas do ajuste. A antiga previsão de adequação feita pelo próprio juiz criava um ambiente de incerteza incompatível com a estabilidade que o acordo deve conter.

Como visto acima, a devolução para adequação deve ser feita no caso de o juiz verificar a ilegalidade de alguma cláusula e concluir que sua recusa parcial poderá desnaturar o acordo como um todo. Não é possível a devolução para ajuste de cláusulas legais que apenas contrariem a preferência do magistrado vez que "No ato de homologação da colaboração premiada, não cabe ao magistrado, de forma antecipada e extemporânea, tecer juízo de valor sobre o conteúdo das cláusulas avençadas, exceto nos casos de flagrante ofensa ao ordenamento jurídico vigente. Ex: o Relator poderá excluir ao acordo a cláusula que limite o acesso à justiça, por violar o art. 5º, XXXV, da CF/88. Neste momento, o Relator não realiza qualquer controle de mérito, limitando-se aos aspectos formais e legais do acordo". (STF. Plenário. Pet 7074/DF, Rel. Min. Edson Fachin, julgado em 21, 22, 28 e 29/6/2017 (Info 870)).

Questão que se coloca é, uma vez atendidos todos os requisitos legais, se o magistrado está obrigado a homologar o acordo de colaboração premiada. Para nós o juiz se submete a um sistema de discricionariedade regrada, quer dizer, uma vez proposto o acordo, com a concordância e voluntariedade de ambas as partes, preenchidos os requisitos objetivos (art. 4º, I a V) e subjetivos (4º, § 1º), a ele não restará outra alternativa senão homologá-lo.

Ao contrário, se detectar que o acordo não satisfaz alguns desses requisitos, o juiz poderá, então, negar sua homologação.

Vale observar, como temos dito, que a sentença que homologar o acordo não aplicará, de pronto, o perdão ou outra medida em benefício do colaborador. Perdão e redução de pena (ou sua substituição), somente serão apreciados quando da prolação da sentença. Mesmo porque a colaboração poderá, no curso do processo, se revelar ineficaz, cabendo ao juiz, na sentença, formular essa análise, como se depreende do teor do § 11 abaixo.

O que se terá com a homologação judicial do acordo, portanto, é uma promessa do juiz quanto à aplicação dos benefícios oriundos da colaboração, cuja efetiva implantação, primeiro, somente poderá ser realizada na sentença e, segundo, dependerá da demonstração da eficácia da delação.

Observe-se, por derradeiro, que na análise da proposta de colaboração premiada, cumpre ao juiz, apenas, atentar aos aspectos formais do pedido, não cabendo, portanto, qualquer incursão sobre o mérito das declarações do colaborador, em exame a ser feito mais adiante, depois de deflagrado o processo-crime. Tampouco se deve negar a homologação por conta de aspectos subjetivos, relativos à pessoa do colaborador. Tais dados terão relevância no momento de se graduar o prêmio a que ele fará jus (perdão, redução da pena ou sua substituição), nos termos do § 1º, do art. 4º da lei, sendo, porém, irrelevantes neste estágio de mera homologação da proposta. Nesse sentido se posicionou o STF, a se conferir: "Decisão que, no exercício de atividade de delibação, se limita a aferir a regularidade, a voluntariedade e a legalidade do acordo. Ausência de emissão de qualquer juízo de valor sobre as declarações do colaborador. Negócio jurídico processual personalíssimo. Impugnação por coautores ou partícipes do colaborador. Inadmissibilidade. Possibilidade de, em juízo, os partícipes ou os coautores confrontarem as declarações do colaborador e de impugnarem, a qualquer tempo, medidas restritivas de direitos fundamentais adotadas em seu desfavor. Personalidade do colaborador. Pretendida valoração como requisito de validade do acordo de colaboração. Descabimento. Vetor a ser considerado no estabelecimento das cláusulas do acordo de colaboração – notadamente na escolha da sanção premial a que fará jus o colaborador –, bem como no momento da aplicação dessa sanção pelo juiz na sentença (art. 4º, § 11, da Lei nº 12.850/13)" (STF – Inq n. 4130 – QO-PR – Rel Dias Toffoli, j. 27.08.2015, DJe 03.02.2016).

O mesmo julgado estabeleceu que o anterior descumprimento, pelo colaborador, dos termos aos quais se comprometeu em feito diverso, não impede a homologação de novo acordo.

§ 9º Depois de homologado o acordo, o colaborador poderá, sempre acompanhado pelo seu defensor, ser ouvido pelo membro do Ministério Público ou pelo delegado de polícia responsável pelas investigações.

Oitiva permanente do colaborador: Talvez a intenção do legislador, ao prever a oitiva do colaborador, após a homologação do acordo, seja de propiciar a ele a oferta de novas informações, em complemento àquelas inicialmente prestadas, a pedido dele próprio, do Ministério Público ou do delegado de polícia. Ou, quem sabe, dar oportunidade para que o colaborador denuncie ameaças que sofre, com risco à sua integridade física e daqueles que lhe são próximos. Poderia, nesse caso, inclusive, pedir a adoção de alguma medida prevista na lei que protege vítima e testemunhas (Lei nº 9.807/99), a que tem direito, como previsto no inc. I, do art. 5º, deste diploma. Seria, ainda, o instante adequado para que os envolvidos se retratassem, como previsto no parágrafo seguinte. É a única explicação que encontramos para este dispositivo, ressaltando, de qualquer sorte, que tais encontros deverão ocorrer sempre na presença do defensor, garantindo ao beneficiário, com isso, o acompanhamento técnico que é imprescindível nestes casos.

§ 10. As partes podem retratar-se da proposta, caso em que as provas autoincriminatórias produzidas pelo colaborador não poderão ser utilizadas exclusivamente em seu desfavor.

Retratação do acordo: A colocação deste parágrafo indica que, antes de homologado o acordo, é possível que as partes se retratarem. Retratação importa na possibilidade que tem o colaborador de desdizer o que dissera anteriormente, de retirar a colaboração anterior. Claro que tal faculdade se estende, também, ao Ministério Público e à autoridade policial, conclusão que se chega pelo emprego – ainda que sem maior rigor técnico – do vocábulo "partes".

Não há que se perquirir das razões pelas quais uma das partes houve por bem se retratar, isto é, se animada por boas ou más intenções, já que o dispositivo, ao prevê-la, não alude às razões morais dessa conduta. Com efeito, o acordo, por óbvio, implica em uma convergência de vontades, ainda que cada um dos envolvidos possua objetivos diversos (de um lado o colaborador, visando obter favores legais e, de outro, Ministério Público ou Polícia, atentos ao combate à criminalidade). Ora, se rompida essa identidade de intenções, não mais se justifica o ajuste.

Tal retratação, porém, somente é possível antes da homologação judicial. Depois disso passa a compor o acervo probatório, não mais se admitindo que uma das partes conteste os seus termos.

Operada a retratação, por iniciativa de uma ou de ambas as partes, o acervo probatório que fora obtido não pode ser utilizado em desfavor do colaborador. Claro, ele aceitara o acordo com a justificada expectativa de receber algum favor legal. Por isso mesmo, delatou comparsas, forneceu detalhes da organização e, por conseguinte, admitiu sua participação no esquema criminoso. Na medida em que se frustra o acordo de colaboração, não faria sentido que todo esse material probatório se voltasse contra o colaborador, sobretudo quando não submetido a princípios caros ao processo penal, de caráter constitucional, como o contraditório e a ampla defesa. Também o princípio que garante o direito do réu a não se autoincriminar estaria aranhado. Talvez mais prudente fosse mesmo a inutilização física desse material, com a determinação de seu desentranhamento dos autos, caso a eles juntado, por analogia ao disposto no art. 157, § 3º do Código de Processo Penal.

§ 10-A Em todas as fases do processo, deve-se garantir ao réu delatado a oportunidade de manifestar-se após o decurso do prazo concedido ao réu que o delatou. Redação dada pela Lei13.964/2019.

Participação do delatado no processo em que há colaboração: Em princípio, colaborador e delatado ocupam a mesma posição processual: são réus e, juntos, experimentam a atuação persecutória estatal apta a infligir uma sanção penal.

É certo, contudo, que para alguns, a colaboração premiada, dada a sua natureza probatória, é apta a atingir a esfera jurídica do delatado porque, senão constitui prova em si mesma, indica onde elas podem ser obtidas, inclusive aquelas que se encontram sob a posse do delatado, razão pela qual, ainda que de forma indireta, destina-se a incrementar o risco de sua condenação. É esta relação entre o acordo e aumento do risco de condenação do delatado que pode justificar a regra contida nesta norma – de que ao delatado deve ser assegurada a oportunidade de manifestar-se após o réu delator.

Forte nesta linha de ideia, entende-se que "*se o interrogatório é de um corréu delator, a presença do advogado dos réus delatados é indispensável*". (STF. 2ª Turma. AO 2093/RN, Rel. Min. Cármen Lúcia, julgado em 3/9/2019 (Info 955)), desde que, acrescentamos, o não comparecimento seja injustificado.

Esta sistemática, desaguou na recente decisão referente a ordem de alegações finais em um processo em que um dos corréus celebrou colaboração premiada, a seguir comentada.

Ordem das alegações finais em processo em que há colaboração premiada – No dia 27 de agosto de 2019, o STF decidiu que o réu delatado tem o direito de apresentar suas alegações finais após o réu que firmou acordo de colaboração premiada. A maioria entendeu que esse direito é fundamental para garantir a defesa e a possibilidade de rebater as alegações com carga acusatória (STF. 2ª Turma. HC 157627 AgR/PR, rel. orig. Min. Edson Fachin, red. p/ o ac. Min. Ricardo Lewandowski, julgado em 27/8/2019 (Info 949)). O entendimento minoritário sustentava que não há previsão legal para essa distinção e que a colaboração premiada é apenas uma estratégia de defesa. A decisão do STF ressaltou que os réus colaboradores não podem se manifestar por último, pois isso comprometeria o contraditório e a ampla defesa, fundamentais em qualquer processo legal. A decisão surpreendeu, já que a 1ª Turma do STF, pouco antes, havia afirmado que a inversão na ordem das alegações finais não gera nulidade (Ação Penal n. 968 – SP, STF, 1ª Turma, unânime, Rel. Min. Luiz Fux, julgado em 22.5.2018, publicado no DJ em 2.8.2019).

Não há, a nosso juízo, justificativa para diferenciar o réu colaborador do réu delatado, pois ambos estão na posição processual de acusados. O colaborador, ao adotar uma postura colaborativa, não perde esse status, e as alegações finais são oferecidas após a instrução processual, permitindo que o delatado discuta e rebata as acusações. Assim, para nós, a ordem estabelecida pelo STF para a apresentação das alegações não tem respaldo legal no CPP e compromete princípios fundamentais do devido processo, especialmente a segurança jurídica, essencial para um ambiente de negociação que inspire confiança na celebração de acordos.

Impossibilidade de o delatado impugnar o acordo de colaboração: Independentemente do entendimento acima, que decorre dos efeitos externos do acordo de colaboração, não se vislumbra a possibilidade de o delatado impugnar o seu conteúdo. Isso acontece em razão da proteção jurídica conferida ao aspecto interno da colaboração, que se refere apenas as esferas jurídicas dos negociantes, atributo que lhe assegura uma estável aquisição de direitos recíprocos. Por isso, deve continuar incólume o entendimento segundo qual "*O delatado ocupa não tem legitimidade para impugnar o acordo de colaboração premiada. Assim, em regra, a pessoa que foi delatada não poderá impetrar um habeas corpus alegando que esse acordo possui algum vício. Isso porque se trata de negócio jurídico personalíssimo. Esse entendimento, contudo, não se aplica em caso de homologação sem respeito à prerrogativa de foro. Desse modo, é possível que o delatado questione o acordo se a impugnação estiver relacionada com as regras constitucionais de prerrogativa de foro. Em outras palavras, se o delatado for uma autoridade com foro por prerrogativa de função e, apesar disso, o acordo tiver sido homologado em 1ª instância, será permitido* *que ele impugne essa homologação alegando usurpação de competência*". (STF. 2ª Turma. HC 151605/PR, Rel. Min. Gilmar Mendes, julgado em 20/3/2018 (Info 895)).

Este entendimento se assenta na natureza personalíssima do negócio jurídico celebrado, composto por obrigações que vinculam apenas as partes do ajuste e incapaz de malferir a esfera jurídica de terceiros, ressalvada a possibilidade dos delatados confrontarem as declarações do colaborador, que não representa, propriamente, um ataque verdadeiramente desconstitutivo do ato.

§ 11. A sentença apreciará os termos do acordo homologado e sua eficácia.

Apreciação da eficácia do acordo: O § 11 do art. 4º da Lei anuncia que a eficácia do acordo homologado é apreciada na sentença definitiva.

Essa disposição reafirma a função fundamental da sentença definitiva, que atesta a culpabilidade dos réus em um julgamento vertical baseado nas evidências presentes nos autos, muitas das quais resultantes do efeito expansivo intrínseco ao acordo de colaboração premiada. Isso deve ser feito por meio de uma relação que permite ao juiz avaliar a eficácia do acordo. Na sentença, ao contrário da decisão de homologação que é fundada em juízo sumário e horizontal de cognição, o juiz afere se o acordo homologado foi integralmente cumprido pelo colaborador e se atingiu o resultado a que ele se propôs. Arguta as colocações de Antonio Suxberger e Dalbertom Casolato "*Quando se fala da eficácia, não se demanda a apreciação do todo atinente às múltiplas investigações e desdobramentos das persecuções em desfavor da organização criminosa. Trata-se da apreciação dirigida ao caso específico do colaborador, tal qual o tem o juiz diante de si no momento de sentenciar o feito. A eficácia, em termos simples, nada mais é que a verificação entre o que foi anunciado ou prometido, no momento da celebração do acordo, e o que realmente se obteve do colaborador no curso da persecução penal até o momento de sentenciá-lo. Essa apreciação, deveras, conquanto informada pelas partes, é do juízo criminal competente para o processo-crime que imputa fatos criminosos ao colaborador*" (CASELATO JUNIOR, Dalbertom; SUXBERGER, Antonio Henrique Graciano. Efetividade e eficácia da colaboração premiada como chaves de compreensão para os limites da atuação judicial. Revista de Estudos Criminais, v. 18, n. 74, p. 221–240, 2019).

Verificado o cumprimento e a eficácia do acordo, e esse entendimento parece estar bem sedimentado, deve o juiz honrá-lo e conceder ao colaborador os prêmios convencionados. Essa vinculação decorre da necessidade de conferir eficiência cooperativa à avença, sem a qual, em razão da insegurança jurídica, restaria esvaziado o instituto. Por isso que o STF já decidiu que "*Os princípios da segurança jurídica e da proteção da confiança tornam indeclinável o dever estatal de honrar o compromisso assumido no acordo de colaboração, concedendo a sanção premial estipulada, legítima contraprestação ao adimplemento da obrigação por parte do colaborador.*" (HC 127.483-PR, Rel. Min. Dias Toffoli, j. 27/08/2015).

Neste particular, costuma-se afirmar que o réu colaborador tem *direito subjetivo* aos prêmios negociados, o que deve ser bem compreendido a fim de se evitar confusões. Na verdade, "O direito subjetivo do colaborador nasce e se perfectibiliza na exata medida em que ele cumpre seus deveres. Assim, o cumprimento dos deveres pelo colaborador é condição *sine qua non* para que ele possa gozar dos direitos decorrentes do acordo. Por isso diz-se que o acordo homologado como regular, voluntário e legal gera vinculação condicionada ao cumprimento dos deveres assumidos pela colaboração, salvo ilegalidade superveniente apta a justificar nulidade ou anulação do negócio jurídico". (STF. Plenário. Pet 7074/DF, Rel. Min. Edson Fachin, julgado em 21, 22, 28 e 29/6/2017(Info 870)).

A vinculação da sentença ao acordo não significa que o juiz tem sua atuação independente alijada. Como esclarece Andrey Borges de Mendonça: "*Ressalte-se que essa interpretação não elimina os poderes do juiz, que continua a exercer diversas e relevantes funções. Scarance Fernandes lembra que o magistrado continuará a exercer tríplice função. Será o responsável por analisar a legalidade e voluntariedade do acordo – para identificar se o acusado estava suficientemente esclarecido e agiu de forma voluntária. Poderá, ainda, apreciar o mérito e absolver o acusado ou extinguir a punibilidade, sequer analisando o acordo. Por fim, continuará a ser o responsável por fazer a qualificação jurídica do fato, ao apreciar as circunstâncias apontadas pelas partes para a determinação da pena em concreto*[83]*. Nesse sentido, a lei aponta que cabe ao magistrado verificar a eficácia do acordo, ou seja, se houve ou não a efetiva contribuição do colaborador para a persecução penal, nos termos. Poderá, portanto, de maneira fundamentada, entender que a contribuição do colaborador em nada contribuiu para a persecução penal ou, ainda, que o colaborador rescindiu o acordo. Porém, reconhecendo que o colaborador contribuiu para a persecução penal, deve assegurar-lhe o benefício proposto. Somente deve negar validade ao acordo se houver rescisão ou ineficácia do acordo*" (A colaboração premiada e a nova Lei do Crime Organizado (Lei 12.850/2013). 2013. Custus Legis. Revista Jurídica do Ministério Público Federal, vol. 4. p. 31-32).

§ 12. Ainda que beneficiado por perdão judicial ou não denunciado, o colaborador poderá ser ouvido em juízo a requerimento das partes ou por iniciativa da autoridade judicial.

§ 13. Sempre que possível, o registro dos atos de colaboração será feito pelos meios ou recursos de gravação magnética, estenotipia, digital ou técnica similar, inclusive audiovisual, destinados a obter maior fidelidade das informações.

§ 14. Nos depoimentos que prestar, o colaborador renunciará, na presença de seu defensor, ao direito ao silêncio e estará sujeito ao compromisso legal de dizer a verdade.*

Oitiva do colaborador: O disposto no § 13 acima não possui maior dificuldade de compreensão. Esclarece-se que o dispositivo, embora estabeleça uma recomendação que agilize a instrução e assegure fidedignidade à oitiva do colaborador[8], não implica em obrigatoriedade absoluta. Assim, prevalece o entendimento de que essa providência não é uma obrigação legal absoluta a ponto de gerar nulidade pelo simples fato de o registro não ter sido feito dessa forma. STF. Plenário. Inq 4146/DF, Rel. Min. Teori Zavascki, julgado em 22/6/2016 (Info 831). Ressalte-se que a parte final do dispositivo foi incluída pela Lei 13.964/2019 e implica a necessidade de ser disponibilizada ao colaborador uma cópia deste registro.

Mais instigante, porém, é a análise dos §§ 12 e 14, capazes de suscitar, pelo menos em nossa compreensão, uma série de dúvidas e inquietações.

A redação conferida ao § 12, a despeito de se utilizar da locução "depoimento", não autoriza uma suposta qualificação do colaborador beneficiado como testemunha.

O perdão judicial, como temos insistido, pressupõe a existência de um processo, quando, somente a seu final, o juiz, após verificar que o crime se aperfeiçoou, deixará de impor pena ao réu. Se é assim, estaria a lei a admitir que o acusado ocupasse duas posições no mesmo processo, de réu e testemunha? Indagamos dessa forma porque a homologação de acordo de colaboração não retira a condição de réu do colaborador. Em outras palavras: ainda que homologado acordo de colaboração, o processo seguira seus trâmites regulares, para somente ao final, já na sentença, ser concretizado o perdão, a redução ou a substituição da pena.

8 O item 18, do art. 18 Convenção de Palermo, dispõe que "se for possível e em conformidade com os princípios fundamentais do direito interno [...]o primeiro Estado Parte poderá, a pedido do outro, autorizar a sua audição por videoconferência, se não for possível ou desejável que a pessoa compareça no território do Estado Parte requerente".

Parece-nos, assim, que seja mesmo possível a oitiva, na condição de testemunha, daquele que não foi denunciado pelo Ministério Público. Ao contrário, cremos um tanto mais complexa a segunda possibilidade, a admitir a coexistência, em uma só pessoa, da condição de testemunha e de réu beneficiado pela colaboração.

O texto sugere, salvo engano, a iniciativa do legislador em importar conceitos que são próprios do direito italiano, embora sem o devido regramento constante desse ordenamento e que, mesmo lá, suscita uma série de críticas. Assim, naquele direito há a figura do acusado "conexo teologicamente" (art. 12, "c" do Código de Processo Penal italiano) ou do acusado "coligado" (art. 371, inc. 2, "b" do mesmo código). Tais acusados possuem a faculdade de permanecerem em silêncio (art. 210, inc. 4º do Código de Processo Penal italiano), bem como podem suscitar o direito de não se incriminarem (art. 197-bis, inc. 4 do mesmo "codex"), no que se refere a si próprios, mas se, com seus depoimentos, responsabilizarem a terceiros, assumirão a qualidade de testemunhas (art. 64, inc. 3, "c", do código).

Na lição de Paulo Tonini, "o acusado conexo (ou coligado) tem a faculdade de permanecer silente e, se presta declarações, não tem o dever de dizer a verdade. Todavia, se presta declarações sobre fatos que concernem à responsabilidade alheia, adquire a qualidade de testemunha assistida limitadamente aos fatos declarados, e deve responder segundo a verdade" (A prova no processo penal italiano. Trad. Alexandra Martins e Daniela Mróz. São Paulo:RT, 1ª. edição, 2002, p. 161).

Essa fórmula, porém, parece inaplicável em nosso ordenamento, em virtude da ausência de um regramento que melhor explique sua adoção na prática. Não concebemos, insiste-se, que determinado réu em um processo ocupe, de início, a posição de testemunha, a depor sobre fatos alheios à sua conduta, sujeito, inclusive, à prática do crime de falso testemunho para, logo em seguida, mudando de cadeira, passe à condição de réu, a ser interrogado com todos os direitos que lhe são assegurados (inclusive pela Constituição), especificamente para esse ato. E mesmo no âmbito do direito italiano esse procedimento não escapou à crítica de Paolo Tonini, para quem é "necessário questionar como uma disciplina tão complexa e difícil de ser analisada abstratamente possa encontrar uma aplicação satisfatória nas salas de audiência. É notório, na verdade, que as distinções conceituais mais claras são muitas vezes distorcidas em sua aplicação prática" (Ob. cit., p. 163).

Antes o autor advertiu que "a complexidade da regulamentação introduzida pela Lei 63, de 2011, deriva do fato que o legislador não foi capaz de optar entre o modelo francês e o modelo inglês. Assim, o intérprete encontra dificuldade em extrair das normas princípios gerais" (Ob. cit., p. 154).

Para nós, ante a falta de uma previsão específica, o colaborador conserva a natureza de corréu, qualificado, é verdade, pela prestação de informações ao órgão de persecução que, em razão do acordo entabulado, lhe asseguram alguma vantagem material. Essas informações, porque atingem a esfera de direitos dos delatados, fazem situá-lo em uma categoria diferente de corréu, apta a lhe impor o dever de prestar as declarações *em juízo a requerimento das partes ou por iniciativa da autoridade judicial.* Esse dever, decorrente do chamado *direito ao confronto* previsto na Convenção Interamericana de Direitos Humanos (art. 8.2.f), assegura ao acusado o direito ao contraditório e de exame das declarações, de quem quer que seja, em desfavor do acusado.

Portanto, o que o § 12 do art. 4º enuncia é que a prova produzida pelo colaborador, para ter valor suficiente para condenar os delatados, deva ser reproduzida em juízo, além de ser corroborada, como será examinado.

A necessidade de resguardar o direito ao contraditório aos demais corréus delatados, bem como impedir uma retratação indevida do colaborador é que o legislador instituiu a regra do § 14 do art. 4º.

Renúncia ao direito de permanecer em silêncio: é certo que a Colaboração Premiada, caracterizada pelo ajuste sinalagmático entre informações prestadas pelo agente e os benefícios prestados pelo ente estatal, mitiga, em certa medida, alguns direitos fundamentais do cidadão. Por isso que § 14 do art. 4º da Lei 12.850/2013 prevê que "*Nos depoimentos que prestar, o colaborador renunciará, na presença de seu defensor, ao direito ao silêncio e estará sujeito ao compromisso legal de dizer a verdade*".

Observe-se que, além de assegurar ao delatado o confronto da versão prestada pelo colaborador, o propósito da norma é conferir maior credibilidade às declarações do colaborador, garantir sua participação ativa no caso, bem como inibir versões fantasiosas ou mentirosas, já que, caso se retrate, seja alterando a versão inicial, seja permanecendo em silêncio, poderá ter o acordo rescindido.

O dispositivo, quando muito, mitiga o direito de permanecer em silêncio descrito no art. 5º, LXIII, da Constituição Federal, que não deve ser compreendido como um dever ao silêncio, mas sim como um direito de livre fruição, fruto de uma opção consciente a ser exercida pelo seu titular, compatível com seu não exercício. Por isso que, ao contrário de uma conclusão apressada, o dispositivo da Lei 12.850/2013 em análise não contraria a garantia constitucional citada uma vez que o colaborador não é compelido a dizer a verdade ou de não permanecer em silêncio. A escolha pela intervenção ativa, isto é, de prestar declarações fidedignas sobre os fatos, desde que livre e consciente, não viola o núcleo daquela garantia constitucional. Além disso, proibir o acusado de abrir mão, livre e conscientemente, desses direitos, em troca de benefício, seria o mesmo que proibi-lo de cooperar com a justiça ou mesmo de se compungir do crime praticado

A mitigação dessa garantia se justifica tanto na equivalência e na correspondência aos prêmios penais negociados no acordo, quanto no ganho material ao *status libertatis* do colaborador, que, em última análise, são elastecidos pelo acordo. Este tipo de fórmula relativização encontra amparo jurídico na doutrina que admite que os direitos fundamentais, embora inalienáveis, possam ser restringidos em prol de uma finalidade acolhida ou tolerada pela ordem constitucional, como ocorre em hipóteses de contratos privados envolvendo direitos da personalidade. Nestes casos, de forma indutiva, extrai-se que o não exercício do direito ao silêncio referido no dispositivo do § 14 do art. 4º da Lei 12.850/2013 é constitucional desde que não seja permanente e nem geral, atributos cuja fiscalização fica sob a responsabilidade do Ministério Público, do defensor e do próprio acusado.

Enfim, em recente decisão proferida em sede de ADI (5.567), firmou-se o entendimento de conferir "interpretação conforme à Constituição Federal ao último, a fim de declarar que o termo "renúncia" contido no § 14º do art. 4º da Lei n. 12.850/13 deve ser interpretado não como forma de esgotamento da garantia do direito ao silêncio, que é irrenunciável e inalienável, mas sim como forma de "livre exercício do direito ao silêncio e da não autoincriminação pelos colaboradores, em relação aos fatos ilícitos que constituem o objeto dos negócios jurídicos".

Por isso que em uma colaboração premiada é possível a mitigação, sempre parcial, infensa ao núcleo duro, de outros direitos fundamentais, como direito ao duplo grau, presunção de inocência, sigilo profissional, mas desde que transitória, específica, voluntária e represente um proporcional aumento do direito à liberdade do colaborador.

A liberdade de apreciação sinalagmática quanto ao exercício dos direitos fundamentais é conferida em respeito a autonomia da pessoa, já mencionada como uma das molas propulsoras do devido processo consensual que permeia os acordos de colaboração premiada. É neste espectro que a renúncia a um direito fundamental como o direito de permanecer em silêncio pode ocorrer.

§ 15. Em todos os atos de negociação, confirmação e execução da colaboração, o colaborador deverá estar assistido por defensor.

Imprescindibilidade do advogado ou defensor: Normal e desejável que seja assim. O acordo de colaboração, afinal, encerra graves consequências, quer no plano jurídico, quer no plano fático. Somente um defensor, munido da habilitação técnica que possui, poderá esclarecer ao colaborador os desdobramentos processuais do ato proposto. Mesmo os resultados no cotidiano do colaborador, como, por exemplo, o risco à sua segurança, inerente à delação, podem e devem ser explicitados, com mais propriedade, pelo advogado.

Verifica-se, no mais, que a colaboração praticamente se identifica com a confissão, que, nos termos do art. 199 do Código de Processo Penal, deve ser feita no interrogatório. Este, para sua realização, obriga a presença do defensor (art. 185 do CPP). Ora, se para confessar, durante o interrogatório, se deve contar com o acompanhamento de um advogado, justificável que, também para a delação, seja adotada esta cautela.

Cumpre anotar que o papel da defesa do colaborador não é diminuído, mas inegavelmente configurado de forma diferente uma vez que a ela caberá analisar a conveniência no acordo e as correspondências entre eventuais direitos fundamentais mitigados e os prêmios negociados. Em última análise, caberá a defesa escolher entre a preservação de todos os direitos fundamentais do colaborador, naquilo que podemos nominar como uma defesa convencional, ou escolher entre avaliar a pertinência de mitigação de alguns direitos fundamentais em troca de prêmios penais que podem aumentar a liberdade e o bem-estar do colaborador.

Ao cabo, a ampla defesa, senão robustecida, resta prestigiada pelo instituto da colaboração premiada. Na verdade, ousamos afirmar que frente a liberdade de escolha franqueada à defesa, seu exercício reclama maturidade superior àquela exercida no sistema processual tradicional. Há uma emancipação, verdadeiro rompimento com um certo paternalismo estatal que, desconfiado da ineficiência do grau de autonomia do indivíduo, impede que o cidadão realize, livremente, escolhas conscientes que podem favorecer ambos, cidadão e estado.

Nesta perspectiva, também não vislumbramos violação ao princípio da paridade de armas, que se encontra prestigiado na liberdade de apreciação e conveniência em celebrar o acordo e na análise do custo-benefício entre a redução das penas trocadas pela mitigação destes direitos. Por isso a lei 12.850/2103 é textual em exigir a presença do defensor na negociação do acordo.

§ 16. Nenhuma das seguintes medidas será decretada ou proferida com fundamento apenas nas declarações do colaborador:

I - medidas cautelares reais ou pessoais;

II - recebimento de denúncia ou queixa-crime;

III - sentença condenatória

Regra da corroboração: com a redação conferida pela Lei 13.964/2019, o dispositivo proclama que para embasar uma medida cautelar, o recebimento de denúncia e uma condenação, exige-se outras provas além daquela consistente nas palavras do agente colaborador. É dizer: se tal declaração se mostrar isolada, sem conforto em alguma outra prova, ela não se prestará, por si só, para justificar aquelas decisões. Trata-se da chamada *regra de corroboração.*

Inicialmente cumpre anotar que a regra de corroboração, sobretudo para eventual sentença condenatória, é salutar para impedir o efeito acomodativo das autoridades investigantes, que dar-se-iam por satisfeitas com aquele único meio de prova, bem como para impedir oportunistas declarações falsas, que permaneceriam processualmente incontroversas. Essa é a maior razão para a exigência da corroboração, qual seja, necessidade de quebra da suspeita e falta de credibilidade de um depoimento isolado, o que somente ocorre quando a versão em dado sentido transcende as meras declarações do agente colaborador. Na verdade, a disposição harmoniza-se com o entendimento de que a colaboração premiada não é meio de prova, mas verdadeiro instrumento de obtenção de dados e subsídios informativos.

Por isso que julgados do extinto Tribunal de Alçada Criminal do Estado de São Paulo, ao tratarem da delação do corréu (não exatamente do agente colaborador aqui analisado), já se posicionavam nesse sentido. Aliás, se até mesmo a confissão, de há muito, perdeu seu caráter absoluto, não sendo mais considerada a rainha entre as provas, a *probatio probatissima*, devendo, por isso, ser confrontada com outros elementos de prova, com muito mais razão a colaboração premiada merece esse *status*. Cumpre, portanto, analisá-la no bojo do conjunto probatório, sopesando seu valor frente aos demais elementos probantes, autorizando-se, a partir daí e se for o caso, uma condenação.

A *regra da corroboração* implica, assim, na necessidade de o relato do colaborador ser confirmada por outras provas colhidas nos autos, que o confirme objetivamente. Sistemática semelhante fora do âmbito processual penal, que na prática implica uma espécie de regra legal de tarifação da prova, está prevista também no parágrafo único do art. 227 do Código Civil e inciso II do art. 443 do CPC. Esse tipo de disposição implica o dever de o acervo probatório ser composto por outros elementos que confirmem o relato do colaborador. Assim, se o depoimento menciona uma operação bancária, ganhará plena confiabilidade se forem providenciados seus extratos ou comprovantes. Com esta prova auxiliar e confirmatória, o conjunto instrutório poderá alcançar *standard* em nível de convicção suficiente para uma condenação.

Observe-se, todavia, que, inadvertidamente, a alteração promovida pela Lei 13.964/2019, passou a exigir a corroboração das declarações do colaborador para diferentes tipos de decisões judiciais (medidas cautelares reais ou pessoais, recebimento da denúncia ou queixa-crime e sentença condenatória), premidas por *standard* probatórios diferentes. Se a corroboração é salutar para o proferimento de uma decisão condenatória, e disso não há como discordar, no tocante às decisões que decretam medidas cautelares ou que recebem uma denúncia ou queixa, ela deve ser compatibilizada com os graus de exigência probatória que as autorizam.

Isso porque, como se sabe, as decisões proferidas nas diferentes etapas da persecução penal são premidas por diferentes graus de exigência probatória. Assim que, para uma decisão cautelar, entende-se como exigível um *standard* probatório inicial suficientemente apto a demonstrar a aparência de uma infração penal e idôneo para um juízo de cognição precário e sumário. A fase de recebimento da inicial acusatória é informada por um necessário grau intermediário de provas, capaz de indicar a prova da existência do crime e suficientes para uma "probabilidade de condenação" (STF, Inq. 3994, Rel. Min. Dias Toffoli). Por fim, na fase final decisória, exige-se um elevado grau de provas, capazes de compor um acervo *para além de uma dúvida razoável*, valorado de acordo com as dificuldades probatórias do caso concreto e, também, em função do delito praticado.

Doravante, com a nova redação do § 16 do art. 4º, entendemos que a corroboração, exigida nessas etapas processuais, deve obedecer a proporcional gradação probatória ínsita a cada uma dessas decisões.

Regra da corroboração e a Lei 14.365/2022: A Lei 14.365/2022 alterou o Estatuto da Ordem dos Advogados do Brasil para dispor no art. 7º, § 6º-B, que: "É vedada a determinação da medida cautelar prevista no § 6º-A deste artigo se fundada exclusivamente em elementos produzidos em declarações do colaborador sem confirmação por outros meios de prova".

Trata-se de disposição que impede expedição de mandado de busca e apreensão a ser cumprido no escritório ou local de trabalho de advogados a partir, unicamente, das declarações do colaborador. A norma reforça a regra da corroboração contida no art. 4º, § 16, da Lei 12.850/2013.

Validade da prova prestada pelo colaborador confidencial: as informações prestadas pelo chamado informante confidencial, isto é, daquela pessoa que presta depoimento, mas cuja identidade é mantida em segredo, tem capacidade de deflagrar as diligências investigativas destinadas a averiguar a ocorrência do crime. Este tipo de prova é equiparável à chamada notícia-crime anônima que autoriza uma investigação complementar que corrobore e justifique a realização de atos investigatórios mais invasivos, como a quebra de sigilo em investigação de tráfico de drogas. Foi exatamente o entendimento esposado pelo STJ no RHC 525799, julgado em 16/08/2021 oportunidade em que a Corte manteve decisão judicial que determinou a quebra do sigilo telefônico de um piloto que, de acordo com os autos, esteve envolvido no transporte aéreo de 459 quilos de cocaína, processo no qual o réu foi condenado a nove anos de prisão por tráfico internacional de drogas (STJ. RHC 525799, 6ª. T. Rel. Min. Laurita Vaz. j. em 16/08/2021).

Corroboração cruzada ou recíproca ou *mutual corroboration*: o elemento corroborativo de uma colaboração premiada não pode ser outra colaboração premiada, ainda que ambas seja unívocas e convergentes. O elemento corroborativo necessariamente deve advir de uma fonte externa, capaz de demonstrar a credibilidade objetiva do fato delatado. Neste sentido é a posição do Supremo Tribunal Federal: "Registre-se, de outro lado, por necessário, que o Estado não poderá utilizar-se da denominada 'corroboração recíproca ou cruzada', ou seja, também não poderá impor condenação ao réu pelo fato de contra este existir, unicamente, depoimento de agente colaborador que tenha sido confirmado, tão somente, por outros delatores, [...]. [...] Pareceu-me relevante destacar os aspectos que venho de referir, pois, embora os elementos de informação prestados pelo agente colaborador possam justificar a válida formulação de acusação penal, não podem, contudo, legitimar decreto de condenação criminal, eis que incumbe ao Ministério Público o ônus substancial da prova concernente à autoria e à materialidade do fato delituoso" (STF. Inq. 3.979 -DF. Rel. Min. Teori Zavascki).

> § 17. O acordo homologado poderá ser rescindido em caso de omissão dolosa sobre os fatos objeto da colaboração. Redação dada pela Lei13.964/2019.

Rescisão do acordo de colaboração: O § 17 do art. 4º foi acrescentado pela Lei 13.964/2019 e regulamenta a possibilidade de rescisão do acordo em razão de omissão dolosa sobre os fatos objeto de colaboração. É da natureza de negócio jurídico condicionado a determinados resultados que se torna possível rescindir uma colaboração premiada em razão do descumprimento das obrigações nela previstas.

O dispositivo prevê como causa de rescisão do acordo a omissão dolosa sobre fatos objetos da colaboração. Trata-se, por assim dizer, de uma previsão consequencial aos deveres de:

- agir com boa-fé, isto é, manter-se atuando em cooperação com a entidade celebrante, abstendo-se, por exemplo, de oferecer uma proposta para uma dada entidade mesmo sabendo, ainda que indiretamente, que outra instituição detém provas, qualitativamente e em quantidade igual ou superior às apresentadas por ele perante a agência procurada;
- manter a confidencialidade das tratativas e do acordo;
- reportar todos os fatos ilícitos para os quais concorreu e que tenham relação direta com os fatos investigados;
- instruir a proposta de colaboração e os anexos com os fatos adequadamente descritos, com todas as suas circunstâncias, indicando as provas e os elementos de corroboração;

- ser ouvido em juízo a requerimento das partes ou por iniciativa da autoridade judicial;
- manter a renúncia ao direito ao silêncio e sujeitar-se ao compromisso legal de dizer a verdade;
- cessar o envolvimento em conduta ilícita relacionada ao objeto da colaboração.

São também apontadas como causas de rescisão, imputadas ao colaborador: a) reserva mental ou mentira; b) adulteração ou destruição de provas; c) prática de crime doloso da mesma natureza dos fatos em apuração após a homologação judicial da avença; d) fuga etc.

Além do rompimento das obrigações que vinculavam o Estado à prestação dos prêmios oferecidos ao colaborador, a rescisão implica na quebra da imunidade processual conferida ao colaborador e resulta no aproveitamento de todas as informações e provas trazidas pelo colaborador, inclusive em seu desfavor.

Como bem observa Fernando Teles: "Há que se fazer distinção, ainda, entre a mentira e a omissão dolosa. Neste último caso, poderá haver repactuação do acordo, logicamente piorando a situação do colaborador, desde que ele reajuste seu depoimento para desvelar por completo aqueles pontos que havia omitido. No caso de o colaborador mentir, quebra-se a boa-fé e, assim, haverá rescisão por sua culpa. Há ainda, a possibilidade de se verificar na instrução criminal divergência entre pontos de vista (situações que dependem de uma análise subjetiva), situação que exige a análise cuidadosa, por não pode haver punição ao colaborador, desde que ele tenha cumprido suas obrigações" (TELES, Fernando Hugo Miranda. Cap. 3 – Crime militar extravagante de organização criminosa (Lei 12.850/2013). In Manual de crimes militares extravagantes. Salvador: Juspodivm. 2021, p. 332).

E se o descumprimento do acordo for feito pelo Estado? Embora de difícil ocorrência visto que a fruição das prestações prometidas pelo Estado é regida pela oficialidade e imediatidade, caso o Ministério Público desrespeite o acordo, pode o colaborador postular na ação penal os benefícios negociados.

Não há impedimento para que o réu colaborador que tenha rescindido um acordo volte a celebrar outro visto que a Lei 12.850/2013 não faz qualquer espécie de ressalva neste sentido.

A *rescisão se distingue da mera retratação* (§ 10 do art. 4º) porque nesta não há má-fé e nem descumprimento doloso das cláusulas avençadas. Na retratação, voluntaria e discricionariamente, as partes desistem do ajuste.

Anote-se por fim que, conforme já decidiu o STF: "Não se pode decretar a prisão preventiva do acusado pelo simples fato de ele ter descumprido acordo de colaboração premiada. Não há, sob o ponto de vista jurídico, relação direta entre a prisão preventiva e o acordo de colaboração premiada. Tampouco há previsão de que, em decorrência do descumprimento do acordo, seja restabelecida prisão preventiva anteriormente revogada. Por essa razão, o descumprimento do que foi acordado não justifica a decretação de nova custódia cautelar. É necessário verificar, no caso concreto, a presença dos requisitos da prisão preventiva, não podendo o decreto prisional ter como fundamento apenas a quebra do acordo." (STF. 1ª Turma. HC 138207/PR, Rel. Min. Edson Fachin, julgado em 25/4/2017 (Info 862)).

Diferença entre rescisão e anulação: A anulação de um acordo de colaboração ocorre quando não são cumpridos os requisitos legais ou se o colaborador foi coagido. Nesse caso, todas as provas derivadas do acordo são desconsideradas, inclusive aquelas obtidas a partir da colaboração ilícita, aplicando-se a teoria das provas ilícitas por derivação.

Já a rescisão ocorre quando o colaborador age de má-fé, omitindo ou prestando informações falsas. Nessa situação, apenas os benefícios prometidos ao colaborador são cancelados, mas as provas obtidas ainda podem ser usadas no processo. A principal diferença é que a anulação invalida todo o acordo e suas provas, enquanto a rescisão afeta apenas os benefícios, sem invalidar as provas fornecidas.

§ 18. O acordo de colaboração premiada pressupõe que o colaborador cesse o envolvimento em conduta ilícita relacionada ao objeto da colaboração, sob pena de rescisão.' Redação dada pela Lei13.964/2019.

Cessação da conduta ilícita: o § 18 do art. 4º foi acrescido pela Lei 13.964/2019 e determina que a celebração do acordo pressupõe a cessação do colaborador nos crimes relacionados ao objeto da colaboração. A quebra deste dever, como estuado antes, enseja a rescisão do acordo.

Esse requisito não impede, contudo, que o colaborador, desde que devidamente supervisionado em meio a uma ação controlada, com a finalidade de obter provas mais robustas, continue atuando disfarçadamente com seus antigos comparsas. Nesses casos, não há propriamente uma continuidade na prática da infração investigada, visto que os atos são praticados, em última análise, pela administração pública, em típica atividade investigatória. Os atos, nesse caso, são, essencialmente, praticados no interesse da autoridade investigante.

Art. 5º. São direitos do colaborador:

Direitos do colaborador: o rol de direitos do colaborador previsto no art. 5º não deve ser considerado taxativo, mesmo porque são marcados pela necessidade de proteger a incolumidade física e psíquica do colaborador. Ao longo da Lei 12.850/2013 é possível identificar outros direitos como ao prêmio avençado no caso de a sentença atestar a eficácia do acordo.

É bom deixar bem assentado, o direito ao gozo dos prêmios ajustados, porém, não se confunde com eventual direito a celebração de uma colaboração premiada, que deve ser premida por um critério decisório eminentemente discricionário dos órgãos celebrantes. Neste sentido já se decidiu: "*Não existe direito líquido e certo a compelir o Ministério Público à celebração do acordo de delação premiada, diante das características desse tipo de acordo e considerando a necessidade de distanciamento que o Estado-juiz deve manter durante o cenário investigado e a fase de negociação entre as partes do cenário investigativo. O acordo de colaboração premiada, além de meio de obtenção de prova, constitui-se em um negócio jurídico processual personalíssimo, cuja conveniência e oportunidade estão submetidos à discricionariedade regrada do Ministério Público e não se submetem ao escrutínio do Estado-juiz. Em outras palavras, trata-se de ato voluntário, insuscetível de imposição judicial*". (STF. 2ª Turma. MS 35693 AgR/DF, Rel. Min. Edson Fachin, julgado em 28/5/2019 (Info 942)).

I – usufruir das medidas de proteção previstas na legislação específica;

II – ter nome, qualificação, imagem e demais informações pessoais preservados;

III – ser conduzido, em juízo, separadamente dos demais coautores e partícipes;

IV – participar das audiências sem contato visual com os outros acusados;

Proteção geral do colaborador: O objetivo aqui é de proteger a incolumidade física do colaborador e, por extensão, a fonte de prova a ele inerente.

O primeiro dos direitos é usufruir das medidas de proteção da "legislação específica" (inciso I) e consiste em uma remissão à Lei nº 9.807/99, que possui um capítulo dedicado à proteção dos réus colaboradores (arts. 13, 14 e 15). Dentre tais medidas se inclui a possibilidade de alteração do nome e prenome do agente colaborador, conforme a redação dada por esse diploma aos arts. 57 e 58, parágrafo único da Lei 6.015/73 (Lei de Registros Públicos). Terá o colaborador, ainda, prioridade na tramitação do inquérito ou do processo criminal (art. 19-A da Lei nº 9.807/99).

Saliente-se, ainda, que o art. 6º, inc. V deste diploma determina que, do pedido de homologação do acordo de colaboração premiada, deve constar "a especificação das medidas de proteção ao colaborador e à sua família, quando necessários".

Parece óbvio, por isso, que o colaborador tenha preservados nome, qualificação, imagem e informações pessoais (inciso II). Aliás, esta mesma lei, em seu art. 18, prevê como crime a conduta de quem "revelar a identidade, fotografar ou filmar o colaborador, sem sua prévia autorização por escrito".

Neste aspecto, questão controvertida diz respeito sobre a possibilidade de serem omitidos os dados qualificativos do colaborador em face do defensor do delatado, visto que essa providência pode prejudicar o exame cruzado e, supostamente, por consequência, o exercício da ampla defesa. Como o dispositivo visa proteger principalmente a incolumidade física e moral do colaborador, a medida parece estar justificada em razão da própria função protetiva do *jus puniendi*.

Em situação plenamente possível de ser estendida em favor dos colaboradores, já decidiu a 1ª Turma do Supremo Tribunal Federal que é permitida a omissão do nome de testemunha em peça de denúncia e também no libelo-acusatório, em razão da gravidade dos fatos – no caso, homicídios triplamente qualificados, imputados a agentes do Poder Público responsáveis pela Segurança Pública, tais como policiais e guardas municipais – e da necessidade de se efetivar uma mais adequada proteção das pessoas que atestaram os fatos (RHC no 89.137, de 20.3.2007, DJU 29.6.2007, Rel. o Min. Carlos Ayres Brito). De forma mais específica há precedentes: "*MANDADO DE SEGURANÇA. SIGILO. INQUÉRITO POLICIAL. É de ser mantido o sigilo dos atos investigatórios, inclusive em relação aos procuradores, a fim de que seja garantida a integridade das diligências judicialmente autorizadas e preservada as pessoas dos agentes policiais e dos informantes, bem como não prejudicado o andamento das investigações. Ordem denegada.*" (TJRS. MS nº. 70009861527).

Quanto ao transporte do colaborador e dos demais corréus (inciso III), supondo-se que todos se encontrem presos, não faria mesmo sentido que fossem conduzidos em uma mesma viatura, face ao risco que aquele primeiro se submeteria caso mantido no mesmo ambiente.

No que se refere ao inc. IV, observe-se que esse tratamento encontra analogia no art. 217 do CPP, que faculta à testemunha depor em Juízo sem a presença do réu, já que o colaborador, neste caso, assume o papel de verdadeira testemunha, tanto que sujeito ao crime de falso testemunho, nos termos do § 14, do inc. II do art. 4º da lei. E, ainda que ocupando a posição de corréu, tal cautela se justifica. Nem parece necessária qualquer fundamentação do juiz ao decidir pela retirada do réu, como consta do parágrafo único do art. 217 do CPP, já que a disposição em tela decorre "*ex vi legis*".

Uma advertência, porém, deve ser feita em relação a esse dispositivo do Código de Processo Penal. É que, da sua leitura, parece que, sendo a audiência realizada por videoconferência, estaria o réu autorizado a assisti-la. Em outras palavras: a retirada da sala de audiência do réu só seria autorizada quando da realização da audiência na forma ordinária, isto é, na presença de todos. Não nos parece assim, máxime quando se tratar de criminalidade organizada. Ou seja, pessoalmente ou por meio de videoconferência não se deve permitir, em absoluto, que o colaborador seja identificado pelos demais réus. Não se ignora que este colaborador terá contado com os defensores dos acusados, mas estes, sob compromisso de seu grau, decerto que não irão desvendar-lhe a identidade.

Anote-se, em acréscimo, que não se descarta a possibilidade do colaborador residir em país diverso dos corréus, notadamente em face do tipo de criminalidade de que se trata. Nesses casos acreditamos que a oitiva desse delator, sendo viável a diligência, possa ser realizada por meio de videoconferência[9]. Conquanto o Código de Processo Penal indique, em seu art. 222-A,

9 O item 18, do art. 18 Convenção de Palermo, dispõe que "se for possível e em conformidade com os princípios fundamentais do direito interno, quando uma pessoa que se encontre no território de um Estado Parte deva ser

a expedição de carta rogatória, é certo, de outro lado, que a Convenção de Palermo (Convenção das Nações Unidas contra o Crime Organizado Transnacional), que ingressou em nosso ordenamento jurídico por meio do Decreto nº 5.015/2004, prevê a possibilidade da utilização desse meio, como se infere da leitura de seu art. 18, item 18, que tem a seguinte redação ao tratar da Assistência judiciária recíproca entre as nações: "Se for possível e em conformidade com os princípios fundamentais do direito interno, quando uma pessoa que se encontre no território de um Estado Parte deva ser ouvida como testemunha ou como perito pelas autoridades judiciais de outro Estado Parte, o primeiro Estado Parte poderá, a pedido do outro, autorizar a sua audição por videoconferência, se não for possível ou desejável que a pessoa compareça no território do Estado Parte requerente. Os Estados Partes poderão acordar em que a audição seja conduzida por uma autoridade judicial do Estado Parte requerente e que a ela assista uma autoridade judicial do Estado Parte requerido".

Dado ao avanço tecnológico desse meio de comunicação, sua adoção, sem dúvida, resultaria em muito mais celeridade ao processo, sobretudo em virtude da notória lentidão no cumprimento de cartas rogatórias em geral.

V – não ter sua identidade revelada pelos meios de comunicação, nem ser fotografado ou filmado, sem sua prévia autorização por escrito;

Remetemos o leitor aos comentários que fizemos ao art. 14, incs. III e IV da lei em exame.

VI – cumprir pena em estabelecimento penal diverso dos demais corréus ou condenados.

A intenção do legislador é óbvia. Por mais que se oculte (ou mesmo se altere) a identidade do colaborador, há sempre a possibilidade dela se revelar. A manutenção do colaborador, nesse caso, junto aos delatados importaria em verdadeira sentença de morte, já que o "código de ética" dos marginais não tolera essa espécie de comportamento. Aliás, a Lei nº 9.807/99, em seu art. 19, prevê a possibilidade da União se utilizar e estabelecimentos penais próprios para a manutenção dos condenados que colaboraram na elucidação do crime. É bem verdade que se desconhece, até agora, tenha sido cumprida tal promessa.

Art. 6º. O termo de acordo da colaboração premiada deverá ser feito por escrito e conter:

Forma escrita do acordo: Claro que medida de tamanha importância exige mesmo que o acordo seja formulado por escrito, possibilitando, assim, a checagem posterior de seus resultados práticos e conferindo-lhe maior segurança acerca das obrigações recíprocas avençadas entre as partes. Embora não haja uma forma única, o dispositivo anuncia uma certa solenidade ao ato que deve se atentar para as formalidades indicadas no art. 3º-C, §§ 3º e 4º, além das disposições seguintes, tudo com a finalidade de conferir maior segurança e transparência para os envolvidos, além de estabelecer maior clareza e explicitar o consentimento informado do colaborador.

I – o relato da colaboração e seus possíveis resultados;

ouvida como testemunha ou como perito pelas autoridades judiciais de outro Estado Parte, o primeiro Estado Parte poderá, a pedido do outro, autorizar a sua audição por videoconferência, se não for possível ou desejável que a pessoa compareça no território do Estado Parte requerente".

II – as condições da proposta do Ministério Público ou do delegado de polícia;

III – a declaração de aceitação do colaborador e de seu defensor;

IV – as assinaturas do representante do Ministério Público ou do delegado de polícia, do colaborador e de seu defensor;

Cláusulas específicas: do termo de acordo devem constar quais as condições que foram propostas ao colaborador, isto é, quais os benefícios que ele receberá por conta de sua colaboração. E é justificável que seja assim, afinal, para validade do instituto, a lei se contenta com a voluntariedade do colaborador (art. 4º, "*caput*"). Não exige, assim, que ele tenha agido movido por sentimento de arrependimento ou de comiseração. O simples ato voluntário de colaborar, ainda que animado pelo único fim de obter um benefício legal, já é o suficiente.

Nada impede, nessa linha de raciocínio, que o autor do pedido indique o benefício a ser concedido ao colaborador, a saber o perdão e a redução ou substituição da pena. Tal impressão se reforça ao se constatar que a lei em análise não indicou um patamar mínimo de redução da pena. Explicamos: as leis anteriores que preveem esse benefício da redução da pena, indicam que tal redução será entre 1/3 a 2/3. Já a lei em comento, no "*caput*" do art. 4º, aponta somente a redução máxima (2/3), não indicando a mínima. Justo, assim, que o colaborador saiba de antemão o "*quantum*" de redução será pleiteado pelo autor do pedido, a fim de que não seja surpreendido com uma redução irrisória (um dia ou um mês, por exemplo), que, sob sua ótica, não justificaria a colaboração. Caberá ao juiz, porém, aplicar definitivamente um desses favores quando da prolação da sentença.

A lei, por cautela, exige uma declaração expressa, firmada pelo colaborador e por seu defensor, no sentido de que aceitam os termos do acordo. É medida salutar em se tratando da relevância do ato. Será essa declaração que permitirá ao juiz analisar a voluntariedade do pedido, como impõe o § 7º, do art. 4º desta lei.

Exige, ainda, sejam colhidas as assinaturas dos participantes dessa negociação. Conquanto a falta de assinatura em algum ato processual como, por exemplo, do perito, do juiz ou do advogado no interrogatório e do promotor de justiça no termo de audiência tenham sido consideradas meras irregularidades, aqui tal omissão é apta mesmo a configurar verdadeira inexistência do ato. É que a colaboração premiada reveste-se de enorme importância, com consequências jurídicas sérias, inclusive a imputação da prática de crimes a outrem. Daí não ser possível se prescindir da assinatura de todos envolvidos em sua elaboração.

Caso analfabeto o colaborador, entendemos que sua assinatura deva ser colhida a rogo, com a coleta da respectiva impressão digital. O mesmo ocorre se impossibilitado de assinar, porque ferido, por exemplo. Em ambas as hipóteses, tais fatos deverão ser consignados no termo de delação, por aplicação analógica do art. 195 do Código de Processo Penal.

Há a possibilidade de ser estrangeiro o colaborador, máxime em virtude da espécie de crimes aqui tratados, não raras vezes com ramificações no exterior. Nesse caso haverá necessidade de sua tradução por "tradutor público, ou, na falta, por pessoa idônea nomeada pela autoridade", por analogia ao art. 236 do Código de Processo Penal. Talvez seja mais seguro que nem mesmo pessoa idônea possa efetuar a tradução, deixando essa tarefa, exclusivamente, ao tradutor juramentado, com o previsto no art. 192, parágrafo único, do Código de Processo Civil[10] que, por seu turno, tem aplicação analógica ao processo penal (art. 3º do CPP).

10 Art. 192, parágrafo único, do CPC: "O documento redigido em língua estrangeira somente poderá ser juntado aos autos quando acompanhado de versão para a língua portuguesa tramitada por via diplomática ou pela autoridade central, ou firmada por tradutor juramentado".

V – a especificação das medidas de proteção ao colaborador e à sua família, quando necessário.

O art. 5º da lei em exame elenca uma série de medidas de proteção do colaborador. Caso ao autor do pedido entenda necessário a adoção de tais medidas, deverá indicá-las. Como destacamos na análise do art. 5º, além das medidas específicas relacionadas nos incs. II a VI daquele dispositivo, o colaborador tem direito, ainda, "às medidas de proteção previstas na legislação específica", que, em nosso entendimento, são aqueles constantes da Lei nº 9.807/99, que trata da proteção a vítima e a testemunhas ameaçadas.

Art. 7º O pedido de homologação do acordo será sigilosamente distribuído, contendo apenas informações que não possam identificar o colaborador e o seu objeto.

§ 1º As informações pormenorizadas da colaboração serão dirigidas diretamente ao juiz a que recair a distribuição, que decidirá no prazo de 48 (quarenta e oito) horas.

Sigilo do acordo: estes dispositivos buscam garantir o devido sigilo no trâmite para apreciação do acordo e sua eventual homologação pelo juiz. O "*caput*" deste artigo e seu § 1º se explicam por si só, não exigindo maiores comentários. Sugere-se, apenas, que, se possível, o pedido seja entregue, pessoalmente por seu autor, em mãos do juiz a quem caberá a decisão. Não haverá maior dificuldade nisso se, por exemplo, se cuidar de uma comarca com um único Magistrado ou mesmo naquelas comarcas em que, havendo diversos juízes, apenas um é competente para conhecer da matéria. Dependendo, contudo, do porte da Comarca e mesmo das normas de organização judiciária local, não restará outra alternativa senão a livre distribuição do pedido.

§ 2º O acesso aos autos será restrito ao juiz, ao Ministério Público e ao delegado de polícia, como forma de garantir o êxito das investigações, assegurando-se ao defensor, no interesse do representado, amplo acesso aos elementos de prova que digam respeito ao exercício do direito de defesa, devidamente precedido de autorização judicial, ressalvados os referentes às diligências em andamento.

Acesso aos autos sigilosos: sobre o sigilo do inquérito policial e a possibilidade de acesso do defensor ao procedimento, ver nossos comentários ao art. 23 desta lei.

Colaboração premiada e termo de compartilhamento: não há óbice ao compartilhamento de delação premiada desde que haja delimitação dos fatos. Com base nesse entendimento, a Segunda Turma negou provimento a agravo regimental em que se discutia a possibilidade de compartilhamento de delação premiada entre o Ministério Público Federal (MPF) e o estadual. O Ministério Público estadual requereu acesso aos termos de depoimento de colaborador para fins de apuração de eventual prática de ato de improbidade administrativa por parte de agente público. A Turma salientou ser pacífica a jurisprudência no sentido de se admitir, em procedimentos administrativos, o empréstimo de prova do processo penal, bem como para subsidiar apurações de cunho disciplinar. Reconhecidas as delimitações consubstanciadas, no caso, pelo termo de depoimento, não há causa impeditiva ao compartilhamento requerido (PET 7065/DF, rel. Min. Edson Fachin, julgamento em 30.10.2018. (PET-7065).

Na prática, não raras vezes, as partes envolvidas no acordo de colaboração premiada ajustam o que segue:

> "O Ministério Público Federal/Estadual obriga-se a não "compartilhar/emprestar" o material probatório derivado do acordo de colaboração premiada, com o Ministério Público

Estadual/Federal de outras comarcas ou seções judiciárias, bem assim com outros órgãos de controle, **senão mediante a adesão expressa dos termos/prêmios acordados**".

Referida cláusula foi prestigiada pela Corte Maior. O Ministro Celso de Mello, por todos, asseverou que, embora viável sob a perspectiva jurídica, "o compartilhamento de provas impõe que se observem limites, principalmente aqueles estabelecidos consensualmente no acordo de colaboração premiada ou de leniência em relação a todos os que participaram de sua formalização".

Logo, havendo necessidade de compartilhamento, independentemente do órgão de controle que passará a conhecer (e utilizar) as provas fornecidas pelo colaborador, terá de, em relação a ele, aplicar, de forma compatível ao acordo, os prêmios fixados no contrato de cooperação premiada, sob pena de violação de direitos, garantias e princípios (boa-fé objetiva, segurança jurídica, proibição de produzir prova contra si mesmo etc.).

§ 3º O acordo de colaboração premiada e os depoimentos do colaborador serão mantidos em sigilo até o recebimento da denúncia ou da queixa-crime, sendo vedado ao magistrado decidir por sua publicidade em qualquer hipótese. Nova redação dada pela Lei 13.964/2019.

Manutenção do sigilo: a partir do momento em que recebida a denúncia, com a consequente deflagração do processo criminal, a colaboração passa a compor o acervo probatório dos autos, não mais se justificando, por isso, a manutenção do sigilo. A prova, assim, deixa o âmbito de quem a produziu e é adquirida pelo processo, naquilo quem a doutrina denomina de princípio da aquisição ou da comunhão da prova.

Pensar-se de forma diversa importaria em franca violação aos princípios da ampla defesa e do contraditório, posto que o réu se veria impedido de refutar os termos da colaboração, de contestar a veracidade do que afirmado, enfim de exercer, em sua plenitude, aqueles direitos que lhe são constitucionalmente assegurados (art. 5º, LV da CF).

Antes, porém, impõe-se o sigilo, como decidiu o STF, valendo que se confira: "[...] o acordo de colaboração premiada, como se sabe, enquanto não recebida a denúncia, reveste-se de caráter sigiloso, considerado o que expressamente dispõe a Lei nº 12.850/2013 em seu art. 7º. É por tal razão que esta Suprema Corte, com a ressalva das pessoas e autoridades taxativamente referidas no § 2º do art. 7º desse diploma legislativo, tem negado acesso – inclusive a Comissões Parlamentares de Inquérito (MS 33.278/DF, Rel. Min. ROBERTO BARROSO, v.g.) ou a outros interessados estranhos ao rol exaustivo inscrito na norma legal acima mencionada (Pet 5.702/DF, Rel. Min. TEORI ZAVASCKI, v.g.) – não só aos elementos de prova existentes nos autos da persecução criminal, mas, também, ao próprio termo consubstanciador do acordo de colaboração premiada, em ordem a garantir o êxito das investigações penais. O que assume relevo na matéria é o fato de que a 'disclosure' do acordo de colaboração premiada sujeita-se a estrito regime de sigilo, expressamente determinado em diploma legislativo, que não pode ser desconsiderado por esta Corte ou por qualquer dos agentes e pessoas envolvidos em sua celebração e na consequente investigação criminal por ele viabilizada, pois – insista-se – "o acordo de colaboração premiada deixa de ser sigiloso assim que recebida a denúncia, observado o disposto no art. 5º" (Lei nº 12.850/2013, art. 7º, § 3º). Em suma: presentes as razões ora expostas, indefiro os pleitos formulados pelos requerentes" (STF – PET 5713-DF, Rel. Celso de Mello, j. 08.07.2015).

Aliás, conforme decidiu o STF, porque submete-se a um regime de sigilo, a colaboração premiada pode ser autuada em autos próprios, distintos dos autos de inquérito policial. Por isso, "O acesso exclusivo aos 'elementos de prova que digam respeito ao exercício do direito de defesa', desassociados dos demais documentos que compõem o Acordo de Colaboração

Premiada, não malfere a SV 14, nos termos da jurisprudência desta Corte. Ademais, conforme decisão plenária proferida na Pet 7074-AgR, Rel. min. Edson Fachin, o acordo de colaboração premiada revela natureza de negócio jurídico processual, no qual intervêm apenas Colaborador e Ministério Público, não assistindo a terceiros o direito subjetivo de participar ou ter acesso ao procedimento, máxime por tramitar em caráter sigiloso" (STF, Rcl 36.939 MC/MT, Rel. Min. Luiz Fux. Decisão monocrática, j. 20.9.2019).

O dispositivo faz ressalva ao art. 5º da lei, como querendo dizer que, embora cessado o sigilo, as medidas de proteção ao colaborador continuam a vigorar. Algumas delas não apresentam maior dificuldade para que sejam mantidas. Tem-se, como exemplo, a que garante ao colaborador sua condução e oitiva em Juízo separadamente dos demais acusados. Outras parecem mais difíceis de perdurarem. Assim, por exemplo, como assegurar o direito de ampla defesa do réu quando ele ignora a identidade do colaborador, como previsto no inc. II, do art. 5º? Há que se encontrar uma fórmula que, de um lado, atente a tais direitos e, de outro, preserve a segurança do colaborador.

SEÇÃO II
DA AÇÃO CONTROLADA

Art. 8º Consiste a ação controlada em retardar a intervenção policial ou administrativa relativa à ação praticada por organização criminosa ou a ela vinculada, desde que mantida sob observação e acompanhamento para que a medida legal se concretize no momento mais eficaz à formação de provas e obtenção de informações.

Origem e compreensão da ação controlada: Trata-se de figura que já era conhecida em nosso ordenamento jurídico, porquanto prevista na revogada Lei nº 9.034/95 e, ainda, na lei de drogas (Lei nº 11.343/06, art. 53, II), que se encontra em vigor.

O dispositivo em análise praticamente reproduziu a redação do art. 2º, inc. II da Lei nº 9.034/95 e cuida exatamente de conceituar essa modalidade de prova. Como se verificava, a revogada lei de organização criminosa era um tanto lacunosa no que se referia à ação controlada, pois cuidava do tema em um único artigo, carecendo, por isso, de uma regulamentação mais precisa. Apenas para demonstrar o quanto era vaga a lei, pairava dúvida na doutrina até mesmo quanto à necessidade de supervisão judicial na realização da diligência.

O diploma em comento supriu essa omissão ao prever a possibilidade de o juiz estabelecer os limites do retardamento da ação policial, o sigilo da diligência e a possibilidade de acesso, a todo tempo, do magistrado, do Ministério Público e do delegado de polícia aos autos. Em suma: detalhou a diligência, fincou seus limites e permitiu seu controle, de modo a propiciar mais eficácia ao instituto e, por consequência, sua maior adoção na prática policial.

Na ação controlada, a invés de agir de pronto, o agente público aguarda o momento oportuno para atuar, a fim de obter, com esse retardamento, um resultado mais eficaz em sua diligência. Com essa estratégia, portanto, deixa-se de prender em flagrante o infrator de pronto, para, prorrogando-se a ação policial, se obter uma prova mais robusta e mesmo uma diligência mais bem-sucedida. Daí porque se costuma denominar essa espécie de flagrante como retardado, esperado, diferido ou prorrogado.

Não há que se confundir, porém, o "flagrante retardado", cuja adoção encontra amparo legal, com o chamado "flagrante preparado". Neste último, o agente policial ou mesmo a vítima criam uma situação para que o crime se consume. É o caso clássico na qual a empregadora, desconfiada de sua empregada, deixa uma carteira com o dinheiro ostensivamente à mostra, enquanto se esconde atrás de uma porta. No momento em que a empregada toma o dinheiro a suposta vítima a prende. Essa conduta, apta a instigar a conduta do agente, é repelida pela jurisprudência, como e vê do enunciado da Súmula nº 145 do STF, a se conferir: "Não há crime, quando a preparação do flagrante pela polícia torna impossível a sua consumação". No flagrante retardado, ao contrário, não há provocação do agente policial para a consumação do crime, mas mero acompanhamento, seguido de espera, aguardando-se o melhor momento para se deflagrar a ação policial. A jurisprudência tem formulado adequada distinção entre uma e outra figura, como neste caso: "De se ver que, a partir da interceptação da droga, a autoridade policial apenas acompanhou o restante da operação supostamente levada a efeito pelo ora paciente, até a chegada em sua residência, quando lhe foram entregues as encomendas – pelo funcionário da transportadora – e dada voz de prisão. Assim, inexiste flagrante preparado. A hipótese, como bem delineou o Tribunal de origem, caracteriza flagrante esperado". (STJ – HC 83196/GO, Rel. Og Fernandes, RT 902/542).

Com ensina, outrossim, Eduardo Araújo da Silva, "a prática tem demonstrado que, muitas vezes, é estrategicamente mais vantajoso evitar a prisão, num primeiro momento, de integrantes menos influentes de uma organização criminosa, para monitorar suas ações e possibilitar a prisão de um número maior de integrantes ou mesmo a obtenção de prova em relação a seus superiores na hierarquia da associação" (SILVA, Eduardo Araujo da. Crime organizado: procedimento probatório. São Paulo: Atlas, 2003, p. 93).

Um exemplo: em determinada diligência, policiais de atalaia, próximos de uma festa onde há consumo de bebida contrabandeada, ao invés de apreenderam de pronto a mercadoria, esperam a chegada de um grande lote de drogas que, de antemão, sabiam que seria entregue no local. Sacrifica-se, com isso, a apuração de um crime de menor gravidade para se flagrar os componentes de organização especializada no tráfico de entorpecentes. Outro: tendo conhecimento que quadrilha que rouba veículos está prestes a escondê-los em determinado local, os policiais não prendem o primeiro dos "motoristas", mas, ao revés, prorrogam sua ação até a chegada dos demais membros do grupo, obtendo, assim, maior eficácia na diligência em si (mais automóveis serão apreendidos, mais vítimas serão reparadas), bem como uma prova mais robusta.

Situação curiosa ocorrerá se, com o adiamento da prisão em flagrante, esta se frustrar. Em outras palavras: suponha-se, neste nosso último exemplo, que o primeiro membro da associação criminosa (que inicialmente chegou com o veículo roubado), acabe fugindo e, pior, avise os demais comparsas que, alertados, não se dirigem ao local.

Responderão os policiais envolvidos na empreitada pelo crime de prevaricação? Cremos que, *a priori*, não. O insucesso de uma diligência é algo que, por assim dizer, "faz parte do jogo", isto é, há probabilidade de ocorrer. Tendo os agentes policiais agido de boa-fé, cientes de que a melhor opção recomendava que se aguardasse a prisão e, apesar disso, não foi preso nem o primeiro e, tampouco, os demais agentes, não há de se cogitar punição aos servidores, ante, inclusive, a absoluta ausência de dolo em suas condutas. Solução diversa ocorrerá, por óbvio, se a ação se frustrou em virtude da vontade livre e consciente dos policiais em não prender os criminosos, quando poderiam fazê-lo e não havia indicação para o retardamento do flagrante. Nesta última hipótese, serão apenados com as sanções criminais e administrativas cabíveis à espécie.

Relevante inovação trazida com o dispositivo comentado e que não é prevista na Lei de Drogas (art. 53, inc. II), consiste na possibilidade do retardamento da intervenção policial ou administrativa. De sorte que, enquanto a Lei nº 11.343/2006 faculta a não atuação apenas em diligências policiais (efetuadas, privativamente, pelas polícias federal e civil), o estatuto novel estende tal possibilidade às intervenções administrativas. Agentes das receitas estaduais e federal, componentes da Agência Brasileira de Inteligência, membros de corregedorias, por exemplo, são autoridades administrativas cujas diligências podem sofrer o retardamento aqui analisado.

Anote-se que a chamada **entrega vigiada** é considerada uma técnica de ação controlada prevista na convenção de Palermo: "consiste em permitir que remessas ilícitas ou suspeitas saiam do território de um ou mais Estados, os atravessem ou neles entrem, com o conhecimento e sob o controle das suas autoridades competentes, com a finalidade de investigar infrações e identificar as pessoas envolvidas na sua prática".

§ 1º O retardamento da intervenção policial ou administrativa será previamente comunicado ao juiz competente que, se for o caso, estabelecerá os seus limites e comunicará ao Ministério Público.

Comunicação ao juiz – Questão tormentosa se refere à necessidade de prévio mandado judicial para que seja autorizado o retardamento da ação. A revogada Lei nº 9.034/95 (lei das organizações criminosas), quando tratava singelamente da matéria em seu art. 2º, inc. II, não exigia a prévia autorização judicial. Era o entendimento da jurisprudência, conquanto merecesse alguma crítica da doutrina. Já a lei de drogas (Lei nº 11.343/2006), como se depreende do teor do "*caput*" de seu art. 53, é expressa ao exigir o mandado judicial para a diligência. A Lei de Lavagem silencia.

Pensamos que o dispositivo em análise não cogita de autorização judicial para que se concretize a ação controlada. Veja-se que a lei faz menção à mera "comunicação ao juiz competente", quando este poderá estabelecer os limites da diligência. Mas não exige, em nenhum momento, ordem judicial que a autorize. Aliás, quando pretendeu condicionar alguma diligência dessa maneira, o legislador o fez expressamente, como ao tratar, da infiltração no art. 10. Lá, com efeito, há previsão expressa de representação ou requerimento, formulados, respectivamente, pelo delegado de polícia ou pelo Ministério Público, quando então será deferida a diligência, por meio de "motivada e sigilosa autorização judicial". Ora, se ao tratar do agente infiltrado a lei indicou as pessoas habilitas a formular o pedido e fez menção, com todas as letras, à autorização judicial, enquanto que ao cuidar da ação controlada alude à singela "comunicação", é porque nos parece claro que o legislador quis dar tratamento diverso a um e outro instituto.

Nesse sentido, decidiu o STJ no HC 512.290/RJ, j. 18/08/2020. Informativo 680.

E parece mesmo justificável essa distinção. A rapidez que é peculiar à ação controlada, não se coaduna mesmo com a exigência de prévia autorização judicial. Imagine-se se, para aguardar a chegada dos demais membros da organização criminosa, como no nosso exemplo acima, tivessem os policiais que obter um mandado judicial que autorizasse essa prorrogação da prisão. O insucesso da diligência, nesse caso, estaria garantido, salvo se, por absurdo, se admitisse que o juiz, pessoalmente, acompanhasse toda a diligência, em atitude que, além de reduzida possibilidade de implantação prática, ainda infringiria o sistema acusatório que orienta nosso ordenamento jurídico. Faz-se a ressalva, todavia, para os delitos relativos a drogas e que não envolvam a criminalidade organizada, quando, aí sim, por expressa disposição legal, exige-se ordem judicial autorizadora da operação, na dicção do art. 53 da Lei nº 11.343/06.

§ 2º A comunicação será sigilosamente distribuída de forma a não conter informações que possam indicar a operação a ser efetuada.

§ 3º Até o encerramento da diligência, o acesso aos autos será restrito ao juiz, ao Ministério Público e ao delegado de polícia, como forma de garantir o êxito das investigações.

§ 4º Ao término da diligência, elaborar-se-á auto circunstanciado acerca da ação controlada.

Sobre o sigilo a ser mantido a respeito da operação, seu acesso e possibilidade de controle, confiram-se acima os comentários tecidos ao art. 7º da lei.

Art. 9º Se a ação controlada envolver transposição de fronteiras, o retardamento da intervenção policial ou administrativa somente poderá ocorrer com a cooperação das autoridades dos países que figurem como provável itinerário ou destino do investigado, de modo a reduzir os riscos de fuga e extravio do produto, objeto, instrumento ou proveito do crime.

Transnacionalidade da ação controlada – É comum que a criminalidade organizada possua um caráter transnacional, ou seja, que tenha ramificações em outros países. A existência de paraísos fiscais ("tax heaven") espalhados pelo mundo, dá a exata noção da grandiosidade dessas operações.

Impõe o dispositivo, neste caso, a cooperação do país que figurar no "*iter criminis*". Não apenas pelos motivos ali mencionados (risco de fuga do agente e de extravio do produto, objeto, instrumento ou proveito do crime), mas também em virtude de que, para a transposição de fronteiras e ingresso em outros países, há uma série de trâmites de cunho burocrático a serem cumpridos, além da observância de tratados bilaterais que cuidam da matéria. Não é dado, por exemplo, a uma equipe de policiais que, prorrogando sua diligência, ingressem no Paraguai sem o conhecimento das autoridades daquela nação vizinha ou, pelo menos, sem a colaboração de agentes locais, como exige o dispositivo, tudo sob pena, inclusive, de ferir a soberania daquele país[11].

A Polícia Federal, inclusive, em seu sistema organizacional, conta com uma Coordenação-Geral de Cooperação Internacional (CIGE), composta por um "serviço de cooperação policial", que é exatamente a "interpol", além de outros setores de suporte a essa espécie de atividade.

SEÇÃO III
DA INFILTRAÇÃO DE AGENTES

Art. 10. A infiltração de agentes de polícia em tarefas de investigação, representada pelo delegado de polícia ou requerida pelo Ministério Público, após manifestação técnica do delegado de polícia quando solicitada no curso de inquérito policial, será precedida de circunstanciada, motivada e sigilosa autorização judicial, que estabelecerá seus limites.

Introdução e compreensão do tema – Na lição de Denílson Feitoza, "infiltração é a introdução de agente público, dissimuladamente quanto à finalidade investigativa (provas e informações) e/ou operacional ("dado negado" ou de difícil acesso) em quadrilha, bando, organização criminosa ou associação criminosa ou, ainda, em determinadas hipóteses (como crimes de drogas), no âmbito social, profissional ou criminoso do suposto autor de crime, a fim de obter provas que possibilitem, eficazmente, prevenir, detectar, reprimir ou, enfim, combater a atividade criminosa deles" (Direito processual penal: teoria, crítica e práxis. 6ª. ed. rev., ampl. e atual. Niterói: Impetus, 2009, p. 820).

Vale observar que a figura do agente infiltrado não foi inaugurada, em nosso ordenamento, pela lei em exame. De sorte que, antes, a Lei nº 9034/95, que alude ao do crime organizado, já tratara da matéria. Assim, o art. 2º, inc. V do mencionado diploma, previa a "infiltração por agentes de polícia ou de inteligência, em tarefas de investigação, constituída pelos órgãos especializados pertinentes, mediante circunstanciada autorização judicial". Também a Lei nº 11.343/2006, em seu art. 53, inc. I (Lei de Drogas), cogita dessa modalidade de investigação. A

11 O item 1, do art. 18 da Convenção de Palermo, Introduzida em nosso ordenamento jurídico pelo Decreto nº 5.015/2004), prevê a colaboração recíproca entre as Nações se for o crime "de caráter transnacional, inclusive quando as vítimas, as testemunhas, o produto, os instrumentos ou os elementos de prova destas infrações se encontrem no Estado Parte requerido e nelas esteja implicado um grupo criminoso organizado".

Lei de Lavagem de Capitais, alterada pela Lei Anticrime também, aderiu ao sistema, prevendo a figura no bojo do seu texto (art. 1º, §6º.).

Mas se tratam de iniciativas marcadas pela timidez, lançadas sem maiores detalhamento ou regulamentação.

Agora, face ao detalhamento da lei em exame, que pormenoriza, sobretudo, as formas de controle da infiltração, aqueles obstáculos que dificultavam a aplicação do instituto foram finalmente superados.

Anote-se, de plano, que a infiltração aqui examinada somente pode ser efetuada por "agentes de polícia". Assim, ao contrário da revogada Lei nº 9034/95, que permitia essa infiltração "por agentes de polícia ou de inteligência", a legislação em comento autoriza essa investigação apenas àqueles primeiros.

Como "agentes de polícia" devem ser entendidos os membros das corporações elencadas no art. 144 da Constituição Federal, a saber: Polícia Federal propriamente dita, rodoviária e ferroviária; e Polícia Estadual (civil, militar e corpo de bombeiros), observadas, nesta última hipótese, a organização própria de cada unidade da federação. Mas nem todos estes órgãos possuem atribuições investigativas. Com efeito, o inc. I deste dispositivo constitucional atribui à polícia federal a tarefa de "apurar infrações penais". Já o inc. IV, § 4º do art. 144 da CF, comina às polícias civis estaduais essa tarefa investigativa. São, portanto, os policiais federais e civis aqueles habilitados a servirem como agentes infiltrados.

Ao afastar a possibilidade de infiltração por "agentes de inteligência" (como constava da revogada lei de combate ao crime organizado), proíbe o dispositivo em exame a participação de agentes outros que não os componentes das polícias "*lato sensu*".

Também não pode exercer a função de agente infiltrado membros da recém-criada polícia penal, destinada à segurança dos estabelecimentos penais, segundo prevê art. 144, § 5º-A, da CF, com redação dada pela emenda n.º 104/2019. Assim recentemente o STJ anulou provas obtidas em infiltração policial realizada por policial penal. Restou assentado que falta competência legal à Polícia Penal para realização de investigações criminais de modo que somente policiais civis ou federais podem operar como agentes infiltrados, nos termos da Lei 12.850/2013 (STJ, RHC 160850).

Excepcionalmente, pode o militar exercer funções de agente infiltrado, especificamente nos casos de investigação de uma organização criminosa composta por militares.

Intuitivo, ademais, que os particulares, que não servidores públicos, acham-se impedidos de exercer essa atividade.

Invoca-se o magistério de Flávio Cardoso Pereira, quando elenca os caracteres básicos desse agente: "perfil físico compatível com as dificuldades da operação, inteligência aguçada, aptidão específica para determinadas missões, equilíbrio emocional vez que poderá ficar distante do âmbito familiar por tempo indeterminado, sintonia cultural e étnica compatível com a organização a ser infiltrada etc." (A Moderna investigação criminal: infiltrações policiais, entregas controladas e vigiadas, equipes conjuntas de investigação e provas periciais de inteligência. In Limites Constitucionais da Investigação. Rogério Sanches Cunha, Pedro Taques, Luiz Flávio Gomes (coords.). São Paulo: Revista dos Tribunais, 2009, p. 117).

Imprescindibilidade da autorização judicial: como menciona o caput do art. 10 da Lei 12.850/2013, a infiltração de agentes somente é possível se *precedida de circunstanciada, motivada e sigilosa autorização judicial, que estabelecerá seus limites*.

Trata-se, portanto, de técnica especial de investigação sujeita a reserva de jurisdição[12] o que impede que o levantamento de informações inicialmente colhidas de maneira informal e

12 "A cláusula constitucional da reserva de jurisdição – que incide sobre determinadas matérias, como a busca domiciliar (CF, art. 5º, XI), a interceptação telefônica (CF, art. 5º, XII) e a decretação da prisão de qualquer pessoa, ressalvada

destinadas à inteligência estatal, possam ser convertidas como provas legítimas, notadamente quando essas diligências foram realizadas pela infiltração de agentes policiais junto à organização criminosa. Neste sentido, já decidiu o Supremo Tribunal Federal em um caso paradigmático em que um determinado policial militar foi designado para participar, nas ruas, à paisana, de passeatas e manifestações, a fim de coletar dados para subsidiar a Força Nacional de Segurança em atuação estratégica diante dos movimentos sociais e dos protestos ocorridos no Brasil em 2014. Para essa atividade, não se exigia prévia autorização judicial. No curso de sua atividade originária, o referido policial, percebendo que algumas pessoas estavam se reunindo para planejar a prática de crimes, aproximou-se desses suspeitos, ganhou a sua confiança e infiltrou-se no grupo participando das conversas virtuais e das reuniões presenciais dos envolvidos. Assim, o policial ultrapassou os limites da sua atribuição original e passou a agir como agente infiltrado. Ocorre que a infiltração de agentes somente pode acontecer após prévia autorização judicial, o que não havia no caso. Diante disso, o STF declarou a ilicitude e determinou o desentranhamento da infiltração realizada pelo policial militar e dos depoimentos por ele prestados em sede policial e em juízo, nos termos do art. 157, § 3º, do CPP. (STF. 2ª Turma. HC 147837/RJ, Rel. Min. Gilmar Mendes, julgado em 26/2/2019 (Info 932)).

Diferença entre agente infiltrado e agente provocador: Outro tema que o dispositivo sugere trata da interessante distinção entre o agente infiltrado e o agente provocador. Este último, após angariar a confiança de seus "comparsas", instiga a prática do crime, provoca situação para que o delito se consume, enfim, adota um comportamento sem o qual o delito não subsistiria. Cuida-se de conduta, aliás, vedada pelo enunciado da Súmula 145 STF, *verbis*: "Não há crime, quando a preparação do flagrante pela polícia torna impossível a sua consumação". O exemplo mais cadente talvez seja do policial que, fazendo se passar por usuário de drogas, as adquire do traficante para, em seguida, prendê-lo. Surge, aqui, a figura do flagrante preparado ou flagrante provocado, inadmissível em nosso ordenamento.

Por corolário, o agente provocador é figura que deve ser evitada, haja vista deslegitimar toda a persecução penal por excesso na atuação do policial. Trata-se, destarte, de ação desautorizada pelo Estado, que enseja nulidades a atuação estatal e a possível responsabilidade criminal da autoridade que assim procede (Lei 13.869/2019, art. 9º, *caput*).

Diverso, como já salientado, é o comportamento do agente infiltrado. Ele não induz à ocorrência do crime. Em verdade, a ação da organização criminosa está em curso e ele a toma no meio do caminho, quando se infiltra. Se imaginássemos uma linha férrea, o agente provocador é aquele que, pilotando a locomotiva, a retira da inércia, dando início à viagem. Já o agente infiltrado adentra a composição quando ela já se encontrava em movimento, não sendo ele quem dá origem à ação, ainda que, nesse meio tempo, venha a assumir a função de condutor do trem.

Agente disfarçado criado pela Lei 13.964/2019: É fundamental compreender a distinção entre agente infiltrado e agente disfarçado, conforme introduzido pela Lei 13.964/2019, que alterou o Estatuto do Desarmamento e a Lei de Drogas. O objetivo dessas modificações é proporcionar uma ferramenta eficaz para a persecução penal, que permita esclarecer os fatos e identificar os responsáveis por crimes relacionados a armas e drogas, pois o agente disfarçado, conforme estabelecido nos artigos 17, § 2º e 18 da Lei 10.826/2013, e artigo 33, § 1º, inciso IV da Lei 11.343/2006, representa uma técnica investigativa intermediária, que se situa entre a simples campana policial e a infiltração.

---

a hipótese de flagrância (CF, art. 5º, LXI) – traduz a noção de que, nesses temas específicos, assiste ao Poder Judiciário, não apenas o direito de proferir a última palavra, mas, sobretudo, a prerrogativa de dizer, desde logo, a primeira palavra, excluindo-se, desse modo, por força e autoridade do que dispõe a própria Constituição, a possibilidade do exercício de iguais atribuições, por parte de quaisquer outros órgãos ou autoridades do Estado" (STF – MS 23.452/RJ, Rel. Celso de Mello, DJ 12-05-2000, pp. 20).

Essa figura exige um certo grau de habilidade para coletar provas sem interferir na dinâmica do crime. O objetivo é garantir a responsabilização de quem pratica atos de tráfico, combatendo a ideia de que a ação do agente policial caracterizaria um flagrante preparado. A nova legislação rompe com a simetria existente no comércio de drogas ao estabelecer que as ações unilaterais de um agente policial disfarçado não podem ser tratadas como crime impossível. Assim, mesmo que a participação do agente na cadeia causal seja mínima, a norma penal considera que sua atuação pode resultar em um delito, já que se trata de uma ação que gera um resultado juridicamente relevante: a disseminação de produtos ilícitos.

É importante ressaltar que o agente disfarçado não deve ser confundido com uma mera campana policial, que visa a realização de prisões em flagrante. A figura do agente disfarçado exige, conforme a legislação, a presença de provas que indiquem uma conduta criminosa preexistente. Portanto, se a investigação indicar que a pessoa abordada é um vendedor casual de produtos ilícitos, a aplicação das normas que regem a atuação do agente disfarçado não será válida.

Os elementos probatórios que sustentam a atuação do agente disfarçado são cruciais para a caracterização do crime sem que se fale em flagrante preparado. A atuação desse agente deve ser neutra e não provocativa, garantindo que o crime seja cometido de maneira voluntária e consciente pelo autor.

Quando um policial tenta adquirir drogas de um usuário, a situação se torna um caso de flagrante provocado, pois o ato do policial pode induzir o crime. Em contrapartida, se um policial disfarçado, após uma investigação, identifica um vendedor de drogas e realiza uma negociação, ele poderá efetuar a prisão no momento da transação, pois o crime está caracterizado.

Assim, a definição de agente disfarçado, conforme a Lei 13.964/2019, é de um indivíduo que, sem se infiltrar em um grupo criminoso, oculta sua identidade e coleta elementos que demonstrem a conduta criminosa preexistente, sem comprometer a voluntariedade do autor do delito.

Conclui-se que a figura do agente disfarçado é uma resposta adequada à crescente sofisticação dos crimes de tráfico de armas e drogas. A legislação deve diferenciar entre grandes e pequenos traficantes, assegurando que as atividades dos intermediários, que atuam no tráfico em pequenas quantidades, sejam eficazmente combatidas, refletindo uma adaptação legislativa capaz de enfrentar essa nova prática criminosa.

> § 1º Na hipótese de representação do delegado de polícia, o juiz competente, antes de decidir, ouvirá o Ministério Público.

Oitiva prévia do Ministério Público nos casos de infiltração de agentes: Já defendíamos que o texto deixava claro que a infiltração não poderia ser decretada de ofício pelo juiz, porque exigia representação antecedente do Delegado de Polícia ou o requerimento do Ministério Público. Tratando-se de diligência cabível apenas no bojo do inquérito policial, essa conclusão é reforçada, ainda que por analogia, com o disposto no art. 311 do Código de Processo Penal (com a redação dada pela Lei nº 12.403/2001), que desautoriza o juiz a decretar a prisão preventiva, "ex officio", durante a investigação.

Não há mais dúvida sobre isso ante as alterações decorrente do art. 3º-A e seguintes do CPP, promovida pela Lei 13.964/2019 que estabelece que ao juiz é vedada a atuação de ofício na fase investigativa ou sua substituição das partes na atuação probatória acusatória.

É a consagração, no mais, do sistema acusatório que inspira o processo penal brasileiro, no qual as tarefas são divididas, sendo que cada sujeito processual tem uma função bem definida no processo. A um caberá acusar (como regra o Ministério Público), a outro defender (o advogado) e, a um terceiro, julgar (o juiz).

Trata-se do sistema adotado em nosso país, conforme entendimento que predomina na doutrina e pressupõe um processo onde todas as garantias constitucionais acima apontadas sejam, efetivamente, observadas.

Não resta dúvida, ainda, que a infiltração do agente poderá se prestar, mais adiante, como valioso meio de prova, não se aconselhando, também por isso, que o juiz determine sua realização, sem que seja provocado a tanto (pelo menos enquanto não introduzida, entre nós, a figura do juiz que atue apenas na fase investigativa, denominado "juiz de garantias"). Sua isenção de ânimo para julgar um processo no qual determinou, de ofício, a produção da prova, poderia se ver arranhada, afinal, no entendimento Geraldo Prado, "quem procura sabe ao certo o que pretende encontrar e isso, em termos de processo penal condenatório, representa uma inclinação ou tendência perigosamente comprometedora da imparcialidade do julgador" (A Conformidade Constitucional das Leis Processuais Penais. 3. ed. Rio de Janeiro: Lumen Juris, 2005, p.136/137).

§ 2º Será admitida a infiltração se houver indícios de infração penal de que trata o art. 1º e se a prova não puder ser produzida por outros meios disponíveis.

Requisitos para infiltração de agentes: Atente-se que o legislador não exigiu, para o deferimento da medida, a presença de "indícios de autoria", como reclama, v.g., para a decretação da prisão preventiva. Contentou-se, apenas, com "indícios de infração penal". Em outras palavras: quando exige "indícios de autoria", o legislador é expresso nesse sentido, como, por exemplo e em acréscimo, para a decretação da hipoteca legal sobre imóveis (art. 134 do CPP) ou para a pronúncia do réu (art. 413 do CPP).

Conclui-se, com isso, que "indícios de autoria" são dispensáveis, tanto que o art. 11 da lei (v. abaixo), ao relacionar os requisitos do pedido de infiltração, deixa claro que a indicação de nomes ou apelidos dos membros da organização criminosa devem ser apontados "quando possível". E nem poderia ser diferente. A complexidade dos crimes perpetrados em organização, não raramente a envolver pessoas residentes em estados e mesmo países diversos, tornaria impossível o deferimento da medida caso se exigisse a indicação de seus autores. Basta, pois, a demonstração de indícios da prática criminosa prevista no art. 1º da lei em análise, assim considerados a probabilidade razoável, a fumaça do bom direito, que deverão ser analisados caso a caso, segundo o prudente arbítrio do juiz, sem uma regra preconcebida que os definam.

Quanto à demonstração da *imprescindibilidade da prova que, por outro meio, não possa ser produzida (subsidiariedade)*, tal qual consagrado na Lei 9.296/1996 que faz exigência semelhante, a Lei reclama que sejam indicadas as dificuldades que inviabilizavam a investigação do caso concreto pelos meios tradicionais, como por exemplo, as buscas e apreensões, provas testemunhais, perícia, etc. Essas indicações são feitas, geralmente, por meio de relatórios técnicos que demonstrem os esforços até então empreendidos.

Não se pode ignorar, todavia, que a depender das especificidades do delito investigado, como por exemplo, nos crimes de colarinho branco e no tráfico de drogas, a infiltração de agentes afigura-se instrumento ideal na formação do acervo probatório.

Observe-se que esta regra não implica na impossibilidade de obtenção de provas do crime por outros meios legais. Para satisfazer o requisito basta a indicação de seu conteúdo complementar ao caso, cabível quando os outros meios de prova não esclarecem, em plenitude, os fatos objeto da investigação ou da instrução criminal.

Além disso, a privatividade das estratégias investigativas inerente aos órgãos de persecução, o *standard* decisório eminentemente sumário, pautado por um juízo de probabilidade, não de certeza, indicam que a decisão que indefere a medida por entender viável a produção de prova por outros meios deverá indicar com clareza quais seriam eles.

A subsidiariedade deve ser aferida no momento em que deferida. Assim, no caso de depois de deferida e realizada a infiltração surgirem outros meios menos invasivos de coleta destas provas, ante a permanente vigência da autorização estatal, as provas assim permanecem válidas.

> § 3º A infiltração será autorizada pelo prazo de até 6 (seis) meses, sem prejuízo de eventuais renovações, desde que comprovada sua necessidade.

Prazo da infiltração – O prazo, *a priori* estabelecido para a infiltração, é de seis meses. Isso se constitui apenas em um parâmetro inicial, nada impedindo, como prevê o texto legal, que prorrogações ocorram na mesma proporção que se revelarem necessárias à elucidação dos fatos. É o que se verifica, por exemplo, nas hipóteses de interceptação telefônicas, cujo prazo pode ser prorrogado, segundo jurisprudência do Supremo Tribunal Federal.

Para tanto, contudo, é de rigor que se indique a necessidade de renovação do prazo de infiltração. O andamento das diligências, ainda não finalizadas, a necessidade de se descobrirem outras pessoas envolvidas na organização criminosa, suas eventuais ramificações com nações estrangeiras, enfim, a dificuldade que é inerente a esse tipo de investigação, justifica que prazo mais estendido seja concedido para o término da diligência.

> § 4º Findo o prazo previsto no § 3º, o relatório circunstanciado será apresentado ao juiz competente, que imediatamente cientificará o Ministério Público.

Relatório circunstanciado – A autora portuguesa Isabel Oneto, ao comenta a lei daquele país que trata das chamadas "acções controladas" (Lei 101/2001), indica que "a exigência processual de comunicação à autoridade judiciária dos actos praticados ao abrigo de autorização tem subjacente duas imposições – a primeira, dirigida à entidade policial, no sentido de a vincular aos precisos termos em que a autorização foi concedida; a segunda, destinada à autoridade judiciária, impondo-lhe a obrigação legal de aferir a conformidade da acção desenvolvida ao âmbito e limites constantes da autorização concedida." (O Agente infiltrado. Contributo para a compreensão do regime jurídico das acções encobertas. Coimbra: Coimbra, 2005, p. 192).

E nem poderia ser diferente. A gravidade da diligência e os riscos que acometem o agente, reclamam um rigoroso controle judicial da infiltração, quer da parte do juiz, quer da parte do Ministério Público, que será cientificado dos termos do relatório.

> § 5º No curso do inquérito policial, o delegado de polícia poderá determinar aos seus agentes, e o Ministério Público poderá requisitar, a qualquer tempo, relatório da atividade de infiltração.

Supervisão judicial da infiltração – Por maior sigilo que deva guardar essa espécie de diligência, em razão dos perigos que a cercam, é preciso que um mínimo controle se realize quanto à atividade do agente infiltrado. Esse controle se dará por meio de relatório circunstanciado, como prevê o dispositivo. Tal relatório deverá ser apresentado, obrigatoriamente, ao cabo do prazo de seis meses de infiltração, previsto no § 3º acima. Ou a qualquer tempo, mediante determinação do delegado de polícia, nesse sentido, a seus agentes ou requisição do Ministério Público.

> **Art. 10-A.** Será admitida a ação de agentes de polícia infiltrados virtuais, obedecidos os requisitos do caput do art. 10, na internet, com o fim de investigar os crimes previstos nesta Lei e a eles conexos, praticados por organizações criminosas, desde que demonstrada sua

necessidade e indicados o alcance das tarefas dos policiais, os nomes ou apelidos das pessoas investigadas e, quando possível, os dados de conexão ou cadastrais que permitam a identificação dessas pessoas. Redação dada pela Lei 13.964/2019.

§ 1º Para efeitos do disposto nesta Lei, consideram-se:

I - dados de conexão: informações referentes a hora, data, início, término, duração, endereço de Protocolo de Internet (IP) utilizado e terminal de origem da conexão;

II - dados cadastrais: informações referentes a nome e endereço de assinante ou de usuário registrado ou autenticado para a conexão a quem endereço de IP, identificação de usuário ou código de acesso tenha sido atribuído no momento da conexão.

§ 2º Na hipótese de representação do delegado de polícia, o juiz competente, antes de decidir, ouvirá o Ministério Público.

§ 3º Será admitida a infiltração se houver indícios de infração penal de que trata o art. 1º desta Lei e se as provas não puderem ser produzidas por outros meios disponíveis.

§ 4º A infiltração será autorizada pelo prazo de até 6 (seis) meses, sem prejuízo de eventuais renovações, mediante ordem judicial fundamentada e desde que o total não exceda a 720 (setecentos e vinte) dias e seja comprovada sua necessidade.

§ 5º Findo o prazo previsto no § 4º deste artigo, o relatório circunstanciado, juntamente com todos os atos eletrônicos praticados durante a operação, deverão ser registrados, gravados, armazenados e apresentados ao juiz competente, que imediatamente cientificará o Ministério Público.

§ 6º No curso do inquérito policial, o delegado de polícia poderá determinar aos seus agentes, e o Ministério Público e o juiz competente poderão requisitar, a qualquer tempo, relatório da atividade de infiltração.

§ 7º É nula a prova obtida sem a observância do disposto neste artigo."

Art. 10-B. As informações da operação de infiltração serão encaminhadas diretamente ao juiz responsável pela autorização da medida, que zelará por seu sigilo. Redação dada pela Lei 13.964/2019.

Parágrafo único. Antes da conclusão da operação, o acesso aos autos será reservado ao juiz, ao Ministério Público e ao delegado de polícia responsável pela operação, com o objetivo de garantir o sigilo das investigações.

Art. 10-C. Não comete crime o policial que oculta a sua identidade para, por meio da internet, colher indícios de autoria e materialidade dos crimes previstos no art. 1º desta Lei. Redação dada pela Lei 13.964/2019.

Parágrafo único. O agente policial infiltrado que deixar de observar a estrita finalidade da investigação responderá pelos excessos praticados.

Art. 10-D. Concluída a investigação, todos os atos eletrônicos praticados durante a operação deverão ser registrados, gravados, armazenados e encaminhados ao juiz e ao Ministério Público, juntamente com relatório circunstanciado. Redação dada pela Lei 13.964/2019.

Parágrafo único. Os atos eletrônicos registrados citados no caput deste artigo serão reunidos em autos apartados e apensados ao processo criminal juntamente com o inquérito policial, assegurando-se a preservação da identidade do agente policial infiltrado e a intimidade dos envolvidos.

Agente infiltrado virtual: Os artigos 10-A até 10-D foram acrescentados na Lei 12.850/2013 pela Lei 13.964/2019 e tratam do chamado *agente infiltrado digital*.

O instituto tinha sido inserido na legislação brasileira por meio da Lei 13.441/2017 que alterou o Estatuto da Criança e do Adolescente e nele inseriu os artigos 190-A à 190-E. Naquela lei, o agente infiltrado virtual, mantendo a pertinência temática setorial, destinava-se principalmente a investigação dos crimes de pedofilia.

Aqui na Lei 12.850/2013 o âmbito de atuação do agente infiltrado virtual é, por óbvio, mais amplo e destina-se a investigar crimes previstos nesta Lei e a eles conexos, praticados por organizações criminosas.

Embora houvesse posicionamento no sentido de que a infiltração virtual já era possível porque se trata de espécie da infiltração já regulamentada pela Lei 12.850/2013[13], entendemos que a alteração legislativa é realmente bem-vinda visto que a *internet*, dada velocidade com que propaga informações, tornou-se campo fértil para o planejamento a prática ou de inúmeras infrações penais, , tais como tráfico de drogas, tráfico de pessoas, terrorismo e pornografia infantojuvenil. Mas é inegável que a lei se destina também ao enfrentamento dos chamados *cibercrimes* ou *crimes cibernéticos*, notabilizados pela ausência física do agente ativo, mediante uso da informática para sua prática e voltados a proteção de bens jurídicos específicos, relacionados à violação de informações ou dados automatizados. Assim, ao prever crime cometidos na *internet*, a legislação pode referir-se tanto aos crimes comuns, cujo *modus operandi* serviu-se da rede mundial de computadores, com infrações penais especiais, praticadas somente neste ambiente virtual, cujo exemplo atual em nossa legislação é o art. 154-A do Código Penal.

Por isso, vislumbramos na infiltração virtual um moderno instrumento de investigação criminal, que serve tanto à repressão quanto à prevenção delitiva, seja porque proporciona a coleta de provas substanciais desses criminosos virtuais, seja em razão do seu inerente potencial inibitório.

O agente infiltrado virtual não deve ser confundido com o investigador virtual, que consiste no profissional que tem conhecimento e expertise para realizar levantamento de informações úteis junto à rede mundial de computadores, seja nos chamados meios abertos, seja nos fechados, quando então deverá contar com autorização judicial para tanto. O agente infiltrado virtual deve ser entendido como o agente policial que, do mesmo modo que ocorre em uma infiltração comum, cria uma identidade falsa virtual e insere-se em meio a um grupo de pessoas, como em redes sociais fechadas, com pseudônimos e códigos, para obter informações úteis à persecução.

Tal qual na infiltração comum, há uma atuação dissimulação na identidade do agente policial, crucial para uma aproximação suficiente ao grupo criminoso e decisiva para à persecução penal. "*Apesar de, no mundo virtual, ser comum o uso de alias ou nicknames, pode existir neste a construção de uma nova identidade. Logo, se um policial simula ser uma menina de 8 anos para evitar a prática de pornografia infanto-juvenil, por exemplo, teremos infiltração de agente, dependente, portanto, de autorização legal. Afinal, há ação (e não simplesmente omissão) para a construção de um personagem totalmente distinto da realidade. É o mesmo que ocorreria, por exemplo, se uma policial simulasse ser um homem de meia idade interessado em fotos de crianças em poses sensuais, disposto a trocar arquivos com terceiros. Não há mera atividade de observação, mas a construção de uma falsa identidade, ainda que sob um alias*" (WOLFF, Rafael. Infiltração de agentes por meio virtual. Conforme SILVA, Ângelo Roberto Ilha da (Org.). Crimes Cibernéticos. Porto Alegre: Livraria do Advogado. 2017. p. 218).

Guardadas as suas peculiaridades, são mantidas praticamente as mesmas regras do agente infiltrado comum como, por exemplo, a restrição para a realização da medida por apenas *agente policial*, o que afasta a possibilidade de ser desempenhada por particulares ou por outros

13 SILVA, Danni Sales. SILVA. Da Validade Processual Penal das Provas Obtidas em Sites de Reclacionamento e a Infiltração de Agentes Policiais no meio virtual. In: Revista Brasileira de Ciências Criminais, ano 24, vol. 120, n. 29, maio--junho de 2016. p. 8.

servidores públicos que não integram a polícia, a exemplo de integrantes da Agência Brasileira de Inteligência – ABIN.

Uma particularidade jurídica da infiltração virtual é que ela pressupõe uma quebra de sigilo de sigilo telemática, regulamentada, em princípio, pela Lei 9.296/1996 vez que a base de funcionamento da rede mundial de computadores é a comunicação realizada por meio de transmissão de dados e sinais eletrônicos. Por isso que é sempre sigilosa e depende de *decisão judicial* proferida depois de representação da autoridade policial, após prévia oitiva do Ministério Público, e deve fixar seus limites da medida.

Norma explicativa – O § 1º não demanda maiores explicações, já que tem o propósito de explicitar expressões constantes do *caput* do art. 10-A. A obtenção dos dados de conexão e dos dados cadastrais do titular da conexão é imprescindível para a investigação de crimes cibernéticos. Normalmente são dados requisitados dos provedores de internet, que, por meio do endereço IP, conseguem identificar o ponto do qual partiu a conexão e podem, com isso, apresentar a identidade de quem acessou determinadas páginas, obteve, por *download*, determinados arquivos ou armazenou material em servidores em nuvem (*cloud computing*). A partir daí os órgãos de investigação podem identificar a rede de conexões que normalmente envolvem diversos agentes, não raro milhares que se espalham por inúmeros países.

Requisitos da infiltração virtual – A medida só pode ser aplicada se restar demonstrada a sua necessidade imperiosa, observado o seu descabimento quando existir meio alternativo menos gravoso de investigação (v. art. 10-A, § 3º). Dado alcance extraordinário de pessoas atingidas pela medida, devem ser indicados o alcance das tarefas dos policiais, os nomes ou apelidos das pessoas investigadas e, quando possível, os dados de conexão ou cadastrais que permitam a identificação dessas pessoas.

Além disso, da conjugação entre a exigência do § 3º do art. 10-A (*indícios de infração penal*) e a do *caput* do mesmo dispositivo (*os nomes ou apelidos das pessoas investigadas e, quando possível, os dados de conexão ou cadastrais que permitam a identificação dessas pessoas*) evita-se a utilização da infiltração de forma aleatória, como um panóptico virtual, o que poderia implicar em uma atuação de permanente monitoramento estatal inconstitucional, visto que a quebra da privacidade e intimidade somente tem lugar para a investigações de crimes.

Quanto ao seu **prazo de duração**, a infiltração digital será autorizada pelo prazo de até 6 (seis) meses, sem prejuízo de eventuais renovações, mediante ordem judicial fundamentada e desde que o total não exceda a 720 (setecentos e vinte) dias e seja comprovada sua necessidade. Para cada renovação, é necessário requerimento (Ministério Público) ou representação (autoridade policial), com a demonstração da persistência da necessidade da medida.

Em função do controle externo da atividade policial (art. 129, VII, da CF), o Ministério Público pode fiscalizar a execução da medida a qualquer tempo. Enquanto garante dos direitos do investigado, o juízo também pode acompanhar a medida. O sigilo, todavia, deve ser garantido em qualquer um desses casos (art. 10-B).

Embora a Lei seja silente quanto ao acesso da defesa à prova, pensamos que a essa possibilidade existe, mas somente depois que cessada ou finda vez que, enquanto esteja em andamento, dada sua inerente atualidade permanente, encontra-se abarcada pelas exceções mencionadas no § 11, acrescentado ao art. 7º do Estatuto da OAB pela Lei 13.245/2016, assim disposto: "*§ 11. No caso previsto no inciso XIV, a autoridade competente poderá delimitar o acesso do advogado aos elementos de prova relacionados a diligências em andamento e ainda não documentados nos autos, quando houver risco de comprometimento da eficiência, da eficácia ou da finalidade das diligências*". A exceção diz respeito àquelas diligências que, se forem reveladas ao investigado, tornarão a investigação seriamente comprometida, como por exemplo, a interceptação telefônica com autorização judicial ou uma busca e apreensão na casa do investigado visando localizar algum documento. Nesses casos, a autoridade responsável pela investigação não precisa fazer a juntada aos autos dos documentos relacionados com as diligências ainda em andamento, razão pela qual, ao impedir o acesso do advogado a essas peças, não poderá ser responsabilizada por abuso de autoridade. O sigilo parece ser absoluto até a realização da diligência pendente. Uma vez realizada e concluída, seu resultado deve ser devidamente documentado nos autos do procedimento investigatório.

De qualquer forma, deferido o acesso aos autos que contém a diligência, deve ser preservada a identidade do agente infiltrado e das vítimas dos crimes, como aliás dispõe o parágrafo único do art. 10-D.

A infiltração virtual e o espelhamento do *WhatsApp* – O artigo 10-A da Lei nº 12.850 estabelece a fundamentação para a quebra de sigilo de dados informáticos, permitindo, em situações específicas, a interação, interceptação e infiltração de agentes, inclusive por meios cibernéticos, como o espelhamento do WhatsApp Web. Isso acontece devido a gravidade das infrações cometidas por organizações criminosas no ambiente virtual, juntamente com a complexidade e as dificuldades da persecução penal no âmbito cibernético, que justificam a aceitação, pela jurisprudência, de ações controladas e infiltradas no mesmo espaço virtual. Ora, é inegável que nos últimos anos, as redes sociais e seus aplicativos tornaram-se ferramentas indispensáveis para comunicação, interação e compartilhamento de informações em todo o mundo. Contudo, essa rápida evolução e influência também trouxeram à tona uma série de desafios para as investigações no meio virtual, o que torna a evolução da jurisprudência sobre o tema cada vez mais relevante e urgente.

Nesse sentido, o Superior Tribunal de Justiça (STJ) decidiu que é admissível a utilização de ações encobertas, controladas ou de agentes infiltrados no plano cibernético, incluindo o espelhamento do WhatsApp Web, desde que essas ações estejam respaldadas por autorização judicial. A decisão foi proferida no julgamento do Agravo Regimental no Agravo em Recurso Especial nº 2.318.334-MG, Relator Min. Reynaldo Soares da Fonseca, em 16 de abril de 2024 (Info 810).

De maneira análoga, a autorização judicial para que a polícia acompanhe as conversas dos suspeitos por meio do espelhamento via WhatsApp Web caracteriza-se como um meio de obtenção de prova equivalente à infiltração de agentes, sendo, portanto, um recurso extraordinário, mas válido. O STJ, em sua 5ª Turma, reconheceu a possibilidade de ações encobertas, controladas virtuais ou de agentes infiltrados no ambiente cibernético, desde que amparadas por autorização judicial, conforme decidido no AREsp nº 2.309.888-MG, Relator Min. Reynaldo Soares da Fonseca, julgado em 17 de outubro de 2023 (Info 792).

Excludente da ilicitude – Diferente da opção feita para o agente infiltrado comum, a Lei confere ao agente infiltrado virtual uma excludente de ilicitude vez que prevê no art. 10-C que "Não comete crime o policial que oculta a sua identidade para, por meio da internet, colher indícios de autoria e materialidade dos crimes previstos no art. 1º desta Lei". Trata-se de dispositivo necessário para excluir a responsabilidade do agente infiltrado virtual pela eventual prática do crime previsto no art. 154-A do CP (invasão de dispositivo informático), por exemplo. Todavia, caso o agente infiltrado virtual ultrapasse a estrita finalidade da investigação, cometendo excessos, responderá criminalmente (art. 10-C, parágrafo único).

Mas quais condutas pode impunimente realizar um agente infiltrado digital? Poderia, por exemplo, trocar imagens de cenas de pedofilia ou plano para ataques terroristas com os criminosos alvos da operação? O processo de infiltração, como se sabe, demanda o estabelecimento de laços de confiança entre os criminosos e o agente infiltrado de modo que, desde que haja autorização judicial e haja a devida proporcionalidade da medida, podem ser realizadas condutas com este objetivo principal: "*Como antes dito, é importantíssimo que o agente obedeça rigorosamente não apenas aos limites da autorização, como atue guardando a devida proporcionalidade com a finalidade da investigação. Caso contrário, responderá pelo excesso praticado, como bem esclarece o caput do artigo 13. Assim, por exemplo, o agente deve usar o vídeo em debate apenas para a finalidade de obter a confiança dos alvos. Deve fazê-lo com ponderação, o que não ocorreria se esta simplesmente compartilhasse o vídeo para todos os envolvidos em um chat. Neste caso, responderia por crime, a menos que inexigível conduta diversa, como bem explicado no parágrafo único do mesmo artigo 13. De ser salientado que o simples risco de ser identificado como policial não bastaria para tal desiderato. Afinal, por estar protegido por trás da tela do computador, dificilmente o policial infiltrado correria risco de vida*" (WOLFF, Rafael. Infiltração de agentes por meio virtual. Conforme SILVA, Ângelo Roberto Ilha da (Org.). Crimes Cibernéticos. Porto Alegre: Livraria do Advogado. 2017. p.225/226).

Art. 11. O requerimento do Ministério Público ou a representação do delegado de polícia para a infiltração de agentes conterão a demonstração da necessidade da medida, o alcance das tarefas dos agentes e, quando possível, os nomes ou apelidos das pessoas investigadas e o local da infiltração.

Delimitação dos objetivos e alcance da infiltração: Se antes se reclamava da vagueza com que o tema era tratado nas leis do crime organizado e de drogas, o diploma em análise supriu tais omissões. Detalha, com efeito, todo o procedimento para que, judicialmente, seja autorizada a infiltração do agente policial.

O pedido, assim, poderá ser deflagrado mediante representação do delegado de polícia ou requerimento do Ministério Público. Fala-se em "requerimento" do "*parquet*" na medida em que é parte da relação processual. Para o delegado de polícia, por não ser parte, se emprega o vocábulo "representação". Mas ambos os atos traduzem um pedido formulado ao juiz, no caso, para que seja autorizada a infiltração.

É intuitiva a obrigação de se demonstrar a necessidade da infiltração. O grau de invasão na esfera particular do indivíduo (ainda que se trate de um membro de organização criminosa), e o risco inerente à diligência que correrá o agente infiltrado, reclamam que se aponte a necessidade da medida. Como tal se deve entender mesmo a "imprescindibilidade da medida", isto é, a impossibilidade de obtenção da prova senão por meio da infiltração. Claro: podendo ser colhida a prova por meios outros que não importem nos inconvenientes acima apontados, não se deve deferir sua realização. A análise será realizada casuisticamente, frente ao caso concreto que é apresentado, cabendo ao juiz, animado pelo bom senso, decidir a respeito.

Um tanto mais complexa, na prática, será a demonstração do "alcance das tarefas dos agentes" a se infiltrarem. De pronto se observa que, no mais das vezes, não se tem a exata noção da real abrangência da organização criminosa. É tamanha a rede de tentáculos, tantas as ramificações nessa espécie de criminalidade, que o autor do pedido encontrará dificuldade em aponta a investigação a ser desenvolvida pelo policial.

E mesmo cada espécie de tarefa a ser cumprida não será de fácil indicação no pedido. Em comentários atinentes à Lei nº 9034/95, Marcelo Mendroni destaca que "o mandado judicial pode conter, extensivamente, autorização expressa para que o agente, sendo favoráveis as condições e sem risco pessoal, apreenda documentos de qualquer natureza, desde papéis a arquivos magnéticos; e, dispondo de equipamentos correspondentes, realize filmagens, fotografias e escutas, ambientais e telefônicas. São meios de prova dos quais a Polícia não pode prescindir e nada os impede, ao contrário, tudo favorece, sejam realizados pelo agente mediante expressa e prévia autorização judicial. Seria, a contrário senso, absolutamente inviável a necessidade de que o agente tivesse que buscar autorização judicial para cada situação vivida na infiltração, não só pelo evidente risco de *periculum in mora*, mas também pela absoluta impossibilidade fática. São também providências que se encaixam com o princípio da proporcionalidade, pois se o agente pode estar infiltrado no meio dos criminosos, não há razão para que não possa, via de extensão e em compatibilidade com a sua função demonstração cabal da situação criminosa vivenciada" (Crime organizado: aspectos gerais e mecanismos legais. 3ª. ed. São Paulo: Atlas, 2009, p. 111).

Pensamos que assista razão ao autor. Não que se pretenda outorgar verdadeira "carta branca" ao agente infiltrado, habilitando-o à prática de atos ilegais e que extrapolem seu "mandato". Mas não faria o menor sentido que, uma vez imerso na organização criminosa, fosse proibido de recolher provas relacionadas à tarefa a qual se incumbiu. E, de fato, a obrigatoriedade de buscar, a todo momento, autorização judicial, não só se mostraria incompatível com a rapidez que se exige nessa espécie de operação, como, ademais, colocaria em sério risco a segurança do policial.

Tema interessante consiste em se indagar da possibilidade do agente infiltrado, mais adiante e no processo judicial, servir como testemunha. Não vemos qualquer impedimento e, antes, nos parece absolutamente salutar esse testemunho. Primeiro, porque o art. 202 do Código de Processo Penal não estabelece qualquer espécie de restrição, ao dispor que "toda pessoa poderá ser testemunha". Como já se destacou, "ao dispor, no artigo em estudo, que toda pessoa pode servir como testemunha, procurou o código não estabelecer qualquer espécie de preconceito, deixando a critério do julgador, em uma análise global do conjunto probatório, a valoração de cada depoimento, atento aos princípios da busca da verdade real e da livre apreciação da prova" (Ronaldo Batista Pinto. Prova penal segundo a jurisprudência. São Paulo: Saraiva, 2000, p. 259).

Mais que isso: ninguém se encontra mais habilitado para prestar esclarecimentos sobre os fatos que o agente infiltrado. Afinal, deles participou ativamente, conhecendo detalhes de seu planejamento e execução, prestando-se seu depoimento, por consequência, como valioso elemento de prova. Recomenda-se, apenas, para garantir a segurança do agente policial, que seu depoimento seja realizado de forma sigilosa, sob os auspícios da Lei nº 9.807/99, que protege vítimas e testemunhas[14].

Tampouco há que se negar importante valor probatório ao depoimento deste agente infiltrado. A tese de que, por se tratar de polícia, seu testemunho careceria de maior credibilidade, de há muito perdeu seu prestígio, rechaçada que foi pela jurisprudência, inclusive do Supremo Tribunal Federal (HC nº 74.608-0 – Rel. Celso de Mello, j. 18.02.1997, DJU 11.04.1997, p. 12.189; HC 74.522-9, Rel. Maurício Corrêa, DJU 13.12.1996, p. 50.167). De resto, não faria sentido o Estado (administração) atribuir tão relevante e grave função a um de seus servidores para, em seguida, o mesmo Estado (juiz), suspeitar de seu depoimento, negando-lhe mesmo o direito e a obrigação de prestar contas da tarefa que cumpriu.

É óbvio que tal prova, se isolada nos autos, não poderá, por si só, embasar um decreto condenatório, posto que não foi submetida a princípios que são caros ao processo penal e que têm lugar na Constituição, como o contraditório e a ampla defesa. Mas esse entendimento não se aplica apenas ao depoimento do agente infiltrado, senão a toda e qualquer modalidade de prova obtida extrajudicialmente.

---

14 O Tribunal de Justiça do Estado de São Paulo, por meio do provimento nº 32/2000, prevê, em seu art. 3º, que "as vítimas ou testemunhas coagidas ou submetidas a grave ameaça, em assim desejando, não terão quaisquer de seus endereços e dados de qualificação lançados nos termos de seus depoimentos. Aqueles ficarão anotados em impresso distinto, remetido pela Autoridade Policial ao Juiz competente juntamente com os autos do inquérito após edição do relatório. No Ofício de Justiça, será arquivada a comunicação em pasta própria, autuada com, no máximo, duzentas folhas, numeradas, sob responsabilidade do Escrivão". Demais disso, nos termos do art. 6º, "o mandado de intimação de vítima ou testemunha, que reclame tais providências, será feito em separado individualizado, de modo que os demais convocados para depoimentos não tenham acesso aos seus dados pessoais". O Supremo Tribunal Federal afirmou a constitucionalidade desse provimento (RHC nº 89.137/SP – Rel. Carlos Ayres Britto, DJ 29.06.2007). No mesmo sentido o Superior Tribunal de Justiça: (HC nº 147471/SP, Rel. Jorge Mussi, DJe 26/09/2011; HC 218.820/SP, Rel. Jorge Mussi, j. 10.04.2012, DJe 03/05/2012).

Recomendável, ainda, que sejam indicados nomes e apelidos (melhor, diríamos, codinomes), daqueles que serão investigados, assim como o local da infiltração. Desde que, por óbvio, sejam possíveis tais informações. Por vezes o grande número de pessoas envolvidas na prática delituosa, bem como sua concretização em diferentes locais (cidades, estados e até países diversos), inviabilizam que sejam atendidos esses pormenores, fator que, porém, não se mostra apto a impedir o deferimento do pedido.

Parágrafo único. Os órgãos de registro e cadastro público poderão incluir nos bancos de dados próprios, mediante procedimento sigiloso e requisição da autoridade judicial, as informações necessárias à efetividade da identidade fictícia criada, nos casos de infiltração de agentes na internet." Redação dada pela Lei 13.964/2019.

Banco de dados dos agentes infiltrados: Para efetivar a infiltração, normalmente é necessário criar uma identidade para o policial. Isso se aplica especialmente nas infiltrações promovidas em organizações criminosas, em que os infiltrados lidam pessoalmente com os criminosos, mas também pode ser necessário nas infiltrações virtuais, pois não se descarta que, mesmo à distância, o infiltrado tenha que se identificar perante aqueles que investiga.

Para que a criação da identidade seja otimizada, o art. 11 estabelece a possibilidade de os órgãos de registro e de cadastro públicos incluam em seus respectivos bancos de dados as informações necessárias à efetividade da identidade fictícia criada.

Art. 12. O pedido de infiltração será sigilosamente distribuído, de forma a não conter informações que possam indicar a operação a ser efetivada ou identificar o agente que será infiltrado.

§ 1º As informações quanto à necessidade da operação de infiltração serão dirigidas diretamente ao juiz competente, que decidirá no prazo de 24 (vinte e quatro) horas, após manifestação do Ministério Público na hipótese de representação do delegado de polícia, devendo-se adotar as medidas necessárias para o êxito das investigações e a segurança do agente infiltrado.

A respeito do sigilo a ser mantido a respeito da operação e seu acesso, confiram-se acima os comentários tecidos ao art. 7º da lei. Destaque-se, apenas, que constitui crime o descumprimento da determinação de sigilo nas investigações, conforme previsão do art. 20 desta lei.

§ 2º Os autos contendo as informações da operação de infiltração acompanharão a denúncia do Ministério Público, quando serão disponibilizados à defesa, assegurando-se a preservação da identidade do agente.

Acesso aos autos da infiltração – O sigilo deve presidir todo o trâmite do pedido. Sua divulgação de forma indiscriminada, ao revés, culminará certamente com o insucesso da diligência e, mais grave, com risco ao policial nela envolvido.

A defesa somente terá acesso à prova – e, mesmo assim, preservada a identidade do agente infiltrado – após a denúncia do Ministério Público, já que os autos da diligência acompanharão a inicial. Interessante que, conquanto faça referência à denúncia, nada impede, em tese, que o processo criminal seja deflagrado mediante uma queixa-crime, na chamada ação penal privada subsidiária da pública, que tem expressa previsão constitucional.

Observe-se que, para a ação infiltrada, a lei em tela não permite seja o pedido formulado verbalmente, como ocorre para as hipóteses de interceptação telefônica da Lei nº 9296/96. Tal opção, pensamos, não se deu por cochilo do legislador. Com efeito, em face da gravidade da diligência e dos requisitos que são impostos para sua concessão, entendeu mais prudente fosse o pleito reduzido a termo.

> § 3º Havendo indícios seguros de que o agente infiltrado sofre risco iminente, a operação será sustada mediante requisição do Ministério Público ou pelo delegado de polícia, dando-se imediata ciência ao Ministério Público e à autoridade judicial.

Sustação da operação – Ainda aqui a preocupação maior é com a incolumidade física do agente infiltrado. Desafiaria mesmo a moral e a ética imaginar-se que o desvendamento de determinado delito (por mais grave que pudesse ser) ou mesmo o desbaratamento de organização criminosa justificasse a perda de uma vida. De se ver que a paralisação da diligência não reclama prévia autorização judicial. Segundo a literalidade do texto, basta a requisição do Ministério Público, sendo o juiz cientificado do ato. Ou a requisição da autoridade policial, quando então serão cientificados o juiz e o "*parquet*".

Cientificar, aqui, tem o sentido de participar, comunicar algo que já ocorreu. A urgência na sustação da operação, em face do risco acometido ao servidor, não pode mesmo se submeter a qualquer decisão anterior. Assim, antes mesmo de qualquer requisição, pelo Ministério Público e pelo delegado de polícia, impõe-se, no plano fático, seja imediatamente cessada a infiltração.

> **Art. 13.** O agente que não guardar, em sua atuação, a devida proporcionalidade com a finalidade da investigação, responderá pelos excessos praticados.

Dever de proporcionalidade do agente infiltrado – A proporcionalidade é fundamental não apenas para a atividade do agente infiltrado, mas também para justificar a existência desse instituto. O debate ético sobre a infiltração começou com a antiga Lei nº 9034/95, que tratava de maneira desorganizada o tema, suscitando críticas pela utilização de fraude e engano por parte do agente infiltrado, além da conivência do Estado. Há o risco de o agente cometer crimes "em nome da lei", o que levanta questionamentos sobre a moralidade do processo.

Conforme observam doutrinadores como Manuel Augusto Alves Meireis (O regime das provas obtidas pelo agente provocador em processo penal. Coimbra: Almedina, 1999. p. 171) e Antonio Magalhães Gomes Filho (In: Boletim do Instituto Brasileiro de Ciências Criminais, São Paulo, nº 13, p. 01, fev. 1994), a prática da infiltração gera preocupações quanto à validade das provas obtidas e ao risco de atrair policiais para a criminalidade. A nova legislação, em contrapartida, regulamentou o instituto, estabelecendo prazos, legitimidade, controle judicial e proteção ao agente infiltrado, superando as falhas da legislação anterior.

Trata-se, ademais, como já observado, de instituto que tem previsão na Convenção de Palermo e que, fosse assim tão nefasto e danoso, com pensam alguns, decerto que não mereceria a aprovação em um encontro de âmbito mundial, promovido pela Organização das Nações Unidas. É, de resto, meio de prova admitido em praticamente todos os países do mundo ocidental A autora portuguesa Isabel Oneto indica que, na Europa, à exceção de Luxemburgo, todos os demais países adotam essa técnica de investigação (in O agente infiltrado – contributo para a compreensão do regime jurídico das acções encobertas. Editora Coimbra, 2005, p. 96).

De se lembrar, ainda, que a ferocidade com que são praticados os crimes através de organização, o grau de suas ramificações e a periculosidade dos agentes neles envolvidos, reclamam do Estado uma resposta mais enérgica, a ser concretizada com certa restrição a direitos constitucionalmente assegurados, mas sempre mediante uma ordem judicial.

É o dizer de Flávio Cardoso Pereira: "Como conseqüência, observa-se que os instrumentos clássicos e próprios do Estado liberal de Direito se mostram claramente insuficientes para fazer frente à expansão da delinqüência organizada, razão pela qual o Estado deve dispor de novos meios tanto de direito penal material, de política criminal e de direito processual, os quais por lógica serão tidos como mais agressivos contra os delinqüentes, e, portanto, demandarão uma maior limitação tanto da liberdade como de outros direitos fundamentais constitucionalmente protegidos" (A Moderna investigação criminal: infiltrações policiais, entregas controladas e vigiadas, equipes conjuntas de investigação e provas periciais de inteligência. In Limites Constitucionais da Investigação. Rogério Sanches Cunha, Pedro Taques, Luiz Flávio Gomes (coords.). São Paulo: Revista dos Tribunais, 2009, p 100).

É esta a proporcionalidade de que tratamos e que impõe, para superação do dilema, a análise casuística, a fim de se ponderar, no caso concreto, se é justificável o sacrifício de algum direito em prol de uma resposta estatal eficaz à criminalidade organizada.

A proporcionalidade até então mencionada se refere ao próprio instituto em si. Aludiremos, agora, a proporcionalidade mais voltada à atividade do agente infiltrado.

Com efeito, este artigo permite a análise do alcance da atuação do agente infiltrado, quais as limitações de sua atuação e até aonde pode ir, quando, então, se prosseguir, terá cometido excesso a ser punido, disciplinar e criminalmente.

Parece claro que até mesmo a prática de crime lhe é permitida, posto que, somente assim, se explica o teor do parágrafo único deste dispositivo, que não pune a conduta do agente infiltrado "quando inexigível conduta diversa".

Assim, para ficarmos com dois exemplos, imagine-se o agente que, infiltrado em uma organização criminosa especializada no roubo de veículos, em dado momento dá cobertura à ação dos "comparsas", permanecendo atento à eventual aproximação da polícia. Ou que transporta um desses veículos roubados. Ou mesmo que aponta sua arma para uma das vítimas com o objetivo de tomar-lhe o automóvel. Nesse primeiro exemplo, o policial infiltrado comete ações que são próprias da criminalidade na qual se encontra imerso e sua negativa em auxiliar os demais autores poderia mesmo denunciar sua condição de infiltrado. É dizer: somente estará devidamente infiltrado, em condição de não levantar suspeitas e de obter valioso dado probatório, quando fizer as vezes dos delinquentes, agindo como eles e adotando suas práticas.

Em um segundo exemplo, após se infiltrar em associação criminosa dedicada ao tráfico de drogas, o agente se apodera de certa quantidade de droga e passa a vendê-la, em ação que não guarda qualquer liame com a infiltração e que nem mesmo é conhecida pelos demais integrantes do grupo.

Ora, enquanto no primeiro exemplo o agente infiltrado age dentro do que lhe autoriza a lei e de forma a obter sucesso em sua empreitada, no segundo sua ação é abusiva e, por isso, deverá responder pelo excesso. É que, para melhor se infiltrar e para se passar, de forma mais convincente, como membro do bando, não havia nenhuma necessidade de vender a droga, em atitude que, no exemplo, era até ignorada dos demais. Conclui-se, destarte, que enquanto no primeiro caso terá agido acobertado por uma excludente de culpabilidade, no segundo se houve com abuso, devendo responder pelo excesso.

Conforme adverte Issac Sabbá Guimarães. "o agente infiltrado mantém sua verdadeira identidade encoberta, adotando uma falsa, para ganhar a confiança dos criminosos; passa a viver no submundo do crime, inclusive fazendo parte dos planos e ações ilícitas, sem, no entanto, dar causa, diretamente, à prática de um crime (a atividade do agente é limitada). Pode mesmo chegar a prestar apoio moral e material, e praticar atos de execução de crime, como permite o regime legal português de ações encobertas, mas não pode – está proibido de – impulsionar o crime. Para além do mais, a infiltração, pelo que percebemos quanto ao seu emprego tanto no processo penal português como no nosso, é regrada por um juízo de necessidade e pelo princípio da proporcionalidade, pois que fica a investigação restrita a crimes de maior potencialidade ofensiva e sob a pendência de autorização do Ministério Público (em Portugal) ou do juiz (no caso brasileiro)" (Agente provocador, agente infiltrado e o novo paradigma de processo penal. Disponível em www.ambitojuridico.com.br, acessado em 12.08.2013).

O agente infiltrado não induz à ocorrência do crime. Em verdade, a ação da organização criminosa está em curso e ele a toma no meio do caminho, quando se infiltra. Se imaginássemos uma linha férrea, o agente provocador é aquele que, pilotando a locomotiva, a retira da inércia, dando início à viagem. Já o agente infiltrado adentra a composição quando ela já se encontrava em movimento, não sendo ele quem dá origem à ação, ainda que, nesse meio tempo, venha a assumir a função de condutor do trem.

> Parágrafo único. Não é punível, no âmbito da infiltração, a prática de crime pelo agente infiltrado no curso da investigação, quando inexigível conduta diversa.

Exclusão da responsabilidade do agente infiltrado – A doutrina divergia a respeito da natureza jurídica da exclusão da responsabilidade penal do agente infiltrado. A doutrina identifica quatro correntes que se estabeleceram a respeito do tema.

> "1ª) trata-se de uma causa de exclusão de culpabilidade, por inexigibilidade de conduta diversa. Isso porque, se o agente infiltrado tivesse decidido não participar da empreitada criminosa, poderia ter comprometido a finalidade perseguida com a infiltração, ou seja, não havia alternativa senão a prática do crime;
>
> 2ª) escusa absolutória: o agente infiltrado age acobertado por uma escusa absolutória, na medida em que, por razões de política criminal, não é razoável nem lógico admitir a sua responsabilidade penal. A importância da sua atuação está diretamente associada à impunidade do delito perseguido;
>
> 3ª) trata-se de causa excludente da ilicitude, uma vez que o agente infiltrado atua no estrito cumprimento do dever legal;
>
> 4ª) atipicidade penal da conduta do agente infiltrado. Essa atipicidade, todavia, poderia decorrer de duas linhas de raciocínio distintas. A atipicidade poderia derivar da ausência de dolo por parte do agente infiltrado, uma vez que ele não age com a intenção de praticar o crime, mas visando a auxiliar a investigação e a punição do integrante ou dos integrantes da organização criminosa. Faltaria, assim, imputação subjetiva. De outro lado, a atipicidade poderia derivar da ausência de imputação objetiva, porque a conduta do agente infiltrado consistiu numa atividade de risco juridicamente permitida, portanto, sem relevância penal". Em artigo publicado após a edição da lei em comento, Damásio de Jesus, em abono a esse entendimento, acrescenta que "ora, se a ação é permitida pela lei e autorizada pelo Juiz, como considerá-la típica? ... Se o Estado lhe permite a atividade [do agente infiltrado], havendo a prática de um crime pela organização, que contou com sua execução ou participação, o correto é reconhecer a ausência de tipicidade em suas ações e não a licitude ou a inculpabilidade em fases posteriores".

Conclui-se, da simples leitura do parágrafo em comento, que o legislador optou seguir a primeira corrente (causa de inexigibilidade de conduta diversa), merecendo aplausos.

Com essa solução, sendo o agente infiltrado induzido, instigado ou auxiliado a praticar um crime no âmbito da organização, respeitando a proporcionalidade e sem extrapolar a finalidade da investigação, sendo dele inexigível conduta diversa, exclui-se apenas a culpabilidade do injusto por ele praticado, permanecendo típico e ilícito, possibilitando, de acordo com a teoria da acessoriedade limitada (ou média), a punição dos partícipes (integrantes da organização) pelo delito praticado.

Ilustrando esse raciocínio, suponhamos que FULANO, agente de polícia, se infiltra em organização criminosa formada para a prática de furtos e roubos a bancos e caixas eletrônicos.

Os integrantes da sociedade criminosa decidem que o "batismo" de FULANO consiste em, sozinho, empregando artefatos explosivos, executar o crime, subtraindo valores de um caixa eletrônico numa cidade do interior. FULANO, infiltrado, não tem como negar, pois busca conquistar a confiança dos demais, condição primeira para o sucesso infiltração. FULANO, autor da subtração com rompimento de obstáculos, não é culpável (sendo dele inexigível conduta diversa), mas os integrantes que o induziram a execução do fato previsto como crime patrimonial respondem pelo delito.

Art. 14. São direitos do agente:

I – recusar ou fazer cessar a atuação infiltrada;

Direitos do agente infiltrado – A atuação do servidor é, inegavelmente, cercada de riscos, dada, principalmente, à espécie de criminalidade na qual será infiltrado. Bem por isso é que se permite que o agente escolhido para a missão a recuse ou, ainda, que aquele que já se encontre infiltrado, desista da tarefa.

É verdade que, dentro da normalidade do serviço público e da natureza das funções que lhe são inerentes, essa conduta do servidor poderia configurar falta administrativa. De sorte que um policial escolhido para se infiltrar e que recusasse a missão, infringiria, em tese, o disposto no art. 116 da Lei nº 8.112/90 (Estatuto do Servidor Público Federal), que, dentre os deveres do servidor, impõe o de "cumprir as ordens superiores, exceto quando manifestamente ilegais". Tal conduta poderia mesmo culminar com sua demissão, vez que o art. 132, inc. VI, do mesmo diploma, comina essa pena àquele que praticar "insubordinação grave em serviço".

Mas isso – insiste-se – quando da prática de faltas relacionadas à prestação corriqueira do serviço público. A situação aqui é um tanto diversa. A natureza da investigação e o grau de periculosidade daqueles nela envolvidos, exige do servidor, primeiro, que queira enfrentar o desafio. E, segundo, já se encontrando infiltrado, que se sinta à vontade para assim permanecer. Em suma, não se cogita de atribuir essa tarefa de forma compulsória a um agente policial. Antes, é preciso que ele, ciente dos riscos que correrá, aceite espontaneamente a missão.

Em remate, como destaca Luiz Otávio de Oliveira Rocha, "do ponto de vista fático, parece inegável que a atuação do agente infiltrado está cercada de gravíssimos riscos à sua integridade física como a de seus familiares. Daí resulta a preocupação dos legisladores em fazer o requisito da voluntariedade para os membros dos organismos policiais que devam atuar 'encobertos', bem como reserva-lhes mecanismos de proteção semelhantes aos idealizados para os peritos e testemunhas" (Agente Infiltrado: Inovação da Lei 10.217/2001. Revista Jurídica da Escola Superior do Ministério Público, São Paulo, v. 1, nº 1, jan. a jun. 2001, p. 155).

II – ter sua identidade alterada, aplicando-se, no que couber, o disposto no art. 9º da Lei nº 9.807, de 13 de julho de 1999, bem como usufruir das medidas de proteção a testemunhas;

Direito à alteração de identidade – Trata-se de medida cujo objetivo é de preservar a incolumidade física do agente infiltrado. E não apenas dele, mas também de sua família bem como de todos que lhe são próximos. O dispositivo faz referência à lei que protege vítimas e testemunhas (Lei nº 9.807/99), que, em seu art. 9º, admite que "em casos excepcionais e considerando as características e gravidade da coação ou ameaça, poderá o conselho deliberativo encaminhar requerimento da pessoa protegida ao juiz competente para registros públicos objetivando a alteração de nome completo".

A ressalva "no que couber" significa dizer que nem tudo que previsto naquela lei terá aplicação para as hipóteses de agente infiltrado. Assim, por exemplo, não há que falar em "conselho deliberativo", órgão típico da Lei nº 9.807/99, a quem cumpre decidir sobre o ingresso de pessoas no programa de proteção, bem como "as providências necessárias ao cumprimento do programa" (art. 6º, incs. I e II da lei). Aqui a decisão sobre a alteração da identidade do agente infiltrado cabe exclusivamente ao juiz de direito, mediante – entendemos – requerimento do Ministério Público, representação da autoridade policial e mesmo a pedido do próprio policial (ouvido, nestas duas últimas hipóteses, o "*parquet*").

Fazendo o dispositivo expressa remissão à Lei nº 9.807/99, cremos que a alteração da identidade poderá se estender também "ao cônjuge ou companheiro, ascendentes, descendentes e dependentes", como prevê o art. 2º, § 1º do mencionado diploma, e aos filhos menores (art. 9º, § 1º da Lei nº 9.807/99). É que, em face da eventual gravidade dos crimes apurados e a periculosidade dos envolvidos, não se revelará suficiente a mera alteração da identidade do agente infiltrado, senão também das pessoas que lhe são mais próximas.

Essa alteração do nome será objeto de registro próprio, como se depreende do disposto no § 7º, do art. 57 da Lei nº 6.015/73, *verbis*: "Quando a alteração de nome for concedida em razão de fundada coação ou ameaça decorrente de colaboração com a apuração de crime, o juiz competente determinará que haja a averbação no registro de origem de menção da existência de sentença concessiva da alteração, sem a averbação do nome alterado, que somente poderá ser procedida mediante determinação posterior, que levará em consideração a cessação da coação ou ameaça que deu causa à alteração". Também é cabível a mudança, apenas, do prenome, como prevê o parágrafo único do art. 58 da Lei de Registros Públicos.

Trata-se, com efeito, de inovação introduzida pela lei de proteção a vítimas e testemunhas e que, como já dissemos, tem aplicação a situações que envolvam agentes infiltrados.

Ainda por força da Lei nº 9.807/99, o juiz determinará aos órgãos competentes que forneçam documentos ao infiltrado dos quais constem a alteração do nome, assim como "a remessa da sentença ao órgão nacional competente para o registro único de identificação civil" (art. 9º, § 3º, incs. II e III da Lei nº 9.807/99).

Uma vez cessada a ameaça, por aplicação do disposto no § 5º, do art. 9º da Lei nº 9.807/99, poderá o agente solicitar seu retorno (e de eventuais parentes), à situação anterior, tornando, assim, à sua identidade original.

O dispositivo permite, ainda, que o agente infiltrado usufrua das medidas de proteção à testemunha, previstas na Lei nº 9.807/99. Tais medidas se encontram elencadas no art. 7º, incs. I a IX do aludido diploma. Parece obvio, contudo, que apenas as medidas compatíveis com o exercício da infiltração podem ser adotadas. Daí a ressalva "no que couber" contida no texto em exame. Não há que se cogitar, assim, de segurança e escolta, previstas no inc. II, capazes de revelar a função pública exercida pelo agente infiltrado. Tampouco, cremos, de ajuda financeira mensal (inc. V), por se tratar de servidor público, devidamente remunerado. Nada impede, porém, que conte com segurança em sua residência (inc. I), ou que lhe seja transferida a residência por questões de segurança (inc. III). E mesmo que lhe seja propiciado "apoio e assistência social, médica e psicológica" (inc. VII).

III – ter seu nome, sua qualificação, sua imagem, sua voz e demais informações pessoais preservadas durante a investigação e o processo criminal, salvo se houver decisão judicial em contrário;

IV – não ter sua identidade revelada, nem ser fotografado ou filmado pelos meios de comunicação*-**, sem sua prévia autorização por escrito.

* A Resolução nº 59/2008, do Conselho Nacional de Justiça, dispõe em art. 17, que:

Art. 17. Não será permitido ao Magistrado e ao servidor fornecer quaisquer informações, direta ou indiretamente, a terceiros ou a órgão de comunicação social, de elementos sigilosos contidos em processos ou inquéritos regulamentados por esta Resolução, ou que tramitem em segredo de Justiça, sob pena de responsabilização nos termos da legislação pertinente. (Redação dada pela Resolução 217, de 16.02.16)

§ 1º No caso de violação de sigilo de que trata o *caput* deste artigo, por integrantes do Poder Judiciário ou por membros de outras instituições, dentre as quais a polícia, o Ministério Público e a advocacia, o Magistrado responsável pelo deferimento da medida requisitará a imediata apuração dos fatos pelas autoridades competentes, sob pena de responsabilização. (Incluído pela Resolução 217, de 16.02.16)

§ 2º Decorrido prazo razoável, o Magistrado solicitará informações sobre o andamento das investigações. (Incluído pela Resolução 217, de 16.02.16)

No mesmo sentido, mas aplicável aos membros e servidores do Ministério Público, é a Resolução nº 36/2009, do CNMP.

São mais duas medidas de proteção ao agente infiltrado que, a rigor, praticamente se repetem. Ambas protegem a privacidade do policial, velando para que imagem e identidade não se tornem públicas.

Não conseguimos vislumbrar, outrossim, o motivo pelo qual uma decisão judicial determinaria a divulgação de dados capazes de identificar o agente infiltrado. Tampouco porque o policial autorizaria, por escrito, a divulgação de sua imagem nos meios de comunicação, por fotografia ou filmagem.

Afinal, a natureza da diligência e o ambiente de altíssima criminalidade nos quais envolvidos o agente, reclamam o mais absoluto sigilo, sob pena de, na eventual indiscrição, pagar o servidor com a própria vida.

Lembre-se, por fim, do disposto no art. 18 desta lei, que considera crime a conduta de quem "revelar a identidade, fotografar ou filmar o colaborador, sem sua prévia autorização por escrito".

SEÇÃO IV

DO ACESSO A REGISTROS, DADOS CADASTRAIS, DOCUMENTOS E INFORMAÇÕES

Art. 15. O delegado de polícia e o Ministério Público terão acesso, independentemente de autorização judicial, apenas aos dados cadastrais do investigado que informem exclusivamente a qualificação pessoal, a filiação e o endereço mantidos pela Justiça Eleitoral, empresas telefônicas, instituições financeiras, provedores de internet e administradoras de cartão de crédito.

Acesso a Registros, Dados Cadastrais, Documentos e Informações – Permite o dispositivo o livre acesso da autoridade policial e do Ministério Público a dados cadastrais do investigado, independentemente de prévia autorização judicial. Como dado cadastral, segundo se infere da norma, deve-se entender aquele relativo à qualificação pessoal da pessoa (estado civil, profissão, número do telefone, RG, CPF, etc.), à filiação e ao endereço do averiguado. Esses dados são mantidos nos cadastros da Justiça Eleitoral, empresas de telefonia, instituições financeiras provedores de internet e administradoras de cartão de crédito e sua divulgação – insiste-se – prescinde de ordem judicial.

Repete-se, aqui, previsão idêntica que já constava do art. 17-B da Lei 9.613/98, diploma que impõe, ainda, a manutenção desse cadastro pelo prazo de cinco anos após o encerramento da conta bancária ou a conclusão da transação financeira, nos termos do seu art. 10, § 2º. A propósito, a Lei Complementar nº 105/2001, em seu art. 1º, § 3º, dispõe que não constitui violação do dever de sigilo "a troca de informações entre instituições, para fins cadastrais.".

De se observar, porém, que as informações prestadas devem se restringir, única e exclusivamente, aos dados cadastrais. É dizer, em dois exemplos: pode o delegado de polícia determinar que o banco informe o nome completo de um correntista, mas seria abusiva a pretensão no sentido de que extratos bancários da conta corrente do investigado lhe fossem enviados[15]. Ou ainda, pode o Ministério Público requisitar à determinada empresa telefônica que indique o endereço do titular de certa linha, mas consistiria em ilegalidade ir além para que as conversas mantidas via telefone fossem interceptadas.

Assim, o acesso a dados cadastrais não configura, por si só, a quebra do sigilo pessoal, seja ele de ordem fiscal ou relacionado a comunicações. Nessa linha de raciocínio, o Superior Tribunal de Justiça já se posicionou (HC 190917/SP – Rel. Celso Limongi – RT 908/546). E recentemente, o Plenário do STF também decidiu que tal acesso é admissível, conforme o julgamento da ADI 5.642-DF, estabelecendo duas teses importantes:

1. É constitucional a norma que permite, mesmo sem autorização judicial, que delegados de polícia e membros do Ministério Público requisitem dados e informações cadastrais da vítima ou dos suspeitos em investigações sobre crimes como cárcere privado, redução a condição análoga à de escravo, tráfico de pessoas, sequestro relâmpago, extorsão mediante sequestro e envio ilegal de crianças ao exterior (CPP/1941, art. 13-A).
2. É constitucional a norma que possibilita, mediante autorização judicial (mesmo que posterior), a requisição da disponibilização imediata de sinais, informações e outros dados que viabilizem a localização da vítima ou dos suspeitos desses mesmos delitos (CPP/1941, art. 13-B) (STF - Plenário, ADI 5.642-DF, Relator: Edson Fachin, Julgamento: 18/04/2024).

Em suma: a mera informação a respeito de dados cadastrais, não implicará em quebra de sigilo, posto que admitida pela doutrina e jurisprudência e, agora, autorizada expressamente pela lei em exame. A extrapolação, porém, a tal permissão, reclamará sempre a prévia autorização judicial, face ao teor da cláusula constitucional de reserva de jurisdição.

Lembre-se, por último, que, nos termos do art. 21 da lei em comento, é crime "recusar ou omitir dados cadastrais, registros, documentos e informações requisitadas pelo juiz, Ministério Público ou delegado de polícia, no curso de investigação ou do processo". Pune-se, ademais, a conduta de quem faz uso indevido das informações cadastrais.

Art. 16. As empresas de transporte possibilitarão, pelo prazo de 5 (cinco) anos, acesso direto e permanente do juiz, do Ministério Público ou do delegado de polícia aos bancos de dados de reservas e registro de viagens.

Registro de viagens – O "banco de dados" é, basicamente, um conjunto de informações referentes à empresa, que contém um mínimo de organização por temas, capaz de propiciar seu acesso pelo usuário. No mundo atual, marcado pela informática, esse banco de dados é armazenado em programas de computadores.

15 "A quebra do sigilo bancário para investigação criminal deve ser necessariamente submetida à avaliação do magistrado competente, a quem cabe motivar concretamente seu decisum, em observância aos artigos 5º, XII e 93, IX, da Carta Magna. Não cabe à Receita Federal, órgão interessado no processo administrativo tributário e sem competência constitucional específica, fornecer dados obtidos mediante requisição direta às instituições bancárias, sem prévia autorização judicial, para fins penais" (STJ – REsp. nº 1201442-RJ, Rela. Maria Thereza de Assis Moura, j. 13.08.2013, DJe 22.08.2013).

Não se trata de um livro obrigatório dentre aqueles exigidos pela lei civil. Quando se diz "livro", não significa, necessariamente, que a escrituração da empresa deva ser feita no papel, já que o art. 1.179 do Código Civil, admite sua elaboração de forma mecanizada. Mas – repita-se – o banco de dados não compõe o rol dos livros obrigatórios da empresa, prestando-se, em verdade, como um mecanismo de gerenciamento, necessário para que se tenha um mínimo de organização.

O legislador não esclareceu qual o tipo de transporte efetuado pela empresa que deverá contar com esse banco de dados. Poderá ser uma empresa de transporte aéreo ou terrestre. Que leve passageiros ou carga. Qualquer que seja a empresa, ela será obrigada a permitir o acesso do juiz, do Ministério Público[16] e do delegado de polícia aos dados constantes de seu banco. Como se depreende da literalidade do texto, do promotor de justiça e do delegado de polícia não se exige prévia autorização judicial, já que podem ter acesso direto ao banco de dados.

Ao que se infere do texto legal, pelo prazo de cinco anos, empresas de transporte deverão manter uma base de dados de onde conste "reservas e registro de viagens". Tudo indica que se trata de um rol com o nome dos passageiros, viável desde que se trate de transporte aéreo, pois, para se viajar em um ônibus, por exemplo, não se exige a exibição de qualquer documento (salvo se o passageiro for criança e estiver desacompanhado, quando se exigirá autorização judicial).

Mas é preciso cautela. De sorte que, se a diligência importar, por exemplo, em acesso ao movimento financeiro da empresa, esse dado encontra-se protegido pelo sigilo fiscal e seu acesso só será permitido mediante prévia ordem judicial nesse sentido. É a leitura que se faz dos incs. X e XII, do art. 5º da Constituição.

Art. 17. As concessionárias de telefonia fixa ou móvel manterão, pelo prazo de 5 (cinco) anos, à disposição das autoridades mencionadas no art. 15, registros de identificação dos números dos terminais de origem e de destino das ligações telefônicas internacionais, interurbanas e locais.

Registro dos terminais telefônicos – Faz-se, aqui, a mesma advertência do artigo anterior. Com efeito, o acesso direto que se admite, a prescindir de ordem judicial, do membro do Ministério Público e do delegado de polícia (mencionados no art. 15 da lei), se restringe aos registros dos números dos terminais e do destino das ligações. A lei permite, assim, que se saiba que, em determinado dia, às tantas horas, ocorreu uma ligação entre beltrano e sicrano. E só. Significa dizer que o acesso ao teor da conversa, por importar afronta à norma constitucional que assegura o sigilo telefônico, somente pode ser quebrado mediante ordem judicial (art. 5º, inc. XII da Constituição e art. 1º da Lei nº 9296/96).

Insta registrar que, entendemos que são possíveis de serem requisitados diretamente quaisquer informações que não se insiram no âmbito da intimidade das pessoas, tais como data e horário de chamada telefônica, número do telefone chamado, agenda eletrônica de aparelho celular, histórico de chamadas etc.

O Superior Tribunal de Justiça já entendeu dispensável a ordem judicial nesses casos: "*[...] 3. Não se constata ilegalidade no proceder policial, que requereu à operadora de telefonia móvel responsável pela Estação Rádio-Base o registro dos telefones que utilizaram o serviço na localidade, em dia e hora da prática do crime. 4. A autoridade policial atuou no exercício do seu mister constitucional, figurando a diligência dentre outras realizadas ao longo de quase 7 (sete) anos*

16 O art. 8º, inc. VIII, da Lei Complementar nº 75/93 (Lei Orgânica do Ministério Público da União), o *"parquet"* ao "acesso incondicional a qualquer banco de dados de caráter público ou relativo a serviço de relevância pública".

de investigação. 5. Ademais, eventuais excessos praticados com os registros logrados podem ser submetidos posteriormente ao controle judicial, a fim de se verificar qualquer achincalhe ao regramento normativo pátrio. 6. In casu, a autoridade policial não solicitou à operadora de telefonia o rol dos proprietários das linhas telefônicas ou o teor do colóquio dos interlocutores, apenas os numerários que utilizaram a Estação de Rádio-Base na região, em período adstrito ao lapso delitivo, não carecendo de anterior decisão judicial para tanto, sobressaindo, inclusive, a necessidade da medida policial adotada, que delimitou a solicitação para a quebra do sigilo das conversas dos interlocutores dos telefones e da identificação dos números que os contactaram, feita perante o Juízo competente, que aquiesceu com a obtenção do requestado." (HC 247.331/RS, 6ª T., Rel. Maria Thereza de Assis Moura, unânime, *DJe* 03.09.2014).

Interessante que o dispositivo apenas exige a manutenção de registros dos números de terminais das ligações telefônicas, sendo omisso quanto às ligações telemáticas, ou seja, aquelas que se valem do computador. Pensamos, porém, que, em relação a estas últimas, o dispositivo em exame tenha também aplicação. É que, a despeito desta omissão pontual, o art. 3º, inc. IV, da lei em exame, prevê, como meio de obtenção de prova, o "acesso a registros de ligações telefônicas e telemáticas". A análise não apenas isolada deste dispositivo, mas em consonância e de forma sistemática com o disposto no art. 3º, inc. IV, autoriza a conclusão que o acesso direto é possível também aos registros informáticos.

Mais precisamente em relação a estes últimos, decisão do Superior Tribunal de Justiça, em que foi relatora a Ministra Nancy Andrighi, estabeleceu que é de três anos o tempo de guarda dos registros de usuários de provedores de conteúdos de *internet*. Tratava-se de um caso em que mensagens ofensivas foram trocadas em um fórum de discussão envolvendo alunos e professores de uma faculdade. A mantenedora da faculdade, então, ajuizou medida cautelar contra a provedora do *site*, para identificação do responsável pela mensagem, tendo a suplicada, porém, argumentado que não tinha a obrigação legal de manter dados já excluídos de seus registros em virtude do cancelamento do serviço. A relatora entendeu, contudo, que, em aplicação analógica ao disposto no art. 1.194 do Código Civil, o empresário é obrigado a guardar documentos relativos à sua atividade enquanto não ocorrer a prescrição ou decadência relativa aos atos registrados. Já o prazo da guarda é de três anos, contado da data de cancelamento do serviço, que é o mesmo período para prescrição das ações de reparação civil, previsto no Código Civil (artigo 206, parágrafo 3º, inciso V). Ponderou-se, ademais, quanto à identificação dos usuários que, no caso de serviços que possibilitam a livre divulgação de opiniões, é dever do fornecedor propiciar meios de registro dos usuários, coibindo o anonimato. Caso não o faça, assume os riscos dos danos causados a terceiros.

Essa obrigação decorre da vedação ao anonimato (Constituição Federal, artigo 5º, inciso IV) e do dever de informação e transparência do fornecedor de serviço (Código de Defesa do Consumidor, artigo 6º, inciso III). Destacou a ministra que "ao oferecer um serviço de provedoria de conteúdo, deve o fornecedor obter e manter dados mínimos de identificação de seus usuários, com vistas a assegurar a eventuais prejudicados pela utilização indevida ou abusiva do serviço – consumidores por equiparação nos termos do artigo 17 do CDC – informações concretas sobre a autoria do ilícito. Cuida-se de cautela básica, decorrente da legítima expectativa do consumidor – mesmo aquele que jamais tenha feito uso do serviço – de que, sendo ofendido por intermédio de um site, o seu provedor tenha condições de individualizar o usuário responsável".

SEÇÃO V
DOS CRIMES OCORRIDOS NA INVESTIGAÇÃO E NA OBTENÇÃO DA PROVA

Crimes contra a investigação – Nesta Seção, a Lei 12.850/13 incrimina comportamentos que colocam em risco imediato a administração da justiça, podendo com ela concorrer outros interesses (secundários).

Sobre esse bem jurídico (administração da justiça), também tutelado no CP, mas no seu último título, lembra Noronha:

> "Não trata o legislador da justiça no sentido restrito de jurisdição, mas de tudo quanto se refere à atuação e atividade da justiça, para conseguir os fins que lhes são próprios e inerentes. São os delitos aqui considerados fatos que não atentam apenas contra a instituição da justiça, mas também contra a função, atingindo-a no prestígio e eficácia que lhes são absolutamente indispensáveis" (Direito penal, v. 4, p. 370).

Num Estado Social e Democrático de Direito, não ficam dúvidas de que as ações judiciais precisam estar garantidas contra fatos atentatórios à sua atividade, ao seu império e própria existência.

Art. 18. Revelar a identidade, fotografar ou filmar o colaborador, sem sua prévia autorização por escrito:

Pena – reclusão, de 1 (um) a 3 (três) anos, e multa.

O art. 5º inc. II da Lei assegura ao agente colaborador sigilo quanto ao seu nome, qualificação, imagem e demais informações pessoais. O inc. V, por sua vez, anuncia ser direito do colaborador não ter sua identidade revelado pelos meios de comunicação, nem fotografado ou filmado, sem sua prévia autorização por escrito. A finalidade de tais segredos é não apenas garantir a eficácia do meio de obtenção da prova, mas também a intimidade (segurança, incolumidade) do colaborador, interesse tutelado pelo artigo em comento.

O crime do art. 18 é comum, podendo ser praticado por qualquer pessoa.

Figuram como vítimas o Estado (periclitado na sua tarefa de obtenção de provas) e o agente colaborador, entendido, nos termos do art. 4º, como o indivíduo que coopera efetiva e voluntariamente com a investigação e com o processo criminal, permitindo um ou mais dos seguintes resultados:

I – a identificação dos demais coautores e partícipes da organização criminosa e das infrações penais por eles praticadas;

II – a revelação da estrutura hierárquica e da divisão de tarefas da organização criminosa;

III – a prevenção de infrações penais decorrentes das atividades da organização criminosa;

IV – a recuperação total ou parcial do produto ou do proveito das infrações penais praticadas pela organização criminosa;

V – a localização de eventual vítima com a sua integridade física preservada.

O crime é de ação múltipla, punindo os seguintes comportamentos (alternativos):

a) revelar (dar conhecimento), de qualquer modo, a identidade do agente colaborador;
b) fotografar o agente colaborador;
c) filmar o agente colaborador.

Nas três formas é imprescindível que o autor do crime pratique os núcleos sem prévia autorização, por escrito, do agente colaborador. Havendo autorização (por escrito), o fato deixa de ser típico.

Pune-se somente a forma dolosa da conduta, leia-se, vontade consciente de revelar identidade, fotografar ou filmar pessoa que sabe ser agente colaborador, dispensando finalidade especial animando a conduta do agente.

Havendo dúvida se a pessoa a ser identificada ou registrada por fotografias ou filmagens é ou não colaborador da Justiça pode configurar o dolo eventual.

O delito consuma-se com a prática de qualquer um dos núcleos, admitindo a tentativa.

A ação penal é pública incondicionada.

Punido com 1 a 3 anos, o crime é de médio potencial ofensivo, admitindo suspensão condicional do processo (art. 89 da Lei nº 9.099/95).

> **Art. 19.** Imputar falsamente, sob pretexto de colaboração com a Justiça, a prática de infração penal a pessoa que sabe ser inocente, ou revelar informações sobre a estrutura de organização criminosa que sabe inverídicas:
>
> Pena – reclusão, de 1 (um) a 4 (quatro) anos, e multa.

O crime do art. 19 (falsa colaboração), junto com a administração da justiça, tutela de forma mediata a honra da pessoa inocente a quem o colaborador imputou a prática de infração penal.

Figura como sujeito ativo o agente colaborador, que nos depoimentos que prestar, renuncia, na presença de seu defensor, ao direito ao silêncio e fica sujeito ao compromisso legal de dizer a verdade (art. 4º, § 14º).

O Estado aparece como vítima, concorrendo, na primeira parte do dispositivo, com a pessoa objeto da injusta imputação.

O tipo incrimina dois comportamentos alternativos:

a) colaboração caluniosa: a primeira conduta típica consiste em imputar falsamente, sob pretexto de colaboração com a Justiça, a prática de infração penal a pessoa que sabe ser inocente.

Nesse caso, o agente colaborador, durante a negociação da colaboração premiada, atribui a alguém (pessoa certa e determinada), implícita ou explicitamente, mesmo que de forma reflexa, determinada infração penal (crime ou contravenção), sabidamente falsa, mas direta ou indiretamente ligada à organização criminosa.

Haverá o crime quando o fato imputado jamais ocorreu (falsidade que recai sobre fato) ou, quando real o acontecimento, não foi a pessoa apontada seu autor (falsidade que recai sobre a autoria do fato).

Diferentemente da denunciação caluniosa (art. 339 do CP), dispensa que da falsa imputação ocorra a instauração de procedimento oficial em face do inocente imputado.

b) colaboração fraudulenta: na segunda conduta típica, o colaborar revela informações sobre a estrutura de organização criminosa que sabe inverídicas, podendo confundir as autoridades na difícil investigação que busca desmantelar o grupo criminoso.

Sabendo que a Lei orienta, sempre que possível, registrar os atos de colaboração pelos meios ou recursos de gravação magnética, estenotipia, digital ou técnica similar, inclusive audiovisual, destinados a obter maior fidelidade das informações, fica fácil notar que o crime em estudo é de execução livre, podendo ser praticado por qualquer meio (escrito, palavras e gestos).

Pune-se somente a conduta dolosa. É indispensável que, na primeira conduta, o sujeito ativo tenha consciência de que a imputação é falsa, ou seja, que o imputado é inocente da acusação que lhe faz. A dúvida pode configurar dolo eventual.

Na segunda parte, deve saber que as informações reveladas sobre a estrutura de organização criminosa são inverídicas. A dúvida, nesse tanto, não caracteriza o crime, que só reconhece o dolo direto.

Não parece que o tipo exija finalidade especial animando o sujeito ativo.

Se o agente colaborador, imbuído de boa-fé, está convencido da veracidade da imputação ou das revelações, não responde pelo crime, havendo, no caso, um erro de tipo essencial, excluindo sempre, seja evitável ou inevitável, o dolo.

O crime se consuma com a falsa imputação ou com a revelação de informações não verdadeiras, dispensando efetivo prejuízo para a administração da justiça.

Tratando-se de crime plurissubsistente, é possível a tentativa.

A ação penal é pública incondicionada. Encontraremos corrente não admitindo o início do inquérito policial ou ação penal contra o colaborador mendaz enquanto não ultimado o processo em que a sua versão tachada de falsa foi prestada.

Desde já nos posicionamos em sentido diverso. O crime do art. 19 não fica na dependência do encerramento do processo em que ocorreu a falsa colaboração. Não existe essa condição na Lei. Repita-se: o crime é de ação penal pública incondicionada, norteada pelos princípios da *obrigatoriedade* e *indisponibilidade*.

Punido com 1 a 4 anos, o crime é de médio potencial ofensivo, admitindo suspensão condicional do processo (art. 89 da Lei nº 9.099/95).

Art. 20. Descumprir determinação de sigilo das investigações que envolvam a ação controlada e a infiltração de agentes:

Pena – reclusão, de 1 (um) a 4 (quatro) anos, e multa.

Com o objetivo de garantir o êxito da investigação (sem desconsiderar a necessidade de preservar o agente que se infiltrou em organização criminosa), o art. 20 incrimina a violação de sigilo envolvendo ação controlada e infiltração de agentes.

O dever de sigilo, instituído para assegurar a regularidade administrativa, mereceu dupla atenção do legislador: a penal, configurando como crime a sua violação, e a processual, proibindo de depor as pessoas que, em razão de função, ministério, ofício ou profissão, devam guardar segredo, salvo se, desobrigadas pela parte interessada, quiserem dar o seu testemunho (art. 207 do CPP). Assim, o servidor público que, na qualidade de testemunha, se vê na presença de um magistrado, pode escusar-se de depor para resguardar segredo inerente ao seu cargo, estando acobertado pela descriminante do estrito cumprimento de um dever legal (art. 23, III, do CP).

Do exposto, percebe-se que só pode figurar como sujeito ativo personagem que atua na persecução penal do crime organizado, desde que inerente ao seu cargo, emprego ou função, a manutenção do sigilo. Essa circunstância não impossibilita a participação de pessoa estranha aos quadros funcionais, nos termos do disposto no art. 30 do CP.

Figura como vítima o Estado-Administração.

A conduta punida pelo tipo consiste em descumprir determinação (legal ou judicial) de sigilo das investigações que envolvam a ação controlada e a infiltração de agentes.

Dispõe o art. 8º e seu §§ 2º e 3º:

> "Art. 8º Consiste a ação controlada em retardar a intervenção policial ou administrativa relativa à ação praticada por organização criminosa ou a ela vinculada, desde que mantida

> sob observação e acompanhamento para que a medida legal se concretize no momento mais eficaz à formação de provas e obtenção de informações.
>
> (...)
>
> § 2º A comunicação será sigilosamente distribuída de forma a não conter informações que possam indicar a operação a ser efetuada.
>
> § 3º Até o encerramento da diligência, o acesso aos autos será restrito ao juiz, ao Ministério Público e ao delegado de polícia, como forma de garantir o êxito das investigações".

O art. 10 acrescenta:

> "Art. 10. A infiltração de agentes de polícia em tarefas de investigação, representada pelo delegado de polícia ou requerida pelo Ministério Público, após manifestação técnica do delegado de polícia quando solicitada no curso de inquérito policial, será precedida de circunstanciada, motivada e sigilosa autorização judicial, que estabelecerá seus limites".

O crime pode ser praticado por ação ou omissão: descumpre por ação quem revela o dado sigiloso, e, por omissão, quem permite, com sua inação, que terceiros não autorizados tenham acesso aos dados protegidos.

Para a caracterização do delito, mostra-se indiferente que a revelação se dê a outro funcionário sem acesso ao segredo, ou a um particular estranho à administração.

Alerta-se que apenas o sigilo das investigações está protegido, talvez porque observou o legislador ser nesta fase o momento de produzir os meios de prova tutelados pelo tipo (ação controlada e infiltração de agentes). A indevida revelação de sigilo processual pode caracterizar o crime do art. 325 do CP.

Havendo justa causa para a revelação pode excluir a ilicitude do fato.

O tipo é doloso, incriminando a vontade consciente de transmitir a outrem (funcionário ou não), indevidamente, fato que deva permanecer em segredo, envolvendo ação controlada e infiltração de agentes.

O crime consuma-se com o descumprimento, seja com a conduta positiva (ação) seja com a negativa (omissão). A tentativa parece possível na primeira forma de execução do crime.

A ação penal é pública incondicionada.

Punido com 1 a 4 anos, o crime é de médio potencial ofensivo, admitindo suspensão condicional do processo (art. 89 da Lei nº 9.099/95).

Art. 21. Recusar ou omitir dados cadastrais, registros, documentos e informações requisitadas pelo juiz, Ministério Público ou delegado de polícia, no curso de investigação ou do processo:

Pena – reclusão, de 6 (seis) meses a 2 (dois) anos, e multa.

Parágrafo único. Na mesma pena incorre quem, de forma indevida, se apossa, propala, divulga ou faz uso dos dados cadastrais de que trata esta Lei.

O que se busca assegurar no presente artigo incriminador é o regular cumprimento das requisições emanadas do juiz, órgão do Ministério Público ou delegado de polícia, que agem em nome do Estado na repressão ao crime organizado.

Cuida-se de crime comum, podendo ser praticado por qualquer pessoa a quem se dirige a requisição (e que tenha poder-dever de obedecê-la).

O servidor público não pode figurar como sujeito ativo, pois, referindo-se a ordem recebida a funções suas poderá configurar o delito de prevaricação. Em resumo: se o agente devia cumprir a requisição, por dever de ofício, tipifica-se, em tese, o delito de prevaricação.

O Estado, desprestigiado na sua autoridade, e secundariamente, o funcionário autor da ordem desobedecida, são vítimas do crime em estudo.

Pune-se o agente que recusar (não aceitar) ou omitir (deixar de fazer) dados cadastrais, registros, documentos e informações requisitadas pelo juiz, Ministério Público ou delegado de polícia, no curso de investigação ou do processo.

De acordo com o que disposto no art. 15 da Lei 12.850/13, "O delegado de polícia e o Ministério Público terão acesso, independentemente de autorização judicial, apenas aos dados cadastrais do investigado que informem exclusivamente a qualificação pessoal, a filiação e o endereço mantidos pela Justiça Eleitoral, empresas telefônicas, instituições financeiras, provedores de internet e administradoras de cartão de crédito".

Na mesma linha, os arts. 16 e 17 anunciam:

> "Art. 16. As empresas de transporte possibilitarão, pelo prazo de 5 (cinco) anos, acesso direto e permanente do juiz, do Ministério Público ou do delegado de polícia aos bancos de dados de reservas e registro de viagens".
>
> "Art. 17. As concessionárias de telefonia fixa ou móvel manterão, pelo prazo de 5 (cinco) anos, à disposição das autoridades mencionadas no art. 15, registros de identificação dos números dos terminais de origem e de destino das ligações telefônicas internacionais, interurbanas e locais".

Como esclarecido nos comentários aos artigos ora citados, as informações requisitadas devem se restringir, única e exclusivamente, aos dados cadastrais. Isso porque o mero acesso a dados cadastrais não implica em quebra de sigilo pessoal, quer de ordem fiscal, quer mesmo de comunicação. Avançar, porém, da mera informação cadastral para atingir dados protegidos pelo sigilo importaria na necessidade de prévia autorização judicial, sob pena de configurar evidente inconstitucionalidade, dada à notória ilicitude da prova, por violação ao postulado do inc. XII, do art. 5º da Constituição.

Não existe o crime quando a rebeldia de destinatário da requisição se dá para não se produzir prova contra si mesmo, desdobramento lógico da garantia constitucional ao silêncio.

O crime é punido a título de dolo, consistente na vontade consciente de não atender a requisição, ciente da obrigatoriedade do seu cumprimento.

O crime se consuma com a recusa ou omissão. Para tanto, é necessário saber se foi concedido prazo para o cumprimento da requisição, caso em que, somente depois de expirado sem ação do agente, teremos consumado o delito.

Tratando-se de crime omissivo próprio, a tentativa mostra-se impossível.

O parágrafo único do art. 21 pune com a mesma pena quem, de forma indevida, se apossa, propala, divulga ou faz uso dos dados cadastrais de que trata esta Lei. Apesar do silêncio da redação típica, parece evidente que os cadastros contenham informações sigilosas.

Além da administração da justiça, protege-se a intimidade da pessoa objeto dos cadastros.

Trata-se de crime comum, podendo ser praticado por qualquer pessoa.

O sujeito passivo é o Estado, podendo com ele concorrer o indivíduo prejudicado pela conduta do agente, devassado na sua intimidade.

Considera-se típica somente a conduta dolosa, dispensando fim especial animando a conduta do agente.

Consuma-se com a prática de qualquer um dos núcleos, não sendo necessária efetivo prejuízo à persecução criminal ou à intimidade da pessoa cujo sigilo foi indevidamente violado.

A ação penal, nas duas formas de crime, é pública incondicionada.

Punidos com 6 meses a 2 anos, os crimes do *caput* e parágrafo único são de menor potencial ofensivo, admitindo transação penal e suspensão condicional do processo, medidas despenalizadoras previstas na Lei nº 9.099/95.

CAPÍTULO III
DISPOSIÇÕES FINAIS

Art. 22. Os crimes previstos nesta Lei e as infrações penais conexas serão apurados mediante procedimento ordinário previsto no Decreto-Lei nº 3.689, de 3 de outubro de 1941 (Código de Processo Penal), observado o disposto no parágrafo único deste artigo.

Por conta de expressa disposição legal, na apuração dos crimes previstos na lei em análise, será observado o procedimento ordinário, previsto no art. 394, § 1º, inc. I do Código de Processo Penal, aplicável para os delitos cuja pena máxima seja igual ou superior a quatro anos.

E, de fato, os crimes dos arts. 2º, 19 e 20 da lei possuem penas máximas iguais ou superiores a quatro anos, pelo que reclamam a adoção do procedimento ordinário. Já, porém, aos delitos dos arts. 18 e 21, cuja pena máxima é inferior a quatro anos, dever-se-ia adotar, a rigor, o procedimento sumário, conforme reza o inc. II, do § 1º do art. 394 do CPP. Contudo, como a lei foi expressa ao impor o procedimento ordinário e considerando-se que esse rito propicia maior elasticidade à defesa, deve-se mesmo ficar com a opção do legislador.

Ressalte-se que o diploma em analise não revogou as disposições da Lei nº 12.694/2012, de sorte que, para os crimes a envolver organizações criminosas, o juiz poderá decidir pela formação de um colegiado, constituído por ele próprio e mais dois colegas escolhidos por sorteio, a quem cumprirá enfrentar as matérias relacionadas no art. 1º, incs. I a VII da lei, dentre as quais a decretação da prisão ou de medidas assecuratórias e a prolação de sentença. Continua sendo admitida, ainda por força do mesmo diploma legal, que seja sigilosa a reunião entre os membros do colegiado e que tais encontros sejam realizados por via eletrônica (art. 1º, §§ 4º e 5º).

A lei impõe, ainda, o procedimento ordinário para as infrações penais perpetradas em conexão com os crimes previstos nesta lei. De se indagar: para a hipótese de crime previsto nesta lei ser cometido em conexão com um crime doloso contra a vida, qual competência prevalecerá? Não temos dúvida de indicar a competência do Tribunal do Júri face ao teor do disposto no art. 78, inc. I do Código de Processo Penal e à "vis atractiva" exercida por essa espécie de procedimento, embora se reconheça que tal competência não é absoluta.

Suponha-se, em um exemplo, que, após matar uma pessoa, o agente impute esse fato, mentirosamente, a uma organização criminosa. Responderá, pelas razões já expostas, perante o Tribunal do Júri, tanto pelo homicídio, quanto pelo crime previsto no art. 19 desta lei.

Parágrafo único. A instrução criminal deverá ser encerrada em prazo razoável, o qual não poderá exceder a 120 (cento e vinte) dias quando o réu estiver preso, prorrogáveis em até igual período, por decisão fundamentada, devidamente motivada pela complexidade da causa ou por fato procrastinatório atribuível ao réu.

A discussão a respeito do prazo de duração do processo sempre se constituiu em verdadeira "vexata quaestio" em nosso direito processual ante a dificuldade em se estabelecer um conceito adequado ao que se denomina "duração razoável do processo".

O desembargador do Tribunal de Justiça do Estado de São Paulo, Alberto Silva Franco, elenca alguns fatores que merecem exame na construção desse conceito, a saber "a maior ou menor complexidade do processo; a maior ou menor diligência dos órgãos do processo; a duração em si da prisão; a duração dessa prisão em relação à natureza do fato e à entidade da pena cominada e da pena aplicável em caso de condenação; os efeitos da medida cautelar em relação ao réu; a conduta do acusado, máxime o exame de suas atitudes no sentido de colaborar no desenvolvimento do processo ou de indicar a presença de uma vontade dilatória, ou mesmo paralisadora do feito, etc." (Prazo razoável e o estado democrático de direito. Boletim IBCCRIM. São Paulo, v.13, n.152, p. 6, jul. 2005).

À falta de uma definição legal, propõe o autor que legislação infraconstitucional cuide da matéria, estabelecendo, assim, prazos determinados para o término do processo, que "deve conter limites precisos, não se olvidando que deve ter sempre um *dies a quo* e um *dies ad quem*, com o trato temporal total a ser computado dentro desses dois marcos" (Ob. cit., p. 7).

A lei em comento, todavia, acabou por estipular um prazo legal, senão para o fim do processo, pelo menos para o término da instrução criminal. Esse prazo, para o réu que se encontre preso, é de 120 dias.

O texto autoriza, ainda, a prorrogação desse prazo por mais 120 dias, desde que, "por decisão fundamentada" (e nem poderia ser diferente a teor do inc. IX do art. 93 da Constituição), a complexidade da causa ou o comportamento procrastinatório do réu justifiquem essa dilação.

Quanto à "complexidade da causa", a permitir a prorrogação do prazo, não há, por óbvio, uma definição legal no que consistiria exatamente esse conceito. A questão ficará, em consequência, a cargo da jurisprudência, que já firmou alguns entendimentos a respeito. Admite-se, por exemplo a configuração do excesso de prazo decorrente da complexidade da causa, do número excessivo de corréus ou da necessidade de expedição de várias precatórias.

No que se refere ao "fato procrastinatório atribuível ao réu" a que alude o dispositivo em exame, não há, também aqui, uma definição legal sobre esse comportamento. A jurisprudência já se posicionou a respeito do tema. Destaque-se, inicialmente, o enunciado da Súmula nº 64 do Superior Tribunal de Justiça, no sentido de que não há constrangimento ilegal por excesso de prazo quando provocado pela defesa. Isso ocorre, segundo exemplos extraídos da jurisprudência, se a defesa pede a instauração de incidente de insanidade mental do acusado (arts. 149 e ss. do código) 1, de acareação 2 ou quando a demora se deve a substituição de advogado constituído por outro defensor 3. Lembraríamos, ainda, o pedido de oitiva de testemunhas por carta rogatória. Ou ainda quando a demora se deu em face da dificuldade de se proceder à citação pessoal do réu 4 ou a citação por edital de correu 5. Em todas essas hipóteses, por óbvio que o cumprimento de tais diligências acarretará uma demora na conclusão do processo que não caracterizará, porém, um constrangimento ilegal ao réu preso, incapaz, assim, de justificar sua soltura.

Acrescentaríamos que, por vezes, o excesso de prazo pode se justificar não apenas em virtude da complexidade do feito e de manobra censurável do réu, como se refere a lei. Mas por razões outras cuja responsabilidade não deva recair sobre o juiz na condução do processo. Assim, por exemplo, a demora excessiva prazo para a conclusão do feito, decorrente de greve de servidores do Poder Judiciário.

O Superior Tribunal de Justiça, entendeu que o excesso de prazo, in casu, vem plenamente justificável em razão da greve, que impedia o juiz, ainda que quisesse, de conferir ao processo seu trâmite regular (HC nº 38303/SP – 5ª. T., Rel. Min. José Arnaldo da Fonseca, j. em 17.05.2005, DJ de 01.07.2005, p. 574. Ainda nesse sentido: STJ – HC nº 41139/SP – 5ª. T., Rel. Min. Gilson Dipp, j. em 07.06.2005, DJ de 27.06.2005, p. 421).

É a posição francamente predominante, a reconhecer, na greve, um motivo de força maior que justifica eventual excesso de prazo na manutenção do réu preso (RT 659/273, 667/291, 695/344, 804/586). É, porém, conhecida decisão em sentido contrário, também oriunda do Tribunal Cidadão, ao entender que tal demora não pode ser atribuída ao preso. Mas sim à Administração, razão pela qual não pode o paciente suportar qualquer constrangimento decorrente de excesso de prazo na conclusão do processo, por fato estranho à sua responsabilidade. Por isso se deferiu o writ a fim de que o réu respondesse em liberdade ao processo (HC nº 40355/SP – 5ª. T., Rel. Min. Gilson Dipp, j. em 21.06.2005, DJ de 01.07.2005, p. 578).

Art. 23. O sigilo da investigação poderá ser decretado pela autoridade judicial competente, para garantia da celeridade e da eficácia das diligências investigatórias, assegurando-se ao defensor, no interesse do representado, amplo acesso aos elementos de prova que digam respeito ao exercício do direito de defesa, devidamente precedido de autorização judicial, ressalvados os referentes às diligências em andamento.

Sigilo das investigações relativas às organizações criminosas – O art. 20 do Código de Processo Penal assegura o sigilo nas investigações de crimes envolvendo organizações criminosas, tomando como justificativa para tanto a celeridade quanto a eficácia das diligências investigatórias.

No entanto, o mesmo dispositivo determina que o acesso do defensor aos autos deve ser autorizado judicialmente. Isso significa que o advogado deve solicitar ao juiz permissão para consultar o inquérito policial. Essa disposição reflete a Súmula Vinculante nº 14 do Supremo Tribunal Federal, que garante ao defensor, em benefício do representado, amplo acesso aos elementos de prova já documentados em procedimento investigatório conduzido por órgão de polícia judiciária e relacionados ao direito de defesa. É importante delimitar que esse acesso se aplica apenas às investigações já formalizadas nos autos, como depoimentos de testemunhas e perícias. As diligências em andamento ou futuras permanecem sob sigilo, para evitar a comprometimento da investigação.

Esta é, inclusive, a interpretação que o próprio Supremo Tribunal Federal faz de sua súmula vinculante, a se conferir: "Em face do exposto, acolho os presentes embargos tão somente para esclarecer, com base, inclusive, na Súmula Vinculante 14 do STF, que o alcance da ordem concedida refere-se ao direito assegurado ao indiciado (bem como ao seu defensor) de acesso aos elementos constantes em procedimento investigatório que lhe digam respeito e que já se encontrem documentados nos autos, não abrangendo, por óbvio, as informações concernentes à decretação e à realização das diligências investigatórias pendentes, em especial as que digam respeito a terceiros eventualmente envolvidos" (HC 94.387 – Rel. Ricardo Lewandowski – DJe 21.5.2010).

Parágrafo único. Determinado o depoimento do investigado, seu defensor terá assegurada a prévia vista dos autos, ainda que classificados como sigilosos, no prazo mínimo de 3 (três) dias que antecedem ao ato, podendo ser ampliado, a critério da autoridade responsável pela investigação.

Direito de vista prévia dos autos – Permite-se, aqui, que o defensor tenha prévia vista dos autos de investigação, por pelo menos três dias antes da oitiva do investigado. Eventual decretação judicial de sigilo nas investigações não inibe esse direito, quer porque, como se viu acima, o sigilo não alcança o advogado, quer em razão de que o dispositivo é expresso em formular essa ressalva.

Mas é preciso que se delimite a atuação do defensor. Se lhe é permitido ter acesso aos autos, intui-se que poderá, também, acompanhar o investigado quando de seu depoimento no procedimento inquisitivo. Acompanhar, porém, com o objetivo de fiscalizar a lisura do ato, a fidelidade na transcrição do depoimento, sua realização sem qualquer espécie de coação ou constrangimento, etc. Não se admite, todavia, que se pretenda estabelecer verdadeiro contraditório no procedimento administrativo, com a formulação de reperguntas e outras iniciativas que terão "locus" adequado em Juízo, na eventual ação penal a ser deflagrada. Mesmo porque "não podem subsistir condenações penais fundadas unicamente em prova produzida na fase do inquérito policial, sob pena de grave afronta às garantias constitucionais do contraditório e da plenitude de defesa", segundo entendimento da mais alta Corte do país (HC 103660/SP – Rel. Ricardo Lewandowski, j. 30.11.2010, DJe 06.04.2011).

Ora, se a prova obtida no inquérito, quando tomada isoladamente, não se presta para alicerçar uma condenação, não há porque se exigir, deste procedimento, a observância a princípios que são típicos do processo judicial, como a ampla defesa e o contraditório. Afinal, como decidiu o Superior Tribunal de Justiça, "continua o inquérito policial, portanto, a ser um procedimento administrativo, de caráter informativo apenas, preparatório da ação penal, razão pela qual não se lhe é aplicável o contraditório" (Rel. Laurita Vaz, j. em 10.10.206, DJ 13.11.2006, p. 276).

Lembre-se, nessa linha de raciocínio, da lição de Fábio Ramazzini Bechara no sentido de que "a investigação é um procedimento inquisitivo e não contraditório. Inquisitividade não é sinônimo de abuso ou arbitrariedade, mas sim de garantia do bom andamento da investigação do ponto de vista de sua eficiência em relação aos fins perseguidos" (Ob. cit., p. 58).

Art. 24. O art. 288 do Decreto-Lei nº 2.848, de 7 de dezembro de 1940 (Código Penal), passa a vigorar com a seguinte redação:

"Associação Criminosa

Art. 288. *Associarem-se 3 (três) ou mais pessoas, para o fim específico de cometer crimes:*

Pena – reclusão, de 1 (um) a 3 (três) anos.

Parágrafo único. A pena aumenta-se até a metade se a associação é armada ou se houver a participação de criança ou adolescente." (NR)

Redefinição do *nomen iuris* do crime do art. 288 do CP – Depois de conceituar organização criminosa como associação composta por quatro ou mais pessoas, o legislador, para não gerar confusão, alterou o número mínimo de agentes para configurar o crime do art. 288 do CP. Antes da nova Lei, 4 (por isso, quadrilha). Agora, três (mudando o *nomen iuris* para associação criminosa).

No mais, os elementos da estrutura delitiva fundamental ("*caput*") permanecem inalterados:

a) associação, leia-se, reunião em sociedade para determinado fim (tornar-se sócio), havendo uma vinculação sólida, quanto à estrutura, e durável, quanto ao tempo (que não significa perpetuidade). É muito mais que um mero ajuntamento ocasional ou encontro passageiro, transitório (típico de concurso de agentes).

b) pluralidade de pessoas (mínimo 3), sendo indiferente a posição ocupada por cada integrante na sociedade, dispensando hierarquia ou divisão de tarefas, sendo imprescindível um vínculo associativo estável e permanente.

c) para o fim de praticar uma série indeterminada de crimes. A finalidade da associação criminosa deve ser a prática de *crimes indeterminados* (não necessariamente da mesma espécie), concluindo-se, por conseguinte, não configurar quadrilha ou bando a reunião estável ou permanente para a prática de contravenções penais (jogo do bicho, por exemplo) ou atos imorais.

A Lei 12.850/13 alterou também o parágrafo único do art. 288 do CP. Optou o legislador por diminuir o "*quantum*" da majorante. Antes, a associação armada tinha a pena dobrada. Agora, aumenta-se a reprimenda de 1/2, mudança benéfica, que deve retroagir para alcançar os fatos pretéritos (art. 2º, parágrafo único do CP).

Criou, ainda, mais uma circunstância majorante: quando o crime envolver a participação de criança ou adolescente, devendo o agente, obviamente, conhecer a condição etária do menor, evitando-se responsabilidade penal objetiva.

Por fim, insta destacar que "A novel Lei n.º 12.850/13 não ocasionou a atipicidade das condutas descritas no art. 288 do Código Penal, mas apenas redefiniu o nomen juris para o crime de associação criminosa acrescentando a finalidade específica de cometer delitos. 3. "Com o advento da Lei nº 12.850/13, estabeleceu-se nova sistemática quanto ao crime de quadrilha ou bando, previsto anteriormente no art. 288 do CP. Isso porque tal dispositivo passou a delinear o crime de associação criminosa, com previsão em seu parágrafo único de causa de aumento da pena relativa à hipótese de associação armada, bem como o art. 2º da referida Lei dispôs sobre o crime de organização criminosa, cujo conceito positivou-se no art. 1º, § 1º." (HC 396.300/RJ, Rel. Min. Maria Thereza de Assis Moura, 6 T, j. 03/08/2017).

Art. 25. O art. 342 do Decreto-Lei nº 2.848, de 7 de dezembro de 1940 (Código Penal), passa a vigorar com a seguinte redação:

"Art. 342 (...)

Pena – reclusão, de 2 (dois) a 4 (quatro) anos, e multa.

Andou bem o legislador ao majorar os limites mínimos e máximos do preceito secundário. A gravidade do delito em questão, que importa na falsidade de testemunho ou perícia, mostrava-se incompatível com o favor legal, resultando em uma resposta branda e desproporcional à reprovabilidade da conduta. De sorte que, aumentada a pena mínima para dois anos, não mais há que se falar na aplicação do "sursis" processual.

A pena máxima cominada ao crime, com a mudança, pode ultrapassar 4 anos se praticado mediante suborno ou se cometido com o fim de obter prova destinada a produzir efeito em processo penal, ou em processo civil em que for parte entidade da administração pública direta ou indireta, condição para a prisão preventiva, mesmo no caso de agente primário.

Art. 26. Revoga-se a Lei nº 9.034, de 3 de maio de 1995.

A Lei nº 9.034/95, que antes dispunha sobre o crime organizado e a utilização de meios operacionais para sua prevenção e repressão, foi expressamente revogada, em sua totalidade, pelo diploma em estudo.

Art. 27. Esta Lei entra em vigor após decorridos 45 (quarenta e cinco) dias de sua publicação oficial.

O dispositivo em análise prevê que a lei vigorará depois de transcorridos 45 dias de sua publicação. Adotou-se, assim, a regra geral prevista no art. 1º, "*caput*", da Lei de Introdução ao Código Civil. É o que se denomina de "*vacatio legis*", isto é, o intervalo que decorre entre a publicação da lei e sua entrada em vigor. Significa dizer que a lei, nesse período, embora exista, ainda não vige.

A lei em exame foi publicada na edição extra do Diário Oficial da União de 5 de agosto de 2013. Este, portanto o *dies a quo* para a contagem do prazo para sua vigência. Por consequência, incluindo no cômputo o dia da publicação e o último dia do prazo, tem-se que a lei entrará em vigor em 19 de setembro de 2013.

Não temos dúvida, outrossim, em indicar a aplicação da lei a fatos cometidos antes de sua entrada em vigor, a teor do parágrafo único, do art. 2º do Código Penal, quando dispõe que "a lei posterior, que de qualquer modo favorecer o agente, aplica-se aos fatos anteriores, ainda que decididos por sentença condenatória transitada em julgado". Afinal, trata-se se diploma que contém dispositivos típicos da lei penal (perdão judicial, progressão de regime, redução da pena ou sua substituição por restritiva de direitos), e que são amplamente favoráveis ao réu, traduzindo-se em verdadeira "*novatio legis* in mellius", a merecer, por isso, retroação.

É claro que eventual colaboração, para que seja premiada, deve vir acompanhada da respectiva eficácia, isto é, deve atender aos pressupostos relacionados no art. 4º da lei em análise. O mero arrependimento, manifestado, por exemplo, quando a decisão já transitou em julgado, não se prestará à concessão de nenhum favor legal. Seria cômodo, com efeito, que, condenado com maciça prova em seu desfavor, viesse o sentenciado, agora, admitir a prática do delito, sem que maior efeito prático decorresse dessa confissão tardia.

BIBLIOGRAFIA

ÁVILA, Thiago André Pierobom. *Lei nº 12.850/2013 e a atribuição para a investigação criminal de organizações criminosas integradas por policiais.* Elaborado em agosto de 2013 e disponível no sítio www.jusnavigandi.com.br (acessado em 22.12.2013).

BARROSO, Luís Roberto. Curso de direito constitucional contemporâneo: os conceitos fundamentais e a construção do novo modelo. 5. ed. São Paulo: Saraiva, 2015.

BECHARA, Fabio Ramazzini. *Crime Organizado e o Sigilo das Investigações.* Revista Síntese nº 32 – jun-jul 2005.

BORGES, Paulo César Côrrea. *O crime organizado.* São Paulo: Editora Unesp, 2002.

BRUNO, Aníbal. *Direito Penal.* Vol. III, Rio de Janeiro: Forense, 1984.

CINTRA, AC de A.; GRINOVER, Ada Pellegrini; DINAMARCO, Cândido Rangel. *Teoria geral do processo.* 31ª ed., Malheiros editores, 2015.

CUNHA, Rogério Sanches. *A Moderna investigação criminal: infiltrações policiais, entregas controladas e vigiadas, equipes conjuntas de investigação e provas periciais de inteligência.* In Limites Constitucionais da Investigação. São Paulo: Revista dos Tribunais, 2009.

DEMERCIAN, Pedro Henrique. MALULY, Jorge Assaf Maluly. *Juizados Especiais Criminais – Comentários à Lei 9099/95.* Rio de Janeiro: Aide, 1996.

FEITOZA, Denilson. *Direito processual penal: teoria* terrorismo – textos do seminário "Desafios para a política de, *crítica e práxis.* 6. ed. rev., ampl. e atual. Niterói: Impetus, 2009.

FILHO, Antonio Magalhães Gomes. In: *Boletim do Instituto Brasileiro de Ciências Criminais*, São Paulo, nº 13, p. 01, fev. 1994.

GARCIA, Basileu. *Instituições de Direito Penal*, 5ª. ed., São Paulo: Max Limonad, 1980.

GOMES FILHO, Antonio Magalhães. *Também em matéria processual provoca inquietação a Lei Anti-Crime Organizado*, In: Boletim do Instituto Brasileiro de Ciências Criminais, São Paulo, nº 13, p. 01, fev. 1994.

GONÇALVES, Fernando; ALVES, Manuel João, VALENTE, Manuel Monteiro Guedes. *Lei e crime: o agente infiltrado versus o agente provocador. Os princípios do processo penal.* Coimbra: Almedina, 2001.

GUIMARÃES, Issac Newton Belota Sabbá. *Agente provocador, agente infiltrado e o novo paradigma de processo penal.* Disponível em www.ambitojuridico.com.br, acessado em 12.08.2013.

HAMILTON, Sergio Demoro. *A ortodoxia do sistema acusatório no processo penal brasileiro: uma falácia*, in Revista Síntese de Direito Penal e Processo Penal, ano II, nº 8 – jun-jul/2001.

JESUS, Damásio Evangelista de. *Direito Penal*, Parte Geral. São Paulo: Saraiva. 2009.

JESUS, Damásio E. e BECHARA, Fábio Ramazzini. *Agente infiltrado. Reflexos penais e processuais.* Elaborado em junho de 2005 e disponível no sítio www.jusnavigandi.com.br (acessado em 10.08.2013).

LEMOS JÚNIOR, Arthur Pinto. *A investigação criminal diante das organizações criminosas e o posicionamento do Ministério Público.* São Paulo: Revista dos Tribunais, 1991, vol. 795.

LUPO, Salvatore. *História da Máfia – Das origens aos nossos dias.* São Paulo: Unesp, 2002.

MACHADO, André Augusto Mendes. LOPES, Maringela Tomé. Estudos de processo penal. São Paulo: Scortecci, 2013.

MARQUES, José Frederico. *Estudos de direito processual penal*, Rio de Janeiro: Forense, 1960.

MEIREIS, Manuel Augusto Alves. Lei e crime: o agente infiltrado versus o agente provocador. Os princípios do processo penal. Coimbra: Almedina, 2001.

MIRABETE, Julio Fabbrini. *Código Penal interpretado.* São Paulo: Atlas, 1999.

MENDONÇA, Andrey Borges de. A colaboração premiada e a nova Lei do Crime Organizado (Lei 12.850/2013). 2013. *Custus Legis.* Revista Jurídica do Ministério Público Federal, vol. 4.

MENDRONI, Marcelo Batlouni. *Crime Organizado. Aspectos gerais e mecanismos legais.* São Paulo: Editora Juarez de Oliveira, 2002.

NORONHA. Magalhães. *Direito Penal,* Vol. 1, Saraiva, 25 ed. 1987.

ONETO, isabel. O Agente infiltrado. Contributo para a compreensão do regime jurídico das acções encobertas. Coimbra: Coimbra, 2005.

PEREIRA, Flávio Cardoso. A Moderna investigação criminal: infiltrações policiais, entregas controladas e vigiadas, equipes conjuntas de investigação e provas periciais de inteligência. In Limites Constitucionais da Investigação. Rogério Sanches Cunha, Pedro Taques, Luiz Flávio Gomes (coords.). São Paulo: Revista dos Tribunais, 2009.

PINTO, Ronaldo Batista. *Prova penal segundo a jurisprudência.* São Paulo, Saraiva, 2000.

PRADO, Geraldo. *A Conformidade Constitucional das Leis Processuais Penais.* 3. ed. Rio de Janeiro: Lumen Juris, 2005.

ROCHA, Luiz Otávio de Oliveira. *Agente Infiltrado: Inovação da Lei 10.217/2001.* Revista Jurídica da Escola Superior do Ministério Público, São Paulo, v. 1, nº 1, jan. a jun. 2001.

SILVA, Danni Sales. SILVA. Da Validade Processual Penal das Provas Obtidas em Sites de Reclacionamento e a Infiltração de Agentes Policiais no meio virtual. In: *Revista Brasileira de Ciências Criminais,* ano 24, vol. 120, n. 29, maio-junho de 2016.

SILVA, Eduardo Araujo da. *Crime organizado: procedimento probatório.* São Paulo: Atlas, 2003.

TELES, Fernando Hugo Miranda. Cap. 3 – Crime militar extravagante de organização criminosa (Lei 12.850/2013). *In* Manual de crimes militares extravagantes. Salvador: JusPodivm. 2021.

TONINI, Paolo. *A prova no processo penal italiano.* Trad. Alexandra Martins e Daniela Mróz. São Paulo:RT, 1ª. edição, 2002.

TOURINHO FILHO, Fernando da Costa. *Processo Penal,* São Paulo: Saraiva, 27ª. ed., 2005.

CAPÍTULO 36

Pessoa com Deficiência – Leis nºs 13.146/2015 e 7.853/1989

Rogério Sanches Cunha
Ronaldo Batista Pinto

TUTELA PENAL DA PESSOA COM DEFICIÊNCIA

PARTE 1

LEI 13.146/15 – ESTATUTO DA PESSOA COM DEFICIÊNCIA

TÍTULO I

DISPOSIÇÕES PRELIMINARES

CAPÍTULO I

DISPOSIÇÕES GERAIS

Art. 1º É instituída a Lei Brasileira de Inclusão da Pessoa com Deficiência (Estatuto da Pessoa com Deficiência), destinada a assegurar e a promover, em condições de igualdade, o exercício dos direitos e das liberdades fundamentais por pessoa com deficiência, visando à sua inclusão social e cidadania.

Parágrafo único. Esta Lei tem como base a Convenção sobre os Direitos das Pessoas com Deficiência e seu Protocolo Facultativo, ratificados pelo Congresso Nacional por meio do Decreto Legislativo nº 186, de 9 de julho de 2008, em conformidade com o procedimento previsto no § 3º do art. 5º da Constituição da República Federativa do Brasil, em vigor para o Brasil, no plano jurídico externo, desde 31 de agosto de 2008, e promulgados pelo Decreto nº 6.949, de 25 de agosto de 2009, data de início de sua vigência no plano interno.

Fundamento constitucional – Art. 1º, inc. III: "A República Federativa do Brasil, formada pela união indissolúvel dos Estados e Municípios e do Distrito Federal, constitui-se em Estado Democrático de Direito e tem como fundamentos: [...] III – a dignidade da pessoa humana".

Fundamento constitucional – Art. 5º, § 3º: "Os tratados e convenções internacionais sobre direitos humanos que forem aprovados, em cada Casa do Congresso Nacional, em dois turnos, por três quintos dos votos dos respectivos membros, serão equivalentes às emendas constitucionais".

Fundamento constitucional – Art. 24, inc. XIV da CF: "Compete à União, aos Estados e ao Distrito Federal legislar concorrentemente sobre [...] XIV – proteção e integração social das pessoas portadoras de deficiência".

Fundamento na Convenção sobre os Direitos das Pessoas com Deficiência (Nova York, março de 2007) – Art. 19: Vida independente e inclusão na comunidade: "Os Estados Partes desta Convenção reconhecem o igual direito de todas as pessoas com deficiência de viver na comunidade, com a mesma liberdade de escolha que as demais pessoas, e tomarão medidas efetivas e apropriadas para facilitar às pessoas com deficiência o pleno gozo desse direito e sua plena inclusão e participação na comunidade...".

Fundamento no Tratado de Marraqueche (promulgado pelo Decreto Presidencial nº 9.522 de 2018): tutela, primordialmente, pessoas cegas ou com graves deficiências visuais, permitindo o acesso de tais pessoas a obras impressas em geral, em formato, inclusive, que facilite a leitura.

INTRODUÇÃO

O presente diploma vem fortemente influenciado pelos termos da Convenção sobre os Direitos das Pessoas com Deficiência, realizada em Nova York, em 2007, que foi subscrita pelo Brasil e que ingressou em nosso ordenamento jurídico por meio do Decreto Legislativo nº 186, de 9 de julho de 2008, que o aprovou e, posteriormente, com a promulgação do Decreto Presidencial nº 6.949, de 25 de agosto de 2009, teve iniciada sua vigência. Vale lembrar o teor do art. 5º, § 2º da Constituição, pelo que "os direitos e garantias expressos nesta Constituição não excluem outros decorrentes do regime e dos princípios por ela adotados, ou dos tratados internacionais em que a República Federativa do Brasil seja parte". E, mais precisamente, o 3º do mesmo dispositivo, a assegurar que "os tratados e convenções internacionais sobre direitos humanos que forem aprovados, em cada Casa do Congresso Nacional, em dois turnos, por três quintos dos votos dos respectivos membros, serão equivalentes às emendas constitucionais". Possui a lei em exame, pois, o "status" de emenda constitucional, assumindo, em consequência, a primazia que lhe é inerente no topo da pirâmide legislativa nacional.

Dentre inúmeros fundamentos do diploma legal em exame, o que desponta, em primeiro lugar, consiste exatamente na proteção do deficiente como consequência do desdobramento dos *direitos humanos*. Estes, importando em verdadeira superação do modelo egoístico, onde predominava o indivíduo, coloca-se em favor do interesse da sociedade como um todo, aí incluindo, com mais razão, o deficiente, em face de sua notória hipossuficiência. Com efeito, a Constituição de 1998, já em seu artigo 1º, ressalta, dentre os fundamentos do Estado Democrático, a *dignidade da pessoa humana*. Vê-se, pois, que a *dignidade da pessoa humana*, a demonstrar a preocupação do constituinte com o tema, ocupa o topo da ordem jurídica brasileira e se concretiza em diversos dispositivos da Carta Magna, bem como em tratados internacionais que contaram com a adesão brasileira. São direitos considerados fundamentais, sem os quais a pessoa humana não pode existir ou não é capaz de se desenvolver e de participar plenamente da vida, segundo definição de Dalmo de Abreu Dallari[1]. E que – repita-se – interessa a todos, em conceito que transcende o velho modelo individualista, por isso mesmo elencado entre os chamados *novos direitos*.

Trata-se, em verdade, de uma preocupação da comunidade internacional que, mais precisamente após a 2ª Grande Guerra, ganhou corpo com a Declaração Universal dos Direitos Humanos (1948) e, nas Américas, com o Pacto de San José da Costa Rica (1969).

Os direitos humanos, segundo classificação usualmente aceita, podem ser divididos como de *primeira, segunda* e *terceira geração*.

Os direitos humanos da *primeira geração* começam a ser delineados no momento da transição entre o feudalismo para a sociedade burguesa. Representam a expressão da luta da

1 *Direitos humanos e cidadania*, São Paulo: Moderna, 1998.

burguesia contra o despotismo dos antigos estados absolutistas e tem forte influência do jusnaturalismo moderno e nas ideias de Hobbes e Locke. Tinham como base o *direito de liberdade, da livre iniciativa econômica* (de grande interesse à burguesia emergente de então), *de ir e vir, de mão de obra livre*, etc.

Somente a partir do século XIX surgem os direitos humanos denominados da *segunda geração*. A preocupação da burguesia, de há muito instalada no poder do Estado liberal, era, de um lado, com a aristocracia, cujo anseio era o restabelecimento do antigo regime; e, de outro, com a massa popular, empobrecida e insatisfeita, incapaz de usufruir das conquistas advindas da *liberdade, igualdade e fraternidade* preconizadas pela Revolução Francesa.

A partir das reflexões de Karl Marx, com o fortalecimento dos trabalhadores, organizados através de sindicatos, com o imperialismo emergente e fruto de marcos históricos importante (a Revolução Russa de 1917, por exemplo), surgiu uma nova concepção de direitos humanos, notadamente os direitos sociais, econômicos e culturais. Podem ser destacados os direitos *à greve, à aposentadoria, à organização sindical, à estabilidade no emprego, férias, serviços públicos básicos (saúde, educação), etc.* São lutas, portanto, que refletiam o momento histórico de então e que, até hoje, continuam sendo travadas.

Com o término da 2ª Guerra Mundial, as relações sociais e humanas sofreram sensíveis transformações. Os horrores da guerra propiciaram uma ampliação do conteúdo dos direitos humanos, com o surgimento do que se chamou de *direitos dos povos*. Com o término da batalha, uma nova ordem mundial se formou, com a divisão do mundo em dois blocos (capitalista e comunista). O perigo de uma guerra nuclear era latente e, com isso, novos anseios foram surgindo nos diferentes setores da sociedade. São os chamados *direitos humanos de terceira geração*, neles compreendidos o *direito à paz, a autodeterminação dos povos, a um meio ambiente sadio, etc.*

Caracterizam-se, ainda, os Direitos Humanos, pela *universalidade* e a *indivisibilidade*. É *universal*, porque atinge todos os seres humanos, basta que alguém nasça, independente de ser branco ou negro, mulher ou homem, irrelevante sua condição econômica, religiosa. É *indivisível*, pois se cria um vínculo entre os direitos civis e políticos aos culturais, econômicos e sociais. Isto pode ser exemplificado da seguinte forma:

– De que adiantaria ter liberdade de expressão, sem que tenha direito a educação (liberdade-1ª geração / igualdade-direitos sociais-2ª geração)?

– De que adiantaria ter direito a educação sem a respectiva liberdade básica de expressarmos as nossas ideias?

Há quem afirme que os direitos humanos não são criação do século XX, pois os conceitos de liberdade, igualdade e fraternidade já eram conhecidos muito antes. Destaca, assim, GERALDO NOGUEIRA, "sobre os direitos humanos pode se dizer que a ideia vem desde os tempos antigos, quando estes ainda eram conhecidos por 'direitos do homem' e precedidos por outros conceitos do direito, como naturais, inalienáveis, essenciais ou inerentes às pessoas. Filósofos gregos e romanos já os entendiam como direitos devidos ao simples fato da condição humana, estando estes direitos implícitos na própria essência do ser humano e por isso acima do direito positivo. Assim, a lei escrita pelo homem não pode eliminar ou reduzir este direito essencial que existe independentemente do reconhecimento legislativo".[2]

Sem adentrar o mérito do debate, o certo é que mais recentemente a militância pela positivação desses direitos se intensificou, com a difusão dessas ideias espalhadas por toda parte. Não olvidemos, porém, daquilo que está no núcleo dos direitos humanos que é a ideia de

2 A Convenção sobre Direitos das Pessoas com Deficiência Comentada / Coordenação de ANA PAULA CROSARA RESENDE e FLAVIA MARIA DE PAIVA VITAL – Brasília: Secretaria Especial dos Direitos Humanos. Coordenadoria Nacional para Integração da Pessoa Portadora de Deficiência, 2008, p. 25.

dignidade humana, pela qual todos nascem iguais e, em que pese algum déficit físico ou mental, são titulares dos mesmos direitos e deveres.

Como salienta LILIA PINTO MARQUES, "uma sociedade, portanto, é menos excludente, e, consequentemente, mais inclusiva, quando reconhece a diversidade humana e as necessidades específicas dos vários segmentos sociais, incluindo as pessoas com deficiência, para promover ajustes razoáveis e correções que sejam imprescindíveis para seu desenvolvimento pessoal e social, "assegurando-lhes as mesmas oportunidades que as demais pessoas para exercer todos os direitos humanos e liberdades fundamentais". É dentro deste paradigma da inclusão social e dos direitos humanos que devemos inserir e tratar a questão da deficiência. O desafio atual é promover uma sociedade que seja para todos e onde os projetos, programas e serviços sigam o conceito de desenho universal, atendendo, da melhor forma possível, às demandas da maioria das pessoas, não excluindo as necessidades específicas de certos grupos sociais, dentre os quais está o segmento das pessoas com deficiência".[3]

Art. 2º Considera-se pessoa com deficiência aquela que tem impedimento de longo prazo de natureza física, mental, intelectual ou sensorial, o qual, em interação com uma ou mais barreiras, pode obstruir sua participação plena e efetiva na sociedade em igualdade de condições com as demais pessoas.

Legislação infraconstitucional – O conceito de pessoa com deficiência é trazido pelos arts. 3.º e 4.º do **Dec. 3.298/1999**, que regulamentou a **Lei 7.853/1989**, *in verbis*:

"Art. 3.º Para os efeitos deste Decreto, considera-se:

I – **deficiência** – toda perda ou anormalidade de uma estrutura ou função psicológica, fisiológica ou anatômica que gere incapacidade para o desempenho de atividade, dentro do padrão considerado normal para o ser humano;

II – **deficiência permanente** – aquela que ocorreu ou se estabilizou durante um período de tempo suficiente para não permitir recuperação ou ter probabilidade de que se altere, apesar de novos tratamentos; e

III – **incapacidade** – uma redução efetiva e acentuada da capacidade de integração social, com necessidade de equipamentos, adaptações, meios ou recursos especiais para que a pessoa portadora de deficiência possa receber ou transmitir informações necessárias ao seu bem-estar pessoal e ao desempenho de função ou atividade a ser exercida.

Art. 4.º É considerada pessoa portadora de deficiência a que se enquadra nas seguintes categorias:

I – **deficiência física** – alteração completa ou parcial de um ou mais segmentos do corpo humano, acarretando o comprometimento da função física, apresentando-se sob a forma de paraplegia, paraparesia, monoplegia, monoparesia, tetraplegia, tetraparesia, triplegia, triparesia, hemiplegia, hemiparesia, ostomia, amputação ou ausência de membro, paralisia cerebral, nanismo, membros com deformidade congênita ou adquirida, exceto as deformidades estéticas e as que não produzam dificuldades para o desempenho de funções;

II – **deficiência auditiva** – perda bilateral, parcial ou total, de quarenta e um decibéis (dB) ou mais, aferida por audiograma nas frequências de 500Hz, 1.000Hz, 2.000Hz e 3.000Hz;

3 A Convenção sobre Direitos das Pessoas com Deficiência Comentada / Coordenação de ANA PAULA CROSARA RESENDE e FLAVIA MARIA DE PAIVA VITAL – Brasília: Secretaria Especial dos Direitos Humanos. Coordenadoria Nacional para Integração da Pessoa Portadora de Deficiência, 2008, p. 27.

III – **deficiência visual** – cegueira, na qual a acuidade visual é igual ou menor que 0,05 no melhor olho, com a melhor correção óptica; a baixa visão, que significa acuidade visual entre 0,3 e 0,05 no melhor olho, com a melhor correção óptica; os casos nos quais a somatória da medida do campo visual em ambos os olhos for igual ou menor que 60º; ou a ocorrência simultânea de quaisquer das condições anteriores;

IV – **deficiência mental** – funcionamento intelectual significativamente inferior à média, com manifestação antes dos dezoito anos e limitações associadas a duas ou mais áreas de habilidades adaptativas, tais como:

a) comunicação;

b) cuidado pessoal;

c) habilidades sociais;

d) utilização dos recursos da comunidade;

e) saúde e segurança;

f) habilidades acadêmicas;

g) lazer; e

h) trabalho;

V – **deficiência múltipla** – associação de duas ou mais deficiências."

O texto do "caput" repete, praticamente com todas as letras, o art. 1º, da Convenção sobre os Direitos das Pessoas com Deficiência, sob a rubrica "propósito", diploma que, conforme destacado acima, importa em inequívoca fonte de inspiração para o Estatuto da Pessoa com Deficiência, ora em análise.

De se indagar, outrossim, qual o diploma que vigoraria, no que tange ao conceito de pessoa com deficiência: a Lei nº 7.853/1989, regulamentada pelo Dec. 3.298/1999 ou o Estatuto da Pessoa com Deficiência, em exame?

Na verdade, não há que se falar em revogação tácita ou expressa da Lei 7.853/1989, a partir do advento do Estatuto da Pessoa com Deficiência. Isso porque o Estatuto, quando pretendeu revogar antigas disposições, o fez de forma expressa, como consta do art. 123, listando as leis que não foram recepcionados pelo diploma novel. Aliás, a única menção feita pelo Estatuto à Lei nº 7.853/1989 deu-se em seu art. 98 que, alterando o art. 3º, daquela lei, relacionou os entes legitimados à proposição de ações visando à proteção da pessoa com deficiência (Ministério Público, Defensoria Pública, União, Estados, Municípios, Distrito Federal e associação constituída há mais de um ano).

E, de fato, são plenamente compatíveis os conceitos trazidos pelo Estatuto da Pessoa com Deficiência com aqueles que já constavam da Lei 7.853/1989, regulamentados por meio de decreto. Sobretudo no que se refere a impedimentos de ordem física que dificultem o pleno exercício na sociedade, por seu portador, em relação aos demais.

Inovações que nos parecem interessantes e que foram introduzidas pelo Estatuto, constam dos incs. II e IV acima, quando relacionam à deficiência, respectivamente, também, "a fatores socioambientais, psicológicos e pessoais" e à "restrição de participação" de seu portador, avançando, assim, além do dado puramente biológico, para alcançar aspectos psicológicos.

No ano de 2008, por iniciativa da Presidência da República, da Secretaria Especial dos Direitos Humanos e da Coordenadoria Nacional para Integração da Pessoa Portadora de Deficiência, foi publicado um trabalho sob o título "Convenção sobre os Direitos das Pessoas com Deficiência Comentada" organizado por Ana Paula Crosara Resende e Flavia Maria de Paiva Vital. Essa obra de fôlego, dada à profundidade que abordou os temas, será em diversas oportunidades mencionada em nosso livro, louvando-se, destarte, a competência de suas autoras.

Pois bem. Tornando ao aspecto psicológico da questão, destaca GERALDO NOGUEIRA, ao comentar o art. 1º da Convenção, sob a rubrica "propósito", que "é importante salientar que não devemos colocar a deficiência dentro de uma concepção puramente médica, ficando associada exclusivamente à doença. Se bem que a deficiência possa ser causada por uma doença, ela não se caracteriza como doença, não devendo, portanto, ser confundida com uma das causas que a podem gerar, e que não a constitui de fato. Muito mais atual e dinâmica é a compreensão da deficiência como parte da área de desenvolvimento social e de direitos humanos, conferindo-lhe uma dimensão mais personalizada e social. Esta concepção traduz a noção de que a pessoa, antes de sua deficiência, é o principal foco a ser observado e valorizado, assim como sua real capacidade de ser o agente ativo de suas escolhas, decisões e determinações sobre sua própria vida. Portanto, a pessoa com deficiência, é, antes de mais nada, uma pessoa com uma história de vida que lhe confere a realidade de possuir uma deficiência, além de outras experiências de vida, como estrutura familiar, contexto sociocultural e nível econômico".[4]

Vê-se, claramente, a preocupação do legislador em estender a proteção do Estatuto não apenas ao deficiente físico, mas também àquele que, embora preservado seu estado físico, apresenta algum problema de ordem psicológica, a merecer, bem por isso, especial proteção do Estado.

Abrangência das deficiências implícitas. Nota-se que o texto normativo acolhe um conceito de *pessoa com deficiência explícita*, de índole física, mental, intelectual ou sensorial, com um propósito visivelmente *emancipatório*, procurando estabelecer regras de inclusão social e autonomia para que possam se autodeterminar nas escolhas sociais e pessoais. Bem por isso, procurando uma interpretação construtiva e ampliadora de proteção jurídica, prospectamos que estejam incluídas no conceito jurídico também as *pessoas com deficiência implícita*. Isso porque, seguramente, existem pessoas que sofrem "*impedimentos de longo prazo*" que não foram elencados no art. 2º do Estatuto, mas que terminam por limitar a sua plena participação na sociedade. Por exemplo, pessoas com transtorno de déficit de atenção e hiperatividade – TDAH, disgrafia, dislexia, gagueira, dentre outras hipóteses, podem sofrer limitações para a inclusão social, mas não estariam alcançadas pelo conceito legal. Exatamente por isso, "a partir de uma interpretação ampliativa, maximizando a inclusão social almejada, entendemos que a tutela jurídica do Estatuto da Pessoa com Deficiência é direcionada tanto às pessoas com os impedimentos explícitos que constam do texto legal (art. 2º), quanto àqueloutras implicitamente abrangidas por sofrerem alguma limitação para a vida em sociedade. Essa ampliação está autorizada pela segunda parte da dicção legal ao afirmar que o alcance do conceito de *pessoa com deficiência* se destina àquela cujo impedimento '*em interação com uma ou mais barreiras, pode obstruir sua participação plena e efetiva na sociedade em igualdade de condições com as demais pessoas*'".[5]

Lei 13.769/18: a prisão domiciliar e a progressão de regime para presas gestantes e mães ou responsáveis por crianças ou pessoas com deficiência

Em fevereiro de 2018, a 2ª Turma do STF concedeu *habeas corpus* coletivo (HC 143.641/SP, j. 20/02/2018) no qual figuravam como pacientes "todas as mulheres submetidas à prisão cautelar no sistema penitenciário nacional" que ostentassem "a condição de gestantes, de puérperas ou de mães com crianças com até 12 anos de idade sob sua responsabilidade", além das próprias crianças que porventura estivessem na companhia de suas mães.

4 "Convenção sobre os Direitos das Pessoas com Deficiência Comentada", Brasília: Corde, 2008, p. 25.

5 FARIAS, Cristiano Chaves de; ROSENVALD, Nelson. *Curso de Direito Civil:* Parte Geral e LINDB. Salvador: JusPodivm, 2018, vol. 1).

Analisando o mérito do *habeas corpus*, os ministros invocaram tanto a legislação nacional quanto a internacional para justificar a concessão da ordem.

Como apontou a decisão, as Regras de Bangkok estabelecem prioridade para soluções judiciais que promovam alternativas ao encarceramento, especialmente nas situações prévias à formação definitiva da culpa. Além disso, temos no plano interno o art. 227 da CF/88, que determina prioridade absoluta para a garantia dos interesses de crianças, e a manutenção de presas sem efetiva necessidade atinge o direito delas, que acabam sofrendo injustamente as consequências da prisão. E, por fim, o quadro revelado no processo demonstrava a necessidade de cumprir a lei sobre as políticas públicas para a primeira infância (Lei 13.257/16), que inclusive alterou o art. 318 do CPP nas disposições relativas à substituição da prisão preventiva pela domiciliar, permitindo-a para gestantes, mulheres com filho de até doze anos incompletos e homens que sejam os únicos responsáveis pelos cuidados do filho de até doze anos incompletos.

O suporte fático para a concessão da ordem consistiu na comprovação de que mulheres grávidas e mães de crianças (compreendidas no sentido legal conferido pelo art. 2º do ECA: até doze anos incompletos) estavam sendo submetidas a prisões preventivas em situação degradante, não dispunham de cuidados médicos pré-natais e pós-parto e não contavam com berçários e creches para seus filhos.

Em razão disso, determinou-se "a substituição da prisão preventiva pela domiciliar - sem prejuízo da aplicação concomitante das medidas alternativas previstas no art. 319 do CPP - de todas as mulheres presas, gestantes, puérperas ou mães de crianças e deficientes, nos termos do art. 2º do ECA e da Convenção sobre Direitos das Pessoas com Deficiências (Decreto Legislativo 186/2008 e Lei 13.146/2015), relacionadas neste processo pelo DEPEN e outras autoridades estaduais, enquanto perdurar tal condição, excetuados os casos de crimes praticados por elas mediante violência ou grave ameaça, contra seus descendentes ou, ainda, em situações excepcionalíssimas, as quais deverão ser devidamente fundamentadas pelo juízes que denegarem o benefício". E estendeu-se a ordem de ofício a todas as demais presas gestantes, puérperas ou mães de crianças e de pessoas com deficiência, assim como às adolescentes sujeitas a medidas socioeducativas que estivessem na mesma situação daquelas beneficiadas diretamente pela impetração.

Pois bem, na esteira da decisão proferida pelo STF, a Lei 13.769/18 altera a legislação processual penal para disciplinar a matéria de forma expressa. Para tanto, a lei insere no Código de Processo Penal os artigos 318-A e 318-B.

O art. 318-A estabelece que a prisão preventiva decretada sobre a "mulher gestante ou que for mãe ou responsável por crianças ou pessoas com deficiência será substituída por prisão domiciliar", desde que a presa: I – não tenha cometido crime com violência ou grave ameaça a pessoa; II – não tenha cometido o crime contra seu filho ou dependente.

A lei processual penal já estabelecia a possibilidade de conceder prisão domiciliar em substituição à prisão preventiva para gestantes e mulheres com filho de até doze anos de idade incompletos no art. 318, incisos IV e V. Há, porém, uma diferença que certamente trará problemas na prática: o *caput* do art. 318 dispõe que o juiz **poderá substituir** a prisão preventiva pela domiciliar, ao passo que o *caput* do novo art. 318-A dispõe que a prisão preventiva **será substituída**, a não ser que uma das situações elencadas nos incisos o impeça.

Ao que tudo indica, a intenção do legislador foi criar um poder-dever para o juiz, isto é, somente os crimes cometidos com violência ou grave ameaça contra a pessoa e contra o próprio filho ou dependente podem impedir que mulheres gestantes ou responsáveis por criança ou pessoa com deficiência permaneçam presas cautelarmente. Neste passo, a nova lei é mais pródiga na concessão do benefício do que foi a decisão do STF no *habeas corpus* coletivo, cujo acórdão reconhece que "situações excepcionalíssimas" podem fundamentar a denegação da prisão domiciliar. Nesta ressalva era possível inserir crimes que, não obstante cometidos sem violência ou ameaça, guardavam acentuada gravidade. O STJ, por exemplo, tem decisões nas quais se refere a situações excepcionalíssimas referentes à prática de tráfico de drogas:

> *"V - O Supremo Tribunal Federal, no julgamento do Habeas Corpus coletivo n. 143.641, determinou a substituição da prisão preventiva pela domiciliar sem prejuízo da aplicação concomitante das medidas alternativas previstas no art. 319 do CPP de todas as mulheres presas, gestantes, puérperas ou mães de crianças e deficientes, excetuados os casos de crimes praticados por elas mediante violência ou grave ameaça, contra seus descendentes ou, ainda, em situações excepcionalíssimas. VI - Na presente hipótese, verifica-se situação excepcionalíssima que impede a concessão do benefício, porquanto a paciente foi presa em flagrante realizando a mercancia e armazenamento de drogas ilícitas em sua própria residência, local onde se encontrava seu filho de 1 ano de idade, consoante consignado no v. acórdão vergastado. Precedentes."* (HC 471.503/RJ, j. 13/11/2018).

> *"O fato de a acusada comercializar entorpecentes em sua própria residência, local onde foi apreendida quantidade relevante de cocaína, já embalada em porções individuais, além de outros petrechos comumente utilizados para o tráfico de drogas, evidencia o prognóstico de que a prisão domiciliar não cessaria a possibilidade de novas condutas delitivas no interior de sua casa, na presença dos filhos menores de 12 anos, circunstância que inviabiliza o acolhimento do pleito"* (STJ – RHC 96.737/RJ, j. 19/06/2018).

> *"O fato de a acusada realizar a contabilidade do grupo criminoso e transmitir as ordens de seu companheiro – líder da associação, atualmente privado de sua liberdade – evidencia o prognóstico de que a prisão domiciliar não seria suficiente para evitar a prática delitiva no interior de sua residência, na presença dos filhos menores de 12 anos, circunstância que inviabiliza o acolhimento do pleito"* (RHC 96.157/RS, j. 05/06/2018).

A nosso ver, não andou bem o legislador. Acabou desconsiderando o cometimento de crimes graves como a participação em associações e organizações criminosas voltadas à prática do próprio tráfico, fraudes de grande vulto e até mesmo determinadas figuras tipificadas na Lei 13.260/16, que trata do terrorismo.

A prisão domiciliar é, em si, uma medida de natureza cautelar e deve ser analisada sob as diretrizes estabelecidas no art. 292 do Código de Processo Penal, o qual dispõe que as medidas previstas no Título IX devem ser aplicadas de acordo com a **necessidade** e com **adequação da medida à gravidade do crime, circunstâncias do fato** e **condições pessoais do indiciado** ou acusado.

Ora, como apresentado, o novo dispositivo (art. 318-A) opõe-se abertamente às **regras gerais** para a concessão de cautelares, ignorando as circunstâncias do crime cometido, se a substituição é **adequada e suficiente** para impedir a reiteração delitiva e para garantir a aplicação da lei penal, a investigação ou a instrução criminal.

A substituição automática também acaba por violar o disposto no art. 5º da Constituição Federal, que garante a inviolabilidade do direito à vida, à liberdade, à igualdade, **à segurança** e à propriedade. Diante do plexo de direitos e garantias explicitados na Constituição, tem o legislador (e o juiz) a obrigação de proteger os bens jurídicos de forma suficiente. Em outras palavras: é tão indesejado o excesso quanto a insuficiência da resposta do Estado punitivo. A obrigação de que o juiz substitua a prisão preventiva pela domiciliar torna evidentemente falha a proteção de que se incumbe o Estado.

Por fim, ainda que se admita a existência de um direito subjetivo da mulher em privação de liberdade à concessão do favor legal, sempre haverá algum espaço para que o magistrado formule um conceito de ordem subjetiva. Assim, por exemplo, há que se analisar se a criança, filha da mulher vive efetivamente sob sua companhia, pois é comum que se encontre sob a guarda de fato ou de direito de terceiros. Em relação à pessoa portadora de deficiência, ela pode, eventualmente, encontrar-se internada em uma clínica, quando, então, os cuidados da detenta serão dispensáveis. Não se pode ignorar, também, o cabimento da preventiva como sanção processual para o caso de descumprimento injustificado do benefício legal.

O art. 318-B dispõe que a substituição da prisão preventiva pela domiciliar pode ser efetuada com aplicação concomitante das medidas alternativas previstas no art. 319. Considerando que a prisão domiciliar consiste no recolhimento do indiciado ou acusado em sua residência, da qual só pode ausentar-se com autorização judicial, a nosso ver são compatíveis as seguintes medidas estabelecidas no art. 319:

- *proibição de manter contato com pessoa determinada quando, por circunstâncias relacionadas ao fato, deva o indiciado ou acusado dela permanecer distante;*
- *suspensão do exercício de função pública ou de atividade de natureza econômica ou financeira quando houver justo receio de sua utilização para a prática de infrações penais;*
- *monitoração eletrônica.*

Além das regras a respeito da prisão domiciliar, a Lei 13.769/18 promoveu alterações em três dispositivos da Lei de Execução Penal.

O art. 112, que trata da progressão de regime, passa a contar com o § 3º para disciplinar de forma específica a progressão da mulher gestante, mãe ou responsável por crianças ou pessoas com deficiência. Neste caso, são requisitos **cumulativos** para a progressão:

I – não ter cometido crime com violência ou grave ameaça a pessoa;

II – não ter cometido o crime contra seu filho ou dependente;

III – ter cumprido ao menos 1/8 (um oitavo) da pena no regime anterior;

IV – ser primária e ter bom comportamento carcerário, comprovado pelo diretor do estabelecimento;

V – não ter integrado organização criminosa.

A fração de pena a ser cumprida é menor do que a regra estabelecida no *caput* do art. 112 (um sexto da pena), mas há outros requisitos que devem ser atendidos **conjuntamente** e que não compõem a regra geral do sistema progressivo de pena, como a primariedade e a inexistência de violência ou grave ameaça.

O § 4º do art. 112 – também inserido pela Lei 13.769/18 – estabelece que o cometimento de novo crime doloso ou falta grave implica "a revogação do benefício previsto no § 3º", ou seja, provoca a regressão de regime. Sem implicar na violação do princípio da presunção de inocência – ou de não culpa –, não se exige – assim como ocorre na regressão disposta no art. 118 da LEP – sentença condenatória transitada em julgado, bastando prova, no incidente próprio, de que a pessoa em privação de liberdade praticou crime ou fato definido como falta grave.

Dada a redação do § 4º do art. 112, uma dúvida pode surgir: "revogação do benefício" quer dizer apenas a regressão de regime ou também a impossibilidade de que nova progressão seja concedida com base nas regras mais amenas? Trata-se, pensamos, de vedação a nova progressão de regime com base no § 3º do art. 112. Caso a condenada cumpra os requisitos do § 3º, progrida de regime e cometa novo crime ou falta grave, deverá regredir e cumprir os requisitos gerais da LEP para que possa progredir de regime novamente. Assim é porque não faria sentido se referir a "revogação do benefício" se a intenção fosse apenas a regressão, que já uma consequência necessária do cometimento de crime ou falta grave durante a execução da pena, como estabelece o art. 118, I, da LEP. Como o § 3º do art. 112 estabelece uma forma de progressão especial, devem ser beneficiadas somente as condenadas que se mostrem aptas à ressocialização, pois, caso contrário, não se justifica o tratamento menos severo.

Por fim, o art. 72 da LEP, que trata das atribuições do Departamento Penitenciário Nacional, passa contar com o inciso VII, que impõe ao órgão a obrigação de "acompanhar a execução da pena das mulheres beneficiadas pela progressão especial de que trata o § 3º do art. 112, monitorando sua integração social e a ocorrência de reincidência, específica ou não, mediante a realização de avaliações periódicas e de estatísticas criminais". Pretende-se com isso, diante das regras menos severas para a progressão de regime, garantir que as finalidades da pena sejam cumpridas e que as intenções da execução penal mais moderada (cuidados com a gestação, o filho ou a pessoa dependente) sejam alcançadas.

E o § 2º do art. 72 – também inserido pela Lei 13.769/18 – dispõe que "Os resultados obtidos por meio do monitoramento e das avaliações periódicas previstas no inciso VII do caput serão utilizados para, em função da efetividade da progressão especial para a ressocialização das mulheres de que trata o § 3º do art. 112, avaliar eventual desnecessidade do regime fechado de cumprimento de pena para essas mulheres nos casos de crimes cometidos sem violência ou grave ameaça". Considerando que as mulheres que são monitoradas já foram beneficiadas pela progressão mais branda, o que torna dispensável a avaliação da desnecessidade do regime fechado, a nosso ver este dispositivo cria um procedimento de política criminal em que a efetividade da ressocialização de mulheres que progrediram de regime com base na regra especial do § 3º do art. 112 pode indicar a desnecessidade de que se imponha o regime inicial fechado nas futuras condenações de outras mulheres que estejam na mesma condição e que tenham cometido crimes sem violência ou grave ameaça. Dessa forma, provando-se efetiva a progressão especial criada pela Lei 13.769/18, seria possível, mesmo diante da quantidade da pena aplicada, que o juiz afastasse o regime inicial fechado e determinasse desde logo o acompanhamento da condenada pelos órgãos incumbidos da fiscalização da execução penal.

Prioridade na elaboração de corpo de delito – A Lei n. 13.721/2018 impôs prioridade na elaboração do exame de corpo de delito quando o crime envolver violência doméstica e familiar contra mulher ou contra criança, adolescente, pessoa idosa ou pessoa com deficiência. Preocupou-se o legislador em conferir especial proteção a pessoas hipossuficientes e vulneráveis, a saber aquelas que lista no dispositivo. Em virtude desse déficit, da gravidade que a conduta do agente revela e da urgência que, na maioria das vezes, o caso reclama, é que se confere prioridade na elaboração da perícia. Na prática, deparando-se o perito com dois trabalhos que devam ser elaborados, um, por exemplo, relacionado à violação de uma porta ou a altura de um muro e, outro, a respeito de violência perpetrada contra pessoa com deficiência, deverá, por óbvio, dar preferência à confecção deste último.

> § 1º A avaliação da deficiência, quando necessária, será biopsicossocial, realizada por equipe multiprofissional e interdisciplinar e considerará:
>
> I – os impedimentos nas funções e nas estruturas do corpo;
>
> II – os fatores socioambientais, psicológicos e pessoais;
>
> III – a limitação no desempenho de atividades; e
>
> IV – a restrição de participação.
>
> § 2º O Poder Executivo criará instrumentos para avaliação da deficiência.

Legislação infraconstitucional – Ressalte-se que o art. 14, inc. V, "a", do **Código Brasileiro de Trânsito** (Lei nº 9.503/1997), atribui às Juntas Administrativas de Recursos de Infrações (Jari), "indicar um representante para compor a comissão examinadora de candidatos portadores de deficiência física à habilitação para conduzir veículos automotores".

Legislação infraconstitucional – O art. 20, § 6º, da **Lei nº 8.472/93**, condiciona a percepção do benefício previdenciário denominado, o "benefício de prestação continuada" (BPC), à prévia avaliação da deficiência e do grau de impedimento por meio de avaliação médica e avaliação social realizadas por médicos peritos e por assistentes sociais do Instituto Nacional de Seguro Social.

Legislação infraconstitucional – O art. 5º, da **Lei Complementar nº 142/2013**, que prevê aposentadoria pelo Regime Geral de Previdência Social (RGPS), determina que "o grau de deficiência será atestado por perícia própria do Instituto Nacional do Seguro Social – INSS, por meio de instrumentos desenvolvidos para esse fim".

Legislação infraconstitucional – O art. 1º da Lei nº 7.070/1982 estabelece: "Fica o Poder Executivo autorizado a conceder pensão especial, mensal, vitalícia e intransferível, aos portadores da deficiência física conhecida como "Síndrome da Talidomida" que a requererem, devida a partir da entrada do pedido de pagamento no Instituto Nacional de Previdência Social (INPS)".

A *avaliação biopsicossocial* é aquela que considera aspectos sociais que circundam o deficiente, além, por óbvio, de dados médicos capazes de demonstrar sua incapacidade. Na avaliação biopsicossocial há, portanto, a junção desses dois aspectos na abordagem do deficiente, superando-se, nessa linha de raciocínio, o simples modelo biológico, para se considerar, em acréscimo, fatores sociais outros como nível de escolaridade, profissão, composição familiar, etc.

Como esclarece DANIEL PULINO, "a aferição da invalidez não se resume, portanto, numa comprovação de ordem exclusivamente médica – embora esta seja uma condição necessária para a edição do ato de concessão do benefício –, compreendendo um juízo complexo, em que se deve avaliar a concreta possibilidade de o segurado conseguir retirar do próprio trabalho renda suficiente para manter sua subsistência em patamares, senão iguais, ao menos compatíveis com aqueles que apresentavam antes de sua incapacitação, e que foram objetivamente levados em consideração no momento de quantificação das suas contribuições para o sistema – dentro, sempre, dos limites de cobertura do regime geral de previdência social".[6]

Nos termos do § 2º, do art. 16 do Decreto 6.214/2007, que regulamente o benefício da prestação continuada, "a avaliação social considerará os fatores ambientais, sociais e pessoais", enquanto que a avaliação médica "considerará as deficiências nas funções e nas estruturas do corpo, e ambas considerarão a limitação do desempenho de atividades e a restrição da participação social, segundo suas especificidades" (ressalte-se que esse decreto sofreu modificações com a edição do Decreto n. 8.805, de 07.07.2016, mas que não alteram o § 2º, acima indicado).

TÍTULO II
DOS CRIMES E DAS INFRAÇÕES ADMINISTRATIVAS

INTRODUÇÃO

A Constituição Federal busca garantir à pessoa com deficiência o seu ingresso na vida social e no ambiente de trabalho, programando um conjunto de normas compensatórias. A implantação dessas normas, contudo, não vem sendo respeitada por diversos setores, tanto do poder público quanto do privado.

Quando presente esse quadro de desrespeito e indiferença, são apresentados inúmeros instrumentos extrapenais para servir ao operador do Direito. Esses instrumentos, no entanto, estão

6 *A aposentadoria por invalidez no direito positivo brasileiro*. São Paulo: LTr, 2001. p. 115.

se mostrando incapazes de coibir e punir eficientemente os vários comportamentos violadores dos direitos fundamentais individuais e coletivos da pessoa com deficiência.

Ora, é sabido que, se outras formas de sanção ou outros meios de controle social revelam-se insuficientes para a tutela de determinado bem relevante, a sua criminalização é adequada e recomendável. Se para o restabelecimento da ordem jurídica violada forem insuficientes medidas civis ou administrativas, ao lado destas devem ser empregadas as de natureza penal.

Eis o espírito do Título II do presente Estatuto. O Direito Penal, subsidiário e fragmentário, foi chamado a intervir como mais um importante instrumento de controle social, criando crimes e cominando penas privativas de liberdade para os comportamentos que violam os direitos básicos das pessoas com deficiência.

Deve ser observado, porém, que as infrações penais criadas pela Lei 13.146/15 são, na sua maioria, de médio potencial ofensivo, com pena mínima não superior a 1 ano de reclusão, admitindo, em tese, o beneplácito da suspensão condicional do processo, estampado no art. 89 da Lei 9.099/95.

Deve ser observado, porém, que as infrações penais criadas pela Lei 13.146/15 são, na sua maioria, de médio potencial ofensivo, com pena mínima não superior a 1 ano de reclusão, admitindo, em tese, o acordo de não persecução penal (art. 28-A CPP) e o beneplácito da suspensão condicional do processo (art. 89 da Lei 9.099/95).

Já se percebe, no entanto, operadores querendo negar tais benefícios para crimes dessa natureza, sob o argumento de que o preconceito manifestado, explícita ou implicitamente, nas várias condutas típicas caracteriza grave violação a uma das metas fundamentais do Estado Democrático de Direito (CF, art. 3º, IV). A justiça negocial, assim, significaria proteção insuficiente do Estado.

Com o devido respeito, discordamos. Aliás, é no ANPP e na suspensão do processo que o Ministério Público pode conquistar, com celeridade ímpar, a solução mais esperada pela vítima: a reparação do dano, ou a sua rápida inclusão, sem diferenças.

Feito esse breve introito, vamos analisar, em seguida, cada figura criminosa sob os seguintes aspectos: bem jurídico tutelado, sujeitos (ativo e passivo), conduta, voluntariedade, consumação e ação penal.

Art. 88. Praticar, induzir ou incitar discriminação de pessoa em razão de sua deficiência:

Pena – reclusão, de 1 (um) a 3 (três) anos, e multa.

§ 1º Aumenta-se a pena em 1/3 (um terço) se a vítima encontrar-se sob cuidado e responsabilidade do agente.

§ 2º Se qualquer dos crimes previstos no caput deste artigo é cometido por intermédio de meios de comunicação social ou de publicação de qualquer natureza:

Pena – reclusão, de 2 (dois) a 5 (cinco) anos, e multa.

§ 3º Na hipótese do § 2º deste artigo, o juiz poderá determinar, ouvido o Ministério Público ou a pedido deste, ainda antes do inquérito policial, sob pena de desobediência:

I – recolhimento ou busca e apreensão dos exemplares do material discriminatório;

II – interdição das respectivas mensagens ou páginas de informação na internet.

§ 4º Na hipótese do § 2º deste artigo, constitui efeito da condenação, após o trânsito em julgado da decisão, a destruição do material apreendido.

BEM JURÍDICO TUTELADO

O delito do art. 88 tem como objetividade jurídica a tutela dos direitos fundamentais da pessoa com deficiência, lembrando que o art. 3º, IV, da CF/88, anuncia ser objetivo fundamental da República Federativa do Brasil, dentre outros, a promoção do bem de todos, sem preconceitos de origem, raça, sexo, cor, idade e qualquer outras formas de discriminação.

De acordo com a Convenção sobre os Direitos das Pessoas com Deficiência (Nova York, março de 2007), "Os Estados Partes se comprometem a assegurar e promover o pleno exercício de todos os direitos humanos e liberdades fundamentais por todas as pessoas com deficiência, sem qualquer tipo de discriminação por causa de sua deficiência".

O objetivo anunciado está umbilicalmente relacionado com a proteção e promoção da dignidade da pessoa humana e ao respeito às diferenças, como exigência do pluralismo.

Dentre os mecanismos de política afirmativa trazidos pela Lei nº 13.146/15, a punição criminal tem o escopo de evitar que indivíduos que sofrem limitações físicas, mentais, intelectuais ou sensoriais sejam submetidos a constrangimento em virtude dessa condição.

SUJEITOS DO CRIME

O crime é comum, podendo ser cometido por qualquer pessoa.

No polo passivo, por outro lado, somente pode figurar como ofendido a pessoa com deficiência, assim definida no art. 2º da Lei nº 13.146/15: "Considera-se pessoa com deficiência aquela que tem impedimento de longo prazo de natureza física, mental, intelectual ou sensorial, o qual, em interação com uma ou mais barreiras, pode obstruir sua participação plena e efetiva na sociedade em igualdade de condições com as demais pessoas".

Temos, em suma, um crime comum no que se refere ao sujeito ativo, e próprio quando trata do ofendido.

O § 1º do art. 88 aumenta em um terço a pena se a vítima estiver sob cuidado e responsabilidade do agente. Exerce o cuidado, nos termos do art. 3º, inciso XII, da Lei nº 13.146/15, a pessoa, membro ou não da família, que, com ou sem remuneração, assiste ou presta cuidados básicos e essenciais à pessoa com deficiência no exercício de suas atividades diárias, excluídas as técnicas ou os procedimentos identificados com profissões legalmente estabelecidas.

CONDUTAS

As condutas típicas são: *praticar (realizar)*, *induzir (provocar)* ou *incitar (incentivar)* a discriminação de alguém em virtude de sua deficiência.

Note-se, inicialmente, que a inclusão expressa das duas últimas condutas no tipo penal seria dispensável, pois, mesmo que nele não estivessem, quem, de qualquer forma, induzisse ou incitasse outrem a cometer a discriminação seria criminalmente responsabilizado, conforme dispõe o *caput* do art. 29 do Código Penal.

Discriminar significa separar, estabelecer diferenças, dispensar tratamento desigual ou injusto fundamentado na deficiência física, mental, intelectual ou sensorial. O Estatuto da Pessoa com Deficiência dispõe em seu art. 4º, § 1º que: "considera-se discriminação em razão da deficiência toda forma de distinção, restrição ou exclusão, por ação ou omissão, que tenha o propósito ou o efeito de prejudicar, impedir ou anular o reconhecimento ou o exercício dos direitos e das liberdades fundamentais de pessoa com deficiência, incluindo a recusa de adaptações razoáveis e de fornecimento de tecnologias assistivas".

A redação do novo tipo penal certamente fará surgir debates a respeito do (aparente) conflito com o art. 140, § 3º, do Código Penal, que qualifica a injúria quando utilizados pelo agente da ofensa elementos referentes à condição de pessoa com deficiência. Para nós, caracteriza-se a discriminação da Lei nº 13.146/15 se a intenção do agente é segregar ou incentivar a segregação da pessoa com deficiência. Se o propósito do agente for o de atingir a honra subjetiva da vítima, utilizando-se, para tanto, da sua condição de deficiente, haverá injúria qualificada.

Portanto, cuidado: recusar-se a conviver no mesmo ambiente (social, escolar, laborativo etc.) com pessoa com deficiência, não configura injúria, mas o crime do art. 88 da Lei 13.146/15. Xingar alguém fazendo referências negativas à sua condição de pessoa com deficiência, teremos o delito de injúria qualificada pelo preconceito.

Alertamos, ainda, que o art. 8º da Lei n.º 7.853/89 (comentado mais adiante) também pune comportamentos discriminatórios em face da pessoa com deficiência. Nesse cenário, quando é que aplicamos os crimes de preconceito da Lei 7.853/89 e quando incide o art. 88 do Estatuto da Pessoa com Deficiência? Todos punem modalidades de discriminação. A relação entre as normas é de gênero (art. 88) e espécies (crimes da Lei 7.853/89). Presente ato discriminatório, primeiro analisamos a adequação nos tipos da Lei 7.853/89. Não havendo subsunção, aplica-se o art. 88 do Estatuto.

De acordo com o § 2º, "Se qualquer dos crimes previstos no *caput* deste artigo é cometido por intermédio de meios de comunicação social ou de publicação de qualquer natureza", a pena passa a ser de reclusão de dois a cinco anos. A redação do dispositivo é evidentemente equivocada, pois o *caput* do art. 88 não tipifica diversos crimes, mas apenas um, dividido em três ações nucleares (tipo misto alternativo), duas delas, como destacamos, dispensáveis.

Haverá a qualificadora quando a conduta discriminatória tiver potencialidade para chegar ao conhecimento de número indeterminado de pessoas, como quando veiculada em impressos distribuídos ao público, em redes sociais como *Facebook* ou *Twitter*, em páginas de *internet* etc.

No mais, na esteira da qualificadora, isto é, quando o delito é cometido em meios de comunicação social ou em publicação de qualquer natureza, o § 3º permite ao juiz determinar, ouvido o Ministério Público ou a pedido deste, mesmo antes do inquérito policial, sob pena de desobediência: a) o recolhimento ou busca e apreensão dos exemplares do material discriminatório; b) a interdição das respectivas mensagens ou páginas de informação na internet. E caso haja material apreendido, o § 4º estabelece, como efeito da condenação, a sua destruição.

VOLUNTARIEDADE

Quanto à voluntariedade, exige-se o dolo (direto ou eventual), inexistindo a forma culposa.

CONSUMAÇÃO E TENTATIVA

O delito se consuma com a prática discriminatória, independentemente da quantidade de pessoas que tenham acesso ao conteúdo. Diante disso, na prática, parece-nos impossível a tentativa, ainda que na forma escrita, que, mesmo interceptada antes de eventual divulgação pública, sempre chegará ao conhecimento de quem interceptou (o próprio deficiente ou terceiro).

AÇÃO PENAL

Diante do silêncio da lei, a ação penal neste crime é pública incondicionada, na dicção do art. 100 do Código Penal. Assim como nos demais crimes abaixo listados, deve ser feita a ressalva quanto à faculdade de ingresso, pela vítima, de ação penal privada subsidiária da pública, nos termos do art. 29 do CPP, quando, ante a inércia do Ministério Público, poderá ofertar queixa-crime.

A forma simples (*caput*) admite suspensão condicional do processo (art. 89, da Lei nº 9.099/95). Qualquer das formas admite, em tese, o acordo de não persecução penal (art. 28-A CPP).

Art. 89. Apropriar-se de ou desviar bens, proventos, pensão, benefícios, remuneração ou qualquer outro rendimento de pessoa com deficiência:

Pena – reclusão, de 1 (um) a 4 (quatro) anos, e multa.

Parágrafo único. Aumenta-se a pena em 1/3 (um terço) se o crime é cometido:

I – por tutor, curador, síndico, liquidatário, inventariante, testamenteiro ou depositário judicial; ou

II – por aquele que se apropriou em razão de ofício ou de profissão.

BEM JURÍDICO TUTELADO

O delito do art. 89 tem como objetividade jurídica a tutela do patrimônio da pessoa com deficiência.

SUJEITOS DO CRIME

O crime é comum, podendo ser cometido por qualquer pessoa, dispensando condição especial do agente ou algum vínculo deste com a vítima. Aliás, sendo o sujeito ativo **tutor, curador, síndico, liquidatário, inventariante, testamenteiro ou depositário judicial ou agir em razão de ofício ou profissão**, a pena é aumentada de 1/3.

No polo passivo temos como ofendido a pessoa com deficiência (art. 2º do Estatuto).

CONDUTAS

As condutas típicas são: *apropriar-se (inverter o animus da posse, agindo, arbitrariamente, como se dono fosse)* ou *desviar (dar finalidade diversa)* bens (móveis ou imóveis), proventos, pensão, benefícios, remuneração ou qualquer outro rendimento de pessoa com deficiência.

Na verdade, este tipo se aproxima daquele previsto no § 1º, inc. II do art. 168 do Código Penal, que trata da apropriação indébita qualificada em face da condição especial da vítima.

Entre os dois crimes, no entanto, existe uma diferença importante: a infração especial prevista na Lei 13.146/15 não menciona (ao menos expressamente) a necessidade de o agente estar na posse ou detenção dos bens, proventos, pensão, benefícios, remuneração ou qualquer outro rendimento da vítima. Essa redação vai gerar, certamente, discussão na doutrina. Para nós, no entanto, embora o dispositivo em comento não faça menção expressa, é necessário que o sujeito ativo tenha a posse ou detenção da coisa. Não tendo a posse ou detenção do bem ou valor, estará configurado outro ilícito contra o patrimônio da pessoa com deficiência, podendo ser furto, estelionato, roubo etc.

Por fim, o dispositivo autoriza interpretação analógica, onde o legislador, depois de exemplificar o objeto material do crime (bens, proventos, pensão, benefícios, remuneração), encerra com fórmula genérica (ou qualquer outro rendimento), autorizando o juiz, na análise do caso concreto, complementar esse rol.

VOLUNTARIEDADE

Quanto à voluntariedade, exige-se o dolo (direto ou eventual) e inexiste a forma culposa.

Discute-se se haverá o crime no caso de o agente atuar com ânimo de uso. A resposta, para nós, está umbilicalmente ligada à natureza da coisa apoderada (ou desviada) momentaneamente. Sendo consumível com o uso, existe o crime; se não consumível, teremos mero ilícito civil.

CONSUMAÇÃO E TENTATIVA

O crime, na sua primeira modalidade (*apropriação*), se consuma no momento em que o agente se apropria dos **bens, proventos, pensão, benefícios, remuneração ou qualquer outro**

rendimento de pessoa com deficiência, dispondo do objeto material como se dono fosse, retendo-o, alienando-o etc.

Analisando tipo semelhante praticado contra pessoa idosa, o STJ, através da sua 5ª. T, decidiu que o crime é permanente, cujo momento consumativo se prolonga no tempo, enquanto permanecer a inversão da posse (HC 111.120/DF, Rel. Min. Laurita Vaz, j. 17.12.2010).

Na segunda modalidade (*desvio*), ocorre a consumação quando o agente altera o destino normal da coisa, empregando-a em fins outros que não o próprio.

Nas duas condutas a caracterização do crime não reclama lucro efetivo por parte do agente, pouco importando se a vantagem visada é conseguida ou não.

Podendo a execução ser fracionada em vários atos – *crime plurissubsistente* –, a tentativa mostra-se perfeitamente possível, tanto na apropriação, quanto no desvio.

O ressarcimento do prejuízo, a restituição ou a composição após a consumação não desfigura o crime, podendo constituir, conforme o caso, o arrependimento posterior, art. 16 do CP (se anterior ao recebimento da denúncia), ou atenuante de pena, art. 65 do CP (se posterior ao recebimento da inicial).

Diferentemente do Estatuto da Pessoa Idosa, o legislador, quando criou o Estatuto da Pessoa com Deficiência, não alterou o art. 183 do Código Penal, permitindo em crimes dessa natureza (contra o patrimônio, sem violência ou grave ameaça à pessoa) cometidos em face do deficiente, a incidência das imunidades absolutas e relativas dos arts. 181 e 182 do CP.

Os operadores do Direito, diante da novel Lei, já questionam: tais dispositivos (arts. 181 e 182 do CP) incidem nos crimes contra o patrimônio, cometidos sem violência ou grave ameaça à pessoa com deficiência, previstos no presente Estatuto? É o caso, por exemplo, dos arts. 89 e 91.

Certamente muitos vão defender a sua aplicação, ostentando a bandeira da analogia *in bonam partem*.

Entendemos, depois de muita reflexão sobre o tema, que deve prevalecer o princípio da especialidade, isto é, crimes contra o patrimônio cometidos em face da pessoa com deficiência previstos neste Estatuto ou qualquer outra lei especial não são alcançados pelas citadas imunidades. Conclusão diversa redundaria numa clara proteção deficitária do Estado. Não se pode ignorar que, na esmagadora maioria das vezes, quem tutela o patrimônio da pessoa com deficiência é seu parente próximo (cônjuge, companheiro, ascendente, descendente ou irmão). Garantir-lhes, desde logo, causa especial de exclusão de punibilidade quando arbitrariamente atacam a fortuna da pessoa com deficiência, soa como indisfarçável absurdo.

AÇÃO PENAL

No silêncio da lei, a ação penal neste crime é pública incondicionada (art. 100 do CP).

A forma simples admite suspensão condicional do processo (art. 89, da Lei 9.099/95). Sendo o sujeito ativo **tutor, curador, síndico, liquidatário, inventariante, testamenteiro ou depositário judicial ou agir em razão de ofício ou profissão**, a pena é aumentada de 1/3, inviabilizando o benefício.

Qualquer das formas admite, em tese, o acordo de não persecução penal (art. 28-A CPP).

Art. 90. Abandonar pessoa com deficiência em hospitais, casas de saúde, entidades de abrigamento ou congêneres:

Pena – reclusão, de 6 (seis) meses a 3 (três) anos, e multa.

Parágrafo único. Na mesma pena incorre quem não prover as necessidades básicas de pessoa com deficiência quando obrigado por lei ou mandado.

BEM JURÍDICO TUTELADO

O crime em estudo continua tutelando os direitos fundamentais da pessoa com deficiência, mais precisamente, sua vida, incolumidade pessoal e liberdade.

Deve ser lembrado que o art. 31 do Estatuto garante à pessoa com deficiência moradia digna, no seio da família natural ou substituta, com seu cônjuge ou companheiro ou desacompanhada, ou em moradia para a vida independente da pessoa com deficiência, ou, ainda, em residência inclusiva.

SUJEITOS DO CRIME

No "caput", o crime é comum, podendo ser cometido por qualquer pessoa.

Já na figura do parágrafo único, o delito é próprio, exigindo condição especial do agente (garante ou garantidor), podendo ser praticado somente por aquele que tem o dever (imposto por lei ou mandado) de garantir a subsistência da pessoa com deficiência. No caso de coobrigados, isto é, quando o dever de assistência recai sobre várias pessoas, cada um responderá como autor da sua omissão.

No polo passivo figura como ofendido a pessoa com deficiência (art. 2º do Estatuto).

CONDUTAS

O tipo em estudo anuncia duas condutas típicas, uma no *caput* (abandono da pessoa com deficiência) e outra no parágrafo único (abandono material).

No "caput", forma especial do crime do art. 133 do Código Penal, pune-se *abandonar* pessoa com deficiência em hospitais, casas de saúde, entidades de abrigamento ou congêneres.

Abandonar significa *deixar ao abandono, desassistido, desamparado*, traduzindo, no caso, uma ação ou omissão infringente da obrigação da respectiva guarda e assistência. Pode ser praticado mediante *ação* (levar a vítima a um hospital e ali deixá-la) ou *omissão* (afastar-se da vítima do lugar onde se encontra, deixando-a à própria sorte), sendo indiferente se o abandono foi temporário ou definitivo, desde que por tempo juridicamente relevante.

A figura típica admite interpretação analógica, pois o texto reconhece o abandono ocorrido em entidades congêneres, isto é, qualquer instituição, com ou sem fins lucrativos, que sirva de abrigamento, provisório ou não, da pessoa com deficiência.

O parágrafo único, por sua vez, forma especial do crime do art. 244 do Código Penal, castiga com a mesma pena do *caput* quem não prover as necessidades básicas de pessoa com deficiência quando obrigado por lei ou mandado.

Pune-se, portanto, a pessoa do garante ou garantidor, obrigado, por lei ou por ordem judicial, a cuidar da vida e da saúde da pessoa com deficiência. É o caso dos pais em relação aos filhos, ou do curador em relação ao curatelado.

Faltando essa condição especial do agente (garante ou garantidor), não pratica o crime. Logo, se alguém, percebendo que seu vizinho, pessoa com deficiência, está carecendo de necessidades básicas e nada faz para supri-las, não comete o crime em estudo, podendo, conforme o caso, configurar o delito de omissão de socorro do art. 135 do CP.

Por necessidades básicas da pessoa com deficiência entende-se o rol de recursos materiais necessários à sua sobrevivência, compreendendo alimentação, vestuário, tratamento da saúde etc., ou seja, as necessidades fundamentais à manutenção da pessoa humana com dignidade.

VOLUNTARIEDADE

Quanto à voluntariedade, exige-se o dolo (direto ou eventual).

Não se pune a modalidade culposa.

Deve ser alertado que o dolo que move o agente deve ser o de perigo, consistente na vontade consciente de abandonar a vítima, colocando-a em risco. O dolo de dano exclui o dolo de perigo e altera a natureza do crime, passando a ser de dano: tentativa (ou consumação) de homicídio, lesão corporal etc.

CONSUMAÇÃO E TENTATIVA

Trata-se de crime de mera conduta, consumando-se, no *caput*, com o abandono do ofendido. O delito é instantâneo. Logo, mesmo que o agente, depois de efetivar o abandono, resolva reassumir a assistência, não desnatura a infração penal.

Se praticado por ação, o delito assume forma plurissubsistente, admitindo a tentativa.

No abandono material, o delito consuma-se com o não provimento das necessidades básicas da pessoa com deficiência, prolongando-se a consumação durante todo o período da inação (delito permanente).

Tratando-se de crime omisso próprio, a tentativa é inadmissível.

AÇÃO PENAL

No silêncio da lei, segundo o art. 100 do Código Penal, a ação penal neste crime é pública incondicionada.

O crime é de médio potencial ofensivo, admitindo suspensão condicional do processo (art. 89, da Lei nº 9.099/95). Qualquer das formas admite, em tese, o acordo de não persecução penal (art. 28-A CPP).

> **Art. 91.** Reter ou utilizar cartão magnético, qualquer meio eletrônico ou documento de pessoa com deficiência destinados ao recebimento de benefícios, proventos, pensões ou remuneração ou à realização de operações financeiras, com o fim de obter vantagem indevida para si ou para outrem:
>
> Pena – detenção, de 6 (seis) meses a 2 (dois) anos, e multa.
>
> Parágrafo único. Aumenta-se a pena em 1/3 (um terço) se o crime é cometido por tutor ou curador.

BEM JURÍDICO TUTELADO

O dispositivo em exame tutela, basicamente, o patrimônio da pessoa com deficiência, sua saúde financeira.

SUJEITOS DO CRIME

O crime é comum, podendo ser cometido por qualquer pessoa. Sendo o sujeito ativo **tutor ou curador**, a pena é aumentada de 1/3. No polo passivo figura como ofendido a pessoa com deficiência (art. 2º do Estatuto).

CONDUTAS

As condutas típicas são *reter (deter)* ou *utilizar (usar)* cartão magnético, qualquer meio eletrônico ou documento de pessoa com deficiência destinados ao recebimento de benefícios, proventos, pensões ou remuneração ou à realização de operações financeiras, com o fim de obter vantagem indevida para si ou para outrem.

A ação do agente, especialmente no verbo *utilizar*, não pode ser antecedida de fraude, caso em que o crime passaria a ser outro, qual seja, estelionato (art. 171 do CP).

VOLUNTARIEDADE

Quanto à voluntariedade, exige-se o dolo (direto ou eventual) e inexiste a forma culposa. É imprescindível o fim especial de locupletamento próprio ou de outrem.

CONSUMAÇÃO E TENTATIVA

O crime, na sua primeira parte (*reter*), consuma-se com a detenção da coisa e, na segunda parte (*utilizar*), perfaz-se com o seu efetivo uso, dispensando, nos dois casos, o enriquecimento do agente (delito formal).

Podendo a execução ser fracionada em vários atos – *crime plurissubsistente* –, a tentativa mostra-se perfeitamente possível.

AÇÃO PENAL

A ação penal neste crime é pública incondicionada, ante o silêncio da lei em sentido inverso (art. 100 do CP).

O crime, na sua forma básica, é de menor potencial ofensivo, a admitir a transação penal e de competência, pois, dos Juizados Especiais Criminais. Admitindo transação penal, nesse caso, fica proibido o ANPP (art. 28-A, § 2º, I, CPP).

Sendo o sujeito ativo **tutor ou curador**, a pena do crime é aumentada de 1/3, passando a ser de médio potencial ofensivo, competência do juízo criminal comum, admitindo, entretanto, a suspensão condicional do processo (art. 89 da Lei 9.099/95). Admite também, em tese, o acordo de não persecução penal (art. 28-A CPP).

TUTELA PENAL DA PESSOA COM DEFICIÊNCIA

PARTE 2

LEI DE APOIO ÀS PESSOAS COM DEFICIÊNCIA – LEI 7.853/89

INTRODUÇÃO

A Lei n.º 7.853/89 dispõe sobre o apoio às pessoas portadoras de deficiência, sua integração social, sobre a Coordenadoria Nacional para Integração da Pessoa Portadora de Deficiência – Corde, institui a tutela jurisdicional de interesses coletivos ou difusos dessas pessoas, disciplina a atuação do Ministério Público, define crimes e dá outras providências.

No que se refere à parte penal, propriamente dita, os crimes contemplados nesta Lei encontram-se no rol de incisos do art. 8º, bastante alterado pela Lei n.º 13.146/15.

Vamos estudar o tipo penal e as várias formas de conduta criminosa.

Art. 8º Constitui crime punível com reclusão de 2 (dois) a 5 (cinco) anos e multa:

A primeira grande alteração promovida pelo Estatuto foi o incremento de pena para os crimes contidos na Lei n. 7.853/89. Com efeito, antes da entrada em vigor do Estatuto do Deficiente, o art. 8º da Lei n.º 7.853/89 dispunha em seu *caput*: "Constitui crime punível com reclusão de um a quatro anos, e multa". Com o diploma novel, foi pena majorada para dois a cinco anos de reclusão, mais multa.

A mudança, como se nota, excluiu desses crimes (ao menos quando consumados) a possibilidade de serem beneficiados com a suspensão condicional do processo (art. 89 da Lei 9.099/95).

Lamentavelmente, o nosso legislador perdeu uma preciosa oportunidade de corrigir a deplorável técnica empregada no artigo, que traz a cominação da pena (preceito secundário do tipo penal) no *caput*, antes da definição das condutas (preceito primário do tipo penal).

Obviamente, essa mudança de pena caracteriza *novatio legis in pejus* (ou *lex gravior*), não podendo retroagir para alcançar os fatos praticados antes da entrada em vigor do Estatuto da Pessoa com Deficiência, nos termos do art. 2º do Código Penal. Para os crimes ocorridos em data anterior a 03 de janeiro de 2016, aplica-se a redação anterior do *caput* do art. 8º e, portanto, a pena pode variar de 01 (um) a 04 (quatro) anos.

A pena mínima, sendo inferior a 4 anos, autoriza a medida despenalizadora do acordo de não persecução penal (art. 28-A CPP).

Das várias condutas anunciadas pelo art. 8º da Lei n.º 7.853/89, percebe-se que os interesses tutelados, na sua maioria, estão diretamente ligados a outro maior: coibir a discriminação em face da pessoa com deficiência.

O Estatuto da Pessoa com Deficiência dispõe em seu art. 4º, § 1º que: "considera-se discriminação em razão da deficiência toda forma de distinção, restrição ou exclusão, por ação ou omissão, que tenha o propósito ou o efeito de prejudicar, impedir ou anular o reconhecimento ou o exercício dos direitos e das liberdades fundamentais de pessoa com deficiência, incluindo a recusa de adaptações razoáveis e de fornecimento de tecnologias assistivas". Nesse cenário, quando é que aplicamos os crimes de preconceito da Lei 7.853/89 e quando incide o art. 88 do Estatuto da Pessoa com Deficiência? Todos punem modalidades de discriminação. A relação entre as normas é de gênero (art. 88) e espécies (crimes da Lei 7.853/89). Presente ato discriminatório, primeiro analisamos a adequação nos tipos da Lei 7.853/89. Não havendo subsunção, aplica-se o art. 88 do Estatuto.

Importante chamar a atenção para o fato de que esta discriminação a que nos referimos, e que é objeto do Estatuto da Pessoa com Deficiência, é a discriminação negativa. Não constitui crime a chamada discriminação positiva, materializada, sobretudo, em ações afirmativas, dentre as quais se destaca, pela sua notoriedade e importância, as políticas de cotas.

Vejamos as várias condutas, lembrando que na sistemática adotada pela Lei n.º 7.853/89, cada um dos incisos do art. 8º traz um comportamento típico, todos eles, naturalmente, relacionados mediata ou imediatamente à tutela de bens jurídicos titularizados por pessoas com deficiência.

I – recusar, cobrar valores adicionais, suspender, procrastinar, cancelar ou fazer cessar inscrição de aluno em estabelecimento de ensino de qualquer curso ou grau, público ou privado, em razão de sua deficiência;

BEM JURÍDICO TUTELADO

O inciso inaugural busca coibir a discriminação em face da pessoa com deficiência, tutelando seu sagrado direito à educação igualitária e inclusiva, nos exatos termos preconizados pelos arts. 6º, 225 e 228 da Constituição.

Nesse espírito, o art. 27 do Estatuto (Lei 13.146/15) anuncia que a educação constitui direito da pessoa com deficiência, assegurado sistema educacional inclusivo em todos os níveis e aprendizado ao longo de toda a vida, de forma a alcançar o máximo desenvolvimento possível de seus talentos e habilidades físicas, sensoriais, intelectuais e sociais, segundo suas características, interesses e necessidades de aprendizagem.

Seu parágrafo único apregoa ser dever do Estado, da família, da comunidade escolar e da sociedade assegurar educação de qualidade à pessoa com deficiência, colocando-a a salvo de toda forma de violência, negligência e discriminação.

O conceito de um *direito à educação* está intimamente ligado à noção de direitos humanos e, mais especificamente, ao princípio da igualdade. Bem por isso o teor do art. 26, item 2, da Declaração Universal dos Direitos Humanos, ao dispor que "a educação deve visar à plena expansão da personalidade humana e ao reforço dos direitos humanos e das liberdades fundamentais e deve favorecer a compreensão, a tolerância e a amizade entre todas as nações e todos os grupos raciais ou religiosos, bem como o desenvolvimento das atividades das Nações Unidas para a manutenção da paz". De sorte que, apenas quando se proporciona uma educação universal, é que se pode cogitar da isonomia, a partir de um estudo que permita o acesso de todos, em igualdade de condições, descortinando à pessoa "uma oportunidade de crescimento cidadão, um caminho de opções diferenciadas e uma chave de crescente estima de si", como destaca CARLOS ROBERTO JAMIL CURY, em artigo com o título *Direito à educação: direito à igualdade, direito à diferença*.[7]

SUJEITOS DO CRIME

Sujeito ativo do crime é a pessoa responsável pela inscrição escolar, ou com poderes para fazê-la cessar, ou cobrar pela prestação do serviço. Pode ser o sócio ou o empregado do estabelecimento, bem como o funcionário público responsável pelo estabelecimento público de ensino.

Não pratica o crime, por exemplo, um pai que se recusa a manter filho em sala de aula que tenha entre os alunos pessoas com deficiência. Apesar de imoral sua conduta, claramente discriminatória, seu comportamento não é alcançado pelo tipo em análise, podendo, a depender das circunstâncias do caso concreto, configurar o crime do art. 88 do Estatuto.

Sujeito passivo é o aluno com deficiência (art. 2º do Estatuto).

CONDUTAS

Pune-se no presente inciso aquele que *recusar (negar)*, *cobrar valores adicionais*, *suspender (sustar efeitos)*, *procrastinar (retardar)*, *cancelar (tornar sem efeito)* ou *fazer cessar (interromper, extinguir)* inscrição de aluno em estabelecimento de ensino de qualquer curso ou grau, público ou privado, em razão de sua deficiência.

Em sua redação anterior, dispunha o mesmo inciso: "recusar, suspender, procrastinar, cancelar ou fazer cessar, sem justa causa, a inscrição de aluno em estabelecimento de ensino de qualquer curso ou grau, público ou privado, por motivos derivados da deficiência que porta".

Conforme se percebe, há duas alterações bem visíveis e de relevantes consequências práticas. A primeira diz respeito à inclusão da conduta relacionada à cobrança de valores adicionais para inscrição de aluno em estabelecimento de ensino de qualquer curso ou grau, público ou privado, em razão de sua deficiência. Trata-se de *novatio legis incriminadora*.

A segunda foi a supressão da elementar "sem justa causa", atuando o legislador de forma a impedir teses que busquem justificar a odiosa discriminação.

O que deve ficar claro é que a deficiência da pessoa não é motivo idôneo (e, portanto, não há justa causa) para, por exemplo, recusar ou cancelar a inscrição do aluno. De igual sorte, não pode, por exemplo, o responsável pelo estabelecimento de ensino, sob o argumento de que terá maiores custos com o aluno com deficiência, cobrar valores adicionais, e entender que há justa causa para tanto. Em suma, reiteramos que a deficiência, em si, não é justa causa para práticas que caracterizem discriminação.

A situação da cobrança adicional de valores é emblemática neste sentido. E se o proprietário do estabelecimento de ensino efetivamente possuir custos maiores, ante a necessidade, por

7 *Cadernos de Pesquisa*, São Paulo: Fundação Carlos Chagas n. 116, julho/ 2002, p. 260.

exemplo, de contratação de funcionários especializados? Poderá, neste caso, cobrar os valores adicionais? Não.

Ora, é evidente que, em casos que tais, os custos adicionais serão diluídos no valor das mensalidades dos demais alunos, pois dificilmente o empresário irá arcar voluntariamente com este custo adicional. Faz parte de sua atividade negocial. E, neste caso, todos os alunos estarão custeando, de forma indireta, os custos adicionais com o aluno com deficiência. E deve ser assim mesmo. Isto também faz parte da vida em sociedade, e não se deve exigir que a pessoa com deficiência suporte todos os ônus (inclusive financeiros) de sua deficiência sem um mínimo de solidariedade social.

VOLUNTARIEDADE

O crime é punido a título de dolo, consistente na vontade consciente de praticar as condutas descritas no tipo penal, acrescida do fim especial *discriminar a vítima com deficiência.*

Por esta razão, se, por exemplo, a recusa à inscrição não ocorresse por questões relacionadas à deficiência, não haveria que se falar em crime, por ausência de elemento subjetivo específico.

Não se concebe da modalidade culposa.

CONSUMAÇÃO E TENTATIVA

O crime se consuma com a realização de qualquer das condutas descritas no tipo penal. Trata-se de crime formal, dispensando a produção de resultado naturalístico. A título de exemplo, o só fato de procrastinar a inscrição do aluno já consuma o crime, ainda que sua inscrição seja, posteriormente, realizada, sem maiores prejuízos para a pessoa discriminada.

Embora de difícil ocorrência, possível a tentativa, pois os comportamentos típicos podem ter sua execução fracionada em vários atos.

AÇÃO PENAL

No silêncio da lei, a ação penal é pública incondicionada, face aos termos do art. 100 do CP.

> II – obstar inscrição em concurso público ou acesso de alguém a qualquer cargo ou emprego público, em razão de sua deficiência;

BEM JURÍDICO TUTELADO

Seguindo o mesmo espírito do anterior, o inciso II visa coibir a discriminação, assegurando à pessoa com deficiência o direito à igualdade de oportunidades com as demais pessoas nas disputas pelos cargos e empregos públicos.

Nessa esteira, deve ser lembrado que a Lei n. 7.853/1989, em seu art. 2º, inc. III, quando trata da "área da formação profissional e do trabalho", dispõe, em sua alínea "d", que ao poder público cumprirá "a adoção de legislação específica que discipline a reserva de mercado de trabalho, em favor das pessoas portadoras de deficiência, nas entidades da Administração Pública e do setor privado, e que regulamente a organização de oficinas e congêneres integradas ao mercado de trabalho, e a situação, nelas, das pessoas portadoras de deficiência". Tal legislação foi regulamentada pelo Decreto nº 3.298/1999, assegurando o direito de inscrição do deficiente no certame (art. 37), salvo quando se tratar de cargo em comissão ou se exigível aptidão plena do candidato (art. 38, incs. I e II). Equipe multidisciplinar checará as condições especiais invocadas pelo candidato e, sobretudo, a existência de compatibilidade entre a deficiência e o cargo a ser ocupado. (art. 43, §§ 1º e 2º). Apenas para exemplificar, para uma função de guarda noturno, a ser exercida durante o período noturno, parece haver total incompatibilidade caso se trate de um candidato cego. O mesmo não ocorre tratando-se de um candidato paraplégico que busque o cargo de juiz, pois a observância a recursos de acessibilidade permite que ele exerça na plenitude seu mister. Na dicção do § 1º, do art. 37, do aludido decreto, no mínimo 5% das vagas serão destinadas ao candidato com comprovada deficiência.

A Lei nº 8.112/1990, em seu art. 5º, após listar os requisitos genéricos cujo preenchimento habilita qualquer candidato ao concurso público, dispõe, em seu § 2º, que "às pessoas portadoras de deficiência é assegurado o direito de se inscrever em concurso público para provimento de cargo cujas atribuições sejam compatíveis com a deficiência de que são portadoras; para tais pessoas serão reservadas até 20% (vinte por cento) das vagas oferecidas no concurso". Na conjugação entre a Lei n. 7.853/1989 (e seu regulamento) e a Lei n. 8.112/1990, conclui-se que nos concursos públicos, a critério do administrador, no mínimo 5% e, no máximo, 20% das vagas, deverão ser destinadas ao deficiente físico.

Interessante observar que a previsão de um número mínimo de vagas destinadas a deficientes, não implica em dizer que, automaticamente, todas elas serão preenchidas. Exemplificando: em um concurso de ingresso ao Ministério Público do Estado de São Paulo (91º Concurso de 2015), das 80 vagas ofertadas, 5% dos cargos em disputa foram reservados a deficiente, isto é, 4 vagas. Significa dizer que essas 4 vagas serão obrigatoriamente preenchidas? Não. Nos termos do Decreto nº 3.298/1999, em seu art. 41, o candidato com deficiência, "participará de concurso em igualdade de condições com os demais candidatos", no que se refere ao conteúdo das provas (inc. I) e, o que nos interessa mais diretamente, no que tange "à nota mínima exigida para todos os demais candidatos" (inc. IV). Caso nenhum dos candidatos atinja, por exemplo, a chamada *nota de corte*, a ser obtida na primeira fase do certamente (denominada *prova preambular*), eles estarão, por consequência, alijados da fase restante posterior do concurso. As 4 vagas a eles destinadas serão, então, disponibilizadas em prol dos demais candidatos, aprovados às fases subsequentes do concurso.

SUJEITOS DO CRIME

Sujeito ativo do crime é a pessoa que possui aptidão para impedir a inscrição ou obstar o acesso a que se refere o dispositivo. No caso concreto, pode ser o examinador do concurso, o médico que realiza o exame de sanidade física que antecede a nomeação, a pessoa encarregada da contratação, nos casos em que não é imprescindível o concurso, etc.

No polo passivo figura como ofendido a pessoa com deficiência (art. 2º do Estatuto).

CONDUTAS

Pune-se quem *obstar (criar obstáculos, dificultar)* inscrição em concurso público ou acesso de alguém a qualquer cargo ou emprego público, em razão de sua deficiência.

Este tipo penal também teve sua redação alterada pela Lei n.º 13.146/2015.

Antes da entrada em vigor da novel Lei, o tipo penal estabelecia: "obstar, sem justa causa, o acesso de alguém a qualquer cargo público, por motivos derivados de sua deficiência".

Conforme se depreende do cotejo entre a antiga e a atual redação do tipo penal, há alterações relevantes promovidas pelo Estatuto da Pessoa com Deficiência:

A primeira excluiu da redação da Lei n.º 7.853/89 a expressão "sem justa causa".

Ademais, a atual redação traz uma nova conduta criminosa, na medida em que o dispositivo legal, em sua redação original, não previa a conduta consistente em obstar a inscrição em concurso público. Andou bem o legislador em acrescentar essa hipótese ao rol dos tipos penais, pois, realmente, obstar a mera inscrição em concurso público não estava contemplada pela redação anterior, que mencionava, tão-somente, o acesso ao cargo público.

Uma segunda conduta criminosa inovadora consiste em obstar acesso a emprego público. Vale reiterar que a redação anterior considerava crime a conduta de obstar acesso a cargo público, silenciando quanto ao acesso a emprego público.

É importante recordar que, em matéria de Direito Penal, é vedada a analogia prejudicial ao réu (*in malam partem*). Desta forma, enquanto a lei considerava como conduta criminosa apenas obstar acesso a cargo público, não se poderia considerar criminosa a conduta consistente em obstar acesso a emprego público. Seria, como se vê, uma forma de equiparar cargo a emprego, realizando uma analogia que prejudicava o réu.

Não será demasiado recordar, ainda, que as duas novas condutas consideradas criminosas pela nova redação do tipo penal (obstar inscrição em concurso público e obstar acesso a emprego público) constituem *novatio legis in pejus* e, por esta razão, obviamente, não podem ser aplicados aos casos ocorridos antes de 03 de janeiro de 2016, data que entrou em vigor do Estatuto da Pessoa com Deficiência, que deu nova redação ao tipo em apreço.

Não há que se falar em crime quando se obsta a inscrição no concurso ou o acesso de alguém a cargo ou emprego público por força de critério objetivo previamente definido na legislação. De igual sorte, não poderemos falar em crime desta natureza se o critério de impedimento for arbitrário, mas não decorrer de discriminação relacionada à deficiência. Em casos como este, teremos um ilícito funcional ou, até mesmo, um ilícito penal de outra natureza, mas não o crime em comento.

Em suma, o legislador, com a criação deste tipo, não está fomentando ou propiciando injustificada facilidade ou privilégio ao deficiente, pois, fosse assim, se estaria criando uma diferenciação com os demais alunos, dificultando, de resto, a plena integração do deficiente com os colegas. Antes, procura-se identificar, na pessoa com deficiência, uma necessidade específica, que o coloca em desigualdade com os demais, a ser superada a partir de mecanismos que garantam a igualdade. Tem mesmo a ver com o princípio da isonomia e a conhecida fórmula que lhe é derivada, pela qual se tratam igualmente os iguais e desigualmente os desiguais. Caso contrário se configurará indesejável regalia, em prejuízo dos demais, a violar a isonomia e paridade que devem orientar a vida em sociedade. Cuida-se, na realidade, de verdadeira prerrogativa. É justificável essa prerrogativa. Uma prova elaborada em braile, por exemplo, decerto que exigirá do deficiente, por maior que seja sua habilidade, um tempo mais demorado para sua leitura e compreensão. Negar-lhe esse direito, obrigando o candidato com deficiência a cumprir o prazo ordinário dado aos demais concorrentes, significa obstar, criar empecilhos, dificultar seu acesso ao cargo almejado.

VOLUNTARIEDADE

Elemento subjetivo do tipo é o dolo, consistente na vontade consciente de praticar as condutas descritas no tipo penal. Exige-se o elemento subjetivo específico (especial finalidade no agir), consistente na vontade de discriminar a vítima com deficiência.

Não se admite a modalidade culposa.

CONSUMAÇÃO E TENTATIVA

O crime se consuma com a realização das condutas descritas no tipo, independentemente da produção de resultado naturalístico posterior. Não há a necessidade de demonstrar que a vítima sofreu algum prejuízo específico. O só fato de ter sido vítima das condutas preconceituosas e discriminatórias descritas no tipo penal já é suficiente para a caracterização do delito.

Em tese, é possível a tentativa. Basta imaginar a situação em que o agente obsta a realização de uma das fases ao candidato com deficiência, mas este, socorrendo-se do judiciário, por força de uma liminar, consegue não apenas participar de todas as etapas do certame, mas também tomar posse no cargo desejado.

AÇÃO PENAL

A ação penal é pública incondicionada.

> III – negar ou obstar emprego, trabalho ou promoção à pessoa em razão de sua deficiência;

BEM JURÍDICO TUTELADO

Na linha de raciocínio dos incisos anteriores, pretende-se aqui coibir a discriminação, assegurando à pessoa com deficiência o direito à igualdade de oportunidades no mercado de trabalho, seja na busca pelo emprego, seja na disputa interna por promoção.

Saliente-se que a Lei n. 7.853/1989, em seu art. 2º, inc. III, em sua alínea "d", dispõe que ao poder público cumprirá a adoção de legislação específica que discipline a reserva de mercado de trabalho, em favor das pessoas com deficiência, não apenas nas entidades da Administração Pública, mas também do setor privado.

SUJEITOS DO CRIME

Sujeito ativo é a pessoa que pode negar ou obstar o emprego, trabalho ou promoção. No caso concreto, pode ser, por exemplo, o próprio empregador, o sócio da empresa ou algum funcionário do estabelecimento que pretende contratar.

Sujeito passivo é a pessoa com deficiência (art. 2º do Estatuto).

CONDUTAS

Pune-se o agente que *negar (recusar)* ou *obstar (criar obstáculos, dificultar)* emprego, trabalho ou promoção à pessoa em razão de sua deficiência.

Antes da entrada em vigor do Estatuto da Pessoa com Deficiência, o inciso III tinha a seguinte redação: "negar, sem justa causa, a alguém, por motivos derivados de sua deficiência, emprego ou trabalho".

Seguindo a linha das alterações promovidas nos incisos anteriores, percebe-se que a novel legislação não apenas suprimiu do tipo penal a expressão "sem justa causa", como, além disto, criou novas condutas criminosas.

Inicialmente, percebemos que, em sua redação original, o tipo penal não possuía o verbo *obstar*. Deste modo, são modalidades novas de condutas criminosas aquelas consistentes em obstar emprego ou trabalho à pessoa, em razão de sua deficiência. De igual sorte, o tipo penal não fazia alusão à promoção, de modo que temos como condutas criminosas novas aquelas consistentes em negar ou obstar a promoção de pessoa em razão de sua deficiência.

Como não poderia deixar de ser, em todos estes casos temos uma *lex gravior*, razão pela qual somente poderemos considerar como criminosas tais condutas se forem praticadas após a entrada em vigor do Estatuto da Pessoa com Deficiência.

VOLUNTARIEDADE

Elemento subjetivo do tipo é o dolo, consistente na vontade consciente de praticar as condutas descritas no tipo penal. Exige-se o elemento subjetivo específico (especial finalidade no agir), consistente na vontade de discriminar a vítima com deficiência.

Não se cogita da modalidade culposa.

CONSUMAÇÃO E TENTATIVA

O crime se consuma com a realização das condutas descritas no tipo, independentemente da realização de um resultado naturalístico posterior.

Deste modo, não há a necessidade de demonstrar que a vítima sofreu algum prejuízo específico. O só fato de ter sido vítima das condutas preconceituosas e discriminatórias descritas no tipo penal já é suficiente para a caracterização do delito.

Em tese, é possível a tentativa.

AÇÃO PENAL

Nos termos do art. 100 do CP, ante o silêncio da lei, conclui-se que a ação penal neste crime é pública incondicionada.

> IV – recusar, retardar ou dificultar internação ou deixar de prestar assistência médico-hospitalar e ambulatorial à pessoa com deficiência;

BEM JURÍDICO TUTELADO

Tutela-se neste inciso o direito à saúde da pessoa com deficiência, assegurado constitucionalmente (arts. 6º. e 196), devendo ser observado o seu acesso universal e igualitário em todos os níveis de complexidade.

A Lei n. 8.080/1990, art. 2º, § 1º, anuncia: "A saúde é um direito fundamental do ser humano, devendo o Estado prover as condições indispensáveis ao seu pleno exercício. § 1º O dever do Estado de garantir a saúde consiste na formulação e execução de políticas econômicas e sociais que visem à redução de riscos de doenças e de outros agravos e no estabelecimento de condições que assegurem acesso universal e igualitário às ações e aos serviços para a sua promoção, proteção e recuperação".

O seu art. 7º, inc. I, complementa: "As ações e serviços públicos de saúde e os serviços privados contratados ou conveniados que integram o Sistema Único de Saúde (SUS), são desenvolvidos de acordo com as diretrizes previstas no art. 198 da Constituição Federal, obedecendo ainda aos seguintes princípios [...] I – universalidade de acesso aos serviços de saúde em todos os níveis de assistência".

SUJEITOS DO CRIME

Sujeito ativo do crime é a pessoa capaz de realizar a internação ou de prestar a assistência médico-hospitalar e ambulatorial. No caso concreto, a pessoa pode ser uma médica, enfermeira, funcionário do hospital, etc.

No polo passivo figura como ofendido a pessoa com deficiência (art. 2º do Estatuto).

CONDUTAS

Pune-se aquele que *recusar* (negar), *retardar* (demorar, postergar) ou *dificultar* (embaraçar) internação ou deixar de prestar assistência médico-hospitalar e ambulatorial à pessoa com deficiência.

A Lei n.º 13.146/15 promoveu alterações no tipo penal. Antes da entrada em vigor do novo Estatuto, o art. 8º, inciso IV da Lei n.º 7.853/89 dispunha: "recusar, retardar ou dificultar internação ou deixar de prestar assistência médico-hospitalar e ambulatorial, quando possível, à pessoa portadora de deficiência".

A nova Lei trouxe, portanto, duas pequenas alterações. Inicialmente, cabe-nos apontar a alteração terminológica – que, ademais, encontra-se também nos outros tipos penais –, na medida em que a redação anterior do dispositivo legal fazia alusão à "pessoa portadora de deficiência", ao passo que, atualmente, refere-se à pessoa com deficiência.

A outra mudança trazida diz respeito à supressão da expressão "quando possível". Neste ponto, o legislador seguiu a linha que já havia adotado quando promoveu a exclusão da expressão "sem justa causa" de outros tipos penais. Trata-se, como se vê, de uma forma de não deixar em aberto a possibilidade de se recorrer a subterfúgios como justificativa para escamotear a discriminação para com a pessoa com deficiência.

Contudo, a alteração possui caráter mais retórico, e não de alteração substancial. E isto porque, como cediço, o Direito Penal não pode exigir de ninguém atitudes heroicas ou beatificáveis. Ademais, não se deve reclamar, jamais, o impossível (*ad impossibilita nemo tenetur*). Ora, desta forma, é óbvio que somente haverá o crime em comento quando as condutas consistentes na prestação de assistência médico-hospitalar e ambulatorial forem factíveis. Se não forem possíveis, é claro que a pessoa que recusar-se a prestar o atendimento não poderá ser responsabilizada por isso. Por exemplo, um funcionário que deixar de atender um deficiente que sofreu uma queda (e necessita, portanto, de socorro ortopédico), em virtude de que o local não ostenta nenhuma condição para tanto (trata-se de um hospital oftalmológico), decerto que não perpetrará o delito em exame.

Nos termos do § 4º, se o crime for praticado em atendimento de urgência e emergência, a pena é agravada em 1/3 (um terço). Trata-se de majorante de pena, a ser considerada pelo juiz na terceira fase do cálculo da pena privativa de liberdade (art. 68 do CP).

VOLUNTARIEDADE

Elemento subjetivo do tipo é o dolo, consistente na vontade consciente de praticar as condutas descritas no tipo penal. Exige-se o elemento subjetivo específico (especial finalidade no agir), consistente na vontade de discriminar a vítima com deficiência.

Da modalidade culposa não se cogita.

CONSUMAÇÃO E TENTATIVA

A consumação do crime ocorre com a realização das condutas típicas descritas. Assim, a mera recusa ou os atos de retardar ou dificultar a internação ou o atendimento médico-hospitalar ou ambulatorial já configuram o tipo. Não há a necessidade de um resultado naturalístico posterior, razão pela qual existe o crime mesmo que não ocorra qualquer prejuízo para a vítima com deficiência.

Conquanto de difícil ocorrência, é possível a tentativa.

AÇÃO PENAL

No silêncio da lei, a ação penal neste crime é pública incondicionada (art. 100 do CP).

> V – deixar de cumprir, retardar ou frustrar execução de ordem judicial expedida na ação civil a que alude esta Lei;

BEM JURÍDICO TUTELADO

No presente inciso a tutela penal abrange a administração da justiça, o prestigio das ordens judiciais. Cuida o legislador de proteger a autoridade da justiça, contra a teimosia e desobediência daquele que, no interesse próprio ou de outrem, despreza seus mandamentos, colocando-se em flagrante choque com ela, provocando-lhe o descrédito.

SUJEITOS DO CRIME

Sujeito ativo do crime é a pessoa que, responsável pelo atendimento da ordem judicial, a descumpre, retarda ou frustra sua execução.

Não se pode confundir o sujeito ativo do crime com a pessoa que, simplesmente, recebe a intimação da ordem. Não necessariamente serão a mesma pessoa. Aquele que, por uma questão burocrática, recebe a ordem e a repassa ao responsável por seu atendimento, não responderá pelo crime. Salvo se, dolosamente, deixar de fazê-lo, retendo consigo a ordem judicial.

Obviamente, para que se caracterize a conduta criminosa é imprescindível que a pessoa que possui a obrigação de cumprir a ordem judicial seja cientificada dela.

Sujeito passivo é o Estado, pois o crime atinge a própria administração da Justiça. Secundariamente, teremos como terceiro prejudicado a pessoa com deficiência.

CONDUTAS

Pune-se quem *deixar de cumprir* (abster-se de executar), *retardar* (atrasar) ou *frustrar* (falhar, impedir) execução de ordem judicial expedida na ação civil a que alude esta Lei, isto é, ações judiciais destinadas à proteção de interesses coletivos, difusos, individuais homogêneos e individuais indisponíveis da pessoa com deficiência, propostas pelo Ministério Público, pela Defensoria Pública, pela União, pelos Estados, pelos Municípios, pelo Distrito Federal, por associação constituída há mais de 1 (um) ano, nos termos da lei civil, por autarquia, por empresa pública e por fundação ou sociedade de economia mista que inclua, entre suas finalidades institucionais, a proteção dos interesses e a promoção de direitos da pessoa com deficiência (v. art. 98 acima).

Mais um tipo penal que teve sua redação alterada, com a entrada em vigor da Lei nº 13.146/15. Em sua redação original, dispunha o art. 8º, inciso V da Lei nº 7.853/89: "deixar de cumprir, retardar ou frustrar, sem justo motivo, a execução da ordem judicial expedida na ação civil a que alude esta Lei".

Como já alertamos, o Estatuto da Pessoa com Deficiência, ao alterar a redação dos crimes catalogados na Lei nº 7.853/89, preocupou-se em excluir expressões que pudessem ensejar argumento para a prática de determinadas condutas. Nesta figura não foi diferente. Foi excluída a expressão "sem justo motivo", e assim se resume a única alteração legislativa ao tipo.

Não podemos ignorar, porém, que se houver justo motivo para não cumprimento da ordem judicial, é claro que não estará caracterizado o crime, sobretudo pela ausência do dolo, imprescindível para a consumação do delito. Basta imaginar uma ordem judicial que não possa ser cumprida, por impossibilidade fática ou porque manifestamente ilegal. Em exemplo concreto, com o qual nos deparamos em nossa condição de promotores de justiça, consistiu no fato de ordenar a um dirigente regional de saúde (cuja principal atribuição era o fornecimento de medicamentos de pequeno valor e fraudas ortopédicas), que no prazo de vinte dias e sob pena de prisão pela prática de crime de desobediência, entregasse a uma pessoa com deficiência uma sofisticada cadeira para sua locomoção. Esse material, por não constar da restrita lista daqueles disponíveis na repartição regional, exigia, para sua aquisição, a respectiva licitação, com todos os tramites burocráticos que daí advêm. Parece claro, neste exemplo, a absoluta impossibilidade de cumprimento da ordem judicial, pelo menos no exíguo prazo estipulado, pelo que o crime, porque ausente o dolo, não se configura.

O tipo penal sob análise constitui uma modalidade específica de crime de desobediência. Com efeito, não houvesse o presente tipo penal, as condutas nele descritas poderiam se amoldar ao crime de desobediência, previsto no art. 330, CP, nos seguintes termos: "Desobedecer a ordem legal de funcionário público". Para este crime, previsto no Código Penal, a pena prevista é de apenas quinze dias a seis meses. Como se vê, a modalidade específica de desobediência contemplada na Lei nº 7.853/89 possui uma reprimenda bem mais acentuada (dois a cinco anos).

Como em qualquer outro tipo que criminaliza a desobediência, parece imprescindível para configurar o delito a presença dos seguintes pressupostos:

a) que exista uma ordem (por escrito, palavras ou gestos), *diretamente* ao destinatário, não bastando simples pedido ou solicitação;
b) que a ordem emanada seja *individualizada* (dirigida à pessoa determinada), substancial e formalmente legal (ainda que injusta), executada por funcionário competente;
c) que o destinatário tenha o *dever de atendê-la*, podendo a desobediência ser comissiva ou omissiva, de acordo com a ordem que é imposta ao particular. Se a ordem é de fazer, e o agente não a atende, tem-se a desobediência omissiva; se a ordem é de não fazer, mas o agente faz, tem-se a desobediência comissiva.

VOLUNTARIEDADE

Elemento subjetivo do tipo é o dolo, consistente na vontade consciente de praticar as condutas descritas no tipo penal, não admitindo a modalidade culposa.

CONSUMAÇÃO E TENTATIVA

A consumação do crime ocorre com a realização das condutas típicas descritas.

Não há a necessidade de um resultado naturalístico posterior. Assim, por exemplo, se o responsável pelo cumprimento da ordem a retarda dolosamente, cumprindo-a posteriormente, o crime estará consumado, ainda que a parte interessada não tenha experimentado prejuízo efetivo de qualquer natureza.

Na desobediência omissiva é necessário saber se foi concedido prazo para o cumprimento do ato determinado, caso em que, somente depois de expirado sem ação do agente, teremos consumado o delito.

A tentativa mostra-se possível apenas quando a desobediência for praticada por ação.

AÇÃO PENAL

No silêncio da lei, a ação penal, *ex vi* do disposto no art. 100 do CP, neste crime é pública incondicionada.

> VI – recusar, retardar ou omitir dados técnicos indispensáveis à propositura da ação civil pública objeto desta Lei, quando requisitados.

BEM JURÍDICO TUTELADO

O que se busca assegurar no presente dispositivo é o regular cumprimento das requisições emanadas dos agentes que atuam na proteção dos interesses difusos, coletivos, individuais homogêneos e individuais indisponíveis das pessoas com deficiência.

SUJEITOS DO CRIME

Sujeito ativo do crime é a pessoa responsável pela apresentação dos dados técnicos imprescindíveis à propositura da ação civil pública.

Sujeito passivo imediato é o ente ou órgão com capacidade de requisição não atendido na sua exigência. A pessoa com deficiência pode aparecer como sujeito passivo mediato.

CONDUTAS

Pune-se o agente que *recusar (negar)*, *retardar (procrastinar, atrasar)* ou *omitir (não agir)* dados técnicos indispensáveis à propositura da ação civil pública objeto desta Lei, quando requisitados.

Na redação original, o inciso VI previa a seguinte conduta criminosa: "Recusar, retardar ou omitir dados técnicos indispensáveis à propositura da ação civil objeto desta Lei, quando requisitados pelo Ministério Público". A partir do cotejo entre a redação anterior e a atual, dada pela Lei nº 13.146/2015, percebe-se que a grande alteração diz respeito ao fato de que a legislação, atualmente, refere-se a dados requisitados, suprimindo a expressão "pelo Ministério Público".

Com isto, a legislação passa a reconhecer a possibilidade, em tese, de haver requisições por parte de outros legitimados à propositura da ação civil pública, como a Defensoria Pública. E a recusa, o retardo ou a omissão de apresentação de dados técnicos requisitados, e que sejam *imprescindíveis* à propositura da ação civil pública, constituiu crime.

Não sendo imprescindíveis, o retardo ou a omissão de apresentação de dados técnicos requisitados pode caracterizar o crime do art. 330 do CP.

Estatuto do Deficiente e Lei n. 7.347/1985 – Observe-se que a lei que cuida da Ação Civil Pública (Lei n. 7.347/1985), em seu art. 10, define como crime "a recusa, o retardamento ou a omissão de dados técnicos indispensáveis à propositura da ação civil, quando requisitados pelo Ministério Público", punindo tal conduta com pena de reclusão de um a três anos, mais multa. Caso a hipótese se refira a um procedimento investigatório, deflagrado pelo Ministério Público, que trate de tema diverso ao deficiente e, verificando-se o injustificável descumprimento, incide a Lei n. 7.347/1985. Já se o tema se referir, especificamente, a direitos de deficientes, a norma a ser aplicada é esta em análise, cuja pena, inclusive, é maior, de dois a cinco anos de reclusão.

VOLUNTARIEDADE

Elemento subjetivo do tipo é o dolo, consistente na vontade consciente de praticar as condutas descritas no tipo penal.

Não se admite a modalidade culposa.

CONSUMAÇÃO E TENTATIVA

A consumação do crime ocorre com a realização das condutas típicas descritas, dispensando a produção de resultado naturalístico posterior.

Em se tratando de crimes omissivos próprios, não é possível falar em tentativa.

AÇÃO PENAL

A ação penal é pública incondicionada.

> § 1º Se o crime for praticado contra pessoa com deficiência menor de 18 (dezoito) anos, a pena é agravada em 1/3 (um terço).

Esta causa de aumento, aplicável a todos os incisos que tenham como vítima imediata a pessoa com deficiência, foi acrescida à Lei nº 7.853/89 pela Lei nº 13.146/15.

A propósito, não há como negar que referida majorante é mais do que razoável, pois a discriminação a pessoa menor possui potencialidade lesiva mais intensa, no mais das vezes.

Como toda causa de aumento de pena, deve ser valorada por ocasião da terceira fase da dosimetria, e pode elevar a pena para além do máximo previsto. Assim, é possível que a pena definitiva seja fixada em patamar superior a cinco anos.

> § 2º A pena pela adoção deliberada de critérios subjetivos para indeferimento de inscrição, de aprovação e de cumprimento de estágio probatório em concursos públicos não exclui a responsabilidade patrimonial pessoal do administrador público pelos danos causados.

Este artigo consagra o sistema da independência das instâncias. De todo modo, como regra, a responsabilização penal não exclui a responsabilidade civil e administrativa, pelo mesmo fato. Neste dispositivo legal, resta clara a possibilidade de se responsabilizar civilmente o agente.

> § 3º Incorre nas mesmas penas quem impede ou dificulta o ingresso de pessoa com deficiência em planos privados de assistência à saúde, inclusive com cobrança de valores diferenciados.

BEM JURÍDICO TUTELADO

Neste parágrafo, acrescido ao art. 8º da Lei nº 7.853/89 pela Lei nº 13.146/15, o legislador anuncia mais um crime, punido com a mesma pena do caput (2 a 5 anos), tutelando novamente o direito fundamental à saúde, assegurando ao indivíduo com deficiência o acesso aos serviços de saúde privada em todos os níveis de assistência.

Nesse espírito, o art. 14 da Lei n. 9.656/1998, que trata dos planos e seguros privados de assistência à saúde, dispõe que "em razão da idade do consumidor, ou da condição de pessoa portadora de deficiência, ninguém pode ser impedido de participar de planos privados de assistência à saúde". Devemos lembrar, ainda, o alerta da Súmula n. 19/2011, da Agência Nacional de Saúde: "A comercialização de planos privados de assistência à saúde por parte das operadoras, tanto na venda direta, quanto na mediada por terceiros, não pode desestimular, impedir ou dificultar o acesso ou ingresso de beneficiários em razão da idade, condição de saúde ou por portar deficiência, inclusive com a adoção de práticas ou políticas de comercialização restritivas direcionadas a estes consumidores".

SUJEITOS DO CRIME

Sujeito ativo do crime é a pessoa capaz de impedir ou dificultar o ingresso da pessoa com deficiência em planos privados de assistência à saúde, ainda que responsável somente pela cobrança com valores diferenciados.

No polo passivo figura como ofendido a pessoa com deficiência (art. 2º do Estatuto).

CONDUTAS

Pune-se o agente que *impede (não permite)* ou *dificulta (embaraça)* o ingresso de pessoa com deficiência em planos privados de assistência à saúde, inclusive com cobrança de valores diferenciados.

Se o crime for praticado em atendimento de urgência e emergência, a pena é agravada em 1/3 (§ 4º). Trata-se, como se nota, forma especial do crime previsto no art. 135-A do CP.

VOLUNTARIEDADE

Elemento subjetivo do tipo é o dolo, consistente na vontade consciente de praticar as condutas descritas no tipo penal. Exige-se o elemento subjetivo específico (especial finalidade no agir), consistente na vontade de discriminar a vítima com deficiência.

Não se admite a modalidade culposa.

CONSUMAÇÃO E TENTATIVA

A consumação do crime ocorre com a realização das condutas típicas descritas. Não há a necessidade de um resultado naturalístico posterior, razão pela qual não há a necessidade de se demonstrar qualquer outro prejuízo para a vítima.

A execução do crime, admitindo fracionamento em vários atos, autoriza a tentativa.

AÇÃO PENAL

No silêncio da lei, a ação penal neste crime é pública incondicionada.

> § 4º Se o crime for praticado em atendimento de urgência e emergência, a pena é agravada em 1/3 (um terço)." (NR)

Apesar de, em tese, essa majorante não esclarecer em quais crimes terá incidência, enxergamos compatibilidade lógica somente com o inciso IV e o § 3º do art. 8º.

A Lei 11.935/09, dando nova redação ao artigo 35-C da Lei nº 9.656/98, define a situação de emergência como sendo a circunstância que exige uma cirurgia ou intervenção médica de imediato, havendo efetivo risco para a vida ou de lesões irreparáveis para o paciente. Já a urgência retrata ocorrência que necessita tratamento médico e muitas vezes cirurgia, porém tem um caráter menos imediatista, abrangendo os acidentes pessoais ou complicações no processo gestacional.

CAPÍTULO 37

Terrorismo – Lei nº 13.260/2016

Renee do Ó Souza

> **Art. 1º** Esta Lei regulamenta o disposto no inciso XLIII do art. 5º, disciplinando o terrorismo, tratando de disposições investigatórias e processuais e reformulando o conceito de organização terrorista.

INTRODUÇÃO

Embora seja um pesadelo antigo da civilização humana, modernamente o terrorismo ganhou uma escala global de prática rotineira de divulgação e protestos fundamentalistas, das mais diferentes matizes, sempre mediante uso da violência, amplitude de consequências e impossibilidade de prevenção.

A análise etimológica da palavra é feita por André de Carvalho Ramos: "O termo advém do latim *terrer* (tremer) e foi consagrado pela política do terror da Revolução Francesa, mas Celso de Albuquerque Mello aponta que o terrorismo, como forma de ação política, é antigo, remontando ao século XI, na Pérsia. No século XX, o terrorismo foi utilizado como instrumento para obtenção violenta de mudanças políticas e sociais, bem como para a reação a ditaduras e à ocupação colonial, não sendo clara a distinção entre terrorismo e luta legítima contra a tirania".[1]

Atualmente o terrorismo é usado para desestabilizar instituições políticas e como instrumento de conflito entre disputas de grupos distintos, sob as mais variadas bandeiras como credos religiosos, nacionalismo exacerbado, movimentos separatistas, grupos de intolerância racista, etc.

Organizações como a Baader-Meinhoff (Alemanha), Exército Vermelho (Japão), as Brigadas Vermelhas (Itália), Al-Fatah (Oriente Médio), Sendero Luminoso (Peru), ETA (Espanha) e Al-Qaed (Afeganistão) foram ou são alguns dos grupos terroristas mais conhecidos do mundo, useiros de técnicas de violência imprevisíveis e de grande alcance, sempre mediante uso sistemático de terror em suas ações e ante vítimas escolhidas ao acaso (vítimas sem rosto).

A proliferação do terrorismo, impulsionado pelo progresso tecnológico que serve para difundir conhecimento de atos terroristas e recrutar grande número de pessoas por todo o mundo, frutificou no direito, a ponto de a matéria receber um severo tratamento penal na Constituição Federal brasileira.

A Lei 13.260/2016 foi editada, visando regulamentar o disposto no art. 5º, XLIII, da Carta Magna brasileira, que dispõe que *A lei considerará crimes inafiançáveis e insuscetíveis de graça*

1 RAMOS, Andre de Carvalho. *In* Dicionário brasileiro de direito constitucional. 2. ed. São Paulo: Saraiva, 2012.

ou anistia a prática da tortura, o tráfico ilícito de entorpecentes e drogas afins, o terrorismo e os definidos como crimes hediondos, por eles respondendo os mandantes, os executores e os que, podendo evitá-los, se omitirem.

Trata-se de disposição constitucional que prevê um **mandado de criminalização**, em que a Carta Política anuncia dever expresso de proteção de determinados direitos e valores, por parte do Estado, por meio de medida legislativa. A própria Constituição Federal define que, sobre determinadas matérias, o legislador ordinário não tem a faculdade de legislar, mas a obrigatoriedade, a fim de proteger determinados bens ou interesses de forma adequada e, dentro do possível, integral[2].

Foi o autor alemão Claus-Wilhelm Canaris que elaborou a tese de que, em alguns casos, o Estado deve implementar mecanismos, notadamente por meio do poder legislativo, a fim de concretizar o dever de tutela, aptos à proteção dos direitos fundamentais.[3] Segundo o autor, são condições para o reconhecimento de um imperativo de tutela, a aplicabilidade normativa (ou tipicidade) de um direito fundamental e a expressa previsão na Constituição desse mandamento.[4]

Além dessa disposição constitucional, que obriga a positivação de norma incriminadora acerca do terrorismo, o repúdio ao terrorismo é previsto por nossa Lei Maior como princípio que rege as relações internacionais do Brasil, no art. 4º, VIII. Essa posição principiológica, somada à gama de bens e interesses atingidos pelos atos de terrorismo, permitem identificar a previsão do inciso XLII do art. 5º como norma que tutela direitos fundamentais.

Esse não é o único caso. Nossa Constituição possui outros mandamentos de criminalização, como por exemplo, os crimes de discriminação (art. 5º, XLI), os crimes de racismo (art. 5º, XLIII), os crimes de grupos armados contra a ordem constitucional e o Estado Democrático (art. 5º, XLIV), crimes de responsabilidade do prefeito e presidente da câmara (Art. 29-A, § 2º e § 3º, respectivamente), crimes contra o meio ambiente (art. 225, § 3º), etc.

O Supremo Tribunal Federal já decidiu que: *"A Constituição de 1988 contém um significativo elenco de normas que, em princípio, não outorgam direitos, mas que, antes, determinam a criminalização de condutas (CF, art. 5º, XLI, XLII, XLIII, XLIV; art. 7º, X; art. 227, § 4º). Em todas essas normas é possível identificar um mandato de criminalização expresso, tendo em vista os bens e valores envolvidos"*. (STF – HC 104410, Relator(a): Min. GILMAR MENDES, Segunda Turma, julgado em 06/03/2012, ACÓRDÃO ELETRÔNICO DJe-062 DIVULG 26-03 – 2012 PUBLIC 27-03-2012).

Mesmo diante da determinação constitucional, o Brasil só editou uma lei de combate ao terrorismo no ano de 2016. O atraso para edição da lei pode ser explicado pela, senão ausência, poucas práticas de terrorismo em território nacional e pela dificuldade, seja nacional, seja internacional, na definição adequada de terrorismo, conforme será visto.

Mas, se o mandado de criminalização constitucional não foi suficiente para a edição da lei, alguns compromissos internacionais serviram para impulsionar a edição da Lei Antiterrorismo, o que, de certo modo, atende ao movimento de internacionalização do direito. Sabe-se que a pressão de entidades internacionais, como da OCDE (Organização para a Cooperação e Desenvolvimento Econômico) e do GAFI/FATF (Grupo de Ação Financeira contra a Lavagem

2 Também a Convenção Interamericana contra o Terrorismo, assinada em Barbados, em 03 de junho de 2002, internalizada no Brasil por meio do Decreto n.º 5.639/2005 prevê, no art. 3º, um comando para que os Estados partes legislassem sobre o terrorismo.

3 Canaris, Claus-Wilhelm. *Direitos fundamentais e direito privado.* Trad. Ingo Wolfgang Sarlet e Paulo Mota Pinto. Coimbra: Almedina, 2012. p. 107.

4 Canaris, Claus-Wilhelm. *Direitos fundamentais e direito privado.* Trad. Ingo Wolfgang Sarlet e Paulo Mota Pinto. Coimbra: Almedina, 2012. 104-112.

de Dinheiro e o Financiamento do Terrorismo), inclusive sob pena de imposição de sanções, caso a legislação não fosse criada no país, chegaram ao ápice às vésperas da Olimpíada do Rio de Janeiro e foram a gota d'água para a edição da lei.

Além disso, em tempos de criminalidade globalizada e conectada internacionalmente, a legislação reclama a solidificação de regras mais ou menos uniformes em países diferentes. Como destaca Roger Concleton, a globalização da economia e da política produz o efeito de pressionar o ingresso, no âmbito doméstico, de normas internacionais de modo a influenciar a elaboração da legislação nacional.[5]

Explicando esse fenômeno, ensina Marcelo D. Varella: "Normas internacionais influenciam na condução de políticas públicas dos Estados. Há diferentes fatores para tanto: a construção de consensos técnicos em torno de soluções comuns, a criação de fóruns internacionais de troca de ideias, maior poder de cogência dos tratados multilaterais, o receio de eventuais sanções internacionais, entre vários outros. Assim, os Estados tornam-se mais receosos em adotar medidas que possam ser interpretadas como violadoras do direito internacional. De fato, enquanto o direito internacional tinha sanções meramente morais, os gestores domésticos se sentiam mais livres para editar normas que violavam os tratados, porque os efeitos da responsabilidade internacional dos Estados eram relativamente brandos, exceto em temas mais sensíveis como terrorismo ou direitos humanos".[6]

Para se ter uma ideia da influência internacional sobre o tema ora em estudo, deve-se levar em conta o alentado trabalho da lavra de Jorge Mascarenhas Lasmar, o qual destaca que "o Brasil ratificou pelo menos 15 convenções e protocolos internacionais de combate ao terrorismo. São eles: Convenção Relativas às Infrações e Certos Outros Atos Cometidos a Bordo de Aeronaves; Convenção para Repressão ao Apoderamento Ilícito de Aeronaves; Convenção para Prevenir e Punir os Atos de Terrorismo Configurados em Delitos contra as Pessoas e a Extorsão Conexa Quando Tiverem Eles Transcendência Internacional; Convenção para a Repressão de Atos Ilícitos contra a Segurança da Aviação Civil; Convenção sobre a Prevenção e Punição de Infrações contra Pessoas que Gozam de Proteção Internacional, incluindo os Agentes Diplomáticos; Convenção contra a Tomada de Reféns; Convenção sobre a Proteção Física dos Materiais Nucleares; Protocolo para a Supressão de Atos Ilícitos de Violência nos Aeroportos a Serviço da Aviação Civil; Convenção sobre a Marcação dos Explosivos Plásticos para Fins de Detecção; Convenção Interamericana Contra a Fabricação e o Tráfico Ilícito de Armas de Fogo, Munições, Explosivos e Outros Materiais Correlatos; Convenção Internacional sobre a Supressão de Atentados Terroristas com Bombas (com reserva ao parágrafo 1 do artigo 20); Convenção Internacional para a Supressão do Financiamento do Terrorismo; Convenção Interamericana Contra o Terrorismo; Convenção para a Supressão de Atos Ilícitos contra a Segurança da Navegação Marítima; Protocolo para a Supressão de Atos Ilícitos contra a Segurança de Plataformas Fixas localizadas na Plataforma Continental. Ademais, o Brasil assinou, em 13 de abril de 2005, a Convenção Internacional para a Supressão de Atos de Terrorismo Nuclear, mas ainda não a ratificou".[7]

Embora os atos de terrorismo sejam recriminados pelo Direito Internacional de longa data, apenas recentemente se proliferaram, muito disso em razão dos atentados de 11 de setembro de 2001. No dia seguinte aos ataques, o Conselho de Segurança da ONU editou a Resolução

5 CONGLETON, Roger D. *The globalization of politics*: rational choice and the internationalization of public policy. 2007, p. 14.

6 VARELLA, Marcelo Dias. *Internacionalização do direito: direito internacional, globalização e complexidade*. 2012. 606 f. Tese de Doutorado. Dissertação (Tese de Livre-docência). Faculdade de Direito, Universidade de São Paulo, São Paulo, 2012. f. 437-439. p. 109-110.

7 LASMAR, Jorge Mascarenhas. *A legislação brasileira de combate e prevenção do terrorismo quatorze anos após 11 de Setembro: limites, falhas e reflexões para o futuro*. Revista de Sociologia e Política, vol. 23, n. 53, Curitiba, março-2015.

1.368 (RES/CSNU/1368/2001), qualificando os atentados, bem como qualquer ato de terrorismo internacional, como ameaçadores da paz e da segurança internacionais. Além disso, reconheceu a possibilidade de ser manejada a legítima defesa em retaliação a tais ataques. De igual feita, a Resolução n. 1.373, de 28/09/01, também do Conselho de Segurança da ONU, deixou claro que os atentados terroristas de 11 de setembro de 2001 implicaram atos de guerra. Em seguida, o Direito Internacional Interamericano, através da RES/CONSELHO PERMANENTE/OEA/797/2001, também considerou os ataques de 11 de setembro como atos de guerra. Portanto, as resoluções mencionadas passaram a permitir a guerra defensiva contra os Estados que, a pretexto de exercer sua soberania, acobertem ou facilitem, de qualquer forma, indivíduos ou grupos terroristas. Assim, a guerra ao terror é considerada, pelo Direito Internacional (ONU e OEA), como ato lícito, porque manejado em legítima defesa.

Fazendo um apanhado geral sobre os motivos que levaram à edição da Lei, José L. González Cussac, Paulo Cesar Busato e Rodrigo Leite Ferreira Cabral assinalam: "os argumentos para a edição da lei foram de variada natureza. Desde o ponto de vista jurídico, afirmou-se que o terrorismo é a mais recente erupção de um problema social persistente: o conflito armado internacional e que tais condutas colocam em perigo a manutenção da paz e da segurança nacional e internacional. Por força disso, os Estados Democráticos de Direito deveriam criminalizar todas as formas de terrorismo, para garantir a democracia constitucional e dar efetividade aos direitos fundamentais. Afirmou-se também que o repúdio ao terrorismo é um compromisso ético-jurídico assumido para a efetivação de um mandado de criminalização previsto no art. 5º, XLIII, da CR/88. Ainda, sustentou-se a necessidade de atender à Convenção Internacional sobre a Supressão de Atentados Terroristas com Bombas (1998), quanto à Convenção Interamericana contra o Terrorismo (2002), diplomas nos quais o Brasil figura como signatário. Fala-se, porém, em outros aspectos menos nobres, de ordem econômica, como a crescente adesão de vários países a um movimento que se pode chamar de *compliance* internacional, isto é, uma busca pela possibilidade de livre troca de informações – preponderantemente financeiras – entre governos de nacionalidades distintas, visando a obtenção de um ambiente de transações comerciais transparentes e seguras, para tanto, seria necessário um ambiente de confiança que é abalado por ações terroristas. A aprovação da Lei Antiterror representaria um instrumento de geração de segurança para o mercado. A exigência de clareza na trilha que o dinheiro persegue entre contas bancárias ao redor do mundo também tende a facilitar a investigação de crimes graves praticados por grupos terroristas – desde que, por óbvio, a repressão ao crime de terrorismo esteja expressa em lei".[8]

Além disso tudo, a atipicidade de terrorismo poderia ser utilizada como atrativo internacional para abrigar agentes terroristas, uma vez que, segundo o art. 82, II, da Lei 13.445/2017, a extradição não é possível quando o fato não é considerado como tal no Brasil (regra da dupla tipicidade). Essa ilha de refúgio poderia, para além do constrangimento internacional, fazer frutificar no território brasileiro, os movimentos terroristas espalhados por todo o globo, razão pela qual, a Lei n.º 13.260/2016 foi editada em boa hora.

> **Art. 2º** O terrorismo consiste na prática por um ou mais indivíduos dos atos previstos neste artigo, por razões de xenofobia, discriminação ou preconceito de raça, cor, etnia e religião, quando cometidos com a finalidade de provocar terror social ou generalizado, expondo a perigo pessoa, patrimônio, a paz pública ou a incolumidade pública.

8 CUSSAC, José L. González. BUSATO, Paulo Cesar. CABRAL, Rodrigo Leite Ferreira. *Compêndio de Direito Penal Brasileiro. Parte Geral.* Valencia: Tirant lo Blanch, 2017. p. 177/178.

A definição de terrorismo, antes da Lei 13.260/2016: O Art. 2º da Lei é norma penal explicativa que, ao menos no plano normativo nacional, coloca uma pá de cal sobre a celeuma existente acerca da definição de terrorismo.[9]

Com efeito, antes da edição da Lei 13.260/2016, existia grande discussão acerca da tipificação do terrorismo no Brasil. Havia duas posições:

1) O crime de terrorismo estava definido no ordenamento jurídico brasileiro, no art. 20 da Lei 7.170/1983, conhecida como Lei de segurança Nacional, revogada pela Lei 14.197/2021 (Crimes contra o Estado Democrático de Direito), *in verbis*:

> *Art. 20. Devastar, saquear, extorquir, roubar, sequestrar, manter em cárcere privado, incendiar, depredar, provocar explosão, praticar atentado pessoal ou **atos de terrorismo**, por inconformismo político ou para obtenção de fundos destinados à manutenção de organizações políticas clandestinas ou subversivas.*

Era a posição de boa parte da doutrina penal brasileira[10], a qual sustentava que a imprecisão do tipo não poderia deixar desprotegidos os bens jurídicos tuteláveis pela criminalização do terrorismo.

2) O crime de terrorismo não estava previsto na legislação brasileira, sendo que o art. 20 da Lei 7.170/1983, dada sua imprecisão, era imprestável para tanto. Para essa corrente, a abertura do tipo afrontava o princípio da taxatividade[11]. Era a posição do Supremo Tribunal Federal que, no julgamento de pedido de extradição, formulado pela República do Peru, concluiu não existir a definição típica do delito de terrorismo no Brasil. Por isso, ainda que preenchidas as demais formalidades – o que não ocorreu no caso concreto –, eventual pedido extradicional também haveria de ser negado, haja vista a necessidade de observância do princípio da dupla tipicidade. Nesse sentido: STF, 2ª Turma, PPE 730/DF, Rel. Min. Celso de Mello, j. 16/12/2014.

A definição de terrorismo a partir da Lei 13.260/2016: O conceito descrito no art. 2º da Lei apoia-se em quatro grandes ideias: sujeito ativo, finalidade especial, modo de atuação e exposição a perigo do bem jurídico.

SUJEITO ATIVO

A Lei 13.260/2016 cuida, logo no início, de resolver a questão sobre a desnecessidade de o terrorismo ser praticado por grupo de pessoas. Ao mencionar que o terrorismo consiste na prática, por um ou mais indivíduos, dos atos previstos na Lei, consagrou-se a natureza de crime unissubjetivo ou de concurso eventual de pessoas, entendido como aquele que pode ser praticado por apenas uma pessoa. Sendo assim, contempla-se a tipificação dos atos terroristas dos chamados **lobos solitários (*Lone wolf*) ou ratos solitários (*Lone rate*)** que agem sozinhos, sem integrarem nenhuma organização criminosa terrorista grupal.

A redação da lei foi, de certo jeito, redundante, ao prever seu alcance para os casos em que o terrorismo pode ser praticado por mais indivíduos, visto que, definida a natureza de crime unissubjetivo, a extensão da lei para os comparsas é efeito previsto na legislação pelo concurso

9 Em estudo profundo sobre a definição de terrorismo, André Callegari conclui "Veja-se, portanto, o quanto é complexo definir terrorismo, muito embora, fora do campo jurídico-penal, uma pessoa que acompanhe razoavelmente os noticiários publicados pela mídia em geral sob a chama de 'atos de terrorismo' pode, facilmente, formar uma convicção subjetiva – e até mesmo comum – do fenômeno terrorismo. Isso é próprio do caráter expansivo e popularizado do Direito Penal pós-moderno ..." (CALLEGARI, André Luís. Et al. O Crime de terrorismo: reflexões críticas e comentários à Lei de Terrorismo: de acordo com a Lei n.º 13.260/2016. Porto Alegre: Livraria do Advogado, 2016. p. 62).

10 Era a posição do professor Antonio Scarance Fernandes (Considerações sobre a Lei 8.072/90, de 25 de julho de 1990 – Crimes Hediondos. RT 660, 1990. p. 261).

11 Neste sentido entendia FRANCO, Alberto Silva. *Crimes hediondos*. São Paulo: RT, 1991. p. 46.

de pessoas (CP, art. 29). De todo modo, a redundância serve para evitar confusões e tornar a aplicação da lei mais clara, opção compreensível.

Não se pode olvidar que o mandado de criminalização, contido no art. 5º, XLIII, da Constituição da República, determina textualmente que a lei regulamentadora do terrorismo deve responsabilizar *os mandantes, os executores e os que, podendo evitá-los, se omitirem*.

A parte final da norma constitucional é regulamentada pelo art. 13, § 2º, do CP, a qual define os casos em que se estabelece a omissão penalmente relevante e o modo pelo qual alguém assume a posição de garante.

FINALIDADE ESPECIAL

A Lei prevê que a motivação para os atos de terrorismo deve ser a **xenofobia, a discriminação ou o preconceito de raça, cor, etnia e religião**. Trata-se de finalidade ou intencionalidade específica, um especial ânimo, sem o qual, a tipificação objetiva do fato à Lei 13.260/2013 resta prejudicada, o que não significa que os atos serão atípicos. Ausentes esses "especiais fins de agir", as condutas serão tipificadas nos crimes subsidiários possíveis. De todo modo, a opção feita pelo legislador de condicionar a definição de terrorismo a estas intencionalidades específicas é inadequada, especialmente porque, sob o ponto de vista criminológico, o principal traço característico desta infração é a atuação violenta causadora de pânico ou terror generalizado[12].

Mas sem a comprovação deste elemento subjetivo, o fato não pode caracterizar o tipo penal do terrorismo. Nesse sentido já decidiu o STJ:

> "HABEAS CORPUS. ATO INFRACIONAL ANÁLOGO AO CRIME DE TERRORISMO. ART. 5º, C/C O ART. 2º, § 1º, I E V, DA LEI N. 13.260/2016. ELEMENTARES DO TIPO. MOTIVAÇÃO POR RAZÕES DE XENOFOBIA, DISCRIMINAÇÃO OU PRECONCEITO DE RAÇA, COR, ETNIA E RELIGIÃO NÃO CARACTERIZADA. TIPO PENAL DO ART. 5º SUBSIDIÁRIO EM RELAÇÃO AO ART. 2º DA LEI ANTITERRORISMO. 1. O tipo penal exerce uma imprescindível função de garantia. Decorrente do princípio da legalidade, a estrutura semântica da lei incriminadora deve ser rigorosamente observada e suas elementares devem encontrar adequação fática para que o comando secundário seja aplicado. 2. O uso da expressão "por razões de" indica uma elementar relativa à motivação. A construção sociológica do ato de terrorismo conjuga motivação e finalidade qualificadas, compreensão essa englobada na tipificação penal brasileira. 3. O delito do art. 5º funciona como soldado de reserva em relação ao delito de terrorismo, art. 2º, ambos da Lei n. 13.260/2016. Trata-se de criminalização dos atos preparatórios do delito de terrorismo, expressão que remete ao dispositivo anterior, exigindo a interpretação sistemática. A tipificação da conduta descrita no art. 5º exige a motivação por razões de xenofobia, discriminação ou preconceito de raça, cor, etnia e religião, expostas no art. 2º da Lei Antiterrorismo. 4. O Tribunal local, ao dispensar a motivação constante do dispositivo legal, terminou por admitir a configuração do delito sem a clara definição da motivação. Trata-se de operação indevida, visto que admite a perpetração de (ato infracional análogo a) crime, sem que estejam devidamente configuradas todas as suas elementares. 5. Ordem concedida para cassar o acórdão impugnado, afastando a capitulação da conduta como ato infracional análogo ao crime descrito no art. 5º, c/c o art. 2º, § 1º, I e V, da Lei n. 13.260/2016, e determinar o

12 Insta destacar que o Framework Decision on Combating Terrorism, ato legislativo adotado pela União Europeia, editado com o objetivo de uniformizar a definição de atos terroristas naquele continente prevê que sob uma perspectiva subjetiva, atos terroristas seriam aqueles praticados com o objetivo de intimidar gravemente uma população; constranger indevidamente os poderes públicos ou uma organização internacional a praticar ou a abster-se de praticar qualquer ato ou desestabilizar gravemente ou destruir as estruturas fundamentais políticas, constitucionais, econômicas ou sociais de um país ou de uma organização internacional (Conselho Europeu, Framework Decision on Combating Terrorism 2002/475/JHA, disponível em < http://eur-lex.europa.eu/legal-content/EN/TXT/?uri=CELEX:32002F0475 >. Acesso em 02 dez de 2019).

rejulgamento da causa pelo Tribunal local, como se entender de direito.". (HC 537118- RJ. 6ª T, Rel. Min. Sebastião Reis Júnior, j. 05/12/2019).

Anote-se que esses **elementos subjetivos especiais** do tipo não se confundem com o dolo propriamente dito, visto que exercem funções especificantes, de modo a especializar a descrição legal da conduta típica. Por isso, é inadequado mencionar que se trata de dolo específico, nomenclatura que remete à teoria natural da ação, superada pela teoria finalista da ação. Como ensina Rogério Greco, "fazia-se, quando prevalecia a teoria natural da ação, a distinção entre dolo genérico e dolo específico. Dizia-se que dolo genérico era aquele em que, no tipo penal, não havia indicativo algum do elemento subjetivo do agente ou, melhor dizendo, não havia indicação alguma da finalidade da conduta do agente. Dolo específico, a seu turno, era aquele em que, no tipo penal, podia ser identificado o que denominamos de especial fim de agir. (...) Contudo, uma vez adotada a teoria finalista da ação, podemos dizer que em todo o tipo penal há uma finalidade que o difere de outro, embora não seja tão evidente quando o próprio artigo se preocupa em direcionar a conduta do agente, trazendo expressões dela indicativas. Isso porque, de acordo com a referida teoria, a ação é o exercício de uma atividade final, ou seja, toda conduta é finalisticamente dirigida à produção de um resultado qualquer, não importando se a intenção do agente é mais ou menos evidenciada no tipo penal".[13]

Uma vez que integram o tipo, os elementos subjetivos especiais devem ser **objeto de prova,** para a adequada caracterização do crime, o que significa, dada a intangibilidade dessas circunstâncias, que sua análise é feita a partir dos fatos objetivos externos. Compatibilizando essa metodologia com a presunção de inocência, afirma Cussac e outros: "o Direito à presunção de inocência não exige a demonstração de uma verdade absoluta, mas sim da culpabilidade do imputado, mais além de toda dúvida razoável, em suma, da verdade processual. Não se trata de deduzir o que ocorreu na mente de uma pessoa a partir do que ela fez – empreitada difícil de ser harmonizada com as exigências derivadas da presunção de inocência –, mas sim fixar a intencionalidade com o que o agente realizou, mediante a confrontação da ação realizada por ele, interpretada de acordo com as regras sociais, com as normas jurídico-penais, tendo-se sempre muito presente nesse processo o que ele sabia, as competências, as técnicas e os conhecimentos que dominava (extremo que, em grande medida, é possível inferir e estabelecer de acordo com seu comportamento) e o que ele queria. A partir desse momento, e somente a partir dele, é que estaremos em condições de verificar e avaliar as intenções do sujeito contidas em sua ação, como um 'compromisso' com sua ação e com a lesão ou colocação em perigo do bem jurídico de que se trate".[14]

A primeira finalidade especial que anima o tipo é a **xenofobia,** que constitui aversão ao estrangeiro, isto é, repulsa àquela pessoa ou valores provenientes de outro país. A xenofobia nada mais é do que uma espécie de preconceito, tratada um pouco mais adiante na lei. Trata-se de conceito jurídico aberto, razão pela qual comporta valoração no caso concreto. É certo que não se deve restringir a xenofobia à antipatia apenas às pessoas. Os atos de terrorismo praticados em razão da abominação aos valores e às práticas culturais estrangeiras são aptos a caracterizar xenofobia. Assim, por exemplo, a detonação de uma bomba junto a um monumento que homenageia dada cultura estrangeira, se fundado na intolerância a essa nação, pode configurar ato de terrorismo.

Também deve ser considerado xenofobia o ato de aversão praticado por pessoa oriunda de outro país, que tenha se naturalizado brasileiro, uma vez que o vocábulo xenofobia não se restringe às pessoas tecnicamente estrangeiras. A xenofobia, como dito, abarca os sentimentos de repulsa a tudo que se refira a uma cultura e/ou pessoas que venham de fora do país do xenófobo. Por isso, ainda que o estrangeiro tenha adquirido a nacionalidade brasileira, é possível verificar a prática de xenofobia.

13 GRECO, Rogério. Código Penal: comentado. Niterói, RJ: Impetus, 11. ed. 2017. p. 324.

14 CUSSAC, José L. González. BUSATO, Paulo Cesar. CABRAL, Rodrigo Leite Ferreira. *Compêndio de Direito Penal Brasileiro. Parte Geral.* Valencia: Tirant lo Blanch, 2017. p. 251/252.

A outra finalidade especial descrita no tipo é a **discriminação ou preconceito de raça, cor, etnia e religião**. A redação contida neste art. 2º da Lei 13.260/2016 é praticamente a mesma que a do art. 1º da Lei 7.716/1989, o que autoriza, por equidade, a utilização das lições ali consagradas sobre cada um desses vocábulos.

Discriminação e preconceito, embora sejam termos tomados como sinônimos de exclusão, na verdade, não se confundem uma vez que preconceito designa a crença de inferioridade realizada em face de determinados indivíduos que, quando levado a efeito materializa a discriminação. Na síntese de Nucci, pode-se afirmar que discriminar, "*como regra, significa estabelecer diferença entre seres e coisas, com prejudicialidade para a parte inferiorizada.*"[15]

Assim, segundo restou consolidado, **raça** é vocábulo em desuso, uma vez que procurava classificar a espécie humana de acordo com características genéticas ou fenotípicas. Dada a atual comprovação de que é mínima a diferença genética entre pessoas absolutamente distintas, o conceito de raça foi ressignificado para abranger distinções não biológicas. Trata-se, desse modo, de conceito amplo, socialmente construído. Nesse sentido, decidiu o Supremo Tribunal Federal, no célebre "caso Ellwanger", em que a Excelsa Corte proclamou que o povo judeu, embora não constitua uma raça, pode ser vítima de discriminação racial. (STF. HC nº 82.424/RS. Rel.: Min. Moreira Alves. Rel. Acórdão: Min. Maurício Corrêa. DJ nº 54 em 19/03/2004).

Cor é a tonalidade da pele decorrente da pigmentação da melanina e que, segundo a classificação adotada pelo Instituto Brasileiro de Geografia e Estatística, pode ser branca, preta, amarela, parda ou indígena.

Etnia é o grupo de indivíduos que se identificam em razão das semelhanças socioculturais e biológicas. "A expressão etnia advém da grega 'ethnikos', que é adjetivo de "ethos", e significa nação ou povo. Trata-se, em suma, de conceito antropológico relativo a grupos humanos que, longe de serem meros agrupamentos, são formados por '[...] pessoas conscientes, ao menos em forma latente, de terem origens e interesses comuns'".[16] São exemplos: índios, árabes, judeus, orientais, etc.

Religião é o conjunto de crenças e princípios que dirigem a convicção, o pensamento e o comportamento das pessoas, tendo como pressuposto o elemento divino e sagrado de veneração. São exemplos a religião católica, protestante, espírita, muçulmana, islamita, etc. As religiões compõem grupos homogêneos de pessoas, que podem ser discriminadas, em razão dessas opções, e alvo de atos terroristas fundamentalistas, entendidos como aqueles que interpretam seus textos sagrados de forma extremada e renegam a possibilidade de convívio plural entre pessoas de religiões diversas.

Motivos não previstos na Lei: Ao contrário do que prevê a Lei 7.716/1989, a Lei 13.260/2013 não prevê, como motivação do terrorismo, a discriminação ou preconceito de **procedência nacional**.

Também não podem ser consideradas como finalidades do terrorismo a intolerância **filosófica**, o que incluí o **ateísmo**, as intransigências com escolas de pensamento sobre determinados temas, comuns nos chamados desacordos morais razoáveis, como **pena de morte**, **aborto**, etc. Também não restou prevista, na Lei, a motivação fundada na hostilidade, em razão da **opção sexual**.

A Lei não prevê, ademais, como intencionalidade específica, a **intolerância política**. Nesse caso, ainda que afastada a caracterização do terrorismo, resta possível a tipificação do fato na legislação penal vigente, se o caso.

15 NUCCI, Guilherme de Souza. *Leis penais e processuais penais comentadas*. 2. ed. São Paulo: Revista dos Tribunais, 2007, p. 265.

16 ALMEIDA, Débora de Souza de, ARAÚJO, Fabio Roque et al. Terrorismo: Comentários, artigo por artigo, à Lei 13.260/2016 e Aspectos Criminológicos e Político-Criminais. Salvador: JusPodivm. 2017. p. 189.

Facções criminosas: Lamentavelmente, em regra, a Lei 13.260/2013 não alcança os atos de terror social ou generalizado praticados por facções criminosas de grande dispersão territorial, realizados em retaliação a prisões de seus líderes ou mediante exigências de benefícios penais para seus comparsas. Embora atos como esses, meticulosamente organizados e planejados, que demonstram grande poder de atuação criminosa, sejam capazes de compelir grande pânico por todo o país, devido à falta de intencionalidade específica (elementos subjetivos especiais), ficam à margem da incidência da Lei.

Diferença para o genocídio: Os crimes de terrorismo não se confundem com o crime de genocídio, previsto nos arts. 1º, 2º e 3º da Lei n. 2.889, de 1º de outubro de 1956. Referida Lei pune, no art. 1º, "quem, com a intenção de destruir, no todo ou em parte, grupo nacional, étnico, racial ou religioso, como tal: a) matar membros do grupo; b) causar lesão grave à integridade física ou mental dos membros do grupo; c) submeter intencionalmente o grupo a condições de existência capazes de ocasionar-lhe a destruição física total ou parcial; d) adotar medidas destinadas a impedir os nascimentos no seio do grupo; e) efetuar a transferência forçada de crianças do grupo para outro grupo". O art. 2º, por sua vez, pune a formação de quadrilha (atual associação criminosa) para a prática de um dos crimes mencionados no artigo anterior. Finalmente, o art. 3º sanciona o incitamento público à prática de um dos crimes de que trata o art. 1º. Dessa forma, todos esses crimes, tentados ou consumados, são considerados hediondos, de acordo com o art. 1º, parágrafo único, da Lei n. 8.072/90.

MODO DE ATUAÇÃO

O art. 2º, ora em estudo, prevê a necessidade de o terrorismo *ser cometido com a finalidade de provocar terror social ou generalizado*.

Trata-se de um elemento modal do tipo, que descreve a forma de execução da conduta. Ao contrário da finalidade especial, antes estudada, trata-se de elemento do tipo objetivo, atinente ao fato praticado e não à motivação interna do agente.[17-18]

Terror social ou generalizado é expressão aberta que admite ampla valoração. Deve-se considerar como **terror social ou generalizado** o sentimento de horror e pânico geral, capaz de desencadear reações repulsivas destinadas à autoproteção ou repúdio ao risco a ele inerente.[19]

O emprego do pavor em larga escala é característica central do terrorismo, pois, diferentemente do que ocorre em outros crimes, o agente procura embutir o medo coletivo como mecanismo de recrutamento para sua causa, ou, simultaneamente, como instrumento de força, que amedronta qualquer reação pública. É a chamada **intimidação massiva**.

---

17 Técnica semelhante é usada pelo legislador, por exemplo, na qualificadora do emprego do meio cruel do crime de homicídio, em que a análise acerca da crueldade é feita de maneira objetiva, a partir do fato praticado em si mesmo. É claro que essa análise não deve descambar para a responsabilidade penal objetiva, o que será solucionado pela avaliação do dolo do agente, que abrange, como se sabe, o conhecimento de todos os elementos objetivos do tipo.

18 Renato Brasileiro de Lima entende que esses elementos se constituem em especial fim de agir do tipo, ligados a identificação dos objetivos da prática do crime. (LIMA, Renato Brasileiro. Leis Penais Especiais. 2020. Salvador: Juspodivm, p. 938).

19 Essa característica é bem explicada por "Ataques terroristas tendem a ser teatrais, exercendo um estranho fascínio sobre a imaginação humana. Muitas vezes eles criam um senso de terror único, capaz de suscitar reações proporcionalmente mais intensas do que aquelas decorrentes de desastres naturais de maior magnitude. Por exemplo, cerca de 222.000 pessoas morreram em 2010 no terremoto ocorrido no Haiti, contra menos de 3.000 em 11 de setembro de 2001; ainda assim os ataques às torres gêmeas produziram uma sensação mundial de terror e uma reação geopolítica que gerou um impacto profundo e sem paralelo em eventos mundiais ao longo da última década." (MOREIRA, Laurence Alexandre Xavier. A visão do Exército: como minimizar a possibilidade de atentados terroristas no Brasil. In: Terrorismo e outras situações de emergência: teoria e prática da prevenção e do combate. Carlos Eduardo de Oliveira Vasconcelos (organizador). Brasília: ESMPU, 2018, p. 164).

O uso do terror social ou generalizado é o traço distintivo desse crime, pelo que ficou conhecido como método terrorista, o qual se caracteriza pela:

a) escolha aleatória das vítimas: os terroristas buscam atingir pessoas não identificadas. Todos são possíveis vítimas dos atentados, o que desembocará na característica seguinte;
b) intimidação geral e massiva: como o ato terrorista é praticado contra qualquer pessoa, o medo e pânico de todos serem atingidos são disseminados indistintamente, provocando uma intimidação geral;
c) perspectiva de novos ataques: o pânico geral desemboca num sentimento de insegurança permanente e na histeria coletiva, que parte da perspectiva, real ou não, de reiteração dos ataques;
d) ampla divulgação: o terrorismo sempre se notabilizou pela ampla divulgação de suas atrocidades, de modo que o uso dos meios de comunicação de massa para propalar esses atos integra a maneira de agir dos terroristas.

O § 1º do art. 2º descreve modos de execução propriamente ditos dos atos de terrorismo, com emprego de elementos essenciais do tipo, tais como, verbos e condutas criminalizadas. Há entre o *caput* e § 1º do art. 2º da Lei verdadeira relação de complementaridade, visto que as condutas descritas no parágrafo devem ser relacionadas com os elementos do tipo, contidos no *caput*. Trata-se, portanto, de norma penal remissiva.

EXPOSIÇÃO A PERIGO DO BEM JURÍDICO

A parte final do art. 2º da Lei 13.260/2013 prevê que os atos de terrorismo devem *expor a perigo pessoa, patrimônio, a paz pública ou a incolumidade pública*. O uso intencional de meios capazes de produzir um perigo comum é outro traço central dos crimes de terrorismo, razão pela qual este elemento do tipo é bem-vindo.

Os crimes de terrorismo são de perigo, compreendido como aqueles que se caracterizam pela mera possibilidade de dano, bastando que o bem jurídico tutelado pela norma seja exposto a uma situação de risco.

Como se sabe, os crimes de perigo se dividem em: crimes de perigo abstrato e crimes de perigo concreto. No primeiro grupo, pune-se a perigosidade da conduta em si mesma e resulta da violação formal da lei. Por isso, são chamados de delitos de mera atividade. O segundo tipo, crimes de perigo concreto, exige a comprovação de uma probabilidade concreta de dano ao bem jurídico. Por isso, são crimes de resultado.

A utilização dessa técnica legislativa é recorrente em leis penais que necessitam abarcar condutas, que não são centradas apenas nos danos causados pelos comportamentos proibidos, mas, essencialmente, na criação de riscos proibidos e intoleráveis, os quais independem da produção de resultados danosos mensuráveis. O movimento atual de expansão do direito penal, do qual a tipificação do terrorismo é exemplo, produz o aumento na antecipação de criminalização de condutas que apenas expõem a riscos determinados bens jurídicos e, consequentemente provocam o aumento dos crimes de perigo abstrato, naquilo que Schünemann, citando Wohlers, denomina como tipos de delito de direito penal da prevenção, tripartidos em delitos de ação concretamente perigosa, delitos de cumulação e delitos de preparação.[20]

20 SCHÜNEMANN, Bernd; GRECO, Luís. Estudos de direito penal, direito processual penal e filosofia do direito. São Paulo: Marcial Pons, 2013. P 40.

BENS JURÍDICOS TUTELADOS

O terrorismo atinge diferentes interesses jurídicos, pelo que é possível afirmar que a Lei 13.260/2013 é pluriofensiva.

As condutas descritas em cada um dos tipos, como será visto, proíbem comportamentos que ferem diferentes interesses jurídicos, mas, de um modo geral, a parte final do art. 2º, ora em estudo, prevê que a lei protege, cumulativamente ou não, a pessoa, o patrimônio, a paz pública e incolumidade pública.

Devido aos elementos subjetivos especiais do tipo, quais sejam a xenofobia, a discriminação ou o preconceito de raça, cor, etnia e religião, percebe-se que o legislador também tutela o combate ao racismo.

Mas é inegável que o mais visível bem jurídico da Lei de Terrorismo é a paz ou a segurança pública. Aliás, cumpre anotar que a partir da resolução 1.723/2001, o CS-ONU passou a considerar o terrorismo como ameaça à paz internacional.

O conceito de paz pública nos é dado por Isidoro Blanco Cordero, citado por André Callegari[21]: "a la tranquilidad u sosiego em relaciones de unos com outros, esto es, a las condiciones básicas para la convivencia ciudadana, a la seguridad em el erjercicio de derechos y libertades sin temor a ataques contra las personas"[22].

> § 1º São atos de terrorismo:

Antes de iniciar a análise dos tipos penais a seguir descritos pela Lei 13.260/2016, cabe anotar que essas condutas, na maioria das vezes, encontram tipificação em outras leis penais. Isso significa que os atos de terrorismo se diferenciarão dos delitos comuns, essencialmente, pela finalidade especial recém estudada (elementos subjetivos especiais). Trata-se de sistemática comum às legislações estrangeiras que tratam de terrorismo, como observa Sarah Pellet, "um estudo rápido mostra que a maior parte das legislações internas considera que os atos terroristas, na sua maioria, são infrações de direito comum que ganham uma característica terrorista em razão das motivações de seus autores. Se essa motivação consiste em atentar gravemente contra as bases e princípios fundamentais do Estado, destruí-las, ou ameaçar a população, trata-se de atentado terrorista".[23] Assim, diante da multiplicidade de interesses protegidos, como será mais bem demonstrado mais à frente, neste trabalho, a Lei prevê uma regra de concurso obrigatório de crime.

> I – usar ou ameaçar usar, transportar, guardar, portar ou trazer consigo explosivos, gases tóxicos, venenos, conteúdos biológicos, químicos, nucleares ou outros meios capazes de causar danos ou promover destruição em massa;

BEM JURÍDICO TUTELADO

Como dito antes, de um modo geral, a Lei 13.260/2013 tutela vários interesses jurídicos, tais como, a pessoa, o patrimônio, a paz pública e incolumidade pública.

---

21 CALLEGARI, Andre. Et al. O Crime de terrorismo: reflexões críticas e comentários à Lei de Terrorismo: de acordo com a Lei n.º 13.260/2016. Porto Alegre: Livraria do Advogado, 2016. p. 97/98.

22 "A tranquilidade e sossego em relação uns aos outros, isto é, as condições básicas para a convivência cidadã, a segurança no exercício de direitos e liberdades, sem temor a ataques contra as pessoas". Tradução nossa.

23 PELLET, Sarah. *Terrorismo e direito*. Coord. Leonardo Nemer Caldeira Brant. Rio de Janeiro: Forense, 2003, p. 15-16.

Nessa figura, verifica-se uma proteção mais intensa da incolumidade pública, entendida como complexo de condições, garantidas pela ordem jurídica, necessárias para a segurança da vida, da integridade pessoal e da saúde. Para alguns, o bem jurídico geral da Lei de Terrorismo é a paz ou a segurança pública.

SUJEITOS DO CRIME

Trata-se de crime comum, praticável por qualquer pessoa.

O sujeito passivo é a coletividade e o Estado, responsável direto por assegurar a paz e a segurança pública.

CONDUTAS

Trata-se de tipo misto alternativo ou de ação múltipla, pelo que a prática de mais de um núcleo verbal descrito no tipo implica a prática de um único delito.

Essas ações múltiplas são:

a) usar ou ameaçar usar: tem sentido de empregar ou utilizar um dos objetos materiais do delito.

Os outros núcleos verbais dispensam o uso efetivo das substâncias elencadas pela Lei. Agiu bem o legislador, visto que é possível a prática de atos terroristas com a mera exibição, comunicação da existência ou da localização desses produtos em determinados locais.

b) transportar: é deslocar o objeto material de um local para outro.
c) guardar: é manter o objeto material em algum local.
d) portar: é a condução do objeto do crime junto ao corpo.
e) trazer consigo: é sinônimo de portar.

Objeto material: são instrumentos que expõem a incolumidade pública a algum risco, devido ao poder vulnerante e destrutivo a eles inerentes.

a) explosivos: é a substância ou material que, mediante reação química, provoca violenta dispersão de grande volume de gases e aumento de temperatura, como bombas e dinamites.
b) gases tóxicos: é a substância capaz de causar intoxicação, com alteração do funcionamento das atividades fisiológicas, ainda que não seja mortal, como gás asfixiante.
c) veneno: "é a substância química ou orgânica que, introduzida no organismo, tem o poder de causar a morte ou sérios distúrbios na saúde da vítima"[24], como por exemplo, estricnina.
d) conteúdos biológicos: São substâncias que contêm algum material orgânico patogênico, como germes, vírus, bacilos, protozoários ou bactérias, capazes de produzir epidemias e moléstias infecciosas.
e) conteúdos químicos: são as substâncias que, isoladamente, não são venenosas, mas que podem, dada a combinação com outras, produzir efeitos nocivos à saúde humana ou destruição em massa. Por exemplo, mistura entre etanol e hipocloreto de sódio criam clorofórmio e ácido hidroclorídrico, bem como cloroacetona ou dicloroacetona, que podem causar danos ao sistema nervoso, pulmões, rins, fígado, olhos e pele.

24 GONÇALVES, Victor Eduardo Rios. Direito Penal esquematizado: Parte especial. São Paulo: Saraiva. 5ª ed., 2016. p. 667.

f) conteúdos nucleares: engloba combustível nuclear, produtos e rejeitos radioativos, descritos no art. 1º da Lei 6.453/1977. Como exemplos, pode-se citar plutônio, urânio e Césio 137, capazes de servir para as chamadas bombas sujas[25].

g) outros meios: trata-se de cláusula de interpretação analógica, que permite a tipificação de condutas mediante uso de substâncias e técnicas desconhecidas, mas capazes de produzir efeitos semelhantes aos anteriores.

De um modo geral, o tipo penal cuida do chamado **bioterrorismo**, "modalidade de terrorismo na qual pode ser enquadrado o ataque ocorrido nos Estados Unidos da América em 2001, após o atentado praticado em 11 de setembro de 2001 no mesmo país, com envio de cartas a pessoas e agências de notícias contendo, em seu interior, um pó químico venenoso conhecido com Antrax, o que causou a morte e infecção de algumas pessoas".[26] O uso de conteúdos biológicos como agentes patogênicos em geral, modificados ou não geneticamente, como vírus, fungos, insetos ou bactérias, ainda que destinado a destruição de lavouras ou animais, é apto a caracterizar o chamado agroterrorismo. São apontados como exemplos de agroterrorismo a introdução, no Brasil, da ferrugem da soja (*phakopsora pachyrhizi*) e o bicudo do algodoeiro (*anthonomus grandis*).

Perícia: É fundamental a elaboração de exame pericial para demonstrar a natureza da substância contida na ação do sujeito ativo.

Avião terrorista com bomba: Dimitri Dimoulis e Leonardo Martins nos contam que o Tribunal Constitucional Federal Alemão, aplicando o subcritério da ponderação, proferiu, em 15 de fevereiro de 2006, decisão que declarou a inconstitucionalidade parcial de lei que autorizava o abate de aviões suspeitos de participarem de ataques terroristas[27].

No Brasil, ante o que dispõe o art. 303, § 2º, da Lei 7.565/1986[28], caso uma aeronave esteja transportando um dos objetos já mencionados para a prática de crime de terrorismo, poderá ser destruída ou abatida. Embora haja certa polêmica nesse tema, não se pode fazer um prognóstico de que, no Brasil, eventual discussão sobre a constitucionalidade dessa norma teria o mesmo desfecho da Alemanha, visto que o Pacto de San José da Costa Rica prevê, em seu art. 27, que pode haver suspensão de garantias em caso de guerra, de perigo público ou outra emergência que ponha em risco a segurança de um Estado-parte, o que parece dar sustentação, ao menos no plano legal, ao abate.

---

25 "Bomba suja é um termo usualmente empregado para designar uma arma radioativa, ou seja, uma bomba não-nuclear que, quando acionada por intermédio de um explosivo convencional (como TNT – Trinitrotolueno), dispersa material radioativo armazenado em seu interior, causando contaminação pela radiação e doenças semelhantes às que ocorrem quando uma pessoa é contaminada por uma bomba atômica. A bomba suja, mesmo com poucos quilos de lixo radioativo, quando este é dispersado diretamente na atmosfera, pode ocasionar uma nuvem de material radiativo, provocando a contaminação e possível morte de milhares de pessoas" (MOREIRA, Laurence Alexandre Xavier. A visão do Exército: como minimizar a possibilidade de atentados terroristas no Brasil. In: Terrorismo e outras situações de emergência: teoria e prática da prevenção e do combate. Carlos Eduardo de Oliveira Vasconcelos (organizador). Brasília: ESMPU, 2018, p. 168).

26 CALLEGARI, Andre. Et al. O Crime de terrorismo: reflexões críticas e comentários à Lei de Terrorismo: de acordo com a Lei n.º 13.260/2016. Porto Alegre: Livraria do Advogado, 2016. p. 93.

27 Decisão de 15.2.2006, 1 BvR 357/2005, no 149-153, disponível em: <http://www.bverfg.de/entscheidungen/rs20060215_1bvr035705.html> (DIMOULIS, Dimitri. e MARTINS, Leonardo. Teoria geral dos direitos fundamentais. 5ª. ed. São Paulo: Atlas, 2014. p. 218).

28 Art. 303.

(...)

§ 2º. Esgotados os meios coercitivos legalmente previstos, a aeronave será classificada como hostil, ficando sujeita à medida de destruição, nos casos dos incisos do caput deste artigo e após autorização do Presidente da República ou autoridade por ele delegada. (redação dada pela pela Lei nº 9.614, de 1998).

VOLUNTARIEDADE

O elemento subjetivo é o dolo, entendido como vontade livre e consciente de realizar um dos núcleos verbais.

Inexiste forma culposa.

CONSUMAÇÃO E TENTATIVA

Na modalidade usar ou ameaçar usar, o crime consuma-se no momento no qual o agente pratica os atos que indicam que empregará os objetos materiais. As modalidades transportar, guardar, portar e trazer consigo são infrações permanentes pelo que se consumam, após o agente entrar na posse do objeto material, prolongando-se no tempo, enquanto se manter desse modo.

A tentativa só é possível na primeira modalidade. Nas demais modalidades, o crime é permanente.

> II – (VETADO);
>
> III – (VETADO);
>
> IV – sabotar o funcionamento ou apoderar-se, com violência, grave ameaça a pessoa ou servindo-se de mecanismos cibernéticos, do controle total ou parcial, ainda que de modo temporário, de meio de comunicação ou de transporte, de portos, aeroportos, estações ferroviárias ou rodoviárias, hospitais, casas de saúde, escolas, estádios esportivos, instalações públicas ou locais onde funcionem serviços públicos essenciais, instalações de geração ou transmissão de energia, instalações militares, instalações de exploração, refino e processamento de petróleo e gás e instituições bancárias e sua rede de atendimento;

BEM JURÍDICO TUTELADO

Como dito antes, de um modo geral, a Lei 13.260/2013 tutela vários interesses jurídicos, tais como, a pessoa, o patrimônio, a paz pública e a incolumidade pública.

Nessa figura, verifica-se uma proteção mais intensa da incolumidade pública, entendida como complexo de condições, garantidas pela ordem jurídica, necessárias para a segurança da vida, da integridade pessoal e da saúde. Para alguns, o bem jurídico geral da Lei de Terrorismo é a paz ou a segurança pública.

SUJEITOS DO CRIME

Trata-se de crime comum, praticável por qualquer pessoa.

O sujeito passivo é a coletividade e o Estado, responsável direto por assegurar a paz e a segurança pública. As pessoas contra as quais foram empregadas a violência ou grave ameaça, bem como aquelas atingidas pelos atos terroristas em si, são vítimas secundárias.

CONDUTAS

Há dois núcleos verbais, no tipo:

a) sabotar: é quebrar, estragar ou atrapalhar o funcionamento normal de algum equipamento ou estabelecimento.

b) apoderar-se: é apossar-se ou tomar para si.

O tipo prevê que a sabotagem deve ser praticada mediante violência ou grave ameaça a pessoa, isto é, mediante a redução do poder de resistência pelo emprego da força bruta. Mas não só. Débora de Souza Almeida e Fábio Roque de Araújo ensinam: "embora a redação do tipo penal possa, *prima facie*, dar margem a dúvidas se a violência enquanto meio de execução incide somente contra pessoa ou também à coisa, conclui-se que os dois destinatários são admitidos. A violência à pessoa, também denominada de *vis corporalis* ou *vis absoluta*, significa a violência física empregada pela força contra o corpo do ofendido. Já a grave ameaça, também chamada de *vis compulsiva* ou *vis relativa*, é a violência moral capaz de causar temor na vítima, de forma a viciar sua vontade e incapacitar sua resistência. A vítima, nesse caso, experimenta um fundado receio de grave e iminente mal, seja físico ou moral, que possa atingir a si próprio ou pessoas que lhe são afetas. A violência à coisa, por sua vez, traduz-se na destruição ou rompimento de obstáculo. Como exemplo de destruição, tem-se o ato de quebrar uma porta; como de rompimento, o arrombamento de uma porta. Tal meio executivo absorve o crime de dano, portanto".[29]

Mas também é possível a tomada do equipamento ou estabelecimento por mecanismos cibernéticos, isto é, por meio de sistemas mecânicos, eletrônicos ou virtuais, que passam a comandar o seu funcionamento. Portanto, no Brasil, é possível afirmar que é crime o chamado ***ciberterrorismo***. Como já ensina a doutrina, é "num primeiro momento, expressão usada para descrever ataques terroristas executados pela Internet com o fim de causar graves instabilidades, prejudicando serviços fundamentais e interferindo no dia a dia da ordem econômica e social, em nome de determinada visão de mundo. De outro modo, podemos dizer que o ciberterrorismo é o emprego de TICs/Internet por parte de grupos terroristas para fins de atingir seus propósitos, especialmente para destruir a ordem constitucional e modificar seriamente a paz social[30]". Assim, por exemplo, quando o terrorista desenvolve, instala e executa um vírus de computador que interrompe o funcionamento de equipamentos vitais para pacientes internados em hospitais.

A redação do tipo é criticável, uma vez que a sabotagem e o apoderamento do equipamento ou estabelecimento pode se dar sem emprego de violência ou grave ameaça, por exemplo, com emprego de fraude ou mediante destreza do agente terrorista. Essa falha não passou despercebida pela doutrina de escol. Neste sentido sustenta Alexandre Saraiva: "Particularmente, sinto falta da previsão de uso de meio sub-reptícios, clandestinos ou maviosos, principalmente na hipótese de assalto, afinal algumas instalações e serviços podem ser invadidos por movimentos e estratégias sinuosas, sem efetiva violência ou ameaças – o disfarce, por exemplo, ou até mesmo i ingresso clandestino!"[31] Nesses casos, dado à forma vinculada dos elementos do tipo, o fato não configurará ato de terrorismo, podendo-se o caso resultar em outras infrações penais, como, por exemplo, as previstas no art. 70 do Código Brasileiro de Telecomunicações, art. 163, parágrafo único, I e III, art. 265, ou art. 359-R, todos do CP, e art. 264 do CPM.

Os equipamentos e estabelecimentos atingidos pela ação delituosa são variados, sendo o traço semelhante entre eles a amplitude de lesados ou de difusão dos efeitos danosos do ato. Por isso, a lei contempla a possibilidade de o crime ser praticado contra meios de comunicação ou de transporte, de portos, aeroportos, estações ferroviárias ou rodoviárias, hospitais, casas de saúde, escolas, estádios esportivos, instalações públicas ou locais onde funcionem serviços públicos essenciais, instalações de geração ou transmissão de energia, instalações militares, instalações de exploração, refino e processamento de petróleo e gás e instituições bancárias e sua rede de atendimento.

---

29 ALMEIDA, Débora de Souza de, ARAÚJO, Fabio Roque et al. Terrorismo: Comentários, artigo por artigo, à Lei 13.260/2016 e Aspectos Criminológicos e Político-Criminais. Salvador: JusPodivm. 2017 p. 211/212.

30 JÚNIOR, Alfredo Carlos G. Falcão; BUFFON, Jaqueline Ana. Ciberterrorismo: entre a prevenção e o combate. Conforme SILVA, Ângelo Roberto Ilha da (Org.). Crimes Cibernéticos. Porto Alegre: Livraria do Advogado. 2017. p.159/160.

31 SARAIVA, Alexandre José de Barros Leal. Crime militar extravagante e terrorismo. Cap. 2. In: Manual de Crimes militares extravagantes. Salvador: Juspodivm. 2021. p. 255.

VOLUNTARIEDADE

O elemento subjetivo é o dolo, entendido como vontade livre e consciente de realizar um dos núcleos verbais.

Inexiste forma culposa.

CONSUMAÇÃO E TENTATIVA

Na primeira modalidade, o crime consuma-se quando o agente consegue impedir o funcionamento normal do estabelecimento sabotado, ainda que parcial e temporariamente.

Na segunda modalidade, a consumação se dá com o apoderamento, ainda que momentâneo, do equipamento ou estabelecimento alvo do terrorista.

Ambas as modalidades admitem tentativa.

> V – atentar contra a vida ou a integridade física de pessoa:

BEM JURÍDICO TUTELADO

Como dito antes, de um modo geral, a Lei 13.260/2013 tutela vários interesses jurídicos, tais como, a pessoa, o patrimônio, a paz pública e incolumidade pública.

Nessa figura, verifica-se uma proteção mais intensa da vida e integridade física de pessoas.

SUJEITOS DO CRIME

Trata-se de crime comum, praticável por qualquer pessoa.

O sujeito passivo é a coletividade e o Estado, responsável direto por assegurar a paz e a segurança pública. As pessoas que tiveram suas vidas ou integridades visadas ou atingidas pela ação terrorista são as vítimas secundárias do delito. Essas podem ser qualquer pessoa.

CONDUTAS

A conduta típica é atentar, isto é, ofender, atacar, expor a risco a vida e integridade física das pessoas.

Observe-se que o verbo utilizado abarca a conduta tentada, uma vez que, iniciados os atos de execução, por meio de atos idôneos a violar a vida ou a integridade física das pessoas, o agente já realizou o tipo penal. Por exemplo, quando terrorista que, conduzindo veículo automotor, arremessa-o contra restaurante ou praça pública cheia de pessoas, mas não consegue atropelá-las, porque o carro é impedido por blocos de concreto escondidos no jardim do local.

VOLUNTARIEDADE

O elemento subjetivo é o dolo, entendido como vontade livre e consciente de realizar um dos núcleos verbais.

Inexiste forma culposa.

CONSUMAÇÃO E TENTATIVA

Trata-se de crime formal, que se consuma com a mera exposição a perigo da vida ou da integridade física de pessoa.

A tentativa é inadmissível, visto se tratar de crime de atentado, definido como aquele que se consuma com a conduta tendente a lesionar o bem jurídico.

PENA – reclusão, de doze a trinta anos, além das sanções correspondentes à ameaça ou à violência.

Trata-se de crime gravíssimo cuja pena é a mesma, por exemplo, do homicídio qualificado. A pena máxima do terrorismo, no Brasil, segue uma tendência internacional de endurecimento desses atos. A Espanha, por exemplo, alterou o Código Penal e elevou para até 40 anos a pena de quem tenha se envolvido com a prática do terrorismo (art. 76).

Concurso obrigatório: A parte final do preceito estabelece um concurso obrigatório de crimes. Desse modo, caso os atos de terrorismo resultem em violência ou ameaça, deve o agente responder pelo terrorismo em concurso material com o crime resultante da violência ou ameaça (homicídio, lesão corporal, etc). Ainda que tecnicamente haja concurso formal de crimes, o legislador criou um caso de cúmulo material, independentemente da existência ou não de desígnios autônomos. Trata-se de opção político-criminal, utilizada em outros dispositivos penais, como por exemplo, nos arts. 146, § 2º, 199, 322, todos do CP.

No caso de concurso com outros crimes sem emprego de violência ou ameaça, deve-se aplicar o princípio da absorção, desde que presentes os seus pressupostos, tais como: a) vontade de praticar, desde o início, o crime fim; b) atos anteriores imprescindíveis para a realização do tipo principal; e c) o crime absorvido ser inferior ou de igual gravidade quando comparado ao principal.

Naturalmente que o crime absorvido deve ser levado em conta nas circunstâncias judiciais para aplicação da pena.

§ 2º O disposto neste artigo não se aplica à conduta individual ou coletiva de pessoas em manifestações políticas, movimentos sociais, sindicais, religiosos, de classe ou de categoria profissional, direcionados por propósitos sociais ou reivindicatórios, visando a contestar, criticar, protestar ou apoiar, com o objetivo de defender direitos, garantias e liberdades constitucionais, sem prejuízo da tipificação penal contida em lei.

CAUSA LEGAL DE EXCLUSÃO DA TIPICIDADE: A Lei 13.260/2016, preocupada com a indevida criminalização de **movimentos sociais** de diferentes matizes, prevê expressamente, no § 2º do art. 2º, uma causa de exclusão da tipicidade. Para além da afirmação óbvia de que os movimentos sociais, sindicais, religiosos, de classe ou de categoria profissional, não constituem crime, o dispositivo autoriza concluir que inexiste crime de terrorismo, mesmo que esses grupos realizem as condutas descritas no § 1º.

Nesse caso, como ressalva a parte final do dispositivo em análise, haverá tipificação das condutas à luz da legislação penal. Assim, por exemplo, se determinado movimento grevista, em determinada ação coletiva, usar explosivos capazes de causar danos à saúde humana, deverá responder pelo crime de explosão (CP, art. 251), mas não pelo crime de terrorismo, previsto no art. 2º, § 1º, I, da Lei 13.260/2016.

A norma é redundante, uma vez que as finalidades dos movimentos sociais, exemplificadas pelo § 2º (contestar, criticar, protestar ou apoiar ou defender direitos, garantias e liberdades constitucionais), que se constituem em exercício legítimo da liberdade de expressão e de manifestação, são incompatíveis com a finalidade especial (elementos subjetivos especiais) do terrorismo, expressamente prevista no *caput* do art. 2º da Lei, a saber, xenofobia, discriminação ou preconceito de raça, cor, etnia e religião.[32]

32 André Callegari explica que as manifestações sociais não objetivam disseminar o sentimento de terror ou medo na população civil, que na verdade, pretendem trazer para suas causas. A mensagem da manifestação social, ainda

Nucci discorre que: "De outra sorte, este dispositivo pode ser totalmente inútil, pois o terrorista pretende exercitar seu ódio xenófobo, racista ou religioso, além de provocar terror social ou generalizado, expondo a perigo pessoa, patrimônio, paz pública ou incolumidade pública. O agente que se encaixa no perfil desta Lei é completamente diferente da descrição formulada no § 2º do art. 2º. Quem pretende somente contestar, criticar, protestar ou apoiar causas, com o objetivo de defender direitos, garantias e liberdades constitucionais, é, antes, um cidadão consciente e patriótico. Quem sair às ruas, para expor um discurso de ódio, visando à produção de terror social ou generalizado, colocando pessoas em riscos, não passará de um terrorista".[33]

O dispositivo, contudo, é traiçoeiro, na medida em que os ataques terroristas, ao menos na perspectiva de seus agentes, são legítimos movimentos de protestos e de defesa de direitos que entendem violados. A fim de evitar a inutilidade da lei, deve-se considerar que, para fins de tipificação da Lei 13.260/2016, as finalidades especiais, descritas no *caput* do art. 2º, são preponderantes sobre quaisquer outras. Assim, por exemplo, se o ato atinge uma refinaria de petróleo, mesmo que tenha como propósito defender o direito ao nacionalismo daquele produto, se praticado por razões de xenofobia, deve restar caracterizado o crime do art. 2º, § 1º, IV, da Lei 13.260/2016.

Art. 3º Promover, constituir, integrar ou prestar auxílio, pessoalmente ou por interposta pessoa, a organização terrorista:

Pena – reclusão, de cinco a oito anos, e multa.

BEM JURÍDICO TUTELADO

Como dito antes, de um modo geral, a Lei 13.260/2013 tutela vários interesses jurídicos, tais como, a pessoa, o patrimônio, a paz pública e incolumidade pública. Nessa figura, verifica-se uma proteção mais intensa da incolumidade pública, entendida como complexo de condições, garantidas pela ordem jurídica, necessárias para a segurança da vida, da integridade pessoal e da saúde. Para alguns, o bem jurídico geral da Lei de Terrorismo é a paz ou a segurança pública.

Inegavelmente, os chamados delitos de organização ou associação, como o presente, decorrem do movimento expansionista do direito penal, em que o legislador antecipa a punibilidade de determinados comportamentos que apenas expõem a riscos determinados bens jurídicos. Esse direito penal da prevenção busca realizar controle sobre fatos potencialmente danosos, que ainda não produziram resultados naturalísticos.

SUJEITOS DO CRIME

Trata-se de crime comum, que pode ser praticado por qualquer pessoa.

O sujeito passivo é a coletividade e o Estado, responsável direto por assegurar a paz e a segurança pública.

CONDUTAS

São quatro verbos no tipo, mas que dada à similitude entre eles, devem ser compreendidos como a conduta daquele que, de qualquer modo, concorre para a constituição e criação de uma organização terrorista:

---

que expressada em alguma violência, é enviada diretamente ao Estado e não à população em geral. (CALLEGARI, André Luís et al. O Crime de terrorismo: reflexões críticas e comentários à Lei de Terrorismo: de acordo com a Lei n.º 13.260/2016. Porto Alegre: Livraria do Advogado, 2016. p. 73).

33 NUCCI, Guilherme de Souza. Leis Penais e Processuais Penais Comentadas. 10ª ed., Rio de Janeiro: Forense. p. 875.

a) promover: impulsionar, realizar, fomentar.
b) constituir: formar, compor, organizar.
c) integrar: participar, fazer parte, juntar-se.
d) prestar auxílio: ajudar, fomentar.

O crime em estudo emprega núcleos verbais que indicam a tipificação da prática de atos relevantes para promover a organização terrorista. Devem ser condutas que ultrapassem a mera etapa de cogitação e atos preparatórios, limite nem sempre bem visível.

Assim, o uso ou veiculação promocional de símbolos ou bandeiras de organizações terroristas, desde que aptos a promovê-las, podem caracterizar o crime.

Como bem lembra Fábio Roque Araújo, "a expressão 'pessoalmente ou por interposta pessoa', empregada no tipo penal, evidencia a possibilidade de autoria mediata para este crime. Na autoria mediata (ou indireta), o agente se vale de uma terceira pessoa como instrumento para a prática do seu crime. Esta pessoa, por sua vez, é agente inculpável, seja por inimputabilidade, seja estar sob coação moral irresistível, obediência hierárquica, ter sido levado a erro, etc.".[34]

Conceito de organização terrorista: A Lei 13.260/2016 anuncia, na ementa que reformula o conceito de organização terrorista, mas contraditoriamente não o faz textualmente. Na verdade, a Lei inseriu disposição legal em outra Lei penal, a saber, a Lei 12.850/2013 que define, com relativa abertura, o que deve ser entendido como organização terrorista.

Assim, prevê o art. 1º, § 2º, II, da Lei 12.850/2013, com redação dada pelo art. 19 da Lei 13.260/2016, que as organizações terroristas devem ser entendidas como aquelas voltadas para a prática dos atos de terrorismo legalmente definidos.

Ora, os atos de terrorismo são definidos no art. 2º da Lei 13.260/2016, que se notabilizam pelos elementos subjetivos especiais (especiais fins de agir) contidos no *caput* do dispositivo. Assim, organização terrorista distingue-se das organizações criminosas nas suas finalidades. Os grupos terroristas buscam provocar terror social ou generalizado, por razões de xenofobia, discriminação ou preconceito de raça, cor, etnia e religião. Os grupos criminosos organizados não têm nenhum desses objetivos.

Importante anotar que a globalização do terrorismo levou à formação de organizações terroristas internacionais, isto é, constituídas por pessoas espalhadas por vários países, integração otimizada graças à rede mundial de computadores. As barreiras fronteiriças não constituem empecilho para a prática desse delito.

A forma com que uma organização terrorista se estrutura é bem anotada por André Callegari: "a estrutura de uma organização terrorista pode-se apresentar, basicamente, de dois modos: pirâmide ou rede. Na estrutura piramidal, bastante hierarquizada, existe uma clara divisão de funções e um controle bastante estrito sobre a maioria das atividades de seus membros; já na estrutura de rede, em função da menor hierarquização, existe uma maior flexibilidade disseminada em diversas células ou grupos que podem atuar com relativa independência e que, usualmente, não apresentam contato entre si. Enquanto a estrutura piramidal permite um maior controle, liderança e capacidade de controle, a estrutura em rede permite um maior alcança operativo de atuação, sendo mais difícil de desarticular, como pe o caso da rede AL Qaeda, o que se adapta melhor numa escala internacional, razão pela qual muitas estruturas terroristas piramidais têm migrado para o modelo em rede".[35]

34 ARAÚJO, Fabio Roque et al. Terrorismo: Comentários, artigo por artigo, à Lei 13.260/2016 e Aspectos Criminológicos e Político-Criminais. Salvador: JusPodivm. 2017. p. 233.

35 CALLEGARI, Andre. Et al. O Crime de terrorismo: reflexões críticas e comentários à Lei de Terrorismo: de acordo com a Lei n.º 13.260/2016. Porto Alegre: Livraria do Advogado, 2016. p. 41-42.

VOLUNTARIEDADE

O delito só é punível na forma dolosa, seja direta, seja indireta. Não há finalidade especial explícita. Mas, como bem lembra Nucci[36], a vontade de fomentar o discurso de terror, motivada por xenofobia, discriminação e preconceito de raça, cor, etnia e religião, constitui o elemento implícito, justamente capaz de diferenciar essa espécie de organização criminosa de outras de também de mera associação.

CONSUMAÇÃO E TENTATIVA

Trata-se de crime formal, mesmo porque, como dito, por se tratar de crime de antecipação, é inexigível qualquer resultado naturalístico da conduta criminalizada.

É crime de ação múltipla, razão pela qual se consuma com o cometimento de uma das ações descritas no tipo.

Art. 4º (VETADO).

Art. 5º Realizar atos preparatórios de terrorismo com o propósito inequívoco de consumar tal delito:

Pena – a correspondente ao delito consumado, diminuída de um quarto até a metade.

BEM JURÍDICO TUTELADO

Como dito antes, de um modo geral, a Lei 13.260/2013 tutela vários interesses jurídicos, tais como, a pessoa, o patrimônio, a paz pública e incolumidade pública. Nessa figura, verifica-se uma proteção mais intensa da incolumidade pública, entendida como complexo de condições, garantidas pela ordem jurídica, necessárias para a segurança da vida, da integridade pessoal e da saúde.

SUJEITOS DO CRIME

O sujeito ativo pode ser qualquer pessoa, não exigindo o tipo qualidade ou condição especial do agente.

O sujeito passivo é a coletividade e o Estado, responsável direto por assegurar a paz e a segurança pública.

CONDUTAS

Como se sabe, o *iter criminis* compreende as seguintes etapas: cogitação, preparação, execução, consumação e exaurimento. Na primeira fase (*cogitatio*), o agente apenas idealiza, mentalmente, a prática do delito, razão pela qual, devido à inofensividade ao bem jurídico, não pode ser criminalizada. Nessa etapa, vige a máxima romana: *cogitationis poenam nemo patitur*. No estágio dos atos preparatórios (*conatus remotus*), a idealização do delito avança para realização de condutas preliminares, que envolve planejamento estratégico da ação delituosa e a aquisição de armas ou objetos necessários para tal. Os atos preparatórios, em regra, são impunes, exceto nas hipóteses em que o legislador opta por tipificá-los. A etapa seguinte é a execução, em que o agente inicia os ataques ao bem jurídico tutelado pela norma. Consumação

36 NUCCI, Guilherme de Souza. Leis Penais e Processuais Penais Comentadas. 10ª ed., Rio de Janeiro: Forense. p. 876.

é o momento em que todos os elementos da definição legal do delito se fazem presentes, isto é, o ponto em que a conduta se subsume ao tipo penal. Na última fase, do exaurimento, o agente, depois de consumado o crime, agride novamente o bem jurídico, intensificando sua lesão.

Pois bem. Nesse dispositivo, a Lei 13.260/2016 elevou a fase de atos preparatórios à categoria de crime autônomo. Nessa figura delituosa, o legislador antecipa a punibilidade de determinados comportamentos que apenas expõem a riscos o bem jurídico tutelado pela norma, integrando aquilo que se convencionou denominar de direito penal da prevenção, que busca realizar controle sobre fatos potencialmente danosos, os quais ainda não produziram resultados naturalísticos. Aqui, é desnecessário que o agente inicie a prática dos atos de terrorismo, para que seja alcançado pela lei penal.

Não é propriamente uma originalidade, visto que outros crimes também se valem dessa técnica, como por exemplo, os arts. 251, 253, 287, 288, 291, do Código Penal, art. 34 da Lei de Drogas, 12, 14 e 16 do Estatuto do Desarmamento e art. 152 do Código Penal Militar. Os próprios tipos penais do art. 2º, § 1º, I, V, e art. 3º da Lei em estudo são exemplos de criminalização de atos preparatórios.

A anormalidade desse tipo é a redação aberta, em que a conduta central proibida não é descrita pormenorizadamente. Embora possa ser técnica legislativa contestável, no caso de atos terroristas, é inegável que a dinâmica dos comportamentos delituosos que gravitam em torno desses casos, criados freneticamente na contemporaneidade, enseja o uso dessa fórmula redacional.

Sobre essa peculiar característica do terrorismo, ensina Ulrich Sieber: "atos terroristas são dificilmente reconhecidos com antecedência; sua grande periculosidade se manifesta na maioria das vezes apenas pouco antes da realização e, por isso, são raramente evitados. As ações não resultam apenas em grandes danos físicos, mas objetivam, por meio das mensagens e imagens divulgadas, efeitos psíquicos e fins políticos muito mais extensos: a violência terrorista espalha ansiedade e medo, que – fortalecidos pela mídia – visam atacar sensivelmente o conjunto econômico e político das sociedades modernas para torná-las suscetíveis a chantagens políticas".[37]

Sobre o moderno fenômeno dos tipos penais aberto, vale conferir a lúcida colocação de Paulo Busato: "Isso ocorre em vários âmbitos da incriminação moderna, justamente porque muitos bens jurídicos que se entende devam merecer atenção do Direito penal são coletivizados e de difícil apreensão. Resulta utópico, atualmente, em face das mudanças de foco do Direito penal, o comando de certeza que se exige pelo princípio de legalidade. Entretanto, na medida do possível, é necessário que essas decisões legislativas sejam controladas e corrigidas, ainda que seja comum uma maior exigência na concretização do âmbito da garantia criminal do que no âmbito da garantia penal".[38]

A combinação entre a necessidade de antecipação da criminalização do terrorismo e tipificação penal aberta atende uma tendência denominada **limiar ataque zero**, política criminal que procura combater o crescente recrutamento de nacionais e disseminação do terrorismo doméstico em vários países vítimas desse tipo de crime.

Realizar atos preparatórios é praticar ou fazer qualquer feito introdutório ou preliminar de terrorismo, razão pela qual, esse tipo pode ser identificado como a criminalização da **conspiração ao terrorismo**, vocábulo que se assemelha ao **crime de *conspiracy*** do direito anglo-saxão, o qual se satisfaz com o planejamento da prática de um único crime.[39] Por exemplo, um terro-

37 SIEBER, Ulrich. *Limites Do Direito Penal Princípios E Desafios Do Novo Programa De Pesquisa Em Direito Penal No Instituto Max-Planck De Direito Penal Estrangeiro E Internacional.* Revista Direito GV. São Paulo. 2008. p. 281.

38 BUSATO, Paulo César. *Direito Penal: Parte geral.* 2ª ed., São Paulo: Atlas. 2015, p. 52.

39 Este tipo estrangeiro foi mencionado pela Ministra Rosa Weber no HC 103.412, (j. 19-6-2012, 1ª T, *DJE* de 23-8-2012) com o objetivo de diferenciá-lo da associação criminosa do art. 288 do CP.

rista que desenvolve um programa de computador capaz de controlar o sistema de transporte de uma cidade e produzir inúmeros acidentes de trânsito, mas antes de executá-lo ou instalá-lo, é detido em razão de investigações policiais.

A identificação do limite entre a impunível fase interna da cogitação e a fase de atos preparatórios reclama uma análise sucessiva, no tempo, dos atos materiais externos praticados pelo agente. Por isso, em regra, não devem caracterizar o crime em estudo meras conversas despretensiosas sobre o terrorismo, exceto se constituírem ordens ou comandos, como verdadeiros atos de maquinação e trama, para a realização do atentado.[40]

Crime impossível: Importa destacar que os atos preparatórios capazes de caracterizar o crime, em tela, devem conter sério e verossímil potencial nocivo aos bens jurídicos tutelados pela Lei. Inexistindo risco ou perigo ao bem jurídico, isto é, sem qualquer probabilidade de ser atingido pela conduta do agente, como a preparação de atos impossíveis a tanto, é aplicável a teoria do crime impossível, por ineficácia absoluta do meio. Por exemplo, quando um grupo de pessoas elabora o planejamento para fazer cair um meteoro em uma mesquita.

VOLUNTARIEDADE

O crime é punido a título de dolo, portanto o agente deve, de forma voluntária e consciente, concorrer, de qualquer modo, para realizar atos preparatórios de terrorismo.

A parte final do tipo indica que somente o dolo direto será capaz de indicar a prática da infração penal. Por isso, cumpre ao juiz verificar se os feitos preparatórios se destinavam, de forma inequívoca, ao terrorismo. Anote-se que o STJ já decidiu ser necessária a motivação especial contida no caput do art. 2º da Lei para restar caracterizado este crime, que é, induvidosamente, uma norma penal em branco, cujo complemento é feito por aquele dispositivo. Neste sentido: HABEAS CORPUS. ATO INFRACIONAL ANÁLOGO AO CRIME DE TERRORISMO. ART. 5º, C/C O ART. 2º, § 1º, I E V, DA LEI N. 13.260/2016. ELEMENTARES DO TIPO. MOTIVAÇÃO POR RAZÕES DE XENOFOBIA, DISCRIMINAÇÃO OU PRECONCEITO DE RAÇA, COR, ETNIA E RELIGIÃO NÃO CARACTERIZADA. TIPO PENAL DO ART. 5º SUBSIDIÁRIO EM RELAÇÃO AO ART. 2º DA LEI ANTITERRORISMO. (...) 2. O uso da expressão "por razões de" indica uma elementar relativa à motivação. A construção sociológica do ato de terrorismo conjuga motivação e finalidade qualificadas, compreensão essa englobada na tipificação penal brasileira. 3. O delito do art. 5º funciona como soldado de reserva em relação ao delito de terrorismo, art. 2º, ambos da Lei n. 13.260/2016. Trata-se de criminalização dos atos preparatórios do delito de terrorismo, expressão que remete ao dispositivo anterior, exigindo a interpretação sistemática. A tipificação da conduta descrita no art. 5º exige a motivação por razões de xenofobia, discriminação ou preconceito de raça, cor, etnia e religião, expostas no art. 2º da Lei Antiterrorismo. 4. O Tribunal local, ao dispensar a motivação constante do dispositivo legal, terminou por admitir a configuração do delito sem a clara definição da motivação. Trata-se de operação indevida, visto que admite a perpetração de (ato infracional análogo a) crime, sem que estejam devidamente configuradas todas as suas elementares. 5. Ordem concedida para cassar o acórdão impugnado, afastando a capitulação da conduta como ato infracional análogo ao crime descrito no art. 5º, c/c o art. 2º, § 1º, I e V, da Lei n. 13.260/2016, e determinar o rejulgamento da causa pelo Tribunal local, como se entender de direito.". (HC 537118- RJ. 6ª T, Rel. Min. Sebastião Reis Júnior, j. 05/12/2019).

40 Também não se pode desconsiderar que essas conversas podem, a depender do caso concreto, caracterizar outras infrações penais, como art. 287 do CP (apologia ao crime) ou art. 22 da Lei 7170/1983.

CONSUMAÇÃO E TENTATIVA

Trata-se de crime formal ou de consumação antecipada. Consuma-se com a realização dos atos preparatórios, isto é, com a prática de qualquer conduta apta e idônea para a realização de um ato terrorista, pelo que se pode afirmar tratar-se de delito instantâneo.

A tentativa não é cabível, pois a lei incriminou de modo autônomo atos representativos da preparação do terrorismo.

Crime subsidiário: O crime em análise é subsidiário, pelo que fica absorvido quando o agente efetivamente avança para a fase da execução do *iter criminis*. Nesses casos, os atos preparatórios, ainda que erigidos a delito autônomo, são absorvidos pela etapa seguinte, caracterizadora de uma infração penal mais grave. Como já decidiu o Supremo Tribunal Federal: "se um crime é meio necessário ou fase normal de preparação ou de execução de outro crime, encontrando-se, portanto, o fato previsto em uma lei inserido em outro de maior amplitude, permite-se apenas uma única tipificação, por óbvio, a mais ampla e específica (por força do fenômeno da consunção) (...)." (Inq 3.108, rel. min. Dias Toffoli, j. 15-12-2011, P, DJE de 22-3-2012.).

Na mesma linha de ideias, porém, referindo-se a outro delito que criminaliza atos preparatórios, também do Supremo Tribunal, colhe-se o seguinte julgado: "os arts. 33, § 1º, I, e 34 da Lei de Drogas — que visam proteger a saúde pública, com a ameaça de produção de drogas — tipificam condutas que podem ser consideradas mero ato preparatório. Assim, evidenciado, no mesmo contexto fático, o intento de traficância do agente (cocaína), utilizando aparelhos e insumos somente para esse fim, todo e qualquer ato relacionado à sua produção deve ser considerado ato preparatório do delito de tráfico, previsto no art. 33, *caput*, da Lei 11.343/2006. Aplica-se, pois, o princípio da consunção, que se consubstancia na absorção do delito-meio (objetos ligados à fabricação) pelo delito-fim (comercialização de drogas)" (HC 109.708, rel. min. Teori Zavascki, j. 23-6-2015, 2ª T, DJE de 3-8-2015).

Pena: Atento ao princípio da proporcionalidade das penas, o legislador prevê que o delito do art. 5º da Lei 13.260/2016 é sancionado com **a pena correspondente ao delito consumado, diminuída de um quarto até a metade.** Trata-se de emprego da técnica de reenvio, em que o tipo penal se refere a outra norma, para compor sua descrição legal.

> § 1º Incorre nas mesmas penas o agente que, com o propósito de praticar atos de terrorismo:
>
> I – recrutar, organizar, transportar ou municiar indivíduos que viajem para país distinto daquele de sua residência ou nacionalidade; ou
>
> II – fornecer ou receber treinamento em país distinto daquele de sua residência ou nacionalidade.
>
> § 2º Nas hipóteses do § 1º, quando a conduta não envolver treinamento ou viagem para país distinto daquele de sua residência ou nacionalidade, a pena será a correspondente ao delito consumado, diminuída de metade a dois terços.

FIGURAS EQUIPARADAS

O § 1º do art. 5º prevê algumas figuras de atos preparatórios de terrorismo. São espécies equiparadas que mantêm as características do *caput*, principalmente o propósito de praticar atos de terrorismo. São elas:

a) Recrutar, organizar, transportar ou municiar indivíduos que viajem para país distinto daquele de sua residência ou nacionalidade.

Trata-se da criminalização da contratação de **mercenários ou combatentes terroristas estrangeiros, os** quais são agentes que se deslocam por vários países, com propósito de perpetrar, planejar, preparar ou participar de atos terroristas, fornecer ou receber treinamento para o terrorismo.

Quando a conduta não envolver treinamento ou viagem para país distinto daquele de sua residência ou nacionalidade, a pena será a correspondente ao delito consumado, diminuída de metade a dois terços.

b) fornecer ou receber treinamento em país distinto daquele de sua residência ou nacionalidade.

A norma tipifica, assim, o chamado **treinamento para terrorismo**, compreendido como a ministração de instruções para o fabrico ou para a utilização de explosivos, armas de fogo, outras armas ou substâncias nocivas ou perigosas ou, ainda, para outros métodos e técnicas terroristas específicas.

Esses tipos são inspirados na Resolução 2.178 do Conselho de Segurança das Nações Unidas.

No § 2º, a Lei prevê uma **causa de diminuição de pena**, caso o treinamento seja nacional ou doméstico, isto é, desde que não haja deslocamento de pessoas entre países distintos. Trata-se de uma opção questionável, sobretudo se considerarmos a facilidade para realização de treinamentos de técnicas terroristas por meio de sofisticados programas de computador, naquilo que se convencionou chamar de imersivo realismo, típico no intitulado terrorismo digital. Nesses casos, o treinamento para o terrorismo pode ser feito a quilômetros de distância, entre países distintos da residência e nacionalidade dos agentes, sem que haja efetivo deslocamento entre eles. Por isso, verifica-se que a causa de diminuição é criticável, na medida em que o recrutamento de pessoas em âmbito doméstico ou por meio da rede mundial de computadores é realidade crescente em todo o mundo.

> **Art. 6º** Receber, prover, oferecer, obter, guardar, manter em depósito, solicitar, investir, de qualquer modo, direta ou indiretamente, recursos, ativos, bens, direitos, valores ou serviços de qualquer natureza, para o planejamento, a preparação ou a execução dos crimes previstos nesta Lei:
>
> Pena – reclusão, de quinze a trinta anos.

O art. 6º tipifica uma série de condutas indicativas de sustento e custeio, dirigidas ao planejamento, preparação e execução dos crimes previstos nessa Lei (*caput*), o financiamento, total ou parcial, de pessoa, grupo de pessoas, associação, entidade, ou organização criminosa que tenha como atividade principal ou secundária, mesmo em caráter eventual, a prática dos crimes previstos nessa Lei (parágrafo único).

BEM JURÍDICO TUTELADO

Como dito antes, de um modo geral, a Lei 13.260/2013 tutela vários interesses jurídicos, tais como, a pessoa, o patrimônio, a paz pública e a incolumidade pública.

Nessa figura, verifica-se uma proteção mais intensa da incolumidade pública, entendida como complexo de condições, garantidas pela ordem jurídica, necessárias para a segurança da vida, da integridade pessoal e da saúde. Para alguns, o bem jurídico geral da Lei de Terrorismo é a paz ou a segurança pública. De forma mediata, a norma tutela as ordens econômica e tributária.

SUJEITOS DO CRIME

O sujeito ativo pode ser qualquer pessoa, não exigindo o tipo qualidade ou condição especial do agente.

O sujeito passivo é a coletividade e o Estado, responsável direto por assegurar a paz e a segurança pública.

CONDUTAS

O art. 6º, *caput*, pune, em resumo, o apoio financeiro ao terrorismo, incriminando a obtenção, ocultação e o fornecimento de fundos para o planejamento, preparação ou execução de tais atividades, podendo acontecer de diversas formas, seja se valendo de fontes lícitas – tais como doações pessoais e lucros de empresas e organizações de caridade –, seja a partir de fontes criminosas – como o tráfico de drogas, o contrabando de armas, bens e serviços tomados indevidamente à base da força, fraude, sequestro e extorsão.

O tipo apresenta os seguintes verbos nucleares:

a) receber: tomar algo, obter;
b) prover: fornecer;
c) oferecer: ofertar;
d) obter: conseguir;
e) guardar: conservar ou tomar conta de algo;
f) manter em depósito: armazenar;
g) solicitar: pedir, requerer;
h) investir: empregar.

Trata-se, portanto, de um tipo misto alternativo, de conteúdo múltiplo ou variado, pois são vários os núcleos que compõem a figura penal. Dessa forma, o agente que incorrer, no mesmo contexto fático, em mais de uma conduta descrita por esses verbos, responderá, por força do princípio da alternatividade, por um único crime.

Objeto material: recursos, ativos, bens, direitos, valores ou serviços de qualquer natureza, para o planejamento, a preparação ou a execução dos crimes previstos na Lei 13.260/16[41]. A menção a bens, direitos ou valores é, salvo melhor juízo, desnecessária, pois tais elementos são englobados pelo termo "ativo".[42]

O tipo procura criminalizar a conduta daquele que presta apoio financeiro ao terrorismo, independentemente do valor econômico dessa contribuição, afinal, como ensina Rogério Greco, "São inúmeras as formas de financiamento dos grupos de terroristas, indo desde a prática de crimes como extorsões mediante sequestro, como ocorre com as FARc, roubo a bancos e a carros-fortes, extorsões comerciantes e empresas, fraudes em cartões de crédito, lavagem de dinheiro, contrabando de produtos, exploração de poços de petróleo, tráfico de drogas, tráfico de pessoas, doações de pessoas ricas, que adotam a causa terrorista, Estados que alimentam, sob falsos fundamentos ou desviando dinheiro público etc. Muitos grupos terroristas se utilizam,

---

41 Não abrange o custeio do crime do art. 3º (organização terrorista), o qual se abrange pelo parágrafo único, que pune na mesma pena, quem oferecer ou receber, obtiver, guardar, mantiver em depósito, solicitar, investir ou de qualquer modo contribuir para a obtenção de ativo, bem ou recurso financeiro, com a finalidade de financiar, total ou parcialmente, pessoa, grupo de pessoas, associação, entidade, organização criminosa que tenha como atividade principal ou secundária, mesmo em caráter eventual, a prática dos crimes previstos nessa Lei.

42 "Ativo – termo básico nos sistemas contábeis, utilizado para expressar o conjunto de bens, valores, créditos, direitos e assemelhados, que forma o patrimônio de uma empresa, de uma pessoa, de um governo ou instituição, num determinado momento, avaliado pelos respectivos custos. No sistema brasileiro, esse conceito possui vários desdobramentos legalmente caracterizados [...], e normas complementares". Cf. FULGENCIO, Paulo Cesar. *Glossario. Vade mecum*. Rio de Janeiro: Mauad X, 2007. p. 64. É o que também se depreende da leitura dos comentários atinente ao termo "patrimônio" de BIDERMAN, Maria Tereza Camargo. *Dicionário de termos financeiros e bancários*. São Paulo: Disal Editora, 2013.

ainda, de ONGs para a obtenção de recursos, bem como de pessoas jurídicas com alguma atividade considerada lícita, destinando seu lucro à causa teorista"[43].

Delito de acumulação: o financiamento do terrorismo é crucial para sua existência e expansão, razão pela qual, mesmos os patrocínios de pequeno valor são alcançados pelo tipo em estudo, sobretudo em tempos de ***Crowdfunding*** ("vaquinha online").

Mostra-se cabível aqui a aplicação do conceito de delito de acumulação. Trata-se de técnica de criminalização feita pelo direito penal que não considera isoladamente o aspecto da lesão ou perigo da lesão sobre condutas unitárias, mas sobre a soma hipotética de inúmeras condutas sucessivas.

O que legitima a punição, portanto, é a soma de pequenas lesões ao bem jurídico coletivo. Nas palavras de Ana Carolina Carlos de Oliveira[44], "trata-se, em síntese, de uma soma de microlesões e de uma técnica de tipificação baseada em um grande número de atos. Nesse sentido e conforme sustentam Wohlers e von Hirsch, a acumulação é mais do que uma técnica legislativa, é também um fundamento para a justificação ou legitimação de condutas perigosas contra bens jurídicos coletivos". E, de acordo com a mesma autora, "as condições para que se verifique uma conduta merecedora de punição com base na acumulação são: (i) prognóstico realista de realização de condutas; (ii) existência de resultado efetivo, ainda que reduzido; (iii) consideração de condutas pouco significantes".

Nesse tipo de criminalização, faz-se uma dura opção de política penal, visto que, caso não haja a devida repressão, é muito provável que ocorram inúmeros casos de financiamento pequenos os quais, ao final, representam valor suficiente para a realização do ato de terrorismo. Assim, o tipo penal ora em estudo alcança pequenas colaborações, indiferentemente do seu estrito valor econômico.

VOLUNTARIEDADE

O crime é punido a título de dolo, portanto o agente deve, de forma voluntária e consciente, concorrer, de qualquer modo, para o custeio do planejamento, da preparação ou da execução dos crimes previstos nessa Lei, recebendo, provendo, oferecendo, obtendo, guardando, mantendo em depósito, solicitando, investindo, de qualquer modo, direta ou indiretamente, recursos, ativos, bens, direitos, valores ou serviços de qualquer natureza.

CONSUMAÇÃO E TENTATIVA

O crime consuma-se com a prática de qualquer um dos núcleos, isto é, no momento em que o agente recebe, provê, oferece, obtém, guarda, mantém em depósito, solicita, investe, de qualquer modo, direta ou indiretamente, recursos, ativos, bens, direitos, valores ou serviços de qualquer natureza, para o planejamento, a preparação ou a execução dos crimes elencados na Lei Antiterrorismo.

É, em regra, crime instantâneo (a consumação se dá em momento certo), sendo que somente os verbos "guardar" e "manter em depósito" configuram-se como crime permanente (em que a consumação se protrai no tempo).

Ademais, em se tratando de um tipo misto alternativo, o fato de o agente praticar mais de um dos verbos nucleares no mesmo contexto fático, não desnatura, diante do princípio da alternatividade, a unidade do crime.

A tentativa é, em regra, admitida. O *conatus* não parece possível nos núcleos de "guardar" e "manter em depósito".

43 GRECO, Rogério. Terrorismo. Comentários à lei 13.260/2016. Rio de Janeiro: Impetus. 2019. p. 193.

44 https://www.ibccrim.org.br/revista_liberdades_artigo/176-ARTIGOS. Acesso em 17 mar 2018.

> Parágrafo único. Incorre na mesma pena quem oferecer ou receber, obtiver, guardar, mantiver em depósito, solicitar, investir ou de qualquer modo contribuir para a obtenção de ativo, bem ou recurso financeiro, com a finalidade de financiar, total ou parcialmente, pessoa, grupo de pessoas, associação, entidade, organização criminosa que tenha como atividade principal ou secundária, mesmo em caráter eventual, a prática dos crimes previstos nesta Lei.

O delito tem como verbos nucleares oferecer (ofertar), receber (tomar algo, obter), obter (conseguir), guardar (conservar ou tomar conta de algo), manter em depósito (armazenar), solicitar (pedir, requerer), investir (empregar) ou, de qualquer modo, contribuir para a obtenção de ativo, bem ou recurso financeiro, com a finalidade de financiar, total ou parcialmente, pessoa, grupo de pessoas, associação, entidade, ou organização criminosa que tenha como atividade principal ou secundária, mesmo em caráter eventual, a prática dos crimes previstos na Lei 13.260/2016.

Nota-se que, diferentemente do *caput*, o parágrafo único tem em mira não o sustento de um ato criminoso, mas do sujeito, sujeitos ou grupos terroristas. Outra diferença está na ausência do verbo "prover" (fornecer), substituído pelo núcleo "contribuir", que pode se dar de "qualquer modo".

Art. 6º, *caput*	Art. 6º, parágrafo único
Receber, **prover**, oferecer, obter, guardar, manter em depósito, solicitar, investir, de qualquer modo, direta ou indiretamente, recursos, ativos, bens, direitos, valores ou serviços de qualquer natureza, **para o planejamento, a preparação ou a execução dos crimes previstos nesta Lei**: *** Como já alertamos nos comentários ao *caput*, quando o dispositivo se refere ao planejamento, preparação ou a execução dos "crimes previstos nessa Lei", não abrange o custeio do delito do art. 3º (organização terrorista), esse abrangido pelo parágrafo único.	Oferecer ou receber, obtiver, guardar, mantiver em depósito, solicitar, investir ou **de qualquer modo contribuir** para a obtenção de ativo, bem ou recurso financeiro, com a finalidade de financiar, total ou parcialmente, **pessoa, grupo de pessoas, associação, entidade, organização criminosa que tenha como atividade principal ou secundária, mesmo em caráter eventual, a prática dos crimes previstos nesta Lei.**
Pena – reclusão, de quinze a trinta anos.	**Pena – reclusão, de quinze a trinta anos.**

Como são vários os núcleos que compõem esse parágrafo único, verifica-se que se trata de um tipo misto alternativo, de conteúdo múltiplo ou variado. Por essa razão, o agente que praticar, em um mesmo contexto fático, mais de um dos verbos elencados, responderá por um único crime, em decorrência do princípio da alternatividade.

O objeto material são os ativos, bens, direitos, valores ou serviços. Assim como no *caput*, a menção a bens, direitos ou valores é, nesse parágrafo único, desnecessária, haja vista que tais elementos já estão abrangidos pelo vocábulo "ativo".[45]

Cabe aqui a mesma observação, quanto ao delito de acumulação que fizemos nos comentários ao *caput*.

Por fim, se ausente a identidade de contexto, mostra-se possível o concurso de crimes do *caput* e parágrafo único.

BEM JURÍDICO TUTELADO

Os bens jurídicos tutelados são, imediatamente, a paz pública e, mediatamente, as ordens econômica e tributária.

---

45 É o que se depreende de FULGENCIO, Paulo Cesar. *Glossario. Vade mecum*. Rio de Janeiro: Mauad X, 2007. p. 64. BIDERMAN, Maria Tereza Camargo. *Dicionário de termos financeiros e bancários*. São Paulo: Disal Editora, 2013.

SUJEITOS DO CRIME

A conduta classifica-se como crime comum e, desse modo, pode ser praticada por qualquer pessoa, só ou em colaboração com outrem.

O sujeito passivo é a coletividade e o Estado, responsável direto por assegurar a paz e a segurança pública.

CONDUTAS

O art. 6º, parágrafo único, da Lei Antiterrorismo tipifica penalmente a conduta de oferecer, receber, obter, guardar, manter em depósito, solicitar, investir ou, de qualquer modo, contribuir para a obtenção de ativo, bem ou recurso financeiro, com a finalidade de financiar, total ou parcialmente, pessoa, grupo de pessoas, associação, entidade, ou organização criminosa que tenha como atividade principal ou secundária, mesmo em caráter eventual, a prática dos delitos elencados na Lei 13.260/16. É, desse modo, tipo misto alternativo, de conteúdo variado ou de ação múltipla.

VOLUNTARIEDADE

O elemento subjetivo do crime é o dolo, representado pela vontade consciente de oferecer, receber, obter, guardar, manter em depósito, solicitar, investir ou, de qualquer modo, contribuir para a obtenção de ativo, bem ou recurso financeiro, com a finalidade de financiar, total ou parcialmente, pessoa, grupo de pessoas, associação, entidade, ou organização criminosa que tenha como atividade principal ou secundária, mesmo em caráter eventual, a prática dos delitos enumerados na Lei 13.260/16.

CONSUMAÇÃO E TENTATIVA

O crime consuma-se no instante em que o agente oferece, recebe, obtém, guarda, mantém em depósito, solicita, investe ou, de qualquer modo, contribui para a obtenção de ativo, bem ou recurso financeiro, com a finalidade de financiar, total ou parcialmente, pessoa, grupo de pessoas, associação, entidade ou organização criminosa que tenha como atividade principal ou secundária, mesmo em caráter eventual, a prática dos crimes previstos nessa Lei Antiterrorismo.

Com relação às modalidades de "guardar" e "manter em depósito", é crime permanente (em que a consumação se prolonga no tempo), sendo, todavia, instantâneo (consuma-se em momento certo), quanto aos demais verbos esculpidos.

Como é um tipo misto alternativo, o agente que praticar mais de um dos verbos nucleares no mesmo contexto fático, responderá, devido ao princípio da alternatividade, por um único crime.

Admite-se a tentativa, salvo quanto às hipóteses de "guardar", "manter em depósito", formas unissubsistentes do crime.

O art. 6º, parágrafo único, da Lei Antiterrorismo tipifica penalmente a conduta de oferecer, receber, obter, guardar, manter em depósito, solicitar, investir ou, de qualquer modo, contribuir para a obtenção de ativo, bem ou recurso financeiro, com a finalidade de financiar, total ou parcialmente, pessoa, grupo de pessoas, associação, entidade, ou organização criminosa que tenha como atividade principal ou secundária, mesmo em caráter eventual, a prática dos delitos elencados na Lei 13.260/16. É, desse modo, tipo misto alternativo, de conteúdo variado ou de ação múltipla.

Art. 7º Salvo quando for elementar da prática de qualquer crime previsto nesta Lei, se de algum deles resultar lesão corporal grave, aumenta-se a pena de um terço, se resultar morte, aumenta-se a pena da metade.

CAUSA DE AUMENTO DE PENA

O art. 7º da Lei 13.260/2016 cria uma hipótese de causa de aumento aplicável a todos os crimes de terrorismo. A técnica utilizada nesse dispositivo é pouco usual, visto que a preferência do legislador brasileiro é estabelecer a figura qualificada do tipo penal logo após a sua definição legal, caso a caso. Adotam sistemática semelhante, o § 2º do art. 327 do Código Penal e o art. 40 da Lei de Drogas, para citar apenas dois exemplos.

São duas as circunstâncias que qualificam os crimes:

a) se da prática do terrorismo resultar lesão corporal.

b) se da prática do terrorismo resultar morte.

No primeiro caso, a pena deverá ser aumentada em um terço. No segundo, em metade.

A parte inicial do artigo (salvo quando for elementar da prática de qualquer crime previsto nesta Lei) busca evitar a utilização de elementares do tipo como circunstâncias majorantes. Trata-se de sistemática que evita o *bis in idem* e eventual incoerência do sistema punitivo.

A causa de aumento, portanto, será inaplicável para o crime previsto no art. 2º, § 1º, V, da Lei 13.260/2016, que prevê, como elementar do tipo, ataques à integridade física e à vida.

Para os demais delitos da Lei, a causa de aumento pode ser aplicada indistintamente, desde que resultem lesão corporal grave ou morte.

Atente-se que a proibição de aumento de pena, nos casos de o ato terrorista resultar lesão grave ou morte, não se choca com a regra de concurso material obrigatório de crimes previsto no preceito secundário do § 1º do art. 2º da Lei 13.260/2016.

Art. 8º (VETADO).

Art. 9º (VETADO).

Art. 10. Mesmo antes de iniciada a execução do crime de terrorismo, na hipótese do art. 5º desta Lei, aplicam-se as disposições do art. 15 do Decreto-Lei nº 2.848, de 7 de dezembro de 1940 – Código Penal.

DESISTÊNCIA VOLUNTÁRIA E ARREPENDIMENTO EFICAZ: A Lei 13.260/2016, que, como visto, criminalizou, no art. 5º, os atos preparatórios dos atos de terrorismo, prevê a aplicação do art. 15 do Código Penal, isto é, admite àquele tipo os institutos da desistência voluntária e arrependimento eficaz (resipiscência). É a seguinte a redação da lei penal: "*Art. 15 – O agente que, voluntariamente, desiste de prosseguir na execução ou impede que o resultado se produza, só responde pelos atos já praticados*".

Como se sabe, esse dispositivo atende razões de política criminal e constitui uma norma penal premial que procura, por meio de uma recompensa penal, a saber, a atipicidade da conduta[46], estimular o agente a abandonar e desfazer a tentativa da infração penal.

Conhecida como tentativa abandonada ou qualificada, como ensina André Estefam, "desistência e arrependimento são figuras distintas. A desistência pressupõe tenha o agente meios para prosseguir na execução, ou seja, ele ainda não esgotou o *iter criminis* posto à sua disposição (por exemplo, sua arma possui outros projéteis, mas ele desiste de dispará-los). No arrependimento, subentende-se que o sujeito já tenha esgotado todos os meios disponíveis e que,

---

46 Não se desconhece a divergência sobre a natureza jurídica da desistência voluntária e do arrependimento eficaz, que, para alguns, é de causa extintiva da punibilidade, para outros, é de causa de atipicidade e, para outros, causa de imunidades penais. Sobre a controvérsia, Nélson Hungria elenca as teorias da nulidade, da presunção e da enfermidade (HUNGRIA, Nélson. DOTTI, René Ariel. *Comentários ao Código Penal*. 7ª ed., Rio de Janeiro: LMJ Mundo Jurídico. 2016. p. 68).

após terminar todos os atos executórios (mas sem consumar o fato), pratica alguma conduta *positiva*, tendente a evitar a consumação (por exemplo, o sujeito descarregou a sua arma e, diante da vítima agonizando, arrepende-se e a socorre)".[47]

Diante da particularidade do art. 5º da Lei, que erigiu a crime os atos preparatórios dos feitos terroristas, para operar os efeitos legais, a ponte de ouro deve ocorrer ainda nessa fase do *iter criminis*.

É o caso do agente terrorista que, durante o desenvolvimento de um programa de computador capaz de controlar o sistema de transporte de uma cidade e produzir inúmeros acidentes de trânsito, antes de concluí-lo, voluntariamente, abandona a atividade.

Dada a particularidade do tipo penal em estudo, pensamos, todavia, ser necessário um recorte. O instituto da desistência voluntária será aceito nos crimes de terrorismo, desde que os atos preparatórios realizados tenham sido inutilizados pelo abandono. Caso os atos preparatórios tenham sido finalizados, mas não tenham sido destruídos pelo agente, devido à potencialidade inerente de serem utilizados por outras pessoas, ainda que o agente tenha abandonado a empreitada criminosa, poderá ser responsabilizado pelo delito do art. 5º da Lei.

É que, nesses casos, se vislumbra que o agente assumiu a posição de garante prevista no art. 13, § 2º, c, do CP, uma vez que, com seu comportamento anterior (elaboração e concretização dos atos preparatórios), criou o risco da ocorrência do resultado. Relembre-se que a responsabilidade do garante é, expressamente, reforçada pelo mandado de criminalização previsto no art. 5º, XLIII, da Constituição da República, que determina textualmente que a lei regulamentadora do terrorismo deve responsabilizar *os mandantes, os executores e os que, podendo evitá-los, se omitirem*.

É claro que resultado aqui deve ser compreendido como o produto final do ato preparatório, e não como produto da ação criminosa em si, tendo em vista que estamos a tratar de crime formal.

Assim, caso o agente elabore um software capaz de provocar a queda de aviões, desista da empreitada antes de acionar e difundir o programa, mas não o inutiliza, pode ser responsabilizado pelo art. 5º da Lei 13.260/2016, posto que, com esse comportamento anterior, criou risco do ato de terrorismo ocorrer.

Nessas situações, para ter direito ao art. 15 do Código Penal, o agente deve realizar os atos que estão ao seu alcance, para evitar a produção do evento, ou seja, só lhe é aproveitável o instituto do arrependimento eficaz.

Essa parece ser a melhor interpretação do dispositivo, dada a peculiaridade do tipo do art. 5º da Lei 13.260/2016, essencialmente crime de perigo, fruto do chamado direito penal preventivo e de consumação instantânea.

O que concluímos, então, em resumo, é que, caso o agente não tenha concluído ou aperfeiçoado o ato preparatório do terrorismo, poderá ser alcançado pela desistência voluntária. No caso, porém, do ato preparatório ter sido inteiramente finalizado, caso o agente queira valer-se do art. 15 do CP, não será o bastante que abandone o curso da ação terrorista. Deverá, essencialmente, desfazer ou ato, o que corresponderá ao arrependimento eficaz.

Art. 11. Para todos os efeitos legais, considera-se que os crimes previstos nesta Lei são praticados contra o interesse da União, cabendo à Polícia Federal a investigação criminal, em sede de inquérito policial, e à Justiça Federal o seu processamento e julgamento, nos termos do inciso IV do art. 109 da Constituição Federal.

Parágrafo único. (VETADO).

47 ESTEFAM, André. *Direito penal*. São Paulo: Saraiva, 2010, p. 239.

Competência: O dispositivo prevê, terminantemente, que os crimes de terrorismo são de competência da Justiça Federal, nos termos do inciso IV da Constituição Federal. Ocorre que essa norma constitucional prevê que serão de competência federal os crimes políticos e as infrações penais praticadas em detrimento de bens, serviços ou interesse da União ou de suas entidades autárquicas ou empresas públicas, excluídas as contravenções e ressalvada a competência da Justiça Militar e da Justiça Eleitoral.

Como se vê, os crimes previstos na Lei 13.260/2016 não se amoldam, *incontinenti*, às hipóteses da norma constitucional, mesmo porque a paz pública, bem jurídico geral da Lei, não pertence unicamente à União.

A melhor interpretação do dispositivo é, portanto, que o Juiz natural para o processamento e julgamento desses crimes é a Justiça Estadual, a não ser que esteja presente uma das hipóteses do art. 109 da CF.

Quanto ao fato de tratar-se de crime previsto em tratado ou convenção internacional, sustenta Fábio Roque de Araújo: "neste ponto, imperioso recordar que o fato de o crime estar previsto em tratado ou convenção internacional (como ocorre com o crime de terrorismo) não atrai, por si só, a competência federal. Conforme se extrai do art. 109, V da Constituição Federal, compete aos juízes federais processar e julgar: 'os crimes previstos em tratado ou convenção internacional, quando, iniciada a execução no País, o resultado tenha ou devesse ter ocorrido no estrangeiro, ou reciprocamente'. Desse modo, percebemos que não basta estar previsto em tratado ou convenção internacional; para que o crime fosse federal, seria imprescindível que houvesse internacionalidade na prática da conduta, ou seja, que 'iniciada a execução no País, o resultado tenha ou devesse ter ocorrido no estrangeiro, ou reciprocamente'".[48]

Guilherme Nucci anota que a Lei 13.260/2016 conferiu a competência para o julgamento dos crimes de terrorismo, dado o conteúdo político do delito.[49] Discordamos do consagrado autor, porque o regime jurídico dado ao crime de terrorista é fruto do mandado de criminalização contido na Constituição Federal, situação absolutamente incompatível com o tratamento benéfico dado aos crimes políticos. A equiparação, portanto, não tem amparo constitucional. Ademais, como será visto, o Supremo Tribunal Federal já decidiu que o terrorismo não é crime político.

Não por acaso, em diversas ocasiões o Supremo Tribunal Federal decidiu que a competência da Justiça Federal só se justifica diante de interesse concreto e específico da União. Neste sentido: "Competência. Crime previsto no artigo 46, parágrafo único, da Lei nº 9.605/98. Depósito de madeira nativa proveniente da Mata Atlântica. Artigo 225, § 4º, da Constituição Federal. – Não é a Mata Atlântica, que integra o patrimônio nacional a que alude o artigo 225, § 4º, da Constituição Federal, bem da União. – Por outro lado, o interesse da União para que ocorra a competência da Justiça Federal prevista no artigo 109, IV, da Carta Magna tem de ser direto e específico, e não, como ocorre no caso, interesse genérico da coletividade, embora aí também incluído genericamente o interesse da União. – Conseqüentemente, a competência, no caso, é da Justiça Comum estadual. Recurso extraordinário não conhecido." (RE 300.244/SC, j. 20/11/2001).

O mesmo princípio já havia orientado o julgamento do RE 166.943/PR (j. 03/03/1995), que inclusive versava sobre crime contra a paz pública: "Como se vê, a competência da Justiça Federal, em matéria penal, só ocorre quando a infração penal é praticada em detrimento de bens, serviços ou interesses da união como tal, ou seja, de bens ou serviços que possua, ou de seu interesse direto e específico.

48 ARAÚJO, Fabio Roque et al. Terrorismo: Comentários, artigo por artigo, à Lei 13.260/2016 e Aspectos Criminológicos e Político-Criminais. Salvador: JusPodivm. 2017. p. 266.

49 NUCCI, Guilherme de Souza. Leis Penais e Processuais Penais Comentadas. 10ª ed., Rio de Janeiro: Forense. p. 874.

No caso, o delito de incitação ao crime previsto no artigo 19 da Lei 5.250, de 9.2.67, tem como objeto jurídico a paz pública e como sujeito passivo a coletividade, à semelhança do que ocorre com o mesmo crime definido no artigo 286 do Código Penal.

Ora, a paz pública interessa a todos, e, por isso mesmo, seu sujeito passivo é a coletividade, e não a união Federal, uma vez que não está em causa interesse direto e específico seu, ainda quando esse delito, por causa do meio de comunicação empregado, se pratique por intermédio de empresa concessionária de serviço público federal (entidade essa a que não se refere o artigo 109, IV, da Constituição), ou tenha a sua consumação verificada simultaneamente em mais de um Estado.

O artigo 109, IV, que é regra de competência excepcional, não alcança o interesse genérico da União, pois o interesse a que ele alude é aquele que a faz sujeito passivo do delito cometido, à semelhança do que ocorre quando o interesse é de entidade autárquica ou de empresa pública federal. Por isso mesmo, não se refere o dispositivo constitucional a interesse federal, mas a interesse específico de um dos níveis de governo integrantes da Federação (a união Federal), ou de suas autarquias ou de suas empresas públicas.

Outro exemplo pode ser extraído do julgamento do RE 513.446/SP (j. 16/12/2008), no qual se considerou insuficiente, para atrair a competência da Justiça Federal no comércio de combustível adulterado, que a fiscalização da atividade seja exercida por autarquia federal, pois não se deve confundir a atividade fiscalizatória com seu objeto:

O Superior Tribunal de Justiça não destoa da Corte Suprema. Em crimes contra a fauna, por exemplo, tem-se exigido a demonstração de interesse direto da União para que a Justiça Federal se torne competente para o julgamento: "A competência do foro criminal federal não advém apenas do interesse genérico que tenha a União na preservação do meio ambiente. É necessário que a ofensa atinja interesse direto e específico da União, de suas entidades autárquicas ou de empresas públicas federais" (CC 147.393/RO, j. 14/09/2016).

Destacam-se ainda decisões do Superior Tribunal de Justiça a respeito dos crimes relativos às armas de fogo. Houve quem considerasse a competência da Justiça Federal para julgar os delitos de posse e porte ilegais de armas, sobretudo em virtude do desrespeito às normas que regem o Sistema Nacional de Armas, mas o STJ rechaçou a existência de interesse da União em decorrência desta circunstância:(HC 57.348/RJ, j. 12/06/2006) e (CC 45.483/RJ, j. 27/10/2014).

Nota-se que estas decisões partem da necessidade de existência de interesse direto da União, não de algo abstrato fundamentado em dispositivos legais que apenas se referem a órgãos ou a sistemas de alguma forma relacionados à União, ou que nem mesmo chegam a tanto, como no caso da Lei 13.260/16.

Competência do Júri: No caso de prática de terrorismo praticado contra a vida (art. 2º, §1º, V, da Lei 13.260/2013), ante a regra constitucional do art. 5º XXXVIII, da Constituição da República, seu julgamento deve ser feito pelo Tribunal do Júri, que atrai também os crimes conexos. Nesse sentido também sustenta Guilherme de Souza Nucci: "se o homicídio se consumar, o júri atrairá a competência para julgar o conexo delito de terrorismo; vale dizer, matar uma pessoa, por razões racistas, com o fim de gerar terror generalizado produz o crime de homicídio e o delito de terrorismo, cumulativamente".[50]

Atribuições investigatórias em relação aos crimes previstos na Lei n. 13.260/2016: O dispositivo prevê, ainda, que cabe à polícia federal investigar os crimes de terrorismo. Trata-se de disposição que deve ser analisado à luz do art. 144, § 1º, I, da Constituição da República, o qual prevê que a polícia federal destina-se a apurar infrações penais dotadas de repercussão interestadual ou internacional. Trata-se de situação devidamente regulamentada pela Lei

50 NUCCI, Guilherme de Souza. Leis Penais e Processuais Penais Comentadas. 10ª ed., Rio de Janeiro: Forense. p. 885.

10.446/2002, que prevê: "Art. 1º Na forma do inciso I do § 1º do art. 144 da Constituição, quando houver repercussão interestadual ou internacional que exija repressão uniforme, poderá o Departamento de Polícia Federal do Ministério da Justiça, sem prejuízo da responsabilidade dos órgãos de segurança pública arrolados no art. 144 da Constituição Federal, em especial das Polícias Militares e Civis dos Estados, proceder à investigação, dentre outras, das seguintes infrações penais: I – seqüestro, cárcere privado e extorsão mediante seqüestro (arts. 148 e 159 do Código Penal), se o agente foi impelido por motivação política ou quando praticado em razão da função pública exercida pela vítima; II – formação de cartel (incisos I, a, II, III e VII do art. 4º da Lei nº 8.137, de 27 de dezembro de 1990); III – relativas à violação a direitos humanos, que a República Federativa do Brasil se comprometeu a reprimir, em decorrência de tratados internacionais de que seja parte; IV – furto, roubo ou receptação de cargas, inclusive bens e valores, transportadas em operação interestadual ou internacional, quando houver indícios da atuação de quadrilha ou bando, em mais de um Estado da Federação; V – falsificação, corrupção, adulteração ou alteração de produto destinado a fins terapêuticos ou medicinais e venda, inclusive pela internet, depósito ou distribuição do produto falsificado, corrompido, adulterado ou alterado (art. 273 do Decreto-Lei nº 2.848, de 7 de dezembro de 1940 – Código Penal); VI – furto, roubo ou dano contra instituições financeiras, incluindo agências bancárias ou caixas eletrônicos, quando houver indícios da atuação de associação criminosa em mais de um Estado da Federação; VII – quaisquer crimes praticados por meio da rede mundial de computadores que difundam conteúdo misógino, definidos como aqueles que propagam o ódio ou a aversão às mulheres. . Parágrafo único. Atendidos os pressupostos do caput, o Departamento de Polícia Federal procederá à apuração de outros casos, desde que tal providência seja autorizada ou determinada pelo Ministro de Estado da Justiça".

Competência do Tribunal Penal Internacional (TPI): Segundo a Convenção de Roma, o TPI tem competência para apurar crimes de lesa-humanidade (genocídio, crimes contra a humanidade, crimes de guerra e de agressão), mas somente de forma complementar. Assim, em princípio, eventuais atos terroristas praticados, no Brasil, somente poderão ser julgados pelo TPI, se as instituições nacionais forem falhas ou omissas na realização da justiça. A responsabilidade do Estado é, assim, primária, tendo o TPI responsabilidade subsidiária no julgamento de violações de direitos humanos.

Anote-se que o Brasil aderiu ao TPI em 2002, com a ratificação do Tratado de Roma. Com a EC 45/04, referida anuência foi positivada no texto constitucional (art. 5º, § 4º), com a prescrição de que o Brasil se submete à jurisdição do TPI.

Carlos Augusto Canêdo Gonçalves da Silva defende que "a leitura do art. 5º, n. 1, do Estatuto de Roma, não nos autoriza expressamente concluir pela jurisdição do Tribunal Penal Internacional para o crime de terrorismo internacional. Não obstante se possa ler que 'a jurisdição do Tribunal se limitará aos crimes mais graves que preocupam a comunidade internacional em seu conjunto', o mesmo dispositivo limita taxativamente seu campo de atuação, que se circunscreverá aos seguintes delitos: crime de genocídio; crime contra a humanidade; crime de guerra; crime de agressão (...). Esse último, em virtude de não se ter encontrado uma posição que refletisse consenso no seio da Conferência, terminou por não ser definido no Estatuto (...) Assim é que o terrorismo internacional se encontra fora das quatro categorias sobre as quais incidirá a competência do Tribunal Penal Internacional, o que se configura uma importante lacuna no sistema internacional de prevenção e repressão a este delito. Todavia, esta lacuna pode não se afigurar irremediável".[51]

---

51 SILVA, Carlos Augusto Canêdo Gonçalves da. *Terrorismo e direito*. coord. Leonardo Lemer Caldeira Brant, Rio de Janeiro, Forense, 2003, p. 250-254.

O curioso é que, conforme anota André de Carvalho Ramos, "Em 1937, a Liga das Nações elaborou convenção sobre a prevenção e repressão do terrorismo, que contemplava a criação de um Tribunal Penal Internacional, porém com apenas uma ratificação o tratado nunca entrou em vigor. Esse tratado foi feito em reação ao terrorismo após os assassinatos do Ministro das Relações Exteriores da França, Louis Barthou, e do Rei da Iugoslávia, Alexandre I, em Marseille, por terroristas croatas em 1934[52]".

Art. 12. O juiz, de ofício, a requerimento do Ministério Público ou mediante representação do delegado de polícia, ouvido o Ministério Público em vinte e quatro horas, havendo indícios suficientes de crime previsto nesta Lei, poderá decretar, no curso da investigação ou da ação penal, medidas assecuratórias de bens, direitos ou valores do investigado ou acusado, ou existentes em nome de interpostas pessoas, que sejam instrumento, produto ou proveito dos crimes previstos nesta Lei.

Medidas assecuratórias: são providências de natureza cautelar que buscam assegurar o resultado útil do processo penal. Pode ter por objetivo também assegurar futura indenização da vítima, que experimentou um dano decorrente da prática da infração penal, bem como para fazer frente ao pagamento das despesas processuais e as penas pecuniárias, na dicção do art. 140 do CPP.

Estão listadas nos arts. 125 a 144 do Código de Processo Penal e são elas: 1) **sequestro**; 2) **hipoteca legal** e 3) **ar gran cabaret demenzial resto**.

§ 1º Proceder-se-á à alienação antecipada para preservação do valor dos bens sempre que estiverem sujeitos a qualquer grau de deterioração ou depreciação, ou quando houver dificuldade para sua manutenção.

Alienação Antecipada de Bens: Esse dispositivo reproduz o art. 144-A do Código de Processo Penal. Permite, assim, que, antes mesmo da prolação da sentença penal, seja condenatória ou absolutória, se proceda à alienação antecipada de bens. Para tanto, é preciso que os bens estejam sujeitos à deterioração, depreciação ou que haja dificuldade em mantê-los.

§ 2º O juiz determinará a liberação, total ou parcial, dos bens, direitos e valores quando comprovada a licitude de sua origem e destinação, mantendo-se a constrição dos bens, direitos e valores necessários e suficientes à reparação dos danos e ao pagamento de prestações pecuniárias, multas e custas decorrentes da infração penal.

§ 3º Nenhum pedido de liberação será conhecido sem o comparecimento pessoal do acusado ou de interposta pessoa a que se refere o caput deste artigo, podendo o juiz determinar a prática de atos necessários à conservação de bens, direitos ou valores, sem prejuízo do disposto no § 1º.

Esse dispositivo deve ser interpretado em consonância com o texto do art. 120 do Código de Processo Penal, *in verbis*: "A restituição, quando cabível, poderá ser ordenada pela autoridade policial ou juiz, mediante termo nos autos, desde que não exista dúvida quanto ao direito do reclamante". Como regra, os objetos apreendidos devem permanecer nessa situação até a decisão final. Porém, caso não mais interessem ao processo, é possível sua devolução.

52 RAMOS, André de Carvalho. Curso de direitos humanos. 4. ed. – São Paulo: Saraiva, 2017. p. 469.

Cremos apenas que o legislador, ao determinar que cumpre ao juiz a devolução dos bens, quando demonstrada sua origem lícita, retirou da autoridade policial essa possibilidade. Afinal, quando quis conferir, também ao delegado de polícia, a possibilidade de ordenar sua devolução, o fez de forma expressa, como consta do art. 120 do CPP. Se no dispositivo em exame, ao deferir com exclusividade ao juiz a decisão quanto à devolução, preferiu restringir, não cabe ao intérprete estender essa incumbência também à autoridade policial.

> § 4º Poderão ser decretadas medidas assecuratórias sobre bens, direitos ou valores para reparação do dano decorrente da infração penal antecedente ou da prevista nesta Lei ou para pagamento de prestação pecuniária, multa e custas.

Trata-se de medida semelhante à do art. 140 do Código de Processo Penal.

Responsabilidade Civil decorrente de atentados terroristas contra aeronaves brasileiras: O Brasil, em razão do atentado de 11 de setembro de 2001 ocorrido nos EUA, editou a Lei 10.744/2003 que prevê a responsabilidade civil da União perante terceiros no caso de atentados terroristas, atos de guerra e eventos correlatos, contra aeronave de matrícula brasileira operadoras por empresas brasileiras de transporte aéreo público, excluídas as empresas de táxi aéreo. "Conquanto fora do âmbito do art. 37, § 6º, da CF, há legislação pela qual a União assume a responsabilidade civil perante terceiros, na hipótese de danos a bens e pessoas provocados por atentados terroristas, atos de guerra ou eventos assemelhados, ocorridos no país ou no estrangeiro, contra aeronaves de matrícula brasileira operadas por empresas brasileiras de transporte aéreo público. É o objeto da Lei n. 10.744, de 9.10.2003, caracterizando-se, na espécie, responsabilidade civil do governo federal por atos de terceiros, mais abrangente, portanto, que o citado preceito constitucional[53]."

Lei 13.810/2019 e as medidas constritivas extrapenais: As medidas assecuratórias descritas no art. 12 da Lei 13.260/2016 não são suficientes para repressão global ao terrorismo uma vez que decretadas no âmbito da jurisdição brasileira, mediante a prática de crime que atraiam a aplicação da lei penal brasileira, seja porque praticados no território brasileiro, seja porque incidem as regras de extraterritorialidade da lei penal brasileira. Mas devido à facilidade de trânsito de pessoas e principalmente de ativos entre países, é comum que organizações terroristas utilizem pessoas físicas e jurídicas residentes e sediadas em lugares diversos do mundo para ocultar bens e valores utilizados para o financiamento de suas atividades, o que impede que aquelas medidas processuais penais alcancem essas pessoas, ainda que mantenham no Brasil ativos que possam ser remetidos ao exterior para beneficiar os componentes de algum grupo terrorista.

A Lei 13.810, promulgada em 08 de março de 2019, busca assim agilizar o cumprimento de "sanções impostas por resoluções do Conselho de Segurança das Nações Unidas, incluída a indisponibilidade de ativos de pessoas naturais e jurídicas e de entidades, e a designação nacional de pessoas investigadas ou acusadas de terrorismo, de seu financiamento ou de atos a ele correlacionados".

Trata-se de medida constritiva extra-penal que independe de o crime ter sido cometido no Brasil, deflagrada pela emissão, pelo Conselho de Segurança das Nações Unidas, de resolução impondo sanções a determinados indivíduos pelo cometimento de atos de terrorismo. A Lei prevê assim o cumprimento dessa medida constritiva pelo Brasil ainda que nenhuma conduta criminosa tenha sido praticada em seu território porque credita a resolução executoriedade imediata. Na verdade, a Lei 13.810 prevê um tipo especial de cooperação internacional solicitadas diretamente

53 CARVALHO FILHO, José dos Santos. Manual de direito administrativo. 31ª ed. São Paulo: Atlas, 2017. p. 375.

à autoridade nacional, sem necessidade de se observar procedimento perante o Superior Tribunal de Justiça e sem necessidade de intermediação de órgãos jurisdicionais.

A principal nota característica desta inovação é a celeridade, tanto que a nova lei revogou a Lei 13.170/15, que também dispunha sobre a indisponibilidade de bens, direitos ou valores em decorrência de resolução do Conselho de Segurança da ONU, mas estabelecia um procedimento de ação judicial de indisponibilidade de modo que a Lei 13.810/19 dispensa esse procedimento judicial, nisso consistindo sua maior inovação. Por isso, no art. 6º a Lei prevê que as resoluções sancionatórias têm efeito imediato no Brasil, dispensando inclusive o procedimento de internalização e homologação (procedimento que havia sido imposto no parágrafo único, mas que foi vetado por contrariar o propósito de conferir maior eficácia às sanções impostas).

A nova Lei também prevê que os chamados sujeitos obrigados de que trata o art. 9º da Lei nº 9.613/98 deverão cumprir a resolução sem demora e sem prévio aviso ao sancionado, seguindo a forma e as condições definidas por seu órgão regulador ou fiscalizador. Essas pessoas deverão informar, também sem demora, ao Ministério da Justiça e Segurança Pública, a existência de pessoas e ativos sujeitos à sanção e as razões pelas quais deixaram de cumpri-la (art. 12).

Ainda buscando a celeridade da medida constritiva, o art. 10 determina que, sem prejuízo da obrigação de cumprimento imediato, o Ministério da Justiça e Segurança Pública comunique, sem demora, as sanções de:

a) indisponibilidade de ativos aos órgãos reguladores ou fiscalizadores, para que comuniquem imediatamente às pessoas naturais ou jurídicas de que trata o art. 9º da Lei 9.613/98. Esta comunicação deve ser também dirigida: às corregedorias de justiça dos Estados e do Distrito Federal; à Agência Nacional de Aviação Civil; ao Departamento Nacional de Trânsito do Ministério do Desenvolvimento Regional; às Capitanias dos Portos; à Agência Nacional de Telecomunicações; e a outros órgãos de registro público competentes;

b) restrições à entrada de pessoas no território nacional, ou à saída dele, à Polícia Federal, para que adote providências imediatas de comunicação às empresas de transporte internacional; e

c) restrições à importação ou à exportação de bens à Secretaria Especial da Receita Federal do Ministério da Economia, à Polícia Federal e às Capitanias dos Portos, para que adotem providências imediatas de comunicação às administrações aeroportuárias, às empresas aéreas e às autoridades e operadores portuários.

Esta comunicação é importante porque dirigida a entidades incumbidas do controle específico do trânsito de ativos e pessoas, o que pode agregar maior eficácia ao procedimento de indisponibilidade. Anote-se, todavia, que em razão da redação deste dispositivo que dispõe que a comunicação sem prejuízo do imediato cumprimento da sanção, essas entidades devem dar cumprimento à resolução independentemente da comunicação feita pelo Ministério da Justiça.

O art. 11, por sua vez, dispõe que a indisponibilidade de ativos e as tentativas de sua transferência relacionadas às pessoas naturais, às pessoas jurídicas ou às entidades sancionadas por resolução do Conselho de Segurança da ONU serão comunicadas ao Ministério da Justiça e Segurança Pública, aos órgãos reguladores ou fiscalizadores das pessoas naturais ou das pessoas jurídicas de que trata o art. 9º da Lei 9.613/98 e ao Conselho de Controle de Atividades Financeiras (COAF), que recentemente regulamentou os procedimentos a serem adotados no caso, por meio da Resolução n.º 31/2019.

Caso a resolução sancionatória não seja cumprida, a União deverá ingressar, sem demora, com auxílio direto judicial, previsto no arts. 28 a 34 do CPC. Instruído este procedimento com as informações sobre a existência de ativos sujeitos à indisponibilidade, o juiz deve determinar, no prazo de vinte e quatro horas a partir do recebimento dos autos, e sem a oitiva do requerido, as medidas pertinentes para o cumprimento da sanção (art. 14). Observe-se que até aqui, a atuação é inaudita altera pars, quando então o requerido será citado para, no prazo de 15 dias, impugnar a medida alegando (I) homonímia; (II) erro na identificação do requerido ou dos ativos que sejam objeto de sanção; (III) exclusão da lista de sanções ou (IV) expiração do prazo de vigência do regime de sanções.

Caso o requerido seja excluído da sanção imposta pelo Conselho de Segurança, as partes poderão ingressar com ação revisional do que foi estatuído na sentença (art. 17).

É possível também que a União ingresse com pedido de auxílio direto judicial a requerimento de autoridade central estrangeira. Neste caso, a medida serve para assegurar o resultado de investigações administrativas ou criminais e ações em curso no exterior em virtude da prática de terrorismo, de seu financiamento ou de atos a ele correlacionados (art. 18).

Por fim, destaque-se que nos casos em que o juiz decreta medidas assecuratórias nos termos do art. 12 da Lei 13.260/16 – ou seja, nas situações em que o Brasil exerce jurisdição sobre crimes de terrorismo –, a União deve ser intimada para que adote, caso seja necessário, as providências de designação nacional perante o Conselho de Segurança das Nações Unidas ou seu comitê de sanções pertinente.

Cabe por fim ressaltar que com a entrada em vigor da Lei 13.810/2019, regulamentada pelo Decreto 9.825/2019, já não existe o risco de sanção ao Brasil por falha na implementação de recomendações do GAFI e de resoluções do Conselho de Segurança das Nações Unidas, relativas ao bloqueio automático de bens de terroristas e organizações terroristas. Com efeito, desde a Resolução 1.373 da ONU, cuja execução é obrigatória no Brasil ante o Decreto 3.976/01, o Brasil deveria:

"a) Prevenir e reprimir o financiamento de atos terroristas;

b) Criminalizar o fornecimento ou captação deliberados de fundos por seus nacionais ou em seus territórios, por quaisquer meios, diretos ou indiretos, com a intenção de serem usados ou com o conhecimento de que serão usados para praticar atos terroristas;

c) Congelar, sem demora, fundos e outros ativos financeiros ou recursos econômicos de pessoas que perpetram, ou intentam perpetrar, atos terroristas, ou participam em ou facilitam o cometimento desses atos. Devem também ser congelados os ativos de entidades pertencentes ou controladas, direta ou indiretamente, por essas pessoas, bem como os ativos de pessoas e entidades atuando em seu nome ou sob seu comando, inclusive fundos advindos ou gerados por bens pertencentes ou controlados, direta ou indiretamente, por tais pessoas e por seus sócios e entidades;

d) Proibir seus nacionais ou quaisquer pessoas e entidades em seus territórios de disponibilizar quaisquer fundos, ativos financeiros ou recursos econômicos ou financeiros ou outros serviços financeiros correlatos, direta ou indiretamente, em benefício de pessoas que perpetram, ou intentam perpetrar, facilitam ou participam da execução desses atos; em benefício de entidades pertencentes ou controladas, direta ou indiretamente, por tais pessoas; em benefício de pessoas e entidades atuando em seu nome ou sob seu comando".

A nova Lei é fruto deste compromisso internacional e atende as razões de celeridade no enfrentamento ao terrorismo.

Art. 13. Quando as circunstâncias o aconselharem, o juiz, ouvido o Ministério Público, nomeará pessoa física ou jurídica qualificada para a administração dos bens, direitos ou valores sujeitos a medidas assecuratórias, mediante termo de compromisso.

ADMINISTRADOR JUDICIAL DE ATIVOS: Há situações nas quais a guarda dos bens apreendidos não ensejará qualquer dificuldade. Basta imaginar, por exemplo, a apreensão de moeda ou joias, que deverão ser mantidas em conta bancárias ou cofres, não se exigindo maior esforço nessa tarefa. Nesse caso, resta clara a desnecessidade de nomeação de um terceiro, a fim de administrar os bens apreendidos.

Porém, em outras hipóteses, dada, principalmente, à natureza do bem, será necessária a indicação de um **administrador**, a quem caberá zelar por sua manutenção, livrando-o das intempéries que possam surgir em decorrência da guarda do objeto. Imagine-se, como citado acima, um quadro de valor elevado. Ele exigirá, de tempos em tempos, a realização de uma limpeza que preserve sua cor e textura, quando não uma verdadeira restauração, capaz de manter suas características originais. O próprio transporte do quadro, a ser deslocado de um local para outro, não se constitui em tarefa fácil, chegando a exigir, por vezes, até mesmo um veículo climatizado, para esse fim. Ora, o mero depósito da obra em local inadequado, por questões de iluminação, umidade, etc., pode acarretar sério risco ao bem, de modo a reduzir seu valor e, por consequência, prejudicar o objetivo de sua apreensão, consistente na possibilidade de reparação do dano causado à vítima e pagamento dos ônus processuais. Mesmo a apreensão de moeda, dependendo de seu valor, pode exigir a nomeação de administrador. Suponha-se a apreensão de 500 milhões de reais. A singela aplicação desse valor, por exemplo, em uma conta de poupança, determinada pelo juiz, pode implicar sério prejuízo. Ao contrário, a administração desse valor por uma pessoa jurídica (um banco, *v.g.*), com profundo conhecimento do mercado, apto a eleger os investimentos mais rentáveis, ensejará, decerto, a valorização desse capital. Surgirá, então, após a oitiva do Ministério Público, a necessidade de nomeação de uma pessoa (física ou jurídica), incumbida de administrar esse bem.

Incidem, nessas hipóteses, os dispositivos do Código de Processo Civil que regem a matéria, notadamente o art. 159 daquele *codex*, quando determina que "a guarda e a conservação de bens penhorados, arrestados, sequestrados ou arrecadados serão confiadas a depositário ou a administrador, não dispondo a lei de outro modo".

Art. 14. A pessoa responsável pela administração dos bens:

I – fará jus a uma remuneração, fixada pelo juiz, que será satisfeita preferencialmente com o produto dos bens objeto da administração;

Não se pode exigir que o administrador exerça seu encargo, sem nada perceber, sobretudo em virtude de que, para o adequado desempenho dessa obrigação, pode advir uma série de despesas, além do trabalho, o qual, dependendo da natureza do bem apreendido, terá que ser realizado. O *quantum* a ser fixado pelo juiz dependerá, portanto, da análise do caso concreto, não havendo uma tabela previamente estabelecida, indicando a remuneração a ser paga. Como parâmetro, pode o juiz valer-se do disposto no art. 160 do Código de Processo Civil (com aplicação autorizada no processo penal pelo art. 3º do CPP), no sentido de que se levará em conta "a situação dos bens, ao tempo do serviço" e as dificuldades na execução do *munus*.

II – prestará, por determinação judicial, informações periódicas da situação dos bens sob sua administração, bem como explicações e detalhamentos sobre investimentos e reinvestimentos realizados.

Cabe ao administrador, sempre que solicitado, prestar contas quanto ao exercício do encargo que lhe foi atribuído, em virtude da própria natureza pública do "munus" e mesmo porque remunerado para tanto. Cumpre, assim, apontar a situação do bem que se encontra sob sua administração. Tratando-se, por exemplo, de uma aeronave, deve indicar seu estado de conservação, eventual necessidade de reparos, etc. Caso a administração se refira à moeda, deve justificar os investimentos que elegeu, dentre aqueles disponíveis no mercado, o risco de determinada aplicação, etc.

Vale lembrar que, na dicção do art. 161 do Código de Processo Civil, "o administrador responde pelos prejuízos que, por dolo ou culpa, causar à parte, perdendo a remuneração que lhe foi arbitrada ...". Demais disso, nos termos do parágrafo único do mesmo dispositivo, "o depositário infiel responde civilmente pelos prejuízos causados, sem prejuízo de sua responsabilidade penal e da imposição de sanção por ato atentatório à dignidade da justiça".

Destaque-se, ainda, que o crime de apropriação indébita, quando praticado por depositário judicial, tem a pena majorada, nos termos do inc. II, § 1º, do art. 168 do Código Penal.

Parágrafo único. Os atos relativos à administração dos bens serão levados ao conhecimento do Ministério Público, que requererá o que entender cabível.

Ante o teor das informações prestadas pelo administrador, poderá o Ministério Público adotar as medidas que entender cabíveis à espécie. Daí a cautela prevista nesse dispositivo, pela qual os atos de administração se submetem ao conhecimento do "parquet". As medidas podem ter um cunho penal, quando se vislumbrar a prática de algum delito. Podem, ainda, ter um caráter civil, a justificar um pedido de substituição do administrador, decorrente de sua má gestão. Ou, simplesmente, se limitarem a proposições para aperfeiçoamento da administração, sugerindo, por exemplo, um investimento mais conservador do dinheiro ou a guarda da aeronave, em local menos custoso.

Art. 15. O juiz determinará, na hipótese de existência de tratado ou convenção internacional e por solicitação de autoridade estrangeira competente, medidas assecuratórias sobre bens, direitos ou valores oriundos de crimes descritos nesta Lei praticados no estrangeiro.

TRATADO OU CONVENÇÃO E MEDIDAS ASSECURATÓRIAS: O 8º Congresso das Nações Unidas para a Prevenção do Crime e o Tratamento dos Delinquentes, realizado em Havana, Cuba, em 1990, ao tratar especificamente do auxílio mútuo e cooperação em matéria penal (item "f", incs. 13 e 14), ressaltou que "uma prevenção e uma repressão eficazes da violência terrorista requerem que os Estados concedam mutuamente toda a ajuda necessária à obtenção de provas de que necessitem, para perseguir e extraditar os delinquentes".

Assim, tornando ao artigo em análise, desde que existente "tratado ou convenção internacional", do qual o Brasil seja subscritor e por solicitação de autoridade estrangeira, pode um juiz nacional determinar a adoção de alguma medida assecuratória incidente sobre o patrimônio do suposto autor do delito, perpetrado no exterior. Lembre-se de que o Código de Processo Civil, introduziu em nosso ordenamento a *cooperação internacional*, cuja aplicação é cabível ao processo penal, nos termos do art. 3º do CPP. Segundo o art. 26 do CPC, a cooperação internacional, para sua implementação, deve observar "o respeito às garantias do devido processo legal no Estado requerente", a isonomia de tratamento entre nacionais e estrangeiros, a publicidade processual, a existência de uma "autoridade central", e a "espontaneidade na transmissão de informações a autoridades estrangeiras". De interesse do nosso trabalho, vale observar que a cooperação internacional, nos termos dos incs. IV e VI, do art. 27 do CPC, terá por objeto a "concessão de medida judicial de urgência" e "qualquer outra medida judicial ou extrajudicial não proibida pela lei brasileira".

Outra medida relevante, prevista no art. 28 do CPC, constitui-se no *auxílio direto*, cabível "quando a medida não decorrer diretamente de decisão de autoridade jurisdicional estrangeira a ser submetida a juízo de delibação no Brasil". Nesse artigo, como indica a textualidade do dispositivo, não se trata necessariamente de um pedido formulado por juiz estrangeiro, mas por uma autoridade administrativa (policial, por exemplo). Conforme argumenta Fábio Ramazzini

Bechara, o que o singulariza o auxílio direto "é o fato de que o Estado estrangeiro não se apresenta na condição de juiz, mas de administrador, porquanto não encaminha um pedido judicial de assistência, mas sim uma solicitação para que a autoridade judicial do outro Estado tome as providências e as medidas requeridas no âmbito nacional".[54]

Reforça essa impressão o dizer de Márcio Mateus Barbosa Júnior, para quem "o auxílio direto serve para atos de cooperação que prescindam do *exequatur* do Superior Tribunal de Justiça, dos quais os juízes nacionais passam a ter inteira liberdade de apreciação e decisão. O instituto difere da carta rogatória, porque nessa, a medida decorre de decisão da autoridade judicial estrangeira, tomada em processo do qual o juiz nacional não tem conhecimento ou tampouco qualquer poder, além de conceder ou negar o cumprimento daquilo que lhe foi rogado".[55]

Tais pedidos, portanto, dada à sua própria natureza, não se submetem a crivo do Superior Tribunal de Justiça que, muito antes do advento do Código de Processo Civil em vigor, já editara a Resolução 09, do STJ, de 04.05.2005, do seguinte teor: "os pedidos de Cooperação Jurídica Internacional que tiverem por objeto atos que não ensejem juízo de delibação pelo Superior Tribunal de Justiça, ainda que denominados como carta rogatória, serão encaminhados ou devolvidos ao Ministério da Justiça, para as providências necessárias ao cumprimento do auxílio direto".

Ressalte-se que o CPC prevê a figura da *autoridade central*, a quem cabe encaminhar os pedidos, dando assistência técnica às autoridades nacionais que sintam a necessidade da cooperação internacional, tudo a propiciar maior celeridade no trâmite do procedimento.

Como destaca Ricardo Silvares, "no Brasil, normalmente a autoridade central designada na maioria dos tratados bilaterais de cooperação em matéria penal é o Ministério da Justiça e, nesse, o Departamento de Recuperação de Ativos e Cooperação Jurídica Internacional. Porém, nos tratados celebrados com Portugal e com o Canadá, a autoridade central é a Procuradoria-Geral da República e, nessa, a Assessoria de Cooperação Jurídica Internacional".[56]

§ 1º Aplica-se o disposto neste artigo, independentemente de tratado ou convenção internacional, quando houver reciprocidade do governo do país da autoridade solicitante.

Regra da reciprocidade: Esse dispositivo se orienta pela atual redação do art. 26, § 1º, do Código de Processo Civil, segundo a qual, "na ausência de tratado, a cooperação jurídica internacional poderá realizar-se com base em reciprocidade, manifestada por via diplomática". Pode ocorrer, assim, que o Brasil não seja signatário de determinado tratado ou convenção internacional. Tampouco que exista algum bilateral entre nosso país e uma nação estrangeira. Nem por isso, contudo, fica o juiz inibido de impor medidas assecuratórias sobre bens, direitos ou valores do agente. Nesse caso, o fará com base no *princípio da reciprocidade*, que se funda na igualdade e no respeito mútuo que devem orientar as relações entre os Estados. De tal forma que, segundo o Direito Internacional, a reciprocidade autoriza que efeitos jurídicos, oriundos de um país, sejam aplicados em outro, desde que aceitos igualmente por ambas as nações.

A título de exemplo, o art. 103 da Lei da Migração (Lei 13.445/2017), prevê que "*A transferência de pessoa condenada poderá ser concedida quando o pedido se fundamentar em tratado ou houver promessa de reciprocidade*".

---

54 BECHARA, Fábio Ramazzini. *Novo CPC regulou normas de cooperação internacional de forma sistemática.* Disponível em https://www.conjur.com.br/2015-out-17/fabio-bechara-cpc-pacificou-normas-cooperacao-internacional. Acessado em 14 mar 2018.

55 BARBOSA JUNIOR, Márcio Mateus. *O novo Código de Processo Civil e o Auxílio Direto: Contexto do Direito Brasileiro contemporâneo.* http://www.ambito-juridico.com.br/site/index.php?n_link=revista_artigos_leitura&artigo_id=9943. Acessado em 14 mar 2018).

56 SILVARES, Ricardo. Novo CPC e seus reflexos no âmbito do Processo Penal, Salvador: JusPodivm, 1ª. ed. 2016, p. 44.

§ 2º Na falta de tratado ou convenção, os bens, direitos ou valores sujeitos a medidas assecuratórias por solicitação de autoridade estrangeira competente ou os recursos provenientes da sua alienação serão repartidos entre o Estado requerente e o Brasil, na proporção de metade, ressalvado o direito do lesado ou de terceiro de boa-fé.

Parece pouco provável a aplicação, na prática, desse dispositivo. É que a maioria dos países efetivamente comprometidos com o combate ao terrorismo são também signatários de tratados e convenções com o Brasil. Nosso país, por seu turno, ratificou diversos protocolos com o mesmo objetivo, os quais, no mais das vezes, servirão de regulamento para o rateio dos bens, direitos ou valores decorrentes das medidas assecuratórias.

Art. 16. Aplicam-se as disposições da Lei nº 12.850, de 2 agosto de 2013, para a investigação, processo e julgamento dos crimes previstos nesta Lei.

Técnicas especiais de investigação – A Lei 13.260/16 manda aplicar aos crimes de terrorismo as técnicas de investigação e os meios extraordinários de obtenção de prova previstos na Lei 12.850/13 – organizações criminosas (art. 3º.) –, destacando-se: a) colaboração premiada; b) ação controlada; c) infiltração, por policiais, em atividade de investigação; d) captação ambiental de sinais eletromagnéticos, ópticos ou acústicos; e) acesso a registros de ligações telefônicas e telemáticas, a dados cadastrais constantes de bancos de dados públicos ou privados e a informações eleitorais ou comerciais; f) interceptação de comunicações telefônicas e telemáticas, nos termos da legislação específica; g) afastamento dos sigilos financeiro, bancário e fiscal, nos termos da legislação específica; h) cooperação entre instituições e órgãos federais, distritais, estaduais e municipais, na busca de provas e informações de interesse da investigação ou da instrução criminal.

Atividade de inteligência e terrorismo: A doutrina enfatiza a essencialidade da atividade de inteligência na detecção, prevenção, investigação e repressão ao terrorismo. Luciano Alessandro Winck Gallicchio[57], por exemplo, ressalta que essa atividade, por meio da análise sistemática de dados e comportamentos de indivíduos ou grupos, possibilita a identificação de sinais precoces de ações terroristas. Essa capacidade permite que as autoridades reajam de maneira eficiente antes que os atos se concretizem, minimizando assim o risco de ataques. A inteligência, nesse contexto, atua de forma a eliminar o elemento surpresa, que é um fator crucial em atentados terroristas, promovendo a segurança pública e salvaguardando vidas.

As organizações terroristas, ao utilizarem meios violentos para alcançar seus objetivos, frequentemente deixam rastros em suas operações que podem ser detectados. Esses indícios, quando devidamente observados por agentes de inteligência, podem resultar na neutralização de ataques antes que sejam realizados. Um exemplo ilustrativo dessa dinâmica pode ser encontrado em situações em que a análise de padrões de comportamento e comunicação entre indivíduos associados a grupos extremistas revela planos de ataque iminente. Nesse caso, a capacidade da inteligência de intervir antes da execução do ato se torna fundamental para evitar danos irreparáveis. Esse trabalho preventivo, desenvolvido de maneira sistematizada, assegura um controle mais eficaz sobre as ações terroristas, destacando-se como o principal pilar de defesa contra essas ameaças.

A Política Nacional de Inteligência (PNI) do Brasil, implementada em 2016, reforça essa abordagem ao incluir o terrorismo entre as principais ameaças à segurança nacional,

57 GALLICCHIO, Luciano Alessandro Winck. A predição do crime como objeto da atividade de inteligência e os atos preparatórios do terrorismo. In: Direito Penal Contemporâneo. São Paulo: Ed. Tirant lo blanc. 2024. p. 27-45.

sublinhando a necessidade de um sistema de inteligência robusto e integrado. Essa inclusão não apenas valida a relevância da inteligência, mas também demonstra a urgência de um esforço coordenado para enfrentar essas ameaças.

Assim, a atividade de inteligência transcende a mera coleta de informações, inserindo-se em uma estratégia mais ampla que envolve prevenção, repressão e, quando necessário, cooperação internacional e resposta militar. Esse conjunto de ações coordenadas, que foca tanto na antecipação de ameaças quanto na mitigação de riscos, é fundamental para um combate eficaz ao terrorismo, garantindo a proteção da sociedade e a manutenção da ordem pública.

Whistleblower: A fim de combater adequadamente o terrorismo, praticado mediante sofisticadas engrenagens, muitas vezes espalhadas por vários locais, é salutar a participação da sociedade civil, seja prestando informações valiosas de movimentações suspeitas, seja para buscar identificação e localização de artefatos de destruição de massa. Sobre o tema, ver comentário à Lei 13.608/2018.

A TORTURA DO TERRORISTA NO CENÁRIO DA BOMBA RELÓGIO: Os meios pelos quais o terrorismo é praticado, preferencialmente com a colocação de bombas de grande poder de destruição, bem como o alto grau e sofisticação com que essas infrações são clandestinamente cometidas, fez surgir uma ampla discussão acerca da possibilidade e validade do uso da tortura, nos **casos de bomba relógio (*ticking-time-bomb-cases*)**. O quadro hipotético é de captura de um terrorista que fabricou, instalou e armou uma bomba relógio em uma grande cidade, preferencialmente em local de grande circulação de pessoas como hospitais ou escolas infantis. Suponha-se que as técnicas investigativas empregadas não são hábeis suficientemente para as autoridades localizarem, tempestivamente, a bomba. Nesse horizonte incrédulo é que surge a discussão mundialmente travada acerca da possibilidade de se torturar o terrorista para obter a informação apta à desativação da bomba e o salvamento de milhares de vidas de outras pessoas.

O caso da bomba relógio é complexo e apresenta diversas variações e discussões.

Mas de forma resumida, é possível identificar uma corrente doutrinária favorável ao uso da tortura, nesses casos, e outra contrária.

A primeira linha doutrinária parte da ideia de que a vedação à tortura, contemplada no art. 5º, III, da Constituição Federal, como de resto os direitos e garantias fundamentais, não é absoluta e, por isso, comporta exceções. Como os direitos fundamentais não podem ser escudo para prática de atos ilícitos e diante da inviabilidade de agir de outro modo, excepcionalmente o Estado está autorizado a torturar o terrorista e obter a localização do artefato. Permitir a detonação da bomba, isso sim, seria uma violação aos direitos fundamentais das vítimas, de modo que o emprego da tortura do terrorista é medida protetiva de um número maior de pessoas.

No seminal trabalho sobre a questão, Luís Greco sintetiza os vários argumentos favoráveis à quebra da proibição da tortura: a) o torturado é responsável pela tortura; b) a proibição absoluta de torturar significa uma premiação ao sangue frio e à astúcia do terrorista; c) entre o jurídico e o antijurídico, não pode o Estado de Direito portar-se de modo neutro, tendo ele o dever de intervir em favor da vítima; d) em uma situação em que, faça-se o que se faça, o resultado será sempre a barbárie, deve o direito colocar-se ao lado da vítima e não do autor; e) a tortura afeta um culpado, sua finalidade consiste em salvar um inocente; f) se o suspeito é de fato o terrorista que está pondo em perigo a vida de pessoas inocentes, é imperativo de justiça que seja ele quem arque com os custos da eliminação desse perigo; g) a mais grave das torturas não é nada em comparação com a ameaça que o terrorista faz aos cidadãos, de sofrer uma morte atroz, por meio da explosão de uma bomba; h) a proibição absoluta de torturar significa "nada menos que a imposição ao agredido de um dever de aceitar, sem resistência, a destruição antijurídica de sua existência física"; i) impedir a tortura significa nada menos que uma barbárie contra os interesses superiores e justificados de milhões de afetados e, portanto, um escândalo ético; j) é difícil imaginar um menosprezo mais patente à personalidade de um ser humano do que fazê-lo saltar pelos ares, contaminá-lo com radioatividade, envenená-lo com germes mortais, tudo com o mero fim de semear o terror; k) para a vítima, há uma forma qualificada de lesão à dignidade; l) o Estado de direito não pode se converter em um "pacto suicida"; m) números importam, mesmo em decisões de princípios; n) justifica-se a tortura por meio das figuras dogmáticas do estado de necessidade, ou da colisão de deveres.[58]

A tese contrária ao emprego da tortura, nos casos de bomba relógio, aduz que a maioria dos argumentos jurídicos favoráveis constituem-se em especulações de fundo moral e consequencialista que, quando utilizados, fragilizam a superioridade moral de que deve se revestir o Estado de direito. Outros, como Luís Greco, defendem que excepcionar a vedação à tortura afronta a dignidade da pessoa humana, anulando-a a ponto de permitir tantas outras reduções a direitos fundamentais, como a pena de morte, castração química, etc. Aduzem que as premissas favoráveis à tortura escondem-se numa regra de custos-benefícios, o que é moralmente questionável e ocasionalmente manipulável para outras situações, o que torna a dignidade da pessoa humana um princípio constitucional manobrável ao sabor dos fatos. A afirmação de que haveria uma exceção em um caso excepcional não passa de uma ilusão. A suposta tortura salvadora praticada pelo Estado quebra a confiança de que ele (Estado) age, enquanto ente que congrega e representa seus cidadãos, no interesse e na defesa de todos, e depõe contra a sua função ética e inclusiva. Ademais, a tortura esconde uma atávica reação em face do terrorista, quase que uma sanção acessória, perceptivelmente vingativa. Como observa Michael J. Sandel, "a justificativa moral da tortura depende muito do fato de presumirmos que aquela pessoa seja responsável, de alguma forma, pelo perigo que tentamos afastar. Ainda que não seja responsável pela bomba em questão, presumimos que tenha cometido outros atos terríveis que a fizeram merecedora do cruel tratamento. As intuições morais no caso da bomba-relógio não estão relacionadas apenas com custos e benefícios, mas também com a ideia não utilitarista de que terroristas são pessoas más que merecem ser punidas. Podemos ver isso mais claramente se alterarmos a situação, de modo a remover qualquer elemento de presunção de culpa. Suponhamos que a única forma de induzir o suspeito de terrorismo a falar seja a tortura de sua jovem filha (que não tem noção das atividades nefastas do pai). Seria moralmente aceitável fazer isso? Acredito que até mesmo o mais convicto utilitarista vacilasse, ao pensar nessa possibilidade. Mas essa versão da situação de tortura é um teste mais verdadeiro do princípio utilitarista. Ela põe de lado a percepção de que o terrorista merece ser punido de alguma forma (apesar da valiosa informação que esperamos extrair dele) e nos força a avaliar o cálculo utilitarista em si".[59] A mesma percepção se extrai da hipótese de abate de um avião de inocentes passageiros tomado por terroristas, caso que escancara que a análise custo-benefício "faria dos passageiros meros objetos de uma ação de salvamento do estado e seria incompatível com a sua natureza de sujeitos dotados de dignidade e de direitos indisponíveis".[60]

Débora Souza de Almeida sintetiza essa corrente: "A proposta da Teoria do cenário da bomba-relógio é, em efeito, demasiada arriscada para a democracia, pois implica graves retrocessos na órbita dos direitos humanos e fundamentais, de forma a debilitar ou pôr fim nas normas que regem o sistema democrático ou que fundam o Estado Democrático de Direito".[61]

---

58 O trabalho do professor Luís Greco é crucial no estudo do tema, seja pelo didatismo, seja pela sua peculiar qualidade científica. GRECO, Luís. *As regras por trás da exceção: reflexões sobre a tortura nos chamados "casos de bomba-relógio"*. Revista brasileira de ciências criminais, n. 78, p. 7-40, 2009.

59 SANDEL, Michael J. Justiça – O que é fazer a coisa certa. 4ª ed. Rio de Janeiro: Civilização brasileira. 2011. p. 54.

60 A frase em destaque é de Bernd Schünemann, nos comentários ao estudo citado feito pelo professor Luís Greco. GRECO, Luís. *As regras por trás da exceção: reflexões sobre a tortura nos chamados "casos de bomba-relógio"*. Revista brasileira de ciências criminais, n. 78, p. 7-40, 2009.

61 ALMEIDA, Débora de Souza et al. Terrorismo: Comentários, artigo por artigo, à Lei 13.260/2016 e Aspectos Criminológicos e Político-Criminais. Salvador: JusPodivm. 2017. p. 107.

Questão interessante é quanto à possível utilização da tortura no caso de **estrangeiros não residentes no Brasil,** ante a previsão do *caput* do art. 5º da Constituição, de que os direitos e garantias são garantias dos brasileiros e estrangeiros residentes no país. Dimitri Dimoulis e Leonardo Martins respondem ao problema, sustentando que a falta de explícita proteção constitucional dos direitos fundamentais dos estrangeiros não residentes pelo art. 5º da CF não significa que eles estejam à mercê dos aparelhos estatais. Mas, para além de uma defesa pela via fácil da obviedade constitucional, os autores propõem que a proteção dos estrangeiros não residentes decorre dos tratados internacionais sobre direitos humanos, mais precisamente a Convenção contra a tortura, promulgada, no Brasil, pelo Decreto 40, de 15.2.1991.[62]

Art. 17. Aplicam-se as disposições da Lei nº 8.072, de 25 de julho de 1990, aos crimes previstos nesta Lei.

Hediondez do terrorismo: A igualdade de tratamento dos crimes de terrorismo com os hediondos decorre da origem comum constitucional de ambas as espécies de delitos, a saber, o art. 5º, LXIII, da Carta Magna.

Antes de verificarmos os efeitos decorrentes do regime da Lei dos Crimes Hediondos, temos que investigar quais figuras delituosas, contidas na Lei 13.260/2016, são hediondas.

Entendemos que todos os crimes da Lei devem ser considerados hediondos. Como ponto de partida, anote-se que a Lei 8.072/90, no *caput* do art. 2.º, previu (seguindo mandamento constitucional) três figuras não propriamente hediondas, mas a elas equiparadas. Trata-se da tortura, disciplinada pela Lei 9.455/97, do tráfico ilícito de drogas, regulamentado pela Lei 11.343/06, e do terrorismo, finalmente disciplinado pela Lei em comento. A Lei 13.260/2016, como um todo, regulamenta o art. 5º, XLIII, da CF/88 (art. 1º). Diferentemente da Lei 12.850/13, que define a organização criminosa **e outras infrações acessórias,** a Lei 13.260/16 regulamenta o terrorismo em todos os tipos, sem admitir que as figuras típicas seguintes ao art. 2º sejam rotuladas como meramente coadjuvantes. Trata-se de verdadeira lei de regência e, como tal, cria um sistema de prevenção e repressão ao terrorismo (antiterror).

Dentro desse espírito, a expressão *terrorismo*, anunciada na Carta Maior, está impregnada em todas as figuras criminosas da Lei 13.260/16. Não sem razão, o art. 17, comentado mais adiante, manda aplicar os consectários da Lei 8.072/90 aos *crimes* previstos nessa Lei (não se limitando ao *crime* plurinuclear do art. 2º).

Interpretação diversa redunda numa falta de razoabilidade quando, por exemplo, se compara os arts. 2º e 6º. Obviamente que o financiamento do terrorismo (art. 6º.) é crime ainda mais grave do que o ato terrorista (art. 2º.), tanto que punido mais rigorosamente. Como pode, então, a infração penal menos grave sofrer os rigores da Lei 8.072/90, e a mais grave não?

A nossa conclusão baseia-se, como se nota, no princípio da proibição da proteção deficiente (imperativo de tutela): todos os crimes da Lei 13.260/16 são equiparados a hediondos, porque tutelam bens jurídicos que, em geral, são tutelados por outras leis penais, que também definem crimes hediondos.

Transformando-se o Estado, antes absenteísta, em guardião dos direitos fundamentais do cidadão, passou esse a ter como função precípua a proteção dos direitos fundamentais de todas as dimensões (individuais e metaindividuais), o que acarreta o surgimento de um novo modelo de proteção de direitos, que vem exatamente acompanhar a sua evolução histórico-social.

---

62 DIMOULIS, Dimitri. e MARTINS, Leonardo. Teoria geral dos direitos fundamentais. 5ª. ed. São Paulo: Atlas, 2014. p. 78.

Como consequência disso, restam aplicáveis os seguintes efeitos legais aos crimes previstos na Lei 13.260/2016:

- **Vedação à anistia, Graça e Indulto;**
- **Vedação da fiança;**
- **Progressão de regime mediante índices mais severos[63];**
- **Cumprimento de pena em Presídios Federais;**
- **Livramento Condicional mediante índice mais severo.**

PROIBIÇÃO DE INGRESSO NO PAÍS

Deve-se atentar para uma disposição contida no art. 45, II da Lei de Migrações (Lei 13.445/17) que prevê que "poderá ser impedida de ingressar no País, após entrevista individual e mediante ato fundamentado, a pessoa condenada ou respondendo a processo por ato de terrorismo ou por crime de genocídio, crime contra a humanidade, crime de guerra ou crime de agressão, nos termos definidos pelo Estatuto de Roma do Tribunal Penal Internacional, de 1998, promulgado pelo Decreto nº 4.388, de 25 de setembro de 2002".

PRESCRIÇÃO

Segundo a Constituição Federal, além da hipótese de racismo, será imprescritível o crime praticado por grupo armado, civil ou militar, que visar a abalar a ordem constitucional e o Estado Democrático (CF, art. 5º, XLIV).

Dada a abertura contida nesse dispositivo, é de se indagar se o terrorismo pode ser considerado crime praticado por grupo armado que visa a abalar a ordem constitucional e o Estado Democrático e, portanto, ser considerado imprescritível. A resposta negativa parece ser a mais adequada.

Com efeito, dentre as finalidades específicas contidas no art. 2º da Lei 13.260/2016 inexiste a intenção especial de abalar a ordem constitucional e o Estado Democrático. Na verdade, como vimos, a Lei não criminalizou o terrorismo motivado por razões políticas, o que parece ser o principal objetivo da norma constitucional anteriormente mencionada.

Por isso, parte da doutrina entendia que o dispositivo constitucional citado era regulamentado pela Lei 7.170/1983 (Lei de Segurança Nacional), que cuidava dos crimes praticados contra o regime representativo e democrático, a Federação e o Estado de Direito. A discussão restou esvaziada após a revogação feita pela Lei 14.197/2021.

Mas afastada a incidência daquela norma, há uma consideração a ser feita ao tema.

As finalidades específicas do art. 2º da Lei de terrorismo, como foi examinado, são aquelas contidas na Lei 7.716/1989, que prevê os crimes de preconceito e discriminação, os quais são, por imperativo constitucional, imprescritíveis.

Dada a identidade de finalidades, seria possível estender a imprescritibilidade prevista no art. 5º, inciso XLII, aos crimes de Terrorismo da Lei 13.260/2016? Quer nos parecer que sim.

Como visto, a Lei 13.260/2016 tutelou valores constitucionais plurais. Além da paz pública, sem hierarquia, a vista dos elementos subjetivos especiais do tipo, contidos no art. 2º da Lei, buscou também o combate ao racismo, razão pela qual, o regime jurídico contido naquela norma constitucional deve ser utilizado nesses crimes também.

63 Deve-se atentar para a redação conferida pela Lei 13.964/2019 ao art. 112 da LEP que estipula os novos índices para a progressão de regimes de cumprimento de pena.

Trata-se de uma hermenêutica que procura manter a coerência e integridade do direito, visto que, de outra forma, chegaríamos a interpretação absurdamente conflitante, visível no seguinte cenário: se uma pessoa, por motivo racial, negar-se a servir outra em um estabelecimento comercial, configurando o delito previsto no art. 5º da Lei n. 7.716/1989, terá praticado um fato imprescritível; se, pelo mesmo motivo, também por motivo racial, praticar um ato de terrorismo e matar várias pessoas, será alcançado pela prescrição.

Na verdade, o que se quer demonstrar é que a mesma base axiomática contida no comando constitucional que prevê a imprescritibilidade do racismo está contida na Lei de terrorismo, pelo que deve a ela se estender.[64]

Situação semelhante ocorreu recentemente, quando o STJ decidiu que a injúria racial é uma espécie do crime de racismo e, por unanimidade, afastou a prescrição em caso de injúria racial, declarando, no caso concreto, tal delito imprescritível (STJ. AgRg no AREsp 686965/DF. Rel. ERICSON MARANHO. Des. convocado do TJ/SP. 6ª T. J. 18/08/2015. DJe 31/08/2015. Depois esse entendimento foi repetido no AgRg no AREsp 734.236/DF, Rel. Min. Nefi Cordeiro, 6ª T., j. em 27/02/2018, DJe 08/03/2018). E agora, em 28/10/2021 o Supremo Tribunal Federal encampou referido entendimento e declarou que o crime de injúria racial é espécie do gênero racismo e, portanto, é imprescritível, conforme o artigo 5º, XLII, da Constituição (STF. Plenário. HC 154.248. j. 28.10.2021).

Observe-se que, tanto na Lei 7.716/1989 quanto na Lei 13.260/2016, o racismo compõe elementar do tipo e serve para a estruturação da norma penal, razão pela qual a imprescritibilidade prevista na Constituição Federal deve ser comum a ambas as leis.

Quando o racismo integrar o fato criminoso como mera circunstância, porém, não há que se falar em imprescritibilidade. É o que ocorre quando alguém mata outrem em razão de racismo. Nesse caso, o racismo não é elementar do tipo, podendo servir de qualificadora (motivo torpe), situação insuficiente para tornar o fato imprescritível.

TERRORISMO NÃO É CRIME POLÍTICO: embora se referindo ao art. 20 da Lei de Segurança Nacional, o Supremo Tribunal Federal já decidiu que não reputa crime político, para efeito de extradição, o crime de terrorismo:

> *"Os atos delituosos de natureza terrorista, considerados os parâmetros consagrados pela vigente Constituição da República, não se subsumem* à noção de criminalidade política, pois a Lei Fundamental proclamou o repúdio ao terrorismo como um dos princípios essenciais que devem reger o Estado brasileiro em suas relações internacionais (CF, art. 4º, *VIII), além de haver qualificado o terrorismo, para efeito de repressão interna, como crime equiparável aos delitos hediondos, o que o expõe, sob tal perspectiva, a tratamento jurídico impregnado de máximo rigor, tornando-o inafiançável e insuscetível da clemência soberana do Estado e reduzindo-o, ainda, à dimensão ordinária dos crimes meramente comuns (CF, art. 5º, XLIII). – A Constituição da República, presentes tais vetores interpretativos (CF, art. 4º, VIII, e art. 5º, XLIII), não autoriza que se outorgue, às práticas delituosas de caráter terrorista, o mesmo tratamento benigno dispensado ao autor de crimes políticos ou de opinião.... A extradição – enquanto meio legítimo de cooperação internacional na repressão às práticas de criminalidade comum – representa instrumento de significativa importância no combate eficaz ao terrorismo, que constitui 'uma grave ameaça para os valores democráticos e para a paz e a segurança internacionais (...)' (Convenção Interamericana Contra o Terrorismo, Art. 11), justificando-se, por isso mesmo, para efeitos extradicionais, a sua descaracterização como delito de natureza política". (Ext. 855, Min. Rel. Celso de Mello, DJ 1º-7-2005)*

64 Na Espanha, como assinala Débora de Souza de Almeida, os delitos de terrorismo, quando casarem a morte, são também imprescritíveis (art. 131 do Código Penal) (ALMEIDA, Débora de Souza de, et al. Terrorismo: Comentários, artigo por artigo, à Lei 13.260/2016 e Aspectos Criminológicos e Político-Criminais. Salvador: JusPodivm. 2017 p. 126).

Art. 18. O inciso III do art. 1º da Lei nº 7.960, de 21 de dezembro de 1989, passa a vigorar acrescido da seguinte alínea *p*:

"Art. 1º (...)

III – (...)

p) crimes previstos na Lei de Terrorismo." (NR)

Foi uma boa opção de política criminal a inclusão do terrorismo como delito que permite a decretação da prisão temporária visto que sua investigação demanda uma investigação detalhada, que abrange inúmeros atos e pessoas.

Art. 19. O art. 1º da Lei nº 12.850, de 2 de agosto de 2013, passa a vigorar com a seguinte alteração:

"Art. 1º (...)

§ 2º (...)

II – às organizações terroristas, entendidas como aquelas voltadas para a prática dos atos de terrorismo legalmente definidos." (NR)

Disposição comentada por ocasião do estudo do parágrafo único do art. 6º da Lei.

Art. 20. Esta Lei entra em vigor na data de sua publicação.

REFERÊNCIAS BIBLIOGRÁFICAS

ALMEIDA, Débora de Souza de, ARAÚJO, Fabio Roque et al. Terrorismo: Comentários, artigo por artigo, à Lei 13.260/2016 e Aspectos Criminológicos e Político-Criminais. Salvador: JusPodivm. 2017.

BARBOSA JUNIOR, Márcio Mateus. *O novo Código de Processo Civil e o Auxílio Direto: Contexto do Direito Brasileiro contemporâneo.* http://www.ambito-juridico.com.br/site/index.php?n_link=revista_artigos_leitura&artigo_id=9943.

BECHARA, Fábio Ramazzini. *Novo CPC regulou normas de cooperação internacional de forma sistemática*. Disponível em https://www.conjur.com.br/2015-out-17/fabio-bechara-cpc-pacificou-normas-cooperacao-internacional.

BIDERMAN, Maria Tereza Camargo. *Dicionário de termos financeiros e bancários*. São Paulo: Disal Editora, 2013.

BUSATO, Paulo César. *Direito Penal: Parte geral*. 2ª ed., São Paulo: Atlas. 2015.

CALLEGARI, André Luís. Et al. O Crime de terrorismo: reflexões críticas e comentários à Lei de Terrorismo: de acordo com a Lei n.º 13.260/2016. Porto Alegre: Livraria do Advogado, 2016.

CANARIS, Claus-Wilhelm. *Direitos fundamentais e direito privado*. Trad. Ingo Wolfgang Sarlet e Paulo Mota Pinto. Coimbra: Almedina, 2012.

CONGLETON, Roger D. The globalization of politics: rational choice and the internationalization of public policy. 2007.

CUSSAC, José L. González. BUSATO, Paulo Cesar. CABRAL, Rodrigo Leite Ferreira. *Compêndio de Direito Penal Brasileiro. Parte Geral*. Valencia: Tirant lo Blanch, 2017.

DIMOULIS, Dimitri. e MARTINS, Leonardo. Teoria geral dos direitos fundamentais. 5ª. ed. São Paulo: Atlas, 2014.

ESTEFAM, André. *Direito penal*. São Paulo: Saraiva, 2010.

FERNANDES, Antonio Scarance. Considerações sobre a Lei 8.072/90, de 25 de julho de 1990 – Crimes Hediondos. RT 660, 1990.

FRANCO, Alberto Silva. *Crimes hediondos*. São Paulo: RT, 1991.

FULGENCIO, Paulo Cesar. *Glossario. Vade mecum*. Rio de Janeiro: Mauad X, 2007.

GALLICCHIO, Luciano Alessandro Winck. A predição do crime como objeto da atividade de inteligência e os atos preparatórios do terrorismo. In: *Direito Penal Contemporâneo*. São Paulo: Ed. Tirant lo blanc. 2024.

GAVIÃO, VENTURELLA NAHAS, Juliana. *A proibição da proteção deficiente*. Revista do Ministério Público do Rio Grande do Sul – n. 61. Porto Alegre. Maio de 2008 – outubro de 2008.

GONÇALVES, Victor Eduardo Rios. Direito Penal esquematizado: Parte especial. São Paulo: Saraiva. 5ª ed., 2016.

GRECO, Luís. *As regras por trás da exceção: reflexões sobre a tortura nos chamados "casos de bomba-relógio"*. Revista brasileira de ciências criminais, n. 78, p. 7-40.

GRECO, Rogério. Código Penal: comentado. Niterói, RJ: Impetus, 11. ed. 2017.

____________. Terrorismo. Comentários à lei 13.260/2016. Rio de Janeiro: Impetus. 2019.

HUNGRIA, Nélson. DOTTI, René Ariel. *Comentários ao Código Penal*. 7ª ed., Rio de Janeiro: LMJ Mundo Jurídico. 2016.

LASMAR, Jorge Mascarenhas. *A legislação brasileira de combate e prevenção do terrorismo quatorze anos após 11 de Setembro: limites, falhas e reflexões para o futuro*. Revista de Sociologia e Política, vol. 23, n. 53, Curitiba, março-2015.

LIMA, Renato Brasileiro. Leis Penais Especiais. 8ªed. Salvador: Juspodivm, 2020.

NUCCI, Guilherme de Souza. *Leis penais e processuais penais comentadas*. 2. ed. São Paulo: Revista dos Tribunais, 2007.

OLIVEIRA, Ana Carolina Carlos de. https://www.ibccrim.org.br/revista_liberdades_artigo/176-ARTIGOS.

PELLET, Sarah. *Terrorismo e direito*. Coord. Leonardo Nemer Caldeira Brant. Rio de Janeiro: Forense, 2003.

RAMOS, Andre de Carvalho. *In* Dicionário brasileiro de direito constitucional. 2. ed. São Paulo: Saraiva, 2012.

SANDEL, Michael J. Justiça – O que é fazer a coisa certa. 4ª ed. Rio de Janeiro: Civilização brasileira. 2011.

SARAIVA, Alexandre José de Barros Leal. Crime militar extravagante e terrorismo. Cap. 2. In: Manual de Crimes militares extravagantes. Salvador: Juspodivm. 2021.

SCHÜNEMANN, Bernd; GRECO, Luís. Estudos de direito penal, direito processual penal e filosofia do direito. São Paulo: Marcial Pons, 2013.

SIEBER, Ulrich. *Limites Do Direito Penal Princípios E Desafios Do Novo Programa De Pesquisa Em Direito Penal No Instituto Max-Planck De Direito Penal Estrangeiro E Internacional*. Revista Direito GV. São Paulo. 2008.

SILVA, Carlos Augusto Canêdo Gonçalves da. *Terrorismo e direito*. coord. Leonardo Lemer Caldeira Brant, Rio de Janeiro, Forense, 2003.

SILVARES, Ricardo. Novo CPC e seus reflexos no âmbito do Processo Penal, Salvador: JusPodivm, 1ª. ed. 2016.

VARELLA, Marcelo Dias. Internacionalização do direito: direito internacional, globalização e complexidade. 2012. 606 f. Tese de Doutorado. Dissertação (Tese de Livre-docência) –Faculdade de Direito, Universidade de São Paulo, São Paulo, 2012.

CAPÍTULO 38

Escuta protegida – Lei nº 13.431/2017

Rafael Schwez Kurkowski

INTRODUÇÃO

Aproveita-se a presente seção para tecer comentários gerais, relevantes prioritariamente sob a óptica penal, da Lei n. 13.431/2017, cuja leitura integral prévia ao estudo do presente capítulo é necessária. A propósito, o estudo prévio da Lei n. 14.344/2022 (Lei Henry Borel) também é recomendável dada a afinidade temática com a presente Lei. Na sequência, comentar-se-á, especificamente, o crime tipificado no seu art. 24.

A Lei n. 13.431/2017 representa um diploma normativo que está inserido na fase legislativa do "redescobrimento da vítima". Nos primórdios, na fase da vingança privada, a vítima era a protagonista do conflito penal, pois a ela incumbia o processo a fim de responsabilizar o acusado. Depois, com o Direito Penal Moderno, sucedeu a "neutralização da vítima", momento em que a satisfação do sujeito lesionado é substituída pela retribuição de um ato injusto[1]. Essa neutralização decorre da circunstância de o Direito Penal não necessitar da vontade da vítima para ser aplicado contra o autor do crime.[2] A partir de então, a vítima não é mais vista como sujeito, mas como mero objeto. Sucede a instrumentalização punitiva da vítima, ou seja, o uso instrumental da vítima para punir o réu.[3]

Mais recentemente, decorreu da criminologia crítica o redescobrimento da vítima, que se manifesta em três áreas: a) política criminal: tendências tanto dirigidas a uma maior proteção da vítima por parte do ordenamento penal como preocupadas por reduzir a responsabilidade dos agentes que atentam contra os bens das vítimas as quais são "descuidadas" com relação a eles; b) direito penal material: as considerações à vítima vão desde aspectos como a legítima defesa, passando pela importância do ressarcimento da vítima, até a relevância da imputação da conduta da vítima ao fato que conduz à lesão dos seus bens; c) direito processual penal: considera as modalidades de intervenção da vítima no processo.[4] A Lei n. 13.431/2017 tem

1 MELIÁ, Manuel Cancio. Reflexiones sobre la "victimodogmática" en la teoría del delito. *In:* Diego Augusto (Org.). *Controvérsias Criminais*: Estudos de direito penal, processo penal e criminologia. Jaraguá do Sul: Mundo Acadêmico, 2015. p. 492-523. p. 492.

2 HASSEMER, Winfried; MUÑOZ CONDE, Francisco. *Introducción a la Crimonología y a la Política Criminal*. Valência: Tirant lo Blanch, 2012. p. 149.

3 MACHADO, Leonardo Marcondes. Quem nos salva da bondade do processo? Um breve diálogo sobre instrumentalização punitiva e revitimização no sistema de justiça criminal. *In:* BAYER, Diego Augusto (Org.). *Controvérsias Criminais*: Estudos de direito penal, processo penal e criminologia. Jaraguá do Sul: Mundo Acadêmico, 2015. p. 395-409. p. 395.

4 MELIÁ, Manuel Cancio. Reflexiones sobre la "victimodogmática" en la teoría del delito. *In:* Diego Augusto (Org.). *Controvérsias Criminais*: Estudos de direito penal, processo penal e criminologia. Jaraguá do Sul: Mundo Acadêmico, 2015. p. 492-523. p. 492-493.

relação tanto com a política criminal (quer evitar o dano derivado da revitimização) como com o direito processual penal (disciplina processual da inquirição da vítima).

No contexto do redescobrimento da vítima, a Lei n. 13.431/2017, regulamentada pelo Decreto n. 9.603/2018 e objeto da Resolução CNJ n. 299/2019 e da Resolução CNMP n. 287/2024, contribuiu para a formação de um microssistema de proteção das crianças e dos adolescentes que se encontram, direta ou indiretamente, em situação de violência, seja como vítima, seja como testemunha. Ela prevê vários direitos e medidas em favor deles, inclusive políticas integradas de atendimento. Tendo em conta os arts. 1º e 2º, *caput*, percebe-se que a Lei se insere no contexto do art. 87 do ECA.

Seguindo a sistemática do art. 2º, parágrafo único, do ECA, a Lei n. 13.431/2017 aplica-se à criança (pessoa com até 12 anos de idade incompletos) e adolescente (pessoa de 12 até 18 anos de idade incompletos). Excepcionalmente, ela pode ser aplicada para pessoas entre 18 e 21 anos de idade, como no exemplo da tomada do depoimento especial de uma pessoa de 18 anos de idade que fora vítima de crime sexual quando ainda contava com 17 anos.

No seu art. 4º, a Lei n. 13.431/2017 descreve formas de violência. Esse art. 4º não tipifica condutas criminais, mas apresenta o conceito de violência que pode ser utilizado na interpretação da presente Lei e, mediante hermenêutica sistemática, de muitas outras, a exemplo do ECA e da Lei n. 14.344/2022 (art. 2º, parágrafo único). A **violência física** consiste na ação infligida à criança ou ao adolescente que ofende sua integridade ou saúde corporal ou que lhe causa sofrimento físico. A **violência psicológica ocorre** sob três formas: a) qualquer conduta que, simbolicamente, pode comprometer o seu desenvolvimento psíquico ou emocional, compreendendo desde discriminação até a prática de intimidação sistemática (*bullying*); b) alienação parental; e c) qualquer conduta que expõe, direta ou indiretamente, o menor a crime violento contra membro de sua família ou de sua rede de apoio. A **violência sexual**, entendida como qualquer conduta que constrange a criança ou o adolescente a praticar ou presenciar conjunção carnal ou qualquer outro ato libidinoso, inclusive exposição do corpo em foto ou vídeo por meio eletrônico ou não, ocorre sob três formas: a) abuso sexual: utilização do menor para fins sexuais, de modo presencial ou por meio eletrônico, para estimulação sexual do agente ou de terceiro; b) exploração sexual comercial: utilização do menor em atividade sexual em troca de qualquer forma de compensação, seja de modo presencial ou por meio eletrônico; e c) tráfico de pessoas: recrutamento, transporte, transferência, alojamento ou acolhimento do menor, dentro do território nacional ou para o estrangeiro, com o fim de exploração sexual, mediante ameaça, uso de força ou outra forma de coação, rapto, fraude, engano, abuso de autoridade, aproveitamento de situação de vulnerabilidade ou entrega ou aceitação de pagamento, entre os casos previstos na legislação. A **violência patrimonial** atina a qualquer conduta que configure retenção, subtração, destruição parcial ou total de seus documentos pessoais, bens, valores e direitos ou recursos econômicos, incluídos os destinados a satisfazer suas necessidades, desde que a medida não se enquadre como educacional.

A **violência institucional**, uma das grandes novidades da Lei n. 13.431/2017, é aquela praticada por instituição pública ou conveniada que pode gerar a revitimização. Esse conceito respalda a definição de violência institucional apresentada pelo art. 5º, I, do Decreto n. 9.603/2018: "violência praticada por agente público no desempenho de função pública, em instituição de qualquer natureza, por meio de atos comissivos ou omissivos que prejudiquem o atendimento à criança ou ao adolescente vítima ou testemunha de violência". Se a rede de proteção do menor, ao interagir com este, não observar os protocolos, as normas e a especialidade do atendimento devido à pessoa em desenvolvimento, ela pode provocar danos a esse menor.

Esse mesmo objetivo de evitar a revitimização está previsto na Lei Maria da Penha, cuja *ratio* tem aplicação subsidiária à presente Lei. Dispõe o art. 10-A, § 1º, III, da Lei n. 11.340/2006, que a inquirição de mulher em situação de violência doméstica e familiar ou de testemunha de violência doméstica, quando se tratar de crime contra a mulher, obedecerá à diretriz da "não revitimização da depoente, evitando sucessivas inquirições sobre o mesmo fato nos âmbitos criminal, cível e administrativo, bem como questionamentos sobre a vida privada".

No campo da Criminologia, a vitimização comporta três dimensões: a) vitimização primária: decorre direta e imediatamente da prática do crime; b) **vitimização secundária (ou revitimização)**[5]: deriva mediatamente do crime, quando o sujeito passivo tem que resgatar o contexto de violência de que fora vítima para auxiliar na persecução penal do agressor; então, a revitimização cuida da instrumentalização punitiva da vítima, ou seja, o uso instrumental da vítima para punir o réu[6]; c) vitimização terciária: procede do meio social, que estigma o indivíduo em razão de ele ter sido vítima de determinado tipo de crime.[7]

O art. 5º dispõe sobre direitos e garantias assegurados às crianças e adolescentes. Comentam-se, doravante, alguns desses direitos.

Quanto à prioridade absoluta (art. 5º, I), "não basta atender primeiro, mas sim é preciso atender melhor, e embora a coleta de evidências da violência praticada seja importante, o bem-estar da criança/adolescente vítima ou testemunha vem em primeiro lugar"[8]. Pela prioridade absoluta, no conflito entre o bem-estar do menor vítima de crime sexual, por exemplo, e as informações que podem ser obtidas a suas custas sobre a materialidade e autoria criminosa, deve prevalecer o bem-estar. Assim, se a inquirição do menor sobre a situação de violência lhe ocasionar prejuízo insuportável, a prova que se pretende deve ser produzida por outra maneira que não a sua oitiva. Pela Lei n. 13.431/2017, "devem-se buscar mecanismos que aliam proteção às vítimas e testemunhas e, ao mesmo tempo, possibilitem a punição do agressor."[9]

A intimidade do menor já é protegida pelo ECA, que prevê o **segredo de justiça** para várias situações de que ele faça parte (arts. 19-A, §§ 5º e 9º; 27; 143; 190-B; 201, § 4º; 206, *in fine*; 247). O art. 5º, III, acrescenta o direito específico do menor envolvido em situação de violência à privacidade. A violação desse sigilo pode ensejar a responsabilidade administrativa (art. 247 do ECA), civil (arts. 186 c/c 927, ambos do CCB) e até penal, dependendo das circunstâncias, a exemplo do crime tipificado no art. 24 desta Lei, comentado mais abaixo.

O art. 5º, VI, prevê o direito de o menor "ser ouvido e expressar seus desejos e opiniões, assim como **permanecer em silêncio**"[10]. O menor vítima ou testemunha de crime tem direito

---

5 A revitimização é conceituada no art. 5º, II, do Decreto n. 9603/2018: "discurso ou prática institucional que submeta crianças e adolescentes a procedimentos desnecessários, repetitivos, invasivos, que levem as vítimas ou testemunhas a reviver a situação de violência ou outras situações que gerem sofrimento, estigmatização ou exposição de sua imagem".

6 MACHADO, Leonardo Marcondes. Quem nos salva da bondade do processo? Um breve diálogo sobre instrumentalização punitiva e revitimização no sistema de justiça criminal. *In:* BAYER, Diego Augusto (Org.). *Controvérsias Criminais*: Estudos de direito penal, processo penal e criminologia. Jaraguá do Sul: Mundo Acadêmico, 2015. p. 395-409. p. 395.

7 VALSANI, Anna Gesteira Bäurlein Lerche; MATOSINHOS, Izabella Drumond. Depoimento sem dano e as inovações trazidas pela Lei nº. 13.431/2017. *Revista Acadêmica Escola Superior do Ministério Público do Ceará*, Fortaleza, a. IX, n. 2, p. 11-31, 2017. Disponível em: http://www.mpce.mp.br/institucional/esmp/biblioteca/revista-eletronica/revista-academica/revista-2017-ano-ix-numero-2-semestral/. Acesso em: 7 nov. 2018. p. 23.

8 DIGIÁCOMO; Murillo José; DIGIÁCOMO, Eduardo. *Comentários à Lei nº. 13.431/2017.* Curitiba: Ministério Público do Estado do Paraná, 2018. Recurso eletrônico. Disponível em: http://www.crianca.mppr.mp.br/arquivos/File/publi/caopca/lei_13431_comentada_jun2018.pdf. Acesso em: 7 nov. 2018. p. 24.

9 VALSANI, Anna Gesteira Bäurlein Lerche; MATOSINHOS, Izabella Drumond. Depoimento sem dano e as inovações trazidas pela Lei nº. 13.431/2017. *Revista Acadêmica Escola Superior do Ministério Público do Ceará*, Fortaleza, a. IX, n. 2, p. 11-31, 2017. Disponível em: http://www.mpce.mp.br/institucional/esmp/biblioteca/revista-eletronica/revista-academica/revista-2017-ano-ix-numero-2-semestral/. Acesso em: 7 nov. 2018. p. 29.

10 Há disposição semelhante no art. 2º, VI, do Decreto n. 9603/2018: "a criança e o adolescente têm assegurado o direito de exprimir suas opiniões livremente nos assuntos que lhes digam respeito, inclusive nos procedimentos administrativos e jurídicos, consideradas a sua idade e a sua maturidade, garantido o direito de permanecer em silêncio". Da mesma forma no art. 19 da Resolução CNJ n. 299/2019: "Deve ser garantido à criança e/ou adolescente o direito ao silêncio e a não prestar depoimento, esclarecendo-a de maneira adequada ao seu desenvolvimento". Já nos termos

de se manter em silêncio, se essa medida lhe for mais benéfica.[11] Prevalece aqui o direito ao bem-estar do menor em detrimento à persecução penal. Por essa razão, um adolescente que tenha testemunhado um crime não incorre na prática do ato infracional equiparado ao crime de falso testemunho (art. 342 do CP) se, mesmo com o acompanhamento de técnicos, no depoimento especial, não relatar os fatos que sabe. A própria vítima de crime, menor de idade, não pode ser compelida a revelar o que sabe. Exatamente por isso, o art. 22 prevê que os "órgãos policiais envolvidos envidarão esforços investigativos para que o depoimento especial não seja o único meio de prova para o julgamento do réu".

O art. 5º, VII, dispõe sobre o direito do menor de "receber **assistência qualificada jurídica** e psicossocial especializada, que facilite a sua participação e o resguarde contra comportamento inadequado adotado pelos demais órgãos atuantes no processo". A previsão de, no procedimento criminal que tramita contra o réu, direitos para a o sujeito passivo representa forte inovação da legislação brasileira ao tratar a vítima, efetivamente, como um sujeito de direitos, e não como simples objeto de prova. Reconhece-se "a criança ou adolescente como protagonista e sujeito de direitos, e não um objeto a ser manejado pelos adultos, ainda que tais adultos se apresentem sob a capa estatal".[12]

A qualidade da assistência jurídica que deve ser prestada ao menor pressupõe um órgão especialista na atuação da defesa da criança e do adolescente. A instituição, por excelência, apropriada para tanto é o Ministério Público, o qual é constitucional e legalmente talhado para a defesa dos menores (art. 127, *caput*, *in fine*, e art. 129, IX, ambos da CF; art. 5º, III, "e", da LC 75/1993; art. 80 da Lei n. 8.625/1993; art. 201 do ECA). Essa assistência qualificada jurídica envolve uma variada gama de medidas que podem ser postuladas em favor criança e do adolescente: desde medidas de proteção previstas nos arts. 6º e 21, passando pela prisão preventiva do agressor (art. 21, III), até medidas drásticas como a suspensão ou a destituição do poder familiar (art. 92, II, do CP; art. 23, § 2º, do ECA; e art. 1638, parágrafo único, do CCB). É indubitável a legitimidade do Ministério Público para a postulação de todas essas medidas. Sublinha-se que, além de buscar a condenação criminal do réu que praticou crime contra o menor, o cuidado deste igualmente é objetivo primeiro do Ministério Público.

Com base nessas razões, critica-se o art. 18, § 1º, da Resolução CNJ n. 299/2019, o qual dispõe que o "magistrado deverá velar pela assistência jurídica por Defensor Público ou advogado conveniado ou nomeado, se assim desejar a criança e/ou adolescente". Nota-se evidente lapso desse ato normativo quanto ao Ministério Público, o qual é naturalmente vocacionado para prestar a assistência jurídica à criança ou ao adolescente. Se a assistência jurídica devida ao menor puder ser prestada pelo Ministério Público, não se justifica a nomeação de qualquer outra pessoa para fazê-lo. Trata-se de raciocínio similar ao entendimento do STJ quanto à desnecessidade da nomeação da Defensoria Pública como *custos vulnerabilis*: "O Ministério Público é o órgão que se incumbe da defesa dos menores, atuando em caráter protetivo, tornando despicienda a participação de outro órgão, no caso a Defensoria Pública, com a mesma finalidade, nos procedimentos previstos no ECA" (STJ, 4ª T, AgInt no ARESP n. 2029536/MS (2021/0371134-8), julgado em 28/11/2022). Esse agravo interno foi interposto contra decisão na qual constou: "Se os direitos dos vulneráveis (menores) já estão sendo

do art. 6º, § 3º, da Resolução CNMP n. 287/2024: "§ 3º Compete ao membro do Ministério Público zelar para que a criança ou adolescente vítima ou testemunha de violência possa emitir seus desejos e opiniões livremente, inclusive o de se manter em silêncio, após devidamente esclarecida sobre os procedimentos e seus direitos".

11 Katy Prado é enfática, neste ponto: "A participação no processo penal é uma faculdade para a vítima menor de 18 anos. Ela tem o direito de ser ouvida, mas não pode ser obrigada a isso" (PRADO, Katy Braun do. Direito ao silêncio da criança e do adolescente vítima no Depoimento Especial. *In:* PÖTTER, Luciana (Org.). *A escuta protegida de crianças e adolescentes*: os desafios da implementação da Lei nº 13.431/2017. Porto Alegre: Livraria do Advogado, 2019, p. 79-90. p. 86).

12 CORDEIRO, Cristiana de Faria. Aprendendo a ouvir. *In:* PÖTTER, Luciana (Org.). *A escuta protegida de crianças e adolescentes*: os desafios da implementação da Lei nº 13.431/2017. Porto Alegre: Livraria do Advogado, 2019, p. 127-144. p. 138.

zelados pelo Ministério Público Estadual, que é justamente o responsável pela propositura da medida protetiva, torna-se desnecessária a intervenção da Defensoria Pública na condição de *custos vulnerabilis*".

Em leitura própria, sustenta-se que, apenas quando houver impossibilidade ou dificuldade para o Ministério Público prestar essa assistência qualificada jurídica, cabe a nomeação pelo juízo de outro órgão. Como a legitimidade do Ministério Público não afasta a de terceiros (art. 129, § 3º, da CF; art. 201, § 1º, do ECA), outros órgãos e instituições podem, supletivamente, prestá-la. Nessa hipótese, cabe a nomeação pelo juízo de um defensor dativo. Nas localidades onde houver a Defensoria Pública, esta pode desempenhar essa função dativa, observada a previsão do art. 4º, XI, da LC n. 80/1994, e do art. 7º, III, da Lei n. 14.344/2022; inexistindo a Defensoria Pública, o juízo pode nomear um advogado privado, cuja remuneração será custeada pela Fazenda Pública. Todavia, dada a vocação da Defensoria para a defesa do réu que é acusado criminalmente, a nomeação deve recair sobre defensor dativo diverso daquele eventualmente nomeado para a defesa do réu que não constituiu advogado. Igualmente, deve ser explicado à vítima menor, a qual tem direito de ser informada ao longo de todo o processo (art. 5º, V), que a Defensoria, a despeito de promover a defesa do réu acusado de praticar um crime contra ela também tem a capacidade de tutelar os direitos dessa vítima menor.

Já segundo o art. 6º, a "criança e o adolescente vítima ou testemunha de violência têm direito a pleitear, por meio de seu representante legal, **medidas protetivas** contra o autor da violência". Nesse sentido, a própria Lei prevê, no seu art. 21, que "[c]onstatado que a criança ou o adolescente está em risco, a autoridade policial requisitará[13] à autoridade judicial responsável, em qualquer momento dos procedimentos de investigação e responsabilização dos suspeitos, as medidas de proteção pertinentes, entre as quais: I – evitar o contato direto da criança ou do adolescente vítima ou testemunha de violência com o suposto autor da violência; II – solicitar o afastamento cautelar do investigado da residência ou local de convivência, em se tratando de pessoa que tenha contato com a criança ou o adolescente; III – requerer a prisão preventiva do investigado, quando houver suficientes indícios de ameaça à criança ou adolescente vítima ou testemunha de violência; IV – solicitar aos órgãos socioassistenciais a inclusão da vítima e de sua família nos atendimentos a que têm direito; V – requerer a inclusão da criança ou do adolescente em programa de proteção a vítimas ou testemunhas ameaçadas; VI – representar ao Ministério Público para que proponha ação cautelar de antecipação de prova, resguardados os pressupostos legais e as garantias previstas no art. 5 desta Lei, sempre que a demora possa causar prejuízo ao desenvolvimento da criança ou do adolescente".

Ademais, a Lei n. 14.344/2022 estabeleceu especificamente algumas dessas medidas, catalogando-as em dois grupos: a) **medidas protetivas de urgência que obrigam o agressor** (art. 20): I – a suspensão da posse ou a restrição do porte de armas, com comunicação ao órgão competente, nos termos da Lei nº 10.826, de 22 de dezembro de 2003; II – o afastamento do lar, do domicílio ou do local de convivência com a vítima; III – a proibição de aproximação da vítima, de seus familiares, das testemunhas e de noticiantes ou denunciantes, com a fixação do limite mínimo de distância entre estes e o agressor; IV – a vedação de contato com a vítima, com seus familiares, com testemunhas e com noticiantes ou denunciantes, por qualquer meio de comunicação; V – a proibição de frequentação de determinados lugares a fim de preservar a integridade física e psicológica da criança ou do adolescente, respeitadas as disposições do ECA; VI – a restrição ou a suspensão de visitas à criança ou ao adolescente; VII – a prestação de alimentos provisionais ou provisórios; VIII – o comparecimento a programas de recuperação e reeducação; IX – o acompanhamento psicossocial, por meio de atendimento individual e/ou em grupo de apoio; b) **medidas protetivas de urgência à vítima** (art. 21): I – a proibição do

13 Houve atecnia da legislação, nesse ponto, já que a autoridade policial, quando se direciona ao juízo, não "requisita", tampouco "requer", mas "representa" por alguma medida.

contato, por qualquer meio, entre a criança ou o adolescente vítima ou testemunha de violência e o agressor; II – o afastamento do agressor da residência ou do local de convivência ou de coabitação; III – a prisão preventiva do agressor, quando houver suficientes indícios de ameaça à criança ou ao adolescente vítima ou testemunha de violência; IV – a inclusão da vítima e de sua família natural, ampliada ou substituta nos atendimentos a que têm direito nos órgãos de assistência social; V – a inclusão da criança ou do adolescente, de familiar ou de noticiante ou denunciante em programa de proteção a vítimas ou a testemunhas; VI – no caso da impossibilidade de afastamento do lar do agressor ou de prisão, a remessa do caso para o juízo competente, a fim de avaliar a necessidade de acolhimento familiar, institucional ou colação em família substituta; VII – a realização da matrícula da criança ou do adolescente em instituição de educação mais próxima de seu domicílio ou do local de trabalho de seu responsável legal, ou sua transferência para instituição congênere, independentemente da existência de vaga.

Frisa-se que tanto o art. 20, *caput*, quanto o art. 21, *caput*, ambos da Lei n. 14.344/2022, contêm um rol exemplificativo de medidas protetivas, já que empregam a expressão "entre outras". Além de a enumeração das medidas protetivas recém vistas ser meramente exemplificativa, o poder geral de cautela do juízo autoriza que ele conceda **medidas atípicas**, desde que adequadas para tutelar os direitos do menor e respeitadoras dos direitos fundamentais da pessoa contra quem essas medidas são decretadas.

Ademais, a abertura interpretativa providenciada pela expressão "entre outras" deve levar em conta o parágrafo único do art. 6º desta Lei n. 13.431/2017: os "casos omissos nesta Lei serão interpretados à luz do disposto na Lei nº 8.069, de 13 de julho de 1990 (Estatuto da Criança e do Adolescente), na Lei nº 11.340, de 7 de agosto de 2006 (Lei Maria da Penha), e em normas conexas". Deve considerar também o art. 33 da própria Lei n. 14.344/2022: "Art. 33. Aos procedimentos regulados nesta Lei aplicam-se subsidiariamente, no que couber, as disposições das Leis nºs 8.069, de 13 de julho de 1990 (Estatuto da Criança e do Adolescente), 11.340, de 7 de agosto de 2006 (Lei Maria da Penha), e 13.431, de 4 de abril de 2017". Aqui, já é certa a conclusão sobre a possibilidade da aplicação de medidas protetivas previstas na Lei n. 11.340/2006, as quais se destinam às mulheres, em favor das crianças e adolescentes do sexo masculino. A interpretação teleológica leva a esse resultado, pois a vulnerabilidade presente no gênero feminino, em se tratando de violência doméstica, é equivalente à vulnerabilidade que acomete a criança e o adolescente vítimas ou testemunhas de violência, independentemente do seu gênero.

Nesse ponto, é necessário compreender que o rótulo "medida protetiva de urgência" não constitui uma classe fechada e específica de medidas cautelares previstas apenas na Lei n. 11.340/2006 ou na Lei n. 14.344/2022. A rigor, medida protetiva de urgência consiste em qualquer medida cautelar decretada pelo Poder Judiciário que visa resguardar a vítima, pessoa vulnerável, de um dano iminente que ela possa sofrer derivado de violência que lhe pode ser assacada por terceiro. Elas somente podem ser impostas pelo juízo porque envolvem severas restrições a direitos fundamentais das pessoas contra quem são decretadas.

O ECA e a Lei 10.741/2003 (Estatuto do Idoso) já previam "medidas de proteção" em favor das crianças ou adolescentes e dos idosos, respectivamente. Com bastante esforço hermenêutico, essas medidas, aliadas ao poder geral de cautelar do juízo, poderiam justificar a aplicação de restrições em favor de terceiros para garantir a segurança e o bem-estar dos menores e dos idosos, quando envolvidos como vítimas em situação de risco decorrente da prática de violência.

Contudo, a Lei n. 11.340/2006 inovou o ordenamento jurídico ao dispor sobre "medidas protetivas de urgência". Inicialmente, essas medidas aplicavam-se apenas para os casos de violência doméstica e familiar envolvendo a mulher como vítima. Num segundo momento, admitiu-se a aplicação de medida protetiva de urgência em favor de mulher integrante de casal homoafetivo ("Os dispositivos da Lei Maria da Penha são também aplicáveis às mulheres que, no uso de sua liberdade sexual, mantêm relacionamentos homoafetivos. É dizer: a lei não desampara a mulher pelo fato de sua relação íntima estabelecer-se com pessoa do mesmo sexo, sendo certo que conclusão diversa seria absolutamente inconstitucional" – TJDFT, 2ª T. Crim., RSE 20130710404924, Rel. Silvânio dos Santos, J. em 03/04/2014). Além disso, alguns Tribunais de Justiça passaram a deferir medidas protetivas de urgência em favor de homens, em relação homoafetiva, o que, todavia, não foi confirmado pelo STJ, que registra a seguinte "jurisprudência em teses": "3) O sujeito passivo da violência doméstica objeto da Lei Maria da Penha é a mulher, já o sujeito ativo pode ser tanto o homem quanto a mulher, desde que fique caracterizado o vínculo de relação doméstica, familiar ou de afetividade, além da convivência, com ou sem coabitação" (Edição n. 41: Violência doméstica e familiar contra a mulher; p. ex.: STJ, 5ª T., HC 277561/AL, Rel. Jorge Mussi, J. em 06/11/2014).

Na evolução legislativa sobre a matéria, sobreveio a Lei n. 12.403/2011, que acrescentou a seguinte hipótese de prisão preventiva, no art. 313, III, do CPP: "se o crime envolver violência doméstica e familiar contra a mulher, criança, adolescente, idoso, enfermo ou pessoa com deficiência, para garantir a execução das medidas protetivas de urgência". Vale dizer: desde que seja necessário para garantir o cumprimento de medida protetiva de urgência para criança e adolescente, entre outros personagens vulneráveis, cabe a prisão preventiva. A essa época, portanto, já era possível deferir medida protetiva de urgência prevista na Lei n. 11.340/2006 em favor de criança e adolescente, para cujo cumprimento, se necessário, era permitida a utilização da prisão preventiva (art. 313, III, do CPP).

Sucedeu a Lei 13.431/2017, que dispôs, no seu art. 6º, serem cabíveis, em favor de crianças e adolescentes em situação de violência, "medidas protetivas contra o autor da violência", utilizando-se, para os casos omissos, da interpretação sistemática com o ECA e com a Lei n. 11.340/2006. Essa disposição legislativa deve ser lida juntamente com o art. 13 da Lei n. 11.340/2006, que dispõe: "Ao processo, ao julgamento e à execução das causas cíveis e criminais decorrentes da prática de violência doméstica e familiar contra a mulher aplicar-se-ão as normas dos Códigos de Processo Penal e Processo Civil e da legislação específica relativa à criança, ao adolescente e ao idoso que não conflitarem com o estabelecido nesta Lei". Consolidou-se, assim, o **microssistema das medidas protetivas de urgência**, cujo deferimento em favor de crianças, adolescentes, idosos, portadores de necessidades especiais e mulheres se justifica com base no mesmo critério teleológico, qual seja, a **vulnerabilidade social** dessas pessoas. Essa vulnerabilidade justifica a aplicação complementar entre si das Leis n. 8.069/1990, n. 11.340/2006, 13.431/2017 e 14.344/2022. Então, onde estão previstas as medidas protetivas de urgência? Espalhadas pela legislação, no ECA, no Estatuto do Idoso, na Lei n. 13.431/2017 e na Lei n. 14344/2022, por exemplo, todas tendo por referência e parâmetro a Lei n. 11.340/2006. De todas essas Leis, a única que comporta aplicação *de per si*, sem necessitar do suporte previsto em outro diploma normativo, é a Lei n. 11.340/2006.

Essa autossuficiência da Lei n. 11.340/2006 quanto às medidas protetivas de urgência torna-a uma proposição jurídica completa. Segundo Larenz, a proposição jurídica "[a]ssocia à situação de facto circunscrita de modo geral, à 'previsão normativa', uma consequência jurídica, também ela circunscrita de modo geral. O sentido desta associação é que, sempre que se verifique a situação de facto indicada na previsão normativa, entra em cena a consequência jurídica".[14] Então, quando se verifica a situação de fato caracterizadora de violência doméstica contra a mulher, são cabíveis as medidas protetivas de urgência, que são consequências jurídicas cuja conceituação, no âmbito da Lei n. 11.340/2006, é completa.

Ao lado das proposições jurídicas completas, existem as incompletas[15], aquelas cuja força constitutiva depende da conexão com outras proposições jurídicas. Elas podem ser aclaratórias,

14 LARENZ, Karl. *Metodologia da ciência do direito*. Tradução de José Lamego. 3. ed. Lisboa: Fundação Calouste Gulbenkian, 1997. p. 351.

15 LARENZ, Karl. *Metodologia da ciência do direito*. Tradução de José Lamego. 3. ed. Lisboa: Fundação Calouste Gulbenkian, 1997. p. 359-365.

quando explicam um conceito contido em outra proposição jurídica; restritivas, que contêm uma ordenação negativa de vigência ("não vigora") que só se torna compreensível em conjugação com outra proposição jurídica; e remissivas, quando a consequência jurídica de uma previsão é determinada mediante remissão para a consequência jurídica de outra norma. Nas proposições jurídicas remissivas, sucede uma "aplicação correspectiva", segundo a qual os elementos singulares da previsão regulados mediante remissão e os da previsão a cuja consequência jurídica se remete "devem pôr-se em relação uns com os outros, de modo a que *aos elementos que devam ser considerados semelhantes se associe a mesma consequência jurídica*" (grifos nossos).

Com base nessa classificação proposta por Larenz, constata-se que a Lei n. 11.340/2006, na parte em que dispõe sobre as medidas protetivas de urgência, é uma proposição jurídica completa, pois apresenta todos os traços necessários à conceituação e à aplicação dessas medidas. Já os outros diplomas legislativos, quando se referem a medidas protetivas, se caracterizam como proposições jurídicas remissivas, pois remetem, mesmo que de forma implícita, a conceituação dessas medidas à Lei n. 11.340/2006. Vale dizer: para viabilizar a aplicação das medidas protetivas previstas na Lei n. 13.431/2017 e em outros diplomas normativos, é necessária a remissão, em alguma medida, à Lei n. 11.340/2006. No tocante à "aplicação correspectiva" abordada no parágrafo anterior, a semelhança existente entre as medidas protetivas previstas em todas as Leis até agora citadas – o que justifica a aplicação da mesma consequência jurídica – consiste na finalidade dessas medidas: proteger **sujeitos socialmente vulneráveis** (mulheres, idosos, portadores de necessidades especais, crianças e adolescente).

Então, sempre que se tratar da aplicação de medida protetiva de urgência, as leis acima referidas interagem reciprocamente entre si, complementando-se. Assim, por exemplo, não obstante a redação do art. 21 desta Lei n. 13.431/2017 limite a postulação das medidas protetivas à autoridade policial e à fase de investigação, é certo que o Ministério Público tem legitimidade para requerer a aplicação de todas as medidas em favor do menor, tanto na fase investigativa quanto na fase judicial, principalmente com base no art. 16 da Lei n. 14.344/2022[16].

O **descumprimento de medida protetiva** decretada em favor de criança e adolescente pode justificar a **prisão preventiva**? Sim, pelo art. 313, III, do CPP, que não se cumula com o inciso I, é cabível a prisão preventiva do investigado ou do réu, se o crime envolver violência doméstica e familiar contra criança e adolescente, desde que a medida seja necessária para *garantir a execução das medidas protetivas de urgência*. Na hipótese, a prisão preventiva não é automática, devendo ser avaliada, no caso concreto, a sua necessidade para cumprir a medida protetiva de urgência decretada em favor de criança ou adolescente. Ademais, a Lei n. 14.344/2022, nos seus artigos 17 e 21, III, admite a utilização da prisão preventiva como medida protetiva de urgência à vítima; então, se o agente descumprir uma medida protetiva que não implica privação de liberdade, o juízo poderá decretar a sua prisão preventiva.

O **descumprimento de medida protetiva** decretada em favor de criança e adolescente constitui **crime**? Antes do crime tipificado no art. 24-A da Lei n. 11.340/2006, a jurisprudência não admitia a caracterização dos crime de desobediência (art. 330 do CP) ou de desobediência de decisão judicial (art. 359 do CP): "A jurisprudência desta Corte Superior de Justiça firmou-se

16 Art. 16. As medidas protetivas de urgência poderão ser concedidas pelo juiz, a requerimento do Ministério Público, da autoridade policial, do Conselho Tutelar ou a pedido da pessoa que atue em favor da criança e do adolescente.

§ 1º As medidas protetivas de urgência poderão ser concedidas de imediato, independentemente de audiência das partes e de manifestação do Ministério Público, o qual deverá ser prontamente comunicado.

§ 2º As medidas protetivas de urgência serão aplicadas isolada ou cumulativamente e poderão ser substituídas a qualquer tempo por outras de maior eficácia, sempre que os direitos reconhecidos nesta Lei forem ameaçados ou violados.

§ 3º Poderá o juiz, a requerimento do Ministério Público ou do Conselho Tutelar, ou a pedido da vítima ou de quem esteja atuando em seu favor, conceder novas medidas protetivas de urgência ou rever aquelas já concedidas, se entender necessário à proteção da vítima, de seus familiares e de seu patrimônio, ouvido o Ministério Público.

no sentido de que o descumprimento de medidas protetivas deferidas em favor da vítima, com base na Lei Maria da Penha, não caracteriza a ocorrência dos delitos de desobediência ou desobediência à decisão judicial sobre perda ou suspensão de direito, previstos respectivamente nos arts. 330 e 359, ambos do Código Penal. Há cominação específica para o não cumprimento de medida protetiva de urgência nas hipóteses em que o delito envolver violência doméstica, conforme os termos do art. 313, III, do Código de Processo Penal" (STJ, 6ª T., HC 314.669/RS, Rel. Ericson Maranho, J. em 18/02/2016).

Sobreveio a Lei n. 13.641/2018, que instituiu o tipo do art. 24-A da Lei n. 11.340/2006, o qual criminaliza a conduta do agente que descumpre "decisão judicial que defere medidas de protetivas de urgência previstas nesta Lei". As primeiras discussões apresentadas, na comunidade jurídica, negaram a possibilidade da aplicação do art. 24-A da Lei n. 11.340/2006 ao descumprimento das medidas protetivas concedidas a crianças e adolescente com base na Lei n. 13.431/2017[17]. A fundamentação era simples: vedação da aplicação analógica do art. 24-A da Lei n. 11.340/2006, que só se referiria à mulher vítima de violência doméstica, às crianças e aos adolescentes. Não obstante, nas edições anteriores desta obra, sustentou-se, em posição própria, que o descumprimento de medida protetiva deferida em favor de criança e adolescente constituía crime, com base na interpretação sistemática entre as leis que dispõem a respeito de medidas protetivas de urgência (Lei n. 11.340/2006; Lei n. 12403/2011, que alterou as medidas cautelares no CPP; Lei n. 13.431/2017, que previu medidas protetivas para crianças e adolescentes; e a Lei n. 13.641/2018, que instituiu o crime tipificado no art. 24-A da Lei n. 11.340/2006).

Essa discussão, atualmente, perdeu o sentido, pois o art. 25 da Lei n. 14.344/2022 tipificou a conduta de "[d]escumprir decisão judicial que defere medida protetiva de urgência prevista nesta Lei", cuja pena, de detenção, varia entre três meses e dois anos.

Outra novidade da Lei n. 13.431/2017 foi a previsão da escuta especializada e do depoimento especial, regulamentados nos arts. 7º a 12. Essas medidas justificam-se para evitar a inquirição do menor no ambiente opressor representado pelo fórum, sobretudo o criminal. Ademais, essas novas formas de oitiva buscam evitar a revitimização decorrente da violência institucional, pois, sem o emprego de técnica adequada, a oitiva da criança e do adolescente sobre violência pode acarretar mais trauma a eles.

Essa nova forma de oitiva do menor vítima ou testemunha de violência prevista pela Lei n. 13.431/2017 já era praticada no âmbito judicial, embora não contasse com a respectiva regulamentação legal. O "depoimento sem dano", cuja estrutura básica deu origem ao depoimento especial previsto no art. 8º, nasceu no âmbito da justiça estadual gaúcha.[18] Posteriormente, o CNJ expediu a Recomendação-CNJ n. 33/2010, pela qual recomendou aos tribunais a "criação de serviços especializados para escuta de crianças e adolescentes vítimas ou testemunhas de violência nos processos judiciais", mediante a utilização da técnica do depoimento sem dano, cujo procedimento, atualmente, é muito assemelhado ao descrito no art. 12. E o aproveitamento do "depoimento sem dano" como prova antecipada já fora admitido pelo STF, em 2014 (STF, 2ª T., RHC 121494/RS, Rel. Teori Zavascki, J. em 04/11/2014).

A **escuta especializada** (art. 7º) consiste na entrevista sobre a situação de violência com criança ou adolescente, na condição de testemunha ou vítima, perante órgão da rede de proteção, limitado o relato estritamente ao necessário para o cumprimento da sua finalidade, que é o cuidado do menor. Esclarece-se que a finalidade primordial da escuta especializada consiste na proteção

17 Vide, por exemplo: ÁVILA, Thiago André Pierobom. O novo crime de descumprimento de medidas protetivas de urgência: primeiras considerações. 2018. Disponível em: http://www.compromissoeatitude.org.br/o-novo-crime-de-descumprimento-de-medidas-protetivas-de-urgencia-primeiras-consideracoes-por-thiago-pierobom-de-avila/. Acesso em: 15 nov. 2018.

18 CEZAR, José Antônio Daltoé. *Depoimento sem dano*: uma alternativa para inquirir crianças e adolescentes nos processos judiciais. Porto Alegre: Livraria do Advogado, 2007.

integral do menor que é vítima ou testemunha de violência. Essa conclusão é corroborada pelo art. 19, § 4º, do Decreto n. 9.603/2018: "A escuta especializada não tem o escopo de produzir prova para o processo de investigação e de responsabilização, e fica limitada estritamente ao necessário para o cumprimento de sua finalidade de proteção social e de provimento de cuidados".

A escuta especializada é caracterizada pela informalidade e rapidez na sua confecção. Por exemplo: uma criança é encaminhada pela escola onde estuda para o Conselho Tutelar a fim de ela relatar, aos conselheiros, o contexto de crime sexual de que fora vítima na sua residência e que revelara, inicialmente, aos seus professores. O objetivo desse relato consistirá apenas em providenciar elementos mínimos suficientes para o Conselho Tutelar atuar na forma do art. 136 do ECA. Por isso, em leitura própria, sustenta-se que, na escuta especializada, o entrevistador deve evitar perguntas diretas e específicas sobre a situação de violência de que foi vítima o menor, muito menos explorar detalhes sobre essa violência. Se assim proceder, o entrevistador desborda dos limites e objetivos da escuta especializada – cuidado do menor – e pode inclusive contaminar a inquirição do menor que será realizada em sede de depoimento especial.[19] Nesse sentido, como o objetivo da escuta especializada não consistente na produção de provas para o processo criminal, "os profissionais da saúde e da assistência social não devem obter um relato exaustivo das vítimas sobre o que ocorreu com fins de investigação, até porque isto não é finalidade dessas instituições".[20]

Na medida em que a escuta especializada não exige a presença do suposto autor do fato para estabelecer o contraditório e sequer do Ministério Público, as informações obtidas com essa medida terão escasso valor probatório. Apesar disso, para poder aproveitar alguma informação colhida em sede de escuta especializada para fins da condenação do réu, será necessário corroborá-la na fase judicial, perante o juiz natural, com o direito de presença e de participação do réu, franqueando a este o contraditório e a ampla defesa. Por isso, discorda-se de Digiácomo, para quem a escuta especializada tem o mesmo valor probatório do que o depoimento especial, podendo inclusive substituí-lo.[21]

O **depoimento especial**, segundo o art. 8º, "é o procedimento de oitiva de criança ou adolescente vítima ou testemunha de violência perante autoridade policial ou judiciária". Diversamente da escuta especial, o depoimento especial tem a "finalidade de produção de prova", como referido no art. 22, *caput*, do Decreto n. 9.603/2018. Embora não esteja dito no artigo 8º já referido, uma vez que o depoimento especial pode ser realizado perante a autoridade policial[22], na fase investigativa, ele também pode ser realizado pelo Ministério Público, o qual tem capacidade investigatória (súmula n. 234 do STJ), quando conduz um PIC (procedimento investigatório criminal), por exemplo.[23]

---

19 Para não contaminar o futuro depoimento especial do menor vítima, Luciane Pötter sustenta que, em sede de escuta especializada, o "Conselho Tutelar deve ouvir a família e outras pessoas. Se possível, não ouvir a vítima ou testemunha de violência para não contaminar a fala. Essa é a escuta especializada da rede de proteção onde o relato deverá ser limitado ao necessário para encaminhar e proteger. Ela falará em Depoimento Especial, que é o local para investigação dos fatos" (PÖTTER, Luciana. Lei nº 13.431/2017: A escuta protegida e os desafios da implantação do sistema de garantias de direitos para crianças e adolescentes vítimas ou testemunhas de violência. *In:* PÖTTER, Luciana (Org.). *A escuta protegida de crianças e adolescentes*: os desafios da implementação da Lei nº 13.431/2017. Porto Alegre: Livraria do Advogado, 2019, p. 25-48. p. 33).

20 SCHAEFER, Luziana Souto; MIELE, Adriana. O impacto da Lei 13.431/2017 na atuação do(a) psicólogo(a) em casos de suspeita de violência contra crianças e adolescentes. In: PÖTTER, Luciana (Org.). *A escuta protegida de crianças e adolescentes*: os desafios da implementação da Lei nº 13.431/2017. Porto Alegre: Livraria do Advogado, 2019, p. 91-102. p. 96.

21 DIGIÁCOMO; Murillo José; DIGIÁCOMO, Eduardo. *Comentários à Lei nº. 13.431/2017*. Curitiba: Ministério Público do Estado do Paraná, 2018. Recurso eletrônico. Disponível em: http://www.crianca.mppr.mp.br/arquivos/File/publi/caopca/lei_13431_comentada_jun2018.pdf. Acesso em: 7 nov. 2018. p. 24.

22 A autoridade policial tanto pode colher o depoimento especial que o art. 20, § 3º, remete ao art. 14 (houve erro na Lei, pois o correto seria que ela remetesse ao art. 12.

23 Trata-se do mesmo entendimento de um dos considerandos da Resolução CNMP n. 287/2024: "Considerando a possibilidade de coleta de depoimento especial no âmbito investigativo, nos termos do art. 8º da Lei nº 13.431/2017, e

O depoimento especial, contudo, não pode ter a sua **produção determinada pelo juízo, de ofício**, na fase investigatória. A atuação do magistrado, na fase administrativa da investigação, justifica-se apenas para tutelar os direitos fundamentais do réu que venham a ser molestados, a exemplo da privacidade do lar residencial, na hipótese da busca e apreensão domiciliar. A produção de provas determinada de ofício pelo juízo, na fase investigativa, viola o sistema acusatório, no qual o julgador, o acusador e o defensor têm os seus papéis bem definidos. Na fase investigativa, portanto, a atribuição para provocar o depoimento especial é da polícia judiciária e do Ministério Público.

Diferentemente, na fase judicial, tendo em vista que o juízo é o destinatário das provas e deve formar a sua convicção para absolver ou condenar o réu, é franqueada a ele a produção de ofício de provas. Então, caso o Ministério Público e a defesa não requeiram a produção do depoimento especial, o juízo, visando sobretudo ao bem-estar do menor, pode determinar, *ex officio*, que este preste o depoimento especial.

Tampouco deve ser admitida a **participação do (futuro) assistente do Ministério Público** no depoimento especial produzido em caráter de prova antecipada na fase do inquérito policial (ou procedimento investigatório criminal). Na medida em que o assistente do Ministério Público pode intervir apenas em "todos os termos da ação pública" (art. 268, *caput*, do CPP) e porque, ao momento do depoimento especial produzido na fase investigativa, inexiste ação penal ainda, não deve ser admitida a admissão desse sujeito processual. Trata-se de entendimento clássico: a "figura do assistente da acusação só é possível após o recebimento da denúncia, quando a ação penal se encontra instaurada"[24], que já foi adotado pelo STJ: "É verdade ser inadmissível a intervenção do assistente de acusação na fase inquisitorial, o que somente poderá ocorrer após o recebimento da denúncia, quando então se instaura a ação penal, conforme dispõe o art. 268 do CPP" (STJ, 6ª T., HC 123365/SP, Rel. Og Fernandes, J. em 22/06/2010). No mesmo sentido: STJ, 5ª T., AgRg no RHC n. 160122/SC, Relator Reynaldo Fonseca, J. em 22/3/2022).

Por outro lado, observa-se que o depoimento especial concretiza, na justiça brasileira, o art. 12 da Convenção sobre os Direitos da Criança (promulgada pelo Decreto n. 99.710/1990): "1. Os Estados Partes assegurarão à criança que estiver capacitada a formular seus próprios juízos o direito de expressar suas opiniões livremente sobre todos os assuntos relacionados com a criança, levando-se devidamente em consideração essas opiniões, em função da idade e maturidade da criança. 2. Com tal propósito, se proporcionará à criança, em particular, a oportunidade de ser ouvida em todo processo judicial ou administrativo que afete a mesma, quer diretamente quer por intermédio de um representante ou órgão apropriado, em conformidade com as regras processuais da legislação nacional". Igualmente, o depoimento especial materializa o art. 5º, VI, desta Lei (Art. 5º A aplicação desta Lei, sem prejuízo dos princípios estabelecidos nas demais normas nacionais e internacionais de proteção dos direitos da criança e do adolescente, terá como base, entre outros, os direitos e garantias fundamentais da criança e do adolescente a: [...] VI - ser ouvido e expressar seus desejos e opiniões, assim como permanecer em silêncio). Além de ser meio de produção de prova, o depoimento especial consiste na forma de permitir ao menor ser ouvido em qualquer processo judicial, preservando-o, todavia, de danos que lhe possam advir dessa sua inquirição.

O depoimento especial é de **realização obrigatória**, "não se tratando de faculdade procedimental", exatamente como consta no art. 25 da Resolução CNJ n. 299/2019. Por isso, a "implantação das salas de depoimento especial é obrigatória em todas as comarcas do território

---

o reconhecido poder investigatório do Ministério Público, deve ser admitida a realização desta oitiva, de maneira excepcional, nos procedimentos investigatórios".

24 JESUS, Damásio de. *Código de Processo Penal Anotado*. 27. ed. São Paulo: Saraiva, 2015. p. 246.

nacional" (art. 7º da Resolução CNJ n. 299/2019). Resulta que o indeferimento de depoimento especial pelo juízo pode ser causa de inversão tumultuária do processo, portanto, pode e justificar o deferimento de correição parcial (TJRS, 5ª C. Crim., Correição Parcial 70083831321, Rel. Ivan Bruxel, J. em 04/03/2020; TJSP, 9ª C. Crim., Correição Parcial 2277641-85.2019.8.26.0000, Rel. Silmar Fernandes, J. em 05/03/2020); TJSE, C. Crim., Correição Parcial 202000324912 (n. único: 0008727-77.2020.8.25.0000), Rel. Ana dos Anjos, j. em 06/11/2020). No âmbito da justiça estadual, a regulamentação da correição parcial varia em cada Estado. Todavia, é comum a exigência de que, para o seu cabimento, o interessado tenha requerido ao juízo a reconsideração do ato atacado. Assim, recomenda-se que, tão logo haja o indeferimento do pedido de depoimento especial, o interessado já peça a reconsideração da decisão de forma a permitir o oferecimento da correição parcial.

Mesmo assim, a não observância das formalidades inerentes ao depoimento especial caracteriza **nulidade relativa**, a qual, por não ser presumida, somente pode ser reconhecida mediante a demonstração de prejuízo concreto ao réu. A razão para tanto está em que tais formalidades são instituídas no interesse do menor ouvido no depoimento especial, e não em favor do réu; logo, este não tem interesse de agir em questionar a não observância de uma formalidade que não lhe afeta, mas apenas ao menor.

A propósito, assim decidiu o STJ: "3. A inquirição especial de crianças e adolescentes vítimas ou testemunhas de violência a que alude a Recomendação 33 do CNJ constitui medida de proteção que deve ser utilizada, exclusivamente, em benefício da vítima, não sendo razoável admitir - diferentemente daquilo que pretende aqui a defesa - que a ausência de tal procedimento seja tomada em seu desfavor" (STJ, 5ª T., AgRg no AREsp n. 2.247.923/SP, Rel. Reynaldo Fonseca, j. em 25/4/2023). Em outra hipótese, o STJ não divisou nulidade na substituição do depoimento especial pela elaboração de prova pericial por equipe interprofissional, providência que "não ensejará prejuízo à preservação da vítima, além de minimizar os danos decorrentes da inquirição sobre os fatos" (STJ, 6ª T., AgRg no HC 663.307/DF, Rel. Olindo Menezes, J. em 24/08/2021).

Já sobre a possibilidade de o descumprimento das formalidades inerentes ao depoimento pessoal tipificar a conduta prevista no art. 15-A da Lei n. 13.869/2019, remete-se o leitor aos comentários sobre esse último crime contidos nesta obra.

Tanto a escuta especializada quanto o depoimento especial têm cabimento em processo de qualquer natureza[25], e não apenas no criminal. Segundo a literalidade dos arts. 7º e 8º e a teleologia da Lei n. 13.431/2017, se, exemplificativamente, em um processo civil envolvendo divórcio entre os pais, os filhos presenciaram situação de violência, cabe a realização do depoimento especial para a sua inquirição.

O art. 9º assegura que a "criança ou o adolescente será resguardado de qualquer contato, ainda que visual, com o suposto autor ou acusado, ou com outra pessoa que represente ameaça, coação ou constrangimento". Esse dispositivo coaduna-se ao art. 6º, § 7º, da Resolução CNMP n. 287/2024: "Deve o membro do Ministério Público, em qualquer hipótese, zelar para que a vítima não tenha contato, ainda que visual, com o autor ou acusado ou com qualquer outra pessoa que represente ameaça, coação ou constrangimento". Deve-se evitar o contato direto e indireto com qualquer pessoa que represente uma ameaça ao menor. Na hipótese, a assistência qualificada jurídica a que tem direito o menor (art. 5º, VII) exige que o Ministério Público ou

---

25 No mesmo sentido: MAGNO, Levy Emanuel (Org.). *Informativo criminal nº 11/novembro de 2017 CAO-Crim*. São Paulo: Ministério Público do Estado de São Paulo. p. 3-7. Disponível em: http://www.mpsp.mp.br/portal/page/portal/Criminal/Boletim_Semanal/CAOCrim%20informativo%20agosto%202018%20_1.pdf. Acesso em: 10 nov. 2018. p. 3; BRASIL. MINISTÉRIO PÚBLICO DO ESTADO DO MARANHÃO. Centro de Apoio Operacional da Infância e Juventude. Nota técnica nº 03/2017: Grupo de trabalho 'Escuta Especial'. Disponível em: https://www.mpma.mp.br/arquivos/COCOM/NT_03.2017_-_Grupo_de_Trabalho_-_Escuta_Especial.pdf. Acesso em: 7 nov. 2018. p. 3.

o outro órgão nomeado para tutelá-lo requeira o afastamento dessa pessoa, inclusive a título de medida protetiva. Por exemplo, se, no curso do seu depoimento especial, a presença da genitora da criança representa uma ameaça, considerando que a criança foi vítima de crime sexual perpetrado pelo companheiro da genitora, é possível o afastamento da mãe dessa vítima. Isso sói ocorrer nos casos em que a mãe, por medo de perder o seu companheiro, principalmente o sustento do lar que ele representa, se omite na proteção do seu filho.

Segundo o art. 11, o depoimento especial será realizado **apenas uma vez**, em sede de produção antecipada de provas.[26] Dessa maneira, evita-se a violência institucional que revitimiza o menor, pois: o menor é inquirido na data mais próxima do fato de que foi vítima ou que presenciou; diante da proximidade do fato, a inquirição tende a ser mais breve, pela vivacidade dos fatos na mente do menor; impede-se a inquirição sucessiva do menor por diferentes órgãos do Estado. Aliás, dispõe o art. 5º da Resolução CNMP n. 287/2024 que o "membro do Ministério Público com atribuição criminal, infracional ou cível deve, sempre que necessário o depoimento especial e com brevidade, promover o ajuizamento de ação cautelar de produção antecipada de provas em ação própria ou incidental na denúncia ou representação, ou na petição inicial, notadamente nas hipóteses obrigatórias previstas no art. 11, §1º, I e II, da Lei nº 13.431/2017, como forma de evitar a revitimização, preservar a qualidade da prova e prevenir o prejuízo causado pela ação do tempo ou de contaminações à memória".

Permite-se a tomada de novo depoimento especial apenas se essa medida for imprescindível e se houver a concordância da vítima ou testemunha a ser novamente inquirida (art. 11, § 2º). Confira-se o entendimento do STJ a respeito: "V - A renovação da oitiva da suposta vítima, tal como pretendida pelos impetrantes, é expressamente dissuadida pela Lei. n. 13.431/2017, a qual estabelece, em seu artigo 11, § 2º, que não será admitida a tomada de novo depoimento especial, salvo quando justificada a sua imprescindibilidade pela autoridade competente e houver a concordância da vítima ou da testemunha, ou de seu representante legal" (STJ, 5ª T., HC 640.508/SP, Rel. Félix Fischer, J. em 06/04/2021).

Reitera-se que a vítima ou testemunha tem direito ao silêncio (art. 5º, VI), razão por que devem ser envidados esforços investigativos para que o "depoimento especial não seja o único meio de prova para o julgamento do réu" (art. 22).

O depoimento especial preserva as declarações prestadas em sede administrativa ou em juízo como meio importante de prova, sem que signifique uma extensão dos danos já causados pela ação delituosa.[27]

Igualmente, é direito do menor prestar o depoimento diretamente ao magistrado (art. 12, § 1º), hipótese em que "deverá ser observado o protocolo de entrevista forense" (art. 23 da Resolução CNJ n. 299/2019). Essa providência exige cautela, no entanto, porque depende da constatação da aptidão do menor para dispensar toda a estrutura do depoimento especial. Se o depoimento do menor diretamente ao magistrado for mais prejudicial do que o depoimento especial, este deve prevalecer.

A **não realização do depoimento especial a pedido do menor**, quando este prefere ser ouvido diretamente pelo juízo, não constitui nulidade, justamente porque é direito – e não

26 "Então, o Depoimento Especial Antecipado deverá ser a regra, e não a exceção, pois está previsto que ele seja prestado uma única vez, e como prova antecipada" (ROCHA, Maria Isabel de Matos. *"Depoimento Especial" de Crianças e Adolescentes Vítimas de Violência Sexual*: a experiência do Estado de Mato Grosso do Sul. p. 13. Disponível em: https://www.enfam.jus.br/wp-content/uploads/2017/04/ARTIGO-Depoimento-Especial-MARIA-ISABEL-ROCHA.R5K.pdf. Acesso em: 7 nov. 2018).

27 VALSANI, Anna Gesteira Bäurlein Lerche; MATOSINHOS, Izabella Drumond. Depoimento sem dano e as inovações trazidas pela Lei nº. 13.431/2017. *Revista Acadêmica Escola Superior do Ministério Público do Ceará*, Fortaleza, a. IX, n. 2, p. 11-31, 2017. Disponível em: http://www.mpce.mp.br/institucional/esmp/biblioteca/revista-eletronica/revista-academica/revista-2017-ano-ix-numero-2-semestral/. Acesso em: 7 nov. 2018. p. 25.

dever – do menor prestar o seu depoimento diretamente ao magistrado. Assim decidiu o STJ: "2. Os mecanismos de "Escuta Especializada" estão colocados à disposição e discricionariedade das vítimas e testemunhas de violência para o seu devido resguardo, não sendo plausível o reconhecimento de suposta nulidade em virtude da sua não realização, quando a vítima ou testemunha efetivamente deseja depor perante o Juízo, como ocorreu na espécie, não se podendo retirar a validade das declarações colhidas perante o magistrado, mormente quando respeitados o contraditório e a ampla defesa. 3. Nos termos do parecer do Ministério Público Federal, a inquirição especial a que alude a Recomendação n. 33/CNJ constitui "medida de proteção que deve ser utilizada, exclusivamente, em benefício da vítima, não sendo razoável admitir - diferentemente daquilo que pretende aqui a Defesa - que a ausência de tal procedimento seja tomada em seu desfavor" (STJ, 6ª T., HC 422.635/SP, Rel. Antonio Palheiro, J. em 26/02/2019).

O depoimento especial será produzido em caráter de **produção antecipada de prova** (art. 156, I, do CPP). É desnecessária maior fundamentação para a antecipação da prova, já que a Lei n. 13.431/2017 não condiciona essa medida a nenhum requisito especial; basta, simplesmente, que a testemunha ou vítima que tenha presenciado a situação de violência tenha menos de 7 anos de idade ou, independentemente da idade, que o caso cuide de violência sexual (art. 11, § 1º). Atente-se: "Em caso de violência sexual, a referida Lei [Lei n. 13431/2017] não impõe limite de idade da vítima a ser ouvida" (TJRS, 5ª C. Crim., Apelação Crime 70081602401, Rel. Lizete Sebben, J. em 03/07/2019). Assim, afasta-se do depoimento especial a aplicação da *ratio* da Súmula n. 455 do STJ ("A decisão que determina a produção antecipada de provas com base no art. 366 do CPP deve ser concretamente fundamentada, não a justificando unicamente o mero decurso do tempo").

No rito cautelar da produção antecipada de prova judicial, importa observar o **contraditório**. Este pode ser exercido de forma concomitante à produção da prova. Por exemplo, se já houver identificação do suposto autor da violência, ele deve ser intimado para, com o seu advogado, acompanhar a produção do depoimento especial, dele participando ativamente, inclusive mediante perguntas a serem realizadas pelo seu causídico. A propósito, o "membro do Ministério Público deve zelar pela cientificação do investigado, oportunizando-lhe a constituição de advogado ou nomeação de defensor pelo juízo, caso não constitua, visando a assegurar o necessário contraditório real na produção antecipada de prova".

A ausência de intimação do suposto autor da violência já identificado conduz à nulidade da prova colhida em sede de antecipação de prova. Também há nulidade – absoluta, segundo o TJRS – no caso do investigado preso que não é conduzido pela escolta para participar da audiência de produção antecipada de prova (TJRS, 6ª C. Crim., Correição Parcial 70080171796, Rel. Vanderlei Kubiak, J. em 30/01/2019).

Por outro lado, o contraditório pode ser diferido, postergado ou retardado. Nesse caso, a parte contra quem foi produzida a prova pode contraditá-la, mas após a sua produção. Por exemplo, se ainda não é conhecida a identidade do suposto autor da violência, o juízo deve nomear um defensor dativo para acompanhar o depoimento especial, facultando-lhe perguntas, inclusive. Após o oferecimento da denúncia, deve-se permitir ao réu a possibilidade de questionar a forma e o conteúdo da prova colhida no depoimento especial, mas sem a necessidade de repetir essa prova.

O art. 12, complementado pelo art. 26 do Decreto n. 9.603/2018[28], apresenta o procedimento a ser seguido para ao depoimento especial. Impõe-se igualmente a observância das

28 Art. 26. O depoimento especial deverá ser conduzido por autoridades capacitadas, observado o disposto no art. 27, e realizado em ambiente adequado ao desenvolvimento da criança ou do adolescente.

§ 1º A condução do depoimento especial observará o seguinte:

I - os repasses de informações ou os questionamentos que possam induzir o relato da criança ou do adolescente deverão ser evitados em qualquer fase da oitiva;

recomendações técnicas do Protocolo Brasileiro de Entrevista Forense (art. 8º da Resolução CNJ n. 299/2019). Esse *iter* deve ser aplicado se a medida for realizada pela polícia judiciária ou pelo Ministério Público, na fase investigativa e, igualmente, para a escuta especializada (art. 7º), no que for possível e compatível com a urgência dessa medida. Eventual descumprimento da forma exigida caracteriza nulidade relativa, a depender da demonstração efetiva do prejuízo.[29]

No início da medida, o técnico especializado explica à criança ou ao adolescente a finalidade do ato e que ele é gravado em áudio e vídeo e transmitido em tempo real ao juiz e demais participantes do processo, que se encontram em outro recinto. Frisa-se que o depoente deve ser avisado sobre a gravação (art. 5º, V). Veda-se a leitura da denúncia, se esta já existir, pois o objetivo é colher o relato livre da vítima. Concluída a narrativa livre do menor, "o juiz, após consultar o Ministério Público, o defensor e os assistentes técnicos, avaliará a pertinência de perguntas complementares, organizadas em bloco" (art. 12, V). O art. 22 da Resolução CNJ n. 299/2019 pontua que o "magistrado deverá velar para que as perguntas formuladas pelas partes sejam concentradas tanto quanto possível em apenas um bloco". O profissional especializado que acompanha o menor "poderá adaptar as perguntas à linguagem de melhor compreensão da criança ou do adolescente" (art. 12, VI). A liberdade desse profissional especializado em adaptar as perguntas e até mesmo negar-se a fazer aquelas que, segundo o seu juízo técnico, implicam grave dano ao menor, é ampla e está amparada no art. 5º, VII, e no art. 151, *in fine*, do ECA.

Exemplifica-se a realização do depoimento especial: a vítima passa por uma entrevista prévia com um psicólogo, que a prepara para, em outra oportunidade, falar a respeito do(s) fato(s); no dia da inquirição, juiz de direito, promotor de justiça, defensor e, se quiser, o réu comparecem; então, em uma sala separada, eles têm acesso audiovisual, por intermédio de câmeras, à sala onde se encontra a vítima acompanhada de um psicólogo; após o livre relato prestado pela vítima, o juiz de direito presidente do ato permite que, primeiramente, o Ministério Público, após, a defesa, direcionem perguntas, por intermédio de um "ponto de escuta", ao psicólogo, o qual reformula o bloco de questões que lhe foi transmitido em termos mais apropriados para o menor, de forma a não o revitimizar.

O depoimento especial tramitará em segredo de justiça (art. 12, § 6º).

Art. 24. Violar sigilo processual, permitindo que depoimento de criança ou adolescente seja assistido por pessoa estranha ao processo, sem autorização judicial e sem o consentimento do depoente ou de seu representante legal.

Pena - reclusão, de 1 (um) a 4 (quatro) anos, e multa.

II - os questionamentos que atentem contra a dignidade da criança ou do adolescente ou, ainda, que possam ser considerados violência institucional deverão ser evitados;

III - o profissional responsável conduzirá livremente a oitiva sem interrupções, garantida a sua autonomia profissional e respeitados os códigos de ética e as normas profissionais;

IV - as perguntas demandadas pelos componentes da sala de observação serão realizadas após a conclusão da oitiva;

V - as questões provenientes da sala de observação poderão ser adaptadas à linguagem da criança ou do adolescente e ao nível de seu desenvolvimento cognitivo e emocional, de acordo com o seu interesse superior; e

VI - durante a oitiva, deverão ser respeitadas as pausas prolongadas, os silêncios e os tempos de que a criança ou o adolescente necessitarem.

§ 2º A oitiva deverá ser registrada na sua íntegra desde o começo.

§ 3º Em casos de ocorrência de problemas técnicos impeditivos ou de bloqueios emocionais que impeçam a conclusão da oitiva, ela deverá ser reagendada, respeitadas as particularidades da criança ou do adolescente.

29 DIGIÁCOMO; Murillo José; DIGIÁCOMO, Eduardo. *Comentários à Lei nº. 13.431/2017*. Curitiba: Ministério Público do Estado do Paraná, 2018. Recurso eletrônico. Disponível em: http://www.crianca.mppr.mp.br/arquivos/File/publi/caopca/lei_13431_comentada_jun2018.pdf. Acesso em: 7 nov. 2018. p. 47.

BEM JURÍDICO TUTELADO

O bem jurídico tutelado consiste na integridade psíquica e moral da criança e do adolescente, bem como na sua dignidade, que são violadas quando o sigilo do depoimento especial prestado na fase judicial é violado.

SUJEITOS DO CRIME

O crime é comum, podendo ser cometido por qualquer pessoa que tenha acesso regular ao depoimento. O sujeito ativo pode ser o juiz ou servidor público que participe do depoimento especial e que permita que uma terceira pessoa, sem autorização judicial e sem o consentimento do depoente, assista ao depoimento que ocorre. O sujeito ativo também pode ser o membro do Ministério Público ou o advogado que permitam que terceira pessoa tenha acesso à gravação do depoimento especial contida no processo cuja carga esteja consigo. Também pode ser sujeito ativo o próprio profissional especializado que acompanha o depoimento especial e que, sem a autorização judicial e a do depoente, permita que pessoa estranha assista ao ato, tanto no momento em que é realizado quanto posteriormente, mediante acesso à gravação.

O sujeito passivo é a criança ou adolescente que presta o depoimento especial. O Estado também figura como vítima desse crime.

CONDUTAS

A conduta típica consiste em *violar* (transgredir, infringir) o sigilo do depoimento especial prestado pela criança ou adolescente durante a fase judicial. A forma dessa violação vem estabelecida pela própria Lei: a violação ocorre apenas quando o sujeito ativo permite que terceira pessoa, sem a autorização do juízo e sem o consentimento do menor depoente, assista ao depoimento especial prestado por este. O sigilo pode ser violado tanto no momento em que o depoimento é prestado, ao vivo, como depois de realizado, quando se franqueia o acesso de terceiro não autorizado à gravação do depoimento especial. Qualquer outra conduta que não seja permitir que um terceiro assista ao depoimento especial é atípica ou caracteriza outro crime.

A interpretação teleológica do art. 24, cuja finalidade é a tutela da integridade psíquica e moral bem como da dignidade do depoente menor, exige que se amplifique a proteção ao seu bem jurídico. Por essa razão, além da leitura óbvia do art. 24, que proíbe que terceiro não autorizado assista ao depoimento especial enquanto ele é realizado, deve-se extrair desse artigo legal a proibição de que terceiro, sem autorização, tenha acesso à gravação do depoimento especial, a qual é de obrigatória realização (art. 12, VI). Nessa segunda hipótese, o dano que se quer evitar é o mesmo: seja assistindo ao depoimento especial ao vivo, seja assistindo por intermédio da gravação, a dignidade do menor depoente é atingida. Não se trata, aqui, de interpretação ampliativa do tipo previsto no art. 24; trata-se de simples interpretação literal do verbo "assistir", o qual, segundo o Dicionário Aurélio, equivale a "[a]companhar visualmente; ver, testemunhar", como no exemplo de "assistir a uma sessão de cinema".[30]

A autorização judicial e o consentimento do depoente para que terceiro assista ao depoimento especial são causas de atipicidade.

O objeto material sobre o qual recai a conduta é o depoimento especial prestado pela criança ou adolescente, na fase judicial. O depoimento especial pode ter sido prestado em qualquer espécie de processo judicial, tanto criminal quanto civil. Já se explicou, mais acima, a possibilidade de o depoimento especial ser realizado em um processo civil. Ademais, há a

30 FERREIRA, Aurélio Buarque de Holanda. *Miniaurélio Eletrônico versão 5.12*. São Paulo: Positivo, 2004. Recurso eletrônico

possibilidade de o depoimento especial, que justamente deve ser prestado apenas uma vez, ser "emprestado" do processo criminal, onde originalmente realizado, para o processo civil. Esse empréstimo é objeto do art. 6º da Resolução CNJ n. 299/2019, que diz que o Poder Judiciário deverá "regulamentar a forma de compartilhamento de provas entre distintas jurisdições que possam vir a tomar decisões a partir dos mesmos fatos, notadamente varas criminais, de família, da infância e da juventude, evitando a necessidade de repetição da prova e causação de violência institucional". O art. 24 dessa mesma Resolução também dispõe que: "O depoimento especial deverá ser gravado em sua integralidade para preservar seu teor e permitir, mediante autorização judicial, sua utilização em outros processos judiciais que tenham, ainda que parcialmente, a situação de violência como objeto".

Diante da literalidade do art. 24, percebe-se que apenas a violação do sigilo do depoimento especial prestado na fase judicial tipifica o crime em questão; em caso de depoimento especial prestado na fase investigativa, perante a polícia judiciária ou o Ministério Público, a violação do respectivo sigilo não caracteriza o crime sob estudo, mas pode tipificar o crime do art. 325 do CP, se o sujeito ativo tiver acesso ao depoimento especial por força do seu cargo; ou o crime do art. 154 do CP, se o sujeito ativo tiver acesso ao depoimento especial em razão de função, ministério, ofício ou profissão. Também a revelação verbal do depoimento especial (ex.: um dos participantes da audiência conta a terceiro o que foi revelado no depoimento especial) não tipifica este art. 24, mas o art. 325 ou o art. 154, ambos do CP.

No conflito aparente entre este art. 24 e os arts. 154 e 325, ambos do CP, deve-se atentar para a diferença significativa entre os verbos nucleares. O art. 24 é muito mais restrito, pois incrimina apenas a conduta do sujeito ativo que permite que terceira pessoa, sem autorização do juízo e consentimento do menor, assista ao depoimento especial. Já os arts. 154 e 325, ambos do CP, incriminam a conduta de revelar (o art. 325 do CP também tipifica a ação de facilitar a revelação) de segredo. "Revelar" é muito mais amplo e pode ser praticado por variadas formas.

VOLUNTARIEDADE

O crime do art. 24 é doloso. Não há previsão de finalidade especial (elemento subjetivo específico) na conduta do agente tampouco de culpa.

CONSUMAÇÃO E TENTATIVA

A consumação ocorre a partir do momento em que o terceiro assiste ao depoimento especial, seja ao vivo, enquanto ele é realizado, seja por intermédio da sua gravação. Trata-se de crime formal, que independe de qualquer dano naturalístico ao sujeito passivo.

Cuidando-se de crime plurissubsistente, a tentativa (*conatus*) é possível.

AÇÃO PENAL

Diante do silêncio da lei, a ação penal neste crime é pública incondicionada (v. art. 24 do CPP).

O presente crime configura infração de médio potencial ofensivo, pois, apesar de permitir o benefício da suspensão condicional do processo em razão de a pena mínima ser igual a um ano (art. 89 da Lei n. 9.099/95), a pena máxima é superior a dois anos, o que afasta a competência do Juizado Especial Criminal (art. 61 da Lei n. 9.099/95). Observada a pena mínima, tem cabimento do acordo de não persecução penal.

A competência material será, em regra, da Justiça Estadual. Será competente a Justiça Federal se o depoimento especial houver sido prestado perante a Justiça Federal.

BIBLIOGRAFIA CONSULTADA

ÁVILA, Thiago André Pierobom. *O novo crime de descumprimento de medidas protetivas de urgência*: primeiras considerações. 2018. Disponível em: http://www.compromissoeatitude.org.br/o-novo-crime-de-descumprimento-de-medidas-protetivas-de-urgencia-primeiras-consideracoes-por-thiago-pierobom-de-avila/. Acesso em: 15 nov. 2018.

BRASIL. MINISTÉRIO PÚBLICO DO ESTADO DO MARANHÃO. Centro de Apoio Operacional da Infância e Juventude. *Nota técnica nº 03/2017*: Grupo de trabalho 'Escuta Especial'. Disponível em: https://www.mpma.mp.br/arquivos/COCOM/NT_03.2017_-_Grupo_de_Trabalho_-_Escuta_Especial.pdf. Acesso em: 7 nov. 2018.

CEZAR, José Antônio Daltoé. *Depoimento sem dano*: uma alternativa para inquirir crianças e adolescentes nos processos judiciais. Porto Alegre: Livraria do Advogado, 2007.

CORDEIRO, Cristiana de Faria. Aprendendo a ouvir. *In*: PÖTTER, Luciana (Org.). *A escuta protegida de crianças e adolescentes*: os desafios da implementação da Lei nº 13.431/2017. Porto Alegre: Livraria do Advogado, 2019, p. 127-144.

DIGIÁCOMO; Murillo José; DIGIÁCOMO, Eduardo. *Comentários à Lei nº. 13.431/2017*. Curitiba: Ministério Público do Estado do Paraná, 2018. Recurso eletrônico. Disponível em: http://www.crianca.mppr.mp.br/arquivos/File/publi/caopca/lei_13431_comentada_jun2018.pdf. Acesso em: 7 nov. 2018.

FERREIRA, Aurélio Buarque de Holanda. *Miniaurélio Eletrônico versão 5.12*. São Paulo: Positivo, 2004. Recurso eletrônico.

HASSEMER, Winfried; MUÑOZ CONDE, Francisco. *Introducción a la Crimonología y a la Política Criminal*. Valência: Tirant lo Blanch, 2012.

JESUS, Damásio de. *Código de Processo Penal Anotado*. 27. ed. São Paulo: Saraiva, 2015.

LARENZ, Karl. *Metodologia da ciência do direito*. Tradução de José Lamego. 3. ed. Lisboa: Fundação Calouste Gulbenkian, 1997.

MACHADO, Leonardo Marcondes. Quem nos salva da bondade do processo? Um breve diálogo sobre instrumentalização punitiva e revitimização no sistema de justiça criminal. *In*: BAYER, Diego Augusto (Org.). *Controvérsias Criminais*: Estudos de direito penal, processo penal e criminologia. Jaraguá do Sul: Mundo Acadêmico, 2015. p. 395-409.

MAGNO, Levy Emanuel (Org.). *Informativo criminal nº 11/novembro de 2017 CAO-Crim*. São Paulo: Ministério Público do Estado de São Paulo. p. 3-7. Disponível em: http://www.mpsp.mp.br/portal/page/portal/Criminal/Boletim_Semanal/CAOCrim%20informativo%20agosto%202018%20_1.pdf. Acesso em: 10 nov. 2018.

MELIÁ, Manuel Cancio. Reflexiones sobre la "victimodogmática" en la teoría del delito. *In*: Diego Augusto (Org.). *Controvérsias Criminais*: Estudos de direito penal, processo penal e criminologia. Jaraguá do Sul: Mundo Acadêmico, 2015. p. 492-523.

PÖTTER, Luciana. Lei nº 13.431/2017: A escuta protegida e os desafios da implantação do sistema de garantias de direitos para crianças e adolescentes vítimas ou testemunhas de violência. *In*: PÖTTER, Luciana (Org.). *A escuta protegida de crianças e adolescentes*: os desafios da implementação da Lei nº 13.431/2017. Porto Alegre: Livraria do Advogado, 2019, p. 25-48.

PRADO, Katy Braun do. Direito ao silêncio da criança e do adolescente vítima no Depoimento Especial. *In*: PÖTTER, Luciana (Org.). *A escuta protegida de crianças e adolescentes*: os desafios da implementação da Lei nº 13.431/2017. Porto Alegre: Livraria do Advogado, 2019, p. 79-90.

ROCHA, Maria Isabel de Matos. *"Depoimento Especial" de Crianças e Adolescentes Vítimas de Violência Sexual*: a experiência do Estado de Mato Grosso do Sul. Disponível em: https://www.enfam.jus.br/wp-content/uploads/2017/04/ARTIGO-Depoimento-Especial-MARIA-ISABEL-ROCHA.R5K.pdf. Acesso em: 7 nov. 2018.

SCHAEFER, Luziana Souto; MIELE, Adriana. O impacto da Lei 13.431/2017 na atuação do(a) psicólogo(a) em casos de suspeita de violência contra crianças e adolescentes. *In*: PÖTTER, Luciana (Org.). *A escuta protegida de crianças e adolescentes*: os desafios da implementação da Lei nº 13.431/2017. Porto Alegre: Livraria do Advogado, 2019, p. 91-102.

VALSANI, Anna Gesteira Bäurlein Lerche; MATOSINHOS, Izabella Drumond. Depoimento sem dano e as inovações trazidas pela Lei nº. 13.431/2017. *Revista Acadêmica Escola Superior do Ministério Público do Ceará*, Fortaleza, a. IX, n. 2, p. 11-31, 2017. Disponível em: http://www.mpce.mp.br/institucional/esmp/biblioteca/revista-eletronica/revista-academica/revista-2017-ano-ix-numero-2-semestral/. Acesso em: 7 nov. 2018.

Investigação Criminal pelo Ministério Público – Resolução nº 181/2017 do CNMP (atualizada pelas Resoluções n. 183/18, 201/19 e 289/24-CNMP)

Rodrigo Leite Ferreira Cabral

INTRODUÇÃO: A INVESTIGAÇÃO CRIMINAL PRESIDIDA PELO MINISTÉRIO PÚBLICO

A Constituição brasileira de 1988, como é sabido, representou um sério compromisso de nosso país com realização e concretização dos direitos e garantias fundamentais, que, em matéria penal, possuem uma especial significação e importância.

Não há dúvida que a atual Constituição adotou o princípio acusatório, ao consagrar como garantia fundamental o devido processo legal (CR, art. 5º, inciso LIV) - que pressupõe a existência de um juiz imparcial e independente - e ao atribuir ao Ministério Público a titularidade privativa da ação penal pública (CR, art. 129, I), com independência funcional e garantias idênticas às da magistratura. A adoção expressa desse princípio é materializada, também, pelo art. 3º-A do Código de Processo Penal[1].

1 Nesse sentido, já decidiu o plenário do Supremo Tribunal Federal: *"A Constituição de 1988 fez uma opção inequívoca pelo sistema penal acusatório. Disso decorre uma separação rígida entre, de um lado, as tarefas de investigar e acusar e, de outro, a função propriamente jurisdicional. Além de preservar a imparcialidade do Judiciário, essa separação promove a paridade de armas entre acusação e defesa, em harmonia com os princípios da isonomia e do devido processo legal. Precedentes."* (ADI 5104 MC, Relator(a): Min. ROBERTO BARROSO, Tribunal Pleno, julgado em 21/05/2014, PROCESSO ELETRÔNICO DJe-213 DIVULG 29-10-2014 PUBLIC 30-10-2014). Em julgamento mais recente e importante, o STF assentou: *"I – ARTIGO 3º-A. ESTRUTURA ACUSATÓRIA DO CÓDIGO DE PROCESSO PENAL. DERIVAÇÃO DO TEXTO CONSTITUCIONAL BRASILEIRO. VEDAÇÃO, A PRIORI, À INICIATIVA DO JUIZ NA FASE DE INVESTIGAÇÃO E À SUBSTITUIÇÃO DA ATIVIDADE PROBATÓRIA DAS PARTES PELO JUIZ. COMPATIBILIZAÇÃO COM AS NORMAS QUE AUTORIZAM A AUTORIDADE JUDICIAL, PONTUALMENTE, A DIRIMIR EVENTUAL DÚVIDA REMANESCENTE. INTERPRETAÇÃO CONFORME A CONSTITUIÇÃO. (a) O artigo 3º-A, incluído no Código de Processo Penal pela Lei 13.964, estabeleceu que "O processo penal terá estrutura acusatória, vedadas a iniciativa do juiz na fase de investigação e a substituição da atuação probatória do órgão de acusação". (b) A estrutura acusatória do processo penal, prevista na primeira parte do dispositivo, apenas torna expresso, no texto do Código de Processo Penal, o princípio fundamental do processo penal brasileiro, extraído da sistemática constitucional, na esteira da doutrina e da jurisprudência pátrias. (c) Deveras, na lição de Luigi Ferrajoli "A separação de juiz e acusação é o mais importante de todos os elementos constitutivos do modelo teórico acusatório, como pressuposto estrutural e lógico de todos os demais" (Derecho y Razón – Teoría del Garantismo Penal. 3ª ed., Madrid: Trotta, 1998. p. 567, tradução nossa). (d) Esta Corte assentou a compreensão de que "O princípio fundante do sistema ora analisado, a toda evidência, é o princípio acusatório, norma decorrente do due process of law (art. 5º, LIV, CRFB) e prevista de forma marcante no art. 129, I, da CRFB, o qual exige que o processo penal seja marcado pela clara divisão*

É essencial ao princípio do acusatório a divisão das funções de persecução penal (atribuída ao Ministério Público) e de julgamento (atribuída ao Poder Judiciário), pois assim o juiz penal *"se mantém afastado de todas as atividades de investigação no procedimento preparatório e a abertura da cognição judicial está condicionada ao exercício da ação penal"*[2].

Portanto, com a Constituição de 1988 houve uma mudança do eixo gravitacional da investigação.

De tal conclusão segue a seguinte pergunta: Com a adoção do princípio acusatório, quem passou a ser o titular do poder de investigar?

Como já visto acima, com a Constituição de 1988, não é possível mais atribuir à função investigativa ao Poder Judiciário, ante a evidente quebra do princípio acusatório, do devido processo legal, em especial na parte em que impõe a existência de um juiz imparcial.

Não se pode falar, também, que a polícia é a titular do poder de investigação. O artigo 144, em seu caput, já exclui qualquer ideia de monopólio policial, ao dizer que a segurança pública é *"direito e responsabilidade de todos"*. Ademais, ao dizer que cabe à polícia federal exercer *"com exclusividade, as funções de polícia judiciária da União"* (CR, art. 144, §1º, IV) evidentemente teve como intuito afastar as outras polícias (p. ex. Polícia Civil, Militar...) das funções relativas aos crimes praticados contra a União. Jamais criou qualquer monopólio, mesmo porque, quando falou da Polícia Civil, em nenhum momento deu nota de exclusividade à atuação policial (*"§ 4º - às polícias civis, dirigidas por delegados de polícia de carreira, incumbem, ressalvada a competência da União, as funções de polícia judiciária e a apuração de infrações penais, exceto as militares"*)[3].

---

entre as funções de acusar, defender e julgar, considerando-se o réu como sujeito, e não como objeto da persecução penal" (ADI 4414, Tribunal Pleno, Rel. Min. Luiz Fux, j. 31/05/2012). (e) Deriva do princípio acusatório a vedação, a priori, à iniciativa do juiz na fase de investigação e a substituição da atuação probatória das partes. A posição do juiz no processo é regida pelos princípios da imparcialidade e da equidistância, porquanto "[...] A separação entre as funções de acusar defender e julgar é o signo essencial do sistema acusatório de processo penal (Art. 129, I, CRFB), tornando a atuação do Judiciário na fase pré-processual somente admissível com o propósito de proteger as garantias fundamentais dos investigados" (ADI 4414, Relator Min. Luiz Fux, Tribunal Pleno, julgado em 31/05/2012). (f) A legítima vedação à substituição da atuação probatória do órgão de acusação significa que o juiz não pode, em hipótese alguma, tornar-se protagonista do processo. Simultaneamente, remanesce a possibilidade de o juiz, de ofício: (a) "determinar, no curso da instrução, ou antes de proferir sentença, a realização de diligências para dirimir dúvida sobre ponto relevante" (artigo 156, II); (b) determinar a oitiva de uma testemunha (artigo 209); (c) complementar a sua inquirição (artigo 212) e (d) "proferir sentença condenatória, ainda que o Ministério Público tenha opinado pela absolvição" (artigo 385). (g) Diante da obrigatoriedade e da indisponibilidade que caracterizam a ação penal pública no direito processual penal brasileiro, as manifestações do Ministério Público submetem-se ao controle judicial, no âmbito do qual compete aos juízes competentes para o julgamento da ação penal impedir que, direta ou indiretamente, aqueles princípios sejam violados nos autos. Deveras, os institutos da desistência ou da perempção são aplicáveis exclusivamente às ações penais privadas. (h) Como registrado em sede jurisprudencial, "A submissão do magistrado à manifestação final do Ministério Público, a pretexto de supostamente concretizar o princípio acusatório, implicaria, em verdade, subvertê-lo, transmutando o órgão acusador em julgador e solapando, além da independência funcional da magistratura, duas das basilares características da jurisdição: a indeclinabilidade e a indelegabilidade." (REsp n. 2.022.413/PA, relator Ministro Sebastião Reis Júnior, relator para acórdão Ministro Rogerio Schietti Cruz, Sexta Turma, julgado em 14/2/2023, DJe de 7/3/2023.) (i) Nestes termos, o novo artigo 3º-A do Código de Processo Penal, na redação dada pela Lei 13.964/2019, deve ser interpretado de modo a vedar a substituição da atuação de qualquer das partes pelo juiz, sem impedir que o magistrado, pontualmente, nos limites legalmente autorizados, determine a realização de diligências voltadas a dirimir dúvida sobre ponto relevante." STF - ADI 6298, Relator(a): LUIZ FUX, Tribunal Pleno, julgado em 24-08-2023, PROCESSO ELETRÔNICO DJe-s/n DIVULG 18-12-2023 PUBLIC 19-12-2023.

2 ROXIN, Claus. Derecho Procesal Penal, 25ª ed. alemana, Editores del Puerto, Buenos Aires, 2000, p. 123.

3 A essa clara conclusão também chegou a 2ª Turma do Supremo Tribunal Federal: *"A cláusula de exclusividade inscrita no art. 144, § 1º, inciso IV, da Constituição da República - que não inibe a atividade de investigação criminal do Ministério Público - tem por única finalidade conferir à Polícia Federal, dentre os diversos organismos policiais que compõem o aparato repressivo da União Federal (polícia federal, polícia rodoviária federal e polícia ferroviária federal), primazia investigatória na apuração dos crimes previstos no próprio texto da Lei Fundamental ou, ainda, em tratados ou convenções internacionais. - Incumbe, à Polícia Civil dos Estados-membros e do Distrito Federal, ressalvada a competência*

Caso a Constituição adotasse tal monopólio haveria um retrocesso de quase dois séculos nas conquistas institucionais civilizatórias. Seria um atraso retumbante dar à polícia o poder de investigar exclusivamente[4].

Veja-se que o caminho mais fácil para se chegar a um estado policial e autoritário, é afastar o controle da atividade policial das entidades de natureza judicial, em especial quando se afasta o Ministério Público[5].

---

da União Federal e excetuada a apuração dos crimes militares, a função de proceder à investigação dos ilícitos penais (crimes e contravenções), sem prejuízo do poder investigatório de que dispõe, como atividade subsidiária, o Ministério Público. - Função de polícia judiciária e função de investigação penal: uma distinção conceitual relevante, que também justifica o reconhecimento, ao Ministério Público, do poder investigatório em matéria penal. Doutrina." (STF - HC 90099, Relator(a): Min. Celso de Mello, Segunda Turma, julgado em 27/10/2009, DJe-228).

4 PERÉZ SARMIENTO faz duras críticas a um sistema de investigação puramente policial, sem controle de órgãos de estatura judicial, ao dizer que: *"A instrução policial, que é dirigida por oficiais da polícia, atuam (sic) motu próprio e com faculdades inclusive para deter ou capturar pessoas sem ordem judicial, nem supervisão do Promotor de Justiça e as mantém em incomunicabilidade vários dias, o qual permite sempre o risco de confissões próprias ou de terceiros sob o efeito da intimidação ou da tortura. (...) Aí os órgãos de polícia determinam a quem se deve deter, como, quando e onde; a quem chamar como testemunha ou como recolher as evidências. Este sistema é simplesmente fatal, porque os chamados sumariadores ou instrutores policiais, ainda quando sejam advogados muito bem instruídos, estão sob um mando policial ou militar cujo espírito de corpo sugere a necessidade extrema de encontrar culpados, o qual sempre conduz a violações do princípio da presunção de inocência como pressuposto fundamental do procedimento penal."* PERÉZ SARMIENTO, Eric Lorenzo. *Fundamentos del Sistema Acusatório de Enjuiciamento Penal*. Temis, Colômbia, 2005, p. 134). Veja-se que não há na doutrina alemã – que é sem dúvida uma das mais avançadas do mundo - sequer sinal de crítica ou discussão no sentido de dar-se tal atribuição à Polícia. Muito pelo contrário, a crítica que existe é justamente em decorrência de uma policialização da investigação criminal. Critica-se o Ministério Público pois deveria estar mais próximo da investigação, acompanhar *pari passu* as investigações policiais, jamais o contrário, no sentido de que a investigação deveria ser exclusiva da polícia.

5 Essa foi a estratégia da Ditadura Nazista, conforme afirma BOLDT ao lembrar da separação da polícia e da judicialização ocorrida pela Lei da GESTAPO em 10.02.1936, bem como sobre a existência de um tribunal policial para julgar os casos de atuação da polícia política. (BOLDT *in* LISKEN/DENNIGER. Handbuch des Polizeirechts, 3ª ed., p. 25). Assim também discorre Roxin: *"La perversión del Derecho procesal alcanzó una dimensión todavía esencialmente peor en las jurisdicciones especiales del Tercer Imperio. El Tribunal del Pueblo (Volksgerichtshof), que juzgaba las causas penales políticas, que antes residían en la competencia de primera instancia del RG, estaba integrado por jueces que eran nombrados directamente por Hitler; este tribunal era un instrumento, desligado, en gran parte, de ataduras legales, para aniquilar a los enemigos del régimen y solamente en el año 1944 dictó más de 2.000 sentencias de muerte. (...) Para los delitos políticos de la instancia inferior eran competentes tribunales especiales, cuyos procesos pueden ser caracterizados, asimismo como 'procedimientos simulados, sin ninguna garantía y con resultados establecidos de antemano' (Rüping, Grundriß der Strafrechtsgeschichte, 1998, 3a ed., 101 y siguiente). A ello se sumaban los Tribunales de las SS y Tribunales Policiales, así como las "Jurisdicciones de Honor" de las NSDAP, de las HJ y de las SA, que debían imponer ampliamente la ideología nacional-socialista en la estructura del partido. Estas reestructuraciones de la justicia penal estaban acompañadas por un 'desenfreno poder de policía' (Eb. Schmidt, Einführung in die Geschichte der deutschen Strafrechtspflege, 1965, 3a ed. 439), la que podía tomar en 'prisión de protección' a las personas mal vistas y privarlas de toda protección jurídica a través de la detención en campos de concentración."* ROXIN, Claus. *Derecho Procesal Penal. Op. cit.*, p. 569. No período da ditadura militar brasileira não foi diferente. As forças armadas, que faziam as vezes da polícia política, com a polícia federal, atraíram para seus tribunais militares a competência para processar e julgar todos os casos dos crimes *"contra a segurança nacional"* (CF/67, art 122, § 1º, incluído pelo AI6), mesmo que praticados por civis, sendo que os conselhos especiais de justiça eram formados por um auditor e quatro juízes militares (que eram integrantes das forças armadas) (Decreto-Lei n. 4.163/62, art. 12). Além disso, os juízes e membros do Ministério Público eram nomeados pelo Presidente da República (Decreto-Lei n. 4.163/62, art. 29) e apenas um terço dos membros do Ministério Público eram concursados, sendo dois terços deles nomeados entre advogados (Decreto-Lei n. 4.163/62, art. 34). Além disso, mesmo os membros concursados estavam sobre constante ameaça de serem demitidos ou mesmo perseguidos pela ditadura miliar. Ademais, ficou proibida a figura do *habeas corpus* nos crimes políticos, contra a segurança nacional, a ordem econômica e social e a economia popular (AI5, art. 10) e ficou excluída da apreciação judicial qualquer ato praticado com base nos atos institucionais da ditadura (AI5, art. 11). Ou seja, o executivo, dominado pela Ditadura Militar, tomou para si todo poder de investigação e controle judicial e ministerial. Era o titular exclusivo dos meios investigação e não se submetia a qualquer controle na prática. Os abusos e crimes contra humanidade práticos pela Ditadura Militar brasileira são conhecidos de todos e uma forma de facilitar essa prática foi justamente tirar do Poder Judiciário e do Ministério Público civil a investigação, o controle, processo e julgamento dos crimes *'contra a segurança nacional'*.

Ademais, o argumento de que cabe à polícia investigar, ao Ministério Público acusar e ao Poder Judiciário julgar é claramente falacioso. Também o é a alegação de que o delegado de polícia seria uma espécie de juiz imparcial da fase pré-processual, atendendo aos interesses tanto da defesa, quanto da acusação.

Sem embargo, desde, pelo menos, os julgamentos pelo Tribunal Europeu de Direitos Humanos, nos casos Piersak e De Cubber, na década de 1980, já se sabe que se uma autoridade pública tem o dever de investigar ou levar adiante a persecução penal de ofício, ela padece de imparcialidade objetiva.

Não parece uma boa ideia a existência de uma investigação criminal à semelhança de um pequeno julgamento judicial.

Isso porque, o modelo em que há uma espécie de juiz inquisitivo na fase pré-processual faz com que a fase extrajudicial adquira um valor probatório muito forte, mas sem o contraditório judicial. Constitui evidente quebra de garantias, pois a prova supostamente produzida por autoridade policial emana efeitos seríssimos sobre a fase judicial[6].

Nesse sentido, é a lição de SCHÜNEMANN:

> *"É precisamente um lugar comum na polêmica atual na Alemanha a afirmação de que o momento principal do procedimento penal não estaria constituído pelo juízo oral, mas sim pelo procedimento de investigação, porque ali seriam apresentadas todas as provas essenciais que determinam continuamente o resultado do processo. Os erros cometidos no procedimento de investigação dificilmente poderiam ser corrigidos no transcurso do juízo oral, de modo tal que todos os dados a respeito do acusado não seriam apresentados no juízo oral, mas sim no procedimento de investigação. Por isso, como já referi anteriormente, o juízo oral não é mais o centro decisivo do procedimento penal, mas sim, em geral, acaba sendo uma mera consagração trabalhosamente encenada dos resultados já obtidos no processo de investigação. Nas palavras de Wolter, o procedimento de investigação é, portanto, 'núcleo e ponto culminante do processo penal'."*[7]

Assim, parece falaciosa a ideia de que qualquer investigação criminal seja dotada de imparcialidade objetiva[8], sendo certo que, se a atribuição ordinária de investigar não esteja a cargo do Ministério Público, deve ele também ter o poder de investigar e também de fiscalizar para passu as investigações policiais. Diante disso, a única solução para acabar com o perverso efeito da prevalência da força probante dos atos investigatórios, que acabam se constituindo em uma verdadeira *self-fulfilling prophecy*[9], é fazer com que a investigação preliminar seja a mais reduzida e eficaz possível, para permitir que o Ministério Público faça uma acusação justa, sem prejuízo dos direitos e garantias do acusado. Deve a investigação ser verdadeiramente sumária, evitando-se a profusão de diligências com contraditório, que acabariam por tornar as provas preliminares, por inércia, em provas ou semi-provas da instrução e julgamento[10], invertendo-se os valores da força probante, para dar maior peso às provas investigatórias, em detrimento das provas judiciais.

---

6 VIVES ANTÓN, Tomás Salvador. *Comentarios a la Ley de Medidas Urgentes de Reforma Procesal*. Valencia, Tirant lo Blanch, 1992, p. 134.

7 SCHÜNEMANN, Bernd. La Policía Alemana como auxiliar del Ministerio Fiscal: Estructura, Organización y Actividades, *in Obras*. Buenos Aires, Rubinzal-Culzoni, 2009, vol. 2, pp. 470-471.

8 É falaciosa, pois, como visto, uma autoridade que vai em busca das provas por iniciativa própria, independentemente de provocação jamais pode ser considerada imparcial, conforme inclusive já decidiu o TEDH.

9 SCHÜNEMANN, Bernd. La Policía Alemana como auxiliar del Ministerio Fiscal: Estructura, Organización y Actividades, *in Obras*, vol. 2. Buenos Aires, Rubinzal-Culzoni, 2009, p. 475.

10 VIVES ANTÓN, Tomás Salvador. *Comentarios a la Ley de Medidas Urgentes de Reforma Procesal*. Valencia, Tirant lo Blanch, 1992, p. 155.

Como já decidiu o Tribunal Europeu dos Direitos Humanos, *"os elementos de prova devem, em princípio, ser praticados diante do acusado, em audiência pública e no seio de debate contraditório"* (caso Barberá, Messegué e Jabardo, julgado em 06.12.1988), sendo que esse princípio não admite outras exceções além da *"impossibilidade ou irrepetibilidade"* da produção probatória[11].

Dessa maneira, não há como afirmar que a polícia é a detentora exclusiva da investigação criminal, mesmo porque de tal fato decorreria, sem sombra de dúvidas, uma grave violação ao devido processo legal, que exige que para a condenação de uma pessoa a prova relevante deve ser produzida em contraditório, perante um juiz (e não delegado) imparcial.

Ademais, como já dito, imprescindível para um devido processo penal, que a investigação seja realizada ou controlada por um órgão independente, com garantias semelhantes às dos juízes, e esse órgão, no Brasil e nos sistemas jurídicos mais avançados, é o Ministério Público[12],

---

11 VIVES ANTÓN, Tomás Salvador. *Comentarios a la Ley de Medidas Urgentes de Reforma Procesal*. Valencia, Tirant lo Blanch, 1992, p. 156.

12 Sobre os modelos de investigação, interessante apresentar a seguinte visão geral: *Portugal*: *"A intervenção do Ministério Público no domínio do processo penal é multifacetária, em função das suas diferentes fases. Na fase do inquérito ele é o dominus (art. 263º do CPP), actua como autoridade judiciaria; exerce poderes de decisão e de conformação processual, vinculado como sempre, a critérios de legalidade e objectividade (art. 2º do EMP), dos quais decorre, naturalmente o dever de imparcialidade e de objectividade."* NOGUEIRA, Aberto Pinto e Magistrados do Ministério Público do Distrito Judicial de Porto. *Código de processo penal*. Coimbra, Coimbra Ed., 2009, p. 120. *Itália*: *"A disciplina da direção da investigação preliminar está imprescindivelmente ligada ao papel que o Poder Judiciário requerente (Ministério Público) exercita, através múltiplos atos e atividades, com a finalidade de oferecer a acusação e, portanto, é uma expressão direta de governo, colocando-se com uma estreita relação com a garantia de liberdade da pessoa investigada. O libelo de proteção aos direitos fundamentais depende, de fato, da relação que o ordenamento processual estabelece com os sujeitos participantes: o suspeito que se investiga, contra sua vontade, é parte; a polícia judiciaria, que é funcionalmente dependente do Ministério Público, mas que mantém a dependência hierárquica com o executivo; o Ministério Público, que é magistrado imparcial e independente do executivo, mas que é dotado da qualidade de parte no processo; o Juiz que representa o nível máximo de garantia, enquanto não exercita função de requerente de qualquer tipo."* GARUTI, Giulio. *Indagini preliminari e udienza preliminare*. Spangher, Giorgio [org.]: Trattato di procedura penale. Torino, UTET, 2009, vol. 3, p. 241. *França*: *"A polícia judiciaria francesa é regulada pelo Título 1 do Código de Processo Penal e depende, em caráter geral, do Procurador da República, devendo dar conta a esse dos delitos de que tenha tomado conhecimento e está composta por oficiais, agentes, adjuntos e funcionários que, eventualmente, e em determinadas circunstâncias podem exercer atribuições da polícia judiciaria, mas é importante ressaltar que as atribuições e faculdades são dadas de acordo com a hierarquia."* ARCINIEGAS MARTÍNEZ, Guillmermo Augusto. *Policía judicial y sistema acusatorio*. Bogotá, ed. Nueva Jurídica, 2007, p. 44. Muito embora ainda exista lá a função de juiz de instrução. CHAMBON, Pierre. *Droit et pratique de l'instruction préparatoire*. Paris, Dalloz, 2007, pp. 134-137. *Reino Unido*: *"O statutary charging scheme (PACE act) objetiva ajudar o Ministério Público (Crown Prosecution Service) a mostrar os casos eficientemente, para fortalecimento das evidências, para eliminar o momentum de persecução de três maneiras. Primeiro, alguns promotores são alocados nas delegacias de polícia (police stations) para dar sugestões à polícia, bem como para realizar decisões na investigação. As resoluções expedidas pelo Procurador-Geral de Justiça (Director of Public Prosecutions), em verdade, exige que a polícia busque conselho do Ministério Público nos casos sérios. Recomendações jurídicas no início das investigações ajudam a polícia a resguardar as provas necessárias para uma acusação de sucesso em mais casos do que até agora. Segundo, ela autoriza os promotores a discutir as possíveis acusações com as autoridades investigadoras, em um ponto em que a polícia, mas não o Ministério Público, pode pensar que existe provas suficientes, novamente dando à polícia a oportunidade de assegurar a prova enquanto, por exemplo, o suspeito ainda encontra-se preso. Terceiro, os promotores transformaram-se em tomadores de decisão na fase investigatória, não sendo mais simples destinatários das decisões policiais."* SANDERS, Andrew; YOUNG, Richard. *Criminal Justice*, Oxford, 3ª ed., 2007, pp. 329-330. Ademais, no Reino Unido: *"Um número substancial de investigações que embasam ações penais é feito por agências não-policiais."* SANDERS, Andrew; YOUNG, Richard. *Op. Cit.* p. 360. *Chile*: *"No sistema processual penal resultante da reforma, as funções de investigar e acusar estão entregues a um organismo autônomo, denominado Ministério Público (art. 80 A CPR)."* HORVITZ LENNON, María Inés. *Derecho procesal penal chileno*. Santiago, Chile, Editorial Jurídica de Chile, 2002, p. 45. *Peru*: *"O Ministério Público dirige a investigação do delito de ação penal pública, com a finalidade de obter prova pertinente válida e conservar a mesma, assim como para identificar o autor ou partícipe do delito. Seu objetivo consiste em alcançar a verdade sobre o caso."* GÓMEZ MENDOZA, Gonzalo: *Instituciones en el derecho procesal penal peruano*. Lima, MFC Ed., 2007, p. 323. Na *Bolívia*, *Equador* e *Venezuela* a polícia judiciaria também funciona como auxiliar do Ministério Público. Cf.: ARCINIEGAS MARTÍNEZ, Guillmermo Augusto. *Policía judicial y sistema acusatorio*. Bogotá, ed. Nueva Jurídica, 2007, p. 60-66. Na *Argentina* (art. 194 Código de Proceso Penal de La Nación) e na *Espanha* existe a figura do juiz de instrução, em que um Juiz é o coordenador da investigação, ficando impedido de atuar na fase propriamente do processo judicial.

pois é a instituição responsável pela persecução penal (que engloba a fase investigatória, pré-processual, o ajuizamento da ação penal e o acompanhamento do processo penal, inclusive sua fase executória).

Ora, foi justamente para exercer essas funções de investigação é que foi criado o Ministério Público, conforme afirma SCHÜNEMANN, após falar sobre a atuação sem controle da polícia: *"Um motivo para criar a figura do Ministério Público e, com isso, o princípio acusatório formal em meados do século XIX, foi o de colocar nas mãos da autoridade judicial a responsabilidade para a condução jurídico-estatal do procedimento prévio"* de investigação[13].

A criação do Ministério Público, com a atribuição de investigação e de dono da ação penal, resultou num evidente rompimento com o paradigma inquisitório, apresentando um órgão com garantias judiciais, com funções de defesa da legalidade e de fiscalização tanto da polícia quanto do próprio Poder Judiciário[14].

Não podia ser diferente, pois, com a criação do Ministério Público e a imposição a ele da responsabilidade pela ação penal, decorre naturalmente o dever correspondente de ser titular da função investigativa, que é intrínseca e inerente à atividade de acusação[15].

No Brasil a Constituição, além de outorgar a função de responsável pela ação penal, também lhe incumbiu da função de protetor da ordem jurídica e dos bens jurídicos coletivos, difusos e individuais indisponíveis, protegidos pelos tipos penais (CR, art. 127, caput) e de controlador externo da atividade policial (CR, art. 129, VII), tendo o poder de requisitar (e não requerer) diligências investigatórias criminais (CR, art. 129, VIII).

Não bastasse isso, a Constituição da República abriu cláusula que diz ser também de atribuição do Ministério Público *"exercer outras funções que lhe forem conferidas, desde que compatíveis com sua finalidade"* (CR, art. 129, IX) e não há nada mais compatível com a finalidade institucional do Ministério Público do que exercer a persecução penal, também, na fase da investigação criminal.

Assim, constitucionalizados estão os poderes de instaurar procedimentos administrativos investigatórios, com ampla prerrogativa para instruí-los (LONMP, art. 26, I, II, V) e o dever de receber *"notícias de irregularidades, petições ou reclamações de qualquer natureza"* e "promover as apurações cabíveis que lhes sejam próprias e dar-lhes as soluções adequadas" (LONMP,

---

13 SCHÜNEMANN, Bernd. *Obras. Op. Cit.*, p. 457. Veja-se que o autor se refere a autoridade judicial evidentemente no sentido de que o Ministério Público e o Poder Judiciário têm as mesmas garantias. Isso porque as carreiras do Ministério Público e do Poder Judiciário na Alemanha estão muito entrelaçadas. PERÓN, Walter; LÓPEZ-BARAJAS, Inmaculada. El Ministerio Fiscal como Director de la Investigación en el Proceso Penal alemán, in Ambos, Kai [org.]: *Desarrollos actuales de las ciencias criminales en Alemania*. Bogota: Temis, 2012, p. 67.

14 Na Alemanha em 1846 foi instituído o Ministério Público como fiscal da Lei tanto em juízo quanto da polícia, sendo que esta tem função de auxiliar do Ministério Público (*Hilfsbeamte*). BOLDT in LISKEN/DENNIGER. *Handbuch des Polizeirechts*, 3ª ed., p. 20. Nesse sentido também afirma ROXIN que a Lei de Berlin foi a primeira a atribuir ao Ministério Público a titularidade da função de investigação, impondo a ele o dever de proteção, inclusive do investigado, mantendo a polícia sob o seu controle. Informa que o Ministério Público tem a função de fiscalizar tanto a polícia, quanto o Poder Judiciário. Afirma também que ao Ministério Público foi atribuída a titularidade da ação penal, superando o velho sistema inquisitorial. ROXIN, Claus. Zur Rechtstellung der Staatsanwaltschaft Damals und Heute. Deutsche Richter Zeitung (DRiz), 1997, pp. 112-113.

15 Nesse sentido o Tribunal Europeu dos Direitos Humanos extrai a função de investigar da própria atribuição de titularidade da ação penal pública, conforme se verifica em Piersack vs. Belgia (1982): "Em matéria penal, o Ministério Público *"exerce a ação pública na forma estabelecida em Lei (artigo 138.1. do Código Judicial). Com base nisso investiga e ativa os procedimentos em relação às infrações penais e, em seu caso, é parte nos processos judiciais para a defesa da acusação pública."* Também na Alemanha é clara a ideia de que a persecução penal envolve investigação e acusação e fase judicial: *"No Direito alemão rege o princípio da persecução de ofício. O Ministério Público, que possui o monopólio do exercício da ação penal (§ 152.1 StPO), deve perseguir todos os fatos puníveis de que tenha conhecimento (§ 152.2 StPO). Essa obrigação se refere tanto à atividade investigadora, quanto acusadora."* PERÓN, Walter; LÓPEZ-BARAJAS, Inmaculada. El Ministerio Fiscal como Director de la Investigación en el Proceso Penal alemán, in Ambos, Kai [org.]: *Desarrollos actuales de las ciencias criminales en Alemania*. Bogota, Temis, 2012, pp. 67-68.

art. 27, par. único, I), *devendo "dar andamento, no prazo de trinta dias, às notícias de irregularidades, petições ou reclamações referidas no inciso I"* (LONMP, art. 27, par. único, III).

Felizmente, a essas mesmas conclusões chegou o Plenário do Supremo Tribunal Federal, em sede de repercussão geral, ao concluir que o Ministério Público tem a prerrogativa de investigar delitos no Brasil, *in verbis:*

> *"Repercussão geral. Recurso extraordinário representativo da controvérsia. Constitucional. Separação dos poderes. Penal e processual penal. Poderes de investigação do Ministério Público. 2. Questão de ordem arguida pelo réu, ora recorrente. Adiamento do julgamento para colheita de parecer do Procurador-Geral da República. Substituição do parecer por sustentação oral, com a concordância do Ministério Público. Indeferimento. Maioria. 3. Questão de ordem levantada pelo Procurador-Geral da República. Possibilidade de o Ministério Público de estado-membro promover sustentação oral no Supremo. O Procurador-Geral da República não dispõe de poder de ingerência na esfera orgânica do Parquet estadual, pois lhe incumbe, unicamente, por expressa definição constitucional (art. 128, § 1º), a Chefia do Ministério Público da União. O Ministério Público de estado-membro não está vinculado, nem subordinado, no plano processual, administrativo e/ou institucional, à Chefia do Ministério Público da União, o que lhe confere ampla possibilidade de postular, autonomamente, perante o Supremo Tribunal Federal, em recursos e processos nos quais o próprio Ministério Público estadual seja um dos sujeitos da relação processual. Questão de ordem resolvida no sentido de assegurar ao Ministério Público estadual a prerrogativa de sustentar suas razões da tribuna. Maioria. 4. Questão constitucional com repercussão geral. Poderes de investigação do Ministério Público. Os artigos 5º, incisos LIV e LV, 129, incisos III e VIII, e 144, inciso IV, § 4º, da Constituição Federal, não tornam a investigação criminal exclusividade da polícia, nem afastam os poderes de investigação do Ministério Público. Fixada, em repercussão geral, tese assim sumulada: "O Ministério Público dispõe de competência para promover, por autoridade própria, e por prazo razoável, investigações de natureza penal, desde que respeitados os direitos e garantias que assistem a qualquer indiciado ou a qualquer pessoa sob investigação do Estado, observadas, sempre, por seus agentes, as hipóteses de reserva constitucional de jurisdição e, também, as prerrogativas profissionais de que se acham investidos, em nosso País, os Advogados (Lei 8.906/94, artigo 7º, notadamente os incisos I, II, III, XI, XIII, XIV e XIX), sem prejuízo da possibilidade – sempre presente no Estado democrático de Direito – do permanente controle jurisdicional dos atos, necessariamente documentados (Súmula Vinculante 14), praticados pelos membros dessa instituição". Maioria. 5. Caso concreto. Crime de responsabilidade de prefeito. Deixar de cumprir ordem judicial (art. 1º, inciso XIV, do Decreto-Lei nº 201/67). Procedimento instaurado pelo Ministério Público a partir de documentos oriundos de autos de processo judicial e de precatório, para colher informações do próprio suspeito, eventualmente hábeis a justificar e legitimar o fato imputado. Ausência de vício. Negado provimento ao recurso extraordinário. Maioria."* (STF - RE 593727, Relator(a): Min. CEZAR PELUSO, Relator(a) p/ Acórdão: Min. GILMAR MENDES, Tribunal Pleno, julgado em 14/05/2015, ACÓRDÃO ELETRÔNICO REPERCUSSÃO GERAL - MÉRITO DJe-175 DIVULG 04-09-2015 PUBLIC 08-09-2015).

Portanto, verifica-se que no sistema penal instituído pela Constituição, conforme decidido pelo Supremo Tribunal Federal, em sede repercussão geral, o Ministério Público pode, por autoridade própria, realizar investigações criminais diretamente. Trata-se, assim, de competência constitucional implícita (*inherent powers*), conforme reiterado pelo Plenário do Supremo Tribunal Federal no julgamento da ADI 2838/MS e ADI/RJ n. 7170, cuja ementa desse último julgado é a seguinte:

> *"AÇÃO DIRETA DE INCONSTITUCIONALIDADE. PROPOSTA DE CONVERSÃO DE APRECIAÇÃO EM JULGAMENTO DE MÉRITO DA AÇÃO. RESOLUÇÕES DO MINISTÉRIO PÚBLICO DO RIO DE JANEIRO. INSTITUIÇÃO DO GRUPO DE ATUAÇÃO*

ESPECIALIZADA CONTRA O CRIME ORGANIZADO (GAECO). AUTONOMIA ADMINISTRATIVA DO MINISTÉRIO PÚBLICO. ESTRUTURAÇÃO DE ÓRGÃO INTERNO DE APOIO. ATUAÇÃO FACULTATIVA. INOCORRÊNCIA DE USURPAÇÃO DE ATRIBUIÇÕES DO PROMOTOR NATURAL. OBSERVÂNCIA AO § 2º DO ART. 127 DA CONSTITUIÇÃO DA REPÚBLICA. AUSÊNCIA DE CONTRARIEDADE À LEI ORGÂNICA NACIONAL OU ESTADUAL DO MINISTÉRIO PÚBLICO. COMPETÊNCIA DO MINISTÉRIO PÚBLICO PARA PROMOVER INVESTIGAÇÕES PENAIS. REAFIRMAÇÃO DA TESE DE REPERCUSSÃO GERAL DEFINIDA NO RECURSO EXTRAORDINÁRIO N. 593.727. AÇÃO DIRETA JULGADA IMPROCEDENTE.

1. As normas veiculadas pelas Resoluções GPGJ ns. 1.570/2010 e 2.074/2016, posteriormente revogadas pela Resolução GPGJ n. 2.403/2021, não cuidam de direito penal ou processual penal. Os dispositivos questionados não estabeleceram novas atribuições e competências, dispondo sobre o funcionamento de órgão especializado no auxílio ao combate do crime organizado (Grupo de Atuação Especializada contra o Crime Organizado – GAECO), de atuação facultativa, a depender do pedido do promotor natural.

2. A Constituição da República assegura autonomia administrativa do Ministério Público (§ 2º do art. 127).

3. Compete ao Procurador-Geral do Ministério Público "praticar atos e decidir questões relativas à administração geral"; "designar membros do Ministério Público para exercer as atribuições de dirigente dos Centros de Apoio Operacional"; "designar outro Promotor para funcionar em feito determinado, de atribuição daquele", desde que com expressa concordância do promotor natural (arts. 10, incs. V e IX, al. "a", e 24 da Lei Orgânica Nacional do Ministério Público – Lei n. 8.625/1993). Atos administrativos que dispensam lei em sentido formal, por se tratarem de organização interna de órgão facultativo do Ministério Público.

4. A jurisprudência deste Supremo Tribunal Federal fixou tese com repercussão geral, no Recurso Extraordinário n. 593.727 (DJe 8.9.2015), no sentido de que os poderes investigatórios do Ministério Público decorrem implicitamente do monopólio da titularidade da ação penal conferida ao órgão pelo inc. I do art. 129 da Constituição da República, não se tratando de atividade exclusiva da polícia judiciária. 5. Ação direta de inconstitucionalidade julgada improcedente."

(STF - ADI 7170, Relator(a): CÁRMEN LÚCIA, Tribunal Pleno, julgado em 03/07/2023, PROCESSO ELETRÔNICO DJe-s/n DIVULG 21-08-2023 PUBLIC 22-08-2023)

Aliás, o e. Supremo Tribunal Federal foi além, e assentou que o Ministério Público não tem só a prerrogativa, mas tem o **dever** de realizar investigações, especialmente aquelas vinculadas a eventual violência policial:

"CONSTITUCIONAL. MEDIDA CAUTELAR EM ARGUIÇÃO DE DESCUMPRIMENTO DE PRECEITO FUNDAMENTAL. OMISSÃO ESTRUTURAL DO PODER PÚBLICO NA ADOÇÃO DE MEDIDAS PARA A REDUÇÃO DA LETALIDADE POLICIAL. VIOLAÇÃO DE DIREITOS HUMANOS. NECESSIDADE DE INTERPRETAÇÃO DE DISPOSITIVOS CONSTITUCIONAIS. CONHECIMENTO DA ARGUIÇÃO. LIMITAÇÕES LEGAIS PARA O DEFERIMENTO DE MEDIDA CAUTELAR EM SEDE DE OMISSÃO INCONSTITUCIONAL. INDEPENDÊNCIA E AUDITABILIDADE DAS PERÍCIAS DO ESTADO. PROTOCOLO DE MINNESOTA. LIMITAÇÕES CONSTITUCIONAIS ÀS OPERAÇÕES POLICIAIS NAS PROXIMIDADE DE ESCOLAS. DIREITO DAS CRIANÇAS E ADOLESCENTES. ABSOLUTA PRIORIDADE. FUNÇÃO DO CONTROLE EXTERNO DO MINISTÉRIO PÚBLICO. DEVER DE INVESTIGAR EM CASOS DE SUSPEITA DE ILÍCITOS PRATICADOS POR AGENTES DE SEGURANÇA PÚBLICA. MEDIDA CAUTELAR PARCIALMENTE DEFERIDA.

1. É cabível a arguição de descumprimento de preceito fundamental quando houver (i) uma violação generalizada de direitos humanos; (ii) uma omissão estrutural dos três poderes; e (iii) uma necessidade de solução complexa que exija a participação de todos os poderes.

2. A violação generalizada é a consequência da omissão estrutural do cumprimento de deveres constitucionais por parte de todos os poderes e corresponde, no âmbito constitucional, à expressão 'grave violação de direitos humanos', constante do art. 109, § 5º, da CRFB. A utilização da expressão grave violação no âmbito da jurisdição constitucional permite identificar o liame não apenas entre a magnitude da violação, mas também entre suas características, ao se exigir do Tribunal que examine o tema à luz da jurisprudência das organizações internacionais de direitos humanos. A omissão estrutural é a causa de uma violação generalizada, cuja solução demanda uma resposta complexa do Estado, por isso, é necessário demonstrar não apenas a omissão, mas também o nexo. A necessidade de solução complexa pode ser depreendida de decisões proferidas pela Corte Interamericana de Direitos Humanos, especialmente se dela for parte o Estado brasileiro.

3. A Corte Interamericana de Direitos Humanos, no caso Favela Nova Brasília, reconheceu que há omissão relevante do Estado do Rio de Janeiro no que tange à elaboração de um plano para a redução da letalidade dos agentes de segurança. Ademais, em decisão datada de 22 de novembro de 2019, em processo de acompanhamento das decisões já tomadas por ela, conforme previsão constante do art. 69 de seu regimento interno, a Corte fez novamente consignar a mora do Estado brasileiro relativamente à ordem proferida. Não obstante a nitidez do comando vinculante, a superação normativa de uma omissão inconstitucional, não é providência a ser solvida em sede de cautelar, nos termos do art. 12-F, § 1º, da Lei 9.868, de 1999.

4. Não cabe ao Judiciário o exame minudente de todas as situações em que o uso de um helicóptero ou a prática de tiro embarcado possa ser justificada, mas é dever do Executivo justificar à luz da estrita necessidade, caso a caso, a razão para fazer uso do equipamento, não apenas quando houver letalidade, mas também sempre que um disparo seja efetuado. No exercício de sua competência material para promover as ações de policiamento, o Poder Executivo deve dispor de todos os meios legais necessários para cumprir seu mister, desde que haja justificativa hábil a tanto, verificável à luz dos parâmetros internacionais.

5. A exigência de que os juízes e Tribunais observem as decisões do Superior Tribunal de Justiça afasta o requisito do perigo na demora em relação a pedido para fixação de parâmetros constitucionais para a expedição de mandados de busca e apreensão, tendo em vista a manifestação pelo Superior Tribunal de Justiça no sentido que é 'indispensável que o mandado de busca e apreensão tenha objetivo certo e pessoa determinada, não se admitindo ordem judicial genérica e indiscriminada de busca e apreensão para a entrada da polícia em qualquer residência'.

6. A investigação criminal a ser conduzida de forma independente é garantia de acesso à justiça, que pode ser depreendida, particularmente, do art. 5º, LIX, da CRFB, no que admite a ação privada nos crimes de ação pública, se ela não for intentada no prazo legal. Como os crimes contra a vida são, via de regra, investigados por meio de perícias oficiais (art. 159 do Código de Processo Penal), tendo em vista que as provas tendem a se desfazer com o tempo, a falta de auditabilidade dos trabalhos dos peritos não apenas compromete a efetiva elucidação dos fatos pela polícia, como também inviabiliza a própria fiscalização cidadã, direito constitucionalmente assegurado.

7. Um relatório detalhado produzido ao término de cada operação dos agentes de segurança pública é exigência de accountability da atuação estatal. A forma pela qual essa exigência é atendida se dá por um duplo controle: o administrativo e o judicial. Em caso de incidentes nessas operações, não basta apenas o envio de informações ao órgão policial, mas também é necessário o envio ao órgão judicial independente encarregado da realização do controle externo da atividade policial, nos termos do art. 129, VII, da CRFB. O controle duplo garante não apenas a responsabilização disciplinar do agente de Estado, mas também a criminal, porquanto a omissão no fornecimento de tais informações configura, em tese, o tipo previsto no art. 23, II, da Lei 13.869, de 2019. Sendo as informações destinadas ao Ministério Público, a ele compete o detalhamento dos dados que serão requisitados.

8. Impedir, em prazos alongados, que as crianças frequentem aulas em virtude de intervenções policiais é uma gravíssima violação de direito humanos e é símbolo da falência do Estado em assegurar, com absoluta prioridade, os direitos das crianças.

9. O reconhecimento da competência investigatória do Ministério Público, tal como fez este Tribunal quando do julgamento do RE 593.727, deflui da competência material direta do Ministério Público, consoante disposto no art. 129, I e IX, da Constituição Federal. O sentido da atribuição dada ao Ministério Público no texto constitucional coincide com o papel que se exige de uma instituição independente para a realização das atividades de responsabilização penal prevista nos Princípios das Nações Unidas sobre o Uso da Força e Armas de Fogo. O reconhecimento do poder do Ministério Público de realizar essa atividade não pode ser visto como faculdade, pois quem detém a competência para investigar não pode agir com discricionariedade sobre ela, sob pena de compactuar com a irregularidade que deveria ser cuidadosamente apurada. Ademais, não se pode alegar que a competência dos delegados de polícia para a realização de investigações de infrações que envolvam os seus próprios agentes atenda à exigência de imparcialidade, reclamada pelos tratados internacionais de direitos humanos. Sempre que houver suspeita de envolvimento de agentes dos órgãos de segurança pública na prática de infração penal, a investigação será atribuição do órgão do Ministério Público competente. O exercício dessa atribuição deve ser ex officio e prontamente desencadeada, o que em nada diminui os deveres da polícia de enviar os relatórios sobre a operação ao parquet e de investigar, no âmbito interno, eventuais violações.

10. Um Estado que apresenta altos índices de letalidade decorrente das intervenções policiais deve buscar engajar todo seu quadro de servidores, por isso a exclusão os indicadores de redução de homicídios decorrentes de oposição à intervenção policial do cálculo das gratificações dos integrantes de batalhões e delegacias vai de encontro às obrigações e aos deveres constitucionais.

11. Medida cautelar parcialmente deferida."

ADPF 635 MC, Relator(a): EDSON FACHIN, Tribunal Pleno, julgado em 18-08-2020, PROCESSO ELETRÔNICO DJe-254 DIVULG 20-10-2020 PUBLIC 21-10-2020 REPUBLICAÇÃO: DJe-107 DIVULG 01-06-2022 PUBLIC 02-06-2022

Verifica-se, pois, que há uma determinação com efeitos erga omnes, que atinge todo o Ministério Público brasileiro.

A possibilidade e o dever de o Ministério Público brasileiro investigar são também reconhecidos por decisão vinculante da Corte Interamericana de Direitos Humanos, nos termos do art. 68.1, Convenção IDH (conforme inclusive citado e reconhecido pelo STF na referida ADPF). Nesse sentido, no caso Favela Nova Brasília, depois de contextualizar o problema da violência policial, a Corte Interamericana de Direitos Humanos assentou que:

"111. Entre as medidas normativas existentes para enfrentar esse problema, o Ministério Público tem, entre as atribuições definidas no artigo 129 da Constituição Federal de 1988, a responsabilidade de controle externo da atividade policial."

E, posteriormente, complementa:

"318. No que se refere à criação de Comissões de Controle Externo no âmbito do Ministério Público, a Corte destaca o papel dessa instituição nas investigações criminais, e seu mandato constitucional de controle externo da atividade policial. Por outro lado, a Corte destaca as seguintes resoluções do Conselho Nacional do Ministério Publico (CNMP): N. 13, de 2 de outubro de 2006, sobre a instauração e tramitação do processo investigativo criminal; N. 20, de 28 de maio de 2007, que disciplina o controle externo da atividade policial por parte do Ministério Público; e N. 129, de 22 de setembro de 2015, sobre o controle externo do Ministério Público em investigações de mortes decorrentes de intervenção policial. Além disso, toma nota do artigo 130-A.2, da Constituição Federal, que determina que compete ao Conselho Nacional do Ministério Público o controle do cumprimento dos deveres funcionais de seus membros.

319. No entanto, embora a Resolução N. 129 do CNMP determine as medidas a ser adotadas pelo Ministério Público em casos de morte decorrente de intervenção policial, considerando que a violência policial é normalmente investigada pela própria polícia, a Corte considera necessário que o controle externo do Ministério Público em casos de violência policial se projete além da prática de supervisão à distância das investigações realizadas por delegados da própria polícia. Nesse sentido, é fundamental que em hipóteses de supostas mortes, tortura ou violência sexual decorrentes de intervenção policial em que prima facie policiais apareçam como possíveis acusados, o Estado tome as medidas normativas necessárias para que desde a notitia criminis se delegue a investigação a um órgão independente e diferente da força policial envolvida no incidente, tais como uma autoridade judicial ou o Ministério Público, assistido por pessoal policial, técnico criminalístico e administrativo alheio ao órgão de segurança a que pertençam os possíveis acusados, ou o possível acusado. Para tanto, o Estado deve adotar as medidas necessárias para que esse procedimento seja implementado no prazo de um ano a partir da emissão desta Sentença, em conformidade com as normas de investigação independente mencionadas nos parágrafos 183 a 191 supra."

Portanto, verifica-se que no sistema penal instituído pela Constituição, conforme decidido pelo Supremo Tribunal Federal, em sede repercussão geral, e o sistema interamericano de proteção aos Direitos Humanos, conforme preconizado pela Corte Interamericana de Direitos Humanos, o Ministério Público pode, por autoridade própria, realizar investigações criminais diretamente.

Finalmente, trazido mais uma vez o tema à decisão no âmbito do Plenário do Supremo Tribunal Federal, a corte assentou:

EMENTA DIREITO CONSTITUCIONAL. AÇÕES DIRETAS DE INCONSTITUCIONALIDADE. PODERES INVESTIGATÓRIOS DO MINISTÉRIO PÚBLICO. PARÂMETROS PARA INSTAURAÇÃO E TRAMITAÇÃO DE PROCEDIMENTO INVESTIGATÓRIO CRIMINAL NO ÂMBITO DO MINISTÉRIO PÚBLICO. NECESSIDADE DE REGISTRO PERANTE AUTORIDADE JUDICIÁRIA. INVESTIGAÇÃO QUANDO HOUVER SUSPEITA DE ENVOLVIMENTO DE AGENTES DE ÓRGÃOS DE SEGURANÇA PÚBLICA. AUTONOMIA DAS PERÍCIAS. LEI 8.625/1993, LEI COMPLEMENTAR 75/1993 e LEI COMPLEMENTAR 34/94 DO ESTADO DE MINAS GERAIS. PROCEDÊNCIA PARCIAL. INTERPRETAÇÃO CONFORME. I CASO EM EXAME

1. Ações diretas de inconstitucionalidade em que se postula a declaração de inconstitucionalidade de dispositivos da Lei 8.625/1993, da Lei Complementar 75/1993, e da Lei Complementar 34/94 do Estado de Minas Gerais, alegando-se, em síntese, a ocorrência de ofensa material à Constituição Federal, por outorgarem ao Ministério Público poder de instrução penal incompatível com suas atribuições. II - QUESTÃO EM DISCUSSÃO 2. Saber se viola o princípio do devido processo legal, ato normativo que atribua a órgão do Ministério Público as funções de polícia judiciária e a investigação direta de infrações penais. 3. Perquirir, confirmada a presunção de constitucionalidade, quais os parâmetros e requisitos para instauração e condução de procedimentos investigatórios criminais por iniciativa própria do Ministério Público, tendo em vista os direitos que têm todo e qualquer investigado. III RAZÕES DE DECIDIR 4. As presentes ações diretas devem ser examinadas à luz do precedente, firmado em sede de repercussão geral (Tema 184), em que esta Corte fixou a interpretação dos dispositivos impugnados nesta ação direta relativamente à atividade do membro do Ministério Público no âmbito dos processos penais preparatórios. 5. Tanto no que tange à ausência de monopólio para a investigação criminal quanto no que se refere ao reconhecimento dos poderes implícitos, é sólida a jurisprudência desta Corte. Precedentes. 6. Tendo sido reconhecido ao Ministério Público poder concorrente para realizar investigações, desde que respeitados os direitos e garantias que assistem a qualquer pessoa sob investigação do Estado, é preciso, por meio de um esforço interpretativo, explicitar suas premissas e conclusões. 7. Qualquer investigação conduzida pelo membro do Ministério Público, deve ser registrada perante o órgão do Poder Judiciário, a fim de submeter o controle do procedimento imediatamente à inafastável supervisão jurisdicional. Sem ela, a função de garantia da investigação preliminar se perde. 8. A comunicação imediata ao juízo competente da instauração de inquérito policial e procedimento investigatório criminal visa evitar, tanto quanto possível, a duplicidade de investigações. 9. O exercício do controle externo da atividade policial pelo Ministério Público, deflui não apenas de atribuição constitucional, mas também de exigência imposta pelo direito convencional, por força de sua competência material direta e de sua independência funcional. 10. A instauração de procedimento investigatório pelo Ministério Público deverá ser motivada sempre que houver suspeita de envolvimento de agentes dos órgãos de segurança pública na prática de infrações penais ou sempre que mortes ou ferimentos graves ocorram em virtude da utilização de armas de fogo por esses mesmos agentes. Havendo representação ao Ministério Público, a não instauração do procedimento investigatório deverá ser sempre motivada. 11. A garantia da autonomia técnica, funcional e científica das perícias, reconhecida no julgamento da ADI 6621, é condição essencial para que a investigação conduzida pelo Ministério Público possa ser levada a efeito. 12. A fim de preservar os atos que já tenham sido praticados, é necessária a modulação dos efeitos da decisão, a fim de dispensar o registro para as ações penais já iniciadas, assim como para as que já tiverem sido concluídas. No caso das investigações em curso, mas que ainda não tenha havido a denúncia, o registro deverá ser realizado no prazo de 60 (sessenta) dias, a contar da publicação da ata de julgamento. Feito o registro, torna-se obrigatória a observância dos prazos para a conclusão dos procedimentos investigatórios, assim como a exigência de pedido de prorrogação. IV DISPOSITIVO E TESE 13. Pedidos de declaração de inconstitucionalidade julgados parcialmente procedentes, para, em interpretação conforme, nos exatos termos da tese proposta, declarar a constitucionalidade de inciso I do art. 26, assim como o art. 80, ambos da Lei n. 8.625, de 12 de fevereiro de 1993; das expressões "e outros procedimentos administrativos correlatos" contidas nos incisos I do art. 7º, I do art. 38 e I do art. 150; assim como as expressões "e apresentar provas e e produzir provas" constantes dos incisos II e III dos mesmos arts. 7º, 38 e 150 todos da Lei Complementar n. 75, de 20 de maio de 1993 (ADI 2943); dos incisos I, II, III, V, VII e IX, do artigo 8º, da Lei Complementar n. 75, de 20 de maio de 1993 (ADI 3309); e do inciso V, do art. 120 e o inciso II, alíneas b, c e g e o inciso III do art. 125, da Constituição do Estado de Minas Gerais; e o inciso I, alíneas a, b, c e d, da Lei Complementar Estadual n. 34, de 12.09.1994 (Lei Orgânica do Ministério Público do Estado de Minas Gerais) (ADI 3318). 14. Tese: "1. O Ministério Público dispõe de atribuição concorrente para promover, por autoridade própria, e por prazo razoável, investigações de natureza penal, desde que respeitados os direitos e garantias que assistem a qualquer indiciado ou a qualquer pessoa sob investigação do Estado. Devem ser observadas sempre, por seus agentes, as hipóteses de reserva constitucional de jurisdição e, também, as prerrogativas profissionais da advocacia, sem prejuízo da possibilidade do permanente controle jurisdicional dos atos, necessariamente documentados (Súmula Vinculante 14), praticados pelos membros dessa Instituição (tema 184); 2. A realização de investigações criminais pelo Ministério Público tem por exigência: (i) comunicação imediata ao juiz competente sobre a instauração e o encerramento de procedimento investigatório, com o devido registro e distribuição; (ii) observância dos mesmos prazos e regramentos previstos para conclusão de inquéritos policiais; (iii) necessidade de autorização judicial para eventuais prorrogações de prazo, sendo vedadas renovações desproporcionais ou imotivadas; iv) distribuição por dependência ao Juízo que primeiro conhecer de PIC ou inquérito policial a fim de buscar evitar, tanto quanto possível, a duplicidade de investigações; v) aplicação do artigo 18 do Código de Processo Penal ao PIC (Procedimento Investigatório Criminal) instaurado pelo Ministério Público; 3. Deve ser assegurado o cumprimento da determinação contida nos itens 18 e 189 da Sentença no Caso Honorato e Outros versus Brasil, de 27 de novembro de 2023, da Corte Interamericana de Direitos Humanos - CIDH, no sentido de reconhecer que o Estado deve garantir ao Ministério Público, para o fim de exercer a função de controle externo da polícia, recursos econômicos e humanos necessários para investigar as mortes de civis cometidas por policiais civis ou militares; 4. A instauração de procedimento investigatório pelo Ministério Público deverá ser motivada sempre que houver suspeita de envolvimento de agentes dos órgãos de segurança pública na prática de infrações penais ou sempre que mortes ou ferimentos graves ocorram em virtude da utilização de armas de fogo por esses mesmos agentes. Havendo representação

> *ao Ministério Público, a não instauração do procedimento investigatório deverá ser sempre motivada; 5. Nas investigações de natureza penal, o Ministério Público pode requisitar a realização de perícias técnicas, cujos peritos deverão gozar de plena autonomia funcional, técnica e científica na realização dos laudos."*
>
> (ADI 2943, Relator(a): EDSON FACHIN, Tribunal Pleno, julgado em 02-05-2024, PROCESSO ELETRÔNICO DJe-s/n DIVULG 09-09-2024 PUBLIC 10-09-2024)

Julgamento idêntico se deu: **ADI 3309** PROCESSO ELETRÔNICO DJe-s/n DIVULG 09-09-2024 PUBLIC 10-09-2024 JULG-02-05-2024 UF-DF TURMA-TP MIN-EDSON FACHIN N.PÁG-219 DJe-s/n DIVULG 09-09-2024 PUBLIC 10-09-2024 **ADI 3318** PROCESSO ELETRÔNICO DJe-s/n DIVULG 09-09-2024 PUBLIC 10-09-2024 JULG-02-05-2024 UF-MG TURMA-TP MIN-EDSON FACHIN N.PÁG-217 DJe-s/n DIVULG 09-09-2024 PUBLIC 10-09-2024.

Na mesma linha também: **ADI 3329**, Relator(a): GILMAR MENDES, Tribunal Pleno, julgado em 24-06-2024, PROCESSO ELETRÔNICO DJe-s/n DIVULG 28-06-2024 PUBLIC 01-07-2024; **ADI 3337**, Relator(a): GILMAR MENDES, Tribunal Pleno, julgado em 24-06-2024, PROCESSO ELETRÔNICO DJe-s/n DIVULG 28-06-2024 PUBLIC 01-07-2024.

Nesse contexto, convém lembrar que a investigação criminal do Ministério Público no Brasil era inicialmente regulada pela Resolução n. 13/06 do Conselho Nacional do Ministério Público.

Referida Resolução, no entanto, já estava defasada e merecia ser modernizada.

Por essa razão, o então Corregedor Nacional do Ministério Público, Dr. Cláudio Henrique Portela do Rego, no dia 18 de janeiro de 2017, instaurou o Procedimento de Estudos e Pesquisas n. 01/2017, para levantamento de sugestões e apresentação de propostas de aperfeiçoamento da regulamentação do Procedimento Investigatório Criminal conduzido pelo Ministério Público. A comissão foi presidida por mim e composta pelo Procurador Regional da República, Dr. Vladmir Barros Aras, pelo Promotor de Justiça do MPDFT, Dr. Antônio Henrique Graciano Suxberger e pelo Promotor de Justiça Militar do MPM, Dr. Luiz Felipe Carvalho Silva[16].

A Comissão apresentou um relatório final, com uma proposta de alteração da Resolução n. 13/06[17], que foi integralmente acolhida pelo Corregedor Nacional[18], que apresentou-a ao Plenário do Conselho Nacional do Ministério Público, que, por sua vez, com base no voto do Conselheiro-Relator, Valter de Agra Júnior – que acolheu grande parte da proposta do Corregedor Nacional, acrescentando outras propostas apresentadas por outros Conselheiros – aprovou à unanimidade de votos, a Resolução n. 181, de 08 de setembro de 2017[19].

Posteriormente, o Conselho Nacional do Ministério Público promoveu nova reformulação da Resolução n. 181/17, por meio da Resolução n. 183, de 30 de janeiro de 2018, cujo relator foi o Conselheiro Lauro Nogueira.

Por fim, a Resolução recebeu nova alteração, por meio da Resolução n. 201, de 04 de novembro de 2019, que promoveu novas alterações na Resolução n. 181 e também recebeu nova alteração pela Resolução 289/2024-CNMP.

---

16 A portaria de instauração pode ser encontrada no seguinte endereço: http://www.cnmp.mp.br/portal/images/Despacho_inaugural_-_PEP_01-2017.pdf. Consultada no dia 11 de novembro de 2017.

17 O relatório final da Comissão pode ser encontrado no seguinte endereço:http://www.cnmp.mp.br/portal/images/Pronunciamento_final.pdf. Consultado no dia 11 de novembro de 2017.

18 A proposta do Corregedor Nacional, apresentada ao Plenário, pode ser encontrada no seguinte endereço: http://www.cnmp.mp.br/portal/images/Proposição_nº_1.00578-2017-01.pdf. Consultada no dia 11 de novembro de 2017.

19 O texto atualizado da Resolução n. 181/17 pode ser encontrado no seguinte endereço: http://www.cnmp.mp.br/portal/images/Resolucoes/Resolução-181.pdf. Consultado no dia 27 de fevereiro de 2018.

Será precisamente essa a Resolução n. 181/17, atualizada pelas Resoluções ns. 183/18, 201/19 e 289/24, que será examinada a seguir.

DA NATUREZA JURÍDICA E CARACTERÍSTICAS DO PROCEDIMENTO INVESTISGATÓRIO CRIMINAL

Art. 1º O procedimento investigatório criminal é instrumento sumário e desburocratizado de natureza administrativa e investigatória, instaurado e presidido pelo membro do Ministério Público com atribuição criminal, e terá como finalidade apurar a ocorrência de infrações penais de iniciativa pública, servindo como preparação e embasamento para o juízo de propositura, ou não, da respectiva ação penal. (Redação dada pela Resolução nº 183, de 24 de janeiro de 2018) Vide ADI 5793-STF

§ 1º O procedimento investigatório criminal não é condição de procedibilidade ou pressuposto processual para o ajuizamento de ação penal e não exclui a possibilidade de formalização de investigação por outros órgãos legitimados da Administração Pública. (Redação dada pela Resolução nº 183, de 24 de janeiro de 2018)

§ 2º A regulamentação do procedimento investigatório criminal prevista nesta Resolução não se aplica às autoridades abrangidas pela previsão do art. 33, parágrafo único, da Lei Complementar no 35, de 14 de março de 1979. (Redação dada pela Resolução nº 183, de 24 de janeiro de 2018)

O Procedimento Investigatório Criminal é um procedimento de natureza administrativa, não ostentando, pois, natureza processual. Isso porque, a existência PIC não pressupõe o exercício da atividade postulatória, não é dotado de partes, não é jurisdicionalizado e prescinde da observância do contraditório e da ampla defesa.

Desde uma perspectiva formal, referido procedimento tem como finalidade a documentação concatenada de elementos de informação para viabilizar que o Ministério Público realize a *opinio delicti* a respeito da notícia de fatos criminosos que chegam a seu conhecimento.

Materialmente, ele se presta como elemento aglutinador de informações com o objetivo de viabilizar o exercício, pelo Ministério Público, da *opinio delicti*.

O PIC é necessariamente presidido por Membro do Ministério Público, com atribuição criminal (tem natureza criminal e não civil) não se confundindo, pois, com o inquérito policial, nem com outras investigações de natureza administrativa realizadas por outras agências estatais, como, por exemplo, investigações tributárias, ambientais e consumeristas.

Sem embargo, o Plenário do Supremo Tribunal Federal considerou as expressões "sumário" e "desburocratizado" inconstitucionais, uma vez que:

> *A utilização do binômio "sumário e desburocratizado" denota prescrição vaga, imprecisa e indeterminada, em tudo incompatível com a natureza específica, delimitada e previsível que as regras sobre direitos fundamentais necessitam possuir.* (Voto do Relator - ADI 5793, Relator(a): CRISTIANO ZANIN, Tribunal Pleno, julgado em 01-07-2024, PROCESSO ELETRÔNICO DJe-s/n DIVULG 12-08-2024 PUBLIC 13-08-2024)

Na ementa do referido julgado, consta o seguinte trecho:

> *(...) IV - Os termos "sumário e desburocratizado", constantes do art. 1º, caput, da Resolução n. 181/2017 do CNMP, padecem de manifesta inconstitucionalidade, por ofensa aos arts. 22, I, e 130-A, §2º, I, da Constituição Federal. V - Os registros, prazos e regramentos previstos para instaurar e concluir inquéritos policiais constituem imposições extensíveis aos PICs. Inexiste autorização da Constituição Federal para a instauração de procedimentos investigativos de natureza abreviada, flexível ou excepcional. VI - Procedência parcial do pedido da ação direta, com a declaração de inconstitucionalidade das expressões "sumário" e "desburocratizado"*

constantes do art. 1º, caput, da Resolução n. 181/2017, do Conselho Nacional do Ministério Público, bem como com a declaração de constitucionalidade do art. 2º, V, do mesmo ato normativo, desde que interpretado conforme a Constituição e nos termos deste voto. Reiteração das mesmas teses de julgamento firmadas por este Plenário nas ADIs 2.943, 3.309 e 3.318. Modulação dos efeitos da decisão que também se determina, consoante exposto no voto.

(ADI 5793, Relator(a): CRISTIANO ZANIN, Tribunal Pleno, julgado em 01-07-2024, PROCESSO ELETRÔNICO DJe-s/n DIVULG 12-08-2024 PUBLIC 13-08-2024)

Porém, a título de reflexão, importante consignar o significado dessas expressões:

a) **Desburocratização:** O rompimento com o excesso de burocracia correspondente uma das mais importantes providências para a superação de um modelo de investigação inquisitório e ineficiente. Uma investigação adequada jamais pode ter como seu eixo gravitacional a burocracia. A investigação deve gravitar em torno dos seus objetivos investigativos (fato delituoso a ser apurado) e do respeito às garantias e direitos fundamentais.

Sobre a necessidade de superar-se o ranço burocrático das investigações criminais, HORVITZ consigna o seguinte, no contexto chileno:

> *"Superar a cultura inquisitiva no subsistema policial significa enfrentar, dentre outros, o forte ritualismo e burocratização no cumprimento de suas tarefas, a excessiva formalização das relações entre o órgão instrutor, o predomínio das funções administrativas ou outras institucionais em detrimento da função propriamente investigativa, a ausência de incentivos para obter resultados favoráveis na investigação, etc.*
>
> *A excessiva burocratização das tarefas policiais de investigação criminal, característica comum de todo sistema de justiça criminal, tem gerado a subcultura policial caracterizada pelas rotinas de trabalho mecânicas, rígidas e uniformes, que se realizam – em muitos casos – assim só para cumprir formalmente com as exigências do sistema. Desse modo, por exemplo, na atualidade, grande parte das ordens de investigar que a polícia cumpre são realizadas repetindo no processo, sem necessidade, informações prévias, para "engordar" as informações policiais ou são devolvidas sem aportar nada de novo."*[20]

Com a adoção expressa do princípio da desburocratização, o Conselho Nacional do Ministério Público sinaliza e lembra fortemente aos Membros do MP que o objetivo da investigação não é o preenchimento de relatórios, a aposição de carimbos, a juntada impensada de documentos, a renovação burocrática de prazos, de ofícios requisitórios ou outras ordens de diligência. A função da investigação é descobrir como se deram os fatos apurados, de forma rápida, eficiente e legítima.

A burocracia deve ser meramente lateral e se presta para, em casos bastante específicos, assegurar a veracidade e garantia de determinados atos.

b) **Sumariedade:** A investigação criminal não deve ser o evento principal da persecução penal. A investigação deve ser célere, caso contrário normalmente tem suas funções de descoberta bastante prejudicada e não deve ter como objeto todos os elementos de informação que podem, eventualmente, ser relevantes para o juízo principal. Assim, normalmente não se ouve testemunhas abonatórias[21], não se aprofunda sobre a even-

20 HORVITZ LENNON, María Inés; LÓPEZ MASLE, Julián. Derecho Procesal Penal Chileno, tomo I. Santiago: Editorial Jurídica de Chile, 2003, pp. 187-188.

21 Nesse sentido, consigna LOPES JUNIOR: *"É de destacar-se, atendendo ao caráter sumário do inquérito policial, que a polícia não deve perder tempo com testemunhas meramente abonatórias ou que não tenham realmente presenciado o*

tual responsabilidade civil, nem mesmo se deve perder muito tempo com a persecução patrimonial (para compreender bem essa afirmação, veja-se o comentário ao art. 14).

A investigação, ademais, deve ser feita sem a intervenção *pari pasu* do investigado. Assim, é de se rejeitar um procedimento de investigação plenamente participativo (respeitados, claros, os direitos do investigado, conforme se verá dos comentários aos respectivos artigos desta Resolução).

A esse respeito consigna SCHÜNEMANN que:

> *"Na Alemanha discute-se atualmente a respeito de um modelo denominado 'procedimento de investigação participativo'. Este possui como finalidade a introdução da estrutura adversativa ou do contraditório do juízo oral norte-americano já durante a declaração das testemunhas no procedimento de investigação. A polícia e a justiça na Alemanha rejeitaram, no entanto, essa proposta, porque temem uma total paralização das investigações policiais se um defensor, já desde o princípio, acompanha todas as medidas de investigação e dessa forma se coloca em situação de poder estorvar as medidas estratégias da polícia desde o princípio. Concordo com essa opinião de que, em todos os casos mais complicados, deve existir primeiro uma prática de diligências secreta, já que se deve alcançar o objetivo de esclarecimento. Do contrário, particularmente no âmbito da criminalidade organizada, a participação prévia importaria seguramente no fim da Justiça Penal e, com isso, o fim da proteção estatal aos bens jurídicos."*[22]

Por fim, é importante deixar bem claro que sumariedade não quer significar investigação malfeita, açodada, superficial. Não. Quer significar que a investigação tem um objetivo claro – emprestar justa causa à acusação – e não é possível que os investigadores se distraiam à busca de elementos laterais para a apuração, que poderão eventualmente ser posteriormente supridos pela acusação (v.g. prosseguimento da investigação patrimonial) ou pela defesa (v.g. possibilidade de arrolar testemunhas para serem ouvidas em juízo). Daí porque se pode afirmar que a investigação deve ser sumária.

Declarada a inconstitucionalidade das expressões sumária e burocratizada, resta explicar o denominado **princípio investigativo**, que orienta tanto o Inquérito Policial quanto o Procedimento Investigatório Criminal. Também é denominado de princípio inquisitório, expressão essa mais utilizada pela doutrina brasileira)[23].

Esse princípio impõe às autoridades estatais que presidem a investigação o dever de dar o devido impulso investigativo, determinando de ofício a realização das diligências e investigações pertinentes e proporcionais à adequada instrução do feito.

---

fato e que por isso limitem-se a transmitir o que lhes foi contato." LOPES JUNIOR, Aury. Direito processual penal. 11ª ed. São Paulo: Saraiva, 2014, p. 302.

22 SCHÜNEMANN, Bernd. *Critica al modelo norteamericano de proceso penal*, in Obras. Tomo II, Rubinzal-Culzoni: Buenos Aires, 2009, p. 448. Depois segue o mesmo autor, defendendo que, para minorar essa não intervenção da defesa, deve-se criar um eurodefensor, devem todos os depoimentos ser gravados em áudio e vídeo e deve-se permitir que o defensor tome, também, declarações.

23 Na doutrina brasileira se costuma a denominar esse princípio de princípio inquisitório. No entanto, não se pode confundir o princípio da investigação (*Ermittlungsgrundsatz*) com o princípio inquisitório (*Inquisitionsprinzip*), conforme esclarece KINDÄUSER: *"O princípio da investigação não deveria mais ser, nem terminologicamente, equiparado ao denominado princípio inquisitório, que é consubstanciado por um processo inquisitorial, em que há unidade entre os órgãos de investigação e o órgão julgador na apuração dos fatos e que acaba resultando em um controvertido sistema, em que a investigação e o processo penal ficam totalmente submetidos a um domínio do juiz. Uma tal equiparação, com a atual diferenciação entre as funções de acusar e de julgar não é (mais) apropriada."* Tradução livre de: „Der Ermittlungsgrundsatz sollte auch terminologisch nicht mit dem sog. Inquisitionsprinzip, das die Sachverhaltserforschung im Inquisitionsprozess durch die Einheit von Ermittlungsorgans und Richter und die daraus resultierende umstrittenen vollständige Verfahrensherrschaft des Gerichts beschreibt, gleichgestellt werden. Eine solche Gleichstellung ist nach der heute bestehenden Aufteilung von Anklagebehörde und Gerichtsbarkeit nicht (mehr) sachgerecht." KINDHÄUSER, Urs. Strafprozessrecht. 4ª ed. Baden-Baden: Nomos, 2016, p. 48.

Nesse sentido, é a lição de KINDHÄUSER, sobre o contexto alemão, perfeitamente correspondente ao nosso sistema:

> *"O princípio da investigação (= princípio da pesquisa ou princípio de instrução) afirma que, no processo de investigação preliminar, o Ministério Público e a Polícia devem investigar os acontecimentos reais de ofício. Isso significa que as agências de persecução penal devem esclarecer completamente os fatos relevantes."*[24]

As determinações de diligências não precisam, em regra, ser fundamentadas e lançadas formalmente nos autos, apenas devem guardar relação de pertinência e proporcionalidade com a investigação do feito. Não seguem, pois, o regime formalizado das decisões judiciais, mas o regime agilizado das investigações preliminares.

É importante consignar, por fim, que o Procedimento Investigatório Criminal e a regulamentação aqui estudada, a toda evidência dizem respeito tão somente àquelas investigações que podem ser presididas pelo Membro do Ministério Público, não se aplicando, pelo menos em princípio, às investigações que apuram a prática de crimes aparentemente praticados por Membros do Poder Judiciário.

Isso porque, a Lei Orgânica da Magistratura, no parágrafo único do seu artigo 33, estabelece como prerrogativa do magistrado ser investigado perante o Tribunal ou órgão especial com atribuição para o julgamento de eventual ação penal decorrente de tal apuração[25]. Assim, qualquer investigação instaurada contra Membros do Poder Judiciário deve ser precedida de autorização do respectivo Tribunal, ainda que posteriormente e com autorização deste, possa seguir a regulamentação do PIC.

Apesar dessa evidência, o Conselho Nacional do Ministério Público houve por bem expressamente consignar expressamente tal advertência do § 2º, do art. 1º, da Resolução em comento, inclusive porque houve impugnação em Ação Direta de Inconstitucionalidade n. 5790, proposta pela AMB, alegando que a Resolução n. 181/17 teria invadido a competência dos Tribunais para investigar juízes.

Desse modo, com a redação do §2º, do art. 1º, que foi incluída por emenda feita pela Resolução nº 183, de 24 de janeiro de 2018, o que já era claro ficou ainda mais evidente. É dizer: *"A regulamentação do procedimento investigatório criminal prevista nesta Resolução não se aplica às autoridades abrangidas pela previsão do art. 33, parágrafo único, da Lei Complementar no 35, de 14 de março de 1979."* Diante dessa inclusão, o Ministro Zanin julgou prejudicada da ADI 5.790.

DO DEVER DO MINISTÉRIO PÚBLICO DE TOMAR PROVIDÊNCIAS DIANTE DE PEÇAS DE INFORMAÇÕES QUE CHEGUEM A SEU CONHECIMENTO

Art. 2º Em poder de quaisquer peças de informação, o membro do Ministério Público poderá:

I – promover a ação penal cabível;

II – instaurar procedimento investigatório criminal;

---

24 Tradução livre de: *„Der Ermittlungsgrundsatz (= Untersuchungsgrundsatz bzw. Instruktion Prinzip besagt, dass im Ermittlungsverfahren Staatsanwalt und Polizei das tatsächliche Geschehen von Amts wegen zu erforschen haben. Dies bedeutet, dass die Strafverfolgungsorgane den relevanten Sachverhalt umfassend aufklären müssen."* KINDHÄUSER, Urs. Strafprozessrecht. 4ª ed. Baden-Baden: Nomos, 2016, p. 48.

25 *"Art. 33 - São prerrogativas do magistrado: (...) Parágrafo único - Quando, no curso de investigação, houver indício da prática de crime por parte do magistrado, a autoridade policial, civil ou militar, remeterá os respectivos autos ao Tribunal ou órgão especial competente para o julgamento, a fim de que prossiga na investigação."* É bem verdade que, desde uma perspectiva de principio acusatório, aparentemente, essa espécie de juizado de instrução para investigar magistrados, não foi recepcionada pela Constituição de 1988.

III – encaminhar as peças para o Juizado Especial Criminal, caso a infração seja de menor potencial ofensivo;

IV – promover fundamentadamente o respectivo arquivamento;

V – requisitar a instauração de inquérito policial, indicando, sempre que possível, as diligências necessárias à elucidação dos fatos, sem prejuízo daquelas que vierem a ser realizadas por iniciativa da autoridade policial competente.

O art. 2º da Resolução n. 181 estabelece quais são as possíveis providências do Membro do Ministério Público deve tomar ao receber peças de informações que noticiem a prática de delitos. São elas:

a) **Propositura de ação penal:** como visto no §1º, do art. 1º, o Procedimento Investigatório Criminal é prescindível, não sendo, pois, condição de procedibilidade para o exercício da ação penal[26]. Desse modo, chegando ao conhecimento do Membro do Ministério Público elementos de informações que já emprestem a suficiente justa causa para o oferecimento de denúncia, nada impede que, de posse de tais elementos (normalmente, formalizados como notícia de fato[27]), o Membro do Ministério Público, sem maiores delongas, ofereça denúncia.

b) **Instauração de procedimento investigatório criminal:** Caso cheguem ao Ministério Público peças de informações que demandem aprofundamento investigativo e que, a partir da avaliação do Membro, mereçam ser investigadas diretamente pelo MP, poderá, então, ser instaurado Procedimento Investigatório Criminal, que é regulamentado pela Resolução em comento. Veja-se que, considerando que o modelo atual adotado pelo sistema brasileiro não é o da coordenação total das investigações criminais pelo Ministério Público, é de rigor que a Instituição investigue diretamente apenas aqueles casos de especial complexidade, periculosidade ou gravidade ou com alta lesão ao bem jurídico protegido, fundamentalmente nos casos em que a Polícia Judiciária, por algum motivo, não tenha condições de investigar. Além disso, deve o Ministério Público prioritariamente investigar aqueles delitos praticados por agentes políticos e policiais no exercício da função e aqueles casos em que seus membros acabaram por desenvolver uma especial expertise. Aqui, reserva-se ao Promotor Natural, na qualidade de titular da ação penal, um poder discricionário para realizar tal avaliação.

O Procedimento Investigatório Criminal poderá, também, ser instaurado com a finalidade de viabilizar e oportunizar a celebração do acordo de não persecução penal, previsto pelo art. 18 desta Resolução, como se verá no comentário respectivo.

c) **Encaminhar as peças ao Juizado Especial Criminal:** Caso o Membro do Ministério Público entenda não ser o caso de apuração direta e, sendo o delito noticiado, de

---

26 Aliás, esse é o entendimento com relação ao inquérito policial, inclusive com precedentes do Supremo Tribunal Federal, conforme se verifica do seguinte julgado: *"O Ministério Público pode dispensar o inquérito policial quando dispuser de elementos de convicção aptos a embasar uma denúncia, como ocorre na espécie [CPP, artigo 46, § 1º]."* (STF - HC 86755, Relator(a): Min. EROS GRAU, Primeira Turma, julgado em 08/11/2005, DJ 02-12-2005 PP-00014 EMENT VOL-02216-02 PP-00332 RTJ VOL-00204-01 PP-00290).

27 A noticia de fato é regulamentada pela Resolução n. 174/17-CNMP e tem o seguinte conceito: *"Art. 1º A Notícia de Fato é qualquer demanda dirigida aos órgãos da atividade-fim do Ministério Público, submetida à apreciação das Procuradorias e Promotorias de Justiça, conforme as atribuições das respectivas áreas de atuação, podendo ser formulada presencialmente ou não, entendendo-se como tal a realização de atendimentos, bem como a entrada de notícias, documentos, requerimentos ou representações."*

competência do Juizado Especial Criminal, caberá ao Promotor de Justiça encaminhar as peças a referido juízo. Veja-se que esse encaminhamento poderá ser feito diretamente: (i) à delegacia de polícia, com requisição de instauração de termo circunstanciado; (ii) ao juízo para a designação de audiência preliminar ou mesmo (iii) ao Membro do Ministério Público com atribuições perante o Juizado (caso o destinatário inicial das peças de informações não tenha atribuição cumulativa para atuar nesse juízo), para que ele possa avaliar se requer, desde já a designação de audiência preliminar, se requisita a instauração de TC ou se promove o arquivamento do feito. Parece que essa última hipótese é a mais adequada, já que respeita, desde o princípio, o poder decisório do Promotor Natural.

d) **Promover o respectivo arquivamento:** Caso o Membro do Ministério Público, de posse das peças de informação, verifique se tratar de hipótese de arquivamento, poderá arquivar os referidos elementos de informação. Esse arquivamento poderá se dar: (i) sob o regime da notícia de fato (nas hipóteses previstas na Resolução n. 174/17-CNMP); (ii) sob o regime do inquérito policial, procedimento investigatório criminal ou investigação de comissão parlamentar de inquérito. Em todas essas hipóteses, porém, o arquivamento, também, deve ser submetido ao Poder Judiciário, nos termos do art. 28 do CPP, com a interpretação dada pelo Supremo Tribunal Federal, nas ADIs 6.298, 6.299, 6.300 e 6.305.

e) **Requisitar a instauração de inquérito policial:** Se, da leitura das peças de informação, verificar-se a necessidade de apuração dos fatos (é dizer, caso não seja hipóteses de denúncia direta) e em não se tratando de delito que mereça uma investigação direta pelo Ministério Público, deverá ser requisitada a instauração de inquérito policial à autoridade policial com atribuições para tanto. É sempre recomendável que o ofício requisitório, desde já, indique suscintamente os fatos e delitos que deverão ser apurados, bem como requisite as diligências necessárias para a sua boa investigação. Com tais providências, a investigação policial poderá ser iniciada como maior celeridade e presteza.

DA INSTAURAÇÃO, DISTRIBUIÇÃO, PRAZO DE IMPULSO E DA VIRTUALIZAÇÃO DO PROCEDIMENTO INVESTIGATÓRIO CRIMINAL

Art. 3º. O procedimento investigatório criminal poderá ser instaurado de ofício, por membro do Ministério Público, no âmbito de suas atribuições criminais, ao tomar conhecimento de infração penal de iniciativa pública, por qualquer meio, ainda que informal, ou mediante provocação. (Redação dada pela Resolução nº 183, de 24 de janeiro de 2018)

§ 1º O procedimento investigatório criminal deverá tramitar, comunicar seus atos e transmitir suas peças, preferencialmente, por meio eletrônico. (Redação dada pela Resolução nº 183, de 24 de janeiro de 2018)

§ 2º A distribuição de peças de informação deverá observar as regras internas previstas no sistema de divisão de serviços. (Redação dada pela Resolução nº 183, de 24 de janeiro de 2018)

§ 3º No caso de instauração de ofício, o procedimento investigatório criminal será distribuído livremente entre os membros da instituição que tenham atribuições para apreciá-lo, incluído aquele que determinou a sua instauração, observados os critérios fixados pelos órgãos especializados de cada Ministério Público e respeitadas as regras de competência temporária em razão da matéria, a exemplo de grupos específicos criados para apoio e assessoramento e de forças-tarefas devidamente designadas pelo procurador-geral competente, e as relativas à conexão e à continência. (Redação dada pela Resolução nº 183, de 24 de janeiro de 2018)

§ 4º O membro do Ministério Público, no exercício de suas atribuições criminais, deverá dar andamento, no prazo de 30 (trinta) dias a contar de seu recebimento, às representações, requerimentos, petições e peças de informação que lhe sejam encaminhadas, podendo este prazo ser prorrogado, fundamentadamente, por até 90 (noventa) dias, nos casos em que sejam necessárias diligências preliminares. (Redação dada pela Resolução nº 183, de 24 de janeiro de 2018)

a) **Da instauração de ofício ou provocada de PIC:** A instauração do Procedimento Investigatório Criminal poderá se dar de ofício (considerando o dever de apuração dos fatos que chegam ao seu conhecimento, que é imposto ao Membro do Ministério Público) ou mediante provocação, prescindindo tal representação de maiores formalidades.

Aliás, o PIC pode ser instaurado, inclusive, a partir de denúncia anônima, desde que sejam realizadas diligências mínimas que se afigurem aptas a emprestar um mínimo de credibilidade às notícias veiculadas de forma apócrifa.

É evidente que uma notícia bem-feita, delimitada, acompanhada de elementos de informação e subscrita por pessoa adequadamente identificada é muito mais desejável e promissora que uma notícia anônima.

No entanto, não se pode ignorar o fundado receio que muitas pessoas têm de sofrer represálias por conta da *notitia criminis* formuladas, especialmente quando os crimes são cometidos no âmbito de organizações criminosas, no seio da administração pública ou praticadas por policiais. Daí porque é possível afirmar o acerto da jurisprudência do Supremo Tribunal Federal, que tem admitido a instauração de investigações criminais com base em notícias anônimas, desde que realizadas diligências prévias, mesmo que singelas, que possam respaldar, ainda que minimamente, a *notitia*[28].

b) **Da distribuição das peças de informação e da atribuição para presidir o PIC em caso de provocação de terceiro:** As peças de informação (que normalmente devem seguir a regência da notícia de fato - Resolução n. 174/17-CNMP), deverão ser distribuídas de acordo com a atribuição para conhecimento dos fatos que são objeto de *notitia*, nos termos do § 2º, do art. 3º, da Resolução n. 181/17.

---

28 A esse respeito, confira-se, a título de exemplo, os seguintes julgados: *"A jurisprudência desta Suprema Corte é assente no sentido de que a denúncia anônima não tem o condão de invalidar o inquérito policial, quando as investigações se utilizam de outras diligências colhidas para averiguar a delatio criminis, como se dá na espécie, ou quando na ação penal, a condenação fundamenta-se em conjunto probatório colhido sob o crivo do contraditório e da ampla defesa."* (STF - HC 133148, Relator(a): Min. RICARDO LEWANDOWSKI, Segunda Turma, julgado em 21/02/2017, PROCESSO ELETRÔNICO DJe-289 DIVULG 14-12-2017 PUBLIC 15-12-2017); *"Notícias anônimas de crime, desde que verificada a sua credibilidade por apurações preliminares, podem servir de base válida à investigação e à persecução criminal."* (STF - HC 106152, Relator(a): Min. ROSA WEBER, Primeira Turma, julgado em 29/03/2016, PROCESSO ELETRÔNICO DJe-106 DIVULG 23-05-2016 PUBLIC 24-05-2016); *"As autoridades públicas não podem iniciar qualquer medida de persecução (penal ou disciplinar), apoiando-se, unicamente, para tal fim, em peças apócrifas ou em escritos anônimos. É por essa razão que o escrito anônimo não autoriza, desde que isoladamente considerado, a imediata instauração de "persecutio criminis". – Nada impede que o Poder Público, provocado por delação anônima ("disque-denúncia", p. ex.), adote medidas informais destinadas a apurar, previamente, em averiguação sumária, "com prudência e discrição", a possível ocorrência de eventual situação de ilicitude penal, desde que o faça com o objetivo de conferir a verossimilhança dos fatos nela denunciados, em ordem a promover, então, em caso positivo, a formal instauração da "persecutio criminis", mantendo-se, assim, completa desvinculação desse procedimento estatal em relação às peças apócrifas. – Diligências prévias, promovidas por agentes policiais, reveladoras da preocupação da Polícia Judiciária em observar, com cautela e discrição, notadamente em matéria de produção probatória, as diretrizes jurisprudenciais estabelecidas, em tema de delação anônima, pelo Supremo Tribunal Federal e pelo Superior Tribunal de Justiça."* (STF - RHC 117988, Relator(a): Min. GILMAR MENDES, Relator(a) p/ Acórdão: Min. CELSO DE MELLO, Segunda Turma, julgado em 16/12/2014, PROCESSO ELETRÔNICO DJe-037 DIVULG 25-02-2015 PUBLIC 26-02-2015).

Assim, por exemplo, tratando-se de notícia de fato relativa a delito contra o meio ambiente e existindo Promotor de Justiça com essa atribuição específica, deverá a peça de informação ser distribuída a ele, nos termos do § 2º, do art. 3º, da Resolução n. 181/17.

Caso exista mais de um Membro do Ministério Público com tal atribuição, deverá a peça de informação ser distribuída entre eles de forma livre e aleatória.

Uma vez distribuída notícia de fato, tendo o Membro do Ministério Público instaurado PIC, será ele o Promotor Natural a quem competirá dar prosseguimento às investigações levadas a cabo nesse procedimento.

c) **Da distribuição das peças de informação e da atribuição para presidir o PIC em caso de atuação de ofício:** O § 3º do art. 3º da Resolução n. 181 impôs a necessidade de distribuição daqueles casos em que o Membro do Ministério Público de ofício determina a instauração de Procedimento Investigatório Criminal.

Isso porque, em muitos Ministérios Públicos, caso o Promotor de Justiça tomasse conhecimento pessoal de alguma prática criminosa, poderia ele instaurar diretamente o Procedimento Investigatório Criminal e prosseguir na presidência dessa apuração.

O Conselho Nacional do Ministério Público, com a previsão do § 3º do art. 3º, procurou evitar que isso acontecesse, razão pela qual determinou que, quando o PIC for instaurado de ofício, deverá tal procedimento ser distribuído entre todos os Membros do Ministério Público com iguais atribuições.

Por exemplo, se um Promotor de Justiça instaura uma investigação por crime de peculato com base em uma notícia de jornal, deverá logo em seguida submeter o feito à livre distribuição entre os Membros da Instituição que tenham atribuições para apreciá-lo, incluindo-se, também, nessa distribuição.

Com essa providência, pretende-se evitar a pessoalização das investigações, em que um mesmo Promotor, por exemplo, mais atento ao noticiário, acabe por monopolizar as investigações que são veiculadas pela imprensa.

O lado ruim dessa regra, é que, normalmente, a atuação de ofício ocorre por iniciativa daqueles Promotores mais afeitos à realização de investigações próprias (muitas vezes onerosas pessoal e profissionalmente). Com a distribuição, pode ocorrer que o caso caia com um Membro com perfil menos proativo ou que entenda, dentro de sua discricionariedade, que aquele determinado caso não deveria ser investigado diretamente pelo MP, mas sim pela Polícia, o que pode acarretar, inclusive, a indesejável (para não dizer inadmissível) requisição de instauração inquérito policial, com base em PIC.

De todo modo, diante dessa posição tomada pelo CNMP, afigura-se mais interessante que, na atuação de ofício, o Membro determine a distribuição já da notícia de fato por ele instaurada, não sendo necessário aguardar-se a instauração do PIC.

Com isso, evita-se que um Promotor instaure um PIC e outro – para quem ele foi distribuído - entenda que o feito não era caso de investigação direta.

Com a distribuição da notícia de fato instaurada de ofício, resguarda-se a objetividade da atuação pretendida pelo CNMP e, caso seja ela distribuída a quem deflagrou a sua instauração, poderá, sem problemas, o Promotor que recebê-la, instaurar o PIC e presidir a investigação ou mesmo requisitar a instauração de IP.

d) **Da distribuição das peças de informação e da atribuição para presidir o PIC em caso de provocação de terceiro:** Muito embora a Resolução não faça alusão, o Plenário do Supremo Tribunal Federal, no julgamento das ADISs 2943, 3309, 3318 determinou que a instauração dos Procedimentos Investigatórios Criminais – assim como dos Inquéritos Policiais – deverá ser comunicada e registrada junto ao Poder

Judiciário respectivo (juiz das garantias), submetendo sua tramitação à supervisão judicial. Nesse sentido, é o que preconiza do inciso IV do art. 3º-B do Código de Processo Penal.

e) **Do prazo para o impulso das notícias de fato criminais:** O § 4º, do art. 3º, da Resolução n. 181/17 - em harmonia com o art. 3º da Resolução n. 181/17 - estabelece o prazo de 30 (trinta) dias, a contar de seu recebimento, para que se tome alguma das providências previstas no art. 3º (denúncia, instauração de PIC, encaminhamento ao JEC, arquivamento ou requisição de IP), com relação às representações, requerimentos, petições e peças de informação encaminhadas ao Ministério Público.

Aludido prazo, poderá ser prorrogado, por até 90 (noventa) dias, por meio de despacho fundamentado nos autos, quando seja necessária a realização de diligências preliminares.

Em suma:

i) em regra, o Promotor tem o prazo de 30 (trinta) dias dar impulso às notícias de fato que chegam a seu conhecimento;

ii) excepcionalmente, caso seja necessária a realização de diligências preliminares para que se dê impulso ao feito, é possível a prorrogação do prazo de trinta dias, por até mais 90 (noventa) dias, totalizando, pois, o prazo final de 120 (cento e vinte) dias para essas providências.

Caso seja extrapolado esse prazo (de trinta ou de até cento e vinte), evidentemente, não ocorrerá decadência ou prescrição da persecução penal. O que poderá ocorrer é a eventual responsabilização disciplinar do Membro, caso esse excesso de prazo tenha sido injustificado.

f) **Da virtualização do PIC:** Talvez uma das providências mais importantes para a agilização e racionalização das investigações presididas pelo Ministério Público seja a criação de um PIC eletrônico, conforme determina o § 2º, do art. 3º.

Com isso a tramitação, comunicação dos atos e a transmissão das peças ganharia muita velocidade, racionalizando, também, a atuação dos servidores do Ministério Público.

Nesse aspecto, parece que a atuação do Conselho Nacional do Ministério Público para a criação (ou pelo menos, coordenação da elaboração) de um PIC eletrônico nacional seria valiosíssima e importaria em um grande salto qualitativo na atuação do Ministério Público brasileiro.

DA PORTARIA DE INSTAURAÇÃO DO PROCEDIMENTO INVESTIGATÓRIO CRIMINAL

Art. 4º O procedimento investigatório criminal será instaurado por portaria fundamentada, devidamente registrada e autuada, com a indicação dos fatos a serem investigados e deverá conter, sempre que possível, o nome e a qualificação do autor da representação e a determinação das diligências iniciais.

Parágrafo único. Se, durante a instrução do procedimento investigatório criminal, for constatada a necessidade de investigação de outros fatos, o membro do Ministério Público poderá aditar a portaria inicial ou determinar a extração de peças para instauração de outro procedimento.

O art. 4º da Resolução estabelece a necessidade de o Membro do Ministério Público instaurar o Procedimento Investigatório Criminal por meio de Portaria.

A Portaria nada mais é que um ato administrativo que tem por objetivo delimitar o fato, aparentemente criminoso, que será objeto da investigação iniciada pelo Ministério Público.

É importante que a portaria sempre seja encartada nos autos físicos (ou localizada nos virtuais) na primeira página, uma vez que isso facilita a rápida identificação do tema que trata a apuração.

Ademais, é relevante a existência de uma descrição mínima dos fatos investigados, devendo, especialmente, se for possível, conter a data, hora e local dos fatos e a ação supostamente criminosa. Com isso, evita-se que a investigação perca a trilha, prejudicando o seu célere andamento.

O parágrafo único, ademais, consigna que – caso sobrevenham fatos que indiquem a necessidade da extensão objetiva (novos fatos) ou subjetiva (novos investigados) da apuração - que se faça um aditamento da portaria, de modo que esta sempre reflita o estado atualizado da investigação.

É importante ter-se claro que não basta que o Membro do Ministério Público titular da investigação tenha conhecimento do objeto da apuração. É fundamental que esse objeto seja bem indicado na portaria – especialmente em casos complexos – permitindo, assim, que, em casos de substituição ou mesmo de fiscalização interna ou externa, terceiros tenham a possibilidade de facilmente identificar do que trata o PIC.

Além da correta delimitação dos fatos, a Resolução determina que sejam consignados a qualificação da pessoa que apresentou a representação, quando for o caso, e a determinação inicial das diligências.

Com relação a esse último aspecto – determinação de diligências – é certo que, não tem sentido o Membro do MP fazer um juízo positivo sobre a necessidade de instauração do PIC e, somente num segundo momento, determinar a realização de diligências.

A Resolução determina a concentração desses atos, evitando-se idas e vindas burocráticas do expediente para realizar providências que já poderiam ter sido examinadas e determinadas de uma só vez.

Aqui, sem embargo, é importante, também, fazer uma última observação. A Resolução n. 181 buscou inverter a lógica burocratizante que orientava a versão anterior do PIC, de modo que – como se verá no comentário ao art. 8º – é muito mais importante o cumprimento célere das diligências, do que a burocratização dos atos que determinam o seu cumprimento.

Sem embargo, se o Membro não formaliza burocraticamente as ordens a serem cumpridas, mas também não as faz cumprir celeremente, estaremos diante do pior dos cenários, pois falta a documentação da decisão, mas carece, também, o feito de impulso efetivo.

DA COMUNICAÇÃO DA INSTAURAÇÃO DO PROCEDIMENTO INVESTIGATÓRIO CRIMINAL

Art. 5º Da instauração do procedimento investigatório criminal far-se-á comunicação imediata e, preferencialmente, eletrônica ao Órgão Superior competente, sendo dispensada tal comunicação em caso de registro em sistema eletrônico.

O art. 5º determina mais uma providência de natureza burocrática, mas que se presta a permitir que Órgãos Superiores responsáveis tenham uma visão panorâmica e global do número de investigações instauradas pelo respectivo Ministério Público, podendo, assim, dimensionar seu planejamento estratégico.

Atualmente, é inadmissível a existência de Ministério Público no Brasil que não tenha sistema informatizado de controle de PICs e ICPs.

Esses sistemas representaram um inegável avanço para viabilizar o desenho de políticas institucionais com o objetivo de aprimorar a atuação do Ministério Público brasileiro.

Como consignado no dispositivo em comento, muitos (se não todos) os sistemas de controle de tramitação de procedimentos são dotados de funcionalidade em que, no preciso momento em que o Membro lança a portaria de instauração no sistema, o sistema automaticamente já realiza a comunicação da instauração do PIC aos órgãos superiores responsáveis por fazer esse controle.

Com isso ganha-se em agilidade e desonera-se os servidores de realizar tal comunicação via ofício, enviado pelo correio. A tendência, me parece, se é que isso já não ocorreu, é a perda de importância do dispositivo em comento, dado seu cumprimento automatizado.

Lembre-se que, como já assinalado acima, também deverá ser feita a comunicação ao Poder Judiciário da instauração de Procedimento Investigatório Criminal (vide **ADISs 2943, 3309, 3318 e art. 3º-B, IV, CPP).**

DAS INVESTIGAÇÕES CONJUNTAS

Art. 6º O procedimento investigatório criminal poderá ser instaurado de forma conjunta, por meio de força tarefa ou por grupo de atuação especial composto por membros do Ministério Público, cabendo sua presidência àquele que o ato de instauração designar.

§ 1º Poderá também ser instaurado procedimento investigatório criminal, por meio de atuação conjunta entre Ministérios Públicos dos Estados, da União e de outros países.

§ 2º O arquivamento do procedimento investigatório deverá ser objeto de controle e eventual revisão em cada Ministério Público, cuja apreciação se limitará ao âmbito de atribuição do respectivo Ministério Público.

§ 3º Nas hipóteses de investigações que se refiram a temas que abranjam atribuições de mais de um órgão de execução do Ministério Público, os procedimentos investigatórios deverão ser objeto de arquivamento e controle respectivo com observância das regras de atribuição de cada órgão de execução. (Incluído pela Resolução nº 183, de 24 de janeiro de 2018)

A colaboração entre as agências de persecução penal, sem sombra de dúvidas, é uma das mais efetivas e adequadas formas de realizar uma boa investigação criminal.

O art. 6º da Resolução 181/17 estabelece três modalidades distintas de colaboração entre agências de persecução penal: **a)** as forças-tarefa; **b)** os grupos especiais de atuação e **c)** as equipes conjuntas de investigação ministerial.

Tentaremos, ainda que brevemente, esclarecer em que consistem cada uma dessas modalidades de atuação colaborativa.

a) **Força-Tarefa:** é a constituição formal de um grupo de agentes estatais especializados para apurar determinado caso ou grupo de casos penais, estando ele apoiado pelos meios materiais necessários para o cumprimento de sua missão. Esse grupo de especialistas deverá atuar de maneira coordenada, com divisão funcional de tarefas vinculada às respectivas especialidades, contando com agentes públicos de mais de uma agência estatal. A força-tarefa, por ser vinculada a determinado caso ou grupo de casos, é temporária[29].

b) **Grupos Especiais de Atuação**: Os Grupos Especiais de Atuação nada mais são do que uma força-tarefa de natureza permanente. Normalmente, a sua constituição é vinculada à proteção de um determinado bem jurídico (v.g. grupo especial para a investigação de delitos contra a vida ou meio ambiente) ou a repressão de crimes que orbitam em torno de determinados grupos de delinquentes, como é o caso dos

29 Sobre o tema, confira-se: PALUDO, Januário. Forças-tarefas: direito comparado e legislação aplicável - MPF. Januário Paludo (Coordenador), Carlos Fernando dos Santos Lima, Vladimir Aras. Brasília: Escola Superior do Ministério Público da União, 2011.

crimes praticados por organizações criminosas. Este último caso, aliás, tem o exemplo mais conhecido no país, uma vez que é o objeto das investigações dos denominados GAECOS (Grupo de Atuação Especial de Combate ao Crime Organizado)[30].

c) **Equipes Conjuntas de Investigação Ministerial (ECI):** Trata-se de uma nova modalidade de coordenação de atuação, incluída pela Resolução n. 181. Apesar de sua previsão ter sido inserida no ordenamento pelo inciso III, do art. 5º Lei n. Lei n. 13.344/16 (nova Lei do Tráfico de Pessoas), com a atual Resolução passou-se admitir, de forma ampla, a atuação conjunta para todos os delitos, cuja apuração demande essa forma de concurso de forças.

Nesse sentido, é certo que, com a enfraquecimento das fronteiras territoriais decorrente da criação de grandes uniões entre países, com o vertiginoso avanço tecnológico e com o barateamento e agilização do transporte de bens e pessoas, cada vez mais, as práticas delitivas, especialmente as mais graves, têm extrapolado os tradicionais limites dos países, disseminando-se de forma célere e desvinculada de maiores controles.

Apesar disso, a atuação Estatal, especialmente na investigação criminal, vem encontrando grandes dificuldades para apurar e controlar as práticas delitivas, de modo que se faz, mais e mais, necessária a superação das tramitações burocráticas, lentas e ineficientes, notadamente quanto à cooperação jurídica internacional, em matéria penal.

Foi precisamente nesse contexto, que os diplomas internacionais passaram a sugerir a instalação das denominadas Equipes Conjuntas de Investigação[31]. Nessa senda, tanto a Convenção de Palermo, quanto a Convenção das Nações Unidas contra a Corrupção, estabelecem duas modalidades de cooperação mais célere. É dizer, por meio da: a) criação de equipes conjuntas de investigação permanente, em que poderão ser utilizadas sempre que necessárias para as

30 A legitimidade da intervenção de aludidos Grupos de Atuação Especial vem sendo corretamente reconhecida pelo Superior Tribunal de Justiça, conforme se verifica dos seguintes precedentes: *"A atuação dos membros de grupo especial do Ministério Público na fase investigatória encontra amparo na jurisprudência deste Superior Tribunal, para quem a criação de grupo especializado por meio de Resolução do Procurador-Geral da Justiça, com competência e membros integrantes estabelecidos previamente ao fato criminoso, não ofende o art. 29, IX da Lei 8.625/96, nem o princípio do Promotor Natural (REsp n. 495.928/MG, Ministro José Arnaldo da Fonseca, Quinta Turma, DJ de 2/2/2004)."* (STJ - HC 322.792/SP, Rel. Ministro SEBASTIÃO REIS JÚNIOR, SEXTA TURMA, julgado em 19/05/2016, DJe 07/06/2016) *"'A criação de grupo especializado por meio de Resolução do Procurador-Geral da Justiça, com competência e membros integrantes estabelecidos previamente ao fato criminoso, não ofende o art. 29, IX da Lei 8.625/96, nem o princípio do Promotor Natural' (REsp 495.928/MG, 5.ª Turma, Rel. Min. JOSÉ ARNALDO DA FONSECA, DJ de 02/02/2004). Não há, portanto, ilegalidade no ponto, em que oficiou no feito o Grupo de Atuação Especial de Repressão ao Crime Organizado - GAECO (criado no âmbito do Ministério Público, para atuar em todo o Estado de São Paulo em casos que envolvam organizações criminosas)."* (STJ - RHC 27.780/SP, Rel. Ministra LAURITA VAZ, QUINTA TURMA, julgado em 21/06/2012, DJe 24/09/2012).

31 Nesse sentido, confira-se, por exemplo, a Convenção de Palermo, em seu art. 19 preconizou: *"Artigo 19 – Investigações conjuntas - Os Estados Partes considerarão a possibilidade de celebrar acordos ou protocolos bilaterais ou multilaterais em virtude dos quais, com respeito a matérias que sejam objeto de investigação, processos ou ações judiciais em um ou mais Estados, as autoridades competentes possam estabelecer órgãos mistos de investigação. Na ausência de tais acordos ou protocolos, poderá ser decidida casuisticamente a realização de investigações conjuntas. Os Estados Partes envolvidos agirão de modo a que a soberania do Estado Parte em cujo território decorra a investigação seja plenamente respeitada."* Decreto n. 5.015, de 12 de março de 2004. Assim, também, é a Convenção das Nações Unidas contra a Corrupção, art. 48: *"2. Os Estados Partes, com vistas a dar efeito à presente Convenção, considerarão a possibilidade de celebrar acordos ou tratados bilaterais ou multilaterais em matéria de cooperação direta entre seus respectivos organismos encarregados de fazer cumprir a lei e, quando tais acordos ou tratados já existam, melhorá-los. Na falta de tais acordos ou tratados entre os Estados Partes interessados, os Estados Partes poderão considerar que a presente Convenção constitui a base para a cooperação recíproca em matéria de cumprimento da lei no que diz respeitos aos delitos compreendidos na presente Convenção. Quando proceda, os Estados Partes aproveitarão plenamente os acordos e tratados, incluídas as organizações internacionais ou regionais, a fim de aumentar a cooperação entre seus respectivos organismos encarregados de fazer cumprir a lei."*

investigações que transcendam os limites territoriais do país e b) criação de equipes conjuntas de investigação estabelecidas para investigar determinados casos[32].

A respeito da constituição de Equipes Conjuntas de Investigação, vale citar aqui a Decisão-Quadro do Conselho 2002/465/JAI, de 13 de junho de 2002, da União Europeia.

Aludida decisão estabelece algumas características das Equipes Conjuntas de Investigação, assentando que: a) as ECI podem ser criadas, de comum acordo, entre dois ou mais Estados-Membros; e b) deverão ter um objetivo específico e prazo determinado.

Ademais, estabelece que a criação das ECI tem por finalidade, especialmente, realizar investigações: (i) no âmbito de um Estado-Membro, mas com a necessidade de promover apurações complexas e difíceis, com implicações em outro país; ou (ii) que envolvam mais de um Estado-Membro, em que, por conta do seu contexto, seja indispensável uma ação coordenada entre todos os países envolvidos.

A criação de Equipes Conjuntas de Investigação supera o conceito estrito de cooperação jurídica internacional em matéria penal, sendo que sua constituição radica na facilitação e viabilização da investigação e persecução de delitos que apresentem característica de interesse compartilhado entre dois países. A verdadeira importância das ECIs é consubstanciada na possibilidade da realização de trabalhos investigativos sem a necessidade de acudir-se a burocrática via ordinária da cooperação, viabilizado a produção de elementos de investigação e de prova que possam ser licitamente utilizados em um ou mais países. Trata-se, pois, da legitimação normativa de técnicas investigativas de colaboração entre países, que importam em um grande salto qualitativo em relação à tradicional cooperação internacional[33].

A atuação das Equipes Conjuntas de Investigação é realizada com fundamento em um acordo entre os países e com amplo respeito à soberania no território em que são realizadas as investigações. Sem embargo, subjacente a esse acordo, existe uma implícita permissão de que Promotores e Policiais de um país atuem validamente no território de outro. É essa cooperação funcional e operativa que viabiliza a atuação irmanada de agentes de vários países em diversos ordenamentos jurídicos, pouco importando o território em que são efetivamente realizadas as diligências investigatórias[34].

Feita essa breve contextualização, é certo que o que diferencia, fundamentalmente, as Equipes Conjuntas de Investigação das Forças-Tarefas é que aquela envolve a atuação internacional. É dizer, trata-se de uma cooperação entre agências de persecução penal de mais de um país.

Nas ECIs há, também, a identificação de um caso ou grupo de casos comuns a serem investigados, mas que tenham transcendência internacional, de modo que, para a sua adequada ou completa investigação, faz necessário o concurso de órgãos ministeriais ou policiais de outros países[35].

---

32 A respeito das joint investigation teams, confira-se: BAKKER, Edwin; POWDERLY, Joseph. Dealing with transnational terrorism, the concept and practice of Joint Investigation Teams. Security and Human Rights, 2011, 22(1), pp.19–28; OBIYO, Robert. One Report of the Joint Investigating Team on the Strategic Defence Procurement Packages, Too Many! Politikon, December 2006, 33(3), pp. 361–385; COMMONWEALTH SECRETARIAT Use and Role of Joint Investigation Teams in Combating Serious Crime, Commonwealth Law Bulletin, 34:2, 2008, pp. 353-355. PALUDO, Januário. Forças-tarefas : direito comparado e legislação aplicável - MPF / Januário Paludo (Coordenador), Carlos Fernando dos Santos Lima, Vladimir Aras. Brasília: Escola Superior do Ministério Público da União, 2011, pp. 37 e ss; ARAS, Vladmir. As equipes conjuntas de investigação (ECI), in https://vladimiraras.blog/2017/02/22/as-equipes--conjuntas-de-investigacao-eci/, consultado no dia 15 de abril de 2019.

33 PÉREZ GIL, Julio. Los Equipos Conjuntos de Investigación Penal, *in* La cooperación judicial civil y penal en el ámbito de la Unión Europea: instrumentos procesales, J.M. Bosch Editor, 2007, pp. 351-352.

34 PÉREZ GIL, Julio. Los Equipos Conjuntos de Investigación Penal, *in* La cooperación judicial civil y penal en el ámbito de la Unión Europea: instrumentos procesales, J.M. Bosch Editor, 2007, p. 352.

35 A respeito das *joint investigation teams*, confira-se: BAKKER, Edwin; POWDERLY, Joseph. Dealing with transnational terrorism, the concept and practice of Joint Investigation Teams. Security and Human Rights, 2011, 22(1), pp.19–

Dá-se um exemplo: de há muito é sabido que o roubo ou furto de veículos acaba tendo como destino países como Bolívia ou Paraguai, por exemplo. Assim, nada mais inteligente do que o Ministério Público do Estado do Paraná ou do Estado do Mato Grosso do Sul busquem uma atuação conjunta e colaborativa com os MPs desses países, com a finalidade de apresentar um amplo panorama dos delitos estaduais cometidos no Brasil e dos crimes cometidos nesses vizinhos.

No mesmo sentido, é o caso do Ministério Público Federal, por exemplo, na investigação do tráfico internacional de drogas ou de armas. O modelo baseado em apreensões pontuais é demasiadamente atrasado e não pode mais constituir a forma de investigar esses crimes. É imprescindível que, em colaboração com as autoridades dos países produtores de drogas, por exemplo, sejam identificadas as fazendas em que são produzidas, o local em que é refinada a droga, todo o caminho que ela percorre e as eventuais autoridades que são subornadas. Sem uma colaboração efetiva, numa investigação conjunta, tal modalidade de investigação jamais poderá ser feita com a eficiência necessária.

Ademais dessas hipóteses, que envolvem a necessidade de apurações ocorridas no exterior, a Resolução, também, inova ao permitir a formação de Equipes Conjuntas de Investigação entre distintos Ministérios Públicos, quando se pretenda apurar casos que transcendam os limites estaduais ou quando envolvam tanto crimes federais, militares, quanto estaduais. Nesses casos poderão os MPs Estaduais realizar investigações conjuntas entre si ou com o Ministério Público Federal ou Militar.

Por fim, é importante ressaltar que a Resolução abriu a possibilidade dessa nova modalidade de investigação de forma bastante genérica, deixando corretamente espaço para regulamentações de cada Ministério Público em seu contexto (art. 22) e deixando, também, espaço para que a prática demonstre os melhores caminhos para esse novo e promissor modelo de investigação, com o que, após o necessário ganho de experiência, se poderá estabelecer novos parâmetros normativos para o tema.

Sem embargo, para a criação de uma Equipe Conjunta de Investigação, é necessária a concorrência de alguns elementos, tais como: a) manifestação de vontade explícita das autoridades competentes dos países solicitantes; b) motivação e prazo de vigência; c) objeto e finalidades da investigação; d) proposta de composição da equipe; e) referência à legislação aplicável; f) especificação das medidas organizativas; g) atribuições do(s) chefe(s) da equipe; h) regime jurídico da utilização das informações obtidas; i) autorizações ou condições para integrar a equipe; etc.[36]

O arquivamento das investigações realizadas pelas equipes de investigação ministerial: O arquivamento ou persecução penal dos delitos investigados em força-tarefa ou em grupos especiais de atuação não apresentam nenhuma dificuldade, uma vez que haverá apenas um Promotor Natural, já que aludidas formas de coordenação envolvem apenas um Ministério Público.

28; OBIYO, Robert. One Report of the Joint Investigating Team on the Strategic Defence Procurement Packages, Too Many! Politikon, December 2006, 33(3), pp. 361–385; COMMONWEALTH SECRETARIAT Use and Role of Joint Investigation Teams in Combating Serious Crime, Commonwealth Law Bulletin, 34:2, 2008, pp. 353-355. PALUDO, Januário. Forças-tarefas : direito comparado e legislação aplicável - MPF / Januário Paludo (Coordenador), Carlos Fernando dos Santos Lima, Vladimir Aras. Brasília: Escola Superior do Ministério Público da União, 2011, pp. 37 e ss; ARAS, Vladmir. As equipes conjuntas de investigação (ECI), in https://vladimiraras.blog/2017/02/22/as-equipes-conjuntas-de-investigacao-eci/, consultado no dia 17 de fevereiro de 2018.

36 Nesse sentido: PÉREZ GIL, Julio. Los Equipos Conjuntos de Investigación Penal, *in* La cooperación judicial civil y penal en el ámbito de la Unión Europea: instrumentos procesales, J.M. Bosch Editor, 2007, pp. 359-360. Confira-se, também, o Manual das Equipes Conjuntas de Investigação, do Conselho da União Europeia (13598/09 COPEN 178 ENFOPOL 218 EUROJUST 55 EJN 35). Ademais, importantíssimo é o Decreto-legislativo n. 162 de 19/10/2018, do Congresso Nacional (DOU de 22/10/2018 (nº 203, Seção 1, pág. 4), que: *"Aprova o texto do Acordo Quadro de Cooperação entre os Estados Partes do Mercosul e Estados Associados para a Criação de Equipes Conjuntas de Investigação"*.

Quando se trata de investigações em que há mais de um Promotor Natural parece evidente que cada Membro do Ministério Público, se for o caso, promoverá o arquivamento perante o respectivo órgão judicial ou ministerial de controle.

Sem embargo, para evitar-se alguma dúvida[37], o Conselho Nacional do Ministério Público optou por expressamente consignar dois parágrafos sobre o tema de arquivamentos, *verbis*: "*O arquivamento do procedimento investigatório deverá ser objeto de controle e eventual revisão em cada Ministério Público, cuja apreciação se limitará ao âmbito de atribuição do respectivo Ministério Público*" e "*Nas hipóteses de investigações que se refiram a temas que abranjam atribuições de mais de um órgão de execução do Ministério Público, os procedimentos investigatórios deverão ser objeto de arquivamento e controle respectivo com observância das regras de atribuição de cada órgão de execução*".

Da mesma forma, ainda que não conste expressamente da Resolução, em caso de oferecimento de denúncia (ou outra providência, como o acordo de não persecução), cada Membro do Ministério Público obviamente promoverá a persecução penal perante o juízo (Estadual, Federal, Eleitoral ou Militar) que tenha competência para processo e julgamento do respectivo caso penal.

DOS PODERES INSTRUTÓRIOS NOS PROCEDIMENTOS INVESTIGATÓRIOS CRIMINAIS

Art. 7º O membro do Ministério Público, observadas as hipóteses de reserva constitucional de jurisdição e sem prejuízo de outras providências inerentes a sua atribuição funcional, poderá: (Redação dada pela Resolução nº 183, de 24 de janeiro de 2018)

I – fazer ou determinar vistorias, inspeções e quaisquer outras diligências, inclusive em organizações militares;

II – requisitar informações, exames, perícias e documentos de autoridades, órgãos e entidades da Administração Pública direta e indireta, da União, dos Estados, do Distrito Federal e dos Municípios;

III – requisitar informações e documentos de entidades privadas, inclusive de natureza cadastral;

IV – notificar testemunhas e vítimas e requisitar sua condução coercitiva, nos casos de ausência injustificada, ressalvadas as prerrogativas legais;

V – acompanhar buscas e apreensões deferidas pela autoridade judiciária;

VI – acompanhar cumprimento de mandados de prisão preventiva ou temporária deferidas pela autoridade judiciária;

VII – expedir notificações e intimações necessárias;

VIII – realizar oitivas para colheita de informações e esclarecimentos;

IX – ter acesso incondicional a qualquer banco de dados de caráter público ou relativo a serviço de relevância pública;

X – requisitar auxílio de força policial.

§ 1º Nenhuma autoridade pública ou agente de pessoa jurídica no exercício de função pública poderá opor ao Ministério Publico, sob qualquer pretexto, a exceção de sigilo, sem prejuízo da subsistência do caráter sigiloso da informação, do registro, do dado ou do documento que lhe seja fornecido, ressalvadas as hipóteses de reserva constitucional de jurisdição. (Redação dada pela Resolução nº 183, de 24 de janeiro de 2018)

---

37 Tinha essa dúvida, por exemplo: ZIESEMER, Henrique da Rosa. Resolução n. 181 do CNMP – artigo 6º, *in* Investigação Criminal pelo Ministério Público: Comentários à Resolução n. 181 do Conselho Nacional do Ministério Público. FISCHER, Douglas; ANDRADE, Mauro Fonseca. Porto Alegre: Livraria do Advogado, 2017, p. 106. O que demonstra o acerto do esclarecimento feito pela Resolução n. 183/18.

§ 2º As respostas às requisições realizadas pelo Ministério Público deverão ser encaminhadas, sempre que determinado, em meio informatizado e apresentadas em arquivos que possibilitem a migração de informações para os autos do processo sem redigitação.

§ 3º As requisições do Ministério Público serão feitas fixando-se prazo razoável de até 10 (dez) dias úteis para atendimento, prorrogável mediante solicitação justificada.

§ 4º Ressalvadas as hipóteses de urgência, as notificações para comparecimento devem ser efetivadas com antecedência mínima de 48 horas, respeitadas, em qualquer caso, as prerrogativas legais pertinentes.

§ 5º A notificação deverá mencionar o fato investigado, salvo na hipótese de decretação de sigilo, e a faculdade do notificado de se fazer acompanhar por defensor. (Redação dada pela Resolução nº 183, de 24 de janeiro de 2018)

§ 6º As correspondências, notificações, requisições e intimações do Ministério Público quando tiverem como destinatário o Presidente da República, o Vice-Presidente da República, membro do Congresso Nacional, Ministro do Supremo Tribunal Federal, Ministro de Estado, Ministro de Tribunal Superior, Ministro do Tribunal de Contas da União ou chefe de missão diplomática de caráter permanente serão encaminhadas e levadas a efeito pelo Procurador-Geral da República ou outro órgão do Ministério Público a quem essa atribuição seja delegada.

§ 7º As notificações e requisições previstas neste artigo, quando tiverem como destinatários o Governador do Estado, os membros do Poder Legislativo e os desembargadores, serão encaminhadas pelo Procurador-Geral de Justiça ou outro órgão do Ministério Público a quem essa atribuição seja delegada.

§ 8º As autoridades referidas nos §§ 6º e 7º poderão fixar data, hora e local em que puderem ser ouvidas, se for o caso.

§ 9º O membro do Ministério Público será responsável pelo uso indevido das informações e documentos que requisitar, inclusive nas hipóteses legais de sigilo e de documentos assim classificados.

O art. 7º da Resolução versa sobre o poder instrutório que detém o Ministério Público com relação ao Procedimento Investigatório Criminal. Trata-se da outra face da moeda do dever de persecução penal.

As diligências ali indicadas, evidentemente, não são exaustivas, sendo perfeitamente possível que o Membro do Ministério Público lance mão de outras diligências ou mesmo de técnicas especiais de investigação para apurar os fatos que são objeto do PIC, sempre de acordo com a necessidade que o caso revelar.

Afinal, como consigna CARROCA PÉREZ:

> *"As diligências de investigação deverão compreender todas as ações que sejam necessárias para a identificação e conservação dos objetos, documentos e instrumentos de qualquer caso, que aparentem ter servido ou se destinado à prática do fato investigado, podendo-se dispor, para tanto, de investigações científicas, tomada de fotografias, realização de filmagens ou gravações e, em geral, a reprodução de imagens, vozes, sons, pelos meios técnicos que resultarem mais adequados, requerendo-se a intervenção dos organismos especializados"*[38].

38 CARROCA PÉREZ, Álex. Manual: El Nuevo Sistema Procesal Penal Chileno, 5ª ed. Santiago: Legal Publishing, 2009, p. 81. A respeito das requisições do Ministério Público no Chile, o mesmo autor consigna que: *"(...) os Promotores de Justiça têm a faculdade de exigir informações a qualquer pessoa, que não poderão escusar-se de prestá-las, salvo nos casos expressos previstos em Lei (art. 180, inciso 3 CPP, modificado pela Lei n. 20.074), constituindo essa uma das atribuições mais importantes que uma autoridade ostenta em nosso ordenamento jurídico. Desde já, é importante registrar que o dever de prestar informações aos Promotores de Justiça também se estende a todos os funcionários públicos, que são especialmente mencionados pelo legislador. Em particular, consigna-se que todos os organismos, autoridades ou funcionários públicos, incluindo os notários, arquivistas e conservadores de bens de raiz têm o dever atuar, diligen-*

Aludido dispositivo, não trouxe nenhuma inovação limitando-se a fazer um apanhado geral das normas já previstas no art. 26 da Lei Orgânica Nacional do Ministério Público e dispositivos correlatos da Lei Orgânica do Ministério Público da União e dos Estados.

Apesar disso, a Ordem dos Advogados do Brasil entendeu existir inconstitucionalidade nos incisos I, II e III do art. 7º da Resolução, por suposta violação à cláusula de reserva de jurisdição, tendo, por meio da ADI n. 5793, postulado a declaração de inconstitucionalidade desses dispositivos, além de outros que impugna.

Considerando essa objeção da OAB, o Conselho Nacional do Ministério Público, por meio da Resolução n. 183/18-CNMP, houve por bem dar nova redação ao *caput* do art. 7º para consignar o que já parecia o óbvio, que todas as diligências deveriam observar *"as hipóteses de reserva constitucional de jurisdição"*.

Diante disso, a própria OAB, em petição posterior juntada nos autos da ADI n. 5793, reconheceu que, diante das alterações, as alegações de inconstitucionalidade dos aludidos incisos do art. 7º, restavam prejudicadas.

Especificamente com relação a cada uma das diligências indicadas nos incisos, cumpre consignar o seguinte:

a) **Realização de vistorias, inspeções e quaisquer outras diligências (art. 7º, I):** A parte final do inciso em comento já assenta uma ideia subjacente às investigações criminais consistente na inexistência de um rol taxativo de diligências cabíveis, de modo que se pode concluir que as hipóteses previstas nos incisos do art. 7º são meramente exemplificativas. Ademais, prevê a possibilidade da realização – diretamente ou por sua determinação – de vistorias e inspeções, que consistem no exame de pessoas, coisas ou determinado lugar (Nesse sentido, é o disposto na Lei n. 8.625/93, art. 26, I, 'c'). Veja-se que não há uma distinção legal entre vistoria e inspeção, sendo possível afirmar que a vistoria seria uma análise mais superficial, enquanto a inspeção demandaria um exame mais aprofundado da pessoa, coisa ou lugar. Essas diligências devem ser materizalizadas por meio de um auto de vistoria ou inspeção, sendo importante que seja o auto instruído com vídeo ou fotografias do objeto da diligência.

b) **Requisição de perícias, informações e documentos de entidades públicas e privadas e ter acesso incondicional a banco de dados (art. 7º, II, III e IX):** A Constituição da República (art. 129, VI, in fine) e a Lei Orgânica Nacional do Ministério Público (Lei n. 8.625/93, art. 26, I, 'b' e II e LC 75/93, art. 8º, VIII) atribuem à Instituição o poder de requisitar informações e documentos de entidades públicas e privadas e ter acesso incondicional a banco de dados, tudo isso com o objetivo de instruir, também, investigação criminal[39]. A requisição aqui significa ordem, não sendo o seu cumprimento submetido, pois, ao juízo de conveniência e oportunidade do destinatário. O descumprimento da ordem pode, inclusive, caracterizar crime de desobediência.

Com relação às perícias requisitadas pelo Ministério Público, estas seguem o mesmo regime jurídico das requisitadas pela autoridade policial (CPP, art. 6º, VII), sendo importante consignar que, caso sejam elas realizadas por funcionários públicos, terão validade como perícia

ciar, outorgar informações, antecedentes e cópias de documentos, de forma gratuita e isenta de toda forma de taxas ou impostos (art. 180, inciso 3, CPP, modificado pela Lei n. 20.074, de 14 de novembro de 2015)." CARROCA PÉREZ, Álex. Manual: El Nuevo Sistema Procesal Penal Chileno, 5ª ed. Santiago: Legal Publishing, 2009, pp. 80-81.

39 Nesse sentido, já assentou o Superior Tribunal de Justiça que: *"A Constituição Federal preceituou acerca do poder requisitório do Ministério Público para que pudesse exercer, da melhor forma possível, as suas atribuições de dominus litis e a defesa da ordem jurídica, do regime democrático e dos interesses sociais e individuais indisponíveis."* (STJ - AgRg no REsp 938.257/RS, Rel. Ministra LAURITA VAZ, QUINTA TURMA, julgado em 03/02/2011, DJe 21/02/2011)

oficial, podendo ser subscrita por apenas um perito. Caso seja realizada por particulares, deverá ser realizada por duas pessoas idôneas, com curso superior, preferencialmente na área de conhecimento relacionada à natureza do exame (CPP, art. 159)[40].

A prova pericial realizada, mediante requisição do Ministério Público ou mesmo por órgãos Estatais administrativos (como, por exemplo, no âmbito de processos administrativos ambientais ou do consumidor[41]), por se tratar de prova pré-constituída (e não constituenda) e quando a sua produção ostentar natureza cautelar, pode ser utilizada, inclusive, como prova para a condenação (não restrita, portanto, aos limites do art. 155, CPP), uma vez que o contraditório é realizado posteriormente e não no momento da sua produção. Trata-se de prova submetida ao contraditório e não prova produzida em contraditório[42].

Relativamente à requisição de informações e documentos de entidade pública ou privada, evidentemente, a ordem não pode abranger documentos ou informações cujo acesso dependa de prévia decisão judicial, como é o caso, por exemplo, dos dados relativos ao sigilo fiscal ou bancário.

No caso dos dados fiscais, a atual jurisprudência do Supremo Tribunal Federal, inclusive no regime de repercussão geral (RE 601.314 - Tema 225), seguido pelo Superior Tribunal de Justiça, tem admitido o compartilhamento de informações pelo fisco com o Ministério Público para fins de responsabilização criminal, independentemente de prévia autorização judicial[43].

---

40 Como pontua CHOUKR: *"O regime jurídico do perito varia de acordo com sua origem: se oficial ou nomeado. No primeiro caso o perito é um funcionário público e está sujeito aos limites e vantagens desta condição, no segundo caso, o perito presta juramento para que seus trabalhos assumam contornos de oficialidade."* CHOUKR, Fauzi Hassan. Iniciação ao Processo Penal. Florianópolis: Empório do Direito, 2017, p. 573.

41 Confira-se nessa linha, os seguintes julgados do Superior Tribunal de Justiça: **STJ - HC 386.109/MG**, Rel. Ministro JOEL ILAN PACIORNIK, QUINTA TURMA, julgado em 16/03/2017, DJe 27/03/2017; STJ - **AgRg no AREsp 531.448/MS**, Rel. Ministro JORGE MUSSI, QUINTA TURMA, julgado em 04/11/2014, DJe 12/11/2014; **STJ - HC 252.027/SC**, Rel. Ministro MARCO AURÉLIO BELLIZZE, QUINTA TURMA, julgado em 16/10/2012, DJe 19/10/2012.

42 Assim, também, defende BADARÓ: *"Especialmente para a prova produzida durante o inquérito policial, tem sido aceita, com tranquilidade, a possibilidade de o juiz valorá-la no momento da sentença. A razão é que se trata de uma prova cautelar, produzida antecipadamente, tendo em vista que, na maioria dos casos, deve ser realizada desde logo, diante do risco de perecimento dos objetos a serem examinados. Exemplo mais evidente dessa situação é o exame de corpo de delito"*. BADARÓ, Gustavo Henrique. Processo Penal, 6ª ed. São Paulo: RT, 2018, p. 157.

43 Nesse diapasão, veja-se os seguintes julgados do STF: *"AGRAVO REGIMENTAL NA RECLAMAÇÃO. SITUAÇÃO EXCEPCIONAL. DESNECESSIDADE DE ESGOTAMENTO DA VIA RECURSAL. ALEGAÇÃO DE AFRONTA À AUTORIDADE DA DECISÃO PROFERIDA PELO SUPREMO TRIBUNAL FEDERAL NO RECURSO EXTRAORDINÁRIO 1.055.941/SP (TEMA 990). OCORRÊNCIA. ADERÊNCIA ESTRITA. LEGALIDADE DO COMPARTILHAMENTO DE DADOS ENTRE O CONSELHO DE CONTROLE DE ATIVIDADES FINANCEIRAS (COAF) E A AUTORIDADE DE PERSECUÇÃO PENAL. DESNECESSIDADE DE AUTORIZAÇÃO JUDICIAL. RECLAMAÇÃO JULGADA PROCEDENTE. AGRAVO DESPROVIDO. I – Em regra, a reclamação proposta com o objetivo de discutir entendimento fixado em tema de repercussão geral somente é cabível após o esgotamento das vias recursais ordinárias. No entanto, no caso concreto, o efeito multiplicador do julgado do Superior Tribunal de Justiça poderia conduzir à interpretação equivocada do Tema 990/RG pelos demais órgãos judiciais, dificultando as investigações, também contrária às práticas internacionais reconhecidas pelo Brasil. II – No Tema 990/RG, o Supremo Tribunal Federal reconheceu constitucional o compartilhamento de Relatórios de Inteligência Financeira (RIF) entre o COAF e as autoridades de persecução penal sem necessidade de prévia autorização judicial, inclusive com a possibilidade de solicitação do material ao órgão de inteligência financeira. III – No caso em análise não foi demonstrada a existência de abuso por parte das autoridades policiais, do Ministério Público ou a configuração do fishing expedition. IV – Eventual interpretação diversa somente seria possível pelo revolvimento de fatos e provas, o que não é admitido em reclamação. V – Agravo regimental desprovido." (STF - Rcl 61944 AgR, Relator(a): CRISTIANO ZANIN, Primeira Turma, julgado em 02-04-2024, PROCESSO ELETRÔNICO DJe-s/n DIVULG 27-05-2024 PUBLIC 28-05-2024)*. Também: **STF - RE 1064544 AgR**, Relator(a): Min. EDSON FACHIN, Segunda Turma, julgado em 19/11/2018, ACÓRDÃO ELETRÔNICO DJe-261 DIVULG 04-12-2018 PUBLIC 05-12-2018; **STF - RE 1043002 AgR**, Relator(a): Min. ROBERTO BARROSO, Primeira Turma, julgado em 01/12/2017, ACÓRDÃO ELETRÔNICO DJe-288 DIVULG 13-12-2017 PUBLIC 14-12-2017; **RE 1041285 AgR-AgR**, Relator(a): Min. ROBERTO BARROSO, Primeira Turma, julgado em 27/10/2017, ACÓRDÃO ELETRÔNICO DJe-258 DIVULG 13-11-2017 PUBLIC 14-11-2017. O Superior Tribunal de Justiça vinha entendendo em sentido contrário (STF - HC 393.824/RS, Rel. Ministra MARIA THEREZA DE ASSIS MOURA, SEXTA TURMA, julgado em 15/08/2017, DJe 24/08/2017; RHC 75.532/SP, Rel. Ministro JOEL ILAN PACIORNIK, QUINTA TURMA, julgado em 09/05/2017, DJe 17/05/2017), inclusive em decisões mais recentes (AgRg no AREsp 1118753/SP, Rel. Ministro NEFI CORDEIRO, SEXTA TURMA, julgado em

Essa jurisprudência foi reafirmada no julgamento do Recurso Extraordinário n. 1055941, em que foram assentadas as seguintes teses:

> "1 – É constitucional o compartilhamento dos relatórios de inteligência financeira da UIF e da íntegra do procedimento fiscalizatório da Receita Federal do Brasil, que define o lançamento do tributo, com os órgãos de persecução penal, para fins criminais, sem a obrigatoriedade de prévia autorização judicial, devendo ser resguardado o sigilo das informações em procedimentos formalmente instaurados e sujeitos a posterior controle jurisdicional.
>
> 2 – O compartilhamento pela UIF e pela Receita Federal do Brasil, referente ao item anterior, deve ser feito unicamente por meio de comunicações formais, com garantia de sigilo, certificação do destinatário e estabelecimento de instrumentos efetivos de apuração e correção de eventuais desvios."

Já com relação ao sigilo bancário, caso esse refira-se a contas públicas, inclusive quando se tratar de operações bancárias realizadas por particulares a partir vinculadas a verbas públicas, não há que se falar também na necessidade de prévia autorização judicial, bastando a requisição do Ministério Público[44].

03/05/2018, DJe 15/05/2018). Sem embargo, a tendência atual parece ser no sentido de seguir a orientação jurisprudência do Supremo Tribunal Federal. Nesse sentido: STJ - **HC 422.473/SP**, Rel. Ministro SEBASTIÃO REIS JÚNIOR, SEXTA TURMA, julgado em 20/03/2018, DJe 27/03/2018; STJ - **AgRg no AREsp 1035285/ES**, Rel. Ministro NEFI CORDEIRO, SEXTA TURMA, julgado em 04/09/2018, DJe 13/09/2018; **AgRg no HC 453.176/SC**, Rel. Ministro NEFI CORDEIRO, SEXTA TURMA, julgado em 09/10/2018, DJe 29/10/2018; **AgRg no AREsp 1197067/PE**, Rel. Ministro JORGE MUSSI, QUINTA TURMA, julgado em 04/10/2018, DJe 26/10/2018; **AgRg no REsp 1601127/SP**, Rel. Ministro RIBEIRO DANTAS, Rel. p/ Acórdão Ministro FELIX FISCHER, QUINTA TURMA, julgado em 20/09/2018, DJe 26/09/2018; RHC 106.645/CE, Rel. Ministro RIBEIRO DANTAS, QUINTA TURMA, julgado em 11/06/2019, DJe 18/06/2019; AgRg no REsp 1489320/PR, Rel. Ministro JOEL ILAN PACIORNIK, QUINTA TURMA, julgado em 05/12/2019, DJe 13/12/2019. **HC 316.870/ES**, Rel. Ministro JOEL ILAN PACIORNIK, QUINTA TURMA, julgado em 14/09/2021, DJe 01/10/2021; **AgRg no AgRg na TutPrv no RHC 80.076/SP**, Rel. Ministro RIBEIRO DANTAS, QUINTA TURMA, julgado em 21/09/2021, DJe 27/09/2021; **AgRg no HC 234.857/RS**, Rel. Ministro JESUÍNO RISSATO (DESEMBARGADOR CONVOCADO DO TJDFT), QUINTA TURMA, julgado em 05/10/2021, DJe 13/10/2021.

44 Essa é a jurisprudência do Supremo Tribunal Federal e do Superior Tribunal de Justiça: *"Recurso ordinário em habeas corpus. Ação penal. Associação criminosa, fraude a licitação, lavagem de dinheiro e peculato (arts. 288 e 313-A, CP; art. 90 da Lei nº 8.666/93; art. 1º da Lei nº 9.613/98 e art. 1º, I e II, do DL nº 201/67). Trancamento. Descabimento. Sigilo bancário. Inexistência. Conta corrente de titularidade da municipalidade. Operações financeiras que envolvem recursos públicos. Requisição de dados bancários diretamente pelo Ministério Público. Admissibilidade. Precedentes. Extensão aos registros de operações bancárias realizadas por particulares, a partir das verbas públicas creditadas naquela conta. Princípio da publicidade (art. 37, caput, CF). Prova lícita. Recurso não provido. 1. Como decidido pelo Supremo Tribunal Federal, ao tratar de requisição, pelo Tribunal de Contas da União, de registros de operações financeiras, "o sigilo de informações necessárias para a preservação da intimidade é relativizado quando se está diante do interesse da sociedade de se conhecer o destino dos recursos públicos" (MS nº 33.340/DF, Primeira Turma, Relator o Ministro Luiz Fux, DJe de 3/8/15). 2. Assentou-se nesse julgado que as "operações financeiras que envolvam recursos públicos não estão abrangidas pelo sigilo bancário a que alude a Lei Complementar nº 105/2001, visto que as operações dessa espécie estão submetidas aos princípios da administração pública insculpidos no art. 37 da Constituição Federal (...)". 3. O Supremo Tribunal Federal reconheceu ao Ministério Público Federal o poder de requisitar informações bancárias relativas a empréstimos subsidiados pelo Tesouro Nacional, ao fundamento de que "se se trata de operação em que há dinheiro público, a publicidade deve ser nota característica dessa operação" (MS nº 21.729/DF, Pleno, Relator para o acórdão o Ministro Néri da Silveira, DJ 19/10/01). 4. Na espécie, diante da existência de indícios da prática de ilícitos penais com verbas públicas, o Ministério Público solicitou diretamente à instituição financeira cópias de extratos bancários e microfilmagens da conta corrente da municipalidade, além de fitas de caixa, para a apuração do real destino das verbas. 5. O poder do Ministério Público de requisitar informações bancárias de conta corrente de titularidade da prefeitura municipal compreende, por extensão, o acesso aos registros das operações bancárias realizadas por particulares, a partir das verbas públicas creditadas naquela conta. 6. De nada adiantaria permitir ao Ministério Público requisitar diretamente os registros das operações feitas na conta bancária da municipalidade e negar-lhe o principal: o acesso ao real destino dos recursos públicos, a partir do exame de operações bancárias sucessivas (v.g., desconto de cheque emitido pela Municipalidade na boca do caixa, seguido de transferência a particular do valor sacado). 7. Entendimento em sentido diverso implicaria o esvaziamento da própria finalidade do princípio da publicidade, que é permitir o controle da atuação do administrador público e do emprego de verbas públicas. 8. Inexistência de prova ilícita capaz de conduzir ao trancamento da ação penal. 9. Recurso não provido."* (**STF - RHC 133118**, Relator(a): Min. DIAS TOFFOLI, Segunda Turma, julgado em 26/09/2017, PROCESSO ELETRÔNICO DJe-045 DIVULG 08-03-2018 PUBLIC 09-03-2018). "III - A temática diz respeito à legitimidade

c) **Notificar testemunhas e vítimas e requisitar sua presença em caso de ausência injustificada, proceder sua oitiva, bem como expedir notificações e intimações (art. 7º, IV, VII e VIII)**: Para viabilizar a instrução da Procedimento Investigatório Criminal é imprescindível que o Membro do Ministério Público tenha a possibilidade de convocar a presença de testemunhas ou vítimas para prestarem depoimento ou declarações. Ademais, caso não seja atendida a convocação, também, se faz necessário dotar o integrante da Instituição de meios para conduzir coercitivamente a presença pessoa, sob pena de a apuração criminal ficar ao sabor da conveniência e caprichos das testemunhas ou ofendidos. Nesse sentido, é que a Lei Orgânica Nacional do Ministério Público reconheceu essa prerrogativa (art. 26, I, 'a'), que é simplesmente reproduzida pela Resolução n. 181/17.

Deve-se, porém, observar-se as eventuais prerrogativas de cargo ostentadas pelas pessoas (LONMP, art. 26, § 4º; LC 75/93, art. 8º, § 4º).

Ademais, a condução coercitiva somente pode ser determinada em caso de não comparecimento injustificado da testemunha ou vítima, não podendo ser determinada como primeira forma de comunicação para comparecimento ao Ministério Público[45].

---

do Ministério Público para requisitar a quebra do sigilo de contas públicas sem autorização judicial. IV - Conforme entendimento pacificado pelo Superior Tribunal de Justiça, é possível a quebra do sigilo bancário, sem autorização judicial, quando se tratar de interesse público e defesa do patrimônio público. Precedentes: HC 308.493/CE, Rel. Ministro Reynaldo Soares da Fonseca, Quinta Turma, julgado em 20/10/2015, DJe 26/10/2015; RMS 31.362/GO, Rel. Ministro Herman Benjamin, Segunda Turma, julgado em 17/8/2010, DJe 16/9/2010. V - Reconhece-se a legitimidade do Ministério Público para requisitar diretamente às instituições financeiras as informações bancárias relativas à movimentação de recursos públicos." (**STJ - AgInt no REsp 1650853/AL**, Rel. Ministro FRANCISCO FALCÃO, SEGUNDA TURMA, julgado em 07/11/2017, DJe 10/11/2017).

45 Nesse sentido decidiu o Plenário do Supremo Tribunal Federal, ao julgar a ADPF 4444, cuja ementa é a seguinte: "*1. Arguição de Descumprimento de Preceito Fundamental. Constitucional. Processo Penal. Direito à não autoincriminação. Direito ao tempo necessário à preparação da defesa. Direito à liberdade de locomoção. Direito à presunção de não culpabilidade. 2. Agravo Regimental contra decisão liminar. Apresentação da decisão, de imediato, para referendo pelo Tribunal. Cognição completa da causa com a inclusão em pauta. Agravo prejudicado. 3. Cabimento da ADPF. Objeto: ato normativo pré-constitucional e conjunto de decisões judiciais. Princípio da subsidiariedade (art. 4º, §1º, da Lei nº 9.882/99): ausência de instrumento de controle objetivo de constitucionalidade apto a tutelar a situação. Alegação de falta de documento indispensável à propositura da ação, tendo em vista que a petição inicial não se fez acompanhar de cópia do dispositivo impugnado do Código de Processo Penal. Art. 3º, parágrafo único, da Lei 9.882/99. Precedentes desta Corte no sentido de dispensar a prova do direito, quando "transcrito literalmente o texto legal impugnado" e não houver dúvida relevante quanto ao seu teor ou vigência – ADI 1.991, Rel. Min. Eros Grau, julgada em 3.11.2004. A lei da ADPF deve ser lida em conjunto com o art. 376 do CPC, que confere ao alegante o ônus de provar o direito municipal, estadual, estrangeiro ou consuetudinário, se o juiz determinar. Contrario sensu, se impugnada lei federal, a prova do direito é desnecessária. Preliminar rejeitada. Ação conhecida. 4. Presunção de não culpabilidade. A condução coercitiva representa restrição temporária da liberdade de locomoção mediante condução sob custódia por forças policiais, em vias públicas, não sendo tratamento normalmente aplicado a pessoas inocentes. Violação. 5. Dignidade da pessoa humana (art. 1º, III, da CF/88). O indivíduo deve ser reconhecido como um membro da sociedade dotado de valor intrínseco, em condições de igualdade e com direitos iguais. Tornar o ser humano mero objeto no Estado, consequentemente, contraria a dignidade humana (NETO, João Costa. Dignidade Humana: São Paulo, Saraiva, 2014. p. 84). Na condução coercitiva, resta evidente que o investigado é conduzido para demonstrar sua submissão à força, o que desrespeita a dignidade da pessoa humana. 6. Liberdade de locomoção. A condução coercitiva representa uma supressão absoluta, ainda que temporária, da liberdade de locomoção. Há uma clara interferência na liberdade de locomoção, ainda que por período breve. 7. Potencial violação ao direito à não autoincriminação, na modalidade direito ao silêncio. Direito consistente na prerrogativa do implicado a recursar-se a depor em investigações ou ações penais contra si movimentadas, sem que o silêncio seja interpretado como admissão de responsabilidade. Art. 5º, LXIII, combinado com os arts. 1º, III; 5º, LIV, LV e LVII. O direito ao silêncio e o direito a ser advertido quanto ao seu exercício são previstos na legislação e aplicáveis à ação penal e ao interrogatório policial, tanto ao indivíduo preso quanto ao solto – art. 6º, V, e art. 186 do CPP. O conduzido é assistido pelo direito ao silêncio e pelo direito à respectiva advertência. Também é assistido pelo direito a fazer-se aconselhar por seu advogado. 8. Potencial violação à presunção de não culpabilidade. Aspecto relevante ao caso é a vedação de tratar pessoas não condenadas como culpadas – art. 5º, LVII. A restrição temporária da liberdade e a condução sob custódia por forças policiais em vias públicas não são tratamentos que normalmente possam ser aplicados a pessoas inocentes. O investigado é claramente tratado como culpado. 9. A legislação prevê o direito de ausência do investigado ou acusado*

Uma vez comparecendo a vítima ou testemunha ao Ministério Público, a toda evidência, poderá ele realizar oitivas ou colher esclarecimentos para instruir o Procedimento.

No mesmo sentido instrumental para a investigação, é a prerrogativa de notificações (ciência para cumprimento de alguma providência) e intimações (ciência sobre a prática de algum ato procedimental).

d) **Acompanhar buscas e apreensões e mandados de prisão deferidos pela autoridade judiciaria (art. 7º, V e VI)**: É prerrogativa do Membro do Ministério Público - como titular da ação penal, da investigação (quando sua) e do controle externo da polícia (quando investigação é feita pela polícia)[46] – acompanhar pessoalmente o cumprimento de mandados de busca e apreensão e mandados de prisão, sendo, muitas vezes, medida imprescindível para o sucesso da operação o seu comparecimento, como forma de fiscalizar de perto o seu efetivo cumprimento, buscando evitar vazamentos ou mesmo a prática de ilegalidades.

Esse acompanhamento, porém, deve observar a máxima cautela, especialmente quando tiver como objeto locais ou pessoas perigosas, uma vez que, nessas hipóteses, faz-se necessário que os agentes estatais tenham especial treinamento para tanto, o que, normalmente, não acontece com os Membros do MP.

e) **Requisitar força policial (art. 7º, X):** O Membro do Ministério Público tem também a prerrogativa de requisitar força policial para fazer cumprir o seu poder de polícia durante a realização de atos de instrução ou mesmo fazer cumprir as ordens legais por ele emanadas. Aqui, também, a cautela e o máximo cuidado para respeitar os direitos fundamentais dos envolvidos é, obviamente, recomendada.

DA NOVA FORMA DE INSTRUÇÃO DOS PROCEDIMENTOS INVESTIGATÓRIOS CRIMINAIS

Art. 8º A colheita de informações e depoimentos deverá ser feita preferencialmente de forma oral, mediante a gravação audiovisual, com o fim de obter maior fidelidade das informações prestadas.

§ 1º Somente em casos excepcionais e imprescindíveis deverá ser feita a transcrição dos depoimentos colhidos na fase investigatória. (Redação dada pela Resolução nº 183, de 24 de janeiro de 2018)

ao interrogatório. O direito de ausência, por sua vez, afasta a possibilidade de condução coercitiva. 10. Arguição julgada procedente, para declarar a incompatibilidade com a Constituição Federal da condução coercitiva de investigados ou de réus para interrogatório, tendo em vista que o imputado não é legalmente obrigado a participar do ato, e pronunciar a não recepção da expressão "para o interrogatório", constante do art. 260 do CPP." (STF - ADPF 444, Relator(a): GILMAR MENDES, Tribunal Pleno, julgado em 14/06/2018, PROCESSO ELETRÔNICO DJe-107 DIVULG 21-05-2019 PUBLIC 22-05-2019)

46 Sobre o tema, há também precedente do Plenário do Supremo Tribunal Federal ao julgar Ação Direta de Inconstitucionalidade contra a Lei de Organizações Criminosas (Lei n. 12.850/13): "É em razão da gravidade da participação de policiais em organização criminosa que o legislador exigiu o acompanhamento da investigação por membro do Ministério Público, tudo com o objetivo de apurar os fatos de forma mais detalhada e criteriosa. O representante do Ministério Público não só poderá acompanhar as investigações, como também poderá requisitar as diligências que entender necessárias. Logo, a possibilidade de designação de membro do Ministério Público para acompanhar as investigações que envolvem policiais na prática de crimes previstos na Lei n. 12.850/13 em nada viola a competência da própria Corregedoria de Polícia, especialmente à luz do poder investigatório do Ministério Público, placitado por esta CORTE no RE 593.727 RG/MG, e da possibilidade de controle externo da atividade policial (art. 129, VII, da CF)." (STF - ADI 5567, Relator(a): ALEXANDRE DE MORAES, Tribunal Pleno, julgado em 21-11-2023, PROCESSO ELETRÔNICO DJe-s/n DIVULG 23-01-2024 PUBLIC 24-01-2024)

§ 1º-A. A colheita de informações, oitivas e depoimentos será realizada, preferencialmente, por meio de videoconferência ou outro recurso tecnológico de transmissão de sons e imagens em tempo real. (Incluído pela Resolução nº 289, de 16 de abril de 2024)

§ 2º O membro do Ministério Público poderá requisitar o cumprimento das diligências de oitiva de testemunhas ou informantes a servidores da instituição, policiais civis, militares ou federais, guardas municipais ou a qualquer outro servidor público que tenha como atribuições fiscalizar atividades cujos ilícitos possam também caracterizar delito. (Redação dada pela Resolução nº 183, de 24 de janeiro de 2018)

§ 3º A requisição referida no parágrafo anterior deverá ser comunicada ao seu destinatário pelo meio mais expedito possível, e a oitiva deverá ser realizada, sempre que possível, no local em que se encontrar a pessoa a ser ouvida. (Redação dada pela Resolução nº 183, de 24 de janeiro de 2018)

§ 4º O funcionário público, no cumprimento das diligências de que trata este artigo, após a oitiva da testemunha ou informante, deverá imediatamente elaborar relatório legível, sucinto e objetivo sobre o teor do depoimento, no qual deverão ser consignados a data e hora aproximada do crime, onde ele foi praticado, as suas circunstâncias, quem o praticou e os motivos que o levaram a praticar, bem ainda identificadas eventuais vítimas e outras testemunhas do fato, sendo dispensável a confecção do referido relatório quando o depoimento for colhido mediante gravação audiovisual. (Redação dada pela Resolução nº 183, de 24 de janeiro de 2018)

§ 5º O Ministério Público, sempre que possível, deverá fornecer formulário para preenchimento pelo servidor público dos dados objetivos e sucintos que deverão constar do relatório. (Redação dada pela Resolução nº 183, de 24 de janeiro de 2018)

§ 6º O funcionário público que cumpriu a requisição deverá assinar o relatório e, se possível, também o deverá fazer a testemunha ou informante. (Redação dada pela Resolução nº 183, de 24 de janeiro de 2018)

§ 7º O interrogatório de suspeitos e a oitiva das pessoas referidas nos §§ 6º e 7º do art. 7º deverão necessariamente ser realizados pelo membro do Ministério Público. (Redação dada pela Resolução nº 183, de 24 de janeiro de 2018)

§ 8º As testemunhas, informantes e suspeitos ouvidos na fase de investigação serão informados do dever de comunicar ao Ministério Público qualquer mudança de endereço, telefone ou e-mail. (Redação dada pela Resolução nº 183, de 24 de janeiro de 2018)

Sem sombra de dúvidas, um dos problemas mais sérios da persecução penal brasileira é o seu falido sistema investigativo. Essa falência não vem só da falta de recursos, da falta de treinamento de pessoal investigativo (nesse sentido, veja-se que não há sequer faculdade no país voltada ao estudo de ciências forenses), mas também e fundamentalmente uma falência legislativa.

Já há algum tempo vêm surgindo em círculos de investigadores e Membros do Ministério Público sérias críticas ao modelo de investigação policiais realizado nos moldes do inquérito policial, que tem se relevado altamente burocrático e ineficiente.

Nesse sentido, também, tem sido a crítica e uma onda de reformas realizadas nos países latino-americanos, muitos dos quais têm adaptados suas legislações à modelos mais eficazes, céleres e garantistas de investigação[47].

Foi precisamente nesse caminho que o CNMP promoveu uma significativa mudança na forma com que deve o Ministério Público realizar a instrução de suas investigações, como se pode ver, principalmente, da leitura do art. 8º em comento.

47 Reverberando essa crítica (ou parte dela) existem, inclusive, alguns projetos de lei, em nosso Congresso Nacional.

Afinal, com toda a razão, não podia o Ministério Público criticar o modelo de investigação do inquérito policial, se, no seu próprio quintal, praticava precisamente o mesmo modelo, já que a antiga Resolução 13, reformada agora pela 181, propugnava o PIC como uma verdadeira imitação do IP.

Dito isso, cumpre, agora, analisar como está delineado, afinal, esse novo modelo de investigação ministerial, promovido pela Resolução n. 181/17.

Oralidade como regra na investigação: A oralidade é uma das características centrais de um modelo acusatório de investigação e ostenta aspectos inegavelmente positivos[48].

A oralidade imprime celeridade e garante a fidelidade dos depoimentos, evitando-se que o teor das narrativas seja filtrado pelo investigador com sérios riscos de distorção, má interpretação e má compreensão das declarações daqueles que prestam depoimentos perante o Ministério Público[49].

Assim, o art. 8º estabeleceu, como a regra, que a colheita de depoimentos seja oralizada, mediante a gravação audiovisual dos depoimentos de testemunhas.

Realçando as vantagens da colheita de depoimentos nesse modelo, SCHÜNEMANN sugere que: *"os depoimentos das testemunhas deveriam ser gravados em sua totalidade, porque somente dessa maneira pode o defensor posteriormente, quando for estudar os expedientes, avaliar a confiabilidade das declarações testemunhais."*[50]

Vale consignar, ainda, que – somente em casos excepcionais e justificados – é que se pode determinar a transcrição dos depoimentos colhidos em áudio e vídeo.

Com isso, evita-se que as autoridades que eventualmente tenham que examinar o PIC – sejam Membros do Ministério Público, sejam posteriormente Membros do Poder Judiciário – se recorram do velho hábito de ler termos de depoimentos escritos. Caso isso ocorra, toda a riqueza de detalhes e confiabilidade do depoimento oral, uma vez mais, se perderia.

---

48 Sobre a implementação da oralidade na reforma peruana de 2004, CARO CORIA preconiza que: *"Seus benefícios são conhecidos, o debate público, desde a investigação preliminar, fase intermediária e, especialmente, a fase judicial, é uma forma de garantir a vigência de outros princípios elementares como a imediação, a publicidade e o contraditório. Também é uma ferramenta socialmente útil, o processo e seus resultados normalmente são mais transparentes, se afiança com isso a comunicação entre o Poder Judiciário e a cidadania em geral."* CARO CORIA, Dino Carlos. *La enseñanza de la dogmática penal como* conditio sine qua non *para el éxito de la oralidad, in* El proceso penal iberoamericano: visiones comparadas. México: Ideal Flores, 2016, p. 317. É certo que a necessidade de formalizar por escrito todos os atos de impulso e transcrever ou registrar todos os elementos de informação produzidos – além dos indicados prejuízos à colheita dos elementos de informação – acarretam, também, um maior atraso na investigação. Nesse sentido, também, afirma VIVES ANTÓN que: *"Um processo – e um processo basicamente escrito – requer toda uma série de formalidades que dificultam e atrasam os progressos da investigação e é suscetível de ser paralisado ou retardado de diversas formas."* VIVES ANTÓN, Tomás Salvador. *Liberdad como pretexto*. Valencia: Tirant lo blanch, 1995, p. 272.

49 A esse respeito, veja-se a advertência feita por SCHÜNEMANN: *"(...) como em geral não existe no sistema do Código de Processo Penal* (alemão – StPO) *um direito do investigado e de seu defensor de estar presente e participar da colheita de declarações tomadas pela polícia no procedimento de investigação, a distorção sistemática das atas das declarações em direção às hipóteses iniciais da polícia repercute, em princípio, sobre todo o procedimento de investigação e, finalmente, determina também a sentença judicial mediante o efeito da perseverança e do "ombro a ombro" (Schulterschlusseffekt), na forma de uma self-fulfilling prophecy. Essa decisão prévia ao juízo oral, adotada em sigilo por meio da redação policial das atas de declarações, é, por conseguinte, a que da o sentido empírico à designação atual do procedimento de investigação como 'centro de decisão do processo penal' e, assim mesmo, representa o problema mais difícil da atual estrutura do procedimento no processo penal alemão."* SCHÜNEMANN, Bernd. *La Policía Alemana como Auxiliar del Ministerio Fiscal: Estructura, organización y actividades*, in Obras. Tomo II, Rubinzal-Culzoni: Buenos Aires, 2009, p. 475.

50 SCHÜNEMANN, Bernd. *Critica al modelo norteamericano de proceso penal*, in Obras. Tomo II, Rubinzal-Culzoni: Buenos Aires, 2009, p. 448. De forma similar, já afirmou o Superior Tribunal de Justiça, ao consignar que: *"O art. 405 do Código de Processo Penal, com a redação atribuída pela Lei n.º 11.719/2008, ao possibilitar o registro da audiência de instrução em meio audiovisual, não só acelerou o andamento dos trabalhos, tendo em vista a desnecessidade da redução, a termo, dos depoimentos do acusado, vítima e testemunhas, mas, também, possibilitou um registro fiel da íntegra do ato, com imagem e som, em vez da simples escrita."* (STJ - HC n. 153.423/SP, Quinta Turma, Relª. Minª. Laurita Vaz, DJe de 26/4/2010).

Quebra da centralidade judicialiforme, com possibilidade de delegação de funções: A investigação judicialiforme, como ocorre no inquérito policial, busca imitar a fase do procedimento plenário (fase judicial da audiência de instrução e julgamento) no procedimento sumário (investigação pré-processual).

Com isso, a exemplo do que ocorre na fase judicial, esse modelo gravita em torno de uma autoridade central, com poderes exclusivos de impulso e instrução. No caso do inquérito policial, a autoridade gravita ao redor do delegado de polícia e no modelo anterior de PIC, ao redor do Promotor de Justiça.

Esse modelo importa em grande atraso na investigação e na solução dos casos, causando prejuízos muitas vezes irreparáveis na apuração da autoria e materialidade dos delitos.

Diante disso é que § 2º do art. 8º permitiu ao Membro do Ministério Público a requisição *"do cumprimento das diligências de oitiva de testemunhas ou informantes a servidores da instituição, policiais civis, militares ou federais, guardas municipais ou a qualquer outro servidor público que tenha como atribuições fiscalizar atividades cujos ilícitos possam também caracterizar delito."*

É dizer, nesses casos a colheita dos depoimentos não é mais centrada necessariamente no Membro do Ministério Público.

Dessa maneira, passa a ser lícito e, inclusive, recomendável que o Promotor delegue essas funções a outros agentes estatais, de modo a agilizar sobremaneira a colheita de depoimentos.

Tal providência é especialmente recomendável para as seguintes hipóteses: i) depoimentos menos complexos, em que se buscar obter determinada informação; ii) casos em que as testemunhas encontram-se em locais praticamente inacessíveis ou demasiadamente remotos, em que a exigência de comparecimento ao Ministério Público acarretaria um atraso na tramitação do feito ou um ônus demasiadamente pesado às testemunhas; iii) casos em que o agente público a quem se delegou a função tem especial conhecimento técnico do tema (v.g. agente da receita, em crimes contra a ordem tributária; engenheiros ambientais, em crimes contra o meio ambiente ou um servidor de TI, em delitos informáticos); iv) casos em que se faz necessária a oitiva de demasiadas testemunhas, sendo que, com tal delegação, poderão ser realizados diversos testemunhos simultaneamente; e v) casos em que é interessante para a investigação a oitiva simultânea de testemunhas, evitando-se, assim, eventuais combinações de versões, hoje muito facilitadas pelo uso de celulares.

Por outro lado, essa delegação não é recomendável em casos demasiadamente sensíveis, sigilosos, envolvendo a necessidade de oitivas de crianças e adolescentes ou em casos muito complexos, em que se faz necessária a colheita detalhada de depoimentos por aquele que tem pleno domínio da investigação. Nesses casos, o melhor é que o Membro realize pessoalmente a tomada dos depoimentos. Sempre, porém, mediante gravação em áudio e vídeo.

Vale consignar que a delegação para essa oitiva é acompanhada de outra consequência. A possibilidade, como regra, do deslocamento do investigador para ouvir a testemunha no local em que ela se encontra e não o contrário, como ocorre atualmente (nesse sentido, é o teor da segunda parte, do § 3º do art. 8º).

Com isso, agiliza-se a oitiva, evitando-se eventuais atrasos, ausências ou ônus excessivos de deslocamento para as testemunhas, ademais de o ato se realizar em um ambiente familiar para a testemunha, o que, normalmente, a deixa mais relaxada e confiante, prestando, como consequência, depoimentos mais convincentes, idôneos e completos.

Para a implementação desse novo sistema, evidentemente, teremos que nos despir de algumas velhas concepções e práticas, para compreender que a investigação busca reunir apenas elementos de informação (e não elementos de prova, que devem ser produzidos, em contraditório, na fase judicial).

Ademais, urge considerar que a realização desses atos de investigação não deve ser considerada como ato exclusivo do Membro do Ministério Público, mesmo porque, quando exerce a *opinio delicti* nos inquéritos policiais, nas investigações de Comissões Parlamentares ou investigações de outros entes estatais, como processos administrativos disciplinares, todas essas apurações não foram feitas diretamente pelo Membro do MP. Em outras palavras, já no modelo tradicional, normalmente, o Membro do Ministério Público realiza a sua *opinio delicti* com base em elementos de informação produzidos por servidores comuns, que não são integrantes da carreira do MP.

A requisição pelo meio mais expedido possível: Como se viu no início deste trabalho, um dos princípios informadores do novo PIC é o da desburocratização.

Dessa maneira, as requisições de policiais ou outros funcionários públicos para que realizem atos de colheita de depoimento, da mesma forma, perdem a sua natureza burocrática.

Assim, referidas requisições deverão ser realizadas, nos termos da primeira parte, do § 3º do art. 8º, *"pelo meio mais expedito possível"*[51].

Com isso, as requisições poderão ser realizadas via telefone, e-mail ou mesmo aplicativo, desde que se tome a devida cautela para garantir que o funcionário público tenha efetivamente tomado conhecimento da requisição[52].

A permissão dessa notificação pelo meio mais expedido possível importa em um excelente ganho de velocidade e efetividade na investigação. Agora não se faz mais necessária a elaboração de ofício, assinatura, envelopamento, anexação de Aviso de Recebimento, deslocamento até o correio e aguardo da chegada da carta e os, as vezes, meses de demora para o retorno do AR.

Com essa nova regulamentação, basta um telefonema, um e-mail ou mesmo uma mensagem via celular, devidamente confirmadas.

É evidente que, em princípio, poderá haver alguma incompreensão ou solicitação de formalização da requisição. Assim, é importante que, nesse primeiro momento, exista um correto esclarecimento ou mesmo que os Ministérios Público promovam a formalização de protocolos de cooperação, com o objetivo de tornar, cada vez mais fluída, essa comunicação.

Sobre a necessidade de uma comunicação ágil e fluida entre as agências estatais de investigação, vale trazer dois trechos de uma obra que analisou criticamente as investigações realizadas pelo Ministério Público alemão.

Num primeiro momento, consigna o autor que: *"Em uma promotoria de pequena para média, a ênfase na documentação das instruções* [requisições] *e, em seguida, o envio do ofício para outro repartição pública é uma forma ineficiente de comunicação, especialmente quando o seu destinatário é a polícia."*[53]

Em outro momento, referido escritor complementa: *"Para se ter sucesso nesse tipo de ambiente, durante o procedimento de investigação, muitos Promotores tiveram que abandonar essa antiga prática, que revelava a estrita hierarquia dos Promotores sobre a investigação. Nas Promotorias mais efetivas, os Promotores não enviam mais ofícios documentados e por escrito, quando tinham que esperar um dia para a carta ser encaminhada para a Polícia. Em vez disso, os Promotores têm se reunido com os investigadores cara-a-cara, têm usado e-mail ou mesmo efetuado telefonemas para orientar e coordenar o curso da investigação de forma diária."*[54]

---

51 A norma da resolução tem inspiração no art. 84 do Código de Processo Penal Chileno, apesar dessa tratar do caminho reverso: *"Artículo 84.- Información al ministerio público. Recibida una denuncia, la policía informará inmediatamente y por el medio más expedito al ministerio público. Sin perjuicio de ello, procederá, cuando correspondiere, a realizar las actuaciones previstas en el artículo precedente, respecto de las cuales se aplicará, asimismo, la obligación de información inmediata."*

52 Em nossa opinião, esse mesmo procedimento, poderá ser adotado para as notificações para comparecimento de testemunhas ou para interrogatório de investigados, uma vez que defluem do próprio princípio da desburocratização.

53 BOYNE, Shawn Marie. The German Prosecution Service: Guardians of the Law? Springer-Verlag: Berlin, Heidelberg, 2014, p. 52.

54 BOYNE, Shawn Marie. The German Prosecution Service: Guardians of the Law? Springer-Verlag: Berlin, Heidelberg, 2014, p. 52.

Com esses exemplos, é possível verificar a importância de uma comunicação célere entre Ministério Público e, principalmente, polícia para a realização das diligências necessárias para o bom andamento das investigações ministeriais.

Do relatório sucinto do ato de investigação: Como forma de facilitar e agilizar o manuseio e organização da investigação, afora a gravação de áudio e vídeo com o depoimento das testemunhas, a Resolução estabelece a necessidade da autoridade que cumpriu a diligência elaborar *"relatório legível, sucinto e objetivo sobre o teor do depoimento, no qual deverão ser consignados a data e hora aproximada do crime, onde ele foi praticado, as suas circunstâncias, quem o praticou e os motivos que o levaram a praticar, bem ainda identificadas eventuais vítimas e outras testemunhas do fato, sendo dispensável a confecção do referido relatório quando o depoimento for colhido mediante gravação audiovisual."*

Com isso, o Promotor de Justiça tem acesso rápido ao conteúdo do depoimento, facilitando a sua a presidência e coordenação da investigação criminal, realizada no bojo do Procedimento Investigatório Criminal, uma vez que basta ele ler o relatório sucinto para ter uma boa ideia do conteúdo do depoimento gravado.

Veja-se que a elaboração de relatórios, como o previsto no § 4º do art. 8º, constitui fonte valiosíssima de informação, especialmente nos países anglo-americanos, em que essa prática é bastante habitual, estudada e útil[55].

Aliás, um bom relatório do ato de investigação efetivamente deve ser legível, sucinto e objetivo, devendo, pois, atentar-se para os seus requisitos de conteúdo (o que é nele escrito) e forma (como ele é escrito)[56].

Por essa razão, também, é bastante oportuna a determinação aos Ministérios Públicos para que, sempre que possível, forneçam formulários a serem preenchidos pelos servidores públicos, assegurando-se assim a qualidade dos relatórios, uma vez que os dados importantes da apuração acabam tendo que ser preenchidos no formato e conteúdo estabelecido pelos respectivos MPs[57].

Do interrogatório como ato privativo do Membro do Ministério Público: Considerando-se que a investigação criminal, também, deve ser um meio de assegurar as garantias do investigado, o § 7º, do art. 8º, estabeleceu que o interrogatório dos investigados somente pode ser realizado direta e pessoalmente por Membro do Ministério Público. Isso com o objetivo de atribuir especial atenção a esse ato do procedimento investigatório, além de importar em relevante forma de evitar-se eventuais pressões ou torturas por ocasião do interrogatório.

Ademais, o mesmo dispositivo, consigna que as autoridades descritas nos §§ 6º e 7º do art. 7º somente poderão ser ouvidas pelo Membro do Ministério Público, não podendo ser colhido seu depoimento por meio de funcionários públicos atuando por delegação do Promotor.

Da necessária advertência sobre a alteração de endereço: Outro cuidado que foi tomado pela Resolução, está previsto no § 8º, do art. 8º, em que se consigna a necessidade de que se informe as testemunhas, informantes e investigados que eles têm o dever de comunicar ao Ministério Público qualquer mudança de endereço, telefone ou e-mail.

---

55 A esse respeito, confira-se: HESS, Kären M.; ORTHMANN, Christine Hess. Criminal Investigation, 9a ed. Delmar: NY, 2010, p. 40 e seguintes.

56 HESS, Kären M.; ORTHMANN, Christine Hess. Criminal Investigation, 9ª ed. Delmar: NY, 2010, p. 75.

57 Um modelo de relatório de investigação dos Estados Unidos, pode ser visto em: HESS, Kären M.; ORTHMANN, Christine Hess. Criminal Investigation, 9ª ed. Delmar: NY, 2010, pp. 76-78. Na Alemanha, o uso de formulários nas investigações criminais é disseminado. Nesse sentido, basta examinar a ampla obra coordenada por VORDERMAYER e HEINTSCHEL-HEINEGG, que é denominada, em tradução livre, *"Manual para o Ministério Público"*, que vem recheada de inúmeros formulários para serem utilizados pelos Membros do Ministério Público alemão. Cf.: VORDERMAYER, Helmut; HEINTSCHEL-HEINEGG, Bernd von. Handbuch für den Staatsanwalt. Neuwied: Luchterhand, 2000, 1120pp. Ressaltando, também, a importância dos formulários, veja-se: ARTKÄMPER, Heiko; HERRMANN, Gunnar; JAKOBS, Carola; KRUSE, Henner. Aufgabenfelder der Staatsanwaltschaft. Münster, ZAP, 2008, p. 22

Com isso, busca-se evitar as lamentavelmente tão frequentes dificuldades para encontrar testemunhas e informantes quando da sua oitiva, durante a audiência de instrução e julgamento, assim como dar maior fundamento ao Ministério Público em caso de, eventualmente, ter que requerer a prisão preventiva de acusados que mudam de endereço sem informar as autoridades.

Dos fundamentos para a requisição: A Constituição da República expressamente concede ao Ministério Público o poder de *"requisitar diligências investigatórias"* (art. 129, VIII).

Assim, pode o Membro do MP se valer desse poder requisitório para buscar o auxílio ou a cooperação de *"servidores da instituição, a policiais civis, militares ou federais, guardas municipais ou a qualquer outro servidor público que tenha como atribuições fiscalizar atividades, cujos ilícitos possam também caracterizar delito"*.

Ademais, além da possibilidade de valer-se da polícia, pode o Membro do Ministério Público, por exemplo, em investigações de crimes ambientais, requisitar diligências aos órgãos ambientais, no caso de crimes contra o consumo de órgãos de proteção ao consumidor, assim sucessivamente.

Mesmo porque tais servidores públicos estarão, ao fim e ao cabo, cumprindo as funções que lhes são atribuídas por lei, já que devem ter como atribuição *"fiscalizar atividades, cujos ilícitos possam também caracterizar delito"*.

É importante consignar, por fim, que não se trata de requisição dos servidores para trabalhar de forma permanente para o Ministério Público, mas sim a requisição para que cumpram diligências certas e determinadas, a serem realizadas no bojo de um específico Procedimento Investigatório Criminal.

DOS DIREITOS DO INVESTIGADO E SEU DEFENSOR

Art. 9º. O autor do fato investigado poderá apresentar, querendo, as informações que considerar adequadas, facultado o acompanhamento por defensor. (Redação dada pela Resolução nº 183, de 24 de janeiro de 2018)

§ 1º O defensor poderá examinar, mesmo sem procuração, autos de procedimento de investigação criminal, findos ou em andamento, ainda que conclusos ao presidente, podendo copiar peças e tomar apontamentos, em meio físico ou digital. (Incluído pela Resolução nº 183, de 24 de janeiro de 2018)

§ 2º Para os fins do parágrafo anterior, o defensor deverá apresentar procuração, quando decretado o sigilo das investigações, no todo ou em parte. (Incluído pela Resolução nº 183, de 24 de janeiro de 2018)

§ 3º O órgão de execução que presidir a investigação velará para que o defensor constituído nos autos assista o investigado durante a apuração de infrações, de forma a evitar a alegação de nulidade do interrogatório e, subsequentemente, de todos os elementos probatórios dele decorrentes ou derivados, nos termos da Lei no 8.906, de 4 de julho de 1994. (Incluído pela Resolução nº 183, de 24 de janeiro de 2018)

§ 4º O presidente do procedimento investigatório criminal poderá delimitar o acesso do defensor aos elementos de prova relacionados a diligências em andamento e ainda não documentados nos autos, quando houver risco de comprometimento da eficiência, da eficácia ou da finalidade das diligências. (Incluído pela Resolução nº 183, de 24 de janeiro de 2018)

No artigo 9º a Resolução do Conselho Nacional do Ministério Público reafirma-se os direitos do investigado de prestar informações e de ser acompanhado por um defensor, permitindo o amplo acesso aos elementos de investigação já documentados nos autos (*disclosure*), além de outros direitos acima indicados, tais como o direito fundamental de não produzir prova contra si mesmo (*nemo tenetur se detegere*).

Aliás, essa foi precisamente a advertência do Supremo Tribunal Federal ao reconhecer o poder investigatório do Ministério Público, ao afirmar que:

> *"O Ministério Público dispõe de competência para promover, por autoridade própria, e por prazo razoável, investigações de natureza penal, desde que respeitados os direitos e garantias que assistem a qualquer indiciado ou a qualquer pessoa sob investigação do Estado, observadas, sempre, por seus agentes, as hipóteses de reserva constitucional de jurisdição e, também, as prerrogativas profissionais de que se acham investidos, em nosso País, os Advogados (Lei 8.906/94, artigo 7º, notadamente os incisos I, II, III, XI, XIII, XIV e XIX), sem prejuízo da possibilidade – sempre presente no Estado democrático de Direito – do permanente controle jurisdicional dos atos, necessariamente documentados (Súmula Vinculante 14), praticados pelos membros dessa instituição".* (STF - RE 593727, Relator(a): Min. CEZAR PELUSO, Relator(a) p/ Acórdão: Min. GILMAR MENDES, Tribunal Pleno, julgado em 14/05/2015, ACÓRDÃO ELETRÔNICO REPERCUSSÃO GERAL - MÉRITO DJe-175 DIVULG 04-09-2015 PUBLIC 08-09-2015)

Sobre a documentação dos elementos de informação nos autos do PIC, o Supremo Tribunal Federal já consignou que:

> *"O procedimento investigatório instaurado pelo Ministério Público deverá conter todas as peças, termos de declarações ou depoimentos, laudos periciais e demais subsídios probatórios coligidos no curso da investigação, não podendo, o "Parquet", sonegar, selecionar ou deixar de juntar, aos autos, quaisquer desses elementos de informação, cujo conteúdo, por referir-se ao objeto da apuração penal, deve ser tornado acessível tanto à pessoa sob investigação quanto ao seu Advogado. - O regime de sigilo, sempre excepcional, eventualmente prevalecente no contexto de investigação penal promovida pelo Ministério Público, não se revelará oponível ao investigado e ao Advogado por este constituído, que terão direito de acesso - considerado o princípio da comunhão das provas - a todos os elementos de informação que já tenham sido formalmente incorporados aos autos do respectivo procedimento investigatório."* (STF - HC 94173, Relator(a): Min. CELSO DE MELLO, Segunda Turma, julgado em 27/10/2009, DJe-223 DIVULG 26-11-2009 PUBLIC 27-11-2009 EMENT VOL-02384-02 PP-00336).

No mesmo sentido: HC 87610, Relator(a): Min. CELSO DE MELLO, Segunda Turma, julgado em 27/10/2009, DJe-228 DIVULG 03-12-2009 PUBLIC 04-12-2009 EMENT VOL-02385-02 PP-00387; HC 90099, Relator(a): Min. CELSO DE MELLO, Segunda Turma, julgado em 27/10/2009, DJe-228 DIVULG 03-12-2009 PUBLIC 04-12-2009 EMENT VOL-02385-03 PP-00472; HC 89837, Relator(a): Min. CELSO DE MELLO, Segunda Turma, julgado em 20/10/2009, DJe-218 DIVULG 19-11-2009 PUBLIC 20-11-2009 EMENT VOL-02383-01 PP-00104 LEXSTF v. 31, n. 372, 2009, p. 355-412 RTJ VOL-00218-01 PP-00272; HC 85419, Relator(a): Min. CELSO DE MELLO, Segunda Turma, julgado em 20/10/2009, DJe-223 DIVULG 26-11-2009 PUBLIC 27-11-2009 EMENT VOL-02384-02 PP-00252.

Veja-se que § 4º permite seja sonegado o acesso ao defensor a elementos de informação relacionados a diligências em andamento, desde que: **i)** ainda não tenham sido documentadas nos autos e quando **ii)** tal acesso possa acarretar risco de comprometimento da eficiência, da eficácia ou da finalidade das diligências.

Nesse sentido, também, a jurisprudência do Supremo Tribunal Federal:

> *"PENAL. PROCESSUAL PENAL. HABEAS CORPUS. EMBARGOS DE DECLARAÇÃO. ACESSO DOS ACUSADOS A PROCEDIMENTO INVESTIGATIVO SIGILOSO. POSSIBILIDADE SOB PENA DE OFENSA AOS PRINCÍPIOS DO CONTRADITÓRIO E DA AMPLA DEFESA. PRERROGATIVA QUE SE RESTRINGE AOS ELEMENTOS JÁ DOCUMENTADOS REFERENTES AOS INVESTIGADOS. I - O direito assegurado ao indiciado (bem como ao seu defensor) de acesso aos elementos constantes em procedimento investigatório que lhe digam respeito e que já se encontrem documentados nos autos, não abrange, por óbvio, as informações concernentes à decretação e à realização das diligências investigatórias,*

> *mormente as que digam respeito a terceiros eventualmente envolvidos. II - Enunciado da Súmula Vinculante 14 desta Corte. III - Embargos de declaração rejeitados, com concessão da ordem de ofício."* (STF - HC 94387 ED, Relator(a): Min. RICARDO LEWANDOWSKI, Primeira Turma, julgado em 06/04/2010, DJe-091 DIVULG 20-05-2010 PUBLIC 21-05-2010 EMENT VOL-02402-03 PP-00679)

Com o asseguramento, pela Resolução n. 181/17, dos direitos e garantias do investigado, o Ministério Público reafirma que, num Estado Democrático de Direito, o Estado somente pode investigar fatos quando der o devido respeito aos direitos constitucionais. Essa máxima ganha, ainda mais, importância quando a investigação é patrocinada pelo fiscal da lei, que é o Ministério Público.

DA DOCUMENTAÇÃO DAS DILIGÊNCIAS

Art. 10. As diligências serão documentadas em autos de modo sucinto e circunstanciado. (Redação dada pela Resolução nº 183, de 24 de janeiro de 2018)

Considerando-se a ideia de celeridade, consigna o art. 10 da Resolução que as diligências deverão ser documentadas nos autos de modo sucinto e circunstanciado.

Com isso, assegura-se as garantias necessárias para uma investigação hígida, ao mesmo tempo em que se evita longos e desnecessários expedientes ou decisões, que objetivem a documentação formal dos elementos de informação.

Veja-se que a boa investigação é organizada, sucinta e, dentro do possível, enxuta, evitando-se a juntada de documentos repetidos, desconexos, fora de ordem, mal ajambrados ao expediente e bagunçados. Inclusive a boa conservação estética do PIC, a sua divisão, às vezes, por cores e padrões, facilita e enaltece sobremaneira o valor do trabalho investigativo ministeriais.

DAS INQUIRIÇÕES FORA DOS LIMITES TERRITORIAIS DA UNIDADE MINISTERIAL

Art. 11. As inquirições que devam ser realizadas fora dos limites territoriais da unidade em que se realizar a investigação serão feitas, sempre que possível, por meio de videoconferência, podendo ainda ser deprecadas ao respectivo órgão do Ministério Público local.

§ 1º Nos casos referidos no caput deste artigo, o membro do Ministério Público poderá optar por realizar diretamente a inquirição com a prévia ciência ao órgão ministerial local, que deverá tomar as providências necessárias para viabilizar a diligência e colaborar com o cumprimento dos atos para a sua realização.

§ 2º A deprecação e a ciência referidas neste artigo poderão ser feitas por qualquer meio hábil de comunicação.

§ 3º O disposto neste artigo não obsta a requisição de informações, documentos, vistorias, perícias a órgãos ou organizações militares sediados em localidade diversa daquela em que lotado o membro do Ministério Público.

Tendo em conta que um dos nortes inspiradores da Resolução foi precisamente a ideia de celeridade, o artigo 11 estabelece o abandono das demoradas e ineficientes cartas precatórias ministeriais, devendo o Membro do Ministério Público valer-se, sempre que possível, do recurso da videoconferência.

Ademais, em casos especiais e complexos, em que é altamente recomendável que a oitiva das testemunhas ou do investigado seja feita pessoalmente pelo Membro do Ministério Público, presidente da investigação, fica expressamente autorizado deslocamento do agente ministerial para a realização de atos fora dos limites territoriais de sua atribuição.

DA CERTIDÃO DE COMPARECIMENTO AO MINISTÉRIO PÚBLICO

Art. 12. A pedido da pessoa interessada, será fornecida comprovação escrita de comparecimento.

O comparecimento de testemunhas a serem ouvidas em Procedimentos Investigatórios Criminais, além de ser as vezes oneroso para essas pessoas, pode, eventualmente, acarretar problemas com o seu empregador.

Por essa razão, nesses casos, a Lei Orgânica Nacional do Ministério Público estabeleceu o seguinte no § 4º do seu art. 26:

> "*§ 4º A falta ao trabalho, em virtude de atendimento à notificação ou requisição, na forma do inciso I deste artigo, não autoriza desconto de vencimentos ou salário, considerando-se de efetivo exercício, para todos os efeitos, mediante comprovação escrita do membro do Ministério Público.*"

É precisamente para reconhecer esse direito ao trabalhador privado ou servidor, que o art. 12 da Resolução estabelece que, a pedido do interessado, deverá ser fornecida comprovação escrita do seu comparecimento à Unidade do Ministério Público.

DO PRAZO DE ENCERRAMENTO DO PROCEDIMENTO INVESTIGATÓRIO CRIMINAL

Art. 13. O procedimento investigatório criminal deverá ser concluído no prazo de 90 (noventa) dias, permitidas, por igual período, prorrogações sucessivas, por decisão fundamentada do membro do Ministério Público responsável pela sua condução.

§ 1º Cada unidade do Ministério Público manterá, para conhecimento dos órgãos superiores, controle atualizado, preferencialmente por meio eletrônico, do andamento de seus procedimentos investigatórios criminais, observado o nível de sigilo e confidencialidade que a investigação exigir, nos termos do art. 15 desta Resolução.

§ 2º O controle referido no parágrafo anterior poderá ter nível de acesso restrito ao Procurador-Geral da República, ao Procurador-Geral de Justiça, ao Procurador-Geral de Justiça Militar e ao respectivo Corregedor-Geral, mediante justificativa lançada nos autos. (Redação dada pela Resolução nº 183, de 24 de janeiro de 2018)

Como já se vem falando ao largo deste comentário, a celeridade é um dos motes da presente Resolução para o bom desenvolvimento das investigações ministeriais.

Claro que, de antemão, é extremamente difícil imaginar um prazo fixo que seja suficiente para o encerramento das investigações.

Afinal, de acordo com o sustentado por MORENO CATENA e CORTÉS DOMINGUÉZ, "*como* [a investigação] *trata de praticar as diligências pertinentes para estar-se em condições de decidir se abre-se ou não um processo contra determinada pessoa, será a relação com a dificuldade dessa investigação que poderá determinar a duração da mesma. Se, por exemplo, o investigado confessa a realização dos fatos e estes são claros e evidentes ou se o acusado é preso em flagrante enquanto pratica o ato criminosos ou se a demonstração dos fatos não requer grandes averiguações, porque eles são evidentes. Situação contrária ocorrerá naqueles casos em que, por circunstâncias pessoais ou fáticas do ocorrido, seja muito mais difícil chegar-se ao convencimento racional de que os fatos investigados tenham sido realizados por uma pessoa determinada.*"[58]

---

58 MORENO CATENA, Víctor; CORTÉS DOMINGUÉZ, Valentín. Derecho Procesal Penal, 9ª ed. Valencia: Tirant lo Blanch, 2017, p. 209.

Por essa razão, a Resolução acertadamente estabelece um prazo inicial de noventa dias para o encerramento das investigações, que poderá ser prorrogado sucessivamente, de acordo com a complexidade e necessidade das investigações, desde que exista decisão devidamente fundamentada do Membro do Ministério Público determinando a renovação desse prazo.

A decisão de renovação é importante, pois - além de documentar a preocupação ministerial com o curso da investigação – impõe ao Membro do Ministério Público um efetivo exame global da investigação, avaliando quais os elementos de informação ainda são necessários, quais são as diligências pendentes que, ainda, devem ser cumpridas e quais são as novas diligências, imprescindíveis para a formação da *opinio delicti*.

A consequência lógica da decisão de renovação do prazo, é a especificação das novas diligências que devem ser cumpridas, não bastando, para tanto, a mera juntada de decisões "chapão" que não analisam o caso e não verificam quais são as suas efetivas necessidades.

Essas renovações deverão ser devidamente informadas aos órgãos de controle e a sua realização ou não (e em quais moldes) deve ser fiscalizada pelas Corregedorias dos Ministérios Públicos.

Por fim, é importante chamar a atenção para o fato de que o Plenário do Supremo Tribunal Federal nas ADIs 6.298, 6.299, 6.300 e 6.305, assentou que o Procedimento Investigatório Criminal deverá observar os "mesmos prazos e regramentos previstos para conclusão de inquéritos policiais" (ADI 2943, Relator(a): EDSON FACHIN, Tribunal Pleno, julgado em 02-05-2024, PROCESSO ELETRÔNICO DJe-s/n DIVULG 09-09-2024 PUBLIC 10-09-2024). Nesse ponto, o Ministério Público do Estado de Minas Gerais e a Procuradoria-Geral da República opuseram embargos de declaração requerendo fosse deixado claro que essa prorrogação do prazo é apenas para as investigações com pessoa presa, nos termos do art. 3º-B, inciso VIII, do Código de Processo Penal, que atribuiu ao juiz de garantias "prorrogar o prazo de duração do inquérito, estando o investigado preso, em vista das razões apresentadas pela autoridade policial e observado o disposto no § 2º deste artigo". No aludido § 2º, do art. 3º-B, o Código de Processo Penal dispõe que: "Se o investigado estiver preso, o juiz das garantias poderá, mediante representação da autoridade policial e ouvido o Ministério Público, prorrogar, uma única vez, a duração do inquérito por até 15 (quinze) dias, após o que, se ainda assim a investigação não for concluída, a prisão será imediatamente relaxada".

DA PERSECUÇÃO PATRIMONIAL

Art. 14. A persecução patrimonial voltada à localização de qualquer benefício derivado ou obtido, direta ou indiretamente, da infração penal, ou de bens ou valores lícitos equivalentes, com vistas à propositura de medidas cautelares reais, confisco definitivo e identificação do beneficiário econômico final da conduta, será realizada em anexo autônomo do procedimento investigatório criminal.

§ 1º Proposta a ação penal, a instrução do procedimento tratado no caput poderá prosseguir até que ultimadas as diligências de persecução patrimonial.

§ 2º Caso a investigação sobre a materialidade e autoria da infração penal já esteja concluída, sem que tenha sido iniciada a investigação tratada neste capítulo, procedimento investigatório específico poderá ser instaurado com o objetivo principal de realizar a persecução patrimonial.

Art. 14-A. A persecução patrimonial dirigida à indicação dos bens correspondentes à diferença entre o valor do patrimônio do investigado e aquele que seja compatível com o seu rendimento lícito, com vistas à decretação do confisco alargado, será realizada em anexo autônomo do procedimento investigatório criminal e, salvo legislação específica, compreenderá bens de titularidade do investigado, ou em relação aos quais ele tenha o domínio e o benefício direto ou indireto, e aqueles transferidos a terceiros a título gratuito, mediante contraprestação irrisória ou, ainda, dolosamente e com culpa grave. (Acrescentado pela Resolução nº 289, de 16 de abril de 2024)

§1º A instrução do procedimento tratado no caput poderá prosseguir até que ultimadas as diligências de persecução patrimonial para detalhamento da indicação lançada na ação penal. (Acrescentado pela Resolução nº 289, de 16 de abril de 2024)

§ 2º A investigação mencionada no caput poderá ser instaurada inclusive após o oferecimento da ação penal, para detalhamento dos bens sujeitos a confisco alargado. (Acrescentado pela Resolução nº 289, de 16 de abril de 2024)

Uma das inovações da Resolução n. 181/17 foi a previsão expressa a respeito da necessidade de o Membro do Ministério Público atentar-se para a persecução do patrimônio daqueles envolvidos em delitos, especialmente nos casos relativos aos crimes do denominado Direito Penal Econômico, o que, também, ganha grande relevo agora com a previsão confisco alargado pelo art. 91-A do Código Penal, inserido pela Lei n. 13.964/19 (cuja disciplina agora está referida no art. 14-A da Resolução).

A recuperação de bens derivados de delitos, especialmente aqueles cometidos com maior sofisticação, é uma tarefa extremamente árdua, demorada e dificultosa.

Como bem assevera CARRILLO DEL TESO:

> *"A recuperação de ativos implica seguir todo um* iter, *começando pela árdua investigação patrimonial, que normalmente é a fase mais complexa. Depois do rastreamento de ativos e recopilação de provas, necessariamente, deve-se passar à imobilização ou congelamento dos fundos, para evitar novos movimentos ou a sua desaparição antes do fim do processo. Posteriormente, se deverá abrir um processo judicial, depois do qual esses fundos possam passar a ser de titularidade do Estado. Finalmente, se deverá executar essas decisões para que os bens deixem de estar a disposição dos autores; tudo isso levando em conta que várias fases de todo esse caminho exigirão o uso de assistência legal mútua, de instrumentos de cooperação internacional."*[59]

Assim, tendo em conta toda essa dificuldade e como forma de não atrapalhar o bom andamento da investigação penal a respeito dos fatos aparentemente criminosos, é que o art. 14 estabelece que a investigação patrimonial deverá ser realizada em apenso.

De tal maneira, o feito principal não é "*poluído*" com documentos, certidões, ofícios requisitórios que não guardam relação direta com o fato delituoso[60], mas sim com os benefícios financeiros decorrentes dos atos criminosos.

59 CARRILLO DEL TESO, Ana E. La recuperación de activos como estrategia común contra la criminalidad, in Recuperación de Activos y Decomiso: Reflexiones desde los sistemas penales iberoamericanos. Valencia: Tirant lo Blanch, 2017, p. 15.

60 ORSI apresenta algumas sugestões de como realizar uma investigação patrimonial, desde uma perspectiva do Ministério Público argentino. Ele explica que a investigação financeira deve ser integrada *"desde o princípio, às investigações dos delitos que geraram os recursos ilícitos, vez que a informação necessária para essa prática surge geralmente dos meios de prova orientados ao objeto principal do caso. Se sugere, assim, a realização de uma investigação paralela e proativa, que permita somar os conhecimentos de ambos os históricos, isto é, do delito principal e do fluxo de fundos ilícitos, com o objetivo de que os ativos não se dispersem, nem desapareçam e que se possa evitar a lavagem de dinheiro. Chama a atenção o fato de que, apesar de alguns padrões serem similares, as investigações econômicas requerem medidas específicas para cada tipo e forma de execução de delitos. Sugere, ademais, com um enfoque estratégico na cooperação entre agências que interveem na investigação, que se proporcione o intercâmbio de informações e se promovam um trabalho colaborativo, sempre sob a supervisão do Promotor do caso.*

Em particular, resulta relevante que a presidência da investigação destaque a necessidade de utilizar métodos especiais para o manejo intensivo de dados, uma vez que a investigação demanda a recopilação de todo tipo de documentação econômica e contábil, incluindo informação tributária, societária, bancária, registros de propriedade, organismos de controle, dentre muitos outros. Nesse sentido, vale mencionar a necessidade de se contar com equipes de trabalho inter-

Ademais, o § 1º traz interessante dispositivo que autoriza o prosseguimento das investigações, mesmo que já oferecida a denúncia, precisamente com o objetivo de localizar qualquer benefício derivado ou obtido, direta ou indiretamente, da infração penal, ou de bens ou valores lícitos equivalentes.

A possibilidade de oferecer-se a denúncia, mesmo quando, ainda, pendentes diligências referentes à persecução patrimonial, decorre precisamente da sumariedade da investigação criminal, que, como já visto no comentário ao art. 1º, deve informar o PIC, no sentido de que tem ele função precípua de apresentar justa causa para o eventual oferecimento de denúncia.

E claro. Não é porque já existe justa causa que não se pode prosseguir nas pesquisas patrimoniais. Muito pelo contrário. Isso só reforça o acerto da investigação e realça a necessidade de reparação do dano sofrido em decorrência do delito e para a punição patrimonial de seus eventuais autores.

Por fim, o § 2º permite – a nosso ver, também, corretamente – a instauração de PIC com o objetivo exclusivo de realizar a persecução patrimonial.

Assim, se um Membro do Ministério Público recebe um inquérito policial maduro para o oferecimento de denúncia, mas verifica que não foi realizada a cabível identificação patrimonial dos investigados, deverá oferecer denúncia com base no inquérito policial e instaurar um PIC para realizar a devida persecução patrimonial, fornecendo assim subsídios para a propositura de ações penais cautelares reais, com finalidades patrimoniais.

DA PUBLICIDADE DO PROCEDIMENTO INVESTIGATÓRIO CRIMINAL

Art. 15. Os atos e peças do procedimento investigatório criminal são públicos, nos termos desta Resolução, salvo disposição legal em contrário ou por razões de interesse público ou conveniência da investigação.

Parágrafo único. A publicidade consistirá:

I – na expedição de certidão, mediante requerimento do investigado, da vítima ou seu representante legal, do Poder Judiciário, do Ministério Público ou de terceiro diretamente interessado;

II – no deferimento de pedidos de extração de cópias, com atenção ao disposto no § 1º do art. 3º desta Resolução e ao uso preferencial de meio eletrônico, desde que realizados de forma fundamentada pelas pessoas referidas no inciso I, pelos seus procuradores com poderes específicos ou por advogado, independentemente de fundamentação, ressalvada a limitação de acesso aos autos sigilosos a defensor que não possua procuração ou não comprove atuar na defesa do investigado; (Redação dada pela Resolução nº 183, de 24 de janeiro de 2018)

III – no deferimento de pedidos de vista, realizados de forma fundamentada pelas pessoas referidas no inciso I ou pelo defensor do investigado, pelo prazo de 5 (cinco) dias ou outro que assinalar fundamentadamente o presidente do procedimento investigatório criminal, com atenção à restrição de acesso às diligências cujo sigilo tenha sido determinado na forma do § 4º do art. 9º desta Resolução; (Redação dada pela Resolução nº 183, de 24 de janeiro de 2018)

IV – na prestação de informações ao público em geral, a critério do presidente do procedimento investigatório criminal, observados o princípio da presunção de inocência e as

disciplinar para investigar delitos complexos, que requerem conhecimentos bastante distintos do direito penal, como, por exemplo, ciências econômicas, sociais e informáticas." ORSI, Omar Gabriel. Estructuras de identificación y decomiso de activos ilícitos en el Ministerio Público Fiscal argentino, in Recuperación de Activos y Decomiso: Reflexiones desde los sistemas penales iberoamericanos. Valencia: Tirant lo Blanch, 2017, p. 515.

hipóteses legais de sigilo. (Anterior inciso III renumerado para IV pela Resolução nº 183, de 24 de janeiro de 2018)

A questão da publicidade interna do PIC, é dizer, o sigilo dos documentos que o instruem com relação ao investigado e seu defensor já foram trazidos pelo art. 9º da Resolução.

Já o presente artigo (15), trata da denominada publicidade externa e estatui a regra da publicidade das investigações (ao contrário do que ocorre com o IP que, pelo menos formalmente, tem o sigilo como regra – art. 20 do CPP).

O art. 15 prevê quatro hipóteses fundamentais de publicidade externa para os procedimentos investigatórios, que são embasados no princípio constitucionais da publicidade, que impõe ao administrador o dever de dar amplo conhecimento ao povo sobre como está sendo gerida a coisa pública (res publica) e como vem agindo aquelas pessoas a quem foi outorgado o dever-poder de administrar o aparato estatal.

As hipóteses são as de publicidade: **a)** com a expedição de certidão, mediante requerimento do interessado (inciso I); **b)** no deferimento de pedidos de extração de cópias, a ser formulado por eventuais interessados (inciso II); **c)** no deferimento de pedidos de vista dos autos, por eventuais interessados (inciso III); e **d)** na prestação, pelo Membro do Ministério Público, de informações ao público em geral (inciso IV).

Essa última hipótese trata de uma verdadeira publicidade ativa, em que a própria administração (no caso o Ministério Público), independentemente de qualquer provocação, vai a público para prestar contas dos atos investigativos que vem realizando.

GOMES CANOTILHO chama esse dever de publicidade ativo de direito de arquivo aberto:

> *"O direito ao arquivo aberto deve hoje conceber-se não apenas como o direito a obter informações por parte dos cidadãos, mas também como direito a uma comunicação aberta entre as autoridades e os cidadãos. A comunicação aberta implicará, entre outras coisas, o dever de a administração fornecer activamente informações (ex.: colocar os dados informativos na Internet, criar sites adequados, ofertas on-line)."*[61]

Para dar-se essa publicidade ativa, porém, deve o Membro do Ministério Público sempre tomar cuidado para que ela não prejudique o andamento das investigações, tentando, também, minorar eventuais danos ao investigado, tendo-se em conta que a mera investigação, obviamente, não é suficiente, ainda, para afastar a presunção de inocência do suspeito.

DO SIGILO DO PROCEDIMENTO INVESTIGATÓRIO CRIMINAL

Art. 16. O presidente do procedimento investigatório criminal poderá decretar o sigilo das investigações, no todo ou em parte, por decisão fundamentada, quando a elucidação do fato ou interesse público exigir, garantido o acesso aos autos ao investigado e ao seu defensor, desde que munido de procuração ou de meios que comprovem atuar na defesa do investigado, cabendo a ambos preservar o sigilo sob pena de responsabilização. (Redação dada pela Resolução nº 183, de 24 de janeiro de 2018)

Paragrafo único. Em caso de pedido da parte interessada para a expedição de certidão a respeito da existência de procedimentos investigatórios criminais, é vedado fazer constar qualquer referência ou anotação sobre investigação sigilosa.

61 CANOTILHO, J. J. Gomes. Direito Constitucional, 7ª ed. Coimbra: Almedina, 2003, p. 516.

Como visto nos comentários aos artigos 9º e 15, em regra, o Procedimento Investigatório Criminal é dotado de publicidade interna e externa, sendo que, somente em casos excepcionais, será possível decretar-lhe o sigilo.

É precisamente sobre essas hipóteses – em que se faz necessária a decretação de sigilo externo – que versa o art. 16.

Referido dispositivo consigna que poderá existir sigilo quando: **i)** existir uma decisão fundamentada do presidente da investigação nesse sentido; e **ii)** quando a elucidação do fato ou interesse público assim o exigir.

Esse sigilo pode ser total ou parcial. Desse modo, por exemplo, se existem nos autos documentos relativos a quebra de sigilos bancários ou fiscais ou mesmos interceptações telefônicas nos autos, é perfeitamente possível que a decretação do sigilo recaia tão somente sobre esses documentos que abarcam a intimidade das pessoas envolvidas na investigação, mantendo-se a publicidade com relação aos demais documentos que não interfiram nesse direito fundamental.

Por fim, é importante deixar claro que o art. 16 trata tão somente da decretação do sigilo externo, ou seja, para pessoas não envolvidas na investigação, seja como autoridades, seja como investigados.

A decretação do sigilo interno – ou seja, que envolve o investigado – é tratada pelo art. 9º § 4º, desta Resolução.

DOS DIREITOS DAS VÍTIMAS

Art. 17. O membro do Ministério Público que preside o procedimento investigatório criminal esclarecerá a vítima sobre seus direitos materiais e processuais, devendo tomar todas as medidas necessárias para a preservação dos seus direitos, a reparação dos eventuais danos por ela sofridos e a preservação da intimidade, vida privada, honra e imagem.

§ 1º O membro do Ministério Público velará pela segurança de vítimas e testemunhas que sofrerem ameaça ou que, de modo concreto, estejam suscetíveis a sofrer intimidação por parte de acusados, de parentes deste ou pessoas a seu mando, podendo, inclusive, requisitar proteção policial em seu favor.

§ 2º O membro do Ministério Público que preside o procedimento investigatório criminal, no curso da investigação ou mesmo após o ajuizamento da ação penal, deverá providenciar o encaminhamento da vítima ou de testemunhas, caso presentes os pressupostos legais, para inclusão em Programa de Proteção de Assistência a Vítimas e a Testemunhas ameaçadas ou em Programa de Proteção a Crianças e Adolescentes Ameaçados, conforme o caso.

§ 3º Em caso de medidas de proteção ao investigado, as vítimas e testemunhas, o membro do Ministério Público observará a tramitação prioritária do feito, bem como providenciará, se o caso, a oitiva antecipada dessas pessoas ou pedirá a antecipação dessa oitiva em juízo.

§ 4º O membro do Ministério Público que preside o procedimento investigatório criminal providenciará o encaminhamento da vítima e outras pessoas atingidas pela prática do fato criminoso apurado à rede de assistência, para atendimento multidisciplinar, especialmente nas áreas psicossocial, de assistência jurídica e de saúde, a expensas do ofensor ou do Estado.

§ 5º Nos procedimentos de acolhimento, oitiva e atenção à vítima, o membro do Ministério Público diligenciará para que a ela seja assegurada a possibilidade de prestar declarações e informações em geral, eventualmente sugerir diligências, indicar meios de prova e deduzir alegações, que deverão ser avaliadas fundamentadamente pelo Ministério Público. (Incluído pela Resolução no 201, de 4 de novembro de 2019)

§ 6º Os procedimentos previstos nesse artigo poderão ser estendidos aos familiares da vítima. (Incluído pela Resolução no 201, de 4 de novembro de 2019)

§ 7º O membro do Ministério Público deverá diligenciar para a comunicação da vítima ou, na ausência desta, dos seus respectivos familiares sobre o oferecimento de ação penal. (Incluído pela Resolução no 201, de 4 de novembro de 2019)

§ 8º Nas investigações que apurem notícia de violência manifestada por agentes públicos em desfavor de vítimas negras, em atenção ao disposto no art. 53 da Lei no 12.288/2010, o membro do Ministério Público deve levar em consideração, para além da configuração típico-penal, eventual hipótese de violência sistêmica, estrutural, psicológica, moral, entre outras, para fins dos encaminhamentos previstos no presente artigo. (Incluído pela Resolução no 201, de 4 de novembro de 2019)

Historicamente, o afastamento da vítima do processo penal foi reconhecido como uma inegável conquista civilizatória, ao incumbir-se a um acusador público, no caso o Ministério Público, o monopólio da ação penal, afastando-se a possibilidade do uso instrumental do processo pela vítima, como meio de vingança privada.

A chamada neutralização da vítima no processo penal constitui-se, pois, um longo trajeto na história processual penal que vem, porém, chegando ao seu fim.

Nesse sentido, afirma SCHÜNEMANN:

> *"(...) a Alemanha se encontra no final de um caminho milenário, que começou com a substituição da justiça penal puramente privada (originalmente através dos Fehde, ou seja, da vingança privada exercida pelo lesionado ou por seu clã) por um processo decisório, que, ainda que iniciado pelo ofendido como acusador, estava nas mãos da autoridade; foi seguido de um procedimento completamente organizado por tribunais estatais e terminou substituindo um Direito Penal retributivo por um Direito Penal preventivo."*[62]

Assim, é possível constatar que o atual modelo processual penal encontra-se em uma fase de reencontro com o ofendido, que refletiu, inclusive, nas reformas ao Código de Processo Penal, que passaram a revelar uma preocupação muito maior com a vítima do que outrora, estabelecendo, por exemplo, a possibilidade de a sentença penal condenatória fixar o valor mínimo para a reparação dos danos causados pela infração penal (CPP, art. 387, IV)[63]; o dever de comunicação ao ofendido do ingresso e saída do acusado a prisão (CPP, art. 201, § 2º, incluído pela Lei n. 11.690/08); a obrigação de reserva de espaço distinto à vítima para que espere separada do acusado a realização da audiência (CPP, art. 201, §4º); a possibilidade de o juiz encaminhar a vítima a atendimento multidisciplinar nas áreas psicossociais, assistência jurídica ou de saúde, a serem pagos pelo ofensor ou pelo Estado (CPP, art. 201, §5º) e a possibilidade de o juiz tomar providências para a preservação da intimidade, vida privada, honra e imagem do ofendido (CPP, art. 201, §6º).

Todas essas medidas de redescobrimento da vítima decorrem de uma nova política criminal que parte da ideia de que a atenuação ou reparação dos danos causados pelas práticas penais redundam em uma evidente celebração de justiça, que indubitavelmente é um dos principais objetivos da pretensão de legitimidade que o nosso sistema penal deve sempre perseguir.

---

62 SCHÜNEMANN, Bernd. *El Fortalecimiento de La Posición de la Víctima en el Proceso Penal, ¿Dicha o Desgracia?, in* Obras. Buenos Aires, Rubinzal-Culzoni, 2009, vol. 2, pp. 485-486.

63 Sobre o tema da fixação de indenização à vítima na sentença penal condenatória, já me manifestei em: CABRAL, Rodrigo Leite Ferreira. Reflexões sobre a Fixação do Valor Mínimo na Sentença Penal Condenatória. Teses do XIX Congresso Nacional do Ministério Público. Teses do XIX Congresso Nacional do Ministério Público. 1ªed. Rio de Janeiro: Lumen Juris, 2011, pp. 601-608.

O Ministério Público, como protagonista dessa política criminal, deve, portanto, velar pelo pleno atendimento do regramento processual em proteção à vítima e seus familiares, contribuindo para a superação dos inegáveis traumas que muitas vezes decorrem das práticas delitivas.

É precisamente essa preocupação a revelada pelo art. 17 da Resolução, que busca chama a atenção do Membro do Ministério Público que promova a investigação, que é importantíssimo, também, que se atende para os direitos materiais e processuais que são outorgados por Lei às vítimas dos delitos.

Com o objetivo de reforçar essa preocupação, foi aprovada a Resolução n. 201/19, que incluiu os parágrafos 5º a 8º, do art. 17, que estabelecem a ideia de oitiva da vítima, também, no sentido de apontar diligências e busca de novas fontes de prova, estendendo essa oportunidade aos seus familiares.

Ademais, passou-se a prever que se comunique a vítima quando o Ministério Público oferecer denúncia, além de chamar a atenção dos Membros da Instituição para questões além da mera tipificação criminal, mas que digam respeito à existência de eventual hipótese de violência sistêmica, estrutural, psicológica, moral, entre outras, que deverão, também, ser debeladas pela Instituição.

Por fim, com relação ao direito das vítimas, é relevante consultar a Resolução n. 243/2021 do Conselho Nacional do Ministério Público que institui uma política institucional de proteção integral e de promoção de direitos e apoio às vítimas, estabelecendo diretrizes de atendimento aos ofendidos, os direitos que devem ser protegidos, a promoção da justiça restaurativa, preconizando, também, uma atuação preventiva e difusa para a sua proteção.

DO ACORDO DE NÃO PERSECUÇÃO PENAL

Art. 18. O acordo de não persecução penal é negócio jurídico celebrado entre Ministério Público e investigado devidamente assistido por advogado ou defensor público uma vez preenchidos os requisitos e pressupostos legais, que poderá ser proposto mediante avaliação das peculiaridades do caso concreto, desde que necessário e suficiente para a reprovação e prevenção da infração penal. (Redação dada pela Resolução nº 289, de 16 de abril de 2024).

§ 1º O oferecimento da proposta de acordo, bem como sua negociação, é ato privativo do Ministério Público, devendo ser realizado em suas dependências, seja na modalidade presencial ou na virtual, cabendo ao juízo sua homologação em audiência que prescinde da participação do membro ministerial. (Redação dada pela Resolução nº 289, de 16 de abril de 2024).

§ 2º Não se proporá o acordo de não persecução penal quando o membro do Ministério Público não verificar, desde logo, a justa causa para o ajuizamento da ação penal. (Redação dada pela Resolução nº 289, de 16 de abril de 2024).

§ 3º Além das hipóteses previstas no art. 28-A, §2º, do Código de Processo Penal, também não se admitirá a proposta de acordo de não persecução penal nas infrações penais cometidas em concurso material, concurso formal ou em continuidade delitiva em que a pena mínima cominada, seja pelo somatório, seja pela incidência de majorantes, ultrapasse o limite de 4 (quatro) anos. (Redação dada pela Resolução nº 289, de 16 de abril de 2024).

§ 4º Para fins de aferição da pena mínima cominada à infração penal, serão consideradas as causas de aumento e diminuição aplicáveis ao caso concreto, devendo-se operar abstratamente a maior diminuição e o menor aumento, uma vez que o parâmetro legal é o piso punitivo. (Redação dada pela Resolução nº 289, de 16 de abril de 2024).

Art. 18-A. Sendo cabível o acordo de não persecução penal, independentemente da existência de confissão anterior no curso do procedimento investigatório prestada perante a autoridade policial, o investigado será notificado para comparecer em local, dia e horário determinados, devendo constar expressamente da notificação que o ato pressupõe a confissão formal e circunstanciada da prática da infração penal, bem como a necessidade de o investigado se fazer acompanhar por advogado ou defensor público. (Incluído pela Resolução nº 289, de 16 de abril de 2024).

§ 1º Os atos dispostos no caput poderão ser realizados por meio de videoconferência ou outro recurso tecnológico de transmissão de sons e imagens em tempo real.

§ 2º O não comparecimento injustificado na data e no horário fixados poderá ser considerado como desinteresse do investigado no acordo.

§ 3º A confissão detalhada dos fatos e as tratativas do acordo serão registrados pelos meios ou recursos de gravação audiovisual, destinados a obter maior fidelidade das informações, e o investigado deve estar sempre acompanhado de seu defensor.

§ 4º Na forma do art. 17 desta Resolução, o membro do Ministério Público deverá diligenciar para que a vítima ou, na ausência desta, seus respectivos familiares participem do acordo de não persecução penal com vistas à reparação dos danos causados pela infração, não se exigindo, contudo, sua aquiescência como requisito de validade ou eficácia do acordo, observando-se o seguinte:

I – antes da apresentação da proposta ao investigado, o Ministério Público providenciará a notificação da vítima para informar sobre os danos decorrentes da infração penal e apresentar, sempre que possível, documentos ou informações que permitam estimar o dano suportado e a capacidade econômica do investigado;

II – a vítima, sempre que possível acompanhada de advogado ou defensor público, poderá figurar como interveniente no ANPP, no que diz respeito à reparação dos danos civis decorrentes da infração penal;

III – o não comparecimento da vítima ou a sua discordância em relação à composição civil dos danos, por si só, não obstará a celebração do ANPP;

IV – na hipótese de não comparecimento da vítima ou da sua discordância em relação à composição civil dos danos, o montante a ser pactuado pelo Ministério Público nos termos do art. 28-A, I, do CPP, deverá ser expressamente ressalvado como valor mínimo, não impedindo a busca da reparação integral pelo ofendido por meio das vias próprias;

V – a cláusula relativa à composição de danos civis poderá ser pactuada com caráter de irrevogabilidade, constituindo título executivo de natureza cível apto à execução, mesmo na hipótese de posterior rescisão do ANPP; e

VI – para o cumprimento das providências indicadas nos incisos anteriores o órgão de execução ministerial poderá requisitar à Autoridade Policial responsável pela investigação que traga ao autos, documentalmente, elementos de convicção que permitam estimar o dano suportado pela vítima e a capacidade econômica do investigado, sem prejuízo de a própria vítima complementar ou modificar tal documentação antes da celebração do acordo com o investigado.

Art. 18-B. O acordo de não persecução penal será formalizado nos autos, por escrito, vinculará toda a instituição, e deverá conter as seguintes cláusulas (Incluído pela Resolução nº 289, de 16 de abril de 2024):

I – qualificação completa do investigado, principalmente quanto ao endereço, número de telefone, e-mail, data de nascimento e número de inscrição no cadastro de pessoas físicas da Receita Federal do Brasil;

II – exposição do fato criminoso, com todas as suas circunstâncias e sua adequação típica;

III – estipulação clara das condições ajustadas e o prazo para seu cumprimento;

IV – indicação das entidades beneficiárias das medidas ajustadas ou de que estas serão indicadas no juízo competente pela execução do acordo;

V – a obrigação do investigado em informar, prontamente, qualquer alteração de endereço, número de telefone ou e-mail;

VI – a obrigação do investigado em comprovar, mensalmente, o cumprimento das condições acordadas, independente de notificação ou aviso prévio;

VII – as consequências para o descumprimento das condições acordadas;

VIII – o prazo para apresentar, por iniciativa própria, a justificativa de eventual descumprimento de quaisquer das condições ajustadas;

IX – declaração formal do investigado de que não foi condenado a prisão, não tem antecedentes criminais, não foi beneficiado por acordos semelhantes ou transação penal, com advertência de que se faltar com a verdade sobre esses fatos o acordo será rescindido e a denúncia oferecida de imediato.

Art. 18-C. Homologado o acordo pelo juiz competente, o membro celebrante extrairá dos autos os arquivos necessários e iniciará a sua execução e fiscalização ou encaminhará as aludidas peças ao órgão de execução com a respectiva atribuição. (Incluído pela Resolução nº 289, de 16 de abril de 2024).

Parágrafo único. Se as condições estipuladas no acordo consistirem em obrigações que podem ser cumpridas instantaneamente, não se mostra necessário o ajuizamento de ação de execução perante a Vara de Execuções Penais, podendo as obrigações serem cumpridas perante o órgão jurisdicional responsável pela homologação do acordo, desde que exista a concordância deste, que ficará responsável pela posterior declaração da extinção de punibilidade pelo cumprimento integral do acordado.

Art. 18-D. A celebração do acordo de não persecução penal não impede que o beneficiário seja chamado para prestar declaração em juízo sobre as imputações deduzidas em desfavor dos corréus, respeitadas as regras próprias da chamada de corréu. (Incluído pela Resolução nº 289, de 16 de abril de 2024).

Art. 18-E. Sem prejuízo da fiscalização do juízo competente pela execução do acordo, poderá o Ministério Público manter, para fins de controle, cadastro com as medidas pactuadas e os prazos de cumprimento, o que se dará no próprio sistema informatizado vinculado ao processo judicial correspondente. (Incluído pela Resolução nº 289, de 16 de abril de 2024).

Art. 18-F. Havendo descumprimento de qualquer das condições do acordo, a denúncia a ser oferecida poderá utilizar como suporte probatório a confissão formal e circunstanciada do investigado, prestada voluntariamente na celebração do acordo. (Incluído pela Resolução nº 289, de 16 de abril de 2024).

Art. 18-G. Não sendo o caso de proposição do acordo de não persecução penal, a recusa, que sempre será fundamentada, deverá constar nos autos do procedimento investigatório ou na cota da respectiva denúncia. (Incluído pela Resolução nº 289, de 16 de abril de 2024).

§ 1º Em caso de recusa em propor o acordo de não persecução penal é cabível o pedido de remessa dos autos ao órgão superior previsto no § 14 do art. 28-A do Código de Processo Penal, no prazo de 10 (dez) dias.

§ 2º No caso de recusa ao oferecimento do acordo de não persecução penal indicada na cota da denúncia, o prazo para o pedido de remessa ao órgão superior contará da citação para resposta à acusação.

§ 3º Havendo recusa em propor o acordo de não persecução penal nos autos de procedimento investigatório, o prazo para o pedido de remessa ao órgão superior contará da comunicação da recusa ao interessado.

§ 4º Apresentado o pedido acima junto ao órgão que recusou o acordo, o membro do Ministério Público deverá remetê-lo, caso não haja reconsideração, no prazo de 3 (três) dias, juntamente com cópia das principais peças da fase pré-processual e da decisão impugnada ao órgão superior para apreciação.

§ 5º O denunciado poderá pleitear diretamente ao órgão superior a revisão da decisão que recusou o oferecimento do acordo de não persecução penal, obedecido o prazo mencionado no § 1º deste artigo.

Art. 18-H. A celebração do acordo de não persecução penal não afasta a eventual responsabilidade administrativa ou cível pelo mesmo ato. (Incluído pela Resolução nº 289, de 16 de abril de 2024).

Art. 18-I. As negociações que envolverem ilícitos puníveis na esfera cível e criminal serão estabelecidas preferencialmente de forma conjunta pelos órgãos do Ministério Público com atribuições nas respectivas áreas de atuação. (Incluído pela Resolução nº 289, de 16 de abril de 2024).

Art. 18-J. Os órgãos de coordenação e revisão do Ministério Público editarão diretrizes, orientações, enunciados, súmulas e recomendações indicativas para a dosimetria das medidas fixadas na celebração do acordo, bem como casos para os quais o acordo não se revele medida suficiente e necessária para a reprovação ou prevenção do crime. (Incluído pela Resolução nº 289, de 16 de abril de 2024).

Parágrafo único. Para implementação das diretrizes dos órgãos de coordenação e revisão, as unidades do Ministério Público poderão criar Centrais de Acordos de Não Persecução Penal visando à concentração, especialização, otimização e eficiência nos procedimentos para a celebração dos acordos.

Art. 18-K. As unidades do Ministério Público manterão sistema próprio contendo os dados dos acordos de não persecução penal celebrados, o qual poderá servir para eventual prestação de contas, respeitadas as informações alcançadas pelo sigilo legal. (Incluído pela Resolução nº 289, de 16 de abril de 2024)

INTRODUÇÃO

A avaliação geral de quem trabalha no sistema de justiça criminal brasileiro é de que as coisas não vão nada bem. Sente-se que, cada vez mais, aumentam os números da cifra oculta. Assim, um grande percentual de delitos que são cometidos, jamais chegam às agências estatais de persecução penal. Constata-se, também, que a investigação criminal no Brasil é, em termos gerais, um grande fracasso. Em regra, a autoria e participação em delitos somente é identificada quando existe prisão em flagrante dos envolvidos. Ademais, verifica-se que os casos que efetivamente chegam às Varas Criminais têm, normalmente, tramitação morosa e sofrem com um infindável número de incidentes e dificuldades burocráticas. Obter uma sentença penal com trânsito em julgado, parece algo quase inalcançável para os delitos graves.

O problema está posto e as alternativas para a sua solução devem ser buscadas, de forma obstinada, por aqueles que, de algum modo, têm compromisso com a aprimoramento do nosso sistema penal, sob pena de o quadro acima delineado deteriorar-se, ainda mais, e, quem sabe, chegarmos a um patamar praticamente intolerável.

Uma das alternativas mais promissoras para tornar o sistema mais eficiente, eficaz e adequado repousa na implementação de um modelo de acordo no âmbito criminal. Com isso, seria estabelecido um sistema com a eleição inteligente de prioridades, levando para julgamento plenário (é dizer, processo penal com instrução e julgamento perante o Juiz) somente aqueles casos mais graves. Para os demais casos, de pequena e média gravidade, restaria a possibilidade da celebração de acordos que evitariam o *full trial*, economizando-se tempo e recursos públicos e lançando mão de uma intervenção menos traumática para esses tipos de delitos.

É evidente que essa não é uma solução perfeita. Num mundo ideal, a melhor opção seria levar todos os casos a um juízo plenário. No entanto, temos que lidar com os problemas reais, de pessoas de carne e osso. Nosso país longe está desse mundo ideal, os recursos são escassos e as práticas ilícitas são elevadas. Existe uma carga desumana de processos que se acumulam nas Varas Criminais do país, que causam sérios prejuízos e atrasos no oferecimento de Justiça às pessoas, de alguma forma, envolvidas em fatos criminais.

O diagnóstico da imprescindibilidade de soluções alternativas à persecução em juízo de todos os casos penais não é exclusivo do Brasil. Por exemplo, em países como a Alemanha, a conclusão acerca da necessidade da implantação do princípio da oportunidade é apresentada como inexorável, inclusive por penalistas que são abertamente contrários ao instituto do acordo, como é o caso de Bernd SCHÜNEMANN. Referido professor reconhece que:

> *"O ideário do século XIX, de submeter cada caso concreto a um juízo oral completo (audiência de instrução e julgamento), reconhecendo os princípios da publicidade, oralidade e imediação somente é realizável em uma sociedade sumamente integrada, burguesa, na qual o comportamento desviado cumpre quantitativamente somente um papel secundário. Nas sociedades pós-modernas desintegradas, fragmentadas, multiculturais, com sua propagação quantitativamente enorme de comportamentos desviados, não resta outra alternativa que a de chegar-se a uma condenação sem um juízo oral detalhado, nos casos em que o suposto fato se apresente como tão profundamente esclarecido já na etapa da investigação, que nem sequer ao imputado interessa uma repetição da produção da prova em audiência de instrução e julgamento."*[64]

A conclusão pela imprescindibilidade da implementação de um sistema penal de acordo é tão amplamente aceita, que há autores, como ROSA e LOPES JUNIOR, que chegam a afirmar que somente: *"Os juristas desatualizados insistem em excluir os institutos da Justiça Negociada do ambiente processual brasileiro, lutando por manter a ilha moderna do processo penal e o fetiche pela decisão penal de mérito como o único mecanismo de descoberta e de produção de sanções estatais."*[65]

De tal maneira, é possível concluir que a realização de acordos penais no Brasil – apesar de não ser a única e suficiente alternativa para a resolução dos graves problemas de nosso sistema – afigura-se como uma medida imprescindível e urgente para deflagrar um sério processo de aprimoramento e reforma do modo com que é realizada a nossa persecução penal.

Foi precisamente essa necessidade de buscar-se soluções céleres e efetivas, que inspirou a edição do art. 18 da Resolução n. 181/17, do Conselho Nacional do Ministério Público (posteriormente, reformado pela Resolução n. 183/18 e, agora, novamente alterada pela Resolução n. 289/24, para adequar a regulamentação à Lei Anticrime), que criou a possibilidade da celebração de acordo de não persecução penal e que, também, levou o legislador a inserir o art. 28-A em nosso Código de Processo Penal, que estabeleceu, formalmente em lei, o aludido acordo de não persecução penal, que será objeto de estudo nesta parte do trabalho.

A criação do acordo por meio de Resolução do CNMP causou bastante controvérsia, especialmente com relação à sua constitucionalidade[66], sem embargo, desde a sua edição, o ins-

64 SCHÜNEMANN, Bernd. *Cuestiones Básicas de la Estructura y Reforma del Procedimiento Penal bajo una Perspectiva Global*, in Obras. Tomo II, Rubinzal-Culzoni: Buenos Aires, 2009, p. 423. Tradução minha.

65 MORAIS DA ROSA, Alexandre; LOPES JUNIOR, Aury. Saldão penal e a popularização da lógica da colaboração premiada pelo CNMP, in: http://www.conjur.com.br/2017-set-22/limite-penal-saldao-penal-popularizacao-logica-colaboracao-premiada-cnmp, consultado no dia 09.10.2017.

66 No sentido da constitucionalidade dessa criação via Resolução, cf.: CABRAL, Rodrigo Leite Ferreira. Um panorama sobre o acordo de não persecução penal (art. 18 da Resolução n. 181/17-CNMP, com as alterações da Resolução n. 183/18-CNMP), versão ampliada e revisada, in Acordo de Não Persecução: Resolução n. 181/2017 do CNMP. Rogério

tituto encontrava-se em pleno vigor e já vinha sendo aplicado em um considerável número de casos[67].

Nada obstante essa inclusão do instituto no Código de Processo Penal, é importante fazer aqui uma breve retrospectiva de sua criação, inclusive, para contextualizar o conteúdo normativo da nova Lei.

INFLUÊNCIAS PARA A CRIAÇÃO DO ACORDO DE NÃO PERSECUÇÃO PENAL

Quando o Conselho Nacional do Ministério Público criou, por meio de resolução, o acordo de não persecução, me parece, que se tinha bastante claro que a melhor forma de ampliar o emprego do consenso em nossa persecução penal seria a aprovação de lei nesse sentido, pelo Congresso Nacional[68].

Infelizmente, a vida quotidiana nem sempre oferece soluções ideais e, esperar por elas, muitas vezes, pode custar muito caro ou pode nos oferecer respostas demoradas demais.

A situação do Sistema Penal brasileiro vinha se deteriorando. A impunidade e a falta de credibilidade vinham (e vêm) acarretando uma série de movimentos em nosso tecido social, que são altamente nocivos e que, uma vez instalados, acarretam extrema dificuldade para a recuperação da normalidade.

Nesse sentido, basta observar os preocupantes movimentos de milícias, de grupos de extermínio e de justiceiros que vêm se espalhando, com uma força cada vez maior, em nossa sociedade. Na própria polícia, tem-se notado um grande sentimento de revolta contra a impunidade. No meio de certas facções policialescas e no seio de muitas comunidades e agrupamentos menos esclarecidos, a revolta contra a impunidade tem se transformado em um aberto ataque aos direitos humanos. Como se não fosse possível punir, respeitando-se os direitos fundamentais. Esse movimento de rebelião contra o sistema normativo posto, ainda que muitas vezes camufle tentativas de legitimar a violência policial, não pode ser ignorado ou menosprezado, já que representa um sério sintoma de uma situação pré-falimentar do sistema penal[69].

Sanches Cunha, Francisco Dirceu de Barros, Renee do Ó de Souza e Rodrigo Leite Ferreira Cabral (orgs.). Salvador: Juspodivm, 2020, pp. 30 e ss. No sentido da inconstitucionalidade dessa criação, confira-se, por todos, cf.: ANDRADE, Mauro Fonseca; BRANDALISE, Rodrigo da Silva. Resolução n. 181 do CNMP – artigo 18º, in Investigação Criminal pelo Ministério Público: Comentários à Resolução n. 181 do Conselho Nacional do Ministério Público. FISCHER, Douglas; ANDRADE, Mauro Fonseca. Porto Alegre: Livraria do Advogado, 2017, pp. 212 e seguintes. É importante registrar que foram ajuizadas, ainda no ano de 2017, duas Ações Diretas de Inconstitucionalidade perante o Supremo Tribunal Federal sustentando a inconstitucionalidade do instituto, as ADIs n. 5.790 e 5.793, respectivamente, pela Associação dos Magistrados do Brasil (AMB) e pela Ordem dos Advogados do Brasil (OAB), que foram distribuídas ao Min. Ricardo Lewandowski, que, aparentemente, não chegou a vislumbrar inconstitucionalidade patente, já que não decidiu ouvir o CNMP, a Câmara dos Deputados e o Senado, sem apreciar, de plano, o pedido de concessão de medida cautelar. Com a edição da Lei n. 13.964/19, que inseriu o art. 28-A, CPP, ao que tudo indica, a alegação de inconstitucionalidade formal restará prejudicada.

67 Ainda não foi realizada uma estatística nacional sobre o número de acordos de não persecução penal celebrados. No entanto, a título de exemplo, só no Ministério Público Federal foram realizados, até 04/11/2019, mais de mil acordos de não persecução (nesse sentido, vide: https://www.conjur.com.br/2019-nov-27/mpf-firmou-mil-acordos-nao-persecucao-penal). Além disso, o próprio MPF elaborou, por meio de orientação conjunta n. 03/2018, das 2a, 4a e 5a Câmaras de Coordenação e Revisão, elaborou recomendação aos Membros do Ministério Público Federal a respeito da celebração de ANPPs. Interessante notar, também, que a Corregedoria Regional da Justiça Federal, expediu ofício o Circular n. 8721150, em que, implicitamente, recomenda a aplicação do instituto no âmbito do TRF 1a Região. Frise-se que esse era o contexto anterior à introdução do art. 28-A no Código de Processo Penal, que estabelece, nesse diploma, o acordo de não persecução penal.

68 O que veio acontecer, posteriormente, pela Lei n. 13.964/19, com a inclusão do art. 28-A, CPP, a exemplo do que ocorreu, como se verá, no caso francês e alemão.

69 Sobre esse movimento de resistência e rebelião contra o sistema normativo e que é decorrente da ausência de reconhecimento, derivada da impunidade e falta de credibilidade do sistema de justiça criminal, pode ser compreendido com a seguinte explicação de HONNETH: *"(...) os motivos de resistência social e da rebelião se forma no*

Tal contexto exigia (e exige) – não um Direito penal de emergência – mas o desenvolvimento de um movimento sério de solução institucional dos nossos problemas.

Por essas razões – apesar da constatação de que a solução legislativa seria a ideal – é que o Conselho Nacional do Ministério Público acabou optando por prever, por meio de Resolução, a possibilidade da celebração do acordo de não persecução penal.

Como se verá, essa solução, sem autorização legal, foi adotada, também, em outros países de tradição claramente democrática. Não é a primeira vez que a implementação do consenso na persecução penal derivou de iniciativas institucionais, mesmo sem respaldo legal.

A Assembleia Geral das Nações Unidas, já em 14 de dezembro de 1990, por meio da Resolução n. 45/110, conhecida como Regras de Tóquio, já havia chamado a atenção sobre a necessidade da implementação de medidas alternativas ao processo penal, a serem tomadas antes do início da persecução em juízo.

Nesse sentido, o item 5.1. da referida Resolução, recomendava que:

> *"Sempre que adequado e compatível com o sistema jurídico, a polícia, o Ministério Público ou outros serviços encarregados da justiça criminal podem retirar os procedimentos contra o infrator se considerarem que não é necessário recorrer a um processo judicial com vistas à proteção da sociedade, à prevenção do crime ou à promoção do respeito pela lei ou pelos direitos das vítimas. Para a decisão sobre a adequação da retirada ou determinação dos procedimentos deve-se desenvolver um conjunto de critérios estabelecidos dentro de cada sistema legal. Para infrações menores, o promotor pode impor medidas não privativas de liberdade, se apropriado."*

No sistema brasileiro, em que o Ministério Público é o titular da ação penal, a única solução viável para o acolhimento da referida Resolução da ONU, era (e é) a adoção de critérios oportunidade pelo MP, com a possibilidade de abrir-se mão da ação penal, mediante cumprimento de obrigação de natureza não privativa de liberdade, exatamente nos termos propostos pelo CNMP e agora acolhidos pelo art. 28-A do Código de Processo Penal.

Assim, ainda que a Resolução da ONU não consubstanciasse norma vinculante, é certo que essa recomendação tem força de *soft law*, no sentido de impor um constrangimento ao Brasil, para a implementação de tais medidas, o que somente reforça o acerto do legislador na ampliação do nosso sistema de acordo, relativamente aos delitos de pequena e média gravidade.

Essa, também, foi uma fortíssima fonte de apoio para que o Conselho Nacional do Ministério Público buscasse implementar o acordo de não persecução penal, por meio de uma Resolução, não aguardando, pois, a edição de uma Lei Federal, o que somente veio a ocorrer, como se sabe, mais de dois anos depois da Resolução n. 181/17 e possivelmente catalisada pela própria normativa do CNMP.

a) Da experiência estrangeira da implementação do acordo.

Afora a recomendação da ONU, verifica-se que, em outros países, a solução para os problemas de excesso de carga de trabalho, que dificultam a plena efetivação de uma Justiça Criminal, foram enfrentados por meio da adoção de um sistema de acordos penais.

---

quadro de experiências morais que procedem da infração de expectativas de reconhecimento profundamente arraigadas. Tais expectativas estão ligadas na psique às condições da formação da identidade pessoal, de modo que elas retêm os padrões sociais de reconhecimento sob os quais um sujeito pode se saber respeitado em seu entorno sociocultural como um ser ao mesmo tempo autônomo e individualizado; se essas expectativas normativas são desapontadas pela sociedade, isso desencadeia exatamente o tipo de experiência moral que se expressa no sentimento de desrespeito. Sentimentos de lesão dessa espécie só podem tornar-se a base motivacional de resistência coletiva quando o sujeito é capaz de articulá-los num quadro de interpretação intersubjetivo que os comprova como típicos de um grupo inteiro." HONNETH, Axel. Luta por Reconhecimento: a gramática moral dos conflitos sociais. Trad. Luiz Repa. São Paulo: Ed. 34, 2003, p. 258.

Tal solução, porém, nem sempre decorreu de uma decisão do legislador, como se verá a seguir, ao se discorrer sobre a experiência francesa e alemã (que foram, também, importantes fontes de inspiração para a criação do acordo de não persecução penal).

i) A experiência francesa:

Na França, as primeiras experiências de soluções alternativas para os casos penais surgem não da lei, mas sim da iniciativa pessoal de juízes e promotores de justiça, que se conscientizaram da incapacidade da Justiça Penal de lidar com a grande carga de trabalho decorrente da persecução penal da delinquência de menor importância[70].

De tal maneira, o surgimento do acordo penal na França:

> *"(...) é resultado de um processo ideológico protagonizado, por um lado, pela contestação em relação às instituições repressivas, consideradas estigmatizantes, ineficazes e lentas, que passam a ser dinamizadas pela busca de soluções de 'diversificação', e, por outro lado, do enaltecimento da figura da vítima, não apenas no âmbito penal, como também no âmbito social em geral. (...) Nesse contexto, surgem as primeiras experiências de mediação penal, que não tinham fundamento normativo, com exceção do princípio da oportunidade, previsto no CPP. Não é de estranhar, pois, que essas primeiras manifestações de regulação de conflitos, de forma extrajudicial, tenham surgido de modo desordenado e sem grande uniformidade."*[71]

Assim, como se vê, a realização dos acordos na França iniciou-se sem prévia autorização legislativa, o que levou a uma profusão desordenada desses negócios jurídicos.

Em virtude dessa prática, inicialmente, heterogênea é que surgiu, pela primeira vez, um processo de institucionalização dos acordos penais na França, por meio da Nota de Orientação do Ministério da Justiça, de 03 de junho de 1992.

Referida regulamentação, em um segundo momento, fundamentou a aprovação da Lei n. 92-2, de 04 de janeiro de 1993, que promoveu uma importante reforma no procedimento penal francês, incorporando a mediação penal em seu sistema legal[72].

Essa intervenção do legislador serviu precipuamente para suprir as dificuldades derivadas de uma prática forense não regulada, buscando, fundamentalmente, assegurar, também, o respeito à igualdade no trato dos delinquentes[73].

O acordo francês guarda muita semelhança com o modelo adotado pelo art. 18 da Resolução n. 181/17 do Conselho Nacional do Ministério Público (mesmo porque serviu de fonte de inspiração para o CNMP) e agora pelo art. 28-A do Código de Processo Penal, uma vez que na França:

> *"o Promotor pode oferecer ao defensor a opção diversionista para o seu caso, evitando o julgamento criminal padrão, em troca da admissão da culpa e do preenchimento de condições, como o pagamento de multa, a entrega dos objetos utilizados no delito (ou objetos obtidos em virtude dele), a perda da carteira de motorista ou da autorização de caça durante determinado período de tempo, a prestação de serviços à comunidade e/ou a reparação do dano causado à vítima."*[74]

---

70 ETXEBERRIA GURIDI, José Francisco. *El modelo francés de mediación penal*, in: La mediación penal para adultos. Una realidad en los ordenamientos jurídicos. Valencia: Tirant lo Blanch, 2009, p. 181.

71 *Ibidem.*, pp. 181-182.

72 *Ibidem.*, p. 183.

73 *Ibidem.*, p. 183.

74 LANGER, Máximo. *From legal transplants to legal translations: The globalization of plea bargain and the Americanization thesis in criminal procedures*, in World Plea Bargain: consensual procedures and the avoidance of the full criminal trial. Durham: Carolina Academic Press, 2010, p. 75.

Ademais, à semelhança do previsto do acordo de não persecução penal, no sistema francês, *"caso o investigado não aceite a oferta, ou não preencha os requisitos para o acordo, o Promotor simplesmente iniciará o procedimento formal"*, ou seja, oferecerá denúncia[75].

A grande vantagem que a Resolução do CNMP ostentava em relação às práticas iniciais francesas, é que ela já trazia detalhadamente as hipóteses em que era possível celebrar o acordo, evitando-se, assim, a profusão desordenada de acordos, com prejuízos ao princípio da igualdade.

ii) A experiência alemã:

Na Alemanha ocorreu situação semelhante à francesa. O acordo penal iniciou-se em virtude das práticas dos Promotores de Justiça e Juízes, apesar da ausência de lei prevendo tal possibilidade[76].

Sobre o fundamento da criação do acordo penal na Alemanha, TURNER consigna que:

> *"O acordo penal foi introduzido na Alemanha pela prática dos atores processuais, como resposta ao aumento do número de casos complexos no sistema de justiça criminal. Juízes e promotores queriam economizar tempo e recursos, a medida que a carga de trabalho crescia. Defensores buscavam uma segurança maior e penas menores para os réus, em troca de sua cooperação. Considerando que a legislação não autorizava esses acordos, essa prática se desenvolveu de forma lenta e, inicialmente, se limitava aos casos de delitos sem violência."*[77]

Ademais, como explica SCHÜNEMANN, *"esses acordos informais funcionam de forma similar ao plea bargaining dos Estados Unidos; sem embargo, com uma diferença: na Alemanha não contém acordos formais, mas sim apenas um acordo baseado na confiança e, por outro lado, neles o acusado não se declara culpado (guilty plea), mas apenas formaliza uma confissão que é valorada pelo Tribunal como meio de prova geral para a sua culpabilidade."*[78]

A legalidade desses acordos foi questionada perante o *Bundesgerichtshof* (BGH), tribunal semelhante ao nosso Superior Tribunal de Justiça, que reconheceu, no dia 28 de agosto de 1997, que *"os acordos (Absprachen), que tenham por objeto a confissão do acusado em troca de uma diminuição da pena, são fundamentalmente possíveis. Eles não violam os princípios constitucionais e processuais."*[79]

De tal maneira, conforme ensina ROXIN, para o referido Tribunal, *"é possível um arquivamento com imposição de condições, caso exista consenso entre o acusado e a Promotoria"*[80].

Posteriormente, o legislador alemão acabou prevendo expressamente a possibilidade do acordo[81]. Sobre essa possibilidade, o *Bundesverfassungsgericht*, o Tribunal Constitucional ale-

---

75 *Idem.*

76 TURNER, Jenia. Plea bargain across the borders. New York: Aspen Publisher, 2009, p. 74.

77 Idem, p. 74. Assim, também, consignam VASCONCELLOS e MOELLER: *"Na Alemanha os acordos consensuais surgiram na prática forense, sem qualquer autorização legal, desenvolvendo-se de modo informal até a consagração de sua importância na postura dos atores processuais, o que incitou o judiciário e, posteriormente, o legislativo a atuarem para sua regulação."* VASCONCELLOS, Vinicius Gomes de; MOELLER, Uriel. *Acordos no processo penal alemão: descrição do avanço da barganha da informalidade à regulamentação normativa*, in Boletín Mexicano de Derecho Comparado, núm. 147, p. 15. Nesse sentido, sustenta TURNER que: *"A adoção pela Alemanha do 'plea bargain' ilustra como as práticas dos atores da lei podem se espalhar para novos territórios, sem uma intenção deliberada de importar conceitos estrangeiros. O acordo penal na Alemanha se desenvolveu informalmente e não em virtude da introdução de uma norma legal."* TURNER, Jenia. Plea bargain across the borders. New York: Aspen Publisher, 2009, p. 73.

78 SCHÜNEMANN, Bernd. *Cuestiones básicas de la estructura y reforma del procedimiento penal bajo una perspectiva global*, in Revista de Derecho Penal y Criminología, vol. 25, núm. 76, 2004, pp. 179-180. Tradução minha.

79 BGH 4 StR 240/97 – Urteil vom 28. August 1997 (LG Dortmund). Corpo do voto. Tradução minha.

80 ROXIN, Claus. Derecho Procesal Penal. Buenos Aires: Editores del Puerto, 2003, p. 100.

81 É interessante consignar que a reforma legal operada na Alemanha, não chegou a inovar nas práticas legais, mas tão somente apresentou uma regulamentação mais detalhada.

mão, no dia 19 de março de 2013, consignou que: *"O legislador pretendeu fortalecer um procedimento comunicativo e aberto de negociação perante a Corte, mas não chegou a introduzir um novo modelo de processo consensual."*[82]

E continua a Corte Constitucional alemã, no referido voto: *"com o objetivo de realizar essa tarefa, o legislador, não apenas pretendeu normatizar o conteúdo permitido para o acordo e seu procedimento, como também enfatizar, através de um conceito legal, que a sua celebração somente pode ocorrer por meio de um acordo transparente, público e com plena documentação, de modo a permitir um pleno e efetivo controle judicial, entendido por ele como necessário."*[83]

Como se pode verificar, a Suprema Corte alemã reconheceu a possibilidade da realização de acordos penais (mesmo sem previsão em lei – já que, como dito, o legislador não chegou a criar um processo consensual). O único reparo imposto pela Corte foi a necessidade da realização de um acordo público, transparente e formalizado, já que, anteriormente, os acordos realizados eram informais e baseados apenas na confiança.

Aqui, a exemplo do que ocorreu no modelo francês, o sistema apresentado pela Resolução n. 181/2017, do CNMP, apresentou uma grande vantagem em relação ao sistema alemão.

Isso porque – além de não ter surgido da simples prática, mas sim de um ato normativo autônomo do Conselho Nacional – a resolução impôs uma negociação transparente, com necessidade de filmagem em áudio e vídeo de todo procedimento negocial, devendo o acordo ser devidamente celebrado por escrito e assinado pelo Membro do Ministério Público, pelo investigado e por seu defensor.

Feita essa breve alusão às experiências estrangeiras que influenciaram a criação do acordo de não persecução penal, importante agora compreender suas razões político-criminais.

RAZÕES POLÍTICO-CRIMINAIS PARA O ACORDO DE NÃO PERSECUÇÃO PENAL

Existem soluções conhecidas para o problema do excesso de trabalho no Sistema de Justiça Criminal, que podem ser resumidas em três distintas medidas: **a)** o aumento proporcional do número de juízes e promotores para fazer frente ao excesso de serviço; **b)** a descriminalização de delitos, a ponto de diminuir drasticamente o número de processos; e **c)** a ampliação substancial da possibilidade de celebração de acordos em matéria penal, fundamentalmente para os crimes de média e baixa lesividade.

A primeira solução – ampliação substancial dos quadros do Judiciário e Ministério Público – pode ser aparentemente a ideal. No entanto, na prática, inclusive em países ricos, essa alternativa é inviável em virtude dos altíssimos custos que ela demanda. Um país, com as dificuldades econômicas e sociais que o Brasil tem, não pode se dar ao luxo de possuir um Sistema de Justiça tão grande a ponto de poder fazer frente ao extraordinário número de processos criminais existentes, máxime em sociedades contemporâneas e violentas como a brasileira. Seria investir um dinheiro que o país não tem para criar um Poder Judiciário e um Ministério Público demasiadamente grandes para as nossas possibilidades financeiras.

Além disso, essa solução, aparentemente, também, fragilizaria a qualidade das magistraturas, banalizando o acesso a esses cargos, com riscos à manutenção da qualidade técnica dos Membros, à atratividade das carreiras e à exigência do alto grau de integridade, que é imprescindível para funções dessa estatura.

A segunda opção – a descriminalização maciça de condutas – tem, em geral, pouco horizonte de efetividade, uma vez que é inadmissível a descriminalização de condutas intoleráveis

82 BVerfG, Urteil des Zweiten Senats vom 19. März 2013 – 2 BvR 2628/10 – Rn. (1-132). Corpo do voto. Tradução minha.

83 BVerfG, Urteil des Zweiten Senats vom 19. März 2013 – 2 BvR 2628/10 – Rn. (1-132). Corpo do voto. Tradução minha.

em nossa sociedade, como furto, roubo, estelionato, porte de arma, estupro e outros delitos, que são os de incidência mais frequente nos juízos criminais do país.

É bem verdade que a descriminalização do uso e tráfico de drogas, pelo menos, de maconha, poderia gerar um relevante efeito de alívio ao sistema judicial e penitenciário.

No entanto, apesar de despontar uma tendência atual nesse sentido, em alguns países de relevo (como alguns Estados dos EUA, Uruguai e Canadá), é certo que essa é uma decisão grave, que deve ser pensada com bastante cuidado.

O debate da descriminalização das drogas deve envolver uma discussão nacional e madura, em que se deverá levar em conta não só os aspectos positivos (como a economia em recursos com persecução penal, o alívio no sistema penitenciário, a diminuição da influência de organizações criminosas na vida da população e a aparente diminuição dos crimes contra a vida decorrentes de disputas entre facções criminosas), mas, também, os possíveis aspectos negativos (especialmente os vinculados aos problemas na criminalidade, na agricultura, na saúde pública e nas relações internacionais).

Nenhuma decisão político-criminal sobre as drogas é isenta de problemas. Caberá a nossa sociedade ponderar os prós e contras para tomar essa decisão. O certo é que a discussão de como enfrentar o problema das drogas é inadiável e extremamente complexa. Esse tema deve invariavelmente ser enfrentado de forma sóbria e responsável. Apesar dessa urgência, não se verifica, num horizonte próximo, movimentação relevante no país para realizar esse debate.

Ademais, para os fins que se pretende aqui discutir, é de se registrar que, mesmo com a descriminalização da posse e tráfico de drogas, o alívio na sobrecarga de trabalho, à primeira vista, ainda, não seria suficiente para diminuir o excesso de trabalho a níveis aceitáveis.

A última opção, consistente na ampliação substancial da possibilidade da celebração de acordos de natureza penal, fundamentalmente para os crimes de média e baixa lesividade, aparentemente, é a mais promissora, uma vez que a experiência prática dos outros países demonstrou que ela efetivamente acarreta uma diminuição sensível no tempo de tramitação processual[84].

Desde logo, cumpre ressaltar que essa foi a solução abraçada pelo Conselho Nacional do Ministério Público (e pelo legislador), ao estabelecer a possibilidade de Promotores de Justiça e Procuradores da República celebrarem o denominado acordo de não persecução, *"quando, cominada pena mínima inferior a 4 (quatro) anos e o crime não for cometido com violência ou grave ameaça a pessoa, o investigado tiver confessado formal e circunstanciadamente a sua prática"* (art. 18) e mediante o cumprimento de determinadas condições estabelecidas na aludida Resolução.

O acordo de não persecução é uma solução bastante interessante. Na sequência, porém, serão abordos os prós e contras dessa opção, agora, acolhida pelo legislador.

84 A respeito das vantagens que um sistema de acordo traz – apesar de apresentar críticas a tal sistema – SCHÜNEMANN registra que: "Existem vantagens objetivas que são indiscutíveis desde a perspectiva da econômica judicial e que, inclusive, são altamente plausíveis desde a perspectiva da realização dos fins de um Direito Penal moderno preventivo. Junto a essas vantagens, é possível constatar, no âmbito subjetivo dos interesses ligados aos papéis desempenhados por distintos participantes do processo e, em todo caso, para os profissionais, uma utilidade paralela, massiva, múltipla e evidente. Esta utilidade adicional se manifesta na forma de uma enorme diminuição das exigências técnicas e da complexidade do trabalho, no sentido de uma redução do stress decorrente dos conflitos e frustações. A utilidade também se manifesta no aumento das probabilidades de se ter êxito professional, que para os juízes consiste em ter melhores possibilidades de ascensão pelo aumento da quantidade de sentenças e a diminuição da cota de processos suspensos e, para os advogados, consiste, dentre outras coisas, em poder acordar os honorários em caso de êxito." SCHÜNEMANN, Bernd. Cuestiones Básicas de la Estructura y Reforma del Procedimiento Penal bajo una Perspectiva Global, in Obras, vol. II. Rubinzal-Culzoni: Buenos Aires, 2009, pp. 402-403. Tradução minha.

(i) os problemas de um Sistema de Justiça Criminal sem a possibilidade ampla da realização de acordos:

Antes de analisar se um amplo modelo de acordo é uma boa opção político-criminal para o Brasil, é importante assentar uma primeira e importante premissa: não há a menor dúvida que, em um mundo ideal, a melhor opção seria submeter todos os casos penais a um juízo plenário, em que o acusado é julgado por um juiz natural, com observância ao devido processo penal, com direito à ampla defesa, contraditório e duplo grau de jurisdição.

Essa premissa parece indiscutível. Por isso, é muito fácil defender que todos os casos deveriam virar processo penais e que a adoção de um modelo de acordo é inferior ao modelo tradicional de processo penal. Essa é uma tese politicamente correta e, dificilmente, alguém vai ser criticado por defendê-la.

No entanto, apesar de confortável para quem a defende, essa é uma posição descompromissada com os problemas práticos que devem ser enfrentados em nosso país. É uma posição conservadora, pois quem a adota propõe, na verdade, que as coisas permaneçam do jeito que estão. A mesma velha solução, para os mesmos velhos problemas.

Veja-se que, em nossa realidade, essa posição conservadora não é assim tão inofensiva. Isso porque, ao se escolher um modelo sem acordo, ao contrário do que normalmente se pretende fazer crer, se está optando por um sistema que gera inúmeras injustiças.

Num modelo sem acordo, a demora na tramitação processual, o excesso de serviço e a pressa para fazer frente a essa carga de trabalho, gera seríssimos efeitos colaterais. É dizer, num modelo tradicional, sem acordo, paga-se um alto preço com a proliferação de injustiças.

Essas injustiças são de duas ordens. De um lado, o Estado descumpre o seu dever de tutela jurídica, de outro, por mais surpreendente que possa parecer, se enfraquece substancialmente a capacidade do processo penal ser um processo materialmente justo.

(ii) Os problemas para a população em geral, decorrentes de um sistema sem acordo penal:

O descumprimento, pelo Estado, do dever de proteção aos bens jurídicos, acarreta sérios prejuízos ao tecido social, à própria ideia de liberdade e à credibilidade das Instituições.

A desproteção da população contra ataques criminosos transforma o país em um Estado sem lei, em que a única que vale é a lei do mais forte, do mais violento, do mais astuto. Com isso, é corroída a ideia de Estado de Direito e as pessoas, em geral, ficam à mercê da vontade daqueles que cometem crimes.

Ademais, nesses contextos de insegurança cidadã surgem e são fortalecidas ideias e propostas autoritárias, de restrição excessiva de direitos e garantias individuais. A violação disseminada dos bens jurídicos penalmente protegidos passa a justificar restrições demasiadamente pesadas aos direitos fundamentais dos cidadãos. Com isso, a ideia de segurança pública é elevada à uma estatura de superioridade em relação aos demais princípios e regras constitucionais. E é perfeitamente compreensível que a população assinta com essas restrições desarrazoadas e essa prevalência da segurança pública em detrimento da liberdade, pois, sem a proteção jurídica do Estado, os direitos formalmente reconhecidos não podem ser usufruídos pelo povo.

Nesse sentido, HASSEMER comenta que, em contextos que tais, elevar a segurança pública à categoria de direito fundamental com superioridade hierárquica:

> *"(...) se baseia, com razão, na experiência de que, sem segurança a liberdade, também, não pode existir. Quem, numa ordem destruída, num Estado falido (failed states), não se pode nem sequer comprar pão, ante o sério risco de ser vítima de um atirador, terá a segurança como o valor mais elevado, e isso, em sua situação, seria uma opção racional."*[85]

85 HASSEMER, Winfrid. Warum Strafe sein muss: Ein Plädoyer. Ullstein: Berlin, 2009, p. 75.

Por isso, punir os crimes cometidos no país, proteger os bens jurídicos tutelados, constitui, claramente, uma forma de preservar o direito à liberdade, nos moldes que a conhecemos.

Em outras palavras, nesse contexto de incivilidade e desrespeito aos bens jurídicos alheios, estarão abertas as portas para que sejam destruídas as limitações atuais ao direito de punir; e isso, provavelmente, com o apoio da população.

Por essa razão, é certo afirmar que – por mais paradoxo que possa parecer para alguns – punir de forma proporcional, eficiente e justa é uma das formas mais seguras de garantir nossa liberdade atual e futura[86].

Além disso, numa sociedade em que não se punem as violações aos bens jurídicos penalmente protegidos, as instituições perdem a sua credibilidade.

Com isso, passam a surgir movimentos de poder paralelo, como são as milícias, as quadrilhas de justiceiros e os grupos de extermínio. Esses são seríssimos sintomas de uma descrença generalizada na Justiça e que, lamentavelmente, já vêm se manifestando de forma muito preocupante no Brasil.

Por outro lado, o acordo é muito bom para a realização dos objetivos político-criminais preventivos e de pretensão de justiça que devem informar a persecução penal.

A resposta célere e não privativa de liberdade, às vezes poucos dias depois dos fatos, pode significar o freio de arrumação necessário para colocar nos trilhos a vida de quem envolveu-se na prática dos crimes pela primeira vez.

Um acordo tempestivo e adequado reforça a ideia de credibilidade e efetividade do sistema, o que torna mais fácil o fortalecimento dos vínculos de confiança entre os cidadãos e o Estado, incentivando a busca de justiça, dentro da legalidade e do sistema penal. Não há incentivo maior para que as pessoas possam confiar no Estado e em suas normas do que uma atuação efetiva e proporcional.

E não é só. Um modelo de acordo torna efetiva e palpável a ideia de reparação à vítima. Isso porque, com o acordo, este somente é cumprido com a efetiva reparação do dano à vítima, não bastando o mero reconhecimento formal desse dever.

Se não há o pagamento ou reparação efetiva à vítima, o acordo não surte efeitos. Com isso, uma vez mais, realiza-se a pretensão de justiça e aumenta-se a confiança e credibilidade do sistema penal. Assim, passa a valer a pena buscar socorro às instâncias formais de repressão à criminalidade[87].

Como se pode ver, um modelo de acordo oferece uma série de vantagens sociais ao país, agilizando as respostas e dando credibilidade ao Sistema de Justiça Criminal.

(iii) Os problemas para os réus decorrentes de um sistema sem acordo penal:

Por outro lado, num modelo sem acordo, são causados também sérios prejuízos aos acusados em geral, quando respondem um processo penal que tramita perante um Sistema de Justiça colapsado pela carga desumana de serviço.

---

86 Essa lição é que alguns abolicionistas e ultragarantistas não parecem entender. Se o processo penal deixa de ser uma forma de pretensão de justiça e de tutela jurídica e passa a ser uma barreira quase instransponível à possibilidade de punição, chegará a hora em que a represa irá se romper e com ela serão arrastados os direitos e garantias processuais que hoje nós conhecemos e defendemos como imprescindíveis.

87 Como explica PÉREZ RIVAS, "La protección de la víctima no se agota en la sanción penal impuesta a su agresor, sino que es necesario lograr la reparación, al menos económica, de todos los efectos que para ella se derivan del hecho delictivo sufrido. A la víctima se le reconoce, por ello, "como manifestación más concreta de su derecho a la tutela judicial efectiva", el derecho a la efectiva reparación por su ofensor" PÉREZ RIVAS, Natalia. Los derechos de la víctima en el sistema penal español. Valencia: Tirant lo Blanch, 2017, p. 157. Sobre o tema da vítima, confira-se, também, HASSEMER, Winfried; REEMTSMA, Jan Philipp. Verbrechenopfer: Gesetz und Gerechtigkeit. München: Beck, 2002.

Tirante a prescrição e o eventual esquecimento das testemunhas, o réu só tem a perder com o atraso causado pelo excesso de serviço de juízes e promotores na tramitação do seu processo penal.

O primeiro e principal prejuízo que o acusado tem, com um sistema abarrotado de trabalho, decorre da terceirização excessiva, pelos juízes e promotores, do seu trabalho para seus auxiliares.

Num sistema atolado de processos, passa-se a ter uma Justiça de estagiários e assessores. É dizer, estando os juízes e promotores assoberbados de trabalho, geralmente, o grosso dos processos acaba sendo feito por agentes auxiliares.

Claro, que os juízes e promotores que tenham responsabilidade revisam essas peças e decisões, mas não são eles, muitas vezes, os que têm primariamente contato com a prova dos autos.

Nessa perspectiva, é certo que dois dos principais princípios do processo penal, que são os da oralidade e da imediação, ficam gravemente prejudicados[88].

A realização efetiva desses princípios é que assegura aos réus duas garantias importantíssimas: ser julgado por um juiz que presenciou a produção probatória e a certeza de que o réu está sendo julgado por um juiz e não por seu assessor ou estagiário[89].

No entanto, o cumprimento a plenos pulmões da oralidade e da imediação somente pode ocorrer em um sistema em que os magistrados não estejam assoberbados de trabalho, em que não seja quase um imperativo de sobrevivência para esses profissionais a necessidade da realização de atos posteriores por escrito, com delegações de suas funções a seus colaboradores.

Num juízo com a pauta de processos atrasada e sobrecarregada de audiências, normalmente, não é possível que se realize uma efetiva audiência de instrução e julgamento, nos termos dos artigos 400 e seguintes do Código de Processo Penal, em que se colhem as provas, o Promotor e a defesa fazem as alegações orais e juiz sentencia, tudo isso em audiência.

Ademais, mesmo nos casos penais difíceis, em que a sentença, por dificuldades decorrentes da complexidade do acervo probatório, geralmente não poderia ser proferida durante a audiência (CPP, art. 403, § 3º), ainda assim, existe prejuízos aos réus.

Nesses casos, em que podem ser proferidas longas penas privativas de liberdade, é imprescindível para o acusado, que o juiz do seu caso tenha tempo para estudo e meditação, para julgar com calma, dando a devida atenção às provas e aos argumentos trazidos pelas partes, examinando os autos profundamente e compreendendo as vicissitudes e complexidades da prova produzida.

Além de tudo isso, o maior atraso na tramitação processual de um réu inocente prolonga desnecessariamente o tempo em que fica submetido a um processo penal ou mesmo à prisão cautelar.

---

88 A respeito desses princípios, ensina FIGUEIREDO DIAS que: "A oralidade e a imediação exigem (...) uma audiência unitária e continuada em que tenha lugar a apreciação conjunta e esgotante de toda a matéria do processo. Daqui a concentração espacial – a propósito da qual se fala também, por vezes, de um princípio da localização -, exigindo que a audiência se desenvolva por inteiro em um mesmo local, apropriado ao fim que com ela se pretende obter e aonde devem ser trazidos todos os participantes processuais (a sala de audiência); e concentração temporal, exigindo que, uma vez iniciada a audiência, ela decorra sem solução de continuidade até o final." FIGUEIREDO DIAS, Jorge. Direito Processual Penal, 1º vol. Coimbra: Coimbra Editora, 1984, p. 184. Desses princípios decorre, também, o denominado princípio da identidade física do juiz, consagrado pelo § 2º do artigo 399 do Código de Processo Penal.

89 Veja-se que o princípio da oralidade e imediação foram criados, na Alemanha, após as reformas do Século XIX, com o objetivo de superar os graves problemas da separação entre o juiz inquisidor e o juiz que julgava, uma vez que a decisão, no processo inquisitivo escrito, era tomada com base no simples envio de atas (Aktenversendung). Com esses novos princípios, pretendia-se que o julgador fosse aquele que observasse pessoalmente a produção probatória (imediação formal). ROXIN, Claus; SCHÜNEMANN, Bernd. Strafverfahrensrecht, 27a ed. München: Beck, 2012, p. 397.

Da mesma forma, uma sentença condenatória tardia, ainda que justa, pode alcançar o acusado em momento de sua vida em que, eventualmente, já superou as turbulências da época em que praticou o delito, podendo arrastá-lo para a prisão, por exemplo, muitos anos depois da prática do crime, quando já estava com a vida estabilizada e família constituída, inclusive com filhos. Essa demora toda normalmente não ocorre em um sistema em que é adotada amplamente a possibilidade de acordos penais.

A possibilidade de celebração de acordo como forma de evitar-se o processo penal, constitui, ademais, uma última chance para aqueles investigados, cuja prática delitiva é fato isolado na sua história de vida. O acordo viabiliza uma resposta adequada ao delito, mas não inviabiliza que o investigado, por fato isolado, retome a sua vida, agora com o devido respeito aos bens jurídicos alheios.

Como se pode ver, os investigados, também, têm muito a ganhar em um sistema de acordo, em que as respostas consensuadas ou impostas por sentença são mais céleres.

(iv) Evitando problemas e minorando riscos: a configuração do acordo de não persecução penal no Brasil:

Existem diversas formas de implementar-se um sistema de acordo penal, sendo certo que o desenho normativo de um sistema que tal é importantíssimo para minorar os riscos de injustiça, que inegavelmente podem derivar da adoção dessas práticas.

Por essa razão que a configuração do acordo, realizada pelo art. 18 da Resolução n. 181/17 do Conselho Nacional do Ministério Público e agora pelo art. 28-A do Código de Processo Penal, tentou evitar os problemas ou minorar os riscos apontados pela doutrina que é crítica à possibilidade de soluções consensuais no âmbito penal.

Nesse sentido, é possível constatar as seguintes cautelas, adotadas pela Resolução n. 181/17-CNMP, com o objetivo de que o acordo de não persecução seja realizado da forma mais justa e adequada possível:

a) o acordo não importa em uma condenação e não pode impor, como uma de suas condições, a prisão do investigado. Na verdade, as prestações que são objeto de acordo inserem-se plenamente no âmbito de disponibilidade do acusado, inclusive são frequentemente objeto de contratos de natureza civil (v.g. prestação de serviços – contrato de trabalho; prestação pecuniária – doação ou pagamento);

b) o acordo de não persecução penal deve ser cumprido voluntariamente pelo investigado (por isso, trata-se de instituto distinto do *plea bargain* norte-americano). Assim, uma vez constatada eventual injustiça ou inconveniência no seu cumprimento, basta que o investigado requeira a sua rescisão ou mesmo que o descumpra, que, na sequência, terá, em seu favor, um devido processo legal plenário, com todos os direitos e garantias, ainda que conte com os riscos de sofrer uma sentença condenatória. Em poucas palavras, o acordo não é um caminho sem volta;

c) existe um controle sobre a legalidade e adequação do acordo de não persecução penal, uma vez que ele somente pode ser feito na presença do acusado[90], seu defensor e do Membro do Ministério Público, além do que deverá ser homologado pelo Juiz. Ademais, para assegurar, com maior efetividade, um controle posterior do seu

90 SCHÜNEMANN critica a prática de acordos realizados sem a presença do investigado ao afirmar: "(...) mediante el plea bargain se destrói novamente a posição de sujeito do imputado, o que havia constituído uma das conquistas essenciais de um 'processo reformado' na Europa. Com efeito, o plea bargaining se realiza fundamentalmente sem a própria presença do imputado, que é mediatizado aqui completamente por seu advogado." SCHÜNEMANN, Bernd. Crítica al modelo norteamericano de proceso penal, in Obras, vol. II. Rubinzal-Culzoni: Buenos Aires, 2009, p. 442. Tradução minha.

conteúdo, toda celebração do acordo e a confissão do investigado devem ser gravadas em áudio e vídeo[91];

d) ao Ministério Público brasileiro é imposto o dever de objetividade, cuja violação pode redundar, inclusive, em responsabilidade disciplinar, de modo que – para a celebração do acordo, ao contrário do que ocorre nos Estados Unidos, por exemplo – não poderá o MP valer-se, como forma de convencimento do investigado para fazer o acordo, do denominado *overcharging* (excesso de acusação), seja vertical (para fazer uma acusação mais grave do que os elementos de informação autorizam, v.g. imputação de furto qualificado, quando as informações indicam tratar-se de furto simples), seja horizontal (para incluir na imputação fatos adicionais que não defluem dos elementos de informação, v.g. denúncia por furto e receptação, quando há elementos apenas para a receptação). Além disso, como deve existir, na investigação criminal brasileira, o *disclosure* de todos os elementos de informação nela produzidos, não existe a possibilidade de a proposta de acordo ser realizada com sigilo interno, de modo que fica inviabilizada qualquer eventual tentativa de *bluffing*, por parte do Membro do Ministério Público. O *bluffing* ocorre quando a acusação informa ao investigado que tem mais elementos de informação para realizar a acusação do que efetivamente tem[92];

e) existem parâmetros razoavelmente objetivos para a celebração do acordo de não persecução, de modo que fica assegurado um tratamento igualitário para casos semelhantes[93];

f) o acordo somente é cabível para a casos violações menos intensas aos bens jurídicos tutelados (de acordo com a Resolução, em regra, com prejuízos de até vinte salários mínimos – muito embora não tenha sido replicado pela Lei esse mesmo requisito), com o que afasta-se o risco de criar-se uma justiça mais benéfica para as classes mais abastadas[94], além do que ele somente é cabível para crimes cometidos sem violência ou grave ameaça e que não sejam hediondos ou equiparados, o que reforça a ideia de que os crimes graves, que geralmente podem fundamentar uma sentença com imposição de pena privativa de liberdade, devem ser submetidos ao *full trial* perante o Poder Judiciário.

Como se pode ver, as cautelas adotadas pelo Conselho Nacional do Ministério Público, e replicadas em grande medida pela Lei, constituem uma postura de evidente preocupação com a pretensão de justiça da persecução penal, aproveitando-se da crítica construtiva produzida pela doutrina especializada para tentar evitar eventuais brechas para medidas desproporcionais, seja na sua perspectiva de vedação de excesso, seja de vedação de insuficiência.

---

91 Sobre as vantagens da captação em vídeo, cf.: SCHÜNEMANN critica a prática de acordos realizados sem a presença do investigado ao afirmar: "(...) mediante el plea bargain se destrói novamente a posição de sujeito do imputado, o que havia constituído uma das conquistas essenciais de um 'processo reformado' na Europa. Com efeito, o plea bargaining se realiza fundamentalmente sem a própria presença do imputado, que é mediatizado aqui completamente por seu advogado." SCHÜNEMANN, Bernd. Cuestiones Básicas de la Estructura y Reforma del Procedimiento Penal bajo una Perspectiva Global, in Obras, vol. II. Rubinzal-Culzoni: Buenos Aires, 2009, p. 420.

92 A respeito do problema do overcharging, confira-se: ALSCHULER, Albert W. The Prosecutor's Role in Plea Bargaining, in The University of Chicago Law Review, Vol. 36, No. 1 (Autumn, 1968), pp. 85 e ss.

93 Esse foi um problema identificado no modelo francês inicial de acordo, em que, ante a falta de uma legislação ou parâmetros objetivos, houve muita disparidade nos acordos realizados para casos semelhantes. Sobre o tema, cf.: ETXEBERRIA GURIDI, José Francisco. El modelo francés de mediación penal, in: La mediación penal para adultos. Una realidad en los ordenamientos jurídicos. Valencia: Tirant lo Blanch, 2009, pp. 181-183.

94 Essa é uma das grandes críticas aos acordos realizados na Alemanha, em que, em muitos casos rumorosos, que envolviam grandes figuras políticas, a realização do acordo acabou gerando desconfiança de um tratamento mais benéficos aos mais abastados. Nesse sentido, pode-se citar o famoso caso do denominado "Processo de Eschede", em que o acusado teria praticado culposamente o homicídio de mais de cem pessoas, em um acidente de trem. Outro caso rumoroso, envolveu, o ex-chanceler alemão, Helmuth Kohl. GÖSSEL, Karl Heinz. El Derecho Procesal penal en el Estado de Derecho: Obras completas, Tomo I. Rubinzal-Culzoni: Buenos Aires, 2007, pp. 87 e 285.

RESOLUÇÃO 181/17-CNMP *VERSUS* ART. 28-A, CPP

Como já consignado nesta obra, a Resolução n. 181/17-CNMP (e suas atualizações posteriores), disciplinou a celebração de acordo de não persecução penal no âmbito do Ministério Público.

Sem embargo, como também já dito, a Lei n. 13.964/19 (Lei Anticrime) estabeleceu, via lei em sentido estrito, o mesmo instituto, no art. 28-A do Código de Processo Penal.

Assim, na época da entrada em vigor da Lei Anticrime existia dois disciplinamentos do acordo de não persecução penal, um na Resolução e outro no Código de Processo Penal, não sendo eles idênticos.

A Resolução n. 289, de 16 de abril de 2024, CNMP, no entanto, acabou por retirar da Resolução 181/17, pois desnecessária, a previsão expressa de requisitos, aludindo caber o ANPP, "uma vez preenchidos os requisitos e pressupostos legais" (art. 18).

Desse modo, atualmente, existe uma harmonia entre o art. 28-A do Código de Processo Penal e a Resolução 181/17, que agora se limita a abordar alguns procedimentos internos e posições a serem adotadas pelo Ministério Público, quando da celebração do acordo de não persecução penal.

SOBRE OS REQUISITOS PARA A CELEBRAÇÃO DO ACORDO DE NÃO PERSECUÇÃO

Cumpre, agora, abordar, ainda que brevemente, os requisitos objetivos e subjetivos para o cabimento do acordo, assim como as condições que as partes do negócio jurídico devem cumprir.

a) **Requisitos Objetivos do acordo de não persecução penal:** A Resolução e a Lei estabelecem, em seu art. 18 e 28-A, respectivamente, alguns requisitos de natureza objetiva, para que se possa propor a celebração do acordo de não persecução. São eles:

1) Delito cuja pena mínima seja inferior a 4 (quatro) anos, levando-se em consideração as causas de aumento e diminuição aplicáveis ao caso concreto (CPP, art. 28-A, *caput*; Res. 181/17-CNMP, art. 18, *caput*):

Com esse requisito objetivo, buscou-se, ainda que de forma aproximativa, descortinar-se a eventual pena que o investigado receberia caso condenado. Nesse sentido, em uma interpretação coerente com o art. 44 do Código Penal, que permite a substituição da pena privativa de liberdade por restritiva de direitos, àqueles que, dentre outros requisitos, sejam condenados à pena não superior a 04 (quatro) anos. É importante salientar, porém, que aqui houve uma pequena distinção, pois enquanto no art. 28-A, CPP, a pena não deve ser superior a quatro anos (é dizer, até 3 anos, 11 meses e 30 dias), o Código Penal afirma que é cabível a substituição para penas não superiores a 4 (quatro) anos, o que engloba as penas aplicadas em quatro anos.

Ademais, é importante frisar que, para chegar-se ao valor da pena mínima cominada ao delito, deve-se levar em consideração as causas especiais de aumento e diminuição, previstas no Código Penal, parte geral e especial, e na Legislação Penal Especial, aplicáveis ao caso concreto em exame, tudo isso nos termos do §§ 3º e 4º, do art. 18 da Resolução 181/17-CNMP e do § 1º, do art. 28-A do Código de Processo Penal[95].

---

95 Em sentido similar, é a súmula n. 243 do STJ, que trata da suspensão condicional do processo: "O benefício da suspensão do processo não é aplicável em relação às infrações penais cometidas em concurso material, concurso formal ou continuidade delitiva, quando a pena mínima cominada, seja pelo somatório, seja pela incidência da majorante, ultrapassar o limite de um (01) ano." Assim, também, a Súmula n. 723, do Supremo Tribunal Federal: "Não se admite a suspensão condicional do processo por crime continuado, se a soma da pena mínima da infração mais grave com o aumento mínimo de um sexto for superior a um ano."

2) Crime que não seja cometido com violência ou grave ameaça (CPP, art. 28-A, *caput*; Res. 181/17-CNMP, art. 18, *caput*):

A Lei, como visto, busca dar efetividade e eficácia à atuação Estatal no âmbito penal, propugnando, também, o cumprimento de medidas menos severas para os envolvidos em práticas criminosas de pequena e média gravidade. Nesse sentido, a Lei realiza uma clara – e legítima – opção político-criminal de não beneficiar pessoas que tenham praticado delitos que envolvam violência ou grave ameaça. Isso porque, a prática de crimes com essas características consubstancia injusto mais reprovável e que merece uma resposta no âmbito do próprio processo penal, com a aplicação, se for o caso, de pena.

Aliás, é importante ter-se claro que o horizonte interpretativo desse requisito objetivo é precisamente o inciso I, do art. 44, do Código Penal, que prevê as hipóteses de substituição da pena privativa de liberdade pela restritiva de direitos.

Nesse sentido, mais uma vez, o art. 28-A do Código de Processo Penal, ao fim e ao cabo, acaba por realizar uma projeção, ainda que aproximada, sobre a possibilidade de substituição de uma eventual futura pena que inspirou o requisito objetivo de vedar a possibilidade da celebração de acordo para os crimes praticados com violência ou grave ameaça.

Em outras palavras, o legislador possibilitou o acordo para aqueles investigados que, ao que tudo indica, seriam efetivamente beneficiados pela substituição da pena privativa de liberdade pela restritiva de direito.

A palavra violência, aqui empregada pelo legislador, restringe-se, portanto, em uma interpretação sistemática do próprio Código de Processo Penal, à violência contra pessoas, não estando incluída na vedação os crimes cometidos com violência contra as coisas (v.g. furto mediante rompimento de obstáculo).

Ademais, essa violência contra as pessoas, pode ser tanto a **violência dolosa** (v.g. crime de roubo), quanto a **violência culposa** (v.g. homicídio culposo). Isso porque, o legislador não delimitou a restrição a uma determinada modalidade de imputação subjetiva (o dolo), como o fez, por exemplo, no parágrafo único do art. 71, do Código Penal.

Violência, de acordo com a melhor doutrina, significa "todo acontecimento físico de caráter agressivo que constitui um exercício de força física"[96]. Essa violência contra a pessoa pode ser tanto a **violência dolosa** (v.g. crime de roubo), quanto a **violência culposa** (v.g. homicídio culposo)[97]. Isso porque, o legislador não delimitou a restrição a uma determinada modalidade de imputação subjetiva (o dolo), como o fez, por exemplo, no parágrafo único do art. 71, do Código Penal[98], nem previu expressamente a possibilidade de ANPP para todos dos delitos culposos, como feito no caso do art. 44, I, *in fine*, CP.

---

96 ROBLES PLANAS, Ricardo. Leciones de Derecho Penal, Parte Especial. Barcelona: Atelier, 2015, p. 243. Em sentido semelhante, KINDHÄUSER (ao comentar o crime de roubo): *"A violência deve ser dirigida contra uma pessoa, ou seja, deve estar relacionada contra o corpo, a vida ou a liberdade de movimento da vítima."* KINDHÄUSER, Urs. Nomos-Kommentar zum Strafgesetzbuch. § 249. KINDHÄUSER, Urs; NEUMANN, Ulfrid; PAEFFGEN, Hans-Ulrich Ulfrid (org.). Baden-Baden: Nomos-Verl.-Ges., 2010, p. 1460. Obviamente, existem ações que consubstanciam o emprego de força física (ou mecânica), mas que decorrem de ações culposas, em virtude da inobservância do dever de cuidado. O mais claro exemplo disso é o homicídio culposo.

97 Relativamente ao crime de homicídio culposo veja-se o *excurso* infra, realizado para argumentar especificamente sobre essa modalidade de delito.

98 Assim, também, é a posição de BITENCOURT a respeito da possibilidade de substituição de pena privativa de liberdade por restritiva de direito, cujo raciocínio é perfeitamente aplicável à espécie: *"Ao disciplinar a substituição de penas privativas de liberdade, o legislador, claramente, afastou aquelas infrações penais cometidas com violência ou grave ameaça à pessoa, independentemente de serem dolosas ou culposas"*. BITENCOURT, Cezar Roberto. Tratado de Direito Penal, Parte Geral, Vol. 01. 24ª ed. São Paulo: Saraiva, 2018, p. 678. Não bastasse isso, a Lei n. 14.071/20, que entrou em vigor em 2021, expressamente proibiu a substituição da pena nos seguintes casos de homicídio culposo e lesão culposa no trânsito: "Art. 312-B. Aos crimes previstos no § 3º do art. 302 e no § 2º do art. 303 deste Código não se aplica o disposto no inciso I do caput do art. 44 do Decreto-Lei nº 2.848, de 7 de dezembro de 1940 (Código

Além disso, a meu ver, o conceito de violência inclui os casos de **violência real**, **imprópria** e **presumida**[99], vez que – uma vez mais – o legislador não apresentou nenhuma restrição ao conceito de violência, devendo abranger todas as modalidades de violência trazidas pelos tipos penais da Parte Especial e legislação extravagante, como é o caso, por exemplo, do crime de extorsão com violência (violência real), o roubo com violência imprópria (CP, art. 157, *in fine*) e o crime de estupro de vulnerável, com violência presumida (CP, art. 217-A).

Em suma, com relação ao requisito objetivo, em que se nega a possibilidade da celebração do acordo de não persecução quando o delito for cometido com violência ou grave ameaça, a intepretação deve, a nosso sentir, abarcar todas as hipóteses que se adequem a esses conceitos (é dizer, não se deve delimitá-los quando a lei não delimitou), inclusive como forma de evitar que injustos mais graves possam ser resolvidos sem passar pelo crivo de um julgamento plenário, mesmo porque deles normalmente resulta, em caso de condenação, a aplicação de pena privativa de liberdade, que somente pode ser aplicada pelo juiz, depois de um processo penal.

3) Quando a celebração do acordo não atender ao que seja necessário e suficiente para a reprovação e prevenção do crime (CPP, art. 28-A, *caput*; Res. 181/17-CNMP, art. 18, *caput*):

Incide, também, esse requisito – aqui incluído na classificação de requisito objetivo, muito embora tenha natureza tanto subjetiva, quanto objetiva – que parte da perspectiva eminentemente preventiva do Direito penal. Desse modo, caso esteja configurado no caso concreto algum elemento que não recomende, desde uma perspectiva preventiva do delito, a celebração do acordo, não deverá ser ele celebrado.

Nesse sentido, devem ser analisados tantos aspectos em que exista um injusto mais grave (natureza objetiva), quanto elementos que indiquem uma mais culpabilidade do agente (natureza predominantemente subjetiva).

Devem ser levados em consideração elementos como a magnitude da violação aos bens jurídicos, grau de afetação social do delito examinado e transcendência de afetados pela prática delitiva. Aliás, neste caso, é possível utilizar-se como parâmetro interpretativo as circunstâncias judiciais do art. 59 do Código Penal, assim como as agravantes previstas na legislação.

Aliás, para avaliar a magnitude da violação aos bens jurídicos, é perfeitamente possível que o Membro do Ministério Público utilize parâmetros normativos estabelecidos pela Instituição.

Nesse sentido, veja-se que inciso II, § 1º da Resolução n. 181/17, estabelece como critério de aferição para dessa magnitude de violação ao bem jurídico quando o dano causado for superior a vinte salários mínimos (ou outro parâmetro econômico definido no respectivo órgão de revisão).

Desde uma perspectiva de gravidade à violação ao bem jurídico protegido, a Resolução inicialmente optou por fixar um critério econômico de até 20 salários mínimos, utilizando, também aqui, como parâmetro de inspiração o art. 9º da Lei n. 9.099/95, que permite que as partes busquem o Juizado Especial sem a assistência de advogado. Sem embargo, com a Resolução 289/2024-CNMP, não existe mais a previsão expressa desse requisito, o que não afasta, sem embargo, a fundamentação concreta da negativa, com base na maior violação ao bem jurídico.

Penal)". Por outro lado, o Conselho Nacional dos Procuradores-Gerais manifestou-se pela possibilidade do acordo em crimes culposos, conforme se verifica do enunciado 23, elaborado sobre a Lei Anticrime: "*É cabível o acordo de não persecução penal nos crimes culposos com resultado violento, uma vez que nos delitos desta natureza a conduta consiste na violação de um dever de cuidado objetivo por negligência, imperícia ou imprudência, cujo resultado é involuntário, não desejado e nem aceito pela agente, apesar de previsível.*"

99 Nesse sentido, aliás, é a interpretação do Superior Tribunal de Justiça, com relação art. 44, inciso I, CP, que nos serve como horizonte interpretativo. Por todos: "O entendimento assentado por esta Quinta Turma é no sentido de que "(...) sendo a presunção de violência absoluta em crimes sexuais cometidos contra menores de 14 anos, obsta a substituição da pena privativa de liberdade por restritiva de direitos, uma vez que ausente o requisito do art. 44, inciso I, do CP.(...)" (AgRg no REsp n. 1.472.138/GO, Quinta Turma, Rel. Min. Reynaldo Soares da Fonseca, DJe de 29/2/2016)." (STJ – AgRg no REsp 1613395/MG, Rel. Ministro FELIX FISCHER, QUINTA TURMA, julgado em 16/05/2017, DJe 12/06/2017).

Na avaliação daquilo que seja necessário e suficiente para a reprovação e prevenção do crime encontra-se inserido no aspecto de liberdade que a Constituição atribui aos Membros do Ministério Público, no exercício de sua independência funcional (CR, art. 127, § 1º), que decorre precisamente da sua função de titular do exercício da ação penal (CR, art. 129, I).

Obviamente, essa avaliação não é subjetivista e deve ser sempre fundamentada em dados e elementos concretos do caso, incidindo aqui, pois, o princípio da interdição da arbitrariedade.

Esse controle contra eventuais arbitrariedades é feito, inicialmente, pelo Poder Judiciário. Sem embargo, a palavra final nessa avaliação, precisamente por envolver juízo de oportunidade regrada sobre a acusação deve ser sempre do Ministério Público (nesse sentido, aliás, o art. 28-A, § 14, que prevê: *"No caso de recusa, por parte do Ministério Público, em propor o acordo de não persecução penal, o investigado poderá requerer a remessa dos autos a órgão superior, na forma do art. 28 deste Código."*).

O órgão de revisão a que se refere a Resolução, são, em princípio, os Procuradores-Gerais de Justiça, nos casos dos Ministérios Públicos dos Estados (por razões históricas do antigo art. 28, CPP e por ser o chefe da instituição – mas é importante uma decisão normativa nesse sentido) e no caso do Ministério Público da União, as respectivas Câmaras de Coordenação e Revisão (art. 62, IV, MPF; art. 136, IV, MPM; art. 171, V, MPDFT, todos da LOMPU – LC75/93).

4) Não cabe acordo de não persecução para os crimes em que seja admitida a proposta de transação penal (CPP, art. 28-A, § 2º, I):

O art. 28-A do Código de Processo Penal buscou evitar a incidência do acordo de não persecução – que é mais gravoso – nos casos em que cabível a transação penal, prevista pelo art. 61 da Lei n. 9.099/95, que abrange, fundamentalmente, os delitos cuja pena máxima não seja superior a 2 (dois) anos, cumulada ou não com multa.

Assim, para evitar uma confusão de dupla incidência de modalidades de acordo para um mesmo caso, em que há uma distinta gravidade de intervenção e uma distinta gravidade de crime, aludido dispositivo, no inciso I, do § 2º, art. 28-A, do Código de Processo Penal vedou o acordo de não persecução penal para os casos em que seja cabível transação penal

5) Quando o delito for praticado no âmbito de violência doméstica ou familiar, ou praticados contra a mulher por razões da condição de sexo feminino, em favor do agressor (CPP, art. 28-A, § 2º, IV):

A Lei n. 13.964/19 optou por vedar a possibilidade da realização de acordo de não persecução penal quando o delito for cometido: **a)** no contexto de violência doméstica ou familiar; e **b)** contra mulher por razões da condição de sexo feminino.

(a) Na primeira hipótese, veda-se a possibilidade de acordo em todo delito violento que seja realizado no âmbito doméstico ou familiar.

No âmbito doméstico, abrange todas as pessoas (não importando aqui o gênero) que convivam num mesmo ambiente físico que constitui um lar, uma casa, que abrigue uma comunhão de vida, ainda que essa convivência seja eventual e não seja propriamente unida por uma relação de parentesco, abrangendo assim todos os integrantes que ali residem ou trabalhem com habitualidade, mesmo que não tenham relação de parentesco (v.g. estudantes que moram numa mesma "república"), inclusive pessoas que ali estão acolhidas temporariamente (v.g. afilhado que reside por um determinado período de tempo no local) e mesmo empregados domésticos (v.g. empregado doméstico ou diarista)[100].

100 É possível utilizar, como norte interpretativo, o conceito da Lei Maria da Penha, previsto no art. 5º, inciso I, que conceitua domicílio (ou unidade doméstica), da seguinte forma: "I – no âmbito da unidade doméstica, compreendida como o espaço de convívio permanente de pessoas, com ou sem vínculo familiar, inclusive as esporadicamente agregadas;"

Veja-se que o âmbito doméstico tem como marca caracterizadora o espaço físico, vinculado finalisticamente à residência de um grupo de pessoas.

Já os crimes cometidos no âmbito familiar, leva-se em consideração as relações de parentesco existentes entre os envolvidos, ainda que não residam no mesmo local ou sob o mesmo teto ou lar.

Aqui a marca característica é a relação de parentesco e não a coabitação em um mesmo ambiente físico.

Nesses casos, como visto, a vítima pode ser de qualquer sexo e orientação sexual, incluindo crimes contra idosos, crianças, homossexuais, transexuais, e outros, que possam ocorrer no âmbito doméstico ou familiar[101].

Ademais, para a configuração dessa primeira hipótese o delito deve ser cometido com violência.

No entanto, como visto acima, os delitos cometidos com violência ou grave ameaça já não podem ser objeto de acordo de não persecução penal.

Desse modo, para ter algum sentido a norma restritiva, a violência a que a alude esse requisito previsto no art. 28-A, § 2º, inciso IV, do Código de Processo Penal, abrange não apenas a violência física, mas também a violência psicológica, sexual, patrimonial e moral[102].

Assim, mesmo que não praticados com violência física e mesmo que não sejam contra mulheres, os crimes cometidos no âmbito doméstico e familiar, não podem ser objeto de acordo de não persecução penal, como, por exemplo, nos delitos de perturbação da tranquilidade (LCP, art. 65); violação de domicílio (CP, art. 150); importunação sexual (CP, art. 215-A); assédio sexual (CP, art. 216-A), registro não autorizado da intimidade sexual (CP, art. 216-B), dentre vários outros[103].

(b) Ademais, a segunda hipótese de vedação de acordo aqui comentada, diz respeito aos delitos cometidos contra mulher por razões da condição de sexo feminino.

Nesses casos, estão incluídos aqueles delitos que são cometidos contra as mulheres, pela sua própria condição de mulher, em que se pretende uma diminuição, uma coisificação da mulher, como se fosse um objeto disponível[104].

---

101 É útil, também, o conceito de âmbito familiar, estabelecido pelo no art. 5º, inciso II: "II – no âmbito da família, compreendida como a comunidade formada por indivíduos que são ou se consideram aparentados, unidos por laços naturais, por afinidade ou por vontade expressa;"

102 Uma vez mais, importantíssimo invocar as definições trazidas pela Lei Maria da Penha (Lei n. 11.340/06), ainda que se refira apenas à violência contra mulher: "Art. 7º São formas de violência doméstica e familiar contra a mulher, entre outras: I – a violência física, entendida como qualquer conduta que ofenda sua integridade ou saúde corporal; II - a violência psicológica, entendida como qualquer conduta que lhe cause dano emocional e diminuição da autoestima ou que lhe prejudique e perturbe o pleno desenvolvimento ou que vise degradar ou controlar suas ações, comportamentos, crenças e decisões, mediante ameaça, constrangimento, humilhação, manipulação, isolamento, vigilância constante, perseguição contumaz, insulto, chantagem, violação de sua intimidade, ridicularização, exploração e limitação do direito de ir e vir ou qualquer outro meio que lhe cause prejuízo à saúde psicológica e à autodeterminação; III – a violência sexual, entendida como qualquer conduta que a constranja a presenciar, a manter ou a participar de relação sexual não desejada, mediante intimidação, ameaça, coação ou uso da força; que a induza a comercializar ou a utilizar, de qualquer modo, a sua sexualidade, que a impeça de usar qualquer método contraceptivo ou que a force ao matrimônio, à gravidez, ao aborto ou à prostituição, mediante coação, chantagem, suborno ou manipulação; ou que limite ou anule o exercício de seus direitos sexuais e reprodutivos; IV – a violência patrimonial, entendida como qualquer conduta que configure retenção, subtração, destruição parcial ou total de seus objetos, instrumentos de trabalho, documentos pessoais, bens, valores e direitos ou recursos econômicos, incluindo os destinados a satisfazer suas necessidades; V – a violência moral, entendida como qualquer conduta que configure calúnia, difamação ou injúria." Sobre essas formas de violência, cf.: CUNHA, Rogério Sanches; PINTO, Ronaldo Batista. Violência Doméstica – Lei 11.340/2006, in Leis Penais Especiais, comentadas artigo por artigo. Rogério Sanches Cunha, Ronaldo Batista Pinto e Renee do Ó Souza (orgs.), 2a ed. Salvador: Juspodivm, 2019, pp. 1779 e ss.

103 Sobre alguns desses delitos, cometidos contra mulheres, cf.: BIANCHINI, Alice; BAZZO, Mariana; CHAKIAN, Silvia. Crimes contra Mulheres: Lei Maria da Penha, Crimes Sexuais e Feminicídio. Salvador: Juspodivm, 2019, pp. 75 e ss.

104 NÚÑEZ CASTAÑO, Elena. La violencia doméstica en la legislación española: especial referencia al delito de maltrato habitual (art. 173 del Código Penal), in REJ – Revista de Estudios de la Justicia – Nº 12 – Año 2010, p. 104.

Obviamente que esses delitos contra a mulher, com muita frequência, são cometidos no âmbito doméstico e familiar (o que faria incidir já a vedação anterior). No entanto, não é raro que a violência de gênero seja cometida, também, no âmbito laboral, escolar ou qualquer outro meio social[105], o que justifica que o legislador aqui tenha acrescentado esse requisito, não limitando a vedação para os crimes cometidos no contexto doméstico ou familiar.

É importante frisar, ademais, que a vedação com relação às práticas delitivas contra mulher, em razão do sexo feminino, não se aplica apenas aos crimes cometidos com violência (física, psicológica, sexual ou moral), mas também àqueles praticados sem violência, o que constitui mais uma diferença em relação requisito previsto na primeira parte do inciso IV, § 2º, art. 28-A, do Código de Processo Penal (violência doméstica e familiar).

6) Quando não for caso de arquivamento (CPP, art. 28-A, *caput*; Res. 181/17-CNMP, art. 18, § 2º):

Outro requisito trazido pelo caput do art. 28-A, do Código de Processo Penal é o de que – para que se possa propor e celebrar o acordo de não persecução – a investigação criminal (seja IP, PIC, CPI ou outros elementos de informação) já deve estar madura para o oferecimento da denúncia. É dizer, devem estar plenamente preenchidas as condições da ação penal. Assim, deve existir a aparência de prática de um crime (*fumus comissi delicti*), deve existir legitimidade de parte (ou seja, a ação deve ser penal pública), a punibilidade concreta deve estar preservada (não pode estar, por exemplo, prescrita a pretensão acusatória) e também deve estar presente a justa causa, consubstanciada por elementos informativos e probatórios mínimos que emprestem amparo empírico para o oferecimento de denúncia.

Veja-se que esta última condição de ação – a justa causa – deve merecer uma especial atenção no momento da celebração do acordo de não persecução. Isso porque – e é fundamental que isso fique bem claro – o acordo de não persecução não se presta como instrumento de obtenção da justa causa para a investigação. Somente cabe o acordo, quando já existir a justa causa, amparada em uma base factual investigativa, e quando não for o caso de arquivamento da investigação criminal[106].

Além disso, devem estar preenchidos os eventuais pressupostos processuais aplicáveis na espécie, como, por exemplo, a representação do ofendido ou requisição do Ministro da Justiça, quando for esse o caso (CPP, art. 395, II).

b) **Requisitos subjetivos do acordo de não persecução penal:** Além dos objetivos, o art. 28-A, CPP, estabelecem requisitos subjetivos, que devem ser cumpridos para o cabimento do acordo de não persecução penal:

1) Quando investigado for reincidente ou houver elementos probatórios que indiquem conduta criminal habitual, reiterada ou profissional, exceto se insignificantes as infrações penais pretéritas (CPP, art. 28-A, § 2º, II):

Essas proibições (ou requisitos subjetivos) previstas no inciso II, § 2º, do art. 28-A do Código de Processo Penal podem ser divididas em duas: **(a)** não ser o investigado reincidente: e **(b)** não realizar o investigado as condutas de forma habitual, reiterada ou profissional (salvo se insignificantes as pretéritas).

105 NÚÑEZ CASTAÑO, Elena. La violencia doméstica en la legislación española: especial referencia al delito de maltrato habitual (art. 173 del Código Penal), in REJ – Revista de Estudios de la Justicia – Nº 12 – Año 2010, p. 105.

106 O comitê de ministros do Conselho da Europa, em setembro de 1987, adotou a recomendação n. R (87), sobre a simplificação da Justiça Penal, recomendando a adoção do princípio da oportunidade. Sem embargo, preconizou-se que a decisão de renunciar à ação penal somente deve ser adotada quando existirem indícios suficientes da culpabilidade do agente. Cf.: BARJA DE QUIROGA, Jacobo López. *Tratado de Derecho Procesal Penal*, vol. I, 6ª ed. Cizur Menor: Aranzadi, 2014, p. 480.

(a) Com relação à vedação da **reincidência**, não existe muita polêmica, bastando avaliar se a conduta do investigado foi cometida no prazo de até 05 (cinco) anos depois do trânsito em julgado de sentença penal condenatória, no país ou exterior, conforme preconiza o art. 65 do Código Penal.

Assim, caso o crime que se pretende celebrar o ANPP tenha sido praticado nesse espaço de tempo, não preencherá o investigado o requisito subjetivo do art. 28-A, § 2º, II, primeira parte, do Código de Processo Penal.

É importante consignar que essa reincidência não precisa ser específica, uma vez que silente o legislador e considerando que se afigura legítima a utilização desse critério político-criminal para o impedimento do acordo. Afinal, o que se pretende com o ANPP, dentre outras coisas, é dar-se uma oportunidade para aqueles que se envolveram, pela primeira vez, em práticas delitivas.

Ademais, não basta simplesmente que o acusado esteja respondendo a outro processo (como ocorre, por exemplo, na suspensão condicional do processo), devendo estar configurada tecnicamente a reincidência.

(b) Já o segundo critério, estipulado pela segunda parte inciso II, § 2º, do art. 28-A do Código de Processo Penal, veda a celebração do acordo para "*se houver elementos probatórios que indiquem conduta criminal habitual, reiterada ou profissional, exceto se insignificantes as infrações penais pretéritas*".

Do exame desse dispositivo, é possível ver que existem três elementos que devem ser considerados:

(i) conduta habitual, reiterada ou profissional: Aqui o legislador pretendeu – como fez no caso da reincidência – vedar a aplicação do instituto do ANPP para aqueles já vêm se envolvendo em práticas ilícitas. Para tanto, lança mão dos conceitos de **habitual** (prática constante e costumeira de ilícitos, não bastando um único crime anterior, devendo, portanto, essa prática criminosa fazer parte da forma de vida do agente – ainda que não necessariamente há longo período de tempo); **reiterada** (repetida, cometida mais de uma vez – aqui é suficiente uma única prática criminosa anterior) e **profissional** (quando o agente comete o delito de forma organizada e aperfeiçoada – o que conta não é o número de infrações, mas o modo com que ela é cometida)[107].

Veja-se que a habitualidade e a reiteração não precisam necessariamente se referir ao mesmo delito ou a delitos da mesma espécie. Isso porque, não é possível extrair essa exigência do texto legal[108].

(ii) existência de elementos probatórios: Esses elementos probatórios de que a prática é habitual, reiterada e profissional são extraídos da própria investigação, podendo ser constituídas por certidão de antecedentes (sobre a existência de outras investigações ou processos penais), complementadas por testemunhos nesse sentido). Aqui, portanto, deve existir elementos probatórios mínimos a indicar que o agente pratica de forma habitual, reiterada ou profissional

107 Nesse sentido, confira-se, por exemplo, o seguinte julgado do STF: "Na linha de entendimento firmado pelo Plenário do Supremo Tribunal Federal, a aferição da insignificância como requisito negativo da tipicidade envolve um juízo de tipicidade conglobante, muito mais abrangente que a simples expressão do resultado da conduta. Importa investigar o desvalor da ação criminosa em seu sentido amplo, de modo a impedir que, a pretexto da insignificância apenas do resultado material, acabe desvirtuado o objetivo a que visou o legislador quando formulou a tipificação legal." (STF - HC 133226 AgR, Relator(a): TEORI ZAVASCKI, Segunda Turma, julgado em 29/03/2016, PROCESSO ELETRÔNICO DJe-082 DIVULG 27-04-2016 PUBLIC 28-04-2016).

108 O texto do inciso II, do § 2º, do art. 28-A, CPP, fala em "conduta criminal habitual, reiterada ou profissional". Na 1a edição deste livro, defendi que era necessário que a habitualidade ou reiteração fossem do mesmo delito ou de delitos da mesma espécie. Sem embargo, refletindo melhor sobre o tema, não vejo como extrair essa exigência do texto legal.

os delitos. Deve existir justa causa nesse sentido. A exigência dessa justa causa sobre a habitualidade, reiteração ou profissionalismo é em grau semelhante à justa causa para o oferecimento da denúncia, uma vez que o exame é feito – pela própria natureza da investigação criminal – por meio de um juízo de cognição sumária. Veja-se, que nesse sentido, o mais adequado seria falar em elementos de informação e não em elementos probatórios, que somente são obtidos na fase do processo penal.

(iii) salvo quando forem insignificantes: Aqui o legislador abriu uma exceção à vedação da realização de ANPP para aqueles que comentam delitos de maneira habitual, reiterada ou profissional. É dizer, quando as infrações antecedentes forem consideradas como insignificantes (é dizer, apesar de dotadas de tipicidade formal, não importarem em relevante violação aos bens jurídicos tutelados) não incidirá a proibição do acordo.

Aqui, porém, o legislador acabou utilizando-se de expressões contraditórias. Se houve infração penal pretérita, em princípio, não há que se falar em insignificância, uma vez, para ser delito, a conduta deve ser típica, antijurídica e culpável. E, portanto, se incide a insignificância, não há infração penal, por falta de tipicidade conglobante, conforme preconiza nossa jurisprudência[109].

Uma primeira interpretação dessa cláusula de exceção seria no sentido de evitar-se o uso de condutas anteriores, em que seja possível aplicar o princípio da insignificância.

Desse modo, por exemplo, se uma pessoa é presa furtando um aparelho de som de uma loja de departamentos e sobrevierem informações no sentido de que, esse mesmo agente, por outras três vezes, já havia subtraído bombons da mesma loja de departamento, ainda assim, será possível fazer o ANPP para esse crime de furto do aparelho, uma vez que as infrações anteriores, que caracterizaram a reiteração, foram insignificantes. Ou, para utilizar as palavras da lei, não há vedação, quando "insignificantes as infrações penais pretéritas".

Fazendo-se uma interpretação um pouco mais ampla dessa cláusula de exceção, seria possível descartar eventuais infrações anteriores, que, em princípio vedariam o ANPP, quando elas sejam de escassa gravidade, mesmo quando não incidente o princípio da insignificância. Isso poderia ser aplicável, por exemplo, nos delitos com baixa culpabilidade ou com baixa gravidade do injusto. Aqui, poderia se imaginar que uma infração antecedente fosse relativa a um crime de furto privilegiado (CP, art. 151, § 1º). Nesta hipótese, também, haveria um certo grau de espaço interpretativo do Membro do Ministério Público para considerar ou não como insignificante as infrações pretéritas[110].

---

109 Essa modalidade de considerações, a respeito da carreira criminal do agente, não são propriamente uma novidade e são adequadamente utilizadas em outros sistemas, com o intuito de beneficiar tão somente aqueles que não tenham outros envolvimentos criminais. Nesse sentido, veja-se o que afirma TEIXEIRA, no contexto português: "Outro ponto programático é a optimização da reacção político-criminal centrada na perspectiva do agente. Esta formulação conduz à consideração do 'início de carreira delinquente' (indivíduo ainda não socialmente perigoso), a quem deve assegurar-se as mais amplas oportunidades (sem que tal signifique um 'amolecimento' dos valores jus-penais); e, inversamente, 'contrariar a tendência para a delinquência' de quem reincide". TEIXEIRA, Carlos Adérito. Princípio da Oportunidade – manifestações em sede processual penal e sua conformação jurídico-penal. Coimbra: Almedina, 2000, p. 37. Ademais, cumpre consignar que o não oferecimento do ANPP com base no fato de o investigado já responder a outros processos penais não vulnera o princípio da presunção de inocência, conforme já assentou o Superior Tribunal de Justiça em situação semelhante (para a SCP): "AGRAVO REGIMENTAL EM HABEAS CORPUS. SUSPENSÃO CONDICIONAL DO PROCESSO. PACIENTE QUE RESPONDE A OUTROS PROCESSOS. AGRAVO REGIMENTAL DESPROVIDO. 1. A jurisprudência consolidada do Superior Tribunal de Justiça é no sentido de que o fato de o réu estar respondendo a outros processos criminais justifica, nos termos do art. 89 da Lei n. 9.099/95, o não oferecimento da proposta de suspensão condicional do processo, sem que isso viole o direito fundamental à presunção de inocência. Agravo regimental desprovido." (STJ - AgRg no RHC 43.755/ES, Rel. Ministro JOEL ILAN PACIORNIK, QUINTA TURMA, julgado em 13/09/2016, DJe 23/09/2016).

110 O CNPG (Conselho Nacional de Procuradores Gerais) editou o enunciado n. 21, que dispõe o seguinte: "Não caberá o acordo de não persecução penal se o investigado for reincidente ou se houver elementos probatórios que indi-

2) Quando o agente já tiver se beneficiado, nos cinco anos anteriores à infração, em acordo de não persecução penal, transação penal ou suspensão condicional do processo (CPP, art. 28-A, § 2º, III):

Outra vedação à celebração do acordo de não persecução penal, que constitui requisito subjetivo, é a prevista no inciso III, do § 2º, do art. 28-A, do Código de Processo Penal e que, também, tem inspiração político-criminal no sentido de não conceder o benefício do ANPP caso o investigado, anteriormente, já tenha gozado de instituto consensual que evita a instauração ou prosseguimento do processo penal. É dizer, veda-se a possibilidade da realização do ANPP para aqueles que, nos cinco anos anteriores à infração, já tenha sido beneficiado por acordo de não persecução, transação penal ou suspensão condicional do processo.

O termo a quo desse prazo deve ser – não a data da infração anterior ou da extinção da sua punibilidade – mas o dia em que o acordo de não persecução for homologado (CPP, art. 28-A, § 6º), na data da "aplicação da pena" decorrente da transação penal (leia-se: homologação da transação penal – Lei n. 9.099/95, art. 76, § 4º) e na suspensão condicional do processo, no dia em que o juiz suspender o processo, submetendo o acusado ao período de prova (Lei n. 9.099/95, art. 89, § 1º),

c) **Condições que devem ser estabelecidas no acordo de não persecução penal:** Uma vez preenchidos os requisitos objetivos e subjetivos, poderá ser celebrado o acordo de não persecução.

A Resolução e a Lei, porém, estabelecem condições para que se possa ter como válido o acordo. São elas:

1) Confissão formal e circunstanciada da prática do delito (CPP, art. 28-A, *caput*; Res. 181/17-CNMP, art. 18-A):

Deverá o investigado confessar integralmente a prática do crime que está sendo apurado. Essa confissão deverá se dar na presença do Membro do Ministério Público, o investigado deverá estar acompanhado do seu defensor e ela deve ser devidamente registrada em áudio e vídeo.

A confissão, ademais, não deve ser algo magro, simplesmente confirmando o objeto da investigação. Deve ser algo detalhado, estando acompanhada de narrativa coerente e convincente, com o objetivo de empregar boas razoes e segurança no sentido da sua veracidade.

Essa confissão tem dois aspectos que a tornam importante.

O primeiro é que – sendo ela crível e detalhada – apresenta ao Membro do Ministério Público fundamentos robustos no sentido de que – ao celebrar-se o acordo – não se está a praticar uma injustiça contra um inocente. Essa confissão reforça a justa causa que já existia para o oferecimento da denúncia, dando seriedade a atuação consistente na realização do acordo. Dá também ao advogado a devida tranquilidade de que, ao orientar o seu cliente ou assistido pela realização do acordo, não está fazendo uma má orientação jurídica. Muito pelo contrário, está orientado que ele siga uma via menos gravosa e mais benéfica do que responder pelo delito em um processo penal, no qual exista uma alta probabilidade de ser condenado.

O segundo aspecto importante é que fornece ao Ministério Público – em caso de descumprimento do acordo – um importante elemento de informação, que pode servir como corroborador das provas produzidas em contraditório (CPP, art. 155), como fonte de informação

---

quem conduta criminal habitual, reiterada ou profissional, exceto se insignificantes as infrações penais pretéritas, entendidas estas como delitos de menor potencial ofensivo." Apesar de ser uma interpretação válida, me parece, que não há que se confundir infração de menor potencial ofensivo, com infração insignificante. Há delitos que são de competência do juizado que podem ter uma relevante gravidade do injusto ou culpabilidade, como, por exemplo, alguém que agride violentamente a outro, que fica incapacitado para ocupações habituais por 25 dias. Me parece altamente reprovável a conduta. Sem embargo, como já dito, essas disparidades interpretativas decorrem da péssima redação do dispositivo em comento.

para busca de novos elementos probatórios e também como elemento de contraste em relação a eventuais depoimentos aparentemente falsos prestados no processo penal, caso, obviamente, ocorra o descumprimento.

É importante frisar, porém, que essa confissão formal e circunstanciada somente poderá ser utilizada no processo penal, caso seja o acordo homologado e caso exista o descumprimento do acordo, levando o Ministério Público a oferecer denúncia.

Na hipótese de o acordo não ser homologado, volta-se ao *status quo ante*, não sendo possível, por força do princípio da lealdade e moralidade administrativa, o seu uso em prejuízo do investigado.

Por outro lado, obviamente, caso tenha sido o acordo homologado e posteriormente descumprido, poderá legitimamente ser ele utilizado no processo penal. Isso porque, uma das finalidades do acordo é precisamente essa: a contrapartida do investigado pelo fato de o MP abrir mão do exercício da ação penal, é consubstanciada pela apresentação, ao órgão de execução, de um forte elemento de informação: a sua confissão extrajudicial.

Se assim não fosse, não haveria praticamente nenhuma consequência ao investigado em descumprir o acordo. Só teria ele ganhado tempo e atrapalhado o curso natural da persecução penal, sem qualquer ônus ou desvantagem no processo penal. O acordo aqui, evidentemente, pressupõe que cada uma das partes abra mão de alguma coisa. O MP abre mão do exercício da ação penal, o investigado entrega a confissão formal e circunstanciada.

2) Reparar o dano ou restituir a coisa à vítima, salvo impossibilidade de fazê-lo (CPP, art. 28, *caput;* Res. 181/17-CNMP, art. 18, § 4º):

Talvez esse seja uma das condições mais importantes do acordo de não persecução penal, uma vez que dá voz e vez à vítima na persecução penal, reforçando o forte movimento atual de redescobrimento da vítima. É certo que a pretensão de Justiça que deve ser ínsita a toda a persecução penal não é realizada a plenos pulmões sem a devida atenção à vítima, que se dá de uma forma bastante relevante por meio da reparação do dano.

Sempre que possível, na delegacia ou no próprio momento da celebração do acordo, é fundamental que se indague a vítima qual foi o prejuízo causado a ela (e as razões que a levam a concluir por esse prejuízo), como ela entende que deve ser feita essa reparação e, também, como seria a melhor forma de pagamento ou reparação (v.g. depósito em conta corrente, devolução do bem e em que local isso deve ocorrer). Nesse sentido, inclusive, é a redação do § 2º, IV, do art. 18 da Resolução 181/17-CNMP, que preconiza que: "para o cumprimento das providências indicadas nos incisos anteriores o órgão de execução ministerial poderá requisitar à Autoridade Policial responsável pela investigação que traga aos autos, documentalmente, elementos de convicção que permitam estimar o dano suportado pela vítima e a capacidade econômica do investigado, sem prejuízo de a própria vítima complementar ou modificar tal documentação antes da celebração do acordo com o investigado".

Ademais, referida Resolução prevê expressamente a necessidade de intimação da vítima para comparecer à audiência ministerial de celebração do ANPP (CNMP, art. 18, § 2º, I).

Todos esses aspectos deverão ser tomados em conta pelo Membro do MP no momento da celebração do acordo e, sempre que razoáveis e adequados, devem ser atendidos pelos Promotores de Justiça.

3) Renunciar voluntariamente a bens e direitos, indicados pelo Ministério Público como instrumentos, produto ou proveito do crime (CPP, art. 28-A, II):

Pretende-se com essa condição resolver a questão relativa à destinação dos instrumentos, produto ou proveito do crime, de forma a evitar que simplesmente esses bens permaneçam apreendidos sem destino certo. Ademais, essa condição agiliza sobremaneira a reparação da vítima, complementando assim a condição anterior.

4) Prestar serviço à comunidade ou a entidades públicas por período correspondente à pena mínima cominada ao delito diminuída de um a dois terços, em local a ser indicado pelo juízo da execução (CPP, art. 28-A, III):

Essa condição constitui a medida a ser cumprida pelo investigado como forma de reprovação de sua conduta e, principalmente, de prevenção. Aqui não há imposição, mas simples concordância do investigado em cumpri-las, além do que não é possível inserir nenhuma medida que caracterize direito indisponível do investigado (como, por exemplo, é a liberdade).

Ademais, o parâmetro a ser utilizado para a fixação do período de prestação a serviço a comunidade é sempre a pena mínima cominada ao delito (diminuída de um a dois terços).

Essa diminuição deverá ser feita de acordo com a gravidade do injusto investigado e do grau de reprovabilidade (culpabilidade) da conduta do agente.

A diminuição, uma vez mais, constitui uma situação mais benéfica ao investigado, como forma de incentivo para optar pela opção consensual.

5) Pagar prestação pecuniária, a ser estipulada nos termos do art. 45 do Código Penal, a entidade pública ou de interesse social a ser indicada pelo Ministério Público, devendo a prestação ser destinada preferencialmente àquelas entidades que tenham como função proteger bens jurídicos iguais ou semelhantes aos aparentemente lesados pelo delito (CPP, art. 28-A, IV):

A medida de reprovação da conduta e prevenção de novos delitos, também, pode ser dar por meio de prestação pecuniária. A vantagem da prestação pecuniária em relação à prestação de serviço é que torna mais fácil e célere a verificação do seu cumprimento. Sem embargo, ela é menos efetiva desde uma perspectiva preventiva, uma vez a prestação do serviço muitas vezes impõem uma maior reflexão ao investigado e, portanto, uma maior força preventiva.

Veja-se que, ao contrário da Resolução, a Lei estabeleceu que será o Juiz da Execução quem indicará a entidade beneficiária da prestação pecuniária, o que é altamente criticável, pois, ao fim e ao cabo, o juiz acaba interferindo nas cláusulas do acordo de não persecução, mesmo sem ser parte na avença.

Ademais, a normativa traz uma orientação no sentido de que essa prestação pecuniária deva ser direcionada, sempre que possível, a entidades que tutelem os mesmos bens jurídicos protegidos pelo crime em tese praticado, fortalecendo, portanto, uma vez mais, a função preventiva do acordo de não persecução.

6) Cumprir outra condição estipulada pelo Ministério Público, desde que proporcional e compatível com a infração penal aparentemente praticada: (CPP, art. 28-A, V):

Se o caso concreto recomendar, é perfeitamente possível que seja estipulada, em conjunto com o investigado e seu defensor, outra medida que seja mais adequada, proporcional e compatível com a infração penal aparentemente praticada, deixando, portanto, para o âmbito de disponibilidade do agente, a fixação de outras medidas não previstas na resolução.

SOBRE A APLICAÇÃO PRÁTICA DO ACORDO DE NÃO PERSECUÇÃO

Além dos requisitos e condições acima expostos, também parece ser relevante fazer uma abordagem, ainda que bastante superficial, a respeito de algumas dúvidas práticas que podem surgir com a aplicação do novo instituto, que será feita nos seguintes tópicos:

a) **Acordo e homologação judicial:**

O art. 28-A do Código de Processo Penal acabou optando por estabelecer, como condição de eficácia do acordo de não persecução penal, que a avença seja devidamente homologada pelo Poder Judiciário.

Essa escolha legislativa reforça a marca publicista do acordo, realçando que os interesses em jogo não são meramente privados e têm transcendência pública.

Obviamente que a presença do Ministério Público, titular da ação penal pública (CR, art. 129, I), como uma das partes integrantes do negócio jurídico extrajudicial, com o seu dever de objetividade e de observância aos princípios da administração pública (CR, art. 37), já davam uma marca bastante forte do interesse público.

Essa homologação constitui um pressuposto legal de eficácia do acordo, de modo que ele somente começa a surtir efeitos depois do ato judicial.

Ela deve ocorrer em audiência designada para tanto, oportunidade em que o juiz verificará a legalidade e voluntariedade do acordo (CPP, art. 28-A, § 4º).

Ademais, o Juiz poderá fiscalizar se o acordo foi insuficiente, abusivo ou inadequado (sempre tendo em vista o parâmetro normativo do art. 28-A, CPP), caso em que poderá devolver os autos ao MP, para eventual adequação do acordo, nos termos do § 8º, do art. 28-A, CPP, que estabelece *que "o juiz devolverá os autos ao Ministério Público para a análise da necessidade de complementação das investigações ou o oferecimento da denúncia"*.

É importante frisar, sem embargo, que, para que o controle judicial seja constitucional, o juiz somente poderá analisar a adequação do acordo sob as lentes da legalidade, fazendo o juízo sobre se houve adequação ou não ao figurino legal, hipóteses em que ele pode deixar de homologar o acordo.

No entanto, caso exista divergência com relação ao âmbito de negociação do acordo e à titularidade da ação penal – escolha e conteúdo das cláusulas, percentual de diminuição, *opinio delicti* com relação aos crimes cometidos – a única providência que o magistrado poderá tomar é invocar a instância revisional, dentro do próprio Ministério Público, que terá a palavra final. Jamais poderá se substituir às partes, para sentar-se à mesa de negociação e estabelecer concretamente as cláusulas do negócio jurídico.

Veja-se que poderão as partes celebrantes interpor recurso em sentido estrito, contra a decisão que deixar de homologar o acordo de não persecução penal, nos termos do art. 581, inciso XXV do Código de Processo Penal[111].

Caso o juiz indefira a homologação do acordo, com base em questões atinentes ao mérito da cláusula e relativas à opinio delicti e seus desdobramentos, sem enviar os autos à instância de revisão ministerial, caberá a interposição de correição parcial[112].

b) Acordo e ação penal privada subsidiária da pública:

Deve-se deixar, ademais, bem claro que a celebração do acordo não autoriza o ajuizamento de ação penal subsidiária da pública, uma vez que *"o pressuposto dessa ação penal é a inércia do MP"*[113] e o acordo constitui um claro impulso (ação) do Ministério Público e ele encontra-se

111 "Art. 581. Caberá recurso, no sentido estrito, da decisão, despacho ou sentença: (...) XXV – que recusar homologação à proposta de acordo de não persecução penal, previsto no art. 28-A desta Lei."

112 Nesse sentido, existem julgados que determinavam a remessa dos autos ao Procurador-Geral de Justiça, mesmo quando o ANPP era previsto apenas na Resolução do CNMP, verbis: "CORREIÇÃO PARCIAL. ACORDO DE NÃO-PERSECUÇÃO PENAL. NÃO HOMOLOGAÇÃO. APLICAÇÃO ANALÓGICA DO ARTIGO 28 DO CÓDIGO DE PROCESSO PENAL. POSSIBILIDADE. CORREIÇÃO PARCIAL JULGADA PROCEDENTE". (TJPR – 2ª C.Criminal – 0006144-97.2019.8.16.0035 – São José dos Pinhais – Rel.: Desembargador Laertes Ferreira Gomes – J. 21.11.2019); "CORREIÇÃO PARCIAL. ACORDO DE NÃO PERSECUÇÃO CRIMINAL EFETUADO ENTRE O MINISTÉRIO PÚBLICO E AS PARTES. DISCORDÂNCIA DO MAGISTRADO SINGULAR. NECESSIDADE DE OBSERVAR A REGRA PREVISTA NO ARTIGO 28 DO CÓDIGO DE PROCESSO PENAL. CORREIÇÃO PARCIAL CONHECIDA E PARCIALMENTE PROVIDA." (TJPR – 2ª C.Criminal – 0050501-73.2019.8.16.0000 – Colorado – Rel.: Desembargador José Carlos Dalacqua – J. 17.10.2019).

113 SUPREMO TRIBUNAL FEDERAL – RE 274115 AgR, Relator(a): Min. ELLEN GRACIE, Segunda Turma, julgado em 12/08/2003, DJ 19-09-2003 PP-00027 EMENT VOL-02124-05 PP-01059.

previsto expressamente em resolução do CNMP, que disciplina a atuação da Instituição, máxime em existindo – como agora é pressuposto – homologação judicial do acordo.

Por essas razões é que, nesses casos, o requisito da omissão, para que se autorize a adoção dessa medida de exceção à titularidade da ação penal pública pelo Ministério Público, não está preenchido.

c) ANPP e o cumprimento dos atos processuais:

Uma questão que tem grande transcendência prática – e que gerou bastante preocupação durante o período que em que somente havia a resolução para embasar o acordo de não persecução penal – é a sobre a quem compete realizar os atos processuais e extraprocessuais de comunicação para a realização do acordo de não persecução penal e para a fiscalização do seu cumprimento.

A esse respeito, é certo que a Resolução n. 181/17-CNMP indicou como centro de gravidade para a realização desses atos o Ministério Público (até porque é a instituição vinculada ao CNMP).

Sem embargo, o art. 28-A do Código de Processo Penal, em vez de manter essa centralidade ministerial, acabou optando por deslocar o eixo de tramitação desses atos do Ministério Público para o Poder Judiciário.

Desse modo, todos os atos de comunicação, notificação, intimação das partes, da vítima, das entidades e outras diligências necessárias para celebrar e fazer cumprir o acordo de não persecução penal devem ficar sob a responsabilidade do Poder Judiciário, mesmo na fase pré-processual (como já ocorre, por exemplo, e com altíssima frequência, nas audiências previstas no art. 16 da Lei Maria da Penha)[114].

Assim, antes de celebrar o acordo, a competência é do juízo vinculado ao Juiz de Garantias e, depois de homologado o acordo, competirá ao Juiz de Execuções Penais realizar esses atos.

Aqui, como já dito, o legislador optou pela solução mais pragmática, utilizando-se das estruturas já existentes no Poder Judiciário, com o objetivo de viabilizar rapidamente a implementação do ANPP, além de preservar uma certa tradição em nosso sistema de atribuir-se ao Poder Judiciário essas funções, como já ocorre nos Juizados Especiais Criminais.

d) Acordo e audiência de custódia:

Originariamente, o § 7º do art. 18 da Resolução n. 181/17 estabelecia *que "O acordo de não persecução poderá ser celebrado na mesma oportunidade da audiência de custódia"*.

Essa norma foi revogada pela Resolução n. 289/24-CNMP. Da mesma forma, não há previsão semelhante no art. 28-A do Código de Processo Penal. No entanto, nada impede a realização do acordo de não persecução penal na oportunidade da audiência de custódia.

Isso porque, além de não existir uma norma explícita vedando tal realização, tal possibilidade permite que o Ministério Público aproveite a presença física do investigado e – em ato separado da audiência de custódia, mas na mesma oportunidade – eventualmente propor e celebrar o acordo, economizando-se, assim, recursos públicos, além de dinamizar e agilizar, ainda mais, o procedimento consensual, evitando-se a realização de novos atos de comunicação.

Em suma, depois de realizada a audiência de custódia, com o encerramento da ata e assinatura, o Ministério Público, se for o caso, apresentaria proposta para a realização do acordo de não persecução penal, que, caso acolhida, seria realizado logo na sequência.

114 *Essa é a posição do Superior Tribunal de Justiça: "Não há exigência legal de que o réu seja intimado pessoalmente a respeito do oferecimento de acordo de não persecução penal. Uma vez proposto o ANPP pelo órgão acusatório, cabe ao juízo comunicar ao denunciado, para que se manifeste sobre o interesse em firmar o acordo - o que foi feito na situação em análise". (STJ - AgRg no HC n. 906.770/RS, relator Ministro Rogerio Schietti Cruz, Sexta Turma, julgado em 2/9/2024, DJe de 4/9/2024.)*

De tal maneira, não deverá o acordo ser proposto no mesmo ato jurídico da audiência de custódia (mesmo porque, nesse ato específico, não se pode realizar perguntas sobre o mérito do caso penal, v.g., art. 8º, IX e § 2º, da Res. 213/15-CNJ), mas sim, como dito, logo depois desse ato.

Veja-se que, inclusive, uma vez celebrado o acordo, já na mesma oportunidade poderia ele ser submetido ao Juiz, que já poderia, também, realizar a audiência prevista no § 4º, do art. 28-A, CPP, e verificado o preenchimento dos requisitos objetivos, subjetivos e os pressupostos de existência e validade, já poderia o juiz homologar o acordo. Tudo isso de forma célere e concentrada.

DA CONCLUSÃO E DO ARQUIVAMENTO DO PROCEDIMENTO INVESTIGATÓRIO CRIMINAL (PIC)

Art. 19. Se o membro do Ministério Público responsável pelo inquérito policial, procedimento investigatório criminal ou quaisquer elementos informativos de natureza criminal, se convencer da inexistência de fundamento para a propositura de ação penal pública, nos termos do art. 17, decidirá fundamentadamente pelo arquivamento dos autos.

§ 1º Decidido pelo arquivamento do inquérito policial, do procedimento investigatório criminal ou de quaisquer elementos informativos de natureza criminal, o membro do Ministério Público adotará as providências necessárias para comunicar ao juízo competente, à vítima, ao investigado e à autoridade policial.

§ 2º Os bens apreendidos, vinculados a inquéritos policiais, a procedimento investigatório criminal ou de quaisquer elementos informativos de natureza criminal que tenham sido arquivados devem ter a destinação prevista em lei.

Art. 19-A. Após a comunicação ao juízo competente, a decisão de arquivamento será comunicada, preferencialmente por meio eletrônico, às vítimas ou a seus representantes legais, conforme o art. 28, § 1º, do Código de Processo Penal, bem como aos investigados e à autoridade policial, dentro do prazo de 5 (cinco) dias.

§1º No caso de morte da vítima por fatos sem nexo de causalidade com o crime, a ciência será dada ao cônjuge, companheiro ascendente, descendente ou irmão.

§2º Nos crimes praticados em detrimento de entes federativos, a comunicação deverá ser dirigida à chefia do órgão a quem couber a sua representação judicial, nos termos do artigo 28, § 2º, do Código de Processo Penal.

§3º Estando o investigado preso, a comunicação ao juízo competente deverá ser feita no prazo de 24 (vinte e quatro) horas, sem prejuízo do requerimento de revogação da prisão.

§ 4º Não sendo localizada a vítima e/ou investigado, a comunicação poderá feita por edital no Diário Oficial do Ministério Público, na forma de regulamentação própria.

§5º No caso de procedimentos investigativos que não sejam conduzidos por autoridade policial, é dispensável a ciência aos respectivos condutores da investigação.

§ 6º Apresentado, no prazo legal, pela vítima ou seu representante legal o pedido de revisão, que independe de representação por defesa técnica, previsto nos § 1º e §2º do art. 28 do CPP, o membro do Ministério Público deverá remetê-lo, caso não haja reconsideração no prazo de 5 (cinco) dias, ao órgão superior para apreciação, no prazo de 10 (dez) dias, independentemente de a decisão estar em conformidade com súmula, enunciado ou orientação editada pela instância de revisão ministerial.

§7º Havendo provocação pelo juízo competente para revisão da decisão de arquivamento, em caso de teratologia ou patente ilegalidade, o membro do Ministério Público poderá exercer o juízo de retratação, no prazo de 5 (cinco) dias, contado da ciência. Não havendo retratação, o membro do Ministério Público aguardará o fim do prazo para interposição de recurso pela vítima para encaminhar os autos à instância de revisão.

§ 8º Em caso de retratação pelo membro do Ministério Público, a vítima deverá ser comunicada, no prazo de 5 (cinco) dias.

Art. 19-B. Havendo provocação ao órgão de revisão ministerial, se esta homologar a decisão de arquivamento, determinará o retorno dos autos ao juízo competente para os fins de direito.

Art. 19-C. Rejeitada a homologação pelo órgão de revisão ministerial, será designado outro membro do Ministério Público para a adoção de uma das seguintes providências:

I – requisição de diligências úteis e necessárias para a instrução do caso;

II – propositura de acordo de não persecução penal;

III – ajuizamento da ação penal.

Art. 19-D. O órgão de revisão ministerial poderá constituir jurisprudência própria, em súmulas, enunciados e orientações, notadamente em matérias repetitivas, cujo conteúdo servirá de fundamento para a decisão de arquivamento pelos órgãos de execução, bem como para estabelecer uma diretriz político-criminal no âmbito de cada Ministério Público.

Art. 19-E. Aplicam-se as disposições acima no caso de arquivamento parcial, que se refere a alguns fatos e/ou investigados do procedimento investigatório.

Art. 19-F. O estabelecido nos dispositivos anteriores é aplicável para todos os casos de arquivamento de inquérito policial ou procedimento investigatório criminal ou de quaisquer elementos informativos da mesma natureza previstos na legislação penal e processual penal, inclusive afetos a justiça eleitoral e militar.

Art. 19-G. Nos casos de atribuição originária, aplica-se, no que couber, os dispositivos acima, observado o disposto no art. 12, inciso XI, da Lei nº 8.625, de 12 de fevereiro de 1993.

Art. 19-H. Não se aplicam os dispositivos acima para o arquivamento das notícias de fato ou procedimentos não investigativos, que observarão a Resolução 174, de 04 de julho de 2017, do Conselho Nacional do Ministério Público.

Art. 19-I. Observar-se-á, no que couber, a Resolução n.º 243, de 18 de outubro de 2021, inclusive no tocante à necessidade de ciência da decisão de arquivamento para, no mínimo, uma vítima indireta, em caso de inexistência da vítima direta.

Art. 19-J. Os ramos e unidades ministeriais poderão regulamentar formas automatizadas de comunicação da ciência da decisão de arquivamento à autoridade policial.

Art. 19-K. Não se aplica a sistemática de arquivamento prevista nesta Resolução às situações de extinção de punibilidade."

Art. 19-L. Quando, nos autos de inquérito policial, procedimento investigatório criminal ou de quaisquer elementos informativos da mesma natureza, o membro concluir ser atribuição de outro Ministério Público, deverá submeter sua decisão ao respectivo órgão de revisão, no prazo de 3 (três) dias.

§ 1º Deixando o órgão revisor de homologar a declinação de atribuição, designará, desde logo, outro membro para conduzir a investigação.

§ 2º Homologada a declinação de atribuição, no prazo de 5 (cinco) dias, o órgão de revisão remeterá os autos ao Ministério Público com atribuição para o caso." (NR)

Uma vez encerradas as atividades investigativas, chega-se ao momento de o Membro do Ministério Público realizar a *opinio delicti*, oportunidade em que pode promover de acordo com as seguintes hipóteses: **a)** oferecer denúncia; **b)** promover pela remessa dos autos à outro Membro do Ministério Público com atribuições para atuar no caso (Promotor Natural); **c)** tomar as medidas para a realização do acordo de não persecução penal; **d)** promover o arquivamento das investigações.

O art. 19 trata fundamentalmente desta última hipótese: arquivamento dos autos da investigação criminal (IP, PIC, CPI).

É certo que, de acordo com a doutrina mais avançada, existem três condições para a propositura da ação penal:

a) tipicidade aparente;

b) punibilidade concreta;

c) legitimidade de parte; e

d) justa causa[115].

Assim, para que o Ministério Público possa oferecer a acusação penal devem estar presentes todas essas condições. É dizer, o fato apurado deve ser aparentemente criminoso, não deve incorrer nenhum caso de extinção de punibilidade, o Ministério Público tem que ser parte legítima para a propositura da ação (ação penal pública) e deve existir justa causa, consistente na existência de elementos informativos mínimos, nos autos do PIC, a amparar a pretensão acusatória formulada pelo Ministério Público[116].

Carentes quaisquer desses requisitos, é de rigor que o Membro do Ministério Público promova o arquivamento do Procedimento Investigatório Criminal, do Inquérito Policial ou da CPI.

Em outras palavras, a denominada *opinio delicti* negativa, nos crimes de ação penal pública, é materializada pela **promoção de arquivamento** realizada pelo Ministério Público, decisão essa que é submetida a controle.

Esse **mecanismo**, nos termos definidos pelo legislador de 1941, no art. 28 do Código de Processo Penal[117] é um **sistema misto e de duplo controle**, em que a promoção de arquivamento do Ministério Público é submetida à apreciação do **juiz natural**, que pode concordar com o arquivamento, aperfeiçoando, portanto, o ato complexo[118].

No entanto, caso o magistrado entenda **improcedentes** as razões invocadas para o arquivamento, deverá - considerando a inexistência de hierarquia entre o Juiz e o Promotor de Justiça e a titularidade ministerial da ação penal (CF, art. 129, I) - remeter os autos ao Procurador-Geral de Justiça que, forte no poder hierárquico, poderá **oferecer denúncia**, **designar** novo Membro para oferecê-la, **requisitar** novas **diligências** ou **manter o arquivamento**, hipótese essa em que dá a palavra final sobre o tema[119].

A Lei n. 13.964/19 estabeleceu uma nova arquitetura do art. 28, CPP, estabelecendo apenas um **sistema de controle hierárquico** das promoções de arquivamento, muito mais compatível com o sistema acusatório, vez que retirou do Poder Judiciário a possibilidade de dar impulso à persecução penal, de modo sua operacionalização deve se dar tão somente no âmbito do próprio Ministério Público[120].

---

115 Cf.: LOPES JUNIOR, Aury. Direito processual penal. 11ª ed. São Paulo: Saraiva, 2014, p. 371.

116 Cf.: LOPES JUNIOR, Aury. Direito processual penal. 11ª ed. São Paulo: Saraiva, 2014, pp. 371 e seguintes.

117 Cuja redação é a seguinte: *"Art. 28. Se o órgão do Ministério Público, ao invés de apresentar a denúncia, requerer o arquivamento do inquérito policial ou de quaisquer peças de informação, o juiz, no caso de considerar improcedentes as razões invocadas, fará remessa do inquérito ou peças de informação ao procurador-geral, e este oferecerá a denúncia, designará outro órgão do Ministério Público para oferecê-la, ou insistirá no pedido de arquivamento, ao qual só então estará o juiz obrigado a atender".*

118 COUTINHO, Jacinto Nelson de Miranda. Da decisão cautelar de arquivamento do inquérito policial e as regras da Lei n. 13.964/19, in Revista Judiciária do Paraná, Ano XV, n. 19, maio de 2020, pp. 20-21.

119 Ibidem.

120 *Idem*, p. 30. Como arremata COUTINHO: *"No fundo, a nova hipótese, dentro do sistema acusatório, respeita o lugar constitucionalmente demarcado do órgão jurisdicional e do órgão ministerial. Ao juiz compete, por certo, garante-se não só o poder jurisdicional como substancialmente, reserva-se sua atuação para as decisões do processo. Assim, como*

A redação era a seguinte:

> "Art. 28. Ordenado o arquivamento do inquérito policial ou de quaisquer elementos informativos da mesma natureza, o órgão do Ministério Público comunicará à vítima, ao investigado e à autoridade policial e encaminhará os autos para a instância de revisão ministerial para fins de homologação, na forma da lei.
>
> § 1º Se a vítima, ou seu representante legal, não concordar com o arquivamento do inquérito policial, poderá, no prazo de 30 (trinta) dias do recebimento da comunicação, submeter a matéria à revisão da instância competente do órgão ministerial, conforme dispuser a respectiva lei orgânica.
>
> § 2º Nas ações penais relativas a crimes praticados em detrimento da União, Estados e Municípios, a revisão do arquivamento do inquérito policial poderá ser provocada pela chefia do órgão a quem couber a sua representação judicial."

No entanto, o Plenário do Supremo Tribunal Federal, nas ADIs n. 6.298, 6.299, 6.300 e 6.305, acabou atribuindo a esse dispositivo interpretação conforme a Constituição, conforme se verifica da ata de julgamento (uma vez que os votos, até o encerramento desta edição, não tinham sido publicados):

> 20. Por maioria, atribuir interpretação conforme ao caput do art. 28 do CPP, alterado pela Lei nº 13.964/2019, para assentar que, ao se manifestar pelo arquivamento do inquérito policial ou de quaisquer elementos informativos da mesma natureza, o órgão do Ministério Público submeterá sua manifestação ao juiz competente e comunicará à vítima, ao investigado e à autoridade policial, podendo encaminhar os autos para o Procurador-Geral ou para a instância de revisão ministerial, quando houver, para fins de homologação, na forma da lei, vencido, em parte, o Ministro Alexandre de Moraes, que incluía a revisão automática em outras hipóteses;

Portanto, infere-se que o controle judicial dos arquivamentos continua a existir, acrescentando-se o controle realizado pela vítima, disciplinando detalhadamente o inter procedimental a ser observado pelo Membro do Ministério Público quando da promoção do arquivamento de investigações de natureza criminal.

DA INEXISTÊNCIA DE COISA JULGADA MATERIAL NA DECISÃO DE ARQUIVAMENTO DO PROCEDIMENTO INVESTIGATÓRIO CRIMINAL (PIC)

Art. 20. Se houver notícia da existência de novos elementos de informação, poderá o membro do Ministério Público requerer o desarquivamento dos autos, providenciando-se a comunicação a que se refere o art. 5° desta Resolução.

A súmula n. 524 do Supremo Tribunal Federal estabelece que: *"Arquivado o inquérito policial, por despacho do juiz, a requerimento do promotor de justiça, não pode a ação penal ser iniciada sem novas provas."*

Assim, uma vez promovido o arquivamento do Procedimento Investigatório Criminal segue-se o mesmo raciocínio: somente é possível desarquivá-lo com elementos de informação substancialmente novos. É dizer, não basta serem novos elementos de informação, eles devem trazer informações que não constavam anteriormente no procedimento ou constavam de maneira diversa.

---

se sabe desde há muito, as questões referentes à ação, ressalvadas aquelas que s referem à admissibilidade dela (já como ato processual), devem restar fora do alcance da competência do órgão jurisdicional, no caso, o juiz das garantias. É menos trabalho, por evidente; e assim, menos responsabilidade." Idem, p. 35.

O desarquivamento dos autos não pode se dar simplesmente para realizar uma nova avaliação jurídica da questão posta, uma vez que a preclusão que ele gera busca dar uma certa estabilidade – ainda que tênue – sobre os fatos apurados.

Nesse sentido, é o seguinte julgado do Supremo Tribunal Federal:

> *"(...) Arquivamento de inquérito policial. "Novas pesquisas". Possibilidade de reabertura das investigações, se de outras provas houver notícia. Contrario sensu, a reabertura não pode decorrer da simples mudança de opinião ou reavaliação da situação. É indispensável que haja novas provas ou, ao menos, novas linhas de investigação em perspectiva. 5. Impossibilidade de reabrir inquérito para aprofundar linhas de investigação que já estavam disponíveis para exploração anterior. O arquivamento da investigação, ainda que não faça coisa julgada, é ato sério que só pode ser revisto por motivos igualmente sérios e surgidos posteriormente. 6. Reabertura das investigações que decorreu do puro e simples inconformismo com o arquivamento requerido pelo Procurador-Geral da República, sem que uma linha de investigação nova tenha surgido após o arquivamento. 7. Empate nas votações. Matéria criminal. Adoção do entendimento mais favorável à defesa. Precedente. 8. Dado provimento ao agravo regimental, para julgar procedente a reclamação e determinar o trancamento do Procedimento de Investigação Criminal 94.0003.0003465/2015-2, do MPSP."*
>
> (STF - Rcl 20132 AgR-segundo, Relator(a): Min. TEORI ZAVASCKI, Relator(a) p/ Acórdão: Min. GILMAR MENDES, Segunda Turma, julgado em 23/02/2016, PROCESSO ELETRÔNICO DJe-082 DIVULG 27-04-2016 PUBLIC 28-04-2016)

Outra questão relevante a respeito do arquivamento da investigação criminal diz respeito à avaliação se a decisão que acolhe a promoção de arquivamento do Ministério Público faz coisa julgada material.

O Supremo Tribunal Federal tem admitido que a decisão de arquivamento faz coisa julgada material quando se trate de declaração de extinção de punibilidade[121] ou atipicidade[122], não

---

121 *"Inquérito policial: arquivamento requerido pelo chefe do Ministério Público por falta de base empírica para a denúncia: irrecusabilidade. 1. No processo penal brasileiro, o motivo do pedido de arquivamento do inquérito policial condiciona o poder decisório do juiz, a quem couber determiná-lo, e a eficácia do provimento que exarar. 2. Se o pedido do Ministério Público se funda na extinção da punibilidade, há de o juiz proferir decisão a respeito, para declará-la ou para denegá-la, caso em que o julgado vinculará a acusação: há, então, julgamento definitivo. 3. Do mesmo modo, se o pedido de arquivamento - conforme a arguta distinção de Bento de Faria, acolhida por Frederico Marques -, traduz, na verdade, recusa de promover a ação penal, por entender que o fato, embora apurado, não constitui crime, há de o Juiz decidir a respeito e, se acolhe o fundamento do pedido, a decisão tem a mesma eficácia de coisa julgada da rejeição da denúncia por motivo idêntico (C.Pr.Pen., art. 43, I), impedindo denúncia posterior com base na imputação que se reputou não criminosa. 4. Diversamente ocorre se o arquivamento é requerido por falta de base empírica, no estado do inquérito, para o oferecimento da denúncia, de cuja suficiência é o Ministério Público o árbitro exclusivo. 5. Nessa hipótese, se o arquivamento é requerido por outro órgão do Ministério Público, o juiz, conforme o art. 28 C.Pr.Pen., pode submeter o caso ao chefe da instituição, o Procurador-Geral, que, no entanto, se insistir nele, fará o arquivamento irrecusável. 6. Por isso, se é o Procurador-Geral mesmo que requer o arquivamento - como é atribuição sua nas hipóteses de competência originária do Supremo Tribunal - a esse não restará alternativa que não o seu deferimento, por decisão de efeitos rebus sic stantibus, que apenas impede, sem provas novas, o oferecimento da denúncia (C.Pr.Pen., art. 18; Súmula 524). 7. O mesmo é de concluir, se - qual sucede no caso -, o Procurador-Geral, subscrevendo-o, aprova de antemão o pedido de arquivamento apresentado por outro órgão do Ministério Público."* (STF - Inq 1604 QO, Relator(a): Min. SEPÚLVEDA PERTENCE, Tribunal Pleno, julgado em 13/11/2002, DJ 13-12-2002 PP-00060 EMENT VOL-02095-01 PP-00162) (grifou-se)

122 *"INQUÉRITO POLICIAL. Arquivamento. Requerimento do Procurador-Geral da República. Pedido fundado na alegação de atipicidade dos fatos. Formação de coisa julgada material. Não atendimento compulsório. Necessidade de apreciação e decisão pelo órgão jurisdicional competente. Inquérito arquivado. Precedentes. O pedido de arquivamento de inquérito policial, quando não se baseie em falta de elementos suficientes para oferecimento de denúncia, mas na alegação de atipicidade do fato, ou de extinção da punibilidade, não é de atendimento compulsório, senão que deve ser objeto de decisão do órgão judicial competente, dada a possibilidade de formação de coisa julgada material."* (STF - Pet 3943, Relator(a): Min. CEZAR PELUSO, Tribunal Pleno, julgado em 14/04/2008, DJe-092 DIVULG 21-05-2008 PUBLIC 23-05-2008 EMENT VOL-02320-02 PP-00223).

incidindo coisa julgada nos arquivamentos por falta de justa causa ou com base na excludente da ilicitude do estrito cumprimento do dever legal[123].

No entanto, referida posição judicial – além de ser uma temeridade – parece constituir um erro teórico.

Temeridade, pois atribui-se validade de sentença definitiva a uma mera decisão administrativa judicial, de natureza homologatória, que foi produzida no bojo de um simples procedimento administrativo. É dizer, atribui-se coisa julgada a uma sentença proferida sem processo. Portanto, sem devido processo legal, sem produção de provas perante as partes (principalmente, perante o Ministério Público) e sem qualquer outra garantia.

Como se vem defendendo, o processo penal somente terá a importância que deve ter quando a investigação criminal perder os efeitos prevalentes que hoje ostenta na prática. Atribuir-se a depoimentos - prestados muitas vezes longe do Ministério Público e ao largo de um processo com juiz independente e natural - a capacidade de justificar a formação de coisa julgada material, não parece ser, nem de longe, uma boa opção de política criminal, nem de pretensão de Justiça.

Em sentido similar, RANGEL consigna sobre o tema o seguinte:

> *"Se o ato (judicial de arquivamento) é de natureza administrativa não há caso julgado penal e sim, tão somente, coisa julgada administrativa, sendo admissível que fatos novos possibilitem o desarquivamento do inquérito policial.*
>
> *Não importa se o motivo do arquivamento foi por atipicidade do fato ou por ocorrência da prescrição da pretensão punitiva estatal, situações que, por si só, autorizariam, no curso do processo, uma análise de mérito e, consequentemente, o caso julgado penal.*
>
> *Todavia, em se tratando de inquérito policial não há ação, nem processo, logo não há que se falar em sentença e, por via de consequência, em caso julgado penal.*
>
> *Se o inquérito policial foi arquivado porque o fato é atípico (ausência de dolo, por exemplo) e surgem provas novas de que houve dolo no cometimento do fato, admite-se o desarquivamento e, consequentemente, a instauração da ação penal competente. Não há caso julgado.*
>
> *Se a tipicidade for porque o fato não é previsto em Lei como crime (princípio da reserva legal) e o inquérito policial é arquivado não poderá ser desarquivado se surgir Lei nova criminalizando a conduta. A situação aqui é diferente da dita acima e a impossibilidade não é por causa do caso julgado que não existe na decisão de desarquivamento do inquérito policial, mas sim pelo princípio da reserva legal que impede que fatos anteriores a vigência da Lei nova criminalizante possam sofrer sua incidência.*
>
> *É comum na prática do fórum promotores de justiça requerem a declaração de extinção da punibilidade no inquérito policial diante da prescrição, por exemplo, e juízes darem uma 'sentença' determinando o arquivamento, como pedido. Erro técnico. Trata-se de decisão judicial de cunho administrativo. O correto é pedir o arquivamento dos autos do inquérito policial face a ocorrência da prescrição da pretensão punitiva estatal.*

---

123 *"Habeas corpus. Processual Penal Militar. Tentativa de homicídio qualificado (CP, art. 121, § 2º, inciso IV, c/c o art. 14, inciso II). Arquivamento de Inquérito Policial Militar, a requerimento do Parquet Militar. Conduta acobertada pelo estrito cumprimento do dever legal. Excludente de ilicitude (CPM, art. 42, inciso III). Não configuração de coisa julgada material. Entendimento jurisprudencial da Corte. Surgimento de novos elementos de prova. Reabertura do inquérito na Justiça comum, a qual culmina na condenação do paciente e de corréu pelo Tribunal do Júri. Possibilidade. Enunciado da Súmula nº 524/ STF. Ordem denegada. 1. O arquivamento de inquérito, a pedido do Ministério Público, em virtude da prática de conduta acobertada pela excludente de ilicitude do estrito cumprimento do dever legal (CPM, art. 42, inciso III), não obsta seu desarquivamento no surgimento de novas provas (Súmula nº 5241/STF). Precedente. 2. Inexistência de impedimento legal para a reabertura do inquérito na seara comum contra o paciente e o corréu, uma vez que subsidiada pelo surgimento de novos elementos de prova, não havendo que se falar, portanto, em invalidade da condenação perpetrada pelo Tribunal do Júri. 3. Ordem denegada."* (STF - HC 125101, Relator(a): Min. TEORI ZAVASCKI, Relator(a) p/ Acórdão: Min. DIAS TOFFOLI, Segunda Turma, julgado em 25/08/2015, PROCESSO ELETRÔNICO DJe-180 DIVULG 10-09-2015 PUBLIC 11-09-2015).

> *Destarte, a decisão de arquivamento do inquérito policial não faz caso julgado por se tratar de decisão meramente administrativa, situando-se na esfera da imprevisão representada pela máxima do rebus sic stantibus, isto é, a possibilidade do pacto acertado no arquivamento ser alterado se surgirem novas provas, mas 'por enquanto as coisas ficam assim' (art. 18 do CPP).*"[124].

Assim, também, entende CHOUKR:

> *"Diante do reconhecimento do modelo interno-hierárquico de controle do desfecho da investigação, descabe, com a devida vênia aos entendimentos opostos, enveredar pela discussão da coisa julgada – formal ou material.*

Com efeito, a partir da compreensão de que o juiz não efetua qualquer atividade jurisdicional nesse momento, mas é apenas o impulsionador da revisão interna no Ministério Público, bem como pela óbvia constatação de que não se tem aí uma sentença, não há relação jurídica processual em curso, descabe imaginar a ocorrência de coisa julgada"[125].

Veja-se, a título de ilustração, que, no sistema alemão, o arquivamento da investigação também não faz coisa julgada, conforme Klaus Volk:

> *"A coisa julgada não gera efeitos no arquivamento. A investigação pode ser retomada sem aviso prévio."*[126]

De tal maneira, apesar da jurisprudência do Supremo Tribunal Federal e do próprio art. 19-K desta Resolução, aqui se defende que não há coisa julgada material nas promoções de arquivamento lançadas no bojo dos Procedimentos Investigatórios Criminais (nem nos IPs), podendo – como consigna o próprio art. 20 – o Membro do Ministério Público requerer o desarquivamento dos autos, providenciando-se a comunicação a que se refere o art. 5º desta Resolução.

DISPOSIÇÕES FINAIS E TRANSITÓRIAS

Art. 21. No procedimento investigatório criminal serão observados os direitos e as garantias individuais consagrados na Constituição da República Federativa do Brasil, bem como as prerrogativas funcionais do investigado, aplicando-se, no que couber, as normas do Código de Processo Penal e a legislação especial pertinente. (Redação dada pela Resolução nº 183, de 24 de janeiro de 2018)

Aqui, uma vez mais, reafirmam-se os direitos e garantias do investigado e de seu defensor, incluindo, *per relationem*, todos esses direitos previstos na Legislação pertinente e, obviamente, aqueles previstos na Constituição da República.

Reforça-se, novamente, a importância que o Conselho Nacional do Ministério Público dá à realização de investigações adequadas e justa, com amplo respeito ao investigado, que é claramente tratado como sujeito de direitos e não objeto da investigação.

Art. 22. Os órgãos do Ministério Público deverão promover a adequação dos procedimentos de investigação em curso aos termos da presente Resolução, no prazo de 90 (noventa) dias a partir de sua entrada **em vigor.**

---

124 RANGEL, Paulo. A coisa julgada no processo penal brasileiro como instrumento de garantia. São Paulo: Atlas, 2012, p. 262.

125 CHOUKR, Fauzi Hassan. Código de Processo Penal: comentários consolidados e crítica jurisprudencial, 5ª ed. Rio de Janeiro: Lumen Juris, p. 118.

126 Tradução livre de: „*Rechtskraft entfaltet die Einstellung nicht. Die Ermittlungen können ohne weiteres wieder aufgenommen werden.*" VOLK, Klaus. Grundkurs StPO. 7 auflage, München: Beck, 2008, p. 112

O prazo de 90 (noventa) dias com a publicação da Resolução n. 181, que se deu em 08 de setembro de 2017, esgotou-se de há muito.

Sem embargo, considerando-se as relevantes alterações promovidas pela Resolução n. 183, publicada no dia 30 de janeiro de 2018, infere-se que, implicitamente, o prazo de 90 (noventa) dias, previsto no art. 22, acabou por renovar-se, uma vez que as regulamentações locais devem se adaptar a esses novos parâmetros normativos.

Art. 23. Esta Resolução entra em vigor na data de sua publicação.

A Resolução n. 181, foi publicada no Diário Eletrônico do CNMP, no dia 08 de setembro de 2017, data em que, de imediato, entrou em vigor.

Art. 24. Fica revogada a Resolução CNMP n. 13, de 2 de outubro de 2006.

A anterior Resolução n. 13/06, que disciplinava a investigação criminal no âmbito do Ministério Público foi integralmente revogada.

REFERÊNCIAS BIBLIOGRÁFICAS

ALBRECHT, Peter-Alexis. Criminologia: *Uma Fundamentação para o Direito Penal*. Curitiba: ICPC; Rio de Janeiro: Lumen Juris, 2010.

ALSCHULER, Albert W. The Prosecutor's Role in Plea Bargaining, in The University of Chicago Law Review, Vol. 36, No. 1 (Autumn, 1968).

ANDRADE, Mauro Fonseca; BRANDALISE, Rodrigo da Silva. *Resolução n. 181 do CNMP – artigo 18º*, in Investigação Criminal pelo Ministério Público: Comentários à Resolução n. 181 do Conselho Nacional do Ministério Público. FISCHER, Douglas; ANDRADE, Mauro Fonseca. Porto Alegre: Livraria do Advogado, 2017.

ARAS, Vladmir. *As equipes conjuntas de investigação* (ECI), in https://vladimiraras.blog/2017/02/22/as-equipes-conjuntas-de-investigacao-eci/, consultado no dia 17 de fevereiro de 2018.

ARCINIEGAS MARTÍNEZ, Guillmermo Augusto. *Policía judicial y sistema acusatorio*. Bogotá, ed. Nueva Jurídica, 2007.

ARTKÄMPER, Heiko; HERRMANN, Gunnar; JAKOBS, Carola; KRUSE, Henner. *Aufgabenfelder der Staatsanwaltschaft*. Münster, ZAP, 2008.

BADARÓ, Gustavo Henrique. Processo Penal, 6ª ed. São Paulo: RT, 2018

BAKKER, Edwin; POWDERLY, Joseph. *Dealing with transnational terrorism*, the concept and practice of Joint Investigation Teams. Security and Human Rights, 2011, 22(1);

BARJA DE QUIROGA, Jacobo López. *Tratado de Derecho Procesal Penal*, vol I, 6ª ed. Cizur Menor: Aranzadi, 2014.

BECHARA, Fábio Ramazzini. Cooperação Jurídica Internacional em Matéria Penal: Eficácia da prova produzida no exterior. São Paulo: Saraiva, 2011.

BIANCHINI, Alice; BAZZO, Mariana; CHAKIAN, Silvia. Crimes contra Mulheres: Lei Maria da Penha, Crimes Sexuais e Feminicídio. Salvador: Juspodivm, 2019.

BINDER, Alberto. *Fundamentos para a Reforma da Justiça Penal*. Florianópolis: Empório do Direito, 2017.

BOYNE, Shawn Marie. *The German Prosecution Service*: Guardians of the Law? Springer-Verlag: Berlin, Heidelberg, 2014.

BRANDALISE, Rodrigo da Silva. *Justiça Penal Negociada*: Negociação de Sentença Criminal e Princípios Processuais Relevantes. Curitiba: Juruá, 2016.

BUSATO, Paulo César. *Reflexões sobre o Sistema Penal do nosso tempo*. Rio de Janeiro: Lumen Juris, 2011

CABRAL, Rodrigo Leite Ferreira. *Reflexões sobre a Fixação do Valor Mínimo na Sentença Penal Condenatória*. Teses do XIX Congresso Nacional do Ministério Público. Teses do XIX Congresso Nacional do Ministério Público. 1ªed. Rio de Janeiro: Lumen Juris, 2011.

CANOTILHO, j. J. Gomes. *Direito Constitucional*, 7ª ed. Coimbra: Almedina, 2003.

CARO CORIA, Dino Carlos. *La enseñanza de la dogmática penal como* conditio sine qua non *para el éxito de la oralidad*, *in* El proceso penal iberoamericano: visiones comparadas. México: Ideal Flores, 2016,

CARRILLO DEL TESO, Ana E. *La recuperación de activos como estrategia común contra la criminalidad*, in Recuperación de Activos y Decomiso: Reflexiones desde los sistemas penales iberoamericanos. Valencia: Tirant lo Blanch, 2017.

CARROCA PÉREZ, Álex. Manual: *El Nuevo Sistema Procesal Penal Chileno*, 5ª ed. Santiago: Legal Publishing, 2009

CHAMBON, Pierre. *Droit et pratique de l'instruction préparatoire*. Paris, Dalloz, 2007.

CHOUKR, Fauzi Hassan. *Código de Processo Penal*: comentários consolidados e crítica jurisprudencial, 5ª ed. Rio de Janeiro: Lumen Juris, 2011.

CHOUKR, Fauzi Hassan. Iniciação ao Processo Penal. Florianópolis: Empório do Direito, 2017

CINTRA, Antonio Carlos de Araújo; GRINOVER, Ada Pelegrini; DINAMARCO, Cândido Rangel. *Teoria Geral do Processo*. 25ª ed. São Paulo: Malheiros, 2015.

COMMONWEALTH SECRETARIAT. *Use and Role of Joint Investigation Teams* in Combating Serious Crime, Commonwealth Law Bulletin, 34:2, 2008.

COSTA ANDRADE, Manuel da. *Consenso e Oportunidade, in O novo Código de Processo Penal*. Coimbra: Almedina, 1988.

COSTA, Arthur Trindade M.. É possível uma Política Criminal? a discricionariedade no Sistema de Justiça Criminal do DF. Soc. estado. 2011, vol. 26, n.1.

CUNHA, Rogério; BARROS, Francisco; SOUZA, Renne, CABRAL, Rodrigo (orgs.). *Acordo de Não Persecução*, Resolução n. 181 do CNMP. Salvador: Juspodivm, 2018.

CUNHA, Rogério Sanches; PINTO, Ronaldo Batista. Violência Doméstica – Lei 11.340/2006, in Leis Penais Especiais, comentadas artigo por artigo. Rogério Sanches Cunha, Ronaldo Batista Pinto e Renee do Ó Souza (orgs.), 2a ed. Salvador: Juspodivm, 2019

ETXEBERRIA GURIDI, José Francisco. *El modelo francés de mediación penal*, in: La mediación penal para adultos. Una realidad en los ordenamientos jurídicos. Valencia: Tirant lo Blanch, 2009.

FIGUEIREDO DIAS, Jorge. Direito Processual Penal, 1º vol. Coimbra: Coimbra Editora, 1984.

FISCHER, Douglas; CALABRICH, BRUNO. *Resolução n. 181 do CNMP – artigo 7º*, *in* Investigação Criminal pelo Ministério Público: Comentários à Resolução n. 181 do Conselho Nacional do Ministério Público. FISCHER, Douglas; ANDRADE, Mauro Fonseca. Porto Alegre: Livraria do Advogado, 2017.

GARUTI, Giulio. *Indagini preliminari e udienza preliminare, vol. 3*. Spangher, Giorgio [org.]: Trattato di procedura penale. Torino, UTET, 2009.

GÓMEZ MENDOZA, Gonzalo: *Instituciones en el derecho procesal penal peruano*. Lima, MFC Ed., 2007.

GÖSSEL, Karl Heinz. El Derecho Procesal penal en el Estado de Derecho: Obras completas, Tomo I. Rubinzal-Culzoni: Buenos Aires, 2007.

GRECO, Luis. *Lo vivo y lo muerto en la teoría de la pena de Feuerbach*: Una contribución al debate actual sobre los fundamentos del Derecho penal. Madrid: Marcial Pons, 2015.

HASSEMER, Winfried; REEMTSMA, Jan Philipp. Verbrechenopfer: Gesetz und Gerechtigkeit. München: Beck, 2002.

HASSEMER, Winfrid. Warum Strafe sein muss: Ein Plädoyer. Ullstein: Berlin, 2009.

HESS, Kären M.; ORTHMANN, Christine Hess. *Criminal Investigation*, 9ª ed. Delmar: NY, 2010.

HONNETH, Axel. *Luta por Reconhecimento:* a gramática moral dos conflitos sociais. Trad. Luiz Repa. São Paulo: ed. 34, 2003.

HORVITZ LENNON, María Inés; LÓPEZ MASLE, Julián. *Derecho Procesal Penal Chileno*, tomo I. Santiago: Editorial Jurídica de Chile, 2003.

JUSTEN FILHO, Marçal. *Curso de Direito Administrativo*. 11ª ed. São Paulo: RT, 2015.

KINDHÄUSER, Urs. *Strafprozessrecht*. 4ª ed. Baden-Baden: Nomos, 2016.

LANGER, Máximo. *From legal transplants to legal translations: The globalization of plea bargain and the Americanization thesis in criminal procedures*, in World Plea Bargain: consensual procedures and the avoidance of the full criminal trial. Durham: Carolina Academic Press, 2010.

LOPES JUNIOR, Aury. *Direito processual penal*. 11ª ed. São Paulo: Saraiva, 2014.

MEIRELLES, Hely Lopes. *Direito administrativo brasileiro.* 24ª. ed. São Paulo: Malheiros, 1999.

MIRANDA COUTINHO, Jacinto Nelson. *Um novo olhar sobre a polícia no processo penal*, in: http://www.conjur.com.br/2016-ago-26/limite-penal-olhar-policia-processo-penal. Consulta em: 11/05/2017.

MIRANDA COUTINHO, Jacinto Nelson. Da decisão cautelar de arquivamento do inquérito policial e as regras da Lei n. 13.964/19, in *Revista Judiciária do Paraná*, Ano XV, n. 19, maio de 2020.

MORAIS DA ROSA, Alexandre; LOPES JUNIOR, Aury. *Saldão penal e a popularização da lógica da colaboração premiada pelo CNMP*, in: http://www.conjur.com.br/2017-set-22/limite-penal-saldao-penal-popularizacao-logica--colaboracao-premiada-cnmp, consultado no dia 09.10.2017.

MORENO CATENA, Víctor; CORTÉS DOMINGUÉZ, Valentín. *Derecho Procesal Penal*, 9ª ed. Valencia: Tirant lo Blanch, 2017.

MUNÕZ CONDE, F. *Edmund Mezger e o Direito Penal de seu tempo* – Estudos sobre o Direito Penal no Nacional-Socialismo. Trad. Paulo César Busato. 4. ed. Rio de Janeiro: Lumen Juris, 2005.

NOGUEIRA, Aberto Pinto e Magistrados do Ministério Público do Distrito Judicial de Porto. *Código de processo penal.* Coimbra, Coimbra Ed., 2009.

NÚÑEZ CASTAÑO, Elena. La violencia doméstica en la legislación española: especial referencia al delito de maltrato habitual (art. 173 del Código Penal), in REJ – Revista de Estudios de la Justicia – Nº 12 – Año 2010.

OBIYO, Robert. *One Report of the Joint Investigating Team on the Strategic Defence Procurement Packages*, Too Many! Politikon, December 2006, 33(3).

ORSI, Omar Gabriel. *Estructuras de identificación y decomiso de activos ilícitos en el Ministerio Público Fiscal argentino, in* Recuperación de Activos y Decomiso: Reflexiones desde los sistemas penales iberoamericanos. Valencia: Tirant lo Blanch, 2017.

PALUDO, Januário. *Forças-tarefas: direito comparado e legislação aplicável* - MPF Januário Paludo (Coordenador), Carlos Fernando dos Santos Lima, Vladimir Aras. Brasília: Escola Superior do Ministério Público da União, 2011.

PEREIRA, Rui. *O Domínio do Inquérito pelo Ministério Público, in* Jornadas de Direito Processual Penal e Direitos Fundamentais. Lisboa: Almedina, 2004.

PÉREZ GIL, Julio. Los Equipos Conjuntos de Investigación Penal, in La cooperación judicial civil y penal en el ámbito de la Unión Europea: instrumentos procesales, J.M. Bosch Editor, 2007.

PÉREZ RIVAS, Natalia. Los derechos de la víctima en el sistema penal español. Valencia: Tirant lo Blanch, 2017.

PERÉZ SARMIENTO, Eric Lorenzo. *Fundamentos del Sistema Acusatório de Enjuiciamento Penal.* Temis, Colômbia, 2005.

PERÓN, Walter; LÓPEZ-BARAJAS, Inmaculada. *El Ministerio Fiscal como Director de la Investigación en el Proceso Penal alemán*, in Ambos, Kai [org.]: *Desarrollos actuales de las ciencias criminales en Alemania.* Bogota: Temis, 2012.

RANGEL, Paulo. *A coisa julgada no processo penal brasileiro como instrumento de garantia.* São Paulo: Atlas, 2012.

RANGEL, Paulo. *Direito Processual Penal.* 25ª ed. São Paulo: Atlas, 2017.

ROXIN, Claus; SCHÜNEMANN, Bernd. *Strafverfahrensrecht.* 27ª ed. München: Beck, 2012.

ROXIN, Claus. *Derecho Procesal Penal*, 25ª ed. alemana, Editores del Puerto, Buenos Aires, 2000, p. 123.

ROXIN, Claus. *Política Criminal y sistema del Derecho Penal.* Trad. y introd. de Francisco Munõz Conde. 2ª. ed. 1ª Reimp. Buenos Aires, Hammurabi, 2002.

ROXIN, Claus. *Zur Rechtstellung der Staatsanwaltschaft Damals und Heute.* Deutsche Richter Zeitung (DRiz), 1997.

SANDERS, Andrew; YOUNG, Richard. *Criminal Justice*, Oxford, 3ª ed., 2007.

SCHÜNEMANN, Bernd. *Critica al modelo norteamericano de proceso penal*, in Obras. Tomo II, Rubinzal-Culzoni: Buenos Aires, 2009.

SCHÜNEMANN, Bernd. *Cuestiones Básicas de la Estructura y Reforma del Procedimiento Penal bajo una Perspectiva Global*, in Obras. Tomo II, Rubinzal-Culzoni: Buenos Aires, 2009.

SCHÜNEMANN, Bernd. *El Fortalecimiento de La Posición de la Víctima en el Proceso Penal, ¿Dicha o Desgracia?, in* Obras, vol. 2. Buenos Aires, Rubinzal-Culzoni, 2009.

SCHÜNEMANN, Bernd. *La Policía Alemana como auxiliar del Ministerio Fiscal*: Estructura, Organización y Actividades, *in Obras*, vol 2. Buenos Aires, Rubinzal-Culzoni, 2009.

TURNER, Jenia. Plea bargain across the borders. New York: Aspen Publisher, 2009.

VASCONCELLOS, Vinicius Gomes de; MOELLER, Uriel. *Acordos no processo penal alemão: descrição do avanço da barganha da informalidade à regulamentação normativa, in* Boletín Mexicano de Derecho Comparado, núm. 147.

VIVES ANTÓN, Tomás Salvador; COBO DEL ROSAL, Manuel. *Derecho Penal, Parte General*. 5ª ed. Valência: Tirant lo Blanch, 1999.

VIVES ANTÓN, Tomás Salvador. *Comentarios a la Ley de Medidas Urgentes de Reforma Procesal*. Valencia, Tirant lo Blanch, 1992.

VIVES ANTÓN, Tomás Salvador. La Libertad como pretexto. Valencia: Tirant lo Blanch, 1995.

VIVES ANTÓN, Tomás Salvador. *Liberdad como pretexto*. Valencia: Tirant lo blanch, 1995.

VOLK. Klaus. Grundkurs StPO, 7. ed. München: Beck, 2008.

VORDERMAYER, Helmut; HEINTSCHEL-HEINEGG, Bernd von. *Handbuch für den Staatsanwalt*. Neuwied: Luchterhand, 2000.

ZIESEMER, Henrique da Rosa. *Resolução n. 181 do CNMP – artigo 6º*, *in* Investigação Criminal pelo Ministério Público: Comentários à Resolução n. 181 do Conselho Nacional do Ministério Público. FISCHER, Douglas; ANDRADE, Mauro Fonseca. Porto Alegre: Livraria do Advogado, 2017.

CAPÍTULO 40

Whistleblower ou reportante do bem – Lei nº 13.608/2018

Renee do Ó Souza

Introdução: De maneira geral, a atividade investigativa sempre se valeu da colaboração de indivíduos desvinculados do aparato estatal, movidos pelo sentimento de solidariedade, pertencimento e zelo para com a comunidade na qual convivem. Essa cooperação assume formas tanto formais, como no caso das testemunhas, quanto informais, como os denominados informantes policiais, que são compreendidos como aqueles que fornecem informações verídicas sobre atos ilícitos, tais como autoria, localização do suspeito, provas, comprovação do delito, detalhes sobre sua realização, entre outros aspectos. É dentro deste contexto que se insere a figura do denunciante, conhecido como "*whistleblower*", que foi introduzido na legislação brasileira pela Lei 13.608/2018, ainda que de forma discreta. A ativa participação do cidadão na atividade persecutória é uma estratégia apropriada para possibilitar uma compreensão mais precisa e a efetivação das ações estatais em face da complexidade de certas categorias delituosas. Isso ocorre porque as informações prestadas por cidadãos que têm conhecimento desses atos ilícitos têm méritos que vão além da proximidade temporal, incluindo a precisão dos dados, uma vez que essas pessoas, por estarem inseridas no ambiente do ilícito, possuem uma compreensão íntima dos detalhes da infração cometida.

Definição e principais características: Deve-se compreender *whistleblower*, segundo Ramon Ragués i Vallès, como aqueles membros ou antigos membros de uma determinada organização pública ou privada, que denunciam práticas ilícitas – ou pouco éticas – levadas a cabo pela própria organização ou por sujeitos que dela são parte, trazendo à luz tais fatos, conforme o caso, aos seus superiores, autoridades, ou terceiros[1].

Disso resulta a principal característica do *whistleblower*, que é a posição de íntimo conhecedor do ato porque mantém (ou manteve) algum vínculo com a entidade em que o ilícito é cometido, seja administração pública, seja em meio a estrutura de uma corporação que atue no setor privado. Segundo Diego Gomes Castilho, o Reportante deve ser um *insider*, ou seja, alguém que mantém ou tenha mantido relação laboral com a empresa ou ente público em que o ilícito tenha ocorrido[2]. Nisso inclusive se diferencia do mero informante policial, compreendido como aquele cidadão que presta informações para as autoridades investigantes porque toma conhecimento de circunstâncias úteis à elucidação do crime. Essa posição de membro

1 RAGUÉS I VALLÈS, Ramon. *Whistleblowing*: una aproximación desde el dcrccho penal. Madrid: Marcial Pons. 2013. p. 20.

2 CASTILHO, Diego Gomes. *Whitleblowing*: Principais características e vantagens. O que o Brasil está efetivamente perdendo? In Corrupção Como Fenômeno Suprelagal. BARBUGIANI, Luiz Henrique Sormani (coord.). Juruá: Curitiba. 2017. p. 73-97. p. 79.

ou ex-membro de uma determinada organização pública ou privada em que a prática ilegal foi praticada é que permite uma tempestiva informação qualificada, que não estaria disponível publicamente e dificilmente seria, algum dia, objeto de uma investigação oficial. Não é imprescindível, contudo, seja alguém que manteve vínculos duradouros com a corporação, de modo que podem ser reportantes empregados privados, servidores públicos ou até mesmo outros profissionais, como um prestador de serviços, um consultor, um trabalhador voluntário ou mesmo um estagiário.

A expressão *whistleblower* remonta a junção de duas palavras de origem inglesa, quais seja, "*blow*" e "*whistle*", que, traduzidas, significam soprar o apito. A construção linguística remete à metáfora de árbitro esportivo que ao identificar alguma transgressão à regra, sopra o apito para paralisar o jogo. Para o professor Ramón Ragués I Vallés, a expressão remete à imagem do policial britânico que ao identificar alguma atitude delituosa sopra o apito para avisar as demais pessoas, alertando-as sobre a situação de perigo ou atuação policial[3].

Não existe uma tradução exata para a expressão, inclusive no Brasil, mas o instituto também é conhecido como **informantes do bem**, **alertadores do bem**, **reportante do bem** ou **de boa-fé** ou **informantes confidenciais**.

A segunda grande característica da política *whistleblowing*[4] é a recompensa oferecida em razão da informação útil prestada para a prevenção, repressão e apuração de crimes ou ilícitos administrativos, o que situa o instituto na categoria do direito premial em que a relação normativa não é estabelecida em razão do sancionamento de um comportamento ilícito, mas em razão da premiação e incentivo de comportamentos desejados pelo Estado.

Embora haja alguma controvérsia na doutrina quanto à origem do referido instituto, há um amplo consenso de que, na atualidade, os Estados Unidos da América, em virtude de seu extenso uso do *whistleblower*, têm servido como referência geral[5]. Com efeito, naquele país, tem-se notícia de normas que oferecem incentivos financeiros para o particular denunciar fatos ilícitos como o *False Claims Act (FCA)* ou *Informer's Act* ou *Quid Statue*, promulgado em 1863[6]. Tal como aconteceu em outros países, espera-se que a adoção desse instituto seja acompanhada pelo espírito colaborativo do cidadão em relação à coisa pública, a fim de transformá-lo em uma ferramenta de grande relevância para o fortalecimento da democracia participativa. Nessa perspectiva, o cidadão dispõe de instrumentos que lhe permitem uma atuação direta e dialogante na vida política do país, contribuindo assim para a promoção da integridade social. A participação do cidadão na elucidação de infrações em geral pode ser igualmente encarada como o exercício do direito fundamental à segurança pública, conforme estabelecido nos artigos 5º, 6º e 144 da atual Constituição vigente.

No *whistleblower*, mais uma vez, identificamos a marcante inclinação colaborativa da política criminal contemporânea, em que o Estado delega ao setor privado os meios adequados para prevenir, investigar e corrigir atos ilícitos de que venha a ter conhecimento. Esse processo

---

3 RAGUÉS I VALLÉS. Ramón. *Whistleblowing*: una aproximación desde el dcrccho penal. Madrid: Marcial Pons. 2013. p. 19.

4 A expressão *whitleblowing* será utilizada aqui como o ato de alertar, enquanto a palavra *whistleblower* será empregada para referir-se ao indivíduo que realiza o alerta, isto é, para referir-se ao informante.

5 Há notícias de expansão da política *whistleblowing* para outros países como *Whistleblower Protection Act* (Japão, 2004), o *Public Interest Disclosure Act – PIDA* (Reino Unido, 1998), o *Protected Disclosures Act – PDA* (África do Sul, 2000), o *Public Servants Disclosure Protection Act – PSDPA* (Canadá, 2005), o *Public Service Code of Conduct* (Austrália, 2009) e o *Whistle Blowers Protection Act* (Índia, 2011).

6 OLIVEIRA, J. M. F. A Urgência de uma Legislação Whistleblower no Brasil. Brasília: Núcleo de Estudos e Pesquisas/CONLEG/Senado, Maio/2015 (Texto para Discussão nº 175). Disponível em: www.senado.leg.br/estudos. Acesso em 28 de maio de 2015. p. 08.

assemelha-se ao que já ocorre com programas de integridade ou de *compliance*, bem como com as medidas delineadas nos artigos 10 e 11 da Lei de Lavagem de Dinheiro.[7].

A Lei 13.608/2018, originalmente concebida para regulamentar os serviços de disque-denúncia, passou a desempenhar um papel mais abrangente, especialmente após as modificações promovidas pela Lei 13.964/2019, conhecida como Lei Anticrime. Essa legislação brasileira estabelece parâmetros essenciais para a configuração da política criminal. Outras normativas também compartilham do mesmo propósito, que é incentivar a denúncia de atos ilícitos, a exemplo da Lei 14.540/2023, embora esta última esteja estritamente relacionada a delitos específicos.

> **Art. 1º** As empresas de transportes terrestres que operam sob concessão da União, dos Estados, do Distrito Federal ou dos Municípios são obrigadas a exibir em seus veículos, em formato de fácil leitura e visualização:
> I - a expressão "Disque-Denúncia", relacionada a uma das modalidades existentes, com o respectivo número telefônico de acesso gratuito;
> II - expressões de incentivo à colaboração da população e de garantia do anonimato, na forma do regulamento desta Lei.
> **Art. 2º** Os Estados são autorizados a estabelecer serviço de recepção de denúncias por telefone, preferencialmente gratuito, que também poderá ser mantido por entidade privada sem fins lucrativos, por meio de convênio.
> **Art. 3º** O informante que se identificar terá assegurado, pelo órgão que receber a denúncia, o sigilo dos seus dados.
> **Art. 4º** A União, os Estados, o Distrito Federal e os Municípios, no âmbito de suas competências, poderão estabelecer formas de recompensa pelo oferecimento de informações que sejam úteis para a prevenção, a repressão ou a apuração de crimes ou ilícitos administrativos.
> Parágrafo único. Entre as recompensas a serem estabelecidas, poderá ser instituído o pagamento de valores em espécie.

Entes que devem receber estruturar programa *whistleblowing*: A conjugação dos artigos 1º, 2º e 3º da Lei 13.608/2018, embora de forma um tanto não sistemática, estabelece que a União, os Estados, o Distrito Federal e os Municípios estão autorizados a estruturar programas *whistleblowing* com o intuito de organizar serviços destinados a receber denúncias que contenham informações relevantes para a prevenção, repressão e apuração de crimes e ilícitos em geral, com a oferta de recompensas como incentivo.

Por outro lado, o artigo 4º-A da Lei 13.608/2018, inserido pela Lei 13.964/2019, amplia a possibilidade de implementação desses programas para a administração pública indireta. Essa medida é especialmente benéfica quando se observa que as atividades econômicas e financeiras gerenciadas pela administração pública indireta envolvem volumes substanciais de recursos e, como tem sido empiricamente constatado nos últimos anos, representam fontes significativas de desvios e atos prejudiciais ao interesse público.

O artigo 4º-A indica que os órgãos da Administração Pública devem criar um departamento responsável por receber as informações fornecidas pelos denunciantes, com unidades designadas como ouvidorias ou correições. Essas unidades não se limitam à simples coleta de

7 Outra ação que materializa essa tendência gerencialista é bem explicada por Cleber Masson e Vinicius Marçal, conhecida como ***neighborhood watch ("vigilância da vizinhança")*** que consiste em uma espécie de policiamento comunitário em que os cidadãos responsabilizam-se pela observação cuidadosa e atenta do patrimônio público e privado local , de modo que, identificando condutas ou movimentos pouco usuais àquela área, tem o dever de comunicar os fatos à autoridade policial. (MASSON, Cleber. MARÇAL Vinícius. Crime organizado. 4. ed., Rio de Janeiro: Forense; São Paulo: MÉTODO, 2018, p. 158.).

informações prestadas pelos informantes, mas devem também avaliar a qualidade da informação relatada.

Analisando ainda o *caput* do artigo 4º-A, observamos que as unidades de ouvidoria ou correição funcionam como estruturas que asseguram o direito do cidadão de relatar informações, permitindo-lhe um diálogo com a as autoridades públicas. Caso inexista naquele órgão público procurado uma unidade de ouvidoria ou correição, deve ser assegurado ao denunciante o direito de apresentar sua denúncia diretamente ao órgão ou entidade responsável pela prestação do serviço, bem como ao órgão ou entidade ao qual estão subordinados ou vinculados, conforme está previsto no § 3º do artigo 10 da Lei 13.460/2013 (Código de Defesa do Usuário).

Uma vez prestada a informação, deve ser assegurado ao denunciante uma resposta acerca do fato, o que é previsto pelo artigo 12, inciso V, da Lei 13.460/2017. Esse feedback não apenas assegura ao cidadão denunciante a oportunidade de fornecer informações adicionais e documentos após a denúncia inicial, mas também reforça a confiança no sistema.

É importante ressaltar que os órgãos encarregados da segurança pública (CF, art. 144) como a Polícia Federal, Polícia Rodoviária Federal, Polícia Ferroviária Federal, Polícias Civis, Polícias Militares e Corpos de Bombeiros Militares, a Polícia Penal e o Ministério Público, também estão aptos a receber tais denúncias. Isso ocorre porque as disposições da Lei 13.608/2018 não excluem as normativas que regulam suas atividades de investigação, como o artigo 5º, § 3º, do Código de Processo Penal. Nesses casos, a Lei 13.608/2018 atua de maneira complementar, regulamentando as especificidades do *whistleblower*, como as disposições relativas à sua proteção legal e recompensa premial.

Os relatos podem ser apresentados por meio de canais de denúncia, sejam eles eletrônicos, correspondência convencional ou comunicação verbal, sendo que, neste último caso, é necessário registrar a denúncia por escrito. No que se refere à manifestação eletrônica, respeitando a legislação específica de sigilo e proteção de dados, a administração pública ou sua ouvidoria pode requerer a comprovação da identidade do denunciante (Lei 13.460/2018, art. 10, § 5º).

Os canais de denúncia, sejam internos ou externos, visam também assegurar o direito de relatar informações por pessoas que não queiram identificar-se, de modo que um bom programa de *whistleblowing* não deve apresentar qualquer tipo de resistência às **denúncias anônimas**. Embora haja alguma relutância cultural no recebimento de reclamações apócrifas, o ordenamento jurídico brasileiro não veda essa prática. Sobre a questão, o Supremo Tribunal Federal já assentou que as notícias apócrifas ("denúncias anônimas") não autorizam, por si só, a propositura de ação penal ou mesmo, na fase de investigação preliminar, o emprego de métodos invasivos de investigação, como interceptação telefônica ou busca e apreensão. Entretanto, elas podem constituir fonte de informação e de provas que não podem ser simplesmente descartadas pelos órgãos do Poder Judiciário. Desse modo, o procedimento a ser adotado pela autoridade pública, em caso de "denúncia anônima", é: 1) Realizar investigações preliminares para confirmar a credibilidade da "denúncia"; 2) Sendo confirmado que a "denúncia anônima" possui aparência mínima de procedência, instaura-se uma investigação; 3) Instaurada a investigação, a autoridade pública deverá buscar outros meios de prova que não a interceptação telefônica. Se houver indícios concretos contra os investigados e a interceptação se revelar imprescindível para provar o crime, poderá ser requerida a quebra do sigilo telefônico ao magistrado. STF. 1ª Turma. HC 106152/MS, Rel. Min. Rosa Weber, j. 29/3/2016 (Info 819).

A legislação e as instituições brasileiras, como preconizado pelo artigo 13.2 da Convenção de Mérida (Decreto nº 5.687/2006), deve evoluir no sentido de superar o estigma associado às denúncias feitas pelos cidadãos que têm conhecimento de infrações em geral. É notório que fraudes e atos de corrupção são crimes que muitas vezes ocorrem em segredo, protegidos pelo código do silêncio, o que torna sua detecção uma tarefa desafiadora. Portanto, a participação ativa dos cidadãos desempenha um papel crucial no combate a essas transgressões.

Importante destacar que o anonimato não se confunde com a proteção da identidade do *whistleblower*. *"A proteção de identidade é regra de confidencialidade, pela qual o Estado se compromete a não revelar o nome de quem com ele colabora. Essa confidencialidade é baseada no pleno conhecimento, pelo Estado, da identidade do whistleblower, o que não ocorre no anonimato. O mero resguardo da identidade, embora seja importante ferramenta de proteção, representa, na outra face da moeda, aparente mitigação da proteção que seria dada pelo anonimato*[8]".

Validade da prova prestada pelo colaborador confidencial: As informações fornecidas por um informante confidencial, ou seja, uma pessoa que presta depoimento mantendo sua identidade em sigilo, têm a capacidade de desencadear diligências investigativas com o propósito de verificar a ocorrência de um crime. Esse tipo de prova é comparável à notícia-crime anônima, que autoriza investigações complementares destinadas a confirmar e justificar a realização de medidas de investigação mais intrusivas, como a quebra de sigilo em casos de investigação de tráfico de drogas.

Este entendimento foi explicitado pelo Superior Tribunal de Justiça (STJ) no julgamento do Recurso em Habeas Corpus (RHC) 525799, ocorrido em 16/08/2021. Neste caso, a Corte manteve uma decisão judicial que determinou a quebra do sigilo telefônico de um piloto que, conforme as informações presentes nos autos, estava envolvido no transporte aéreo de 459 quilos de cocaína. Como resultado desse processo, o réu foi condenado a nove anos de prisão por tráfico internacional de drogas (STJ. RHC 525799, 6ª Turma. Rel. Min. Laurita Vaz. Julgado em 16/08/2021).

Objeto do relato ou informações: A parte final do artigo 4º da Lei 13.608/2018 aborda o escopo das denúncias permitidas, que englobam crimes contra a administração pública, infrações administrativas e quaisquer ações ou omissões prejudiciais ao interesse público. No contexto desta lei, consideram-se crimes contra a administração pública todas as infrações penais em que o sujeito passivo seja um órgão ou entidade da administração pública direta ou indireta.

No que diz respeito às infrações administrativas ou outras ações lesivas ao interesse público, esta abrangem tanto os tipos previstos em normas administrativas, disciplinares ou não, emitidas por cada um dos entes mencionados no início do artigo, como também aqueles definidos em normas sancionatórias específicas que visam proteger a integridade da administração pública e a probidade, tais como a Lei de Improbidade Administrativa (Lei nº 8.429/1992), a Lei Anticorrupção Empresarial (Lei nº 12.846/2013) e a Lei de Conflito de Interesses (Lei nº 12.813/2013).

Ao incluir a possibilidade de relatar informações sobre ações ou omissões prejudiciais ao interesse público, a lei utiliza uma redação aberta, o que permite que violações a outros interesses, especialmente aos direitos metaindividuais, também sejam abrangidos. Isso significa que as denúncias não devem se limitar a reclamações ou insatisfações pessoais do informante, mas devem ter um caráter transindividual, relacionando-se a questões que afetem interesses coletivos.

> **Art. 4º-A.** A União, os Estados, o Distrito Federal e os Municípios e suas autarquias e fundações, empresas públicas e sociedades de economia mista manterão unidade de ouvidoria ou correição, para assegurar a qualquer pessoa o direito de relatar informações sobre crimes contra a administração pública, ilícitos administrativos ou quaisquer ações ou omissões lesivas ao interesse público. (Incluído pela Lei nº 13.964, de 2019)
>
> Parágrafo único. Considerado razoável o relato pela unidade de ouvidoria ou correição e procedido o encaminhamento para apuração, ao informante serão asseguradas proteção

8 ROCHA, Márcio Antonio. Subsídios ao debate para a implantação dos programas de whistleblower no Brasil. Revista de Doutrina da 4ª Região, Porto Alegre, n. 75, dez. 2016. Disponível em: http://www.revistadoutrina.trf4.jus.br/artigos/edicao075/Marcio_Rocha.html. Acesso em 07 marc 2019.

integral contra retaliações e isenção de responsabilização civil ou penal em relação ao relato, exceto se o informante tiver apresentado, de modo consciente, informações ou provas falsas. (Incluído pela Lei nº 13.964, de 2019)

Apesar de o artigo 4º-A da Lei 13.608/2018 ter um escopo limitado aos ilícitos relacionados à administração pública, em virtude da redação do artigo 4º da mesma lei, é possível conceder recompensas ao denunciante de outros crimes, uma vez que não há conflito normativo que justifique a exclusão desse sentido. A discrepância de redação entre os dispositivos pode ser justificada pelo fato de que os órgãos da administração pública indireta devem estabelecer as unidades de ouvidoria e correição apenas para receber informações sobre crimes contra a administração pública e infrações administrativas que lhes sejam pertinentes.

Caso um cidadão procure tais órgãos para relatar outras categorias de crimes, como homicídio, roubo ou tráfico de drogas, esses órgãos, em razão de sua incompetência e inaptidão para lidar com esses assuntos, devem encaminhar o denunciante para o órgão competente e apropriado.

Procedimento e decisão que acolhe o relato: O parágrafo único do art. 4-A da Lei 13.608/2018, indica que somente serão encaminhados para apuração e ensejarão a instauração de algum procedimento investigatório os relatos considerados razoáveis. Trata-se de disposição de suma importância porque apresenta ao menos três consequências: 1) todos os relatos serão registrados e objeto de decisão sobre a sua viabilidade; 2) a decisão sobre a viabilidade do relato é pautada por critérios de oportunidade e conveniência e; 3) essa decisão é pautada por critérios de razoabilidade.

Com efeito, uma vez colhida a manifestação do informante faz-se necessário que ela seja objeto de uma decisão administrativa que, oficialmente, lhe assegure uma destinação protocolar. Esse registro permite que o reclamante tome conhecimento sobre o desfecho de seu relato, ainda que ele seja indeferido ou posteriormente arquivado. A natureza discricionária da decisão que determina a apuração do relato está ligada à função essencialmente cognitiva exercida pela autoridade que toma conhecimento do fato delatado, o que assegura que é a autoridade pública quem decide sobre a instauração da investigação. A liberdade desse juízo de valor, acerca verossimilhança do relato, deve ser feita de forma criteriosa, de modo a evitar que a política *whistleblowing* seja banalizada ou utilizada como instrumento de perseguições e injustiças.

Independentemente disso, o parágrafo único do artigo 4º-A da Lei 13.608/2018 estipula que qualquer relato considerado razoável será encaminhado para apuração. Isso implica que o critério legal para tal encaminhamento baseia-se em uma decisão em um nível de avaliação sumária acentuada, pois tem o propósito apenas de justificar o encaminhamento do relato para investigação posterior dos fatos. Portanto, não é necessário exigir elementos substanciais relativos ao crime nessa fase. Para dar sequência ao caso, basta que haja uma aparência mínima de credibilidade, juntamente com indícios de autoria e materialidade do suposto ato ilícito.

Diante das características dessa primeira decisão - de prelibação do relato, importante destacar que o parágrafo único está a tratar de verdadeira hipótese de **verificação preliminar** destinada a este juízo sumário, pautado pelo dever de agir com zelo das autoridades públicas e por algumas regras gerais, tais como, sigilosidade, natureza inquisitorial não punitiva, formalismo moderado, transitoriedade, brevidade etc. A aferição da aparência mínima de credibilidade dá-se, de um modo geral, pelo relato que apresenta, na medida do possível, versão detalhada dos fatos, com informações que mantém uma coerência lógica. Respeitadas as naturais limitações que o *whistleblower* tenha sobre a inteireza e extensão dos fatos, que por isso mesmo devem ser levadas em consideração neste juízo sumário, a desconexão das circunstâncias de tempo, local, modo etc, são indícios da falta de aparência mínima e pode ser motivo para o indeferimento do relato. Mas como bem alertado pela Corte Europeia de Direitos Humanos, a conferência da veracidade da revelação, dentro das limitações do *whistleblower*, para fins de reconhecimento da crença razoável, não se confunde com o dever ou a necessidade de proceder a investigações conclusivas: "*A Corte observa que é primeiramente das autoridades legais de enforcement a tarefa de investigar as alegações para os fins das denúncias criminais, e não pode ser razoavelmente esperado que uma pessoa tendo, com boa-fé, conhecimento dos fatos antecipe se as investigações irão ensejar uma denúncia criminal ou serão arquivadas*[9]".

Sobre a necessidade da autoridade agir de ofício, inclusive na busca de provas que busquem robustecer o relato prestado inicialmente, vale conferir a didática lição de Márcio Antonio Rocha: "*Essa questão é importante, pela perspectiva de desautorizar o argumento da autoridade investigadora que, querendo proteger a autoridade investigada, não faz qualquer esforço de esclarecimento dos fatos narrados com razoabilidade pelo whistleblower, justificando a omissão com a escusa, fácil, de que não foram ofertadas provas suficientes por ele. O raciocínio exige o seguinte silogismo: inicialmente, questionar se existe razoabilidade no relato, e, em existindo a razoabilidade do relato, promover a prestação de esclarecimentos pelo investigado e, se necessário, prosseguir com a apuração. Isso porque o whistleblower pode, por exemplo, não ter a informação completa, não ter acesso à informação complementar, ou, mesmo, estar em perigo de revelar informações que lhe podem render acusações de quebra de confidencialidade, etc. Foi exatamente esse o contexto com que se deparou a Corte em Heinisch, uma vez que a investigação preliminar desencadeada após a denúncia da Sra. Heinisch fora arquivada, sob o argumento de falta de especificação das condutas e indicação de testemunhas. Reconheceu a Corte que essa carência de complementações pode ter sido justificada pelo medo de Heinisch sofrer incriminações penais, assim como pelo risco de ser submetida a ações retaliatórias. E, assim, ainda que fosse admissível o arquivamento das investigações, nem por isso se poderia dizer que a Sra. Heinisch teria agido frivolamente ou sem bases fáticas*[10]".

Imunidade do *whistleblower* de boa-fé: O novo parágrafo único do art. 4º-A da Lei 13.608/2018 também prevê a existência de **imunidade material cível e penal** ao informante, salvo se tiver apresentado, de modo consciente, informações ou provas falsas. A imunidade deve ser entendida como causa de isenção de responsabilidade (civil ou penal) que se destina à proteção do *whistleblower* contra represálias. A imunidade é individual e estritamente pessoal, de modo que aquele que dá, indevidamente, publicidade ao relato comete crime contra a honra e fica sujeito ao dever de reparar os danos causados, sendo aplicável aqui o disposto no art. 142, parágrafo único, do CP.

A ressalva final contida na norma diz respeito aos casos em que o denunciante apresenta informações ou provas falsas de forma consciente. Isso representa uma restrição importante, baseada na ideia de que a imunidade conferida ao denunciante não é absoluta, permitindo assim que o *whistleblower* que age de má-fé seja responsabilizado criminal e civilmente. No entanto, é fundamental observar que essa ressalva exige que o denunciante tenha agido de forma consciente e que as informações ou provas sejam efetivamente falsas. Vale destacar que o dispositivo não utiliza a mesma redação do crime de denunciação caluniosa (Código Penal, artigo 339), que exige, para a configuração do crime, o dolo direto do agente, ou seja, o conhecimento pleno da inocência da vítima.

Ao condicionar a quebra da imunidade à apresentação consciente de informações ou provas falsas, o dispositivo contempla o chamado **erro honesto ou erro justificado**, e desloca a análise da questão para a consciência da ilicitude do Reportante, de modo que não haverá abuso quando não lhe era possível, nas circunstâncias do caso concreto, ter conhecimento sobre a

9 Caso Guja, parágrafo 75. Citado por ROCHA, Márcio Antônio. Anotações sobre o direito de livre expressão em relatos de *whistleblowers*, segundo a Corte Europeia de Direitos Humanos. Disponível em http://www2.senado.leg.br/bdsf/item/id/536077. Acesso em 06 mar 2019. p. 09.

10 ROCHA, Márcio Antônio. Anotações sobre o direito de livre expressão em relatos de *whistleblowers*, segundo a Corte Europeia de Direitos Humanos. Disponível em http://www2.senado.leg.br/bdsf/item/id/536077. Acesso em 06 mar 2019. p. 09.

falsidade das informações ou das provas. Ao contrário, no caso de lhe ser possível conhecer a aleivosia probatória ou da informação, restará quebrada a imunidade legal.

Consequentemente, para que a imunidade do *whistleblower* seja invalidada, a autoridade deve demonstrar, analiticamente, a plena consciência da ilicitude das informações e provas fornecidas, o que caracteriza a má-fé do denunciante. Assim, por exemplo, se o relato contém informações ou provas falsas, mas o denunciante, tomando as precauções de uma pessoa de diligência normal, não tinha meios de saber disso, ele deve ser protegido pela imunidade mencionada. A Corte Europeia de Direitos Humanos, no célebre caso Heinisch, resume a análise da boa-fé da seguinte forma: "*Os whistleblowers devem ser considerados como tendo agido de boa-fé, desde que tivessem bases razoáveis para acreditar na veracidade da informação revelada, mesmo que posteriormente se mostre que não eram [verazes], e desde que ele ou ela não perseguisse qualquer objetivo ilegal ou não ético*[11]".

A quebra da imunidade implica a possibilidade de o informante de má-fé ser responsabilizado pelas ofensas propaladas, civilmente (CC, art. 953) e penalmente (crimes contra a honra, falsa comunicação de crime e denunciação caluniosa, conforme o caso).

Art. 4º-B. O informante terá direito à preservação de sua identidade, a qual apenas será revelada em caso de relevante interesse público ou interesse concreto para a apuração dos fatos. (Incluído pela Lei nº 13.964, de 2019)

Parágrafo único. A revelação da identidade somente será efetivada mediante comunicação prévia ao informante e com sua concordância formal. (Incluído pela Lei nº 13.964, de 2019)

Proteção integral contra retaliações: A imunidade material se insere em uma gama de medidas que buscam conferir ao informante uma proteção integral contra retaliações, decorrentes ainda das previsões relativas ao sigilo de dados, preservação da identidade e incidência das medidas da lei de proteção de testemunhas. Perceba-se que a proteção ao informante é a regra, por isso mesmo já é anunciada no art. 3º e repetida no parágrafo único do art. 4º-A da Lei.

A proteção contra retaliações é ponto fundamental para o bom desenvolvimento de uma política *whistleblowing*. Além da imunidade acima, a legislação contempla uma gama de medidas que buscam impedir que o informante de boa-fé seja caçado e ultrajado pelas pessoas delatadas, o que se insere como mais um fator de estímulo à denúncia.

Por isso que o art. 4º-B da Lei, anuncia o direito de preservação da identidade do informante, disposição que se conjuga com o art. 10, § 7º, da Lei 13.460/2017 (Código de Defesa do Usuário), que dispõe que "*a identificação do requerente é informação pessoal protegida com restrição de acesso nos termos da Lei nº 12.527, de 18 de novembro de 2011*". No mesmo sentido são as previsões da Lei 12.527/2011 (Lei de Acesso à Informação), que determina que "o *tratamento das informações pessoais deve ser feito de forma transparente e com respeito à intimidade, vida privada, honra e imagem das pessoas, bem como às liberdades e garantias individuais*" (art. 31, *caput*) e que "*as informações pessoais (...) relativas à intimidade, vida privada, honra e imagem (...) terão seu acesso restrito, independentemente de classificação de sigilo e pelo prazo máximo de 100 (cem) anos a contar da sua data de produção (...)*" (art. 31, I). A Lei ainda define informações pessoais como aquelas que "*são relacionadas à pessoa natural identificada ou identificável*" (art. 4º, IV).

A confidencialidade sobre a identidade do Reportante só não será oponível para aquelas autoridades que (1) receberam o relato, (2) que o consideraram razoável e lhe deram encami-

11 Caso *Heinisch*, parágrafo 80, citado por ROCHA, Márcio Antônio. Anotações sobre o direito de livre expressão em relatos de *whistleblowers*, segundo a Corte Europeia de Direitos Humanos. Disponível em http://www2.senado.leg.br/bdsf/item/id/536077. Acesso em 06 mar. 2019.

nhamento e (3) que, depois disso, apuram o ilícito. A própria Lei de Acesso à Informação dispõe acerca da necessidade de estrito acesso e tratamento da informação sigilosa às pessoas que tenham necessidade de conhecê-la (art. 25, § 1º), o que impõe um rigoroso dever de cuidado funcional em toda a cadeia de custódia desses dados. Não custa lembrar, também, que o sigilo é inoponível ao Ministério Público, tendo em conta o disposto no artigo 26, § 2º, da Lei 8.625/93 e 8º, § 2º, da LC n.º 75/93.

Note-se que o art. 3º da Lei 13.608/2018 assegura ao informante o direito ao sigilo de dados, o que abrange a preservação da identidade. A justificativa para a inclusão do art.4º-B é a sua redação final que prevê a possibilidade de revelação da identidade, e apenas dela, nos casos de relevante interesse público ou interesse concreto para a apuração dos fatos. Os agentes públicos que lidam com o relato, destarte, devem manter e zelar pelo sigilo, de modo que sua quebra indevida é apta a caracterizar infração de diferentes espécies, desde crime previsto no art. 325 do CP, passando por infração disciplinar, ato de improbidade administrativa do art. 11, III, da Lei 8.429/1992, até violação aos arts. 5º, I e 6º, II, ambos da Lei de Conflito de Interesses (Lei 12.813/2017), que, inclusive, prevê a cometimento da infração pelo ex-agente público, no prazo de 06 meses (prazo de quarentena).

Revelação da identidade do *whistleblower*: A parte final do art. 4º-B da Lei regulamenta a revelação da identidade do informante, que deverá ocorrer no caso de relevante interesse público ou interesse concreto para apuração dos fatos.

É notável a ambivalência dos critérios utilizados neste dispositivo, que podem ser aplicados tanto para justificar a quebra do sigilo quanto para revelar a identidade do informante. Embora exista uma certa imprecisão semântica na norma, o que deve guiar o julgador na decisão de revelar a identidade do denunciante é a predominância do interesse público ou do interesse concreto na apuração dos fatos. Esse equilíbrio pode ser alcançado, por exemplo, em casos de grandes escândalos que contenham crimes sucessivos e recorrentes, nos quais a revelação da identidade do denunciante original pode incentivar outras pessoas a fornecer informações valiosas sobre os fatos.

Em razão da diferença redacional entre o art. 4º-B e o art. 3º da Lei – o primeiro fala em preservação da identidade e o segundo em sigilo de dados -, extrai-se a conclusão de que é possível a revelação daquela mediante a manutenção dos demais dados do informante, como endereço residencial ou profissional, profissão etc, medida que pode, ainda que em menor escala, protegê-lo de retaliações.

Anote-se que o projeto que deu origem à Lei 13.964/2019 criava um inusitado direito de opção ao reportante que poderia permitir a revelação de sua identidade e escolher a perda parcial do valor probatório de seu depoimento. Felizmente, a redação aprovada não acolheu esta proposta, que criava algumas perplexidades, mas tinha o objetivo de proteger o *whistleblower*.

Em qualquer situação, é nossa opinião que, se necessário, o denunciante será ouvido na qualidade de testemunha e poderá ser questionado nos autos, seguindo as disposições do Código de Processo Penal, artigo 214, ou do Código de Processo Civil, artigo 457. Nesse cenário, é fundamental garantir a completa proteção e sigilo de seus dados.

No entanto, a oitiva do denunciante não deve ser central para a formação da convicção do julgador, pois, semelhante ao que ocorre na colaboração premiada, seu depoimento tem um valor limitado quando se trata de informações incriminadoras relacionadas a terceiros, especialmente em casos que envolvem atividades de organizações criminosas. O interesse principal reside nas indicações que ele faz, nas linhas probatórias que ele revela e nas evidências e meios de prova que podem ser obtidos com base em seu conhecimento da estrutura interna da organização criminosa e de seu *modus operandi* em atividades delituosas.

Além disso, o parágrafo único do artigo 4º-B da Lei reforça a proteção ao denunciante, uma vez que condiciona a divulgação de sua identidade à sua comunicação prévia, permitindo-lhe tomar medidas para garantir sua própria segurança.

Art. 4º-C. Além das medidas de proteção previstas na Lei nº 9.807, de 13 de julho de 1999, será assegurada ao informante proteção contra ações ou omissões praticadas em retaliação ao exercício do direito de relatar, tais como demissão arbitrária, alteração injustificada de funções ou atribuições, imposição de sanções, de prejuízos remuneratórios ou materiais de qualquer espécie, retirada de benefícios, diretos ou indiretos, ou negativa de fornecimento de referências profissionais positivas. (Incluído pela Lei nº 13.964, de 2019)

§ 1º A prática de ações ou omissões de retaliação ao informante configurará falta disciplinar grave e sujeitará o agente à demissão a bem do serviço público. (Incluído pela Lei nº 13.964, de 2019)

§ 2º O informante será ressarcido em dobro por eventuais danos materiais causados por ações ou omissões praticadas em retaliação, sem prejuízo de danos morais. (Incluído pela Lei nº 13.964, de 2019)

§ 3º Quando as informações disponibilizadas resultarem em recuperação de produto de crime contra a administração pública, poderá ser fixada recompensa em favor do informante em até 5% (cinco por cento) do valor recuperado. (Incluído pela Lei nº 13.964, de 2019)

Outras medidas de proteção do *whistleblower*: O art.4º-C da Lei dispõe sobre algumas medidas de proteção integral contra retaliações ao exercício do direito de relatar, absolutamente necessárias para uma eficaz política *wistleblowing*. As medidas mais protetivas são as previstas na Lei de Proteção de Vítimas e Testemunhas (Lei 9.807/1999, devidamente regulamentada pelo Decreto n.º 3.518/2000), que prevê as seguintes medidas: segurança na residência, incluindo o controle de telecomunicações; escolta e segurança nos deslocamentos da residência, inclusive para fins de trabalho ou para a prestação de depoimentos; transferência de residência ou acomodação provisória em local compatível com a proteção; preservação da identidade, imagem e dados pessoais; ajuda financeira mensal para prover as despesas necessárias à subsistência individual ou familiar, no caso de a pessoa protegida estar impossibilitada de desenvolver trabalho regular ou de inexistência de qualquer fonte de renda; suspensão temporária das atividades funcionais, sem prejuízo dos respectivos vencimentos ou vantagens, quando servidor público ou militar; apoio e assistência social, médica e psicológica; sigilo em relação aos atos praticados em virtude da proteção concedida; apoio do órgão executor do programa para o cumprimento de obrigações civis e administrativas que exijam o comparecimento pessoal (Art. 7º).

Nova infração disciplinar: O parágrafo 1º do artigo 4º-C da Lei estabelece uma infração disciplinar de gravidade extrema, passível de punição com a demissão a bem do serviço público. Essa infração diz respeito à prática de ações ou omissões que configurem retaliação contra o informante. Essa norma administrativa é de extrema importância para prevenir retaliações dentro da administração pública, garantindo a proteção do denunciante e a integridade do processo de denúncia.

Ressarcimento em dobro pelas retaliações: O § 2º do artigo 4º-C da Lei estabelece o direito do informante de ser ressarcido em dobro por eventuais danos materiais causados pelas retaliações, sem prejuízo dos danos morais. Essa norma possui caráter essencialmente punitivo de direito civil. As retaliações indenizáveis são aquelas que causaram prejuízo, seja de ordem material ou moral, ao informante, independentemente de terem sido praticadas pelos implicados no relato ou por terceiros que, de alguma forma, o hostilizem e ofendam.

Recompensa do *whistleblower*: O § 3º do art. 4º-C da Lei 13.608/2018 trata da segunda grande característica dos programas *whistleblowing*, qual seja, a **política remuneratória** e recompensatória do informante. Uma pesquisa realizada em 2011, com a participação de 2.365 funcionários, destacou que a promessa de recompensa financeira é considerada o principal motivador para que as pessoas façam denúncias de ilícitos. Segundo esse estudo, 66% dos participantes apontaram que a perspectiva de receber uma recompensa foi o fator decisivo que os estimulou a denunciar fraudes das quais tinham conhecimento. Esse dado reforça a importância da política de recompensas como incentivo eficaz para promover a denúncia de irregularidades.[12] O pagamento da recompensa desempenha um papel crucial no fortalecimento do programa, podendo, como já ocorreu em outros países, legitimamente impulsionar a profissionalização de organizações especializadas na investigação e denúncia de ilícitos de olho nas recompensas legalmente previstas pelos órgão públicos. Essa prática tem se mostrado eficaz em outros contextos internacionais e pode ser uma estratégia válida para incentivar ainda mais a colaboração na denúncia de atividades criminosas.

É verdade que outros estímulos, essencialmente morais, podem ser utilizados para o fomento de uma política *whistleblowing*, o que, segundo Juliana Oliveira, citando Roberta Ann Johnson, foi feito com grande êxito nos Estados Unidos. Segundo a autora, os cidadãos norte-americanos se utilizam da legislação contra o desperdício de recursos públicos, fraudes e abusos em geral, mais do que qualquer outro país do mundo, e atribui este fenômeno ao menos a sete fatores: 1) a mudança na burocracia governamental; 2) leis encorajando as denúncias; 3) leis que protegem os denunciantes; 4) a mídia e os novos suportes organizacionais, como entidades não governamentais; 5) existência institucional dos pesos e contrapesos; 6) valores culturais do povo norte-americano; e 7) o "onze de setembro". Esse ambiente foi combinado com a elaboração de diversas leis federais, códigos de ética e atos normativos infralegais determinando aos servidores públicos federais a divulgação de desperdício de recursos públicos, fraudes e abusos às autoridades competentes, de modo a fomentar o senso de participação pública na elucidação desses atos. Em todas as agências federais foram instaladas "linhas-diretas" para as comunicações *whistleblowing*, fator que igualmente incrementou a consolidação do instituto naquele país[13]. Além disso, a mesma autora anuncia que, no referido país, dezenas de organizações profissionais oferecem aos *whistleblowers* auxílio financeiro, psicológico, legal e social[14].

O primeiro ponto que necessita de uma compreensão cuidadosa diz respeito à relação contida entre o artigo 4º e o parágrafo 3º do artigo 4º-C da Lei. O primeiro estabelece uma regra mais abrangente, que permite aos órgãos da administração pública determinar a forma de recompensar aqueles que fornecerem informações úteis para a prevenção, repressão ou apuração de crimes ou ilícitos administrativos. Por outro lado, o parágrafo 3º do artigo 4º-C da lei trata de uma situação mais específica de recompensa, que é estabelecida nos casos em que as informações fornecidas resultem na recuperação de bens oriundos de crimes contra a administração pública, nesse contexto, a recompensa será fixada em até 5% (cinco por cento) do valor recuperado.

O *quantum* a ser fixado a título de recompensa em favor do informante é em até cinco por cento (5%) do valor recuperado, o que se apresenta bastante tímido ainda, sobretudo se compararmos com a legislação americana conhecida como The False Claims Act, que prevê que o montante varia conforme o Estado tenha participado ou não no processo, entre 25% a 30%, se o denunciante tiver atuado sozinho, e de 15% a 25%, se obteve auxílio da intervenção

---

12 Pesquisa citada no trabalho de Diego Castilho: CASTILHO, Diego Gomes. *Whitleblowing*: Principais características e vantagens. O que o Brasil está efetivamente perdendo? In Corrupção Como Fenômeno Suprelagal. BARBUGIANI, Luiz Henrique Sormani (coord.). Juruá: Curitiba. 2017. p. 73-97. p. 89.

13 OLIVEIRA, Juliana Magalhães Fernandes. A Urgência de uma Legislação *Whistleblower* no Brasil. Brasília: Núcleo de Estudos e Pesquisas/CONLEG/Senado, Maio/2015 (Texto para Discussão nº 175). Disponível em: www.senado.leg.br/estudos. Acesso em 28 de maio de 2015. p. 8.

14 OLIVEIRA, Juliana Magalhães Fernandes. A Urgência de uma Legislação *Whistleblower* no Brasil. Brasília: Núcleo de Estudos e Pesquisas/CONLEG/Senado, Maio/2015 (Texto para Discussão nº 175). Disponível em: www.senado.leg.br/estudos. Acesso em 28 de maio de 2015. p. 10.

estatal. Anote-se que segundo a disposição do art. 4º, parágrafo único, da Lei 13.608/2018, a recompensa pode ser paga em espécie.

Ambas as disposições citadas estabelecem uma conexão crucial entre as informações apresentadas e sua efetiva utilidade, seja para a prevenção, repressão ou apuração de infrações, seja para a recuperação dos produtos do crime. Essa ligação tem o propósito de condicionar o recebimento da recompensa à eficácia das denúncias, visando desencorajar denunciantes desonestos.

Na verdade, é de suma importância avaliar se as informações fornecidas foram suficientes para iniciar e direcionar a investigação da infração. Não é exigível, todavia, que o relato contenha pormenores acerca da destinação e localização dos produtos do crime, uma vez que tal requisito seria impraticável, especialmente quando se considera a complexidade das operações financeiras utilizadas para ocultá-los.

É importante ressaltar que não é necessário que o processo (seja ele civil, de improbidade ou criminal) tenha chegado a uma sentença transitada em julgado para que o informante receba a recompensa. O dispositivo condiciona esse pagamento exclusivamente à recuperação dos produtos do crime, o que pode ocorrer antes dessa fase processual.

A utilização do verbo *poderá* indica que a decisão pelo pagamento da recompensa é discricionária, o que se afigura correto, uma vez que a análise acerca da relevância causal entre as informações prestadas e os produtos do crime recuperados devem ser permeados por critérios de oportunidade e conveniência, variáveis caso a caso.

É importante observar que, embora o §3º do art. 4º-C da Lei faça menção apenas a crimes contra a administração, a recuperação de produtos de outros tipos de crimes, processos administrativos, ações civis ou casos de improbidade também podem ser passíveis de recompensa. Isso ocorre principalmente porque o *caput* do art. 4º não impõe qualquer restrição nesse sentido. Em todos os casos, a autoridade responsável por determinar o pagamento da recompensa deve ser aquela que julgou o processo em que a recuperação dos produtos ilícitos ocorreu. Além disso, devem ser estabelecidos mecanismos compensatórios eficazes para evitar pagamento duplicado de recompensas por diferentes instâncias.

O julgador deve determinar o pagamento da recompensa expedindo comando para a União, Estado, Distrito Federal e os Municípios e suas autarquias e fundações, empresas públicas e sociedade de economia mista, conforme o caso, de modo que, dada a disposição da Lei 13.608/2018, que cria uma obrigação estrutural para a administração pública sobre referido programa, inclusive orçamentária-financeira, o pagamento deve ser feito sem a necessidade de obediência ao processo de pagamento de precatórios (CF, art. 100).

Art. 5º O caput do art. 4º da Lei nº 10.201, de 14 de fevereiro de 2001 , passa a vigorar acrescido dos seguintes incisos VI e VII:

"Art. 4º ....

VI - serviço telefônico para recebimento de denúncias, com garantia de sigilo para o usuário;

VII - premiação, em dinheiro, para informações que levem à resolução de crimes.

...." (NR)

Art. 6º Esta Lei entra em vigor na data de sua publicação

Conclusão: A política implementada pela adoção do *whistleblower* é altamente promissora, pois permite a revelação de fraudes que costumam permanecer ocultas devido à cultura do silêncio, da cumplicidade e da compartimentalização empresarial. Estes são fenômenos que devem ser combatidos por meio de novos mecanismos de investigação eficazes, representando uma mudança cultural muito desejável no Brasil.

Além disso, a política de *whistleblowing* estimula a participação ativa dos cidadãos no combate à criminalidade e na defesa dos interesses públicos, promovendo uma nova ética cívica. Os cidadãos não devem mais se sentir constrangidos ou amedrontados diante do poder dos desonestos, nem devem se conformar passivamente com a corrupção generalizada, que é como uma doença que afeta a nação como um todo.

Nesse contexto, é relevante lembrar o famoso conto infantil "A Roupa Nova do Rei", de Hans Christian Andersen. A história narra como um rei, enganado por vigaristas que o convencem a comprar uma roupa invisível, é aplaudido por seus súditos quando desfila nu em público, pois ninguém ousa admitir a verdade, até que uma criança corajosa finalmente grite: "O rei está nu!".

Investir em transformar todos os cidadãos em guardiões da ordem jurídica é uma medida poderosa, capaz de dissuadir e punir adequadamente as fraudes e os delitos, enquanto reafirma que a honestidade ainda é um valor fundamental. O instituto do *whistleblower* tem o potencial de capacitar os cidadãos a desempenhar o papel da criança no conto de Andersen, que não tem medo de dizer a verdade e não está condicionada culturalmente a aceitar passivamente as transgressões à lei em nosso país.

REFERÊNCIAS

ARAS, Vladimir. *Whistleblowers*, informantes e delatores anônimos. In: ZANELLATO, Vilvana Damiani (Coord.). A jurisprudência do Supremo Tribunal Federal – temas relevantes. Porto Alegre: Verbo Jurídico, 2013. p. 405-406.

BENTO, Leonardo Valles. O princípio da proteção ao denunciante: parâmetros internacionais e o direito brasileiro. Novos Estudos Jurídicos, Itajaí, v. 20, n. 2, p. 785-809, 2015.

CASTILHO, Diego Gomes. *Whitleblowing*: Principais características e vantagens. O que o Brasil está efetivamente perdendo? In Corrupção Como Fenômeno Suprelagal. BARBUGIANI, Luiz Henrique Sormani (coord.). Juruá: Curitiba. 2017. p. 73-97.

CUNHA, Rogério Sanches; SOUZA, Renee do Ó. Lei Anticorrupção Empresarial. 2ª ed. Salvador: Juspodivm, 2018.

CUNHA FILHO, Marcio Camargo. Revisitando A Jurisprudência Do Supremo Tribunal Federal Em Matéria De Reserva De Identidade De Denunciantes. Revista de Doutrina e Jurisprudência, v. 107, n. 2, p. 231-239, 2017.

DA MOTA JUNIOR, João Francisco. A proteção do servidor público denunciante (Whistleblower): Um enfoque na recente tutela jurídica brasileira. Derecho y Cambio Social, v. 9, n. 30, p. 22, 2012.

JESUS, Damásio E. de. 22. ed. – São Paulo: Saraiva, 2014. Comentários ao art. 339 do Código Penal.

LEITE, Glauco Costa. Instrumentos de Fomento a Denúncias Relacionadas à Corrupção. Revista Brasileira de Direito, 10(1): 59-67, 2014.

MASSON, Cleber. MARÇAL Vinícius. Crime organizado. 4. ed., Rio de Janeiro: Forense; São Paulo: MÉTODO, 2018.

NAÇÕES UNIDAS. The United Nations Convention against Corruption: resource guide on good practices in the protection of reporting persons. p. 64. Disponível em: <https://www.unodc.org/documents/corruption/Publications/2015/15-04741_Person_Guide_eBook.pdf>. Acesso 07 mar 2019.

NARDELLI, Marcela Alves Mascarenhas. A função do Processo e as limitações probatórias. In: Novo CPC. Doutrina Selecionada, vol. 3. Provas. DIDIER JR., Fredie (org.). Salvador: Juspodivm. 2016.

OLIVEIRA, Juliana Magalhães Fernandes. A Urgência de uma Legislação *Whistleblower* no Brasil. Brasília: Núcleo de Estudos e Pesquisas/CONLEG/Senado, Maio/2015 (Texto para Discussão nº 175). Disponível em: www.senado.leg.br/estudos. Acesso em 28 de maio de 2015.

RAGUÉS I VALLÉS. Ramón. *Whistleblowing*: una aproximación desde el dcrccho penal. Madrid: Marcial Pons. 2013.

ROCHA, Márcio Antonio. A participação da sociedade civil na luta contra a corrupção e a fraude: uma visão do sistema jurídico americano focada nos instrumentos da ação judicial *qui tam action* e dos programas de *whistleblower*. Revista de Doutrina da 4ª Região, Porto Alegre, n. 65, abr. 2015. Disponível em: < http://www.revistadoutrina.trf4.jus.br/artigos/edicao065/Marcio_Rocha.html> Acesso em 07 mar 2019.

______________________. Anotações sobre o direito de livre expressão em relatos de *whistleblowers*, segundo a Corte Europeia de Direitos Humanos. Disponível em http://www2.senado.leg.br/bdsf/item/id/536077. Acesso em 06 mar 2019.

______________________. Subsídios ao debate para a implantação dos programas de *whistleblower* no Brasil. Revista de Doutrina da 4ª Região, Porto Alegre, n. 75, dez. 2016. Disponível em: http://www.revistadoutrina.trf4.jus.br/artigos/edicao075/Marcio_Rocha.html. Acesso em 07 marc 2019.

CAPÍTULO 41

Abuso de Autoridade – Lei nº 13.869/2019

Renee do Ó Souza

CAPÍTULO I
DISPOSIÇÕES GERAIS

Art. 1º. Esta Lei define os crimes de abuso de autoridade, cometidos por agente público, servidor ou não, que, no exercício de suas funções ou a pretexto de exercê-las, abuse do poder que lhe tenha sido atribuído.

INTRODUÇÃO

De um modo geral, ocorre abuso de autoridade quando o agente público exerce o poder que lhe foi conferido com excesso de poder (o agente atua além de sua competência legal) ou com desvio de finalidade (atua com o objetivo distinto daquele para o qual foi conferido). O grande desafio de uma norma penal como esta é encontrar um ponto de equilíbrio de modo a evitar que, a pretexto de dissuadir os abusos, de forma colateral, iniba o desempenho de funções públicas ordenadoras da vida privada, marcadamente impopulares e objeto de insatisfação dos destinatários alcançados pela ação estatal. A nova lei de abuso de autoridade, Lei 13.869/2019 ora em comento, é editada em meio esta tensão. Se de um lado, inegavelmente, a proteção penal dos direitos fundamentais pela Lei 4.898/1965 era tímida e quase simbólica, principalmente por causa das penas quase insignificantes e facilmente alcançáveis pela prescrição, de outro lado, a reforma penal promovida pela nova lei, seletivamente, claudica sobre a atuação regular de agentes e órgãos formais de controle social. O enfrentamento aos excessos, evidentemente necessário, não pode ser argumento usado como subterfúgio para retaliações ou perseguições, seja no plano legislativo, seja nos casos concretos.

A fórmula encontrada para compor esta tensão foi a larga utilização de tipos penais abertos, com muitos elementos normativos do tipo, além da previsão de finalidade específica e um vetor interpretativo excludente de imputação previstos nos §§ 1º e 2º a seguir comentados. É certo que o emprego de vocábulos ambíguos e incertos realmente deve ser evitado porque, segundo Winfried Hassemer, o legislador penal deve formular suas normas de forma precisa e definitiva, fornecendo ao juiz regras escritas cada vez mais extensas e determinadas, de modo impenetrável aos casos não imaginados[1]. Exatamente por isso a Lei foi objeto de muitas críticas e de ações

1 HASSEMER, Winfried. Introdução aos fundamentos do direito penal. Porto Alegre: SA Fabris, 2005, p. 336-339.

diretas de inconstitucionalidade junto ao Supremo Tribunal Federal em que se alega violação ao princípio da taxatividade[2].

No âmbito da lei de abuso de autoridade, voltada para enfrentar condutas de agentes públicos que ultrapassam os limites do lícito e permitido, muitas vezes sujeitos a interpretações distintas, o emprego de elementos normativos do tipo serve para assegurar que a dinâmica e variabilidade de condutas funcionais permitidas não sejam alcançadas pela sua indevida criminalização, aspecto que será melhor tratado a seguir, nos comentários ao parágrafo 2º.

Mas a utilização desta metodologia redacional no direito penal, conhecida como técnica do reenvio, com uso recorrente de elementos normativos do tipo e normas penais em branco, por outro lado, é uma tendência no direito penal contemporâneo, marcadamente sujeito a um movimento de ajuntamento e complementação por meio de normas infralegais capaz de emprestar-lhe elasticidade exigível à sociedade moderna. Explica-se: levada às últimas consequências, a taxatividade do tipo penal, para além de uma inegável garantia básica do direito penal, dada a dinâmica com que os comportamentos delituosos são criados freneticamente na contemporaneidade, não deve obstar a proteção a determinados bens jurídicos, razão pela qual, o recurso a essas novas fórmulas redacionais é recorrente no direito penal de hoje.

As disposições complementares e valorativas dos crimes da Lei 13.869/2019 devem ser pautadas assim a partir das disposições contidas no ordenamento jurídico. Neste contexto, ganham importância, como normas infralegais, os protocolos e decisões emitidos pela cúpula dos órgãos ou instituições a que pertençam os agentes públicos, capazes de moldar, minimamente, os critérios, diretrizes e planos objetivos de sistematicidade que lhes assegurem um padrão de comportamento e atuação homogênea[3]. A liberdade de atuação do agente público, notadamente no caso daqueles dotados de ampla discricionariedade decisória e independência funcional, não pode significar descumprimento de suas finalidades institucionais, além é claro, de não visar alcançar fins ilícitos, pelo que se conclui que a edição de orientações gerais por meio normas protocolares e decisões anteriores que indiquem essa maneira de agir pode servir para auxiliar o julgador na valoração das condutas abusivas[4]. Isso não significa, é verdade, que a atuação em desconformidade a estas orientações gerais, por si só, seja capaz de caracterizar o abuso da autoridade, até porque os pressupostos essenciais do caso concreto podem indicar tratar-se de uma atuação necessariamente distinta daquela anteriormente prevista na orientação

2 As Adins foram propostas pela Associação Nacional dos Auditores Fiscais de Tributos dos Municípios e Distrito Federal (Anafisco) (Adin n.º 6234), pela Associação dos Magistrados do Brasil (AMB) (Adin n.º 6236), outra pela Associação Nacional dos Membros do Ministério Público (CONAMP), Associação Nacional dos Procuradores do Trabalho (ANPT), e Associação Nacional dos Procuradores da República (ANPR) (Adin n.º 6238) e, por fim, pela Associação dos Juízes Federais do Brasil (Ajufe) (Adin n.º 6239). Dentre outras alegações, impugnam a inconstitucionalidade de vários dispositivos da Lei por violação aos Princípios da legalidade e taxatividade do direito penal, proporcionalidade e separação dos poderes visto que a lei criminaliza a atuação dos membros do Poder Judiciário mediante a criação de tipos penais que incidem sobre o exercício da prestação jurisdicional.

3 Este tipo de providência, inclusive, decorre no novel art. 30 da Lei de Introdução às Normas do Direito Brasileiro, acrescentado pela Lei 13.655/2018 que prevê que "as autoridades públicas devem atuar para aumentar a segurança jurídica na aplicação das normas, inclusive por meio de regulamentos, súmulas administrativas e respostas a consultas".

4 Confirmando essa tendência uniformizadora dos atos decisórios da Administração Pública é a inovação feita pela Lei 14.194/2021 que acrescentou o art. 4º-A à Lei 13.874/2019 que prevê que:

§ 1º Os órgãos e as entidades competentes, na forma do inciso II do caput deste artigo, editarão atos normativos para definir a aplicação e a incidência de conceitos subjetivos ou abstratos por meio de critérios claros, objetivos e previsíveis, observado que:

I - nos casos de imprescindibilidade de juízo subjetivo para a aplicação da sanção, o ato normativo determinará o procedimento para sua aferição, de forma a garantir a maior previsibilidade e impessoalidade possível;

II - a competência da edição dos atos normativos infralegais equivalentes a que se refere este parágrafo poderá ser delegada pelo Poder competente conforme sua autonomia, bem como pelo órgão ou pela entidade responsável pela lavratura do auto de infração.

protocolar. Em todo o caso, deverão ser analisados os pressupostos que caracterizam atuação excessiva, para além dos limites permitidos pelo direito, conforme afirmado antes.

A Lei cria, já no artigo 1º, dois vetores importantes para a identificação de uma atuação abusiva do agente público, a saber, o elemento anímico específico e possibilidade de atuação frente as naturais divergências de interpretação do direito ou da avaliação de fatos e provas. Esses elementos devem funcionar como vetores hermenêuticos, que se agregam a cada uma das figuras delitivas previstas na lei a fim de servir como ponto de partida para identificação da atuação abusiva.

> § 1º. As condutas descritas nesta Lei constituem crime de abuso de autoridade quando praticadas pelo agente com a finalidade específica de prejudicar outrem ou beneficiar a si mesmo ou a terceiro, ou, ainda, por mero capricho ou satisfação pessoal.

ELEMENTO SUBJETIVO: todos os crimes previstos na Lei 13.869/2019 são dolosos. A lei, porém, consagrando o entendimento predominante ainda sob à vigência da Lei 4.898/1965, prevê expressamente no § 1º do art. 1º a necessidade de ser demonstrada **finalidade específica** de *prejudicar outrem ou beneficiar a si mesmo ou a terceiro, ou, ainda, por mero capricho ou satisfação pessoa.*

Anote-se que esses **elementos subjetivos especiais** do tipo não se confundem com o dolo propriamente dito, visto que exercem funções especificantes, de modo a especializar a descrição legal da conduta típica. Por isso, é inadequado mencionar que se trata de dolo específico, nomenclatura que remete à teoria natural da ação, superada pela teoria finalista da ação.

A finalidade específica é exigida nos crimes de abuso de autoridade porque o exercício da função pública é, no mais das vezes, impopular, aflitiva e desgostosa, razão pela qual consolidou-se o entendimento de que o cumprimento do dever, desde que feito no interesse da defesa social ou para preservar a vida ou a incolumidade física de alguém, não caracteriza abuso de poder, por ausência de dolo. Nesse sentido, ainda sob a vigência da lei antiga, ensinava Rui Stoco, citando Damásio E. de Jesus, que "*o crime reclama um ânimo próprio, que é elemento subjetivo do injusto: vontade de praticar as condutas sabendo o agente que está exorbitando do poder. Esse elemento se liga à culpabilidade e à antijuridicidade. Não se trata de dolo específico, em face de não encontrarmos frente àquele fim ulterior, extrínseco ao fato*[5]". Exceto pela parte final da lição vez que a nova lei expressamente menciona sobre a exigência da finalidade específica, o entendimento esposado é correto. Realmente a atuação legal aniquila qualquer intenção de violar a lei ou de revelar periculosidade no agente público. Daí porque se entende que "*nos abusos de autoridade, o elemento subjetivo do injusto deve ser apreciado com muita perspicácia, merecendo punição somente as condutas daqueles que, não visando à defesa social, agem por capricho, vingança ou maldade, com o consequente propósito de praticarem perseguições e injustiças. O que se condena, enfim, é o despotismo, a tirania, a arbitrariedade, o abuso, como indica o nomem juris do crime.*" (JUTACrim 84/400).

A composição do tipo subjetivo do crime de abuso de autoridade, portanto, exige que o agente aja consciente, isto é, convencido de que abusa do direito, ou de que age além dos limites para os quais está autorizado, o que inadvertidamente ocorre quando atua com a finalidade de satisfazer um efetivo propósito ilícito, o que indica que a incompatibilidade dos crimes com o dolo eventual. Observe-se que a atuação motivada pelo sentimento de prejudicar alguém ou beneficiar a si ou outrem, ou por mero capricho ou mediante satisfação pessoal é semelhante aquele desvio afetivo exigido para a caracterização do crime de prevaricação (CP, art. 319). Isso

5 STOCO, Rui e outros. Leis Penais Especiais e sua interpretação jurisprudencial. 7ª ed. São Paulo: RT. 2001. p. 13.

demonstra a preocupação do legislador em evitar criminalização de condutas funcionais regulares que, como dito, são aflitivas e objeto de relativa incompreensão do cidadão.

A análise acerca do elemento subjetivo tem elevada importância prática para evitar que o servidor, temeroso de eventual responsabilização penal, deixe de cumprir o seu dever de ofício, notadamente diante de uma situação na qual as circunstâncias levam a crer que isso é exigido, situação que levará à prática de infrações que expõem um número indeterminado de pessoas a riscos e perigos. Assim, se o funcionário agiu movido pela vontade de atingir o fim público, não incide no crime de abuso de autoridade.

Essa ponderação nem sempre é tarefa fácil, como no caso do policial que atua revistando pessoa que, vestindo um pesado agasalho num dia ensolarado, caminha de um lado para outro, nervosamente, em frente a um banco. Há, nesse exemplo, causa provável a legitimar a atuação policial[6], mas a zona de penumbra entre o estrito cumprimento do dever legal e o abuso de autoridade nesse caso demonstra o quão tormentoso é a questão no dia a dia dos agentes públicos. Essa dificuldade de análise tende a ser observada na comprovação material da finalidade específica prevista nesta norma do § 1º do art. 1º da Lei 13.869/2019, afinal, os delitos de abuso de autoridade situam-se em uma zona de tensão entre o respeito aos direitos individuais e o interesse na preservação de bens coletivos, como a segurança pública.

A questão se dramatiza na medida em que os elementos subjetivos especiais contido no final da norma, "mero capricho" e satisfação pessoal", são expressões abertas, quase indemonstráveis o que pode gerar manipulações e ambivalências significativas, dificuldade que desembocará no **ônus da prova**. Como bem apontam Rogério Sanches e Rogério Greco: "*Esse especial fim de agir, vale dizer, a finalidade específica de prejudicar outrem ou beneficiar a si mesmo ou a terceiro, ou, ainda, por mero capricho ou satisfação pessoal deverá ser apontado, especificamente, na peça inaugural da ação penal (seja ela proposta por meio de denúncia do Ministério Público, ou mesmo da queixa, nas ações penais de iniciativa privada subsidiária da pública). Caso não conste na inicial essa particular motivação, não poderá o réu defender-se das acusações contra ele formuladas e a denúncia ou a queixa deverão ser rejeitadas, com fundamento no inciso I do art. 395 do Código de Processo Penal (...)*"[7].

Embora as expressões utilizadas pela Lei – "*prejudicar alguém, beneficiar alguém, mero capricho e satisfação pessoal*", sejam boas locuções que expressam a ideia central do abuso funcional, no mais das vezes, a demonstração destes estados anímicos específicos, dada a impenetrabilidade da mente do agente, fator que levou à normatização e objetivação do dolo, principalmente em razão da adoção da teoria finalista da ação, deve ser revelada por meio de elementos externos, o que na maioria das vezes permite que sobre eles recaia uma variação interpretativa e valorativa. Por isso que, porque integram o tipo, os elementos subjetivos especiais devem ser **objeto de prova**, para a adequada caracterização do crime, o que significa, dada a intangibilidade dessas circunstâncias, que sua análise é feita a partir dos fatos objetivos externos.

Nessa linha já se decidiu que "*não se demonstrando ter o paciente agido por capricho, vingança ou com consciente propósito de praticar perseguições ou injustiças, é de se conceder a ordem para sustar qualquer atividade inquisitiva relativamente à questão sub examen*" (citando TRF3, HC 03.034688-6 e TRF4, Inq. 200304010430211). Da mesma forma, "*as questões atinentes à competência não podem servir de lastro à acusação de abuso de poder, quando na conduta do*

6 O Supremo Tribunal Federal entende que a fundada suspeita do art. 244 do CPP não pode fundar-se em parâmetros unicamente subjetivos, exigindo elementos concretos que indiquem a necessidade da revista, em face do constrangimento que causa (citando STF, HC 81.305/GO).

7 CUNHA, Rogério Sanches. GRECO, Rogério. Abuso de autoridade: Lei 13.869/2019: comentada artigo por artigo. Salvador: Editora JusPodivm, 2020. p. 13.

paciente está caracterizado o propósito de dar pronta e impostergável execução às medidas de defesa social cabível." (citando TRF3, RES 91030172589/SP).

Por outro lado, já foi reconhecido o abuso no ato de Auditor Fiscal da Receita Federal, que insiste em revistar e acaba por apreender parte da bagagem da vítima, embora ela tenha comprovado que provinha do território nacional, tornando "*manifesto, por conseguinte, o propósito de humilhar, amesquinhar.*" (TRF1, AC 0100014182-3/BA).

A análise desses elementos subjetivos especiais deve ser feita em todos os tipos penais que passam assim a exigir, além do dolo direto, que o agente, invariavelmente, tenha agido com propósito de prejudicar alguém, beneficiar alguém, por mero capricho ou satisfação pessoal, razão pela qual podemos concluir todos os tipos penais da Lei 13.869/2019 são de **tendência interna transcendente** visto que reclamam, além da realização típica objetiva, a perscrutação acerca da finalidade do agente[8].

Cabe ainda destacar que a finalidade específica prevista no art. 1º, § 1º, da Lei 13.869/2019, numa espécie de efeito expansivo, não deve ser exigida para outros crimes previstos na legislação penal brasileira, ainda que caracterizada por condutas funcionais abusivas. Observe-se que a própria redação conferida à norma – as condutas descritas *nesta Lei* constituem crime de abuso de autoridade –, indica tratar-se de elemento típico exigível para as condutas descrita apenas na Lei 13.869/2019. Trata-se de elementar especial exigida na lei especial e que não pode ser transportado automaticamente para outros diplomas sob pena de violação ao princípio da legalidade. Isso não significa, naturalmente, que outros tipos penais previstos na legislação penal não possam exigir finalidade específica semelhante, o que deve ser analisado em vistas de cada caso, como ocorre, por exemplo, com o art. 322 do Código Penal a seguir comentado.

Por fim, observe-se que na nova Lei 13.869/2019, não existe nenhuma infração penal culposa. A negligência na atuação funcional, no mais das vezes, caracterizará infração disciplinar, punível nas esferas administrativas competentes, se o caso.

> § 2º. A divergência na interpretação de lei ou na avaliação de fatos e provas não configura abuso de autoridade.

CAUSA DE EXCLUSÃO DA TIPICIDADE OU DA IMPUTAÇÃO: A Lei 13.869/2019 prevê no § 2º do art. 1º, ao dispor que divergência na interpretação de lei ou na avaliação de fatos e provas não configura abuso de autoridade, estabelece a um *segundo vetor de interpretação*, capaz de indicar a ausência da abusividade funcional seja porque exclui a tipicidade da conduta, seja porque exclui a imputação objetiva do fato porque anuncia que no espaço de divergência interpretativa são praticadas condutas permitidas, ainda que produtoras de potenciais riscos. A lei rechaça, deste modo, o chamado ***crime de hermenêutica***.

Trata-se previsão que assegura à autoridade uma liberdade para valorar, julgar e concluir como deve atuar de modo a impedir a caracterização de crimes de abuso em situações em que

8 Neste sentido também defende Fabio Guaragni, que leciona: "As finalidades específicas do agente de prejudicar outrem, beneficiar a si ou a terceiro são tendências internas transcendentes ao dolo. Imprimem sentido ou direção ao comportamento típico. Amoldam-se ao clássico "para onde", enquanto critério repetidamente empregado para identificar elementos subjetivos diversos do dolo, separando-os de elementos de culpabilidade antecipados à redação típica. No ponto, vale destacar que o texto legal não aponta a espécie de benefício ou prejuízo constitutivo da ultrafinalidade. Neste passo, os benefícios podem ser de toda ordem: econômica direta, como bens, valores, direitos; econômica indireta, como a força laboral de alguém; satisfação de prazer sexual ou de outra espécie; aumento de prestígio, etc.." (GUARAGNI, Fábio André. O Tipo Subjetivo dos Novos Crimes de Abuso de Autoridade: Acerca do emprego sistemático de Elementos Subjetivos Diversos do Dolo como mecanismo de restrição da incidência típica. In: CAMBI, Eduardo. ASSAGRA, Gregório de Almeida (org.). Abuso de autoridade. Belo Horizonte, São Paulo: D'Plácido, 2020, p. 84).

o atua regularmente, dentro do espaço de conformação possível e permitido pelo exercício interpretativo do direito e valorativo de fatos e provas, notadamente em razão da inexatidão e relativismo dessas atividades, fruto da textura aberta da linguagem ou do emprego, cada vez mais recorrente, de conceitos jurídicos indeterminados, bem como da relativa liberdade cognitiva e decisória existente atualmente.

A norma explicativa do § 2º do art. 1º ora em comento proclama, assim, que o agente público que age neste espaço lícito, decorrente da gama possível de interpretação, não comete crime de abuso de autoridade. É certo que a própria evolução da atividade interpretativa produziu uma significativa ampliação da zona de atuação legítima do agente público visto que a superação ao apego do positivismo formalista é inerente ao pós-positivismo, caracterizado pela aproximação do Direito à filosofia moral (busca da justiça e de outros valores éticos), à filosofia política (busca de legitimidade democrática), da realização de fins públicos que promovem o bem comum e, de certa forma, também das ciências sociais aplicadas, como economia, psicologia e sociologia. Esta escola de pensamento funcionalista desembocou na chamada metodologia particularista de modo a permitir que o intérprete, ao apreciar um caso, considere circunstâncias específicas do contexto fático e finalidades das normas jurídicas, e profira decisões que atendem essas particularidades, o que pode resultar em uma certa variação de interpretações e decisões, o que de modo algum deve ser considerado causa da insegurança jurídica. "*Justamente ao contrário, procuram elas lidar racionalmente com as incertezas e angústias da pós-modernidade – marcada pelo pluralismo de concepções e pela velocidade das transformações – e de uma sociedade de massas, de riscos e de medos*[9]". Por isso que na quadra atual da ciência jurídica, a variedade de interpretações deve ser vista com relativa naturalidade.

Essa multiplicidade de compreensões acontece porque cada uma das normas em que se embasam as instituições públicas pode, dado o desacordo valorativo entre elas, produzir objetivos diferentes a serem alcançados pelo Estado. Até a posição assumida por cada entidade participante do processo decisório que interpreta e aplica essas normas molda e direciona o modo de pensar sobre os mesmos institutos jurídicos, o que produz uma diversidade de atuação estatal em casos semelhantes entre si, o que resulta nas conhecidas divergências teóricas acerca das técnicas de hermenêutica aptas a produzir decisões jurídicas. As instituições e os usuários do Direito, mesmo diante de uma mesma norma, podem tomar decisões e atuar de diferentes maneiras, todas válidas entre si. Por isso que é possível que um advogado público tenha uma interpretação diferente daquela eventualmente realizada por um membro do Poder Judiciário acerca do princípio do Estado de Inocência sem que disso reste caracterizado um ato ilícito em si. Assim já se decidiu que "*É cediço na Corte Especial que em regra inadmite-se o denominado crime de exegese. O suposto erro in judicando do magistrado, por si só, não é capaz de configurar o crime de prevaricação, notadamente se não demonstrado de forma inequívoca o dolo específico de 'satisfazer interesse ou sentimento pessoal', sem a qual a conduta torna-se atípica. Precedentes: (HC 30792/PI, Rel. Min. Paulo Medina, DJ: 15-12-2003; REsp 293.621/MA, Rel. Fernando Gonçalves, DJ: 18-3-2002; RHC 9.865/MS, Relator o Min. Félix Fischer, DJ de 11-6-2001; HC 80.788/MA, Relator o Min. Sidney Sanches, DJ de 7-3-2003/STF)" (STJ, Exceção da Verdade 50/SP, Rel. Min. Luiz Fux, j. 21-3-2007)*".

Em suma, o dispositivo estabelece a inexistência de crime em razão de uma atuação pautada na divergência de interpretação simplesmente porque, nesse caso, a margem de atuação legítima é contornada pelos limites dessa divergência, compatível com a ordem jurídica, o que exclui o excesso funcional.

Na linha do que acima restou sustentado, deve-se registrar ainda que recentemente o Supremo Tribunal Federal, via controle de constitucionalidade sem redução de texto, afastou a

9 BARROSO, Luís Roberto. Curso de Direito Constitucional Contemporâneo: Os Conceitos Fundamentais e a Construção do Novo Modelo. 5ª ed., São Paulo: Saraiva, 2015. p.386.

caracterização do crime de prevaricação em relação a membros do Ministério Público que, no exercício da função, "com amparo em interpretação da lei e do direito, defendam ponto de vista em discordância com outros membros ou atores sociais e políticos". A decisão foi tomada na ADPF 881 movida pela Associação Nacional dos Membros do Ministério Público (Conamp), oportunidade em que ao examinar a questão, o relator Ministro Dias Toffoli considerou ser "premente a necessidade de preservar a intangibilidade da autonomia e independência dos membros do Poder Judiciário e do Ministério Público no exercício de suas funções". (STF. ADPF 881-DF. Min. Dias Toffoli. J. 22/02/2022).

Entendemos que o § 2º do art. 1º da Lei 13.869/2019 possui **natureza jurídica mista**, ora de causa de exclusão da tipicidade, notadamente nos casos em que a divergência de interpretação do direito ou de valoração de fatos e provas desconstitui a própria figura típica primária, ora como causa de exclusão da imputação objetiva porque a norma reafirma que determinadas interpretações, ainda que arriscadas, encontram-se dentro do risco permitido para o desempenho de determinadas atividades humanas.

Cabe aqui uma importante consideração deste dispositivo. A norma não pode abarcar situações de interpretação teratológica ou voltadas para a realização de condutas ilícitas em si. Nos casos em que a atuação do agente partir de interpretações absolutamente descabidas, fruto de uma distorção deliberada do direito porque o afronta, direta e induvidosamente ou, ainda, quando a interpretação produzir resultados proscritos, não haverá a exclusão da divergência de interpretação e, neste caso, é possível vislumbrar a prática do crime de abuso de autoridade. Assim, por exemplo, não pode um membro de uma facção criminosa ou um terrorista ser condenado à pena de morte no Brasil, aplicando-se a norma do art. 5º, XLVII, "a", da CF, sob a alegação de que suas atividades ilícitas se assemelham ao estado de guerra declarada. Uma interpretação como esta é manifestamente equivocada porque leva a uma atuação proibida pela legislação brasileira e porque produz comandos estatais manifestamente ilegais. No mesmo sentido, sustentam Rogério Sanches e Rogério Greco: "*Ponderamos, porém, que divergências de interpretação ou avaliação, quando patentemente teratológicas, absolutamente anormais, absurdas, assombrosas, não poderão socorrer a autoridade. Vamos imaginar um diretor de penitenciária, interpretando o princípio constitucional da isonomia, entende que nada justifica, no século atual, homens e mulheres cumprirem penas em estabelecimento distintos, colocando ambos os sexos na mesma cela. Essa sua interpretação ao art. 5º da CF é monstruosa. Se ficar demonstrada a finalidade específica de prejudicar outrem ou beneficiar a si mesmo ou a terceiro, ou, ainda, por mero capricho ou satisfação pessoal, responderá pelo abuso (art. 21).*[10]".

Recentemente, a Lei 14.230/2021 introduziu o § 8º ao art. 1º da Lei 8.429/1992, que possui uma redação semelhante a deste estudo, estabelecendo que "Não configura improbidade a ação ou omissão decorrente de divergência interpretativa da lei, baseada em jurisprudência, ainda que não pacificada, mesmo que não venha a ser posteriormente prevalecente nas decisões dos órgãos de controle ou dos tribunais do Poder Judiciário". No entanto, uma análise comparativa entre essas disposições revela que a norma contida na Lei de Improbidade Administrativa é muito mais ampla, especialmente devido ao critério adotado como parâmetro das divergências, a saber, a jurisprudência não pacificada.

Por essa razão, essa disposição teve sua eficácia suspensa por meio de uma liminar concedida pelo Ministro do Supremo Tribunal Federal Alexandre de Moraes, em julgamento da Ação Direta de Inconstitucionalidade (ADIN 7.236/DF), movida pela Associação Nacional dos Membros do Ministério Público (Conamp). O Ministro considerou que o dispositivo é excessivamente amplo e gera insegurança jurídica.

10 CUNHA, Rogério Sanches. GRECO, Rogério. Abuso de autoridade: Lei 13.869/2019: comentada artigo por artigo. Salvador: Editora JusPodivm, 2020. p. 13.

De fato, embora a intenção do legislador fosse proteger a boa-fé do gestor público que age de acordo com interpretações jurisprudenciais sobre a lei, visando a preservá-lo de mudanças jurisprudenciais subsequentes, deve-se reconhecer que o critério estabelecido no art. 1º, § 8º, da Lei de Improbidade Administrativa é excessivamente amplo e pode prejudicar a eficácia das ações de improbidade administrativa ao se basear em jurisprudência não pacificada.

Devido às diferenças substanciais entre essas normas, não parece adequado aplicar o mesmo entendimento à Lei de Abuso de Autoridade, cuja redação é mais precisa e bem delimitada.

Efeitos colaterais da Lei 13.869/2019: A nova Lei de Abuso de Autoridade (Lei 13.869/2019) estabelece sanções para atos de agentes públicos, mas sua aplicação levanta críticas quanto ao impacto negativo sobre a atuação legítima de policiais, membros do Ministério Público e do Judiciário. A lei pode gerar interpretações conflitantes e ser usada como retaliação indevida, promovendo denúncias oportunistas e burocracia, afetando a eficiência do sistema de justiça.

Embora a intenção seja combater abusos, a legislação pode intimidar agentes públicos que trabalham corretamente, prejudicando sua independência. A criminalização excessiva de condutas funcionais, que poderiam ser corrigidas por outros meios, ameaça a segurança jurídica e desconsidera o papel moderno do Estado como defensor dos direitos fundamentais. Isso também fragiliza a proteção de direitos coletivos e difusos, ao focar apenas na preservação de direitos individuais.

Ademais, a falta de clareza nos tipos penais e o uso excessivo do direito penal contradizem princípios internacionais que garantem a independência funcional, como as Regras de Havana e os Princípios de Bangalore. A crítica central é que a lei pode desmotivar autoridades essenciais no combate ao crime, ao invés de apenas coibir abusos, comprometendo o equilíbrio necessário entre controle estatal e atuação protetiva eficiente.

Cumpre por fim anotar, que embora o art. 1º da Lei 13.869/2019, para a caracterização do crime de abuso de autoridade, exija a finalidade específica (§ 1º) e exclua a imputação no caso de divergência na interpretação da lei ou avaliação de fatos e provas (§ 2º), conta com grande potencial emulativo e intimidativo, pelo que cumpre neste posto ressaltar algumas previsões normativas capazes de inibir atos desta espécie.

Sob o ponto de vista do direito material, representações indevidas por abuso de autoridade podem, em tese, caracterizar crime de denunciação caluniosa (CP, art. 339), dano civil indenizável (CC, art. 953) e, caso o reclamante desonesto seja agente público, infração disciplinar ou político-administrativa.

Na perspectiva processual, deve-se destacar que a representação indevida por abuso de autoridade contra juiz, promotor, delegados ou agentes públicos em geral, não enseja a suspeição ante a aplicação da regra de que ninguém pode se beneficiar da própria torpeza, conforme expressa inclusive o art. 256 do CPP que prevê: "*A suspeição não poderá ser declarada nem reconhecida, quando a parte injuriar o juiz ou de propósito der motivo para criá-la*". Por não atingir a imparcialidade objetiva dos agentes públicos, trata-se de importante disposição jurídica porque "*não dá margem à posterior arguição de suspeição do juiz. É absolutamente correto o dispositivo, pois não se pode privilegiar a malícia e a má-fé, como causas de afastamento do juiz natural. Se a parte ofende o magistrado, nos autos ou fora dele, somente para, em seguida, acoimá-lo de inimigo capital, deve arcar com sua viperina atitude. Não fosse assim e seria muito fácil afastar de determinado processo, ainda que sofra consequências – como um processo-crime por injúria –, um juiz considerado extremamente rigoroso, na visão do réu, ou muito liberal, na ótica do ofendido*[11]".

11 NUCCI, Guilherme de Souza. Código de Processo Penal comentado. 16ª. ed. Rio de Janeiro: Forense, 2017. p. 682.

CAPÍTULO II
DOS SUJEITOS DO CRIME

Art. 2º. É sujeito ativo do crime de abuso de autoridade qualquer agente público, servidor ou não, da administração direta, indireta ou fundacional de qualquer dos Poderes da União, dos Estados, do Distrito Federal, dos Municípios e de Território, compreendendo, mas não se limitando a:

I – servidores públicos e militares ou pessoas a eles equiparadas;

II – membros do Poder Legislativo;

III – membros do Poder Executivo;

IV – membros do Poder Judiciário;

V – membros do Ministério Público;

VI – membros dos tribunais ou conselhos de contas.

Parágrafo único. Reputa-se agente público, para os efeitos desta Lei, todo aquele que exerce, ainda que transitoriamente ou sem remuneração, por eleição, nomeação, designação, contratação ou qualquer outra forma de investidura ou vínculo, mandato, cargo, emprego ou função em órgão ou entidade abrangidos pelo caput deste artigo.

SUJEITO ATIVO: Os crimes previstos nessa lei são próprios, visto que só podem ser praticados pelo agente público definido no art. 2º, parágrafo único.

Exige-se assim que o sujeito ativo exerça uma função pública, independentemente da forma de investidura ou vínculo entre agente público e Estado, tenha ***poder de mando***, entendido como a capacidade de determinar, de se fazer obedecer, capaz de sujeitar o cidadão à vontade da autoridade pública. São consideradas autoridades públicas assim, por exemplo, os membros da magistratura e do Ministério Público; integrantes da polícia militar, polícia civil, polícia federal, serventuários da justiça, diretor de hospital público, comissário de menor, prefeitos, parlamentares, vigilantes noturnos, guardas municipais, mesário eleitoral, jurados, etc.

Embora a Lei 13.869/2019 não tenha norma de extensão específica, podem ser sujeitos ativos das suas figuras típicas as pessoas que exerçam funções em entidades paraestatais ou prestadora de serviços de atividade típica da administração pública tendo em vista que manejam e detém relativo poder de mando. Além disso, as locuções "servidor ou não" e "contratados" contidas, respectivamente, no *caput* e no parágrafo único do art. 2º, indicam a possibilidade de incriminação dessas pessoas.

Observe-se que o *caput* do art. 2º anuncia que é sujeito ativo dos crimes de abuso de autoridade qualquer agente público, servidor ou não, da administração direta, indireta ou fundacional de qualquer dos poderes da União, dos Estados, do Distrito Federal, dos Municípios e de Territórios. Trata-se de extensão mais ampla que a feita pelo § 1º do art. 327 do Código Penal, que fala apenas em "*entidade paraestatal, e quem trabalha para empresa prestadora de serviço contratada ou conveniada para a execução de atividade típica da Administração Pública*", embora vislumbramos que a valor jurídico decisivo para a identificação do agente público para fins de abuso de autoridade, como dito, é o poder de mando, afinal é a necessidade de conter essa atividade nos estritos limites do interesse público que justifica a criação da teoria geral do abuso do direito. Chamamos a atenção, assim, para o fato de que determinadas condutas tipificadas na Lei 13.869/2019 alcançarem pessoas que ocupam funções instrutórias ou julgadoras em procedimentos (investigatórios, administrativos ou disciplinares) junto à administração pública indireta, como autarquias (como membros de Entidades de Classe como CFM, CFO, CFE, Agências reguladoras, INSS, DNIT, Funai, etc), sociedades de economia mista (como membros da Petrobrás, Banco do Brasil) e empresas públicas (como membros da Caixa Econômica Federal e Correios).

A regra de ouro para estabelecer, quanto ao sujeito ativo, a existência do abuso de autoridade é a conduta ilícita ter sido cometida "*propter officium*", isto é, em razão do cargo. Como já decidiu o STJ, "comete o delito o agente que, mesmo não estando no exercício da função, age invocando a autoridade do cargo, com exibição da carteira funcional" (RT 665/359). Desse modo, desde que invoque sua função e cometa algum abuso, mesmo que a autoridade não esteja no expediente de trabalho ou esteja de folga ou sem a farda funcional, pratica o crime da Lei 4.898/1965.

Por isso inclusive que no art. 1º a Lei emprega a locução "a pretexto de exercê-las", que estabelece o nexo entre o ato ilícito e a função pública em que a pessoa está investida.

Agente público de férias ou de licença: As férias ou licenças não desligam os vínculos jurídicos entre o agente público e o Estado, razão pela qual, desde que a autoridade se valha do cargo e cometa algum abuso, pode-se incorrer na Lei dos Crimes de Abuso de Autoridade.

De outro lado, caso a conduta seja praticada com total desvinculação ao cargo, em ato ligado essencialmente à vida privada do agente, não há que se falar em abuso de autoridade. Nesse sentido, já se decidiu: "não há falar em abuso de poder, se a ação de polícia do réu resulta de atividade como particular desvinculada de determinação oficial e da função específica" (TACRIM-SP – AC – Rel. Ary Belfort – Jutacrim 65/248). Assim, por exemplo, uma agressão física ocorrida fora de serviço e sem qualquer identificação da autoridade pública pode ensejar a caracterização de crime comum de lesão corporal (CP, art. 129). Anote-se que algumas categorias de agentes públicos, devido à necessidade de manter conduta pública e particular ilibada, quando praticam atos ilícitos, mesmo que fora de suas funções públicas, podem ser punidos por infração disciplinar. É o caso dos agentes que devem manter decoro, como os parlamentares, em geral (CF, art. 55, II).

Agente público aposentado ou demitido: Como nesses casos inexiste o vínculo com o Estado, não há crime de abuso de autoridade.

Também não são consideradas autoridades aquelas que desempenham um simples múnus público como tutores e curadores dativos, síndicos e inventariantes, ou depositários judiciais, mesmo que desempenhem atividade de nítido interesse público.

Concurso de pessoas: Embora sejam crimes próprios, admitem-se a coautoria e a participação, uma vez que a qualidade de agente público, por ser elementar do tipo, comunica-se aos demais agentes, nos termos do art. 30 do Código Penal, contanto que eles tenham conhecimento dessa condição pessoal do autor. Nesse sentido, "nada impede que uma pessoa não funcionária pública pratique o crime de abuso de autoridade, desde que o faça em concurso com uma das pessoas mencionadas no art. 5º da Lei n. 4.898/65" (TACRIM – SP – AC – Rel. Juiz Andrade Cavalcanti -JIUTACRIM 66/440).

Recorde-se que existem duas espécies de crime funcionais: os próprios, considerados como aqueles cuja conduta descrita, caso praticada por pessoa comum não se amoldarão a outros tipos penais (ex. art. 10, 12, 16, 19, 27, 30, 32, 33, 36 e 37); e os impróprios, entendidos como aqueles em que subsiste tipicidade penal quando o ato é praticado por particular, caso em que a tipificação recairá para outro crime (ex. art. 9º., 13, 15, 18, 22, 23, 24, 25, 28 e 38).

Abuso de autoridade praticado por militar: Previa a Súmula n.º 172 do STJ, "*compete à Justiça Comum processar e julgar militar por crime de abuso de autoridade, ainda que praticado em serviço*". A razão desse entendimento ter se consolidado era que abuso de autoridade era crime comum, pois não estava previsto como crime militar no Código Penal Militar (DL 1001/69). Tudo mudou, porém, com a edição da recente Lei 13.491, de 13 de outubro de 2017, que alterou o Código Penal Militar, mais especificadamente o art. 9º, que define os crimes militares em tempo de paz.

Antes da alteração, o art. 9º, II, do Código Penal Militar previa o seguinte:

"II – Os crimes previstos neste Código, embora também o sejam com igual definição na lei penal comum, quando praticados:"

Após a mencionada lei, passou a prever que:

"II – Os crimes previstos neste Código e os previstos na legislação penal, quando praticados:" (Redação dada pela Lei nº 13.491, de 2017).

Com essa modificação, houve uma ampliação dos crimes de natureza militar, visto que, não apenas os crimes previstos no próprio CPM, mas também os cominados no restante da legislação penal poderão ser da competência da Justiça Militar – a depender do preenchimento de uma das condições previstas no inciso II do art. 9º do Código Penal Militar. Assim, os crimes da Lei de Abuso de Autoridade, que não estão previstos no CPM e, portanto, eram processados na Justiça Comum (conforme súmula nº 172 do STJ), passam agora a ser da competência da justiça castrense, quando praticados por militares[12].

Resta assim superado o enunciado da Súmula n.º 90 do Superior Tribunal de Justiça, que previa a necessidade de desmembramento de processos em caso de concurso de crime de abuso de autoridade praticado por militar e outro crime militar. Dispõe a Súmula 90 do Superior Tribunal de Justiça: "compete à Justiça Estadual Militar processar e julgar o policial militar pela prática do crime militar, e à Comum pela prática do crime comum simultâneo àquele". Essa súmula, porém, continua aplicável no caso de haver concurso de pessoas militar e civil, na prática de crime de abuso de autoridade.

SUJEITO PASSIVO: Os crimes de abuso de autoridade têm dupla subjetividade passiva, de modo que o sujeito passivo principal ou imediato é a pessoa, física ou jurídica, atingida pela ação delituosa, enquanto o sujeito passivo secundário ou mediato é o Estado, titular do serviço público e interessado no regular funcionamento da administração pública.

Em uma perspectiva internacional, podemos destacar a aprovação, pela Assembleia-Geral das Nações Unidas, da Declaração dos Princípios Básicos Relativos às Vítimas da Criminalidade e de Abuso de Poder (ONU/1985) que entende por vítimas de abuso de poder qualquer pessoa que sofra prejuízos à sua integridade física ou mental, sofrimento de ordem moral, uma perda material ou um grave atentado aos seus direitos fundamentais, como consequência de atos ou de omissões que violam normas internacionais em matéria de direitos do homem.

Alguns tipos penais da Lei de Abuso de Autoridade são subsidiários em relação a outros crimes, justamente em razão da qualidade do sujeito passivo, como ocorre quando esse é criança ou adolescente, característica que desloca a tipificação da conduta para crimes previstos no Estatuto da Criança e Adolescente.

CAPÍTULO III
DA AÇÃO PENAL

Art. 3º Os crimes previstos nesta Lei são de ação penal pública incondicionada.

§ 1º Será admitida ação privada se a ação penal pública não for intentada no prazo legal, cabendo ao Ministério Público aditar a queixa, repudiá-la e oferecer denúncia substitutiva, intervir em todos os termos do processo, fornecer elementos de prova, interpor recurso e, a todo tempo, no caso de negligência do querelante, retomar a ação como parte principal.

§ 2º A ação privada subsidiária será exercida no prazo de 6 (seis) meses, contado da data em que se esgotar o prazo para oferecimento da denúncia.

12 Não se deve confundir os crimes de abuso de autoridade, previstos na lei especial com aquele previsto no art. 176 do COM, assim redigido: "Ofender inferior, mediante ato de violência que, por natureza ou pelo meio empregado, se considere aviltante". Trata-se de crime militar próprio cuja competência sempre foi da Justiça Militar.

AÇÃO PENAL: A Lei 13.869/2019 prevê que os crimes nela previstos são processados mediante ação penal pública incondicionada, cuja titularidade é exercida, privativamente, pelo Ministério Público conforme dispõe art. 129, I, da Constituição Federal. Por isso mesmo a nova lei não faz menção a necessidade de representação, entendida como manifestação de vontade formal da vítima para deflagração da persecução penal dos crimes que se processam mediante ação penal condicionada, instituto tratado no art. 24 do CPP. Mesmo na vigência da Lei 4.898/1965 prevalecia largamente tratar-se de crime de ação penal pública incondicionada ante, inclusive a previsão do art. 1º da Lei n. 5.249/1967, que previa que a falta de representação do ofendido, nos casos de abusos previstos na Lei nº 4.898, de 9 de dezembro de 1965, não obsta a iniciativa ou o curso de ação pública.

Ao contrário da antiga Lei, no novo diploma não há mais menção acerca da representação, o que modo algum deve impedir a vítima de abuso de autoridade de levar tal fato ao conhecimento das autoridades públicas. Essa possibilidade decorre do direito de petição previsto no art. 5º, XXXIV, alínea "a", da Constituição da República, que dispõe: "*são a todos assegurados, independentemente do pagamento de taxas: a) o direito de petição aos Poderes Públicos em defesa de direitos ou contra ilegalidade ou abuso de poder*". Na verdade, a comunicação de atos abusivos insere-se nas normas do art. 5º, § 3º. e 27, ambos do Código de Processo Penal, que regulamentam a *delatio criminis*, consistente na possibilidade de qualquer cidadão levar ao conhecimento das autoridades informações sobre a existência de algum delito.

Prazo para oferecimento da denúncia: Restou superado o exíguo prazo de 48 h para o oferecimento da denúncia pelo Ministério Público, previsto na vetusta Lei 4.898/1965 (art. 13) vez que a Lei 13.869/2019 não fez previsão especial sobre o assunto razão pela qual, à luz do que prevê o art. 46 do CPP, aplicado subsidiariamente, estando o réu preso, será de 5 dias, contado da data em que o órgão do Ministério Público receber os autos do inquérito policial, e de 15 dias, se o réu estiver solto ou afiançado, contado do encerramento da investigação.

Vencido o prazo para oferecimento da denúncia, e desde que haja inércia do Ministério Público, caracterizada pela inexistência de qualquer manifestação ou providência impulsionadora da persecução, é admitida a ação penal privada subsidiária da pública, conforme disposto no art. 5º, LIX, da Constituição Federal, que deverá ser iniciada pelo oferecimento de queixa crime, subscrita pelo ofendido ou por quem tenha qualidade para representa-lo (CPP, art. 30).

Anote-se, contudo, que caso o Ministério Público promova o arquivamento do caso ou determinar a realização de diligências imprescindíveis (CPP, art. 16) não há inércia justificadora para a ação penal privada, razão pela qual entende-se que ela é descabida.

Prazo para oferecimento da queixa subsidiária: A Lei fixou o prazo decadencial de seis meses para o exercício da ação penal privada subsidiária que é regida pelas disposições gerais do Código de Processo Penal, das quais destacamos:

(i) possibilidade de a queixa ser repudiada, caso em que deverá ser oferecida denúncia substitutiva;

(ii) possibilidade de a queixa ser aditada;

(iii) possibilidade de o Ministério Público retomar, caso haja negligência do querelante.

Naturalmente que a queixa-crime deve ser alicerçada em elementos mínimos de convicção (justa causa) para ser oferecida, controle efetivado pela atuação de custos iuris do Ministério Público e pelas decisões prelibatórias proferidas pelo Poder Judiciário.

COMPETÊNCIA: em regra, a competência para processar os crimes de abuso de autoridade será determinada em razão da autoridade pública.

Quando o crime for cometido por servidor público federal, há duas correntes quanto à competência para julgamento do crime de abuso de autoridade: 1ª Corrente: o crime praticado por funcionário público compromete o serviço público, razão pela qual a conduta viola bens, serviços ou interesses da União, suas autarquias ou empresas públicas (art. 109, IV, da Constituição Federal), de modo que a competência é da justiça federal; 2ª Corrente: o simples fato de o infrator ser servidor federal, por si só, não fixa a competência da justiça federal. Para prevalecer a competência da Justiça Federal, o ilícito deve estar relacionado com o exercício da função. É a inteligência da súmula 147 do STJ: "compete à justiça federal processar e julgar os crimes praticados contra funcionário público federal, quando relacionados com o exercício da função". Assim, se o ato for praticado sem relação direta com o cargo de agente federal, a competência será estadual. Foi o que decidiu STJ, em caso de um Delegado Federal que agrediu fisicamente uma médica, por ela ter se negado a entregar-lhe prontuários de pacientes: "Abuso de autoridade (delegado). Competência (federal/estadual). Ato praticado fora do exercício funcional (hipótese).1. Aos olhos do Relator, há de ser restritiva a interpretação da cláusula "em detrimento de bens, serviços ou interesse da União ou de suas entidades autárquicas ou de empresas públicas", constante do art. 109, IV, da Constituição.2. Por isso mesmo, o ato praticado por delegado de polícia federal – tendo como vítima médica em hospital – quando não se encontrava no exercício da função não é bastante para se fixar a competência da Justiça Federal.3. Ordem concedida para se proclamar a incompetência da Justiça Federal". (HC 102049/ES, julgado em 14/06/2010).

Se o crime é praticado em ambiente controlado pela União, a competência é da Justiça Federal. Por exemplo, se praticado em área alfandegária de aeroporto ou em estabelecimento prisional federal.

Se for agente público estadual ou municipal, será competente a Justiça Estadual.

O foro competente será, nos termos do art. 70 do CPP, o do local da consumação do crime (teoria do resultado).

CAPÍTULO IV
DOS EFEITOS DA CONDENAÇÃO E DAS PENAS RESTRITIVAS DE DIREITOS
Seção I
Dos Efeitos da Condenação

Art. 4º. São efeitos da condenação:

I – tornar certa a obrigação de indenizar o dano causado pelo crime, devendo o juiz, a requerimento do ofendido, fixar na sentença o valor mínimo para reparação dos danos causados pela infração, considerando os prejuízos por ele sofridos;

II – a inabilitação para o exercício de cargo, mandato ou função pública, pelo período de 1 (um) a 5 (cinco) anos;

III – a perda do cargo, do mandato ou da função pública.

Parágrafo único. Os efeitos previstos nos incisos II e III do caput deste artigo são condicionados à ocorrência de reincidência em crime de abuso de autoridade e não são automáticos, devendo ser declarados motivadamente na sentença.

EFEITOS DA CONDENAÇÃO: A Lei 13.869/2019 adota a sistemática de prever alguns efeitos secundários da condenação, semelhantes aos do art. 91 do Código Penal, porém, com algumas diferenças importantes.

O primeiro dos efeitos penais da condenação previsto na Lei 13.869/2019 é o de **tornar certa a obrigação de reparar o dano**, que já está previsto na legislação ordinária penal, aliás, como efeito automático da condenação penal. Chama atenção nesta disposição duas situações: (i) a inusitada previsão de que o requerimento deva ser feito pelo próprio ofendido, o qual dispensa qualquer rigor formal; e (ii) a consolidação, no texto legal, do entendimento jurisprudencial de que a indenização mínima dos danos causados pela infração deve ser expressamente requerida, o que deve ser feito já no oferecimento da denúncia.

Os dois outros efeitos a seguir estudados, por força do parágrafo único do art. 4º da Lei 13.869/2019, estão condicionados a **reincidência específica**, ou seja, só podem ser aplicados se o agente praticar novo abuso de autoridade depois de ser definitivamente condenado por crime de abuso de autoridade. Exige-se assim dupla e sucessiva condenação específica.

Além disso, segundo o mesmo dispositivo, esses **efeitos não são automáticos**, devendo ser motivadamente declarados na sentença penal condenatória. Essa é a interpretação atual, tanto do STF[13] quanto no STJ[14], que entendem que a perda do cargo não é automática e por isso é indispensável que a decisão condenatória a motive concretamente a necessidade do afastamento. A declaração de que a perda do cargo não é automática requer uma compreensão cuidadosa, uma vez que não implica apenas que a sentença condenatória deve ser fundamentada, dever já estipulado no art. 93, IX, da Constituição Federal. A interpretação mais precisa é que esses efeitos devem ser explicitamente determinados na sentença, porque não são automáticos por lei, ou seja, não são obrigatórios, e o juiz pode considerá-los dispensáveis em determinadas circunstâncias específicas. É na fase de dosimetria da pena que o magistrado, levando em consideração critérios de necessidade e suficiência para a reprovação e prevenção do crime, decidirá se aplicará ou não os efeitos extrapenais.

Na prática, essa facultatividade aumenta o ônus argumentativo do magistrado, que deve de forma analítica demonstrar que, além de se tratar de uma situação que justifica a aplicação desse efeito extrapenal, este é adequado ao caso concreto.

O segundo efeito é a **inabilitação para o exercício de cargos, mandato ou função pública** pelo prazo de 01 à 05 anos. Trata-se de efeito penal que impede que a pessoa seja investida em qualquer outra função pública, pelo prazo citado. Aliás, devido a indicação de prazo autônomo para produção dos efeitos desabilitadores, é inegável tratar-se de prazo independente daquele fixado para cumprimento da pena principal, que, de forma autônoma leva a suspensão dos direitos políticos (CF, art. 15). A propósito, o art. 1.º, I, "e", 5, da Lei Complementar 64/1990, com redação dada pela Lei Complementar 135/2010, popularmente conhecida como Lei Ficha Limpa, prevê a inelegibilidade daquele que for condenado por crime de abuso de autoridade, nos casos em que houver condenação à perda do cargo ou à inabilitação para o exercício de função pública. Em razão da alternatividade das sanções, resta consolidada a autonomia da pena de inabilitação para o exercício de função pública. Dada a independência temporal para a inabilitação para exercício de outra função, parece mais adequada que a contagem de seu prazo prescricional seja autônomo de modo que, levando-se em conta que seu prazo máximo é de 5 anos, sua prescrição ocorre em doze anos, por força do art. 109, V, do Código Penal. É possível ocorrer, assim, um descompasso entre os prazos prescricionais das penas privativas de liberdade (e das restritivas de direito nas quais podem se converter) e de multa, e inabilitação.

Entendemos que a pena de inabilitação deve abranger todos os envolvidos no delito, coautores ou partícipes, ainda que não sejam autoridades públicas à época dos fatos, uma vez que não há essa distinção na lei. Além disso, o Superior Tribunal de Justiça, embora se referindo aos delitos do Decreto-Lei 201/1967, já estendeu essa sanção para o extraneus que concorreu para o crime funcional (STJ, Resp. 905326, Dipp, 5ª T., u., 10.5.07).

A lei ainda considera como efeito da condenação a **perda do cargo, do mandato ou da função pública** que deve ser entendida como a desconstituição, de forma permanente, dos vínculos jurídicos estabelecido após a investidura entre administração pública e agente público.

---

13 STF, AP 441, Relator(a): Min. DIAS TOFFOLI, Tribunal Pleno, julgado em 08/03/2012.

14 As penas acessórias previstas no § 2º do art. 1º do Decreto-Lei n. 201/67 – perda de cargo e a inabilitação, pelo prazo de cinco anos, para o exercício de cargo ou função pública, eletivo ou de nomeação – não decorrem automaticamente da condenação, devendo o magistrado fundamentar a sua aplicação. Precedentes." (HC 481.010/BA, Rel. Min. Joel Ilan Paciornik, Quinta Turma, julgado em 13/12/2018, DJe 19/12/2018).

Trata-se do efeito secundário da sentença penal condenatória análogo ao previsto no artigo 92, I, do Código Penal e em outras leis (art. 1º, § 2º, do Decreto-Lei 201/1967, art. 1º, § 5º, da Lei 9.455/97 e art. 16 e 18 da Lei n.º 7.716/89). Diante da diferença de tratamento frente o Código Penal, satisfeita a exigência do parágrafo único do art. 4º, entendemos que aqui a perda do cargo independe da quantidade de pena até porque insere-se no dever do Estado de manter-se representado por pessoas dignas de confiança.

No que se refere aos militares, todavia, devem-se observar as limitações decorrentes do art. 125, § 4º, *in fine*, da Constituição Federal.

Sob pena de produzir uma incoerência normativa, a inabilitação para exercício do cargo somente pode ser aplicada no caso de ter sido decretada a perda do cargo ou função pública afinal não é possível que o alguém seja impedido de ser investido em determinadas funções públicas e as continue exercendo. Essa conclusão também justifica a possibilidade de que a perda do cargo atinja todo e qualquer novo vínculo do agente com o Poder Público vez que o desligamento do agente com a administração se dá porque sua inaptidão jurídica é geral, afinal, a perda do cargo insere-se na defesa da administração pública em sentido amplo e por isso não pode sofrer limitações espaciais. Entender o contrário permitiria tratar cargos públicos com padrão de moralidade distintos[15]. Por isso, nos parece cabível a decretação da inabilitação no caso em que o servidor tenha sido exonerado, demitido ou renunciado ao cargo público durante o processo.

Não se vislumbra, porém, qualquer relação de prejudicialidade em sentido contrário de modo é possível que, em vista do caso concreto, seja necessária a decretação da perda do cargo, mas desnecessária a inabilitação para seu exercício.

Há uma polêmica sobre a possibilidade de a perda do cargo ser convertida em cassação de aposentadoria quando o agente condenado já se encontra na inatividade. Mesmo que admitida a conversão, de qualquer modo, necessário ressalvar a possibilidade de utilização das contribuições previdenciárias para eventual migração para o regime geral da previdência social.

Seção II
Das Penas Restritivas de Direitos

Art. 5º As penas restritivas de direitos substitutivas das privativas de liberdade previstas nesta Lei são:

I – prestação de serviços à comunidade ou a entidades públicas;

II – suspensão do exercício do cargo, da função ou do mandato, pelo prazo de 1 (um) a 6 (seis) meses, com a perda dos vencimentos e das vantagens;

III – (VETADO).

Parágrafo único. As penas restritivas de direitos podem ser aplicadas autônoma ou cumulativamente.

PENAS RESTRITIVAS: A Lei 13.869/2019 prevê um rol de penas restritivas de direito, que devem ser orientadas, em certa medida, pelas disposições do Código Penal e LEP.

---

15 Neste sentido já decidiu o STJ que pode ser decretada a perda do novo cargo se o juiz, motivadamente, identificar correlação com as atribuições do anterior, ou seja, daquele que o réu ocupava no momento do crime, caso em que se mostra devida a perda da nova função como uma forma de anular (evitar) a possibilidade de que o agente pratique novamente delitos da mesma natureza. Assim, a pena de perdimento deve ser restrita ao cargo ocupado ou função pública exercida no momento do delito, à exceção da hipótese em que o magistrado, motivadamente, entender que o novo cargo ou função guarda correlação com as atribuições anteriores. (STJ. 5ª Turma. REsp 1452935/PE, Rel. Min. Reynaldo Soares da Fonseca, julgado em 14/03/2017 (Info 599)).

A pena de **prestação de serviços à comunidade** é espécie de pena restritiva da liberdade do condenado que consiste na atribuição de tarefas gratuitas ao condenado, realizadas em entidades assistenciais, hospitais, escolas, orfanatos e outros estabelecimentos congêneres, em programas comunitários ou estatais. Deve ser aplicada nos moldes da legislação específica (CP, art. 46 e LEP, art. 149), inclusive no tocante ao prazo, local e modo de execução, bem como regime sobre sua conversão em privativa de liberdade.

Insta destacar que diante da falta de previsão do piso necessário de 06 meses de pena para o cabimento da prestação de serviço à comunidade e, principalmente, em razão do prazo previsto para a outra pena restritiva prevista na Lei de Abuso, entendemos que neste caso a lei eliminou o requisito temporal mínimo previsto no Código Penal, podendo ser aplicada a prestação de serviços à comunidade mesmo para condenações inferiores a seis meses. Neste sentido defendem Rogério Sanches e Rogério Greco: "*Explicamos com um exemplo para melhor compreensão do leitor. Se o agente, por exemplo, consuma qualquer dos crimes de abuso de autoridade, sua pena será de no mínimo seis meses, admitindo prestação de serviços à comunidade. Se o delito, no entanto, for tentado, a pena, ao que tudo indica, ficará aquém de seis meses, só admitindo, de acordo com a segunda corrente, suspensão do exercício do cargo, da função ou do mandato, pelo prazo de 1 (um) a 6 (seis) meses, com a perda dos vencimentos e das vantagens, sanção alternativa rigorosíssima, conforme explicaremos mais adiante. Ora, como pode um crime tentado sofrer sanção restritiva bem mais rigorosa do que um crime consumado? Eis, aqui, a falta de razoabilidade que nos obriga concordar com a tese de que o silêncio da Lei de Abuso de Autoridade elimina o piso, podendo ser aplicada a prestação de serviços à comunidade mesmo para condenações inferiores a seis meses*[16]".

No tocante a pena de **suspensão do exercício do cargo, da função ou do mandato, pelo prazo de 1 (um) a 6 (seis) meses, com a perda dos vencimentos e das vantagens**, algumas considerações devem ser feitas.

Trata-se de uma espécie de interdição temporária de direitos, não prevista em outras leis penais brasileiras, embora comumente utilizada no direito disciplinar. A pena restritiva de suspensão do cargo implica no afastamento compulsório do agente público de suas funções, com o consequente não pagamento de sua remuneração durante o período de cumprimento da penalidade. A suspensão implica, em princípio, na perda de todas as vantagens decorrentes do efetivo exercício do cargo e leva a proibição de o agente entrar na repartição pública, medida útil contida na pena. Outras consequências de natureza administrativas e funcionais como desconto do período de suspensão para efeitos de antiguidade ao serviço ou desconto para o regime de proteção social devem ser resolvidos mediante aplicação do regime jurídico aplicável ao agente condenado, observadas as cautelas contra a aplicação repetida das mesmas medidas face a proibição do *bis in idem*.

Como se vê, a pena de suspensão do cargo possui um grau mediano de severidade, principalmente em razão do efeito acessório financeiro já que enseja uma perda total dos vencimentos do agente durante o tempo de execução da penalidade suspensória. Por isso nos parece ser sanção aplicada em casos de maior gravidade do que aqueles que ensejam a pena de prestação de serviços à comunidade.

Ainda sobre a pena de suspensão do exercício funcional, dada a legal fixação temporal para seu cumprimento – de um a seis meses, parece que, ineditamente, o legislador adotou uma desvinculação da quantidade da pena privativa de liberdade que foi substituída.

16 CUNHA, Rogério Sanches. GRECO, Rogério. Abuso de autoridade: Lei 13.869/2019: comentada artigo por artigo. Salvador: Editora JusPodivm, 2020. p. 48.

CAPÍTULO V
DAS SANÇÕES DE NATUREZA CIVIL E ADMINISTRATIVA

Art. 6º. As penas previstas nesta Lei serão aplicadas independentemente das sanções de natureza civil ou administrativa cabíveis.

Parágrafo único. As notícias de crimes previstos nesta Lei que descreverem falta funcional serão informadas à autoridade competente com vistas à apuração.

Art. 7º. As responsabilidades civil e administrativa são independentes da criminal, não se podendo mais questionar sobre a existência ou a autoria do fato quando essas questões tenham sido decididas no juízo criminal.

Art. 8º. Faz coisa julgada em âmbito cível, assim como no administrativo-disciplinar, a sentença penal que reconhecer ter sido o ato praticado em estado de necessidade, em legítima defesa, em estrito cumprimento de dever legal ou no exercício regular de direito.

SISTEMA DE INDEPENDÊNCIA DE INSTÂNCIAS: Trata-se de disposição que deixa claro que a responsabilidade criminal independe da análise do fato na esfera cível e administrativa.

A independência das instâncias é decorrência do princípio republicano, de modo que, não raro, o agente que realiza uma conduta ilícita pode ser responsabilizado na esfera civil, penal, administrativa e política. É disso que cuida este dispositivo, que reforça o sistema constitucional da independência de instâncias vigentes no Brasil, previsto, por exemplo, nos artigos 935 do CC, 64 do CPP, 315 do CPC e 12 da Lei n.º 8.429/92.

A independência de instâncias é relativa porque alguns resultados da sentença penal podem ser transferidos para as outras esferas de responsabilidade. Segundo essa sistemática, a sentença penal tem caráter prejudicial à esfera cível (1) no caso de absolvição por excludente penal (art. 65 do CPP) ou no caso de ser reconhecida a inexistência material do fato (art. 66 do CPP) e (2) no caso de sentença condenatória que afirmar a ocorrência do crime e sua autoria (art. 63 do CPP e 935 do CC).

Com percuciência, anotam Rogério Sanches e Rogério Greco que o art. 8º da Lei de Abuso de Autoridade é inspirado no art. 188 do Código Civil, e sintetizam: "*Consideram-se descriminantes ou justificantes causas que, quando presentes, retiram a ilicitude do fato típico. Não se pode negar, contudo, falta de cuidado na redação do artigo em comento. Há situações em que, ainda que configurada uma causa excludente de ilicitude, será devida a reparação no juízo cível. Um exemplo comum é do estado de necessidade que, segundo a doutrina, pode ser defensivo ou agressivo. O primeiro ocorre quando o agente sacrifica o bem do próprio causador do perigo. Não terá a obrigação de indenizá-lo pelo prejuízo. Já no estado de necessidade agressivo, ao agir o agente sacrifica bem de terceiro. Neste caso será cabível a indenização*[17]".

CAPÍTULO VI
DOS CRIMES E DAS PENAS

OBSERVAÇÕES GERAIS: A Lei 13.869/2019, ao contrário da revogada Lei 4.898/1965, não se vale da técnica do crime de atentado, entendido como aquele em que a realização do tipo se dá independentemente da obtenção de um resultado naturalístico. Era o sistema previsto no art. 3º da vetusta Lei 4.898/1965, razão pela qual predominava o entendimento de que inexistia figura da tentativa de abuso de autoridade. A sistemática da nova lei é a tradicional de modo

17 CUNHA, Rogério Sanches. GRECO, Rogério. Abuso de autoridade: Lei 13.869/2019: comentada artigo por artigo. Salvador: Editora JusPodivm, 2020. p. 56.

que é a análise de cada um dos tipos penais nela previstos que possibilita identificar a natureza do crime e seus consectários jurídicos.

Todos os tipos penais previstos na Lei nova são mais gravosos do que aqueles previstos na Lei antiga, o que assegura a ultra atividade da Lei 4.898/1965 para os fatos praticados até o final de sua vigência. Deve-se observar também que a Lei 13.869/2019 tipifica algumas das condutas antes alcançadas pela Lei 4.898/1965, como é o caso do art. 9º que se enquadrava na infração do art. 3º, "a", da Lei velha. Todavia, necessário verificar que algumas condutas que eram alcançadas pela Lei 4.898/1965 deixaram de sê-lo pela Lei 13.869/2019. Mas atenção: isso não resulta necessariamente em *abolitio criminis* visto que alguns daqueles comportamentos estão tipificados por outras normas penais gerais o que implica no deslocamento de sua tipificação penal, face a incidência do chamado princípio da continuidade normativa-típica.

Cabe por fim fazer uma consideração a respeito do **efeito restaurativo do art. 322 do Código Penal** promovido pela Lei 13.869/2019 que, embora destinada a combater o abuso de autoridade, olvidou-se de tipificar a conduta que numa linguagem cotidiana, por assim dizer, expressa o crime de abuso de autoridade por excelência, a saber, o pontapé desferido por um agente público contra o cidadão comum. A lamentável e eloquente omissão legislativa apenas reforça a desconfiança acerca do propósito revanchista contido na lei, ávida por intimidar a atuação de determinados agentes públicos mesmo que praticadas de modo regular. O estrago decorrente desta omissão somente não é maior porque o crime previsto no art. 322 do Código Penal, doravante, deverá servir para a punição daquela conduta.

Resta registrar que este crime é de incidência subsidiária, muito embora, nos casos em que a violência empregada pelo agente público caracterizar outro crime, deva ser aplicada a regra do cúmulo material e não a absorção, como determina o parágrafo único da norma. Outra característica geral desta infração é a exigência de finalidade específica de abusar da autoridade, como consolidado anteriormente pela doutrina e jurisprudência nos crimes da Lei 4.898/1965.

Art. 9º. Decretar medida de privação da liberdade em manifesta desconformidade com as hipóteses legais:

Pena – detenção, de 1 (um) a 4 (quatro) anos, e multa.

Parágrafo único. Incorre na mesma pena a autoridade judiciária que, dentro de prazo razoável, deixar de:

I – relaxar a prisão manifestamente ilegal;

II – substituir a prisão preventiva por medida cautelar diversa ou de conceder liberdade provisória, quando manifestamente cabível;

III – deferir liminar ou ordem de habeas corpus, quando manifestamente cabível.

BEM JURÍDICO TUTELADO: O tipo penal tutela a liberdade de locomoção proclamada na Constituição Federal no inciso XV (é livre a locomoção no território nacional em tempo de paz, podendo qualquer pessoa, nos termos da lei, nele entrar, permanecer ou dele sair com seus bens) e inciso LXI (A liberdade de locomoção só pode ser cerceada nas hipóteses legais de prisão, nos casos de flagrante delito e ordem escrita de autoridade judiciária competente), ambos do artigo 5º da Constituição Federal.

SUJEITO ATIVO: Trata-se de crime próprio porque exige-se que o autor deste crime seja agente público que detém competência administrativa ou jurisdicional para determinar a privação da liberdade de alguém, como autoridades policiais, seus agentes (membros da Polícias Federal, Civil e Militar, conforme dispõe o texto constitucional) e juízes de direito.

Nas figuras típicas do parágrafo único, o sujeito ativo é, unicamente, a autoridade judiciária. Levando-se em conta as alterações legislativas promovidas pela Lei 13.964/2019, observe-se que o crime pode ser cometido tanto pelo *juiz das garantias* – competente para decidir sobre as prisões provisórias ou prorroga-las, *ex vi*, art. 3º-B, V e VI, do CPP -, como também pelo juiz de mérito, o qual, após o recebimento da denúncia ou queixa, deverá reexaminar a necessidade das medidas cautelares em curso, no prazo máximo de 10 (dez) dias (CPP, art. 3º-C, § 2º).

Observe-se que o parágrafo único do art. 310 do CPP, também alterado pela acima, anuncia expressamente que a autoridade que der causa, sem motivação idônea, à não realização da audiência de custódia no prazo estabelecido no *caput* do artigo (24 h) responderá administrativa, civil e penalmente pela omissão, norma que se conjuga a este dispositivo da Lei 13.869/2019.

Em regra, não há crime para aquele que pleiteia a privação de liberdade porque o direito de petição, além de não ser vinculante, não tem condão de influenciar, decisivamente, na prática da conduta criminosa afinal é incumbência do agente público que decreta a privação da liberdade fazê-lo em conformidade com as hipóteses legais. Excepcionalmente, pode-se vislumbrar concurso de pessoas nos casos em que restar comprovada existência de liame subjetivo entre aquele que postula e aquele que decreta a ilegal privação da liberdade, hipótese em que a postulação é feita como uma etapa preparatória para o cometimento do crime.

CONDUTAS: Este tipo penal, coincide em parte, com a figura do art. 3º, "a", e art. 4º, "a", ambos da Lei revogada n.º 4.898/1965, diferenciando-se pela redação mais detalhada e pelas figuras omissivas descritas no parágrafo único deste novo dispositivo.

Para compreender esse tipo penal é necessário ter em conta as espécies de privação da liberdade possíveis no Brasil, cada qual com regimes jurídicos próprios e que ensejam diferentes modos de cometimento do crime.

✓ A primeira espécie de privação de liberdade é a aquele praticada em razão da **prisão em flagrante delito,** em que a privação da liberdade do cidadão ocorre como mecanismo de autodefesa da sociedade e de restauração imediata da ordem pública perturbada pelo delito. Para Tourinho Filho, trata-se de "*uma natural e necessária defesa da coletividade, ante a visível e palpável perturbação da ordem jurídica*[18]". As hipóteses legais de prisão em flagrante estão previstas no art. 302, I a IV, do CPP, classificados pela doutrina como flagrante próprio (relativo aos incisos I e II), impróprio (inciso III) e presumido (IV).

✓ Além do caso de flagrante delito, também pode ocorrer a privação da liberdade de alguém em razão de decretação de sua **prisão por ordem judiciária criminal** que pode decorrer de (1) prisão provisória, da qual são espécies a prisão Temporária (Lei n.º 7.960/1989), a prisão Preventiva (arts. 283 e 311/312 do CPP), a prisão por pronúncia (art. 408, § 1º, do CPP) e a prisão decorrente de Sentença condenatória recorrível (art. 393, I, do CPP) ou, ainda, de (2) prisão decorrente de sentença definitiva. Cada uma dessas espécies têm um minucioso regime jurídico que define as hipóteses legais para serem decretados.

✓ Também o art. 5º, inciso LXVII, da Carta Magna, autoriza a **prisão por ordem judicial cível por dívida do responsável pelo inadimplemento voluntário e inescusável de obrigação alimentícia**. Relembre-se que, embora a parte final do dispositivo constitucional mencione a possibilidade de prisão civil por dívida do depositário infiel, em razão de o Brasil ser signatário do Pacto de San José da Costa Rica, que veda esse tipo de prisão por dívida, em 2008, o STF declarou a impossibilidade de prisão por dívida do depositário infiel. Essa decisão resultou, posteriormente, na edição da Súmula Vinculante 25, que tem a seguinte redação: "É ilícita a prisão civil de depositário infiel, qualquer que seja a modalidade do depósito."

18 TOURINHO, Fernando da Costa. Processo Penal, 3º volume, 18ª edição, 1997, Ed. Saraiva: São Paulo. p. 423.

- ✓ A Lei 8.069/1990 também prevê autoriza a privação da liberdade de adolescentes, denominada de **internação** que pode ocorrer e forma cautelar (art. 108) e definitiva (121), cada qual moldadas a partir de um regime jurídico definido naquela legislação.
- ✓ Prisão disciplinar de militares por determinação de seus superiores hierárquicos, caso transgridam as regras do regime jurídico ao qual estão sujeitos (art. 5º, LXI, da CF). Essa hipótese foi recentemente abonada como constitucional pelo STF na ADI 6595, j. 20.05.2022).

O tipo penal do *caput* do art. 9º da Lei 13.869/2019 ora em análise, portanto, busca criminalizar a conduta do agente público que decreta, isto é, decide, determina ou ordena a privação da liberdade fora das hipóteses legais acima. A desconformidade mencionada no tipo abrange a falta de atendimento de requisitos expressos na lei, isto é, quando a privação é ordenada sem atendimento de requisitos legais, como ocorre com a prisão em flagrante sem a lavratura do respectivo auto. As formalidades legais estão contidas em várias disposições legais esparsas, de modo que essa é uma norma penal em branco o que demanda uma análise complementar a fim de identificar as situações de violação à ordem jurídica. São exemplos de prisões ilegais no Brasil:

- ✓ Configura o crime em estudo os casos de **prisão para averiguação**, entendida como a condução de uma pessoa até a autoridade policial, a fim de verificar a existência de um mandado de prisão em seu nome ou com o propósito de mantê-la detido, enquanto aguarda-se a decretação da prisão por ordem judicial. Neste caso, qualquer forma de restrição à sua liberdade é capaz de caracterizar o crime, mesmo que a privação da liberdade não se dê em uma cela, mas em uma sala, corredor, pátio ou veículo.
- ✓ Decretar a autuação em **flagrante** contra pessoa que evidentemente não se encontra em flagrante delito (art. 302 do Código de Processo Penal).
- ✓ Do mesmo modo o chamado **flagrante forjado**, compreendido como a detenção decorrente de manipulação das circunstâncias pela autoridade para fingir que alguém praticou um crime, destinada a prendê-lo em flagrante delito, como por exemplo, policial que coloca drogas no veículo de alguém para falsear um flagrante delito.

Haverá desconformidade legal ainda quando pretender-se decretar a prisão em flagrante, por crime afiançável, de autoridades que somente podem ser presas em flagrante por crimes inafiançáveis. Neste sentido esclarece Rogério Greco: "*Há outras pessoas que somente podem ser presas em flagrante se estiverem praticando crimes inafiançáveis. Nesse caso, podemos citar: (...) 3. Magistrados; 4. Membros do Ministério Público Estadual; 5. Membros do Ministério Público da União. Além disso, também é importante frisar que o policial, nos casos em que não seja possível a prisão em flagrante, se insistir em levá-la a efeito, poderá ser responsabilizado criminalmente por abuso de autoridade. Assim, imagine-se a hipótese em que um membro do Ministério Público esteja praticando um crime considerado pela lei como afiançável, a exemplo do que ocorre com o delito de desobediência, tipificado no art. 330 do Código Penal. Nesse caso, a autoridade policial deverá, tão somente, lavrar boletim de ocorrência e as oitivas, a fim de encaminhá-lo ao chefe da instituição ministerial, vale dizer, ao Procurador-Geral de Justiça, para que tome as providências necessárias*[19]".

Também haverá desconformidade com as hipóteses legais, por exemplo, a prisão preventiva decretada em caso de contravenção penal ou de crime culposo ou ainda de uma prisão civil por dívida comum.

---

19 GRECO. Rogério. Atividade policial: aspectos penais, processuais penais, administrativos e constitucionais. 3ª edição. Niterói, RJ: Impetus, 2011. P. 28-29.

Anote-se, porém, que o tipo penal em estudo possui o **elemento normativo do tipo** *manifesta desconformidade com as hipóteses legais* o que implica em um necessário juízo de valor sobre o conteúdo da decisão do agente público de modo que só haverá tipicidade em situações em que a desconformidade com as hipóteses legais é facilmente perceptível, evidente, inquestionável, apta a indicar que o agente agiu com notória infidelidade ao ordenamento jurídico. Trata-se assim de expressão que direciona a análise do ato para os casos em que a ordem de prisão é emitida visando desatender à consecução dos fins públicos a que toda a atuação pública deve se voltar. A aferição desse desvio de finalidade será feita mediante a análise da fundamentação da decisão e a sua adequação às hipóteses legais que admitem a prisão ordenada ou executada.

Não se pode olvidar do vetor de interpretação contido no art. 1º, § 2º, da Lei 13.869/2019 que dispõe que a divergência de interpretação do direito ou na avaliação de fatos e provas não configura o abuso de autoridade de modo que a adoção de entendimentos contrários pelas diversas instâncias judiciais acerca da necessidade de prisão deve ser compreendida como uma zona de atuação legítima do agente público, espaço compatível com a ordem jurídica que exclui o excesso funcional. É o que acontece quando um indivíduo é preso após ser reconhecido por testemunhas, mas posteriormente, dada a fragilidade do acervo de elementos então colhidos, é liberado pela decisão da autoridade policial que não lavra o flagrante.

Neste sentido, já reconheceu o STJ: "*1. Faz parte da atividade jurisdicional proferir decisões com o vício in judicando e in procedendo, razão por que, para a configuração do delito de abuso de autoridade há necessidade da demonstração de um mínimo de "má-fé" e de "maldade" por parte do julgador, que proferiu a decisão com a evidente intenção de causar dano à pessoa. 2. Por essa razão, não se pode acolher denúncia oferecida contra a atuação do magistrado sem a configuração mínima do dolo exigido pelo tipo do injusto, que, no caso presente, não restou demonstrado na própria descrição da peça inicial de acusação para se caracterizar o abuso de autoridade.*". (STJ. Corte Especial. APn 858/DF, Rel. Min. Maria Thereza de Assis Moura, julgado em 24/10/2018).

Questão das revistas pessoais momentâneas: Embora haja certa polêmica sobre o tema, entendemos que não há infração à lei nos casos em que o cerceamento da liberdade é absolutamente momentâneo, desde que o fim que anima a conduta de autoridade é realização de ato necessário para a manutenção da ordem pública e proteção de incolumidade física da pessoa custodiada. São os casos de **revistas pessoais**[20] ou **restrição momentânea da liberdade**, o que não se confunde com prisão por averiguação. Aqui há restrição ao direito de ir e vir, por curto espaço de tempo, no exercício legítimo de atuação preventiva das autoridades públicas. É o que acontece, por exemplo, nas operações policiais em que ocorre verificação aleatória em veículos ou passageiros de transporte coletivo, seja para verificação de equipamentos de segurança; prevenção do descaminho, contrabando, tráfico ou porte ilegal de armas; para verificação de documentos das pessoas em atividade de policiamento preventivo ou, ainda, na custódia de ébrios ou desordeiros que estejam em atitudes escandalosas na via pública e custódias de doentes mentais em surtos psicóticos. Ressalte-se que inexiste delito nesses casos, contanto que a detenção seja pelo tempo estritamente necessário para o seu acompanhamento ao local de cura ou de entrega ao seu responsável legal. Nesses casos, mediante o uso de força moderada ou de recurso idôneo para reduzir a resistência do conduzido, não há que se falar em abuso da autoridade[21].

20 Anote-se que a revista pessoal está prevista no art. 244 do Código de Processo Penal como medida excepcional que independe de mandado judicial. É cabível nos casos de flagrante delito ou quando houver fundada suspeita de que a pessoa esteja na posse de arma proibida ou de objetos ou papéis que constituam corpo de delito.

21 Entretanto, caso a revista pessoal ou a restrição momentânea sejam realizadas com finalidade específica de humilhar alguém, submetendo-a a situação vexatória, pode restar caracterizado crime do art. 13 da Lei de Abuso de Autoridade, se se tratar de pessoa presa, ou art. 146 do Código Penal, se solta. A respeito, conferir comentários ao art. 13 a seguir.

Figuras do parágrafo único do art. 9º da Lei 13.869/2019: As figuras equiparadas previstas nos incisos do parágrafo único do art. 9º da Lei 13.869/2019 são mais específicas do que a figura do seu *caput* porque se refere apenas a autoridade judiciária. De um modo geral, em comum, os delitos ocorrem quando o juiz deixa de livrar alguém do cárcere quando a soltura era manifestamente cabível. Trata-se de assim de crimes especiais de prevaricação.

Cumpre desde já esclarecer que não há crime quando inexistir certeza sobre qual o juiz competente para proferir a decisão liberatória visto que o tipo se direciona à autoridade judiciária certa e determinada, análise que deve ser feita ao tempo da conduta (teoria da atividade – art. 4º do CP). Inexiste infração à esta norma, deste modo, caso haja dúvida sobre qual o juiz é o competente para o caso, ainda que essa discussão resulte em retardamento na soltura de alguém. Assim, eventual decisão que dirime conflito de competência não é capaz de operar efeitos retroativos de modo a implicar automaticamente o juiz identificado como competente e que tenha dado causa involuntária ao excesso de prazo.

Além disso, são todas figuras omissivas, razão pela qual pressupõe o transcurso de *prazo razoável* para a sua caracterização. Trata-se de mais um **elemento normativo do tipo** que enseja a análise, dentre outras, das circunstâncias ligados ao caso concreto, como sua complexidade, número de presos, número de infrações contida nos autos, atividade processual necessária para o caso, conduta das partes interessadas e a própria estrutura administrativa colocada à disposição da autoridade judiciária.

Ocorre o crime previsto no **inciso I** quando a autoridade judiciária deixa de relaxar a prisão manifestamente ilegal, constatável em casos de prisão realizada em desconformidade com o regime jurídico aplicável ao caso, como, por exemplo, em caso de flagrante forjado de prisão por fato atípico ou quando extinta a punibilidade.

O **inciso II** criminaliza a conduta do juiz que deixa de substituir e prisão preventiva por outra medida cautelar ou de conceder liberdade provisória, quando manifestação cabível, situações bem delineadas pela legislação processual penal (art. 282 e ss.).

Ambas as providências previstas nos incisos I e II, na fase pré-processual, são incumbência do *juiz das garantias* que, após receber o auto de prisão em flagrante, no prazo máximo de até 24 (vinte e quatro) horas após a realização da prisão, deve promover audiência de custódia com a presença do acusado, seu advogado constituído ou membro da Defensoria Pública e o membro do Ministério Público, segundo dispõe a nova redação do art. 310 do CPP, com redação dada pela Lei 13.964/2019. Anote-se que o § 3º deste art. 310 do CPP[22], também acrescido pela Lei acima, cria um dever de realização da audiência de custódia, inclusive sob pena de responsabilidade penal por omissão. Embora essa norma possa servir para instrumentalizar a célere atuação liberatória do preso, por si só, não pode servir como complemento ou para um reenvio típico direto aos crimes estudados nos incisos I e II do parágrafo único do art. 9º da Lei de Abuso de Autoridade. Nessas figuras delitivas, criminaliza-se a indevida decisão não liberatória, que pode ocorrer com ou sem ou mesmo dentro de uma audiência de custódia. Assim, a remissão a responsabilidade penal mencionada naquele dispositivo parece referir-se ao crime comum e subsidiário de prevaricação, desde que presentes os elementos normativos daquele tipo penal.

Já no **inciso III**, comete abuso de autoridade a autoridade judiciária que deixa de deferir liminar ou ordem de *habeas corpus*, quando manifestação cabível. Em princípio, segundo a legislação processual penal, observadas as naturais divergências interpretativas capazes de excluir o crime conforme prevê o art. 1º, § 2º, da Lei, deve ser concedida ordem de habeas corpus I – quando não houver justa causa; II – quando alguém estiver preso por mais tempo do que

22 § 3º A autoridade que deu causa, sem motivação idônea, à não realização da audiência de custódia no prazo estabelecido no caput deste artigo responderá administrativa, civil e penalmente pela omissão.

determina a lei; III – quando quem ordenar a coação não tiver competência para fazê-lo; IV – quando houver cessado o motivo que autorizou a coação; V – quando não for alguém admitido a prestar fiança, nos casos em que a lei a autoriza; VI – quando o processo for manifestamente nulo e VII – quando extinta a punibilidade. De um modo geral, não será manifestamente cabível *Habeas Corpus* nas situações descritas nas súmulas 691, 693 e 695, todos do Supremo Tribunal Federal. Este inciso acaba por ampliar o objeto de tutela penal porque o *Habeas Corpus* não se presta apenas para conceder a liberdade imediata do paciente.

Relembre-se que segundo o art. 3º-B, inciso XII, do CPP, introduzido pela Lei 13.964/1990, é o **juiz das garantias** que julga o *habeas corpus* impetrado antes do oferecimento da denúncia. Após essa etapa processual, o julgamento é feito por magistrados de segunda instância.

Todas essas figuras empregam o **elemento normativo do tipo** "manifestamente" o que implica na necessidade de aferir que o caso é de evidente soltura do preso, juízo decorrente de cognição imediata e inquestionável. Neste ponto, para a aferição correta deste elemento normativo do tipo, deve-se levar em conta a natural divergência interpretativa inerente à ciência jurídica, causa de exclusão do crime prevista no art. 1º, § 2º, da Lei 13.869/2019, o que indubitavelmente exclui da imputação as situações em que a privação da liberdade foi mantida em razão de discórdias jurídicas.

VOLUNTARIEDADE: O crime em estudo só admite a modalidade dolosa. Importa destacar a imprescindibilidade da finalidade específica para a configuração do crime previsto nesta norma penal, prevista no art. 1º, § 1º, da Lei 13.869/2019. Não fosse isso, poderia, indevidamente, ser sustentado que a mera concessão de um *habeas corpus*, que tem como pressuposto a prisão ilegal de alguém, ensejaria a caracterização deste delito. Observe-se, contudo, que, em regra, o juízo de cognição realizado por ocasião do julgamento de *Habeas Corpus* se refere aos aspectos procedimentais, formais e legais que levaram à decretação da prisão, mediante exame acerca da conveniência ou oportunidade da medida, mas a caracterização do abuso de autoridade ressente-se do dolo da autoridade pública, revestido de elemento subjetivo do injusto consistente na vontade direta de exorbitar do poder mediante decisões motivadas por capricho, maldade, com intuído de vingança ou aquelas ações realizadas com intuído de concretizar perseguições ou injustiças. Seria o caso da prisão ordenada ou executada como vingança, motivada, por exemplo, porque o preso é reconhecidamente uma desilusão amorosa da autoridade pública.

Desse modo, eventual má apreciação do caso e a qualidade negativa da decisão da autoridade pública não podem ser equiparadas à vontade de praticar o crime de abuso de autoridade. Nesses casos, embora a decisão possa ser reformada ou desfeita pelas instâncias superiores do Poder Judiciário, não é possível imputar, de forma automática ou vinculante, a caracterização do abuso de poder previsto no tipo penal em estudo.

CONSUMAÇÃO E TENTATIVA: O crime do *caput* do art. 9º é de mera conduta, se consuma quando o agente público decreta/determina a privação da liberdade ilegal de alguém, o que pode ser feito de maneira verbal, como na determinação de uma prisão em flagrante delito ou escrita, mediante a expedição de ordem de prisão.

A tentativa parece ser cabível apenas nos casos de decretação proferida por escrito, mas antes de produzir efeitos jurídicos válidos. Por exemplo, antes de a decisão que decretou uma prisão ilegal ser publicada e produzir efeitos jurídicos externos, ela é extraviada ou retida, por circunstâncias alheias à vontade do agente.

As figuras dos incisos são todas omissivas e por isso somente se consumam após o transcurso do prazo razoável para proferir a decisão de soltura. Em razão da ausência de previsão específica na legislação, a aferição do prazo deve levar em conta, dentre outras circunstâncias, o caso concreto, sua complexidade, número de presos, número de infrações contida nos autos, atividade processual necessária para o caso, conduta das partes interessadas e a própria estrutura administrativa colocada à disposição da autoridade judiciária. Como são crimes omissivos, não admitem tentativa.

AÇÃO PENAL: Nos termos do art. 3º. dessa Lei, trata-se de crime de ação penal pública incondicionada.

Como a pena deste crime é de detenção, de 1 (um) a 4 (quatro) anos, e multa, é cabível proposta de suspensão condicional do processo (art. 89 da Lei 9.099/1995), bem como o acordo de não persecução penal (art. 28-A do CPP, com redação dada pela Lei 13.964/2019).

Análise crítica do tipo: Cumpre inicialmente anotar que o tipo havia sido vetado, sob a seguinte fundamentação: "*A propositura legislativa, ao dispor que se constitui crime 'decretar medida de privação da liberdade em manifesta desconformidade com as hipóteses legais', gera insegurança jurídica por se tratar de tipo penal aberto e que comportam interpretação, o que poderia comprometer a independência do magistrado ao proferir a decisão pelo receio de criminalização da sua conduta.*"

Nessa linha de ideias, as ações Diretas de inconstitucionalidades ajuizadas perante o Supremo Tribunal Federal trazem importante ponto de discussão a respeito deste crime: Dada a abertura e ambivalência semântica do elemento normativo do tipo (manifesta desconformidade com as hipóteses legais) há um inegável nível de insegurança jurídica, incompatível com a taxatividade necessária para um tipo penal, o que pode comprometer a independência necessário aos agentes públicos, notadamente magistrados, para proferir a decisão ante o receio de criminalização da sua conduta.

Igor Pereira Pinheiro, André Clark Nunes Cavalcante e Emerson Castelo Branco identificam um possível parâmetro para a subjetividade valorativa do tipo: "*Ora, qual o parâmetro objetivo para se chegar a uma conclusão segura e predeterminada do que seja 'manifesta desconformidade' se o próprio artigo 1°, §2°, da lei, diz que "a divergência na interpretação de lei ou na avaliação de fatos e provas não configura abuso de autoridade"? Nesse caso, a única hipótese segura que vislumbramos para uma tipificação possível diz respeito aos casos em que o magistrado determine a prisão de alguém contra enunciado expresso de uma súmula vinculante (como no caso das de número 2427 e 2528) ou contra tese fixada em sede de repercussão geral ou recurso repetitivo, uma vez que tais institutos visam a exatamente manter a uniformidade da jurisprudência. Observe-se, porém, que se o magistrado descumprir tais precedentes não terá o mesmo incorrido, ipso facto, no delito acima citado, pois ainda será preciso que se demonstre cabalmente que o mesmo agiu com o dolo específico de prejudicar outrem, beneficiar a si mesmo ou a terceiro, ou que agiu por mero capricho pessoal. Do contrário, será um error in judicando, passível de ser sanado via reclamação, habeas corpus ou o recurso cabível, sem que se possa cogitar de qualquer responsabilidade do julgador. Trata-se de premissa básica para assegurar também a independência funcional da magistratura, que poderá ficar refém dos criminosos*[23]".

Art. 10. Decretar a condução coercitiva de testemunha ou investigado manifestamente descabida ou sem prévia intimação de comparecimento ao juízo:

Pena – detenção, de 1 (um) a 4 (quatro) anos, e multa.

BEM JURÍDICO TUTELADO: O tipo penal tutela a liberdade de locomoção proclamada na Constituição Federal no inciso XV (é livre a locomoção no território nacional em tempo de paz, podendo qualquer pessoa, nos termos da lei, nele entrar, permanecer ou dele sair com seus bens) do art. 5º da CF.

23 PINHEIRO, Igor Pereira. CAVALCANTE, André Clark Nunes. CASTELO BRANCO, Emerson. Nova Lei de Abuso de Autoridade. JH Mizuno. 2019, p. 16-17.

SUJEITO ATIVO: Trata-se de crime próprio porque exige-se que o autor deste crime seja agente público que detém competência administrativa ou jurisdicional para determinar a condução coercitiva de testemunhas e investigado, como autoridades policiais, seus agentes, juízes de direito, parlamentares que presidem CPI, agentes públicos que presidem procedimentos administrativos disciplinares, membros do Ministério Público, etc.

CONDUTAS: Entende-se como condução coercitiva o encaminhamento compulsório de alguém à presença de determinadas autoridades, para a realização de determinados atos, desde que sua presença seja essencial. Representa uma restrição momentânea da liberdade de locomoção e por isso mesmo somente pode ser realizada em situações previstas na legislação. Observe-se que embora seja possível a condução coercitiva de outras pessoas como ofendido (CPP, art. 201, § 1º) e perito (CPP, art. 278), apenas configura o crime do art. 10 da Lei 13.869/2019 a decretação ilegal da condução coercitiva de testemunha e investigado, desde que manifestamente descabida ou sem a prévia intimação prévia de comparecimento. Geralmente a medida é operacionalizada mediante a requisição da apresentação da pessoa à autoridade policial para sua localização, apreensão e encaminhamento à presença da autoridade, estando nesse caso autorizado o uso moderado da força necessária para a realização destes atos. O regime jurídico das conduções coercitivas é feito por outros normas razão pela qual a compreensão acerca de seu cabimento é feita mediante o estudo dos pressupostos legais. Vejamos:

a) **Condução coercitiva de testemunhas**: A condução coercitiva de testemunhas é amplamente prevista na legislação brasileira (CPP, arts. 218 e 461, § 1º; CLT, art. 825, parágrafo único; CPC, art. 455, §5º; CPPM, art. 245, § 3º; Lei 1.579/1952, art. 3º, § 1º[24]; Lei 8.625/1993, art. 26, I, "a"; etc) e de um modo geral é determinada para os casos em que sua presença é essencial de modo que seu não comparecimento representa um prejuízo a instrução da causa, razão pela qual o ordenamento jurídico admite este meio de obtenção coativa da prova.

Para a configuração do crime ora em estudo, o tipo exige que a condução coercitiva seja **manifestamente descabida** ou **sem prévia intimação de comparecimento**.

A análise acerca do *descabimento manifesto da condução coercitiva* exige um juízo de valor razão pela qual este é mais um **elemento normativo do tipo** empregado pela Lei 13.869/2019. De um modo geral, segundo se verifica das normas vigentes, a condução será incabível quando houver motivo justificado para a ausência, como por exemplo testemunha que se encontra enferma no dia do ato para a qual foi intimada e, por este motivo, fica impossibilitada de comparecer ou por força maior ou nas situações previstas no art. 220 do CPP. Caso a justificativa sobre a ausência da testemunha faltante não chegue ao conhecimento da autoridade requisitante até a data em que a condução coercitiva foi decretada, por causa do desconhecimento desta circunstância, não haverá crime em razão do evidente erro de tipo.

Entende-se também desobrigadas de comparecer em juízo e, portanto, não podem ser conduzidas coercitivamente as seguintes autoridades: "*Presidente e o Vice-Presidente da República, os senadores e deputados federais, os ministros de Estado, os governadores de Estado, os secretários de Estado, os prefeitos do Distrito Federal e dos Municípios, os deputados às Assembleias Legislativas Estaduais, os membros do Poder Judiciário, os ministros e juízes dos Tribunais de Contas da União, dos Estados, do Distrito Federal, bem como os do Tribunal Marítimo, aos quais confere a lei (art. 221, caput, do CPP) o direito de agendar, previamente, o dia, a hora e o local*

24 Discordamos de Rogério Sanches e Rogério Greco que sustentam que em razão da redação conferida ao dispositivo citado somente o juiz criminal é que poderá determinar a condução coercitiva da testemunha faltante, e não presidente da Comissão Parlamentar de Inquérito. Na verdade, o dispositivo confere a faculdade de integração entre autoridades distintas, mas não transfere a responsabilidade pela realização do ato em si, situação que implicaria, em última análise, em uma posição de dependência entre as autoridades envolvidas (CUNHA, Rogério Sanches. GRECO, Rogério. Abuso de autoridade: Lei 13.869/2019: comentada artigo por artigo. Salvador: Editora JusPodivm, 2020. p. 105).

em que deverão ser ouvidos. Idêntica prerrogativa possuem os membros do Ministério Público (art. 40, I, da Lei 8.625/1993). Ademais, quanto ao Presidente da República e seu Vice, bem como Presidentes do Senado, Câmara dos Deputados e Supremo Tribunal Federal (aqui se incluindo, por analogia, os Presidentes dos demais Tribunais Superiores), poderão eles, ainda, optar pela prestação de depoimento escrito, nos termos do art. 221, § 1.º, do CPP.[25]".

Mas o tipo penal também afirma que haverá crime se a condução coercitiva *sem prévia intimação de comparecimento ao juízo*. A intimação prévia referida pelo tipo deve ser compreendida como aquela que comunica à testemunha sobre a data do ato para o qual deva comparecer. Cabe aqui a retificação da posição adotada na edição anterior, quando sustentávamos que esta locução se dirigia unicamente à condução coercitiva do acusado. Valem as lições de Renato Brasileiro de Lima: "Conquanto a parte final do art. 10 da Lei n.º 13.869/19 faça referência à prévia intimação de comparecimento *ao juízo*, daí não se pode concluir que o crime em questão estaria restrito às conduções coercitivas decretadas durante a fase judicial. A uma porque é o próprio tipo penal que faz referência à pessoa do investigado, terminologia própria para a fase investigatória. A duas porque o crime também resta caracterizado quando a decretação de condução coercitiva de testemunha ou investigado também é manifestamente descabida, hipótese perfeitamente possível de caracterização na fase investigatória, quando, por exemplo, o juiz decreta a condução coercitiva de investigado para fins de interrogatório policial, contrariando frontalmente a decisão proferida pelo Supremo no julgamento das ADPFs 395 e 444[26]".

De qualquer modo, chama a atenção a falta de técnica do legislador uma vez que a ausência de prévia intimação torna manifestamente descabida a condução coercitiva, o que praticamente torna inútil o segundo elemento normativo do tipo.

Entendemos que o emprego da locução "ao juízo" no final do tipo não parece suficiente para restringir este crime somente às medidas decretadas unicamente por juízes de direito. Como dito, a intimação prévia de comparecimento da testemunha já é pressuposto necessário para cabimento da condução coercitiva e por isso está contido no elemento normativo do tipo *manifestamente descabida*, de modo que qualquer agente público com competência legal para decretar a condução coercitiva de uma testemunha pode cometer este delito, desde que presentes os demais requisitos e condições da Lei 13.869/2019.

b) **Condução coercitiva de investigados**: embora sempre destinada para obtenção de alguma prova, há algumas diferenças entre a condução coercitiva de acusados e testemunhas.

Cabe aqui a retificação da posição adotada na edição anterior, quando sustentávamos que, no tocante ao investigado, o crime só poderia ser cometido por juízes de direito. Não há motivos para essa distinção principalmente porque admitimos a possibilidade legal de outras autoridades determinarem a condução coercitiva de investigado, medida que deve sempre sujeitar-se aos pressupostos legais existentes para a medida, formalidade que, se descumprida, enseja a caracterização deste crime. De todo modo, vale repisar os comentários acima porque realmente chama a atenção a falta de técnica do legislador uma vez que a ausência de prévia intimação torna manifestamente descabida a condução coercitiva, o que praticamente resulta na desnecessidade do segundo elemento normativo do tipo.

Saliente-se que não entendemos que a locução utilizada no tipo, – investigado -, foi empregada em sentido técnico jurídico, mas como expressão sinônima de *acusado*. Entender de maneira diferente ensejaria uma completa inutilidade do tipo penal, inegavelmente relacionado às ADPFs n.º 395 e 444 a seguir explicadas.

---

25 AVENA, Norberto. Processo penal. 10. ed. Rio de Janeiro: Forense, São Paulo: Método, 2018, p. 170.

26 LIMA, Renato Brasileiro de. Legislação Criminal Especial Comentada – volume único. 8ª ed., Salvador: Juspodivm, 2020, p. 97/98.

Anote-se que segundo dispõe o art. 260 do CPP, o acusado pode ser conduzido para ser ouvido ou, diferente das testemunhas, para participar de outros atos que, sem ele, não podem ser realizados, como o reconhecimento pessoal.

No tocante a condução coercitiva de acusado destinada ao seu interrogatório, deve-se ter em conta os limites traçados pelo Supremo Tribunal Federal na decisão das ADPFs n.º 395 e 444 que considerou a medida inconstitucional quando destinada unicamente ao interrogatório do acusado, coerção incompatível com o direito ao silêncio. Nesta linha, a ausência do acusado ao ato deve ser entendida como exercício daquele direito de modo que sua condução coercitiva, nestes casos, segundo decidiu o STF, viola a presunção de não culpabilidade, pode restringir o acesso à assistência de advogado e o princípio da dignidade da pessoa humana, porque os acusados, em geral, não são obrigados a cooperar com a apuração de fatos criminosos[27].

Alerte-se, porém, que as demais hipóteses de condução coercitiva de acusados previstas no art. 260 do CPP não foram objeto de declaração de inconstitucionalidade de modo que são possíveis quando destinadas à qualificação, ao reconhecimento ou para qualquer outro ato que, sem a sua presença não pode ser realizado a diligência, como no caso de ato necessário para a coleta de material destinado a sua identificação criminal.

De um modo geral, a conjugação das disposições legais acima e da decisão proferida pelo Supremo Tribunal Federal, pode-se concluir que é possível a realização de condução coercitiva de investigados para realização de exames periciais, como aqueles descritos no art. 277 do CTB, sobretudo nos casos em que a sua participação para o ato dependa apenas de sua cooperação passiva, mediante coleta de material por meios adequados e indolores.

Por fim, levando em conta os propósitos protetivos da legislação menorista, entendemos que a decisão do Supremo Tribunal Federal nos autos das ADPFs 395 e 444 não parece atingir a previsão de **condução coercitiva prevista no art. 187 do ECA** porque a audiência de apresentação é destinada, precipuamente, à proteção do adolescente infrator e sua participação no ato é essencial para a análise e concessão de importantes benefícios legais, como por exemplo, a remissão.

Entendemos que o emprego da locução "ao juízo" no final do tipo não parece suficiente para restringir este crime somente às medidas decretadas unicamente por juízes de direito. Como dito, a intimação prévia de comparecimento da testemunha já é pressuposto necessário para cabimento da condução coercitiva e por isso está contido no elemento normativo do tipo *manifestamente descabida*, de modo que qualquer agente público com competência legal para decretar a condução coercitiva de uma testemunha pode cometer este delito, desde que presentes os demais requisitos e condições da Lei 13.869/2019. Em sentido semelhante sustenta Renato Brasileiro.

Consentimento da pessoa, convite e comparecimento voluntário: não há crime se a pessoa, testemunha ou investigado, é tão somente convidada para voluntariamente comparecer à presença da autoridade pública. Neste caso, dada a natureza consentida do ato e ausência de compulsoriedade, não há que se cogitar na infração prevista neste art. 10 da Lei 13.869/2019.

---

27 Embora o STF já tenha antes decidido pela possibilidade da condução coercitiva: "A própria Constituição Federal assegura, em seu art. 144, § 4º, às polícias civis, dirigidas por delegados de polícia de carreira, as funções de polícia judiciária e a apuração de infrações penais. O art. 6º do Código de Processo Penal, por sua vez, estabelece as providências que devem ser tomadas pela autoridade policial quando tiver conhecimento da ocorrência de um delito, todas dispostas nos incisos II a VI. Legitimidade dos agentes policiais, sob o comando da autoridade policial competente (art. 4º do CPP), para tomar todas as providências necessárias à elucidação de um delito, incluindo-se aí a condução de pessoas para prestar esclarecimentos, resguardadas as garantias legais e constitucionais dos conduzidos." (STF – HC 107.644/SP – 1ª Turma – Rel. Min. Ricardo Lewandowski – julgado em 06.09.2011 – DJe-200 18.10.2011).

VOLUNTARIEDADE: O crime em estudo só admite a modalidade dolosa, desde que demonstrada a finalidade específica prevista no art. 1º, § 1º, da Lei 13.869/2019. Não fosse isso, poderia, indevidamente, ser sustentado que qualquer decretação de uma condução coercitiva, principalmente quando posteriormente anuladas pelas instâncias revisionais, ensejaria a caracterização deste delito. Observe-se, contudo, que em regra, o juízo de cognição realizado por ocasião desta decisão se refere aos aspectos procedimentais, formais e legais, mas a caracterização do abuso ressente-se do dolo da autoridade pública, revestido de elemento subjetivo do injusto consistente na vontade direta de exorbitar do poder mediante decisões motivadas por capricho, maldade, com intuído de vingança ou aquelas ações realizadas com intuído de concretizar perseguições ou injustiças.

Desse modo, eventual má apreciação do caso e a qualidade negativa da decisão da autoridade pública não podem ser equiparadas à vontade de praticar o crime de abuso de autoridade. Nesses casos, embora a decisão possa ser reformada ou desfeita pelas instâncias superiores, não é possível imputar, de forma automática ou vinculante, a caracterização do abuso de poder previsto no tipo penal em estudo.

CONSUMAÇÃO E TENTATIVA: O crime do art. 10 é de mera conduta, se consuma quando o agente público decreta/determina a *indevida* condução coercitiva de alguém, o que pode ser feito de maneira verbal, situação quase sempre ilegal ante a falta de intimação prévia, ou escrita, mediante a expedição de mandado de condução coercitiva.

A tentativa parece ser cabível apenas nos casos de decretação proferida por escrito, mas antes de produzir efeitos jurídicos válidos. Por exemplo, antes de a decisão que decretou uma condução coercitiva ser publicada e produzir efeitos jurídicos externos, ela é extraviada ou retida, por circunstâncias alheias à vontade do agente.

AÇÃO PENAL: Nos termos do art. 3º. dessa Lei, trata-se de crime de ação penal pública incondicionada.

Como a pena deste crime é de detenção, de 1 (um) a 4 (quatro) anos, e multa, é cabível proposta de suspensão condicional do processo (art. 89 da Lei 9.099/1995), bem como o acordo de não persecução penal (art. 28-A do CPP, com redação dada pela Lei 13.964/2019).

Art. 11. (VETADO).

Art. 12. Deixar injustificadamente de comunicar prisão em flagrante à autoridade judiciária no prazo legal:

Pena – detenção, de 6 (seis) meses a 2 (dois) anos, e multa.

Parágrafo único. Incorre na mesma pena quem:

I – deixa de comunicar, imediatamente, a execução de prisão temporária ou preventiva à autoridade judiciária que a decretou;

II – deixa de comunicar, imediatamente, a prisão de qualquer pessoa e o local onde se encontra à sua família ou à pessoa por ela indicada;

III – deixa de entregar ao preso, no prazo de 24 (vinte e quatro) horas, a nota de culpa, assinada pela autoridade, com o motivo da prisão e os nomes do condutor e das testemunhas;

IV – prolonga a execução de pena privativa de liberdade, de prisão temporária, de prisão preventiva, de medida de segurança ou de internação, deixando, sem motivo justo e excepcionalíssimo, de executar o alvará de soltura imediatamente após recebido ou de promover a soltura do preso quando esgotado o prazo judicial ou legal.

BEM JURÍDICO TUTELADO: Trata-se de mais um dispositivo que tutela o direito à liberdade, embora relacionado ao controle da legalidade estrita da prisão, especificadamente da regra de que "a prisão de qualquer pessoa e o local onde se encontre serão comunicados imediatamente ao juiz competente e à família do preso ou à pessoa por ele indicada" (CF, art. 5º, LXII).

A figura do inciso III ampara-se no poder normativo do art. 306, § 2º, do CPP que institui o dever de a autoridade entregar ao preso a "nota de culpa", pelo que além de buscar proteger aspectos extrínsecos do ato de prisão, visa garantir direitos informacionais contidos naquele documento.

Já na figura do inciso IV a norma penal protege a liberdade de locomoção e a autoridade das decisões judiciais que determinam a soltura de alguém.

SUJEITOS DO CRIME: A obrigação de comunicar prisão em flagrante à autoridade judiciária, bem como à família do preso e entregar-lhe a nota de culpa é, segundo o art. 304 do CPP, da autoridade responsável pela lavratura do auto de prisão em flagrante que, em geral é a **autoridade policial**. Como lembra Edilson Mougenout Bonfim, "*Entretanto, aplicam-se os dispositivos da lei processual também nos casos em que o preso seja apresentado a outras autoridades que, por lei, façam-lhe as funções (art. 4º, parágrafo único, do CPP). Referências à autoridade, portanto, dizem respeito também: a) à autoridade judicial, nos casos de contravenções penais (Lei n. 1.508/51); b) aos agentes florestais (Lei n. 4.771/65); e c) aos deputados e senadores. Com efeito, a teor da Súmula 397 do STF: "O poder de polícia da Câmara dos Deputados e do Senado Federal, em caso de crime cometido nas suas dependências, compreende, consoante o regimento, a prisão em flagrante do acusado e a realização do inquérito*[28]". Por fim, segundo Renato Brasileiro, "*No âmbito militar, esta atribuição recai sobre o comandante, oficial de dia, de serviço ou de quarto, ou autoridade correspondente, tal qual dispõe o art. 245, caput, do CPPM*[29]".

Já a obrigação de comunicar a prisão temporária ou preventiva à autoridade judiciária (inciso II do parágrafo único) é da autoridade que deu cumprimento ao mandado de prisão.

A infração do inciso IV do parágrafo único pode ser cometida pelo agente público que tem competência legal para dar cumprimento ao alvará de soltura como diretor do estabelecimento prisional que custodiava o preso.

Os sujeitos passivos destes crimes são a administração pública e, secundariamente, as pessoas presas que tiveram seus direitos à liberdade e à informação violados.

A ausência de comunicação da constrição da liberdade de adolescente apreendido em flagrante delito enseja a caracterização do crime previsto no art. 231 da Lei 8.069/1990 (ECA).

CONDUTAS: De um modo geral, o crime do art. 12 da Lei 13.689/2019, ao contrário do crime do art. 9º, não tutela a legalidade da prisão em si mesma. Aqui, o legislador criminaliza o descumprimento de formalidades essenciais ao ato e visa reafirmar o cumprimento de deveres constitucionais e legais de determinados agentes públicos que são injustificadamente descumpridos e têm repercussão sobre a prisão de determinados cidadãos. Por isso esta é uma típica **infração de dever legal**.

Vejamos cada uma das espécies de crimes previstos no art. 12 em estudo:

a) ***Caput do art. 12***: criminaliza o descumprimento do dever de comunicação imediata da prisão de modo a frustrar que o juiz competente controle a legalidade do ato e possa relaxá-la, se realizada de forma ilegal ou irregular. O dever de comunicação imediata da prisão está descrito no art. 306, § 1º, do CPP, o qual prevê o *prazo de 24 horas para tanto*[30]. Esse dever recai,

---

28 BONFIM, Edilson Mougenot. Código de processo penal anotado. 4. ed. São Paulo : Saraiva, 2012. Comentários ao art. 304 do CPP.

29 LIMA, Renato Brasileiro de. Manual de Processo Penal: Volume Único. 5ª ed. Salvador: Juspodivm. 2017. p. 943.

30 De forma didática, explica Guilherme Nucci o trâmite administrativo das comunicações feitas por ocasião da lavratura do auto de prisão em flagrante: "adaptando-se a nova redação do art. 306 à realidade, teremos: a) assim que chegar ao distrito policial ou outro lugar destinado à lavratura do auto de prisão em flagrante, deve a autoridade

essencialmente, à autoridade policial, mas é inerente a qualquer autoridade que efetiva a prisão de alguém, como visto acima.

Anote-se que atualmente as comunicações de autuações em flagrante são feitas por meio eletrônico. Na impossibilidade, caso em que a comunicação deverá ser feita mediante intimação/notificação pessoal, a autoridade comunicante deve fazer prova do ato, mediante seu registro escrito, e se necessário, mediante lavratura de certidão circunstanciada. Ex. comunicação é levada ao conhecimento autoridade judiciária que, excepcionalmente, não é encontrada porque não há, naquele dia, plantão judicial. Nesse caso, mediante registro destas circunstâncias, o expediente de comunicação deverá ser protocolado no Fórum no primeiro dia em que o serviço judicial for regularizado.

Observe-se que a figura do *caput* do art. 12 emprega o elemento normativo do tipo *injustificadamente* de modo que devem ser analisados e valorados os motivos que, excepcionalmente, impediram a realização da comunicação no prazo devido. Por isso anotam Rogério Sanches e Rogério Greco: "*Em sendo justificado o atraso, a contrario sensu, não haverá abuso de autoridade. O Brasil é um país de dimensões continentais. Em muitos lugares há carência de policiais e pode ocorrer o fato de que alguém seja preso em flagrante delito e conduzido até a delegacia de polícia mais próxima, que fica distante centenas de quilômetros do local onde foi realizada a prisão, ou mesmo que, em um determinado plantão, por existir um número reduzido de policiais civis, conjugada com uma grande quantidade de prisões em flagrante, haja um atraso da remessa do auto de prisão à autoridade judiciária. Enfim, importante salientar que somente se configurará o abuso de autoridade quando estivermos diante de um atraso injustificado na comunicação da prisão à autoridade judiciária. Caso contrário, o fato deverá ser considerado atípico, devendo a autoridade policial, quando da remessa do auto de prisão em flagrante, informar ao juiz competente os motivos pelos quais a remessa da comunicação aconteceu fora do prazo legal*[31]".

b) ***Inciso I do parágrafo único do art. 12***: tipifica a falta de comunicação de execução da prisão temporária ou preventiva para a autoridade judiciária que a decretou. Trata-se de tipo penal mal redigido e que pode ensejar algumas dúvidas: O crime se refere à falta de comunicação no cumprimento do mandado de prisão temporária/preventiva ao juiz que decretou essas prisões ou o delito trata da falta de comunicação da execução, isto é, do tempo de efetivo cumprimento dessas privações de liberdade para a autoridade judiciária que decretou a medida antes? Para nós, em razão do emprego do advérbio "imediatamente", a figura delitiva se refere à falta de comunicação do mandado de prisão ao juiz que a decretou. Esta interpretação condiz justamente com o propósito emergencial que as comunicações de prisões possuem de modo a permitir que o juiz avalie a necessidade de manter a prisão cautelar da pessoa. Por exemplo, é comum seja decretada a prisão preventiva de determinada pessoa por força do art. 366 do Código de Processo Penal que, depois de executada, em razão da identificação do endereço e constituição de defensor pelo acusado, pode ser entendida como desnecessária. O retardamento desta comunicação é causa de grande transtorno e impede que o juiz aprecie a necessidade de manter ou não a custódia do preso.

---

providenciar a comunicação da família ou à pessoa indicada pelo detido; b) finda a formalização da prisão, em 24 horas, enviará cópia ao juiz competente para análise da legalidade do ato; o mesmo fará em relação ao Ministério Público; c) se o preso tiver advogado – ou a família ou terceiro já lhe tenha providenciado um, assim que ciente do ocorrido – aguarda-se a manifestação do causídico em relação à prisão; d) se o preso não tiver advogado, nem for um causídico providenciado pela família ou terceiro, deve a autoridade remeter, igualmente, em 24 horas, cópia do auto de prisão em flagrante à Defensoria Pública". (NUCCI, Guilherme de Souza. Código de processo Penal comentado. 16ª. ed. São Paulo: Editora Revista dos Tribunais, 2017, p. 771).

31 CUNHA, Rogério Sanches. GRECO, Rogério. Abuso de autoridade: Lei 13.869/2019: comentada artigo por artigo. Salvador: Editora JusPodivm, 2020. p. 108/109.

c) ***Inciso II do parágrafo único do art. 12:*** atenta a inteireza da obrigatoriedade constitucional prevista no o art. 5.º, LXII, a nova lei criminalizou a omissão na comunicação da prisão à família do preso (ou à pessoa por ele indicada). Essa obrigação é comum à todas hipóteses de prisão, seja penal, seja civil. Para desincumbir-se desta obrigação o agente público deve realizar todas as diligências que estão ao seu alcance, exceto se as pessoas indicadas não forem encontradas ou for impossível o contato com elas.

d) ***Inciso III do parágrafo único do art. 12***: neste tipo penal, o legislador eleva a crime a falta de entrega da nota de culpa, documento que informa ao preso o motivo de sua prisão e identidade de quem o prendeu e testemunhas, que deve lhe ser entregue no prazo de 24 h, conforme previsto no art. 306, § 2º, do CPP. A falta de entrega da nota de culpa atinge efetivamente o direito a ampla defesa porque sem ela o preso desconhece a causa determinante de sua custódia e impede a preparação de sua linha defensiva. A fim de desincumbir-se desta obrigação, o agente público deve entregar a nota de culpa mediante recibo do preso, razão pela qual o documento é expedido em duas vias, das quais, uma será entregue ao preso e a outra será mantida com a autoridade. Anote-se que, caso o cidadão não queira assinar o recibo ou não puder fazê-lo, a entrega da nota será feita mediante presença de duas testemunhas CPP, art. 304, § 3º). Não haverá crime nos casos em que a não entrega da nota de culpa decorrer de situações justificáveis, como ressalvado no inciso anterior. Mas não só. Como muito bem recordam Rogério Sanches e Rogério Greco "*Cremos, por fim, seja possível, em situações excepcionais, que da nota de culpa não conste o nome do condutor, das testemunhas e das vítimas. Isso tudo para garantir a segurança de tais pessoas, quando se tratar de crime gravíssimo, como, por exemplo, os que envolvam criminalidade organizada. Note-se que a Lei 12.850/2013, que trata dessa espécie de criminalidade, concede ao colaborador colaboração premiada) "ter [o] nome, qualificação, imagem e demais informações pessoais preservados" (art. 5º, inc. II). A mesma lei estende esse benefício ao agente infiltrado (art. 14, inc. III). Também a Lei 9.807/1999 assegura a vítimas e testemunhas a "preservação da identidade, imagem e dados pessoais" (art. 7º, inc. IV). Nada impede, assim, que por analogia a tais dispositivos e, sobretudo, preocupado com a segurança daqueles que depuseram no flagrante, a autoridade policial omita seus nomes da nota de culpa, sem que, com essa conduta preventiva, incorra em nenhuma ilegalidade que dê ensejo ao relaxamento da prisão e, tampouco, na adoção de medidas sancionatórias, de cunho administrativo, contra o delegado de polícia*[32]".

Observe-se que o tipo penal prevê expressamente que o prazo para a sua caracterização é a falta de cumprimento da formalidade legal no prazo de 24 h. Importa porém registrar que prevalece o entendimento de que o atraso involuntário não anula o ato, principalmente se disso não emergir prejuízo relevante em desfavor do autuado. Neste sentido: "*O atraso na entrega da nota de culpa ao investigado preso em flagrante, embora constitua irregularidade, não determina a nulidade do ato processual regularmente válido. É princípio basilar do processo penal a assertiva de que não se declara nulidade de ato, se dele não resultar prejuízo comprovado para o réu, nos termos do art. 563 do Código de Processo Penal.*" (STJ – RHC nº 21532/PR, j. 18.10.2007).

e) ***Inciso IV do parágrafo único do art. 12***: aqui a Lei 13.869/2019 cria uma espécie de crime de desobediência especial porque o agente público, injustificadamente, descumprindo o comando de um alvará de soltura, prolonga a execução de pena privativa de liberdade, de prisão temporária, de prisão preventiva, de medida de segurança ou de internação.

Essa figura emprega o elemento normativo do tipo "*sem motivo justo e excepcionalíssimo*" de modo a permitir seja exercido juízo de valor sobre a conduta a fim de aferir motivos que, excepcionalmente, impediram o cumprimento do alvará de soltura. Isso porque a execução

32 CUNHA, Rogério Sanches. GRECO, Rogério. Abuso de autoridade: Lei 13.869/2019: comentada artigo por artigo. Salvador: Editora JusPodivm, 2020, p. 112/113.

de um alvará de soltura não é medida automática. Anote-se que este tipo de análise valorativa ganha ainda mais importância na medida em que a legislação não prevê um prazo exato para que determinado agente público cumpra um alvará de soltura o que sugere a aplicação do prazo de 24 horas, contido no inciso III acima estudado, como parâmetro mínimo vez que a soltura de um preso é ato formal que deve contar com cautelas e trâmites administrativos que podem consumir algum tempo. Consulta formal aos sistemas de informação criminal, análise de prontuários, confirmação de dados, eventual confrontação papilar são algumas das providências administrativas que podem consumir um relativo tempo e justificar um certo retardamento no cumprimento da ordem de soltura. De todo modo, o prazo deve ser analisado sempre tendo em conta as circunstâncias do caso concreto, como sua complexidade e estrutura administrativa colocada à disposição da autoridade pública.

Anote-se que o descumprimento injustificado da ordem de soltura de adolescente privado de liberdade caracteriza o crime previsto no art. 235 do ECA.

As cinco figuras típicas acima são omissivas porque o agente deixa de comunicar, de entregar, de executar ou de promover, todos verbos que expressam uma abstenção, de modo que em todas elas identifica-se uma infidelidade funcional intolerável, que repercute seriamente sobre o direito de liberdade do preso.

VOLUNTARIEDADE: O crime em estudo só admite a modalidade dolosa. Importa destacar, para a configuração deste crime, a imprescindibilidade da finalidade específica prevista no art. 1º, § 1º, da Lei 13.869/2019. Não fosse isso, poderia, indevidamente, ser sustentado que o mero descumprimento dos deveres legais seria suficiente para a caracterização deste delito. Mesmo sendo atos de natureza vinculada, com reduzida margem decisória, para caracterização do crime em estudo é necessário que que o dolo da autoridade pública seja revestido de elemento subjetivo do injusto consistente na vontade direta de exorbitar do poder mediante decisões motivadas por capricho, maldade, com intuído de vingança ou aquelas ações realizadas com intuído de concretizar perseguições ou injustiças.

Desse modo, eventuais erros formais não podem ser equiparados à vontade de praticar o crime de abuso de autoridade. Nesses casos, embora a prisão possa ser relaxada pelas instâncias superiores, não é possível imputar, de forma automática ou vinculante, a caracterização do abuso de poder previsto no tipo penal em estudo.

CONSUMAÇÃO E TENTATIVA: todas as figuras do art. 12 da Lei 13.869/2013 são omissivas e por isso somente se consumam após o transcurso do prazo razoável para a cumprimento dos deveres legais previstos na legislação que rege cada uma das suas hipóteses legais. De qualquer forma, a aferição do prazo deve levar em conta, dentre outras circunstâncias, o caso concreto, sua complexidade, número de presos, número de infrações contida nos autos, atividade processual necessária para o caso, conduta das partes interessadas e a própria estrutura administrativa colocada à disposição da autoridade judiciária. Como são crimes omissivos, não admitem tentativa.

AÇÃO PENAL: Nos termos do art. 3º. dessa Lei, trata-se de crime de ação penal pública incondicionada.

O crime é apenado com detenção, de 6 (seis) meses a 2 (dois) anos, e multa, razão pela qual é infração penal de menor potencial ofensivo e admite todas as medidas despenalizadoras da Lei 9.099/1995.

Art. 13. Constranger o preso ou o detento, mediante violência, grave ameaça ou redução de sua capacidade de resistência, a:

I – exibir-se ou ter seu corpo ou parte dele exibido à curiosidade pública;

II – submeter-se a situação vexatória ou a constrangimento não autorizado em lei;

III – produzir prova contra si mesmo ou contra terceiro:

Pena – detenção, de 1 (um) a 4 (quatro) anos, e multa, sem prejuízo da pena cominada à violência.

BEM JURÍDICO TUTELADO: esta infração protege a norma constitucional segundo a qual ninguém será submetido a tratamento desumano ou degradante (CF, art. 5º, inciso III) de onde se verificam os limites decorrentes dos constrangimentos resultantes da guarda ou da custódia de alguém, notadamente das disposições legais que regulamentam esses atos.

De um modo geral, o legislador ainda denota uma preocupação com a privação da liberdade das pessoas que, além dos aspectos formais e extrínsecos, deve ser realizada de modo a não atingir a honra do detido. A preservação da integridade moral é inclusive de preocupação constitucional, conforme se extrai do inciso XLIX do art. 5º da CF: "*é assegurado aos presos o respeito à integridade física e moral*".

Relembre-se que o art. 38 do Código Penal prevê que "*o preso conserva todos os direitos não atingidos pela perda da liberdade, impondo-se a todas as autoridades o respeito à sua integridade física e moral*".

SUJEITOS DOS CRIMES: Trata-se de crime que pode ser cometido por qualquer agente público que exerça a custódia do preso ou detento. No caso de presídios administrados por entidades privadas, em regime de Parceria-público-privadas, por exemplo, o sujeito ativo pode ser pessoa contratada não servidor público, desde que exerça função pública típica de poder de polícia.

De certo modo este é um crime contra a administração da justiça e contra a honra do preso, de onde é possível identificar sua dupla subjetividade passiva.

Sujeito passivo, além do Estado, é o preso ou o detento constrangido. A legislação brasileira não faz distinção entre preso e detento. Duas interpretações parecem possível:

(1) Adequado diferenciar a pessoa presa do mero detento a partir da natureza da custódia que recai sobre elas. Neste sentido, preso é a pessoa cuja custódia já está realizada de forma mais intensa, mediante vigilância permanente em estabelecimento adequado, ao passo que detento é aquela que está detida ainda transitoriamente, aguardando a formalização de sua custódia e ingresso em estabelecimento oficial.

(2) Adota-se a previsão da Resolução 43/173 da Assembleia Geral da ONU, de 9 de dezembro de 1988, que aprovou o *Conjunto de Princípios para a Proteção de todas as Pessoas Sujeitas a qualquer forma de Detenção ou Prisão*, segundo a qual "pessoa detida" designa a pessoa privada de sua liberdade, exceto se o tiver sido em consequência de condenação pela prática de um delito e "pessoa presa" designa a pessoa privada da sua liberdade em consequência de condenação pela prática de um delito. Esse critério, contudo, não parece aplicável para outros tipos penais da Lei de Abuso de Autoridade.

CONDUTAS: O tipo em estudo, com algumas características próprias que serão a seguir estudadas, parece referir-se a uma práxis policial que recebeu o nome de "***perp walk***" (caminhada do perpetrador), consistente em uma sensacionalista exposição intencional de determinada pessoa presa, sob escolta policial, de modo a permitir o registro de sua imagem. Esta prática é tolerada pela jurisprudência norte-americana, em prol do direito à informação, da prevenção geral e da transparência da ação policial, como restou decidido no caso *Caldarola v. County of Westchester* (343 F. 3d 570. 2d Cir. 2003), mas desde que não haja encenação na condução do preso (*caso Lauro v. Charles* – 219 F. 3d 202. 2d Cir. 2000) e vedada à imprensa a tomada de cenas dentro do recinto domiciliar, no momento do cumprimento de mandados judiciais (*Wilson v. Layne* – 526 U.S. 603, 614. 1999).

Trata-se de tipo penal semelhante à figura prevista no art. 4º, "b", da Lei revogada 4.898/1965 e com o art. 350 do Código Penal, expressamente revogado pela Lei 13.869/2019 (art. 44). Na verdade, é uma espécie de crime de constrangimento ilegal especial porque, tal qual o tipo penal geral do art. 146 do CP, o custodiado é constrangido a realizar atos para os quais ele não está obrigado a fazer.

O objetivo do legislador é preservar a intimidade e imagem do custodiado, além de impedir que essas pessoas sejam indevidamente expostas pelos agentes do Estado de forma a lhes causar infâmia ou degradação reputacional, muitas vezes irreversível, ainda que sejam, posteriormente, absolvidas. Secundariamente, a norma busca impedir danos ao erário decorrente de ações de indenização movidas pelos custodiados constrangidos pela ação direta dos agentes estatais.

O núcleo verbal do tipo é constranger, entendido aqui como submeter ou sujeitar alguém, o que denota a contrariedade à realização dos atos descritos nos incisos. O tipo penal ainda exige que o constrangimento seja feito em razão de violência física, grave ameaça ou redução da capacidade de resistência do preso ou detento, o que implica na sua participação compulsória ao ato, mediante comprometimento da vontade. Isso significa que sua consciente e esclarecida participação voluntária nos atos descritos na lei não enseja o crime em análise, mesmo porque, neste caso, sequer é possível falar em constrangimento. Assim, por exemplo, não configura o delito em estudo o uso consentido de polígrafo a fim de atestar a credibilidade do depoimento do preso ou detento.

Desde que não haja violência, grave ameaça ou redução da capacidade de resistência, também não configura a infração em tela a divulgação de imagens em situações de real interesse público, como a veiculação de retratos falados, de retratos de foragidos da Justiça (com ordem de prisão decretada), bem como da imagens de presos nos casos em que a divulgação de sua imagem é necessária para chamamento de eventuais vítimas e/ou testemunhas (casos de violência sexual, roubos, dentre outros), casos em que a publicidade deve, preferencialmente, ser feita por meio de fotografias e vídeos oficiais, feitos pela própria autoridade pública, de modo a permitir assim a padronização da imagem veiculada, visando a sua maior eficiência para fins de reconhecimento. Diante a excepcionalidade dessas situações, para efeitos de controle de legalidade da decisão, é adequado que a autoridade pública responsável pela investigação profira decisão fundamentada e expressa de modo a indicar, analítica e concretamente, os objetivos pretendidos com o ato.

Observe-se que a violência, grave ameaça e redução da capacidade de resistência do preso ou detento é condição prévia para cada uma das figuras descritas nos incisos do dispositivo. Há emprego de violência quando a autoridade pública usa de força física (segura a vítima) ou de agressões (socos e pontapés). Na grave ameaça o agente promete causar mal grave na vítima ou em terceiro, como agressões físicas. Ocorre redução da capacidade de resistência da vítima, situação de violência imprópria, mediante emprego de substâncias químicas, como sonífero ou calmantes.

Normas protocolares sobre o *perp walk*: Como já firmamos antes, o comportamento adequado e regular das autoridades públicas pode ser bem divisado em protocolos uniformes de atuação, de forma a divisar situações que atendam o interesse público e contam com beneplácito dos órgãos superiores. Neste sentido, a Lei 13.964/2019 parece ter estabelecido um dever de regulamentação acerca do tema. Dispõe o novo art. 3º-F do CPP que:

> O juiz das garantias deverá assegurar o cumprimento das regras para o tratamento dos presos, impedindo o acordo ou ajuste de qualquer autoridade com órgãos da imprensa para explorar a imagem da pessoa submetida à prisão, sob pena de responsabilidade civil, administrativa e penal.
>
> Parágrafo único. Por meio de regulamento, as autoridades deverão disciplinar, em 180 (cento e oitenta) dias, o modo pelo qual as informações sobre a realização da prisão e a identidade do preso serão, de modo padronizado e respeitada a programação normativa

aludida no caput deste artigo, transmitidas à imprensa, assegurados a efetividade da persecução penal, o direito à informação e a dignidade da pessoa submetida à prisão.

Relembre-se que o STF atribuiu interpretação conforme ao parágrafo único do art. 3º-F do CPP, para assentar que a divulgação de informações sobre a realização da prisão e a identidade do preso pelas autoridades policiais, Ministério Público e magistratura deve assegurar a efetividade da persecução penal, o direito à informação e a dignidade da pessoa submetida à prisão (STF. Plenário. ADI 6.298/DF, ADI 6.299/DF, ADI 6.300/DF e ADI 6.305/DF, Rel. Min. Luiz Fux, julgados em 24/08/2023 (Info 1106)).

Descrição típica do crime: O modo pelo qual a vítima pode ser constrangida está prevista nos incisos do art. 13. Vejamos:

a) ***Inciso I – exibir-se ou ter seu corpo ou parte dele exibido à curiosidade pública***: Nesta figura delitiva o legislador procura sancionar o comportamento do agente público que obriga que o custodiado, de forma compulsória, mostre ou tenha mostrado seu corpo ou parte dele, o que abrange a exibição de seu rosto. O tipo não exige que ato implique em situação vexatória, elemento descritivo da próxima figura delitiva. A parte final do dispositivo – "à curiosidade pública" – indica que o ato é feito sem qualquer tipo de interesse público, como objeto de execração popular.

Para a caracterização do crime, importante seja identificada contrariedade para a prática da conduta visto que o núcleo verbal "constranger" é comum à todas às figuras típicas deste dispositivo.

A exibição pressupõe a exposição visual do corpo do preso ou detento de modo que entrevistas mediante exclusiva captação de som, por meio exclusivamente oral, é incapaz de gerar o delito em tela.

b) ***Inciso II – submeter-se a situação vexatória ou constrangimento não autorizado em lei***: neste crime o custodiado é exposto a situação vexatória, que lhe exponham ao ridículo e causam desonra, humilhação e vergonha como, por exemplo, fazendo-o portar uma placa com mensagem degradante, ou, no exemplo de Damásio E. de Jesus, desnudar uma detenta aos olhos dos presidiários[33].

O elemento normativo no tipo, "*vexame ou a constrangimento não autorizado em lei*" é aquele praticado sem qualquer base legal, o que nos remete as exceções decorrentes dos constrangimentos autorizados pela lei, como as decorrentes do regime disciplinar diferenciado (LEP, arts. 40, 41, VIII e 42) ou autorizadas judicialmente, respeitados sempre os limites à dignidade da pessoa humana.

Aqui nos parece cabível delimitar o **uso das algemas** que serve para o acautelamento da detenção, de modo que somente o emprego irregular de algemas, isto é, desnecessário e indiscriminado, é capaz de configurar o crime de abuso de autoridade em estudo. Sobre as algemas cumpre destacar os contornos dados pela Súmula Vinculante n.º 11 do Supremo Tribunal Federal que dispõe: "*só é lícito o uso de algemas em caso de resistência e de fundado receio de fuga ou de perigo à integridade física própria ou alheia, por parte do preso ou de terceiros, justificada a excepcionalidade por escrito, sob pena de responsabilidade disciplinar civil e penal do agente ou da autoridade e de nulidade da prisão ou do ato processual a que se refere, sem prejuízo da responsabilidade civil do Estado*".

Embora já existisse, ao menos no âmbito do Processo Penal Militar, disciplina sobre o tema[34], o uso das algemas foi regulamentado pelo Decreto nº 8.858/2016 que, além de repetir

33 JESUS, Damásio E. de. Direito Penal. Vol. 4. 17ª ed. 2012. p. 399.

34 Art. 234 do CPPM, §1º: "O emprego de algemas deve ser evitado, desde que não haja perigo de fuga ou de agressão da parte do preso, e de modo algum será permitido, nos presos a que se refere o art. 242".

no art. 2º o conteúdo da súmula supracitada, acrescentou no art. 3º a proibição de emprego de algemas em mulheres presas, durante do trabalho de parto, no trajeto da parturiente entre a unidade prisional e a unidade hospitalar e após o parto, durante o período em que se encontrar hospitalizada, situação expressamente acrescida ao art. 292, parágrafo único, do Código de Processo Penal, por meio da Lei nº 13.434/2017.

O uso de algemas, desde que necessário, não constitui abuso de poder, mesmo que se trate de adolescente visto que o Estatuto da Criança e do Adolescente só não admite o transporte do adolescente no compartimento destinado aos demais presos, nas viaturas (art. 178).

c) ***Inciso III – produzir prova contra si mesmo ou contra terceiro***: A última figura deste delito é controvertida porque se aproxima muito de outros tipos penais, a saber, crime de tortura (Lei 9.455/1997, art. 1º, I, "a") e art. 25 da própria Lei 13.689/2019.

Cumpre esclarecer que a partir da garantia constitucional do art. 5º, LXIII, é consagrada a ideia de que ninguém é obrigado a produzir provas contra si mesmo. O tipo penal em exame, portanto, pune a conduta do agente público que desrespeita esta garantia constitucional de modo a constranger o custodiado, mediante violência, grave ameaça ou redução de sua capacidade de resistência, a produzir provas contra si mesmo, obrigando-o, por exemplo, a admitir a prática de uma infração penal, de participar de uma reprodução simulada dos fatos ou de escrever um texto para servir de padrão gráfico. Outro exemplo seria a realização de interrogatório com *soro da verdade* ou *narcoanálise*, que consiste na utilização de substâncias químicas capazes de facilitar a obtenção de declarações sobre determinados fatos a partir das propriedades desinibidoras destas substâncias. Também está tipificado nesta norma constranger o preso ou detento a produzir provas contra terceiro, o que pode ocorrer quando é obrigado a participar de uma operação policial ou telefonar para alguém e obter informações sobre determinado crime.

Insta destacar que o princípio constitucional do "*nemo tenetur se detegere*" é limitado a impedir que o acusado produza ativamente provas contra si mesmo, ou seja, atue decisiva e positivamente nessa atividade, razão pela qual, ninguém pode ser compelido a participar de uma reprodução simulada dos fatos, por exemplo. Aquele princípio não impede que o acusado participe de produção de provas de forma passiva, entendida como a atividade realizada a partir de sua pessoa, mas sem necessidade de sua atuação, como acontece com sua participação em ato de reconhecimento pessoal (CPP, art. 226). Por isso não há crime, por constituir ato previsto na lei, a colheita de impressões digitais, de material fotográfico e de material biológico (na hipótese prevista no art. 5.º, parágrafo único, da Lei 12.037/2009 e no art. 9.º-A da Lei 7.210/1984). Vale a pena anotar, aliás, neste sentido: "A obrigatoriedade de fornecimento de perfil genético pelo condenado, previsto no art. 9º-A da Lei de Execução Penal, não configura violação do princípio da vedação à autoincriminação e sua recusa tipifica falta grave" (STJ - Sexta Turma. HC 879.757-GO. Rel.: Sebastião Reis Júnior. Julgamento: 20/08/2024).

Em todos esses casos, satisfeitas as exigências legais, parte da doutrina entende possível o uso moderado da força para obrigá-lo à prática do ato, estritamente necessária e suficiente para a realização da identificação criminal.

Como afirmado, este tipo é bastante parecido com os previstos na Lei de Tortura (Lei 9.455/1997, art. 1º, I, "a" e seu § 1º) e art. 25 da própria Lei 13.869/2019. A distinção para o tipo da Lei de Tortura parece residir na intensidade com que o constrangimento é praticado visto que a tortura pressupõe sofrimento atroz e desnecessário, fruto de um comportamento animado pela crueldade veemente do agente. Embora os delitos possuam condutas semelhantes, -ambos podem ser praticados mediante violência ou grave ameaça-, no crime de abuso de autoridade o constrangimento é menos intenso, a ponto de o legislador admitir que seja praticado mediante a violência imprópria, modo inadmitido no crime de tortura justamente porque nele o martírio da vítima é mais agudo. A elevada reprovabilidade da perversa conduta da tortura é a justificava para sua maior punição, já que apenado com reclusão de dois a oito anos, pena superior à cominada ao crime de abuso de autoridade, qual seja, detenção de um a quatro anos e multa.

Quanto ao crime do art. 25 da Lei de 13.689/2019, a distinção está no fato de o crime deste art. 13, III, tipificar atos que levem o preso ou detento a produzir somente provas contra si mesmo ou contra terceiro, enquanto que naquele outro delito é criminalizada a conduta de obter quaisquer tipos de provas ilícitas e não somente as que violem o direito de não produzir provas contra si mesmo. Além disso, no crime do art. 13, III, a prova é produzida a partir do preso ou detento, enquanto que no do art. 25 a prova não tem origem nessas pessoas, podendo inclusive referir-se às provas ilícitas destinadas a todo tipo de investigação ou fiscalização, seja penal, civil, administrativa, disciplinar ou política.

Especialidade:

Se a vítima é criança ou adolescente, configura-se o crime previsto no art. 232 do ECA.

Se o agente, além de submeter a vítima ao vexame ou constrangimento ilegal, causar sofrimento físico ou mental, pode restar configurado o crime de tortura do art. 1º., I, "a", e seu §1º, da Lei 9.455/1997.

Caso o agente público pratique constrangimentos capazes de levar pessoas em liberdade às mesmas situações previstas nos incisos do art. 13 não haverá caracterização deste crime uma vez que o tipo penal exige que as vítimas sejam presos ou detentos. Assim, uma **revista pessoal**[35] realizada com finalidade específica de humilhar alguém, submetendo-a a situação vexatória, pode caracterizar crime do art. 146 do Código Penal.

VOLUNTARIEDADE: O crime em estudo só pode ser praticado mediante dolo, consistente na vontade de empregar a violência (própria ou imprópria) ou grave ameaça para que o preso ou detento pratique um dos atos descritos no tipo.

Importa destacar, para a configuração deste crime, a imprescindibilidade da finalidade específica prevista no art. 1º, § 1º, da Lei 13.869/2019 de modo que a caracterização do abuso se ressente do dolo da autoridade pública, revestido de elemento subjetivo do injusto consistente na vontade direta de exorbitar do poder mediante decisões motivadas por capricho, maldade, com intuído de vingança ou aquelas ações realizadas com intuído de concretizar perseguições ou injustiças.

CONSUMAÇÃO E TENTATIVA: tendo em vista que a redação deste tipo é a mesma daquela do art. 146 do Código Penal, este delito deve ser classificado como crime material de modo que somente se consuma quando a vítima, coagida, realiza os comportamentos descritos nos três incisos. Trata-se de situação peculiar e decorre das lições de Nélson Hungria, segundo o qual, "*o texto legal não fala em 'constranger para', mas em 'constranger a', isto é, em forçar efetivamente à ação ou omissão*[36]"

A tentativa é admissível.

AÇÃO PENAL: Nos termos do art. 3º. dessa Lei, trata-se de crime de ação penal pública incondicionada.

Como a pena deste crime é de detenção, de 1 (um) a 4 (quatro) anos, e multa, é cabível proposta de suspensão condicional do processo (art. 89 da Lei 9.099/1995).

Causa legal de cúmulo material obrigatório: O preceito secundário deste tipo penal prevê que pena de detenção de 01 a 04 anos, e multa, sem prejuízo da pena cominada à violência. Trata-se de causa legal de cúmulo material obrigatório em que o legislador afasta as regras do

35 Anote-se que a revista pessoal está prevista no art. 244 do Código de Processo Penal como medida excepcional que independe de mandado judicial. É cabível nos casos de flagrante delito ou quando houver fundada suspeita de que a pessoa esteja na posse de arma proibida ou de objetos ou papéis que constituam corpo de delito.

36 Nesse sentido, Nélson Hungria, Comentários, cit., v. VI, p. 155.

concurso formal e estabelece que caso a violência empregada para a prática do constrangimento ilegal provoque lesões corporais, ainda que leves na vítima, ou outro delito como tentativa de homicídio, deverá o agente responder pelos dois crimes.

Art. 14. (VETADO).

Art. 15. Constranger a depor, sob ameaça de prisão, pessoa que, em razão de função, ministério, ofício ou profissão, deva guardar segredo ou resguardar sigilo:

Pena – detenção, de 1 (um) a 4 (quatro) anos, e multa.

Parágrafo único. (VETADO). (Promulgação partes vetadas)

Parágrafo único. Incorre na mesma pena quem prossegue com o interrogatório:

I – de pessoa que tenha decidido exercer o direito ao silêncio; ou

II – de pessoa que tenha optado por ser assistida por advogado ou defensor público, sem a presença de seu patrono.

BEM JURÍDICO TUTELADO: Este tipo penal tutela a administração da justiça e o sigilo profissional, que se ressente de proteção legal a fim de conferir maior confiança nessas relações profissionais. De um modo mais direto, este tipo penal protege regras que asseguram a vedação de depoimento de pessoas que devam guardar segredo, como do art. 207 do CPP, art. 53, § 5º da CF, art. 236 da Lei 75/1993, art. 355 do CPPM, art. 25 da Lei 9.474/1997, entre outras leis especiais.

SUJEITOS DOS CRIMES: Sujeito ativo são os agentes públicos que exercem o constrangimento, valendo-se da ameaça de prisão.

O sujeito passivo é o confidente necessário, ou seja, a pessoa que recebe o conteúdo do segredo em razão de função, ministério, ofício ou profissão. Também deve ser considerada vítima indireta do crime o confitente original.

CONDUTAS: Na figura do *caput* do art. 15 da Lei 13.869/2019, o núcleo verbal novamente é constranger que significa obrigar ou forçar a vítima a prestar depoimento nos casos em que ela deve resguardar ou guardar segredo sobre o que sabe.

Como meio de proteção de situações de sigilo, de regra, a proibição de determinadas pessoas deporem está prevista na legislação de forma esparsa (por ex., CPP, art. 207). Porém, a depender das peculiaridades do segmento em que essas são estabelecidas, é possível que o dever de sigilo ou de confidencialidade relações contratuais, mediante o estabelecimento de alguma cláusula de confidencialidade, como uma espécie de vínculo obrigacional privado.

Prevalece no Brasil que, nos casos em que exista o dever de sigilo, somente é possível que essas pessoas prestem depoimento se desobrigadas pela parte interessada, e caso queiram dar o seu testemunho.

Há interpretação estrangeira em sentido diverso, porém. A Corte Europeia de Direitos Humanos, nos casos Guja v. Moldávia e Heinisch v. Alemanha, decidiu que a liberdade de expressão inclui não apenas a manifestação de opiniões, mas também o direito de transmitir informações de interesse público, mesmo que protegidas por sigilo. A Corte reconheceu que, embora o dever de lealdade do empregado ao empregador seja relevante para proteger interesses comerciais e econômicos, esse dever deve ser equilibrado com o interesse público em obter informações essenciais, especialmente quando há indícios de ilícitos dentro de organizações. A decisão enfatiza que, em sistemas democráticos, é necessário um escrutínio rigoroso sobre atos governamentais e empresariais, o que pode justificar a divulgação de informações sigilosas. A Corte alinhou essa compreensão com a ideia de *whistleblowing* – a prática de incentivar indivíduos com conhecimento interno a denunciar irregularidades. O objetivo é evitar que sigilos legais ou contratuais sejam usados para encobrir crimes, garantindo que o interesse público e a proteção estatal prevaleçam. A decisão europeia guarda semelhança com o art. 13

da Convenção Interamericana de Direitos Humanos, indicando convergência nas normas internacionais sobre a proteção da liberdade de expressão e a denúncia de ilícitos.

O art. 15 da Lei 13.869/2013 é *crime de ação vinculada* vez que o tipo exige que o sujeito passivo seja pessoa que deva guardar o segredo e determina que só pode ser praticado mediante a ameaça de prisão. Caso o agente público profira outras ameaças como promessas de agressões ou outras dificuldades na vida da vítima pode ser responsabilizado pelo crime de ameaça ou constrangimento ilegal, respectivamente previstos dos arts. 147 e 146, ambos do CP.

Ausente a situação que assegura o segredo profissional como falta de conexão entre o fato e exercício profissional sob o qual encontra-se inserido o dever de sigilo, todavia, o dever de prestar o depoimento é exigível pela atuação estatal, inclusive sob pena de caracterização do crime de falso testemunho.

Observe-se que a lei pode, por vezes, excepcionar o dever de sigilo, como ocorre no caso do art. 80, 8º, da Lei de Registros Públicos que determina a indicação expressa da causa morte do paciente, informação que, em princípio estaria acobertada pelo sigilo médico.

As figuras típicas nos **incisos I e II do parágrafo único** do dispositivo em estudo não guardam nenhuma relação com a figura delitiva do *caput*, e por isso tinham, acertadamente, sido vetados. De todo modo, dispõe a norma do parágrafo único que *incorre na mesma pena quem prossegue com interrogatório:*

- *Inciso I – de pessoa que tenha decidido exercer o direito ao silêncio;*
- *Inciso II – de pessoa que tenha optado por ser assistida por advogado ou defensor público, sem a presença de seu patrono.*

Trata-se de crime praticável por agentes públicos que exerçam funções públicas que lhes permitem interrogar alguém, ou seja, podem cometer estes crimes, juízes de direito, promotores de justiça, delegados de polícia, policiais militares presidentes de procedimentos investigatórios, funcionários públicos presidentes de comissão processante em processos disciplinares, inclusive em procedimentos instaurados junto a administração indireta, etc.

Sujeito passivo é a pessoa interrogada.

Os crimes parecem conjugar-se com o disposto no art. 186 e 187 do CPP que preveem que o interrogatório será dividido em duas partes: a primeira sobre a pessoa do acusado e a segunda sobre os fatos. O crime ocorre depois de concluída a primeira etapa, mediante as informações relacionadas a qualificação do acusado, e depois de o acusado ter optado pelo direito de permanecer calado, prerrogativa informada na segunda parte. Neste momento, caso a autoridade interrogante prossiga com o ato é que ocorre o delito em ela, conclusão a que chegamos face o emprego do núcleo verbal "prosseguir", que significa dar continuidade.

Isso significa que é possível que haja instalação propriamente dita do ato processual, inclusive com a lavratura do termo de interrogatório em que serão consignadas as decisões do interrogado de permanecer em silêncio e de ser assistido por advogado. A partir desse momento, o prosseguimento do interrogatório pode configurar o crime em tela.

Existem algumas situações, contudo, que não podem ser confundidas como prosseguimento de interrogatório visto que o próprio art. 196 do CPP prevê a possibilidade de o juiz proceder a novo interrogatório do acusado de ofício. Além disso, embora controvertido, o direito ao silêncio não impede que sejam registradas em ata as perguntas pretendidas pelo Ministério Público, assistente de acusação e juiz de direito. Observe-se que neste caso, não há mais arguição dirigida ao acusado, principal nota do interrogatório. O registro dessas perguntas, inclusive pode ser considerado como medida de prestígio a ampla defesa visto que permite ao interrogado saber quais os pontos de dúvida que ele voluntariamente deixa de esclarecer ao permanecer calado. Adotando nossa posição, recentemente, o STJ decidiu que registrar perguntas não respondidas pelo réu na ata de julgamento, após este exercer seu direito ao silêncio, não viola o princípio da plenitude de defesa nem o direito constitucional ao silêncio. A decisão afirmou que o silêncio não impede que a acusação ou outras partes formulem perguntas e que o registro dessas não prejudica a defesa. O tribunal concluiu que tal prática não gera nulidade, pois não houve exploração indevida do silêncio nem prejuízo processual (STJ - AREsp: 1301961 RJ 2018/0128486-1, Rel.: Min. Rogerio Schietti Cruz, DJ 16/09/2022).

Também não pode caracterizar o crime em estudo a realização de acareação entre acusados ou entre acusado e testemunha, mesmo no caso de ter sido manifestado o direito ao silêncio, caso em que deverão ser registradas no termo do ato as reperguntas dirigidas ao acusado.

Em regra, o inciso II está em sintonia com as novas regras jurídicas estabelecidas pelo art. 7.º, XXI, da Lei 8.906/1994, cuja redação foi modificada pela Lei 13.245/2016 e que prevê que uma vez feita a opção do investigado pela assistência de um advogado, deve-lhe ser assegurado o exercício deste direito. O desrespeito a este direito enseja a nulidade do ato e agora, em razão desta nova norma penal, caracteriza crime ora em estudo.

VOLUNTARIEDADE: todas as figuras são eminentemente dolosas.

Importa destacar, para a configuração destes crimes, a imprescindibilidade da finalidade específica prevista no art. 1º, § 1º, da Lei 13.869/2019 de modo que a caracterização do abuso se ressente do dolo da autoridade pública, revestido de elemento subjetivo do injusto consistente na vontade direta de exorbitar do poder mediante decisões motivadas por capricho, maldade, com intuído de vingança ou aquelas ações realizadas com intuído de concretizar perseguições ou injustiças.

CONSUMAÇÃO E TENTATIVA: O *caput* do art. 15 tem redação semelhante a do art. 146 do Código Penal razão pela qual deve ser entendido como crime material de modo que somente se consuma quando a vítima, coagida, efetivamente presta o depoimento.

As figuras previstas no parágrafo único são crimes materiais.

A tentativa é admissível.

AÇÃO PENAL: Nos termos do art. 3º dessa Lei, trata-se de crime de ação penal pública incondicionada.

Como a pena deste crime é de detenção, de 1 (um) a 4 (quatro) anos, e multa, é cabível proposta de suspensão condicional do processo (art. 89 da Lei 9.099/1995), bem como o acordo de não persecução penal (art. 28-A do CPP, com redação dada pela Lei 13.964/2019).

VIOLÊNCIA INSTITUCIONAL

Art. 15-A. Submeter a vítima de infração penal ou a testemunha de crimes violentos a procedimentos desnecessários, repetitivos ou invasivos, que a leve a reviver, sem estrita necessidade:

I - a situação de violência; ou

II - outras situações potencialmente geradoras de sofrimento ou estigmatização:

Pena - detenção, de 3 (três) meses a 1 (um) ano, e multa.

§ 1º Se o agente público permitir que terceiro intimide a vítima de crimes violentos, gerando indevida revitimização, aplica-se a pena aumentada de 2/3 (dois terços).

§ 2º Se o agente público intimidar a vítima de crimes violentos, gerando indevida revitimização, aplica-se a pena em dobro.

INTRODUÇÃO

Trata-se de novo crime inserido pela Lei 14.321/2022, publicada no dia 01 de abril de 2022, sob o *nomem iuris* de **Violência Institucional**. A nova lei se conjuga à lei 14.245/2021, conhecida como Lei Mariana Ferrer, de maneira a promover a responsabilidade penal das autoridades que desrespeitarem a dignidade de pessoas que participam de procedimentos oficiais.

A violência institucional deve mesmo ser arrostada por ser fonte de produção da chamada **vitimização secundária**, também chamada de revitimização, entendida como aquela provocada pelos agentes do Estado ou, segundo uma concepção mais ampla, pela própria sociedade, pela forma como se culpabiliza a vítima. Compreende "o sofrimento das vítimas e testemunhas causado pelas instituições encarregadas de fazer justiça: policiais, juízes, peritos, criminólogos, funcionários de instituições penitenciárias etc."[37]

O novo tipo penal busca assim, ainda que parcialmente, preencher uma lacuna penal no ordenamento jurídico brasileiro e busca evitar que os agentes estatais, no desempenho de suas funções, desprotejam vítimas e testemunhas mediante uma atuação desnecessariamente ofensiva.

BEM JURÍDICO TUTELADO

A norma protege a incolumidade psíquica, além do respeito à intimidade e vida privada das vítimas e testemunhas.

SUJEITOS DO CRIME

O sujeito ativo do crime é qualquer autoridade pública que atua em procedimentos administrativos ou judiciais voltados ao atendimento de vítimas de infrações penais ou oitiva de testemunhas de crimes violentos, tais como conselheiros tutelares, assistentes sociais, membros de comissão processante, policiais militares ou civis ou penais, promotores de justiça, juízes de direito, defensores públicos, defensores dativos[38], peritos e etc.

Neste ponto, cabe a crítica ao novo tipo penal, porque deixou de fora de seu raio de incriminação o advogado particular que, valendo-se do aparelho institucional, promove atos de indevida revitimização. Neste caso, resta remotamente possível a responsabilidade do causídico pelo crime contra a honra, se ultrapassados os limites da imunidade judicial, ou crime de violência psicológica (CP, art. 147-B – aplicável somente nos casos em que a vítima seja mulher), ou a sua responsabilidade disciplinar por infração ao art. 34, XXV, do Estatuto da Advocacia.

O sujeito passivo são vítimas de infrações penais e a testemunha de crimes violentos que são revitimizados.

Para os fins pretendidos para este tipo penal, o conceito de vítima deve ser restrito à pessoa que foi diretamente atingida pela ação deliquencial original. Isso porque somente essa pessoa pode *reviver* a situação de violência ou ser *revitimizada* pela atuação abusiva das autoridades.

O tipo penal fala em vítimas de infração penal, o que abrange contravenções penais ou crimes em geral, praticados com ou sem violência. São alcançados também as vítimas vulneráveis como crianças, adolescentes, idosos e deficientes físicos, ainda que tenham reduzido discernimento acerca da revitimização contra elas produzidas. Não é possível, por óbvio, que as pessoas jurídicas sejam vítimas deste crime ante a impossibilidade de serem alcançadas pela vitimização secundária.

Também podem ser sujeitos passivos do crime as testemunhas, entendidas como quaisquer pessoas, inclusive inimputáveis, que compareçam perante a autoridade com o intuito de prestar informações acerca da ocorrência de um delito. Deve-se observar que a lei somente protege testemunhas de crimes violentos, razão pela qual, testemunhas que prestem informações sobre contravenções penais ou crimes sem violência não são sujeitos passivos desta infração. Apesar de incomum, é possível que uma testemunha sofra uma violência institucional, como

---

37 BERISTAIN, Antonio. Nova criminologia à luz do direito penal e da vitimologia. Brasília: UNB, 2000. p. 105.

38 STJ. RHC 33.133/SC, Rel. Min. Jorge Mussi, 5ª T., j. em 21/05/2013, DJe 05/06/2013.

acontece no caso de ter presenciado um crime violento contra um ente querido e, mediante procedimentos ilícitos, é obrigada a depor repetidas vezes sobre o ato.

Embora a vitimização secundária seja mais comumente praticada em face da vítima e testemunha mulher, o tipo penal não faz essa distinção, razão pela qual podem ser vítimas tanto homens quanto mulheres.

CONDUTAS

Na figura do *caput*, comete o crime em estudo o agente que submete, ou seja, que sujeita ou impõe a vítima de infração penal ou a testemunha de crimes violentos atos de revitimização. Trata-se de crime de ação livre que pode ser praticado por qualquer meio, mediante palavras, gestos ou sinais, proferidos em meio a atos oficiais relacionados a apuração do crime, como audiências, atendimentos diretos, colheita de depoimentos, sessões de julgamentos etc.

Os atos de vitimização secundária foram definidos nos incisos I e II do art. 15-A da Lei e consistem no reavivamento da situação de violência ou outras situações potencialmente geradoras de sofrimento ou estigmatização.

Mas a conduta só tem desvalor penal se o reavivamento da situação de violência ou geradora de sofrimento for decorrente de um procedimento desnecessário, repetitivo ou invasivo, isto é, contrários as disposições legais que regulam a atuação dos agentes públicos que estejam prestando atendimento às vítimas e testemunhas mencionadas na norma, notadamente aquelas que instituem a chamada escuta especializada e do depoimento sem danos (Lei 13.431/2017). Neste sentido, explica o professor Vladimir Aras, "*Para todas essas vítimas de infrações praticadas mediante violência física ou psíquica, a polícia, o Ministério Público e o juízo criminal deverão adotar rigorosamente os protocolos de depoimento sem dano, agora penalmente tutelados. Devem também evitar atos de instrução desnecessários ou repetitivos que possam causar revitimização. Devem também tais autoridades e a polícia científica, responsável pelas perícias notadamente em crimes sexuais, evitar que os atos probatórios e os atos de instrução da investigação ou da ação penal sejam desnecessariamente invasivos, no tocante à intimidade, à vida privada e tratamento dos dados pessoais das vítimas*[39]".

Ganha relevo também aqui a proibição construída pelo STF por ocasião do Julgamento da ADPF 1.107-DF que decidiu que "A fim de impedir a vitimização secundária, considera-se inconstitucional a prática de desqualificar a mulher vítima de crimes de violência durante a instrução processual e o julgamento dos respectivos réus" (STF – Plenário. ADPF 1.107-DF. Relator: Cármen Lúcia. J.: 23/05/2024).

Mas só haverá crime se, além do procedimento adotado ter sido desnecessário, repetitivo ou invasivo, o ato for considerado desnecessário para a colheita da informação, sentido que se extrai do último **elemento normativo do tipo** "sem estrita necessidade".

O sentido desses elementos normativos do tipo é inicialmente explicado Cícero Coimbra, segundo o qual, procedimento "'*Desnecessário' é aquele despiciendo, desnecessário, ou seja, que não terá utilidade para o fim a que se presta a investigação ou o processo. 'Repetitivo' é aquele adotado mais de uma ou várias vezes na persecução. 'Invasivo' é aquele que agride a intimidade da pessoa, que não respeita sua privacidade*[40]".

Por isso, que não devem ser alcançados pelo crime a pura e simples inquirição de vítimas de infração penal ou de testemunhas de crimes violentos, ainda que as façam reviver a situação de violência, quando imprescindivelmente relacionados aos fatos objeto da apuração oficial. É

---

39 ARAS, Vladimir. A proteção das vítimas contra a violência institucional. In: https://www.conjur.com.br/2022-abr-02/vladimir-aras-protecao-vitimas-violencia-institucional. Acesso em 03/04/2022.

40 COIMBRA, Cícero. Crime militar extravagante de violência institucional. In: https://blog.grancursosonline.com.br/crime-militar-extravagante-de-violencia-institucional/. Acesso em 02/04/2022.

legítima assim, na linha do que foi definido pela Lei 14.245/2021, a atuação funcional estritamente relacionada ao fato probando, colhido mediante utilização de linguagem, de informação ou de material que preservem a dignidade da vítima e das testemunhas.

Cabe ressaltar que mantida a pertinência finalística, a atuação funcional voltada a elucidação do crime, ainda que relativamente contrária a vontade da vítima e da testemunha, não podem ser consideradas ilícitas. Isso porque, não raro, vítimas e testemunhas, ao longo do processo e do tempo, pelos mais variados motivos, podem perder interesse na elucidação do fato, o que não deve ser abonado pelos agentes estatais, movidos que são pela indisponibilidade do interesse público na elucidação dos crimes em geral.

Por isso que não podem ser considerados como violência institucional atos voltados a elucidação do fato, ainda que enfáticos, como o confronto respeitoso dos depoimentos prestados por vítimas e testemunhas com outros depoimentos ou provas dos autos, advertência sobre cometimento de crime de falso testemunho, acareações com outros depoentes, condução coercitiva de vítimas e testemunhas faltantes que intimadas deixarem, injustificadamente, de comparecer a determinados atos etc.

No contexto da violência doméstica, por exemplo, o recuo da vítima no desejo de responsabilização penal do agressor é conhecido como um sintoma do chamado ciclo de violência desta espécie de crime, fruto da intimidação permanente do agressor e da afetividade das relações familiares. É por isso a Lei de Violência Doméstica prevê que esses depoimentos devem ser colhidos mediante procedimentos especiais de escuta, como acima já explicado. De todo modo, observados esses pressupostos, há quem sustente que "Deve ser respeitada a vontade da vítima de não se expressar durante seu depoimento em juízo, após devidamente informada dos seus direitos", como prevê o Enunciado n.º 50 do FONAVID.

Mas de um modo geral, isso significa que somente haverá o crime se a atuação dos agentes estatais se mostrar desnecessária e, a pretexto de colher informações sobre um fato ou realizar algum ato, submeter vítimas e testemunhas à ofensas psíquicas mediante questionamentos ou atos irrelevantes, impertinentes, protelatórios e excessivos em relação ao *thema probandum* do caso. É no campo da inutilidade funcional e processual que é possível dar sentido adequado ao elemento normativo do tipo. Assim, por exemplo, são aptas a caracterizar o crime em estudo perguntas impregnadas de concepções machistas ou relatórios ou peças escritas calcadas em opiniões ofensivas ou preconceituosas em face da vítima ou da testemunha, porque extravasam a finalidade reconstrutiva do fato em apuração.

Tendo em vista o uso de termos e expressões demasiadamente abstratas, a Associação Nacional do Ministério Público-Conamp ajuizou no Supremo Tribunal Federal uma ação de inconstitucionalidade contra a Lei 14.321/2021 que tipificar o crime de "violência institucional". Na Adi n.º 7.201, pendente de análise ainda, além da violação a taxatividade penal, alega-se que a norma traz insegurança jurídica para a apuração de fatos e mitiga a independência funcional do Ministério Público que passa a ter sua atuação subordinada ao entendimento externo do que vem a ser necessário ou repetitivo para a investigação de um caso.

FIGURA MAJORADA DO § 1º

A figura do parágrafo primeiro difere do *caput*, porque a conduta do agente público é essencialmente omissiva. Aqui, o agente público permite que terceiro intimide a vítima de crimes violentos, de modo a lhe produzir a revitimização. O desvalor da conduta incriminada parte da ideia de que cabe a autoridade pública fazer uma gestão do atendimento prestado à vítima de modo a obstar condutas do *extraneus* voltadas ao desrespeito revitimizante.

De certo modo, é o que foi apontado pela Corte Interamericana de Direito Humanos no caso ***Márcia Barbosa de Souza e Outros vs. Brasil***, julgado em 2021, em que restou assentada a revitimização da vítima em razão das impertinentes e desrespeitosas inquirições e juntada de documentos sobre a conduta social, a personalidade e a sexualidade de Márcia Barbosa, que indicavam a realização de uma investigação sobre a vítima, seu comportamento, sua reputação, com o objetivo de afetar sua imagem. Conforme restou decidido: "Portanto, o Estado não adotou medidas dirigidas a garantir a igualdade material no direito de acesso à justiça em relação a casos de violência contra as mulheres, em prejuízo dos familiares de Márcia Barbosa de Souza. Esta situação implica que, no presente caso, não foi garantido o direito de acesso à justiça sem discriminação, assim como o direito à igualdade[41]".

No âmbito do processo penal, como recentemente esclarecido pela Lei 14.245/2021, cabe ao juiz garantir e zelar pela integridade física e psicológica da vítima, o que pode ser feito mediante sua pronta intervenção no ato, além da determinação de "riscamento" das expressões escritas e da requisição da força pública para a manutenção da ordem (CPP, 251 e 794). A gestão da relevância, pertinência ou utilidade das provas, prevista no art. 400, § 1º, e art. 411, § 2º, do CPP, e da pertinência das perguntas feitas em audiência, prevista no art. 212 e 213 do CPP, são normas que ganham relevo neste contexto porque investem o magistrado no dever de velar produção de provas úteis ao desfecho do caso[42].

Trazendo, inclusive, um recente julgado do Supremo Tribunal Federal sobre a matéria, lembra Renato Brasileiro, "*Com base nesse raciocínio, a 1ª Turma do STF considerou válido o indeferimento da oitiva das vítimas sobreviventes do incêndio ocorrido na boate "kiss" em Santa Maria/RS. A produção dessa prova acarretaria não apenas a necessidade de mais de 954 horas de audiência para a tomada de declarações das 638 vítimas, mas também uma nova exposição delas ao cenário traumático em que os fatos teriam se desenvolvido e a repetição de relatos que em nada contribuiriam para o esclarecimento dos fatos (STF, 1ª Turma, HC 131.158/RS, Rel. Min. Edson Fachin, j. 26/04/2016)*". E continua o doutrinador: "*Esse poder de polícia exercido pelo magistrado durante todo o curso do procedimento visa evitar a adoção de práticas desleais e abusivas que possam causar um indevido retardamento da prestação jurisdicional. Funciona, pois, como corolário lógico do princípio do impulso oficial, cabendo ao juiz velar pela observância da marcha procedimental, em fiel observância à garantia da razoável duração do processo. Segundo o art. 251 do CPP, ao juiz incumbirá prover à regularidade do processo e manter a ordem no curso dos respectivos atos, podendo, para tal fim, requisitar a força pública*[43]".

Observe-se que não é qualquer agente público que pode ser colhido por esta majorante vez que nem todos aqueles que presenciam um ato de intimidação à vítima tem competência administrativa para obstar o ato, o que deve ser analisado a partir das suas atribuições legais.

Anote-se, ainda, que essa figura somente alcança os atos intimidatórios praticados em face de vítimas de crimes violentos, ficando de fora as testemunhas de crimes violentos, sujeitos passivos apenas da figura do *caput*.

---

41 Corte Interamericana de Direitos Humanos. Caso Barbosa de Souza e outros vs. Brasil. https://www.corteidh.or.cr/docs/casos/articulos/seriec_435_por.pdf. Acesso em 03/04/2022.

42 Cabe aqui, ainda que de passagem, citar as precisas lições de Douglar Fisher e Eugênio Pacelli sobre o indeferimento de provas consideradas irrelevante, impertinentes e protelatório e sua compatibilidade com o exercício da ampla defesa dos acusados em geral: "Em verdade, a ampla defesa não pode ser confundida com a possibilidade de a defesa querer realizar todo e qualquer ato processual que pretenda, mesmo que sem qualquer utilidade prática. Ampla defesa não é o que a defesa quer, mas o que pode fazer à luz da concretização de todos os princípios constitucionais no processo penal. Portanto, não está em jogo apenas a ampla defesa, mas também o devido processo legal (que é devido processo para ambas as partes), em que um dos princípios reguladores também é a celeridade processual. Com efeito, há muito dizemos, e aqui reiteramos, ampla defesa não se confunde com abuso (atos) de defesa. Noutra oportunidade (FISCHER, Douglas. O princípio da ampla defesa e as condutas com intuito meramente protelatório no procedimento processual penal, RT, n. 761, março/99, p. 509-512), já assentamos que o juiz não deve ser um espectador da vontade das partes, impassível diante de fatos que dificultem a aplicação da Lei penal" (PACELLI, Eugênio. FISCHER, Douglas. Comentários ao Código de Processo Penal e sua Jurisprudência. 13. ed. São Paulo: Atlas, 2021, p. 1836/1837).

43 LIMA, Renato Brasileiro de. Manual de processo penal: volume único. 8ª. ed. Salvador: Ed. Juspodivm, 2020, p. 1429.

Por fim, cabe uma consideração de ordem crítica. Para nós, referida majorante é desproporcional, porque pune com pena mais grave o agente público que apenas indiretamente dá causa à revitimização da vítima. Para além da incoerência protetiva da norma, que não incrimina o comportamento do *extraneus* que intimida a vítima e a revitimiza, a técnica legislativa é questionável, porque, usualmente, as figuras delitivas omissivas têm a mesma pena da figura delitiva principal, afinal, soa ilógico punir a participação por omissão com pena mais grave do que a conduta daquele que mediante ação atinge o mesmo bem jurídico. A partir dessa comparação relacional verifica-se que a norma adota de uma escala sancionatória injustificada, que fere os princípios da proporcionalidade e isonomia.

FIGURA QUALIFICADA DO § 2º

A figura qualificada do § 2º do art. 15-A da Lei 13.869/2019 visa punir com maior rigor (pena em dobro) o agente público que intimida, ou seja, constrange, amedronta ou apavora a vítima de crimes violentos de modo a gerar uma indevida revitimização.

Portanto, a diferença para a figura do *caput* é que, aqui, o agente público age de maneira mais intensa, mais hostil, muitas vezes se valendo de sua autoridade pública para exigir que a vítima lhe preste alguma informação, prometendo-lhe algum tipo de sancionamento.

Observe, todavia, que a norma fala em *indevida revitimização*, o que afasta a tipificação de atos funcionais estritamente voltados a elucidação do crime violento como a pura e simples inquirição de vítimas realmente relacionados aos fatos objeto da apuração oficial, ainda que as façam reviver a situação de violência.

VOLUNTARIEDADE

O crime é doloso, inexistindo figura culposa.

Importa destacar a imprescindibilidade da finalidade específica prevista no art. 1º, § 1º, da Lei 13.869/2019 de modo que a caracterização do abuso se ressente do dolo da autoridade pública, revestido de elemento subjetivo do injusto consistente na vontade direta de exorbitar do poder mediante decisões motivadas por capricho, maldade, com intuído de vingança ou aquelas ações realizadas com intuído de concretizar perseguições ou injustiças.

CONSUMAÇÃO E TENTATIVA

Trata-se de crime material porque a consumação depende do reavivamento da situação de violência ou das outras situações potencialmente geradoras de sofrimento ou estigmatização.

A tentativa é admissível principalmente quando o ato é praticado na forma escrita.

AÇÃO PENAL

Nos termos do art. 3º dessa Lei, trata-se de crime de ação penal pública incondicionada.

O crime é apenado com detenção, de 3 (três) meses a 1 (um) anos, e multa, na modalidade básica. Nas figuras dos §§, a pena, quando muito, alcança o patamar de 6 (seis) meses a 2 (dois) anos.

Como se vê, em qualquer das suas modalidades, este crime é infração penal de menor potencial ofensivo e admite todas as medidas despenalizadoras da Lei 9.099/1995.

Art. 16. (VETADO). (Promulgação partes vetadas)

Art. 16. Deixar de identificar-se ou identificar-se falsamente ao preso por ocasião de sua captura ou quando deva fazê-lo durante sua detenção ou prisão:

Pena – detenção, de 6 (seis) meses a 2 (dois) anos, e multa.

Parágrafo único. Incorre na mesma pena quem, como responsável por interrogatório em sede de procedimento investigatório de infração penal, deixa de identificar-se ao preso ou atribui a si mesmo falsa identidade, cargo ou função.

BEM JURÍDICO TUTELADO: Protege-se a garantia de que sejam identificados ao preso os responsáveis por sua prisão (art. 5.º, LXIV, da CF). Dispositivo semelhante é encontrado na Convenção Americana sobre Direitos Humanos (art. 7º, § 4º).

SUJEITOS DOS CRIMES: é sujeito ativo deste crime o agente público que executa a captura do preso. O sujeito passivo é o preso capturado cuja informação lhe foi sonegada.

Na figura do parágrafo único, o sujeito ativo é apena a autoridade responsável por interrogatório em sede de procedimento investigatório de infração penal, ou seja, autoridades policiais e membros do Ministério Público. Anote-se que não nos parece possível que o juiz da custódia seja sujeito ativo deste delito vez que este ato não tem natureza propriamente de interrogatório.

Em ambas figuras típicas, o sujeito passivo do crime é somente o preso, vez que a dicção constitucional determina ser direito do preso a identificação dos responsáveis pelo seu interrogatório policial, o que foi observado na redação do parágrafo único do art. 16 ora em análise.

CONDUTAS: Este crime busca incrementar o dever já existente na legislação que as autoridades públicas possuem de se identificarem por ocasião da prisão de alguém, seja em razão de flagrante delito, seja decorrente de cumprimento de um mandado de prisão. A obrigação de constar a identificação das autoridades responsáveis pela prisão de alguém estão previstas, no plano legal, nos arts. 285, 289 e 291, todos do CPP. Sintetiza Renato Brasileiro: "*Em outras palavras, enquanto nos casos de prisão em flagrante é a nota de culpa que funciona como o instrumento que materializa o direito do preso à identificação dos responsáveis por sua prisão, em se tratando de prisão preventiva e/ou temporária, esse direito é concretizado por meio da cópia do mandado de prisão, que deve ser entregue ao preso.*[44]". Por isso esta é uma típica **infração de dever legal.**

O objetivo do legislador é inibir prisões abusivas e permitir que aquele que injustamente é detido possa apurar a responsabilidade penal dos mandantes da prisão.

Com o mesmo objetivo vige o dever de as autoridades identificarem-se no momento do interrogatório policial, obrigação que se descumprida enseja a caracterização do crime previsto no parágrafo único do art. 16 da Lei 13.869/2019. Embora este também seja um dever das autoridades judiciárias, devido a restrição deliberada do tipo penal do dispositivo citado, a omissão do ato por ocasião dos interrogatórios judiciais será fato atípico.

Observe-se tratar-se de crime omissivo visto que o núcleo verbal é deixar de identificar-se que significar omitir a identidade.

Segundo prevê o parágrafo único do art. 16, o tipo penal também pode ser praticado mediante a identificação falsa do agente público, situação em que o crime passa a ser comissivo. Trata-se de criminalização da mentira do agente que falseia sua identificação e frustra a finalidade da norma jurídica inserida no art. 5º, LXIV, da CF. Como anotam Rogério Sanches e Rogério Greco "*Muitos vão concluir que essa forma especial do crime (falsa identidade, envolvendo cargo ou função) não é punida no caput. Ousamos discordar. A identidade no tipo em exame, mesmo no caput, abrange o conjunto de características peculiares e funcionais do agente, que permite reconhecê-lo e individualizá-lo no âmbito da Administração. Obviamente abrange, mesmo no silêncio do legislador, cargo ou função*[45]".

44 DE LIMA, Renato Brasileiro. Manual de Processo Penal: Volume Único. 5ª ed. Salvador: Juspodivm. 2017. p. 918.

45 CUNHA, Rogério Sanches. GRECO, Rogério. Abuso de autoridade: Lei 13.869/2019: comentada artigo por artigo. Salvador: Editora JusPodivm, 2020, p. 154.

VOLUNTARIEDADE: todas as figuras são eminentemente dolosas. Importa destacar, para a configuração destes crimes, a imprescindibilidade da finalidade específica prevista no art. 1º, § 1º, da Lei 13.869/2019 de modo que a caracterização do abuso se ressente do dolo da autoridade pública, revestido de elemento subjetivo do injusto consistente na vontade direta de exorbitar do poder mediante decisões motivadas por capricho, maldade, com intuído de vingança ou aquelas ações realizadas com intuído de concretizar perseguições ou injustiças.

CONSUMAÇÃO E TENTATIVA: Quanto aos núcleos verbais omissivos – deixar de identificar-se-, os crimes são de mera conduta e por isso não admitem tentativa.

AÇÃO PENAL: Nos termos do art. 3º. dessa Lei, trata-se de crime de ação penal pública incondicionada.

O crime é apenado com detenção, de 6 (seis) meses a 2 (dois) anos, e multa, razão pela qual é infração penal de menor potencial ofensivo e admite todas as medidas despenalizadoras da Lei 9.099/1995.

Art. 17. (VETADO).

Art. 18. Submeter o preso a interrogatório policial durante o período de repouso noturno, salvo se capturado em flagrante delito ou se ele, devidamente assistido, consentir em prestar declarações:

Pena – detenção, de 6 (seis) meses a 2 (dois) anos, e multa.

BEM JURÍDICO TUTELADO: A norma parece proteger a qualidade da manifestação do interrogado que deve participar do ato livre de constrangimentos que podem comprometer as suas declarações.

SUJEITOS DOS CRIMES: O sujeito ativo deste crime é a autoridade policial, agente público investido na competência para realizar o interrogatório policial.

Sujeito passivo é o preso entendido como aquele que teve contra si executado um mandado de prisão. O preso em flagrante delito, em razão da própria exceção contida no tipo, pode ser interrogado durante o repouso noturno.

CONDUTAS: O núcleo verbal é submeter (obrigar, sujeitar) o preso, mas somente aquele que teve mandado de prisão cumprido, a interrogatório policial, durante o repouso noturno. O tipo penal expressamente ressalva a caracterização deste crime nos casos de prisão em flagrante delito e nos casos em que o preso, devidamente assistido, consentir em prestar declarações.

O objetivo do legislador parece ter sido o de impedir que o preso seja ouvido às pressas pela autoridade policial, especialmente no período do repouso noturno, de modo a comprometer a qualidade das suas declarações.

A expressão *período de repouso noturno* é o **elemento normativo do tipo**, que estabelece um marco temporal em que o interrogatório policial não pode ser realizado. Trata-se de locução semelhante àquela prevista no art. 155, § 1º, do Código Penal, mas que dada a completa falta de essencialidade com este dispositivo não deve servir de parâmetro hermenêutico. Com efeito, o *repouso noturno* referido no crime de furto refere-se ao período de descanso da população em que, devido a redução do estado de alerta geral, a conduta torna-se merecedora de maior reprovabilidade. O sentido mais adequado desta expressão é o do art. 34, § 1º, do Código Penal que estabelece o período de isolamento a que fica sujeito o condenado à regime fechado, naquilo que se convencionou chamar de *período de silêncio* tendo em vista caracterizar-se como lapso de descanso geral dos detentos, consuetudinariamente compreendido entre 22 h e 6 h. Lamentável a locução aberta empregada pela Lei neste ponto que, curiosamente, estabeleceu em outra norma um período de tempo em que atos persecutórios são proibidos e que poderia, ante os mesmos objetivos protetivos, ter sido usado neste tipo penal. Referimo-nos ao inciso III do art. 22 da Lei que estabelece que não é possível cumprir mandado de busca apreensão domiciliar antes de 05 horas e depois de 21 horas. De todo modo, a norma segue com uma imprecisão indesejada, sobretudo se considerarmos que as repartições e unidades policiais funcionam em regime de plantão e, portanto, possuem uma força de trabalho capaz de realizar estes atos mesmo à noite, sem maiores transtornos administrativos.

Não configura o delito em estudo submeter o preso em flagrante delito a interrogatório policial durante o repouso noturno. Trata-se de disposição que deve ser conjugada ao art. 6º, IV, c.c. art. 304 do CPP. Também resta afastada a tipicidade da conduta no caso o preso consentir, mesmo no período noturno, a prestar as declarações e submeter-se a interrogatório policial.

VOLUNTARIEDADE: todas as figuras são eminentemente dolosas. Importa destacar, para a configuração destes crimes, a imprescindibilidade da finalidade específica prevista no art. 1º, § 1º, da Lei 13.869/2019 de modo que a caracterização do abuso se ressente do dolo da autoridade pública, revestido de elemento subjetivo do injusto consistente na vontade direta de exorbitar do poder mediante decisões motivadas por capricho, maldade, com intuído de vingança ou aquelas ações realizadas com intuído de concretizar perseguições ou injustiças.

CONSUMAÇÃO E TENTATIVA: Trata-se de crime material porque a consumação depende da indevida realização do interrogatório policial no período noturno. A tentativa é admissível como no caso em que depois de iniciado, o ato precisa ser interrompido devido a queda de energia elétrica na repartição policial.

AÇÃO PENAL: Nos termos do art. 3º. dessa Lei, trata-se de crime de ação penal pública incondicionada.

O crime é apenado com detenção, de 6 (seis) meses a 2 (dois) anos, e multa, razão pela qual é infração penal de menor potencial ofensivo e admite todas as medidas despenalizadoras da Lei 9.099/1995.

Art. 19. Impedir ou retardar, injustificadamente, o envio de pleito de preso à autoridade judiciária competente para a apreciação da legalidade de sua prisão ou das circunstâncias de sua custódia:

Pena – detenção, de 1 (um) a 4 (quatro) anos, e multa.

Parágrafo único. Incorre na mesma pena o magistrado que, ciente do impedimento ou da demora, deixa de tomar as providências tendentes a saná-lo ou, não sendo competente para decidir sobre a prisão, deixa de enviar o pedido à autoridade judiciária que o seja.

BEM JURÍDICO TUTELADO: o tipo protege, de forma direta, o direito de comunicação entre preso e autoridade judiciária, contido por exemplo, no art. 41, XIV, da LEP e, de forma reflexa, o direito à liberdade, assegurados pelas garantias dos incisos LXV (a prisão ilegal será imediatamente relaxada pela autoridade judiciária) e LXVI (ninguém será levado à prisão ou nela mantido, quando a lei admitir a liberdade provisória, com ou sem fiança), ambos do art. 5º da Constituição Federal. Em certa medida também é tutelado o direito de petição, constitucionalmente previsto (art. 5º, XXXIV).

SUJEITOS DOS CRIMES: é sujeito ativo deste delito qualquer agente público que impeça ou retarde que os pleitos do preso sejam enviados ao juiz de direito capaz de apreciar sua segregação. O dever de promover e/ou não impedir que esses pedidos sejam levados ao conhecimento da autoridade judiciária é inerente àqueles que lidam com a custódia do preso. Por isso esta é uma típica **infração de dever legal**. Não são, todavia, todos os servidores públicos que devam agir para levar ao juiz essas comunicações. Funcionários que exerçam atividades laborais desvinculadas à atividade prisional propriamente dita não podem ser compelidos a dar andamento aos pleitos de presos dirigidos a magistrados que lhe são entregues, notadamente nos casos em que inexista dever legal para tanto ou porque essa não é uma atribuição funcional dele.

No parágrafo único eleva-se à condição de sujeito ativo deste crime a figura do magistrado que toma ciência do obstáculo criado para a autoridade judiciária conhecer do pleito.

Sujeito passivo é o preso, seja em razão de flagrante delito, de cumprimento de mandado judicial criminal ou cível.

CONDUTAS: Trata-se de mais uma figura criminosa criada pela Lei 13.689/2019 que busca tutelar, ainda que de forma reflexa, o direito à liberdade do preso. O comportamento criminoso aqui consiste em obstaculizar o acesso do preso à autoridade judiciária de modo a impedir ou retardar que seu pleito liberatório chegue ao conhecimento desta autoridade, o que pode frustrar as garantias constitucionais previstas no art. 5º, incisos LXV e LXVI, da CF.

Primeiro aspecto que deve ser analisado se o pleito do preso deve ser compreendido como um pedido de *Habeas Corpus* que, como se sabe, em nome do interesse na tutela da liberdade individual, pode ser impetrado diretamente pelo paciente ou por qualquer pessoa e sem maiores formalidades. Não nos parece que a locução aqui signifique apenas a postulação desse tipo de ação constitucional, devendo o pleito ser entendido como qualquer tipo de comunicação que tenha como objeto a apreciação da legalidade da prisão ou das circunstâncias da custódia do preso.

O pleito, que se constitui no objeto material deste delito, deve conter a identificação do preso e ser, necessariamente, escrito. Postulações e requerimentos verbais devem ser descartados para a caracterização desta infração porque, além de absoluta falta de viabilidade probatória, são insuscetíveis de serem apreendidas e de terem o trânsito obstados pelo sujeito ativo da infração. Além disso, o tipo penal fala em *envio do pleito* de modo a indicar postulação materializada e suscetível de ser postada ou remetida. O tipo penal se restringe a erigir à crime os pleitos que digam respeito a legalidade da prisão ou circunstâncias da custódia de modo que outros tipos de postulações como superlotação da cela, qualidade das refeições, etc não são capazes de caracterizar o delito em tela.

A semelhança entre os núcleos verbais do *caput* indica tratar-se de tipo misto alternativo de modo que o agente público que retarda e depois impede o envio do pleito do preso ao juiz de direito comete uma única infração.

A *caput* ainda possui um **elemento normativo do tipo**, qual seja, "injustificadamente", que permite que em determinadas situações é possível que o pleito do preso seja retardado ou impedido de ser enviado à autoridade judiciária, como por exemplo, no caso de não conter postulação e identificação legíveis.

Na figura do parágrafo único, o crime possui algumas peculiaridades, mas ideia principal de obstaculizar a remessa do pleito do preso à autoridade judiciária competente é mantida. Há dois modos de praticar o crime neste dispositivo, sempre praticados por magistrados. Na primeira, o magistrado que toma ciência da conduta impeditiva ou de retardamento praticada por outro agente e, inadvertidamente, deixa de tomar as providências a saná-lo, o que parece situar o crime no âmbito dos cartórios ou secretarias judiciais, locais em que o juiz têm a função de supervisão e controle administrativos. O dispositivo também erige à crime a conduta do magistrado que não sendo o competente para decidir sobre a prisão, deixa de enviar o pleito à autoridade judiciária que o seja, disposição que parece ser inspirada no art. 649 do CPP que prevê que "*o juiz ou o tribunal, dentro dos limites da sua jurisdição, fará passar imediatamente a ordem impetrada, nos casos em que tenha cabimento, seja qual for a autoridade coatora*". Trata-se de ato de ofício que corrige o endereçamento do pleito que, por erro, tenha sido distribuído para a autoridade incompetente. Ambas as figuras são omissivas e de certo modo se fundamentam na reprovável infidelidade aos deveres de ofício do juiz de exercer poderes anômalos de fiscalização sobre a secretaria judicial e comunicação que, de uma maneira geral, atingem o direito de comunicação entre o preso e a autoridade judiciária.

VOLUNTARIEDADE: todas as figuras são eminentemente dolosas. Importa destacar, para a configuração destes crimes, a imprescindibilidade da finalidade específica prevista no art. 1º, § 1º, da Lei 13.869/2019 de modo que a caracterização do abuso se ressente do dolo da autoridade pública, revestido de elemento subjetivo do injusto consistente na vontade direta de exorbitar do poder mediante decisões motivadas por capricho, maldade, com intuído de vingança ou aquelas ações realizadas com intuído de concretizar perseguições ou injustiças.

CONSUMAÇÃO E TENTATIVA: A única modalidade comissiva deste tipo penal é a realizada pelo verbo impedir, em que o agente age de modo a atravancar ou bloquear o envio do pleito, razão pela qual admite a modalidade tentada. Ex. depois que o preso entrega o pleito liberatório endereçado a determinado juiz para um determinado carcereiro, o escrivão judicial o subtrai da secretaria, levando-o para sua residência. Posteriormente, durante um churrasco de confraternização realizado naquele mesmo local, o juiz localiza o bilhete e o toma para si, levando-o de volta ao fórum para a devida apreciação.

Todas as demais modalidades são praticadas por omissão e por isso mesmo são crimes de mera conduta e não admitem tentativa. Além disso, enquanto o envio do pleito ou enquanto o magistrado na toma as providências para sanar a obstaculização do pleito, estarão sendo lesados os interesses do preso, razão pela qual, nestes casos, os crimes devem ser classificados como permanentes.

AÇÃO PENAL: Nos termos do art. 3º. dessa Lei, trata-se de crime de ação penal pública incondicionada.

Como a pena deste crime é de detenção, de 1 (um) a 4 (quatro) anos, e multa, é cabível proposta de suspensão condicional do processo (art. 89 da Lei 9.099/1995), bem como o acordo de não persecução penal (art. 28-A do CPP, com redação dada pela Lei 13.964/2019).

Art. 20. (VETADO). (Promulgação partes vetadas)

Art. 20. Impedir, sem justa causa, a entrevista pessoal e reservada do preso com seu advogado:

Pena – detenção, de 6 (seis) meses a 2 (dois) anos, e multa.

Parágrafo único. Incorre na mesma pena quem impede o preso, o réu solto ou o investigado de entrevistar-se pessoal e reservadamente com seu advogado ou defensor, por prazo razoável, antes de audiência judicial, e de sentar-se ao seu lado e com ele comunicar-se durante a audiência, salvo no curso de interrogatório ou no caso de audiência realizada por videoconferência.

BEM JURÍDICO TUTELADO: A norma penal tutela o direito à entrevista reservada, entendida como conversação fechada aos outros sujeitos do processo, encetada apenas entre acusado e seu(s) advogado(s), a fim de estabelecerem uma estratégia de defesa adequada em meio a um processo eventual, prevista em várias disposições legais, como o § 5º do art. 185 do CPP, art. 41, IX, Lei n. 7.210/84 (LEP), art. 8º, 2, letra "D" da Convenção Americana de Direitos Humanos (Pacto de São José da Costa Rica), art. 7º, III, do EOAB e art. 124, III, do ECA.

A entrevista reservada é uma concretização da cláusula constitucional que assegura a plenitude de defesa, com os meios e recursos a ela inerentes (CF, art. 5º, LV).

SUJEITOS DOS CRIMES: O sujeito ativo deste crime é o agente público que deve garantir a realização da entrevista reservada. No parágrafo único, o sujeito ativo é o magistrado que impede o ato.

Sujeito passivo é o réu, preso ou não, cuja entrevista reservada foi impedida.

CONDUTAS: O crime do art. 20 da Lei 13.689/2019 visa assegurar a realização da chamada entrevista reservada entendida como a conversa pessoal e fechada entre acusado e seu advogado, que se destina a elaboração de uma melhor estratégia defensiva.

É verdade que o próprio Supremo Tribunal Federal já reconheceu que a falta de entrevista reservada é causa relativa de nulidade processual, de modo que sua dispensa somente será capaz de acarretar, por si só, a nulidade do processo, se demonstrado o efetivo prejuízo para a defesa, de acordo com o princípio *pas de nullité sans grief*, adotado pelo art. 563 do Código de Processo Penal[46]. Independentemente dos reflexos processuais que a realização da entrevista reserva é capaz de produzir, verifica-se que a opção político-criminal contida neste delito de criminalizar a frustração destes atos deve ser compreendida como um movimento de intensificação do direito a ampla defesa, muito embora, como registrado nas razões de veto ao dispositivo, que posteriormente foi superado pelo Parlamento, a criminalização de uma conduta cujo conteúdo pode ser assegurado por outros meios, aparentemente, viola o princípio da intervenção mínima do direito penal.

De todo modo, a análise da figura delitiva básica descrita no *caput* do art. 20 indica que o crime consiste no ato de impedir (impossibilitar; obstaculizar) a entrevista reservada do preso com seu advogado, seja nos atos processuais ou não, como em visitas ou atendimento prestado pelos defensores ao preso no interior do estabelecimento prisional.

Nem o tipo penal, nem a lei processual que proclama o direito à entrevista estabelecem o tempo destinado à tanto, que deve ser aferido levando-se em conta as circunstâncias ligados ao caso concreto, como sua complexidade, número de infrações, atividade processual necessária para o caso, conduta das partes interessadas e a própria estrutura administrativa colocada à disposição da autoridade judiciária.

O *caput* utiliza o **elemento normativo** do tipo "sem justa causa" de modo a possibilitar que o julgador avalie casos em que a não realização da entrevista reservada não configura o crime de abuso de autoridade em estudo como no caso em que réu e seu defensor consentem para sua desobrigação. Rogério Sanches e Rogério Greco fornecem o exemplo de "*alguma situação de risco do próprio preso, ou mesmo de seu advogado ou defensor, o que não é incomum, nos dias de hoje, devido ao grande número de facções criminosas que atuam impetuosamente, seja para resgatar aqueles que a elas pertencem, ou mesmo para eliminar os que lhe são rivais*". E continuam: "*Discute-se, ainda, se a comunicação entre advogado e cliente pode ser gravada pelo sistema penitenciário. Entendemos que, em regra, não, ferindo garantias constitucionais indisponíveis. Entretanto, sabendo que as liberdades públicas não são mais entendidas em sentido absoluto, desaparecerá a ilicitude de qualquer violação quando houver fundadas suspeitas de as entrevistas estarem servindo, na verdade, para a prática de infrações penais. Nesse caso, a gravação se legitima como importante instrumento para a garantia da ordem pública e das liberdades alheias.*[47]".

Dada a porosidade deste elemento normativo, Igor Pereira Pinheiro, André Clark Nunes Cavalcante e Emerson Castelo Branco, imputando sua inconstitucionalidade, questionam: "*O que é a tal "justa causa" exigida pelo tipo? Como estamos diante de norma penal, a subsunção da norma a uma conduta não pode ficar sujeita aos subjetivismos inerentes a cada caso concreto ou a interpretação do julgador de plantão. Assim, deveria a lei ter traçado um rol do que se entende por justa causa, ou o que não a caracteriza. É o mínimo de segurança que se pode exigir em um Estado Democrático de Direito*[48]".

---

46 STF, HC 99.684/SP, 2.ª Turma, Rel. Min. Ellen Gracie, DJ 11.12.2009.

47 CUNHA, Rogério Sanches. GRECO, Rogério. Abuso de autoridade: Lei 13.869/2019: comentada artigo por artigo. Salvador: Editora JusPodivm, 2020, p. 173.

48 PINHEIRO, Igor Pereira. CAVALCANTE, André Clark Nunes. CASTELO BRANCO, Emerson. Nova Lei de Abuso de Autoridade. JH Mizuno. 2019, p. 17-18.

O **art. 20, parágrafo único**, prevê que também ocorre o crime em análise se a entrevista reservada não for assegurada ao réu solto e ainda ao investigado. O tipo dirige-se a incrementar a garantia de entrevista reservada prevista no art. 185, § 5º, do CPP, a ser realizada antes de seu interrogatório judicial. Anote-se que, em regra, inexiste entrevista reservada antes da oitiva de cada uma das testemunhas inquiridas. Sobre a realização do ato antes da realização de audiência que não seja a do interrogatório, ressalta Renato Brasileiro, "*na visão da 1ª Turma do STF, não há obrigatoriedade de se assegurar à defesa, já anteriormente constituída, seja ela pública ou privada, a realização de entrevista prévia ao acusado antes do início de audiência para inquirição de testemunhas. O direito de entrevista reservada do defensor com o acusado em momento que antecede ao interrogatório (artigo 185, § 2º, do CPP) tem como escopo facultar à defesa a possibilidade de orientar o réu a respeito das consequências das declarações que vier a proferir. A previsão legal, por conseguinte, não está direcionada à fase da realização da audiência de instrução e julgamento* (STF, 1ª Turma, HC 112.225/DF, Rel. Min. Luiz Fux, j. 18/06/2013, DJe 165 22/08/2013)[49]". O direito à entrevista reservada deve ser assegurado a qualquer espécie de interrogatório (por precatória, videoconferência), e ainda que o processo seja de réu solto.

Cumpre destacar, todavia, que inexiste direito a entrevista reservada ao investigado porque na fase pré-processual, caracterizado pelo princípio inquisitivo, as cautelas decorrentes da ampla defesa são desnecessárias. O vocábulo "investigado" somente se justifica em vista das audiências de custódias ou de apresentação em que o cidadão preso, ainda na fase pré-processual, é conduzido à presença da autoridade judiciária para ser inquirido, ocasião em que deverá ser-lhe assegurado o direito de entrevistar-se pessoal e reservadamente com seu advogado ou defensor público para obter orientações necessárias à sua defesa.

Este dispositivo emprega outro **elemento normativo do tipo** "por prazo razoável" o que permite sejam feitas valorações diversas, calcadas no caso concreto a fim de verificar qual o tempo adequado para a realização da entrevista reservada. Devem ser levadas em conta para tanto as circunstâncias ligadas ao caso concreto, como sua complexidade, número de infrações, atividade processual necessária para o caso, conduta das partes interessadas e a própria estrutura administrativa colocada à disposição da autoridade judiciária.

Por fim, de forma a ampliar o objeto de tutela penal do *caput*, o dispositivo criminaliza a conduta de impedir o réu de sentar-se ao lado de seu advogado/defensor e com ele comunicar-se durante a audiência, providência que intensifica o exercício da ampla defesa e passa a gozar de proteção jurídico-penal. É verdade que a comunicabilidade entre acusado e advogado deve ocorrer sob circunstâncias que não causem tumulto ou impliquem em intimidação indireta às pessoas inquiridas, afinal, como sabido, durante a realização da prova oral em audiência, especificamente durante as oitivas de ofendido, testemunhas e corréus, a interlocução e o poder de fala deve ser monopolizado por cada um dos sujeitos processuais, obedecidas a ordem de inquirição, de modo a evitar tumultos e prejuízos à atenção do ato solene. Neste sentido, a comunicação entre réu e advogado, senão inteiramente proibida, deve ocorrer de forma contida, de modo a não prejudicar o bom andamento dos trabalhos. Não haverá crime, destarte, na atuação do magistrado, forte no art. 251 c.c. art. 704, ambos do CPP, que impede que a conversa entre réu e advogado comprometa a regularidade do ato e vise manter a sua ordem. Por fim, calha anotar que inexiste direito de comunicação entre acusado e seu defensor durante o ato de interrogatório propriamente dito, razão pela qual a norma penal tem essa ressalva na parte final.

VOLUNTARIEDADE: todas as figuras são eminentemente dolosas. Importa destacar, para a configuração destes crimes, a imprescindibilidade da finalidade específica prevista no art. 1º, § 1º, da Lei 13.869/2019 de modo que a caracterização do abuso se ressente do dolo da

49 LIMA , Renato Brasileiro de. Manual de Processo Penal: Volume Único. 5ª ed. Salvador: Juspodivm. 2017. p. 688.

autoridade pública, revestido de elemento subjetivo do injusto consistente na vontade direta de exorbitar do poder mediante decisões motivadas por capricho, maldade, com intuído de vingança ou aquelas ações realizadas com intuído de concretizar perseguições ou injustiças.

CONSUMAÇÃO E TENTATIVA: Trata-se de crime praticado mediante ação, realizado pelo verbo impedir, em que o agente age de modo a impossibilitar a realização da entrevista reservada, razão pela qual é classificado como crime material que, portanto, admite a modalidade tentada.

AÇÃO PENAL: Nos termos do art. 3º. dessa Lei, trata-se de crime de ação penal pública incondicionada.

O crime é apenado com detenção, de 6 (seis) meses a 2 (dois) anos, e multa, razão pela qual é infração penal de menor potencial ofensivo e admite todas as medidas despenalizadoras da Lei 9.099/1995.

> **Art. 21.** Manter presos de ambos os sexos na mesma cela ou espaço de confinamento:
>
> Pena – detenção, de 1 (um) a 4 (quatro) anos, e multa.
>
> Parágrafo único. Incorre na mesma pena quem mantém, na mesma cela, criança ou adolescente na companhia de maior de idade ou em ambiente inadequado, observado o disposto na Lei nº 8.069, de 13 de julho de 1990 (Estatuto da Criança e do Adolescente).

BEM JURÍDICO TUTELADO: O dispositivo protege a garantia constitucional do art. 5º, XLVIII, da CF (a pena será cumprida em estabelecimentos distintos, de acordo com a natureza do delito, a idade e o sexo do apenado) e as disposições legais que determinam a separação dos presos por sexo, como a do art. 82, § 1º, da LEP e art. 123 do ECA.

SUJEITOS DOS CRIMES: Trata-se de crime que pode ser cometido por qualquer agente responsável pela separação dos presos em razão do sexo, como juiz da execução, juiz da infância e juventude, diretor de estabelecimento prisional ou unidade de internação, carcereiros ou agentes prisionais, etc.

CONDUTAS: O crime do art. 21 da Lei de Abuso de Autoridade criminaliza o descumprimento da garantia constitucional que estabelece que a pena seja cumprida em estabelecimentos distintos, de acordo com a natureza do delito, a idade e o sexo do apenado (art. 5º, XLVIII, da CF) e pretende, assim, impedir que algumas pessoas, seja em razão do sexo, seja em razão da idade, sejam alojadas no mesmo espaço, situação atentatória a integridade física e moral.

A conduta central deste tipo é manter (*conservar; preservar*) no mesmo local pessoas que em razão do sexo (*caput*) ou em razão da idade (parágrafo único) devem ser mantidas em espaços distintos. A abrangência desse núcleo verbal é suficiente para alcançar todos que tomam conhecimento da situação e deixam de adotar as providências tendentes a sanar o fato, razão pela qual, conclui-se tratar-se de mais um *crime de dever* na Lei de Abuso de Autoridade.

A parte final do *caput* fala em *espaço de confinamento* de modo a impedir que pessoas de diferentes sexos e idades sejam mantidas, conjuntamente, em qualquer unidade de encarceramento, como salas em distritos policiais ou unidades para execução de prisão especial como a sala de Estado-Maior das Forças Armadas ou ambiente constritivo de viatura policial, etc.

A figura do parágrafo único criminaliza o mesmo comportamento, qual seja, manter detidas, no mesmo espaço, pessoas que devem ser separadas em razão de suas idades. Como cediço, o sistema de responsabilidade infanto-juvenil enseja a segregação da liberdade dos adolescentes pautada em uma sistemática completamente diferente da vigente para os imputáveis penais, o que, naturalmente enseja a necessidade de separação dessas pessoas quando custodiadas pelo Estado.

Mas a disposição protetiva deste tipo vai além de impedir que adolescentes infratores eventualmente condenados sejam mantidos na mesma cela com pessoas maiores de idade, ao acrescentar a criança como pessoa impedida de ingressar na mesma unidade, que, à luz do que prevê o Estatuto da Criança e Adolescente, não está sujeita a nenhuma medida socioeducativa e por isso não pode jamais ser mantida em uma cela. O tipo, portanto, criminaliza a conduta abusiva de manter crianças e adolescentes na mesma cela ocupadas por pessoas maiores de idade, independentemente de aquelas serem responsabilizadas pelo sistema menorista.

Crime de tortura: Caso a manutenção de presos de ambos os sexos na mesma cela ou espaço produza intenso sofrimento físico ou mental, o fato pode caracterizar o crime de tortura previsto no art. 1º, § 1º, da Lei 9.455/1997, categoria de crime equiparado a hediondo.

Prisão de LGBT: Em razão da Resolução Conjunta 1, de 15 de abril de 2014, editada pelo Conselho Nacional de Política Criminal e Penitenciária – CNPCP e pelo Conselho Nacional de Combate à Discriminação – CNCD/LGBT, que estabeleceu parâmetros de acolhimento de LGBT em privação de liberdade. A prisão do travesti deverá ser feita mediante seu recolhimento em cela feminina. Se o caso for de preso ou presa transexual, deverá ser recolhido ou recolhida na cela que diga respeito ao seu gênero, a não ser que opte em permanecer na cela correspondente ao seu sexo anatômico. Anote-se ainda que o art. 2º do Decreto Federal nº 8.727, de 28 de abril de 2017, diz que os órgãos e as entidades da administração pública federal direta, autárquica e fundacional, em seus atos e procedimentos, deverão adotar o nome social da pessoa travesti ou transexual.

VOLUNTARIEDADE: todas as figuras são eminentemente dolosas. Importa destacar, para a configuração destes crimes, a imprescindibilidade da finalidade específica prevista no art. 1º, § 1º, da Lei 13.869/2019 de modo que a caracterização do abuso se ressente do dolo da autoridade pública, revestido de elemento subjetivo do injusto consistente na vontade direta de exorbitar do poder mediante decisões motivadas por capricho, maldade, com intuído de vingança ou aquelas ações realizadas com intuído de concretizar perseguições ou injustiças.

CONSUMAÇÃO E TENTATIVA: Nas duas modalidades de crimes previstas no art. 21 (*caput* e parágrafo único) a consumação ocorre quando as pessoas custodiadas são postas, conjuntamente, no mesmo local. Para o agente público que infringe o dever de sanar a ilegalidade, o crime se consuma quando toma ciência da situação ilegal, mas nada faz. Em qualquer um dos casos, enquanto as pessoas são mantidas na mesma cela indevidamente estarão sendo lesados os seus interesses, razão pela qual, nestes casos, os crimes devem ser classificados como permanentes.

AÇÃO PENAL: Nos termos do art. 3º. dessa Lei, trata-se de crime de ação penal pública incondicionada.

Como a pena deste crime é de detenção, de 1 (um) a 4 (quatro) anos, e multa, é cabível proposta de suspensão condicional do processo (art. 89 da Lei 9.099/1995), bem como o acordo de não persecução penal (art. 28-A do CPP, com redação dada pela Lei 13.964/2019).

Art. 22. Invadir ou adentrar, clandestina ou astuciosamente, ou à revelia da vontade do ocupante, imóvel alheio ou suas dependências, ou nele permanecer nas mesmas condições, sem determinação judicial ou fora das condições estabelecidas em lei:

Pena – detenção, de 1 (um) a 4 (quatro) anos, e multa.

§ 1º. Incorre na mesma pena, na forma prevista no caput deste artigo, quem:

I – coage alguém, mediante violência ou grave ameaça, a franquear-lhe o acesso a imóvel ou suas dependências;

II – (VETADO);

III – cumpre mandado de busca e apreensão domiciliar após as 21h (vinte e uma horas) ou antes das 5h (cinco horas).

§ 2º. Não haverá crime se o ingresso for para prestar socorro, ou quando houver fundados indícios que indiquem a necessidade do ingresso em razão de situação de flagrante delito ou de desastre.

BEM JURÍDICO TUTELADO: A garantia constitucional tutelada pela norma é prevista no art. 5º, inciso XI, da Constituição Federal, que dispõe: "*A casa é asilo inviolável do indivíduo, ninguém nela podendo penetrar sem consentimento do morador, salvo em caso de flagrante delito ou desastre, ou para prestar socorro, ou, durante o dia, por determinação judicial*".

SUJEITOS DOS CRIMES: é sujeito ativo deste crime o agente público que penetra na casa alheia fora das hipóteses legais. No caso de concurso de pessoas entre agente público e particular, devido a incidência da teoria monista, deve o particular responder pelo crime previsto na Lei de Abuso de Autoridade e não ao previsto no art. 150 do Código Penal.

Devido entender-se que a proteção constitucional é pessoal, podem ser sujeitos passivos deste crime o proprietário morador ou ocupante do imóvel, seja possuidor ou detentor.

CONDUTAS: O crime previsto no art. 22 da Lei 13.869/2019 tem a mesma objetividade jurídica daquele do art. 150 do Código Penal, do qual se diferencia, essencialmente, em razão da qualidade do autor da infração. Deste modo, de um modo geral, este crime protege a garantia constitucional do art. 5º, XI, da Constituição Federal.

Há algumas pequenas diferenças redacionais que, contudo, não podem significar grandes alterações acerca do alcance da tutela penal tendo em vista a origem constitucional da norma protegida. Assim sendo, embora na Lei 13.869/2019 se valha da locução imóvel alheio, deve-se emprestar-lhe o mesmo sentido da expressão casa em razão da característica nuclear, habitacional e familiar comuns a ambas as palavras. Por isso que, o Código Penal adota a expressão casa e possui uma importante norma explicativa no art. 150, § 4º, de forma a definir casa como: I – qualquer compartimento habitado; II – aposento ocupado de habitação coletiva; III – compartimento não aberto ao público, onde alguém exerce profissão ou atividade. Poder-se-ia sustentar que a Lei 13.869/2019, ao empregar a expressão imóvel alheio, deixou de fora compartimentos ou moradias móveis como trailers, barcos ou barracas, mas esse tipo de interpretação deve ser refutado porque implica numa proteção deficiente daquela garantia constitucional, objeto de máxima e efetiva tutela dos poderes estatais, como se sabe. Deve-se entender como objeto de tutela também os quartos de hotéis e motéis ou, ainda, a qualquer compartimento não aberto ao público, onde alguém exerça profissão como escritórios de contadores, advogados[50], consultórios médicos e odontológicos. Nesse sentido, "para os fins da proteção jurídica a que se refere o art. 5.º, XI, da Constituição da República, o conceito normativo de 'casa' revela-se abrangente e, por estender-se a qualquer aposento de habitação coletiva, desde que ocupado (CP, art. 150, § 4.º, II), compreende, observada essa específica limitação espacial, os quartos de hotel." (STF) (RHC 90.376, Rel. Min. Celso de Mello, j. 03.04.2007, DJ de 18.05.2007.

50 No tocante aos advogados, ante a previsão do art. 7º, § 6º, da Lei 8.906/1994, que garante que o sigilo profissional deve permear as relações entre advogado e cliente, a busca e apreensão em seus escritórios somente será possível quando: (i) o próprio advogado figurar na condição de investigado, seja isoladamente, seja na condição de coautor ou partícipe com seu cliente; ou (ii) o cliente figurar na condição de investigado, desde que: a. o documento apreendido seja o próprio elemento do corpo de delito; b. o próprio objeto de apreensão seja instrumento ou produto do crime; ou c. o documento ou objeto estiver em posse do defensor não em razão de sua função, mas por outro motivo. Em qualquer caso, sendo a diligência cumprida em escritório de advocacia deverá ser oportunizado130 seu acompanhamento por um representante da OAB.

Questão controvertida diz respeitos à abrangência espacial do conceito de casa, inicialmente delineados pelo § 5º do art. 150 do CP que afirma que não se compreendem na expressão "casa" I – hospedaria, estalagem ou qualquer outra habitação coletiva, enquanto aberta, salvo a restrição do n.º II do parágrafo anterior; II – taverna, casa de jogo e outras do mesmo gênero, pelo que restou consolidado também não ser objeto de tutela penal, em razão da mesma natureza de irrestrito convívio comunitário, os bares, prostíbulos, cafés, partes comuns de habitação coletiva, restaurantes e nem veículo automotor onde se exerce profissão ou atividade, como o táxi ou caminhão. Nessa toada já entendeu-se que "A propriedade rural não está compreendida no conceito de domicílio" (TACrSP, RT 516/347).

O debate se acentua no tocante as adjacências e partes externas da casa, ainda que nem sempre fechados ao público, tais como garagens, quintais e jardins. A melhor compreensão para o tema decorre de uma interpretação lógica-sistemática que identifica nesta norma constitucional o objetivo de tutela espacial da privacidade, entendida como a faculdade de agir sem que outras pessoas possam visualizar as condutas particulares do cidadão. Ora, as adjacências de uma casa, notadamente quando abertas ao público, visíveis à população em geral, não podem gozar dessa proteção constitucional porque não implicam em ações praticadas fora das vistas dos demais e, por isso, não servem para tutelar e proteger a privacidade. Por isso, entendemos que esses locais são objeto de tutela penal contra atos de penetração física do agente em seus domínios, mas não impedem o uso de aparelhos de escuta e filmagens à distância, como será visto no tópico à frente[51]. Seguindo essa teleologia anota o professor Damásio E. de Jesus que as pastagens ou campos de uma propriedade rural não são dependências da residência, razão pela qual não estão protegidos pela norma citada[52].

Observe-se que o crime pode ser cometido de três formas:

a) Invadir (ocupar, penetrar);

b) Adentrar (entrar) e;

c) Permanecer (manter-se).

São núcleos verbais que expressam condutas semelhantes pelo que este é um tipo misto alternativo. A distinção entre as ações típicas parece estar da intensidade da ação ilegal visto que ao invadir o agente age de forma mais violenta do que aquele que adentra. Quanto ao ato de permanecer, que pressupõe anterior ingresso legítimo na residência, o agente mantém-se no local mesmo depois de ser determinada sua evacuação.

Os elementos modais do tipo, a saber, clandestina ou astuciosamente, dizem respeito a forma como a conduta é praticada e significam, respectivamente, sem percepção da vítima e mediante emprego de expediente fraudulento, como, por exemplo, fingindo tratar-se do setor de fiscalização de zoonoses. Em todos os casos é necessário que a conduta seja praticada à revelia da vontade do ocupante do imóvel, que pode ser exposta de forma expressa ou de maneira tácita. A locução ocupante do imóvel deve ser compreendida como o morador do imóvel, seja detentor, seja possuidor.

Observe-se que, como ensinam Cícero Robson Coimbra Neves e Fabio Nakahara: "'Fora das condições estabelecidas em lei', por seu turno, parte da compreensão de que houve a determinação judicial – ou então a subsunção seria na expressão anterior -, mas o ingresso desrespeitou elemento definido em lei, entenda-se, fere-se o regramento definido nos Códigos de Processo Penal (comum e militar) para o procedimento de busca domiciliar com consequente

51 Por isso que a proteção abrange os locais independentemente da possibilidade física de ingresso sem esforço, de modo que se estende ao pátio, quintal, jardim, galpão ou qualquer outro local cercado ou fechado, desde que fique evidente, explícita ou implicitamente, que o acesso de estranhos é vedado.

52 JESUS, Damásio Evangelista de. Código Penal Anotado. 18ª ed. São Paulo: Saraiva, 2007. p. 533.

ingresso no imóvel, estando presente ou não o morador ("ocupante", no termo utilizado pela Lei de Abuso de autoridade). Assim, mesmo com mandado judicial, o agente que ingresse em imóvel, com morador presente, sem previamente ler o mandado, sem se identificar, sem concitar que franqueie o ingresso etc., estará fugindo das condições legais e incorrerá, ao menos objetivamente, no tipo em estudo"[53].

Filmagens aéreas ou à distância: neste tópico procuramos responder a seguinte questão: comete o crime de violação de domicílio, em estudo, a autoridade que realiza filmagens, utilizando-se de aeronaves, como "drones", por exemplo, que sobrevoam a residência de alguém, a fim de captar imagens das áreas externas descobertas como varandas, terraços, piscinas, etc.?

Como dito antes, a norma constitucional do art. 5º, XI, tem como principal finalidade a proteção espacial da privacidade de modo que o domicílio só é efetivamente violado se o agente entra ou permanece na casa alheia ou em suas dependências, contra a vontade do morador. Citando Magalhães de Noronha, nas situações de uso de binóculo, anota Rogério Sanches, "*entra na casa quem adentra num imóvel, seja atravessando porta, janela, muro ou cerca. 'Se, v.g., devassa apenas seu interior a olho nu ou com binóculo, se introduz um braço pela janela, se está escalando um muro, se se sentou à porta, não entrou em casa alheia. Poderá haver tentativa ou o fato cair sob outra sanção penal, não, porém, sob a do artigo em estudo. Requer-se, portanto, a entrada efetiva, realizada.*'"[54]

Assim sendo, não há atentado à inviolabilidade do domicílio, por exemplo, se a autoridade pública se utiliza de aeronaves para sobrevoar e registrar imagens de propriedade rural, para identificação do plantio de drogas ou pista clandestina de pouso, utilizada para tráfico de drogas; para identificar ilícitos ambientais[55]; para identificar bens adquiridos mediante crimes de lavagem de dinheiro; ou para identificação de comparsas de uma associação criminosa.

Em casos de investigações de crimes, importa destacar que ocorre uma colisão entre garantias constitucionais (inviolabilidade de domicílio versus direito à vida, por exemplo), razão pela qual a ponderação é a técnica mais adequada para a solução do conflito. Deve-se tomar como pressuposto, ainda, que, como já decidido pelo Supremo Tribunal Federal, "a casa é o asilo inviolável do indivíduo, porém não pode ser transformada em garantia de impunidade de crimes que em seu interior se praticam." (RE n. 86926-PR, *RTJ*, v. 84, 1, p. 302 – rel. Min. Cordeiro Guerra).

O mesmo raciocínio parece ser aplicável às interceptações ambientais a distância, que são possíveis mediante instrumentos de captação de áudio à longa distância.

Anote-se, todavia, que a Lei 9.296/1996 foi recentemente alterada pela Lei 13.964/2019 e regulamentou a captação ambiental de sinais eletromagnéticos, ópticos ou acústicos, e, para tanto, passou a exigir autorização judicial.

Um limite, porém, parece-nos necessário traçar. Essas novas formas de investigação devem respeitar os locais em que a vida privada e intimidade são exercidas com maior intensidade pelos moradores, isto é, nos compartimentos internos da residência, de regra, inalcançável à olhos vistos, como quartos, cozinha, banheiro, etc. Nesses locais, habitualmente são exercidas atividades nucleares da intimidade familiar, sexual, religiosa, etc., do indivíduo, razão pela qual a *expectativa de confiança de privacidade*[56] de que o local não é visto pelos olhos de quem quer

53 COIMBRA neves, Cícero Robson. NAKAHARA, Fábio. Cap. 1 – Crime militar extravagante de abuso de autoridade. In Manual de crimes militares extravagantes. Salvador: JusPodivm. 2021. p. 183.

54 CUNHA, Rogério Sanches. Manual de Direito Penal. Parte Especial. 8. ed. JusPODIVM: Salvador. 2016. p. 220.

55 O Estado de São Paulo, por exemplo, aprovou a Lei nº 16.380, de 31 de janeiro de 2017, que autoriza a utilização de "drones" para monitoramento e auxílio na fiscalização da Polícia Ambiental, em todo o território do Estado.

56 Nos Estados Unidos da América a expectativa de privacidade foi erigida como critério para detectar uma violação por parte do Poder Público. "Se a atitude do imputado, ao realizar uma comunicação captada pela autori-

que seja, eleva de maneira significativa a garantia da inviolabilidade constitucional. Por isso, nesses ambientes estritos, não nos parece possível a gravação das imagens ou dos áudios dos atos praticados em seu interior, exceto nos casos previstos no próprio dispositivo constitucional: com consentimento do morador, flagrante delito, prestação de socorro ou com mandado judicial.

Figuras do § 1º: O § 1º do art. 22 da Lei 13.869/2019 prevê duas figuras equiparadas e que de algum modo também representam atos abusivos contra a inviolabilidade de domicílio do cidadão. Assim, também comete o crime quem:

✓ ***Inciso I – coage alguém, mediante violência ou grave ameaça, a franquear o acesso a imóvel ou suas dependências***: trata-se de uma violação de domicílio marcadamente violenta, em que o agente público constrange alguém para lhe permitir o ingresso no domicílio. Ex. morador sob a mira de uma arma de fogo portada por um policial permite seu ingresso em seu quarto para assistir a um jogo de futebol na televisão. No Código Penal esta situação é uma qualificadora do crime de violação de domicílio (CP, art. 150, § 1º).

✓ O inciso II foi vetado. Ele tinha a seguinte redação: "*II – executa mandado de busca e apreensão em imóvel alheio ou suas dependências, mobilizando veículos, pessoal ou armamento de forma ostensiva e desproporcional, ou de qualquer modo extrapolando os limites da autorização judicial, para expor o investigado a situação de vexame;*". As razões do veto são: "*A propositura legislativa, ao prever como elemento do tipo a 'forma ostensiva e desproporcional', gera insegurança jurídica por encerrar tipo penal aberto e que comporta interpretação. Além disso, em operações policiais, o planejamento da logística de bens e pessoas competem às autoridades da segurança pública.*"

✓ ***Inciso III – cumpre mandado de busca e apreensão domiciliar após as 21 h (vinte e uma horas) ou antes das 5 h (cinco horas)***: Essa figura típica, a rigor, era desnecessária, visto que o cumprimento de um mandado de busca e apreensão domiciliar em desacordo com as condições estabelecidas em lei enseja descumprimento da norma que exclui a antijuricidade do § 2º a seguir estudada e portanto, resultaria na caracterização da tipicidade objetiva descrita neste art. 22. A principal motivação aparente para a edição deste tipo foi estabelecer novas balizas temporais para o cumprimento lícito de um mandado de busca e apreensão. Esta norma prevê como interstício legítimo para o cumprimento da ordem o período entre 05 h até 21 h, período objetivo e distinto daquele previsto no art. 212 do Código de Processo Civil (fixado entre às 6 horas e às 20 horas) aplicado antes mediante interpretação analógica.

De toda sorte, vale a consideração feita pelo STJ, segundo o qual, se o mandado for cumprido entre 18h e 21h a ação policial será irregular, mas não abusiva. Ou seja, a prova colhida será considerada ilegal, mas a equipe não responderá por abuso de autoridade" (STJ - REsp: 1857836. Julg. 11/02/2020).

Deve-se observar, contudo que, iniciada a busca antes de 21 horas, esta não se interrompe pelo advento da noite se o adiamento prejudicar a diligência ou causar grave dano. Neste sentido: Se o início do cumprimento do mandado se der antes das 18h, as diligências poderão perdurar o tempo que se fizer necessário" (STJ - AgRg no RHC: 166418. Julg.: 06/09/2022).

dade pública, revelar que esperava, razoavelmente, ter privacidade, então a autoridade violou seus direitos da 4ª emenda. Se, por outro lado, o imputado realizar uma comunicação em público – por exemplo, gritar para um comparsa em um local movimentado –, entende-se que abriu mão voluntariamente de sua privacidade. Será legítima a captação dessa comunicação. A expectativa de privacidade do imputado, por outro lado, também deve ser legítima, isto é, deve ser de molde a ser aceita pelo conjunto da sociedade. Em outras palavras, não há legítima expectativa de privacidade para a prática de atividades ilícitas" (RAMOS, João Gualberto Garcez. Curso de Processo Penal norte-americano. RT: São Paulo. 2006. p. 131).

Excepcionalmente, é possível a expedição e cumprimento de mandado de busca e apreensão domiciliar nesse período noturno quando a realização do ato durante o dia mostrar-se absolutamente ineficaz. Foi o que decidiu o STF no Inquérito 2.424/RJ142 (j. 20.11.2008 – Informativo 529, item 5, do STF), que decidiu como válida busca e apreensão realizada à noite, utilizando, como um dos fundamentos, a inevitável ineficácia da medida caso realizada durante o dia. É o caso, por exemplo, de mandado que se destina à localização de menores em casas de prostituição cujo funcionamento ocorre apenas à noite. Em sentido contrário, entendeu o STJ que este tipo de autorização é inválida porque viola a inviolabilidade domiciliar (STJ. REsp. 185783-RS, j. 11/02/2020).

Naturalmente que, por falta de tipicidade objetiva, o tipo penal não alcança determinação judiciais que devam ser cumpridas no período noturno diversas de uma busca a apreensão como a que determina a instalação de equipamentos destinados a captação de sinais óticos e acústicos, prevista no art. 3º da Lei 12.850/2013.

Diferença para o art. 25 da Lei de Abuso de Autoridade: O crime descrito neste inciso é especial se comparado ao do art. 25 da Lei que criminaliza a conduta de produzir ilicitamente uma prova qualquer, situação mais abrangente e subsidiária.

Revogação do art. 150, § 2º, do CP: A Lei 13.869/2019, em seu art. 44 revogou expressamente o § 2º do art. 150 do Código Penal que continha uma causa de aumento nos casos em que violação de domicílio era praticada pela autoridade pública. Essa previsão legal ensejava uma grande divergência doutrinária jurisprudencial acerca do conflito de normas, pelo que andou muito bem a nova Lei em proceder a revogação da norma no Código Penal.

Verifica-se, aliás, que o novo tipo penal tem pena (detenção de 1 a 4 anos) muito mais grave do que a prevista na antiga Lei de Abuso de Autoridade, do que a prevista no Código Penal, inclusive na figura qualificada e mais grave, inclusive, do que ambas as antigas figuras delitivas aplicadas em concurso material.

Causa excludente da ilicitude do § 2º: Seguindo o disposto na Constituição Federal, o § 2º do art. 22 ressalva que não haverá crime se o ingresso for para prestar socorro, ou quando houver fundados indícios que indiquem a necessidade do ingresso em razão de situação de flagrante delito ou de desastre.

Trata-se de norma excludente com redação elogiável e que bem indica que a ausência de ilicitude não deve ser analisada apenas no caso de existir efetiva situação de socorro, flagrante ou desastre, mas fundados indícios que indicassem que essas circunstâncias existiam. Por isso, o Tribunal de Justiça de São Paulo já decidiu que não caracteriza o crime de abuso de autoridade, a diligência policial em residência com a comprovada finalidade lícita de detectar possível crime de sequestro (*TJ/SP, Reclamação nº 24.610-0/São Paulo, Rel. Des. Luís de Macedo, j. 23.11.94*).

Isso implica na necessária análise dos fatos antecedentes que levaram a autoridade pública a invadir a residência de alguém, pressuposto necessário para aferir a sua atuação regular. O exemplo típico é, dentre outros, o crime de tráfico de drogas cuja consumação e a situação de flagrante é permanente durante todo o período em que a droga estiver sob a guarda do traficante. É comum casos em que policiais em patrulhamento rotineiro – ou mesmo em diligências de campo – deparam com indivíduos em atitudes suspeitas – normalmente próximos a pontos de venda de drogas – e iniciam uma abordagem que culmina na vistoria de imóveis residenciais sem a devida autorização judicial, baseada na suspeita de que nesses locais algo ilícito pode estar sendo armazenado. Nesses casos, a jurisprudência do STJ se orienta, no geral, no sentido de que o mandado de busca e apreensão é prescindível, justamente porque se trata de crime permanente, que atrai a situação de flagrância: (vide HC 345.424/SC, Rel. Min. Felix Fischer, 5 T., j. 18/8/2016, DJe 16/9/2016)" (HC 326.503/RS, DJe 15/03/2017 e vide HC 437.178/SC, j. 06/06/2019).

Dá-se o mesmo no âmbito do STF: "consoante o entendimento da Corte, é dispensável o mandado de busca e apreensão quando se trata de flagrante de crime permanente, podendo-se realizar as medidas sem que se fale em ilicitude das provas obtidas" (HC 127.457/BA, j. 09.06.2015), desde que haja fundadas razões que indiquem um flagrante delito (STF. RE 603.616. j. 5/11/2015). Relembre-se que as fundadas razões não precisa ser certeza da ocorrência do delito, mas também não é suficiente uma mera denúncia anônima (STF. RE AgR 1.4448.933; SC. J. 12/09/2023).

Como lembram Igor Pereira Pinheiro, André Clark Nunes Cavalcante e Emerson Castelo Branco, a Lei 12.850/2013 prevê outras duas causas de exclusão da ilicitude: a) art. 13, parágrafo único, que prevê o ingresso no local do agente infiltrado; b) ingresso do agente para instalação de escuta ambiental, destinada a captação de áudio e vídeo, após deferimento judicial da medida[57].

Registre-se, por fim, que prevalece também que não haverá violação de domicílio no caso de ingresso admitido pelo costume, como no caso de preposto de empresa fornecedora de energia elétrica para leitura do consumo mensal no registro, na parte externa do edifício (STJ, RHC 199000114268/MG). Não se pode olvidar ainda do ingresso sem consentimento realizado no cumprimento de dever legal, como realizadas por agentes de saúde epidemiológica, ou no exercício regular de um direito, como a prevista no art. 1312, I, do CC que prevê a entrada na casa para sua indispensável reparação, limpeza, construção ou reconstrução.

Conflito de normas com o art. 226 do Código Penal Militar: Tendo em vista a redação atual do art. 9º, II, do Código Penal, dada pela Lei 13.491/2017, os crimes praticados por militares previstos nesta Lei 13.689/2019 serão considerados crimes militares por extensão. Assim sendo, o crime do art. 226 do Código Penal Militar, que prevê crime de violação de domicílio, deve ser considerado revogado pela nova figura deste art. 22 da Lei 13.869/2019, ante a aplicação do critério da cronológico.

VOLUNTARIEDADE: todas as figuras são eminentemente dolosas.

Observa-se, contudo, que caso o agente invada um domicílio para a prática de outro delito, a violação de domicílio restará absorvido visto que neste caso ele deve ser considerado apenas um crime meio de execução de outro.

Importa destacar, para a configuração deste crime, a imprescindibilidade da finalidade específica prevista no art. 1º, § 1º, da Lei 13.869/2019 de modo que a caracterização do abuso se ressente do dolo da autoridade pública, revestido de elemento subjetivo do injusto consistente na vontade direta de exorbitar do poder mediante decisões motivadas por capricho, maldade, com intuído de vingança ou aquelas ações realizadas com intuído de concretizar perseguições ou injustiças.

CONSUMAÇÃO E TENTATIVA: quanto aos verbos do tipo invadir e adentrar, crime é comissivo e de mera conduta visto que não faz qualquer previsão sobre resultado. Assim, o crime se consumação quando o agente ingressa no domicílio contra a vontade do ocupante.

Quanto ao verbo permanecer, o tipo é omissivo, de mera conduta e permanente, de modo que sua consumação ocorre após o agente, ciente de que deve sair, não o evacua.

É praticamente unânime o entendimento de que é necessário que a invasão, entrada ou permanência deve se dar por tempo juridicamente relevante para a configuração do crime.

AÇÃO PENAL: Nos termos do art. 3º. dessa Lei, trata-se de crime de ação penal pública incondicionada.

Como a pena deste crime é de detenção, de 1 (um) a 4 (quatro) anos, e multa, é cabível proposta de suspensão condicional do processo (art. 89 da Lei 9.099/1995), bem como o acordo de não persecução penal (art. 28-A do CPP, com redação dada pela Lei 13.964/2019), exceto a figura do inciso I porque praticado mediante violência ou grave ameaça.

---

57 PINHEIRO, Igor Pereira. CAVALCANTE, André Clark Nunes. CASTELO BRANCO, Emerson. Nova Lei de Abuso de Autoridade. JH Mizuno. 2019. p. 119.

Art. 23. Inovar artificiosamente, no curso de diligência, de investigação ou de processo, o estado de lugar, de coisa ou de pessoa, com o fim de eximir-se de responsabilidade ou de responsabilizar criminalmente alguém ou agravar-lhe a responsabilidade:

Pena – detenção, de 1 (um) a 4 (quatro) anos, e multa.

Parágrafo único. Incorre na mesma pena quem pratica a conduta com o intuito de:

I – eximir-se de responsabilidade civil ou administrativa por excesso praticado no curso de diligência;

II – omitir dados ou informações ou divulgar dados ou informações incompletos para desviar o curso da investigação, da diligência ou do processo.

BEM JURÍDICO TUTELADO: O tipo protege a administração da justiça, quanto a regularidade das atividades estatais investigatórias em sentido amplo, além dos interesses das pessoas reflexamente atingidas pela fraude.

SUJEITOS DOS CRIMES: O crime pode ser praticado por qualquer agente público que tem disponibilidade sobre o estado de lugar, de coisa ou de pessoa no curso de uma diligência persecutória.

O sujeito passivo do delito é o Estado e a pessoa, física ou jurídica, prejudicada.

CONDUTAS: O crime do art. 23 da Lei 13.869/2019 é uma espécie de fraude processual (CP, art. 347), com algumas especialidades como sujeito ativo e as finalidades específicas.

Pune-se o agente que inova artificiosamente, isto é, modifica ou altera o Estado de lugar (como reposicionamento dos objetos em uma cena de crime), estado de coisa (adultera arma do crime) ou estado de pessoa (simula deficiência física). O tipo penal exige que a conduta enganosa deva ser realizada no curso de diligências, de investigação ou de processo, sejam de natureza cíveis, administrativos, penais ou políticos-administrativos. É o caso do agente de fiscalização de trânsito que, durante uma blitz, altera os registros do bafômetro para responsabilizar criminalmente determinado motorista.

Necessário compreender que o falseamento atinge as provas destinadas àqueles processos, cuja existência e incolumidade decorre do interesse público na apuração devida dos fatos. É por isso que o direito de não produzir provas contra si mesmo ou o mesmo exercício da ampla defesa não legitima os comportamentos proscritos por este tipo penal. Rogério Sanches e Rogério Greco explicam as duas figuras do *caput*: "*A inovação artificiosa deve ser praticada com o fim alternativo de eximir-se de responsabilidade, responsabilizar criminalmente alguém ou agravar-lhe a responsabilidade. Na primeira hipótese, o agente se vale da inovação artificiosa, isto é, da fraude, para eximir-se de responsabilidade, a exemplo daquele que, solicitado pela autoridade a entregar a arma utilizada em um confronto, onde houve troca de tiros, faz a entrega de arma diversa, ou seja, que não aquela efetivamente utilizada, e que seria submetida a perícia a fim de se descobrir se dela partiu o disparo que veio a atingir terceira pessoa. Na segunda hipótese o agente se vale também da inovação artificiosa, só que, agora, com a finalidade de responsabilizar criminalmente alguém, provavelmente inocente. Imaginemos a hipótese daquele que, numa cena de crime, deixa objeto similar ao utilizado na ação criminosa, com as digitais de um inocente. Por fim, a fraude, incorporada na inovação artificiosa, é utilizada com o fim de agravar a responsabilidade de alguém, a exemplo daquele que, sabendo que o investigado havia praticado o roubo com emprego de arma de brinquedo, a substitui por uma arma de fogo, fazendo com que a pena seja aumentada de 2/3 (dois terços), conforme preconizado pelo inciso I do § 2º-A do art. 157 do Código Penal.*[58]".

58 CUNHA, Rogério Sanches. GRECO, Rogério. Abuso de autoridade: Lei 13.869/2019: comentada artigo por artigo. Salvador: Editora JusPodivm, 2020, p. 217.

Com didatismo, explicam Cícero Robson Coimbra Neves e Fabio Nakahara "Imagine-se que um policial, pensando que o abordado estivesse armado, efetua disparos e depois descobre que o volume na sua cintura era uma carteira; em vez de apresentar a ocorrência do modo realmente como se desenvolveu, onde incidiria o erro de fato (art. 36 do CPM), na forma de descriminantes putativas, o policial prefere colocar uma arma de fogo raspada na mão da vítima, com intuito de não ser responsabilizado; neste caso, haverá subsunção da conduta ao tipo estudado. Em outro exemplo, tome-se o policial militar que mistura bicarbonato de sódio à cocaína apreendida, a fim de encorpar a quantidade de droga e elevar o crime cometido de porte de drogas para o tráfico de drogas, agravando a responsabilidade da pessoa flagrada com a substância entorpecente; novamente, haveria subsunção[59]".

As figuras do parágrafo único mantêm a estrutura básica do *caput* e dele se diferenciam porque contêm outros elementos subjetivos especiais (finalidades específicas).

A fraude processual ora estudada se diferencia no crime de estelionato na medida em que a fraude aqui empregada é dirigida à diligência, investigação e processo, enquanto que no segundo ela é dirigida à atenção da vítima que, ludibriada, desprotege seu patrimônio.

O crime a seguir estudado, previsto no art. 24 da Lei 13.869/2019, também é uma espécie de fraude processual, circunscrita a um artifício específico (falsa admissão de tratamento de pessoas em óbito) destinado a estado de lugar específico, qual seja, alteração do local ou momento do crime.

VOLUNTARIEDADE: todas as figuras são eminentemente dolosas.

Chama a atenção as exigências de finalidades específicas previstas no *caput* (*com o fim de eximir-se de responsabilidade ou de responsabilizar criminalmente alguém ou agravar-lhe a responsabilidade*) e no parágrafo único, incisos I (*intuito de eximir-se de responsabilidade civil ou administrativa por excesso praticado no curso de diligência*) e II (*intuito de omitir dados ou informações ou divulgar dados ou informações incompletos para desviar o curso da investigação, da diligência ou do processo*).

Não nos parece haver relação de prejudicialidade entre esses elementos subjetivos especiais e com aqueles previstos no § 1º do art. 1º da Lei, de modo que a caracterização do crime exige a presença de todos eles, de forma cumulada ou sucessiva. Assim sendo, como nos demais, a configuração deste crime exige, de forma prévia, que o dolo da autoridade pública seja revestido de elemento subjetivo do injusto consistente na vontade direta de exorbitar do poder mediante decisões motivadas por capricho, maldade, com intuído de vingança ou aquelas ações realizadas com intuído de concretizar perseguições ou injustiças.

CONSUMAÇÃO E TENTATIVA: O crime se consuma quando ocorre a alteração do local, coisa ou pessoa, ainda que não produza os efeitos enganosos. Trata-se de crime formal, e que admite tentativa.

Observe-se que, caso a fraude processual constitua crime mais grave deverá restar absorvido, como, por exemplo, a falsificação de documento.

AÇÃO PENAL: Nos termos do art. 3º. dessa Lei, trata-se de crime de ação penal pública incondicionada.

Como a pena deste crime é de detenção, de 1 (um) a 4 (quatro) anos, e multa, é cabível proposta de suspensão condicional do processo (art. 89 da Lei 9.099/1995), bem como o acordo de não persecução penal (art. 28-A do CPP, com redação dada pela Lei 13.964/2019).

---

59 COIMBRA neves, Cícero Robson. NAKAHARA, Fábio. Cap. 1 – Crime militar extravagante de abuso de autoridade. In Manual de crimes militares extravagantes. Salvador: JusPodivm. 2021. p. 183.

Art. 24. Constranger, sob violência ou grave ameaça, funcionário ou empregado de instituição hospitalar pública ou privada a admitir para tratamento pessoa cujo óbito já tenha ocorrido, com o fim de alterar local ou momento de crime, prejudicando sua apuração:
Pena – detenção, de 1 (um) a 4 (quatro) anos, e multa, além da pena correspondente à violência.

BEM JURÍDICO TUTELADO: O tipo protege a administração da justiça, quanto a regularidade das atividades estatais investigatórias em sentido amplo, além dos interesses das pessoas reflexamente atingidas pela fraude e a liberdade individual das pessoas.

SUJEITOS DOS CRIMES: O crime pode ser praticado por qualquer agente público. A pessoa coagida (funcionário ou empregado da instituição pública ou privada) que realiza a fraude não é sujeito ativo do crime porque agiu sem exigibilidade de conduta diversa em razão da coação, pelo que realiza conduta inculpável.

Sujeito passivo é o estado e eventuais terceiros prejudicados com a fraude.

CONDUTAS: O crime do art. 24 da Lei 13.869/2019 é uma subespécie de fraude processual visto que o grande objetivo do agente é alterar o local ou momento do crime prejudicando sua apuração, circunstâncias que a rigor devem ser mantidas inalteradas face o disposto nos arts. 6º, I e 169, ambos do CPP. É o caso do agente policial que retira do local do crime determinado cadáver e o desloca até determinado hospital, que em razão da ameaça proferida, frauda essas informações e recebe o corpo como se a vítima ainda estivesse com vida. Observe-se tratar-se de crime de ação vinculada porque o tipo exige que o constrangido falseia a documentação relativa a internação e óbito de determinada pessoa de modo a aparentar que seu ingresso no hospital ocorreu enquanto ela era viva e que o óbito ocorreu naquele local e momento.

Neste delito, existem algumas diferenças para as outras fraudes processuais vigentes a começar pelo núcleo verbal que é constranger (obrigar, determinar) alguém, fruto do emprego de violência (agressões, socos e pontapés) ou grave ameaça (promessa de agressões). Observe-se que o crime possui implícito o propósito de ser praticada uma falsidade documental e/ou ideológica porque para admitir no hospital uma pessoa morta como se estivesse viva necessariamente serão realizadas declarações falsas. Mas deve-se compreender que se efetivamente forem lavrados documentos com essas falsidades, este delito restará absorvido pelo de falsificação de documento/falsidade ideológica, cometido em autoria mediata e com a agravante do art. 61, II, "b", do CP.

Diferentemente do delito anterior, aqui não há necessidade de a fraude ser realizada no curso de investigação ou procedimento formal, embora, inevitavelmente, neles produzirá efeitos artificiais. Neste tipo penal a conduta enganosa visa alterar o local ou momento do crime, indubitavelmente circunstâncias importantes para atividades investigativas, mas também para algumas relações privadas, como por exemplo, para fins sucessórios e de comoriência (CC, art. 8º).

VOLUNTARIEDADE: Trata-se de crime eminentemente doloso.

Anote-se que somente haverá crime se o agente público transportar para o hospital pessoa cujo óbito seja evidente. Caso o faça porque acreditava que estava viva, no afã de prestar-lhe socorro, estará em evidente e escusável erro de tipo, o que afastará o dolo da conduta.

Chama a atenção as exigências de finalidades específicas previstas no tipo, a saber, com o fim de alterar local ou momento do crime. Não nos parece haver relação de prejudicialidade entre esses elementos subjetivos especiais e com aqueles previstos no § 1º do art. 1º da Lei, de modo que a caracterização do crime exige a presença de todos eles, de forma cumulada ou sucessiva. Assim sendo, como nos demais, a configuração deste crime exige, de forma prévia, que o dolo da autoridade pública seja revestido de elemento subjetivo do injusto consistente na vontade direta de exorbitar do poder mediante decisões motivadas por capricho, maldade, com intuído de vingança ou aquelas ações realizadas com intuído de concretizar perseguições ou injustiças.

CONSUMAÇÃO E TENTATIVA: Em razão da última parte do tipo, o crime se consuma desde que prejudique a apuração do local ou momento do crime. Trata-se de crime material, portanto, razão pela qual a tentativa é possível.

Observe-se que, caso a fraude processual constitua crime mais grave deverá restar absorvido, como, por exemplo, a falsificação de documentos ou falsidade ideológica.

AÇÃO PENAL: Nos termos do art. 3º. dessa Lei, trata-se de crime de ação penal pública incondicionada.

Como a pena deste crime é de detenção, de 1 (um) a 4 (quatro) anos, e multa, é cabível proposta de suspensão condicional do processo (art. 89 da Lei 9.099/1995).

> **Art. 25.** Proceder à obtenção de prova, em procedimento de investigação ou fiscalização, por meio manifestamente ilícito:
>
> Pena – detenção, de 1 (um) a 4 (quatro) anos, e multa.
>
> Parágrafo único. Incorre na mesma pena quem faz uso de prova, em desfavor do investigado ou fiscalizado, com prévio conhecimento de sua ilicitude.

BEM JURÍDICO TUTELADO: A norma protege o art. 5º, LVI, da Constituição que prevê que "são inadmissíveis, no processo, as provas obtidas por meios ilícitos", bem como o inciso LIV, que dispõe que "ninguém será privado da liberdade ou de seus bens sem o devido processo legal". No plano infraconstitucional cite-se o art. 157 do CPP, art. 369 do CPC e art. 30 da Lei 9.784/1999 que preveem, de um modo geral, a inadmissibilidade das provas ilícitas.

SUJEITOS DOS CRIMES: Embora qualquer pessoa possa produzir provas ilícitas, devido ao condicionamento feito no tipo, o crime previsto no *caput* do art. 25 da Lei 13.689/2019 somente pode ser praticado por agente público investido na função investigatória. Mas também a autoridade judiciária que determina a realização de diligência que resulta em alguma prova ilícita poderá praticar a infração em tela.

Na figura do parágrafo único, é sujeito ativo do crime o agente público que utiliza a prova ilícita como parte ou motivação de seu processo decisório.

O sujeito passivo é o Estado, interessado direto na prática de atos administrativos e jurisdicionais regulares e ético. De forma secundária, podem ser vítimas deste crime as pessoas, física ou jurídica, prejudicadas pela produção e utilização da prova ilícita, como litigantes e acusados em geral.

CONDUTAS: Como manifestação de um Estado de Direito, o dever de investigar e processar com ética enseja a obrigação de serem vedadas a utilização de provas ilícitas, entendidas aqui como as produzidas em contrariedade ao ordenamento jurídico, desde a Constituição Federal, passando pelos compromissos internacionais internalizados pelo Brasil, até as normas infralegais vigentes.

A vedação constitucional às provas ilícitas é uma garantia fundamental, permeada, portanto, por algum grau de cedência recíproca, especialmente quando em conflito com outros interesses constitucionais. Por isso que a análise do elemento normativo do tipo, seja no *caput*, seja no parágrafo único do art. 25, é salutar para análise do crime em estudo, conforme será visto à frente.

Pensamos que a dicção do tipo penal abrange as chamadas provas ilícitas e ilegítimas, que se distinguem no seguinte:

(a) provas ilícitas: obtidas por meios ilícitos, isto é, que violam regras de direito material, como por exemplo a decorrente de interrogatório do réu sem presença do advogado.

(b) prova ilegítima: são as colhidas com violação a normas processuais. Ex.: busca domiciliar fora da situação de flagrante sem ordem do juiz.

Rogério Sanches e Rogério Greco sustentam, ao contrário, que o legislador criminalizou apenas a produção e o efetivo uso da prova obtida por meio ilícito, de modo a não abranger a obtida por ilegítimo. E Concluem "*Quisesse o legislador abarcar as duas espécies, teria sido expresso, ainda que citando seu gênero (prova obtida por meio ilegal).*[60]".

Os períodos redacionais do tipo penal ora em estudo, seja no *caput*, seja no parágrafo único, centram-se na conduta daquele que ilicitamente produz uma prova, de modo que a qualidade de ilícito recai sobre essa atividade produtora da prova. Isso significa que estão excluídas da imputação as chamadas **provas ilícitas por derivação** que, a rigor, são lícitas em si mesmas porque na verdade são produzidas na forma da lei. A posterior imprestabilidade ou vícios de nulidades lhes são incrustrados em decorrências de uma contaminação normativa (teoria do fruto da árvore envenenada – *fruits of the poisonous tree*) razão pela qual não parecem abrangidas pelo tipo penal em estudo.

O ***caput* do art. 25 da Lei 13.869/2019** criminaliza a conduta de proceder à obtenção de prova por meio manifestamente ilícito, isto é, é crime fabricar ou produzir provas utilizando-se de meios que nitidamente não são admitidos pelo ordenamento jurídico brasileiro, como por exemplo, obter a confissão do acusado em interrogatório judicial sem a presença de seu advogado. A conduta deve ser realizada em meio um procedimento de investigação ou fiscalização, porque a prova produzida é destinada à formação da convicção de alguma autoridade julgadora, seja penal, cível, administrativa, disciplinar ou política, como comissões parlamentares de inquérito.

O tipo penal emprega o **elemento normativo do tipo** "meio manifestamente ilícito" que, como mencionado, é redigido por meio de uma oração subordinada adjetiva que se refere ao procedimento de obtenção da prova. Daí verificam-se duas conclusões: (i) o juízo acerca da ilegalidade do processo de produção dessa prova deve ser evidente, direto, facilmente perceptível, inquestionável; (ii) essa conclusão deve ser verificada à época da conduta de modo que decisões posteriores que invalidaram as provas, anterior e licitamente, produzidas não podem ser consideradas suficientes para servir de parâmetro direto acerca da ilicitude manifesta exigida pela parte final do tipo. Para haver o crime, portanto, a avaliação acerca da atividade probatória ilícita deve ser aferida no momento da conduta do agente público e não no momento em que é proferida eventual decisão que a reconhece como tal.

Aqui não se pode olvidar do vetor de interpretação contido no art. 1º, § 2º, da Lei 13.869/2019 que dispõe que a divergência de interpretação do direito ou na avaliação de fatos e provas não configura o abuso de autoridade de modo que a adoção de entendimentos contrários pelas diversas instâncias judiciais acerca da licitude de determinada prova deve ser compreendida como uma zona de atuação legítima do agente público, espaço compatível com a ordem jurídica que exclui o excesso funcional.

Inegável que a subjetividade e vagueza deste elemento normativo do tipo pode ensejar situações de dubiedade e revanchismo, o que, para Igor Pereira Pinheiro, André Clark Nunes Cavalcante e Emerson Castelo Branco é suficiente para indicar a inconstitucionalidade do tipo. Segundo os autores: "*Tal como ocorre no artigo 9º, a expressão 'meio manifestamente ilícito', por ser extremamente genérica, não permite que se conheça a priori quais condutas exatamente quer proibir. Então, mais uma vez, temos que apontar o descumprimento literal de disposição legal, de súmula vinculante ou de teses fixadas em repercussão geral ou em recursos*

60 CUNHA, Rogério Sanches. GRECO, Rogério. Abuso de autoridade: Lei 13.869/2019: comentada artigo por artigo. Salvador: Editora JusPodivm, 2020, p. 228.

repetitivos como as únicas situações que permitem o correto enquadramento legal desse crime de abuso de autoridade[61]".

Na figura do **parágrafo único**, o legislador busca incriminar a conduta do agente público que faz uso de prova com prévio conhecimento de sua ilicitude. Assim, caso a comissão julgadora de um processo disciplinar, sabendo que a confissão foi obtida mediante tortura do litigante, faz uso dessa prova de modo a compor o processo decisório do caso, poderá ser responsabilizada por este crime. Observe-se que o tipo penal só criminaliza o uso da prova obtida por meio ilícito se desfavorável ao investigado ou fiscalizado. Não há crime se o uso dessa prova for favorável ao investigado ou fiscalizado.

O **elemento normativo** dessa figura, qual seja, "com prévio conhecimento de sua ilicitude", é semelhante à do *caput*. Implica na necessidade de o agente público que utiliza a prova ter inequívoca ciência anterior acerca de sua ilicitude, juízo verificável no momento da sua conduta e não àquele referente a decisão posterior que reconheceu o inadequado uso daquela prova ilícita. Em alguma medida, neste ponto, o elemento normativo parece ter sido inspirado na exceção da boa-fé de modo a impedir a responsabilidade penal de um agente público que desconhecia a ilicitude do ato porque não havia motivos razoáveis para suspeitar de sua invalidade. A rigor, o desconhecimento da ilicitude da conduta é causa de exclusão da culpabilidade, porém, utilizada como elemento normativo do tipo, essa circunstância enseja a atipicidade da conduta, o que, no processo de imputação penal, é mais vantajoso para o réu.

Ambos elementos normativos, do *caput* e do parágrafo único do art. 25, são salutares para resguardar a atuação do agente público que ao tempo em que age, seja na obtenção ou no uso de provas, o faz sob circunstâncias e entendimentos que lhe permitia agir daquela forma, principalmente porque a legislação processual (penal, civil e administrativa), em razão da relativa liberdade probatória quanto aos sujeitos do processo, não possui um rol taxativo de prova admissíveis. Em razão disso, ante a inexistência de um catálogo cerrado capaz de classificar todas a provas ilícitas a priori, e dada a maleabilidade de algumas situações limítrofes, a qualidade ilícita da prova será aferível caso a caso, de modo que, para fins de caracterização do crime previsto neste dispositivo, é imprescindível que análise acerca da inadequação da prova seja feita à época da conduta e a partir das circunstâncias fáticas que lhe autorizam a agir daquela forma.

Conflito de normas e caráter subsidiário: O abuso de autoridade criminalizado neste tipo representa um atentado geral à garantia constitucional acerca da vedação das provas ilícitas. Mas a legislação penal possui outros tipos penais com o mesmo objetivo, descritos, entretanto, com elementares especiais como crime de tortura (Lei 9.455/1997, art. 1º, I, "a"), de interceptação telefônica ilegal (Lei 9.296/1996, art. 10), violação de correspondência (art. 151 do CP) e os crimes previstos nesta Lei 13.869/2019, arts. 13, III, 15 e 22, III. O crime do art. 25, portanto, é subsidiário.

A questão das mensagens contidas em celular apreendido: Em um mundo conectado à velocidade das fibras ópticas, a maneira como as pessoas se comunicam foi transformada, de modo que as correspondências por meio de mensagens (escritas ou não), há pouco tempo relegada a terceiro plano pela comunicação telefônica, voltou a ser a grande preferência. Esse fenômeno foi impulsionado pelos avanços tecnológicos dos aparelhos telefônicos móveis que executam sistema operacional equivalentes a computadores e permitem acesso à rede mundial de computadores, bem como a troca de mensagens em tempo real. A forma de se corresponder, portanto, mudou. Os serviços postais e as cartas deram lugar à transmissão *on line* e aplicativos que enviam, recebem e armazenam as mensagens trocadas entre os cidadãos. Essas novas tecnologias vestíveis, que imprimem mudanças no comportamento humano, desafiam a

61 PINHEIRO, Igor Pereira. CAVALCANTE, André Clark Nunes. CASTELO BRANCO, Emerson. Nova Lei de Abuso de Autoridade. JH Mizuno. 2019, p. 18.

tipificação de algumas condutas ante a legislação penal vigente, que muitas vezes não acompanha a evolução da modernidade. Coloca-se, então, a seguinte questão: comete abuso de autoridade o agente público que vasculha as mensagens correspondidas, isto é, remetidas e recebidas, contidas em aparelho de telefone móvel (celular) apreendido?

Essa questão nova, em razão da grande variedade de situações, é complexa, pelo que se torna necessário fazer alguns recortes. No tocante ao acesso às mensagens eventualmente gravadas/armazenadas e contidas no aparelho de celular, isto é, que já foram transmitidas por meio da rede mundial dos computadores, bem como demais dados como fotos, vídeos, agendas de contato, etc., temos que a análise deve ser feita à luz da garantia constitucional da inviolabilidade da intimidade e do sigilo das correspondências. Quanto a apreensão/obtenção das mensagens que estão sendo trocadas em tempo real, a análise deve ser feita à luz do sigilo das comunicações de dados, não o da correspondência.

Para a resposta adequada à indagação, também é necessário dividir a análise em duas situações distintas: celular não apreendido e celular apreendido pela autoridade pública.

No caso do aparelho de celular não apreendido, isto é, caso a autoridade pública busque obter as correspondências contidas em um celular de que não tenha a posse, mediante, por exemplo, a instalação de um *software* capaz de realizar transferência de arquivos, ela deve representar por um mandado judicial para tanto, sob pena de atentar contra a inviolabilidade de correspondência. Nesse caso, o próprio art. 7º, III, da Lei 12.965/14 (Marco Civil da Internet) assegura ao usuário o direito à inviolabilidade e ao sigilo de suas comunicações privadas armazenadas, salvo por ordem judicial[62].

Diferentemente, no caso de buscas realizadas em um aparelho celular apreendido licitamente, não haverá procedimento de obtenção de prova por meio manifestamente ilícito visto que inexiste, nesses casos, sigilo telefônico propriamente dito protegido pelo artigo 5º, XII, da Constituição, que se refere à comunicação em si, e não aos dados já armazenados. Essa norma e a Lei 9.296/1996 resguardam as conversas ocorridas em tempo real, não as que aconteceram no passado.

Partindo desse ponto, registre-se que a apreensão de objetos pela autoridade pública, em meio a uma atividade oficial e legítima, autoriza que eles sejam analisados, ou periciados, a fim de constatar sua ligação com o ilícito em apuração, seja para identificar provas da infração, seja para a própria defesa do cidadão. Essa é a teleologia do art. 240, § 1º, do CPP, o qual indica explicitamente que o objeto apreendido deverá servir para essas finalidades[63].

---

62 Art. 7º O acesso à internet é essencial ao exercício da cidadania e ao usuário são assegurados os seguintes direitos:
I – Inviolabilidade da intimidade e da vida privada, sua proteção e indenização pelo dano material ou moral decorrente de sua violação;
II – inviolabilidade E sigilo do fluxo de suas comunicações pela internet, salvo por ordem judicial, na forma da lei;
III – inviolabilidade e sigilo de suas comunicações privadas armazenadas, salvo por ordem judicial.

63 Dispõe o art. 240. "A busca será domiciliar ou pessoal.
§ 1º Proceder-se-á à busca domiciliar, quando fundadas razões a autorizarem, para:
a) prender criminosos;
b) apreender coisas achadas ou obtidas por meios criminosos;
c) apreender instrumentos de falsificação ou de contrafação e objetos falsificados ou contrafeitos;
d) apreender armas e munições, instrumentos utilizados na prática de crime ou destinados a fim delituoso;
e) descobrir objetos necessários à prova de infração ou à defesa do réu;
f) apreender cartas, abertas ou não, destinadas ao acusado ou em seu poder, quando haja suspeita de que o conhecimento do seu conteúdo possa ser útil à elucidação do fato;
g) apreender pessoas vítimas de crimes;
h) colher qualquer elemento de convicção".

Ocorre que a apreensão de bens nem sempre necessita de mandado judicial uma vez que a administração pública, no exercício do poder de polícia e ante a autoexecutoriedade de seus atos, pode, *de per se*, impor restrição a direitos individuais.

Com a precisão que lhe é inerente, ensina José dos Santos Carvalho Filho: "*outro ponto a considerar é o de que a autoexecutoriedade não depende de autorização de qualquer outro Poder, desde que a lei autorize o administrador a praticar o ato de forma imediata. Assim, acertada a decisão segundo a qual, no exercício de poder de polícia administrativa, não depende a Administração da intervenção de outro poder para torná-lo efetivo. Quando a lei autoriza o exercício do poder de polícia com autoexecutoriedade, é porque se faz necessária a proteção de determinado interesse coletivo.*"[64]

Em se tratando de ato da polícia judiciária, a apreensão vem expressamente autorizada pelo art. 6º do CPP, que impõe à autoridade policial o dever de apreender os objetos que tiverem relação com o fato, colher todas as provas que servirem para o esclarecimento do fato e suas circunstâncias, além de determinar, se for caso, que se proceda a quaisquer outras perícias.

Por isso, o Supremo Tribunal Federal, no HC 91.867/PA, de relatoria do ministro Gilmar Mendes, decidiu que não violava o princípio da intimidade o fato de o policial acessar a lista de telefones no celular de um indivíduo. Embora o precedente não se refira expressamente ao conteúdo das correspondências contidas no aparelho, serve para demonstrar que, após a apreensão regular do aparelho, é legítima ao Estado a verificação de seu conteúdo.[65]

Assim sendo, havendo regular apreensão de um aparelho celular pela autoridade pública[66], não configura atentado ao sigilo da correspondência do cidadão a análise das mensagens recebidas e enviadas nele contidas[67]. Parece-nos aqui aplicável a lógica de que quem pode o mais, pode o menos. Se a apreensão de determinado objeto é feita regularmente pela atuação investigatória estatal, é lícita uma análise técnica e pericial do objeto apreendido.

---

64 CARVALHO FILHO, José dos Santos. Manual de Direito Administrativo. 31ª ed. Rio de Janeiro: Lumem Juris. 2017. p. 91.

65 Vejamos, naquilo que importa ao presente estudo, como foi lavrada a decisão do Pretório Excelso: "Ilicitude da prova produzida durante o inquérito policial – violação de registros telefônicos de corréu, executor do crime, sem autorização judicial. 2.1. Suposta ilegalidade decorrente do fato de os policiais, após a prisão em flagrante do corréu, terem realizado a análise dos últimos registros telefônicos dos dois aparelhos celulares apreendidos. Não ocorrência. 2.2. Não se confundem comunicação telefônica e registros telefônicos, que recebem, inclusive, proteção jurídica distinta. Não se pode interpretar a cláusula do artigo 5º, XII, da CF, no sentido de proteção aos dados enquanto registro, depósito registral. A proteção constitucional é da comunicação de dados e não dos dados. 2.3 Art. 6º do CPP: dever da autoridade policial de proceder à coleta do material comprobatório da prática da infração penal. Ao proceder à pesquisa na agenda eletrônica dos aparelhos devidamente apreendidos, meio material indireto de prova, a autoridade policial, cumprindo o seu mister, buscou, unicamente, colher elementos de informação hábeis a esclarecer a autoria e a materialidade do delito (dessa análise logrou encontrar ligações entre o executor do homicídio e o ora paciente). Verificação que permitiu a orientação inicial da linha investigatória a ser adotada, bem como possibilitou concluir que os aparelhos seriam relevantes para a investigação" (HC 91867, Rel. Min. Gilmar Mendes, 2ª T., j. 24/04/2012, Dje-185,19-09-2012).

66 Segundo Renato Brasileiro, "Para que a apreensão seja considerada lícita, há de se ficar atento aos requisitos da medida cautelar de busca pessoal e de busca domiciliar. A busca pessoal independe de prévia autorização judicial quando realizada sobre o indivíduo que está sendo preso, quando houver fundada suspeita de que a pessoa esteja na posse de arma proibida ou de objetos ou papéis que constituam o corpo de delito, assim como na hipótese de cumprimento de mandado de busca domiciliar (CPP, art. 244) " (LIMA, Renato Brasileiro de. Manual de Processo Penal. 5ª ed. Salvador: Juspodivm. 2017. p. 133).

67 Já decidiu a 2ª Câmara Criminal do TJ-MT pela possibilidade de vasculha em celular apreendido: "Embora existente autorização judicial nos autos para a interceptação telefônica, o acesso aos dados do aplicativo *WhatsApp*existente no aparelho celular da vítima, apreendido durante a prisão em flagrante delito, não consubstancia quebra de sigilo das comunicações via telefone, que exige prévia autorização judicial, mas, trata-se, sim, de mera extração de dados de objeto apreendido relacionado ao crime, nos termos do art. 6º II e III, do CPP. (HC 79845/2016, Des. Rondon Bassil Dower Filho, 2ª Câmara Criminal, j. 29/06/2016, DJE 05/07/2016).

Embora se referindo à busca e apreensão, e seguindo essa teleologia, o STJ já decidiu que "*se o telefone celular foi apreendido em busca e apreensão determinada por decisão judicial, não há óbice para que a autoridade policial acesse o conteúdo armazenado no aparelho, inclusive as conversas do WhatsApp. Para a análise e a utilização desses dados armazenados no celular, não é necessária nova autorização judicial. A ordem de busca e apreensão determinada já é suficiente para permitir o acesso aos dados dos aparelhos celulares apreendidos*" (STJ. 5ª Turma. RHC 77.232/SC, Rel. Min. Felix Fischer, julgado em 03/10/2017).

Há, contudo, decisão do Superior Tribunal de Justiça, em que, exceto se houver consentimento do acusado, é necessária a obtenção de mandado judicial para a devassa das conversas contidas no aparelho celular apreendido: "*ilícita é a devassa de dados, bem como das conversas de WhatsApp, obtidas diretamente pela polícia em celular apreendido no flagrante, sem prévia autorização judicial. 2. Recurso ordinário em habeas corpus provido, para declarar a nulidade das provas obtidas no celular do paciente sem autorização judicial, cujo produto deve ser desentranhado dos autos*" (STJ. 6ª Turma. RHC 51.531-RO, Rel. Min. Néfi Cordeiro, julgado em 19/4/2016). Essa é a posição predominante no Superior Tribunal de Justiça[68], com a qual discordamos pelos motivos expostos.

No sentido do que sustentamos acima, a questão tende a ser pacificada porque, recentemente, o Supremo Tribunal Federal decidiu, com repercussão geral, que: "É lícita a prova obtida pela autoridade policial, sem autorização judicial, mediante acesso a registros telefônicos ou agenda de contatos de celular apreendido ato contínuo no local do crime atribuído ao acusado, não configurando esse acesso ofensa ao sigilo das comunicações à intimidade ou à privacidade do indivíduo" (STF. Plenário, ARE 1042075, j. 30.10.2020 – Repercussão Geral).

Anote-se que recentemente o STJ entendeu que "O acesso ao chip telefônico descartado pelo acusado em via pública não se qualifica como quebra de sigilo telefônico" (STJ. 5ª Turma. HC 720.605-PR, Rel. Min. Ribeiro Dantas, julgado em 09/08/2022 (Info 744)).

VOLUNTARIEDADE: Ambas as figuras típicas do art. 25 são eminentemente dolosas.

Importa destacar, para a configuração destes crimes, a imprescindibilidade da finalidade específica prevista no art. 1º, § 1º, da Lei 13.869/2019, de modo que a caracterização do abuso se ressente do dolo da autoridade pública, revestido de elemento subjetivo do injusto consistente na vontade direta de exorbitar do poder mediante decisões motivadas por capricho, maldade, com intuído de vingança ou aquelas ações realizadas com intuído de concretizar perseguições ou injustiças.

A finalidade específica deve ser aferida simultaneamente com o vetor do art. 1º, § 2º, da Lei que dispõe que a divergência de interpretação da lei ou na avaliação dos fatos e provas não configura abuso de autoridade. Não fosse isso, poderia, indevidamente, ser sustentado que haveria crime, automaticamente, após qualquer decisão subsequente que reconhecesse a ilicitude de determinada prova. A caracterização do abuso de autoridade ressente-se do dolo da autoridade pública, revestido de elemento subjetivo do injusto consistente na vontade direta de exorbitar do poder mediante decisões motivadas por capricho, maldade, com intuído de vingança ou aquelas ações realizadas com intuído de concretizar perseguições ou injustiças.

Desse modo, eventual má apreciação do caso e a qualidade negativa da decisão da autoridade pública não podem ser equiparadas à vontade de praticar o crime de abuso de autoridade. Nesses casos, embora a decisão que procedeu à obtenção ou que fez uso de uma prova que posteriormente foi reconhecida como ilícita por instâncias decisórias diferentes, não é possível imputar, de forma automática ou vinculante, a caracterização do abuso de poder previsto no tipo penal em estudo.

68 RHC 89.385/SP, j. em 16.08.2018; AgRg no RHC 92.801/SC, DJe 26.03.2018; RHC 73.998/SC, DJe 19.02.2018; REsp 1.661.378/MG, DJe 30.05.2017.

CONSUMAÇÃO E TENTATIVA: O núcleo verbal indica que o crime é material porque a conduta enseja a produção da prova ilícita. O crime se consuma com o advento decorrente desta conduta, ou seja, com a obtenção da prova ilícita. A tentativa e admissível visto tratar-se de crime plurissubsistente.

AÇÃO PENAL: Nos termos do art. 3º. dessa Lei, trata-se de crime de ação penal pública incondicionada.

Como a pena deste crime é de detenção, de 1 (um) a 4 (quatro) anos, e multa, é cabível proposta de suspensão condicional do processo (art. 89 da Lei 9.099/1995), bem como o acordo de não persecução penal (art. 28-A do CPP, com redação dada pela Lei 13.964/2019).

Art. 26. (VETADO).

Art. 27. Requisitar instauração ou instaurar procedimento investigatório de infração penal ou administrativa, em desfavor de alguém, à falta de qualquer indício da prática de crime, de ilícito funcional ou de infração administrativa:

Pena – detenção, de 6 (seis) meses a 2 (dois) anos, e multa.

Parágrafo único. Não há crime quando se tratar de sindicância ou investigação preliminar sumária, devidamente justificada.

BEM JURÍDICO TUTELADO: A norma penal tutela o princípio de presunção de inocência, previsto na Constituição Federal (art. 5º, LVII), Convenção Americana sobre Direitos Humanos (art. 8º) e no Pacto Internacional dos Direitos Civis e Políticos (art. 14), bem como o direito a honra do cidadão (CF, art. 5º, X). Secundariamente, a norma tutela a administração pública, mais precisamente aspectos relacionados à economicidade.

SUJEITOS DOS CRIMES: sujeito ativo é o agente público que detém competência administrativa para requisitar a instauração ou para instaurar procedimento investigatório de infração penal ou administrativa.

Segundo a legislação vigente, podem requisitar a instauração de procedimento investigatório de infração penal:

i. Presidente do STF (art. 43, § 1º, Regimento Interno);
ii. Presidente STJ (art. 58, § 1º, Regimento Interno);
iii. Presidente TST (art. 43, parágrafo único, Regimento Interno);
iv. Membros do Ministério Público (129, VIII, da CF);
v. Ministro da Justiça (art. 5º, § 4º, CPP);
vi. Juiz de Direito (art. 5º, II, do CPP).

Podem requisitar a instauração de procedimentos investigatório de natureza administrativa:

i. Membros do Ministério Público (Art. art. 26, III, da Lei 8.625/1993 e art. 22 da Lei 8.429/1992);
ii. Titular da CGU (procedimento de verificação de incompatibilidade patrimonial – art. 7º, parágrafo único, Decreto 5483/2005 e Art. 18, § 1º, Lei 10.683/2003);
iii. Ministro de Estado Chefe da Controladoria-Geral da União (art. 18, § 5º, II, Lei 10.683/2003).

O sujeito passivo é a pessoa, física ou jurídica, que teve contra si instaurado o procedimento à guisa de qualquer indício de prática do ilícito. Secundariamente, o Estado também é o sujeito passivo da infração tendo em vista que o dispêndio de recursos desnecessários que a conduta enseja.

CONDUTAS: O crime do art. 27 da Lei 13.869/2019 pune a instauração de investigações descabidas, sem arrimo indiciário suficiente para justificar a atuação estatal, situações que violam a presunção de inocência e a honra do cidadão supostamente atingido pelo ato. O crime também visa evitar o desperdício de recursos públicos com a instauração de procedimentos inúteis, protegendo-se aspectos da economicidade da administração pública.

O crime ora em estudo pode ser praticado de duas formas:

a) quando o agente público requisita a instauração do procedimento investigatório, isto é, quando ele exige de outro agente público a abertura do procedimento. Embora a requisição tenha a essencial função de comunicar para determinada autoridade pública a prática de um ilícito, e mesmo não havendo necessariamente relação hierárquica entre as autoridades envolvidas, indisfarçavelmente é revestida de natureza de mandamental, que decorre, principalmente, da obrigatoriedade inerente às autoridades estatais de agir de ofício diante da notícia de algum ato ilícito[69].

b) Quando o agente instaura o procedimento investigatório: A instauração de procedimentos investigatório por determinadas autoridades decorre do dever de ofício de agir para apurar determinados atos ilícitos, razão pela qual, pode ser feito independentemente de provocação de interessados ou outras formalidades. Geralmente é feito mediante a expedição de uma portaria em que o agente público motiva sua atuação, o que implica na exposição dos fundamentos jurídicos e fáticos, momento em que deve apontar os dados que individualizam o ato sob investigação, os indícios que autorizaram a abertura do procedimento e, se o caso, a(s) pessoa(s) implicada(s).

O objeto material do delito em estudo é o **procedimento investigatório de infração penal ou administrativa**. São espécies de procedimentos investigatório de infrações penais os termos circunstanciados, inquéritos policiais (inclusive o militar) e Procedimentos investigatórios criminais. Já as infrações administrativas podem ser apuradas por inúmeras espécies de procedimentos investigatórios, previstos, geralmente, na mesma lei que institui determinada categoria de infrações administrativas. É no procedimento apuratório que restará materializada o desvio de finalidade do agente público que age sem embasamento fático para tanto.

Observe-se que o tipo exige que o agente requisite a instauração ou instaure o procedimento em **desfavor de alguém**, o que significa que a pessoa implicada seja identificada. Caso seja instaurado procedimento com *autoria incerta* não haverá o crime em tela, o que é justificável e até de certo modo desejado porque essa circunstância deve mesmo ser objeto de apuração do procedimento investigatório instaurado. Aliás, observe-se que a redação do tipo menciona que haverá o crime à falta de qualquer indício da prática do crime e não à falta de algum indício quanto a ocorrência do fato, o que implica na possibilidade de instauração de investigações para apuração de ilícitos sem autoria determinada.

O **elemento normativo do tipo** é "*à falta de qualquer indício da prática de crime, ilícito funcional ou de infração administrativa*" e significa que para a deflagração da investigação é necessária a existência de algum indício de prática do ilícito. Observe-se que o art. 27 da Lei de Abuso de Autoridade não emprega a locução "justa causa", presente por exemplo, na figura do art. 30 da mesma lei. A razão disso é que entre essas disposições há uma diferença de intensidade de provas que embasam a atuação da administração pública. Para instaurar o procedimento

69 Especificamente no tocante às consequências que o descumprimento injustificado de requisição do Ministério Público pode acarretar, ensina a doutrinal de escol: "*O desatendimento enseja responsabilização civil, posto que há, em suposição, a caracterização do ato de improbidade administrativa descrito no art. 11, inc. II, da Lei nº 8.429/92, e responsabilização criminal, visto que há, em tese, configuração do crime de prevaricação desenhado no art. 319 do CP, sem exclusão da possibilidade de responsabilização político administrativa, em virtude de imputação pelo crime contra a probidade na Administração tipificado no art. 9º, nº 3, da Lei nº 1.079/50, com assento no art. 129, incs. VI e VIII, da CFRB.*" (MORAES, Guilherme Peña de. Curso de direito constitucional. 9 ed. São Paulo: Atlas, 2017. p.628.).

investigatório de algum ilícito é exigível apenas a existência de algum indício, caracterizada pela aparência de prática de uma infração (penal ou administrativa), enquanto que para a deflagração da persecução esse grau de exigência é robustecido para um conjunto mínimo de provas. Isso ocorre por causa do *sentido dinâmico do princípio da presunção de inocência* segundo o qual na fase inicial de apuração de um ato ilícito o princípio opera efeitos menos intensos e, na medida em que as etapas investigativas e marcha processual avançam, de modo a restringir direitos do investigado, paulatinamente, opera efeitos mais intensos de modo a exigir um suporte probatório maior, capaz de justificar o avanço na atuação estatal. Deste modo, somente restará configurado o crime do art. 27 da Lei de Abuso de Autoridade se a instauração do procedimento investigatório não possuir qualquer elemento de convicção que a justifique, ainda que precário e incerto. Aqui não se pode olvidar do vetor de interpretação contido no art. 1º, § 2º, da Lei 13.869/2019 que dispõe que a divergência de interpretação do direito ou na avaliação de fatos e provas não configura o abuso de autoridade de modo que eventuais divergências quanto o juízo de cognição positivo realizado pela autoridade pública sobre determinada circunstância, capaz de emprestar-lhe suficiência indiciária para a instauração do procedimento, deve ser compreendido dentro de uma zona de atuação legítima do agente público, espaço compatível com a ordem jurídica que exclui o excesso funcional, ainda que posteriormente seja adotado, no caso concreto, entendimento contrário por instâncias decisória diversa.

É certo que esses elementos indiciários nem sempre são identificados de pronto razão pela qual o parágrafo único ressalva que inexiste crime quando a autoridade pública (policial ou administrativa) realiza investigações preliminares destinada a verificar a viabilidade da investigação, o que não significa que a instauração destes procedimentos preliminares seja obrigatória, mesmo porque a fase investigatória é norteada por um *standard of proof* de caráter normativamente sumário. Embora referindo-se à investigação penal, a lição de Lopes Junior e Gloeckner é precisa para esse juízo necessário para deflagrar quaisquer investigações administrativas: "*A sumariedade implica na proibição de que o órgão encarregado da investigação preliminar (juiz instrutor, promotor investigador ou polícia) analise a fundo a matéria, ou seja, o fato constante da notícia-crime, de modo que não poderá comprovar de forma plena todos os elementos necessários para emitir um juízo de certeza. Como não se busca a certeza, mas a mera probabilidade, o grau de profundidade com que se investiga, ou o quanto a ser esclarecido, é menor. A cognitio está limitada no plano horizontal pela impossibilidade de que sejam comprovadas com plenitude a existência do fato e a sua autoria. O Órgão encarregado da instrução preliminar não poderá buscar a prova plena do fato delitivo, pois está limitado a comprovar a verossimilhança, a probabilidade do fumus comissi delicti. Além disso, há limitações que são intrínsecas à própria colheita da prova, como por exemplo a possibilidade de exercício pleno do contraditório nesta fase, a arguição e debates sobre a ilicitude da prova, etc., que ficarão jungidas ao cenário processual. Também está limitada no plano vertical, pois o titular da investigação preliminar deverá contentar-se com um juízo superficial acerca da tipicidade, da ilicitude e da culpabilidade do fato do autor. A fase pré-processual está destinada apenas a formar um juízo de probabilidade, para justificar o processo ou não processo. A certeza está reservada para a sentença, calcada na prova produzida em juízo*[70]". Por isso já decidiu o STJ que "*É possível a deflagração de investigação criminal com base em matéria jornalística*". (STJ. 6ª Turma. RHC 98.056-CE, Rel. Min. Antonio Saldanha Palheiro, julgado em 04/06/2019 (Info 652)).

Neste ponto, cumpre destacar que a **denúncia anônima** continua sendo legítima para a instauração de procedimentos investigatório, desde que obedecidos os procedimentos de precaução mencionados pelo STF: 1) Realizar investigações preliminares para confirmar a credibilidade da "denúncia"; 2) Sendo confirmado que a "denúncia anônima" possui aparência

70 LOPES JUNIOR, Aury. Investigação Preliminar no Processo Penal. 6a ed. São Paulo: Saraiva, 2015, p. 179.

mínima de procedência, instaura-se uma investigação; 3) Instaurada a investigação, a autoridade pública deverá buscar outros meios de prova que não a interceptação telefônica (esta é a *ultima ratio*). Se houver indícios concretos contra os investigados e a interceptação se revelar imprescindível para provar o crime, poderá ser requerida a quebra do sigilo telefônico ao magistrado. STF. 1ª Turma. HC 106152/MS, Rel. Min. Rosa Weber, j. 29/3/2016 (Info 819). Assim também já entendeu a 2ª Turma Pretório Excelso no HC 133148/ES, Rel. Min. Ricardo Lewandows-ki, j. 21/2/2017 (Info 855).

Segundo já decidiu o STJ, caso a denúncia anônima seja levada ao conhecimento da própria entidade pública que realiza uma licitação, não há ilegalidade na instauração de processo administrativo para apurar o fato, tendo em vista o poder-dever de autotutela imposto à Administração e, por via de consequência, ao administrador público. 2ª Turma. AgRg no Resp. 1307503/RR, Rel. Min. Mauro Campbell Marques, j. 06/08/2013. A questão parece encontrar uma solidificação de entendimento, conforme indica a Súmula 611 do Superior Tribunal de Justiça, que em certa medida é aplicável aos demais casos de processo administrativo: "*Desde que devidamente motivada e com amparo em investigação ou sindicância, é permitida a instauração de processo administrativo disciplinar com base em denúncia anônima, em face do poder-dever de autotutela imposto à Administração*".

É certo, porém, que, caso a denúncia tenha motivação espúria, como na hipótese do comunicante que sabe inexistir qualquer irregularidade e com o propósito de prejudicar os implicados, faz a denúncia, não há mais como invocar qualquer tipo de proteção ou excludente porque, nesse caso, passa a constituir ato ilícito. Como bem lembram Fábio Roque Araújo e outros, embora não seja exigida formalidade na representação, "*isto não significa dizer, todavia, que não caiba ao MP exercer juízo de valor acerca da verossimilhança da representação. Por outras palavras, não significa que o só fato de haver a representação fará com que o Ministério Público, em quaisquer casos, requisite a instauração de um inquérito policial, por exemplo. Ao revés, deve o Ministério Público, de forma criteriosa, aferir a pertinência da representação, sob pena de se permitir que esse importante instrumento de apuração de responsabilidade seja banalizado ou utilizado como instrumento de perseguições e injustiças*[71]".

A criteriosa aferição da pertinência da representação que noticia uma infração legal decorre do dever de zelo inerente ao agente público brasileiro, sendo a lição acima citada inteiramente aplicável às autoridades administrativas aptas a investigar outras infrações administrativas. Não é por outro motivo que o **parágrafo único do art. 27 da Lei de Abuso** dispõe que não há crime quando se tratar de sindicância ou investigação preliminar sumária, devidamente justificada. A norma explicativa contempla justamente a possibilidade de serem instaurados procedimentos preliminares que se destinam a verificar se o fato que chegou ao conhecimento da autoridade pública tem viabilidade para ser investigado. Trata-se de atividade que deve se pautar por algumas regras gerais, tais como, sigilosidade, natureza inquisitorial não punitiva, formalismo moderado, transitoriedade, brevidade, etc, mas que não deve ser considerada obrigatória, como afirmamos acima, porque o juízo de valoração sobre os indícios suficientes para a deflagração da investigação é premido pela sumariedade e permeado pela liberdade valorativa expressamente prevista no art. 1º, § 2º, da Lei 13.869/2019.

Aliás, o tipo penal em estudo, juntamente com o art. 30 da presente Lei, em razão do efeito intimidativo que pode surtir sobre autoridades públicas investidas na função investigatória, padece de **inconstitucionalidade e inconvencionalidade**, notadamente se for interpretado como norma que impede ou mesmo obstaculize a realização de investigações estatais. A obrigação de proteger os direitos humanos, para ser efetiva, ocorre mediante a concessão de garantias para

71 ROQUE, Fabio. TAVORA, Nestor. ALENCAR, Rosmar Rodrigues. Legislação Criminal para concursos. Salvador: JusPodivm. 2016. p. 90.

autoridades encarregadas desta atividade de que atuarão sem retaliações indevidas e de que essa atuação estatal é feita por meios, investigatórios e processuais penais aptos à elucidar o fato. Nesse sentido pode-se constatar que este tipo penal viola, em certo grau, o disposto nos artigos 8.1 e 25.1 da Convenção Interamericana dos Direitos Humanos que instituem o dever estatal de investigar os ilícitos de que o Estado toma conhecimento, normas que ensejaram inclusive a condenação do Brasil na Corte Interamericana de Direitos Humanos, em setembro de 2009, no famoso Caso Sétimo Garibaldi vs. Brasil por falta de atuação estatal na investigação adequada e eficiente do caso[72]. Sobre a inconvencionalidade da Lei, reportamo-nos aos comentários ao art. 1º, § 2º.

VOLUNTARIEDADE: Trata-se de crime punível a título de dolo, consistente na vontade livre e consciente de requisitar a instauração ou instaurar procedimento investigatório em desfavor de alguém sem qualquer indício da prática do ato.

Importa destacar, para a configuração deste crime, a imprescindibilidade da finalidade específica prevista no art. 1º, § 1º, da Lei 13.869/2019 de modo que a caracterização do abuso se ressente do dolo da autoridade pública, revestido de elemento subjetivo do injusto consistente na vontade direta de exorbitar do poder mediante decisões motivadas por capricho, maldade, com intuído de vingança ou aquelas ações realizadas com intuído de concretizar perseguições ou injustiças.

A finalidade específica deve ser aferida simultaneamente com o vetor do art. 1º, § 2º, da Lei que dispõe que a divergência de interpretação da lei ou na avaliação dos fatos e provas não configura abuso de autoridade. Não fosse isso, poderia, indevidamente, ser sustentado que haveria crime, automaticamente, após qualquer decisão subsequente que reconhecesse a falta de indícios suficientes para a instauração do procedimento. Desse modo, eventual má apreciação do caso e a qualidade negativa da decisão da autoridade pública não podem ser equiparadas à vontade de praticar o crime de abuso de autoridade. Assim, mesmo que decisão que reconheceu a suficiência indiciária para instauração do procedimento seja posteriormente reformada por instâncias decisórias diferentes, não é possível imputar, de forma automática ou vinculante, a caracterização do abuso de poder previsto no tipo penal em estudo.

CONSUMAÇÃO E TENTATIVA: Trata-se de crime material porque a existência do procedimento administrativo investigatório é o resultado da conduta incriminada pelo tipo penal. A tentativa é possível como no caso em que o agente público elabora a portaria de instauração do procedimento investigatório em desfavor de uma pessoa, mas antes que ela seja publicada, ela é anulada por outra autoridade.

AÇÃO PENAL: Nos termos do art. 3º. dessa Lei, trata-se de crime de ação penal pública incondicionada.

O crime é apenado com detenção, de 6 (seis) meses a 2 (dois) anos, e multa, razão pela qual é infração penal de menor potencial ofensivo e admite todas as medidas despenalizadoras da Lei 9.099/1995.

Art. 28. Divulgar gravação ou trecho de gravação sem relação com a prova que se pretenda produzir, expondo a intimidade ou a vida privada ou ferindo a honra ou a imagem do investigado ou acusado:

Pena – detenção, de 1 (um) a 4 (quatro) anos, e multa.

BEM JURÍDICO TUTELADO: A norma penal tutela o direito a honra do cidadão (CF, art. 5º, X).

---

72 Corte Interamericana de Direitos Humanos: Caso Garibaldi vs. Brasil. Disponível em http://www.corteidh.or.cr/docs/casos/articulos/seriec_203_por.pdf. Acesso em 13/11/2019.

SUJEITOS DOS CRIMES: o crime pode ser cometido por qualquer agente público, inclusive o aposentado que tenha mantido consigo uma cópia da gravação que obteve antes da aposentadoria. Em princípio, o destinatário da gravação não é autor do crime, exceto de instigou ou auxiliou o agente na divulgação.

Sujeito passivo é pessoa investigada ou acusado cuja intimidade, vida privada ou imagem foi exposta pela divulgação da gravação.

CONDUTAS: trata-se de crime especial de violação de sigilo funcional (CP, 325) em que o agente público divulga informações de que teve acesso em razão do exercício da função de forma a expor a intimidade, vida privada ou ferindo a honra ou a imagem do investigado. Andou bem o legislador ao prever o crime em tela porque em tempos de registros permanentes de atos da vida privada, para além do dever de respeito ao segredo processual, é necessário impor aos agentes públicos que tenham acesso a essas gravações o dever de respeito a imagem das pessoas, ainda que investigados e acusados em geral. A divulgação dessas gravações acessadas pelos agentes públicos é ato reprovável e atentatório a dignidade reputacional dos investigados, notadamente quando não guardam qualquer relação com o fato investigado.

A conduta central é, de forma desnecessária, divulgar (comunicar, propalar, exibir, difundir) a gravação, compreendida como sinais acústicos ou audiovisuais, cujo conteúdo é invasivo ou infamante à algum investigado/acusado. A divulgação pode ser feita de forma escrita, virtual, verbal ou mediante entrega de mídia contendo a gravação. A divulgação incriminada é a feita para terceiros em geral não havendo que se falar em crime quando o agente público, em meio a uma determinada investigação, encontra gravações que indiquem a prática de outras infrações legais e as remete para outras autoridades públicas para a devida apuração dos fatos.

Só haverá o crime do art. 28 da Lei 13.689/2019 se a gravação divulgada não manter relação com a prova que se pretenda produzir com a sua divulgação. Por outro lado, havendo conexão instrumental entre a gravação e a instrução dos autos não há o crime em estudo. Por isso que caso seja divulgada uma fotografia do agente com o propósito de identificar outras possíveis vítimas de crimes por ele cometido, não haverá crime em estudo.

Para haver o crime em estudo, todavia, além de a gravação divulgada não manter qualquer ligação com a investigação, é necessário que exponha a intimidade ou a vida privada ou haja ferimento a honra ou imagem do investigado ou acusado. Observe-se que este crime não exige a prévia decretação de sigilo do processo, bastando que o agente divulgue as gravações sobre aspectos da vida íntima do investigado/acusado. Ex. Haverá crime se em meio a uma investigação de crime de apropriação indébita, o agente encontra imagens de que o acusado possui relação extraconjugais e as divulga.

Não haverá crime no caso de a gravação não expor a intimidade ou a vida privada ou não ferir a honra ou imagem do investigado ou acusado. Também não haverá crime caso seja divulgada gravação que já era, prévia e integralmente, de domínio público como imagens captadas em locais públicos ou expostas publicamente pelo próprio acusado.

Conflito entre normas: O crime em tela é especial em relação ao previsto no art. 325 do Código Penal, circunscrito a situações de segredo de justiça decretado. Além disso, no crime do Código Penal, são tuteladas não apenas a pessoa do investigado ou acusado, mas de qualquer pessoa protegida pela medida de sigilo decretada, bem como a própria Administração Pública que, em alguns casos, em razão da natureza do fato, deve atuar em segredo sob pena de prejuízo à sua atuação eficiente.

O crime do art. 28 da Lei 13.869/2019 também pode ser confundido com o crime previsto no art. 10 da Lei de Interceptações que é outra espécie violação de segredo, porém, circunscrito às situações em que a informação sigilosa foi obtida mediante interceptação telefônica (com ou sem autorização judicial), circunstâncias que diferenciam as espécies delitivas. Com efeito, no novo delito, a informação divulgada, além de não ser necessariamente sigilosa, não foi, necessariamente, obtida mediante autorização judicial e nem mediante interceptação telefônica.

VOLUNTARIEDADE: Trata-se de crime punível a título de dolo, consistente na vontade livre e consciente de divulgar gravação sem relação com investigação em andamento de modo a expor a intimidade e vida privada ou ferir a honra ou imagem do investigado ou acusado.

Importa destacar, para a configuração deste crime, a imprescindibilidade da finalidade específica prevista no art. 1º, §§ 1º e 2º da Lei de Abuso de Autoridade, de modo que a caracterização do abuso se ressente do dolo da autoridade pública, revestido de elemento subjetivo do injusto consistente na vontade direta de exorbitar do poder mediante decisões motivadas por capricho, maldade, com intuído de vingança ou aquelas ações realizadas com intuído de concretizar perseguições ou injustiças.

CONSUMAÇÃO E TENTATIVA: Trata-se de crime material porque se consuma quando a intimidade ou a vida privada são expostos ou no momento em que a honra e a imagem são feridas.

A tentativa é possível, salvo se a divulgação for feita de maneira oral.

AÇÃO PENAL: Nos termos do art. 3º. dessa Lei, trata-se de crime de ação penal pública incondicionada.

Como a pena deste crime é de detenção, de 1 (um) a 4 (quatro) anos, e multa, é cabível proposta de suspensão condicional do processo (art. 89 da Lei 9.099/1995), bem como o acordo de não persecução penal (art. 28-A do CPP, com redação dada pela Lei 13.964/2019).

Art. 29. Prestar informação falsa sobre procedimento judicial, policial, fiscal ou administrativo com o fim de prejudicar interesse de investigado:

Pena – detenção, de 6 (seis) meses a 2 (dois) anos, e multa.

Parágrafo único. (VETADO).

BEM JURÍDICO TUTELADO: A norma penal tutela o direito a honra do cidadão (CF, art. 5º, X), o princípio da moralidade da administração pública e o dever de objetividade no atendimento do interesse público.

SUJEITOS DOS CRIMES: Trata-se de crime que pode ser cometido por qualquer agente público.

O sujeito passivo é o investigado (pessoa física ou jurídica), isto é, aquele contra quem foi instaurado um procedimento judicial, policial, fiscal ou administrativo.

CONDUTAS: Comete este crime o agente público que presta (concede, anuncia) informações mentirosas sobre determinado procedimento, ferindo o dever de objetividade com que devem atuar. Ex. autoridade policial anuncia, falsamente, que em determinada investigação já foi realizado reconhecimento pessoal do acusado, ato inexistente nos autos.

O tipo penal fala em *informação falsa*, que se constitui em **elemento normativo do tipo** porque exige uma valoração do julgador capaz de emprestar-lhe sentido. A informação falsa é aquela que o agente sabe que não existe (que está fora da verdade) e que se presta a iludir alguém. Não devem ser consideradas como falsas as informações imprecisas, entendidas como aquelas não perfeitamente delimitadas ou definidas como anúncio de um retrato falado colhido no início de uma investigação. Também não podem ser consideradas falsas informações que expressem juízo de valoração imperfeitos da autoridade público ante a regra do § 2º do art. 1º da Lei 13.689/2019 vez que a divergência de interpretação, como sabido, enseja uma multiplicidade de conclusões que podem ser conflitantes entre si, o que de modo algum pode caracterizar a falsidade incriminada neste tipo penal.

O tipo penal exige ainda que a informação falsa prestada diga respeito a procedimento judicial, policial, fiscal ou administrativo o que indica a necessidade de haver uma relação entre a mentira e os atos contido nos autos. O dever de fidedignidade é voltado para o conteúdo dos procedimentos de modo que anúncios com eventuais imprecisões acadêmicas ou científicas relacionadas às técnicas de investigação, por exemplo, não ensejam o crime em estudo.

Para Rogério Sanches e Rogério Greco "*Falando o tipo em "investigado", nos parece não abranger procedimento de jurisdição voluntária, função exercida pelo Estado, através do juiz, mediante um processo, onde se solucionam causas que lhe são submetidas sem haver conflito de interesses entre duas partes*[73]".

Por fim, o tipo exige ainda que a informação falsa prestada vise prejudicar interesse de investigado, finalidade específica comentada na sessão seguinte.

VOLUNTARIEDADE: Trata-se de crime punível a título de dolo, consistente na vontade livre e consciente de prestar a informação falsa sobre procedimentos.

Chama a atenção a exigência de **finalidade específica prevista no tipo**, a saber, com o fim de prejudicar interesse de investigado. Nos parece haver relação de prejudicialidade entre esse elemento subjetivo especial e com aqueles previstos na primeira parte do § 1º do art. 1º da Lei, de modo que a caracterização do crime exige o objetivo de prejudicar interesse do investigado, mas inexige a finalidade de beneficiar a si mesmo ou outrem. Contudo, quanto a segunda parte, nos parece remanescer o elemento subjetivo do tipo de forma cumulada ou sucessiva. Assim sendo, a configuração deste crime exige também, de forma prévia, que o dolo da autoridade pública seja revestido de elemento subjetivo do injusto consistente na vontade direta de exorbitar do poder mediante decisões motivadas por capricho, maldade, com intuído de vingança ou aquelas ações realizadas com intuído de concretizar perseguições ou injustiças.

Anote-se por fim que caso a conduta seja praticada visando beneficiar o investigado, o agente poderá ser responsabilizado, a depender das circunstâncias do caso concreto, pelo crime de prevaricação (art. 319 do CP).

CONSUMAÇÃO E TENTATIVA: A consumação deste delito ocorre quando o agente presta a informação falsa. É crime de mera conduta.

A tentativa é possível na forma escrita.

AÇÃO PENAL: Nos termos do art. 3º. dessa Lei, trata-se de crime de ação penal pública incondicionada.

O crime é apenado com detenção, de 6 (seis) meses a 2 (dois) anos, e multa, razão pela qual é infração penal de menor potencial ofensivo e admite todas as medidas despenalizadoras da Lei 9.099/1995.

Art. 30. (VETADO). (Promulgação partes vetadas)
Art. 30. Dar início ou proceder à persecução penal, civil ou administrativa sem justa causa fundamentada ou contra quem sabe inocente:
Pena – detenção, de 1 (um) a 4 (quatro) anos, e multa.

BEM JURÍDICO TUTELADO: A norma penal tutela o princípio de presunção de inocência, previsto na Constituição Federal (art. 5º, LVII), Convenção Americana sobre Direitos Humanos (art. 8º) e no Pacto Internacional dos Direitos Civis e Políticos (art. 14), bem como o direito a honra do cidadão (CF, art. 5º, X). Secundariamente, a norma tutela a administração pública, mais precisamente aspectos relacionados à economicidade.

SUJEITOS DOS CRIMES: O crime pode ser cometido pelo agente público que possui competência administrativa para deflagrar persecução penal, civil ou administrativa.

73 CUNHA, Rogério Sanches. GRECO, Rogério. Abuso de autoridade: Lei 13.869/2019: comentada artigo por artigo. Salvador: Editora JusPodivm, 2020, p. 258.

Sujeito passivo é a pessoa, física ou jurídica, que teve contra si deflagrada a persecução penal, civil ou administrativa, indevidamente.

CONDUTAS: Trata-se da figura delitiva mais controvertida da Lei 13.869/2019 ante a imprecisão e vagueza redacional do tipo. Em razão disso, o dispositivo tinha sido vetado, situação revista pelo parlamento. As razões do veto eram: "*A propositura legislativa viola o interesse público, além de gerar insegurança jurídica, tendo em vista que põe em risco o instituto da delação anônima (a exemplo do disque-denúncia), em contraposição ao entendimento consolidado no âmbito da Administração Pública e do Poder Judiciário, na esteira do entendimento do Supremo Tribunal Federal (v.g. INQ. 1.957-7/PR, Dj. 11/11/2005), de que é possível a apuração de denúncia anônima, por intermédio de apuração preliminar, inquérito policial e demais medidas sumárias de verificação do ilícito, e se esta revelar indícios da ocorrência do noticiado na denúncia, promover a formal instauração da ação penal*". A análise do dispositivo, por vezes, confirma os motivos do veto, conforme se verificará.

Comete o delito o agente público que dá início (deflagra, começa) ou procede (opera, desencadeia) uma indevida persecução que é a atividade estatal destinada a fazer valer e tutelar os direitos do cidadão de forma impositiva, caracterizada por ações apuratórias, investigatória ou julgadora. A persecução penal, civil ou administrativa é configurada pela atuação estatal necessária para a aplicação de alguma sanção prevista no direito sancionador, sendo que as duas primeiras, em regra, são aplicadas necessariamente por meio da atuação jurisdicional e, a última, por meio de uma decisão administrativa. Rogério Sanches e Rogério Greco propõem a seguinte distinção entre os núcleos verbais utilizados no tipo: "*Num primeiro momento, não apuramos diferenças entre eles. Contudo, após detida reflexão e estudo, chegamos à conclusão de que, mesmo diante de um limite semântico muito estreito, o primeiro núcleo (dar início) pune a autoridade que, ab initio, instaura a persecução de forma abusiva, consciente de que carece de justa causa ou da inocência da pessoa perseguida. O segundo (proceder) pune a autoridade que, no início, agiu de boa-fé, mas durante a persecução detectou, claramente, a carência (superveniente) da ação ou a inocência do imputado, mas resolve, mesmo assim, continuar a sustentar teses condenatórias*[74]".

O tipo penal emprega o vocábulo "persecução" e não "procedimento investigatório" como usado no art. 27 da Lei, justamente porque neste crime a atividade estatal apuratória encontra-se em fase mais adiantada, com elementos de convicção mais robustos se comparados àqueles contidos na fase de procedimento investigatório. A lógica da incriminação, deste modo, é que quanto mais a atividade administrativa avança na apuração dos fatos, mais elementos probatórios lhe são exigíveis, tudo em razão do sentido dinâmico do princípio da presunção de inocência segundo o qual quanto mais adiantada encontra-se a persecução, que enseja restrições mais significativas aos direitos do investigado, paulatinamente, o princípio da presunção de inocência opera efeitos mais intensos de modo a exigir um suporte probatório maior. Assim, enquanto no crime do art. 27 da Lei de Abuso fala-se em indícios, agora no art. 30, exige-se "justa causa" o que implica em um quadro de robustecimento da suspeita inicial para um quadro intermediário de suspeita suficiente.

A persecução penal, destinada a aplicação de uma sanção penal, é iniciada assim com o oferecimento da denúncia criminal, supedaneada pelas investigações realizadas e é procedida pela decisão que recebe a inicial acusatória.

A persecução civil, a seu turno, é deflagrada com a propositura da petição inicial, também com base nos elementos de convicção coletados antes no bojo de procedimentos investigatórios como inquérito civil ou procedimento administrativos em sentido *latu*.

---

74 CUNHA, Rogério Sanches. GRECO, Rogério. Abuso de autoridade: Lei 13.869/2019: comentada artigo por artigo. Salvador: Editora JusPodivm, 2020, p. 264.

Já a persecução administrativa é iniciada, em regra, com a publicação da portaria de instauração do processo administrativo, que, diferentemente da classe procedimento administrativo, é destinado a aplicação de uma sanção administrativa, como, por exemplo, aquelas previstas na Lei 12.846/2013 (art. 9º) ou as sanções disciplinares previstas nos Estatutos dos Servidores Públicos.

O **elemento normativo do tipo** é "sem justa causa fundamentada", ponto central de discórdia da tipificação desta conduta em razão da variação e vagueza de sentido que o direito brasileiro tem sobre o que venha a ser *justa causa*. Embora haja certa variação, a justa causa para o oferecimento da denúncia e seu recebimento, apta a justificar a intervenção estatal sobre a vida do acusado é entendida como suporte mínimo de indícios de autoria[75], além de prova da existência do crime, suficientes para uma "probabilidade de condenação" (STF, Inq. 3994, Rel. Min. Dias Toffoli) ou ainda elementos bastantes a fundar a suspeita de prática de ato ilícito por alguém[76], fruto de um juízo calcado em conjeturas embasadas em aparências e visos da verdade. Como mencionado, nesta etapa da persecução o grau de suspeita deixa de ser inicial e passa a ressentir-se de um quadro intermediário de provas, baseado em um juízo de simples probabilidades de modo a compor a suspeita suficiente para dar prosseguimento à persecução. Neste sentido é disposição da legislação alemão vez que o StPO conhece três graus de suspeita *(Verdachtsgrade)*. Na fase mais superficial, existe a chamada *suspeita inicial (Anfangsverdacht)* (§§ 160 I, 152 II); no plano intermediário, move-se a *suspeita suficiente (hinreichender Tatverdacht)* (§§ 170 I, 203); na etapa mais avançada, encontra-se a *forte suspeita (dringender Tatverdacht)*, exigida, por exemplo, para a imposição da prisão preventiva *(Untersuchungshaft)* (§ 112).

Observe-se, porém, que o elemento normativo está centrado na análise sobre a fundamentação da justa causa, entendida como a exposição fática e jurídica que norteia a prática do ato. Isso significa que somente haverá crime se o agente se omitir no dever de fundamentadamente apontar quais os elementos mínimos alicerçam a conclusão de que, a seu juízo, há probabilidade de uma futura condenação ou de que há suporte mínimo para dar prosseguimento a persecução. Como a fundamentação acerca da justa causa é feita mediante a valoração das provas e fatos existentes na investigação do ato ilícito e, tendo em vista que essa análise enseja juízo silogístico permeado por interpretações jurídicas, deve-se observar o vetor hermenêutico contido no art. 1º, § 2º, da Lei de modo a excluir a configuração do delito nos casos em que o agente público conclui pela existência de justa causa, mesmo sendo possível, adotada outra regra de interpretação, concluir pela sua inexistência. Assim, eventuais divergências quanto o juízo de cognição positivo realizado pela autoridade pública sobre determinada circunstância, capaz de emprestar-lhe justa causa para deflagrar a persecução, deve ser compreendido dentro de uma zona de atuação legítima do agente público, espaço compatível com a ordem jurídica que exclui o excesso funcional, ainda que posteriormente seja adotado, no caso concreto, entendimento contrário por instância decisória diversa. Dito de outro modo, somente haverá o crime previsto no art. 30 em estudo se a fundamentação ou demonstrar a inexistência de justa causa ou não apresentar um válido raciocínio jurídico lógico que justifique, racionalmente, a identificação da justa causa, afinal, a partir da prova indiciária deve o julgador fundamentar, minimamente, o processo racional que o conduziu a concluir em favor de uma hipótese fática, em detrimento de outras possibilidades.

Aliás, o tipo penal em estudo, juntamente com o art. 27 da presente Lei, em razão do efeito intimidativo que podem surtir sobre autoridades públicas investidas na função investigatória,

75 Eis o conceito consagrado por Afrânio Jardim: "Suporte probatório mínimo que deve ter a ação penal relacionando-se com indícios de autoria, existência material de uma conduta típica e alguma prova de sua antijuridicidade e culpabilidade." (JARDIM, Afrânio Silva. Direito processual penal. 11. ed. Rio de Janeiro: Forense, 2007. p.97.).

76 Com este sentido, – de elementos que propiciam uma suspeita-, a palavra indício (no singular ou no plural) é utilizada por vários artigos do CPP, como por exemplo, art. 126, art. 134, art. 312, art. 413, art. 414 e art. 417.

padece de **inconstitucionalidade e inconvencionalidade**, notadamente se for interpretado como norma que impede ou mesmo obstaculize a realização de investigações estatais. A obrigação de proteger os direitos humanos, para ser efetiva, ocorre mediante a concessão de garantias para autoridades encarregadas desta atividade de que atuarão sem retaliações indevidas e de que essa atuação estatal é feita por meios investigatórios e processuais penais aptos à elucidar o fato. Nesse sentido pode-se constatar que este tipo penal viola, em certo grau, o disposto nos artigos 8.1 e 25.1 da Convenção Interamericana dos Direitos Humanos que instituem o dever estatal de investigar os ilícitos de que o Estado toma conhecimento, normas que ensejaram inclusive a condenação do Brasil na Corte Interamericana de Direitos Humanos, em setembro de 2009, no famoso Caso Sétimo Garibaldi vs. Brasil por falta de atuação estatal na investigação adequada e eficiente do caso[77]. Sobre a inconvencionalidade da Lei, reportamo-nos aos comentários ao art. 1º, § 2º.

A parte final do tipo – ou contra quem sabe inocente -, é partícula que diz respeito ao elemento subjetivo, o qual será analisado na seção seguinte.

Diferença para o crime de denunciação caluniosa: Rogério Sanches e Rogério Greco identificam a seguinte diferença entre o crime do art. 30 da Lei 13.869/2019 e o art. 339 do Código Penal: "*Reparem que na denunciação caluniosa (art. 339 CP) exige-se que o fato imputado ao inocente, mesmo em procedimento extrapenal, seja criminoso ou contravencional. Já no art. 30 da Lei de Abuso de Autoridade não existe essa exigência, contentando-se com a instauração sem justa causa ou contra pessoa que sabe inocente, pouco importando a natureza do fato imputado*[78]".

VOLUNTARIEDADE: Tendo em vista o emprego da expressão na parte final do tipo "contra quem sabe inocente", o crime em tela somente pode ser cometido mediante dolo direto, consistente na vontade livre e consciente de deflagrar uma persecução com quem o agente sabe ser inocente. Assim, caso haja dúvida sobre a inocência da vítima não há o crime, que exige, para restar caracterizado, a certeza de sua inocência.

O dolo direto deve ser aferido no momento da ação de modo que não haverá crime se o agente, no momento que deflagra a persecução tem certeza da presença de justa causa, porém, mais tarde, afere sua inexistência. Isso implica na análise das circunstâncias do caso concreto à época em que o agente julgou haver a justa causa, o que na maioria das vezes deverá ser feito mediante a análise da fundamentação de sua decisão que deve assim demonstrar, analiticamente, as bases fáticas e jurídicas que o levaram àquele julgamento.

Importa destacar, para a configuração deste crime, a imprescindibilidade da finalidade específica prevista no art. 1º, § 1º, da Lei de Abuso de Autoridade, de modo que a caracterização do abuso se ressente do dolo da autoridade pública, revestido de elemento subjetivo do injusto consistente na vontade direta de exorbitar do poder mediante decisões motivadas por capricho, maldade, com intuído de vingança ou aquelas ações realizadas com intuído de concretizar perseguições ou injustiças.

A finalidade específica deve ser aferida simultaneamente com o vetor do art. 1º, § 2º, da Lei que dispõe que a divergência de interpretação da lei ou na avaliação dos fatos e provas não configura abuso de autoridade. Não fosse isso, poderia, indevidamente, ser sustentado que haveria crime, automaticamente, após qualquer decisão subsequente que reconhecesse a falta de justa causa para a deflagração da persecução. Desse modo, eventual má apreciação do caso e a qualidade negativa da decisão da autoridade pública não podem ser equiparadas à vontade de praticar o crime de abuso de autoridade de modo que mesmo que a inicial decisão

77 Corte Interamericana de Direitos Humanos: Caso Garibaldi vs. Brasil. Disponível em http://www.corteidh.or.cr/docs/casos/articulos/seriec_203_por.pdf. Acesso em 13/11/2019.

78 CUNHA, Rogério Sanches. GRECO, Rogério. Abuso de autoridade: Lei 13.869/2019: comentada artigo por artigo. Salvador: Editora JusPodivm, 2020, p. 262.

reconhecedora da suficiência da justa causa para deflagração da persecução seja posteriormente reformada por instâncias decisórias diferentes, não é possível imputar, de forma mecânica ou vinculante, a caracterização do abuso de poder previsto no tipo penal em estudo.

CONSUMAÇÃO E TENTATIVA: A consumação deste delito ocorre quando o agente dá início ou procede a indevida persecução. É crime de mera conduta.

Como são decisões sempre formalizadas por escrito, a tentativa é possível.

AÇÃO PENAL: Nos termos do art. 3º. dessa Lei, trata-se de crime de ação penal pública incondicionada.

Como a pena deste crime é de detenção, de 1 (um) a 4 (quatro) anos, e multa, é cabível proposta de suspensão condicional do processo (art. 89 da Lei 9.099/1995), bem como o acordo de não persecução penal (art. 28-A do CPP, com redação dada pela Lei 13.964/2019).

> **Art. 31.** Estender injustificadamente a investigação, procrastinando-a em prejuízo do investigado ou fiscalizado:
>
> Pena – detenção, de 6 (seis) meses a 2 (dois) anos, e multa.
>
> Parágrafo único. Incorre na mesma pena quem, inexistindo prazo para execução ou conclusão de procedimento, o estende de forma imotivada, procrastinando-o em prejuízo do investigado ou do fiscalizado.

BEM JURÍDICO TUTELADO: A norma protege principalmente o direito fundamental a duração razoável do processo, contido no art. 5º, LXXVIII, que estabelece que "a todos, no âmbito judicial e administrativo, são assegurados a razoável duração do processo e os meios que garantam a celeridade de sua tramitação", bem como a administração pública que tem o dever de agir com eficiência, celeridade e economicidade. Secundariamente, a norma protege o direito a honra do cidadão (CF, art. 5º, X).

SUJEITOS DOS CRIMES: O crime somente pode ser praticado pelo agente público que tem competência administrativa para determinar a realização de atos instrutórios ou conduzir uma investigação. Também parece ser sujeito ativo do crime o *juiz das garantias* vez que o art. 3º-B, inciso VII, do CPP prevê que a ele compete "prorrogar o prazo de duração do inquérito, estando o investigado preso, em vista das razões apresentadas pela autoridade policial e observado o disposto no § 2º deste artigo".

O sujeito passivo é o Estado, primeiro interessado em assegurar investigações realizadas no tempo previsto no ordenamento jurídico e sem demora excessiva. A pessoa, física ou jurídica, contra quem são realizados os atos procrastinatórios também pode ser considerado vítima secundária visto que a demora injustificada atinge sua reputação.

CONDUTAS: O crime do art. 31 da Lei 13.869/2019 também é alvo de muitas críticas em razão do emprego de expressões vagas e imprecisas, permissivas assim de interpretações dúbias, manipuláveis e capazes de ensejar uma enxurrada de representações indevidas, principalmente porque o tempo necessário para a realização e conclusão de uma investigação não é aritmeticamente previsto na legislação. Além disso, como se sabe, de um lado, aos olhos do investigado ou fiscalizado, a demora para a conclusão dessas atividades estatais sempre lhes será motivo de consternação, de outro, nem sempre as condições de trabalho oferecidas aos agentes públicos lhes permitem atuar no tempo devido e adequado para conclusão tempestiva do caso. Além disso, como bem anotam Rogério Sanches e e Rogério Greco, no tocante as investigações criminais: "*Em verdade, ao tempo da edição do Código, em 1941, os índices de criminalidade, se comparados aos atuais, eram infinitamente inferiores, a se admitir, por isso, que em prazo tão exíguo, de 30 dias, fosse terminado o inquérito policial, quando solto o indicado. Atualmente, o imenso afluxo de trabalho que acomete às polícias, em sua maioria equipadas deficientemente,* *sob o aspecto material, impede, na prática, a observância desse lapso temporal. Pedidos de dilação de prazo, por vezes, se sucedem sem que nenhuma diligência, entre eles, tenha sido realizada. O que não se traduz em deficiência verificada apenas nos inquéritos policiais. Também o Ministério Público, não é raro, encontra dificuldade para atender ao prazo de 15 dias, previsto no art. 46 do CPP, para oferta de denúncia estando solto o indiciado*[79]".

Comete o crime em estudo o agente público que estende (*dilata, alonga, protrai*) injustificadamente a investigação de modo a procrastiná-la. Para a caracterização do crime é necessário que o agente realize atos desnecessários para a elucidação do caso ou deixe de realizar outros decisivos para tanto. O modo mais comum de praticar a conduta é prorrogar formalmente, mediante decisão nos autos um procedimento investigatório ou então deixar de determinar a realização ou de diligências úteis (de realizá-las) mesmo depois de vencido o prazo legal ordinário para a conclusão da investigação.

Observe-se que não é crime o simples ato de estender a investigação, o que sempre levará à sua procrastinação. Para a caracterização da infração imprescindível seja demonstrada a ocorrência do **elemento normativo do tipo** "injustificadamente" o que ocorrerá quando não houver razões fáticas e jurídicas para tanto. De um modo geral, haverá motivo justo para estender a investigação a necessidade de robustecer o acervo probatório mediante atividades investigativas capazes de elucidar, na melhor medida possível, a autoria e materialidade da infração sob apuração. Além disso, "*O excesso de prazo na instrução do procedimento investigatório não deve resultar de simples operação aritmética, impondo-se considerar a complexidade do feito, atos procrastinatórios muitas vezes atribuídos à defesa e número de pessoas envolvidas na apuração, fatores que, analisados em conjunto ou separadamente, indicam ser, ou não, razoável o prazo para o seu encerramento*[80]". Mas circunstâncias estranhas à atividade estatal podem justificar a dilatação da investigação tais como falta de recursos materiais e humanos, morosidade persecutória, excesso de expedientes formais-burocráticos administrativos, complexidade do caso, etc.

A análise acerca do alongamento justificado da investigação deverá ser feita a partir da decisão que a prolongou ou, no caso de ausência dessa decisão, a partir do transcurso de prazo ordinário para tanto. Havendo decisão administrativa que estende a investigação, a análise deve ser feita a partir de sua motivação.

É justamente a variabilidade de situações que permitem esse juízo de valor que dão coro as críticas ao tipo penal em estudo porque algumas das justificativas utilizadas pelos agentes públicos para prorrogar uma investigação, mesmo que adequadas e animadas pelo interesse público, serão, indubitavelmente, inaceitáveis para os investigados. Essa ambivalência interpretativa enseja uma dubiedade de duvidosa constitucionalidade, o que não escapou das críticas feitas por Igor Pereira Pinheiro, André Clark Nunes Cavalcante e Emerson Castelo Branco: "*Mais uma vez, a ausência de definição pela lei do que seja justa causa ou não para a extensão de uma investigação torna o tipo vago e inconstitucional. Talvez, fosse o caso do legislador ter usado a expressão "imotivadamente", constante do parágrafo único do mesmo artigo 31, pois aí ter-se-ia um porto seguro, que seria a ausência de ato formal de prorrogação da persecução*[81]".

A parte final do artigo 31 que emprega o período "*em prejuízo do investigado ou fiscalizado*", conduz a conclusão que somente haverá crime se no caso houver pessoa certa e determinada de modo que não haverá crime no caso de prorrogações de procedimentos com autoria

79 CUNHA, Rogério Sanches. GRECO, Rogério. Abuso de autoridade: Lei 13.869/2019: comentada artigo por artigo. Salvador: Editora JusPodivm, 2020, p. 269/270.

80 CUNHA, Rogério Sanches. GRECO, Rogério. Abuso de autoridade: Lei 13.869/2019: comentada artigo por artigo. Salvador: Editora JusPodivm, 2020, p. 269.

81 PINHEIRO, Igor Pereira. CAVALCANTE, André Clark Nunes. CASTELO BRANCO, Emerson. Nova Lei de Abuso de Autoridade. JH Mizuno. 2019, p. 20.

incerta. Também não haverá crime se o prolongamento, mesmo injustificado, ensejar alguma vantagem para o investigado ou fiscalizado, como a consumação da prescrição do caso.

VOLUNTARIEDADE: Trata-se de crime punível a título de dolo, consistente na vontade livre e consciente de estender, injustificadamente, uma investigação em desfavor de alguém.

Chama a atenção as exigências de finalidades específicas previstas no tipo, a saber, com o fim de alterar local ou momento do crime. Não nos parece haver relação de prejudicialidade entre esses elementos subjetivos especiais e com aqueles previstos no § 1º do art. 1º da Lei, de modo que a caracterização do crime exige a presença de todos eles, de forma cumulada ou sucessiva. Assim sendo, como nos demais, a configuração deste crime exige, de forma prévia, que o dolo da autoridade pública seja revestido de elemento subjetivo do injusto consistente na vontade direta de exorbitar do poder mediante decisões motivadas por capricho, maldade, com intuído de vingança ou aquelas ações realizadas com intuído de concretizar perseguições ou injustiças.

CONSUMAÇÃO E TENTATIVA: O crime do art. 31 da Lei 13.689/2019 é material e se consuma quando ocorre a procrastinação indevida da investigação, termo de difícil identificação ante a falta de previsão legal e principalmente, em razão da relatividade desses prazos. Trata-se de crime que admite tentativa pois seu *iter criminis* pode ser fracionado no tempo.

AÇÃO PENAL: Nos termos do art. 3º. dessa Lei, trata-se de crime de ação penal pública incondicionada.

O crime é apenado com detenção, de 6 (seis) meses a 2 (dois) anos, e multa, razão pela qual é infração penal de menor potencial ofensivo e admite todas as medidas despenalizadoras da Lei 9.099/1995.

Art. 32. (VETADO). (Promulgação partes vetadas)

Art. 32. Negar ao interessado, seu defensor ou advogado acesso aos autos de investigação preliminar, ao termo circunstanciado, ao inquérito ou a qualquer outro procedimento investigatório de infração penal, civil ou administrativa, assim como impedir a obtenção de cópias, ressalvado o acesso a peças relativas a diligências em curso, ou que indiquem a realização de diligências futuras, cujo sigilo seja imprescindível:

Pena – detenção, de 6 (seis) meses a 2 (dois) anos, e multa.

BEM JURÍDICO TUTELADO: a norma protege o exercício regular da atividade profissional do advogado (art. 5º, XIII, da CF, que dispõe: "é livre o exercício de qualquer trabalho, ofício ou profissão, atendidas as qualificações profissionais que a lei estabelecer"), o direito ao contraditório e ampla defesa (art. 5º, LV, da CF) e o acesso à informação (art. 5º, XIV, da CF).

SUJEITOS DOS CRIMES: Pode ser sujeito ativo deste crime o agente público que tem a disponibilidade dos autos de investigação de qualquer procedimento investigatório e nega acesso a ele ou impede a obtenção de cópias. Assim, por exemplo, na fase de investigação preliminar, segundo o art. 3º-B, inciso XV, do CPP, introduzido pela Lei 13.964/2019, compete ao juiz das garantias "assegurar prontamente, quando se fizer necessário, o direito outorgado ao investigado e ao seu defensor de acesso a todos os elementos informativos e provas produzidos no âmbito da investigação criminal, salvo no que concerne, estritamente, às diligências em andamento".

Sujeito passivo é a pessoa, física ou jurídica, bem como seu advogado que teve frustrado esse direito.

CONDUTAS: O crime previsto no art. 32 consiste em impedir indevidamente ou negar acesso aos autos de natureza investigatória, inclusive por obstruir a extração de cópias. Esse tipo penal concretiza, em certa medida, a norma do art. 7º, § 12, da Lei 8.906/1994 (Estatuto da Advocacia), que estabelece a responsabilização criminal e funcional por abuso de autoridade do agente que, deliberadamente, violar o disposto no inciso XIV do mesmo artigo. Esse dispositivo assegura ao advogado o direito de acesso aos autos, e sua violação, especialmente com a intenção de prejudicar o exercício da defesa, configura uma afronta direta às garantias fundamentais do contraditório e da ampla defesa, indispensáveis ao devido processo legal.

Na primeira parte do crime, o agente público nega (impede, indefere) que o interessado, pessoa física ou jurídica, tenha acesso aos autos de investigação penal, civil ou administrativa. O crime também pode ser cometido quando o agente público impede (proíbe, impossibilita) a obtenção de cópia dos autos. A diferença, portanto, é que no primeiro caso, o agente nega o acesso aos autos, indeferindo, por ex., pedido de vistas ou de manuseio dos autos em cartório. No segundo caso, a autoridade pública sequer franqueia os autos para retirada de fotocópias. É certo que o avanço da tecnologia e a consequente virtualização do processo, a segunda figura criminosa tende a ter reduzida incidência prática, mas a possibilidade de obter cópia dos autos deve ser resguardada como direito ao acesso à informação.

Não há qualquer menção à necessidade de que o postulante seja o implicado ou investigado no procedimento, o que enseja uma controvérsia sobre a possibilidade de o advogado não constituído ter acesso a autos contra qualquer pessoa. Há precedente do Superior Tribunal de Justiça, que afirma que o direito à informação do investigado, e, consequentemente, de seu advogado, não é absoluto e devem ser conciliados de modo a preservar as garantias constitucionais de terceiros. Neste sentido: "*o acesso conferido aos procuradores não é irrestrito, restringindo-se aos documentos já disponibilizados nos autos que se refiram apenas ao cliente específico, sendo vedado o acesso a dados pertinentes a outras pessoas. A concessão sem quaisquer reservas ofenderia o direito de terceiros à intimidade e à inviolabilidade de sua vida privada e prejudicaria a satisfatória elucidação dos fatos supostamente criminosos ainda em apuração*" (HC nº 65303/PR, Rel. Min. Arnaldo Esteves Lima, 5ª Turma, DJ de 20.5.2008). Assim sendo, prevalece que é assegurado acesso aos autos ao defensor, desde que munido de procuração ou de meios que comprovem atuar na defesa do investigado, cabendo a ambos preservar o sigilo sob pena de responsabilização.

A parte final do tipo penal ressalva a regularidade de o agente público negar acesso a peças relativas a diligências em curso ou que indiquem a realização de diligências futuras, cujo sigilo seja imprescindível. No mesmo sentido, dispõe o § 11, também acrescentado ao art. 7º do Estatuto da OAB pela Lei 13.245/2016, assim disposto: "*§ 11. No caso previsto no inciso XIV, a autoridade competente poderá delimitar o acesso do advogado aos elementos de prova relacionados a diligências em andamento e ainda não documentados nos autos, quando houver risco de comprometimento da eficiência, da eficácia ou da finalidade das diligências*[82]". A exceção diz respeito àquelas diligências que, se forem reveladas ao investigado, tornarão a investigação seriamente comprometida, como por exemplo, a interceptação telefônica com autorização judicial ou uma busca e apreensão na casa do investigado visando localizar algum documento. Nesses casos, a autoridade responsável pela investigação não precisa fazer a juntada aos autos dos documentos relacionados com as diligências ainda em andamento, razão pela qual, ao impedir o acesso do advogado a essas peças, não poderá ser responsabilizada por abuso de autoridade[83].

Assim já decidiu o próprio Supremo Tribunal Federal: "*(...) o paradigma tido como violado confere ao defensor do investigado amplo acesso aos elementos já documentados nos*

---

82 Com sentido semelhante dispõe a Lei 9.784/199, no art. 46: "*Os interessados têm direito à vista do processo e a obter certidões ou cópias reprográficas dos dados e documentos que o integram, ressalvados os dados e documentos de terceiros protegidos por sigilo ou pelo direito à privacidade, à honra e à imagem*".

83 O sigilo parece ser absoluto até a realização da diligência pendente. Uma vez realizada e concluída, seu resultado deve ser devidamente documentado nos autos do procedimento investigatório.

autos, mas é enfático ao ressalvar as diligências ainda em andamento. Com efeito, a presente Reclamação é improcedente, pois não se ajusta ao contexto do parâmetro de controle acima transcrito. Verifico, à luz do ato impugnado, que o pleito foi indeferido porque havia diligências em andamento e o eventual acesso a essas informações poderia causar prejuízo às investigações. (...) Dessa forma, a pendência na conclusão de diligências investigatórias já deferidas pela autoridade reclamada é argumento legítimo para o indeferimento do acesso irrestrito pleiteado pelo reclamante. (...). Portanto, as diligências ainda em andamento não estão contempladas pelo teor da Súmula Vinculante 14". (Rcl 28.661/SC, Rel. Min. Alexandre de Moraes, DJe de 19/10/2017; Rcl 29.958, rel. min. Alexandre de Moraes, dec. monocrática, j. 9-8-2018, DJE 164 de 14-8-2018.). E mais recentemente: "*Não há violação da súmula vinculante 14 no caso em que, ao contrário do que alega a defesa, os áudios interceptados foram juntados ao inquérito policial e sempre estiveram disponíveis para as partes, inclusive na forma digitalizada depois de deflagrada a investigação*" (STF. 1ª Turma. Rcl 27919 AgR/GO, Rel. Min. Rosa Weber, julgado em 27/8/2019 (Info 949)).

Observe-se que as condutas proscritas por este dispositivo penal são reversíveis por meio de outras medidas legais, o que realmente parece dar razão aos motivos do veto presidencial originalmente realizado, mas que foi derrubado pelo Parlamento. A motivação do veto era a seguintes: "*A propositura legislativa gera insegurança jurídica, pois o direito de acesso aos autos possui várias nuances e pode ser mitigado, notadamente, em face de atos que, por sua natureza, impõem o sigilo para garantir a eficácia da instrução criminal. Ademais, a matéria já se encontrar parametrizada pelo Supremo Tribunal Federal, nos termos da Súmula Vinculante nº 14*".

Não caracteriza conduta abusiva a exigência, pelo agente público, do documento de identidade profissional do advogado que, segundo prevê o art. 13 da Lei Federal 8.069, de 4 de julho de 1994, é de uso obrigatório, bem como proceder a abertura de vistas ao causídico ou ao interessado de maneira formal, mediante termo, com propósito de documentar formalmente o ato, mediante identificação sequencial, de horário, local e data.

VOLUNTARIEDADE: Trata-se de crime doloso. Observe-se que a norma complementar ao tipo penal, prevista no art. 7º, § 12, da Lei 8.906/1994 menciona expressamente que a responsabilização criminal por abuso de autoridade depende da demonstração do intuito de prejudicar o exercício da defesa, o que significa tratar-se de crime com **finalidade específica**. Nos parece haver relação de prejudicialidade entre esse elemento subjetivo especial com aqueles previstos na primeira parte do § 1º do art. 1º da Lei, de modo que a caracterização do crime exige o objetivo de prejudicar interesse do investigado, mas inexige a finalidade de beneficiar a si mesmo ou outrem. Contudo, quanto a segunda parte, nos parece remanescer o elemento subjetivo do tipo de forma cumulada ou sucessiva. Assim sendo, a configuração deste crime exige também, de forma prévia, que o dolo da autoridade pública seja revestido de elemento subjetivo do injusto consistente na vontade direta de exorbitar do poder mediante decisões motivadas por capricho, maldade, com intuído de vingança ou aquelas ações realizadas com intuído de concretizar perseguições ou injustiças.

CONSUMAÇÃO E TENTATIVA: As figuras delitivas são praticadas mediante conduta negativa do agente público pelo que se caracterizam pela produção de efeitos jurídicos imediatos, pelo que são, desta feita, crimes de mera conduta. Contudo, na forma escrita, podem ser fracionados em atos parcelares, pelo que neste tipo de conduta o crime admite tentativa.

AÇÃO PENAL: Nos termos do art. 3º. dessa Lei, trata-se de crime de ação penal pública incondicionada.

O crime é apenado com detenção, de 6 (seis) meses a 2 (dois) anos, e multa, razão pela qual é infração penal de menor potencial ofensivo e admite todas as medidas despenalizadoras da Lei 9.099/1995.

Art. 33. Exigir informação ou cumprimento de obrigação, inclusive o dever de fazer ou de não fazer, sem expresso amparo legal:

Pena – detenção, de 6 (seis) meses a 2 (dois) anos, e multa.

Parágrafo único. Incorre na mesma pena quem se utiliza de cargo ou função pública ou invoca a condição de agente público para se eximir de obrigação legal ou para obter vantagem ou privilégio indevido.

BEM JURÍDICO TUTELADO: Trata-se de tipo penal que busca proteger a liberdade individual de fazer ou não fazer, observadas as limitações legais, regra contida no art. 5º, II, da Constituição Federal, segundo a qual "ninguém será obrigado a fazer ou deixar de fazer alguma coisa senão em virtude de lei".

No parágrafo único, de forma concomitante, protege-se também a probidade administrativa e a confiança geral de que as atividades públicas devem sempre ser exercidas em prol do interesse público, sem ganhos individuais ou particulares dos agentes públicos.

SUJEITOS DOS CRIMES: O sujeito ativo deste crime é o agente público investido em competência administrativa interventiva, com capacidade e coercibilidade para limitar a propriedade e a liberdade individual.

Sujeito passivo é a pessoa, física ou jurídica, indevidamente obrigada a fazer algo ou deixar de fazê-lo e o Estado, atingido na sua honorabilidade face a atuação desvinculada do interesse público e instrumentalizado para ganhos indevidos ao agente público.

CONDUTAS: há dois crimes aqui: o do *caput*, que podemos denominar de *constrangimento ilegal funcional*, e o do parágrafo único, popularmente batizado como "*carteirada*". Vejamos.

Em condições de normalidade, uma ordem legal pressupõe atuação de servidor que exerce atividade administrativa interventiva, com capacidade e coercibilidade para limitar a propriedade e a liberdade individual. Assim, a exigência é feita em meio a uma ordem emitida pelo agente público que possui o condão de obrigar o destinatário face a imperatividade, coercibilidade e autoexecutoriedade inerente aos atos administrativos de um modo geral. A regularidade desta atuação coercitiva, capaz de vincular o cidadão a prestar a informação solicitada ou cumprir a obrigação postulada, dá-se em vistas dos interesses e fins públicos que estão contidos no ordenamento jurídico.

Observa-se assim que, de um modo geral, o tipo penal do art. 33 da Lei 13.869/2019 é uma espécie de constrangimento ilegal porque o agente público obriga que o cidadão realize algo (ou deixe de fazê-lo) em desconformidade com lei, porém, com a especificidade de que o agente público vale-se de sua atuação funcional e visa pretensão ilegal, especificada no tipo como a exigência de informação ou de cumprimento de obrigação. Claro que, difere, também, porque neste caso o constrangimento interventivo sobre a liberdade individual é dissimulado pela ordem funcional, sem emprego de violência ou grave ameaça.

O que deve restar assentado aqui, portanto, é que na figura delitiva do art. 33 da Lei 13.869/2019 falta base jurídica para emprestar regularidade e fim públicos à ordem emitida de maneira que comete o delito em estudo o agente que exige (*manda, determina, requisita*) uma informação ou cumprimento de uma determinada obrigação, fora dos limites possíveis previstos pelo ordenamento jurídico.

Como se vê, o crime do art. 33 da Lei 13.869/2013 tem um notável potencial emulativo principalmente porque a sua abrangência redacional, somada a (natural) insatisfação fruto de uma atuação rigorosa de determinadas autoridades públicas, essencialmente aquelas que exercem funções fiscalizatórias, pode incentivar um clima de enfrentamento inadequado dos atos funcionais, permeado por representações criminais oportunistas e intimidatórias, características aptas a ensejar questionamentos acerca da sua *inconstitucionalidade e inconvencionalidade* porque viola, dentre outros valores, a necessidade de conferir a essas autoridades públicas prerrogativas capazes de lhes resguardar uma atuação independente e eficiente.

Mas o âmago do tipo, apto a conferir sua aplicação (des)equilibrada, perpassa a compreensão do **elemento normativo do tipo** "*sem expresso amparo legal*" que não deve ser considerado um *mero fundamento legal direto*, fonte da exigência emitida pelo agente público, afinal, há muito que a lei não pode ser compreendida apenas em seu sentido formal, mas principalmente como parte de um ordenamento jurídico em sentido material, emissor de comandos normativos estruturados em regras ou princípios jurídicos, fruto do movimento de ajuntamento e complementação normativa, caracterizado pelo emprego de normas infralegais e outras fontes normativas como suporte capaz de emprestar-lhe elasticidade conceitual exigível da disruptiva sociedade atual.

Com efeito, a complexidade da vida, movida pela interação entre uma massa crescente de pessoas com interesses multidirecionais, produz novas condutas, conflitos e dilemas sociais que as ciências sociais não são capazes de aplacar de modo tradicional. A velocidade com que os negócios são celebrados e desfeitos, a rapidez com que os ilícitos surgem e a maneira como a vida moderna lida com a tecnologia demandam o natural reajuste do sistema de controle desses fenômenos principalmente se considerarmos que a vida contemporânea criou para a sociedade riscos antes inexistentes, que expõe o gênero humano a situações de perigo ao convívio virtuoso ou mesmo à existência da vida. Assim, para produção de alimentos em quantidade suficiente para saciar uma população crescente, admite-se o uso de defensivos agrícolas cada vez mais nocivos à saúde humana. Não se cogita o abandono do conforto proporcionado pelo deslocamento veicular, muito embora, disso decorra um trânsito capaz de matar mais do que muitas guerras. O progresso material e industrial, que produz índices crescentes de poluição, mesmo colocando o planeta sob o risco de uma catástrofe climática e que, ao final, pode atingir a própria espécie humana, continua a galopar na mesma direção e com aspirações cada vez maiores.

Em suma, a sociedade contemporânea convive com riscos e perigos de forma clara, atual e potencial, mas deseja, paradoxalmente, continuar com eles convivendo de modo que o objetivo das instâncias de controle passa a ser tão somente minimizá-los a índices aceitáveis. Inúmeros são os exemplos de condutas que geram riscos à sociedade moderna, das mais elementares às mais complexas, tema desenvolvido originalmente pelo autor alemão Ulrich Beck (2011) que demonstra, de um lado, que vivemos em meio a riscos de proporções globais e letais e, de outro, que a reflexividade leva a tomada de medidas pretensamente controladora dos riscos toleráveis. Essa nova maneira de conviver impactou diretamente no direito, que, como instrumento de controle social, também foi capturado e utilizado com esta finalidade.

Exemplificativamente, toda a moldagem da atuação interventiva estatal ordenadora atual experimentou alterações significativas na vida contemporânea que premida pela necessidade de tutelar bens jurídicos transindividuais, com resposta aos novos comportamentos perigosos, ainda que tolerados em determinados limites, produziu o intercruzamento e o aumento de diálogo de diferentes fontes normativas entre si, o que frutificou no aumento no uso de normas infralegais acessórias para a definição de objetivos de determinada política pública.

A complementação de normas previstas em diferentes marcos legais busca assegurar uma coerente unidade de condutas indesejadas pelo legislador, superando a possível antinomia ou anomia que a edição de uma lei possa causar, por mais específica que seja. É comum verificarmos a função de suporte acessório prestado por normas administrativas e infralegais ao direito penal, fornecendo referências jurídicas à sociedade atual. Cite-se como exemplos extremos de maleabilidade típica que se vale da técnica de reenvio os artigos 359-A do CP[84] ou 166 do

84 Art. 359-A. Ordenar, autorizar ou realizar operação de crédito, interno ou externo, sem prévia autorização legislativa:

CPM[85] que dispõe, textualmente, sobre condutas típicas cuja descrição é reportada pela edição de resoluções.

As ideias acima desenvolvidas indicam a existência de uma *crise da legalidade estrita* de modo a permitir que as intervenções estatais aptas e limitar a propriedade e a liberdade individual sejam previstas em regulamentações infralegais, que, segundo a doutrina especializada, deve obedecer os limites segundo três fórmulas[86]: a) não contradição: os atos regulamentares não podem contrariar normas legais, e assim, a administração pública não pode agir quando impedida por força de uma norma legal; b) habilitação legal: o ato regulamentar só pode ser editado, o que equivale a permitir que a administração aja, desde que haja norma legal formal autorizativa; c) relação de conteúdo: os atos regulamentares e da administração são regulares e válidos se realizam concretamente uma norma legal.

Em tempos de pós-positivismo e dada a imprecisão que as três fórmulas apresentam, ainda que haja uma preponderância do critério da habilitação legal pela doutrina brasileira[87], a regulação administrativa encontra no princípio da juridicidade sua baliza mais adequada porque leva em consideração os elementos materiais contidos no sistema jurídico, concretizando a revalorização do aspecto substancial do direito. Neste sentido ensina a Ministra Carmen Lúcia[88]: "*Sendo a lei, entretanto, não a única, mas a principal fonte do Direito, absorveu o princípio da legalidade administrativa toda a grandeza do Direito em sua mais vasta expressão, não se limitando à lei formal, mas à inteireza do arcabouço jurídico vigente no Estado. Por isso este não se bastou como estado de Lei, ou Estado de Legalidade. Fez-se Estado de Direito, num alcance muito maior do que num primeiro momento se vislumbrava no conteúdo do princípio da legalidade, donde a maior justeza de sua nomeação como 'princípio da juridicidade*".

A *falta de amparo legal* deve assim ser entendida como *falta de amparo à juridicidade* e, principalmente, ausência de atendimento ao interesse público, aferível pela busca das finalidades públicas e da consecução do bem comum. A figura do parágrafo único do art. 33 da Lei 13.869/2019, a seu modo, também é centrada neste desvio de finalidade pública, que, do mesmo modo, fere de morte o princípio da juridicidade.

O **parágrafo único do art. 33 da Lei 13.869/2019** busca tipificar a conduta popularmente conhecida como "**carteirada**".

Observe-se, de introito, que a redação do tipo não indica a conduta inicial realizada pelo agente público, que resultou na indevida eximente de obrigação legal ou a obtenção da vantagem ou privilégio. O tipo utiliza núcleos verbais que expressam condutas relacionadas ao momento em que o agente aufere as vantagens indevidas. A distinção é crucial porque, como se sabe, condutas revestidas de grande poder de intimidação podem, conforme o caso, caracterizar concussão (funcionário exige dinheiro para não embargar obra) ou mesmo extorsão (funcionário exige dinheiro para não agredir alguém), enquanto que a mera solicitação pode caracterizar o crime de corrupção passiva. Nessas figuras delitivas, a incorporação, usufruto ou obtenção da vantagem indevidamente concedida ao funcionário público constituem exaurimento do *iter criminis*. Isso significa que, necessariamente, a fim de divisar o campo de

---

Pena – reclusão, de 1 (um) a 2 (dois) anos.

Parágrafo único. Incide na mesma pena quem ordena, autoriza ou realiza operação de crédito, interno ou externo: I – com inobservância de limite, condição ou montante estabelecido em lei ou em resolução do Senado Federal.

85 Art. 166. Publicar o militar ou assemelhado, sem licença, ato ou documento oficial, ou criticar publicamente ato de seu superior ou assunto atinente à disciplina militar, ou a qualquer resolução do Governo:

Pena – detenção, de dois meses a um ano, se o fato não constitui crime mais grave.

86 EISENMANN, Charles. Cours de Droit Administratif. Paris: LGDJ, 1982, v. 1, p. 464.

87 MEDAUAR, Odete. Direito Administrativo Moderno. 8ª ed. São Paulo: Revista dos Tribunais, 2004, p. 145-146.

88 ROCHA, Cármen Lúcia Antunes. Princípios Constitucionais da Administração Pública. Belo Horizonte: Del Rey, 1994, p. 79.

tipificação de cada norma, o crime de abuso de autoridade ora estudado tem natureza subsidiária e somente restará caracterizado se a conduta anterior não restar tipificada em crime de concussão ou corrupção passiva (ou até extorsão, conforme o caso), o que demandará a análise da conduta antecedente e a natureza da vantagem indevida obtida.

Deve-se observar que não há crime no caso de o agente invocar sua condição para descumprir obrigações em razão de causas legais de isenção ou dispensa destas imposições, como ocorre com as imunidades, ou caso pretenda valer-se, regularmente, de alguma prerrogativa funcional/institucional, visto que nessas situações pratica verdadeira conduta regular. Por isso, por exemplo, não constitui qualquer ilícito a conduta do policial que pretenda ingressar armado em estabelecimento privado, ainda que vigiado.

O dispositivo parece contemplar duas submodalidades:

a) Agente se utiliza do cargo ou função ou invoca a condição de agente público para se eximir de obrigação legal: Seria o caso de determinado parlamentar invocar seu status político para não obedecer a fila de tratamento no SUS, ou não ser autuado quando infringe normas de trânsito ou obter isenção de taxas ou preços de ingressos em eventos públicos. Observe-se que o tipo exige que o agente busque eximir-se de obrigação legal, razão pela qual é atípica a conduta daquele que invoca sua condição funcional para não cumprir costumes, hábitos ou normas de etiqueta, situações que podem configurar infração disciplinar e quebra de decoro.

b) Agente se utiliza do cargo ou função ou invoca a condição de agente público para obter vantagem ou privilégio indevido: embora resulte no mesmo tipo de violação à igualdade, difere da primeira parte do tipo penal, porque aqui o agente público invoca sua condição funcional para auferir ou captar, ativamente, uma vantagem ou privilégio indevido, como receber honrarias honoríficas, ser tratado por pronomes de tratamento, ingressar em clubes desportivos ou eventos para os quais normalmente não seria convidado, alimentar-se em bares ou restaurantes graciosamente, obter descontos em supermercados ou lojas em geral, etc.

O **elemento normativo do tipo,** "vantagem ou privilégio indevido", é crucial para compreender que a conduta incriminada exige a obtenção de benesses venais, seja porque fruto de anterior atuação constrangedora do agente público, seja porque ofertadas por pessoas desprovidas de sentimentos nobres. A prestação obtida pelo agente pública há de ser, destarte, ilegal, entendida como desautorizada pela lei, o que abrange tanto às não simplesmente previstas como as proibidas. Mas a fim de evitar a criminalização de condutas irrelevantes, seja porque socialmente aceitas, seja porque insuficientes para sofrer reprovabilidade suficiente para oferecer riscos ao exercício regular das funções pública, deve-se entender vantagem indevida aquelas que tenham em si, ainda que de forma implícita, um propósito espúrio, com efeito potencial de quebrar a confiança geral de que os serviços públicos prestados pelo agente público beneficiado permanecem objetivamente incólumes.

Por isso entendemos que não deverão ser consideradas suficientes para a caracterização do crime a obtenção de pequenas dádivas, provenientes de amizade, gratidão ou cortesia, porque desvestidas de propósitos espúrios, isto é, de pessoas desinteressadas na manipulação da atividade funcional do agente público. Assim, conceder a uma autoridade pública uma honraria honorífica ou uma autorização para ingressar em um determinado evento, por si só, não pode ser considerado como vantagem indevida quando realizados voluntariamente e sem qualquer propósito fajuto ou ilídimo. Valem aqui as mesmas lições da doutrina acerca da inexistência de crime de corrupção passiva quando o funcionário público recebe pequenos presentes, incapazes de produzir vícios sobre a atuação funcional e de comprometer a confiança geral da função pública. Por todos, confira-se as lições de Nélson Hungria:

Deve notar-se, porém, que as gratificações usuais, de pequena monta, por serviços extraordinários (não se tratando, é bem de ver, de ato contrário à lei), não podem ser consideradas material de corrupção. Também não se entendem como tal as tradicionais boas festas, de Natal ou Ano Novo, aos carteiros ou lixeiros[89].

Além dessas características principais, – inaptidão para corromper o agente e a confiança na administração pública, essas pequenas gratificações devem expressar autêntico reconhecimento por bons serviços de maneira a manter-se incapazes de comprometer o interesse coletivo ou influenciar o desempenho da função pública.

Calha tomar como referência a disposição do art. 5º, inciso VI, da Lei 12.813/2013 (Lei de Conflito de Interesses) que estipula expressamente que configura conflito de interesses no exercício de cargo ou emprego público o recebimento de presente de quem tenha interesse em decisão do agente público ou de colegiado do qual este participe *fora dos limites e condições estabelecidos em regulamento*[90].

Ainda que restrito ao âmbito no executivo federal, um parâmetro objetivo sobre os limites e condições para recebimento legítimo de pequenas gratificações é dado pelo Código de Conduta da Alta Administração Federal e Resolução n.º 03/2000 da Comissão de Ética Pública – CEP, que serve de complemento infralegal adequado para moldurar, neste aspecto, a (in) juricidade deste tipo de comportamento. Com efeito, prevê o art. 9º, parágrafo único, incisos I e II, do Código de Conduta da Alta Administração Federal, que:

Não se consideram presentes para os fins deste artigo os brindes que: I – não tenham valor comercial; ou II – distribuídos por entidades de qualquer natureza a título de cortesia, propaganda, divulgação habitual ou por ocasião de eventos especiais ou datas comemorativas, não ultrapassem o valor de R$ 100,00 (cem reais)".

A resolução n.º 03/2000 da CEP tratou de esmiuçar esta matéria, sendo legítima a conduta:

(i) quando o presente é oferecido e recebido em razão de laços desinteressados de parentesco ou amizade;

(ii) quando o presente é ofertado por autoridades estrangeiras, nos casos protocolares em que houver reciprocidade ou em razão do exercício de funções diplomáticas;

(iii) quando o agente público recebe prêmio em dinheiro (ou bens) concedido por entidade acadêmica, científica ou cultural, em reconhecimento por sua contribuição de caráter intelectual;

(iv) quando o agente público recebe prêmio concedido em razão de concurso de acesso público a trabalho de natureza acadêmica, científica, tecnológica ou cultural;

(v) quando o agente público obtém bolsa de estudos vinculada ao aperfeiçoamento profissional ou técnico próprio, com origem em patrocinador desinteressado". Quanto aos brindes, não haverá infração:

(vi) quando o agente público recebe brindes que não tenham valor comercial;

(vii) quando o agente público recebe brindes de valor não expressivo, que são distribuídos por entidade a título de cortesia, propaganda, divulgação habitual ou por ocasião de eventos ou datas comemorativas de caráter histórico ou cultural;

(viii) quando o agente público recebe brindes, de uma mesma pessoa, mas em intervalos de tempos razoáveis (superior a 12 meses); quando o agente público recebe brindes que são de caráter geral.

Como já tivemos a oportunidade de registrar em outra ocasião: "*A entrega indiscriminada de pequenas dádivas ou presentes economicamente irrelevantes e incapazes de produzir qualquer quebra na moralidade, confiança e normalidade da administração pública, pode não ser suficientemente para caracterizar-se como indevidas, como ocorre com pequenas doações ocasionais,*

89 HUNGRIA, Nélson. Comentários ao Código Penal, v. 7, p. 370-371.

90 SOUZA, Renee do Ó. FILHO, José Augusto Peres. Comentários à Lei de Conflito de Interesses. Belo Horizonte: D'Plácido. 2019, p. 66.

como por exemplo, cestas de natal ao lixeiro para sua ceia. Um bom programa de integridade, aliás, pode se prestar a demonstrar que um ato assim encontra-se muito mais relacionado a boas práticas de cunho social da empresa do que propriamente uma corrupção dos beneficiários. Afora essas circunstâncias graciosas, havendo na vantagem elementos suficientes que possam caracterizá-la como indevida, poderá a infração restar caracterizada, afinal, como sustentado por um dos autores dessa obra ao comentar o art. 5º, VI, da Lei 12.813/2013: 'Embora haja uma certa complacência generalizada no serviço público com o recebimento de presentes e gratificações de pequena monta, cumpre destacar o desacerto deste tipo de recorte. A uma porque a entrega de presentes por pessoas interessadas na atuação de uma agente público é uma das práticas mais conhecidas e antigas de corrupção, simplesmente porque apta a criar vínculos afetivos que podem prejudicar a neutralidade na atuação do agente pública. A duas porque é pacífico no âmbito jurisprudencial, especialmente no STJ, que é inaplicável o princípio da insignificância nos crimes contra administração pública[91]. A três porque a tutela do interesse público e o combate ao conflito de interesses independem do proveito econômico do agente público, como prevê o próprio art. 4º, § 2º, da Lei'"[92].

Como se pode observar, todavia, a redação deste tipo penal possui certos pontos comuns com aquela do crime descrito no art. 333 do Código Penal, muito mais adequado para a proteção da probidade administrativa. Se predominante a interpretação de revogação tácita deste crime, haveria de se cogitar uma desproporcional desproteção daquele bem jurídico, o que seria inevitavelmente violador de alguns dos valores da república, consagrados no art. 1º, *caput*, da Constituição Federal e que traduzem a ideia fundamental de responsabilização adequada dos agentes estatais.

Para tanto, vejamos os vetores interpretativos capazes de distinguir as figuras delitivas do art. 33, parágrafo único, da Lei 13.869/2019 e art. 333 do Código Penal.

A diferença entre os crimes do art. 33, parágrafo único, da Lei 13.869/2019 e art. 333 do Código Penal:

De saída verifica-se que embora em ambas as figuras haja recebimento de vantagem indevida, na corrupção passiva (art. 333 do CP) essa vantagem indevida é recebida pelo agente público com o fim de alterar sua atuação funcional, que resta assim comprometida, depravada ou adulterada porque divorciada, a partir de então, dos fins públicos que os embasa.

Já no crime do art. 33, parágrafo único, da Lei 13.869/2019, inexiste o suborno propriamente dito, caracterizado pela comercialização espúria, pela contraprestação ou barganha da atividade pública, de modo que a obtenção da vantagem não encontra bilateralidade negocial e por isso não implica em qualquer alteração da atividade funcional do agente público.

Não há na figura de abuso de autoridade qualquer espécie de troca entre a vantagem indevida obtida pelo agente público e sua atuação funcional porque ele não negocia e nem altera seus atos funcionais (não os modifica, nem os retarda ou deixa de praticá-los) e nem os desnatura porque eles não são objeto de barganha. Em suma, no crime da "carteirada" não há mercancia da função pública de modo que o particular não aufere qualquer tipo de prestação do agente público.

VOLUNTARIEDADE: As figuras penais do art. 33 são todas dolosas, elemento subjetivo que deve ser aferido mediante a demonstração da finalidade específica prevista no art. 1º, § 1º, da Lei 13.869/2019 de modo que a caracterização do abuso se ressente do dolo da autoridade pública, revestido de elemento subjetivo do injusto consistente na vontade direta de exorbitar do poder mediante decisões motivadas por capricho, maldade, com intuído de vingança ou

91 Neste sentido é a Súmula 599: "O princípio da insignificância é inaplicável aos crimes contra a administração pública".

92 CUNHA, Rogério Sanches. SOUZA, Renee do Ó. Lei Anticorrupção Empresarial. 3ª ed, Salvador: Juspodvm. 2020, p. 62.

aquelas ações realizadas com intuído de concretizar perseguições ou injustiças. Não fosse essa norma, poderia, indevidamente, ser sustentado que a mera revogação ou anulação do ato funcional ensejaria a caracterização deste delito, o que implicaria em uma objetivação indevida do direito penal, além de resultar na mencionada inibição da atuação dos agentes públicos investidos em funções ordenadoras e fiscalizatórias.

Eventual má apreciação do caso e a qualidade negativa da decisão da autoridade pública não podem ser equiparadas à vontade de praticar o crime de abuso de autoridade. Nesses casos, embora a decisão possa ser reformada ou desfeita por outras instâncias, não é possível imputar, de forma automática ou vinculante, a caracterização do abuso de poder previsto no tipo penal em estudo.

A finalidade específica deve ser aferida simultaneamente com o vetor do art. 1º, § 2º, da Lei que dispõe que a divergência de interpretação da lei ou na avaliação dos fatos e provas não configura abuso de autoridade de modo que a adoção de entendimentos contrários pelas diversas instâncias revisoras do ato original deve ser compreendida como uma zona de atuação legítima do agente público, espaço compatível com a ordem jurídica que exclui o excesso funcional.

CONSUMAÇÃO E TENTATIVA: A figura do *caput* é crime de mera conduta, pelo que o momento consumativo é o da exigência da informação ou cumprimento da obrigação, seja oral, escrita ou gestual. Nas figuras do parágrafo único, que são modalidades de crimes formais, a consumação ocorre no momento em que o agente invoca a condição funcional para eximir-se da obrigação ou para obter a vantagem indevida, independentemente de realizar esses intentos.

A tentativa é possível nos casos em que a conduta é plurissubsistente, como no caso de determinações escritas.

AÇÃO PENAL: Nos termos do art. 3º. dessa Lei, trata-se de crime de ação penal pública incondicionada.

O crime é apenado com detenção, de 6 (seis) meses a 2 (dois) anos, e multa, razão pela qual é infração penal de menor potencial ofensivo e admite todas as medidas despenalizadoras da Lei 9.099/1995.

Art. 34. (VETADO).

Art. 35. (VETADO).

Art. 36. Decretar, em processo judicial, a indisponibilidade de ativos financeiros em quantia que extrapole exacerbadamente o valor estimado para a satisfação da dívida da parte e, ante a demonstração, pela parte, da excessividade da medida, deixar de corrigi-la:

Pena – detenção, de 1 (um) a 4 (quatro) anos, e multa.

BEM JURÍDICO TUTELADO: A norma protege o princípio da proporcionalidade na vertente proibição de excesso e o próprio direito de propriedade atingido pela indisponibilidade excessiva.

SUJEITOS DOS CRIMES: O sujeito ativo deste crime são os juízes de direitos, agente públicos que detém poder para decretar, em processo judicial, a indisponibilidade de ativos financeiros.

Sujeito passivo é o requerido/executado, pessoa física ou jurídica, que teve em seu desfavor decretada a indisponibilidade de ativos excessiva.

CONDUTAS: Entende-se como ativo financeiro quaisquer bens, valores, fundos e recursos expressos em pecúnia e indisponibilidade como a medida que proíbe sua transferência, conversão, disponibilização, direta ou indiretamente. Mas o crime do art. 36 da Lei 13.869/2019 reclama a compreensão do regime jurídico vigente para a decretação da medida cautelar prevista no art. 854 do Código de Processo Civil, denominado "*penhora de dinheiro em depósito ou em aplicação financeira*", popularmente conhecido como "*penhora online*".

De forma sucinta, a indisponibilidade é uma medida cautelar constritiva que bloqueia ativos financeiros junto às instituições financeiras suficientemente para satisfação da dívida executada. A medida é operacionalizada mediante a comunicação da ordem de indisponibilidade dos ativos às instituições financeiras por meio eletrônico, via sistema BacenJud, o que implica, algumas vezes, na chamada *indisponibilidade excessiva*, fruto da determinação simultânea de indisponibilidade de ativos para várias instituições financeiras diferentes. Como anota Daniel Assumpção Neves: "*Apesar de ser possível limitar a penhora ao valor executado, o sistema BacenJud ainda não é capaz de evitar um grave inconveniente criado pela penhora on-line: a realização de diversas penhoras em diferentes contas correntes e investimentos, ainda que em cada uma delas sejam constritos valores no limite da execução*[93]".

Existem dois modos de o juiz identificar a indisponibilidade excessiva: a) após a análise das respostas encaminhadas pelas próprias instituições financeiras, caso em que, de ofício e no prazo de 24 h, deverá determinar o cancelamento de eventual indisponibilidade excessiva (CPC, art. 854, § 1.º, do Novo CPC), ou; b) por ocasião da apreciação da resposta apresentada pelo executado que demonstra a indisponibilidade excessiva de ativos financeiros, caso em que, se procedente a alegação, deve determinar o cancelamento de eventual indisponibilidade excessiva (CPC, art. 854, §§ 3º e 4º).

O crime do art. 36 da Lei 13.869/2019 pressupõe o transcurso da segunda etapa descrita de modo que comete o delito o juiz que decreta (determina; ordena) a indisponibilidade de ativos financeiros em quantia excessiva, e mesmo depois de acolher a mini-impugnação do executado, deixa de desfazer o excedente. Para a caracterização do crime, assim, é necessário que o juiz tenha praticado duas condutas sucessivas, uma positiva – decretação de indisponibilidade exacerbadamente extrapolada-, e outra negativa – deixa de corrigir o excesso-, depois da demonstração disso pelo executado. A fim de compatibilizar o tipo com a divergência de interpretações, vetor contido no § 2º do art. 1º da Lei, a demonstração de excesso pelo executado deve ser feita de modo objetivo, mediante simples cálculos aritméticos e sem a variação de indicadores econômicos sob pena de a elementar do crime ficar a mercê de manipulações especulativas da própria vítima.

Embora o tipo possua dois verbos cumulativos, a reprovabilidade penal da conduta ocorre quando o juiz deixa de corrigir a medida excessiva, pelo que o crime é, essencialmente, omissivo.

Mas não é só. Para a configuração do crime é necessária que a quantia bloqueada extrapole exacerbadamente o valor estimado para a satisfação da dívida, **elemento normativo do tipo** que indica que o crime depende da constatação de que a indisponibilidade alcance um montante acentuadamente excessiva razão pela qual, não haverá crime se o excesso for pequeno.

Não haverá crime se o juiz rejeitar a manifestação do executado e decidir manter o valor indisponibilizado no montante inicialmente fixado, ainda que haja reforma dessa decisão pelas instâncias superiores, sob pena de quebra da independência judicial inerente a atividade judicante, como bem destacado pelo § 2º do art. 1º da Lei 13.869/2019. Também deve ser observado que o valor excessivo deve ser aferido tendo como parâmetro o valor estimado para a satisfação da dívida da parte em execução no momento da decretação da medida, ante a incidência da teoria da atividade prevista no art. 4º do Código Penal. Posterior redução deste valor por força de acolhimento de exceção de pré-executividade, por exemplo, não pode servir como novo parâmetro para aquela decisão.

93 NEVES, Daniel Amorim Assumpção. Manual de direito processual civil – Volume único. 11ª. ed. Salvador: Ed. JusPodivm, 2019. p. 1250.

Neste sentido, decidiu o TJRS, que este crime exige ação do agente público que "extrapole exacerbadamente o valor estimado para a satisfação da dívida da parte" e também omissão quanto à "correção ante a demonstração, pela parte, da excessividade da medida", de modo que impassível de caracterização em momento prévio ao respectivo deferimento. Ademais, o crime exige o "elemento subjetivo especial do injusto", motivo pelo qual, concluiu o julgado, é inviável o indeferimento prévio da indisponibilidade de valores via BACENJUD em função do risco de caracterização do tipo penal de abuso de autoridade do art. 36 da Lei n. 13.869/2019 (TJRS - AgIn 70083941518 - 1.ª Câmara Cível - j. 24/6/2020 - julgado por Carlos Roberto Lofego Canibal - DJe 6/7/2020).

VOLUNTARIEDADE: trata-se de crime praticado mediante dolo, consistente na vontade livre e consciente de deixar de corrigir a indisponibilidade excessiva demonstrada pelo executado.

Imprescindível seja comprovada a finalidade específica prevista no art. 1º, § 1º, da Lei 13.869/2019 de modo que a caracterização do abuso se ressente do dolo da autoridade pública, revestido de elemento subjetivo do injusto consistente na vontade direta de exorbitar do poder mediante decisões motivadas por capricho, maldade, com intuído de vingança ou aquelas ações realizadas com intuído de concretizar perseguições ou injustiças.

CONSUMAÇÃO E TENTATIVA: O crime é omissivo e, portanto, depende do transcurso de determinado prazo para restar configurado. A lei não menciona qual o prazo específico para o juiz corrigir a medida excessiva e determinar o seu cancelamento. Deve-se atentar que o prazo de 24 horas previsto no § 1º e no § 4º do art. 854 do CPC referem-se, respectivamente, ao prazo para cancelamento da indisponibilidade excessiva constatada de ofício pelo juiz e para cumprimento, pela instituição financeira, da determinação de cancelamento emitida. À guisa de um prazo específico, e levando-se em conta tratar-se de decisão de mérito, entendemos adequada a aplicação do art. 326, III, do CPC que estabelece prazo de trinta dias para o juiz proferir a decisão. Havendo motivo justificado, contudo, o transcurso do prazo não é suficiente para a caracterização do delito, caso em que, haverá ausência de curso causal capaz de justificar a imputação do fato.

Como o crime é omissivo, não admite tentativa.

AÇÃO PENAL: Nos termos do art. 3º. dessa Lei, trata-se de crime de ação penal pública incondicionada.

Como a pena deste crime é de detenção, de 1 (um) a 4 (quatro) anos, e multa, é cabível proposta de suspensão condicional do processo (art. 89 da Lei 9.099/1995), bem como o acordo de não persecução penal (art. 28-A do CPP, com redação dada pela Lei 13.964/2019).

Art. 37. Demorar demasiada e injustificadamente no exame de processo de que tenha requerido vista em órgão colegiado, com o intuito de procrastinar seu andamento ou retardar o julgamento:

Pena – detenção, de 6 (seis) meses a 2 (dois) anos, e multa.

BEM JURÍDICO TUTELADO: A norma protege principalmente o direito fundamental a duração razoável do processo, contido no art. 5º, LXXVIII, que estabelece que "a todos, no âmbito judicial e administrativo, são assegurados a razoável duração do processo e os meios que garantam a celeridade de sua tramitação", bem como a administração pública que tem o dever de agir com moralidade e eficiência.

SUJEITOS DOS CRIMES: Sujeito ativo é o agente público investido na função julgadora de processos em geral, judicial ou administrativo, em órgão colegiado, da administração pública, inclusive de entidades da administração pública indireta, como autarquias (como membros de Conselhos de Entidades de Classe como CFM, CRO, Agências reguladoras, INSS, Dnit,

Funai, etc), sociedades de economia mista (como membros da Petrobrás, Banco do Brasil) e empresas públicas (como membros da Caixa Econômica Federal e Correios). Podem cometer o crime assim, desembargadores, conselheiros, ministros e etc.

Sujeito passivo é o Estado, lesado no dever de prestar sua atividade com moralidade e eficiência. Secundariamente, são vítimas as partes (pessoas físicas ou jurídicas) do processo cuja andamento foi procrastinado ou retardado.

CONDUTAS: Tradicionalmente, as normas processuais admitem que nos órgãos colegiados, os julgadores podem requerer vistas dos autos para, após exame mais minucioso do processo, decidirem o caso mediante a apresentação de um voto mais aprofundado sobre o caso. O requerimento de vista implica na interrupção do julgamento do caso e na remessa dos autos para o gabinete do julgador requerente. Embora o tratamento legal a respeito da matéria seja bastante variável, havendo diplomas que fixam um determinado prazo para a apresentação do voto[94], como faz o CPC no art. 940, por exemplo, e outros diplomas que sequer fixam algum prazo, o fato é que os pedidos de vistas de processos são uma prática processual indesejável, mas inevitável. É indesejado porque é expediente que retarda demasiadamente o julgamento do processo, mas é inevitável porque é medida adequada para assegurar que o julgador, em meio a conhecida situação de sobrecarga de processos, aprecie e profira um julgamento adequado.

A prática é tão enraizada que nem mesmo a chegada do processo eletrônico foi capaz de reduzir o pedido de vista e a interrupção de julgamentos já que esta espécie de processos fica disponível integralmente a todos os julgadores em sistema informatizado, o que permite seja consultado, integralmente, antes da sessão de julgamento. Mesmo assim, comumente, seja por falta de tempo para o exame prévio e minudente do caso, seja por outras razões, o pedido de vista ainda é praxe.

O crime do art. 37 da Lei 13.869/2019 pune a conduta do julgador de órgão colegiado que, depois de requerer vista do processo, demora, demasiada e injustificadamente, para seu exame, com intuito de procrastinar seu andamento ou retardar o julgamento.

O tipo penal, a fim de evitar uma objetivação punitiva de duvidosa constitucionalidade, não fixa um prazo cartesiano caracterizador da omissão reprovável. A opção legal foi a utilização de um **elemento normativo do tipo** "demasiada e injustificadamente" que deve ser compreendida como a demora excessiva, isto é, muito fora do prazo legal e sem motivo satisfatório. Seria o caso de demora significativa para apresentação de voto em matéria de simples e fácil cognição, tendo o julgador consigo um reduzido número de processos, de modo que seu exame demanda pouco dias para tanto.

A fim de alcançar condutas dotadas de maior reprovabilidade, o tipo penal ainda exige um elemento subjetivo especial a saber "com o intuito de procrastinar seu andamento ou retardar o julgamento", elemento que será estudado na próxima seção.

VOLUNTARIEDADE: Trata-se de crime punível a título de dolo, consistente na vontade livre e consciente de demorar demasiada e injustificadamente no exame de processo de que tenha requerido vista em órgão colegiado.

94 Há outros diplomas legais que fixam prazo para devolução do processo após pedido de vista por um dos julgadores. O Regimento Interno do Supremo Tribunal Federal (STF), seu, aprovado em 15 de outubro de 1980, prevê, no artigo 134, que se um ministro pedisse vista, deveria apresentar o processo para julgamento até a segunda sessão seguinte. Em 2003, contudo, o STF aprovou a Resolução 278, de 15 de dezembro, segundo a qual o ministro que pedir vista tem 10 dias para devolver o processo, prorrogáveis automaticamente por mais 10. Se não os devolver, o presidente poderá requisitar os autos e continuar o julgamento. Para os demais órgãos do Judiciário, o Conselho Nacional de Justiça (CNJ) aprovou a Resolução 202, de 27 de outubro de 2015 que prevê que qualquer juiz de tribunal pode ter vista de um processo por até 10 dias, prorrogáveis por igual prazo, mediante pedido justificado. Ao final disso, o presidente do órgão pode requisitar os autos e prosseguir no julgamento. Se o juiz que pediu vista afirmar ainda não estar capacitado a julgar, o presidente pode convocar um substituto.

Chama a atenção a exigência de finalidade específica prevista no tipo, a saber, "com o intuito de procrastinar seu andamento ou retardar o julgamento", que indica a necessidade de demonstrar que a conduta tinha o objetivo de retardar o desfecho do caso.

Não nos parece haver relação de prejudicialidade entre esses elementos subjetivos especiais e com aqueles previstos no § 1º do art. 1º da Lei, de modo que a caracterização do crime exige a presença de todos eles, de forma cumulada ou sucessiva. Assim sendo, como nos demais, a configuração deste crime exige, de forma prévia, que o dolo da autoridade pública seja revestido de elemento subjetivo do injusto consistente na vontade direta de exorbitar do poder mediante decisões motivadas por capricho, maldade, com intuído de vingança ou aquelas ações realizadas com intuído de concretizar perseguições ou injustiças.

CONSUMAÇÃO E TENTATIVA: Trata-se de crime omissivo, que se consuma pós o transcurso demasiado e injustificado do prazo necessário para o exame de processo de que o julgador tenha requerido vista em órgão colegiado.

Como é crime omissivo, não admite tentativa.

AÇÃO PENAL: Nos termos do art. 3º. dessa Lei, trata-se de crime de ação penal pública incondicionada.

O crime é apenado com detenção, de 6 (seis) meses a 2 (dois) anos, e multa, razão pela qual é infração penal de menor potencial ofensivo e admite todas as medidas despenalizadoras da Lei 9.099/1995.

Art. 38. (VETADO). (Promulgação partes vetadas)

Art. 38. Antecipar o responsável pelas investigações, por meio de comunicação, inclusive rede social, atribuição de culpa, antes de concluídas as apurações e formalizada a acusação:

Pena – detenção, de 6 (seis) meses a 2 (dois) anos, e multa.

BEM JURÍDICO TUTELADO: A norma tutela o dever de neutralidade da administração pública, que decorre do princípio da impessoalidade (CF, art. 37, *caput* e seu § 1º). Além disso, secundariamente, a norma protege a presunção de inocência, a imagem e a honra da pessoa, física ou jurídica, investigada, direitos fundamentais previstos no art. 5º, LVII e X da CF.

SUJEITOS DOS CRIMES: Podem cometer este crime qualquer agente público investido na competência administrativa de conduzir investigações. Caso a conduta seja praticada por agente público que não detenha esta atribuição funcional poderá, eventualmente, haver algum crime contra a honra e/ou infração disciplinar.

CONDUTAS: O crime do art. 38 da Lei 13.869/2019 possui algumas semelhanças com o crime de difamação, na medida em que ambos protegem a honra das pessoas e implicam na atribuição de um ato ilícito a determinada pessoa. Diferenciam-se, entretanto, porque neste delito o fato relatado pelo agente público encontra-se sob investigação presidida pelo próprio autor da infração e não é, necessariamente, um fato falso.

O crime consiste em antecipar (precipitar, prever) a culpa por algum ato sob investigação, antes de concluídas as apurações e formalizada a acusação. O objetivo da norma é impedir a difusão de prejulgamentos ou juízos prematuros, realizados antes da constituição de elementos que indiquem uma probabilidade mínima de que o investigado pode ser culpado pelo ato e que ensejam danos à sua imagem. A propagação de prognósticos assim, sobretudo nos casos em que no final das apurações conclui-se pela inocência do investigado, criam um abalo reputacional de difícil reparação razão pela qual, a fim de evitar que ocorram situações como esta, o legislador procura impedir que o agente antecipe e divulgue este tipo de juízo de valor.

Trata-se de crime de ação vinculada porque descreve que o agente comete o crime se a antecipação de sua conclusão é feita por meio de comunicação ou por rede social. Não haverá crime se o agente realizar este tipo de comentário precipitado para poucas pessoas ou no desempenho de suas atividades rotineiras, junto à repartição em que atua.

O **elemento normativo do tipo** "antes de concluídas as apurações e formalizada a acusação" deve ser considerado como marco temporal liberatório para que o agente antecipe sua conclusão de culpa do investigado de modo que não haverá crime no caso de entrevistas concedidas a partir deste momento, ainda que o investigado seja ao final absolvido.

O recorte temporal feito pela norma, todavia, é inadequado porque existem situações em que o juízo acerca da alta probabilidade de culpa do investigado ocorre muito antes da conclusão das apurações e formalização da acusação, como ocorre nas prisões em flagrante delito, por exemplo.

Além disso, a norma deve ser compatibilizada com outras que asseguram o direito de determinadas autoridades expressarem livremente suas opiniões, bem como aquelas que impõe aos órgãos estatais deveres de transparência e publicidade e que são reconfigurados como direito à informação, titularizados pelos cidadãos em geral, constitucionalmente previstos no artigo 5º, inciso XXXIII, que dispõe "*todos têm direito a receber dos órgãos públicos informações de seu interesse particular, ou de interesse coletivo ou geral, que serão prestadas no prazo da lei, sob pena de responsabilidade, ressalvadas aquelas cujo sigilo seja imprescindível à segurança da sociedade e do Estado*" e inciso LX, que reza: "*a lei só poderá restringir a publicidade dos atos processuais quando a defesa da intimidade ou o interesse social o exigirem*".

Além disso, não devem ser alcançadas pelo tipo penal eventuais entrevistas e comunicados metodicamente inseridos em uma ampla estratégia investigativa aptas a estimular, consequentemente, a obtenção de outras provas sobre o ato sob apuração. É o que ocorre com a divulgação de prisão ou de retratos de suspeitos de crimes praticados em série e que pode promover o seu reconhecimento por outras vítimas e testemunhas, além de motivá-las a depor sem receio de retaliações.

Por esses motivos o artigo tinha sido vetado pelo Presidente da República com as seguintes razões: "*A propositura legislativa viola o princípio constitucional da publicidade previsto no art. 37, que norteia a atuação da Administração Pública, garante a prestação de contas da atuação pública à sociedade, cujos valores da coletividade prevalecem em regra sobre o individual, nos termos da jurisprudência do Supremo Tribunal Federal. Por fim, a comunicação a respeito de determinados ocorrências, especialmente sexuais ou que violam direitos de crianças e adolescentes, podem facilitar ou importar em resolução de crimes*.".

VOLUNTARIEDADE: O elemento subjetivo é o dolo, entendido como a vontade livre e consciente de antecipar a atribuição de culpa de um investigado antes de concluídas as apurações e formalizada a acusação.

Imprescindível seja comprovada a finalidade específica prevista no art. 1º, § 1º, da Lei 13.869/2019 de modo que a caracterização do abuso se ressente do dolo da autoridade pública, revestido de elemento subjetivo do injusto consistente na vontade direta de exorbitar do poder mediante decisões motivadas por capricho, maldade, com intuído de vingança ou aquelas ações realizadas com intuído de concretizar perseguições ou injustiças.

CONSUMAÇÃO E TENTATIVA: Trata-se de crime de mera conduta pelo que sua consumação ocorre no momento em que o agente público realiza o comunicado que contém o juízo antecipatório acerca da culpa do investigado. A tentativa é possível quando o comunicado for realizado na forma escrita.

AÇÃO PENAL: Nos termos do art. 3º. dessa Lei, trata-se de crime de ação penal pública incondicionada.

O crime é apenado com detenção, de 6 (seis) meses a 2 (dois) anos, e multa, razão pela qual é infração penal de menor potencial ofensivo e admite todas as medidas despenalizadoras da Lei 9.099/1995.

CAPÍTULO VII
DO PROCEDIMENTO

Art. 39. Aplicam-se ao processo e ao julgamento dos delitos previstos nesta Lei, no que couber, as disposições do Decreto-Lei nº 3.689, de 3 de outubro de 1941 (Código de Processo Penal), e da Lei nº 9.099, de 26 de setembro de 1995.

Aplicação Subsidiária do Código de Processo Penal: Em razão da disposição acima, as normas procedimentais do Código de Processo Penal são aplicáveis aos processos versando os crimes da Lei 13.869/2019.

Cumpre destacar que os crimes que não são de menor potencial ofensivo previstos na Lei 13869/2019 serão processados pelo ***rito especial dos crimes funcionais***, previsto no art. 513 e ss. do Código de Processo Penal que se notabiliza pela possibilidade de apresentação de resposta preliminar.

Nos processos que versem abuso de autoridade, ante a presença de funcionário público no polo passivo, deve-se ainda observar a regra do art. 359 do CPP que determina que "*O dia designado para funcionário público comparecer em juízo, como acusado, será notificado assim a ele como ao chefe de sua repartição*". Trata-se de cautela administrativa que implica em uma dupla exigência, mandado pessoal ao acusado e ofício requisitório ao seu superior hierárquico.

Aplicação Subsidiária da Lei 9.099/1995: Aos crimes previstos na Lei 13.869/2019 cujas pena cominada máxima não seja superior a 02 anos serão considerados como de menor potencial ofensivo e serão alcançados pelos institutos despenalizadores da Lei 9.099/1995. São eles: arts. 12, 16, 18, 20, 27, 29, 31, 32, 33, 37 e 38.

Além disso, àqueles crimes cuja pena mínima for igual ou inferior a um ano, segundo disposto no art. 89 da Lei 9.099/1995, caberá a suspensão do processo. São os crimes previstos nos art. 9º, 10, 13, 15, 19, 21, 22, 23, 24, 25, 28, 30 e 36.

CAPÍTULO VIII
DISPOSIÇÕES FINAIS

Art. 40. O art. 2º da Lei nº 7.960, de 21 de dezembro de 1989, passa a vigorar com a seguinte redação:

"Art.2º ....

....

§ 4º- A O mandado de prisão conterá necessariamente o período de duração da prisão temporária estabelecido no caput deste artigo, bem como o dia em que o preso deverá ser libertado.

....

§ 7º Decorrido o prazo contido no mandado de prisão, a autoridade responsável pela custódia deverá, independentemente de nova ordem da autoridade judicial, pôr imediatamente o preso em liberdade, salvo se já tiver sido comunicada da prorrogação da prisão temporária ou da decretação da prisão preventiva.

§ 8º Inclui-se o dia do cumprimento do mandado de prisão no cômputo do prazo de prisão temporária." (NR)

Art. 41. O art. 10 da Lei nº 9.296, de 24 de julho de 1996, passa a vigorar com a seguinte redação:

"Art. 10. Constitui crime realizar interceptação de comunicações telefônicas, de informática ou telemática, promover escuta ambiental ou quebrar segredo da Justiça, sem autorização judicial ou com objetivos não autorizados em lei:

Pena – reclusão, de 2 (dois) a 4 (quatro) anos, e multa.

Parágrafo único. Incorre na mesma pena a autoridade judicial que determina a execução de conduta prevista no caput deste artigo com objetivo não autorizado em lei." (NR)

Art. 42. A Lei nº 8.069, de 13 de julho de 1990 (Estatuto da Criança e do Adolescente), passa a vigorar acrescida do seguinte art. 227-A:

"Art. 227-A Os efeitos da condenação prevista no inciso I do caput do art. 92 do Decreto-Lei nº 2.848, de 7 de dezembro de 1940 (Código Penal), para os crimes previstos nesta Lei, praticados por servidores públicos com abuso de autoridade, são condicionados à ocorrência de reincidência.

Parágrafo único. A perda do cargo, do mandato ou da função, nesse caso, independerá da pena aplicada na reincidência."

Alterações gerais: As modificações acima promovidas pela Lei 13.869/2019 foram comentadas nas respectivas leis alteradas, quando o caso.

Art. 43. (VETADO). (Promulgação partes vetadas)

Art. 43. A Lei nº 8.906, de 4 de julho de 1994, passa a vigorar acrescida do seguinte art. 7º-B:

'Art. 7º-B. Constitui crime violar direito ou prerrogativa de advogado previstos nos incisos II, III, IV e V do caput do art. 7º desta Lei:

Pena – detenção, de 3 (três) meses a 1 (um) ano, e multa.'"

COMENTÁRIO GERAL: O tipo penal do art. 7º-B da Lei 8.906/1994, inserido pelo art. 43 da Lei 13.869/2019, sob a pretensão de tutelar o exercício regular da atividade profissional do advogado, utiliza-se da técnica do reenvio de forma exagerada, a ponto tal que não descreve minimamente as condutas incriminadas. Embora esta seja uma técnica utilizada no direito penal atual, como dissemos antes, e muito embora vários outros tipos penais da Lei 13.869/2019 se valham de elementos normativos imprecisos ou vagos, neste tipo penal, a incerteza semântica e a ausência de elementos redacionais essenciais alcançam nível extremo, violando decisivamente o princípio da legalidade.

Com este grau de generalidade redacional, o tipo penal não é capaz de indicar quais autoridades podem ser responsabilizadas por estes crimes ou quais os modos de cometimento das condutas incriminadas de modo que restam prejudicadas a análise de todas as categorias do direito penal, como autoria, núcleos verbais descritivos das condutas ilícitas, momento consumativo, etc, sem o que resta inviável identificar os limites inerentes às ofensas ao bem jurídico tutelado pela norma.

E nem se argumente que a descrição contida no art. 7º, II, III, IV e V, da Lei 8.906/1994 é suficiente para suprir estas omissões porque aquelas disposições são meramente enunciativas, incapazes de delimitar condutas que possam ser objeto de reprimenda do direito penal. Com efeito, dispõe a lei:

> "Art. 7º São direitos do advogado:
>
> (...)
>
> II – a inviolabilidade de seu escritório ou local de trabalho, bem como de seus instrumentos de trabalho, de sua correspondência escrita, eletrônica, telefônica e telemática, desde que relativas ao exercício da advocacia;
>
> III – comunicar-se com seus clientes, pessoal e reservadamente, mesmo sem procuração, quando estes se acharem presos, detidos ou recolhido;
>
> IV – ter a presença de representante da OAB, quando preso em flagrante, por motivo ligado ao exercício da advocacia, para lavratura do auto respectivo, sob pena de nulidade e, nos demais casos, a comunicação expressa à seccional da OAB;
>
> V – não ser recolhido preso, antes de sentença transitada em julgado, senão em sala de Estado Maior, com instalações e comodidades condignas, assim reconhecidas pela OAB, e, na sua falta, em prisão domiciliar; (Vide ADIN 1.127-8)".

É certo que o exercício regular da advocacia se constitui em bem jurídico tutelável pelo direito penal, mas essa liberdade político-criminal não pode implicar em vulgarização da taxatividade penal, sobretudo quando se sabe que os embates das lides forenses tendem a revanchismos e conflitos entre esses profissionais e os agentes públicos de um modo geral. Além disso, o princípio da taxatividade, sobejamente violado neste caso, impõe o dever de o tipo penal apresentar elementos estruturais mínimos, capazes de identificar aspectos individualizantes da conduta incriminada, e insere-se no chamado dever do Estado de punir com ética porque implica na garantia de qualquer cidadão, ao examinar o tipo penal, compreender, minimamente, os limites do comportamento proibido. Isso implica na obrigação estatal de redigir a norma penal com grau de certeza e clareza que não frustre essa compreensão. Uma norma penal incapaz de comunicar seu comando ou de ser compreendida com clareza frustra o papel de orientação e conformação de condutas inerente a todo o direito, que deve voltar-se ao cidadão de forma clara, apto a lhe exigir adequado cumprimento.

Lapidar a lição dada pelo Supremo Tribunal acerca do tema: "*O ato de tipificação penal impõe ao Estado o dever de identificar, com clareza e precisão, os elementos definidores da conduta delituosa. As normas de incriminação que desatendem a essa exigência de objetividade — além de descumprirem a função de garantia que é inerente ao tipo penal— qualificam-se como expressão de um discurso normativo absolutamente incompatível com a essência mesma dos princípios que estruturam o sistema penal no contexto dos regimes democráticos. O reconhecimento da possibilidade de instituição de estruturas típicas flexíveis não confere ao Estado o poder de construir figuras penais com utilização, pelo legislador, de expressões ambíguas, vagas, imprecisas e indefinidas. É que o regime de indeterminação do tipo penal implica, em última análise, a própria subversão do postulado constitucional da reserva de lei, daí resultando, como efeito consequencial imediato, o gravíssimo comprometimento do sistema das liberdades públicas. A cláusula de tipificação penal, cujo conteúdo descritivo se revela precário e insuficiente, não permite que se observe o princípio da dupla incriminação, inviabilizando, em consequência, o acolhimento do pedido extradicional.*" (STF, Ext. 633/China, rel. Min. Celso de Mello, j. 28/8/1996).

Observe-se que da maneira como redigido o tipo penal, cujo núcleo verbal é violar, restam prejudicadas, como dita, a análise de várias categorias e institutos penais relevantes para a incriminação das pessoas. Além disso, como isso não bastasse, algumas das condutas selecionadas pelo art. 43 da Lei 13.869/2019 já são objeto de tutela de outros tipos penais, esses redigidos com algum grau de precisão de modo que indicar um grau mais adequado do bem jurídico pretendido pelas normas. Assim, a prevalecer os tipos penais descritos ora em estudo nos parece haver prejuízo protetivo às prerrogativas funcionais dos advogados.

Assim, observe-se que a conduta descrita no inciso II do art. 7º da Lei 8.906/1994 se encontra tutelado pelos tipos penais do art. 22 da própria Lei 13.869/2019, art. 150 do Código Penal e art. 10 da Lei 9.296/1996.

A conduta do inciso III do art. 7º da Lei 8.906/1994 parece contemplada pelo novo tipo do art. 20 da Lei 13.869/2019.

E por fim, o mesmo ocorre com as condutas do inciso IV e V do art. 7º da Lei 8.906/1994 que estão contempladas no art. 9º da Lei 13.869/2019.

De qualquer forma, conforme já consolidado, as prerrogativas do advogado devem ser tuteladas desde que mantidos o nexo instrumental com a essencial e indispensável atividade profissional à administração da justiça. Isso significa que não há proteção ao profissional para prática de infrações à legislação[95]e nem em situações de impossibilidade fática para o cumprimento literal da prerrogativa[96]. Não por outro motivo, o dispositivo tinha sido vetado com a seguinte fundamentação: "*A propositura legislativa gera insegurança jurídica, pois criminaliza condutas reputadas legítimas pelo ordenamento jurídico. Ressalta-se que as prerrogativas de advogados não geram imunidade absoluta, a exemplo do direito à inviolabilidade do escritório de advocacia e a própria Lei nº 8.906, de 1996, com redação dada pela Lei nº 11.767, de 2008, que permite a limitação desse direito quando o próprio advogado seja suspeito da prática de crime, notadamente concebido e consumado no âmbito desse local de trabalho, sob pretexto de exercício da profissão, conforme entendimento do Supremo Tribunal Federal (v.g. Inq. 2424, Rel. Min. Cezar Peluso, p., j. 26/11/2008.*"

Art. 44. Revogam-se a Lei nº 4.898, de 9 de dezembro de 1965, e o § 2º do art. 150 e o art. 350, ambos do Decreto-Lei nº 2.848, de 7 de dezembro de 1940 (Código Penal).

Chama a atenção neste dispositivo a eloquente não revogação do crime previsto no art. 322 do Código Penal que, doravante, deverá servir para a punição da conduta que, numa linguagem cotidiana, por assim dizer, expressa o crime de abuso de autoridade por excelência, a saber, o pontapé desferido por um agente público contra o cidadão comum. A repristinação deste delito é reforçada ainda pelas decisões proferidas pelo Superior Tribunal de Justiça[97] e Supremo Tribunal Federal[98] que indicavam sua vigência, mesmo havendo, na época em que proferidas, certa concorrência típica com a Lei 4.898/1965.

95 Neste sentido: "*A diligência da interceptação abrange a participação de quaisquer interlocutores, de forma casual e indeterminada. Se o advogado aparece como um dos interlocutores casuais, não há nenhuma violação ao sigilo profissional. Assim vem decidindo nosso Tribunal Cidadão: STJ – RMS 33677-SP – Rel. Laurita Vaz, j, wm 27.05.2014.*". Embora haja alguma controvérsia, quanto à possibilidade de escuta ambiental destinada a captação de conversas por advogado, em seu escritório, suspeito de cometimento de crimes, já decidiu o STF: "*(...) PROVA. Criminal. Escuta ambiental e exploração de local. Captação de sinais óticos e acústicos. Escritório de advocacia. Ingresso da autoridade policial, no período noturno, para instalação de equipamento. Medidas autorizadas por decisão judicial. Invasão de domicílio. Não caracterização. Suspeita grave da prática de crime por advogado, no escritório, sob pretexto de exercício da profissão. Situação não acobertada pela inviolabilidade constitucional. Inteligência do art. 5º, X e XI, da CF, art. 150, § 4º, III, do CP, e art. 7º, II, da Lei nº 8.906/94. Preliminar rejeitada. Votos vencidos. Não opera a inviolabilidade do escritório de advocacia, quando o próprio advogado seja suspeito da prática de crime, sobretudo concebido e consumado no âmbito desse local de trabalho, sob pretexto de exercício da profissão. (...)*" (STF, Inq. 2424, Rel. Min. Cezar Peluso, Tribunal Pleno, julgado em 26/11/2008)

96 Por isso que se tem entendido que na falta de sala de Estado Maior, muito embora o Estatuto disponha que o advogado deva ser colocado em prisão domiciliar, a jurisprudência consolidou o entendimento de que a ausência daquele espaço, por si só, não autoriza seja deferida prisão domiciliar ao advogado preso provisoriamente. Estando recolhido em cela especial, sem registro de eventual inobservância das condições mínimas de salubridade e dignidade humana, separado dos outros presos e sem o rigor e a insalubridade do cárcere comum, não há falar em ilegalidade. Nesse sentido: STJ – RE 1.648.174 –MT – Rel. Sebastião Reis Júnior, j. em 28.03.2017.

97 STJ, HC 48.083/MG, 5. T., rei. Min. Laurita Vaz, j. 20.11.2007, DJe 07.04.2008.

98 STF: RHC 95.617/MG, rel. Min. Eros Grau, 2ª Turma, j. 25.11.2008.

Resta registrar que este crime é de incidência subsidiária, muito embora, nos casos em que a violência empregada pelo agente público caracterizar outro crime, deva ser aplicada a regra do cúmulo material e não a absorção, como determina o parágrafo único da norma. Outra característica geral desta infração é a exigência de finalidade específica de abusar da autoridade, como consolidado anteriormente pela doutrina e jurisprudência nos crimes da Lei 4.898/1965.

Art. 45. Esta Lei entra em vigor após decorridos 120 (cento e vinte) dias de sua publicação oficial.

Brasília, 5 de setembro de 2019; 198º da Independência e 131º da República.

JAIR MESSIAS BOLSONARO

Sérgio Moro

Considerando que a Lei 13.869/2019 foi publicada na edição extra do Diário Oficial da União em 5 de setembro de 2019, tem-se que entrou em vigor em 2 de janeiro de 2020.

REFERÊNCIAS

AVENA, Norberto. Processo penal. 10. ed. Rio de Janeiro: Forense, São Paulo: Método, 2018.

BARROSO, Luís Roberto. Curso de Direito Constitucional Contemporâneo: Os Conceitos Fundamentais e a Construção do Novo Modelo. 5ª ed., São Paulo: Saraiva, 2015.

BONFIM, Edilson Mougenot. Código de processo penal anotado. 4. ed. São Paulo : Saraiva, 2012.

COIMBRA neves, Cícero Robson. NAKAHARA, Fábio. Cap. 1 – Crime militar extravagante de abuso de autoridade. In Manual de crimes militares extravagantes. Salvador: Juspodivm, 2021.

CUNHA, Rogério Sanches. GRECO, Rogério. Abuso de autoridade: Lei 13.869/2019: comentada artigo por artigo. Salvador: Editora Juspodivm, 2020.

CUNHA, Rogério Sanches. SOUZA, Renee do Ó. Lei Anticorrupção Empresarial. 3ª ed, Salvador: Juspodivm, 2020.

EISENMANN, Charles. Cours de Droit Administratif. Paris: LGDJ, 1982, v. 1.

FISCHER, Douglas. VALDEZ PEREIRA, Frederico. As Obrigações processuais penais positivas: segundo as Cortes Europeia e Interamericana de Direitos Humanos. 2ª ed., Porto Alegre: Livraria do Advogado, 2019.

GUARAGNI, Fábio André. O Tipo Subjetivo dos Novos Crimes de Abuso de Autoridade: Acerca do emprego sistemático de Elementos Subjetivos Diversos do Dolo como mecanismo de restrição da incidência típica. In: CAMBI, Eduardo. ASSAGRA, Gregório de Almeida (org.). Abuso de autoridade. Belo Horizonte, São Paulo: D'Plácido, 2020.

GRECO. Rogério. Atividade policial: aspectos penais, processuais penais, administrativos e constitucionais. 3ª edição. Niterói, RJ: Impetus.

HASSEMER, Winfried. Introdução aos fundamentos do direito penal. Porto Alegre: SA Fabris, 2005.

HUNGRIA, Nélson. Comentários, cit., v. VI.

HUNGRIA, Nélson. Comentários ao Código Penal, v. 7.

JESUS, Damásio Evangelista de. Código Penal Anotado. 18ª ed. São Paulo: Saraiva, 2007.

JESUS, Damásio E. de. Direito Penal. Vol. 4. 17ª ed. 2012.

LIMA, Renato Brasileiro de. Manual de Processo Penal: Volume Único. 5ª ed. Salvador: Juspodivm. 2017.

LIMA, Renato Brasileiro de. Legislação Criminal Especial Comentada – volume único. 8ª ed., Salvador: Juspodivm, 2020.

LOPES JUNIOR, Aury. Investigação Preliminar no Processo Penal. 6a ed. São Paulo: Saraiva, 2015.

MEDAUAR, Odete. Direito Administrativo Moderno. 8ª ed. São Paulo: Revista dos Tribunais, 2004.

MORAES, Guilherme Peña de. Curso de direito constitucional. 9 ed. São Paulo: Atlas, 2017.

NEVES, Daniel Amorim Assumpção. Manual de direito processual civil – Volume único. 11ª. ed. Salvador: Ed. Juspodivm, 2019.

NUCCI, Guilherme de Souza. Código de Processo Penal comentado. 16ª. ed. Rio de Janeiro: Forense, 2017.

PINHEIRO, Igor Pereira. CAVALCANTE, André Clark Nunes. CASTELO BRANCO, Emerson. Nova Lei de Abuso de Autoridade. JH Mizuno. 2019.

RAMOS, João Gualberto Garcez. Curso de Processo Penal norte-americano. RT: São Paulo. 2006.

ROCHA, Cármen Lúcia Antunes. Princípios Constitucionais da Administração Pública. Belo Horizonte: Del Rey, 1994.

ROQUE, Fábio. TÁVORA, Nestor. ALENCAR, Rosmar Rodrigues. Legislação Criminal para concursos. Salvador: Juspodivm. 2016.

SOUZA, Renee do Ó. FILHO, José Augusto Peres. Comentários à Lei de Conflito de Interesses. Belo Horizonte: D'Plácido. 2019.

STOCO, Rui e outros. Leis Penais Especiais e sua interpretação jurisprudencial. 7ª ed. São Paulo: RT. 2001.

TOURINHO, Fernando da Costa. Processo Penal, 3º volume, 18ª edição, 1997, Ed. Saraiva: São Paulo.

CAPÍTULO 42

Lei 14.344/22 (Lei Henry Borel)

Rogério Sanches Cunha

> **Art. 1º Esta Lei cria mecanismos para a prevenção e o enfrentamento da violência doméstica e familiar contra a criança e o adolescente [1-3], nos termos do § 8º do art.** 226 e do § 4º do art. 227 da Constituição Federal e das disposições específicas previstas em tratados, convenções e acordos internacionais ratificados pela República Federativa do Brasil **[4]**, e altera o Decreto-Lei nº 2.848, de 7 de dezembro de 1940 (Código Penal), e as Leis nºs 7.210, de 11 de julho de 1984 (Lei de Execução Penal), 8.069, de 13 de julho de 1990, (Estatuto da Criança e do Adolescente), 8.072, de 25 de julho de 1990 (Lei de Crimes Hediondos), e 13.431, de 4 de abril de 2017, que estabelece o sistema de garantia de direitos da criança e do adolescente vítima ou testemunha de violência.

1. LEI 14.344/2022: FINALIDADE

A nova legislação, criando medidas de assistência e proteção, nada mais fez do que seguir diretriz da Constituição Federal, que em seu art. 227 estatui ser dever do Estado (e também da família e da sociedade) assegurar à criança e ao adolescente, com absoluta prioridade, direitos como a vida e a dignidade, além de colocá-los a salvo de toda forma de violência.

Também está em consonância com o art. 19 da Convenção sobre Direitos da Criança, cuja missão é proteger integralmente a criança e o adolescente contra todas as formas de violência.

Na mesma linha, a Lei 14.344/2022 dialoga não apenas com a Resolução n. 20/2005 do Conselho Econômico e Social das Nações Unidas, que traz diretrizes sobre pessoas em desenvolvimento vítimas e testemunhas de crimes, mas principalmente com Lei 13.431/2017, que dispõe sobre os direitos e garantias da criança e do adolescente.

A criança e o adolescente merecem proteção integral pelo fato de serem pessoas em estágio peculiar de desenvolvimento físico, psíquico e moral (arts. 2º e 3º do Estatuto da Criança e do Adolescente e art. 2º da Lei n. 13.431/2017).

Dentre os direitos e garantias da criança e do adolescente (art. 5º da Lei 13.431/2017), merecem destaque:

a) prioridade absoluta;

b) recebimento de informação adequada;

c) manifestação de desejos e opiniões de maneira confidencial (sem afetar a troca de informações para fins de assistência à saúde e persecução penal), ou permanência em silêncio;

d) assistência jurídica e psicossocial;

e) ser ouvido em horário que lhe for mais adequado e conveniente, sempre que possível;

f) segurança.

Além de dispor sobre direitos e garantias, a Lei 13.431/2017 cria mecanismos para prevenir e coibir a violência e prevê procedimentos especiais para a oitiva de criança ou adolescente vítima ou testemunha de violência (escuta especializada e depoimento especial).

O novel estatuto, assim como a lei que o inspirou, apresenta não somente dispositivos de caráter repressivo, mas prevê, sobretudo, mecanismos voltados à prevenção e assistência, destinados a coibir essa modalidade de violência.

Em suma, é, sobretudo um estatuto protetivo, que leva em consideração as condições peculiares das pessoas menores de 18 anos de idade em situação de violência doméstica e familiar.

2. DEFINIÇÕES DE CRIANÇA E DE ADOLESCENTE

Após a promulgação da CF/88, o legislador abandonou a expressão "menor de idade", usada anteriormente no Código de Menores e até hoje presente na CLT e no Código Civil, por considerá-la pejorativa e discriminatória. A nova terminologia, adotada pela CF/88 e pelo ECA, acompanha o atual paradigma que concebe a criança e o adolescente como titulares de direitos fundamentais que devem ser prioritariamente preservados pela família, pela sociedade e pelo Poder Público em geral.

Desse modo, considera-se *criança*, na definição objetiva dada pelo art. 2º da Lei 8.069/1990 (ECA), a pessoa até 12 anos de idade incompletos e, *adolescente*, aquela que contar entre 12 e 18 anos de idade. Por óbvio, esta é uma definição de cunho legal que não leva em conta eventuais aportes de outras áreas do conhecimento, como a biologia, psicologia ou a pedagogia.

3. PESSOAS MAIORES DE 18 E MENORES DE 21 ANOS

É sabido que, em casos excepcionais e expressamente previstos em lei, as disposições do ECA (art. 40 e art. 121, §5º) podem aplicar-se às pessoas maiores de 18 e menores de 21 anos. Além disso, a Emenda Constitucional 65/2010 inclui o "jovem" como destinatário, "com absoluta prioridade", dos direitos fundamentais garantidos às crianças e aos adolescentes (art. 227 da CF/88). Assim, o simples fato de completar 18 anos não exclui o "jovem" maior de 18 anos do âmbito de abrangência das políticas públicas de proteção e efetivação de direitos. Contudo, a nova lei expressamente menciona, no seu artigo inaugural, que sua finalidade é criar "mecanismos para a prevenção e o enfrentamento da violência doméstica e familiar contra *a criança e o adolescente*". Portanto, os destinatários primários da Lei n. 14.344/2022 são as pessoas com menos de 18 anos de idade. Todavia, isso não impede concluir que o juiz, no uso do seu poder geral de cautela, possa aplicar, no amparo aos jovens vítimas ou testemunhas de violência doméstica e familiar, as medidas protetivas estampadas nesta lei. Especialmente porque as principais medidas protetivas, que são a proibição de aproximação de lugares e de contato com pessoas, também estão previstas no art. 319, incisos II e III, do CPP (apesar de não estar previsto o dever de a autoridade policial oferecer à vítima as opções de proteção e a capacidade postulatória direta da vítima).

A moderna vitimologia reconhece a existência de um direito fundamental das vítimas de crimes à proteção eficiente pelo Estado, como derivação do dever de proteção dos direitos fundamentais (*Schutzpflicht*) e o reconhecimento de que a situação de ser vítima ou testemunha de crime é um contexto que expõe diversos direitos fundamentais a um risco acentuado de vulneração[1]. A Lei Maria da Penha operou uma revolução vitimológica em nosso sistema jurídico ao introduzir as medidas protetivas de urgência como um procedimento que impõe à autoridade policial oferecer à vítima ou testemunha as opções de proteção legalmente previstas, conferindo-lhe capacidade postulatória direta para a sua proteção e estabelecendo ao juiz o dever de apreciar de forma célere pedidos feitos pela vítima do crime. Este modelo de procedimentalização do exercício do direito de proteção à vítima, antes previsto na Lei Maria da Penha apenas para as mulheres e agora expandidos para as crianças e adolescentes, quando em contexto de violência doméstica e familiar, deveria ser expandido para todas as vítimas de crimes, cada qual dentro das particularidades derivadas de seu contexto criminológico específico.

4. TRATADOS INTERNACIONAIS

O Brasil é signatário de diversos tratados e convenções internacionais de proteção dos direitos humanos, inclusive de crianças e adolescentes, que são também sujeitos de direitos que devem ser satisfeitos sob a ótica da proteção integral (art. 227 da CF/1988). Isso significa reconhecer que crianças e adolescentes demandam uma tutela jurídica especial e específica devido à condição peculiar de pessoa em desenvolvimento.

O primeiro instrumento normativo internacional a reconhecer a necessidade de proteção especial a crianças e adolescentes foi a Declaração dos Direitos da Criança de Genebra, de 1924, voltada especialmente àqueles em situação de delinquência ou abandono. A Declaração Universal dos Direitos da Criança, de 1959, também reconhece crianças e adolescentes como sujeitos de direitos, que demandam proteção especial, bem como recomenda a adoção da educação básica, gratuita e compulsória.

Podemos citar, ainda, o Pacto de San José da Costa Rica, de 1969, que menciona pontualmente o dever de proteção da criança por parte de família, da sociedade e do Estado, e as Regras Mínimas de Beijing (ou Regras Mínimas para Administração da Justiça da Infância e Juventude), de 1985, que focam a prevenção e o tratamento, sob a ótica penal, de crianças e adolescentes e apontam para a necessidade de criação de um órgão judicial específico para essas questões.

Todavia, a normativa internacional mais importante sobre o tema é a Convenção Internacional sobre os Direitos da Criança, proposta pela ONU em 1989 e ratificada pelo Brasil em 1991 (Decreto Legislativo n. 28/1990). É o documento que sedimenta a teoria da proteção integral, posteriormente adotada pelo Estatuto da Criança e do Adolescente, estabelecendo uma série de medidas administrativas, legislativas, judiciais, sociais e educacionais a serem adotadas pelos países signatários, tendo em vista garantir a liberdade, a dignidade, a alimentação, a educação, o convívio social – enfim, o pleno desenvolvimento de crianças e adolescentes.

Posteriormente, outros instrumentos normativos internacionais trataram da matéria a partir da perspectiva da proteção integral, como a Convenção Interamericana sobre Tráfico Internacional de Menores, de 1994 (Decreto n. 2740/1998); as Regras de Bangkok para tratamento de mulheres presas, de 2010, que dispõem sobre o exercício da maternidade no cárcere, e a Convenção Internacional sobre os Direitos das Pessoas com Deficiência, de 2007 (Decreto n. 6949/2009), que tem disposições relativas à criança com deficiência.

1. ÁVILA, Thiago André Pierobom de. A atuação do Ministério Público na concretização do direito fundamental à segurança pública. *Revista do Conselho Nacional do Ministério Público*, n. 4, p. 159-189, 2014. REBOUÇAS, Sérgio Bruno Araújo. Ativismo do ofendido no processo penal contemporâneo: amplitude participativa e efetividade da recomposição. *Revista de Estudos Criminais*, Porto Alegre, v. 17, n. 71, p. 81-105, 2018.

5. SISTEMA INTERAMERICANO DE DIREITOS HUMANOS

Tanto a Corte IDH quanto a CIDH destacam a necessidade de uma proteção especial e reforçada para crianças e adolescentes, reconhecendo sua condição de desenvolvimento e vulnerabilidade[2].

1. Reconhecimento da Titularidade de Direitos e Autonomia Progressiva

O direito internacional dos direitos humanos reconhece inequivocamente crianças e adolescentes como sujeitos plenos de direitos, sublinhando sua dignidade como pessoas. Este reconhecimento implica que crianças e adolescentes possuem direitos que devem ser respeitados e garantidos, considerando seu desenvolvimento progressivo e autonomia crescente. A autonomia progressiva refere-se à capacidade das crianças e adolescentes de exercer seus direitos de forma cada vez mais independente, à medida que crescem e amadurecem.

2. Recomendações para o Reconhecimento da Titularidade de Direitos e Autonomia Progressiva

Os Estados devem promover o empoderamento das crianças e adolescentes, garantindo que conheçam e compreendam seus direitos. Isso inclui adaptar conteúdos e meios de comunicação para diferentes idades e contextos, assegurando que informações sobre direitos humanos sejam acessíveis e compreensíveis. Além disso, é crucial que os Estados adaptem suas normas, políticas e práticas para apoiar o exercício autônomo dos direitos por parte das crianças, respeitando sua evolução e maturidade.

3. Proteção Especial e Reforçada

Crianças e adolescentes têm direito a uma proteção especial e reforçada devido à sua condição de desenvolvimento. Esta proteção deve ser adaptada às suas necessidades específicas e deve considerar os riscos particulares que enfrentam, especialmente em contextos de violência e discriminação. Os Estados têm a obrigação de adotar medidas para garantir a proteção integral dos direitos das crianças, removendo obstáculos e proporcionando um ambiente seguro e propício para seu desenvolvimento.

4. Princípio do Interesse Superior da Criança

O princípio do interesse superior da criança deve ser uma consideração primordial em todas as decisões que as afetam. Este princípio garante que o desenvolvimento integral e o exercício pleno dos direitos das crianças sejam priorizados em todas as esferas, incluindo legislações, políticas públicas e decisões judiciais. A aplicação deste princípio requer uma avaliação cuidadosa e contextualizada das necessidades e interesses das crianças, assegurando que suas vozes sejam ouvidas e consideradas.

5. Participação das Crianças e Adolescentes

O direito à participação é fundamental para o desenvolvimento das crianças e adolescentes. Eles devem ter a oportunidade de expressar suas opiniões em todos os assuntos que lhes dizem respeito, e essas opiniões devem ser levadas em conta de acordo com sua idade e maturidade. A participação significativa implica criar espaços seguros e apropriados para que as crianças possam se expressar livremente, sem medo de repressão ou ridicularização.

Dentro desse espírito, a implementação efetiva dos padrões e recomendações específicas para crianças e adolescentes é essencial para garantir a proteção e promoção de seus direitos. Os Estados devem adotar uma abordagem holística e interseccional, considerando as diversas vulnerabilidades e necessidades das crianças e adolescentes, e assegurando que suas políticas e práticas estejam alinhadas com os princípios de direitos humanos. A Lei Henry Borel, ao

2 COMISSÃO INTERAMERICANA DE DIREITOS HUMANOS. **Principales estándares y recomendaciones en materia de violencia y discriminación contra mujeres, niñas y adolescentes.** OEA/Ser.L/V/II. Doc. 233, 14 nov. 2019. Disponível em: https://www.cidh.org. Acesso em: 19 out. 2024.

incorporar esses padrões, pode e deve servir como um marco importante na proteção dos direitos das crianças e adolescentes no Brasil.

6. SISTEMA NACIONAL DE PROTEÇÃO

A construção de um Sistema Nacional de Proteção dos Direitos da Criança e do Adolescente é um processo complexo e multifacetado, que exige uma abordagem integral e coordenada para garantir o pleno desenvolvimento e a proteção das crianças e adolescentes. A Convenção sobre os Direitos da Criança reconhece esses indivíduos como titulares de direitos, exigindo uma proteção especial devido ao seu estágio de desenvolvimento. Essa proteção deve ser holística, abrangendo aspectos físicos, mentais, espirituais, morais, psicológicos e sociais.

Os Estados têm o dever de respeitar, proteger e garantir os direitos das crianças, adotando medidas legislativas, administrativas, sociais e educacionais. Uma das principais ferramentas para isso é a Política Nacional para a Infância, que deve ser abrangente, com objetivos claros, indicadores de progresso e estratégias de implementação.

A institucionalidade é um componente crucial desse sistema. Devem existir órgãos deliberativos responsáveis por formular políticas e monitorar sua implementação, com a participação de diversos setores e da sociedade civil. Além disso, órgãos implementadores são necessários para a execução das políticas e programas. Um órgão coordenador deve articular e coordenar todo o sistema, possuindo autoridade e recursos adequados para tal.

A participação das crianças é fundamental nesse processo. Devem ser criados conselhos consultivos, estruturas formais que garantam que as opiniões das crianças sejam consideradas nas decisões que as afetam. No nível local, os serviços municipais devem oferecer atendimento direto às crianças e suas famílias, com equipes multidisciplinares e protocolos claros de atuação.

O sistema de proteção também deve incluir um subsistema específico para lidar com a violência, abuso, exploração e negligência. Medidas de proteção devem ser adotadas para proteger crianças em situações de risco, incluindo a possibilidade de separação da família quando necessário.

O acesso à justiça é outro aspecto essencial. Deve ser garantido para todas as crianças, com procedimentos adaptados e assistência jurídica gratuita. Além disso, o Estado deve regular e supervisionar entidades privadas que prestam serviços de proteção e cuidado às crianças, assegurando que cumpram normas de funcionamento e qualidade.

Por fim, as estruturas comunitárias desempenham um papel importante na proteção das crianças. Essas estruturas devem ser integradas ao sistema formal de proteção, complementando os serviços oferecidos pelo Estado e garantindo uma rede de apoio mais ampla e eficaz.

Em resumo, a construção de um Sistema Nacional de Proteção dos Direitos da Criança exige uma abordagem integrada e coordenada, com a participação ativa de diversos setores e das próprias crianças, para garantir a efetiva proteção e promoção dos direitos das crianças e adolescentes.

CAPÍTULO VII
DOS CRIMES

Art. 25. Descumprir decisão judicial que defere medida protetiva de urgência prevista nesta Lei **[1]**:

Pena – detenção, de 3 (três) meses a 2 (dois) anos **[2]**.

§ 1º A configuração do crime independe da competência civil ou criminal do juiz que deferiu a medida **[3]**.

§ 2º Na hipótese de prisão em flagrante, apenas a autoridade judicial poderá conceder fiança **[4 - 5]**.

§ 3º O disposto neste artigo não exclui a aplicação de outras sanções cabíveis **[6]**.

1. INTRODUÇÃO

Em seu sistema de coibição à violência doméstica e familiar contra criança e adolescente, a Lei 14.344/2022 anuncia diversas medidas protetivas de urgência.

De acordo com o art. 25 da Lei Henry Borel, pune-se com detenção de três meses a dois anos a conduta de descumprir decisão judicial que defere medidas protetivas de urgência previstas na mesma lei. Para além do delito, é ainda cabível a prisão preventiva, nos termos do art. 17 da lei, visando-se evitar a reiteração de novos atos de violência.

O presente delito é réplica do previsto no art. 24-A da Lei Maria da Penha, introduzido pela Lei 13.641/2018. A pena prevista para o delito foi bem pensada pelo legislativo, sendo a mesma do crime do art. 359 do Código Penal, que prevê conduta criminosa semelhante de descumprimento de decisão judicial. Portanto, a pena do delito guarda absoluta proporcionalidade com o sistema do Código Penal. Essa proporcionalidade existiu até o advento da Lei 14.994/24. É que essa lei – apelidada antifeminicídio – alterou a pena do art. 24-A da LMP, passando a ser de 2 a 5 anos de reclusão. Agora, percebam que, sem qualquer motivo aparente, descumprir decisão judicial que defere medida protetiva de urgência prevista na Lei Henry Borel, a pena é de 3 meses a 2 anos de detenção; descumprir decisão judicial que defere medida protetiva de urgência prevista na Lei Maria da Penha, a pena é de 2 a 5 anos de reclusão.

Trata-se de crime próprio, pois só pode ser cometido por quem deve observância às medidas protetivas decretadas. O crime possui dupla objetividade jurídica: tanto a autoridade da decisão judicial, como também a incolumidade psicológica da criança ou adolescente. Em outras palavras, aproximar-se ou contatar criança ou adolescente em contexto de descumprimento de medidas protetivas de urgência também é uma forma de violência psicológica contra esta, por importante na elevação de sua situação de risco. Portanto, o crime do art. 25 também está abrangido pelas disposições da Lei Henry Borel, pois é um ato de violência contra a criança ou adolescente.

A redação do art. 11, parágrafo único, estabelece que o dever de atuação imediata pela autoridade policial também abrange o crime de descumprimento da medida protetiva de urgência. Esta norma sinaliza no sentido de que este crime do art. 25 também é um crime contra o sistema da infância e juventude, portanto alcançado por todas as disposições da Lei 14.344/2022.

Este crime é extremamente importante para assegurar a efetividade imediata do sistema de proteção. Caso não houvesse este crime, se o ofensor estivesse descumprindo das medidas protetivas (por exemplo, apenas rondando a residência da vítima) sem praticar outros delitos, a conduta seria criminalmente atípica, o que impediria as autoridades policiais de efetuar a prisão em flagrante, podendo apenas elaborar relatório e comunicar a autoridade judicial para que posteriormente houvesse a decretação da prisão preventiva. Portanto, a efetividade do sistema protetivo exige a criminalização do descumprimento da medida protetiva, para se permitir aos policiais a proteção imediata, com a prisão em flagrante delito. A criminalização também assegura adequada responsabilização do ofensor, pois o descumprimento da ordem judicial (portanto, na sequência de ato anterior de violência) representa uma conduta que carrega, por si só, um juízo de reprovabilidade mais agravado.

2. ESTATUTO JURÍDICO

A pena abstratamente cominada, como se nota, faz com que o delito se adéque à definição de infração penal de menor potencial ofensivo (Lei 9.099/1995, art. 61). Mas, tratando-se de crime tipificado na Lei 14.344/2022, indaga-se se seriam admissíveis os benefícios de que trata a Lei 9.099/1995, como transação penal ou suspensão condicional do processo. Entendemos que não. Vamos explicar.

O art. 226 do ECA, alterado pela Lei em comento, no seu §1º, expressamente proíbe a aplicação da Lei 9.099/1995 aos crimes cometidos contra criança e adolescente previstos no ECA. Neste capítulo, discutimos o alcance da proibição (se abrange crimes fora do ECA ou não). Desde logo adiantamos o entendimento de que referida norma se restringe aos crimes estampados na Lei 8.069/1990, pois topicamente inserida em seção e em dispositivo normativo que estão se referindo exclusivamente aos crimes previstos no ECA. Portanto, para sermos coerente, não vamos nos valer do citado dispositivo (art. 226, § 1º, do ECA) para justificar a não aplicação da Lei 9.099/95 ao crime de desobediência do art. 25.

3. COMPETÊNCIA PARA CONCESSÃO DAS MEDIDAS PROTETIVAS

Há na Lei determinadas medidas protetivas de índole civil e que podem ser decretadas por juiz com competência civil – como a prestação de alimentos provisórios. Mesmo estas medidas de natureza cível podem ser deferidas pelo juiz criminal, pois a finalidade das medidas protetivas de urgência é assegurar proteção imediata e integral à vítima, logo após a comunicação de uma infração penal.

Nos termos do § 1º do art. 25, não importa, para a caracterização do crime de desobediência, a natureza da competência do juiz que decretou as medidas protetivas, ou seja, comete o crime o agente que descumpre uma medida protetiva decretada no bojo de um procedimento civil na vara de família ou na vara da infância e juventude (desde que se refiram às medidas previstas na Lei Henry Borel), tanto quanto se descumpre uma medida resultante de um procedimento criminal. A norma faz todo o sentido, pois não haveria razão para desprestigiar uma medida protetiva apenas por não ter sido decretada por um juiz criminal. Seria, aliás, desnecessária disposição legal a equiparar as medidas para os efeitos da desobediência. Trata-se apenas de uma precaução adotada pelo legislador, que agiu com o propósito de evitar o surgimento de controvérsias a esse respeito.

Por fim, caso aplicada a medida – afastamento do lar – por autoridade policial, nos termos do art. 14 da Lei, seu descumprimento não configura o crime em tela, que pressupõe decisão judicial. Obviamente, após a decisão judicial de manutenção da medida será possível a configuração do crime.

4. COMPETÊNCIA PARA JULGAMENTO DO CRIME DE DESCUMPRIMENTO DE MEDIDA PROTETIVA

Embora o legislador não diferencie, para configuração do crime, se a medida foi deferida por um juiz cível ou criminal, parece claro que a consequente ação penal deva ser julgada por um juiz criminal.

Tratando-se de comarca que possua apenas um Magistrado, ele, que deferiu as medidas protetivas que foram desobedecidas, julgará também o processo-crime. Contando a comarca com mais de um juiz, em tese, seria caso de se proceder à livre distribuição. Todavia, deve-se reconhecer que é de todo conveniente que o descumprimento da decisão anterior de medida protetiva seja comunicado ao juiz que a proferiu, inclusive para avaliar eventual decretação de prisão preventiva. Ademais, considerando que se trata de um crime envolvendo as mesmas partes, que é um desdobramento da violência anterior, há evidente conexão probatória entre o crime anterior e o crime consequente. A postura protetiva de se evitar a revitimização sinaliza no sentido de se reunir os diversos processos de violência doméstica envolvendo as mesmas partes perante o mesmo juiz, diante da conexão probatória, permitindo-lhe ter a visão panorâmica do conjunto de violências. Nesse sentido, há decisões do TJDFT, conferir:

> "PROCESSO PENAL. CONFLITO DE JURISDIÇÃO. VIOLÊNCIA DOMÉSTICA E FAMILIAR CONTRA A MULHER. AMEAÇA E DESCUMPRIMENTO DE MEDIDA PROTETIVA. PRESENÇA DE RELAÇÃO ÍNTIMA DE AFETO. CONEXÃO COM O FEITO QUE ORDENOU AS MEDIDAS PROTETIVAS DE URGÊNCIA. 1. Deve ser mantida a competência do Juízo especializado, com base no art. 5°, III, da Lei 11.340/2006, uma vez que está demonstrada a relação íntima de afeto, ainda que apenas idealizada pelo acusado. 2. Existe conexão probatória entre o procedimento que apura o eventual descumprimento de medida protetiva de urgência com a ação que elas foram fixadas, tendo em vista que um decorre do outro, além de atender aos princípios da celeridade e economia processual. 3. Conflito de Jurisdição acolhido. Declarado competente o 3° Juizado de Violência Doméstica e Familiar Contra a Mulher de Brasília (suscitado)".
>
> (TJDFT, Acórdão 1377588, 07250525320218070000, rel. Des. SEBASTIÃO COELHO, Câmara Criminal, julgamento 6 out. 2021)
>
> "CONFLITO NEGATIVO DE JURISDIÇÃO SUSCITADO PELO JUÍZO DA 2ª VARA CRIMINAL DE SAMAMBAIA/DF EM FACE DO JUIZADO DE VIOLÊNCIA DOMÉSTICA E FAMILIAR CONTRA A MULHER DE SAMAMBAIA/DF. CONEXÃO PROBATÓRIA. JULGADO PROCEDENTE O CONFLITO. 1. Verificado que a prova do delito de descumprimento de medida protetiva e de suas circunstâncias elementares influenciarão na comprovação delito de lesão corporal, praticados ambos no mesmo contexto fático, resta caracterizada a conexão probatória prevista no artigo 76, inciso III, do Código de Processo Penal, razão pela qual é competente o Juízo Suscitado, do Juizado de Violência Doméstica e Familiar Contra a Mulher de Samambaia/DF. 2. Conflito negativo de competência conhecido para declarar competente o do Juizado de Violência Doméstica e Familiar Contra a Mulher de Samambaia/DF".
>
> (TJDFT, Acórdão 1355051, 07134540520218070000, rel. Des. JOÃO TIMÓTEO DE OLIVEIRA, Câmara Criminal, julgamento 14 jul. 2021)

5. IMPOSSIBILIDADE DE LIBERAÇÃO IMEDIATA NA ESFERA POLICIAL

De acordo com o disposto no § 2º do art. 25, no caso de prisão em flagrante apenas a autoridade judicial poderá conceder fiança.

Trata-se, portanto, de uma limitação em relação ao que dispõe o Código de Processo Penal, que permite à autoridade policial arbitrar a fiança nos casos de infração penal cuja pena máxima não seja superior a quatro anos. Esta limitação é justificada na presunção legal de que, se houve um descumprimento à ordem judicial, provavelmente a situação exigirá a decretação da prisão preventiva, ou uma agravação da situação cautelar do ofensor e, em ambos os casos, não é conveniente sua imediata liberação mediante fiança na esfera policial, sendo, portanto, recomendável que o caso seja encaminhado ao juiz, para decisão. Todavia, o dispositivo não prevê situação de inafiançabilidade, de sorte que nada impede que o juiz, se for o caso, venha a estabelecer fiança.

A propósito, entendemos que a proibição imposta à autoridade policial de conceder a fiança, aplica-se, exclusivamente, ao crime ali definido ("Descumprimento de Medidas Protetivas de Urgência"), não se estendendo a outros delitos.

A nosso ver, dada a disposição (art. 25, §2º) que veda a concessão de fiança pela autoridade policial, a intenção do legislador foi realmente retirar o crime do art. 25 da possibilidade de liberação imediata pela autoridade policial. Conferir apenas ao juiz a análise do cabimento da fiança deixa clara a gravidade que o legislador quis atribuir ao delito, sinalizando que o ofensor não pode ser imediatamente liberado pois, provavelmente, será hipótese de decretação da prisão preventiva ou de agravamento da situação cautelar. A interpretação sistemática do art. 14, § 3º, com o art. 25, § 2º, sinalizam que não cabe a aplicação do art. 69, parágrafo único, da Lei 9.099/1995 para o crime do art. 25 da Lei Henry Borel, sendo caso sempre de se efetivar a prisão em flagrante, não se arbitrar fiança pela autoridade policial e encaminhar ao caso à audiência de custódia, onde o juiz deverá avaliar o caso. A interpretação sistemática com a Lei Maria da Penha determinada pelo art. 33 da lei exige esta solução.

Situação diversa é a prevista no art. 14, § 3º, da lei que permite à autoridade policial a não concessão de liberdade provisória ao preso quando houver risco à integridade física da vítima ou à efetividade da medida protetiva de urgência. Nessa situação a autoridade policial poderá não realizar o arbitramento da fiança, representando pela decretação da prisão preventiva. Esta avaliação discricionária pela autoridade policial quanto à não concessão de liberdade provisória vale para todos os demais delitos de violência doméstica e familiar contra crianças e adolescentes, exceto para o crime do art. 25, onde a lei estabeleceu que a primeira avaliação de sua liberação será pelo juiz.

Todavia, a presente norma não interfere no regramento do art. 304, § 4º, do CPP, que estabelece que "resultando das respostas fundada a suspeita contra o conduzido, a autoridade mandará recolhê-lo à prisão [...]". Ou seja, a *contrario sensu*, se a autoridade policial entender que não há fundada suspeita contra o conduzido, poderá deixar de determinar a sua autuação em flagrante delito, mas sempre registrando a ocorrência policial e posteriormente comunicando o caso ao sistema de justiça.

6. OUTRAS SANÇÕES

Por fim, o § 3º do art. 25 dispõe que a caracterização do crime de desobediência não prejudica a aplicação de outras sanções cabíveis em decorrência do descumprimento das medidas protetivas. Com efeito, as medidas protetivas têm caráter progressivo, que pode fazê-las evoluir até a decretação da prisão preventiva. Esta progressividade não é influenciada pelas consequências que o agente possa vir a sofrer em razão da prática do crime.

Este dispositivo foi inserido no art. 24-A, § 3º, da Lei Maria da Penha, com a finalidade de superar o antigo entendimento do STJ pela atipicidade da conduta de descumprir medida protetiva de urgência perante os artigos 330 ou 359 do Código Penal, ao argumento de que a conduta não configuraria crime pois haveria outras sanções cíveis cabíveis ou ainda porque seria possível decretar-se a prisão preventiva. Por exemplo, se o juiz aplicar, por analogia, o art. 22, § 4º, da Lei Maria da Penha, que permite a aplicação de multa cominatória para o descumprimento da medida protetiva, a previsão desta sanção cível não impedirá o reconhecimento do crime de descumprimento. Ou ainda a circunstância de ofensor ter sido condenado à indenização cível contra a vítima, pelos atos de descumprimento, não exclui sua responsabilidade criminal. Da mesma forma, apesar de a prisão provisória não ser propriamente uma sanção (mas medida cautelar criminal), o fato de ter sido decretada a prisão preventiva do ofensor não exercer qualquer influência sobre a tipicidade do prévio descumprimento da medida protetiva.

Trata-se, como se vê, de uma resposta do legislador à lacuna normativa que impedia a punição específica de atos de desobediência relativos a medidas protetivas. São inúmeros os casos em que vítimas de violência doméstica e familiar têm decretada em seu favor uma medida que, na prática, acaba esvaziada porque o agressor simplesmente ignora a ordem judicial. Agora, além das consequências processuais que podem advir do descumprimento, tem-se uma figura criminal específica para garantir a punição do agressor renitente.

Art. 26. Deixar de comunicar à autoridade pública a prática de violência, de tratamento cruel ou degradante ou de formas violentas de educação, correção ou disciplina contra criança ou adolescente ou o abandono de incapaz **[1-3]**:

Pena – detenção, de 6 (seis) meses a 3 (três) anos.

§ 1º A pena é aumentada de metade, se da omissão resulta lesão corporal de natureza grave, e triplicada, se resulta morte **[4]**.

§ 2º Aplica-se a pena em dobro se o crime é praticado por ascendente, parente consanguíneo até terceiro grau, responsável legal, tutor, guardião, padrasto ou madrasta da vítima **[5-6]**.

1. INTRODUÇÃO

Como destacado nos comentários aos arts. 23 e 24 da Lei 14.344/2022, é dever da família, da sociedade e do Estado assegurar à criança, ao adolescente e ao jovem, com absoluta prioridade, o direito à vida, à saúde, à alimentação, à educação, ao lazer, à profissionalização, à cultura, à dignidade, ao respeito, à liberdade e à convivência familiar e comunitária, além de colocá-los a salvo de toda forma de negligência, discriminação, exploração, violência, crueldade e opressão (art. 227 da CF/88).

De acordo com o art. 23, qualquer pessoa que tenha conhecimento ou presencie ação ou omissão, praticada em local público ou privado, que constitua violência doméstica e familiar contra a criança e o adolescente tem o dever de comunicar o fato imediatamente ao serviço de recebimento e monitoramento de denúncias, ao Disque 100 da Ouvidoria Nacional de Direitos Humanos do Ministério da Mulher, da Família e dos Direitos Humanos, ao Conselho Tutelar ou à autoridade policial, os quais, por sua vez, tomarão as providências cabíveis.

O tipo incriminador do art. 26 traduz, em síntese, uma norma de solidariedade humana, sob o imperativo legal. Não se trata de simples dever moral, mas de imposição da lei. É uma ordem. Cogita-se aqui de um dever geral, dirigido a todos, visando assegurar proteção integral à criança e ao adolescente.

2. ART. 26 DA LEI 14.344/2022 X ART. 135 DO CÓDIGO PENAL

A criação do tipo em comento gera indisfarçável conflito com o crime do art. 135 do CP (omissão de socorro). Vejamos.

Art. 26 Lei 14.344/2022	Art. 135 do Código Penal
Art. 26. Deixar de comunicar à autoridade pública a prática de violência, de tratamento cruel ou degradante ou de formas violentas de educação, correção ou disciplina contra criança ou adolescente ou o abandono de incapaz: Pena – detenção, de 6 (seis) meses a 3 (três) anos.	**Art. 135.** Deixar de prestar assistência, quando possível fazê-lo sem risco pessoal, à criança abandonada ou extraviada, ou à pessoa inválida ou ferida, ao desamparo ou em grave e iminente perigo; ou não pedir, nesses casos, o socorro da autoridade pública: Pena – detenção, de 1 (um) a 6 (seis) meses, ou multa.
§ 1º A pena é aumentada de metade, se da omissão resulta lesão corporal de natureza grave, e triplicada, se resulta morte.	Parágrafo único. A pena é aumentada de metade, se da omissão resulta lesão corporal de natureza grave, e triplicada, se resulta a morte.
§ 2º Aplica-se a pena em dobro se o crime é praticado por ascendente, parente consanguíneo até terceiro grau, responsável legal, tutor, guardião, padrasto ou madrasta da vítima.	

Primeiro, alertamos, desde logo, que o crime do art. 26 da Lei 14.344/2022 não revogou o crime de omissão de socorro (art. 135 do CP).

Se o agente deixa de prestar assistência imediata ou mediata à vítima em perigo, temos o crime do art. 135 do CP. Nesse cenário, o omitente está no lugar e no momento em que o periclitante precisa de socorro.

Já a omissão do crime do art. 26 da Lei 14.344/2022 é de outra ordem. Aqui o omitente, que não está no lugar e nem no momento em que o periclitante precisa de socorro, mas ciente de que é objeto de alguma violência, deixa de comunicar à autoridade pública para as providências cabíveis. Por exemplo, ele toma conhecimento que ocorreu (no passado) a violência, sem possibilidade de atuação imediata para sua prevenção.

Reconhecemos ter faltado cuidado na punição do novo comportamento típico. É que a mera omissão na comunicação terá pena maior que a omissão de socorro.

Trata-se de crime omissivo próprio e, por consequência, de mera conduta e unissubsistente. A omissão consiste numa ação inversa à que se podia e devia pôr em ato. Pune-se, com a incriminação ora estudada, a não prática de uma ação imposta pelo dever legal, a qual se resolve numa inércia, num *nihil agere* (ou *nihil facere*).

3. VÍTIMAS DO CRIME

Cuida-se de crime com vítima própria. Figuram como ofendidos:

a) criança

b) adolescente

c) incapaz. Nesse tanto, chama a atenção a impertinência do incapaz numa lei que pune a violência doméstica e familiar contra pessoa menor de 18 anos de idade. Outros incapazes fogem, por completo, do espectro da norma.

4. CAUSA DE AUMENTO DE PENA EM FUNÇÃO DO RESULTADO

Nos termos do §1 do art. 26, a pena é aumentada de metade, se da omissão resulta lesão corporal de natureza grave, e triplicada, se resulta morte. Essa causa de aumento, constituída de resultados involuntários, parece inaplicável, pelo menos na linha do nosso raciocínio acima. É que, não estando o agente no lugar e no momento em que o periclitante precisa de socorro, imputar-lhe o resultado material, ainda que a título de culpa, pode violar princípios comezinhos do Direito Penal. O omitente de uma comunicação não tem a obrigação de impedir o resultado. Aliás, se ocorrer o evento lesão grave ou morte, diferentemente do delito de omissão de socorro, este resultado não se realiza em virtude de sua abstenção ou por não ter desviado ou obstruído o processo causal em andamento. A sua obrigação é, repise-se, de comunicar o cenário de violência.

5 CAUSA DE AUMENTO DE PENA EM FUNÇÃO DA CONDIÇÃO DO AGENTE

Nos termos do §2º do art. 26, aplica-se a pena em dobro se o crime é praticado por ascendente, parente consanguíneo até terceiro grau, responsável legal, tutor, guardião, padrasto ou madrasta da vítima.

Essa majorante nos parece incidir somente no *caput*, recrudescendo a pena do agente que deixou de comunicar a violência ou algum dos demais atos que ali foram narrados.

Para solucionar eventual conflito aparente de normas, os sujeitos especiais, apontados no §2º, que deixam de comunicar, na forma do *caput* do art. 26, terão uma causa de aumento de pena. Nesse cenário, há um dever de agir, de comunicar. Não se trata de um dever de evitar o resultado, porquanto essa função não está abrangida pelo dispositivo, não está ao alcance do agente na norma em exame. Cuida-se de omissão própria realizada por um agente especial, na qual há um dever de agir, mas não subsiste um dever de evitar o resultado.

Enquanto, de outro modo, os garantidores que deixam de agir, quando podiam atuar para evitar o resultado, responderão na forma da omissão imprópria prevista art. 13, § 2º, alínea "a", do CP, e o seu correspondente tipo incriminador da parte especial do CP, uma vez que se trata de figura de extensão da adequação típica, em forma de punição por dupla via (adequação típica indireta, mediata). Trata-se de omissão imprópria na qual há dever de agir e de ver de evitar o resultado.

Em suma, se, no caso concreto, ficar demonstrado que um dos sujeitos descritos no § 2º do art. 26 não comunicou algum dos acontecimentos do *caput*, uma questão precisa ser solucionada para efeito de imputação: o agente podia agir para evitar o resultado e não agiu ou o agente somente possuía condições de comunicar o fato de que tinha ciência? No primeiro caso – se demonstrada a situação de perigo para o bem jurídico, o poder concreto de agir e a omissão da ação mandada – ele é garantidor na forma do art. 13, § 2º, do CP, de maneira que responderá pelo resultado, na forma dolosa ou culposa, conforme a previsão do tipo correspondente. No segundo caso, ele incide, com sua conduta omissiva de não comunicar o acontecimento – apenas na forma dolosa –, com o aumento do § 2º do art. 26 da Lei 14.344/2022.

6. OUTRAS SANÇÕES

O art. 18-B do Estatuto da Criança e do Adolescente, alterado pela Lei 14.344/2022, anuncia que os pais, os integrantes da família ampliada, os responsáveis, os agentes públicos executores de medidas socioeducativas ou qualquer pessoa encarregada de cuidar de crianças e de adolescentes, tratá-los, educá-los ou protegê-los que utilizarem castigo físico ou tratamento cruel ou degradante como formas de correção, disciplina, educação ou qualquer outro pretexto estarão sujeitos, sem prejuízo de outras sanções cabíveis, às seguintes medidas, que serão aplicadas pelo Conselho Tutelar de acordo com a gravidade do caso:

> "I - encaminhamento a programa oficial ou comunitário de proteção à família;
>
> II - encaminhamento a tratamento psicológico ou psiquiátrico;
>
> III - encaminhamento a cursos ou programas de orientação;
>
> IV - obrigação de encaminhar a criança a tratamento especializado;
>
> V – advertência;
>
> VI – garantia de tratamento de saúde especializado à vítima."

A novidade trazida pela Lei em comento está exatamente no inc. VI.

CAPÍTULO 43

Lei Geral do Esporte – Lei nº 14.597/2023

Renee do Ó Souza

INTRODUÇÃO

O Brasil é frequentemente o cenário de eventos esportivos de grande envergadura, nos quais uma população apaixonada por determinados times e agremiações, principalmente no âmbito do futebol, se envolve fervorosamente. Paradoxalmente, essa admiração popular por vezes culmina em práticas ilícitas e atos de violência. Tal cenário levou à reavaliação das práticas esportivas em nosso país e a adoção de aprimoramentos na organização dos jogos, na infraestrutura e, especialmente, nas questões relacionadas à segurança pública. Este era o principal propósito da Lei 10.671/2003, comumente referida como Estatuto do Torcedor e agora, da nova Lei n.º 14.597/2023, intitulada de Lei Geral do Esporte-LGE.

Em resumo, a LGE é uma legislação que visa promover o esporte no Brasil de forma ética, justa e sustentável. Para isso, ela institui o Sistema Nacional do Esporte (Sinesp), que é um conjunto de políticas públicas, programas e ações destinadas ao esporte, em todas as esferas governamentais. A nova Lei aborda questões de relevo para o cenário esportivo, tais como, o combate à discriminação, os direitos trabalhistas dos atletas, a igualdade de premiações entre gêneros e o *fair play* financeiro.

Sob o ponto de vista do direito penal, a LGE criminaliza condutas que ameaçam a integridade, segurança e paz no esporte. A fraude nos resultados esportivos, por exemplo, pode levar à manipulação de resultados, o que prejudica a credibilidade do esporte e pode causar danos significativos aos atletas, aos clubes e aos torcedores. A corrupção privada no esporte, por outro lado, pode levar ao enriquecimento ilícito de dirigentes e empresários, prejudicando a competitividade e a justiça do esporte.

A responsabilização penal no esporte é uma medida oportuna e necessária para garantir a segurança e a incolumidade, pública e privada, no ambiente esportivo. Essa medida é eficaz para proteger o esporte e assegurar o seu pleno desenvolvimento.

Importa destacar desde já que a Lei Geral do Esporte (LGE) não se aplica aos jogos eletrônicos, ainda que estes se refiram a competições de esporte eletrônico, também conhecidos como *e-sports*. A distinção decorre do fato de que a LGE abrange, especificamente, atividades esportivas que envolvam predominantemente esforço físico, como definido no art. 1º, § 1º, da referida norma. Segundo o dispositivo legal, entende-se por esporte "toda forma de atividade predominantemente física que, de modo informal ou organizado, tenha por objetivo a prática de atividades recreativas, a promoção da saúde, o alto rendimento esportivo ou o entretenimento." Assim, os *e-sports*, por envolverem atividades majoritariamente intelectuais e tecnológicas, não se enquadram na definição legal de "esporte", nos termos da LGE. Embora esses jogos eletrônicos sejam muitas vezes organizados como competições de alto rendimento, com grande popularidade e envolvimento de atletas, patrocinadores e torcedores, eles não se qualificam como eventos esportivos nos moldes tradicionais previstos pela lei.

Os tipos penais relacionados à nomenclatura "eventos esportivos" mencionados na legislação penal também refletem esse entendimento, sendo aplicáveis exclusivamente a atividades que envolvem um componente físico significativo. Portanto, ao se questionar a aplicação da LGE e de normas penais associadas a competições de *e-sports*, conclui-se que tais disposições não abarcam essas modalidades de jogo eletrônico.

***Compliance* Desportivo**: A LGE implica que as organizações terão autonomia para estabelecer regras adaptadas à realidade de cada modalidade e competição. Considerando que o conceito de continuidade operacional está intrinsecamente ligado às práticas de gestão de riscos, conformidade e controles internos, é provável que os regulamentos fortaleçam o movimento de conformidade e integridade no âmbito esportivo, tendência que tem ganhado relevância no Brasil.

Assim, o *Compliance* Desportivo, concebido primariamente para a formulação de diretrizes destinadas a prevenir, investigar e sancionar manipulações de resultados em eventos esportivos, tem angariado reconhecimento a nível internacional, respaldado por normativas como a "*Convention on the Manipulation of Sports Competitions*" do Conselho da Europa, bem como as "*Model Rules to Assist Sports Organizations in Implementing the Olympic Movement Code on the Prevention of the Manipulation of Competitions*".

Além disso, no contexto dos programas de integridade esportiva, é possível discernir metas preventivas relacionadas à prevenção de crimes como lavagem de dinheiro, infrações fiscais e evasão de divisas, notadamente em transações envolvendo atletas de elite nas principais ligas e campeonatos esportivos.

Por derradeiro, ao considerarmos as disposições legais estabelecidas na Lei Geral do Esporte, as quais atribuem responsabilidades às entidades esportivas, associações de torcedores e ao poder público no que tange à prevenção da violência, à segurança dos torcedores em eventos esportivos e à integridade das práticas esportivas, o Compliance surge como uma ferramenta de gerenciamento de riscos voltada para tais objetivos.

No contexto atual, as intricadas relações que permeiam entidades esportivas, o poder público, os torcedores e os atletas são disciplinadas por uma complexa teia normativa, sendo o Estatuto do Torcedor uma peça vital nesse contexto. Portanto, a apreensão e análise aprofundada desse estatuto reveste-se de fundamental importância.

Juizados do torcedor: Os Juizados do Torcedor, instituídos pelo artigo 180 da Lei, possibilitaram a criação, pelos Estados e pelo Distrito Federal, de órgãos judiciais de competência cível e criminal que têm a finalidade de processar, julgar e executar as causas oriundas das atividades regulamentadas pelo mencionado diploma legal.

Efetivamente, tais instâncias têm se revelado uma eficaz ferramenta no enfrentamento da violência nos espaços esportivos, promovendo uma significativa redução das práticas delituosas durante as partidas. Isso se deve à sua capacidade de proporcionar uma análise rápida e direta dos casos envolvendo infrações ao Estatuto do Torcedor.

Ademais, os Juizados do Torcedor se destacam pelo seu caráter itinerante e pelo funcionamento durante o horário de realização dos jogos, nas instalações dos estádios ou ginásios. Esta abordagem confere-lhes a capacidade de uma intervenção imediata e adequada nos casos que lhes são apresentados.

DOS CRIMES CONTRA A ORDEM ECONÔMICA ESPORTIVA

SEÇÃO I

DO CRIME DE CORRUPÇÃO PRIVADA NO ESPORTE

Art. 165. Exigir, solicitar, aceitar ou receber vantagem indevida, como representante de organização esportiva privada, para favorecer a si ou a terceiros, direta ou indiretamente, ou aceitar promessa de vantagem indevida, a fim de realizar ou de omitir ato inerente às suas atribuições:

Pena - reclusão, de 2 (dois) a 4 (quatro) anos, e multa.

Parágrafo único. Nas mesmas penas incorre quem oferece, promete, entrega ou paga, direta ou indiretamente, ao representante da organização esportiva privada, vantagem indevida.

BEM JURÍDICO

É a chamada ordem econômica esportiva, que se refere a um conjunto de regras e princípios que regulam as atividades econômicas relacionadas ao esporte. Ela busca garantir que as relações sociais que surgem a partir dessas atividades esportivas sejam conduzidas de maneira justa, equitativa e em conformidade com os interesses da sociedade como um todo.

O poder público desempenha um papel fundamental na preservação e promoção dessa ordem econômica esportiva. Isso significa que o governo e suas agências têm a responsabilidade de monitorar e regular o mercado esportivo, garantindo que as práticas comerciais sejam transparentes, competitivas e não prejudiquem o interesse social. Isso pode incluir a supervisão de contratos esportivos, a prevenção de abusos de poder econômico no esporte, a promoção da igualdade de oportunidades e a garantia de que o esporte beneficie a comunidade em geral.

O crime previsto no artigo 165 da Lei Geral do Esporte, que estamos examinando, representa uma rara situação de tipificação da chamada **corrupção privada**. Este tipo de crime visa punir atos de suborno praticados sem a participação de funcionários públicos, mas que acarretam sérios danos sociais. É importante ressaltar que o Brasil é signatário da Convenção das Nações Unidas contra a Corrupção, assinada em novembro de 2009, na qual se comprometeu, de acordo com o artigo 21, a criminalizar o suborno no setor privado.

Essa é uma prática combatida em todo o mundo e, inclusive, de forma transnacional. Como exemplo, podemos citar o *Foreign Corrupt Practices Act (FCPA)*, uma lei federal dos Estados Unidos promulgada em 1977, e o *UK Bribery Act*, de 2010, que é a legislação anticorrupção do Reino Unido. Ambas as leis criminalizam pagamentos de suborno ou propina entre entidades privadas, visando obter vantagens indevidas. Essa é conhecida como "corrupção privada entre particulares" (*private-to-private bribery*) e pode resultar em penas de até 10 (dez) anos de prisão e/ou multas substanciais. Essas medidas buscam coibir e punir a corrupção, mesmo quando não envolve agentes públicos, de forma a proteger os interesses públicos e a integridade das relações comerciais e sociais.

SUJEITOS DO CRIME

No tocante ao *caput*, o crime pode ser cometido por qualquer pessoa que represente uma organização esportiva privada. Trata-se de crime próprio já que a lei exige que o autor ostente essa condição.

Na figura do parágrafo único, o crime é comum.

O sujeito passivo é a coletividade visto que o malferimento à ordem econômica esportiva é um interesse metaindividual. É certo que as organizações esportivas podem ser consideradas como vítimas secundárias da corrupção privada.

CONDUTAS

No delito em questão, denominado "corrupção privada no esporte", o legislador estabelece a tipificação das condutas relacionadas ao suborno ou pagamento de propina efetuados a representantes de organizações esportivas de caráter privado, quando tais atos distorcem ou excedem as atribuições desses representantes. Importante ressaltar que as ações abrangidas por essa infração têm como referência qualquer atividade que comprometa as responsabilidades das organizações esportivas, prejudicando, assim, o papel dessas instituições em relação aos atletas e à comunidade em geral.

Haverá o crime em estudo, por exemplo, consideremos a situação em que um dirigente de uma organização esportiva privada recebe suborno de um agente externo interessado em obter vantagens indevidas no processo de seleção de atletas para uma competição. O pagamento ilegal é feito com o objetivo de garantir a inclusão de um atleta específico na equipe, prejudicando outros candidatos mais qualificados. Nesse cenário, o dirigente da organização esportiva privada comete o crime de corrupção privada no esporte, uma vez que suas ações distorcem suas obrigações e comprometem o papel da instituição em promover a igualdade de oportunidades para os atletas e a integridade do processo de seleção.

Não se inclui nesta tipificação a corrupção privada envolvendo árbitros ou atletas, que tem por objetivo a manipulação de resultados esportivos, matéria que é abordada no artigo 198 da LGE, conforme será comentado posteriormente.

A norma estabelecida no *caput* do artigo 165 da Lei abrange o suborno passivo, ou seja, refere-se à conduta da pessoa que é subornada, enquanto o parágrafo único diz respeito ao suborno ativo, isto é, à ação daquele que suborna ou age como corruptor.

A vantagem indevida é aquela que carece de fundamento legal, seja devido à ausência de justificativa legítima para sua concessão, seja porque contraria as disposições estatutárias e contratuais estabelecidas entre o representante e a organização esportiva que ele representa. Isso significa que qualquer benefício que não tenha base legal ou que vá de encontro às regras estatutárias e contratuais vigentes entre o representante e a entidade esportiva é considerado indevido nos termos da lei.

VOLUNTARIEDADE

Este é um crime de natureza dolosa que requer um elemento de intenção específica. A propina é oferecida com a finalidade de induzir o subornado a realizar ou a se abster de um ato relacionado às suas atribuições oficiais ou profissionais.

Neste contexto, não se admite a modalidade culposa.

CONSUMAÇÃO E TENTATIVA

Tanto a figura do caput quanto a do parágrafo único são consideradas crimes formais. Isso significa que basta que um agente prometa e o outro aceite a promessa de vantagem indevida para que os delitos estejam consumados, independentemente de ocorrer o efetivo pagamento do suborno.

Além disso, a tentativa de cometer esses crimes é possível, especialmente na forma escrita. Isso quer dizer que se alguém tentar prometer ou aceitar uma vantagem indevida com a intenção de subornar outra pessoa, mesmo que essa tentativa não seja bem-sucedida ou que a transação ocorra apenas de forma escrita, ainda assim configura uma infração penal. A lei reconhece que a mera intenção de cometer o ato ilícito, manifestada por meio de propostas escritas, também constitui um crime nesse contexto.

Esta conduta não estava tipificada antes pela legislação penal brasileira.

SEÇÃO II
DOS CRIMES NA RELAÇÃO DE CONSUMO EM EVENTOS ESPORTIVOS

Art. 166. Vender ou portar para venda ingressos de evento esportivo, por preço superior ao estampado no bilhete:

Pena - reclusão, de 1 (um) a 2 (dois) anos, e multa.

BEM JURÍDICO

É o combate à especulação econômica, que viola os direitos do consumidor.

SUJEITOS DO CRIME

Qualquer indivíduo, independentemente de ser comerciante, pode cometer o crime em questão. O crime não se limita àqueles que exercem atividades comerciais; ele pode ser praticado por qualquer pessoa que esteja envolvida na revenda de ingressos a preços superiores aos estampados nos bilhetes.

A vítima nesse contexto é o torcedor que adquire o ingresso. O crime afeta diretamente o torcedor, uma vez que ele é lesado ao pagar um valor superior ao preço oficial pelo bilhete. Portanto, a legislação visa proteger os interesses dos torcedores que são prejudicados por essa prática desonesta na venda de ingressos para eventos esportivos.

CONDUTAS

O crime em questão penaliza a conduta de vender (comercializar ou alienar) ou portar para venda (possuir ou deter) ingressos de eventos esportivos por um preço superior ao valor impresso no próprio bilhete. Assim, a prática escusa que envolve intermediários não autorizados que adquirem um grande número de ingressos para eventos esportivos e os revendem a preços mais elevados devido à escassez artificial que eles próprios provocam caracteriza o crime previsto no neste art. 166 da Lei Geraldo Esporte.

Nesse contexto, a conduta dos cambistas, que atuam de maneira organizada e ardilosa, tem consistentemente prejudicado a economia popular ao condicionar o acesso da população a eventos esportivos a preços justos à busca por seu próprio enriquecimento. Essas práticas eram puníveis de acordo com a mencionada lei, pois configuravam ganhos ilícitos em detrimento do público.

Qualquer tipo de revenda de ingressos a preços abusivos está abrangida pelo tipo penal, mas não será alcançado pelo tipo penal aquele que, desistindo de participar do evento esportivo, vai até o local do evento e vende seu bilhete (ou o de um membro de sua família, por exemplo) a um terceiro interessado, mesmo que por um preço superior ao valor impresso no ingresso. Sobre esse tema, colhe-se na jurisprudência: "Não é ilícito o ganho obtido com a revenda de ingressos se não imputa a denúncia qualquer impedimento a que torcedor adquira seus ingressos pela via normal. Se o que se vende é mero conforto de não entrar em fila, a atividade não pode ser acoimada de ilegal" (ApCrim 04.700.006.527-5, j. 09.07.2004, rel. Juíza Maria Tereza Donatti).

Cambismo e a desnecessidade de esgotamento de ingressos oficiais: O crime em análise tem como objetivo combater um processo de especulação artificial criado pelo cambista, que consiste em oferecer um ingresso por um preço superior ao praticado pelo sistema oficial de comercialização. Para a configuração do crime de cambismo, não é necessário comprovar que, no momento da oferta, não havia ingressos disponíveis nas bilheteiras. Essa conduta é condenável porque explora de forma abusiva o privilégio do agente de ter adquirido os ingressos previamente nos guichês de venda oficial e, em seguida, revendê-los com ágio. Portanto, não importa se, no momento em que o cambista está vendendo os ingressos, ainda existem bilhetes disponíveis para compra nas bilheteiras, uma vez que o tipo penal não exige essa circunstância. O Superior Tribunal de Justiça já emitiu decisões nesse sentido.:

> (...) 1. Dentre os plúrimos interesses que subjazem na venda de ingressos em grandes eventos esportivos, destaca-se a paixão do torcedor. Como ondas humanas, os seguidores dos diversos clubes desaguam nos estádios, levando consigo todo um sentimento, esquecendo-se, amiúde, da realidade, dura, do dia-a-dia. Não é possível olvidar que vivemos num Estado muitas vezes chamado de o "País do Futebol". E é sobre tal fenômeno que se debruçou o legislador para tratar do "cambismo". Trata-se de comportamento dotado de reprovabilidade penal, pela simples razão de envolver a exploração, artificiosa, de um bem finito: a quantidade de lugares nos estádios. Desta maneira, abusando de certo privilégio decorrente de se chegar antes ao guichê, adquirem-se mais unidades, que são vendidas com ágio. É desinfluente a circunstância, eventual, de ainda existirem ingressos à venda nas bilheterias. A uma porque o tipo penal, expressamente, a tal não se refere. A duas, porque, pela simples conduta enunciada no modelo incriminador, o bem jurídico já é afetado, porquanto materializa-se exploração do preço, em mercado de bem finito, operado por um único fornecedor. Gera-se indevida especulação, promovendo a daninha quebra da isonomia, que seria assegurada pela exclusividade nas vendas. (...) (STJ. 6ª Turma. RHC 47.835/RJ, Rel. Min. Maria Thereza de Assis Moura, julgado em 09/12/2014. Info 554).

VOLUNTARIEDADE

É o dolo, consistente na vontade consciente de vender ingressos de evento esportivo, por preço superior ao estampado no bilhete, buscando, desse modo, lucro indevido

CONSUMAÇÃO E TENTATIVA

Na modalidade vender, o delito se consuma no instante da venda (delito material), admitindo a tentativa no momento em que é impedido de concretizar a espúria transação comercial por circunstâncias alheias à sua vontade.

Na modalidade portar para a venda, o crime é formal e se consuma com a mera detenção do ingresso.

Esta conduta já estava tipificada ante no crime previsto no art. 41-F do Estatuto do Torcedor.

Cambismo em outros eventos: A conduta dos cambistas (venda de ingressos com preço superior ao oficial), antes do novo diploma legal, já era enquadrada na lei de economia popular, mais precisamente no art. 2.º, IX, da Lei 1.521/1951, com pena de detenção de seis meses a dois anos. Neste sentido:

> "Crime contra a economia popular. Cambista que compra ingressos de espetáculo e os revende por preço superior ao real. Configuração. Inteligência: art. 2.º, IX da Lei de Economia Popular 251. Configura, em tese, o delito do art. 2.º, IX, da Lei 1.521/51, a conduta do cambista que compra ingressos de espetáculo e os revende por preço superior ao real, máxime porque os cambistas, atuando de modo organizado e ardiloso, têm constantemente saqueado a economia popular com suas investidas, condicionando a diversão da população ao próprio enriquecimento" (RSE 911.579/1, 13.ª Câm., j. 20.12.1994, rel. Des. Roberto Mortari, RJDTACRIM 24/474).

No mesmo sentido:

> "Parte superior do formulário. Habeas Corpus. Art. 2.º, IX da Lei 1.521/51. Cambista. Crime contra a economia popular. Paciente processado por revender ingressos, alegando atipicidade da conduta ou erro de proibição. Aponta como autoridade coatora a 2.ª Turma Recursal dos Juizados Especiais Criminais que denegou a ordem em habeas corpus impetrado contra

decisão do Juiz de Direito do VIII Juizado Especial Criminal da Comarca da Capital. Na realidade pretende o Impetrante discutir matéria de mérito, situação incabível em sede de Habeas Corpus. Com efeito, estando presente à audiência, a defesa não se manifestou quando o paciente aceitou a transação penal, ocasião apropriada para tal. Assim a Lei 1.521/51 dispõe que serão punidos os crimes e as contravenções contra a economia popular, em seu art. 2.º, IX, quem: IX – obter ou tentar obter ganhos ilícitos em detrimento do povo ou de número indeterminado de pessoas mediante especulações ou processos fraudulentos. Trancamento de ação é medida admissível quando ausentes indícios de justa causa para sua instauração, a indicar serem os elementos constitutivos do fato em apuração atípicos, o que, evidentemente, não é a presente hipótese. A intermediação na venda de ingressos, com valores acima do normal (pela facilidade da aquisição) pode ser entendida por especulação e conduta violadora da economia popular eis que impede a sociedade de ter acesso aos ingressos dos espetáculos pelos preços normais, lesando o indivíduo que adquire, por tal via, o ingresso com o preço aumentado. Inexistência de constrangimento ilegal. Ordem denegada" (TJRJ, Proc. 2007.059.05928).

Após a promulgação da Lei 12.299/2010, a conduta do cambista passou a ser incriminada pelo artigo 41-F do Estatuto do Torcedor, especificamente voltado para os cambistas esportivos. A partir da entrada em vigor da nova Lei Geral do Esporte, esses cambistas estão sujeitos às disposições do artigo 166 da Lei Geral do Esporte.

No entanto, para outros tipos de eventos, como shows, teatros, espetáculos musicais em geral, ainda que realizados em estádios de futebol, a conduta do cambista ainda é regida pelo artigo 2.º, IX, da Lei 1.521/1951, que faz parte da Lei de Economia Popular.

Portanto, a legislação diferencia a regulamentação das atividades dos cambistas com base no tipo de evento ao qual estão relacionados, sendo a Lei Geral do Esporte responsável por disciplinar especificamente a conduta dos cambistas no contexto de eventos esportivos, enquanto a Lei de Economia Popular permanece aplicável a outras formas de entretenimento e eventos.

Art. 167. Fornecer, desviar ou facilitar a distribuição de ingressos para venda por preço superior ao estampado no bilhete:

Pena - reclusão, de 2 (dois) a 4 (quatro) anos, e multa.

Parágrafo único. A pena será aumentada de 1/3 (um terço) até a metade se o agente for servidor público, dirigente ou funcionário de organização esportiva que se relacione com a promoção do evento ou competição, de empresa contratada para o processo de emissão, distribuição e venda de ingressos ou de torcida organizada e se utilizar dessa condição para os fins previstos neste artigo.

BEM JURÍDICO

É o combate à especulação econômica, que viola os direitos do consumidor.

SUJEITOS DO CRIME

Qualquer pessoa pode cometer o crime, atuando como agenciador ou fornecedor de cambista. A lei não restringe a prática criminosa a um grupo específico de indivíduos; portanto, qualquer pessoa envolvida na cadeia de revenda de ingressos com preços inflados pode ser responsabilizada.

No entanto, se o agente for um servidor público, dirigente ou funcionário de uma entidade de prática desportiva, da entidade responsável pela organização da competição, de uma empresa contratada para o processo de emissão, distribuição e venda de ingressos, ou membro de uma torcida organizada, e utilizar dessa condição para os fins previstos neste artigo, a pena será aumentada em 1/3, conforme estabelece o parágrafo único.

A vítima nesse contexto é a coletividade, uma vez que a prática criminosa afeta a sociedade como um todo, prejudicando o acesso dos torcedores aos eventos esportivos a preços justos e gerando uma situação de desvantagem econômica para um grande número de pessoas. Portanto, a legislação visa proteger os interesses da coletividade contra a especulação e a exploração indevida na venda de ingressos para eventos esportivos.

CONDUTAS

O crime incide sobre a conduta daquele que fornece (abastece, municiando), desvia (alterando o destino original) ou facilita (permite) a distribuição de ingressos para venda por um preço superior ao valor impresso no bilhete.

Exemplo: Funcionário de uma entidade esportiva, que tem acesso aos ingressos para um jogo de futebol importante, forneça um lote de ingressos a um intermediário (cambista) sabendo que esse intermediário planeja revendê-los a preços muito mais altos do que o valor impresso no bilhete. O funcionário, ciente das intenções do intermediário, fornece os ingressos a ele, tornando a distribuição para revenda mais simples. Nesse caso, o funcionário está infringindo a regra ao fornecer ingressos para venda por um preço superior ao estampado no bilhete, contribuindo para a prática do crime de cambismo.

É relevante observar que o indivíduo que recebe os ingressos, adquirindo sua posse, estará sujeito à responsabilização apenas pelo crime previsto no artigo 166 da Lei, em virtude da aplicação do princípio da especialidade.

VOLUNTARIEDADE

O elemento subjetivo nessa infração é o dolo, caracterizado pela vontade consciente de fornecer, desviar distribuir ingresso que será comercializado por um valor superior ao legalmente permitido.

CONSUMAÇÃO E TENTATIVA

O crime se consuma com o ato de fornecimento, desvio ou facilitação da distribuição de ingressos, não sendo necessário que ocorra o lucro indevido ou mesmo a efetiva venda do bilhete por um preço abusivo. O delito se configura no momento em que ocorre a conduta descrita na lei, independentemente de qualquer realização subsequente de venda dos ingressos.

Por admitir fracionamento da conduta, a tentativa é possível.

Esta conduta já estava tipificada antes no crime previsto no art. 41-G do Estatuto do Torcedor.

CAUSA DE AUMENTO

A pena será aumentada de 1/3 até a metade se a pessoa que cometeu o crime for servidor público, dirigente ou funcionário de uma organização esportiva ou de uma empresa responsável por ingressos, e usar essa posição para facilitar ou cometer o crime mencionado no artigo.

SEÇÃO III
DOS CRIMES CONTRA A PROPRIEDADE INTELECTUAL DAS ORGANIZAÇÕES ESPORTIVAS

UTILIZAÇÃO INDEVIDA DE SÍMBOLOS OFICIAIS

Art. 168. Reproduzir, imitar, falsificar ou modificar indevidamente quaisquer sinais visivelmente distintivos, emblemas, marcas, logomarcas, mascotes, lemas, hinos e qualquer outro símbolo de titularidade de organização esportiva:

Pena - detenção, de 3 (três) meses a 1 (um) ano, ou multa.

CONCEITO DE ORGANIZAÇÕES ESPORTIVAS

Uma organização esportiva é definida pelas normas do Sistema Nacional do Esporte (Sinesp), conforme estabelecido no Art. 14, que afirma que o Sinesp é integrado pela União e por outros entes federativos, além de conselhos, fundos de esporte e organizações que atuam na área esportiva. Essas organizações têm como objetivo formar subsistemas de acordo com cada nível de prática esportiva. Além disso, o Art. 25 estabelece que as pessoas jurídicas, sejam elas de direito privado ou públicas não estatais, que se dedicam ao fomento, promoção, gestão, regulação, inclusão, ensino, tecnologia, pesquisa na área do esporte, resolução de conflitos e manutenção da integridade esportiva, relacionam-se com os órgãos do poder público por meio dos mecanismos do Sinesp.

Em contrapartida, uma torcida organizada é regulamentada pelo § 2º do mesmo dispositivo, que considera torcida organizada a pessoa jurídica de direito privado ou uma entidade que se organiza para fins lícitos, com especial atenção para torcer por uma organização esportiva de qualquer natureza ou modalidade. O § 3º esclarece que não se deve confundir a torcida organizada com a organização esportiva por ela apoiada. Isso implica que, enquanto a torcida tem como principal função o apoio a uma equipe ou modalidade, as organizações esportivas têm um papel mais amplo, que inclui a gestão, promoção e desenvolvimento do esporte como um todo.

Essas disposições legais são fundamentais para compreender a estrutura e as funções distintas das organizações esportivas e das torcidas organizadas, bem como para garantir que cada entidade atue dentro dos limites de sua legislação específica e de suas finalidades.

BEM JURÍDICO

É a propriedade intelectual e os direitos comerciais e econômicos da organização esportiva.

SUJEITOS DO CRIME

Trata-se de crime comum.

A vítima é a organização esportiva que teve sua propriedade indevidamente utilizada.

CONDUTAS

O crime de utilização indevida de símbolos oficiais visa impedir a reprodução, imitação, falsificação ou modificação indevida de quaisquer sinais visivelmente distintivos associados a uma organização esportiva. Esses sinais distintivos podem incluir elementos como emblemas, marcas, logomarcas, mascotes, lemas, hinos e outros símbolos que sejam de propriedade ou titularidade dessa organização esportiva.

Em termos mais simples, a regra impede que terceiros copiem, imitem, falsifiquem ou alterem de forma não autorizada quaisquer símbolos que sejam claramente reconhecidos como pertencentes a uma organização esportiva específica.

VOLUNTARIEDADE

O crime é doloso. Deve-se observar que o tipo penal não exige que a conduta seja praticada visando lucro ou qualquer outro tipo de vantagem.

Não Há modalidade culposa.

CONSUMAÇÃO E TENTATIVA

Trata-se de crime formal que se consuma com a prática de cada um dos núcleos verbais independentemente do advento de algum resultado naturalístico.

Quaisquer uma das formas do crime é compatível com a tentativa.

Esta conduta não estava tipificada antes pela legislação penal brasileira.

Trata-se de crime de menor potencial ofensivo, de competência do juizado especial criminal.

Art. 169. Importar, exportar, vender, distribuir, oferecer ou expor à venda, ocultar ou manter em estoque quaisquer sinais visivelmente distintivos, emblemas, marcas, logomarcas, mascotes, lemas, hinos e qualquer outro símbolo de titularidade de organização esportiva ou produtos resultantes de sua reprodução, imitação, falsificação ou modificação não autorizadas para fins comerciais ou de publicidade:

Pena - reclusão, de 2 (dois) a 4 (quatro) anos, e multa.

BEM JURÍDICO

É a propriedade intelectual e os direitos comerciais e econômicos da organização esportiva.

SUJEITOS DO CRIME

Trata-se de crime comum.

A vítima é a organização esportiva que teve sua propriedade indevidamente utilizada

CONDUTAS

O crime consiste em realizar uma série de atividades sem a devida autorização para fins comerciais ou de publicidade. Essas atividades incluem:

a) Importar, exportar, vender, distribuir: Refere-se à ação de trazer para o país, levar para fora do país, comercializar, fornecer ou distribuir sinais visivelmente distintivos, emblemas, marcas, logomarcas, mascotes, lemas, hinos e outros símbolos pertencentes a uma organização esportiva. Ex. Uma empresa importa uma grande quantidade de bonés com o logotipo de uma equipe esportiva sem obter permissão da organização detentora dos direitos.

b) Oferecer ou expor à venda: Significa disponibilizar ou apresentar para venda tais sinais distintivos de forma visível. Ex. Um vendedor em uma feira de produtos esportivos exibe bandeiras e bandeirões com emblemas de equipes esportivas sem a devida autorização.

c) Ocultar ou manter em estoque: Envolve esconder ou armazenar em estoque os sinais distintivos sem a devida autorização. Ex. Um estabelecimento comercial mantém em seu estoque uma grande quantidade de bonés com marcas esportivas, aguardando o momento oportuno para vendê-los sem a permissão da organização detentora dos direitos.

Os vários núcleos verbais indicam tratar-se de tipo misto alternativo.

Além disso, a infração abrange não apenas a reprodução, mas também a imitação, falsificação ou modificação não autorizadas desses sinais distintivos.

VOLUNTARIEDADE

O elemento subjetivo é o dolo, o que significa que o agente age de forma intencional, ciente de que está praticando uma conduta proibida. Além disso, é necessário que o agente tenha uma finalidade específica, que pode ser tanto a obtenção de lucro (fins comerciais) quanto a promoção de produtos ou serviços (publicidade). Em outras palavras, a pessoa envolvida na infração deve estar agindo de forma deliberada com o objetivo de ganhar dinheiro ou promover bens ou serviços através da utilização não autorizada dos sinais distintivos das organizações esportivas.

Não há modalidade culposa.

CONSUMAÇÃO E TENTATIVA

De acordo com a sua explicação, trata-se de um crime de conteúdo variado, o que significa que a consumação do crime acontece com a realização de qualquer um dos núcleos verbais previstos na regra. Isto é, assim que o agente concretiza a importação, exportação, venda, distribuição, oferta ou exposição à venda dos objetos materiais do crime, isso já é suficiente para que a ação criminosa se considere consumada.

Por essa razão, a tentativa, embora teoricamente possível, é bastante difícil de ocorrer sem que reste realizado alguns desses núcleos verbais visto que, após a obtenção desses objetos, restam realizados os verbos "ocultar" ou "manter em estoque" que levam à consumação do delito.

Esta conduta não estava tipificada antes pela legislação penal brasileira.

MARKETING DE EMBOSCADA POR ASSOCIAÇÃO

Art. 170. Divulgar marcas, produtos ou serviços, com o fim de alcançar vantagem econômica ou publicitária, por meio de associação com sinais visivelmente distintivos, emblemas, marcas, logomarcas, mascotes, lemas, hinos e qualquer outro símbolo de titularidade de organização esportiva, sem sua autorização ou de pessoa por ela indicada, induzindo terceiros a acreditar que tais marcas, produtos ou serviços são aprovados, autorizados ou endossados pela organização esportiva titular dos direitos violados:

Pena - detenção, de 3 (três) meses a 1 (um) ano, ou multa.

Parágrafo único. Na mesma pena incorre quem, sem autorização da organização esportiva promotora de evento esportivo ou de pessoa por ela indicada, vincular o uso de ingressos, de convites ou de qualquer espécie de autorização de acesso aos eventos esportivos a ações de publicidade ou a atividades comerciais, com o intuito de obter vantagem econômica.

BEM JURÍDICO

É a propriedade intelectual e os direitos comerciais e econômicos da organização esportiva.

SUJEITOS DO CRIME

Trata-se de crime comum.

A vítima é a organização esportiva que teve sua propriedade indevidamente utilizada.

CONDUTAS

O artigo 170 da Lei Geral do Esporte estabelece como infração o denominado "Marketing de Emboscada por Associação". Esta conduta ilícita consiste na divulgação de marcas, produtos ou serviços com o intuito de obter vantagem econômica ou publicitária, por meio da associação com sinais visivelmente distintivos de uma organização esportiva. Tal prática é realizada sem a devida autorização desta organização ou de pessoa por ela indicada, levando terceiros a crer que tais marcas, produtos ou serviços possuem o aval, a autorização ou o endosso da organização esportiva titular dos direitos violados.

A conduta delitiva prevista no artigo 170 exige os seguintes elementos:

1. Divulgação com fins lucrativos ou publicitários: O agente deve divulgar marcas, produtos ou serviços visando obter vantagem econômica ou promover publicidade.
2. Associação com sinais distintivos da organização esportiva: A divulgação deve ocorrer mediante a associação dos elementos citados (marcas, produtos ou serviços) com sinais distintivos, tais como emblemas, marcas, logomarcas, mascotes, lemas, hinos e outros símbolos pertencentes à organização esportiva.

3. Ausência de Autorização (elemento normativo do tipo): A divulgação deve ser feita sem a autorização da organização esportiva titular dos direitos ou de pessoa por ela indicada.
4. Indução ao Equívoco: A conduta deve induzir terceiros a acreditar que as marcas, produtos ou serviços estão de alguma forma aprovados, autorizados ou endossados pela organização esportiva.

Assim, por exemplo, comete este crime a empresa de vestuário que, visando promover as vendas por meio da associação com a popularidade da equipe, divulga uma linha de camisetas estampadas com o emblema de uma equipe de futebol sem obter a autorização da organização esportiva. Ou ainda, o restaurante que utiliza o mascote de uma organização esportiva em sua publicidade, sugerindo que o local é um ponto de encontro oficial dos fãs da equipe, mesmo sem qualquer parceria formal ou autorização.

O parágrafo único do art. 170 da Lei prevê uma infração relacionada à vinculação do uso de ingressos ou autorizações de acesso a eventos esportivos a ações de publicidade ou atividades comerciais sem a autorização da organização esportiva promotora do evento.

VOLUNTARIEDADE

O crime é doloso, e exige a finalidade especial de alcançar vantagem econômica ou publicitária.

CONSUMAÇÃO E TENTATIVA

Trata-se de crime material vez que o crime só é efetivamente cometido quando a campanha de divulgação leva terceiros a acreditar que as marcas, produtos ou serviços têm o aval, autorização ou endosso da organização esportiva cujos direitos foram violados.

A tentativa é perfeitamente possível, exatamente nos casos em que a campanha de divulgação não alcança aquele resultado mencionado. Ou seja, se a campanha não consegue convencer terceiros da associação entre os produtos e a organização esportiva, poderá haver a tentativa.

Esta conduta não estava tipificada antes pela legislação penal brasileira.

MARKETING DE EMBOSCADA POR INTRUSÃO

Art. 171. Expor marcas, negócios, estabelecimentos, produtos ou serviços ou praticar atividade promocional, não autorizados pela organização esportiva proprietária ou por pessoa por ela indicada, atraindo de qualquer forma a atenção pública nos locais da ocorrência de eventos esportivos, com o fim de obter vantagem econômica ou publicitária:

Pena - detenção, de 3 (três) meses a 1 (um) ano, ou multa.

BEM JURÍDICO

É a propriedade intelectual e os direitos comerciais e econômicos da organização esportiva.

SUJEITOS DO CRIME

Trata-se de crime comum.

A vítima é a organização esportiva que teve sua propriedade indevidamente utilizada.

CONDUTAS

O crime de marketing por intrusão se refere à proibição de expor marcas, negócios, estabelecimentos, produtos ou serviços, ou de realizar atividades promocionais em locais onde ocorram eventos esportivos, sem a devida autorização da organização esportiva proprietária ou de uma pessoa indicada por ela.

Visa evitar que terceiros se beneficiem economicamente ou ganhem publicidade não autorizada através da atração de atenção pública durante tais eventos esportivos. Em outras palavras, não é permitido realizar ações de promoção ou publicidade sem o consentimento da entidade responsável pelo evento.

Eis os principais elementos para a caracterização do crime:

1. Exposição de marcas, negócios, estabelecimentos, produtos ou serviços: Isso implica em tornar visíveis ou promover de alguma forma as marcas, negócios, produtos ou serviços em questão durante um evento esportivo.
2. Realização de atividade promocional: Isso se refere a qualquer ação destinada a promover ou destacar algo, como campanhas publicitárias, ações de marketing, sorteios, entre outros, que tenham o propósito de atrair a atenção pública.
3. Os primeiros dois postulados configuram-se como autênticos elementos modais, tangenciando a forma pela qual o delito pode ser perpetrado. Entre eles, erige-se uma relação de alternatividade, em virtude da qual, neste aspecto específico, desvela-se um tipo múltiplo alternativo.
4. Falta de autorização (elemento normativo do tipo): As ações mencionadas nos itens 1 e 2 devem ser realizadas sem a devida autorização da organização esportiva proprietária ou de uma pessoa designada por ela. Ou seja, é necessário obter consentimento explícito para realizar tais atividades, quando então não haverá qualquer crime.
5. Local da ocorrência de eventos esportivos: As ações devem ocorrer nos locais onde os eventos esportivos estão sendo realizados, ou seja, nas instalações esportivas ou nos arredores imediatos.
6. Intenção de obter vantagem econômica ou publicitária: As ações descritas nos itens 1 e 2 devem ser realizadas com o propósito claro de obter benefícios econômicos ou publicitários. Isso implica que a motivação para as ações deve ser de natureza lucrativa ou promocional.

Exemplo: Suponha que durante um importante torneio de futebol em um estádio, uma empresa de refrigerantes decide colocar um grande banner com sua marca no lado do campo, sem obter permissão da organização esportiva responsável pelo evento. Além disso, a empresa distribui copos personalizados com sua marca para os espectadores.

VOLUNTARIEDADE

O crime exige o dolo, direto ou eventual, e exige a finalidade especial de obter vantagem econômica ou publicitária, ou seja, as ações devem ter natureza lucrativa ou promocional.

Não há modalidade culposa.

CONSUMAÇÃO E TENTATIVA

Trata-se de crime material vez que o crime só se consuma quando o *marketing*, que envolve a exposição de marcas, negócios, estabelecimentos, produtos ou serviços, ou a prática de atividades promocionais, efetivamente chama a atenção do público.

A tentativa é plenamente admissível nos casos em que o agente realiza ações de marketing, porém não obtém sucesso em chamar a atenção do público.

Esta conduta não estava tipificada antes pela legislação penal brasileira.

Art. 172. Nos crimes previstos nesta Seção, somente se procede mediante representação da organização esportiva titular dos direitos violados, com exceção do crime previsto no art. 169 desta Lei, em que a ação é pública incondicionada.

AÇÃO PENAL DOS CRIMES CONTRA A PROPRIEDADE INTELECTUAL:

Por estar diretamente relacionada a interesses patrimoniais disponíveis pertencentes à organização esportiva, a legislação estabelece que os delitos previstos nos artigos 168 a 171 são de natureza pública condicionada, estando sujeitos à representação.

Cumpre salientar que nos casos em que a pessoa jurídica figura como vítima da infração, a representação deve ser formalizada por quem os contratos ou estatutos pertinentes designarem ou, na ausência de disposições específicas, pelos seus diretores ou sócios-gerentes, conforme disposto no art. 37 do Código de Processo Penal.

Destaca-se, ainda, a relevância da restrição estabelecida pelo artigo 172, que, por exclusão, determina que todos os demais delitos elencados na Lei Geral do Esporte são passíveis de persecução penal de natureza pública incondicionada.

DOS CRIMES CONTRA A INTEGRIDADE E A PAZ NO ESPORTE

SEÇÃO I

DOS CRIMES CONTRA A INCERTEZA DO RESULTADO ESPORTIVO

Art. 198. Solicitar ou aceitar, para si ou para outrem, vantagem ou promessa de vantagem patrimonial ou não patrimonial para qualquer ato ou omissão destinado a alterar ou falsear o resultado de competição esportiva ou evento a ela associado:

Pena - reclusão, de 2 (dois) a 6 (seis) anos, e multa.

INTRODUÇÃO:

Nesta seção, a Lei Geral do Esporte, visando assegurar a probidade e a ética no contexto das competições esportivas, em face de inúmeros episódios de manipulação de resultados envolvendo árbitros e dirigentes esportivos, tipificou nos artigos 198, 199 e 200 a prática de corrupção desportiva, tanto ativa quanto passiva. A inspiração direta parece advir da legislação portuguesa, a qual, por intermédio do Decreto-lei 390/91, arts. 372 e 373, criminalizou condutas análogas.

Não obstante, nosso Congresso optou por manter a estrutura do Código Penal, sancionando o comportamento de quem suborna em tipo distinto daquele que é subornado (exceção pluralista à teoria monista), ainda que cominando sempre a mesma pena.

Pode-se afirmar, desse modo, que as transgressões previstas nos artigos 198, 199 e 200 da Lei Geral do Esporte configuram situações excepcionais de tipificação da denominada corrupção privada, que visa reprimir atos de suborno praticados sem o envolvimento de agentes públicos, que acarretam, porém, sérios danos sociais. Não se olvida que o Brasil é signatário da Convenção das Nações Unidas contra a Corrupção, celebrada em novembro de 2009, por meio da qual se comprometeu, nos termos do art. 21, a tipificar o suborno no setor privado, prática combatida globalmente e mesmo de maneira transnacional. Destaca-se, a título exemplificativo, o *Foreign Corrupt Practices Act (FCPA)*, lei federal dos Estados Unidos promulgada em 1977, e o *Bribery Act* do Reino Unido, de 2010, legislação anticorrupção do Reino Unido pela qual são passíveis de sanção os pagamentos de suborno ou propina entre particulares, com vistas a obter vantagens indevidas. Trata-se do denominado suborno privado, passível de até 10 (dez) anos de prisão e/ou multa.

O COMBATE AO *MATCH-FIXING* E A LEI GERAL DO ESPORTE:

O *match-fixing*, entendido como a manipulação de resultados por meio de uma combinação entre competidores visando obter vantagem ilícita, é uma preocupação em todo o mundo.

Conforme explica Vladimir Aras[1]: "Desde 2019, está em vigor a Convenção de Macolin (Magglingen), de 2014, do Conselho da Europa (COE), que trata da manipulação de resultados no desporto. O tratado numerado como CETS 215 está aberto à assinatura de países não europeus. Rússia, Marrocos e Austrália foram os primeiros Estados terceiros a assiná-lo. Partes signatárias incluem Grécia, Itália, Moldávia, Noruega, Portugal, Suíça e Ucrânia. O art. 15 da referida Convenção estabelece o mandado de criminalização para a manipulação de competições desportivas, seja por meio de fraude, coação ou corrupção:

> Artigo 15. Infrações penais relativas à manipulação de competições desportivas
>
> 1. Cada Parte deve garantir que o seu direito interno permita a aplicação de uma sanção penal à manipulação de competições desportivas, quando esta envolver a prática de coação, fraude ou corrupção, conforme definido pelo seu direito interno."

Indubitavelmente é muito importante combater a manipulação de resultados esportivos por meio de compromissos internacionais como a Convenção de Macolin (Magglingen) por diversos motivos cruciais. Primeiro porque a manipulação de resultados compromete a essência e a integridade do esporte, minando a confiança de espectadores, competidores e demais envolvidos. Além disso, frequentemente, a prática está associada a atividades ilegais, como apostas fraudulentas e lavagem de dinheiro, o que aumenta os riscos para a ordem pública e a segurança.

A adesão a compromissos internacionais estabelece padrões uniformes para lidar com esse fenômeno, facilitando a cooperação entre países e garantindo uma abordagem coesa e eficaz. Também implica um compromisso oficial dos Estados em combater a manipulação de resultados, aumentando a responsabilização das autoridades nacionais para implementar medidas adequadas e promover a integridade no esporte.

Por fim, a promoção de um ambiente esportivo limpo e íntegro é essencial para a construção de uma cultura esportiva saudável e positiva, estimulando a participação e o interesse no esporte de forma ética. Portanto, o compromisso internacional na luta contra a manipulação de resultados esportivos desempenha um papel crucial na proteção da integridade do esporte e na promoção de uma cultura esportiva verdadeiramente ética e transparente em escala global.

BEM JURÍDICO GERAL

É a integridade, princípio fundamental do esporte (art. 2º, XI, da Lei) e que se refere, no âmbito da gestão do esporte, à adoção de medidas que evitem qualquer interferência indevida que possa afetar a incerteza do resultado esportivo, a igualdade e a integridade dos competidores (art. 59, VI, da Lei).

SUJEITOS DO CRIME

Em contraste ao disposto no art. 165 da LGE, que tipifica o delito de corrupção privada no âmbito esportivo, passível de ser cometido por indivíduo que atue como representante de entidade esportiva, a presente disposição normativa não impõe qualquer exigência quanto à qualidade do agente ativo.

Não obstante a ausência de previsão expressa quanto à qualidade ou condição especial do agente na legislação, compreendemos que deve se tratar de indivíduo apto a, direta ou indiretamente, por meio de sua conduta (seja ela uma ação ou omissão) ou mediante terceira pessoa, influenciar ou adulterar o desfecho de uma competição esportiva. Consoante a elucidação de

1 ARAS, Vladimir. Blog do Vlad: *Match-fixing* e a corrupção desportiva. Disponível em https://vladimiraras.blog/2022/07/16/match-fixing-e-a-corrupcao-desportiva/.

Cláudio Suzuki: "o sujeito ativo pode ser qualquer indivíduo, desde que detenha a capacidade de modificar ou deturpar o desdobramento do evento desportivo. Portanto, não apenas o árbitro, mas também seus auxiliares, dirigentes de agremiações esportivas, inclusive o próprio atleta, podem perpetrar a infração delineada neste tipo penal, bastando que se demonstre que a conduta (seja ela comissiva ou omissiva) objetivou obter uma vantagem indevida (de ordem patrimonial ou não) por parte do agente, com a finalidade de interferir no resultado (seja ele uma vitória, derrota ou mesmo um eventual empate nas competições onde tal possibilidade se configure)[2]".

O sujeito passivo, por sua vez, consiste na coletividade, haja vista o interesse na preservação da integridade do resultado esportivo, que se reveste de natureza metaindividual. Aqueles que sofram prejuízos decorrentes do delito, inclusive o torcedor, em tela podem ser reputados como vítimas secundárias.

CONDUTAS

O delito em análise versa sobre a **corrupção passiva** perpetrada no contexto das atividades desportivas, as quais devem ser resguardadas de influências indevidas no desfecho de uma competição esportiva ou de um evento a ela vinculado. A finalidade precípua deste ilícito consiste em zelar pela integridade e equidade nas práticas esportivas, reprimindo comportamentos suscetíveis de comprometer a honestidade das competições.

Há duas condutas tipificadas: a solicitação (pedido), de forma explícita ou implícita, de uma vantagem indevida, e a aceitação (consentimento em receber) dessa vantagem. Ambas as ações destacam a transação destinada a influenciar ou adulterar o resultado de uma competição esportiva ou evento correlato.

O delito persiste mesmo que a vantagem seja entregue ou prometida não diretamente ao agente, mas a um familiar seu (como cônjuge, filhos, etc.).

Para a configuração do delito, é imprescindível um nexo entre a vantagem solicitada ou aceita e a atividade desempenhada pelo subornado. Dessa forma, caso o agente não detenha competência para a realização do ato comercializado, não se verifica o delito em análise, faltando um dos elementos legais constitutivos do tipo, podendo, nesse caso, ocorrer um estelionato ou outro crime.

Com relação à natureza da vantagem indevida solicitada ou aceita, ao contrário do Código Penal (art. 317), a legislação foi perspicaz ao criminalizar qualquer forma de benefício ilícito, mesmo que não tenha caráter econômico ou patrimonial, como, por exemplo, vantagens de ordem sentimental, sexual, política, entre outras.

A vantagem solicitada ou aceita pode ter como objetivo a realização de um comportamento futuro (suborno passivo antecedente) ou um já realizado pelo agente (suborno passivo subsequente).

Ainda que se referindo ao crime previsto na antiga lei, mas com lições plenamente válidas para este novo tipo, Cláudio Suzuki esclarece: "Aqui também se enquadra a situação do jogador que aceita ou solicita a chamada 'mala preta[3]', para facilitar a vitória de outra equipe na partida, uma vez que a conduta é clara, a de alterar ou falsear o resultado da partida. No entanto, a

2 SUZUKI. Claudio Mikio. A tutela penal do estatuto de defesa do torcedor incluída pela Lei 12.299/2010. In: Revista Brasileira de Direito Desportivo. vol. 18/2010. p. 287-301. Jul-Dez 2010 DTR\2010\963.

3 Segundo o mesmo autor, "A chamada mala preta é um termo usual na prática esportiva, em que uma agremiação paga ou promete o pagamento para os jogadores da agremiação adversária para não jogar com o ímpeto de vencer, facilitando assim a vitória da equipe que realizou o pagamento ou a compensação financeira (ou qualquer outro tipo de vantagem)".

chamada 'mala branca[4]', por se tratar apenas de um incentivo ao jogador da outra equipe para se engajar mais, sem poder garantir o resultado da partida (pois, nesse caso, ele precisaria necessariamente da vitória ou do empate), não entendemos configurar o delito descrito no presente tipo penal[5]".

Esta conduta já estava tipificada, inclusive com a mesma pena, no art. 41-C do Estatuto do Torcedor, inclusive com a mesma previsão de pena.

VOLUNTARIEDADE

O elemento subjetivo doloso consiste na vontade consciente direcionada a qualquer dos verbos elencados no tipo penal, tendo sempre como desiderato final a modificação ou adulteração do desfecho de competição esportiva ou evento a ela relacionado.

CONSUMAÇÃO E TENTATIVA

Este delito se configura como crime formal em ambas as modalidades, consumando-se com a simples solicitação ou aceitação, independentemente da efetivação da fraude ou do recebimento real da vantagem almejada. Neste sentido já decidiu o Superior Tribunal de Justiça que a conduta de oferecer vantagem ilegal a jogador para que ele receba cartão amarelo em partida de futebol é suficiente para cometer crime do art. 198 da lei geral do esporte, ainda que o placar do jogo não seja diretamente alterado (STJ - Sexta Turma. HC 861.121-GO. Rel.: Sebastião Reis Júnior. J. 20/02/2024. Publicação: 23/02/2024).

A tentativa é admissível.

> **Art. 199.** Dar ou prometer vantagem patrimonial ou não patrimonial com o fim de alterar ou falsear o resultado de competição esportiva ou evento a ela associado:
>
> Pena - reclusão, de 2 (dois) a 6 (seis) anos, e multa.

SUJEITOS DO CRIME

O delito em questão pode ser praticado por qualquer pessoa, não demandando do agente uma qualidade ou condição especial (sendo, portanto, um delito comum).

A vítima primária é a sociedade, podendo, adicionalmente, concorrer como ofendido secundário o torcedor afetado tanto material quanto moralmente pela conduta do agente.

CONDUTAS

No artigo precedente, abordou-se o suborno passivo, enquanto o presente dispositivo do Estatuto versa sobre o suborno ativo. O legislador, como já ressaltado, optou por promover uma exceção ao princípio unitário (ou monista) que rege o concurso de agentes, considerando essas duas condutas criminosas como distintas e independentes.

O suborno ativo ocorre quando alguém, por meio de promessas, doações, recompensas, ofertas ou qualquer forma de benefício, busca induzir outrem a modificar ou adulterar o resultado de uma competição desportiva ou evento a ela relacionado.

---

4 "A mala branca também é uma expressão usual dentro dos esportes, sendo, ao contrário da mala preta, um incentivo à agremiação que estará jogando contra equipe adversária, que é rival direta em um campeonato esportivo. Exemplo: Equipe A precisa que a equipe C perca, para ganhar o campeonato, mas quem vai jogar contra a equipe C é a equipe B. A equipe A com interesse que C perca, oferece uma recompensa para os jogadores da equipe B no caso de eventual vitória sobre a equipe C".

5 Op. Cit. p. 290.

O crime é de natureza plúrima, composto por dois núcleos alternativos: dar (entregar) ou prometer (comprometer-se a dar).

A execução do delito é ampla, podendo ser efetuada por meio de palavras, atos, gestos, escritos, meios eletrônicos, entre outros. A vantagem pode ser oferecida diretamente pelo próprio corruptor ou indiretamente, por meio de terceira pessoa.

Diferentemente do Código Penal (art. 333), aqui o legislador incluiu o núcleo 'dar'. Dessa forma, se um árbitro solicita uma determinada vantagem para alterar, por exemplo, o resultado de uma competição desportiva, e o 'cartola', concordando com a solicitação, efetivamente concede a vantagem solicitada, ambos responderão criminalmente por seus atos, cada um pelo seu respectivo ilícito penal, ou seja, o árbitro pelo delito tipificado no art. 198 e o dirigente esportivo pelo previsto no art. 199, ambos da Lei Geral do Esporte.

Por derradeiro, destaca-se que a presença do suborno ativo não está condicionada ao suborno passivo, ou seja, a bilateralidade não constitui um requisito imperativo para a configuração de ambos. O delito pode ser perpetrado sem a contrapartida do subornado, sendo possível sua ocorrência tanto de forma isolada (somente o ativo) quanto de forma única (somente o passivo).

Esta conduta já estava tipificada antes no art. 41-D do Estatuto do Torcedor, inclusive com a mesma previsão de pena.

VOLUNTARIEDADE

O elemento subjetivo necessário é o dolo, que se caracteriza pela vontade consciente de oferecer ou prometer uma vantagem a alguém, associada à intenção específica de persuadir um funcionário a modificar ou adulterar o resultado de uma competição esportiva ou de um evento a ela vinculado.

A finalidade especial é crucial para distinguir casos de corrupção com os casos de mera liberalidade premial, motivados por um sentimento de gratidão ou reconhecimento de atos pretéritos. Nessas situações, a intenção subjacente não é a alteração ou falsificação do resultado esportivo, mas sim uma expressão de agradecimento ou reconhecimento. Nesse contexto, a oferta ou promessa de vantagem não possui o escopo de induzir um funcionário a adulterar o desfecho de uma competição esportiva, pelo que inapta a caracterizar qualquer crime.

Portanto, ao analisar tais circunstâncias, torna-se crucial discernir entre atos de generosidade e tentativas de suborno ativo. A determinação do dolo específico, voltado para a manipulação do resultado esportivo, é essencial para estabelecer a configuração da infração em questão.

Não há modalidade culposa.

CONSUMAÇÃO E TENTATIVA

O delito se consuma no instante em que o destinatário do suborno adquire ciência da oferta ou de sua promessa, ainda que a rejeite (crime formal). Ademais, dispensa-se a efetiva adulteração do desfecho de competição esportiva ou evento a ela vinculado.

O recebimento da vantagem configura mero exaurimento do *iter criminis*.

A viabilidade da tentativa está condicionada ao *modus operandi* adotado pelo agente, ou seja, se o suborno for perpetrado por meio de comunicação verbal ou gestual, o delito será monossubistente, não comportando divisão na execução; já na modalidade escrita, é possível o *conatus* quando a comunicação é interceptada, deixando de atingir o destinatário por circunstâncias alheias à vontade do agente.

Art. 200. Fraudar, por qualquer meio, ou contribuir para que se fraude, de qualquer forma, o resultado de competição esportiva ou evento a ela associado:
Pena - reclusão, de 2 (dois) a 6 (seis) anos, e multa.

SUJEITOS DO CRIME

Este delito pode ser cometido por qualquer indivíduo, não requerendo a legislação qualidade ou condição especial do agente.

A coletividade figura como sujeito passivo, englobando nela o torcedor.

CONDUTAS

Este tipo penal incrimina a fraude que atinge o resultado de competições esportivas ou eventos a elas associados e por isso pode ser chamado de **estelionato desportivo**. Relembre-se que a Lei Geral do Esporte tem como objetivo preservar a integridade e a correção das competições esportivas, coibindo práticas fraudulentas que possam comprometer a confiança e a justiça no meio esportivo.

Na verdade, são incriminados dois comportamentos alternativos (tipo múltiplo alternativo): fraudar (empregar meio enganoso) ou contribuir para que se fraude (concorrendo), de qualquer modo, o resultado de competição esportiva ou evento a ela associado. "Fraudar por qualquer meio" refere-se à ação de manipular, adulterar ou distorcer o desfecho de uma competição esportiva ou evento correlato, utilizando qualquer tipo de artifício ou estratagema. Por sua vez, "contribuir para que se fraude de qualquer forma" abrange a participação ativa ou passiva de um agente no auxílio ou facilitação da fraude, independentemente do método empregado para a realização do ilícito.

A fraude, para se configurar, deve possuir a capacidade de criar uma ilusão, sob pena de crime impossível (art. 17 do Código Penal). Esta artimanha pode ser perpetrada por diversos meios, incluindo a utilização de palavras, gestos, escritos, meios eletrônicos ou digitais, entre outros.

O termo "resultado de competição esportiva ou evento a ela associado" diz respeito ao desfecho final de uma disputa ou evento esportivo, bem como a quaisquer atividades a ele relacionadas, como cerimônias de premiação ou outros eventos correlatos.

Deve-se atentar para a possível absorção do crime em estudo, principalmente nos casos em que restar configurado como meio para a prática dos crimes delineados nos artigos 198 e 199 da Lei Geral do Esporte. Nessa perspectiva, se o agente primeiramente solicitar ou aceitar uma vantagem, conforme o artigo 198 da Lei, e posteriormente proceder à fraude do resultado, apenas a conduta inicial é sancionada, enquanto a subsequente é considerada um fato posterior não passível de punição. Por outro lado, se o agente oferecer ou prometer a vantagem conforme o artigo 199 e, em seguida, contribuir para a fraude, ele responderá somente pela infração primária.

Esta conduta já estava tipificada antes no art. 41-E do Estatuto do Torcedor, inclusive com a mesma previsão de pena.

Questões específicas:

O exemplo mais emblemático desta modalidade de fraude é, sem dúvida, o *doping*, situação na qual o atleta, valendo-se de substâncias naturais ou sintéticas, busca aprimorar seu desempenho físico, assumindo, por vezes, o risco de influenciar o desfecho de uma competição. Nas competições esportivas individuais a fraude é relativamente mais clara, visto que o doping do atleta tem uma interferência direta no desfecho da competição, sendo passível de imputação apenas ao competidor sob a influência da substância. Em se tratando de competições que envolvam equipes compostas por vários atletas, a incriminação dependerá da comprovação de relação de causa e efeito entre o *doping* de um jogador e o resultado da partida

Uma situação completamente oposta, e evidentemente típica, se configura quando o agente "dopa" o adversário, fornecendo-lhe, por exemplo, água contendo uma substância que prejudica o desempenho do atleta.

Por fim, não há crime nos casos polêmico e eticamente controvertidos de trabalho de equipe, em que um atleta favorece outro. Como ilustração, consideremos um piloto de Fórmula 1 que, de forma intencional, facilita a ultrapassagem de seu colega de escuderia (ou dificulta a ultrapassagem de um adversário) com o intuito de beneficiá-lo no campeonato. Nessas circunstâncias, não se caracteriza a fraude exigida pelo tipo, haja vista que, em toda competição de equipe, é a soma dos esforços individuais que conduz ao resultado almejado.

VOLUNTARIEDADE

O elemento subjetivo deste delito é o dolo, o qual se traduz na vontade deliberada e consciente de fraudar, ou de contribuir para a fraude, de qualquer maneira, associado ao propósito específico de influenciar o desfecho de uma competição esportiva ou evento a ela vinculado.

CONSUMAÇÃO E TENTATIVA

O delito em questão abrange duas condutas distintas: a ação de fraudar ou a contribuição para a fraude. No primeiro caso, estamos diante de um crime material, onde o resultado configura um dano ao bem jurídico. Já no segundo caso, trata-se de um crime formal, em que o resultado consiste no perigo, ou seja, na probabilidade de dano ao objeto jurídico.

Além disso, a tentativa de execução do delito é admissível, uma vez que se trata de um crime plurissubsistente, composto por mais de um ato que, combinados, constituem o ilícito penal.

SEÇÃO II
DOS CRIMES CONTRA A PAZ NO ESPORTE

Art. 201. Promover tumulto, praticar ou incitar a violência ou invadir local restrito aos competidores ou aos árbitros e seus auxiliares em eventos esportivos:

Pena - reclusão, de 1 (um) a 2 (dois) anos, e multa.

§ 1º Incorrerá nas mesmas penas o torcedor que:

I - promover tumulto, praticar ou incitar a violência em um raio de 5.000 m (cinco mil metros) ao redor do local de realização do evento esportivo ou durante o trajeto de ida e volta do local da realização do evento;

II - portar, deter ou transportar, no interior da arena esportiva, em suas imediações ou no seu trajeto, em dia de realização de evento esportivo, quaisquer instrumentos que possam servir para a prática de violência;

III - participar de brigas de torcidas.

BEM JURÍDICO

É a paz no esporte, caracterizada pela ausência de atos de violência relacionados ao esporte. O crime tem como objetivo garantir que os eventos esportivos ocorram de forma segura e pacífica, protegendo a integridade dos participantes e dos espectadores, bem como a ordem pública ao redor dos locais de realização desses eventos.

SUJEITOS DO CRIME

Em geral, qualquer pessoa pode cometer o crime em estudo.

Também não se exige do ofendido qualquer qualidade ou condição especial. Importa observar que a segunda parte do caput, que considera crime a invasão de locais restritos aos competidores, visa proteger os esportistas. Por exemplo, no caso de torcedores que invadem o vestiário para assediar os atletas, seja de forma física ou moral.

Contudo, no que se refere aos comportamentos tipificados nos incisos I, II e III do §1.º do art. 201 da Lei têm como sujeito ativo o torcedor. Em tese, portanto, parece ser um crime próprio, já que especifica alguma qualidade para a pessoa, ainda que por circunstâncias fáticas.

CONDUTAS

Este crime é popularmente chamado de rixa esportiva ou tumulto ou violência desportiva e prevê modos diferentes de ser cometido, a saber:

1. "Promover tumulto": Isso se refere a criar ou participar de situações caóticas ou desordenadas em eventos esportivos, geralmente envolvendo uma multidão agitada. Promover tumulto é uma ação que pode causar insegurança e perturbação da ordem pública.
2. "Praticar ou incitar a violência": Isso significa envolver-se em atos violentos ou encorajar outros a cometerem atos violentos durante eventos esportivos. Isso pode incluir brigas, agressões físicas, vandalismo e outros comportamentos violentos.
3. "Invadir local restrito aos competidores ou aos árbitros e seus auxiliares": Essa parte da regra se refere a entrar em áreas que são estritamente reservadas para competidores, árbitros e seus assistentes, como vestiários, áreas de controle técnico ou áreas de acesso limitado.

No contexto da legislação brasileira, a prática de arremessar objetos, especialmente em situações de rivalidade exacerbada entre torcedores, pode ser considerada como um comportamento tipificado como tumulto, conforme demonstram os seguintes precedentes:

1. No caso registrado no Tribunal de Justiça do Estado do Rio Grande do Norte (TJ-RN - Proc. do Juizado Especial da Fazenda Pública: 0807306-50.2024.8.20.5001, julgado em 09/02/2024), foi reconhecida a conduta de arremessar objetos em meio a uma disputa intensa como uma forma de tumulto.
2. Em situação análoga, o Tribunal de Justiça do Estado do Paraná (TJ-PR - Ação Penal - Procedimento Sumário 48027-68.2019.8.16.0182, julgado em 19/07/2024) registrou um episódio em que um torcedor, ao pular a catraca e invadir o campo, ocasionou tumulto, configurando uma violação das normas previstas na Lei Geral do Esporte.
3. O Tribunal de Justiça do Estado de Minas Gerais (TJ-MG - 51379213520228130024, julgado em 16/10/2024) também se deparou com uma situação em que um torcedor arremessou objetos contra policiais, o que não apenas incitou a violência, mas igualmente evidenciou a gravidade da conduta em ambientes esportivos.

Esses casos concretos são exemplares da aplicação do artigo 201 da Lei Geral do Esporte, que visa coibir comportamentos que comprometam a segurança e a ordem pública durante eventos esportivos.

O § 1º do art. 201 prevê hipóteses de violência desportiva praticada apenas por torcedores. São elas:

I - Promover tumulto, praticar ou incitar a violência em um raio de 5.000 m ao redor do local de realização do evento esportivo ou durante o trajeto de ida e volta do local da realização do evento:

Fica incriminado causar tumulto, envolver-se em atos violentos ou incentivar a violência em um raio de 5.000 metros ao redor do local onde o evento esportivo está ocorrendo, bem como durante o deslocamento de ida e volta desse local. Exemplo: grupo de torcedores começa uma briga em um bar localizado a 4.000 metros do estádio onde ocorrerá o jogo, restará caraterizado o crime, pois a conduta foi praticada dentro do raio especificado neste tipo penal.

II - Portar, deter ou transportar, no interior da arena esportiva, em suas imediações ou no seu trajeto, em dia de realização de evento esportivo, quaisquer instrumentos que possam servir para a prática de violência.

É importante aqui delimitar o âmbito do objeto material, incluindo os instrumentos que possam ser utilizados para a prática de violência. Estes compreendem tanto os artefatos fabricados com intenção bélica quanto aqueles que, embora não tenham tal finalidade, podem ser empregados para agredir indivíduos ou danificar propriedades.

No caso de o torcedor portar uma arma de fogo, torna-se imperativo reconhecer a ocorrência do delito estabelecido pelo Estatuto do Desarmamento, dada a aplicação do princípio da especialidade.

Em caso de flagrante de um indivíduo portando uma arma branca nas dependências do estádio, em suas proximidades ou no trajeto correspondente, durante a realização de um evento esportivo, a conduta será sancionada conforme o delito previsto (art. 201, § 1º, II, da Lei Geral do Esporte) e não de acordo com a contravenção estipulada no art. 19 do DL 3.688/41, em razão da aplicação do princípio da especialidade.

III - Participar de brigas de torcidas:

Essa proibição é direta e significa que é ilegal participar de brigas entre torcidas organizadas durante eventos esportivos. Exemplo: Se um indivíduo se envolve em uma briga física com membros de outra torcida em um estádio durante um jogo, ele estaria violando essa regra.

VOLUNTARIEDADE

O elemento subjetivo é o dolo, não sendo necessário que o agente tenha uma intenção específica ao realizar a conduta.

A forma de culpa não foi abordada.

CONSUMAÇÃO E TENTATIVA

O delito se consuma com a prática dos núcleos verbais, não exigindo a ocorrência de dano efetivo, sendo suficiente a capacidade potencial de causar lesões (configurando um delito formal ou de consumação antecipada).

Em certas modalidades, a consumação do crime se estende no tempo até que cesse o comportamento criminoso (como, por exemplo, portar ou transportar instrumentos passíveis de serem utilizados para a prática de violência).

Além disso, o delito permite que sua execução seja fragmentada, tornando possível a tentativa.

Conflito com a contravenção penal descrita no art. 40 da LCP: É importante observar que a conduta delineada nesse tipo penal guarda semelhança com a prevista no art. 40 da Lei de Contravenções Penais, que estipula "Provocar tumulto ou portar-se de modo inconveniente ou desrespeitoso, em solenidade ou ato oficial, em assembleia ou espetáculo público, se o fato não constitui infração penal mais grave: Pena — prisão simples, de quinze dias a seis meses, ou multa". No entanto, por se restringir ao local destinado aos competidores em eventos esportivos, o delito em apreço deve ser considerado especial e mais grave do que a contravenção penal.

Concurso com crimes mais graves: Conforme explica Victor Eduardo Rios Gonçalves: "O Estatuto do Torcedor (Agora Lei Geral do Esporte) sanciona com reclusão, de um a dois anos, aquele que pratica violência durante evento esportivo ou nas proximidades do estádio em dia de jogo (raio de 5 km), ou em seu trajeto (art. 41-B, da Lei n. 12.299/2010 – agora art. 201 da Lei nova). Dado que o texto legal não especifica, o crime se consuma independentemente da ocorrência de lesões em terceiros, como, por exemplo, atirar pedra em ônibus, detonar artefato caseiro explosivo, derrubar alambrado, arremessar garrafa ou pedra no campo, lançar detritos, urina ou fogos de artifício em outros torcedores, ou se envolver em confrontos físicos com outras pessoas. Caso ocorram lesões corporais em terceiros, caberá aos tribunais determinar se estas absorvem o novo crime ou vice-versa, ou ainda, se ambos subsistem em concurso (formal ou material). É provável que o entendimento predominante seja de que o crime mais grave deva subsistir, de modo que eventual lesão leve seja absorvida, enquanto que a lesão grave absorva o delito da nova lei[6]".

Essa interpretação nos parece a mais acertada. Nesse sentido, extrai-se da jurisprudência que o ato de arremessar um artefato explosivo em direção a torcedores em um estádio de futebol configura o crime previsto no art. 251 do Código Penal, o qual absorve a infração objeto do presente estudo: "A ação consciente e voluntária do agente em lançar um artefato explosivo em direção aos torcedores presentes no estádio de futebol cria uma situação efetiva de perigo para a vida ou integridade física de terceiros, configurando o crime de explosão (TJMG, AC 1.0024.09.699227-6/001, Rel. Des. Antônio Armando dos Anjos, DJe 5/7/2012).

> § 2º Na sentença penal condenatória, o juiz deverá converter a pena de reclusão em pena impeditiva de comparecimento às proximidades da arena esportiva, bem como a qualquer local em que se realize evento esportivo, pelo prazo de 3 (três) meses a 3 (três) anos, de acordo com a gravidade da conduta, na hipótese de o agente ser primário, ter bons antecedentes e não ter sido punido anteriormente pela prática de condutas previstas neste artigo.

PENA RESTRITIVA DE DIREITOS

A lei determina que em caso de condenação por infração ao art. 201 da Lei Geral do Esporte, quando o acusado é considerado primário, possui bons antecedentes e não foi punido anteriormente por condutas previstas no mesmo artigo da lei, o juiz tem a obrigação de substituir a pena de reclusão (prisão) por uma pena alternativa.

Essa pena alternativa é "impeditiva de comparecimento", que proíbe o condenado de se aproximar das proximidades de uma arena esportiva ou de qualquer local onde ocorra um evento esportivo, por um período que pode variar de 3 meses a 3 anos, período que dependerá da gravidade da conduta praticada pelo acusado.

Essa medida tem o propósito de evitar que o condenado frequente esses locais, contribuindo para a prevenção de comportamentos violentos ou tumultuosos em eventos esportivos. É uma forma de punição que busca, ao mesmo tempo, proteger a ordem e segurança em eventos esportivos.

É relevante notar que, conforme disposto nessa norma, a pena substitutiva pode exceder o limite máximo da pena privativa de liberdade, o que nos parece questionável em termos constitucionais.

> § 3º A pena impeditiva de comparecimento às proximidades da arena esportiva, bem como a qualquer local em que se realize evento esportivo, converter-se-á em privativa de liberdade quando ocorrer o descumprimento injustificado da restrição imposta.

6 GONÇALVES, Victor Eduardo Rios. Direito penal: parte especial. 11. ed. São Paulo: Saraiva, 2021. p. 365.

CONVERSÃO DA PENA RESTRITIVA

Essa disposição legal estabelece que se o condenado, que foi sentenciado a uma pena de impedimento de comparecer a locais onde ocorram eventos esportivos, desrespeitar essa restrição sem uma justificativa válida, essa pena alternativa será transformada em prisão.

Portanto, caso o indivíduo cometa o descumprimento injustificado da proibição de frequentar esses locais, a consequência será o cumprimento de uma pena de prisão, em vez da pena alternativa inicialmente imposta. Essa medida visa reforçar a eficácia da restrição e garantir o cumprimento da decisão judicial.

> § 4º Na conversão de pena prevista no § 2º deste artigo, a sentença deverá determinar ainda a obrigatoriedade suplementar de o agente permanecer em estabelecimento indicado pelo juiz, no período compreendido entre as 2 (duas) horas antecedentes e as 2 (duas) horas posteriores à realização de provas ou de partidas de organização esportiva ou de competição determinada.

EFEITO ADICIONAL DA CONVERSÃO

Essa disposição legal estabelece que, no caso de conversão da pena conforme as condições estabelecidas no § 2º deste artigo, o juiz deverá ordenar uma obrigação adicional ao condenado. Essa obrigação consiste em permanecer em um estabelecimento indicado pelo juiz, durante um período que engloba duas horas antes e duas horas depois da realização de provas, partidas de organização esportiva ou competições específicas.

> § 5º No caso de o representante do Ministério Público propor aplicação da pena restritiva de direito prevista no art. 76 da Lei nº 9.099, de 26 de setembro de 1995, o juiz aplicará a sanção prevista no § 2º deste artigo.

TRANSAÇÃO PENAL E PENA RESTRITIVA

Essa disposição legal estabelece que quando o Ministério Público propõe a aplicação de uma pena restritiva de direitos em uma transação penal, o juiz deve, obrigatoriamente, impor a penalidade indicada no § 2º do art. 201 da Lei.

A disposição pode ser objeto de crítica por conferir ao magistrado a prerrogativa de revisar a medida acordada entre as partes na transação penal. Contudo, deve-se recordar que as penas restritivas de direitos aplicadas em transação penal são fungíveis entre si (Enunciado 102 do FONAJE). Além disso, a norma tem a finalidade é promover uniformidade e coerência na aplicação das penas nos casos regidos por essa legislação.

> § 6º A pena prevista neste artigo será aumentada de 1/3 (um terço) até a metade para aquele que organiza ou prepara o tumulto ou incita a sua prática, inclusive nas formas dispostas no § 1º deste artigo, não lhe sendo aplicáveis as medidas constantes dos §§ 2º, 3º, 4º e 5º deste artigo.

CAUSA DE AUMENTO

Essa disposição legal estabelece que a pena especificada neste artigo será aumentada em uma proporção entre 1/3 (um terço) e metade para o indivíduo que organiza ou planeja um tumulto, ou que estimula sua ocorrência, inclusive nas circunstâncias descritas no § 1º deste artigo

201. Além disso, para essa pessoa, não serão aplicadas as medidas mencionadas nos parágrafos 2º, 3º, 4º e 5º deste mesmo artigo.

Essa disposição tem o objetivo de punir de forma mais rigorosa aqueles que têm um papel decisivo de coordenador na ocorrência do tumulto, o que eleva sua responsabilidade pelo crime e implica um grau de culpabilidade mais elevado do que aqueles que apenas seguem ordens ou participam da execução do ato.

Essa distinção também se alinha com o objetivo de desencorajar a formação e liderança de grupos criminosos, bem como prevenir a reincidência do autor intelectual.

> § 7º As penalidades previstas neste artigo serão aplicadas em dobro quando se tratar de casos de racismo no esporte brasileiro ou de infrações cometidas contra as mulheres.

CAUSA DE AUMENTO NO CASO DE RACISMO E MISOGINIA

Essa disposição estabelece que as penalidades especificadas neste artigo serão aumentadas para o dobro em dois casos específicos:

1. Casos de Racismo no Esporte Brasileiro: Se a infração estiver relacionada a um ato de racismo no contexto esportivo do Brasil, as penalidades serão aplicadas em dobro.

Ao nosso entendimento, não existe qualquer conflito entre as normativas mencionadas. Elas criminalizam comportamentos distintos. A forma qualificada estabelecida pela Lei 7.716/1989 se aplica quando o ato discriminatório, conforme delineado pelo artigo 20-C da mesma lei, ocorre no contexto de uma atividade esportiva. Por outro lado, na Lei Geral do Esporte (LGE), o racismo constitui uma mera circunstância acessória do crime de invasão violenta a eventos esportivos, tipificado no artigo 201.

Para ilustrar, se durante um evento esportivo de futebol, um torcedor é alvo de ofensas racistas por parte de outro torcedor, o crime previsto na Lei 7.716/1989 será configurado.

Em contrapartida, se um grupo de pessoas tenta forçadamente invadir um estádio para assistir a um jogo de basquete sem possuir ingressos, e durante essa tentativa ocorre um confronto violento com os seguranças do local, momento em que são proferidas manifestações racistas, aplica-se a Lei Geral do Esporte (LGE).

Estas disposições visam combater o racismo no contexto esportivo, abrangendo tanto condutas perpetradas por atletas quanto aquelas provenientes de torcidas. Para uma compreensão detalhada do tema, recomendamos ao leitor a consulta do dispositivo específico nesta obra.

2. Infrações Cometidas Contra as Mulheres: Quando a infração envolver atos que violem os direitos ou a integridade das mulheres, as penalidades também serão duplicadas.

REFERÊNCIAS BIBLIOGRÁFICAS

ARAS, Vladimir. Blog do Vlad: Match-fixing e a corrupção desportiva. Disponível em https://vladimiraras.blog/2022/07/16/match-fixing-e-a-corrupcao-desportiva.

GONÇALVES, Victor Eduardo Rios. Direito penal: parte especial. 11. ed. São Paulo: Saraiva, 2021.

SUZUKI. Claudio Mikio. A tutela penal do estatuto de defesa do torcedor incluída pela Lei 12.299/2010. In: Revista Brasileira de Direito Desportivo. vol. 18/2010. p. 287-301. Jul-Dez 2010 DTR\2010\963.

CAPÍTULO 44

Agrotóxicos – Lei nº 14.785/23

Júlia Flores Schütt
Maria Carolina Silveira Beraldo

INTRODUÇÃO

Saúde e sustentabilidade são dois dos temas que mais sensibilizam a população nos dias de hoje. Garantias constitucionais distintas, mas umbilicalmente atreladas. O direito ao meio ambiente equilibrado, clamado como "mínimo existencial socioambiental", é indispensável à tutela da vida e, também, como não poderia deixar de o ser, ao direito à saúde pública.

Imprescindível à concretude das referidas garantias, todavia, dialética imediata com a realidade. A população mundial passou de 3 bilhões de habitantes nos anos sessenta para 7.3 bilhões no ano de 2016, e, de acordo com a Organização das Nações Unidas, este número tende a alcançar 9.7 bilhões em 2050[1]. O significativo crescimento populacional na Terra é, sem dúvida, a principal mola propulsora do desenvolvimento da agricultura moderna visando ao aumento significativo na produtividade, que, há mais de cinco décadas, vem implicando a utilização de eficientes técnicas no combate a pragas[2] - estas muitas vezes capazes de dizimar lavouras. Vital[3] destaca que até a década de cinquenta, quando predominavam as soluções caseiras para enfrentar pragas, as perdas, conforme dados do Ministério da Agricultura, Pecuária e Abastecimento (MAPA)[4], chegavam a 30% da produção brasileira. A ineficiência daquelas, portanto, desponta como causa principal do *sucesso* dos agrotóxicos[5]. Já na década de sessenta,

1 ORGANIZAÇÃO DAS NAÇÕES UNIDAS. **Gráficos:** estimativas. Disponível em: <https://population.un.org/wpp/Graphs/Probabilistic/POP/TOT/>. Acesso em: 26 out. 2018.

2 De acordo com Luís Eduardo Pacifici Rangel, praga é "qualquer forma de vida vegetal ou animal, ou qualquer agente patogênico daninho ou potencialmente daninho para os vegetais ou produtos vegetais" em seu artigo (RANGEL, Luís Eduardo Pacifici. **O paradoxo do controle fitossanitário: conceito legal e prático**; Disponível em: <http://www.cnpma.embrapa.br/down_site/forum/Luis_Eduardo_Rangel.pdf>. Acesso em: 27 out. 2018).

3 VITAL, Nicholas. **Agradeça aos agrotóxicos por estar vivo**. São Paulo: Record, 2017. p. 36.

4 Compete ao MAPA (por intermédio da Secretaria de Defesa Agropecuária – DAS), atendendo às disposições do art. 3º da Lei 7.802/89 e artigos 2º a 7º do Decreto nº 4.074/02, assim como aos Ministérios do Meio Ambiente (por intermédio do Instituto Brasileiro do Meio Ambiente e dos Recursos Naturais Renováveis – IBAMA) e da Saúde (por intermédio da Agência Nacional de Vigilância Sanitária – ANVISA) proceder às devidas avaliações para a concessão do registro do agrotóxico (ato complexo), de modo que venham a ser produzidos, exportados, importados, comercializados e utilizados no Brasil (art. 3º da Lei 7.802/89). Sucintamente explanando, atribui-se ao MAPA a avaliação da eficiência agronômica do produto, ao IBAMA a avaliação do impacto do agrotóxico no meio ambiente e à ANVISA a avaliação toxicológica e os respectivos impactos na saúde pública. Tem-se, pois, avaliação tripartite do agrotóxico que pretende ter seu registro efetuado no Brasil, de modo a fiscalizar de forma prévia questões de ordem fitossanitária, periculosidade ambiental e sanitária.

5 É possível dizer que a agricultura moderna está diretamente relacionada às duas grandes guerras mundiais, tendo, na primeira (1914-18), havido o desenvolvimento do que hoje se entende por agrotóxico. É, contudo, com o fim

com a popularização dos agroquímicos no Brasil, o cenário mudou significativamente, período conhecido por recepcionar a Revolução Verde (ver nota de rodapé nº. 05).

Vital[6] refere que "os mais *radicais* chamam de veneno. Os *neutros* se referem a eles como agroquímicos ou pesticidas. Para a indústria, são defensivos agrícolas. No meio científico, são tratados como praguicidas. Mas no Brasil – e só no Brasil – esses produtos são popularmente conhecidos como agrotóxicos, nome que acabou oficializado no país pela Lei 7.802, de 11 de julho de 1989". Têm como precípua função a proteção da flora e da fauna contra ataques de espécies tidas por nocivas. Para o autor, são verdadeiros remédios das plantas.

Paracelso[7] (1493-1541), *pai* da toxicologia, é conhecido pela seguinte assertiva: "Todas as substâncias são venenos, não existe nada que não seja veneno. Somente a dose correta diferencia o veneno do remédio[8]".

Antunes[9] tem como significado da palavra agrotóxico "produtos químicos destinados à utilização pela agricultura com a finalidade de 'proteção' contra praga ou destinados a aumentar a produtividade de determinadas culturas".

A crescente utilização de agrotóxicos no meio agrícola tem sido alvo, não de agora, de preocupação quanto à possibilidade de consequências desconhecidas e nocivas ao meio ambiente e à saúde pública. Já em 1963, foi criado o *Codex Alimentarius*[10], organismo intergovernamental que tem por escopo normatizar o uso da química na produção de alimentos. Dentre os vários grupos de assessoramento científico que compõem o organismo está o Comitê de Especialistas sobre Resíduos de Pesticidas da Organização das Nações Unidas para a Alimentação e a Agricultura (FAO) e da Organização das Nações Unidas e a Organização Mundial da Saúde (OMS), responsável por avaliar resíduos em alimentos e por recomendar Limites Máximos de Resíduos (LMR) de agrotóxicos permitidos, ou seja, indicar a quantidade máxima de resíduos de agrotóxicos autorizada em um alimento. Trata-se, portanto, de organismo que é ponto de referência internacional para a solução de disputas sobre segurança alimentar e proteção do consumidor.

O cenário brasileiro permite afirmar que a preocupação do nosso legislador para com a normatização do uso (*lato sensu)* de agrotóxicos não é vã. Em 2009, o Brasil desbancou os EUA e assumiu a liderança em vendas de agrotóxicos, posição que ocupa até hoje. Naquele ano a indústria brasileira movimentou aproximadamente US$ 7,1 bilhões, enquanto a americana ficou na marca

---

da Segunda Guerra Mundial (1945), que a agricultura passou por verdadeiras *adaptações*. Isto porque os *resíduos* da guerra – inclusive tanques e máquinas – passaram a ser utilizados na produção agrícola. Dentre os restos, o que de fato fez desenvolver a produção de agrotóxicos foram sobras de "armas químicas", que sofreram adaptações para ter seu uso voltado ao aumento da produtividade agrícola (há quem sintetize tal informação indicando que, enquanto durante a guerra os agrotóxicos eram usados como armas químicas, no pós-guerra passaram a ser utilizados como defensivos agrícolas). Trata-se de um dos vértices daquilo que ficou conhecido como Revolução Verde, que, rasteiramente falando, equivaleria à verdadeira industrialização da agricultura, revolução que tinha dentre seus principais objetivos erradicar a fome no mundo. No Brasil, é possível indicar que, na década de 1960, o incentivo ao uso de agrotóxicos passou, inclusive, por isenção de impostos, conforme ensina Pes. (PES, João Hélio Ferreira. Desenvolvimento sustentável e uso intenso de agrotóxicos. **Revista Internacional de Direito Ambiental**, v. 7, n. 20, maio/ago. 2018. p. 164).

6 VITAL, Nicholas. **Agradeça aos agrotóxicos por estar vivo**. São Paulo: Record, 2017. p. 41.

7 PARACELSO: cientista da saúde. Disponível em: <https://brasilescola.uol.com.br/quimica/paracelso-cientista-saude.htm>. Acesso em: 2018.

8 Como os remédios, destaca Nicholas Vital em sua obra "Agradeça aos agrotóxicos por estar vivo", importante referir que os agrotóxicos não são todos iguais, dividindo-se os defensivos agrícolas em distintas categorias, a exemplo de: (1) inseticidas (combatem insetos), (2) herbicidas (controlam as plantas invasoras), (3) fungicidas (inibem a ação dos fungos), (4) acaricidas (combatem ácaros), (5) formicidas (evitam ataques de formigas), entre outros. (VITAL, Nicholas. **Agradeça aos agrotóxicos por estar vivo**. São Paulo: Record, 2017. p. 53).

9 ANTUNES, Paulo de Bessa. **Direito ambiental.** 12. ed. Rio de Janeiro: Lumen Juris, 2010. p. 645.

10 http://www.fao.org/fao-who-codexalimentarius/about-codex/history/en/ Acesso em: 27 out. 2018.

aproximada de US$ 6,6 bilhões[11]. Conforme Vigna[12], a taxa de crescimento do mercado brasileiro de agrotóxicos, entre os anos de 2000 e 2010, foi de 190% contra 93% do mercado mundial.

Vê-se, portanto, o porquê de muitos nominarem, nos dias de hoje, o Brasil como celeiro do mundo. Nosso país transformou-se em verdadeira potência agrícola[13], e a legislação pertinente à utilização de agrotóxicos mais do que nunca merece destaque, a fim de atender diretrizes constitucionais atinentes ao desenvolvimento sustentável e à saúde da população. Cristalina a necessidade de normatização capaz de, simultaneamente, proteger o equilíbrio ambiental e a saúde pública e garantir à agricultura nacional desenvolvimento pleno e sadio.

A promoção do desenvolvimento sustentável (binômio econômica/meio ambiente) é o grande desafio que vem sendo enfrentado neste novo século. Somente uma visão global do pretendido desenvolvimento possibilitará avaliar o complexo elo que une a natureza e o homem, autorizando convívio saudável e ecologicamente equilibrado[14] de modo a viabilizar eficazmente a tutela do bem jurídico meio ambiente[15-16] – indispensável à vida (e, consequentemente, à saúde) das presentes e futuras gerações[17]. Não é por menos que a Constituição Federal de 1988, cunhada de "verde", visa a estipular a convivência *harmoniosa* entre o homem e a natureza.

A Carta de 1988 é verdadeiro marco à legislação ambiental nacional. Do seu art. 225 o direito ambiental ramificou-se dando ensejo, especialmente, à Lei dos Crimes Ambientais (9.605/98) e à atual Lei de Agrotóxicos (14.785/23), que revogou e substituiu a anterior (7.802/89).

Amparado, assim, no pilar constitucional da sustentabilidade, o legislador infraconstitucional, ao editar a primeira Lei de Agrotóxicos e a atual, objetivou a harmonização do uso seguro, eficaz e econômico daquelas substâncias com o aumento da competitividade da produção agrícola brasileira. Trata-se de verdadeira ponderação entre os anseios da ordem financeira e

11 BRASIL lidera uso mundial de agratóxicos. Disponível em: <https://economia.estadao.com.br/noticias/geral,brasil-lidera-uso-mundial-de-agrotoxicos,414820>. Acesso em: 27 out. 2018.

12 VIGNA, Edécio. **Consea pede proibição de agrotóxicos vedados em outros países**. Disponível em: <http://www.inesc.org.br/noticias/noticias-do-inesc/2013/julho/consea-pede-proibicao-de-agrotoxicos-vedados-em-outros-paises>. Acesso em: 27 out. 2018.

13 FAO-OCDE: Brasil está preparado para ser maior produtor de alimentos do mundo...Disponível em: <https://economia.uol.com.br/noticias/afp/2015/07/15/fao-ocde-brasil-esta-preparado-para-ser-maior-produtor-de-alimentos-do-mundo.htm>. Acesso em: 27 out. 2018.

14 "Numa escalada, pode-se dizer que se protegem os elementos bióticos e abióticos e sua respectiva interação, para se alcançar a proteção do meio ambiente ecologicamente equilibrado, porque esse bem é responsável pela conservação de todas as formas de vida. Possui importância fundamental a identificação do meio ambiente ecologicamente equilibrado como sendo um bem autônomo e juridicamente protegido, de fruição comum (dos elementos que o formam), porque, em última análise, o dano ao meio ambiente é aquele que agride o *equilíbrio ecológico*, e uma eventual reparação deve ter em conta a recuperação desse mesmo equilíbrio ecológico" (RODRIGUES, Marcelo Abelha. **Instituições de direito ambiental**. São Paulo: Max Limonad, 2002. v. 1. p. 58).

15 Lei 6938/81: Art. 3º - Para os fins previstos nesta Lei, entende-se por: I - meio ambiente, o conjunto de condições, leis, influências e interações de ordem física, química e biológica, que permite, abriga e rege a vida em todas as suas formas; [...].

16 Édis Milaré leciona que dois podem ser os conceitos jurídicos de meio ambiente. Um primeiro restrito, segundo o qual meio ambiente nada mais seria do que "a expressão do patrimônio natural e as relações com e entre seres vivos", e outra concepção ampla para a qual o meio ambiente abrangeria "toda a natureza original (natural) e artificial, assim como os bens culturais correlatos". Continua o Professor apontando que "de um lado, com o meio ambiente natural, ou físico, constituído pelo solo, pela água, pelo ar, pela energia, pela fauna e pela flora; e, do outro, com o meio ambiente artificial (ou humano), formado pelas edificações, equipamentos e alterações produzidos pelo homem, enfim, os assentamentos de natureza urbanística e demais construções". (MILARÉ, Édis. **Direito do ambiente.** 5. ed. São Paulo: Revista dos Tribunais, 2007. p. 110-111). De forma sintética, José Afonso da Silva afirma que o meio ambiente, como bem comum do povo, equivaleria à interação "do conjunto de elementos naturais, artificiais e culturais que propiciem o desenvolvimento equilibrado da vida em todas as suas formas". (SILVA, José Afonso da. **Direito ambiental constitucional**. 4. ed. São Paulo: Malheiros, [2000?] p. 20).

17 PES, João Hélio Ferreira. Desenvolvimento sustentável e uso intenso de agrotóxicos. **Revista Internacional de Direito Ambiental**, v. 7, n. 20, maio/ago. 2018.

econômica (art. 170 da Constituição Federal) e os bens jurídicos meio ambiente e saúde pública – *saúde ambiental*[18].

Para este estudo, merece destaque outro instrumento com lastro constitucional do qual se valeu o legislador infraconstitucional para normatizar o *proceder* com agrotóxicos: o denominado *mandado expresso de criminalização*[19-20].

A criminalização de condutas que atentem contra as prescrições normativas relacionadas à utilização de agrotóxicos está diretamente vinculada à globalização, que, em termos rasos, consagra o encurtamento dos espaços. Pode-se afirmar que, assim como as grandes navegações do século XV, a globalização proporciona notável alargamento de horizontes e, na esfera do mundo jurídico, um "diálogo normativo" entre legislações de diferentes países.

Esta análise global de diferentes ordenamentos jurídicos não passou batida pelo Professor Jesús-Maria Silva Sánchez[21], que constatou tendência mundial dominante de os Estados introduzirem em seus respectivos ordenamentos jurídicos *novos* tipos penais. Mais do que isto, Sánchez enfatiza que a identificação de novos "bens jurídico-penais" é a principal causa de expansão do espectro de tutela do direito penal, uma vez que se trata de instrumento qualificado à proteção daqueles.

Há de se frisar que a ampliação do leque de tutela do direito criminal – exigência de uma sociedade cada vez mais complexa, por sua vez, tende a entrar em rota de colisão com princípio norteador dessa ciência: o da intervenção mínima[22].

O que se extrai, todavia, é que tal ampliação está sustentada numa verdadeira demanda social por maior proteção. O cidadão passou a identificar o direito penal como verdadeiro instrumento de tutela de seus interesses, não apenas daqueles tido por individuais, mas também como técnica capaz de amparar os novos bens jurídicos caracterizados na *sociedade de risco*[23].

---

18 Vaz destaca que a "questão do uso de agrotóxicos, enquanto agentes químicos altamente impactantes, é, eminentemente, de *saúde ambiental*. Todos os aspectos do meio ambiente afetam potencialmente a saúde. Destarte, a saúde deve ser tratada a partir das variáveis ambiental e econômica". Andou, portanto, muito bem o legislador ao objetivar com a Lei 7.802/89 a proteção de ambos os bens jurídicos: saúde e meio ambiente, até mesmo porque faticamente indissociáveis. O meio ambiente ecologicamente equilibrado – bem comum de *titularidade* das presentes e futuras gerações – é vital à tutela da saúde da população – saúde ambiental (conjunto de fatores concernentes à saúde humana e ambiental). (VAZ, Paulo Afonso Brum. **O direito ambiental e os agrotóxicos.** Porto Alegre: Livraria do Advogado, 2006. p. 38.)

19 § 3º As condutas e atividades consideradas lesivas ao meio ambiente sujeitarão os infratores, pessoas físicas ou jurídicas, a sanções penais e administrativas, independentemente da obrigação de reparar os danos causados.

20 PRADO, Luiz Regis. **Direito penal do ambiente.** São Paulo: Revista dos Tribunais, 2005. p. 80), ao tratar do assunto, destaca que "Desse modo, não se limita simplesmente a fazer declaração formal de tutela do meio ambiente, mas, na esteira da melhor doutrina e legislação internacionais, estabelece a imposição de medidas coercitivas aos transgressores do mandamento constitucional. Assinala-se a proteção jurídico-penal, com a obrigação ou mandado expresso de criminalização. Com tal previsão, a Carta Brasileira afastou, acertadamente, qualquer eventual dúvida quanto à indispensabilidade de uma proteção penal do ambiente. Reconhecem-se a existência e a relevância do ambiente para o homem e sua autonomia como bem jurídico, devendo, para tanto o ordenamento jurídico lançar mão inclusive da pena, ainda quem em *ultima ratio*, para garanti-lo".

21 SÁNCHEZ, Jesús-Maria Silva. **A expansão do direito penal**. Tradução de Luiz Otávio de Oliveira Rocha. São Paulo: Revista dos Tribunais, [2000?]. p. 21.

22 "A função do Direito Penal consiste em garantir a seus cidadãos uma existência pacífica, livre e socialmente segura, sempre e quando estas metas não possam ser alcançadas com outras medidas político-sociais que afetem em menor medida a liberdade dos cidadãos" (ROXIN, Claus. **A proteção de bens jurídicos como função do direito penal**. Tradução: de André Luís Callegari, Nereu Giacomolli. 2. ed. Porto Alegre: Livraria do Advogado, 2009, p. 16-17). O princípio da intervenção mínima, destinado especialmente ao legislador, recomenda cautela à eleição de bens jurídicos suscetíveis à tutela penal, devendo apenar ser colocados sob cuidado deste manto jurídico aqueles incapazes de receber o devido "castigo" pelos demais ramos do direito. Ademais, cumpre salientar conclusão de Roxin ao tratar do tema: "é evidente que nada favorece tanto a criminalidade como a penalização de qualquer bagatela". (ROXIN, Claus. **Problemas fundamentais de direito penal**. Tradução de Ana Paula dos Santos e Luíz Natscheradetz. 3. ed. Lisboa: Veja, 2004. p. 29).

23 "Desde a enorme difusão da obra de Ulrich Beck, é lugar comum caracterizar o modo social pós-industrial em que vivemos como "sociedade do risco" ou "sociedade de riscos" (*Risikogesellschaft*). Com efeito, a sociedade atual apa-

Não há dúvida de que entre os "novos delitos" desta sociedade tida por complexa estão aqueles que visam a proteger os recursos naturais. Especialmente quanto ao bem jurídico meio ambiente – um daqueles que compõem a objetividade jurídica dos delitos de agrotóxicos, Sánchez dá como causa de seu ingresso ao manto de proteção da tutela penal a *deterioração de realidades tradicionalmente abundantes*. Quer-se com isso dizer que a identificação de sua suscetibilidade à escassez agregou ao meio ambiente valor que antes não lhe correspondia.

Tem-se, ademais, que a sociedade pós-industrial institucionalizou, de forma objetiva, com base na aceitação da tomada de riscos em prol do desenvolvimento, a insegurança. "O emprego de meios técnicos, a comercialização de produtos ou a utilização de substâncias cujos possíveis efeitos nocivos são ainda desconhecidos e, em última análise, manifestar-se-ão anos depois da realização da conduta, introduzem um importante fator de incerteza na vida social[24]." Esta realidade de incerteza acerca da relação de causa/efeito – especialmente em relação às possíveis consequências lesivas decorrentes de determinada conduta, além de ser fundamento ao princípio da precaução[25] no âmbito do direito ambiental, é fundamento para a cada vez mais frequente tipificação de crimes de perigo abstrato, a exemplo do que é identificado nos tipos penais da lei brasileira de agrotóxicos. Trata-se de verdadeiras normas penais de segurança, que tem por objetivo antecipar a fronteira da proteção penal.

Os crimes tipificados na Lei de Agrotóxicos são fruto da reconhecida demanda da sociedade de risco. A técnica legislativa adotada para edição de tais delitos autoriza dar trânsito à identificação de transição dos crimes de lesão a bens jurídicos individuais ao modelo de delitos de perigo para os bens supraindividuais[26].

A vigente previsão legal da responsabilização criminal por condutas que violem instruções normativas regulamentadoras do uso de agrotóxicos, tipificação que atende ao comando constitucional expresso de criminalização, é fruto de evolução legislativa a respeito da temática, o que se passa, de forma sucinta, a apresentar.

BREVE ANÁLISE DA EVOLUÇÃO HISTÓRICA DA LEGISLAÇÃO BRASILEIRA DE AGROTÓXICOS

Os agrotóxicos são atualmente regulados pela Lei n. 14.785/23, fruto de um projeto de lei apresentado ao Congresso Nacional ainda no ano de 1999[27] como meio de aperfeiçoamento da

---

rece caracterizada, basicamente, por um âmbito econômico rapidamente variante e pelo aparecimento de avanços tecnológicos sem paralelo em toda a história da humanidade. O extraordinário desenvolvimento da técnica teve, e continua tendo, obviamente, repercussões diretas em um incremento do bem-estar individual". (SÁNCHEZ, Jesús-Maria Silva. **A expansão do direito penal**. Tradução de Luiz Otávio de Oliveira Rocha. São Paulo: Revista dos Tribunais, [2000?]. p. 28-29).

24 SÁNCHEZ, Jesús-Maria Silva. **A expansão do direito penal**. Tradução de Luiz Otávio de Oliveira Rocha. São Paulo: Revista dos Tribunais, [2000?]. p. 30.

25 PRINCÍPIO DA PRECAUÇÃO: diferentemente do princípio da prevenção, que alcança postura que visa a prevenir a ocorrência de consequência conhecidas de determinados ato (ou seja, em que o nexo causal encontra-se cientificamente comprovado ou decorre da lógica), o princípio da precaução busca tratar com cautela o incerto – especialmente quanto às consequências de determinada ação ou aplicação científica em relação ao ambiente, no espaço ou no tempo – estará presente sempre em situações de incerteza científica. (FIORILLO, Celso Antônio Pacheco. **Curso de direito ambiental brasileiro.** São Paulo: Saraiva, 2000. p. 209).

26 Não se pode desconsiderar que a esta transição são feitas críticas por parte da doutrina apontando que a técnica sugeriria espécie de *administrativização* do Direito Penal, uma vez que deixaria de reagir contra um fato lesivo individualmente delimitado para se converter em direito de gestão de riscos gerais. Miguel Reale Junior, em artigo publicado na Folha de São Paulo, ao se referir à Lei de Crimes Ambientais (Lei 9.605/1998) como a "Hedionda Lei dos Crimes Ambientais" teceu severas críticas àquilo que ele entendeu como evidente mutação de ilícitos administrativos em tipos penais. (REALE JÚNIOR, Miguel. **A lei hedionda dos crimes ambientais.** Disponível em: <https://www1.folha.uol.com.br/fsp/opiniao/fz06049809.htm>. Acesso em: 28 out. 2018).

27 Como relatam João Hélio e João Gabriel, "O novo marco regulatório sobre agrotóxicos é resultado de discussões parlamentares que duraram mais de duas dezenas de anos e de mais de quatro dezenas de proposições que foram

Lei n. 7.802/89. Com efeito, a nova legislação – sancionada com inúmeros vetos[28] - teve como objetivo aprimorar as regras de registro de agrotóxicos, controle, inspeção e sua fiscalização.

Importante registrar, nada obstante, a evolução legislativa, sobretudo considerando-se a importância do primeiro marco legal sobre o tema. Conforme ensina Cleber Folgado[29], a anterior Lei de Agrotóxicos, 7.802[30], de 11 de julho de 1989, teve "como embrião a Lei Estadual do Rio Grande do Sul nº. 7.747, de 22 de dezembro de 1982.", lei esta que teve sua constitucionalidade questionada no Supremo Tribunal Federal (STF) pela Associação Nacional de Defensivos Agrícolas (ANDEF), que, por sua vez, teve seu pleito parcialmente atendido (Representações nº 1.150[31] e 1.153-4[32]). Antenor Ferrari[33] ressalta que, "embora tenha determinado cortes que desfiguram parcialmente a Lei Estadual de Agrotóxicos, a decisão do STF acabou por reconhecer explicitamente a competência dos Estados para legislar supletivamente sobre agrotóxicos".

Outros Estados como, por exemplo, Paraná (Lei nº 7.827/83) e São Paulo (Lei nº 4.002/84), seguindo a linha do RS, editaram legislações que tinham por objeto regulamentar o uso dos agrotóxicos. Pode-se, sem titubear, afirmar que, além da superveniência de leis estaduais versando sobre o tópico, a conscientização da população brasileira sobre a vital necessidade de tutela do meio ambiente e a promulgação da Constituição Federal de 1988 foram os principais móveis à edição da Lei Federal nº 7.802/89.

O constituinte apenas em uma oportunidade fez menção expressa ao termo "agrotóxicos" no texto constitucional ao trabalhar o capítulo da Comunicação Social[34-35]. Na oportunidade,

---

apensadas, em fases diversas do debate, aos projetos PL nº 1.459, de 2022, do Senado, que tramitou na Câmara dos Deputados, como PL nº 6.299, de 2002". PES, João Hélio Ferreira. PES, João Gabriel Parmeggiani. **Responsabilidade Penal e Administrativa na nova Lei de Agrotóxicos: a reversão da administrativização do Direito Penal.** Disciplinarum Scientia. Série: Sociais Aplicadas Santa Maria, v. 20, n. 1, 2024, p. 89.

28 https://www.planalto.gov.br/ccivil_03/_Ato2023-2026/2023/Msg/Vep/VEP-741-23.htm

29 FOLGADO, Cleber Adriano Rodrigues. Sistema **Normativo de agrotóxicos**: elementos de contextualização histórica e reflexão crítica". direito e agrotóxico. reflexões críticas sobre o sistema normativo. Rio de Janeiro: Lumen Juris, 2017. p. 19.

30 A lei federal 7.802 de 11 de julho de 1089, que dispõe sobre a pesquisa, a experimentação, a produção, a embalagem e rotulagem, o transporte, o armazenamento, a comercialização, a propaganda comercial, a utilização, a importação, a exportação, o destino final dos resíduos e embalagens, o registro, a classificação, o controle, a inspeção e a fiscalização de agrotóxicos, seus componentes e afins, e dá outras providências.

31 Disponívelem:<http://stf.jus.br/portal/jurisprudencia/listarJurisprudencia.asp?s1=%281150+E+AGROTOXICOS%29&base=baseAcordaos&url=http://tinyurl.com/y6uedcc4>. Acesso em: 02 nov. 2011.

32 EMENTA: Representação de inconstitucionalidade da Lei Estadual n. 7.747, de 22 de Dezembro de 1982, em conjunto com os Decretos números 30.787, de 22/7/1982 e 30.811, de 23/8/82, todos do Estado do Rio Grande do Sul. Competência constitucional da União para legislar sobre normas gerais de defesa e proteção a saúde (artigo 8º, XVII, 'c', da CF), e, supletivamente, dos Estados (parágrafo único do artigo 8º). Supremacia da Lei Federal. Limites. Caráter supletivo da lei estadual, de modo que supra hipóteses irreguladas, preenchendo o 'vazio', o 'branco' que restar, sobretudo quanto as condições locais. Existência, *'in casu'*, de legislação federal que regula a espécie. Inconstitucionalidade da definição de agrotóxicos e outros biocidas por lei estadual; ou da fixação de normas gerais e parâmetros para a classificação toxicológica. Competência da uniao para estabelecer proibições a produção, comercio e consumo de mercadorias que contenham substancias nocivas. Poder de policia do Estado - limites. [...] (BRASIL. Supremo Tribunal Federal. **Representação nº 1.153- RS**. Tribunal Pleno. 16 maio 1985).

33 FERRARI, Antenor. **Agrotóxicos:** a praga da dominação. Porto Alegre. Mercado Aberto. 1985. p. 74.

34 Art. 220. A manifestação do pensamento, a criação, a expressão e a informação, sob qualquer forma, processo ou veículo não sofrerão qualquer restrição, observado o disposto nesta Constituição. [...] § 3º Compete à lei federal: [...] II - estabelecer os meios legais que garantam à pessoa e à família a possibilidade de se defenderem de programas ou programações de rádio e televisão que contrariem o disposto no art. 221, bem como da propaganda de produtos, práticas e serviços que possam ser **nocivos à saúde e ao meio ambiente**. § 4º A propaganda comercial de tabaco, bebidas alcoólicas, **agrotóxicos**, medicamentos e terapias estará sujeita a restrições legais, nos termos do inciso II do parágrafo anterior, e conterá, sempre que necessário, advertência sobre os malefícios decorrentes de seu uso.

35 "A Constituição Federal também tratou da questão dos agrotóxicos, indiretamente, em matéria ambiental, mas também diretamente, ao restringir sua propaganda comercial, alertando para seus malefícios. No mesmo sentido, a sanção de condutas que ponham em risco o meio ambiente e a saúde da população, relacionadas à produção,

em patamar constitucional, os agrotóxicos foram considerados nocivos à saúde e ao meio ambiente.

Entretanto, conforme ensina Celso Antônio Pacheco Fiorillo[36], de forma não expressa o constituinte, no inciso V do §1º do art. 225 da CF[37], "viabilizou a constitucionalização da matéria referente às substâncias agrotóxicas". O autor prossegue destacando que "o Texto Constitucional permitiu o seu emprego, mas tratou de responsabilizar o Poder Público pelo controle das atividades, a fim de assegurar a efetividade do meio ambiente. Dessa maneira, a Magna Carta obrigou os entes federados a estarem presentes na atividade de controle, não deixando livre a negociação entre produtores e consumidores".

Tem-se, portanto, que a própria Constituição Federal de 1988 traçou norte para a tutela contra os danos causados à saúde humana e ao meio ambiente provocados por agrotóxicos, pavimentando o caminho para edição da Lei 7.802, editada logo no ano seguinte à publicação da Magna Carta.

Assim, em 11 de julho de 1989, o PL 1.924 foi sancionado pelo então Presidente da República, José Sarney, como a Lei Federal 7.802, que se converteu em pedra angular do sistema normativo brasileiro de agrotóxicos ao passar a dispor sobre a pesquisa, a experimentação, a produção, a embalagem e rotulagem, o transporte, o armazenamento, a comercialização, a propaganda comercial, a utilização, a importação, a exportação, o destino final dos resíduos e embalagens, o registro, a classificação, o controle, a inspeção e a fiscalização de agrotóxicos, seus componentes e afins. A nova lei objetivou dar coerência e harmonia às diversas espécies normativas esparsas sobre o tema.

Dos avanços em termos de proteção à saúde e à preservação do meio ambiente trazidos pela Lei 7.802/89 mereciam destaque: (1) a possibilidade de impugnação ou cancelamento do registro do produto por solicitação de entidades representativas da sociedade civil (art. 5º[38]), hipótese que remete à participação popular e à democracia como formas de controle do uso de agrotóxicos; (2) a proibição do registro, caso o Brasil não disponha de métodos de desativação da ação dos componentes tóxicos sobre o homem e o meio ambiente (art. 3º[39]); (3) a proibição do registro de novos agrotóxicos, caso a ação tóxica dele não seja igual ou menor do que a de outros produtos já existentes destinados a um mesmo fim (art. 3º,§5º[40]); (4) o cadastro compulsório de produtores, comerciantes e aplicadores dos produtos nos órgãos competentes dos Estados ou Municípios, no intuito de maior rastreabilidade das infrações causadas pelos

ao comércio e ao uso de substâncias agrotóxicas, exige uma interpretação e aplicação do ordenamento jurídico de caráter preventivo e repressivo, que desestimule e responsabiliza os agentes infratores". (SILVA FILHO, Cláudio. **Direito penal e agrotóxicos**: direito e agrotóxicos. Rio de Janeiro: Lumen Juris, 2017. p. 236-237).

36 FIORILLO, Celso Antônio Pacheco. **Curso de direito ambiental brasileiro.** São Paulo: Saraiva, 2000. p. 231.

37 Art. 225. Todos têm direito ao meio ambiente ecologicamente equilibrado, bem de uso comum do povo e essencial à sadia qualidade de vida, impondo-se ao Poder Público e à coletividade o dever de defendê-lo e preservá-lo para as presentes e futuras gerações. § 1º Para assegurar a efetividade desse direito, incumbe ao Poder Público: V - controlar a produção, a comercialização e o emprego de técnicas, métodos e substâncias que comportem risco para a vida, a qualidade de vida e o meio ambiente.

38 Art. 5º Possuem legitimidade para requerer o cancelamento ou a impugnação, em nome próprio, do registro de agrotóxicos e afins, arguindo prejuízos ao meio ambiente, à saúde humana e dos animais: [...] III - entidades legalmente constituídas para defesa dos interesses difusos relacionados à proteção do consumidor, do meio ambiente e dos recursos naturais.

39 Art. 3º Os agrotóxicos, seus componentes e afins, de acordo com definição do art. 2º desta Lei, só poderão ser produzidos, exportados, importados, comercializados e utilizados, se previamente registrados em órgão federal, de acordo com as diretrizes e exigências dos órgãos federais responsáveis pelos setores da saúde, do meio ambiente e da agricultura.

40 § 5º O registro para novo produto agrotóxico, seus componentes e afins, será concedido se a sua ação tóxica sobre o ser humano e o meio ambiente for comprovadamente igual ou menor do que a daqueles já registrados, para o mesmo fim, segundo os parâmetros fixados na regulamentação desta Lei.

agrotóxicos (art. 4º[41]); (5) a estipulação de normas quanto aos padrões das embalagens, assim como normas, padrões e instruções para os rótulos dos produtos, previsão que foi aprimorada com a Lei 9.974/00 (art. 7º[42]); e (6) a responsabilização administrativa, civil e penal por dano causado pelos agrotóxicos (art. 14[43])[44]. Trata-se de conquistas que conferem perfil protetivo à Lei nº 7.802/89.

Ademais, com base em breve leitura da Lei 7.802/89, verifica-se que o legislador delegou pormenores à edição de regulamento, atendendo à exigência que o tema impõe, uma vez que se trata de matéria em constante processo de evolução[45], sendo mais bem regulada pela elasticida-

41 Art. 4º As pessoas físicas e jurídicas que sejam prestadoras de serviços na aplicação de agrotóxicos, seus componentes e afins, ou que os produzam, importem, exportem ou comercializem, ficam obrigadas a promover os seus registros nos órgãos competentes, do Estado ou do Município, atendidas as diretrizes e exigências dos órgãos federais responsáveis que atuam nas áreas da saúde, do meio ambiente e da agricultura.

42 Art. 7º Para serem vendidos ou expostos à venda em todo o território nacional, os agrotóxicos e afins são obrigados a exibir rótulos próprios e bulas, redigidos em português, que contenham, entre outros, os seguintes dados: (Redação dada pela Lei nº 9.974, de 2000)

I - indicações para a identificação do produto, compreendendo: a) o nome do produto; b) o nome e a percentagem de cada princípio ativo e a percentagem total dos ingredientes inertes que contém; c) a quantidade de agrotóxicos, componentes ou afins, que a embalagem contém, expressa em unidades de peso ou volume, conforme o caso; d) o nome e o endereço do fabricante e do importador; e) os números de registro do produto e do estabelecimento fabricante ou importador; f) o número do lote ou da partida; g) um resumo dos principais usos do produto; h) a classificação toxicológica do produto;

II - instruções para utilização, que compreendam: a) a data de fabricação e de vencimento; b) o intervalo de segurança, assim entendido o tempo que deverá transcorrer entre a aplicação e a colheita, uso ou consumo, a semeadura ou plantação, e a semeadura ou plantação do cultivo seguinte, conforme o caso; c) informações sobre o modo de utilização, incluídas, entre outras: a indicação de onde ou sobre o que deve ser aplicado; o nome comum da praga ou enfermidade que se pode com ele combater ou os efeitos que se pode obter; a época em que a aplicação deve ser feita; o número de aplicações e o espaçamento entre elas, se for o caso; as doses e os limites de sua utilização; d) informações sobre os equipamentos a serem usados e a descrição dos processos de tríplice lavagem ou tecnologia equivalente, procedimentos para a devolução, destinação, transporte, reciclagem, reutilização e inutilização das embalagens vazias e efeitos sobre o meio ambiente decorrentes da destinação inadequada dos recipientes; (Redação dada pela Lei nº 9.974, de 2000)

III - informações relativas aos perigos potenciais, compreendidos: a) os possíveis efeitos prejudiciais sobre a saúde do homem, dos animais e sobre o meio ambiente;b) precauções para evitar danos a pessoas que os aplicam ou manipulam e a terceiros, aos animais domésticos, fauna, flora e meio ambiente; c) símbolos de perigo e frases de advertência padronizados, de acordo com a classificação toxicológica do produto; d) instruções para o caso de acidente, incluindo sintomas de alarme, primeiros socorros, antídotos e recomendações para os médicos;

IV - recomendação para que o usuário leia o rótulo antes de utilizar o produto.

43 Art. 14. As responsabilidades administrativa, civil e penal pelos danos causados à saúde das pessoas e ao meio ambiente, quando a produção, comercialização, utilização, transporte e destinação de embalagens vazias de agrotóxicos, seus componentes e afins, não cumprirem o disposto na legislação pertinente, cabem: (Redação dada pela Lei nº 9.974, de 2000) a) ao profissional, quando comprovada receita errada, displicente ou indevida; b) ao usuário ou ao prestador de serviços, quando proceder em desacordo com o receituário ou as recomendações do fabricante e órgãos registrantes e sanitário-ambientais; (Redação dada pela Lei nº 9.974, de 2000) c) ao comerciante, quando efetuar venda sem o respectivo receituário ou em desacordo com a receita ou recomendações do fabricante e órgãos registrantes e sanitário-ambientais; (Redação dada pela Lei nº 9.974, de 2000)d) ao registrante que, por dolo ou por culpa, omitir informações ou fornecer informações incorretas; e) ao produtor, quando produzir mercadorias em desacordo com as especificações constantes do registro do produto, do rótulo, da bula, do folheto e da propaganda, ou não der destinação às embalagens vazias em conformidade com a legislação pertinente; (Redação dada pela Lei nº 9.974, de 2000) f) ao empregador, quando não fornecer e não fizer manutenção dos equipamentos adequados à proteção da saúde dos trabalhadores ou dos equipamentos na produção, distribuição e aplicação dos produtos.

44 FRANCO, Carolina da Rocha. **A formulação da política de agrotóxicos no Brasil.** Dissertação (Mestrado) – Pós-Graduação em Políticas Públicas, Universidade Federal do Paraná, Curitiba, 2014. Disponível em: <https://acervodigital.ufpr.br/bitstream/handle/1884/35661/R%20-%20D%20-%20CAROLINE%20DA%20ROCHA%20FRANCO.pdf?sequence=1&isAllowed=y>. Acesso em 21 out. 2018. p. 71-72.

45 Sobre o tema Carolina da Rocha Franco, em sua dissertação "A formulação da política de agrotóxicos no Brasil", destaca que "É fundamental ressaltar que a política pública de agrotóxicos não foi inaugurada com todas as alternativas e soluções previstas na Lei nº 7.802/89. Ela permanece em formulação por meio de decretos e regulamentos esparsos, os quais estabelecem parâmetros, incrementam registros preferenciais junto ao setor regulado e instituem procedimentos de reavaliação de produtos, que podem inclusive ser banidos do comércio nacional por

de/efetividade regulamentar. Não se desconhece que minúcias de natureza técnica demandam tratamento regulamentar, porque a rigidez da lei é incompatível com a velocidade das mudanças tecnológicas. Esse fundamento justifica, do mesmo modo, a identificação dos tipos penais previstos na Lei de Agrotóxicos como leis penais em branco.

O decreto regulamentador da lei telada, inicialmente, foi o de nº 98.816/89. Atualmente o decreto responsável por regular a Lei de Agrotóxicos é o de nº 4.074/02, norma que passou por alteração considerável a partir da edição do Decreto nº 5.981/06. Veja-se que mesmo a partir da nova legislação, ainda não sobreveio nova regulamentação, razão pela qual o decreto nº 4.074/02 tem aplicação.

A partir dessa evolução é que se chega, então, à ainda recente aprovação, em 27 de dezembro de 2023, da já citada Lei n. 14.785/23 que, muito embora absorvendo diversos dispositivos da norma anterior, introduziu significativas modificações em termos de definições legais, criando o que se pode chamar de nova gramática descritiva dos agrotóxicos no Brasil, bem assim modificações quanto aos pedidos de registro dos agrotóxicos, especialmente em relação a prazos e proibições.

Se, antes, era proibido o registro de agrotóxicos e seus componentes quando o Brasil não dispusesse de métodos para desativação, atualmente a proibição ocorre apenas quando o produto apresente "risco inaceitável"[46] para os seres humanos ou para o meio ambiente, abandonando-se o critério objetivo de aferição e propiciando-se proteção deficiente à sociedade. Ainda, constatando-se absurdo retrocesso, eliminou-se o citado avanço da década de 1980 quanto à possibilidade de impugnação ou cancelamento do registro do produto por solicitação de entidades representativas da sociedade civil, hipótese que, como já observado, remetia à participação popular e à democracia como formas de controle do uso de agrotóxicos.

Também a responsabilização penal pela utilização irregular de agrotóxicos sofreu modificações, as quais serão agora analisadas.

A NOVA LEI DE AGROTÓXICOS E A RESPONSABILIDADE TRIPARTITE

Atendendo ao comando constitucional do art. 225, §3º, o legislador, ao editar a nova Lei de Agrotóxicos, manteve os três sistemas de responsabilização que se aplicam de forma autônoma e cumulativamente. Assim, a responsabilização pelas condutas que atentem contra as normativas relacionadas ao uso de agrotóxicos continua podendo ensejar repercussão nas esferas administrativa, cível e criminal. Entretanto, diversamente do que dispunha a antiga LA, tais responsabilidades foram tratadas em capítulos diversos. Em seu Capítulo XI, a Lei nº 14.785/2023 dispõe sobre a responsabilidade civil e administrativa. O Capítulo XII, por sua vez, aborda, em apartado, a responsabilização no âmbito criminal, estabelecendo os crimes e as respectivas penas. Ressalta-se que houve, inclusive, condutas que deixaram de ser previstas no tipo penal e passaram a ensejar responsabilidade apenas civil e administrativa, conforme será explanado ao final.

Lecionando acerca da responsabilidade tripartite, Benjamin afirma que, identificada "a degradação do meio ambiente, o ordenamento jurídico, via Direito Ambiental, não se contenta, pois, com a reparação do prejuízo causado (admitindo-se que, na hipótese, isso seja possível),

meio de resolução". (FRANCO, Carolina da Rocha. **A formulação da política de agrotóxicos no Brasil.** Dissertação (Mestrado) – Pós-Graduação em Políticas Públicas, Universidade Federal do Paraná, Curitiba, 2014. Disponível em: <https://acervodigital.ufpr.br/bitstream/handle/1884/35661/R%20-%20D%20-%20CAROLINE%20DA%20ROCHA%20FRANCO.pdf?sequence=1&isAllowed=y>. Acesso em 21 out. 2018. p. 81).

46 Cf. Art. 4º, § 3º É proibido o registro de agrotóxicos, de produtos de controle ambiental e afins que apresentem risco inaceitável, observado o disposto no § 1º deste artigo, para os seres humanos ou para o meio ambiente, por permanecerem inseguros, mesmo com a implementação das medidas de gestão de risco.

estabelecendo, em acréscimo, como resposta social ao comportamento ilícito, sancionamento penal e administrativo. No Brasil, os três sistemas de responsabilização – civil, administrativo e penal se aplicam autônoma e cumulativamente. Objetivando resultados diversos, são considerados autônomos. Assim é porque um sistema completo de preservação e conservação do meio ambiente supõe necessariamente a responsabilização dos causadores de danos ambientais e da maneira mais ampla possível[47]".

A aplicação deste *arsenal legislativo*, todavia, não se dará, necessariamente, de forma integral a todo e qualquer ilícito violador das normativas de agrotóxicos. A fim de melhor delinear o que se pretende enfatizar, traça-se paralelo com outra hipótese de degradação ambiental: a poluição. Pode-se afirmar que "nem toda poluição implica reconhecimento de dano ambiental. E nem todo o dano ambiental consubstancia, necessariamente, crime ambiental. Apenas condutas que atinjam os bens jurídicos tutelados pela norma penal é que constituem crime ambiental[48]". Trata-se de verdadeiro corolário lógico do reconhecimento do direito penal como *ultima ratio*[49].

Atendendo ao pilar da intervenção mínima, segundo o qual apenas quando verificada a insuficiência das esferas administrativa e cível sobressai a atuação do Estado como detentor do *jus puniendi*, a Lei de Agrotóxicos traz em seu bojo dois diferentes tipos penais. Passa-se, portanto, ao objeto específico deste trabalho, qual seja, a análise da responsabilização criminal delineada na Lei de Agrotóxicos.

DOS CRIMES DA LEI DE AGROTÓXICOS

BENS JURÍDICOS[50] TUTELADOS PELOS CRIMES DOS ARTIGOS 56 e 57 DA LEI 14.785/23.

Uma vez que se aproxima da plenitude a identificação entre os objetos jurídicos substanciais tutelados pelos tipos penais trazidos pelos artigos 56 e 57 da Lei 14.785/23, far-se-á, quanto ao tópico, abordagem conjunta introdutória para ambos, sendo, posteriormente, apenas naquilo que vier a ser compreendido como específico, objeto de análise no detalhamento do respectivo tipo penal.

Conforme anunciado ao longo da introdução deste texto, o objeto de tutela da Lei de Agrotóxicos é complexo. Assim, acompanhando a inteligência da legislação telada, as condutas delituosas tipificados nos artigos 56 e 57 da Lei 14.785/23 são pluriofensivas, já que têm o condão de ofender, concomitantemente, ao menos, o meio ambiente[51] e a saúde pública[52].

---

47 BENJAMIN, Antonio Hermann V. **Crimes contra o meio ambiente:** uma visão geral. Ministério Público e Democracia: livro de teses. 12º Congresso do Ministério Público. Fortaleza. 1998. p. 391.

48 VAZ, Paulo Afonso Brum. **O direito ambiental e os agrotóxicos.** Porto Alegre: Livraria do Advogado, 2006. p. 157.

49 "O direito penal, - como já notara Binding, - não encerra um sistema exaustivo de proteção a bens jurídicos, mas um sistema descontínuo de ilícitos decorrente da necessidade de criminalizá-los, por ser este o meio indispensável de tutela jurídica". (LUISI, Luiz. **Os princípios constitucionais penais**. 2. ed. Porto Alegre: Fabris, 2003. p. 40).

50 O Professor Walter Coelho faz relevante distinção entre objeto jurídico formal e substancial. Enquanto o primeiro equivaleria à própria norma penal (a regra de conduta que é infringida pela ação delituosa), o objeto jurídico substancial equivaleria ao interesse jurídico penalmente tutelado (objeto de estudo do presente tópico). O renomado autor, na mesma toada, distingue objeto jurídico do objeto material do crime. Afirma que este último diz respeito à coisa corporal ou à pessoa física sobre as quais incide, materialmente, a ação criminosa. Conclui o autor, feitas tais distinções, que "todo o crime tem objeto jurídico, mas nem todo o crime tem, necessariamente, objeto material. Tal objeto só existe nos crimes materiais, não podendo, obviamente, ser encontrado nos crimes formais ou de mera atividade". (COELHO, Walter. **Teoria geral do crime,** 2. ed. Porto Alegre, 1998. v. 1. p. 59-60).

51 Art. 225. Todos têm direito ao meio ambiente ecologicamente equilibrado, bem de uso comum do povo e essencial à sadia qualidade de vida, impondo-se ao Poder Público e à coletividade o dever de defendê-lo e preservá-lo para as presentes e futuras gerações.

52 Art. 196. A saúde é direito de todos e dever do Estado, garantido mediante políticas sociais e econômicas que visem à redução do risco de doença e de outros agravos e ao acesso universal e igualitário às ações e serviços para sua promoção, proteção e recuperação.

Vê-se, portanto, que a tutela que o legislador objetivou imprimir, ao tipificar as condutas arroladas nestes artigos, é plural, pois, a um só tempo, visa a reprimir penalmente práticas que atentem contra valores ambientais e contra a saúde pública[53]. Frisa-se, todavia, que, embora complexa a objetividade jurídica, o direito ao meio ambiente equilibrado está diretamente relacionado à garantia à vida saudável e, por consequência, ao bem jurídico saúde pública. Bens jurídicos distintos, porém, com interdependência cristalina.

Oportuno destacar que a redação dos tipos penais trazidos na Lei de Agrotóxicos sofre forte influência de diretriz norteadora do direito ambiental: o princípio prevenção[54]. Não se desconhece que a reparação do dano ambiental é objeto de demasiada preocupação do legislador (conforme se extrai, exemplificativamente, dos requisitos adicionais estipulados nos artigos 27 e 28 da Lei dos Crimes Ambientais para a concessão dos benefícios da transação penal e da suspensão condicional do processo, previstos, respectivamente, nos artigos 76 e 89 da Lei 9.099/95, quando o delito em tela tiver como bem jurídico tutelado o meio ambiente), mas, definitivamente, a compensação é preterida caso se logre êxito com a *evitação*. Como consequência dessa premissa de direito ambiental, é possível identificar na tutela criminal ambiental a frequente edição de crimes de perigo abstrato[55].

Alguns conceitos clássicos do direito penal acabam, portanto, por ser revistos quando o bem jurídico (ou, como no caso da Lei de Agrotóxicos, um dos bens jurídicos) violado por conduta criminosa é o meio ambiente, uma vez que a idealização pela tutela preventiva (e não apenas repressiva, ou seja, *pós-dano*) autoriza a antecipação da resposta penal com a criação de crimes de perigo concreto ou, ainda, abstrato[56]. Para Fiorillo[57], boa parte da legislação ambiental foi estabelecida para evitar danos irreversíveis que tornassem inócua a tutela penal ambiental. Vê-se, dessa forma, que o legislador, ao valer-se da técnica normativa de tipificação de crimes de perigo abstrato, consagrando o princípio da prevenção, visa à defesa de bem que, quando de fato agredido, é de difícil recuperação.

DO CRIME TIPIFICADO NO ART. 56 DA LEI DE AGROTÓXICOS

Art. 56. Produzir, armazenar, transportar, importar, utilizar ou comercializar agrotóxicos, produtos de controle ambiental ou afins não registrados ou não autorizados: Pena: reclusão, de 3 (três) a 9 (nove) anos, e multa.

---

53 "Saúde pública é a expressão usada para indicar o estado de sanidade da população de um país, de uma região, de uma zona ou de uma cidade. Em seu amplo sentido jurídico, em princípio, considera-se saúde um bem público de interesse nacional, caracterizado pelo estado de pleno bem-estar físico e biológico, psíquico ou mental, social (em seus diversos aspectos educacionais, econômicos, familiares, espirituais, morais), cultural e ambiental da pessoa humana, individual, coletiva e publicamente considerada. Em resumo, saúde constitui um bem público constitucionalmente assegurado, garantido e protegido ao pleno bem-estar de todos". (CUSTÓDIO, Helita Barreiro. Direito à saúde e problemática dos agrotóxicos. **Revista de Direito Sanitário,** v. 2, n. 3, nov. 2002. p. 12-13).

54 "Da mesma forma que a Lei de Crimes Ambientais, a Lei 7.802/89 é fortemente marcada pelo princípio da prevenção ou precaução. A construção doutrinária do Direito Penal Ambiental deve combinar os princípios do Direito Ambiental, especialmente da precaução e do poluidor-pagador, com garantias e princípios do Direito Penal". (SILVA FILHO, Cláudio. **Direito penal e agrotóxicos**: direito e agrotóxicos. Rio de Janeiro: Lumen Juris, 2017. p. 238).

55 Nos ensinamentos de Nélson Hungria, "exposto a perigo, o bem ou interesse jurídico não é substancialmente lesado, mas sofre uma turbação no seu estado de segurança: é colocado, embora transitoriamente, numa situação de precariedade, de incerteza, de instabilidade". (HUNGRIA, Nélson; FRAGOSO, Heleno Cláudio. **Comentários ao Código Penal**. 5. ed. Rio de Janeiro: Forense, 1978. v.1, t. 2: Artigos 11 a 27. p. 14-15).

56 "Nos crimes de perigo concreto a existência do perigo deve ser averiguada caso a caso, enquanto nos crimes de perigo abstrato prescinde-se dessa verificação, pois o mesmo é deduzido dos próprios termos em que a conduta é definida". (FERREIRA, Ivette Senise. **Tutela penal do patrimônio cultural.** São Paulo: Revista dos Tribunais, 1995. p. 98)

57 FIORILLO, Celso Antônio Pacheco. **Curso de direito ambiental brasileiro.** São Paulo: Saraiva, 2000. p. 13.

Parágrafo único. A pena será aumentada:

I - de 1/6 (um sexto) a 1/3 (um terço), se do crime resultar dano à propriedade alheia;

II - de 1/3 (um terço) até a metade, se do crime resultar dano ao meio ambiente;

III - da metade até 2/3 (dois terços), se do crime resultar lesão corporal de natureza grave em outrem;

IV - de 2/3 (dois terços) até o dobro, se do crime resultar a morte.

PRELIMINARMENTE: ARTIGO 56 DA ATUAL LEI DE AGROTÓXICOS (LA) E A LEI 9.605 DE 1998 (LEI DOS CRIMES AMBIENTAIS - LCA)

A Lei de Crimes Ambientais, no ano de 1998, trouxe em seu rol de tipos penais o art. 56 que assim dispõe:

> *Art. 56. Produzir, processar, embalar, importar, exportar, comercializar, fornecer, transportar, armazenar, guardar, ter em depósito ou usar produto ou substância tóxica, perigosa ou nociva à saúde humana ou ao meio ambiente, em desacordo com as exigências estabelecidas em leis ou nos seus regulamentos: Pena - reclusão, de um a quatro anos, e multa.*

Logo que editada a LCA, pairou divergência doutrinária sobre eventual revogação tácita pela nova lei do crime previsto, desde 1989, no art. 15 Lei 7.802[58] e parcialmente semelhante ao tipo penal atual previsto no art. 56 da recente Lei 14.785/23[59]. Duas correntes antagônicas se formaram sobre o tema: a primeira, encabeçada, entre outros, por Édis Milaré[60] e Paulo Afonso Leme Machado[61], sustentava que as condutas previstas no art. 15 da Lei 7.802/89 haviam sido objeto de tipificação no art. 56 da LCA, razão pela qual, atendendo ao postulado de que lei nova revoga a anterior[62], estaria aquela norma, portanto, revogada.

A segunda, por sua vez, sustentava a manutenção da vigência do art. 15 da antiga Lei de Agrotóxicos com base no princípio da especialidade. Vladimir e Gilberto Passos de Freitas[63] destacam que, "muito embora a redação desse tipo penal (art. 56 da LCA) se assemelhe à do art. 15 da Lei 7.802/89, nele não há qualquer menção expressa a agrotóxicos, seus componentes e afins. Ora, a conclusão a que se chega é de que o art. 15 da Lei 7.802/89 foi preservado. E tanto é verdade que a Lei nº 9.605 não faz qualquer menção, explícita ou implícita, ao outro crime da Lei 7.802/89, ou seja, à conduta prevista no art. 16".

Esta discussão, todavia, caiu de vez por terra quando sobreveio a edição da Lei nº 9.974 de 2000 que deu nova redação ao art. 15 da antiga Lei de Agrotóxicos, demonstrando, assim, que o legislador, a partir da edição da LCA, não pretendeu paralelamente revogar o art. 15 da Lei nº

58 Art. 15. Aquele que produzir, comercializar, transportar, aplicar, prestar serviço, der destinação a resíduos e embalagens vazias de agrotóxicos, seus componentes e afins, em descumprimento às exigências estabelecidas na legislação pertinente estará sujeito à pena de reclusão, de dois a quatro anos, além de multa. (Redação dada pela Lei nº 9.974, de 2000)

59 Art. 56. Produzir, armazenar, transportar, importar, utilizar ou comercializar agrotóxicos, produtos de controle ambiental ou afins não registrados ou não autorizados: Pena: reclusão, de 3 (três) a 9 (nove) anos, e multa.

60 MILARÉ, Édis. **Direito do ambiente.** 5. ed. São Paulo: Revista dos Tribunais, 2007. p. 955.

61 MACHADO, Paulo Afonso Leme. **Direito ambiental brasileiro.** São Paulo: Malheiros, 2004. p. 689.

62 Art. 2º, §1º, da Lei de Introdução às Normas do Direito Brasileiro: "§ 1º A lei posterior revoga a anterior quando expressamente o declare, quando seja com ela incompatível ou quando regule inteiramente a matéria de que tratava a lei anterior".

63 FREITAS, Vladimir Passos de; FREITAS, Gilberto Passos de. **Crimes contra a natureza.** São Paulo: Revista dos Tribunais, 1998. p. 188-189.

7.802/89, uma vez que artigo que eventualmente tivesse sido objeto de revogação tácita jamais seria, posteriormente, objeto de reformulação por lei nova.

Importante salientar que a segunda corrente, que já tendia a preponderar na jurisprudência dos tribunais antes mesmo da entrada em vigor da Lei 9.974/00, amparou-se, fundamentalmente, na identificação de elemento especializante[64]na redação do art. 15 da antiga Lei de Agrotóxicos. Identificada a substância como não *meramente* tóxica, mas agrotóxica, tem-se aí a qualificação exigida pelo legislador para afastar a norma geral[65] (art. 56 da LCA). Ou seja, enquanto a LCA se dirige a sancionar quem pratica conduta delituosa contra o meio ambiente valendo-se do manejo de substância tóxica, o delito descrito no art. 15 da Lei 7.802/89 exigia que tal substância fosse agrotóxica.

Atualmente, a LA acabou por ampliar o rol de substâncias proscritas pela norma quanto à utilização não registrada ou autorizada: para além dos agrotóxicos, foram incluídos produtos de controle ambiental ou afins. Nos termos da própria LA, agrotóxicos são produtos e agentes de processos físicos, químicos ou biológicos destinados ao uso nos setores de produção, no armazenamento e no beneficiamento de produtos agrícolas, nas pastagens ou na proteção de florestas plantadas, cuja finalidade seja alterar a composição da flora ou da fauna, a fim de preservá-las da ação danosa de seres vivos considerados nocivos; produtos de controle ambiental, por sua vez, são os produtos e agentes de processos físicos, químicos ou biológicos destinados ao uso nos setores de proteção de florestas nativas ou de outros ecossistemas e de ambientes hídricos, cuja finalidade seja alterar a composição da flora ou da fauna, a fim de preservá-las da ação danosa de seres vivos considerados nocivos[66]. Já produtos afins são definidos pela lei como substâncias e produtos empregados como desfolhantes, dessecantes, fitorreguladores, ativadores de planta, protetores e outros com finalidades específicas[67].

Diante dos novos termos trazidos pela lei, explica-se, com Pes e Pes[68], que o conceito de "produtos de controle ambiental" é muito similar ao conceito de agrotóxicos, conforme dispõem os incisos XXVI e XXIX do artigo 2º, da Lei 14.785/23, sendo a principal diferença entre eles o destino de seu uso, tais como o setor de produção e agrícola no primeiro caso e proteção de floresta nativa e outros ecossistemas no segundo caso.

Assim, tem-se que a produção, o processamento, a embalagem, a importação, a exportação, a comercialização, o fornecimento, transporte, armazenamento, guarda, depósito ou uso de produto ou substância tóxica, perigosa ou nociva à saúde humana ou ao meio ambiente, que não se caracterize como agrotóxicos, produtos de controle ambiental ou afins, nos termos da LA, em desacordo com as exigências estabelecidas em leis ou nos seus regulamentos, são condutas que deverão ser punidas nos termos do Art. 56 da LCA, e não do Art. 56 da LA.

64 A regulamentação especial tem a finalidade, precisamente, de excluir a lei geral, e, por isso, deve precedê-la. *"A lei especial reúne todos os elementos da lei geral, acrescidos de mais alguns, denominados especializantes. Por isso, a caracterização de um tipo penal incriminador especial implica sempre a caracterização do tipo geral"*. (GALVÃO, Fernando. **Direito penal:** parte geral. 4. ed. Rio de Janeiro: Lumen Juris, 2011. p.155).

65 Conforme destaca Cláudio Silva Filho, "a Lei de Crimes Ambientais e a Constituição Federal devem servir de norteadores interpretativos para aplicação do Direito Penal Ambiental. É o caso da Lei 7.802/89, cujos art. 15 e 16 tipificam condutas especificamente relacionadas aos agrotóxicos e que devem ser interpretados em conformidade com a Lei 9.605/98 e a Carta Constitucional". (SILVA FILHO, Cláudio. **Direito penal e agrotóxicos**: direito e agrotóxicos. Rio de Janeiro: Lumen Juris, 2017. p. 239).

66 Cf. inc. XXX do Art. 2º da LA.

67 Cf. inc. III do Art. 2o da LA.

68 PES, João Hélio Ferreira. PES, João Gabriel Parmeggiani. **Responsabilidade Penal e Administrativa na nova Lei de Agrotóxicos: a reversão da administrativização do Direito Penal.** Disciplinarum Scientia. Série: Sociais Aplicadas Santa Maria, v. 20, n. 1, 2024, p. 91.

BEM JURÍDICO TUTELADO

O presente tópico foi objeto de análise preliminar ("BENS JURÍDICOS TUTELADOS PELOS CRIMES DOS ARTIGOS 56 e 57 DA LEI 7.802/89").

Acrescenta-se àquele a informação de que a própria LA traz, de forma expressa, os bens jurídicos que pretende ver tutelados tanto pelos seus tipos penais quanto pela responsabilização cível e administrativa, no *caput* do Art. 50: "*As responsabilidades pelos danos causados à* ***saúde das pessoas*** *e ao* ***meio ambiente*** (...)".

SUJEITOS DO CRIME

SUJEITO ATIVO: trata-se de crime comum (aquele para o qual não se exige qualquer condição especial ao agente). Pode-se observar que o legislador optou por autorizar a responsabilização de diversos segmentos da sociedade pelo manejo ilícito de agrotóxicos, produtos de controle ambiental ou afins, ou seja, quando não registrados ou autorizados.

Assim, fabricantes, agricultores, comerciantes, consumidores, ou seja, todo e qualquer sujeito que venha a praticar os verbos nucleares do art. 56 da Lei 14.785/23 em relação a agrotóxicos, produtos de controle ambiental ou afins quando não registrados ou autorizados pode figurar como autor do delito telado, não exigindo o tipo qualquer qualidade específica ao sujeito ativo.

RESPONSABILIDADE PENAL DA PESSOA JURÍDICA E A LEI DE AGROTÓXICOS

Importante, de plano, destacar que não há, nem em nossos tribunais nem no âmbito doutrinário, interpretação uniforme quanto à matéria. A divergência principal paira sobre a possibilidade de extensão da aplicabilidade da norma do art. 3º[69] da Lei de Crimes Ambientais aos crimes da Lei de Agrotóxicos, de modo, consequentemente, a reconhecer ou não a pessoa jurídica como sujeito ativo desses delitos.

Sem pretensão de analisar com profundidade o tema da responsabilidade penal da pessoa jurídica, o que foi objeto, com minúcia, do capítulo 22 (Crimes Ambientais) desta obra, pode-se asseverar que o constituinte, na edição da Carta de 1988, no art. 225, §3º, adotou a Teoria da Realidade[70] ao estipular mandado expresso de criminalização às pessoas jurídicas que incorram em tipos penais que tutelem o meio ambiente[71].

Atendendo àquele mandado, o legislador editou a Lei dos Crimes Ambientais que, com base no artigo 3º, passou a disciplinar a forma (*modo de aplicação*) dessa responsabilização.

---

69 Art. 3º As pessoas jurídicas serão responsabilizadas administrativa, civil e penalmente conforme o disposto nesta Lei, nos casos em que a infração seja cometida por decisão de seu representante legal ou contratual, ou de seu órgão colegiado, no interesse ou benefício da sua entidade.

70 Esta teoria, sustentada, sobretudo, por Otto Gierke, identifica possível a responsabilização penal da pessoa jurídica, reconhecendo nela capacidade de atuação. Tal teoria se contrapõe à da ficção, sustentada, por sua vez, por Savigny (MACIEL, Silvio; GOMES, Luiz Flávio. **Lei de crimes ambientais.** 2. ed. São Paulo: Método, 2015. p. 28).

71 A exigência de a pessoa jurídica ser penalizada pela seara criminal é verdadeira exigência da evolução da criminalidade societária no mundo contemporâneo: "A responsabilização criminal das pessoas jurídicas é uma tendência do Direito Penal contemporâneo, que reflete a preocupação com a realidade social da agressão a importantes valores sociais por parte desses sujeitos jurídicos. O ambiente ecologicamente equilibrado é, inegavelmente, um desses valores e sua agressão por pessoas jurídicas é uma triste evidência que o Direito Penal não saberia ignorar". Ademais, irrazoável seria o Direito oferecer "uma ampla possibilidade de atuação das pessoas jurídicas, o que potencializa os perigos decorrentes dessa atuação (veja-se, a propósito, a capacidade de atuação econômica das empresas, em escala inimaginável para uma pessoa física), mas pretenda limitar a respectiva responsabilidade ao campo extra criminal, ou seja, excluir a responsabilidade penal das pessoas jurídicas. Direitos e deveres, bônus e ônus devem compor a equação jurídica. (ROTHENBURG, Walter Claudius. A responsabilidade penal da pessoa jurídica. In: CRIMES ambientais: comentários à Lei 9.605/98. Porto Alegre: Livraria do Advogado, 2013. p. 55 e p. 60).

Hodiernamente, ao menos em termos jurisprudenciais[72], parece ter ficado pacificada a tese de que a pessoa jurídica é suscetível a incorrer em crimes que violem valores ambientais, o que, contudo, já foi alvo de muito debate doutrinário[73].

Superado o forte enfrentamento doutrinário[74] havido quanto ao reconhecimento pelo legislador brasileiro da capacidade de ser a pessoa jurídica responsabilizada criminalmente por crimes ambientais, outro *empecilho* passou a restringir a responsabilização daquela: a teoria da dupla imputação[75]. De acordo com esta, haveria condicionamento da responsabilização penal da pessoa jurídica à simultânea identificação e persecução penal de pessoa física responsável.

Entretanto, como dito anteriormente, embora ainda haja críticas de parcela da doutrina quanto à possibilidade de a pessoa jurídica sofrer reprimenda de cunho criminal, tal debate, há muito, foi superado pelos nossos tribunais, da mesma forma como o foi (ao menos de forma predominante) a exigência do atendimento à teoria da dupla imputação[76], conforme já teve oportunidade de decidir o STF[77].

Traçadas essas considerações preliminares, passa-se à questão específica: uma vez que os crimes da Lei de Agrotóxicos estão tipificados em norma distinta daquela que regulamentou o mandado constitucional expresso de criminalização da pessoa jurídica por condutas que atentem contra valores do meio ambiente (Lei 9.605/98), possível o enquadramento da conduta de ente jurídico nos crimes previstos nos artigos 56 e 57 da Lei n. 14.785/23?

Defende-se que sim. O artigo 3º da Lei dos Crimes Ambientais (LCA) se dedica a regulamentar o *método* de responsabilização criminal do ente coletivo por condutas delitivas, não excluindo possibilidade que outros diplomas legais, que tenham como objeto jurídico a tutela do meio ambiente (atendendo, assim, ao mandado expresso constitucional de criminalização), bebam daquela normatização para imputar à pessoa jurídica a prática de crime contra aquele que é bem comum do povo. Ademais, qualquer restrição nesse sentido atentaria contra a própria constituição, que "predeterminou" a extensão da responsabilização criminal quando o bem jurídico protegido é o meio ambiente.

Ademais, não se pode olvidar que a Constituição Federal e a LCA são verdadeiros nortes interpretativos para a aplicação da legislação criminal ambiental. Do próprio texto do art. 3º da Lei nº 9.605/98 é possível extrair que aquele funciona como norma de extensão apta a dar concretude ao mandado expresso de criminalização do art. 225, §3º, da CF não exclusivamente para o rol de crimes previstos na Lei dos Crimes Ambientais, mas como verdadeiro instrumento capaz de atender ao bem jurídico meio ambiente e, assim, regulamentar a responsabilização criminal ambiental da pessoa jurídica em relação a todos os delitos que visem à tutela de valores ambientais.

---

72 Para fins de exemplificação, transcreve-se parcela da ementa do didático julgado do Supremo Tribunal Federal: HC 92.921 "I - Responsabilidade penal da pessoa jurídica, para ser aplicada, exige alargamento de alguns conceitos tradicionalmente empregados na seara criminal, a exemplo da culpabilidade, estendendo-se a elas também as medidas assecuratórias, como o habeas corpus." Relator: Min. Ricardo Lewandowski, **19 ago.** 2008.

73 O Professor Walter Coelho chegou a nominar a inovação legislativa – responsabilização penal da pessoa jurídica – como "heresia jurídica". Para ele, "além de doutrinariamente insustentável, vai de encontro ao princípio constitucional da individualização da pena". Continua dizendo que "na prática, essa teratologia dogmática de responsabilizar penalmente a pessoa jurídica terá como consequência a problemática de uma lei inexequível, ensejando, outrossim, a arguição de sua inconstitucionalidade". (COELHO, Walter. **Teoria geral do crime.** 2. ed. Porto Alegre, 1998. v. 1. p. 64)

74 Argumentava-se, basicamente que a pessoa jurídica não poderia delinquir, uma vez que lhe faltaria capacidade de conduta, por ausência (1) de vontade e de (2) culpabilidade.

75 Ver: STJ 5ª Turma, RMS 37.293/SP. Relator Laurita Vaz, DJ em 02/05/2013.

76 Neste sentido também o STJ, Quinta Turma, AgRg no RMS 48.085/PA, Rel. Ministro Gurgel de Faria, julgado em 05/11/2015, DJe 20/11/2015.

77 RE 548181**. Ministra Rosa Weber.** *PUBLIC 30-10-2014.*

Neste sentido leciona Antunes[78], embora discorrendo sobre a norma revogada, mas cujo raciocínio se aplica integralmente à atual: "**A responsabilidade decorrente da utilização de agrotóxicos se estende às pessoas** físicas e **jurídicas que serão responsabilizadas** administrativa, civil e **penalmente** conforme o disposto nas Leis nºs 7.802, de 1989, e 9.605, de 12 de fevereiro de 1998, e ainda nos regulamentos pertinentes, nos casos em que a infração seja cometida por decisão de seu representante legal ou contratual, pessoa individual ou órgão colegiado, no interesse ou em benefício da sua entidade, conforme previsto no artigo 83 do Regulamento".[79]

Rothenburg[80], da mesma forma, defende que "além dos crimes previstos na Lei 9.605/98, mesmo em matéria ambiental é possível a responsabilização das pessoas jurídicas por crimes que sejam previstos em outras leis ambientais".

Dissertando sobre o sujeito ativo do delito do art. 15 da Lei n. 7.802/89, atual art. 56 da Lei n. 14.785/23, com algumas modificações, a doutrina de Vaz milita em favor da possibilidade de responsabilização da pessoa jurídica na espécie, mencionando que, em se tratando de crime comum, "o sujeito ativo pode ser a pessoa física ou jurídica".[81] Para o autor, "a **responsabilização da pessoa jurídica tem aplicação genérica a todas as condutas lesivas ao meio ambiente, estejam elas elencadas ou não na Lei 9.605/98.** Embora este diploma legal disponha que 'as pessoas jurídicas serão responsabilizadas administrativa, civil e penalmente conforme o disposto nesta Lei', esta referência diz respeito apenas ao modo de aplicação, ao aspecto processual previsto na lei e não aos tipos nela contemplados". Assim, conclui Vaz: "Consagrada na legislação que disciplina as atividades com agrotóxicos a responsabilização penal da pessoa jurídica, nos termos da Lei dos Crimes Ambientais".[82-83]

Os tribunais brasileiros já tiveram a oportunidade de decidir acerca da temática. Como se extrai dos poucos julgados abaixo colacionados, todavia, a jurisprudência muito diverge acerca da possibilidade de o ente coletivo figurar como autor dos crimes da Lei de Agrotóxicos:

> *APELAÇÃO CRIME. CRIME AMBIENTAL. PRESCRIÇÃO. COMERCIALIZAÇÃO DE AGROTÓXICO (ART. 15, DA LEI 7.802/89). Não havendo limites mínimo e máximo para o cumprimento das penas restritivas de direitos e prestação de serviços à comunidade impostas*

---

78 ANTUNES, Paulo de Bessa. **Direito ambiental**. 18. ed. São Paulo: Atlas, 2016. p. 1217.

79 O "Regulamento" à que o autor faz menção é o Decreto nº 4.074/02, quando, em seu art. 83, dispõe: "As pessoas jurídicas serão responsabilizadas administrativa, civil e penalmente conforme o disposto nas Leis nºs 7.802, de 1989, e 9.605, de 12 de fevereiro de 1998, e nos regulamentos pertinentes, nos casos em que a infração seja cometida por decisão de seu representante legal ou contratual, pessoa individual ou órgão colegiado, no interesse ou em benefício da sua entidade".

80 ROTHENBURG, Walter Claudius. A responsabilidade penal da pessoa jurídica. In: CRIMES ambientais: comentários à Lei 9.605/98. Porto Alegre: Livraria do Advogado, 2013. p. 67.

81 VAZ, Paulo Afonso Brum. Crimes de agrotóxicos. **Revista Doutrina TRF4.** Disponível em: <http://www.revistadoutrina.trf4.jus.br/index.htm?http://www.revistadoutrina.trf4.jus.br/artigos/edicao008/paulo_vaz.htm>. Acesso em: 13 abr. 2017.

82 VAZ, Paulo Afonso Brum. **O direito ambiental e os agrotóxicos.** Porto Alegre: Livraria do Advogado, 2006. p. 163.

83 Merece, entretanto, enfatizar que o renomado autor já entendeu em sentido inverso ao tratar sobre a sujeição ativa do art. 15 da Lei 7.802/89: "*É de se indagar, neste tópico, sobre a possibilidade de incriminação da pessoa jurídica pela prática do crime em questão. A constituição preconizou a responsabilização penal da pessoa jurídica por crime ambiental. (art. 225, parágrafo terceiro), dispositivo implementado no plano da lei ordinária pelo art. 3º da Lei nº 9.605/98. A lei nº 7.802/89 (Lei dos Agrotóxicos), não trouxe referência a responsabilização penal da pessoa jurídica, embora constado no seu decreto regulamentar (Decreto nº 4.074, de 04 de janeiro de 2002) referência a propósito e remissão às disposições da Lei nº 9.605/98: 'Art. 83. As pessoas jurídicas serão responsabilizadas administrativa, civil e penalmente, conforme o disposto nas Leis* nºs 7.802, de 1989, e 9.605, de 12 de fevereiro de 1998, e nos regulamentos pertinentes, nos casos em que a infração seja cometida por decisão de seu representante legal ou contratual, pessoa individual ou órgão colegiado, no interesse ou em benefício da entidade.' **Vê-se, primeiro, o problema da definição da responsabilidade penal por decreto, dispondo de forma a ampliar o conteúdo da lei regulamentada, que não trata da matéria; segundo, a circunstância de não oferecer o decreto disciplina para apenas aplicáveis, o que, não fosse o vício de forma, por siso, já impediria figurasse a pessoa jurídica como ré no processo-crime. A simples alusão aos termos da Lei dos Crimes Ambientais não parece ser suficiente.**" (VAZ, Paulo Afonso Brum de. Crimes de agrotóxicos. In: BALTAZAR JUNIOR, José Paulo; SILVA, Fernando Quadros da (Org.). **Crimes ambientais.** São Paulo: Verbo Jurídico, 2012. p. 397-430).

às *pessoas **jurídicas pelo cometimento de delitos ambientais**, deve ser utilizado o prazo mínimo prescricional de dois anos previsto no Código Penal. APELO NÃO PROVIDO. (Apelação Crime* Nº 70035519289, Sexta Câmara Criminal, Tribunal de Justiça do RS, Relator: Cláudio *Baldino Maciel, Julgado em 07/10/2010).[grifo aposto]*

*APELAÇÃO CRIMINAL. CRIMES CONTRA O MEIO AMBIENTE. COMERCIALIZAÇÃO DE PRODUTOS AGROTÓXICOS. ARTIGO 15 DA LEI Nº 7.802/89. SUFICIÊNCIA PROBATÓRIA. RESPONSABILIDADE DA PESSOA JURÍDICA. RECONHECIMENTO. PRESCRIÇÃO. [...] POSSIBILIDADE DE RESPONSABILIZAÇÃO DA PESSOA JURÍDICA. A pessoa jurídica não se beneficia do decreto absolutório declarado em favor do adminsitrador, máxime diante do seu fundamento cronológico. Autonomia punitiva da pessoa jurídica reconhecida. Possibilidade constitucional expressa da pessoa jurídica se submeterá responsabilidade penal. Inteligência do artigo 225, §3º, da Constituição Federal, e do artigo 3º da Lei 9.605/98. SUFICIÊNCIA PROBATÓRIA. [...]. INCIDÊNCIA TÍPICA. **A responsabilidade da pessoa jurídica só pode ser declarada nas infrações previstas na Lei 9.605/98, não sendo permitida a sua aplicação em tipos penais especiais que não contemplam essa espécie de responsabilização.** [...] (Apelação Crime Nº 70074429721, Quarta Câmara Criminal, Tribunal de Justiça do RS, Relator: Sandro Luz Portal, Julgado em 30/08/2018)*

PENAL E PROCESSO PENAL. RECURSO EM SENTIDO ESTRITO. ART. 15 DA LEI 7.802/89 E ART. 56 DA LEI 9.605/98. MANUTENÇÃO DA DECISÃO QUE NÃO RECEBEU A DENÚNCIA. [...] ***A tipificação possível para a espécie seria a do art. 15 da Lei 7.802/89, porém incabível por não poder ser responsabilizada a pessoa jurídica**. 2. É de ser responsabilizado os sócios das empresas Jojanil Agrícola Comércio e Representações Ltda., Jinil Agrícola Comércio e Representações e Nova Fronteira Agrícola S/A pela prática do delito do art. 15 da Lei 7.802/89, em razão da comercialização de produtos agrotóxicos. 3. Recurso improvido.* (TRF-5ª - RSE Nº 1656/PE. Relator DES. FEDERAL EDILSON PEREIRA NOBRE JÚNIOR. Julgado em 26/06/2012).

O STJ, por sua vez, ao analisar recurso em *Habeas Corpus*, em que pese tenha determinado o trancamento da ação penal objeto daquele, não afastou a possibilidade de o ente coletivo figurar no polo passivo de demanda criminal que veicule crime de agrotóxicos, conforme ementa que segue:

RECURSO ORDINÁRIO EM HABEAS CORPUS. COMERCIALIZAÇÃO E TRANSPORTE DE PRODUTOS AGROTÓXICOS EM DESCUMPRIMENTO ÀS EXIGÊNCIAS ESTABELECIDAS NA LEGISLAÇÃO PERTINENTE. INÉPCIA DA DENÚNCIA. AUSÊNCIA DE DESCRIÇÃO DA LIGAÇÃO DO RECORRENTE COM A SOCIEDADE EMPRESÁRIA POR MEIO DA QUAL O DELITO TERIA SIDO PRATICADO. NEXO CAUSAL NÃO NARRADO. INEXISTÊNCIA DE MENÇÃO ÀS LEIS QUE TERIAM SIDO DESRESPEITADAS. TIPO PENAL EM BRANCO. NECESSIDADE DE MENÇÃO À NORMA COMPLEMENTADORA. AMPLA DEFESA PREJUDICADA. CONSTRANGIMENTO ILEGAL EVIDENCIADO. 1. A hipótese em apreço cuida de denúncia que narra suposto delito praticado por intermédio de pessoa jurídica, a qual, por se tratar de sujeito de direitos e obrigações, e por não deter vontade própria, atua sempre por representação de uma ou mais pessoas naturais. 2. A tal peculiaridade deve estar atento o órgão acusatório, pois embora existam precedentes desta própria Corte Superior de Justiça admitindo a chamada denúncia genérica nos delitos de autoria coletiva e nos crimes societários, não lhe é dado eximir-se da responsabilidade de descrever, com um mínimo de concretude, como os imputados teriam agido, ou de que forma teriam contribuído para a prática da conduta narrada na peça acusatória. [...] 4. A denúncia em análise atribuiu à determinada pessoa jurídica a comercialização e o transporte de produtos agrotóxicos em desacordo com as exigências estabelecidas na legislação pertinente, tendo o recorrente sido incluído no pólo passivo da ação penal sem que fosse indicado o liame que possuiria com a referida empresa, sem que fosse descrita qualquer conduta que pudesse relacioná-lo ao crime narrado, e sem que fosse especificada a norma cujo teor não teria sido cumprido, circunstâncias que, de fato, impedem o exercício de sua defesa em juízo na amplitude que lhe é garantida pela Carta Magna. [...] 2. Recurso provido para determinar o trancamento da Ação Penal n. 0000380-62.2008.8.08.0028. RHC 40098. Min. LEOPOLDO DE ARRUDA RAPOSO (DESEMBARGADOR CONVOCADO DO TJ/PE). 09/09/2015. STJ.

Chancelando a possibilidade, também já decidiu o Tribunal de Justiça de Rondônia:

> *Apelação Criminal. Agrotóxicos. Crime Ambiental. Direito Penal e Processual Penal. [...] Bens e Valores da Vida humana no Planeta. Descrição dos Fatos. Capitulação. Lei de Crimes Ambientais. Conflito Aparente de Normas. Princípio da Especialidade. Mesmo fato Naturalístico. Emendatio Libelli. Possibilidade de Correção pelo Tribunal. Adequação Típica.* ***Crime da Lei de Agrotóxicos.*** *Vigência. Norma Penal em Branco. Indicação da Norma Integrativa. Desnecessidade. Crime de Perigo Abstrato. Presunção de Perigo. Consumação. Prescindibilidade do Dano.* ***Responsabilidade Penal da Pessoa Jurídica.*** *[...] Aquele que* ***armazena ou descarta embalagens de agrotóxicos*** *às margens de rios, córregos, fora de local apropriado ou dá destinação a resíduos de agrotóxicos em* ***descumprimento às exigências pertinentes*** *(NBR 9843/04 da ABNT) pratica um dos núcleos típicos dos verbos do art. 15 da Lei nº 7.802/89, regra especial punitiva que deve incidir sobre referida conduta. O crime do art. 15 da Lei 7.802/89 não foi revogado pela Lei de Crimes Ambientais, e, por ser norma especial em relação a esta, prevalece na forma do princípio da especialidade que rege o conflito aparente de normas no Direito Penal. Não há necessidade, outrossim, que a norma especial seja mais grave ou mais ampla que a geral, basta que seja especial. O artigo 15 da Lei 7.802/89 é crime de perigo abstrato, presumido, onde não é necessária a ocorrência de dano (poluição). O simples mau uso do agrotóxico o caracteriza. Trata-se, ademais, de norma penal em branco cujo preceito primário necessita de complementação. [...] O simples fato de integrarem como sócios pessoa jurídica sem a descrição de conduta, não autoriza a condenação das pessoas naturais pelo crime STJ RHC 34957/PA).* ***Tal fato, no entanto, não impede a responsabilidade da pessoa jurídica, pois a CF não impõe a dupla responsabilização*** *(STF RE 548181).* (TJ-RO - APL: 00033271820118220021 RO 0003327-18.2011.822.0021, Relator: Desembargador Miguel Monico Neto, Data de Julgamento: 11/11/2015, 2ª Câmara Criminal, Data de Publicação: Processo publicado no Diário Oficial em 25/11/2015.)

Dúvida não há de que o tópico é alvo de divergência tanto na doutrina como na jurisprudência. Defende-se, contudo, visando à consolidação da ideia de construção/fortalecimento de microssistema normativo de tutela do meio ambiente, capaz de conferir maior eficácia ao postulado da sustentabilidade, a adoção das diretrizes da Lei dos Crimes Ambientais (Lei 9.605/98), que, nos seus artigos 3º e seguintes, atendendo à previsão constitucional, regulamenta a responsabilização penal da pessoa jurídica e disciplina a respectiva aplicação da pena, de modo a viabilizar que o ente coletivo figure como sujeito ativo dos crimes da Lei 14.785/23.

Não bastassem os argumentos até então esboçados para sustentar o cabimento de a pessoa jurídica ser enquadrada como sujeito ativo dos crimes da lei de agrotóxicos, há que se recordar que o meio ambiente, um dos bens jurídicos tutelados pela norma telada, é direito fundamental e, portanto, conforme ensina Bonavides[84], não deve ser interpretado, mas concretizado, de modo que todos os comandos extraídos do art. 225 da Constituição Federal (como o é a Lei de Agrotóxicos) sejam aplicados valendo-se do critério *in dubio pro natura*[85].

SUJEITO PASSIVO: é a coletividade (interesse coletivo) – seguindo a regra geral quando se trata de crimes contra o meio ambiente. Interessante frisar, todavia, que, em se tratando de crime pluriofensivo, em que também se tutela a saúde pública[86], o uso ilegal de agrotóxicos,

84 BONAVIDES, Paulo. **Curso de direito constitucional.** 8. ed. São Paulo: Malheiros, 1998. p. 545.

85 Recurso Especial nº 2009/0115262-9. Ministro Herman Benjamin. STJ. DJ 27/09/2011.

86 Há que se ressaltar que não se está a tratar de ataque corporal de uma única pessoa: "o bem jurídico penalmente tutelado é a saúde pública, compreendida como a preservação das condições saudáveis de subsistência e desen-

produtos de controle ambiental ou afins, além de causar danos ao meio ambiente, tem potencial de ocasionar danos à saúde das pessoas.

Cumpre observar, especialmente para fins de análise de competência, que o delito analisado pode também atingir bens e interesses de pessoas jurídicas de direito público. Atingidos bens de propriedade da União Federal (art. 20, III, da CF) a competência será deslocada conforme entendimento que prevalece no Superior Tribunal de Justiça (*a contrario sensu*)[87].

CONDUTA (ELEMENTOS DO TIPO)

I. VERBOS NUCLEARES: Trata-se de tipo penal misto alternativo[88], quer dizer, tipo de conteúdo variável/ com condutas diversas. Tal característica demonstra a preocupação do legislador em alcançar todas as formas de ação envolvendo agrotóxicos, produtos de controle ambiental ou afins – desde a produção inicial até a comercialização.

- PRODUZIR[89]: gerar, criar, dar origem (trazer ao mundo substância nova/ não registrada segundo suas propriedades físico-químicas). Qualquer alteração nas propriedades que foram objeto do registro do agrotóxico equivale a produzir. "O ato de produzir não é próprio do fabricante, podendo ser praticado por qualquer pessoa que se proponha a dar origem a uma substância que se enquadre no conceito amplo de agrotóxico[90]."
- ARMAZENAR: ter em depósito, em posse protegida.
- TRANSPORTAR: deslocar, conduzir de local a outro.
- IMPORTAR: propiciar a entrada de agrotóxicos, seus componentes e afins, no País[91]. Conforme constatam Pes e Pes[92], "percebe-se aqui um novo tipo penal, o qual veio no intuito de combater o uso de agrotóxicos contrabandeados de outros países, fato de grande ocorrência e para o qual não havia um enquadramento penal específico até então".
- UTILIZAR: empregar de qualquer forma (manualmente, via aérea ou por intermédio de maquinário).
- COMERCIALIZAR[93]: comprar, vender, permutar, repassar de forma onerosa (intuito lucrativo). Importante referir que, em não se tratando de crime próprio, irrelevante ser o comércio regular ou irregular, figurando o comerciante irregular, portanto, como sujeito ativo do crime.

---

volvimento da coletividade como um todo". (MASSON, Cleber. **Direito penal.** 7. ed. Rio de Janeiro: Método, [2000?]. v. 3. p. 313).

87 CC 125.263/PR, Rel. Ministro Walter de Almeida Guilherme - Desembargador Convocado do TJ/SP), TERCEIRA SEÇÃO, DJe 30/10/2014).

88 Tem-se o tipo misto alternativo quando a "lei penal descreve duas ou mais condutas como hipóteses de realização de um mesmo crime, de maneira que a prática sucessiva dos diversos núcleos caracteriza um único delito". (MASSON, Cleber. **Direito penal.** 7. ed. Rio de Janeiro: Método, [2000?]. v. 3. p. 296).

89 Decreto nº 4.074/02: Art. 1º Para os efeitos deste Decreto, entende-se por: XXXIII – produção - processo de natureza química, física ou biológica para obtenção de agrotóxicos, seus componentes e afins.

90 VAZ, Paulo Afonso Brum. **O direito ambiental e os agrotóxicos.** Porto Alegre: Livraria do Advogado, 2006. p. 165.

91 Decreto nº 4.074/02: Art. 1º Para os efeitos deste Decreto, entende-se por: XV - importação - ato de entrada de agrotóxicos, seus componentes e afins, no País.

92 PES, João Hélio Ferreira. PES, João Gabriel Parmeggiani. **Responsabilidade Penal e Administrativa na nova Lei de Agrotóxicos: a reversão da administrativização do Direito Penal.** Disciplinarum Scientia. Série: Sociais Aplicadas Santa Maria, v. 20, n. 1, 2024, p. 91.

93 Decreto nº 4.074/02: Art. 1º Para os efeitos deste Decreto, entende-se por: VI - comercialização - operação de compra, venda ou permuta dos agrotóxicos, seus componentes e afins.

Quem, por sua vez, fornecer, gratuitamente, agrotóxicos, terá sua conduta enquadrada no delito tipificado no art. 56 da LCA (conforme mais bem abordado no tópico do *conflito aparente de normas*).

I.A - INOVAÇÕES DO TIPO PENAL DO ART. 56 DA LEI DE AGROTÓXICOS E A LEI PENAL NO TEMPO

LEI Nº 14.785/2023 (LA vigente)	LEI Nº 7.802/1989 (lei anterior)	LEI Nº 9.605/1998 (LCA)
Art. 56. Produzir, **armazenar**, transportar, **importar**, utilizar ou comercializar agrotóxicos, produtos de controle ambiental ou afins não registrados ou não autorizados: Pena: reclusão, de 3 (três) a 9 (nove) anos, e multa	Art. 15. Aquele que produzir, comercializar, transportar, aplicar, prestar serviço, der destinação a resíduos e embalagens vazias de agrotóxicos, seus componentes e afins, em descumprimento às exigências estabelecidas na legislação pertinente estará sujeito à pena de reclusão, de dois a quatro anos, além de multa. (Redação dada pela Lei nº 9.974, de 2000)	Art. 56. Produzir, processar, embalar, ***importar***, exportar, comercializar, fornecer, transportar, ***armazenar***, guardar, ter em depósito ou usar produto ou substância tóxica, perigosa ou nociva à saúde humana ou ao meio ambiente, em desacordo com as exigências estabelecidas em leis ou nos seus regulamentos: Pena - reclusão, de um a quatro anos, e multa.

Armazenar e importar

Em comparação com a Lei nº 7.802/89, verifica-se que a nova Lei de Agrotóxicos, como evidenciado, inovou ao inserir como núcleos do tipo penal os verbos *armazenar* e *importar*. Embora tais condutas não estivessem previstas expressamente na LA revogada, poderiam vir a se enquadrar no delito previsto no art. 56 da Lei de Crimes Ambientais, que já tipificava, entre outras, as condutas de importar e armazenar produto ou substância tóxica, perigosa ou nociva à saúde humana ou ao meio ambiente, em desacordo com as exigências estabelecidas em leis ou nos seus regulamentos.

Com relação aos procedimentos em trâmite no momento da vigência da nova LA, que tenham sido enquadrados no tipo penal constante do art. 56 da LCA, não haverá aplicação da lei especial, haja vista que esta traz penas mais severas em comparação às previstas no art. 56 da LCA. É o que assegura o princípio da irretroatividade da lei penal mais grave, extraído do art. 5º, inciso XL, da Constituição Federal, o qual dispõe que a lei penal não retroagirá, salvo para beneficiar o réu[94].

Entretanto, a partir da vigência da lei especial (art. 56 da LA), sua aplicação prevalecerá quando a conduta criminosa se encaixar em algum de seus verbos nucleares, conforme será abordado no tópico 1, do item *conflito aparente de normas envolvendo os crimes de agrotóxicos.*

Especialmente no que pertine à conduta de *importar* (tópico 2 do citado item), diante da previsão expressa na nova LA, nada obstante aparente conflito entre crime de contrabando e o art. 56 da LCA, prevalecerá, igualmente, a norma especial.

---

94 Art. 5º Todos são iguais perante a lei, sem distinção de qualquer natureza, garantindo-se aos brasileiros e aos estrangeiros residentes no País a inviolabilidade do direito à vida, à liberdade, à igualdade, à segurança e à propriedade, nos termos seguintes:
(...)
XL - a lei penal não retroagirá, salvo para beneficiar o réu;

II. "*NÃO REGISTRADOS OU NÃO AUTORIZADOS*"[95]: nos termos do inc. XLI do Art. 2º da LA, trata-se o registro ou autorização de ato privativo de órgão federal registrante, que atribui o direito de produzir, de comercializar, de exportar, de importar, de manipular ou de utilizar agrotóxico, produto de controle ambiental, produto técnico ou afim.

A Lei de Agrotóxicos passou a prever a diferenciação entre crimes relacionados a agrotóxicos, produtos de controle ambiental ou afins "**não registrados ou não autorizados**" (art. 56) e, por outro lado, crimes em que embora permitidos, sua produção, importação, comercialização ou destinação se deu "**em desacordo com esta lei**" (art. 57).

O art. 15 da antiga LA, diferentemente do art. 56 da lei atual, ora em análise, previa em seu tipo penal as condutas de produzir, comercializar, transportar, aplicar, prestar serviço, dar destinação a resíduos e embalagens vazias de agrotóxicos, seus componentes e afins, *em descumprimento às exigências estabelecidas na legislação pertinente* (art. 15, redação dada pela Lei nº 9.974/2000).

A alteração ora apontada é relevante e merece destaque, já tendo sido, inclusive, objeto de recursos, com base no instituto da *abolitio criminis*, em face da redação do atual art. 56 da LA, que prevê como crime a produção, armazenamento, transporte, importação, utilização ou comercialização de agrotóxicos, produtos de controle ambiental ou afins **não registrados ou não autorizados**[96]. Esse delito passou a ser punido com pena mais severa: reclusão, de 3 a 9 anos, e multa.

NORMA PENAL EM BRANCO: como se extrai do texto do art. 56, este se enquadra perfeitamente no conceito de norma penal em branco homogênea, qual seja, aquela que, embora apresente preceito secundário completo, depende o primário de complementação.

In casu, a norma responsável por complementar é encontrada na própria LA, conforme descrito acima. O processo de registro e autorização está integralmente descrito nos Arts. 4 e seguintes da lei.

---

95 "Na maioria das infrações penais ambientais, o fato é ilícito porque o agente atuou sem autorização legal, sem licença ou em desacordo com as determinações legais. Vale dizer que o agente é punido não por ter praticado o fato ou exercido tal ou qual atividade considerada danosa ao meio ambiente, mas sim por não ter obtido a autorização ou licença para tanto ou, ainda – mesmo quando devidamente habilitado, com autorização ou licença, por não ter observado suas condicionantes e/ou determinações legais ou regulamentares". (MILARÉ, Édis. **Direito do ambiente.** 5. ed. São Paulo: Revista dos Tribunais, 2007. p. 922).

96 APELAÇÃO CRIMINAL – CRIME AMBIENTAL (ART. 15 DA LEI N.º 7.802 /89)– COMERCIALIZAÇÃO DE AGROTÓXICO EM DESCUMPRIMENTO ÀS EXIGÊNCIAS ESTABELECIDAS NA LEGISLAÇÃO PERTINENTE – ABOLITIO CRIMINIS – LEI 14.785/2023 QUE PASSOU A CONSIDERAR A CONDUTA INFRAÇÃO ADMINISTRATIVA – CONTINUIDADE TÍPICO-NORMATIVA DA COMERCIALIZAÇÃO APENAS DE PRODUTOS NÃO REGISTRADOS OU NÃO AUTORIZADOS – ABSOLVIÇÃO QUE SE IMPÕE – RECURSO PROVIDO. I – A conduta de comercializar agrotóxico e afins em descumprimento às exigências estabelecidas na legislação pertinente era prevista como crime no art. 15 da Lei 7.802/89, que foi ab-rogada pela Lei 14.785/2023. Agora, o legislador optou por não estabelecer a continuidade típico-normativa do comportamento então criminoso, passando a considerá-lo como infração administrativa, ocorrendo a abolitio criminis em razão da reformulação do texto legal. A conduta típica atualmente é somente a comercialização de produtos não registrados ou não autorizados, dentre os quais não se enquadra o vendido pela pessoa jurídica ré. II – Recurso provido. (TJ-MS - Apelação Criminal: 00005288820208120045 Sidrolândia, Relator: Des. Emerson Cafure, Data de Julgamento: 07/10/2024, 1ª Câmara Criminal, Data de Publicação: 09/10/2024)
APELAÇÃO CRIME. CRIME AMBIENTAL. TRANSPORTAR EMBALAGENS VAZIAS DE AGROTÓXICOS, EM DESCUMPRIMENTO ÀS EXIGÊNCIAS ESTABELECIDAS NA LEGISLAÇÃO. ARTIGO 15 DA LEI Nº 7.802/89. SENTENÇA CONDENATÓRIA. INSURGÊNCIA DEFENSIVA. PRELIMINAR DE NULIDADE - AUSÊNCIA DE MANDADO DE BUSCA E APREENSÃO. PREFACIAL AFASTADA. ABORDAGEM QUE SE DEU MEDIANTE FLAGRANTE DELITO. PRELIMINAR DE INÉPCIA DA DENÚNCIA. INOCORRÊNCIA. MÉRITO. ABOLITIO CRIMINIS SUPERVENIENTE. LEI N.º 14.785, DE 27.12.2023 REVOGOU A CONDUTA "TRANSPORTAR EMBALAGENS VAZIAS DE AGROTÓXICOS" DESCRITA NA DENUNCIA. EXTINTA A PUNIBILIDADE. RECURSO PREJUDICADO. (Apelação Criminal, Nº 50030984420228210011, Quarta Câmara Criminal, Tribunal de Justiça do RS, Relator: Gisele Anne Vieira de Azambuja, Julgado em: 18-04-2024) (TJ-RS - Apelação: 50030984420228210011 CRUZ ALTA, Relator: Gisele Anne Vieira de Azambuja, Data de Julgamento: 18/04/2024, Quarta Câmara Criminal, Data de Publicação: 29/04/2024)

III. CAUSAS ESPECIAIS DE AUMENTO DE PENA

A LA introduziu, no parágrafo único do Art. 56, quatro majorantes, conforme da prática criminosa resulte a. dano à propriedade alheia (aumento de 1/6 a 1/3), b. dano ao meio ambiente (aumento de 1/3 até a metade), c. lesão corporal de natureza grave em outrem (aumento da metade até 2/3) e d. morte (aumento de 2/3 até o dobro).

É possível que o crime seja praticado circundado por mais de uma majorante, já que dano à propriedade alheia pode coexistir com dano ao meio ambiente e dano corporal, por exemplo. Essas circunstâncias deverão ser consideradas no patamar de aumento, aproximando-se do *quantum* tanto mais graves forem as circunstâncias.

VOLUNTARIEDADE

O elemento subjetivo é o dolo, ou seja, a vontade livre e consciente de desobedecer à norma legal ou regulamentar, praticando a conduta em relação a agrotóxicos, produtos de controle ambiental ou afins não registrados ou não autorizados. Não há previsão de modalidade culposa, o que acaba por representar certa incongruência do nosso sistema legislativo ambiental criminal, uma vez que, diante da vigente previsão da forma culposa (§3º) para o delito do art. 56 da LCA, é possível, por exemplo, que um agente, ao transportar de forma imprudente substância tóxica menos nociva do que agrotóxico venha a ser responsabilizado criminalmente, ao passo que aquele que o fizer com substância agrotóxica, produtos de controle ambiental ou afins, estará imune à responsabilização criminal.

Por outro lado, perfeitamente admissível o dolo eventual, quando o agente, com a sua conduta (ação ou omissão), assumir o risco de expor o bem jurídico a perigo de dano. Destaca-se, ademais, que o dolo exigido é o de perigo, uma vez que, como abaixo será mais bem analisado, para a consumação do delito do art. 56 da Lei 14.785/23 não é exigível qualquer resultado naturalístico.

CONSUMAÇÃO E TENTATIVA

Dá-se no momento em que descumprida a obrigatoriedade de obtenção de registro ou autorização, sendo desnecessária a ocorrência do dano que se pretende evitar. Trata-se de delito formal (assim, malgrado seja possível um resultado danoso, é desnecessário à consumação), para o qual é irrelevante o resultado naturalístico (o que poderá ser *sopesado* para fins de dosimetria da pena[97]). *Contenta*-se, portanto, o delito com a conduta comissiva ou omissiva do agente.

97 Sustenta-se, na hipótese, a possibilidade de o intérprete se valer da Lei 9.605/98, mais especificamente da segunda parte do inc. I do art. 6º daquela (Para imposição e gradação da penalidade, a autoridade competente observará: I - a gravidade do fato, tendo em vista os motivos da infração e suas consequências para a saúde pública e para o meio ambiente;), para fins de cálculo da pena referente à condenação por crime da Lei de Agrotóxicos, funcionando aquela legislação como verdadeiro norte interpretativo (método) para aplicação de leis penais que tenha, dentre seus bens jurídicos tutelados, o meio ambiente. Tal entendimento já foi adotado pelo TJ/RS: "APELAÇÃO CRIME. CRIMES CONTRA O MEIO AMBIENTE. ARTIGOS 15 E 16, DA LEI Nº 7.802/89. [...] PENA. DOSIMETRIA. REDUÇÃO. Pena-base para cada fato fixada no mínimo legal, de dois anos de reclusão, diante das circunstâncias judiciais do artigo 6º, da Lei 9.605/98 e as do artigo 59 do Código Penal. Pena reduzida em 1/3 pelo reconhecimento do erro de proibição evitável, restando para cada fato a pena de um ano e quatro meses de reclusão. Em razão do concurso formal, acréscimo de 1/6 [...]". (Apelação Crime Nº 70032900193, Oitava Câmara Criminal, Tribunal de Justiça do RS, Relator: Isabel de Borba Lucas, Julgado em 01/12/2010). Uma leitura conjunta destas duas normas – alinhadas a outras que visem a tutelar valores ambientais - permitirá construir verdadeiro microssistema normativo de tutela do meio ambiente. Tal diálogo de fontes viabilizará, que, diante da aplicação de determinada norma ao caso concreto, seja ela iluminada/interpretada, de forma sistemática, dentro de complexo normativo, de modo a conferir maior eficácia ao postulado constitucional da sustentabilidade.

Está-se diante de crime de perigo abstrato, em que a lei presume que a conduta do agente causa risco ao bem jurídico tutelado, sendo, portanto, passível de reprimenda de índole criminal. Reconhece-se tal técnica legislativa criminal como de natureza preventiva ou inibitória. Identifica-se intento preventivo, conforme Paulo José da Costa Júnior já teve a oportunidade de lecionar:

> "Sempre que a lei transfira o momento consumativo do crime da 'lesão' para aquele da 'ameaça', aperfeiçoando-se o crime no instante em que o bem tutelado encontrar-se numa condição objetiva de possível ou provável lesão. Obtém-se dessa forma a confortadora perspectiva de avançar a fronteira protetora de bens e valores, merecedores de especial tutela. De um ponto de vista político-criminal, portanto, o recurso aos crimes de perigo permite realizar conjuntamente finalidades de repressão e prevenção, sendo certo que o progresso da vida moderna está aumentando em demasia as oportunidades de perigo comum, não estando a sociedade em condições de refrear certas atividades perigosas, tidas como condições essenciais do desenvolvimento que se processa. Em tal contexto, torna-se evidente que uma **técnica normativa** assentada na incriminação do perigo é mais adequada a enfrentar as ameaças multíplices trazidas de muitas partes e por meios estranhos ao sistema ecológico[98]".

A prescindibilidade de resultado naturalístico não equivale à ausência de resultado. Destaca-se, neste sentido, lição do mestre Hungria[99] quando assevera que não existe crime sem resultado:

> "A toda ação ou omissão penalmente relevante corresponde um *eventus damni* ou um *eventus periculi*, embora, às vezes, não seja perceptível pelos sentidos (como, por exemplo, a 'ofensa à honra', no crime de injúria). É de se enjeitar a distinção entre crimes de resultado (*Erfolgsdelikte*) e crimes de simples atividade (*Reinetätigkeitsdealikte*). Todo crime produz um dano (real, efetivo) ou um perigo de dano (relevante possibilidade de dano, dano potencial), isto é, cria uma alteração do mundo externo que afeta à existência ou à segurança do bem ou interesse que a lei protege com a *ultima ratio* da sanção penal. É inegável que o **perigo de dano também representa um resultado**, isto é, um evento no mundo objetivo. Segundo a impecável definição de Rocco, 'perigo é a modificação do mundo exterior (resultado) voluntariamente causada ou não impedida (ação ou omissão), contendo a potencialidade (idoneidade, capacidade) de produzir a perda ou diminuição de um bem, o sacrifício ou a restrição de um interesse (dano)'".

Quanto à possibilidade de tentativa, adota-se a regra geral aplicável aos crimes formais. Assim, admite-se tentativa desde que se trate de delito plurissubsistente. Ademais, é de se recordar que nos crimes formais a possibilidade de tentativa está atrelada não à ausência de resultado naturalístico (do qual independem para a consumação), mas à ausência de aperfeiçoamento de todos os elementos do tipo penal. Em sendo, dessa forma, o crime do art. 56 da Lei de Agrotóxicos formal, cuja redação apresenta seis diferentes verbos nucleares ("produzir", "armazenar", "transportar", "importar", "utilizar" ou "comercializar", somente nas hipóteses em que a conduta se enquadrar em crime unissubsistente não será admitida a tentativa.

AÇÃO PENAL

Pública incondicionada. Apesar do silêncio da Lei 14.785/23 acerca do tema, a doutrina já reconhecia a aplicação do art. 26[100] da Lei dos Crimes Ambientais como regra geral a ser aplicada à legislação anterior, raciocínio de toda aplicada ao atual.

98 COSTA JÚNIOR, Paulo José da. **Direito penal ecológico**. Rio de Janeiro: Forense Universitária, 1996. p. 74-75.

99 HUNGRIA, Nélson; FRAGOSO, Heleno Cláudio. **Comentários ao Código Penal**. 5. ed. Rio de Janeiro: Forense, 1978. v.1, t. 2: Artigos 11 a 27. p. 13.

100 Art. 26. Nas infrações penais previstas nesta Lei, a ação penal é pública incondicionada.

Inadmissível, em razão dos patamares de pena cominados ao delito telado, o oferecimento dos benefícios da Lei 9.099/95 (transação penal e suspensão condicional do processo) conjugados com as especificidades da LCA ao agente.

Na prolação de sentença condenatória, é dado ao magistrado, com base no art. 20[101] da LCA, impor ao réu a obrigação de reparar o dano causado com a conduta delituosa enquadrada no art. 56 da Lei n. 14.785/23. Não bastasse tal fundamento, o próprio Código Penal, de forma genérica, em seu art. 91, I, prevê como efeito automático da condenação tornar certa a obrigação de reparar o dano oriundo do crime.

COMPETÊNCIA

Como regra geral, a competência é da justiça comum (residual). Todavia, identificado interesse da União Federal, conforme já abordado quando analisado o sujeito passivo do delito telado, haverá deslocamento da competência para a Justiça Federal. Ou seja, quando forem atingidos pelo delito bens, serviços ou interesses da União[102] (relacionados ao meio ambiente ou à saúde pública), de suas autarquias, fundações ou empresas públicas, consoante disciplina o art. 109, IV, da Constituição Federal, ter-se-á como competente a Justiça Federal.

Identificada, da mesma forma, a transnacionalidade da conduta delitiva, a competência será da Justiça Federal. Frisa-se, contudo, que o fato de o agrotóxico, produto de controle ambiental ou afim objeto do delito ser de origem estrangeira não é capaz de, por si só, configurar a exigida transnacionalidade e, consequentemente, ensejar o deslocamento da competência à Justiça Federal, conforme julgamento proferido pelo TRF4[103] à luz da anterior legislação e ainda aplicável.

Neste sentido também já decidiu o STJ[104]:

> "Tão somente o fato de o produto (agrotóxico) encontrado na propriedade do investigado ter procedência estrangeira não atrai a competência da Justiça Federal para processar e julgar a ação penal que, em razão dele, eventualmente vier a ser instaurada, salvo se houver provas ou fortes indícios da transnacionalidade da conduta delitiva ou de conexão probatória. [...]."

DO CRIME TIPIFICADO NO ART. 57 DA LEI DE AGROTÓXICOS

> **Art. 57.** Produzir, importar, comercializar ou dar destinação a resíduos e a embalagens vazias de agrotóxicos, de produtos de controle ambiental ou afins em desacordo com esta Lei: Pena: reclusão, de 2 (dois) a 4 (quatro) anos, e multa.

---

101 Art. 20. A sentença penal condenatória, sempre que possível, fixará o valor mínimo para reparação dos danos causados pela infração, considerando os prejuízos sofridos pelo ofendido ou pelo meio ambiente. Parágrafo único. Transitada em julgado a sentença condenatória, a execução poderá efetuar-se pelo valor fixado nos termos do *caput*, sem prejuízo da liquidação para apuração do dano efetivamente sofrido.

102 Salienta-se que o Superior Tribunal de Justiça tem exigido que o interesse capaz de autorizar o deslocamento de competência à Justiça Federal seja *específico* e *concreto* (não genérico): [...] Com o cancelamento do enunciado n. 91 da Súmula STJ, após a edição da Lei n. 9.605/98, esta Corte tem entendido que a competência federal para julgamento de crimes contra a fauna demanda demonstração de que a ofensa atingiu **interesse direto e específico** da União, de suas entidades autárquicas ou de empresas públicas federais. Precedentes. [...]. CC 154859 / SP. DJ 29/11/2017. Ministro Reynaldo Soares da Fonseca.

103 TRF4, ACR 5004443-13.2013.4.04.7110, SÉTIMA TURMA, Relator GILSON LUIZ INÁCIO, juntado aos autos em 21/06/2016.

104 CC 127183. Ministro Newton Trisotto. DJe 01 set. 2015.

BEM JURÍDICO TUTELADO

O presente tópico foi objeto de análise preliminar ("BENS JURÍDICOS TUTELADOS PELOS CRIMES DOS ARTIGOS 56 e 57 DA LEI 7.802/89").

Acrescenta-se àquele a informação de que a própria LA traz, de forma expressa, os bens jurídicos que pretende ver tutelados tanto pelos seus tipos penais quanto pela responsabilização cível e administrativa, no *caput* do Art. 50: "*As responsabilidades pelos danos causados à **saúde das pessoas** e ao **meio ambiente** (...)*".

SUJEITOS DO CRIME

SUJEITO ATIVO: trata-se de crime comum (aquele para o qual não se exige qualquer condição especial ao agente). Pode-se observar que o legislador optou por autorizar a responsabilização de diversos segmentos da sociedade pela destinação ilegal de resíduos e embalagens vazias de agrotóxicos, produtos de controle ambiental ou afins. Assim, fabricantes, agricultores, comerciantes, consumidores, ou seja, todo e qualquer sujeito que venha a praticar os verbos nucleares do art. 57 da Lei 14.785/23 em relação a resíduos e embalagens vazias de agrotóxicos, produtos de controle ambiental ou afins pode figurar como autor do delito telado, não exigindo o tipo qualquer qualidade específica ao sujeito ativo.

CONDUTA (ELEMENTOS DO TIPO)

I. VERBOS NUCLEARES: Trata-se de tipo penal misto alternativo[105], quer dizer, tipo de conteúdo variável/ com condutas diversas. Tal característica demonstra a preocupação do legislador em alcançar todas as formas de ação envolvendo a destinação de resíduos e embalagens vazias de agrotóxicos, produtos de controle ambiental ou afins em desacordo com a lei.

- PRODUZIR: gerar, criar, dar origem. Qualquer ato de produção de resíduos ou embalagens em desacordo com os arts. 4 e seguintes da LA.
- IMPORTAR: propiciar a entrada de resíduos ou embalagens de agrotóxicos, de produtos de controle ambiental ou afins, em desacordo com a LA, no País[106].
- COMERCIALIZAR[107]: comprar, vender, permutar, repassar de forma onerosa (intuito lucrativo), resíduos ou embalagens de agrotóxicos, de produtos de controle ambiental ou afins, em desacordo com a LA. Importante referir que, em não se tratando de crime próprio, irrelevante ser o comércio regular ou irregular, figurando o comerciante irregular, portanto, como sujeito ativo do crime.
- DAR DESTINAÇÃO: o termo correto, seguindo a lógica redacional, deveria ser o verbo "destinar", que significa dispor de algo para certa finalidade, ou seja, dispor de resíduos ou embalagens vazias de agrotóxicos, de produtos de controle ambiental ou afins em desacordo com a LA. Como já citado, a LA trouxe rígida regulamentação quanto à produção de embalagens e sua destinação, bem assim dos resíduos, pós-consumo.

Confira-se, *in verbis*, seis importantes comandos quanto à destinação de resíduos e embalagens constantes do Art. 41 da LA: 1- Os usuários de agrotóxicos, de produtos de controle

105 Tem-se o tipo misto alternativo quando a "lei penal descreve duas ou mais condutas como hipóteses de realização de um mesmo crime, de maneira que a prática sucessiva dos diversos núcleos caracteriza um único delito". (MASSON, Cleber. **Direito penal.** 7. ed. Rio de Janeiro: Método, [2000?]. v. 3. p. 296).

106 Decreto nº 4.074/02: Art. 1º Para os efeitos deste Decreto, entende-se por: XV - importação - ato de entrada de agrotóxicos, seus componentes e afins, no País.

107 Decreto nº 4.074/02: Art. 1º Para os efeitos deste Decreto, entende-se por: VI - comercialização - operação de compra, venda ou permuta dos agrotóxicos, seus componentes e afins.

ambiental e afins deverão efetuar a devolução das embalagens vazias, suas tampas e eventuais resíduos pós-consumo dos produtos aos estabelecimentos comerciais em que foram adquiridos, de acordo com as instruções previstas nas respectivas bulas, no prazo de até 1 (um) ano, contado da data de compra, ou da data de vencimento, ou prazo superior, se autorizado pelo órgão registrante, podendo a devolução ser intermediada por postos ou centrais de recebimento, bem como por ações de recebimento itinerantes, desde que autorizados e fiscalizados pelo órgão competente (§ 2º); 2- Quando o produto não for fabricado no País, assumirá a responsabilidade de que trata o § 2º deste artigo a pessoa jurídica responsável pela importação e, quando se tratar de produto importado submetido a processamento industrial ou a novo acondicionamento, caberá ao órgão registrante defini-la (§ 3º); 3- As embalagens rígidas que contiverem formulações miscíveis ou dispersíveis em água deverão ser submetidas pelo usuário à operação de tríplice lavagem ou tecnologia equivalente, conforme normas técnicas oriundas dos órgãos competentes e orientação constante de seus rótulos e bulas (§ 4º); 4- As empresas produtoras e comercializadoras de agrotóxicos, de produtos de controle ambiental e afins são responsáveis pela destinação das embalagens vazias e de eventuais resíduos pós-consumo dos produtos por elas fabricados e comercializados com vistas à sua reutilização, reciclagem ou inutilização após a devolução pelos usuários e pela ação fiscalizatória, obedecidas as normas e as instruções dos órgãos competentes (§ 5º); 5- As empresas produtoras de equipamentos para pulverização agrícola deverão inserir nos novos equipamentos adaptações destinadas a facilitar as operações de tríplice lavagem ou tecnologia equivalente (§ 6º); 6- As empresas produtoras e comercializadoras de agrotóxicos, de produtos de controle ambiental e afins implementarão, em colaboração com o poder público, programas educativos e mecanismos de controle da devolução das embalagens vazias por parte dos usuários (§ 7º).

II. "*EM DESACORDO COM ESSA LEI*": O Arts. 41 e 42 disciplinam de forma minudente como se dará a produção, importação, comercialização e destinação das embalagens vazias de agrotóxicos, de produtos de controle ambiental ou afins e seus resíduos[108].

Diferentemente do disposto no art. 56 da LA, tem-se, portanto, que as condutas delitivas do art. 57 não estão relacionadas a agrotóxicos, produtos de controle ambiental ou afins *não registrados ou não autorizados*.

VOLUNTARIEDADE

O elemento subjetivo é o dolo, ou seja, a vontade livre e consciente de desobedecer à lei, praticando a conduta em relação a resíduos e embalagens vazias de agrotóxicos, produtos de controle ambiental ou afins. Não há previsão de modalidade culposa.

CONSUMAÇÃO E TENTATIVA

Dá-se no momento em que descumprida a lei no que pertine às normas de produção, importação, comercialização ou destinação de embalagens vazias e resíduos de agrotóxicos, de produtos de controle ambiental ou afins Trata-se de delito formal (assim, malgrado seja possível um resultado danoso, é desnecessário à consumação), para o qual é irrelevante o resultado naturalístico (o que poderá ser *sopesado* para fins de dosimetria da pena[109]). *Contenta*-se, portanto, o delito com a conduta comissiva ou omissiva do agente.

---

108 Nos termos do inc. XLIV do Art. 2º da LA, trata-se o resíduo de substância ou mistura de substâncias remanescente ou existente em alimentos ou no meio ambiente decorrente do uso ou da presença de agrotóxicos, de produtos de controle ambiental e afins, inclusive de quaisquer derivados específicos, tais como produtos de conversão e de degradação, metabólitos, produtos de reação e impurezas, considerada toxicológica e ambientalmente importante

109 Sustenta-se, na hipótese, a possibilidade de o intérprete se valer da Lei 9.605/98, mais especificamente da segunda parte do inc. I do art. 6º daquela (Para imposição e gradação da penalidade, a autoridade competente observará:

AÇÃO PENAL

Pública incondicionada, no mesmo sentido em que já explicitado com relação ao art. 56 a LA.[110].

PRINCÍPIO DA INSIGNIFICÂNCIA E OS CRIMES DE AGROTÓXICOS

A jurisprudência[111] pátria, ainda que não de forma pacífica[112], tem tendido a manter *a orientação no sentido de que, ordinariamente, o princípio da insignificância não alberga os crimes perpetrados em detrimento do meio ambiente. O instituto da bagatela não encontra terreno fértil em matéria ambiental, porquanto o bem jurídico ostenta titularidade difusa*, e o dano, cuja relevância não pode ser mensurada, lesiona o ecossistema, pertencente à coletividade[113].

A relevância da conduta que se visa a reprimir por meio da legislação criminal está diretamente atrelada ao valor social protegido pela norma violada. Para identificação da tipicidade material no caso concreto há que se verificar se presente ou não a ofensa ao bem jurídico tutelado. Os crimes de agrotóxicos, tendo o legislador se inspirado no preceito constitucional/ambiental da prevenção, são de perigo abstrato, descabendo, portanto, o reconhecimento do princípio da insignificância meramente pela inocorrência de resultado naturalístico.

I - a gravidade do fato, tendo em vista os motivos da infração e suas consequências para a saúde pública e para o meio ambiente;), para fins de cálculo da pena referente à condenação por crime da Lei de Agrotóxicos, funcionando aquela legislação como verdadeiro <u>norte interpretativo (método) para aplicação de leis penais que tenha, dentre seus bens jurídicos tutelados, o meio ambiente</u>. Tal entendimento já foi adotado pelo TJ/RS: "APELAÇÃO CRIME. CRIMES CONTRA O MEIO AMBIENTE. ARTIGOS 15 E 16, DA LEI Nº 7.802/89. [...] PENA. DOSIMETRIA. REDUÇÃO. Pena-base para cada fato fixada no mínimo legal, de dois anos de reclusão, diante das circunstâncias judiciais do artigo 6º, da Lei 9.605/98 e as do artigo 59 do Código Penal. Pena reduzida em 1/3 pelo reconhecimento do erro de proibição evitável, restando para cada fato a pena de um ano e quatro meses de reclusão. Em razão do concurso formal, acréscimo de 1/6 [...]". (Apelação Crime Nº 70032900193, Oitava Câmara Criminal, Tribunal de Justiça do RS, Relator: Isabel de Borba Lucas, Julgado em 01/12/2010). Uma leitura conjunta destas duas normas – alinhadas a outras que visem a tutelar valores ambientais - permitirá construir verdadeiro microssistema normativo de tutela do meio ambiente. Tal diálogo de fontes viabilizará, que, diante da aplicação de determinada norma ao caso concreto, seja ela iluminada/interpretada, de forma sistemática, dentro de complexo normativo, de modo a conferir maior eficácia ao postulado constitucional da sustentabilidade.

110 Trata-se de teoria que visa a fomentar a ideia de que o ordenamento jurídico deve ser interpretado como um todo de forma sistemática e coordenada. Dela extrai-se que uma norma jurídica não exclui a aplicação da outra, de modo que o *diálogo* entre elas permita interpretação coerente, evitando incongruências injustas.

111 **Princípio da Insignificância.** Não é o caso de aplicação do **princípio da insignificância.** Os bens jurídicos tutelados pela infração penal do art. 15 **da** Lei 7.802/89 são a saúde pública e o meio ambiente, de relevância para toda a coletividade, de modo que a lesividade **das** condutas não é mensurável pelo valor econômico do objeto material do delito, por não ser de natureza patrimonial. RECURSO ESPECIAL Nº 1.484.836 - MS (2014/0239386-8) Publicação 08 ago. 2018.

112 AGRAVO REGIMENTAL NO RECURSO ESPECIAL. **CRIME AMBIENTAL**. ART. 40 DA LEI 9.605/98. PRINCÍPIO DA **INSIGNIFICÂNCIA**. NÃO INCIDÊNCIA. LESIVIDADE AO BEM JURÍDICO TUTELADO. TIPICIDADE MATERIAL DA CONDUTA. AGRAVO IMPROVIDO. 1. Somente se admite a aplicação do princípio da **insignificância** aos **crimes ambientais** quando demonstrada a ínfima ofensividade ao bem **ambiental** tutelado, conceito no qual se inserem não apenas questões jurídicas ou a dimensão econômica da conduta, mas o equilíbrio ecológico que faz possíveis as condições de vida no planeta. 2. A extração de 150 cabeças de palmitos in natura da espécie Euterpe edulis Martius, vulgarmente conhecida como palmito-juçara, ameaçada de extinção e relacionada na Lista Oficial das Espécies da Flora Brasileira Ameaçadas de Extinção (Portaria MMA nº 443/2014), afasta a incidência do princípio da **insignificância**. 3. Agravo regimental improvido. AgRg no REsp 1847810 / PRDJe 25/05/2020.

113 "Cremos, todavia, que o aludido princípio da insignificância deva ser utilizado, com muita reserva, em matéria de crimes ambientais; isto porque, conforme se extrai do pensamento exposto pelo biólogo americano Edward O. Wilson, em ecologia não se pode pensar só em termos de presente, mas deve-se olhar, com maior ênfase, para o futuro: a eliminação desnecessária de um só espécime da fauna silvestre, nos dias atuais, refletirá de forma catastrófica em tempos vindouros, podendo ocasionar um desastre ecológico nas próximas décadas". (CONSTANTINO, Carlos Ernani. **Delitos ecológicos.** 3. ed. São Paulo: Lemos e Cruz, 2005. p. 273).

Alfredo Falcão Junior[114] leciona que o lugar desse princípio, nos crimes de perigo abstrato, está "reservado a condutas irrisórias, que não acarretem qualquer ameaça de perigo ao bem jurídico albergado pela norma".

Por sua vez, Vaz assevera inaplicável o princípio da insignificância aos crimes da Lei de Agrotóxicos. Segundo o autor, não seria possível, "em se tratando de presunção absoluta, afirmar-se que a conduta não oferece perigo ao bem jurídico tutelado, ainda que, por exemplo, seja ínfima a quantidade de agrotóxicos manipulada"[115].

No que tange ao entendimento jurisprudencial predominante em relação à legislação anterior, em que pese não se possa afirmar que inadmite aplicação do instituto da bagatela aos delitos ora analisados, quando o faz toma graduada cautela. Nesse sentido, inclusive, decisão do TRF-4[116] pregando necessidade de máxima cautela na aplicação do princípio da insignificância em matéria ambiental, dado o interesse coletivo envolvido e o cunho preventivo conferido à tutela do meio ambiente.

Mais um fundamento apto a afastar a viabilidade de aplicação do princípio da insignificância aos crimes de agrotóxicos é o seu enquadramento naquilo que Sánchez[117] classificou como "delito de acumulação". Tem-se que a punição de crimes de perigo abstrato é possível ainda que a conduta penalmente relevante não seja em si própria lesiva ao bem jurídico, porquanto há probabilidade de que, sendo tal ação também realizada por outros sujeitos, o conjunto dessas condutas culminará por lesionar certamente o correspondente bem jurídico. São os chamados "delitos cumulativos". Trata-se de casos em que a conduta individualmente considerada não provoca um risco relevante, enquanto a sua pluralidade (acumulação) pode ser danosa. A acumulação, por sua vez, não se trata de hipotético, senão elemento real que leva de antemão a realização de condutas similares por múltipla variedade de sujeitos.

Assim, na medida em que a *acumulação* de condutas tem o condão de produzir consequências lesivas, entende-se que identificada em cada uma delas não somente a tipicidade formal, senão a própria tipicidade material. Apesar de não constar de forma expressa tal fundamento no julgado, o TRF-4 apontou como elemento apto a afastar o reconhecimento do princípio da insignificância em caso concreto o "crescimento populacional" e, consequentemente, a maior incidência de ações ilegais relacionadas ao manejo com agrotóxicos:

> IMPORTAÇÃO E TRANSPORTE DE AGROTÓXICOS DE PROCEDÊNCIA ESTRANGEIRA. [...]. TIPICIDADE MATERIAL. [...]. 3. As infrações penais ambientais, em princípio, não admitem a aplicação do princípio da insignificância, considerando que o bem jurídico agredido é o ecossistema, constitucionalmente tutelado pelo artigo 225 da CF/88, de relevância imensurável, seja porque o meio ambiente é bem jurídico de titularidade difusa, seja porque as condutas que revelam referidos crimes assumem uma potencialidade lesiva que se protrai no tempo e pode afetar as gerações futuras, seja porque as violações ao meio ambiente, por menores que sejam, revelam-se demais preocupantes, na medida em que o aumento da destruição é proporcionalmente maior de acordo com o crescimento da população, tornando-se cada vez mais difícil de controlar, motivo pelo qual não se pode mais admitir transigência e deve-se cobrar de todos a máxima preservação. 4. Inaplicabilidade do princípio da insignificância, porquanto demonstrada a potencialidade lesiva da conduta criminosa. [...]. (TRF4, ACR 5000309-32.2011.404.7103, Oitava Turma, Relator p/ Acórdão Victor Luiz dos Santos Laus, juntado aos autos em 09/01/2015)

114 FALCÃO JUNIOR, Alfredo Carlos Gonzaga. Agrotóxicos e responsabilidade criminal. **Revista dos Tribunais,** v. 98, n. 889, nov. 2009. p. 473.

115 VAZ, Paulo Afonso Brum. **O direito ambiental e os agrotóxicos.** Porto Alegre: Livraria do Advogado, 2006. p. 180.

116 Apelação criminal nº. 5001437-19.2013.4.04.7103/RS, datada de abril de 2017, de relatoria do Desembargador Marco Antônio Rocha.

117 SÁNCHEZ, Jesús-Maria Silva. **A expansão do direito penal**. Tradução de Luiz Otávio de Oliveira Rocha. São Paulo: Revista dos Tribunais, [2000?]. p. 121-122.

CONFLITO APARENTE DE NORMAS ENVOLVENDO OS CRIMES DE AGROTÓXICOS

Sendo o ordenamento jurídico um sistema que demanda unidade e harmonia, não se concebe um conflito real de normas, mas meramente aparente, para o qual são apontados princípios interpretativos capazes de oferecer uma resposta jurídica determinada (norma) ao caso concreto. Assim, diante de um fato delituoso que aparentemente enseje a incidência de mais de um tipo penal, os princípios identificados pela doutrina como capazes de solucionar o conflito são: (1) *especialidade*; (2) *subsidiariedade*; (3) *consunção*; e (4) *alternatividade*. Destes deve o intérprete se valer para solucionar aqueles que são reconhecidos como os principais conflitos aparentes de normas envolvendo os crimes de agrotóxicos, os quais se passa a expor.

1) Art. 56 da Lei de Agrotóxicos e art. 56 da Lei dos Crimes Ambientais

Tem-se que, conforme já asseverado, atualmente ambos os dispositivos (art. 56 da LA e art. 56 da LCA) estão em vigor. Entretanto, enquanto o art. 56 conta com seis verbos nucleares ("**produzir**", "**armazenar**", "**transportar**", "**importar**", "**utilizar**" ou "**comercializar**"), o art. 56 da LCA possui doze ("**produzir**", "processar", "embalar", "importar", "exportar", "**comercializar**", "fornecer", "**transportar**", "armazenar", "guardar", "ter em depósito" e "usar"). Todos os aqueles seis estão repetidos no crime do art. 56 da LCA. Aplica-se, nesses casos, o princípio da especialidade. Do contrário, será a conduta desempenhada pelo infrator que viabilizará o correto enquadramento típico.

Constata-se, portanto, que o art. 56 da LA é verdadeira norma especial (cujo elemento *especializante* é a figura dos "*agrotóxicos, produtos de controle ambiental ou afins*"), que prevalecerá quando a conduta criminosa se *encaixar* num de seus verbos nucleares[118]. Ademais, qualquer conduta que não tipifique um daqueles seis verbos – ainda que atrelada a agrotóxicos, produtos de controle ambiental ou afins, deverá ser residualmente convertida na tipificação do art. 56 da Lei 9.605/98.

Ou seja, afasta-se a aplicação do princípio da especialidade, quando o verbo nuclear do tipo não estiver previsto no art. 56 da Lei de Agrotóxicos, como no caso da conduta "fornecer". Assim, se o agente forneceu agrotóxicos não registrados ou não autorizados, não prevalece a aplicação da especialidade, pois o citado verbo não integra as ações nucleares previstas na Lei de Agrotóxicos, sendo, neste caso, aplicável a Lei 9.605/98 – art. 56.

2) Crime de contrabando, a Lei de Agrotóxicos e o art. 56 da LCA

Diferentemente da legislação revogada, que não trazia como crime a conduta de "importar" agrotóxicos, o novel Art. 56 da LA o traz expressamente. Assim, prevalece a norma especial em relação ao já citado Art. 56 da LCA, bem assim do art. 334-A do Código Penal (CP)[119].

Quer-se com isso dizer que quem introduz em solo nacional substância agrotóxica, produto de controle ambiental ou afins, sem autorização legal para dessa forma proceder não responde pelo crime de contrabando, visto que tal conduta encontra previsão no tipo penal do art. 56 da LA, cuja aplicabilidade, à luz do princípio da especialidade, deve prevalecer diante do crime do art. 334-A do CP. Ademais, a competência para julgamento desse delito, assim como o dos subsequentes à importação de substância agrotóxica, é da Justiça Federal, consoante entendimento já firmado pelo STJ (CC 114.148/PR. Rel. Ministro Marco Aurélio Bellize,

118 Aquele que mantém agrotóxicos em depósito tem sua conduta absorvida pelo crime do art.15 da Lei 7.802/89, **quando verificada a finalidade de sua comercialização** (TRF4, AC 2007.70.05.000625-0PR), Penteado, 8ª T., u., 18.2.09), uma vez que o agrotóxico é considerado substância tóxica (TRF4, AC 200071010025332, Penteado, 8ª T., u., 9.9.09).

119 Art. 334-A. Importar ou exportar mercadoria proibida: Pena - reclusão, de 2 (dois) a 5 (cinco) anos.

Terceira Seção. DJe 22/04/2014; CC 127.183/MS. Rel. Min. Newton Trisotto. Terceira Seção. DJe 01/09/2015).

3) Dos crimes contra a saúde pública (artigos 270[120] e 271[121] do Código Penal) e art. 56 da Lei de Agrotóxicos

A tutela penal da saúde pública (estado de sanidade da população de determinada localidade) está disciplinada de forma primária entre os artigos 267 a 285 do Código Penal, rol de dispositivos que tem por objetivo prevenir e punir condutas tendentes a pô-la em risco. Frisa-se que, para incidir as normas dispostas no Capítulo III do Título VIII do Código Penal, imprescindível que a conduta delituosa acarrete periclitação da saúde de coletividade de pessoas[122].

Ensina Alfredo Gonzaga[123] que o artigo 56 da Lei de Agrotóxicos (anterior Art. 15 da Lei n. 7.802/89, com parcial coincidência), diante dos tipos penais previstos nos artigos 270 e 271 do Código Penal, funciona como "soldado de reserva", porquanto descreve fato menos amplo e menos grave do que a reprimenda destacada pelos citados dispositivos. Complementa o autor asseverando que, em sendo as normas do Código Penal tidas por primárias, a aplicação da Lei de Agrotóxicos se dá apenas de forma subsidiária.

Deve, portanto, o intérprete se valer do princípio da subsidiariedade[124] para afastar o ora analisado aparente conflito de normas, de modo que o emprego de agrotóxicos com o fim de envenenar (adicionar substância tóxica) ou de corromper (alterar, desnaturar, estragar) água potável faz tipificar, respectivamente, os delitos previstos nos artigos 270 e 271 do Código Penal.

Vê-se que, neste *conflito*, o art. 56 da Lei 14.785/23 é norma subsidiária, considerando que prevê conduta menos grave e com reduzida amplitude se comparada com aquelas descritas nos crimes que tutelam primariamente a saúde pública no Código Penal brasileiro (artigos 270 e 271).

Impende destacar que, diferentemente do que se extrai da atual redação do art. 56 da LA, os crimes dos artigos 270 e 271 do CP trazem em seus parágrafos previsão dos respectivos delitos na modalidade culposa (artigos 270, §2º, e 271, parágrafo único, do Código Penal).

CRIME DE POLUIÇÃO (ART. 54 DA LCA[125]) E LEI DE AGROTÓXICOS: POSSIBILIDADE DE CONCURSO FORMAL

Aquele que praticar qualquer das condutas vedadas pelos artigos 56 e 57 da Lei nº 14.785/23, delitos de perigo e que não exigem resultado naturalístico, poderá, também, causar poluição, incidindo no tipo penal previsto no art. 54 da Lei dos Crimes Ambientais.

Embora comentando a legislação anterior, mas com raciocínio que se aplica de todo à atual, Cláudio Silva Filho[126] defende, exemplificativamente, a possibilidade de concurso for-

---

120 Envenenamento de água potável ou de substância alimentícia ou medicinal - Art. 270 - Envenenar água potável, de uso comum ou particular, ou substância alimentícia ou medicinal destinada a consumo: Pena - reclusão, de dez a quinze anos. (Redação dada pela Lei nº 8.072, de 25.7.1990).

121 Corrupção ou poluição de água potável - Art. 271 - Corromper ou poluir água potável, de uso comum ou particular, tornando-a imprópria para consumo ou nociva à saúde: Pena - reclusão, de dois a cinco anos.

122 "A nota marcante destas infrações penais é o dano ou o perigo de dano à saúde de um número indeterminado de pessoas. Não há ataque à integridade corporal de uma única pessoa [...]". (MASSON, Cleber. **Direito penal.** 7. ed. Rio de Janeiro: Método, [2000?]. v. 3. p. 313)

123 FALCÃO JUNIOR, Alfredo Carlos Gonzaga. Agrotóxicos e responsabilidade criminal. **Revista dos Tribunais**, v. 98, n. 889, nov. 2009. Segunda Seção. p. 474.

124 Pelo princípio da subsidiariedade entende-se que determinado preceito penal só terá aplicação residual caso não identificada a aplicação de outro tipo por de incidência primária (*Lex primaria derrogat legi subsidiariae*).

125 Art. 54. Causar poluição de qualquer natureza em níveis tais que resultem ou possam resultar em danos à saúde humana, ou que provoquem a mortandade de animais ou a destruição significativa da flora: Pena - reclusão, de um a quatro anos, e multa.

126 SILVA FILHO, Cláudio. **Direito penal e agrotóxicos**: direito e agrotóxicos. Rio de Janeiro: Lumen Juris, 2017. p. 253.

mal (próprio ou impróprio, a depender da consciência do agente em realizar pluralidade de crimes), caso o autor dos fatos, ao dar destinação a resíduos e embalagens em descumprimento às exigências previstas na legislação (art. 57 da Lei n. 14.785/23), cause poluição de qualquer natureza em níveis tais que possam resultar ou resultem em danos à saúde humana, ou que provoquem a mortandade de animais ou a destruição significativa da flora (art. 54 da Lei 9.605/98).

Parece-nos perfeitamente sustentável a incidência do concurso formal de crimes (próprio ou impróprio a depender do caso concreto) quando da prática da conduta tipificada na lei de agrotóxicos (artigos 56 ou 57) resultar poluição.

Extrai-se, todavia, do atual entendimento do STJ, que, para a consumação do delito tipificado na primeira parte do art. 54 da LCA, prescinde-se de resultado naturalístico, tratando-se, ao menos em parte ("Causar poluição de qualquer natureza em níveis tais que ... possam resultar em danos à saúde humana..."), de crime formal[127].

Conferindo a jurisprudência natureza de delito formal à primeira parte do delito tipificado no art. 54 da LCA, ou seja, reconhecendo sua consumação independe de resultado naturalístico, defende-se que não é todo e qualquer crime de poluição que autoriza o concurso formal com os crimes da lei de agrotóxicos. Tem-se que, diante da natureza dúplice do crime de poluição, apenas na parte em que reconhecido como **de dano** admissível o concurso de crimes ora analisado.

Sustenta-se, portanto, que, para que se reconheça o concurso de crimes entre os previstos na Lei de Agrotóxicos e o estipulado no art. 54 da LCA, além de se identificar conduta que descumpra as normas reguladoras do *uso* de agrotóxicos, que desta, necessariamente, resulte materialmente em poluição. Ou seja, sustenta-se que apenas haverá concurso formal entre os delitos analisados quando o crime de poluição derivado da prática do crime de agrotóxicos seja delito material e, portanto, responsável por resultado naturalístico ("Causar poluição de qualquer natureza em níveis tais que resultem [...] em danos à saúde humana, ou que provoquem a mortandade de animais ou a destruição significativa da flora").

Assim, exemplificativamente, aquele que utilize agrotóxicos, produtos de controle ambiental ou afins sem registro ou não autorizados, conduta que poderia resultar em dano à saúde humana (1ª parte do art. 54 da LCA), responderá, com base na aplicação do princípio da especialidade, exclusivamente pelo crime da Lei de Agrotóxicos, não sendo admissível, no nosso entender, que o agente responda por ambos os delitos de perigo abstrato no caso concreto.

ALTERAÇÕES DOS TIPOS PENAIS DA LEI DE AGROTÓXICOS (COMPARATIVO ENTRE AS LEIS Nº 7.802/89 E 14.785/23) E A APLICAÇÃO DA LEI PENAL NO TEMPO

A Lei de Agrotóxicos publicada no ano de 2023, como já delineado, trouxe significativas mudanças. Houve a inserção de novos núcleos penais e supressão de delitos - passando a

127 [...] ART. 54 DA LEI N. 9.605/1998. CRIME FORMAL. POTENCIALIDADE EVIDENCIADA. LAUDO QUE ATESTA VÍCIOS NA ESTRUTURA UTILIZADA PELA EMPRESA. [...] 3. De acordo com o entendimento deste Tribunal, a Lei de Crimes Ambientais deve ser interpretada à luz dos princípios do desenvolvimento sustentável e da prevenção, indicando o acerto da análise que a doutrina e a jurisprudência têm conferido à parte inicial do art. 54, da Lei n. 9.605/1998, de que a mera possibilidade de causar dano *à saúde humana é suficiente para configurar o crime de poluição, dada a sua natureza formal ou, ainda, de perigo abstrato. 4. Concretização do dano que evidencia a potencialidade preexistente.* [...] (STJ, Quinta Turma, AgRg no RMS 48.085/PA, Rel. Ministro Gurgel de Faria, julgado em 05/11/2015, DJe 20/11/2015). Neste sentido também: DIREITO PENAL E PROCESSUAL PENAL. EMBARGOS DE DIVERGÊNCIA. DISSÍDIO CONFIGURADO. CRIME DO ART. 54 DA LEI N. 9.605/98. AUTORIA E MATERIALIDADE COMPROVADAS. NATUREZA FORMAL DO DELITO. REALIZAÇÃO DE PERÍCIA. DESNECESSIDADE. POTENCIALIDADE DE DANO À SAÚDE. EMBARGOS DE DIVERGÊNCIA PROVIDOS. RECURSO ESPECIAL DESPROVIDO. 1. O delito previsto na primeira parte do artigo 54 da Lei n. 9.605/1998 possui natureza formal, sendo suficiente a potencialidade de dano *à saúde humana para configuração da conduta delitiva, não se exigindo, portanto, a realização de perícia. Embargos de Divergência providos, recurso especial desprovido.* (EREsp 1417279 / SC. Ministro JOEL ILAN PACIORNIK. DJe 20/04/2018)

prever, para certas condutas, apenas a responsabilização civil e administrativa -, o que enseja análise sobre o conflito de leis penais no tempo.

Primeiramente, ressalta-se que a revogação da lei anterior não implica, necessariamente, em descriminalização de condutas. Há que se ponderar, em observância ao princípio da continuidade normativo-típica, se foi mantida a conduta incriminada em novo tipo penal da lei revogadora.

A Constituição Federal de 1988, em seu art. 5º, inciso XXXIX, estabelece a garantia de que não há crime sem lei anterior que o defina, nem pena sem prévia cominação legal. Garantia esta que é replicada no art. 1º do Código Penal, consagrando o princípio da legalidade. Em seguida, consta no 2º do Código Penal, que *ninguém pode ser punido por fato que lei posterior deixa de considerar crime, cessando em virtude dela a execução e os efeitos penais da sentença condenatória.*

Na mesma linha, tem-se o princípio da retroatividade da lei penal benigna, fundado no art. 5º, inciso XL, da Constituição Federal, para assegurar que a lei penal não retroagira, salvo se para beneficiar o réu. Deste preceito é extraído, igualmente, o princípio da irretroatividade da lei penal mais severa do que a anterior, que obsta a retroatividade da lei prejudicial ao réu.

Nesse contexto, considerando-se que a novel legislação traz alterações com impactos significantes, que já tem dado azo, inclusive, a pleitos de reconhecimento da *abolitio criminis*, diante da descriminalização de condutas, seguem algumas reflexões, a partir de comparação entre a lei revogada e a revogadora, acerca das principais mudanças e a aplicação da lei penal no tempo.

Lei n. 14.785/2023	Lei n. 7.802/1989
Art. 56. Produzir, armazenar, transportar, importar, utilizar ou comercializar agrotóxicos, produtos de controle ambiental ou afins não registrados ou não autorizados: Pena: reclusão, de 3 (três) a 9 (nove) anos, e multa.	Art. 15. Aquele que produzir, comercializar, **transportar, aplicar, prestar serviço**, der destinação a resíduos e embalagens vazias de agrotóxicos, seus componentes e afins, em descumprimento às exigências estabelecidas na legislação pertinente estará sujeito à pena de reclusão, de dois a quatro anos, além de multa. (Redação dada pela Lei nº 9.974, de 2000)
Art. 57. Produzir, importar, comercializar ou dar destinação a resíduos e a embalagens vazias de agrotóxicos, de produtos de controle ambiental ou afins em desacordo com esta Lei:	Art. 16. O empregador, profissional responsável ou o prestador de serviço, que deixar de promover as medidas necessárias de proteção à saúde e ao meio ambiente, estará sujeito à pena de reclusão de 2 (dois) a 4 (quatro) anos, além de multa de 100 (cem) a 1.000 (mil) MVR. Em caso de culpa, será punido com pena de reclusão de 1 (um) a 3 (três) anos, além de multa de 50 (cinqüenta) a 500 (quinhentos) MVR.

- Art. 15 da Lei n. 7.802/1989

Ao tratar sobre o art. 56 da LA, foi apontada a distinção feita pela novel legislação com relação às condutas que envolvem irregularidades relacionadas a agrotóxicos *não registrados ou não autorizados* e as irregularidades *em descumprimento às exigências estabelecidas na legislação pertinente.*

Entretanto, é preciso pontuar algumas alterações específicas em que houve supressão de núcleos penais, os quais não foram replicados na legislação especial em vigência, conforme será exposto.

i. Transportar, aplicar e prestar serviço (núcleos do tipo penal do art. 15 da antiga LA)

As condutas de *transportar, aplicar* e *prestar serviços* não foram inseridos no art. 57 da LA (*em desacordo com esta Lei*). Por outro lado, constam as condutas de *transportar* e *aplicar (utilizar)* no art. 56 *(não registrados ou não autorizados)*, com pena mais elevada do que a prevista na lei anterior. De acordo com Pes e Pes[128],

> "as condutas de transportar e aplicar passam a ser tipificadas como crime, agora com sanções mais severas, em situações específicas que envolvam agrotóxicos, produtos de controle ambiental ou afins não registrados ou não autorizados, conforme artigo 56 da Lei 14.785/23. No entanto, passam a ser tratadas apenas como infração administrativa se a conduta corresponder ao que estava previsto no artigo 15 da Lei 7.802/89."

Havendo a continuidade da conduta criminosa em dispositivo legal da nova lei, não há que se falar em *abolitio criminis*, haja vista que a conduta continua sendo incriminada. É o que disciplina o princípio da continuidade normativo-típica. Entretanto, em se tratando de pena mais gravosa, não haverá retroatividade da lei penal em prejuízo do réu, observando-se, portanto, a pena prevista na norma revogada, à luz do princípio da ultratividade da lei penal mais benéfica.

Por fim, sobre a conduta de *prestar serviço*, bem explicam os autores citados acima,

> "A partir da nova lei aquele que presta serviço com agrotóxicos em desconformidade com a lei e seus regulamentos, somente poderá ser responsabilizado penalmente se sua conduta puder ser tipificada em outros delitos da lei dos crimes ambientais, tais como o artigo 54 e 33, os quais exigem o resultado danoso para sua aplicação."[129]

A partir da vigência da LA, portanto, embora verificado que há hipóteses em que a conduta não foi tipificada como crime na nova lei, certas condutas podem se enquadrar em outros delitos previstos na Lei dos Crimes Ambientais, norma geral que regula a responsabilidade ambiental.

- Art. 16 da Lei nº 7.802/1989 – responsabilidade dos empregadores, profissionais ou prestadores de serviço

O art. 16 da antiga LA consagrava tipo penal que previa responsabilização criminal do empregador, profissional responsável ou o prestador de serviço, que deixasse de promover as medidas necessárias de proteção à saúde e ao meio ambiente. Tal delito, como visto, não foi inserido na LA vigente.

Verifica-se, assim, a ocorrência do instituto da *abolitio criminis,* diante da revogação do citado tipo penal. Logo, é possível aferir tratar-se de causa de extinção da punibilidade, nos termos do art. 107, inciso III, do Código Penal[130], o que, inclusive, já vem sendo acolhido pelos Tribunais brasileiros[131].

---

128 PES, João Hélio Ferreira. PES, João Gabriel Parmeggiani. **Responsabilidade Penal e Administrativa na nova Lei de Agrotóxicos: a reversão da administrativização do Direito Penal.** Disciplinarum Scientia. Série: Sociais Aplicadas Santa Maria, v. 20, n. 1, 2024, p. 93.

129 Idem. P. 24

130 Art. 107 - Extingue-se a punibilidade: (Redação dada pela Lei nº 7.209, de 11.7.1984)

(...) III - pela retroatividade de lei que não mais considera o fato como criminoso;

131 APELAÇÃO CRIMINAL. ART. 15 DA LEI 7.802/89. AGROTÓXICO. INSURGÊNCIA MINISTERIAL. LEGISLAÇÃO AB-ROGADA PELA LEI 14.785/23. CONDUTA DE "OFERECER SERVIÇO" DE AGROTÓXICO. INFRAÇÃO ADMINISTRATIVA. ALTERAÇÃO DOS TERMOS "EM DESCUMPRIMENTO ÀS EXIGÊNCIAS ESTABELECIDAS NA LEGISLAÇÃO PERTINENTE" PARA "NÃO REGISTRADOS OU NÃO AUTORIZADOS". EXTINÇÃO DA PUNIBILIDADE PELA ABOLITIO CRIMINIS. I - No caso, o réu foi denunciado pela prática do delito tipificado no art. 15 da Lei 7.802/89, pois, na condição de engenheiro

Nada obstante não haja mais o citado delito na Lei de Agrotóxicos, eventuais condutas relacionadas praticadas a partir da vigência da nova lei podem vir a se enquadrar nos tipos penais previstos na Lei de Crimes Ambientais (e.g. art. 60, art. 68).

Comentando acerca da conduta que era criminalizada pelo art. 16 da lei revogada, Pes e Pes[132] apontam para a responsabilização civil e administrativa do empregador, prevista na atual Lei de Agrotóxico:

> Agora pelo artigo 50, inciso VI, o empregador, quando não tiver fornecido os equipamentos adequados à proteção da saúde dos trabalhadores na produção, na distribuição e na aplicação dos produtos e quando não tiver feito a manutenção dos equipamentos será passível de responsabilização civil e administrativa.

Verifica-se, dessa forma, que as alterações sofridas envolvem questões controversas que certamente ainda serão objeto de ampla discussão no âmbito doutrinário e jurisprudencial.

REFERÊNCIAS BIBLIOGRÁFICAS

ANTUNES, Paulo de Bessa. **Direito ambiental.** 12. ed. Rio de Janeiro: Lumen Juris, 2010.

ANTUNES, Paulo de Bessa. **Direito ambiental**. 18. ed. São Paulo: Atlas, 2016.

BALTAZAR JUNIOR, José Paulo. **Crimes federais:** abuso de autoridade – crimes contra a administração pública, a ordem tributária, a previdência social, as telecomunicações, o meio ambiente, o sistema financeiro nacional – crimes de responsabilidade de prefeitos – crimes nas licitações – crimes no estatuto do índio e no estatuto do estrangeiro – estelionato – genocídio- interceptação telefônica – invasão de terras da união- lavagem de dinheiro- moeda falsa- organizações criminosas – Preconceito ou discriminação – quadrilha ou bando – tortura- trabalho escravo - tráfico transnacional de armas, drogas, crianças e pessoas. 8. ed. Porto Alegre: Livraria do Advogado, 2012.

BENJAMIN, Antonio Hermann V. **Crimes contra o meio ambiente:** uma visão geral. Ministério Público e Democracia: livro de teses. 12º Congresso do Ministério Público. Fortaleza. 1998.

BONAVIDES, Paulo. **Curso de direito constitucional.** 8. ed. São Paulo: Malheiros, 1998.

BRASIL lidera uso mundial de agrotóxicos. Disponível em: <https://economia.estadao.com.br/noticias/geral,brasil-lidera-uso-mundial-de-agrotoxicos,414820>. Acesso em: 27 out. 2018.

CAPPELLI, Sívia; MARCHESAN, Ana Maria Moreira. Introdução. In: CRIMES ambientais: comentários à Lei 9.605/98. Porto Alegre: Livraria do Advogado, 2013.

CARMELLO JÚNIOR, Carlos Alberto; FREITAS, Gilberto Passos. A cidade sustentável e o direito penal ambiental. **Revista de Direito Ambiental**, v. 17, n. 68, out./dez. 2012.

COELHO, Walter. **Teoria geral do crime.** 2. ed. Porto Alegre, 1998. v. 1.

CONSTANTINO, Carlos Ernani. **Delitos ecológicos.** 3. ed. São Paulo: Lemos e Cruz, 2005.

---

agrônomo, teria prescrito, sem prévio diagnóstico, a utilização de agrotóxicos à cultura inexistente no local de aplicação, em desacordo com o art. 1º, II, da Norma Técnica nº 02/2015 do CREA-RS e em descumprimento das disposições do art. 66, II e IV, b, do Dec. 4.074/02, que regulamenta a Lei 7.802/89.II - A Lei 7.802/89, que disciplinava as condutas pertinentes aos agrotóxicos, foi revogada pela recente Lei 14.785, de 27 de dezembro de 2023, a qual encurta prazos e modifica requisitos para aprovação e comercialização de agrotóxicos, substâncias usadas para o controle de pragas e de doenças em plantações.III - O legislador optou por não estabelecer a continuidade típico--normativa do comportamento então criminoso consistente em "prestar serviços de agrotóxicos em descumprimento às exigências estabelecidas na legislação pertinente", ocorrendo a abolitio criminis das condutas descritas na denúncia, em virtude da reformulação do texto legal. Impõe-se, portanto, declarar extinta a punibilidade do réu, com fundamento no art. 107, III, do CP.RECURSO DESPROVIDO.DE OFÍCIO, DECLARADA EXTINTA A PUNIBILIDADE.(Apelação Criminal, Nº 50051573720198210002, Quarta Câmara Criminal, Tribunal de Justiça do RS, Relator: Rogerio Gesta Leal, Julgado em: 22-08-2024)

132 PES, João Hélio Ferreira. PES, João Gabriel Parmeggiani. **Responsabilidade Penal e Administrativa na nova Lei de Agrotóxicos: a reversão da administrativização do Direito Penal.** Disciplinarum Scientia. Série: Sociais Aplicadas Santa Maria, v. 20, n. 1, 2024, p. 94.

COSTA JÚNIOR, Paulo José da. **Direito penal ecológico.** Rio de Janeiro: Forense Universitária, 1996.

CUSTÓDIO, Helita Barreiro. Direito à saúde e problemática dos agrotóxicos. **Revista de Direito Sanitário,** v. 2, n. 3, nov. 2002.

FALCÃO JUNIOR, Alfredo Carlos Gonzaga. Agrotóxicos e responsabilidade criminal. **Revista dos Tribunais**, v. 98, n. 889, nov. 2009.

FALCÃO JUNIOR, Alfredo Carlos Gonzaga. Agrotóxicos e responsabilidade criminal. **Revista dos Tribunais**, v. 98, n. 889, nov. 2009.

FAO-OCDE: Brasil está preparado para ser maior produtor de alimentos do mundo... Disponível em: <https://economia.uol.com.br/noticias/afp/2015/07/15/fao-ocde-brasil-esta-preparado-para-ser-maior-produtor-de-alimentos-do-mundo.htm>. Acesso em: 27 out. 2018.

FERRARI, Antenor. **Agrotóxicos:** a praga da dominação. Porto Alegre. Mercado Aberto. 1985.

FERREIRA, Ivette Senise. **Tutela penal do patrimônio cultural.** São Paulo: Revista dos Tribunais, 1995.

FIORILLO, Celso Antônio Pacheco. **Curso de direito ambiental brasileiro.** São Paulo: Saraiva, 2000.

FOLGADO, Cleber Adriano Rodrigues. Sistema **Normativo de agrotóxicos**: elementos de contextualização histórica e reflexão crítica". direito e agrotóxico. reflexões críticas sobre o sistema normativo. Rio de Janeiro: Lumen Juris, 2017.

FRANCO, Carolina da Rocha. **A formulação da política de agrotóxicos no Brasil.** Dissertação (Mestrado) – Pós-Graduação em Políticas Públicas, Universidade Federal do Paraná, Curitiba, 2014. Disponível em: <https://acervodigital.ufpr.br/bitstream/handle/1884/35661/R%20-%20D%20-%20CAROLINE%20DA%20ROCHA%20FRANCO.pdf?sequence=1&isAllowed=y>. Acesso em 21 out. 2018.

FREITAS, Vladimir Passos de; FREITAS, Gilberto Passos de. **Crimes contra a natureza.** São Paulo: Revisra dos Tribunais, 1998.

GALVÃO, Fernando. **Direito penal:** parte geral. 4. ed. Rio de Janeiro: Lumen Juris, 2011.

HUNGRIA, Nélson. **Comentários ao Código Penal.** Rio de Janeiro: Forense, 1955. v. 1. t. 1.

HUNGRIA, Nélson; FRAGOSO, Heleno Cláudio. **Comentários ao Código Penal**. 5. ed. Rio de Janeiro: Forense, 1978. v.1, t. 2: Artigos 11 a 27.

LUISI, Luiz. **Os princípios constitucionais penais**. 2. ed. Porto Alegre: Fabris, 2003.

MACHADO, Paulo Afonso Leme. **Direito ambiental brasileiro.** São Paulo: Malheiros, 2004.

MACIEL, Silvio; GOMES, Luiz Flávio. **Lei de crimes ambientais.** 2. ed. São Paulo: Método, 2015.

MASSON, Cleber. **Direito penal.** 7. ed. Rio de Janeiro: Método, [2000?]. v. 3.

MILARÉ, Édis. **Direito do ambiente.** 5. ed. São Paulo: Revista dos Tribunais, 2007.

MILARÉ, Édis. **Direito do ambiente.** 5. ed. São Paulo: Revista dos Tribunais, 2007.

ORGANIZAÇÃO DAS NAÇÕES UNIDAS. **Gráficos:** estimativas. Disponível em: <https://population.un.org/wpp/Graphs/Probabilistic/POP/TOT/>. Acesso em: 26 out. 2018.

PARACELSO: cientista da saúde. Disponível em: <https://brasilescola.uol.com.br/quimica/paracelso-cientista-saude.htm>. Acesso em: 2018.

PES, João Hélio Ferreira. Desenvolvimento sustentável e uso intenso de agrotóxicos. **Revista Internacional de Direito Ambiental**, v. 7, n. 20, maio/ago. 2018.

PES, João Hélio Ferreira. PES, João Gabriel Parmeggiani. **Responsabilidade Penal e Administrativa na nova Lei de Agrotóxicos: a reversão da administrativização do Direito Penal.** Disciplinarum Scientia. Série: Sociais Aplicadas Santa Maria, v. 20, n. 1, 2024.

PRADO, Luiz Regis. **Direito penal do ambiente.** São Paulo: Revista dos Tribunais, 2005.

RANGEL, Luís Eduardo Pacifici. **O paradoxo do controle fitossanitário: conceito legal e prático**; Disponível em: <http://www.cnpma.embrapa.br/down_site/forum/Luis_Eduardo_Rangel.pdf>. Acesso em: 27 out. 2018.

REALE JÚNIOR, Miguel. **A lei hedionda dos crimes ambientais.** Disponível em: <https://www1.folha.uol.com.br/fsp/opiniao/fz06049809.htm>. Acesso em: 28 out. 2018.

RODRIGUES, Marcelo Abelha. **Instituições de direito ambiental**. São Paulo: Max Limonad, 2002. v. 1.

ROTHENBURG, Walter Claudius. A responsabilidade penal da pessoa jurídica. In: CRIMES ambientais: comentários à Lei 9.605/98. Porto Alegre: Livraria do Advogado, 2013.

ROXIN, Claus. **A proteção de bens jurídicos como função do direito penal**. Tradução: de André Luís Callegari, Nereu Giacomolli. 2. ed. Porto Alegre: Livraria do Advogado, 2009.

ROXIN, Claus. **Problemas fundamentais de direito penal**. Tradução de Ana Paula dos Santos e Luíz Natscheradetz. 3. ed. Lisboa: Veja, 2004.

SÁNCHEZ, Jesús-Maria Silva. **A expansão do direito penal**. Tradução de Luiz Otávio de Oliveira Rocha. São Paulo: Revista dos Tribunais, [2000?].

SILVA FILHO, Cláudio. **Direito penal e agrotóxicos**: direito e agrotóxicos. Rio de Janeiro: Lumen Juris, 2017.

SILVA, José Afonso da. **Direito ambiental constitucional**. 4. ed. São Paulo: Malheiros, [2000?].

VAZ, Paulo Afonso Brum de. Crimes de agrotóxicos. In: BALTAZAR JUNIOR, José Paulo; SILVA, Fernando Quadros da (Org.). **Crimes ambientais.** São Paulo: Verbo Jurídico, 2012. p. 397-430.

VAZ, Paulo Afonso Brum. Crimes de agrotóxicos. **Revista Doutrina TRF4.** Disponível em: <http://www.revistadoutrina.trf4.jus.br/index.htm?http://www.revistadoutrina.trf4.jus.br/artigos/edicao008/paulo_vaz.htm>. Acesso em: 13 abr. 2017.

VAZ, Paulo Afonso Brum. **O direito ambiental e os agrotóxicos.** Porto Alegre: Livraria do Advogado, 2006.

VIGNA, Edécio. **Consea pede proibição de agrotóxicos vedados em outros países**. Disponível em: <http://www.inesc.org.br/noticias/noticias-do-inesc/2013/julho/consea-pede-proibicao-de-agrotoxicos-vedados-em-outros-paises>. Acesso em: 27 out. 2018.

VITAL, Nicholas. **Agradeça aos agrotóxicos por estar vivo.** São Paulo: Record, 2017.

CAPÍTULO 45

Lei 14.967/2024 – Estatuto da Segurança Privada e da Segurança das Instituições Financeiras – Crime de Segurança Privada Clandestina

Renee do Ó Souza

INTRODUÇÃO

A Lei nº 14.967, de 9 de setembro de 2024, institui o Estatuto da Segurança Privada e da Segurança das Instituições Financeiras, com o objetivo de regulamentar os serviços de segurança privada e a segurança das instituições financeiras no território brasileiro. Este diploma legal compreende, entre os serviços de segurança privada, atividades como vigilância patrimonial, segurança em eventos, proteção em transportes coletivos, segurança perimetral, monitoramento de sistemas eletrônicos, transporte e escolta de valores, e segurança pessoal, entre outras modalidades de proteção privada.

Conforme prevê a Lei, a prestação de tais serviços depende de autorização prévia da Polícia Federal, órgão incumbido de realizar o controle e fiscalização das atividades de segurança privada, assegurando o cumprimento das disposições legais e regulamentares pertinentes.

Prevê ainda que os serviços de segurança privada devem ser exercidos em consonância com os princípios fundamentais da dignidade da pessoa humana, da proteção à vida e do interesse público, além de respeitarem as normas que regulamentam as relações de trabalho. Ademais, a Lei veda a prestação de serviços de segurança privada por meio de cooperativas ou de forma autônoma, sendo consideradas irregulares quaisquer atuações que desrespeitem essas determinações.

Além disso, a nova legislação tipifica como crime a prática de segurança privada clandestina, estabelecendo penalidades específicas para os indivíduos e organizações que atuem fora dos parâmetros autorizados. A tipificação desta conduta é um avanço na legislação, pois, ao tratar a segurança privada clandestina como um ilícito penal, o Estatuto reforça o compromisso do Estado com a segurança pública, além de proteger os interesses das empresas e cidadãos que dependem de serviços confiáveis e devidamente regulamentados. Essa tipificação visa inibir a atuação de agentes não qualificados e operações irregulares, que muitas vezes colocam em risco a integridade física das pessoas e a segurança patrimonial de empresas e instituições financeiras. Com isso, o Estatuto contribui para a profissionalização do setor e para a construção de um ambiente mais seguro, onde os serviços de segurança privada passam a ser exercidos exclusivamente por profissionais devidamente autorizados e capacitados pela Polícia Federal, em observância aos critérios de qualificação e conformidade exigidos pela legislação.

DO CRIME

Art. 50. Organizar, prestar ou oferecer serviços de segurança privada, com a utilização de armas de fogo, na qualidade de sócio ou proprietário, sem possuir autorização de funcionamento:

Pena – detenção de 1 (um) a 3 (três) anos e multa.

NOMEM IURIS

A Lei 14.967/2024 não estabeleceu um nome de batismo para o crime acima, mas dados os elementos descritivos acima, sugerimos designá-lo de crime de **segurança privada clandestina**.

BEM JURÍDICO

O bem jurídico protegido é a segurança pública e a ordem social, uma vez que o Estado exerce o controle sobre atividades de segurança privada, principalmente as que envolvem o uso de armas de fogo, para garantir que tais serviços sejam executados por empresas devidamente regulamentadas e capacitadas. O objetivo é prevenir o risco de abusos e de ameaças à paz social, evitando que atividades de segurança privada sem controle comprometam a ordem pública.

SUJEITOS DO CRIME

O sujeito ativo do tipo penal em questão pode ser qualquer pessoa, sem restrição ao papel de sócio ou proprietário de uma empresa de segurança privada que atue com o uso de armas de fogo sem a devida autorização estatal. Embora o tipo penal possua uma redação técnica passível de crítica, entendemos que qualquer indivíduo que descumpra os requisitos legais para a prestação de serviços de segurança privada, e que o faça empregando armas de fogo sem autorização, caracteriza-se como sujeito ativo do delito. Uma interpretação que limite a autoria ao sócio ou proprietário seria contraditória ao estabelecido pelo art. 1º da Lei, que admite, de forma excepcional, a prestação desses serviços por pessoas físicas. O emprego do núcleo verbal "prestar" no tipo penal dirige-se, assim, a qualquer pessoa que execute diretamente os serviços de segurança privada, independentemente de vínculo societário.

Ademais, a responsabilização criminal do sócio, de forma generalizada, é indevida, salvo quando comprovada a participação direta deste na conduta criminosa. A nosso ver, a referência ao sócio ou proprietário no tipo penal visa apenas ressaltar que, havendo elementos que justifiquem sua responsabilidade penal, estes podem ser autores do crime, sem que isso impeça que outras pessoas, que efetivamente concorram para a prática delitiva, também sejam incluídas como sujeitos ativos.

Trata-se, assim, de crime comum, ou seja, não exige condição especial para sua prática, bastando que o agente realize as atividades mencionadas no tipo penal.

O sujeito passivo é, primariamente, o Estado, que detém o monopólio da segurança pública e regula a prestação de serviços privados nessa área. Indiretamente, toda a sociedade é afetada, já que a atuação irregular de empresas de segurança privada pode comprometer a segurança dos cidadãos.

TIPO OBJETIVO

O núcleo do tipo penal está em "organizar", "prestar" ou "oferecer" serviços de segurança privada, com a utilização de armas de fogo, sem autorização de funcionamento.

A ação pode ocorrer em três modalidades:

- ✓ **Organizar**: Esse núcleo verbal abrange a estruturação, coordenação e administração de uma empresa de segurança privada que utiliza armas de fogo sem autorização. "Organizar" envolve atos como a contratação de agentes, a definição de funções e a elaboração de um plano de operação para oferecer segurança armada. Isso pode ocorrer tanto em empresas formalizadas, sem o devido alvará, quanto em esquemas informais que simulam uma organização estruturada. Exemplo: Um indivíduo funda uma empresa de segurança privada sem a licença necessária para operar com armas de fogo. Ele contrata guardas, define turnos e delega o uso de armamento, criando uma estrutura operativa e coordenada, mas totalmente fora dos requisitos legais.
- ✓ **Prestar**: Este núcleo refere-se à execução direta dos serviços de segurança privada armada, mesmo que a empresa não esteja formalmente constituída ou que o agente atue como autônomo. "Prestar" engloba tanto aqueles que trabalham como empregados de empresas sem licença quanto aqueles que, como profissionais independentes, realizam vigilância armada, situação prevista no art. 1º da Lei. O foco é a ação prática e direta de atuar como segurança privada com uso de armas sem autorização. Exemplo: Um vigilante autônomo é contratado por um comerciante para fazer segurança noturna no estabelecimento, portando uma arma de fogo sem que o serviço tenha qualquer autorização legal. Mesmo sem uma empresa formal, o indivíduo comete o crime ao realizar a prestação do serviço de segurança armada.
- ✓ **Oferecer**: Este núcleo abrange a divulgação, promoção ou apresentação do serviço de segurança privada armada a potenciais contratantes, independentemente de o serviço ser efetivamente realizado. A infração ocorre no momento em que o serviço é anunciado ou proposto ao público, pois o oferecimento de segurança armada não autorizada, por si só, já configura o risco à ordem pública. Exemplo: Uma pessoa publica anúncios online oferecendo serviços de segurança armada para eventos, embora não tenha autorização legal para fornecer tais serviços. Mesmo que nenhum contrato seja fechado, o simples oferecimento dos serviços armados sem autorização já configura o crime.

Esses núcleos verbais permitem que o tipo penal englobe tanto os atos preparatórios e administrativos quanto a oferta pública e a execução prática dos serviços de segurança privada armada, garantindo a proteção da ordem e da segurança pública contra atividades ilegais nesse setor.

O **objeto direto** sobre o qual recai a ação expressa pelos verbos "organizar", "prestar" e "oferecer" – "serviços de segurança privada" – ganha um sentido preciso à luz da definição estabelecida pela Lei nº 14.967/2024. De acordo com essa legislação, a expressão refere-se à **oferta ou prestação de serviços destinados à proteção e vigilância de bens ou pessoas**, executados por agentes privados. Esses serviços incluem atividades específicas, como ronda, escolta, proteção patrimonial e pessoal, todas direcionadas à segurança privada mediante contrato ou solicitação.

Assim, o termo "serviços de segurança privada" delimita o escopo do tipo penal, restringindo-o às atividades formalmente definidas e regulamentadas. Como resultado, o artigo 50 configura uma norma penal em branco homogênea homovitelínea, pois necessita de complementação por uma lei de mesma hierarquia e do mesmo ramo do Direito, que é a legislação específica sobre segurança privada.

Observe assim que, para incidir o tipo penal, é necessário que a atividade de segurança privada envolva uma estrutura profissional e esteja orientada por uma contratação ou oferta formal, o que afasta iniciativas individuais e informais da tipificação. Assim, por exemplo, não estão abrangidas pelo tipo penal proteção pessoal oferecida informalmente a amigos ou familiares, sem remuneração ou vínculo formal e nem a vigilância feita por um morador de um condomínio, sem caráter profissional ou contratual.

O tipo penal possui um **elemento condicional** pois exige que o serviço de segurança privada seja organizado, prestado ou oferecido com a utilização de arma de fogo. Trata-se de uma condição que fundamenta a responsabilidade penal, pois está relacionada ao risco de lesão à segurança pública. Esse é um elemento objetivo essencial que compõe a ilicitude da conduta, dado que a presença de armas de fogo intensifica o risco e justifica a necessidade de regulação mais rigorosa nesse setor.

Isso significa que não caracteriza o crime do art. 50 da Lei 14.967/2024 aquele que, clandestinamente, organizar, prestar ou oferecer serviços de segurança privada sem a utilização de armas de fogo. Caso este serviço não tenha nenhum tipo de autorização para funcionar, outras infrações podem ser configuradas, conforme o contexto.

Referida conduta, quase sempre, caracterizará infração administrativa prevista na Lei nº 14.967/2024. A Polícia Federal é responsável por aplicar as penalidades, conforme os artigos 45 a 48. As penalidades incluem advertência, multa que pode variar entre R$ 1.000,00 e R$ 15.000,00, e cancelamento da autorização para funcionamento e em casos de irregularidade, a Polícia Federal pode determinar o encerramento imediato do serviço e aplicar outras sanções

Mas a conduta também pode, eventualmente, caracterizar infração à contravenção penal do artigo 47 do Decreto-Lei nº 3.688/1941 (Lei das Contravenções Penais), que trata do exercício ilegal da profissão, tipo penal aplicável a quem oferece ou presta serviços de segurança privada sem a devida autorização, independentemente do uso de armas de fogo. Um exemplo de contravenção penal seria um indivíduo que se apresenta como vigilante de uma empresa de segurança sem a qualificação ou autorização necessária para exercer essa atividade. Nesse caso, a pena prevista é prisão simples, de 15 dias a 3 meses, ou multa.

Além disso, em situações em que o agente realiza atividades fraudulentas ou coloca em risco a segurança pública, ele pode incorrer em outros crimes. Por exemplo, o estelionato (Art. 171 do Código Penal) pode ser configurado se o agente prometer proteção sem condições reais de oferecê-la, induzindo o contratante a erro. Da mesma forma, atividades não autorizadas de segurança privada em larga escala podem, em alguns casos, ser enquadradas como crime contra a ordem econômica (Lei nº 8.176/1991).

O tipo penal possui ainda um **elemento normativo** crucial, a saber: a ausência de autorização ou permissão formal expedida pela Polícia Federal referente à organização, prestação ou oferta de serviços de segurança privada com a utilização de armas de fogo. Tal autorização é obrigatória e sua concessão está atrelada à comprovação, por parte da empresa, de que possui a estrutura necessária, incluindo capacitação dos profissionais e adequação do armamento, para garantir a segurança pública e o cumprimento das normas de controle de armas. A autorização específica para o uso de armamento, portanto, vai além da autorização para segurança desarmada, exigindo critérios adicionais, como treinamento especializado e fiscalização contínua.

Anote-se que mesmo que a empresa possua licença para realizar segurança desarmada, isso não confere, em nenhum momento, a autorização para o uso de armamento. A legislação exige uma permissão específica para que se possam oferecer serviços com armas de fogo, com a finalidade de garantir o controle adequado sobre o armamento e evitar que indivíduos não qualificados ou não autorizados tenham acesso a armas. Assim, o uso de armas de fogo por agentes que não possuem autorização específica para tanto configura a infração descrita no artigo 50 da referida lei, independentemente de a empresa estar regularmente registrada para atuar sem armamento.

Para ilustrar a aplicação dessa norma, considere o seguinte exemplo prático: uma empresa de segurança privada é contratada para prestar serviços de vigilância em um condomínio residencial. Embora a empresa tenha licença apenas para realizar segurança desarmada, seus agentes começam a portar armas de fogo durante o serviço, sem a autorização específica para isso. Nesse cenário, a conduta da empresa e de seus agentes configura claramente a infração descrita no artigo 50, pois eles ultrapassam os limites da autorização recebida, praticando o crime ao prestar serviços de segurança com armamento não autorizado.

ELEMENTO SUBJETIVO

O crime é doloso, ou seja, exige a intenção consciente de praticar as ações descritas no tipo penal. Não há previsão para modalidade culposa, o que significa que o agente deve saber que a atividade exercida não possui a devida autorização e, mesmo assim, decide praticá-la.

CONSUMAÇÃO

A consumação ocorre no momento em que qualquer uma das condutas previstas no tipo (organizar, prestar ou oferecer serviços de segurança privada com armas de fogo) é realizada sem autorização. Não é necessário que o serviço seja efetivamente concluído ou que haja contratação. A simples organização ou oferta já consuma o crime, pois o risco para a ordem pública se dá com a disposição do serviço irregular.

Concurso de crimes - Os crimes de segurança privada clandestina (artigo 50 da Lei 14967/2024) e de porte ilegal de arma de fogo (artigos 14 ou 16 da Lei 10.826/2003) possuem objetos jurídicos distintos e tutelam bens jurídicos diferentes, razão pela responde em concurso material aquele que clandestinamente presta o serviço de segurança privada, portando, ilegalmente, uma arma de fogo. Vejamos.

O artigo 50 da Lei nº 14.967/2024 tem como objetivo proteger a ordem pública e a segurança pública, proibindo a atuação de segurança privada armada sem a devida autorização e fiscalização estatal. Já os crimes previstos nos artigos 14 e 16 da Lei nº 10.826/2003, relacionados ao porte ilegal de arma de fogo, têm como bem jurídico específico o controle sobre a circulação e uso de armas, visando evitar que pessoas não autorizadas ou que não atendem aos requisitos legais possam portar armamentos, representando um risco à segurança coletiva.

Portanto, o crime de porte ilegal de arma de fogo configura um perigo concreto à segurança pública, enquanto o artigo 50 da Lei nº 14.967/2024 busca regular a atividade de segurança privada armada, impedindo a atuação sem a devida autorização estatal. Assim, cada crime protege um aspecto diferente da segurança pública.

A aplicação do princípio da especialidade não é viável, pois o tipo penal do artigo 50 não abrange o porte de arma de fogo de maneira completa. O crime descrito no artigo 50 trata da atuação irregular de segurança privada com armamento, mas não envolve diretamente o porte de arma sem autorização. Portanto, o agente que atua como segurança armado sem autorização comete duas infrações: uma pelo exercício irregular da atividade de segurança privada (artigo 50) e outra pelo porte ilegal de arma de fogo (artigos 14 ou 16 da Lei nº 10.826/2003).

Assim, a conduta configura um concurso material de crimes, conforme o artigo 69 do Código Penal, no qual cada infração é punida de forma independente, com as penas somadas, já que cada crime lesa de maneira distinta os bens jurídicos tutelados pela legislação.

Assim, comete os dois crimes, o agente de segurança privada que, sem autorização para portar armas, realiza serviços de vigilância armada em um evento

TENTATIVA

A tentativa é possível, pois as condutas previstas no tipo podem ser fracionadas, permitindo a interrupção antes da consumação. Por exemplo, no caso de um agente que está preparando a estrutura para oferecer o serviço (organizar) e é impedido antes de efetivamente oferecer ou prestar o serviço, configura-se tentativa.

PENA E BENEFÍCIOS PENAIS

O crime do art. 50 da Lei tem pena de detenção de 1 (um) a 3 (três) anos e multa. É cabível ao acusado, preenchidos os requisitos legais, a suspensão condicional do processo previsto no art. 89 da Lei 9.099/1995.

AÇÃO PENAL

Trata-se crime de ação penal pública incondicionada.

EDITORA JusPODIVM
www.editorajuspodivm.com.br

Pré-impressão, impressão e acabamento

GRÁFICA SANTUÁRIO

grafica@editorasantuario.com.br
www.graficasantuario.com.br
Aparecida-SP

JUS3992

Abuso de autoridade ◆ **Ação civil pública** ◆ Agrotóxico ◆ **Biossegurança** ◆ Consumidor ◆ **Contravenções penais** ◆ Criança e adolescente ◆ **Crime ambiental** ◆ Crime eleitoral ◆ **Crime hediondo** ◆ Crime organizado ◆ **Desarmamento** ◆ Drogas ◆ **Economia popular** ◆ Escuta protegida ◆ **Exigência de atestados de gravidez e esterilização** ◆ Falência ◆ **Genocídio** ◆ Henry Borel (Novo) ◆ **Esporte** ◆ Estatuto da Pessoa Idosa ◆ **Índio** ◆ Investigação criminal pelo MP ◆ **Investigação pelo delegado de polícia** ◆ Interceptação telefônica ◆ **Juizados especiais criminais** ◆ Lavagem de dinheiro ◆ **Lei de alimentos** ◆ Ordem econômica ◆ **Ordem tributária, econômica e relações de consumo** ◆ Parcelamento de solo ◆ **Pessoa com deficiência** ◆ Preconceito de raça ou de cor ◆ **Prisão temporária** ◆ Propriedade Industrial ◆ **Proteção especial às vítimas e testemunhas** ◆ Responsabilidade dos prefeitos ◆ **Sistema financeiro nacional** ◆ Tortura ◆ **Trânsito** ◆ Transplante de órgãos ◆ **Terrorismo** ◆ Violência doméstica ◆ ***Whistleblower***